diccionario

LAROUSSE USUAL

A B C CH D E F G H I J K L LL M N Ñ O P Q R S T U V W X Y Z

diccionario
LAROUSSE USUAL

por **RAMÓN GARCÍA-PELAYO Y GROSS**

Profesor de la Universidad de París (Sorbona)
Miembro del Ilustre Colegio de Abogados de Madrid
Miembro c. de la Academia Argentina de Letras,
de la Academia de San Dionisio de Ciencias, Artes y Letras,
de la Academia Boliviana de la Historia
y de la Real Academia de Bellas Artes de San Telmo

54 000 artículos
78 mapas en negro
y un compendio
de gramática
al final del volumen

EDICIONES LAROUSSE

Valentín Gómez 3530 - Buenos Aires R 13
17, Rue du Montparnasse, París
Marsella 53, Esq. Nápoles, México 6, D. F.

Edición 1978, impresa en México

ISBN 968-6042-06-7 Ediciones Larousse - México
ISBN 2-03-020543-5 Librairie Larousse - Paris

prólogo

Los inventos y hallazgos realizados hoy en los diversos campos del saber han incrementado tanto el caudal de voces que integra una lengua que tenemos que valernos cotidianamente de un glosario para comprender el significado de algunas palabras.

La necesidad de poner a disposición del hombre de nuestra época un útil que satisfaga su espíritu de síntesis ha llevado a las Ediciones Larousse a emprender una compilación que ofrece, en una obra de fácil manejo y consulta, la máxima información en el menor espacio posible.

El lector encontrará en este libro el conjunto de voces que forma el acervo lingüístico de quienes utilizan en toda la superficie del planeta el castellano como medio de expresión. Los distintos artículos podrán despejar las dudas que le asalten y ayudarle en sus investigaciones gracias a la explicación sencilla y clara de los términos clásicos o modernos así como de los tecnicismos impuestos por los adelantos contemporáneos en el mundo del átomo, la astronáutica, la cibernética, la televisión, la informática, la medicina, etc.

Se ha procurado también, dada la importancia que siempre tuvieron y la pujanza que cobran en la actualidad las naciones de lengua castellana en el Nuevo Mundo, incluir incontables americanismos.

Al principio de cada vocablo estudiado hemos puesto la acepción más usual, seguida de las que encierran un matiz diferente, ya sea figurado, familiar o neológico. Con frecuencia las interpretaciones varias de que goza una palabra van acompañadas de un ejemplo que contribuye a su mejor entendimiento.

Mezcladas alfabéticamente con el repertorio idiomático, insertamos reseñas de orden biográfico, histórico, artístico o científico en las que tratamos con especial atención, y dentro del criterio objetivo e impersonal aplicado al ámbito lingüístico, todo cuanto tiene alguna relación con los países americanos de habla castellana.

En las últimas páginas de nuestro diccionario, un compendio de gramática *expone con cierto detalle las estructuras fundamentales de nuestra lengua.*

Pecaríamos de ingratitud si, al concluir estas líneas, no citásemos la valiosa colaboración que en la ejecución de esta tarea nos han prestado la Srta. M. Durand y Fernando García-Pelayo, así como el empeño puesto en la confección y corrección por Fernando Gómez Peláez y Amadeo Bernadó, respectivamente.

Ramón GARCÍA-PELAYO Y GROSS

instrucciones para el uso del diccionario

En el prólogo de este libro van implícitas algunas de las indicaciones necesarias para el manejo del diccionario. No obstante, creemos de utilidad repetirlas aquí de modo expreso y añadir otras indispensables para facilitar la consulta.

● *Las diferentes acepciones de cada vocablo están separadas entre sí por dos barras (‖). A veces, una definición va precedida de una abreviatura, que indica el carácter técnico de la palabra, su condición de figurada, familiar o popular o el uso exclusivo de esa voz en algún país de América.*

● *En el caso de que una abreviatura sea común a dos o más acepciones sucesivas, éstas aparecen separadas entre sí por una sola barra (|).*

● *En cuanto a la estructura interna de los artículos lingüísticos, conviene señalar las siguientes particularidades : 1.° los sustantivos que tienen dos géneros (m. y f.) figuran en la misma reseña; para pasar de uno a otro se ponen dos barras y una raya (‖ —) y a continuación el género correspondiente, con letra mayúscula (M. o F.); 2.° los adjetivos, pueden presentarse de tres formas: a) cuando la palabra sólo tiene una función adjetiva, en cuyo caso se advierte simplemente (v. gr.* **decidido, da***); b) cuando la palabra es a la vez adjetivo y sustantivo, ambos con el mismo sentido, se señala adj. y s., si se aplica a los dos géneros (v. gr.* **demócrata, americano, na***), mientras que si el sustantivo es sólo aplicable a uno de los géneros se pone adj. y s. m. o adj. y s. f. (v. gr.* **labiodental***); c) cuando el vocablo tiene un significado adjetivo y también uno o varios significados sustantivos, se define en primer lugar el adjetivo y a continuación se ponen dos barras y raya (‖ —) seguidas del género en mayúscula y de la explicación correspondiente (v. gr.* **labrado, da***). A veces estos tres casos pueden ir combinados en un mismo artículo (v. gr.* **dental***). Finalmente, una palabra fundamentalmente adjetiva puede ir seguida de las abreviaturas (ú. t. c. s.) o (ú. t. c. m.) o (ú. t. c. f.), para indicar que es posible usarla también como sustantivo (v. gr.* **chumbo***); 3.° los adverbios, modos adverbiales, preposiciones, conjunciones e interjecciones figuran siempre después de los adjetivos y sustantivos, separados de éstos mediante dos barras y raya (‖ —).*

● *Las acepciones transitivas, intransitivas y pronominales de los verbos, cada una de ellas con sus expresiones correspondientes, van separadas por dos barras y raya (‖ —). Además, si el verbo es irregular, va precedido de un asterisco (*) que remite a la lista de verbos irregulares inserta en el Compendio de Gramática, al final del libro. A veces un verbo tratado como transitivo puede usarse también como intransitivo o pronominal, con un sentido fácilmente deducible. En tal caso esta posibilidad se indica abreviadamente entre paréntesis (ú. t. c. i.) o (ú. t. c. pr.).*

● *Las expresiones y frases figuradas, familiares o técnicas se incluyen en la parte gramatical a que pertenecen y van separadas de la acepción por dos barras y raya (‖ —), en el caso de que sean más de una. Si varias de éstas corresponden a una misma rúbrica entonces van separadas entre sí por una barra (|).*

● *Con el fin de ganar espacio, se ha prescindido de los adverbios terminados en -mente, cuando su significado es obvio y únicamente se han puesto aquellos que han tomado un significado diferente del adjetivo del que proceden (v. gr.* **seguramente***). De igual modo se ha procedido con algunos derivados y compuestos formados por la adición de una partícula antepuesta o pospuesta, particularmente con los aumentativos y diminutivos de formación regular. Esta omisión voluntaria queda largamente paliada con la inclusión de dos cuadros especiales de prefijos y sufijos.*

● *Los artículos siguen un riguroso orden alfabético, excepto en locuciones o nombres compuestos, especialmente en expresiones latinas o en nombres geográficos, históricos y biográficos. En estos casos se ordenan también alfabéticamente pero tomando como base exclusiva la primera parte del nombre compuesto, prescindiendo del resto. Por ejemplo, locuciones como* **in albis, in extremis, in fraganti***, etc., se sitúan inmediatamente después de* **in***;* **Mira de Amescua** *irá después de* **Mira** *y antes de* **Mirabeau***;* **Pen Club***, antes de* **pena***, etc. Las agrupaciones del tipo* **La Cierva, La Condamine** *hay que buscarlas después de* **La***, lo mismo que* **Monte Albán, Monte Lindo, Monte Plata** *aparecen reunidos en* **Monte***, donde se encuentran todas las denominaciones que empiezan de este modo.*

● *Los nombres propios están reunidos en varios grupos: 1) nombres y apellidos, y 2) lugares geográficos o entidades administrativas. Los del primer caso, separados en general por el signo (‖ ~) y excepcionalmente si son nombres de una misma familia por una raya (—) [v. gr.* **Fernández***], están a menudo clasificados por países, si se trata de reyes o emperadores (v. gr.* **Carlos***), o por su condición de santos, papas y personajes diversos (v. gr.* **León***). Los del segundo caso pueden estar separados dentro de un mismo grupo por una raya (—) cuando su enunciado es el mismo (v. gr.* **Laredo***) o por el signo (‖ ~) cuando la segunda palabra de su denominación es diferente (v. gr.* **Nueva***). Estas agrupaciones — de las que se excluyen los Estados, tratados siempre aparte — nos han permitido aprovechar al máximo el espacio que nos habíamos fijado y conseguir la inclusión del mayor número de artículos.*

● *Para concluir, señalaremos que cuando una palabra tiene dos ortografías distintas se ha dado la preferencia a la más corriente, a la cual se remite desde la otra (v. gr.* **sustituir** *y* **substituir***).*

abrev.	Abreviatura
a. de J. C.	Antes de Jesucristo
adj.	Adjetivo
adv.	Adverbio, adverbial
afl.	Afluente
Agr.	Agricultura
alt.	Altura
amb.	Ambiguo
Amer.	Americanismo
Amér. C.	Voz de América Central
Anat.	Anatomía
ant.	Antiguamente, antes, anticuado
Antill.	Voz de las Antillas
archip.	Archipiélago
Arg.	Argentinismo
Arq.	Arquitectura
art.	Artículo
Astr.	Astronomía, astronáutica
aum.	Aumentativo
Autom.	Automovilismo
barb.	Barbarismo
Biol.	Biología
Blas.	Blasón
Bol.	Bolivianismo
Bot.	Botánica
c.	Ciudad, como
cab.	Cabecera
cap.	Capital
Cin.	Cinematografía
Cir.	Cirugía
Col.	Colombianismo
com.	Común, comuna
Com.	Comercio
conj.	Conjunción
cord.	Cordillera
C. Rica	Voz de Costa Rica
Cub.	Cubanismo
Chil.	Chilenismo
d. de J. C.	Después de Jesucristo
dem.	demostrativo
dep.	Departamento
der.	Derecha, derecho
des.	Desembocadura, desemboca
Despect.	Despectivo
dim.	Diminutivo
distr.	Distrito
Dom.	Voz de la República Dominicana
E.	Este
Ecuad.	Voz del Ecuador
ej.	Ejemplo
Electr.	Electricidad
Equit.	Equitación
Est.	Estado
f.	Femenino
Fam.	Familiar
Farm.	Farmacia
Fig.	Figurado
Fil.	Filosofía
Filip.	Voz de Filipinas
Fís.	Física
Fisiol.	Fisiología
For.	Forense
Fort.	Fortificación
Fot.	Fotografía
fr.	Frase
fut.	Futuro
gén.	Género
Geol.	Geología
Geogr.	Geografía
Geom.	Geometría
ger.	Gerundio
Gram.	Gramática
Gob.	Gobierno
Guat.	Voz de Guatemala
h. y hab.	Habitantes
Hist.	Historia
Hist. nat.	Historia natural
Hond.	Voz de Honduras
i.	Intransitivo
ilustr.	Ilustracíon
Impr.	Imprenta
ind.	Indicativo, industria

tabla de abreviaturas

indet.	Indeterminado
interj.	Interjección
inv.	Invariable
Irón.	Irónico
irreg.	Irregular
izq.	Izquierdo, izquierda
km	Kilómetros
lat.	Latín
loc.	Locución
m	Metros
m.	Masculino, modo, murió, muerto
Mar.	Marina
Mat.	Matemáticas
máx.	Máxima
Mec.	Mecánica
Med.	Medicina
Metal.	Metalurgia
Méx.	Voz de México
Mil.	Militar
Min.	Mineralogía, mina
Mit.	Mitología
mun.	Municipio
Mús.	Música
N.	Norte
n.	Nació, nacido, nombre
Neol.	Neologismo
Nicar.	Voz de Nicaragua
n. pr.	Nombre propio
O.	Oeste
Observ.	Observación
Ópt.	Óptica
pág.	Página
pal.	Palabra
Parag.	Voz del Paraguay
Per.	Peruanismo
pers.	Persona, personal
penins.	Península
Pint.	Pintura
pl.	Plural
pobl.	Población
Poét.	Poética
Por ext.	Por extensión
Pop.	Popular
pos.	posesivo
pot.	Potencial
p. p.	Participio pasado
pr.	Principal, pronúnciese, pronominal, premio
pref.	Prefijo
prep.	Preposición
pres.	Presente, presidente
pret.	Pretérito
pron.	Pronombre
prov.	Provincia, proverbio
Provinc.	Provincianismo
P. Rico	Voz de Puerto Rico
P. us.	Poco usado
Quím.	Química
Rad.	Radiotécnica
ref.	Refinerías
rel.	Relativo
Rel.	Religión
Rep.	República
Rioplat.	Voz rioplatense
S., s.	Sur, siglo, sustantivo
Salv.	Voz de El Salvador
símb.	Símbolo
sing.	Singular
subj.	Subjuntivo
sup.	Superficie
t.	Transitivo, tiempo
tb., t.	También
Taurom.	Tauromaquia
Teatr.	Teatro
Tecn.	Tecnicismo
Teol.	Teología
térm. mun.	Término municipal
territ.	Territorio
Urug.	Voz del Uruguay
Ú.	Úsase
V., v.	Véase, verbo, villa
Venez.	Voz de Venezuela
Veter.	Veterinaria
Vulg.	Vulgarismo
yac.	Yacimientos
Zool.	Zoología

Avión

A

a m. Primera letra del alfabeto castellano y primera de sus vocales. (Pl. *aes.*) ‖ — **A,** símbolo del *amperio* y del *argón.*

a prep. Denota: 1.º Dirección: *voy a Madrid;* 2.º Término del movimiento: *llegó a Lima;* 3.º Lugar o tiempo: *sembrar a los cuatro vientos, lo vieron a las diez;* 4.º Situación: *a mi derecha;* 5.º Espacio de tiempo o de lugar; *de diez a once de la mañana; de un sitio a otro;* 6.º Modo de la acción: *a pie, a caballo;* 7.º Distribución o proporción: *a millares, veinte a veinte, a veinte por cabeza;* 8.º Comparación o contraposición: *va mucho de uno a otro;* 9.º Complemento directo de persona: *escribo a mi padre.* 10.º Finalidad: *salió a decirme adiós;* 11.º Hipótesis: *a decir verdad;* 12.º Medida: *a litros;* 13.º Orden: *¡a trabajar!;* 14.º Al mismo tiempo que: *a la puesta del sol.* ‖ Se antepone al precio: *a veinte pesetas los cien gramos.* ‖ Da principio a muchas frases adverbiales: *a veces; a bulto; a tientas.* ‖ De manera: *a la criolla.* ‖ Con: *dibujar a pluma.* ‖ Hacia: *vino a mí con mala cara.* ‖ Hasta: *con el agua a la cintura.* ‖ Junto a, cerca de: *a orillas del mar.* ‖ Para: *a beneficio propio.* ‖ Por: *a petición mía.* ‖ Según: *a lo que parece.*

Aabo o **Abo.** V. TURKU.

Aachen n. alem. de *Aquisgrán.*

Aaiún (El), c. del N. de la prov. de Sáhara Español o Río de Oro. Es cap. de esta provincia autónoma.

Aalborg o **Alborg,** c. y puerto del NE. de Dinamarca.

Aar, río de Suiza, afl. del Rin, que pasa por Berna; 280 km.

Aarau, c. de Suiza, cap. del cantón de Argovia, al pie del Jura.

Aarhus, c. y puerto del E. de Dinamarca (Jutlandia).

Aarón, sumo sacerdote hebreo, hermano mayor de Moisés. *(Biblia.)*

ab intestato loc. lat. *For.* Sin testamento: *morir « ab intestato ».*

abacá m. *Bot.* Planta textil de Filipinas.

abacería f. Puesto o tienda de comestibles.

abacero, ra m. y f. Persona que vende comestibles.

abacial adj. Relativo al abad, a la abadesa o a la abadía.

Abaco, n. de dos islas del archip. de las Bahamas o Lucayas: *Gran Abaco* y *Pequeña Abaco.*

ábaco m. Marco de madera con alambres paralelos por los que corren diez bolas movibles que sirven para enseñar a contar. ‖ *Arq.* Parte superior del capitel de una columna.

abad m. Superior de un monasterio: *el abad de Montserrat.*

Abad I, primer soberano musulmán de Sevilla, fundador de la dinastía abadita. M. en 1042. — Su nieto ABAD III, llamado *Almotamid* (1040-1095), reinó desde 1069 y se alió con Alfonso VI de Castilla. Fue tb. inspirado poeta.

Abadán, c. y puerto del SO. de Irán, a orillas del golfo Pérsico. Refinerías de petróleo.

abadejo m. Bacalao.

abadengo, ga adj. Del abad.

abadesa f. Superiora en ciertas comunidades de religiosas.

abadía f. Iglesia o monasterio regido por un abad o una abadesa. ‖ Territorio o jurisdicción del abad o abadesa.

Abadía y Méndez (Miguel), escritor y político colombiano (1867-1947), pres. de la Rep. de 1926 a 1930.

abadita o **abadí** adj. y s. De la dinastía árabe fundada por Abad I en Sevilla.

abajo adv. Hacia lugar o parte inferior: *echar abajo.* ‖ En lugar o parte inferior: *están abajo.* ‖ — Interj. de reprobación: *¡abajo el tirano!* ‖ — Es barb. decir: *de arriba a abajo,* por *de arriba abajo.*

abalanzarse v. pr. Arrojarse: *abalanzarse sobre el adversario.*

abalear v. t. *Agr.* Separar del grano aventado los granzones y la paja gruesa.

abalorio m. Cuentas de vidrio.

abancaino, na adj. y s. De Abancay (Perú).

Abancay, c. del SO. del Perú, cap. de la prov. homónima y del dep. de Apurímac. Obispado.

abanderado m. Oficial que lleva la bandera. ‖ El que lleva bandera en las procesiones. ‖ *Fig.* Adalid, defensor máximo de una causa.

abanderamiento m. Acción de abanderar o abanderarse.

abanderar v. t. Matricular bajo la bandera de un Estado a un buque extranjero (ú. t. c. pr.).

abandonado, da adj. Descuidado, desastrado: *persona abandonada.*

abandonamiento m. Abandono.

abandonar v. t. Dejar a una persona o cosa: *abandonar la casa de sus padres.* ‖ Fig. Renunciar, dejar alguna cosa emprendida ya: *abandonar un empleo.* ‖ No hacer caso de algo. ‖ — V. pr. Dejarse dominar por un afecto o emoción. ‖ Prestar poco interés a sus cosas o su aseo. ‖ Confiarse.

abandonismo m. Tendencia a renunciar a algo sin luchar.

abandonista adj. Relativo al abandonismo. ‖ Partidario del abandonismo (ú. t. c. s.).

abandono m. Acción y efecto de abandonar o abandonarse. ‖ Descuido: *vivir en el abandono.* ‖ *For.* Incumplimiento de la obligación legal de suministrar alimentos a quien tiene derecho a recibirlos. ‖ Incumplimiento de los deberes del cargo o función: *abandono de servicio.* ‖ Renuncia a participar o seguir en una competición deportiva.

abanicar v. t. Hacer aire con el abanico (ú. t. c. pr.).

abanico m. Instrumento para hacer o hacerse aire.

abaniqueo m. Acción de abanicar o abanicarse.

abano m. Abanico colgado del techo. ‖ Abanico.

Abarán, v. del SE. de España (Murcia).

abaratamiento m. Acción y efecto de abaratar o abaratarse.

abaratar v. t. e i. Disminuir de precio (ú. t. c. pr.).

Abarbanel (Isaac), rabino portugués (1437-1508), padre de León Hebreo.

abarca f. Calzado rústico que se ata con correas al tobillo.

Abarca (Sancho), rey de Aragón y Navarra. M. hacia 926.

Abarca y Bolea. V. ARANDA *(Conde de).*

abarcar v. t. Ceñir, rodear. ‖ Comprender, contener. ‖ Alcanzar con la vista: *desde allí se abarca toda la ciudad.* ‖ Fig. Encargarse de muchas cosas a un tiempo: *abarcar varios trabajos; quien mucho abarca, poco aprieta.*

abaritonado, da adj. Con voz o sonido de barítono.

abarloar v. t. *Mar.* Arrimar el costado de un buque a otro o al muelle (ú. t. c. pr.).

Abaroa, prov. de Bolivia (Oruro); cap. *Challapata* y *Salinas.*

abarquillado, da adj. De forma de barquillo: *madera abarquillada.*

abarquillar v. t. Dar figura de barquillo. || — V. pr. Curvarse, tomar forma de barquillo: *la madera se abarquilla con el calor.*

abarrancar v. t. Hacer barrancos. || — V. i. y pr. Varar, encallar. || — V. pr. Meterse en un barranco.

abarrotado, da adj. Muy lleno: *teatro abarrotado.*

abarrotar v. t. *Mar.* Asegurar la estiba con abarrotes. | Cargar un buque aprovechando todo el espacio disponible. || *Fig.* Atestar, llenar con exceso (ú. t. c. pr.). || — V. pr. *Amer.* Abaratarse un género por su abundancia.

abárrote m. *Mar.* Fardo pequeño. || — Pl. *Amer.* Comestibles y artículos menudos de primera necesidad: *comercio de abarrotes.*

abarrotero, ra m. y f. *Amer.* Persona que tiene tienda de abarrotes.

Abascal (José Fernando), militar y político español n. en Oviedo (1743-1827), virrey del Perú de 1806 a 1815.

abasí o **abasida** adj. y s. Descendiente de Abulabás. (La dinastía de los *abasíes* o *abasidas* destronó a los omeyas y reinó en Bagdad de 762 a 1258. Tuvo 37 califas.

Abasolo (Mariano de), patriota mexicano (1783-1816). Se distinguió en la guerra de Independencia de su país.

abastardar v. t. e i. Bastardear.

abastecedor, ra adj. y s. Que abastece.

* **abastecer** v. t. Aprovisionar, proveer de lo necesario: *abastecer la tropa.*

abastecido, da adj. Surtido.

abastecimiento m. Acción y efecto de abastecer o abastecerse.

abasto m. Provisión de víveres. || Abundancia. || *No dar abasto,* no poder satisfacer todas las demandas.

abatanado, da adj. Batido, tupido : *paño abatanado.* || Perito, diestro, experimentado.

abatanar v. t. Batir el paño en el batán.

abate m. Clérigo de órdenes menores. || Nombre dado a los clérigos de Francia e Italia: *el abate Prévost.*

abatí m. *Arg.* Maíz.

Abati y Díaz (Joaquín), autor de zarzuelas español (1865-1936).

abatido, da adj. Desanimado.

abatimiento m. Desaliento, falta de ánimo.

abatir v. t. Derribar: *abatir una casa.* || Bajar: *abatir las velas.* || *Fig.* Hacer perder el ánimo: *dejarse abatir por los infortunios.* || Desarmar, desmontar: *abatir la tienda de campaña.* || En ciertos juegos de naipes, mostrar las cartas. || *Mar. Abatir el rumbo,* desviarse el barco de su rumbo. || — V. pr. Precipitarse el ave de rapiña: *el cóndor se abatió sobre su presa.*

abazón m. *Zool.* Bolsa que algunos monos y murciélagos tienen en los carrillos.

Abbat (Per), clérigo español del s. XIV, copista del *Cantar de Mío Cid* (1307).

Abd || **~ el-Káder** (EL-HADI), emir argelino (1808-1883), que combatió de 1832 a 1847 contra los franceses. || **~ el-Krim,** caudillo moro (1882-1963). Se rebeló en el Rif contra España y Francia (1921). Se rindió a los franceses en 1926.

Abdalá (Abu). V. BOABDIL. || **~ Abenabó,** caudillo de los moriscos de Las Alpujarras, que sucedió a Aben Humeya. M. asesinado en 1571.

Abdalaziz, segundo virrey musulmán de España. Conquistó en 713 Jaén, Murcia y Granada.

Abdalmumén (1100-1163), primer califa almohade en 1130. Reinó en una parte de España.

Abdera, ant. c. del SE. de España, hoy *Adra.* — Ant. c. de la Tracia (Grecia).

Abderramán || **~ I** *el Justo* (731-788), primer emir omeya de España desde 756. || **~ II** *el Victorioso* (792-852), emir de Córdoba en 822, que conquistó Barcelona. || **~ III** (¿889?-961), emir de Córdoba en 912, fundador de la Escuela de Medicina de Córdoba y primer califa (929). || **~ IV,** califa omeya de 1017 a 1025.

Abderramán el Gafequi, guerrero hispanomusulmán del s. VIII, vencido por Carlos Martel en Poitiers (732).

abdicación f. Acción y efecto de abdicar. || Documento en que consta.

abdicar v. t. Renunciar al trono, a las dignidades, etc.: *Carlos I abdicó el trono en su hijo Felipe II.*

abdomen m. Vientre: *el abdomen contiene los intestinos.* || *Zool.* Parte posterior del cuerpo de los artrópodos.

abdominal adj. Del abdomen: *músculos abdominales.*

abducción f. *Anat.* Movimiento por el cual un miembro se aparta del eje del cuerpo: *abducción del brazo, del ojo.*

abductor adj. y s. Que produce la abducción: *músculo abductor.*

Abdul Hamid II, sultán de Turquía de 1876 a 1909.

abecé m. Alfabeto. || *Fig.* Primeras nociones de una ciencia.

abecedario m. Alfabeto. || Cartel o librito con las letras del abecedario.

abedul m. Árbol betuláceo de madera blanca que abunda en los países fríos y templados.

abeja f. Insecto himenóptero que produce la cera y la miel. || Hembra del zángano. || *Fig.* Persona laboriosa: *trabajan como abejas.*

abejaruco m. Ave que se alimenta de abejas.

Abejorral, pobl. del NO. de Colombia (Antioquia).

abejorreo m. *Fam.* Zumbido.

abejorro m. Insecto himenóptero, velludo, que zumba mucho al volar. || Insecto coleóptero que zumba mucho al volar y cuya larva roe las raíces de los vegetales. || *Fig.* Persona pesada y molesta.

Abel, segundo hijo de Adán y Eva, asesinado por su hermano Caín. (*Biblia.*)

Abelardo (Pedro), filósofo y teólogo escolástico francés (1079-1142), célebre por sus amores con Eloísa.

abemolar v. t *Mús.* Poner bemoles.

Aben || **~ Ezrra,** rabino español (¿1092?-1167), astrónomo y comentador de la Biblia. || **~ Humeya,** rey de los moriscos sublevados de Las Alpujarras (1520-1568), cuyo verdadero n. era Fernando de Córdoba y Válor. M. ahorcado.

Abenabó. V. ABDALÁ ABENABÓ.

Abencerraje, miembro de una familia morisca, rival de los Zegríes, que tuvo gran influencia en el reino de Granada en el siglo XV.

Abenmassarra, filósofo hispanoárabe (883-931), inspirado en Platón.

Abentofail, filósofo y médico hispanoárabe (1100-1185), autor de *El filósofo autodidacto.*

Aberdeen [*-din*], c. y puerto de Gran Bretaña (Escocia), cap. del condado homónimo. Obispado. Astilleros.

aberración f. *Astr.* Desvío aparente de los astros. || *Ópt.* Defecto de las lentes que produce una visión defectuosa: *aberración cromática.* || *Fig.* Error de juicio, disparate.

aberrante adj. Que se aparta de la regla común.

aberrar v. i. Errar, equivocarse.

abertura f. Acción de abrir o abrirse. || Hendidura o grieta: *una abertura en la pared.* || *Astr.* Diámetro útil de un anteojo. || *Fig.* Franqueza.

abetal m. Lugar poblado de abetos.

abeto m. Árbol conífero siempre verde de copa cónica y ramas horizontales.

abetunado, da adj. Parecido al betún.

Abidján, cap. y puerto de Costa de Marfil; 187 500 h. Arzobispado.

Abidos, ant. c. de Asia Menor, en el Helesponto. — C. del Alto Egipto, a orillas del Nilo.

abierto, ta adj. Desembarazado, llano, raso: *campo abierto.* || Que no tiene fortificaciones o no quiere defenderse: *ciudad abierta.* || *Fig.* Sincero, comunicativo: *carácter abierto.* | Comprensivo, generoso, liberal: *un espíritu abierto.* || — *A cielo abierto,* al aire libre. || *Con los brazos abiertos,* cordialmente.

abietáceas f. pl. *Bot.* Familia de plantas gimnospermas, como el pino y el alerce (ú. t. c. adj.).

abigarrado, da adj. Que tiene colores o dibujos muy variados: *tela abigarrada.* || Heterogéneo: *muchedumbre abigarrada.*

abigarrar v. t. Dar o poner a una cosa varios colores mal combinados.

abigeato m. Robo de ganado.

abigeo m. Ladrón de ganado.

Abila, ant. nombre de *Ceuta.*

abiogénesis f. Generación espontánea.

abipón, ona adj. y s. Individuo de un ant. pueblo indígena del Chaco argentino.

abisal adj. De las profundidades submarinas: *flora y fauna abisales.*

abiselar v. t. Biselar.

Abisinia, ant. n. de *Etiopía.*

abisinio, nia adj. y s. De Abisinia.

abismal adj. Del abismo. || Abisal: *poso abismal.*

abismar v. t. Hundir en un abismo. || *Fig.* Confundir, abatir: *abismar en un mar de confusiones* (ú. t. c. pr.). || — V. pr. *Fig.* Sumirse: *abismarse en la lectura.*

abismático, ca adj. Profundo.

abismo m. Sima, gran profundidad. || *Fig.* Cosa inmensa, extremada: *un abismo de penas.* | Cosa difícil de descubrir: *los abismos del alma.* | Gran diferencia: *hay un abismo entre las dos cosas.* | Infierno. || *Fig. Estar al borde del abismo,* estar a punto de arruinarse, de perderse.

Abjasia, rep. autónoma de la U.R.S.S. (Georgia), al S. del Cáucaso; cap. *Sujumi.*

abjuración f. Acción y efecto de abjurar: *abjuración de Recaredo.*

abjurar v. t. Renunciar solemnemente a una religión o sentimiento (ú. t. c. i.).

ablación f. *Cir.* Extirpación de cualquier parte del cuerpo: *ablación de un riñón.* || *Geol.* Fusión de un glaciar por el calor.

ablandamiento m. Acción y efecto de ablandar o ablandarse.

ablandar v. t. Poner blanda alguna cosa: *el calor ablanda la cera.* || *Fig.* Mitigar la cólera, la ira, etc.: *ablandar el rigor paterno.* || — V. pr. Ponerse blando.

ablande m. *Arg.* Rodaje de un automóvil.

ablativo adj. y s. m. *Gram.* Dícese de uno de los casos de la declinación gramatical que expresa relación de procedencia, situación, modo, tiempo, instrumento, etc. (En castellano se indica por medio de las preposiciones *con, de, desde, en, por, sin, sobre, tras.*) || *Ablativo absoluto,* expresión elíptica, sin conexión gramatical con el resto de la frase de la cual depende por el sentido: *dicho esto, se fue.*

ablución f. Lavado, acción de lavarse: *hizo sus abluciones matinales.* || En algunas religiones, purificación por medio del agua. || Ceremonia de purificar el cáliz y de lavarse los dedos el sacerdote después de consumir. || — Pl. Vino y agua para hacer la purificación.

abnegación f. Renunciamiento de la propia voluntad o intereses a favor de Dios o del prójimo.

abnegado, da adj. Que tiene abnegación. || Desinteresado, sacrificado: *espíritu abnegado.*

* **abnegarse** v. pr. Sacrificarse.
abobado, da adj. Bobo, tonto.
abocado, da adj. Aplícase al vino agradable por su suavidad. || *Fig.* Próximo, expuesto a: *abocado a la ruina.*
abocar v. t. Acercar, aproximar: *abocar la carne al asador.* || Dirigirse a una persona.
abocardado, da adj. De boca ancha, abocinado.
abocelado, da adj. Que tiene forma de bocel: *moldura abocelada.*
abocetado, da adj. Dícese de la pintura sin terminar.
abocetar v. t. Ejecutar un boceto.
abocinado, da adj. De figura de bocina.
abocinar v. t. Dar a algo forma de bocina.
abochornado, da adj. Que siente bochorno. || *Fig.* Sonrojado, avergonzado: *abochornado de (o por) su conducta.*
abochornar v. t. Causar bochorno. || *Fig.* Avergonzar, sonrojar. || — V. i. Sentir bochorno. || — V. pr. *Agr.* Enfermar las plantas por el excesivo calor. || *Fig.* Sentir vergüenza.
abofetear v. t. Pegar bofetadas. || *Fig.* Despreciar, hacer caso omiso de: *abofetear los principios.*
abogacía f. Profesión del abogado: *ejercer la abogacía.*
abogada f. Mujer que ejerce la abogacía. || *Fam.* Mujer del abogado. || *Fig.* Intercesora o medianera.
abogaderas f. pl. *Fam. Amer.* Argumentos capciosos.
abogadesco, ca adj. *Fam.* Del abogado.
abogado m. Perito en el derecho positivo que defiende en juicio los intereses de los litigantes y aconseja sobre cuestiones jurídicas. || *Fig.* Defensor, intercesor, medianero: *abogado de causas inútiles.* || — *Abogado del Estado,* el que está al servicio del Estado. || *Abogado de pobres,* el que los defiende de oficio.
abogar v. i. Defender en juicio. || *Fig.* Interceder, hablar en favor de uno o de algo: *abogar por la paz.*
abolengo m. Ascendencia de abuelos o antepasados. || *For.* Patrimonio o herencia que viene de los abuelos. || *De abolengo,* de gran solera.
abolición f. Acción y efecto de abolir.
abolicionismo m. Doctrina de los abolicionistas.
abolicionista adj. y s. Relativo a la abolición de la esclavitud o partidario de esta doctrina. || Que procura dejar sin vigor ni fuerza un precepto o costumbre.
* **abolir** v. t. Derogar, suprimir: *abolir una ley.*
abolsar v. pr. Formar bolsas, ahuecar (ú. t. c. pr.).
abollado adj. *Fam.* Desprovisto de dinero, en mala situación. || — M. Adorno de bollos.
abolladura f. Accción y efecto de abollar o abollarse.
abollar v. t. Hacer a una cosa uno o varios bollos o bollones: *abollar una cacerola.* || V. pr. Hacerse bollos una cosa: *la cafetera se abolló al caer.*
abombado, da adj. De figura convexa: *plancha abombada.*
abombar v. t. Dar forma convexa. || *Fig.* y *fam.* Atolondrar, aturdir. || — V. pr. *Amer.* Empezar a corromperse, pudrirse. | Emborracharse.
Abomey, c. de Dahomey, ant. cap. del reino de este n. Obispado.
abominable adj. Que excita aversión: *acción abominable.* || *Fig.* Detestable: *tiempo, persona abominable.*
abominación f. Aversión, horror. || Cosa abominable.
abominar v. t. Condenar, maldecir: *abominar una doctrina.* || Aborrecer, detestar: *abomino la hipocresía* (ú. t. c. i.).
abonable, adj. Que puede ser abonado.
abonado, da m. y f. Persona que ha tomado un abono: *abonado al fútbol, a un periódico.*
abonanzar v. i. Calmarse la tormenta o serenarse el tiempo.
abonar v. t. Acreditar, dar por bueno. || Salir fiador de uno: *abonar a un comerciante.* || Mejorar, bonificar alguna cosa. || Asentar en los libros de cuentas una partida a favor de alguno. || Anotar en cuenta: *abonar en cuenta un pagaré.* || Pagar: *abonar la factura.* || Poner un abono en la tierra. || Tomar un abono para otro: *abonar a uno a un diario.* || V. pr. Tomar un abono o suscripción: *abonarse a los toros.*
abonaré m. Pagaré, documento que promete el pago de una cantidad.
abonero m. *Méx.* Persona que cobra periódicamente a domicilio las cantidades pequeñas que corresponden a una mercancía obtenida a crédito.
abono m. Acción y efecto de abonar o abonarse. || Derecho que adquiere el que se abona o suscribe: *un abono de palco en el teatro.* || Materia con que se fertiliza la tierra: *abonos químicos.*
aboquillar v. t. Poner boquilla a una cosa. || *Arq.* Chaflanar.
abordable adj. Tratable: *persona muy abordable.*
abordaje m. *Mar.* Acción de abordar: *entrar, saltar, tomar al abordaje.*
abordar v. t. e i. *Mar.* Rozar o chocar una embarcación con otra: *el transatlántico fue abordado por un barco corsario.* || Atracar una nave. || Tomar puerto: *abordar a una costa.* || *Fig.* Acercarse a uno para hablarle: *no es el momento para abordarle.* | Emprender, empezar un asunto: *abordar un tema.*
aborigen adj. Originario del país en que vive: *tribu, animal, planta aborigen.* || — M. pl. Primitivos moradores de un país.
aborrascarse v. pr. Ponerse el tiempo borrascoso.
* **aborrecer** v. t. Detestar: *aborrecer el vicio.* || Abandonar las aves los huevos o las crías. || *Fig.* Aburrir, fastidiar (ú. t. c. pr.).
aborrecible adj. Digno de ser aborrecido.
aborrecimiento m. Odio. || Repugnancia. || Aburrimiento, tedio.
aborregado, da adj. *Fig.* Sin iniciativa, que va en grupo como los borregos.
aborregarse v. pr. Cubrirse el cielo de nubes a modo de vellones de lana. || *Per.* y *Riopl.* Acobardarse.
abortar v. t. e. i. Parir antes de tiempo espontáneamente o siendo provocada de modo expreso la interrupción del embarazo. || *Hist. nat.* Interrumpirse en el animal o en la planta el desarrollo de algún órgano. || *Fig.* Malograrse una empresa, interrumpirse antes de estar terminado: *la sublevación abortó.* || — V. t. *Fig.* Producir algo monstruoso, absurdo.
abortivo, va adj. Nacido antes de tiempo. || Que hace abortar (ú. t. c. s. m.).
aborto m. Acción de abortar. || Cosa abortada. || *Fig.* Fracaso. || *Fam.* Persona o cosa de aspecto repugnante: *un aborto de la naturaleza.*
abotagamiento y **abotargamiento** m. Acción y efecto de abotagarse.
abotagarse o **abotargarse** v. pr. Hincharse el cuerpo.
abotinado, da adj. Dícese de los zapatos que tienen una parte que cubre el empeine.
abotonar v. t. Cerrar con botones una prenda de vestir: *abotonar el abrigo.* || — V. i. Echar botones o yemas las plantas. || — V. pr. Abrocharse los botones.
abovedado, da adj. Combado.
abovedar v. t. *Arq.* Cubrir con bóveda o dar figura de bóveda: *abovedar un sótano.*
abra f. Bahía pequeña, ensenada. || Abertura ancha entre montañas. || Grieta del terreno producida por un terremoto.
Abra, río de Filipinas, en la isla de Luzón.
Abrabanel. V. ABARBANEL (Isaac).
abracadabra m. Palabra cabalística.
abracadabrante adj. Pasmoso. || Aterrador.
Abrahán o **Abraham,** patriarca hebreo, padre de Ismael, primer antepasado de los árabes y de Isaac, el primero de los israelitas (s. XIX a. de J. C.).
Abrantes, c. del centro de Portugal (Extremadura).
abrasador, ra adj. Que abrasa: *sol abrasador, pasión abrasadora.*
abrasar v. t. Quemar, reducir a brasa. || *Agr.* Secar el excesivo calor o frío una planta o sus hojas. || Calentar demasiado: *el sol abrasa.* || Quemar, causar ardor la sed o ciertos alimentos (ú. t. c. i.). || *Fig.* Consumir: *la impaciencia la abrasa.* || — V. pr. Quemarse. || *Fig.* Estar agitado por alguna pasión: *abrasarse en cólera, de amor.*
abrasión f. Acción y efecto de raer o desgastar por fricción. || Erosión del mar sobre las costas. || *Med.* Leve ulceración de las membranas.
abrasivo, va adj. Relativo a la abrasión. || — M. Cuerpo duro que se usa, pulverizado o aglomerado, para pulimentar: *el esmeril es un abrasivo.*
abrazadera adj. y s., f. Aro o sortija de metal que sirve para asegurar una cosa ciñéndola: *las tres abrazaderas del fusil.* || *Impr.* Corchete (signo).
abrazar v. t. Rodear con los brazos. || Estrechar entre los brazos en señal de cariño: *abrazar a sus amigos.* || *Fig.* Rodear. | Comprender, abarcar: *abrazar todo un período histórico.* | Admitir, adoptar: *abrazar una doctrina.* | Tomar a su cargo una cosa: *abrazar un negocio, una empresa.*
abrazo m. Acción y efecto de abrazar o abrazarse.
abrecartas m. inv. Plegadera.
ábrego m. Viento sudoeste o del Sur.
abrelatas m. inv. Instrumento para abrir latas de conservas.
abrepuño m. Arzolla.
Abréu || ~ **Gómez** (ERMILO), novelista y dramaturgo mexicano (1894-1971). || ~ **Lima** (JOSÉ IGNACIO), historiador y patriota brasileño (1797-1869).
abrevadero m. Pila donde beben los animales.
abrevar v. t. Dar de beber: *abrevar el ganado.*
abreviación f. Acción y efecto de abreviar.
abreviado, da adj. Reducido, compendiado: *diccionario abreviado.*
abreviar v. t. Hacer algo más breve: *abreviar un texto.* || Acelerar, apresurar: *el trabajo abrevia las horas.* || — V. i. Hacer más rápido: *para abreviar, mire el esquema.*
abreviatura f. Representación abreviada de una palabra (v. cuadro). || Palabra representada de este modo. || *En abreviatura,* empleando abreviaturas.
abribonarse v. pr. Hacerse bribón.
abridero, ra adj. Que se abre fácilmente. || — M. *Bot.* Variedad de melocotonero y su fruto.
abridor, ra adj. Que abre. || — M. *Bot.* Abridero. || Cuchilla para injertar.
abrigadero m. Sitio abrigado de los vientos y las olas. || *Amer.* Guarida.

ABREVIATURAS USUALES

a	Área.
a. de J. C.	Antes de Jesucristo.
Admón.	Administración.
afmo.	Afectísimo.
A. M. D. G.	A Mayor Gloria de Dios.
atto.	Atento.
B. L. M.	Besa la mano.
B. O.	Boletín Oficial.
cap.	Capítulo.
cm³	Centímetro cúbico.
Cía.	Compañía.
c./c.	Cuenta corriente.
Cf. o Cfe.	Confer (*compárese*).
cg, cl, cm	Centigramo, centilitro, centímetro.
cents. o cts.	Céntimos.
cta.	cuenta.
C. V.	Caballo de vapor.
D., D.ª	Don, Doña.
D. m.	Dios mediante.
Dr.	Doctor.
Dg, dg	Decagramo, decigramo.
Dl, dl	Decalitro, decilitro.
Dm, dm	Decámetro, decímetro.
g o gr	Gramo.
E.	Este.
EE. UU.	Estados Unidos.
etc.	Etcétera.
Excmo.	Excelentísimo.
f. c.	Ferrocarril.
Fr.	Fray.
gral.	General.
h.	Horas.
Ilmo.	Ilustrísimo.
J. C.	Jesucristo.
kg	Kilogramo.
km	Kilómetro.
kW	Kilovatio.
l	Litro.
Lic.	Licenciado.
m	Metro.
M., Mme	Monsieur, Madame (*señor, señora*, en francés).
Mlle	Mademoiselle (*señorita*, en francés).
Mr., Mrs.	Mister, Mistress (*señor, señora*, en inglés).
Mons.	Monseñor.
N.	Norte.
N. B.	Nota bene (*nótese*).
N.ª S.ª	Nuestra Señora.
N.º, núm.	Número.
O.	Oeste.
pág.	Página.
pbro.	Presbítero.
P. D., P. S.	Postdata, post scriptum.
P. O.	Por orden.
pral.	Principal.
q. b. s. m.	Que besa su mano.
q. e. p. d.	Que en paz descanse.
q. e. s. m.	Que estrecha su mano.
R. I. P.	Requiéscat in pace.
Rvdo.	Reverendo.
S	Sur.
S. A.	Sociedad Anónima.
S. A. R.	Su Alteza Real.
s. e. u. o.	Salvo error u omisión.
S. L. o Ltda.	Sociedad Limitada.
S. M.	Su Majestad.
s./n.	Sin número.
S. O. S.	Petición de auxilio.
Sr., Sres..	Señor, Señores
Sra., Srta.	Señora, Señorita.
s. s. s.	Su seguro servidor.
Tel.	Teléfono.
Ud., Uds. o Vd., Vds.	Vds. Usted, Ustedes.
v. gr.	Verbigracia..
V.º B.º	Visto bueno.
W. C.	Watercloset, retrete.
X.	Anónimo, desconocido.
&	Y.

abrigado, da adj. Protegido del viento, del frío. ‖ Cubierto: *en invierno hay que ir muy abrigado.*

abrigador, ra adj. Que abriga.

abrigar v. t. Poner al abrigo: *abrigar de la lluvia.* ‖ Cubrir una cosa o persona con algo para que no se enfríe: *la manta es lo que más abriga.* ‖ *Fig.* Auxiliar, patrocinar, amparar. | Tratándose de ideas, afectos, etc., tenerlos: *abrigar sospechas, amor.* ‖ — V. pr. Defenderse, resguardarse. ‖ Ponerse cosas de abrigo.

abrigo m. Sitio donde se puede uno resguardar del frío o de la lluvia: *el hombre primitivo buscó abrigo en las cavernas.* ‖ *Fig.* Amparo, lo que preserva de algún mal: *buscar abrigo en la amistad.* ‖ Cobijo, refugio. ‖ Prenda que sirve para abrigar, sobre todo la que se pone encima del traje para protegerse del frío. ‖ Lugar defendido de los vientos. ‖ Cosa que abriga: *una manta de mucho abrigo.* ‖ *Fig.* y *fam. De abrigo,* de cuidado: *una persona de abrigo.*

abril m. Cuarto mes del año: *abril consta de treinta días.* ‖ *Fig.* Primera juventud: *el abril de la vida.* ‖ — Pl. *Fig.* Años de juventud: *tiene catorce abriles.* ‖ *Fig. Estar hecho un abril,* estar lucido, hermoso, galán.

Abril (Manuel), escritor y crítico de arte español (1884-1946). ‖ **~** (PEDRO SIMÓN), humanista español (¿1530-1595?), traductor de los clásicos griegos y latinos.

abrileño, ña adj. Del mes de abril.

abrillantar v. t. Hacer que brille algo. ‖ Labrar en facetas: *abrillantar una esmeralda.* ‖ *Fig.* Dar más valor o lucimiento.

abrir v. t. Hacer que lo que estaba cerrado deje de estarlo: *abrir el armario.* (Tiene otros muchos sentidos análogos: *abrir una ventana, un pestillo, un grifo, los ojos, los brazos, los dedos, las alas, unos alicates, un compás, un paraguas.*) ‖ Cortar: *abrir una sandía.* ‖ Cortar por los dobleces las páginas: *abrir un libro.* ‖ Romper, despegar el sobre de una carta. ‖ Extender: *abrir la mano.* ‖ Vencer un obstáculo: *abrir paso.* ‖ Permitir el paso por un sitio: *abrir las fronteras; abrir el agua, el gas.* ‖ Horadar, hacer: *abrir un túnel, un surco.* ‖ Principiar, inaugurar: *abrir las Cortes, la discusión, la sesión, un congreso, un café.* ‖ Ir a la cabeza o delante: *abrir la marcha.* ‖ — *Abrir crédito a uno,* autorizarle para que disponga de cierta suma. ‖ *Abrir el apetito,* excitarlo. ‖ *Abrir los ojos a otro,* desengañarle. ‖ — V. i. Tratándose de flores, separarse los pétalos que estaban recogidos en el capullo. ‖ — V. pr. Distenderse un ligamento. ‖ Dar a: *mi ventana se abre a un jardín.* ‖ *Fig.* Presentarse: *ante ti se abren muchas perspectivas.* ‖ — *Fig. Abrirse con uno,* confiarle su pensamiento. | *Abrirse paso en la vida,* salir adelante en ella.

abrochar v. t. Cerrar o unir con broches, botones, etc. : *abrochar un vestido* (ú. t. c. pr.).

abrogable adj. Que puede abrogarse.

abrogación f. Acción y efecto de abrogar.

abrogar v. t. *For.* Derogar.

abrogatorio, ria adj. Que abroga: *cláusula abrogatoria.*

abrojo m. Planta espinosa y su fruto. ‖ Cardo estrellado. ‖ Planta acuática llamada también *castaña de agua.* ‖ *Mil.* Pieza de hierro armada de cuatro púas puesta para estorbar el paso de las caballerías. ‖ — Pl. *Mar.* Peñas agudas y a flor de agua. ‖ *Fig.* Penas, dolores: *los abrojos de la vida.*

abroma m. Arbusto esterculiáceo cuya corteza se utiliza para fabricar cordeles, etc.

abroncar v. t. *Fam.* Echar una bronca. ‖ Abuchear, armar una bronca: *le abroncaron cuando se presentó al público.*

abroquelado, da adj. De forma de broquel: *las hojas abroqueladas de la capuchina.* ‖ *Fig.* Escudado.

abroquelarse v. pr. Defenderse con el broquel. ‖ *Fig.* Valerse de cualquier medio de defensa.

abrótano m. Planta compuesta, de olor suave, que se emplea como vermífugo.

abrumado, da adj. Oprimido por un peso. ‖ *Fig.* Molestado: *abrumado por los acreedores.*

abrumador, ra adj. Que abruma: *una tarea abrumadora.*

abrumar v. t. Agobiar con un peso o carga. ‖ *Fig.* Causar grave molestia: *abrumar de trabajo.* ‖ Confundir a uno: *le abrumó con sus argumentos; abrumar con un exceso de amabilidades.*

abrupto, ta adj. Cortado a pico: *rocas abruptas.*

abruzo, za adj. y s. De los Abruzos (Italia).

Abruzos, macizo montañoso de Italia, en los Apeninos centrales.

Absalón, hijo de David, que conspiró contra su padre y fue muerto por Joab. (*Biblia.*)

absceso m. *Med.* Acumulación de pus en un tejido orgánico.

abscisa f. *Geom.* Una de las dos coordenadas que determinan la posición de un punto en un plano (la otra se llama *ordenada*).

abscisión f. Separación de una parte pequeña de un cuerpo cualquiera, hecha con instrumento cortante: *abscisión de la úvula.* ‖ *Fig.* Renunciación.

absentismo m. Costumbre de residir el propietario inmobiliario fuera de la localidad en que radican sus bienes. ‖ Falta o ausencia de los obreros al trabajo.

absentista adj. y s. Que practica el absentismo.

ábsida f. Ábside.

absidal adj. Que tiene ábside, en forma de ábside.

ábside amb. *Arq.* Parte del templo, abovedada, semicircular, o poligonal que sobresale en la parte posterior del mismo. ‖ — M. *Astr.* Ápside.

absidiola f. *Arq.* Cada una de las capillas semicirculares construidas en torno al ábside.

absintio m. Ajenjo.

absolución f. Acción de absolver. ‖ *For.* Terminación del pleito favorable al demandado. ‖ *Absolución sacramental,* acto de absolver el confesor al penitente.

absoluta f. Aserción dicha en tono de magisterio. ‖ *Mil.* Licencia absoluta dada a un soldado.

absolutismo m. Sistema de gobierno absoluto.

absolutista adj. y s. m. Partidario del absolutismo.

absoluto, ta adj. Que excluye toda relación: *proposición absoluta.* ‖ Ilimitado, no limitado por una constitución: *poder absoluto.* ‖ Sin restricción: *necesidad absoluta.* ‖ Completo, total: *mi certeza es absoluta.* ‖ Puro, dicho del alcohol. ‖ *Fig.* y *fam.* De genio dominante: *carácter absoluto.* ‖ *Log.* Lo que no es relativo: *hombre es término absoluto; padre lo es relativo.* ‖ — *Fís. Cero absoluto,* temperatura de 273 ºC. ‖ *En absoluto,* de manera terminante, de ninguna manera. ‖ *Lo absoluto,* el Ser Supremo, Dios. ‖ *Gram. Proposición absoluta,* la que por sí anuncia un sentido completo.

absolutorio, ria adj. *For.* Dícese del fallo que absuelve.

absolvederas f. pl. *Fam.* Benevolencia excesiva de un confesor.

* **absolver** v. t. Dar por libre de algún cargo u obligación. ‖ *For.* Dar por libre al reo: *absolver al procesado.* ‖ Remitir a un penitente sus pecados. ‖ *Fig.* Disculpar, perdonar.

absorbente adj. Que absorbe: *pelillos absorbentes de las raíces.* ‖ *Fig.* Que ocupa por completo: *labor absorbente.* | Dominante, que quiere ser el centro de todo: *persona absorbente.* — M. Sustancia capaz de absorber.

absorber v. t. Atraer un cuerpo y retener entre sus moléculas las de otro en estado líquido o gaseoso: *la esponja absorbe el agua.* ‖ Neutralizar, hacer desaparecer: *el color negro absorbe los rayos luminosos.* ‖ *Fig.* Consumir enteramente: *el juego le absorbió la fortuna; el mercado nacional absorbe toda la producción.* | Atraer a sí, cautivar: *absorber la atención.* ‖ — V. pr. Ensimismarse.

absorbible adj. Que puede absorberse.

absorción f. Acto de absorber.

absorto, ta adj. Abstraído, ensimismado. ‖ Admirado.

abstemio, mia adj. y s. Que no bebe vino ni ninguna clase de licores alcohólicos.

abstención f. Acción de abstenerse: *abstención electoral.*

abstencionismo m. Doctrina que defiende la abstención, especialmente en elecciones políticas.

abstencionista adj. y s. Que se abstiene de tomar parte en un voto o contienda electoral.

* **abstenerse** v. pr. Privarse de algo o impedirse hacer o tomar algo: *abstenerse de comer carne.* ‖ No tomar parte en un voto, en una deliberación.

abstergente adj. y s. m. *Med.* Que absterge o limpia.

absterger v. t. *Med.* Limpiar una llaga.

abstersión f. *Med.* Acción y efecto de absterger.

abstersivo, va adj. *Med.* Que absterge.

abstinencia f. Acción de abstenerse. ‖ Privación de comer carne por prescripción religiosa: *la abstinencia es diferente del ayuno.* ‖ Virtud del que se abstiene total o parcialmente de los goces materiales.

abstinente adj. y s. Que se abstiene. ‖ Sobrio en el comer y beber.

abstracción f. Acción y efecto de abstraer o abstraerse. ‖ *Hacer abstracción de,* no tener en cuenta.

abstracto, ta adj. Genérico, no concreto: *ideas abstractas.* ‖ *Fig.* Difícil de comprender: *escritor abstracto.* ‖ — *Arte abstracto,* el que representa las cosas de una manera diferente de como son en realidad. ‖ *En abstracto,* con exclusión del sujeto en quien se halla cierta cualidad. ‖ *Lo abstracto,* lo difícil de determinar: *considerar lo abstracto y lo concreto.* ‖ *Mat. Número abstracto,* el que no se refiere a unidad de especie determinada: *cuatro es un número abstracto; cuatro casas, concreto.*

* **abstraer** v. t. Considerar separadamente las cosas unidas entre sí. ‖ *Abstraer de,* prescindir, hacer caso omiso. ‖ — V. pr. Entregarse a la meditación, estar distraído: *intentó abstraerse de todo.*

abstraído, da adj. Ensimismado, absorto.

abstruso, sa adj. Difícil de comprender, incomprensible.

absuelto, ta p. p. irreg. de *absolver.* Ú. c. adj.: *procesado absuelto.*

absurdidad f. Absurdo.

absurdo, da adj. Contrario a la razón: *proyecto absurdo.* ‖ — M. Dicho o hecho contrario a la razón: *eso es un absurdo.*

Abu Zabi o **Abu Dhabi,** principado del Estado de los Emiratos Árabes Unidos, en el golfo Pérsico; 67 000 km²; 46 500 h. C. pr. *Abu Zabi.*

Abubeker (¿570?-634), primer califa árabe (632), suegro y sucesor de Mahoma.

abubilla f. Pájaro insectívoro, de pico largo y penacho de plumas eréctiles.

abuchear v. t. Sisear, reprobar ruidosamente: *le abuchearon.*

abucheo m. Acción de abuchear.

abuela f. Madre del padre o de la madre. ‖ *Fig.* Mujer anciana. ‖ *No necesitar abuela,* alabarse a sí mismo.

abuelastro, tra m. y f. Padre o madre del padrastro o de la madrastra. ‖ Segundo marido de la abuela o segunda esposa del abuelo.

abuelo m. Padre del padre o de la madre. ‖ Ascendiente (ú. m. en pl.).

abuhardillado, da adj. Con el techo en pendiente como las buhardillas.

Abukir, pobl. del Bajo Egipto, al NE. de Alejandría. Derrota de la armada francesa por Nelson en 1798.

Abulabás, llamado *el Sanguinario,* primer califa abasida (749-754). Hizo asesinar a los omeyas.

abulense adj. y s. De Ávila.

abulia f. Falta de voluntad o de energía, apatía.

abúlico, ca adj. y s. Que adolece de abulia.

Abulmeca de Ronda, poeta arábigo-andaluz del siglo XIII.

abultado, da adj. Grueso, grande: *paquete abultado; labios abultados.*

abultamiento m. Bulto. ‖ Hinchazón.

abultar v. t. Aumentar el bulto de una cosa: *las lentes convexas abultan los objetos* ‖ Ejecutar en relieve. ‖ *Fig.* Aumentar, exagerar la cantidad, intensidad, grado, etc.: *abultar una historia.* | Ponderar, encarecer. ‖ — V. i. Tener o hacer bulto: *una obra que abulta mucho.*

Abuná, río de Bolivia que sirve de frontera con el Brasil y des. en el Madeira; 321 km. — Prov. de Bolivia (Pando); cap. *Santa Rosa.*

abundamiento m. Abundancia. ‖ *A mayor abundamiento,* además, con mayor razón o seguridad.

abundancia f. Copia, gran cantidad: *hay abundancia de cosas.* ‖ Recursos considerables: *vivir en la abundancia.*

abundante adj. Que abunda, copioso: *comida abundante.*

abundar v. i. Haber copia o gran cantidad de una cosa: *es una mercancía que abunda.* ‖ Tener en abundancia: *el ganado abunda en Argentina.* ‖ Convenir en un dictamen, adherirse a él: *abundar en la opinión de uno.*

¡abur! interj. *Fam.* ¡Adiós!

aburguesamiento m. Acción y efecto de aburguesarse.

aburguesarse v. pr. Adquirir cualidades de burgués.

aburrido, da adj. Cansado, fastidiado: *aburrido de la vida.* ‖ Que aburre o cansa: *película muy aburrida.*

aburrimiento m. Cansancio, fastidio, tedio: *¡qué aburrimiento!*

aburrir v. t. Molestar, fastidiar, cansar: *aburrir con un largo discurso.* ‖ — V. pr. Fastidiarse, hastiarse: *aburrirse en el cine.* ‖ *Fig.* y *fam. Aburrirse como una ostra,* aburrirse mucho.

abusar v. i. Usar mal o indebidamente de alguna cosa: *abusar de la confianza de alguien.*

abusivo, va adj. Que se introduce o practica por abuso: *precios abusivos.*

abuso m. Uso indebido, excesivo o injusto: *abuso de autoridad.* ‖ Cosa abusiva: *su precio es un abuso.* ‖ *Abuso de confianza,* mal uso que hace uno de la confianza depositada en él.

abusón, ona adj. y s. Dado al abuso en provecho propio.

abyección f. Bajeza, vileza, envilecimiento.

abyecto, ta adj. Bajo, vil, despreciable: *acción abyecta.* ‖ Abatido, humillado: *hombre de abyecta condición.*

acá adv. Aquí, a esta parte. (Indica lugar menos determinado que el que se denota con el adv. *aquí;* por eso admite ciertos grados de comparación que rechaza *aquí: tan acá, más acá, muy acá.*) ‖ Precedido de ciertas preposiciones y adv. de tiempo anterior, denota el presente: *de una semana acá; desde aquel momento acá.* (En algunos países de América *acá* se emplea mucho más que *aquí.*)

acabado, da adj. Perfecto, completo, consumado: *ejemplo acabado de bondad.* ‖ Arruinado, destruido, viejo: *es un negociante acabado.* ‖ — M. Última operación para perfeccionar una obra o labor: *el acabado de un coche.*

acaballadero m. Depósito de sementales.

acaballado, da adj. Parecido a la cabeza del caballo: *cara acaballada.*

acaballar v. t. Cubrir el caballo o el asno a la yegua.

acaballonar v. t. *Agr.* Hacer caballones en las tierras.

acabamiento m. Efecto o cumplimiento de alguna cosa. ‖ Término, fin.

acabar v. t. Poner o dar fin a una cosa, terminarla. ‖ Apurar, consumir: *acabar su ruina.* ‖ Dar el último toque a una obra. ‖ Dar muerte a un herido. ‖ — V. i. Rematar, terminar, finalizar: *acabar en punta.* ‖ Terminar: *ven cuando acabes.* ‖ Morirse. ‖ Resultar: *el asunto acabó mal.* ‖ Volverse: *así acabaré loco.* ‖ Extinguirse, apagarse, aniquilarse (ú. t. c. pr.). ‖ — *¡Acabáramos!* expr. fam. aplicada al salir de una duda, de un enredo. ‖ *Acabar con una persona o cosa,* destruirla, hacer desaparecer: *acabarás con su paciencia.* ‖ *Acabar de,* seguido de un infinitivo, haber ocurrido: *acaba de llegar.* ‖ *Acabar por,* seguido de un infinitivo, llegar el momento de producirse: *acabaron por aceptar.*

acabóse m. *Fam.* El colmo. ‖ Lo mejor de todo.

acacia f. Árbol de la familia de las mimosáceas, de flores amarillas olorosas.

acacoyol m. *Méx.* Planta gramínea llamada también *lágrimas de Job.*

acachetar v. t. *Taurom.* Dar el puntillazo a la res.

acachetear v. t. Dar cachetes.

academia f. Escuela filosófica fundada por Platón en los jardines de Academos, donde reunía a sus discípulos. ‖ Sociedad literaria, científica o artística: *Academia de la Lengua Española, Academia de Medicina.* ‖ Edificio donde se reúnen los académicos. ‖ Reunión de académicos. ‖ Establecimiento de enseñanza para ciertas carreras o profesiones: *Academia de Artes y Oficios.* ‖ En escultura o pintura, estudio de la figura tomada del natural.

— La *Academia Española,* llamada igualmente *Real Academia de la Lengua,* fue creada por Felipe V en 1714. Su lema *(limpia, fija y da esplendor)* enuncia su preocupación de dar propiedad, elegancia y pureza a las voces de la lengua castellana. Formada por 36 académicos de número, 30 correspondientes en las provincias españolas y más de 40 en el extranjero, edita, entre otras publicaciones, un diccionario de la lengua. Existen también academias correspondientes en los países de lengua castellana.

academicismo m. Calidad de académico. ‖ Sujeción a las reglas y la técnica clásicas.

académico, ca adj. *Fil.* Dícese del que sigue la escuela de Platón (ú. t. c. s.). ‖ Relativo a las academias: *diploma, discurso, estilo académico.* ‖ Aplícase a los estudios, diplomas o títulos cursados en la universidad. ‖ Correcto: *estilo académico.* ‖ En pintura y escultura, relativo a la academia: *figura académica.* ‖ Que observa con rigor las reglas clásicas. ‖ — M. y f. Miembro de una academia.

academismo m. Academicismo.

academizar v. t. Dar carácter académico.

Academos, héroe mítico de Ática en cuyos jardines se reunían los filósofos.

acaecedero, ra adj. Posible.

* **acaecer** v. i. Suceder.

acaecimiento m. Suceso.

Acahay, c. del Paraguay, cab. del part. homónimo (Paraguarí).

Acajutla, c. y puerto del SO. de El Salvador (Sonsonate).

acalabazado, da adj. Parecido a la calabaza.

acalefos m. pl. *Zool.* Orden de celentéreos que comprende las medusas, etc. (ú. t. c. adj.).

acalia f. Malvavisco, planta.

acalorado, da adj. Encendido, fatigado. ‖ *Fig.* Entusiasta, apasionado: *defensor acalorado mío.* | Excitado, enardecido: *acalorado por la disputa.*

acaloramiento m. Ardor, arrebato de calor. ‖ *Fig.* Apasionamiento, ardor.

acalorar v. t. Dar o causar calor. ‖ Encender o fatigar el trabajo o el ejercicio. ‖ *Fig.* Excitar, enardecer: *estar acalorado por la pasión.* | Avivar, apresurar, incitar al trabajo. ‖ — V. pr. Tomar calor: *se acaloró en (con* o *por) la carrera.* ‖ *Fig.* Irritarse. | Entusiasmarse.

acallar v. t. Hacer callar. ‖ *Fig.* Aplacar, aquietar, sosegar: *acallar el hambre, las inquietudes.*

Acamapichtli, primer soberano de los aztecas, que reinó de 1350 a 1403.

acamar v. t. Hacer la lluvia, el viento, etc., que se tiendan las mieses, el cáñamo, etc.

Acámbaro, pobl. de México (Guanajuato).

acampanado, da adj. De forma de campana.

acampanar v. t. Dar forma de campana.

acampar v. i. Detenerse, hacer alto en el campo. ‖ Vivir en una tienda de campaña. ‖ — V. t. *Mil.* Alojar una tropa en un lugar.

acanalado, da adj. Que pasa por canal o paraje estrecho. ‖ De figura larga y abarquillada: *uñas acanaladas.* ‖ De figura de estría o con estrías: *columna acanalada.* ‖ Que tiene canalones: *calcetines acanalados.*

acanalador m. *Carp.* Instrumento que sirve para abrir canales en los cercos y peinazos de puertas y ventanas.

acanaladura f. Canal o estría.

acanalar v. t. Hacer canales o estrías en alguna cosa. ‖ Dar a una cosa forma de canal o teja.

acanallar v. t. Encanallar.

acantáceas f. pl. Familia de plantas angiospermas que tiene por tipo el acanto (ú. t. c. adj.).

acantilado, da adj. Dícese del fondo del mar cuando forma cantiles o escalones. ‖ Aplícase a la costa cortada verticalmente o a plomo. ‖ — M. Escarpa casi vertical en un terreno: *los acantilados de Dover.*

acanto m. Planta de hojas largas, rizadas y espinosas. ‖ *Arq.* Ornato del capitel corintio que imita esta planta.

acantocéfalos m. pl. *Zool.* Orden de nematelmintos (ú. t. c. adj.).

acantonamiento m. Acción y efecto de acantonar fuerzas militares. ‖ Sitio en que hay tropas acantonadas.

acantonar v. t. Distribuir y alojar tropas en varios lugares. ‖ — V. pr. Alojarse las tropas en un lugar.

acantopterigios m. pl. Familia de peces de aleta espinosa, como el atún, el pez espada y el besugo (ú. t. c. adj.).

acaobado adj. De color caoba.

acaparador, ra adj. y s. Que acapara.

acaparamiento m. Acción y efecto de acaparar, retención.

acaparar v. t. Adquirir y retener un producto comercial para provocar su escasez y especular con él: *acaparar la harina.* ‖ *Fig.* Apoderarse de una cosa con perjuicio de los demás: *acaparar el gobierno.* ‖ Disfrutar, llevarse: *ella acaparó todas las miradas.*

acápite m. *Amer.* Párrafo. ‖ *Punto acápite,* punto y aparte.

Acaponeta, estación arqueológica de México (Nayarit).

Acapulco, c. y puerto del SO. de México (Guerrero), en la bahía homónima. Centro turístico. Obispado.

acapulqueño, ña adj. y s. De Acapulco (México).

acaracolado, da adj. Que tiene forma de caracol: *cabello acaracolado.*

acaramelado, da adj. Bañado de caramelo. ‖ *Fig.* Melifluo: *voz acaramelada.* ‖ Obsequioso. ‖ Muy cariñoso: *los novios están muy acaramelados.*

acaramelar v. t. Bañar de caramelo. ‖ Reducir a caramelo. ‖ — V. pr. *Fig.* y *fam.* Mostrarse muy cariñoso o dulce, muy enamorado, muy obsequioso.

acardenalado, da adj. Con muchos cardenales: *cuerpo acardenalado.*

acardenalar v. t. Causarle cardenales a uno. ‖ — V. pr. Salir en el cutis manchas de color cárdeno.

acardenillarse v. pr. Cubrirse de cardenillo.

acariciante adj. Que acaricia, cariñoso.

acariciar v. t. Hacer caricias. ‖ *Fig.* Tratar con amor y ternura. | Tocar suavemente una cosa con otra. | Complacerse en pensar en alguna cosa: *acariciar una esperanza.*

acárido m. *Zool.* Ácaro.

Acarigua, mun. y pobl. de Venezuela (Portuguesa).

Acarnania, región del NO. de la antigua Grecia, regada por el río Aqueloo.

ácaro m. *Zool.* Arácnido microscópico, generalmente parásito, portador de ciertas enfermedades: *ácaro de la sarna.*

acarpo, pa adj. *Bot.* Sin fruto.

acarreador, ra adj. y s. Que acarrea. ‖ — M. Encargado de conducir la mies desde el rastrojo a la era.

acarrear v. t. Transportar en carro o de cualquier otra manera: *acarrear carbón.* ‖ *Fig.* Ocasionar: *acarrear sinsabores, daños.*

acarreo m. Transporte. ‖ Precio del transporte. ‖ *De acarreo,* terreno formado por el arrastre de las aguas.

acartonar v. t. Endurecerse como cartón. ‖ — V. pr. *Fig.* y *fam.* Apergaminarse, acecinarse, quedarse una persona vieja, enjuta, seca.

acasamatado, da adj. De forma de casamata. ‖ Protegido por casamata.

acaso m. Casualidad, suceso imprevisto: *fue el acaso el que nos reunió.* ‖ — Adv. Quizá, tal vez: *acaso venga.* ‖ — *Al acaso,* al azar. ‖ *Por si acaso,* por si sucede algo, en prevención.

acataléctico adj. y s. *Poét.* Dícese del verso grecolatino que tiene cabales todos sus pies.

acatalepsia f. En la filosofía griega, imposibilidad de llegar a la certidumbre. ‖ *Med.* Afección cerebral que priva de las facultades intelectuales.

acatamiento m. Obediencia, sumisión, respeto, observación.

acatar v. t. Tributar homenaje de sumisión y respeto. ‖ Obedecer: *acatar una orden.* ‖ Respetar, observar: *acatar una ley.*

acatarrarse v. pr. Resfriarse.

Acatenango, volcán de Guatemala (Chimaltenango), en el mun. homónimo; 3 960 m.

acaudalado, da adj. y s. Que posee mucho dinero o bienes.

acaudalar v. t. Hacer o reunir caudal y dinero. ‖ *Fig.* Adquirir gran virtud o sabiduría. ‖ Acumular, amontonar.

acaudillamiento m. Mando.

acaudillar v. t. Mandar como jefe, capitanear. ‖ *Fig.* Guiar, conducir. ‖ Ser cabeza de un partido o bando.

acaule adj. Aplícase a la planta de tallo muy corto.

acautelarse v. pr. Precaverse.

Acay, nevado de la Argentina (Salta); 5 950 m. Oro.

Acaya, región del Peloponeso. En el s. XIII, principado vasallo del Imperio de Occidente y luego del Bizantino.

acayú m. *Bot.* caoba.

Acayucán, estación arqueológica de México (Veracruz).

Acca. V. ACRE *(San Juan de).*

acceder v. i. Consentir en lo que otro solicita o quiere: *accedo a tus deseos.* ‖ Convenir con el dictamen o idea de otro.

accesibilidad f. Calidad de accesible.

accesible adj. Que se puede llegar: *montaña accesible.* ‖ *Fig.* De fácil acceso o trato: *persona muy accesible.* | Comprensible, inteligible.

accesión f. Acción y efecto de acceder: *accesión al poder, a la propiedad.*

accésit m. Recompensa inferior inmediata al premio en ciertos certámenes. (No tiene pl.)

acceso m. Acción de llegar o acercarse. ‖ Entrada o paso: *puerta de acceso al jardín.* ‖ *Fig.* Entrada al tratado o comunicación con alguno: *hombre de fácil acceso.* | Arrebato, exaltación: *acceso de cólera.* ‖ *Med.* Ataque de una enfermedad: *acceso de histerismo, de tos, de epilepsia,* etc. ‖ Ayuntamiento carnal.

accesorio, ria adj. Que depende de lo principal: *decreto accesorio.* ‖ Secundario o necesario: *asunto accesorio.* ‖ — M. Elemento, pieza o utensilio auxiliar: *accesorios de automóvil.* ‖ Objeto utilizado para completar una decoración teatral o de cine. ‖ Objeto: *accesorios de escritorio.* ‖ Cosa no esencial a otra, pero que la completa: *accesorios del vestido.*

accidentado, da adj. Turbado, agitado: *vida accidentada.* || Escabroso, abrupto: *camino accidentado.* || — M. y f. Víctima de un accidente.

accidental adj. No esencial. || Casual, contingente. || Producido por una circunstancia imprevista: *muerte accidental.* || Sustituto: *alcalde accidental.* || — M. *Mús.* Accidente, signo que altera el sonido de una nota.

accidentalidad f. Calidad de accidental.

accidentar v. t. Causar un accidente. || — V. pr. Ser víctima de un accidente.

accidente m. Calidad no esencial. || Suceso eventual, imprevisto: *accidente de aviación, de trabajo.* || Irregularidad, desigualdad: *accidentes del terreno.* || *Gram.* Alteración que sufren en sus terminaciones algunas palabras para denotar su género, número, modo, tiempo y persona. || *Fil.* Lo que modifica una cosa momentáneamente, cualidad que no es esencial ni constante. || *Mús.* Signo con que se modifica el tono de un sonido (*sostenido, bemol, becuadro*). || *Por accidente,* por casualidad.

Accio o **Actium,** c. y promontorio del NO. de Grecia. Victoria de Octavio contra Marco Antonio (31 a. de J. C.).

Accio (Lucio), poeta trágico latino (170-¿84? a. de J. C.).

acción f. Ejercicio de una potencia: *la acción benéfica de la lluvia.* || Efecto de hacer, hecho, acto: *buena acción.* || Operación o impresión de cualquier agente en el paciente: *acción química, de un tóxico.* || Gesto, ademán: *unir la acción a la palabra.* || Posibilidad o libertad de actuar: *así, impides mi acción.* || Movimientos y gestos de un orador o actor. || *Com.* Título que representa los derechos de un socio en algunas sociedades: *acción nominativa, al portador.* || *Fís.* Fuerza con que un cuerpo obra sobre otro. || *For.* Demanda judicial: *acción civil.* || *Mil.* Combate: *acción brillante.* || Asunto de un poema: *acción heroica.* || Serie de los acontecimientos narrados en un relato, en un drama: *el desenlace de la acción.* || — *Acción de gracias,* manifestación de agradecimiento. || *Acción directa,* empleo de la violencia preconizado por algunos grupos sociales.

Acción Católica, organismo católico laico internacional cuyos miembros participan en el apostolado de la Iglesia.

accionamiento m. Puesta en marcha.

accionar v. i. Hacer movimientos y gestos al hablar. || Poner en movimiento.

accionariado m. Conjunto de accionistas de una sociedad.

accionista com. Poseedor de acciones de una sociedad comercial o industrial.

Accra, cap. y puerto de Ghana, en el golfo de **Guinea**; 900 000 h. Obispado.

Accursio (Francesco), jurisconsulto y romanista italiano (1182-¿1263?).

acebo m. Árbol silvestre de hojas lustrosas y con púas.

acebuche m. Olivo silvestre.

acebuchina f. Aceituna silvestre.

acecinar v. t. Salar las carnes y secarlas al humo y al aire. || — V. pr. *Fig.* Quedarse muy enjuto de carnes, acartonarse una persona.

acechanza f. Acecho.

acechar v. t. Observar, vigilar cautelosamente con algún propósito: *acechar al enemigo.*

acecho m. Acción de acechar. || *Al acecho,* vigilando en espera de algo.

acedar v. t. Agriar (ú. t. c. pr.). || *Fig.* Disgustar.

acedera f. Planta poligonácea comestible, de sabor ácido.

acedía f. Calidad de acedo. || Acidez de estómago. || Platija, pez. || *Fig.* Desabrimiento, rudeza, aspereza en el trato.

acedo, da adj. Agrio.

acéfalo, la adj. Falto de cabeza: *animal, feto acéfalo.* || *Fig.* Que no tiene jefe: *sociedad, secta acéfala.* || — M. *Zool.* Lamelibranquio.

aceitado m. Acción de aceitar o lubricar.

aceitar v. t. Dar, engrasar, bañar con aceite: *aceitar un motor.*

aceite m. Líquido graso y untuoso que se saca de diversas sustancias vegetales o animales. || Perfume que se obtiene macerando flores en aceite: *aceite de jazmines.* || Cualquier otra grasa empleada como lubrificante. || — *Aceite mineral,* el petróleo. || *Aceite explosivo,* la nitroglicerina. || *Aceite pesado,* el de petróleo obtenido por destilación a alta temperatura. || *Fig. Echar aceite en el fuego,* poner medios para acrecentar un mal.

aceitera f. La que vende aceite. || Recipiente para conservar el aceite. || *Zool.* Carraleja, coleóptero. || — Pl. Vinagreras.

aceitero, ra adj. Del aceite: *industria aceitera.* || — M. Vendedor de aceite.

aceitón m. Aceite espeso y turbio. || Posos del aceite. || *Agr.* Enfermedad de los olivos.

aceitoso, sa adj. Que tiene aceite. || Que se parece al aceite.

aceituna f. Fruto del olivo.

aceitunado, da adj. Verdoso, de color de aceituna verde.

aceitunero, ra m. y f. Persona que coge, acarrea o vende aceitunas. || — M. Lugar donde se almacena la aceituna.

aceitunillo m. Árbol de las Antillas, de fruto venenoso y madera muy dura.

aceituno m. Olivo.

aceleración f. Aumento de velocidad: *la aceleración de los latidos del corazón, de un automóvil.* || Pronta ejecución: *aceleración de un plan.* || — *Aceleración de la gravedad,* la obtenida por un cuerpo que cae libremente en el vacío. || *Poder de aceleración,* paso a un régimen de velocidad superior en un motor.

acelerado m. *Cin.* Artificio que permite dar a los movimientos mayor rapidez en la pantalla que en la realidad.

acelerador, ra adj. Que acelera. || — M. Mecanismo del automóvil que regula la entrada de la mezcla explosiva en el motor para hacer variar su velocidad. || Pedal con el que se pone en acción ese mecanismo. || Producto que acelera una operación: *acelerador fotográfico.* || *Fís.* Cualquier aparato que comunica a partículas elementales (electrones, protones, etc.) velocidades muy elevadas.

aceleramiento m. Aceleración.

acelerar v. t. Dar celeridad, activar: *el ejercicio acelera el movimiento de la sangre.* || — V. i. Aumentar la velocidad de un motor. || — V. pr. Apresurarse.

aceleratriz adj. f. Aceleradora.

acelerón m. Acción de pisar el acelerador.

acelga f. Planta hortense comestible. || *Fig. Cara de acelga,* la que indica mal humor o mala salud.

acémila f. Mula de carga. || *Fam.* Bruto, torpe.

acemilero, ra adj. Relativo a las acémilas. || — M. Arriero.

acemita f. Pan de salvado.

acendrado, da adj. Puro y sin mancha: *su acendrado fervor.*

acendramiento m. Acción y efecto de acendrar.

acendrar v. t. Purificar los metales por la acción del fuego. || *Fig.* Acrisolar, purificar.

acento m. La mayor intensidad con que se hiere determinada sílaba al pronunciar una palabra. || Signo para indicarla (´): *acento ortográfico.* || Pronunciación particular: *acento catalán.* || Modulación de la voz. || Sonido, tono: *acento rítmico.* || *Poét.* Lenguaje, voz, canto: *el dulce acento del ruiseñor.*

acentuación f. Acción y efecto de acentuar: *acentuación viciosa.*

acentuado, da adj. Que lleva acento: *sílaba acentuada.* || Acusado, marcado, muy saliente: *sabor a limón muy acentuado.*

acentual adj. Relativo o perteneciente al acento.

acentuar v. t. Levantar el tono en las vocales tónicas: *acentuar bien al hablar.* || Poner el acento ortográfico: *acentuar una vocal.* || *Fig.* Subrayar, pronunciar con fuerza una palabra o frase para llamar la atención: *acentuar un párrafo de un discurso.* | Recalcar las palabras exageradamente. | Dar vigor, precisar: *acentuar un esfuerzo.* | Aumentar, realzar, resaltar. || — V. pr. Aumentar, volverse más intenso: *se acentúa el descontento.*

aceña f. Molino harinero en el cauce de un río.

acepción f. Significado en que se toma una palabra: *acepción propia, figurada, familiar.* || Preferencia: *sin acepción de personas.*

acepilladora f. Máquina para acepillar madera o metales.

acepilladura f. Cepillado. || Viruta.

acepillar v. t. Alisar con cepillo la madera o los metales, cepillar. || Limpiar, quitar polvo con cepillo. || *Fig.* y *fam.* Pulir.

aceptable adj. Que puede ser aceptado.

aceptación f. Acción y efecto de aceptar: *aceptación de una letra de cambio.* || Aplauso: *medida de aceptación general.* || Aprobación. || Éxito: *tener aceptación.*

aceptador, ra y **aceptante** adj. y s. Que acepta.

aceptar v. t. Recibir uno voluntariamente lo que le dan, ofrecen o encargan: *aceptar una donación.* || Aprobar, dar por bueno: *acepto sus excusas, una solución.* || Admitir: *aceptar un reto; acepté su artículo.* || Conformarse: *aceptó sin chistar el castigo.* || Tratándose de letras o libranzas, obligarse por escrito a su pago: *aceptar una letra de cambio.*

acequia f. Canal para conducir las aguas: *las acequias de la huerta valenciana.*

acera f. Orilla de la calle o de otra vía pública, con pavimento adecuado para el tránsito de los peatones. || Fila de casas a cada lado de la calle o plaza: *vive en la acera izquierda.* || *Arq.* Paramento de un muro. || *Fig. De la otra acera o de la acera de enfrente,* dícese de la persona de ideas contrarias de quien habla; (pop.) afeminado.

aceráceas f. pl. Familia de árboles que comprende el arce, el plátano falso, etc. (ú. t. c. adj.).

aceración f. Operación de dar a ciertos metales la dureza del acero.

acerado, da adj. Cortante: *filo acerado.* || Que contiene acero: *hierro acerado.* || *Fig.* Fuerte, resistente. | Incisivo, mordaz. || — M. Aceración.

acerar v. t. Transformar en acero la superficie o corte de un instrumento de hierro: *acerar un cuchillo.* || Convertir en acero: *el carbono acera el hierro.* || Recubrir de acero. || *Fig.* Fortalecer, vigorizar: *acerar la resistencia.* || Volver acerbo, mordaz: *acerar una frase.* || Poner aceras: *acerar las calles.*

acerbo, ba adj. Áspero al paladar: *sabor acerbo.* || *Fig.* Duro, mordaz, muy intenso: *críticas muy acerbas.*

acerca adv. *Acerca de,* sobre aquello de que se trata.

acercamiento m. Acción y efecto de acercar o acercarse.

acercar v. t. Poner cerca o a menor distancia, aproximar: *acercar la lámpara.* || — V. pr. Aproximarse, llegar una persona junto a otra. || *Fig.* Aproximarse: *acercarse a la vejez.* | Ir: *acércate a mi casa.*

acerería y **acería** f. Fábrica de acero.

acerico m. Almohadilla para clavar alfileres.

acero m. Aleación de hierro y carbono, que adquiere por el temple gran dureza y elasticidad. || *Fig.* Arma blanca: *el acero homicida.* || *Acero dulce,* el que tiene poca cantidad de carbono.

acerola f. Fruto del acerolo.

acerolo m. Árbol rosáceo espinoso.

acérrimo, ma adj. *Fig.* Muy fuerte, encarnizado, tenaz: *acérrimo partidario.*

acertado, da adj. Hecho con acierto. || Oportuno.

acertante adj. y s. Que acierta: *boleto acertante.*

* **acertar** v. t. Atinar, dar en el sitio propuesto: *acertar al blanco.* || Hallar, dar con: *acertó con mi domicilio.* || Dar con lo cierto, atinar, elegir bien: *acertaste en irte de allí.* || Hacer con acierto una cosa (ú. t. c. i.). || Adivinar: *¿a que no lo aciertas?* || — V. i. Seguido de la prep. *a* y un infinitivo, suceder por casualidad: *acertó a abrir la puerta.* || Seguido de la prep. *con,* hallar: *acertó con ello.*

acertijo m. Enigma que se propone como pasatiempo, adivinanza. || Cosa muy problemática.

acervo m. Montón de cosas menudas, como granos, legumbres, etcétera. || Conjunto de bienes en común: *el acervo familiar.* || *Fig.* Conjunto de valores, patrimonio, riqueza: *acervo cultural.*

acetato m. *Quím.* Sal del ácido acético: *acetato de plomo.*

acético, ca adj. *Quím.* Relativo al vinagre o sus derivados.

acetificar v. t. *Quím.* Convertir en ácido acético: *acetificar el vino* (ú. t. c. pr.).

acetileno m. Hidrocarburo o gas inflamable que se desprende por la acción del agua sobre el carburo de calcio, utilizado en el alumbrado y en la soldadura autógena.

acetilo m. *Quím.* Radical hipotético del ácido acético.

acetímetro m. Aparato para medir la acidez del vinagre o su contenido de ácido acético.

acetocelulosa f. Acetato de celulosa, materia plástica transparente de numerosas aplicaciones.

acetol m. Vinagre destilado utilizado en medicina.

acetona f. Líquido incoloro, inflamable y volátil, de muy fuerte olor a éter, que se obtiene cuando se destila un acetato: *la acetona es un disolvente del barniz.*

acetre m. Recipiente de agua.

acetrinar v. t. Poner de color cetrino.

Aceval (Emilio), político paraguayo (1854-1931), pres. de la Rep. de 1898 a 1902.

Acevedo (Jesús Tito), arquitecto mexicano (¿1888-1918?). || ~ **Bernal** (RICARDO), pintor colombiano (1867-1929). || ~ **Díaz** (EDUARDO), político y novelista uruguayo (1851-1924), autor de *Ismael, Nativa, Grito de gloria* y *Soledad.* || ~ y **Gómez** (JOSÉ), patriota colombiano (1773-1817).

aciago, ga adj. Desgraciado, infausto, que presagia mala fortuna: *año aciago.*

acial m. Instrumento para sujetar las bestias por el hocico mientras se hierran.

aciano m. Planta compuesta, de flores generalmente azules.

acíbar m. Áloe, planta liliácea. || Su jugo, muy amargo. || *Fig.* Amargura, sinsabor, disgusto, pena.

acibarar v. t. Poner acíbar en una cosa. || *Fig.* Amargar, turbar el ánimo con algún pesar.

acicalado, da adj. Muy pulcro. || — M. Acción y efecto de acicalar.

acicalar v. t. Limpiar, alisar, bruñir: *acicalar una espada.* || *Arq.* Dar a una pared el último pulimento. || *Fig.* Adornar o arreglar mucho. || — V. pr. Adornarse, componerse, arreglarse mucho: *se acicaló para ir a la fiesta.*

acicate m. Espuela de una sola punta. || *Fig.* Incentivo, lo que incita, estímulo: *el acicate de ser famoso.*

acicatear v. t. Estimular.

acicular adj. De forma de aguja. || Aplícase al mineral fibroso: *estructura acicular.*

acidez f. Calidad de ácido. || Sensación ácida. || Pirosis en el estómago.

acidificación f. Acción de acidificar.

acidificar v. t. Hacer ácida una cosa: *acidificar el vino.* || — V. pr. Volverse ácido.

acidimetría f. Determinación de la acidez de un líquido.

acidímetro m. Aparato para graduar la acidez de un líquido.

ácido, da adj. De sabor agrio: *caramelo ácido.* || *Fig.* Amargo, áspero, desabrido: *tono ácido.* || — M. *Quím.* Cualquier cuerpo compuesto que contiene hidrógeno que, al ser sustituido por radicales o un metal, forma sales: *ácido acético, carbónico, clorhídrico.*

acidosis f. *Med.* Exceso de ácidos en los tejidos y en la sangre.

acidular v. t. Poner acídulo una sustancia.

acídulo, la adj. Ligeramente ácido: *agua mineral acídula.*

acierto m. Acción y efecto de acertar. || Coincidencia, casualidad. || *Fig.* Habilidad o destreza. | Cordura, tino. || Éxito, logro.

ácimo adj. Ázimo.

acimut m. *Astr.* Ángulo que con el meridiano forma el círculo vertical que pasa por un punto de la esfera celeste o del globo terráqueo. (Pl. *acimut* o *acimuts.*)

aclamación f. Acción y efecto de aclamar. || *Por aclamación,* unánimemente.

aclamador, ra adj. y s. Que aclama.

aclamar v. t. Vitorear, dar voces la multitud en honor y aplauso de una persona. || Conferir, por voz común, algún cargo u honor: *le aclamaron rey.*

aclaración f. Acción y efecto de aclarar, explicación.

aclarar v. t. Disipar lo que ofusca la claridad o transparencia de una cosa. || Hacer menos espeso: *aclarar un jarabe, un zumo, una salsa.* || Hacer menos tupido o apretado: *aclarar un bosque, las filas.* || Hacer más perceptible la voz. || Volver a lavar la ropa con agua sola. || *Fig.* Poner en claro un asunto, explicar. || — V. i. Amanecer, clarear. || Disiparse las nubes o la niebla, serenarse el tiempo. || — V. pr. Entender, comprender: *no me aclaro de lo que dices.* || Purificarse un líquido, clarificarse. || *Fam.* Reponerse, recuperarse. | Explicarse, dar precisiones: *aclárate de una vez.* | Ver claro: *no logro aclararme en este asunto.*

aclaratorio, ria adj. Que aclara: *nota aclaratoria.*

aclimatable adj. Que puede aclimatarse.

aclimatación f. Acción y efecto de aclimatar o aclimatarse.

aclimatar v. t. Acostumbrar un ser orgánico a un nuevo clima: *aclimatar un animal, una planta.* || *Fig.* Introducir en otro país: *aclimatar palabras anglosajonas en España.* || — V. pr. Acostumbrarse a vivir en un nuevo lugar: *la patata se aclimató en Europa.* || *Fig.* Introducirse en un ambiente, adaptarse.

acné f. *Med.* Enfermedad cutánea caracterizada por la formación de espinillas o granos pequeños (en la cara o el tórax).

Acobamba c. del Perú, cap. de la prov. homónima. (Huancavelica).

acobardamiento m. Miedo, temor.

acobardar v. t. Amedrentar, causar miedo (ú. t. c. pr.).

acocote m. *Méx.* Calabaza que se usa para extraer el pulque.

acodado, da adj. Doblado en forma de codo: *cañería acodada.* || Apoyado en los codos: *acodado en la barra.*

acodadura f. Acción y efecto de acodar.

acodalar v. t. *Arq.* Poner codales, apuntalar.

acodar v. t. *Agr.* Meter debajo de tierra el vástago de una planta sin separarlo del tronco, dejando fuera la extremidad para que eche raíces y forme una nueva planta. || Doblar en ángulo recto. || *Arq.* Acodalar. || — V. pr. Apoyar los codos sobre alguna parte.

acodiciar v. t. Encender la codicia (ú. t. c. pr.).

acodillar v. t. Doblar en forma de codo: *acodillar una barra.* || — V. i. Tocar los cuadrúpedos el suelo con el codillo.

acodo m. *Agr.* Acción de acodar. | Vástago acodado.

acogedor, ra adj. y s. Que acoge o recibe: *pueblo acogedor.*

acoger v. t. Admitir uno en su casa: *acoger a los huéspedes.* || Proteger, amparar: *acoger al menesteroso.* || *Fig.* Recibir, dispensar buena aceptación: *acoger una petición.* || — V. pr. Refugiarse: *acogerse a* (o *bajo*) *sagrado, en el domicilio de alguien.* || *Fig.* Valerse de un pretexto, recurrir a: *acogerse a una ley.*

acogida f. Recibimiento u hospitalidad que ofrece una persona o un lugar: *una acogida triunfal.* || Sitio donde pueden acogerse personas o cosas. || *Fig.* Protección, amparo. || Aceptación, aprobación.

acogido, da m. y f. Persona que se recoge en un establecimiento de asistencia pública o privada.

acogollar v. t. Cubrir las plantas para resguardarlas del frío. || — V. i. Echar cogollos las plantas.

acogotar v. t. Matar de un golpe en el cogote. || *Fam.* Derribar a uno sujetándolo por el cuello.

acojinamiento m. *Mec.* Entorpecimiento del émbolo en las máquinas de vapor.

acolada f. Beso y el espaldarazo que recibía el novel caballero armado.

acolar v. t. *Blas.* Unir, juntar dos escudos de armas bajo un timbre o corona.

acolchar v. t. Poner algodón, guata, lana, etc., entre dos telas, y después bastearlas. || *Mar.* Corchar, torcer los cordones de un cabo. || *Fig.* Amortiguar el ruido.

acolchonar v. t. Acolchar.

acolitado m. La superior de las cuatro órdenes menores del sacerdocio.

acólito m. Ministro de la Iglesia cuyo oficio es servir inmediato al altar. || Monaguillo. || *Fig.* Adicto, cómplice.

* **acollar** v. t. *Agr.* Cobijar con tierra el pie de una planta. || *Mar.* Rellenar de estopa las costuras del buque.

acollarado, da adj. Dícese de los animales cuyo cuello tiene color distinto al resto del cuerpo: *ave acollarada.*

Acomayo, c. del Perú, cap. de la prov. homónima (Cuzco).

acometedor, ra adj. y s. Que acomete: *toro acometedor.*

acometer v. t. Atacar, embestir con ímpetu: *acometer al adversario.* || Emprender, intentar: *acometer una obra.* || Venir súbitamente una enfermedad, el sueño, un deseo, etc.: *me acometió la modorra.* || Embestir: *el toro le* *acometió.* || Desembocar una cañería o una galería en otra.

acometida f. Acometimiento, ataque. || Lugar en el que la línea de conducción de un fluido enlaza con la principal: *acometida de agua.*

acometimiento m. Acción y efecto de acometer. || Ramal de atarjea o cañería.

acometividad f. Agresividad, propensión a acometer o reñir. || Carácter emprendedor.

acomodación f. Acción y efecto de acomodar. || Transacción, arreglo. || *Fisiol.* Acción de acomodarse el ojo para que la visión no se perturbe cuando varía la distancia o la luz del objeto que se mira.

acomodadizo, za adj. Que a todo se aviene fácilmente: *persona acomodadiza.*

acomodado, da adj. Conveniente, apto, oportuno: *precios acomodados.* || Rico, abundante de medios: *gente acomodada.* || Amigo de la comodidad. || Instalado: *acomodado en un sillón.*

acomodador, ra adj. Que acomoda. || — M. y f. En los espectáculos persona que designa a los asistentes su respectivo asiento.

acomodar v. t. Ordenar, componer, ajustar: *acomodar la poesía a la música.* || Adaptar: *acomodar un instrumento.* || Poner en sitio conveniente: *acomodar a uno en un cargo.* || Colocar a uno en un espectáculo. || Componer, concertar a los que riñen, pleitean, etcétera. || Dar colocación o empleo a una persona: *acomodar a un doméstico.* || Proveer a uno de lo que necesita. || — V. i. Venir bien a uno una cosa, convenirle: *acomodarle el cargo propuesto.* || — V. pr. Avenirse, conformarse: *acomodarse a las circunstancias, a un reglamento.* || Colocarse, ponerse: *se acomodó en su silla.* || Colocarse en un cargo: *acomodarse de criada.*

acomodaticio, cia adj. Acomodadizo. || Complaciente.

acomodo m. Empleo, ocupación.

acompañador, ra adj. y s. Que acompaña.

acompañamiento m. Acción y efecto de acompañar o acompañarse. || Gente que acompaña a alguno: *el acompañamiento del rey.* || *Mús.* Conjunto de instrumentos que acompañan la voz, una melodía, etcétera. || *Teatr.* Comparsa, figurante.

acompañante, ta adj. y s. Que acompaña.

acompañar v. t. Estar o ir en compañía de otro: *acompañar a un enfermo.* || Escoltar: *acompañar los niños a la escuela.* || Adjuntar, o agregar una cosa a otra: *acompañar copia de un escrito.* || *Mús.* Ejecutar el acompañamiento: *acompañar al cantante.* || Compartir: *le acompaño en su sentimiento.* || — V. pr. Ejecutar el acompañamiento musical: *cantó acompañándose con (o del) piano.*

acompasado, da adj. Hecho a compás: *paso acompasado.*

acompasar v. t. Medir con el compás. || *Fig.* Dar cadencia a las palabras.

acomplejado, da adj. y s. Lleno de complejos.

acomplejar v. i. Dar o padecer complejos.

Aconcagua, cumbre de los Andes argentinos, en la prov. de Mendoza; la más elevada de América. 6 959 m. — Río y prov. de Chile; cap. *San Felipe.*

aconcagüino, na adj. y s. De Aconcagua (Chile).

aconchabarse v. pr. *Fam.* Entenderse, confabularse.

acondicionado, da adj. Con los adv. *bien* o *mal,* de buen genio o condición, o al contrario. || *Aire acondicionado,* el dotado artificialmente de una temperatura y graduación higrométrica determinadas.

acondicionador m. Aparato para climatizar un local cualquiera: *acondicionador de aire.*

acondicionamiento m. Acción y efecto de acondicionar.

acondicionar v. t. Disponer: *acondicionar un manjar.* || Dar cierta calidad o condición: *acondicionar el aire.*

aconfesional adj. Que no es confesional.

acongojar v. t. Angustiar, fatigar, afligir.

aconitina f. *Quím.* Alcaloide extraído de la raíz del acónito, muy tóxico.

acónito m. Planta venenosa, de tallo elevado, cultivada en las regiones montañosas.

Aconquija, sierra del NO. de la Argentina, entre las prov. de Catamarca y Tucumán.

aconsejable adj. Que se puede aconsejar.

aconsejador, ra adj. y s. Consejero.

aconsejar v. t. Dar consejo: *aconsejar al que vacila.* || Sugerir. || — V. pr. Tomar consejo de otra persona o de sí mismo.

aconsonantar v. i. Ser consonante una palabra con otra: *"diestro" aconsonanta con "estro".* || Incurrir en el vicio de la consonancia. || — V. t. Emplear en la rima una palabra como consonante de otra: *aconsonantar "fiereza" con "firmeza".*

* **acontecer** v. i. Suceder, efectuarse un hecho: *aconteció lo que esperábamos.*

acontecimiento m. Suceso: *un acontecimiento histórico.*

acopiar v. t. Juntar, reunir.

acopio m. Reunión.

acoplable adj. Que se puede acoplar.

acopladura f. Acción y efecto de acoplar.

acoplamiento m. Acción y efecto de acoplar o acoplarse. || *Mec.* Dispositivo para la transmisión de un movimiento.

acoplar v. t. Unir entre sí dos piezas de modo que ajusten exactamente: *acoplar dos maderos.* || Parear o unir dos animales para yunta o tronco: *acoplar los bueyes al arado.* || Procurar la unión sexual de los animales. || *Fig.* Conciliar opiniones: *acoplar a las personas discordes.* | Adaptar, encajar: *acoplar mi horario con mis otras ocupaciones.* || *Fís.* Agrupar dos aparatos o sistemas: *acoplar generadores eléctricos.* || — V. pr. *Fig.* y *fam.* Unirse dos personas, encariñarse. | Entenderse, llevarse bien.

acoquinamiento m. Miedo. || Desánimo.

acoquinarse v. pr. *Fam.* Asustarse, acobardarse. || *Pop.* Rajarse.

acorazado m. Buque de guerra blindado, de grandes dimensiones.

acorazar v. t. Revestir con láminas de hierro o acero: *acorazar buques de guerra, fortificaciones, una cámara.* || — V. pr. Prepararse, defenderse: *acorazarse contra las penas.*

acorchado, da adj. Dícese de lo que es fofo y esponjoso como el corcho. || Dícese de la madera que hace saltar la herramienta. || *Fig.* Entorpecido: *piernas acorchadas.* | Pastoso: *lengua acorchada.*

acorchamiento m. Efecto de acorcharse.

acorchar v. t. Cubrir con corcho. || — V. pr. Ponerse fofo como el corcho: *fruta acorchada.* || *Fig.* Entorpecerse los miembros del cuerpo: *se me acorcharon las piernas.*

acordada f. *For.* Orden que un tribunal expide para que el inferior la ejecute.

* **acordar** v. t. Determinar de común acuerdo, o por mayoría de votos: *la asamblea acordó ampliar la Junta.* || Resolver: *el Gobierno acordó levantar la censura.* || Convenir, ponerse de acuerdo: *acordar un precio.* || *Mús.* Afinar los instrumentos o las voces para que no disuenen. || Traer a la memoria. || *Pint.* Armonizar los colores. || Galicismo por *conceder, otorgar.* || — V. i. Concordar, conformar, convenir una cosa con otra. || — V. pr. Venir a la memoria: *acordarse de lo que sucedió.* || *Si mal no recuerdo,* si no me equivoco.

acorde adj. Conforme, concorde: *quedaron acordes.* || Con armonía: *instrumentos acordes.* || — M. *Mús.* Conjunto de tres o más sonidos diferentes combinados armónicamente: *acorde perfecto.*

acordeón m. Instrumento músico de viento, portátil, compuesto de lengüetas de metal puestas en vibración por un fuelle.

acordeonista com. Persona que toca el acordeón.

acordonado, da adj. De forma de cordón. || *Fig.* Rodeado de policía, soldados, etc.: *el recinto estaba acordonado de guardias.*

acordonamiento m. Acción y efecto de acordonar o acordonarse.

acordonar v. t. Ceñir o sujetar con cordones: *acordonar el zapato.* || Formar el cordoncillo en el canto de las monedas. || *Fig.* Rodear de gente un lugar para incomunicarlo: *la tropa acordona la plaza.*

acorralamiento m. Acción y efecto de acorralar o acorralarse.

acorralar v. t. Encerrar en el corral: *acorralar los ganados.* || *Fig.* Encerrar a uno, impidiéndole toda salida: *acorralar a un malhechor.* | Dejar a uno sin salida ni respuesta. | Intimidar, acobardar: *acorralar al adversario.*

acortamiento m. Acción y efecto de acortar o acortarse.

acortar v. t. Reducir la longitud, duración o cantidad de una cosa, disminuir (ú. t. c. pr.).

acosador, ra adj. y s. Que acosa.

acosamiento m. Acción y efecto de acosar.

acosar v. t. Perseguir sin dar tregua ni reposo: *acosar al jabalí, acosar con preguntas.* || Hacer correr al caballo.

acoso m. Acosamiento.

Acosta (Agustín) poeta modernista cubano, n. en 1886. || ~ (CECILIO), jurisconsulto, escritor y poeta romántico venezolano (1818-1881). || ~ (JOAQUÍN), político, militar y escritor colombiano (1800-1852). || ~ (JOSÉ DE), cronista español (1539-1600), autor de *Historia natural y moral de las Indias.* || **~ de Samper** (SOLEDAD), novelista romántica colombiana (1833-1903). || **~ García** (JULIO), político costarricense (1872-1954), pres. de la Rep. de 1920 a 1924.

Acosta Nu, loc. del Paraguay (Las Cordilleras), teatro de la heroica resistencia de las mujeres y los niños durante la guerra de la Triple Alianza (1869).

* **acostar** v. t. Echar o tender en la cama: *acostar a los niños.* || Tender en tierra: *acostar a uno en el suelo.* || *Blas.* Colocar una pieza junto a otra. || *Mar.* Arrimar el costado de una embarcación a alguna parte: *acostar el buque al muelle.* || — V. i. Llegar a la costa. || — V. pr. Echarse en la cama o en el suelo.

acostumbrado, da adj. Habitual.

acostumbrar v. t. Hacer adquirir costumbre: *acostumbrar al trabajo, al estudio.* || — V. i. Tener costumbre: *acostumbro levantarme temprano.* || — V. pr. Adaptarse: *acostumbrarse a un clima.* || Tomar la costumbre: *acostumbrarse a fumar.*

acotación f. Acotamiento. || Nota que se pone en la margen de algún escrito. || *Teatr.* Cada una de las notas que se ponen en una obra para indicar la acción de los personajes. || *Topogr.* Cota de un plano o dibujo.

acotamiento m. Acción y efecto de acotar.

acotar v. t. Poner cotos, amojonar con ellos: *acotar una heredad.* || Reservar, prohibir, limitar.

|| Fijar o señalar. || Poner anotaciones: *acotar un libro.* || Aceptar, admitir: *acoto lo que usted me ofrece.* || *Topogr.* Poner cotas en los planos para indicar las alturas.

acotiledóneo, a adj. *Bot.* Dícese de las plantas que carecen de cotiledones.

Acoyapa, pobl. de Nicaragua (Chontales).

ácrata adj. y s. Partidario de la supresión de toda autoridad, anarquista.

acre m. Medida agraria inglesa equivalente a 40 áreas y 47 centiáreas.

acre adj. Áspero y picante al gusto o al olfato: *sabor acre.* || *Fig.* Áspero, desabrido: *palabras acres.*

Acre, río que nace en el Perú y al llegar al Brasil, se une al Purús; 800 km. — Estado del Brasil, al SO. de Amazonia: 153 000 km²; cap. *Rio Branco.* || ~ **(San Juan de),** hoy *Acea*, ant. *Ptolemaís*, c. y puerto de Israel. Aceitunas.

acrecentamiento m. Aumento.

* **acrecentar** v. t. Aumentar: *acrecentar sus conocimientos.*

* **acrecer** v. t. e i. Aumentar.

acreditado, da adj. De crédito o reputación.

acreditar v. t. Hacer digno de crédito o reputación: *acreditar un establecimiento.* || Dar fama o crédito: *un libro que acreditó a su autor.* || Dar seguridad de que una persona o cosa es lo que representa o parece: *acreditar a un plenipotenciario.* || Confirmar. || *Com.* Abonar, anotar en el haber: *acreditar una cantidad.* || — V. pr. Conseguir crédito o fama. || Presentar sus cartas credenciales un embajador.

acreditativo, va adj. Que acredita o da fama.

acreedor, ra m. y f. Persona a quien se debe algo. || Digno para obtener una cosa: *acreedor del respeto general.*

acribar v. t. Cribar.

acribillar v. t. Abrir muchos agujeros en alguna cosa. || Hacer muchas heridas o picaduras: *acribillar a balazos.* || *Fig.* y *fam.* Molestar mucho: *estar acribillado de solicitudes.*

acrídidos m. pl. *Zool.* Familia de insectos que comprende los saltamontes y langostas (ú. t. c. adj.).

acrilina f. *Quím.* Resina sintética incolora.

acriminar v. t. Acusar de crimen o delito.

acrimonia f. Aspereza de las cosas al gusto o al olfato. || Calidad de acre: *la acrimonia de la sangre.* || Agudeza del dolor. || *Fig.* Mordacidad: *escritor lleno de acrimonia.*

acriollado, da adj. Que parece criollo.

acriollarse v. pr. *Amer.* Acomodarse el extranjero a los usos del país en que vive.

acrisolar v. t. Depurar los metales en el crisol. || *Fig.* Apurar, purificar: *acrisolar la verdad.*

acritud f. Acrimonia.

acroamático, ca adj. Aplícase a la enseñanza oral : *las enseñanzas acroamáticas de Aristóteles.*

acrobacia f. Acrobatismo. || Cualquiera de las evoluciones espectaculares que efectúa un aviador en el aire.

acróbata com. Persona que ejecuta ejercicios difíciles, y a veces peligrosos, en los circos, etc. (Tómase también a veces por *equilibrista, payaso, volatinero, gimnasta.*)

acrobático, ca adj. Relativo al acróbata.

acrobatismo m. Profesión y ejercicios del acróbata.

acrocéfalo adj. y s. Que tiene el cráneo puntiagudo.

acromático, ca adj. Sin color. || *Ópt.* Dícese del cristal o del instrumento que deja pasar la luz sin descomponerla: *telescopio acromático.*

acromatismo m. Calidad de los objetivos u otros sistemas acromáticos: *el acromatismo de lente.*

acromatizar v. t. Corregir el cromatismo al fabricar prismas o lentes.

acromatopsia f. *Med.* Daltonismo.

acromegalia f. *Med.* Enfermedad crónica debida a lesión de la glándula pituitaria, caracterizada principalmente por un desarrollo extraordinario de las extremidades.

acrópolis f. Sitio más elevado y fortificado en las ciudades antiguas. || Ciudadela.

Acrópolis, ciudadela de la antigua Atenas en donde se construyeron templos y monumentos (el *Partenón*, la *Pinacoteca*, el *Erecteón*, etc.).

acróstico adj. y s. *Poét.* Composición en que las letras iniciales, medias o finales de cada verso forman un vocablo o frase.

acrotera f. *Arq.* Cualquiera de los pedestales que sirven de remate en los frontones y sobre los cuales se colocan estatuas u otros adornos.

acroterio m. *Arq.* Pretil que se hace sobre las cornisas para ocultar la altura del tejado.

acta f. Relación escrita de lo tratado en una reunión: *acta de una junta.* || Certificación en que consta la elección de una persona: *acta de diputado.* || *Levantar acta*, extenderla.

Acta de Navegación, ley inglesa que prohibía a los barcos extranjeros llevar mercancías que no fueran de su propio país (1651).

Acteón, cazador griego que sorprendió a Diana en el baño. Metamorfoseado en ciervo por la irritada diosa, fue devorado por sus perros.

actínico, ca adj. Relativo al actinismo.

actinio m. Metal radiactivo (Ac), hallado en algún compuesto de uranio.

actinismo m. Acción química de las radiaciones luminosas.

actinometría f. Parte de la física que estudia la intensidad y la acción química de las radiaciones luminosas.

actinómetro m. *Ópt.* Aparato para medir la intensidad de las radiaciones, especialmente las solares.

actinota f. Anfíbol verde.

actinoterapia f. *Med.* Tratamiento de las enfermedades por medio de radiaciones, especialmente por rayos ultravioleta o luz actínica.

actitud f. Postura del cuerpo humano: *actitud graciosa.* || *Fig.* Disposición de ánimo manifestada exteriormente: *actitud benévola.*

Actium. V. Accio.

activación f. Acción y efecto de activar. || Aumento de las propiedades químicas, físicas o biológicas de un cuerpo.

activador m. Cuerpo que, actuando sobre un catalizador, aumenta la actividad.

activar v. t. Avivar, excitar, acelerar: *activar los preparativos.* || Hacer más activo. || — V. pr. Agitarse.

actividad f. Facultad de obrar: *la actividad del pensamiento.* || Diligencia, prontitud, eficacia. || — Pl. Conjunto de operaciones o tareas propias de una entidad o persona: *actividades políticas.* || *En actividad*, en acción.

activista adj. y s. Miembro activo de un partido, de un grupo.

activo, va adj. Que obra o tiene virtud de obrar: *vida activa.* || Vivo, laborioso: *trabajador activo.* || Diligente: *hombre activo.* || Que obra prontamente: *medicamento activo.* || *Gram.* Que denota acción en sentido gramatical: *verbo activo.* || — M. Total de lo que posee un comerciante. || — *En activo*, en funciones, en ejercicio. || *Fig.* y *fam. Por activa y por pasiva*, de todos modos.

acto m. Hecho: *acto heroico.* || Tratándose de un ser vivo, movimiento adaptado a un fin: *acto instintivo.* || Manifestación de la voluntad humana: *acto de justicia.* || Movimiento del alma hacia Dios: *acto de fe, de contrición.* || Decisión del poder público: *acto de gobierno.* || Hecho público o solemne: *el acto de la inauguración.* || División de la obra teatral: *comedia en tres actos.* || Fiesta, función. || — *Actos de los Apóstoles*, libro que contiene la historia de los Apóstoles. || *En el acto*, en seguida. || *Hacer acto de presencia*, mostrarse un instante.

Actopan, río y estación arqueológica de México (Hidalgo). Minerales.

actor, ra m. y f. *For.* Persona que demanda en juicio.

actor, triz m. y f. Artista que representa en una obra de teatro o en un film. || *Fig.* Persona que toma parte activa en un suceso.

actuación f. Acción y efecto de actuar. || Papel que desempeña uno: *actuación brillante.* || — Pl. *For.* Diligencias de un procedimiento judicial.

actual adj. Presente, contemporáneo: *la situación actual.* || Que existe en el tiempo presente: *el gobierno actual.*

actualidad f. Tiempo presente. || Suceso que atrae la atención en un momento dado. || *Fil.* Acción del acto sobre la potencia.

actualismo m. *Fil.* Sistema que tiende a una identificación de la filosofía con la vida o con el mundo exterior.

actualización f. Acción de actualizar: *la actualización de la industria.*

actualizar v. t. Volver actual, dar actualidad a una cosa: *actualizar un texto.*

actuar v. t. Poner en acción: *actuar un mecanismo.* || — V. i. Ejercer actos o funciones propias de su cargo: *actuar de juez de instrucción.* || *For.* Proceder judicialmente. || Representar un papel en una obra de teatro o en una película. || — V. pr. Ejercerse, enterarse de algo.

actuario m. *For.* Escribano que redacta los autos. || En las compañías de seguros, especialista que estudia las cuestiones matemáticas.

acuafortista m. Aguafuertista.

acuarela f. Pintura que se hace con colores diluidos en agua.

acuarelista com. Pintor de acuarelas.

acuario m. Depósito de agua donde se tienen vivos peces o vegetales acuáticos. || Edificio destinado a la exhibición de animales acuáticos vivos.

Acuario, constelación zodiacal, que se encuentra actualmente delante del signo homónimo.

acuartelamiento m. Acción y efecto de acuartelar o acuartelarse. Lugar donde se acuartela.

acuartelar v. t. *Mil.* Poner la tropa en cuarteles.

acuático, ca adj. Que vive en el agua: *animal acuático; planta acuática.* || Relativo al agua: *esquí acuático.*

acuatizaje m. Acción y efecto de posarse un avión en el agua.

acuatizar v. i. Posarse un avión en el agua.

acuciante o **acuciador, ra** adj. Que acucia: *deseo acuciante.*

acuciar v. t. Estimular, dar prisa: *siempre me estás acuciando.* || Desear con vehemencia.

acucioso, sa adj. Diligente, solícito. || Movimiento por deseo vehemente: *acucioso de ganancias.*

acuclillarse v. pr. Ponerse en cuclillas.

acuchillado, da adj. *Fig.* Aplícase al vestido con aberturas semejantes a cuchilladas, bajo las cuales se ve otra tela distinta de la de aquél. || — M. Acción de alisar pisos de madera o muebles.

acuchillar v. t. Dar cuchilladas. || Matar a cuchillo, apuñalar: *lo acuchillaron en una venta.* || *Fig.* Hacer aberturas semejantes a cuchilladas en los vestidos: *mangas acuchilladas.* || Raspar o alisar un piso de madera o un mueble: *acuchillar el entarimado.* || — V. pr. Darse de cuchilladas.

acudir v. i. Ir uno al sitio donde le conviene o es llamado: *acudir a una cita.* || Presentarse: *acudir a un examen.* || Asistir con frecuencia a alguna parte. || Valerse de una cosa para un fin: *acudir al* (o *con el*) *remedio.* || Recurrir a alguno: *acudir a su protector.* || Socorrer: *acudir a los desvalidos.*

acueducto m. Conducto artificial subterráneo o elevado sobre arcos para conducir agua: *el acueducto de Segovia.*

ácueo, a adj. De agua. || De naturaleza parecida a la del agua.

acuerdo m. Resolución tomada por dos o más personas o adoptada en tribunal, junta o asamblea: *la obra fue realizada por común acuerdo.* || Unión, armonía: *vivir todos en perfecto acuerdo.* || Pacto, tratado: *acuerdo comercial franco-español.* || Parecer, dictamen. || *De acuerdo,* de conformidad, unánimemente.

acuidad f. Agudeza de los sentidos. || Carácter agudo: *la acuidad de una enfermedad.*

acuitar v. t. Afligir.

acular v. t. Arrimar por detrás. || Arrinconar.

aculeiforme adj. Que tiene forma de aguijón.

aculturación f. *Neol.* Proceso de adaptación a una cultura, o de recepción de ella, de un pueblo por contacto con la civilización de otro más desarrollado.

acullá adv. A la parte opuesta del que habla. (Úsase generalmente en unión con *acá.*)

acuminado, da adj. Que termina en punta: *hojas acuminadas.*

acumulación f. Acción y efecto de acumular.

acumulador, ra adj. y s. Que acumula. || — M. Aparato mecánico, eléctrico, etc., que almacena y suministra energía: *el acumulador de un automóvil.*

acumulamiento m. Acumulación.

acumular v. t. Juntar, amontonar: *acumular mercancías.* || Imputar: *acumular culpas o delitos.* || *For.* Unir unos autos a otros.

acunar v. t. Mecer en la cuna.

Acunha (Tristão Da). V. CUNHA.

Acuña (Álvaro), militar español, conquistador de Costa Rica en 1526. || ~ (ANTONIO OSORIO DE), obispo de Zamora y uno de los jefes de los comuneros de Castilla. M. decapitado en 1526. || ~ (CRISTÓBAL DE), misionero español (1597-¿1675?), autor de un notable relato de un viaje por el Amazonas (1639). || ~ (HERNANDO DE), poeta petrarquista español (1520-1586), autor de un soneto a la gloria de Carlos I. || ~ (MANUEL), poeta romántico mexicano (1849-1873), autor de *Nocturno.* || **~ de Figueroa** (FRANCISCO), poeta uruguayo (1791-1862), que compuso el himno nacional de su país.

acuñación f. Acción y efecto de acuñar.

acuñador, ra adj. y s. Que acuña.

acuñar v. t. Imprimir y sellar las monedas y medallas por medio del cuño o troquel: *acuñar piezas de plata.* || Fabricar o hacer moneda. || Meter cuñas.

acuosidad f. Calidad de lo que es acuoso.

acuoso, sa adj. De agua o relativo a ella. || Abundante en agua: *vapor acuoso.* || Muy jugoso: *fruto acuoso.*

acupuntura f. *Cir.* Operación que consiste en clavar agujas en el cuerpo con fin terapéutico.

acurrucarse v. pr. Encogerse.

acusación f. Acción de acusar o acusarse: *acusación pública.* || Escrito o discurso en que se acusa.

acusado, da m. y f. Persona a quien se acusa: *absolver, condenar al acusado.* || — Adj. Galicismo por *saliente, que resalta.*

acusador, ra adj. y s. Que acusa.

acusar v. t. Imputar a uno algún delito o culpa: *acusar de prevaricación.* || Tachar, calificar: *acusar un libro de tendencioso.* || Censurar, reprender. || Denunciar, delatar: *acusado por las apariencias.* || Indicar, avisar: *acusar recibo de una carta.* || *For.* Exponer los cargos y las pruebas contra el acusado. || — V. pr. Confesarse culpable: *acusarse de negligencia.* || Galicismo por *denotar, revelar.*

acusativo m. *Gram.* Uno de los seis casos de la declinación: *el acusativo indica el complemento directo.*

acusatorio, ria adj. *For.* Relativo a la acusación: *delación acusatoria.*

acuse m. Acción y efecto de acusar el recibo de cartas, etc.: *acuse de recibo.* || Cada una de las cartas que en el juego sirven para acusar: *tener tres acuses.*

acusón, ona adj. y s. *Fam.* Que tiene el vicio de acusar a los demás.

acústica f. Parte de la física que trata de la formación y propagación de los sonidos. || Calidad de un local en orden a la percepción de los sonidos.

acústico, ca adj. Relativo al órgano del oído o a la acústica.

acutángulo adj. *Geom.* Que tiene tres ángulos agudos: *triángulo acutángulo.*

Acha (Mariano), militar argentino (1801-1841), enemigo de Rosas.

Achá (José María de), general boliviano (1811-1868), pres. de la Rep. de 1861 a 1864.

achabacanar v. t. Volver chabacano.

achacar v. t. Atribuir, imputar: *le achacaron su descuido.*

achacosidad f. Predisposición a los achaques.

achacoso, sa adj. Que padece achaques: *viejo achacoso.* || Indispuesto o levemente enfermo.

achaflanar v. t. Hacer o dar forma de chaflán.

Achala, peniplanicie de la Argentina, en Sierra Grande de Córdoba.

achampanado, da adj. Achampañado.

achampañado, da adj. Aplícase a la bebida que imita al champaña: *sidra achampañada.*

achantarse v. pr. *Fam.* Aguantarse, conformarse: *no tuve más remedio que achantarme.*

achaparrado, da adj. Aplícase al árbol grueso, bajo y poblado de ramas: *cerezo achaparrado.* || *Fig.* Rechoncho: *niño, hombre achaparrado.*

achaparrarse v. pr. Tomar un árbol la forma de chaparro. || *Fig.* Quedarse rechoncha una persona.

achaque m. Indisposición habitual: *los achaques de la vejez.* || Vicio o defecto habitual.

achares m. pl. *Fam.* Celos, inquietud: *dar achares a su novia.*

acharolado, da adj. Parecido al charol: *zapatos acharolados.*

acharolar v. t. Charolar.

achatado, da adj. Chato.

achatamiento m. Acción y efecto de achatar o achatarse. || Falta de esfericidad del globo terrestre.

achatar v. t. Poner chata una cosa, aplanarla (ú. t. c. pr.).

achicador, ra adj. Que achica. || — M. *Mar.* Pala de madera para achicar el agua en los botes.

achicar v. t. Amenguar el tamaño de una cosa: *achicar una ventana.* || Extraer el agua de una mina, de una embarcación, con una pala, bombas o de otro modo. || *Fig.* Humillar: *achicar a uno el orgullo.* || *Fam. Col.* Matar, despachar a uno.

achicoria f. Planta de hojas recortadas, ásperas y comestibles: *las raíces tostadas de la achicoria se usan como sucedáneo del café.*

achicharradero m. Sitio donde hace mucho calor: *el teatro es un achicharradero.*

achicharrar v. t. Freír, asar o tostar demasiado. || *Fig.* Calentar con exceso. | Molestar, abrumar: *achicharrar a preguntas.* || — V. pr. Quemarse, freírse mucho una cosa: *se achicharró el asado.*

achilenado, da adj. y s. Que parece chileno.

achinado, da adj. Parecido a los chinos: *ojos achinados.* || *Riopl.* Aplebeyado: *hombre achinado.*

achinelado, da adj. Que tiene forma de chinela.

achiotal m. Plantación de achiotes.

achiote m. Arbusto cuyo fruto rojo purpúreo contiene una pulpa llamada bija.

achiquillado, da adj. Aniñado, infantil.

achiquitar v. t. *Fam. Amer.* Achicar, empequeñecer, disminuir. || — V. pr. Amilanarse.

achira f. Planta sudamericana de flores coloradas. || Planta del Perú de raíz comestible.

achispar v. t. Embriagar ligeramente a uno (ú. t. c. pr.).

Achkhabad, c. de la U. R. S. S., cap. del Turkmenistán. Universidad.

achocolatado, da adj. De color de chocolate: *rostro achocolatado.*

acholado, da adj. *Amer.* De tez parecida a la del cholo. | Corrido, avergonzado.

acholar v. t. *Amer.* Avergonzar, correr, amilanar.

achote m. Achiote.

achubascarse v. pr. Cubrirse el cielo de nubarrones.

achuchado, da adj. *Fam.* Difícil, complicado: *vida muy achuchada.*

achuchar v. t. *Fam.* Aplastar, estrujar. | Azuzar, excitar. | Empujar: *no me achuches más.*

achuchón m. *Fam.* Acción y efecto de achuchar. || *Taurom.* Revolcón.

achulado, da adj. *Fam.* Que tiene aire o modales de chulo.

achura f. *Riopl.* Intestinos o menudos de la res.

achurar v. t. *Riopl.* Quitar las achuras a un animal. || *Fam.* Herir, matar.

achurruscar v. t. *Chil.* Apretar. || — V. pr. *Col.* y *Ecuad.* Encogerse.

ad prep. lat. Significa *a, junto, hacia,* etc.

ad hoc loc. lat. Que conviene a tal objeto: *argumento « ad hoc ».*

adagio m. Sentencia breve, las más de las veces de carácter moral. || *Mús.* Ritmo bastante lento. | Composición en este movimiento: *tocar, cantar un adagio.*

Adaja, río de España, afl. del Duero, que nace en Gredos y pasa por Ávila; 192 km.

adalid m. Caudillo de gente de guerra. || *Fig.* Guía y cabeza de algún partido o escuela.

adamantino, na adj. Diamantino.

adamascar v. t. Tejer con labores parecidas al damasco.

adamita adj. y s. Perteneciente a una herejía del s. II : *los adamitas celebraban sus ceremonias desnudos.*

Adamov (Arthur), autor dramático francés, de origen ruso (1908-1970), que cultivó el simbolismo trágico. Se suicidó.

Adams (John), político norteamericano (1735-1826), pres. de Estados Unidos, de 1797 a 1800. — Su hijo JOHN QUINCY (1767-1848), fue tb. pres. de 1825 a 1829. || ~ (SAMUEL), político norteamericano (1722-1803), uno de los promotores de la Independencia. Se le conoce con el nombre de *el Catón de América*.

Adamuz, v. de España (Córdoba).

adán m. *Fig.* y *fam.* Hombre desaseado o haraposo: *ir hecho un adán.* | Hombre apático, descuidado.

Adán, primer hombre creado por Dios. *(Biblia.)*

Adana, c. del S. de Turquía (Cilicia).

adaptable adj. Capaz de ser adaptado: *pieza adaptable a un motor.*

adaptación f. Acción y efecto de adaptar o adaptarse.

adaptador, ra m. y f. Persona que adapta. || — M. Aparato que permite adaptar un mecanismo eléctrico para diversos usos.

adaptar v. t. Acomodar, ajustar una cosa a otra: *adaptar el mango al martillo.* || *Fig.* Modificar con un fin o a otras circunstancias: *adaptar una obra literaria.* || — V. pr. Acomodarse, avenirse a circunstancias, condiciones, etc.: *es persona que se adapta a todo.*

adaraja f. *Arq.* Diente, resalto en una pared.

adarga f. Escudo de cuero ovalado o de figura de corazón.

adarme m. Peso que equivalía a 179 centigramos. || *Fig.* Cantidad mínima de una cosa: *no tiene un adarme de juicio.*

adarve m. *Fort.* Camino almenado en la parte superior de la muralla || *Fig.* Protección, defensa.

Adda, río de Italia, en Lombardía, afl. del Po.

addenda m. Adición o complemento de una obra escrita.

Addis Abeba, cap. de Etiopía; 560 000 h. Centro comercial.

adecenar v. t. Ordenar o dividir por decenas.

adecentar v. t. Poner decente (ú. t. c. pr.).

adecuación f. Acción de adecuar o adecuarse.

adecuado, da adj. Apropiado, acomodado, proporcionado.

adecuar v. t. Proporcionar, acomodar una cosa a otra: *adecuar los esfuerzos a un fin.*

adefesio m. *Fam.* Disparate, despropósito, extravagancia: *evite los adefesios.* || Traje o adorno ridículo. || Persona fea o extravagante: *estás hecho un adefesio.*

adehala f. Lo que se da de gracia sobre un precio o sueldo.

Adelaida, c. y puerto de Australia cap. del Est. de Australia Meridional. Arzobispado. Universidad. Centro comercial.

adelantado, da adj. Precoz. *niño adelantado.* || Evolucionado: *país adelantado.* || — M. (Ant.). Gobernador de una provincia fronteriza, justicia mayor del reino, capitán general en tiempos de guerra. || Título concedido, hasta fines del s. XVI, a la primera autoridad política, militar y judicial en las colonias españolas de América. || *Adelantado de mar,* capitán que tenía el mando de una expedición marítima y recibía de antemano el gobierno de las tierras que descubriese o conquistase.

adelantamiento m. Acción y efecto de adelantar o adelantarse. || Dignidad de adelantado y territorio de su jurisdicción. || *Fig.* Progreso, mejora: *industria de mucho adelantamiento.*

adelantar v. t. Mover o llevar hacia adelante: *adelantar un pie.* || Acelerar, apresurar: *adelantar una obra.* || Anticipar: *adelantar el pago.* || Ganar la delantera a alguno, andando o corriendo: *adelantar a un rival en una carrera* (ú. t. c. pr.). || Dejar atrás: *adelantar un coche* (ú. t. c. pr.). || Tratándose del reloj, hacer que señale hora posterior a la que es. || *Fig.* Aumentar, mejorar. || — V. i. Andar el reloj más aprisa de lo debido. Progresar en estudios, robustez, etc.: *este niño adelanta mucho.*

adelante adv. Más allá: *ir adelante.* || Denota tiempo futuro: *para en adelante.* || *En adelante,* en lo sucesivo.

adelanto m. Anticipo: *pedir un adelanto* || Adelantamiento, medra. || Progreso: *los adelantos científicos, astronáuticos.*

adelfa f. Arbusto parecido al laurel, de flores rojizas o purpúreas.

adelgazamiento m. Acción y efecto de adelgazar o adelgazarse.

adelgazar v. t. Poner delgado (ú. t. c. pr.). || — V. i. Enflaquecer.

ademán m. Movimiento del cuerpo con que se manifiesta un afecto del ánimo: *con elegante ademán.* || — Pl. Modales.

además adv. A más de esto o aquello.

Adén, c. y puerto del Yemen del Sur, en el golfo homónimo. El ant. protectorado británico de Adén abarcaba varios principados de Arabia meridional.

Adenauer (Konrad), político alemán (1876-1967). Canciller de la República Federal Alemana de 1949 a 1963.

adenitis f. *Med.* Inflamación de las glándulas y de los ganglios linfáticos.

adenoma m. *Med.* Tumor formado por el tejido glandular. || Hipertrofia glandular.

adenopatía f. *Med.* Inflamación de los ganglios linfáticos.

adentrarse v. pr. Penetrar.

adentro adv. A o en lo interior: *mar, tierra adentro.* || — M. pl. Lo interior del ánimo: *decirse en (o para) sus adentros.*

adepto, ta adj. y s. Afiliado a una secta o asociación.

aderezar v. t. Adornar, hermosear: *aderezar con gusto.* || Guisar, sazonar, condimentar: *plato bien aderezado.*

aderezo m. Acción y efecto de aderezar o aderezarse. || Guisado, condimento. || Juego de joyas (collar, pendientes y pulsera).

adeudar v. t. Deber: *adeudar mil pesetas.* || *Com.* Anotar en el debe una partida.

adeudo m. Deuda. || Cantidad que se debe a las aduanas: *retener mercancías en pago del adeudo.* || *Com.* Asiento en el debe.

adherencia f. Acción y efecto de adherir o pegarse una cosa con otra.

adherente adj. Que adhiere o se adhiere. || — *Com.* Persona que forma parte de un grupo o sociedad: *adherentes del carlismo.*

* **adherir** v. i. Pegarse, unirse una cosa con otra. || — V. pr. *Fig.* Mostrar adhesión por una idea, doctrina, etc., abrazarla: *adherirse a un partido.*

adhesión f. Adherencia. || *Fig.* Acción y efecto de adherir o adherirse: *adhesión a un partido.*

adhesividad f. Calidad de adhesivo.

adhesivo, va adj. Capaz de adherirse: *emplasto adhesivo.* || — Sustancia adhesiva.

adición f. Acción de añadir o agregar. || Añadidura en una obra o escrito. || *Mat.* Operación de sumar. | Primera de las cuatro operaciones fundamentales de la aritmética.

— La *adición* tiene por objeto reunir en uno solo varios números del mismo género. Los datos de la operación se llaman *sumandos* y el resultado *suma.* La adición se indica con el signo + (más).

adicional adj. Que se adiciona o añade: *cláusula adicional.*

adicionar v. t. Agregar, sumar, añadir. || Hacer o poner adiciones.

adicto, ta adj. Dedicado, apegado: *adicto a la democracia.* || — M. y f. Partidario, seguidor, adepto: *iba rodeado de sus adictos.*

adiestramiento m. Acción y efecto de adiestrar o adiestrarse.

adiestrar v. t. Hacer diestro (ú. t. c. pr.). || Enseñar, instruir: *adiestrar un animal* (ú. t. c. pr.). || Guiar, encaminar.

Adigio, río del NE. de Italia, que nace en los Alpes, pasa por Verona y des. en el Adriático; 410 km.

adinerado, da adj. y s. Que tiene mucho dinero.

adinerarse v. pr. *Fam.* Enriquecerse, hacerse rico.

adintelado adj. *Arq.* Aplícase al arco que degenera en línea recta.

adiós m. Despedida: *cordial adiós.* || — Interj. ¡Hasta la vista! (Se emplea tb. como saludo o para expresar incredulidad.)

adiposidad f. Calidad de adiposo.

adiposis f. *Med.* Enfermedad producida por el exceso de grasa.

adiposo, sa adj. *Anat.* Grasiento, lleno de grasa: *tejido adiposo.* || De la naturaleza de la grasa: *sustancia adiposa.*

adipsia f. *Med.* Falta de sed.

Adirondacks, macizo cristalino del E. de Estados Unidos (Nueva York).

aditamento m. Añadidura.

adivinación f. Acción y efecto de adivinar.

adivinador, ra adj. y s. Que adivina.

adivinanza f. Acertijo, adivinación: *acertar una adivinanza.*

adivinar v. t. Descubrir lo futuro o lo oculto, predecir: *arte de adivinar.* || Acertar un enigma. || Juzgar por conjeturas, por intuición: *adivinar lo ocurrido.* || Penetrar: *adivinar el pensamiento, las intenciones de alguien.*

adivinatorio, ria adj. Relativo a la adivinación: *facultad adivinatoria.*

adivino, na m. y f. Persona que adivina.

Adjaria, rep. autónoma de la U. R. S. S. (Georgia), a orillas del mar Negro. Cap. *Batum.*

adjetivación f. Acción y efecto de adjetivar o adjetivarse.

adjetivado, da adj. Usado como adjetivo: *sustantivo adjetivado.*

adjetival adj. Relativo al adjetivo.

adjetivar v. t. *Gram.* Aplicar adjetivos. || Dar al nombre valor de adjetivo (ú. t. c. pr.). || Calificar: *lo adjetivó de imbécil.*

adjetivo, va adj. Que dice relación a una cualidad o accidente. || *Gram.* Perteneciente al adjetivo: *nombre adjetivo.* || — M. Palabra que se agrega al sustantivo para designar una cualidad o determinar o limitar su extensión: *los adjetivos se dividen en calificativos y determinativos, y éstos en demostrativos, numerales, posesivos e indefinidos.*

adjudicación f. Acción y efecto de adjudicar o adjudicarse: *venta por adjudicación.* || Galicismo por *contrata.*

adjudicador, ra adj. y s. Que adjudica.

adjudicar v. t. Declarar que una cosa corresponde a una persona: *adjudicar una herencia, un premio.* || — V. pr. Apropiarse de una cosa.

adjudicatario, ria m. y f. Persona a quien se adjudica una cosa.

adjuntar v. t. Unir una cosa con otra, especialmente en una carta: *le adjunto mi factura.*

adjunto, ta adj. Que va unido con otra cosa: *la nota de precios adjunta.* || Dícese de la persona que acompaña a otra en un negocio o cargo: *catedrático adjunto.*

adjutor, ra adj. y s. Que ayuda o auxilia a otro.

adlátere m. Barb. por *a látere.*

Adler (Alfred), médico psiquíatra austriaco (1870-1937).

adminículo m. Auxilio. || Objeto, utensilio.

administración f. Acción de administrar: *la administración de una empresa.* || Empleo y oficina del administrador. || Ciencia del gobierno de un Estado. || Conjunto de los empleados de un ramo particular de un servicio público: *Administración de Correos.* || Consejo de administración, grupo de personas responsables de una sociedad.

administrado, da adj. y s. Sometido a una autoridad administrativa.

administrador, ra adj. y s. Persona que administra.

administrar v. t. Gobernar, regir: *administrar el Estado.* || Conferir: *administrar los sacramentos.* || Tratándose de medicamentos, aplicarlos: *administrar un purgante.* || Dar, propinar: *administrar una paliza.*

administrativo, va adj. y s. Relativo a la administración: *reglamento administrativo.* || Persona que tiene por oficio administrar o llevar la parte administrativa de una empresa.

admirable adj. Digno de admiración.

admiración f. Sensación de sorpresa, placer y respeto que se experimenta ante una cosa hermosa o buena. || Signo ortográfico (¡ !) usado para expresar admiración, queja o lástima.

admirador, ra adj. y s. Que admira: *seguida por sus admiradores.*

admirar v. t. Mirar con entusiasmo, sorpresa o placer: *admirar una obra de arte.* || Causar sorpresa o placer: *tanta generosidad me admira.* || — V. pr. Asombrarse.

admirativo, va adj. Que expresa o denota admiración: *palabras admirativas.* || Capaz de causar admiración.

admisibilidad f. Calidad de admisible.

admisible adj. Que puede admitirse: *excusa admisible.*

admisión f. Acción de admitir.

admitir v. t. Recibir, dar entrada: *ser admitido en la Academia.* || Aceptar, reconocer: *admitir una hipótesis.* || Permitir, tolerar, sufrir: *admitir excusas.*

admonición f. Amonestación, reconvención.

adobado m. Carne puesta en adobo: *adobado de cerdo.*

adobadura f. y **adobamiento** m. Adobo.

adobar v. t. Componer, preparar. || Guisar, aderezar. || Poner en adobo las carnes, el pescado. || Curtir y componer las pieles.

adobe m. Ladrillo seco al sol.

adobo m. Acción y efecto de adobar: *el adobo de una piel.* || Salsa para sazonar y conservar las carnes, el pescado: *echar carne en adobo.* || Ingredientes para curtir pieles o dar cuerpo a las telas.

adocenado, da adj. Vulgar, de muy poco mérito: *escritor adocenado.*

adoctrinamiento m. Acción y efecto de adoctrinar.

adoctrinar v. t. Instruir.

* **adolecer** v. i. Caer enfermo o padecer una dolencia habitual: *adolecer de artritis.* || *Fig.* Dícese de pasiones, vicios, etc., tenerlos: *adolecer de ingratitud.*

adolescencia f. Período de transición entre la infancia y la edad adulta.

adolescente adj. y s. Que está en la adolescencia.

Adonai, n. de Dios en el Antiguo Testamento.

adonde adv. A qué parte, o a la parte que. (Se acentúa en sentido interrogativo: *¿adónde van los niños?*) || Donde.

adondequiera adv. A cualquier parte. || Donde quiera.

Adonías, hijo de David, muerto por orden de Salomón, a quien quiso arrebatar el trono (1014 a. de J. C.).

adónico adj. y s. m. *Poét.* Dícese del verso clásico que consta de un dáctilo y un espondeo.

adonis m. *Fig.* Joven hermoso.

Adonis, joven griego de gran belleza, mortalmente herido por un jabalí. Afrodita lo metamorfoseó en anémona. *(Mit.)*

adopción f. Acción de adoptar o prohijar: *adopción de una ley, de una niña.*

adopcionismo m. Herejía de los adopcionistas en el s. VIII.

adopcionista m. Hereje que defendía que Cristo sólo era Dios por adopción del Padre.

adoptar v. t. Prohijar: *César adoptó a Bruto.* || Admitir alguna opinión o doctrina: *adoptar el federalismo.* || Aprobar: *adoptar un proyecto de ley.*

adoptivo, va adj. Dícese de la persona adoptada y de la que adopta: *hijo, padre adoptivo.* || Aplícase a lo que uno elige para tenerlo por lo que no es realmente: *hermano adoptivo; patria adoptiva.*

adoquín m. Piedra labrada para empedrados. || *Fig.* y *fam.* Necio, idiota.

adoquinado m. Suelo empedrado con adoquines. || Acción de adoquinar.

adoquinar v. t. Empedrar con adoquines.

adorable adj. Digno de adoración. || *Fig.* y *fam.* Digno de ser amado: *mujer adorable.*

adoración f. Acción de adorar. || *Fig.* Amor extremo.

adorador, ra adj. y s. Que adora.

adorar v. t. Reverenciar con sumo honor o respeto a un ser. || Rendir culto a Dios. || *Fig.* Amar en extremo: *adorar un arte.* || — V. i. Orar, hacer oración.

adoratriz f. Religiosa de una orden española de votos simples. || En América, señora que pertenece a alguna hermandad de la adoración perpetua.

adormecedor, ra adj. Que adormece.

* **adormecer** v. t. Dar o causar sueño: *adormecer al niño meciéndole.* || *Fig.* Calmar, sosegar: *adormecer el dolor con morfina.* || — V. pr. Empezar a dormirse. || Entorpecerse un miembro. || Aficionarse: *adormecerse en un vicio.*

adormecimiento m. Acción y efecto de adormecer o adormecerse.

adormidera f. Planta papaverácea de cuyo fruto se saca el opio.

adormilarse y adormitarse v. pr. Dormirse a medias, amodorrarse, adormecerse.

adornar v. t. Engalanar con adornos. || *Fig.* Concurrir en una persona ciertas prendas o circunstancias favorables. || *Fig. Adornar una historia,* embellecerla con detrimento de la verdad.

adorno m. Lo que sirve para hermosear personas o cosas. || *Taurom.* Lance con que el torero remata una serie de pases.

adosar v. t. Arrimar una cosa a otra: *adosar a la pared.*

Adour [*adur*], río del SO. de Francia, que nace en los Pirineos y atraviesa Dax y Bayona.

adovelado, da adj. *Arq.* Construido con dovelas.

adquirente o **adquiriente** adj. y s. Comprador.

adquirido, da adj. Alcanzado, obtenido: *fama bien adquirida.* || *Velocidad adquirida,* la que anima un cuerpo en un momento determinado.

adquiridor, ra adj. y s. Comprador.

* **adquirir** v. t. Alcanzar, lograr, ganar con el propio trabajo. || *Por ext.* Conseguir, obtener.

adquisición f. Acción de adquirir. || Compra: *adquisición de una finca.*

adquisitivo, va adj. *For.* Que sirve para adquirir: *título adquisitivo.*

Adra, c. del SE. de España (Almería). Caña de azúcar. Es la ant. *Abdera.*

adral m. Cada una de las tablas que se ponen a los lados del carro o camión para mantener la carga.

Adrar, región del Sáhara occidental (Mauritania).

adrede adv. De propósito, de intento: *hacer una cosa adrede.*

adrenalina f. Hormona segregada por la masa medular de las glándulas suprarrenales.

— La *adrenalina* acelera el ritmo cardiaco, aumenta la presión arterial, dilata los bronquios e influye en la digestión. Poderoso constrictor de los vasos sanguíneos, se usa como medicamento hemostático.

Adria, c. del NE. de Italia (Venecia) que ha dado su n. al mar Adriático.

Adriano (Publio Elio), emperador romano (76-138), n. en Itálica (España). Reinó desde 117. Fue educado por Trajano. Reprimió algunas rebeliones en el interior y reforzó las defensas del Imperio contra los enemigos exteriores. Protegió las artes y las letras, y reorganizó la administración.

Adriano || **~ I,** papa de 772 a 795. || **~ II** (792-872), papa desde 867. || **~ III,** papa de 884 a 885. || **~ IV** (¿1100?-1159), papa desde 1154. || **~ V,** papa en 1276. || **~ VI** (1459-1523), papa de 1522 a 1523. Su nombre era *Adriano de Utrecht* y antes fue preceptor del emperador Carlos V y regente de Castilla.

Adrianópolis. V. ANDRINÓPOLIS.

adriático, ca adj. Del mar Adriático.

Adriático (MAR), parte del Mediterráneo, que baña Italia, Yugoslavia y Albania.

Adrogué. V. ALMIRANTE BROWN.

adscribir v. t. Inscribir. || Atribuir. || Destinar.

adscrito, ta adj. Escrito al lado.

adsorbente adj. Capaz de adsorción.

adsorber v. t. Fijar por adsorción.

adsorción f. *Fís.* Penetración superficial de un gas o un líquido en un sólido.

Adua, c. de Etiopía, ant. cap. del país, donde los etíopes derrotaron a los italianos en 1896.

aduana f. Administración que percibe los derechos sobre las mercancías importadas o exportadas. || Oficina de dicha administración.

aduanero, ra adj. Relativo a la aduana. || — M. Empleado en la aduana.

aduar m. Campamento de beduinos o gitanos. || Ranchería de indios americanos. || *Por. ext.* Pueblo musulmán en África del Norte.

aducción f. *Anat.* Movimiento por el cual se acerca un miembro separado al eje del cuerpo: *aducción del brazo, del ojo.*

* **aducir** v. t. Presentar o alegar pruebas, razones, etc.: *aducir argumentos en defensa de una tesis.*

aductor adj. y s. *Anat.* Músculo que produce la aducción.

adueñarse v. pr. Hacerse dueño de una cosa o apoderarse de ella: *adueñarse de una casa.*

adulación f. Lisonja, halago.

adulador, ra adj. y s. Lisonjero, que adula.

adular v. t. Halagar con fin interesado.

adulteración f. Acción y efecto de adulterar o adulterarse.

adulterar v. i. Cometer adulterio. || — V. t. *Fig.* Viciar, falsificar: *adulterar la harina con barita.*

adulterino, na adj. Procedente de adulterio: *hijo adulterino.* || Relativo al adulterio. || *Fig.* Falso, falsificado.

adulterio m. Violación de la fe conyugal. || Falsificación, fraude.

adúltero, ra adj. y s. Que viola la fe conyugal o comete adulterio: *hombre o mujer adúlteros.* || *Fig.* Falsificado.

adulto, ta adj. y s. Llegado al término de la adolescencia: *persona adulta; animal adulto.*

adusto, ta adj. Excesivamente cálido: *el Sáhara es una región adusta.* || *Fig.* Austero, desabrido, melancólico: *hombre adusto.*

advenedizo, za adj. y s. Extranjero o forastero. || *Despect.* Persona que va sin empleo ni oficio a establecerse en un lugar. || Persona que ha conseguido cierta fortuna pero que no sabe ocultar su origen modesto.

advenimiento m. Venida o llegada. || Ascenso de un pontífice o de un soberano al trono: *el advenimiento de Paulo VI.* || *Fig.* y *fam. Esperar uno el santo advenimiento,* esperar algo que tarda mucho en llegar.

* **advenir** v. i. Venir, llegar.

adventicio, cia adj. Que sobreviene accidentalmente. || *Biol.* Aplícase al órgano o parte de los animales o vegetales que se desarrolla ocasionalmente y cuya existencia no es constante: *membranas, raíces adventicias.*

adventista adj. y s. Que espera un segundo advenimiento de Cristo: *secta de los adventistas.*

adverar v. t. Certificar, asegurar.

adverbial adj. *Gram.* Relativo al adverbio: *expresión adverbial.*

adverbio m. *Gram.* Parte de la oración que modifica la significación del verbo, del adjetivo o de otro adverbio.

— Por su forma, los *adverbios* pueden ser simples (*sí, allí, bastante, jamás,* etc.) y compuestos o expresiones adverbiales (*de pronto, a pie juntillas,* etc.). Por su significación pueden ser: *de lugar* (*aquí, ahí, allí, cerca, lejos,* etc.); *de tiempo* (*ayer, hoy, mañana, ahora,* etc.); *de modo* (*bien, mal, así, aprisa,* etc.); *de cantidad* (*mucho, poco, casi, más,* etc.); *de orden* (*primeramente, sucesivamente,* etc.); *de afirmación* (*sí, cierto, también,* etc); *de negación* (*no, nunca, tampoco,* etc.); *de duda* (*acaso, quizá, tal vez,* etc.).

adversario, ria m. y f. Rival.

adversativo, va adj. *Gram.* Que denota oposición o antítesis: *conjunción, proposición adversativa.*

adversidad f. Calidad de adverso. || Infortunio.

adverso, sa adj. Contrario, desfavorable: *suerte adversa.* || Opuesto materialmente: *parte adversa.*

advertencia f. Acción y efecto de advertir. || Escrito breve al principio de una obra con que se advierte algo al lector.

advertido, da adj. Capaz, experto, avisado.

* **advertir** v. t. Reparar, observar: *advertir faltas en un escrito.* || Llamar la atención, señalar. || Aconsejar, amonestar. || — V. i. Caer en la cuenta.

adviento m. Tiempo litúrgico que precede a la Navidad.

advocación f. Título que se da a un templo, capilla, altar o imagen particular, como *Nuestra Señora del Carmen.*

adyacente adj. Contiguo, próximo: *España e islas adyacentes.*

Aecio, general romano que participó en la derrota de Atila en los Campos Cataláunicos en 451.

aéreo, a adj. De aire o relativo a él. || Concerniente a la aviación: *navegación aérea.* || *Biol.* Dícese de los animales o plantas que viven en contacto directo con el aire: *planta aérea.* || *Fig.* Leve, ligero.

aerícola adj. Aplícase a los animales y plantas que viven en el aire.

aerobio adj. *Biol.* Aplícase al ser vivo que necesita del aire para subsistir. || — M. Ser microscópico que vive en el aire.

aerobús m. Avión subsónico que transporta numerosos viajeros.

aeroclub m. Centro de formación de pilotos para la aviación civil.

aerodeslizador m. Vehículo que se desplaza mediante un colchón de aire situado debajo de él.

aerodinámica f. Parte de la mecánica que estudia el movimiento de los gases.

aerodinámico, ca adj. Relativo a la aerodinámica. || Aplícase a los vehículos u otras cosas de forma adecuada para disminuir la resistencia del aire: *una carrocería aerodinámica.*

aerodinamismo m. Calidad de aerodinámico.

aeródromo m. Campo para el despegue y aterrizaje de aviones.

aerofaro m. Proyector potente en los aeródromos.

aerofobia f. Temor al aire.

aerofotografía f. Fotografía del suelo tomada desde un vehículo aéreo.

aerografía f. Descripción del aire.

aerógrafo m. Aparato para pintar por vaporización.

aerograma f. Carta por avión.

aerolito m. Fragmento de un bólido que cae sobre la Tierra.

aerometría f. Ciencia que estudia las propiedades del aire.

aerómetro m. Instrumento para medir la densidad del aire.

aeromodelismo m. Construcción de modelos reducidos de avión.

aeromodelista adj. y s. Que se dedica al aeromodelismo.

aeromodelo m. Tipo reducido de avión con motor o sin él utilizado con fines deportivos o experimentales.

aeromoza f. Azafata aérea.

aeronauta com. Persona que practica la navegación aérea.

aeronáutico, ca adj. Relativo a la aeronáutica: *construcciones aeronáuticas.* || — F. Ciencia que trata de la navegación aérea.

aeronaval adj. Que es a la vez de la marina de guerra y de la aviación: *expedición aeronaval.*

aeronave f. Nombre genérico de todos los aparatos de aviación.

aeroplano m. Avión.

aeropostal adj. Relativo al correo aéreo.

aeropuerto m. Conjunto de las instalaciones preparadas para el funcionamiento regular de las líneas aéreas de transporte.

aerosol m. Suspensión en el aire de un producto vaporizado; utilizado en medicina.

aerospacial adj. Relativo a la vez a la aeronáutica y a la astronáutica: *industria aerospacial.*

aerostación f. Arte de construir y dirigir aeróstatos.

aerostático, ca adj. Relativo a los aeróstatos. || — F. Parte de la mecánica que estudia el equilibrio de los gases.

aeróstato m. Aparato lleno de un gas más ligero que el aire y que puede elevarse en la atmósfera.

aerotecnia f. Ciencia que trata de las aplicaciones del aire a la industria.

aeroterrestre adj. De las fuerzas militares de tierra y aire.

aerotransportado, da adj. *Mil.* Conducido por avión: *tropas aerotransportadas.*

aerotrén m. (n. reg.). Vehículo que se desliza a gran velocidad sobre una vía especial.

aerovía f. Ruta aérea.

afabilidad f. Calidad de afable.

afable adj. Agradable, suave en el trato.

afamado, da adj. Famoso.

afán m. Trabajo excesivo y solícito: *estudiar con afán.* || Anhelo vehemente: *afán de aventuras.*

afanar v. i. Entregarse al trabajo con solicitud. || Hacer diligencias para conseguir algo (ú. t. c. pr.). || — V. t. *Pop.* Robar.

afanípteros m. pl. *Zool.* Orden de insectos chupadores, sin alas, como la pulga (ú. t. c. adj.).

afanoso, sa adj. Muy trabajoso: *labor afanosa.* || Que se afana.

afarolado adj. y s. m. *Taurom.* Lance de capa o muleta.

Afars e Issas (Territorio Francés de los), Est. autónomo de África Oriental, en el golfo de Adén; 21 700 km²; 82 000 h. Cap. *Jibuti,* 41 200 h. Es la ant. *Costa Francesa de los Somalíes.*

afasia f. *Med.* Pérdida de la palabra.

afear v. t. Hacer o poner feo. || *Fig.* Tachar, vituperar: *afear a uno su comportamiento.*

afección f. Afición o inclinación: *afección filial.* || Impresión que hace una cosa en otra: *afección del ánimo.* || *Med.* Alteración morbosa: *afección pulmonar.*

afectación f. Acción de afectar: *afectación de humildad.* || Falta de sencillez y naturalidad.

afectado, da adj. Que muestra afectación: *orador afectado.* || Aparente, fingido: *celo afectado.* || Perjudicado: *tierras afectadas por la sequía.* || Aquejado, afligido: *afectado por la mala noticia.*

afectar v. t. Obrar sin sencillez ni naturalidad, fingir: *afectar suma estimación.* || Hacer impresión una cosa en una persona: *la muerte de su amigo le ha afectado mucho.* || *Med.* Producir alteración en algún órgano: *afectar la vista.* || Perjudicar, dañar.

afectividad f. Desarrollo de la propensión a querer. || *Fil.* Conjunto de los fenómenos afectivos.

afectivo, va adj. Relativo al afecto, sensible.

afecto, ta adj. Inclinado a una persona o cosa: *muy afecto a sus padres.* || Dícese de las rentas sujetas a carga u obligación. || *Med.* Que padece: *afecto de reúma.* || — M. Cariño, amistad: *afecto filial.* || *Med.* Afección.

afectuoso, sa adj. Cariñoso.

afeitado m. Acción y efecto de afeitar. || *Taurom.* Corte de las puntas de los cuernos del toro para disminuir el peligro.

afeitadora f. Maquinilla de afeitar.

afeitar v. t. Cortar con navaja o maquinilla la barba o el pelo. || Poner afeites. || *Fam.* Rozar. || *Taurom.* Cortar las puntas de los cuernos al toro.

afeite m. Aderezo, compostura. || Cosmético.

afelio m. *Astr.* Punto más distante del Sol en la órbita de un planeta: *lo contrario al afelio se llama perihelio.*

afelpado, da adj. Parecido a la felpa: *una tela afelpada.* || — M. Ruedo de esparto.

afeminación f. Molicie, pérdida de las fuerzas.

afeminado, da adj. y s. m. Parecido a las mujeres: *cara, voz afeminada.*

afeminamiento m. Afeminación, molicie.

afeminar v. t. Tornar afeminado. || — V. pr. Perder la energía varonil.

aferente adj. *Anat.* Que trae, lleva o conduce a un órgano: *vasos, nervios aferentes.*

aféresis f. *Gram.* Supresión de una o más letras al principio de un vocablo, como *norabuena* y *noramala* por *enhorabuena* y *enhoramala.*

aferrado, da adj. Insistente, obstinado.

* **aferrar** v. t. Agarrar fuertemente. || — V. i. *Mar.* Agarrar el ancla en el fondo. | Anclar, amarrarse. || — V. pr. Obstinarse: *aferrarse a una idea, a* (o *con* o *en*) *su opinión.*

afestonado, da adj. Labrado en forma de festón. || Adornado con festones.

affaire m. (pal. fr.). Caso, asunto, negocio.

affiche m. (pal. fr.). Anuncio, cartel.

Afganistán, rep. de Asia Occidental, entre la India e Irán; 650 000 km²; 17 125 000 h. (*afganos*); cap. *Kabul,* 310 000; c. pr.: *Herat,* 150 000 h., y *Kandahar,* 195 000. País montañoso atravesado por el macizo del Hindu-Kuch. Fue reino hasta 1973.

afgano, na adj. y s. Del Afganistán.

afianzar v. t. Dar fianza o garantía. || Afirmar o asegurar con puntales, clavos, etc.: *afianzar una pared, afianzarse en* (o *sobre*) *los estribos* (ú. t. c. pr.).

afición f. Inclinación a una persona o cosa: *tener afición a la música.* || Conjunto de aficionados.

aficionado, da adj. y s. Que tiene afición a una cosa. || Que cultiva algún arte sin tenerlo por oficio: *exposición de pintura para aficionados.*

aficionar v. t. Inclinar, inducir a otro que guste de alguna persona o cosa. || — V. pr. Prendarse de una persona o cosa: *aficionarse al fútbol.*

afijo m. *Gram.* Partícula que se pone al principio o al fin de las palabras para modificar su significado: *los afijos se dividen en prefijos y sufijos.* || — Adj. Dícese del pronombre personal pospuesto al verbo y unido a él.

afilador, ra adj. Que afila. || — M. El que tiene por oficio afilar cuchillos, tijeras, etc. || Correa para afilar las navajas de afeitar.

afilalápices m. inv. Sacapuntas.

afilar v. t. Sacar filo o punta: *afilar un arma blanca, un cuchillo.* || *Fam. Riopl.* Enamorar, requebrar. || — V. pr. *Fig.* Adelgazarse la cara, la nariz o los dedos.

afiliación f. Acción y efecto de afiliar o afiliarse.

afiliado, da adj. y s. Que pertenece a una asociación o partido.

afiliar v. t. Asociar una persona a una corporación o sociedad. || — V. pr. Adherirse a una sociedad: *afiliarse a un partido* o *sindicato.*

afiligranado, da adj. De filigrana. || Fino, delicado: *facciones afiligranadas.*

afiligranar v. t. Hacer filigranas. || *Fig.* Pulir, hermosear: *afiligranar una obra.*

afín adj. Próximo, contiguo: *jardines afines.* || Que guarda afinidad: *materias, ideas afines.*

afinador m. *Mús.* Persona que afina instrumentos o llave con que se hace.

afinar v. t. Hacer fino. || Purificar los metales: *afinar el oro.* || Poner en tono los instrumentos músicos: *afinar un piano, un violín.* || Cantar o tocar entonando con perfección los sonidos.

afincar v. i. Fincar, adquirir fincas. || — V. pr. Establecerse.

afinidad f. Semejanza o analogía de una cosa con otra: *la afinidad del gallego con el portugués.* || Parentesco entre un cónyuge y los deudos del otro. || Impedimento dirimente derivado de este parentesco. || *Fil.* Simpatía nacida de una semejanza profunda de caracteres, de opiniones, etc.; *las afinidades electivas.* || *Quím.* Tendencia que tienen los cuerpos a combinarse: *la afinidad del carbono con el oxígeno.*

afirmación f. Acción y efecto de afirmar o afirmarse.

afirmar v. t. Poner firme, dar firmeza. || Sostener o dar por cierta alguna cosa. || — V. pr. Asegurarse en algo: *afirmarse en los estribos.* || Ratificarse en lo dicho.

afirmativo, va adj. Que afirma: *proposición afirmativa.*

aflamencado, da adj. Que parece flamenco: *cantor aflamencado*

aflautado, da adj. Dícese del sonido parecido al de la flauta. || Atiplado: *voz aflautada.*

aflicción f. Pesar, sentimiento.

aflictivo, va adj. Que causa aflicción. || *For. Pena aflictiva,* la corporal: *las penas aflictivas son la de muerte, los trabajos forzados, la reclusión, la detención y el destierro.*

afligir v. t. Herir, causar molestias: *las enfermedades que afligen al hombre.* || Causar pena o congoja. || — V. pr. Sentir pesar: *afligirse con* (o *de* o *por*) *algo.*

aflojar v. t. Disminuir la presión o tirantez: *aflojar un nudo.* || *Fig.* y *fam.* Entregar de mala gana: *aflojar la mosca.* || — V. i. *Fig.* Debilitarse una cosa, perder fuerza: *la fiebre ha aflojado.* || Ceder en el vigor o aplicación: *aflojar en sus devociones.*

aflorar v. i. Asomar un mineral a la superficie de un terreno.

afluencia f. Acción y efecto de afluir: *afluencia de turistas.* || Abundancia.

afluente m. Río que desemboca en otro principal: *el Pilcomayo y el Bermejo son afluentes del río Paraguay.*

* **afluir** v. i. Acudir en abundancia, confluir: *los extranjeros afluyen a París.* || Verter un río sus aguas en otro o en un lago o mar.

aflujo m. *Med.* Afluencia anormal de líquidos a un tejido orgánico: *aflujo de sangre.*

afonía f. Falta de voz.

afónico, ca adj. Falto de voz o de sonido.

* **aforar** v. t. Valuar los géneros o mercaderías para el pago de derechos: *aforar mercancías.* || Medir la cantidad de agua que lleva una corriente en una unidad de tiempo. || Calcular la capacidad.

aforismo m. Sentencia breve y doctrinal: *lo bueno si breve dos veces bueno* es un aforismo.

aforo m. Estimación. || Medida de la cantidad de agua: *el aforo de un río.* || Cabida de una sala de espectáculos.

aforrarse v. pr. Ponerse mucha ropa interior: *aforrarse con pieles.* || *Fig. y fam.* Comer y beber bien.

a fortiori loc. lat. Con mayor razón.

Afortunadas (Islas) n. ant. de las *islas Canarias.*

afortunado, da adj. Que tiene fortuna o buena suerte (ú. t. c. s.). || Borrascoso, tempestuoso: *tiempo afortunado.* || Dichoso, feliz.

afrancesado, da adj. y s. Que imita a los franceses: *literato afrancesado.* || Partidario de los franceses. || Dícese de los españoles que en la guerra de la Independencia siguieron al partido de Napoleón.

afrancesamiento m. Tendencia exagerada a las ideas o costumbres de origen francés.

afrancesar v. t. Dar carácter francés a una cosa: *afrancesar el estilo* (ú. t. c. pr.).

afrecho m. Salvado.

afrenta f. Vergüenza y deshonor. || Dicho o hecho afrentoso: *sufrir una afrenta.*

afrentar v. t. Causar afrenta. || — V. pr. Avergonzarse : *afrentarse de* (o *por*) *la miseria.*

afrentoso, sa adj. Que causa afrenta.

afretar v. t. Fregar y limpiar un buque.

África, una de las cinco partes del mundo; 30 224 000 km²; 350 000 000 h. (*africanos*). África es casi como una península triangular unida a Asia por el istmo de Suez y se encuentra entre los mares Mediterráneo y Rojo, y los océanos Índico y Atlántico. — El continente comprende, al N., el Maghreb, región de montañas (Rif, Atlas) que enmarcan dos elevadas mesetas; al E. una zona de importantes lagos (Nyassa, Tanganica, Victoria, Rodolfo), en cuyas cercanías hay volcanes (Kenia y Kilimanjaro), y en el resto del territorio hay grandes cuencas como la del Níger, el Chad, el Congo, etc. Políticamente se divide en Estados independientes (Egipto, Sudán, Liberia, Etiopía, Libia, Marruecos, Argelia, Túnez, Togo, Camerún, Rep. Democrática del Congo, Somalia, Malí, Mauritania, Alto Volta, Guinea, Níger, Costa de Marfil, Gabón, Congo, Rep. Centroafricana, Chad, Guinea Ecuatorial, Madagascar, Rep. de África del Sur, Rodesia, Ruanda, Burundi, Guinea-Bissau, Angola, Mozambique y las islas de Cabo Verde), Estados y territorios independientes y que forman parte del Commonwealth (Gambia, Sierra Leona, Ghana, Nigeria, Uganda, Kenia, Zambia, Malawi, Botswana, Lesotho, Suazilandia, Tanzania, las islas Mauricio, Seychelles y Almirantes), territ. franceses (Territ. Fr. de los Afars e Issas [autónomo], islas Comores y Reunión), posesiones portuguesas (Azores y Madera) y posesiones españolas (Sáhara español, las plazas de soberanía de Ceuta y Melilla y Canarias).

África del Sudoeste o **Sudoeste africano,** ant. colonia alemana de África. En 1920 bajo la tutela de la Unión Sudafricana y actualmente dependencia de hecho de la Rep. de África del Sur; 822 876 km²; 615 000 h.; cap. *Windhoeck.* Minas de diamantes, oro, cobre y uranio. Ganadería. Desde 1966 tiene el nombre de *Namibia.* || **~ del Sur** (*República de*). V. art. siguiente. || **~ Occidental Portuguesa.** V. Angola.

África del Sur (*República de*), est. de África formado por las ant. colonias británicas de las prov. de El Cabo, Natal y Transvaal, y del Estado Libre de Orange; 1 221 000 km²; 21 525 000 h. (*sudafricanos*), de los cuales un 20 p. ciento de blancos, un 70 p. ciento de negros y el resto de indios y mestizos. Cap. *Pretoria,* 422 600 h. (sede del Gobierno) y *El Cabo,* 807 200 (residencia del Parlamento). Otras c. *Johannesburgo,* 1 152 500 h.; *Durban,* 681 500; *Port Elizabeth,* 290 700; *Germiston,* 214 400; *Bloemfontein,* 148 800 y *Pietermaritzburgo,* 128 600. Los principales recursos son la minería (oro en Transvaal, diamantes en Kimberley, hulla, uranio, manganeso, cromo y antimonio). Agricultura, ganadería e industrias de transformación. La *Unión Sudafricana* fue creada en 1910, y por un referéndum celebrado en 1960 se transformó en república. Se separó del Commonwealth en 1961. El país ha adoptado una política de segregación racial (apartheid).

africada adj. y s. f. *Gram.* Dícese de las consonantes que se pronuncian con un cierre momentáneo de la salida del aire, tales la *ch* y la *y*: *ocho, yoyo.*

africanismo m. Influencia ejercida por las lenguas, costumbres, etcétera, africanas. || Locución peculiar a los escritores latinos nacidos en África. || Voz de origen africano.

africanista com. Persona versada en el estudio de las cosas de África.

africanizar v. t. Dar carácter africano (ú. t. c. pr.).

africano, na adj. y s. De África: *africanos del Norte, del Sur.*

afrikaander com. Persona de raza blanca y de origen holandés, en África del Sur.

afrikaans m. Lengua hablada en África del Sur por los descendientes de los boers.

afroasiático, ca adj. y s. Relativo a la vez a África y a Asia.

afrocubano, na adj. Relativo a la música o arte cubanos de influencia africana.

afrodisiaco, ca adj. y s. m. Dícese de ciertas sustancias excitantes.

Afrodita, n. griego de *Venus,* diosa de la Belleza y del Amor.

afrontamiento m. Acción y efecto de afrontar dos personas o cosas.

afrontar v. t. Poner una cosa enfrente de otra: *afrontar dos espejos.* ‖ Carear: *el juez afrontó a los dos testigos.* ‖ Hacer frente: *afrontar al enemigo, la adversidad.*

afta f. *Med.* Úlcera pequeña que se forma en la boca.

afuera adv. Fuera del sitio en que uno está: *aguardar, salir afuera.* ‖ En la parte exterior: *afuera hay gente que espera.* ‖ — F. pl. Alrededores de una población.

afuereño, ña adj. *Amer.* De afuera, extraño.

afuste m. Cureña del mortero de artillería.

Agabama, río de Cuba (Las Villas), llamado tb. *Manatí;* 110 kilómetros.

agachadiza f. Ave zancuda parecida a la chocha.

agachar v. t. *Fam.* Inclinar o bajar una parte del cuerpo: *agachar la cabeza.* ‖ — V. pr. Encogerse, acurrucarse.

agachona f. *Méx.* Ave acuática.

Agadir, c. y puerto del SO. de Marruecos, en el Atlántico. Cap. de la prov. homónima. Devastada por un terremoto en 1960.

agalla f. Excrecencia redonda formada en el roble y otros árboles por la picadura de un insecto. ‖ Órgano de la respiración de los peces. ‖ *Fig.* y *fam.* Valor, ánimo esforzado: *era un hombre de muchas agallas.*

agallado, da adj. *Chil.* Garboso, gentil.

agalludo, da adj. *Amer.* Cicatero, codicioso. ‖ *Arg.* y *Cub.* Poco escrupuloso. ‖ *Riopl.* Valiente.

Agamenón o **Agamemnón,** rey legendario de Micenas y de Argos, jefe de los griegos en la guerra de Troya.

agamí m. Ave zancuda de América del Sur: *el agamí es del tamaño de una gallina y es muy fácil de domesticar.*

ágamo, ma adj. Aplícase a las plantas sin estambres ni pistilos o asexuales: *generación ágama.*

agamuzar v. t. Preparar las pieles como gamuza: *agamuzar la cabritilla.*

agangrenarse v. pr. Gangrenarse.

ágape m. Convite de caridad entre los primeros cristianos. ‖ *Por ext.* Banquete.

Agapito ‖ **~ I** (*San*), papa de 535 a 536. ‖ **~ II**, papa de 946 a 955.

Agar, esclava egipcia de quien Abrahán tuvo a Ismael, padre de la raza semita. (*Biblia.*)

agar agar m. Gelatina vegetal sacada de ciertas algas del Japón.

agareno, na adj. y s. Descendiente de Agar. ‖ Mahometano.

agárico m. Hongo comestible.

agarrada f. *Fam.* Altercado.

agarradera f. *Amer.* Agarradero. ‖ — Pl. *Fam.* Influencias, buenas relaciones.

agarradero m. Asa o mango. ‖ *Fig.* Parte de un cuerpo donde puede uno asirse. ‖ *Fig.* y *fam.* Amparo, protección o recurso.

agarrado, da adj. y s. *Fam.* Roñoso, tacaño. | Dícese del baile en que las parejas van estrechamente enlazadas.

agarrador, ra adj. Que agarra. ‖ *Amer.* Que embriaga. ‖ — M. Almohadilla para agarrar la plancha caliente.

agarrar v. t. Asir fuertemente: *agarrar un palo, a un ladrón.* ‖ Coger, tomar. ‖ *Fig.* y *fam.* Conseguir: *agarrar un buen empleo.* Contraer una enfermedad: *agarrar un resfriado.* ‖ — V. i. Fijarse una vacuna, un tinte. ‖ Echar raíces. ‖ *Amer.* Tomar una dirección. ‖ — V. pr. Asirse con fuerza: *agarrarse de* (o *a*) *una rama.* ‖ *Fig.* y *fam.* Tratándose de enfermedades, apoderarse de uno: *se le agarró la fiebre, la tos.* ‖ Disputarse, pelearse, reñir.

agarrochador m. El que agarrocha.

agarrochar v. t. Herir a los toros con garrocha.

agarrón m. *Amer.* Altercado violento. ‖ Sacudida, tirón.

agarrotado, da adj. *Fig.* Tieso y rígido. ‖ Dícese de la pieza que no funciona por falta de engrase. ‖ Dícese de los músculos o tendones que se contraen e impiden su normal funcionamiento.

agarrotamiento m. Acción y efecto de agarrotar o agarrotarse.

agarrotar v. t. Apretar fuertemente. ‖ Dar garrote al reo. ‖ Apretar, oprimir material o moralmente. ‖ — V. pr. Entumecerse los miembros del cuerpo humano. ‖ *Tecn.* Moverse con dificultad una pieza por falta de engrase.

agasajar v. t. Dar grandes pruebas de afecto o consideración: *agasajar a sus invitados.* ‖ Regalar, obsequiar.

agasajo m. Regalo, muestra de afecto o consideración: *hacer agasajos a uno.* ‖ Fiesta, convite.

ágata f. Cuarzo jaspeado, de colores muy vivos.

Agatocles, tirano de Siracusa (361-289 a. de J. C.), que guerreó contra los cartagineses.

Agatón (*San*), papa de 678 a 681. Fiesta el 10 de enero.

agauchado, da adj. Que parece gaucho.

agaucharse v. pr. Tomar las costumbres del gaucho.

agave f. Pita, planta amarilidácea de hojas largas y espinosas.

agavilladora f. *Agr.* Máquina que hace y ata las gavillas.

agavillar v. t. Formar gavillas: *agavillar la mies.*

agazapar v. t. *Fam.* Agarrar, coger a uno. ‖ — V. pr. Esconderse, ocultarse. ‖ Agacharse.

Agen, c. del S. de Francia, cap. del dep. de Lot-et-Garonne, a orillas del Garona. Obispado.

agencia f. Empresa comercial destinada a la gestión de asuntos ajenos: *agencia inmobiliaria, de viajes.* ‖ Despacho u oficina de una empresa. ‖ *Chil.* Casa de empeños. ‖ *Agencia de noticias,* organismo que suministra informaciones, reportajes, fotografías, etc., a las publicaciones periódicas.

agenciar v. t. Procurarse o conseguir con diligencia: *agenciar a uno un buen empleo.* ‖ — V. pr. Hacer las diligencias oportunas para el logro de una cosa.

agenciero m. *Chil.* Dueño de una casa de empeños.

agenda f. Librito de notas.

agente m. Todo lo que obra: *agentes atmosféricos, naturales, medicinales.* ‖ El que obra con poder de otro: *agente diplomático, electoral.* ‖ *Gram.* Persona que ejecuta la acción del verbo. ‖ — *Agente de Cambio o de Cambio y Bolsa,* el autorizado oficialmente para ejecutar las operaciones de Bolsa. ‖ *Agente de policía o de la autoridad,* empleado de orden público.

Agesilao, rey de Esparta (398-358 a. de J. C.), que realizó una brillante campaña en Persia (396) y derrotó a los confederados griegos en Queronea (394) y a Epaminondas (362).

aggiornamento m. (pal. ital.). Adaptación de la tradición de la Iglesia a la evolución del mundo. ‖ Puesta al día.

agigantado, da adj. Muy grande. ‖ *Fig.* Descomunal.

agigantar v. t. Dar proporciones gigantescas.

ágil adj. Ligero, pronto, expedito. ‖ Que tiene gran soltura en los movimientos.

Agila, rey de los hispanovisigodos en 549. M. asesinado en 564.

agilidad f. Ligereza, prontitud.

agio m. Beneficio que se obtiene del cambio de la moneda o de descontar letras, pagarés, etc. ‖ Especulación sobre el alza y la baja de los fondos públicos.

agiotaje m. Agio. ‖ Especulación abusiva con perjuicio de tercero.

agiotista com. Persona que se emplea en el agiotaje.

agitación f. Acción y efecto de agitar o agitarse.

agitador, ra adj. Que agita. ‖ — M. *Quím.* Varilla de vidrio para remover las disoluciones. ‖ — M. y f. Persona que provoca conflictos sociales o políticos.

agitanado, da adj. Que parece gitano o de gitano: *lenguaje agitanado.*

agitar v. t. Mover con frecuencia y violentamente. ‖ *Fig.* Inquietar, turbar el ánimo: *agitar las pasiones.* ‖ Excitar (ú. t. c. pr.).

Aglae o **Aglaya,** una de las tres Gracias, la más joven. (*Mit.*)

Aglipay (Gregorio), sacerdote y patriota filipino (1870-1940), fundador de la Iglesia filipina independiente (1902).

aglomeración f. Acción y efecto de aglomerar o aglomerarse. ‖ Gran acumulación de personas o cosas: *aglomeración urbana.*

aglomerado m. Agregación natural de sustancias minerales. ‖ Prisma hecho de hornaguera menuda y alquitrán, usado como combustible.

aglomerar v. t. Amontonar,

ÁFRICA DEL SUR

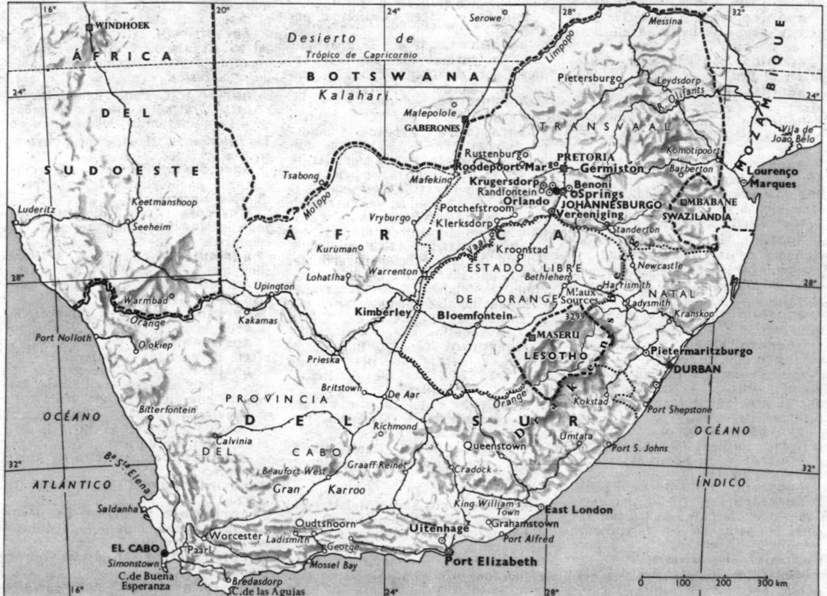

juntar en montón. || — V. pr. Reunirse, juntarse.

aglutinación f. Acción y efecto de aglutinar o aglutinarse. || *Gram.* Unión de dos o más palabras para formar una sola: *sinfín (de sin fin) se forma por aglutinación.*

aglutinante adj. Que aglutina: *sustancias, materias aglutinantes.* || — M. *Cir.* Emplasto.

— Son conocidas como *lenguas aglutinantes* aquellas en que los radicales y los afijos se yuxtaponen, sin modificarse, para formar una sola palabra.

aglutinar v. t. Conglutinar, pegar (ú. t. c. pr.). || *Cir.* Mantener en contacto por medio de un emplasto: *aglutinar los labios de una herida.*

agnación f. *For.* Parentesco de consanguinidad entre agnados.

agnado, da adj. y s. *For.* Dícese del pariente por consanguinidad respecto de otro, cuando descienden de un mismo tronco masculino.

agnosia f. *Med.* Alteración patológica de la percepción que consiste en la incapacidad de identificar las sensaciones recibidas.

agnosticismo m. *Fil.* Doctrina que declara inaccesible al entendimiento humano toda noción de lo absoluto.

agnóstico, ca adj. Relativo al agnosticismo. || — Adj. y s. Que profesa el agnosticismo.

agnusdéi m. Oración de la misa. || Lámina con la imagen del Cordero de Dios. || Relicario colgado del cuello.

agobiado, da adj. Cargado de espaldas. || *Fig.* Sofocado, angustiado, sobrecargado.

agobiador, ra adj. Que agobia.

agobiante adj. Difícil de soportar: *calor, tarea agobiante.*

agobiar v. t. Doblar o encorvar la parte superior del cuerpo hacia la tierra: *agobiado por* (o *con*) *la carga.* || *Fig.* Causar gran molestia o fatiga: *le agobian los quehaceres, las penas.*

agobio m. Sofocación, angustia, fatiga grande. || Aburrimiento.

agolparse v. pr. Juntarse de golpe muchas personas o animales: *se agolpaba la gente.* || *Fig.* Venir juntas y de golpe ciertas cosas.

agonía f. Angustia y congoja del moribundo. || *Fig.* Final: *agonía de un régimen.* || Aflicción extremada: *vivir en perpetua agonía.* || Ansia o deseo vehemente.

agónico, ca adj. Relativo a la agonía o que se halla en ella: *estertor agónico.*

agonioso, sa adj. *Fam.* Ansioso en el pedir.

agonizante adj. y s. Que agoniza: *rezar por los agonizantes.* || Religioso de una orden que tiene por misión auxiliar a los moribundos.

agonizar v. i. Estar en la agonía. || Extinguirse o terminarse una cosa: *la vela agoniza.* || Perecerse por algo: *agonizar por irse.* || *Fig.* Sufrir angustiosamente.

ágora f. Plaza pública en las ciudades de la Grecia antigua.

agorafobia f. Sensación morbosa de angustia ante los espacios abiertos.

* **agorar** v. t. Predecir, presagiar, presentir.

agorero, ra adj. y s. Que adivina por agüeros o cree en ellos. || Que predice sin fundamento males o desdichas. || Aplícase al ave que se cree anuncia algún mal futuro: *ave agorera.*

agorgojarse v. pr. Criar gorgojo las semillas: *trigo agorgojado.*

agostar v. t. Secar el excesivo calor las plantas.

agosteño, ña adj. De agosto.

agostero adj. Dícese del ganado que, levantadas las mieses, entra a pacer en los rastrojos. || — M. Mozo que ayuda a los segadores en el mes de agosto.

agosto m. Octavo mes del año: *agosto consta de 31 días.* || Época de la cos[illegible] el hemisferio norte). || *Fig.* Cosecha: *desear un buen agosto.* || *Fig.* y *fam. Hacer su agosto,* hacer un buen negocio.

agotador, ra adj. Que agota: *faena agotadora.*

agotamiento m. Acción y efecto de agotar o agotarse.

agotar v. t. Extraer todo el líquido que hay en un recipiente cualquiera: *agotar un pozo.* || *Fig.* Gastar del todo, consumir: *agotar el caudal.* | Terminar con una cosa: *agotar una mercancía, una edición.* | Tratar a fondo: *agotar un tema.* || — V. pr. *Fig.* Extenuarse.

Agote (Luis), médico argentino (1869-1954), que descubrió en 1914 un procedimiento para evitar la coagulación en las transfusiones sanguíneas.

Agra, c. del N. de la India, cap. del Estado de Uttar Pradesh. Mausoleo de Tadj Mahal. Arzobispado. Industrias.

agracejo m. Árbol de flores amarillas y bayas rojas. || Uva que nunca llega a madurar. || Árbol terebintáceo de Cuba.

agracero, ra adj. Dícese de la cepa cuyo fruto no llega a madurar. || — F. Vasija para el agraz.

Agraciada, paraje del río Uruguay (Soriano), donde desembarcaron los Treinta y Tres Orientales que iniciaron en 1825 la lucha por la independencia uruguaya.

agraciado, da adj. Gracioso, hermoso. || Que ha obtenido una recompensa, afortunado en un sorteo (ú. t. c. s.).

agraciar v. t. Embellecer, hermosear. || Conceder una gracia o merced: *agraciar a un condenado.* || Premiar: *agraciar con una condecoración.*

agradable adj. Que agrada: *sonido, gusto, sabor agradable.*

agradar v. i. Complacer, contentar, gustar: *una película que agrada.* || — V. pr. Sentir agrado o gusto. || *Agradarse en un sitio,* galicismo por *estar a gusto en él.*

* **agradecer** v. t. Sentir o mostrar gratitud: *agradecer a un bienhechor.* || *Fig.* Corresponder a un beneficio o favor.

agradecido, da adj. y s. Que agradece.

agradecimiento m. Acción y efecto de agradecer, gratitud.

agrado m. Afabilidad, trato amable. || Voluntad o gusto.

agrafe m. *Med.* Galicismo por *grapa.*

agrafia f. *Med.* Incapacidad total o parcial de expresar las ideas por escrito a causa de lesión o desorden cerebral.

Agramonte, mun. de Cuba (Matanzas).

Agramonte (Arístides), médico cubano (1868-1931) que investigó sobre la fiebre amarilla. || ~ (IGNACIO), jurista y patriota cubano, n. en Puerto Príncipe (1841-1873) que luchó en la guerra de los Diez Años y redactó la Constitución de Guáimaro (1869).

agramontés, esa adj. y s. Adepto de una facción navarra del s. XV, partidaria del rey don Juan, viudo de Blanca I de Navarra, y enemiga de los *beamonteses,* que defendían al príncipe de Viana, hijo de aquéllos.

Agramunt (José), llamado *el Cura de Flix,* cabecilla carlista (1826-1887), que se distinguió por sus crueldades.

agrandar v. t. Hacer más grande: *agrandar una casa, un jardín, una población.*

agranujar v. t. Hacer granujienta una superficie: *agranujar pieles.* || — V. pr. Volverse granuja.

agrario, ria adj. Relativo al campo: *la unidad principal de medidas agrarias es el área.* || *Leyes agrarias* o *reforma agraria,* conjunto de leyes que modifican el régimen de propiedad de la tierra.

agravación f. Agravamiento.

agravamiento m. Acción y efecto de agravar o agravarse.

agravante adj. y s. Que agrava: *circunstancia agravante.*

agravar v. t. Hacer más grave: *agravar una falta.* || Oprimir con gravámenes: *agravar los tributos, las contribuciones.* || — V. pr. Ponerse más grave: *agravarse la enfermedad.*

agraviar v. t. Hacer agravio. || — V. pr. Ofenderse.

agravio m. Afrenta, ofensa. || *For.* Perjuicio, daño.

agraz m. Uva sin madurar. || Zumo de esta uva: *un vaso de agraz.* || Marojo, planta parecida al muérdago. || *Fig.* y *fam.* Amargura, sinsabor. || *En agraz,* antes del tiempo debido o regular.

agrazón m. Racimillos que nunca maduran en las vides. || Grosellero silvestre.

Ágreda, v. de España (Soria). Aguas sulfurosas. Murallas.

Ágreda (Sor María de Jesús de), monja franciscana española (1602-1665), que sostuvo una interesante correspondencia con Felipe IV.

agredido, da adj. y s. Que ha sufrido agresión: *el agredido sufrió varias contusiones.*

* **agredir** v. t. Acometer, atacar.

agregación f. Incorporación, añadido.

agregado m. Conjunto de cosas homogéneas que forman cuerpo. || Especialista comercial, cultural, militar, etc., que trabaja en una embajada.

agregaduría f. Cargo y oficina de un agregado diplomático.

agregar v. t. Unir, juntar: *agregar a* (o *con*) *otro* (ú. t. c. pr.). || Añadir: *agregar cinco y diez.*

agremán m. Cierta labor de pasamanería.

agremiar v. t. Reunir en gremio o formar gremios.

agresión f. Acometimiento, ataque. || Acto contrario al derecho de otro.

agresividad f. Acometividad. || Desequilibrio psicológico que provoca la hostilidad de una persona a las otras que la rodean.

agresivo, va adj. Que provoca o ataca: *movimiento agresivo, palabras agresivas.* || Propenso a faltar al respeto, a ofender a los demás: *hombre agresivo.*

agresor, ra adj. y s. Persona que comete agresión. || Que lesiona el derecho de otro.

agreste adj. Campesino o relativo al campo. || Rústico: *lugar agreste.* || *Fig.* Rudo, tosco: *modales agrestes.*

agriar v. t. Poner agrio. Ú. m. c. pr.: *agriarse el vino en la cuba.* || *Fig.* Exasperar los ánimos o las voluntades. Ú. m. c. pr.: *agriarse con la vejez.*

agrícola adj. Relativo a la agricultura: *pueblo, vida, trabajo, producción agrícola.*

Agrícola (Cneo Julio), general romano (40-93) que terminó la conquista de la Gran Bretaña.

agricultor, ra adj. y s. Persona que labra o cultiva la tierra.

agricultura f. Labranza o cultivo de la tierra.

agridulce adj. y s. Que tiene mezcla de agrio y de dulce.

agrietamiento m. Acción y efecto de agrietar o agrietarse.

agrietar v. t. Abrir grietas. || — V. pr. Rajarse la piel de las manos, de los labios, etc.

Agrigento, ant. *Girgenti,* c. y puerto de Italia al SO. de Sicilia. Ruinas dóricas.

agrimensor m. Perito en agrimensura.

agrimensura f. Arte de medir tierras.

agrimonia f. Planta de flores pajizas, cuyas hojas se emplean como astringente.

agringarse v. pr. *Amer.* Tomar modales de gringo.

agrio, gria adj. Ácido: *agrio al*

o *de gusto.* || *Fig.* Acre, áspero, desabrido: *carácter* agrio. Frágil, quebradizo: *metal agrio.* || — M. Sabor agrio. || Zumo ácido de una fruta: *el agrio del limón.* || — Pl. Frutas agrias o agridulces, como el limón, las naranjas, los pomelos, etcétera.

Agrio, río de la Argentina (Neuquen), afl. del Neuquen; 175 kilómetros.

Agripa (Marco Vipsanio), general romano y ministro de Augusto, de quien era yerno (63-12 a. de J. C.). Luchó en Accio y construyó el Panteón de Roma. || ~ (MENENIO). V. MENENIO AGRIPA.

Agripina la Mayor (14 a. de J. C. - 33), nieta de Augusto y esposa de Germánico. — Su hija, AGRIPINA *la Menor* (16-59), madre de Nerón, casó con su tío, el emperador Claudio, a quien luego envenenó para colocar a Nerón en el trono. M. asesinada por su propio hijo.

agrisar v. t. Dar color gris.

agro m. Campo. || Conjunto de campos o tierras.

agronomía f. Ciencia o teoría de la agricultura.

agronómico, ca adj. Relativo a la agronomía.

agrónomo adj. y s. m. Persona que se dedica a la agronomía: *perito agrónomo.*

agropecuario, ria adj. Que tiene relación con la agricultura y la ganadería: *riqueza agropecuaria.* || *Ingeniero agropecuario,* veterinario.

agrumarse v. pr. Hacer grumos, cuajarse.

agrupación f. y **agrupamiento** m. Acción y efecto de agrupar o agruparse. || Conjunto de personas agrupadas.

agrupar v. t. Reunir en grupo.

agua f. Líquido transparente, insípido e inodoro. || Lluvia: *caer mucha agua.* || Licor obtenido por destilación o por infusión: *agua de azahar, de heliotropo, de rosas.* || Vertiente de un tejado: *tejado de media agua.* || Refresco: *agua de fresas.* || *Mar.* Grieta por donde entra el agua en el barco: *abrirse un agua.* || — Pl. Visos de una tela o de una piedra: *las aguas del diamante.* || Manantial de aguas medicinales: *las aguas de Solares.* || Las del mar: en *aguas del Plata.* || — *Agua de socorro,* bautismo sin solemnidad en caso de urgencia. || *Agua dulce,* la no salada, de fuente, río o lago. || *Agua dura,* la que no forma espuma con el jabón. || *Agua fuerte,* ácido nítrico diluido en corta cantidad de agua. || *Agua gorda,* la que contiene mucho yeso. || *Agua oxigenada,* la compuesta por partes iguales de oxígeno e hidrógeno, usada como antiséptico, para blanquear, teñir el pelo de rubio, etc. || *Agua potable,* la que se puede beber. || *Fam. Aguas mayores* o *menores,* excremento mayor o menor del hombre. || *Aguas minerales,* las cargadas de sustancias minerales, generalmente medicinales. || *Aguas termales,* las que salen del suelo a una temperatura elevada. || *Aguas territoriales,* parte del mar cercano a las costas de un Estado y sometido a su jurisdicción. || *Bailarle a uno el agua,* atender con extremado cuidado a todos sus caprichos por adulación. || *Como el agua de mayo,* muy bien. || *Mar. Hacer agua,* entrar agua en un buque. || *Hacer aguas,* orinar. || *Hacerse una cosa agua de cerrajas* o *de borrajas,* desvanecer las esperanzas que uno fundaba. || *Nadar entre dos aguas,* no inclinarse a un partido ni a otro.

— El *agua* resulta de la combinación de dos volúmenes de hidrógeno por uno de oxígeno. Su fórmula es H_2O. En estado puro es incolora e insípida, hierve a la temperatura de 100 °C. y se solidifica a 0 °C.

Agua, volcán de Guatemala, a 25 km. de la capital; 3 752 m. || **~ Blanca,** mun. de Guatemala (Jutiapa). — Pobl. de la Argentina (Salta); petróleo.

Aguacaliente de Cárate, balneario de México (Sinaloa).

aguacate m. Árbol de América cuyo fruto, parecido a una pera grande, es muy sabroso.

aguacero m. Lluvia repentina: *caer un aguacero.*

aguachirle f. Vino o café de mala calidad.

aguada f. *Mar.* Provisión de agua potable: *hacer aguada.* || Inundación en las minas. || Pintura con color disuelto en agua con goma, miel o hiel de vaca. || Dibujo hecho con esta pintura. || *Amer.* Abrevadero.

Aguadilla, c. y puerto del NO. de Puerto Rico, al O. de la isla.

aguado, da adj. Mezclado con agua: *vino aguado.* || *Fig.* Turbado, interrumpido: *fiesta aguada.*

aguador, ra m. y f. Persona que tiene por oficio llevar o vender agua.

aguaducho m. Puesto donde se vende agua.

Aguadulce, pobl. de Panamá (Coclé). Industrias.

aguadura f. *Veter.* Contracción espasmódica de las patas del caballo. | Absceso en el casco del caballo.

aguafiestas com. Persona que fastidia o turba una diversión.

aguafuerte m. Lámina o grabado al agua fuerte (ácido nítrico).

aguafuertista com. Grabador al agua fuerte.

aguamanil m. Jarro o palangana de tocador.

aguamanos m. Agua para lavar las manos. || Aguamanil.

aguamarina f. Berilo verde transparente: *el aguamarina es una variedad de esmeralda.*

aguamiel f. Agua mezclada con miel. || *Mex.* Jugo de maguey: *el aguamiel fermentada produce el pulque.*

Aguán, río de Honduras, que nace en el dep. de Yoro y des. en el mar Caribe; 193 km.

aguanieve f. Agua mezclada con nieve.

aguantable adj. Que se puede aguantar.

aguantaderas f. pl. *Fam.* Aguanto, paciencia, resistencia.

aguantar v. t. Sufrir, soportar: *aguantar el frío, la lluvia.* || Resistir, soportar un peso: *aguanta esta tabla aquí.* || Reprimir, contener. || Resistir: *aguantar un trabajo duro.* || Resistir el picador al toro. || Esperar: *aguanté tres horas.* || — V. i. Resistir. || — v. pr. Callarse, contenerse, reprimirse: *aguantarse para no pegarle.* || Tolerar, resignarse: *aguantarse con una cosa.*

aguante m. Sufrimiento, resistencia || Paciencia: *ser hombre de aguante.*

aguapé m. Hierba acuática que vive en las lagunas de América del Sur.

Aguapey, río de la Argentina (Corrientes), afl. del Uruguay; 226 km.

aguapié m. Vino malo de orujo pisado y agua.

aguar v. t. Mezclar con agua: *aguar el vino.* || *Fig.* Turbar, estropear: *aguar la fiesta.* || Molestar, importunar. || *Amer.* Abrevar. || — V. pr. Llenarse de agua algún sitio. || *Fig.* Estropearse, fastidiarse: *todos mis planes se aguaron.*

aguará m. *Zool. Riopl.* Especie de zorro grande.

Aguará-Guazú, río del Paraguay (San Pedro), afl. del Jejuí.

aguardar v. t. Esperar: *aguardar a un amigo, a otro día, a que suceda algo.* || — V. pr. Detenerse, pararse.

aguardentoso, sa adj. Que tiene aguardiente: *bebida aguardentosa.* || Que parece de aguardiente: *sabor aguardentoso.* || Dícese del modo de hablar áspero, bronco: *voz aguardentosa.*

aguardiente m. Bebida espiritosa que, por destilación, se saca del vino y otras sustancias.

Aguarico, c. y río del Ecuador (Oriente).

aguarrás m. Aceite volátil de trementina, usado para preparar pinturas y barnices.

Aguascalientes, c. de México, en la altiplanicie central, cap. del Estado homónimo. Obispado. Minerales. Viñedos.

aguatinta f. Grabado al agua fuerte imitando los dibujos lavados o aguadas.

aguaturma f. Planta compuesta, de rizoma tuberculoso, feculento y comestible.

aguaviento m. Lluvia mezclada con viento.

aguazal m. Charca pantanosa.

agudeza f. Calidad de agudo. || Viveza y penetración del dolor. || *Fig.* Perspicacia de la vista, oído u olfato. | Perspicacia o viveza de ingenio. | Dicho agudo, rasgo ingenioso: *decir agudezas.*

agudización f. Agudizamiento.

agudizamiento m. Agravamiento. || Intensificación.

agudizar v. t. Hacer aguda una cosa: *agudizar una herramienta.* || *Fig.* Acentuar, intensificar: *esto agudiza la crisis.* || — V. pr. Tomar carácter agudo, agravarse: *agudizarse una enfermedad.*

agudo, da adj. Delgado, afilado: *punta aguda.* || *Fig.* Sutil, perspicaz: *ingenio agudo.* | Vivo, gracioso, penetrante. *vista aguda, persona aguda, dicho agudo.* | Aplícase al color vivo y penetrante. || *Gram.* Dícese de la voz cuyo acento tónico carga en la última sílaba como *maná, corazón.* || *Mús.* Aplícase al sonido alto por contraposición al bajo. || *Ángulo agudo,* aquel cuyo valor no llega a los noventa grados.

agüero m. Presagio de cosa futura: *de buen* o *mal agüero.*

Agüero (Diego de), conquistador español del siglo XVI. Participó en la fundación de Piura y en la conquista de Quito. || ~ (JOAQUÍN DE), patriota cubano (1816-1851), jefe de la sublevación del año 1851. M. fusilado.

aguerrido, da adj. Ejercitado en la guerra. || *Fig.* Experimentado, perito.

* **aguerrir** v. t. Acostumbrar a la guerra (ú. t. c. pr.). || Tomar experiencia (ú. t. c. pr.).

aguijada f. Vara larga con punta de hierro para estimular a los bueyes.

aguijar v. t. Picar con la aguijada: *aguijar el boyero a la yunta.* || *Fig.* Estimular, excitar.

aguijón m. Punta del palo con que se aguija. || Dardo de los insectos: *el aguijón de la avispa.* || Púa de algunas plantas. || *Fig.* Acicate, estímulo: *el aguijón de la gloria, de la pasión.*

aguijonamiento m. Acción y efecto de aguijonear.

aguijonazo m. Punzada de aguijón.

aguijoneador, ra adj. y s. Que aguijonea: *curiosidad aguijoneadora.*

aguijonear v. t. Aguijar, picar con la aguijada. || *Fig.* Excitar, estimular.

águila f. Ave rapaz diurna, de vista muy penetrante, fuerte musculatura y vuelo rapidísimo. || Enseña principal de la legión romana y de algunos ejércitos modernos. || Moneda de oro de México y de los Estados Unidos de América. || *Fig.* Persona de mucha viveza y perspicacia. || *Vista de águila,* la que alcanza y abarca mucho.

Águila, constelación septentrional de la Vía Láctea.

Águila y la serpiente *(El)* relatos del mexicano Martín Luis Guzmán.

Aguilar, pobl. y sierra del NO. de la Argentina (Jujuy). ‖ ~ **de Campoo,** pobl de España (Palencia). Ruinas del monasterio de Santa María la Real. ‖ ~ **de la Frontera,** c. de España (Córdoba). Ruinas de un castillo moro.

Aguilar (Eugenio), político salvadoreño del siglo XIX, pres. de la Rep. de 1846 a 1848. ‖ ~ (GASPAR DE), autor dramático español (1561-1623). ‖ ~ (JERÓNIMO DE), soldado español (1489-1531). Estuvo en la conquista de México. ‖ ~ (JOSÉ GABRIEL), patriota peruano (1759-1805), que se sublevó en Huánuco (1805). M. fusilado. ‖ ~ (NICOLÁS), presbítero y patriota salvadoreño (1742-1818), que, con sus hermanos MANUEL (1750-1819) y VICENTE (n. en 1746), tomó parte en la sublevación de Delgado (1811) y en la de 1814.

Águilas, pobl. y puerto en el SE. de España (Murcia). Playas.

aguileño, ña adj. Dícese de la nariz encorvada. ‖ Aplícase al rostro largo y delgado.

Aguilera (Francisco Vicente), patriota y político cubano (1821-1877), que ayudó a Céspedes en la Revolución de 1868. ‖ ~ **Malta** (DEMETRIO), novelista ecuatoriano, n. en 1905, autor de *Don Goyo* y *La isla virgen.*

aguilucho m. Pollo de águila.

aguinaldo m. Regalo que se da en Navidad o en la Epifanía.

Aguinaldo (Emilio), político filipino (1869-1964), jefe del alzamiento de 1896 contra la dominación española. Luchó después contra los norteamericanos.

Aguinis (Marcos), médico y escritor argentino contemporáneo, autor de *La cruz invertida.*

Aguirre (Francisco de), conquistador español (1500-1580), fundador de la c. argentina de Santiago del Estero (1553). ‖ ~ (JOSÉ ANTONIO), estadista español (1904-1961), pres. del Gob. autónomo de Euzkadi (1936). ‖ ~ (LOPE DE), militar español (1518-1561), que se señaló por su crueldad en la conquista del Perú. ‖ ~ (JULIÁN), compositor argentino (1868-1924). ‖ ~ (NATANIEL), novelista boliviano (1843-1888). ‖ ~ **Cerda** (PEDRO), profesor y político chileno (1879-1941), pres. de la Rep. de 1938 a 1941.

agüista com. Persona que acude a tomar aguas medicinales.

aguja f. Barrita puntiaguda de acero, con un ojo en el extremo superior por donde se pasa el hilo con que se cose. ‖ Varilla de metal que sirve para diversos usos: *aguja de hacer medias o puntos; aguja del reloj, del barómetro,* etc. ‖ Extremo de un campanario, de un obelisco. ‖ Porción de riel movible que en los ferrocarriles y tranvías sirve para pasar los trenes o los vehículos de una vía a otra: *dar agujas; entrar en agujas.* ‖ Tubito metálico que se acopla a la jeringuilla para poner inyecciones. ‖ Púa del gramófono. ‖ Buril de grabador. ‖ Varilla que utilizan los aduaneros para examinar los equipajes o bultos. ‖ *Zool.* Pez que tiene el hocico muy largo y puntiagudo. ‖ — Pl. Costillas del cuarto delantero de la res. ‖ *Amer.* Estacas de una valla o tranca. ‖ — *Fís. Aguja imantada, de marear* o *magnética,* v. BRÚJULA. ‖ *Buscar una aguja en un pajar,* empeñarse en una cosa muy difícil.

agujazo m. Pinchazo de aguja.

agujerar y **agujerear** v. t. Hacer agujeros: *agujerear una pared, una tabla,* etc. (ú. t. c. pr.).

agujero m. Abertura más o menos redonda en una cosa.

agujeta f. Correa o cinta con un herrete en cada punta para sujetar ciertas prendas de vestir. ‖ *Venez.* Aguja grande, pasador. ‖ — Pl. Dolores que se sienten en el cuerpo después de un ejercicio violento: *sentir agujetas en la espalda.*

¡agur! interj. ¡A Dios!, ¡adiós!

agusanarse v. pr. Criar gusanos alguna cosa.

Agustí (Ignacio), novelista español, n. en Barcelona (1913-1974), autor de *La ceniza fue árbol.*

Agustín (*San*), obispo de Hipona, hijo de Santa Mónica (356-430), Padre de la Iglesia y autor de *La Ciudad de Dios, Confesiones* y *Tratado de la Gracia.* Fiesta el 28 de agosto.

Agustín I, n. que tomó Iturbide durante su Imperio (1822).

Agustina de Aragón. V. ZARAGOZA DOMÉNECH (Agustina).

Agustini (Delmira), poetisa lírica uruguaya (1886-1914).

agustinianismo m. Doctrina teológica de San Agustín.

agustiniano, na adj. Relativo a la orden o doctrina de San Agustín. ‖ Agustino.

agustino, na adj. y s. Religioso o religiosa de la orden de San Agustín.

agutí m. Pequeño roedor de Sudamérica, del tamaño de un conejo.

aguzado, da adj. Agudo.

aguzanieves f. Pájaro de color negro y blanco, que vive en parajes húmedos.

aguzar v. t. Hacer o sacar punta: *aguzar el lápiz.* ‖ Afilar, sacar filo: *aguzar un arma blanca.* ‖ *Fig.* Aguijar, estimular: *aguzar el apetito.* ‖ Afinar, hacer más perspicaz, despabilar: *aguzar el ingenio.*

¡ah! interj. Expresa generalmente admiración, sorpresa o pena: *¡ah, qué calor!*

ahechaduras f. pl. Desperdicios del trigo ahechado.

ahechar v. t. Cribar el trigo.

ahecho m. Criba.

aherrojar v. t. Poner a alguno prisiones de hierro. ‖ *Fig.* Encadenar, oprimir.

aherrumbrar v. t. Dar a una cosa color o sabor de hierro. ‖ — V. pr. Adquirir algo color o sabor de hierro. ‖ Cubrirse de herrumbre: *la verja se herrumbra.*

ahí adv. En ese lugar o a ese lugar: *ahí está ella.* ‖ En esto o en eso: *ahí está la dificultad.* ‖ Por ahí, no lejos: *salir un rato por ahí.* ‖ — *Fam. Ahí me las den todas,* poco me importa. ‖ *Arg. Ahí no más,* ahí mismo. (En América se usa mucho en lugar de *allí.*) ‖ *Por ahí, por ahí,* poco más o menos, de corta diferencia.

ahijado, da m. y f. Cualquiera persona respecto de sus padrinos. ‖ *Fig.* Protegido.

ahijamiento m. Adopción.

ahijar v. t. Prohijar o adoptar al hijo ajeno.

ahilarse v. pr. Hacer hebra ciertas cosas por haberse maleado: *ahilarse la levadura, el vino.* ‖ Adelgazarse mucho por causa de enfermedad. ‖ Desmayarse. ‖ Quedarse débiles las plantas por falta de luz. ‖ Criarse altos y derechos los árboles.

ahincar v. i. Instar con ahínco. ‖ — V. pr. Darse prisa.

ahínco m. Empeño grande, vehemencia: *trabajar con ahínco.*

ahitar v. t. Causar una indigestión. ‖ Jalonar un terreno. ‖ — V. pr. Hartarse, atracarse: *ahitarse de fruta.*

ahíto, ta adj. Dícese del que padece indigestión o embarazo de estómago. ‖ Harto, lleno: *quedarse ahíto.* ‖ *Fig.* Fastidiado o enfadado de una persona o cosa.

Ahmedabad. V. AMEDABAD.

ahocicar v. i. Meter el buque la proa en el agua. ‖ Caer de bruces. ‖ *Fig. y fam.* Inclinarse, ceder, capitular: *no tuvo más remedio que ahocicar.* ‖ — V. t. Frotar en castigo el hocico a los perros o gatos en el lugar que han ensuciado. ‖ *Fig.* Vencer a uno en una disputa, convencerle de su error.

ahogadero m. Sitio muy caluroso lleno de gente: *el teatro era un ahogadero.* ‖ Cuerda de la cabezada, que ciñe el pescuezo de la caballería.

ahogadilla f. *Dar una ahogadilla a uno,* meterle la cabeza debajo del agua del mar o de una piscina.

ahogadizo, za adj. Que se puede ahogar fácilmente. ‖ Áspero, aplicado a la fruta.

ahogado, da adj. Dícese del sitio estrecho y sin ventilación. ‖ Oprimido, falto de aliento: *respiración ahogada.* ‖ Dícese en el ajedrez cuando se deja al rey sin movimiento. ‖ *Fig.* Apurado. ‖ *Amer.* Rehogado. ‖ — M. y f. Persona que muere por falta de respiración, especialmente en el agua.

ahogamiento m. Acción y efecto de ahogar o ahogarse. ‖ *Fig.* Ahogo.

ahogar v. t. Quitar la vida a alguien impidiéndole la respiración: *ahogar a uno apretándole la garganta, sumergiéndole en el agua.* ‖ Tratándose del fuego, apagarlo, sofocarlo: *ahogar la lumbre con ceniza.* ‖ En el ajedrez, hacer que el rey adverso no pueda moverse sin quedar en jaque. ‖ Rehogar. ‖ *Fig.* Reprimir: *ahogar una rebelión, los sollozos.* ‖ Hacer desaparecer, borrar: *ahogar su pena con vino.* ‖ — V. pr. Perecer en el agua: *se ahogó en el río.* ‖ Asfixiarse: *se ahogó bajo la almohada.* ‖ Estrangularse. ‖ Sentir ahogo, sofocación: *ahogarse de calor.* ‖ Perder las plantas su lozanía por exceso de agua o por apiñamiento. ‖ *Fig. Ahogarse en un vaso de agua,* apurarse por poca cosa.

ahogo m. Opresión en el pecho. ‖ *Fig.* Aprieto, congoja, angustia: ‖ Dificultad, penuria, falta de recursos: *pasar ahogos.*

ahondar v. t. Hacer más hondo: *ahondar un hoyo.* ‖ — V. i. Penetrar mucho una cosa en otra: *las raíces ahondan en la tierra.* ‖ *Fig.* Investigar, estudiar a fondo: *ahondar en una cuestión.*

ahora adv. A esta hora, en este momento, en el tiempo actual o presente: *ahora no está allí.* ‖ Pronto: *hasta ahora.* ‖ *Fig.* Hace poco tiempo: *ahora mismo han llegado.* | Dentro de poco tiempo: *ahora te lo diré.* ‖ — *Ahora que,* pero, no obstante: *obra muy interesante, ahora que muy cara.* ‖ *Por ahora, por lo pronto.* ‖ — Conj. Otra, bien, ya: *ahora hablando, ahora cantando, siempre está contento.* ‖ Pero, sin embargo. ‖ *Ahora bien,* esto supuesto o sentado: *ahora bien, ¿qué te crees?*

ahorcado, da m. y f. Persona ajusticiada en la horca.

ahorcajarse v. pr. Ponerse o montar a horcajadas.

ahorcar v. t. Quitar a uno la vida colgándole del cuello en la horca u otra parte (ú. t. c. pr.). ‖ Abandonar, dejar: *ahorcar los estudios, los hábitos.*

ahorita adv. Dim. de *ahora.* ‖ *Fam. Amer.* Ahora mismo.

ahormar v. t. Ajustar una cosa a su horma o molde (ú. t. c. pr.). ‖ *Fig.* Amoldar, poner en razón a alguno: *en el internado lo ahormaron.* | Acostumbrar (ú. t. c. pr.). ‖ *Taurom.* Conseguir por medio de la muleta que el toro se coloque bien para matarlo.

ahorquillado, da adj. En forma de horquilla.

ahorquillar v. t. Asegurar con horquillas: *ahorquillar las ramas de un árbol.* ‖ Dar a una cosa figura de horquilla: *ahorquillar un alambre* (ú. m. c. pr.).

ahorrado, da adj. Que ahorra o economiza mucho: *persona muy ahorrada.*

ahorrador, ra adj. y s. Que ahorra.

ahorrar v. t. Reservar una parte del gasto ordinario (ú. t. c. pr.). ‖ *Fig.* Evitar o excusar algún trabajo, riesgo u otra cosa: *ahorrar* *disgustos, palabras inútiles* (ú. t. c. pr.).

ahorrativo, va adj. Que ahorra o gasta poco.

ahorro m. Acción de ahorrar. ‖ Lo que se ahorra: *contar con ahorros.* ‖ *Fig.* Economía: *ahorro de tiempo.* ‖ *Caja de ahorros,* establecimiento público destinado a recibir cantidades pequeñas que vayan formando un capital a sus dueños y devenguen réditos en su favor.

Ahuacán Mai, en el Nuevo Imperio Maya, n. del Gran Sacerdote.

ahuacaquahuilt o **ahuacate** m. *Méx.* Aguacate.

Ahuacatlán, v. y mun. de México (Nayarit). Ind. azucarera. — Mun. de México (Puebla).

Ahuacuotzingo, pobl. y mun. de México (Guerrero).

Ahuachapán, c. de El Salvador, cap. del dep. homónimo. Café.

ahuachapaneco, ca adj. y s. De Ahuachapán (El Salvador).

Ahualulco, v. y mun. de México (San Luis Potosí).

Ahuatlán, pobl. y mun. de México (Puebla).

ahuautle m. *Méx.* Huevo comestible de ciertos insectos himenópteros.

Ahuazotepec, pobl. y mun. de México (Puebla).

ahuecado, da adj. Hueco. ‖ Dícese de la voz grave, profunda.

ahuecador m. Miriñaque.

ahuecamiento m. Acción y efecto de ahuecarse. ‖ *Fig.* Engreimiento, envanecimiento, orgullo.

ahuecar v. t. Poner hueca o cóncava una cosa: *ahuecar un vestido.* ‖ Mullir alguna cosa que estaba apretada: *ahuecar la tierra, la lana.* ‖*Fig.* Tratándose de la voz, hacerla más grave. ‖ — V. i. *Fam.* Irse, marcharse: *ahuecar el ala.* ‖ — V. pr. *Fig.* y *fam.* Engreírse.

ahuehué o **ahuehuete** m. *Méx.* Árbol conífero de madera semejante a la del ciprés.

ahuesado, da adj. Parecido al hueso en la dureza o que tiene su color.

ahuevar v. t. Dar forma de huevo.

ahuizotada f. *Méx.* Molestia.

ahuizotar v. t. *Méx.* Molestar, fastidiar.

Ahuizotl, emperador azteca de 1486 a 1502.

ahumado, da adj. Secado al humo: *jamón ahumado.* ‖ De color sombrío: *topacio, cuarzo, cristal ahumado.* ‖ *Fig.* y *fam.* Ebrio, borracho. ‖ — M. Acción de ahumar: *el ahumado de la carne.*

ahumar v. t. Poner una cosa al humo: *ahumar jamones.* ‖ Llenar de humo: *ahumar una colmena.* ‖ — V. i. Despedir humo. ‖ *Fig.* y *fam.* Emborrachar. ‖ — V. pr. Tomar los guisos sabor a humo. ‖ Ennegrecerse una cosa con el humo. ‖ *Fig.* y *fam.* Emborracharse.

Ahuramazda. V. ORMUZ.

ahuyentar v. t. Hacer huir a alguno: *ahuyentar a un ladrón.* ‖ *Fig.* Desechar un pensamiento o pasión. | Alejar: *ahuyentar las penas.* ‖ — V. pr. Huir.

Ahvenanmaa (ISLAS DE), en sueco *Aland,* archip. finlandés, en el mar Báltico.

aí m. *Zool. Arg.* Perezoso.

aijada f. Aguijada.

aíllo m. (voz quechua). *Amer.* Casta, linaje. | Comunidad agraria. ‖ *Per.* Boleadora.

aimara y **aimará** adj. y s. Individuo de un pueblo indio de Bolivia y del Perú que vivía cerca del lago Titicaca. (Los *aimarás* o *aimaraes* lograron un alto grado de civilización [Tiahuanaco].) ‖ — M. Lengua aimará

Aimaraes, prov. del Perú (Apurímac); cap. *Chalhuanca.*

Ain, río de Francia, afl. del Ródano. — Dep. del SE. de Francia, limítrofe con Suiza; cap. *Bourg-en-Bresse.*

aindiado, da adj. *Amer.* Que tiene el color y las facciones de los indios.

Aiquile, pobl. de Bolivia, cap. de la prov. de Campero (Cochabamba).

airado, da adj. Furioso, encolerizado: *tono airado.* ‖ Dícese de la vida desordenada y viciosa: *mujer de vida airada.*

airar v. t. Irritar, encolerizar, mover a ira, enfurecer.

aire m. Fluido gaseoso que forma la atmósfera de la Tierra. Ú. t. en pl.: *volar por los aires.* ‖ Viento o corriente de aire: *hoy hace mucho aire.* ‖ *Fig.* Parecido de las personas o cosas: *aire de familia.* | Aspecto: *con aire triste.* | Vanidad: *se da unos aires.* | Gracia, primor, gentileza. | Garbo, brío, gallardía. ‖ *Mús.* Melodía, canto: *aire popular.* ‖ *Fam.* Ataque, parálisis. ‖ — *Al aire,* dícese de las piedras engastadas sólo por sus bordes. ‖ *Al aire libre,* fuera de todo resguardo: *dormir al aire libre.* ‖ *Fig.* y *fam. Darse un aire a uno,* parecerse a él. ‖ *Fig. De buen* o *mal aire,* de buen o mal talante. | *Dejar en el aire,* dejar pendiente de una decisión. | *De mucho aire,* de mucho garbo. | *Estar en el aire,* estar pendiente de cualquier eventualidad. | *Palabras al aire,* sin consistencia, vanas. ‖ *Tomar el aire,* salir a pasear.

— El *aire* puro contiene próximamente 21 partes de oxígeno por 78 de nitrógeno, una de argón (alrededor de un 1/100), gas carbónico, vapor de agua y algunos otros cuerpos (criptón, neón, xenón, helio, etc.).

aireación f. Ventilación.

aireado, da adj. Ventilado. ‖ Picado, agriado: *vino aireado.*

airear v. t. Poner al aire o ventilar: *airear los granos.* ‖ — V. pr. Ponerse al aire para refrescarse o respirar con más desahogo: *ha ido a airearse.*

aireo m. Ventilación.

airoso, sa adj. Aplícase al tiempo o lugar en que hace mucho aire. ‖ *Fig.* Garboso: *postura airosa.* | Elegante: *respuesta airosa.*

Aisén, río del S. de Chile, en la prov. homónima. — Dep. y prov. de Chile; cap. *Puerto Aisén.*

aisenino, na adj. y s. De Aisén y Puerto Aisén (Chile).

aislacionismo m. Política de un país que no interviene en los asuntos internacionales.

aislacionista adj. y s. Partidario del aislacionismo.

aislado, da adj. Apartado, separado: *vivir aislado.*

aislador, ra adj. y s. m. *Fís.* Aplícase a los cuerpos que interceptan el paso de la electricidad: *la madera, la seda, el aire seco y el vidrio son buenos aisladores.*

aislamiento m. Acción y efecto de aislar o aislarse. ‖ *Fig.* Incomunicación, desamparo: *vivir en el aislamiento.*

aislar v. t. Cercar por todas partes. ‖ Dejar solo, incomunicar: *aislar a un detenido, a un enfermo.* ‖ *Fís.* Apartar por medio de aisladores un cuerpo electrizado de los que no lo están.

Aisne, río, afl. del Oise, y dep. del N. de Francia, cap. *Laon.*

aité m. Árbol rubiáceo de Cuba.

Aix ‖ **~ -en-Provence** [*eks-*] c. del S. de Francia (Bouches-du-Rhône). Arzobispado. Universidad. ‖ **~ -la-Chapelle,** n. francés de *Aquisgrán.* ‖ **~ -les-Bains,** c. del SE. de Francia (Savoie). Aguas termales.

¡ajá! o **¡ajajá!** interj. *Fam.* Denota aprobación, sorpresa.

Ajaccio [*ayaccio*], cap. de la isla y dep. francés de Córcega. Obispado. Centro turístico. Lugar de nacimiento de Napoleón.

ajamonarse v. pr. *Fam.* Hacerse jamona una mujer.

ajar v. t. Maltratar o deslucir. ‖ Quitar el brillo, la frescura: *flores ajadas* (ú. t. c. pr.). ‖ Arrugar, chafar: *ajar la ropa.* ‖ *Fig.* Humillar, rebajar: *ajar el orgullo.*

ajardinado, da adj. Arreglado como un jardín.

ajedrecista com. Persona que juega al ajedrez.

ajedrecístico, ca adj. Relativo al ajedrez.

ajedrez m. Juego entre dos personas, que se juega con 32 piezas movibles, sobre un tablero de 64 escaques blancos y negros alternos.

— En el juego del *ajedrez* cada jugador dispone de 16 piezas (un *rey,* una *reina,* dos *alfiles,* dos *caballos;* dos *torres* y ocho *peones*).

ajedrezado, da adj. Que forma cuadros de dos colores: *escudo ajedrezado.*

ajenjo m. Planta compuesta, medicinal, amarga y aromática. ‖ Licor alcohólico aromatizado con esta planta y otras hierbas.

ajeno, na adj. Que pertenece a otro: *respetad el bien ajeno.* ‖ Extraño, de nación o familia distinta. ‖ Que nada tiene que ver: *ajeno a un negocio.* ‖ *Fig.* Libre de alguna cosa: *ajeno de prejuicios.*

ajerezado, da adj. Dícese del vino parecido al jerez.

ajetrearse v. pr. Atarearse.

ajetreo m. Acción de ajetrearse. ‖ Tarea. ‖ Despliegue de actividad. ‖ Animación. ‖ Gran cansancio.

ají m. *Amer.* Pimiento, chile: *el ají es muy usado como condimento.* (Pl. *ajises,* y más correcto *ajíes.*) ‖ *Cub.* Tumulto, jaleo. ‖ *Amer. Ponerse* uno *como ají,* enrojecer.

ajiaceite m. Salsa hecha con ajos y aceite.

ajilimoje y **ajilimójili** m. *Fam.* Salsa para los guisados. ‖ — Pl. *Fig.* y *fam.* Agregados, accesorios: *salir con todos sus ajilimójilis.*

ajimez m. Ventana arqueada, dividida en el centro por una columna.

ajipuerro m. Puerro silvestre.

Ajmer, c. del NO. de la India (Rayastán). Obispado.

ajo m. Planta cuyo bulbo, de olor fuerte, se usa como condimento. ‖ Nombre de ciertos guisados o salsas: *ajo pollo, ajo comino, ajo blanco.* ‖ *Fig.* y *fam.* Negocio reservado o secreto: *andar o estar en el ajo.*

ajoarriero m. Guiso de bacalao con ajos, aceite y huevos.

ajolote m. Animal anfibio de México y de América del Norte: *el aceite de ajolote se usaba como el de hígado de bacalao.* ‖ *Fig.* Persona rechoncha y prieta.

ajonjolí m. *Bot.* Sésamo.

ajorca f. Brazalete, pulsera.

ajornalar v. t. Ajustar a uno por un jornal.

ajuar m. Muebles, alhajas y ropas que aporta la mujer al matrimonio. ‖ Conjunto de muebles, enseres y ropas de uso común en una casa: *tener rico ajuar.*

ajumarse v. pr. *Pop.* Emborracharse.

Ajusco, sierra y pico de México, cerca de la capital; 3 926 m.

ajustado, da adj. Justo, recto: *dictamen, precio ajustado.* ‖ — M. Ajuste: *el ajustado de las piezas de un motor.*

ajustador m. Jubón ajustado al cuerpo. ‖ Obrero que ajusta: *ajustador mecánico, de imprenta.*

ajustamiento m. Acción de ajustar, ajuste.

ajustar v. t. Poner justa una cosa, arreglarla: *ajustar un vestido al cuerpo.* ‖ Conformar, acomodar: *ajustar un tapón a una botella.* ‖ Concertar: *ajustar un matrimonio, un pleito, la paz.* ‖ Reconciliar: *ajustar a los enemistados.* ‖ Ordenar, arreglar: *ajustar un horario.* ‖ Concretar el precio: *ajustar a una criada.* ‖ Liquidar una cuenta. ‖ Asestar, dar: *ajustar un garrotazo, un par de azotes, dos bofetadas.* ‖ *Impr.* Concertar las galeradas para formar planas. ‖ *Mec.* Trabajar una pieza de metal para que encaje en su lugar. || *Amer.* Apretar: *le ajustaron mucho en el examen.* || *Fam. Ajustar las cuentas,* arreglarlas, tomarse la justicia por su mano. || — V. i. Venir justo. || — V. pr. Adaptarse, conformar, acomodarse.

ajuste m. Acción y efecto de ajustar o ajustarse: *ajuste de un obrero.* || Encaje, adaptación: *ajuste de un artefacto.*

ajusticiado, da m. y f. Reo a quien se ha aplicado la pena de muerte.

ajusticiamiento m. Acción y efecto de ajusticiar.

ajusticiar v. t. Castigar con la pena de muerte.

Akaba o Aqaba, golfo formado en la parte norte del mar Rojo.

Akademgorodok, c. de la U. R. S. S. en Siberia (Rusia), cerca de Novosibirsk.

Akbar, emperador mogol de la India, descendiente de Tamerlán (1556-1605).

Akkad o Akad, región de la Baja Mesopotamia, que estuvo dominada por Babilonia.

Akmetchet, n. tártaro de *Simferopol.*

al, contracción de la prep. *a* y el artículo *el: vi al profesor.*

Al, símbolo del *aluminio.*

ala f. Parte del cuerpo de algunos animales, de que se sirven para volar. || *Por ext.* Cada una de las partes laterales de alguna cosa: *ala de la nariz, del hígado, del corazón, del tejado, de un edificio, de un ejército, de un avión.* || Parte del sombrero que rodea la copa. || Extremo en deportes. || Paleta de la hélice. || *Fig.* Protección: *las alas maternas.* || — *Pop. Ahuecar el ala,* irse. || *Ala derecha,* sector de un grupo ideológico que defiende la forma menos extrema de los principios considerados básicos de la sociedad. || *Ala izquierda,* conjunto de los partidos políticos extremos de un país. || *Fig. Caérsele a uno las alas del corazón,* desmayar, perder ánimo. || *Cortar a uno las alas,* privarle de hacer su capricho. || *Pop. Del ala,* peseta: *cinco del ala.*

Alá, Dios único entre los musulmanes.

alabado m. Motete del Santísimo Sacramento.

Alabama, río de Estados Unidos en el Est. homónimo, que des. en Mobile. — Uno de los Estados Unidos de Norteamérica, al SE.; cap. *Montgomery.*

alabamiento m. Alabanza.

alabanza f. Elogio, acción de alabar o alabarse. || Conjunto de expresiones con que se alaba: *hablar o escribir en alabanza de Bolívar.*

alabar v. t. Elogiar, celebrar con palabras: *alabar el patriotismo, la virtud cívica.* || — V. pr. Mostrarse satisfecho: *alabarse del triunfo ajeno.* || Jactarse o vanagloriarse: *alabarse de imparcial.*

alabarda f. Pica con cuchilla de figura de media luna. || Arma e insignia que usaban los sargentos de infantería.

alabardero m. Soldado armado de alabarda. || *Fig.* y *fam.* Persona que, por aplaudir en los teatros, recibe recompensa de los empresarios o artistas.

alabastrino, na adj. De alabastro o semejante a él: *yeso alabastrino.* || — F. Hoja transparente de alabastro yesoso o espejuelo.

alabastrita f. Variedad de yeso compacto y translúcido que se encuentra en Toscana.

alabastro m. Mármol translúcido, con visos de colores y susceptible de pulimento. || *Fig.* Blancura: *cutis de alabastro.*

álabe m. Paleta de una rueda hidráulica. || Rama de árbol combada hacia la tierra.

alabear v. t. Dar a una superficie forma alabeada o combada. || — V. pr. Combarse o torcerse la madera labrada.

alabeo m. Vicio que toma una tabla u otra pieza de madera al alabearse.

alacaluf adj. y s. De una tribu india que habitaba en la Tierra del Fuego.

alacena f. Hueco hecho en la pared, con puertas y anaqueles, a modo de armario.

alacrán m. Arácnido pulmonado, muy común en España: *el alacrán tiene la cola terminada por un aguijón ponzoñoso.* || Asilla de un botón de metal. || Pieza del freno de los caballos que sujeta la barbada al bocado. || *Arg.* Persona maldiciente. || *Alacrán cebollero,* insecto parecido al grillo, perjudicial a la agricultura.

aladares m. pl. Porción de cabellos que caen sobre las sienes.

aladierna f. o **aladierno** m. Arbusto de flores blancas, cuyo fruto es una drupa negra.

Aladino o La lámpara maravillosa, cuento de *Las mil y una noches.*

alado, da adj. Que tiene alas: *insecto alado.* || Ligero, veloz. || *Bot.* De figura de ala: *semilla alada.*

alagartado, da adj. Semejante, por el color, a la piel del lagarto.

Alagoas, Estado del NE. del Brasil; cap. *Maceió.* Salinas.

Alahuistlán, río y pobl. de México (Guerrero).

Alain (Emile CHARTIER, llamado), filósofo francés (1868-1951), autor de *Charlas.* || ~ **- Fournier.** V. FOURNIER.

alajú m. Pasta de almendras, nueces, especias finas y miel bien cocida.

Alajuela, c. del centro de Costa Rica, cap. de la prov. homónima.

alajuelense adj. y s. De Alajuela (Costa Rica).

alamán adj. y s. Individuo de un grupo de tribus germánicas establecidas en el Rin en el s. III. (Los *alamanes,* llamados tb. *alemanes,* fueron vencidos por Clodoveo en 496.)

Alamán (Lucas), político e historiador mexicano (1792-1853), triunviro en 1829.

alamar m. Cairel, adorno de oro o plata.

alambicado, da adj. *Fig.* Dado con escasez y poco a poco. | Muy complicado: *lenguaje alambicado.* || Muy estudiado: *precio alambicado.*

alambicar v. t. Destilar. || *Fig.* Examinar muy detenidamente. | Complicar, sutilizar con exceso: *alambicar los conceptos.* || *Fig.* y *fam.* Afinar mucho el precio de una mercancía.

alambique m. Aparato empleado para destilar.

— El *alambique* se compone de una marmita con una tapadera que recoge los vapores y los lleva, por un tubo inclinado, hasta el refrigerante, donde se enfrían y liquidan al pasar por un serpentín bañado en agua fría.

alambrada f. *Mil.* Red de alambre grueso: *alambrada de defensa.*

alambrado m. Alambrera: *el alambrado de una ventana.* || Cerco de alambres afianzado en postes.

alambrar v. t. Guarnecer de alambre: *alambrar un balcón.* || Cercar con alambre: *alambrar un terreno.*

alambre m. Hilo de metal. || — *Alambre de púas, de espino,* el que se usa para cercar, defender, etc. || *Fam. Ser un alambre,* ser muy delgado.

alambrera f. Tela de alambre que se coloca en las ventanas. || Fresquera, alacena para guardar los alimentos que hay en la parte de fuera de las ventanas. || Cobertera de alambre que se suele poner sobre los braseros o ante las chimeneas. || Campana de red de alambre muy tupida, que sirve para proteger los manjares.

alambrista com. Equilibrista, funámbulo.

alameda f. Sitio poblado de álamos. || Paseo con álamos u otros árboles.

Alamein (El), pobl. de Egipto al O. de Alejandría, donde las tropas británicas de Montgomery batieron en 1942 a las alemanas de Rommel.

Alaminos (Antón de), marino español del s. XVI, piloto de Colón en su segundo viaje. Descubrió más tarde la corriente del golfo de México.

álamo m. Árbol que crece en las regiones templadas, y cuya madera, blanca y ligera, resiste mucho al agua. (Hay varias especies de *álamos:* el *blanco,* el *negro* o *chopo,* el *temblón,* el de *Lombardía* o de *Italia* o *piramidal,* etc.).

Álamogordo pobl. de Estados Unidos (Nuevo México), en cuyas cercanías se experimentaron las primeras explosiones nucleares (1945).

Alamor, pobl. del Ecuador (Loja). — Río del Ecuador, afl. del Catamayo.

Álamos, río de México (Sonora) que des. en el golfo de California. — Mun. de México (Sonora). Agricultura.

Aland (ISLAS DE). V. AHVENANMAA.

Alanje, pobl. y puerto de Panamá (Chiriquí).

alano, na adj. y s. Aplícase al pueblo bárbaro que invadió España en 406. (Los *alanos* fueron vencidos por los visigodos.) || — M. Perro grande y fuerte, de pelo corto.

Alarcón (Abel), escritor boliviano (1881-1954), autor de la novela *En la corte de Yahuar-Húacac.* || ~ (JUAN RUIZ). V. RUIZ DE ALARCÓN Y MENDOZA (Juan). || ~ (PEDRO ANTONIO DE) escritor español, n. en Guadix (1833-1891). Sus novelas *El Escándalo, La Pródiga, El niño de la bola, El final de Norma* y *El capitán Veneno,* así como *El sombrero de tres picos,* le han dado justa fama.

alarconiano, na adj. Propio y característico del poeta Juan Ruiz de Alarcón.

alarde m. Gala, ostentación: *hacer alarde de ingenio.* || Demostración: *un alarde urbanístico.*

alardear v. i. Hacer alarde, ostentar: *alardea de sabio.*

alardeo m. Ostentación, alarde.

alargadera f. Lo que sirve para alargar los brazos o piernas de un compás.

alargamiento. m. Acción y efecto de alargar o alargarse.

alargar v. t. Estirar, dar mayor longitud. || Hacer que una cosa dure más tiempo: *alargar su discurso.* || Retardar, diferir. || Dar: *le alargué lo que pedía.* || Dar cuerda, o ir soltando poco a poco un cabo, maroma, etc. || *Fig.* Aumentar: *alargar el sueldo, la ración.* || — V. pr. Hacerse más largo: *alargarse los días, las noches.* || *Fig.* Extenderse en lo que se habla o escribe: *alargarse en una carta.* || *Fig.* y *fam.* Ir: *alarguémonos a su casa.*

Alarico || ~ **I** (¿370?-410), rey de los visigodos que saqueó Roma. || ~ **II,** rey visigodo de España, m. en 507. Promulgó el *Código* que lleva su nombre.

alarido m. Grito lastimero o de guerra: *se oían alaridos de muerte.*

alarife m. Maestro de obras. || Albañil.

alarma f. *Mil.* Señal que se da para que se prepare inmediatamente la tropa a la defensa o al combate: *grito de alarma.* || Rebato: *sonar la alarma.* || *Fig.* Inquietud, sobresalto: *vivir en constante alarma.*

alarmador y **alarmante** adj. Que alarma: *estado alarmante.*

alarmar v. t. Dar la alarma. ||

Fig. Asustar, inquietar: *alarmar al vecindario.* ‖ — V. pr. Inquietarse: *alarmarse por* (o *ante*) *una mala noticia.*

alarmista adj. y s. Que propaga noticias alarmantes.

Alas (Leopoldo). V. CLARÍN.

Alaska, uno de los Estados Unidos de Norteamérica, en la península homónima, al NO. del continente; 1 520 000 km². Cap. *Juneau.* Cobre, petróleo, oro. Industria pesquera.

a látere m. *Fam.* Compañero.

alauita adj. y s. Descendiente de Alí: *la dinastía alauita reina en Marruecos desde 1659.*

Álava, prov. del N. de España; cap. *Vitoria.* Agricultura. Minerales. Industrias.

alavense y **alavés, esa** adj. y s. De Álava.

alazán, ana adj. y s. Dícese del caballo de color canela.

alba f. Luz del día antes de salir el sol: *clarea ya el alba.* ‖ Vestidura blanca que los sacerdotes se ponen sobre el hábito y el amito para celebrar la misa. ‖ *Romper* o *rayar el alba,* amanecer.

Alba ‖ **~ de Tormes,** v. de España (Salamanca). ‖ **~ Julia,** en alem. *Karlsburg,* c. de Rumania (Transilvania). Obispado ‖ **~ Longa,** la más ant. c. del Lacio.

Alba (Fernando ÁLVAREZ DE TOLEDO, *duque de),* general español (1508-1582). Tras distinguirse en la victoria de Carlos V en Mühlberg (1547), Felipe II le nombró en 1567 gobernador de los Países Bajos, donde su tiranía provocó la sublevación de los flamencos (1572). Más tarde, después de derrotar al prior de Crato, tomó Lisboa y sometió Portugal (1580). ‖ **~** (SANTIAGO), político liberal español (1872-1949). ‖ **~ Ixtlilxochilt** (*Fernando de*), cronista mexicano (¿1568?-1648).

albacea com. Ejecutor testamentario: *nombrar albacea en su testamento.*

Albacete c. del SE. de España, cap. de la prov. homónima. Obispado. Agricultura. Aguardientes. Cuchillería famosa. Textiles.

albacelense y **albaceteño, ña** adj. y s. De Albacete.

albahaca f. Planta labiada de flores blancas y olor aromático.

albalcín m. Barrio en cuesta, situado en una pendiente.

albalá amb. Documento público o privado.

albanés, esa adj. y s. De Albania.

Albania, Est. de la península de los Balcanes, al SO. de Yugoslavia; 28 738 km²; 2 075 000 h. (*albaneses*). Cap. *Tirana,* 161 300 habitantes; otras c.: *Valona,* 34 000 h.; *Escutari,* 34 000, y *Korina,* 24 000. Su relieve es montañoso, y la economía está basada en la agricultura. Independiente desde 1912 y rep. popular desde 1945.

Albano, lago de Italia, sobre un volcán apagado a 20 km de Roma.

Albany, c. del E. de Estados Unidos, cap. del Estado de Nueva York, a orillas del Hudson. Obispado.

albañal m. Alcantarilla.

albañil m. Obrero que ejecuta obras de construcción en que se emplean piedra, ladrillo, yeso.

albañila adj. y s. f. Himenóptero que vive en las tapias y terrenos duros: *abeja albañila.*

albañilería f. Arte de construir edificios. ‖ Obra hecha por un albañil.

albarán m. Relación duplicada de mercancías entregadas. ‖ Albalá. ‖ Letrero en que se anuncia el alquiler o arriendo de una casa.

albarda f. Silla de las caballerías de carga. ‖ *Amer.* Silla de montar de cuero crudo.

albardado, da adj. *Fig.* Aplícase al animal que tiene el pelo del lomo de diferente color que lo demás del cuerpo: *yegua albardada.*

albardar v. t. Poner la albarda. ‖ *Fig.* Rebozar con harina y huevo lo que se ha de freír.

albardero m. El que hace o vende albardas.

albardilla f. Silla para domar potros. ‖ Almohadilla que sirve para diferentes usos. ‖ Agarrador para la plancha. ‖ Caballete que divide las eras de un huerto. ‖ Lomo de barro que se forma en los caminos. ‖ Tejadillo de los muros. ‖ Lonja de tocino gordo con que se cubren las aves antes de asarlas. ‖ Huevo batido, harina dulce, etc., con que se rebozan las viandas. ‖ Panecillo.

albaricoque m. Fruto del albaricoquero. ‖ Albaricoquero.

albaricoquero m. Árbol rosáceo, de fruto amarillento.

albarizado, da adj. De color negro y rojo mezclado. ‖ — Adj. y s. *Méx.* Mestizo de china y jenízaro, o viceversa.

Albarracín, c. de España (Teruel). — Sierra de España, perteneciente al sistema Ibérico, donde nacen los ríos Tajo, Jiloca, Guadalaviar y Júcar.

albarrana adj. Dícese de cada una de las torres exteriores de una fortificación.

albatros m. Ave marina blanca que vive en los mares australes.

Albay, prov. de Filipinas, al SE de la isla de Luzón.

albayalde m. *Quím.* Carbonato de plomo, de color blanco, empleado en pintura: *el albayalde es un veneno.*

albedrío m. Potestad de obrar por reflexión y elección. Dícese más ordinariamente *libre albedrío.* ‖ Antojo o capricho: *hacer uno las cosas a su albedrío.*

Albee (Edward), dramaturgo norteamericano, n. en 1928.

albéitar m. Veterinario.

Albéniz (Isaac), pianista y compositor español, n. de Camprodón (Gerona) [1860-1909], autor de composiciones para piano: *Iberia* (colección de doce fragmentos), *Navarra, Sevilla,* etc.

alberca f. Depósito de agua con muros de fábrica.

albérchigo m. Variedad de melocotón: *la carne del albérchigo es jugosa y amarilla.* ‖ Alberchiguero. ‖ Albaricoque (en algunas partes de España).

alberchiguero m. Árbol, variedad del melocotonero. ‖ Albaricoquero (en algunas partes).

Alberdi (Juan Bautista), jurisconsulto, escritor y político argentino, n. en Tucumán (1810-1884), cuyos trabajos influyeron en las resoluciones del Congreso Constituyente de 1853.

albergar v. t. Dar albergue u hospedaje: *albergar a un caminante.* ‖ *Fig.* Alimentar: *alberga muchas esperanzas.* ‖ Sentir: *alberga cierta preocupación.* ‖ — V. i. Tomar albergue.

albergue m. Lugar donde se hospeda o abriga: *tomar albergue.*

albero m. Suelo hecho con tierra blancuzca.

Alberoni (Julio), sacerdote italiano, más tarde estadista y cardenal español (1664-1752). Ministro de Felipe V intentó, después del Tratado de Utrecht, devolver a España su antigua potencia internacional, pero fracasó en la empresa.

Alberta, prov. del E. del Canadá; cap. *Edmonton.* Hulla, petróleo, gas natural.

Alberti (Manuel), presbítero y patriota argentino (1763-1811), miembro de la Junta Gubernativa de 1810. ‖ **~** (RAFAEL), poeta español, n. en 1902, de inspirado lirismo. Autor de *Marinero en tierra, Cal y canto, Sobre los ángeles,* etc., y de obras de teatro.

Alberto, ant. *Alberto Nianza,* lago del centro de África; 4 500 km². Comunica con el Victoria por el Nilo Blanco.

Alberto ‖ **~ I,** rey de los belgas en 1909 (1875-1935). ‖ **~ de Habsburgo,** archiduque de Austria (1559-1621), casado con la infanta Isabel Clara Eugenia, hija de Felipe II de España. Virrey de Portugal y gobernador de los Países Bajos. ‖ **~ Magno** *(San),* teólogo y filósofo (¿1200?-1280). Maestro de Santo Tomás de Aquino.

Albi, c. de Francia, cap. del dep. del Tarn. Arzobispado. Catedral (s. XII-XV).

Al-Bid, ant. cap. de la península de Katar.

albigense adj. y s. De Albi (Francia). ‖ De una secta religiosa que se propagó hacia el s. XII por el sur de Francia. (Tb. se dice *cátaro.*)

albillo, lla adj. Dícese de una especie de uva y del vino que se saca de ella.

albinismo m. Anomalía congénita que consiste en la disminución o ausencia total de la materia colorante de la piel, los ojos y el cabello.

albino, na adj. y s. Que presenta albinismo: *los albinos tienen el pelo y la piel blancos y el iris rosado o rojo.* ‖ *Méx.* Descendiente de morisco y europea, o viceversa. ‖ *Dom.* Persona de raza negra que nace blanco.

Albinoni (Tomaso), compositor italiano (1671-1750), autor de música religiosa, sonatas, etc.

Albión, n. dado a veces a la *Gran Bretaña.*

albis (in) adv. lat. *Estar in albis,* no tener la menor idea. ‖ *Quedarse in albis,* no comprender nada.

albo, ba adj. *Poét.* Blanco.

albóndiga f. Bolita de carne picada o pescado que se come guisada.

albor m. Albura, blancura. ‖ Luz del alba. ‖ *Fig.* Principio, inicio. ‖ *Albores de la vida,* infancia o juventud.

alborada f. Tiempo de amanecer o rayar el día. ‖ Toque militar al romper el alba. ‖ Música popular al amanecer: *dar una alborada a una personalidad.* ‖ Composición poética o musical en que se canta la mañana.

Alborán, isla española deshabitada en el Mediterráneo (Almería). Faro.

alborear v. impers. Amanecer o rayar el día.

albornoz m. Especie de capa o capote, de lana, con capucha, que llevan los árabes. ‖ Bata amplia de tejido esponjoso que se usa después de tomar un baño.

Albornoz (Gil ÁLVAREZ CARRILLO DE), arzobispo de Toledo y cardenal (1310-1367), fundador del Colegio Español de Bolonia. ‖ **~ Limiñana** (ÁLVARO), político y escritor español (1879-1954). M. en el destierro.

alborotador, ra adj. y s. Que alborota.

alborotamiento m. Alboroto.

alborotar v. i. Armar ruido, meter jaleo. ‖ Causar desorden. ‖ Agitarse, moverse: *este niño no hace más que alborotar.* ‖ — V. i. Perturbar. ‖ Amotinarse. ‖ Desordenar: *lo has alborotado todo.* ‖ — V. pr. Perturbarse. ‖ Encolerizarse. ‖ Enloquecerse: *no te alborotes por tan poca cosa.* ‖ Agitarse o desmontarse el mar.

alboroto m. Vocerío, jaleo. ‖ Motín, sedición. ‖ Desorden. ‖ Sobresalto, inquietud.

alborozado, da adj. Regocijado, contento.

alborozador, ra adj. y s. Que alboroza o causa alborozo.

alborozar v. t. Causar gran placer o alegría (ú. t. c. pr.).

alborozo m. Extraordinario regocijo, placer o alegría: *manifestar gran alborozo.*

albricias f. pl. Regalo que se da por alguna buena noticia. ‖ — Interj. Expresión de júbilo.

Albucasís, médico musulmán cordobés, n. hacia 1013.

Albuera v. de España (Badajoz). Victoria en 1811 de los españoles sobre los franceses.

albufera f. Laguna junto al mar, en playas bajas.

Albufera (La), laguna costera de España al S. de Valencia; 45 km². Arrozales.

albugíneo, a adj. *Zool.* Enteramente blanco.

albugo m. *Med.* Mancha blanca de la córnea del ojo o de las uñas.

álbum m. Libro en blanco, cuyas hojas se llenan con composiciones literarias, sentencias, máximas, fotografías, firmas, sellos de correo, etc. (Pl. *álbumes.*)

albumen m. *Bot.* Materia feculenta que envuelve el embrión de algunas semillas.

albúmina f. Sustancia blanquecina y viscosa que forma la clara de huevo y se halla en disolución en el suero de la sangre.

albuminoideo, a adj. De la naturaleza de la albúmina: *la filezina es una materia albuminoidea.*

albuminosa f. Sustancia obtenida mediante la acción de un álcali sobre la albúmina.

albuminoso, sa adj. Que contiene albúmina.

albuminuria f. *Med.* Presencia de albúmina en la orina.

Albuñol, v. de España (Granada).

Albuquerque, c. de Estados Unidos (Nuevo México). Universidad. — V. de España (Badajoz), fronteriza con Portugal.

Albuquerque (Afonso), navegante portugués (1453-1515). Conquistador de Goa, Malaca, Ormuz y las Molucas, y artífice de la influencia portuguesa en la India. || ~ (Francisco Fernández de la Cueva, *duque de*), militar español (1619-1676), virrey de Nueva España (1653-1660).

albur m. Pez de río. || *Fig.* Riesgo, azar: *los albures de la vida.*

albura f. Blancura perfecta. || Clara del huevo. || Madera tierna y blanquecina, entre la corteza y el corazón de un árbol.

alcabala f. Tributo que se cobraba sobre las ventas.

alcabalero m. Cobrador de las alcabalas.

alcacer m. Cebada verde. || Plantío de cebada.

alcací m. Alcachofa silvestre.

alcachofa f. Alcachofera. || Planta hortense, compuesta, cuyas cabezuelas grandes y escamosas son comestibles. || Piña de esta planta, del cardo y de otras semejantes. || Pieza con muchos orificios que se adapta a la regadera, al tubo de aspiración de las bombas o a los aparatos de ducha.

alcachofal m. Sitio plantado de alcachofas.

alcahaz m. Jaula grande para encerrar aves.

alcahuete, ta m. y f. Persona que se entremete para facilitar amores ilícitos. || *Fig.* y *fam.* Persona que sirve para encubrir lo que se quiere ocultar. || Chismoso. || — M. *Teatr.* Telón que se corre en lugar del de boca.

alcahuetear v. i. Hacer de alcahuete.

alcahuetería f. Oficio de alcahuete, proxenitismo. || *Fig.* y *fam.* Astucia.

alcaide m. El que tenía a su cargo la guarda y defensa de una fortaleza. || En las cárceles, encargado de custodiar a los presos.

alcaidía f. Oficio del alcaide. || Casa del alcaide.

alcalá m. (Ant.). Castillo, fuerte, alcazaba.

Alcalá || **~ de Chisvert,** v. de España (Castellón de la Plana). || **~ de Guadaira,** v. de España (Sevilla). || **~ de Henares,** v. de España (Madrid), a orillas del Henares. Lugar de nacimiento de Cervantes. Universidad creada en 1508 y trasladada a Madrid en 1836. Es la antigua *Complutum.* || **~ la Real,** v. de España (Jaén), al NO. de Granada.

Alcalá *(Puerta de),* puerta monumental, construida en Madrid (1778) en la calle homónima, obra de Sabatini.

Alcalá || **~ Galiano** (Antonio), político liberal y escritor español (1789-1865). || **~ Zamora** (Niceto), político y orador español (1877-1949). Pres. de la Rep. de 1931 a 1936. M. en el destierro.

alcalaíno, na adj. y s. De Alcalá de Henares y Alcalá la Real.

alcalareño, ña adj. y s. De Alcalá de Guadaira.

alcaldada f. Acción abusiva de una autoridad.

alcalde m. Presidente de un Ayuntamiento. || Cierto juego de naipes. || *Alcalde de agua,* el que reparte y vigila los turnos en las comunidades de regantes.

alcaldesa f. Mujer del alcalde. || Mujer que ejerce las funciones de alcalde.

alcaldía f. Cargo y casa u oficina del alcalde. || Territorio de su jurisdicción.

alcalescencia f. *Quím.* Paso de un cuerpo a su estado alcalino. || Fermentación alcalina.

álcali m. *Quím.* Sustancia de propiedades análogas a las de la sosa y la potasa. || Amoniaco.

alcalímetro m. *Quím.* Instrumento para apreciar el grado de pureza de los álcalis.

alcalinidad f. *Quím.* Calidad de alcalino.

alcalino, na adj. *Quím.* De álcali o que lo contiene || *Metales alcalinos,* metales muy oxidables como el litio, potasio, rubidio, sodio y cesio. || — M. Medicamento alcalino.

alcalinotérreo adj. y s. Aplícase a los metales del grupo del calcio (calcio, estroncio, bario, radio).

alcalizar v. t. *Quím.* Dar a un cuerpo propiedades alcalinas.

alcaloide m. *Quím.* Sustancia orgánica cuyas propiedades recuerdan las de los álcalis. (Muchos *alcaloides,* como la atropina, estricnina, morfina, cocaína, cafeína, quinina, etc, se emplean por su acción terapéutica.)

alcaloideo, a adj. *Quím.* Aplícase a los principios inmediatos orgánicos que pueden combinarse con los ácidos para formar sales.

alcalosis f. *Med.* Alcalinidad excesiva de la sangre.

alcance m. Distancia a que llega el brazo: *la rama del árbol está a mi alcance.* || Lo que alcanza cualquier arma: *el alcance del máuser.* || Seguimiento, persecución. || Correo extraordinario. || *Fig.* En contabilidad, saldo deudor. | En los periódicos, noticia de última hora. | Capacidad o talento: *hombre de muchos alcances.* | Importancia: *noticia de mucho alcance.* | Tratándose de obras del espíritu, trascendencia. || *Veter.* Alcanzadura.

alcancía f. Hucha.

alcándara f. Percha donde se ponían las aves de cetrería.

alcanfor m. Sustancia aromática cristalizada que se saca del alcanforero.

alcanforar v. t. Mezclar un producto con alcanfor o poner alcanfor en él: *alcohol alcanforado.*

alcanforero m. Árbol lauráceo de cuyas ramas y raíces se extrae el alcanfor.

Alcántara, v. del E. de España (Cáceres), a orillas del Tajo. Puente romano.

Alcántara (San Pedro de). V. Pedro de Alcántara *(San).*

Alcántara *(Orden de),* orden religiosa y militar española, fundada en 1156.

alcantarilla f. Conducto subterráneo para recoger las aguas llovedizas o inmundas. || Puentecillo en un camino.

alcantarillado m. Conjunto de alcantarillas de una población.

alcantarillar v. t. Construir o poner alcantarillas.

alcantarino, na adj. y s. De Alcántara. || Dícese de los religiosos descalzos de San Francisco reformados por San Pedro de Alcántara. || Caballero de la orden de Alcántara.

alcanzado, da adj. Falto, escaso: *alcanzado de dinero.*

alcanzadura f. *Veter.* Contusión que se hacen las caballerías con los cascos traseros en el pulpejo de las manos.

alcanzar v. t. Llegar a juntarse con una persona o cosa que va delante: *alcanzar un corredor a otro.* || Coger algo alargando la mano: *alcanzar un libro del armario* || Alargar, tender una cosa a otro. || Llegar hasta: *alcanzar con la mano el techo.* || Unirse, llegar a: *allí alcanza la carretera.* || Dar: *la bala le alcanzó en el pecho.* || Llegar a percibir con la vista, el oído o el olfato. || *Fig.* Hablando de un período de tiempo, haber uno vivido en él: *yo alcancé a verle joven.* | Conseguir, lograr: *alcanzar un deseo.* | Afectar, estar dirigido a: *esta ley alcanza a todos los ciudadanos.* | Entender, comprender: *alcanzar lo que se dice.* | Quedar acreedor de cantidad en un ajuste de cuentas. | Llegar a igualarse con otro en alguna cosa: *le alcancé en sus estudios.* || — V. i. Llegar: *tu carta no me alcanzó.* || Llegar hasta cierto punto. || En ciertas armas, llegar el tiro a cierta distancia. || *Fig.* Tocar a uno una cosa o parte de ella. | Ser suficiente una cosa: *la provisión alcanza para el viaje.* || — V. pr. Llegar a tocarse o juntarse. || *Veter.* Hacerse alcanzaduras las caballerías.

Alcañiz, v. de España (Teruel).

alcaparra f. Arbusto caparidáceo de flores blancas y grandes. || Su fruto, que se usa como condimento.

alcaparral m. Sitio poblado de alcaparras.

alcaparrón m. Alcaparra.

alcaraván m. Ave zancuda, de cuello muy largo, que vive de insectos.

alcaravea f. Planta umbelífera de semilla aromática usada como condimento.

Alcaraz, v. del SE. de España (Albacete), al N. de la sierra homónima.

alcarracero, ra m. y f. Persona que hace o vende alcarrazas. || — M. Estante en que se ponen las alcarrazas.

alcarraza f. Vasija de arcilla porosa.

alcarria f. Terreno alto y generalmente raso.

Alcarria (La), comarca de España (Guadalajara y Cuenca) constituida por una meseta calcárea. C. pr.: *Priego.* Produce miel.

alcatifa f. Alfombra.

alcatraz m. Pelícano americano.

Alcatraz, islote de Estados Unidos, en la bahía de San Francisco. Ant. presidio.

alcaucí y alcaucil m. Alcachofa silvestre. || Alcachofa.

alcaudón m. Pájaro dentirrostro, que se alimenta de insectos, ratones, etc.

alcayata f. Escarpia.

alcazaba f. Recinto fortificado en lo alto de una población murada.

alcázar m. Fortaleza: *el Alcázar de Toledo, de Segovia, de Sevilla.* || Palacio real. || *Mar.* Espacio que media entre el palo mayor y la popa.

Alcázar (Baltasar del), poeta festivo sevillano (1530-1606), autor de *La cena jocosa.*

Alcázar de San Juan, c. de España (Ciudad Real). Nudo ferroviario.

Alcazarquivir, hoy *Ksar El-Kébir,* c. del O. de Marruecos. Derrota y muerte del rey portugués Don Sebastián por los moros (1578).

alce m. Mamífero rumiante parecido al ciervo. || En los juegos de cartas, corte. || *Cub.* Acción de recoger la caña de azúcar.

Alcibíades, general y político ateniense (450-404 a. de J. C.), primo de Pericles y discípulo de Sócrates. De gran ambición. M. asesinado.

alcino m. Planta labiada.

Alcinoo, rey de los feacios, padre de Nausicaa, que acogió a Ulises náufrago y protegió a Medea. *(Mit.)*

alción m. Ave fabulosa que sólo anidaba sobre un mar tranquilo. || *Zool.* Martín pescador, ave. | Zoófito de la clase de los pólipos.

Alción, estrella principal de las Pléyades.

Alcira, c. del E. de España (Valencia). Naranjas.

alcista com. Bolsista que juega al alza. || — Adj. Que está en alza: *tendencia bursátil alcista.*

Alcmena o **Alcumena,** esposa de Anfitrión, seducida por Zeus, de quien tuvo a Heracles. *(Mit.)*

alcoba f. Dormitorio. || Caja de la balanza. || Jábega, red. || *Fig.* Intimidad conyugal o galante: *secretos de alcoba.*

Alcobaça, v. de Portugal (Leiria). Abadía cisterciense (s. XII-XIII). Panteón real.

alcohol m. Líquido obtenido por la destilación del vino y otros licores fermentados. (El *alcohol* hierve a 78° y se solidifica a —130°.) || Nombre de varios cuerpos de propiedades químicas análogas a las del alcohol etílico: *alcohol metílico, propílico,* etc. || *Alcohol de quemar,* el que se emplea como combustible.

alcoholado m. *Med.* Mezcla de una sustancia medicamentosa con el alcohol.

alcoholar v. t. Lavar con alcohol. || *Quím.* Sacar alcohol de una sustancia por fermentación o destilación. || Ennegrecer con alcohol los párpados o las cejas.

alcoholato m. *Med.* Resultado de la destilación del alcohol obtenida con sustancias aromáticas.

alcoholemia f. Presencia de alcohol en la sangre.

alcoholero, ra adj. Del alcohol: *industria alcoholera.* || — F. Destilería.

alcohólico, ca adj. Que contiene alcohol: *bebida alcohólica.* || — Adj. y s. Persona que abusa de las bebidas alcohólicas.

alcoholificación f. Conversión en alcohol por fermentación.

alcoholimetría f. Evaluación de la riqueza alcohólica de los licores espiritosos.

alcoholímetro m. Alcohómetro.

alcoholismo m. Abuso de bebidas alcohólicas que ocasiona trastornos fisiológicos.

alcoholización f. *Quím.* Acción y efecto de alcoholizar.

alcoholizado, da adj. y s. Que padece alcoholismo.

alcoholizar v. t. Echar alcohol en otro líquido: *alcoholizar un vino.* || Obtener alcohol. || — V. pr. Contraer alcoholismo.

alcohómetro m. Densímetro utilizado para medir la proporción de alcohol en vinos y licores. || Aparato empleado para conocer el grado de la concentración alcohólica en la sangre.

Alcolea *(Puente de),* puente en el Guadalquivir (Córdoba). Batalla en 1868 en que Serrano derrotó a las tropas de Isabel II, que fue destronada.

alcor m. Colina, collado.

alcorán m. Código de Mahoma. (V. CORÁN.)

alcoránico, ca adj. Perteneciente o relativo al Alcorán.

alcornocal m. Sitio plantado de alcornoques.

alcornoque m. Variedad de encina cuya corteza es el corcho. || *Fig.* Idiota, necio.

alcornoqueño, ña adj. Del alcornoque o parecido a él.

alcotán m. Ave rapaz diurna semejante al halcón.

alcotana f. Herramienta para cortar ladrillos. || Pico empleado por los montañistas.

Alcoy, c. del E. de España (Alicante). Industrias (textil, papel).

alcubilla f. Depósito de agua.

Alcubilla. V. MARTÍNEZ ALCUBILLA.

Alcuino (Albino Flaco), teólogo y sabio inglés (735-804), colaborador de Carlomagno.

Alcumena. V. ALCMENA.

alcurnia f. Ascendencia, linaje: *familia de alta alcurnia.*

alcuza f. Vasija cónica en que se pone el aceite en la mesa.

alcuzcuz m. Comida moruna hecha con pasta de sémola, cocida con el vapor del agua caliente y que se sirve con carne y legumbres.

Al-Chaab, ant. *Al-Ittihad,* cap. de la Rep. Popular del Yemen del Sur, cerca de Adén.

aldaba f. Pieza de metal para llamar a las puertas. || Barra o travesaño con que se aseguran los postigos o puertas. || — Pl. *Fig.* y *fam.* Protección, agarraderas: *tener buenas aldabas.*

aldabada f. y **aldabazo** m. Aldabonazo.

aldabear v. i. Golpear con la aldaba.

aldabilla f. Gancho que entrando en una hembrilla se usa para cerrar: *la aldabilla de la puerta.*

aldabón m. Aldaba grande.

aldabonazo m. Golpe dado con la aldaba. || *Fig.* y *fam.* Advertencia, toque de alarma.

Aldama (Ignacio), abogado y patriota mexicano (1769-1811). Participó en el movimiento de Hidalgo. M. fusilado. || ~ (MIGUEL DE), patriota cubano (1821-1888), que luchó en la guerra de los Diez Años.

Aldana (Francisco de), poeta español de la escuela salmantina (¿1528?-1575).

Aldao (José Félix), religioso y caudillo federal argentino (1785-1845). || ~ (MARTÍN), novelista argentino (1876-1961), autor de *Torcuato Méndez.*

aldea f. Pueblo de pocos vecinos y sin jurisdicción propia.

aldeano, na adj. y s. Natural de una aldea. || Relativo a ella: *la vida aldeana.* || *Fig.* Inculto, grosero, rústico.

Aldebarán, estrella principal de la constelación de Tauro.

Aldecoa (Ignacio), escritor español (1925-1969), autor de novelas (*Con el viento solano*) y narraciones cortas (*Caballo de pica*).

aldehído m. *Quím.* Compuesto volátil e inflamable resultante de la deshidrogenización u oxidación de ciertos alcoholes: *aldehído acético* u *ordinario, fórmico, butírico.*

aldehuela f. y **aldeorrio** m. Aldea pequeña: *aldehuela vasca.*

Alderete o **Aldrete** (Bernardo José), humanista español (1565-1645).

aldermán m. Magistrado municipal inglés.

Alderney, isla británica del archip. de las Anglonormandas.

aldino, na adj. Relativo a la familia de impresores de Aldo Manucio: *letra, edición aldina.*

Aldo, jefe de la familia de los Manucios, impresores italianos del s. XVI.

Aldrovandi (Ulisse), botánico italiano (1522-1605).

¡ale! interj. ¡Ea!, ¡vamos!

aleación f. Mezcla íntima de dos o más metales.

alear v. t. Mezclar dos o más metales, fundiéndolos.

aleatorio, ria adj. Que depende de un suceso fortuito.

aleccionador, ra adj. Instructivo. || Ejemplar.

aleccionamiento m. Enseñanza, instrucción.

aleccionar v. t. Dar lección. || Enseñar, instruir (ú. t. c. pr.). || Aprender, mostrar.

Alecsandri (Vasile), poeta y político rumano (1821-1890).

alechugar v. t. Plegar o rizar: *cuello alechugado.*

aledaño, ña adj. Limítrofe, lindante: *campo, caserío aledaño.* || — M. Confín, término, límite.

Aledua (SIERRA DE), ramal montañoso de España (Valencia).

alegación f. Acción de alegar. || Lo que se alega. || *For.* Alegato.

alegar v. t. Invocar, traer uno a favor de su propósito, como prueba, algún dicho o ejemplo. || Exponer méritos para fundar una pretensión. || — V. i. Defender el abogado su causa.

alegato m. *For.* Alegación por escrito. || *Por ext.* Razonamiento, exposición. || *Fig.* Defensa.

alegoría f. Ficción que presenta un objeto al espíritu para que sugiera el pensamiento de otro: *las balanzas de Temis son una alegoría.* || Obra o composición literaria o artística de sentido alegórico.

alegórico, ca adj. Relativo a la alegoría: *figura alegórica.*

alegrar v. t. Causar alegría: *tu felicidad me alegra.* || *Fig.* Adornar, hermosear: *unos cuadros alegran las paredes.* || Animar: *para alegrar la fiesta.* || Subirse a la cabeza: *este vino alegra.* || Tratándose de la luz o del fuego, avivarlos. || *Mar.* Aflojar un cabo. || *Taurom.* Excitar el toro a la embestida. || — V. pr. Recibir o sentir alegría: *alegrarse por,* o *de* o *con una noticia.* || Animarse (los ojos, la cara). || *Fig.* y *fam.* Achisparse.

alegre adj. Poseído o lleno de alegría. || Que denota alegría: *rostro alegre.* || Que ocasiona alegría: *música alegre.* || Pasado o hecho con alegría: *fiesta alegre.* || Que infunde alegría. || *Fig.* Aplícase al color muy vivo. || *Fig.* y *fam.* Algo libre: *historieta alegre.* || Excitado por la bebida. || Ligero, arriesgado: *alegre en el juego, en los negocios.*

alegreto m. *Mús.* Movimiento menos vivo que el alegro.

alegría f. Sentimiento de placer. || Ajonjolí. || — Pl. Regocijos y fiestas públicas. || Cante y baile andaluz de Cádiz.

Alegría, laguna de El Salvador en el cráter del volcán de Tecapa. — C. de El Salvador (Usulután).

Alegría (Ciro), novelista peruano (1909-1967), autor de relatos indianistas *(Los perros hambrientos, El mundo es ancho y ajeno,* etc.).

alegro m. *Mús.* Movimiento moderadamente vivo. || Composición en este movimiento.

alegrón m. *Fam.* Alegría repentina y grande. || *Fig.* y *fam.* Llamarada de poca duración.

Aleijadinho (El). V. LISBOA (António F.).

Aleixandre (Vicente), poeta español, n. en Sevilla en 1900, autor de *La destrucción o el amor.*

alejado, da adj. Distante.

alejamiento m. Acción y efecto de alejar o alejarse. || Distancia.

Alejandreta, c. y puerto del S. de Turquía, en el golfo homónimo. Hoy *Iskenderun.*

Alejandría, c. y puerto del NO. de Egipto, a orillas del Mediterráneo. Comercio e industria. Fundada por Alejandro Magno. Fue centro artístico importante. — C. de Italia (Piamonte), cap. de la prov. homónima. Obispado.

alejandrino, na adj. y s. De Alejandría (Egipto). || Relativo a Alejandro Magno. || Neoplatónico. || — M. *Poét.* Verso de arte mayor que consta de catorce sílabas, dividido en dos hemistiquios.

Alejandro, n. de ocho papas, entre los s. II y XVII. El más famoso fue ALEJANDRO VI *(Borgia)*, n. en Játiva (España) [1431-1503], papa en 1492, cuya vida privada fue la de un príncipe del Renacimiento.

Alejandro ‖ **~ I** (1777-1825), emperador de Rusia desde 1801. Vencido por Napoleón en Austerlitz, Eylau y Friedland, luego se reconcilió con él en Tilsit, para combatirle de nuevo en 1812. ‖ **~ II** (1818-1881), emperador de Rusia, hijo de Nicolás I, subió al trono en 1855, emancipó a los siervos (1861) y murió asesinado. ‖ **~ III** (1845-1894), emperador de Rusia desde 1881, hijo del anterior.

Alejandro ‖ **~ Magno** (356-323 a. de J. C.) rey de Macedonia desde 336, hijo de Filipo II. Fue educado por Aristóteles. Después de haber sometido Grecia, derrotar a los ejércitos de Darío III en Gránico (334) e Iso (333), se apoderó de Tiro, de Sidón, etc., conquistó Egipto, fundó Alejandría y, atravesando el Éufrates y el Tigris, aplastó a los persas en Arbelas (331). Continuando su marcha, tomó Babilonia y Susa, incendió Persépolis y llegó hasta el Indo. Obligado a regresar a Babilonia por la insubordinación de su gente, murió en esa c. de una fiebre maligna en plena juventud. ‖ **~ Severo,** emperador romano (209-235), sucesor de Heliogábalo en 222.

Alejandro Nevski, gran príncipe de Rusia de 1236 a 1263. Su nombre ha sido dado a una orden rusa (1725) transformada en orden militar soviética (1942).

Alejandrúpolis, ant. *Dedeagh*, c. y puerto de Grecia, en el mar Egeo.

alejar v. t. Poner lejos o más lejos. ‖ *Fig.* Apartar: *alejar del poder.* ‖ — V. pr. Ir Lejos.

Alejo, n. de cinco emperadores de Bizancio de 1081 a 1204.

alelado, da adj. y s. Lelo.

alelamiento m. Efecto de alelarse.

alelar v. t. Poner lelo. Ú. m. c. pr.: *alelarse por una mujer.*

aleluya amb. Voz que usa la Iglesia en señal de júbilo: *cantar la aleluya* o *el aleluya de Haendel.* ‖ — M. Tiempo de Pascua. ‖ — F. Estampa pequeña. ‖ Planta que florece por Pascua. ‖ *Fig.* y *fam.* Alegría, regocijo. ‖ — Pl. Versos malos. ‖ — Interj. Se emplea para demostrar júbilo.

Alem (Leandro), abogado y político argentino (1842-1896). Acaudilló el movimiento que derribó a Juárez Celman (1890).

alemán, ana adj. y s. De Alemania. (V. ALAMÁN.) ‖ — Idioma alemán.

Alemán (Mateo), escritor español n. en Sevilla (1547-¿1614?), autor del relato picaresco *Guzmán de Alfarache.* ‖ **~ Valdés** (Miguel), abogado y político mexicano, n. en 1900, pres. de la Rep. de 1946 a 1952.

Alemania, región de Europa Central, dividida desde 1949 en dos Estados: *República Federal de Alemania* y *República Democrática Alemana.* (Hab. *alemanes.*) El primero, en Alemania Occidental, 248 000 km²; 60 842 000 h.; cap. *Bonn,* 300 000 h.; otras c.: *Hamburgo,* 1 857 000 h.; *Munich,* 1 210 000; *Colonia,* 848 000; *Essen,* 729 000; *Düsseldorf,* 697 000; *Francfort,* 675 000; *Dortmund,* 640 800; *Stuttgart,* 637 000; *Brema,* 602 500; *Duisburgo,* 502 000; *Nuremberg,* 458 000; *Wuppertal,* 421 000; *Gelsenkirchen,* 391 000; *Bochum,* 361 000; *Mannheim,* 306 000; *Kiel,* 269 000; *Wiesbaden,* 257 000; *Brunswick,* 250 000; *Lübeck,* 240 000; *Oberhausen,* 256 000, y *Carlsruhe,* 235 000. El segundo, en Alemania Oriental: 108 000 km²; 17 960 000 h.; cap. *Berlín Este,* 1 086 000 h.; otras c.: *Leipzig,* 641 000 h.; *Dresde,* 496 000; *Halle,* 289 000; *Karl-Marx-Stadt* (ant. *Chemnitz*), 300 000; *Magdeburgo,* 261 000; *Erfurt,* 188 000, y *Potsdam,* 117 000.

— GEOGRAFÍA. La región meridional está constituida por la meseta de Baviera, cortada por profundos valles, y la cuenca de Suabia y Franconia, con los valles de los ríos Main y Neckar, en el centro de una cadena de montañas; en la región septentrional se encuentra un extenso valle central y su costa, sin acantilados, en la que se asientan innumerables puertos; la zona central comprende Sajonia, fértil llanura agrícola y rica región industrial; el Palatinado, nudo de comunicaciones; el macizo esquistoso renano, recorrido por el Rin, el Mosela, el Lahn y el Sieg; Westfalia, importante zona industrial con la cuenca hullera del Ruhr. Las principales industrias son: metalúrgica (Essen, Bochum, Dortmund); textil (Karl-Marx, Shot, Wuppertal); química (Mannheim, Ludwigshafen), etc. La agricultura, pese a su creciente mecanización y a la gran producción de centeno, lúpulo, tabaco, patatas, remolacha, etcétera, no basta para cubrir las necesidades del país. Otro tanto ocurre con la riqueza ganadera.

— HISTORIA. Alemania, llamada primero *Germania* (v. este nombre), no estuvo más que en parte dominada por Roma, pero fue sometida después por Carlomagno (803), hasta que por el Tratado de Verdún (843) se constituyó en reino independiente y sus soberanos llevaron con frecuencia el título de emperador de Occidente. En el reinado de Otón I el Grande (962), este país fue el centro del *Imperio de Occidente,* llamado desde el s. XV *Sacro Imperio Romano Germánico,* aunque la autoridad imperial fue más teórica que efectiva dado el número de casas reinantes. El Imperio alcanzó un nuevo esplendor con Carlos V (1500-1558), rey también de España. Abolido por Napoleón I (1806), el Imperio fue transformado en *Confederación del Rin* y en 1815 en *Confederación Germánica,* disuelta en Sadowa (1866) y reducida, por la ausencia de Austria, a simple *Confederación de Alemania del Norte.* Prusia, que ejercía la hegemonía entre los estados germánicos del Norte, realizó la unidad política de Alemania gracias al victorioso resultado de su guerra contra Francia (1870-1871). El país fue hasta 1918 un Estado federativo, el *Imperio Alemán,* cuyos miembros principales eran Prusia (su soberano era al mismo tiempo emperador alemán), Baviera, Sajonia y Wurtemberg. De 1918 a 1933, fue una república de 16 Estados, más comúnmente conocida por *República de Weimar.* En 1933-1934, el nacionalsocialismo, dirigido por A. Hitler, transformó radicalmente la situación y con el III Reich los Estados alemanes pasaron a ser simples divisiones administrativas. El canciller alemán, queriendo dejar sin efecto las condiciones impuestas a Alemania por el Tratado de Versalles de 1919, a consecuencia de la derrota en la primera guerra mundial (1914-1918), volvió a ocupar Renania (1936), anexionó Austria (1938) y luego Bohemia y Moravia. En 1939, con el pretexto de recuperar el territorio de Dantzig, invadió Polonia, con lo que desencadenó la segunda guerra mundial (1939-1945). Tras cuatro años de ocupación de la mayor parte de Europa, Alemania y sus aliados fueron completamente derrotados. Ocupado por las potencias vencedoras (Gran Bretaña, Francia, U. R. S. S. y Estados Unidos), el país fue dividido en 1949 en República Federal de Alemania Occidental y República Democrática Alemana.

Alembert. V. D'ALEMBERT.

Alemtejo, n. de dos prov. del S. de Portugal: *Alto Alemtejo,* cap. *Evora,* y *Bajo Alemtejo,* cap. *Beja.* Agricultura; ganadería.

Alencar (José Martiniano de), escritor brasileño (1829-1877), autor de *El guaraní.*

alentado, da adj. Animado: *alentado por sus éxitos.*

alentador, ra adj. Que alienta: *éxito alentador.* ‖ Reconfortante: *noticia alentadora.*

* **alentar** v. i. Respirar. ‖ — V. t. Animar, infundir aliento o esfuerzo, dar vigor: *alentar a los jugadores, a los remeros.*

Alenza y Nieto (Leonardo), pintor y grabador español (1807-1844).

Alenzón, en fr. *Alençon,* c. del NO. de Francia cap. del dep. del Orne. Hilaturas, encajes renombrados.

Alepo, c. de Siria, cap. de la prov. homónima. Arzobispado. Gran mezquita (715). Nudo de comunicaciones.

alerce m. Árbol conífero, de madera resinosa.

alergia f. Estado de una persona provocado por una sustancia, a la que es muy sensible, que causa en ella diferentes trastornos como la fiebre del heno, crisis de asma, urticaria, eczema, etc.

alérgico, ca adj. Relativo a la alergia. ‖ Incompatible con: *soy alérgico a la vida actual.*

alero m. Parte inferior del tejado que sale fuera de la pared. ‖ Guardabarros de algunos carruajes. ‖ *Fig. Estar en el alero,* ser muy incierto.

alerón m. Timón movible para la dirección de los aviones.

alerta adv. Con vigilancia: *estar alerta.* ‖ *Estar ojo alerta,* estar sobre aviso. ‖ — Interj. Sirve para excitar la vigilancia. ‖ — F. Alarma: *dar la voz de alerta.*

alertar v. t. Poner alerta o avisar a uno para que esté alerta: *alertar a un centinela.*

alerto, ta adj. Vigilante, atento, cuidadoso.

alerzal m. Sitio plantado de alerces.

Alés, c. del S. de Francia (Gard). Industrias.

Alessandri (Jorge), político chileno, n. en 1896, pres. de la Rep. de 1958 a 1964. ‖ **~ Palma** (ARTURO), político chileno (1868-1950), pres. de la Rep. de 1920 a 1924, en 1925 y de 1932 a 1938.

aleta f. *Zool.* Cada una de las membranas externas que tienen los peces para nadar. ‖ *Anat.* Cada una de las dos alas de la nariz. ‖ *Arq.* Cada una de las dos partes del machón que quedan visibles a los lados de una columna o pilastra. ‖ Cada uno de los muros en rampa a los lados de los puentes. ‖ *Mar.* Cada uno de los dos maderos curvos que forman la popa del buque. ‖ Parte saliente, lateral y plana de diferentes objetos. ‖ Parte saliente en la parte posterior de un proyectil para equilibrar su movimiento. ‖ Membrana que se adapta a los pies para facilitar la natación. ‖ Parte de la carrocería del automóvil que cubre las ruedas.

aletargamiento m. Letargo.

aletargar v. t. Producir letargo. ‖ — V. pr. Experimentar letargo.

aletazo m. Golpe de ala.

aletear v. i. Agitar las aves las alas sin echar a volar.

aleteo m. Acción de aletear. ‖ *Fig.* Palpitación acelerada y violenta del corazón.

Aleutianas (ISLAS), archip. de Estados Unidos, al NO. de América del Norte.

aleve adj. Traidor, pérfido.

alevín o **alevino** m. Pez menudo que se echa para poblar los ríos y estanques.

alevosía f. Traición, perfidia.

ALEMANIA

alevoso, sa adj. Que comete alevosía, traidor.

alexifármaco, ca adj. y s. m. *Fam.* Contraveneno.

alezo m. *Med.* Faja de lienzo en ciertos vendajes.

alfa f. Primera letra del alfabeto griego. ‖ — *Fig. Alfa y omega*, principio y fin. ‖ *Rayos alfa*, radiaciones emitidas por los cuerpos radiactivos, formados de núcleos de helio.

alfabéticamente adv. Siguiendo el orden del alfabeto.

alfabético, ca adj. Relativo al alfabeto: *orden alfabético.*

alfabetización f. Colocación por orden alfabético. ‖ Acción de enseñar a leer y escribir.

alfabetizar v. t. Ordenar alfabéticamente. ‖ Enseñar a leer y a escribir.

alfabeto m. Abecedario. ‖ Reunión de todas las letras de una lengua. ‖ Conjunto de signos que sirven para transmitir cualquier comunicación. ‖ — *Alfabeto Braille*, el utilizado por los ciegos. ‖ *Alfabeto Morse*, el usado en telegrafía.

alfalfa f. Planta papilionácea usada como forraje.

alfalfar m. Campo de alfalfa.

alfanje m. Sable corto y corvo.

alfanumérico, ca, adj. Aplícase a la clasificación fundada a la vez en el alfabeto y la numeración.

alfaque m. Banco de arena en la desembocadura de un río.

alfaquí m. Entre los musulmanes, doctor de la ley.

alfar m. Obrador de alfarero. ‖ Arcilla.

alfarería f. Arte de fabricar vasijas de barro. ‖ Taller y tienda del alfarero.

alfarero m. El que fabrica vasijas de barro.

alfarje m. Artefacto para moler la aceituna en los molinos de aceite. ‖ *Arq.* Techo con artesones de maderas labradas y entrelazadas.

alfarjía f. Madero de sierra para marcos y largueros de puertas y ventanas.

Alfaro c. de España (Logroño). Agricultura. Azúcar.

Alfaro (Eloy), general y político liberal ecuatoriano, n. en Montecristo (1842-1912), pres. de la Rep. de 1895 a 1901 y de 1906 a

1911. M. asesinado. ‖ ~ (José María) político costarricense (1799-1856), jefe del Estado de 1842 a 1844 y de 1846 a 1847. ‖ ~ (Ricardo J.), político, jurisconsulto y escritor panameño (1882-1971). ‖ ~ **Siqueiros** (David). V. Siqueiros.

alféizar m. *Arq.* Vuelta o derrame de la pared en el corte de una puerta o ventana.

alfénido m. Composición metálica blanca descubierta en 1850 por el químico Halen.

alfeñique m. Pasta de azúcar amasada con aceite de almendras dulces. ‖ *Fig.* y *fam.* Persona delicada. ‖ Remilgo.

alferazgo m. Empleo o dignidad de alférez.

alferecía f. Alferazgo. ‖ *Med.* Ataque de epilepsia.

alférez m. *Mil.* Oficial que lleva la bandera. | Oficial de categoría inferior a la de teniente.

Alfieri (Vittorio), poeta italiano (1749-1803), autor de las tragedias *Mérope, Felipe II, Polinices, Antígona,* etc.

alfil m. Pieza del juego de ajedrez que se mueve diagonalmente.

alfiler m. Clavillo de metal, con punta por uno de sus extremos y una cabecilla por el otro, que sirve para varios usos. ‖ Joya a modo de alfiler o broche: *alfiler de corbata.* ‖ Pinzas: *alfiler de la ropa.* ‖ Planta geraniácea de flores purpúreas. ‖ — Pl. Cantidad de dinero señalada a una mujer para su adorno. ‖ Agasajo, propina.

alfilerar v. t. Prender con alfileres.

alfilerazo m. Punzada de alfiler. ‖ *Fig.* Punzada, pulla.

alfiletero m. Estuche para guardar los alfileres y agujas.

Alfinger (Ambrosio), aventurero alemán del s. XVI, primer gobernador de Venezuela (1529-1533).

Alföld, fértil llanura del NE. de Hungría, entre el Danubio y Rumania.

alfolí m. Granero o pósito.

alfoliero m. El que tiene a su cargo y cuidado el alfolí.

alfombra f. Tapiz con que se cubre el suelo de las habitaciones y escaleras: *alfombra persa.* ‖ *Fig.* Conjunto de cosas que cubren el suelo: *alfombra de flores.* ‖ *Med.* Alfombrilla, enfermedad.

alfombrado, da adj. Cubierto de alfombras: *habitación alfombrada.* ‖ Que tiene dibujos como los de las alfombras. ‖ — M. Conjunto de alfombras.

alfombrar v. t. Cubrir el suelo con alfombras. ‖ *alfombrar una habitación.* ‖ *Fig.* Tapizar, cubrir.

alfombrero, ra m. y f. Persona que hace alfombras o que se dedica a colocarlas.

alfombrilla f. *Med.* Erupción cutánea parecida al sarampión. ‖ Alfombra pequeña.

alfombrista m. El que vende o instala alfombras.

alfóncigo m. Árbol terebintáceo cuyo fruto en drupa contiene una semilla comestible.

alfonsí adj. Alfonsino: *maravedí alfonsí.*

Alfonsinas *(Tablas)*, tablas astronómicas realizadas en 1252 por orden de Alfonso X el Sabio.

alfonsino, na adj. Relativo a alguno de los trece reyes españoles llamados Alfonso. ‖ — M. Moneda acuñada en España en tiempo de Alfonso X el Sabio.

alfonsismo m. Adhesión a alguno de los reyes españoles llamados Alfonso.

Alfonso ‖ ~ **I** *el Católico* (693-757), yerno de Pelayo, rey de Asturias desde 739. ‖ ~ **II** *el Casto* (759-842), rey de Asturias y León, coronado en 791. Ocupó Lisboa en 797. ‖ ~ **III** *el Magno* (¿838-910?), rey de Asturias y León, hijo de Ordoño I, coronado en 866, tras arrebatar Salamanca y Soria a los moros. Abdicó en su hijo García (909). ‖ ~ **IV** *el Monje,* rey de Asturias y León de 926 a 932. Abdicó en favor de su hermano Ramiro. ‖ ~ **V** *el Noble* (994-1027) rey de León desde 1099. Luchó contra los moros de Portugal y murió en el sitio de Viseo. ‖ ~ **VI** (1030-1109), rey de Castilla y León en 1065, hijo de Fernando I. Destronado por su hermano Sancho II de Castilla, volvió al trono en 1072, después de jurar en Santa Gadea, en presencia del Cid, que no había participado en la muerte de aquél. Conquistó Toledo (1085) y fue derrotado en Zalaca. ‖ ~ **VII** *el Emperador* (1104-1157), rey de León y Castilla, proclamado emperador en 1135. ‖ ~**VIII** *el de las Navas* (1158-1214), rey de Castilla, hijo de Sancho III. Durante su minoría, reinó bajo la tutela de su madre. Derrotó a los almohades en las Navas de Tolosa (1212), batalla decisiva en la historia de la Reconquista. ‖ ~ **IX** (1171-1230), rey de León en 1188, primo y yerno del anterior, hijo de Fernando II de León y padre de Fernando III. Conquistó la plaza de Mérida. ‖ ~ **X** *el Sabio* (1221-1284), rey de Castilla y León, coronado en 1252. Aspiró al trono imperial, que pasó finalmente a Rodolfo de Habsburgo. La muerte de su hijo Fernando de La Cerda provocó la guerra civil, por las ambiciones de su segundo hijo don Sancho, que iban en perjuicio de los infantes de La Cerda. Se distinguió sobre todo por sus actividades literarias (*Calila e Dimna,* el *Septenario, Cantigas de Santa María*), de historiador y de legislador *(Las Siete Partidas)*, y de astronomía *(Tablas Alfonsinas)*. ‖ ~ **XI** (1311-1350), rey de Castilla y León desde 1312. Gobernó primero bajo la tutela de su abuela María de Molina. Derrotó a los moros en la batalla del Salado (1340). ‖ ~ **XII** (1857-1885), hijo de Isabel II, rey de España desde 1874. Acabó con la tercera guerra carlista. ‖ ~ **XIII** (1886-1941), hijo póstumo del anterior. Reinó hasta 1902 bajo la tutela de su madre, María Cristina de Habsburgo. Al triunfar la República en 1931, marchó al destierro.

Alfonso ‖ ~ **I** *el Batallador,* rey de Aragón (1104-1134). Tomó Zaragoza a los almorávides en 1118 y realizó incursiones por Francia, Levante y Andalucía. ‖ ~ **II**, rey de Aragón (1162-1196). ~ **III** (1265-1291), rey de Aragón y Cataluña, coronado en 1285. Otorgó a los nobles el Privilegio de la Unión. ‖ ~ **IV** *el Benigno* (1299-1336), rey de Aragón y Cataluña, hijo de Jaime II, coronado en 1327. ‖ ~ **V** *el Magnánimo* (1396-1458), rey de Aragón, Cataluña y Sicilia (1416) y de Nápoles (1442). Era hijo de Fernando I de Antequera. Su corte de Nápoles fue uno de los centros intelectuales más notables de la época.

Alfonso ‖ ~ **I** (¿1110?-1185), fundador del reino de Portugal en 1139. ‖ ~ **II** (1185-1223), rey de Portugal desde 1211. ‖ ~ **III** (1210-1279), rey de Portugal desde 1248. ‖ ~ **IV** *el Bravo* (1290-1357), rey de Portugal desde 1325. ‖ ~ **V** *el Africano* (1432-1481), rey de Portugal desde 1438, marido de Juana la Beltraneja. ‖ ~ **VI** (1643-1683), rey de Portugal de 1656 a 1668.

Alfonso (Pero), escritor judío converso español (1062-1140), autor de *Disciplina Clericalis.* ‖ ~ **María de Ligorio** *(San)*, obispo de Nápoles (1696-1787), fundador de la congregación de los Redentoristas (1731). Fiesta el 1 de agosto.

alforfón m. Planta poligonácea, a veces llamada *trigo sarraceno.*

alforja f. Talega, abierta por el centro y cerrada por sus extremos, que se echa al hombro para llevar el peso bien repartido (ú. m. en pl.). ‖ Provisión de víveres.

alforza f. Pliegue o doblez horizontal que se hace a una ropa.

alforzar v. t. Hacer una alforza.

Alfredo Magno, rey anglosajón (848-899), fundador de la Universidad de Oxford.

alga f. Planta talofita que vive en la superficie o el fondo de las aguas dulces o saladas.

algaida f. Sitio lleno de matorrales. ‖ Médano, duna.

algalia f. Sustancia untuosa que se obtiene del gato de algalia y se emplea en perfumería. ‖ Sonda hueca que se usa en las operaciones de la vejiga: *la algalia permite dar salida a la orina.*

algara f. Tropa de a caballo que salía a hacer correrías.

algarabía f. Lengua árabe. ‖ *Fig.* y *fam.* Lenguaje o escritura ininteligible: *hablar algarabía.* ‖ Griteria confusa.

algarada f. *Mil.* Incursión, correría. | Tropa de a caballo. ‖ Vocería grande, alboroto. ‖ Motín sin importancia.

Algarbe. V. Algarve.

algarroba f. Planta papilionácea, de flores blancas, cuyo semilla, seca, se da de comer al ganado. ‖ Fruto del algarrobo.

algarrobal m. Sitio poblado de algarrobos.

algarrobo m. Árbol papilionáceo de flores purpúreas, cuyo fruto es la algarroba.

Algarve, ant. prov. del S. de Portugal, correspondiente al actual distrito de Faro; cap. *Faro.*

algazara f. Vocería de los moros al acometer al enemigo. ‖ *Fig.* Ruido, gritería.

algazul m. Planta ficoidácea de las regiones litorales.

álgebra f. Parte de las matemáticas que estudia la cantidad considerada en abstracto y representada por letras u otros signos. ‖ Arte de componer los huesos dislocados.

algebraico, ca adj. Del álgebra: *cálculo algebraico.*

algébrico, ca adj. Algebraico.

algebrista com. Persona que estudia, sabe o profesa el álgebra. ‖ (Ant.). Cirujano, curandero.

Algeciras, c. y puerto del S. de España (Cádiz), en la bahía homónima. Sede de la conferencia sobre Marruecos (1906).

algecireño, ña adj. y s. De Algeciras.

algidez f. Frialdad glacial.

álgido, da adj. Muy frío. ‖ *Med.* Dícese de las enfermedades acompañadas de frío glacial. ‖ Barb. por *intenso, ardiente, acalorado, decisivo.*

algo pron. Designa una cosa que no se quiere o no se puede nombrar: *leeré algo antes de dormirme.* ‖ También denota cantidad indeterminada: *apostemos algo.* ‖ *Fig.* Cosa de alguna importancia: *creerse algo.* ‖ — Adv. Un poco: *es algo tímido.* ‖ — *Más vale algo que nada* o *algo es algo,* todo, por pequeño que sea, tiene un valor. ‖ *Por algo,* por algún motivo, no sin razón, por esto.

algodón m. Planta malvácea, cuyo fruto es una cápsula que contiene de quince a veinte semillas envueltas en una borra muy larga y blanca. ‖ Esta misma borra: *algodón en rama, algodón hidrófilo.* ‖ Tejido hecho de esta borra. ‖ — *Algodón pólvora,* sustancia explosiva obtenida bañando algodón en rama en una mezcla de ácidos nítrico y sulfúrico. ‖ *Fig.* y *fam. Criado entre algodones,* criado con mimo y delicadeza.

— La planta llamada *algodón* es

originaria de la India. Introducida en Europa por los árabes, tomó importancia en España, de donde pasó a América. Los principales países productores son los Estados Unidos, India, Egipto, China y U. R. S. S., y en Iberoamérica Brasil, México, Argentina y Perú.

algodonal m. Terreno poblado de plantas de algodón.

algodonar v. t. Rellenar de algodón.

algodonero, ra adj. Relativo al algodón: *industria algodonera.* || — M. Algodón, planta. || — M. y f. Persona que trata en algodón.

algodonita f. Mineral de cobre hallado en Algodón (Chile).

algodonosa f. Planta compuesta, de flores amarillas en corimbo, cubierta de borra parecida al algodón.

algodonoso, sa adj. Que tiene algodón o es semejante a él: *tejido algodonoso.*

algonquino, na adj. y s. Individuo de un pueblo que habitaba en parte de América del Norte.

algorín m. Almacén de aceitunas: *los algorines se construyen alrededor del molino de aceite.*

algorítmico, ca adj. Relativo al algoritmo.

algoritmo m. *Mat.* Ciencia del cálculo aritmético y algebraico.

Algorta, pobl. del Uruguay (Río Negro). Nudo ferroviario.

alguacil m. Ministro inferior de justicia que ejecuta las órdenes de los tribunales. || Antiguamente, gobernador de una ciudad o comarca. || Oficial inferior ejecutor de los mandatos del alcalde. || *Taurom.* El que en las corridas de toros precede a la cuadrilla durante el paseo, recibe del presidente las llaves del toril y ejecuta sus órdenes. || Ganzúa.

alguacilesco, ca adj. Propio de alguaciles.

alguien pron. Alguna persona.

algun adj. Apócope de *alguno,* empleado antepuesto a nombres masculinos. || *Algún tanto,* un poco.

alguno, na adj. Se aplica indeterminadamente a una persona o cosa con respecto a otras. || Ni poco ni mucho, bastante. || — Pron. Alguien: *¿ha venido alguno?* || *Alguno que otro,* unos cuantos, pocos.

alhaja f. Joya. || Adorno o mueble precioso. || *Fig.* Cualquiera otra cosa de mucho valor y estima: *casa bonita como una alhaja.* || *Fig.* y *fam.* Persona o animal dotado de excelentes cualidades: *esta niña es una alhaja.*

alhajar v. t. Adornar con alhajas. || Amueblar.

Alhakem || ~ **I,** emir de Córdoba (796-822). || ~ **II,** califa de Córdoba de 961 a 976, hijo y sucesor de Abderramán III; llevó a su apogeo el Califato de Córdoba.

Alhama, sierra del S. de España (Málaga y Granada). || ~ **de Aragón,** v. de España (Zaragoza). Aguas termales. || ~ **de Granada,** v. de España (Granada). Aguas medicinales.

Alhambra, palacio de los reyes moros de Granada, obra maestra de la arquitectura musulmana. Fue empezado en el s. XIII, y en él se encuentran los admirables patios de los Leones y de los Arrayanes, y las salas de los Embajadores y de los Abencerrajes.

alharaca f. Demostración excesiva de admiración, alegría, o bien de queja, enfado, etc.: *hombre de muchas alharacas.*

Alhaurín el Grande, v. de España (Málaga).

alhelí m. Planta crucífera de flores blancas, amarillas o rojas, muy cultivada para adorno. (Pl. *alhelíes.*)

alheña f. Arbusto oleáceo con bayas negras. || Arbusto de Oriente cuyas hojas, reducidas a polvo, se usan para teñir. || Tizón de las mieses.

alheñar v. t. Teñir con polvo de alheña. || — V. pr. Quemarse las mieses con el calor.

Al-Hoceima, c. del N. de Marruecos, en la bahía de Alhucemas. Se llamó *Villa Sanjurjo* durante el protectorado español.

alhóndiga f. Local público destinado a la venta y depósito de granos.

alhondiguero m. El que cuida de la alhóndiga.

alhucema f. Espliego.

Alhucemas, en ár. *Al-Hoceima,* bahía e isla al N. de Marruecos, esta última, de soberanía española.

Alí, primo y yerno de Mahoma, califa de 656 a 661. || ~ **Abul Hasán,** rey moro de Granada (s. XV). || ~ **Bajá,** almirante turco, jefe de la escuadra mahometana en Lepanto (1571). || ~ **Bey.** V. BADÍA LEBLICH (Domingo).

aliáceo, a adj. Relativo al ajo.

aliado, da adj. y s. Ligado por un pacto de alianza. || Unido por un lazo de parentesco indirecto.

aliadófilo, la adj. y s. Aplícase al que fue partidario de las naciones aliadas en la primera y segunda guerras mundiales: *una revista aliadófila.*

alianza f. Acción de aliarse dos o más naciones, gobiernos o personas: *alianza defensiva, ofensiva.* || Asociación: *tratado de alianza.* || Parentesco contraído por casamiento. || Gacilismo por *anillo de casado.*

Alianza || **(Cuádruple),** la concertada en 1718 entre Francia, Inglaterra, Holanda y el Imperio Germánico para que observase el Tratado de Utrecht. — La firmada en 1834 entre Francia, Inglaterra, España y más tarde Portugal para reconocer a Isabel II. || **Popular Revolucionaria Americana.** Véase A. P. R. A. || ~ **(Santa),** pacto místico firmado por Rusia, Austria y Prusia para el mantenimiento de los tratados de 1815 y oponerse al movimiento liberal o nacional de los pueblos oprimidos de Europa. || ~ **(Triple),** acuerdo firmado por Inglaterra, Holanda y Suecia contra Luis XIV en 1668. — Pacto defensivo establecido en 1882 por la adhesión de Italia a la alianza austroalemana de 1879, llamado tb. *de la Tríplice Alianza.*

aliar v. t. Poner de acuerdo. || — V. pr. Unirse, coligarse los Estados contra enemigos comunes: *Francia y Gran Bretaña se aliaron en la pasada guerra.*

alias adv. De otro modo, por otro nombre: *Juan Martín alias "el Empecinado".* || — M. Apodo.

alibí m. Coartada.

alible adj. Capaz de alimentar o nutrir: *sustancia alible.*

alicaído, da adj. Caído de alas. || *Fig.* y *fam.* Débil, falto de fuerza. || Desanimado.

alicante m. Especie de víbora de hocico remangado, muy venenosa. || Variedad de turrón. || Vino de Alicante.

Alicante, c. y puerto del SE. de España, cap. de la prov. homónima. Centro comercial e industrial. Estación invernal y veraniega.

alicantino, na adj. y s. De Alicante.

alicatado m. Obra de azulejos, en general de estilo árabe.

alicatar v. t. Revestir de azulejos: *cocina alicatada.*

alicates m. pl. Tenacillas de acero que se emplean para diversos usos.

aliciente m. Atractivo o incentivo: *con el aliciente de la ganancia.*

alicortar v. t. Cortar las alas. || Herir a las aves en las alas.

alicrejo m. *Amér.* C. caballo flaco.

alicuanta adj. y s. f. *Mat.* Parte no comprendida un número cabal de veces en un todo: *tres es parte alicuanta de ocho.*

alícuota adj. Proporcional. || Adj. y s. f. *Mat.* Que está contenido un número exacto de veces en un todo: *tres es una parte alícuota de doce.*

alidada f. Regla fija o móvil, que tiene en cada extremo un anteojo o una pínula y sirve para dirigir visuales.

alienable adj. Enajenable: *bienes alienables.*

alienación f. Acción y efecto de alienar. || *Med.* Enajenación o trastorno mental.

alienado, da adj. y s. Loco, demente.

alienar v. t. Enajenar (ú. t. c. pr.). || — V. pr. Retraerse.

alienista adj. y s. Dícese del médico especializado en las enfermedades mentales.

aliento m. Respiración. || *Fig.* Vigor del ánimo, esfuerzo, valor: *hombre de aliento.* || — *Cobrar aliento,* reanimarse. || *De un aliento,* sin tomar nueva respiración; (fig.) sin pararse, sin detenerse, seguidamente.

alifafe m. *Veter.* Tumor que nace a las caballerías en los corvejones. || *Fam.* Achaque.

alífero, ra adj. Con alas.

aliforme adj. De forma de ala.

aligación f. Liga.

aligar v. t. Ligar.

aligator m. Cocodrilo americano de unos cinco m. de largo, de hocico ancho y corto.

aligeramiento m. Acción y efecto de aligerar o aligerarse. || Prisa, apresuramiento.

aligerar v. t. Hacer menos pesado: *aligerar la carga* (ú. t. c. pr.). || Abreviar, apresurar: *aligerar un trabajo.* || *Fig.* Moderar, templar: *aligerar el dolor.* || *Aligerarse de ropa,* quitarse algunas prendas de vestir.

alígero, ra adj. *Poét.* Alado: *Mercurio alígero.* || *Fig.* y *poét.* Rápido, veloz, muy ligero.

alijador, ra adj. y s. Que alija. || — M. Barcaza para transportar carga de los buques mercantes. || El que descarga los barcos en los puertos.

alijar m. Terreno inculto. || Azulejo, ladrillo morisco. || — Pl. Ejidos o afueras de una población, que permanecen incultos.

alijar v. t. Aligerar o descargar una embarcación. || Transbordar y desembarcar géneros de contrabando. || Pulir con lija.

alijarar v. t. Repartir las tierras incultas para su cultivo.

alijarero m. El que cultiva un alijar.

alijo m. Acción y efecto de alijar. || Géneros de contrabando. || *Tecn.* Ténder de una locomotora.

alilo m. *Quím.* Radical cuyo sulfuro se encuentra en la esencia de ajo.

alimaña f. Animal dañino para la caza menor, como la zorra, el gato montés, el turón, el milano, etcétera.

alimañero m. Guarda de caza empleado en la destrucción de alimañas.

alimentación f. Acción y efecto de alimentar o alimentarse.

alimentador, ra adj. y s. Que alimenta. || — M. *Tecn.* Conductor, en una distribución de energía eléctrica.

alimentar v. t. Dar alimento, sustentar. || *For.* Suministrar a alguna persona lo necesario para su manutención y subsistencia. || Suministrar a una máquina en movimiento la materia que necesita para seguir funcionando: *alimentar un motor, una caldera.* || Dar fomento y vigor a los cuerpos animados. || *Fig.* Sostener, fomentar vicios, pasiones, sentimientos, etc. || — V. pr. Tomar alimento.

alimentario, ria adj. Alimenticio.

alimenticio, cia adj. Que alimenta: *planta alimenticia.* ‖ *Pastas alimenticias,* los macarrones, fideos, tallarines, etc.

alimento m. Cualquier sustancia que sirve para nutrir: *el pan es un buen alimento.* ‖ *Fig.* Lo que sirve de pábulo, de fomento: *la lectura es el alimento del espíritu.* ‖ —Pl. *For.* Asistencias que se dan en dinero a alguna persona a quien se deben por ley.

alimoche m. Ave parecida al buitre.

alimón (al) loc. adv. Hecho entre dos personas que se turnan.

alindamiento m. Acción y efecto de alindar.

alindar v. t. Señalar los lindes a una heredad. ‖ Poner lindo o hermoso (ú. t. c. pr.). ‖ — V. i. Lindar: *alindar dos cortijos.*

alineación f. Acción y efecto de alinear o alinearse. ‖ Composición de un equipo deportivo.

alinear v. t. Poner en línea recta: *árboles alineados* (ú. t. c. pr.) ‖ Componer un equipo deportivo.

aliñado, da adj. Aseado.

aliñador, ra adj. y s. Que aliña. ‖ — M. (Ant.). Administrador.

aliñar v. t. Arreglar, preparar. ‖ Aderezar: *aliñar la ensalada.* ‖ Adornar. ‖ (Ant.). Administrar. ‖ Componer los huesos dislocados.

aliño m. Acción y efecto de aliñar o aliñarse. ‖ Aderezo para sazonar la comida.

alioli m. Ajiaceite, salsa de ajos y aceite.

alípede adj. *Poét.* Que lleva alas en los pies: *Mercurio alípede.*

aliquebrado, da adj. *Fig.* Alicaído: *hallarse aliquebrado.*

* **aliquebrar** v. t. Quebrar las alas (ú. t. c. pr.).

alisador, ra adj. y s. Que alisa. ‖ — M. Instrumento a modo de taladro para alisar el interior de un cilindro.

alisadura f. Acción y efecto de alisar o alisarse. ‖ Regularización del diámetro interior de un tubo. ‖ Parte menuda que queda de lo que se alisa.

alisar m. Plantío de alisos.

alisar v. t. Poner lisa alguna cosa. ‖ Arreglar por encima el pelo (ú. t. c. pr.).

aliseda f. Alisar, plantío de alisos.

alisios adj. y s. m. pl. Aplícase a los vientos fijos que soplan de la zona tórrida: *los vientos alisios soplan con inclinación al Nordeste o al Sudeste, según el hemisferio en que reinan.*

alisma f. Planta alismácea de terrenos pantanosos.

alismáceas o **alismatáceas** f. pl. Plantas monocotiledóneas acuáticas, con rizoma feculento (ú. t. c. adj.).

aliso m. Árbol betuláceo que vive en terrenos húmedos.

alistado, da adj. Listado. ‖ Inscrito que ha sentado plaza.

alistador m. El que alista.

alistamiento m. Acción y efecto de alistar o alistarse.

alistar v. t. Poner en una lista a alguien. ‖ — V. pr. Sentar plaza en el ejército, enrolarse.

aliteración f. *Ret.* Repetición de las mismas letras o sílabas al principio de una palabra. Ex.: *el ruido con que rueda la ronca tempestad* (Zorrilla). ‖ Paronomasia.

Al-Ittihad. V. AL-CHAAB.

aliviadero m. Vertedero de aguas sobrantes.

aliviador, ra adj. y s. Que alivia. ‖ *Germ.* Persona que recoge y vende lo que otra roba.

aliviar v. t. Aligerar, hacer menos pesado (ú. t. c. pr.). ‖ *Fig.* Mitigar la enfermedad: *aliviar al enfermo con un medicamento.* (ú. t. c. pr.). ‖ Disminuir las fatigas del cuerpo o las aflicciones del ánimo (ú. t. c. pr.). ‖ Acelerar el paso, alargarlo.

alivio m. Acción y efecto de aliviar o aliviarse.

aljaba f. Caja para llevar flechas y que se colgaba al hombro.

aljama f. Junta de moros o judíos. ‖ Mezquita. ‖ Sinagoga.

aljamía f. Escrito castellano en caracteres árabes o hebreos. ‖ Nombre que daban los moros a la lengua castellana.

aljamiado, da adj. Que habla la aljamía. ‖ Escrito en aljamía: *una esquela aljamiada.*

aljibe m. Cisterna para el agua llovediza. ‖ *Mar.* Barco que suministra agua a otras embarcaciones, y por ext. el destinado a transportar petróleo. ‖ Cada una de las cajas de chapa de hierro en que se tiene el agua a bordo.

aljófar m. Perla pequeña.

aljofifa f. Trapo para fregar el suelo.

aljofifar v. t. Fregar con aljofifa el enladrillado.

Aljubarrota, c. de Portugal (Extremadura), donde Juan I de Portugal derrotó a Juan I de Castilla en 1385 asegurando la independencia de Portugal. — Monasterio de Santa María de Batalha.

alma f. Principio de la vida. ‖ Cualidades morales, buenas o malas: *alma noble, abyecta.* ‖ Conciencia, pensamiento íntimo. ‖ *Fig.* Persona, individuo: *pueblo de tres mil almas.* ‖ Viveza, energía. ‖ Lo que da aliento y fuerza a alguna cosa. ‖ Hueco de la pieza de artillería. ‖ *Arq.* Madero vertical que sostiene los otros maderos de los andamios. ‖ — *Fig.* y *fam. Alma de caballo,* persona sin escrúpulos. ‖ *Fig. Alma de Caín,* persona aviesa o cruel. ‖ *Alma de cántaro,* persona falta de discreción. ‖ *Fig.* y *fam. Alma de Dios,* persona muy bondadosa. ‖ *Fig. Alma de un negocio,* su objeto, su motor principal. ‖ *Alma en pena,* persona solitaria, melancólica. ‖ *Fam. Caérsele* a uno *el alma a los pies,* desanimarse. ‖ *Con o en el alma,* profundamente ‖ *Fig. Dar el alma,* expirar, morir. ‖ *Fam. Mal alma,* persona perversa.

Alma Ata, ant. *Viernyi,* c. de la U. R. S. S., cap. de Kazakstán. Centro ferroviario e industrial.

almacén m. Sitio donde se tienen mercancías para su custodia o venta. ‖ Pieza de un arma de repetición que contiene los cartuchos de repuesto.

almacenaje m. Derecho de almacén.

almacenamiento m. Acción y efecto de almacenar.

almacenar v. t. Guardar en almacén. ‖ *Fig.* Reunir, guardar, acumular.

almacenero m. Guardalmacén.

almacenista com. Dueño de un almacén. ‖ Persona que vende en un almacén.

almáciga f. Especie de resina. ‖ Lugar en donde se siembran semillas para trasplantarlas. ‖ Masilla.

almácigo m. Almáciga, sementera. ‖ Lentisco. ‖ Árbol burseráceo de Cuba.

Almadén, c. de España (Ciudad Real). Yac. de mercurio.

almádena f. Mazo de hierro con mango largo para romper piedra: *la almádena del picapedrero.*

almadraba f. Pesca de atunes. ‖ Sitio donde se hace esta pesca. ‖ Cerco de redes para esta pesca.

almadrabero, ra adj. Relativo a la almadraba. ‖ — M. Pescador de atunes.

Almafuerte. V. PALACIOS (Pedro).

almagesto m. Libro de astronomía: *el almagesto de Tolomeo* o *el de Riccioli.*

almagra f. Almagre.

almagrar v. t. Teñir de almagre. ‖ *Fig.* Infamar.

almagre m. Óxido rojo de hierro que suele emplearse en pintura y para pulir metales.

almagrero, ra adj. Aplícase al terreno en que abunda el almagre. ‖ — F. Bote para llevar el almagre.

Almagro (Diego de), conquistador español (1475-1538), compañero de Pizarro en la conquista del Perú y que luchó luego contra él. — Su hijo DIEGO, llamado *el Mozo,* n. en Panamá (1520-1542), intervino en el asesinato de Francisco Pizarro y se sublevó contra la autoridad real. M. decapitado. ‖ ~ **San Martín** (Melchor), escritor español (1882-1948).

almanaque m. Registro que comprende los días del año con indicaciones astronómicas, meteorológicas, etc.

almandina f. Especie de granate.

Almansa, c. de España (Albacete). Victoria de los borbónicos sobre los partidarios del archiduque de Austria (1707).

Almanzor, califa abasida (754-775) que conquistó Armenia, fundó Bagdad y fue un protector de las letras. ‖ ~ (MOHAMED), jefe militar de la España musulmana (939-1002). Conquistó Santiago de Compostela.

Almanzor (PICO DE). V. PLAZA DEL MORO ALMANZOR.

almarjo m. Planta barrilera.

almártaga f. Cabezada que se ponía a los caballos sobre el freno. ‖ *Quím.* Litargirio.

almazara f. Molino de aceite.

almea f. Danzarina oriental. ‖ Corteza del estoraque, después que se le ha sacado toda la resina. ‖ Bálsamo del estoraque.

almecina f. Fruto comestible del almecino.

almecino m. Árbol ulmáceo, de hojas lanceoladas de color verde oscuro, cuyo fruto es la almecina.

Almeida (Manuel Antonio), novelista brasileño (1831-1861). ‖ ~ **Garrett.** V. GARRETT.

almeja f. Molusco acéfalo comestible.

almejar m. Criadero o vivero de almejas.

almena f. Cada uno de los prismas que coronan los muros de las antiguas fortalezas.

almenado, da adj. *Fig.* Coronado de almenas: *torre almenada.* ‖ Dentado. ‖ Almenaje.

almenaje m. Conjunto de almenas.

almenar v. t. Coronar de almenas.

almenara f. Hoguera en las atalayas utilizada como señal de aviso.

almendra f. Fruto del almendro. (El *aceite de almendras* se usa en farmacia como emoliente, y la *esencia de almendras amargas,* en perfumería, por su aroma.) ‖ Semilla de cualquier fruto drupáceo: *la almendra del melocotón.* ‖ *Almendra garapiñada,* almendra envuelta en azúcar grumoso.

almendrado, da adj. De figura de almendra: *diamante, capullo de seda almendrado.* ‖ — M. Pasta de almendras.

almendral m. Sitio poblado de almendros.

Almendralejo, v. de España (Badajoz). Patria de Espronceda.

almendrilla f. Lima rematada en figura de almendra que usan los cerrajeros. ‖ Guijo pequeño que se emplea para firmes de carreteras.

almendro m. Árbol rosáceo de flores blancas o rosadas, cuyo fruto es la almendra.

almendruco m. Fruto del almendro, con su primera cubierta todavía verde.

almenilla f. Adorno de figura de almena.

Almería, c. del SE. de España, cap. de la prov. homónima, a orillas del Mediterráneo. Obispado. Centro comercial y turístico.

almeriense adj. y s. De Almería: *el litoral almeriense.*

almete m. Pieza de la armadura que cubría la cabeza.

almez m. Almecino.

almeza f. Almecina.
almezo m. Almecino.
almiar m. Pajar al descubierto.
almíbar m. Azúcar disuelto en agua y espesado al fuego. ‖ *Fam. Hecho un almíbar*, sumamente amable y complaciente.
almibarado, da adj. Meloso. ‖ *Fig.* y *fam.* Excesivamente halagüeño y dulce.
almibarar v. t. Bañar o cubrir con almíbar. ‖ *Fig.* Suavizar las palabras para ganarse la voluntad de otro.
almicantarat f. *Astr.* Cada uno de los círculos paralelos al horizonte que se suponen descritos en la esfera celeste para determinar la altura o la depresión de los astros.
almidón m. Fécula blanca, ligera, y suave al tacto, que se encuentra en diferentes semillas.
almidonado, da adj. Preparado con almidón. ‖ *Fig.* y *fam.* Dícese de la persona ataviada con excesiva pulcritud. ‖ — M. Acción de almidonar.
almidonar v. t. Mojar la ropa blanca en almidón desleído en agua: *almidonar cuellos y puños de camisa.*
almidonería f. Fábrica de almidón.
almilla f. Jubón que se ajustaba al cuerpo. ‖ *Carp.* Espiga de ensambladura.
almimbar m. Púlpito de las mezquitas.
alminar m. Torre de la mezquita desde la cual llama el almuédano a los fieles.
almiranta f. Nave del almirante. ‖ Mujer del almirante.
almirantazgo m. Alto Consejo de la Armada. ‖ Dignidad y jurisdicción del almirante. ‖ En Inglaterra, ministerio de Marina.
Almirantazgo (ISLAS DEL), archip. de Melanesia bajo tutela australiana, al N. de la isla de Nueva Guinea.
almirante m. Jefe de la armada. ‖ (Ant.). Caudillo, capitán.
Almirante Brown, ant. *Adrogué*, c. de la Argentina, en los suburbios del S. de Buenos Aires.
Almirantes (ISLAS), archip. británico del océano Índico, al NE. de Madagascar. Copra.
almirez m. Mortero para machacar o moler.
almizclar v. t. Aromatizar con almizcle.
almizcle m. Sustancia odorífera, untuosa al tacto, que se saca de la bolsa que el almizclero tiene en el vientre, y se emplea en medicina y perfumería.
almizcleña f. Planta liliácea cuyas flores azules despiden olor de almizcle.
almizcleño, ña adj. Que huele a almizcle: *pera almizcleña.*
almizclero, ra adj. Almizcleño. ‖ — M. Rumiante, parecido al cabrito, que tiene en el vientre una bolsa de la que segrega almizcle. ‖ — F. Desmán, mamífero insectívoro.
almo, ma adj. *Poét.* Criador, alimentador, vivificador: *alma ceres.* ‖ Excelente, santo.
almocadén m. (Ant.). Caudillo o capitán de tropa de a pie.
almocafre m. Instrumento de jardinero para escarbar y limpiar la tierra.
almocárabe m. *Arq.* Adorno en forma de lazos (ú. m. en pl.).
almocrí m. Lector del Alcorán en las mezquitas.
Almodóvar del Campo, v. de España (Ciudad Real).
almodrote m. Salsa de aceite, ajos y queso. ‖ *Fig.* y *fam.* Mezcla confusa.
almófar m. Cofia de malla sobre la cual se ponía el casco.
almogávar m. Soldado de una tropa escogida y muy diestra que hacía correrías en tierra enemiga. (Los *almogáveres* tomaron parte en la expedición de Grecia al mando de Roger de Flor.)
almogavaría f. Tropa de almogávares.
almohada f. Colchoncillo para reclinar la cabeza en la cama o para sentarse. ‖ Funda de lienzo blanco en que se mete la almohada de la cama. ‖ *Arq.* Almohadilla de un sillar. ‖ *Fig.* y *fam. Aconsejarse* o *consultar con la almohada*, meditar con el tiempo necesario algún negocio.
almohadazo m. Golpe dado con la almohada.
almohade adj. y s. Perteneciente o secuaz de una dinastía beréber que destronó a los almorávides en Andalucía y África del Norte (1147 a 1269). (Los *almohades* fueron derrotados en las Navas de Tolosa en 1212.)
almohadilla f. Cojincillo que sirve para varios usos. ‖ *Arq.* Resalto en la cara visible de un sillar. ‖ Parte lateral de la voluta del capitel jónico. ‖ Tampón de los sellos de escritorio.
almohadillado, da adj. *Arq.* Que tiene almohadillas. ‖ Relleno, acolchado.
almohadillar v. t. *Arq.* Labrar los sillares de modo que tengan almohadilla. ‖ Acolchar, rellenar.
almohadón m. Colchoncillo, almohada grande para sentarse. ‖ *Arq.* Primera piedra de un arco sentada sobre el machón.
almohatre m. Sal amoniaco.
almohaza f. Instrumento de hierro a modo de raedera que sirve para limpiar las caballerías.
almohazar v. t. Estregar con almohaza: *almohazar una caballería para limpiarla.*
almojarifazgo m. Derecho que se pagaba por las mercaderías que entraban o salían del reino. ‖ Oficio y jurisdicción del almojarife.
almojarife m. Oficial encargado de cobrar el almojarifazgo y los derechos del rey.
Almonacid de Zorita, pobl. de España (Guadalajara). Central nuclear.
almoneda f. Venta pública de bienes muebles con licitación y puja. ‖ Venta de objetos a bajo precio.
Almonte, v. del SO. de España (Huelva). Vinos.
Almonte (Juan Nepomuceno), general y político mexicano (1803-1869), partidario del emperador Maximiliano I.
almorávide adj. y s. Individuo de una tribu guerrera del Atlas que impuso su dominio en el S. de España de 1055 a 1147. (Los *almorávides* fueron vencidos por los almohades.)
almorranas f. pl. Varices de las venas del ano, hemorroides.
almorraniento, ta adj. y s. Aplícase a la persona que padece almorranas.
almorta f. Planta leguminosa cuyas simientes tienen forma de muela.
* **almorzar** v. i. Tomar el almuerzo: *almorzar temprano.* ‖ — V. t. Comer a mediodía una u otra cosa: *almorzó una paella a la valenciana.*
almotacén m. Encargado de contrastar las pesas y medidas. ‖ Su oficina.
almotacenazgo m. Oficina de almotacén. ‖ Oficio de almotacén.
Almotamid. V. ABAD III.
almud m. Medida de áridos que en algunas partes correspondía a un celemín.
almuédano y **almuecín** m. Musulmán que, desde el alminar, llama al pueblo a la oración.
almuerzo m. Comida que se toma hacia el mediodía. ‖ En algunas regiones, desayuno.
Almuñécar, v. de España (Granada), a orillas del Mediterráneo. Caña de azúcar. Balneario.
alnado, da m. y f. Hijastro.
¡alo! o **¡aló!** interj. (ingl. *allo*). En algunas partes, *¡oiga!*
alocado, da adj. Que tiene cosas de loco, o parece loco. ‖ Poco juicioso: *decisión alocada.*
alocar v. t. Volver loco.
alocución f. Discurso.
alodial adj. *For.* Libre de toda carga y derecho señorial: *bienes alodiales.*
alodio m. Heredad o patrimonio alodial.
áloe m. Planta liliácea, con hojas largas y carnosas, de las que se extrae un jugo muy amargo usado en medicina. ‖ Su jugo.
alógeno, a adj. y s. De diferente raza: *los pueblos alógenos.*
alojamiento m. Acción y efecto de alojar o alojarse: *alojamiento de los congresistas.* ‖ Lugar donde se está alojado.
alojar v. t. Aposentar: *alojar un viajero.* ‖ Dar alojamiento a la tropa. ‖ Colocar una cosa dentro de otra. ‖ — V. pr. Situarse las tropas en algún punto: *alojarse en los pueblos de etapa.*
alomado, da adj. De lomo arqueado: *caballería alomada.* ‖ Que forma lomo: *caballete alomado.*
alomar v. t. *Agr.* Arar por lomos. ‖ — V. pr. Fortificarse el caballo.
Alomar (Gabriel), escritor y político español (1873-1941).
alón m. Ala entera de ave.
alondra f. Pájaro de color pardo, de carne delicada.
Alonso (Amado), filólogo y profesor español (1896-1952). ‖ **~** (CARLOS), pintor neofigurativo argentino, n. en 1929. ‖ **~** (DÁMASO), poeta, filólogo y escritor español, n. en 1898. ‖ **~ Barba** (ÁLVARO), escritor, mineralogista y sacerdote español (1569-1661), autor del libro *Arte de los metales.* Inventó un procedimiento para beneficiar la plata. ‖ **~ Martínez** (MANUEL), jurisconsulto y político español (1827-1891). ‖ **~ y Trelles** (JOSÉ), poeta uruguayo n. en España (1857-1924), cultivó el género gauchesco. Utilizaba el seudónimo de *El Viejo Pancho.*
Alonso de Ibáñez, prov. de Bolivia (Potosí); cap. *Sacaca.*
alópata adj. y s. *Med.* Que profesa la alopatía: *médico alópata.*
alopatía f. *Med.* Sistema terapéutico por antídotos, opuesto a la homeopatía.
alopático, ca adj. *Med.* Relativo a la alopatía o a los alópatas.
alopecia f. Caída o pérdida del pelo por enfermedad.
alotropía f. *Quím.* Diferencia que, en su aspecto, textura u otras propiedades, puede presentar a veces un mismo cuerpo, como el azúcar cande y el cristalizado.
alotrópico, ca adj. Relativo a la alotropía.
alpaca f. Rumiante de América, cubierto de pelo largo, fino y rojizo: *la alpaca se emplea como bestia de carga y su carne es comestible.* ‖ Pelo de este animal. ‖ Tela hecha del pelo de este animal, o tejido abrillantado y fino empleado en la confección de trajes de verano. ‖ *Min.* Aleación de cobre, cinc y níquel, llamada también *metal blanco.*
alpañata f. Cordobán con que el alfarero alisa las vasijas antes de cocerlas.
alpargata f. Calzado de cáñamo o lona en forma de sandalia y con suela de soga o goma.
alpargatería f. Taller, tienda de alpargatero.
alpargatero, ra m. y f. Persona que hace o vende alpargatas.
alpax m. Aleación de aluminio y silicio.
alpechín m. Líquido oscuro y fétido que sale de las aceitunas apiladas.
alpechinera f. Tinaja o pozo donde se recoge el alpechín.
Alpes, sistema montañoso de Europa que se extiende desde el Mediterráneo hasta las proximidades de Viena (1 200 km). Es el más elevado de Europa, y su punto

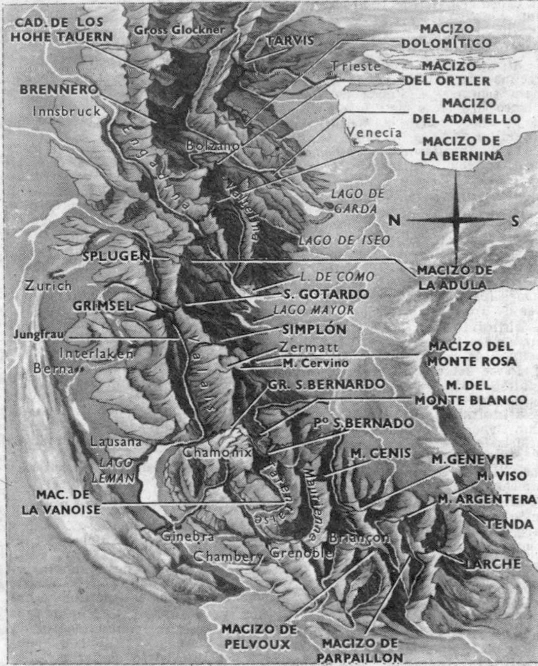

ALPES

culminante es el Monte Blanco (4 807 m). Otros picos elevados son el San Gotardo (4 275 m) y el Simplón (2 209 m). Los Alpes son franqueables por varios puntos, gracias a valles profundos y túneles, como los de San Gotardo, Simplón y Monte Blanco. || **~-de-Haute-Provence,** antes *Basses-Alpes*, dep. francés; cap. *Digne.* || **~ Dináricos** o **Dalmáticos** o **Ilíricos,** nudo montañoso de Yugoslavia (Bosnia y Herzegovina), paralelo a la costa del Adriático. || **~-Maritimes,** dep. francés, cap. *Niza.* || **~ (Hautes-).** V. HAUTES-ALPES.

alpestre adj. De los Alpes, alpino: *paisaje, flora alpestre.* || *Fig.* Montañoso, silvestre. || *Bot.* Dícese de las plantas que viven a gran altitud.

alpinismo m. Deporte que consiste en la ascensión a altas montañas.

alpinista com. Persona aficionada al alpinismo.

alpino, na adj. De los Alpes: *cordillera, flora alpina.* || Relativo al alpinismo: *deportes alpinos.*

alpiste m. Planta gramínea cuya semilla se da a los pájaros. || *Pop.* Vino o aguardiente.

alpistelado, da adj. *Pop.* Achispado.

Alpujarras (Las), región montañosa de España, al S. de Sierra Nevada (Granada y Almería). Centro de sublevaciones moriscas (1568-1571).

alpujarreño, ña adj. y s. De Las Alpujarras.

alquequenje m. Planta de fruto parecido a la cereza.

alquería f. Casa de campo para la labranza. || Conjunto de casas de labranza.

alquerque m. En los molinos de aceite, espacio donde se desmenuza la parte de orujo que resulta de la primera presión.

alquibla f. Punto del horizonte hacia donde los musulmanes dirigen la vista al rezar.

alquilable adj. Que se puede alquilar.

alquilador, ra m. y f. Persona que alquila: *alquilador de coches.* || Persona que toma en alquiler.

alquilar v. t. Dar o tomar alguna cosa por tiempo determinado: *alquilar una casa.* || — V. pr. Ponerse a servir uno a otro por cierto estipendio.

alquiler m. Acción de alquilar. || Precio en que se alquila alguna cosa. || *De alquiler,* para alquilar: *coche de alquiler.*

alquimia f. Arte quimérico de la transmutación de los metales.
— La *alquimia* intentó en vano durante la Edad Media descubrir la piedra filosofal para obtener oro, la panacea universal y el elixir de larga vida, pero dio nacimiento a la química.

alquímico, ca adj. Relativo a la alquimia.

alquimista adj. y s. El que profesaba la alquimia.

alquitara f. Alambique.

alquitarar v. t. Destilar. || *Fig.* Sutilizar excesivamente, alambicar: *estilo alquitarado.*

alquitrán m. Sustancia resinosa de olor fuerte y sabor amargo, residuo de la destilación de la leña de pino, de la hulla, de la turba, de los lignitos y otros combustibles.

alquitranado m. *Mar.* Lienzo impregnado de alquitrán. || Acción de alquitranar.

alquitranar v. t. Dar de alquitrán: *alquitranar maderos.*

alrededor adv. Denota la situación de personas o cosas que circundan a otras: *está alrededor suyo.* || Cerca, sobre poco más o menos: *alrededor de cien pesetas.* || — M. pl. Contornos: los *alrededores de Buenos Aires.*

Alsacia, región del E. de Francia, ant. prov. Forma actualmente los dep. de Haut-Rhin y Bas-Rhin. || **~ y Lorena,** traducción de *Elssas-Lothringen,* n. dadó por los alemanes a parte de las ant. prov. francesas de Alsacia y de Lorena segregadas de Francia de 1871 a 1918 y de 1940 a 1944.

alsaciano, na adj. y s. De Alsacia. || — M. Dialecto germánico hablado en Alsacia.

Alsina (Valentín), jurisconsulto y político argentino (1802-1869). Redactó el Código Penal.

álsine f. Planta cariofilácea.

alta f. En los hospitales, orden que se comunica a un enfermo a quien se da por sano. || Documento que acredita la entrada en servicio activo de un militar. || Entrada de una persona en un cuerpo, profesión, etc. || Declaración que hace el contribuyente que se dedica a una profesión sujeta a impuesto. || — *Dar de alta,* tomar nota del ingreso de un militar a su cuerpo. || *Dar de alta* o *el alta,* declarar curado al enfermo. || *Mil. Ser alta,* ingresar en un cuerpo.

Alta || **~ Gracia,** pobl. de la Argentina (Córdoba); al pie de la Sierra Grande; cap. del dep. de Santa María. || **~ Verapaz,** dep. de Guatemala; cap. *Cobán.* Café.

Altagracia (La), ant. prov. de la Rep. Dominicana, hoy *La Romana.* || **~ de Orituco,** mun. de Venezuela (Guárico). Carbón.

Altai, macizo montañoso de Asia Central, entre Siberia y Mongolia; 4 500 m. Oro, hierro.

altaico, ca adj. Aplícase a la raza originaria, según se supone, de los montes Altai.

Altamira, cuevas prehistóricas de España, cerca de Santillana del Mar (Santander), que encierran interesantes pinturas rupestres.

Altamira (Rafael), historiador español (1866-1951).

Altamirano (Ignacio Manuel), escritor mexicano (1834-1893, autor de poesías (*Rimas*) y novelas (*Clemencia, El Zarco*).

altanería f. Caza con halcón. || *Fig.* Altivez, soberbia.

altanero, ra adj. Aplícase al halcón y a otras aves de alto vuelo. || *Fig.* Altivo, soberbio.

altar m. Ara o piedra destinada para ofrecer el sacrificio. || *Min.* Piedra que separa la plaza del hogar en los hornos de reverbero. || — *Altar mayor,* el principal. || *Fig.* y *fam. Conducir* o *llevar al altar a una mujer,* contraer matrimonio con ella.

Altar o **Cápac Urcu,** volcán del Ecuador (Chimborazo); 5 320 m.

altaverapacense adj. y s. De Alta Verapaz (Guatemala).

altavoz m. Aparato que transforma las oscilaciones eléctricas en ondas sonoras y eleva la intensidad del sonido.

Altazor, poema de V. Huidobro.

Altdorf, c. de Suiza, cap. del cantón de Uri.

altea f. Malvavisco.

Altea, pobl. en el E. de España (Alicante). Puerto pesquero. Estación estival.

alterabilidad f. Calidad de alterable.

alterable adj. Que puede alterarse.

alteración f. Acción de alterar o alterarse, modificación. || Sobresalto, inquietud. || Alboroto, motín. || Altercado, pelea. || Desarreglo: *alteración del pulso.*

alteradizo, za adj. Alterable.

alterado, da adj. Que ha mudado de forma: *aspecto alterado.* || *Fig.* Perturbado, inquieto. || Modificado. || Desarreglado.

alterador, ra adj. y s. m. Que altera.

alterar v. t. Cambiar la esencia o forma de una cosa (ú. t. c. pr.). || Perturbar, trastornar, inquietar (ú. t. c. pr.).

alterativo, va adj. Que puede alterar.

altercación f. y **altercado** m. Disputa, contienda.

altercador, ra adj. y s. Que alterca: *hombre altercador.* || Propenso a altercar.

altercante adj. Que alterca o discute.

altercar v. i. Disputar, contender, porfiar.

alternación f. Acción y efecto de alternar.

alternador adj. Que alterna. ‖ — M. *Electr.* Máquina generadora de corriente alterna por oposición a la dinamo: *alternador de inducido móvil, de una central térmica.*

alternante adj. Que alterna.

alternar v. t. Repetir con más o menos regularidad cosas diferentes: *alternar el trabajo con el descanso.* ‖ Distribuir por turno: *alternar los equipos de trabajadores.* ‖ — V. i. Sucederse unas cosas a otras repetidamente: *la noche alterna con el día.* ‖ Tener trato amistoso las personas entre sí: *alternar con gente de importancia.*

alternativa f. Acción o derecho de alternar. ‖ Opción entre dos cosas: *encontrarse ante la alternativa de inclinarse o dejar el empleo.* ‖ Sucesión de cosas que alternan: *alternativas de calor y frío.* ‖ *Taurom.* Autorización que el matador de cartel da al novillero para que alterne con él como espada.

alternativo, va adj. Que se dice, hace o sucede con alternación. ‖ *Cultivo alternativo,* aquel en que se alternan varios cultivos en un terreno.

alterno, na, adj. Alternativo. ‖ Que sucede cada dos días: *clase alterna.* ‖ *Geom.* Dícese de dos rectas paralelas cuando están cortadas por una tercera y de los ángulos situados a ambos lados de la secante. ‖ — *Ángulos alternos externos,* los situados fuera de las paralelas y a ambos lados de la secante. ‖ *Ángulos alternos internos,* los situados dentro de las paralelas, pero de diferente lado de la secante. (Los *ángulos alternos externos* son iguales entre sí, lo mismo que los *ángulos alternos internos.*) ‖ *Corriente alterna,* la eléctrica que recorre un circuito ya en un sentido ya en otro. ‖ *Hojas, flores alternas,* las hojas o flores colocadas de cada lado del tallo, pero no enfrente unas de otras.

alteza f. Altura. ‖ *Fig.* Elevación, sublimidad, excelencia: *alteza de sentimientos.* ‖ Tratamiento honorífico que se da a los príncipes: *su alteza real.*

Althaus (Clemente), poeta peruano (1835-1881), de tono pesimista.

altibajo m. Terciopelo labrado antiguo. ‖ *Esgr.* Golpe derecho dado con la espada de alto a bajo. ‖ — Pl. *Fam.* Desigualdades o altos y bajos de un terreno: *terreno con muchos altibajos.* ‖ *Fig.* y *fam.* Alternativa de bienes y males o de sucesos prósperos y adversos: *los altibajos de la historia de un pueblo.*

altillo m. Cerrillo.

altimetría f. Parte de la topografía que enseña a medir las alturas.

altímetro, tra adj. Relativo a la altimetría. ‖ — M. Especie de barómetro muy sensible para medir alturas.

altiplanicie f. y **altiplano** m. *Amer.* Meseta de mucha extensión y gran altitud.

Altiplano, región de los Andes, principalmente de Bolivia, comprendida entre las cord. Oriental y Occidental.

altísimo, ma adj. Muy alto. ‖ *El Altísimo,* Dios.

altisonancia f. Calidad de altisonante.

altisonante y **altísono, na** adj. Altamente sonoro: *lenguaje, estilo altisonante.*

altitonante adj. Que truena de lo alto: *Júpiter altitonante.*

altitud f. Altura. ‖ *Geogr.* Altura de un punto de la Tierra con relación al nivel del mar: *la altitud de una montaña.*

altivez f. Soberbia: *hablar con altivez.*

altivo, va adj. Orgulloso, soberbio: *carácter altivo.*

alto, ta adj. Levantado, elevado sobre la tierra: *árbol alto, casa alta.* ‖ De altura considerable: *alta montaña.* ‖ De gran estatura: *un joven muy alto.* ‖ Sonoro, ruidoso: *en alta voz.* ‖ *Fig.* Excelente: *tener en alta estima el arte de Goya.* ‖ Crecido: *el río viene muy alto.* ‖ Alborotado: *la mar está muy alta.* ‖ De gran dignidad o representación: *persona de alta estirpe.* ‖ Arduo, difícil. ‖ Superior: *altos estudios de matemáticas.* ‖ Gravísimo: *alta traición.* ‖ Caro, subido: *precio muy alto.* ‖ Fuerte, que se oye a gran distancia. ‖ Avanzado: *bien alta la noche.* ‖ — M. Altura: *esta mesa es de metro y medio de alto.* ‖ Sitio elevado: *los altos de la sierra.* ‖ Piso o suelo de una casa además del piso bajo. ‖ *Geogr.* Parte en que un río está cerca de su nacimiento: *el Alto Amazonas.* ‖ Parte de un país más distante del mar: *el Alto Perú.* ‖ *Mil.* Parada de la tropa que va marchando: *hacer alto.* ‖ *Mús.* Voz de contralto. ‖ — Adv. Arriba: *poner el pabellón muy alto.* ‖ En voz fuerte o que suene bastante: *hablar alto.* ‖ — *Pasar por alto,* omitir una cosa, callarla. ‖ *Por todo lo alto,* muy bien. ‖ — Interj. Voz para detener a uno.

Alto ‖ **~ Amazonas,** prov. del Perú (Loreto); cap. *Yurimaguas.* ‖ **~ Blanco,** cerro de la Argentina; 5 800 m. ‖ **~ del Buey,** cima de Colombia (Chocó); 1 810 m. ‖ **~ Paraná,** dep. del SE. del Paraguay; cap. *Hernandarias.* ‖ **~ Perú,** n. ant. de *Bolivia.*

Alto Volta, república de África Occidental; 274 122 Km_2; 5 054 000 h. *(voltenses).* Cap. *Uagadugú,* 63 000 h. C. pr.: *Bobo Diulasso,* 45 000 h.; *Kudugu, Uahiguya.*

Altolaguirre (Manuel), poeta español (1905-1959).

Altona, barrio de Hamburgo.

altoparlante m. *Amer.* Altavoz: *oíase el altoparlante.*

altozano m. Monte de poca altura en terreno llano. ‖ Sitio más elevado de una población.

altramuz m. Planta papilionácea de semilla comestible.

altruismo m. Amor desinteresado al prójimo.

altruista adj. y s. Que tiene la virtud del altruismo.

altura f. Elevación de cualquier cuerpo sobre la superficie de la tierra: *volar a gran altura.* ‖ Dimensión de un objeto desde la base hasta el vértice: *la altura de un triángulo.* ‖ Cumbre de los montes, collados o parajes altos del campo: *las nevadas alturas de los Andes.* ‖ Altitud con relación al nivel del mar: *La Paz está a 3 400 metros de altura.* ‖ Nivel: *estar dos objetos a la misma altura.* ‖ *Fig.* Alteza, excelencia. | Mérito, valor. | Posición, dignidad. ‖ — Pl. Cielo: *Dios de las alturas.* ‖ — *Fig. A estas alturas,* en este punto, ahora. ‖ *A la altura de,* al grado de perfección de, parecido a. ‖ *Altura del barómetro,* longitud de la columna de mercurio encima de la cubeta. ‖ *Altura del polo,* elevación del polo celeste sobre el horizonte. ‖ *Altura de un astro,* ángulo que hace con el horizonte la visual dirigida a dicho astro. ‖ *Altura de un paralelogramo,* distancia que separa las dos bases paralelas. ‖ *Altura de un prisma,* distancia que separa sus dos bases. ‖ *Altura de un triángulo,* la perpendicular bajada desde un vértice hasta la base correspondiente. ‖ *Barco de altura,* el de alta mar.

Altyn Tach, cord. de China en el borde septentrional del Tíbet; 7 300 m.

alubia f. Judía.

alucinación f. Acción de alucinar o alucinarse. ‖ Sensación subjetiva que no va precedida de impresión en los sentidos.

alucinado, da adj. y s. Que tiene alucinaciones constantemente.

alucinador, ra adj. y s. Que alucina.

alucinamiento m. Alucinación.

alucinante adj. Que alucina. ‖ *Por ext.* Extraordinario.

alucinar v. t. Producir alucinación. ‖ *Fig.* Ofuscar, seducir o engañar con arte.

alucinatorio, ria adj. De la alucinación.

alucinógeno, na adj. Dícese de algunas sustancias o de algunos estados patológicos que provocan alucinaciones (ú. t. c. s. m.).

alud m. Masa considerable de nieve que se desprende de los montes con violencia y estrépito. ‖ *Fig.* Lo que se desborda y precipita impetuosamente.

aluda f. Hormiga con alas.

aludido, da adj. Que ha sido objeto de una alusión.

aludir v. i. Referirse a una persona o cosa, sin nombrarla, o sin expresar que se habla de ella.

alumbrado, da adj. Que tiene mezcla de alumbre. ‖ *Fam.* Achispado. ‖ — M. Hereje de una secta nacida en España en el s. XVI. (Los *alumbrados* consideraban que bastaba la oración para llegar a un estado perfecto.) ‖ Conjunto de luces que alumbran algún pueblo o sitio. ‖ Acción de bañar en alumbre.

alumbrador, ra adj. y s. Que alumbra.

alumbramiento m. Acción y efecto de alumbrar. ‖ Parto.

alumbrar v. t. Llenar de luz y claridad: *el Sol alumbra a la Tierra.* Ú. t. c. i.: *esta lámpara alumbra bien.* ‖ Poner luz en algún lugar: *alumbrar las calles de la ciudad.* ‖ Acompañar con luz a otro. ‖ Dar vista al ciego. ‖ Disipar la oscuridad y el error. ‖ *Fig.* Enseñar, ilustrar. ‖ Empapar en una disolución de alumbre: *alumbrar las telas.* ‖ — V. i. Parir la mujer: *alumbró un hermoso varón.*

alumbre m. Sulfato doble de alúmina y potasa, sal blanca y astringente.

alúmina f. *Quím.* Óxido de aluminio que, con colores distintos, forma varias piedras preciosas (rubí, zafiro, esmeralda, etc.).

aluminato m. *Quím.* Sal resultante de la combinación de la alúmina con un óxido metálico.

Aluminé, lago y río del E. de la Argentina (Neuquen).

aluminio m. Metal (Al) de color y brillo parecidos a los de la plata, muy sonoro, tenaz, ligero. (El *aluminio* se obtiene por electrólisis de la alúmina extraída de la bauxita.)

aluminita f. Roca de que se extrae el alumbre. ‖ Variedad de porcelana.

aluminotermia f. Obtención de temperaturas elevadas por reducción del aluminio en polvo sobre diversos óxidos metálicos. (Esta reacción se utiliza para soldar el acero y en las bombas incendiarias.)

alumnado m. Conjunto de alumnos.

alumno, na m. y f. Discípulo.

alunarado, da adj. Con lunares.

alunífero, ra adj. Que contiene alumbre: *esquisto alunífero.*

alunita f. Mineral formado de alúmina y potasa.

alunizaje m. *Neol.* Acción de alunizar.

alunizar v. i. *Neol.* Posarse un aparato astronáutico en la superficie de la Luna.

alusión f. Acción de aludir. ‖ *Ret.* Figura que consiste en aludir a una persona o cosa. ‖ *Hacer alusión,* aludir a.

alusivo, va adj. Que alude.

aluvial adj. De aluvión: *terreno, depósito aluvial.*

aluvión m. Avenida fuerte de agua, inundación. ‖ Depósito arcilloso o arenoso que queda después de retirarse las aguas. ‖ *Fam. Un aluvión de improperios,* un torrente de injurias. ‖ Barb. por *lluvia* y *diluvio.*

Alvarado, laguna de Honduras (Cortés). — Laguna de México (Veracruz). — C. y puerto de México (Veracruz). Pesca.

Alvarado (Pedro de), conquistador español, n. en Badajoz (1486-1541), lugarteniente de Cortés en México. Sus severas medidas obligaron a la retirada española de la Noche Triste (1520). Nombrado capitán general de Guatemala, exploró El Salvador y organizó una expedición al Perú. — Sus hermanos: ALONSO, m. en 1552, fue capitán general del Plata, y DIEGO fundó la c. de San Salvador.

Alvarenga Peixoto (Ignacio José de), sonetista brasileño (1744-1793).

Álvarez (José Sixto), escritor costumbrista argentino (1858-1903), que usó el seudónimo de *Fray Mocho;* autor de cuentos. ~ ‖ (JUAN), general mexicano de la guerra de la Independencia (1790-1864). Se sublevó contra Santa Anna (1854). ‖ ~ (MIGUEL DE LOS SANTOS), escritor y diplomático español (1818-1892). ‖ ~ **Cabral** (PEDRO), navegante portugués, n. en Belmonte (¿1460-1518?). Llegó a las costas del Brasil (1500), descubrió el Monte Pascual (en el hoy Estado de Bahía), y lo tomó en nombre del rey de Portugal. Siguió luego su viaje hasta la India. ‖ ~ **de Arenales.** V. ARENALES. ‖ ~ **de Castro** (MARIANO), general español de la guerra de la Independencia (1749-1810). Defensor de Gerona. ‖ ~ **de Cienfuegos** (NICASIO), poeta prerromántico español (1764-1809). ‖ ~ **de Toledo** (FERNANDO). V. ALBA *(Duque de)*. ‖ ~ **de Toledo** (HERNANDO), poeta y conquistador español del s. XVI, autor de *Purén indómito.* ‖ ~ **de Villasandino** (ALONSO), poeta español (¿1345-1424?). Sus poesías figuran en el *Cancionero de Baena.* ‖ ~ **Lleras** (ANTONIO), novelista y dramaturgo colombiano (1892-1956). ‖ ~ **Quintero** (SERAFÍN) [1871-1938] y su hermano JOAQUÍN (1873-1944), comediógrafos españoles, n. en Sevilla, figuras sobresalientes del teatro costumbrista contemporáneo *(Amores y amoríos, La reja, Puebla de las mujeres, Malvaloca, Las de Caín, Mariquilla Terremoto, Doña Clarines,* etc.). ‖ ~ **Thomas** (IGNACIO), militar y político argentino, n. en el Perú (1787-1857), Director Supremo de las Provincias Unidas del Río de la Plata en 1815.

Alvear, cadena montañosa del S. de la Argentina (Tierra del Fuego).

Alvear (Carlos de), general y político argentino, n. en Misiones (1789-1853), pres. de la Asamblea Constituyente de 1813. Tras conquistar Montevideo, en 1815 fue Director Supremo de las Provincias Unidas. En 1827 derrotó a los brasileños en Ituzaingó. ‖ ~ (MARCELO TORCUATO DE), político y diplomático argentino (1868-1942), pres. de la Rep. de 1922 a 1928.

álveo m. Madre del río o arroyo.

alveolado, da adj. Alveolar.

alveolar adj. *Zool.* Relativo o semejante a los alveolos: *nervios, receptáculos alveolares.* ‖ En forma de panal. ‖ *Gram.* Dícese del sonido o letra pronunciados al aplicar la lengua a los alveolos de los incisivos superiores.

alveolo o **alvéolo** m. Celdilla: *los alveolos de un panal.* ‖ *Zool.* Cavidad en que están engastados los dientes.

Alves de Lima e Silva (Luis). V. CAXIAS *(Duque de)*.

alza f. Aumento de precio. ‖ Regla graduada fija en la parte posterior del cañón de las armas de fuego, que sirve para precisar la puntería. ‖ *Impr.* Pedazo de papel que se pega sobre el tímpano de la prensa para igualar la impresión. ‖ — *En alza,* en aumento. ‖ *Jugar al alza,* especular en la Bolsa previendo la elevación de las cotizaciones.

alzacuello m. Prenda del traje eclesiástico, especie de corbatín.

alzada f. Estatura del caballo hasta la cruz. ‖ *For.* Apelación: *juez de alzadas.*

alzado, da adj. Aplícase al comerciante que quiebra fraudulentamente. ‖ Dícese del ajuste o precio que se fija en determinada cantidad: *trabajar por un precio alzado.* ‖ — M. Acción de alzar. ‖ *Arq.* Diseño de un edificio, máquina o aparato en su proyección geométrica y vertical. ‖ *Mar.* Altura: *buque de mucho alzado.*

alzador m. *Impr.* Sala donde se alzan los pliegos impresos. ‖ Operario encargado de esta operación.

Alzaga (Martín de), político argentino (1756-1812), alcalde de Buenos Aires cuando las invasiones inglesas (1806-1807). M. fusilado.

alzamiento m. Acción y efecto de alzar o alzarse. ‖ Puja que se hace en un remate. ‖ Levantamiento o rebelión. ‖ Quiebra fraudulenta.

alzapaño m. Gancho en la pared para recoger la cortina hacia los lados.

alzaprima f. Palanca. ‖ Cuña de madera o metal que sirve para alzar.

alzaprimar v. t. Levantar alguna cosa con el alzaprima. ‖ *Fig.* Incitar, avivar.

alzar v. t. Mover de abajo arriba una cosa: *alzar el brazo.* ‖ En la misa, elevar la hostia y el cáliz después de la consagración. ‖ Quitar o recoger una cosa. ‖ Retirar la cosecha. ‖ Levantar la voz. ‖ *Impr.* Poner en rueda todas las jornadas de una impresión, y sacar los pliegos uno a uno para ordenarlos. ‖ — *Alzar cabeza,* restablecerse. ‖ *Alzar el tiempo,* quitarse las nubes. ‖ — V. pr. Levantarse. ‖ Huir con una cosa: *se alzó con el santo y la limosna.* ‖ Quebrar fraudulentamente. ‖ Sublevarse: *alzarse en armas.* ‖ Apelar.

allá adv. En aquel lugar. (Indica lugar alejado del que habla.) ‖ En otro tiempo. (Se refiere al tiempo remoto o pasado.) ‖ — *Allá arriba,* en el cielo. ‖ *Fam. Allá él; allá ella,* no me importa. ‖ *Allá se las componga,* que se arregle como pueda. ‖ *Allá se va,* es lo mismo. ‖ *El más allá,* lo sucesivo, ultratumba. ‖ *No ser muy allá,* no ser muy bueno.

Allahabad, c. del N. de la India (Uttar Pradesh).

allanador, ra adj. y s. Que allana.

allanamiento m. Acción y efecto de allanar o allanarse. ‖ *For.* Acto de sujetarse a la decisión judicial. ‖ *Allanamiento de morada,* violación de domicilio.

allanar v. t. Poner llano o igual. ‖ *Fig.* Vencer alguna dificultad: *allanar los obstáculos.* ‖ Permitir a los ministros de la justicia que entren en alguna iglesia u otro edificio. ‖ Entrar por la fuerza en casa ajena y recorrerla contra la voluntad de su dueño: *allanar el domicilio del denunciado.* ‖ — V. pr. Sujetarse a alguna cosa, rendirse: *allanarse ante una exigencia.*

allegado, da adj. Cercano, próximo. ‖ — Adj. y s. Pariente: *llegaron él y sus allegados.* ‖ Parcial, que sigue el partido de otro.

allegar v. t. Recoger, juntar: *allegar la parva trillada.* ‖ Arrimar o acercar una cosa a otra: *allegar una silla.* ‖ Añadir. ‖ — V. i. Llegar. ‖ — V. pr. Adherirse: *allegarse a un dictamen.*

Alleghanys, parte NO. del macizo de los Apalaches (Estados Unidos). — Río del NE. de Estados Unidos (Pensilvania), afl. del Ohio.

allende adv. De la parte de allá: *allende los mares.* ‖ Además.

Allende (Humberto), compositor chileno (1885-1959). ‖ ~ (IGNACIO), militar y patriota mexicano (1779-1811), principal animador, con Hidalgo, del movimiento de Independencia. M. fusilado. ‖ ~ (SALVADOR), político socialista chileno (1908-1973). Elegido pres. de la Rep. en 1970. Llevó a cabo un programa de nacionalizaciones. Una Junta Militar se alzó contra su gobierno y dejó su vida antes que someterse a ella.

Allentown, c. del NE. de Estados Unidos (Pensilvania).

Aller, río de Alemania, afl. derecha del Wesser; 256 km.

allí adv. En aquel lugar o sitio. ‖ A aquel lugar. ‖ Entonces.

Allier, dep. del centro de Francia, cap. *Moulins.*

a. m., abrev. de *ante meridiem,* antes de mediodía.

Am, símbolo del *americio.*

ama f. Dueña de la casa o de alguna cosa. ‖ Señora, respecto de sus criados. ‖ Criada de un clérigo. ‖ — *Ama de llaves* o *de gobierno,* criada principal encargada de las llaves y economía de la casa. ‖ *Ama de cría* o *de leche,* mujer que cría a sus pechos a una criatura ajena. ‖ *Ama seca,* niñera.

amabilidad f. Calidad de amable: *hablar, tratar con amabilidad.*

amable adj. Digno de ser amado. ‖ Afectuoso, afable, cariñoso.

Amacuro, río del NE. del continente sudamericano, fronterizo entre Venezuela y Guyana; 180 km. ‖ ~ **(Delta),** territ. del NO. de Venezuela; cap. *Tucupita.*

amacureño, ña adj. y s. De Delta Amacuro (Venezuela).

amachetear v. t. Dar machetazos.

amadamarse v. pr. Tornarse afeminado.

Amadeo de Saboya, príncipe italiano (1845-1890), duque de Aosta y rey de España en 1871. Abdicó en 1873.

Amadís de Gaula, novela de caballerías del s. XV, atribuida a Garci Ordóñez de Montalvo.

amado, da m. y f. Persona amada.

Amado (Jorge), novelista brasileño, n. en 1912.

amador, ra adj. y s. Que ama.

Amador ‖ ~ **de los Ríos** (JOSÉ), historiador y erudito español (1818-1878). ‖ ~ **Guerrero** (MANUEL), político y médico panameño (1833-1909), artífice de la separación de Panamá de Colombia (1903) y primer pres. de la Rep. de 1904 a 1908.

amadrinamiento m. Acción y efecto de amadrinar.

amadrinar v. t. Unir dos caballerías con la correa llamada madrina. ‖ *Fig.* Apadrinar. ‖ *Mar.* Unir dos cosas.

amaestrado, da adj. Adiestrado.

amaestrador, ra adj. y s. Que amaestra.

amaestramiento m. Acción y efecto de amaestrar o amaestrarse.

amaestrar v. t. Enseñar o adiestrar: *amaestrar en el uso de una máquina, amaestrar un animal* (ú. t. c. pr.).

amagar v. t. Dejar ver la intención de ejecutar algo. ‖ Amenazar, hacer ademán de. ‖ — V. i. Próximo a suceder: *amagar mal tiempo.* ‖ Empezar a manifestarse una enfermedad: *amagar la calentura.* ‖ — V. pr. *Fam.* Ocultarse, esconderse: *amagarse la Luna.*

Amagasaki, c. del Japón (Honshu) en la bahía de Osaka. Centro industrial.

amago m. Amenaza. ‖ Señal, indicio: *un amago de terciana.*

amainar v. t. *Mar.* Recoger las velas de una embarcación para que no camine tanto. ‖ — V. i. Aflojar, perder fuerza el viento: *amaina el temporal.* ‖ *Fig.* Aflojar o ceder en algún deseo, empeño o pasión: *amainar en sus pretensiones.*

amaine m. Acción y efecto de amainar.

amaitinar v. t. Acechar.

Amalarico, rey hispanovisigodo (511-531) cuyos dominios se extendieron hasta Septimania.

Amalasunta, hija de Teodorico el Grande, rey de los ostrogodos. M. ahorcada en 535.

amalecita adj. y s. Individuo de un ant. pueblo de Arabia, enemigo de los judíos en tiempos de Saúl y David.

Amalfi, c. y puerto del S. de Italia (Campania), en el golfo de Salerno. Catedral románica.

amalgama f. *Quím.* Aleación de mercurio con otro metal: *amalgama de oro.* ‖ *Fig.* Unión de cosas de naturaleza distinta: *amalgama de colores.*

amalgamación f. *Quím.* Acción y efecto de amalgamar o amalgamarse.

amalgamador, ra adj. y s. Que amalgama.

amalgamamiento m. *Quím.* Amalgamación.

amalgamar v. t. *Quím.* Combinar el mercurio con otro u otros metales: *amalgamar oro.* ‖ *Fig.* Unir o mezclar cosas diferentes (ú. t. c. pr.).

Amalia, novela del argentino José Mármol (1851).

amamantamiento m. Acción y efecto de amamantar.

amamantar v. t. Dar de mamar: *amamantar a sus hijos.*

Amambay, sierra del N. del Paraguay que señala el límite con el Brasil. — Dep. del Paraguay; cap. *Pedro Juan Caballero.*

amambayense adj. y s. De Amambay (Paraguay).

amán m. Voz con que el moro pide paz y perdón.

amancebamiento m. Vida en común del hombre y mujer no casados.

amancebarse v. pr. Vivir juntos hombre y mujer sin estar casados.

*** amanecer** v. i. Empezar a clarear el día. ‖ Llegar a un lugar al rayar el día: *amanecer en Sevilla.* ‖ Aparecer algo al amanecer: *amaneció nevando.* ‖ *Fig.* Empezar a manifestarse una cosa.

amanecer m. y **amanecida** f. Tiempo durante el cual amanece: *el amanecer de un día de mayo.* ‖ *Al amanecer,* a la aurora.

amanerado, da adj. Que adolece de amaneramiento.

amaneramiento m. Acción de amanerarse. ‖ Falta de variedad en el estilo.

amanerarse v. pr. Contraer el vicio de dar a las obras o expresiones cierta uniformidad y monotonía contrarias a la verdad y a la variedad: *escritor, orador o artista que se amanera.*

amanita f. Género de hongos que comprende varias especies comestibles o venenosas.

amansador, ra adj. y s. Que amansa. ‖ *Amer.* Domador de potros, picador.

amansamiento m. Acción y efecto de amansar o de amansarse.

amansar v. t. Hacer manso a un animal: *amansar un potro salvaje.* ‖ *Fig.* Sosegar, apaciguar, mitigar: *amansar al irritado.* ‖ Domar el carácter: *amansar al propenso a la ira.* ‖ — V. i. Apaciguarse. ‖ Ablandarse.

amante adj. y s. Que ama. ‖ *Fig.* Apasionado por una cosa: *amante de la música.* ‖ — M. *Mar.* Cabo asegurado en la cabeza de un palo o verga. ‖ — Com. Hombre y mujer que se aman.

amantillo m. *Mar.* Cabo que viene desde la cabeza de los palos a los penoles de las vergas.

amanuense com. Persona que escribe al dictado. ‖ Escribiente.

amañado, da adj. Dispuesto, preparado. ‖ Mañoso, hábil, diestro: *hombre amañado.*

amañar v. t. Componer mañosamente alguna cosa (Tómase generalmente en mala parte.). ‖ — V. pr. Darse maña para hacer algo.

amaño m. Disposición para hacer algo con maña. ‖ *Fig.* Arreglo, traza, artificio. ‖ — Pl. Útiles o herramientas adecuadas para alguna maniobra.

Amapá, territ. federal del Brasil, al N. de las bocas del Amazonas; cap. *Macapá.*

Amapala, c. y puerto del SO. de Honduras (Valle), en el golfo de Fonseca.

amapola f. Planta papaverácea silvestre de flores rojas.

amar v. t. Tener amor a personas o cosas. ‖ Estimar, apreciar.

— Evítense los galicismos en que hace incurrir este verbo y úsense las formas castellanas *tener afición a, gustar de, querer a.*

Amar y Borbón (Antonio), último virrey de Nueva Granada de 1803 a 1810.

amaraje m. Acción de amarar.

amarantáceas f. pl. Familia de plantas dicotiledóneas, cuyo tipo es el amaranto (ú. t. c. adj.).

amaranto m. Planta anua, de flores aterciopeladas en forma de cresta.

amarar v. i. Posarse en el agua un hidroavión, un vehículo espacial.

amargar v. i. Tener sabor parecido al de la hiel, el acíbar, etc.: *fruta amarga.* ‖ Dar sabor desagradable. ‖ — V. t. *Fig.* Causar aflicción o pesar.

amargo, ga adj. Que amarga: *almendra amarga.* ‖ *Fig.* Que causa aflicción o disgusto. ‖ Que está afligido o disgustado. ‖ De genio desabrido. ‖ — M. Amargor. ‖ Dulce, licor o composición que se hace de ingredientes amargos. ‖ *Amer.* Mate sin azúcar.

amargor m. Sabor o gusto amargo. ‖ *Fig.* Amargura, aflicción.

amargura f. Amargor, sabor amargo. ‖ *Fig.* Aflicción o disgusto: *sentir amargura.*

amarilidáceas f. pl. Familia de plantas que tiene por tipo el narciso (ú. t. c. adj.).

amarilis f. Planta de flores grandes y hermosas.

amarilla f. *Fig.* y *fam.* Moneda de oro, especialmente la onza. ‖ *Veter.* Enfermedad del hígado, propia del ganado lanar.

*** amarillear** v. i. Mostrar alguna cosa color amarillo: *el libro viejo amarillea.* ‖ Tirar a amarillo alguna cosa. ‖ Palidecer.

amarillecer v. i. Ponerse o tomar color amarillo.

amarillento, ta adj. Que tira a amarillo.

amarilleo m. Acción y efecto de amarillear.

amarillo, lla adj. De color semejante al del oro, el limón, la flor de retama, etc. ‖ *Med. Fiebre amarilla,* enfermedad gastrointestinal, llamada también *vómito negro* o *tifus de América.* ‖ *Raza amarilla* o *mongólica,* raza humana de Asia oriental que tiene la piel amarilla. ‖ — M. Color amarillo. ‖ Sustancia con que se tiñe de amarillo: *amarillo de cromo.*

Amarillo (Mar), mar perteneciente al Pacífico comprendido entre China al O., Manchuria al N. y Corea al E. — V. Hoangho.

amariposado, da adj. De figura de mariposa: *flor amariposada.*

amaromar v. t. Atar con maromas.

amarra f. Correa que va de la muserola al pretal de los caballos. ‖ *Mar.* Cabo o cable para amarrar. ‖ — Pl. *Fig.* Protección: *contar con buenas amarras.*

amarradero m. Poste o argolla donde se amarra algo: *atar una caballería al amarradero.* ‖ *Mar.* Sitio donde se amarran los barcos.

amarrado, da adj. Atado.

amarradura f. Acción y efecto de amarrar.

amarraje m. Impuesto que se paga por amarrar un buque en un puerto.

amarrar v. t. Asegurar por medio de cuerdas, maromas, cadenas, etcétera: *amarrar un barco al muelle.* ‖ *Por ext.* Sujetar. ‖ *Fig.* En los juegos de naipes, barajar de tal suerte que ciertas cartas queden juntas. ‖ — V. pr. *Fam.* Asegurarse.

amarre m. Amarradura. ‖ Fullería en juegos de naipes.

amarro m. Sujeción.

amartelamiento m. Amor apasionado.

amartelar v. t. Atormentar con celos. ‖ Enamorar. ‖ — V. pr. Enamorarse de una persona o cosa.

amartillar v. i. Martillar. ‖ Poner en el disparador un arma de fuego: *amartillar la escopeta.*

amasadera f. Artesa para amasar pan.

amasadero m. Local donde se amasa el pan.

amasador, ra adj. y s. Que amasa. ‖ — M. Máquina para amasar.

amasadura f. Acción de amasar. ‖ Amasijo.

amasar v. t. Hacer masa de harina, yeso, tierra, etc., con algún líquido: *amasar el pan.* ‖ *Fig.* y *fam.* Disponer las cosas para conseguir un mal fin. ‖ Amalgamar, unir. ‖ *Med.* Dar masajes. ‖ Galicismo por *acumular, atesorar.*

amasijo m. Harina amasada para hacer pan. ‖ Porción de masa hecha con yeso, tierra, etc. ‖ Acción de amasar. ‖ *Fig.* y *fam.* Obra o tarea. ‖ Mezcla confusa: *esta novela es un amasijo de tópicos.* ‖ *Fig.* y *fam. Andar en el amasijo,* estar metido en un lío.

Amat y Junyent (Manuel de), militar español (1704-1782), gobernador de Chile de 1755 a 1761 y, posteriormente, virrey del Perú de 1761 a 1776. Se vio influido por la mestiza Micaela Villegas, llamada *la Perricholi.*

amate m. Higuera de las regiones cálidas de México.

Amaterasu, diosa de la mitología sintoísta japonesa que personifica al Sol.

amateur adj. y s. (pal. fr.). Aficionado: *artista amateur.*

amatista f. Cuarzo transparente de color violeta, usado en joyería como piedra fina.

Amatitlán, lago de Guatemala a 1 190 m de alt.; 60 km². — C. del S. de Guatemala, en el dep. de Guatemala.

amatorio, ria adj. Relativo al amor. ‖ Que induce a amar.

amaurosis f. Pérdida total de la vista por lesión en la retina, en el nervio óptico o en el encéfalo.

amauta m. Sabio, entre los antiguos peruanos.

amazacotado, da adj. Pesado, groseramente compuesto a manera de mazacote. ‖ Dicho de obras literarias o artísticas, pesado, confuso, falto de proporción, gracia y variedad: *relato amazacotado.*

amazona f. Mujer de una raza guerrera que pudo existir en los tiempos heroicos. ‖ *Fig.* Mujer que monta a caballo. ‖ Traje que suelen llevar las mujeres para montar a caballo. ‖ Especie de papagayo de América.

— El pueblo fabuloso de las *amazonas* se supone que vivía en la Antigüedad a orillas del Tempodonte (Capadocia). Los exploradores de América creyeron encontrar mujeres semejantes a orillas del Marañón, al que llamaron *río de las Amazoas.*

Amazonas, río de América del Sur, que nace en los Andes del Perú, atraviesa el Brasil y des. en el Atlántico; 6 500 km., de los cuales 3 165 en territorio brasileño. Con su anchura, a veces de más de seis km, es el río más caudaloso del mundo. Suma más de 1 100 afl., entre ellos el Napo, Putumayo, Pastaza, Yapurá, Vaupés, Madeira, Tapajós, Tocantins, etc., y por medio del Casiquiare comunica con el Orinoco. En su primer tramo recibe el nombre de *Marañón* y en su desembocadura forma un amplio delta. — Comisaría del SO. de Colombia; cap. *Leticia.* — Dep. del N. de Perú; cap. *Chachapoyas.* — Est. del NE. del Brasil; cap. *Manaus.* Bosques ricos en caucho, resinas y aceites. — Territ., federal del S. de Venezuela entre los ríos Orinoco y Negro; cap. *Puerto Ayacucho.*

amazonense adj. y s. De Amazonas, comisaría de Colombia y dep. del Perú.

Amazonia, n. de la cuenca del Amazonas; siete millones de km².

amazónico, ca adj. Relativo al río Amazonas. ‖ Propio de las amazonas.

amazoniés, esa adj. y s. De Amazonas (Venezuela).

ambages m. pl. *Fig.* Rodeos de palabras o circunloquios: *explíquese sin ambages.*

ámbar m. Resina fósil de color amarillo, dura, quebradiza y aromática. ‖ Perfume muy delicado.

ambarina f. Algalia.

ambarino, na adj. Relativo al ámbar. ‖ — F. Sustancia perfumada que se saca del ámbar gris.

ambateño, ña adj. y s. De Ambato (Ecuador).

Ambato, c. del centro del Ecuador, cap. de la prov. de Tungurahua, a orillas del río homónimo. Obispado. — Sierra y dep. de la Argentina (Catamarca).

Amberes, en flam. *Antwerpen* y en fr. *Anvers,* c. del N. de Bélgica, cap. de la prov. homónima. Obispado. Universidad. Puerto activo en el Escalda.

amberino, na adj. y s. Anturpiense.

ambición f. Pasión desordenada por la gloria o la fortuna: *persona de una ambición desmedida.*

ambicionar v. t. Desear ardientemente: *ambicionar honores.*

ambicioso, sa adj. y s. Que tiene ambición, ansia o deseo vehemente de algo: *es muy ambicioso.*

ambidextro, tra adj. y s. Que se vale lo mismo de la mano izquierda que de la derecha.

ambientación f. *Neol.* Acción de dar ambiente. ‖ Ambiente. ‖ Efectos sonoros en la radio.

ambientar v. t. *Neol.* Dar el ambiente adecuado. ‖ — V. pr. Acostumbrarse, aclimatarse: *se ambientó muy bien en el país.*

ambiente adj. Aplícase a cualquier fluido que rodea un cuerpo: *el aire ambiente.* ‖ — M. Lo que rodea a las personas o cosas, medio físico o moral: *vivir en un ambiente agradable.* ‖ *Medio ambiente,* compendio de valores naturales, sociales y culturales existentes en un lugar y en un momento determinado que influye en la vida material y psicológica del hombre. (SINÓN. *Entorno.*)

ambigú m. Comida compuesta de manjares fríos. ‖ Lugar donde se sirven estas comidas: *el ambigú de un teatro.*

ambigüedad f. Calidad de ambiguo.

ambiguo, gua adj. Incierto, confuso: *expresión ambigua.* ‖ Que participa de dos naturalezas diferentes: *carácter ambiguo.* ‖ *Gram.* Aplícase a los sustantivos que son indistintamente masculinos o femeninos (*azúcar, arte, puente, lente, calor,* etc.).

ámbito m. Espacio incluido dentro de ciertos límites: *el ámbito de la Tierra.* ‖ Esfera, campo: *es muy conocido en el ámbito teatral.*

ambivalencia f. Carácter de lo que tiene dos aspectos radicalmente diferentes.

ambivalente adj. Que tiene ambivalencia, que tiene dos valores diferentes.

amblador, ra adj. Que ambla.

ambladura f. Acción y efecto de amblar.

amblar v. i. Andar los cuadrúpedos moviendo a un tiempo el pie y la mano de un mismo lado.

ambliopía f. *Med.* Debilidad o disminución de la vista.

amblístoma m. Género de batracios urodelos que tiene por tipo el ajolote.

Ambo, c. del Perú, cap. de la prov. homónima (Huánuco). Industrias.

Amboina, c. de Indonesia, en el archip. de las Molucas, cap. de la isla homónima.

Amboise [-*buás*], c. del centro de Francia (Indre-et-Loire), a orillas del Loira. Castillo.

ambón m. Cada uno de los púlpitos que hay a uno y otro lado del altar mayor de ciertas iglesias para cantar desde ellos el evangelio y las epístolas.

ambos, bas adj. pl. El uno y el otro, los dos: *llegaron ambos hermanos; con ambas manos.*

Ambrogi (Arturo), escritor salvadoreño (1878-1936), autor de *Bibelots.*

Ambrosetti (Juan Bautista), arqueólogo argentino (1865-1917).

ambrosía f. *Mit.* Manjar de los dioses. ‖ *Fig.* Cosa o manjar exquisitos: *esto es pura ambrosía.*

ambrosiaco, ca adj. Que sabe o huele a ambrosía: *perfume ambrosiaco.*

ambrosiano, na adj. Relativo a San Ambrosio: *biblioteca ambrosiana.*

Ambrosio (*San*), padre y doctor de la Iglesia latina, n. en Tréveris (340-397), arzobispo de Milán. Reformó el canto litúrgico y ayudó a la conversión de San Agustín. Fiesta el 7 de diciembre.

ambulacro m. Paseo de árboles en hileras.

ambulancia f. Hospital móvil que va con un ejército de operaciones. ‖ Coche para transportar heridos o enfermos. ‖ *Ambulancia de correos,* oficina postal establecida en algunos trenes.

ambulanciero, ra m. y f. Persona que está al servicio de una ambulancia.

ambulante adj. Que va de un lugar a otro: *vendedor ambulante.* ‖ Ambulativo. ‖ *Ambulante de Correos,* el que en los vagones postales cuida de la correspondencia.

ambular v. i. Andar, ir de una parte a otra.

ambulativo, va adj. Dícese del carácter de algunas personas inclinado a vagar sin rumbo fijo.

ambulatorio, ria adj. Que sirve para andar: *órganos ambulatorios.* ‖ — M. Dispensario, consultorio de la Seguridad Social.

ameba f. *Zool.* Protozoo provisto de seudópodos que le permiten moverse.

amebiasis f. *Med.* Disentería provocada por las amebas.

ameboideo, a adj. Parecido a la ameba.

Ameca, c. de México (Jalisco), a orillas del río homónimo.

Amecameca de Juárez, c. de México, en cuyas cercanías se encuentra el santuario de Sacro Monte.

Amedabad, c. de la India, cap. del Gujerate.

amedrantar v. t. Amedrentar.

amedrentador, ra adj. y s. Que amedrenta.

amedrentar v. t. Infundir miedo, atemorizar (ú. t. c. pr.).

Ameghino (Florentino), paleontólogo argentino (1854-1911).

amelcochar v. t. *Amer.* Dar aspecto de melcocha.

amelga f. Faja de terreno que se señala para sembrarla con igualdad y proporción.

amelgado, da adj. Aplícase al sembrado desigual: *trigo amelgado.*

amelgar v. t. Hacer surcos a distancias regulares para sembrar con igualdad y proporción.

amelonado, da adj. De figura de melón. ‖ *Fam.* Enamorado.

amén, voz hebrea que significa *así sea,* y que se usa al final de las oraciones. ‖ — Adv. Además: *amén de lo dicho.* ‖ Excepto, salvo. ‖ *Fig. Decir amén a todo,* consentir a todo. | *En un decir amén,* en un santiamén.

amenaza f. Dicho o hecho con que se amenaza: *proferir, lanzar amenazas.*

amenazador, ra adj. Que amenaza: *una actitud amenazadora.*

amenazar v. t. Dar a entender con actos o palabras que se quiere hacer algún mal a otro. ‖ — V. i. Estar en peligro de suceder alguna cosa: *amenaza lluvia.*

amenguar v. t. Disminuir, menoscabar. ‖ *Fig.* Deshonrar, infamar, baldonar.

amenidad f. Calidad de ameno.

amenizar v. t. Hacer ameno algún sitio: *las flores que amenizan la casa.* ‖ *Fig.* Hacer amena alguna cosa: *amenizar un discurso con anécdotas.*

ameno, na adj. Grato, placentero: *persona amena.*

amenorrea f. *Med.* Ausencia anormal del flujo menstrual.

amentáceas f. pl. Familia de plantas que tienen las flores en amento, como el abedul, el chopo, el roble, etc. (ú. t. c. adj.).

amento m. *Bot.* Especie de espiga compuesta de flores de un mismo sexo, como la del avellano, el roble y el sauce.

amerengado, da adj. Parecido al merengue: *crema amerengada.*

América, vasto continente de 42 millones de km² (incluyendo Groenlandia) y 500 millones de hab., que se extiende desde las regiones árticas hasta el Círculo Polar Antártico. Con una longitud total de unos 18 000 km, su superficie representa cuatro veces la de Europa y unas ochenta y dos la de España.

—GEOGRAFÍA. América está constituida fundamentalmente por dos grandes porciones unidas por el istmo de América Central. El continente S. se extiende por las regiones tórridas intertropicales, y el del N. se halla en las zonas templadas y en las regiones árticas. En el Ártico abunda la vegetación de tundra. Al S. se extienden los bosques de coníferas mientras que la pradera ocupa inmensas zonas en el centro de Estados Unidos. El bosque tropical (Amazonia) aparece hacia el ecuador, y en las mesetas brasileñas constituye las sabanas. En Argentina, la llanura de la Pampa limita al O. con los bosques andinos. Existen grandes ríos, tanto al N. como al S.: Misisipí, Misuri, Yukon, San Lorenzo, Amazonas, Orinoco y Paraguay-Paraná. Y no faltan grandes lagos los de Estados Unidos, y el Titicaca, en América del Sur.

—*América del Norte:* 21 483 000 km² (incluyendo Groenlandia); 275 millones de hab. (*norteamericanos*). Las principales regiones naturales son: 1.º la barrera canadiense, al N., vieja penillanura alrededor de la bahía de Hudson; 2.º la región de los Grandes Lagos (Superior, Michigan, Huron, Erie y Ontario), con la gran vía fluvial del San Lorenzo; 3.º al O. el sistema de las Montañas Rocosas, que encierran algunas mesetas (Gran Cuenca); 4.º la cadena de los Apalaches, al E., cerca del litoral atlántico; 5.º entre las dos anteriores, grandes llanuras regadas por el Misisipí, Misuri y Ohío, y 6.º la meseta central mexicana. Políticamente está dividida entre los Estados de Canadá, Estados Unidos y México. Groenlandia es una posesión danesa.

—*América Central:* 2 745 000 km²; 35 millones de hab. (*centroamericanos*). Es una zona montañosa y volcánica, con una costa bastante recortada (península de Yucatán, golfos de Panamá, Chiriquí y Fonseca, istmos de Panamá y Nicaragua). El archipiélago de las Antillas puede considerarse como perteneciente geográficamente a América Central. Políticamente se divide en las repúblicas de Guatemala, Honduras, El Salvador, Nicaragua, Costa Rica y Panamá.

—*América del Sur:* 17 850 000 km²; 190 millones de hab. (*sudamericanos*). Pueden considerarse en ella las siguientes regiones naturales: 1.º la cordillera de los Andes, que se extiende por toda la banda occidental, junto al Pacífico; 2.º las mesetas de las Guayanas y del Brasil, al borde del Atlántico, y 3.º las grandes llanuras del interior: Pampa, Patagonia y llanos del Orinoco, Amazonas, Paraná (Chaco) y Paraguay. Políticamente se divide en los siguientes Estados: Venezuela, Guayana, Colombia, Ecuador, Brasil, Perú, Bolivia, Paraguay, Argentina, Uruguay y Chile. Francia posee una parte de Guayana y Holanda las islas de Curazao, Aruba y Bonaire, así como otra parte de la Guayana (Surinam).

—HISTORIA. *Descubrimiento.* El descubrimiento de América fue obra de España y de Colón, que pisó tierra americana por primera vez el 12 de octubre de 1492, si bien en el s. X noruegos e islandeses habían llegado a las costas de Groenlandia y a algunos puntos del continente norte. Estas hazañas no tuvieron consecuencias históricas de ningún género. Los principales exploradores y conquistadores que recorrieron más tarde el continente fueron Balboa, Cortés, Caboto, Ojeda, Orellana, Cabral, Solís, Magallanes, Pizarro, Almagro, Soto y Américo Vespucio, que dio su nombre al continente.

América ‖ **~ Española,** n. dado al conjunto de las colonias españolas de América hasta su emancipación en el s. XIX. ‖ **~ Latina,** conjunto de países de América que fueron dominios de España y Portugal. Tb. llamado *Latinoamérica.*

americana f. Chaqueta.

americanismo m. Voz, acepción o giro propio de los americanos que hablan castellano. ‖ Forma lingüística incorporada a la lengua oficial de España y aun a otras lenguas europeas. ‖ Ciencia de las antigüedades americanas. ‖ Sentimiento de la calidad de americano. ‖ Exaltación y defensa del espíritu y tradiciones americanos.

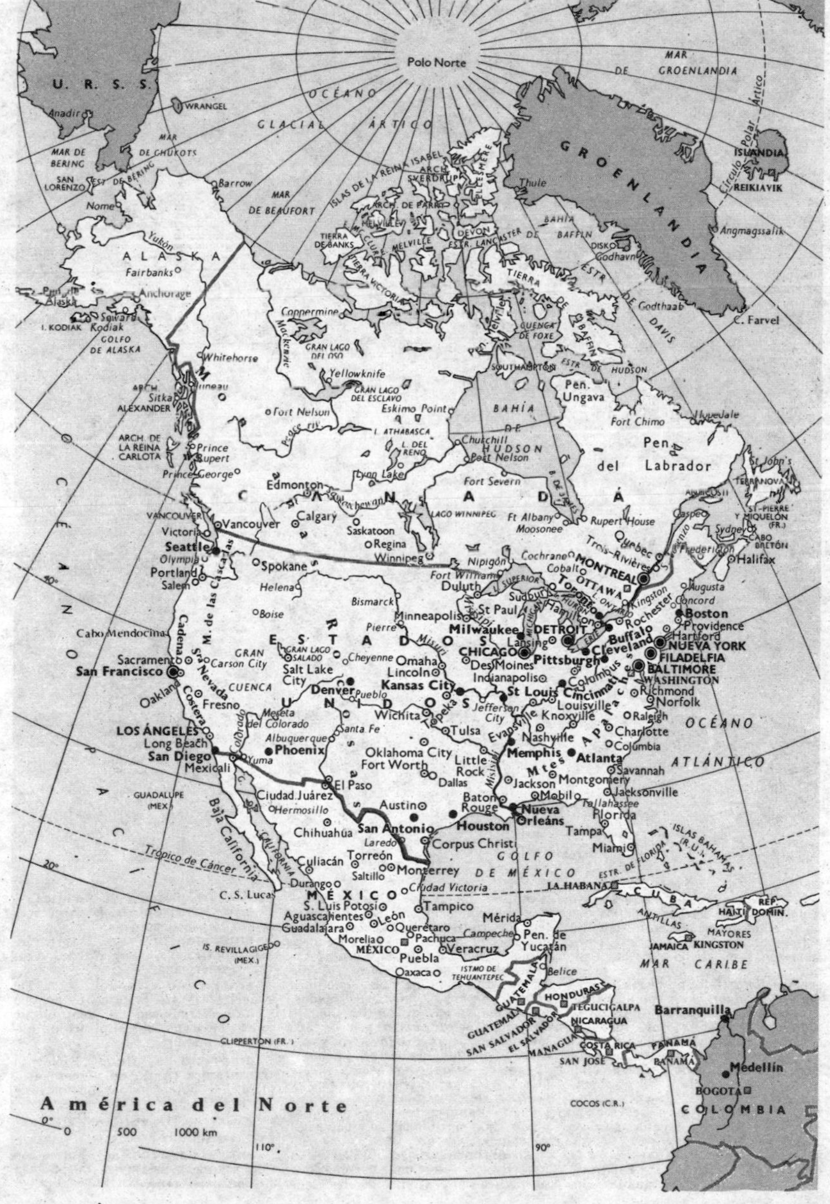

América del Norte

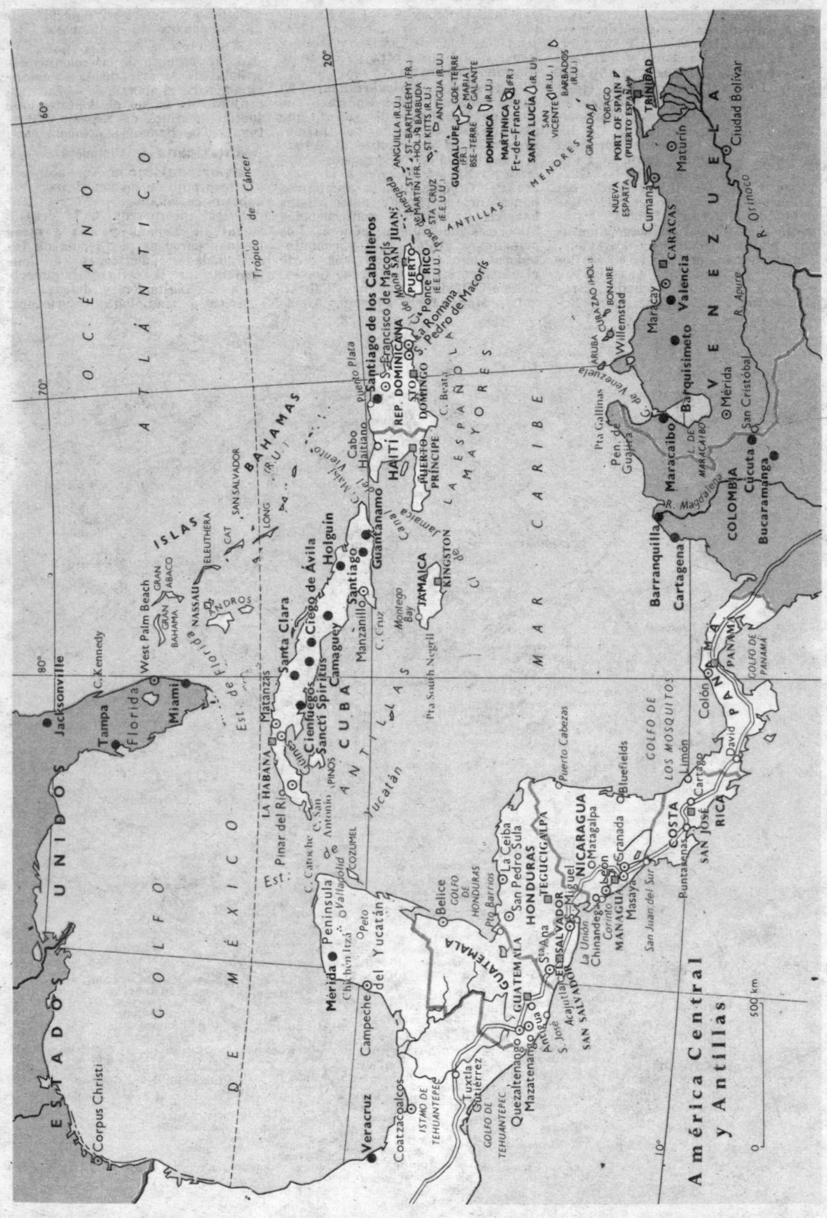

—El castellano hablado en América ofrece muchos vocablos que no se emplean en el peninsular. En primer lugar, existen las voces importadas en tiempos de la Conquista y arcaicas hoy en España, como *pollera* (falda); *chapa* (cerradura); *recordar* (despertar); *pararse* (ponerse en pie); *carpir* (rozar); *platicar* (hablar); *vos* (usted); *amiga* (escuela de párvulos); *liviano* (ligero); *prieto* (oscuro, negro); *catar* (mirar); *candela* (fuego, lumbre); *cuero* (piel); *lindo* (bonito), etc. Por otra parte, hay muchas palabras cuyo sentido no es el mismo en España que en Hispanoamérica: *estancia* (finca, granja), *chula* (guapa), *coger* (cubrir el macho a la hembra).

Hay que recordar también los vocablos de pura filiación americana legados por las distintas lenguas indígenas. Tal es el caso de las palabras arawacas *canoa, piragua, cacique, maíz, batata, bejuco, maní, yuca, tabaco, tiburón* y *guacamayo;* de las quechuas *papa, alpaca, vicuña, cóndor, puna, mate, puma, cancha, guano, chacra, choclo, pampa* y *coca;* de las caribes *huracán, hamaca* y *caníbal;* de las de origen náhuatl *aguacate, cacao, cacahuete, chocolate, hule, jícara, tomate, tiza* y *petate;* de las guaraníes *tapioca, jaguar, ñandú, tapir* y *mucama,* y de las araucanas o mapuches *poncho* y *gaucho.*

americanista adj. Relativo a América. ‖ — Com. Persona que se dedica al estudio de las lenguas y antigüedades de América.

americanización f. Acción y efecto de americanizar.

americanizar v. t. Dar carácter americano. ‖ — V. pr. Volverse americano.

americano, na adj. y s. De América. (Debe evitarse el empleo de *americano* con el sentido de norteamericano, que significa de Estados Unidos.)

americio m. *Quím.* Elemento transuránico (Am), de número atómico 95, obtenido por bombardeos del uranio.

Américo Vespucio. V. VESPUCIO (Américo).

americoespañol adj. Forma con que algunos sustituyen la palabra *hispanoamericano.*

amerindio, dia adj. y s. Indio americano.

Amerisque (SIERRA DE). V. CHONTALEÑA.

amerizaje m. Amaraje.

amerizar v. i. Amarar.

amesquite m. *Amer.* Variedad de amate.

amestizado, da adj. Que tira a mestizo.

ametalado, da adj. Parecido al metal.

ametalar v. t. Alear y fundir dos o más metales.

ametrallador, ra adj. Dícese de las armas que disparan por ráfagas: *fusil ametrallador.* ‖ — F. Arma automática de pequeño calibre (inferior a 20 mm) que dispara los proyectiles muy rápidamente y por ráfagas.

ametrallamiento m. Acción y efecto de ametrallar.

ametrallar v. t. Disparar metralla. ‖ Disparar con ametralladora o fusil ametrallador.

amétrope adj. Que tiene ametropía.

ametropía f. *Med.* Conjunto de las imperfecciones del ojo considerado como sistema dióptico: *la ametropía comprende la hipermetría, la miopía y el estigmatismo.*

amianto m. Mineral en fibras blancas y flexibles que resiste poderosamente la acción del fuego: *con el amianto se hacen tejidos incombustibles.*

amiba f. *Zool.* Ameba.

amical adj. Galicismo por *amistoso: un encuentro amical.*

Amicis (Edmondo De), militar y escritor italiano (1846-1908), autor de *Corazón,* diario de un niño.

amida f. *Quím.* Compuesto orgánico obtenido por deshidratación de sales amoniacales.

Amiel (Henri Frédéric), escritor suizo (1821-1881), autor de *Diario íntimo.*

Amiens [*amián*], c. del N. de Francia, cap. del dep. del Somme. Obispado. Catedral gótica (s. XIII).

amiga f. Escuela de niñas. ‖ Maestra de amiga. ‖ Concubina.

amigable adj. Que obra como amigo: *amigable componedor.* ‖ Hecho amistosamente: *contrato amigable.* ‖ *Fig.* Que tiene conformidad con otra cosa.

amígdala f. *Anat.* Cada una de las glándulas de color rojo en forma

de almendra situada a uno y otro lado de la entrada del istmo de la faringe: *amígdala palatina.*

amigdaláceas f. Familia botánica cuyo tipo es el almendro, el cerezo o el ciruelo (ú. t. c. adj.).

amigdalino, na adj. Que contiene almendras: *jarabe amigdalino.* || — F. *Quím.* Sustancia cristalizable que se saca de las almendras amargas.

amigdalitis f. *Med.* Inflamación de las amígdalas.

amigo, ga adj. y s. Que tiene amistad: *persona amiga.* || Amistoso. || *Fig.* Aficionado o inclinado a alguna cosa: *amigo del arte.* || — M. Querido, amante. || Tratamiento afectuoso: *¿dónde va, amigo?*

Amigos (ISLAS DE LOS). V. TONGA.

amilanado, da adj. Acobardado.

amilanamiento m. Miedo. || Desánimo.

amilanar v. t. *Fig.* Causar gran miedo a uno. || Desanimar. || — V. pr. Abatirse, amedrentarse, arredrarse: *no se amilana por nada.*

amilasa f. Diastasa contenida en la saliva y en el jugo pancreático, así como en algunos vegetales, que transforma el almidón en maltosa.

Amílcar Barca, general cartaginés (¿290?-229 a. de J. C.), padre de Aníbal. Dirigió la conquista de España.

amílico, ca adj. y s. Aplícase al alcohol que se obtiene haciendo fermentar la fécula de patata. || — M. *Fam.* Aguardiente malo.

amilo m. *Quím.* Radical que entra en la composición de los compuestos amílicos.

amilosis f. *Med.* Enfermedad producida por infiltración de sustancia amiloidea.

amina f. *Quím.* Cuerpo derivado del amoniaco.

aminoración f. Disminución.

aminorar v. t. Disminuir.

amistad f. Afecto o cariño entre las personas: *me une con él una gran amistad.* || *Fig.* Afinidad, conexión. || Amancebamiento. || — Pl. Amigos, relaciones.

amistar v. t. Unir en amistad. Ú. t. c. pr.: *amistarse con alguien.* || Reconciliar a los enemistados.

amistoso, sa adj. Que demuestra amistad: *consejo amistoso.*

amitosis f. *Biol.* División celular directa.

Ammán, cap. de Jordania; 296 400 h. Centro comercial e industrial.

amnesia f. Pérdida o debilidad notable de la memoria.

amnésico, ca adj. y s. Que padece de amnesia, desmemoriado.

amnios m. *Zool.* Membrana interna que envuelve el feto.

amniótico, ca adj. Relativo al amnios.

amnistía f. Olvido de los delitos políticos por quien tiene potestad de hacer las leyes: *la amnistía española de 1917.*

— No confundir la *amnistía* con el *indulto.* Mientras que el indulto suprime la ejecución de la pena, pero deja subsistir los efectos de la condena, la amnistía olvida el castigo y la razón que lo provoca.

amnistiado, da adj. y s. Que ha sido objeto de amnistía.

amnistiar v. t. Conceder amnistía.

amo m. Dueño o posesor de alguna cosa. || El que tiene uno o más criados. || *Fig.* y *fam. Ser el amo del cotarro,* ser el principal, el que tiene predominio.

amodorrado, da adj. Soñoliento.

amodorramiento m. Acción y efecto de amodorrarse.

amodorrarse v. pr. Caer en modorra.

amohinar v. t. Poner mohíno.

amojamado, da adj. *Fig.* Seco, enjuto, flaco: *cara amojamada.*

amojamamiento m. Delgadez, sequedad de carnes.

amojamar v. t. Hacer mojama, acecinar. || — V. pr. Enflaquecer.

amojonamiento m. Acción y efecto de amojonar: *amojonamiento de un campo.* || Conjunto de mojones.

amojonar v. t. Señalar con mojones los límites de una propiedad, un término jurisdiccional, etc.

amok m. Acceso de locura furiosa entre los malayos.

amoladera adj. y s. Piedra de amolar.

amolador m. El que tiene por oficio amolar. || — Adj. *Fig.* y *fam.* Cansado, pesado.

amoladura f. Acción y efecto de amolar. || — Pl. Arenilla que se desprende de la piedra al tiempo de amolar.

* **amolar** v. t. Afilar un arma o instrumento en la muela: *amolar cuchillos.* || *Fig.* y *fam.* Molestar.

amoldable adj. Que se amolda.

amoldador, ra adj. y s. Que se amolda.

amoldamiento m. Acción de amoldar o amoldarse.

amoldar v. t. Ajustar una cosa al molde. || *Fig.* Arreglar la conducta a una pauta determinada. Ú. t. c. pr.: *amoldarse a todo.*

amomo m. Planta cingiberácea de semillas aromáticas.

amonedar v. t. Reducir a moneda un metal: *amonedar plata.*

Amón, hijo incestuoso de Lot y hermano de Moab, padre de los amonitas. *(Biblia.)* || **~ Ra,** divinidad egipcia identificada con el Sol.

amonestación f. Acción y efecto de amonestar. || *Correr las amonestaciones,* publicar en la iglesia al tiempo de la misa mayor los nombres de los que quieren contraer matrimonio u ordenarse.

amonestador, ra adj. y s. Que amonesta.

amonestar v. t. Advertir a una persona que ha hecho algo reprensible para que se enmiende: *amonestar a un subordinado.* || Publicar las amonestaciones en la iglesia. || — V. pr. Hacerse amonestar los que van a casarse u ordenarse.

amoniacal adj. De amoniaco: *disolución amoniacal.*

amoniaco m. Gas compuesto de nitrógeno e hidrógeno combinados (NH_3). || Disolución de dicho gas en agua, vulgarmente llamada *álcali volátil.*

amoniaco, ca adj. *Sal amoniaca,* cloruro de amoniaco.

amónico, ca adj. *Quím.* Relativo al amonio.

amonio m. *Quím.* Radical compuesto de un átomo de nitrógeno y cuatro de hidrógeno que forma parte de las sales amoniacales.

amonita adj. y s. Individuo de un pueblo bíblico de Mesopotamia, descendiente de Amón. || — F. Concha fósil de forma espiral. || Mezcla explosiva compuesta principalmente de nitrato amónico.

amoniuro m. *Quím.* Cuerpo formado por combinación de los óxidos con el amoniaco.

amontillado adj. y s. Aplícase a cierto vino que imita al de Montilla.

amontonador, ra adj. y s. Que amontona.

amontonamiento m. Acción y efecto de amontonar o amontonarse.

amontonar v. t. Poner en montón: *amontonar libros.* || Juntar, reunir en abundancia. || *Fig.* Juntar y mezclar varias especies sin orden ni concierto: *amontonar sentencias, citas.* || — V. pr. Juntarse sin orden. || *Fig.* y *fam.* Irritarse, enfadarse.

amor m. Sentimiento que inclina el ánimo hacia lo que le place: *amor a la belleza, al arte.* || Pasión que atrae un sexo hacia otro: *el amor de Diego de Marsilla por Isabel de Segura.* || Persona u objeto amado: *eres mi amor.* || Inclinación natural: *amor filial.* || Blandura, suavidad: *reprender al hijo con amor.* || Esmero, interés: *trabajar con amor.* || — Pl. Relaciones amorosas: *los amores de Dafnis y Cloe.* || Requiebros. || Nombre de algunas plantas, como el *cadillo* y la bardana o lampazo. || — *Al amor de,* cerca, junto o al lado de. || *Amor libre,* relaciones sexuales no reguladas por el matrimonio. || *Amor platónico,* el de carácter espiritual sin que medie interés alguno. || *Amor propio,* inmoderada estimación de sí mismo. || *Fam. Con mil amores,* con mucho gusto. | *Por amor al arte,* sin recompensa.

Amor. V. EROS y CUPIDO.

amoral adj. Desprovisto de sentido moral.

amoralidad f. Calidad o condición de amoral.

amoralismo m. *Fil.* Sistema ideado por Stirner y Nietzsche, que cifra la norma de conducta en algo independiente del bien y del mal moral, negando toda obligación y toda sanción.

amoratado, da adj. Que tira a morado: *amoratado de frío.*

amoratar v. t. Poner morada una cosa (ú. t. c. pr.).

amorcillo m. Figura de niño que representa a Cupido, dios del Amor.

amordazador, ra adj. y s. Que amordaza.

amordazamiento m. Acción y efecto de amordazar.

amordazar v. t. Poner mordaza: *amordazar un perro.* || *Fig.* Impedir a uno que hable.

amorfía f. y **amorfismo** m. Calidad de amorfo. || Deformidad orgánica.

amorfo, fa adj. Sin forma regular o bien determinada. || *Fig.* y *fam.* Falto de energía, de vivacidad, inactivo.

Amorim (Enrique), novelista uruguayo (1900-1960), pintor de la vida rural (*La carreta, El paisano Aguilar, El caballo y su sombra.*).

amorío m. *Fam.* Enamoramiento, amor.

amorita adj. y s. Amorreo.

Amorós (Juan B.). V. LANZA.

amoroso, sa adj. Que siente amor: *marido amoroso.* || Que manifiesta amor: *ademán amoroso.* || *Fig.* Blando, fácil de labrar o cultivar: *tierra amorosa.* | Templado, agradable: *tiempo amoroso.* || — M. *Mús.* Movimiento algo pausado, pero gracioso y tierno.

amorrar v. i. *Fam.* Bajar la cabeza. || *Mar.* Hocicar, calar el buque mucho de proa.

amorreo, a adj. y s. Individuo de un ant. pueblo adversario de los hebreos: *los amorreos fundaron Babilonia hacia 1950 a. de J. C.*

amorriñarse v. pr. Padecer morriña.

amortajador, ra m. y f. Persona que amortaja a los difuntos.

amortajamiento m. Acción de amortajar.

amortajar v. t. Poner la mortaja al difunto. || *Por ext.* Cubrir, envolver, esconder. || *Tecn.* Encajar una pieza en la caja o hueco correspondiente.

* **amortecer** v. t. Amortiguar: *amortecer el golpe.* || — V. pr. Desmayarse.

amortiguación f. Amortiguamiento.

amortiguador, ra adj. Que amortigua. || — M. Dispositivo que amortigua la violencia de un choque, la intensidad de un sonido o el trepidar de una máquina.

amortiguamiento m. Acción y efecto de amortiguar o amortiguarse. || *Fís.* Disminución progresiva, en el tiempo, de la intensidad de un fenómeno periódico.

amortiguar v. t. Hacer menos viva o violenta una cosa: *amortiguar el ruido, una pasión* (ú. t. c. pr.). || Hablando de los colores, templarlos, disminuir su viveza.

amortizable adj. Que puede amortizarse: *capital amortizable.*

amortización f. Acción y efecto de amortizar.

amortizar v. t. Redimir, pagar el capital de un censo o préstamo: *amortizar un empréstito.* || Recuperar los fondos invertidos: *amortizar los gastos.* || — V. i. Desvalorizarse periódicamente los bienes por su uso.

amoscamiento m. Cólera, irritación.

amoscarse v. pr. *Fam.* Enfadarse.

amostazar v. t. Irritar (ú. t. c. pr.).

amotinado, da adj. y s. Que se amotina: *tropas amotinadas.*

amotinador, ra adj. y s. Que amotina y ocasiona motín o sublevación.

amotinamiento m. Rebelión.

amotinar v. t. Alzar en motín a cualquier multitud: *amotinar al pueblo, a una tropa* (ú. t. c. pr.). || *Fig.* Turbar, inquietar.

* **amover** v. t. Remover, mover.

amovible adj. Que puede ser quitado del lugar o puesto que ocupa: *cargo amovible.*

Amoy o **Hia-Men,** c. y puerto del S. de China (Fukien).

amparable adj. Que puede ampararse.

amparador, ra adj. y s. Que ampara.

amparar v. t. Proteger: *amparar a un delincuente.* || — V. pr. Valerse del favor o protección de alguno: *se amparó en sus influencias.* || Defenderse, guarecerse: *ampararse de* (o *contra*) *la lluvia.*

amparo m. Acción y efecto de amparar o ampararse. || Abrigo o defensa. || *Al amparo de,* con la ayuda o el apoyo de.

Ampato, montes del Perú (Arequipa); 6 310 m.

amperaje m. *Electr.* Intensidad de una corriente medida por amperios: *el amperaje de una red de distribución de corriente.*

Ampère (André Marie), matemático y físico francés (1775-1836), creador de la electrodinámica e inventor del electroimán y del telégrafo electromagnético. — Su hijo JEAN-JACQUES fue historiador (1800-1864).

amperímetro m. Aparato para medir el número de amperios de una corriente eléctrica.

amperio m. *Electr.* Unidad de medida de corriente eléctrica (símb. A) que corresponde al paso de un culombio por segundo. || *Amperio hora,* cantidad de electricidad que atraviesa un conductor en una hora cuando la intensidad de la corriente es un amperio. (Pl. *amperios hora.*)

ampervuelta f. *Fís.* Unidad de excitación magnética.

ampliable adj. Que se puede ampliar.

ampliación f. Acción y efecto de ampliar o agrandar: *ampliación fotográfica.*

ampliador, ra adj. Que amplía o aumenta. || — F. Aparato para obtener ampliaciones fotográficas.

ampliar v. t. Extender, dilatar: *ampliar los poderes de uno.* || Agrandar una fotografía: *ampliar el retrato de su padre.*

amplificación f. Acción y efecto de amplificar. || Desarrollo que se da a una proposición o idea.

amplificador, ra adj. y s. Que amplifica o aumenta: *cristal amplificador.* || — M. Aparato que aumenta la potencia de una oscilación eléctrica, etc.: *amplificador de corriente.* || Altavoz.

amplificar v. t. Ampliar, aumentar: *amplificar el sonido.* || Desarrollar una idea.

amplio, plia adj. Extenso, dilatado, espacioso: *amplia sala, amplio desarrollo de un tema.*

amplitud f. Extensión, dilatación. || En un movimiento pendular, distancia entre las posiciones extremas alcanzadas. || *Astr.* Ángulo que se mide sobre el horizonte y es complemento del acimut.

ampo m. Copo de nieve.

ampolla f. Vejiga formada por la epidermis: *se le formó una ampolla en el labio.* || Frasco pequeño de cuello largo. || Tubito de vidrio, cerrado con soplete, que contiene un medicamento inyectable. || Vinajera. || Burbuja que forma el agua al hervir.

ampolleta f. Reloj de arena. || Tiempo que dura el paso de la arena en la ampolleta.

Amposta, v. de España (Tarragona).

Ampudia (Juan de), conquistador español, m. en 1541, compañero de Benalcázar, que se estableció en Popayán en 1536.

Ampués (Juan de AMPUÉS, llamado **el Capitán**), militar español del s. XVI, fundador de la c. de Coro (Venezuela) en 1527.

ampulosidad f. Calidad de ampuloso.

ampuloso, sa adj. *Fig.* Hinchado y redundante: *escritor, orador ampuloso.*

Ampurdán, región de la prov. de Gerona (España).

Ampurias, pobl. de España (Gerona), cerca de la ant. *Emporio.* Estación arqueológica.

amputación f. Acción y efecto de amputar.

amputado, da adj. y s. Que ha sufrido una amputación: *brazo amputado.*

amputar v. t. Cortar y separar del cuerpo un miembro o parte de él: *amputar una pierna, un brazo.*

Amritsar, c. de la India (Pendjab), al E. de Lahore.

Amsterdam, cap. de Holanda, aunque no residencia del Gobierno; 871 000 h. Universidad. Industrias. Puerto a orillas del golfo del Ij.

Amu Daria, ant. *Oxo,* río de Asia Central que des. en el mar de Aral; 2 650 km.

Amuay, pobl. de Venezuela (Falcón). Petróleo.

amueblar v. t. Poner muebles: *amueblar un piso.*

amugronar v. t. Acodar la vid.

amulatado, da adj. y s. Parecido a los mulatos: *cara amulatada.*

amuleto m. Medalla u otro objeto al que se atribuye supersticiosamente virtud de protección.

Amunátegui (Miguel Luis), escritor y político chileno (1828-1888). Su hermano GREGORIO VÍCTOR, poeta y crítico (1830-1839). || ~ **Reyes** (MIGUEL LUIS), filósofo chileno (1862-1946). || ~ **Solar** (DOMINGO), historiador chileno (1860-1946).

Amundsen (Roald), explorador noruego (1872-1928), que llegó al polo Sur (1911) y pereció en el Ártico al ir en socorro de Nobile.

Amur o **Sajalín,** río del NE. de Asia, fronterizo entre China y Siberia. Des. en el mar de Ojotsk; 4 500 km.

amura f. *Mar.* Cabo que hay en cada puño de las velas de cruz.

amurada f. *Mar.* Costado del buque por la parte interior.

amurallado, da adj. Con murallas: *recinto amurallado.*

amurallar v. t. Cercar con murallas.

amustiar v. t. Poner mustio.

ana f. Medida aproximada de un metro.

Ana *(Santa),* esposa de San Joaquín y madre de la Santísima Virgen. Fiesta el 26 de julio.

Ana || ~ **Bolena** (1507-1536), segunda esposa de Enrique VIII de Inglaterra y madre de Isabel I. M. decapitada. || ~ **de Austria** (1549-1580), cuarta esposa de Felipe II, rey de España, y madre de Felipe III. || ~ **de Austria** (1601-1666), hija de Felipe III de España, esposa de Luis XIII de Francia y regente durante la minoría de su hijo Luis XIV. || ~ **de Cleves** (1515-1557), cuarta esposa, en 1540, de Enrique VIII de Inglaterra. || ~ **Estuardo** (1665-1714), hija de Jacobo II, reina de Inglaterra desde 1702. Unió Escocia a Inglaterra con el n. de Gran Bretaña (1707).

Ana Karenina, novela de Tolstoi (1877).

anabaptismo m. Secta de los anabaptistas.

anabaptista adj. y s. Miembro de una secta religiosa del s. XVI, que defendía que los niños no debían ser bautizados antes de que lleguen al uso de razón.

Anábasis *(La),* obra histórica de Jenofonte, relato de la expedición de Ciro el Joven contra Artajerjes y de la retirada de los *Diez Mil.*

Anacaona, reina de Haití, ahorcada por los españoles en 1500 acusada de conspiración.

anacarado, da adj. Nacarado.

anacardiáceas f. pl. Familia de plantas que tiene por tipo el anacardo (ú. t. c. adj.).

anacardo m. Árbol de la América tropical, de fruto comestible.

Anacleto *(San),* papa de 78 a 91. Fiesta el 13 de julio.

anacoluto m. *Gram.* Elipsis que deja una palabra o un giro sin concordancia con la frase.

anaconda f. Boa americana.

Anaconda, c. de Estados Unidos (Montana). Minas de cobre.

anacoreta com. Persona que vive en lugar solitario dedicada a la vida contemplativa y a la penitencia: *San Antón Abad, el anacoreta de Tebaida.*

anacorético, ca adj. Del anacoreta: *vida anacorética.*

Anacreonte, poeta lírico griego (560 170 a. de J. C.), creador de un género poético.

anacreóntico, ca adj. *Poét.* A la manera de Anacreonte: *oda anacreóntica.*

anacrónico, ca adj. Que padece anacronismo.

anacronismo m. Error de cronología. || Cosa impropia de las costumbres de una época: *gastar monóculo es un anacronismo.*

ánade amb. *Zool.* Pato.

Anadir, río de la U. R. S. S. (Siberia), que des. en el mar de Bering por el golfo de este n.; 740 km.

anaerobio adj. y s. m. *Zool.* Aplícase al microorganismo que puede vivir y desarrollarse sin el aire, y en especial sin el oxígeno.

anafase f. *Biol.* Tercer estadio de la división de las células por mitosis.

anafe m. Hornillo portátil, infiernillo.

anafilaxis y **anafilaxia** f. Sensibilidad exagerada por la acción de sustancias proteicas.

anáfora f. *Ret.* Repetición de la misma palabra al principio de las frases sucesivas.

anáglifo m. Obra tallada, de relieve tosco. || Proyección estereoscópica en dos colores complementarios.

Anagni, c. de Italia (Lacio). Obispado, catedral.

anagogía f. Sentido místico de la Sagrada Escritura y su interpretación.

anagógico, ca adj. Relativo a la anagogía.

anagrama m. Palabra resultante de la transposición de letras de otra: *amor, Roma; diosa, asido; gato, toga; rata, atar.*

anagramático, ca adj. Relativo al anagrama.

Anáhuac, n. aplicado en un principio al valle de México, y actualmente a la parte sur de la meseta central mexicana.

anal adj. *Zool.* Relativo al ano.

analectas f. pl. Colección de trozos literarios en prosa o verso.

analéptico, ca adj. *Med.* Que restaura las fuerzas.

anales m. pl. Relación de sucesos por años: *los "Anales de la Corona de Aragón", de J. Zurita.* || *Fig.* Crónica: *anales del crimen.*

Anales, obra de Tácito (s. II), que abarca la historia de Roma desde Augusto a Nerón.

analfabetismo m. Falta de instrucción elemental en un país.
analfabeto, ta adj. y s. Que no sabe leer ni escribir.
analgesia f. *Med.* Falta o supresión de toda sensación dolorosa.
analgésico, ca adj. Relativo a la analgesia. ‖ — Adj. y s. m. Que produce analgesia o calma el dolor: *medicamento analgésico.*
análisis m. Separación y distinción de las partes de un todo hasta llegar a conocer sus principios constitutivos: *análisis químico, espectral.* ‖ *Fig.* Examen de un libro u escrito. ‖ *Fil.* Método que va de lo compuesto a lo sencillo. ‖ Estudio de las palabras de una cláusula, indicando el género, número y atribuciones de cada una: *análisis gramatical.* ‖ *Mat.* Arte de resolver problemas por álgebra. ‖ *Med.* Examen químico o bacteriológico de los humores, secreciones o tejidos con un fin diagnóstico. ‖ En informática, primera etapa de la programación de lo que tiene que resolver un ordenador.
analista com. Autor de anales. ‖ Persona que hace análisis. ‖ Especialista de informática que, en la primera etapa de la programación, realiza el análisis del problema planteado para la elaboración del programa de un ordenador.
analístico, ca adj. Relativo a los anales.
analítico, ca adj. Relativo al análisis. ‖ Que procede por medio del análisis. ‖ — *Geometría analítica,* aplicación del álgebra a la geometría. ‖ *Lenguas analíticas,* las que expresan las ideas diversas y las relaciones que las unen con palabras y signos distintivos.
analizable adj. Que puede analizarse.
analizador, ra adj. y s. Que analiza.
analizar v. t. Hacer análisis de una cosa.
analogía f. Similitud: *hay una gran analogía en los dos casos.* ‖ *Gram.* Parte de la gramática que trata de los accidentes y propiedades de las palabras consideradas aisladamente. ‖ *Por analogía,* según la relación existente.
analógico, ca adj. Análogo. ‖ *Gram.* Relativo a la analogía.
analogismo m. Razonamiento por analogía o comparación.
análogo, ga adj. Que tiene analogía o similitud con otra cosa: *análogo a lo que dijo antes.*
Anam, región oriental de la península de Indochina, dividida entre el Viet Nam Norte y el Viet Nam Sur.
anamita adj. y s. De Anam.
anamnesia f. *Med.* Historial clínico de un individuo para conocer sus antecedentes patológicos.
ananás m. Planta bromeliácea, de fruto muy fragante y carnoso en forma de piña y con una corona de hojas. (Pl. *ananaes* o *ananases.*)
Ananea, nevado del S. del Perú (Puno); 5 852 m.
anapelo m. *Bot.* Acónito o matalobos.
anapesto m. Pie de la poesía grecolatina compuesto de dos sílabas breves y una larga.
anaplastia f. Cirugía plástica.
Anápolis, mun. del Brasil (Goias).
Anapurna, macizo y pico del Himalaya; 8 078 m.
anaquel m. Tabla o estante de un armario.
anaranjado, da adj. Que tiene color de naranja. ‖ — M. Dicho color.
anarquía f. Ausencia de gobierno. ‖ *Fig.* Desorden, confusión.
anarquismo m. Doctrina política y social que preconiza la completa libertad del individuo, la supresión de la propiedad privada y la abolición del Estado.
anarquista adj. Propio del anarquismo o de la anarquía. ‖ — Com. Partidario de la anarquía.
anasarca f. *Med.* Edema generalizado en todo el cuerpo.
Anastasio, n. de cuatro papas del s. V al XII.
Anastasio el Pollo. V. CAMPO (Estanislao del).
anastigmático, ca adj. *Ópt.* Dícese de los objetivos aplanéticos en que se ha corregido el astigmatismo.
anastomosis f. *Bot.* y *Zool.* Unión de unos elementos anatómicos con otros de la misma planta o del mismo animal.
anástrofe f. *Gram.* Inversión violenta en el orden de las palabras de una frase.
anatema amb. Excomunión. ‖ *Por ext.* Maldición, imprecación: *lanzar o fulminar un anatema.*
anatematizar v. t. Imponer el anatema. ‖ Maldecir a uno. ‖ *Fig.* Reprobar o condenar por mala a una persona o cosa.
Anatolia, penins. occidental de Asia, llamada tb. *Asia Menor.*
anatomía f. Ciencia que tiene por objeto dar a conocer el número, estructura, situación y relaciones de las diferentes partes de los cuerpos orgánicos: *anatomía humana, animal, vegetal.* ‖ Disección o separación artificiosa de las partes del cuerpo de un animal o de una planta. ‖ *Fig.* Análisis minucioso. ‖ *Pieza de anatomía,* parte de un cuerpo disecado, reproducción en cera o yeso.
anatómico, ca adj. Relativo a la anatomía. ‖ — M. y f. Anatomista.
anatomista com. Profesor de anatomía.
anatomizar v. t. Hacer la anatomía de un cuerpo.
Anaxágoras, filósofo presocrático griego (¿500?-428 a. de J. C.). Fue maestro de Pericles y Eurípides.
Anaximandro, filósofo jónico (610-547 a. de J. C.), discípulo de Tales.
Anaxímenes de Mileto, filósofo jónico (¿550?-480 a. de J. C.), último representante de la escuela de Mileto.
anca f. Cada una de las mitades laterales de la parte posterior de los animales: *anca de rana.* ‖ Parte posterior de las caballerías.
Ancash, dep. del NO. del Perú; cap. *Huarás.* Minas. Agricultura. Terremoto en 1970.
ancashino, na adj. y s. De Ancash (Perú).
Ancasti, estribación de los Andes en la Argentina (Catamarca).
ancestral adj. Relativo a los antepasados: *costumbre ancestral.* ‖ — OBSERV. Es galicismo. Poner en su lugar *atávico.*
ancianidad f. Vejez.
anciano, na adj. y s. Dícese de la persona de mucha edad.
ancla f. *Mar.* Instrumento de hierro en forma de arpón o anzuelo doble para aferrar las embarcaciones al fondo del mar.
ancladero m. Fondeadero.
anclaje m. *Mar.* Acción de anclar la nave. ‖ Sitio donde se ancla. ‖ Pago del derecho de anclar.
anclar v. i. *Mar.* Echar el ancla para que la nave quede sujeta.
Ancohuma, pico de Bolivia (La Paz); 6 919 m.
ancón m. Ensenada pequeña.
Ancón, puerto del Ecuador (Guayas); petróleo. — Pobl. del Perú (Lima). Centro arqueológico. El *Tratado de Ancón* (1883) puso fin a la guerra del Pacífico.
Ancona, c. y puerto de Italia en el Adriático, cap. de la prov. homónima (Marcas). Arzobispado, Catedral (s. XI-XIII).
Ancona (Eligio), novelista mexicano (1836-1893).
áncora f. Ancla. ‖ Pieza de relojería que regula el escape. ‖ Pieza de hierro en forma de T para afianzar dos piedras o maderos. ‖ *Fig.* Amparo en un peligro o infortunio: *áncora de salvación.*
Ancoraimes, c. y puerto de Bolivia (La Paz), en el lago Titicaca.
ancoraje m. *Mar.* Anclaje.
Ancud, golfo del S. de Chile. — C. y puerto del S. de Chile, cap. del dep. homónimo y de la prov. de Chiloé.
ancuditano, na adj. y s. De Ancud (Chile).
Anchan. V. NGANCHAN.
anchar v. t. e i. Ensanchar (ú. t. c. pr.).
Anchieta (José de), jesuita español (1533-1597), llamado *el Apóstol del Brasil.*
ancho, cha adj. Que tiene anchura o la tiene excesiva. ‖ Holgado, amplio. ‖ — M. Anchura: *el ancho de una tela.* ‖ — *A sus anchas,* con toda la comodidad. ‖ *Estar* o *ponerse uno muy ancho* o *tan ancho,* ufanarse. ‖ *Quedarse tan ancho,* no preocuparse por lo dicho o hecho.
anchoa f. Boquerón, pez.
Anchorage, c. y puerto de Estados Unidos al S. de Alaska. Base aérea.
Anchorena (Tomás Manuel de), político argentino (1780-1847).
anchura f. Latitud, opuesto a longitud. ‖ Amplitud, extensión. ‖ *Fig.* Libertad, soltura. | Elevación: *anchuras de miras.*
anchuroso, sa adj. Muy ancho.
andadas f. pl. Huellas. ‖ *Fig.* y *fam. Volver a las andadas,* reincidir en un vicio o mala costumbre.
andaderas f. pl. Aparato para que el niño aprenda a andar.
andador, ra adj. y s. Que anda mucho o con prisa: *caballo andador.* ‖ Que anda de una parte a otra sin parar en ninguna. ‖ — M. Recadero. ‖ — Pl. Tirantes para sostener al niño que aprende a andar.
andadura f. Acción y efecto de andar. ‖ *Paso de andadura,* portante, paso de los caballos.
Andagoya (Pascual de), conquistador español (1495-1548), que se distinguió en Panamá y Perú.
Andalucía, región del S. de España, dividida en ocho prov.: *Huelva, Cádiz, Sevilla, Málaga, Almería, Granada, Jaén* y *Córdoba.* Colonizada por fenicios, griegos, cartagineses y romanos, que la llamaron *Bética,* llegó a su mayor esplendor con los árabes (Califato de Córdoba, reinos de Sevilla y Granada).
andalucismo m. Palabra o giro propios del castellano hablado en Andalucía. ‖ Amor o apego a las cosas de Andalucía.
andaluz, za adj. y s. De Andalucía.
Andamán (ISLAS), archip. del golfo de Bengala, que forma, con las islas Nicobar, un Terr. de la India; cap. *Port Blair;* 80 000 h.
andamiar v. t. Poner andamios.
andamio m. Armazón provisional de tablones o vigas metálicas levantado delante de una fachada para facilitar la construcción, la reparación o la pintura de muros y paredes, etc.: *andamio metálico.*
andana f. Hilera.
andanada f. Descarga cerrada de toda la batería de cualquiera de los dos costados de un buque de guerra. ‖ Localidad cubierta y con gradas en las plazas de toros. ‖ *Fig.* y *fam.* Reprensión severa: *soltar una andanada.*
¡andando! interj. ¡En seguida!, ¡vamos!
andante adj. Que anda. ‖ *Caballero andante,* el que viajaba en busca de aventuras. ‖ — M. *Mús.* Composición moderadamente lenta. ‖ — Adv. *Mús.* Despacio.
andantino adv. y s. m. *Mús.* Aire más animado que el andante.
andanza f. Caso, suceso. ‖ *Buena andanza,* buena fortuna.
* **andar** v. i. Ir de un lugar a otro dando pasos. ‖ Moverse lo inanimado: *andar la nave, un astro.* ‖ Funcionar un mecanismo: *anda el*

reloj. || *Fig.* Estar: *andar uno bueno* o *malo, alegre* o *triste.* || Pasar o correr el tiempo: *andan los días, los meses, los años.* || Con la prep. *a,* dar: *andar a palos.* || Con las prep. *con* o *sin,* tener o padecer: *andar con miedo.* || Seguido de *con,* manejar: *andar con pólvora.* || Con la prep. *en,* hurgar: *andar en un cajón;* meterse en algo: *andar en pleitos;* estar para cumplir: *andar en los treinta años.* || Antepuesto a un gerundio, denota lo que éste significa. || *Fam.* Ir: *¡anda, márchate!, ¡anda, vete!* || — *Fig. Andar tras algo,* pretenderlo. | *Andar tras alguno,* buscarlo. || *Traer a malandar,* cansar, ajetrear. || — V. t. Recorrer: *andar tres kilómetros.* || — V. pr. Marcharse. || Con las prep. *con* o *en,* usar, emplear: *andar con bromas, con circunloquios.*

andar m. Andadura. || Modo o manera de proceder. || — Pl. Manera de andar: *andares felinos.*

andariego, ga adj. y s. Andador. || Que anda de una parte a otra sin parar en ninguna: *mujer andariega.*

andarín, ina adj. y s. Andador.

andarivel m. Maroma tendida entre las orillas de un río para guiar una embarcación. || *Mar.* Cuerda colocada a manera de pasamano.

andas f. pl. Tablero con dos varas para llevar algo en hombros.

andén m. En las estaciones de ferrocarriles, acera a lo largo de la vía. || Muelle de un puerto. || Acera de puente. || Pretil, parapeto. || Anaquel. || *Per.* Terraza, bancal en un monte. || *Hond.* y *Guat.* Acera de calle.

Andersen (Hans Christian), escritor danés (1805-1875), autor de *Cuentos de hadas.*

Anderson (Carl David), físico norteamericano, n. 1905, que descubrió el positrón. (Pr. Nóbel, 1936.) || ~ (SHERWOOD), novelista norteamericano (1876-1941).

Andes, cord. de América del Sur que, partiendo de la Tierra del Fuego, bordea la costa del Pacífico y termina en el mar de las Antillas; más de 8 500 km de longitud; altura media, 4 500 m. De actividad volcánica muy importante, sus conos más elevados son los de *Cotopaxi* (5 943 m.), *Chimborazo* (6 310), *Aconcagua* (6 959) y *Ojos del Salado* (6 100).

andesina f. Feldespato de alúmina, sosa y cal que forma parte de algunas rocas eruptivas.

andesita f. *Geol.* Roca volcánica en los Andes.

Andhra Pradesh, Estado del SE. de la India; cap. *Haiderabad.*

andinismo m. *Amer.* Deporte de montaña en los Andes.

andinista com. Que practica el andinismo.

andino, na adj. y s. Relativo a la cordillera de los Andes.

andorga f. *Fam.* Barriga.

Andorra, pequeño principado de los Pirineos, al N. de la prov. española de Lérida; desde 1607 bajo la soberanía del obispo de La Seo de Urgel y del jefe del Estado francés; 465 km²; 18 000 h. Cap. *Andorra la Vella;* 5 500 h.

andorrano, na adj. y s. De Andorra.

Andrada e Silva (José Bonifacio de), político y escritor brasileño (1765-1838), prócer de la Independencia.

Andrade (Mario de), poeta modernista y músico brasileño (1893-1945). || ~ (OLEGARIO VÍCTOR), poeta argentino (1839-1882), autor de *El nido de cóndores, El arpa perdida, Prometeo* y *Atlántida.*

andrajo m. Pedazo roto o jirón de la ropa. || *Fig.* y *despect.* Persona o cosa despreciable.

andrajoso, sa y s. Lleno de andrajos.

Andrés *(San),* apóstol, hermano de San Pedro. Predicó en Patras. Fue crucificado en una cruz en forma de X. Fiesta el 30 de noviembre.

Andria, c. del SE. de Italia (Bari). Obispado. Olivares, viñas.

Andrinópolis o **Adrianópolis,** en turco *Edirne,* c. de Turquía (Tracia), a orillas del Maritza. Tratado rusoturco que reconoció la independencia de Grecia (1829).

androcéfalo, la adj. De cabeza de hombre.

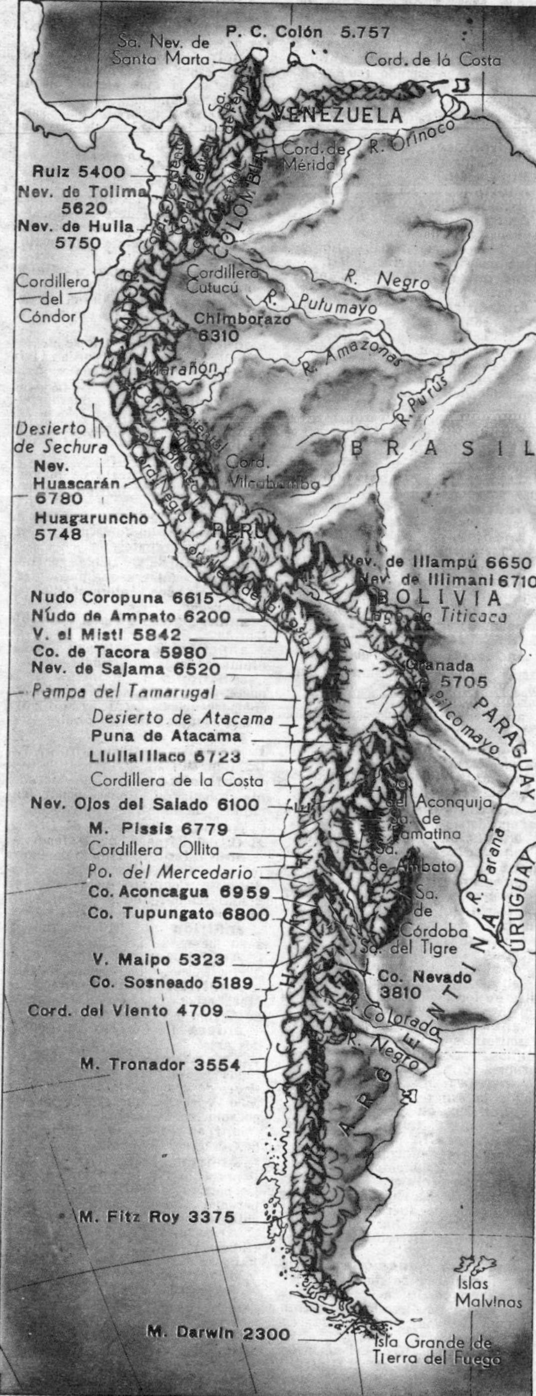

ANDES ▶

androceo m. *Bot.* Tercer verticilo de la flor, formado por los estambres.

Androcles, esclavo romano entregado a las fieras y respetado por un león al que había extraído un día una espina.

andrógino, na adj. Que tiene los dos sexos. || *Bot.* Monoico, de flores masculinas y femeninas en un mismo pie, como el nogal: *plantas andróginas.* || *Zool.* Aplícase a algunos animales de órdenes inferiores que, aun cuando reúnen los dos sexos, no pueden fecundarse a sí mismos.

androlatría f. Culto divino tributado a un hombre.

Andrómaca, esposa de Héctor. Tras la caída de Troya fue esclava de Pirro. (*Mit.*)

Andrómeda, constelación septentrional.

Andrómeda, hija de Cefeo, rey de Etiopía y de Casiopea. Esposa de Perseo, que la había librado de un monstruo marino. (*Mit.*)

andromorfo, fa adj. De forma humana.

Andrónico. || ~ **I** *Comneno* (1112-1185), emperador bizantino en 1183, asesinó a Alejo II y fue derribado por Isaac II Ángel. || ~ **II** *Paleólogo* (1258-1332), emperador bizantino (1282-1328), fue expulsado del trono por los turcos. || ~ **III** *el Joven* (1295-1341), nieto del anterior, se rebeló contra él y lo obligó a abdicar (1328). || ~ **IV** *Paleólogo* (1348-1385), se sublevó contra su padre Juan V (1376), y su desastroso reinado duró sólo tres años.

Andros, isla griega de las Cícladas. Vinos y frutos.

Andújar, c. de España (Jaén), a orillas del Guadalquivir.

andujareño, ña adj. y s. De Andújar.

andullo m. *Mar.* Tejido colocado en las jaretas y motones de los buques. || Hoja larga de tabaco arrollada.

andurrial m. pl. *Fam.* Paraje extraviado o fuera de camino. Ú. m. en pl.: *¿qué haces por estos andurriales?*

anea f. Planta tifácea semejante a la espadaña.

anécdota f. Relación breve de un suceso curioso.

anecdotario m. Colección de anécdotas.

anecdótico, ca adj. Relativo a la anécdota.

anegación f. Inundación, riada.

anegadizo, za adj. Que se anega (ú. t. c. s.).

anegamiento m. Anegación.

anegar v. t. Inundar: *anegar un terreno.* || Ahogar en el agua (ú. t. c. pr.). || *Fig.* Abrumar. || — V. pr. Naufragar.

anego m. *Per.* Anegamiento.

anejar v. t. Unir, agregar.

anejo, ja adj. Anexo, dependiente: *local anejo.* || — M. Cosa sujeta a otra principal.

anélidos m. pl. *Zool.* Animales vermiformes de cuerpo blando con anillos, y de sangre roja, como la lombriz (ú. t. c. adj.).

anemia f. *Med.* Empobrecimiento de la sangre.

anémico, ca adj. y s. Relativo a la anemia. || Que padece anemia.

anemografía f. Parte de la meteorología que trata de la descripción de los vientos.

anemometría f. Parte de la meteorología que enseña a medir la velocidad o la fuerza del viento.

anemómetro m. Instrumento para medir la dirección y la fuerza del viento.

anémona o **anemone** f. Planta ranunculácea de flores grandes.

anemoscopio m. Instrumento para indicar la dirección del viento.

aneroide adj. Sin líquido: *barómetro aneroide.*

anestesia f. *Med.* Privación general o parcial de la sensibilidad, ya por efecto de un padecimiento ya producida artificialmente.

anestesiar v. t. *Med.* Provocar la anestesia: *anestesiar al que va a ser operado.*

anestésico, ca adj. y s. m. *Med.* Dícese de las sustancias como el éter, cloroformo, etc., que tienen la propiedad de causar anestesia.

anestesiólogo, ga m. y f. Especialista en anestesia.

anestesista com. Médico o auxiliar que adminstra la anestesia.

Aneto (PICO DE), cima de los Pirineos españoles (Huesca); 3 404 metros. Es la más elevada de la vertiente española.

aneurisma m. *Med.* Tumor sanguíneo en las paredes de una arteria.

anexar v. t. Anexionar.

anexión f. Acción y efecto de anexionar.

anexionar v. t. Unir una cosa a otra con dependencia de ella.

anexionismo m. Doctrina imperialista que defiende las anexiones territoriales.

anexo, xa adj. y s. m. Unido a otra cosa y dependiente de ella.

anfetamina f. Medicamento del tipo de la efedrina, estimulante del sistema nervioso.

anfibio, bia adj. Dícese de los animales y plantas que pueden vivir indistintamente en el agua y en la tierra (ú. t. c. s. m.). || *Fig.* Que se desarrolla en tierra y mar: *operación militar anfibia.* || Dícese del vehículo o del aparato que puede funcionar lo mismo en tierra que en el agua o en el aire.

anfíbol m. Silicato de magnesia, de color verde o negro y brillo anacarado.

anfibolita f. Roca compuesta de anfíbol y algo de feldespato, cuarzo, mica y granates,

anfibología f. Doble sentido, manera de hablar a que puede darse más de una interpretación. || Ambigüedad.

anfibológico, ca adj. De doble sentido.

anfictión m. En la ant. Grecia, diputado de la anfictionía.

anfictionía f. Asamblea a la que enviaban delegados las antiguas ciudades griegas confederadas para tratar asuntos políticos y religiosos.

anfípodo adj. y s. m. *Zool.* Crustáceo con cierto número de patas simétricas.

Anfípolis, ant. c. de Macedonia, colonia de Atenas, donde Tucídides sufrió el destierro.

Anfisa, c. del centro de Grecia, al O. del Parnaso, hoy *Salona.*

anfiteatro m. Edificio de figura redonda u oval con gradas alrededor. || Conjunto de asientos en gradas semicirculares. || *Anfiteatro anatómico,* sala de disección.

anfitrión m. El que convida a su mesa.

Anfitrión, hijo de Alceo, rey de Tirinto, esposo de Alcmena. (*Mit.*)

Anfitrite, divinidad griega del Mar, esposa de Poseidón, madre de Tritón y de las Ninfas.

ánfora f. Cántaro antiguo de dos asas.

anfractuosidad f. Cavidad profunda y desigual: *las anfractuosidades de una caverna.* || *Anat.* Surco o depresión que separa las circunvoluciones cerebrales.

anfractuoso, sa adj. Quebrado, desigual, sinuoso.

Angamos, cabo cerca de Mejillones (Chile), teatro en 1879 de la heroica defensa del acorazado peruano *Huáscar* contra la armada chilena.

Angara, río de la U. R. S. S. (Siberia), que atraviesa el lago Baikal y es afl. del Yenisei; 3 000 km.

angarillas f. pl. Andas.

Angaraes, prov. de Perú (Huancavelica); cap. *Lircay.*

ángel m. Cualquiera de los espíritus celestes que pertenecen al último de los nueve coros. || Por antonomasia, el Arcángel San Gabriel. || *Fig.* Gracia, simpatía, atractivo. | Persona muy dulce. || — *Ángel custodio* o *de la guarda,* el que Dios ha señalado a cada persona para su guarda. || *Fam. Mal ángel,* persona que tiene el don de desagradar. || *Fig. Tener ángel,* tener el don de agradar.

Ángel Etcheverri, pobl. de la Argentina (La Plata).

Ángela de Mérici (*Santa*), franciscana italiana (1474-1540), fundadora de las Ursulinas (1535). Fiesta el 31 de mayo.

Ángeles, bahía de México, en la costa occidental del golfo de California. || ~ **(Los),** c. del SO. de Estados Unidos (California), a orillas del río homónimo. Arzobispado. Universidad. Industrias. En sus alrededores se encuentra Hollywood, centro de la cinematografía. — C. del centro de Chile, cap. de la prov. de Bío-Bío. || ~ **Custodios.** V. PUERTO CASADO.

Ángeles (Fray Juan de los), místico franciscano español (1536-1609).

angelical adj. Relativo a los ángeles. || Que parece de ángel o es parecido a ellos.

angélico, ca adj. Angelical.

Angélico (Fra Giovanni DA FIÉSOLE), pintor italiano (¿1400?-1455). Decoró con frescos San Marcos de Florencia y el Vaticano.

angelino, na adj. y s. De Los Ángeles (Chile).

angelito m. *Fig.* Niño.

angelote m. *Fam.* Figura grande de ángel. || *Fig.* y *fam.* Niño muy gordo y tranquilo. | Persona sencilla.

ángelus m. Oración que se reza por la mañana, al mediodía y al anochecer en honor de la Encarnación. || Toque de oraciones.

Angers [*anyé*], c. del O. de Francia, a orillas del Maine, cap. del dep. de Maine-et-Loire. Obispado. Industrias. Centro comercial.

angevino, na adj. y s. De Anjou y de Angers (Francia).

angina f. *Med.* Inflamación de la garganta. || *Angina de pecho,* afección de la región precordial, de origen cardiaco.

angiología f. Parte de la anatomía que trata del sistema vascular.

angioma m. *Med.* Tumor generalmente congénito, antojo, lunar.

angiospermas f. pl. Plantas cuya semilla está envuelta por un pericarpio (ú. t. c. adj.).

Angkor, pobl. de Camboya Occidental. Imponentes ruinas del arte kmer (s. IX-XII).

Anglés (Higinio), musicólogo español (1888-1969).

Anglesey, isla en el mar de Irlanda y condado de Gran Bretaña (Gales); cap. *Beaumaris.*

anglesita f. Sulfato de plomo natural.

anglicanismo m. Conjunto de las doctrinas de la religión reformada predominante en Inglaterra desde el reinado de Enrique VIII.

anglicano, na adj. Relativo al anglicanismo. || — M. y f. Que profesa el anglicanismo.

anglicismo m. Afición a lo inglés. || Giro, vocablo o modo de hablar propio de la lengua inglesa y empleado en otra.

— La lengua inglesa ha introducido en el castellano cierto número de palabras, relativas al deporte (*tenis, fútbol, boxeo*), a la marina (*paquebote, bricbarca, yate*), a la comida (*bistec, budín, rosbif*), etc.

anglicista com. Aficionado a lo inglés.

anglo, gla adj. y s. Individuo de un ant. pueblo germánico que invadió Gran Bretaña (s. VI) y dio su nombre a Inglaterra.

angloamericano, na adj. y s. Relativo a ingleses y americanos. || Dícese del inglés nacido en América. || De Estados Unidos. || Perteneciente a ellos.

angloárabe adj. y s. Dícese de

un caballo que tiene mezcla de las razas inglesa y árabe.

anglófilo, la adj. Amigo de los ingleses.

anglofobia f. Aversión a lo inglés y a Inglaterra.

anglófobo, ba adj. Que tiene odio a Inglaterra y a los ingleses.

anglófono, na adj. y s. Que habla inglés.

anglomanía f. Afición exagerada a las costumbres inglesas.

anglómano, na adj. y s. Que adolece de anglomanía.

Anglonormandas (ISLAS), archip. británico del Canal de la Mancha junto a la costa de Normandía. Las principales islas son: Jersey, Guernesey y Alderney.

anglonormando, da m. Dialecto que se habla a ambos lados del Canal de la Mancha.

anglosajón, ona adj. y s. De los anglosajones y, por ext., de los pueblos de raza inglesa. ‖ — M. Lengua germánica hablada por los anglosajones. ‖ — M. pl. Nombre genérico de los grupos germánicos que invadieron y colonizaron Inglaterra a partir del s. V.

Angol, c. de Chile, cap. de la prov. de Malleco. Lavaderos de oro.

Angola, ant. *África Occidental Portuguesa,* Estado en la costa SO. de África; 1 246 700 km²; 5 360 000 h.; cap. *Luanda,* 250 000 h. Fue portugués hasta 1975.

angolés, esa adj. y s. De Angola.

angolino, na adj. y s. De Angol (Chile).

angora com. Gato, conejo o cabra originarios de Angora o Ankara (Turquía).

angostar v. t. Hacer angosto.

angosto, ta adj. Estrecho: *calle angosta.*

angostura f. Calidad de angosto. ‖ Estrechura.

Angostura, ant. n. de *Ciudad Bolívar,* donde el Libertador reunió a los delegados de las provincias libres de Venezuela, Casanare y Nueva Granada (1818). Este *Congreso de Angostura* fue fundamental en el movimiento emancipador.

angra f. Ensenada, bahía.

Angra ‖ **~ do Heroismo,** c. de las islas Azores (Terceira). Obispado. ‖ **~ dos Reis,** mun. y c. del Brasil (Río de Janeiro).

angstrom m. Unidad de medida de las longitudes de onda (diezmillonésima parte de un mm).

Angström (Anders Jonas), físico sueco (1814-1874), que investigó sobre el análisis espectral.

anguila f. Pez de agua dulce, de cuerpo cilíndrico y cubierto de una sustancia viscosa. ‖ *Anguila de mar,* congrio.

angula f. Cría de anguila.

angular adj. De figura de ángulo, que tiene ángulos: *arteria angular.* ‖ — *Distancia angular de dos estrellas,* ángulo que forman los dos rayos visuales que unen el ojo del observador con ambas estrellas. ‖ *Piedra angular,* la principal de un edificio; (fig.) base.

Angulema, c. de Francia, cap. del dep. de Charente. Obispado. Catedral románica.

Angulema *(Duque de),* hijo primogénito de Carlos X de Francia (1775-1844), jefe de la expedición que restauró el absolutismo en España (1823).

ángulo m. *Geom.* Abertura formada por dos líneas que parten de un mismo punto. ‖ Esquina o arista. ‖ Rincón que se forma entre dos paredes. ‖ Porción indefinida de plano limitada por dos líneas. ‖ — *Geom. Ángulo diedro,* espacio comprendido entre dos planos que se cortan y que están limitados por su recta de intersección. ‖ *Zool. Ángulo facial,* el formado por las dos rectas que van desde la frente hasta los alveolos de la mandíbula superior y desde este punto hasta el conducto auditivo. ‖ *Geom. Ángulo mixto,* el formado por una recta y una curva. ‖ *Ángulo rectilíneo,* abertura formada por dos líneas que parten de un mismo punto.

Angulo Guridi (Javier), patriota y poeta dominicano (1816-1884), de inspiración indigenista.

angulosidad f. Calidad de anguloso.

anguloso, sa adj. Que tiene ángulos.

Angus. V. FORFAR.

angustia f. Aflicción, congoja, dolor moral profundo.

angustiado, da adj. Afligido.

angustiar v. t. Causar angustia, afligir, acongojar.

angustioso, sa adj. Lleno de angustia. ‖ Que causa o padece angustia.

Anhalt, región de Alemania Oriental, hoy incorporada a la República Democrática Alemana (Sajonia-Anhalt).

anhelante adj. Que anhela.

anhelar v. i. Respirar con dificultad. ‖ — V. t. e i. Ansiar una cosa: *anhelar la gloria.*

anhelo m. Deseo vehemente.

anheloso, sa adj. Aplícase a la respiración frecuente y fatigosa. ‖ Que siente anhelo por una cosa.

anhídrico m. *Quím.* Cuerpo que puede formar un ácido combinado con el agua.

anhidro, dra adj. *Quím.* Aplícase a los cuerpos que no contienen agua: *sales anhidras.*

anhidrosis f. *Med.* Disminución o supresión del sudor.

Anhué. V. NGANHUEI.

Aníbal, general cartaginés (247-183 a. de J. C.), hijo de Amílcar Barca. Tras conquistar Sagunto (219), aliada de los romanos y cuyos habitantes prefirieron la muerte a la rendición, atravesó España, las Galias y los Alpes por el monte Genevre y derrotó a los romanos en Tesino, Trebia, Trasimeno y Cannas (218-216). De regreso a África para defender su patria, fue vencido en Zama (202) por Escipión el Africano.

Aniceto *(San),* papa de 155 a 166. Fiesta el 17 de abril.

anidar v. i. Hacer su nido: *la golondrina anida en los tejados* (ú. t. c. pr.). ‖ *Fig.* Morar, habitar, vivir en alguna parte (ú. t. c. pr.). ‖ — V. t. *Fig.* Abrigar: *anidar buenos o malos sentimientos.*

anilina f. *Quím.* Alcaloide artificial, líquido, incoloro, que se saca de la hulla. (La *anilina* se emplea como colorante, en farmacia y con las materias plásticas.)

anilla f. Anillo de colgaduras. ‖ — Pl. Aros, pendientes de cuerdas, para ejercicios de gimnasia.

anillado, da adj. De forma de anillo. ‖ — Adj. y s. m. Anélido.

anillar v. t. Dar forma de anillo. ‖ Sujetar con anillos: *anillar una cortina.*

anillo m. Aro pequeño. ‖ Sortija: *anillo de boda.* ‖ *Arq.* Collarino de columna. ‖ *Zool.* Cada una de las divisiones en que tienen partido el cuerpo ciertos animales. ‖ — *Astr. Anillo de Saturno,* círculo que rodea a este planeta. ‖ *Anillo pastoral,* el que lleva una piedra grabada y usan los obispos. ‖ *Fig. y fam. Como anillo al dedo,* con oportunidad.

Anillo de los Nibelungos *(El),* drama lírico de Wagner, dividido en cuatro partes *(El oro del Rin, La Walkiria, Sigfrido y El crepúsculo de los dioses).*

ánima f. Alma del Purgatorio. ‖ Hueco del cañón de un arma. ‖ — Pl. Toque de campanas en las iglesias por la noche para que se ruegue por las almas del Purgatorio. ‖ Hora de este toque.

animación f. Acción y efecto de animar o animarse. ‖ Vivacidad ‖ Concurso de gente. ‖ Alegría.

animado, da adj. Dotado de vida. ‖ *Fig.* Divertido, concurrido: *la verbena estuvo muy animada.* ‖ Movido de: *animado de buenos sentimientos.* ‖ *Dibujos animados,* sucesión de dibujos que, cinematografiados, dan la ilusión del movimiento.

animador, ra adj. y s. Que anima o excita. ‖ — M. y f. Persona que presenta un programa artístico.

animadversión f. Enemistad, odio, animosidad.

animal m. Ser orgánico que vive, siente y se mueve voluntariamente o por instinto: *el hombre es un animal dotado de razón.* ‖ Ser irracional por oposición al hombre. ‖ — Adj. Relativo al animal: *funciones animales.* ‖ *Fig.* Dícese de la persona muy ignorante, grosera o necia.

animalada f. Burrada.

animálculo m. Animal microscópico.

animalidad f. Calidad o condición de animal.

animalismo m. Animalidad.

animalista m. Pintor o escultor de animales.

animalizar v. t. Convertir los alimentos en materia apta para la nutrición. ‖ Convertir en ser animal. ‖ — V. pr. Embrutecerse.

animar v. t. Dar la vida. ‖ *Fig.* Excitar, alentar. ‖ Dar fuerza y vigor. ‖ Hacer que una obra de arte parezca dotada de vida: *animar el escultor el mármol.* ‖ Dar movimiento, alegría y vida: *animar una feria, una fiesta.* ‖ — V. pr. Cobrar ánimo y esfuerzo: *animarse el público.* ‖ Atreverse.

Ánimas, sierra del Uruguay, entre los dep. de Lavalleja y Maldonado. — Volcán de Colombia; 4 242 m.

anímico, ca adj. Del alma.

animismo m. *Fil.* Doctrina que considera el alma como principio de acción de los fenómenos vitales. ‖ Culto de los espíritus.

animista com. Partidario del animismo.

ánimo m. Alma o espíritu. ‖ Valor, energía: *hay que tener mucho ánimo para hacerlo.* ‖ Intención, voluntad: *lo hizo con buen ánimo.* ‖ — Interj. Para alentar o esforzar a alguien.

animosidad f. Aversión, odio.

animoso, sa adj. Que tiene ánimo: *hombre animoso.*

aniñado, da adj. Pueril.

anión m. *Electr.* Ion cargado negativamente.

aniquilable adj. Que se puede aniquilar.

aniquilación f. Acción y efecto de aniquilar o aniquilarse.

aniquilador, ra adj. y s. Que aniquila.

aniquilamiento m. Aniquilación, destrucción total.

aniquilar v. t. Reducir a la nada, destruir por entero: *aniquilar un ejército.* ‖ *Fig.* Anonadar, apocar: *aniquilar el ánimo.* ‖ — V. pr, *Fig.* Deteriorarse mucho una cosa. ‖ Anonadarse.

anís m. Planta umbelífera aromática. ‖ Grano de anís bañado en azúcar. ‖ Aguardiente de anís.

anisado m. Aguardiente de anís.

anisar v. t. Echar anís a una cosa: *anisar licores.*

anisete m. Licor compuesto de aguardiente, azúcar y anís: *el anisete es digestivo.*

anisómero, ra adj. *Biol.* Formado de partes desiguales o irregulares.

anisopétalo, la adj. *Bot.* Aplícase a la flor de pétalos desiguales.

anisotropía f. Calidad de anisótropo.

anisótropo, pa adj. y s. m. *Fís.* Aplícase a los cuerpos que no son isótropos.

aniversario adj. Anual. ‖ — M. Día en que se cumplen años de algún suceso. ‖ Oficio fúnebre al año del fallecimiento.

Anjeo, en fr. *Anjou,* ant. prov. del O. de Francia; cap. *Angers.*

Anjeo o **Anjou** (Felipe de),

n. del rey Felipe V de España, primero de la dinastía borbónica. ‖ ~ (RENATO DE). V. RENATO.

Anjuan o **Joana,** una de las islas Comores.

Ankara, ant. *Angora*, cap. de Turquía, en la meseta de Anatolia; 902 200 h. Centro industrial.

Anking. V. NGANKING.

Annaba, antes *Bona*, c. y puerto del NE. de Argelia. Metalurgia.

Annápolis, c. del E. de Estados Unidos, cap. del Estado de Maryland. Escuela Naval.

Annapurna. V. ANAPURNA.

Annecy, c. del SE. de Francia, cap. del dep. de Haute-Savoie. Obispado. Castillo (s. XV-VII).

Annobón, isla de Guinea Ecuatorial (Fernando Poo), a 200 km de Elobey Chico; 18 km^2.

Annual, ant. posición española en Marruecos (Rif). Derrota de los españoles en 1921.

Annunzio (Gabriel D'), escritor italiano, n. en Pescara (1863-1938), autor de poesías, novelas y obras teatrales.

ano m. *Anat.* Orificio del recto.

anobios m. pl. Género de coleópteros xilófagos llamados vulgarmente *carcoma*.

anoche adv. En la noche de ayer.

* **anochecer** v. i. Empezar a faltar la luz del día, venir la noche: *ya empieza a anochecer.* ‖ Llegar o estar en un paraje determinado al empezar la noche: *anochecer en Málaga.*

anochecer m. y **anochecida** f. Tiempo durante el cual anochece.

anódico, ca adj. *Fís.* Del ánodo: *radiación anódica.*

anodinia f. *Med.* Falta o ausencia de dolor.

anodino, na adj. *Med.* Que sirve para calmar el dolor: *medicamento anodino* (ú. c. s. m.). ‖ Ineficaz, insustancial. ‖ *Fig.* Insípido, sin gracia: *escritor, orador anodino.*

ánodo m. *Electr.* Polo positivo de un generador de electricidad.

anofeles adj. y s. m. Aplícase al mosquito cuya hembra es trasmisora del paludismo.

anomalía f. Irregularidad, calidad de irregular. ‖ *Anat.* Alteración orgánica: *anomalía congénita.*

anómalo, la adj. Irregular, extraño.

anona f. Árbol anonáceo propio de los países tropicales cuyo fruto es comestible y de sabor dulce.

anonáceas f. pl. Familia de plantas dicotiledóneas que tienen por tipo la anona (ú. t. c. adj.).

anonadación f. o **anonadamiento** m. Aniquilamiento, abatimiento.

anonadar v. t. Aniquilar. ‖ *Fig.* Apocar, abatir: *me anonadó esa noticia.*

anonimato m. Carácter anónimo: *permanecer en el anonimato.*

anónimo, ma adj. Dícese del escrito sin nombre de autor o del autor de nombre desconocido (ú. t. c. m.). ‖ *Sociedad anónima,* asociación comercial cuyos socios, desconocidos del público, sólo son responsables por el valor del capital aportado.

anoploterio m. Paquidermo fósil del eoceno.

anopluro, ra adj. y s. Dícese de los insectos chupadores ápteros que viven como parásitos en algunos mamíferos.

anorak m. Chaquetón impermeable con capucha.

anorexia f. *Med.* Inapetencia.

anormal adj. Irregular, contra la regla. ‖ — Com. Persona cuyo desarrollo es deficiente.

anormalidad f. Carácter de anormal.

anotación f. Acción y efecto de anotar. ‖ Apunte.

anotador, ra adj. y s. Que anota.

anotar v. t. Poner notas en un escrito o cuenta. ‖ Apuntar, tomar nota de algo.

Anouilh (Jean), dramaturgo francés, n. en 1910.

anoxemia f. *Med.* Aeración insuficiente de la sangre, como en el mal de montaña.

anquilosamiento m. Acción y efecto de anquilosarse.

anquilosar v. t. Causar anquilosis. ‖ — V. pr. Fijarse las articulaciones. ‖ *Fig.* Detenerse una cosa en su progreso.

anquilosis f. *Med.* Privación de movimiento en las articulaciones. ‖ Fijeza de las articulaciones.

anquilostoma m. Gusanillo parásito del hombre que provoca una anemia grave.

Anquises, fundador de Troya y padre de Eneas. (*Mit.*)

ansa f. Antigua confederación comercial de varias ciudades libres de Alemania.

ánsar m. Ave palmípeda cuya pluma se empleaba para escribir.

ansarino m. Pollo de ánsar.

anseático, ca adj. Del ansa: *liga anseática.*

ansia f. Inquietud muy violenta, aflicción. ‖ Anhelo: *ansia de riquezas.* ‖ — Pl. Náuseas.

ansiar v. t. Desear con ansia: *ansiar llegar.* ‖ Codiciar.

ansiedad f. Inquietud del ánimo: *lo esperaba con ansiedad.* ‖ *Med.* Angustia que acompaña algunas enfermedades.

ansioso, sa adj. Acompañado de ansia o congoja. ‖ Que tiene ansia de algo: *ansioso de riquezas.*

Ansó, valle de los Pirineos españoles (Huesca).

anta f. *Zool.* Alce. ‖ Menhir. *Arq.* Pilastra embutida en un muro.

Antabamba, pobl. del Perú, cap. de la prov. homónima (Apurímac).

antagónico, ca adj. Que denota antagonismo: *caracteres antagónicos.*

antagonismo m. Oposición.

antagonista com. *Anat.* Que obra en sentido opuesto: *músculos antagonistas.* ‖ Persona o cosa opuesta: *es mi antagonista.*

Antakia. V. ANTIOQUÍA.

antaño adv. En el año pasado. ‖ *Por ext.* En tiempo antiguo.

Antárticas (TIERRAS). V. POLARES (*Regiones*).

antártico, ca adj. Austral.

Antártida, continente comprendido en el interior del Círculo Polar Antártico; 14 millones de km^2. Repartido entre Australia, Nueva Zelanda, Gran Bretaña, Chile, Argentina, Noruega y Francia. ‖ ~ **Argentina,** sector de la Antártida comprendido entre los meridianos 74° y 25°, hasta el polo Sur.

ante m. Anta, especie de ciervo. ‖ Su piel adobada y curtida: *chaqueta de ante.* ‖ Búbalo.

ante prep. En presencia de, delante de: *ante el juez.* ‖ Respecto de: *ante las circunstancias.* ‖ Con antelación o preferencia.

anteanoche adv. En la noche de anteayer.

anteayer adv. El día inmediatamente anterior a ayer.

antebrazo m. Parte del brazo que se extiende desde el codo hasta la muñeca.

antecámara f. Pieza que precede las principales de una casa. ‖ Antesala, recibimiento.

antecedente adj. Que antecede. ‖ — M. Acción anterior que sirve para juzgar hechos posteriores: *persona de buenos antecedentes.* ‖ *Gram.* Primer término de la relación gramatical. | Nombre, pronombre o proposición a que hacen referencia los pronombres relativos. ‖ *Log.* y *Mat.* Primer término de una razón.

anteceder v. t. Preceder. ‖ Anticipar. ‖ — V. i. Ir delante.

antecesor, ra adj. Anterior en tiempo. ‖ — M. y f. Persona que precedió a otra en una dignidad, empleo, etc. ‖ Antepasado.

antecoro m. *Arq.* Pieza que da ingreso al coro.

antedata f. Fecha anterior a la que debiera tener un documento.

* **antedecir** v. t. Predecir.

antedespacho m. Pieza que precede al despacho.

antedicho, cha adj. Dicho antes o con anterioridad.

antediluviano, na adj. Anterior al diluvio: *animal antediluviano.* ‖ *Fig.* Antiquísimo.

antefirma f. Tratamiento que se pone antes de la firma.

antelación f. Anticipación.

antemano adv. *De antemano,* con anterioridad.

antemencionado, da adj. Mencionado antes.

antemeridiano, na (lat. *ante meridiem*). adj. Anterior al mediodía.

antena f. *Electr.* Conductor metálico que permite emitir y recibir las ondas electromagnéticas: *antena emisora, receptora.* ‖ *Zool.* Cuernecillos flexibles de los insectos o los crustáceos. ‖ *Mar.* Entena.

antenombre m. Nombre o calificativo que se pone antes del nombre propio, como *don, san,* etc.

Anteo, gigante, hijo de Poseidón y de la Tierra, a quien Hércules ahogó entre sus brazos. (*Mit.*)

anteojera f. Caja para los anteojos. ‖ — Pl. Tela o piel con que se tapan los ojos del caballo.

anteojo m. Instrumento de óptica para ver objetos lejanos. ‖ — Pl. Cristales convexos o cóncavos, sujetos a una armazón metálica, que se colocan delante de los ojos para corregir los defectos de la visión.

antepalco m. *Teatr.* Saloncillo que da ingreso a un palco.

antepasado, da adj. Anterior, pasado. ‖ — M. Ascendiente. Ú. m. en pl.: *éstos son mis antepasados.*

antepecho m. Pretil que se pone en ciertos lugares para evitar caídas: *el antepecho de un puente, de una ventana.* ‖ Correa ancha del arreo de las caballerías de tiro que se coloca delante del pecho. ‖ *Méx.* Tablero que se pone en lo alto de las ventanas para reducir la abertura de las hojas.

antepenúltimo, ma adj. Dícese del que está antes del penúltimo.

* **anteponer** v. t. Poner inmediatamente antes. ‖ Preferir: *anteponer el deber al interés personal.*

anteportada f. Hoja que precede la portada de un libro.

anteproyecto m. Trabajos preliminares para trazar el proyecto principal de una obra de arquitectura o de ingeniería.

antepuerto m. *Mar.* Parte avanzada de un puerto artificial.

Antequera, c. del S. de España (Málaga). Cueva megalítica.

Antequera y Castro (José de), abogado y patriota peruano (1690-1731), fiscal de la Audiencia de Charcas. Juez pesquisidor en el Paraguay, cuando la revolución de los comuneros. M. ejecutado.

antequerano, na adj. y s. De Antequera.

antera f. Parte del estambre de las flores que contiene el polen.

anterida f. *Bot.* Célula en que se hallan los anterozoides.

anterior adj. Que precede en lugar o tiempo: *fachada anterior; anterior al cristianismo.*

anterioridad f. Precedencia temporal de una cosa con respecto a otra. ‖ Prioridad.

anterozoide m. *Bot.* Gameto masculino en los vegetales.

antes adv. Expresa prioridad de tiempo o lugar: *antes de amanecer, de llegar.* ‖ Denota preferencia: *antes morir que capitular.* ‖ — Conj. Más bien, por el contrario: *no teme la muerte, antes la desea.* ‖ — Adj. Anterior: *el día antes.* ‖ *De antes,* de tiempo anterior.

antesala f. Pieza situada delante de la sala principal de una casa. ‖ *Hacer antesala,* esperar.

antiaéreo, a adj. Relativo a la defensa contra la aviación.

antialcohólico, ca adj. Contra el alcoholismo: *campaña antialcohólica; remedio antialcohólico.*
antialcoholismo m. Lucha contra el alcoholismo.
antiasmático, ca adj. y s. m. Que previene o combate el asma.
Antiatlas, cord. del Marruecos Meridional que se extiende desde Ifni a Colomb-Bechar; 2 531 m.
antiatómico, ca adj. Que se opone a los efectos de cualquier radiación y al de los proyectiles atómicos: *refugio antiatómico.*
Antibes [*antib*], c. del S. de Francia (Alpes-Maritimes).
antibiótico m. *Med.* Dícese de las sustancias químicas que impiden la multiplicación o desarrollo de los microbios: *la estreptomicina y la penicilina son antibióticos.*
anticanceroso, sa adj. Adecuado para combatir el cáncer.
anticapitalista adj. y s. Hostil al sistema capitalista.
anticarro adj. *Mil.* Que se opone a la acción de los vehículos blindados: *cañón anticarro.*
anticátodo m. *Fís.* Lámina metálica que en un tubo electrónico recibe los rayos catódicos y emite rayos X.
anticiclón m. Área o centro de máxima presión barométrica.
anticientífico, ca adj. Que se opone a la ciencia.
anticipación f. Acción y efecto de anticipar o anticiparse. || *Con anticipación,* de antemano.
anticipado, da adj. Prematuro: *pago anticipado.* || *Por anticipado,* de antemano.
anticipador, ra adj. y s. Que anticipa.
anticipar v. t. Hacer que ocurra algo antes de tiempo: *anticipar un viaje.* || Liquidar una deuda antes del tiempo señalado: *anticipar un pago.* || Adelantar fechas o plazos: *anticipar los exámenes.* || — V. pr. Adelantarse una persona a otra: *anticiparse a un rival.* || Ocurrir una cosa antes del tiempo regular: *anticiparse el invierno.*
anticipo m. Anticipación. || Dinero anticipado: *me dio un anticipo.*
anticlerical adj. y s. m. Contrario al clericalismo.
anticlericalismo m. Oposición a la influencia del clero en los asuntos públicos.
anticlinal adj. y s. m. Dícese de un pliegue de terreno cuyas capas son convexas hacia arriba.
anticoagulante adj. y s. m. Que impide la coagulación.
anticolonialismo m. Oposición al colonialismo.
anticolonialista adj. y s. Opuesto al colonialismo.
anticombustible adj. y s. m. Contrario a la combustión.
anticomunismo m. Oposición al comunismo.
anticomunista adj. y s. Opuesto al comunismo.
anticoncepcional o **anticonceptivo, va** adj. y s. m. Contra la fecundación: *medios anticonceptivos.*
anticonformismo m. Oposición a las costumbres establecidas.
anticonformista adj. y s. Que se opone a las costumbres establecidas o comúnmente admitidas.
anticongelante adj. y s. m. *Mec.* Producto añadido al agua del radiador de un motor para impedir su congelación.
anticonstitucional adj. Contrario a la Constitución.
Anticosti (Isla de). V. Asunción *(Isla de la).*
anticresis f. *For.* Contrato en que el deudor consiente a su acreedor el abandono del usufructo de una finca.
anticristo m. Impostor que, según el Apocalipsis, ha de aparecer, poco antes del fin del mundo, y será vencido por el propio Jesucristo.
anticuado, da adj. Fuera de uso: *palabra anticuada.*
anticuar v. t. Declarar antigua o sin uso una cosa. || — V. pr. Hacerse antiguo.
anticuario m. El que estudia las cosas antiguas. || El que las colecciona o las vende.
anticuerpo m. *Med.* Sustancia defensiva creada por el organismo y que se opone a la acción de las bacterias, toxinas, etc.
antidemocrático, ca adj. Opuesto a la democracia.
antideslizante adj. Que impide resbalar. || — M. Dispositivo aplicado en los neumáticos para evitar que un coche patine.
antidetonante adj. Aplícase a cualquier producto añadido a la gasolina para evitar la explosión prematura de la mezcla.
antidiabético, ca adj. *Med.* Que previene o cura la diabetes.
antídoto m. Contraveneno.
antieconómico, ca adj. Contrario a los principios de la economía. || Muy caro.
antiesclavista adj. y s. Enemigo de la esclavitud.
antiescorbútico, ca adj. y s. m. Que combate el escorbuto.
antiespasmódico, ca adj. y s. m. Que calma los espasmos.
antiestético, ca adj. No estético o contrario a la estética.
antifascista adj. y s. Hostil al sistema fascista.
antifaz m. Velo o máscara para cubrir la cara.
antifebril adj. Febrífugo.
antifernales adj. pl. *For.* Lo que el marido donaba a la mujer en compensación y garantía de la dote: *bienes antifernales.*
antífona f. Breve pasaje de la Sagrada Escritura que se canta o reza en los oficios antes y después de los salmos.
antifonario m. Libro de coro con las antífonas de todo el año.
antífrasis f. *Ret.* Figura que consiste en dar a las palabras una sentido distinto del que tienen.
antigás adj. Que sirve contra la acción de los gases tóxicos.
Antígona, hija de Edipo y de Yocasta, hermana de Etéocles y Polinices, que sirvió de lazarillo a su padre ciego.
Antígono, rey de los judíos de 40 a 37 a. de J. C., el último de los Macabeos, destronado y muerto por Marco Antonio. || **~ el Cíclope,** lugarteniente de Alejandro Magno, rey de Siria en 306 a. de J. C. Intentó formar un imperio en Asia, pero fue vencido y m. en Ipso (301).
Antigua, isla de las Antillas Menores (Barlovento); cap. *Saint John.* || **~ (La),** río de México (Veracruz). — Mun. de México (Veracruz). || **~ Guatemala,** c. de Guatemala, cap. del dep. de Sacatepéquez, ant. cap. de la Gobernación General. Destruida por los terremotos en 1773. Turismo.
antigualla f. Objeto de antigüedad remota. || Mueble, traje, cosa pasado de moda.
antigubernamental adj. Contrario al Gobierno.
antigüedad f. Calidad de antiguo. || Tiempo antiguo. || Tiempo transcurrido desde el día en que se obtiene un empleo: *ascenso por antigüedad.* || — Pl. Monumentos u objetos de arte antiguos: *antigüedades asirias.*
antigüeño, ña adj. y s. De Antigua Guatemala.
antiguo, gua adj. Que existe desde hace mucho tiempo: *porcelana antigua; tradición antigua.* || Pasado de moda, anticuado: *traje antiguo.* || Dícese del que lleva mucho tiempo en su empleo. || — M. *B. Art.* Conjunto de las obras maestras que nos quedan de la Antigüedad: *copiar del Antiguo.* || — Pl. Los que vivieron en otro tiempo.
Antiguo Morelos, v. y mun. de México (Tamaulipas).
antihalo adj. y s. m. Sustancia para reducir el halo en las placas fotográficas.
antihelmíntico, ca adj. y s. m. *Med.* Que combate las lombrices intestinales.
antihigiénico, ca adj. Contrario a la higiene.
antihumano, na adj. Inhumano.
antiimperialista adj. y s. Hostil al imperialismo.
antijurídico, ca adj. Contrario al Derecho.
antilegal adj. Ilegal.
Antilia o **Antilla,** isla fabulosa del Atlántico, de la que tomó su nombre el archip. de las Antillas.
Antilíbano, cord. entre Siria y Líbano; 2 629 metros.
antiliberalismo adj. Doctrina política contraria al liberalismo.
antilogaritmo m. *Mat.* Número correspondiente a un logaritmo dado.
antílope m. *Zool.* Rumiante bóvido de aspecto de ciervo.
Antilla. V. Antilia.
antillano, na adj. y s. De las Antillas.
Antillas, archip. situado entre América del Norte y la del Sur, enfrente de la Central, de la que geológica y geográficamente forma parte. Se suele dividir en *Antillas Mayores* (Cuba, Jamaica, Puerto Rico y Santo Domingo) y *Antillas Menores,* llamadas tb. *Caribes,* divididas en islas de Barlovento (Granada, San Vicente, Granadinas, Santa Lucía, Guadalupe, Martinica) y de Sotavento (Trinidad, Tobago, Margarita, Curazao, Aruba, Bonaire, etc.). Hay que citar asi mismo el archip. de las Lucayas o Bahamas. || **~** (Mar de las). V. Caribe *(Mar).* || **~ del Sur,** n. dado a las islas del hemisferio austral, entre la Antártida y América del Sur, que continúan la línea orográfica de los Andes Fueguinos (isla de los Estados, Burwoord, Roca Shag, Georgia del Sur, Sandwich y Shetland del Sur.
antimasónico, ca adj. Opuesto a la masonería.
antimateria f. *Fís.* Materia hipotética que estaría constituida por antipartículas, del mismo modo que la materia lo está por partículas.
antimilitarismo m. Oposición al militarismo.
antimonárquico, ca adj. Contrario a la monarquía.
antimonial adj. *Quím.* Que contiene antimonio.
antimonio m. Metal blanco azulado brillante (Sb).
antinomia f. Contradicción entre dos leyes o principios racionales.
antinómico, ca adj. Contradictorio, que implica antinomia.
Antinoo, joven griego de Bitinia, de gran belleza, que fue el favorito del emperador Adriano.
Antíoco, n. de trece reyes seleúcidas, entre los cuales : Antioco III *el Grande,* rey de Siria de 223 á 187 a. de J. C., vencedor de los partos y de los egipcios; derrotado por los romanos: — Antioco IV *Epifanes,* rey de 175 a 164 a. de J. C., que combatió a los judíos.
antioqueño, ña adj. y s. De Antioquia (Colombia).
Antioquia, c. de Colombia, en el dep. homónimo. Obispado. Centro comercial. Fundada por Jorge Robledo en 1541. — Dep. de Colombia; cap. *Medellín.* Minería (oro, plata, hierro). Café.
Antioquía, en turco *Antakia,* c. de Turquía, ant. cap. de Siria, a orillas del río Orontes o Nar el-Así. Fue ant. muy floreciente.
antipalúdico, ca adj. Dícese de la medicina contra el paludismo (ú. t. c. s. m.).
antipapa m. Papa cismático.
antipapista adj. y s. Que no reconoce la soberanía del Papa.
Antipas. V. Herodes.
Antipáter o **Antipatro,** general macedonio (397-317 a. de J. C.), que gobernó Macedonia en ausencia de Alejandro Magno.
antiparásito, ta o **antiparasitario, ria** adj. y s. m. Que se

opone a la producción o a la acción de las perturbaciones que afectan la recepción de emisiones radiofónicas o televisadas.

antiparlamentarismo m. Oposición al régimen parlamentario.

antiparras f. pl. *Fam.* Anteojos, gafas.

antipartícula f. *Fís.* Partícula elemental (positón, antiprotón, antineutrón) con propiedades opuestas a las de los átomos de los elementos químicos.

antipatía f. Repugnancia instintiva hacia alguien o algo.

antipático, ca adj. Que causa antipatía: *esta persona me cae antipática.*

antipatriota com. No patriota.

antipatriótico, ca adj. Contrario al patriotismo.

antiperistáltico, ca adj. Aplícase al movimiento de contracción del estómago y de los intestinos, en virtud del cual las materias contenidas en ellos van en sentido inverso de su curso natural.

antipirético, ca adj. y s. m. *Med.* Febrífugo.

antípoda m. Persona que se halla en un lugar de la Tierra diametralmente opuesto a otra. ‖ *Fig.* Lo que es enteramente contrario.

antiprotón m. *Fís.* Protón negativo para romper los núcleos atómicos.

antipútrido, da adj. y s. m. Que impide la putrefacción.

antiquísimo, ma adj. Muy antiguo, remoto.

antirracionalismo m. Doctrina opuesta al racionalismo.

antirreglamentario, ria adj. Contra lo que prescribe el reglamento: *acuerdo antirreglamentario.*

antirreligioso, sa adj. Contrario a la religión.

antirrepublicano, na adj. Contra la república y los republicanos: *libelo antirrepublicano.*

antirrevolucionario, ria adj. Contrario a la revolución.

Antisana, volcán del Ecuador (Pichincha) en la Cord. Oriental, al. SE. de Quito; 5 704 m.

antisegregacionista adj. y s. Opuesto a la segregación racial.

antisemitismo m. Movimiento hostil a los judíos.

antisepsia f. Conjunto de métodos terapéuticos para destruir los microbios.

antiséptico, ca adj. y s. m. *Med.* Que destruye los microbios o impide su desarrollo.

antisocial adj. Contrario al orden social.

Antístenes, filósofo griego, n. en Atenas (444-365 a. de J. C.). Discípulo de Sócrates, jefe de la escuela cínica y maestro de Diógenes.

antisubmarino, na adj. Propio para defenderse contra submarinos.

Antisuyo, sección noroeste del Tahuantinsuyo.

antitanque adj. *Mil.* Máquina contra los tanques: *cañón, granada antitanque.*

Antitauro, macizo montañoso de Turquía en el borde Sudeste de la meseta de Anatolia; 3 014 m.

antítesis f. *Ret.* Oposición de sentido entre dos frases o palabras: *la naturaleza es "grande" hasta en las cosas más "pequeñas".*

antitetánico, ca adj. *Med.* Dícese del remedio empleado para luchar contra el tétanos: *suero antitetánico.*

antitético, ca adj. Que implica antítesis. ‖ Opuesto diametralmente.

antitoxina f. *Med.* Sustancia que destruye las toxinas o aniquila su acción.

antivirus m. Vacuna.

Antofagasta, c. y puerto de Chile, cap. de la prov. homónima. Obispado. Terminal del nuevo ferrocarril transandino. Minería (cobre, salitre). ‖ **~ de la Sierra**; dep. de la Argentina (Catamarca).

antofagastino, na adj. y s. De Antofagasta (Chile).

Antofalla, río, sierra y volcán (6 100 m) de la Argentina (Catamarca).

antojadizo, za adj. Que tiene antojos o caprichos.

antojarse v. pr. Hacerse objeto una cosa de vehemente deseo. ‖ Sospechar.

antojo m. Deseo vivo y pasajero de algo. ‖ — Pl. Lunares, manchas naturales en la piel.

Antolínez (José), pintor español en la corte de Felipe IV (1635-1675). — Su sobrino FRANCISCO ANTOLÍNEZ DE SARABIA (1644-1700) fue discípulo de Murillo.

antología f. Florilegio, colección de trozos literarios: *antología de poetas castellanos.*

antológico, ca adj. Relativo a la antología.

Antón, río de Panamá, que des. en el Pacífico. — Pobl. de Panamá (Coclé). ‖ **~ Lizardo** (BAJOS DE), arrecifes del golfo de México, frente a Veracruz, donde se produjo un incidente naval en 1860 entre México y Estados Unidos.

Antonello de Mesina, pintor italiano (¿1430?-1479), que recibió la influencia de la escuela flamenca.

Antong. V. NGANTONG.

antonimia f. Oposición de dos voces diferentes.

antónimo, ma adj. y s. m. Contrario: *feo y hermoso son dos palabras antónimas.*

Antonino Pío (86-161), emperador romano de 138 a 161, protegido y sucesor de Adriano.

Antoninos, nombre por el que se conocen siete emperadores romanos de 96 a 192 *(Nerva, Trajano, Adriano, Antonino, Marco Aurelio, Vero y Cómodo).*

Antonio (1531-1595), gran prior de Crato, nieto del rey Manuel de Portugal. Subió al trono al morir el rey Enrique (1580), pero fue vencido por el duque de Alba en Alcántara y huyó a París. ‖ **~** (MARCO). V. MARCO ANTONIO. ‖ **~** (NICOLÁS), bibliógrafo español (1617-1684), autor de los repertorios *Bibliotheca hispana vetus* y *Bibliotheca hispana nova.* ‖ **~ Abad** o **Antón** *(San)*, anacoreta de Tebaida (251-356), patrón de los animales domésticos. Fiesta el 17 de enero. ‖ **~ de Padua** *(San)*, franciscano y predicador portugués (1195-1231), llamado *de Padua* por el lugar de su muerte. Fiesta el 13 de junio. ‖ **~ de Palermo.** V. PANORMITA. ‖ **~ María Claret** *(San)*. V. CLARET.

antonomasia f. Figura de retórica por la cual se pone el nombre propio por el común, o viceversa: *el apóstol de las gentes* por *San Pablo.*

Antony, c. de Francia (Hauts-de-Seine), al S. de París.

antora f. Acónito de flores amarillas.

antorcha f. Hacha o tea para alumbrar. ‖ *Fig.* Luz, guía.

antozoarios o **antozoos** m. pl. *Zool.* Clase de celentéreos que comprende las actinias y las madréporas (ú. t. c. adj.).

antracita f. Carbón fósil seco, llamado también *hulla seca.*

antracnosis f. *Bot.* Enfermedad parasitaria de la vid.

antracosis f. *Med.* Neumoconiosis producida por el polvo de carbón.

ántrax m. *Med.* Tumor inflamatorio en el tejido subcutáneo, más grave que el forúnculo.

antro m. Caverna, cueva.

antropocentrismo m. *Fil.* Sistema de considerar al hombre como centro del universo.

antropofagia f. Costumbre de comer carne humana.

antropófago, ga adj. y s. Que come carne humana .

antropoide o **antropoideo,** adj. y s. *Zool.* Aplícase a los monos catirrinos, sin cola, como el chimpancé, gibón, gorila, orangután.

antropología f. Ciencia que trata del hombre, física y moralmente considerado.

antropológico, ca adj. De la antropología: *estudio antropológico.*

antropólogo m. Persona dedicada al estudio de la antropología.

antropometría f. Tratado de las proporciones y medidas del cuerpo humano.

antropométrico, ca adj. Relativo a la antropometría.

antropomorfismo m. Doctrina de los que atribuyen a la divinidad figura o cualidades de hombre.

antropomorfo, fa adj. y s. *Zool.* Aplícase al mono que tiene alguna semejanza corporal con el hombre.

antroponimia f. Estudio del origen y significación de los nombres propios de personas.

antropopiteco m. *Zool.* Pitecántropo.

antropozoico, ca adj. y s. *Geol.* Dícese de la era cuaternaria.

Antsirabé, c. de Madagascar en la meseta central. Obispado. Tratamiento del uranio.

Antuco, volcán del centro de Chile (Bío-Bío); 2 985 m.

antuerpiense adj. y s. De Amberes.

Antung, c. y puerto de China (Manchuria). Centro industrial.

Antuñano (Esteban de), economista mexicano (1792-1847), organizador de la industria textil algodonera.

anual adj. Que sucede o se repite cada año: *planta anual.* ‖ Que dura un año: *cargo anual.*

anualidad f. Calidad de anual. ‖ Importe anual de cualquier renta: *pagar las anualidades.*

anuario m. Libro que se publica de año en año para que sirva de guía en determinadas actividades o profesiones: *anuario telefónico, astronómico, agrícola.*

anubarrado, da adj. Con nubes: *cielo anubarrado.*

Anubis, dios de la mitología egipcia, hijo de Osiris y Neftis, representado con cabeza de chacal.

anublar v. t. Ocultar las nubes el azul del cielo o la luz del Sol o la Luna. ‖ *Fig.* Oscurecer, amortiguar: *anublar la fama.*

anudadura f. o **anudamiento** m. Acción y efecto de anudar o anudarse.

anudar v. t. Hacer uno o más nudos: *anudar una corbata.* ‖ Juntar con un nudo. ‖ *Fig.* Continuar lo interrumpido: *anudar la conversación.* ‖ — V. pr. Dejar de crecer o medrar los seres orgánicos.

anuencia f. Consentimiento.

anuente adj. Que consiente.

anulable adj. Que se puede anular.

anulación f. Acción y efecto de anular o anularse: *anulación de un tratado.*

anulador, ra adj. y s. Que anula.

anular adj. Relativo al anillo. ‖ De figura de anillo. ‖ — M. Cuarto dedo de la mano.

anular v. t. Dar por nulo.

anulativo, va adj. Que puede anular.

anunciación f. Acción y efecto de anunciar. ‖ Fiesta con que la Iglesia católica celebra la visita del arcángel Gabriel a la Virgen.

anunciador, ra adj. y s. Que anuncia.

anunciante adj. y s. Que anuncia: *reservado a los anunciantes.*

anunciar v. t. Hacer saber: *anunciar una nueva.* ‖ Publicar: *anunciar una subasta.*

anuncio m. Aviso verbal o impreso con que se anuncia algo: *los anuncios de prensa.* ‖ Pronóstico. ‖ Signo, índice, presagio.

anuo, nua adj. Anual: *planta anua.*

anuria f. *Med.* Supresión de la secreción urinaria.

anuros m. pl. *Zool.* Orden de batracios desprovistos de cola, que comprende las ranas, los sapos, etc. (u. t. c. adj.).

Anvers. V. AMBERES.

anverso m. Haz de las monedas y medallas, de un impreso, etc.: *el anverso y el reverso.*

Antwerpen. V. AMBERES.

Anyang. V. NGANYANG.

anzoátega adj. y s. De Anzoátegui (Venezuela).

Anzoátegui, Estado del NE. de Venezuela; cap. *Barcelona.* Petróleo. Ganadería.

Anzoátegui (José Antonio), general venezolano (1789-1819). Intervino en el alzamiento de Caracas (1808) y se distinguió en Boyacá (1819).

anzuelo m. Arponcillo que, pendiente de un sedal, sirve para pescar. || *Fig.* y *fam.* Atractivo o aliciente.

Anzúrez (Pedro de), conquistador español del s. XVI, fundador en 1538 de la c. de Chuquisaca (hoy *Sucre*).

añadido m. Postizo, y en particular trenza postiza. || Añadidura.

añadidura f. Lo que se añade o agrega a alguna cosa: *dar algo de añadidura.* || *Por añadidura,* además: *y por añadidura es guapa.*

añadir v. t. Agregar, incorporar una cosa a otra: *añadir voces o artículos a un diccionario.* || Acrecentar, ampliar.

añagaza f. Señuelo para cazar aves. || *Fig.* Artificio para atraer con engaño: *andarse con añagazas.*

añal adj. Anual. || Dícese del cordero o becerro que tiene un año cumplido.

añalejo m. Calendario eclesiástico que indica el rezo, los oficios.

Añatuya, pobl. de la Argentina (Santiago del Estero).

añejo, ja adj. Aplícase a ciertas cosas que tienen uno o más años: *tocino, vino añejo.* || *Fig.* y *fam.* Que tiene mucho tiempo: *costumbre añeja.*

añicos m. pl. Pedazos de una cosa que se rompe: *los cristales saltaron hechos añicos.*

añil m. Arbusto leguminoso de cuyas hojas se saca una pasta colorante azul. || Color de esta pasta.

año m. Tiempo que tarda la Tierra en hacer su revolución alrededor del Sol: *el año consta de 52 semanas o 365 días y cuarto.* || Período de doce meses. || — Pl. Día en que alguno cumple años. || — *Año azteca,* año dividido en 18 períodos de 20 días, más otros cinco días considerados como nefastos. ||*Año bisiesto,* el de 366 días. || *Año civil,* el de 365 días, tal como se considera para la vida usual. || *Año eclesiástico o litúrgico,* el que regula las fiestas de la Iglesia católica y empieza el primer domingo de adviento. || *Año escolar,* tiempo que media desde la apertura de las clases hasta las vacaciones. || *Año lunar,* período de doce revoluciones de la Luna, o sea 354 días. || *Año luz,* distancia equivalente al espacio recorrido por la luz de un año (9 461 000 000 000 de km. || *Año solar o trópico,* duración de una revolución total de la Tierra alrededor del Sol: *el año solar dura exactamente 365 días, cinco horas, 40 minutos y 46 segundos.*

añoranza f. Aflicción causada por la ausencia o pérdida de una persona o cosa. || Nostalgia, soledad interior: *añoranza del desterrado.*

añorar v. t. Recordar con pena la ausencia o la pérdida de una persona o cosa: *añorar el terruño.*

añoso, sa adj. De muchos años: *árbol añoso.*

añublo m. Hongo parásito.

añusgar v. i. Atragantarse.

aojadura f. y **aojamiento** m. Aojo, mal de ojo.

aojar v. t. Hacer mal de ojo. || *Fig.* Desgraciar o malograr una cosa. || (Ant.). Mirar.

aojo m. Acción y efecto de ahojar. || Mal de ojo, maleficio.

Aomori, c. y puerto del Japón en el N. de la isla de Honshu. Pesquerías. Conservas.

aoristo m. Pretérito indefinido de la conjugación griega.

aorta f. *Anat.* Arteria principal del cuerpo, que arranca del ventrículo izquierdo del corazón.

aórtico, ca adj. Relativo a la aorta: *arco, cayado, ramo aórtico.*

Aosta, c. del N. de Italia (Piamonte), cap. de la región autónoma del Valle de Aosta. Obispado.

aovado, da adj. De figura de huevo. || *Bot.* Dícese de la hoja lanceolada redondeada en la parte del pecíolo: *hoja aovada.*

aovar v. i. Poner huevos.

aovillarse v. pr. Encogerse una cosa como un ovillo.

Apa, río de América del Sur, afl. del Paraguay, en la frontera paraguayo-brasileña; 300 km.

apabullar v. t. *Fam.* Aplastar, estrujar. || *Fig.* Reducir al silencio, dejar confuso: *le apabulló con sus argumentos.*

apabullo m. *Fam.* Acción y efecto de apabullar.

apacentador, ra adj. y s. Que apacienta.

apacentamiento m. Acción y efecto de apacentar. || Pasto.

* **apacentar** v. t. Dar pasto al ganado. || *Fig.* Instruir, enseñar: *apacentar el obispo a sus ovejas.* | Cebar, satisfacer los deseos y pasiones.

apacible adj. Agradable, tranquilo: *lugar apacible.* || Manso, dulce: *carácter apacible.*

apaciguador, ra adj. y s. Que apacigua.

apaciguamiento m. Acción y efecto de apaciguar o apaciguarse.

apaciguar v. t. Poner en paz, aquietar, sosegar.

apache m. Indio del SO. de Estados Unidos y del N. de México. (La tribu de los *apaches* opuso dura resistencia a los colonos en el s. XIX.) || *Méx.* Capote para la lluvia. || *Fig.* Malhechor: *los apaches de París.*

apacheta f. *Amer.* Túmulo funerario de piedras en los Andes.

apachurrar v. t. *Amer.* Podar un árbol, dejarlo chaparro.

apadrinador, ra adj. y s. Que apadrina.

apadrinamiento m. Acción y efecto de apadrinar.

apadrinar v. t. Asistir como padrino a alguno. || *Fig.* Patrocinar, proteger: *apadrinar una obra cultural, artística, benéfica.*

apagable adj. Que se puede apagar.

apagadizo, za adj. Que se apaga fácilmente.

apagado, da adj. Que ya no arde. || De genio sosegado y apocado: *hombre apagado.* || *Fig.* Descolorido, amortiguado: *color, semblante apagado.*

apagador, ra adj. Que apaga. || — M. Útil para apagar las luces. || *Mús.* Pieza de los pianos que sirve para evitar las resonancias.

apagamiento m. Acción y efecto de apagar o apagarse.

apagar v. t. Extinguir el fuego o la luz: *apagar la estufa, la lámpara.* || *Fig.* Aplacar: *el tiempo apaga el rencor.* || Echar agua a la cal viva. || *Pint.* Rebajar un color. || — V. pr. *Fig.* Morir dulcemente: *el abuelito se apagó.*

apagavelas m. Apagador.

apainelado adj. *Arq.* Uno de los nombres del *arco carpanel* o *zarpanel.*

apaisado, da adj. Oblongo, de figura rectangular con la base mayor que la altura.

apalabrar v. t. Convenir de palabra: *apalabrar un negocio.*

Apalaches, cadena montañosa del E. de Estados Unidos que va desde Alabama hasta el Estado de Nueva York; alt. máx. 2 037 m.

apalancamiento m. Acción y efecto de apalancar.

apalancar v. t. Levantar, mover con palanca.

¡ápale! interj. *Méx.* ¡Hola!

apaleamiento m. Acción y efecto de apalear.

apalear v. t. Dar golpes con palo. || Varear. || Aventar con pala el grano. || Sacudir ropas, alfombras, etc.

apaleo m. Acción de apalear.

Apan, c. y mun. de México (Hidalgo). Elaboración de pulque.

apancle m. *Méx.* Acequia.

apanclear v. t. *Méx.* Formar apancles o acequias en la tierra cultivada.

apandillar v. t. Hacer pandilla.

Apaneca, sierra de El Salvador (Ahuachapán); alt. media 1 300 metros. — Volcán de El Salvador, tb. llamado *Chichicastepeque;* 1 850 m. — Mun. de El Salvador (Ahuachapán).

apañado, da adj. Parecido al paño: *tejido apañado.* || *Fig.* y *fam.* Hábil, mañoso: *es un chico muy apañado.* | A propósito para el uso a que se destina, práctico: *una herramienta muy apañada.*

apañar v. t. Coger con la mano. || *Fig.* Apoderarse de una cosa. || Aderezar, preparar. || *Fam.* Abrigar, arropar. | Remendar lo roto: *apañar unos pantalones.* Convenir: *no me apaña nada ir tan lejos.* || — V. pr. *Fam.* Darse maña o habilidad para una cosa. || *Apañárselas,* arreglárselas.

apaño m. Arreglo. || *Fam.* Compostura, remiendo. | Maña, destreza. | Concubina.

Apaporis, río de Colombia, fronterizo con el Brasil y afl. del Caquetá; 1 200 km.

aparador adj. Que apara. || — M. Mueble donde se coloca lo necesario para el servicio de la mesa. || Taller de algunos artífices. || Escaparate de las tiendas. || En México, joven obrero auxiliar del minero.

aparato m. Pompa, ostentación: *ceremonia con mucho aparato.* || Máquina, conjunto de instrumentos o útiles para ejecutar un trabajo: *aparato fotográfico, de televisión.* || *Fam.* Teléfono: *¿quién está al aparato?* || *Cir.* Apósito, vendaje: *un aparato ortopédico.* || *Anat.* Conjunto de órganos para una misma función: *aparato circulatorio, digestivo, auditivo.*

aparatoso, sa adj. Que tiene mucho aparato, ostentoso, pomposo. || Espectacular: *accidente aparatoso.* | Vistoso: *traje aparatoso.*

aparcamiento m. Acción y efecto de aparcar. || Sitio donde se aparca: *aparcamiento de vehículos.*

aparcar v. t. *Mil.* Colocar en un campamento los pertrechos de guerra. || Estacionar un coche en un lugar público señalado a propósito. Ú. t. c. i.: *prohibido aparcar.*

aparcería f. Contrato o convenio de los que van a la parte en una finca rústica.

aparcero, ra m. y f. Persona que tiene aparcería con otra.

apareamiento m. Acción y efecto de aparear o aparearse.

aparear v. t. Ajustar una cosa con otra de forma que queden iguales. || Unir una cosa con otra formando par. || Juntar la hembra de un animal al macho para que críe. || — V. pr. Acoplarse.

* **aparecer** v. i. Manifestarse, dejarse ver: *Jesús apareció a los apóstoles* (ú. t. c. pr.). || Parecer, encontrarse, hallarse: *aparecer lo perdido.* || *Aparecer un libro,* galicismo por *salir a luz.*

aparecido m. Espectro de un difunto.

aparejado, da adj. Apto, idóneo. || — *Ir aparejado con,* ir bien con. || *Traer aparejado,* acarrear.

aparejador, da adj. y s. Que apareja. || — M. Ayudante de un arquitecto.

aparejar v. t. Preparar, disponer para un fin: *aparejar para una excursión* (ú. t. c. pr.). || Poner el aparejo a las caballerías. || En ciertos oficios, preparar las piezas que han de servir para una obra. || *Mar.* Poner la jarcia a una embarcación.

aparejo m. Preparación, disposición. || Arreo para cargar las caballerías. || Sistema de poleas compuestas. || Conjunto de cosas necesarias para algo: *aparejo de pescar.* || *Mar.* Conjunto de velas y jarcias de las embarcaciones. || *Arq.* Disposición de los materiales de una construcción: *aparejo poligonal.* || *Pint.* Preparación del lienzo. || — Pl. Instrumentos y cosas necesarias para un oficio o maniobra.

aparentador, ra adj. y s. Que aparenta.

aparentar v. t. Manifestar lo que no es o no hay: *aparentar alegría.* || Corresponder la edad de una persona a su aspecto: *no aparenta cuarenta años.* || Fingir. || — V. i. Hacerse ver: *le gusta mucho aparentar.*

aparente adj. Que parece y no es: *forma, muerte aparente.* || Visible: *manifestaciones aparentes de una enfermedad.* || Que es muy visible: *un traje muy aparente.* || Galicismo por *patente, ostensible.*

Aparicio (Francisco de), etnólogo y arqueólogo argentino (1892-1952).

aparición f. Acto y efecto de aparecer o aparecerse: *la aparición de un cometa.* || Visión de un ser sobrenatural: *la aparición de Jesús a la Magdalena.* || Espectro. || Publicación.

apariencia f. Aspecto exterior: *fiarse de las apariencias.* || — Pl. Decoración de teatro. || — *En apariencia,* aparentemente. || *Guardar las apariencias,* cubrir las formas.

Aparisi y Guijarro (Antonio), escritor y político español (1815-1872).

apartadero m. Sitio donde se aparta a los toros para enchiquerarlos. || Vía muerta donde se apartan los vagones. || Lugar que sirve en los caminos para dar paso a otros. || Terreno contiguo a los caminos que sirve de pasto al ganado que va de paso.

apartado, da adj. Retirado, distante, remoto: *caserío apartado.* || — M. Aposento desviado del servicio de la casa. || Correspondencia que se aparta en Correos para que la recoja el destinatario. || Acción de separar las reses de una vacada. || Acción de encerrar los toros en los chiqueros. || Párrafo o conjunto de párrafos de una ley, decreto, etc.

apartador m. El que aparta.

apartamento m. Piso pequeño.

apartamiento m. Acción y efecto de apartar o apartarse. || Lugar apartado o retirado. || Apartamento.

apartar v. t. Alejar: *apartar un obstáculo.* || Quitar a una persona o cosa de un lugar, dejar a un lado: *apartar a uno de su camino.* || Escoger, entresacar: *apartar lo que se tiene que llevar.* || *Fig.* Disuadir. || *Méx.* Extraer oro de las barras de plata. || — V. i. Empezar: *apartar a correr.* || — V. pr. Alejarse. || Echarse a un lado. || Apartarse del peligro, huir del peligro.

aparte adv. En otro lugar: *poner aparte.* || A un lado: *broma aparte.* || Con omisión, con preterición de: *aparte de lo dicho.* || Además. || — M. Párrafo. || *Teatr.* Lo que el personaje dice suponiendo que no le oyen los demás. || Reflexión que hace una persona para sí.

apartheid m. (pal. afrikaans). Sistema de segregación racial practicado en la Rep. de África del Sur, según el cual negros y blancos están separados en todas las circunstancias.

apartijo m. Separación.

aparvar v. t. Disponer la mies para trillarla.

Apasa (Julián), caudillo indio peruano del s. XVIII, que se levantó contra la dominación española y con el nombre de *Túpac Catari* se proclamó virrey del Perú. M. ejecutado en 1781.

apasionado, da adj. Poseído de alguna pasión: *apasionado por la música.*

apasionamiento m. Pasión.

apasionante adj. Que apasiona: *una discusión apasionante.*

apasionar v. t. Causar, excitar alguna pasión (ú. m. c. pr.). || — V. pr. Aficionarse con exceso: *apasionarse por el estudio.*

apaste m. *Méx.* y *Amer. C.* Vasija honda de barro y con asas.

Apastepeque, c. de El Salvador (San Vicente), cerca de la laguna homónima. Turismo.

apatía f. Dejadez, descuido.

apático, ca adj. y s. Que tiene apatía.

apatito m. y **apatita** f. *Min.* Fosfato de cal translúcido natural.

apátrida adj. y s. Sin patria.

Apatzingán, c. de México (Michoacán). Allí fue firmado en 1814 la primera Constitución del país.

apazotar v. t. *Méx.* Condimentar un guiso con apazote. | Sembrar apazotes.

apazote m. *Méx.* Planta aromática usada como condimento.

apeadero m. En los ferrocarriles, sitio donde pueden bajar viajeros, pero sin estación. || Poyo para montar en las caballerías. || *Fig.* Casa que uno habita de paso, fuera de su domicilio.

apear v. t. Bajar de una caballería o carruaje (ú. t. c. pr.). || Maniatar los caballos. || Deslindar. || *Fig.* y *fam.* Disuadir. || *Arq.* Sostener provisionalmente una construcción. || *Apear el tratamiento,* suprimirlo.

apechugar v. i. Dar o empujar con el pecho. || *Fig.* y *fam.* Resignarse, someterse, cargarse: *apechugar con un trabajo.*

apedreamiento m. Acción y efecto de apedrear o apedrearse.

apedrear v. t. Tirar piedras a una persona o cosa. || Matar a pedradas. || — V. impers. Caer pedrisco o granizo. || — V. pr. Padecer con el granizo las plantas.

apedreo m. Apedreamiento.

apegarse v. pr. *Fig.* Cobrar apego: *apegarse a una persona.*

apego m. *Fig.* Afición o inclinación particular: *apego a la familia, a los estudios.*

apelable adj. Que admite apelación: *sentencia apelable.*

apelación f. *For.* Acción de apelar: *apelación contra un fallo.*

apelado, da adj. y s. *For.* Aplícase al litigante favorecido por la sentencia contra la cual se recurre.

apelante adj. y s. *For.* Que apela o formula recurso.

apelar v. i. *For.* Pedir al juez o tribunal superior que revoque la sentencia del inferior: *apelar de la condena.* || *Fig.* Recurrir a una persona o cosa: *apelar ante un superior, apelar a la astucia.*

apelativo adj. *Gram.* Dícese del nombre común: *nombre apelativo.* || — M. Nombre de una persona.

Apeldoorn, c. de Holanda (Güeldres). Industrias.

Apeles, pintor griego, n. en Éfeso (s. IV a. de J. C.), autor de retratos de Filipo de Macedonia y de Alejandro Magno.

apelmazar v. t. Hacer más compacto.

apelotonar v. t. Formar pelotones: *lana apelotonada.*

apellidar v. t. Nombrar a uno por su apellido. || Llamar, dar por nombre. || — V. pr. Tener tal nombre o apellido: *se apellida Pelayo.*

apellido m. Nombre de familia que distingue a las personas. || Sobrenombre, mote. || Llamamiento, grito.

apenar v. t. Causar pena. Ú. t. c. pr.: *le apenó la noticia.*

apenas adv. Casi no: *apenas se mueve.* || Luego que: *apenas llegó se puso a trabajar.*

apencar v. i. *Fam.* Apechugar.

apéndice m. Cosa adjunta o añadida a otra. || *Zool.* Parte del cuerpo del animal unida o contigua a otra principal. || *Apéndice vermiforme* o *ileocecal,* rabillo carnoso que termina el intestino ciego.

apendicitis f. *Med.* Inflamación del apéndice.

Apeninos, cord. que atraviesa de N. a S. toda Italia; 1 300 km. Alt. máx. en los Abruzos y en el Gran Sasso (2 914 m.).

apepsia f. Falta de digestión.

aperador m. El que cuida del campo y de lo referente a la labranza.

apercibir v. t. Disponer lo necesario para alguna cosa: *apercibir de ropa para un viaje* (ú. t. c. pr.). || Amonestar, advertir. || *For.* Hacer saber a uno las sanciones a que está expuesto. || Percibir, observar.

apergaminado, da adj. Semejante al pergamino. || *Fig.* Aplícase a la persona extremadamente flaca o enjuta: *rostro apergaminado.*

apergaminarse v. pr. *Fig.* y *fam.* Acartonarse.

aperitivo m. Licor que estimula el apetito.

apero m. Conjunto de instrumentos y herramientas de cualquier oficio: *aperos de labranza.*

aperrear v. t. *Fam.* Molestar, fatigar. || — V. pr. *Fam.* Obstinarse. | Afanarse, cansarse: *no te aperrees tanto.*

aperreo m. *Fam.* Molestia. | Cansancio: *¡qué aperreo de vida!* | Rabieta de un niño.

apertura f. Acción de abrir: *apertura de un testamento, de un pliego de condiciones, de una calle.* || Inauguración: *apertura de una exposición, de una asamblea, de la pesca,* etc. || Comienzo de una partida de ajedrez, de rugby.

apesadumbrar y **apesarar** v. t. Afligir, entristecer (ú. t. c. pr.).

apestado, da adj. y s. Afectado de peste.

apestar v. t. Comunicar la peste. || *Fig.* y *fam.* Fastidiar. || — V. i. Despedir o arrojar mal olor: *apestar a ajo.*

apestoso, sa adj. Que apesta: *bolas apestosas.*

apétalo, la adj. *Bot.* Que carece de pétalos: *flor apétala.*

apetecedor, ra adj. Que apetece: *un guiso apetecedor.*

* **apetecer** v. t. Tener gana de alguna cosa o desearla. || — V. i. Gustar: *lo haremos si le apetece.*

apetecible adj. Que apetece.

apetencia f. Gana de comer. || Movimiento instintivo del hombre a desear una cosa.

apetitivo, va adj. Aplícase a la facultad de apetecer: *propiedades apetitivas.* || Apetitoso, sabroso.

apetito m. Gana de comer: *tener buen, mal apetito.* || *Fig.* Lo que excita al deseo de alguna cosa: *el apetito de mando.*

apetitoso, sa adj. Que excita el apetito. || Gustoso, sabroso: *plato apetitoso.*

ápex m. *Astr.* Punto de la esfera celeste hacia el cual se dirige el Sol arrastrando a los planetas.

Apia, cap. y puerto de Samoa Occidental; 21 700 h.

apiadar v. t. Causar piedad: *apiadar a sus amigos.* || — V. pr. Tener piedad: *apiadarse de los desvalidos.*

Apiano, historiador griego del s. II, n. en Alejandría, autor de una *Historia romana.*

ápice m. Punta superior de una cosa: *el ápice de un edificio, de una hoja.* || Acento o signo ortográfico que se pone sobre las letras. || *Fig.* Parte pequeñísima de una cosa: *no falta un ápice.* | Lo más mínimo: *no tiene un ápice de bondad.* | Lo más difícil de un asunto.

apícola adj. Relativo a la apicultura: *arte apícola.*

apicultor, ra m. y f. Persona dedicada a la apicultura.

apicultura f. Arte de criar abejas y de aprovechar sus productos.

apilamiento m. Acción y efecto de apilar.

apilar v. t. Amontonar, poner en pila o montón: *apilar leña.*

apimplarse v. pr. *Fam.* Emborracharse.

apimpollarse v. pr. Echar pimpollos las plantas.

apiñado, da adj. De figura de piña. ‖ Apretado, junto: *gente, multitud apiñada.*

apiñamiento m. Acción y efecto de apiñar o apiñarse.

apiñar v. t. Juntar, apretar personas o cosas. Ú t. c. pr.: *apiñarse la multitud.*

apio m. Planta umbelífera comestible.

apiolar v. pr. *Fam.* Matar.

apiparse v. pr. *Fam.* Atracarse.

Apipé, isla de la Argentina en el río Paraná, frente a la prov. de Corrientes.

apirético, ca adj. *Med.* Relativo a la apirexia. ‖ Que hace bajar la fiebre.

apirexia f. *Med.* Falta de fiebre. | Intervalo entre dos accesos de fiebre.

Apis, buey adorado por los egipcios como suma expresión de la divinidad en forma animal.

apisonadora f. Máquina provista de un cilindro de gran peso para afirmar caminos y pavimentos.

apisonamiento m. Acción y efecto de apisonar.

apisonar v. t. Apretar la tierra, el pavimento, etc., con pisón o apisonadora: *apisonar una calle.*

Apizaco, c. de México (Tlaxcala).

apizarrado, da adj. De color de pizarra.

aplacable adj. Fácil de aplacar o suavizar.

aplacador, ra adj. Que aplaca.

aplacamiento m. Acción y efecto de aplacar o aplacarse.

aplacar v. t. Amansar, suavizar: *aplacar la cólera, el enojo* (ú. t. c. pr.). ‖ Calmar, quitar: *aplacar el hambre, la sed.*

aplanadera f. Pisón.

aplanador, ra adj. y s. Que aplana.

aplanamiento m. Acción y efecto de aplanar o aplanarse: *el aplanamiento de un terreno.* ‖ *Fig.* Abatimiento, descorazonamiento.

aplanar v. t. Allanar. ‖ *Fig.* y *fam.* Dejar a uno abatido: *la noticia le aplanó* ‖ — V. pr. Venirse al suelo un edificio. ‖ *Fig.* Desanimarse.

aplanético, ca adj. *Fís.* Aplícase a la lente o espejo que no deforma las imágenes: *lente aplanética.*

Aplao, c. del Perú, cap. de la prov. de Castilla (Arequipa).

aplastador, ra y **aplastante** adj. Que aplasta. ‖ *Fig.* Abrumador: *triunfo aplastante.*

aplastamiento m. Acción y efecto de aplastar o aplastarse.

aplastar v. t. Aplanar una cosa por presión o golpe ‖ *Fig.* Vencer, aniquilar: *aplastar al enemigo.* ‖ *Fig.* y *fam.* Dejar a uno confuso, apabullado.

aplatanarse v. pr. *Fam.* Ser o volverse indolente y apático. ‖ *Antill.* Aclimatarse un extranjero al país donde vive.

aplaudir v. t. Palmotear en señal de aprobación: *aplaudir a un artista.* ‖ Celebrar: *aplaudir una medida, una decisión.*

aplauso m. Acción y efecto de aplaudir: *salva de aplausos.* ‖ *Fig.* Elogio, aprobación.

aplazamiento m. Acción y efecto de aplazar.

aplazar v. t. Convocar para tiempo y sitio señalados: *aplazar una reunión.* ‖ Diferir, retardar un negocio: *aplazar un pago.*

aplicable adj. Que se puede aplicar.

aplicación f. Adaptación. ‖ Ejecución: *la aplicación de una teoría.* ‖ *Fig.* Esmero, diligencia: *estudiar con aplicación.*

aplicado, da adj. *Fig.* Estudioso. | Que tiene aplicación.

aplicar v. t. Poner una cosa sobre otra: *aplicar una cataplasma.* ‖ *Fig.* Adaptar, apropiar: *aplicar las artes a la industria.* | Atribuir, referir a un caso particular. | Emplear: *aplicar un procedimiento.* ‖ — V. pr. Poner esmero, diligencia: *aplicarse en el trabajo, en el estudio.* ‖ Concernir: *esta ley se aplica a todos.*

aplique m. Lámpara fijada en la pared.

aplomado, da adj. De color de plomo. ‖ *Fig.* Que tiene plomo.

aplomar v. i. *Albañ.* Examinar con la plomada si la construcción está vertical. ‖ — V. pr. Desplomarse. ‖ Cobrar aplomo.

aplomo m. Serenidad, seguridad, audacia: *perder el aplomo.* ‖ Verticalidad.

apnea f. *Med.* Falta o suspensión de la respiración.

Apo, paso de la cord. de los Andes, en el Perú, cerca de Arequipa. — Volcán de la isla de Mindanao, punto culminante de Filipinas; 2 930 m.

apocado, da adj. *Fig.* Pusilánime, de poco ánimo. ‖ *Fig.* Vil, bajo, de baja condición.

Apocalipsis, último libro del Nuevo Testamento, escrito por San Juan Evangelista en la isla de Patmos hacia el año 95.

apocalíptico, ca adj. Relativo al Apocalipsis. ‖ *Fig.* Oscuro, enigmático: *estilo apocalíptico.* | Terrorífico: *visión apocalíptica.*

apocamiento m. Timidez.

apocarse v. pr. *Fig.* Humillarse, abatirse. | Asustarse, acobardarse: *no se apoca por nada.*

apocináceas f. pl. *Bot.* Familia de angiospermas del tipo de la adelfa (ú. t. c. adj.).

apocopar v. t. *Gram.* Hacer apócope.

apócope f. *Gram.* Metaplasmo que consiste en suprimir una o más letras al fin de un vocablo: *algún* por *alguno, gran* por *grande.*

apócrifo, fa adj. No auténtico, supuesto: *crónica apócrifa.* ‖ No reconocido por la Iglesia católica: *evangelistas apócrifos.*

Apodaca (Juan Ruiz de). V. Ruiz de Apodaca (Juan).

apodar v. t. Poner motes.

apoderado m. El que tiene poder para representar a otro, mandatario. ‖ Empresario de un torero.

apoderamiento m. Acción y efecto de apoderar o apoderarse.

apoderar v. t. Hacer apoderado a una persona. ‖ — V. pr. Hacerse dueño de una cosa: *apoderarse del bien ajeno, de una ciudad.* ‖ *Fig.* Dominar: *el miedo se apoderó de mí.*

apodo m. Sobrenombre.

ápodo, da adj. *Zool.* Sin pies: *malacopterigio ápodo.*

apódosis f. *Ret.* Proposición en que se completa el sentido de otra condicional llamada *prótasis: si quieres* (prótasis) *me marcharé* (apódosis).

apófisis f. *Anat.* Parte saliente de un hueso: *apófisis coracoides.*

apogeo m. *Astr.* Punto en que la Luna se halla a mayor distancia de la Tierra. ‖ Punto de la órbita de un proyectil dirigido o de un satélite artificial que se encuentra más lejano de la Tierra. ‖ *Fig.* Lo sumo de la grandeza: *el apogeo de su gloria.*

apolilladura f. Señal que deja la polilla.

apolillamiento m. Daño hecho por las polillas.

apolillar v. t. Roer la polilla.

Apolinar. V. Sidonio Apolinar (Cayo Solio).

apolíneo, a adj. Perteneciente o relativo a Apolo.

apolítico, ca adj. y s. Ajeno a la política: *sindicalismo apolítico.*

Apolo, dios griego del Sol, de la Música, de la Poesía, de la Elocuencia, de la Medicina, de los Oráculos y de las Artes, hijo de Zeus y de Leto, hermano de Artemisa. Nació en Delos, presidía los conciertos de las Musas y tenía su templo en Delfos. *(Mit.)*

Apolo, n. dado a un proyecto norteamericano de enviar un hombre a la Luna mediante un vehículo espacial compuesto de tres cuerpos y tripulado por tres astronautas. V. Luna.

Apolobamba, nudo montañoso de los Andes de Bolivia, junto a la frontera con el Perú. — C. de Bolivia (La Paz).

apologética f. Parte de la teología que tiene por objeto la justificación del cristianismo.

apologético, ca adj. Relativo a la apología o a la apologética.

apología f. Discurso en alabanza de una persona o cosa. ‖ *Por ext.* Glorificación.

apologista com. Persona que hace la apología de otra persona o de alguna cosa: *Platón, apologista de Sócrates.*

apólogo m. Fábula moral.

Apolonio ‖ **~ de Rodas,** poeta y gramático de Alejandría (¿295-230? a. de J. C.). Escribió el poema épico *Los Argonautas.* ‖ **~ de Tiana,** filósofo griego neopitagórico, m. en 97.

apoltronado, da adj. Perezoso.

apoltronarse v. pr. Hacerse holgazán. ‖ Arrellanarse.

Apollinaire (Wilhelm Apollinaris de Kostrowitsky, llamado **Guillaume**), poeta francés, n. en Roma (1880-1918), precursor del movimiento surrealista. Autor de *Alcoholes, Caligramas,* etc.

aponeurosis f. *Anat.* Membrana conjutiva que sirve de envoltura a los músculos.

aponeurótico, ca adj. *Anat.* Relativo a la aponeurosis: *membrana aponeurótica.*

apoplejía f. *Med.* Parálisis cerebral producida por derrame sanguíneo en el encéfalo o las meninges: *apoplejía fulminante.*

apoplético, ca adj. Relativo a la apoplejía. ‖ — Adj. y s. Que padece apoplejía.

apoquinar v. i. *Pop.* Pagar.

aporcador, ra adj. y s. Que aporca. ‖ — F. *Méx.* Abeja que anida y fabrica su miel en cavidades que hace en la tierra.

aporcar v. t. Atar las hojas de una planta y cubrirlas con tierra para que no las dé el Sol y se ponga más tierna y blanca.

aporisma m. *Cir.* Tumor formado por derrame de sangre entre la piel y la carne.

Aporo, pobl. y mun. de México (Michoacán). Ind. maderera.

aporrear v. t. Golpear (ú. t. c. i.). ‖ *Fig.* *Aporrearle a uno los oídos,* importunar machacando los oídos. ‖ — V. pr. Pelearse.

aporreo m. Golpe.

aportación f. Acción de aportar. ‖ Lo que se aporta.

aportar v. i. Tomar puerto: *aportar en Barcelona.* ‖ *Fig.* Llegar a parte no pensada: *aportó por allí.* ‖ — V. t. Llevar uno bienes a la sociedad de que es miembro. ‖ *Fig.* Proporcionar o dar.

aposentar v. t. Dar habitación y hospedaje. ‖ — V. pr. Tomar casa, alojarse.

aposento m. Cuarto o habitación de una casa. ‖ Domicilio, casa. ‖ Posada, hospedaje.

aposición f. *Gram.* Efecto de poner dos o más sustantivos consecutivos sin conjunción: *Madrid, capital de España.*

apósito m. *Med.* Remedio que se aplica exteriormente, sujetándolo con paños, vendas, etc.

aposta y **apostas** adv. Adrede.

apostadero m. *Mar.* Puerto o bahía en que se reúnen varios buques de guerra bajo un solo mando: *el apostadero de Cartagena.* ‖ Lugar de reunión.

apostante adj. y s. Que participa en una apuesta.

* **apostar** v. t. e i. Hacer una apuesta: *apostar en el juego.* ‖ Poner gente en un sitio para algún fin: *apostar centinelas.*

apostasía f. Acción de abandonar públicamente la religión que se profesa: *la apostasía del emperador Juliano.* || *Fig.* Deserción de un partido, cambio de opinión o doctrina.

apóstata adj. y s. Persona que comete apostasía.

apostatar v. i. Negar la fe cristiana. || *Por ext.* Abandonar un religioso su orden. | Cambiar de opinión o doctrina.

apostema f. Postema.

a posteriori loc. adv. Dícese de la demostración que asciende del efecto a la causa: *razonamiento "a posteriori".*

apostilla f. Anotación que interpreta, aclara o completa un texto.

apostillar v. t. Poner apostillas: *apostillar un texto.* || — V. pr. Llenarse de postillas: *la herida se ha apostillado.*

apóstol m. Cada uno de los doce primeros discípulos de Jesucristo (Pedro, Andrés, Santiago el Mayor, Juan, Felipe, Bartolomé, Mateo, Tomás, Santiago el Menor, Simón, Judas Tadeo, Judas Iscariote, luego sustituido por Matías). || *Por ext.* San Pablo y San Bernabé. | Misionero que convierte a los infieles: *San Francisco Javier, apóstol de las Indias.* | Propagador de una doctrina política: *Marx, apóstol del socialismo.* || *El apóstol de las gentes,* San Pablo.

apostolado m. Ministerio del apóstol. || *Fig.* Propagación de ideas nuevas.

apostólico, ca adj. Relativo a los apóstoles: *misión apostólica.* || Del Papa: *breve apostólico, bendición apostólica.*

apostrofar v. t. Dirigir apóstrofes.

apóstrofe amb. *Ret.* Palabras dirigidas a uno con vehemencia. || *Fig.* Dicterio.

apóstrofo m. *Gram.* Signo ortográfico (') que indica elisión de vocal.

apostura f. Actitud, prestancia, aspecto: *una noble apostura.*

apotecia f. En las plantas criptógamas, n. de los órganos reproductores de las semillas.

apotegma m. Dicho breve y sentencioso.

apotema f. *Geom.* Perpendicular trazada del centro de un polígono regular a uno de sus lados. || Altura de las caras triangulares de una pirámide regular.

apoteósico, ca adj. Relativo a la apoteosis: *acogida apoteósica.*

apoteosis f. Deificación de los héroes: *la apoteosis de Augusto.* || *Fig.* Honores extraordinarios tributados a una persona: *la apoteosis de Pasteur en la Sorbona.*

apoteótico, ca adj. Apoteósico.

apotrerar v. t. *Amer.* Encerrar el ganado en el potrero.

apoyar v. t. Hacer que una cosa descanse sobre otra: *apoyar los codos en la mesa.* || Basar, fundar. || *Fig.* Favorecer: *apoyar a un candidato.* || Confirmar una opinión o doctrina: *apoyar una teoría sobre hechos indiscutibles.* || *Mil.* Prestar protección una fuerza: *apoyar con artillería a una columna atacante.* || — V. i. Descargar, cargar, descansar: *la bóveda apoya sobre las dos paredes laterales.* || — V. pr. Servirse de una persona o cosa como apoyo: *apoyarse en alguien, en el bastón.*

apoyatura f. *Mús.* Nota de adorno, cuyo valor se toma de la nota siguiente. || *Fig.* Apoyo, base.

apoyo m. Lo que sirve para sostener: *punto de apoyo.* || Fundamento, base. || *Fig.* Protección. || *Mec.* Palier.

Appenzell, cantón de Suiza, dividido en *Rodas Exteriores,* cap. *Herissau,* y *Rodas Interiores,* cap. *Appenzell.*

A. P. R. A., siglas de *Alianza Popular Revolucionaria Americana,* partido político peruano fundado en 1924 por V. R. Haya de la Torre.

apreciable adj. Capaz de ser apreciado. || *Fig.* Digno de estima o aprecio.

apreciación f. Estimación, evaluación.

apreciar v. t. Poner precio a las cosas vendibles, valorar. || *Fig.* Graduar el valor de alguna cosa: *apreciar el valor de un cuadro.* | Tener en estima a una persona: *apreciar el mérito de un maestro.* || — V. pr. Registrar. || Aparecer.

aprecio m. Apreciación. || *Fig.* Estima: *tener gran aprecio a uno.*

aprehender v. t. Coger, asir. || Concebir, percebir.

aprehensión f. Captura, prendimiento. || (Ant.). Comprensión, percepción.

aprehensivo, va adj. Que aprehende. || Capaz de aprehender.

apremiante adj. Que apremia: *trabajo apremiante.*

apremiar v. t. Dar prisa: *apremiar a que se termine una obra.* || *For.* Compeler: *apremiar al pago de una multa.* || — V. i. Urgir, dar prisa: *el tiempo apremia.*

apremio m. Urgencia, prisa. || Orden administrativa para obligar al pago de contribuciones. || *For.* Mandamiento judicial ejecutivo: *por vía de apremio.*

aprender v. t. Adquirir el conocimiento de una cosa: *aprender de memoria* (ú. t. c. pr.). || *Fig. Para que aprenda,* para que le sirva de escarmiento.

aprendiz, za m. y f. Persona que aprende un arte u oficio: *aprendiz de pintor; aprendiza de modista, de costurera.*

aprendizaje m. Acción de aprender algún arte u oficio. || Tiempo que en ello se emplea. || *Fig.* Primeros ensayos de una cosa.

aprensión f. Escrúpulo. || Temor infundado: *tener aprensión a los enfermos.* || Miramiento, delicadeza. || — Pl. Ideas falsas, figuraciones.

aprensivo, va adj. Temeroso.

apresamiento m. Acción y efecto de apresar.

apresar v. t. Asir, hacer presa con las garras o colmillos. || Apoderarse de una nave.

aprestar v. t. Aparejar, preparar lo necesario. || Engomar los tejidos. || — V. pr. Estar listo para: *se aprestó a salir.*

apresto m. Prevención, disposición. || Acción y efecto de aprestar las telas, las pieles. || — Pl. Utensilios.

apresurado, da adj. Con prisa.

apresuramiento m. Prisa.

apresurar v. t. Dar prisa, acelerar (ú. t. c. pr.). || Ejecutar con rapidez algo.

apretado, da adj. Comprimido. || *Fig.* Arduo, peligroso: *lance apretado.* | Apremiante, urgente: *situación apretada.* | Tacaño, roñoso. || *Fig.* y *fam. Estar muy apretado,* hallarse en gran aprieto.

* **apretar** v. t. Estrechar con fuerza: *apretar entre los brazos.* || Oprimir: *apretar el gatillo.* || Comprimir. || *Fig.* Activar: *apretar el paso.* || Acosar, estrechar a uno. | Afligir, angustiar. || Instar con eficacia. || — V. i. Intensificar: *la lluvia aprieta.* || *Fam. Apretar a correr,* echar a correr.

apretón m. Estrechamiento fuerte y rápido: *apretón de manos.* || *Fam.* Carrera violenta y corta. | Movimiento violento del vientre que obliga a evacuar. | Ahogo, conflicto: *estar en un apretón.*

apretujar v. t. *Fam.* Apretar mucho.

apretura f. Aprieto, dificultad. || Gentío. || Paraje estrecho. || Escasez.

aprieto m. Opresión || *Fig.* Dificultad, situación crítica, apuro: *hallarse en un aprieto.*

a priori loc. adv. Dícese de los conocimientos que son anteriores a la experiencia: *juzgar "a priori".*

apriorismo m. Razonamiento a priori.

aprisa adv. Rápidamente.

aprisco m. Paraje donde los pastores recogen el ganado.

aprisionar v. t. Poner en prisión. || *Fig.* Atar, sujetar: *aprisionado por el reglamento.*

aprobación f. Acción y efecto de aprobar.

aprobado, da adj. Que ha pasado con éxito un examen. || — M. Nota de aptitud en un examen.

* **aprobar** v. t. Dar por bueno: *aprobar un dictamen.* || Calificar de bueno: *aprobar a un examinando.* || Asentir en una cosa: *aprobar la conducta de alguien.*

aprobativo, va y **aprobatorio, ria** adj. Que aprueba.

aprontar v. t. Disponer con prontitud. || Entregar en el acto.

apropiable adj. Que puede ser apropiado.

apropiación f. Acción y efecto de apropiar o apropiarse.

apropiado, da adj. Adecuado para el fin a que se destina.

apropiar v. t. Aplicar a una cosa lo que le es propio: *apropiar las palabras a las circunstancias.* || *Fig.* Acomodar: *apropiar el remedio al estado del enfermo.* || — V. pr. Tomar, apoderarse de alguna cosa.

apropincuarse v. pr. Acercarse.

aprovechable adj. Que se puede aprovechar o utilizar.

aprovechado, da adj. Bien empleado. || Que lo aprovecha todo o trata de sacar provecho de todo (ú. t. c. s.). || Aplicado, diligente.

aprovechamiento m. Provecho. || Utilización.

aprovechar v. i. Servir de provecho alguna cosa: *aprovechar la comida a uno.* || Adelantar en estudios, virtudes, etc. || — V. t. Emplear útilmente una cosa: *aprovechar una tela, el tiempo.* || — V. pr. Sacar utilidad de alguna cosa: *aprovecharse bien del buen consejo.*

aprovechón, ona m. y f. *Fam.* Que trata de sacar provecho de todo.

aprovisionar v. t. Abastecer.

aproximación f. Proximidad. || Acercamiento. || Número de la lotería muy próximo a los premios mayores y que goza de un pequeño premio. || Estimación aproximada: *cálculo con aproximación.*

aproximado, da adj. Aproximativo, que se acerca a lo exacto.

aproximar v. t. Arrimar, acercar (ú. t. c. pr.).

aproximativo, va adj. Que se aproxima o acerca: *cálculo aproximativo.*

ápside m. *Astr.* Cada uno de los dos extremos del eje mayor de la órbita trazada por un astro. Ú. m. en pl.: *línea de los ápsides.*

áptero, ra adj. y s. m. *Zool.* Que carece de alas: *insecto áptero.*

aptitud f. Disposición natural o adquirida: *aptitud para el trabajo.* || Idoneidad para un cargo.

apto, ta adj. Hábil, a propósito para hacer alguna cosa: *apto para el estudio, para un cargo.*

apuesta f. Acción y efecto de apostar dinero u otra cosa.

apuesto, ta adj. Ataviado, adornado: *joven bien apuesto.*

Apuleyo (Lucio), escritor latino (125-¿180?), autor de *El asno de oro,* relato alegórico.

apulgararse v. pr. Llenarse la ropa blanca de manchas menudas.

Apulia, región meridional de la ant. Italia, hoy *Pulla.*

apunarse v. pr. *Amer.* Padecer puna o soroche al atravesar los Andes.

apuntación f. Apuntamiento, nota: *apuntaciones gramaticales.* || *Mús.* Notación.

Apuntaciones críticas sobre el lenguaje bogotano, obra del colombiano Rufino José Cuervo, publicadas entre 1867 y 1905.

apuntado, da adj. Puntiagudo.

apuntador, ra adj. y s. Que apunta. || — M. *Teatr.* El que se coloca en la concha para apuntar a los actores. || Traspunte.

apuntalamiento m. Acción y efecto de apuntalar.

apuntalar v. t. Poner puntales.

apuntamiento m. Acción y efecto de apuntar.

apuntar v. t. Dirigir hacia un punto un arma arrojadiza o de fuego: *apuntar el arco, el fusil.* ‖ Señalar: *apuntar con el dedo.* ‖ Tomar nota de alguna cosa: *apuntar una dirección, un dato.* ‖ Sacar punta a un objeto: *apuntar un lápiz.* ‖ En el teatro, decir el texto de una obra a un actor. ‖ Decir la lección a un alumno que no se la sabe. ‖ *Fig.* Insinuar: *apuntar una idea.* | Sugerir en voz baja la lección. | Bosquejar. | Señalar o indicar: *apuntar la importancia de un problema.* ‖ — V. i. Empezar a manifestarse una cosa: *apuntar el día, el bozo.* ‖ *Fig.* Tener como misión u objeto. ‖ Encararse un arma. ‖ — V. pr. Empezar a agriarse el vino. ‖ Inscribirse.

apunte m. Apuntamiento. ‖ Nota que se toma por escrito. ‖ Dibujo ligero. ‖ Apuntador de teatro. ‖ Puesta en el juego. ‖ — Pl. Notas de las explicaciones de un profesor: *tomar apuntes.*

apuntillar v. t. Dar la puntilla: *apuntillar al toro*

apuñalar v. t. Dar de puñaladas: *apuñalaron a un vecino.*

apurado, da adj. Pobre, con poco dinero. ‖ Agotado. ‖ Molesto: *estoy muy apurado.* ‖ Falto: *estamos apurados de tiempo.* ‖ Dificultoso, peligroso. ‖ Exacto.

apurar v. t. Purificar: *apurar el aceite, el oro.* ‖ Acabar o agotar: *apurar un cigarrillo, un vaso de vino.* ‖ *Fig.* Examinar a fondo una cosa: *apurar una noticia.* | Apremiar, dar prisa: *no me apures más.* ‖ Molestar, afligir: *me apura decírtelo.* ‖ *Apurar la paciencia,* agotarla. ‖ — V. pr. Afligirse, acongojarse. ‖ Preocuparse: *apurarse por poca cosa.* ‖ Apresurarse. ‖ *Apurarse uno la barba,* afeitarse mucho, al ras.

Apure, río de Venezuela nacido de la unión del Uribante y el Sarare, y afl. del Orinoco; 815 km. — Estado de Venezuela; cap. *San Fernando.*

apureño, ña adj. y s. De Apure (Venezuela).

apuricmeño, ña adj. y s. Apurimeño.

Apurímac, nevado del Perú. — Río del Perú que nace en el dep. de Arequipa, baña los de Cuzco, Apurímac y Ayacucho, y des. en el Ucayali; 525 km. — Dep. del Perú; cap. *Abancay.*

apurimeño, ña adj. y s. De Apurímac (Perú).

apuro m. Aprieto, trance, dificultad: *estar en un apuro.* Escasez grande: *tener apuros de dinero.* ‖ Aflicción, conflicto, tristeza. ‖ Vergüenza, sonrojo: *me da apuro decírselo.* ‖ *Amer.* Prisa.

Aqaba. V. Akaba.

aquejar v. t. Acongojar, afligir. ‖ Sufrir: *aquejado de grave enfermedad.*

aquel, lla, llo adj. y pron. Designa lo que está lejos de la persona que habla y de la persona con quien se habla: *aquel señor; éste es mayor que aquél.* (*Aquél, aquélla* se acentúan cuando son pronombres.) ‖ — M. *Fam.* Encanto, gracia: *tiene su aquel.* ‖ Algo, un poco de.

aquelarre m. Reunión de brujos. ‖ *Fig.* Ruido.

aqueménida adj. Dícese de una dinastía persa fundada por Ciro. (Los *aqueménidas* realizaron la unidad del Oriente árabe entre el s. IV y fines del V a. de J. C.)

aquende adv. De la parte de acá: *aquende los Pirineos.*

aqueo, a adj. y s. De Acaya. ‖ *Por ext.* De la Grecia ant. (Los *aqueos,* originarios de Tesalia, ocuparon casi todo el Peloponeso.)

aquerenciarse v. t. Tomar querencia a un lugar, a una persona.

Aqueronte, río de los Infiernos, que nadie podía atravesar dos veces. (*Mit.*)

aquí adv. En este lugar: *aquí ocurrió el accidente.* ‖ A este lugar: *ven aquí.* ‖ En esto o en eso, de esto: *de aquí viene su desgracia.* ‖ Ahora: *aquí me las va a pagar todas.* ‖ Entonces, en tal ocasión: *aquí no pudo contenerse.*

Aquidabán, río del Paraguay que nace en la Sierra de Amambay y des. en el río Paraguay. En sus orillas fue derrotado y muerto el presidente Solano López.

aquiescencia f. Asenso, consentimiento.

aquietar v. t. Sosegar, apaciguar: *aquietar los ánimos* (ú. t. c. pr.).

Aquila, c. de Italia, en los Abruzos, cap. de la prov. homónima. Obispado.

aquilatamiento m. Acción y efecto de aquilatar.

aquilatar v. t. Calcular los quilates del oro, las perlas y piedras preciosas. ‖ Purificar. ‖ *Fig.* Apreciar el mérito de una persona o cosa.

Aquilea o **Aquileya,** c. de Italia en el golfo Adriático (Udine).

Aquiles, héroe legendario tesalio rey de los mirmidones, hijo de Peleo y de Tetis. Era el más famoso y valeroso de los protagonistas griegos de *La Ilíada.* Mató a Héctor en el sitio de Troya, pero fue mortalmente herido en el talón por una flecha envenenada lanzada por Paris.

aquilón m. Norte. ‖ Viento que sopla del Norte.

Aquisgrán, en alem. *Aachen,* en fr. *Aix-la-Chappelle,* c. de Alemania Occidental (Rin Septentrional-Westfalia). Obispado. Industrias (textil, mecánica).

Aquitania, ant. prov. del SO. de Francia, en la cuenca del Garona.

aquitano, na adj. y s. De Aquitania.

Aquixtla, pobl. y mun. de México (Puebla). Cereales.

ara f. Altar en que se ofrecen sacrificios. ‖ Piedra consagrada del altar. ‖ *En aras de,* en honor a. ‖ — M. Guacamayo.

Ara, constelación austral situada debajo del Escorpión.

árabe adj. y s. De Arabia. ‖ M. Lengua árabe.

— Arte árabe. El *arte árabe,* al prohibir el Corán la representación de los seres animados, tuvo que limitarse a la decoración floral y al empleo de los caracteres de su escritura. La arquitectura, imitada de la romana y bizantina, tiene monumentos de gran valor en España (el Alcázar y la Giralda de Sevilla o la Alhambra de Granada y la mezquita de Córdoba).

Árabe Unida (República), Est. federal formado en 1958 por Egipto, Siria y Yemen. Siria dejó de ser miembro de la Federación en 1961, pero Egipto conservó el n. oficial de *República Árabe Unida* (R. A. U.) hasta 1971.

Árabes Unidos (Estado de los emiratos), federación constituida en 1971 con parte de la ant. Costa de los Piratas, o Trucial States, en el golfo Pérsico. 75 850 km²; 179 850 h. Agrupa a los principados de Abu Zabi, Adjman, Chardja, Dibay, Fudjayra y Umm al-Qiiwayn. Petróleo.

arabesco, ca adj. Arábigo. ‖ — M. Adorno formado por motivos vegetales y geométricos, característicos de las construcciones árabes.

Arabia, vasta península en el extremo SO. de Asia, entre el mar Rojo y el golfo Pérsico; 3 millones de km². ‖ **~ del Sur** o **Meridional,** ant. territorio, bajo protectorado británico, que corresponde a la actual República Popular del Yemen del Sur. ‖ **~ Saudita** o **Saudí,** reino que ocupa la mayor parte de la península de Arabia; 1 750 000 km²; 7 millones de hab. Cap. *Er-Riad,* 300 000 h. Otras c.: *La Meca,* 200 000 h., y *Medina,* 50 000. (V. ilustr. pág. siguiente.)

arábigo, ga adj. De Arabia. ‖ ~ M. Lengua árabe.

Arábigo (Mar o Golfo), uno de los n. del *mar Rojo.*

arabismo m. Giro o modo de hablar propio de la lengua árabe. ‖ Vocablo o giro de esta lengua empleado en otra.

— La dominación de la Península Ibérica durante casi ocho siglos por los árabes dejó huella profunda en la lengua castellana. Así abundan las palabras de origen árabe en el vocabulario militar (*adalid, almirante, emir, alcázar, adarve, almena, arsenal, atabal, tambor, alfanje, azagaya*), en el relativo a la administración (*alcalde, alguacil, almojarife, jeque, califa, bajá*) o al comercio (*almacén, almoneda, aduana, tarifa, arancel*), en los nombres de pesos y medidas (*quilate, adarme, quintal, arroba, azumbre, fanega*), en la terminología de los oficios (*albardero, alfarero, albéitar, albañil*), en el vocabulario agrícola (*albaricoque, acelga, algarroba, altramuz, alcachofa, azafrán, espinaca*), en el repertorio de la albañilería y la arquitectura (*zaguán, azotea, ajimez, tabique, alféizar, acequia, alcantarilla, aljibe, alberca*), en los nombres que designan enseres domésticos (*alfombra, jarro, alcarraza, aldaba, alfiler*), en los nombres relativos a diversas ciencias (*álgebra, guarismo, cifra, cero, cenit, alquimia, alambique, alcohol,* etc.). Por último citaremos diversas voces también de procedencia árabe (*asesino, azul, babucha, gabán, café, alcanfor, caramelo, algarabía, algodón, carmesí, elixir, gacela, jirafa, alheña, jazmín, julepe, lila, laúd, mezquino, momia, marfil, papagayo, jarabe, sofá, sorbete, talco, talismán,* etc.).

arabista com. Persona que cultiva la lengua y literatura árabes.

arabización m. Acción y efecto de arabizar.

arabizar v. t. Dar carácter árabe.

arable adj. Que puede ararse.

Arabos Negros (Los), mun. de Cuba (Matanzas).

Aracajú, c. y puerto del Brasil, cap. del Estado de Sergipe. Obispado. Industrias (textil, azúcar).

Aracataca, c. de Colombia (Magdalena).

Aracati, c. y mun. del Brasil (Ceará), a orillas del Jaguaribe.

Aracay, río del Paraguay (Caaguazú y Alto Paraná), que des. en el Paraná. Central hidroeléctrica.

aráceas f. pl. Plantas angiospermas monocotiledóneas, como el aro y la cala (ú. t. c. adj.).

Aracena, c. de España (Huelva). Batalla entre franceses y españoles (1810).

arácnidos m. pl. *Zool.* Clase de animales que comprende las arañas, escorpiones, etc.: *todos los arácnidos tienen cuatro pares de patas* (ú. t. c. adj.).

aracnoides adj. y s. f. *Anat.* Una de las tres meninges, colocada entre la duramadre y la piamadre.

Arad, c. de Rumania (Timishoara).

arada f. Acción de arar. ‖ Tierra labrada con el arado.

arado m. Instrumento para labrar la tierra y abrir surcos en ella.

arador, ra adj. y s. Que ara. ‖ *Zool.* Arácnido parásito que produce la sarna.

Arago (François), astrónomo, físico y político francés (1786-1853).

Aragon (Louis), poeta y novelista francés, n. en 1897, uno de los fundadores del surrealismo.

Aragón, región del NE. de España, que comprende las provincias de Zaragoza, Huesca y Teruel. — Río de España, afl. izq. del Ebro; 167 km.

Aragón (Enrique de). V. Villena (Enrique de Aragón, *marqués de*).

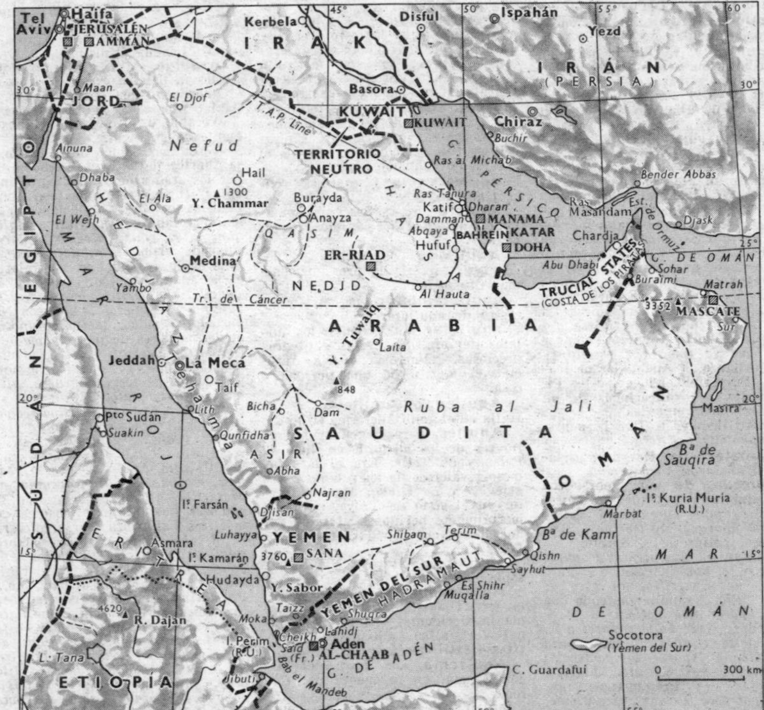

ARABIA

aragonés, esa adj. y s. De Aragón.

aragonesismo m. Voz o giro propios del castellano hablado en Aragón.

aragonito m. Carbonato de cal, cristalizado en prismas hexagonales, que se descubrió en Aragón.

Aragua, río de Venezuela (Anzoátegui), que des. en el lago de Valencia. — Estado de Venezuela, a orillas del mar Caribe; cap. *Maracay.* ‖ **~ de Barcelona,** c. de Venezuela (Anzoátegui).

Araguarí, río del Brasil (Amapá), que des. en el Atlántico; 386 kilómetros. — Mun. del Brasil (Minas Gerais).

araguato m. Mono aullador de América del Sur.

Araguay, río de la Argentina (Formosa), afl. del Paraguay.

Araguaya, río del Brasil, afl. del Tocantins; 2 200 km.

aragués, esa adj. y s. De Aragua (Venezuela).

Arak, c. de Irán, al SO. de Teherán. Tapices. Llamada ant. *Sultanabad.*

Aral (LAGO o MAR DE), lago salado de la U. R. S. S. (Kazakstán); 67 000 km². En él desembocan los ríos Sir Daria y Amu Daria.

araliáceas f. pl. Familia de plantas dicotiledóneas que tienen por tipo la hiedra (ú. t. c. adj.).

Aram, uno de los hijos de Sem.

Aramberri, c. y mun. de México (Nuevo León). Cereales.

Aramburu (Pedro Eugenio), general argentino (1903-1970), pres. de la Rep. de 1955 a 1958. Secuestrado, fue asesinado.

arameo, a adj. y s. Descendiente de Aram. ‖ Del país de Aram. (Los *arameos,* tribus semíticas, al principio nómadas, fundaron diversos Estados en Mesopotamia.)

Arán, valle de España, fronterizo con Francia (Lérida).

arana f. Embuste, trampa.

Arana (Diego de), soldado español de fines del s. XV, a quien Colón confió la defensa del fuerte de Navidad, donde pereció, junto con los demás defensores, a manos de los indígenas. ‖ **~** (JOSÉ GREGORIO), general mexicano (1790-1828), que entró en México con el Ejército Trigarante. Acusado de conspiración para restablecer el dominio español, fue condenado y ejecutado. ‖ **~ Goiri** (SABINO), escritor y político español (1865-1903), patriarca del nacionalismo vasco y autor de varios tratados sobre la lengua vascuence. ‖ **~ Osorio** (CARLOS), militar guatemalteco, n. en 1919, Pres. de la Rep. de 1970 a 1974.

arancel m. Tarifa oficial de derechos de aduanas, ferrocarriles, etcétera. ‖ Tasa.

arancelario, ria adj. Relativo al arancel: *derechos arancelarios.*

Aranda (Pedro Pablo ABARCA Y BOLEA, *conde de*), diplomático español (1718-1798), pres. del Consejo de Castilla (1765) y ministro del rey Carlos III. Reformó la administración estatal e intervino en la expulsión de los jesuitas.

Aranda de Duero, c. de España (Burgos). Industrias. Comercio.

arándano m. Arbusto de bayas azuladas o negras comestibles.

Arandas, v. y mun. de México (Jalisco). Centro agrícola e industrial.

arandela f. Disco perforado que se pone en el candelero para recoger lo que se derrama de la vela. ‖ Anillo de metal para evitar el roce de dos piezas.

Arango (Antonio J.), novelista colombiano, n. en 1903, autor de *Oro y miseria.* ‖ **~** (DOROTEO). V. VILLA (Pancho). ‖ **~** (RAFAEL), zoólogo cubano (1837-1893). ‖ **~** (RAMÓN), médico colombiano (1853-1924). ‖ **~ y Escandón** (ALEJANDRO), político, escritor y poeta mexicano (1821-1883). ‖ **~ y Parreño** (FRANCISCO), escritor, abogado y economista cubano (1765-1837).

Aranha [-*ña*] (José PEREIRA DA GRAÇA), novelista brasileño (1868-1931), autor de *Canaán.*

Aranjuez, c. de España (Madrid), en la confluencia del Jarama y del Tajo. Palacio.

Aránzazu, santuario del s. XVI, consagrado a la Virgen en Guipúzcoa, cerca del río homónimo. — Mun. de Colombia (Caldas).

araña f. *Zool.* Arácnido pulmonado de cuatro pares de patas y abdomen no segmentado, que segrega un hilo sedoso. ‖ Lámpara colgante con varios brazos. ‖ *Fig.* y *fam.* Persona muy aprovechada. ‖ — *Araña de agua,* la especie acuática, tejedor. ‖ *Araña capulina,* araña venenosa de México. ‖ *Araña de mar,* especie de cangrejo de caparacho espinoso.

arañar v. t. Rasgar ligeramente con las uñas, un alfiler, etc. ‖ Hacer rayas superficiales. ‖ *Fig.* Recoger.

arañazo m. Rasguño.

Aráoz ‖ **~ Alfaro** (GREGORIO), médico e higienista argentino (1870-1955). ‖ **~ de La Madrid** (GREGORIO). V. LA MADRID.

Arapey, río del Uruguay (Artigas y Salto), afl. del río Uruguay; 200 km. — Pobl. del Uruguay (Salto).

Arapiles, pueblo de España (Salamanca). Victoria de los españoles contra los franceses (1812).

Araquistáin (Luis), escritor y político socialista español (1886-1959). M. en el destierro.

arar v. t. Remover la tierra con el arado. ‖ *Fig.* Arrugar. ‖ *Fig. Arar en el mar,* trabajar inútilmente.

Ararat, monte de Turquía (Armenia), cerca de las fronteras con Irán y la U. R. S. S.; 5 165 m. Allí, según la Biblia, se detuvo el arca de Noé después del Diluvio.

Araruama, c. del Brasil (Río de Janeiro). — C. del Brasil (Paraíba).

arauaco, ca adj. y s. V. ARAWAKO.

Arauca, río de Colombia y Venezuela, afl. del Orinoco; 1 000 km. Navegable en unos 800 km. — C. de Colombia, cap. de la intendencia homónima.

Araucana *(La)*, poema épico de Alonso de Ercilla en 37 cantos en los que relata la conquista de Chile por Valdivia. Consta de dos partes, publicadas en 1569 y 1589.

Araucania, territorio del centro de Chile, en el que se encuentran hoy las prov. de Arauco, Cautín, Malleco y Bío-Bío. Sometido a fines del s. XIX.

araucanismo m. Voz de origen indio propia del castellano hablado en Chile.

araucanista com. Persona que estudia la lengua y costumbres de los araucanos.

araucano, na adj. y s. De la ant. Araucania o Arauco. ‖ De Arauco, prov. de Chile. ‖ De Arauca (Colombia). ‖ — M. Lengua de los araucanos o mapuches.

— Los *araucanos*, indios sudamericanos, conocidos tb. con el nombre de *mapuches*, se apoderaron sucesivamente de la región argentina de Neuquen y la parte central de Chile, donde se hicieron sedentarios. De su idioma han quedado algunas voces en el lenguaje americano como *calcha, cutriaco, chamal, chape, chavalongo, guairavo, gualichú, huata, laques, laucha, maloca, malón, ulpo, boldo, cachanlagua, aquilláí, coipú, chingolo, llaura, chiñe,* etc.

araucaria f. Árbol conífero de América del Sur y Australia, que alcanza unos 50 m de altura.

Arauco, prov. de Chile; cap. *Lebú*. — Com. y dep. de Chile en la prov. homónima. Puerto.

Arauco domado, poema del escritor chileno Pedro de Oña (1596).

Araujo (Juan GÓMEZ DE), músico brasileño (1846-1942), autor de óperas, poemas sinfónicos etc. ‖ ~ (MANUEL ENRIQUE), médico salvadoreño (1859-1913), pres. de la Rep. de 1911 a 1913. M. asesinado.

Araure, v. de Venezuela (Portuguesa). Victoria de Bolívar contra los realistas en 1813.

aravico m. Poeta de los antiguos peruanos.

arawako, ka adj. y s. Individuo de un pueblo indio de América, originario de la cuenca del Orinoco.

— Múltiples tribus de *arawacos* se diseminaron en una amplia zona comprendida entre el sur de Florida, el norte del Paraguay, el litoral peruano, la desembocadura del Amazonas y el archipiélago de las Antillas. En esta región fueron dominados por los caribes.

Araxá, mun. del Brasil (Minas Gerais). Balneario.

Araxes, río de Asia occidental que señala la frontera entre Turquía y la Unión Soviética, y entre ésta e Irán; 800 km.

Araya, penins. de Venezuela (Sucre), entre el mar Caribe y el golfo de Cariaco.

arbeja f. y sus derivados. V. ARVEJA.

Arbelas o **Arbela,** c. ant. de Asiria. En sus cercanías Alejandro Magno derrotó a Darío III (331 a. de J. C.). Hoy llamada *Erbil*.

Arbenz (Jacobo), militar guatemalteco (1914-1971), miembro de la Junta Gubernativa que sustituyó a Ponce (1944-1945). Pres. de Rep. en 1950, fue derrocado en 1954 por una sublevación militar.

arbitrable adj. Que pende del arbitrio: *cuestión arbitrable*.

arbitraje m. Arreglo de un litigio por un árbitro y sentencia así dictada. ‖ *Com.* Operación de cambio de valores mercantiles que se hace comparando los precios de diferentes plazas. ‖ Acción del juez que arbitra un partido deportivo.

arbitral adj. Relativo al juez árbitro: *juicio, sentencia arbitral*. ‖ Formado por árbitros.

arbitramento y **arbitramiento** m. *For.* Acción o facultad de dar sentencia arbitral. | Formado por árbitros.

arbitrante adj. Que arbitra.

arbitrar v. t. Hacer que se observen las reglas de un juego: *arbitrar un partido de fútbol*. ‖ *For.* Juzgar como árbitro: *arbitrar un conflicto*. ‖ — V. pr. Ingeniarse.

arbitrariedad f. Acto o proceder contrario a la justicia, la razón o las leyes, ilegalidad.

arbitrario, ria adj. Que depende del arbitrio. ‖ Que incluye arbitrariedad: *poder arbitrario*.

arbitrio m. Facultad que tiene la voluntad de elegir o de determinarse: *libre arbitrio*. ‖ Medio extraordinario que se propone para la obtención de algún fin. ‖ Juicio del juez árbitro. ‖ — Pl. Impuestos municipales para gastos públicos: *arbitrios sobre alquileres, de alcantarillado*.

árbitro m. Persona escogida por un tribunal para decidir una diferencia. ‖ Juez que cuida de la aplicación del reglamento en una contienda deportiva.

árbol m. *Bot.* Planta perenne, de tronco leñoso y elevado, que se ramifica a mayor o menor altura del suelo: *árbol frutal, de adorno*. ‖ Nombre de varias plantas. ‖ *Mar.* Palo de un buque. ‖ *Mec.* Eje que sirve para recibir o transmitir el movimiento en las máquinas: *árbol motor*. ‖ — *Árbol de Navidad*, el decorado con el que se celebran las fiestas navideñas. ‖ *Árbol genealógico*, cuadro descriptivo, en forma de un árbol con sus ramificaciones, en el que consta la afiliación de los distintos miembros de una familia.

Árbol ‖ ~ **de Guernica,** roble que se considera como símbolo de las libertades vascas. ‖ ~ **de la Noche Triste,** ahuehuete legendario bajo el cual lloró Cortés su obligada retirada de la cap. azteca (30 de junio de 1520) y que todavía se conserva.

arbolado, da adj. Poblado de árboles: *plaza, calle arbolada*. ‖ — M. Conjunto de árboles.

arboladura f. *Mar.* Conjunto de polos y vergas de un buque.

arbolar v. t. Enarbolar: *arbolar bandera argentina*. ‖ Poner los palos a una embarcación. ‖ — V. pr. Encabritarse.

arboleda f. Sitio poblado de árboles.

Arboleda (Julio), poeta, militar y político colombiano, n. en Popayán (1817-1862). Autor del poema *Gonzalo de Oyón*, obra maestra, que dejó sin acabar. M. asesinado en la Montaña de Berruecos.

Arboledas, mun. de Colombia (Nariño), ant. *Berruecos*.

* **arborecer** v. i. Hacerse árbol.

arbóreo, a adj. Relativo al árbol: *tallo arbóreo*. ‖ Parecido a un árbol.

arborescencia f. Crecimiento o calidad de las plantas arborescentes. ‖ Semejanza de ciertos minerales o cristalizaciones en forma de árbol.

arborescente adj. Planta que tiene caracteres parecidos a los del árbol.

arborícola adj. Que vive en los árboles.

arboricultor m. El que se dedica a la arboricultura.

arboricultura f. Cultivo de los árboles, generalmente de los árboles frutales.

arborizar v. t. Poblar de árboles.

arbotante m. *Arq.* Arco que contrarresta el empuje de otro arco o bóveda. ‖ *Mar.* Palo que sobresale del casco de un buque y sirve de sostén.

arbusto m. Planta perenne de tallos leñosos y ramas desde la base.

arca f. Caja de madera con tapa asegurada con bisagras, candados o cerraduras. ‖ Horno de las fábricas de vidrio. ‖ — Pl. Pieza o armario metálico donde se guarda el dinero en las tesorerías. ‖ *Anat.* Vacíos que hay debajo de las costillas, encima de los ijares. ‖ — *Arca de agua*, depósito para recibir y repartir el agua. ‖ *Arca de la Alianza*, aquella en que se guardaban las tablas de la ley, el maná y la vara de Aarón. ‖ *Arca de Noé*, embarcación grande en que se salvaron del diluvio Noé, su familia y cierto número de animales. ‖ *Arcas públicas*, el erario.

arcabucero m. Soldado que iba armado de arcabuz.

arcabuz m. Arma de fuego antigua de menos calibre que el mosquete. ‖ Arcabucero.

Arcachon, c. de Francia (Gironde). Estación balnearia y climática. Industria (conservas).

arcada f. Conjunto o serie de arcos. ‖ Ojo de puente. ‖ — Pl. Náuseas.

árcade y **arcádico, ca** adj. y s. De la Arcadia.

Arcadia, nomo de Grecia, en el centro del Peloponeso.

Arcadio (¿377?-408), emperador de Oriente de 395 a 408, hijo de Teodosio I. Nació en España.

arcaduz m. Caño por donde pasa el agua. ‖ Cangilón de noria.

arcaico, ca adj. Viejo, desusado. ‖ *Geol.* Primitivo.

arcaísmo m. Voz o frase anticuada. ‖ Imitación de las cosas de la Antigüedad.

— El *arcaísmo* consiste en usar voces y giros anticuados, como *asaz* (bastante), *cuasi* (casi), *empero* (pero), *por ende* (por tanto), *maguer* (a pesar), *agora* (ahora), *cabe* (junto a), *yantar* (comer), *fierro* (hierro). Hay arcaísmos que subsisten en el habla actual de ciertas provincias de España o en América, como *alfayate* (sastre), *almadraqueja* (colchón), que son andaluces; *aguaitar* (acechar), *muoso* (bocado), que son aragoneses; *aspa* (cuerno), *chapo* (cerradura), *pararse* (ponerse en pie), que son generales en el Nuevo Continente; *meldar* (leer, aprender), que es judeoespañol. A veces, palabras antiguas completamente olvidadas vuelven a nacer y se toman a menudo por neologismos, como *llamado, prestigiar, resurgir, verecundia*, etc.

arcaizante adj. Que arcaíza.

arcaizar v. i. Usar arcaísmos. ‖ — V. t. Llenar una lengua de arcaísmos.

arcángel m. Ángel de orden superior que pertenece al octavo coro: *el arcángel Gabriel*.

Arcángel, c. y puerto de la U. R. S. S. (Rusia). Astilleros; industrias.

arcano, na adj. y s. m. Secreto: *los arcanos de la política*.

Arcatao, pobl. de El Salvador (Chalatenango).

arce m. Árbol aceráceo de madera muy dura.

Arce (Aniceto), político boliviano (1824-1906), pres. de la Rep. de 1888 a 1892. ‖ ~ (MANUEL JOSÉ), general salvadoreño (1787-1847), primer pres. de la Rep. Federal de las Provincias Unidas de Centro América (1825-1828).

arcedianato m. Dignidad de arcediano. ‖ Territorio de su jurisdicción.

arcediano m. Dignidad eclesiástica en las iglesias catedrales.

arcén m. Espacio en la carretera entre la calzada y la cuneta.

Arcesilao, filósofo griego (316-241 a. de J. C.), fundador de la nueva Academia.

Arcila, en ár. *Asilah*, c. y puerto del N. de Marruecos.

arcilla f. Roca sedimentaria, plástica, formada principalmente por un silicato alumínico.

arcilloso, sa adj. Que tiene arcilla. ‖ Parecido a la arcilla.

Arciniega (Rosa), novelista, comediógrafa e historiadora peruana, n. en 1909.

Arciniegas (Germán), escritor colombiano, n. en 1900, autor de ensayos (*El estudiante de la mesa redonda, Entre la libertad y el miedo*, etc.). ‖ ~ (ISMAEL ENRIQUE), poeta parnasiano colombiano (1865-1938).

arciprestazgo m. Dignidad de arcipreste. ‖ Territorio de su jurisdicción.

arcipreste m. Primero y principal de los presbíteros.

Arcipreste ‖ **~ de Hita** (Juan RUIZ). V. HITA (*Arcipreste de*). ‖ **~ de Talavera** (Alfonso MARTÍNEZ DE TOLEDO). V. TALAVERA (*Arcipreste de*).

arco m. *Geom.* Porción de curva: *arco de círculo.* ‖ *Arq.* Fábrica en forma de arco: *arco de puente.* ‖ Arma para disparar flechas: *tirar con arco.* ‖ *Mús.* Varilla de cerdas para tocar el violín, contrabajo, etc. ‖ Aro de pipas, cubas, etcétera. ‖ *Anat.* Hueso de forma arqueada: *arco alveolar de la aorta, del colon.* ‖ — *Arco iris*, v. IRIS. ‖ *Arco triunfal* o *de triunfo*, monumento en forma de arco, adornado con esculturas, bajorrelieves e inscripciones. ‖ *Electr. Arco voltaico*, flujo de chispas en el punto donde se interrumpe un circuito eléctrico con breve intervalo.

Arco (Santa Juana de). V. JUANA DE ARCO (*Santa*).

arcón m. Arca grande.

arcontado m. Gobierno de los arcontes.

arconte m. Primer magistrado de las repúblicas griegas.

Arcos (Rodrigo PONCE DE LEÓN, *duque de*) [1602-1672], virrey español de Nápoles, cuyos abusos ocasionaron la sublevación de Masaniello.

Arcos de la Frontera, c. de España (Cádiz). Aceite.

Arcturus o **Arturo,** estrella de primera magnitud de la constelación del Boyero.

Archena, v. de España (Murcia). Frutas. Balneario.

archicofrade com. Miembro de una archicofradía.

archicofradía f. Cofradía más antigua o con mayores privilegios.

archidiácono m. Arcediano.

archidiócesis f. Arquidiócesis.

Archidona, v. de España (Málaga).

archiducado m. Dignidad y territorio del archiduque.

archiducal adj. Relativo al archiduque o al archiducado.

archiduque, sa m. y f. Dignidad de los príncipes de las casas de Austria y de Baviera.

archimandrita m. En la Iglesia griega, dignidad inferior a la del obispo.

archimillonario adj. y s. Varias veces millonario.

archipiélago m. Conjunto de islas: *el archipiélago canario.*

Archipiélago, ant. n. del *mar Egeo.*

archivador, ra adj. y s. Que archiva. ‖ — M. Mueble o caja para archivar.

archivar v. t. Poner o guardar en el archivo.

archivero, ra m. y f., y **archivista** com. Persona que archiva.

archivo m. Local donde se custodian documentos. ‖ *Fig.* Persona que sabe guardar secretos. | Dechado, modelo.

archivolta f. *Arq.* Conjunto de molduras que decoran un arco.

Ardabil o **Ardebil,** c. del N. de Irán (Azerbaidján), cerca de la frontera con la U. R. S. S.

Ardacher, primer rey persa de la dinastía sasánida (¿226?-241).

Ardèche, río de Francia, afl. del Ródano. — Dep. de Francia; cap. *Privas.*

Ardemans (Teodoro), arquitecto y pintor español (1664-1726). Empezó la construcción del palacio de La Granja.

Ardenas, en fr. *Ardennes*, meseta que se extiende por Bélgica, Francia y Luxemburgo.

Ardennes, dep. de Francia; cap. *Charleville-Mézières.*

ardentía f. Ardor, pirosis.

arder v. i. Consumirse con el fuego: *la leña seca arde bien* ‖ *Fig.* Estar muy agitado por una pasión: *arder de* (o *en*) *amor, odio, ira.* ‖ — V. t. Abrasar, quemar. ‖ — V. pr. Echarse a perder por el excesivo calor: *arderse las mieses.*

ardid m. Artificio, maña.

ardiente adj. Que arde: *carbón ardiente.* ‖ Que causa ardor: *sed, fiebre ardiente.* ‖ *Fig.* Activo. | Vehemente: *deseo ardiente.*

ardilla f. Mamífero roedor de cola larga y poblada y que vive en los árboles.

ardimiento m. Ardor. ‖ Valor, intrepidez, denuedo.

ardite m. Moneda antigua de escaso valor. ‖ *Fam. No valer un ardite*, valer muy poco.

ardor m. Calor grande ‖ *Fig.* Vehemencia: *amar con ardor.* | Anhelo: *desear con ardor.* | Valor: *luchar con ardor.* ‖ — Pl. Ardentía, pirosis.

ardoroso, sa adj. Que tiene ardor. ‖ *Fig.* Ardiente, vigoroso: *lucha ardorosa.*

arduo, dua adj. Muy difícil: *una tarea ardua.*

área f. Espacio de tierra ocupado por un edificio. ‖ Medida agraria (100 m²). ‖ Cuadro de tierra destinado al cultivo. ‖ *Geom.* Superficie comprendida dentro de un perímetro: *el área de un triángulo.* ‖ Superficie, zona, extensión. ‖ Zona de un terreno de juego.

Arecibo, distr., c. y puerto septentrional de Puerto Rico.

Areche (José Antonio de), visitador general del Alto Perú en 1780, cuyas exacciones provocaron la rebelión de Túpac Amaru.

Areguá, pobl. del Paraguay (Central), fundada por Martínez de Irala (1538).

Areia Branca, c. del Brasil (Rio Grande do Norte).

arena f. Conjunto de partículas desagregadas de las rocas: *la arena de la playa.* ‖ Metal o mineral en polvo: *arenas de oro.* ‖ *Fig.* Lugar del combate o la lucha, palenque. ‖ Redondel de la plaza de toros. ‖ — Pl. *Med.* Cálculos o piedrecitas que se encuentran en la vejiga. ‖ *Arena movediza*, arena que no ofrece resistencia a la presión del pie.

arenal m. Suelo de arena movediza. ‖ Terreno arenoso.

Arenal, laguna de Costa Rica (Guanacaste); 50 km². — Volcán (1 638 m) de Costa Rica (Alajuela). Entró en erupción en 1968.

Arenal (Concepción), socióloga y filántropa española, n. en El Ferrol (1820-1893).

Arenales (José Ildefonso ÁLVAREZ DE), militar y geógrafo boliviano (1798-1862). ‖ ~ (JUAN ANTONIO ÁLVAREZ DE), militar español (1770-1831), que luchó por la Independencia americana a las órdenes de San Martín.

arenar v. t. Cubrir de arena. ‖ Refregar algo con chorros de arena.

Arenas, cabo de Venezuela, en el mar Caribe (Sucre). ‖ **~ (Las),** pobl. de España, cerca de Bilbao. ‖ **~ de San Pedro,** v. de España (Ávila).

arenga f. Discurso enardecedor.

arengar v. t. Dirigir una arenga: *arengar a la tropa.*

arenífero, ra Que contiene arena: *roca arenífera.*

arenilla f. Arena para secar la tinta. ‖ — Pl. Cálculo urinario.

arenisco, ca adj. Que tiene arena: *terreno, ladrillo arenisco.* ‖ — F. Roca silícea.

arenoso, sa adj. Que tiene arena: *playa arenosa.* ‖ Parecido a la arena: *roca arenosa.*

arenque m. Pez teleósteo parecido a la sardina.

Arenys de Mar, v. y puerto de España (Barcelona). Balneario.

areola f. *Med.* Círculo rojizo que limita ciertas pústulas. ‖ *Anat.* Círculo rojizo algo moreno que rodea el pezón del pecho.

areolar adj. *Zool.* Que tiene areolas.

areometría f. Arte de medir con el areómetro.

areómetro m. *Fís.* Instrumento que sirve para medir la densidad de los líquidos.

areopagita m. Cada uno de los jueces del Areópago.

areópago m. Tribunal superior de la antigua Atenas. (El *Areópago* estaba formado por 31 jueces que entendían de las causas criminales.) ‖ *Fig.* Reunión de personas consideradas competentes en una materia: *areópago literario.*

areóstilo m. *Arq.* Intercolumnio con distancias de ocho módulos.

arepa f. *Amer.* Torta de maíz con manteca que se sirve rellena de carne de cerdo, chicharrón u otra cosa. ‖ *Fam. Venez. Ganarse la arepa*, ganarse su pan, la vida.

Arequipa, c. del S. del Perú, al pie del volcán Misti, cap. de la prov. y del dep. homónimos. Arzobispado. Universidad. Fundada en 1540 por Pizarro, llamóse ant. *Villa Hermosa.* Industria, comercio.

arequipeño, ña adj. y s. De Arequipa (Perú).

Arestegui (Narciso), novelista peruano (1826-1869), autor de *El Padre Horán.*

arestín m. Planta umbelífera, de flores azules. ‖ *Veter.* Excoriación en las cuartillas de las caballerías.

arete m. Arillo. ‖ Pendiente, arillo.

aretillo m. Árbol de Cuba.

aretino, na adj. y s. De Arezzo (Italia).

Aretino (Pietro **el**), escritor italiano (1492-1556), autor de poesías, obras de teatro y de famosos *Diálogos.*

Aretz-Thiele (Isabel), compositora argentina, n. en 1909, autora de *Puneñas.*

arévaco, ca adj. y s. Natural de una región de la ant. España Tarraconense.

Arévalo, v. de España (Ávila).

Arévalo (Juan José), político guatemalteco, n. en 1904, pres. de la Rep. de 1945 a 1950. ‖ **~ Martínez** (RAFAEL), escritor guatemalteco, n. en 1884, autor de novelas (*El hombre que parecía un caballero, El señor Monitot, Viaje a Ipanda*, etc.) y de poesías.

Arezzo, c. de Italia (Toscana), cap. de la prov. homónima.

arfada f. *Mar.* Cabeceo del barco.

arfar v. i. Cabecear el buque.

Arfe (Enrique de), orfebre alemán, establecido en España en 1506, autor de custodias. — Su hijo ANTONIO (1510-1578) fue uno de los introductores del estilo plateresco en España. — El hijo de éste, JUAN DE ARFE Y VILLAFAÑE (1535-1603), está considerado como uno de los maestros de la orfebrería española.

argamasa f. Mezcla de cal, arena y agua que se emplea en albañilería.

argamasar v. t. Hacer argamasa. ‖ Trabar o unir con argamasa.

Argamasilla de Alba, v. de España (Ciudad Real). Dícese que en ella estuvo preso Cervantes.

Arganda, v. de España (Madrid). Emisora de radio.

Argao, c. de Filipinas, en la isla de Cebú.

Argar (El), estación prehistórica española de la Edad del Bronce (Almería).

ARGELIA

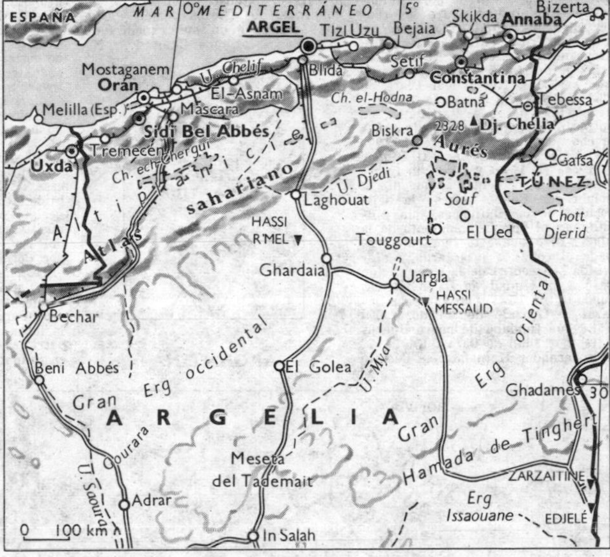

Argel, cap. y puerto de Argelia; 942 800 h. Arzobispado. Universidad. Comercio.

Argelès-sur-Mer, v. de Francia (Pyrénées-Orientales), junto al Mediterráneo.

Argelia, rep. de África del Norte, entre Marruecos y Túnez, 2 376 391 km² (de los cuales 1 980 000 en las regiones del Sáhara); 13 349 200 h. (*argelinos*). Cap. *Argel*, 900 000 h. Otras c.: *Orán*, 392 000 h., y *Constantina*, 254 000. Yacimientos (cobre, hierro, plomo, cinc, petróleo, gas natural, fosfatos). Agricultura (cereales, vinos, verduras, frutas).

— Ocupada en la Antigüedad por beréberes, cartagineses, romanos, bárbaros, bizantinos, árabes y turcos, el país llegó a ser en el s. XIV un refugio de piratas. Los españoles efectuaron diversas expediciones a territorio argelino (1516, 1538 y 1541). Francia emprendió su conquista en 1830 y empezó la verdadera colonización a partir de 1847. Un movimiento de insurrección contra la dominación francesa estalló en 1954 y condujo a la independencia, tras cruenta guerra, en 1962, y a la proclamación al año siguiente de una república democrática y popular de tipo presidencialista.

argelino, na adj. y s. De Argel o Argelia.

Argensola (Bartolomé Leonardo de), poeta y escritor español, n. en Barbastro (1562-1631). — Su hermano LUPERCIO LEONARDO (1559-1613) es autor de odas, sonetos, canciones, epístolas, sátiras, tragedias (*Isabel* y *Filida*) y de obras históricas.

argentado, da adj. Plateado.

Argentan, c. de Francia (Orne). Torre del homenaje del s. XII.

argentar v. t. Platear.

argentario m. Platero.

Argentártida, n. con que se conoce tb. la *Antártida Argentina*.

argénteo, a adj. De plata.

Argenteuil, c. de Francia (Val-d'Oise), junto al Sena. Productos químicos.

Argentière, centro de alpinismo (Haute-Savoie), cerca de Chamonix y el monte Blanco.

argentífero, ra adj. Que contiene plata: *mineral argentífero*.

Argentina, rep. de América del Sur, situada entre Bolivia, Paraguay, Brasil, Uruguay, el océano Atlántico y Chile; 2 791 810 kilómetros cuadrados; 24 352 000 h. (*argentinos*). Son también de soberanía nacional 1 268 195 kilómetros cuadrados de la Antártida y 4 150 km² correspondientes a las islas intercontinentales (Georgias y Sandwich del Sur). Cap. *Buenos Aires*, 5 000 000 h. Otras c.: *Salta*, 95 000 h.: *San Miguel de Tucumán*, 280 000; *Santiago del Estero*, 110 000; *San Juan*, 95 000; *Mendoza*, 200 000; *Córdoba*, 550 000; *Río Cuarto*, 80 000; *Bahía Blanca*, 125 000; *Mar del Plata*, 180 000; *La Plata*, 310 000; *Quilmes*, 90 000; *Lanús*, 150 000; *Avellaneda*, 300 000; *Rosario*, 600 000; *Paraná*, 115 000; *Santa Fe*, 215 000; *Concordia*, 65 000; *Corrientes*, 100 000, y *Resistencia*, 100 000.

Administrativamente, la Argentina se divide en 23 provincias y Buenos Aires, capital federal. La población es de raza blanca, constituida por un 85 p. ciento de nativos, de origen español e italiano principalmente, y de un 15 p. ciento de inmigrantes. La religión más extendida es la católica, si bien existe la libertad de cultos. La lengua oficial es la española, o castellana, hablada por la totalidad de la población. La densidad media de población es de 7,6 h/km², y las zonas más pobladas son la provincia de Tucumán, los valles fluviales y la capital federal.

— GEOGRAFÍA. La cordillera de los Andes atraviesa el país de norte a sur y establece la frontera con Chile. En su sección septentrional se encuentra la *Puna de Atacama*, meseta árida de 4 000 m con cumbres elevadas: Llullaillaco (6 723 m), Socompa (6 050 m) y Cerro Libertador (6 720 m). Más al sur aparecen los picos Tupungato (6 800 m) y Aconcagua (6 959 metros), el más elevado de América. En el extremo meridional, los Andes toman el nombre de Andes Patagónicos y Andes Fueguinos. Existen vastas llanuras, como son el *Chaco*, al norte, y la *Pampa*, en el centro. La zona mesopotámica tiene al norte la meseta de Misiones. En cuanto al relieve de la Antártida, prolongación de los Andes Patagónicos, es montañoso, por el arco de las Antillas australes, con una gran meseta cubierta de hielo. La cuenca hidrográfica del Plata es la más importante del país, y está formada por los dos grandes ríos Paraná y Uruguay, que, junto con sus afluentes, constituyen un sistema navegable en su mayor parte, de gran importancia económica para las regiones que atraviesan. Otros ríos que van al Atlántico son: Colorado, Negro, Deseado y Santa Cruz. El Desaguadero recoge las aguas de los Andes y, en ciertas épocas, las vierte al Atlántico a través del Colorado. Algunos ríos menores van a parar a la laguna de Mar Chiquita, y en la región patagónica hay varios que van al Pacífico. La costa argentina tiene unos 4 000 km y es poco accidentada hasta Bahía Blanca, desde donde se hace más sinuosa, formando golfos como los de San Matías y San Jorge, bahías (Grande y San Sebastián) y la península de Valdés. El clima es templado, salvo en el norte, y hay varios vientos dominantes: pampeano (frío y seco), norte (cálido y húmedo), sudestada (frío y húmedo), zonda (cálido y seco). Las precipitaciones son abundantes en el norte y en el sudoeste. La base de la economía argentina es la agricultura y la ganadería. Los principales productos son: trigo, maíz, cebada, avena, algodón, caña de azúcar, yerba mate (Misiones), vid (San Juan, Mendoza), frutales (Río Negro). Abundan las explotaciones forestales, y es muy importante la del quebracho colorado, del que se extrae el tanino. La riqueza ganadera es considerable (bovinos, ovinos, caballos, cerdos) y la pesca está bien desarrollada. Los recursos mineros son excelentes (cinc, plata, oro, plomo, volframio, uranio, azufre). Tampoco falta el petróleo, del cual hay yacimientos en diversas regiones (Salta, Mendoza, Neuquen, Chubut, Santa Cruz y Tierra del Fuego). La industria está en pleno desarrollo, concentrada sobre todo en Buenos Aires (química, textil, alimenticia, eléctrica y derivados del petróleo). Para los transportes, la Argentina cuenta con 50 000 km de ferrocarriles, 60 000 km de carreteras, una importante red fluvial y marítima, y un servicio aéreo interior y exterior (170 aeropuertos, entre ellos el internacional de Ezeiza, cerca de Buenos Aires).

— HISTORIA. El territorio que hoy ocupa la Argentina estuvo en otros tiempos habitado por diferentes pueblos indios, entre los cuales podemos señalar los pampas, guaraníes, puelches, patagones, araucanos, querandíes, etc. Juan Díaz de Solís fue el primer español que arribó a tierras del Plata en 1516, y murió a manos de los indígenas. Poco después, Magallanes, en su periplo mundial, descubrió el estrecho que lleva su nombre (1520). Pedro de Mendoza llegó al Río de la Plata en 1536 y fundó un fuerte en la costa occidental al que dio el nombre de Buenos Aires; la belicosidad de los indígenas, que dificultaban el aprovisionamiento de la plaza, hizo que ésta fuera abandonada cinco años más tarde y destruida. El centro de la colonización pasó a la ciudad de La Asunción, fundada en 1537 por Juan de Salazar y Gonzalo de Mendoza. En 1580 fue fundada de nuevo Buenos Aires por Juan de Garay. En 1617, el gobernador Hernandarias decidió dividir el extenso territorio en dos gobernaciones (La Asunción y Buenos Aires), y en sus expediciones llegó hasta los ríos Colorado y Negro. En 1776 fue creado el Virreinato de Río de la Plata, nombrándose primer virrey a Pedro de Cevallos, quien decretó la libertad de comercio para el puerto de Buenos Aires. En 1806 se produjo una invasión inglesa, y Santiago de Liniers se distinguió en la defensa de Buenos Aires. En 1810 abrióse un nuevo período en la historia, el de la Independencia, iniciado con la Revolución del 25 de Mayo. Como consecuencia de la invasión francesa de España, se reunió un Cabildo Abierto en Buenos Aires, que declaró vacante el Virreinato y creó una Junta para gobernar en nombre del rey, la cual estaba presidida por Cornelio de Saavedra. Sin embargo, hubo elementos adictos a la causa española que opusieron resistencia en varios puntos (Montevideo, Paraguay, Córdoba). Iniciada la lucha, y tras algunos reveses, los patriotas vencieron a los españoles en Suipacha. Se organizó el Primer

ARGENTINA

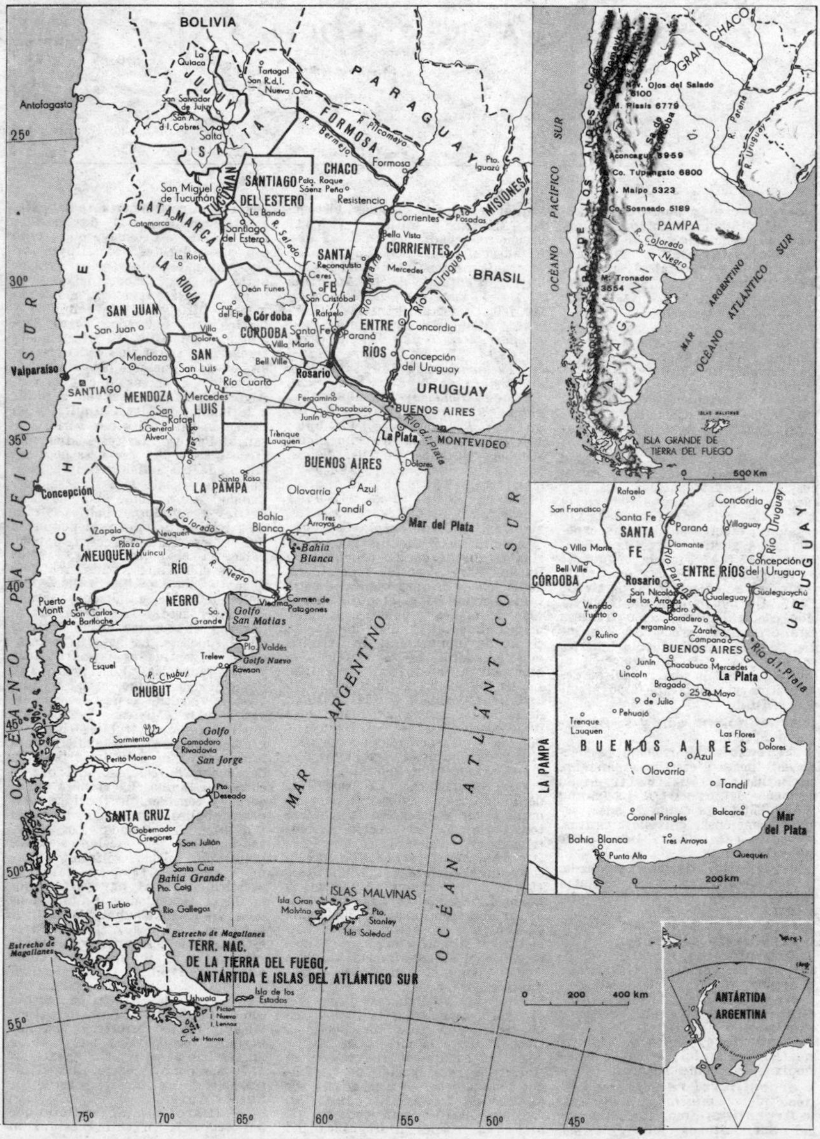

Triunvirato (1811), y el general Belgrano acudió a liberar el Paraguay. Belgrano sufrió una derrota en Tacuarí, y el resto de su ejército se puso a disposición de José Artigas. Éste, que luchaba por la emancipación de la Banda Oriental, consiguió vencer a los españoles en Las Piedras, poniendo sitio inmediatamente a Montevideo. En 1812 el Triunvirato fue derribado por un movimiento encabezado por José de San Martín y Carlos de Alvear, y en 1813 se reunió la Asamblea, que decretó una serie de medidas liberales. El Congreso de Tucumán (1816) declaró la independencia de América del Sur, aun cuando en ese momento solamente estaba liberada la parte meridional. En 1817, el general San Martín inició la brillante campaña libertadora que habría de terminar con el dominio español en Chile (1818) y en Perú (1821). San Martín se entrevistó con Bolívar en Guayaquil (1822) y se retiró luego a Europa, donde murió en 1850. La vida política de la Argentina se vio turbada en el interior por las disensiones entre centralistas y federalistas, y en el exterior por la guerra contra el Brasil, que terminó en 1827 tras la victoria de Ituzaingó. Manuel Dorrego, partidario de las autonomías, fue derrotado por los unitarios de Lavalle y fusilado, con lo que se encendió la guerra civil. Juan Manuel Ortiz de Rosas se ocupó de vengar la muerte del caudillo federal y se puso al frente del Gobierno de Buenos Aires de 1829 a 1832, período durante el cual reprimió varios brotes centralistas, como el del general Paz. El desorden que imperó luego hizo que el Congreso ofreciera de nuevo el gobierno a Rosas, quien, tras un plebiscito que le fue favorable, se proclamó en 1835 "Gobernante ungido por Dios", y sometió el país a 17 años de dictadura. Ésta fue derribada por el pronunciamiento de Justo José de Urquiza (1851) y su victoria de Caseros (1852), al frente del *Ejército Grande*. En 1853 se promulgó una constitución de carácter federal, y Urquiza fue nombrado presidente de la Confederación. Surgieron de nuevo dificultades entre Buenos Aires y las provincias, por lo que hubo que enmendar la Constitución. Santiago Derqui subió a la presidencia en 1860, pero Bartolomé Mitre, gobernador de Buenos Aires, se opuso a la Confederación y sus tropas derrotaron a las de Urquiza en Pavón (1861), tras lo cual Mitre fue elegido presidente constitucional; durante su mandato tuvo lugar la guerra de la Triple Alianza contra el Paraguay (1865-1870). Sucedieron a Mitre en la presidencia Domingo F. Sarmiento (1868), Nicolás Avellaneda (1874) y Julio A. Roca (1880), quienes favorecieron la instrucción pública, llevaron la civilización a comarcas todavía habitadas por los indios, y estimularon la inmigración. El país conoció una época de relativa normalidad constitucional, que se prolongó durante el primer tercio del s. XX. Hipólito Yrigoyen, presidente en 1916, mantuvo la neutralidad de la Argentina durante el conflicto mundial, y fue reelegido en 1928, tras la fructífera presidencia de Marcelo T. Alvear (1922). La crisis mundial de 1929 repercutió considerablemente en la vida argentina, y un golpe de Estado dirigido por el general José F. Uriburu (1930) derrocó a Yrigoyen. Hasta 1946 se sucedieron unos gobiernos de matiz conservador, y ese año fue elegido para la presidencia de la República el coronel Juan Domingo Perón. Su gobierno nacionalizó los medios de producción y reformó la Constitución de manera que el presidente pudiera ser reelegido en 1951, como así ocurrió. En 1955 se sublevaron el Ejército y la Marina, y Perón hubo de refugiarse en el extranjero. Eduardo A. Leonardi asumió la presidencia provisionalmente, y fue sustituido en seguida por Pedro E. Aramburu, quien convocó elecciones en 1958. Salió triunfante Arturo Frondizi, quien tropezó con dificultades para restaurar la quebrantada economía del país, y cuya política determinó el golpe militar de 1962. El vicepresidente J. M. Guido ocupó la plaza vacante, hasta las elecciones de 1963 en las que resultó vencedor Arturo Illia. El Ejército intervino en 1966 destituyendo al presidente y nombrando para el cargo supremo al general Onganía. Este disolvió el Congreso y suprimió los partidos políticos. Una nueva Junta Militar se apoderó del poder en 1970 y designó al general Roberto Marcelo Levingston presidente de la República, quien fue derrocado en 1971 por otra Junta Militar y sustituido seguidamente por el general Alejandro Agustín Lanusse. Convocadas elecciones fue elegido Héctor J. Cámpora en marzo de 1973, pero renunció a su cargo en julio del mismo año. Juan Domingo Perón, de vuelta al país, tras 18 años de exilio, triunfó en las elecciones y subió al Poder el 12 de octubre. A su muerte, en 1974, le sustituyó su esposa, María Estela Martínez de Perón, que ya era vicepresidente.

Argentina *(La)*. V. MERCÉ (Antonia).

Argentina *(La)*, crónica de Ruy Díaz de Guzmán en la que se describe la colonización del Plata por Pedro de Mendoza. — Poema histórico de Barco Centenera (1602).

argentinidad f. Sentimiento de la nacionalidad argentina.

argentinismo m. Palabra o giro propio de los argentinos.

argentinizar v. t. Dar carácter argentino.

argentino, na adj. y s. De la República Argentina. || — Adj. Argénteo. || Que tiene el sonido vibrante de la plata: *voz argentina*. || — M. *Arg*. Moneda de oro.

Argentino, lago de la Argentina (Santa Cruz). || ~ (MAR), sector del océano Atlántico contiguo a las costas de la Argentina.

Arginusas, archip. del mar Egeo, al E. de Lesbos.

argivo, va adj. y s. De Argos, c. de Grecia. || De la Argólida. || *Por ext*. Natural o perteneciente a la Grecia antigua.

argo m. Argón.

argólico, ca adj. Argivo.

Argólida, nomo de Grecia, en el NE. del Peloponeso; cap. *Nauplia*.

argolla f. Aro grueso de metal que sirve de asidero. || Juego que consiste en pasar unas bolas por una argolla móvil. || Pena que consistía en exponer al reo a la vergüenza pública. || Gargantilla que usaban las mujeres como adorno. || *Fig*. Sujeción, que sujeta a la voluntad de otro.

argón m. *Quím*. Elemento simple, gaseoso, incoloro, inodoro y sin ninguna actividad química (simb., A), que en proporción de uno por ciento entra en la composición del aire.

argonauta m. Molusco cefalópodo que vive en los mares calientes. || Cada uno de los héroes griegos que en el navío *Argos* fueron a Cólquida para apoderarse del Vellocino de Oro. (*Mit.*)

argos m. *Fig*. Persona muy vigilante. || *Zool*. Especie de faisán.

Argos, c. de Grecia, al NE. del Peloponeso.

Argos, príncipe argivo que tenía cien ojos.

argot m. Germanía, jerga. || Lenguaje convencional, especialmente utilizado por un grupo, una profesión, una clase social: *argot médico*.

Argote de Molina (Gonzalo), militar, poeta y humanista español (1548-1598).

Argovia, cantón del N. de Suiza; cap. *Aarau*.

argucia f. Sutileza, sofisma.

Arguedas (Alcides), escritor boliviano, n. en La Paz (1879-1946), autor de *Raza de bronce*, novela indianista. || ~ (JOSÉ MARÍA), novelista peruano (1911-1969), autor de *Yawar Fiesta*.

Argüelles (Agustín de), político liberal español (1776-1844).

Argüello (Lino), poeta nicaragüense (1886-1937). || ~ (SANTIAGO), escritor, erudito y poeta nicaragüense (1872-1940).

Arguijo (Juan de), poeta español (1560-1623), notable sonetista.

* **argüir** v. t. Deducir, inferir. || Probar, demostrar, descubrir. || Echar en cara, acusar: *argüir de falso*. || — V. i. Oponer argumentos, impugnar. || Discutir.

argumentación f. Acción de argumentar. || Argumento.

argumentador, ra adj y s. Que argumenta.

argumentar v. Argüir, disputar, discutir. || — V. t. Probar. || Alegar, decir.

argumento m. Razonamiento para demostrar una proposición. || Asunto o materia de una obra: *el argumento de una comedia*. || Resumen de una obra.

Argyll o **Argyle** [*-yil*], condado de Gran Bretaña, al O. de Escocia; cap. *Inverary*.

aria f. *Mús*. Composición escrita para una sola voz.

Ariadna o **Ariana,** hija de Minos, que dio a Teseo el hilo que le permitió salir del Laberinto después de matar al Minotauro.

Ariari, río de Colombia (Meta), afl. del Guaviare; 250 km.

Arias (Arnulfo), político panameño, n. en 1901, pres. de la Rep. de 1940 a 1941 y de 1949 a 1951; elegido de nuevo pres. en 1968. || ~ (CÉLEO), político hondureño (1835-1890), pres. de la Rep. de 1872 a 1874. || ~ (HARMODIO), político panameño (1886-1962), pres. de la Rep. en 1931 y de 1932 a 1936. || ~ (LUIS FELIPE), compositor guatemalteco (1870-1908). || **~ Dávila** o **de Ávila** (PEDRO). V. PEDRARIAS DÁVILA. || **~ de Saavedra** (HERNANDO), llamado *Hernandarias*, militar y político español, n. en Paraguay (1561-1634), gobernador del Plata. || **~ Montano** (BENITO), sacerdote y erudito español (1527-1598), autor de una nueva edición de la *Biblia Políglota*, llamada *Antuerpiense* o *Regia*. || **~ Suárez** (EDUARDO), novelista colombiano, n. en 1897. || **~ Trujillo** (BERNARDO), novelista colombiano (1905-1939), autor de *Risaralda*.

Aribau (Buenaventura Carlos), poeta español (1798-1862, cuya *Oda a la Pàtria* señala la *Renaixença* o Renacimiento catalán.

Arica, c., puerto y dep. del N. de Chile (Tarapacá). Perteneció al Perú hasta 1883.

aridez f. Calidad de árido.

árido, da adj. Seco estéril: *tierra árida*. || *Fig*. Falto de amenidad: *plática árida*. || — M. pl. Granos, legumbres y otras cosas sólidas a que se aplican medidas de capacidad.

Ariège, dep. de Francia, al pie de los Pirineos; cap. *Foix*.

Ariel, ídolo de los moabitas, convertido después en el nombre de un ángel réprobo.

Aries, constelación boreal y signo del Zodiaco (de 21 de marzo a 20 de abril).

ariete m. Máquina militar que se empleaba antiguamente para derribar murallas. || Buque de vapor, blindado y con un espolón muy reforzado y saliente para embestir. || *Fig*. En fútbol, delantero centro. || *Mec. Ariete hidráulico*, máquina para elevar agua.

Ariguanabo, laguna de Cuba (La Habana); 72 km².

arillo m. Arete, pendiente.

Arimao, río de Cuba (Las Villas); 78 km.

Arimatea o **Rama,** c. de Palestina en Judea, patria de José de Arimatea, que dio sepultura a Jesucristo.

arimez m. *Arq.* Resalte en algunos edificios.

ario, ria adj. y s. De un pueblo primitivo de Asia Central, del que proceden los indoeuropeos: *los arios invadieron el N. de la India.* ‖ — M. Lengua de este pueblo.

Arión, músico y poeta lírico griego (s. VII a. de J. C.).

Ariosto (Ludovico), poeta renacentista italiano, n. en Reggio (1474-1533), autor del poema épico *Orlando furioso.*

arisco, ca adj. Áspero, intratable: *genio arisco; persona arisca.*

Arismendi (Juan Bautista), patriota venezolano, n. en 1770, caudillo de la Independencia.

arista f. *Geom.* y *Fort.* Línea de intersección de dos planos. ‖ *Bot.* Pajilla de cáñamo o lino.

Arista (Mariano), general mexicano (1802-1855), pres. de la Rep. de 1851 a 1853.

aristarco m. *Fig.* Crítico excesivamente severo.

Aristarco, astrónomo griego, n. en Samos (310-230 a. de J. C.). Fue el primero en sostener que la Tierra giraba alrededor del Sol. ‖ **~ de Samotracia,** crítico y gramático alejandrino (¿215-143? a. de J. C.).

Arístides, general y político ateniense, llamado *el Justo* (¿540-468? a. de J. C.). Se distinguió en Maratón, pero fue desterrado por Temístocles. Más tarde, invadida su patria por Jerjes, su rival le llamó a Atenas y combatió heroicamente en Salamina y Platea.

Aristipo, filósofo griego, n. en Cirene (s. IV a. de J. C.), discípulo de Sócrates y fundador de la escuela cirenaica, cuya doctrina basaba la felicidad en el placer.

aristocracia f. Clase noble. ‖ Gobierno de la nobleza.

aristócrata com. Persona de la aristocracia.

aristocrático, ca adj. Relativo a la aristocracia: *sociedad aristocrática.* ‖ Fino, distinguido: *de modales aristocráticos.*

aristocratizar v. t. Dar carácter aristocrático.

Aristófanes, poeta cómico griego, n. en Atenas (¿445-386? a. de J. C.), cuyas obras son a menudo sátiras políticas y literarias (*Las nubes, Las avispas, Lisístrata, Las aves, Las ranas,* etc.).

aristoloquia f. Género de planta enredadera.

Aristómenes, general mesenio (s. II a. de J. C.), famoso por los once años que resistió a los espartanos en el monte Ira.

Aristóteles, filósofo griego, n. en Estagira (Macedonia) [384-322 a. de J. C.], preceptor de Alejandro Magno y fundador de la escuela peripatética. Profundo conocedor de todas las ramas del saber, escribió: *Órganon, Física, Poética, Política, Metafísica, Ética a Nicómaco, Moral a Eudemo,* etc. Durante la Edad Media fue el oráculo de los filósofos y teólogos escolásticos.

Aristóteles (*Comentarios de*), obra del filósofo hispanomusulmán Averroes (s. XII).

aristotélico, ca adj. Relativo a Aristóteles: *sistema aristotélico.* ‖ — Adj. y s. Partidario del aristotelismo.

aristotelismo m. Doctrina de Aristóteles.

aritmética f. Ciencia de los números. ‖ Libro que trata de esta ciencia.

aritmético, ca adj. Relativo a la aritmética. ‖ Basado en la aritmética. ‖ — M. y f. Persona que se dedica a esta ciencia.

Ariza (Juan de), poeta español (1816-1876), autor de dramas románticos.

Arizaro, salar de la Argentina (Salta); 4 500 km².

Arizona, uno de los Estados Unidos de Norteamérica, en el SO., conquistado a México en 1848; cap. *Phoenix.* Agricultura. Minas (cobre, cinc, plomo).

Arjona, mun. de Colombia (Bolívar).

Arjona Herrera (Francisco), llamado *Curro Cúchares,* torero español (1812-1868).

Arkángelsk o **Arjángelsk.** V. ARCÁNGEL.

Arkansas [*ákansa*], río de Estados Unidos, afl. del Misisipí, 2 333 km. — Uno de los Estados Unidos de Norteamérica, en el centro este; cap. *Little Rock.* Agricultura. Minas (bauxita, hulla).

Arkwright (Sir Richard), mecánico inglés (1732-1792), cuyos inventos perfeccionaron el telar.

Arlanza, río de España, afl. del Pisuerga; 100 km.

Arlanzón, río de España, afl. del Arlanza, que pasa por Burgos; 90 km.

Arlberg, puerto de los Alpes en el Tirol (Austria); atravesado por un túnel de 10 239 m.

arlequín m. Personaje cómico de la comedia italiana que llevaba una careta negra y traje hecho de rombos de distintos colores. ‖ Bufón de algunas compañías de volatines. ‖ *Fig.* y *fam.* Persona informal, ridícula.

arlequinada f. Acción ridícula.

arlequinesco, ca adj. Del arlequín: *actitud arlequinesca.*

Arles, c. de Francia (Bouches-du-Rhône), a orillas del Ródano.

Arlt (Roberto), escritor argentino (1900-1942), autor de cuentos y novelas (*Los siete locos, Los lanzallamas*) y de obras teatrales (*300 millones*).

arma f. Instrumento destinado a ofender o defenderse: *arma arrojadiza, de fuego.* ‖ *Blas.* Escudo: *las armas de la ciudad.* ‖ *Fig.* Medios para conseguir un fin: *las armas de la hipocresía.* ‖ *Mil.* Cada uno de los diversos institutos que constituyen la parte principal de los ejércitos combatientes: *el arma de infantería, de caballería, de artillería,* etc. ‖ — Pl. Tropas o ejércitos de un Estado: *las armas de España.* ‖ Profesión militar. ‖ *Taurom.* Asta, cuerno. ‖ *Zool.* Defensas de los animales. ‖ — *Alzarse en armas,* sublevarse. ‖ *Fig. Arma de dos filos,* la que puede tener efectos contrarios a los apetecidos. ‖ *De armas tomar,* resuelto, atrevido, de cuidado. ‖ *Hacer sus primeras armas,* hacer uno su primera campaña. ‖ *Hecho de armas,* hazaña de guerra. ‖ *Pasar por las armas,* fusilar. ‖ *Presentar las armas,* rendir honores. ‖ *Rendir las armas,* entregarse al enemigo.

armada f. Conjunto de fuerzas navales de un Estado. ‖ Escuadra.

Armada Invencible, n. de la flota de 127 naves enviada en 1588 por Felipe II de España contra Inglaterra y destruida por una tempestad.

armadía f. Conjunto de maderos unidos unos con otros para conducirlos fácilmente a flote por los ríos.

armadijo m. Trampa.

armadillo m. Mamífero desdentado de la América meridional, cuyo lomo está cubierto de escamas córneas.

armado, da adj. Provisto de armas. ‖ Provisto de una armadura metálica interna: *cemento armado.* ‖ — M. Acción de armar: *el armado de una prenda.* ‖ Individuo vestido como el soldado romano, que figura en las procesiones de Semana Santa.

armador, ra m. y f. Persona que arma o monta. ‖ — M. El que por su cuenta arma o equipa una embarcación.

armadura f. Conjunto de armas defensivas que protegían el cuerpo. ‖ *Arq.* Armazón: *armadura de un tejado, de la cama.* ‖ *Mús.* Conjunto de sostenidos o bemoles que indican el tono de una composición.

Armagh, c. de Irlanda del Norte, cap. del condado homónimo.

armamento m. Acción de armar. ‖ Apresto para la guerra. ‖ Conjunto de armas. ‖ Armas y fornitura de un soldado. ‖ Equipo de un buque.

Armañac, ant. condado y región geográfica de Francia, en Gascuña.

armar v. t. Dar armas. ‖ Disponer para la guerra: *armar un ejército.* ‖ Aprestar un arma para disparar: *armar la ballesta, el fusil.* ‖ *Por ext.* Tensar el muelle de un mecanismo. ‖ Concertar o montar las piezas de un mueble, artefacto, etc.: *armar una máquina, una cama, una tienda de campaña.* ‖ Fundar, asentar una cosa sobre otra. ‖ Dar forma, resistencia o consistencia. ‖ Equipar un barco. ‖ *Fig.* y *fam.* Organizar. ‖ Causar, provocar: *armar disgustos.* ‖ *Fam. Armarla* o *armar una,* meter mucho ruido o jaleo. ‖ — V. pr. *Fig.* Disponer deliberadamente el ánimo para conseguir un fin o resistir una contrariedad: *armarse de paciencia.* ‖ Estallar, producirse: *se armó un escándalo.* ‖ *Fam. Armarse la gorda, la de San Quintín* o *la de Dios es Cristo,* producirse un escándalo o alboroto.

armario m. Mueble con puertas y anaqueles para guardar objetos o ropa: *armario de luna; armario frigorífico.* ‖ *Armario empotrado,* el hecho en la pared.

Armas (José de), escritor cubano (1866-1919). Defendió en sus escritos la causa de la Independencia.

armatoste m. Cosa grande y destartalada.

Armavir, c. de la U. R. S. S. (Rusia). Industria (textil).

armazón f. Armadura, estructura sobre la que se monta una cosa. ‖ — M. Esqueleto.

armella f. Anillo de hierro con una espiga para clavarlo.

Armendáriz (José de). V. CASTELFUERTE. ‖ **~** (PEDRO), actor cinematográfico mexicano (1912-1963).

Armenia, región de altiplanicies y cadenas montañosas de Asia Menor, entre Anatolia y la meseta de Irán. Está dividida entre la U. R. S. S. (cap. *Eriván*), Irán y Turquía, que posee la mayor parte. — C. de Colombia, cap. del dep. de Quindío. Obispado. Centro comercial. Café. — C. de El Salvador (Sonsonate).

armenio, nia adj. y s. De Armenia.

armería f. Museo de armas: *la armería de Madrid.* ‖ Arte de fabricar armas. ‖ Tienda del armero.

armero m. Fabricante, reparador o vendedor de armas. ‖ Aparato para colocar las armas: *colocar el fusil en el armero.*

Armero c. de Colombia (Tolima).

Arminio, jefe germano (18 a. de J. C.-21). Venció a las legiones romanas de Varo el año 9 de nuestra era.

armiño m. Mamífero de piel muy suave y delicada, parda en verano y blanquísima en invierno, excepto la punta de la cola, que es siempre negra. ‖ Su piel. ‖ *Blas.* Figura del blasón.

armisticio m. Suspensión de hostilidades: *firmaron el armisticio.*

armón m. *Mil.* Juego delantero de la cureña del cañón de campaña.

armonía f. Arte de formar los acordes musicales. || Unión o combinación de sonidos agradables. || Proporción y correspondencia de las partes de un todo. || *Fig.* Amistad y buena correspondencia: *vivir en armonía.*

armónico, ca adj. Relativo a la armonía: *composición armónica.* || — M. *Mús.* Sonido producido por la resonancia de otro. | Sonido que se obtiene apoyando suavemente el dedo sobre una cuerda que vibra. || — F. Instrumento músico que se toca con los labios.

armonio m. *Mús.* Órgano pequeño y al que se da aire con un fuelle movido con los pies.

armonioso, sa adj. Agradable al oído: *voz armoniosa.* || *Fig.* Que tiene armonía: *versos armoniosos.*

armonización f. Acción y efecto de armonizar.

armonizar v. t. Poner en armonía: *armonizar colores, opiniones, intereses.* || *Mús.* Escribir los acordes correspondientes a una melodía: *armonizar un tema.* || — V. i. Formar o estar en armonía: *los muebles armonizan con lo demás.*

Armórica, parte oeste de la Galia, que comprendía la actual Bretaña francesa.

armoricano, ca adj. y s. De la ant. Armórica, bretón.

Armstrong (Louis), trompetista, cantor y director de orquesta de jazz norteamericano (1900-1971). || ~ (NEIL), cosmonauta norteamericano, n. en 1930, primer hombre que pisó la Luna (21 de julio de 1969).

Arnaldo de Brescia, reformador y religioso italiano (¿1100?-1155), discípulo de Abelardo. Sublevó Roma contra los papas.

Arnau de Vilanova, médico, alquimista y teólogo catalán (¿1235?-1313).

Arndt (Ernst Moritz), poeta alemán (1769-1860), cuyos *Cantos de guerra* contribuyeron a sublevar Alemania contra Napoleón I (1812).

arnés m. Armadura que se amoldaba al cuerpo. || — Pl. Guarniciones de las caballerías. || *Fig.* y *Fam.* Aprestos, equipo.

Arnhem, c. de Holanda, cap. de la prov. de Güeldres, a orillas del Rin. Industrias.

árnica f. Planta compuesta, de cabezuela amarilla, cuyas flores y raíz se emplean en forma de tintura para heridas y contusiones.

Arniches (Carlos), comediógrafo español, n. en Alicante (1866-1943), que se distinguió con sus sainetes costumbristas *(El santo de la Isidra, El amigo Melquiades)*, comedias grotescas *(Don Quintín el Amargao)* y libretos del género chico *(El puñao de rosas).*

Arnim (Archim von), novelista y poeta romántico alemán (1781-1831).

Arno, río de Italia (Toscana), que atraviesa Florencia y Pisa, y des. en el Mediterráneo; 250 km.

Arnulfo, rey carolingio de Germania (887-899), emperador de Occidente de 896 a 899.

aro m. Círculo o anillo de hierro, madera, etc.: *aro de un tonel.* || Juguete infantil en forma de aro de madera: *jugar al aro.* || Planta arácea de raíz feculenta. || Servilletero. || Zarcillo, pendiente. *Fig.* y *fam. Entrar* o *pasar por el aro,* hacer algo por fuerza.

Aro, río de Venezuela (Bolívar), afl. del Orinoco; 315 km.

Aroa, río de Venezuela; 97 km. — Sierra de Venezuela (Falcón y Yaracuy); 1 780 m. Cobre.

aroideas f. pl. *Bot.* Aráceas.

Arolas (Juan), religioso y poeta español (1805-1849), de inspiración romántica.

aroma m. Flor del aromo. || Perfume, olor muy agradable: *aroma del café, de la canela.*

Aroma, prov. de Bolivia (La Paz); cap. *Sicasica.*

aromático, ca adj. Que tiene la naturaleza del aromo.

aromatización f. Acción de aromatizar.

aromatizador m. *Amer.* Vaporizador.

aromatizante adj. Que aromatiza: *esencia aromatizante.*

aromatizar v. t. Perfumar con una sustancia. || Dar aroma.

aromo m. Árbol de ramas espinosas cuya flor es la aroma.

Arona (Juan de). V. PAZ SOLDÁN Y UNANUE (Pedro).

Aros, n. que recibe el río *Yaqui* en Sonora (México).

Arosa, ría en el NO. de España, entre las prov. de La Coruña y Pontevedra.

Arosemena (Alcibíades), político panameño (1883-1958), pres. de la Rep. de 1951 a 1952. || ~ (CARLOS JULIO), político ecuatoriano, n. en 1894, pres. de la Rep. de 1947 a 1948. — Su hijo CARLOS JULIO, n. en 1916, se hizo cargo del Gobierno en 1961 y fue depuesto en 1963. || ~ (FLORENCIO HARMODIO), político panameño (1872-1945), pres. de la Rep. en 1928, derrocado en 1931. || ~ (JUAN DEMÓSTENES), político panameño (1879-1939), pres. de la Rep. de 1936 a 1939. || ~ (JUSTO), político, jurisconsulto y escritor colombiano, n. en Panamá (1817-1886), autor de *El Estado Federal.* || ~ (PABLO), político panameño (1836-1920), pres. de la Rep. en 1920 a 1912. || ~ **Gómez** (Otto), abogado y político ecuatoriano, n. en 1921, pres. interino (1966-1968).

Arouet. V. VOLTAIRE.

arpa f. *Mús.* Instrumento triangular de cuerdas verticales que se toca con ambas manos: *tañer el arpa.* || *Arpa eolia,* instrumento de cuerdas que produce sonidos exponiéndolo a una corriente de aire.

arpegiar v. i. *Mús.* Hacer arpegios.

arpegio m. *Mús.* Sucesión de los sonidos de un acorde.

arpía f. Ser fabuloso con rostro de mujer y cuerpo de ave de rapiña. || *Fig.* Mujer perversa o muy fea y flaca. | Persona codiciosa. || *Zool.* Especie de águila de América.

arpillera f. Tejido basto.

Arpino, ant. *Arpinum,* c. de Italia (Frosinone), patria de Mario y de Cicerón.

arpista com. Persona que tañe el arpa: *una arpista hábil.*

arpón m. *Mar.* Dardo con ganchos para la pesca mayor.

arponear v. t. Cazar o pescar con arpón: *arponear una ballena.*

arponero m. El que fabrica o pesca con arpones.

Arque, pobl. de Bolivia, cap. de la prov. homónima (Cochabamba).

arquear v. t. Dar figura de arco: *arquear un mimbre.* || *Mar.* Medir la capacidad de un buque. || — V. i. Tener náuseas.

Arquelao, filósofo griego del siglo V a. de J. C., discípulo de Anaxágoras y maestro de Sócrates.

arqueo m. Acción y efecto de arquear o arquearse. || *Com.* Reconocimiento de los caudales y papeles de una caja: *hacer el arqueo.* || *Mar.* Cabida de la nave.

arqueolítico, ca adj. De la edad de piedra.

arqueología f. Ciencia que estudia las artes y los monumentos de la Antigüedad: *arqueología egipcia, mexicana.*

arqueológico, ca adj. Relativo a la arqueología.

arqueólogo m. El que profesa la arqueología o tiene especiales conocimientos sobre esta materia.

arquero m. Soldado que peleaba con arco. || Cajero, tesorero. || *Amer.* Guardameta, portero de un equipo de fút-bol.

arquetipo m. Modelo original de una obra material o intelectual. || Tipo ideal, ejemplo.

Arquias (Aulo Licinio), poeta y gramático griego, n. en 120 a. de J. C., maestro de Cicerón.

arquidiócesis f. Archidiócesis.

arquiepiscopal adj. Arzobispal: *sede arquiepiscopal.*

Arquíloco, poeta lírico griego, n. en Paros (712-¿664? a. de J. C.), inventor del verso yámbico.

Arquímedes, geómetra y físico, n. en Siracusa (¿287-212? a. de J. C.), autor de numerosos inventos (tornillo sin fin, la rueda dentada, la polea movible, el polipasto, etc.). Durante tres años resistió a los romanos que sitiaban Siracusa y dícese que por medio de enormes espejos incendió la escuadra enemiga. Descubridor del principio según el cual *todo cuerpo sumergido en un fluido experimenta un impulso de abajo arriba igual al peso del fluido desalojado,* que permitió determinar el peso específico de los cuerpos.

arquípteros m. pl. Orden de insectos masticadores con cuatro alas membranosas, como el caballito del diablo (ú. t. c. adj.).

arquitecto m. El que ejerce la arquitectura.

arquitectónico, ca adj. Relativo a la arquitectura. || — F. Conjunto de reglas de la arquitectura.

arquitectura f. Arte de proyectar, construir y adornar edificios. || *Fig.* Forma, estructura: *arquitectura del cuerpo humano.*

arquitrabe m. *Arq.* Parte inferior del cornisamiento, la cual descansa inmediatamente sobre el capitel de la columna.

arquivolta f. *Arq.* Archivolta.

arrabal m. Barrio extremo o contiguo a una población: *los arrabales de Buenos Aires.* || Población anexa a otra mayor.

Arrabal Terán (Fernando), escritor español, n. en 1932, autor de obras teatrales y novelas.

arrabalero, ra y **arrabalesco, ca** adj. y s. Habitante de un arrabal. || *Fig.* y *fam.* Vulgar, bajo.

arrabio m. Hierro bruto de primera fusión.

arracada f. Pendiente, arete.

arracimado, da adj. En racimos: *flores arracimadas.*

arracimarse v. pr. Unirse en figura de racimo.

arraclán m. Árbol ramnáceo de cuya flexible madera se saca un carbón muy ligero.

arráez m. Caudillo árabe.

arraigado, da adj. Poseedor de bienes raíces. || — M. *Mar.* Amarradura de un cabo o cadena.

arraigamiento m. Arraigo.

arraigar v. i. *Bot.* Echar raíces. || *Fig.* Hacerse muy firme algo inmaterial: *arraigar una costumbre, una idea.* || *For.* Prestar garantía para las resultas de un juicio con bienes raíces. || — *Fig.* V. t. Fijar, afirmar, establecer: *arraigar el sistema democrático.* || — V. pr. Establecerse de asiento: *arraigarse bajo otro clima.*

arraigo m. Acción y efecto de arraigar o arraigarse. || Bienes raíces: *fianza de arraigo.*

Arráiz (Antonio), poeta y novelista venezolano (1903-1962).

arramblar y **arramplar** v. t. Dejar un río o torrente cubierto de arena el suelo por donde pasa. || *Fig.* Arrastrarlo todo, llevándoselo con violencia, coger: *arramblar con todo.* || — V. pr. Cubrirse el suelo de arena a causa de una avenida.

arrancaclavos m. inv. Utensilio para sacar los clavos.

arrancada f. Acción de arrancar o emprender la marcha una persona, un animal, un buque, un automóvil u otro vehículo. || *Mar.* Aumento repentino de velocidad en la marcha de un buque. || En halterofilia, movimiento para levantar de un golpe la barra por encima de la cabeza en el extremo de los brazos rígidos.

arrancadero m. Punto desde donde se echa a correr.

arrancado, da adj. *Fam.* Muy malo: *más travieso que arrancado.* | Arruinado.

arrancador, ra adj. y s. Que arranca. ‖ — F. Máquina agrícola con un dispositivo para el arranque de tubérculos y raíces.

arrancadura f. y **arrancamiento** m. Acción de arrancar.

arrancar v. t. Sacar de raíz: *arrancar un árbol, una muela.* ‖ Sacar con violencia: *arrancar un pedazo del vestido.* ‖ *Fig.* Obtener con violencia, trabajo o astucia: *arrancar dinero, una confesión, un secreto.* | Separar con violencia a una persona de alguna parte o costumbre. ‖ Poner en marcha, hacer funcionar: *arrancar el barco, el caballo, el automóvil.* ‖ Iniciarse el funcionamiento: *arrancar el motor.* ‖ — V. i. Andar, partir: *el coche arrancó.* ‖ Echar a correr. ‖ Abalanzarse, arrojarse: *el toro arrancó contra él.* ‖ *Arq.* Principiar el arco o la bóveda. ‖ *Fam.* Salir de alguna parte: *el ferrocarril arranca de Irún.* ‖ Provenir, traer origen: *esta costumbre arranca de la Edad Media.* ‖ — V. pr. Empezar, ponerse: *arrancarse a cantar.*

arranchar v. t. *Mar.* Contornear el barco una costa, cabo, bajo, etc.

arranque m. Acción y efecto de arrancar. ‖ *Fig.* Arrebato: *arranque de ira, de mal genio.* | Pujanza, brío. | Ocurrencia. | Salida: *un arranque desagradable.* | Comienzo, punto de partida: *el arranque de un razonamiento.* ‖ *Anat.* Comienzo de un miembro. ‖ *Arq.* Principio de un arco o bóveda. ‖ *Mec.* Pieza para poner en funcionamiento un motor.

arrapiezo m. Harapo, andrajo. ‖ *Fig.* y *fam.* Chiquillo, chaval.

arras f. pl. Lo que se da como prenda de un contrato. ‖ Monedas que al celebrarse el matrimonio entrega el desposado a la desposada.

Arrás, c. de Francia, cap. del dep. de Pas-de-Calais. Obispado.

arrasamiento m. Acción y efecto de arrasar.

arrasar v. t. Allanar, echar por tierra: *arrasar las viejas murallas.* ‖ Arruinar, devastar: *arrasar el fuego un edificio.* ‖ Rasar, igualar con el rasero: *arrasar los granos.* ‖ Llenar hasta el borde: *arrasar una vasija de líquido.* ‖ — V. i. Despejarse el cielo (ú. t. c. pr.). ‖ — V. pr. Sumirse: *arrasarse en lágrimas.*

arrastracueros adj. y s. *Venez.* Persona menospreciable.

arrastradero m. Camino por donde se efectúa el arrastre de maderas. ‖ *Taurom.* Sitio por donde se sacan de la plaza las reses muertas. ‖ *Méx.* Garito.

arrastrado, da adj. *Fig.* y *fam.* Pobre, azaroso, miserable: *llevar una vida arrastrada.* ‖ Dícese de los juegos en los que hay que servir cartas del mismo color: *tute arrastrado.* ‖ — F. *Fam.* Mujer pública.

arrastramiento m. Acción de arrastrar o arrastrase.

arrastrar v. t. Llevar a una persona o cosa por el suelo, tirando de ella: *la multitud arrastró al asesino.* ‖ *Fig.* Convencer, llevar tras sí o traer a su dictamen: *la oratoria de Cicerón arrastraba a Roma.* | Impulsar irresistiblemente: *arrastrar al crimen.* | Tener por consecuencia inevitable: *la guerra arrastra la muerte y la ruina.* | Soportar penosamente: *arrastrar triste vejez.* ‖ — V. i. Colgar hasta tocar el suelo: *arrastrar las cortinas, los manteles.* ‖ Jugar triunfos en las cartas. ‖ — V. pr. Trasladarse rozando el suelo: *se arrastra la culebra, el lagarto y el galápago.* ‖ *Fig.* Humillarse demasiado.

arrastre m. Acción de arrastrar o transportar. ‖ *Min.* Talud de las paredes de un pozo de mina. ‖ *Fig.* y *fam.* *Estar para el arrastre,* encontrarse uno en situación muy precaria.

Arrate y Acosta (José Martín Félix de), historiador cubano (1697-1766), autor de *Llave del Nuevo Mundo.*

arrayán m. Arbusto mirtáceo de flores blancas y follaje siempre verde.

¡arre! interj. Se emplea para arrear a las bestias: *¡arre, burro!*

arrear v. t. Estimular a las bestias con la voz o el látigo. ‖ Dar prisa, estimular. ‖ Poner arreos. ‖ *Fam.* Dar, soltar: *arrear un guantazo.* ‖ — V. i. Caminar de prisa.

arrebañar v. t. Rebañar, coger.

arrebatadizo, za adj. *Fig.* Irritable: *persona arrebatadiza.*

arrebatado, da adj. Precipitado e impetuoso. ‖ De rostro encendido.

arrebatador, ra adj. y s. Que arrebata.

arrebatamiento m. Acción de arrebatar. ‖ Rapto. ‖ *Fig.* Furor, enajenamiento. ‖ Éxtasis.

arrebatar v. t. Quitar o tomar algo con violencia. ‖ Coger con precipitación. ‖ Llevar tras sí. ‖ *Fig.* Sacar de sí, entusiasmar, conmover. ‖ — V. pr. Enfurecerse, irritarse: *arrebatarse de ira, en cólera.*

arrebato m. Arrebatamiento, furor: *hablar con arrebato.* ‖ Arranque, manifestación brusca y pasajera de un sentimiento: *arrebato de cólera.* ‖ Éxtasis.

arrebol m. Color rojo de las nubes. ‖ Afeite encarnado: *darse arrebol a las mejillas.* ‖ Rubor.

arrebolarse v. pr. Pintarse de arrebol. ‖ Ruborizarse. ‖ Tomar un color rojizo: *el cielo se arrebolaba.*

arrebozar v. t. Rebozar, envolver (ú. t. c. pr.).

arrebujar v. t. Coger o dejar desordenadamente. ‖ — V. pr. Cubrirse bien: *arrebujarse en una manta.*

arreciar v. i. Hacerse cada vez más violenta una cosa: *arrecia la lluvia.* ‖ — V. pr. Arrecirse.

arrecife m. Banco o bajo formado en el mar por rocas o poliperos casi a flor de agua: *arrecifes de coral.*

Arrecife, c. y puerto español de la prov. de Las Palmas (Canarias), cap. de la isla de Lanzarote.

Arrecifes, río de la Argentina (Buenos Aires), afl. del Paraná.

* **arrecirse** v. pr. Entumecerse por exceso de frío.

arrechucho m. *Fam.* Arranque: *tener arrechuchos de ira.* | Indisposición repentina y pasajera: *arrechucho de fiebre.*

Arredondo (José Miguel), general argentino, de origen uruguayo (1832-1904). ‖ ~ **Miura** (CLODOMIRO), autor de música popular dominicano (1864-1935). — Su hijo HORACIO ARREDONDO SOSA, n. en 1912, es tb. compositor.

arredramiento m. Miedo.

arredrar v. t. Apartar, separar. ‖ *Fig.* Amedrentar, atemorizar. Ú. t. c. pr.: *nada le arredra.*

arreglado, da adj. Sujeto a regla. ‖ *Fig.* Ordenado y moderado. | Metódico: *vida arreglada.* | Razonable: *precio arreglado.*

arreglar v. t. Sujetar a regla: *arreglar el régimen alimenticio.* ‖ Reparar: *arreglar un traje.* ‖ Poner orden: *arreglar su cuarto.* ‖ Instalar. ‖ Solucionar: *arreglar un asunto.* ‖ Decorar, embellecer: *arreglar un piso.* ‖ Enmendar: *arreglar un escrito.* ‖ Adaptar: *arreglar una comedia.* ‖ Corregir: *arreglar un error.* ‖ — V. pr. Conformarse: *me arreglo con cualquier cosa.* ‖ Componerse, ataviarse: *se arregló para salir.* ‖ *Fam.* *Arreglárselas,* componérselas.

arreglo m. Avenencia: *encontrar una fórmula de arreglo.* ‖ Reparación: *arreglo de un mueble.* ‖ Adaptación: *arreglo de una obra musical.* ‖ *Fam.* Amancebamiento. ‖ *Con arreglo a,* según.

arrellanarse v. pr. Sentarse con toda comodidad: *arrellanarse en su butaca.*

arremangado, da adj. *Fig.* Vuelto hacia arriba: *nariz arremangada.*

arremangar v. t. Recoger hacia arriba: *arremangar las mangas, los pantalones.*

arremetedor, ra adj. y s. Que arremete.

arremeter v. t. e i. Acometer con ímpetu y furia: *arremeter contra el adversario.*

arremetida f. Acción de arremeter.

arremolinarse v. pr. Hacer remolinos. ‖ *Fig.* Amontonarse o apiñarse desordenadamente las gentes.

arrendable adj. Que puede arrendarse.

arrendador, ra m. y f. Persona que da en arriendo alguna cosa. ‖ Arrendatario, inquilino.

arrendamiento m. Acción de arrendar y precio en que se arrienda. ‖ Contrato.

* **arrendar** v. t. Adquirir mediante precio el disfrute temporal de bienes inmuebles: *arrendar una granja.* ‖ Atar por las riendas una caballería. ‖ Enseñar al caballo a que obedezca a la rienda. ‖ *Fam.* *No le arriendo la ganancia,* no envidio su suerte.

arrendatario, ria adj. y s. Que toma en arrendamiento una cosa: *sociedad arrendataria.*

arrendaticio, cia adj. Relativo al arrendamiento.

arreo m. Atavío, adorno. ‖ — Pl. Guarniciones de las caballerías. ‖ Accesorios.

Arreola (Juan José), escritor mexicano, n. en 1918, autor de relatos (*Varia invención, Confabulario*) y de obras de teatro (*La hora de todos*).

arrepanchigarse v. pr. Arrellanarse.

arrepentido, da adj. Persona que se arrepiente. ‖ — F. Mujer de mala vida que, dolida de su conducta, se encierra en un convento.

arrepentimiento m. Pesar de haber hecho una cosa.

* **arrepentirse** v. pr. Pesarle a uno de haber hecho o no una cosa: *¡ya te arrepentirás!*

arrequesonarse v. pr. Cortarse la leche.

arrequive m. Labor de algunos vestidos. ‖ — Pl. *Fam.* Adornos o atavíos: *salir una a la calle con todos sus arrequives.* ‖ *Fig.* y *fam.* Circunstancias o requisitos.

arrestado, da adj. Audaz, arrojado. ‖ — Adj. y s. Preso.

arrestar v. t. Poner preso a uno: *arrestar a un militar.* ‖ — V. pr. Arrojarse a una acción ardua.

arresto m. Acción de arrestar. ‖ Detención provisional: *arresto mayor, menor.* ‖ Arrojo, determinación, audacia.

Arrhenius (Svante), físico y químico sueco (1859-1927), autor de la teoría de los iones. (Pr. Nóbel, 1903.)

arriada f. Riada.

Arriaga (Ponciano), jurista y político mexicano (1811-1865), llamado el *Padre de la Constitución de 1857.*

arrianismo m. Herejía de Arrio y de los adeptos de esta doctrina. — El *arrianismo* negaba la divinidad del Verbo y sostenía la consustancialidad en las tres personas de la Trinidad.

arriano, na adj. y s. Sectario de Arrio. ‖ Relativo al arrianismo.

Arriano (Flavio), historiador griego del s. II.

arriar v. t. *Mar.* Bajar un buque las velas o las banderas. | Aflojar: *arriar un cabo, una cadena.*

arriarse v. pr. Inundarse.

arriate m. Cuadro de plantas y flores: *un arriate de rosas.*

arriaz m. Gavilán de espada. ‖ *Por ext.* Puño de espada.

Arriaza (Juan Bautista), poeta épico español (1770-1837).

AR

arriba adv. A lo alto. || En lo alto, en la parte alta. || En lugar anterior. || Más de: *de cinco pesetas arriba.* || — Interj. Se emplea para alentar o aclamar. || — *De arriba*, de Dios. || *De arriba abajo*, de cabo a rabo o con desdén.

arribada f. *Mar.* Llegada de la nave. || Bordada que da un buque, dejándose ir con el viento. || Llegada: *arribada de mercancías.*

arribano, na adj. y s. *Per.* De la costa arriba o norte. || *Chil.* Del Sur.

arribar v. i. *Mar.* Llegar la nave al puerto. | Dejarse ir la barca con el viento. || Llegar por tierra a cualquier paraje.

arribeño, ña adj. y s. *Amer.* Aplícase por los habitantes de las costas a los de las tierras altas.

arribismo m. Ambición, deseo de triunfar a toda costa.

arribista adj. y s. Persona dispuesta a triunfar a cualquier precio: *arribistas de la política.*

arribo m. Llegada.

arriendo m. Arrendamiento.

arriero m. El que conduce las caballerías de carga.

arriesgado, da adj. Aventurado, peligroso. || Imprudente, temerario. || Osado, atrevido.

arriesgar v. t. Poner en riesgo: *arriesgar todo su capital, la vida.* || — V. pr. Exponerse: *arriesgarse a perderlo todo.*

Arrieta (Juan Emilio), compositor español (1823-1894), autor de la ópera *Marina* y de zarzuelas.

arrimar v. t. Acercar: *arrimar un armario a la pared.* || *Fig.* Arrinconar: *arrimar los libros.* || *Fig.* y *fam.* Dar un golpe: *arrimar un puntapié, un bofetón.* || — *Pop. Arrimar candela*, pegar. || *Fam. Arrimar el ascua a su sardina*, velar preferentemente por los propios intereses. || *Fam. Arrimar el hombro*, cooperar a un trabajo. || — V. pr. Apoyarse sobre alguna cosa: *arrimarse a la mesa.* || *Fig.* Acogerse a la protección de uno: *arrimarse a buen padrino.* || *Fam. Arrimarse al sol que más calienta*, acogerse a la protección del más fuerte.

arrimo m. Cosa a que se arrima uno. || *Fig.* Favor, protección. | Apego, inclinación. || *Albañ.* Pared sobre la que no carga peso. | Pared medianera.

arrinconado, da adj. Apartado. || *Fig.* Olvidado.

arrinconamiento m. Recogimiento o retiro.

arrinconar v. t. Poner en un rincón: *arrinconar los muebles viejos.* || *Fig.* No hacer caso de uno, postergarle: *arrinconar a un funcionario.*

Arrio, heresiarca griego, n. en Alejandría (¿280?-336), cuya doctrina fue condenada por el Concilio de Nicea (325). [V. ARRIANISMO.]

arriscado, da adj. Lleno de riscos, escarpado: *altura arriscada.* || Atrevido: *hombre arriscado.* || Ágil, gallardo.

arriscamiento m. Atrevimiento, ímpetu o resolución vigorosa.

arriscar v. t. Arriesgar. || — V. pr. Despeñarse: *arriscarse las reses por las fragosidades del monte.* || *Fig.* Engreírse o envanecerse. | Enfurecerse.

arritmia f. *Med.* Irregularidad del pulso.

arrítmico, ca adj. Relativo a la arritmia.

arrivismo m. Galicismo por *arribismo.*

arrivista adj. y s. Galicismo por *arribista.*

arrizar v. t. *Mar.* Coger los rizos de las velas. | Colgar una cosa en el buque de modo que resista los balances.

arroba f. Peso que equivale a 11,502 kg. || Medida variable de líquidos (16,137 litros de vino y 12,564 de aceite). || *Fig. Por arrobas*, en gran cantidad.

arrobado, da adj. En éxtasis.

arrobador, ra adj. Que arroba.

arrobamiento m. Éxtasis.

arrobar v. t. Embelesar. || (Ant.). Robar. || — V. pr. Enajenarse, quedar fuera de sí.

arrobo m. Arrobamiento.

arrocero, ra adj. Relativo al arroz: *molino arrocero.* || — M. y f. Persona que cultiva o vende arroz.

arrodillamiento m. Acción de arrodillar o ponerse de rodillas.

arrodillar v. t. Hacer que uno hinque las rodillas. || — V. i. y pr. Ponerse de rodillas. || *Fig.* Humillarse.

arrodrigonar v. t. *Agr.* Poner rodrigones a las plantas.

arrogación f. Atribución. || Usurpación.

arrogancia f. Altanería, soberbia. || Gallardía, elegancia: *anda con arrogancia.*

arrogante adj. Altanero, soberbio. || Valiente, brioso. || Gallardo, airoso, elegante.

arrogarse v. pr. Atribuirse indebidamente: *arrogarse un derecho.*

arrojadizo, za adj. Que se puede arrojar: *arma arrojadiza.*

arrojado, da adj. *Fig.* Resuelto: *hombre arrojado.*

arrojar v. t. Lanzar: *arrojar una piedra.* || Echar: *arrojar a la basura.* || Alcanzar, totalizar: *arrojar un gran beneficio.* || *Fig.* Dar como resultado: *el debe arroja más que el haber* || Señalar, mostrar. || *Fam.* Vomitar. || — V. pr. Precipitarse: *arrojarse al agua.* || Abalanzarse: *arrojarse contra uno.* || *Fig.* Resolverse a emprender algo.

arroje m. Lateral derecho del escenario de un teatro.

arrojo m. Osadía, intrepidez.

arrollador, ra adj. Que arrolla. || Irresistible: *fuerza arrolladora.* || Clamoroso: *éxito arrollador.*

arrollar v. t. Envolver una cosa en forma de rollo. || Llevar rodando el agua o el viento alguna cosa: *arrollar árboles, muros, tejados.* || Atropellar: *el coche arrolló a un peatón.* || *Fig.* Desbaratar: *arrollar al enemigo.* | Confundir a uno en la discusión. | Atropellar: *arrollar las leyes.*

arropamiento m. Acción y efecto de arropar o arroparse.

arropar v. t. Cubrir, abrigar con ropa. || *Fig.* Cubrir, rodear, proteger. || — V. pr. Cubrirse con ropa: *en invierno hay que arroparse.* || Taparse en la cama. || *Fig.* Protegerse: *arroparse con buenas recomendaciones.*

arrope m. Mosto cocido. || *Farm.* Jarabe espeso: *arrope de moras.* || *Amer.* Dulce de tuna y algarroba y otros frutos.

arrostrar v. t. *Fig.* Hacer cara, afrontar: *arrostrar un peligro.* || — V. pr. Atreverse con alguno.

arroyada f. Valle por donde corre un arroyo. || Surco producido por el agua corriente. || Crecida, inundación.

arroyadero m. Arroyada.

arroyar v. t. Formar la lluvia arroyadas. || — V. pr. Formarse arroyos en un terreno.

arroyo m. Riachuelo. || Parte de la calle por donde corren las aguas. || *Fig.* Afluencia de cualquier cosa líquida: *arroyos de lágrimas.* || *Fig. Poner a uno en el arroyo*, ponerle en la calle.

Arroyo del Río (Carlos Alberto), político ecuatoriano (1894-1969), pres. de la Rep. de 1940 a 1944.

Arroyos y Esteros, distr. y pobl. del Paraguay (Las Cordilleras).

arroz m. Planta gramínea cuya semilla, blanca y harinosa, es comestible. || — *Arroz con leche* (en América, *arroz de leche*), cierto plato dulce. || *Polvo de arroz*, fécula de esta planta que usan las mujeres en el tocador.

arrozal m. Campo de arroz.

arruchar v. t. *Pop. Cub.* Desplumar, quitar el dinero. (Tb. se dice en parte de México.)

arrufar v. t. Arquear alguna cosa. || — V. pr. *Fam.* Encolerizarse.

arruga f. Pliegue en la piel: *arrugas en la cara.* || Pliegue que se hace en la ropa: *traje con muchas arrugas.*

arrugado, da adj. Que tiene arrugas.

arrugamiento m. Acción y efecto de arrugar o arrugarse.

arrugar v. t. Hacer arrugas: *arrugar el ceño, la frente, una tela, un papel.* || — V. pr. Encogerse.

arruinamiento m. Ruina.

arruinar v. t. Causar ruina. || *Fig.* Destruir, causar daño: *arruinar la salud.*

arrullador, ra adj. y s. Que arrulla.

arrullar v. t. Enamorar con arrullos el palomo a la hembra, o al contrario. || *Fig.* Adormecer al niño con arrullos. || *Fig.* y *fam.* Enamorar una persona a otra de distinto sexo.

arrullo m. Canto monótono con que se enamoran las palomas y las tórtolas. || *Fig.* Cantarcillo para adormecer a los niños. || Habla queda de los enamorados.

arruma f. *Mar.* División para distribuir la carga en la bodega de un buque.

arrumaco m. *Fam.* Demostración de cariño, mimo.

arrumaje m. *Mar.* Reparto y colocación de la carga en un buque.

arrumar v. t. *Mar.* Distribuir la carga en un buque. || — V. pr. *Mar.* Cargarse de nubes el horizonte.

arrumazón f. *Mar.* Acción de arrumar. | Conjunto de nubes en el horizonte.

arrumbador, ra adj. y s. Que arrumba. || M. El encargado de sentar las botas, y del trasiego, encabezamiento y clarificación de los vinos.

arrumbamiento m. Rumbo, dirección. || *Fig.* Arrinconamiento.

arrumbar v. t. Arrinconar una cosa como inútil en lugar excusado. || *Fig.* Arrollar a uno en la conversación. || — V. i. *Mar.* Fijar el rumbo a que se navega o debe navegar.

arrurruz m. Fécula que se extrae de la raíz de una planta de la India: *sopa de arrurruz.*

Arruza (Carlos), matador de toros mexicano (1920-1966).

Ars Magna, libro de Raimundo Lulio, una de las obras principales de la escolástica.

Arsaces, fundador del imperio de los partos (250 a. de J. C.), y de la dinastía arsácida.

arsácida adj. y s. Perteneciente o relativo a la dinastía fundada por Arsaces. (La dinastía *arsácida* reinó de 256 a. de J. C. a 220 de nuestra era.)

arsenal m. Establecimiento en que se construyen, reparan y conservan las embarcaciones. || Depósito o almacén general de armas y otros efectos de guerra.

arseniato m. *Quím.* Sal formada por el ácido arsénico con una base.

arsénico m. *Quím.* Cuerpo simple (As), de número atómico 33, de color gris y brillo metálico, y densidad 5,7. (Sus compuestos son venenosos.)

arsenioso, sa adj. *Quím.* Dícese de un ácido del arsénico conocido por sus sales. || *Anhídrido* o *ácido arsenioso*, compuesto de arsénico y oxígeno venenoso.

arsenito m. *Quím.* Sal formada por el ácido arsénico con una base: *arsenito de sodio.*

arseniuro m. *Quím.* Combinación del arsénico con un metal: *arseniuro de plata.*

Arta, c. y puerto de Grecia en la costa NO. del Epiro, cap. del nomo homónimo.

Artá, pobl. de España en la isla de Mallorca (Baleares). Cuevas.

Artabano, nombre de varios reyes partos, desde el s. III a. de J. C. hasta el III de nuestra era.

Artajerjes || **~ I** *Longímano,* rey de Persia (465 a 424 a. de J. C.), hijo de Jerjes. || **~ II** *Mnemón,* rey de Persia (404 a 358 a. de J. C.). Venció y mató en Cunaxa (401) a su hermano Ciro el Joven. — Su hijo ARTAJERJES III *Oco,* rey de Persia de 358 a 338 a. de J. C., conquistó Egipto en 343.

arte amb. Virtud, poder, eficacia y habilidad para hacer bien una cosa: *trabajar con arte.* || Conjunto de reglas de una profesión: *arte dramático, militar.* || Obra humana que expresa simbólicamente, mediante diferentes materias, un aspecto de la realidad entendida estéticamente. || Conjunto de obras artísticas de un país o una época: *arte helénico, azteca.* || Aparato para pescar. || Cautela, astucia, maña. || — F. pl. Lógica, física y metafísica: *curso de artes.* || — *Artes liberales,* las que requieren principalmente el ejercicio de la inteligencia. || *Artes mecánicas,* las que exigen el trabajo manual o el concurso de máquinas. || *Bellas Artes,* pintura, escultura, arquitectura, música y literatura. || *No tener arte ni parte,* no tener ninguna intervención en un asunto. || *Por amor al arte,* completamente gratis.

— OBSERV. Se usa generalmente en m. en el sing. y f. en el pl.

Arte || **~ de amar,** célebre poema de Ovidio. || **~ poética** o **Epístola a los Pisones,** poema didáctico de Horacio (20-8 a. de J. C.).

Arteaga, pobl. de la Argentina (Santa Fe). — Mun. de México (Michoacán).

Arteaga (Esteban de), jesuita español (1747-1798), autor del tratado de estética *Investigaciones filosóficas sobre la belleza ideal.* || **~** (HORTENSIO FÉLIX PARAVICINO Y). V. PARAVICINO. || **~** (JOSÉ MARÍA), general mexicano (1827-1865). M. fusilado por los franceses en Uruapan. || **~ Alemparte** (JUSTO), periodista chileno (1834-1882). — Su hermano DOMINGO (1835-1880), tb. periodista.

artefacto m. Aparato, mecanismo: *artefactos espaciales.*

artejo m. *Anat.* Nudillo, articulación de los dedos. || *Zool.* Pieza articulada que forma los segmentos de los artrópodos.

Artemis o **Artemisa,** divinidad griega llamada *Diana* por los romanos.

artemisa f. Planta compuesta, aromática y medicinal.

Artemisa, mun. de Cuba (Pinar del Río).

Artemisa || **~ I,** reina de Halicarnaso, que acompañó a Jerjes I en Salamina (480 a. de J. C.). || **~ II,** reina de Halicarnaso. Mandó edificar a su esposo Mausolo una tumba, considerada como una de las Siete Maravillas del mundo (353 a. de J. C.).

arteria f. *Anat.* Cada uno de los vasos que llevan la sangre desde el corazón a las demás partes del organismo: *arteria aorta, pulmonar.* || *Fig.* Gran vía de comunicación: *las arterias de la ciudad.*

artería f. Astucia.

arterial adj. De las arterias: *sangre arterial.*

arteriola f. Arteria pequeña.

arteriología f. Parte de la anatomía que estudia las arterias.

arteriosclerosis f. *Med.* Endurecimiento de las arterias.

arteritis f. *Med.* Inflamación de las arterias.

artero, ra adj. Astuto.

artesa f. Recipiente para amasar el pan y otros usos.

artesanado m. Conjunto de los artesanos.

artesanía f. Clase social de los artesanos. || Arte de los artesanos.

artesano, na m. y f. Trabajador manual que ejerce un oficio por su cuenta. || *Fig.* Autor, artífice.

artesiano adj. V. POZO *artesiano.*

artesón m. *Arq.* Adornos con molduras, que se ponen en los techos y bóvedas. || Artesonado.

artesonado, da adj. *Arq.* Adornado con artesones. || — M. *Arq.* Techo de artesones.

artesonar v. t. Adornar con artesones.

Artibonite, río de la Rep. Dominicana que cruza Haití y des. en el golfo de Gonaives; 220 km. — Dep. de Haití, fronterizo con la Rep. Dominicana; cap. *Gonaives.*

ártico, ca adj. Relativo al polo Norte: *tierras árticas.*

articulación f. *Anat.* Unión de un hueso con otro. || División o separación. || Pronunciación clara y distinta de las palabras: *articulación silbante.* || *Mec.* Unión de dos piezas: *la articulación de una biela.*

articulado, da adj. Que tiene articulaciones: *animal articulado.* || Dícese de la voz humana modificada por la pronunciación: *lenguaje articulado.* || — M. Conjunto o serie de los artículos de un tratado, ley, reglamento, etc. || — Pl. *Zool.* V. ARTRÓPODOS.

articular adj. Relativo a las articulaciones: *cartílago articular.*

articular v. t. Unir, enlazar: *articular dos piezas de una máquina.* || Pronunciar clara y distintamente. || *For.* Enunciar en artículos, proponer medios de prueba.

articulista com. Persona que escribe artículos para un periódico.

artículo m. Una de las partes en que suelen dividirse los escritos. || Escrito publicado en un periódico. || Cada una de las divisiones de un diccionario. || Cada una de las divisiones numeradas de una ley, tratado o reglamento. || Objeto de comercio: *artículo de moda.* || *For.* Probanza o pregunta de un interrogatorio. || *Gram.* Parte de la oración que se antepone al nombre para determinarlo. || *Zool.* Artejo. || — *Artículo de fe,* verdad revelada por Dios. || *Artículo de fondo,* el que en los periódicos se inserta en lugar preferente. || *Artículo de la muerte,* tiempo muy cercano a la muerte. || *Hacer el artículo,* realzar el valor de una cosa encomiándola.

artífice com. Persona que ejecuta una obra artística o mecánica. || *Fig.* Autor: *ha sido el artífice de su fortuna.*

artificial adj. Hecho por mano del hombre. || *Fig.* Ficticio. || *Fuegos artificiales,* cohetes y artificios de fuego que se hacen en los regocijos públicos.

artificiero m. Soldado encargado de preparar los explosivos. || Pirotécnico.

artificio m. Arte, habilidad con que está hecha una cosa. || Aparato, mecanismo. || *Fig.* Disimulo, astucia, cautela.

artificioso, sa adj. Hecho con habilidad. || *Fig.* Disimulado, astuto, doble.

Artigas, meseta del Uruguay (Paysandú). — C. del Uruguay, ant. *San Eugenio,* cap. del dep. homónimo, lindante con la Argentina y el Brasil.

Artigas (José Gervasio), general uruguayo, n. en Montevideo (1764-1850), caudillo de la Independencia. Adherido a la Junta de Buenos Aires (1810), en 1811 venció a los realistas en Las Piedras y puso sitio a Montevideo. Posteriormente, tras defender el federalismo frente al centralismo bonaerense, gobernó la Banda Oriental con el título de *Protector* e hizo frente a la invasión de los portugueses, que se apoderaron de la capital (1817). Hostigado por éstos y por los entrerrianos, Artigas se refugió en el Paraguay (1820), donde permaneció hasta su muerte. || **~** (MIGUEL), erudito y bibliotecario español (1887-1947).

artiguense adj. y s. De Artigas (Uruguay).

artilugio m. Aparato de poca importancia. || *Fig.* Maña, trampa, subterfugio.

artillar v. t. Armar de artillería: *artillar una fortificación.*

artillería f. Parte del material de guerra que comprende los cañones, morteros, obuses, etc.: *artillería pesada.* || Cuerpo de artilleros.

artillero m. Soldado de artillería: *los artilleros de la costa.*

artimaña f. Trampa. || Artificio, astucia.

artimón m. *Mar.* Una de las velas de las galeras.

artiodáctilos m. pl. *Zool.* Orden de mamíferos ungulados, de dedos pares, que comprende los paquidermos y rumiantes (ú. t. c. adj.).

artista com. Persona que se dedica a alguna de las bellas artes, como el pintor, el escultor, etc. || Persona que interpreta una obra musical, teatral, cinematográfica. || — Adj. Que tiene gustos artísticos.

artístico, ca adj. Relativo a las artes: *velada artística.*

artocárpeas f. pl. *Bot.* Género de moráceas que comprende los árboles del pan (ú. t. c. adj.).

Artois [*-tuá*], ant. prov. del N. de Francia; cap. *Arrás.*

artrítico, ca adj. *Med.* Relativo a la artritis: *dolor artrítico.* || — M. y f. Persona que padece artritis.

artritis f. *Med.* Inflamación de las articulaciones: *artritis crónica.*

artritismo m. *Med.* Enfermedad causada por desórdenes de la nutrición: *el artritismo se manifiesta por obesidad, diabetes, gota,* etc.

artrópodos m. pl. *Zool.* Animales articulados, como los crustáceos y los insectos (ú. t. c. adj.).

Arturo. V. ARCTURUS.

Arturo o **Artús,** rey legendario del país de Gales (s. VI), cuyas aventuras dieron nacimiento en la literatura caballeresca al *Ciclo de Artús,* llamado tb. *Bretón* o *de la Tabla Redonda.*

aruaco, ca adj. y s. V. ARAWAKO.

Aruba, isla holandesa de las Antillas (Sotavento).

arúspice m. Sacerdote de la antigua Roma que examinaba las entrañas de las víctimas para hacer presagios.

arveja f. Algarroba. || Guisante.

arvejal m. Terreno sembrado de arvejas.

arvejo m. Guisante.

Arvelo || **~ Larriva** (Enriqueta), poetisa venezolana, n. en 1904. || **~ Torrealba** (ALBERTO), poeta venezolano, n. en 1905.

Arze (Esteban), guerrillero boliviano (1775-1816).

arzobispado m. Dignidad o jurisdicción del arzobispo.

arzobispal adj. Del arzobispo.

arzobispo m. Obispo de iglesia metropolitana de quien dependen otros obispos sufragáneos.

arzón m. Fuste de la silla de montar.

as m. Moneda de cobre de los romanos, que valía doce onzas. || Carta de la baraja que lleva el número uno. || Punto único de una de las caras del dado. || *Fig.* El primero en su clase: *un as del volante, de la aviación.*

As, símbolo del *arsénico.*

asa f. Asidero de una vasija, cesta, etc., en forma de arco. || Mango. || Empuñadura.

asá (así que) loc. Lo mismo.

asadero, ra adj. A propósito para asarse: *peras asaderas.* || — M. Espetón.

asado m. Carne asada. || *Riopl. Asado con cuero,* trozo de carne vacuna que se asa al aire libre con su correspondiente cuero.

asador m. Varilla en que se

clava lo que se quiere asar. || Aparato para asar. || *Fam. Méx. Parece que ha comido asadores,* andar tieso.

asadura f. Conjunto de las entrañas del animal (ú. m. en pl.). || *Pop.* Pachorra. || *Fig.* y *fam. Echar las asaduras,* afanarse, trabajar mucho. || — M. *Pop.* Pachorrudo.

asaeteador adj. y s. Que asaetea.

asaetear v. t. Disparar saetas. || Herir o matar con saetas. || *Fig.* Importunar: *asaetear de preguntas.*

Asahigawa, c. del Japón, en el centro de la isla de Hokkaido.

asalariado, da adj. y s. Que trabaja por salario.

asalariar v. t. Señalar a uno salario.

asalmonado, da adj. Dícese del pescado cuya carne asemeja a la del salmón: *trucha asalmonada.* || De color salmón o rosa pálido.

asaltador adj. y s. Que asalta.

asaltar v. t. Acometer una plaza o fortaleza. || Acometer, atacar a las personas. || *Fig.* Venirle a uno de improviso un pensamiento, una enfermedad, la muerte, etc.

asalto. m. Acción y efecto de asaltar. || *Esgr.* Combate simulado. || Cada una de las partes de un combate de boxeo. || Diversión que consiste en convidarse algunas personas por sorpresa en casa de otras, llevando los elementos del convite.

Asam o **Assam,** Estado de la India; cap. *Shillong.* Té.

asamblea f. Reunión numerosa de personas convocadas para un fin. || Cuerpo deliberante: *asamblea nacional.*

Asamblea || **~ Constituyente,** del Río de la Plata, reunida el 31 de enero de 1813. — Asamblea del Uruguay, reunida en San José en 1828. || **~ General,** de las Naciones Unidas, formada por los representantes de todos los Estados miembros de la O. N. U. Se reúne una vez al año y puede hacerlo con carácter extraordinario. || **~ Nacional,** n. que tomaron los Estados Generales de Francia el 17 de junio de 1789.

asambleísta com. Miembro de una asamblea.

asao (así que) loc. De una forma o de otra.

asapán m. *Méx.* Ardilla voladora.

asar v. t. Someter ciertos manjares a la acción del fuego: *asar en o a la parrilla; asar un pollo.* || *Fig.* Importunar con insistencia: *me asaron con preguntas.* || — V. pr. *Fig.* Sentir mucho calor: *asarse bajo el sol de agosto.*

asaz adv. *Poét.* Bastante. | Harto, muy. | Mucho.

asbesto m. Mineral de fibras duras parecido al amianto.

ascalonia f. *Bot.* Chalote.

Ascanio o **Yulo,** hijo de Eneas, con quien fue a Italia tras la conquista de Troya, y fundó la ciudad de Alba Longa *(Eneida).*

ascáride f. Lombriz intestinal.

Ascasubi (Hilario), poeta argentino, n. cerca de Córdoba (1807-1875), autor de *Santos Vega* o *Los mellizos de La Flor,* poema épico de la literatura gauchesca y, dentro del mismo género, de los romances *Paulino Lucero* y *Aniceto el Gallo.* Tomó parte en las luchas contra Quiroga y Rosas.

Ascásubi (Manuel), político ecuatoriano, m. en 1869, pres. provisional de la Rep. en 1849, derribado en 1850.

ascendencia f. Serie de ascendientes o abuelos: *ascendencia paterna* o *materna. Fig.* Influencia: *tiene mucha ascendencia sobre él.*

ascendente adj. Que asciende.

* **ascender** v. i. Subir: *Jesús ascendió al cielo.* || Importar: *la cuenta asciende a mil francos.* || Alcanzar, elevarse: *la producción agrícola asciende.* || *Fig.* Adelantar en un empleo o dignidad: *ascender en la carrera, en el escalafón.* || — V. t. Dar o conceder un ascenso: *ascender al soldado a cabo.*

ascendiente adj. Ascendente. || — M. y f. Padre o abuelo. || — M. Influencia moral.

Ascensio Segura (Manuel), escritor peruano (1805-1871), autor de cuadros de costumbres, sátiras *(La Pelimuertada)* y comedias *(El sargento Canuto, Na Catita,* etc.).

ascensión f. Acción de ascender o subir: *la ascensión a los Alpes; la ascensión de un globo.* || Por antonomasia, la de Jesucristo a los cielos. || Fiesta con que se celebra este misterio. || Exaltación a una dignidad: *ascensión al generalato, al reinado, al pontificado.*

Ascensión (ISLA DE LA), isla británica en el océano Atlántico (África); 82 km².

ascensional adj. Dicho del movimiento de un cuerpo hacia arriba: *fuerza ascensional.*

ascensionista com. Aeronauta o persona que sube a lo alto de las montañas.

ascenso m. Adelanto de un funcionario: *ascenso a jefe de negociado.* || Subida: *ascenso al Moncayo, al Pichincha.*

ascensor m. Aparato para subir o bajar en los edificios.

ascensorista m. Mozo que maniobra el ascensor en un hotel, almacén, etc.

asceta com. Persona que hace vida ascética.

ascético, ca adj. Relativo al ascetismo: *vida ascética.* || Que trata de la vida ascética: *autor ascético.* || Que se dedica al ascetismo. || — F. Ascetismo.

ascetismo m. Profesión o doctrina de la vida ascética.

ascidia f. *Bot.* Hoja cuya extremidad tiene forma de urna. || *Zool.* Animal marino tunicado, en forma de odre.

ascidiáceo, a adj. De la ascidia.

ascitis f. *Med.* Hidropesía del vientre por acumulación de serosidad en la cavidad del peritoneo.

asclepiadáceas f. pl. Plantas de semilla sedosa a. que pertenece la arauja (ú. t. c. adj.).

Asclepiades, familia de médicos griegos que se decían descendientes del dios Esculapio (Asclepios). || **~ de Bitinia,** médico griego, n. en Prusa (Bitinia) [124-40 a. de J. C.]. Criticó en Roma las doctrinas de Hipócrates. || **~ de Samos,** poeta griego del s. III a. de J. C.

Asclepios. V. ESCULAPIO.

asco m. Repugnancia causada por el vómito. || *Fig.* Impresión desagradable: *dar asco.* || *Fig.* y *fam. Estar hecho un asco,* estar muy sucio. | *Hacer asco,* despreciar sin motivo. | *Ser un asco,* no valer nada o estar sucio. | *Tener asco,* detestar, odiar.

Ascoli || **~ Piceno,** c. de Italia (Marcas), cap. de la prov. homónima. Obispado. || **~ Satriano,** ant. *Ausculum,* c. de Italia (Pullas).

ascomicetos adj. y m. pl. Dícese de los hongos con los esporidios encerrados en saquitos.

Ascot, loc. de Inglaterra, cerca de Windsor (Berkshire). Célebre hipódromo.

ascua f. Pedazo de materia sólida candente. || — *Fig. Ascua de oro,* cosa que brilla mucho. || *Fig.* y *fam. Estar en,* o *sobre, ascuas,* estar inquieto.

asdic m. *Mar.* Aparato detector de submarinos y bancos de peces.

Asdrúbal, general cartaginés (¿245-207? a. de J. C.), hermano de Aníbal, derrotado y muerto por los romanos en Metauro.

aseado, da adj. Limpio, curioso.

asear v. t. Componer con curiosidad y limpieza (ú. t. c. pr.).

asechador, ra adj. y s. Que asecha.

asechanza f. Artificio para perjudicar a otro, trampa.

asechar v. t. Armar asechanzas. || (Ant.). Acechar.

asediador, ra adj. y s. Que asedia.

asediar v. t. Poner sitio a una plaza fuerte. || *Fig.* Importunar: *asediar con preguntas.*

asedio m. Cerco, sitio. || *Fig.* Importunidad, molestia.

asegurado, da adj. y s. Persona que ha contratado un seguro.

asegurador, ra adj. Que asegura: *compañía aseguradora.* || — M. y f. Persona o empresa que asegura riesgos ajenos.

aseguramiento m. Seguro. || Consolidación.

asegurar v. t. Dar firmeza y seguridad a una cosa. || Afirmar, garantizar: *le aseguro que es así.* || Tranquilizar. || Proteger de riesgos: *asegurar contra incendio.* || Poner a cubierto mediante un contrato de seguro: *asegurar una finca.* || — V. pr. Cercionarse. || Suscribir un contrato de seguro.

asemejar v. t. Hacer una cosa a semejanza de otra. || — V. i. Tener semejanza con otra cosa. || — V. pr. Mostrarse semejante.

asendereado, da adj. Se dice del camino trillado. || *Fig.* Agobiado de trabajo. | Práctico, experto.

asenderear v. t. Abrir senderos. || *Fig.* Acosar.

Asencio, arroyo del Uruguay (Soriano) en cuyas orillas los patriotas dieron el famoso *grito de Asencio* reclamando la independencia (28 de febrero de 1811).

Asenjo Barbieri (Francisco). V. BARBIERI (Francisco ASENJO).

asenso m. Asentimiento, aprobación.

asentaderas f. pl. *Fam.* Nalgas: *cubrir las asentaderas.*

asentado, da adj. Sentado. || *Fig.* Estable, permanente: *negocio bien asentado.* | Cuerdo.

asentador m. El que contrata víveres al por mayor. || Cincel que usa el herrero para repasar su obra. || Suavizador para las navajas de afeitar.

asentamiento m. Acción y efecto de asentar o asentarse. || Instalación provisional de colonos. || *Com.* Inscripción. || Emplazamiento. || *Fig.* Prudencia, juicio, cordura.

* **asentar** v. t. Poner en un asiento. || Colocar sobre algo sólido: *asentar cimientos.* || Establecer, fundar: *sentar el real.* || Aplanar. || Asestar un golpe. || Afinar el filo de un instrumento cortante. || Afirmar. || Suponer. || Convenir. || Ajustar un contrato o convenio. || Poner por escrito, anotar. || — V. pr. Sentarse. || Posarse: *asentarse un líquido.*

asentimiento m. Asenso.

* **asentir** v. i. Admitir como cierto: *asintió a su opinión.*

asentista m. El que contrata el suministro de víveres u otros efectos para un ejército, armada, etc.

aseo m. Limpieza. || Pequeña habitación destinada a la limpieza del cuerpo: *cuarto de aseo.*

asépalo, la adj. *Bot.* Sin sépalos: *flor asépala.*

asepsia f. *Med.* Ausencia de gérmenes patógenos. | Método para evitar las invasiones microbianas.

aséptico, ca adj. *Med.* Relativo a la asepsia: *cura aséptica.*

aseptizar v. t. Poner aséptico.

asequible adj. Que puede conseguirse o alcanzarse. || Abordable: *precio asequible.*

aserción f. Proposición en que se afirma o se da por cierta alguna cosa. || Acción y efecto de afirmar.

aserradero m. Sitio donde se asierra la madera, la piedra, etc.

aserrado, da adj. *Bot.* Que presenta dientes como la sierra: *hoja aserrada.* || — M. Acción de aserrar.

aserrador, ra adj. y s. m. Que sierra. || — F. Máquina de aserrar: *aserradora portátil.*

aserradura f. Corte que hace la sierra. ‖ — Pl. Serrín.

* **aserrar** v. t. Cortar con sierra: *aserrar árboles, piedra*, etc.

Aserri, pobl. de Costa Rica (San José).

aserrín m. Serrín.

aserto m. Aserción.

asertor, ra m. y f. Persona que afirma.

asertorio adj. Afirmativo, dicho de un juicio.

Ases, dioses bienhechores de la mitología escandinava.

asesinar v. t. Matar alevosamente. ‖ *Fig.* Causar viva aflicción: *asesinar a disgustos.*

asesinato m. Crimen premeditado. ‖ Acción y efecto de asesinar.

asesino, na adj. y s. Que asesina: *mano asesina; asesino pagado, a sueldo.*

asesor, ra adj. y s. Que asesora o aconseja. ‖ Aplícase al letrado que aconseja a un juez lego.

asesorado m. Cargo de asesor.

asesoramiento m. Acción y efecto de asesorar o asesorarse. ‖ Consejo.

asesorar v. t. Dar consejo o dictamen. ‖ — V. pr. Tomar consejo: *asesorarse de un letrado.*

asesoría f. Oficio de asesor, asesorado. ‖ Estipendio y oficina del asesor.

asestar v. t. Dirigir un arma hacia un objetivo: *asestar la lanza, un cañón.* ‖ Descargar un proyectil o un golpe: *asestar un tiro, una pedrada, un puñetazo.*

aseveración f. Acción de aseverar o afirmar.

aseverar v. t. Afirmar o asegurar lo que se dice.

aseverativo, va adj. Que asevera o afirma.

asexual adj. Sin sexo, ambiguo. ‖ *Biol.* Dícese de la reproducción realizada sin intervención de los dos sexos, como la gemación: *generación asexual; esporas asexuales.*

asfaltado m. Acción de asfaltar. ‖ Pavimento de asfalto.

asfaltar v. t. Revestir de asfalto: *asfaltar una calle.*

asfáltico, ca adj. De asfalto.

asfalto m. Betún sólido, lustroso, que se emplea en el pavimento de carreteras, aceras, etc.

asfixia f. Suspensión de las funciones vitales por falta de respiración: *asfixia por sumersión, por estrangulación.*

asfixiante adj. Que asfixia: *gas asfixiante.*

asfixiar v. t. Producir asfixia (ú. t. c. pr.).

asfódelo m. *Bot.* Gamón.

Ashod, c. y puerto del Estado de Israel, al S. de Tel Aviv. Oleoducto que le une con Eilat.

así adv. De esta manera: *así habló.* ‖ De tal suerte: *un amigo así no es corriente.* ‖ Igualmente: *es hombre bueno y así honrado.* ‖ Entonces: *¿así me dejas?* ‖ — Conj. Tanto. ‖ En consecuencia. ‖ Por esto. ‖ — Adj. De esta clase: *un caso así.* ‖ — *Así así,* medianamente, tal cual. ‖ *Así como,* o *así que,* tan luego como. ‖ *Así y todo,* a pesar de eso.

Asia, una de las cinco partes del mundo, situada en el hemisferio Norte, entre los océanos Glacial Ártico, Pacífico e Índico, el mar Rojo, el canal de Suez, mares Mediterráneo y Negro, el Cáucaso, mar Caspio, el río Ural y los montes Urales; 44 millones de km²; 2 000 millones de hab. (*asiáticos*). El continente presenta en su parte noroeste regiones bajas (Siberia occidental), en el S. grandes mesetas (Arabia, Decán), separadas por montañas (Cáucaso, Zagros, Himalaya, Tianchan, Altai) que delimitan elevadas mesetas (Anatolia, Irán, Tíbet) y en el E. un relieve accidentado y fragmentado en penínsulas (Kamchatka, Corea, Malasia) y en archipiélagos (Japón, Insulindia). Comprende actualmente los Estados independientes siguientes: China, Japón, Tailandia (o Siam), Vietnam del Norte y del Sur, Camboya, Indostán, Beluchistán, Afganistán, Malaysia, Turquestán, Irán, Arabia, Corea del Norte y del Sur, Turquía asiática, Siria, Líbano, Palestina, Irak y Arabia. Algunos otros Estados, también independientes, forman parte del Commonwealth británico (India, Paquistán, Bangla Desh, Bahrein, Brunei, Ceilán, Singapur). Siberia y varias repúblicas del centro de Asia pertenecen a la U. R. S. S. Gran Bretaña conserva Hong Kong, y Portugal mantiene su soberanía en Macao. ‖ **~ Menor** o **Anatolia,** n. dado a la parte más occidental de Asia, unida al resto del continente por las altiplanicies de Armenia y del Kurdistán, que forma una gran península entre el Mediterráneo oriental, los mares Egeo, de Mármara y Negro.

asiático, ca adj. y s. De Asia.

asidero m. Parte por donde se ase una cosa. ‖ *Fig.* Ocasión o pretexto. | Apoyo, protección.

asiduidad f. Frecuencia, puntualidad.

asiduo, dua adj. Frecuente, puntual. ‖ — M. y f. Habitual.

asiento m. Cosa que sirve para sentarse. ‖ Localidad en un espectáculo. ‖ Sitio, lugar. ‖ Base, fundamento. ‖ Colocación, emplazamiento. ‖ Puesto en un tribunal o junta. ‖ Poso de un líquido. ‖ Contrato para proveer de víveres o géneros: *tomar el asiento de un ejército.* ‖ Sitio en el cual está o estuvo fundada una ciudad o un edificio. ‖ Anotación. ‖ *Com.* Anotación en un libro de cuentas. | Capítulo de un presupuesto. | Partida de una cuenta. ‖ *Fig.* Estabilidad. | Cordura, prudencia: *hombre de asiento.* ‖ *Amer.* Territorio de una mina. ‖ — Pl. Asentaderas.

Asientos, sierra de México (Aguacalientes).

asignación f. Atribución. ‖ Cita. ‖ Salario, sueldo.

asignar v. t. Señalar lo que corresponde a una persona o cosa: *asignar una renta, un sueldo.* ‖ Fijar. ‖ Nombrar, destinar.

asignatura f. Materia que se enseña en un centro docente.

asilado, da m. y f. Persona acogida en un asilo.

Asilah. V. Arcila.

asilar v. t. Albergar en un asilo, dar asilo.

asilo m. Refugio, retiro: *derecho de asilo.* ‖ *Fig.* Amparo, protección: *el asilo de la paz.* ‖ Establecimiento en que se albergan los ancianos y desvalidos.

asimetría f. Falta de simetría.

asimétrico, ca adj. Que no guarda simetría.

asimiento m. Acción de asir. ‖ *Fig.* Adhesión. | Apego o afecto.

asimilable adj. Que puede asimilarse: *sustancia asimilable.*

asimilación f. Acción de asimilar. ‖ *Gram.* Transformación de dos letras contiguas en idénticas o análogas. ‖ *Asimilación clorofílica,* fenómeno de la absorción del carbono del aire por la clorofila.

asimilar v. t. Asemejar, comparar: *asimilar un caso a otro.* ‖ Conceder a los individuos de una profesión los mismos derechos que a los de otra: *asimilar el personal de Correos al de Telégrafos.* ‖ *Fisiol.* Apropiarse los órganos las sustancias nutritivas: *asimilar los alimentos.* ‖ — V. i. Parecerse dos cosas.

asimismo adv. De este o del mismo modo. ‖ También, igualmente.

Asín Palacios (Miguel), sacerdote y erudito español (1871-1944), notable arabista, autor de *La escatología musulmana en la "Divina Comedia"* y *El Islán cristianizado.*

asíndeton m. *Ret.* Figura por la que se omiten las conjunciones.

asíntota f. *Geom.* Línea recta que, prolongada, se acerca indefinidamente a una curva sin llegar a encontrarla.

asintótico, ca adj. De la asíntota: *figura asintótica.*

* **asir** v. t. Agarrar, tomar. ‖ — V. i. Arraigar las plantas. ‖ — V. pr. Agarrarse de alguna cosa: *asirse de una cuerda.* ‖ *Fig.* Tomar pretexto, aprovecharse. | Reñir o contender: *asirse de las manos, del pelo.*

Asir, prov. de Arabia Saudita, a orillas del mar Rojo.

Asiria, ant. reino de Asia, en la parte septentrional de Mesopotamia. Tuvo por capitales sucesivas a Asur, Kalach y Nínive. (Hab. *asirios.*) El país, vasallo en un principio de Caldea y Egipto, obtuvo la independencia y alcanzó la plenitud de su poderío desde el reinado de Teglatfalasar (1112-1074 a. de J. C.) hasta su derrota por los medos y babilonios (612-609 a. de J. C.).

asirio, ria adj. y s. De Asiria.

asiriología f. Estudio de las antigüedades asirias.

asiriólogo m. El versado en asiriología.

Asís, c. de Italia en Umbría (Perusa). Obispado. Patria de San Francisco.

asistencia f. Presencia: *con su asistencia.* ‖ Auditorio. ‖ Socorro, favor, ayuda. ‖ Tratamiento o cuidados médicos: *asistencia facultativa.* ‖ — F. pl. Pensión alimenticia. ‖ *Taurom.* Conjunto de los mozos de plaza.

asistencial adj. Relativo a la asistencia.

asistenta f. Criada no permanente. ‖ En algunas órdenes, religiosa que asiste a la superiora.

asistente adj. y s. Que asiste, auxilia o ayuda: *religioso asistente; el asistente general.* ‖ Que está presente en un sitio: *los miembros asistentes votaron; los asistentes aplaudieron al orador.* ‖ — M. *Mil.* Soldado al servicio personal de un oficial.

asistir v. t. Acompañar a alguno en un acto público: *asistir a un profesor.* ‖ Auxiliar. ‖ Socorrer: *asistir a un herido.* | Cuidar los enfermos. ‖ Servir interinamente un criado. ‖ Estar de parte de una persona. ‖ — V. i. Estar presente: *asistir a una fiesta, a un espectáculo.* ‖ Concurrir con frecuencia a una casa o reunión.

Asiut o **Asyut,** c. de Egipto central. Presa en el Nilo.

asma f. *Med.* Enfermedad de los pulmones que se manifiesta por sofocaciones intermitentes.

Asmara, cap. de Eritrea, a orillas del mar Rojo; 132 000 h.

asmático, ca adj. Relativo al asma. ‖ — M. y f. Persona que la padece.

Asmoneos, n. dado a la familia de los Macabeos, originaria de Asmón.

asnada f. *Fig.* y *fam.* Necedad.

asnal adj. Relativo al asno. ‖ *Fig.* y *fam.* Bestial o brutal.

Asnam (El-), antes *Orleansville,* c. del N. de Argelia, cap. del dep. homónimo.

asnería f. *Fam.* Conjunto de asnos. ‖ *Fig.* y *fam.* Necedad, tontería: *decir asnerías.*

Asnières, c. de Francia (Hauts-de-Seine), al NO. de París.

asno m. Animal solípedo, más pequeño que el caballo y de orejas largas. ‖ *Fig.* Persona ruda y de escaso entendimiento.

Asno de oro *(El)* o **La metamorfosis,** novela de Apuleyo (s. II a. de J. C.), sátira de la sociedad de su época.

asociación f. Conjunto de asociados: *asociación cooperativa.* ‖ *Asociación de ideas,* acción psicológica mediante la cual unas ideas o imágenes evocan otras.

asociacionismo m. *Fil.* Doctrina psicológica que explica todos los fenómenos psíquicos por las leyes de la asociación de ideas.

asociado, da adj. y s. Dícese de la persona que acompaña a otra en alguna comisión. ‖ — M. y f. Persona que forma parte de una asociación.

asociar v. t. Juntar una cosa con otra. ‖ Tomar uno compañero que le ayude. ‖ — V. pr. Reunirse para un fin: *asociarse para un negocio.* ‖ *Fig.* Compartir: *me asocio a tu júbilo.*

asolamiento m. Destrucción.

* **asolar** v. t. Destruir, arrasar. ‖ Secar los campos el calor o la sequía. ‖ — V. pr. Posarse un líquido.

asoleada f. *Amer.* Insolación.

asoleadero m. *Méx.* Ribera en que duermen los anfibios.

asolear v. t. Exponer al sol una cosa: *casa muy asoleada.* ‖ — V. pr. Tomar el sol. ‖ Tostarse al sol.

asomar v. i. Empezar a mostrarse alguna cosa: *asoma el sol; el pañuelo asomaba fuera del bolsillo.* ‖ — V. t. Sacar o mostrar una cosa por una abertura: *asomar la cabeza por la ventana* (ú. t. c. pr.). ‖ — V. pr. Mostrarse: *se asomó a la calle.* ‖ Inclinarse: *asomarse al exterior.* ‖ *Fam.* Achisparse. ‖ Empezar a enterarse sin propósito de profundizar: *usted no se ha asomado apenas a la lección.*

asombrar v. t. Hacer sombra una cosa a otra. ‖ *Pint.* Oscurecer un color. ‖ *Fig.* Causar admiración o extrañeza (ú. t. c. pr.). ‖ Asustar, espantar (ú. t. c. pr.).

asombro m. Susto, espanto. ‖ Sorpresa. ‖ Estupefacción.

asombroso, sa adj. Que causa asombro.

asomo m. Acción de asomar o asomarse. ‖ Apariencia. ‖ Indicio o señal: *sin el menor asomo de duda.* ‖ Sospecha, presunción. ‖ *Ni por asomo,* de ninguna manera.

asonada f. Motín.

asonancia f. Correspondencia de un sonido con otro. ‖ Repetición del mismo sonido. ‖ *Fig.* Conformidad o relación: *esto tiene asonancia con lo que se dijo antes.* ‖ En métrica, identidad de vocales en las terminaciones de dos palabras a contar desde la última sílaba acentuada: *marido, compromiso; baja, agua.* ‖ *Ret.* Vicio que con-

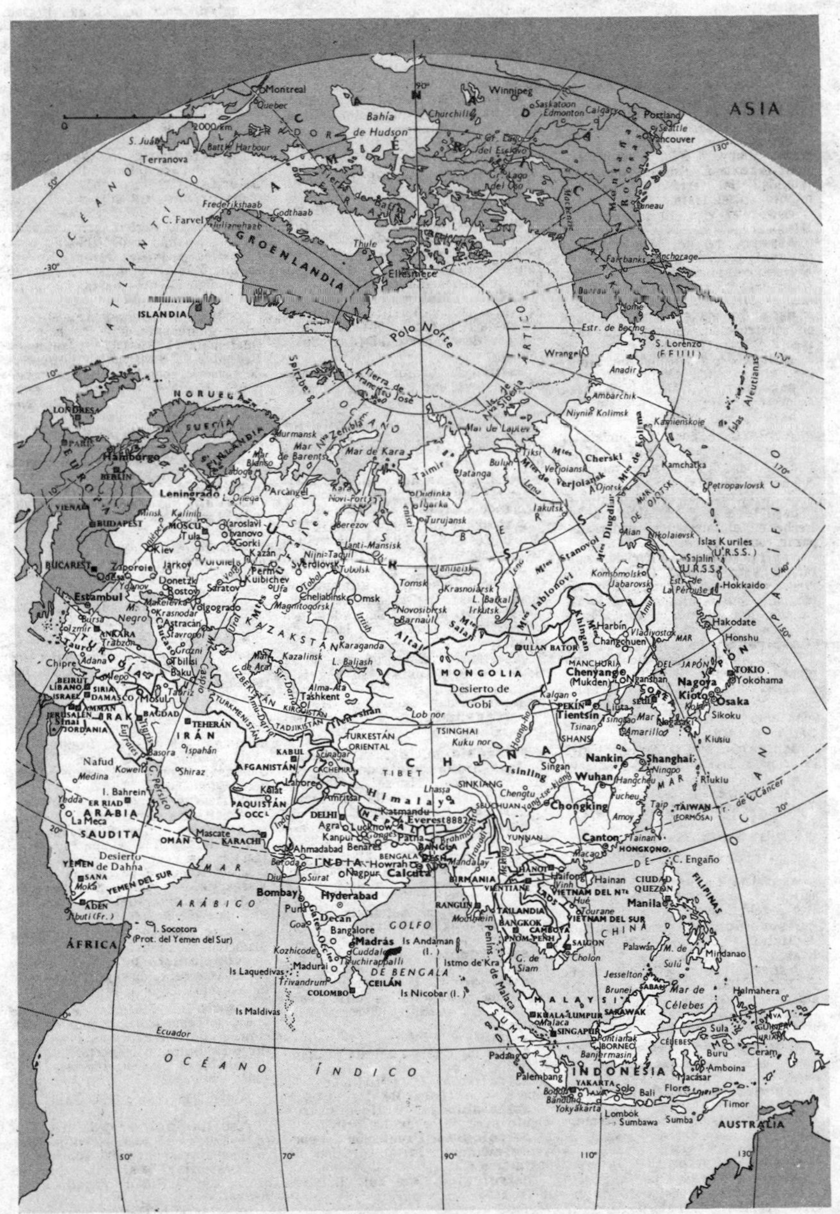

siste en el uso inmotivado de voces asonantes.

asonantado, da adj. Que está en forma de asonante: *rima asonantada.*

asonantar v. i. Ser dos palabras asonantes. ‖ Incurrir en el vicio de la asonancia. ‖ — V. t. Emplear en la rima una palabra como asonante de otra: *asonantar "humilde" con "mílite".*

asonante adj. y s. Dícese de la voz que tiene asonancia con otra, como *cisne* y *triste.*

Asososca, laguna volcánica de Nicaragua, cerca de Managua.

aspa f. Cruz en forma de una X: *San Andrés murió en el aspa.* ‖ Especie de devanadera. ‖ Velamen de molino de viento y cada uno de sus brazos. ‖ Signo de la multiplicación.

aspar v. t. Hacer madeja el hilo. ‖ Supliciar en un aspa. ‖ *Fig.* y *fam.* Mortificar.

Aspasia, mujer griega, famosa por su belleza y talento. Fue esposa y consejera de Pericles.

aspaviento m. Gestos excesivos o afectados: *hacer aspavientos.*

aspecto m. Apariencia. ‖ Terreno, campo. ‖ *Fig.* Semblante.

aspereza f. Escabrosidad, desigualdad del terreno. ‖ Desabrimiento en el trato.

asperjar v. t. Rociar, regar. ‖ Hisopear.

áspero, ra adj. De superficie desigual o rugosa: *terreno áspero.* ‖ Desapacible al gusto o al oído: *fruto áspero, voz áspera.* ‖ Inclemente, dicho del tiempo.

asperón m. Arenisca empleada en construcción, como piedra amoladera y para fregar.

aspersión f. Acción de asperjar: *la aspersión de un jardín.*

aspersor m. Mecanismo para esparcir un líquido a presión.

aspersorio m. Hisopo.

Aspiazu (Agustín), jurista y científico boliviano (1817-1897).

áspid m. Víbora muy venenosa común en Europa. ‖ Culebra venenosa de Egipto, de cuello dilatable.

aspillera f. *Fort.* Abertura estrecha en el muro para poder disparar contra el enemigo.

aspiración f. Acción de aspirar. ‖ Vivo anhelo: *tener aspiraciones elevadas.* ‖ *Gram.* Sonido del lenguaje que resulta de una fuerte emisión del aliento. ‖ *Mús.* Espacio menor de la pausa.

aspirador, ra adj. Que aspira. ‖ — F. Aparato doméstico de limpieza que aspira el polvo.

aspirante adj. Que aspira: *bomba aspirante.* ‖ — M. y f. Persona que aspira: *aspirante a un empleo* o *cargo.*

aspirar v. t. e i. Atraer el aire exterior a los pulmones. ‖ Atraer un líquido, un gas. ‖ Pretender con ansia: *aspirar a los honores.* ‖ *Gram.* Pronunciar la letra *hache* como *jota.*

aspiratorio, ria adj. Relativo a la aspiración: *movimiento aspiratorio.*

aspirina f. *Farm.* Ácido acetilsalicílico, muy usado como analgésico y febrífugo.

Aspromonte, cima granítica de Italia (Calabria), a 25 km de Reggio; 1 947 m.

Aspropótamo, río de Grecia en Epiro, llamado *Aqueloo* por los antiguos.

asqueado, da adj. Que tiene asco: *sentirse asqueado.*

asquear v. i. Tener asco de algo. Ú. t. c. t.: *su conducta me asquea.*

asquerosidad f. Suciedad que da asco.

asqueroso, sa adj. y s. Repugnante.

Assam. V. ASAM.

Assiut. V. ASIUT.

Assuán. V. ASUÁN.

asta f. Arma ofensiva de los antiguos romanos. ‖ Palo de la pica, la lanza, la alabarda, etc. ‖ Lanza o pica. ‖ Palo de la bandera. ‖ Mango o cabo de una herramienta. ‖ Cuerno: *las astas del toro.* ‖ *A media asta,* a medio izar una bandera, en señal de luto.

astado, da adj. Provisto de asta. ‖ — M. Toro.

Astarté o **Astarte,** diosa del Cielo entre los pueblos semíticos.

astenia f. *Med.* Disminución de las fuerzas vitales.

asténico, ca adj. y s. *Med.* Relativo a la astenia o al que la padece: *niño asténico.*

aster m. Planta compuesta ornamental.

asteria f. *Min.* Variedad de ópalo. ‖ *Zool.* Estrellamar.

asterisco m. Signo ortográfico en forma de estrella (*) para hacer llamada a notas.

asterismo m. *Astr.* Constelación, conjunto de estrellas fijas.

asteroide m. Planeta pequeño cuya órbita se halla comprendida entre las de Marte y Júpiter.

Asti, c. de Italia (Piamonte), cap. de la prov. homónima. Obispado. Vinos blancos.

Ástigi, ant. c. de la Bética. Hoy. *Écija.*

astigitano, na adj. De Ástigi.

astigmático, ca adj. Que padece astigmatismo: *ojo astigmático.*

astigmatismo m. *Med.* Turbación de la vista por desigualdad en la curvatura del cristalino. ‖ *Ópt.* Imperfección de una lente que produce imágenes deformadas.

astil m. Mango de hacha, azada, pico, etc. ‖ Varilla de saeta. ‖ Brazo de la balanza. ‖ Vara de hierro por donde corre el pilón de la romana.

astilla f. Fragmento que salta de una cosa que se parte o rompe.

astillar v. t. Hacer astillas.

astillero m. Establecimiento donde se construyen y reparan buques. ‖ Percha en que se ponen las picas y lanzas.

astilloso, sa adj. Aplícase a los cuerpos que saltan o se rompen formando astillas.

Aston (Francis William), físico inglés (1877-1945); descubrió los isótopos. (Pr. Nóbel, 1922.)

Astorga, c. de España (León). Obispado. Industrias alimenticias (mantecadas). Es la ant. *Astúrica.*

astracán m. Piel de cordero nonato o recién nacido, de lana muy rizada.

Astracán, c. y puerto de la U. R. S. S. (Rusia), en una isla del mar Caspio. Célebre por sus pieles de cordero caracul o *astracán.*

astracanada f. Farsa teatral disparatada.

astrágalo m. *Bot.* Tragacanto. ‖ *Arq.* Anillo que rodea una columna. ‖ *Zool.* Hueso corto en la parte superior y media del tarso, vulgarmente llamado *taba.*

astral adj. Relativo a los astros: *año astral.*

Astrana Marín (Luis), erudito español (1889-1959), traductor de Shakespeare y autor de estudios sobre los clásicos.

* **astreñir** v. t. Astringir.

astringencia f. Calidad de astringente.

astringente adj. y s. m. Que astringe.

astringir v. t. Apretar, estrechar una sustancia los tejidos orgánicos. ‖ *Fig.* Sujetar, constreñir, obligar.

* **astriñir** v. t. Astringir.

astro m. Cuerpo celeste. ‖ *Fig.* Estrella de cine, etc.

astrofísica f. Estudio de la constitución física de los astros.

astrolabio m. Antiguo instrumento para observar los astros.

astrología f. Predicción del porvenir mediante la observación de los astros.

astrológico, ca adj. Relativo a la astrología: *observación astrológica.*

astrólogo m. El versado en astrología.

astronauta com. Piloto sideral.

astronáutica f. Ciencia que estudia los vuelos interplanetarios. ‖ Navegación extraterrestre.

— El 4 de octubre de 1957, la U. R. S. S. puso en órbita el primer satélite artificial y en 1961 lanzó un satélite tripulado por Gagarin. Los Estados Unidos consiguieron en 1969 que desembarcasen dos astronautas en la Luna.

astronave f. Vehículo destinado a la navegación interplanetaria.

astronomía f. Ciencia que trata de la posición, movimiento y constitución de los cuerpos celestes.

astronómico, ca adj. Relativo a la astronomía. ‖ *Fig.* Exagerado: *cantidades astronómicas.*

astrónomo m. El que profesa la astronomía.

astroso, sa adj. Desastrado. ‖ Desgraciado. ‖ Despreciable.

astucia f. Calidad de astuto. ‖ Ardid, maña.

astur adj. y s. Individuo de un pueblo ant. al NO. de España, el último que se sometió a los romanos. ‖ Asturiano.

asturianismo m. Voz o giro propio del castellano hablado en Asturias.

asturiano, na adj. y s. De Asturias.

Asturias, región montañosa del N. de España; cap. *Oviedo;* otras c.: *Gijón* y *Avilés.* Minas. En ella se inició la Reconquista y fue reino independiente hasta su unión con Castilla (1037).

Asturias (Miguel Ángel), escritor guatemalteco, n. en la c. de Guatemala (1899-1974), autor de *Leyendas de Guatemala,* de novelas de carácter social (*El señor Presidente, Hombres de maíz, El papa verde,* etc.) y de poesías. (Pr. Nóbel, 1967.)

Astúrica, c. de la España Tarraconense. Hoy *Astorga.*

asturicense adj. De Astúrica, ant. n. de Astorga.

astuto, ta adj. Sagaz, taimado.

Asuán, hoy *Sadd al-Alí,* c. del Alto Egipto, a orillas del Nilo. Presas.

asueto m. Vacación corta: *día de asueto.*

asumir v. t. Tomar para sí: *asumir la responsabilidad.*

asunceno, na adj. y s. De Asunción (Paraguay).

asunción f. Acción y efecto de asumir. ‖ *Por ext.* Elevación de la Virgen Santísima al cielo. (Fiesta el 15 de agosto.)

Asunción, isla de México (Baja California). — Cap. de la Rep. del Paraguay, a orillas del río homónimo; 415 000 h. (*asuncenos*). Arzobispado. Universidad. Plaza comercial y puerto de mucho tráfico. Fundada en 1537 por Juan de Salazar y Gonzalo de Mendoza. — Distr. de Costa Rica (Heredia). — Distr. de Chile (Santiago). — Distr. del Perú (Cajamarca. ‖ ~ **(La),** c. de Venezuela, cap. del Estado de Nueva Esparta, en la isla Margarita. — Isla canadiense en la desembocadura del San Lorenzo. Tb. llamada *Anticosti.*

asuncionense adj. y s. De La Asunción (Venezuela).

asuncionista m. y f. Religioso de la congregación agustiniana de la Asunción.

asunto m. Materia de que se trata. ‖ Tema o argumento de una obra. ‖ Lo que representa un cuadro o escultura. ‖ Negocio. ‖ Caso: *el asunto es que no tenemos bastante dinero.*

Asur, la cap. más ant. de Asiria.

Asurbanipal, rey de Asiria (669-627 a. de J. C.), en la época de mayor apogeo del Imperio.

asustadizo, za adj. Que se asusta con facilidad: *caballo asustadizo.*

asustar v. t. Dar o causar susto.

Ú. t. c. pr.: *asustarse por,* o *con, nada.*

Asyut. V. Asiut.

atabal m. Timbal.

Atabapo, río de Colombia y Venezuela, afl. del Guaviare; 280 kilómetros.

atabe m. Abertura que se deja en las cañerías para reconocerlas o para que salga el aire.

atablar v. t. Allanar la tierra recién sembrada.

atabladera f. Tabla con que se allana la tierra sembrada.

atacable adj. Que puede ser atacado.

atacador, ra adj. y s. Que ataca o acomete. || — M. *Mil.* Barra para atacar los cañones. || *Méx.* Correa que obliga al caballo a llevar la cabeza erguida.

Atacama, volcán de los Andes, entre la prov. chilena de Antofagasta y la boliviana de Potosí; 5 500 m. Llamado tb. *Licancabur.* — Prov. de Chile; cap. *Copiapó.* Cobre. || ~ (Desierto de), desierto de Chile entre la prov. homónima y la de Antofagasta. Minas. || ~ (Puna de), nudo de los Andes, en el N. de la Argentina.

atacameño, ña adj. y s. De Atacama (Chile).

atacante adj. y s. Que ataca.

atacar v. t. Acometer: *atacar a un adversario.* || *Quím.* Ejercer acción una sustancia sobre otra: *el orín ataca al hierro.* || Meter el taco en un arma de fuego. || *Fig.* Tratándose del sueño, enfermedades, etc., acometer, dar: *atacar la fiebre.* | Iniciar: *atacar un estudio.*

atadero m. Lo que sirve para atar. || Parte por donde se ata algo. || *Fig.* Sujeción, embarazo. || *Fam. No tener atadero,* no tener orden ni concierto.

atadijo m. *Fam.* Lío pequeño.

atado m. Conjunto de cosas atadas: *llevarse el atado.*

atador, ra adj. Que ata. || — F. Máquina que ata las gavillas.

atadura f. Acción de atar. || Cosa con que se ata. || *Fig.* Conexión, enlace.

ataguía f. Dique de tierra con que se ataja el agua.

ataharre m. Correa que sujeta la silla y rodea las ancas de la caballería.

Atahualpa, último emperador inca del Perú (1500-1533), hijo de Huayna Cápac y hermano de Huáscar, con quien compartió el Imperio. Fue soberano de la parte norte y se asentó en Quito, la capital. Luchó contra su hermano por no estar conforme con la división hecha por su padre. Pizarro, aprovechando esta rivalidad, hizo prisionero al inca y, después de hacerle pagar un fuerte rescate, lo hizo ejecutar en Cajamarca. || ~ (Juan Santos), caudillo peruano (¿1710?-1756), que se sublevó contra los españoles.

atajadizo m. Tabique con que se ataja. || Sitio o terreno atajado.

atajador, ra adj. y s. Que ataja.

atajar v. i. Tomar un atajo. || — V. t. Salir al encuentro de uno por algún atajo para detenerle: *atajar a un fugitivo.* || Separar parte de un espacio con un tabique, etc. || Señalar en un escrito lo que ha de omitirse. || *Fig.* Cortar, impedir: *atajar un incendio, una inundación.* | Interrumpir a uno: *atajar al que desbarra.* || — V. pr. *Fam.* Emborracharse.

atajo m. Senda más corta: *tomar el atajo.* || Separación de alguna cosa. || *Fig.* Empleo de un medio rápido: *echar por el atajo.* | Conjunto, copia, hatajo.

Atajo (El), sierra de la Argentina (Catamarca); 2 500 m de alt. media.

atalaje m. Atelaje. || *Fig.* y *fam.* Ajuar o equipo.

Atalarico, rey de los ostrogodos de Italia de 526 a 534.

atalaya f. Torre en lugar alto para vigilar. || Altura desde donde se descubre mucho espacio de tierra o mar. || — M. El que vigila desde la atalaya.

Atalaya, pobl. y distr. de Panamá (Veraguas).

atalayar v. t. Vigilar desde una atalaya. || *Fig.* Observar, acechar.

atalayero m. Centinela.

Atalía, reina de Judá (846-835 a. de J. C.), hija de Acab y de Jezabel, célebre por su crueldad.

Atanagildo, rey de los visigodos de España de 554 a 567, vasallo de Justiniano.

atanasia f. Hierba de Santa María. || *Impr.* Letra de catorce puntos.

Atanasio *(San),* patriarca de Alejandría y Padre de la Iglesia (¿295-373?). Combatió el arrianismo. Fiesta el 2 de mayo.

atanor m. Tubo o cañería.

* **atañer** v. i. Tocar o corresponder: *esto nos atañe.*

ataque m. Acción militar ofensiva ejecutada con la idea de apoderarse de una posición o de un país. || Trabajos de trinchera para tomar una plaza. || *Fig.* Acometimiento repentino de algún mal: *ataque de apoplejía.* | Acceso: *ataque de tos.* | Crisis: *ataque de nervios.*

atar v. t. Unir, enlazar con ligaduras: *atar las manos.* || *Fig.* Impedir o quitar el movimiento: *estas obligaciones me atan.* | Juntar, relacionar, conciliar. || — V. pr. *Fig.* Embarazarse, no saber cómo salir de un apuro. | Ceñirse a una cosa. || *Fig* y *fam. Atar corto a uno,* sujetarle.

atarantado, da adj. Picado de la tarántula. || *Fig.* y *fam.* Aturdido.

atarantar v. t. Aturdir.

ataraxia f. *Fil.* Tranquilidad del espíritu. || Imperturbabilidad.

atarazana f. Arsenal.

atardecer m. Último período de la tarde.

atardecer v. i. Caer el día.

atarear v. t. Señalar tarea. || — V. pr. Entregarse al trabajo.

atarjea f. Cañería. || Alcantarilla. || *Amer.* Depósito de agua.

atarugamiento m. *Fam.* Acción y efecto de atarugar o atarugarse.

atarugar v. t. Asegurar con tarugos: *atarugar el carpintero un ensamblado.* || Tapar con tarugos los agujeros. || *Fig.* y *fam.* Hacer callar a alguno. | Atestar, llenar. | Atracar. || — V. pr. *Fig.* y *fam.* Atracarse, hartarse. | Turbarse.

atascadero m. Atolladero.

atascamiento m. Atasco.

atascar v. t. Calafatear: *atascar el casco de una embarcación.* || Obstruir o cegar un conducto. || *Fig.* Poner impedimentos: *atascar un negocio.* || — V. pr. Quedarse detenido en un barrizal.

atasco m. Impedimento, estorbo, embarazo. || Obstrucción de un conducto. || Embotellamiento de automóviles.

Ataturk. V. Kemal Bajá.

ataúd m. Caja para un cadáver.

Ataúlfo, primer rey de los visigodos de España (410-415), cuñado y sucesor de Alarico I. Fue asesinado en Barcelona.

ataviar v. t. Componer, asear (ú. t. c. pr.).

atávico, ca adj. Del atavismo.

atavío m. Adorno. || *Fig.* Vestido: *le regalaron el atavío.*

atavismo m. Herencia de algunos caracteres que provienen de los antepasados.

ataxia f. *Med.* Desórdenes en las funciones del sistema nervioso.

atáxico, ca adj. Relativo a la ataxia. || — M. y f. Que padece ataxia.

ateísmo m. Irreligión.

ateísta adj. y s. Ateo.

Atela, ant. c. de Campania (Italia), donde se crearon las farsas *atelanas.* Hoy *Aversa.*

atelaje m. *Mil.* Tiro de caballerías. || Arreos, guarniciones de las bestias de tiro.

atelana f. *Teatr.* Pieza cómica latina a modo de sainete.

ateles m. *Zool.* Variedad de mono de América del Sur.

atemorizar v. t. Causar temor.

Atempan, pobl. y mun. de México (Puebla).

atemperar v. t. Moderar, templar (ú. t. c. pr.). || Acomodar una cosa a otra (ú. t. c. pr.).

Atenas, cap. del Ática, la c. más importante de la Grecia antigua y centro de la civilización y de la cultura clásicas. (Hab. *atenienses.*) Fundada en la colina de la Acrópolis, fue administrada por los Eupátridas. Reorganizada por Solón, brilló bajo Pisístrato y debió sus instituciones democráticas a Clístenes. Después de las guerras Médicas, Atenas tuvo su época de mayor esplendor en el llamado "siglo de Pericles" (construcción del Partenón, apogeo de la escultura con Fidias y del teatro con Esquilo y Sófocles). Perdida luego su hegemonía política en la guerra del Peloponeso, conservó no obstante la supremacía intelectual y artística. Vencida primero por los macedonios en Queronea (338 a. de J. C.), pasó, con toda Grecia, bajo la dominación romana en 146. — Cap. de la Grecia moderna: 627 600 h. (1 852 000 h. con los suburbios). Arzobispado. Universidad. Industrias. || ~ (Ducado de), ducado del Imperio Latino de Oriente, instituido en 1205 después de la conquista de Atenas por Bonifacio de Monferrato, jefe de la Cuarta Cruzada. Fue feudo de los franceses hasta 1312, en que pasó a ser dominio de los catalanes. Acabó su existencia en 1456 cuando los turcos se apoderaron de la ciudad.

atenazar v. t. *Fig.* Hacer sufrir, causar un dolor vivo. | Atormentar.

atención f. Aplicación de la mente a un objeto: *prestar atención.* || Interés. || Cortesía, urbanidad. || — Pl. Negocios, ocupaciones. || Cumplidos, miramientos, amabilidades: *tuvo muchas atenciones conmigo.* || — *En atención a,* teniendo presente. || *Llamar la atención,* despertar la curiosidad, y tb. reprender.

* **atender** v. t. Acoger con favor: *atender una petición.* || Servir en una tienda: *¿le atienden?* || (Ant.). Esperar o aguardar. || — V. i. y t. Aplicar el entendimiento a un objeto: *atender a una lección.* || Cuidar de una persona o cosa: *atender a un enfermo.* || — V. i. *Impr.* Leer uno el original mientras el corrector lee en alta voz las pruebas.

Atenea o **Palas Atenea,** una de las principales divinidades griegas, hija de Zeus, símbolo del pensamiento y del progreso intelectual. Corresponde a la *Minerva* latina.

ateneísta com. Socio de un ateneo.

ateneo m. Asociación literaria o científica: *el Ateneo de Madrid.*

Ateneo, escritor griego, n. en Egipto (s. III), autor de *El banquete de los sofistas.*

* **atenerse** v. pr. Adherirse a una persona o cosa. || Ajustarse, sujetarse uno a alguna cosa: *atenerse a una orden.*

ateniense adj. y s. De Atenas.

atentado m. Acto criminal contra las personas o cosas. || Delito contra una autoridad.

atentar v. i. Cometer atentado: *atentar contra o a la vida de uno.* || Infringir, transgredir.

atentatorio, ria adj. Que implica atentado: *medida atentatoria a la libertad.*

atento, ta adj. Que tiene fija la atención en algo: *atento a la lección.* || Servicial, complaciente: *es muy atento.* || Comedido, cortés. || Particular, especial: *su atenta atención a esos problemas.* || *Su atenta,* su carta.

atenuación f. Acción y efecto de atenuar.

atenuante adj. Que atenúa. ‖ *For. Atenuantes* o *circunstancias atenuantes*, hechos que disminuyen la responsabilidad criminal.

atenuar v. t. Poner tenue. ‖ *Fig.* Disminuir: *atenuar la culpa.*

ateo, a adj. y s. Que niega la existencia de Dios.

aterciopelar v. t. Poner como terciopelo.

aterido, da adj. Transido de frío: *estaba aterido.*

* **aterirse** v. pr. Estar transido de frío.

atérmano, na adj. *Fís.* Que difícilmente da paso al calor: *el cristal es atérmano.*

aterrador, ra adj. Que aterra, espantoso.

aterrajado m. Terraja.

aterrajar v. t. Labrar con la terraja las roscas de los tornillos y tuercas. ‖ Hacer molduras con la terraja.

* **aterrar** v. t. Echar por tierra, derribar. ‖ Causar terror: *aterrar el invasor al pueblo.* ‖ — V. i. Acercarse a tierra los buques. ‖ Aterrizar. ‖ — V. pr. Estar atemorizado.

aterrizaje m. Acción y efecto de aterrizar. ‖ Toma de tierra de un avión.

aterrizar v. t. Tomar tierra un avión: *aterrizar en Barajas.*

aterrorizar v. t. Aterrar, causar terror, espantar: *aterrorizar a la población indefensa.*

atesoramiento m. Acción y efecto de atesorar.

atesorar v. t. Reunir y guardar dinero o cosas de valor. ‖ *Fig.* Tener muchas cualidades: *atesorar dones morales.*

atestación f. *For.* Deposición de testigo o de persona que afirma.

atestado m. Documento en que se da fe de un hecho. ‖ Acta.

* **atestar** v. t. Llenar: *atestar de lana un costal.* ‖ Meter una cosa en otra. | *For.* Testificar: *atestar un hecho.* ‖ — V. pr. *Fig.* y *fam.* Atracarse, hartarse.

atestiguación f. Testimonio.

atestiguar v. t. Declarar como testigo. ‖ *Fig.* Dar fe, testimoniar.

atezado, da adj. De piel morena o tostada.

atezar v. t. Poner liso, terso. ‖ Ennegrecer. ‖ — V. pr. Ponerse moreno.

Athabasca, río del Canadá que des. en el lago homónimo (11 500 km²); 1 200 km.

Athos. V. ATOS.

atiborrarse v. pr. *Fig.* y *fam.* Atracarse: *atiborrarse de pan.*

Ática, región y nomo de Grecia; cap. *Atenas.*

aticismo m. *Lit.* Delicadeza y buen gusto de los escritores atenienses clásicos.

ático, ca adj. Relativo al aticismo. ‖ — M. Dialecto de la lengua griega. ‖ *Arq.* Cuerpo que disimula el tejado. | Último piso de una casa bajo el tejado: *vivir en un ático.*

Ático (Herodes), retórico y orador griego (101-177), maestro de Marco Aurelio. Fue cónsul.

Atila, rey de los hunos (432-453), fundador de un vasto imperio. Sometió a vasallaje a los emperadores de Oriente y Occidente. Vencido finalmente en los Campos Cataláunicos (451). Fue llamado *el Azote de Dios.*

atildado, da adj. Pulcro, elegante. ‖ *Fig.* Rebuscado (estilo).

atildamiento m. Elegancia.

atildar v. t. *Fig.* Censurar: *atildar las palabras.* ‖ — V. pr. Acicalarse, ataviarse.

atinado, da adj. Acertado, oportuno: *intervención atinada.*

atinar v. t. Acertar: *atinar con la solución.* ‖ Dar en el blanco. ‖ Acertar una cosa por conjeturas.

atiplar v. t. *Mús.* Levantar el tono de un instrumento. ‖ — V. pr. Hacerse más aguda la voz.

Atiquizaya, v. y distr. de El Salvador (Ahuachapán).

atirantar v. t. Poner tirante, tensar.

atisbar v. t. Acechar, observar recatadamente.

atisbo m. Acecho. ‖ Vislumbre, indicio: *atisbos de lucidez.*

Atitlán, lago de Guatemala (Sololá), a 1 500 m de altura; 468 km², cerca del volcán homónimo; 3 505 m.

¡atiza! interj. Denota sorpresa.

atizadero m. Instrumento para atizar.

atizador, ra adj. y s. Que atiza. ‖ — M. Atizadero, hurgón.

atizar v. t. Remover el fuego. ‖ Despabilar. ‖ Avivar las pasiones: *atizar las discordias.* ‖ *Fig.* y *fam.* Dar, pegar: *atizar un palo a uno.* ‖ — V. pr. *Pop.* Comer, beber: *se atizó el vaso de un trago.*

atizonarse v. pr. Contraer tizón los cereales.

Atlacatl, rey indígena de Cuscatlán (El Salvador), apresado y condenado a muerte por Alvarado.

Atlanta, c. de Estados Unidos cap. del Estado de Georgia. Obispado. Universidad.

atlante m. *Arq.* Estatua de hombre que sirve de columna: *atlante de un arquitrabe.*

Atlante. V. ATLAS.

Atlantic City, c. de Estados Unidos (New Jersey). Playas.

atlanticense adj. y s. De Atlántico (Colombia).

atlántico, ca adj. Relativo al monte Atlas o al océano Atlántico.

Atlántico, dep. septentrional de Colombia, en la región de la desembocadura del río Magdalena; cap. *Barranquilla.* ‖ ~ (OCÉANO), océano del hemisferio occidental, entre Europa y África al E. y América al O.; 106 200 000 km².

Atlántico *(Pacto del).* V. PACTO DEL ATLÁNTICO.

Atlántida, continente hipotético que los antiguos suponen que existió en el Atlántico y desapareció a causa de un cataclismo. — Dep. de Honduras, a orillas del mar Caribe; cap. *La Ceiba.*

Atlántida *(La),* poema catalán de Jacinto Verdaguer. — Poema sinfónico póstumo de Manuel de Falla.

atlantidense adj. y s. De Atlántida ((Honduras).

Atlántides o **Atlántidas,** hijas de Atlas, llamadas también *Pléyades. (Mit.)*

atlas m. Colección de mapas geográficos. ‖ Colección de láminas que acompañan una obra. ‖ *Anat.* Primera vértebra cervical.

Atlas, cord. de Marruecos, Argelia y Túnez. El *Atlas Mayor* y el *Atlas Medio* están en Marruecos, y su altura varía entre 2 000 y 4 500 m.

Atlas o **Atlante,** dios griego, hijo de Zeus, que sostiene el mundo sobre sus hombros.

atleta m. El que practica ejercicios o deportes atléticos. ‖ *Fig.* Hombre corpulento y de grandes fuerzas. ‖ Luchador que figuraba en los antiguos juegos públicos de Grecia o Italia.

atlético, ca adj. Relativo al atleta: *marcha atlética.*

atletismo m. Conjunto de deportes practicado por los atletas.

Atlixco, c. de México (Puebla).

atmósfera f. Masa gaseosa que rodea el globo terráqueo, y, más generalmente, masa gaseosa que rodea cualquier astro. ‖ Aire de un lugar: *atmósfera sofocante.* ‖ Unidad de presión, numéricamente igual al peso de una columna cilíndrica de mercurio de 76 cm de alto por 1 cm² de base: *presión de diez atmósferas.* ‖ *Fig.* Medio en el que se vive y que ejerce cierta influencia: *atmósfera bienhechora.*

atmosférico, ca adj. Relativo a la atmósfera: *presión, corriente, electricidad atmosférica.*

atoaje m. *Mar.* Remolque.

atoar v. t. *Mar.* Remolcar.

atocolate m. *Méx.* Renacuajo.

atocha f. Esparto.

atole m. Bebida muy común en América. (El *atole* se hace con harina de maíz, agua, leche y azúcar.)

atolón m. *Geogr.* Isla de coral de forma anular.

atolondrado, da adj. *Fig.* Que procede sin reflexión.

atolondramiento m. Aturdimiento, precipitación, falta de serenidad.

atolondrar v. t. Aturdir, causar aturdimiento (ú. t. c. pr.).

atolladero m. Sitio donde se atascan los carruajes, las caballerías. ‖ *Fig.* Dificultad, impedimento. | Apuro, mala postura: *sacar del atolladero.*

atomicidad f. *Quím.* Número de átomos que constituyen la molécula de un cuerpo.

atómico, ca adj. Relativo a los átomos: *teoría atómica.* ‖ — *Arma atómica*, arma que utiliza las reacciones de fisión a base de plutonio o de uranio. (La potencia de estas armas se expresa en kilotoneladas). ‖ *Energía atómica*, la liberada por transmutaciones nucleares. ‖ *Masa atómica*, masa relativa de los átomos de diversos elementos (la del oxígeno se ha fijado convencionalmente en 16). ‖ *Número atómico*, número de un elemento en la clasificación periódica. ‖ *Proyectil atómico*, proyectil de carga atómica.

atomismo m. *Fil.* Doctrina de la formación del mundo por combinación fortuita de los átomos.

atomista com. *Fil.* Partidario del atomismo. ‖ *Fís.* El que investiga los fenómenos atómicos.

atomístico, ca adj. Del atomismo. ‖ — F. Estudio de los átomos.

atomización f. Pulverización.

atomizado, da adj. Sujeto al efecto de las radiaciones o explosiones atómicas.

atomizador m. Aparato para la pulverización: *frasco atomizador.*

atomizar v. t. Dividir un líquido o un sólido en partes sumamente pequeñas. ‖ Hacer sufrir los efectos de las radiaciones o explosiones atómicas. ‖ Destruir por medio de armas atómicas.

átomo m. *Quím.* Elemento primario de la composición química de los cuerpos. ‖ Partícula material microscópica. ‖ *Fig.* Cosa sumamente pequeña: *el hombre es un átomo en el universo.*

— El *átomo* está constituido por un núcleo formado de *neutrones* (partículas materiales sin carga), *protones* (partículas cargadas positivamente), núcleo que rodean los *electrones*, de carga negativa. Los núcleos de los átomos de ciertos cuerpos tienden a desintegrarse y liberan cantidades enormes de energía (radiactividad, pilas y bombas atómicas.)

atonal adj. *Mús.* Escrito según las reglas de la atonalidad.

atonalidad f. Sistema moderno de escritura musical que desconoce las reglas de tonalidad en armonía.

atonía f. Falta de tono o de vigor. ‖ *Med.* Debilidad de los tejidos orgánicos, particularmente de los contráctiles.

atónico, ca adj. Átono.

atónito, ta adj. Estupefacto.

átono, na adj. Sin vigor. ‖ *Gram.* Sin acentuación prosódica: *sílaba átona.*

atontamiento m. Aturdimiento, atolondramiento.

atontar y **atontolinar** v. t. Aturdir o atolondrar a uno.

atoramiento m. Atascamiento.

atorar v. t. Atascar, obstruir (ú. t. c. i. y pr.).

atormentador, ra adj. y s. Que atormenta: *idea atormentadora.*

atormentar v. t. Causar dolor. ‖ *Fig.* Causar aflicción, disgusto.

atornillar v. t. Fijar con tornillos.

atorrante adj. y s. *Arg.* Holgazán. | Granuja.

atorrantismo m. *Arg.* Holgazanería. | Granujería.

atorrar v. i. *Arg.* Holgazanear.

atortolado, da adj. *Fig.* Enamorado.

Atos o **Athos,** monte de Grecia (Macedonia), en una de las tres penínsulas de Calcídica. Constituye una unidad administrativa autónoma. Iglesias (s. X-XIV).

atosigador, ra adj. y s. Que atosiga.

atosigamiento m. Envenenamiento. ‖ *Fig.* Acosamiento.

atosigar v. t. Emponzoñar con tósigo o veneno. ‖ *Fig.* Fatigar a uno dándole prisa para que haga una cosa. | Fastidiar.

Atotonilco, laguna de México (Jalisco).

Atoyac, río de México (Oaxaca). [Es voz común en México que signif. *a orilla del río.*]

atrabiliario, ria adj. *Med.* Relativo a la atrabilis. ‖ *Fam.* De humor irritable: *genio atrabiliario.*

atrabilis f. *Med.* Cólera negra y acre. ‖ *Fig.* Mal genio o humor.

atracada f. *Mar.* Acto de atracar una embarcación.

atracadero m. Sitio donde pueden atracar sin peligro las embarcaciones menores.

atracador m. Salteador.

atracar v. t. *Mar.* Arrimar las embarcaciones a tierra. ‖ *Fam.* Hacer comer y beber mucho. ‖ Asaltar a los transeúntes para desvalijarlos. ‖ — V. pr. Hartarse.

atracción f. Acción de atraer. ‖ *Fig.* Simpatía: *sentir atracción por una persona.* | Atractivo. ‖ *Fís.* Fuerza en virtud de la cual se atraen recíprocamente las diversas partes de un todo. ‖ — Pl. Espectáculos de variedades. ‖ — *Atracción eléctrica,* la que ejercen los cuerpos electrizados. ‖ *Atracción magnética,* la del imán hacia el hierro. ‖ *Atracción molecular,* la que ejercen recíprocamente las moléculas de los cuerpos en contacto. ‖ *Atracción universal* o *ley de Newton,* aquella en virtud de la cual se atraen todos los cuerpos en razón directa de su masa e inversa del cuadrado de sus distancias.

atraco m. Robo.

atracón m. *Fam.* Acción y efecto de atracarse: *darse un atracón de fruta.*

atractivo, va adj. Que atrae. ‖ — M. Cualidad física o moral de una persona que atrae la voluntad. ‖ *Fig.* Seducción, incentivo: *el atractivo de la ganancia.*

* **atraer** v. t. Traer hacia si algo: *el imán atrae el hierro.* ‖ *Fig* Captar la voluntad.

atragantamiento m. Sofoco. ‖ Ahogo.

atragantarse v. pr. Ahogarse por detenerse algo en la garganta. ‖ Tener atravesada alguna cosa en la garganta. ‖ *Fig.* y *fam.* Turbarse, cortarse. | No poder aguantar a una persona.

atrancar v. t. Cerrar la puerta con una tranca. ‖ Atascar. ‖ — v. pr. Encerrarse. ‖ Atascarse. ‖ *Fig.* Trabársele a uno la lengua.

atranco m. Atasco. ‖ *Fig.* Apuro o embarazo.

atrapamoscas f. inv. Género de plantas droseráceas carnívoras.

atrapar v. t. *Fam.* Coger: *atrapar moscas.* ‖ *Fig.* y *fam.* Conseguir algo: *atrapar un empleo.*

atrás adv. En la parte posterior, detrás: *ir atrás.* ‖ Antes: *algunos días atrás.* ‖ — Interj. Se emplea para mandar retroceder a alguno.

atrasado, da adj. Entrampado, empeñado. ‖ Que adolece de debilidad mental (ú. t. c. s.).

atrasar v. t. Retardar. ‖ Hacer retroceder las agujas del reloj. ‖ — V. i. Andar despacio: *su reloj atrasa.* ‖ — V. pr. Quedarse atrás. ‖ Llevar atraso.

atraso m. Efecto de atrasar o atrasarse. ‖ Falta de desarrollo: *atraso mental.* ‖ Disminución de la marcha de un reloj. ‖ — Pl. *Fam.* Pagos vencidos.

Atrato, río de Colombia que des. en el mar Caribe por el golfo de Urabá (Antioquia); 523 km.

atravesado, da adj. Cruzado. ‖ Algo bizco. ‖ Aplícase al animal cruzado o mestizo. ‖ *Fig.* De mala intención, perverso.

* **atravesar** v. t. Poner una cosa de modo que pase de una parte a otra: *atravesar un cable eléctrico en una calle.* ‖ Pasar de parte a parte: *el agua atraviesa este impermeable.* ‖ Pasar cruzando de una parte a otra: *atravesar la ca-*

LAS TRES PARTÍCULAS ELEMENTALES

el protón (positivo)
el neutrón (neutro)
ambos constituyen el núcleo

el electrón (negativo) gira alrededor del núcleo

En un átomo hay normalmente el mismo número de electrones y de protones, y un número igual, o superior, de neutrones.

EL ÁTOMO MÁS SIMPLE Y SUS TRES ISÓTOPOS

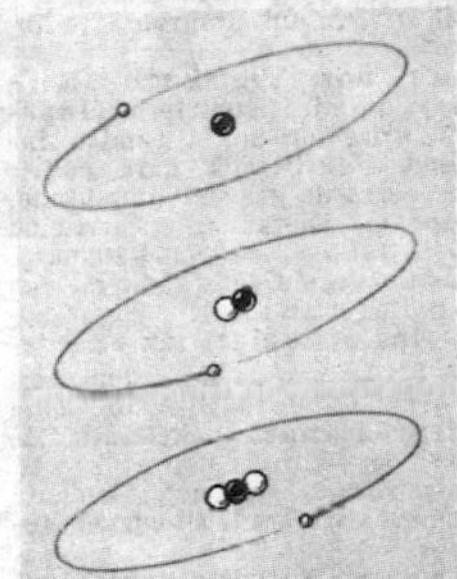

El hidrógeno (H) está constituido por una mezcla de tres isótopos:

99,98 p. 100 de hidrógeno ligero
$^{1}_{1}H$ (1 protón) (1 electrón)

0,02 p. 100 de hidrógeno pesado, o deuterio
$^{2}_{1}H$ (1 protón, 1 neutrón) (1 electrón)

0,000 000 1 p. 100 de triterio
$^{3}_{1}H$ (1 protón, 2 neutrones) (1 electrón)

Los isótopos difieren solamente por el número de neutrones del átomo.

EL ÁTOMO NATURAL MÁS PESADO

El uranio (U) está constituido por la mezcla de tres isótopos:

99,30 p. 100 de $^{238}_{92}U$ 0,70 p. 100 de $^{235}_{92}U$

0,006 p. 100 de $^{234}_{92}U$

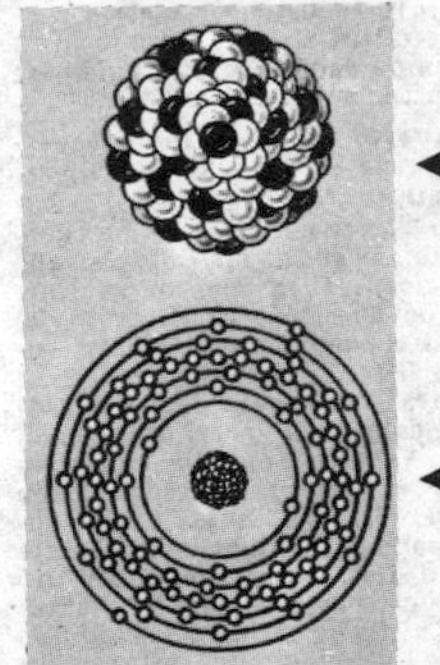

Significación del símbolo $^{238}_{92}U$

◀ núcleo compuesto de 238 partículas → 92 protones 146 neutrones

$^{238}_{92}U$ → uranio

◀ número atómico: número de protones o de electrones

DIMENSIONES ATÓMICAS (tamaño en milímetros): diámetro

● de los átomos: entre 0,000 000 1 mm (hidrógeno) y 0,000 000 5 mm (cesio);

● de los núcleos: entre 0,000 000 000 000 002 mm (hidrógeno) y 0,000 000 000 02 mm (uranio);

● del electrón: 0,000 000 000 004 mm;

● del protón y del neutrón: 0,000 000 000 000 002 mm

En 1 milímetro se podrían alinear entre dos y diez millones de átomos.
Las dimensiones del electrón son, con respecto al diámetro del átomo, lo que las dimensiones de la Tierra al diámetro de su órbita alrededor del Sol.
99,95 p. 100 de la masa del átomo está concentrada en su núcleo: un núcleo hipotético, del grosor de una cabeza de alfiler, pesaría 117 000 toneladas. Si no hubiera espacio entre la materia, todo el género humano cabría en un dedal.

lle, un río. || *Fig.* Pasar, vivir: *atravesar un período difícil.* | Pasar, cruzar: *atravesar el pensamiento.* || *Fam.* Aojar, hacer mal de ojo. || *Mar.* Poner a la capa. || — V. pr. Ponerse una cosa entre otras. || *Fig.* No poder sufrir a una persona, ser antipático: *tener a una persona atravesada.*

atrayente adj. Que atrae.

Atreo, rey de Argos y de Micenas, hijo de Pélope. Fue muerto por Egisto.

atrepsia f. *Med.* Desnutrición infantil.

atreverse v. pr. Determinarse a hacer o decir algo arriesgado. || Insolentarse: *atreverse con un superior.*

atrevido, da adj. Que se atreve (ú. t. c. s.). || Hecho o dicho con atrevimiento: *acto atrevido.*

atrevimiento m. Osadía. || Insolencia.

atrezo m. V. ATTREZZO.

atribución f. Acción de atribuir. || Facultades que da a una persona el cargo que ejerce: *las atribuciones del secretario.*

* **atribuir** v. t. Aplicar, conceder. || *Fig.* Achacar, imputar: *atribuir un éxito a la casualidad.* || Señalar una cosa a uno como de su competencia. || — V. pr. Reivindicar, arrogarse: *atribuirse los méritos de otro.*

atribular v. t. Causar tribulación, afligir. || — V. pr. Padecer tribulación.

atributivo, va adj. Que indica atributo o cualidad: *proposición atributiva.*

atributo m. Cada una de las cualidades de un ser: *la razón es atributo del hombre.* || *Pint.* y *Esc.* Símbolo que denota el carácter y oficio de las figuras: *el laurel es atributo de la gloria.* || *Gram.* Lo que se enuncia del sujeto. || *Teol.* Cualquiera de las perfecciones de Dios.

atrición f. Dolor de haber pecado u ofendido a Dios.

Atridas, n. de los descendientes de Atreo, especialmente a sus hijos Agamenón y Menelao.

atril m. Mueble para sostener libros o papeles abiertos.

atrincheramiento m. *Fort.* Conjunto de trincheras.

atrincherar v. t. *Fort.* Rodear con trincheras: *atrincherar una posición.* || — V. pr. Resguardarse en trincheras del enemigo. || *Fig.* Obstinarse: *atrincherarse en su opinión.*

atrio m. *Arq.* Patio interior cercado de pórticos. | Andén delante de algunos templos y palacios. | Zaguán.

atrito, ta adj. Que tiene atrición: *un penitente atrito.*

atrocidad f. Crueldad grande. || *Fam.* Demasía. | Necedad.

atrofia f. *Med.* Falta de desarrollo del cuerpo o de un órgano por deficiencia de nutrición.

atrofiarse v. pr. *Med.* Disminuir de tamaño, dicho de un miembro o de un órgano.

atrompetado, da adj. De forma de trompeta: *nariz atrompetada.*

atronador, ra adj. Que atruena: *ruido atronador.*

* **atronar** v. t. Asordar un ruido. || Aturdir. || Matar un toro de golpe, hiriéndole en la cerviz.

atropellado, da adj. Que habla u obra con precipitación. || Precipitado: *discurso atropellado.*

atropellamiento m. Atropello.

atropellar v. t. Pasar precipitadamente por encima de una persona: *fue atropellado por un coche.* || Derribar a uno para pasar. || *Fig.* Proceder sin miramiento o respeto: *atropellar los principios morales.* | Agraviar abusando de la fuerza. | Agraviar a uno de palabra. | Hacer algo precipitadamente. | Abatir a uno el tiempo, las desgracias, etc. || — V. pr. Apresurarse demasiado.

atropello m. Acción y efecto de atropellar o atropellarse.

atropina f. *Quím.* Alcaloide venenoso extraído de la belladona.

Atropos, la Parca que corta el hilo de la vida humana. *(Mit.)*

• **atroz** adj. De gran maldad, cruel: *venganza atroz.* || Horrible de soportar: *dolor atroz.* || Desagradable, espantoso: *tiempo atroz.* || Desmesurado, enorme: *estatura, hombre atroz.*

attrezzista m. Encargado del attrezzo.

attrezzo o **atrezo** m. *Cin.* y *Teatr.* Conjunto de útiles para el servicio de la escena o del plató.

Atucha, pobl. de Argentina (Buenos Aires). Central nuclear.

Atuel, río de Argentina, que nace en los Andes (Mendoza); 400 km.

atuendo m. Atavío.

atufar v. t. *Fig.* Enfadar, enojar. || — V. i. Despedir mal olor. || — V. pr. Tomar tufo. || Enojarse.

atún m. Pez acantopterigio, comestible. || *Fig.* y *fam.* Idiota.

atunero adj. y s. Que se dedica a la pesca de atunes: *bou atunero.*

aturdido, da adj. y s. Atolondrado, sin juicio.

aturdidor, ra adj. Que aturde.

aturdimiento m. Perturbación de los sentidos por efecto de un golpe, un ruido muy fuerte, etc. || *Fig.* Perturbación moral. | Torpeza. | Irreflexión, atolondramiento.

aturdir v. t. Causar aturdimiento. || *Fig.* Pasmar, confundir.

aturrullamiento m. Atolondramiento.

aturrullar v. t. *Fam.* Confundir, turbar (ú. t. c. pr.).

atusar v. t. Acariciar el pelo: *atusar el bigote.* || — V. pr. *Fig.* Componerse con afectación.

Atwood (George), físico inglés (1746-1807).

Atyrá, distr. y pobl. del Paraguay (Las Cordilleras).

Au, símbolo químico del *oro.*

Aub (Max), narrador, autor de teatro y crítico español (1903-1972).

Aube [*ob*], río de Francia, afl. del Sena; 248 km. — Dep. de Francia (Champaña); cap. *Troyes.*

Aubusson [*obusón*], c. de Francia (Creuse). Tapices.

Auckland, archip. del Pacífico, al SO. de Nueva Zelanda. — C. y puerto de Nueva Zelanda, en la isla del Norte; cap. de la prov. homónima. Obispado. Universidad.

Auch [*och*], c. de Francia, cap. del dep. del Gers. Arzobispado.

audacia f. Osadía.

audaz adj. y s. Osado.

Aude [*od*], río de los Pirineos de Francia que des. en el Mediterráneo: 220 km. — Dep. del S. de Francia; cap. *Carcasona.*

Audiberti (Jacques), poeta, dramaturgo y novelista francés (1899-1965).

audible adj. Que puede oírse.

audición f. Función del sentido auditivo. || Recepción de un sonido. || Acción de oír, de escuchar: *audición de los testigos.* || Reunión musical hecha por un artista. || Ensayo o prueba que hace un artista ante un director de teatro o de un espectáculo de variedades.

audiencia f. Admisión a presencia de una autoridad: *obtener o dar audiencia.* || Acto de oír los jueces a los litigantes. || Tribunal de justicia y su territorio. || Edificio donde se reúne. || Órgano judicial y administrativo en las colonias españolas en América.

— La *Audiencia* fue un órgano judicial y administrativo por medio del cual los reyes españoles ejercían una parte de la gobernación de los territorios de América. Asesoraba, además de dirimir los asuntos civiles y criminales, a los virreyes; intervenía en su gestión y llegaba a veces incluso a destituirlos y ejercer sus funciones. El organismo supremo de que dependían las Audiencias era el Consejo de Indias, y hubo, en total, catorce (Santo Domingo, la primera fundada, Guadalajara, México, Guatemala, Panamá, Cuba, Caracas, Lima, Cuzco, Bogotá, Charcas o Chuquisaca, Quito, Buenos Aires y Santiago de Chile).

audífono m. Aparato que amplía los sonidos usado por los sordos. || *Amer.* Auricular.

audiograma m. Gráfico de la sensibilidad del oído.

audiómetro m. Instrumento para medir la facultad auditiva.

audiovisual ad. Aplícase al método pedagógico que utiliza los sentidos del educando, en especial el auditivo y el visual por medio de películas, fotografías, grabaciones sonoras, etc.

auditivo, va adj. Del oído.

auditor m. Funcionario jurídico militar o eclesiástico: *auditor de guerra, de la Rota.*

auditoría f. Dignidad, tribunal o despacho del auditor.

auditorio m. Concurso de oyentes: *la aprobación del auditorio.*

auditorium m. Sala para la audición de una obra musical o teatral o para un programa radiofónico.

Auer von Welsbach (Karl, *barón*), químico austriaco (1858-1929), inventor de la camisa incandescente utilizada para cubrir los mecheros de gas del alumbrado.

auge m. Elevación en posición social o fortuna: *en pleno auge.*

Auge, región de Francia, en Normandía (Calvados).

Augías o **Augias,** rey legendario de Élida, uno de los argonautas.

augita f. *Min.* Silicato doble de cal y magnesia, brillante, de color verde oscuro.

Augsburgo, c. de Alemania Occidental (Baviera). Obispado. Industrias.

augur m. Sacerdote romano que practicaba la adivinación por el canto de las aves.

augurador, ra adj. Que augura o presagia.

augural adj. Relativo al agüero o a los agoreros.

augurar v. t. Agorar, predecir.

augurio m. Agüero, presagio.

Augusta, c. de Estados Unidos, cap. del Est. de Maine. Universidad. — C. de Estados Unidos (Georgia). Industria (papel).

Augustinus, obra teológica póstuma de Jansenio; sirvió de base a la doctrina jansenista (1640).

augusto, ta Que infunde respeto y veneración, majestuoso.

Augusto (César Octavio), emperador romano, sobrino y heredero de Julio César, n. en Roma el año 63 a. de J. C. y muerto en Nola en 14 de nuestra era. Miembro del segundo triunvirato con Marco Antonio y Lépido, guardó para sí el Poder tras la victoria de Accio contra Antonio (31) y en 27, con el n. de *Augusto,* ejerció todos los poderes civiles y religiosos. Con él empezó la era de los emperadores romanos. Honrado a su muerte como un dios, su reinado constituyó uno de los períodos más brillantes de la historia romana *(Siglo de Augusto).* Protegió las artes y las letras por medio de Mecenas, y Horacio, Virgilio, Tito Livio, Salustio y Ovidio gozaron de su ayuda.

aula f. Sala destinada a la enseñanza en las universidades o escuelas.

áulico, ca adj. Relativo a la corte. || Cortesano, palaciego (ú. t. c. s.). || *Consejo áulico,* tribunal supremo del Sacro Imperio.

Áulida o **Aulis,** puerto de Grecia continental en Beocia donde se reunió la flota ateniense que combatió contra Troya.

Aulnoy [*olnuá*] *(Condesa de),* escritora francesa (¿1650?-1705), autora de *Viaje por España* y de *Cuentos de hadas.*

Aulo Gelio, gramático y crítico latino del s. II, autor de *Noches áticas.*

aullador, ra adj. Que aúlla. ‖ — M. Mono de América del Sur.

aullar v. i. Dar aullidos.

aullido m. Voz quejosa del lobo, el perro y otros animales.

aumentación f. Aumento.

aumentador, ra adj. Que aumenta.

aumentar v. t. Hacer mayor el número, el tamaño o la intensidad (ú. t. c. i.). ‖ Mejorar: *aumentar un sueldo.*

aumentativo, va adj. y s. m. *Gram.* Aplícase al vocablo que aumenta la significación de otro.

— Los *aumentativos* dan la idea de gran tamaño o grado eminente no sólo en sentido físico sino también moral. Se forman añadiendo al vocablo las terminaciones *on, azo, acho, ote, arrón, etón.* Así, hombre, se convierte en *hombrón, hombrazo, hombracho, hombrote,* etc.

aumento m. Acrecentamiento de una cosa. ‖ Adelantamiento, progreso.

aun adv. Denota a veces idea de encarecimiento y equivale a *hasta* en sentido afirmativo, y a *siquiera* en sentido negativo. ‖ — Conj. *Aun cuando,* aunque.

aún adv. Todavía.

aunar v. t. Asociar para un fin: *aunar los esfuerzos.* ‖ Unificar (ú. t. c. pr.).

aunque conj. Denota oposición: *aunque es malo le quiero.*

¡aúpa! interj. ¡Upa! ‖ *Fam. De aúpa,* formidable; de cuidado, malo. ‖ *Los de aúpa,* los picadores.

aupar v. t. *Fam.* Ayudar a subir o a levantarse. ‖ *Fig.* Ensalzar.

aura f. Viento apacible. ‖ *Fig.* Aprobación general: *aura popular.* ‖ *Med.* Sensación que precede una convulsión epiléptica: *aura epiléptica.* ‖ *Amer.* Gallinazo, zopilote o samuro.

auranciáceas f. pl. *Bot.* Familia a que pertenecen el naranjo y el limonero (ú. t. c. adj.).

Aurangabad, c. de la India (Bombay).

Aurangzeb, caudillo mogol (1658-1707), descendiente de Tamerlán y emperador de la India de 1658 hasta su muerte.

Auranitida o **Auranitis.** V. HAURÁN.

Áurea *(Santa).* V. ORIA.

Aureliano (¿214?-275), emperador romano de 270 hasta su muerte.

Aurelio, tercer rey de Asturias de 768 a 774.

áureo, a adj. De o parecido al oro, dorado: *áurea cabellera.* ‖ — M. Moneda antigua de oro.

aureola f. Círculo luminoso que suele ponerse detrás de la cabeza de las imágenes religiosas. ‖ *Fig.* Fama que alcanza una persona: *la aureola del genio.* ‖ *Astr.* Luminosidad circular que envuelve al Sol o a la Luna. ‖ Círculo, mancha de forma circular, aréola.

aureolar v. t. Ceñir la cabeza con la aureola. ‖ *Fig.* Glorificar, adornar.

aureomicina f. Antibiótico de gran poder germicida.

Aurés, cord. de Argelia del Sur; alt. máx. 2 328 m.

áurico, ca adj. De oro.

aurícula f. *Anat.* Cada una de las dos cavidades de la parte superior del corazón, que recibe la sangre de las venas. | Oreja. ‖ *Bot.* Lóbulo o apéndice lateral de algunas hojas.

auricular adj. Relativo al oído: *conducto auricular.* ‖ Que ha oído: *testigo auricular.* ‖ *Dedo auricular,* el meñique. ‖ — M. Pieza del teléfono o de un receptor radiofónico que se aplica al oído.

aurífero, ra adj. Que lleva oro: *arena aurífera.*

auriga m. *Poét.* Cochero.

Auriga, constelación del hemisferio boreal, entre las de Géminis y Perseo.

Aurignac [*oriñac*], pobl. de Francia (Haute-Garonne). Estación prehistórica.

Aurillac [*orillac*], c. de Francia, cap. del dep. del Cantal.

auroc m. Uno de los nombres del *uro.*

aurora f. Claridad que precede a la salida del Sol. ‖ *Fig.* Principio: *la aurora de la vida.* ‖ *Bot.* Artemisa. ‖ *Aurora boreal, austral,* meteoros luminosos que se observan en el hemisferio Norte o en el hemisferio Sur.

Aurora, diosa de la Mañana, encargada de abrir al Sol las puertas de Oriente. *(Mit.)*

auscultación f. *Med.* Acción y efecto de auscultar.

auscultar v. t. *Med.* Aplicar el oído o el estetoscopio a ciertos puntos del cuerpo humano para explorar los sonidos y ruidos en las cavidades del tórax o del abdomen.

Ausculum. V. ASCOLI.

Auschwitz, en polaco *Oswiecim,* c. de Polonia (Katovice), donde hubo un campo de exterminación alemán (1940-1945).

ausencia f. Acción y efecto de ausentarse o de estar ausente: *señalar una ausencia.* ‖ Tiempo en que alguno está ausente. ‖ Falta o privación de alguna cosa. ‖ *For.* Situación jurídica de la persona cuyo paradero se desconoce.

ausentarse v. pr. Alejarse una persona del punto de su residencia.

ausente adj. y s. Fuera de su residencia, que no está presente. ‖ *Fig.* Distraído.

ausentismo m. Absentismo.

ausetano, na adj. y s. Individuo de un pueblo celtibérico de España: *los ausetanos combatieron contra cartagineses y romanos.*

Ausias March. V. MARCH (Ausias).

Ausonia, región de la Italia antigua.

Ausonio (Décimo Máximo), poeta latino, n. en Burdeos (¿310-395?), maestro del emperador Graciano.

auspiciar v. t. Favorecer, patrocinar: *auspiciar una reforma.*

auspicio m. Agüero. ‖ Protección, favor: *bajo los auspicios de.* ‖ — Pl. Señales que presagian un resultado favorable o adverso: *con buenos auspicios.*

auspicioso, sa adj. De buen augurio.

Austen (Jane), novelista inglesa (1775-1817), autora de *Orgullo y prejuicio* y *La abadía de Northanger.*

austeridad f. Calidad de austero. ‖ Mortificación de los sentidos y pasiones.

Austerlitz, en checo *Slavkov,* pobl. de Checoslovaquia (Moravia), donde Napoleón I derrotó a austriacos y rusos en 1805.

austero, ra adj. Riguroso, rígido: *la vida austera de un asceta.* ‖ Severo con uno mismo o con los demás. ‖ Sin adornos: *arquitectura austera.*

Austin, c. de Estados Unidos, cap. de Texas. Obispado. Universidad. Metalurgia.

austral adj. Del lado del polo Sur: *hemisferio austral.*

Austral (OCÉANO), n. dado a veces al océano Glacial Antártico.

Austral *(Universidad),* universidad de Chile, radicada en Valdivia (Punta Arenas).

Australasia, conjunto geográfico formado por Australia, Nueva Zelanda y Nueva Guinea.

Australia, Est. federal de Oceanía, miembro del Commonwealth británico, constituido por Australia propiamente dicha y Tasmania; 7 704 000 km²; 12 296 000 h. *(australianos).* Cap. federal *Canberra,* 88 600 h. Otras c.: *Sidney,* 2 349 600 h.; *Melbourne,* 2 121 600; *Brisbane,* 567 000; *Adelaida,* 577 000; *Perth,* 420 000 y Newcastle, 203 700.

—GEOGRAFÍA. Australia puede ser considerada como el continente más pequeño o como la mayor isla del mundo. Las costas del país son poco recortadas. La Cord. Australiana se extiende a lo largo de la costa oriental (monte Kosciusko; 2 228 m), mientras el centro está ocupado por dos vastas llanuras y el O. constituye una meseta de 200 a 600 m de alt. En general, el clima es cálido y seco. Las regiones húmedas, cubiertas de bosques tropicales, están en el NE. Hacia el centro se encuentran las sabanas y los grandes desiertos. El país conserva una flora y una fauna de formas arcaicas. (V. mapa pág. sgte.)

La población indígena, muy primitiva, es poco numerosa. La base actual de la población la constituyen los elementos de raza blanca procedentes de las constantes inmigraciones, comenzadas en 1793. Las principales riquezas del país son la agricultura (trigo) y la ganadería (la cabaña más importante del mundo en ganado lanar, seguida del vacuno y caballar). El subsuelo es rico en oro, uranio, plomo y cinc. La industria se ha desarrollado considerablemente después de 1945.

—HISTORIA. Los españoles Váez de Torres y Fernández de Quirós fueron los primeros en reconocer el continente australiano (1606-1609). Más tarde, franceses, británicos y, sobre todo, holandeses, exploraron las costas y el interior. En 1770, Gran Bretaña estableció colonias penitenciarias con el fin de poblar el país, pero su verdadero desarollo comenzó en 1851 con el descubrimiento de minas de oro y la importancia de la agricultura. En 1901, las seis colonias (Nueva Gales del Sur, Victoria, Australia Meridional, Australia Occidental, Queensland y Tasmania) se constituyeron en Estados que, agrupados, formaron el Commonwealth de Australia. Durante las dos guerras mundiales, Australia se mantuvo al lado de los ingleses y contribuyó eficazmente a la victoria de las fuerzas aliadas.

Australia. ‖ **~ Meridional,** Est. federado de Australia; cap. *Adelaida.* ‖ **~ Occidental,** Est. federado de Australia: cap. *Perth.*

australiano, na adj. y s. De Australia.

Austrandia, n. por el que se conoce la región andina de la Tierra del Fuego.

Austrasia, reino merovingio en la parte oriental de la Galia franca; cap. *Metz.* Duró de 511 a 771 y fue cuna de la dinastía carolingia.

Austria, Est. de Europa Central situado entre Alemania, Suiza, Italia, Checoslovaquia, Hungría y Yugoslavia; 84 000 kilómetros cuadrados; 7 371 000 h. *(austriacos).* Cap. *Viena,* 2 000 000 h.; otras c.: *Gratz,* 243 400 h.; *Linz,* 196 000; *Salzburgo,* 107 927, e *Innsbruck,* 100 700. Austria forma actualmente una confederación de ocho provincias (Baja Austria, Alta Austria, Burgenland, Carintia, Salzburgo, Estiria, Tirol y Voralberg). [V. mapa pág. sgte.]

—GEOGRAFÍA. De E. a O., los Alpes de Austria son conocidos por los nombres de Alpes del Tirol o Gran y Pequeño Tauern. Paralelamente se extienden los Alpes Austriacos, al N., y los de Estiria al S. Austria cuenta con fértiles regiones agrícolas y ganaderas (valle del Inn y región de las colinas). Los bosques constituyen un importante recurso económico junto con el lignito de Mür y el petróleo de Zistersdof. Los complejos industriales se encuentran principalmente en la región de Viena.

—HISTORIA. Creada por Carlomagno, la *Marca Austriaca* fue ducado soberano y hereditario con Enrique II de Babenberg. En 1276, Rodolfo de Habsburgo, rey de Germania, subió al trono austriaco, desde entonces ligado a esa Casa. Maximiliano I (1493-1519) legó la corona a su nieto Carlos (I de España y V de Alemania), al que heredó en Austria su hermano Fer-

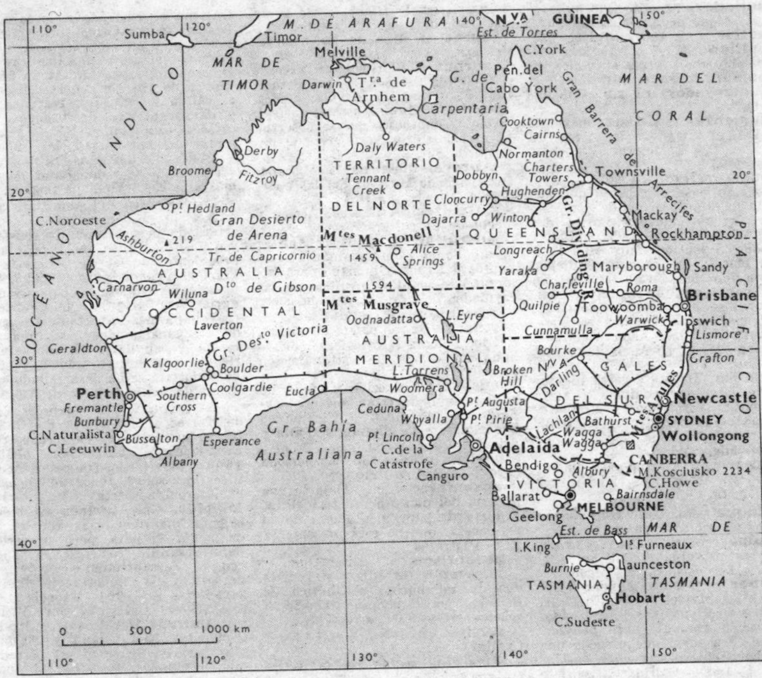

AUSTRALIA

nando en 1522. Leopoldo I (1657-1705) liberó al país de la dominación turca, y la guerra de Sucesión española (1701-1714) permitió a Austria extender su territorio con Milán, Nápoles y Sicilia, a los que se agregó la anexión de Galitzia, a raíz del reparto de Polonia de 1795. En 1804, Francisco II agrupó todos sus Estados con el nombre de Imperio de Austria, pero en 1806, por imposición de Napoleón I, tuvo que renunciar a la corona imperial y a parte de sus territ., recuperados luego en virtud del Tratado de Viena (1814) que dio a Austria una influencia preponderante en la Confederación Germánica. Derrotada después por Prusia en Sadowa (1866), fue excluida de la Confederación y formó un Estado dual con Hungría, situación que se prolongó hasta la primera guerra mundial.

De 1919 a 1938, Austria constituyó una república federal, absorbida por la Alemania nacionalsocialista *(Anschluss)*, de la que formó parte hasta 1945. El país permaneció ocupado por las cuatro potencias aliadas hasta 1955.

Austria ‖ ~ **(Alta)**, prov. de Austria; cap. *Linz*. ‖ ~ **(Baja)**, prov. de Austria; cap. *Viena*. ‖ ~ **Hungría** o **Imperio Austrohúngaro**, ant. Estado de Europa central, creado en 1867 por la asociación de los dos países. Tenía una superficie, en 1914, de 625 337 km² y su población sobrepasaba los 51 millones. El Imperio, después de la primera guerra mundial dejó de existir y se dividió (1919) en Estados independientes.

Austria (CASA DE), dinastía de los Habsburgo, que reinó en el Sacro Imperio Romano Germánico (1418-1806), España (1514-1700) y Austria-Hungría (1867-1918).

Austria (Juan de), hijo natural de Carlos I de España, n. en Ratisbona en 1545, m. cerca de Namur en 1578. Sobresalió en la guerra contra los moriscos (1568-1571) y en Lepanto como jefe supremo (1571). Fue gobernador general de los Países Bajos (1576). ‖ ~ (JUAN JOSÉ DE), general español (1629-1679), hijo natural de Felipe IV y María Calderón. Fue virrey en Flandes (1656), luchó para reprimir la insurrección portuguesa (1663) y se sublevó contra Carlos II.

austriaco, ca adj. y s. De Austria: *la Marca Austriaca*.

austro m. Viento del Sur.

autarcía f. Independencia económica de un Estado.

autarquía f. Gobierno de los ciudadanos por sí mismos. ‖ Gobierno que no depende de una autoridad exterior. ‖ Independencia económica de un Estado. ‖ Autosuficiencia.

autárquico, ca adj. De la autarquía: *economía autárquica*.

auténtica f. Documento que certifica la autenticidad.

AUSTRIA

autenticación f. Acción y persona escrita por ella misma.

autenticar v. t. Autentificar.

autenticidad f. Calidad de auténtico.

auténtico, ca adj. Acreditado de cierto y positivo: *relato auténtico.* ‖ Autorizado o legalizado, que hace fe pública: *copia auténtica.*

autentificar y **autentizar** v. t. Hacer auténtico, legalizar, certificar. ‖ Acreditar, dar fama.

autillo m. Ave rapaz nocturna.

Autlán, pobl. de México (Jalisco). Obispado.

auto m. *For.* Resolución o sentencia judicial. ‖ Composición dramática alegórica: *los autos sacramentales de Calderón.* ‖ — Pl. Procedimiento judicial. ‖ — *Auto de fe,* castigo público impuesto por la Inquisición. ‖ *De autos,* de referencia: *la noche de autos.*

auto m. *Fam.* Automóvil.

Auto de los Reyes Magos, la obra más antigua del teatro español; sólo se conservan 147 versos.

autobiografía f. Vida de una persona escrita por ella misma.

autobiográfico, ca adj. Relativo a la autobiografía.

autobombo m. *Fam.* Elogio que uno se tributa a sí mismo.

autobús m. Vehículo automóvil de transporte colectivo urbano.

autocamión m. Camión automóvil.

autocar m. Autobús de turismo.

autocensura f. Censura realizada por un escritor de sus propios textos.

autoclave f. Aparato para la desinfección por vapor y altas temperaturas.

autocracia f. Gobierno de una sola persona.

autócrata com. Persona que ejerce sola la autoridad suprema.

autocrático, ca adj. Relativo al autócrata o a la autocracia.

autocrítica f. Crítica de sí mismo.

autocromía f. Procedimiento para obtener fotografías en colores.

autóctono, na adj. y s. Originario del país en que vive: *raza, planta autóctona.*

autodefensa f. Defensa de sí mismo.

autodeterminación f. Derecho de los pueblos a su soberanía.

autodidáctico, ca y **autodidacto, ta** adj. y s. Que se instruye por sí mismo, sin maestro.

autodisciplina f. Método de gestión que, con el concurso de los alumnos, se aplica en algunos establecimientos escolares.

autódromo m. Pista para carreras de automóviles.

autoencendido m. *Mec.* Encendido espontáneo de una mezcla de gases en un motor.

autoescuela f. Escuela para enseñar a conducir automóviles.

autofecundación f. *Bot.* Unión de los dos elementos de sexo diferente de una misma planta.

autofinanciación f. o **autofinanzamiento** m. Financiación de una empresa con las inversiones de una parte de los beneficios.

autogamia f. *Bot.* Autofecundación de una flor.

autógeno, na adj. Aplícase a la soldadura de metales por la fusión parcial obtenida con un soplete.

autogestión f. Gestión de una empresa por los que trabajan en ella.

autogiro m. Avión provisto de hélice horizontal, que aterriza verticalmente.

autógrafo, fa adj. y s. m. Escrito de mano de su mismo autor: *un autógrafo de Unamuno.*

autoinducción f. *Electr.* Inducción que un conductor produce sobre sí mismo.

autoinfección f. *Med.* Infección del organismo por sus propios productos sépticos.

autointoxicación f. *Med.* Intoxicación por secreciones producidas por el propio organismo.

automación f. Funcionamiento de una máquina o de un grupo de máquinas que, dirigido por un programa único, permite efectuar sin la intervención de la persona humana una serie de operaciones contables, de estadística o industriales. ‖ Creación de autómatas.

autómata m. Máquina que imita los movimientos de un ser animado. ‖ *Fig.* y *fam.* Persona que se deja dirigir por otra.

automático, ca adj. Maquinal, indeliberado, que se ejecuta sin participación de la voluntad. ‖ Que obra por medios mecánicos: *teléfono automático.* ‖ Inmediato. ‖ — M. Botón a modo de corchete. ‖ — F. Ciencia y técnica de la automación.

automatismo m. Ejecución de actos automáticos. ‖ Automación. ‖ Carácter automático.

automatización f. Acción y efecto de automatizar. ‖ Sustitución del hombre por una máquina para realizar un trabajo determinado: *el proceso de automatización.*

automatizar v. pr. Volver automático.

automedonte m. *Fig.* Auriga.

automotor, triz adj. y s. Dícese del aparato que ejecuta ciertos movimientos sin intervención exterior: *torpedo automotor.* ‖ — M. Vehículo ferroviario con motor eléctrico o diesel.

automóvil adj. Dícese de los aparatos que se mueven solos: *lancha, torpedo, coche automóvil.* ‖ — M. Vehículo que camina movido por un motor de explosión.

automovilismo m. Término genérico aplicado a todo lo relativo al automóvil. ‖ Deporte del automóvil.

automovilista com. Conductor de un automóvil.

automovilístico, ca adj. Relativo a los automóviles: *deporte automovilístico.*

autonomía f. Facultad de gobernarse por sus propias leyes: *la autonomía de Cataluña.* ‖ *Fig.* Condición de la persona que no depende de otra. ‖ Distancia máxima que puede recorrer un vehículo de motor con el depósito lleno de combustible.

autonomista adj. y s. Partidario de la autonomía: *los autonomistas vascos.*

autónomo, ma adj. Que goza de autonomía: *poder autónomo.*

autopista f. Carretera con dos calzadas separadas para automóviles: *la autopista del Sur.*

autoplastia f. *Cir.* Operación consistente en restaurar un tejido dañado por otro sano del mismo individuo.

autopropulsión f. *Mec.* Propulsión de ciertos artefactos por sus propios medios.

autopsia f. *Med.* Examen anatómico y patológico del cadáver para conocer la causa de la muerte.

autor, ra m. y f. El que es causa de alguna cosa. ‖ Persona que produce una obra, especialmente literaria ‖ *For.* Causante.

autoridad f. Derecho o poder de mandar, de hacerse obedecer: *autoridad de las leyes, paterna,* etc. ‖ Persona revestida de poder, mando o magistratura. ‖ Crédito concedido a una persona o cosa en determinada materia: *la autoridad de Platón.* ‖ Texto que se cita en apoyo de lo que se dice: *diccionario de autoridades.*

autoritario, ria adj. y s. Partidario del principio de autoridad. ‖ Que no tolera la contradicción: *carácter autoritario.*

autoritarismo m. Sistema fundado en la sumisión incondicional a la autoridad. ‖ Carácter autoritario de una persona.

autorización f. Permiso.

autorizado, da adj. Digno de respeto y de crédito: *opinión autorizada.* ‖ Consagrado: *palabra autorizada por el uso.*

autorizar v. t. Dar a uno autoridad o facultad para hacer una cosa. ‖ Legalizar una escritura o instrumento: *autorizar una donación.* ‖ Confirmar, comprobar o aprobar una cosa con autoridad: *autorizar un concurso, una reunión.*

autorretrato m. Retrato que un artista, un escritor, hace de sí.

autorriel m. *Amer.* Autovía.

autosatisfacción f. Satisfacción de sí mismo, vanidad.

autoservicio m. Servicio que el cliente realiza por sí mismo en ciertos establecimientos.

autostop m. Manera de viajar un peatón, consistente en parar a un automovilista y pedirle que le lleve en su coche.

autosuficiencia f. Sentimiento de suficiencia propia.

autosugestión f. Influencia persistente de una idea en la conducta de un individuo.

autotomía f. *Zool.* Mutilación espontánea que efectúan sobre sí mismos algunos animales para escapar de un peligro.

autovacuna f. *Med.* Vacuna obtenida mediante gérmenes procedentes del mismo paciente.

autovía f. Automotor.

autovolquete m. Camión, vagón u otro vehículo utilizado para el transporte de materiales y que descarga haciendo bascular la caja.

Autun [*otán*], c. de Francia (Saône-et-Loire). Obispado. Monumentos galos y romanos. Catedral románica del s. XII. Industrias.

Auvernia, región de Francia en el Macizo Central, situada en los dep. de Cantal y Puy-de-Dôme y en parte de los de Haute-Loire, Allier y Aveyron. C. pr. *Clermont-Ferrand.*

Auxerre [*oser*], c. de Francia cap. del dep. del Yonne. Catedral gótica (s. XIII).

auxiliar adj. y s. Que auxilia. ‖ *Gram.* Dícese de los verbos como *haber* y *ser,* que sirven para conjugar los demás verbos. ‖ — M. Empleado subalterno: *auxiliar de vuelo.* ‖ Profesor que sustituye al catedrático.

auxiliar v. t. Dar auxilio.

auxilio m. Ayuda, socorro, amparo: *pedir, prestar auxilio.*

auyama f. Calabaza de Haití, de raíz parecida a la yuca.

aval m. *Com.* Firma que se pone al pie de una letra de crédito para garantizar su pago. ‖ Escrito en que uno responde de la conducta de otro.

avalancha f. Alud.

avalar v. t. Garantizar por medio de aval.

Ávalos (Fernando Francisco de), general español (1481-1525). Derrotó en Pavía a Francisco I de Francia (1525). Fue marqués de Pescara.

avaluar v. t. Valuar, estimar.

avalúo m. Valuación.

avance m. Acción de avanzar. ‖ Adelanto. ‖ Anticipo de dinero. ‖ Balance comercial. ‖ *Cin.* Fragmentos de una película de estreno proyectados con fines publicitarios.

avantrén m. *Mil.* Juego delantero de los carruajes y de la cureña de los cañones.

avanzada f. *Mil.* Partida de soldados destacada para observar al enemigo.

avanzado, da adj. Adelantado: *avanzado de (en) edad.* ‖ De ideas políticas radicales en sentido liberal y democrático.

avanzar v. t. e i. Ir hacia adelante. ‖ Acercarse a su fin el tiempo. ‖ *Fig.* Progresar, mejorar. ‖ Galicismo por *proponer, anticipar.*

avaricia f. Apego excesivo a las riquezas.

avaricioso, sa o **avariento, ta** adj. y s. Que tiene avaricia, avaro.

avaro, ra adj. y s. Que acumula dinero y no lo emplea. ‖ *Fig.* Que reserva o escatima.
ávaro, ra adj. y s. Individuo de un pueblo uraloaltaico que saqueó Europa durante tres siglos. (Carlomagno sometió a los *ávaros* a fines del s. VII.)
avasallador, ra adj. y s. Que avasalla.
avasallamiento m. Acción y efecto de avasallar o avasallarse.
avasallar v. t. Sujetar, rendir o someter a obediencia. ‖ — V. pr. Hacerse vasallo de un señor. ‖ Sujetarse, someterse.
avatar m. Galicismo por *vicisitud, cambio, transformación.*
ave f. Animal vertebrado, ovíparo, de respiración pulmonar y sangre caliente, pico córneo, cuerpo cubierto de plumas y con dos pies y dos alas. (Se conocen veinte mil especies de *aves,* que se pueden dividir en ocho órdenes: *palmípedas, rapaces, gallináceas, palomas, zancudas, prensoras, pájaros* y *corredoras.*) ‖ — *Ave del Paraíso,* pájaro de Nueva Guinea, muy buscado por su plumaje. ‖ *Fig* y *fam. Ave de paso* o *pasajera,* persona que se detiene poco. ‖ *Ave de rapiña,* la carnívora, como el águila y el buitre.
ave, voz lat. que se emplea como salutación. ‖ *¡Ave María!,* exclamación que denota asombro.
avecinar v. t. Avecindar. ‖ — V. pr. Aproximarse, acercarse.
avecindar v. t. Dar vecindad. ‖ — V. pr. Tomar residencia en un pueblo.
avefría f. Ave zancuda. ‖ *Fig.* Persona fría.
Aveiro, c. y puerto de Portugal (Beira). Obispado.
avejentar v. t. Poner viejo antes de tiempo (ú. m. c. pr.).
avellana f. Fruto del avellano, de corteza leñosa.
avellanado m. Acción de barrenar.
avellanar m. Sitio donde abundan los avellanos. ‖ Ensanchar la entrada de un taladro por medio de una barrena o broca.
Avellaneda, c. de la Argentina (Buenos Aires), al SO. de la cap. Industrias. Refinerías de petróleo. — Dep. de la Argentina (Santiago del Estero).
Avellaneda (Alonso FERNÁNDEZ DE), escritor español, autor de la segunda parte apócrifa del *Quijote* (1614), un año antes de la escrita por Cervantes. ‖ ~ (GERTRUDIS). V. GÓMEZ DE AVELLANEDA). ‖ ~ (MARCO M.), político argentino (1813-1841), sublevado contra Rosas. M. fusilado. — Su hijo NICOLÁS, político, jurista y escritor, n. en Tucumán (1837-1885), pres. de la Rep. de 1874 a 1880.
avellano m. Arbusto de la familia de las betuláceas, cuyo fruto es la avellana.
avemaría f. Salutación del arcángel San Gabriel a la Virgen. ‖ Cuenta pequeña del rosario. ‖ — *Al avemaría,* al anochecer. ‖ *Fig. En un avemaría,* en un momento.
Avempace, filósofo astrónomo, matemático, médico y poeta hispanoárabe, n. en Zaragoza (¿1085-1128?), maestro de Averroes.
avena f. Planta gramínea que se cultiva para alimento de caballerías y otros animales. ‖ Su grano. ‖ *Poét.* Zampoña, instrumento músico.
avenamiento m. Acción y efecto de avenar, drenaje.
avenar v. t. Dar salida al agua de los terrenos por medio de zanjas, drenar.
Avenarius (Richard), filósofo alemán (1843-1896), creador del empiriocriticismo.
avenate m. Ataque de locura.
avenencia f. Convenio. ‖ Conformidad y unión.
avenida f. Crecida impetuosa de un río. ‖ Calle ancha con árboles. ‖ *Fig.* Afluencia de varias cosas.
avenido, da adj. Con los adverbios *bien* o *mal,* conforme o no conforme con algo, en buenos o malos términos.
avenimiento m. Acuerdo.
* **avenir** v. t. Conciliar las partes discordes: *avenir a los adversarios* ‖ — V. i. Suceder. ‖ — V. pr. Ponerse de acuerdo. ‖ Conformarse con algo, amoldarse. ‖ *Fam.* Arreglárselas.
aventador, ra adj. y s. Que avienta los granos. ‖ — F. Máquina usada con este fin. ‖ — M. Bieldo. ‖ Abanico.
aventajado, da adj. Que aventaja a lo ordinario: *alumno aventajado.* ‖ Ventajoso, conveniente.
aventajar v. t. Llevar ventaja: *aventajar a los demás en el juego, en los estudios.* ‖ Dar ventaja. Anteponer, preferir. ‖ — V. pr. Adelantarse.
aventamiento m. Acción y efecto de aventar.
* **aventar** v. t. Hacer aire a alguna cosa. ‖ Echar al viento: *aventaron sus cenizas, los granos.*
Aventino (MONTE), una de las siete colinas de Roma, cerca del Tíber.
aventura f. Suceso o lance extraño: *las aventuras de Telémaco.* ‖ Casualidad: *si de aventura le ves.* ‖ Riesgo.
aventurado, da adj. Osado.
aventurar v. t. Poner en peligro: *aventurar su vida.* ‖ Decir una cosa atrevida: *aventurar una doctrina.* ‖ — V. pr. Arriesgarse.
aventurero, ra adj. y s. Que busca aventuras: *espíritu aventurero.* ‖ — M. y f. Persona que busca aventuras, que vive de intrigas.
Avenzoar, médico hispanoárabe, n. en Sevilla (¿1073?-1162), maestro de Averroes.
* **avergonzar** v. t. Causar vergüenza. ‖ — V. pr. Sentir vergüenza: *avergonzarse de su conducta.*
avería f. *Mar.* Daño que padece un buque o su carga. ‖ Daño que sufren las mercaderías. ‖ Deterioro: *avería en una máquina, en un automóvil.*
averiado, da adj. Echado a perder. ‖ Deteriorado, roto.
averiarse v. t. Echarse a perder una cosa. ‖ Sufrir una avería un buque, un motor, etc., no funcionar. ‖ Estropearse.
averiguable adj. Que se puede averiguar.
averiguación f. Acción y efecto de averiguar.
averiguador, ra adj. y s. Que averigua.
averiguar v. t. Inquirir la verdad hasta descubrirla: *averiguar un misterio.*
averno m. *Poét.* Infierno.
Averno, lago de Italia, en las cercanías de Nápoles, cuyas emanaciones sulfurosas dieron lugar a que se creyese que su entrada era la boca de los Infiernos.
Averroes, médico, jurista y filósofo árabe, n. en Córdoba (1126-1198). Comentarista de Aristóteles, sus doctrinas se inclinaban hacia un materialismo y panteísmo condenados por la Iglesia católica.
averroísmo m. Doctrina o sistema de Averroes.
averroísta adj. y s. Que profesa el averroísmo.
Aversa. V. ATELA.
aversión f. Repugnancia, asco.
Avesta o **Zend Avesta,** conjunto de textos mazdeos atribuidos a Zoroastro.
avestruz m. Ave corredora, la mayor de las conocidas. ‖ — *Avestruz de América,* el ñandú. ‖ *Fig. Política del avestruz,* dícese de la de aquel que no quiere ver el peligro patente que le acecha.
Aveyron, dep. del centro de Francia; cap. *Rodez.*
avezar v. t. Acostumbrar. Ú. t. c. pr.: *avezarse a todo.*
aviación f. Navegación aérea con aparatos más pesados que el aire. ‖ Ejército del Aire.
— Aunque los primeros estudios se deben a Leonardo de Vinci, la *aviación* comenzó a fines del siglo XIX con experiencias como las de Lilienthal, que murió en 1896 en una de éstas. Ader realizó el primer vuelo en un avión dotado de un motor de vapor en 1897. En América, los hermanos Wright volaron en un planeador provisto de motor (1903) y Santos Dumont (1906) y Farman hicieron diferentes vuelos de importancia. En 1909, Blériot atravesó el canal de la Mancha. Durante la primera guerra mundial, la aviación realizó notables adelantos, y a partir de 1919 se organizaron líneas de transporte. En 1926, Ramón Franco cruzó el Atlántico Sur en el hidroavión *Plus Ultra,* y en 1927 Lindbergh atravesó el Atlántico Norte de Oeste a Este, tras lo cual se establecieron regularmente los vuelos intercontinentales. En fin, con la segunda guerra mundial la aviación entró en la era de las velocidades supersónicas.
aviador, ra m. y f. Persona que tripula un aparato de aviación. ‖ — M. Barrena de calafate.
aviar v. t. Preparar algo para el camino: *aviar una maleta.* ‖ Arreglar: *aviar la carne.* ‖ Componer. Ú. t. c. pr.: *aviarse para ir a cenar.* ‖ *Fam.* Acelerar, despachar lo que se está haciendo. Ú. t. c. pr.: *avíate que es tarde.* | Proporcionar a uno lo necesario (ú. t. c. pr.). | Hacer un favor. | Convenir: *¿te avías si te llevo en coche?*
Avicebrón (Salomón ben GABIROL, llamado), filósofo hispanojudío (¿1020-1058?), autor de *Fuente de la Vida,* de tendencia panteísta.
Avicena, filósofo y médico árabe (980-1037), autor de *Comentarios* a la obra de Aristóteles, de *Canon de Medicina* y otros trabajos.
avícola adj. De la avicultura.
avicultor, ra m. y f. Persona que se dedica a la avicultura.
avicultura f. Arte de criar las aves y aprovechar sus productos.
avidez f. Ansia.
ávido, da adj. Codicioso: *ávido de dinero.*
aviejar v. t. e i. Avejentar.
avieso, sa adj. Torcido: *mirada aviesa.* ‖ *Fig.* Malo o mal inclinado: *espíritu avieso.*
Avignon. V. AVIÑÓN.
Ávila, c. de España, cap. de la prov. homónima (Castilla la Vieja). Obispado. Murallas (s. XI). Patria de Santa Teresa de Jesús.
Ávila (Beato Juan de), escritor ascético español (1500-1569), autor de *Epistolario espiritual.* Fue canonizado en 1970. ‖ ~ (SANCHO DE), general español (1513-1573), que combatió en los Países Bajos y tomó Amberes. Conocido con el n. de *Sancho Dávila.* ‖ **~ Camacho** (Manuel), general y político mexicano (1897-1955), pres. de la Rep. de 1940 a 1946. ‖ **~ y Zúñiga** (Luis de), historiador español (¿1500-1564?), autor de un *Comentario de la guerra de Alemania.*
Avilés, prov. de Bolivia (Tarija); cap. *Villa Uriondo.* — C. y puerto del N. de España (Oviedo). Nudo ferroviario. Importante complejo industrial.
avilés, esa adj. y s. De Ávila.
avilesino, na adj. y s. De Avilés (España).
avinagrado, da adj. Áspero, agrio. ‖ *Fig.* Acre, desapacible: *carácter avinagrado.*
avinagrar v. t. Poner agria una cosa (ú. t. c. pr.).
Aviñón, en fr. *Avignon,* c. de Francia, cap. del dep. de Vaucluse, a orillas del Ródano. Arzobispado. Sede papal de 1309 a 1376.
aviñonés, esa o **aviñonense** adj. y s. De Aviñón.

avío m. Preparativo, apresto. ‖ Provisión de los pastores. ‖ — Pl. *Fam.* Utensilios necesarios para algo: *avíos de escribir, de coser.* ‖ — *¡Al avío!*, dícese para excitar a uno a que trabaje. ‖ *Fig. Hacer avío*, apañar, arreglar. | *Hacer su avío*, pensar sólo en sí.

avión m. Especie de vencejo.

avión m. Vehículo aéreo más pesado que el aire, capaz de desplazarse en la atmósfera mediante una o varias hélices propulsoras o mediante la expulsión de gases.

avioneta f. Avión de turismo.

Avís (CASA DE), segunda dinastía real de Portugal, fundada por Juan I (1385). Tb. se dice *Aviz.*

avisador, ra adj. y s. m. Que avisa.

avisar v. t. Dar noticia de una cosa. ‖ Advertir o aconsejar. ‖ Llamar: *avisar al médico.*

aviso m. Noticia. ‖ Consejo. ‖ Atención, cuidado. ‖ Prudencia. ‖ Advertencia: *sin previo aviso.* ‖ *Mar.* Buque de guerra pequeño y muy ligero. ‖ *Taurom.* Advertencia de la presidencia cuando el matador prolonga su faena más tiempo del reglamentario. ‖ *Andar* o *estar sobre aviso*, estar prevenido.

avispa f. Insecto himenóptero provisto de aguijón.

avispado, da adj. *Fig.* y *fam.* Vivo, espabilado, despierto.

avispero m. Panal que fabrican las avispas. ‖ Lugar donde anidan las avispas. ‖ *Fig.* y *fam.* Negocio enredado: *meterse en un avispero.* ‖ *Med.* Grupo de diviesos.

avistar v. t. Alcanzar con la vista: *avistar un buque en el horizonte.* ‖ — V. pr. Reunirse varias personas.

avitaminosis f. *Med.* Carencia o escasez de vitaminas.

avituallamiento m. Acción y efecto de avituallar.

avituallar v. t. Proveer de vituallas: *avituallar un regimiento.*

avivar v. t. Excitar, animar: *avivar a los combatientes.* ‖ *Fig.* Encender, acalorar: *avivar una discusión.* | Dar más vigor al fuego o a los colores. ‖ — V. i. y pr. Cobrar vida, vigor: *avivarse las plantas con la lluvia.*

avizor adj. *¡Ojo avizor!*, ¡cuidado!

avizorar v. t. Acechar.

avo, ava, terminación que se añade a los números cardinales para significar las fracciones de unidad: *la dieciseisava parte.*

avocar v. t. *For.* Llamar a sí un tribunal la causa que correspondía a otro.

Avogadro di Quaregna (Amedeo), químico y físico italiano (1776-1856). *El número de Avogadro* (6 × 10 ^{23}) es el número de moléculas contenidas en una molécula-gramo.

Avranches, c. del NO. de Francia (Manche).

avulsión f. *Cir.* Extirpación, extracción: *avulsión de una muela.*

avutarda f. Ave zancuda.

Axayácatl, rey de los aztecas de 1469 a 1481. Consagró la Piedra del Sol. Era padre de Moctezuma II.

axial o **axil** adj. Relativo al eje: *dirección axial.*

axila f. *Anat.* Sobaco. ‖ *Bot.* Lugar de unión de cualquier parte de la planta con el tronco: *las yemas nacen en las axilas de las ramas.*

axilar adj. *Anat.* y *Bot.* Relativo a las axilas: *arteria axilar.*

axiología f. Filosofía de los valores.

axiológico, ca adj. Relativo a los valores.

axioma f. Verdad evidente por sí misma.

axiomático, ca adj. Evidente.

axis m. *Zool.* Segunda vértebra del cuello.

axolatarse v. pr. *Méx.* Dar fruto degenerado.

axolotl m. Ajolote.

Axum, c. sagrada de Etiopía.

¡ay! interj. Denota admiración o dolor: *¡ay de mí!*

Ayabaca, c. del Perú, cap. de la prov. homónima (Piura).

ayacaste m. *Méx.* Variedad de calabaza, de fruto pequeño.

ayacuchano, na adj. y s. De Ayacucho (Perú).

ayacucho, cha adj. y s. De Puerto Ayacucho (Venezuela).

Ayacucho, dep. de la Argentina (San Luis); cap. *San Francisco de la Argentina* (Buenos Aires). — C. del Perú, cap. de la prov. de Huamanga y del dep. homónimo. Obispado. Centro comercial y turístico. Fundada en 1539 por Francisco Pizarro. En sus cercanías tuvo lugar la batalla decisiva de la independencia de América (9 de diciembre de 1824), en la que Sucre derrotó a las tropas españolas.

Ayala (Adelardo LÓPEZ DE). V. LÓPEZ. ‖ ~ (ELIGIO), político paraguayo (1880-1930), pres. de la Rep. de 1923 a 1928. ‖ ~ (EUSEBIO), político paraguayo (1875-1942), pres. de la Rep. de 1921 a 1923 y de 1932 a 1936, período de la guerra del Chaco.

Ayala *(Plan de),* plan hecho por el mexicano E. Zapata en 1911 para efectuar el reparto de las tierras.

Ayamonte, c. y puerto de España (Huelva). Playas.

Ayapungu, cumbre del Ecuador, en la Cord. Oriental; 4 698 m.

Ayarza, laguna de Guatemala (Santa Rosa); 252 km².

Ayaviri, c. del Perú, cap. de la prov. de Melgar (Puno). — V. RAMIS.

Aycinena (Mariano), político guatemalteco del s. XIX, uno de los firmantes del Acta de Independencia (1821). Jefe del Estado de 1827 a 1829.

ayer adv. En el día inmediatamente anterior al de hoy: *ayer por la tarde.* ‖ *Fig.* Hace algún tiempo: *parece que fue ayer.* | En tiempo pasado. ‖ — M. Tiempo pasado.

Ayerza (Abel), médico argentino (1861-1918), que estudió la esclerosis de la arteria pulmonar.

Ayllu. V. AÍLLO.

aymará adj. y s. V. AIMARÁ.

Ayna, mun. de España (Albacete). En 1970 se descubrió en sus inmediaciones la Cueva del Niño con pinturas prehistóricas del Paleolítico Superior, época magdaleniense.

ayo, ya m. y f. Persona encargada de criar o educar a un niño.

ayocote m. *Méx.* Frijol grueso.

Ayolas, pobl. del Paraguay (Misiones).

Ayolas (Juan de), militar español, n. en Briviesca (1510-1538). Acompañó a Pedro de Mendoza en la conquista del Río de la Plata y, después de la marcha de su jefe, dirigió la expedición. Remontó el Paraná y el Paraguay y atravesó el Chaco.

Ayopaya, prov. de Bolivia (Cochabamba); cap. *Villa Independencia.*

Ayora (Isidro), político y médico ecuatoriano, n. en 1879, pres. de la Rep. de 1926 a 1931. Promulgó la Constitución de 1928.

ayote m. *Amér. C.* Calabaza.

ayotera f. *Amér. C.* Calabacera.

Aysén. V. AISÉN.

ayuda f. Acción y efecto de ayudar. ‖ Persona o cosa que ayuda. ‖ Lavativa. ‖ Emolumento que se puede dar, además del sueldo. ‖ — M. Criado: *ayuda de cámara.* ‖ *Fig. No necesitar ayuda de vecino*, no querer auxilio ajeno.

ayudante adj. Que ayuda. ‖ — M. En algunos cuerpos u oficinas, oficial de clase inferior. ‖ Profesor adjunto. ‖ *Mil.* Oficial que está a las órdenes de otro superior: *ayudante de campo.* ‖ *Ayudante de obras públicas*, auxiliar técnico de los ingenieros de caminos, canales y puertos.

ayudantía f. Empleo de ayudante.

ayudar v. t. Prestar cooperación: *ayudar a uno a llevar una maleta.* ‖ Auxiliar, amparar: *ayudar a los pobres.* ‖ — V. pr. Prestarse socorro. ‖ Valerse: *lo rompió ayudándose con los dientes.*

ayunar v. i. Abstenerse de comer y beber: *ayunar en cuaresma.*

ayuno m. Acción de ayunar: *guardar ayuno.*

ayuno, na adj. Que no ha comido: *estar ayuno.* ‖ *Fig.* y *fam.* Privado: *estar ayuno del calor materno.* | Sin noticias de una cosa, o sin comprenderla: *quedarse completamente en ayunas.*

ayuntamiento m. Corporación que administra el municipio. ‖ Casa consistorial, alcaldía. ‖ Reunión. ‖ Cópula carnal.

ayuntar v. t. Juntar. ‖ — V. pr. Tener cópula carnal.

Ayutla, c. de México (Guerrero) donde se proclamó el plan para derribar al dictador Santa Anna (1854).

Aza (Vital), médico y autor de sainetes español (1851-1912).

azabache m. Variedad de lignito, duro y compacto, de color negro de ébano. ‖ Pájaro insectívoro de cabeza y alas negras. ‖ *Ojos de azabache*, ojos muy negros.

azacán m. Hombre que efectúa trabajos duros.

azada f. Instrumento que sirve para remover la tierra.

azadilla f. Escardillo.

azadón m. Instrumento algo mayor que la azada.

azafata f. Criada de la reina. ‖ Muchacha que en los aviones comerciales atiende a los pasajeros.

azafrán m. Planta iridácea cuyos estigmas, de color rojo, se emplean para condimentar, teñir de amarillo y en farmacia.

azafranado, da adj. De color del azafrán: *tez azafranada.*

azafranal m. Terreno plantado de azafrán.

azahar f. Flor del naranjo, del limonero y del cidro, empleada en medicina y perfumería: *agua de azahar.*

azalea f. Arbusto ericáceo de adorno.

Azángaro, río del Perú que, al unirse con el Pucará y el Huancané, forma el Ramis. — C. del Perú, cap. de la prov. homónima (Puno).

Azaña (Manuel), político y escritor español (1880-1940), tres veces jefe del Gobierno y pres. de la Rep. de 1936 a 1939. Fue autor de novelas *(El jardín de los frailes)*, comedias y ensayos literarios. M. en el destierro.

azar m. Hecho fortuito: *un puro azar.* ‖ Desgracia imprevista.

Azara (Félix de), naturalista y marino español (1746-1811), autor de *Viaje a través de la América Meridional de 1781 a 1801*; estudió de la fauna y la geografía del Paraguay y del Río de la Plata. — Su hermano JOSÉ NICOLÁS (1730-1803) fue diplomático y erudito y protegió las artes.

azaramiento m. Azoramiento.

azarar v. t. Avergonzar. ‖ — V. pr. Turbarse, perder la serenidad. ‖ Ruborizarse: *siempre te azaras.*

azarbe m. Cauce adonde van a parar los sobrantes de los riegos.

azaroso, sa adj. Desgraciado.

Azcapotzalco, delegación y c. de México (Distrito Federal). Industrias; refinerías de petróleo. Fundada por los otomíes o por los teotihuacanos, impuso su hegemonía en el Valle de México entre 1250 y 1430.

Azcoitia v. de España (Guipúzcoa). Aguas minerales. Tejidos.

Azcuénaga (Miguel de), militar argentino (1754-1833). Intervino en la Revolución de Mayo y fue miembro de la Junta Gubernativa de 1810.

Azeglio (Massimo TAPARELLI, *marqués de*), escritor y político italiano (1798-1866), uno de los jefes del *Risorgimiento.*

Azerbaidján o **Azerbeiyán,** rep. federada de la U. R. S. S., en la parte oriental de Transcaucasia; cap. *Bakú.* Agricultura. Industrias. Petróleo. — Región y ant. prov. de Irán, fronteriza con la U. R. S. S., Turquía e Irak; c. pr. *Tabriz.* Minas.

Azevedo (Aloísio), novelista naturalista brasileño (1857-1913), autor de *Una lágrima de mujer, El mulato, El esqueleto,* etc.

ázimo adj. y s. m. Aplícase al pan sin levadura.

Aznar (Juan Bautista), marino y político español (1860-1933), jefe del último gobierno monárquico en 1931.

azoar v. t. *Quím.* Nitrogenar.

azoato m. *Quím.* Nitrato.

ázoe m. *Quím.* Nitrógeno.

azófar m. Latón.

azogado, da adj. Que tiene azogue: *espejo azogado.* ‖ — Adj. y s. Que padece temblor mercurial. ‖ *Fig.* Inquieto. ‖ *Fig. Temblar como un azogado,* temblar de miedo o de frío.

azogamiento m. Acción y efecto de azogar o azogarse.

azogar v. t. Cubrir de azogue: *azogar un espejo.* ‖ Apagar la cal con agua. ‖ — V. pr. *Med.* Contraer la enfermedad producida por absorción de los vapores de azogue. ‖ *Fig.* y *fam.* Agitarse mucho, desatentarse.

azogue m. Nombre vulgar del *mercurio.* ‖ Plaza pública de algunos pueblos. ‖ *Fig. Ser un azogue,* ser muy vivo y bullicioso.

azogueño, ña adj. y s. De Azogues (Ecuador).

Azogues, c. en los Andes del Ecuador, cap. de la prov. de Cañar. Minas. Industria (sombreros).

azoico adj. *Quím.* Nítrico. ‖ *Geol.* Que es anterior a los organismos vivos.

* **azolar** v. t. *Carp.* Desbastar con la azuela.

Azopardo (Juan Bautista), marino argentino, n. en Malta (1774-1848), jefe de la primera escuadrilla revolucionaria.

azor m. Ave de rapiña diurna.

azoramiento m. Acción y efecto de azorar o azorarse.

azorar v. t. Azarar (ú. t. c. pr.).

Azores, archip. portugués en el océano Atlántico; 2 500 km²; 336 000 h. C. pr.: *Ponta Delgada,* en la isla de San Miguel. Las principales islas son *Fayal, Terceira* y *San Miguel.* Agricultura.

Azorín (José MARTÍNEZ RUIZ, llamado), escritor español, n. en Monóvar (1873-1967), delicado estilista de la Generación del 98. Ha legado estudios sobre los clásicos (*Clásicos y románticos, Al margen de los clásicos, Los valores literarios*), evocaciones históricas (*Una hora de España*) o del paisaje (*Castilla*), novelas (*Don Juan, Los pueblos, Las confesiones de un pequeño filósofo*) y obras de teatro (*Old Spain*).

azotacalles com. *Fig.* y *fam.* Persona callejera.

azotador, ra adj. y s. Que azota.

azotaina f. *Fam.* Paliza.

azotar v. t. Dar azotes. ‖ Dar golpes con la cola o con las alas. ‖ *Fig.* Golpear violentamente: *el mar azota las rocas.*

azote m. Látigo o vergajo con que se azota. ‖ Golpe dado con el azote. ‖ Golpe dado con la mano en las nalgas. ‖ Embate repetido de agua o aire. ‖ *Fig.* Calamidad, desgracia: *la peste es un azote.* ‖ Persona mala. ‖ — Pl. Pena que se imponía a ciertos reos.

azotea f. Cubierta llana de una casa. ‖ *Fig.* y *fam. Estar mal de la azotea,* estar loco.

Azov (MAR DE), golfo o mar interior formado por la prolongación del mar Negro, en la costa meridional de la U. R. S. S., al NE. de Crimea.

Azpeitia, v. de España (Guipúzcoa). Lugar de nacimiento de San Ignacio de Loyola. Santuario.

Aztatlán, reino mexicano (Jalisco) antes de la conquista española.

azteca adj. y s. Aplícase al individuo y a un pueblo indio invasor del territorio conocido hoy con el nombre de México. ‖ — Adj. Relativo a los aztecas. ‖ — M. Idioma azteca. ‖ Moneda de oro mexicana de veinte pesos.

— Los *aztecas,* procedentes del Norte, llegaron al territorio de México hacia el s. VII. En 1325 fundaron la c. de Tenochtitlán. De espíritu guerrero, llegaron a constituir un imperio de gran fuerza y extensión, regido por una monarquía electiva. Ofrecían sacrificios humanos a sus divinidades, en particular a Huitzilopóchtli, dios de la Guerra. El arte azteca, heredado del tolteca, floreció en arquitectura, escultura, joyería, pintura, poesía, música y danza. El apogeo de su civilización fue desde el s. XIV hasta la llegada de los españoles (1519).

De la lengua de este pueblo — el *azteca* o *náhuatl* — han pasado al castellano numerosas palabras, especialmente nombres de animales (*ajolote, censontle, coyote, ocelote, quetzal*), vegetales (*aguacate, ají, cacao, copal, chayote, chile, nopal, papaya, tomate, cacahuete*), objetos, manjares, etc. (*chicle, chocolate, jícara, petaca, petate, galpón*). Algunas voces, como *cacao, copal, nopal, tomate, ocelote, cachuete,* han entrado en casi todas las lenguas de Europa.

Aztlán, país mítico del NO. de México o la Alta California, de donde proceden los aztecas.

Azua, prov. de la Rep. Dominicana, al S. de la Cord. Central; cap. *Azua de Compostela.* ‖ **~ de Compostela,** c. de la Rep. Dominicana, cap. de la prov. de Azua.

Azuay, macizo volcánico de los Andes, en el Ecuador (prov. de Chimborazo y Cañar); 4 479 m. — Prov. del SO. del Ecuador; cap. *Cuenca.*

azuayo, ya adj. y s. De Azuay (Ecuador).

azúcar amb. y mejor f. Cuerpo sólido cristalizable, de color blanco soluble en el agua, y extraído especialmente de la caña dulce y de la remolacha. ‖ *Quím.* Nombre genérico de un grupo de hidratos de carbono. ‖ — *Azúcar cande* o *candi,* la que por medio de una evaporación lenta queda reducida a cristales transparentes. ‖ *Azúcar de cortadillo,* la refinada que se expende en terrones. ‖ *Azúcar mascabada, morena, negra, terciada,* la menos pura y refinada.

— Los principales productores de *azúcar* de caña son Cuba, Brasil y México, mientras que la Unión Soviética, Estados Unidos y Francia ocupan los primeros puestos en la producción de azúcar extraída de la remolacha.

azucarado, da adj. Dulce. ‖ *Fig.* y *fam.* Blando y afable: *estilo azucarado.*

azucarar v. t. Bañar o endulzar con azúcar: *azucarar el café.* ‖ *Fig.* y *fam.* Suavizar: *azucarar su carácter.* ‖ — V. pr. Almibarar.

azucarería f. Fábrica o tienda de azúcar.

azucarero, ra adj. Relativo al azúcar: *industria azucarera.* ‖ — M. Ave trepadora de los países tropicales. ‖ — F. Fábrica de azúcar. ‖ — M. Vasija para poner azúcar.

azucarillo m. Masa esponjosa de almíbar y clara de huevo.

azucena f. Planta liliácea, de flores blancas muy olorosas.

azud m. Máquina con que se saca agua de los ríos para el riego. ‖ Presa en los ríos.

azuela f. *Carp.* Herramienta para desbastar.

Azuela (Mariano), médico y escritor mexicano, n. en Lagos de Moreno (Jalisco) [1873-1952]. Combatió la dictadura de Porfirio Díaz y el gobierno de Victoriano Huerta. Sus novelas (*Los de abajo, Mala Yerba, Sendas perdidas, La malhora,* etc.) describen la revolución mexicana y sus consecuencias.

Azuero, penins. de Panamá, en el Pacífico, entre el golfo de Panamá y el de Montijo.

Azuero Plata (Nepomuceno), sacerdote y patriota colombiano (1780-1857).

azufaifa f. Fruto dulce y comestible del azufaifo, que se usa como medicamento pectoral.

azufaifo m. Árbol ramnáceo cuyo fruto es la azufaifa.

azufrado, da adj. Sulfuroso. ‖ Parecido en el color al azufre. ‖ — M. Acción de azufrar.

azufrador m. Enjugador para sahumar con azufre. ‖ Aparato para azufrar.

azuframiento m. Acción y efecto de azufrar.

azufrar v. t. Echar azufre en alguna cosa: *azufrar la vid.* ‖ Dar o impregnar de azufre. ‖ Sahumar con azufre: *azufrar la ropa.*

azufre m. Metaloide sólido (S), de número atómico 16, de color amarillo, insípido e inodoro, de densidad 1,96, punto de fusión, 119 °C y 444,6 °C de ebullición.

Azufre. V. COPIAPÓ.

azufrera f. Yacimiento de azufre: *las principales azufreras se encuentran en Sicilia y Luisiana.*

azufrón m. Pirita pulverulenta.

azul adj. y s. m. De color de cielo sin nubes: *el azul es el quinto color del espectro solar.* ‖ — *Azul celeste,* el más claro. ‖ *Azul de cobalto,* materia usada en pintura y cerámica. ‖ *Azul de Prusia,* ferrocianuro férrico. ‖ *Azul marino,* el oscuro. ‖ *Azul turquí,* el más oscuro. ‖ *Med. Enfermedad azul,* malformación del corazón y de los vasos que produce en la piel una coloración azul por insuficiencia de oxigenación de la sangre. ‖ *Fig. Sangre azul,* sangre noble.

Azul, cumbre de la Argentina (Catamarca); 5 600 m. — Río de la Argentina (Buenos Aires); 160 kilómetros. — C. de la Argentina (Buenos Aires). Turismo. — V. HONDO. ‖ **~ (Río).** V. YANG TSE KIANG.

Azul, colección de poemas en prosa y en verso de Rubén Darío (1888).

azulado, da adj. De color azul.

azular v. t. Teñir de azul.

azulear v. i. Tirar a azul.

azulejo m. Ladrillo pequeño vidriado, de varios colores, que se usa generalmente para revestimientos, frisos, etc.

azulete m. Viso de color azul en las ropas.

azulino, na adj. Que tira a azul: *coloración azulina.*

azumbre f. Medida de capacidad equivalente a dos litros y 16 mililitros.

azuquero m. Azucarero.

azur adj. y s. m. *Blas.* Azul.

Azurduy, prov. de Bolivia (Chuquisaca); cap. *Villa Azurduy.*

Azurduy de Padilla (Juana), heroína boliviana de la Independencia (1781-1862).

azurita f. *Min.* Carbonato natural de cobre, de color azul intenso.

azuzar v. t. Incitar a los perros. ‖ *Fig.* Impulsar, excitar.

azuzón, ona adj. Que azuza o incita.

Balandros

B

b f. Segunda letra del alfabeto castellano y primera de sus consonantes. ‖ — **B**, símbolo químico del *boro*.

Ba, símbolo químico del *bario*.

Baal, dios de los fenicios.

Baalbek. V. BALBEK.

baalita adj. y s. Adorador de Baal, divinidad semita.

baba f. Saliva espesa y viscosa. ‖ Jugo viscoso de algunas plantas. ‖ *Fig* y *fam. Caérsele a uno la baba*, dar a entender que una persona es boba, y también sentir gran agrado con una cosa.

Baba, c. del Ecuador (Los Ríos), donde se dio el grito de Independencia, el 2 de octubre de 1820.

babadero y **babador** m. Babero de niño.

babahoyense adj. y s. De Babahoyo (Ecuador).

Babahoyo, c. y puerto del Ecuador, al pie de la Cord. Occidental; cap. de la prov. de Los Ríos. Centro comercial. — Río del Ecuador (Guayas), afl. del Guayas; 235 km. Tb. llamado *Bodegas*.

babaza f. Baba.

babear v. i. Echar la baba. ‖ Babosear, llenar de baba.

babel amb. *Fig.* y *fam.* Lugar en que reina el desorden: *esta casa es una babel*.

Babel *(Torre de)*, torre que elevaron los descendientes de Noé para alcanzar el cielo. *(Biblia.)*

Bab el-Mandeb, estrecho entre Arabia y África, que une el mar Rojo con el océano Índico; 25 km de ancho.

babeo m. Acción de babear.

Baber (1483-1530), primer emperador mongol de la India (1505-1530).

babera f. Pieza de la armadura que cubría la barba. ‖ Babero de los niños.

babérida adj. s. De la dinastía fundada por Baber.

babero m. Lienzo que se pone a los niños en el pecho. ‖ Guardapolvos, bata.

Babeuf (François Noël, llamado **Graco**), político jacobino francés (1760-1797). Su doctrina, que proponía la abolición de la propiedad privada, fue precursora de los sistemas colectivistas modernos. M. en la guillotina.

Babia, territ. de España, en las montañas de León. (Se suele emplear la expr. *estar en Babia*, para indicar que uno está distraído.) ‖ ~ (SERRANÍA DE LA), sector de la Sierra Madre Oriental de México (Coahuila y Nuevo León).

babieca adj. y s. *Fam.* Tonto.

Babieca, n. del caballo del Cid.

Babilonia, cap. de la antigua Caldea, a orillas del Éufrates, una de las ciudades más importantes y ricas de Oriente. Sus jardines colgantes, construidos por Semíramis, eran una de las siete maravillas del mundo. — Región de Caldea, vecina de la c. homónima.

babilónico, ca adj. De Babilonia. ‖ *Fig.* Ostentoso.

babilonio, nia adj. y s. De Babilonia.

babilla f. En las caballerías, músculos y tendones que articulan la tibia con el fémur. ‖ Rótula de los cuadrúpedos.

bable m. Dialecto de los asturianos.

babor m. Lado izquierdo de la embarcación, mirando de popa a proa.

babosa f. Molusco gasterópodo que segrega una baba pegajosa.

babosear v. t. Llenar de baba.

baboso, sa adj. y s. Que babea mucho. ‖ *Fig* y *fam.* Que hace cosas que no son de su edad ni de su condición.

babucha f. Zapatilla.

Babuyanes, grupo de cinco islas volcánicas de Filipinas al N. de Luzón.

baby [*beibi*] m. (pal. ingl.). Babero. ‖ Bebé. ‖ — Pl. *babies*.

baca f. Parte superior de los automóviles y autocares, donde se colocan los equipajes. ‖ Toldo de lona para cubrirlos.

bacalada f. Bacalao curado.

bacaladero, ra adj. Relativo a la pesca del bacalao. ‖ — M. Barco para pescar bacalao.

bacalao m. Pez teleósteo comestible. (El *bacalao* vive en los mares árticos, sobre todo entre Terranova e Islandia.) ‖ *Fig.* y *fam. Partir o cortar el bacalao*, tener el mando en un asunto, ser el que dispone.

bacallar m. Hombre rústico.

bacanal f. Orgía. ‖ — Pl. Antiguas fiestas paganas, de carácter licencioso, celebradas en honor de Baco.

bacante f. Sacerdotisa de Baco. ‖ *Fig.* Mujer ebria y descocada.

bacará y **bacarrá** m. Juego de naipes en que el banquero juega contra los puntos.

Bacarisse (Mauricio), poeta y novelista español (1895-1931). ‖ ~ (SALVADOR), músico español (1898-1963).

Bacatá, ant. n. de *Bogotá*, cap. de la nación chibcha.

Baccarat, c. de Francia (Meurthe-et-Moselle). Ind. de cristales.

bacera f. *Veter.* Enfermedad carbuncosa del ganado.

bacía f. Vasija que usan los barberos para remojar la barba.

bacilar adj. Relativo a los bacilos: *enfermedad bacilar.* ‖ *Min.* De textura en fibras gruesas.

baciliforme adj. En forma de bacilo.

bacilo m. Microbio del grupo de las bacterias, en forma de bastoncillo, que no suele medir más de 10 micras. (Numerosos *bacilos* son patógenos, como el *tifoideo, del tétanos, del carbunco, tuberculoso* o *de Koch.*)

bacín m. Orinal grande.

bacinete m. Pieza de la armadura que cubría la cabeza. ‖ Soldado que lo llevaba. ‖ *Anat.* Pelvis.

Baco, n. romano de *Dionisos*, dios griego del Vino.

Bacolod, c. de Filipinas en el NO. de la isla Negros, cap. de la prov. de Negros Occidentales. Obispado.

Bacon (Francis), filósofo y canciller de Inglaterra (1561-1626), barón de Verulam. Fue uno de los creadores del método experimental. Autor de *Instauratio magna* y *Novum organum scientiarum.* ‖ ~ (ROGER), franciscano y sabio inglés (¿1214?-1294), llamado *el Doctor Admirable.*

baconiano, na adj. Relativo a las teorías del filósofo inglés Francis Bacon.

bacteria f. Microorganismo vegetal unicelular, de forma alargada *(bacilo)* o esférica *(coco)*.

bacteriáceas f. pl. Familia de algas microscópicas en forma de bastón o de filamento, algunas patógenas (ú. t. c. adj.).

bacteriano, na adj. De las bacterias: *sustancia bacteriana.*

bactericida adj. y s. m. Que destruye las bacterias o impide su desarrollo: *suero bactericida.*

bacteridia f. Bacteria gruesa, especialmente la del carbunco.

bacteriófago m. Virus que destruye ciertas bacterias.

bacteriología f. Parte de la microbiología que trata de las bacterias.

bacteriológico, ca adj. Relativo a la bacteriología.

Bactra, ant. c. del N. de Persia, cap. de la Bactriana.

Bactriana, región de la ant. Asia central, habitada por los persas; cap. *Bactra.*

báculo m. Cayado: *báculo pastoral.* ‖ *Fig.* Alivio, consuelo, sostén.| Apoyo: *báculo de la vejez.*

Bach, n. de una célebre familia de músicos alemanes. El más ilustre fue JOHANN SEBASTIAN, n. en Eisenach (1685-1750), autor de música religiosa, vocal e instrumental, admirable por la sublimidad de la inspiración y la armonía (*Cantatas, Pasiones, Misas, Obras para órgano, Tocatas*). — Alcanzaron también celebridad tres de sus hijos: WILHELM FRIEDEMANN (1710-1784); CARL PHILIPP EMANUEL (1714-1788), creador de la sonata moderna, y JOHANN CHRISTIAN (1735-1782).

bache m. Hoyo en una carretera o en un camino. ‖ Corriente atmosférica que provoca un descenso brusco y momentáneo del avión. ‖ — Pl. *Fig.* Momentos difíciles, altibajos.

bachear v. t. Rellenar los baches del camino.

Bachelard (Gaston), filósofo francés (1884-1962).

bachiller, ra m. y f. Persona que ha obtenido el título al terminar la enseñanza media. ‖ *Fig.* y *fam.* Persona habladora.

bachillerato m. Grado de bachiller. ‖ Estudios necesarios para conseguirlo: *estudia bachillerato.*

bachillerear v. i. *Fig.* y *fam.* Discursear.

bachkir, ra adj. y s. De Bachkiria. (Los *bachkires,* musulmanes de origen mongólico, fueron sometidos por Iván el Terrible.)

Bachkiria, rep. autónoma de la U. R. S. S. (Rusia); cap. *Ufa.*

badajada f. y **badajazo** m. Golpe dado por el badajo en la campana. ‖ *Fig.* y *fam.* Disparate, necedad: *decir badajadas.*

badajo m. Pieza metálica que hace sonar la campana. ‖ *Fig.* y *fam.* Persona muy habladora y necia.

badajocense y **badajoceño, ña** adj. y s. De Badajoz.

Badajoz, c. de España a orillas del Guadiana, próxima a la frontera con Portugal; cap. de la prov. homónima (Extremadura). Puente romano, murallas moriscas; catedral gótica.

Badalona, c. del NE. de España en el NE. de Barcelona. Industrias (químicas y textil).

badana f. Piel curtida de oveja. ‖ *Fam.* Persona holgazana. ‖ — *Fig.* y *fam. Zurrar la badana,* pegar, golpear.

badea f. Sandía, melón o pepino de mala calidad.

badén m. Cauce en una carretera para dar paso al agua. ‖ Bache en un camino o carretera. ‖ Zanja que forman las aguas llovedizas.

Baden, c. de Alemania (Baden-Wurtemberg). Estación termal. (Se dice tb. *Baden Baden.*) — Región de Alemania, que se extiende por la orilla derecha del Rin, en la Selva Negra y al SE, hasta el lago de Constanza. Es hoy, junto con Wurtemberg, un Estado de la República Federal de Alemania; cap. *Stuttgart;* c. pr.: *Mannheim, Carlsruhe.*

Baden-Powell (Robert), general inglés (1857-1941), fundador de la asociación de exploradores (*boy scouts*).

baderna f. *Mar.* Cabo trenzado.

Badía y Leblich (Domingo), aventurero español (1766-1818). Se hizo musulmán, viajó por Oriente y por el norte de África. M. envenenado en Damasco. Llamado *Alí Bey.*

badián m. Árbol magnoliáceo.

badiana f. Fruto del badián.

badila f. Paleta para mover la lumbre en las chimeneas y braseros.

bádminton m. (voz ingl.). Juego del volante.

Badoglio (Pietro), mariscal italiano (1871-1956), pres. del Consejo a la caída de Mussolini. Firmó la capitulación de Italia (1943).

badulaque m. Afeite antiguo. ‖ *Fam.* Tonto, bobo (ú. t. c. adj.).

Baedeker (Karl), editor alemán (1801-1859), autor de una colección de guías turísticas.

Baena, c. de España (Córdoba).

Baena (Juan Alfonso de), erudito y poeta español (1406-1454), secretario del rey Juan II de Castilla. Publicó un *Cancionero* (1445), antología de la poesía lírica castellana, en el que hay composiciones suyas y de otros 54 poetas.

Baeyer (Adolf VON), químico alemán (1835-1917). (Pr. Nóbel, 1905.)

Báez (Buenaventura), general y político dominicano (1810-1884), rival de Santana. Pres. de la Rep. de 1849 a 1853, de 1856 a 1857, en 1867, de 1868 a 1873 y en 1877. Proyectó incorporar la Rep. a Estados Unidos.

Baeza, c. de España (Jaén).

Baffin (TIERRA DE), isla del archip. ártico canadiense, separado de Groenlandia por el mar homónimo. Fue descubierta por el navegante inglés William BAFFIN (1584-1622) en 1616.

baffle m. (pal. ingl.). Caja de resonancias en un aparato de radio.

baga f. Cápsula del lino.

bagaje m. Equipaje de un ejército en marcha. ‖ Acémila. ‖ *Fig.* Caudal intelectual. ‖ Galicismo por *equipaje.*

bagatela f. Cosa de poco valor. ‖ Cosa frívola o fútil.

bagazo m. Cáscara de la baga del lino. ‖ Residuos de la caña de azúcar, de uva.

Bagdad, cap. y prov. de Irak, a orillas del Tigris; 1 106 000 h. Fue cap. del califato abasí.

Bagnères ‖ **~ de Bigorre,** c. de Francia (Hautes-Pyrénées). ‖ **~ de Luchon,** c. de Francia (Haute-Garonne).

Bagua, c. del Perú, cap. de la prov. homónima (Amazonas).

bagual adj. *Amer.* Bravo, feroz. | Incivil. ‖ — M. *Amer.* Caballo no domado.

Baguio, c. de Filipinas al N. de la isla de Luzón.

Bagur, pobl. en el NE. de España (Gerona).

¡bah! interj. Denota duda.

Bahamas (ARCHIPIÉLAGO DE LAS), ant. *Islas Lucayas,* archip. del Atlántico, al N. del *canal de Bahama* y de las Antillas Mayores; 195 000 h. Cap. *Nassau.* Colón desembarcó en una de sus islas (*San Salvador*) en 1492. Británico hasta 1973, independiente después.

bahía f. Entrada del mar en la costa, algo menor que el golfo.

Bahía, Estado oriental del Brasil; cap. *Salvador* o *Bahía.* (Se escribe tb. *Baía.*) Minas (cobre). ‖ **~ Blanca,** golfo de la Argentina en la prov. de Buenos Aires. — C. y puerto de la Argentina (Buenos Aires). Obispado. Residencia de la Universidad Nacional del Sur. ‖ **~ de Caráquez,** pobl. y puerto del Ecuador (Manabí). ‖ **~ Honda,** bahía de Cuba (Pinar del Río), en la que des. el río homónimo. — Bahía de Colombia, en el océano Atlántico (Guajira).

Bahoruco. V. BAORUCO.

Bahrein, archip. del golfo Pérsico; 207 000 h.; cap. *Manama.* Petróleo. Fue protectorado británico; independiente en 1971.

Baikal, lago de la U. R. S. S., en Siberia, cerca de la Mongolia Exterior; 31 500 km².

bailable adj. Dícese de la música compuesta para bailar: *canción bailable.* ‖ Que puede bailarse. ‖ — M. Ballet.

bailador, ra adj. y s. Que baila.

bailaor, ra m. y f. Bailarín de flamenco.

bailar v. i. Mover el cuerpo al compás de la música: *bailar amorosamente.* ‖ Girar rápidamente: *la peonza baila* (ú. t. c. t.). ‖ *Fig.* Llevar algo demasiado ancho: *mis pies bailan en los zapatos.* ‖ — *Fig. Bailar al son que tocan,* hacer en cualquier sitio o circunstancias lo que los demás hacen. | *Otro que bien baila,* otro igual. ‖ — V. t. Hacer bailar. ‖ Ejecutar un baile: *bailar un tango.* ‖ *Fig.* y *fam. Bailar el agua,* adular. | *¡Que me quiten lo bailado!,* expresión usada para indicar que, pase lo que pase, merece la pena disfrutar de lo que a uno le gusta.

bailarín, ina adj. Que baila (ú. t. c. s.). ‖ — M. y f. Persona que profesa el arte de bailar.

baile m. Acción de bailar. ‖ Manera particular de bailar: *baile clásico.* ‖ Reunión para bailar: *dar un baile.* ‖ Función teatral dedicada a la mímica y a la danza. ‖ — *Baile de candil,* o *de cascabel gordo,* el de la gente vulgar. ‖ *Baile de San Vito,* afección convulsiva, como la corea y otras.

baile m. Nombre de algunos magistrados antiguos.

Bailén, pueblo de España (Jaén). Batalla de la guerra de Independencia ganada por los generales españoles Castaños y Reding contra las tropas francesas de Dupont (1808).

bailete m. Ballet.

bailía f. Territorio sometido a la jurisdicción del baile. ‖ Bailiaje en las órdenes militares.

bailiaje m. Encomienda o dignidad en la orden de San Juan.

bailiazgo m. Bailía.

bailío m. El que tenía un bailiaje.

bailongo m. *Amer.* Baile pobre.

bailotear v. i. Bailar sin arte.

bailoteo m. Acción de bailotear, baile.

Baire, lugar de Cuba (Oriente) donde se dio el grito de Independencia el 24 de febrero de 1895.

baja f. Disminución del precio: *baja del coste de la vida.* ‖ *Mil.* Pérdida de un individuo: *el ejército tuvo muchas bajas.* | Documento que acredita esta baja. ‖ Cese en una corporación, profesión, o carrera por traslado, retiro u otro motivo. ‖ Cese temporal en un servicio o trabajo a causa de enfermedad. ‖ *Darse de baja,* dejar de pertenecer, retirarse; declararse enfermo; suspender una suscripción.

bajá m. Dignatario turco.

Baja Verapaz, dep. del centro de Guatemala; cap. *Salamá.*

bajacua f. *Méx.* Tabaco ordinario.

bajada f. Acción de bajar: *la bajada de las aguas.* ‖ Camino por donde se baja. ‖ *Bajada de bandera,* puesta en marcha del taxímetro cuando el viajero sube a un taxi.

bajalato m. Dignidad de bajá.

bajamar f. Nivel inferior que alcanza el mar al fin del reflujo.

bajar v. i. Ir de un lugar a otro que está más bajo: *bajar al piso primero.* ‖ Disminuir alguna cosa: *bajar la fiebre, los precios, el frío, la vista.* ‖ *Fig.* Descender: *ha bajado mucho en mi aprecio.* ‖ — V. t. Poner una cosa en lugar inferior al que ocupaba: *bájame aquel libro.* ‖ Descender: *bajar una escalera.* ‖ Rebajar. ‖ Disminuir el precio de una cosa. ‖ Inclinar hacia abajo: *bajar la cerviz.* ‖ *Fig.* Humillar: *bajar el or-*

gullo a uno. || — V. pr. Inclinarse. || Apearse: *bajarse del autobús.*

bajaverapacense adj. y s. De Baja Verapaz (Guatemala).

bajel m. Buque.

bajero, ra adj. Inferior: *sábana bajera.*

bajeza f. Hecho vil, indigno: *eso es una bajeza.* || *Fig.* Pequeñez, miseria: *la bajeza del ser humano.*

bajines o **bajini** adv. *Fam.* Bajo. || *Fam. Por bajines,* disimuladamente, bajo cuerda.

bajío m. Banco de arena.

Bajío, región de México que comprende parte de los Est. de Guanajuato, Querétaro y Michoacán.

bajista com. Persona que juega a la baja en la Bolsa.

bajo, ja adj. Poco elevado: *una silla baja, la cifra más baja.* || Que está en lugar inferior. || De poca estatura: una *persona muy baja.* || Inclinado hacia abajo: *con los ojos bajos.* || Dicho de colores, poco vivo, pálido: *azul bajo.* || *Fig.* Vulgar, grosero, ordinario: *lenguaje bajo.* | Plebeyo: *los barrios bajos.* | Poco considerable: *precio bajo.* || Que no se oye de lejos: *en voz baja.* | Débil: *la vista baja.* || *Mús.* Grave: *voz baja.* || — M. Lugar hondo, parte baja, hondonada. || En los mares y ríos, elevación del fondo: *bajo de arena.* || Piso bajo: *vivo en el bajo* (ú. t. en pl.). || *Mús.* Voz o instrumento que produce los sonidos más graves de la escala. || Persona que canta o toca la parte de bajo. || *Mús. Bajo cantante,* barítono de voz tan robusta como la de bajo. | *Bajo profundo,* cantor de voz más grave que la ordinaria. || *Fig. Bajos fondos,* conjunto de gente de mala *vida.* || — Adv. Abajo, en lugar inferior. || En voz baja: *hablar bajo.* || *Por lo bajo,* oculta, secretamente. || — Prep. Debajo de. || En tiempos de: *bajo la dominación romana.* || Con la garantía de: *bajo palabra.* || Por debajo de, inferior a: *dos grados bajo cero.*

Bajo || ~ **Boquete,** pobl. de Panamá, cab. del cantón homónimo (Chiriquí). || ~ **Imperio,** n. dado al *Imperio Romano* de 235 a 476.

bajón m. *Mús.* Instrumento de viento de sonido grave. | Instrumentista que lo toca. || *Fig.* y *fam.* Disminución, baja grande. || *Dar un bajón,* sufrir un notable menoscabo en la salud, las facultades intelectuales, el caudal.

bajonazo m. *Taurom.* Golletazo: *mató al toro de un bajonazo.*

bajoncillo m. *Mús.* Instrumento parecido al bajón, pero menor.

bajonista m. Músico que toca el bajón.

bajorrelieve m. *Esc.* Obra cuyas figuras resaltan poco del plano: *los bajorrelieves del Partenón.* (Se escribe tb. *bajo relieve.*)

bajuno, na adj. Poco distinguido, vil.

bajura f. Paraje de aguas poco profundas: *pesca de bajura.*

bakelita f. Baquelita.

Baker, río de Chile (Aisén), que nace en la Argentina; 440 km.

Baker Glover (Mary). V. EDDY.

Bakú, c. de la U. R. S. S., cap. de la Rep. Federada de Azerbaidján, a orillas del mar Caspio. Universidad. Petróleo.

Bakunin (Miguel), revolucionario ruso (1814-1876), teorizante del anarquismo.

bala f. Proyectil de las armas de fuego: *bala trazadora.* || Fardo de mercaderías: *bala de algodón.* || Atado de diez resmas de papel. || *Impr.* Almohadilla para entintar la composición. || *Amer.* Peso en deportes. || — *Bala perdida,* la que cae en punto muy distante; (fig.) tarambana. || *Fig. Bala rasa,* persona alegre y poco seria.

Balaam, profeta moabita.

balada f. Composición poética sentimental.

baladí adj. Fútil, de poca importancia: *asuntos baladíes.*

baladrón, ona adj. y s. Fanfarrón, bravucón.

baladronada f. Bravuconería, hecho o dicho de baladrón: *soltar baladronadas.*

baladronear v. i. Hacer o decir baladronadas.

bálago m. Paja de los cereales trillados.

Balaguer, c. de España (Lérida). Centro comercial.

Balaguer (Joaquín), político y escritor dominicano, n. en 1906, Pres. de la Rep. en 1960, depuesto en 1961, y de 1966 a 1970. Reelegido en 1970 y en 1974. || ~ (VÍCTOR), escritor español (1824-1901) de lengua catalana.

Balakirev (Mili), músico ruso (1837-1910).

Balaklava, c. y puerto de la U. R. S. S. en Crimea y a orillas del mar Negro.

balalaica f. Laúd triangular ruso de tres cuerdas.

balance m. Movimiento de un cuerpo que se inclina alternativamente de un lado a otro. || *Com.* Libro en que los comerciantes escriben sus créditos y deudas. | Cuenta general que demuestra el estado de un negocio. || *Mar.* Movimiento que hace el barco de babor a estribor. || *Fig.* Resultado de un asunto. | Vacilación.

balancear v. i. Moverse de un lado para otro una embarcación. || Columpiar (ú. t. c. pr.). || *Fig.* Dudar, vacilar. || — V. t. Equilibrar.

balanceo m. Movimiento oscilatorio: *el balanceo del péndulo.*

balancín m. *Mec.* Pieza o barra dotada de un movimiento oscilatorio que regula generalmente otro movimiento o le da un sentido o amplitud diferentes. || En un automóvil, pieza que, movida por una especie de palanca, transmite el movimiento de ésta a una válvula del cilindro. || Madero que se fija en la tijera de un carruaje. || Madero al que se enganchan los tirantes de las caballerías. || Palo largo de volatinero. || Volante para sellar moneda. || Mecedora. || — Pl. *Mar.* Cuerdas pendientes de la entena.

balandra f. Velero pequeño con cubierta y sólo un palo y dos velas.

balandrista com. El que conduce un balandro.

balandro m. Velero de recreo de dos velas y un solo palo: *regata de balandros.*

bálano m. Crustáceo cirrípedo, llamado corrientemente *percebe.*

balanza f. Instrumento para pesar. || *Fig.* Comparación que se hace de las cosas. || — *Balanza de comercio,* estado comparativo de la importación y exportación en un país. || *Balanza de pagos,* relación de las transacciones entre las personas residentes en un país y las que residen en el extranjero.

Balanza, constelación zodiacal.

balar v. i. Dar balidos.

Balard (Antoine Jérôme), químico francés (1802-1876). Descubridor del bromo.

balarrasa m. Bala rasa.

Balassa (Balint), poeta lírico húngaro (1551-1594).

balastar v. t. Poner balasto.

balasto m. Grava para asentar y sujetar la vía del ferrocarril.

Balatón, lago extenso y poco profundo de Hungría; 596 km².

balaustrada f. Serie de balaustres rematados por una barandilla.

balaustre m. Columnita de las barandillas.

balazo m. Tiro o herida de bala.

Balbek o **Baalbek,** ant. *Heliópolis,* c. del Líbano. — Ant. c. fenicia y luego colonia romana.

Balbino (Décimo Celio), emperador romano en 238. M. asesinado (178-238).

Balbo (Cesare), escritor y político italiano (1789-1853), uno de los jefes del *Risorgimento.* || ~ (ITALO), mariscal del Aire italiano (1896-1940), uno de los fundadores del fascismo.

balboa m. Unidad monetaria de Panamá.

Balboa, distr. de Panamá, en la prov. homónima. — Puerto en la costa panameña del Pacífico, a la entrada del canal interoceánico. Base naval norteamericana.

Balboa (Silvestre de), poeta cubano, n. en Canarias (¿1564-1634?). || ~ (VASCO NÚÑEZ DE), conquistador español, n. en Jerez de los Caballeros (Badajoz) [1475-1517]. Compañero de Rodrigo de Bastidas en su expedición al Urabá (1501), fue jefe de la colonia de Darién y, después de atravesar el istmo de Panamá, descubrió el *Mar del Sur,* llamado luego *océano Pacífico* (25 de septiembre de 1513). Acusado de conspiración por Pedrarias, fue ejecutado en Acla.

balbucear v. i. Articular mal y dificultosamente.

balbuceo m. Acción de balbucir. || *Fig.* Primera prueba, ensayo inicial, comienzo.

balbuciente adj. Que balbuce.

* **balbucir** v. i. Balbucear.

Balbuena (Bernardo de), poeta épico español (1568-1627), obispo de Puerto Rico. Autor de *Bernardo o Victoria de Roncesvalles,* poema épico de gran fantasía y de innegable nervio poético.

Balcanes, macizo montañoso de Bulgaria que da nombre a la península donde está situado; punto culminante 2 376 m en el Pico Botev. || (PENÍNSULA DE LOS), península de Europa, la más oriental de las tres del Mediterráneo, cuyo territorio está ocupado en su mayor parte por Yugoslavia, Albania, Bulgaria y Grecia, y en menor grado por Turquía.

balcánico, ca adj. y s. De los Balcanes.

Balcarce, c. de la Argentina (Buenos Aires).

Balcarce (Antonio GONZÁLEZ), militar argentino (1774-1819). Vencedor en Suipacha (1810), participó en la campaña de San Martín.

balcón m. Ventana grande con barandilla saliente: *asomarse al balcón.* || *Fig. Es cosa de alquilar balcones,* es cosa digna de verse.

balconaje m. Conjunto de balcones: *el balconaje del palacio.*

balconcillo m. Balcón pequeño. || En la plaza de toros, galería encima del toril. || *Teatr.* Galería delante de la primera fila de palcos: *localidades de balconcillo.*

balda f. Anaquel.

baldadura f. y **baldamiento** m. Impedimento físico del uso de un miembro.

baldaquín o **baldaquino** m. Palio. || Pabellón del altar, del trono, etc.

baldar v. t. Impedir o dificultar una enfermedad el uso de un miembro (ú. t. c. pr.). || *Fig.* Causar a uno una gran contrariedad. || — V. pr. *Fam.* Cansarse mucho.

balde m. *Mar.* Cubo.

balde (de) m. adv. Gratis: *tener entradas de balde.* || Sin motivo. || — *En balde,* en vano. || *Estar de balde,* estar de sobra.

baldear v. t. Regar con baldes. || Achicar con baldes el agua.

baldeo m. Limpieza con cubos.

Balderas (Alberto), matador de toros mexicano (1910-1940).

baldío, a adj. Aplícase al terreno sin cultivar (ú. t. c. s. m.). || *Fig.* Vano, inútil: *esfuerzo baldío.*

Baldo de Ubaldis, jurisconsulto italiano (1327-1406), discípulo de Bártolo.

Baldomir (Alfredo), general uruguayo (1884-1948), pres. de la Rep. de 1938 a 1943.

baldón m. Afrenta, oprobio.

baldosa f. Ladrillo de enlosar.

baldosado m. Embaldosado.

baldosador m. Embaldosador.

baldosar v. t. Enlosar con baldosas.

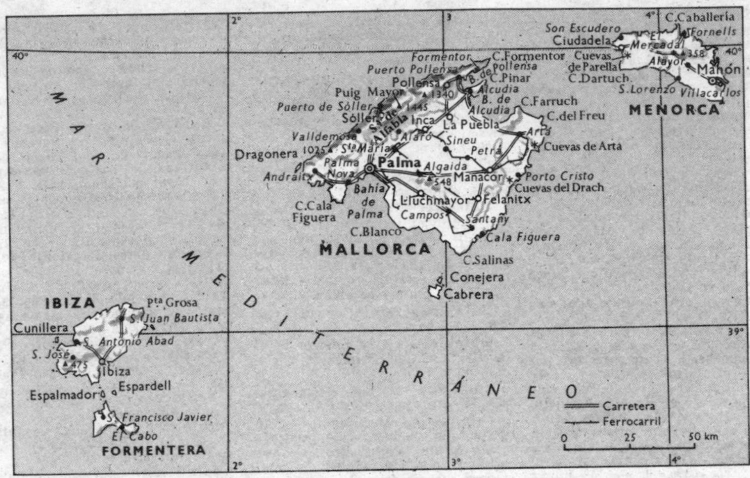

BALEARES

baldosín m. Baldosa pequeña.

Baldovinetti (Alesso), pintor florentino (1425-1499).

Baldovino, n. de varios condes de Flandes, emperadores de Constantinopla o reyes de Jerusalén. (Tb. eran llamados *Baldovino* o *Balduino.*)

baldragas adj. y s. m. *Fam.* Dícese del hombre que se deja dominar muy fácilmente, calzonazos.

Balduino. V. BALDOVINO ‖ ~ **I,** rey de los belgas desde 1951. N. en 1930.

balduque m. Cinta angosta para atar legajos.

Bâle. V. BASILEA.

balear adj. y s. De las islas Baleares.

balear v. t. *Amer.* Herir o matar a balazos.

Baleares, archip. español del Mediterráneo occidental, que forma una prov. cuya cap. es *Palma de Mallorca.* Constituido por las islas de Mallorca, Menorca, Ibiza, Formentera, Cabrera, Conejera y otras más pequeñas; 5 014 km²; 503 300 habitantes. Clima y vegetación mediterráneos. Agricultura, ganadería. Calzado. Centro de turismo.

baleárico, ca adj. Perteneciente a las islas Baleares.

balénidos m. pl. Familia de cetáceos que tienen por tipo la ballena (ú. t. c. adj.).

baleo m. *Amer.* Tiroteo.

Baler, pueblo de Filipinas (Luzón), donde un grupo de soldados españoles resistió a las fuerzas norteamericanas hasta 1899.

Balfour (Arthur James, *conde de*), político conservador inglés (1848-1930), jefe del Gobierno de 1902 a 1906.

Bali, isla de la Sonda (Indonesia), separada de Java por el estrecho del mismo n.; 5 600 km².

balido m. Grito de los óvidos.

balín m. Bala pequeña.

balinense adj. y s. De Bali.

balista f. Máquina antigua para arrojar piedras o saetas.

balístico, ca adj. De la balística. ‖ — F. Ciencia que estudia el movimiento de los proyectiles.

balita f. Medida agraria de Filipinas (27,95 áreas). ‖ *Amer.* Canica.

baliza f. Señal óptica, sonora o radioeléctrica para guiar los barcos y los aviones.

balizaje y **balizamiento** m. Derecho de puerto. ‖ Sistema de balizas de una ruta marítima o aérea.

balizar v. t. Señalar con balizas.

Baljash o **Balkash,** lago de la U. R. S. S., en Kazakstán; 17 300 kilómetros cuadrados. — C. de la U. R. S. S. (Kazakstán). Yacimientos de cobre.

Balkanes. V. BALCANES.

Balmaceda (José Manuel), político chileno (1838-1891), pres. de la Rep. de 1886 a 1891.

Balmes (Jaime), sacerdote y filósofo católico español, n. en Vich (1810-1848), autor del manual de lógica aplicada *El criterio.*

Balmori (Jesús), escritor filipino (1886-1948), autor de poemas (*Rimas malayas, Mi casa de Nipa*) y novelas.

balneario, ria adj. Relativo a los baños: *estación balnearia.* ‖ — M. Lugar donde se toman baños medicinales: *el balneario de Bath.*

balneoterapia f. *Med.* Tratamiento por los baños.

balompédico, ca adj. Futbolístico: *sociedad balompédica.*

balompié m. Fútbol.

balón m. Recipiente para cuerpos gaseosos. ‖ Pelota de fútbol y juegos parecidos. ‖ Fardo grande. ‖ *Balón medicinal,* el utilizado para adquirir agilidad y soltura.

baloncesto m. Juego de equipo (cinco jugadores) que consiste en lanzar el balón a un cesto colocado en alto.

balonmano m. Juego de equipo (once jugadores) en el que se emplean sólo las manos.

balonvolea m. Juego de equipo (seis jugadores) que consiste en lanzar el balón por encima de una red sin que aquel toque el suelo.

balota f. Bolilla para votar. ‖ *Amer.* Papeleta de voto.

balotage m. En algunos países, segunda votación al no haber obtenido ningún candidato el mínimo de sufragios requerido.

balsa f. Plataforma flotante. ‖ Hoyo del terreno que se llena de agua. ‖ Estanque adonde van a parar los desperdicios. ‖ Árbol propio de la América tropical cuya madera es particularmente ligera. ‖ *Fig.* y *fam. Ser un lugar una balsa de aceite,* ser muy tranquilo.

balsámico, ca adj. Que tiene las propiedades del bálsamo.

balsamina f. Planta cucurbitácea de América. ‖ Planta balsaminácea de flores amarillas.

balsamináceas f. pl. Familia de plantas herbáceas angiospermas cuyo fruto tiene forma de cápsula carnosa, como la balsamina (ú. t. c. adj.).

balsamita f. Jaramago.

bálsamo m. Líquido aromático que fluye de ciertos árboles y se usa como producto farmacéutico: *bálsamo de Tolú.* ‖ *Fig.* Consuelo.

Balsas, río meridional de México que des. en el Pacífico; 771 km. Recibe a veces el n. de *Mezcala* y en su desembocadura *Zacatula.* — Río del Brasil, afl. del Parnaíba; 360 km. — Río del Brasil, afl. del Tocantins.

Balseiro (Rafael), compositor puertorriqueño (1867-1929). — Su hijo JOSÉ AGUSTÍN, n. en 1900, es escritor y ha publicado la obra de crítica *El vigía.*

balsero m. Conductor de una balsa: *los balseros del río Grande.*

Balta (José), militar peruano (1812-1872), pres. de la Rep. de 1868 a 1872. M. asesinado.

Baltasar, regente de Babilonia, destronado en 539 a. de J. C. por orden de Ciro.

báltico, ca adj. Relativo al mar Báltico. ‖ De los países ribereños del mar Báltico: *países bálticos* (ú. t. c. s.).

Báltico (MAR), mar de Europa septentrional, comprendido entre Suecia, Finlandia, U. R. S. S., Polonia, Alemania y Dinamarca. Se prolonga hacia el N. y el E. por los golfos de Botnia y Finlandia.

Baltimore, c. y puerto de Estados Unidos, cap. de Maryland. Arzobispado. Universidad.

balto, ta adj. y s. Aplícase a uno de los linajes de los godos.

baluarte m. Fortificación exterior de figura pentagonal. ‖ *Fig.* Amparo, defensa: *ser el baluarte del cristianismo.*

balumba f. Bulto que forman muchas cosas juntas. ‖ Conjunto desordenado. ‖ *Amer.* Barullo.

Balzac (Honoré de), novelista francés n. en Tours (1799-1850), autor de *La Comedia humana,* serie de 91 novelas sobre la sociedad francesa de la primera mitad del s. XIX (*Eugenia Grandet, Papá Goriot, En busca de lo absoluto, Azucena del valle, César Birotteau, El primo Pons,* etc.).

Balzar, pobl. y puerto fluvial del Ecuador (Guayas).

Ballagas (Emilio), poeta cubano, n. en Camagüey (1908-1954), autor de composiciones sensuales y dramáticas (*Júbilo y fuga, Cuadernos de poesía negra, Sabor eterno*).

Ballarat, c. de Australia (Victoria). Centro aurífero.

ballena f. El mayor de los cetáceos conocidos. ‖ Cada una de las láminas córneas y elásticas que posee este animal en la mandíbula superior. ‖ Varilla de metal para varios usos: *ballena de paraguas.* — La *ballena* (long. 30 m; peso 150 t) habita sobre todo en los mares polares. Se caza para aprovechar su aceite, su grasa y los apéndices córneos de su boca, que son muy estimados.

ballenato m. Cría o hijuelo de la ballena.

ballenero, ra adj. Relativo a la pesca de la ballena: *arpón ballenero.* || — M. Pescador de ballenas. || Barco destinado a esta pesca.

ballesta f. Arma para disparar flechas, saetas y bodoques. || Muelle de suspensión para vehículos.

ballestero m. El que tira con ballesta.

Ballesteros Beretta (Antonio), historiador español (1880-1949), autor de *Historia de España y su influencia en la historia universal.*

ballestilla f. Balancín pequeño del carruaje.

ballet m. Composición coreográfica. || Música que lo acompaña.

Ballivián (José), general boliviano, n. en La Paz (1804-1852). Derrotó a las tropas peruanas de Gamarra en Ingaví (1841) y fue pres. de la Rep. de 1841 a 1847. — Su hijo ADOLFO (1831-1874), fue pres. de la Rep. en 1873. || **~ Rojas** (HUGO), general boliviano, jefe de una Junta militar de 1951 a 1952.

Bamako, cap. de la Rep. de Malí; 130 800 h. Puerto en el Níger. Arzobispado.

bamba f. Baile mexicano. || *Venez.* Moneda de medio peso.

bambalina f. *Teatr.* Lienzo pintado que cuelga del telar.

bambalinón m. Bambalina grande que forma como una segunda embocadura que reduce el hueco de una escena de teatro.

Bamberg, c. de Alemania Occidental (Baviera), a orillas del Regnitz. Arzobispado. Catedral.

bambino, na m. y f. (pal. ital.). *Amer.* Niño: *peleu de bambinos.*

bambochada f. Cuadro que representa asuntos ridículos.

bamboche m. *Fam.* Persona rechoncha.

Bamboche (Pieter VAN LAAR, llamado **el**), pintor holandés (1592-1645), autor de escenas populares o ridículas.

bambolear v. i. Oscilar, no estar bien firme en su sitio una persona o cosa (ú. t. c. pr.).

bamboleo m. Acción y efecto de bambolear o bambolearse: *el bamboleo de un barco.*

bambolla f. *Fam.* Pompa, aparato. || *Amer.* Fanfarronería.

bambú m. Planta gramínea originaria de la India, cuyo tallo leñoso puede alcanzar más de veinte metros: *el bambú se utiliza en la fabricación de muebles.* (Pl. *bambúes.*)

bambuco m. Música y baile popular de Colombia.

banal adj. Galicismo por *común, trivial.*

banana f. Banano, plátano.

bananal o **bananar** m. Plantío de bananos.

bananero, ra adj. Dícese del plantío de plátanos. || Relativo a los plátanos. || — M. Plátano. || Barco que transporta plátanos.

banano m. Plátano.

banasta f. Cesto.

banasto m. Banasta redonda.

Banato, región de Europa Central, dividida entre Rumania y Yugoslavia.

banca f. Asiento de madera, sin respaldo. || Cajón donde se arrodillan las lavanderas. || Juego en que pone el banquero cierta suma de dinero, y apuntan los demás a las cartas que eligen la cantidad que quieren. || Cantidad puesta por el banquero en ciertos juegos: *hacer saltar la banca.* || Establecimiento de crédito que efectúa las operaciones de giro, cambio y descuento de valores, y la compra y venta de efectos públicos. || *Fig.* Conjunto de bancos o banqueros: *la nacionalización de la banca.* || Embarcación filipina. || *Amer.* Banco, asiento: *las bancas del parque.* | Escaño en el Parlamento.

bancada f. Banco grande de piedra. || Mesa grande. || *Mar.* Banco de los remeros. || *Min.* Escalón en las galerías subterráneas. || *Mec.* Soporte donde se ensamblan las piezas de una máquina.

bancal m. Pedazo de tierra para sembrar: *un bancal de legumbres.* || Parte de una huerta, en un terreno elevado, que forma escalón: *cultivo en bancales.*

bancario, ria adj. Del banco.

bancarrota f. *Com.* Quiebra.

Bances Candamo (Francisco Antonio de), comediógrafo español (1662-1704).

banco m. Asiento para varias personas. || Tablón grueso escuadrado que sirve de mesa en ciertos oficios: *banco de carpintero.* || Establecimiento público de crédito: *el Banco de España.* || *Albañ.* Hilada de piedras. || Acción de copar la banca en el juego. || *Arq.* Sotabanco. || *Geol.* Estrato de gran espesor: *banco de arcilla.* || *Mar.* Bajo de gran extensión: *banco de arena.* | Conjunto de peces: *banco de merluzas.* || *Banco azul,* en las Cortes, el de los ministros. || *Banco de hielo,* banquisa. || *Banco de pruebas,* el que determina las características de un motor o de otra máquina.

Banco (El), mun. de Colombia (Magdalena); puerto de pesca y centro ganadero.

Banchs (Enrique), poeta argentino (1888-1968).

banda f. Faja o lista. || Cinta distintiva de ciertas órdenes: *la banda de Carlos III.* || Lado: *por esta banda.* || Baranda del billar. || Humeral, paño litúrgico. || Grupo de personas o animales. || En el fútbol, línea que delimita el campo: *saque de banda.* || *Rad.* Conjunto de frecuencias comprendidas entre dos límites: *banda reservada a la televisión.* || *Blas.* Cinta que cruza el escudo de esquina a esquina. || *Mar.* Costado de la nave. || *Mús.* Conjunto de músicos militares o civiles. || *Amer.* Faja, ceñidor. || — *Banda sonora,* parte de la película en la que se graba el sonido. || *Fig.* y *fam. Cerrarse en* (o *a la*) *banda,* aferrarse a una idea.

Banda, grupo de islas en las Molucas (Indonesia). || **~ (La),** pobl. de la Argentina, cap. del dep. homónimo (Santiago del Estero). || **~ Oriental,** n. que se dio a las posesiones españolas situadas al E. del río Uruguay.

bandada f. Grupo de aves que vuelan juntas. || Manada, banco de peces.

Bandar, ant. *Masulipatam* o *Masulipatnam,* c. y puerto del SE. de la India (Andhra Pradesh).

bandazo m. *Fam.* Paseo, vuelta: *estás dando bandazos por la ciudad.* || *Mar.* Inclinación violenta del barco sobre un lado. || Desviación brusca de un coche.

bandearse v. pr. Ingeniárselas, valerse por sí mismo. (Se dice tb. *bandeárselas.*)

bandeirante m. Aventurero, explorador o buscador de oro en el Brasil colonial.

— Los *bandeirantes,* procedentes sobre todo de la región de São Paulo (*bandeirantes paulistas*), hicieron frecuentes expediciones (entre mediados del s. XVI y el s. XVIII) contra los indios y los negros, llegando a veces a atacar las reducciones jesuitas. Su acción facilitó la penetración de la selva virgen y el enlace de las poblaciones del interior con las del litoral.

bandeja f. Plato grande que sirve para presentar algo. || *Amer.* Fuente. || *Fig. Ofrecer* (o *dar*) *en bandeja,* dar con grandes facilidades y ventajas.

bandera f. Pedazo de tela, colocado en un asta, que lleva los colores de una nación: *izar la bandera.* || Estandarte de una iglesia, cofradía, etc. || *Mil.* En España, compañía de los antiguos tercios y del actual tercio de extranjeros o Legión. || — *Fig. A banderas desplegadas,* con toda libertad. | *De bandera,* estupendo, magnífico.

BA

Banderas, bahía de México en el Pacífico (Jalisco y Nayarit).

Banderas (Quintín), patriota cubano (1845-1906).

bandería f. Bando o partido.

banderilla f. Dardo adornado que clavan los toreros en el cerviguillo a los toros: *las banderillas negras se ponen cuando los toros no son bravos.* || *Fig.* Tapa clavada en un palillo de dientes. || *Impr.* Papel que se pega en las pruebas para corregir un texto. || *Amer.* Petardo, sablazo.

banderillear v. i. Poner banderillas: *torero que banderillea.*

banderillero m. Torero que pone banderillas.

banderín m. Bandera pequeña. || *Mil.* Soldado que sirve de guía y lleva una banderita en el cañón del fusil. | *Banderín de enganche,* depósito de reclutamiento.

banderola f. Bandera pequeña. || Cinta o tela que llevan los soldados de caballería en las lanzas.

bandidaje m. Bandolerismo.

bandido m. Bandolero.

bando m. Edicto o mandato solemne: *bando de guerra, de policía, de la alcaldía.* || Partido, facción, parcialidad: *está en el bando contrario.* || Bandada de pájaros. || — Pl. Amonestaciones.

Bandoeng. V. BANDUNG.

bandola f. Instrumento músico parecido al laúd. || *Mar.* Mástil provisional de un barco.

bandolera f. Mujer que vive con bandoleros. || Correa cruzada por el pecho en la que se cuelga un arma: *llevar a la* (o *en*) *bandolera.*

bandolerismo m. Carácter y hechos de los bandoleros.

bandolero m. Salteador de caminos. || Bandido.

bandolín m. *Mús.* Bandola.

bandoneón m. Instrumento de la familia de los acordeones.

Bandung, c. de Indonesia, al O. de la isla de Java. Conferencia Afroasiática en 1955.

bandurria f. Instrumento de cuerda parecido a la guitarra, pero menor. || *Zool.* Ave zancuda de América, de color gris oscuro.

Banes, térm. mun. y puerto de Cuba (Oriente).

Bangalore o **Bangalur,** c. de la India, cap. del Estado de Mysore. Arzobispado.

Bangka. V. BANKA.

Bangkok, cap. del reino de Tailandia, en la des. del Menam; 1 773 000 h. Puerto activo.

Bangla Desh o **Bangladesh** [*Bengala Libre*] (REPÚBLICA DEL), Estado de Asia formado en 1971 con el antiguo Paquistán Oriental; 142 776 km²; 50 840 000 h. Cap. *Dacca;* 556 700 h.

Bangüeolo, lago de África, en Rodesia del Norte; 5 000 km².

Bangui, cap. de la Rep. Centroafricana; 238 000 h. Arzobispado. Centro comercial.

Baní, c. de la Rep. Dominicana, cap. de la prov. de Peravia.

banilejo, ja adj. y s. De Baní.

Banjermasin, c. y puerto de Indonesia, en el S. de Borneo.

banjo m. Guitarra de caja circular cubierta con una piel.

Banka o **Bangka,** isla de Indonesia, al SE. de Sumatra.

banquero m. Director de un banco. || El que se dedica a negocios bancarios. || En los juegos de azar, el que tiene en su poder la banca.

banqueta f. Asiento sin respaldo. || Escabel para los pies. || *Fort.* Obra prolongada que sirve a los soldados para protegerse contra el fuego del enemigo. || Acera o andén de una alcantarilla subterránea.

banquete m. || Comida a la que se asiste para celebrar algo (una boda, una conmemoración). ‖ Comida espléndida, festín. ‖ *Banquete eucarístico,* la comunión.

Banquete *(El),* diálogo de Platón sobre el sentimiento del amor y la idea de la belleza.

banquetear v. t. Dar o andar en banquetes (ú. t. c. i.).

banquillo m. Banco bajo. ‖ Escabel para los pies. ‖ *For.* En España, asiento del acusado. ‖ *Amer.* Patíbulo, cadalso.

banquisa f. Banco de hielo.

Banting (Sir Frederik GRANT), médico canadiense (1891-1941). Participó en el descubrimiento de la insulina. (Pr. Nóbel, 1923.)

bantú adj. y s. De un grupo de pueblos del África sudecuatorial. (Los *bantús* hablan la misma lengua, pero son de tipos étnicos diferentes.)

Banzer (Hugo), militar boliviano, n. en 1926, pres. de la Rep. en 1971.

bañadera f. *Amer.* Bañera.

bañadero m. Charco donde se bañan los animales monteses.

bañador m. Traje de baño.

bañar v. t. Sumergir en un líquido. Ú. t. c. pr.: *bañarse en el mar.* ‖ Humedecer. ‖ Cubrir una cosa con una capa de otra sustancia: *un pastel bañado en chocolate.* ‖ Pasar por algún sitio el mar, un río, etc.: *el Ebro baña Zaragoza.* ‖ Dar el aire o la luz de lleno en algo: *el sol baña el balcón.* ‖ *Fig.* Mojar con un líquido: *bañar en sangre, en lágrimas.*

bañera f. Baño, pila para bañarse.

bañero, ra m. y f. Persona encargada del cuidado de los que se bañan en una playa o en un balneario.

Báñez (Domingo), dominico español (1528-1604), comentador de Santo Tomás.

bañista com. Persona que se baña en una playa o balneario.

baño m. Inmersión en un líquido: *dar un baño.* ‖ Líquido para bañarse. ‖ Bañera. ‖ Sitio donde hay agua para bañarse. ‖ Aplicación medicinal del aire, vapor, etc.: *baños de sol.* ‖ Capa con que se cubre una cosa: *un baño de laca* ‖ *Fig.* Tintura, nociones, barniz: *darse un baño de inglés.* ‖ *Quím.* Mano de pintura que se da sobre algo. ‖ Calor obtenido de un modo indirecto. ‖ — Pl. Lugar donde hay aguas medicinales. ‖ Cárcel donde los moros encerraban a los cautivos: *los baños de Argel.* ‖ — *Baño de asiento,* el de las nalgas. ‖ *Baño de María,* recipiente con agua puesta a calentar donde se mete otra vasija para que su contenido reciba calor suave.

Baño *(Orden del),* orden de caballería inglesa, creada en 1399 por Enrique IV.

Bañolas, c. de España (Gerona), donde se halló una mandíbula de la época del hombre de Neandertal.

Baños, c. del Ecuador, cab. del cantón homónimo (Tungurahua). ‖ **~ de los Reyes,** balneario de la Argentina (Jujuy).

bao m. Madero transversal del buque que sirve para sostener las cubiertas.

baobab m. Árbol bombáceo de África tropical: *el baobab es el mayor vegetal conocido.* (Pl. *baobabs.*)

Baoruco o **Bahoruco,** prov. occidental de la Rep. Dominicana; cap. *Neiba.*

Baptista (Mariano), político boliviano (1832-1907), pres. de la Rep. de 1892 a 1896.

baptisterio m. Sitio donde está la pila bautismal. ‖ Esta pila. ‖ Edificio, por lo común próximo a una catedral, donde se administraba el bautismo.

baqueano, na adj. y s. Baquiano.

Baquedano (Manuel), general chileno (1826-1897), que de 1879 a 1881 dirigió la campaña contra el Perú.

baquelita f. Resina sintética obtenida por condensación de un fenol en presencia de formol.

Baquerizo Moreno (Alfredo), político y escritor ecuatoriano (1859-1950), pres. de la Rep. de 1916 a 1920 y de 1931 a 1932.

baqueta f. Varilla para limpiar las armas de fuego. ‖ Varilla de los picadores para manejar los caballos. ‖ *Arq.* Junquillo, moldura. ‖ — Pl. Palillos del tambor. ‖ — *Fig.* y *fam. Mandar a la baqueta,* mandar despóticamente. | *Tratar a la baqueta,* tratar con desprecio o severidad.

baquetazo m. Golpe de baqueta, palo: *asestar un baquetazo.* ‖ Batacazo, caída, porrazo.

baqueteado, da adj. *Fig.* Experimentado, curtido. | Acostumbrado a trabajos y penalidades: *baqueteado por la vida.*

baquetear v. t. Hacer sufrir el castigo de baquetas. ‖ *Fig.* Tratar mal. | Ejercitar. | Hacer pasar penas y trabajos.

baqueteo m. Traqueteo. ‖ Molestia excesiva. ‖ Cansancio, fatiga.

baquía f. Conocimiento de las vías de comunicación de un país. ‖ *Amer.* Destreza, habilidad.

baquiano, na adj. y s. Que conoce los caminos. ‖ Experto, perito. ‖ — M. Guía para viajar por el campo.

báquico, ca adj. Relativo a Baco. ‖ *Fig.* Concerniente a la embriaguez.

baquio m. Pie de la poesía grecolatina.

bar m. Establecimiento en el que se venden bebidas que suelen tomarse en el mostrador.

bar m. *Fís.* Unidad de presión atmosférica equivalente a un millón de barias.

Barabudur. V. BORUBUDUR.

baraca f. En Marruecos, don divino atribuido a los jerifes y morabitos.

Baracaldo, c. de España (Vizcaya), cerca de Bilbao. Metalurgia.

Baracoa, bahía de Cuba (Oriente). — C. y puerto de Cuba (Oriente), Fundada por Diego Velázquez en 512. Fue la primitiva cap. de la Isla.

Baradero, río de la Argentina (Buenos Aires). Recibe a veces el n. de *Paraná de las Palmas.* — Pobl. de la Argentina (Buenos Aires).

Baragua, sierra de Venezuela (Lara). Punto culminante, 1 450 m (pico de Sirarigua).

Barahona, c. de la Rep. Dominicana en la bahía de Neiba, cap. de la prov. homónima.

Barahona de Soto (Luis), poeta y médico español (1548-1595), autor de *Las lágrimas de Angélica,* poema inspirado en Ariosto.

barahúnda f. Ruido, alboroto y confusión grandes.

baraja f. Conjunto de naipes para jugar: *la baraja española tiene 48 cartas y la francesa 52.* ‖ *Amer.* Naipe. ‖ *Fig. Jugar con dos barajas,* obrar con doblez.

barajar v. t. Mezclar las cartas antes de repartirlas. ‖ *Fig.* Mezclar, resolver: *barajar ideas.* | Manejar: *barajar datos.* | Nombrar, citar: *se barajan varios nombres para este nombramiento.*

Barajas, pobl. de España al NE. de Madrid. Aeropuerto.

Baralt (Rafael María), escritor, filólogo y poeta venezolano, n. en Maracaibo (1810-1860), autor de *Historia de Venezuela* y de un *Diccionario de galicismos.*

baranda f. Barandilla, pasamano: *una baranda de mármol.*

barandal m. Larguero que sostiene los balaustres. ‖ Barandilla de escalera.

barandilla f. Antepecho de los balcones, escaleras, etc.

Baranoa, c. de Colombia (Atlántico).

barata f. Trueque, cambio.

Barataria *(Ínsula),* isla imaginaria, cuyo gobierno obtuvo Sancho Panza, y donde experimentó los inconvenientes del Poder.

baratear v. t. Vender barato.

baratería f. *For.* Fraude en una compra o venta. | Delito del juez prevaricador. ‖ *Mar.* Daño causado por el capitán o la tripulación de un buque en perjuicio del armador.

baratija f. Objeto sin valor.

baratillo m. Tienda de objetos de poco valor. ‖ Venta de mercancías a bajo precio.

barato, ta adj. De poco precio: *vida barata.* ‖ — M. Venta de mercancías a bajo precio para liquidarlas. ‖ — Adv. Por poco precio: *salir barato.* ‖ *De barato,* de balde.

báratro m. *Poét.* Infierno.

baratura f. Precio bajo.

baraúnda f. Barahúnda.

Baraya (Antonio), general colombiano (1770-1816), héroe de la Independencia. M. fusilado por orden de Morillo.

barba f. Parte de la cara, debajo de la boca. ‖ Pelo que nace en esta parte del rostro: *un joven de barba rubia* (ú. t. en pl.). ‖ Pelo de algunos animales en la quijada inferior: *barbas de chivo.* ‖ Carnosidad que cuelga del cuello de algunas aves. ‖ Nombre de ciertas plantas. ‖ — *Fam. Con toda la barba,* cabal, con plenitud de facultades. | *En las barbas de uno,* en su presencia. ‖ *Hacer la barba,* afeitarla. ‖ *Fig.* y *fam. Por barba,* por persona. | *Subirse uno a las barbas de otro,* perderle el respeto. ‖ — M. *Teatr.* El que hace el papel de anciano, característico.

Barba, volcán de Costa Rica, al N. de San José; 2 830 m. — C. de Costa Rica (Heredia).

Barba (Álvaro ALONSO). V. ALONSO BARBA. ‖ **~ Jacob** (PORFIRIO). V. OSORIO BENÍTEZ.

Barba Azul, personaje de un cuento de Perrault que mató a sus seis primeras mujeres.

barbacana f. Fortificación aislada. ‖ Aspillera, tronera.

Barbacena c. de Brasil (Minas Gerais). Textiles.

barbacoa f. *Amer.* Especie de catre abierto y también camilla o andas. | Utensilio a modo de parrilla que sirve para asar la carne o el pescado al aire libre. ‖ Lo asado de este modo.

Barbacoas, sierra de Venezuela. Es llamada tb. *Sierra de Tocuyo.* — C. de Colombia (Nariño).

barbada f. Cadenilla que une las dos partes del freno de los caballos por debajo de la barba.

barbado, da adj. Con barba. ‖ — M. Sarmiento que se planta con raíces. ‖ Hijuelo del árbol, que nace junto a él.

Barbados, isla de las Antillas Menores; 431 km²; 250 000 h. Cap. *Bridgetown.* Fue británica de 1625 a 1966.

barbaján adj. y s. *Cub.* y *Méx.* Tosco, brutal.

barbal adj. De la barba.

Bárbara *(Santa),* virgen y mártir de Nicomedia (s. IV), patrona de los artilleros. Fiesta el 4 de diciembre.

Bárbara *(Doña),* novela naturalista de R. Gallegos (1929).

bárbaramente adv. De modo bárbaro. ‖ *Fam.* Formidable, estupendamente.

barbaridad f. Calidad de bárbaro. ‖ *Fam.* Necedad, disparate. *decir una barbaridad.* | Atrocidad: *cometer barbaridades.* | Gran cantidad, mucho: *tener una barbaridad de dinero.*

barbarie f. *Fig.* Incultura. | Crueldad: *acto de barbarie.*

barbarismo m. Vicio del lenguaje. ‖ Idiotismo, vocablo o giro de una lengua extranjera.

— Consiste el *barbarismo* en escribir mal una palabra, como *expontáneo* por *espontáneo, exhorbi-*

tar, por *exorbitar*, etc.; en acentuarla mal, como *kilógramo*, por *kilogramo; cólega* por *colega*; en pronunciarla mal, como *haiga*, por *haya; cuala*, por *cual; jaga* por *haga*; en emplear voces de otros idiomas con lo que forman, según su origen, *anglicismos, galicismos, italianismos*, etc.; en adoptar, para la transcripción de voces extranjeras, letras distintas de las que pide el castellano, como: *khedive*, por *jedive; Mayenza* por *Maguncia*, etc.; en usar arcaísmos en el estilo moderno, como *asaz, empero, maguer*; en emplear neologismos inútiles, como *presupuestear*; en usar una dicción en sentido distinto del que le corresponde, como *apercibirse de un error; bajo tal punto de vista*.

barbarizar v. t. Hacer bárbara una cosa. || — V. i. Decir disparates.

bárbaro, ra adj. Nombre que daban los griegos y romanos a los pueblos ajenos a su cultura (ú. t. c. s.). || *Fig.* Bruto, cruel. | Arrojado, temerario. | Inculto, grosero. || *Fig.* y *fam.* Muy bien, magnífico, espléndido: *una película bárbara*. | Muy grande.

— Del s. III al s. VI de nuestra era, los *bárbaros* invadieron el Imperio Romano, derribaron a los emperadores de Occidente y fundaron Estados más o menos duraderos. Pertenecían, la mayor parte, a las razas germánicas, eslavas o góticas (francos, suevos, vándalos, etc.); otros, como los ávaros, eran de raza uraloaltaica.

Barbarroja, sobrenombre con que era conocido el emperador de Occidente *Federico I*. || ~ (HORUC), pirata berberisco (1473-1518). Se apoderó de Argel (1516) y fue vencido por los españoles. — Su hermano KAIR ED-DIN (1467-1546) fue almirante del sultán Solimán, creó el puerto de Argel y arrebató a los españoles Túnez (1534), que volvió a perder dos años más tarde.

Barbastro, c. de España (Huesca). Obispado.

Barbate, pobl. del S. de España (Cádiz). Pesca. Playas.

barbear v. t. *Méx.* Coger una res vacuna por el testuz y torcerle el cuello hasta echarla al suelo.

barbechar v. t. Disponer la tierra en barbecho.

barbecho m. Campo que se deja de cultivar durante cierto tiempo para que descanse.

barbería f. Establecimiento del barbero.

barbero m. El que se dedica a afeitar o a cortar el pelo. || Pez de las Antillas.

Barbero de Sevilla (*El*), comedia de Beaumarchais (1775). — Ópera bufa, obra maestra de Rossini (1816).

Barbey d'Aurevilly (Jules), escritor francés (1808-1859).

barbián, ana adj. y s. *Fam.* Persona simpática y jovial.

Barbieri (Francisco ASENJO), músico español, n. y m. en Madrid (1823-1894), autor de las zarzuelas *El barberillo de Lavapiés, Pan y Toros*, etc. || ~ (VICENTE), poeta vanguardista argentino (1903-1956).

barbilampiño, ña adj. y s. De poca barba.

barbilla f. Mentón, punta o remate de la barba. || Aleta carnosa de algunos peces. || *Carp.* Corte oblicuo hecho en un madero para que encaje en el hueco de otro: *ensamblar a muesca y barbilla*.

barbitúrico, ca adj. y s. m. *Med.* Dícese de un radical químico, base de numerosos hipnóticos y sedantes del sistema nervioso.

barbo m. Pez de río.

barbón m. Hombre barbado.

barboquejo m. Cinta con que se sujeta el sombrero debajo de la barbilla.

Barbosa, mun. y pobl. de Colombia (Antioquia).

Barbosa (Januario DA CUNHA), sacerdote, poeta y predicador brasileño (1780-1846). || ~ (RUI), político, jurisconsulto, orador y escritor brasileño (1849-1923). Abogó por la abolición de la esclavitud.

barbotar v. t. e i. Mascullar.

Barbuda, isla de las Antillas Menores.

barbudo, da adj. Que tiene muchas barbas (ú. t. c. s.) || — M. *Amer.* Nombre de varios peces.

barbullar v. i. *Fam.* Hablar confusa y atropelladamente.

barbuquejo m. Barboquejo.

barca f. Embarcación pequeña: *barca de pesca*.

barcada f. Carga de una barca.

barcaje m. Transporte en barca. || Su precio.

barcarola f. Canción popular italiana. || Canto de marineros que imita el movimiento de los remos.

barcaza f. Lanchón para transportar carga de una embarcación a otra o a tierra. || — *Barcaza de desembarco*, la utilizada para desembarcar tropas y material.

Barceló (Antonio), marino mallorquín (1717-1797).

Barcelona, c. de España, cap. de la prov. homónima, a orillas del Mediterráneo, al N. del delta del Llobregat y al pie del Tibidabo. Arzobispado. Universidad. Escuelas superiores. Puerto muy activo. Aeropuerto. Industrias (siderúrgica, textil, eléctrica, de maquinarias, del automóvil, etc.) Debió ser fundada por el cartaginés Amílcar Barca. — C. de Venezuela, cap. del Estado de Anzoátegui. Obispado. Fundada por Sancho Fernández de Angulo en 1671.

barcelonense adj. y s. De Barcelona (Venezuela).

barcelonés, esa adj. y s. De Barcelona (España).

barceno, na adj. Barcino.

barcia f. Desperdicio del trigo.

Barcia (Roque), escritor y político español (1824-1885), autor de un *Diccionario etimológico de la lengua española* y de un *Diccionario de sinónimos*.

barcino, na adj. Aplícase al animal de pelo blanco y pardo.

Barcino, n. que en la Edad Antigua se daba a *Barcelona*.

barco m. Embarcación: *barco de vapor*. || Parte de la nave espacial donde se instala el astronauta.

Barco Centenera (Martín del), poeta español (1535-1605), autor del poema épico *La Argentina*, n. del que derivó el de este país.

Barco de Ávila (El), pobl. de España (Ávila). Judías.

barda f. Arnés. || Cubierta de zarzas que se pone sobre las tapias: *las bardas del corral*.

bardana f. *Bot.* Lampazo.

Bardem (Juan Antonio), director de cine español n. en 1922, realizador de *La muerte de un ciclista* y de *Calle Mayor*.

bardo m. Poeta de los antiguos celtas. || *Por ext.* Poeta.

Barea (Arturo), novelista español (1897-1957), autor de la trilogía *La forja de un rebelde*.

Bareiro (Cándido), político paraguayo, m. en 1880. pres. de la Rep. de 1878 a 1880.

baremo m. Libros de cuentas ajustadas. || Tabla de tarifas.

Barents (Willem), marino y explorador holandés (¿1550?-1597), descubridor de Nueva Zembla y del Spitzberg. Lleva el n. de *mar de Barents* la parte del océano Glacial Ártico comprendida entre Nueva Zembla y la rep. soviética de Carelia.

Bares. V. VARES (*Estaca de*).

bargueño m. Mueble de madera con cajoncitos y gavetas.

Bari, c. y puerto de Italia (Pulla), cap. de la prov. homónima. Arzobispado. Industrias.

baria f. Unidad C. G. S. de presión que equivale a una dina por centímetro cuadrado.

baricentro m. Centro de gravedad.

Barichara, v. de Colombia (Santander). Gruta de Macaregua.

Bariloche. V. SAN CARLOS DE BARILOCHE.

Barillas (Manuel Lisandro), general guatemalteco (1844-1907), pres. de la Rep. de 1886 a 1892. M. asesinado.

barimetría f. Medida de la gravedad.

Barinas, c. de Venezuela, cap. del Estado homónimo. Centro ganadero; yac. de petróleo.

barinense adj. y s. De Barinas, ciudad de Venezuela.

barinés, esa adj. y s. De Barinas, Estado de Venezuela.

bario m. Metal (Ba), de número atómico 56, blanco amarillo, fusible a 710 °C. y de densidad 3,8.

barisfera f. Núcleo central de la Tierra.

barita f. Óxido de bario.

baritina f. Sulfato de bario natural.

barítono m. *Mús.* Voz media entre la de tenor y la del bajo. | El que tiene esta voz.

Barkla (Charles Glover), físico inglés (1877-1944), que efectuó investigaciones sobre rayos X y ondas eléctricas. (Pr. Nóbel, 1917.)

Bar-le-Duc, c. de Francia, cap. del dep. del Meuse. Industrias.

Barletta, c. y puerto de Italia (Bari). Obispado.

barloa f. *Mar.* Cabo con que se amarran los buques unos a otros.

barloventear v. i. *Mar.* Navegar contra el viento.

barlovento m. *Mar.* Lado de donde procede el viento.

Barlovento (ISLAS DE), en inglés *Windward Islands*, grupo de las Antillas Menores (Dominica, Granada, Santa Lucía, San Vicente), entre Puerto Rico y Trinidad.

barman m. Camarero de bar.

Barmen. V. WUPPERTAL.

barnabita adj. y s. m. Clérigo secular de la congregación de San Pablo, fundada en 1530 en la iglesia de San Bernabé de Milán.

barnacla m. Pato marino.

Barnard (Christian), cirujano sudafricano, n. en 1922. En 1967 llevó a cabo el primer trasplante de corazón humano.

barniz m. Disolución de una resina en un líquido volátil. || Baño que se da a la loza o porcelana. || Afeite. || *Fig.* Conocimientos poco profundos, capa: *barniz literario*.

barnizado m. Acción y efecto de barnizar.

barnizador, ra adj. y s. Que barniza.

barnizar v. t. Dar barniz.

Barnum (Fineas TAYLOR), empresario norteamericano de circo (1810-1891).

Barocci (Federico), pintor religioso italiano (1528-1612).

Baroda, c. de la India (Gudjerate). Industrias (químicas, textil).

barógrafo m. Barómetro registrador.

Baroja (Pío), novelista español, n. en San Sebastián (1872-1956), una de las máximas figuras de la llamada Generación del 98. Su obra exalta los paisajes y las costumbres del País Vasco (*La casa de Aizgorri, Zalacaín el Aventurero, Las inquietudes de Shanti Andía*), las andanzas del bajo pueblo de Madrid (*La busca, Mala hierba, Aventuras, inventos y mixtificaciones de Silvestre Paradox*) y las vicisitudes políticas de la España de su tiempo (*El árbol de la ciencia, César o nada, El mundo es ansí, Camino de perfección*, etc.).

barométrico, ca adj. Del barómetro: *presión barométrica*.

barómetro m. Instrumento que sirve para determinar la presión atmosférica.

— El *barómetro*, inventado en 1643 por Torricelli, discípulo de Galileo, está formado por un tubo vertical de vidrio de unos 76 cm de altura (*altura barométrica normal, al nivel del mar*), que se coloca sobre una cubeta que encierra cierta cantidad de mercurio. La presión atmosférica y, por consiguiente, la altura barométrica, varían en un mismo punto de un momento a otro con el peso de la capa de aire.

barón m. Título nobiliario.

baronesa f. Mujer del barón. || Mujer que goza de una baronía.

baronet m. Título nobiliario de Inglaterra.

baronía f. Dignidad de barón y territorio de su jurisdicción.

barquero, ra m. y f. Persona que conduce una barca.

barquichuelo m. Barco pequeño: *cruzó la bahía en un barquichuelo.*

barquilla f. Cesto del globo aerostático. || Armazón de forma ahusada que contiene el motor de un avión. || Molde para barquillos.

barquillero, ra m. y f. Persona que hace o vende barquillos. || — M. Molde para hacer barquillos.

barquillo m. Hoja delgada de pasta de harina sin levadura generalmente en forma de canuto.

barquinazo m. *Fam.* Batacazo, porrazo. | Vuelco o sacudida que da un coche.

barquisimetano, na adj. y s. De Barquisimeto (Venezuela).

Barquisimeto, c. de Venezuela, cap. del Estado de Lara. Obispado. Centro comercial. Fundada en 1552 por Juan Villegas, con el n. de *Nueva Segovia.*

barra f. Pieza larga y estrecha de cualquier materia: *barra de acero.* || Palanca para levantar grandes pesos. || Lingote: *barra de oro.* || Barandilla que separa a los jueces del público en un tribunal: *el acusado se acercó a la barra.* || Mostrador de un bar: *tomar una copa en la barra.* || Pan de forma alargada. || Tubo superior del cuadro de una bicicleta. || Parte de la quijada del caballo donde se coloca el bocado. || Banco de arena en la embocadura de un río. || *Blas.* Banda que atraviesa desde el ángulo siniestro superior hasta el diestro inferior. | Lista o bastón: *las barras de Aragón.* || *Amer.* Prisión a modo de cepo. || *Mar.* Galicismo por *caña del timón.* || — *Barra fija, barras paralelas,* aparatos de gimnasia. || *Fig. Sin pararse en barras,* sin reparar en los inconvenientes, sin hacer caso.

Barra (Eduardo de la), ingeniero y poeta chileno (1839-1900). Usó el seudónimo *Rubén Rubí.* || ~ (EMMA DE LA). V. DUAYEN (César).

Barrabás, malhechor judío, preferido por la multitud cuando Poncio Pilato propuso a los judíos que entre él y Jesús escogiesen el que debía ser puesto en libertad con ocasión de la Pascua.

barrabasada f. *Fam.* Acción mala y perversa. | Burrada.

barraca f. Casa tosca. || Vivienda rústica de las huertas de Valencia y Murcia. || Caseta, puesto: *barraca de tiro al blanco.*

barracón m. Barraca grande.

Barragán, ensenada de la Argentina, puerto de la ciudad de La Plata.

Barragán (Miguel), general mexicano (1789-1835) al que se rindió el castillo de San Juan de Ulúa, último baluarte español (1825).

barragana f. Concubina.

barraganería f. Amancebamiento: *vivir en barraganería.*

barranca f. Barranco.

Barrancabermeja, c. de Colombia (Santander), puerto en el río Magdalena. Importante ref. de petróleo; oleoducto hasta Cartagena (540 km).

barrancal m. Sitio poblado de barrancos.

Barrancas, río de la Argentina (Mendoza), afl. del Colorado; 120 kilómetros. — Com. de Chile (Santiago).

barranco m. Despeñadero, precipicio. || Cauce profundo que hacen las aguas llovedizas. || *Fig.* Dificultad: *salir del barranco.*

barrancoso, sa adj. Que tiene muchos barrancos: *paso barrancoso.*

Barranqueras, pobl. de la Argentina (Chaco).

Barranquilla, c. y puerto de Colombia, cap. del dep. del Atlántico. Obispado. Universidad. Centro industrial. Famoso carnaval.

barranquillero, ra adj. y s. De Barranquilla.

Barraverde, pobl. del Brasil (Rio Grande do Norte).

Barreda (Gabino), filósofo mexicano (1820-1881), introductor del positivismo en la educación pública de su país.

barredero, ra adj. y s. Que barre. || — F. Máquina para barrer las calles.

barredor, ra adj. y s. Que barre. || — F. Barredera.

barredura f. Barrido. || — Pl. Basuras.

Barreiro (Miguel), patriota uruguayo (1780-1848), secretario de Artigas. Miembro de la Asamblea Constituyente, participó en la redacción de la primera Constitución (1829).

barrena f. Instrumento para taladrar. || Barra de hierro para sondar terrenos, agujerear rocas, etc. || *Entrar en barrena,* empezar un avión a descender verticalmente y en giro por falta de velocidad.

barrenador m. Barrenero.

barrenar v. t. Perforar algo con barrena o barreno: *barrenar una roca, una nave.* || *Fig.* Desbaratar, impedir: *barrenar un proyecto.*

barrendero, ra m. y f. Persona que barre.

Barrenechea y Albis (Fray Juan de), religioso mercedario y escritor chileno (1669-1707), autor de *Restauración de la Imperial.*

barrenero m. *Min.* El que abre barrenos en las minas, etc.

barreno m. Barrena grande. || Agujero hecho con la barrena. || Orificio relleno de pólvora que se abre en la roca o mina para hacerla volar.

barreño m. Vasija de barro, de metal o de plástico que sirve para fregar y otros usos.

barrer v. t. Quitar con la escoba el polvo, la basura, etc.: *barrer la habitación, las calles.* || Pasar rozando: *su vestido barre el suelo.* || Arrastrar: *el viento barre los papeles.* || *Fig.* Quitar todo lo que había en alguna parte. | Hacer desaparecer: *barrer los obstáculos.* |Enfocar con un haz de luz electrónica la superficie de una pantalla luminiscente de un tubo o lámpara catódica.

barrera f. Valla de palos, tablas u otra cosa: *barrera de paso a nivel.* || Parapeto, antepecho. || Valla, en las plazas de toros, que resguarda a los toreros. || Primera fila de asientos en las plazas de toros. || Lo que separa: *barrera geográfica entre los dos países.* || *Fig.* Impedimento, obstáculo: *poner barreras.* || *Barrera del sonido,* aumento brusco de la resistencia del aire que se produce cuando el avión alcanza la velocidad del sonido.

Barrero Grande. V. EUSEBIO AYALA.

Barrès (Maurice), escritor francés (1862-1923), autor de *Los desarraigados, El Greco o el secreto de Toledo,* etc.

barretina f. Gorro usado por los catalanes, parecido al gorro frigio: *sin quitarse la barretina.*

Barrett (Elisabeth). V. BROWNING. || — (RAFAEL), escritor argentino, n. en España (1877-1910), autor de *El dolor paraguayo, El terror argentino, Cuentos breves,* etc.

barriada f. Barrio, generalmente en la parte exterior de una ciudad: *la barriada del Carmen.*

barrica f. Tonel pequeño.

barricada f. *Fort.* Parapeto improvisado para estorbar el paso del enemigo.

barrido m. Acción de barrer. || Barreduras.

Barrie (James Mathew), escritor inglés (1860-1937), autor de *Peter Pan.*

Barrientos (René), general boliviano (1919-1969), pres. de la Rep. de 1964 a 1969.

barriga f. Vientre. || *Fig.* Parte abultada de una vasija.

barrigón, ona y **barrigudo, da** adj. y s. Que tiene mucha barriga. || — M. y f. Niño.

barriguera f. Correa que pasa bajo el vientre de las caballerías.

barril m. Tonel para guardar licores y géneros: *un barril de vino, de pólvora.* || Medida de capacidad para el petróleo, equivalente a 159 litros.

barrilete m. Gancho de hierro con que sujetan los carpinteros la madera en el banco. || Pieza cilíndrica y móvil del revólver donde se colocan los cartuchos, tambor. || *Mús.* Pieza de clarinete junto a la boquilla.

barrilla f. Planta quenopodiácea, cuyas cenizas contienen la sosa.

barrillo m. Barro cutáneo.

barrio m. Cada una de las partes en que se dividen las ciudades y pueblos: *el barrio gótico de Barcelona.* || *Fig.* y *fam. El otro barrio,* el otro mundo.

Barrio Latino, barrio de París, centro de la enseñanza desde el s. XII.

barrioporteño, ña adj. y s. De Puerto Barrios (Guatemala).

Barrios (Eduardo), novelista chileno (1884-1963), autor de *El niño que enloqueció de amor, Un perdido, Tamarugal* y *Gran señor y rajadiablos,* etc., donde se muestra un gran observador de la vida social. || ~ (GERARDO), general y político salvadoreño (1809-1865), pres. de la Rep. en 1858, de 1859 a 1860 y de 1861 a 1863. M. fusilado por orden de Dueñas, su sucesor. || ~ (JUSTO RUFINO), general y político guatemalteco, n. en San Lorenzo (1835-1885), pres. de la Rep. de 1873 hasta su muerte en Chalchuapa al pretender restablecer por la fuerza la federación centroamericana.

barrista m. Gimnasta que hace los ejercicios en la barra fija.

barritar v. i. Berrear el elefante o el rinoceronte.

barrizal m. Lodazal.

barro m. Masa de tierra y agua: *caminos llenos de barro.* || Arcilla de alfareros: *modelar con barro.* || Recipiente hecho con ella. || Arcilla: *Dios creó al hombre con barro.* || Granillo en el rostro. || *Fig.* Cosa despreciable, ignominia: *arrastrarse por el barro.*

Barro Vermelho, pobl. del Brasil (Rio Grande do Norte).

barroco, ca adj. y s. m. *Arq.* Dícese del estilo artístico caracterizado por la profusión de adornos propio de los s. XVII y XVIII en contraposición al Renacimiento clásico. (Procedente de Italia, se desarrolló mucho en la Península Ibérica y luego en América Latina.) [Se aplica tb. a las obras de pintura, escultura y literarias.] || Galicismo por *extravagante, complicado.*

barroquismo m. Calidad de lo barroco. || Tendencia a lo barroco. || *Fig.* Extravagancia.

Barros (João de), historiador portugués (1496-1570), autor de *Asia,* relación de los descubrimientos portugueses. || ~ **Arana** (DIEGO), historiador chileno (1830-1907), autor de *Historia general de la Independencia de Chile* e *Historia de la Guerra del Pacífico.* || ~ **Grez** (DANIEL), novelista y dramaturgo chileno (1834-1904), autor de *Pipiolos y pelucones.* || ~ **Luco** (RAMÓN), político chileno (1835-1919), pres. de la Rep. de 1910 a 1915.

barroso, sa adj. Con barro: *caminos barrosos.* ‖ De color de barro.

barrote m. Barra gruesa. ‖ Barra de hierro para asegurar algo: *la barra de la puerta.*

Barrow (Isaac), matemático y teólogo inglés, n. en Londres (1630-1677), maestro de Newton.

Barrow-in-Furness, c. y puerto de Gran Bretaña (Lancaster).

Barrundia (José Francisco), político guatemalteco (1784-1854), pres. de la Rep. Federal de las Provincias Unidas de Centro América de 1829 a 1830. — Su hermano JUAN fue jefe del Estado de 1824 a 1826 y en 1829.

barruntador, ra adj. Que barrunta: *signos barruntadores.*

barruntamiento m. Barrunto.

barruntar v. t. Prever, presentir. ‖ Suponer.

barrunte y **barrunto** m. Indicio, asomo. ‖ Presentimiento.

Barry (Jeanne BECU, *condesa* DU) [1743-1793], favorita de Luis XV, decapitada durante el Terror.

Bartholdi (Frédéric Auguste), escultor francés (1834-1904), autor de la estatua de la Libertad del puerto de Nueva York.

Bartok (Bela), músico húngaro (1881-1945).

bartola (a la) loc. fam. Sin ningún cuidado, sin preocuparse de nada: *echarse, tenderse, tumbarse a la bartola.*

Bartolache (José Ignacio), matemático, médico y químico mexicano (1730-1790).

Bártolo, jurisconsulto italiano, n. en Sassoferrato (Urbino) [1314-1357].

Bartolomé *(San),* uno de los doce apóstoles. Fiesta el 24 de agosto.

Bartolomeo *(Fra),* religioso dominico y pintor italiano (1472-1515).

Bartrina (Joaquín María), poeta español (1850-1880), autor de *Algo,* de inspiración pesimista.

bártulos m. pl. *Fig.* Trastos, chismes, cosas: *preparar los bártulos.* ‖ *Fig.* y *fam. Liar los bártulos,* disponer todo para marcharse.

Barú, volcán de Panamá, 3 475 metros. — Distr. de Panamá (Chiriquí).

Baruc, profeta menor, discípulo de Jeremías (600 a. de J. C.).

barullo m. *Fam.* Confusión, alboroto. ‖ *Fam. A barullo,* en gran cantidad.

basa f. Asiento de la columna.

Basadre (Jorge), escritor, crítico y ensayista peruano, n. en 1903.

Basaldúa (Héctor), pintor argentino, n. en 1895.

basáltico, ca adj. De basalto.

basalto m. Roca volcánica negra verdosa, muy dura.

basamento m. *Arq.* Cuerpo formado por la basa y el pedestal de la columna.

basar v. t. Apoyar en una base. ‖ *Fig.* Fundar, apoyar. Ú. t. c. pr.: *basarse en datos falsos.* | Tener su base: *escuadrilla basada en Torrejón* (ú. t. c. pr.).

basáride m. Mamífero carnívoro de América, semejante a la comadreja, pero más grande.

basca f. Ganas de vomitar, náuseas, arcada.

bascosidad f. Ansia, ganas de vomitar. ‖ Asco. ‖ Inmundicia.

bascoso, sa adj. Que tiene bascas o ansias. ‖ Inmundo, sucio.

báscula f. Aparato para pesar: *platillo de la báscula.* ‖ *Fig.* Cosa que oscila sobre un eje horizontal. ‖ *Fort.* Máquina para levantar el puente levadizo.

basculador m. Volquete.

bascular v. i. Ejecutar un movimiento de báscula alrededor de un punto en equilibrio. (Esta voz es galicismo.)

base f. Asiento, apoyo o superficie en que se sostiene un cuerpo: *base de una construcción.* ‖ Basa de una columna. ‖ Parte inferior de un cuerpo. ‖ *Fig.* Fundamento: *la base de un razonamiento.* | Origen: *ésta fue la base de su riqueza.* ‖ *Geom.* Lado o cara en que se supone descansa una figura. ‖ *Mat.* Cantidad que ha de elevarse a una potencia dada. ‖ *Mil.* Lugar de concentración de los medios necesarios para emprender una operación terrestre, aérea o naval: *base de operaciones.* ‖ *Quím.* Cuerpo que puede combinarse con los ácidos para formar sales. ‖ *Topogr.* Recta de la cual se parte. ‖ Conjunto de militantes de un partido u organización sindical, y tb. de los trabajadores de una empresa o ramo industrial. ‖ *Base imponible,* cantidad gravada de impuestos.

base-ball [*béisbol*] m. (pal. ingl.). Béisbol, pelota base.

Basel. V. BASILEA.

basicidad f. *Quím.* Propiedad de los cuerpos que actúan como bases: *la basicidad de la sosa.*

básico, ca adj. Que sirve de base. ‖ Fundamental. ‖ Dícese de la sal en que predomina la base.

basidio m. Célula madre de las esporas de ciertos hongos.

basidiomicetos m. pl. Hongos provistos de basidios (ú. t. c. adj.).

Basildon, c. de Gran Bretaña (Essex), al NE. de Londres.

Basilea, c. de Suiza, a orillas del Rin; cap. del cantón homónimo, en la frontera con Francia y Alemania. Obispado. Centro comercial.

basileense y **basilense** adj. y s. Basiliense.

basílica adj. y s. f. Dícese de una vena del brazo. ‖ — F. Edificio público que servía a los romanos de tribunal y sitio de reunión. ‖ Hoy se da este n. a algunas iglesias: *la basílica de Lourdes.*

Basilicata, ant. *Lucania,* región del S. de Italia; c. pr. *Potenza.*

basiliense adj. y s. De Basilea.

Basilio *(San),* Padre de la Iglesia griega, obispo de Cesarea (330-379). Fiesta el 14 de junio.

basilisco m. Animal fabuloso. ‖ Reptil de América parecido a la iguana. ‖ *Fam. Hecho un basilisco,* furioso, iracundo.

Basingstoke, c. de Gran Bretaña (Hampshire), al. S. de Inglaterra.

basket-ball [*básketbol*] m. (pal. ingl.). Baloncesto.

Basora o **Basrah,** c. de Irak, cap. de la prov. homónima. Puerto fluvial de Bagdad. Petróleo.

Bas-Rhin, dep. de Francia; cap. *Estrasburgo.*

Bass, estrecho que separa Australia de Tasmania.

Bassani (Giovanni Battista), músico italiano (¿1657?-1716), autor de cantatas y sonatas.

Bassano (Jacopo, DA PONTE, llamado **el**), pintor realista italiano (1510-1592).

Basses ‖ **~-Alpes,** n. del dep. francés de *Alpes de Haute-Provence* hasta 1970. ‖ **~-Pyrénées,** n. del dep. francés de *Pyrénées-Atlantiques* hasta 1969.

basset m. Perro pachón, de patas muy cortas.

Basse-Terre, v. y puerto de la isla de Guadalupe, cap. del dep. francés de Guadeloupe. Obispado.

basta f. Hilván. ‖ Puntada de colchón.

bastante adj. Suficiente: *tiene bastantes amigos.* ‖ — Adv. Ni mucho ni poco: *hemos comido bastante.* ‖ No poco: *bastante tonto.* — OBSERV. *Bastante* sólo concuerda en género y número con el sustantivo cuando es adjetivo.

bastar v. i. Ser suficiente, no haber nada más que: *basta tocar el timbre.*

bastarda f. Lima de grano más fino que la común. ‖ Pieza de artillería antigua. ‖ Letra que participa de la redonda y la inglesa.

bastardear v. i. Degenerar. ‖ — V. t. Falsear, falsificar: *esto bastardea los principios básicos.*

bastardeo m. Degeneración.

bastardía f. Calidad de bastardo. ‖ *Fig.* Indignidad, vileza.

bastardilla adj. y s. f. Letra de imprenta, ligeramente inclinada hacia la derecha, que imita a la escritura ordinaria. ‖ — F. Instrumento músico, especie de flauta.

bastardo, da adj. y s. Nacido fuera del matrimonio: *hijo bastardo.* ‖ Que pertenece a dos géneros distintos: *especie bastarda; estilo bastardo.* ‖ Que degenera de su origen: *arbusto bastardo.* ‖ Que no es de raza pura: *perro bastardo.* ‖ Letra bastardilla. ‖ *Fig.* Innoble, ilegítimo: *anhelos bastardos.*

bastear v. t. Hilvanar.

Basterra (Ramón de), poeta y diplomático español (1888-1928).

Bastetania, ant. región de la Bética, que perteneció luego a la prov. Tarraconense.

bastetano, na adj. y s. De Bastetania.

basteza f. Calidad de basto.

Bastia, c. y puerto de Córcega.

Bastidas (Rodrigo de), navegante y conquistador español (1460-1526). Hizo una expedición a las costas venezolanas y colombianas y llegó hasta Panamá (1501). Fundador de la c. de Santa Marta.

bastidor m. Armazón de madera o metal que sirve de soporte a otros elementos: *bastidor de pintor, de puerta, de máquina,* etc. ‖ Lienzos pintados que, en los teatros, se pone a los lados del escenario. ‖ Armazón que soporta una máquina, un automóvil, etc. ‖ *Mar.* Armazón en que se apoya la hélice. ‖ *Fig. Entre bastidores,* en la intimidad, en secreto.

Bastilla, fortaleza de París, convertida en prisión de Estado; tomada por el pueblo el 14 de julio de 1789.

Bastimentos, isla y pobl. de Panamá (Bocas del Toro).

bastión m. *Fort.* Baluarte.

basto, ta adj. Grosero, tosco: *tela basta.* ‖ Ordinario, vulgar, poco fino: *hombre basto.* ‖ — M. Albarda. ‖ Naipe del palo de bastos. ‖ — Pl. Uno de los cuatro palos de la baraja española.

bastón m. Palo con puño y contera para apoyarse al andar. ‖ Insignia de autoridad civil o militar: *bastón de mando.* ‖ *Fig. Empuñar uno el bastón,* tomar o conseguir el mando.

bastonazo m. Golpe con el bastón.

bastoncillo m. Galoncillo estrecho. ‖ *Anat.* Elemento de ciertas células de la retina.

bastonera f. Mueble donde se ponen los bastones y paraguas.

bastonero m. El que hace o vende bastones. ‖ El que dirige ciertos bailes.

basura f. Desperdicio, inmundicia: *colector de basuras.* ‖ Estiércol de las caballerías.

basurero m. El que recoge la basura. ‖ Sitio donde se arroja y amontona la basura.

Basutolandia, ant. protectorado británico en África austral. (V. LESOTHO.)

bata f. Ropa larga y cómoda que se usa para estar en casa o para trabajar.

Bata, c. y puerto de Guinea Ecuatorial, cap. de Río Muni. Café.

Bataán, penins. montañosa en la isla de Luzón (Filipinas), al NO. de la bahía de Manila.

Batabanó, golfo de Cuba, entre el cabo Francés y la penins. de Zapata. — Térm. mun. y puerto de Cuba (Habana).

batacazo m. Caída: *darse un batacazo.* ‖ Golpe ruidoso que se da al caer.

batahola f. *Fam.* Bulla, jaleo.

Bataille (Georges), escritor francés (1897-1962).

Batalha [*-lla*], c. de Portugal (Extremadura). Monasterio de estilo gótico y manuelino (s. XIV-XVI).

batalla f. Combate entre dos ejércitos: *ganar, perder la batalla.* || Orden de batalla: *formar en batalla.* || Justa, torneo. || Distancia de eje a eje, en un coche o carruaje. || Parte de la silla en que se sienta el jinete. || Suela del cepillo de carpintero. || *Fig.* Lucha, pelea. | Agitación, inquietud interior. || — *Fig. Dar batalla,* dar guerra. | *De batalla,* de uso diario: *traje de batalla.*

batallador, ra adj. y s. Que batalla, luchador.

batallar v. i. Pelear, combatir, luchar con armas. || *Fig.* Disputar, afanarse, luchar: *batallar por los principios, por el pan.* | Vacilar.

batallón m. Unidad militar compuesta de varias compañías.

batallón, ona adj. Combativo. Revoltoso: *un niño batallón.* || — Adj. f. *Fam.* Aplícase al asunto muy reñido o discutido.

batán m. Máquina compuesta de mazos de madera que golpean y enfurten los paños.

batanar v. tr. Abatanar.

Batangas, c. y puerto de Filipinas, al S. de la isla de Luzón.

batata f. Planta convolvulácea, de raíz comestible.

batatar m. Plantío de batatas.

Bátava (REPÚBLICA), nombre de *Holanda* de 1795 a 1806.

Batavia. V. YAKARTA.

bátavo, va adj. y s. De Batavia, ant. n. de Holanda. (Los *bátavos,* invasores de origen germánico, ocuparon el territ. de la Holanda actual y lucharon contra los Roma.)

batayola f. Baranda en las cubiertas de los barcos.

bate m. (pal. ingl.). Pala en el béisbol.

batea f. Bandeja. || Barco pequeño en forma de cajón. || Vagón descubierto de bordes muy bajos.

bateador m. Jugador de béisbol que emplea el bate.

batel m. Bote, barca.

batelero, ra m. y f. Barquero.

batería f. *Mil.* Conjunto de cañones. | Unidad de artillería: *batería contracarro.* | Obra de fortificación que contiene cierto número de cañones. || *Mar.* Conjunto de cañones de cada puente o cubierta. || *Mús.* Conjunto de instrumentos de percusión de una orquesta. | Tambor y platillos de una orquesta. || *Electr.* Agrupación de varios acumuladores, pilas o condensadores dispuestos en serie. | Acumulador. || — *Teatr.* Fila de luces del proscenio. || — *Aparcar en batería,* colocar un coche oblicuamente a la acera. || *Batería de cocina,* conjunto de cacerolas y otros utensilios. || — M. *Mús.* El que toca la batería: *el batería de la orquesta.*

batey m. *Cub.* En los ingenios de azúcar, conjunto de la maquinaria para la zafra.

Bath, c. de Gran Bretaña (Somerset). Estación termal. Turismo.

Bathurst, cap. y puerto de Gambia; 29 000 h.

Bathy, c. de Grecia, cap. de la isla de Samos.

batiborrillo o **batiburrillo** m. Revoltijo, mezcolanza. || Lío, confusión de palabras.

baticola f. Correa sujeta a la silla, terminada en un ojal, donde entra la cola.

batida f. Caza que se hace batiendo el monte. || Reconocimiento de un paraje para la aprehensión de malhechores: *batida de policía.*

batido, da adj. Dícese de los tejidos de seda que presentan visos distintos. || Aplícase al camino muy andado. || — M. Acción de batir. || Refresco de leche o fruta pasado por la batidora.

batidor, ra adj. y s. Que bate: *batidor de cobre.* || Explorador que reconoce el campo. || Cada uno de los soldados de caballería que preceden al regimiento. || Peine para batir el pelo. || *Mont.* El que levanta la caza en las batidas. || — F. Aparato en que se baten los alimentos: *hacer una salsa con la batidora.*

batiente adj. Que bate. || — M. Marco de las puertas y ventanas en que baten al cerrarse. || Hoja de la puerta. || Lugar que bate el mar. || Listón en el que golpean los macillos del piano.

batihoja m. Obrero batidor de oro o plata.

batimetría f. Medida de la profundidad de los mares o lagos.

batimiento m. Acción de batir.

batín m. Bata corta de casa.

batintín m. Gong.

batir v. t. Golpear con fuerza alguna cosa: *las olas baten la costa.* || Alcanzar, llegar hasta: *batir las murallas a cañonazos.* || Derribar, tirar abajo: *batir un blocao.* || Anular, destruir. || Dar el sol, el aire, el agua en una parte. || Superar: *batir una marca.* || Mover con fuerza: *batir las alas, la lana.* || Revolver una cosa para trabarla: *batir los huevos.* || Martillar un metal hasta reducirlo a chapa. || Bajar las banderas en señal de respeto. || Acuñar: *batir moneda.* || Derrotar, vencer: *batir al adversario.* || Cardar el pelo. || Reconocer, registrar un lugar: *batir el campo.* || — V. pr. Combatir, pelear: *batirse en duelo.*

batiscafo m. Aparato de exploración submarina que desciende a gran profundidad, inventado por Piccard.

batista f. Tejido fino de lino.

Batista (Fulgencio), general cubano (1901-1973), caudillo del movimiento militar contra Céspedes en 1933. Pres. de la Rep. de 1940 a 1944, volvió al Poder en 1952, mediante un golpe de Estado, y fue derrocado en 1958 por Fidel Castro.

Batlle, pobl. del Uruguay (Lavalleja). Centro de comunicaciones.

Batlle (Lorenzo), general y político uruguayo (1810-1887), pres. de la Rep. de 1868 a 1872). || **~ Berres** (LUIS), político uruguayo (1897-1964), pres. de la Rep. de 1947 a 1951 y del Consejo Nacional de Gobierno de 1955 a 1959. || **~ Planas** (JUAN), pintor surrealista argentino (1911-1966). || **~ y Ordóñez** (JOSÉ), político uruguayo (1856-1929), pres. de la Rep. de 1903 a 1907 y de 1911 a 1915. Hizo beneficiosas reformas.

Batna, c. y dep. de Argelia.

Baton Rouge, c. de Estados Unidos, cap. de Luisiana. Universidad. Refinerías de petróleo.

batracios m. pl. Clase de animales de sangre fría, como la rana y el sapo (ú. t. c. adj.).

Batres || **~ Jáuregui** (Antonio), historiador y filósofo guatemalteco (1847-1929). || **~ Montúfar** (JOSÉ). poeta y cuentista guatemalteco (1809-1844), autor de *Tradiciones de Guatemala.*

Battenberg. V. MOUNTBATTEN.

Battistesa (Ángel J.), crítico y escritor argentino, n. en 1902.

Batuecas (Las), comarca de la prov. de Salamanca, al NO. de la sierra de Gata. (Suele usarse la expr. *estar en Las Batuecas,* que significa que uno está distraído.)

Batum, c. y puerto de la U. R. S. S. (Georgia), en el mar Negro, cap. de Adjaria.

baturrillo m. Batiburrillo.

baturro, rra adj. y s. Aragonés rústico. || Relativo a él.

batuta f. Varita con la que marca el compás el director de orquesta. || *Fig.* y *fam. Llevar uno la batuta,* dirigir, mangonear.

Batuta (Ibn), viajero y geógrafo árabe (1307-1377 ó 1384).

Baucis. V. FILEMÓN.

Baudelaire (Charles), poeta parnasiano y escritor francés, n. en París (1821-1867), autor de *Las flores del mal.*

Baudó, mun. y río de Colombia (Chocó).

baúl m. Maleta muy grande, cofre. || *Baúl mundo,* el muy grande.

Baumé (Antoine), químico francés (1728-1804), inventor del areómetro que lleva su nombre.

bauprés m. *Mar.* Palo horizontal fijado en la proa del barco.

Baurés (Río). V. BLANCO.

Baurú, c. del Brasil (São Paulo). || Material ferroviario.

bausa f. *Fam. Per.* Ocio.

Bauta, térm. mun. de Cuba (La Habana).

bautismal adj. Del bautismo.

bautismo m. Sacramento de la Iglesia que confiere el carácter de cristiano. || Su ceremonia. || — *Fig. Bautismo de fuego,* primer combate. | *Bautismo del aire,* primer vuelo en avión.

bautista m. El que bautiza. || Miembro de una secta protestante. || *El Bautista,* por antonomasia, San Juan.

Bautista Saavedra, prov. de Bolivia (La Paz); cap. *Villa General Juan José Pérez.*

bautisterio m. Baptisterio.

bautizar v. t. Administrar el bautismo. || Bendecir una campana. || *Fig.* Poner nombre: *bautizar una calle.* || *Fig.* y *fam.* Dar a una persona o cosa otro nombre que el suyo. | Aguar el vino. || — V. pr. Recibir el bautismo.

bautizo m. Acción de bautizar y fiesta con que se solemniza.

Baux (Les), pobl. de Francia, cerca de Arles (Bouches-du-Rhône). Yac. de bauxita.

bauxita f. Hidrato de alúmina que se encuentra en una roca blanda de color rojizo.

Bauzá (Felipe), geógrafo español (1769-1833), miembro de la expedición de Malaspina.

bávaro, ra adj. y s. De Baviera.

Baviera, región de Alemania, que forma, con Franconia y Suabia, un Estado de la Rep. Federal de Alemania. Cap. *Munich.*

baya f. *Bot.* Fruto carnoso con pepitas como la uva y la grosella.

Bayaceto I, sultán turco (1347-1403), que conquistó Asia Menor, derrotó a los cristianos en Nicópolis (1396) y fue hecho prisionero por Tamerlán en Ancira (1402).

bayadera f. Bailarina y cantora de la India.

bayamés, esa adj. y s. De Bayamo (Cuba).

Bayamesa, pico de Cuba (Oriente); 1 700 m.

Bayamesa (*La*), himno nacional cubano, adoptado en Bayamo durante la *Guerra Grande.*

Bayamo, c. de Cuba (Oriente), al pie de la Sierra Maestra. Fundada por Diego Velázquez en 1513.

Bayamón, c. del N. de Puerto Rico (San Juan).

Bayano o **de los Plátanos,** río de Panamá (Los Santos); 160 km.

Bayardo (Pierre DU TERRAIL, *señor de*), militar francés (1470-1524), célebre por su valor y caballerosidad. Se le dio el n. del *Caballero sin miedo y sin tacha.*

Bayas, sector de la Sierra Madre Occidental de México (Durango).

bayeta f. Tela de lana basta. || Trapo de fregar.

Bayéu Subías (Francisco), pintor español (1734-1795), cuñado de Goya.

Bayeux, c. de Francia (Calvados). Obispado. Catedral (s. XII).

bayo, ya adj. De color blanco amarillento: *caballo bayo.* || — Mariposa del gusano de seda.

Bayo, cerro de la Argentina, en la sierra de Belén; 3 000 m.

Bayo (Ciro), escritor español (1859-1939).

Bayona, c. del S. de Francia (Pyrénées-Atlantiques), a orillas del Adur. Obispado. Industrias.

bayonés, esa ad. y s. De Bayona (Francia).

bayoneta f. Hoja de acero que se fija en el cañón del fusil.

bayonetazo m. Golpe dado con la bayoneta y herida producida.

Bayreuth, c. de Alemania Occidental (Baviera), a orillas del Meno. Festival musical anual.

baza f. Naipes que recoge el que gana. || *Fig.* Oportunidad, posibilidad. || *Fig.* y *fam. Meter baza en un asunto,* intervenir en él sin ser llamado.

Baza, c. de España (Granada). En 1971 se encontró aquí una escultura iberofenicia (*La dama de Baza*), ejecutada hace 23 siglos.

Bazaine [*-zán*] (Achille), mariscal de Francia (1811-1888), jefe, después de Forey, de la expedición a México (1864-1867).

Bazán (Álvaro de), almirante español (1526-1588), que luchó contra los turcos en Lepanto. Fue marqués de Santa Cruz.

bazar m. En Oriente, mercado público. || Tienda donde se venden toda clase de objetos.

Bazin (René), novelista francés (1853-1932).

bazo, za adj. Moreno amarillento. || — M. *Anat.* Víscera vascular situada en el hipocondrio izquierdo entre el colon y las costillas falsas. (El *bazo* forma linfocitos.)

bazofia f. Sobras de comidas. || *Fig.* Comida mala. | Cosa sucia.

bazuca y **bazooka** m. Tubo portátil empleado para lanzar cohetes contra los tanques.

be f. Nombre de la letra *b*.

Be, símbolo del *berilio*.

Beagle, canal de extremo meridional de América del Sur, entre la Tierra del Fuego y las islas Navarino y Hoste.

beamontés, esa adj. y s. V. AGRAMONTÉS.

Bearn, ant. prov. del SO. de Francia; cap. *Pau*.

beata f. Mujer que viste hábito sin pronunciar los votos. || *Fam.* Mujer muy devota. || *Pop.* Peseta.

Beata, cabo meridional de la Rep. Dominicana. — Isla de la Rep. Dominicana (Baoruco).

beatería f. Piedad exagerada.

beatificación f. Acción de beatificar: *la beatificación de Juana de Arco.*

beatificar v. t. Colocar entre los bienaventurados.

beatífico, ca adj. Que hace bienaventurado a alguno. || Arrobado, contento: *sonrisa beatífica.*

beatísimo adj. Tratamiento que se da al Papa.

beatitud f. Bienaventuranza eterna. || *Fam.* Felicidad, tranquilidad.

beatnik m. y f. Seguidor de un movimiento norteamericano aparecido hacia 1950 y basado en una reacción contra la vida y los valores tradicionales de los Estados Unidos (ú. t. c. adj.). || Joven que vive al margen de la sociedad cuya organización no acepta.

beato, ta adj. Bienaventurado. || Beatificado por la Iglesia católica (ú. t. c. s.). || Piadoso. || *Fig.* Que finge piedad, excesivamente devoto. || — M. El que viste hábito religioso, sin vivir en comunidad. || *Fam.* Hombre muy devoto.

Beatriz Portinari, dama florentina (¿1265?-1290), inmortalizada por Dante en *La Divina Comedia* y en *Vita nuova*.

Beauharnais [*boarné*] (Vizconde Alexandre de), general francés (1760-1794), primer marido de Josefina Tascher de La Pagerie, más tarde esposa de Napoleón I.

Beaumarchais [*bomarché*] (Pierre Augustin CARON DE), escritor francés, n. en París (1732-1799), autor de *El barbero de Sevilla* y *El casamiento de Fígaro*, comedias de gran alcance social.

Beaumont, c. y puerto de Estados Unidos (Texas).

bebé m. Niño pequeño. || — OBSERV. En Argentina se dice *bebe*, m.; y *beba*, f.

bebedero m. Recipiente para dar de beber a las aves. || Abrevadero para los animales.

Bebedero, laguna de la Argentina (San Luis). — Río de Costa Rica, afl. del Tempisque.

bebedor, ra adj. y s. Que bebe. || *Fig.* Que abusa de la bebida alcohólica.

beber m. Acción de beber. || Bebida.

beber v. i. y t. Absorber un líquido por la boca: *beber vino de la botella.* || Brindar: *beber por la salud de uno.* || *Fig.* Abusar de bebidas alcohólicas: *un hombre que bebe mucho.* | Informarse, aprender: *beber en fuentes fidedignas.* | Suspirar, ansiar: *bebe los vientos por su novia.* | Escuchar: *estaba bebiendo sus palabras.*

bebible adj. *Fam.* Que se puede beber.

bebido, da adj. Embriagado. || — F. Cualquier líquido que se bebe: *bebida alcohólica.* || *Fig.* Vicio de beber: *darse a la bebida.*

bebistrajo m. *Fam.* Bebida de mal sabor.

beca f. Pensión para cursar estudios. || Plaza gratuita en un colegio. || Insignia que llevaban algunos eclesiásticos. || Embozo de capa.

becada f. *Zool.* Chocha.

becario, ria m. y f. Estudiante que tiene una beca.

Beccaria (Cesare de), filósofo y penalista italiano (1738-1794).

becerra f. Ternera de menos de un año.

becerrada f. Corrida de becerros: *la becerrada del domingo.*

becerril adj. Del becerro.

becerrista m. El que torea becerros.

becerro m. Toro de menos de un año. || Piel de ternero curtida: *zapatos de becerro.* || Libro en que las iglesias copiaban sus privilegios.

Becket (Santo Tomás). V. TOMÁS (*Santo*).

Beckett (Samuel), escritor irlandés, n. en 1906, autor de obras de teatro vanguardistas (*Esperando a Godot*). [Pr. Nóbel, 1969.]

becuadro m. *Mús.* Signo que, colocado delante de una nota, indica que ésta deja de ser sostenida o bemol y recobra su sonido natural.

Bécquer (Gustavo Adolfo), poeta y escritor romántico español, n. en Sevilla (1836-1870), autor de popularísimas *Rimas* (*Volverán las oscuras golondrinas, Qué solos se quedan los muertos, Del salón en el ángulo oscuro,* etc.) y de *Leyendas*, ejemplo de prosa poética.

Becquerel (Antoine), físico francés (1788-1878). — Su hijo EDMOND (1820-1891) descubrió la espectroscopia, y su nieto HENRI (1852-1908) la radiactividad (1896). [Pr. Nóbel, 1903.]

bechamel f. Salsa blanca hecha con harina, leche y mantequilla.

Bechuanalandia, ant. protectorado británico en África austral. (V. BOTSWANA.)

Beda el Venerable (*San*), historiador inglés y doctor de la Iglesia (672 ó 673-735). Fiesta el 27 de mayo.

bedano m. Escoplo grueso.

Beddoes (Thomas Lovell), poeta y dramaturgo romántico inglés (1803-1849).

bedel m. En un centro docente, empleado que cuida del orden, anuncia la entrada o salida de las clases, etc.

Bedford, c. de Gran Bretaña (Inglaterra), a orillas del Ouse, cap. del condado homónimo. Automóviles

Bedford (Juan DE LANCASTER, *duque de*), príncipe inglés (1389-1435), hermano de Enrique V de Inglaterra, y regente de Francia, después de la batalla de Azincourt.

Bedmar, v. de España (Jaén).

Bedmar (*Marqués de*). V. CUEVA (Alfonso de la).

beduino, na adj. y s. Árabe nómada del desierto. (Los *beduinos* habitan en África del Norte y Oriente Medio.) || — M. *Fig.* Hombre bárbaro y cruel.

bedelía f. Cargo de bedel.

Beecher-Stowe (Harriet), novelista norteamericana (1812-1896), autora del relato antiesclavista *La cabaña del tío Tom*.

beefsteak [*biftek*] m. pal. ingl.). Bistec.

Beersheva. V. BIRSHEBA.

Beethoven (Ludwig VAN), compositor alemán, n. en Bonn (1770-1827), autor de 32 sonatas para piano, 17 cuartetos, nueve sinfonías, cinco conciertos para piano y uno para violín, y de la ópera *Fidelio*, obras llenas de sentimiento y de una fuerza de expresión incomparables.

befa f. Burla, escarnio.

befo, fa adj. y s. De labio inferior grueso. || Zambo, con los pies torcidos. || — M. Mico, mono.

begardo, da m. y f. Hereje de los s. XIII y XIV. (Los *begardos* tuvieron adeptos en Italia, Francia y los Países Bajos, y tb. penetraron en Cataluña.)

begonia f. Planta perenne de flores rosadas sin corola.

begoniáceas f. pl. Plantas dispétalas del género de la begonia (ú. t. c. adj.).

Begoña, suburbio de Bilbao (España). Santuario.

begum f. Título de algunas princesas indias.

Behaim (Martin), cosmógrafo y navegante alemán (1459-1507).

behetría f. Población cuyos vecinos podían elegir por señor a quien quisiesen.

Behistún, pobl. de Irán, en el Curdistán.

Behovia, pobl. del N. de España (Guipúzcoa), en la frontera con Francia.

Behring. V. BERING.

Behring (Emil Adolf VON), médico y bacteriólogo alemán (1854-1917), creador de la sueroterapia. (Pr. Nóbel, 1901.)

beige adj. y s. m. De color café con leche.

Beira, ant. prov. en el centro de Portugal, dividida hoy en tres: *Beira Alta* (cap. *Viseu*); *Beira Baja* (cap. *Castelo Branco*), y *Beira Litoral* (cap. *Coimbra*). — Puerto de Mozambique.

Beirut, cap. del Líbano; puerto en el Mediterráneo; 500 000 h. Arzobispado. Universidad.

béisbol m. Juego de pelota practicado sobre todo en Estados Unidos.

Beja, c. de Portugal, cap. del distr. homónimo (Alemtejo Bajo).

Bejaia o **Bijaia,** ant. *Bujía*, c. y puerto del N. de Argelia (Setif), en el golfo homónimo.

Béjar, v. de España (Salamanca). Textiles.

bejarano, na adj. y s. De Béjar.

bejucal m. Terreno poblado de bejucos.

Bejucal, c. y término mun. de Cuba (La Habana).

bejuco m. Nombre de varias plantas tropicales de tallos muy largos y flexibles. (Es voz antill.)

Bejuma, c. de Venezuela (Carabobo).

bel m. Unidad de intensidad sonora. (V. DECIBEL.)

Bel. V. BAAL.

Belalcázar. V. BENALCÁZAR.

Belaúnde Terry (Fernando), arquitecto y político peruano, n. en 1912, pres. de la Rep. en 1963, fue derrocado en 1968.

Belcebú, n. del demonio, jefe de los espíritus del mal. (*Biblia.*)

Belchite, v. de España (Zaragoza). Violentos combates en 1937.

beldad f. Belleza o hermosura.

• **beldar** v. tr. Aventar las mieses trilladas.

Belem, c. del N. del Brasil, cap. del Estado de Pará; puerto fluvial en el Amazonas. Arzobispado. — Suburbio de Lisboa (Portugal). Convento de los Jerónimos, de estilo manuelino (s. XIV).

belemnita f. Fósil de figura cónica.

belén m. *Fig.* Nacimiento: *artístico belén de Navidad.* ‖ *Fam.* Confusión, lío. Ú. m. en pl.: *no quiero meterme en belenes.* | Sitio desordenado.

Belén, pobl. de la Argentina, cab. del dep. homónimo (Catamarca). — Pobl. de Nicaragua (Rivas). — Pueblo de Palestina (Jordania), a ocho km. al S. de Jerusalén. En él nació Jesucristo. (Suele usarse la expr. *estar,* o *estar bailando, en Belén,* que significa que está uno distraído.) — Pobl. del Paraguay (Concepción). ‖ ~ (CAMPO DE), llanura desértica de la Argentina, a una alt. de 1 000 m.

beleño m. Planta solanácea venenosa y narcótica.

Belerofonte, héroe mitológico corintio, hijo de Poseidón. Montado en el caballo alado Pegaso, dio muerte a la Quimera en Licia.

Belfast, cap. de Irlanda del Norte o Ulster; 444 000 h. Obispado. Universidad. Industria textil. Siderurgia; astilleros.

belfo, fa adj. y s. Que tiene el labio inferior abultado. ‖ — M. Labio del caballo.

belga adj. y s. De Bélgica.

Bélgica, Estado del O. de Europa, constituido en reino, que se encuentra entre Holanda, Alemania, Luxemburgo, Francia y el mar del Norte; 30 507 km²; 9 646 000 h. (*belgas*). El 44 p. ciento de la población es de habla francesa y el resto flamenco. Cap. *Bruselas,* 1 080 000 h. (área metropolitana). Otras c.: *Amberes,* 256 000 h.; *Gante,* 158 400; *Lieja,* 154 000; *Malinas,* 65 000; *Ostende,* 56 300; *Brujas,* 52 578; *Verviers,* 35 350; *Lovaina,* 33 800; *Namur,* 33 000, y *Charleroi,* 25 500.

— GEOGRAFÍA. Bélgica comprende: al O., la *Baja Bélgica* (Flandes), región del litoral; en el centro, la *Bélgica intermedia,* llana y fértil, y al E. la *Alta Bélgica,* rica cuenca hullera. El país posee una agricultura y una ganadería productivas, una industria moderna y un comercio activo. Está dividida en nueve provincias (Amberes, Brabante, Flandes Occidental, Flandes Oriental, Henao, Lieja, Limburgo, Luxemburgo y Namur).

— HISTORIA. Bélgica, sometida por los romanos, en poder de los francos merovingios y de Lotaringia, dividida en los condados de Flandes y Brabante, pasó en unión de Holanda y con el nombre de *Países Bajos* a ser gobernada por la Casa de Borgoña, y en 1477 por la de Austria. En 1579, tras luchar contra la dominación española, siete provincias del Norte (Provincias Unidas) se independizaron. Bélgica, gobernada por la Casa de Austria según lo dispuesto en el Congreso de Rastadt (1714), estuvo bajo la dominación francesa de 1795 a 1815, año que fue anexada a Holanda, y en 1831, obtenida su independencia, se constituyó en monarquía constitucional.

belgicismo m. Palabra o giro propio de los belgas.

Belgorod. V. BIELGOROD.

Belgrado, cap. de Yugoslavia y de la república federada de Serbia, en la confl. del Danubio y el Sava; 678 000 h. Arzobispado. Universidad. Centro industrial.

Belgrano, lago de la Argentina (Santa Cruz). — N. de cuatro dep. de la Argentina (La Rioja, San Luis, Santa Fe y Santiago del Estero). — Puerto militar de la Argentina, en el estuario de Bahía Blanca (Buenos Aires).

Belgrano (Manuel), general argentino, n. en Buenos Aires (1770-1820), héroe de la lucha por la independencia y miembro de la primera Junta Gubernativa. Dirigió la campaña del Paraguay (1811) y venció a las tropas españolas en las batallas de Tucumán (1812) y Salta (1813).

BÉLGICA

Belice, río de Guatemala, que des. en el golfo de Honduras; 241 kilómetros. — C. y puerto de Guatemala, cap. del dep. homónimo. El dep. está ocupado de facto por Gran Bretaña, que da a este terr. el n. de *Honduras Británica.*

belicense o **beliceño, ña** adj. y s. De Belice.

belicismo m. Tendencia belicista.

belicista adj. y s. Partidario de la guerra.

bélico, ca adj. De la guerra: *preparativos bélicos.*

belicosidad f. Calidad de belicoso.

belicoso, sa adj. Guerrero, inclinado a la guerra. ‖ *Fig.* Agresivo, combativo.

beligerancia f. Estado y calidad de beligerante.

beligerante adj. y s. Que participa en una guerra.

belígero, ra adj. Belicoso.

Belin (Edouard), ingeniero francés (1876-1963), descubridor de varios procedimientos de telefotografía.

belinógrafo m. Invento de Edouard Belin para transmitir imágenes a distancia.

belinograma m. Documento enviado por belinógrafo.

belio m. *Fís.* Bel.

Belisario, general bizantino (¿494?-565), que, en tiempos de Justiniano, venció a los persas, vándalos y ostrogodos.

Belisario Boeto, prov. de Bolivia (Chuquisaca); cap. *Villa Serrano.*

belitre adj. y s. *Fam.* Pícaro.

Belitung. V. BILLITON.

Bélmez, v. de España (Córdoba). Hulla.

Belmonte, v. de España (Cuenca). Cuna de Fray Luis de León.

Belmonte (Juan), torero español, n. en Sevilla (1892-1962). ‖ **~ Bermúdez** (LUIS), dramaturgo clásico español (1587-1650).

Belo Horizonte, c. del Brasil, cap. del Estado de Minas Gerais. Arzobispado. Centro minero, ganadero e industrial.

Belona, diosa romana de la Guerra, hermana o mujer de Marte.

Belt (Gran y Pequeño), n. de dos estrechos en Dinamarca, el primero entre las islas de Fionia y de Seeland, el segundo entre Fionia y Jutlandia, que unen el mar Báltico y el mar del Norte.

Beltrán Massés (Federico), pintor retratista español (1885-1949).

Beltraneja. V. JUANA LA BELTRANEJA.

beluario m. El que combatía con las fieras en el circo. ‖ Hoy, domador de fieras.

Beluchistán, región de Asia meridional, que comprende el Irán oriental y parte del Paquistán, al N. del mar de Omán; 350 000 km². C. pr.: *Quetta* y *Kelat.*

beluga f. Gran delfín de los mares polares.

belvedere m. Mirador.

Belvedere, pabellón del Vaticano. Rica colección de esculturas.

Belzú (Manuel Isidoro), general boliviano, n. en La Paz (1808-1865). En 1848 se apoderó del Poder y gobernó autoritariamente hasta 1855. Murió asesinado.

Bell (Alexander Graham), físico norteamericano, n. en Edimburgo (Escocia) [1842-1922], inventor del teléfono (1876).

Bell Ville, pobl. de la Argentina (Córdoba). Industrias. Escuela de Agricultura.

Bella durmiente del bosque (*La*), cuento de Perrault. — Ballet de Tchaikowski.

bellaco, ca adj. y s. Pícaro.

belladona f. Planta solanácea narcótica y venenosa. (De sus flores se extrae un alcaloide, la atropina, que se utiliza en medicina.

Bella ‖ **~ Unión,** distr. de Chile (Talca). — Pobl. del Uruguay (Artigas). Puerto fluvial. ‖ **~ Vista,** n. de tres pobl. de la Argentina (Buenos Aires, Corrientes y Tucumán). — Pobl. del Paraguay (Amanbay), ant. llamada *Villa Bella.*

bellamente adv. Con primor.

bellaquear v. i. Cometer bellaquerías.

bellaquería f. Ruindad, vileza.

Bellay (Joachim DU), poeta francés (1522-1560), discípulo de Ronsard. Redactó el manifiesto de la Pléyade.

Belleau (Remy), poeta francés de la Pléyade (1528-1577).

belleza f. Armonía física o artística que inspira admiración y placer: *la belleza de Adonis.* ‖ Mujer hermosa: *es una gran belleza.*

Bellini, familia de pintores venecianos, cuyos miembros más notables fueron IACOPO (1400-1470) y sus hijos GENTILE (¿1429?-1507) y GIOVANNI (¿1430?-1516). ‖ **~** (VICENZO), compositor de ópera italiano (1801-1835), autor de *Norma.*

Bellman (Carl), poeta lírico sueco (1740-1795).

bello, lla adj. Que tiene belleza, hermoso. ‖ *Fig.* Muy bueno: *es una bella persona.* ‖ *Fig.* y *fam.* *Por su bella cara,* porque sí, desinteresadamente.

Bello, c. de Colombia (Antioquia).

Bello (Andrés), escritor, filólogo, poeta, jurisconsulto y político americano, n. en Caracas en 1781,

m. en Santiago de Chile en 1865. Estuvo con Bolívar en Londres (1810), y en 1829 se trasladó a Santiago de Chile, donde fue rector de la Universidad (1843). Redactó el *Código Civil* de Chile (1855). Sus poesías (*Alocución a la Poesía, Silva a la agricultura de la zona tórrida, La oración por todos*) son de honda inspiración americana. Escribió también una famosa *Gramática castellana*.

Belloc (Hilaire), historiador, novelista y poeta inglés (1870-1953).

bellota f. Fruto de la encina. || *Anat.* Bálano. || Adorno de pasamanería. || *Fig.* y *fam. Animal de bellota*, bruto, necio.

bellote m. Clavo de cabeza gruesa.

Bellver (Ricardo), escultor religioso español (1845-1924).

bemba f. *Amer.* Boca gruesa. | Hocico, jeta. || *Venez.* Bembo.

bembo, ba adj. *Mex.* Tonto. || — M. *Cub.* Bezo.

Bembo (Pietro), cardenal y humanista italiano (1470-1547), secretario del papa León X.

bembón, ona, adj. y s. *Cub.* Persona de labios pronunciados.

bemol m. *Mús.* Signo que baja la nota un semitono. || *Doble bemol*, el que baja medio tono la nota bemolada. || — Adj. f. Aplícase a la nota así bemolada.

bemolado, da adj. Con bemoles: *nota bemolada*.

bemolar v. t. Señalar con bemol: *bemolar una clave*.

Bembibre, v. de España (León).

ben, pal. semítica que significa *hijo de*. (Pl. *beni*.)

Ben || **~ Nevis**, cima culminante de la Gran Bretaña, en Escocia; 1 340 m. || **~ Tre**, c. de Vietnam del Sur, cap. de prov.

Ben || **~ Bella** (Mohamed), político argelino, n. en 1919, uno de los artífices de la independencia de su país. Pres. de la Rep. en 1963, fue derrocado en 1965. || **~ Gurión** (DAVID), político israelí (1886-1973), uno de los fundadores del Estado de Israel y jefe del Gobierno de 1948 a 1953 y de 1955 a 1963. || **~ Jonson.** V. JONSON.

Benalcázar (Sebastián de), conquistador español (1480-1551). Exploró el istmo de Panamá y después acompañó a Pizarro al Perú (1530). Gobernador de Piura, hizo una expedición al Ecuador y fundó Quito (1534) y Guayaquil (1535).

Benalmádena, pobl. del S. de España (Málaga). Turismo.

Benamejí, v. de España (Córdoba).

Benarés o **Banaras,** hoy *Varanasi*, c. de la India (Uttar Pradesh), a orillas del Ganges. Ciudad santa.

Benavente, v. de España (Zamora).

Benavente (Jacinto), dramaturgo español, n. en Madrid (1866-1954), autor de obras teatrales de todos los géneros, en las que pone de manifiesto sus dotes de observador: *Los intereses creados, La Malquerida, Señora Ama, La ciudad alegre y confiada, Rosas de otoño, La noche del sábado, Campo de armiño, Pepa Doncel*, etc. (Pr. Nóbel, 1922.)

Benavides (Óscar Raimundo), general peruano (1876-1945), pres. de la Rep. de 1914 a 1915 y de 1933 a 1939.

benceno m. *Quím.* Hidrocarburo incoloro, volátil y combustible extraído de la destilación del alquitrán.

bencina f. *Quím.* Mezcla de hidrocarburo que se emplea como carburante y como solvente.

* **bendecir** v. t. Invocar en favor de uno o de algo la bendición divina: *bendecir la mesa*. || Consagrar al culto: *bendecir un templo*. || Alabar, celebrar: *bendecir a sus protectores*. || Colmar de bienes a uno la Providencia. || Agradecer, dar las gracias: *bendecir un favor*.

Bender || **~ Abbas**, c. y puerto de Irán, en el estrecho de Ormuz. || **~ Bushir.** V. BUSHIR.

bendición f. Acción de bendecir: *echar la bendición*. || — Pl. Ceremonia del matrimonio, llamada tb. *bendiciones nupciales*.

bendito, ta adj. Bienaventurado. || Dichoso. || *Fig.* y *fam.* Sencillo, de pocos alcances. Ú. t. c. s.: *ser un bendito*. || — M. Nombre de una oración. || *Fig.* Bonachón.

benedícite m. Oración que se recita antes de la comida.

benedictino, na adj. y s. Perteneciente o relativo a la orden de San Benito, fundada en 529. (Los *benedictinos* transcribieron y conservaron las joyas literarias de Grecia y Roma.) || *Fig. Obra de benedictino*, la que requiere mucha paciencia. || — M. Cierto licor fabricado por benedictinos.

Benedicto || **~ I**, papa de 575 a 578. || **~ II** (*San*), papa de 684 a 685. || **~ III**, papa de 855 a 858. || **~ IV**, papa de 900 a 903. || **~ V**, papa de 964 a 966. || **~ VI**, papa de 973 a 974. || **~ VII**, papa de 974 a 983. || **~ VIII**, papa de 1012 a 1024. || **~ IX**, papa de 1032 a 1045. || **~ X**, antipapa de 1058 a 1059. || **~ XI**, papa de 1303 a 1304. || **~ XII**, papa de Aviñón de 1334 a 1342. || **~ XIII** (Pedro DE LUNA), antipapa aragonés de 1394 a 1414. Sobresalió por su piedad, su gran cultura y su tenacidad. || **~ XIII** (*Orsini*), papa de 1724 a 1730. || **~ XIV**, papa de 1740 a 1758. || **~ XV**, papa de 1914 a 1922.

Benedito (Manuel), pintor español (1875-1963).

benefactor, ra adj. y s. Bienhechor.

Benefactor. V. SAN JUAN DE LA MAGUANA.

beneficencia f. Virtud de hacer bien. || Conjunto de institutos benéficos para socorrer a las personas necesitadas.

beneficiación f. Explotación.

beneficiado, da m. y f. Persona en cuyo beneficio se da un espectáculo. || — M. El que goza de un beneficio eclesiástico.

beneficiador, ra adj. y s. Que beneficia.

beneficiar v. t. Hacer bien: *beneficiar al género humano*. || Hacer fructificar una cosa, poner en valor: *beneficiar un terreno*. || Explotar una mina y someter los minerales a tratamiento metalúrgico. || — V. i. y pr. Sacar provecho: *beneficiarse de una ocasión*.

beneficiario, ria adj. y s. Que goza de un beneficio.

beneficio m. Bien hecho o recibido: *colmar a uno de beneficios*. || Utilidad, provecho: *beneficio industrial, comercial*. || Cultivo de los campos. || Acción de beneficiar minas o minerales. || Producto de un espectáculo concedido a una institución benéfica o a una persona. || Cargo eclesiástico que tiene una renta. || Explotación de una mina. || — *Fig. A beneficio de inventario*, con su cuenta y razón, con precaución. || *Beneficio de inventario*, a condición de no quedar obligado a pagar a los acreedores más de lo que importa la herencia misma. || *No tener oficio ni beneficio*, no ser hombre de provecho, no tener ni un céntimo.

beneficioso, sa adj. Provechoso, benéfico.

benéfico, ca adj. Que hace bien: *sociedad benéfica*.

Benelux, unión económica formada en 1944 por Bélgica, Holanda y Luxemburgo.

benemérito, ta adj. Digno de recompensa, meritorio. || *La Benemérita*, la Guardia Civil española.

beneplácito m. Aprobación, permiso.

Benes (Edvard), político checo (1884-1948), pres. de la Rep. de 1935 a 1938 y de 1945 a 1948.

Benevento, c. de Italia, cerca de Nápoles, cap. de la prov. homónima. Arzobispado.

benevolencia f. Bondad.

benévolo, la adj. Que tiene buena voluntad o afecto. || Hecho gratuitamente: *acto benévolo*. || Indulgente, tolerante: *crítico benévolo*.

bengala f. Cohete luminoso.

Bengala, región de Asia meridional, dividida entre la Rep. India (*Bengala Occidental*; cap. *Calcuta*) y *Bangla Desh* (ant. *Bengala Oriental*; cap. *Dacca*). — Golfo formado por el océano Índico, entre India y Birmania.

bengalí adj. y s. De Bengala. || — M. Lengua hablada en Bengala. || Pájaro pequeño.

Bengasi, c. de Libia, cap. de Cirenaica.

Benguela, c. y puerto de Angola. Centro industrial.

beni, pal. semítica (pl. de *ben*), que significa *hijos de*.

Beni, río de Bolivia, afl. del Madeira; 1 700 km. — Dep. de Bolivia en la zona tropical; cap. *Trinidad*.

beniano, na adj. y s. De Beni.

Benicarló, v. y puerto de España (Castellón de la Plana).

Benicasim, pobl. en el E. de España (Castellón). Turismo.

Benidorm, pobl. en el E. de España (Alicante). Turismo.

benignidad f. Calidad de benigno.

benigno, na adj. Afable, benévolo: *persona benigna*. || *Fig.* Templado: *clima benigno*. | Sin gravedad: *fiebre benigna*.

benimerín adj. y s. De una tribu oriunda del norte de África. (Los *benimerines* sustituyeron a los almohades en la dominación de España.)

Benito de Nursia (*San*), monje italiano (¿480?-547), fundador de la orden de los benedictinos en 529. Fiesta el 21 de marzo.

Benjamín, último hijo de Jacob y Raquel, y el preferido de su padre. Por alusión a esta preferencia se da el nombre de *benjamín* al hijo menor de una familia. — N. de una de las doce tribus de Israel.

Benjamín Aceval, ant. *Monte Sociedad*, pobl. del Paraguay (Presidente Hayes).

benjamita adj. y s. De la tribu de Benjamín.

benjuí m. Bálsamo aromático.

Benlliure (Mariano), escultor español (1866-1947).

Bennet (Enoch Arnold), novelista inglés (1867-1931), autor de *El matador de Cinco Villas*. Escribió tb. dramas. || **~** (JAMES GORDON), periodista norteamericano (1795-1872), fundador del *New York Herald Tribune*.

Benoit (Pierre), novelista francés (1886-1962), autor de *Koenigsmark, La Atlántida, La castellana del Líbano*, etc.

Benot (Eduardo), filólogo español (1822-1907), autor de un *Diccionario de ideas afines*.

Bentham (Jeremy), filósofo, economista y jurisconsulto inglés (1748-1832), fundador de la escuela utilitaria.

bentonita f. Arcilla dotada de gran poder descolorante utilizada en metalurgia.

Benz (Carl Friedrich), ingeniero alemán (1844-1929), constructor de un motor de gasolina de cuatro tiempos con encendido eléctrico (1885).

benzoato m. *Quím.* Sal del ácido benzoico.

benzoico, ca adj. *Quím.* Dícese del ácido que se saca del benjuí.

benzol m. *Quím.* Carburante formado por la mezcla de bencina y tolueno.

Beocia, región y nomo de Grecia, al NE. del golfo de Corinto; c. pr. *Tebas.*

beocio, cia adj. y s. De Beocia. ‖ *Fig.* Estúpido, necio.

beodez f. Embriaguez.

beodo, da adj. y s. Borracho.

beorí m. Nombre vulgar del tapir americano.

Beppu, c. del Japón, en la isla de Kiusiu.

beque m. *Mar.* Obra exterior de proa. | Retrete de los marineros.

Berbeo (Juan Francisco de), patriota colombiano (1730-1795), que dirigió en 1781 la sublevación de los Comuneros de Socorro.

berberecho m. Molusco bivalvo y comestible del norte de España.

berberí adj. y s. Beréber.

Berbería, n. dado en otro tiempo a las regiones de África del Norte (Marruecos, Argelia, Túnez).

berberidáceas f. pl. Familia de plantas que tiene por tipo el agracejo (ú. t. c. adj.).

berbiquí m. Taladro de mano.

Berceo (Gonzalo de), poeta español del mester de clerecía (¿1195-1264?). Sobresalen en su obra los poemas de exaltación mariana (*Milagros de Nuestra Señora, Suelos de la Virgen*).

beréber adj. y s. De Berbería. — Los *beréberes* forman un grupo étnico de África del Norte, que ocupa principalmente las regiones montañosas (Rif, Kabilia, Aurés).

berebere adj. Beréber.

Berenger de Tours, teólogo francés (¿1000?-1088), que negaba la presencia real de Jesucristo en la Eucaristía.

Berenguela, hija de Alfonso VIII de Castilla (1171-1244) y esposa de Alfonso IX de León. Madre de San Fernando.

Berenguer (Dámaso), general y político español (1873-1953), pres. del Consejo en 1930.

Berenguer Ramón ‖ ~ **I,** conde de Barcelona de 1018 a 1039. ‖ ~ **II,** conde de Barcelona de 1076 a 1096.

Berenice (CABELLERA DE), constelación del hemisferio boreal.

berenjena f. Planta solanácea de fruto comestible.

berenjenal m. Plantío de berenjenas. ‖ *Fam.* Asunto o situación difícil: *meterse en un berenjenal.* | Confusión, desorden.

Beresford (William Carr), general inglés (1768-1854). Puso sitio a Buenos Aires en 1806.

Beresina, río de la U. R. S. S. (Rusia Blanca), afl. del Dniéper; 587 km.

Berezniki, c. de la U. R. S. S. (Rusia). Industria química.

Berg (Alban), músico austriaco (1885-1935), discípulo de Schönberg, creador del atonalismo.

Bérgamo, c. de Italia (Lombardía), cap. de la prov. homónima. Obispado. Industrias mecánicas.

bergamota f. Variedad de pera y lima muy aromáticas.

bergamoto m. Árbol cuyo fruto es la bergamota.

bergante m. *Fam.* Sinvergüenza, pícaro.

bergantín m. Barco de dos palos y vela cuadrada o redonda.

Bergen, c. y puerto del SO. de Noruega. Universidad. Centro industrial. Astilleros. ‖ ~ **op Zoom,** c. de Holanda (Brabante Septentrional).

Bergerac, c. de Francia (Dordogne). Trufas.

Bergerac (Cyrano de). V. CYRANO.

berginización f. Obtención del petróleo a partir de la hulla.

Bergius (Friedrich), químico alemán (1884-1949), inventor de un método de síntesis de carburantes artificiales. (Pr. Nóbel, 1931.)

Bergson (Henri), filósofo francés (1859-1941). Su sistema se basa en la intuición de los datos de la conciencia liberada de la idea del espacio y el tiempo (*Ensayo sobre los datos inmediatos de la conciencia, La evolución creadora,* etcétera). [Pr. Nóbel, 1927.]

beri m. *Fam. Con las del beri,* con muy malas intenciones.

beriberi m. *Med.* Enfermedad provocada por la falta de vitaminas B y caracterizada por trastornos digestivos, edemas, hidropesía, parálisis e insuficiencia cardiaca.

berilio m. Metal ligero (Be), de número atómico 4, llamado también *glucinio.*

berilo m. Silicato natural de aluminio y berilio. (Cuando es verde es la esmeralda; azul transparente, el aguamarina; rosa, la morganita y amarillo, el heliodoro.)

Bering (ESTRECHO DE), estrecho que comunica el océano Glacial Ártico y el mar homónimo, entre Alaska y el Extremo Oriente soviético. ‖ ~ (MAR DE), mar marginal del océano Pacífico, entre Alaska y las islas Aleutianas.

Bering o **Behring** (Vitus), marino y explorador danés (1680-1741), al servicio de Pedro el Grande de Rusia. Descubrió las islas Aleutianas y Alaska.

Berisso (Emilio), dramaturgo argentino (1878-1922).

Berja, pobl. de España (Almería). Plomo.

Berkeley, c. de Estados Unidos (California), en la bahía de San Francisco. Universidad. Centro de industrias atómicas.

Berkeley (George), prelado y filósofo idealista irlandés (1685-1753).

berkelio m. Elemento químico (Bk), de número atómico 97, obtenido artificialmente al bombardear el americio con partículas alfa.

Berkshire, condado de Inglaterra; cap. *Reading.*

Berlanga (Luis G.), director cinematográfico español n. en 1912, realizador de *Bienvenido Mr. Marshall, Calabuig* y *El verdugo.*

Berlichingen (Goetz VON), caballero alemán, llamado *Mano de hierro* (1480-1562), héroe de un drama de Goethe.

Berlín, c. de Alemania, a orillas del Spree, ant. cap. del país, dividida hoy en *Berlín Oeste,* parte ant. ocupada por los Estados Unidos, Gran Bretaña y Francia (2 135 000 h.) y *Berlín Este* (cap. de la Rep. Democrática; 1 086 000 h.). Universidad. Industrias. — Distr. de El Salvador (Usulután).

berlina f. Coche cerrado, comúnmente de dos asientos. ‖ Automóvil cerrado de conducción interior, llamado también *sedán.* ‖ Departamento delantero en un vehículo de viajeros.

berlinés, esa adj. y s. De Berlín, ant. cap. de Alemania. (Se aplica tb. a las dos zonas actuales.)

Berlioz (Hector), músico francés (1803-1869), autor de la ópera *La condenación de Fausto* y de la *Sinfonía fantástica,* etc.

bermejo, ja adj. Rubio rojizo. ‖ *Mex.* Ganado vacuno de color pajizo: *vaca bermeja.*

Bermejo, río de América del Sur, que nace en los Andes de Bolivia, forma la frontera la bolivianoargentina y es afl. del Paraguay; 1 800 km. — Río de la Argentina (Catamarca), que recibe también el n. de *Vinchina.* Desaparece por infiltración.

Bermejo (Bartolomé), pintor español del s. XV, autor de obras de gran realismo.

bermellón m. Pigmento rojo.

Bermeo, v. de España (Vizcaya). Puerto pesquero. Lugar de nacimiento de Ercilla.

bermuda m. Pantalón corto que llega hasta las rodillas.

Bermudas, archip. británico del Atlántico, al NE. de las Antillas; 49 km²; cap. *Hamilton.*

Bermúdez, ant. Est. de Venezuela, hoy dividido entre los de *Anzoátegui, Monagas* y *Sucre.*

Bermúdez (Jerónimo), religioso dominico y poeta español (¿1530?-1599), autor de la tragedia *Nise lastimosa.* ‖ ~ (JOSÉ FRANCISCO), militar y patriota venezolano (1782-1831), defensor de Cartagena en 1815. ‖ ~ **de Castro** (SALVADOR), diplomático y escritor español (1817-1883), inventor de la estrofa en octavas italianas, llamada *bermudina.* Fue duque de Ripalda.

bermudina f. Estrofa usada por Bermúdez de Castro, consistente en una octava endecasílaba o decasílaba, con rima común aguda entre los versos cuarto y octavo.

Bermudo ‖ ~ **I** *el Diácono,* rey de Asturias y León de 789 a 791. ‖ ~ **II** *el Gotoso,* rey de Asturias y León de 984 a 999. ‖ ~ **III,** rey de León de 1028 a 1037. M. en la batalla de Támara (Palencia).

Berna, cap. de Suiza, en el cantón homónimo, a orillas del Aar; 168 900 h. Universidad. Industria activa. Residencia de oficinas internacionales y del Gobierno helvético.

Bernabé (Manuel), poeta filipino (1890-1960), autor de *Cantos del trópico, Perfil de cresta,* etc.

Bernadeta Soubirous (*Santa*), pastora francesa (1844-1879) a la que se apareció la Virgen en Lourdes (1858). Fiesta el 10 de abril.

Bernadotte (Jean), mariscal de Francia (1763-1844). Adoptado por el rey de Suecia, fue soberano de este país en 1818 con el nombre de *Carlos XIV* o *Carlos Juan.*

Bernáldez (Andrés), sacerdote y escritor español (¿1450?-1513), llamado *el Cura de Los Palacios.* Autor de una *Historia de los Reyes Católicos.*

Bernanos (Georges), escritor francés (1888-1948), autor de las novelas *Bajo el sol de Satán, Diario de un cura de aldea, Los grandes cementerios bajo la luna,* etc.

Bernard (Claude), fisiólogo francés (1813-1878). Demostró la existencia de centros nerviosos independientes. ‖ ~ (PAUL, llamado **Tristan**), autor teatral francés (1866-1947), de ingenio chispeante.

Bernárdez (Francisco Luis), poeta argentino, n. en 1900. ‖ ~ (MANUEL), escritor uruguayo (1867-1942).

Bernardin de Saint-Pierre (Henri), escritor francés (1737-1814), autor de la novela *Pablo y Virginia,* exaltación de la naturaleza y de ensayos de notable valor.

bernardo, da adj. y s. Monje o monja de la orden de San Bernardo o del Císter.

Bernardo (*San*), monje cisterciense francés (1090-1153). Fundó la abadía de Clairvaux y predicó la Segunda Cruzada. Fiesta el 20 de agosto. ‖ ~ **de Menthon** (*San*), fundador de los Hospicios de San Bernardo en los Alpes (923-1009). Fiesta el 15 de junio.

Bernardo del Carpio, personaje mítico español cuyas hazañas integran un ciclo del Romancero.

Bernat de Ventadorn o **Ventadour,** trovador provenzal del siglo XII.

bernés, esa adj. y s. De Berna.

Bernina macizo montañoso de los Alpes, entre Suiza e Italia; 4 052 m.

Bernini (Gian Lorenzo), pintor, escultor y arquitecto barroco italiano (1598-1680), autor del pórtico de San Pedro (Roma) y de la *Transverberación de Santa Teresa.*

Bernstein (Henri), autor dramático francés (1876-1953).

berraco m. Niño que berrea.

berrear v. i. Dar berridos o gritos estridentes al llorar o al cantar. ‖ Enfadarse. ‖ *Pop. Cub.* Confesar, cantar un detenido.

berrenchín m. Berrinche.

berrendo, da adj. Aplícase al toro que tiene manchas de color distinto: *berrendo en negro.* ‖ — M. y f. Mamífero de América del Norte semejante al ciervo.

berreo m. Berrinche, berrido.

Berreta (Tomás), político uruguayo (1875-1947), pres. de la Rep. en 1947.

Berri. V. BERRY.

berrido m. Voz del becerro y otros animales. ‖ *Fig.* Grito estridente.

berrinche m. *Fam.* Rabieta, enojo grande: *le dio un berrinche.*

Berrío (Pedro Justo), estadista colombiano (1827-1875) que fue pres. de Antioquia.

berro m. Planta crucífera comestible que crece en lugares aguanosos.

Berro (Adolfo), poeta romántico uruguayo (1819-1841). ‖ ~ (BERNARDO PRUDENCIO), político y escritor uruguayo (¿1800?-1868), pres. de la Rep. de 1860 a 1864. M. asesinado.

berroçal m. Terreno rocoso.

berroqueña adj. *Piedra berroqueña*, granito.

berrueco m. Roca, peñasco. ‖ Tumorcillo en el iris del ojo.

Berruecos (MONTES DE), región montañosa, cerca del Pasto (Colombia), donde fue asesinado Sucre en 1830.

Berruguete (Pedro), pintor español (¿1440?-1504), iniciador del renacimiento pictórico en España. — Su hijo ALONSO (¿1490?-1461) fue pintor y escultor famoso del Renacimiento.

Berry o **Berri,** ant. prov. y región del centro de Francia; c. pr. *Bourges.*

bersagliero m. Soldado de infantería en el ejército italiano.

Berta, llamada tb. *Berta la de los Grandes Pies,* madre de Carlomagno, m. en 783.

Bertaut (Jean), poeta francés (1552-1611), discípulo de Ronsard.

Berthelot (Marcelin), químico francés (1827-1907), creador de la termoquímica.

Berthollet (Conde Claude), químico francés (1748-1822). Descubrió el poder descolorante del cloro y preparó el clorato potásico.

Bertillon (Alphonse), médico francés (1853-1914), inventor de la antropometría.

Bertrán de Born, trovador provenzal (¿1140-1215?).

Bertrand (Francisco), político hondureño, m. en 1926, pres. de la Rep. de 1913 a 1919.

Beruete (Aureliano de), pintor paisajista español (1845-1912).

Beruti (Antonio Luis), militar argentino (1772-1841), que se distinguió en Chacabuco (1817).

Berutti (Arturo), compositor argentino (1862-1938), autor de óperas (*Pampa, Los Héroes*).

Berwick, condado de Gran Bretaña, al SE. de Escocia; cap. *Dnus.*

Berwick (Jacobo Estuardo, *duque de*), militar inglés; naturalizado francés, hijo natural de Jacobo II de Inglaterra (1671-1734). Ganó en España la batalla de Almansa (1707).

berza f. *Bot.* Col. ‖ — M. pl. *Fam.* Berzotas.

berzal m. Campo de berzas.

Berzelius (Barón Jöns Jacob), químico sueco (1779-1848), uno de los creadores de la química moderna. Instituyó la notación atómica por símbolos.

berzotas m. y f. *Fig.* y *fam.* Idiota, bobo.

besalamano m. Esquela encabezada con la abreviatura B. L. M., escrita en tercera persona y sin firma: *recibir un besalamano.*

besamanos m. Ceremonia y modo de saludar que consiste en besar la mano a los príncipes y otras personas.

besamela f. Bechamel.

besana f. *Agr.* Labor de la tierra en surcos paralelos. | Primer surco hecho. | Tierra dispuesta para la siembra. | Medida agraria de Cataluña (21,87 áreas) y de México (3 ha).

besante m. Antigua moneda bizantina. ‖ Figura del blasón.

Besanzón, c. de Francia, cap. del dep. de Doubs. Arzobispado. Universidad. Metalurgia y relojería. Ant. cap. del *Franco Condado.* Patria de Victor Hugo.

besar v. t. Tocar con los labios una cosa en señal de amor, saludo, amistad o reverencia: *besar la mano, en las mejillas* (ú. t. c. pr.). ‖ *Fig.* y *fam.* Tocar unas a otras varias cosas (ú. t. c. pr.). ‖ *Llegar y besar el santo,* hacer una cosa de prisa.

Besarabia, región de la U. R. S. S. (rep. de Moldavia), entre los valles del Prut y del Dniéster. Agricultura.

Beskides, región montañosa del Europa central, al NO. de los Cárpatos (Checoslovaquia, Polonia y la U. R. S. S.).

beso m. Acción y efecto de besar. ‖ *Fig. Beso de Judas,* el que se da con hipocresía.

Bessel (Friedrich), astrónomo alemán (1784-1846), el primero que midió la distancia entre nuestro planeta y una estrella.

Bessemer (Henry), ingeniero inglés (1813-1898). Descubrió un método para fabricar el acero.

best seller m. (pal. ingl.). Libro de gran éxito de venta.

bestia f. Animal cuadrúpedo, especialmente caballerías. ‖ — Com. *Fig.* Persona ruda, ignorante. | Persona bruta, poco delicada.

bestiaje m. Conjunto de bestias de carga.

bestial adj. Brutal, irracional: *instintos bestiales.* ‖ *Fam.* Extraordinario, estupendo: *un proyecto bestial.* | Enorme: *hambre bestial.*

bestialidad f. Brutalidad. ‖ Pecado de lujuria cometido con una bestia. ‖ *Fam.* Barbaridad, tontería muy grande. | Gran cantidad.

bestializar v. t. Dar carácter bestial. ‖ — V. pr. Vivir como las bestias.

bestiario m. Gladiador que luchaba con las fieras en los circos romanos. ‖ En la Edad Media, colección de fábulas de animales.

besucar v. t. *Fam* Besuquear.

besugo m. Pez teleósteo de carne muy estimada. ‖ *Fam.* Majadero, necio.

besuguera f. Fuente para meter en el horno el pescado.

besuquear v. t. *Fam.* Besar repetidas veces.

besuqueo m. Acción de besuquear.

beta f. Letra griega (β) que corresponde a nuestra *b.* ‖ — *Rayos* β, radiaciones emitidas por los cuerpos radiactivos.

Betancourt (Fray Agustín), cronista y sacerdote mexicano (1620-1700), autor de *Arte de la lengua mexicana.* ‖ ~ (RÓMULO), político venezolano, n. en 1908, pres. de la Rep. de 1945 a 1948 y de 1959 a 1964. Fundador del partido de Acción Democrática. ‖ ~ **Cisneros** (GASPAR), patriota y escritor cubano (1803-1866).

Betania, aldea de la ant. Palestina, cerca de Jerusalén. Hoy *El-Azarié.*

Betanzos, pobl. de Bolivia, cap. de la prov. de Cornelio Saavedra (Potosí). — V. de España (Coruña). Iglesias góticas.

Betanzos (Juan de), cronista español (1510-1576), autor de *Suma y narración de los Incas.*

betarraga f. Remolacha.

betatrón m. *Fís.* Acelerador electromagnético de partículas beta que hace que éstas transmuten átomos.

Bethencourt (Juan de), marino francés, n. en Normandía (¿1360?-1425); colonizó las Canarias al servicio de Enrique III de Castilla. ‖ — (PEDRO DE), misionero español, n. en Canarias (1619-1667), fundador de una orden hospitalaria en Guatemala.

Bethlehem, c. de Estados Unidos (Pensilvania). Metalurgia.

Bética, división de la España romana, regada por el río Betis (Guadalquivir). Hoy *Andalucía.* ‖ ~ (CORDILLERA), conjunto montañoso de España, borde meridional de la altiplanicie de Castilla la Nueva, formado por Sierra Morena y Sierra de Aracena. Culmina en los Pedroches, 1 600 m.

bético, ca adj. De la Bética.

Betijoque, distr. y v. de Venezuela (Trujillo).

Betis, ant. n. del río *Guadalquivir.*

betlemita adj. y s. De Belén. ‖ Religioso de una orden hospitalaria. (La orden de los *betlemitas* fue fundada en Guatemala por Pedro de Bethencourt en el s. XVII.)

Betsabé, mujer con quien casó David después de haber hecho morir a Urías, su primer esposo. Madre de Salomón.

Betti (Ugo), dramaturgo italiano (1892-1953), autor de *La Padrona, Corrupción en el Palacio de Justicia, La isla de las Cabras,* etc.

betuláceas f. pl. *Bot.* Familia de árboles angiospermos de hojas alternas (ú. t. c. adj.).

Betulia, c. de la ant. Palestina, liberada por Judith del asedio puesto por Holofernes.

betún m. Nombre de varias sustancias naturales compuestas de carbono e hidrógeno, que arden con llama, humo espeso y olor peculiar. ‖ Crema o líquido que se usa para dar brillo al calzado. ‖ Zulaque. ‖ *Betún de Judea,* asfalto.

betunería f. Tienda de betún o de limpiabotas.

betunero m. El que vende o fabrica betunes. ‖ Limpiabotas.

Beuthem. V. BYTOM.

bevatrón m. *Fís.* Acelerador de partículas del tipo sincrotón.

bey m. Gobernador turco.

bezo m. Labio grueso.

Beyle (Henri). V. STENDHAL.

Bèze (Théodore de), escritor y teólogo protestante francés (1519-1605), discípulo de Calvino.

Beziers, c. del S. de Francia (Hérault). Centro vinícola.

bezoar m. Concreción calcárea que suele encontrarse en el estómago y en las vías urinarias de algunos animales.

Bezwada o **Vijayavada,** c. de la India (Andhra-Pradesh). Centro de peregrinación.

Bhagalpur, c. de la India (Bihar). Textiles.

Bhaunagar o **Bhavnagar,** c. y puerto de la India (Gujerate).

Bhopal, c. de la India, cap. de Madhya Pradesh.

Bhubaneswar, c. de la India, cap. de Orisa.

Bhután. V. BUTÁN.

Bi, símbolo del bismuto.

biácido m. *Quím.* Cuerpo dotado de dos funciones ácidas.

Biafra *(República de),* nombre que tomó la región sudeste de Nigeria, en guerra de secesión desde 1967 hasta 1970.

Bialystok, c. del NE. de Polonia. Textiles.

Bianchi (Alfredo A.), escritor y crítico argentino (1882-1942).

biangular adj. De dos ángulos.

Biarritz, c. del SO. de Francia (Pyrénées-Atlantiques), en el golfo de Gascuña. Estación veraniega muy concurrida.

Bías, uno de los siete sabios de Grecia (s. VI a. de J. C.).

biatómico, ca adj. *Quím.* Aplícase a los cuerpos cuya molécula consta de dos átomos.

bibásico, ca adj. *Quím.* Que posee dos veces la función base.

bibelot m. (pal. fr.). Pequeño objeto curioso, decorativo.

biberón m. Frasco con tetilla de goma para la lactancia artificial.

bibijagua f. *Cub.* Hormiga muy perjudicial para las plantas. ‖ *Fig. Cuba.* Persona industriosa y diligente.

bibijagüero, ra m. y f. *Amer.* Hormiguero. ‖ *Fig.* y *fam. Amer.* Tumulto.

biblia f. La Sagrada Escritura. — Se divide la *Biblia,* en Antiguo y Nuevo Testamento. El *Antiguo Testamento* se compone de tres grupos de libros (*Pentateuco, Profetas* y *Hagiógrafos*), escritos generalmente en hebreo y pocos en griego; el *Nuevo Testamento*, redactado casi en su totalidad en griego, salvo el Evangelio de San Mateo, en hebreo, consta de los cuatro *Evangelios, Los Hechos de los Apóstoles*, las *Epístolas* y el *Apocalipsis*. La traducción hecha al latín del Antiguo Testamento, llamada *Versión de los Setenta*, fue revisada por San Jerónimo en el s. IV y el texto nuevo recibió el nombre de *Vulgata*.

En España, el cardenal Cisneros patrocinó una traducción de los libros sagrados al hebreo, caldeo, griego y latín (*Biblia Políglota Complutense*), realizada en Alcalá de Henares de 1514 a 1517, y Arias Montano dirigió otra versión, por orden de Felipe II, publicada en Amberes entre 1569 y 1573 (*Biblia Políglota Antuerpiense* o *Regia*).

Biblián, pobl. y cantón del Ecuador (Cañar).

bíblico, ca adj. De la Biblia.

bibliofilia f. Gran afición por los libros.

bibliófilo m. Aficionado a libros raros y valiosos.

bibliografía f. Descripción de libros, de sus ediciones, etc. ‖ Conjunto de títulos de obras que tratan de un asunto: *bibliografía taurina*.

bibliográfico, ca adj. De la bibliografía: *notas bibliográficas*.

bibliógrafo m. El que se ocupa de bibliografía.

bibliología f. Estudio del libro en su aspecto histórico y técnico.

bibliomanía f. Pasión exagerada por los libros.

bibliómano, na m. y f. Persona que tiene bibliomanía.

biblioteca f. Local donde se tienen libros ordenados para la lectura y la consulta. ‖ Colección de libros, manuscritos, etc. ‖ Librería, mueble para colocar los libros.

bibliotecario, ria m. y f. Persona encargada de una biblioteca.

Biblos, ant. c. de Fenicia, hoy en el Líbano donde recibe el nombre de *Jubayl*.

bicameral adj. De dos cámaras.

bicarbonato m. *Quím.* Sal ácida del ácido carbónico. ‖ Se dice especialmente de la sal de sodio.

bicéfalo, la adj .Que tiene dos cabezas. ‖ *Fig.* Con dos jefes.

bicenal adj. De veinte años.

bicentenario m. Segundo centenario.

bíceps adj. y s. m. *Anat.* Dícese de los músculos que tienen dos cabezas u orígenes, especialmente el del brazo. ‖ *Bíceps humeral* o *branquial*, el flexor del brazo.

bici f. *Fam.* Bicicleta.

bicicleta f. Vehículo de dos ruedas iguales en que la de atrás se mueve por medio de unos pedales que actúan en una cadena.

biciclo m. Velocípedo de dos ruedas de tamaño desigual.

bicipital adj. *Anat.* Del bíceps.

bicloruro m. Sal que contiene dos átomos de cloro: *bicloruro de mercurio*.

bicoca f. Fortificación pequeña. ‖ *Fig.* y *fam.* Cosa de poca monta, fruslería. | Ganga. | Puesto ventajoso.

bicolor adj. De dos colores.

bicóncavo, va adj. *Ópt.* De dos caras cóncavas: *lentes bicóncavos para la miopía*.

biconvexo, xa adj. *Ópt.* De dos caras convexa: *lentes biconvexos para la presbicia*.

bicornio m. Sombrero de dos picos.

bicromato m. *Quím.* Sal del anhídrido crómico y, especialmente, sal que tiene como base el potasio.

bicromía f. Impresión en dos colores.

bicuadrado, da adj. *Mat.* Elevado a la cuarta potencia.

bicha f. Culebra.

bicharraco m. *Fam.* Animalucho. | Persona mala, tiparraco.

bichero m. *Mar.* Asta con gancho de hierro en el extremo.

bicho m. Animal pequeño. ‖ Toro de lidia. ‖ *Fig.* Persona mala. ‖ — *Fam. Mal bicho*, persona mala. | *Todo bicho viviente*, todo el mundo, todos.

bichoco, ca adj. *Méx.* Desdentado.

Bidasoa, río de los Pirineos occidentales, que señala la frontera (12 km) entre España y Francia; 70 km.

bidé m. Recipiente de aseo empleado para lavados íntimos.

bidente adj. De dos dientes.

bidón m. Recipiente de hojalata para líquidos: *bidón de aceite*.

biela f. *Mec.* Barra metálica que une dos piezas móviles por medio de articulaciones, fijadas en los extremos de éstas, y que transforma y transmite un movimiento. ‖ Palanca del pedal de la bicicleta.

bieldar v. t. Beldar.

bieldo m. Instrumento de madera, en forma de tenedor, que sirve para beldar.

Bielefeld, c. de Alemania Occidental (Rin Septentrional-Westfalia). Centro industrial.

Bielgorod o **Belgorod,** c. de la U. R. S. S. (Rusia).

Bielorrusia. V. RUSIA BLANCA.

Biella, c. de Italia (Piamonte). Obispado. Centro lanero.

bien m. Lo que la moral ordena hacer: *discernir el bien del mal*. ‖ Lo que es bueno, favorable o conveniente: *eso fue un bien para mí*. ‖ Lo que es conforme al deber: *ser persona de bien*. ‖ Utilidad, beneficio: *el bien del país*. ‖ Lo que es objeto de un derecho o de una obligación: *bien familiar*. ‖ — Pl. Hacienda, caudal: *hombre de bienes*. ‖ Productos: *bienes de la tierra, de equipo*. ‖ — *Bienes gananciales*, los que adquieren los cónyuges durante el matrimonio. ‖ *Bienes inmuebles* o *raíces*, los que no pueden trasladarse. ‖ *Bienes mostrencos*, los que no tienen dueño conocido. ‖ *Bienes muebles*, los que pueden trasladarse. ‖ — Adv. Correctamente: *hablar, obrar bien*. ‖ Cómodamente: *vivir bien*. ‖ De modo agradable: *oler bien*. ‖ Bastante o mucho: *es bien malo, hemos caminado bien*. ‖ Se usa tb. para expresar el acuerdo. ‖ — *Bien que*, aunque. ‖ *No bien*, tan pronto como. ‖ *Si bien*, aunque. ‖ *Tener a bien*, estimar justo o conveniente. ‖ *Y bien*, expresión de extrañeza o admiración.

bienal adj. Que sucede cada bienio. ‖ — F. Exposición que se celebra cada dos años.

bienandante adj. Feliz.

bienandanza f. Felicidad, suerte.

bienaventurado, da adj. y s. Que goza de Dios en el cielo. ‖ Afortunado, feliz.

bienaventuranza f. Visión beatífica de Dios en el cielo. ‖ Prosperidad, felicidad. ‖ — Pl. Las ocho felicidades que Jesús expuso en el Sermón de la Montaña a sus discípulos.

bienestar m. Estado del que está bien: *sensación de bienestar*. ‖ Buena situación económica.

bienfamado, da adj. De buena fama.

bienhablado, da adj. Que habla con corrección.

bienhadado, da adj. Afortunado, feliz.

bienhechor, ra adj. y s. Que hace bien a otro.

bienintencionado, da adj. De buena intención.

bienio m. Período de dos años.

Bienne, c. de Suiza (Berna), en las márgenes del lago homónimo.

* **bienquerer** v. t. Querer.

bienquistar v. t. Poner bien a una o varias personas con otra u otras (ú. t. c. pr.).

bienquisto, ta adj. Que goza de buena fama, estimado: *bienquisto de sus vecinos*.

bienteveo m. Candelecho, mirador, choza alta para vigilar. ‖ *Arg.* Pájaro de vientre amarillo de unos veinte cm de longitud.

bienvenida f. Parabién: *dar la bienvenida*.

bienvivir v. i. Vivir con holgura. ‖ Vivir honradamente.

Bierzo, comarca occidental de la prov. de León. C. pr.: *Ponferrada* y *Villafranca*.

bies m. Sesgo.

bifásico, ca adj. Aplícase a los sistemas eléctricos de dos corrientes alternas iguales procedentes del mismo generador. •

bife m. *Amer.* Bistec. ‖ *Fam. Arg.* Guantada.

bífido, da adj. *Bot.* Dividido en dos lóbulos: *hoja bífida*.

bifocal adj. *Ópt.* De doble foco. *lente bifocal*.

bifronte adj. De dos caras.

bifurcación f. Punto donde una cosa se divide en dos.

bifurcado, da adj. De forma de horquilla.

bifurcarse v. pr. Dividirse en dos una cosa: *bifurcarse un camino*. ‖ Cambiar de dirección.

biga f. Carro romano de dos caballos. ‖ *Poét.* Tronco de caballos.

bigamia f. Estado del bígamo.

bígamo, ma adj. y s. Casado con dos personas a un tiempo.

bigardear v. i. Andar vagando.

bigardo, da adj. y s. *Fig.* Fraile desenvuelto. | Vago.

bígaro m. Caracolillo marino.

bigarrado, da adj. Abigarrado.

bignonia f. Planta exótica y trepadora de flores encarnadas.

bignoniáceas f. pl. Familia de plantas arbóreas, como dicotiledóneas, la bignonia (ú. t. c. adj.).

bigornia f. Yunque con dos puntas opuestas.

bigote m. Pelos que cubren el labio superior (ú. t. en pl.). ‖ *Impr.* Línea horizontal de adorno más gruesa por el medio que por los extremos. ‖ *Min.* Bigotera. ‖ — Pl. *Min.* Infiltraciones del metal en las grietas del horno. ‖ *Fam. Estar una cosa de bigotes*, estar estupenda.

bigotera f. Lo que se pone en los bigotes para darles la forma que se desea. ‖ Puntera del calzado. ‖ Compás pequeño con tornillo regulador de abertura. ‖ *Min.* Abertura de los hornos de cuba por donde sale la escoria. ‖ Asiento plegable de algunos coches. ‖ — Pl. Bocera que queda en los labios.

bigotudo, da adj. y s. Que tiene mucho bigote.

bigudí m. Pinza o rizador sobre el cual las mujeres enroscan el pelo para ondularlo.

Bihar, Estado de la India, al E. de Uttar Pradesh; cap. *Patna*.

Biisk, c. de la U. R. S. S., en Siberia (Rusia).

bija f. Árbol bixáceo de América cuya semilla sirve para teñir de rojo y su fruto para hacer una bebida refrigerante y medicinal.

bijagua f. *Cub.* Árbol de hojas medicinales.

Bijaia. V. BEJAIA.

Bijapur, ant. *Vizapur*, c. del S. de la India (Mysore). Monumentos de los s. XVI y XVII.

bijirita f. *Cub.* Cometa, juguete infantil. ‖ *Empinar la bijirita*, embriagarse.

Bikaner, c. de la India (Rayastán).

bikini m. Bañador de dos piezas de reducidas dimensiones.

Bikini, atolón del océano Pacífico (Marshall), polígono de explosiones atómicas desde 1946.

bilabiado, da adj. *Bot.* Aplícase a las corolas o cálices divididos en dos partes.

bilabial adj. Que se pronuncia con ambos labios (ú. t. c. s. f.).

Bilac (Olavo), poeta brasileño (1865-1918).

bilateral adj. Relativo a ambos lados. ‖ Que obliga a las dos partes firmantes: *contrato bilateral.*

bilbaíno, na adj. y s. De Bilbao.

Bilbao, c. del N. de España, cap. de la prov. de Vizcaya, en el estuario del río Nervión. Obispado. Minas de hierro; altos hornos; construcciones navales.

Bilbao (Francisco), escritor y sociólogo chileno (1823-1865). Vivió desterrado. ‖ ~ (MANUEL), escritor chileno (1827-1895), autor de novelas (*El inquisidor mayor, El pirata de Guayas*).

Bílbilis, ant. n. de *Calatayud.*

bilbilitano, na adj. y s. De Bílbilis, hoy Calatayud.

biliar adj. De la bilis.

bilimbique m. *Pop. Méx.* Billete de banco emitido durante la revolución constitucionalista (1913).

bilingüe adj. Que habla dos lenguas: *persona, región bilingüe.* ‖ Escrito en dos idiomas: *libro bilingüe.*

bilingüismo m. Uso de dos idiomas: *el bilingüismo paraguayo.*

bilioso, sa adj. Abundante de bilis. ‖ *Fig.* Desabrido.

bilis f. Humor viscoso, de color amarillo verdoso, amargo, segregado por el hígado. ‖ *Fig.* Mal humor, ira: *descargar la bilis.*

bilobulado, da adj. Dividido en dos lóbulos.

bilocular adj. Dividido en dos cavidades.

bill m. (pal. ingl.). Proyecto de ley en Gran Bretaña. ‖ La ley misma.

Bill (Búfalo). V. BÚFALO BILL.

billar m. Juego que consiste en empujar bolas de marfil con tacos sobre una mesa rectangular cubierta con un tapete verde. ‖ La misma mesa y sala donde se juega.

billarista m. Jugador de billar.

billetaje m. Conjunto de billetes para un espectáculo.

billete m. Carta o esquela: *billete amoroso.* ‖ Tarjeta o documento que da derecho para entrar en alguna parte, para viajar, etc.: *billete de toros, de ferrocarril, de avión.* ‖ Papeleta que acredita la participación en una lotería. ‖ Cédula emitida por un banco o por el Tesoro, en reemplazo de las monedas de oro y plata: *pagar, cobrar en billetes.* ‖ *Blas.* Pequeña pieza rectangular. ‖ *Billete kilométrico,* el que da autorización para recorrer por ferrocarril cierto número de kilómetros.

billetera f. y **billetero** m. Cartera para los billetes.

Billinghurst (Guillermo Enrique), político peruano (1851-1915), pres. de la Rep. en 1912, derrocado en 1914.

Billini (Francisco Gregorio), escritor y político dominicano (1844-1898), autor de la novela *Baní.* Pres. de la Rep. de 1884 a 1885.

Billiton o **Belitung,** isla de Indonesia, al E. de Sumatra; 248 kilómetros cuadrados.

billón m. Un millón de millones. (En Estados Unidos, el billón equivale a mil millones.)

bimano, na o **bímano, na** adj. y s. *Zool.* De dos manos: *sólo el hombre es bímano.* ‖ — M. pl. *Zool.* Grupo del orden de los primates, al cual sólo pertenece el hombre.

bimba f. *Fam.* Chistera. | Puñetazo. ‖ *Amer.* Borrachera.

bimbalete m. *Méx.* Palo redondo y largo para sostener los techos. ‖ Columpio.

bimensual adj. Que ocurre dos veces por mes.

bimestral adj. Que ocurre cada dos meses.

bimestre m. Tiempo de dos meses.

bimetalismo m. Sistema monetario que utiliza como patrones el oro y la plata.

bimetalista adj. Partidario del bimetalismo (ú. t. c. s.). ‖ Relativo a dicho sistema.

bimotor adj. y s. m. Dícese de los aviones de dos motores.

bina f. *Agr.* Acción de binar.

biná m. *Méx.* Planta asclepiadácea.

binadera f. Azada.

binador m. *Agr.* El que bina. | Azada para binar.

binar v. t. Arar por segunda vez las tierras. ‖ — V. i. Celebrar dos misas un sacerdote el mismo día.

binario, ria adj. Compuesto de dos elementos: *sistema binario.*

bingarrote m. *Méx.* Aguardiente destilado del maguey. | El mismo maguey.

Binghampton, c. de Estados Unidos (Nueva York), al N. de los Apalaches. Calzados.

binocular adj. Que se hace con ayuda de los dos ojos.

binóculo m. Anteojo para ambos ojos que se fija en la nariz.

binomio m. *Mat.* Expresión algebraica formada por dos términos, como $a - b$. ‖ *Binomio de Newton,* fórmula que da el desarrollo de las diferentes potencias a que puede elevarse un binomio.

binza f. Película fina que envuelve algo

biobiense adj. y s. De Bío-Bío (Chile).

Bío-Bío o **Biobío,** río de Chile, que nace en los Andes, el más caudaloso del país; 380 km. Señaló la frontera entre españoles y araucanos. — Prov. de Chile; cap. *Los Ángeles.*

biofísica f. Ciencia que estudia los fenómenos físicos de la fisiología.

biogeografía f. Estudio de la distribución geográfica de vegetales y animales, y sus causas.

biografía f. Historia de la vida de una persona.

biografiar v. t. Escribir la biografía de una persona.

biográfico, ca adj. Relativo a la biografía: *noticias biográficas.*

biógrafo, fa m. y f. Autor de biografías.

biología f. Ciencia que estudia las leyes de la vida: *biología animal, vegetal.*

biológico, ca adj. De la biología: *estudios biológicos.*

biólogo m. El que se dedica al estudio de la biología.

biombo m. Mampara formada por varios bastidores articulados.

biomecánica f. Explicación física y mecánica de los fenómenos vitales.

biometría f. Aplicación de los métodos estadísticos y del cálculo de probabilidades al estudio biológico de los seres vivientes.

biopsia f. Examen microscópico de un trozo de tejido cortado de un órgano vivo.

bioquímica f. Ciencia que estudia los fenómenos químicos en el ser vivo.

bioquímico, ca adj. De la bioquímica. ‖ — M. y f. Persona que se dedica a la bioquímica.

biosíntesis f. Formación de una sustancia orgánica en otro ser vivo.

bioterapia f. Tratamiento de ciertas enfermedades por sustancias vivas, como fermentos lácticos, levaduras, etc.

biotita f. Mica negra.

bióxido m. *Quím.* Combinación de un radical con dos átomos de oxígeno.

Bioy Casares (Adolfo), escritor argentino, n. en 1914, autor, junto con su esposa, Silvina Ocampo, de la novela *Los que aman, odian.*

bipartición f. División en dos partes.

bipartido, da adj. Partido, dividido en dos.

bipartir v. t. Partir en dos.

bipartito, ta adj. Bipartido. ‖ Compuesto de dos: *pacto bipartito.*

bípedo, da adj. y s. m. De dos pies.

biplano m. Avión con dos alas paralelas a cada lado.

bipolar adj. De dos polos.

biquini m. Bikini.

Birkenhead, c. y puerto de Inglaterra (Chester).

birlar v. t. Tirar por segunda vez la bola en el juego de bolos. ‖ *Fig.* y *fam.* Quitar a uno algo: *birlar un empleo.* | Matar.

birlí m. *Impr.* Parte inferior en blanco en las páginas de un impreso.

birlibirloque m. *Por arte de birlibirloque,* mágica o extraordinariamente.

birlocha f. Cometa, juguete.

birlocho m. Carruaje ligero de cuatro ruedas y cuatro asientos, abierto por los costados y sin cubierta.

Birmania, en ingl. *Burma,* Estado del SE. de Asia, en la parte oeste de Indochina, entre Bangla Desh, la India, China, Laos y Tailandia; 678 000 km²; 27 580 000 h. (*birmanos*). Cap. *Rangún,* 740 000 h.; otras c.: *Mandalay,* 164 000 h.; *Mulmein,* 110 000. País montañoso, productor de arroz y petróleo. Parte integrante del Imperio de las Indias y ocupada por los japoneses de 1942 a 1945, obtuvo su independencia en 1947 e instauró la Rep. al año siguiente.

birmano, na adj. y s. De Birmania.

Birmingham, c. de Inglaterra (Warwick), a orillas del Rea. Universidad. Industrias. — C. de Estados Unidos (Alabama). Metalurgia.

Birobidján, c. de la U. R. S. S. (Rusia), cap. del territ. autónomo homónimo, en la frontera de China del NE.

birrefringencia f. *Ópt.* Doble refracción.

birrefringente adj. De doble refracción.

birreme f. Nave de dos filas de remos.

birreta f. Solideo de los cardenales.

birrete m. Birreta. ‖ Gorro con borla negra, propio de magistrados, catedráticos, abogados, jueces, etc. ‖ Bonete.

birretina f. Birrete pequeño.

birria f. *Fam.* Cosa o persona fea. | Objeto sin valor. ‖ *Méx.* Carne de borrego o chivo.

birringa adj. y s. f. *Amer. C.* Mujer casquivana.

birriondo adj. y s. m. *Méx.* Mujeriego.

Birsheba o **Beersheva,** c. del Estado de Israel.

bis adv. Se emplea para indicar que una cosa debe repetirse. ‖ — Adj. Duplicado, repetido: *página 94 bis.*

bisabuelo, la m. y f. Padre o madre del abuelo o de la abuela.

bisagra f. Conjunto de dos planchitas de metal articuladas entre sí que permite el movimiento de las puertas y ventanas.

bisar v. t. Repetir la ejecución de un trozo de música, canto, etc.

Bisayas (ISLAS). V. VISAYAS.

bisayo, ya adj. y s. Visayo.

Bisbal (La), v. de España (Gerona).

bisbisar y **bisbisear** v. t. *Fam.* Decir entre dientes.

bisbiseo m. Acción de bisbisear.

Bisceglie, c. y puerto de Italia (Bari). Obispado.

bisecar v. t. *Geom.* Dividir en dos partes iguales.

bisección f. *Geom.* Acción de bisecar: *la bisección de un ángulo.*

bisector, triz adj. *Geom.* Que divide en dos partes iguales: el

F. Línea que divide un ángulo en dos partes iguales.

bisel m. Borde cortado oblicuamente.

biselado m. Acción de biselar.

biselar v. t. Cortar en bisel.

bisemanal adj. Que se repite dos veces por semana: *periódico bisemanal.*

bisexual adj. Hermafrodita.

bisiesto adj. Dícese del año de 366 días.

— Como la duración verdadera del año es de 365 días y cuarto, se agrega cada cuatro años un día al año común, que pasa a ser de 366 días. El día intercalar se añade a febrero. Son bisiestos los años cuya expresión numérica es divisible por 4, excepto los años seculares.

bisílabo, ba adj. De dos sílabas: *árbol es palabra bisílaba.*

Biskra, c. de Argelia (Batna).

Bismarck, archip. de Melanesia, al NE. de Nueva Guinea; 53 000 km²; 157 000 h. Fue colonia alemana de 1885 a 1914 y actualmente está administrada por Australia. Llamada tb. *archipiélago de Nueva Bretaña,* n. de su isla principal. — C. de Estados Unidos, cap. de Dakota Norte. Obispado.

Bismarck (Otto, *príncipe de*), militar y político prusiano (1815-1898). Fue ministro del rey Guillermo I y se le considera como el realizador de la unidad alemana. Nombrado canciller del Imperio, aumentó las prerrogativas de la corona y procuró atraerse a la clase obrera por medio de un socialismo estatal.

bismuto m. Metal (Bi) de número atómico 83, de color gris, fusible a 271 °C, de densidad 9,8.

bisnieto, ta m. y f. Hijo o hija del nieto.

bisojo, ja adj. y s. Bizco.

bisonte m. Rumiante bóvido salvaje, parecido al toro, con lomo arqueado y giba.

bisoñada y **bisoñería** f. *Fig.* y *fam.* Inexperiencia, novatada.

bisoñé m. Peluca que cubre sólo la parte anterior de la cabeza.

bisoño, ña adj. y s. Novicio, principiante.

Bissau, cap. de la Rep. de Guinea-Bissau, en el O. de África; 20 000 h.

bisté y mejor **bistec** m. Filete, lonja de carne de vaca asada.

bistre adj. y s. m. De un color pardo negruzco.

bisturí m. Instrumento cortante usado en cirugía. (Pl. *bisturíes.*)

bisulco, ca adj. De pezuñas partidas: *el buey es bisulco.*

bisulfato m. Sal del ácido sulfúrico.

bisulfito m. *Quím.* Sal formada por el ácido sulfuroso.

bisulfuro m. *Quím.* Combinación de un radical con dos átomos de azufre.

bisutería f. Joyería de imitación: *alhajas de bisutería.*

Bisutún. V. BEHISTÚN.

bita f. *Mar.* Poste para amarrar los cables del ancla cuando se fondea la nave.

bitácora f. *Mar.* Caja de cobre, cercana al timón, en que se aloja la brújula.

Bitinia, ant. región y reino del NO. de Asia Menor, en el Ponto Euxino; c. pr.: *Nicea* y *Nicomedia.*

Bitola o **Bitolj,** ant. *Monastir,* c. de Yugoslavia, en Macedonia.

bitongo, ga adj. Mimado; consentido: *niño bitongo.*

Bitonto, c. del S. de Italia (Bari). Obispado. Vinos.

bitoque m. Taruguillo usado para cerrar la piquera de los toneles. ‖ *Méx.* Grifo.

bituminoso, sa adj. Que tiene betún: *carbón bituminoso.*

bivalente adj. *Quím.* Con dos valencias.

bivalvo, va adj. y s. m. De dos valvas: *molusco, fruto bivalvo.*

Bizancio, ant. n. de *Constantinopla* o *Estambul.*

bizantinismo m. Carácter bizantino.

bizantino, na adj. y s. De Bizancio, hoy Estambul. ‖ Del Imperio Bizantino. ‖ *Fig.* Decadente, degenerado. ‖ *Discusiones bizantinas,* las inútiles y vanas.

— El *arte bizantino,* fruto de la combinación del arte grecorromano y el árabe, adquirió su gran desarrollo en tiempos de Justiniano. Muestras de este arte son las iglesias de Santa Sofía, edificada de 532 a 537 en Constantinopla; la de los Apóstoles, en la misma ciudad; la de San Vital, en Ravena; la de San Marcos, en Venecia, etc. El arte bizantino ejerció en la Edad Media, especialmente en Oriente, una influencia considerable.

Bizantino (IMPERIO) o *Imperio Romano de Oriente,* n. que recibió una de las dos partes en que quedó dividido el Imperio Romano a la muerte de Teodosio el Grande (395). Justiniano I (527-565) intentó vanamente reconstituir la unidad con Roma. Basilio II (976-1025) llevó el Imperio a su máximo esplendor, para entrar en decadencia con la dinastía de los Comnenos. En 1204 los cruzados cristianos se apoderaron del Imperio y establecieron el *Imperio Latino de Constantinopla,* que fue reconquistado por Miguel Paleólogo en 1261. En el s. XIV se inició el avance de los turcos otomanos, y la caída de Constantinopla en poder de Mahoma II en 1353, señaló el fin del Imperio de Oriente.

bizarría f. Valor, osadía. ‖ Generosidad. | Gallardía. ‖ — OBSERV. Es galicismo en el sentido de *extravagancia, capricho.*

bizarro, rra adj. Valiente. ‖ Generoso. ‖ Gallardo: *un bizarro militar.*

bizbirindo, da adj. y s. *Méx.* Vivaracho, alegre.

bizcaitarra com. Nacionalista vasco.

bizco, ca adj. y s. Que tuerce los ojos al mirar. ‖ *Fig.* y *fam. Dejar bizco,* dejar pasmado.

bizcochería f. Sitio donde se hacen o venden bizcochos.

bizcocho m. Pan sin levadura que se cuece dos veces para conservarlo mucho tiempo. ‖ Masa de harina, huevo y azúcar cocida al horno. ‖ Objeto de loza o porcelana sin barnizar: *bizcocho de Limoges.* ‖ *Bizcocho borracho,* el empapado en almíbar y vino.

bizcotela f. Bizcocho con baño de azúcar.

Bizerta, c. y puerto de Túnez, en la costa mediterránea, junto al lago homónimo. Base naval. Ref. de petróleo.

Bizet (Georges), músico francés (1838-1875), autor de las óperas *Carmen, La arlesiana,* etc.

biznaga f. Planta cactácea de México, sagrada entre los aztecas. ‖ Ramillete de jazmines clavados en una penca.

biznagal m. Lugar poblado de biznagas.

biznieto, ta m. y f. Bisnieto.

bizquear v. i. *Fam.* Ser bizco. ‖ Quedarse estupefacto.

bizquera f. Estrabismo.

Björnson (Björnstjerne), dramaturgo y escritor noruego (1832-1910). [Pr. Nóbel, 1903.]

Bk, símbolo del *berkelio.*

Blackburn, c. de Inglaterra (Lancaster). Textiles.

Blackett (Patrick), físico inglés, n. en 1897, especialista en rayos cósmicos. (Pr. Nóbel, 1948.)

Blackpool, c. de Inglaterra (Lancaster). Balneario.

Blainville (Henri DUCROTAY DE), naturalista francés (1777-1850), discípulo de Cuvier.

Blake (William), poeta místico y pintor inglés (1757-1827), precursor del romanticismo. ‖ — (JOAQUÍN), general español de la guerra de la Independencia (1739-1827). ‖ — (ROBERT), almirante inglés (1599-1657). Luchó en las guerras contra España y Holanda.

Blanc (Louis), historiador y político socialista francés, n. en Madrid (1811-1882).

blanca f. Moneda antigua de vellón. ‖ *Fam.* Dinero: *estar sin una blanca.* ‖ *Mús.* Nota que vale la mitad de una redonda o dos negras o cuatro corcheas.

Blanca ‖ ~ **de Borbón,** reina de Castilla (1338-1361), esposa de Pedro I, quien la hizo envenenar. ‖ ~ **de Castilla,** esposa de Luis VIII de Francia y madre de San Luis (1188-1252). Fue dos veces regente de Francia. ‖ ~ **de Navarra,** esposa de Sancho III de Castilla (1136-1156). — Reina de Francia (1331-1398), esposa de Felipe IV, hija de Felipe III de Navarra. — Hija de Carlos III de Navarra y esposa de Juan II de Aragón (1385-1441). — Hija de la anterior y esposa de Enrique IV de Castilla (1424-1464).

Blancanieves y los siete enanitos, célebre cuento infantil de los hermanos Grimm.

blancarte m. *Min.* Ganga o mineral estéril. ‖ *Méx.* Tepetate.

blanco, ca adj. De color de nieve: *pan blanco.* ‖ De color más claro que otras cosas de la misma especie: *vino blanco* ‖ Dícese de la raza europea o caucásica (ú. t. c. s.). ‖ *Fig.* y *fam.* Cobarde. ‖ — *Arma blanca,* la cortante o punzante. ‖ *Papel blanco,* el que no tiene nada escrito. ‖ — M. Color blanco. ‖ Tabla que sirve para ejercitarse en el tiro: *hacer blanco.* ‖ Hueco entre dos cosas. ‖ Espacio que se deja blanco en un escrito. ‖ *Fam.* Vaso de vino blanco. ‖ *Fig.* Meta, objetivo. ‖ — *Blanco de ballena,* materia grasa que se extrae de ciertos cetáceos y sirve para la fabricación de velas y cosméticos. ‖ *Blanco de cinc,* óxido de cinc. ‖ *Blanco de España,* nombre común al carbonato básico de plomo, al subnitrato de bismuto y a la creta lavada. ‖ *Blanco del ojo,* la córnea. ‖ *Blanco de plomo,* albayalde, cerusa. ‖ *Calentar al blanco,* poner al fuego hasta que la materia calentada pase del rojo al blanco. ‖ *En blanco,* sin escribir ni imprimir; (fig.) sin lo que uno se esperaba: *quedarse en blanco.*

Blanco, cabo en la costa occidental de África (Mauritania). — Cabo de la Argentina (Santa Cruz). — Cabo de Costa Rica, en el Pacífico, en el extremo S. de la península de Nicoya. — Cabo del N. de Venezuela, en el mar Caribe. — Pico de Costa Rica, en la Cord. de Talamanca; 3 595 m. Recibe tb. el n. de *Pico Kamuk.* — Mar formado por el océano Glacial Ártico, al N. de la U. R. S. S. — Monte más elevado de los Alpes (Francia); 4 807 m.; túnel de 11 600 m. — N. que recibe el río de la Argentina *Jáchal,* al atravesar La Rioja, San Juan y Mendoza. — Río de Bolivia, afl. del Guaporé; 531 km. Tb. llamado *Baurés.* — Río del Ecuador, afl. del Esmeraldas; 298 km. — Río de Honduras, afl. del Ulúa. — Río de México, que des. en la laguna de Alvarado; 150 km.

Blanco (Andrés Eloy), poeta modernista y político venezolano (1897-1955). ‖ ~ (EDUARDO), político y escritor venezolano (1838-1912), autor de la novela *Zárate.* ‖ ~ (JUAN CARLOS), jurista, político y orador uruguayo (1847-1909). ‖ ~ **Asenjo** (RICARDO), cuentista y poeta español (1847-1897). ‖ ~ **Encalada** (MANUEL), almirante y político chileno, n. en Buenos Aires (1790-1876). Oficial de la Armada española, en 1812 se unió a la causa de la independencia americana. Organizador de la Marina chilena, y pres. de la Rep. en 1826, mandó el ejército contra la Confederación Peruboliviana (1837). ‖ ~ **Fombona** (Rufino), escritor venezolano, n. en Caracas (1874-1944), autor de *Cuentos americanos*, de novelas (*El hombre de hierro* y *El hombre de oro*), de poesías y de obras de crítica literaria e históricas. ‖ ~ **García** (Padre Francisco), escritor español (1864-1903), autor de *Historia de la Literatura española en el siglo XIX* ‖ ~ **White** (José María), sacerdote y poeta español (1775-1841). Escribió en castellano y en inglés (*Letters from Spain*). ‖ ~ **y Erenas** (Ramón), general español (1833-1906). Derrotó a los partidarios de la independencia cubana en la Guerra Chiquita (1879) y fue el último gobernador de la Isla (1898).

Blanco (*Partido*), nombre del Partido Conservador en Uruguay, rival del Colorado o Liberal.

blancor m. Blancura.

blancura f. Calidad de blanco.

blancuzco, ca adj. Blanquecino, algo blanco.

blandear v. i. Ceder.

blandengue adj. Blando, de poco carácter. ‖ — M. Soldado armado con lanza de la antigua provincia de Buenos Aires.

— Se dio el n. de *Blandengues* al cuerpo de lanceros del Río de La Plata, creado para defender las fronteras contra los indios. En 1810 cambiaron de nombre. Entre sus jefes figuraron Belgrano y Artigas.

blandicia f. Molicie. ‖ Lisonja.

* **blandir** v. t. Mover alguna cosa antes de golpear con ella: *blandir un arma.*

blando, da adj. Que se deforma fácilmente: *masa blanda.* ‖ Que cede a la presión, muelle: *colchón blando.* ‖ Tierno: *pan blando.* ‖ *Fig.* Indulgente, benévolo: *blando con los alumnos.* | Débil: *carácter blando.* | Suave, templado. ‖ *Mús.* Bemolado.

blandón m. Antorcha de cera. ‖ Caldero grande.

blanducho, cha y **blandujo, ja** adj. *Fam.* Algo blando.

blandura f. Calidad de blando. ‖ Molicie, bienestar. ‖ Amabilidad, carácter afable. ‖ Lisonja, halago. ‖ *Méx.* Diarrea.

Blanes, c. y puerto de España (Gerona). Estación estival.

Blanes (Juan Manuel), pintor uruguayo (1830-1901). Reprodujo paisajes y temas históricos. ‖ ~ (Pedro), pintor paisajista uruguayo (1879-1925).

blanqueado m. Blanqueo.

blanqueador, ra adj. y s. Que blanquea.

blanqueadura f. y **blanqueamiento** m. Blanqueo.

blanquear v. t. Poner blanca una cosa: *blanquear la ropa.* ‖ Encalar las paredes: *blanquear un patio.* ‖ Limpiar los metales. ‖ Poner blanca el azúcar. ‖ Recubrir las abejas de cierta sustancia los panales. ‖ — V. i. Presentarse blanca una cosa. ‖ Ponerse blanca. ‖ Tirar a blanco.

* **blanquecer** v. t. Limpiar, bruñir los metales preciosos. ‖ Blanquear.

blanquecino, na adj. Algo blanco: *luz blanquecina.*

blanqueo m. Encalado de las paredes. ‖ Acción de poner blanca el azúcar, de limpiar los metales.

Blanquerna, novela de Raimundo Lulio, descripción de una organización utópica (1284).

blanquete m. Afeite para el cutis.

Blanqui (Auguste), socialista francés (1805-1881).

blanquición f. Operación de blanquear metales.

Blanquilla (La), isla de Venezuela, en el mar Caribe, descubierta por Colón, que le dio el n. de *Martinet.*

blanquillo, lla adj. Candeal: *trigo blanquillo.* ‖ — M. *Chil.* y *Per.* Durazno blanco. ‖ *Méx.* Huevo de gallina.

blanquinegro, gra adj. De color blanco y negro.

Blasco Ibáñez (Vicente), novelista español, n. en Valencia (1867-1928). Su fecunda obra, de gran realismo, ofrece relatos de ambiente levantino (*Entre naranjos, Flor de Mayo, La barraca*), de viajes (*Vuelta al mundo de un novelista*) y novelas de tesis social (*La bodega, La catedral*) y del más diverso carácter (*Sangre y arena, Mare Nostrum, Los cuatro jinetes del Apocalipsis*, etc.).

blasfemador, ra adj. y s. Blasfemo, que contiene blasfemia.

blasfemar v. i. Decir blasfemias. ‖ *Fig.* Maldecir.

blasfematorio, ria adj. Blasfemo.

blasfemia f. Insulto dirigido contra Dios o las cosas sagradas. ‖ *Fig.* Palabra injuriosa.

blasfemo, ma adj. y s. Que contiene blasfemia: *libro blasfemo.* ‖ — Adj. y s. Que blasfema.

blasón m. Ciencia heráldica. ‖ Cada pieza del escudo. ‖ Escudo de armas. ‖ *Fig.* Motivo de orgullo, gloria. ‖ — Pl. Abolengo: *presume de sus blasones.* ‖ *Fig. Hacer uno blasón*, blasonar.

blasonador, ra adj. Que blasona o se jacta de algo.

blasonar v. i. *Fig.* Jactarse, presumir, hacer ostentación de algo: *blasonar de valiente.*

blastema m. *Biol.* Conjunto de células embrionarias que llegan a formar un órgano determinado.

blastodermo m. *Zool.* Conjunto de las células que proceden de la segmentación parcial del huevo de los animales.

blastómeros m. pl. Células formadas en las primeras etapas por división del huevo (ú. t. c. adj.).

blastomicetos m. pl. Familia de hongos (ú. t. c. adj.).

blástula f. Fase primera en el desarrollo del embrión constituida por una esfera hueca de pared epitelial.

Blay (Miguel), escultor español (1886-1936).

bledo m. Planta quenopodiácea comestible. ‖ — *Fig.* y *fam. No importar* o *no dársele a uno un bledo*, importar muy poco. | *No valer un bledo*, ser de escaso valor.

blefaritis f. *Med.* Inflamación de los párpados.

blenda f. *Min.* Sulfuro natural de cinc que aparece en cristales brillantes.

blenorragia f. *Med.* Inflamación infecciosa de la uretra, producida por un gonococo.

blenorrea f. *Med.* Blenorragia crónica.

Bleriot (Luis), aviador francés (1872-1936), el primero que atravesó el Canal de la Mancha en aeroplano (1909).

Blest Gana (Alberto), escritor chileno, n. en Santiago (1830-1920), autor de relatos realistas (*La aritmética del amor, Martín Rivas* y *El ideal de un calavera*). — Su hermano Guillermo (1829-1904) fue poeta y dramaturgo.

Blida, c. de Argelia (Argel).

blindado, da adj. Revestido con blindaje: *caja blindada.*

blindaje m. Revestimiento de acero con que se blinda: *el blindaje de un buque.* ‖ Conjunto de planchas para blindar.

blindar v. t. Proteger con blindaje: *blindar un carro de asalto.*

bloc m. Conjunto de hojas de papel blanco, que se pueden separar, para dibujar o hacer apuntes: *bloc de notas.*

blocaje m. Bloqueo.

blocao m. Reducto fortificado de madera o cemento.

Bloemfontein, c. de la Rep. de África del Sur, cap. del Est. de Orange. Arzobispado. Universidad.

Blois, c. de Francia, a orillas del Loira. Obispado. Castillo (siglo XIII).

Blok (Alexandre), poeta simbolista ruso (1880-1921).

blonda f. Cierto encaje de seda: *vestido de blondas.*

bloom m. (pal. ingl.). Lingote grueso de hierro.

Bloomfield (Robert), poeta inglés (1766-1823).

bloque m. Trozo grande de materia sin labrar: *bloque de piedra.* ‖ Conjunto: *bloque de papel.* ‖ Grupo, unión de varios países, partidos, etc.: *bloque soviético.* ‖ Grupo de viviendas: *bloque de casas.* ‖ En los motores de explosión, pieza que lleva dentro uno o varios cilindros. ‖ — *Bloque diagrama*, representación de una región en perspectiva, acompañada de dos cortes geológicos. ‖ *Bloque operatorio*, galicismo por *quirófano.* ‖ *En bloque*, en conjunto.

bloquear v. t. Cercar una ciudad, un puerto o un país, para cortar todo género de comunicaciones con el exterior. ‖ Inmovilizar los créditos o bienes de alguien: *bloquear la cuenta corriente.* ‖ Detener un vehículo, apretando los frenos. ‖ Detener, interceptar: *bloquear el balón.* ‖ *Fig.* Impedir: *bloquear la entrada.*

bloqueo m. Acción de bloquear. ‖ — *Declarar el bloqueo*, notificarlo oficialmente. ‖ *Violar el bloqueo*, entrar o salir un buque neutral en un puerto o paraje bloqueado.

Blücher (Gebhard Leberecht), mariscal prusiano (1742-1819). Su intervención en la batalla de Waterloo decidió la derrota de Napoleón.

Bluefields, c. y puerto de Nicaragua, cap. del dep. de Zelaya.

blue-jean [*bluyin*] m. (pal. ingl.). Pantalón vaquero.

blues m. (pal. ingl.). Espccie de fox trot.

bluff m. (pal. ingl.). Farol, palabra o acción propia para engañar o asombrar sin ser verdad.

Blumenau, c. del Brasil (Santa Catarina).

Blumenbach (Johann Friedrich), naturalista alemán (1752-1840), uno de los creadores de la antropología.

blusa f. Camisa de mujer.

blusón m. Blusa larga y suelta: *el blusón era muy largo.*

boa f. La mayor de las serpientes conocidas. ‖ — M. Adorno o prenda de vestir en forma de serpiente con que las mujeres cubren el cuello.

— La *boa* habita en América del Sur y Central; alcanza hasta cuatro metros de largo y se alimenta de mamíferos pequeños que ahoga enlazándolos con su cuerpo. No es venenosa y no suele atacar al hombre.

Boa Vista, c. del Brasil, cap. del territ. de Roraima.

Boabdil o **Abú Abdalá,** último rey moro de Granada. M. en 1518.

Boaco, c. en el centro de Nicaragua, cap. del dep. homónimo.

boaqueño, ña adj y s. De Boaco (Nicaragua).

boato m. Lujo.

bobada f. Necedad.

Bobadilla, v. de España (Málaga). Nudo ferroviario.

Bobadilla (Emilio), poeta y escritor cubano (1862-1921). Utilizó el seudónimo *Fray Candil.* ‖ — (Francisco de), comendador español, m. en 1502. Gobernador en La Española, hizo prender a Colón y a sus hermanos, y los envió a España encadenados.

bobalicón, ona adj. *Fam.* Bobo.

bobear v. i. Decir, hacer o cometer boberías.

bobería f. Dicho o hecho necio.

bobera f. Bobería. ‖ — M. *Cub.* Bobo, tonto: *es un bobera.*

Bobi. V. General Artigas.

Bobigny, pobl. de Francia, cerca de París, cap. del dep. de Seine-Saint-Denis.

bóbilis, bóbilis (de) loc. adv. *Fam.* De balde. | Sin trabajo: *obtener una cosa de bóbilis, bóbilis.*

bobina f. Carrete: *bobina de hilo, de inducción.*

bobo, ba adj. y s. Falto de inteligencia, tonto. ‖ — M. Gracioso de las farsas y entremeses.

bobsleigh [*bóbslei*] m. (pal. ingl.). Trineo articulado para deslizarse por una pista de nieve.

boca f. Orificio de la cabeza del hombre y los animales por el cual toman el alimento: *boca grande, pequeña, bonita.* ‖ Pinza de los crustáceos. ‖ *Fig.* Entrada, abertura: *boca de horno, de puerto, de calle.* | Corte de ciertas herramientas. | Gusto o sabor de los vinos: *vino de buena boca.* | Órgano de la palabra: *abrir, cerrar la boca.* | Persona o animal a quien se mantiene: *mantener seis bocas.* ‖ Pico de una vasija. ‖ — Pl. Desembocadura de un río: *bocas del Tajo.* ‖ — *A boca de jarro,* a quema ropa. ‖ *A boca de noche,* al anochecer. ‖ *Fig. Andar de boca en boca,* estar divulgado. ‖ *A pedir* (o *a querer*) *de boca,* según el deseo de uno. ‖ *Boca abajo,* tendido de bruces. ‖ *Boca a boca,* respiración artificial fundado en el principio de la ventilación mediante aire inspirado. ‖ *Boca arriba,* tendido de espaldas. ‖ *Fig. Boca de escorpión,* persona muy maldiciente. | *Boca de espuerta,* la muy grande. ‖ *Boca de fuego,* pieza de artillería. ‖ *Boca de león,* orquídea ornamental mexicana. ‖ *Boca del estómago,* parte central de la región epigástrica. ‖ *Fig. Calentarse de boca,* irritarse. | *Cerrar la boca a uno,* hacerle callar. | *Dar en la boca,* pegar fuerte; dejar patidifuso. | *Hablar uno por boca de ganso,* repetir lo que otro ha dicho. | *Hacer boca,* tomar un aperitivo. | *Hacérsele a uno la boca agua,* desear ardientemente algo comestible al verlo o al olerlo. | *Írsele a uno la boca,* hablar demasiado | *Meterse en la boca del lobo,* exponerse a un peligro. | *No decir esta boca es mía,* no hablar nada. | *Por la boca muere el pez,* refrán que da a entender que no hay que hablar mucho sin reflexionar. | *Quedarse con la boca abierta,* quedar en suspenso o admirado.

Boca ‖ **~ (La),** barrio popular del S. de Buenos Aires, a orillas del Riachuelo. ‖ **~ Grande,** entrada de la bahía de Acapulco (México, Est. de Guerrero).

bocabajo m. Castigo que se daba en Cuba y Puerto Rico a los negros esclavos.

bocacalle f. Desembocadero de una calle.

bocacaz m. Abertura o boca de una presa.

bocadillo m. Emparedado, panecillo abierto o dos rebanadas de pan relleno con jamón, chorizo, queso, etc. ‖ Comida ligera. ‖ *Méx.* Dulce hecho con leche, azúcar, coco y huevo.

bocado m. Alimento que cabe de una vez en la boca. ‖ Un poco de comida: *comer un bocado.* ‖ Mordisco: *el perro le dio un bocado.* ‖ Pedazo de una cosa que se arranca con los dientes. ‖ Freno de la caballería. ‖ — Pl. Fruta en conserva. ‖ — *Bocado de Adán,* nuez de la garganta. ‖ *Con el bocado en la boca,* recién acabado de comer.

bocaje m. *Poét.* Floresta.

bocal m. Jarro de boca ancha.

bocamanga f. Parte de la manga más cerca de la mano: *llevaba dos estrellas en la bocamanga.*

bocamina f. Entrada a la galería de una mina.

bocanada f. Cantidad de líquido que llena de una vez la boca: *una bocanada de vino.* ‖ Porción de humo que se echa cuando se fuma. ‖ Ráfaga de aire, de viento.

Bocanegra (Matías de), poeta gongorista y jesuita mexicano (1612-1668).

Bocángel (Gabriel de), poeta español (1608-1658), autor de dos colecciones de versos (*Lira de las musas y Rimas*) y comedias.

Bocas ‖ **~ del Ródano.** V. BOUCHES-DU-RHÔNE. ‖ **~ del Toro,** archip. de Panamá, en la costa del Atlántico. — C. y puerto de Panamá, cap. de la prov. homónima.

bocateja f. Teja primera de los canales de un tejado, junto al alero.

bocatijera f. Parte donde se afirma la lanza de un carruaje.

bocatoreño, ña adj. y s. De Bocas del Toro (Panamá).

bocaza f. *Fam.* Boca grande. ‖ — M. pl. Hablador sin discreción: *el oficial era un bocazas.*

Boccaccio (Giovanni), escritor italiano, n. en París (1313-1375), autor del *Decamerón,* colección de cien cuentos. Fue el primer gran prosista italiano.

Boccherini (Luigi), músico italiano (1743-1805), que residió largo tiempo en Madrid.

bocel m. *Arq.* Moldura convexa cilíndrica: *el bocel de la columna.* | Instrumento que sirve para hacer dicha moldura. ‖ — *Cuarto bocel,* moldura convexa cuya sección es un cuarto de círculo. ‖ *Medio bocel* o simplemente *bocel,* moldura convexa cuyo corte es un semicírculo.

bocelar v. t. Dar forma de bocel: *bocelar una pieza de plata.*

bocera f. Suciedad que se queda pegada a los labios después de haber comido o bebido. ‖ Grieta en la comisura de los labios. ‖ — Pl. Bocazas, hablador.

bocetar v. t. Esbozar.

boceto m. Ensayo que hace el artista antes de empezar una obra, esbozo, bosquejo. ‖ *Fig.* Esquema, rasgos principales de una cosa.

bocina f. Trompeta de metal para hablar a distancia. ‖ Aparato para avisar: *la bocina de un coche.* | Pabellón de los gramófonos. ‖ Especie de cuerno o trompa. ‖ Caracol marino que sirve de bocina.

bocinazo m. Toque de bocina. ‖ *Pop.* Grito desaforado.

bocio m. *Med.* Hipertrofia de la glándula tiroides. | Tumor en el cuerpo tiroides.

bock m. (pal. alem.). Vaso de cerveza. (Es ancho y de cerámica.)

Boconó, río de Venezuela (Trujillo), afl. del Portuguesa. — Distrito y v. de Venezuela (Trujillo).

bocoy m. Barril grande.

bocha f. Bola de madera con que se tira en el juego de bochas. ‖ — Pl. Juego que consiste en arrojar bolas de madera según ciertas reglas.

Bochalema, mun. y c. de Colombia (Norte de Santander).

bochar v. t. Tirar una bocha contra otra.

Bochica, divinidad creadora de la civilización y bienhechor de los chibchas.

bochinche m. *Pop.* Alboroto: *armar un bochinche.*| Taberna, cafetucho.

bochinchero, ra adj. y s. f. *Amer.* Alborotador.

bochorno m. Aire caliente de estío. ‖ Calor sofocante. ‖ *Fig.* Sofocación. | Vergüenza, rubor: *sufrir un bochorno.*

bochornoso, sa adj. Que causa bochorno: *un día bochornoso; una acción bochornosa.*

Bochum, c. de Alemania Occidental (Rin Septentrional-Westfalia), en la cuenca del Ruhr. Industrias (siderurgia, automóviles).

boda f. Casamiento y fiesta con que se solemniza. ‖ *Bodas de plata, de oro, de diamante,* aniversario vigésimoquinto, quincuagésimo o sexagésimo, respectivamente, de una boda u otro acontecimiento.

Bodas ‖ **~ de Camacho,** episodio del *Quijote* de M. de Cervantes. ‖ **~ de Fígaro** (*Las*), ópera de dos actos de Mozart, inspirada en la obra de Beaumarchais.

Bode (Johann Elert), astrónomo alemán (1747-1826). Inició el método empírico para hallar las distancias relativas entre los planetas y el Sol (*Ley de Bode*).

bodega f. Lugar donde se guarda y cría el vino. ‖ Cosecha o mucha abundancia de vino. ‖ — Despensa. ‖ Tienda donde se venden vinos. ‖ *Mar.* Espacio interior de los buques. ‖ Almacén en los puertos. ‖ *Méx.* Tienda de abarrotes.

bodegaje m. Almacenaje.

Bodegas. V. BABAHOYO.

bodegón m. Tienda de comidas. ‖ Taberna. ‖ Pintura o cuadro donde se representan cosas comestibles, vasijas, cacharros, etc.

bodeguero, ra m. y f. Dueño de una bodega. ‖ Persona encargada de la bodega.

bodijo m. *Fam.* Boda desigual o con poco aparato.

Bodmin, c. central de Inglaterra, cap. del condado de Cornualles

Bodoni (Giambattista), impresor italiano (1740-1813), que ha dado su nombre a una familia de tipos de imprenta.

bodoque m. Bola de barro que se disparaba con ballesta. ‖ Relieve de adorno en los bordados. ‖ Bulto duro que se forma en una cosa blanda. ‖ *Fig.* Tonto, necio.

bodorrio m. *Fam.* Bodijo.

bodrio m. Bazofia, comida mala. ‖ *Fig.* Mezcla confusa.

Bodrum. V. HALICARNASO.

Boecio (Severino), filósofo, político y poeta latino (¿480?-524), autor de *Consolatione philosophiae.*

bóer adj. y s. Habitante del África austral, de origen holandés. (Los *bóers,* establecidos en Transvaal y Orange, fueron dominados por los británicos en 1902).

Boerhaave (Hermann), médico y botánico holandés (1668-1738).

Boetie (Etienne de LA). V. LA BOETIE.

bofarse v. pr. *Méx.* y *Cub.* Hincharse, esponjarse.

Bofarull (Antonio de), historiador español, n. en Reus (1821-1892). Perteneció al renacimiento literario catalán.

bofes m. pl. *Fam.* Pulmones: *bofes de carnero.* ‖ *Fig.* y *fam. Echar los bofes,* trabajar mucho; jadear o cansarse mucho.

bofetada f. y **bofetón** m. Golpe dado en la cara con la mano abierta. ‖ *Fig.* Afrenta, desaire.

bofo, fa adj. Fofo, hueco.

boga f. Acción de bogar o remar. ‖ *Fig* y *fam.* Fama, moda: *estar en boga.* ‖ Pez de mar o río, comestible.

bogador m. Remero.

bogar v. i. Remar.

bogavante m. *Zool.* Crustáceo marino, parecido a la langosta.

bogie y **boggie** m. Carretón.

Bogomoletz (Aleksandr), biólogo ruso (1881-1946), descubridor de un suero regenerador de los tejidos.

Bogotá, cap. de la República de Colombia y del dep. de Cundinamarca, a orillas del río homónimo y a 2 600 m de altura; 2 200 000 habitantes. Fundada por Gonzalo Jiménez de Quesada en 1538, con el n. de *Santa Fe de Bogotá,* fue cap. del Virreinato de Nueva Granada. — Río de Colombia, afl. del Magdalena; 200 km. Tb. llamado *Funza.*

bogotano, na adj. y s. De Bogotá.

Bográn (Luis), general y político hondureño, pres. de la Rep. de 1883 a 1891.

Bohemia, región de Europa Central, fértil y rica en minerales, regada por el Elba y el Moldava. Forma parte de Checoslovaquia.

bohemio, mia adj. y s. Bohemo. ‖ Dícese de la persona de costumbres libres y vida desordenada. ‖ Gitano. ‖ — F. Vida de bohemio. ‖ Conjunto de bohemios: *la bohemia de las artes*

bohemo, ma adj. y s. De Bohemia (Checoslovaquia).

bohío m. *Amer.* Cabaña.

Böhl de Fáber (Cecilia). V. FERNÁN CABALLERO. ‖ ~ (JUAN NICOLÁS), hispanista alemán (1770-1863), padre de la escritora Fernán Caballero.

Bohol, isla de las Visayas (Filipinas); cap. *Tagbilarán.*

bohordo m. Lanza arrojadiza. ‖ *Bot.* Tallo de las liliáceas.

Bohórquez (Pedro) aventurero español del s. XVII, que se hizo pasar por descendiente de los Incas y acaudilló una insurrección de los indios calchaquíes. Condenado a muerte en Lima en 1667.

Bohr (Niels Henrik David), físico danés (1885-1962), autor de una teoría sobre la estructura del átomo. (Pr. Nóbel, 1922).

boicot m. Boicoteo.

boicoteador, ra adj. y s. Que boicotea.

boicotear v. t. Practicar el boicot.

boicoteo m. Rompimiento de relaciones con un individuo, una empresa o una nación. (Voz preferible a *boicot.*)

boíl m. Boyera.

Boíl (Bernardo), religioso español (¿1445?-1520). Acompañó a Colón en su segundo viaje a América (1493) y fundó la primera iglesia en La Isabela (Santo Domingo).

Boileau-Despreaux (Nicolás), poeta y retórico francés, n. en París (1636-1711), autor de *Sátiras,* y de *Arte poética,* obra de retórica sobre el arte literario y dramático.

boina f. Gorra redonda y chata, sin visera: *boina vasca.*

boira f. Niebla.

Boise, c. de Estados Unidos, a orillas del río homónimo, cap. del Estado de Idaho. Obispado.

Bois-le-Duc, en hol. *'s Hertogenbosch,* c. de Holanda, cap. de Brabante Septentrional.

boîte [*buat*] f. (pal. fr.). Sala de baile. ‖ Cabaret.

boj y **boje** m. Arbusto buxáceo siempre verde. ‖ Su madera.

boja f. Abrótano.

Bojador, cabo del África occidental, en el Sáhara español.

bojar y **bojear** v. t. *Mar.* Medir el perímetro de una isla, cabo, etcétera. ‖ — V. i. Tener una isla determinada dimensión. ‖ Costear.

Bojardo. V. BOYARDO (Mateo María).

bojedal m. Terreno poblado de bojes.

bojeo m. *Mar.* Perímetro de una isla.

bojo m. *Mar.* Acción de bojar.

bol m. Taza grande sin asa. ‖ Lanzamiento de la red. ‖ Jábega.

bola f. Cuerpo esférico: *bola de marfil; bola de lotería.* ‖ Canica: *jugar a las bolas.* ‖ Esfera empleada en el juego de bolos. ‖ La que se pone en los cojinetes o rodamientos. ‖ En ciertos juegos de naipes, lance en que hace uno todas las bazas. ‖ Pelota grande, usada para señales de los buques y semáforos. ‖ Betún: *dar bola a los zapatos.* ‖ *Fig* y *fam.* Mentira: *decir bolas.* ‖ *Amer.* Cometa redonda. | Motín. ‖ — Pl. Boleadoras. ‖ — *Bola pampa,* arma arrojadiza usada en América del Sur que consiste en una piedra atada con una correa larga. ‖ *Fig. No dar pie con bola,* no acertar. | *Ruede la bola,* expresión con que se manifiesta el deseo de que siga su camino un negocio.

Bolama, c. de Guinea-Bissau, en la isla homónima.

Bolando (Jean), jesuita de Amberes (1596-1665), autor de *Acta Sanctorum,* repertorio de vidas de santos.

Bolaños, v. de España (Ciudad Real).

Bolaños (Fray Luis), misionero franciscano español (1539-1629), evangelizador del Paraguay. Fundó en 1607 la c. de Caazapá.

bolchevique m. Miembro del sector mayoritario del Partido Socialdemócrata ruso. ‖ Miembro del Partido Comunista soviético. ‖ *Por ext.* Partidario del bolchevismo. ‖ — Adj. Relativo al Partido Comunista soviético o su doctrina.

bolcheviquismo y **bolchevismo** m. Tendencia mayoritaria del Partido Socialdemócrata ruso, representada por Lenin. ‖ *Por ext.* Doctrina del Partido Comunista soviético.

bolchevista adj. y s. (P. us.). Bolchevique.

bolchevización f. Acción y efecto de bolchevizar.

bolchevizar v. t. Difundir o adoptar los principios del bolchevismo.

Boldrewood (Rolf). V. BROWNE.

boleada f. *Arg.* Cacería con boleadoras. ‖ *Méx.* Acción y efecto de dar lustre al calzado.

boleador, ra adj. y s. *Méx.* Limpiabotas.

boleadoras f. pl. *Arg.* Arma arrojadiza que consiste en dos o tres bolas unidas con correas y que se utiliza para cazar o apresar animales.

bolear v. t. *Arg.* Cazar con boleadoras. ‖ *Méx.* Limpiar el calzado. ‖ — V. i. Jugar al billar sin hacer partida.

Bolena. V. ANA BOLENA.

bolero, ra adj. Novillero, que hace novillos. ‖ — Adj. y s. *Fig. y fam.* Que miente mucho: *niño bolero.* ‖ — M. Chaqueta corta que suelen usar las mujeres. ‖ *Mús.* Aire español. ‖ *Méx.* Limpiabotas. ‖ — F. Lugar donde se juega a los bolos.

Bolet Peraza (Nicanor), político y escritor costumbrista venezolano (1838-1906).

boleta f. Billete de entrada. ‖ Papeleta de una rifa. ‖ Cédula de los militares para su alojamiento ‖ Especie de libranza para cobrar. ‖ *Amer.* Cédula para votación. | Porción de tabaco liado en un papel.

boletería f. *Amer.* Taquilla de boletos, despacho de billetes.

boletero, ra m. y f. *Amer.* El que despacha billetes en las taquillas de los teatros, trenes, etc.

boletín m. Boleta, cédula, billete: *boletín de entrada.* ‖ Papel que se rellena para suscribirse a algo. ‖ Periódico que trata de asuntos especiales: *Boletín Oficial del Estado.*

boleto m. Cierta clase de hongo. ‖ *Amer.* Billete de teatro, de ferrocarril, etc. | Papeleta de rifa o sorteo. ‖ Carta breve.

boliche m. Bola pequeña usada en el juego de bochas. ‖ Juego de bolos. ‖ Blanco en la petanca. ‖ Juguete que consiste en un palo y una bolita taladrada sujeta con un cordón que se lanza al aire y se ensarta en el palo. ‖ Horno pequeño. ‖ Jábega pequeña. ‖ Pescado menudo, morralla. ‖ *Amer.* Almacén pequeño, tabernucha.

Boliche, macizo montañoso de los Andes del Ecuador (Carchi); punto culminante 4 157 m.

bolichero, ra m. y f. Persona que tiene un juego de bolos. ‖ — M. *Arg.* Vendedor de boliche.

bólido m. *Meteor.* Masa mineral ígnea que atraviesa la atmósfera. ‖ *Fig.* Automóvil de competición muy rápido.

bolígrafo m. Lápiz estilográfico cuya punta es una bolita de acero.

bolillo m. Palito torneado para hacer encajes. ‖ Hueso a que está unido el casco de las caballerías. ‖ *Méx.* Panecillo.

bolina f. *Mar.* Cabo con que se lleva hacia proa la relinga de una vela para que reciba mejor el viento. | Sonda. ‖ *Navegar de bolina,* hacerlo contra el viento.

bolinear v. i. Ir o navegar de bolina.

Bolingbroke (Henry SAINT-JOHN, *vizconde de*), político y escritor inglés (1678-1751). Participó en la conclusión del Tratado de Utrecht (1713).

bolista adj. y s. *Fam.* Mentiroso, trolero.

bolívar m. Unidad monetaria de Venezuela.

Bolívar, pico de Colombia en la Sierra Nevada de Santa Marta (Magdalena); 5 780 m. — Pico culminante de Venezuela, en la Sierra Nevada de Mérida; 5 002 m. Hierro. — C. de la Argentina (Buenos Aires). — Pobl. de Bolivia, sección de la prov. de Arque (Cochabamba). — Dep. septentrional de Colombia; cap. *Cartagena.* Centro minero (oro, plata, carbón; petróleo). Agricultura. — C. de Colombia (Cauca). Anteriormente tenía el n. de *Trapiche.* — Prov. del Ecuador, cap. *Guaranda.* Ganadería; agricultura. Minas. — Pobl. del Ecuador (Manabí). — C. del Perú, cap. de la prov. homónima (La Libertad). — Pobl. del Uruguay (Canelones). — Estado de Venezuela, entre el río Orinoco y las Guayanas británica y brasileña; cap. *Ciudad Bolívar.* Es el de mayor superficie de toda la República. Café, maíz, caucho. Oro y diamantes.

Bolívar (Ignacio), entomólogo español (1850-1944).

Bolívar (SIMÓN), general y estadista venezolano, n. en Caracas (1783-1830), caudillo de la emancipación americana. Iniciado en la lectura de los enciclopedistas franceses, prosiguió sus estudios en España. Observó el debilitamiento de la metrópoli a raíz de la invasión francesa y juró en Roma dedicar su vida a liberar su país de la dominación española. Tras participar en el movimiento de 1810 y al ver que Venezuela caía de nuevo bajo el régimen colonial, Bolívar se refugió en Curazao. A su regreso entró en Caracas (octubre de 1813), donde fue proclamado *Libertador,* pero tuvo que desterrarse de nuevo en Jamaica. De vuelta al continente, convocó el Congreso de Angostura, ante el cual propugnó la unión de Nueva Granada y Venezuela, por cuyo motivo reunió un ejército que, a través de la Cordillera de los Andes, se dirigió hacia el territorio colombiano. Su victoria contra los realistas en Boyacá (1819) le abrió las puertas de Bogotá, donde proclamó la República de Gran Colombia, formada por Nueva Granada y Venezuela y de la que fue elegido presidente. Se entrevistó en Guayaquil (1822) con San Martín, que renunció los poderes en su favor, y entró en Lima en 1823. El año siguiente, a raíz de la victoria de Sucre en Ayacucho, Bolívar puso término a la dominación española gracias a la batalla de Junín (1824). Pero al regresar a Colombia (1827), tuvo que asistir a la separación de ésta y Venezuela (1829). Por otra parte, el Perú abolió la Constitución bolivariana y la provincia de Quito se constituyó en república independiente. Lleno de amargura, al ver como se deshacía su obra, el Libertador renunció al Poder en 1830 y se retiró a Santa Marta, donde falleció el 17 de diciembre del mismo año.

bolivarense adj. y s. De Bolívar, prov. del Ecuador y dep. de Colombia.

bolivariano, na adj. y s. Relativo a Bolívar. ‖ De Bolívar, Estado de Venezuela.

bolivariense adj. y s. De Bolívar, c. de Venezuela.

Bolivia, rep. de América del Sur, situada entre Brasil, Paraguay, Argentina, Chile y Perú; 1 098 000 km²; 5 060 000 h. (*bolivianos*). Cap. *Sucre,* 73 000 h.; sede del Gobierno, *La Paz,* 410 000 h. Otras c.: *Cobija,* 13 000 h.; *Cochabamba,* 120 000; *Oruro,* 93 000; *Potosí,* 53 000; *Tarija,* 20 000; *Santa Cruz,* 100 000, y *Trinidad,* 16 000.

Bolivia se divide administrativamente en 9 departamentos. La población está constituida principalmente por elementos de raza india (quechuas, aimaraes, guaraníes), en una proporción superior al 50 p. ciento; un 30 p. ciento de mestizos y el resto de blancos y otras razas diversas. La religión católica es la más extendida (90 p. ciento), y el castellano o español es el idioma oficial, hablado por un 40 p. ciento de la población. Otras lenguas importantes son el quechua y el aimará. La densidad media de población es de 3,9 h./km².

— GEOGRAFÍA. Bolivia, país andino por excelencia, está cruzado por dos secciones de los Andes: la cordillera Occidental, de carácter volcánico, y la cordillera Oriental o Real, con elevadas cumbres (Illampu o Sorata, Illimani). Entre ambas se extiende el *Altiplano*, con una altura media de 3 500 m. Las tres cuartas partes del territorio están formadas por los *Llanos*, entre las faldas de la cordillera oriental y la frontera brasileña. Los ríos bolivianos afluyen a la cuenca amazónica (Beni, Guaporé, Mamoré) y a la del Plata (Paraguay, Pilcomayo, Bermejo). Existe también una cuenca interior, la del lago Titicaca, en el Altiplano y fronterizo con Perú, que es el más alto del mundo (3 815 m). Éste comunica con el lago Poopó a través del río Desaguadero. Tres zonas climáticas principales pueden distinguirse: la andina, a 3 000 metros con temperaturas medias de 10° a 15°; la zona de los valles y las yungas (18° a 25°), y la zona de los Llanos, tropical (30°). La economía de Bolivia está basada sobre todo en la minería (estaño, cobre, plomo, cinc, plata, oro), y está adquiriendo creciente importancia la extracción de petróleo. La agricultura le sigue, con cultivos de patatas y cereales en el Altiplano, maíz y trigo en Cochabamba, productos tropicales en las yungas y caucho en la región oriental. La ganadería comprende ovejas, vacunos y cabras, así como alpacas, vicuñas y llamas, en la región andina. La red ferroviaria está constituida por 4 300 km y las carreteras suman 20 000 km. Los ríos navegables (27 700 km) y las líneas aéreas completan el sistema boliviano de transportes.

— HISTORIA. Parte del actual territorio de Bolivia estuvo habitado por pueblos de habla aimará, como los collas. A comienzos del s. XV los incas dieron a esta región el nombre de *Collasuyo*. En 1531 los españoles irrumpieron en el Imperio Incaico (desembarco de Pizarro en Tumbes). Diego de Almagro, en su expedición a Chile, penetró en el Collasuyo, mientras que Juan de Saavedra se internó en el Altiplano y fundó la ciudad de Paria (1536). Gonzalo Pizarro conquistó la meseta del Titicaca y gobernó con el título de Corregidor de Charcas (1538). Este mismo año Pedro de Anzúrez fundó la ciudad de Chuquisaca (hoy Sucre). La guerra civil entre Pizarro y Almagro, que enturbió este período de la Conquista, terminó en 1547 con la intervención de Pedro de La Gasca. En 1559 se creó la Real Audiencia de Charcas, y en 1624 la Universidad de Chuquisaca, que alcanzaría justo renombre durante el Virreinato. Antecedentes de la Independencia fueron las revueltas de Túpac Amaru (1572), José Gabriel Condorcanqui (1780) y Túpac Catari (1781). En 1809 un movimiento dirigido por Pedro Domingo Murillo depuso a las autoridades españolas; se convocó un Cabildo Abierto, que proclamó sus ansias de independencia, pero la reacción española pudo reducir y castigar severamente a los conjurados. La revolución argentina de mayo de 1810 repercutió en el Alto Perú, ya que la Audiencia de Charcas había pasado a la jurisdicción del Virreinato de Río de la Plata en 1776, y pronto se generalizó la lucha de guerrillas contra los realistas. La batalla de Ayacucho (1824) quebró definitivamente el dominio español en América. La Independencia fue proclamada el 6 de agosto de 1825, y el primer presidente de Bolivia fue Antonio José de Sucre. El mariscal Andrés de Santa Cruz organizó la Federación Peruboliviana (1836), pero Chile se opuso a esta unión y derrotó a Santa Cruz en Yungay (1839), con lo que se deshizo la Federación. La crisis que siguió quiso ser aprovechada por Perú, y así el presidente peruano Gamarra intentó invadir Bolivia, pero los bolivianos, agrupados en torno al general J. Ballivián, derrotaron a los invasores en la batalla de Ingaví (1841), que selló para siempre la independencia de Bolivia.

El general M. Melgarejo, que llegó a la presidencia por un golpe de Estado (1864), gobernó de un modo dictatorial, despojó a los indios de sus tierras y cedió a Brasil los territorios que Bolivia necesitaba para salir al mar por el río Madeira. Otras pérdidas irreparables fueron el litoral del Pacífico, como consecuencia de la guerra con Chile (1879-1883), el territorio del Acre, anexado por Brasil en 1903, y el Chaco Boreal, entregado a Paraguay tras la cruenta guerra del Chaco (1932-1935). Una revolución encabezada por Víctor Paz Estenssoro llevó a éste a la presidencia en 1952, desde la que inició un programa de política social, implantó el sufragio universal, acometió las reformas agraria y edu-

BOLIVIA

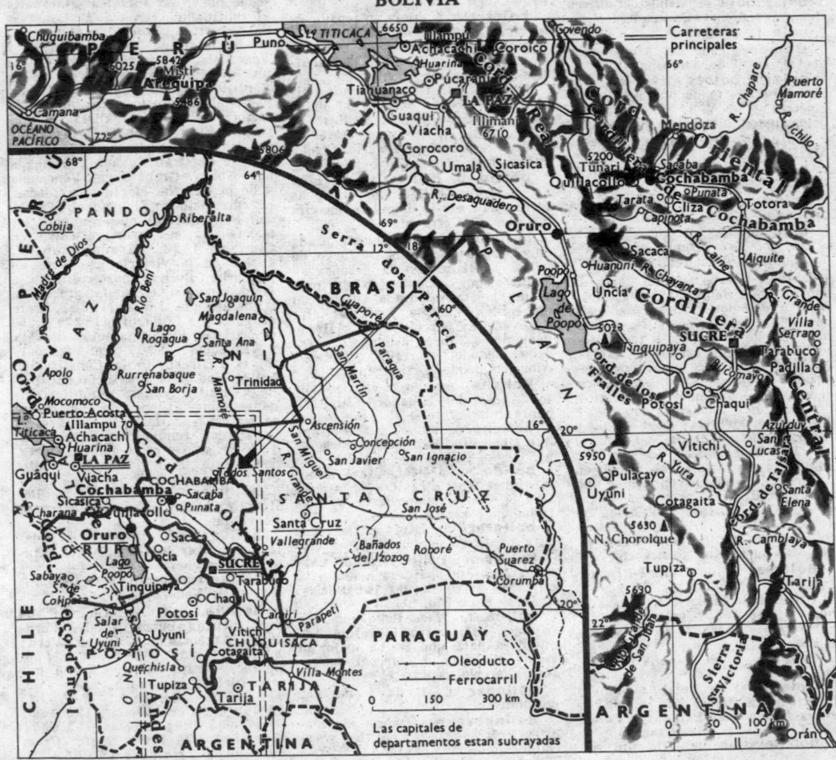

cacional y nacionalizó las minas. Reelegido en 1960 y en 1964, fue derrocado este mismo año y sustituido por una junta militar presidida por el general René Barrientos, elegido presidente en 1966. A su muerte (1969), se hizo cargo del poder Luis Adolfo Siles Salinas quien fue derribado el mismo año por el general Alfredo Ovando Candía, derrocado en 1970, y sustituido por Juan José Torres quien a su vez se vio obligado a abandonar el Poder en manos del coronel Hugo Banzer (1971).

bolivianismo m. Giro propio de Bolivia. ‖ Afecto a la nación boliviana.

boliviano, na adj. y s. De Bolivia. ‖ — M. Unidad monetaria de Bolivia.

bolo m. Palito torneado que se pone derecho en el suelo: *juego de bolos.* ‖ Eje o nabo de las escaleras de caracol y de ciertas máquinas. ‖ *Mec.* Árbol, eje. ‖ Bola en los juegos de naipes. ‖ Especie de machete de los indios filipinos. ‖ *Farm.* Píldora más grande que la ordinaria. ‖ *Fig* y *fam.* Torpe, necio. ‖ *Méx.* Obsequio que el padrino de un bautizo da a los niños. ‖ — Pl. Cierto juego. ‖ Bolera. ‖ — *Bolo alimenticio,* alimento masticable e insalivado que se traga de una vez.

bolo, la adj. *Amer.* Borracho.

Bolognesi, prov. del Perú (Ancash); cap. *Chiquián.* Terremoto en 1970.

bolón m. *Méx.* Alboroto. ‖ *Venez.* Café de mala calidad.

Bolonia, c. de Italia, cap. de la prov. homónima (Emilia). Arzobispado. Universidad. Colegio Español, fundado en 1367 por el cardenal Carrillo de Albornoz.

Bolonia (Juan de) o **Giambologna,** escultor flamenco (1520-1608). Residió en Florencia en la corte de los Médicis.

boloñés, esa adj. y s. De Bolonia.

boloto m. Embarcación filipina.

bolsa f. Recipiente flexible de tela, papel, plástico, etc., utilizado para llevar cosas. ‖ Saquillo para guardar el dinero. ‖ Talegulla de tafetán en que se recogían el cabello los hombres. ‖ Folgo, funda para abrigarse los pies. ‖ Arruga en los vestidos. ‖ Arruga que se forma debajo de los ojos (ú. t. en pl.). ‖ *Com.* Lonja: *Bolsa de granos.* | Edificio donde se reúnen los que compran y venden acciones o títulos. | Esta reunión: *hoy no hay Bolsa.* ‖ *Fig.* Bienes o dinero: *tiene llena la bolsa.* ‖ *Cir.* Cavidad llena de materia: *bolsa sinovial, de pus.* ‖ *Min.* Parte donde se halla metal puro. ‖ — *Fam. Aflojar la bolsa,* dar dinero. ‖ *Bolsa de Trabajo,* organismo que centraliza ofertas y peticiones de trabajo.

Bolsena, lago de Italia, al N. de Viterbo; 114 km².

bolsero, ra m. y f. El que hace o vende bolsas. ‖ *Méx.* Ladrón de bolsos.

bolsillo m. Bolsa para el dinero, portamonedas. ‖ Saquillo cosido a los vestidos: *bolsillos de parches.* ‖ — *De bolsillo,* pequeño: *libro de bolsillo.* ‖ *Fam. Meterse a uno en el bolsillo,* granjearse su voluntad. | *Rascarse el bolsillo,* soltar dinero, pagar.

bolsín m. *Com.* Reunión de bolsistas, fuera de las horas y sitio de reglamento. | Bolsa poco importante.

bolsista m. Persona que hace especulaciones en la bolsa de valores. | *Amer.* Ladrón.

bolso m. Bolsa o estuche de piel u otro material que llevan en las manos las mujeres y en donde guardan los objetos de uso personal: *bolso de ante.* ‖ Bolsillo, portamonedas. ‖ Cualquier caja o estuche de cuero u otro material, con asa, para llevar objetos.

bolsón m. Bolsa grande. ‖ *Amer.* Cartera que llevan los niños para ir al colegio.

Bolsón, pico de la Argentina, en el Aconquija; 5 050 m.

Bolton, c. de Inglaterra (Lancaster), al NO. de Manchester.

Bolzano, en alem. *Bozen,* c. de Italia (Alto Adigio), cap. de la prov. homónima. Industrias (metalurgia). Centro turístico.

Böll (Heinrich), novelista alemán, n. en 1917. (Pr. Nóbel, 1972).

bolladura f. Abolladura.

bollar v. t. Abollar.

bollería f. Tienda donde venden bollos, pastelería.

bollo m. Panecillo esponjoso de harina amasada con huevos, leche, etc. ‖ Abolladura, abultamiento o hueco hecho por un golpe en un objeto. ‖ *Fig.* Chichón: *hacerse un bollo en la cabeza.* | Lío, embrollo: *se armó un bollo.* ‖ — *Fig. y fam. No estar el horno para bollos,* no ser el momento más propicio para hacer algo. | *Perdonar el bollo por el coscorrón,* causar una cosa más molestia que utilidad.

Bollo (El), pueblo de España (Orense). Monumentos celtas.

bollón m. Clavo de cabeza grande para adorno.

Bollullos del Condado, v. de España (Huelva).

bomba f. Máquina para elevar agua u otro fluido. ‖ Artefacto explosivo: *bomba de efecto retardado.* ‖ Globo de cristal de algunas lámparas. ‖ En los instrumentos músicos de metal, tubo movible con que se alargan o se acortan para cambiar el tono. ‖ *Fig.* Noticia sensacional o inesperada que causa sorpresa (ú. t. c. adj.). ‖ *Cub.* Cucharón usado en los ingenios. ‖ *Méx.* Sátira, verso que se improvisa en las fiestas. ‖ *Fam. Méx.* Noticia falsa. ‖ — *Bomba aspirante,* la que eleva el líquido gracias a la presión atmosférica. ‖ *Bomba aspirante e impelente,* la que aspira el agua y luego la impele con esfuerzo. ‖ *Bomba atómica,* v. ATÓMICO. ‖ *Bomba centrífuga,* aquella en que la elevación del agua se hace por medio de una rueda de paletas dentro de una caja cilíndrica. ‖ *Bomba de cobalto,* generador de rayos gamma utilizados con fines terapéuticos. ‖ *Bomba H o de hidrógeno,* v. TERMONUCLEAR. ‖ *Bomba impelente,* la que eleva el agua más arriba que el plano de la máquina. ‖ *Bomba neumática,* la que sirve para extraer o comprimir el aire. ‖ *Bomba volcánica,* pedazo de lava expulsado por un volcán y de aspecto fusiforme. ‖ *Caer como una bomba,* dar una noticia inesperada o presentarse de improviso en una reunión.

bombáceas f. pl. Plantas o árboles dicotiledóneos intertropicales, como el baobab (ú. t. c. adj.).

bombachas f. pl. *Arg.* Pantalones bombachos.

bombacho adj. m. y s. m. Dícese del calzón o pantalón ancho que se ciñe un poco más abajo de las pantorrillas (ú. más en pl.).

bombarda f. Cañón antiguo de gran calibre. ‖ Fragata que se destinaba a arrojar bombas. ‖ Registro del órgano de sonido muy fuerte y grave.

bombardear v. t. Atacar con artillería o arrojar bombas: *bombardear una posición.* ‖ Someter un cuerpo a la acción de ciertas radiaciones.

bombardeo m. Ataque de un objetivo con bombas u obuses: *bombardeo aéreo.* ‖ *Bombardeo atómico,* proyección de partículas engendradas por una sustancia radiactiva acelerada mediante aparatos especiales (ciclotrón, por ej.).

bombardero, ra adj. Que bombardea: *avión bombardero.* ‖ — M. Artillero al servicio de las bombardas. ‖ Avión de bombardeo.

bombardino m. *Mús.* Instrumento parecido al bombardón, pero más pequeño.

bombardón m. *Mús.* Instrumento de viento que sirve de contrabajo.

Bombay, c. y puerto de la India, cap. del Est. de Maharashtra, en la isla homónima, en el golfo de Omán. Arzobispado. Universidad. Industrias. Comercio.

bombear v. t. Bombardear. ‖ Sacar o trasegar con bomba: *bombear agua.* ‖ Dar forma abombada. ‖ *Fig.* y *fam.* Dar bomba a uno. ‖ Dar al balón un golpe de volea.

bombeo m. Convexidad. ‖ *Estación de bombeo,* estación donde se extrae un líquido con bombas.

bombero m. Miembro de un cuerpo destinado a apagar incendios. ‖ El que trabaja con la bomba hidráulica. ‖ Cañón para disparar bombas.

bómbice m. Gusano de seda.

bombilla f. Ampolla o globo de cristal que contiene el filamento de la lámpara eléctrica: *bombilla fundida.* ‖ Tubito de caña o de metal para sorber el mate. ‖ *Mar.* Farol de cristal casi esférico.

bombillo m. Aparato de sifón en las tuberías de desagüe. ‖ Tubo empleado para sacar líquidos. ‖ *Mar.* Bomba pequeña de mano. ‖ *Amer.* Bombilla eléctrica.

bombín m. *Fam.* Sombrero hongo. ‖ Pequeña bomba para hinchar los neumáticos de bicicletas.

bómbix m. Bómbice.

bombo m. Tambor grande que se toca con maza: *bombo de banda militar.* ‖ El que lo toca. ‖ Barco de fondo chato. ‖ Caja en que están los números de un sorteo: *bombo de la lotería.* ‖ *Fig.* Elogio exagerado: *anunciar con mucho bombo.* ‖ — *Fig.* y *fam. A bombo y platillos,* muy aparatoso. | *Dar bombo,* elogiar demasiado.

bombón m. Confite de chocolate: *bombón relleno.* ‖ *Fig.* y *fam. Ser un bombón,* ser muy mono.

bombona f. Damajuana, garrafa. ‖ Vasija: *bombona de butano.*

Bomboná, pueblo de Colombia (Nariño). Batalla ganada por Bolívar en 1822.

bombonera f. Caja para bombones. ‖ *Fam.* Teatro pequeño.

bombonería f. Tienda donde se venden bombones.

Bona V. ANNABA.

bonachón, ona adj. y s. *Fam.* Buenazo, muy bueno.

bonachonería f. Calidad de bonachón.

bonaerense adj. y s. De Buenos Aires.

Bonaire, isla holandesa de las Antillas (Sotavento); 246 km².

Bonampak, pobl. de México (Chiapas), centro maya del antiguo Imperio. En 1946 se descubrieron admirables frescos, realizados con colores muy vivos y gran realismo, que reproducen escenas religiosas y profanas.

bonancible adj. Sereno, apacible: *tiempo bonancible.*

bonanza f. Tiempo sereno en el mar. ‖ *Fig.* Prosperidad. | Tranquilidad. ‖ *Min.* Vena muy rica.

bonanzoso, sa adj. Sereno.

Bonaparte, n. de una familia originaria de Toscana (Italia) establecida en Córcega, cuyos principales miembros fueron: CARLOS MARÍA (1746-1785), casado con María Leticia Ramolino, que tuvo trece hijos, entre los cuales JOSÉ y NAPOLEÓN (v. estos nombres); LUCIANO (1775-1840); ELISA (1777-1820); LUIS (1778-1846), padre de Napoleón III y rey de Holanda de 1806 a 1810; PAULINA (1780-1826); CAROLINA (1782-1839), casada con Murat y reina de Nápoles, y JERÓNIMO (1784-1860), rey de Westfalia de 1807 a 1812.

bonapartismo m. Concepción política de los bonapartistas.

bonapartista adj. y s. Partidario de la dinastía de Napoleón Bonaparte.

bondad f. Calidad de bueno. ‖ Inclinación a hacer el bien. ‖ Amabilidad: *tener la bondad de hacer algo.*
bondadoso, sa adj. Apacible, muy bueno.
Bonet (Carmelo J.), crítico y ensayista argentino, n. en Uruguay en 1886. ‖ ~ (JUAN PABLO), filántropo español (1560-¿1620?), autor de una obra sobre la enseñanza de los sordomudos.
boneta f. *Mar.* Paño añadido a las velas para hacerlas mayores.
bonete m. Birrete, gorro de forma redonda. ‖ Gorro de los eclesiásticos, colegiales y graduados. ‖ *Zool.* Redecilla de los rumiantes. ‖ *Fig.* y *fam. A tente bonete,* con obstinación.
Bonete, pico de la Argentina (Catamarca); 6 872 m. — Cerro de Bolivia (Potosí); 5 653 m.
bonetería f. Oficio, taller y tienda de bonetero. ‖ *Amer.* Galicismo por *mercería.*
bonetero, ra m. y f. Persona que hace o vende bonetes.
Bongará, prov. del Perú (Amazonas); cap. *Jumbilla.*
bongo m. *Amer.* Canoa india.
bongó m. Tambor de los negros de Cuba.
bongosero m. Tocador de bongó: *el bongosero animó la fiesta.*
boniato m. Planta convolvulácea y su tubérculo comestible.
Bonifacio, c. y puerto de la isla de Córcega. El estrecho homónimo separa Córcega de Cerdeña.
Bonifacio *(San),* evangelizador de Alemania y arzobispo de Maguncia, degollado por los bárbaros (¿680?-754). Fiesta el 5 de junio. ‖ ~ **I** *(San),* papa de 418 a 422. ‖ ~ **II,** papa de 530 a 532. ‖ ~ **III,** papa de 607 a 608. ‖ ~ **IV** *(San),* papa de 608 a 615. ‖ ~ **V,** papa de 619 a 625. ‖ ~ **VI,** papa, no reconocido, en 896. ‖ ~ **VII,** papa, tampoco reconocido, de 974 a 985. ‖ ~ **VIII,** de origen catalán, papa de 1294 a 1303. ‖ ~ **IX,** papa de 1389 a 1404.
Bonifaz (Ramón), marino español (1196-1252). Conquistó Sevilla a los árabes.
bonificación f. Mejora. ‖ Rebaja, descuento.
Bonilla (Manuel), general hondureño (1849-1913), pres. de la Rep. de 1903 a 1907 y de 1912 a 1913. ‖ ~ (POLICARPO), político y escritor hondureño (1858-1926), pres. de la Rep. de 1894 a 1900. ‖ ~ **y San Martín** (ADOLFO), erudito español (1875-1926).
Bonin, archip. del Japón, en el Pacífico.
bonitamente adv. Con tiento y habilidad. ‖ Despacio, poco a poco.
bonito m. Pez parecido al atún.
bonito, ta adj. Bueno. ‖ Lindo, agraciado, agradable.
Bonn, c. de Alemania Occidental (Rin Septentrional-Westfalia), cap. de la Rep. Federal desde 1949; 300 000 h. Universidad. Lugar de nacimiento de Beethoven.
Bonnard (Pierre), pintor francés (1867-1947).
bono m. Vale: *bono de pago al portador.* ‖ Cualquier papel fiduciario: *bonos de la Deuda pública.* ‖ Vale de beneficencia: *bono de carne.*
Bononcini (Giovanni Battista), músico italiano (1670-¿1750?).
Bonpland (Aimé), médico y naturalista francés (1773-1858), compañero de Humboldt en el viaje científico de éste a América del Sur. M. en la Argentina.
bonzo m. Sacerdote budista.
boñiga f. Excremento del ganado vacuno y otros animales.
boñigo m. Porción de excremento del ganado vacuno.
bookmaker [*bukméker*] m. (pal. ingl.). El que lleva un libro para apuntar las apuestas en las carreras.
boom [*bum*] m. (pal. ingl.). Prosperidad brusca y momentánea. ‖ Alza repentina de productos industriales, de valores de Bolsa, etc.
boomerang m. Bumerang.
Bootes. V. BOYERO.
Boothia, penins. del NO. del Canadá, entre la Tierra de Baffin y la isla Príncipe de Gales.
Booz, personaje bíblico, esposo de Rut. ‖ ~ (MIGUEL ÁNGEL CORREA, llamado **Mateo**), novelista argentino (1889-1943), autor de *El tropel, La mariposa quemada.*
boqueada f. Acción de abrir la boca justo antes de morir: *estar dando las últimas boqueadas.*
boquera f. Llaguita en las comisuras de los labios. ‖ Puerta en el caz para regar.
boquerón m. Pez pequeño: *el boquerón en lata se llama "anchoa".*
Boquerón, dep. del Paraguay en la región del Chaco, cap. *Mariscal Estigarribia.*
boqueronense adj. y s. De Boquerón (Paraguay).
boquete m. Paso estrecho. ‖ Agujero, brecha: *el obús abrió un boquete en la muralla.*
boquiabierto, ta adj. Que tiene la boca abierta. ‖ *Fig.* Que se queda asombrado: *quedó boquiabierto de admiración.*
boquilla f. Abertura para sacar las aguas de riego. ‖ Parte de algunos instrumentos músicos de viento que se introduce en la boca. ‖ Tubo pequeño para fumar el cigarro. ‖ Parte de la pipa que se introduce en la boca. ‖ Extremo del cigarro: *boquilla con filtro.* ‖ Escopladura. ‖ Tercera abrazadera del fusil. ‖ En el mortero, parte por donde se pone la pólvora. ‖ Anillo que guarece la boca de la vaina de un arma. ‖ Mechero de gas, de acetileno, etc. ‖ Pez del golfo de México. ‖ *De boquilla,* de mentirijillas.
Boquilla, n. de diferentes ranchos y ejidos de México.
boquín m. Bayeta tosca.
boquinegro, gra adj. De hocico negro: *toro boquinegro.*
boquirroto, ta adj. *Fig.* y *fam.* Parlanchín, muy hablador.
boquirrubio, bia adj. *Fig.* Que habla mucho y sin reserva | Candoroso. ‖ — M. *Fam.* Mozalbete presumido.
Bora (Catalina de), monja alemana (1499-1552), que se casó con Lutero.
boracita f. *Min.* Borato y cloruro de magnesia natural.
Boras, c. de Suecia (Goteborg). Textiles.
borato m. *Quím.* Cualquier sal del ácido bórico.
bórax m. *Quím.* Sal blanca compuesta de ácido bórico, sosa y agua.
borbollar y **borbollear** v. i. Hacer borbollones el agua.
borbolleo m. Borboteo.
borbollón m. Borbotón.
borbollonear v. i. Borbollar.
Borbón (ISLA DE). V. REUNIÓN.
Borbón, familia real francesa, cuyo primer representante fue Roberto de Clermont, sexto hijo de San Luis. La rama mayor de los *Borbones* subió al trono de Francia con Enrique IV y a ella pertenecieron todos sus soberanos hasta Carlos X (1830). Felipe V, nieto de Luis XIV de Francia, fue el primero de los *Borbones de España,* cuyo último soberano fue Alfonso XIII.
Borbón (CARLOS MARÍA ISIDRO DE), infante de España (1788-1855), hermano de Fernando VII, que con el n. de *Carlos V* sostuvo durante siete años la primera guerra carlista. — Su hijo mayor, CARLOS, conde de Montemolín (1818-1861), se sublevó dos veces para apoderarse del trono de España. Apresado en Tortosa en 1860. ‖ ~ (CARLOS MARÍA DE LOS DOLORES), llamado *Don Carlos* (1848-1909), pretendiente al trono de España y promotor de la tercera guerra carlista (1872-1876). ‖ ~ (JAIME DE), pretendiente al trono de España (1870-1931), hijo de Don Carlos. ‖ ~ (JUAN CARLOS DE), príncipe español, n. en Roma en 1938, nieto de Alfonso XIII. Designado en 1969 por Franco sucesor como futuro monarca del país. ‖ ~ (LUIS MARÍA DE), infante y arzobispo de España (1777-1823), sobrino de Carlos III. Presidió la Junta de Regencia de Cádiz y abolió la Inquisición.
borbónico, ca adj. De los Borbones o propio de ellos.
borborigmo m. Ruido de los gases del abdomen.
borbotar y **borbotear** v. i. Hacer borbotones el agua.
borboteo m. Acción de borbotar o borbotear.
borbotón m. Agitación del agua en ebullición: *hervir a borbotones.* ‖ — *Fig. A borbotones,* en cantidad y violentamente: *la sangre corre a borbotones.* ‖ *Fam. Hablar a borbotones,* hablar precipitadamente.
borceguí m. Bota que se ajusta con cordones.
borda f. *Mar.* Parte superior del costado del barco. | Vela mayor en las galeras. ‖ Choza. ‖ — *Fig.* y *fam. Arrojar* o *echar* o *tirar por la borda,* deshacerse de algo o alguien. ‖ *Fuera borda,* embarcación con el motor fuera del casco.
Borda (Arturo), pintor boliviano (1883-1953). ‖ ~ (JEAN CHARLES), matemático y marino francés (1733-1799). ‖ ~ (JOSÉ CORNELIO), ingeniero y político colombiano (1830-1866). M. en la defensa de El Callao. ‖ ~ (JOSÉ JOAQUÍN), novelista colombiano (1835-1878), autor de *Morgan el Pirata.* ‖ ~ (JUAN IDIARTE). V. IDIARTE BORDA.
Bordaberry (Juan María), político uruguayo, n. en 1928, pres. de la Rep. en 1972.
bordada f. *Mar.* Camino del barco entre dos viradas. ‖ *Fig.* Vuelta, paseo. ‖ *Mar. Dar bordadas,* navegar de bolina.
bordado, da adj. *Fig.* Perfecto, logrado: *me salió bordado.* ‖ — M. Labor de relieve en tela o piel con aguja.
bordador, ra m. y f. Persona que borda.
bordar v. t. Hacer bordados. ‖ *Fig.* Realizar una cosa con perfección: *el actor bordó su papel.*
borde adj. Dícese de las plantas silvestres. ‖ Hijo ilegítimo (ú. t. c. s.). ‖ — M. Extremo u orilla de una cosa: *el borde de la mesa.* ‖ Línea de separación entre el agua y la tierra: *al borde del río.* ‖ En las vasijas, orilla, contorno de la boca. ‖ *A borde de,* a punto o cerca de suceder una cosa.
bordear v. i. *Mar.* Dar bordadas. ‖ Costear, ir por el borde (ú. t. c. t.). ‖ *Fig.* Aproximarse. ‖ — V. t. Rodear. ‖ *Fig.* Frisar, estar cerca de.
Bordeaux. V. BURDEOS.
Bordeaux (Henry), novelista francés (1870-1963).
bordelés, esa adj. y s. De Burdeos.
Bordighera, c. de Italia (Imperia). Estación turística.
bordillo m. Borde de la acera.
bordo m. Costado exterior de un barco. ‖ *A bordo,* en la embarcación: *los hombres de a bordo.*
bordón m. Bastón largo de los peregrinos. ‖ Verso quebrado repetido al fin de cada copla. ‖ *Fig.* Muletilla, estribillo que se repite en la conversación. ‖ En los instrumentos músicos, las cuerdas gruesas que hacen el bajo. ‖ *Impr.* Omisión que comete el cajista.
Bordoncillo, volcán de Colombia, en la Cord. Central (Nariño); 3 800 m.
Bordone (Paris), pintor italiano (1500-1571).
bordonear v. i. Rasguear la guitarra. ‖ Zumbar los insectos.

bordoneo m. Zumbido. ‖ Sonido grave del bordón de la guitarra.

boreal adj. Del Norte: *polo, hemisferio boreal; aurora boreal.*

bóreas m. Viento norte.

Bóreas, dios de los Vientos del Norte.

Borges (Jorge Luis), escritor argentino, n. en Buenos Aires en 1899. Su sentido de la metáfora y su imaginación creadora le colocan en lugar preeminente entre los escritores de lengua castellana. Autor de poesías (*Fervor de Buenos Aires, Luna de enfrente, Cuaderno San Martín*), cuentos (*Historia universal de la infamia, Ficciones, El Alep*) y ensayos (*Inquisiciones, Otras inquisiciones*).

Borgia o **Borja,** familia italiana, de origen español, entre cuyos miembros se encuentran el papa ALEJANDRO VI (v. este nombre); su hijo el cardenal CÉSAR (¿1475?-1507) fue un político hábil, pero desleal, inhumano y licencioso, y su hija LUCRECIA (1480-1519) se distinguió por su belleza y fue acusada de crímenes por la leyenda. (V. FRANCISCO DE BORJA [*San*].)

borgoña m. Vino francés de Borgoña.

Borgoña, región y ant. prov. del E. de Francia; cap. *Dijon.*

Borgoña, n. de dos casas reales de Francia, una ducal y otra condal; la primera, fundada por Roberto el Piadoso, se extinguió en 1361; a la segunda, fundada por Juan el Bueno, pertenecían Felipe el Atrevido, Juan Sin Miedo y Carlos el Temerario, a cuya muerte se extinguió la dinastía (1477).

Borgoña (Felipe de). V. VIGARNY. ‖ ~ (JUAN DE), pintor renacentista flamenco (¿1465-1536?). Residió en Castilla.

Borgoño (José Manuel), general de la Independencia y político chileno (1792-1848).

borgoñón, ona adj. y s. De Borgoña.

borgoñota f. Celada del siglo XVI que cubría sólo la cabeza.

boricado, da adj. Que contiene ácido bórico: *agua boricada.*

bórico adj. *Quím.* Dícese del ácido formado por el boro.

Borinquén, n. indígena de *Puerto Rico.*

borinqueño, ña adj. y s. De Puerto Rico.

Boris Godunov. V. GODUNOV.

Borístenes. V. DNIÉPER.

Borja, c. de España (Zaragoza). Centro de arte mudéjar. — Pobl. del Paraguay (Guairá). — Pobl. del Perú (Loreto).

Borja. V. BORGIA, y tb. FRANCISCO DE BORJA (*San*). ‖ ~ (ARTURO), poeta simbolista ecuatoriano (1892-1912), autor de *La flauta de ónix.* ‖ ~ **y Aragón** (FRANCISCO DE). V. ESQUILACHE (*Príncipe de*).

Borjas Blancas, v. de España (Lérida).

borla f. Conjunto de hebras reunidas por uno de sus cabos: *la borla del gorro militar.* ‖ Insignia de los doctores. ‖ Lo que utilizan las mujeres para darse polvos. ‖ *Fig. Tomar la borla,* graduarse de doctor.

Born. V. BERTRÁN DE BORN.

borne m. Extremo de la lanza empleada en justas. ‖ Botón de cobre a que se une un conducto eléctrico. ‖ Codeso, arbusto.

bornear v. t. Torcer, ladear. ‖ *Arq.* Labrar en contorno las columnas. | Colocar los sillares en su debido lugar. ‖ — V. i. *Mar.* Girar el buque sobre el ancla fondeada. ‖ — V. pr. Torcerse la madera.

Borneo, isla de Insulindia, la tercera del mundo en extensión, que se encuentra entre los mares de Sulú, de China meridional y de Java, y el estrecho de Macasar; 736 000 km². La parte S. de la isla pertenece a la República de Indonesia y en el N. están Sabah y Sarawak, miembros de la Federación de Malaysia, y el protectorado británico de Brunei.

Bornholm, isla de Dinamarca en el mar Báltico; 588 km².

boro m. Metaloide (B) de número atómico 5, de densidad 2,45, sólido, duro y de color pardo oscuro, semejante al carbono.

Borobudur o **Barabudur,** localidad de Java. Templo budista (s. VIII-IX).

Borodín (Aleksandr), músico ruso (1833-1887), autor de la ópera *El Príncipe Igor,* del poema sinfónico *En las estepas del Asia Central,* y de sonatas.

Borodino, pobl. de la U. R. S. S., cerca de Moscú donde Napoleón venció a las tropas rusas (1812).

borona f. Pan de maíz.

bororó adj. y s. Indio brasileño. (Los *bororós* viven en el centro de Mato Grosso.)

Bórquez Solar (Antonio), poeta modernista y escritor chileno (1872-1938).

borra f. Parte más basta de la lana. ‖ Pelo de cabra. ‖ Pelusa del algodón. ‖ Sedimento espeso que forman ciertos líquidos. ‖ *Fig.* y *fam.* Palabras insustanciales o superfluas.

borrachera f. Embriaguez, efecto de emborracharse. ‖ Orgía. ‖ *Fig.* y *fam.* Exaltación extremada: *la borrachera del triunfo.*

borrachín m. *Fam.* Borracho.

borracho, cha adj. Que toma bebidas alcohólicas con exceso (ú. t. c. s). ‖ *Fig.* y *fam.* Dominado por una pasión: *borracho de odio.* | Exaltado: *borracho con sus éxitos.*

borrador m. Escrito de primera intención que ha de sufrir correcciones. ‖ Libro en el que el comerciante hace sus cuentas provisionales. ‖ Goma de borrar.

borragináceas f. pl. Familia de dicotiledóneas que tiene por tipo la borraja (ú. t. c. adj.).

borraja f. Planta borraginácea de tallo cubierto de espinas, usada en medicina.

borrar v. t. Tachar lo escrito. ‖ Hacer que la tinta desfigure lo escrito. ‖ Hacer desaparecer con la goma lo escrito. ‖ *Fig.* Hacer desaparecer, desvanecer, quitar: *bórralo de tu memoria* (ú. t. c. pr.). | Quitar de una lista, dar de baja en una asociación.

Borrasá (Luis), pintor primitivo catalán (¿1360?-1424). Autor de retablos.

borrasca f. Tempestad, tormenta. ‖ *Fig.* Contratiempo: *las borrascas de la vida.* | Disputa, enfado.

borrascoso, sa adj. Que causa borrascas. ‖ Propenso a ellas. ‖ *Fig.* y *fam.* Desenfrenado: *vida borrascosa.* | Accidentado, con discusiones, agitado: *reunión, asamblea borrascosa.*

borrego, ga m. y f. Cordero o cordera de uno o dos años. ‖ *Fig.* y *fam.* Persona muy sencilla o ignorante. | Persona servil que hace lo mismo que los demás.

borreguil adj. Perteneciente o relativo al borrego. ‖ *Fig.* Que sigue las iniciativas de los demás: *espíritu borreguil.*

Borrero (Dulce María), poetisa y pintora cubana (1883-1945). — Su hermana JUANA fue poetisa (1878-1896) y escribió *Rimas.*

borrica f. Asna.

borricada f. Manada de borricos. ‖ Paseo en borrico. *Fig.* y *fam.* Disparate, idiotez.

borrico m. Asno, burro. ‖ Caballete o soporte para apoyar la madera los carpinteros. ‖ *Fig.* y *fam.* Asno, muy necio: *este chico es un borrico.*

borriquero adj. Aplícase a una variedad de cardo. ‖ — M. Arriero de una borricada.

borriquete m. Caballete.

Borromeas, grupo de tres islas en el lago Mayor (Italia).

Borromeo. V. CARLOS BORROMEO (*San*).

Borromini (Francesco), arquitecto barroco italiano (1599-1667).

borrón m. Mancha de tinta. ‖ *Pint.* Primer apunte en colores. ‖ *Fig.* Imperfección, defecto. | Deshonra, acción ignominiosa. ‖ *Fig.* y *fam. Borrón y cuenta nueva,* dícese para expresar que se quiere olvidar el pasado.

borronear v. t. Garrapatear.

borroso, sa adj. Lleno de borra o heces: *tinta borrosa.* ‖ Confuso, poco claro: *escritura, fotografía, idea borrosa.*

boruca f. *Méx.* Bulla, algazara.

borujo m. Orujo de la aceituna.

borujón m. Bulto, chichón.

boscaje m. Espesura, conjunto de árboles y plantas.

Boscán y Almogáver (Juan), poeta renacentista español, n. en Barcelona (¿1492?-1542), que adaptó al castellano el endecasílabo italiano.

Bosco. V. JUAN BOSCO (*San*).

boscoso, sa adj. Abundante en bosques.

Bosch (Jerónimo AEKEN, llamado **Jerónimo el Bosco** o), pintor, escultor y grabador holandés (¿1450?-1516), de imaginación exuberante y fantástica. ‖ ~ (JUAN), escritor y político dominicano, n. en 1909. Pres. de la Rep. en 1936, derrocado el mismo año.

bósforo m. Canal que comunica dos mares.

Bósforo, estrecho que une los mares de Mármara y Negro (Turquía). Llamado tb. *Estrecho de Constantinopla.*

Bosnia y Herzegovina, una de las repúblicas federadas de Yugoslavia, 51 129 km²; 3 522 000 habitantes; cap. *Sarajevo.*

bosque m. Terreno poblado de árboles, monte: *un bosque de pinos.* ‖ *Fig.* Barba o cabellera enmarañada. ‖ *Bosque maderable,* el que da árboles maderables.

bosquejar v. t. Trazar los rasgos principales de una pintura: *bosquejar un paisaje.* ‖ Dar la primera mano a una obra de escultura. ‖ *Fig.* Esbozar, indicar de manera general una idea, un concepto: *bosquejar un proyecto.*

bosquejo m. Traza primera de una obra. ‖ Idea vaga de una cosa.

Bossuet (Jacques Bénigne), prelado, escritor y predicador francés, n. en Dijon (1624-1704), crítico severo del protestantismo y del quietismo de Fenelón. Autor de *Oraciones fúnebres, Sermones,* etc.

bostezar v. i. Abrir la boca por efecto del cansancio, del sueño, del aburrimiento, etc.

bostezo m. Acto de bostezar.

Boston, c. y puerto de Estados Unidos, en Nueva Inglaterra, cap. del Est. de Massachusetts. Arzobispado. Centro industrial.

Bosworth, c. del centro de Inglaterra (Leicester), teatro de la última batalla de la guerra de las Dos Rosas (1485).

bota f. Calzado que cubre el pie y parte de la pierna: *botas de montar, de esquiar.* ‖ *Por ext.* Botina, borceguí. ‖ Odre pequeño para vino en el cual se bebe. ‖ Cuba o tonel de madera. ‖ *Fig.* y *fam. Ponerse las botas,* ganar mucho dinero, enriquecerse.

botado, da adj. y s. *Amer.* Expósito, inclusero. ‖ *Méx.* Borracho. | Barato, casi regalado.

botador m. *Cir.* Instrumento de dentista. ‖ Sacaclavos. ‖ *Mar.* Bichero. ‖ Utensilio de imprenta para aflojar y apretar las cuñas de la forma.

botadura f. Lanzamiento al agua de una embarcación.

botafuego m. Palo en cuyo extremo se ponía la mecha encendida para prender fuego a las piezas de artillería. ‖ *Fig.* Persona irritable.

botafumeiro m. Incensario.

botalón m. *Mar.* Palo que sale fuera de la embarcación.

botamen m. Conjunto de botes

B

de una farmacia. ‖ *Mar.* Pipería de los buques.

botana f. Tapón. ‖ *Mex.* Tapa, bocado que se toma como aperitivo.

botánica f. Ciencia que trata de los vegetales.

botánico, ca adj. Relativo a la botánica: *jardín botánico.* ‖ — M. y f. El que se dedica a la botánica.

botanista com. Botánico.

botar v. t. Arrojar, tirar o echar fuera con violencia. ‖ *Fam.* Despedir, echar a una persona: *lo botaron del colegio.* ‖ *Mar.* Enderezar el timón a la parte que conviene: *botar a babor, a estribor.* | Lanzar al agua: *botar un buque.* ‖ *Amer.* Malgastar, despilfarrar. ‖ — v. i. Salir despedida una cosa después de chocar con el suelo: *botar la pelota.* ‖ Saltar: *botar de alegría.* ‖ Dar botes el caballo. ‖ *Fig.* y *fam. Estar alguien que bota,* estar furioso. ‖ — V. pr. Volverse, hacerse: *botarse a listo.*

botaratada f. *Fam.* Tontería, necedad.

botarate m. *Fam.* Idiota, majadero. ‖ *Amer.* Derrochador.

botarel m. *Arq.* Contrafuerte.

botarete adj. *Arq. Arco botarete,* arbotante.

botarga f. Vestido ridículo.

botasilla f. *Mil.* Toque de clarín para ensillar los caballos.

botavante m. Vara larga herrada por uno de los extremos que usaban los marineros para defenderse en los abordajes.

botavara f. *Mar.* Palo horizontal apoyado en el mástil para asegurar la vela cangreja.

bote m. Brinco que da el caballo. ‖ Salto que da la pelota al chocar con el suelo. ‖ Salto que da una persona. ‖ Lata, vasija pequeña, comúnmente metálica: *bote de leche condensada.* ‖ Tarro: *bote de farmacia.* ‖ Barca, lancha sin cubierta que se mueve remando. ‖ Golpe dado con una lanza o pica. ‖ — *Bote de salvamento* o *salvavidas,* el utilizado en caso de naufragio. ‖ *Fig.* y *fam. Darse el bote,* irse. | *De bote en bote,* completamente lleno, atestado. | *Estar en el bote,* estar en el bolsillo.

Botelho de Oliveira (Manuel), dramaturgo brasileño (1636-1711), autor de *Música do Parnaso,* etc.

botella f. Vasija, generalmente de vidrio, de cuello largo: *botella de vino.* ‖ Su contenido. ‖ *Pop. Cub.* Empleo oficial sin trabajar. ‖ *Fís. Botella de Leiden,* acumulador eléctrico.

botellazo m. Golpe dado con una botella.

botellero m. El que hace o vende botellas. ‖ Estante para colocar las botellas. ‖ Cesto para llevarlas.

botellín m. Botella pequeña.

botero m. El que hace o vende botas. ‖ *Pop. Cub.* Persona que goza de un empleo oficial sin trabajar. ‖ *Fam. Pedro Botero,* el demonio.

Botev (PICO), ant. *Jumrukchal,* altura máxima de los Balcanes, en Bulgaria; 2 376 m.

Botha (Louis), general y político sudafricano (1862-1919). Intervino en la guerra de los bóers y fue luego primer ministro del Transvaal (1907) y de la Unión Sudafricana (1910).

Boti (Regino Eladio), poeta y crítico cubano (1878-1958).

botica f. Farmacia, establecimiento donde se preparan y venden medicinas. ‖ Conjunto de medicamentos: *le pagó médico y botica.* ‖ Tienda. ‖ *Fig. Haber de todo como en botica,* haber todo lo que se quiera.

boticario, ria m. y f. Farmacéutico, persona que tiene una farmacia. ‖ *Fig. Venir como pedrada en ojo de boticario,* venir al pelo una cosa.

botija f. Vasija de barro poroso de cuello corto y estrecho.

botijero, ra m. y f. Persona que hace o vende botijos.

botijo m. Vasija de barro poroso con asa, boca y pitón destinada a refrescar el agua que contiene. ‖ *Fam. Tren botijo,* el organizado para un festejo.

botillería f. Tienda donde se venden bebidas.

botillero m. El que hace o vende bebidas heladas. ‖ El encargado de los vinos en un restaurante.

botín m. Polaina. ‖ Bota, botina. ‖ *Mil.* Despojo tomado al enemigo.

botina f. Calzado cuya caña pasa algo del tobillo.

botinería f. Zapatería.

botiquín m. Mueble para guardar las medicinas. ‖ Estas medicinas.

Botnia, golfo en la parte septentrional del mar Báltico, entre Finlandia y Suecia. — Región de Europa, al E. del golfo homónimo.

botocudo, da adj. y s. Individuo de una tribu del E. del Brasil, entre los ríos Doce y Pardo.

botón m. *Bot.* Yema o brote de los vegetales. | Capullo de flor. ‖ Disco de metal o cualquier otra materia que se pone en los vestidos para abrocharlos. ‖ Cosa en forma de botón: *pulsar el botón; botón de florete; botón eléctrico; botón de la radio.* ‖ — *Botón de fuego,* cauterio. ‖ *Fig. Botón de muestra,* ejemplo. ‖ *Botón de oro,* nombre del ranúnculo.

botonadura f. Juego de botones: *botonadura de plata.*

botonería f. Establecimiento donde se hacen o venden botones.

botonero, ra m. y f. Persona que hace o vende botones.

botones m. *Fam.* Recadero.

botoque m. Disco de madera que se introducen en los labios, las orejas o la nariz los indios botocudos.

Botswana, Est. republicano del África meridional; 710 000 km²; 629 000 h. Cap. *Gaberones,* 12 300 h. Es la antigua *Bechuanalandia.*

Botticelli (Sandro di Mariano FILIPEPI, llamado **Sandro**), pintor, dibujante y grabador italiano, n. en Florencia (1444-1510), autor de obras de inspiración religiosa y pagana (*Primavera, Nacimiento de Venus*).

Botucatu, c. del Brasil (São Paulo), en la sierra homónima.

botulismo m. Intoxicación producida por la ingestión de alimentos en malas condiciones.

Botzaris (Markos), héroe de la independencia griega (1788-1823).

bou m. Pesca en que dos barcas tiran de una red: *salir al bou.* ‖ Barco para esta pesca.

Bou (Teresa), dama valenciana, musa de Ausias March.

Bouchard (Hipólito), corsario argentino de origen francés, que colaboró con San Martín en la expedición al Perú. M. en 1837.

Boucher (François), pintor francés (1703-1770), autor de escenas pastorales o mitológicas.

Bouches-du-Rhône, dep. del S. de Francia; cap. *Marsella.*

boudoir [*budoar*] m. (pal. fr.). Galicismo por *camarín, saloncito, tocador de una señora.*

Bougainville (Louis Antoine de), navegante francés (1729-1811). Dejó un célebre relato.

Bouillon. V. GODOFREDO DE BOUILLON.

Boulanger (Georges), general francés (1837-1891), ministro de la Guerra en 1866. Frustrado su intento de golpe de Estado, se suicidó en Bruselas.

boulevard [*bulvar*] m. (pal. fr.). Bulevar.

Boulogne [*buloñ*] ‖ **~ Billancourt,** c. de Francia (Hauts-de-Seine), suburbio del SO. de París. Construcción de automóviles. ‖ **~ -sur-Mer,** c. y puerto de Francia (Pas-de-Calais). Allí vivió retirado y murió San Martín.

bouquet [*buqué*] m. (pal. fr.). Ramillete de flores. ‖ Perfume, gustillo, buqué, aroma del vino.

Bourdelle (Antoine), escultor francés (1861-1929), autor del monumento a Alvear (Buenos Aires).

Bourdet (Edouard), autor dramático francés (1887-1945).

Bourges [*burges*], c. de Francia, cap. del dep. del Cher. Arzobispado. Catedral gótica (s. XIII).

Bourget, lago de los Alpes de Francia (Saboya); 18 km. de longitud y 3 de anchura. ‖ **~ (Le),** pobl. de Francia, al N. de París (Seine-Saint-Denis). Aeropuerto.

Bourget (Paul), escritor francés (1852-1935), autor de ensayos y novelas psicológicas.

Bournemouth, c. de Gran Bretaña, en Inglaterra (Southamptonshire). Balneario.

Boussingault (Jean-Baptiste), químico y agrónomo francés (1802-1887). Fue miembro del Estado Mayor de Bolívar en sus campañas.

boutique [*butik*] f. (pal. fr.). Tienda pequeña pero elegante donde se suelen vender géneros de confección.

Bovary (*Madame*), novela de Flaubert, una de las obras maestras de realismo (1857).

bóveda f. *Arq.* Construcción de forma arqueada con objeto de cubrir el espacio comprendido entre muros o pilares. | Habitación subterránea abovedada. | Cripta de las iglesias. ‖ — *Bóveda celeste,* el firmamento. ‖ *Bóveda claustral, de aljibe* o *esquifada,* la de dos cañones cilíndricos que se cortan uno a otro. ‖ *Bóveda craneana* (o *craneal*), interior del cráneo. ‖ *Bóveda de cañón,* la de forma de medio cilindro hueco. ‖ *Bóveda palatina,* cielo de la boca.

bovedilla f. Espacio abovedado entre viga y viga en el techo de una habitación.

Boves (José Tomás), guerrillero español (1783-1814). Al frente de sus llaneros, luchó contra los patriotas venezolanos.

bóvidos m. pl. Familia de rumiantes que comprende los bovinos, ovinos, caprinos, antílopes, búfalos, etc.

bovino, na adj. Del buey o la vaca: *especie bovina* (ú. t. c. s. m.).

bowling [*boulin*] m. (pal. ingl.). Bolera, juego de bolos.

bow-window [*bo-uindo*] m. (pal. ingl.). Balcón grande, mirador.

box m. (pal. ingl.). Departamento de una cuadra en que se deja un solo caballo. ‖ Departamento de un garaje.

boxcalf [*boxcaf*] m. (pal. ingl.). Piel de becerro curtida con cromo.

boxeador m. El que boxea.

boxear v. i. Luchar dos personas a puñetazos.

boxeo m. Deporte de combate en el cual dos adversarios se acometen a puñetazos.

boxer m. Insurgente chino durante la intervención armada europea de 1900.

boy m. (pal. ingl.). Mozo, muchacho. ‖ *Boy scout,* explorador, chico que forma parte de ciertas sociedades de carácter educativo y deportivo.

boya f. Cuerpo flotante sujeto al fondo del mar, de un río o de un lago para la señalización: *boya luminosa.* ‖ Corcho que se pone en las redes.

Boyacá, río de Colombia, donde Bolívar derrotó a los realistas (1819). — Dep. de Colombia; cap. *Tunja.*

boyacense adj. y s. De Boyacá (Colombia).

boyada f. Manada de bueyes.

boyante adj. Dícese del toro fácil de torear. ‖ *Mar.* Aplícase al buque que lleva poca carga y no cala lo que debe. ‖ *Fig.* Próspero. | Feliz.

boyar v. i. *Mar.* Flotar.

boyardo m. Señor feudal de Rusia o Transilvania.

Boyardo (Matteo Maria), poeta italiano (1441-1494), autor de *Orlando enamorado,* poema continuado por Ariosto.

boycotear v. t. Boicotear.

Boyer (Jean-Pierre), político haitiano (1776-1850), pres. de la Rep. de 1818 a 1843. Invadió el territorio dominicano en 1822. Fue derrocado.

boyera f. Establo para los bueyes.

boyero m. El que guarda bueyes o los conduce.

Boyero, constelación boreal, cuya estrella principal es Arturo.

Boyl (Carlos), poeta y comediógrafo español (1577-1617).

Boyle (Robert), físico y químico irlandés, n. en Lismore (1627-1691). Descubrió la intervención del oxígeno en las combustiones.

bozal adj. y s. Dícese del negro recién sacado de su país. || *Fig.* Nuevo, novato, bisoño. || *Fam.* Bobo, necio. || Cerril, sin domar: *caballo bozal.* || *Amer.* Dícese del indio o extranjero que habla muy mal el castellano. || — M. Capacillo que se les pone en la boca a las bestias para que puedan comer sin pararse. || Aparato que se pone a los perros en la boca para que no muerdan o a los terneros para que no mamen. || *Amer.* Bozo, cabestro.

Bozen. V. Bolzano.

bozo. m. Vello en la parte superior del labio antes de nacer el bigote. || Parte exterior de la boca. || Cabestro que se pone a las caballerías para conducirlas.

Br, símbolo del bromo.

Brabante, prov. del centro de Bélgica; cap. *Bruselas.* || ~ **Septentrional,** prov. meridional de Holanda; cap. *Bois-le-Duc.*

brabanzón, ona adj. y s. De Brabante.

braceado m. Conversión del almidón en glucosa, en la fabricación de la cerveza.

bracear v. i. Mover o agitar los brazos. || Nadar. || Levantar mucho las manos el caballo en el trote. || *Mar.* Halar de las brazas.

braceo m. Acción de bracear.

bracero m. Peón, jornalero.

bracista com. Persona que nada a braza.

bracmán m. Bramán.

bráctea f. Hoja que nace en el pedúnculo de la flor.

bracteola f. Bráctea pequeña.

Bracho (Carlos), escultor mexicano, n. en 1898. || ~ (Julio), director cinematográfico mexicano, n. en 1909.

Bradford, c. de Gran Bretaña (York). Textiles.

bradipo m. Perico ligero.

Bradley (James), astrónomo inglés (1693-1762), descubridor de la aberración de la luz (1727) y de la nutación del eje terrestre.

brafonera f. Pieza de la armadura que cubría el brazo.

braga f. Calzón femenino (ú. m. en pl.). || Pañal de los niños. || — Pl. Especie de calzones anchos: *ponerse las bragas.*

Braga, c. de Portugal (Miño). Arzobispado.

Braga (Francisco), músico brasileño (1868-1944), autor de poemas sinfónicos. || ~ (Joaquín Teófilo), historiador, filósofo y político portugués (1843-1924), que presidió el primer gobierno de la República (1910).

bragado, da adj. Que tiene las entrepiernas de distinto color que el resto del cuerpo: *buey bragado.* || *Fig.* Enérgico, resuelto, decidido, valiente: *un hombre bragado* (ú. t. c. s.).

Bragado, c. de la Argentina (Buenos Aires).

bragadura f. Entrepiernas.

Braganza, c. de Portugal (Tras-os-Montes), cap. de distrito. Obispado.

Braganza, familia real portuguesa descendiente de Alfonso I, hijo natural de Juan I (s. XIV). Reinó en Portugal desde 1640 hasta 1910, y en el Brasil de 1822 a 1889.

bragazas m. *Fig.* y *fam.* Hombre débil de carácter, calzonazos.

braguero m. Vendaje para contener las hernias. || *Mil.* Cabo grueso con que se sujetan los cañones al disparar.

bragueta f. Abertura delantera de los pantalones de hombre.

braguetazo m. *Fam.* Casamiento por interés.

Brahe (Tycho), astrónomo danés (1546-1601), que fue maestro de Kepler.

Brahma. V. Brama.

brahmán m. Bramán.

brahmánico, ca adj. Bramánico: *religión brahmánica.*

brahmanismo m. Bramanismo.

Brahmaputra, río del S. del Tíbet y de la India, que des. en el golfo de Bengala. Mezcla sus aguas, en un gran delta, con las del Ganges; 2 900 km.

Brahms (Johannes), músico alemán, n. en Hamburgo (1833-1897), autor de obras para piano y de sinfonías.

Braille (Louis), profesor francés (1809-1852), inventor de la escritura para ciegos consistente en puntos marcados en relieve sobre el papel.

brama f. Mugido. || Época del celo de los ciervos y otros animales salvajes.

Brama, dios supremo de los hindúes, creador del mundo, de los dioses y de los seres. Es una persona de la trinidad (Trimurti).

bramadera f. Nombre de varios instrumentos de viento usados en el campo.

bramadero m. Sitio a donde acuden los ciervos durante el celo. || *Amer.* Poste donde se amarran los animales.

bramador, ra adj. Que brama.

bramán m. Sacerdote de Brama.

bramánico, ca adj. Relativo al bramanismo: *templo bramánico; doctrina bramánica.*

bramanismo m. Religión de la India.

— El *bramanismo* es la organización social, política y religiosa que sucedió al vedismo (v. vedismo). Brama, Visnú y Siva constituyen la trinidad india o Trimurti. De Brama nacieron las cuatro castas de la India: bramanes, chatrias, vaicias y sudras. Fuera de estas castas están los impuros y los parias.

bramante m. Cuerda delgada.

Bramante (Donato d'Angelo Lazzari, llamado **el**), arquitecto renacentista italiano (1444-1514), autor de los planos de San Pedro de Roma.

bramar v. i. Dar bramidos, mugir. || *Fig.* Gritar de ira. | Mugir, ulular, hacer mucho ruido el viento, el mar, etc.

bramido m. Mugido, voz del toro y de otros animales. || *Fig.* Grito de cólera. | Ruido grande del viento, del mar, etc.

Bramón (Francisco), escritor mexicano del s. XVII, autor de *Los Sirgueros de la Virgen sin original pecado.*

brancada f. Red barredera.

brancal m. Conjunto de los largueros de la armazón de la cureña de artillería o de un carro.

Branco, río del Brasil (Amazonas), afl. del Negro; 1 340 km.

brandal m. *Mar.* Conjunto de cabos que forman la escala para subir a los mástiles.

Brandeburgo o **Brandenburgo,** región de Alemania Oriental. Asiento de un poderoso electorado desde el s. XV, fue el núcleo de la monarquía prusiana; cap. *Berlín.* — C. de Alemania Oriental, a orillas del Havel, afl. del Elba.

brandeburgués, esa adj. y s. De Brandeburgo.

Brandt (Hennig), alquimista alemán, m. en 1692, descubridor del fósforo (1669). || ~ (Sebastian). V. Brant. || ~ (Willy), político socialdemócrata alemán, n. en 1913, canciller de la Rep. Federal Alemana (1969-1974). Pr. Nóbel de la Paz en 1971 por su política de acercamiento a las naciones del Este europeo.

brandy m. (pal. ingl.). Coñac.

Branly (Edouard), físico francés (1844-1940). Inventó el radioconductor o *cohesor* que hizo posible la utilización de las ondas hertzianas en telegrafía.

branquial adj. De las branquias: *arcos branquiales.*

branquias f. pl. Órganos respiratorios de los peces, moluscos, batracios, etc.

branquífero, ra adj. Que tiene branquias: *vertebrado, artrópodo branquífero.*

Brant o **Brandt** (Sebastian), humanista, poeta y jurista alemán (1458-1521), autor de *La nave de los locos,* poema satírico.

Brantford, c. del Canadá (Ontario). Industrias.

Braque (Georges), pintor cubista francés (1882-1963).

braquial adj. Del brazo.

braquicefalia f. y **braquicefalismo** m. Carácter o condición de braquicéfalo.

braquicéfalo, la adj. Dícese de los hombres de cráneo casi redondo.

braquiópodos m. pl. Animales marinos parecidos a los moluscos lamelibranquios, con tentáculos alrededor de la boca (ú. t. c. adj.).

braquiuros m. pl. Crustáceos decápodos, de abdomen muy reducido, como la centolla ú. t. c. adj.).

brasa f. Ascua: *asar a la brasa.*

brasero m. Recipiente redondo de metal en que se echa carbón menudo y que sirve como medio de calefacción. (Se le coloca generalmente en la parte inferior de una mesa o camilla. Hoy existen también braseros eléctricos.) || *Méx.* Hogar.

Brashov, c. de Rumania (Transilvania), al NE. de Bucarest.

Brásidas, general espartano de la guerra de Peloponeso.

brasil m. Palo brasil.

Brasil, rep. federal de América del Sur, que limita con todos los países del subcontinente salvo con Ecuador y Chile: 8 511 965 km²; 95 311 000 habitantes (*brasileños*). Cap. *Brasília,* 600 000 h. Otras c.: *São Luís,* 232 000 h.; *Belem,* 598 000; *Manaus,* 266 000; *Goiânia,* 384 000; *Porto Alegre,* 879 000; *Curitiba,* 660 000; *São Paulo,* 6 003 000; *Santos,* 330 000; *Rio de Janeiro,* 4 261 000 (ant. capital); *Petrópolis,* 191 400; *Niterói,* 312 000; *Belo Horizonte,* 1 247 000; *Salvador,* 933 000; *Recife,* 1 147 000; *João Pessoa,* 196 000; *Natal,* 252 000; *Fortaleza,* 901 000, y *Teresina,* 200 000. Administrativamente, el Brasil se divide en 22 Estados, 4 territorios y un distrito federal. La población está constituida por elementos blancos y negros, que al mezclarse han dado un porcentaje de mulatos de un 30 p. ciento aproximadamente. Las razas amerindias han quedado muy reducidas (menos del 2 p. ciento). La inmigración, procedente de países europeos (Portugal, Italia, España) ha contribuido notablemente a la formación de este joven país. La religión católica predomina sobre las otras, y la lengua portuguesa es la oficial. La densidad media de población es del orden de los 10 h./km².

— Geografía. En el Brasil pueden señalarse tres grandes zonas: la gigantesca cuenca del Amazonas al N. (3 549 033 km²); las altiplanicies, que ascienden de E. a O. (Goiás, Mato Grosso); los macizos montañosos como el de

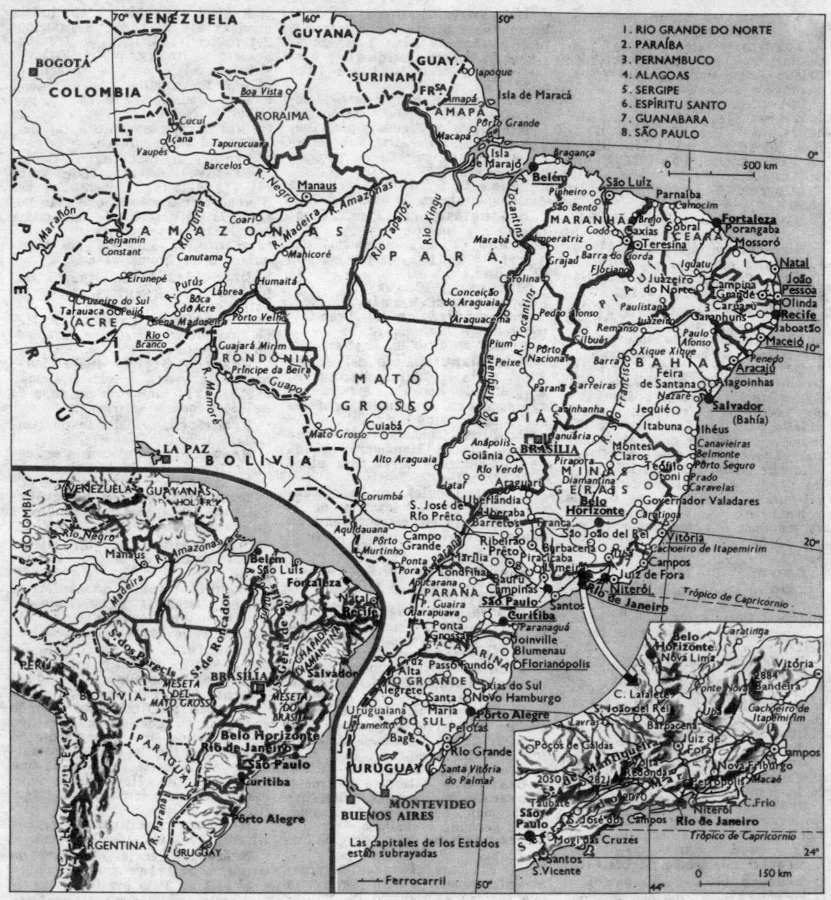

BRASIL

Guayanas (Pico Roraima, 2 835 m), y el Atlántico, reborde marítimo que comprende las sierras Geral, do Mar (Pico Bandeira, 2 890 m), Mantiqueira, Espinhaco y Chapada Diamantina. Los picos más elevados del Brasil se encuentran en la sierra Imeri, fronteriza con Venezuela (Pico da Neblina, 3 014 m y Pico 31 de Marzo, 2 392 m). El río Amazonas, el más caudaloso del mundo, recorre más de 3 000 km en el territorio brasileño y su anchura llega a veces a los 6 km. Numerosos afluentes engrosan su caudal (Negro, Madeira, Tapajós, Xingu, Tocantins con el Araguaia). Otros ríos importantes son: São Francisco, Paraguay, Paraná (con sus afluentes Río Grande e Iguazú) y Uruguay. La costa, de unos 7 200 km de longitud, es poco accidentada, con el archipiélago de Marajó, en la desembocadura del Amazonas, y el de Fernando de Noronha, frente a Natal. La isla fluvial de Bananal, en el río Araguaia, es la mayor del mundo (4 300 km²). El clima es en general cálido y húmedo, ecuatorial en la Amazonia, seco en el NE. y continental en el Mato Grosso. Los recursos económicos del Brasil son numerosos y variados: agricultura (café, cacao, caña de azúcar, arroz, mandioca, cereales, caucho); ganadería (bovinos, porcinos, ovinos, equinos); minería (hierro en Minas Gerais, cromo, manganeso, bauxita, carbón, petróleo). La industria ha experimentado un notable desarrollo (textil, alimenticia, química, metalúrgica, cemento, automóviles), y se localiza principalmente en los Estados de São Paulo y Rio de Janeiro. Una red ferroviaria de 38 000 km y 550 000 km de carreteras enlazan las ciudades del Brasil, a lo que hay que añadir 44 000 km de vías fluviales y una densa red de líneas aéreas.

— HISTORIA. El Brasil estuvo habitado antes del Descubrimiento por varias tribus indias, como fueron los arawacos, tupíes, tapuyas y caribes. El portugués Pedro Álvares Cabral fue el primero que llegó a las costas brasileñas de Bahía en 1500, y Fernando de Noronha descubrió las islas que llevan su nombre. En 1531, Martim Afonso de Sousa organizó la colonización e impuso los derechos portugueses contra las incursiones realizadas por españoles, franceses y holandeses. La ciudad de Bahía fue la capital, y pronto llegaron numerosos misioneros para catequizar a los indígenas. La industria azucarera alcanzó importante desarrollo, y para ello se recurrió a la importación de esclavos negros de África, ya que ni indios ni europeos eran muy aptos para este tipo de trabajo. Durante todo el período colonial no cesaron de llegar estos esclavos, los cuales son el origen del importante grupo de raza negra que hoy existe. São Paulo fue fundada por los jesuitas en 1554, y desde esta ciudad partieron las expediciones de *bandeirantes* que exploraron el interior. En el s. XVII los holandeses se establecieron en Pernambuco, pero fueron finalmente rechazados. Rio de Janeiro, fundada en 1565, pasó en 1763 a ser la capital del Virreinato del Brasil. En 1789 estalló un movimiento revolucionario dirigido por Joaquim José da Silva Xavier, llamado *Tiradentes*, que fue sofocado por las autoridades portuguesas, y su jefe pagó con la vida esta rebelión. Cuando Napoleón invadió Portugal en 1808, el príncipe regente Don Juan se refugió en el Brasil, y al regresar en 1821 dejó allí como regente a su hijo Pedro, quien proclamó la Independencia en 1822 y fue coronado emperador con el nombre de Pedro I. Durante su reinado el Brasil perdió la Provincia Cisplatina (Uruguay) [1825]. Su principal colaborador fue José Bonifacio de Andrada, llamado el *Patriarca de la Independencia*. El emperador abdicó en 1831, y durante la minoría de su hijo sucediéronse las agitaciones, por lo que el Parlamento decidió adelantar la mayoría de edad a los 14 años (1840). Pedro II reinó hasta 1889, y este largo período fue de gran prosperidad en todos los órdenes.

En 1889 se produjo una revolución encabezada por los generales Fonseca y Peixoto, que derribó el Imperio e instauró la República. Se elaboró una constitución federal (1891), y la vida política transcurrió con relativa normalidad hasta 1930, año en que una revolución llevó al poder a Getúlio Vargas, quien de 1937 a 1945 gobernó dictatorialmente. Tras una presidencia de Eurico Gaspar Dutra (1946-1951), Vargas fue de nuevo elegido, pero ante la presión civil y del Ejército, se suicidó en su propio despacho presidencial (1954). Juscelino Kubitschek (1956-1961) impulsó la economía y trasladó la capital a Brasília en 1960. Le sucedió Jânio Quadros, quien dimitió a los siete meses, ocupando el cargo vacante el vicepresidente João Goulart. Éste se vio obligado a transformar el régimen presidencialista en parlamentario, decisión que habría de ser revocada en 1963. En 1964 un golpe militar depuso a Goulart e instaló en la presidencia al general Humberto Castelo Branco. Convocadas elecciones indirectas en el Parlamento (1966), resultó vencedor el general Artur da Costa e Silva, quien tomó posesión de su cargo en 1967 y gobernó de 1967 a 1969, año en el que tuvo que dejar el Poder a causa de una grave enfermedad. Fue sustituido por una Junta Militar y luego por el general Emilio Garrastazu Médici. En 1974 fue nombrado presidente el general Ernesto Geisel.

Brasileña. V. Cuareim.

brasileño, ña y **brasilero, ra** adj. y s. Del Brasil.

Brasília, cap. del Brasil y del Distrito Federal; 600 000 h. Empezó a construirse en 1955 y fue inaugurada oficialmente en 1960.

Brasseur de Bourbourg (Abate Charles), viajero y escritor francés (1814-1874), autor de una *Historia de las naciones civilizadas de México y Centroamérica.*

Bratislava, ant. *Presburgo,* c. de Checoslovaquia, a orillas del Danubio; cap. de Eslovaquia. Universidad.

Bratsk, c. de la U. R. S. S. (R. S. F. S. de Rusia), en Siberia. Central hidroeléctrica.

Braulio *(San),* obispo de Zaragoza (585-646). Continuó las *Etimologías de San Isidoro.* Fiesta el 10 de marzo.

Braun (Karl Ferdinand), físico alemán (1850-1918), inventor de la antena dirigida. (Pr. Nóbel, 1909.) ‖ **~** (Wernher von), físico alemán, n. en 1912, naturalizado norteamericano. Constructor del cohete V-2 (1944), tomó parte luego en la creación de vehículos espaciales en los Estados Unidos.

bravata f. Amenaza hecha con arrogancia.

bravear v. i. Fanfarronear.

braveza f. Bravura. ‖ Furia o ímpetu de los elementos: *la braveza del viento, del mar.*

bravío, vía adj. Sin domar, salvaje: *toro bravío.* ‖ *Fig.* Silvestre. | Tosco, rústico.

bravo, va adj. Valiente. ‖ Salvaje, que acomete con los cuernos: *ganadería de toros bravos.* ‖ Embravecido, dícese del mar alborotado. ‖ Inculto, abrupto: *terreno bravo.* ‖ Salvaje, sin civilizar: *indio bravo.* ‖ *Fam.* Valentón, bravucón. ‖ *Fig.* y *fam.* De genio áspero. | Colérico, muy enojado. | Suntuoso, magnífico. ‖ — M. Aplauso: *se oían los bravos.* ‖ — Interj. Expresa aplauso.

Bravo, río que nace en las Montañas Rocosas y sirve de frontera entre Estados Unidos y México; 3 540 km. Tb. es llamado *Río Grande del Norte.*

Bravo (Juan), jefe comunero castellano, n. en Segovia. Defendió esta ciudad y fue vencido con Padilla y Maldonado en Villalar. M. decapitado en 1521. ‖ **~** (Mario), político, escritor, poeta y sociólogo argentino (1882-1944). ‖ **~** (Nicolás), general y político mexicano (¿1784?-1854), caudillo de la Independencia. En 1823 luchó contra Iturbide. Vicepres. de la Rep. en 1824 y pres. interino de 1842 a 1843. ‖ **~ Murillo** (Juan), político español (1803-1873) cuyo gobierno despótico provocó la revolución de 1854.

bravucón, ona adj. y s. *Fam.* Que presume de valiente.

bravuconear v. i. Dárselas de valiente.

bravuconería f. Acción de bravucón.

bravura f. Fiereza de los animales: *la bravura de un toro.* ‖ Valentía. ‖ Baladronada.

braza f. *Mar.* Medida de longitud de 1,6718 m. | Cabo que se ata a los penoles de las vergas para fijarlas. ‖ Modo de nadar: *braza clásica, mariposa.*

brazada f. Movimiento que se hace con los brazos extendidos. ‖ Movimiento de natación. ‖ Brazado. ‖ *Méx.* Medida de mampuestos, equivalente a 4,70 m³.

brazal m. Pieza de la armadura que cubría el brazo. ‖ Embrazadura del escudo. ‖ Insignia que se lleva en el brazo: *el brazal de la Cruz Roja.* ‖ Sangría de un río para regar.

brazalete m. Pulsera. ‖ Brazal de la armadura antigua. ‖ Banda que rodea el brazo más arriba del codo: *brazalete de luto.*

brazo m. Cada uno de los dos miembros superiores del cuerpo humano desde el hombro hasta la mano: *brazo derecho, izquierdo.* ‖ Pata delantera de los cuadrúpedos: *los brazos de la yegua.* ‖ Cosa de figura parecida: *los brazos del sillón, de la cruz, de la balanza.* ‖ Rama, ramal: *los brazos de un río.* ‖ *Fig.* Fuerza, poder. ‖ — Pl. *Fig.* Braceros, trabajadores: *brazos para la agricultura.* ‖ — *A brazo partido,* sin armas; (fig.) a viva fuerza. ‖ *Brazo de mar,* canal ancho y largo de mar que va tierra adentro. ‖ *Fig. Estarse con los brazos cruzados,* no hacer nada. | *Ir hecho un brazo de mar,* estar de punta en blanco. | *No dar uno su brazo a torcer,* mantenerse firme en sus ideas. | *Ser el brazo derecho de uno,* ser de su mayor confianza.

brazuelo m. Parte del brazo de los cuadrúpedos comprendida entre el codo y la rodilla.

Brazza (Pierre Savorgnan de), explorador francés (1852-1905), que consiguió para su país parte del Congo.

Brazzaville, cap. de la Rep. del Congo, a orillas del lago Stanley-Pool; 135 000 h. Arzobispado. Puerto fluvial.

brea f. Sustancia resinosa extraída de varias plantas coníferas obtenida por destilación del petróleo. ‖ Lienzo basto e impermeable para fardos. ‖ *Mar.* Mezcla de brea, sebo, pez y otros ingredientes utilizada para calafatear.

Brea (La), puerto de Honduras (Valle).

break [*brek*] m. (pal. ingl.). Coche de cuatro ruedas, abierto, con pescante elevado, y dos filas de asientos en la parte trasera. ‖ Automóvil, en forma de furgoneta, que tiene cristales en los lados.

brear v. t. *Fig.* y *fam.* Maltratar: *brear a palos.* | Fastidiar, molestar: *le brearon a preguntas.*

brebaje m. Bebida generalmente desagradable al paladar.

breca f. Nombre de dos peces comestibles.

brécol m. Variedad de col.

brecha f. Boquete hecho por la artillería: *batir en brecha una fortificación.* ‖ Abertura hecha en una pared. ‖ *Fig.* Impresión, efecto hecho en el ánimo de uno: *abrir brecha en la opinión ajena.* ‖ *Fig. Estar siempre en la brecha,* estar siempre dispuesto para la defensa; trabajar sin descanso.

Brecha de Rolando o **de Roldán,** desfiladero de los Pirineos.

Brecht (Bertolt), dramaturgo alemán (1898-1956), autor de *La ópera de cuatro peniques, Madre Coraje,* etc.

Breda, c. de Holanda (Brabante Septentrional), cerca de la frontera belga. El *Compromiso de Breda* (1565) señaló el comienzo de la sublevación de los Países Bajos contra España.

Breda *(La rendición de),* o cuadro de *Las lanzas.* V. Rendición de Breda.

brega f. Lucha. ‖ Riña o disputa. ‖ Trabajo duro. ‖ *Dar brega,* dar chasco, burlarse.

bregar v. i. Reñir con uno. ‖ Trabajar mucho: *vivir bregando.* ‖ — V. t. *Taurom.* Torear.

Breguet (Louis), ingeniero y piloto francés (1880-1955), uno de los primeros pilotos constructores de aviones.

Brejnev (Leónidas Ilich), político soviético, n. en 1910, primer secretario del Partido Comunista en 1964.

Brema, en alem. *Bremen,* c. y puerto del N. de Alemania Occidental.

Bremerhaven, c. de Alemania Occidental, antepuerto de Brema.

Brenes Messén (Roberto), político, escritor, poeta y filólogo costarricense (1874-1947).

Brennero, paso de los Alpes austriacos que comunica Italia con Europa Central.

Breno, jefe galo que saqueó Roma en 390 a. de J. C. Autor de la frase hoy proverbial "Vae victis" ("¡Ay de los vencidos!").

Brentano (Clemens), poeta y novelista romántico alemán (1778-1842). — Su sobrino Franz fue filósofo (1838-1917).

breña f. Tierra, entre peñas, poblada de maleza.

breñal m. Terreno o paraje lleno de breñas.

breñoso, sa adj. Con breñas: *terreno breñoso.*

Brescia, c. de Italia en Lombardía, cap. de la prov. homónima. Obispado.

Breslau. V. Wroclaw.

Brest, c. y puerto del O. de Francia (Finistère). ‖ **~ -Litovsk,** c. de la U. R. R. S. (Rusia Blanca), en la frontera con Polonia.

Bretaña, ant. prov. de Francia. Formó un ducado independiente, reunido con la Corona en 1491; cap. *Rennes.* ‖ **~ (Gran),** la mayor de las Islas Británicas, que comprende Inglaterra, País de Gales y Escocia. Ant. llamada *Britania.* (v. Gran Bretaña). ‖ **~ (Nueva).** V. Nueva Bretaña.

brete m. Cepo que se ponía a los reos en los pies. ‖ *Fig.* Apuro, dificultad, aprieto: *estar en un brete.*

bretón, ona adj. y s. De Bretaña. ‖ M. Lengua hablada por los bretones. ‖ Variedad de col.

Breton (André), escritor y poeta francés (1896-1966), fundador del surrealismo.

Bretón (Tomás), músico español (1850-1923), autor de las zarzuelas *La Dolorosa, La Verbena de la Paloma,* etc. ‖ **~ de los Herreros** (Manuel), escritor español, n. en Quel (Logroño) [1796-1873], autor de numerosas comedias *(Marcela o ¿Cuál de los tres?), El pelo de la dehesa, A la vejez viruelas,* etc.).

Bretton Woods, pobl. de Estados Unidos (New Hampshire). Conferencia Monetaria Internacional en 1944.

Breughel. V. Brueghel.

Breuil (Henri), sacerdote y etnógrafo francés (1877-1961), que estudió el arte paleolítico, principalmente en España.

breva f. Primer fruto de la higuera. ‖ *Fig.* Ventaja, ganga: *pescar una buena breva.*

breve adj. De poca extensión o duración: *intervención breve.* ‖ *Gram.* Dícese de la palabra grave y de la vocal o sílaba no acentuada (ú. t. c. s. f.). ‖ — M. Documento pontificio. ‖ — F. *Mús.* Nota que vale dos compases mayores. ‖ *En breve,* muy pronto; en pocas palabras.

brevedad f. Corta extensión o duración. || Concisión: *hablar con brevedad.*

breviario m. Libro de rezos. || Compendio. || *Fig.* Lectura habitual.

Brevísima relación de la destrucción de las Indias, obra del Padre de Las Casas, en la que denuncia las crueldades de los conquistadores (1552).

brezal m. Sitio poblado de brezos.

Breznef (L. Ilich). V. BREJNEV.

brezo m. Arbusto ericáceo, de madera muy dura.

Briand (Aristide), político francés (1862-1932). [Pr. Nóbel de la Paz, 1926.]

Briansk, c. de la U. R. R. S. (Rusia). Centro industrial.

briba f. Hampa, vida de pícaros: *vivir a la briba.*

bribón, ona adj. y s. Pícaro.

bribonada f. Picardía.

bribonear v. i. Hacer bribonadas.

bribonería f. Vida de bribón.

bricbarca m. Buque de tres palos sin vergas de cruz en la mesana.

Briceño (Arturo), escritor venezolano, n. en 1908, autor de cuentos. || ~ (FRANCISCO), político español del s. XVI, m. en 1575. Oidor de Nueva Granada, gobernador de Popayán y capitán general de Guatemala. || ~ (MANUEL), gegeneral y escritor colombiano (1849-1885). Intervino en las guerras civiles de 1876 y 1885. || ~ **Méndez** (PEDRO), patriota venezolano (1794-1836), secretario de Bolívar.

brida f. Freno del caballo con las riendas y demás correaje. || Anillo que une dos tubos. || *Cir.* Filamentos membranosos en los labios de una herida.

bridge m. (pal. ingl). Juego de naipes entre cuatro personas. || Puente dental.

Bridgeport, c. y puerto de Estados Unidos (Connecticut). Obispado. Centro industrial.

Bridgetown, cap. de Barbados, principal puerto de la isla.

Brie, región de Francia, al E. y SE. de la cuenca de París.

Brienz, lago de Suiza, en el cantón de Berna, formado por el Aar; 30 km².

brigada f. *Mil.* Reunión de dos regimientos. | Nombre de otras divisiones militares: *brigada de transmisiones, topográfica, sanitaria.* | Grado en la jerarquía militar comprendido entre los de sargento y alférez. || Conjunto de trabajadores, equipo: *brigada de peones camineros.*

Brigadas Internacionales, agrupaciones militares, constituidas por voluntarios extranjeros, que combatieron durante la guerra civil española (1936-1939) en las filas republicanas.

brigadier m. Antiguo grado militar, correspondiente hoy al de general de brigada. || *Méx. General brigadier,* grado superior al de coronel e inferior al de general de brigada.

Bright (Richard), médico inglés (1789-1858), que estudió la nefritis.

Brighton, c. de Inglaterra (Sussex). Estación balnearia.

Brígida *(Santa),* virgen y abadesa (¿452-525?), patrona de Irlanda. Fiesta el 1 de febrero.

Brihuega, v. de España (Guadalajara). Batalla de la guerra de Sucesión española, ganada por Felipe V (1710).

brillante adj. Que brilla, reluciente: *objeto brillante.* || *Fig.* Sobresaliente, notable, excelente: *estilo brillante.* || — M. Diamante labrado en facetas.

brillantez f. Brillo.

brillantina f. Producto aplicado al pelo para darle brillo.

brillar v. i. Resplandecer: *el Sol brilla en el firmamento.* || *Fig.* Destacarse en algo: *brillar por sus virtudes, su ciencia.*

brillo m. Resplandor, destello: *el brillo de las estrellas.* || Lustre: *sacar brillo a los zapatos.* || *Fig.* Lucimiento, resplandor: *el brillo de su arte.*

brincar v. i. Dar brincos, saltar. *Fig.* y *fam.* Enfadarse. | No caber en sí: *brincar de alegría.*

brinco m. Salto: *dar un brinco.* || *Fig. En un brinco,* en un momento, rápidamente.

brindar v. i. Beber a la salud de uno. || — V. t. Ofrecer a uno alguna cosa: *le brindó esta oportunidad.* || — V. pr. Ofrecerse voluntariamente: *brindarse a colaborar.*

brindis m. Acción de brindar. || Palabras pronunciadas al brindar: *echar un brindis.*

Brindis o **Brindisi,** c. y puerto de Italia (Pulla), cap. de la prov. homónima. Arzobispado.

Brindis de Salas (Claudio), músico cubano (1800-1872), autor de la opereta *Las congojas matrimoniales.* — Su hijo CLAUDIO JOSÉ DOMINGO (1852-1911) fue violinista.

brío m. Energía, empuje, ánimo: *hombre de brío* (ú. m. en pl.). || *Fig.* Arresto, decisión, resolución: *hablar con brío.* | Garbo, gallardía.

briocense adj. y s. De Brihuega (Guadalajara).

briofitas f. pl. *Bot.* Familia de criptógamas que tienen tallos y hojas, pero carecen de vasos y raíces, como los musgos (ú. t. c. adj.).

briol m. *Mar.* Cada uno de los cabos que sirven para cargar o recoger las velas.

Brión (Pedro Luis), marino y comerciante colombiano, n. y m. en Curazao (1782-1820). Colaborador de Bolívar.

brioso, sa adj. Que tiene brío. || Fogoso: *caballo brioso.*

briozoarios m. pl. Animales acuáticos que forman colonias que recubren las rocas, las conchas, las plantas marinas (ú. t. c. adj.).

briqueta f. Conglomerado de carbón en forma de ladrillo.

brisa f. Viento fresco y suave: *brisa marina.*

Brisbane, c. y puerto de Australia, cap. del Estado de Queensland. Arzobispado. Industrias.

brisca f. Juego de naipes.

Brisgovia, región de Alemania, entre la Selva Negra y el Rin; c. pr. *Friburgo.*

bristol m. Especie de cartulina.

Bristol, c. y puerto de Inglaterra (Gloucester y Somerset), a orillas del Avon. || ~ (CANAL DE) golfo del Atlántico en la costa O. de Inglaterra, entre el país de Gales y el condado de Cornualles.

Britania, ant. n. de Gran Bretaña.

Británicas (ISLAS). V. GRAN BRETAÑA.

británico, ca adj. y s. De Gran Bretaña: *súbdito británico.*

Británico, hijo de Claudio y Mesalina, envenenado por Nerón (41-55).

britano, na adj. y s. De la ant. Britania. || Inglés, británico.

Britten (Benjamin), músico inglés, n. en 1913.

Briviesca, c. de España (Burgos). Iglesia gótica.

brizna f. Filamento delgado. || *Fig.* Pizca, miaja.

Brno, en alem. *Brünn,* c. de Checoslovaquia, cap. de Moravia. Obispado. Construcciones mecánicas.

Broadway, arteria principal de Nueva York, en Manhattan.

broca f. Barrena para taladrar metales. || Varilla de hierro que sostiene el carrete en las máquinas de hilar.

brocado, da adj. Tejido con oro o plata. || — M. Tela de seda tejida con oro o plata.

brocal m. Pretil de la boca del pozo. || Boquilla de las vainas de las armas blancas. || Gollete de la bota para beber. || Ribete del escudo.

Brocar o **Brocario** (Arnaldo Guillermo), tipógrafo español del s. VI que imprimió la *Biblia Políglota Complutense.*

brocatel m. Tejido de cáñamo y seda adamascado. || Mármol de varios colores.

brocense adj. y s. De Las Brozas (Cáceres): *Francisco Sánchez, el Brocense.* (V. este nombre.)

Brocken, altura máxima del macizo cristalino de Harz, en Alemania Oriental; 1 142 m.

bróculi m. Brécol.

brocha f. Pincel o escobilla para pintar, afeitarse o para otros usos. || *Pintor de brocha gorda,* el pintor de paredes; (fig. y fam.) mal pintor.

brochada f. Brochazo.

brochado, da adj. Que tiene labor de oro o plata.

brochazo, m. Pasada que se da con una brocha.

broche m. Conjunto de dos piezas de metal que enganchan entre sí. || Joya en forma de imperdible. || *Fig. Broche de oro,* lo mejor, el remate.

brocheta f. Broqueta.

Broglie (Maurice, *duque de*), físico francés (1875-1960), investigó sobre los rayos X. — Su hermano LOUIS, *príncipe* y después *duque de Broglie,* n. en 1892, es el descubridor de la mecánica ondulatoria. (Pr. Nóbel, 1929.)

Broken Hill, c. de Australia (Nueva Gales del Sur). Minas.

broma f. Bulla, alboroto: *estar de broma.* || Chanza, burla: *gastar bromas.*

bromato m. Cualquier sal del ácido brómico.

bromatología f. Tratado de los alimentos o ciencia de la alimentación.

bromatólogo m. Especialista en bromatología.

bromazo m. Broma pesada, de mal gusto.

Bromberg. V. BYDGOSZCZ.

bromear v. i. Estar de broma: *bromear con frecuencia* (ú. t. c. pr.).

bromeliáceas f. pl. Familia de monocotiledóneas originarias de América, como el ananás, la tillandsia, etc. (ú. t. c. adj.).

Bromfield (Louis), novelista norteamericano (1896-1956), autor de *Vinieron las lluvias.*

brómico, ca adj. Dícese del ácido formado por la solución del bromuro de bario y el ácido sulfúrico.

bromista adj. y s. Aficionado a gastar bromas.

bromo m. *Quím.* Metaloide (Br) líquido, de número atómico 35, que hierve a 58'8°C despidiendo unos vapores rojizos muy densos y tóxicos. || *Bot.* Gramínea utilizada como pienso.

bromuro m. *Quím.* Cualquier sal de bromuro.

bronca f. Disputa ruidosa. || Jaleo, alboroto, escándalo. || Represión severa: *echar una bronca.*

bronce m. Aleación de cobre y estaño: *un cañón de bronce.* || *Fig.* Estatua o escultura de bronce: *los bronces del museo.* || *Poét.* El cañón, la campana, el clarín o la trompeta: *al ruido del bronce.* || — *Bronce de aluminio,* aleación de cobre y aluminio de color dorado. || *Fig. Corazón de bronce,* corazón insensible.

bronceado, da adj. De color de bronce. || Tostado por el sol. || — M. Acción y efecto de broncear o broncearse.

bronceador m. Aceite para broncearse.

bronceadura f. Bronceado.

broncear v. t. Pintar de color de bronce. || *Fig.* Tostar la piel al sol (ú. t. c. pr.).

bronco, ca adj. Tosco. ‖ Dícese de los metales quebradizos. ‖ Aplícase al sonido ronco o grave. ‖ *Fig.* Desabrido, de mal carácter. ‖ *Cub.* Tabaco en rama de hojas grandes y manchadas.
bronconeumonía f. *Med.* Enfermedad consistente en la inflamación de los bronquiolos y de los alveolos pulmonares.
broncorrea f. *Med.* Flujo mucoso de los bronquios.
bronquear v. t. Reñir.
bronquial adj. De los bronquios: *arterias bronquiales.*
bronquiectasia f. *Med.* Dilatación de los tubos bronquiales.
bronquina f. Riña.
bronquio m. *Anat.* Cada uno de los dos conductos en que se divide la tráquea.
bronquiolo m. *Anat.* Cada una de las ramificaciones de los bronquios.
bronquitis f. *Med.* Enfermedad consistente en la inflamación de la mucosa de los bronquios.
Brontë (Charlotte), escritora inglesa (1816-1855), autora de la novela *Jane Eyre.* — Su hermana EMILY (1818-1848) escribió *Cumbres borrascosas.* — Su otra hermana ANNY (1820-1849), fue también novelista *(Agnes Grey).*
Bronx, barrio residencial de Nueva York, al NO. de Manhattan.
Bronzino (Agnolo TORI, llamado **el**), pintor retratista y poeta italiano, n. en Florencia (1503-1572).
Brooklyn, barrio de Nueva York, en el E. de Long Island.
Broqua (Alfonso), músico uruguayo (1876-1946).
broquel m. Escudo pequeño. ‖ *Fig.* Defensa o amparo.
broqueta f. Aguja en la que se ensartan trozos de carne para asarlos.
brotadura f. Brote.
brotar v. i. Nacer las plantas: *brotar el maíz.* ‖ Echar la planta hojas, flores o renuevos: *el árbol empieza a brotar.* ‖ Manar, salir agua u otro líquido. ‖ *Fig.* Aparecer, salir: *brotar el sarampión.* | Salir, surgir o comenzar a manifestarse una cosa: *en su cabeza brotó una sospecha.*
brote m. Acción de brotar. ‖ Botón, renuevo de una planta. ‖ *Fig.* Primera manifestación.
Brown (Ford Madox), pintor inglés (1821-1893), precursor del prerrafaelismo. ‖ ~ (GUILLERMO), marino argentino, n. en Irlanda (1777-1857). Luchó en favor de la Independencia americana y destruyó la escuadra realista en el Buceo (1814). ‖ ~ (ROBERT), botánico escocés (1773-1858), descubridor del movimiento oscilatorio *(browniano)* de las partículas.
Browne (Thomas Alexander, llamado **Rolf Boldrewood**), novelista australiano, n. en Londres (1826-1915).
browniano adj. *Fís.* Aplícase al movimiento incesante que agita las partículas microscópicas en suspensión: *movimiento browniano.*
browning f. Pistola automática.
Browning (Elisabeth BARRETT), poetisa inglesa (1806-1861), autora de *Sonetos traducidos del portugués* y de la novela filosófica y en verso *Aurora Leigh.* — Su marido, ROBERT BROWNING (1812-1889), fue tb. poeta.
broza f. Despojo de los vegetales. ‖ Maleza, matorrales. ‖ Desperdicio. ‖ *Fig.* Relleno, paja, cosas inútiles: *haber más broza que provecho.* ‖ Bruza, cepillo fuerte.
Brozas, v. de España (Cáceres). Lugar de nacimiento del humanista Francisco Sánchez *el Brocense* y de Nicolás de Ovando.
Bruce (Roberto), rey de Escocia con el nombre de Roberto I. Liberó en 1314 su patria de la dominación inglesa (1274-1329).
bruces (de) m. adv. Boca abajo.
Brueghel, familia de célebres pintores flamencos: PEDRO **Brueghel** *el Viejo* (¿1530?-1569), paisajista. — PEDRO **Brueghel** *el Joven,* hijo del anterior (¿1564-1637?), llamado, por su afición a las escenas demoniacas, *Brueghel del Infierno.* — JUAN **Brueghel**, hermano del anterior (1568-1625), llamado *Brueghel de terciopelo* o *aterciopelado.*
Brughetti (Faustino), pintor argentino (1877-1956).
bruja f. Hechicera. ‖ *Fig.* y *fam.* Mujer fea y vieja. ‖ *Zool.* Lechuza ‖ — Adj. y s. m. *Antill.* y *Méx.* Sin dinero: *estoy bruja.*
Brujas, en fr. *Bruges* y en flam. *Brugge,* c. de Bélgica, cap. de Flandes Occidental, unida con el mar del Norte por un canal de 13 km. Obispado. Ricos monumentos.
brujería f. Prácticas supersticiosas que cree el vulgo que realizan las brujas.
brujo, ja adj. *Fig.* Cautivador, encantador. ‖ — M. Hechicero.
brújula f. Aguja imantada que marca el norte magnético: *con la brújula se orientan los navegantes.* ‖ *Fig.* Lo que sirve de guía. ‖ *Fig. Perder la brújula,* perder la cabeza, el juicio.
brujulear v. t. Vagar, andar sin rumbo fijo. ‖ Descubrir por conjeturas. ‖ *Fig.* y *fam.* Adivinar.
brulote m. Barco cargado de materias inflamables que se lanzaba en los s. XVII y XVIII contra las naves enemigas para incendiarlas.
Brull (Mariano), poeta dadaísta cubano (1891-1956).
Brum (Baltasar), político uruguayo (1883-1933), pres. de la Rep. de 1919 a 1923.
bruma f. Niebla que se levanta particularmente sobre el mar. ‖ *Fig.* Oscuridad, confusión.
brumario m. Segundo mes del año republicano francés que va del 23 de octubre al 21 de noviembre.
— El *Dieciocho de Brumario* fue el día en que Bonaparte derribó el Directorio y estableció el Consulado (9 de noviembre de 1799, año VIII de la República).
Brummell (George Bryan), personaje inglés (1778-1840), llamado *Arbiter elegantiarum* por su extremada elegancia.
brumoso, sa adj. Nebuloso, nublado. ‖ *Fig.* Oscuro, confuso.
Brün. V. BRNO.
Brunei, sultanato en la costa NO. de Borneo, protectorado británico; cap. *Brunei.* Petróleo.
Brunelleschi o **Brunellesco,** (Filippo), pintor, arquitecto y escultor italiano del Renacimiento (1377-1446).
Brunet (Marta), novelista chilena (1901-1967).
Brunilda o **Brunequilda,** hija del rey visigodo de España Atanagildo (¿534?-613). Casada en 566 con Sigiberto, rey de Austrasia, entabló con Fredegunda, reina de Neustria, una lucha terrible. M. atada a la cola de un caballo sin domar.
bruno, na adj. De color oscuro.
Bruno *(San),* fundador de la orden de los Cartujos, n. en Colonia (¿1035?-1101). M. en Calabria. Fiesta el 6 de octubre.
Bruno (Giordano), filósofo italiano (1548-1600), quemado en Roma como hereje.
Brunswick, c. de Alemania Occidental (Baja Sajonia), ant. cap. de la región homónima. Centro industrial. — Penins. de Chile (Magallanes). ‖ ~ **(Nuevo).** V. NUEVO BRUNSWICK.
Brunswick (Duque Carlos Guillermo de), general prusiano (1735-1806), jefe de los ejércitos aliados contra Francia en 1792.
bruñido m. Pulimento.
* **bruñir** v. t. Sacar lustre o brillo: *bruñir metales.* ‖ Pulimentar, pulir.
Brusa. V. BURSA.
brusco, ca adj. Súbito, repentino: *cambio brusco.* ‖ Desabrido, áspero: *tener gestos bruscos.* ‖ — M. Arbusto liliáceo de bayas rojas.
brusela f. Hierba doncella.
Bruselas, en fr. *Bruxelles* y en flam. *Brussel,* cap. de Bélgica y de Brabante, a orillas del Senne, afl. del Dyle; 1 080 000 h. (área metropolitana). Arzobispado (con Malinas). Universidad. Industrias. Ricos monumentos.
bruselense adj. y s. De Bruselas.
Brus Laguna, c. de Honduras, cap. del dep. de Gracias a Dios.
brusquedad f. Calidad de brusco.
brutal adj. Que imita o semeja a los brutos: *apetitos brutales.* ‖ *Fig.* Violento: *niño brutal.* | Falto de consideración, de delicadeza: *franqueza brutal.* | Enorme, mucho, formidable. ‖ — M. Bruto, animal.
brutalidad f. Calidad de bruto: *la brutalidad de aquel hombre.* ‖ *Fig.* Falta de inteligencia: *conducirse con brutalidad.* | Acción brutal: *cometer brutalidades.* | Enormidad, gran cantidad.
brutalizar v. pr. Embrutecerse.
bruteza f. Brutalidad.
bruto, ta adj. Necio, falto de inteligencia. ‖ Falto de consideración, de prudencia o de instrucción. ‖ Tosco: *diamante bruto.* ‖ — *En bruto,* sin pulir. ‖ *Peso bruto,* el de un objeto y su embalaje, por oposición a *peso neto.* ‖ — M. y f. Imbécil, idiota. ‖ Salvaje, rústico. ‖ — M. Animal por oposición al hombre.
Bruto (Lucio Junio), cónsul romano, que expulsó de Roma a los Tarquinos e instituyó la república en 509 a. de J. C. ‖ ~ (MARCO JUNIO), ahijado de César (¿85?-42 a. de J. C.). Complicado en la conspiración contra su protector, al verle éste entre sus asesinos exclamó: *Tu quoque, fili mi!* ("¡Tú también, hijo mío!"). Vencido por Marco Antonio y Octavio, se suicidó.
Bruxelles, n. fr. de *Bruselas.*
Bruyère (Jean de LA). V. LA BRUYÈRE.
bruza f. Cepillo fuerte.
Bruzual, distr. de Venezuela (Anzoátegui).
Bryan (William Jennings), político norteamericano (1860-1925), que firmó con el pres. de Nicaragua el tratado de 1916 (Bryan-Chamorro).
Bryant (William Cullen), escritor norteamericano (1794-1878), uno de los grandes poetas de su país *(Poemas de la Naturaleza).*
bu m. *Fam.* Fantasma con que se asusta a los niños.
buba f. Bubón.
Bubastis, c. del ant. Bajo Egipto, en uno de los brazos del Nilo.
bubi m. Negro de Fernando Poo. (Pl. *bubíes* o *bubis.*)
bubón m. Tumor grande. ‖ Infarto de las glándulas inguinales.
bubónico, ca adj. Aplícase a la enfermedad manifestada con bubones: *peste bubónica.*
bucal *adj.* De o por la boca: *por vía bucal.*
bucanero m. En América, en el s. XVI, aventurero que se dedicaba al tráfico de carnes y pieles. ‖ Corsario que, en los s. XVII y XVIII, saqueaba las posesiones españolas en América.
Bucaramanga, c. de Colombia, cap. del dep. de Santander, llamada la *Ciudad de los Parques.* Obispado. Metalurgia. Comercio.
Bucareli y Ursúa (Antonio María), militar español (1717-1779), gobernador de Cuba en 1760 y virrey de Nueva España de 1771 hasta su muerte.
Bucarest, cap. de Rumania, a orillas del Dambovita, afl. del Danubio; 1 372 100 h. Arzobispado.
búcaro m. Arcilla olorosa. ‖ Vasija hecha con esta arcilla.
buccinador m. *Anat.* Músculo de la mejilla.
buccino m. Caracol marino.

buceador, ra m. y f. Persona que bucea.

bucear v. i. Nadar bajo el agua. || Trabajar como buzo. || *Fig.* Investigar un asunto.

bucéfalo m. *Fig.* y *fam.* Hombre rudo, ignorante o necio.

Bucéfalo, n. que tenía el caballo de Alejandro Magno.

buceo m. Acción de bucear.

Buceo, playa, cerca de Montevideo, donde desembarcaron los ingleses en 1807. Victoria naval de Brown contra los realistas (1814).

Buck (Pearl Sydenstricker), novelista norteamericana (1892-1973), autora de libros sobre China (*La buena tierra, Viento del Este, Viento del Oeste, La Madre,* etc.). [Pr. Nóbel, 1938.]

Buckingham, condado del centro de Inglaterra, cap. *Aylesbury.*

Buckingham (George VILLIERS, *duque de*), ministro inglés (1592-1628), favorito de los reyes Jacobo I y Carlos I.

Buckingham Palace, residencia real británica, en Londres.

bucle m. Rizo del pelo de forma helicoidal.

bucólico, ca adj. Pastoril, campestre: *vida bucólica.* || Dícese de la poesía relativa a asuntos pastoriles o de la vida campestre. || Aplícase al poeta que lo cultiva (ú. t. c. s.). || — F. Composición poética de tema campestre o pastoril: *las bucólicas de Virgilio.*

bucolismo m. Afición a la poesía bucólica, a la vida del campo.

Bucovina, región de los Cárpatos orientales cuya parte norte pertenece a la U. R. S. S. (Moldavia) y el resto a Rumania.

buchada f. Buche, bocanada.

buche m. Bolsa de las aves para recibir la comida antes de pasarla al estómago. || Estómago de ciertos animales. || Bocanada de líquido. || *Fig.* Bolsa, pliegue que hace la ropa. || *Fam.* Estómago: *llenar el buche.* || *Méx.* Bocio.

Buchir o **Bender Buchir.** V. BUSHIR.

buchón, ona adj. Que hincha el buche desmesuradamente.

Buda (*"el Sabio"*) o **Zâkyamuni** (*"el Solitario de los Zâkyas"*), n. del fundador del budismo, *Siddharta Gotama,* hijo del jefe de la tribu de los zâkyas (s. v a. de J. C.).

Budapest, cap. de Hungría, a orillas del Danubio; 1 928 000 h. Está formada por la unión (1873) de las c. *Buda* y *Pest.* Universidad.

Budé o **Budeo** (Guillermo), helenista francés (1467-1540), traductor de los clásicos griegos.

Budejovice, c. de Checoslovaquia (Bohemia), a orillas del Moldava.

búdico, ca adj. Relativo al budismo: *templo búdico.*

budín m. Plato de dulce a modo de bizcocho, pudín. || Pastel de patatas o de tapioca, espinacas, etc.

budismo m. Doctrina filosófica y religiosa de Buda.

budista adj. Búdico. || — Com. Persona que profesa el budismo.

buen adj. Apócope de *bueno.*

Buen (Odón de), naturalista y escritor español (1863-1945). Murió en el destierro.

Buena Esperanza, ant. *Cabo de las Tormentas,* cabo al S. de África, descubierto por Bartolomé Dias en 1486.

buenamente adv. Fácilmente. || Sencillamente. || De buena fe.

buenaventura f. Buena suerte. || Adivinación supersticiosa: *echar la buenaventura.*

Buenaventura, bahía de Colombia (Valle del Cauca), en el golfo homónimo, tb. llamado *de las Tortugas.* — C. y puerto de Colombia, en el Pacífico (Valle del Cauca).

Buenaventura *(San),* Padre de la Iglesia y escritor italiano (1221-1274), llamado *el Doctor Seráfico.* Fiesta el 14 de julio.

Buenavista, n. de varios ejidos, ranchos y colonias agrícolas de México.

bueno, na adj. Que tiene bondad: *buen hombre.* || Que no da guerra: *un niño muy bueno.* || Conforme con la moral: *buena conducta.* || A propósito para una cosa, favorable: *una buena ocasión.* || Hábil en su oficio: *una buena costurera.* || Sano: *estar bueno.* || Agradable, divertido. || Grande: *una buena cantidad.* || Suficiente: *buena porción de comida.* || No deteriorado: *esta carne ya no está buena.* || Sencillote: *una buena chica.* || — M. Lo que es bueno. || Persona buena. || — *A la buena de Dios,* sin ningún cuidado. || *A buenas* o *por las buenas,* de buen grado. || *¡Buenas!,* exclamación familiar de saludo de bienvenida. || *¡Bueno!,* exclamación de sorpresa, aprobación o satisfacción. || *Bueno está,* basta. || *De buenas,* de buen humor. || *De buenas a primeras,* de repente; a primera vista. || *Librarse de una buena,* escapar de un gran peligro.

Buenos Aires, cap. y puerto de la Rep. Argentina, en la orilla derecha del Río de la Plata; 5 000 000 h. (*bonaerenses* o *porteños*). El *Gran Buenos Aires,* que agrupa las localidades suburbanas, tiene más de nueve millones de vecinos. Arzobispado. Universidad. Importante centro comercial e industrial. Fue fundada por Pedro de Mendoza en 1536, con el nombre de *Puerto de Nuestra Señora Santa María del Buen Aire,* nombre que fue pronto abreviado por el de *Puerto de Buenos Aires.* Las dificultades por las que pasaron los conquistadores en su nuevo asentamiento hizo que la población se trasladase en 1542 a Asunción, abandonando la naciente ciudad hasta 1580 en que llegó Juan de Garay con nuevos pobladores. — Prov. de la Argentina que limita al N. con las de Córdoba y Santa Fe y con el río Paraná, al E. con el río de la Plata y el Atlántico, al S. con el océano y con la prov. de Río Negro y al O. con las prov. de Córdoba, La Pampa y Río Negro; cap. *La Plata.* Agricultura; ganadería. Industrias. || ~ (LAGO), lago de origen glaciar entre la prov. argentina de Santa Cruz y la chilena de Aisén. Comunica con el Pacífico por medio del río Baker y con el Atlántico por el río Deseado.

Buero Vallejo (Antonio), dramaturgo español, n. en 1916, autor de *Historia de una escalera, En la ardiente oscuridad, El concierto de San Ovidio, El tragaluz, El sueño de la razón, La fundación,* etc.

buey m. Toro castrado. || — *El buey suelto bien se lame,* refrán que significa que no hay nada mejor que la libertad. || *Habló el buey y dijo mu,* se aplica a los necios que sólo hablan para decir disparates. || *Trabajar como un buey,* trabajar mucho.

Buey, páramo de la cord. Central de Colombia (Cauca).

bufa f. *Geol. Méx.* Roca escarpada: *las Bufas de Zacatecas.*

búfalo, la m. y f. Rumiante salvaje de Asia y África, parecido al toro. || Bisonte de América.

Búfalo Bill (William Frederick CODY, llamado), explorador norteamericano (1846-1917), que dio a conocer la vida de los indios del Oeste de Estados Unidos.

bufanda f. Prenda de abrigo que se lleva alrededor del cuello.

bufar v. i. Resoplar con furor. || *Fig.* Estar muy colérico.

bufete m. Mesa de escribir, escritorio. || Despacho y clientela de abogado: *tiene bufete en Vigo.*

Búffalo, c. de Estados Unidos (Nueva York), a orillas del lago Erie. Obispado.

buffet [*bufé*] m. (pal. fr.). En los bailes y fiestas, mesa donde se sirven refrescos. || En las estaciones de ferrocarril, fonda. || Galicismo por *aparador.*

Buffon (Georges Louis LECLERC, *conde de*), naturalista y escritor francés (1707-1788), autor de *Historia Natural.*

bufido m. Resoplido, voz de animal que bufa: *el bufido del toro.* || *Fig.* y *fam.* Explosión de enfado, de cólera: *bufidos de ira.* | Bocinazo, represión violenta.

bufo, fa adj. Jocoso, cómico: *actor bufo.* || — M. Bufón, gracioso en la ópera italiana.

bufón, ona m. y f. Personaje que hace reir.

bufonada f. Dicho o hecho propio de bufón. || Chanza satírica. (Suele tomarse en malaparte.)

bufonesco, ca adj. Bufo, grotesco: *actitud bufonesca.*

Bug, río de la U. R. S. S. (Ucrania) que des. en el mar Negro; 750 km. || ~ **Occidental,** río de la U. R. S. S. y de Polonia que des. en el Vístula, cerca de Varsovia; 813 km.

Buga, mun. y c. de Colombia (Valle del Cauca).

bugambilia f. *Méx.* Buganvilla, planta.

buganvilla f. Planta trepadora ornamental de flores moradas o rojo-moradas.

bugle m. *Mús.* Instrumento de viento con llaves y pistones.

buharda y **buhardilla** f. Ventana en el tejado de una casa. || Habitación con esta clase de ventanas. || Desván.

buharro m. Corneja, ave rapaz.

buhedera f. Tronera, agujero.

búho m. Ave rapaz nocturna. || *Fig.* y *fam.* Persona poco sociable, huraño. || *Pop.* Soplón.

buhonería f. Tienda ambulante con baratijas.

buhonero m. Vendedor ambulante de baratijas.

buido, da adj. Aguzado, afilado. || Acanalado, con estrías. || *Fig.* Dicho del estilo, suelto, ágil.

Buitrago, pobl. de España (Madrid). Estación radiotelefónica.

buitre m. Ave rapaz vultúrida que se nutre de animales muertos.

— El *buitre* es un ave grande que puede alcanzar tres m de envergadura. Se alimenta de carne muerta. Suele vivir en bandadas. Se encuentra principalmente en las montañas de Europa y Asia. En América existen varias especies de buitres, especialmente el *cóndor* de los Andes y el *gallinazo,* llamado tb. *zopilote, urubú* o *jote,* según los países.

buitrón m. Especie de red para pescar y cazar.

Bujalance, pobl. del S. de España (Córdoba).

Bujara, c. de la U. R. S. S. (Uzbekistán). Textiles.

buje m. Arandela interior que se pone en el cubo de las ruedas de los carruajes.

bujería f. Baratija, fruslería.

bujía f. Vela de cera o estearina. || Órgano del motor de explosión que produce la chispa en los cilindros. || Unidad de intensidad luminosa.

Bujía. V. BEJAIA.

Bujumbura, ant. *Usumbura,* cap. de Burundi; 75 000 h.

Bukavu, ant. *Costermansville,* c de la Rep. Democrática del Congo, cap. de la prov. de Kivu.

bula f. Sello de plomo de ciertos documentos pontificios. || Documento pontificio que lleva este sello: *bula unigenitus.* || Medalla que en Roma llevaban al cuello las familias nobles.

Bulacán, prov. de la isla de Luzón (Filipinas); cap. *Malolos.*

bulario m. Colección de bulas.

bulbo m. *Bot.* Parte abultada de la raíz de algunas plantas: *el bulbo del tulipán.* || *Anat.* Parte blanda y sensible de lo interior del diente. || *Bulbo raquídeo,* primera parte de la médula espinal.

bulboso, sa adj. *Bot.* Que tiene bulbos. || De forma de bulbo.

buldog m. Cierto perro de presa, de nariz chata.

buldozer o **bulldozer** m. Excavadora con cuchara, empleada para desmonte y nivelación de terrenos.

bulerías f. pl. Cante y baile popular andaluz.

bulevar m. Avenida ancha con árboles.

Bulgaria (REPÚBLICA POPULAR DE), Estado de la península de los Balcanes, entre Turquía, Grecia, Yugoslavia y Rumania; 110 927 km²; 8 436 000 h. (*búlgaros*). Cap. *Sofía,* 801 000 h. Otras c.: *Plovdiv,* 227 700 h.; *Varna,* 123 000, y *Ruse,* 92 000.

— GEOGRAFÍA. El país está formado por dos regiones montañosas y tres planicies (las del *Danubio, Maritza* y *Rumelia Oriental*) y es esencialmente agrícola (cereales, tabaco, vid).

— HISTORIA. Los búlgaros se establecieron en el s. VI a orillas del Danubio, adoptaron la lengua y costumbres de los eslavos, y en el IX se convirtieron al cristianismo. El zar Samuel (977-1014) constituyó un poderoso Estado, caído en poder de Bizancio en 1014. A fines del s. XIV el país sucumbió ante la invasión turca. En 1908 el príncipe Fernando proclamó la independencia y tomó el título de zar. Bulgaria fue ocupada por las tropas soviéticas en 1944 y se constituyó en república popular en 1946.

búlgaro, ra adj. y s. De una ant. tribu de origen turco-mongol. || De Bulgaria. || — Lengua búlgara.

bulimia f. Hambre excesiva.

bulímico, ca adj. y s. Que padece bulimia.

Bulnes, com. y dep. de Chile (Ñuble).

Bulnes, (Manuel), político y general chileno (1790-1866), vencedor de la Confederación Perubolivíana en Yungay (1839) y pres. de la Rep. de 1841 a 1851.

bulo m. Infundio, mentira, noticia falsa: *correr un bulo.*

Bülow (Bernard, *príncipe de*), político alemán (1849-1929), canciller del Imperio de 1900 a 1909. || ~ (HANS, *barón de*), compositor alemán (1830-1894).

bulto m. Volumen, tamaño de una cosa: *libro de poco bulto.* || Cuerpo cuya figura se distingue mal: *vi un bulto en la oscuridad.* || Abultamiento, saliente: *aquí hay un bulto.* || Chichón, tumor o hinchazón: *hacerse un bulto al caer.* || Busto o estatua. || Fardo, paquete: *cargado de bultos.* || *Fig.* Cuerpo: *el toro busca el bulto.* || — *Fig. A bulto,* a ojo, aproximadamente. | *De bulto,* grande, importante. | *Escurrir el bulto,* eludir un riesgo, zafarse de un compromiso.

Bull *(John)* [pal. ingl. que sign. *Juan Toro*], apodo que se suele dar al pueblo inglés.

bulla f. Alboroto: *meter bulla.* || Concurrencia grande, gentío: *hay mucha bulla en las tiendas.* || *Fig.* Prisa: *tengo bulla.*

bullanga f. Tumulto, alboroto.

bullanguero, ra adj. y s. Alborotador, amigo de jaleos.

bullebulle com. *Fam.* Persona bulliciosa y activa.

bullicio m. Ruido de multitud: *el bullicio de la ciudad.* || Alboroto, tumulto.

bullicioso, sa adj. Muy ruidoso: *plaza bulliciosa.* || Inquieto, alborotador: *niño bullicioso.*

bullidor, ra adj. Que bulle, que se mueve mucho.

* **bullir** v. i. Moverse, agitarse un líquido u otra cosa: *bullir la sangre, las hormigas, los peces.* || *Fig.* Moverse, agitarse una o varias personas o cosas: *las ideas le bullían en la mente.*

Bullón. V. GODOFREDO DE BOUILLON.

Bullrich (Sylvina), novelista y poetisa argentina, n. en 1915.

bumangués, esa adj. y s. De Bucaramanga (Colombia).

bumerán y **bumerang** m. Arma arrojadiza que tiene la propiedad de volver a proximidad del lanzador. || *Fig.* Acto hostil que se vuelve contra su autor.

Bundestag, asamblea legislativa de la Rep. Federal Alemana, elegida cada cuatro años por el sufragio universal directo.

bungalow [*búngalo*] m. (pal. ingl.). Casita de un piso.

Bunge (Carlos Octavio), ensayista, jurista y sociólogo argentino (1875-1918).

Bunin (Iván), poeta y novelista ruso (1870-1953). [Pr. Nóbel, 1933.]

bunquer y **bunker** m. (pal. ingl.). Refugio subterráneo contra bombardeos.

Bunsen (Robert Wilhelm), químico alemán (1811-1899), creador del mechero de gas de su n. y descubridor del análisis espectral.

Bunyan (John), escritor místico inglés (1628-1688), autor de *Viaje del peregrino.*

buñolería f. Tienda de buñuelos.

buñolero, ra m. y f. Persona que hace o vende buñuelos.

Buñuel (Luis), director de cine español, n. en 1900.

buñuelo m. Masa de harina y agua que se fríe en la sartén. || *Fam.* Cosa hecha chapuceramente.

Buonarroti. V. MIGUEL ÁNGEL.

buque m. Barco de gran tamaño propio para navegaciones de altura: *buque mercante, de vela.*

buqué m. Bouquet.

burbuja f. Glóbulo de aire o de otro gas formado en los líquidos.

burbujear v. i. Hacer o formarse burbujas.

burbujeo m. Acción de burbujear o de formarse burbujas.

Burckhardt (Jacob), historiador y arqueólogo suizo (1818-1897), explorador de Arabia.

burdégano m. Hijo de caballo y burra.

burdel m. Casa de prostitución.

Burdeos, en fr. *Bordeaux,* c. y puerto del O. de Francia, cap. del dep. de Gironda, a orillas del Garona. Arzobispado. Universidad. Vinos. Industrias.

burdo, da adj. Basto, tosco: *tejido burdo.* || Grosero: *mentira burda.*

burel m. *Blas.* Faja cuyo ancho es la novena parte del escudo. || Toro.

bureo m. *Fam.* Diversión.

bureta f. *Quím.* Tubo de vidrio graduado para hacer análisis.

burgalés, esa adj. y s. De Burgos.

Burgas, c. y puerto de Bulgaria a orillas del mar Negro.

Burgenland, prov. de Austria, fronteriza con Hungría; cap. *Eisenstadt.*

burgo m. Población pequeña. || *Burgo podrido,* en Inglaterra, aquellos cuyos electores vendían sus votos; (fig.) expresión con la que se alude a la corrupción política causada por el caciquismo.

Burgo de Osma (El), c. de España (Soria). Obispado.

burgomaestre m. Alcalde en algunas ciudades de Alemania, Holanda, Bélgica, Suiza, etc.

Burgos, c. de España, cap. de la prov. homónima y antes de Castilla la Vieja, a orillas del río Arlanzón. Arzobispado. Catedral gótica. Patria del Cid Campeador. Residencia del Gobierno nacionalista de 1936 a 1939.

Burgos (Carmen de), escritora española (1878-1932). Firmó con el seudónimo de *Colombine.* || ~ (FAUSTO), escritor argentino (1888-1953), autor de cuentos. || ~ (FRANCISCO JAVIER DE), político y comediógrafo español (1778-1849). || ~ (JAVIER DE), escritor español (1842-1902), autor de la zarzuela *La boda de Luis Alonso.* || ~ (JULIA DE), poetisa puertorriqueña (1916-1953).

Burgoyne (John), general inglés (1722-1792). Firmó la capitulación de Saratoga, que aseguró la independencia de los Estados Unidos.

burgrave m. En Alemania, antiguo señor de una ciudad.

burgraviato m. Territorio, jurisdicción y dignidad de burgrave.

burgués, esa m. y f. Persona perteneciente a la clase acomodada. || — Adj. Relativo a la burguesía. || Vecino de un burgo (ú. t. c. s.).

burguesía f. Clase media o acomodada: *la burguesía española.*

Burguiba (Habib), político tunecino, n. en 1903. Luchó por la independencia de su país y es su primer presidente (1957).

burgundio, dia adj. y s. Individuo de un pueblo de la ant. Germania. (Los *burgundios* invadieron las Galias en 406 y dieron su n. a Borgoña.)

buri m. Palma brava de Filipinas.

buriato, ta adj. y s. Individuo perteneciente a un pueblo de Siberia, que vive a orillas del lago Baikal.

Buriato-Mongolia, rep. autónoma de la U. R. S. S. (Rusia); cap. *Ulán Udé.*

Buridan (Jean), filósofo escolástico francés (¿1300-1358?).

buril m. Instrumento puntiagudo o punzón para grabar.

burilar v. t. Grabar con el buril.

Burjasot, v. de España (Valencia).

burla f. Mofa: *hacer burla de*

BULGARIA

uno. || Chanza, broma: *entre burlas y veras.* || Engaño. || — *Fam. Burla burlando,* bromeando; sin darse cuenta; disimuladamente. || *De burlas,* no de veras.

burladero m. *Taurom.* Trozo de valla paralelo a las barreras para el resguardo del torero.

burlador, ra adj. y s. Que burla. || — M. Seductor, libertino.

Burlador de Sevilla *(El),* comedia de Tirso de Molina, en la que aparece por primera vez el personaje *Don Juan* (1630).

burlar v. t. Hacer burla. Ú. t. c. pr.: *burlarse de alguien.* || *Fig.* Engañar, frustrar la esperanza. | No hacer caso: *burlar las leyes.*

burlesco, ca adj. *Fam.* De broma, jocoso: *tono burlesco.*

burlete m. Tira de paño o de un material esponjoso que se pone en las ranuras de puertas o ventanas para impedir que el aire entre.

burlón, ona adj. Que expresa burla: *sonrisa burlona.* || Amigo de decir o hacer burlas (ú. t. c. s.).

Burma. V. BIRMANIA.

Burne-Jones (Edouard), pintor inglés prerrafaelista (1833-1898).

Burney (Fanny), novelista inglesa (1752-1840), autora de *Evelina.*

Burnley, c. de Inglaterra (Lancaster). Industrias (textiles y mecánicas).

Burns (Robert), poeta escocés (1759-1796), autor de *Cantos populares de Escocia.*

buró m. Galicismo por *escritorio, oficina, despacho* y a veces tb. por *comité.* || *Méx.* Mesa de noche.

burocracia f. Conjunto de los empleados públicos: *la burocracia municipal.* || Influencia excesiva de las administraciones.

burócrata com. Funcionario público: *exceso de burócratas.*

burocrático, ca adj. De la burocracia: *sistema burocrático.*

burra f. Asna. || *Fig.* y *fam.* Mujer necia e ignorante. | Animal, bestia, bruta (ú. t. c. adj.). | Mujer trabajadora y sufrida.

burrada f. Manada de burros. || Gran cantidad: *una burrada de chicos.* || *Fig.* En el juego del burro, jugada hecha contra regla. | *Fig.* y *fam.* Necedad, barbaridad: *decir, hacer burradas.*

burrajo m. Estiércol seco.

Burriana, c. de España (Castellón). Naranjas.

burriciego, ga adj. Cegato.

burro m. Asno. || Soporte para sujetar el madero que se ha de serrar. || Cierto juego de naipes. || *Fig.* Asno, necio. Ú. t. c. adj.: *ser muy burro.* | Animal, bruto, bestia. || *Antill.* y *Méx.* Escalera de tijera. || — *Fig.* y *fam. Apearse* o *caerse del burro,* reconocer un error. | *Burro de carga,* hombre trabajador y sufrido. | *No ver tres en un burro,* no ver nada.

Burro (SERRANÍA DEL), sector de la Sierra Madre Oriental de México (Coahuila y Nuevo León).

Burro (Sexto Afranio), general romano, m. en 62. Fue preceptor, y luego consejero, de Nerón.

Burroughs (Edgar Rice), escritor norteamericano (1875-1950), creador de *Tarzán.* || ~ (WILLIAM SEWARD), ingeniero norteamericano (1857-1898), inventor de la máquina registradora.

Bursa o **Brusa,** c. de Turquía, cap. de la prov. homónima, al SE. del mar de Mármara. Fue cap. del Imperio Otomano de 1327 a 1453. Ant. llamada *Prusa.*

bursátil adj. *Com.* De la Bolsa de valores.

burseráceas f. pl. *Bot* Plantas angiospermas dicotiledóneas, que destilan resinas, como el arbolito que produce incienso (ú. t. c. adj.).

Burton (Richard), explorador inglés (1827-1890), que descubrió, con Speke, el lago Tanganica (1856.) || ~ (ROBERT), escritor inglés (1577-1640), llamado *el Montaigne inglés.*

burundés, esa adj. y s. De Burundi.

Burundi, ant. *Urundi,* República de África Central: 28 000 km²; 3 475 000 h. Cap. *Bujumbura,* 75 000 h. Formaba parte del ant. territorio del *Ruanda-Urundi.*

busca f. Acción de buscar. || Grupo de cazadores que corre el monte para levantar la caza. || *Méx.* Provecho secundario que se obtiene de algún empleo. || *Fig. Andar a la busca,* ingeniárselas por ganarse la vida.

buscabulla m. *Amer.* Pendenciero, buscarruidos.

buscador, ra adj. y s. Que busca: *buscadores de oro.*

buscapié m. *Fig.* Especie que se suelta para investigar.

buscapiés m. inv. Cohete que corre por el suelo.

buscapleitos m. inv. Pleitista.

buscar v. t. Hacer diligencias para encontrar o conseguir algo: *buscar un objeto perdido.* || Rastrear el perro de caza. || *Fam.* Provocar: *¡me estás buscando!* || — *Fig. Buscársela,* ingeniarse para hallar medios de subsistencia; provocar. || *Quien busca halla,* la inteligencia y la actividad siempre dan resultados satisfactorios.

buscarruidos com. *Fam.* Camorrista: *era el buscarruidos de su pueblo.*

buscavidas com. *Fig.* y *fam.* Persona que sabe desenvolverse en la vida. || Persona muy curiosa.

buscón, ona adj. y s. Que busca. || — M. Ratero. || Aventurero. || — F. *Fam.* Ramera.

Buscón *(El),* novela picaresca de Quevedo (1626).

busconear v. t. *P. Rico.* Averiguar.

Busch (Germán), militar boliviano (1904-1939), pres. de la Rep. de 1937 a 1939.

Bushir o **Bender Bushir,** c. y puerto de Irán en la península homónima del golfo Pérsico.

busilis m. *Fam.* Detalle en que se encuentra una dificultad, intríngulis: *dar con el busilis.*

Busiris, rey fabuloso de Egipto, que hacía perecer a todos los extranjeros.

búsqueda f. Busca.

Bustamante, v. y mun. de México (Tamaulipas). Estación arqueológica.

Bustamante (Anastasio), general, político y médico mexicano (1780-1853), pres. de la Rep. de 1830 a 1832, de 1837 a 1839 y de 1839 a 1841. || ~ (CALIXTO CARLOS INCA). V. CONCOLORCORVO. || ~ (CARLOS MARÍA), escritor mexicano, n. en Oaxaca (1774-1848), autor de estudios de historia contemporánea. || ~ (RICARDO JOSÉ), poeta romántico boliviano (1821-1884). || ~ **y Ballivián** (ENRIQUE), escritor y político peruano (1884-1936). || ~ **y Guerra** (JOSÉ DE), marino español (1759-1825), gobernador del Uruguay de 1797 a 1804, y capitán general de Guatemala en 1811. Luchó denodadamente contra el movimiento de independencia. || ~ **y Rivero** (JOSÉ LUIS), político peruano, n. en 1894, pres. de la Rep. de 1945 a 1948. Fue derrocado. Nombrado pres. del Tribunal Internacional de La Haya en 1967.

Bustillo, prov. de Bolivia (Potosí); cap. *Uncía.*

Bustillos, laguna de México (Chihuahua).

Bustillos (José María), poeta mexicano (1866-1899). || ~ (JOSÉ VICENTE), químico chileno, n. en Santiago (1800-1873).

busto m. Parte superior del cuerpo humano. || Escultura, pintura o fotografía que la representa.

Busto (Francisco del), presbítero, predicador y poeta mexicano (¿1780?-1822).

butaca f. Asiento con brazos: *una butaca cómoda.* || Asiento o localidad en un teatro o cine: *butaca de patio.*

butadieno m. Hidrocarburo empleado en la obtención del caucho sintético.

Bután, Est. de Asia, al pie del Himalaya; 50 000 km²; 750 000 h. Cap. *Punaka,* 35 000 h.

butanés, esa adj. y s. De Bután.

butano m. Hidrocarburo gaseoso empleado como combustible y que se vende, licuado, en bombonas de acero.

buten (de) loc. *Pop.* Magnífico, excelente.

butifarra f. Embutido catalán.

butifarrero, ra m. y f. Que hace o vende butifarra.

butileno m. Carburo de hidrógeno, homólogo del etileno.

butílico, ca adj. Aplícase a ciertos cuerpos derivados del butileno: *alcohol butílico.*

butirato m. Sal o éster del ácido butírico.

butírico adj. Aplícase a un ácido orgánico existente en numerosas sustancias grasas.

butiro m. Mantequilla.

butiroso, sa adj. Mantecoso.

Butler (Horacio), pintor argentino, n. en 1897. || ~ (JOSEPH), filósofo inglés (1692-1752), autor de *Analogía.* || ~ (NICOLÁS MURRAY), filósofo y sociólogo norteamericano (1862-1947). [Pr. Nóbel de la Paz, 1931.] || ~ (SAMUEL), poeta satírico inglés (1612-1680), autor de *Hudibras,* poema contra los puritanos, inspirado en *El Quijote.* || ~ (SAMUEL), escritor satírico y filósofo inglés (1835-1902), autor de *Erewhon.*

butomáceas f. pl. Familia de monocotiledóneas que tiene por tipo el junco florido (ú. t. c. adj.).

buxáceas f. pl. Plantas dicotiledóneas que tienen por tipo el boj (ú. t. c. adj.).

buzar v. i. *Geol.* Inclinarse hacia abajo un filón metalífero o una capa de terreno.

buzarda f. *Mar.* Cada una de las piezas curvas con que se refuerza la proa de una nave.

Buzau, c. de Rumania (Ploesti). Obispado.

buzo m. Hombre que trabaja bajo el agua: *los buzos están provistos de una escafandra.* || Mono de trabajo.

buzón m. Abertura para echar las cartas en el correo. || *Por ext.* Receptáculo para depositar las cartas. || Conducto de desagüe de los estanques.

Bydgoszcz, en alem. *Bromberg,* c. de Polonia, al NE de Poznan. Industrias.

Byng (George), almirante inglés (1663-1733), que se apoderó de Gibraltar en 1704.

Byrd (Richard Evelyn), marino, aviador y explorador antártico norteamericanoo (1888-1957). || ~ (WILLIAM), músico y organista inglés (¿1543?-1623).

Byrne (Bonifacio), poeta cubano (1861-1936).

Byron (George Gordon, *lord*), poeta romántico inglés, n. en Londres (1788-1824), autor de *La Peregrinación de Childe Harold, Don Juan* y *El corsario.* Luchó en Grecia a favor de los helenos y murió en Misolonghi.

Bytom, en alem. *Beuthen,* c. de Polonia (Katovice). Siderurgia.

Central térmica

c f. Tercera letra del alfabeto castellano y segunda de sus consonantes. ‖ — **C**, letra numeral que vale 100 en la numeración romana; precedida de X (XC), vale 90. ‖ Símbolo químico del *carbono*. ‖ Abreviatura del *colombio*. ‖ — **°C**, indicación de grados centígrados o Celsius en la escala termométrica.

ca f. *Pop.* Apócope de *casa: está en ca su padre.*

¡ca! interj. *Fam.* ¡Quiá!

Ca, símbolo químico del *calcio*.

Caacupé, c. del Paraguay, cap. del dep. de Las Cordilleras.

caacupeño, ña adj. y s. De Caacupé (Paraguay).

Caaguazú, cord. del Paraguay. — Dep. del Paraguay; cap. *Coronel Oviedo.* — Pobl. del Paraguay en el dep. homónimo.

caaguazuense adj. y s. De Caaguazú (Paraguay).

Caamaño (José María Plácido), político conservador ecuatoriano (1838-1901), pres. de la Rep. de 1884 a 1888.

Caapucú, cerro del Paraguay; 600 m. — Pobl. del Paraguay (Paraguarí). Minas.

Caazapá, c. del Paraguay, cap. del dep. homónimo. Fundada en 1607 por fray Luis Bolaños.

caazapeño, ña adj. y s. De Caazapá (Paraguay).

Cabaiguán, mun. de Cuba (Las Villas).

cabal adj. Preciso, exacto: *cuentas cabales.* ‖ *Fig.* Sin defecto, acabado: *un hombre cabal.* ‖ *Fig. En sus cabales,* en su sano juicio. ‖ — Adv. Cabalmente.

cábala f. Interpretación mística de la Biblia por los hebreos. ‖ *Fig.* Conjetura, suposición. Ú. m. en pl.: *hacer cábalas,* ‖ *Fig.* y *fam.* Tráfico secreto, intriga: *andar metido en una cábala.*

cabalgada f. Tropa de jinetes que salía a correr el campo. ‖ Incursión en el campo enemigo.

cabalgador, ra m. y f. Persona que cabalga.

cabalgadura f. Montura, bestia de silla. ‖ Bestia de carga.

cabalgar v. i. Montar a caballo (ú. t. c. t.).

cabalgata f. Conjunto de caballistas y de carrozas: *la cabalgata de los Reyes Magos.*

cabalista com. Individuo versado en la cábala. ‖ *Fig.* Intrigante.

cabalístico, ca adj. De la cábala: *libro cabalístico.* ‖ *Fig.* Misterioso: *signos cabalísticos.*

cabalmente adv. Perfecta o completamente.

caballa f. Pez acantopterigio de los mares de España, de carne roja y poco estimada.

caballar adj. Del caballo; *cría caballar.*

caballeresco, ca adj. Propio de caballero. ‖ De la caballería: *novela caballeresca.* ‖ *Fig.* Galante, elevado, sublime: *conducta caballeresca.*

caballería f. Caballo, borrico o mula que sirve para cabalgar. (Llámase *caballería mayor* al caballo o mula, y *menor* al borrico.) ‖ Cuerpo de soldados a caballo, hoy generalmente mecanizado: *el arma de caballería.* ‖ Medida agraria que en España equivale a 3 863 áreas, en Cuba 1 343, en Puerto Rico 7 858 y 4 279 en Guatemala y México. ‖ — *Caballería andante,* profesión de los caballeros aventureros. ‖ *Orden de Caballería,* institución militar y religiosa cuyos miembros debían combatir a los infieles, como la orden de Malta.

caballeriza f. Cuadra para los caballos. ‖ Conjunto de caballerías.

caballerizo m. Encargado de la caballeriza.

caballero, ra adj. Montado en un caballo: *caballero en un alazán.* ‖ *Fig.* Obstinado, terco: *caballero en sus pareceres.* ‖ — M. Hidalgo, noble. ‖ Miembro de una orden de caballería: *los caballeros de Calatrava.* ‖ Persona condecorada con la insignia de alguna orden. ‖ El que se conduce con distinción y cortesía: *ser un caballero.* ‖ Persona de buen porte: *se acercó a él un caballero.* ‖ Señor: *¡señoras y caballeros!; trajes para caballeros.* ‖ — *Caballero andante,* el que andaba por el mundo en busca de aventuras; (fig. y fam.) quijote. ‖ *Caballero de industria* o *de la industria,* estafador.

Caballero, cerro de El Salvador (San Salvador). — Pobl. del Paraguay (Paraguarí).

Caballero (Bernardino), general y político paraguayo, n. en Ibicuí (1848-1912). Luchó en la guerra de la Triple Alianza (1864-1870) y ocupó la pres. de la Rep. de 1880 a 1886. ‖ **~** (FERNÁN). V. FERNÁN CABALLERO. ‖ **~** (JOSÉ AGUSTÍN), sacerdote, filósofo y orador sagrado cubano (1762-1835). ‖ **~** (MANUEL FERNÁNDEZ), músico español (1835-1906), autor de zarzuelas (*Gigantes y cabezudos* y *El dúo de la Africana*) ‖ **~ Calderón** (EDUARDO), escritor colombiano, n. en 1910, autor de la novela *Tipacoque.* ‖ **~ y Góngora** (ANTONIO), obispo español, m. en 1796, virrey de Nueva Granada (1782-1788).

Caballero ‖ **~ Cifar** (*El*), la más antigua novela de caballerías española (principios del siglo XIV). ‖ **~ de la Triste Figura** (*El*), n. dado por Sancho Panza a Don Quijote.

caballerosidad f. Distinción, cortesía. ‖ Conducta digna, honrada: *proceder con caballerosidad.*

caballeroso, sa adj. Noble, digno. ‖ Cortés, galante.

caballete m. Lomo de un tejado. ‖ Madero horizontal apoyado por cada extremo en otros dos y que sirve para varios usos: *caballete de guarnicionero.* ‖ En lo arado, caballón, lomo entre surco y surco. ‖ Lomo de la nariz. ‖ Antiguamente, potro de tormento. ‖ Banquillo de escultor. ‖ Soporte en que descansa el cuadro que se pinta.

caballista com. Jinete

caballito m. Caballo pequeño. ‖ — Pl. Tiovivo. ‖ *Gal.* y *Amer.* Volatines. ‖ — *Caballito de San Vicente,* la carraleja. ‖ *Caballito del diablo,* insecto arquíptero de grandes alas azules.

Caballito (*El*), n. pop. de la estatua ecuestre de Carlos IV en la cap. de México.

caballo m. Mamífero doméstico ungulado, de la familia de los équidos, con crin larga y cola cubierta de pelo, que el hombre utiliza para montar o como animal de tiro. ‖ Carta que tiene la figura de un caballo en la baraja española. ‖ Pieza del ajedrez que tiene figura de caballo. ‖ Caballete o soporte que se utiliza para sostener un madero cuando se sierra. ‖ *Min.* Masa de roca estéril que corta el filón. ‖ *Fam.* Persona muy fuerte y resistente. | Persona grande, espingarda. ‖ *Amer.* Persona tonta, brutal. ‖ — *A caballo,* montado en una caballería. ‖ *A caballo regalado, no hay que mirarle el diente,* las cosas que nada cuestan pueden admitirse sin inconveniente aunque tengan algún defecto. ‖ *A mata caballo,* muy de prisa, atropelladamente. ‖ *Fig. Caballo de batalla,* asunto más debatido en una discusión; tema en el que sobresale una persona: *la filosofía es su caballo de batalla;* punto principal. ‖ *Caballo de Troya,* gigantesco caballo de madera en cuyo interior se ocultaron los griegos para tomar la ciudad de Troya; (fig.) regalo peligroso. ‖ *Caballo de vapor,* unidad de potencia (símb. CV) que corresponde a 75 kilográmetros por segundo. ‖ *Caballo marino,* nombre del *hipopótamo* (pez teleósteo) y del *hipocampo.* (V. ilustr. pág. siguiente.)

caballón m. Lomo de tierra entre dos surcos.

caballuno, na adj. Semejante al caballo: *rostro caballuno.*

Cabana, c. del Perú, cap. de la prov. de Pallasca (Ancash).

Cabanatuán, c. de Filipinas, cap. de la prov. de Nueva Écija (Luzón). Obispado.

Cabanillas, c. del Perú (Puno).

Cabanyes (Manuel de), poeta neoclásico catalán (1808-1833).

cabaña f. Casilla rústica, choza: *una cabaña de pastor.* ‖ Número de cabezas de ganado.

Cabaña (La), cantón de El Salvador (San Salvador). Azúcar.

cabañal adj. Aplícase al camino por donde pasan cabañas o rebaños trashumantes.

Cabañas, bahía de Cuba (Pinar del Río). — Sierra de El Salvador. — Dep. de El Salvador; cap. *Sensuntepeque.* — Mun. de Cuba (Pinar del Río) .

Cabañas (Trinidad), general y político hondureño, m. en 1871, pres. de la Rep. de 1852 a 1855. Abogó por la creación de la Federación Centroamericana.

cabañense adj. y s. De Cabañas, dep. de El Salvador.

cabaret m. (pal. fr.). Establecimiento público en que la gente se reúne con objeto de beber, bailar y asistir a un espectáculo de variedades.

cabeceada f. *Amer.* Cabezada.

cabeceado m. Grueso del palo de una letra.

cabeceamiento m. Cabeceo.

cabecear v. i. Mover la cabeza: *mula que cabecea.* ‖ Mover la cabeza de un lado a otro en señal de negación. ‖ Dar cabezadas el que está durmiendo. ‖ Oscilar un barco de proa a popa. ‖ Dar tumbos los carruajes.

cabeceo m. Movimiento hecho con la cabeza. ‖ Oscilación de un barco o carruaje sobre su eje transversal.

cabecera f. Origen de algunas cosas. ‖ Lugar principal: *la cabecera del tribunal, del estrado.* ‖ Parte de la cama donde se pone la cabeza. ‖ Origen de un río. ‖ Capital de una nación, provincia o distrito. ‖ Grabado puesto en algunos libros en principio de capítulo. ‖ Cada uno de los extremos del lomo de un libro. ‖ Título grande en la parte superior de una plana de periódico. ‖ *Médico de cabecera,* el que asiste de modo continuo al enfermo.

cabecilla m. Jefe.

cabellera f. Conjunto de los pelos de la cabeza: *cabellera rubia.* ‖ *Astr.* Cola luminosa del cometa.

Cabellera de Berenice. V. BERENICE.

cabello m. Cada uno de los pelos de la cabeza: *cabellos rizados.* ‖ Cabellera, conjunto de todos los cabellos: *tener el cabello castaño.* ‖ — Pl. Barbas de la mazorca. ‖ — *Fig.* y *fam. Asirse uno de un cabello,* aprovechar el más mínimo pretexto. ‖ *Cabello de ángel,* dulce de almíbar y cidra cayote o de huevo. ‖ *Cortar un cabello en el aire,* ser muy perspicaz. ‖ *Traer una cosa por los cabellos,* aplicar una sentencia a una materia con la cual no tiene relación.

Cabello de Carbonera (Mercedes), novelista peruana (1845-1909), autora de *Blanca Sol, El conspirador,* etc.

cabelludo, da adj. Que tiene mucho cabello. ‖ *Bot.* Que presenta hebras largas y vellosas: *raíz cabelluda.* ‖ *Cuero cabelludo,* piel de la cabeza cubierta de cabello.

* **caber** v. i. y t. Poder entrar una cosa dentro de otra: *el armario no cabe en la habitación.* ‖ Tocarle o corresponderle a uno una cosa: *me cupo el honor de acompañarle.* ‖ Ser posible: *no cabe la menor duda.* ‖ — *No cabe más,* expresión que indica que ha llegado una cosa a su último punto. ‖ *Fig. No caber en sí,* estar uno muy engreído o muy contento. | *Todo cabe en él,* es capaz de todo. | *Todo cabe en lo humano,* todo es posible.

cabestrear v. i. Dejarse llevar la bestia por el cabestro.

cabestrillo m. *Cir.* Venda sujeta al cuello para sostener la mano o el brazo rotos o heridos.

cabestro m. Cuerda o correa que se ata al cuello de las caballerías. ‖ Buey manso con cencerro que guía a los toros.

Cabet (Etienne), publicista francés (1788-1856), autor de una utopía comunista (*Viaje a Icaria*).

cabeza f. Parte superior del cuerpo del hombre y superior o anterior del de muchos animales: *bajar la cabeza.* ‖ Cráneo: *romper la cabeza a uno.* ‖ *Fig.* Imaginación, mente: *tener algo metido en la cabeza.* | Juicio, talento, capacidad: *hombre de gran cabeza.* | Vida: *defender uno la cabeza.* | Razón, sangre fría: *conservar la cabeza.* | Persona, individuo: *a cien por cabeza.* | Res: *rebaño de mil cabezas.* | Dirección: *estar a la cabeza de una fábrica.* ‖ Principio o parte extrema de una cosa: *la cabeza de un clavo, de una viga.* ‖ Corte superior de un libro: *libro de cabeza dorada.* ‖ Primera fila: *ir a la cabeza del ejército.* ‖ Capital: *cabeza de distrito.* ‖ Cumbre de un monte. ‖ Nombre dado a ciertos dispositivos de aparatos o máquinas: *la cabeza sonora de un magnetófono.* ‖ — M. Jefe de una comunidad, corporación, etc.: *cabeza de un partido político.* ‖ Padre: *cabeza de familia.* ‖ — Pl. *Ant.* y *amer.* Fuentes de un río, nacimiento. ‖ — *A la cabeza,* al *frente, delante.* ‖ *Fig. Alzar* (o *levantar*) *cabeza,* salir uno de la miseria o restablecerse de una enfermedad. | *Andar* (o *ir*) *de cabeza,* estar atareado. | *Bajar* o *doblar uno la cabeza,* humillarse. obedecer. ‖ *Cabeza de ajo,* bulbo del ajo. ‖ *Fig.* y *fam. Cabeza de chorlito,* persona sin juicio o sin memoria. ‖ *Cabeza de la Iglesia,* el Papa. ‖ *Cabeza de partido,* ciudad o pueblo del que dependen otros pueblos en lo judicial. ‖ *Cabeza de puente,* posición provisional con objeto de una operación militar ulterior. ‖ *Fig. Cabeza de turco,* persona a quien se carga la culpa de todo lo malo sucedido. | *Calentarse la cabeza,* fatigarse mentalmente. | *Dar en la cabeza,* contradecir, llevar la contraria. ‖ *De cabeza,* de memoria. ‖ *De mi cabeza,* de mi ingenio. ‖ *Escarmentar en cabeza ajena,* aprovechar el ejemplo ajeno para evitar la misma suerte. ‖ *Írsele la cabeza,* estar uno mareado. ‖ *Más vale ser cabeza de ratón que cola de león,* es mejor ser el primero en un pueblo pequeño que el último en otro mayor. ‖ *Metérsele en la cabeza alguna cosa,* perseverar uno en un error o capricho. ‖ *Fig. Pasarle por la cabeza,* antojársele a uno una cosa, imaginarla. | *Quebrar la cabeza,* aturdir a uno. | *Romperse la cabeza,* cavilar mucho. ‖ *Sentar la cabeza,* volverse uno juicioso. ‖ *Subírsele a la cabeza,* marearse uno con una cosa; (fig.) envanecerse con algo, engreírse. ‖ *Tocado de la cabeza,* chiflado,

Cabeza de Vaca (Álvar NÚÑEZ), conquistador español (¿1500-1560?). Fue con Pánfilo de Narváez a Florida y recorrió el Misisipí y el N. de México. Nombrado adelantado de la prov. del Río de la Plata, exploró el Chaco. Autor de *Naufragios y Comentarios.*

cabezada f. Golpe dado con la cabeza. ‖ *Mar.* Movimiento que hace el barco bajando o subiendo alternativamente la proa. ‖ Inclinación de cabeza a modo de saludo. ‖ Correaje que ciñe la cabeza de una caballería. ‖ Cordel para coser las cabeceras de los libros. ‖ *Ecuad.* y *Arg.* Arzón de la silla. ‖ *Fig* y *fam. Dar cabezadas,* inclinar la cabeza el que está sentado y empieza a dormirse.

cabezal m. Almohada larga. ‖ Cada una de las dos piezas que sirven para sostener el objeto que se trabaja en el torno. ‖ *Cir.* Vendaje puesto sobre la cisura de la sangría. ‖ Travesaño de carro.

Cabezas de San Juan (Las), v. de España (Sevilla), donde se sublevó Riego en 1820.

cabezazo m. Golpe dado con la cabeza. ‖ En el fútbol, golpe dado al balón con la frente.

cabezón, ona adj. y s. *Fam.* De cabeza grande. ‖ Testarudo, obstinado, terco.

Cabezón (Antonio de), compositor y organista español (1510-1566). Músico de Felipe II.

cabezonada f. *Fam.* Testarudez, terquedad. | Capricho.

cabezonería f. *Fam.* Cabezonda, testarudez.

cabezota f. Cabeza muy grande. ‖ — Com. *Fam.* Persona obstinada, testaruda o terca. | Persona de cabeza grande.

cabezudo, da adj. Que tiene grande la cabeza. ‖ *Fig.* y *fam.* Testarudo, terco, obstinado. ‖ — M. Mújol, pez. ‖ — Pl. En algunas fiestas, junto a los gigantes, figuras grotescas de enanos con gran cabeza de cartón.

cabezuela f. Cabeza pequeña. ‖ Harina gruesa que sale después de la flor. ‖ Planta compuesta, de flor purpúrea. ‖ Botón de la rosa. ‖ Inflorescencia de las plantas compuestas. ‖ — Com. *Fam.* Persona de poco juicio.

cabida f. Capacidad de una cosa: *teatro con gran cabida.*

cabila adj. y s. De Cabilia o Kabilia, región de Argelia.

cabildada f. *Fam.* Acción abusiva de autoridad.

cabildante m. *Amer.* Miembro de un cabildo.

cabildear v. i. Intrigar, procurar con astucia ganar partidarios en una corporación o cabildo.

cabildeo m. Intriga: *andar de cabildeos.* ‖ *Fig.* Conjetura.

cabildero m. Intrigante.

cabildo m. Ayuntamiento de una ciudad. ‖ Cuerpo de eclesiásticos capitulares de una catedral. ‖ Junta celebrada por este cuerpo. ‖ Sala donde se celebra. ‖ En Canarias, organismo que representa a los pueblos de cada isla.

— Los españoles dieron en América el nombre de *cabildos* a las juntas encargadas de los intereses de las ciudades. Sus miembros se llamaban *regidores, concejales* o *cabildantes,* y su presidente *alcalde.* Cuando en el cabildo participaba el vecindario era denominado *cabildo abierto.*

Cabildo, c. y com. de Chile (Aconcagua), yac. de cobre. — Pobl. de la Argentina (Buenos Aires).

Cabilia. V. KABILIA.

Cabimas, puerto de Venezuela en el lago de Maracaibo (Zulia). Ref. de petróleo.

cabina f. Locutorio telefónico. ‖ Recinto pequeño donde hay un aparato que manejan una o más personas: *la cabina de un intérprete.* ‖ En una sala de cine, recinto donde están instalados los proyectores. ‖ Camarote de barco. ‖ Departamento en los aviones para la tripulación.

Cabinda, c. de Angola, cap. del territ. homónimo, al N. del Congo. Yacimientos de petróleo.

cabio m. *Arq.* Madero de través sobre las vigas, que sirve de asiento a las tablas del suelo. ‖ Travesaño superior e inferior que forma el marco de una puerta o ventana.

cabizbajo, ja adj. Que va con la cabeza inclinada, por preocupación o melancolía.

cable m. Cuerda gruesa, maroma. ‖ Hilo metálico para la conducción de electricidad, la telegrafía y la telefonía subterránea o submarina. ‖ *Mar.* Medida de 185 m. ‖ Cablegrama. ‖ *Fig.* y *fam. Echar un cable,* echar una mano prestar ayuda.

cablegrafiar v. t. Enviar un cablegrama.

cablegrama m. Mensaje enviado por cable submarino.

cablero m. *Mar.* Buque que tiende y repara cables submarinos.

cabo m. Punta o extremo de una cosa. ‖ Lo que queda de una cosa, pedazo: *cabo de vela.* ‖ Mango: *cabo de una herramienta.* ‖ Portaplumas. ‖ Hilo, hebra. ‖ Punta de tierra que penetra en el mar: *el cabo de Creus.* ‖ *Fig.* Fin: *llegar al cabo de una tarea.* ‖ *Mar.* Cuerda. ‖ *Mil.* Individuo de tropa inmediatamente superior al soldado: *cuatro soldados y un cabo.* ‖ — Pl. Piezas sueltas que acompañan el vestido, como medias, zapatos, etc. ‖ Cola, hocico y crines del caballo: *yegua baya con cabos negros.* ‖ Tobillos y muñecas: *persona de cabos finos.* ‖ — *Al cabo,* al fin: *al cabo del año.* ‖ *Al cabo del mundo,* a cualquier parte: *seguir a uno hasta el cabo del mundo.* ‖ *Atar cabos,* reunir antecedentes para sacar una consecuencia. ‖ *Cabo suelto,* circunstancia imprevista o pendiente. ‖ *Dar cabo a una cosa,* perfeccionarla. ‖ *Dar cabo de una cosa,* acabarla, destruirla. ‖ *Fam. De cabo a rabo* o *de cabo a cabo,* del principio al fin: *leer un libro de cabo a rabo.* ‖ *Estar al cabo* o *al cabo de la calle,* estar al corriente. ‖ *Llevar una cosa a cabo,* concluirla. ‖ *No dejar cabo suelto,* preverlo todo.

Cabo ‖ **~ (El),** en ingl. *Capetown,* c. de la Rep. de África del Sur, cap. de la prov. del Cabo de Buena Esperanza. ‖ **~ Bretón,** isla de Canadá, al N. de Nueva Escocia; c. pr. *Sidney.* ‖ **~ de Buena Esperanza,** una de las prov. de la Rep. de África del Sur, en la extremidad del continente; cap. *El Cabo* o *Capetown.* Diamantes, oro. (V. Buena Esperanza [*Cabo de*].) ‖ **~ Frío,** isla del Brasil (Río de Janeiro). Salinas. ‖ **~ Gracias a Dios,** c. y puerto de Nicaragua, cap. de la comarca homónima. ‖ **~ Haitiano,** en fr. *Cap-Haitien,* c. y puerto de Haití, cap. del dep. del Norte. ‖ **~ Rojo,** mun. de Puerto Rico (Mayagüez). — Penins. de México (Veracruz). ‖ **~ Verde,** archip. del Atlántico, al O. del Senegal; cap. *Praia,* en la isla de Santiago. Estado independiente en 1974. Fue portugués.

Cabonico, bahía de Cuba (Oriente).

cabotaje m. *Mar.* Navegación a lo largo de la costa.

Caboto o **Cabot** (Juan), navegante italiano (1450-1498). Enviado por Enrique VII de Inglaterra, descubrió las costas de los actuales Estados Unidos (1497). — Su hijo Sebastián (1476-1577) exploró, por cuenta de España, el río de la Plata y remontó el Paraná y el Paraguay (1528).

cabra f. Mamífero rumiante con cuernos vueltos hacia atrás: *leche de cabra.* ‖ Máquina militar antigua. ‖ *Amer.* Dado falso. ‖ — *Fig.* y *fam. Como una cabra,* loco, chiflado. ‖ *Fig. La cabra siempre tira al monte,* cada uno obra según su natural.

Cabra, c. de España (Córdoba).

Cabral, com. de la Rep. Dominicana (Barahona).

Cabral (José María), general dominicano (1819-1899), uno de los caudillos de la Independencia. Pres. de la Rep. en 1865 y de 1866 a 1868. ‖ **~** (Manuel del), poeta dominicano, n. en 1907. ‖ **~** (Pedro Álvarez). V. Álvarez.

Cabrales, v. de España (Oviedo). Quesos.

Cabrales (Luis Alberto), poeta y ensayista nicaragüense, n. en 1904.

Cabras (Las), cerro de Cuba (Pinar del Río; 484 m. — Com. de Chile (O'Higgins).

cabrear v. t. *Pop.* Enojar (ú. t. c. pr.).

cabreo m. *Pop.* Enfado.

Cabrera, isla de España (Baleares), cerca de Mallorca; 20 km². — Río de Colombia (Huila y Tolima), afl. del Magdalena. — Com. de la Rep. Dominicana (Samaná).

Cabrera (Jerónimo Luis de), conquistador español (1528-1574). Fundó la c. argentina de Córdoba (1573). ‖ **~** (Lydia), novelista cubana, n. en 1900, autora de *Cuentos negros de Cuba* y *Por qué.* ‖ **~** (Miguel), pintor mexicano (¿1659-1768?). ‖ **~** (Ramón), lexicógrafo español (1754-1833), autor de un *Diccionario de etimologías de la lengua castellana.* ‖ **~** (Ramón), guerrillero carlista (1806-1877), de gran violencia y fanatismo. Fue conde de Morella. M. en Inglaterra.

cabrerizo, za adj. De las cabras. ‖ — M. Cabrero.

cabrero, ra m. y f. Pastor de cabras.

Cabrero, com. de Chile (Concepción).

cabrestante m. Torno vertical para halar o tirar de un cable.

cabria f. Máquina simple con tres pies para levantar pesos considerables.

cabrilla f. Pez teleósteo pequeño, de los mares de Europa. ‖ Trípode de madera de carpintero. ‖ — Pl. Pequeñas olas blancas. ‖ Rebotes que dan las piedras planas en la superficie del agua.

Cabrillas, n. de las siete estrellas principales de las Pléyades. ‖ **~** (Sierra de), sierra de España en las prov. de Cuenca y Valencia.

cabrillear v. i. *Mar.* Formarse olas pequeñas en el mar. ‖ Bailar, rielar (la luz).

cabrio m. *Arq.* Madero que recibe la tablazón de un tejado.

cabrío, a adj. Relativo a las cabras: *raza cabría.* ‖ — M. Rebaño de cabras.

cabriola f. Brinco, salto ligero. ‖ Voltereta. ‖ Salto que da el caballo coceando en el aire. ‖ *Fig.* Equilibrio, pirueta.

cabriolé m. Coche ligero de dos ruedas y con capota. ‖ Automóvil convertible en coche descubierto.

cabritilla f. Piel curtida de cabrito, cordero, etc.: *guantes de cabritilla.*

cabrito m. Cría de la cabra. ‖ *Pop.* Cabrón. ‖ *Méx.* Gorrón. ‖ — Pl. *Chil.* Rosetas de maíz.

cabro m. *Chil.* Muchacho.

cabrón m. Macho cabrío. ‖ *Fig.* y *fam.* Marido de mujer adúltera. | Persona muy mala.

cabronada f. *Pop.* Mala pasada, cochinada.

cabruno, na adj. De la cabra.

Cabudare, c. de Venezuela (Lara).

Cabuérniga (Valle de), v. de España (Santander).

Cabul. V. Kabul.

Cabure, v. de Venezuela (Falcón).

caburé y **caburey** m. *Arg.* Ave de rapiña, pequeña y voraz.

cabuya f. Pita. ‖ Sus fibras y las cuerdas que con ellas se hacen. ‖ — *Fig.* y *fam. Amer. Ponerse en la cabuya,* coger el hilo, entender un asunto. | *Vérsele las cabuyas,* conocérsele a uno el ardid.

cabuyería f. *Mar.* Conjunto de cabuyas.

caca f. *Fam.* Excremento. ‖ *Fig.* y *fam.* Defecto o vicio: *descubrir la caca.* | Porquería, inmundicia. ‖ *Fig.* y *fam. Eso es una caca,* eso no vale nada.

Caca-Aca, pico de Bolivia, en la cord. Real; 6 195 m.

cacahual m. *Amer.* Cacao. ‖ Plantío de cacaos.

Cacahuamilpa, grutas de México, en el límite de los Est. de Guerrero y Morelos.

cacahuatal m. *Amer.* Campo donde se cultivan los cacahuetes.

cacahuete m. Planta leguminosa de América y África cuyo fruto penetra en tierra para madurar. Sus semillas oleaginosas se comen tostadas y sirven para hacer aceite.

cacalote m. *Méx.* Cuervo.

cacao m. Árbol esterculiáceo, originario de México, cultivado en los países tropicales: *las semillas del cacao se emplean como principal ingrediente del chocolate.* ‖ Semilla de este árbol. ‖ *Amer.* Chocolate.

Cacaopera, v. de El Salvador.

cacaotal m. Plantío de cacaos.

cacaraña f. Hoyo que deja la viruela en el rostro.

cacareador, ra adj. Que cacarea: *gallo cacareador.* ‖ *Fig.* y *fam.* Exagerado, presumido.

cacarear v. i. Cantar el gallo o la gallina. ‖ — V. t. *Fig.* y *fam.* Exagerar las cosas propias: *¡cómo cacarea lo que hace!* | Publicar, hablar mucho de algo

cacareo m. Acción de cacarear.

cacatúa f. Ave trepadora de Oceanía, parecida al papagayo, de plumaje blanco y moño de grandes plumas.

cacera f. Acequia.

Cáceres, c. de España, cap. de la prov. homónima (Extremadura). Antigüedades romanas.

Cáceres (Alonso de), conquistador español del s. XVI que exploró Honduras. ‖ **~** (Andrés Avelino), general peruano (1833-1923), pres. de la Rep. de 1886 a 1890 y de 1894 a 1895. ‖ **~** (Esther de), poetisa uruguaya (1903-1971). ‖ **~** (Ramón), general dominicano (1868-1911), pres. de la Rep. de 1906 a 1911. M. asesinado.

cacereño, ña adj. y s. De Cáceres, c. y prov. de España.

cacería f. Partida de caza. ‖ Conjunto de animales muertos en una partida de caza.

cacerola f. Vasija con mango o asas para guisar.

cacicato y **cacicazgo** m. Dignidad de cacique. ‖ Territorio que gobierna.

cacique m. Jefe en algunas tribus de indios americanos. ‖ *Fig.* y *fam.* Persona muy influyente en un pueblo. | Déspota, autoritario.

caciquear v. i. *Fam.* Mangonear, dirigir.

caciquil adj. De cacique.

caciquismo m. Influencia abusiva de los caciques en los pueblos; *el caciquismo agrario.*

caco m. *Fig.* Ladrón.

Caco, famoso bandido del monte Aventino.

cacodilato m. *Quím.* Sal del ácido cacodílico empleada en medicina.

cacodílico adj. m. *Ácido cacodílico,* cuerpo orgánico que contiene arsénico.

cacodilo m. *Quím.* Arseniuro de metilo.

cacofonía f. Vicio del lenguaje que consiste en la repetición de unas mismas sílabas o letras: *a*TÓ*nito* AN*te* TI *me* POS*tro.* ‖ *Mús.* Discordancia, mezcla de sonidos discordes.

cacofónico, ca adj. Que tiene cacofonía, discorde.

cacología f. Solecismo.

cacomiztle m. *Méx.* Basáride.

cacoquímico, ca adj. *Med.* Débil, postrado: *anciana cacoquímica.*

cactáceas f. pl. Familia de

plantas de hojas carnosas como los cactos (ú. t. c. adj.).

cacto m. Nombre de varias plantas cactáceas como el nopal o higuera chumba.

cacumen m. *Fig.* y *fam.* Caletre, cabeza. || Perspicacia.

cacha f. Cada una de las hojas en los lados del mango de una navaja o cuchillo. || Mango de cuchillo o pistola. || *Fam.* Nalga. | Carrillo. || *Ant.* y *Amer.* Cuerno: *las cachas de un toro.* || *Fig.* y *fam.* *Hasta las cachas,* hasta más no poder, completamente.

cachalote m. Cetáceo carnívoro parecido a la ballena, de 15 a 20 metros de largo y de cabeza enorme.

Cachapoal, dep. de Chile (O'Higgins).

cacharrazo m. Golpe dado con un objeto o ruido que produce. || Caída. || *Fam. Amer.* Trago.

cacharrería f. Tienda de loza ordinaria.

cacharrero, ra m. y f. Persona que vende cacharros de loza.

cacharro m. Vasija tosca. || Pedazo o tiesto de vasija. || Recipiente. || *Fam.* Cosa, trasto, cachivache, chisme generalmente de poco valor. | Máquina vieja, coche viejo y roto. | Utensilio de cocina.

cachava f. Juego parecido al golf y palo utilizado. || Cayado.

cachaza f. Pachorra, calma, flema: *hacer las cosas con cachaza.*

cachazudo, da adj. y s. Flemático, que tiene mucha cachaza. || — M. *Cub.* Oruga que roe la hoja del tabaco.

cachear v. t. Registrar a gente.

cachemir m. y **cachemira** f. Tejido fabricado con el pelo de una cabra de Cachemira.

Cachemira, ant. Estado de la India, hoy dividido entre la República India (Est. de *Jammu* y *Cachemira*) [242 000 km²; 3 585 000 h.; cap. *Srinagar*] y Paquistán.

cacheo m. Registro.

cachet m. Galicismo por *distinción, elegancia, sello distintivo.*

cachete m. Carrillo abultado. || Nalga. || Bofetada: *dar a uno un cachete.*

cachetero m. Puñal corto y agudo. || *Taurom.* Puntillero.

Cacheuta, pobl. de la Argentina (Mendoza). Petróleo.

Cachi, nevado de la Argentina (Salta), llamado actualmente *El Libertador;* 6 720 m. — Dep. de la Argentina (Salta). — Distr. de Costa Rica, en el cantón de Paraíso (Cartago).

cachifollar v. t. *Fam.* Estropear. | Humillar, apabullar.

cachimba f. Pipa. || *Fig.* y *fam. Amer. Fregar la cachimba,* fastidiar, molestar.

cachimbo m. *Amer.* Pipa.

cachipolla f. Insecto neuróptero que vive sólo un día.

cachiporra f. Porra, maza. || — M. *Chil.* Farsante, vanidoso.

cachiporrazo m. Porrazo, golpe. || Caída.

cachirulo m. Botijo. || Vasija en que se guarda el aguardiente. || Barco pequeño de tres palos. || Antiguo adorno que llevaban las mujeres en la cabeza. || Moña de los toros. || *Pop.* Sombrero. || *Méx.* Forro de paño que se pone en el interior del pantalón. || — Pl. *Fam.* Trastos, chismes, cachivaches.

cachivache m. *Fam.* Cosa inútil o de poco valor, chisme, trasto. | Vasija, utensilio. | Hombre ridículo y despreciable.

cacho m. Trozo, pedazo pequeño: *cacho de pan.* || Pez de río. || *Un cacho,* un poco.

cachondearse v. pr. *Pop.* Guasearse, burlarse.

cachondeo m. *Pop.* Guasa.

cachondez f. Apetito sexual.

cachondo, da adj. En celo. || *Fig.* y *vulg.* Dominado por el apetito sexual. | *Fig.* y *fam.* Gracioso.

cachorro, rra m. y f. Cría de perro, león, tigre, lobo, oso, etc.

cachú m. Cato, extracto vegetal.

cachua f. Baile de los indios del Perú, Ecuador y Bolivia.

cachuchear v. t. *Fam.* Mimar.

cachucho m. Botijo. || Alfiletero. || Cachucha, bote. | Pez del mar de las Antillas.

cachudo, da adj. *Méx.* Ceñudo, adusto.

cachumbambé m. *Cub.* Juego de niños.

cachumbo m. Cubierta leñosa de ciertos frutos.

cachunde f. Pasta compuesta de cato para perfumar la boca.

cachupín, ina m. y f. Gachupín, español que se establecía en las colonias de América.

cachureco, ca adj. y s. En Honduras, miembro del Partido Conservador, llamado tb. *servil,* adversario de los *coquimbos.*

cada adj. Úsase para designar separadamente una o más cosas o personas: *a cada cual lo suyo, el pan nuestro de cada día.* || Ú. elípticamente con sentido irónico: *vemos hombres con cada intención...* || — *Fam. Cada quisque,* cada cual. || *Cada vez que,* siempre que.

cadalso m. Patíbulo para la ejecución de un reo. || Tablado.

Cadalso (José), militar y escritor español, n. en Cádiz (1741-1782), m. heroicamente ante Gibraltar. Poeta neoclásico, escribió *Ocios de mi juventud, Noches lúgubres* y *Cartas marruecas.*

Cadaqués, pobl. del NE. de España (Gerona). Estación veraniega.

cadáver m. Cuerpo muerto.

cadavérico, ca adj. Del cadáver: *rigidez cadavérica.* || *Fig.* Pálido como un cadáver.

caddy m. (pal. ingl.). Muchacho que en el juego del golf lleva los palos. (Pl. *caddies.*)

cadena f. Conjunto de eslabones enlazados: *cadena de reloj.* || Cuerda de presos. || Grupo de emisoras de radiodifusión o de televisión que emiten simultáneamente el mismo programa, o de periódicos que publican la misma serie de artículos. || Serie de empresas enlazadas entre sí: *cadena de hoteles.* || Figura de la danza. || *Fig.* Sujeción: *la cadena del amor.* | Continuación, serie, sucesión: *cadena de sucesos.* || *Arq.* Machón de sillería. | Trabazón de maderos sobre la cual se levanta una fábrica. || *For.* En algunos países, pena mayor después de la de muerte: *condenar a cadena perpetua.* || *Quím.* Unión de una fórmula de los átomos de carbono. || — *Cadena de agrimensor,* la que sirve para medir terrenos. || *Cadena de fabricación,* conjunto de trabajadores que participan en la realización de un producto industrial. || *Cadena de montañas,* cordillera: *la cadena de los Andes.* || *Cadena sin fin,* conjunto de piezas que forman un circuito cerrado. || *Fig. Romper sus cadenas,* conquistar la libertad. || *Trabajo en cadena,* aquel en que el objeto laborado pasa sucesivamente por las manos de varios obreros.

cadencia f. Ritmo, compás, repetición regular de sonidos o movimientos: *cantar, bailar con cadencia.* || Distribución de los acentos en la prosa o verso: *la cadencia del alejandrino.* || Ritmo de un trabajo. || *Mús.* Modo de finalizar una frase musical.

cadencioso, sa adj. Con cadencia: *voz cadenciosa.*

cadeneta f. Punto de ganchillo en forma de cadenilla. || Labor del encuadernador en la cabecera del libro. || Guirnalda de papel.

cadenilla f. Cadena estrecha.

cadera f. *Anat.* Parte del cuerpo donde se unen el muslo y el tronco.

Cadereyta || **~ de Montes,** c. de México (Querétaro). || **~ Jiménez,** c. de México (Nuevo León).

cadete m. Alumno de una academia militar: *un cadete de Toledo.* || *Riopl.* y *Bol.* Aprendiz.

cadí m. Juez civil árabe o turco.

cadillo m. Planta umbelífera. || Otra planta de la familia de las compuestas.

Cádiz, c. y puerto de España (Andalucía), cap. de la prov. homónima. Obispado. Facultad de Medicina. Construcciones navales. Puente de 3 400 m sobre la bahía, construido en 1969. Es la antigua *Gades* de los fenicios. En Cádiz se promulgó la Constitución liberal del 19 de marzo de 1812. La prov. es esencialmente agrícola y pesquera.

cadmía f. Óxido de cinc que se forma en las paredes de los hornos de fundición.

cadmio m. Cuerpo simple (Cd), parecido al estaño, de número atómico 48, de densidad 8, que funde a 321 °C.

caducar v. i. Prescribir: *caducó el pasaporte.* || Perder su fuerza un decreto o ley. || Extinguirse un derecho, un plazo, una facultad, etc.

caduceo m. Atributo de Mercurio, formado por una varilla con dos alas en la punta y rodeada de dos culebras, usado como emblema del comercio y la medicina.

caducidad f. Acción y efecto de caducar.

caduco, ca adj. Viejo, decrépito: *órganos caducos.* || *Bot.* Que se cae, que se marchita: *hojas caducas.* || Perecedero: *bienes caducos.* || Que ha caducado, nulo.

caedizo, za adj. Que se cae.

Caen [*kan*], c. del NO. de Francia, cap. del dep. de Calvados. Universidad. Destruida en 1944 durante la batalla de Normandía.

*** caer** v. i. Venir un cuerpo de arriba abajo por la acción de su propio peso: *caer del tejado* (ú. t. c. pr.). || Perder el equilibrio. Ú. t. c. pr.: *se cayó bajando del caballo.* || Lanzarse, abalanzarse, arrojarse: *cayó a sus pies.* || Llegar inesperadamente: *caer sobre el enemigo.* || Pender, colgar. Ú. t. c. pr.: *las ramas se caen por el peso de los frutos.* || Desprenderse: *caer las hojas del árbol.* || *Fig.* Sobrevenir una desgracia. | Incurrir: *cayó en error.* | Morir: *caer en la batalla.* | Ponerse: *caer enfermo.* | Venir a dar, dejarse coger: *caer en el garlito.* | Desaparecer: *caer la monarquía.* | Dejar de gozar un empleo o valimiento: *caer una familia.* | Disminuir: *caer la conversación.* | Perder su viveza, el color o la voz: *dejar caer la voz al fin de la frase.* | Estar situado: *la ventana cae al jardín.* | Quedar incluido: *caer en una clase social.* | Llegar, venir: *cayó en mi casa.* | Declinar: *el sol cae.* | Aproximarse a su fin: *el día cae.* | Tocar: *el premio gordo cayó en Málaga.* | Coincidir: *mi santo cae en lunes.* | Entender, adivinar: *he caído en la solución.* | Recordar: *no caigo en su nombre.* | Estar: *cae en su jurisdicción.* || — *Fig.* y *fam. Caer bien o mal,* venir bien o mal alguna cosa, o ser bien o mal acogida una persona. | *Caer en la cuenta,* comprender. | *Caer de pie,* tener suerte. | *Caer pesado,* no hacerse simpática una persona. || *Caerse de,* ser muy: *caerse de ingenuo.* || *Caer de suyo o de su peso,* ser evidente.

Caetano (Marcelo), político portugués, n. en 1906. Pr. del Consejo de Ministros en 1968, derrocado en 1974.

Cafarnaum, c. de Galilea, cerca del lago de Genesaret, donde residió Jesús.

Cafayate, pobl. de la Argentina, cab. del dep. homónimo (Salta).

café m. Cafeto. || Semilla del cafeto: *el café de Puerto Rico es muy estimado.* || Infusión hecha con esta semilla tostada y molida: *una taza de café.* || Establecimiento público donde se vende y toma esta bebida: *el primer café se abrió en Londres en 1652.* || — Adj. De color de café: *tela café.* || — Pl. *cafés.* || *Café cantante* o *concierto,* aquel en que cantan y bailan personas contratadas para ello.

Café Filho (João), político brasileño (1899-1970), pres. de la Rep. de 1954 a 1955.

cafeína f. Alcaloide extraído del café, del té, del mate, etc., utilizado como estimulante cerebral y cardiaco.

Cafelandia, mun. y c. del Brasil (São Paulo). Café.

cafetal m. Plantación de cafetos: *recorrió los cafetales.*

cafetalero, ra adj. Del café. ‖ — M. Dueño de un cafetal.

cafetera f. Recipiente para hacer o servir el café. ‖ *Fam.* Cosa vieja. ‖ *Fam. Estar como una cafetera,* estar medio loco.

cafetería f. Despacho de café donde se toman también bebidas y se puede comer ligeramente.

cafetero, ra adj. Del café. ‖ *Fam.* Aficionado al café. ‖ — M. y f. Persona que cosecha café. ‖ Dueño de un café.

cafeto m. Árbol rubiáceo cuya semilla es el café.

cafetucho m. Café malo.

cáfila f. *Fam.* Conjunto de personas, animales o cosas. ‖ *Fig.* Retahíla: una *cáfila de tonterías.*

cafiroleta f. *Cub.* Dulce de coco, boniato y azúcar.

cafre adj. y s. Habitante de la parte oriental de África del Sur. ‖ *Fig.* Bárbaro y cruel, salvaje.

cagaaceite m. Pájaro insectívoro semejante al tordo.

cagada f. Excremento.

cagadero m. *Fam.* Retrete.

cagado, da adj. y s. *Pop.* Cobarde.

cagafierro m. Escoria del hierro fundido.

cagajón m. Excremento de animales.

cagalera f. *Pop.* Diarrea.

cagar v. i. *Pop.* Exonerar el vientre (ú. t. c. pr.). ‖ — V. t. Manchar, echar a perder una cosa. ‖ — V. pr. *Pop.* Acobardarse, tener miedo. | Proferir cierto insulto contra alguien.

cagarria f. Hongo comestible.

cagarruta f. Excremento del ganado menor.

cagatinta y **cagatintas** m. *Fam.* Chupatintas.

Cagayán, prov. de Filipinas (Luzón). Tabaco. — C. de Filipinas (Mindanao). — Río de Filipinas (Luzón).

Cagliari, c. y puerto de Italia, cap. de Cerdeña. Arzobispado. Universidad.

Cagliostro (José BÁLSAMO, llamado **Alejandro,** *conde de*), aventurero y alquimista italiano, n. en Palermo (1743-1795).

cagón, ona adj. y s. *Pop.* Miedoso, cobarde.

caguama f. Tortuga marina de gran tamaño, comestible (es común en las Antillas).

Caguán, río de Colombia (Amazonas), afl. del Caquetá.

caguane m. *Cub.* Caracol terrestre, y tb. n. de algunos caracoles marinos.

caguaré m. *Parag.* Oso hormiguero.

Caguas, c. de Puerto Rico (Guayama).

caguayo m. *Cub.* Caña de azúcar de poco rendimiento.

cagueta adj. y s. *Pop.* Cagón.

cahíta adj. y s. Indígena mexicano de los Est. de Sonora y Sinaloa. ‖ — M. Dialecto de los cahítas.

Cahi-Ymox, rey de los cakchiqueles, en América Central. M. hacia 1540.

Cahors, c. de Francia, cap. del dep. del Lot. Puente del s. XIV. Catedral (s. XI-XII).

cahuita m. *Méx.* Especie de pino resinoso y maderable.

caí m. *Amer.* Especie de mono pequeño.

Caibarién, c. y puerto de Cuba (Las Villas).

Caicedo (Domingo), general colombiano (1783-1843). Combatió por la Independencia y fue vicepres. de la Rep. en 1830. ‖ ~ (JOSÉ MARÍA TORRES). V. TORRES CAICEDO. ‖ ~ **Rojas** (JOSÉ), político y escritor colombiano (1816-1897), autor de *Apuntes de ranchería, Don Álvaro,* etc.

Caicedonia, mun. y c. de Colombia (Valle del Cauca).

Caicos, grupo de islas del archip. de las Bahamas.

caíd m. Gobernador o juez en algunos países musulmanes.

caída f. Acción y efecto de caer: *la caída de un cuerpo en el vacío.* ‖ Bajada o declive. ‖ *Fig.* Hundimiento, ruina: *la caída de un imperio.* ‖ Salto de agua. ‖ Cosa que cuelga, como tapices, cortinas, etc. ‖ Manera de caer los paños o la ropa. ‖ Parte donde termina una cosa. ‖ Disminución: *caída de la tensión.* ‖ *Fig.* Pecado del primer hombre: *la caída de Adán.* ‖ *Fig.* y *fam.* *Ocurrencia, agudeza.* ‖ *A la caída de la tarde,* al terminar la tarde. ‖ *A la caída del sol,* a la puesta del sol. ‖ *Caída de ojos,* manera de cerrar los párpados.

caído, da adj. *Fig.* Abatido, desfallecido. ‖ Lacio: *pelo caído.* ‖ — M. *Fig.* Muerto: *los caídos en la guerra.*

Caifás, sumo sacerdote de los judíos que condenó a Jesús.

Cailloma, prov. del Perú (Arequipa); cap. *Chivay.*

caimacán m. Lugarteniente del visir.

caimán m. Reptil de América, semejante al cocodrilo. ‖ *Fig.* Zorro, persona muy astuta.

Caimanes, archip. británico de las Antillas, al S. de Cuba; cap. *Georgetown.* — V. CUYUTLÁN.

caimiento m. Caída.

caimito m. Árbol sapotáceo de las Antillas cuyo fruto, del tamaño de una naranja, contiene una pulpa dulce y refrescante.

Caimito, mun. de Colombia (Bolívar). — Térm. mun. de Cuba (La Habana).

Caín, hijo mayor de Adán y Eva. Mató por envidia a su hermano Abel. (Se dice, por extensión: *con las de Caín,* con mala intención; *pasar las de Caín,* padecer mucho.)

Caí-Puente. V. CORONEL BOGADO.

cairel m. Fleco de algunas ropas: *lucir dorados y caireles.*

Cairo (El), capital de Egipto, a orillas del Nilo; 3 518 200 h. Industrias; comercio. Mezquita (s. XII). Fundada en 969.

cairota adj. y s. De El Cairo.

Caithness, condado del NE. de Escocia; cap. *Wich.*

caja f. Recipiente de madera, metal, materia plástica, etc.: *caja para embalar.* ‖ Su contenido: *caja de naranjas.* ‖ Hueco en que está la escalera de un edificio o una chimenea. ‖ Cubierta que tiene en su interior ciertos mecanismos: *caja del reloj, de engranajes.* ‖ Ataúd. ‖ Armario donde se guarda el dinero: *caja fuerte.* ‖ Oficina o taquilla donde se recibe dinero y se hacen pagos: *caja de ahorros, de un banco.* ‖ Parte exterior de madera que cubre algunos instrumentos: *la caja de un violín.* ‖ Hueco en una ensambladura de carpintería. ‖ Organismo militar que se encarga de todo lo referente a los reclutas: *entrar en caja.* ‖ *Impr.* Cajón de madera con separación o cajetines, donde se colocan los caracteres tipográficos: *se distingue la caja baja* (de las minúsculas) *y la caja alta* (de las mayúsculas). ‖ Pieza de la balanza en que entra el fiel. ‖ Culata de madera de las armas de fuego portátiles. ‖ Parte del coche donde se sientan las personas. ‖ Tambor. ‖ *Chil.* Lecho de un río. ‖ — *Caja de cambios,* órgano que encierra los engranajes de los cambios de velocidad en un automóvil. ‖ *Caja del cuerpo,* la torácica. ‖ *Caja del tímpano,* cavidad del oído medio. ‖ *Caja de resonancia,* la que cubre algunos instrumentos músicos. ‖ *Caja registradora,* máquina que sirve para registrar las cantidades cobradas y abonadas. ‖ *Fig.* y *fam. Despedir a uno con cajas destempladas,* echarle de algún sitio con enojo.

Cajabamba, pobl. del Ecuador, cab. del cantón de Colta (Chimborazo). — C. del Perú, cap. de la prov. homónima (Cajamarca).

Cajal (Santiago RAMÓN Y). V. RAMÓN Y CAJAL.

Cajamarca, río del Perú, que, con el Condebamba, forma el Crisnejas. — C. del Perú, cap. de la prov. y del dep. homónimos. — Mun. de Colombia (Tolima).

cajamarquino, na adj. y s. De Cajamarca (Perú).

Cajas, macizo montañoso de la Cord. Occidental del Ecuador; 4 135 m.

Cajatambo, c. del Perú, cap. de la prov. homónima (Lima). Terremoto en 1970.

Cajeme. V. CIUDAD OBREGÓN.

cajero, ra m. y f. Persona encargada de la caja de un comercio, banco, etc. ‖ — M. El que hace cajas. ‖ — F. *Mar.* Abertura donde entra la roldana del motón.

cajeta f. Dim. de *caja.* ‖ *Méx.* Caja de dulce y dulce que contiene: *las cajetas de Celaya.*

cajete m. *Méx.* y *Guat.* Caja honda y gruesa, sin vidriar. | Cráter de ciertos volcanes. | Oquedad de la planta del maguey en que se recoge el aguamiel. | Hueco hecho en tierra para plantar.

cajetear v. t. Abrir cajetes para la siembra del plátano.

cajetilla f. Paquete de cigarrillos. ‖ Cajita de fósforos.

cajetín m. Cada uno de los compartimientos de la caja tipográfica.

Cajigal (Juan Manuel), matemático venezolano (1802-1856). Fundó el Instituto de Matemáticas y un observatorio astronómico en Caracas.

cajista com. Tipógrafo, oficial de imprenta que compone lo que se ha de imprimir.

cajón m. Caja grande. ‖ Caja movible de los armarios, mesas y otros muebles. ‖ En los estantes, espacio entre las tablas. ‖ Puesto, tiendecilla de un mercado. ‖ *Amer.* Cañada por cuyo fondo corre algún río. | Ataúd. ‖ — *Fig.* y *fam.* *Cajón de sastre,* mezcla de cosas desordenadas. | *Ser de cajón,* ser muy evidente.

cakchiquel adj. y s. De un ant. pueblo de Guatemala, de origen tolteca.

cake [*kek*] m. (pal. ingl.). Bizcocho con frutas secas en la masa.

caki adj. y s. m. Caqui.

cal f. Óxido de calcio que forma la base del mármol, el yeso, la tiza, etc. ‖ — *Cal hidráulica,* la que fragua rápidamente bajo el agua. ‖ *Cal muerta* o *apagada,* la mojada y dispuesta para servir. ‖ *Cal viva,* la que no contiene agua. | *Fig.* y *fam. De* (o *a*) *cal y canto,* fuerte, sólido. ‖ *Lechada de cal,* cal mezclada con agua, usada para revocar. ‖ *Fig. Una de cal y otra de arena,* alternar las cosas buenas con las malas.

cal, símbolo de la *caloría.*

cala f. Acción y efecto de calar. ‖ Trozo que se corta de una fruta para probarla: *vender un melón a cala y cata.* ‖ *Bot.* Planta arácea de grandes flores blancas. ‖ La parte más baja del barco. ‖ *Mar.* Bahía pequeña. ‖ Supositorio.

calabacear v. t. *Fam.* Suspender en un examen. | Decir no a la declaración de un pretendiente.

calabacera f. Calabaza, planta.

calabacín m. Calabaza pequeña y cilíndrica. ‖ *Fam.* Necio.

calabacino m. Calabaza seca y hueca que se usa como vasija.

calabaza f. Planta cucurbitácea de tallos rastreros y fruto grande. ‖ Su fruto. ‖ *Fig.* y *fam.* Necio, idiota. | Suspenso en un examen:

recibió calabazas. || *Dar calabazas,* rechazar la mujer a un pretendiente.
calabazar m. Campo de calabazas.
Calabazar de Sagua, mun. de Cuba (Las Villas).
calabobos m. Llovizna.
calabozo m. Lugar para encerrar a los presos. || Celda de castigo, oscura y baja de techo, en una cárcel.
Calabozo, río de México (Veracruz). — Pobl. de Venezuela (Guárico). Fundada en 1695. Obispado.
calabrés, esa adj. y s. De Calabria (Italia).
Calabria, región del S. de Italia. C. pr. *Reggio.*
calabrote m. *Mar.* Cable hecho de tres cordones trenzados.
calada f. Acción y efecto de calar. || Humo que se aspira de una vez al fumar.
calado m. Bordado hecho sacando y atando hilos en una tela: *el calado de un pañuelo.* || Perforado del papel, madera, etc., a modo de encaje. || *Mar.* Parte sumergida de un barco, entre la línea de flotación y la base de la quilla: *barco de mucho calado.* | Profundidad: *puerto de poco calado.* || *Mec.* Acción de calarse un motor.
calador m. Sonda.
calafate y **calafateador** m. Obrero que calafatea embarcaciones.
calafatear v. t. Tapar con estopa y brea las junturas de las tablas del casco de un barco para que no entre agua. || *Por ext.* Cerrar junturas, tapar.
calafateo y **calafateado** m. Acción y efecto de calafatear.
Calafell, pobl. en el NE. de España (Tarragona). Playas.
Calagurris. V. CALAHORRA.
calagurritano, na adj. y s. De Calahorra.
Calahorra, c. de España (Logroño). Obispado. Es la ant. *Calagurris.*
Calais [*-lé*], c. y puerto del NO. de Francia (Pas-de-Calais).
Calakmul, ant. c. maya de México (Campeche). Centro arqueológico importante.
Calama, com. de Chile (Antofagasta).
calamaco m. *Méx.* Frijol.
calamar m. Molusco cefalópodo comestible: *calamares en su tinta.*
Calamar, c. de Colombia (Bolívar), a orillas del Magdalena.
calambre m. *Med.* Contracción espasmódica y dolorosa de ciertos músculos: *calambre de estómago.* || Sensación producida por una descarga eléctrica.
calambuco m. Árbol gutífero de cuya resina se saca el *bálsamo de María.*
Calamianes, archip. de Filipinas, situado entre las islas de Paragua y Mindoro.
calamidad f. Desastre, desgracia general: *las calamidades de la guerra.* || Desgracia, infortunio. || *Fig.* y *fam.* Persona torpe, incapaz o pobre de salud: *ser una calamidad.* | Mal hecho, defectuoso.
calamina f. Silicato natural de cinc. || Residuo de la combustión de los gases en los cilindros de los motores de explosión.
calamita f. Variedad de magnetita.
calamite m. Sapo pequeño.
calamitoso, sa adj. Desgraciado, infortunado. || Que causa calamidades o es propio de ellas. || Dícese de la persona que es una calamidad.
cálamo m. Caña con que escribían los antiguos. || *Poét.* Pluma: *empuñar el cálamo.* || Especie de flauta.
calamocano, na adj. Ebrio.
calamón m. Ave zancuda que se alimenta de peces. || Clavo de cabeza redonda de los tapiceros.
Calancha (Fray Antonio de la), escritor boliviano (1584-1654), autor de *Corónica moralizada.*
calandrajo m. *Fam.* Andrajo.
calandrar v. t. Pasar por la calandria: *calandrar el papel.*
calandria f. Pájaro semejante a la alondra. || Máquina para satinar el papel y las telas. || Especie de torno grande usado en las canteras. || Rejilla de los radiadores de automóviles. || *Méx.* Coche viejo.
calaña f. Modelo, muestra. || *Fig.* Indole: *de mala calaña.*
Calañas, v. de España (Huelva).
calañés, esa adj. y s. De Calañas (Huelva). || *Sombrero calañés,* el de ala vuelta hacia arriba y copa baja.
calar v. t. Atravesar un líquido: *el agua le caló el vestido.* || Echar las redes al agua. || Colocarse el sombrero, la gorra. || Poner la bayoneta en el fusil. || Atravesar un objeto punzante algo. || Bordar con calados una prenda. || Hacer agujeros en un papel, materia plástica, etc., formando dibujos. || Examinar el interior de algo para ver lo que hay: *calar un melón.* || *Fig.* Adivinar, descubrir: *caló mis intenciones.* | Comprender: *calar hondamente en el alma humana.* | Profundizar: *un libro que cala mucho en la materia.* || *Amer.* Humillar. || Extraer una muestra. || — V. i. *Mar.* Llegar a una profundidad: *este buque cala demasiado.* || — V. pr. Empaparse, mojarse: *se caló de arriba abajo.* || Ser atravesado por un líquido: *esta gabardina se cala.* || Ponerse: *calarse el sombrero; calarse las gafas.* || Pararse bruscamente: *se me caló el motor.*
Calarcá, c. de Colombia (Quindío). Centro comercial.
calasancio, cia adj. y s. Escolapio.
Calasanz (San José de), sacerdote español (1550-1648), fundador de las *Escuelas Pías.* Fiesta el 27 de agosto.
Calasparra, v. de España (Murcia). Arroz.
Calatañazor, pueblo de España (Soria). Derrota de Almanzor por los cristianos (1002).
Calatayud, c. de España (Zaragoza). Es la *Bílbilis* de los romanos.
Calatayud (Alejo), caudillo peruano, uno de los dirigentes de la sublevación de Cochabamba (1730). M. ejecutado.
Calatrava (CAMPO DE), comarca de España (Ciudad Real), cuya defensa, contra los árabes, fue encomendada a la Orden homónima. || **~ la Vieja,** v. de España (Ciudad Real). Ant. fortaleza y cap. del campo homónimo.
Calatrava (José María), político y orador liberal español (1781-1847).
Calatrava *(Orden de),* orden religiosa y militar española fundada en 1158 por San Raimundo, abad de Fitero.
calatraveño, ña adj. y s. De la v. y la comarca de Calatrava.
calatravo adj. y s. m. Caballero de la orden de Calatrava.
calavera f. Armazón ósea de la cabeza, cráneo. || — M. *Fig.* Hombre sin juicio o juerguista.
calaverada f. Insensatez.
calaverear v. i. *Fam.* Obrar poco juiciosamente. || Juerguearse.
Calbuco, c., dep., volcán y archip. de Chile (Llanquihue).
Calca, c. del Perú, cap. de la prov. homónima (Cuzco).
calcado m. Acción de calcar.
calcador m. Útil para calcar.
calcáneo m. Hueso del talón.
calcañar y **calcaño** m. Parte posterior de la planta del pie.
Calcaño (José Antonio), poeta y escritor venezolano (1827-1894), autor de *La siega.* || **~** (JULIO), poeta y novelista venezolano (1840-1919), autor de *El héroe de Tabasco.*
calcar v. t. Reproducir un escrito o dibujo por transparencia, papel de calco o procedimientos mecánicos: *calcar un plano.* || *Fig.* Imitar, copiar exageradamente a otro.
calcáreo, a adj. Que contiene cal: *terreno calcáreo.*
Calce m. Cuña o alza: *poner un calce a un mueble.* || Llanta de rueda. || Acero que se agrega al corte de ciertos instrumentos.
calcedonia f. Ágata translúcida, utilizada en joyería.
Calcedonia, ant. c. de Asia Menor en el estrecho del Bósforo (Bitinia). Sede de varios concilios.
calcedonio, nia adj. y s. De Calcedonia (Asia Menor).
calcés m. *Mar.* Parte del palo mayor entre la cofa y el tamborete.
calceta f. Media de punto. || *Hacer calceta,* hacer punto.
Calceta, c. del Ecuador, cab. del cantón de Bolívar (Manabí).
calcetero, ra m. y f. Persona que hace o vende calcetas.
calcetín m. Prenda de punto que llega hasta media pantorrilla.
cálcico, ca adj. *Quím.* Relativo al calcio: *sales cálcicas.*
Calcídica, penins. de Grecia, entre los golfos de Salónica y Orfani.
calcificación f. *Med.* Depósito de sales calcáreas en los tejidos orgánicos.
calcificar v. t. Producir por medios artificiales carbonato cálcico. || — V. pr. Depositarse en los tejidos orgánicos sales de calcio.
calcinación f. Acción y efecto de calcinar o quemar.
calcinar v. t. Transformar en cal viva los minerales calcáreos. || Someter a una temperatura elevada: *calcinar madera, hulla,* etc. || Quemar: *con la piel calcinada.* || *Pop.* Fastidiar, quemar la sangre.
calcio m. Metal (Ca) de número atómico 20, de color blanco y blando, de 1,54 de densidad, que se funde a los 850 °C. (El *calcio* se obtiene descomponiendo ciertas sales con una corriente eléctrica.)
calcita f. Carbonato de calcio natural cristalizado.
calco m. Reproducción de un dibujo, obtenido por transparencia. || Acción de calcar: *papel de calco.* || *Fig.* Imitación servil.
calcografía f. Arte de estampar con láminas metálicas grabadas. || Taller donde se hace esta estampación.
calcografiar v. t. Estampar por medio de calcografía.
calcomanía f. Procedimiento que permite pasar de un papel a cualquier objeto dibujos coloreados preparados con trementina. || Imagen obtenida.
calcopirita f. Pirita de cobre.
calculable adj. Que se puede calcular.
calculador, ra adj. y s. Que está encargado de calcular. || *Fig.* Que prevé, interesado: *mente calculadora.* || — M. y f. Dispositivo mecánico o electrónico capaz de efectuar cálculos matemáticos.
calcular v. t. Hacer cálculos: *calcular una suma.* || *Fig.* Apreciar, evaluar: *calcular los gastos.* | Pensar, suponer, creer.
calculista adj. Proyectista.
cálculo m. Operación que se hace para conocer el resultado de la combinación de varios números: *establecer un cálculo.* || Arte de resolver los problemas de aritmética. || Evaluación: *cálculo de gastos.* || Reflexión, prudencia: *obrar con mucho cálculo.* || *Med.* Concreción pétrea que se forma en alguna parte del cuerpo: *cálculos biliares, urinarios, renales.* || — *Mat. Cálculo diferencial,* parte de las matemáticas que estudia el cálculo de las derivadas y sus aplicaciones. | *Cálculo infinitesimal,* parte de las matemáticas que comprende el cálculo diferencial y el integral. | *Cálculo integral,* parte de las matemáticas que estudia la integración de las funciones. || *Cálculo mental,* el que se hace sin operaciones escritas.

Calcuta, c. de la India, cap. del Estado de Bengala Occidental, a orillas del río Hugli. Centro industrial y comercial.

calchaquí adj. y s. Indio de la tribu de los diaguitas: *los calchaquíes vivían al NO. de la Argentina.*

Calchaquí, n. que se da en su nacimiento al río *Salado* de la Argentina (Santa Fe). — Sierra de la Argentina (Salta). — Pobl. de la Argentina (Santa Fe).

caldas f. pl. Baños termales.

Caldas, dep. en el centro de Colombia; cap. *Manizales.* Café. Minas (oro, plata, carbón).

Caldas (Francisco José de), botánico y patriota colombiano, n. en Popayán (¿1770?-1816). Estableció el mapa del virreinato del Perú. M. fusilado.

Caldea, región meridional de Mesopotamia. Posteriormente recibió el n. de *Babilonia.*

caldeamiento m. Caldeo, calentamiento.

caldear v. t. Calentar (ú. t. c. pr.). ‖ Poner al rojo el hierro. ‖ *Fig.* Acalorar, animar: *caldear el ambiente.* ‖ — V. i. *Méx.* Producir mucho caldo cuando se muele la caña de azúcar.

caldense adj. y s. De Caldas (Colombia).

caldeo m. Calentamiento.

caldeo, a adj. y s. De Caldea. ‖ — M. Lengua caldea.

caldera f. Recipiente grande de metal en que se calienta cualquier cosa. ‖ Su contenido: *una caldera de azúcar.* ‖ Depósito en el que se hace hervir el agua: *caldera de vapor, de calefacción.* ‖ — *Caldera de vapor,* aparato generador del vapor en las máquinas. ‖ *Fam. Las calderas de Pero Botero,* el Infierno.

Caldera (Rafael), abogado y político venezolano, n. en 1916, pres. de la Rep. de 1969 a 1974. Favoreció la industrialización del país y la reforma agraria.

calderada f. Contenido de una caldera. ‖ *Fig.* Gran cantidad.

Calderas, sierra de Venezuela, ramal de la de Trujillo. — Mun. de Venezuela (Bardinas).

calderería f. Profesión y taller del calderero. ‖ Construcción de piezas metálicas.

calderero m. El que hace o vende calderas. ‖ En los ingenios azucareros, obrero encargado de las calderas.

caldereta f. Caldera pequeña. ‖ Recipiente para el agua bendita.

calderilla f. Moneda fraccionaria de poco valor.

caldero m. Caldera pequeña de metal, de fondo redondo y con una sola asa. ‖ Su contenido.

calderón m. Caldera grande. ‖ *Gram.* Signo ortográfico antiguo (¶): *el calderón se usaba en lugar del párrafo* (§). ‖ *Mús.* Signo que marca la suspensión de un compás (𝄐) y floreo que lo acompaña.

Calderón (PUENTE DE). V. PUENTE DE CALDERÓN.

Calderón (Abdón), militar ecuatoriano (1804-1822), m. en la batalla de Pichincha. ‖ ~ (FERNANDO), poeta dramático mexicano (1809-1845), autor de *Hernán o la vuelta del Cruzado, La muerte de Virginia,* etc. ‖ ~ (RODRIGO), noble español (¿1570?-1621), favorito del duque de Lerma y de Felipe III. M. decapitado. ‖ ~ (SERAFÍN ESTÉBANEZ). V. ESTÉBANEZ CALDERÓN. ‖ ~ **de la Barca** (PEDRO), poeta dramático español, n. y m. en Madrid (1600-1681). Hijo de familia noble abrazó la carrera militar y en 1651 se ordenó de sacerdote. Su obra está compuesta por autos sacramentales (*La cena del rey Baltasar, El gran teatro del mundo*), comedias de capa y espada (*Casa con dos puertas mala es de guardar, La dama duende*), dramas de honor (*El médico de su honra, A secreto agravio secreta venganza, Amar después de la muerte*), comedias de carácter religioso (*El príncipe Constante, La Devoción de la Cruz, El Mágico prodigioso*) y algunos entremeses. Pero sus creaciones inmortales son la comedia filosófica *La vida es sueño,* en la que plantea el problema del sentido de la vida humana, el drama *El Alcalde de Zalamea,* en el que lleva a la escena el tema del honor del villano, y la tragedia clásica *El mayor monstruo los celos.* ‖ ~ **Guardia** (RAFAEL ÁNGEL), médico y político costarricense, n. en 1900, pres. de la Rep. de 1940 a 1944.

calderoniano, na adj. Característico de Calderón de la Barca.

caldibache m. Caldo muy claro.

caldillo m. Salsa, jugo.

caldo m. Líquido obtenido cociendo carne, pescado, verduras en agua: *caldo de pescado.* ‖ Vino o aceite: *los caldos de Jerez.* ‖ Aderezo de la ensalada o el gazpacho. ‖ *Amer.* Jugo o guarapo de la caña de azúcar. ‖ — *Caldo de cultivo,* el preparado para el desarrollo de un microbio. ‖ *Fig.* y *fam. Hacer a uno el caldo gordo,* facilitarle medios de conseguir una cosa.

caldoso, sa adj. Que tiene mucho caldo o jugo.

Caldwell [*calduel*] (Erskine), novelista norteamericano, n. en 1903, autor de *El camino del tabaco, La chacrita de Dios,* etc.

caló adj. y s. Gitano.

Caledonia, ant. n. de *Escocia.* — Bahía de Panamá, en el mar Caribe (Colón). ‖ ~ **(Nueva).** V. NUEVA CALEDONIA.

caledonio, nia adj. y s. De Caledonia (Escocia).

Caledonio, canal de Escocia que une el mar del Norte y el Atlántico.

calefacción f. Producción de calor: *calefacción con carbón.* ‖ Conjunto de aparatos destinados a calentar un edificio: *calefacción individual, central, urbana.*

calefactor m. Persona que fabrica, instala o repara aparatos de calefacción.

caleidoscopio m. Calidoscopio.

calendario m. Sistema de división del tiempo. ‖ Almanaque, cuadro de los días, semanas, meses, estaciones y fiestas del año.

— El *calendario romano,* creado por Rómulo, consistía en un año de 300 días, dividido en diez meses, a los cuales Numa Pompilio añadió otros dos. El año 708 de Roma, Julio César cambió el calendario para que coincidiese con el curso del Sol. Esta transformación fue llamada *reforma juliana.* No obstante haber agregado un día suplementario cada cuatro años, el año juliano era algo mayor que el verdadero y esto supuso que en 1582 había retrocedido el equinoccio de primavera unos diez días. El papa Gregorio III, ante esta anomalía, ordenó que el 5 de octubre de aquel año fuese el 15 de dicho mes y suprimió tres de cada cuatro años bisiestos seculares, dejando sólo aquellos que caen en decena de siglo. Esta reforma, llamada *gregoriana,* ha sido adoptada por casi todos los pueblos del mundo.

El *calendario azteca* constaba de 18 meses de 20 días cada uno, más cinco días suplementarios considerados nefastos.

calendas f. pl. Entre los antiguos romanos, primer día del mes. ‖ *Fam.* Tiempo futuro muy lejano. ‖ *Fam. Calendas griegas,* tiempo que nunca llega.

calentador, ra adj. Que calienta. ‖ — M. Recipiente lleno de carbón, agua caliente, etc., para calentar la cama. ‖ Aparato para calentar agua.

calentamiento m. Acción y efecto de calentar o calentarse. ‖ *Veter.* Enfermedad de los caballos en las ranillas y el pulmón.

calentano, na adj. y s. De Tierra Caliente (Colombia).

* **calentar** v. t. Poner caliente: *calentar agua para el baño.* ‖ *Fig.* y *fam.* Avivar, enardecer: *calentar el auditorio.* ‖ *Fig.* Golpear, pegar. ‖ — V. pr. Entrar en calor. ‖ *Fig.* Animarse, enfervorizarse, exaltarse: *calentarse en la discusión.*

calentón m. Calor brusco. ‖ *Darse un calentón,* ponerse muy caliente un motor.

calentura f. Fiebre: *tener calentura.* ‖ *Bot.* Planta silvestre de Cuba, de fruto emético. ‖ *Chil.* Tisis. ‖ *Méx.* Calentamiento de la amalgama de la plata por la temperatura ambiente.

calenturiento, ta adj. Que padece calentura. ‖ Algo caliente, pero sin fiebre. ‖ *Fig.* Excitado, exaltado: *imaginación calenturienta.*

calenturón m. Calentura grande.

caleño, ña adj. y s. De Cali (Colombia).

calera f. Cantera de caliza. ‖ Horno de cal.

Calera, com. de Chile (Valparaíso). Industrias.

Calero (Juan), religioso franciscano español del s. XVI, protomártir de su orden en Jalisco (México).

calesa f. Coche hipomóvil descubierto con dos o cuatro ruedas y capota.

calesero m. Conductor de una calesa.

caleta f. Cala, ensenada.

Caleta, playa renombrada de Acapulco (México).

caletero m. *Amer.* Descargador en un puerto de mar.

Caletilla, playa renombrada de Acapulco (México).

caletre m. *Fam.* Tino, talento.

Calgary, c. del Canadá (Alberta). Obispado. Industrias.

Cali, c. de Colombia, cap. del dep. del Valle del Cauca. Fundada por Sebastián de Benalcázar en 1536. Obispado. Industrias.

calibración f. y **calibrado** m. Acción de dar a una pieza el calibre deseado o de verificar las dimensiones de un objeto. ‖ Mandrilado.

calibrador m. Aparato para calibrar.

calibrar v. t. Medir el calibre interior de las armas de fuego o de otros tubos. ‖ Dar el calibre que se desea. ‖ Mandrilar un tubo. ‖ *Fig.* Juzgar, medir la importancia de algo.

calibre m. Diámetro interior del cañón de las armas de fuego: *cañón de pequeño calibre,* ‖ Diámetro del proyectil o de un alambre. ‖ Diámetro interior de un cilindro. ‖ Instrumento que sirve de regla o escantillón: *un calibre de fotógrafo.* ‖ *Fig.* Tamaño, importancia: *de poco calibre.*

calicanto m. Mampostería.

calicata f. *Tecn.* Exploración de un terreno para saber los minerales que contiene.

Calícatres, arquitecto que edificó con Ictinos el Partenón (s. v, a. de J. C.).

Calicut, hoy *Kozhicoda,* c. y puerto de la India (Kerala).

caliche m. Piedra que queda en la masa de un ladrillo. ‖ Cascarilla que se desprende de las paredes. ‖ Maca en una fruta. ‖ Mineral que tiene mucha caliza. ‖ *Amer.* Nitrato de sosa. ‖ *Méx.* Capa caliza abundante en materias minerales.

calichera f. *Bol., Chile* y *Per.* Yacimiento rico en nitrato.

calidad f. Manera de ser de una persona o cosa: *artículo de buena calidad.* ‖ Clase: *tejidos de muchas calidades.* ‖ Carácter, genio, índole. ‖ Valía, excelencia de una cosa. ‖ Condición social, civil, jurídica, etc.: *calidad de ciudadano.* ‖ Función: *en calidad de jefe.* ‖ Nobleza, linaje: *hombre de calidad.* ‖ *Fig.* Importancia: *asunto de calidad.* ‖ — Pl. Prendas morales: *hombre de buenas calidades.*

Calidasa. V. KALIDASA.

CA

cálido, da adj. Que está caliente, caluroso: *clima cálido.* || *Fig.* Ardiente, vivo: *color cálido.* | Afectuoso: *cálida amistad.*

calidoscopio m. Aparato formado por un tubo opaco en cuyo interior hay dos o más espejos colocados en ángulo agudo que multiplican simétricamente la imagen de los objetos colocados entre ellos.

calientapiés m. inv. Aparato para calentar los pies.

calientaplatos m. inv. Aparato para calentar los platos.

caliente adj. Que tiene o da calor: *aire caliente.* || *Fig.* Acalorado: *riña caliente.* || Ardiente sexualmente. || Cálido: *color caliente.* || — *Fam. Caliente de cascos,* fácilmente irritable. || *En caliente,* en el acto; en la fase aguda del mal (una operación).

califa m. Título de los príncipes musulmanes sucesores de Mahoma, o de los soberanos del Islam, después de Mahoma.

califal adj. De los califas.

califato m. Dignidad de califa. || Tiempo de su gobierno y territorio gobernado por él. || Período histórico en que hubo califas.

— Los *califatos* más importantes fueron: 1.º el *califato de Oriente,* creado por Abubeker en La Meca y trasladado a Bagdad por los abasidas (632-1258); 2.º el *califato de Córdoba,* erigido por Abderramán III (929-1031); 3.º el *califato de Egipto,* fundado por los fatimitas (909-1171).

calificable adj. Que se puede calificar.

calificación f. Acción y efecto de calificar. || Nota de un examen.

calificado, da adj. De autoridad o importancia: *filósofo calificado.* || Que tiene los requisitos necesarios: *perito calificado.*

calificador, ra adj. y s. Que califica. || *Calificador del Santo Oficio,* antiguo censor de la Inquisición.

calificar v. t. Atribuir la calidad de: *calificar un acto de heroico.* || Dar o poner una nota: *calificar a un alumno.* || *Fig.* Ennoblecer, ilustrar. || — V. pr. Probar uno la nobleza de su sangre. || En deportes, ganar las pruebas eliminatorias.

calificativo, va adj. y s. m. Que califica: *un calificativo injurioso.* || *Adjetivo calificativo,* el que expresa una cualidad del sujeto.

California, golfo de México, en el Pacífico, tb. llamado *Mar de Cortés.* — Uno de los Estados Unidos de Norteamérica; cap. *Sacramento*; c. pr.: *San Francisco, Los Ángeles, San Diego, Oakland.* Perteneció a México hasta 1848. || ~ **(Baja)**, peníns. de México, en la que se encuentran el Estado de *Baja California Norte* (cap. *Mexicali*) y el territorio de *Baja California Sur* (cap. *La Paz*). Salinas.

californiano, na adj. y s. De California.

califórnico, ca adj. De California.

californio m. Elemento químico (Cf), de número atómico 98, obtenido artificialmente sometiendo el curio a los rayos alfa.

calígine f. *Poét.* Tinieblas.

caliginoso, sa adj. *Poét.* Nebuloso. | Bochornoso, cálido.

caligrafía f. Arte de escribir con letra correctamente formada.

caligrafiar v. t. Escribir con letra clara y bien formada.

caligráfico, ca adj. De la caligrafía.

calígrafo m. Persona que tiene buena letra. || Copista, amanuense.

Calígula (12-41), emperador romano (37-41). Reinó despóticamente y m. asesinado.

Calila y Dimna, colección de apólogos indios, atribuidos a Pilpay, que fue traducida en 1261 del árabe al castellano por orden de Alfonso el Sabio.

calilla f. *Méx.* y *Amér. C.* Persona molesta y pesada.

Calímaco, poeta alejandrino (¿310-235? a. de J. C.), autor de epigramas e himnos.

calimba f. *Amer.* Hierro con que se marcan los animales.

calimbar v. t. *Amer.* Marcar los animales con hierro al rojo.

calina f. Neblina. || Calor.

Calino de Éfeso, el más antiguo poeta lírico griego (s. VII a. de J. C.).

Calíope, musa de la Poesía épica y la Elocuencia.

Calipso, ninfa reina de la isla de Ogigia, en el mar Jónico. Acogió a Ulises náufrago.

Calístenes, filósofo griego de Olinto, sobrino de Aristóteles (360-327 a. de J. C.).

Calisto, hija de Licaón, rey de Arcadia. Hera la metamorfoseó en osa y Zeus la colocó en el cielo, donde formó la Osa mayor. (*Mit.*)

Calixto || ~ **I** *(San)* papa de 217 a 222. || ~ **II,** papa de 1119 a 1124. || ~ **III,** español, papa de 1455 a 1458.

Calixto, protagonista principal de *La Celestina,* enamorado de Melibea.

cáliz m. Vaso sagrado donde se echa el vino para consagrar en la misa. || *Bot.* Cubierta externa de las flores. || *Poét.* Copa, vaso. || *Fig.* Padecimiento, amarguras: *apurar el cáliz hasta las heces.*

calizo, za adj. Que tiene cal. || — F. Roca compuesta de carbonato de calcio.

calma f. Falta de movimiento, tranquilidad: *la calma del Mediterráneo.* || Tranquilidad, sosiego, quietud: *la calma de la vida provinciana.* || Cesación, interrupción momentánea: *calma en los negocios.* || Sin preocupaciones o tareas: *quiero verle cuando esté en calma.* || Flema, pachorra: *hace todo con mucha calma.* || Serenidad, conformidad: *las desgracias hay que tomarlas con calma.* || Paciencia: *espérame con calma.* || *Calma chicha,* ausencia de viento u oleaje en el mar.

calmante adj. y s. m. Que calma: *tomar un calmante.*

calmar v. t. Aliviar, moderar un dolor, el frío. || Dar sosiego o calma a alguien. || — V. i. Calmarse. || — V. pr. Abonanzar el tiempo. || Tranquilizarse, sosegarse. || Caer el viento.

Calmar, c., puerto y prov. del S. de Suecia. En 1397 se firmó una convención que unió Noruega, Suecia y Dinamarca, y que estuvo en vigor hasta 1521.

Calmeca, la más importante de las escuelas sacerdotales aztecas, en el Templo Mayor de Tenochtitlán (ant. México).

calmoso, sa adj. Tranquilo. || Indolente, flemático.

calmuco, ca adj. y s. Kalmuco.

caló m. Lenguaje o dialecto de los gitanos adoptado a veces en el habla popular.

— Hubo al principio en el castellano la *germanía,* lenguaje del hampa o truhanería picaresca, y el *caló,* habla especial de los gitanos. La larga coexistencia, especialmente en Andalucía, de la raza gitana y de la comunidad picaresca ha mezclado profundamente ambos lenguajes hasta designar con el nombre de *caló* la jerga aflamencada actual. Pertenecen al caló voces hoy populares como *acharar, andóval, barbián, cate, curda, camelar, chalarse, chaval, chipén, churumbel, fetén, gachí, gachó, jindama, juncal, menda, najarse, parné, randa,* etc.

Calobre, pobl. de Panamá, cab. del distrito homónimo (Veraguas).

calofrío m. Escalofrío.

Calomarde (Francisco Tadeo), político español (1773-1842), favorito de Fernando VII.

calomel m. y **calomenanos** m. pl. *Med.* Cloruro de mercurio, usado en farmacia.

calor m. *Fís.* Fenómeno que eleva la temperatura y dilata, funde, volatiza o descompone un cuerpo. || Calidad de lo que está caliente: *mantener al calor.* || Sensación que produce un cuerpo caliente: *este radiador da mucho calor.* || Elevación de la temperatura del cuerpo: *el calor de la fiebre.* || Temperatura elevada: *el calor canicular.* || *Fig.* Ardor, entusiasmo, viveza: *en el calor de la improvisación.* | Afecto, interés: *acoger con calor.* | Lo más vivo de la lucha: *el calor del combate.* || — *Calor animal,* temperatura propia de los seres vivos. || *Calor específico,* calor que absorbe un kilogramo de un cuerpo para que su temperatura aumente .

caloría f. *Fís.* Unidad de cantidad de calor equivalente a la cantidad de calor necesaria para elevar la temperatura de un gramo de agua de 14,5 ºC a 15,5 ºC, con la presión atmosférica normal (símb., cal).

calórico m. *Fís.* Principio o agente hipotético del calor.

calorífero, ra adj. Que da y propaga el calor. || — M. Aparato de calefacción.

calorificación f. *Biol.* Función del organismo vivo de la cual procede el calor de cada individuo.

calorífico, ca adj. Que produce calor: *rayos caloríficos.*

calorífugo, ga adj. y s. m. Que no transmite el calor.

calorimetría f. Parte de la física que trata de la medición de la cantidad de calor.

calorimétrico, ca adj. *Fís.* De la calorimetría.

calorímetro m. *Fís.* Instrumento para medir la cantidad de calor absorbida o cedida por un cuerpo.

calostro m. Primera leche que la hembra da a su cría.

Caloto, c. de Colombia (Cauca).

Calovébora, río de Panamá (Bocas del Toro), que des. en el mar Caribe.

calpamulo, la adj. y s. *Méx.* Mestizo de albarazado y negra o de negro y albarazada.

Calpán, pobl. y mun. de México (Puebla).

Calpe, ant. n. de *Gibraltar* y de una de las *Columnas de Hércules.* Tb. se dio este n. al peñón de *Ifach* (Alicante). — Pobl. en el E. de España (Alicante), enfrente del peñón de Ifach.

calpense adj. y s. De Calpe o Gibraltar.

calpixque m. *Méx.* Mayordomo o capataz de las haciendas.

Calpulalpan (SAN MIGUEL DE), pobl. de México (México).

calpulli m. Entre los aztecas, cada una de las partes que se hacían de las tierras cultivadas en común.

calta f. Planta ranunculácea de grandes flores amarillas.

Caltanisetta, c. de Sicilia, cap. de la prov. homónima.

calumnia f. Acusación falsa para causar daño en la reputación.

calumniador, ra adj. y s. Que calumnia, difamador.

calumniar v. t. Atribuir falsamente a otro intenciones o actos deshonrosos.

calumnioso, sa adj. Que contiene calumnia: *escrito calumnioso.*

caluroso, sa adj. Que tiene o da calor: *tarde calurosa.* || *Fig.* Fervoroso: *un aplauso caluroso.*

calva f. Parte de la cabeza de la que se ha caído el pelo. || Piel que ha perdido el pelo. || Calvero.

Calvados, dep. del NO. de Francia (Normandía); cap. *Caen.*

Calvaert (Denijs), pintor flamenco (¿1545?-1619), fundador de la escuela de Bolonia.

calvario m. Vía crucis. || *Fig.* Padecimiento: *sufrir un calvario.*

Calvario, montaña de Jerusalén, llamada tb. *Gólgota,* donde fue crucificado Jesús. || ~ **(El),** pobl. de Colombia (Meta).

Calvas, cantón del Ecuador (Loja).

calvero m. Espacio de tierra sin vegetación.

Calvert (George), político inglés (¿1580?-1632), fundador de la colonia de Maryland (América del Norte). Fue barón de Baltimore.

calvicie f. Falta de pelo en la cabeza.

calvinismo m. Doctrina religiosa protestante de Calvino, defensora de la predestinación.

calvinista adj. Del calvinismo: *doctrina calvinista.* ‖ — Com. Partidario del calvinismo.

Calvino (Jean), teólogo francés, n. en Noyon (1509-1564), que propagó la Reforma en Francia y en Suiza.

calvo, va adj. Que ha perdido el cabello (ú. t. c. s.). ‖ Sin vegetación. ‖ Raído, gastado (tejido).

Calvo (Daniel), escritor boliviano (1832-1880), autor de la leyenda poética *Ana Dorset.* ‖ **~ Sotelo** (JOAQUÍN), autor de teatro español, n. en 1905, cuyas obras más celebradas son *Plaza de Oriente* y *La muralla.* ‖ **~ Sotelo** (JOSÉ), político español (1893-1936) jefe del partido Renovación Española. Su asesinato precipitó la iniciación de la guerra civil.

calza f. Cuña o calce para calzar. ‖ Señal que se pone en las patas a ciertos animales. ‖ *Fam.* Media. ‖ *Blas.* Pieza honorable del escudo. ‖ — Pl. Calzones. ‖ *Medias calzas,* las que sólo llegaban a las rodillas.

calzada f. Parte de una calle entre las aceras o de la carretera reservada a los vehículos. ‖ Camino empedrado en Roma.

calzado, da adj. Con zapatos: *carmelita calzado.* ‖ Dícese del ave cuyas plumas llegan hasta los pies: *paloma calzada.* ‖ Aplícase al cuadrúpedo que tiene las patas de color distinto que el resto del cuerpo: *potro calzado.* ‖ Provisto de un calzo o calce. ‖ — M. Lo que se pone en los pies para cubrirlos: *tienda de calzado.*

calzador m. Instrumento utilizado para meter el pie en el zapato. ‖ *Fig.* y *fam. Entrar con calzador,* ser dificultoso.

calzar v. t. Cubrir el pie con el calzado (ú. t. c. pr.). ‖ *Por ext.* Llevar puestos los guantes, las espuelas, las gafas, etc. ‖ Poner cuñas o calces: *calzar una mesa coja.* ‖ Poner los neumáticos a un vehículo.

calzo m. Calce, cuña. ‖ Fulcro, punto de apoyo de la palanca. | En el fútbol, golpe dado con la suela de la bota. ‖ — Pl. Patas de la caballería de color distinto del pelo del cuerpo.

calzón m. Pantalón. Ú. m. en pl.: *ponerse los calzones.*

calzonazos m. *Fig.* y *fam.* Hombre condescendiente y dominado por su mujer.

calzoncillos m. pl. Prenda interior del hombre, debajo de los pantalones.

callada f. Silencio: *dar la callada por respuesta.*

callado, da adj. En silencio. ‖ Silencioso, reservado, poco hablador.

callandico y **callandito** adv. *Fam.* En secreto, con disimulo.

Callao, bahía del Perú, en la prov. constitucional de El Callao. ‖ **~ (El),** c. y puerto del Perú. cap. de la prov. constitucional homónima. Comercio. Industria (pesca). Fundada en 1537. Destruida por un maremoto en 1746. — Pobl. de Venezuela (Bolívar). Yac. de oro. Siderurgia.

Callaquí, cumbre volcánica de Chile (Bío-Bío); 3 146 m.

callar v. i. No hablar, guardar silencio: *los niños deben callar* (ú. t.. c. pr.). ‖ Apagarse un sonido: *callaron las campanas* (ú. t. c. pr.). ‖ — *Fig. Al buen callar llaman Sancho,* proverbio que aconseja hablar con prudencia y moderación. | *Calla callando,* suavemente, disimuladamente. | *Matarlas callando,* hacer las cosas con mucho disimulo. | *Quien calla otorga,* el que no dice nada sobre una decisión está de acuerdo con ella. ‖ — V. t. No decir algo. Ú. t. c. pr.: *se calló toda la verdad.*

calle f. Vía de circulación en una población, entre dos filas de casas: *calle mayor.* ‖ Conjunto de vecinos que viven en ella: *la calle entera está al corriente.* ‖ Conjunto de ciudadanos: *el hombre de la calle piensa lo contrario.* ‖ En el juego de damas o en el ajedrez, casillas en diagonal u horizontales que deben recorrer las piezas. ‖ Banda trazada en un campo deportivo para que el atleta corra, o línea o corchera para los nadadores. ‖ *Impr.* Línea de espacio en blanco que afea la composición. ‖ — *Fig. Dejar a uno en la calle* o *echar a uno a la calle,* despedirle, expulsarle. | *Echar por la calle de en medio,* obrar sin miramientos o con decisión para conseguir un objetivo. ‖ *Hacer* o *abrir calle,* dejar el paso libre apartando a la gente. ‖ *Fig. Llevarse a uno de calle,* engatusar, convencer. | *Pasear* o *rondar la calle,* cortejar. | *Traer* o *llevar a uno por la calle de la amargura,* darle preocupaciones y disgustos.

Calleja del Rey (Félix María), general español (1759-1828), que luchó en México contra Hidalgo, al que venció en Puente de Calderón (1811). Virrey de Nueva España de 1813 a 1816.

callejear v. i. Corretear, ir de un sitio a otro sin ningún fin.

callejeo m. Acción y efecto de callejear.

callejero, ra adj. Relativo a la calle. ‖ Amigo de callejear. ‖ Ambulante: *venta callejera.* ‖ — M. Lista de calles de una población.

callejón m. Calle pequeña y estrecha. ‖ Espacio entre la barrera y la contrabarrera en las plazas de toros. ‖ *Callejón sin salida,* el que sólo tiene entrada y no salida; (fig. y fam.) situación apurada de difícil salida, atolladero.

callejuela f. Calle pequeña.

Calleros (Manuel), político uruguayo, que presidió el primer Gobierno nacional de 1825 a 1826.

Calles (Plutarco ELÍAS). V. ELÍAS CALLES.

Callhuanca, c. del Perú, cap. de la prov. de Aimaraes (Apurímac).

callicida m. Remedio para extirpar los callos.

callista com. Persona que se dedica a cortar y curar los callos, pedicuro.

callo m. Dureza producida en los pies o en las manos por el roce de un cuerpo duro. ‖ Cicatriz formada en un hueso roto. ‖ Extremos de la herradura de la caballería. ‖ *Fig.* y *fam.* Mujer fea. ‖ — Pl. Pedazos del estómago de la ternera o carnero, que se comen guisados: *callos a la madrileña.*

callosidad f. Espesor y endurecimiento de la epidermis.

calloso, sa adj. Con callos.

Cam, uno de los tres hijos de Noé. ‖ **~** o **Cão** (DIOGO), navegante portugués, descubridor del Congo en 1484.

cama f. Mueble para descansar o dormir: *está en la cama.* ‖ Sitio donde uno se puede acostar. ‖ Sitio donde se acuestan los animales para dormir: *cama de liebres, de lobos.* ‖ Plaza en una comunidad: *hospital* o *colegio de cien camas.* ‖ Suelo de la carreta. ‖ Capa: *cama de tierra.* ‖ Pieza central del arado. ‖ *Mar.* Hoyo que forma en la arena el casco de una embarcación varada. ‖ — *Caer en cama,* ponerse uno enfermo. ‖ *Cama turca,* la que no tiene cabecera ni pies. ‖ *Estar en* o *guardar cama,* estar enfermo.

Camacho, prov. de Bolivia (La PAZ): cap. *Puerto Acosta.* — Ant. nombre de *Mariscal Estigarribia.*

Camacho (Heliodoro), general boliviano de la guerra del Pacífico (1831-1899). ‖ **~** (JUAN VICENTE), poeta romántico venezolano (1829-1872), autor de *Última luz.* ‖ **~ Roldán** (SALVADOR), político y escritor colombiano (1827-1900), pres. interino de la Rep. de 1868 a 1869.

Camacho *(Bodas de).* V. BODAS DE CAMACHO.

camada f. Hijos que cría de una vez un animal: *camada de conejos.* ‖ *Fig.* y *fam.* Banda: *camada de rateros.* ‖ Capa de cosas extendidas.

camafeo m. Piedra preciosa labrada de relieve.

camagua f. *Amer.* Maíz tardío.

Camagüey, c. de Cuba, cap. de la prov. homónima. Obispado. Centro comercial. Fundada en 1515 con el n. de *Puerto Príncipe.* La prov. tiene una gran prod. ganadera.

camagüeyano, na adj. y s. De Camagüey (Cuba).

Camajuaní, mun. de Cuba (Las Villas).

Camáldula, orden religiosa fundada por San Romualdo en el s. XI, cerca de Florencia.

camaldulense adj. y s. De la orden de la Camáldula.

camaleón m. Género de reptiles saurios cuyo color cambia según el medio que le rodea. ‖ — Adj. y s. *Fig.* Que cambia fácilmente de opinión: *un político camaleón.*

Camalig, pobl. filipina de la prov. de Albay (Luzón).

Camaná, c. del Perú, cap. de la prov. homónima (Arequipa).

camándula f. Rosario de uno o tres dieces. ‖ *Fam.* Hipocresía, falsedad. | Astucia, treta. ‖ — Com. Persona hipócrita o astuta. ‖ *Camándula.* V. CAMÁLDULA.

camandulear v. i. Ostentar falsa o exagerada devoción.

camandulense adj. y s. Camaldulense.

camandulero, ra adj. y s. *Fam.* Hipócrita. | Beato.

cámara f. (Ant.). Habitación. ‖ Habitación principal de una casa. ‖ Cuarto de dormir: *cámara nupcial.* ‖ Habitación de un rey, de un papa. ‖ Sala de los barcos destinada a los jefes u oficiales. ‖ Tomavistas de cine o de televisión. ‖ Armario refrigerador en el que se conservan los alimentos. ‖ Hueco en el que se pone un cartucho, un explosivo. ‖ Tubo de goma, en el interior de la cubierta de un neumático o en un balón, que se hincha con aire. ‖ Espacio hueco en el cuerpo: *cámara del ojo.* ‖ Espacio entre las compuertas superior e inferior de una esclusa. ‖ *Mec.* Espacio cerrado en que tiene lugar una combustión. ‖ Lugar en que se reúnen ciertos cuerpos profesionales: *Cámara de Comercio.* ‖ Edificio en que se reúnen los cuerpos legislativos de un país: *Cámara de Diputados.* ‖ (Ant.). Tribunal: *Cámara de Indias.* ‖ Armario: *cámara acorazada.* ‖ Granero, troj. ‖ Diarrea. ‖ — *Cámara de gas,* recinto en el que, inyectando gases tóxicos, se da muerte a una persona. ‖ *Cámara de los Comunes,* cámara baja del Parlamento británico que ejerce el poder legislativo. ‖ *Cámara de los Lores,* cámara alta del Parlamento británico, formada por los pares, grandes señores y altos funcionarios del Reino Unido, equivalente al Senado. ‖ *Cámara fotográfica,* máquina de retratar. ‖ *Cámara lenta,* proyección lenta de una película. ‖ *Cámara mortuoria,* habitación donde está de cuerpo presente un cadáver. ‖ *Cámara oscura,* caja, cuyo interior es negro, en la que una de sus caras posee una abertura (provista de una lente) por la que penetran los rayos enviados por los objetos situados en el exterior y cuyas imágenes se proyec-

CA

tarán en una pantalla colocada a una distancia determinada.

cámara m. Operador de cine.

camarada com. Compañero.

camaradería f. Compañerismo.

camarero, ra m. y f. Persona que sirve a los consumidores de un café, bar, restaurante. ‖ Persona encargada de las habitaciones de un hotel o de los camarotes de un barco. ‖ Criado, dama de un rey o de un Papa: *camarera mayor de la reina.* ‖ — M. Persona que atiende a los pasajeros de un avión.

Camargo, pobl. de Bolivia, cap. de la prov. de Nor Cinti (Chuquisaca). — Pobl. de México (Chihuahua).

Camargue (La), región de Francia en el delta del Ródano. Ganadería (toros, caballos). Agricultura (arroz).

camarilla f. Conjunto de personas que influyen en los asuntos del Estado o cerca de alguna autoridad o personalidad. ‖ Grupo de personas que dirigen cualquier asunto sin que dejen que otros interesados intervengan en nada.

camarín m. Habitación de las iglesias en las que se guardan las ropas y joyas de una imagen de la Virgen. ‖ Camerino de los actores. ‖ Tocador. ‖ Cuarto retirado y pequeño en las casas.

Camarines, prov. de Filipinas, al SE. de Luzón, dividida en *Camarines Norte* (cap. *Daet*) y *Camarines Sur* (cap. *Naga*).

Camariñas, pobl. y ría del NO. de España (La Coruña). Encajes.

camarlengo m. Cardenal que administra el tesoro de la Iglesia cuando está vacante la Santa Sede.

camarón m. Pequeño crustáceo decápodo marino, comestible. ‖ *Camarón que se duerme, se lo lleva la corriente,* refrán que critica la indolencia o pereza de una persona.

Camarones, bahía de la Argentina (Chubut). — Río de Chile (Tarapacá).

camarote m. Dormitorio de barco.

camastro m. Cama mala.

camastrón, ona adj. y s. *Fam.* Astuto.

camastronería f. Astucia.

Camba (Francisco), novelista español (1882-1947), autor de *Episodios contemporáneos.* — Su hermano JULIO (1882-1962), periodista y humorista, publicó libros de viajes.

Cambaceres (Eugenio), político y escritor argentino (1843-1888), autor de novelas realistas (*Música sentimental, Sin rumbo*).

Cambacérès (Jean-Jacques DE), duque de Parma, jurista y político francés (1753-1824), segundo cónsul y gran canciller del Imperio. Participó en la redacción del Código civil o de Napoleón.

cambalache m. *Fam.* Cambio.

cambalachear v. t. *Fam.* Hacer cambalaches.

cambiadizo, za adj. Que cambia: *carácter cambiadizo.*

cambiador, ra adj. y s. Que cambia. ‖ — M. *Amer.* Guardagujas.

cambiante adj. Que cambia: *humor cambiante.* ‖ — M. Cambista. ‖ — Pl. Visos, reflejos.

cambiar v. t. Ceder una cosa por otra: *cambiar sellos con un filatelista.* ‖ Reemplazar: *cambiar una rueda del automóvil.* ‖ Convertir una moneda en otra: *cambiar pesetas por pesos.* ‖ Convertir en dinero menudo: *cambiar mil pesetas* (ú. t. c. i.). ‖ Transformar: *cambiar la paz en guerra.* ‖ Variar, mudar: *cambiaron el horario.* ‖ — V. i. Mudar el viento. ‖ Variar, alterarse: *el tiempo va a cambiar.* ‖ Pasar otra velocidad a un automóvil. ‖ — V. pr. Mudarse de ropa.

cambiazo m. Sustitución.

cambio m. Acción de cambiar. ‖ Modificación que resulta de ello: *cambio de gobierno.* ‖ Trueque: *cambio de libros.* ‖ Dinero menudo, moneda fraccionaria: *no tener cambio.* ‖ Dinero que se da de vuelta: *el camarero no me dio el cambio.* ‖ Precio de cotización de los valores mercantiles. ‖ Operación que consiste en la compra y venta de valores, monedas y billetes. ‖ Diferencia que se paga o cobra por cambiar moneda de un país por la de otro. ‖ — *A las primeras de cambio,* de buenas a primeras; a la primera oportunidad. ‖ *Cambio de marcha* o *de velocidad,* sistem de engranajes que permite ajustar la velocidad de un vehículo al régimen de revoluciones del motor. ‖ *Cambio de vía,* mecanismo para dirigir los trenes por las vías deseadas. ‖ *En cambio,* en vez de; al contrario.

Cambises, rey de Persia de 529 a 521 a. de J. C. Se apoderó de Egipto.

cambista com. Persona que cambia dinero. ‖ — M. Banquero.

Cambó (Francisco), político y financiero español (1875-1947), jefe del partido regionalista catalán. M. en el destierro.

Camboya o **Cambodia,** Estado de Indochina, situado entre Vietnam del Sur y Tailandia; 180 000 km²; 6 701 000 h. (*camboyanos*). Cap. *Pnom Penh,* 500 000 habitantes; c. pr.: *Battambang,* 25 000 h. La población se concentra a lo largo del río Mekong y del lago Tonlé Sap, donde se cultiva el arroz y el algodón. De cultura india, Camboya estaba dividida en dos reinos: Fu-nam (Camboya y Cochinchina actuales) y Tchen-la (Laos). Conoció una gran civilización en los. s. XI y XII. Posteriormente fue tributaria de Siam. Francia estableció el *protectorado de Camboya* en 1863. Estado independiente en 1953, recibió el nombre de *República Kmer* en 1970.

camboyano, na adj. y s. De Camboya.

Cambrai [-*bré*], c. de Francia (Nord). Arzobispado.

cambriano, na y **cámbrico, ca** adj. y s. *Geol.* Dícese del primer período de la era primaria, así como de sus terrenos y fósiles.

Cambridge, c. de Inglaterra cap. del condado homónimo. Universidad. — C. de Estados Unidos (Massachusetts). Universidad de Harvard.

Cambrils, v. del NE. de España (Tarragona). Estación balnearia.

Cambronne (Pierre), general francés (1770-1842), comandante de la vieja guardia en Waterloo.

cambujo, ja adj. y s. *Méx.* Mestizo de zambaigo e india o de albarazado y negra o de zambaigo y mulata.

Cambuquira, mun. del Brasil (Minas Gerais).

Camden, c. de Estados Unidos (Nueva Jersey).

camelador, ra adj. y s. *Fam.* Que camela.

camelar v. t. *Fam.* Enamorar, conquistar. | Embaucar con adulaciones. | Amar, querer.

cameleo m. *Fam.* Acción de camelar.

camelia f. Arbusto de Asia oriental de flores bellas e inodoras.

camélidos m. pl. Familia de rumiantes a la que pertenecen el camello, el dromedario, la llama, la alpaca, etc. (ú. t. c. adj.).

camelista com. *Fam.* Cuentista. ‖ — Adj. Sin valor: *un pintor camelista.*

camelo m. *Fam.* Galanteo. | Engañifa. | Mentira, cuento. | Bulo, noticia falsa. ‖ *Fam. Dar el camelo a uno,* timarle.

camella f. Hembra del camello. ‖ Caballón en lo arado. ‖ Gamella.

camellero m. Encargado de los camellos.

camello m. Rumiante de Asia Central que tiene dos jorobas en el lomo. ‖ *Mar.* Dique flotante para levantar los barcos.

camellón m. Caballón.

cameraman m. (pal. ingl.). Operador de cine, cámara. (Pl. *cameramen.*)

Camerarius (Joachim), humanista alemán (1500-1574). Redactó con Melanchton la *Confesión de Augsburgo.*

camerino m. Cuarto donde se arreglan y visten los artistas en el teatro.

camero, ra adj. Que sirve para cama grande: *sábana camera.* ‖ — M. y f. El que hace o vende camas.

Camerún o **Camerón,** territ. africano del golfo de Guinea. Ocupado por los alemanes en 1884, por los Aliados de 1914 a 1916, después administrado por Francia y la Gran Bretaña, es hoy Rep. federal independiente; 474 000 km²; 6 700 000 h. (*camerunenses*). Cap. *Yaundé,* 101 000 h.; c. pr.: *Duala,* 119 000 h.; *N'Kongsamba,* 25 000, y *Fumban,* 18 000.

Camerún o **Camerón** (MONTES), macizo volcánico de Guinea frente a Fernando Poo; 4 000 m.

camerunense adj. y s. Del Camerún o Camerón.

Cami. V. FAGNANO (José).

camilla f. Cama pequeña. ‖ Cama portátil, a modo de angarillas o andas, para transportar enfermos y heridos. ‖ Mesa redonda cubierta con faldilla bajo la cual se pone un brasero.

camillero m. Persona que transporta heridos en camilla.

caminador, ra adj. Que camina mucho.

caminante adj. y s. Viajero a pie, que camina.

caminar v. i. Ir de viaje: *caminar a* o *para Barcelona.* ‖ Ir de un sitio a otro, andar. ‖ Seguir su curso los ríos, los astros. ‖ *Fig.* Ir: *camina a su ruina.* ‖ — V. t. Recorrer.

caminata f. Recorrido largo.

caminero, ra adj. Propio de los caminos y carreteras. ‖ *Peón caminero,* el encargado de cuidar las carreteras.

camino m. Vía de tierra por donde se pasa para ir de un sitio a otro. ‖ Cualquier vía de comunicación. ‖ Ruta: *me lo encontré en el camino.* ‖ Curso: *el camino de un astro.* ‖ Viaje: *ponerse en camino.* ‖ *Fig.* Medio para conseguir una cosa: *estar en buen camino.* | Vía, medio que conduce a un fin: *el camino de la gloria.* ‖ — *Camino de herradura,* el que sólo sirve para caballerías. ‖ *Camino de hierro,* el ferrocarril. ‖ *Camino de ronda,* el que da la vuelta a la ciudad o fortaleza. ‖ *Camino de Santiago,* Vía Láctea. ‖ *Camino de sirga,* el que está a orillas de ríos y canales. ‖ *Camino real* o *nacional,* el grande, construido por el Estado. ‖ *Camino trillado,* el muy frecuentado; (fig.) tema corrientemente tratado. ‖ *Camino vecinal,* el construido por el municipio, más estrecho que el real.

Camino (León Felipe). V. FELIPE (León). ‖ ~ (MIGUEL A.), poeta y escritor argentino (1877-1944), autor de *Chacayaleras.*

camión m. Vehículo grande utilizado para transportar mercancías. ‖ *Amer.* Autobús. ‖ *Camión cisterna,* el que transporta carburantes líquidos, agua, vinos, etc.

camionaje m. Transporte por camión. ‖ Precio que cuesta.

camionero m. Conductor de camión o camioneta.

camioneta f. Camión pequeño.

camisa f. Prenda masculina con cuello y puños que cubre el busto. ‖ *Bot.* Telilla o piel de ciertos frutos: *la camisa del guisante.* ‖ Revestimiento interior o exterior de una pieza mecánica, de un horno, de un proyectil. ‖ Carpeta, portadocumentos. ‖ Sobrecubierta de un libro. ‖ Red con que se cubren los mecheros de gas. ‖ *Zool.* Epidermis de una serpiente. ‖ — *Camisa azul,* miembro de Falange Española. ‖ *Camisa de fuerza,* la que se pone a los locos. (En América, *chaleco de fuerza.*) ‖ *Camisa negra,* adherente fascista italiano. ‖ *Camisa parda,* la utilizada por el partido nazi alemán. ‖ *Camisa roja,* compañero de Garibaldi. ‖ *Camisa vieja,* miembro de Falange Española antes de la guerra civil. ‖ *Fam. Dejar sin camisa,* arruinar, quitar a uno cuanto tenía. | *Meterse en camisa de once varas,* inmiscuirse uno en lo que no le importa. | *Mudar* o *cambiar de camisa,* cambiar de opinión o de partido. | *No llegarle la camisa al cuerpo,* estar uno con mucho miedo. | *Vender hasta la camisa,* venderlo todo.

camisería f. Tienda donde se venden camisas y taller o fábrica donde se hacen.

camisero, ra m. y f. Persona que confecciona o vende camisas. ‖ — Adj. Aplícase a cierto traje de mujer abotonado por delante.

camiseta f. Prenda de vestir corta, de punto o de franela, que se pone debajo de la camisa. ‖ Camisa de verano cuya botonadura no llega hasta el final. ‖ La usada por los deportistas.

camisola f. Camisa o camiseta.

camisón m. Camisa de dormir. ‖ Camisa larga o grande. ‖ En algunas partes, camisa de hombre.

camita adj. y s. Descendiente de Cam. ‖ — Pl. Conjunto de pueblos que viven en África.

camoatí m. *Amer.* Especie de avispa.

Camocim, mun. del Brasil (Ceará). Salinas.

Camoens (Luis Vaz de), poeta portugués, n. en Lisboa (1524-1580). Tras combatir en Marruecos, donde perdió un ojo, participó en una expedición a la India, que le inspiró su poema *Los Lusiadas,* dedicado a la gloria de Vasco de Gama y del pueblo portugués. Escribió tb. algunas comedias y un libro de *Rimas.*

camomila f. Manzanilla.

camorra f. Pendencia, pelea: *armar* o *buscar camorra.*

camorrista adj. y s. Pendenciero, peleón.

camotal m. Terreno sembrado de camotes.

camote m. *Amer.* Batata, planta comestible. | *Fig.* Enamoramiento. | Querida. | Tonto. ‖ *Fig.* y *fam. Méx. Tragar camote,* hablar con dificultad.

camotear v. i. *Méx.* Andar vagando.

camp adj. Que adopta la moda y los gustos imperantes de 1945 a 1960 (ú. t. c. s.).

Campa (Gustavo), compositor y musicógrafo mexicano (1863-1934).

campal adj. Del campo. ‖ *Batalla campal,* la de campo raso.

campamento m. Acción de acampar o acamparse. ‖ Lugar donde se acampa. ‖ Grupo de personas acampadas. ‖ *Por ext.* Instalación provisional.

campana f. Instrumento de bronce, de forma de copa invertida, que tiene en su interior un badajo que la golpea y la hace sonar. ‖ *Fig.* Cualquier cosa que tiene forma semejante a este instrumento: *campana de la chimenea.* | Vaso de cristal o de vidrio utilizado para proteger ciertas cosas: *campana del queso.* ‖ — *Campana de buzo* o *de salvamento,* recipiente con aire comprimido utilizado por los buzos para sumergirse. ‖ *Campana neumática,* recipiente en cuyo interior se hace el vacío. ‖ *Fig.* y *fam. Echar las campanas al vuelo,* alegrarse mucho de algo. | *Oír campanas y no saber dónde,* no comprender más que a medias una cosa. ‖ *Vuelta de campana,* trecha; vuelco de un coche o avión.

Campana, isla de Chile, en el archip. de Wellington. — Pobl. de la Argentina (Buenos Aires). Frigoríficos; ref. de petróleo. Puerto en el Paraná.

Campana (Dino), poeta italiano (1885-1932), autor de *Cantos órficos.*

campanada f. Golpe da el badajo en la campana. ‖ Sonido que hace. ‖ *Fig.* Suceso inesperado que causa escándalo o sorpresa.

campanario m. Torre de iglesia donde se colocan las campanas.

Campanario, grupo de islas de Bolivia, en el lago Titicaca. — Cerro de El Salvador (Cuscatlán). Combate entre hondureños y salvadoreños (1839).

campanear v. i. Tañer las campanas. ‖ *Fig.* y *fam.* Campanearselas, arreglárselas.

Camapanella (Tommaso), humanista italiano (1568-1639), adversario de la escolástica y autor del relato filosófico y utópico *La ciudad del Sol.*

campaneo m. Toque de campanas. ‖ *Fig.* y *fam.* Contoneo.

campanero m. El que hace campanas o las toca.

Campania, región del S. de Italia. C. pr.: *Nápoles.*

campanil m. Campanario. ‖ Campanilo.

campanilo m. Campanario de ciertas iglesias italianas separadas del edificio: *el campanilo de Florencia.*

campanilla f. Campana pequeña: *la campanilla del monaguillo, de la puerta.* | *Anat.* Úvula, galillo de la garganta. ‖ Flor de la enredadera y otras plantas campanuláceas. ‖ Adorno de figura de campana: *fleco de campanillas.* ‖ Burbuja. ‖ *Fam. De muchas campanillas,* importante, notable.

campanillear v. i. Tocar la campanilla.

campanilleo m. Sonido de las campanillas.

campante adj. *Fig.* y *fam.* Ufano, contento de sí, satisfecho: *se quedó tan campante.* | Tranquilo.

campanudo, da, adj. De forma de campana. ‖ *Fig.* Grandilocuente, ampuloso, muy solemne: *estilo campanudo.*

campánula f. *Bot.* Farolillo.

campanuláceas f. pl. *Bot.* Plantas angiospermas dicotiledóneas que tienen por tipo el farolillo o la campánula (ú. t. c. adj.).

campaña f. Expedición militar: *las campañas de Aníbal.* ‖ Período de tiempo en una guerra: *la campaña de Rusia fue larga.* ‖ Cualquier empresa política, económica o de otra cosa, de poca duración, encaminada a obtener un resultado: *campaña antialcohólica, electoral.* ‖ Campo llano. ‖ *Mar.* Tiempo que pasa entre la salida de un buque y su regreso.

campar v. i. Acampar. ‖ Sobresalir. ‖ *Fig. Campar por sus respetos,* hacer lo que uno quiere.

Campbell (Thomas), poeta lírico y crítico escocés (1777-1844). ‖ ~ (William Wallace), astrónomo norteamericano (1862-1938), que midió la rotación de los anillos de Saturno.

campeador adj. y s. m. Que sobresalía en la guerra: *el Cid Campeador.*

campear v. i. Salir los animales al campo. ‖ Vadear las sementeras: *campear el trigo.* ‖ *Fig.* Sobresalir: *en su prosa campea la ironía.*

campechanía f. Llaneza.

campechano, na adj. y s. De Campeche (México). ‖ — F. *Méx.* Bebida compuesta de diferentes licores.

campechano, na adj. *Fig.* y *fam.* Amistoso, llano, bonachón. | Sin cumplidos.

campechanote, ta adj. Muy campechano.

campeche m. Madera dura tintórea de América. (Se dice indistintamente *palo campeche* o *de campeche.*)

Campeche, c. y puerto de México, en la costa O. de Yucatán, cap. del Estado homónimo. Fundada en 1540. Maderas preciosas.

Campeche (José), pintor puertorriqueño (1752-1809).

campeón m. Vencedor de una competición deportiva: *campeón de fútbol.* ‖ *Fig.* Defensor, paladín: *campeón de la justicia.* ‖ Antiguamente, el que combatía en los desafíos y torneos.

campeonato m. Prueba deportiva en la que el vencedor recibe el título de campeón: *campeonato de fútbol.* ‖ *Fig.* y *fam. De campeonato,* formidable, terrible.

campero, ra adj. Relativo al campo o en el campo. ‖ — F. *Amer.* Prenda de abrigo a modo de blusa, que llega a la cintura. ‖ — M. Jeep, vehículo todo terreno.

Campero, prov. de Bolivia (Cochabamba).

Campero (Narciso), general boliviano (1815-1896). Intervino en la guerra del Pacífico y fue pres. de la Rep. de 1880 a 1884.

campesinado m. Conjunto o clase social de los campesinos.

campesino, na adj. Propio del campo: *vida campesina.* ‖ — Adj. y s. Que vive, que suele andar en el campo. ‖ Natural o perteneciente a la Tierra de Campos.

campestre adj. Del campo. ‖ — M. Danza antigua mexicana.

Campina ‖ ~ **Grande,** c. del Brasil (Paraíba). Industrias; comercio. ‖ ~ **Verde,** mun. del Brasil (Paraíba).

Campinas, c. del Brasil (São Paulo). Arzobispado.

camping m. (pal. ingl.). Deporte que consiste en vivir al aire libre y dormir en una tienda de campaña. ‖ Terreno reservado a esta actividad.

campiña f. Campo.

Campiña Romana, en ital. *Agro Romano,* región al S. del Tíber, entre el mar y los Apeninos.

campirano, na adj. *Méx.* Campesino.

campista m. Persona que hace camping.

Campisteguy (Juan), político uruguayo (1859-1937), pres. de la Rep. de 1927 a 1931.

campo m. Terreno fuera de poblado: *vivir en el campo.* ‖ Tierra laborable: *campo de maíz.* ‖ Lugar en que tiene lugar un combate: *campo de operaciones.* ‖ Sitio en que se encuentra un ejército: *el campo enemigo.* ‖ Lugar donde se celebra un encuentro deportivo: *campo de fútbol, de tenis,* etc. ‖ *Fig.* Ámbito, medio, esfera: *campo de actividad.* | Asunto, materia: *el campo de la cultura, de la erudición.* | Partido político, filosófico: *campo carlista.* ‖ *Blas.* Fondo del escudo. ‖ *Fís.* Espacio en que se hace perceptible un fenómeno: *campo magnético.* ‖ — *A campo traviesa,* atravesando el campo sin seguir un camino. ‖ *Campo de aviación,* terreno reservado al despegue y aterrizaje de aviones. ‖ *Campo de batalla,* sitio en el que se lucha. ‖ *Campo de concentración,* terreno cercado en el que se recluyen, en tiempo de guerra, los súbditos de países enemigos y también a otras personas por razones políticas. ‖ *Campo del honor,* lugar donde se verifica un duelo. ‖ *Campo eléctrico,* región sometida a la influencia de una corriente eléctrica. ‖ *Campo operatorio,* región a que se aplica la intervención quirúrgica. ‖ *Campo raso,* el llano y sin casas. ‖ *Campo santo,* cementerio.

Campo ‖ ~ **Durán,** pobl. de la Argentina (Salta). Petróleo. ‖ ~ **de Criptana,** v. de España (Ciudad Real). Su paisaje inspiró a Cervantes el capítulo de los molinos de viento del *Quijote.* ‖ ~ **de Talampaya,** desierto de la Argentina entre las sierras de Valle Fértil y Sañogasta. ‖ ~ **del Arenal,** altiplanicie de la Argentina (Catamarca); 2 500 m. ‖ ~ **Formoso,** mun. del Brasil (Bahía). ‖ ~ **Grande,** c. del Brasil (Mato Grosso).

Campo (Ángel del), escritor costumbrista, mexicano (1868-

1908), autor de la novela *La rumba*. Firmó con el seudónimo de *Micros*. || ~ (ESTANISLAO DEL), político y poeta argentino, n. en Buenos Aires (1834-1880), autor del poema *Fausto*, uno de los mejores entre las obras de la literatura gauchesca. Utilizó el seudónimo de *Anastasio el Pollo*. Fue partidario de Mitre. || ~ (RAFAEL), político salvadoreño (1813-1890), pres. de la Rep. de 1856 a 1858. || ~ **Serrano** (JOSÉ MARÍA), general colombiano (1836-1915), pres. de la Rep. de 1886 a 1887.

Campoalegre, c. de Colombia (Huila).

Campoamor (Ramón de), poeta español (1817-1901), autor de *Doloras, Humoradas* y *Pequeños poemas*.

Campomanes (Pedro RODRÍGUEZ, *conde de*), político español (1723-1803). Creó las *Sociedades económicas de Amigos del País*.

Campos, c. del Brasil (Río de Janeiro). || ~ (TIERRA DE), comarca de España en la prov. de Palencia de gran fertilidad. || ~ **Cataláunicos.** V. CATALÁUNICOS.

Campos (Daniel), poeta satírico y épico boliviano (1829-1901), autor de *Colichá*. || ~ (RUBÉN M.), escritor folklorista mexicano (1876-1945). || ~ **Alatorre** (CIPRIANO), novelista y autor de cuentos mexicano (1906-1934). || ~ **Cervera** (HÉRIB), poeta surrealista y nativista paraguayo (1908-1953), autor de *Ceniza redimida*. || ~ **Salles** (MANUEL FERRAZ DE), estadista brasileño (1841-1913), pres. de la Rep. de 1898 a 1902.

Campos Elíseos. V. ELÍSEO.

camposanto m. Cementerio.

Camprodón (Francisco), dramaturgo español (1816-1870), autor del libreto de la ópera *Marina*.

campus m. Ciudad universitaria cerca de una población para la enseñanza y el alojamiento de los estudiantes.

camuesa f. Fruto del camueso.

camueso m. Especie de manzano.

camuflaje m. Galicismo empleado para designar los artificios que se usan para ocultar un objetivo militar.

camuflar v. t. Ocultar un objetivo militar. || *Fig.* Disimular.

Camus (Albert), novelista francés, n. en Argelia (1913-1960), autor de ensayos (*El mito de Sísifo*), novelas (*La peste, El extranjero*), obras teatrales (*Calígula, Los justos*). [Pr. Nóbel, 1957.]

can m. Perro. || Gatillo de un arma de fuego. || *Arq.* Cabeza de una viga que sobresale del muro. | Modillón, adorno saliente bajo la cornisa.

Can || ~ **Mayor,** constelación austral donde se encuentra Sirio. || ~ **Menor,** constelación boreal.

cana f. Cabello blanco. || *Fig.* y *fam.* *Echar una cana al aire,* divertirse uno ocasionalmente.

Caná, c. de Galilea, célebre por las bodas donde Jesucristo convirtió el agua en vino. (*Nuevo Testamento.*)

Canaán (TIERRA DE), ant. n. de *Palestina* o *Tierra de Promisión*.

canabíneas f. pl. *Bot.* Cannabáceas (ú. t. c. adj.).

canacúa f. Danza mexicana tarasca.

canacuate m. *Méx.* Serpiente acuática muy gruesa.

Canadá, Est. de América del Norte, miembro del Commonwealth británico, dividido en diez provincias (*Nueva Escocia, Nuevo Brunswick, Quebec, Ontario, Manitoba, Colombia Británica, Príncipe Eduardo, Alberta, Saskatchewan, Terranova*) y los territorios del NO. y del Yukon; 9 960 000 km²; 21 089 000 h. (*canadienses*), de los que 5 000 000 son de lengua francesa. Cap. *Ottawa*, **345 000 h.**; Otras c.: *Montreal*, 1 200 000 h.; *Toronto*, 672 400; *Vancouver*, 400 000; *Winnipeg*, 409 121; *Hamilton*, 356 831; *Edmonton* 360 000; *Calgary*, 235 450; *Quebec*, 310 000; *Windsor*, 114 000; *London*, 165 00, y *Halifax*, 164 200.

— GEOGRAFÍA. Canadá presenta, en el centro, planicies de erosión alrededor de la bahía de Hudson, llamadas *el escudo canadiense*; en el E., la extremidad N. de los *Apalaches*; en el O., las *montañas Rocosas*, las *Selkirks* y la cadena costera. El Canadá es un gran país agrícola (cereales, frutas, ganadería, etc.), que explota tb. las riquezas de sus bosques (celulosa, papel), de sus cursos de agua (hulla blanca) y de su subsuelo. Posee una industria y un comercio importantes.

— HISTORIA. El Canadá, descubierto por Caboto en 1497 y explorado por Verazzano y Cartier, fue colonizado por Champlain, pero los franceses tuvieron que ceder a los ingleses la soberanía del país por el Tratado de París de 1763. El Acta de América Británica del Norte, de 1867, creó la Confederación Canadiense y le dio su Constitución actual. A las cuatro provincias originales se fueron añadiendo sucesivamente: *Manitoba* (1870), Colombia Británica (1871), la isla del *Príncipe Eduardo* (1873), Alberta y Saskatchewan (1905) y Terranova (1949).

canadiense adj. y s. Del Canadá.

canadio m. Metal del grupo del platino.

Canaguá, río de Venezuela (Mérida y Barinas), afl. del río Apure.

canal m. Cauce artificial que, mediante esclusas, permite a las embarcaciones salvar las diferencias de nivel. || Paso artificial que hace comunicar entre sí a dos mares: *el canal de Panamá*. || Estrecho o brazo de mar: *el canal de la Mancha, de Mozambique*. || Parte más profunda de la entrada de un puerto. || Conducto excavado en la tierra por donde pasan las aguas, el gas, etc. || Vaso del organismo animal o vegetal: *canal excretor*. || Banda de frecuencia entre cuyos límites se efectúa una emisión de televisión. || — Amb. Conducto que corre por el alero de un tejado para recoger las aguas de lluvia y llevarlas al suelo a través de un bajante. || Res muerta, una vez quitados los despojos. || Corte de un libro opuesto al lomo. || *Arq.* Estría de una columna. || *Abrir en canal,* abrir por en medio, de arriba abajo: *abrir una ternera en canal*.

canaladura f. *Arq.* Estría, surco en línea vertical.

Canalejas y Méndez (José), político y escritor español (1854-1912). Jefe del Partido Liberal,

CANADÁ

fue pres. del Gobierno (1910). M. asesinado.

canalete m. *Mar.* Remo corto, de pala ancha y ovalada. | Devanadera.

Canaletto (Antonio CANAL, llamado **el**), pintor italiano 1697-1768), autor de *Vistas de Venecia.*

canalizable adj. Que se puede canalizar.

canalización f. Acondicionamiento de un curso de agua para hacerlo navegable. ‖ — Pl. Conjunto de tubos o cañerías. ‖ *Amer.* Alcantarillado.

canalizar v. t. Abrir canales. ‖ Hacer navegable un curso de agua.

cesas. ‖ Tanto o punto en el baloncesto. ‖ *Fig.* y *fam. Méx. Suspender la canasta,* dejar a uno sin sueldo.

canastero, ra m. y f. Persona que hace o vende canastas

canastilla f. Cestillo: *canastilla de costura.* ‖ Ropa o ajuar del niño que va a nacer.

canastillo m. Canasto pequeño y bajo. ‖ Macizo de flores redondo.

canasto m. Canasta menos ancha de boca. ‖ *¡Canastos!,* interj. de enfado, de protesta o de sorpresa.

‖ En varios países latinoamericanos, ministro o secretario de Relaciones Exteriores.

cancilleresco, ca adj. Relativo a la cancillería.

cancillería f. Dignidad o cargo de canciller. ‖ Oficina especial en las embajadas y consulados. ‖ Alto centro diplomático que dirige la política exterior de un país.

canción f. Composición en verso que se puede cantar. ‖ Música con que se canta. ‖ Nombre de diferentes composiciones poéticas. ‖ — *Canción de cuna,* la cantada para dormir a los niños. ‖ *Canción de gesta,* cantar de gesta. ‖ *Fig* y *fam.*

CANARIAS

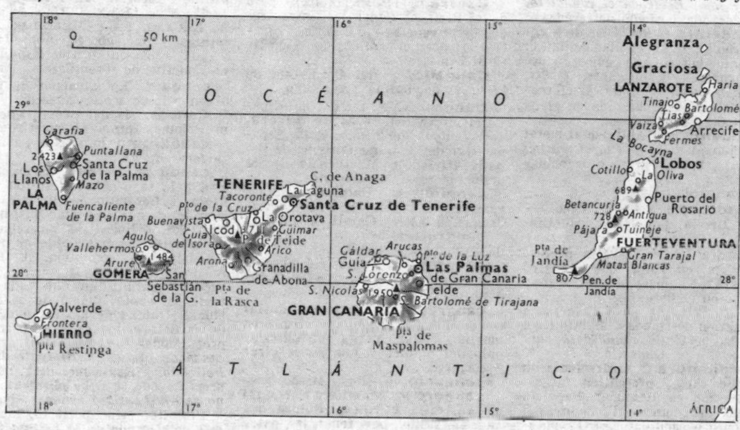

‖ *Fig.* Encauzar, orientar en una dirección: *canalizar el descontento.*

canalón m. Cañería que recoge en los tejados el agua de los canales. ‖ — Pl. Placas rectangulares de pasta, rellenas de carnes y arrolladas.

canalla f. Gente ruin, populacho vil. ‖ — M. Hombre vil, miserable.

canallada. f. Acción o dicho propio de un canalla.

canallesco, ca adj. Propio de la canalla o de un canalla.

canana f. Cartuchera.

Cananea, río de México que nace en la sierra homónima, tb. llamada del *Cobre* (Sonora). — C. y mun. de México (Sonora).

cananeo, a adj. y s. De la Tierra de Canaán.

canapé m. Sofá. ‖ Pedazo de pan untado de algo (caviar, salmón ahumado, queso, etc.), que se sirve en los cócteles.

canaria f. Hembra del canario.

Canaria (GRAN), isla principal del archip. de las Canarias; 1 667 km²; cap. *Las Palmas.*

Canarias, archip. español del Atlántico, a 115 km. de Marruecos; 7 506 km². Se divide en dos prov.: *Santa Cruz de Tenerife* y *Las Palmas;* la primera consta de las islas de *Tenerife, La Palma, Gomera* y *Hierro;* la segunda de las de *Gran Canaria, Lanzarote, Fuerteventura* y diversos islotes. Clima benigno. Centro turístico. Plátanos, verduras, tabaco. Conquistadas para Enrique III de Castilla en 1402, por el francés Jean de Bethencourt. Los indígenas se llamaban *guanches.*

canariera f. Jaula de canarios.

canario m. Pájaro de color amarillo claro y de canto melodioso.

canario, ria adj. y s. De las islas Canarias. ‖ Canelonense.

Canaris o **Kanaris** (Konstantin), patriota griego (1700-1877), héroe de la Independencia.

Canarreos, archip. de Cuba del que forma parte la isla de Pinos.

Canas, prov. del Perú (Cuzco); cap. *Yanaoca.* — V. CANNAS.

canasta f. Cesto de mimbres ancho de boca. ‖ Cierto juego de naipes con dos o más barajas fran-

Canberra, cap. federal de Australia, en el SE. de Nueva Gales del Sur; 88 600 h.

cancab m. *Méx.* Tierra colorada (en Yucatán).

cáncamo m. Armella. ‖ *Mar* Cabilla de hierro.

cancanear v. i. *Fam. Méx.* Tartamudear.

cancaneo m. *Fam. Méx.* Tartamudeo.

cáncano m. *Fam.* Piojo.

cancel m. Armazón de madera que se pone delante de las puertas de los edificios, por la parte interior, para impedir la entrada del aire. ‖ *Amer.* Biombo, mampara.

cancela f. Reja de hierro forjado en el umbral de una puerta.

Cancela (Arturo), escritor argentino (1892-1957), autor de *Tres relatos porteños.*

cancelación f. Anulación. ‖ Acción y efecto de cancelar.

cancelar v. t. Anular: *cancelar un viaje.* ‖ Saldar, pagar una deuda.

cáncer m. *Med.* Tumor maligno formado por la multiplicación desordenada de las células de un tejido o de un órgano. ‖ *Fig.* Lo que devora una sociedad, una organización, etc.

Cáncer, cuarto signo del Zodiaco (22 de junio-23 de julio). — Constelación situada en la parte más septentrional de la eclíptica, entre el León y los Gemelos. ‖ ~ (TRÓPICO DE). V. TRÓPICO.

Cáncer y Velasco (Jerónimo de), comediógrafo clásico español (¿1544?-1655), autor de *El mejor representante San Ginés.*

cancerarse v. pr. Volverse canceroso un tumor. ‖ *Fig.* Corromperse.

Cancerbero. V. CERBERO.

cancerígeno, na adj. Que provoca el cáncer.

canceroso, sa adj. De la naturaleza del cáncer: *úlcera cancerosa.* ‖ Atacado de cáncer (ú. t. c. s.).

canciller m. Antiguo dignatario que guardaba el sello real. ‖ Empleado consular inferior al vicecónsul. ‖ En algunos Estados, jefe del Gobierno: *el canciller alemán.*

Esa es otra canción, eso es otra cosa. | *Volver a la misma canción,* repetir lo que se dijo.

cancionero m. Colección de canciones y poesías de diversos autores: *el cancionero de la guerra civil.*

— Los *cancioneros* más célebres son los galaico-portugueses (*Cancionero de Ajuda, Cancionero de la Vaticana* y *Cancionero Colocci-Brancuti*). El primer castellano es el *Cancionero de Baena,* recopilado hacia 1445 por Juan Alfonso de Baena. Poco después reunía *Lope de Stúñiga* el suyo (poetas de la corte aragonesa de Alfonso V). Conviene tb. citar el *Cancionero General,* compilado por Hernando del Castillo en 1511.

cancionista com. Persona que compone o canta canciones.

cancha f. *Amer.* Campo de deportes: *cancha de fútbol.* | Hipódromo. | Patio, corral, espacio cercado. | Trozo de un río entre dos recodos.

Cancha Rayada, llano de Chile, al N. de Talca, donde San Martín fue derrotado por las tropas realistas de Osorio (1818).

canchero m. *Amer.* Hombre encargado de una cancha.

Canchis, prov. del Perú (Cuzco); cap. *Sicuani.*

candado m. Cerradura móvil que, por medio de anillos o armellas, asegura puertas, tapas de cofre, etc.

Candamo (Manuel), político peruano (1841-1904), pres. de la Rep. de 1903 a 1904.

Candarave. V. UBINAS.

Candás, pobl. en el N. de España (Oviedo). Pesca.

cande adj. Aplícase al azúcar cristalizado.

candeal adj. Aplícase al trigo muy blanco y al pan que con él se hace.

candela f. Vela de sebo, resina, etc. ‖ *Fam.* Lumbre, fuego: *pedir candela para el cigarro.* ‖ *Fís.* Unidad legal de intensidad luminosa (símb., *cd*). ‖ — *Fig. Arrimar, dar* o *atizar candela,* pegar, dar de palos.

candelabro m. Candelero de varios brazos. ‖ Planta cactácea.

candelaria f. *Bot.* Gordolobo, planta.

Candelaria, fiesta de la Purificación (2 de febrero).

Candelaria, río de Costa Rica (San José), afl. del Pirris. — Río de Guatemala (El Petén) y México (Campeche). — Pobl. de la Argentina (Misiones). — Térm. mun. de Cuba (Pinar del Río).

candelero m. Utensilio con que se sostiene una vela. ‖ Velón. ‖ *Mar.* Cabilla de hierro que sirve para asegurar alguna cuerda. ‖ *Fig.* y *fam. Estar en el candelero,* gozar de una posición destacada.

candelilla f. *Bot.* Flor de algunos árboles, como el álamo blanco. | Planta euforbiácea que produce un jugo lechoso, purgante. ‖ *Cir.* Sonda de goma. ‖ *Amer.* Luciérnaga. ‖ *Méx.* Cera obtenida de algunas plantas euforbiáceas.

candente adj. Aplícase al metal calentado al rojo. ‖ *Fig. Cuestión candente,* la muy grave o de actualidad.

candi adj. Cande.

Candía, isla del mar Egeo. — C. de Grecia, hoy *Heraclión* (Creta). [V. CRETA.]

Candía (Pedro de), aventurero griego, m. en 1542, que participó en las expediciones de Almagro y Pizarro en el Perú.

candidato, ta m. y f. Persona aspirante o destinada a algún cargo, dignidad o título: *candidato para diputado, a la Academia.*

candidatura f. Aspiración a un honor o cargo, pretensión de alguien como candidato. ‖ Papeleta en que va impreso el nombre del candidato o candidatos. ‖ Propuesta de una o varias personas para un cargo.

candidez f. Calidad de un alma pura e inocente, ingenuidad.

cándido, da adj. Que carece de astucia, sencillo, ingenuo. ‖ *Fig.* Simple, sin malicia.

candil m. Lámpara de aceite con una mecha. ‖ Punta de los cuernos de los venados.

candileja f. *Bot.* Lucérnula, neguilla. ‖ — Pl. *Teatr.* Luces del proscenio.

candiota adj. y s. De Candía.

candombe m. *Amer.* Cierto baile de los negros de Sudamérica | Tambor.

candombear v. i. *Amer.* Bailar el candombe. | *Fig.* y *fam.* Intrigar en política.

candonga f. *Fam.* Lisonja engañosa, zalamería. | Broma o burla.

candongo, ga adj. y s. *Fam.* Zalamero. | Astuto. | Holgazán.

candonguear v. t. *Fam.* Ridiculizar, burlarse. ‖ — V. i. *Fam.* Huir del trabajo.

candonguero, ra adj. *Fam.* Candongo.

candor m. Candidez.

candoroso, sa adj. Cándido.

Cané (Luis), escritor y poeta argentino (1897-1957), autor de *Mal estudiante.* ‖ ~ (MIGUEL), escritor argentino (1812-1863), opuesto a la dictadura de Rosas. — Su hijo MIGUEL (1851-1905), político y escritor, autor de *Juvenilia,* recuerdos autobiográficos.

Canea, puerto de Creta.

canear v. i. Encanecer

caneca f. y **caneco** m. Vasija de barro vidriado para licores.

canela f. Corteza del canelo, empleada como condimento aromático. ‖ *Fig.* y *fam.* Cosa buena, muy apreciada: *este vino es canela fina.*

canelo, la adj. y s. m. De color de canela. ‖ — M. Árbol lauráceo, cuya corteza es la canela. ‖ *Chil.* Árbol magnoliáceo. ‖ *Fam. Hacer el canelo,* desaprovechar una ocasión, hacer el tonto.

canelón m. Canalón, cañería. | Carámbano. ‖ Labor de pasamanería: *los canelones de una charretera.* ‖ — Pl. Canalones, pastas.

canelonense adj. y s. De Canelones (Uruguay).

Canelones, c. del Uruguay, cap. del dep. homónimo. Comercio. En 1828 fue cap. de la Rep. con el n. de *Guadalupe.*

canesú m. Cuerpo de vestido de mujer corto y sin mangas. ‖ Pieza superior de la camisa o blusa a la cual se pega el cuello, las mangas y el resto de la prenda.

Canet del Mar, v. de España (Barcelona).

canevá m. *Amer.* Cañamazo.

caney m. Bohío de techo cónico.

Caney, térm. mun. de Cuba (Oriente). Duro combate durante la guerra hispano-cubana (1898).

Canfranc (PUERTO DE), paso de los Pirineos Centrales, entre Aragón y Francia; 1 640 m. Atravesado por el túnel de Somport (7 857 m).

Cangallo, c. del Perú, cap. de la prov. homónima (Ayacucho).

Cangas, v. y puerto de España (Pontevedra). ‖ **~ de Narcea,** ant. *Cangas de Tineo,* c. de España (Oviedo). ‖ **~ de Onís,** c. de España (Oviedo). Residencia de los primeros reyes de Asturias.

cangilón m. Cada una de las vasijas de la noria o de ciertas dragas. ‖ *Amer.* Carril del camino.

cangreja f. *Mar.* Vela en popa, de forma trapezoidal.

cangrejero, ra m. y f. Persona que vende cangrejos. ‖ — F. Criadero de cangrejos.

cangrejo m. Crustáceo fluvial comestible. ‖ Cámbaro, crustáceo marino. ‖ *Mar.* Verga que ajusta al palo del buque, y que puede girar y correrse.

canguelo m. *Pop.* Miedo.

canguro m. Mamífero marsupial de Australia y Nueva Guinea que anda a saltos por tener las patas delanteras más cortas que las posteriores. (La hembra, más pequeña, lleva a sus crías en una bolsa que tiene en el vientre.)

caníbal adj. y s. Nombre que los españoles dieron a los antiguos caribes. ‖ Antropófago. ‖ *Fig.* Salvaje, cruel, bruto.

canibalismo m. Antropofagia atribuida a los caníbales. ‖ *Fig.* Salvajismo, crueldad.

canica f. pl. Juego de muchachos con bolitas de barro o de cristal. ‖ Estas bolitas.

canicie f. Blancura del pelo.

canícula f. Período más caluroso del año, correspondiente al principio del verano. ‖ *Astr.* Tiempo en que Sirio nace y se pone con el Sol.

Canícula. V. SIRIO.

canicular adj. Relativo a la canícula: *temperatura canicular.*

cánidos m. pl. *Zool.* Familia de mamíferos carniceros cuyo tipo es el perro y el lobo (ú. t. c. adj.).

Canigó, monte de Francia (Pyrénées-Orientales); 2 786 m. Cantado por Jacinto Verdaguer en su poema catalán *El Canigó.*

canijo, ja adj. Enclenque.

canilla f. *Anat.* Cualquiera de los huesos largos de la pierna o del brazo. ‖ Tubo pequeño de madera, por donde se vacía la cuba. ‖ Carrete de la lanzadera de la máquina de coser o de tejer. ‖ *Arg.* Grifo. ‖ *Méx.* Fuerza.

canillero m. Agujero para poner las canillas en un tonel.

canino, na adj. Relativo al perro: *raza canina.* ‖ *Fig.* Enorme, muy grande *hambre canina.* ‖ — M. Colmillo (ú. t. *diente canino.*)

canje m. Cambio: *canje de prisioneros, de notas diplomáticas.*

canjeable adj. Que se puede canjear.

canjear v. t. Cambiar, trocar, hacer un canje: *canjear notas diplomáticas.*

cannabáceas f. pl. Familia de plantas dicotiledóneas y apétalas, como el cáñamo (ú. t. c. adj.).

cannáceas f. pl. Familia de plantas monocotiledóneas, como el cañacoro (ú. t. c. adj.).

Cannas, ant. v. de Apulia (Ofanto). Derrota de los romanos por Aníbal (216 a. de J. C.).

Cannes [*kan*], c. del SE. de Francia (Alpes-Maritimes). Festival cinematográfico anual.

Canning (George), político y orador inglés (1770-1827), promotor del libre cambio. Partidario de la independencia de las colonias españolas en América.

cano, na adj. Con canas, de cabellera blanca: *pelo cano.*

Cano (Alonso), pintor, arquitecto y escultor español, n. en Granada (1601-1667), discípulo de Montañés y amigo de Velázquez. Sus obras son de un misticismo atormentado. ‖ ~ (FRANCISCO A.), pintor y escultor colombiano, n. en 1865. ‖ ~ (JUAN SEBASTIÁN EL). V. ELCANO. ‖ ~ (MELCHOR), dominico y teólogo español (1509-1560), representante de España en el Concilio de Trento.

canoa f. Embarcación de remo o con velas o motor estrecha.

Canoas, río del Brasil, que con el Pelotas, forma el río Uruguay.

canódromo m. Pista para las carreras de galgos.

canon m. Decreto, norma relativa a la fe o a la disciplina religiosa. ‖ Conjunto de libros que se consideran que han sido inspirados por Dios. ‖ Rogativas y ceremonias de la misa, hechas desde el prefacio hasta la comunión. ‖ Frase musical cantada por varias voces sucesivamente y en que cada una repite el canto último de la anterior. ‖ Unidad de medida que sirve de modelo a los escultores en las proporciones de sus estatuas: *el canon de Lisipo es diferente del de Policleto.* ‖ Regla metódica, norma, precepto que se debe observar: *esto no se ajusta a los cánones clásicos.* ‖ Prototipo, tipo perfecto, modelo: *este es el canon de la belleza ideal.* ‖ Pago o precio de un arrendamiento: *un canon muy elevado.* ‖ Cantidad pagada por unidad métrica del producto sacado de las minas. ‖ Censo, tributo. ‖ *Impr.* Tipo de letra de veinticuatro puntos. ‖ — Pl. Derecho canónico.

canonicato m. Canonjía.

canónico, ca adj. Hecho según los sagrados cánones: *Derecho canónico.* ‖ Aplícase a los libros auténticos de la Sagrada Escritura: *libros canónicos.*

canóniga f. *Fam.* Siesta antes de comer.

canónigo m. Sacerdote que tiene una canonjía. ‖ *Fig.* y *fam. Vida de canónigo,* la muy cómoda.

canonista m. El versado en Derecho canónico.

canonizable adj. Que puede ser canonizado.

canonización f. Inclusión en el catálogo de santos.

canonizar v. t. Declarar santo la Iglesia católica a un siervo de Dios ya beatificado. ‖ *Fig.* Alabar y aplaudir una cosa. | Calificar de buena a una persona o cosa.

canonjía f. Cargo y prebenda del canónigo. ‖ *Fig.* y *fam.* Cargo de poco trabajo y buen provecho.

canoro, ra adj. Aplícase al ave que canta. ‖ *Fig.* Melodioso, agradable al oído: *voz canora.*

canoso, sa adj. Que tiene canas: *cabeza descubierta y canosa.*

Canossa, burgo y castillo de Italia (Emilia). El rey de Germania Enrique IV se humilló allí ante el papa Gregorio VII durante la querella de las Investiduras (1077).

canotié y **canotier** m. Sombrero de paja de ala plana.

Canova (Antonio), escultor neoclásico italiano (1757-1822), autor de *Amor y Psique, Paulina Borghese,* etc.

Cánovas del Castillo (Antonio), político conservador y escritor español, n. en Málaga (1828-1897). Fue seis veces presidente del Consejo de ministros y alma de la Restauración de 1874. Autor de la novela histórica *La campana de Huesca.* M. asesinado.

cansado, da adj. Fatigado. ‖ Fatigoso: *viaje cansado.* ‖ Que declina o decae: *tierra cansada.* || *Fig.* Fastidioso, harto: *cansado de oír ese ruido.* | Pesado: *es muy cansado leerlo.*

cansancio m. Fatiga, falta de fuerzas que resulta de haberse fatigado. || Aburrimiento, molestia.

cansar v. t. Causar cansancio, fatigar: *cansar a un caballo.* || Quitar fertilidad a la tierra. || Afectar desagradablemente: *tanta claridad cansa los ojos.* || *Fig.* Aburrir, hartar: *el cine cansa.* | Fastidiar: *su habla me cansa.* | — V. pr. Fatigarse: *cansarse de caminar.*

cansino, na adj. Pesado: *película cansina.* || Lento: *voz cansina.* || Perezoso: *paso cansino.*

Cansinos-Assens (Rafael), escritor y crítico literario español (1883-1964).

Canta, c. del Perú, cap. de la prov. homónima (Lima).

cantábile m. (pal. ital.). Melodía cantable ejecutada de manera muy expresiva.

cantable adj. Que puede ser cantado. || — M. Melodía fácil. || Letra de la música. || Parte cantada de una zarzuela u opereta.

Cantabria, región de la España Tarraconense. — N. que se da al territ. de la actual prov. española de Santander.

Cantábrica (CORDILLERA). V. CÁNTABROS (*Montes*).

cantábrico, ca adj. Concerniente a Cantabria.

Cantábrico (MAR), parte del Atlántico, al N. de España.

cántabro, bra adj. y s. De la ant. Cantabria. || De la actual prov. española de Santander.

Cántabros (MONTES), continuación de los Pirineos, que se extiende hasta la meseta de Reinosa; alt. máx. 2 648 m.

Cantacuceno, familia bizantina cuyo principal miembro fue el emperador Juan VI.

cantador, ra m. y f. Persona que canta: *cantador de romanzas.*

Cantal, macizo montañoso de Francia, formado por antiguos volcanes (1 858 m). — Dep. de Francia, en el Macizo Central; cap. *Aurillac.*

cantaletear v. t. *Amer.* Repetir las cosas. || *Méx.* Dar cantaleta.

cantante adj. Que canta. || *Fig. Llevar la voz cantante,* mangonear, llevar la dirección de un asunto. || — Com. Persona que tiene como oficio cantar en un teatro lírico.

cantaor, ra m. y f. Cantor de flamenco.

cantar m. Composición poética, generalmente de cuatro versos, que puede ser cantada. || *Fig.* y *fam.* Asunto, cosa: *eso es ya otro cantar.* || *Cantar de gesta,* poema medieval de origen popular o anónimo, perteneciente al *mester de juglaría,* en que los héroes ensalzados son en general personajes históricos (Fernán González, los Infantes de Lara, Don Rodrigo, el Cid, etc.).

cantar v. t. e i. Emitir con la boca sonidos musicales: *canta muy bien; cantó un himno.* || Producir sonidos melodiosos los pájaros, los gallos, los insectos. || *Fig.* Celebrar, ensalzar: *cantar la gloria de un pueblo.* || Decir algo con cierta entonación: *cantar los números de la lotería.* || Decir: *cantar misa.* || Anunciar los naipes cuando se tiene tute: *cantar las cuarenta.* || *Fig.* y *fam.* Confesar, declarar: *cantó de plano su intervención en el robo.* | Rechinar, hacer un ruido desagradable. || *Fig.* y *fam. En menos que canta un gallo,* en un dos por tres, rápidamente, en seguida.

Cantar || **~ de los cantares** (*El*), libro del Antiguo Testamento, atribuido a Salomón (s. X a. de J. C.), que fue traducido al castellano por fray Luis de León. || **~ de Mío Cid,** primer monumento que ha llegado a nosotros de la literatura castellana, compuesto hacia mediados del s. XII (1140), donde se celebran las singulares hazañas de Rodrigo Díaz de Vivar.

cántara f. Cántaro. || Vasija de metal para la leche. || Medida para líquidos (1 613 centilitros).

cantarela f. Cuerda prima del violín o de la guitarra.

cantarera f. y **cantarero** m. Poyo donde se ponen los cántaros.

cantárida f. Insecto coleóptero de color verde dorado, empleado en medicina.

cantarín, ina adj. Que canta mucho: *una niña cantarina.*

cántaro m. Recipiente grande de barro, ancho de barriga y estrecho de pie y de cuello. || Su contenido. || Medida antigua para líquidos. || *Fig. Llover a cántaros,* llover con abundancia.

cantata f. Composición poética cantante. || Su música.

cantatriz f. Cantante.

cante m. En Andalucía, cualquier género de canto popular: *cante hondo o jondo; cante flamenco.*

cantera f. Lugar de donde se extrae piedra de construcción. || *Fig.* Sitio que proporciona personas o elementos para el ejercicio de un trabajo o profesión: *una cantera de sabios.*

Canterac (José), general español (1787-1835), que firmó la capitulación de Ayacucho (1824).

Canterbury. V. CANTORBERY.

cantería f. Arte de labrar piedras de construcción. || Obra de piedra labrada. || Sillar.

cantero m. Hombre que labra las piedras o las saca de la cantera. || Extremo de una cosa generalmente dura: *cantero de pan.* || Haza. || *Amer.* Cuadro de jardín.

cántico m. Canto religioso, particularmente el de acción de gracias: *los cánticos de Moisés.* || *Fig.* Poesía, canto.

Cántico espiritual, poema de San Juan de la Cruz, glosa de *El Cantar de los cantares.*

cantidad f. Todo lo que es capaz de aumento o disminución, y puede medirse o numerarse. || Porción de algo: *ésta es la cantidad precisa.* || Gran número de algo: *había gran cantidad de trigo.* || Duración de un sonido en fonética. || *Mat.* Expresión de una magnitud. || *Fís. Cantidad de calor,* energía calorífica absorbida por un cuerpo al elevarse su temperatura.

cantiga f. Antigua composición poética destinada al canto. (Son famosas las *Cantigas de Santa María,* compuestas por Alfonso X el Sabio en lengua galaica.)

cantil m. Acantilado.

cantilena f. Composición poética corta para ser cantada. || *Fig.* y *fam.* Repetición: *siempre con la misma cantilena.*

cantilever m. *Tecn.* Viga fijada en un extremo y libre en el otro.

Cantilo (José María), político, escritor y periodista argentino (1816-1872).

Cantillana, v. de España (Sevilla).

cantimpla adj. y s. Simplón.

cantimplora f. Vasija aplanada de metal para llevar líquidos en viajes, especialmente la de los soldados.

cantina f. Sitio donde se sirve de comer y de beber a los soldados, a los obreros de una fábrica o a los niños de una escuela. || Puesto público, generalmente en las estaciones, en que se venden bebidas y comestibles. || Sótano donde se guarda el vino. || *Méx.* Taberna.

cantinela f. Cantilena.

cantinero, ra m. y f. Encargado de la cantina.

Cantinflas. V. MORENO (Mario).

cantizal m. Lugar pedregoso.

canto m. Acción y efecto de cantar. || Arte de cantar. || Serie de sonidos modulados emitidos por la voz: *el canto del pastor, de los pájaros.* || Lo que se canta. || Su letra: *canto de amor.* || Canción, cualquier composición poética: *canto nupcial, guerrero, fúnebre.* || Himno. || Cada una de las divisiones del poema épico o didáctico: *los cantos de Homero.* || *Mús.* Parte melódica de una pieza: *el canto de los violines.* || — *Fig. Canto del cisne,* la última obra de un ingenio próximo a extinguirse. || *Canto llano o gregoriano,* el tradicional de la liturgia católica.

canto m. Extremo o borde: *el canto de una moneda.* || Esquina o arista. || Lado. || Pedazo o cantero de pan. || Parte del cuchillo o sable opuesta al filo. || Corte del libro opuesto al lomo, etc. || Espesor de una cosa. || Piedra, guijarro. || — *Canto rodado,* guijarro. || *Fig. Darse con un canto en los dientes,* darse por contento. || *De canto,* de lado. || *Fig. Por el canto de un duro,* por menos que nada, por poco. | *Prueba al canto,* inmediatamente.

cantón m. Esquina. || Región, país. || División administrativa de ciertos Estados: *los cantones de la Confederación helvética.*

Cantón, c. del S. de China, cap. de Kuangtung; puerto a orillas de un brazo del delta del Sikiang. Arzobispado. — C. de Estados Unidos (Ohio).

cantonal adj. Del cantón: *división cantonal.* || — Adj. y s. Partidario o relativo al cantonalismo: *la insurrección cantonal de 1873.*

cantonalismo m. Sistema político que divide el Estado en cantones confederados.

cantonalista adj. Cantonal.

cantonera f. Pieza que protege la esquina de una cosa: *las cantoneras de un libro.* || Rinconera, estante en un rincón.

cantonero, ra adj. y s. Ocioso.

cantor, ra m. y f. Persona que canta. || Poeta. || — F. pl. *Zool.* Dícese de un orden de aves que cantan como el canario, el ruiseñor, el mirlo, etc. (ú. t. c. adj.).

Cantor (Georg), matemático alemán, n. en Rusia (1845-1918).

cantoral m. Libro de coro.

Cantorbery, en ingl. *Canterbury,* c. de Inglaterra (Kent). Residencia del arzobispo anglicano primado del Reino Unido.

Cantú (César), historiador y político italiano (1804-1895), autor de una *Historia universal.*

cantueso m. *Bot.* Planta labiada, de flores moradas, semejante al espliego.

cantúo, úa adj. *Pop.* Magnífico. || — F. *Cub.* Especie de dulce seco.

canturrear v. t. e i. *Fam.* Cantar a media voz.

canturreo m. Acción de canturrear.

cánula f. Caña pequeña. || *Cir.* Tubo corto de goma que forma parte de aparatos quirúrgicos o físicos.

canular adj. De forma de cánula.

canutero m. Alfiletero.

canutillo m. Canuto pequeño. || Tubito de vidrio empleado en pasamanería. || *Injerto de canutillo,* el hecho poniendo un tubito de la planta que se injerta en el patrón.

canuto m. En las cañas, parte que media entre nudo y nudo. || Tubo. || Cerbatana.

Canuto o **Knuto,** n. de varios reyes de Dinamarca, Inglaterra y Suecia.

caña f. *Bot.* Tallo de las gramíneas: *caña del bambú.* | N. de varias plantas gramíneas que se crían a orillas de los ríos y estanques. | Rota. || Canilla del brazo o de la pierna. || Médula de los huesos: *caña de buey.* || Parte de la bota que cubre la pierna. || Vaso alto, estrecho y cilíndrico: *una caña de cerveza, de manzanilla.* || Eje del ancla. || Cierta canción popular andaluza. || Grieta en la hoja de la espada. || *Arq.* Fuste: *caña de una columna.* || *Min.* Galería de mina. || Cuerpo de varios instrumentos: *caña del timón.* || *Amer.* Ron, tafia. || — Pl. Cierta fiesta antigua de caballería: *correr cañas.* || — *Caña de azúcar,* planta gramínea cuyo tallo está lleno de un tejido esponjoso del que se extrae el azúcar. || *Caña de Bengala* o *de Indias,* rota. || *Caña de pescar,* pa-

CA

lo al que se ata el sedal y sirve para la pesca.

cañacoro m. Planta cannácea de la India, de flores rojas.

cañada f. Camino por el que pasan los rebaños trashumantes. ‖ Paso o valle entre dos alturas montañosas. ‖ *Amer.* Arroyo.

Cañada de Gómez, pobl. de la Argentina (Santa Fe).

cañaduz f. Caña de azúcar.

cañamazo m. Tela con agujeros empleada para bordar. ‖ *Fig.* Boceto, proyecto, esbozo, bosquejo.

cáñamo m. Planta cannabácea textil con cuyas fibras se fabrican tejidos y cuerdas. ‖ Lienzo hecho con estas fibras. ‖ Nombre que se da en América a varias plantas textiles. ‖ *Amer.* Bramante. ‖ — *Cáñamo de Manila,* el abacá. ‖ *Cáñamo indio,* hachís.

cañamón m. Semilla del cáñamo: *cañamones para el pájaro.*

Cañar, río del Ecuador. — Prov. del Ecuador; cap. *Azogues.* Minas. — Cantón del Ecuador, en la prov. homónima.

cañarense adj. y s. De Cañar.

Cañas (Antonio José), político salvadoreño, m. en 1844, pres. de la Rep. en 1839 y en 1840. ‖ ~ (José María), militar salvadoreño (1809-1860). Abogó por la unidad centroamericana. ‖ ~ (Juan José), militar, político y poeta salvadoreño (1826-1900), autor del himno nacional de El Salvador. ‖ ~ (Juan Manuel de), militar español, gobernador de Costa Rica en el momento de proclamarse la Independencia (1821). ‖ **~ y Villacorta** (José Simeón), sacerdote salvadoreño (1767-1838), defensor de la abolición de la esclavitud.

cañeta f. Carrizo.

cañaveral m. Plantación de cañas o carrizos.

Cañaveral (Cabo). V. Kennedy *(Cabo).*

cañavero m. *Méx.* Entendido en el cultivo de la caña de azúcar.

Cañazas, pobl. de Panamá (Veraguas).

cañazo m. Golpe dado con una caña. ‖ *Amer.* Aguardiente de caña.

cañería f. Tubo o conducto para el agua, el gas, etc.

cañetano, na adj. y s. De Cañete (Perú).

Cañete, com. y dep. de Chile (Arauco). — Prov. del Perú (Lima); cap. *San Vicente de Cañete.* — V. de España (Cuenca).

cañí adj. y s. Gitano.

cañizar m. Cañaveral.

Cañizares (José de), dramaturgo clásico español (1676-1750), autor de la comedia de figurón *El dómine Lucas.*

cañizo m. Tejido o zarzo de caña que sirve para cubrir los techos o para dar sombra.

caño m. Tubo corto. ‖ Albañal para las aguas sucias. ‖ Chorro de agua: *el caño de la fuente.* ‖ Canal estrecho de un puerto o bahía. ‖ Conducto del aire que produce el sonido en el órgano.

cañón m. Tubo que sirve para varios usos: *cañón de anteojo, de órgano, de fuelle.* ‖ Tubo de un arma de fuego: *el cañón del fusil.* ‖ Pieza de artillería: *cañón antiaéreo, anticarro, atómico.* ‖ Tubo por el que sale el humo de las cocinas, estufas, chimeneas, etc. ‖ Parte córnea y hueca de la pluma del ave. ‖ Pliegue redondo en la ropa. ‖ *Geogr.* Desfiladero, paso estrecho entre montañas: *el Cañón del Colorado.* ‖ Pieza del bocado del caballo.

cañonazo m. Disparo de cañón de artillería. ‖ Ruido y daño que causa. ‖ En el fútbol, chut fuerte. ‖ *Fam.* Gran sorpresa. ‖ *Méx.* Soborno.

cañonear v. t. Disparar o batir a cañonazos.

cañoneo m. Disparos de cañón.

cañonera f. Aspillera, tronera. ‖ *Mil.* Espacio en las baterías para poner los cañones. ‖ *Mar.* Porta, portañola.

cañonería f. Conjunto de cañones de artillería o de un órgano.

cañonero, ra adj. *Mar.* Dícese del barco armado de algún cañón: *lancha cañonera* (ú. t. c. s. m.).

cañota f. Gramínea silvestre.

cañutero m. Canutero.

cañutillo m. Canutillo.

cañuto m. Canuto.

Cão (Diogo). V. Cam.

caoba f. Árbol meliáceo de América, de madera rojiza empleada en ebanistería. ‖ Su madera: *mesa de caoba.*

Caobal, pico de Venezuela (Carabobo); 1 890 m.

caobilla f. Árbol parecido a la caoba. ‖ Su madera.

caobo m. Caoba, árbol.

caolín m. Variedad de arcilla blanca muy pura utilizada en la industria de la porcelana.

Caonabó, cacique indio de La Española que luchó contra los conquistadores. M. en 1496.

caos m. Estado de confusión de la materia antes de la creación del universo. ‖ *Geol.* Acumulación de rocas debida a la erosión. ‖ *Fig.* Desorden, confusión grande.

caótico, ca adj. Muy desordenado y confuso.

capa f. Prenda de abrigo larga, suelta y sin mangas: *capa madrileña.* | Tela encarnada que usan los toreros para lidiar los toros. ‖ Vestidura sacerdotal: *capa de coro, magna, pluvial.* ‖ Lo que cubre, revestimiento: *capa de barniz.* ‖ Disposición de terrenos sedimentarios en una masa homogénea: *capas de arcilla, capa acuífera.* ‖ Cubierta con que se protege una cosa. ‖ Hoja del tabaco con la que se envuelve la tripa de un cigarro. ‖ Paca, mamífero. ‖ Color de las caballerías. ‖ *Fig.* Baño, barniz, tinte: *una ligera capa de cultura.* | Apariencia: *bajo una capa de humildad.* | Pretexto. | Encubridor. | Clase, categoría: *las capas sociales.* ‖ — *Fig. Andar de capa caída,* andar mal de posición o de salud. | *Hacer de su capa un sayo,* hacer uno lo que le viene en gana con lo suyo. | *So o bajo capa de,* con el pretexto de. | *Una buena capa todo lo tapa,* una apariencia buena encubre muchos defectos.

Capablanca (José), ajedrecista cubano (1888-1942), campeón mundial de 1921 a 1927.

Cápac Urcu. V. Altar.

Cápac Yupanqui, quinto inca del Perú (s. XIII).

capacete m. Pieza de la armadura que cubría la cabeza. ‖ *Amer.* Capota de coche.

capacidad f. Cabida, contenido: *la capacidad de una vasija.* ‖ Espacio de un sitio o local: *cine de gran capacidad.* ‖ *Fig.* Inteligencia, talento, aptitud, competencia: *hombre de gran capacidad.* ‖ *For.* Aptitud legal para gozar de un derecho: *capacidad de elector* o *elegible.*

capacitación f. Formación, acción y efecto de capacitar: *escuela de capacitación profesional.*

capacitar v. t. Formar, preparar, hacer apto a uno para realizar algo. ‖ Dar derecho: *esto no le capacita para votar.*

capacha f. Capacho, espuerta.

capacho m. Espuerta de juncos o mimbres: *un capacho de fruta.* ‖ Sera de esparto que sirve para varios usos. ‖ *Amer.* Bolsillo o alforja. | Sombrero viejo.

Capadocia, ant. región de Asia Menor, al O. de Armenia.

capador m. El que capa.

capadura f. Ablación de las glándulas genitales. ‖ Cicatriz que produce.

capar v. t. Castrar, inutilizar los órganos genitales. ‖ *Fig.* y *fam.* Disminuir, cercenar. ‖ *Cub.* Podar las matas de tabaco para una segunda cosecha. ‖ *Méx.* Cortar el cogollo del maguey para obtener el aguamiel.

caparazón m. Armadura de adorno con que se viste el caballo. ‖ Cubierta que se pone a una cosa para protegerla: *caparazón de un motor.* ‖ Cubierta que protege el cuerpo de ciertos animales: *caparazón de cangrejo, de tortuga.* ‖ Esqueleto torácico del ave. ‖ *Fig.* Protección, coraza. ‖ *Fig. Meterse en el caparazón,* retirarse.

caparidáceas f. pl. Familia de plantas dicotiledóneas que tiene por tipo la alcaparra (ú. t. c. adj.).

Caparro, río de Venezuela, afl. del Apure; 285 km.

caparrosa f. *Quím.* Nombre vulgar de diversos sulfatos: *caparrosa azul,* sulfato de cobre; *caparrosa blanca,* el de cinc; *caparrosa verde,* el de hierro.

capataz m. Encargado de dirigir cierto número de trabajadores: *capataz de construcción, de una finca.*

capaz adj. Que puede contener: *estadio capaz para cien mil personas.* ‖ Grande: *banco capaz para tres personas.* ‖ *Fig.* Que puede hacer: *es capaz de matarle.* | Accesible: *capaz de compasión.* | Apto: *capaz para el cargo.* | De buen talento o instrucción. ‖ *For.* Apto legalmente para una cosa. ‖ Barb. por *posible.*

capazo m. Capacho.

capazón f. *Méx.* Operación de capar los machos del ganado.

capciosidad f. Cosa que induce a engaño.

capcioso, sa adj. Insidioso, engañoso, que induce a error.

Capdevila (Arturo), escritor argentino, n. en Córdoba (1889-1967), autor de estudios filológicos *(Babel y el castellano),* obras históricas *(Los incas),* piezas teatrales *(Sulamita),* ensayos, poemas *(Melpómene* y *El libro de la noche).*

capea f. Toreo con la capa. ‖ Lidia de becerros o novillos por aficionados en los pueblos.

capear v. t. *Taurom.* Torear con la capa. ‖ *Fig.* y *fam.* Entretener con pretextos: *capear a uno.* | Eludir o sortear un compromiso: *capear la situación.* ‖ *Mar.* Mantenerse el barco con viento contrario. ‖ *Capear el temporal,* sortear el mal tiempo.

capelo m. Sombrero rojo de los cardenales. ‖ *Fig.* Dignidad de cardenal: *el Papa dio el capelo.*

capellán m. Sacerdote de una capellanía o el que está al servicio de un establecimiento o comunidad.

capellanía f. Beneficio eclesiástico que goza un sacerdote.

capellina f. Pieza de la armadura para la cabeza.

capeo m. Toreo con la capa.

Caperucita Roja, título y personaje de un cuento de Perrault.

caperuza f. Bonete.

Capeto, apodo de Hugo, primer rey francés de la tercera dinastía; ésta reinó de 987 a 1848.

Capetown. V. Cabo *(El).*

Cap-Haitien. V. Cabo Haitiano.

capialzado m. *Arq.* Dícese del arco más levantado por uno de sus frentes para formar el derrame en una puerta o ventana.

Capiatá, pobl. del Paraguay (Central). Fundada en 1640 por Ledesma Valderrama.

capiateño, ña adj. y s. De Capiatá (Paraguay).

capibara m. Carpincho.

capicúa m. (voz cat.). Cantidad que se lee lo mismo en un sentido que en otro. Ú. t. c. adj.: *el 37073 es capicúa.* ‖ Modo de ganar en el dominó con una ficha aplicable a ambos extremos.

capilar adj. Relativo a la capilaridad. ‖ Del cabello: *loción capilar.* ‖ Fino como un cabello, muy fino: *tubo capilar.* ‖ *Zool. Vasos capilares,* las últimas ramificaciones de los vasos sanguíneos del sistema circulatorio.

capilaridad f. Calidad de capilar. || Conjunto de los fenómenos producidos en los tubos capilares.

capilla f. Iglesia pequeña. || Parte de una iglesia que tiene altar. || Altar portátil de un regimiento. || Cuerpo de músicos de una iglesia: *maestro de capilla*. || Comunidad de capellanes. || Capucha en el cuello de algunas prendas de vestir y de algunos hábitos religiosos. || *Fig.* y *fam.* Religioso, fraile. | Camarilla. || *Impr.* Pliego impreso de un libro, antes de doblarlo y encuadernarlo. || — *Capilla ardiente*, aquella en que se celebran honras fúnebres. || *Estar en capilla*, dícese del reo de muerte que pasa en una capilla su última noche; (fig. y fam.) esperar alguno el resultado de un negocio.

Capillana, princesa peruana que, enamorada de Francisco Pizarro, le ayudó en su misión. M. en 1549.

capillita f. Miembro de una cofradía. || Camarilla.

Capillitas, pobl. de la Argentina (Catamarca).

capillo m. Gorro que se ponía a los niños recién nacidos y a los que iban a bautizarse. || Rocadera del huso. || Red para cazar conejos.

Capim, río del Brasil (Pará), afl. del Amazonas; 400 km.

Capinota, pobl. de Bolivia, cap. de la prov. homónima (Cochabamba).

capirotada f. Aderezo de hierbas, huevos, ajos, especias, etc para rebozar los manjares.

capirotazo m. Golpe dado en la cabeza con un dedo apoyándolo en la yema del pulgar y soltándolo con fuerza.

capirote m. Especie de gorro antiguo muy alto. || Muceta de los doctores de universidad: *el capirote es de distinto color según las facultades*. || Cucurucho: *capirote de los penitentes de las procesiones de Semana Santa*. || Capirotazo. || *Fig.* y *fam.* *Tonto de capirote*, muy tonto, tonto rematado.

capisayo m. Vestidura de los obispos. || Sayo.

Capistrano (San Juan de), franciscano italiano (1385-1456), adversario de los husitas. Canonizado 1660. Fiesta el 28 de enero.

capita (per). V. PER CAPITA.

capitación f. Repartimiento de tributos y contribuciones por cabeza.

capital adj. Esencial, fundamental, importante: *punto capital de un negocio*. || Importantísimo: *equivocación capital*. || Relativo a la cabeza. || Que es como cabeza de una cosa: *ciudad capital de provincia*. || Que cuesta la vida: *ejecución capital*. || *Pecados capitales*, aquellos que son como el principio de los demás: *los siete pecados capitales son el orgullo, la avaricia, la lujuria, la envidia, la gula, la ira y la pereza*. || — M. Bienes, fortuna que uno posee: *tener mucho capital*. || Dinero de que dispone una empresa. || Conjunto de dinero en el aspecto financiero: *el capital y el trabajo*. || *Fig.* Conjunto de recursos intelectuales de una persona. || — Pl. Conjunto de todos los instrumentos de producción. (El marxismo considera *capitales* solamente los medios de producción no empleados por sus propietarios.) || — F. Ciudad de un Estado en la que reside el Gobierno: *Madrid es la capital de España*. || Población principal y cabeza de un distrito o provincia. || *Impr.* Letra mayúscula (ú. t. c. adj.).

Capital *(El)*, obra de Karl Marx (1867), crítica de la economía capitalista.

capitalismo m. Régimen económico en el que los medios de producción pertenecen a los que han invertido capitales. || Conjunto de capitales y capitalistas.

capitalista adj. Relativo al capital y al capitalismo: *régimen capitalista*. || — Com. Persona que posee dinero o que invierte capital en una empresa: *socio capitalista*. || — M. *Taurom.* Torero espontáneo.

capitalización f. Acción y efecto de capitalizar. || Valoración de un capital por la renta que éste produce.

capitalizar v. t. Determinar el capital según los intereses que produce. || Agregar al capital los intereses producidos por él. || — V. i. Acumular dinero.

capitán m. Jefe de una tropa. || En el ejército, jefe de una compañía, escuadrón o batería, entre el de teniente y comandante. || Comandante de un barco, puerto, avión, etc. || Jefe de guerra distinguido: *Bolívar, gran capitán de la independencia americana*. || Jefe de un grupo de gente, de un equipo deportivo, de una banda. || *Capitán general*, grado supremo de la milicia española; jefe superior de una región militar.

capitana f. Mujer del capitán. || *Mar.* Nave principal de una escuadra.

capitanear v. t. Acaudillar, mandar tropa militar. || *Fig.* Dirigir cualquier gente, una sublevación, etc.

capitanía f. *Mil.* Empleo de capitán. || Compañía al mando de un capitán. || Oficina del capitán. || *Mar.* Derecho que se paga al capitán de un puerto. || *Capitanía general*, edificio donde están las oficinas y cargo y territorio de un capitán general. (En la América española, la *capitanía general* era una demarcación territorial que gozaba de cierta independencia respecto al virreinato. Las hubo en Cuba, Guatemala, Venezuela, Chile y Puerto Rico.)

capitel m. *Arq.* Parte superior de la columna: *capitel corintio*.

capitolino, na adj. Relativo al Capitolio: *Monte capitolino*.

Capitolino (MONTE) o **Roca Tarpeya,** una de las siete colinas de Roma. (V. CAPITOLIO.)

capitolio m. *Fig.* Edificio majestuoso y elevado: *el Capitolio de Washington, de Buenos Aires, de La Habana*. || *Arqueol.* Acrópolis.

Capitolio, templo consagrado a Júpiter y ciudadela que se elevaban en el monte Capitolino, donde se coronaba a los héroes. Cerca del Capitolio se hallaba la Roca Tarpeya, desde donde se despeñaba a los traidores.

capitoné adj. Galicismo por *acolchado*. || — M. Vehículo acolchado para transportar muebles.

capitoste m. *Fam.* Mandamás, jefazo.

capitulación f. Convenio de rendición de una plaza o ejército. || *Fig.* Abandono de una opinión, de una actitud. || — Pl. Contrato de matrimonio.

capitular adj. De un capítulo o un cabildo: *sala capitular*.

capitular v. i. Rendirse al enemigo con ciertas condiciones. || *Fig.* Abandonar una posición intransigente, ceder.

capítulo m. División de un libro, tratado, ley, código, etc.: *división de una novela en capítulos*. || Asamblea o cabildo de canónigos o religiosos: *celebrar capítulo general, provincial*. || Lugar donde se reúne. || Asamblea o reunión secular. || Reprensión grave y pública: *llamar a capítulo*. || *Fig.* Tema del que se habla.

Cápiz, c. de Filipinas, cap. de la prov. homónima, en la isla de Panay. Obispado.

capó m. Cubierta metálica que protege el motor de un automóvil y de un avión.

capón m. Pollo que se castra y se ceba. || *Fam.* Golpe dado en la cabeza con los nudillos, coscorrón. || *Mar.* Cadena gruesa en la que cuelga el ancla en la serviola. || *Arg.* y *Urug.* Carnero.

caponada f. *Arg.* Rebaño de carneros.

caporal m. Capataz: *caporal de una hacienda*. || *Mil.* Cabo.

Caporetto, hoy *Kobarid*, loc. yugoslava, ant. italiana, a orillas del Isonzo, donde fueron derrotados los italianos por los austroalemanes (1917).

CA

capot m. (pal. fr.). Capó.

capota f. Especie de sombrero de mujer. || Cubierta plegable de algunos coches. || Capa corta. || Tela del paracaídas. || *Arg.* Manteo.

capotar v. i. Volcar un vehículo automóvil o un avión.

capotazo m. *Taurom.* Pase con el capote. || *Fig.* Ayuda oportuna.

capote m. Capa ancha, con mangas y con un agujero en el centro para pasar la cabeza: *capote militar*. || Capa de los toreros. || En algunos juegos, suerte en que un jugador hace todas las bazas. || *Chil* y *Méx.* Paliza, tunda. || — *Fig.* *A* o *para mi capote*, en mi fuero interior, a mi modo de entender. || *Capote de monte*, manta con un agujero en medio para pasar la cabeza. || *Fig.* *Decir algo para su capote*, decirlo interiormente. | *Echar un capote a uno*, ayudar al que está en apuros.

Capote (Truman), novelista norteamericano, n. en 1924.

capotear v. t. Dar pases con el capote. || *Fig.* Entretener, engañar a uno con vanas promesas. | Sacar de apuros, eludir las dificultades o compromisos. || *Arg.* Mantear. || *Fig.* y *fam.* *Capoteárselas*, arreglárselas.

capoteo m. Acción de capotear.

capotillo m. Capote corto. || El de los toreros para hacer el pascíllo.

capra f. (pal. lat.). *Capra hispánica*, cabra montés de España.

Caprera, isla italiana en la costa NE. de Cerdeña.

Caprese Michelangelo, pobl. de Italia (Arezzo). Cuna de Miguel Ángel.

Capri, isla de Italia en el mar Tirreno y en el golfo de Nápoles. Centro turístico.

Capricornio, décimo signo del Zodiaco (24 de diciembre — 23 de enero). — Constelación austral. || — (TRÓPICO DE). V. TRÓPICO *de Capricornio*.

capricho m. Deseo irreflexivo: *los caprichos de una mujer*. || Deseo pasajero y vehemente: *satisfacer un capricho*. || Gusto pasajero, inconstancia: *los caprichos de la moda*. || Obra de arte llena de imaginación: *los caprichos de Goya constan de 84 aguafuertes*. || *Mús.* Composición fantasiosa y alegre. || *Al capricho de*, al antojo de.

caprichoso, sa adj. Que obra por capricho: *niña caprichosa*. || Que se hace por capricho, sin razón de ser. || Inconstante, fantasioso: *moda caprichosa*.

caprifoliáceas f. pl. Familia de plantas angiospermas de hojas opuestas, como el saúco, la madreselva, la bola de nieve (ú. t. c. adj.)

caprino, na adj. De las cabras.

cápsula f. Casquete de metal uitilizado para cerrar algunas botellas. || Envoltura soluble en que se encierran algunas medicinas de sabor desagradable. || *Quím.* Recipiente de bordes muy bajos, usado para evaporaciones. || *Zool.* Membrana en forma de saco cerrado que se encuentra en las articulaciones y otras partes del cuerpo: *cápsula sinovial, atrabiliaria, suprarrenal, del cristalino*. || Cabina que ocupan los astronautas en el morro del cohete: *las cápsulas pueden desprenderse en caso de emergencia*. || Base de los cartuchos en la que se pone el fulminante. || *Bot.* Fruto seco que contiene la semilla.

capsular adj. Relativo o semejante a la cápsula: *fruto capsular*.

capsular v. t. Cerrar con cápsulas: *capsular botellas*.

captación f. Acción y efecto de captar.

captar v. t. Atraer: *captar el*

interés, las miradas. || Recoger las aguas. || Percibir, comprender: *captar el sentido de su mensaje.* || Recibir una emisión: *captar una estación de radio.* || — V. pr. Granjearse, ganarse: *se captó su enemistad.*

captura f. Acción y efecto de capturar. || Fenómeno consistente en el desvío natural del cauce de un río por otro que ha llegado a captar las aguas del primero.

capturar v. t. Apresar: *capturar a un asesino.* || Galicismo por *coger.*

Capua, c. de Italia (Nápoles), a orillas del río Volturno.

capucha f. Parte de una prenda de vestir con forma de gorro en la parte superior de la espalda: *abrigo con capucha.* || *Impr.* Acento circunflejo. || Bolsa del pulpo.

capuchina f. Planta de jardín, de hermosas flores, originaria del Perú. || Lamparilla con apagador cónico. || *Zool.* Mariposa nocturna.

capuchino, na adj. y s. Religioso o religiosa de la orden de San Francisco: *fraile capuchino.* | Relativo a esta orden. (La orden de los *capuchinos,* reforma de la franciscana, fue fundada en 1526 por Mateo de Baschi.) || M. *Zool.* Mono de América del Sur.

capuchón m. Capucha. || Abrigo o capote con capucha o capilla. || Objeto que cubre el extremo de algo: *el capuchón de la pluma estilográfica resguarda el plumín.*

Capuletos, familia gibelina de Verona, enemiga de la de los *Montescos.* A estas familias pertenecían Romeo y Julieta.

capulín m. Árbol rosáceo de origen americano cuyos frutos son semejantes a las cerezas.

capulina f. *Amer.* Fruto del capulín. || *Méx.* Araña negra muy venenosa.

capulisole m. Hueso de la capulina: *los capulisoles se comen tostados.*

capullo m. Botón de flor: *capullo de rosa.* || Extremo del fruto de la bellota. || Envoltura en que se refugian las orugas antes de transformarse en mariposa: *capullo de gusano de seda.*

capuz m. Capuchón o capucha. || Capa o capote antiguos.

caquéctico, ca adj. *Med.* Relativo a la caquexia. || *Fig.* Raquítico. || — M. y f. Persona que sufre caquexia.

Caquetá, río de América del Sur que nace en Colombia (Cauca) y entra en el Brasil, afl. del Amazonas; 1 390 km. (V. JAPURÁ.) — Intendencia de Colombia en la región amazónica; cap. *Florencia.*

caquetense adj. y s. De Caquetá (Colombia).

caquexia f. *Bot.* Decoloración de las partes verdes de las plantas por falta de luz. || *Med.* Desnutrición, alteración profunda del organismo, que produce un gran adelgazamiento.

Cáqueza, c. de Colombia (Cundinamarca).

caqui m. Árbol ebenáceo originario del Japón. || Su fruto. || Color que va desde el amarillo de ocre al verde gris. Ú. t. c. adj.: *uniforme de color caqui.* || *Fam.* Ropa militar.

cara f. *Anat.* Rostro del hombre: *cara ovalada, ancha, larga,* etc. || Parte anterior de la cabeza de ciertos animales: *la cara de la lechuza, del mono, del toro.* || Semblante: *tener buena cara.* || Gesto: *puso mala cara.* || *Fig.* Aspecto, apariencia: *esta carne tiene buena cara.* | Cariz: *el asunto tiene buena cara.* || Fachada, frente de algunas cosas: *la cara de un edificio, de una medalla.* || Superficie: *página de papel escrita por las dos caras.* || Anverso de una moneda: *jugar a cara o cruz.* || *Geom.* Cada una de las superficies que forman o limitan un poliedro. || *Fig.* y *fam.* Descaro: *tener mucha cara.* || — Adv. Hacia: *cara adelante, al sol.* || — *Fig. A cara descubierta,* descubiertamente. || *Cara a cara,* frente a frente. || *Fig.* y *fam. Cara de acelga, de pocos amigos, de viernes, de vinagre,* la triste, desagradable. | *Cara de hereje,* persona muy fea. | *Cara de pascua,* la muy alegre. | *Cara dura,* caradura, descaro, desfachatez; descarado, desvergonzado, fresco. || *Cara y cruz,* el juego de las chapas. (En Colombia, *cara y sello;* en Argentina, *cara y castillo.*) || *Cruzar la cara,* abofetear. || *Dar la cara,* enfrentarse con un peligro. || *De cara,* enfrente. || *Echar en cara,* reprochar la conducta de uno. || *Hacer cara,* oponerse, resistir. || *Fig. Lavar la cara,* arreglar algo superficialmente. || *Poner buena* o *mala cara,* mostrar agrado o desagrado. || *Fig. Querer algo por su linda cara,* solicitar uno alguna cosa sin derecho a ello. | *Sacar la cara por otro,* salir uno en su defensa. || *Saltar a la cara,* ser evidente. | *Tener cara de corcho,* tener uno poca vergüenza. | *Tener dos caras,* ser hipócrita. | *Verse las caras,* encontrarse para pelearse.

caraba f. *Fam.* El colmo.

Carabanchel || **~ Alto** y **Bajo,** suburbios del O. de Madrid. Hospital militar.

Carabaña, v. de España (Madrid). Aguas minerales purgantes.

carabao m. *Zool.* Búfalo de Filipinas.

Carabaya, sección de los Andes peruanos; alt. máx. 5 210 m. — Prov. del Perú (Puno); cap. *Macusani.*

carabela f. *Mar.* Antigua embarcación con tres palos, pequeña y ligera: *las carabelas de Colón.*

carábidos m. pl. Familia de insectos coleópteros, carnívoros, como el cárabo (ú. t. c. adj.).

carabina f. Arma de fuego menor que el fusil. || *Fig.* y *fam.* Señora de compañía, acompañante de una joven. || *Fam. Ser la carabina de Ambrosio,* no servir para nada.

carabinero m. Soldado armado con carabina. || En España, guardia destinado a la persecución del contrabando. (Hoy el cuerpo de *Carabineros* se ha fusionado con el de la Guardia Civil). || Crustáceo algo mayor que la gamba. || *Fam.* Persona muy seria y adusta.

cárabo m. *Mar.* Pequeña embarcación morisca. || *Zool.* Autillo, ave nocturna. || Insecto coleóptero de alas verdes, común en España.

carabobeño, ña adj. y s. De Carabobo (Venezuela).

Carabobito, pobl. de Venezuela (Carabobo).

Carabobo, sierra de Venezuela. — Estado de Venezuela, a orillas del mar de las Antillas; cap. *Valencia.* — Lugar de Venezuela en el Estado homónimo donde Bolívar derrotó dos veces a los realistas (1814 y 1821).

Carabuco, puerto de Bolivia (La Paz), en el lago Titicaca.

Caracalla, emperador romano, hijo de Septimio Severo (188-217). En su reinado (211-217) se concedió el derecho de ciudadanía a todos los habitantes del Imperio (212).

caracará m. Ave de rapiña de América del Sur.

Caracas, cap. del Distrito Federal, del dep. de Libertador y de la República de Venezuela, a 12 km de La Guaira, que le sirve de puerto en el mar de las Antillas; 2 264 000 h. Arzobispado. Universidad. Comercio. Industrias importantes. Fundada en 1567 por Diego de Losada. || **~** (SILLA DE), cumbre de Venezuela, a más de 1 500 m en la Cord. Caribe.

caraceño, ña adj. y s. De Carazo (Nicaragua).

caracol m. Molusco gasterópodo terrestre o marino, comestible, de concha revuelta en hélice. || Rizo de pelo. || Vuelta o giro que hace el caballo: *hacer caracoles.* || *Anat.* Cavidad del oído interno. || *Tecn.* Pieza del reloj en que se arrolla la cadena. || *Escalera de caracol,* escalera de forma espiral. || — Interj. *Fam.* ¡*Caracoles!,* ¡caramba!

Caracol *(El),* edificio de la c. maya de Chichén Itzá (Yucatán).

caracola f. Caracol.

caracolada f. Guiso de caracoles: *se hicieron una caracolada.*

caracolear v. i. Hacer caracoles o giros el caballo.

caracoleo m. Acción y efecto de caracolear.

caracolillo m. Planta leguminosa de América. || Clase de café de grano pequeño: *el caracolillo de Puerto Rico.* || Especie de caoba con muchas vetas.

Caracollo, pobl. de Bolivia, cap. de la prov. de Cercado (Oruro).

carácter m. Signo escrito o grabado. || Letra o signo de la escritura: *carácter cursivo.* || Forma de letra: *carácter claro.* || Índole o condición de una persona o cosa: *carácter espléndido; carácter oficial.* || Manera de ser, particularidad, rasgo distintivo: *los caracteres de un pueblo.* || Natural, modo de ser de una persona o pueblo: *carácter tímido; el carácter latino.* || Energía, entereza, firmeza: *mostrar carácter.* || Genio, humor: *tener buen* o *mal carácter.* || Personalidad, originalidad: *facciones sin carácter.* || Condición: *carácter sagrado.* || Estilo literario: *el carácter de la poesía castellana.* || Señal espiritual que imprimen algunos sacramentos. || Título, dignidad: *con carácter de ministro plenipotenciario.* || Persona considerada en su individualidad: *pintar caracteres.* || — Pl. Letras de imprenta.

característico, ca adj. Del carácter. || Que caracteriza: *diferencia característica.* || — M. y f. Actor o barba o actriz que representa papeles de personas de edad. || — F. Particularidad, carácter peculiar: *las características de una persona o cosa.* || *Mat.* La parte entera de un logaritmo. (La otra parte se llama *mantisa.*)

caracterizado, da adj. Autorizado, muy notable.

caracterizador, ra adj. Que caracteriza. || — M. y f. Maquillador.

caracterizar v. t. Determinar por un carácter distintivo, con precisión. || Representar un actor su papel expresivamente. || — V. pr. Manifestarse por diferentes caracteres. || Maquillarse y vestirse un actor.

caracterología f. Carácter y personalidad del hombre. || Conjunto de peculiaridades del carácter de alguien.

caracterológico, ca adj. Relativo a la caracterología.

caracú m. *Amer.* Casta de ganado vacuno argentino. | Tuétano.

caracul m. Carnero de Asia occidental y su piel, semejante al astracán, pero menos rizada.

Carache, pobl. y río de Venezuela (Trujillo), que des. en el lago de Maracaibo.

caradura com. *Fam.* Desvergonzado, descarado. || — F. Descaro, desfachatez: *tener caradura.*

Caraffa (Emilio), pintor argentino de temas históricos (1863-1939).

Caraguatay, pobl. del Paraguay (Cordilleras). Agricultura y ganadería.

Carahuasi, prolongación en Salta (Argentina) de las cumbres calchaquíes. Estación prehistórica.

Carahue, com. de Chile (Cautín).

Caramanta, pico de Colombia, en la Cord. Occidental; 3 900 m.

¡caramba! interj. Denota extrañeza, disgusto.

carámbano m. Hielo que cuelga al helarse el agua.

carambola f. Lance del juego de billar en que la bola atacada toca a las otras dos. || *Fig.* y *fam.*

Doble resultado que se consigue sin buscarlo. | Casualidad: *aprobó por carambola.*

carambolear v. i. Hacer carambolas.

caramelizar v. t. Convertir en caramelo.

caramelo m. Golosina hecha con azúcar. || Azúcar fundida y endurecida al enfriarse. || *Fam. De caramelo,* magnífico.

caramillo m. Flautilla de caña.

Caramurú, n. indio del aventurero gallego *Diego Álvarez y Correa,* que, en el s. XV, vivió entre los indígenas del Brasil.

Carangas, prov. de Bolivia (Oruro); cap. *Corque.*

carantoña f. *Fam.* Zalamería.

caraña f. Nombre de varios árboles gutíferos de América.

Carapá. V. YGUREY.

carapacho m. Caparazón.

¡carape! interj. ¡Caramba!

Carapé, sierra del Uruguay (Lavalleja).

Carapeguá, pobl. del Paraguay (Paraguarí). Azúcar.

carapegueño, ña adj. y s. De Carapeguá (Paraguay).

caraqueño, ña adj. y s. De Caracas (Venezuela).

Carás, c. del Perú, cap. de la prov. de Huaylas (Ancash). Destruida por un terremoto en 1970.

carátula f. Careta. || *Fig.* Profesión de comediante. || *Amer.* Portada de un libro. || *Méx.* Esfera de un reloj.

Caravaca, c. de España (Murcia). En la iglesia de la Santísima Cruz se conserva la reliquia de la *Cruz de Caravaca.*

Caravaggio (Michelangelo AMERIGHI o MERISI, llamado **el**), pintor realista italiano (1573-1610). Sobresalió en el claroscuro. || ~ (POLIDORO CALDARA, llamado **el**), pintor manierista italiano (1495-1543).

caravana f. Grupo de viajeros que se reúnen para atravesar el desierto. || Remolque habitable. || *Fig.* y *fam.* Grupo, multitud de gente: *viajar en caravana.* || — Pl. *Fam. Méx.* Cortesías. || *Amer.* Pendientes, aretes.

caravaning m. Remolque.

Caravelí, c. del Perú, cap. de la prov. homónima (Arequipa).

¡caray! interj. ¡Caramba!

carayá m. Mono grande, aullador, de América del Sur.

Carayaó, sector de la cord. paraguaya de Caaguazú.

Carazinho [-ño], mun. del Brasil (Río Grande do Sul).

Carazo, dep. de Nicaragua, cap. *Jinotepe.* Café.

Carazo (Evaristo), general nicaragüense (1822-1889), pres. de la Rep. de 1887 a 1889.

carbón m. Combustible sólido de color negro, de origen vegetal, que contiene una proporción elevada de carbono. || Carboncillo de dibujo. || Dibujo hecho con carboncillo. || Enfermedad criptogámica de los vegetales producida por un hongo. || — *Carbón animal* o *negro animal,* residuos procedentes de la calcinación de huesos que se utilizan como colorantes. || *Fig.* y *fam. Negro como el carbón,* muy negro.

carbonada f. Gran cantidad de carbón que se pone en el fuego. || Guiso de carne asada en la parrilla o en las ascuas. || *Amer.* Guisado de carne mezclado con choclos, patatas, zapallos y arroz.

carbonario m. Individuo de una sociedad secreta revolucionaria enemiga del absolutismo. (La sociedad de los *carbonarios* fue fundada en Italia a principios del s. XIX y se extendió por Francia. Su fin era la unificación de Italia.)

carbonatado, da adj. Dícese del mineral o base que contiene ácido carbónico: *cal carbonatada.*

carbonatar v. t. *Quím.* Convertir en carbonato. || Impregnar de ácido carbónico.

carbonato m. *Quím.* Sal resultante de la combinación del ácido carbónico con un radical simple o compuesto.

carboncillo m. Palillo de madera que, carbonizado, sirve para dibujar.

carbonera f. Pila de leña dispuesta para hacer carbón. || Lugar donde se guarda el carbón.

Carbonera *(Batalla de),* episodio de la guerra de intervención francesa en México, en que las fuerzas de Porfirio Díaz derrotaron a las intervencionistas (1866).

carbonería f. Tienda de carbón.

carbonero, ra adj. Del carbón. || — M. El que hace o vende carbón.

carbónico, ca adj. *Quím.* Aplícase a un anhídrido resultante de la unión del carbono y el oxígeno.

carbonífero, ra adj. Que contiene carbón: *terreno carbonífero.*

carbonilla f. Carboncillo a medio quemar que cae con la ceniza. || Ceniza del carbón: *tener carbonillas en los ojos.* || *Amer.* Carboncillo.

carbonización f. Transformación de un cuerpo en carbono.

carbonizar v. t. Reducir a carbón un cuerpo orgánico, calcinar.

carbono m. *Quím.* Cuerpo simple (C) que se encuentra puro en la naturaleza, cristalizado en el diamante y el grafito o amorfo en el carbón de piedra, antracita, lignito o turba.

carbunco y **carbundo** m. *Med.* Enfermedad infecciosa septicémica que sufren algunos animales domésticos, e incluso el hombre, debida a una bacteria. || Ántrax.

carbúnculo m. Rubí.

carburación f. Operación que consiste en someter ciertos cuerpos a la acción del carbono: *la carburación del hierro convierte éste en acero.* || Mezcla de aire a un carburante para formar una combinación detonante.

carburador m. Dispositivo que produce una saturación completa del gas del alumbrado o del aire por medio de vapores de esencias hidrocarburadas. || Dispositivo que mezcla la esencia y el aire en los motores de explosión.

carburante m. Combustible utilizado en los motores de explosión o de combustión interna.

carburar v. t. Mezclarse en los motores de explosión el aire con los carburantes. || — V. i. *Fam.* Pitar, funcionar, ir bien.

carburo m. *Quím.* Combinación del carbono con un radical simple: *carburo de hidrógeno, de calcio.*

carca adj. y s. *Fam.* Reaccionario, retrógrado.

Carcagente, c. de España (Valencia).

carcaj m. Aljaba de flechas.

carcajada f. Risa ruidosa.

carcajearse v. pr. Reírse a carcajadas. || *Fig.* No hacer caso, burlarse.

carcamal m. *Fam.* Vejestorio.

Cárcano (Miguel Ángel), jurista y escritor argentino, n. en 1889.

carcarañá f. *Arg.* Ave de rapiña.

Carcarañá, río de la Argentina, afl. del Paraná (Santa Fe), llamado en Córdoba *río Tercero.* — Pobl. de la Argentina (Santa Fe).

cárcel f. Edificio donde están encerrados los presos: *meter en la cárcel.* || Instrumento de carpintería en el que se colocan, para que se peguen, las maderas encoladas. || Ranura por la que corren los tablones de una compuerta de presa. || *Impr.* Par de tablas que abrazan y sujetan el husillo.

carcelario, ria adj. Relativo a la cárcel: *régimen carcelario.*

carcelero, ra m. y f. Persona encargada del cuidado de la cárcel y de los presos. || — F. Aire popular andaluz.

carcinoma m. *Med.* Tumor de naturaleza cancerosa.

Carco (Francis), poeta y novelista francés (1886-1958).

carcoma f. Pequeño insecto coleóptero que roe la madera. || Polvo de la madera. || *Fig.* Cosa que destruye. | Preocupación, pesadumbre: *esta cuestión es para él una verdadera carcoma.* | Persona gastosa.

carcomer v. t. Roer la carcoma la madera. || *Fig.* Corroer, consumir lentamente. Ú. t. c. pr.: *este problema me carcome.*

Cárcova (Ernesto de la), pintor realista argentino (1867-1927), autor de *Sin pan y sin trabajo.*

carchense adj. y s. De Carchi (Ecuador).

Carchi, prov. del N. del Ecuador, limítrofe con Colombia; cap. *Tulcán.*

carda m. Acción y efecto de cardar. || Cabeza de la cardencha: *la carda sirve para sacar el pelo a los paños.* || Instrumento con púas de hierro que sirve para cardar la lana, las fibras textiles.

cardado m. Acción de cardar.

cardador, ra m. y f. Persona que carda. || — M. Nombre dado a la *escolopendra.*

cardadura f. Cardado.

cardán m. *Mec.* Articulación mecánica que permite la transmisión de un movimiento de rotación en diferentes direcciones. || Suspensión compuesta de dos círculos concéntricos cuyos ejes están en ángulo recto.

Cardano (Girolamo), sabio matemático y filósofo italiano, n. en Pavía (1501-1576), a quien se debe el mecanismo de suspensión llamado *cardán.*

cardar v. t. Peinar con la carda las materias textiles antes de hilar. || Sacar con la carda el pelo a los paños. || Peinarse de tal forma que el pelo quede más esponjoso.

cardenal m. Cada uno de los prelados que componen el Sacro Colegio de consejeros del Papa. || Equimosis, mancha amoratada en la piel a causa de un golpe. || *Amer.* Pájaro americano de color ceniciento con un penacho rojo en la cabeza.

cardenalato. m. Dignidad de cardenal.

cardenalicio, cia adj. Del cardenal: *púrpura cardenalicia.*

Cárdenas, bahía y c. de Cuba (Matanzas).

Cárdenas (Adán), político y médico nicaragüense (1836-1916), pres. de la Rep. de 1883 a 1887. || ~ (BERNARDINO DE), religioso franciscano boliviano (1579-1668), obispo de Asunción del Paraguay. Adversario de los jesuitas. || ~ (LÁZARO), político y general mexicano, n. en Jiquilpan (1895-1970), pres. de la Rep. de 1934 a 1940. Nacionalizó la industria petrolera (1938) y prosiguió la reforma agraria. || ~ **y Rodríguez** (JOSÉ MARÍA DE), escritor cubano (1812-1882).

cardencha f. Cardo, || Carda.

cardenillo m. Verdín, moho. || Color verde claro.

cárdeno, na adj. Morado, violáceo: *lirio cárdeno.* || Dícese del toro de color blanco y negro.

cardiaco, ca y **cardíaco, ca** adj. *Med.* Del corazón. || Enfermo del corazón (ú. t. c. s.).

cardias m. Orificio superior del estómago por el que éste comunica con el esófago.

Cardiff, c. y puerto de Gran Bretaña (Gales), cap. del condado de Glamorgan. Arzobispado. Universidad. Hulla; metalurgia.

cardillo m. Cardo pequeño.

cardinal adj. Principal, fundamental: *virtudes cardinales.* || — *Adjetivo numeral cardinal,* el que expresa el número, como *uno, dos, tres, cuatro,* etc. || *Puntos cardinales,* Norte, Sur, Este y Oeste.

cardiografía f. *Med.* Estudio del corazón. || Gráfico que representa sus movimientos.

cardiógrafo m. *Med.* Especialista en enfermedades del corazón.

| Aparato que registra en un gráfico los movimientos del corazón.

cardiograma m. *Med.* Gráfico obtenido con el cardiógrafo.

cardiología f. Parte de la medicina que trata del corazón y sus enfermedades.

cardiólogo m. *Med.* Especialista en las enfermedades cardiacas.

cardiomiopatía f. Hipertrofia del miocardio.

cardiópata adj. y s. Persona que padece una afección cardiaca.

cardiopatía f. *Med.* Enfermedad del corazón.

cardiotónico m. Estimulante del corazón.

cardiovascular adj. Del corazón y de los vasos sanguíneos.

carditis f. *Med.* Inflamación del tejido del corazón.

cardizal m. Lugar con cardos.

cardo m. Nombre de varias plantas espinosas. (Las principales especies son: el *cardo borriqueño* o *borriquero,* el *ajonjero corredor,* el *estrellado,* el *lechal,* el *mariano,* el *santo,* el *cabezudo,* etc.) ‖ — M. Persona abrupta, arisca.

cardón m. Cardencha. ‖ Carda.

Cardona, pobl. de España (Barcelona). Minas de sal.

Cardoza y Aragón (Luis), escritor y político guatemalteco, n. en 1904, autor de *Maelstrom, Retorno al futuro,* etc.

Carducci (Giosue), poeta y crítico italiano (1835-1907), de estilo clásico *(Juvenilia, Odas bárbaras).*

cardumen m. Banco de peces. ‖ *Amer.* Profusión, abundancia.

carear v. t. Interrogar juntas dos personas para confrontar lo que dicen. ‖ Cotejar, comparar. ‖ — V. pr. Entrevistarse dos personas para tratar algún asunto. ‖ Encararse, afrontarse. ‖ *Amer.* Poner dos gallos frente a frente para juzgarlos.

* **carecer** v. i. Faltar, no tener: *carece de autoridad.*

carecimiento m. Carencia.

Carelia, rep. autónoma de la U. R. S. S. (Rusia), formada por la ant. república de Carelia, a la que se agregó en 1940 la Carelia finlandesa. Cap. *Petrozavodsk.*

carena f. *Mar.* Reparación que se hace en el casco de la nave.

carenado m. y **carenadura** f. y **carenaje** m. Carena.

carenar v. t. *Mar.* Reparar el casco de una nave. ‖ Dar forma aerodinámica a la carrocería de un vehículo.

carencia f. Falta o privación: *carencia de información.*

carenero m. Astillero en el que se carenan las embarcaciones.

Carenero, isla y c. del archip. de Los Roques (Venezuela).

carente adj. Que carece, falto, desprovisto: *carente de dinero.*

careo m. Confrontación: *el careo de los testigos.*

carero, ra adj. y s. Que vende caro.

carestía f. Falta, escasez, carencia de alguna cosa: *carestía de víveres.* ‖ Subido precio de las cosas de uso común: *la carestía de la vida.*

careta f. Máscara: *careta de carnaval.* ‖ Mascarilla de alambre u otra materia para proteger la cara, como la de apicultores, esgrimidores, bomberos, mineros, etc. ‖ *Fig.* Cubierta para disimular. ‖ — *Careta antigás,* máscara contra gases asfixiantes. ‖ *Fig. Quitarle a uno la careta,* desenmascararle.

careto, ta adj. Dícese del caballo o toro que tiene la cara blanca y la frente y el resto de la cabeza de color oscuro.

carey m. Tortuga de mar: *el carey abunda en el golfo de México.* ‖ Concha de carey: *peine de carey.*

car-ferry m. (pal. ingl.). Barco para transportar automóviles.

carga f. Lo que puede llevar un hombre, un animal, un vehículo, etc.: *arrastraban una carga enorme.* ‖ Cantidad de pólvora destinada al lanzamiento de proyectiles en las armas de fuego o a provocar la explosión de una mina o barreno. ‖ Acción de cargar un arma de fuego. ‖ Cantidad de electricidad acumulada en un conductor, en un condensador o en una batería. ‖ Producción de esta carga. ‖ Ataque de un cuerpo militar: *carga de la tropa motorizada.* ‖ Descarga: *se oyó la carga de los fusiles.* ‖ Acción de cargar o llenar: *la carga de la caldera de la calefacción: la carga de un camión.* ‖ Peso que soporta una viga, estructura metálica, etc. ‖ Tributo, impuesto, gravamen: *las cargas sociales.* ‖ Obligación onerosa: *cargas económicas.* ‖ *Fig.* Peso: *la carga de los años, de la edad.*

cargadero m. Lugar en el que se cargan o descargan las mercancías. ‖ Dintel. ‖ Tragante de un horno metalúrgico.

cargado, da adj. Lleno, recubierto. ‖ Pesado: *el tiempo está cargado.* ‖ Denso: *ambiente cargado.* ‖ Fuerte: *café cargado.* ‖ — *Cargado de años,* muy viejo. ‖ *Cargado de espaldas,* encorvado.

cargador, ra adj. Que carga: *pala cargadora.* ‖ — M. Aparato con el que se cargan los cartuchos, balas. ‖ Persona que carga una pieza de artillería. ‖ Aparato utilizado para cargar los acumuladores. ‖ *Cargador de muelle,* el que carga y descarga los barcos. ‖ — F. Pala mecánica.

cargamento m. Carga.

cargante adj. y s. *Fig.* y *fam.* Pesado, latoso, fastidioso.

cargar v. t. Poner una carga sobre algo o alguien: *cargar un animal, un petrolero.* ‖ Llenar: *cargar un horno, una estilográfica, una máquina de fotografiar.* ‖ Introducir una bala o cartucho en la recámara de un arma: *cargar un cañón, una pistola.* ‖ Llenar abundantemente: *la mesa estaba cargada de frutas.* ‖ Achacar: *me cargaron toda la responsabilidad.* ‖ Gravar, imponer: *cargar la nación de tributos.* ‖ Aumentar, añadir: *me cargaron mucho el precio.* ‖ Anotar, apuntar: *cárgueme lo que le debo en mi cuenta.* ‖ Hacer sostener un peso: *cargaron demasiado el estante.* ‖ Atacar, acometer: *cargar a las tropas enemigas* (ú. t. c. i.). ‖ *Fig.* y *fam.* Fastidiar, molestar: *este trabajo me carga.* ‖ — V. i. Apoyarse: *el edificio carga sobre la columna.* ‖ Pesar, recaer: *impuestos que cargan sobre el pueblo.* ‖ Llevarse: *cargué con todas las maletas.* ‖ Tomar a su cargo: *cargó con toda la responsabilidad.* ‖ Caer: *acento que carga en la última sílaba.* ‖ Contener, tener cabida: *este barco carga muchas toneladas.* ‖ — V. pr. Tomar sobre sí una carga: *cargarse de equipaje, de hijos.* ‖ Abundar en: *mis ojos se cargaron de lágrimas.* ‖ Encapotarse el cielo, llenarse de nubes. ‖ Romper, destruir: *se cargó todos los juguetes.* ‖ *Fam.* Dar calabazas, suspender en los exámenes. | Matar: *se lo cargaron en el frente.* | Hacer, ejecutar: *se cargó todo el trabajo.*

cargazón f. Pesadez en la cabeza. ‖ Nublado.

cargo m. Empleo, puesto: *ocupa un cargo muy importante.* ‖ Responsabilidad, cuidado: *lo tomó todo a su cargo.* ‖ Acusación: *testigo de cargo.* ‖ Censura, crítica: *graves cargos al gobierno.* ‖ Débito, debe: *cuenta a su cargo.* ‖ Buque de carga, carguero. ‖ — *Cargo de conciencia,* remordimiento. ‖ *Con cargo a,* a cuenta de. ‖ *Hacerse cargo,* encargarse; darse cuenta.

cargoso, sa adj. Cargante.

carguero m. Buque de carga.

Carhuás, c. del Perú, cap. de la prov. homónima (Ancash). Terremoto en 1970.

Carhué, pobl. de la Argentina (Buenos Aires), en las márgenes del lago Epecuén.

cari m. Pimienta de la India.

Caria, ant. región de Asia Menor, en las riberas del mar Egeo; c. pr.: *Mileto, Halicarnaso.*

cariaco m. *Cub.* Baile popular.

Cariaco, puerto y golfo de Venezuela (Sucre), en el mar Caribe.

cariacontecido, da adj. Pesaroso, afligido.

cariado, da adj. Con caries.

Cariamanga, pobl. del Ecuador, cab. del cantón de Calvas (Loja).

cariar v. t. Corroer, producir caries. ‖ — V. pr. Ser atacado por la carie un diente, picarse.

Carías Andino (Tiburcio), general hondureño (1876-1969), pres. de la Rep. de 1933 a 1949.

cariátide f. *Arq.* Columna en forma de estatua de persona.

Caribdis, torbellino del estrecho de Mesina, junto al escollo de Escila, muy temido por los navegantes.

caribe adj. y s. Individuo de un pueblo indio originario de la cuenca del Orinoco. (Los *caribes,* enemigos de los arawakos, habitaban en el s. XV las Antillas Menores, la costa del mar de las Antillas y las Guayanas.) ‖ De las Antillas. ‖ — M. Lengua de los caribes.

— La lengua *caribe* ha dejado multitud de voces en diversos países americanos, especialmente en las Antillas, Venezuela y Colombia, o en todo el continente *(ají, arepa, baquiano, bohío, nigua, tuna).* Muchas han pasado al castellano desde antiguo *(batea, bejuco, butaca, comején, maní, mico, nagua, tiburón)* y otras al vocabulario universal *(cacique, caimán, canoa, caucho, cazabe, cocuyo, curare, guayaba, hamaca, huracán, iguana, maíz, manatí, piragua, sabana, tabaco, yuca).*

Caribe, cord. de Venezuela. ‖ ~ (MAR) mar que forma el océano Atlántico en América Central, denominado tb. de *las Antillas.* Baña las islas de este mar, las costas centroamericanas y las septentrionales de Colombia y Venezuela.

Caribes (ISLAS), n. que se da tb. a las *Antillas Menores.*

caribú m. Reno salvaje del Canadá.

caricáceas f. pl. Familia de plantas angiospermas dicotiledóneas (ú. t. c. adj.).

caricato m. *Teatr.* El que en la ópera suele hacer los papeles de bufo. | Actor cómico.

caricatura f. Dibujo o pintura satírica o grotesca de una persona o cosa. ‖ Obra de arte en que se ridiculiza a una persona o cosa. ‖ Deformación grotesca y exagerada de ciertos defectos. ‖ Persona ridícula.

caricaturesco, ca adj. Como una caricatura.

caricaturista com. Dibujante de caricaturas.

caricaturizar v. t. Representar por medio de caricatura.

caricia f. Roce, toque en demostración de cariño.

caridad f. Amor de Dios y del prójimo: *la caridad es una virtud teologal.* ‖ Especialmente amor al prójimo: *obrar con caridad.* ‖ Limosna, buena acción.

Caridad *(Hermanas de la),* congregación religiosa creada en 1634 por San Vicente de Paúl para prestar ayuda a pobres y enfermos.

caries f. Picadura, enfermedad inflamatoria de los huesos y de los dientes o muelas que acaba destruyéndolos.

Carihuairazo, cumbre volcánica del Ecuador (Tungurahua); 4 990 m.

carilampiño, ña adj. Sin barba.

carilargo, ga adj. *Fam.* De cara larga.

carilla f. Cara, página: *llenó las dos carillas.*

carillón m. Conjunto de campanas acordadas. ‖ Su sonido.

carimba f. Señal que se ponía en el Perú a los esclavos con hierro candente.

carimbo m. *Amer.* Hierro para marcar el ganado lanar.

Carintia, prov. de Austria; cap. *Klagenfurt.*

Cariñán, en ital. *Carignano,* c. de Italia (Turín), a orillas del río Po.

Cariñena, c. de España (Zaragoza). Vinos.

cariño m. Apego, afecto, amor: *le tiene mucho cariño.* || Cuidado: *hazlo con cariño.* || — Pl. Saludos, recuerdos. || Caricia, mimo, manifestaciones de afecto.

cariñoso, sa adj. Afectuoso.

carioca adj. y s. De Río de Janeiro. || — F. Danza brasileña.

cariocinesis f. *Biol.* Mitosis.

cariofiláceas f. pl. Familia de plantas dicoteledóneas que tienen por tipo el clavel (ú. t. c. adj.).

Caripito, pobl. y puerto fluvial de Venezuela (Monagas).

carismático, ca adj. Providencial, divino: *el rey tenía un poder carismático.*

Carissimi (Giacomo), músico italiano (¿1605?-1674), reformador del oratorio.

caritativo, va adj. Que tiene caridad con el prójimo: *persona caritativa.* || Relativo a la caridad.

cariz m. Aspecto.

carlanca f. Collar con púas que se pone a los perros.

carlense adj. y s. De San Carlos (Venezuela).

carleño, ña adj. y s. De San Carlos (Nicaragua).

carlinga f. *Mar.* Madero que refuerza la quilla. || Cabina del piloto de un avión y lugar donde toman asiento los pasajeros.

Carlisle, c. de Inglaterra, cap. del condado de Cumberland, a orillas del Caldew. Catedral.

carlismo m. Doctrina de los carlistas. || Partido, comunión o agrupación de los carlistas.

carlista adj. y s. Partidario de don Carlos Isidro de Borbón, pretendiente al trono español en 1833 y de sus descendientes.

— Se han llamado *guerras carlistas* las contiendas civiles motivadas por la sucesión al trono de España a la muerte de Fernando VII. La primera duró de 1833 a 1839. La segunda, menos sangrienta, se desarrolló de 1855 a 1860. El origen de la tercera (1872-1876) fue la elección de Amadeo I y la proclamación de la República.

Carlomagno o **Carlos I,** rey de los francos y emperador de Occidente (742-814). Hijo de Pipino el Breve, sucedió a su padre en 768 y gobernó con su hermano Carlomán hasta 771. Sometió a aquitanos, lombardos, bávaros y sajones y dirigió contra los árabes de España una expedición en la que su retaguardia fue derrotada en Roncesvalles (778). En 800 fue coronado por el papa León III emperador de Occidente, y dio su nombre a la dinastía carolingia.

Carlos || **~ I** de España y V de Alemania (1500-1558), hijo de Felipe el Hermoso y Juana la Loca, rey de España en 1517 y emperador germánico en 1519. Dueño de inmensos dominios (España y sus colonias, Flandes y Austria), luchó contra Francisco I de Francia en cuatro guerras y le venció en Pavía, obligándole a firmar el Tratado de Madrid (1526), contra el sultán de Turquía Solimán II y contra los luteranos. A principio de su reinado en España estalló la sublevación de los *comuneros,* ahogada en sangre (v. COMUNIDADES). Abdicó en 1556 y se retiró al monasterio de Yuste (Cáceres), donde murió. || **~ II,** rey de España (1661-1700), hijo de Felipe IV y Mariana de Austria. Sucedió a su padre en 1665 bajo la tutela de su Madre. Enfermizo y abúlico, su reinado fue un verdadero desastre para España. En 1678 perdió el Franco Condado y en 1684 Luxemburgo. Al no tener descendencia designó por heredero a Felipe de Anjou, segundo nieto de Luis XIV de Francia. || **~ III,** rey de España (1716-1788), quinto hijo de Felipe V. Fue primero nombrado duque de Parma, conquistó el reino de Nápoles y, al morir Fernando VI (1759), subió al trono español. Sostuvo dos guerras contra Inglaterra, expulsó a los jesuitas y se le deben muchas y útiles reformas. Sus principales ministros fueron Esquilache, el conde de Aranda y el de Floridablanca. || **~ IV** (1748-1819), rey de España de 1788 a 1808, hijo y sucesor de Carlos III. Perdió cuanto España había logrado en el reinado de su padre. Declaró, instigado por su esposa María Luisa de Parma y por su favorito Manuel Godoy, la guerra a la República Francesa, pero, derrotado, firmó la paz de Basilea (1795). Aliado con los franceses contra Inglaterra perdió la batalla naval de Trafalgar (1805). La conspiración de su hijo Fernando y el motín de Aranjuez (1808) le obligaron a abdicar. Pidió luego auxilio a Napoleón, que se apoderó del trono de España y, después de las discusiones de Bayona entre padre e hijo, el emperador francés hizo que Fernando renunciase a la corona y que Carlos IV la cediera a él.

Carlos || **~ de Viana,** infante de Navarra y príncipe de Viana (1421-1461), famoso por sus disensiones con su padre, Juan II de Aragón, y su madrastra, Juana Enríquez. || **~ I** de *Navarra,* rey de Navarra. (V. CARLOS IV *de Francia.*) || **~ II** *el Malo* (1332-1387), rey de Navarra de 1349 a 1387. Se alió con los ingleses durante la guerra de los Cien Años y fue vencido por Du Guesclin. || **~ III** *El Noble* (1361-1425), rey de Navarra de 1387 a 1425. || **~** (PRÍNCIPE DON), hijo de Felipe II y de su primera esposa María de Portugal, n. en 1545. Un accidente afectó su razón. Su padre le encarceló en su propio palacio, donde murió en 1568.

Carlos I (1863-1908), rey de Portugal en 1889, hijo de Luis I y de María Pía, hija de Víctor Manuel de Saboya. M. asesinado.

Carlos || **~ Martel,** príncipe franco y mayordomo de palacio merovingio (¿685?-741), hijo de Pipino de Heristal. Derrotó en 732 a los árabes cerca de Poitiers, cortando así la conquista musulmana. || **~ el Temerario** (1433-1477), duque de Borgoña en 1467, uno de los príncipes más notables de su tiempo. || **~ I.** V. CARLOMAGNO. || **~ II** *el Calvo* (823-877), rey de Francia (840) y emperador de Occidente en 875. Bajo su reinado se desmembró el Imperio carolingio. || **~ III** *el Simple* (879-929), rey de Francia de 898 a 923). || **~ IV** *el Hermoso* (1294-1328), rey de Francia de 1322 a 1328 y rey de Navarra con el nombre de *Carlos I.* || **~ V** *el Sabio* (1338-1380), rey de Francia en 1364. Recuperó de los ingleses casi todas las posesiones francesas. || **~ VI** *el Amado* (1368-1422), rey de Francia en 1380. Perdió la razón en 1392. || **~ VII** *el Victorioso* (1403-1461), rey de Francia en 1422. Al subir al trono casi todo el país estaba en poder de los ingleses hasta que Juana de Arco levantó el espíritu nacional. || **~ VIII** *el Amable* (1470-1498), rey de Francia en 1483, hijo de Luis XI. Conquistó el reino de Nápoles en 1495, que abandonó al sublevarse los italianos. || **~ IX** (1550-1574), rey de Francia en 1560, cuarto hijo de Enrique II y de Catalina de Médicis. En su reinado hubo cinco guerras religiosas, entre católicos y protestantes, uno de cuyos dramas fue la matanza de la noche de San Bartolomé. || **~ X** (1757-1836), rey de Francia en 1824. Hermano de Luis XVI y de Luis XVIII, a quien sucedió. Su política reaccionaria provocó la revolución de julio de 1830 y el advenimiento de Luis Felipe. Conquistó Argel.

Carlos || **~ I.** V. CARLOMAGNO. || **~ II.** V. CARLOS II, rey de Francia. || **~ III** *el Gordo* (839-888) rey de los alamanes (876-881), emperador de Occidente (881-887), regente de Francia (884-887). || **~ IV** (1316-1378), emperador germánico de 1346 a 1378, hijo de Juan del Luxemburgo, rey de Bohemia. Promulgó la *Bula de Oro* (1356). || **~ V.** V. CARLOS I *de España.* || **~ VI** (1685-1740), emperador germánico de 1711 a 1740, segundo hijo de Leopoldo I y padre de María Teresa. Pretendiente al trono español al morir Carlos II. || **~ VII** (1697-1745), elector de Baviera, rival de María Teresa y emperador germánico en 1742.

Carlos || **~** (ARCHIDUQUE), general austriaco (1771-1847), tercer hijo de Leopoldo II. Derrotado por Napoleón en Wagram. || **~ I de Habsburgo** (1887-1922), emperador de Austria y rey de Hungría (CARLOS IV) de 1916 a 1918.

Carlos || **~ I** (1600-1649), rey de Inglaterra y de Escocia (1625-1649), hijo de Jacobo I (VI) Estuardo. Su política despótica provocó la oposición del Parlamento y desencadenó la guerra civil entre parlamentarios y realistas. El rey se refugió en Escocia y los partidarios de Cromwell le condenaron a muerte. Decapitado en Whitehall. || **~ II** (1630-1658), rey de Inglaterra y de Escocia de 1660 a 1685, hijo del anterior. Se alió con Francia y con Holanda. || **~ Eduardo** *el Pretendiente* (1720-1788), hijo de Jacobo Estuardo. Desembarcó en Escocia para apoderarse del trono de este país y del de Inglaterra, pero fue vencido en Culloden (1746).

Carlos, n. de cuatro reyes de Hungría: respecto al último, v. CARLOS I *de Habsburgo.*

Carlos, n. de varios reyes de Suecia. Los más notables fueron: CARLOS IX (1550-1611), rey de Suecia en 1604, tercer hijo de Gustavo Vasa y padre de Gustavo Adolfo; CARLOS X GUSTAVO (1622-1660), sucesor de la reina Cristina; CARLOS XI (1655-1697), hijo del anterior, rey de Suecia a los cinco años en 1660. Monarca absoluto; CARLOS XII (1628-1718), rey de Suecia (1697-1718), hijo de Carlos XI; derrotó al rey de Dinamarca en Copenhague (1700), a los rusos en Narva y a Augusto II de Polonia en Riga (1703); en lucha de nuevo con Rusia fue vencido por Pedro el Grande en Poltava (1709) y tuvo que refugiarse en Turquía; CARLOS XIII (1748-1818), rey de Suecia de 1809 a 1818. Adoptó al francés Bernadotte. || **~ XIV.** V. BERNADOTTE (Juan).

Carlos Alberto (1798-1849) rey de Cerdeña (1831-1849), derrotado por los austriacos en Custozza (1848) y en Novara (1849). Abdicó en su hijo V. Manuel II.

Carlos Borromeo *(San),* arzobispo de Milán (1538-1584). Se distinguió por su abnegación cuando la peste asoló la ciudad.

Carlos || **~ Pellegrini,** pobl. de la Argentina (Santa Fe). || **~ Rojas,** mun. de Cuba (Matanzas).

Carlota (La), v. de España (Córdoba). Aceite.

Carlota || **~ Amalia,** emperatriz de México (1840-1927), hija de Leopoldo I de Bélgica. Poco antes del fusilamiento de su esposo Maximiliano (1867), perdió la razón. || **~ de Borbón** (JOAQUINA), hija de Carlos IV de España (1775-1830), casada con el infante Don Juan de Portugal. Se separó de su marido en 1806 y fue el alma de la oposición contra él.

Carlovci, ant. *Carlowitz,* c. de Yugoslavia, a orillas del Danubio.

carlovingio, gia adj. et s. Carolingio.
Carlsbad, en checo *Karlovy-Vary*, c. de Checoslovaquia (Bohemia). Aguas termales. Cristalerías.
Carlsburgo. V. ALBA JULIA.
Carlscrona o **Karlskrona,** c. y puerto de Suecia.
Carlsruhe o **Karlsruhe,** c. de Alemania (Baden-Wurtemberg), ant. cap. del gran ducado de Baden. Central nuclear.
Carlstad, c. de Suecia, a orillas del lago Vener. En esta ciudad fue reconocida la independencia de Noruega (1905).
Carlyle [*karlail*] (Thomas), historiador y pensador inglés (1795-1881), autor de *Los héroes*.
carmañola f. Chaquetilla corta usada en Francia durante la Revolución. ‖ Danza y canto revolucionario francés de 1793.
carmelita adj. y s. Dícese del religioso o de la religiosa de la orden del Carmen: *carmelita descalzo*. ‖ Carmelitano. ‖ *Cub*. Marrón.
carmelitano, na adj. De la orden del Carmen. ‖ De Carmelo (Uruguay).
Carmelo, pobl. del Uruguay (Colonia). Astilleros; centro turístico. ‖ ~ (MONTE), montaña de Israel, cerca de Haifa, donde residieron muchos profetas y ermitaños.
carmen m. Quinta con huerto o jardín en Granada (España).
Carmen, isla de México en el golfo de California. — Pobl. de la Argentina (Santa Fe). — Pobl. de Colombia (Bolívar). Ind. tabacalera. ‖ **~ (El),** río de México (Chihuahua); 250 km. — Com. de Chile (Ñuble). ‖ **~ de Atrato,** mun. de Colombia (Chocó). Cobre. ‖ **~ de Carupa,** mun. de Colombia (Cundinamarca). Plomo. ‖ **~ de las Flores,** pobl. de la prov. de Buenos Aires (Argentina). ‖ **~ del Paraná,** pobl. del Paraguay (Itapúa). Arroz. ‖ **~ de Patagones,** pobl. de la prov. de Buenos Aires (Argentina). Ganado.
Carmen, ópera francesa, de tema español, inspirada en una narración de P. Merimée, música de Bizet (1875).
Carmen *(Orden del)*, una de las cuatro grandes órdenes mendicantes, fundada en Palestina en el s. XII por Simón Stock. En 1451 fundó Juan Soreth una orden semejante para las mujeres, cuyas reglas hizo más rigurosas en 1562 Santa Teresa de Ávila. San Juan de la Cruz reformó la de los varones (1564).
carmenador m. Persona que carmena. ‖ Batidor, peine claro.
carmenadura f. Acción y efecto de carmenar.
carmenar v. t. Desenredar, desenmarañar el cabello, la lana o la seda.
carmesí adj. y s. m. Color rojo.
carmín m. Color rojo de la cochinilla. ‖ Lápiz rojo de labios que emplean las mujeres. ‖ — Adj. De color rojo: *rosal carmín*.
carminativo, va adj. y s. *Farm*. Dícese del medicamento que favorece la expulsión de los gases intestinales.
Carmona, c. de España (Sevilla). Monumentos romanos y árabes. Aceites.
Carmona (Antonio Oscar de FRAGOSO), general portugués (1869-1951), pres. de la Rep. de 1928 a 1951. ‖ **~ y Valle** (MANUEL), médico mexicano (1827-1902), autor de *Lecciones de clínica médica*.
Carnac, aldea del Alto Egipto, situada sobre las ruinas de Tebas. (Tb. se escribe *Karnak*.) — Pobl. del O. de Francia, cerca de Lorient. Monumentos megalíticos.
carnada f. Cebo animal para pescar o cazar. ‖ *Fig*. Trampa, señuelo.
carnadura f. Musculatura de una persona o res. ‖ Disposición de los tejidos para cicatrizar.
carnal adj. Relativo a la carne. ‖ Lascivo o lujurioso: *amor carnal*. ‖ Aplícase a los parientes colaterales en primer grado: *tío carnal*.
carnauba f. *Amer*. Palmera originaria del Brasil, productora de cera industrial.
carnaval m. Tiempo que se destinaba a las diversiones populares desde el día de los Reyes hasta el miércoles de Ceniza. ‖ Dícese también sólo de los tres días que preceden al miércoles de Ceniza. ‖ Diversiones que tienen lugar en carnaval: *el carnaval de Río de Janeiro, de Niza, de Cádiz*.
carnavalada f. *Fam*. Acto ridículo o grotesco: *el mitin político degeneró pronto en carnavalada*.
carnavalesco, ca adj. Propio de carnaval: *diversiones carnavalescas*.
carnaza f. Parte de la piel que toca la carne. ‖ Carne abundante y mala. ‖ Carne de animales muertos. ‖ Carnada, cebo de carne.
carne f. Parte blanda y mollar del cuerpo: *la carne del brazo; carne prieta*. ‖ La comestible: *carne de vaca, de ternera, de carnero*, etc. ‖ Alimento animal en contraposición a pescado. ‖ Pulpa, parte blanda de la fruta: *carne de melocotón*. ‖ Sensualidad: *pecado de la carne*. ‖ El cuerpo humano, en oposición al espíritu: *el Verbo se hizo carne*. ‖ *Amer*. Parte dura y sana de un tronco de árbol. ‖ — Pl. Gordura: *está echando carnes* o *metido en carnes*. ‖ — *Fig*. *Carne de cañón*, los soldados, gentes expuestas a los peligros mayores. | *Carne de gallina*, la piel humana, cuyos pelos se erizan con el frío o con el miedo. ‖ *Carne de membrillo*, dulce hecho con la pulpa de esta fruta. ‖ *Carne de pelo*, la de conejos, liebres, etc. ‖ *Carne de pluma*, la de aves comestibles. ‖ *En carne viva*, sin piel. ‖ *En carnes vivas*, desnudo. ‖ *Metido en carnes*, que está algo grueso. ‖ *No ser carne ni pescado*, no tener uno carácter determinado. ‖ *Fig*. y *fam*. *Poner toda la carne en el asador*, poner en juego de una vez todos los recursos de que se dispone para lograr algo. | *Ser uno de carne y hueso*, ser tan sensible como los demás. | *Temblarle a uno las carnes*, sentir miedo.
carné m. Carnet.
carneada f. *Arg*. Acción de matar y descuartizar las reses de consumo. | Matadero.
Carneades, filósofo griego (¿215-129 a. de J. C.?), jefe de la Nueva Academia y fundador del *probabilismo*.
carnear v. t. *Amer*. Matar y descuartizar las reses. | *Fig*. Engañar.
Carnegie (Andrew), industrial y filántropo norteamericano (1835-1919). Empleó su fortuna en fundaciones sociales.
Carner (Josep), escritor y poeta catalán, n. en Barcelona (1884-1970).
carnero m. Animal rumiante, de cuernos en espiral, lana espesa y pezuña hendida. ‖ Carne de este animal. ‖ Osario. ‖ Lugar donde se depositaban en otro tiempo los cadáveres. ‖ *Amer*. Llama, rumiante. | Persona sin voluntad. ‖ *Fam*. *No haber tales carneros*, no ser cierta una cosa.
carnestolendas f. pl. Carnaval, especialmente los tres días anteriores al miércoles de Ceniza.
carnet m. Librito: *carnet de billetes*. ‖ Agenda: *carnet de apuntes*. ‖ Cédula: *carnet de identidad*.
Carnicer (Ramón), músico español (1789-1855), autor del himno nacional chileno.
carnicería f. Tienda donde se vende la carne al por menor. ‖ *Fig*. Destrozo, mortandad grande. | Escabechina, castigo aplicado a muchas personas: *el profesor hizo una carnicería en los exámenes*.
carnicero, ra adj. y s. Aplícase al animal que mata a otros para devorarlos: *el lobo es carnicero*. ‖ Carnívoro, que le gusta la carne. ‖ *Fam*. Cruel, inhumano. ‖ — M. y f. Persona que vende carne al por menor.
cárnico, ca adj. De la carne de consumo: *industrias cárnicas*.
Carniola, ant. prov. de Austria, dividida en 1919 entre Yugoslavia e Italia; cap. *Liubliana*.
carnívoro, ra adj. Que se alimenta de carne: *animal carnívoro; el hombre es carnívoro pero no carnicero*. ‖ — M. pl. Orden de mamíferos que se alimentan de carne.
carnosidad f. Excrecencia que se forma en una llaga o en una parte del cuerpo. ‖ Exceso de carne, gordura.
carnoso, sa adj. De carne: *apéndice carnoso*. ‖ De muchas carnes: *brazos carnosos*.
Carnot (Lazare), político, matemático y revolucionario francés (1753-1823), organizador de los ejércitos de la primera República. — Su hijo NICOLAS (1796-1832), físico que enunció los principios de la termodinámica. — Su nieto SADI (1837-1894), pres. de la Rep. de 1887 a 1894. M. asesinado.
caro, ra adj. Subido de precio: *la vida está cara*. ‖ Querido, amado. ‖ — Adv. A un precio alto.
Caro (José Eusebio), político y poeta colombiano, n. en Ocaña (1817-1853). Introductor del romanticismo en su país. ‖ ~ (MARCO AURELIO), emperador romano, después del asesinato de Probo (282-283). ‖ ~ (MIGUEL ANTONIO), político y escritor colombiano, n. en Bogotá (1843-1909), pres. de la Rep. de 1896 a 1898. Autor de una *Gramática Latina*, *Métrica y ortología de Bello*, etc. ‖ ~ (RODRIGO), arqueólogo y poeta español (1573-1647), autor de la elegía *A las ruinas de Itálica*.
Carolina, n. de dos Estados de América del Norte: *Carolina del Norte* (4 556 000 h; cap. *Raleigh*) y *Carolina del Sur* (2 383 000 h; cap. *Columbia*. — Isla del Brasil, en el río Paraná, entre los Estados de São Paulo y Mato Grosso. — V. de El Salvador (San Miguel. ‖ **~ (La),** c. de España (Jaén). Plomo.
Carolinas (ISLAS), archip. de Oceanía. Cedido por España a Alemania (1899), japonés de 1919 a 1945 y actualmente bajo tutela de Estados Unidos.
carolingio, gia adj. Relativo a Carlomagno y sus descendientes: *imperio carolingio*. (La dinastía de los *carolingios* o *carlovingios* reinó en Francia desde Pipino el Breve [751] hasta Luis V [987].)
carolino, na adj. De las islas Carolinas. ‖ De San Carlos (Uruguay). ‖ Carolingio.
carona f. Tela acolchada que se pone sobre el lomo de las caballerías para que no se lastimen.
Caroní, río de Venezuela (Bolívar), afl. der. del Orinoco; 650 km. ‖ **~ (Alto),** comarca de Venezuela (Bolívar). Oro. ‖ **~ (Bajo),** comarca de Venezuela (Bolívar). Diamantes.
Caronte o **Carón,** barquero de los Infiernos, que conducía en su barca, por la laguna Estigia, las almas de los muertos. *(Mit.)*
carota com. *Fam*. Caradura.
carótida adj. f. *Anat*. Cada una de las dos grandes arterias que por uno y otro lado del cuello llevan la sangre a la cabeza.
carozo m. Núcleo de la espiga del maíz. ‖ Hueso de la aceituna.
carpa f. Pez de agua dulce, de la familia de los ciprínidos, cuya carne es muy apreciada. ‖ *Amer*. Tienda de campaña. | Toldo de un mercado. ‖ *Méx*. y *Cub*. Tinglado en el que se representan espectáculos populares.
Carpaccio (Vittore), pintor veneciano (¿1455-1525?).
carpanel adj. *Arq*. Variedad de arco. (V. ARCO.)
carpanta f. *Fam*. Hambre.
Cárpatos, cord. de Europa Cen-

tral, que se extiende en forma de arco por Eslovaquia, Polonia y Rumania. Alt. máx. en el Tatra (2 663 m).

Carpeaux [*karpó*] (Jean-Baptiste), escultor francés (1827-1875).

carpelo m. *Bot.* Hoja modificada que forma el pistilo de la flor.

Carpentaria (GOLFO DE), golfo de la costa N. de Australia.

Carpentier (Alejo), músico, escritor y poeta cubano, n. en 1904, autor de las novelas *Ecué-Yamba-O, El acoso,* obras de tema negro, y *El siglo de las luces.*

carpeta f. Especie de cartapacio para guardar papeles. || Cubierta de un legajo. || Relación de valores comerciales. || Tapete pequeño.

carpetano, na adj. y s. Individuo de un pueblo ibero que ocupaba el centro de España.

carpetazo m. Dar carpetazo, interrumpir la gestión de un expediente.

Carpetovetónica o **Carpetana** (CORDILLERA), cord. que divide a España de E. a O. por la mitad, al tiempo que las cuencas del Duero y del Tajo y las dos Castillas. Alt. máx. en el pico llamado Plaza del Moro Almanzor, 2 592 m.

carpiano, na adj. Del carpo.

carpincho m. Mamífero roedor de América.

carpintear v. t. Trabajar la madera.

carpintería f. Oficio y taller de carpintero. || Conjunto de las cosas de madera de una casa. || *Fig.* Oficio, conocimiento profundo de una cosa: *la carpintería teatral.* | *Carpintería metálica,* conjunto de piezas de metal que constituyen la estructura de puertas, ventanas, etc.

carpintero m. El que por oficio labra la madera.

Carpio (Bernardo del). V. BERNARDO. || ~ (MANUEL), poeta mexicano (1791-1860), de tendencia clásica.

carpir v. t. *Amer.* Escardar.

carpo m. *Anat.* Nombre científico del esqueleto de la muñeca.

carraca f. Nave antigua de transporte. || *Despect.* Barco viejo y destartalado. || Astillero. || *Mec.* Trinquete. | Instrumento de madera, de ruido seco y desapacible: *las carracas de Semana Santa.* || *Fig.* Cacharro, trasto, cosa vieja.

Carraca (La), pobl. de España en la bahía de Cádiz. Arsenal. Francisco de Miranda murió en la prisión de esta localidad.

Carracci, n. de tres pintores italianos, nacidos en Bolonia: LUDOVICO (1555-1619) y sus primos AGOSTINO (1557-1602) y ANNIBALE (1560-1609).

carrada f. Carretada. || *Fam.* Montón: *ganar dinero a carradas.*

carraleja f. Insecto coleóptero, parecido a la cantárida.

carranca f. Carlanca.

carranza f. Púa de la carlanca.

Carranza (Angel Justiniano), historiador argentino (1834-1899). || ~ (BARTOLOMÉ), teólogo español (1503-1576), arzobispo de Toledo en 1557. Acusado de herejía, su proceso duró dieciséis años. || ~ (EDUARDO), poeta colombiano, n. en 1913, autor de *Seis elegías y un himno, Canciones para iniciar una fiesta,* etc. || ~ (VENUSTIANO), general mexicano (1859-1920), que derrotó a Huerta. Pres. de la Rep. de 1917 a 1920, convocó en Querétaro el Congreso que promulgó la Constitución de 1917, aún vigente. M. asesinado.

carrara m. Mármol blanco.

Carrara, c. de Italia (Toscana). Mármoles.

carrasca f. Encina generalmente pequeña. || *Col.* Instrumento músico rústico consistente en un palo con ranuras que se raspa con un palillo.

carrascal m. Monte poblado de carrascas. || *Chil.* Pedregal.

Carrasco, cerro de Chile (Tarapacá); 1 590 m. — Prov. de Bolivia (Cochabamba); cap. *Totorá.* — Playa del Uruguay, en los alrededores de Montevideo.

carraspear v. i. Hablar con voz ronca. || Aclararse la voz limpiando la garganta con una tosecilla.

carraspeo m. **carraspera** f. Cierta irritación o aspereza en la garganta: *tener carraspera.*

carraspique m. Planta crucífera, de flores moradas o blancas en corimbos.

carrasposo, sa adj. Que carraspea, que tiene carraspera.

Carrasquilla (Rafael María), obispo, orador y escritor colombiano (1857-1930). || ~ (RICARDO), poeta costumbrista colombiano (1827-1886). || ~ (TOMÁS), novelista colombiano (1858-1941), autor de *Frutos de mi tierra, En la diestra de Dios Padre* y *La marquesa de Yolombó,* cuadro de la vida colonial de fines del s. XVIII.

Carrel (Alexis), médico y filósofo francés (1873-1944). Realizó estudios sobre el trasplante de los tejidos. Autor de *La incógnita del hombre.* (Pr. Nóbel, 1912.)

Carreño de Miranda (Juan), pintor retratista español de la corte de Carlos II (1614-1685).

carrera f. Paso rápido del hombre o del animal para trasladarse de un sitio a otro: *emprender la carrera.* || Espacio recorrido corriendo: *una carrera de dos kilómetros.* || Lugar destinado para correr. || Prisa: *me di una carrera para terminar.* || Curso, recorrido de los astros: *la carrera del Sol.* || Curso del tiempo: *la carrera de los siglos.* || Calle que antes fue camino: *la carrera de San Jerónimo, en Madrid.* || Calles que recorre algo, camino: *la carrera de un desfile.* || Recorrido: *los soldados cubrían la carrera.* || Espacio recorrido por un coche de alquiler: *la carrera de un taxi.* || Competición de velocidad: *carrera de automóviles, de caballos, ciclista.* || Línea de puntos sueltos en las labores de mallas: *una carrera en la media.* || Vida humana: *una carrera bien aprovechada.* || Estudios: *hacer la carrera de derecho.* || Profesión: *carrera militar.* || Línea de conducta seguida por alguien. || *Arq.* Viga larga colocada horizontalmente. || *Mec.* Movimiento rectilíneo de un órgano mecánico: *la carrera del émbolo.* || — *Carrera de Indias,* comercio que se hacía con América. || *Fig. Dar carrera,* costear a uno los estudios. | *No poder hacer carrera con una persona,* no poder hacer nada con ella. || *Tomar carrera,* retroceder para avanzar con más ímpetu.

Carrera (Ignacio), patriota chileno, m. en 1819. Fue miembro de la primera Junta de Gobierno (1810). — Dos de sus hijos, JUAN JOSÉ y LUIS, se rebelaron contra O'Higgins y fueron fusilados en Mendoza (1818). — Otro hijo, JOSÉ MIGUEL (1786-1821), se hizo con el poder de 1811 a 1813. Designado jefe del ejército patriota, combatió a los realistas, y, tras el descalabro de Rancagua (1814), se exilió a la Argentina, donde fomentó las guerrillas contra O'Higgins. M. ejecutado en Mendoza. || ~ (RAFAEL), general y político guatemalteco (1814-1865). Con las tropas conservadoras venció a Morazán en 1840. Jefe del Estado de 1844 a 1848, fue designado pres. de la Rep. en 1851, cargo que convirtió en vitalicio en 1854. Gobernó dictatorialmente hasta su muerte. || ~ **Andrade** (JORGE), poeta ecuatoriano, n. en 1903, autor de *Latitudes, Microgramas,* etc.

Carreras (Roberto de las), poeta uruguayo, n. en 1873, autor de *Oración pagana, El cáliz.*

Carrere (Emilio), periodista y poeta madrileño (1880-1947).

carrerilla f. Movimiento de la danza española. || *Mús.* Subida o bajada de una octava que hace el que toca o canta. || Línea de puntos que se sueltan en la media. || *De carrerilla,* de corrido; de memoria.

carrero m. Carretero.

carreta f. Carro de dos ruedas con un madero largo, que sirve de lanza, donde se sujeta el yugo: *carreta de bueyes.* || *Fig. Andar como una carreta,* andar muy despacio.

carretada f. Carga de una carreta. || *Fam.* Gran cantidad de una cosa. || *Fig.* y *fam. A carretadas,* en abundancia.

carrete m. Cilindro taladrado en que se arrollan el hilo, seda, etc. || *Electr.* Cilindro hueco de madera o metal en el que se arrolla un alambre. || Rollo de película para hacer fotografías. || Rueda en que los pescadores llevan enrollado el sedal. || — *Carrete de inducción,* el formado por dos circuitos de alambre recorrido uno de ellos por una corriente eléctrica que ejerce influencia sobre el otro circuito. || *Carrete de Ruhmkorff,* el de inducción con electroimán e interruptor automático, que permite obtener efectos muy intensos. || *Fig. Dar carrete,* entretener a uno.

carretear v. t. Conducir una cosa en carreta o carro.

carretel m. *Mar.* Carrete en que se enrolla el cordel de la corredera.

carretera f. Camino empedrado, pavimentado o asfaltado: *carretera general, nacional.*

carretería f. Industria y taller del carretero. || Conjunto de carretas. || Ejercicio de carretear.

carreteril adj. Relativo a los carreteros.

carretero m. El que construye carros o carretas. || El que guía el carro. || — Adj. Por donde pueden pasar vehículos: *camino carretero.*

carretilla f. Carro pequeño de mano con una rueda y dos pies o con dos, tres o cuatro ruedas. || Aparato de madera en que se colocan los niños que aprenden a andar. | Buscapiés, cohete. || *Riopl.* Carro tirado por tres mulas. || *Saber de carretilla una cosa,* saberla de memoria.

carretón m. Carro pequeño. || Coche pequeño en que lleva su rueda el afilador. || Carretilla para niños. || Armazón bastidor, en forma de plataforma giratoria sostenida por ruedas, que constituye el soporte de un vagón o locomotora de ferrocarril.

carricoche m. Coche viejo.

Carriego (Evaristo), poeta argentino (1883-1912), autor de *Misas herejes* y *La canción del barrio.*

carril m. Surco que deja en el suelo de tierra la rueda. || Camino estrecho y sin asfaltar. || Vío, cada una de las barras de hierro paralelas por donde corre la locomotora y los vagones de ferrocarril. || *Chil.* y *P. Rico.* Tren. | Ferrocarril.

carrillada f. Mejilla del cerdo. || Bofetón.

carrillera f. Quijada, mandíbula. || *Mil.* Correa del barboquejo del casco o morrión.

carrillo m. Parte carnosa de la cara, desde los pómulos hasta la mandíbula inferior. || Mesa provista de ruedas para trasladarla. || Carro pequeño con tres ruedas y con pedales. || Garrucha, polea. || *Fam. Comer a dos carrillos,* comer mucho.

Carrillo (Braulio), político costarricense (1800-1845), jefe del Estado y dictador de 1835 a 1837 y de 1838 a 1842. Separó Costa Rica de la Federación Centroamericana (1836) y fue derrocado por Morazán. M. asesinado. || ~ (JULIÁN), músico mexicano (1875-1965). || ~ **de Albornoz.** V. ALBORNOZ. || ~ **de Sotomayor** (Luis), poeta culterano español (¿1582?-1610), autor de *Fábula de Acis y Galatea.* || ~ **Puerto** (FELIPE), político mexicano (1872-1924), gobernador del Estado de

Yucatán. Fue fusilado por los partidarios de Huertas.

carriola f. Carro pequeño con tres ruedas. || Tarima con ruedas.

Carrión (*Infantes* o *condes de*), título de los dos yernos del Cid, desafiados y muertos por haber afrentado en Corpes a sus esposas.

Carrión (Alejandro), escritor y poeta ecuatoriano, n. 1915, autor de *Aquí, España nuestra*, etc. || ~ (BENJAMÍN), escritor ecuatoriano, n. en 1898, autor de *Los creadores de la nueva América*, *Mapa de América* y *Cartas del Ecuador*. || ~ (DANIEL), médico peruano (1859-1885). Estudió la enfermedad infecciosa llamada localmente *verruga*. M. en aras de la ciencia. || ~ (JERÓNIMO), político ecuatoriano (1804-1873), miembro del Gob. provisional de 1859 a 1861 y pres. de la Rep. de 1865 a 1867.

carrito m. Carrillo, mesa.

carrizal m. Sitio poblado de carrizos.

Carrizal, monte de Colombia, en la Cord. Occidental; 3 200 m. — Río de Mexico (Michoacán), que des. en el Pacífico; 4 226 km² de cuenca.

carrizo m. Planta gramínea indígena de España.

carro m. Vehículo de diversas formas. (Dícese generalmente del carro grande, de dos ruedas, tirado por caballerías y dedicado a transportar cargas.) || Carga de un carro: *un carro de trigo.* || Cierto juego infantil. || Parte móvil de algunos aparatos: *carro de una máquina de escribir, de un torno.* || Plancha de hierro en la que se coloca lo que se va a imprimir. || Subdivisión del escenario de un teatro en sentido vertical. || *Amer.* Automóvil. | Tranvía. | Coche, vagón. || — *Fam. Aguantar carros y carretas,* tener mucha paciencia. || *Mil. Carro de combate,* automóvil blindado provisto de orugas y armado con cañones y ametralladoras. || *Fam. Parar el carro,* detenerse o contenerse.

Carro || ~ **Mayor,** Osa Mayor. || **Menor,** Osa Menor.

carrocería f. Taller del carrocero. || Caja de un automóvil.

carrocero m. Constructor o reparador de carruajes o coches o carrocerías.

Carroll (Charles DOGSON, llamado **Lewis**), escritor inglés (1832-1898), autor del cuento *Alicia en el país de las maravillas.*

carromato m. Carro fuerte de dos ruedas con toldo de lona. || Carro de los feriantes, nómadas, gitanos. || *Fig.* y *fam.* Carricoche.

carroña f. Carne podrida.

carroza f. Coche grande y lujoso. || *Mar.* Cubierta en la popa de las embarcaciones.

carrozar v. t. Poner carrocería.

carruaje m. Vehículo montado sobre ruedas.

carrusel m. Ejercicio ecuestre. || Tiovivo.

Carso, en alem. *Karst,* altiplanicie calcárea al N. de Yugoslavia.

Carson City, c. de Estados Unidos, cap. de Nevada.

carta f. Papel escrito que se manda a una persona: *carta de felicitación, de pésame.* || Naipe de la baraja: *jugar a las cartas.* || Ley constitucional de un país establecida por concesión: la *Carta Magna de Juan Sin Tierra en Inglaterra.* || Lista de platos en un restaurante: *comer a la carta.* || Mapa: *carta de marear.* || (Ant.). Pergamino, documento antiguo. || — *A carta cabal,* perfectamente. || *Carta apostólica,* la publicada por el Papa. || *Carta blanca,* poder amplio otorgado a alguien para que lleve a cabo una misión. || *Carta credencial,* la que acredita a un embajador o enviado plenipotenciario. || *Carta de ajuste,* conjunto de imágenes fijas de forma geométrica que aparecen en la pantalla de televisión con objeto de ajustar la imagen. || *Carta de crédito,* la que se da a una persona para que disfrute cierto crédito por cuenta del que la da. || *Carta de hidalguía,* ejecutoria. || *Carta de naturaleza,* documento que acredita que un extranjero ha conseguido su naturalización. || *Carta pastoral,* la que un prelado dirige a sus diocesanos. || *Amer. Carta postal,* tarjeta postal (es galicismo). || *Echar las cartas,* adivinar cosas ocultas o venideras por medio de los naipes. || *Hablen cartas y callen barbas,* es inútil hablar cuando hay pruebas. || *Fig. Jugar a cartas vistas,* obrar sin disimulo. | *Jugarse la última carta,* hacer un supremo esfuerzo para conseguir algo. | *Tomar cartas en un asunto,* intervenir en él.

Carta || ~ **de Jamaica,** escrito de Bolívar (1815) en el que se explican los fines de la Revolución americana. || ~ **del Atlántico,** programa de paz elaborado por Roosevelt y Churchill el 14 de agosto de 1941. || ~ **de las Naciones Unidas,** acuerdo firmado en San Francisco (1945) por los representantes de los Estados miembros. || ~ **Magna,** constitución otorgada por el rey Juan Sin Tierra, fundamento de las libertades políticas inglesas (1215).

cartabón m. Instrumento a modo de escuadra que se emplea en el dibujo lineal. || *Amer.* Marca o talla para medir a las personas.

Cartagena, c. y puerto de Colombia, cap. del dep. de Bolívar. Comercio; industria. Astilleros. Arzobispado. Universidad. Fundada por Pedro de Heredia en 1533. — C. y puerto de España (Murcia). Base naval. Ref. de petróleo.

cartagenero, ra adj. y s. De Cartagena (España y Colombia).

cartaginense adj. y s. Cartaginés.

Cartaginense, prov. romana de España fundada por Diocleciano con parte de la Tarraconense. Cap. *Cartago Nova.*

cartaginés, esa adj. y s. De Cartago, ant. c. del N. de África. || De Cartago (Costa Rica).

Cartago, c. de África del N. fundada en 814 a. de J. C. por los fenicios en una penins. junto la actual Túnez. Cap. de una rep. marítima poderosa, fundó colonias en Sicilia, en España, y se enfrentó a Roma en las *Guerras Púnicas.* (V. art.) Fue destruida después de la tercera guerra por Escipión Emiliano. Reconstruida más tarde, del s. I al VI fue capital del África romana. — C. de Colombia (Valle del Cauca). Ferias ganaderas. Edificios virreinales. — C. de Costa Rica, cap. de la prov. homónima. Centro comercial. Fundada en 1563 por Vázquez de Coronado. Destruida por terremotos.

cartapacio m. Funda o bolsa en que los niños que van al colegio llevan cuadernos y libros. || Cuaderno de apuntes.

cartear v. i. Jugar las cartas falsas para tantear el juego. || — V. pr. Escribirse dos personas.

cartel m. Anuncio o aviso que se fija en sitio público. || Cuadro mural para la enseñanza en las escuelas. || En tiempo de guerra, escrito relativo al canje o rescate de prisioneros o a alguna otra proposición de los enemigos. || Cártel. || *Fig. Tener cartel,* tener fama en algo.

cártel m. Asociación entre empresas, sindicatos o grupos políticos para llevar a cabo una acción común. || Asociación entre varias empresas de la misma índole —sin que ninguna de ellas pierda su autonomía económica— con objeto de regular los precios mediante la limitación de la producción y de la competencia.

cartelera f. Armazón para fijar anuncios o carteles. || En los periódicos, sección donde aparecen los anuncios de espectáculos.

cartelero m. El que pega carteles.

cartelista com. Persona que dibuja carteles.

cartelización f. Agrupación en cártel.

carteo m. Correspondencia.

cárter m. *Mec.* Envoltura que protege un engranaje, un motor.

cartera f. Especie de estuche, generalmente de piel, para llevar papeles, billetes de banco, etc.: *una cartera de becerro.* || Bolsa análoga de forma mayor para llevar o guardar valores, documentos, libros, etc. || Tira de paño que cubre el bolsillo. || Bolsillo, saquillo. || *Com.* Valores o efectos comerciales de curso legal que forman parte del activo de un comerciante, banco o sociedad: *la cartera de una compañía de seguros.* || *Fig.* Ministerio: *cartera de Marina.* | Ejercicio de un ministerio: *ministro sin cartera.* || *Fig. Tener en cartera una cosa,* tenerla en proyecto.

Carteret (Philip), navegante inglés que realizó un viaje alrededor del mundo. M. en 1796.

cartería f. Empleo de cartero. || Oficina de Correos donde se recibe y despacha la correspondencia.

carterilla f. Tira de tela que cubre la abertura de un bolsillo. || Estuche de cartón que contiene cerillas.

carterista m. Ladrón de carteras de bolsillo.

cartero m. Repartidor de Correos que lleva las cartas a domicilio.

cartesianismo m. Sistema metódico y racional preconizado por Descartes.

cartesiano, na adj. Relativo al cartesianismo. || — M. y f. Su partidario.

Cartier [*-tié*] (Jacques), navegante francés (1491-1557). Exploró Terranova y Canadá, descubiertos ya por Caboto, y se apoderó del Canadá enviado por Francisco I (1535).

cartilagíneo, a adj. *Zool.* Aplícase a los peces de esqueleto cartilaginoso.

cartilaginoso, sa adj. *Zool.* De naturaleza de cartílago.

cartílago m. *Zool.* Tejido elástico, menos duro que el hueso.

cartilla f. Cuaderno pequeño con las letras del alfabeto. || Cuaderno con diferentes indicaciones que sirve para usos diversos: *cartilla militar, de la Caja de Ahorros.* || — *Fig. Leerle la cartilla a uno,* reprenderle mucho. | *No saber la cartilla,* ser un ignorante.

cartografía f. Arte de trazar mapas geográficos: *la cartografía de Mercator.*

cartográfico, ca adj. Relativo a la cartografía.

cartógrafo, fa m. y f. Persona que traza mapas o cartas geográficas.

cartomancia, f. Adivinación por las cartas de la baraja.

cartomántico, ca m. y f. Persona que practica la cartomancia.

cartón m. Conjunto de varias hojas superpuestas de pasta de papel endurecido. || *Arq.* Ménsula. || Dibujo o boceto que se ejecuta antes de hacer un cuadro, fresco, tapicería o vidriera: *los cartones de Rafael.* || Caja con varios paquetes de cigarrillos. || *Cartón piedra,* pasta de papel, yeso y aceite secante, que resulta muy dura.

cartonaje m. Obras de cartón.

cartoné (en) adv. Tipo de encuadernación con tapas de cartón: *libros en cartoné.*

cartonería f. Fábrica de cartón. || Tienda en que se vende.

cartuchera f. Estuche para llevar los cartuchos.

cartucho m. Carga de un arma de fuego, encerrada en un cilindro de cartón o de metal. || Paquete cilíndrico de monedas: *un cartucho de calderilla.* || Bolsa de papel fuerte o de plástico en la que se meten ciertos géneros. || Cucurucho de dulces. || *Fig. Quemar el último cartucho,* acudir al último recurso.

cartuja f. Convento de cartujos. || **Cartuja,** orden religiosa fundada por San Bruno en 1084.

cartujano, na adj. Perteneciente a la orden de la Cartuja. || — Adj. y s. Cartujo, religioso. || Dícese del caballo de raza andaluza.

cartujo adj. y s. m. Religioso de la Cartuja. || *Fig. Vivir como un cartujo,* vivir aislado del mundo.

cartulina f. Cartón delgado.

Cartwright [*kartrait*] (Edmund), inventor inglés (1743-1823), constructor de un telar mecánico.

carúncula f. *Anat.* Excrecencia de color rojo vivo que tienen en la cabeza algunos animales como el pavo. || *Carúncula lagrimal,* grupo pequeño de glándulas sebáceas en el ángulo interno del ojo.

Carupa. V. CARMEN DE CARUPA.

Caruso (Enrico), tenor italiano (1873-1921).

Carvajal (Francisco), capitán español (1464-1548), compañero de Pizarro en el Perú. Su crueldad le valió el n. de *el Demonio de los Andes.* M. ejecutado. || **~** (GASPAR DE), religioso español (1500-1584). Estuvo con Orellana en el descubrimiento del Amazonas, del que redactó una *Relación.* || **~** (HERMANOS JUAN Y PEDRO ALONSO), caballeros castellanos del s. XIV llamados *los Carvajales,* partidarios de Sancho IV de Castilla. Acusados de asesinato sin pruebas, Fernando IV, en castigo, mandó que fuesen despeñados en Martos (1312). Según una leyenda desprovista de fundamento, los hermanos emplazaron al monarca para que compareciese al cabo de treinta días ante el tribunal de Dios para dar cuenta de su injusta sentencia. El rey murió dentro de ese plazo. || **~** (MANUEL MELITÓN), marino y político peruano (1847-1935), heroico combatiente en la guerra con Chile al frente del monitor *Huáscar.* || **~** (MARÍA ISABEL), V. LIRA (Carmen). || **~ y Lancaster** (JOSÉ DE) político español (1698-1754), ministro de Fernando VI.

Carvalho e Mello. V. POMBAL (Sebastián José).

carvi m. Semilla de la alcaravea, empleada en farmacia.

casa f. Edificio o piso dedicado a vivienda: *casa amueblada.* || Conjunto de personas que tienen el mismo domicilio: *fuimos toda la casa.* || Conjunto de los asuntos domésticos, del hogar: *mujer que lleva bien su casa.* || Colocación de un criado: *sirve en una casa muy buena.* || Descendencia: *la Casa de los Borbones.* || Establecimiento o empresa comercial: *casa editorial.* || Cuadro o escaque del ajedrez, de las damas, etc. || Término con el que designan ciertos establecimientos penitenciarios: *casa correccional.* || — *Casa civil,* conjunto de funcionarios civiles de un jefe de Estado. || *Casa consistorial,* el Ayuntamiento. || *Casa cuna,* hospicio de niños. || *Casa de banca,* banco. || *Casa de campo,* casa fuera de poblado para el cultivo o recreo. || *Casa de citas,* burdel. || *Casa de Dios,* iglesia. || *Casa de empeños o de préstamos,* establecimiento donde se presta dinero sobre alhajas u otros efectos. || *Casa de fieras,* sitio donde están reunidos animales del mundo entero para enseñarlos al público. || *Casa de huéspedes,* pensión. || *Casa de la villa,* Ayuntamiento. || *Casa de locos o de salud,* manicomio. || *Fam. Casa de Tócame Roque,* aquella en que cada uno hace lo que le viene en gana. || *Casa de trato,* establecimiento de prostitución. || *Casa de vecindad o de vecinos,* la dividida en muchos departamentos distintos para varias familias. || *Casa matriz,* establecimiento central del que dependen sucursales. || *Casa mortuoria,* casa donde ha muerto alguno y de donde sale la comitiva para ir al entierro. || *Casa religiosa,* convento. || *Casa solariega,* la que está vinculada a una familia. || *De casa,* propio para estar en ella. || *Fig.* y *fam. Echar o tirar la casa por la ventana,* gastar con exceso. || *Levantar casa,* mudarse. || *Levantar la casa,* desmontarla, quitar los muebles. || *Mujer de su casa,* la que se ocupa de su hogar. || *Poner casa,* tomarla y amueblarla.

Casa || **~ Blanca,** en ingl. *White House,* residencia en Washington del presidente de Estados Unidos. || **~ de Contratación,** Cámara de Comercio que funcionó en Sevilla (1503) y después en Cádiz. Hizo tb. mapas y organizó varias expediciones marítimas. || **~ Rosada,** residencia en Buenos Aires del pres. de la Rep. Argentina.

casabe m. Pez del mar Caribe. || Pan de yuca molida, muy común en las Antillas.

Casabe, pobl. de Colombia (Antioquia). Petróleo.

casabería f. *Amer.* Lugar donde se produce o vende casabe.

Casablanca, en árabe *Dar El-Beida,* c. y puerto del O. de Marruecos en el Atlántico. Industrias; comercio. — Com. de Chile (Valparaíso). — Laguna de México (Zacatecas).

casaca f. Prenda de vestir de mangas anchas, con faldones y ceñida al cuerpo: *casaca de ministro.* || *Fig. Volver casaca,* cambiar de ideas o de partido, chaquetear.

casación f. *For.* Anulación de una sentencia: *recurso de casación.*

casadero, ra adj. Que tiene ya edad de casarse: *joven casadera.*

casado, da adj. y s. Que ha contraído matrimonio: *los recién casados.* || — *Fig. Casado y arrepentido,* dícese de los que siempre se arrepienten de lo que hacen. || *El casado casa quiere,* proverbio que aconseja que cada matrimonio debe vivir independiente. || — M. *Impr.* Colocación de los pliegos en la platina de modo que al doblarlos queden las páginas en orden numérico.

Casado del Alisal (José), pintor español, n. en Valencia (1832-1886).

Casaguala, pico volcánico del Ecuador, al N. de Ambato, en la Cord. Occidental; 4 465 m.

Casal (Julián del), poeta cubano, n. en La Habana (1863-1893), de tendencia romántica y modernista (*Hojas al viento, Nieve* y *Bustos y rimas*). || **~** (JULIO DE), poeta ultraísta uruguayo (1889-1954), autor de *Nuevos horizontes* y *Cuadernos de otoño.*

Casals (Pablo), violoncelista, director de orquesta y compositor español, n. en Vendrell (Tarragona) [1876-1973]. Organizador de los Festivales de Prades (Francia).

casamata f. *Fort.* Reducto abovedado para instalar artillería. || Abrigo subterráneo.

casamentero, ra adj. y s. Dícese de la persona muy aficionada a casar a los demás.

casamiento m. Matrimonio, acción y efecto de casar o casarse. || Boda, ceremonia del matrimonio.

Casanare, río de Colombia (Boyacá), afl. del Meta; 500 km.

Casanay, pobl. de Venezuela (Sucre).

Casandra, hija de Príamo y Hécuba, sacerdotisa de Apolo.

Casanova de Seingalt (Giovanni Giacomo), aventurero veneciano, considerado como el prototipo del Don Juan (1725-1798). Autor de *Memorias.*

casapuerta f. Portal o zaguán de una casa.

casar v. i. Unirse en matrimonio (ú. m. en pr.). || Corresponderse, armonizar: *colores que casan bien* (ú. t. c. pr.). || — V. t. Celebrar el matrimonio un sacerdote o el juez municipal. || *Fig.* Unir o juntar dos cosas de modo que hagan juego: *casar los colores.* || *For.* Anular, derogar: *casar una ley, una sentencia.* || — *Fig. Antes que te cases mira lo que haces,* refrán que significa que han de pensarse mucho las decisiones importantes. || *Fig. No casarse con nadie,* no dejarse influir en su opinión o actitud, conservar su independencia.

CA

Casaravilla Lemos (Enrique), poeta uruguayo, n. en 1889, autor de *Las formas desnudas.*

Casares (Julio), lexicógrafo español (1877-1964), autor de un *Diccionario ideológico de la lengua española* y de varios ensayos (*Crítica efímera, Crítica profana,* etc.). || **~ Quiroga** (SANTIAGO), abogado y político español (1884-1950), jefe del Gob. en 1936.

Casas (Bartolomé de **Las**), religioso dominico español, n. en Sevilla (1474-1566). Combatió los abusos de los conquistadores en América, lo que le valió los títulos de *Apóstol de las Indias* o *Protector de los indios.* Obispo de Chiapas (1545) y autor de *Brevísima relación de la destrucción de las Indias* e *Historia general de las Indias.* || **~** (RAMÓN), pintor impresionista español (1866-1932). || **~ Aragorri** (Luis de **Las**), militar y político español (1745-1800), capitán general de Cuba de 1790 a 1796. || **~ Castañeda** (JOSÉ JOAQUÍN), escritor y político colombiano (1866-1951). || **~ y Romero** (LUIS), compositor popular cubano, n. en 1882.

Casaya, isla de Panamá, en el archipiélago de las Perlas.

cascabel m. Bolita de metal hueca y horadada que contiene algo en el interior que la hace sonar. || *Fig.* y *fam. Poner el cascabel al gato,* poner en ejecución un proyecto difícil y desagradable. || *Serpiente de cascabel,* crótalo.

cascabelear v. t. *Fig.* y *fam.* Engañar con esperanzas vanas. || — V. i. Sonar los cascabeles. || *Fig.* y *fam.* Obrar con ligereza.

cascabeleo m. Ruido de cascabeles o de voces que lo asemejan.

cascabelero, ra adj. *Fig.* y *fam.* Persona poco sensata. || — M. Sonajero.

cascabillo m. Cascabel. || Cascarilla del grano de los cereales. || Cúpula de la bellota.

cascada f. Salto de agua. || *Fig. En cascada,* en serie, uno detrás de otro.

Cascadas, cord. del O. de Estados Unidos y Canadá, a orillas del Pacífico; 1 000 km. de long. Altura máx. en el monte Rainiero (4 391 m).

cascado, da adj. Viejo, enclenque: *un anciano muy cascado.* || Aplícase a la voz que carece de sonoridad y entonación.

Cascaes, c. de Portugal, al O. de Lisboa. Estación balnearia.

cascajal y **cascajar** m. Sitio pedregoso.

Cascajal, isla de Colombia, en la que se encuentran la c. y el puerto de Buenaventura.

cascajo m. Guijo, grava. || Escombros. || Fruta de cáscara seca. || *Fam.* Chisme, trasto roto o viejo. | Casa o coche viejo. || *Fig.* y *fam. Estar hecho un cascajo,* estar achacoso o viejo.

cascanueces m. Instrumento, a modo de tenazas, para partir nueces. || *Zool.* Pájaro conirrostro de la familia de los fringílidos.

cascar v. t. Rajar, hender: *cascar un huevo, una nuez.* || Perder su sonoridad habitual la voz de alguien. || *Fam.* Golpear, pegar a uno. | Charlar (ú. m. c. i.). || Pagar. || *Fig.* y *fam.* Quebrantar la salud de uno. || — V. i. Morir.

cáscara f. Corteza o envoltura dura de algunas frutas: *cáscara de nuez, de almendra,* etc. | Cubierta exterior de los huevos. || Corteza de los árboles u otras cosas. || *¡Cáscaras!*, interj. de sorpresa o admiración.

cascarilla f. Corteza amarga y aromática de una euforbiácea de América: *la cascarilla se usa en farmacia.* || Quina delgada o de Loja. || Cáscara de cacao tostada con que se hace una infusión. || Laminilla de metal. || *Fam. Jugar de cascarilla*, no tener voz ni voto.

cascarillal m. *Per.* Sitio poblado de árboles de quina.

cascarón m. Cáscara del huevo. || *Arq.* Bóveda cuya superficie es un cuarto de esfera. || — *Fig. Aún no ha salido del cascarón*, aplícase al que tiene poca experiencia. | *Cascarón de nuez*, embarcación pequeña.

cascarrabias com. *Fam.* Persona gruñona o que protesta mucho.

casco m. Armadura para cubrir y defender la cabeza: *casco de motorista, de bombero, de minero, militar.* || Copa del sombrero. || Armadura que se pone en la cabeza para sostener algo: *el casco del auricular.* || Cráneo. || Pedazo de una botella, una vasija o vaso que se rompe. || Pedazo de metralla. || Parte carnosa de la cebolla. || Recinto de población: *el casco antiguo de Barcelona.* || *And.* y *Amer.* Gajo de naranja, granada, etc. || Envase, botella: *casco pagado.* || Tonel, pipa: *casco de vino.* || Pezuña, uña del pie de las caballerías. || *Blas.* Yelmo, celada. || *Geom.* Superficie de revolución: *hiperboloide de dos cascos.* || *Mar.* Cuerpo del barco. || Embarcación filipina. || — Pl. Cabeza de carnero o vaca, despojada de sesos y lengua. || — *Fig.* y *fam. Romperse* o *calentarse los cascos*, fatigarse mucho en el estudio de una cosa. || *Ser alegre* o *ligero de cascos*, ser poco juiciosa una persona.

Cascorro, pobl. de Camagüey (Cuba). Lugar donde dio pruebas de heroísmo el soldado español Eloy Gonzalo García (1896).

cascote m. Escombro.

caseificación f. Acción y efecto de caseificar.

caseificar v. t. Transformar en caseína. || Separar la caseína de la leche.

caseína f. *Quím.* Sustancia albuminoidea de la leche, que unida a la manteca forma el queso.

caseoso, sa adj. Relativo al queso. || Semejante al queso.

caserío m. Pueblecito, conjunto de casas en el campo. || Cortijo, alquería, casa de campo.

casero, ra adj. Que se hace en casa: *tarta casera.* || Que se cría en casa, doméstico. || Que se hace en las casas, sin cumplido, entre personas de confianza: *reunión casera.* || Dícese de la persona amante de su hogar, que sale poco de su casa. || *Remedio casero*, el que se hace empíricamente. || — M. y f. Dueño de la casa, que la alquila a otros. || Persona que cuida de la casa de otro, gerente. || Administrador de una finca rústica.

caserón m. Casa grande y destartalada.

Caseros, pobl. de la Argentina (Buenos Aires). En sus alrededores Urquiza venció a las tropas de Rosas (3 de febrero de 1852).

Cases (Las). V. LAS CASES.

caseta f. Casilla: *caseta de madera.* || Construcción pequeña de los bañistas en las playas, de los feriantes, expositores, etc.

casi adv. Cerca de, con poca diferencia, aproximadamente: *botella casi llena.* (Ú. tb. repetido: *eran casi, casi las doce.*) || Hállase construido con la conj. *que: casi que parece de ayer.*

casia f. Arbusto leguminoso de la India, semejante a la acacia.

Casilda, pobl. de la Argentina (Santa Fe).

casilla f. Casa pequeña: *casilla de guardagujas.* || Taquilla de venta de billetes. || Anaquel de un estante. || División de un papel cuadriculado: *escribir un número en cada casilla.* || División de un casillero, de un crucigrama, escaque de un tablero de ajedrez, etc. || *Pop.* Cárcel: *meter en la casilla.* || *Amer.* Apartado postal. | Excusado, retrete. || *Fam. Salir de sus casillas*, enfurecerse mucho.

Casillas (Tomás), dominico español, m. en 1567. Colaboró con Las Casas en la evangelización y defensa de los indios, y fue su sucesor en el obispado de Chiapas.

casillero m. Mueble con divisiones para guardar papeles, etc.

casimir m. Tela de lana muy fina, de poco grueso.

Casimiro *(San)*, príncipe jagelón (1458-1484), patrón de Polonia. Fiesta el 4 de marzo. — N. de cinco reyes de Polonia.

casino m. Lugar de reunión y diversión, por lo común en los balnearios: *el casino de Montecarlo.* || Centro de recreo, club. || Asociación de hombres de las mismas ideas o clase: *casino agrícola, industrial, político.* || Edificio donde se reúnen.

Casino (MONTE). V. CASSINO.

Casiodoro (Magno Aurelio), escritor latino (¿480-575?), autor de una *Historia de los godos.*

Casiopea, constelación cerca del polo Norte, en el lado opuesto a la Osa Mayor.

Casiopea, reina legendaria de Etiopía, madre de Andrómeda.

Casiquiare (BRAZO), río de Venezuela en el territ. de Amazonas, afl. del río de este mismo n. Pone en comunicación el Orinoco con el río Negro; 225 km.

casis f. Grosellero negro y licor sacado de esta planta.

Casita, cumbre volcánica de Nicaragua (Chinandega); 1 405 m.

Casitérides, n. ant. de un archip. que se cree que es el actual de *Scilly* (Inglaterra), de donde se extraía estaño.

casiterita f. *Min.* Bióxido de estaño.

Casma, río del Perú (Ancash), que des. en la bahía homónima. — C. del Perú, cap. de la prov. de Huarmey (Ancash). Terremoto en 1970.

caso m. Acontecimiento, suceso: *un caso extraordinario.* || Asunto, situación determinada: *le expuse mi caso.* || Casualidad. || Ocasión: *en este caso venga.* || Punto de consulta: *un caso difícil.* || Tipo: *este hombre es un caso de idiotez.* || *Gram.* Relación que guardan las palabras declinables. (Los *casos* son seis: *nominativo, genitivo, dativo, acusativo, vocativo* y *ablativo.*) || *Med.* Cada una de las invasiones individuales de las enfermedades epidémicas: *caso de tifoidea, de peste*, etc. || — *Caso de conciencia*, punto dudoso en materia moral. || *Caso que* o *dado el caso que* o *en caso de que*, si sucede tal o cual cosa. || *En todo caso*, pase lo que pase. || *Fig.* y *fam. Hacer caso*, prestar uno atención a lo que se dice o quiere otro. || *Hacer caso omiso*, prescindir. || *Ir al caso*, tratar de lo principal. || *Fam. No hacer* o *venir al caso*, no tener ninguna relación. || *Poner por caso*, poner por ejemplo.

Caso (Alfonso), historiador y arqueólogo mexicano, n. en 1896. Autor de estudios en Monte Albán (Oaxaca). || ~ (ANTONIO), escritor y ensayista mexicano (1883-1946), autor de *Filosofía de la intuición* y *Doctrina e ideas.*

Casona (Alejandro RODRÍGUEZ, llamado **Alejandro**), autor dramático español (1900-1965). Escribió *Nuestra Natacha, La sirena varada, Los árboles mueren de pie, La dama del alba, Corona de amor y muerte, La tercera palabra*, etc.

casorio m. *Fam.* Boda.

caspa f. Escamilla blanca formada en la cabeza.

Caspe, v. de España (Zaragoza). Colegiata gótica. (V. COMPROMISO *de Caspe.*)

caspera f. Lendrera.

Caspio, gran lago o mar interior cuyas aguas bañan la U. R. S. S. e Irán; 424 000 km².

¡cáspita! interj. Denota sorpresa o admiración.

casquería f. Tienda en la que se venden los despojos de las reses.

casquero m. El que tiene una casquería, tripicallero.

casquete m. Casco antiguo de armadura. || Gorro: *un casquete de lana.* || Media peluca. || *Geom. Casquete esférico*, parte de la superficie de una esfera cortada por un plano que no pasa por su centro.

casquillo m. Anillo o abrazadera de metal: *casquillo de bayoneta.* || Parte metálica de una lámpara eléctrica. || Parte metálica del cartucho de cartón. || Cartucho metálico vacío.

casquivano, na adj. *Fam.* Alegre de cascos, poco formal o serio.

Cassel, c. de Alemania Occidental (Hesse). Industrias.

Cassino, monte y c. de Italia (Lacio). San Benito erigió en la colina un monasterio (529), destruido durante la segunda guerra mundial, y hoy reconstruido.

casta f. Raza o linaje. || Cada una de las clases hereditarias que formaban en la India la división jerárquica de la sociedad. || *Fig.* Especie o calidad de una persona o cosa: *de buena o mala casta.* | Grupo: *forman una casta aparte.*

Castagnino (Juan Carlos), pintor y muralista argentino (1908-1972).

Castagno [-ño] (Andrea del), pintor realista italiano, n. de Florencia (1423-1457).

castaña f. Fruto del castaño. || Vasija grande de cristal de forma redonda: *una castaña de vino.* || Mata o moño de las mujeres. || *Fig.* y *fam.* Puñetazo: *arrear una castaña.* || — *Castaña pilonga*, la seca y avellanada. || *Fig.* y *fam. Sacar a uno las castañas del fuego*, sacar a otro de un apuro.

castañar m. Lugar poblado de castaños.

Castañeda Castro (Salvador), general salvadoreño (1888-1965), pres. de la Rep. en 1945.

castañero, ra m. y f. Persona que vende castañas.

castañeta f. Chasquido de dedos. || Castañuela.

castañetazo m. Chasquido fuerte de las castañuelas o dedos. || Estallido de la castaña en las ascuas. || *Fam.* Golpe.

castañetear v. t. Tocar las castañuelas. || Hacer chasquear: *castañetear los dedos.* || — V. i. Sonarle a uno los dientes: *castañeteaba de frío.* || Crujir los huesos.

castañeteo m. Ruido de las castañuelas, de los dientes al chocar unos con otros. || Crujido de los huesos.

castaño, ña adj. De color de la cáscara de la castaña: *una cabellera castaña.* || — M. Árbol cupulífero cuyo fruto es la castaña. || — *Castaño de Indias*, árbol de adorno. || *Fig.* y *fam. Pasar de castaño oscuro*, ser algo abusivo, enojoso o increíble.

Castaño, río de la Argentina (San Juan) que, al unirse al Patos, forma el río San Juan. — Pobl. de la Argentina (San Juan). Plata.

castañola f. Pez teleósteo comestible.

Castaños (Francisco Javier), general español (1756-1852). Derrotó a las tropas invasoras francesas en Bailén (1808). Fue duque de Bailén.

castañuela f. Instrumento músico compuesto de dos tablillas en forma de castaña que se fijan en los dedos y se repican vivamente. || *Fig.* y *fam. Estar como unas castañuelas*, estar muy alegre.

Castelar (Emilio), político, orador y escritor español, n. en

Cádiz (1832-1899). Refugiado en Francia, después de tomar parte en la sublevación de 1866, a su regreso (1868), combatió la elección del rey Amadeo I (1870). Fue el cuarto y último presidente de la Primera República (1873).

Castelfuerte (José Armendáriz, *marqués de*), virrey del Perú de 1724 a 1735. Sofocó la sublevación de los *comuneros* paraguayos (1735).

Castelgandolfo, pobl. de Italia (Lacio), cerca del lago Albano. Residencia veraniega del Papa.

Castelo Branco, c. de Portugal (Beira Baja), en el distrito homónimo. Obispado.

Castelo Branco (Camilo), novelista, poeta y dramaturgo portugués (1825-1890), uno de los maestros de la novela realista, autor de *Amor de perdición*, etc. ‖ ~ (Humberto), militar brasileño (1900-1967), pres. de la Rep. de 1964 a 1967.

castellanismo m. Palabra o giro propio de Castilla.

castellanizar v. t. Dar forma castellana a una palabra de otro idioma, hispanizar.

castellano, na adj. y s. De Castilla. ‖ — M. Lengua oficial de España e Hispanoamérica. ‖ Señor de un castillo. ‖ — F. Señora de un castillo. ‖ Mujer del castellano. ‖ Copla de romance octosílabo.

— El *castellano* o *español* constituye la lengua más difundida de todas las procedentes del latín, gracias al período glorioso de la historia de España que dio a su idioma nacional carácter internacional al propagarlo como medio de expresión en América, norte de África y Oceanía (Filipinas). Cerca de doscientos millones de personas hablan actualmente castellano como lengua nativa. El castellano se deriva esencialmente del latín hablado por los conquistadores romanos que ocuparon la Península (no pueden precisarse los elementos formativos que aportaron otras lenguas primitivas habladas en el país, como el éuscaro o vascuence) y, en menor importancia, de otras lenguas: griega en algunos cultismos; germánica; árabe, que incorporó bastantes palabras; francesa; italiana, en los s. XVI y XVIII e inglesa, especialmente en nuestros días. No hay que olvidar tampoco los vocablos aportados por las diferentes lenguas existentes en los territorios conquistados en América con los que se ha enriquecido el castellano (arawaka, quechua, caribe, náhualt, guaraní y araucana o mapuche). Los dialectos del castellano son numerosos: leonés, asturiano o bable, mirandés, montañés, aragonés, ribereño, pirenaico, burgalés, riojano, andaluz, extremeño, murciano, canario, etc. Tanto el catalán como el gallego no se citan en esta enumeración por considerarse lenguas independientes.

Castellanos (Aarón), explorador argentino (1801-1878), colonizador de la Pampa ‖ ~ (Jesús), novelista cubano (1879-1912), autor de *La conjura* y *La heroína*. ‖ ~ (Juan de), poeta, cronista y humanista español (1522-1607), autor del poema *Elegías de varones ilustres de Indias*. ‖ ~ (Julio), pintor mexicano (1905-1947), autor de frescos. ‖ ~ (Pedro Antonio), capitán español (1480-1556), enemigo de Cortés y después su defensor ante Carlos I. ‖ ~ (Roberto), pintor uruguayo (1871-1942), autor de marinas. ‖ ~ (Rosario), escritora mexicana, n. en 1925, autora de obras en verso (*Al pie de la letra*, *Lívida luz*, etc.) y de novelas (*Balún Canán*).

Castelldefels, pobl. en el NE. de España (Barcelona). Playas.

Castelli (Juan José), abogado y político argentino (1764-1812), miembro de la primera Junta Gubernativa (1810).

Castellón de la Plana, c. de España, cap. de la prov. homónima. Su puerto, a cuatro km, se llama el *Grao de Castellón*.

castellonense adj. y s. De Castellón de la Plana.

casticidad y **casticismo** m. Pureza, propiedad en el lenguaje. ‖ Respecto de los usos o costumbres, tradicionalismo.

casticista m. Purista en el uso de la lengua.

castidad f. Virtud opuesta a la lujuria. ‖ Continencia absoluta.

castigador, ra adj. y s. Que castiga. ‖ — M. *Fam.* Seductor.

castigar v. t. Imponer castigo al que ha cometido una falta. ‖ Maltratar: *castigado por la vida.* ‖ Escarmentar. ‖ Mortificar, atormentar: *castigar su carne.* ‖ *Fig.* Corregir, enmendar: *castigar el estilo de un escrito.* | Dañar, perjudicar, estropear un fenómeno natural. | Enamorar por pasatiempo. ‖ *Taurom.* Herir al toro con picas o banderillas o torear con pases de castigo.

Castiglione (Baltasar, *conde de*), humanista italiano del Renacimiento (1478-1529), autor de *El Cortesano*.

castigo m. Pena, corrección de una falta. ‖ *Fig.* Tormento, padecimiento, sufrimiento: *esta hija es su castigo.* ‖ En deportes, sanción tomada contra un equipo. *castigo máximo.* ‖ *Taurom.* Pase o herida que se hace al toro para cansarlo más o rebajarle las fuerzas: *le dio unos muletazos de castigo.*

castilla f. *Amer.* Entre los indígenas, el idioma español.

Castilla, meseta central de España, dividida en dos partes por las sierras de Gredos y de Guadarrama. Limita al N. con los montes Cantábricos, al S. con Sierra Morena y al E. con las sierras del Moncayo, de la Demanda, de Albarracín y de Cuenca. Algunos valles fértiles disminuyen en poco la aridez y sequedad del suelo. En la parte NO. se encuentra la región de *Castilla la Vieja*, formada por las provincias de Santander, Burgos, Logroño, Soria, Segovia, Ávila, Valladolid y Palencia, y en el SE. *Castilla la Nueva*, constituida por las provincias de Madrid, Toledo, Ciudad Real, Cuenca y Guadalajara. Cultivo de cereales; ganadería. Industria ligera.

— A partir del año 800 empiezan a poblarse estas comarcas y, ante la amenaza de los árabes, los habitantes construyen atalayas y defensas que harán que el territorio reciba el nombre de Castilla. La creación de un condado hereditario por Fernán González (930-970) confiere a la región una cierta autonomía. Después del conde García Sánchez (1029), Castilla pasa a poder de Sancho el Mayor de Navarra, quien, al morir (1035), deja sus dominios castellanos a su hijo Fernando I con el título de rey. Fernando III el Santo unió los reinos de Castilla y León (1230) y, posteriormente, el casamiento de Isabel de Castilla y de Fernando de Aragón (1469) permitió la formación de la nación española.

Castilla, punta de América Central, en el mar Caribe, en la zona limítrofe de Costa Rica y Nicaragua. — Prov. del Perú (Arequipa); cap. *Aplao.* ‖ ~ **del Oro,** ant. parte del istmo centroamericano, entre el golfo de Urabá y el cabo de Gracias a Dios. ‖ ~ **(Nueva).** V. Nueva Castilla.

Castilla (Ramón), general peruano, n. en Tarapacá (1797-1867). Luchó por la Independencia y fue pres. de la Rep. de 1845 a 1851 y de 1854 a 1862. Promulgó la Constitución de 1860.

castillejo m. Tacataca.

Castillejo (Cristóbal de), poeta español (¿1490?-1550), defensor de la escuela tradicional castellana.

Castillejos, lugar de Marruecos, al SO. de Ceuta. Derrota de los moros por O'Donnell y Prim (1860).

castillo m. Edificio fortificado con murallas, baluartes, fosos, etc. ‖ *Blas.* Figura con una o más torres. ‖ *Mar.* Cubierta principal del buque entre el trinquete y la proa. ‖ *Mil.* Máquina de guerra antigua en forma de torre. ‖ — *Castillo de fuego*, armazón para fuegos artificiales. ‖ *Fig.* y *fam. Castillo de naipes*, lo que es fácil de destruir; proyecto descabellado. ‖ *Castillo en el aire*, ilusiones quiméricas.

Castillo (El), com. de la Rep. Dominicana (Duarte). ~ ‖ **de Locubín,** c. de España (Jaén).

Castillo *(El)*, edificio en forma de pirámide escalonada, de la ant. c. maya de Chichén Itzá.

Castillo (Eduardo), poeta colombiano (1889-1939), autor de *El árbol que canta*. ‖ ~ (Florencio M. del), novelista mexicano (1828-1863). ‖ ~ (Hernando del), compilador español del siglo XVI, autor de *Cancionero general de muchos* y *diversos* autores. ‖ ~ (Ignacio María del), general español, n. en México (1817-1893). Luchó en la guerra carlista (1873). Fue conde de Bilbao. ‖ ~ (Jesús), compositor folklorista y musicólogo guatemalteco (1877-1946). ‖ ~ (Manuel), escritor romántico peruano (1814-1871). ‖ ~ (Ramón S.), político argentino (1873-1944), pres. de la Rep. de 1942 a 1943. ‖ ~ **Andraca y Tamayo** (*Fray* Francisco de), poeta y autor dramático peruano (1716-1770). Era ciego de nacimiento, y sus *Coplas*, llamadas del *Ciego de la Merced*, alcanzaron gran popularidad. ‖ ~ **Armas** (Carlos), militar guatemalteco (1914-1957), pres. de la Rep. de 1954 a 1957. M. asesinado. ‖ ~ **Ledón** (Luis), poeta y crítico mexicano (1879-1944). ‖ ~ **Solórzano** (Alonso de), escritor español (1584-¿1648?), autor de las novelas picarescas *Noches de Madrid* y *La garduña de Sevilla*. ‖ ~ **y Guevara** (Francisca Josefa del), escritora y poetisa mística colombiana (1671-1742), autora de *Vida* y *Sentimientos espirituales*, diarios de su intimidad. ‖ ~ **y Rada** (José María del), prócer de la Independencia colombiana (1776-1835). ‖ ~ **y Saavedra** (Antonio del), pintor religioso español (1603-1667).

Castillos, laguna y pobl. del Uruguay (Rocha).

castina f. Piedra calcárea empleada para fundir un mineral de hierro con mucha arcilla.

castizo, za adj. y s. Dícese de la persona o cosa que representa bien los caracteres de su raza, país, ciudad, etc., típico, genuino: *español castizo; bailes castizos.* ‖ Dícese del lenguaje puro y del escritor que lo usa: *estilo, autor castizo.* ‖ De buena casta, sin defectos. ‖ *Méx.* Hijo de mestizo y española o de español y mestiza. ‖ — M. Animal muy fecundo.

casto, ta adj. Que tiene pureza de alma, de cuerpo: *casta esposa.* ‖ Conforme a las normas de la decencia, del pudor: *una vida casta.*

castor m. Mamífero roedor, de pelo muy fino y de piel estimada.

Cástor y Pólux, héroes mitológicos, hermanos gemelos, hijos de Zeus y Leda.

castoreño m. Sombrero de pelo de castor, sobre todo el de picador.

castración f. Ablación de las glándulas genitales en el macho.

castradera f. Cuchilla para castrar las colmenas.

castrado adj. m. y s. m. Que ha sufrido la castración.

castrador m. El que castra.

castrar v. t. Capar, extirpar los órganos necesarios a la generación: *castrar un animal.* ‖ Quitar a las colmenas panales de miel. || Podar los árboles. || Secar las llagas. || *Fig.* Debilitar, quitar valor.

castrense adj. Propio del ejército o de la profesión militar.

Castres, c. de Francia (Tarn). Paños. Museo de Goya.

Castri. V. DELFOS.

Castriota (Jorge). V. SCANDERBEG (Jorge CASTRIOTA).

castrismo m. Doctrina que se inspira en las ideas de Fidel Castro.

castrista adj. y s. Partidario o relativo al castrismo.

Castro, c. y puerto de Chile (Chiloé). || ~ **Urdiales,** c. y puerto del N. de España (Santander).

Castro (Américo), crítico, ensayista y filólogo español (1885-1972). Su libro *La realidad histórica de España* ha levantado fuertes polémicas. || ~ (CIPRIANO), general venezolano (1858-1924), pres. dictatorial de la Rep. de 1899 a 1908. || ~ (CRISTÓBAL VACA DE), político español, m. en 1558. Carlos I le nombró gobernador del Perú para que concluyese con la disputa de Pizarro y Almagro (1541). Venció y mandó ejecutar a Almagro. || ~ (EUGENIO DE), poeta simbolista portugués (1869-1944), autor de *Belkiss, Las horas, Salomé,* etc. || ~ (FELIPE DE), escultor español (1711-1775), que decoró el Palacio Real de Madrid. || ~ (FIDEL), abogado y político cubano, n. en 1927. Opuesto a la política del presidente Batista, desembarcó en la prov. de Oriente (1956) y se refugió en la Sierra Maestra con los seguidores del llamado *Movimiento 26 de Julio,* desencadenando una lucha de guerrillas que concluyó con el derrocamiento del Poder establecido y su nombramiento como primer ministro (1959). Instauró un régimen socialista. || ~ (GUILLÉN DE), autor dramático español, n. en Valencia (1569-1631), autor de las comedias *Las mocedades del Cid* (imitada por Corneille en Francia), *El conde de Alarcos, El Narciso en su opinión,* etc. || ~ (INÉS DE). V. INÉS DE CASTRO. || ~ (JOSÉ MARÍA), músico y director de orquesta argentino (1892-1964), autor de un *Concerto Grosso.* — Su hermano JUAN JOSÉ (1895-1968) fue tb. compositor y autor de *Sinfonía argentina* y del ballet *Mekhano.* — Su otro hermano, WASHINGTON, n. en 1909, es tb. compositor. || ~ (ÓSCAR), poeta y escritor chileno (1910-1947), autor de *Camino en el alba.* || ~ (ROSALÍA DE), poetisa española (1837-1885), que escribió en lengua gallega (*Cantares gallegos, Ruinas, Follas Novas*) y en castellano (*En las orillas del Sar*). || ~ **Alves** (ANTONIO DE), poeta romántico brasileño (1847-1871), adversario de la esclavitud. || ~ **Barros** (PEDRO IGNACIO DE), sacerdote, patriota y escritor argentino (1777-1849). || ~ **Madriz** (JOSÉ MARÍA), político costarricense (1818-1892), pres. de la Rep. de 1847 a 1849 y de 1866 a 1868. Separó su país de la Federación Centroamericana (1848).

Castropol v. de España (Oviedo). Cereales.

Castrovirreyna, c. del Perú, cap. de la prov. homónima (Huancavelica).

Castuera, v. de España (Badajoz). Alfarería.

casual adj. Que ocurre accidentalmente, por casualidad, imprevisto, fortuito.

casualidad f. Combinación de circunstancias que no se pueden prever ni evitar, azar. || Suceso inesperado, imprevisto.

casualismo m. Teoría filosófica basada en el estudio de las causas.

casuismo m. Casuística.

casuista adj. y m. Teólogo que se dedica a resolver casos de conciencia. || Dícese del que acomoda los principios morales a cada caso particular.

casuístico, ca adj. Relativo a la casuística o al casuista. || — F. Parte de la teología moral que estudia los casos de conciencia. || Sutileza excesiva.

casulla f. Vestidura sagrada que se pone el sacerdote sobre las demás para celebrar la misa. || *Hond.* Grano de arroz con cáscara.

cata f. Acción de catar o probar: *melón vendido a cala y cata.*

catabólico, ca adj. *Biol.* Relativo al catabolismo.

catabolismo m. *Biol.* Fase del metabolismo constituida por el conjunto de reacciones bioquímicas que desintegran la materia viva.

catacaldos com. *Fig.* y *fam.* Persona que emprende muchas cosas y no termina ninguna. | Entremetido.

Catacaos, c. del Perú (Piura).

cataclismo m. Cambio profundo en la superficie del globo terrestre: *el cataclismo de la Atlántida.* || *Fig.* Gran trastorno en el orden político, social, familiar.

catacresis f. Metáfora que consiste en emplear una palabra con un sentido más extenso que el suyo propio, como "las patas de una mesa; la hoja de una espada".

catacumbas f. pl. Galerías subterráneas utilizadas por los cristianos primitivos como templos y cementerios: *las catacumbas de Roma.*

catadióptrico, ca adj. *Fís.* Que implica a un mismo tiempo reflexión y refracción de la luz. || *Opt.* Dícese del aparato compuesto de espejos y lentes. || — F. Parte de la física que trata de los fenómenos catadióptricos.

catador m. El que prueba alimentos o bebidas: *catador de vinos.* || Conocedor, perito. || El que prospecta.

catadura f. Degustación, acción y efecto de catar. || *Fig.* Aspecto o apariencia: *tener mala* o *fea catadura.*

catafalco m. Túmulo que se levanta en las iglesias para las exequias solemnes.

catafaro y **catafoto** m. Sistema óptico que permite reflejar la luz recibida.

catalán, ana adj. y s. De Cataluña. || — M. Idioma hablado en Cataluña, en el antiguo reino de Valencia, islas Baleares, Rosellón (Francia) y ciudad de Alghero (Cerdeña).

Catalán (Miguel A.), físico español (1894-1957). Estudió los fenómenos de los espectros atómicos.

catalanidad f. Calidad de catalán.

catalanismo m. Catalanidad. || Giro o vocablo catalán. || Doctrina favorable a la autonomía o la independencia de Cataluña.

catalanista adj. y s. Partidario del catalanismo.

Cataláunicos (CAMPOS), llanura en la que Atila y el ejército de los hunos fueron derrotados por Aecio, Meroveo y Teodorico (451). Su emplazamiento se encontraba a unos 20 km. de Troyes (Francia).

catalejo m. Anteojo para ver a larga distancia.

catalepsia f. *Med.* Accidente nervioso repentino que suspende la sensibilidad exterior y el movimiento.

cataléptico, ca adj. De la catalepsia. || — Adj. y s. Enfermo de catalepsia.

catalina f. Rueda dentada de la maquinaria de los relojes.

Catalina, isla de la Rep. Dominicana (Seibo). — Com. de Chile (Antofagasta).

Catalina || **I** (¿1684?-1727), emperatriz de Rusia, esposa de Pedro I el Grande y su sucesora en el trono en 1725. || ~ **II** *la Grande,* emperatriz de Rusia, n. en Stettin (1729-1796), esposa de Pedro III. Gobernó sola (1762-1796) después del asesinato de su marido. Despótica y cruel, protegió sin embargo la cultura. Fue llamada *la Semíramis del Norte.* || ~ **de Aragón,** princesa española, hija de los Reyes Católicos (1485-1536); casada con Enrique VIII de Inglaterra (1509), fue repudiada por éste en 1526. Su divorcio, concedido en 1533, fue una de las causas del cisma inglés. Madre de María Tudor. || ~ **de Jesús,** impostora sevillana del s. XVI, que creó, con Juan de Villalpando, la secta de los iluminados. || ~ **de Médicis,** hija de Lorenzo de Médicis, n. en Florencia (1519-1589), esposa de Enrique II de Francia, madre de Francisco II, de Carlos IX y de Enrique II. Regente en la minoría de Carlos IX. || ~ **de Siena** (*Santa*), religiosa italiana (1347-1380), autora de una colección de *Cartas devotas.* Fiesta el 30 de abril. Proclamada Doctora de Iglesia en 1970. || ~ **Howard** (1522-1542), quinta esposa de Enrique VIII de Inglaterra después del divorcio de éste con Ana de Cleves. M. decapitada. || ~ **Parr,** reina de Inglaterra (1512-1548), sexta y última esposa de Enrique III. || ~ **Tomás** (*Santa*), monja agustina, n. en Valldemosa (1535-1574), canonizada en 1930. Fiesta el 5 de abril.

catálisis f. *Quím.* Aceleración de una reacción producida por la presencia de una sustancia que permanece aparentemente intacta.

catalítico, ca adj. *Quím.* Relativo a la catálisis: *agente catalítico; fuerza catalítica.*

catalizador m. *Quím.* Cuerpo que puede producir la catálisis: *cuerpo catalizador.* || *Fig.* Lo que provoca y fija una reacción.

catalizar v. t. *Quím.* Intervenir como catalizador en una transformación. || *Fig.* Provocar una reacción.

catalogación f. Acción y efecto de catalogar.

catalogar v. t. Registrar en un catálogo: *catalogar los libros y manuscritos de una biblioteca.* || *Fig.* Clasificar.

catálogo m. Lista, enumeración ordenada: *un catálogo de libros.*

Cataluña, región histórica de la España del NE. que se divide en las provincias de Barcelona, Tarragona, Lérida y Gerona; cap. *Barcelona.* Ant. condado independiente (s. IX), se unió en 1137 con Aragón y más tarde, durante el reinado de Fernando II el Católico, con Castilla, aunque conservando cierta autonomía hasta el fin de la guerra de Sucesión de España (1714). Con la República Española de 1931, Cataluña fue de nuevo autónoma hasta 1939. Su recia personalidad, fundada en una lengua y civilización propias, así como su desarrollo económico (industrias y comercio activos) la colocan en lugar excepcional en la Península Ibérica.

catamarán m. Embarcación de vela y con dos flotadores.

Catamarca, c. de la Argentina, cap. de la prov. homónima, en las faldas de los Andes. Obispado. Fundada por F. Mendoza en 1683. Centro de peregrinación. En la prov. hay minas y la agricultura es rica.

catamarqueño, ña adj. y s. De Catamarca (Argentina).

Catania, c. y puerto de Sicilia, cap. de la prov. homónima, al S. del Etna. Centro industrial.

cataplasma f. *Med.* Masa de consistencia blanda, envuelta en una tela, que se aplica con fines curativos en cualquier parte del cuerpo. || *Fig.* y *fam.* Pesado, pelmazo.

¡cataplún! interj. ¡Pum!

catapulta f. Máquina de guerra antigua para arrojar piedras o flechas. || Máquina para hacer despegar aviones o cohetes en una superficie de lanzamiento reducida.

catapultar v. t. Lanzar con catapulta. || *Fig.* Lanzar violentamente: *catapultar un avión.*

catar v. t. Probar: *catar un melón.* || Examinar, mirar.

Catarama, c. del Ecuador (Los Ríos).

catarata f. Caída grande de agua: *las cataratas del Nilo.* || *Fig.* Lluvia torrencial, aguacero. || *Med.* Opacidad del cristalino del ojo o de su membrana que produce la ceguera total o parcial.

Catari (Tomás), caudillo indio del s. XIII. En unión de sus hermanos DÁMASO y NICOLÁS se rebeló contra el poder de España en el Alto Perú. M. ajusticiado en 1781.

catarina f. *Méx.* Insecto coleóptero de color rojo.

Catarina, pobl. de Nicaragua (Masaya).

cátaro m. V. ALBIGENSE.

catarro m. *Med.* Resfriado, constipado. | Inflamación de las mucosas. || *Catarro pradial,* variedad de asma producida por el polen de algunas gramíneas.

catarroso, sa adj. y s. Acatarrado, resfriadó. || Propenso a catarro.

catarsis f. Purificación de las pasiones por la contemplación de obras estéticas.

catasalsas m. *Fam.* Catacaldos.

catastral adj. Del catastro.

catastro m. Censo estadístico de las fincas rústicas y urbanas de un país.

catástrofe f. Desenlace doloroso del poema dramático. || *Fig.* Suceso inesperado y que causa desgracias || *Fam.* Cosa mal hecha: *su pintura es una catástrofe.*

catastrófico, ca adj. Que tiene las características de una catástrofe. || *Fig.* Muy grave e imprevisto. | Desastroso, malo.

Catatocha, pobl. del Ecuador, cab. del cantón de Baltas (Loja).

Catatumbo, río de Colombia (Norte de Santander), que des. en el lago de Maracaibo (Venezuela); 400 km.

cataviento m. *Mar.* Grímpola.

catavino m. Taza para probar o pipeta para sacar el vino en las bodegas.

catavinos m. Hombre que tiene por oficio probar el vino para apreciarlo.

Catay, n. de *China* en la Edad Media.

catch m. (pal. ingl.). Lucha libre en que están permitidas casi todas las presas.

cátcher m. Jugador de béisbol que recoge la pelota cuando el bateador no la rechaza.

cate m. *Pop.* Bofetón. || *Fam.* Nota de suspenso en los exámenes.

cateador m. *Amer.* El que busca yacimientos minerales.

catear v. t. Buscar. || Observar. || *Fam.* Suspender en un examen. || *Amer.* Reconocer y explorar el terreno buscando yacimientos minerales. | Allanar o registrar el domicilio de alguien.

Cateau [*katô*] **(Le),** ant. *Le Cateau-Cambrésis,* c. de Francia (Nord). Textiles, metalurgia.

catecismo m. Enseñanza de los principios y los misterios de la fe cristiana. || Libro que contiene la explicación de la doctrina cristiana.

catecúmeno, na m. y f. Persona que aprende los principios de la doctrina cristiana para bautizarse.

cátedra f. Asiento elevado del profesor. || Aula, clase: *cátedra de Historia.* || *Fig.* Cargo y función del catedrático. | Dignidad pontificia o episcopal. || — *Cátedra de San Pedro,* dignidad del Sumo Pontífice. || *Fig.* y *fam. Poner cátedra,* hablar en tono magistral.

catedral adj. y s. f. Iglesia episcopal. || *Fig.* y *fam. Como una catedral,* enorme.

catedralicio, cia adj. Relativo a la catedral.

catedrático, ca m. y f. Profesor titular de una cátedra en una facultad, instituto, etc.

categorema f. Cualidad por la que se clasifica un objeto en una categoría.

categoría f. *Fil.* Según Aristóteles, cada una de las nociones más generales: *el lugar y el tiempo son categorías.* | En la crítica de Kant, cada una de las formas del entendimiento, a saber: *cantidad, cualidad, relación* y *modalidad.* || *Fig.* Condición de una persona respecto a otra: *categoría social.* | Clase de objetos semejantes: *hotel de primera categoría.* || *Fig. De categoría,* de elevada condición.

categórico, ca adj. Rotundo, claro: *un éxito categórico.*

Catemaco, laguna, v. y mun. de México (Veracruz).

Catemu, com. de Chile (Aconcagua). Cobre.

catenaria adj. y s. *Tecn.* Sistema de suspensión de un cable eléctrico que lo mantiene a una altura uniforme respecto a la vía. || — F. *Geom.* Curva que forma una cuerda colgada de dos puntos fijos.

cateo m. *Amer.* Acción y efecto de catear.

catequesis f. Enseñanza de la religión. || Arte de instruir por medio de preguntas y respuestas.

catequista com. Persona que enseña el catecismo.

catequístico, ca adj. Relativo a la catequesis. || *Fig.* Lo escrito en preguntas y respuestas, como el catecismo.

catequización f. Acción de catequizar.

catequizar v. t. Enseñar la doctrina cristiana. || *Fig.* Intentar persuadir a uno, adoctrinar.

caterva f. Multitud: *caterva de pillos.* || Abundancia: *caterva de cosas viejas.*

catetada f. Dicho o hecho propio de cateto o paleto.

catéter m. *Cir.* Sonda.

cateto m. *Geom.* Cada lado del ángulo recto en el triángulo rectángulo.

cateto, ta adj. y s. Palurdo.

catey m. *Antill.* Especie de palmera.

catgut m. (pal. ingl.). Hilo de tripa usado en suturas quirúrgicas.

catibía f. *Cub.* Yuca rallada y exprimida. || *No comas catibía,* no seas tonto.

Catilina (Lucio Sergio), noble romano (¿109?-62 a. de J. C.). Cicerón reveló en las *Catilinarias* la conspiración que tramaba contra el Senado el año 63. M. en la batalla de Pistoya.

catilinaria f. *Fig.* Discurso violento contra una persona.

catinga f. Bosque en Brasil.

catión m. *Fís.* Ion positivo.

catirrinos m. pl. *Zool.* Grupo de simios (ú. t. c. adj.).

catite m. Pilón de azúcar. || Golpe. || *Sombrero de catite,* el calañés de copa alta y forma cónica. || *Méx.* Especie de tela de seda.

cato m. Sustancia medicinal astringente extraída de frutas verdes o del leño de la acacia.

Catoche, cabo de México al NE. de Yucatán (Quintana Roo), primer lugar que exploraron los conquistadores del país.

catódico, ca adj. Relativo al cátodo.

cátodo m. *Fís.* Electrodo de un aparato eléctrico por donde sale la corriente.

catolicidad f. Catolicismo. || Conjunto de los pueblos católicos.

catolicismo m. Religión católica. || Comunidad universal de los que viven en la religión católica.

católico, ca adj. Universal. || Relativo a la Iglesia romana: *dogma católico.* || *Fig.* Correcto. || — M. y f. Persona que profesa el catolicismo. || — *Los Reyes católicos,* Fernando V e Isabel I de España. || *Fig.* y *fam. No estar muy católico,* no estar muy bien de salud.

catolizar v. t. Introducir la religión católica en un país.

catón m. *Fig.* Crítico severo. || Libro para aprender a leer.

Catón el Censor (Marco PORCIO, llamado), tribuno, militar, censor e historiador latino (234-149 a. de J. C.), famoso por su austeridad. — Su bisnieto CATÓN DE UTICA (95-46 a. de J. C.) fue partidario de Pompeyo y se suicidó después de la derrota de Farsalia. || **~ de América.** V. ADAMS (S.).

catorce adj. y s. m. Diez más cuatro. || Decimocuarto.

catorceno, na y **catorzavo, va** y **cartoceavo, va** adj. Decimocuarto.

catorrazo m. *Méx.* Golpe o bofetada: *darse de catorrazos.*

catorro m. *Méx.* Golpe, encuentro violento.

catre m. Cama ligera individual.

Catriló, pobl. de la Argentina (La Pampa).

catrín adj. *Amer.* Petimetre. || *Méx.* Medida utilizada para el pulque, que equivale a un litro aproximadamente.

Cattaro, n. ital. de *Kotor,* c. de Yugoslavia, bañada por el Adriático (Dalmacia).

Cattegat, brazo de mar entre Suecia y Dinamarca que se une al mar del Norte a través del Skagerrak y al Báltico por el Sund y el Grande y Pequeño **Belt.**

Cattovitz. V. KATOVICE.

Catulo (Cayo Valerio), poeta latino (¿87-54? a. de J. C.).

Cauca, río de Colombia, afl. del Magdalena, que cruza de S. a N. varios dep.; 1 350 km. — Dep. de Colombia, bañado por el Cauca; cap. *Popayán.* Agricultura; ganadería. Minas.

caucano, na adj. y s. De Cauca (Colombia).

Caucasia, región de la U. R. S. S. en la que se encuentran, al N., el final de la Rusia de estepas (Ciscaucasia); al centro, las regiones montañosas del Cáucaso; al S., Georgia, Transcaucasia, Azerbaidján y una parte de Armenia.

caucásico, ca adj. y s. Del Cáucaso. || *Raza caucásica,* la blanca o europea.

Cáucaso, cord. de la U. R. S. S., entre el mar Negro y el mar Caspio, límite de los continentes europeo y asiático; 1 200 km. Alt. máx., el volcán Elbruz, 5 633 m.

cauce m. Lecho de un río o arroyo. || Acequia para riegos. || *Fig.* Curso, camino seguido. || *Fig. Volver a su cauce un asunto,* reanudarse.

caucense adj. y s. De Coca, prov. de Segovia.

caución f. Garantía, fianza que da una persona por otra.

caucionar v. t. Garantizar, dar una caución o fianza.

cauco, ca adj. y s. Individuo de un ant. pueblo de Germania.

cauchal m. Sitio que abunda en caucho.

cauchero, ra adj. Del caucho. || — M. El que trabaja o negocia con el caucho.

caucho m. Sustancia elástica y resistente que se extrae por incisión de varios árboles de los países tropicales. || Planta euforbiácea que produce esta sustancia. || — *Caucho sintético,* el fabricado químicamente. || *Caucho vulcanizado,* el tratado por medio del sulfuro de carbono que sirve para fabricar objetos de tocador, accesorios de máquinas eléctricas, neumáticos de automóvil, etc.

— Los principales países productores de *caucho natural* son Malasia, Ceilán, Indonesia, Brasil, Tailandia, Borneo, Vietnam, y por el *sintético* Estados Unidos y la U. R. S. S.

cauchutado m. Acción de cauchutar.

cauchutar v. t. Poner una capa de caucho.

Cauchy (Augustin), matemático francés (1789-1857), descubridor de la teoría de las funciones de los variables complejos.

caudal adj. Caudaloso: *río caudal.* || — M. Dinero, fortuna: *hombre de gran caudal.* || Cantidad de agua que lleva un río. || *Fig.* Abundancia: *un caudal de datos.*

caudaloso, sa adj. De mucha agua o caudal: *río caudaloso.* || Con dinero, acaudalado, rico.

caudillaje m. Mando o gobierno de un caudillo. || *Amer.* Caciquismo.
caudillismo m. Sistema del caudillaje.
caudillo m. El que manda gente de guerra. || Jefe de un gremio o comunidad: *caudillo de un partido.* || Adalid: *José Martí, caudillo de la independencia cubana.* || *Arg.* Cacique. || *Méx.* Segundo jefe de las estancias ganaderas.
Caudinas. V. HORCAS CAUDINAS.
Caudio, ant. c. de Italia (Samnio), próxima al desfiladero de las Horcas Caudinas.
Caunao, río de Cuba (Las Villas), que vierte sus aguas en la bahía de Cienfuegos; 80 km.
Caupolicán, caudillo araucano m. en 1558. Guerreó contra los españoles y fue derrotado por García Hurtado de Mendoza. M. ejecutado. Ercilla relata sus hazañas en *La Araucana.*
Cauquenes, c. de Chile, cab. del dep. homónimo y cap. de la prov. de Maule. Fundada en 1742 por A. Manso de Velasco.
cauquenino, na adj. y s. De Cauquenes (Chile).
Caura, río de Venezuela (Bolívar), afl. del Orinoco; 745 km.
causa f. Lo que hace que una cosa exista, origen, principio: *no hay efecto sin causa.* || Razón, motivo: *obrar con causa.* || Ideal, interés: *defender la causa de la justicia.* || *For.* Proceso, juicio, pleito: *causa criminal, civil.* || — *A causa, de,* por efecto de. || *Causa final,* razón por la cual se supone que ha sido hecha una cosa. || *Hacer causa común,* unir los intereses para un fin determinado.
causahabiente m. *For.* Persona a quien han sido transmitidos los derechos de otra.
causal adj. Que anuncia relación de causa a efecto: *conjunción, proposición causal.* || — F. Causa, motivo.
causalidad f. Causa, origen, principio. || *Fil.* Relación de causa y efecto: *el principio de causalidad.*
causante adj. y s. Que causa o provoca una cosa. || — M. *For.* Persona de quien proviene el derecho que uno tiene.
causar v. t. Ser causa, provocar: *causar perjuicio.*
causticidad f. Calidad de cáustico. || *Fig.* Malignidad, mordacidad: *hablar con causticidad.*
cáustico, ca adj. Que quema, corrosivo: *potasa cáustica.* || *Fig.* Mordaz: *hombre cáustico.*
cautela f. Precaución, reserva: *tener mucha cautela.*
cautelarse v. pr. Precaverse.
cauteloso, sa adj. Que obra con precaución o cautela.
cauterio m. Agente mecánico o químico que sirve para quemar o destruir las partes mórbidas de un tejido o para conseguir una acción hemostática. || *Fig.* Lo que ataja algún mal, remedio enérgico.
cauterización f. Acción y efecto de cauterizar.
cauterizador, ra y **cauterizante** adj. y s. m. Que cauteriza.
cauterizar v. t. *Cir.* Quemar y curar con un cauterio: *cauterizar una herida.* || *Fig.* Aplicar un remedio enérgico.
Cautín, río de Chile (Malleco y Cautín), que, al confluir con el Cholchol, forma el Imperial. — Prov. del S. de Chile; cap. *Temuco.*
cautivador, ra adj. Encantador, que cautiva. || — M. y f. Seductor.
cautivante adj. Que cautiva.
cautivar v. t. Hacer prisionero: *cautivar tropas.* || *Fig.* Atraer, ganar: *cautivar a sus oyentes.* | Atraer irresistiblemente, conquistar: *cautiva con su simpatía.*
cautiverio m. y **cautividad** f. Privación de libertad: *el cautiverio del vencido.*
cautivo, va adj. y s. Prisionero, preso.
cauto, ta adj. Que obra con precaución o cautela.
Cauto, río de Cuba (Oriente), que des. en el golfo de Guacanayabo; 254 km.
cava adj. f. *Anat.* Dícese de cada una de las dos venas mayores que desembocan en la aurícula derecha del corazón: *vena cava superior* e *inferior.* || — F. Acción de cavar.
Cava (La). V. FLORINDA.
cavador m. El que cava.
Cavalli (Pietro Francesco), músico italiano (1602-1676), uno de los creadores de la ópera.
Cavallón (Juan de), conquistador español, m. en 1565. Estuvo en Costa Rica.
Cavanilles (Antonio José), sacerdote y botánico español (1745-1804).
cavar v. t. Remover la tierra con una herramienta. || — V. i. Ahondar, profundizar en una cosa. || Reflexionar, meditar: *cavar en los misterios de la fe.*
cavazón f. Acción de cavar.
Cavendish (Henry), físico y químico inglés (1731-1810). Aisló el hidrógeno, analizó el aire, dedujo la densidad media de la Tierra y descubrió la composición del agua. Fue uno de los creadores de la electrostática. || ~ (THOMAS), navegante inglés (¿1555?-1592). Dio la vuelta al mundo (1586-1588).
Caventou [*-tú*] (Joseph Bienaimé), farmacéutico francés (1795-1877), que halló, en unión de Pelletier, la quinina (1820).
caverna f. Excavación profunda. || Cueva de ladrones. || *Med.* Cavidad que resulta en algunos tejidos orgánicos de la pérdida de sustancia: *cavernas pulmonares.*
cavernícola adj. y s. Que vive en las cavernas. || *Fig.* y *fam.* Retrógrado, reaccionario.
cavernosidad f. Cavidad natural de la tierra, cueva.
cavernoso, sa adj. Relativo a la caverna. || Lleno de cavernas: *región cavernosa.* || *Fig.* Grave, ronco: *voz cavernosa.*
Cavestany [*-tañ*] (Juan Antonio), poeta y autor dramático español (1861-1924).
caveto m. *Arq.* Moldura cóncava.
cavia m. Conejillo de Indias.
Cavia (Mariano de), periodista español (1855-1919), célebre por sus artículos lingüísticos.
caviar m. Huevas de esturión.
cavicornios m. pl. *Zool.* Familia de rumiantes que comprende los bovinos, los ovinos, las gacelas, los antílopes, etc. (ú. t. c. adj.).
cavidad f. Vacío, hueco en un cuerpo sólido: *cavidad torácica.*
cavilación f. Reflexión, meditación profunda.
cavilar v. i. Pensar mucho en algo, reflexionar, meditar.
caviloso, sa adj. *Fam.* Pensativo. | Preocupado.
Cavite, c. y puerto de Filipinas (Luzón), en la bahía de Manila, cap. de la prov. homónima. La flota española fue destruida aquí por la norteamericana en 1898.
Cavour [*-vur*] (Camillo BENSO, *conde de*), político italiano, n. en Turín (1810-1861). Fue ministro de Víctor Manuel II y preparó la unidad de Italia.
Cawnpore, hoy *Kanpur,* c. de la India (Uttar Pradesh), en las márgenes del Ganges.
caxcan adj. y s. Lengua indígena mexicana. (El *caxcan* se habla en algunos lugares de Zacatecas, Jalisco y Aguascalientes.)
Caxias (Luis ALVES DE LIMA E SILVA, *duque de*), militar y político brasileño (1803-1880), que consolidó la unidad nacional durante la regencia de Pedro II y luchó en la guerra contra el Paraguay.
cayado m. Bastón de los pastores. || Báculo de los obispos. || *Anat. Cayado de la aorta,* curva que forma esta arteria al salir del corazón.
cayama f. *Cub.* Ave zancuda.
Cayambe, cumbre volcánica del Ecuador en la Cord. Central; 5 790 m. — Pobl. del Ecuador (Pichincha).
Cayena, cap. del dep. de la Guayana Francesa, en la isla homónima; 24 600 h. Obispado.
cayerío m. *Cub.* Conjunto de cayos.
cayero adj. *Cub.* Perteneciente a un cayo.
Cayetano (*San*), sacerdote italiano (1480-1547), fundador de la orden de los Teatinos (1524). Fiesta el 7 de agosto.
Cayetano Germosén, distr. de la Rep. Dominicana (La Vega).
Cayey, c. de Puerto Rico (Guayama).
cayo m. Isla rocosa, arrecife: *los cayos de las Antillas.*
Cayo Hueso. V. KEY WEST. || ~ **Romano,** isla de Cuba, en el archip. Sabana-Camagüey.
cayote m. o **cayota** f. Chayote.
cayuco m. Embarcación indígena americana, de una pieza, fondo plano y sin quilla.
caz m. Canal para tomar agua de un río.
caza f. Acción de cazar: *ir de caza.* || Animales que se cazan. || — M. Avión de guerra: *escuadrilla de cazas.* || — *Caza mayor,* la de jabalíes, ciervos, etc. || *Caza menor,* la de liebres, perdices, etc. || *Dar caza,* perseguir a un animal, un ladrón, etc.
cazabe m. V. CASABE.
cazador, ra adj. y s. Que caza. || — M. *Mil.* Soldado de tropas ligeras. || — *Cazador de dotes,* persona que se casa por interés. || *Cazador furtivo,* el que caza en terreno vedado. || — F. Chaqueta de tejido fuerte, ajustado a la cintura por un elástico.
Cazalla de la Sierra, c. de España (Sevilla). Aguardientes.
cazar v. t. Perseguir la caza: *cazar patos, perdices, jabalíes.* || *Fig.* y *fam.* Conseguir una cosa con maña: *cazar un buen destino.* | Sorprender en un descuido, error o acción: *le cacé dos faltas graves.* || *Mar.* Estirar las velas para que reciban bien el viento.
cazatorpedero m. *Mar.* Barco de guerra pequeño y muy rápido destinado a la persecución de los torpederos enemigos, contratorpedero: *base de cazatorpederos.*
cazcarria f. Lodo que se queda pegado.
cazo m. Vasija metálica de forma semiesférica y con mango.
cazoleta f. Cazuela pequeña. || Pieza de las antiguas armas de fuego donde se colocaba la pólvora. || Parte de la pipa donde se pone el tabaco. || Guarda en forma de cazo de algunas espadas. || Pebetero, vaso para quemar perfumes.
cazoletear v. i. *Fam.* Entremeterse en todo.
cazoletero m. *Fam.* Entremetido.
cazón m. Pez seláceo muy voraz.
Cazones, río de México (Veracruz), que des. en el golfo de México. En su parte alta se denomina *San Marcos.* — V. y mun. de México (Veracruz).
Cazorla, c. de España (Jaén).
cazuela f. Vasija para guisar. || Cierto guisado: *cazuela de patatas.* || *Impr.* Componedor ancho para varias líneas. || *Teatr.* Galería alta o paraíso: *el público de la cazuela.* || Parte hueca del sostén.
cazumbre m. Estopa que se pone entre las duelas de un tonel.
cazurro, rra adj. De pocas palabras y encerrado en sí, huraño: *hombre muy cazurro.* || Tonto. || Astuto.
Cd, símbolo químico del *cadmio.* || Símbolo físico de *candela.*
ce f. Nombre de la letra *c.*
Ce, símbolo químico del *cerio.*
Cea Bermúdez (Francisco), político español (1772-1850), ministro de Fernando VII y de Isabel II.

Ceará, Estado del N. del Brasil; cap. *Fortaleza.*

Cébaco, isla de Panamá (Veraguas), en el golfo de Montijo.

cebada f. Planta gramínea parecida al trigo.

cebadal m. Campo de cebada.

cebadera f. Manta en que se pone la comida a las bestias. ‖ Cajón para la cebada. ‖ *Mar.* Vela que va sobre una verga atravesada en el bauprés. ‖ *Min.* Especie de embudo para echar la carga en los hornos.

cebadero m. El que vende cebada. ‖ Lugar para cebar animales. ‖ Tragante de un horno.

cebadilla f. Cebada silvestre.

cebador, ra adj. Que ceba. ‖ — M. Frasquito de pólvora para cebar las armas de fuego.

Ceballos (Pedro de). V. CEVALLOS. ‖ ~ (PEDRO FERMÍN), escritor y político ecuatoriano (1812-1893), autor de *Resumen de la Historia del Ecuador.*

cebar v. t. Sobrealimentar a los animales para engordarlos. ‖ Atraer los peces con un cebo. ‖ *Fig.* Alimentar el fuego, la lumbre, un horno, un molino, etc. | Poner cebo en la escopeta, el cohete, etc., para inflamarlos. | Poner en movimiento una máquina: *cebar un motor.* | Fomentar un afecto o pasión: *cebar el amor, el odio.* ‖ *Riopl. Cebar el mate,* prepararlo. ‖ — V. pr. Encarnizarse, ensañarse: *cebarse en su víctima.*

cebellina f. Variedad de marta.

cebo m. Alimento que se da a los animales para engordarlos. ‖ Comida que se pone en un anzuelo, una trampa para atraer a los animales. ‖ Pólvora con que se ceban las armas de fuego, los barrenos. ‖ Mineral que se echa en el horno. ‖ *Fig.* Aliciente, incentivo. | Pábulo, comidilla de la maledicencia, etcétera. ‖ *Zool.* Cefo, mono.

cebolla f. Planta hortense, liliácea, de raíz bulbosa comestible. ‖ Bulbo: *cebolla de la azucena, del tulipán.* ‖ *Fig.* Corazón del madero. | Bola con agujeros que se pone en las cañerías, en el caño de la regadera, etc., para que por ellas no pase broza. ‖ *Guat.* y *Hond.* Mando, autoridad. ‖ *Cebolla albarrana,* planta liliácea medicinal.

cebollana f. Planta liliácea parecida a la cebolla.

cebollar m. Campo de cebollas.

Cebollatí, río del Uruguay (Lavalleja) que des. en la laguna de Merlín.

cebollino m. Simiente de cebollas. ‖ Cebollana. ‖ *Fam.* Tonto, necio. ‖ *Fig.* y *fam.* Enviar a uno *a escardar cebollinos,* mandarle a paseo. | *Escardar cebollinos,* no hacer nada de provecho.

cebón, ona adj. Que está cebado: *pavo cebón.* ‖ — M. Cerdo.

ceboruco m. *Méx.* Lugar de rocas puntiagudas.

Ceboruco, volcán de México (Nayarit).

cebra f. Mamífero ungulado de África Austral, parecido al asno.

cebrado, da adj. Rayado semejante al de la cebra.

cebú m. Mamífero bovino de Asia y Madagascar, con una giba en el lomo.

Cebú, c. de Filipinas, cap. de la isla y la prov. homónima (Visayas). Obispado.

ceca f. Casa de moneda. ‖ *Fam. Ir de la Ceca a la Meca,* ir de un sitio a otro.

C. E. C. A. V. COMUNIDAD EUROPEA DEL CARBÓN Y DEL ACERO.

cecal adj. *Anat.* Del intestino ciego: *apéndice cecal.*

ceceante adj. Que cecea.

cecear v. i. Pronunciar la *s* como *c.*

ceceo m. Acción y efecto de cecear. (Esta pronunciación viciosa, que consiste en identificar los fonemas *s* y *c,* se encuentra en Andalucía Meridional y en algunas partes de Hispanoamérica.)

Cecilia *(Santa),* virgen y mártir romana, m. hacia 232, patrona de los músicos. Fiesta el 22 de noviembre.

cecina f. Carne salada y seca.

cecinar v. t. Acecinar.

ceda f. Zeda o zeta.

C. E. D. A., siglas de *Confederación Española de Derechas Autónomas,* partido conservador creado por Gil Robles en 1933.

cedazo m. Tamiz rodeado con un aro de madera.

Cedeira, pobl. y ría del NO. de España (La Coruña).

ceder v. t. Dar, transferir: *ceder un negocio, una propiedad.* ‖ Dar: *ceder el sitio a una señora.* ‖ — V. i. Renunciar: *ceder en su derecho.* ‖ Rendirse, someterse: *ceder a sus pretensiones.* ‖ Ponerse menos tenso. ‖ Romperse: *el puente ha cedido.* ‖ Disminuir: *ceder la fiebre, el viento.* ‖ Ser inferior una persona o cosa a otra semejante: *no le cede en valentía.*

cedilla f. Virgulilla que se coloca debajo de la *c.* ‖ La letra *c* ortografiada así (*ç*).

cedro m. Árbol conífero abietáceo de Asia y África, de tronco grueso y ramas horizontales: *el cedro alcanza a veces cuarenta metros de altura, y vive más de dos mil años.* ‖ Su madera.

Cedros, isla de Costa Rica, en el golfo de Nicoya. — Isla de México (Baja California).

cédula f. Escrito o documento: *cédula de vecindad, de citación, real.* ‖ Documento en que se reconoce una deuda.

cedulario m. Colección de cédulas reales.

cefalalgia f. Dolor de cabeza.

cefálico, ca adj. *Zool.* Relativo a la cabeza: *índice cefálico.*

cefalitis f. *Med.* Inflamación de la cabeza.

Cefalonia, isla de Grecia, la mayor de las Jónicas; cap. *Argostoli.*

cefalópodos m. pl. Clase de moluscos sin concha con la cabeza rodeada de tentáculos y pico córneo: *el pulpo, el calamar y la jibia son cefalópodos* (ú. t. c. adj.).

cefalorraquídeo, a adj. *Zool.* Del encéfalo y de la medula espinal: *líquido cefalorraquídeo.*

cefalotórax m. *Zool.* Parte anterior del cuerpo de los arácnidos y crustáceos que une la cabeza y el tórax.

cefeida f. *Astr.* Estrella de luz variable.

Céfiro, hijo de la Aurora y n. del viento de poniente.

cefo m. Variedad de mono de África de color rojo.

cegador, ra adj. Que ciega.

* **cegar** v. i. Perder enteramente la vista. ‖ — V. t. Dejar ciego a alguien. ‖ Perder momentáneamente la vista. ‖ *Fig.* Obcecar, trastornar la razón: *te ciega la pasión* (ú. t. c. i.). ‖ Cegar, obturar, obstruir: *cegar un tubo.*

cegato, ta adj. y s. *Fam.* Que ve muy poco.

cegesimal adj. Dícese del sistema de medidas científico, llamado también C. G. S., que tiene por unidades fundamentales el centímetro, el gramo y el segundo.

Cegled. V. CZEGLED.

cegrí m. Individuo de una familia del reino musulmán de Granada. (Pl. *cegríes.*) ‖ *Fig. Cegríes y abencerrajes,* tirios y troyanos.

ceguera y **ceguedad** f. Total privación de la vista. ‖ *Fig.* Ofuscación.

ceiba f. Árbol bombáceo americano de tronco grueso: *el fruto de la ceiba contiene algodón empleado para rellenar.*

Ceiba (La), c. y puerto de Honduras, cap. del dep. de Atlántico. Centro comercial.

ceibal m. Terreno poblado de ceibos.

ceibo m. Ceiba. ‖ Árbol americano de flores rojas y brillantes.

Ceilán, isla del océano Índico, hoy *Sri Lanka,* del que está separada por el estrecho de Palk. Constituye un Estado independiente y forma parte del Commonwealth británico. Sup. 65 610 km²; 12 240 000 h. (*cingaleses*). Cap. *Colombo,* 515 900 h. Otras c.: *Jaffna,* 77 000 h.; *Galle,* 54 000, y *Kandy,* 58 000.

CA

ceja f. Parte prominente y curvilínea, cubierta de pelo, en la parte superior del ojo. ‖ Pelo que la cubre. ‖ *Fig.* Borde que sobresale de ciertas cosas: *la ceja de una costura, de las tapas de encuadernaciones.* ‖ Banda de nubes sobre la cumbre de una montaña. ‖ Cima de una sierra. ‖ *Mús.* Pieza de madera que tienen los instrumentos de cuerda entre el mástil y el clavijero. | Abrazadera que se pone en el mástil de la guitarra para elevar el tono de todas las cuerdas. ‖ — *Fig.* y *fam. Meterse una cosa entre ceja y ceja,* obstinarse en un pensamiento o propósito. | *Quemarse las cejas,* estudiar mucho. | *Tener a uno entre ceja y ceja* o *entre cejas,* no poder aguantarlo.

Cejador (Julio), sacerdote y erudito español (1864-1927), autor de *Historia de la lengua y literatura castellanas.*

cejar v. i. Andar para atrás las caballerías. ‖ *Fig.* Renunciar, ceder, desistir de un empeño.

cejijunto, ta adj. Que tiene las cejas muy pobladas y casi juntas. ‖ Ceñudo, adusto.

cejilla f. Ceja de la guitarra.

cejudo, da adj. De cejas muy pobladas.

Cela (Camilo José), escritor español, n. en Iria Flavia (Coruña) en 1916, autor de novelas de estilo castizo y gran realismo (*La familia de Pascual Duarte, La colmena, Pabellón de reposo,* etc.) y relatos *(Viaje a la Alcarria).*

celacanto m. Pez encontrado fosilizado cerca de Madagascar que se considera como una clase intermedia entre los peces y los anfibios.

celada f. Pieza de la armadura que cubría la cabeza. ‖ Emboscada de gente armada en paraje oculto. ‖ *Fig.* Trampa, engaño: *preparar una celada.*

celador, ra adj. y s. Vigilante.

celaje m. Claraboya o ventana. ‖ *Fig.* Presagio, indicio: *celaje de buen tiempo.* ‖ — Pl. Nubecillas de colores que aparecen en el crepúsculo. ‖ *Mar.* Conjunto de nubes.

celandés, esa adj. y s. Zelandés.

celar v. t. Vigilar: *celar el cumplimiento de las leyes.* ‖ Ocultar, esconder, encubrir. ‖ Esculpir o cortar con buril.

celastráceas f. pl. Familia de plantas dicotiledóneas que tienen por tipo el bonetero (ú. t. c. adj.).

Celaya, c. de México (Guanajuato). Centro agropecuario.

Celaya (Gabriel), poeta español, n. en 1911, autor de *Las cartas boca arriba, Cantos iberos,* etc.

celda f. Cuarto o habitación de los religiosos en un convento, de los presos en una cárcel, de los internos en un colegio, etc. ‖ Celdilla de un panal de abejas. ‖ Casilla formada por la intersección de una columna y una línea horizontal en un cuadro estadístico.

celdilla f. Celda pequeña. ‖ Casilla de un panal de abejas. ‖ *Bot.* Cada una de las divisiones de ciertas frutas. ‖ *Fig.* Nicho.

celebérrimo, ma adj. Muy célebre o famoso.

Célebes o **Sulawesi,** isla de Asia en Insulindia (Indonesia); cap. *Macasar.*

celebración f. Acción de celebrar. ‖ Aplauso o aclamación.

celebrante adj. y s. Que celebra. ‖ — M. Sacerdote que dice la misa, oficiante.

celebrar v. t. Exaltar, alabar: *celebrar su honestidad.* || Conmemorar, festejar: *celebrar su cumpleaños.* || Realizar, verificarse: *hoy celebra sesión el Parlamento.* || Hacer solemnemente una ceremonia: *se ha celebrado el casamiento.* || Decir misa (ú. t. c. i.). || Alegrarse, congratularse: *celebro tu éxito.* || Concluir: *celebraron un contrato.* || — V. pr. Verificarse una sesión, una entrevista, un encuentro deportivo, un acto.

célebre adj. Famoso, reputado: *pintor célebre.* || *Fam.* Gracioso, ocurrente: *¡qué célebre eres!*

celebridad f. Gran reputación, renombre, fama grande. || Persona célebre, afamada.

celemín m. Medida de capacidad para áridos (4,625 litros).

Celendín, c. del Perú, cap. de la prov. homónima (Cajamarca).

celentéreos m. pl. Animales cuyo cuerpo contiene una sola cavidad digestiva y están provistos de tentáculos, como las medusas, la hidra, etc. (ú. t. c. adj.).

celeridad f. Rapidez, velocidad.

celerífero m. Vehículo de dos ruedas, precursor de la bicicleta.

celeste adj. Del cielo: *espacios celestes.* || Dícese de un registro del órgano. || — Adj. y s. m. Azul muy pálido.

Celeste Imperio, n. de *China.*

Celestes (MONTES). V. TIAN-CHAN.

celestial adj. Del cielo: *los coros celestiales.* || *Fig.* Perfecto, delicioso. | Simple, bobo. || *Fam. Música celestial,* promesas vanas que no tienen sustancia.

celestina f. *Fig.* Alcahueta.

Celestina *(La),* n. por el que tb. se conoce la *Tragicomedia de Calixto y Melibea,* primera obra de teatro española, publicada en Burgos en 1499 y atribuida a Fernando de Rojas.

celestino m. Religioso de una orden fundada en 1251 por Celestino V.

celiaco, ca adj. *Anat.* De los intestinos: *la arteria celiaca.* || — F. *Med.* Diarrea blanquecina.

celibato m. Soltería.

célibe adj. y s. Soltero.

Celica, pobl. del Ecuador (Loja).

celidonia f. Hierba de la familia de las papaveráceas.

Celine (Louis-Ferdinand), novelista francés (1894-1961), autor de *Viaje al fondo de la noche.*

Celio, una de las siete colinas de Roma.

celo m. Esmero o cuidado puesto en el cumplimiento de una obligación: *mostrar gran celo.* || Gran actividad inspirada por la fe religiosa o por el afecto a una persona. || Recelo que inspira el bien ajeno, envidia. || Apetito de la generación en los irracionales: *estar en celo un animal.* || — Pl. Inquietud de la persona que teme que aquella a quien ama dé la preferencia a otra: *celos infundados.* || *Dar celos,* dar motivos para que otro los sienta.

celofán m. y **celófana** f. Tejido delgado y flexible, a manera de papel transparente.

celosía f. Enrejado que se pone en las ventanas para ver sin ser vistos.

celoso, sa adj. Que tiene celo o celos.

Celsio o **Celsius** (Anders), astrónomo y físico sueco (1701-1744), que estableció la escala termométrica centesimal.

Celso, filósofo latino del s. II de nuestra era, adversario del cristianismo.

celta adj. y s. Individuo de un ant. pueblo indogermánico. || — M. Idioma de este pueblo.

— Los *celtas* se extendieron en los tiempos prehistóricos por Europa Central, y avanzaron sucesivamente por las Galias, España y las Islas Británicas, hasta ser absorbidos por el elemento romano.

celtibérico, ca adj. De los celtíberos.

celtíbero, ra y **celtibero, ra** adj y s. De Celtiberia. (Los *celtíberos,* pueblo de la España Tarraconense, eran el producto de la fusión de celtas e iberos.)

céltico, ca adj. De los celtas.

celtídeas f. pl. Familia de plantas ulmáceas, con hojas alternas, como el almez (ú. t. c. adj.).

celtio m. *Quím.* Hafnio.

celtismo m. Doctrina que supone ser la lengua céltica origen de la mayoría de las modernas. || Afición al estudio de lo celta.

celtohispánico, ca adj. Dícese de los monumentos o restos de la cultura céltica existentes en España.

célula f. Pequeña celda, cavidad o seno. || *Bot.* y *Zool.* Elemento anatómico constitutivo de los seres vivos. || *Fig.* Grupo político: *célula comunista.* — || Elemento constitutivo esencial de un conjunto organizado: *el municipio es una célula fundamental de la organización administrativa.*

celular adj. Relativo a las células. || Formado por células o celdas: *tejido celular.* || *Coche celular,* el utilizado para llevar a las personas sospechosas o a los reos.

celulita f. Pasta de una fibra leñosa muy usada en la industria.

celulitis f. *Med.* Inflamación del tejido celular subcutáneo, que produce obesidad.

celuloide m. *Quím.* Material plástico compuesto de nitrocelulosa y alcanfor con el que se fabrican peines, bolas de billar, pelotas, cajas, etc. || Película de cine: *celuloide rancio.* || *Fig. Llevar al celuloide,* hacer una película.

celulosa f. *Quím.* Sustancia orgánica, insoluble en el agua, que forma la membrana envolvente de las células vegetales.

celulósico, ca adj. Relativo a la celulosa.

cella f. *Arq.* Espacio del templo clásico, entre el pronaos y el pórtico.

Cellini (Benvenuto), escultor, orfebre y grabador italiano (1500-1571). Se estableció en la corte de Francisco I de Francia. Autor de *Memorias.*

cementación f. Acción y efecto de cementar.

cementar v. t. Modificar la composición de un metal incorporándole otro cuerpo (generalmente carbono) bajo una temperatura alta: *cementar el hierro con el carbón, para convertirlo en acero.* || Unir con cemento.

cementerio m. Lugar destinado a enterrar cadáveres.

cemento m. Material de construcción, formado por una mezcla de arcilla y silicatos calcinados (silicato doble de aluminio y de calcio), al que añadiéndose agua se fragua o solidifica rápidamente. || Tejido fibroso que cubre el marfil en la raíz de los dientes. || Material con que se componen los dientes. || — *Cemento armado,* cemento u hormigón reforzado interiormente con varillas de hierro o alambres. || *Cemento hidráulico,* el que fragua inmediatamente bajo el agua. || *Cemento Portland,* el obtenido mezclando arcilla y carbonato de cal que se cuece luego en un horno continuo.

cempasúchil m. *Méx.* Planta herbácea utilizada pona adornar las tumbas. || Flor de muerto.

cempoal adj. y s. Indio mexicano que habitaba en Cempoala. || — M. *Méx.* Clavel de Indias.

Cempoala, ant. pobl. de la costa E. de México (hoy Est. de Veracruz). Su cacique luchó con Cortés contra Moctezuma.

cempoaljóchitl m. *Méx.* Flor de la maravilla.

Cempoaltépetl, monte de México que forma parte de la Sierra de Oaxaca.

cena f. Comida tomada a la entrada de la noche. || Alimentos que se toman en ella. || Última comida que hizo Jesús con sus apóstoles y en la que instituyó la Eucaristía.

Cena *(La),* fresco de L. de Vinci (Milán).

cenáculo m. Sala en que celebró Jesús la última cena. || *Fig.* Reunión de escritores, artistas, etc.

cenacho m. Espuerta de esparto.

cenador, ra adj. y s. Que cena. || — M. Pabellón de hierro o cañas, adornado de follaje, en un jardín.

cenagal m. Lugar cenagoso. || *Fig.* y *fam.* Atolladero, dificultad, apuro: *metido en un cenagal.*

cenagoso, sa adj. Con cieno.

cenar v. i. Tomar la cena. || — V. t. Comer en la cena: *ceno huevos.*

cenata f. *Col.* y *Cub.* Cena alegre y abundante.

cenceño, ña adj. Delgado.

cencerrada f. *Fam.* Alboroto armado con cencerros: *dar una cencerrada a los viudos que se casan de nuevo.*

cencerrear v. i. Tocar o sonar con insistencia cencerros. || *Fig.* y *fam.* Tocar mal un instrumento músico. | Hacer ruido las piezas de hierro cuando no están bien ajustadas.

cencerreo m. Acción y efecto de cencerrear.

cencerro m. Campanilla que se cuelga al pescuezo de las reses. || *A cencerros tapados,* secretamente.

cencoatl m. *Méx.* Cincuate.

cencuate m. Culebra de México, de la que la gente cree que mama la leche de las mujeres cuando están criando y mientras duermen.

cencuatera f. *Méx.* Madriguera de cencuates.

cendal m. Tela de seda o lino delgada y transparente. || Humeral, vestidura del sacerdote. || — Pl. Barbas de la pluma. || Algodones del tintero.

Cendé, páramo de Venezuela, entre los Est. de Lara y Trujillo y en la sierra de Calderas; 3 585 m.

Cendrars (Blaise), escritor francés, n. en Suiza (1887-1961).

cenefa f. Borde o ribete: *cenefa de un vestido.* || Tabla que cubre la parte inferior de la pared.

cenetista adj. y s. De la Confederación Nacional del Trabajo.

cenicero m. Platillo donde se echa la ceniza del cigarro.

cenícero m. *Amer.* Cenízaro.

cenicienta f. Mujer injustamente postergada.

Cenicienta *(La),* cuento de Perrault.

ceniciento, ta adj. De color de ceniza: *rubio ceniciento.*

Cenis, monte de los Alpes, entre Francia e Italia.

cenit m. *Astr.* Punto del hemisferio celeste que corresponde verticalmente a otro de la Tierra. || *Fig.* Apogeo, punto máximo.

cenital adj. Relativo al cenit. || Dícese de la luz que procede del techo.

ceniza f. Resto que queda después de una combustión completa. || *Pint.* Cernada para imprimir en la pintura al temple. || — Pl. Restos mortales.

Ceniza, cerro de Venezuela (Aragua); 2 435 m. || ~ (BOCAS DE), des. del río Magdalena, en Colombia (Atlántico).

cenízaro m. *C. Rica.* Árbol de ancha copa, cuyo fruto sirve de alimento al ganado.

cenizo, za adj. Ceniciento. || — M. Planta quenopodiácea. || Oídio de la vid. || *Fam.* Aguafiestas. | Gafe. || *Tener el cenizo,* tener mala suerte.

Cenobia. V. ZENOBIA.

cenobio m. Monasterio.

cenobita m. Monje, anacoreta.

cenobitismo m. Vida de o cosa peculiar al cenobita.

Cenón. V. ZENÓN.

cenotafio m. Monumento funerario vacío erigido en memoria de un personaje.

cenote m. *Méx.* Pozo de agua

o manantial que se halla generalmente a gran profundidad: *los cenotes son comunes en el Yucatán.* (El *Cenote Sagrado* de Chichén Itzá tuvo gran importancia religiosa en los ritos de los antiguos mayas.)

censatario m. El obligado a pagar los réditos de un censo.

censo m. En Roma, lista de personas y bienes que los censores hacían cada cinco años. || Padrón o lista estadística de un país: *censo de población.* || Contribución o tributo: *censo redimible.* || *For.* Contrato por el cual se sujeta un inmueble al pago de una pensión anual: *censo consignativo.* || Registro general de ciudadanos con derecho de voto: *censo electoral.* || *Fig.* y *fam. Ser un censo,* ser costoso, ocasionar gastos repetidos.

censor m. Antiguo magistrado de Roma. || Crítico, juez: *censor muy severo.* || Encargado, por la autoridad, del examen de los libros, periódicos, películas, etc., desde el punto de vista moral o político. || En los colegios, encargado de vigilar la observancia de los estatutos, reglamentos, etc.

censorio, ria adj. Relativo al censor o a la censura.

censual adj. Del censo.

censualista com. Persona que percibe el rédito del censo.

censura f. Cargo y funciones del censor. || Juicio o criterio acerca de la conducta ajena: *la implacable censura de Catón.* || Intervención de la autoridad gubernativa en las cosas públicas o privadas: *censura de prensa, de los espectáculos.* || Órgano que la ejerce. || Pena disciplinaria impuesta por la Iglesia.

censurable adj. Que merece censura.

censurador, ra adj. y s. Que censura.

censurar v. t. Corregir, reprobar, criticar: *censurar a uno su conducta.* || Prohibir la publicación o la representación: *censurar una obra de teatro.*

centaura y **centaurea** f. Planta compuesta perenne.

centauro m. *Mit.* Monstruo mitad hombre y mitad caballo.

Centauro, constelación austral.

centavo, va adj. Centésimo. || — M. Moneda que vale la centésima parte de algunas unidades monetarias: *el peso se divide en centavos.*

centella f. Rayo: *cayó una centella sobre el pararrayos.* || Chispa. || *Fig.* Cosa rápida, fugaz.

centelleante adj. Que centellea.

centellear v. i. Despedir destellos de luz: *el diamante centelleaba con el sol.*

centelleo m. Acción y efecto de centellear.

centena f. Conjunto de cien unidades.

centenar m. Centena. || *Fig. A centenares,* en gran abundancia, en gran cantidad.

centenario, ria adj. Relativo a la centena. || — Adj. y s. Que tiene cien o más años de edad: *árbol centenario.* || — M. Fiesta que se celebra cada cien años. || Día en que se cumplen una o más centenas de años de un acontecimiento: *el centenario de la fundación de Buenos Aires.*

centeno m. Planta anual gramínea, semejante al trigo.

Centeno (Diego), conquistador español (1505-1549), que acompañó a F. Pizarro.

Centeocíhuatl, una de las advocaciones, entre los aztecas, de Chicomecóatl, la diosa del Maíz.

centesimal adj. Dividido en cien partes.

centésimo, ma adj. Que ocupa el orden correspondiente al número ciento. || — M. Cada una de las cien partes iguales en que se divide un todo.

centiárea f. Centésima parte del área, un metro cuadrado.

centígrado, da adj. Dividido en cien grados: *termómetro centígrado.* || — M. Centésima parte del grado (símb., *cgr*).

centigramo m. Centésima parte del gramo (símb., *cg*).

centilitro m. Centésima parte del litro (símb., *cl*).

centímetro m. Centésima parte del metro (símb., *cm*).

céntimo, ma adj. Centésimo. || — M. Centésima parte de la unidad monetaria.

centinela m. Soldado que hace guardia en un sitio. || *Fig.* Persona que vigila.

centinodia f. Planta poligonácea medicinal.

centolla f. y **centollo** m. Cangrejo marino comestible.

centrado, da adj. Dícese de la cosa cuyo centro está en la posición que debe ocupar. || *Fig.* Que está en su elemento. | Equilibrado, sensato. || — M. Operación que consiste en determinar el punto céntrico de una pieza.

central adj. Relativo al centro: *despacho central.* || Que está en el centro: *núcleo central.* || General: *calefacción central.* || — F. Establecimiento central: *Central de Correos, de Comunicaciones.* || Fábrica productora de energía: *central hidroeléctrica, nuclear.* || *Central telefónica,* local donde terminan los hilos de los circuitos telefónicos de un grupo de abonados y en el cual se efectúan las operaciones necesarias (manuales o automáticas) para el establecimiento de las comunicaciones. || Casa matriz o principal de una empresa o comunidad.

Central, n. de diferentes cord. americanas; la de *Colombia,* desde el límite del Ecuador hasta el dep. de Antioquia; la de *Costa Rica,* de origen volcánico; la de la *Rep. Dominicana,* en la que se hallan las alt. máx. de las Antillas; la del *Ecuador,* desde el nudo de Loja hasta el Perú; la del *Perú,* desde el nudo de Pasco hasta el de Vilcanota; la de *Puerto Rico,* entre Cerro Gordo y la sierra del Cayey. — Dep. del Paraguay, en la región oriental; cap. *Limpio.* Agricultura (algodón).

centralismo m. Sistema administrativo en el que el poder central asume todas las funciones. || Organización interna de un movimiento político o sindical que postula el acatamiento de las resoluciones mayoritarias con objeto de evitar que las resoluciones haya fracciones.

centralista adj. y s. Partidario de la centralización política y administrativa de un país.

centralita f. Central telefónica que une los teléfonos interiores de un mismo edificio o entidad.

centralización f. Hecho de reunir todo en un centro único de acción o de autoridad.

centralizador, ra adj. y s. Que centraliza.

centralizar v. t. Reunir en un centro común. || Asumir el poder público facultades atribuídas a organismos locales.

centrar v. t. Hacer que se reúnan en un punto los proyectiles, rayos luminosos, etc. || Colocar una cosa en el centro de otra. || Determinar el punto céntrico. || Poner en el centro. || *Fig.* Atraer la atención, etc. || Orientar: *centrar una novela sobre las cuestiones sociales.* || En deportes, lanzar el balón hasta el centro (ú. t. c. i.). || — V. pr. Orientarse.

céntrico, ca adj. Central: *barrios céntricos.*

centrifugación f. Separación de los elementos de una mezcla por la fuerza centrífuga.

centrifugadora f. Máquina para centrifugar.

centrifugar v. t. Someter los componentes de una mezcla a la fuerza centrífuga para separarlos.

centrífugo, ga adj. *Mec.* Que aleja del centro: *bomba centrífuga.*

centrípeto, ta adj. Que acerca al centro: *aceleración centrípeta.*

centrista adj. y s. m. Que pertenece al centro, en política: *diputado, partido centrista.*

centro m. *Geom.* Punto situado a igual distancia de todos los puntos de un círculo, de una esfera, etc.: *centro de un círculo, de una elipse, de un polígono regular,* etcétera. || Lo más alejado de la superficie exterior de una cosa: *el centro de Colombia.* || *Fig.* Lugar de donde parten o convergen acciones coordenadas, foco: *el centro de la rebelión.* | Círculo: *en los centros diplomáticos.* | Establecimiento, organismo: *centro docente.* || Dirección general del Estado: *centro político y administrativo.* || *Fig.* Punto hacia donde se dirigen las miradas, la atención, etc.: *fue el centro de la curiosidad.* | Zona más concurrida de una población: *el centro de Buenos Aires.* | Lugar donde se concentra una actividad: *centro de los negocios.* || Punto de reunión: *centro literario.* || En fútbol, pase largo. || *Cub.* y *Méx.* Saya de raso que se ponen las mujeres debajo de los vestidos de tela transparente. || — *Centro de atracción,* punto que ejerce constante atracción sobre un cuerpo celeste. || *Centro de gravedad,* punto de un cuerpo situado de tal forma que, si se le suspendiese por él, permanecería en equilibrio en cualquier posición que se le diere. || *Centro de mesa,* tapete alargado o vasija de adorno.

Centroafricana (REPÚBLICA), Estado de África Ecuatorial; 617 000 km²; 2 088 000 h. (*centroafricanos*). Cap. *Bangui,* 238 000 h. Diamantes. Ant. *Ubangui Chari,* independiente en 1960.

centroafricano, na adj. y s. De la Rep. Centroafricana.

Centroamérica o **Centro América,** América Central.

Centroamericana, cadena de montañas que cruza Honduras y Nicaragua de NO. a SE.

centroamericano, na adj. y s. De América Central.

centroeuropeo, a adj. De Europa Central.

centrolense adj. y s. Del dep. Central (Paraguay).

centunvirato m. Consejo de los centunviros en Roma.

centunviro m. Miembro del tribunal civil de la Roma antigua.

centuplicar v. t. Hacer cien veces mayor.

céntuplo, pla adj. Cien veces mayor.

centuria f. Siglo, cien años. || Compañía de cien hombres en la milicia romana.

centurión m. Jefe de una centuria romana.

Centurión (Emilio), pintor argentino, n. en 1894.

centzontle m. Ave canora de México. || Sinsonte.

ceñidor m. Faja, cinturón.

* **ceñir** v. t. Rodear o ajustar la cintura. || Rodear: *el mar ciñe la tierra.* || Ajustar: *camiseta que ciñe el busto* (ú. t. c. pr.). || Abrazar: *ceñir a un adversario.* || *Fig.* Abreviar. || — V. pr. Moderarse en los gastos, en las palabras, etc. || Limitarse, ajustarse: *me ciño a lo dicho.* || Amoldarse. || Acercarse mucho: *ceñirse a la curva.*

ceño m. Gesto de disgusto hecho arrugando la frente.

ceñudo, da adj. Con ceño.

ceoán f. *Méx.* Ave parecida al tordo común.

cepa f. Parte del tronco de una planta inmediata a las raíces y que está bajo tierra. || Planta o tronco de la vid. || *Méx.* Foso para plantar árboles. || *Arq.* En los puentes y arcos, tronco o arranque del machón desde el suelo hasta la imposta. || *Fig.* Linaje, casta: *ser de buena cepa.*

C. E. P. A. L. V. COMISIÓN ECONÓMICA PARA AMÉRICA LATINA.

CE

Cepeda y Ahumada (Teresa). V. TERESA DE JESÚS.

cepellón m. Porción de tierra unida al pie de la planta que se arranca para el trasplante.

cepillado m. Acción y efecto de cepillar.

cepillar v. t. Limpiar con cepillo. || Alisar con el cepillo de carpintero. || *Fam.* Quitar el dinero. | Adular, lisonjear. || — V. pr. *Fig.* y *fam.* Suspender en un examen. | Matar.

cepillo m. Caja para donativos: *el cepillo de las iglesias.* || Herramienta de carpintero para alisar las maderas. || Utensilio formado de cerdas o filamentos análogos fijos en una chapa de forma variable: *cepillo para la ropa, de alambre.*

cepo m. Gajo o rama de árbol. || Tronco de árbol cortado. || Madero grueso en que se ponen el yunque, la bigornia, etc. || Madero que, fijo a la pierna del reo, le servía de presión. || Instrumento para devanar la seda. || Trampa para cazar animales. || Cepillo de limosna. || Varilla para sujetar periódicos. || *Fig.* Trampa, ardid. || Cefo, mono.

ceporro m. *Fam.* Torpe, ignorante.

cera f. Sustancia blanda y amarillenta segregada por las abejas y con la que forman las celdillas de los panales. || Sustancia análoga que recubre ciertas hojas, flores y frutos. || Cerumen de los oídos. || Sustancia vegetal o animal hecha con ésteres alcohólicos monovalentes. || Preparación grasienta usada para untar la suela de los esquíes. || *Amer.* Vela de cera. || — *Cera amarilla,* la de ese color al sacarla del panal. || *Cera blanca,* la blanqueada al sol. || *Cera de Campeche,* cera amarillenta y blanda producida por una abeja mexicana y que se usa para ungüentos y emplastos. || *Cera vegetal,* la extraída de varios vegetales americanos. || *Cera virgen,* la que está aún sin labrar.

cerafolio m. *Bot.* Perifollo.

Ceram, isla de las Molucas (Indonesia).

cerámica f. Arte de fabricar vasijas y objetos de barro cocido: *cerámica griega.* || Objeto así fabricado.

cerámico, ca adj. Relativo a la cerámica.

ceramista com. Persona que fabrica objetos de cerámica.

cerasta f. y **cerastes** m. Víbora venenosa de África y Asia.

cerbatana f. Tubo o canuto usado para disparar flechas soplando por un extremo. || Trompetilla acústica de los sordos.

Cerbère (CABO). V. CERVERA.

Cerbero o **Cancerbero,** perro de tres cabezas que guardaba las puertas de los Infiernos. (*Mit.*)

cerca f. Vallado, valla, barrera: *la cerca de un terreno.* || — M. pl. Objetos situados en el primer plano de un cuadro.

cerca adv. A poca distancia, junto a: *cerca de mi casa.* || — *Cerca de,* casi, aproximadamente: *cerca de cinco días*; ante: *embajador cerca de la Santa Sede.* || *Tocarle a uno de cerca una cosa,* galicismo por *interesarle mucho.*

cercado m. Terreno rodeado de una valla. || Cerca, valla: *un cercado de alambre.* || *Per.* División territorial que comprende la capital de un Estado o provincia y los pueblos que de ella dependen.

Cercado, n. de cinco prov. de Bolivia, en los dep. del Beni (cap. *Trinidad*); Cochabamba (cap. *Cochabamba*); Oruro (cap. *Caracollo*); Potosí, llamada tb. *Frías* (cap. *Tinquipaya*) y Tarija (cap. *Tarija*). || ~ **(El),** com. de la Rep. Dominicana (San Juan de la Maguana).

cercanía f. Calidad de cercano o próximo, proximidad. || — Pl. Alrededores: *vivir en las cercanías de Madrid.* || Suburbios: *tren de cercanías.*

cercano, na adj. Próximo, que está cerca.

Cercano Oriente n. dado a la región más occidental de Asia.

cercar v. t. Vallar, rodear con cerca o vallado. || Rodear: *me cercó la muchedumbre.* || *Mil.* Sitiar, poner cerco a una plaza.

cercén adv. *A cercén,* completamente, de raíz.

cercenadura f. Acción y efecto de cercenar. || Parte cortada al cercenar una cosa.

cercenar v. t. Cortar las extremidades de una cosa: *cercenar un árbol.* || Abreviar, acortar un texto. || Disminuir: *cercenar el gasto.*

cerceta f. Ave palmípeda de color pardo ceniciento. || — Pl. Pitones blancos que nacen al ciervo en la frente.

cerciorar v. t. Dar a alguien la certeza de una cosa. || — V. pr. Convencerse, adquirir la certeza de una cosa: *cerciorarse de lo ocurrido.*

cerco m. Acción de cercar. || Lo que ciñe. || Aro de un tonel. || Sitio: *alzar o levantar el cerco.* || Corrillo: *cerco de gentes.* || Cinturón, anillo: *un cerco de pueblos a su alrededor.* || Giro o movimiento circular. || Halo de los astros. || Aureola alrededor del Sol. || Círculo que rodea una mancha. || Marco de ventana o puerta. || *Amer.* Valla, cerca. || *Poner cerco,* sitiar, cercar.

cercopiteco m. Mono catirrino, de cola larga, que vive en África.

cercha f. *Arq.* Cimbra para formar arcos o bóvedas. | Regla plana y flexible para medir superficies cóncavas y convexas. | Patrón de perfil curvo para labrar los sillares. || Arco de hierro que sirve para varios usos. || *Carp.* Cada una de las partes de que se compone un aro de mesa, un arco, una baranda, etc.

cerchón m. *Arq.* Cimbra, armazón de madera para construir arcos y bóvedas.

cerda f. Pelo grueso y duro del cuerpo del jabalí y cerdo, y de la cola y crines de los caballos: *un cepillo de cerda.* || Hembra del cerdo. || Mies segada. || Lazo para cazar perdices.

Cerda (Manuel Antonio de la), político y patriota nicaragüense, m. en 1828, jefe del Estado de 1824 a 1828. M. fusilado. || ~ **Sandoval** (GASPAR DE LA), virrey de Nueva España de 1688 a 1696. Fue conde de Galve (1653-1697). || ~ **y Aragón** (TOMÁS ANTONIO), virrey de Nueva España de 1680 a 1686 (1638-1692).

cerdada f. Mala pasada, jugada. || Porquería.

Cerdaña, región de los Pirineos Orientales, dividida entre Francia y España.

cerdear v. i. Flaquearle los brazuelos al animal. || Sonar desagradablemente las cuerdas de un instrumento. || *Fig.* y *fam.* Cometer una cerdada, hacer algo sucio. | Resistirse a hacer o dar algo.

Cerdeña, isla de Italia en el Mediterráneo, al S. de Córcega; cap. *Cagliari*; 24 090 km²; 1 413 000 h. (*sardos*). Reino de 1720 a 1860.

cerdo m. Mamífero ungulado paquidermo, doméstico, de cabeza grande, orejas caídas y hocico casi cilíndrico. || *Fig.* y *fam.* Puerco, hombre sucio y grosero.

cereal adj. y s. m. De la diosa Ceres. || — M. Planta farinácea, como el trigo, maíz, centeno, cebada, avena, arroz, alforfón, etc.

cerealista adj. Relativo a los cereales. || — M. Productor de cereales.

cerebelo m. *Anat.* Centro nervioso del cerebro en la parte inferior y posterior de la cavidad craneana.

cerebral adj. *Anat.* Relativo al cerebro: *hemisferios, circunvoluciones cerebrales.* || *Fig.* Intelectual, frío, desapasionado: *espíritu, actividad cerebral.*

cerebro m. *Anat.* Centro nervioso que ocupa la parte superior y anterior del cráneo de los vertebrados. || *Fig.* Mente, inteligencia: *es un cerebro excepcional.* | Centro de dirección: *la capital, cerebro del país.* || *Cerebro electrónico,* máquinas electrónicas que efectúan las operaciones (cálculo) sin intervención del hombre.

cerebroespinal adj. Relativo al cerebro y a la medula.

ceremonia f. Forma exterior y regular de un culto: *las ceremonias de la Iglesia.* || Acto solemne. || Pompa, aparato: *recibir con gran ceremonia.* || Saludo. || Cumplido, ademán afectado de cortesía.

ceremonial adj. De la ceremonia. || — M. Conjunto de normas establecidas en algunos actos públicos: *el ceremonial de la corte.* || Libro en que están escritas las ceremonias que se deben observar en ciertos actos.

ceremonioso, sa adj. Que gusta de ceremonias y cumplidos. || Con mucha ceremonia: *acogida ceremoniosa.*

céreo, a adj. De cera.

cerería f. Tienda y oficio del cerero.

cerero, ra m. y f. Persona que hace o vende cera y velas. || *Pop. Méx.* Vago, trotacalles.

cereza f. Fruto redondo del cerezo, de color encarnado. || *Amer.* Cáscara del grano de café. || Capulín.

cerezal m. Lugar plantado de cerezos.

cerezo m. Árbol frutal de la familia de las rosáceas, de fruto comestible. || Nombre de varios árboles americanos.

Cergy, c. de Francia, al NO. de París, cap. del dep. de Val-d'Oise.

cerilla f. Vela de cera, larga y muy estrecha. || Fósforo. || Cerumen de los oídos.

cerillero m. y **cerillera** f. Caja que contiene fósforos o cerillas. || Bolsillo para guardar los fósforos. || Persona que vende cerillas o tabaco.

cerillo m. Cerilla, fósforo.

Ceriñola, c. de Italia (Pulla). Gonzalo de Córdoba venció aquí a los franceses (1503).

cerio m. Metal (Ce) de número atómico 58, duro, brillante, extraído de la cerita, y que, mezclado con hierro, se emplea en la fabricación de piedras de encendedores.

cerita f. Silicato hidratado natural de cerio.

cermeña f. Fruto del cermeño.

cermeño m. Peral silvestre.

Cerna (Vicente), general guatemalteco, pres. de la Rep. de 1865 a 1871.

cernada f. Parte no disuelta de la ceniza que queda de la lejía.

Cernauti. V. TCHERNOVTSY.

cernedera f. Marco sobre el que se pone el cedazo para cerner.

cernedero m. Lugar en el que se cierne la harina. || Delantal.

cernedor, ra m. Aparato para cerner, cedazo.

* **cerner** v. t. Cribar, separar con el cedazo las partes más finas de una cosa de las gruesas: *cerner harina.* || Observar, examinar: *cerner el horizonte.* || — V. pr. Mantenerse las aves y los aviones en el aire. || *Fig.* Amenazar: *se cernía el infortunio sobre la familia.*

cernícalo m. Ave de rapiña de plumaje rojizo manchado de negro. || *Fig.* y *fam.* Bruto, ignorante.

cernidillo m. Llovizna.

cernido m. Tamizado, cribado. || Harina cernida.

cernidor m. Cedazo, criba.

cernidura f. Cernido. || — Pl. Cribaduras, lo que queda después de cerner.

* **cernir** v. t. Cerner.

Cernuda (Luis), poeta español (1902-1963).

cero m. Signo aritmético sin valor propio: *el cero colocado a la* *derecha de un número significativo aumenta diez veces el valor de éste.* || *Fís.* En las diversas escalas de los termómetros, manómetros, etc., punto desde el cual se cuentan los grados: *cero termométrico.* || — *Cero absoluto,* punto de la escala termométrica a 273,16 grados centígrados por debajo del cero normal; (fig.) cosa que por sí sola no tiene valor. || *Fig.* y *fam. Ser un cero a la izquierda,* ser inútil, no valer para nada.

cerón m. Árbol maderable de gran talla propio de toda la América tropical.

ceroso, sa adj. Blando como la cera o parecido a ella: *tez cerosa.*

cerote m. Mezcla de pez y cera de que usan los zapateros para encerar los hilos con que cosen. || *Fig.* y *fam.* Miedo. || *Méx. Quedarse hecho un cerote,* quedarse sin decir palabra.

cerquillo m. Tonsura, corona de cabello en la cabeza de los religiosos de algunas órdenes. || Flecos que usan las mujeres. || Vira del calzado.

cerrado, da adj. No abierto: *puerta cerrada.* || *Fig.* Incomprensible: *el sentido cerrado de un escrito.* | Cubierto de nubes. | Dícese de la barba muy poblada. | En que es difícil entrar: *sociedad cerrada.* | Insensible, inaccesible a: *cerrado al amor.* | Que encierra completamente: *curva cerrada.* | Obstinado: *actitud cerrada.* | Tupido: *lluvia muy cerrada.* | Poco expansivo o comunicativo: *carácter cerrado.* | De mucho acento: *hablar un andaluz cerrado.* | Nutrido, grande: *ovación cerrada.* | Denso, completo: *noche cerrada.* | Muy torpe: *hombre cerrado de mollera* (ú. t. c. s.).

cerradura f. Mecanismo con llave que sirve para cerrar: *la cerradura de una puerta, de un cajón.*

cerraja f. *Bot.* Hierba compuesta que constituye buen pasto.

cerrajería f. Oficio y taller de cerrajero.

cerrajero m. El que fabrica cerraduras, llaves, cerrojos, etc.

Cerralvo, isla de México, en el golfo de California.

* **cerrar** v. t. Hacer que una cosa que estaba abierta deje de estarlo: *cerrar la puerta.* || Asegurar con cerradura, pestillo, pasador, etc.: *cerrar con llave.* || Cercar, vallar: *cerrar un terreno.* || Tapar, obstruir: *cerrar un hueco.* || Interrumpir el funcionamiento: *cerrar la escuela, la radio.* || *Fig.* Impedir la entrada: *cerrar el paso.* || Juntar las extremidades del cuerpo: *cerrar las piernas, los brazos.* || Unir estrechamente: *cerrar las filas.* || Doblar, plegar: *cerrar un paraguas.* || Pegar una carta. || *Fig.* Poner término: *cerrar una discusión.* | Dar por firme o terminado un contrato, un negocio, una cuenta, etc. || Cicatrizar: *cerrar una herida.* || — *Cerrar la marcha,* caminar detrás de los demás. || *Cerrar los ojos,* dormirse; morir. || — V. i. Cerrarse una cosa: *la ventana cierra mal.* || *Fig.* Llegar a su plenitud: *la noche está cerrada.* | Acometer, embestir: *cerrar con* (o *contra*) *uno.* || — V. pr. Juntarse los pétalos de una flor. || Cicatrizar. || Encapotarse: *cerrarse el cielo* || *Fig.* Mantenerse uno firme en su propósito, obstinarse: *se cierra en callar.*

cerrazón f. Oscuridad que precede a las tempestades cuando se cubre el cielo de nubes muy negras. || *Fig.* Torpeza, incapacidad en comprender. | Obstinación. || *Amer.* Contrafuerte de una cordillera.

Cerredo (PEÑA o TORRE DE), monte en el N. de España, en los Picos de Europa; 2 648 m.

cerrero, ra adj. Que anda libre y suelto. || Cerril, no domado: *potro cerrero.* || *Fig.* Insulto.

cerreta f. *Mar.* Percha.

cerril adj. Abrupto, escarpado: *terreno cerril.* || Sin domar, salvaje: *potro cerril.* || *Fig.* y *fam.* Grosero, basto: *persona cerril.* | Torpe, sin entendimiento.

cerrilismo m. Obstinación, terquedad. || Torpeza.

cerrillo m. Colina.

Cerrito, loc. cerca de Montevideo en que Rondeau venció a los realistas (1812). — Pobl. del Paraguay (Ñeembucú).

cerro m. Elevación del terreno, altura. || Cuello del animal. || Espinazo o lomo. || *Fig.* y *fam. Echar o irse por los cerros de Úbeda,* salirse del tema.

Cerro || ~ **Castillo,** com. de Chile (Magallanes). || ~ **Corá,** loc. del Paraguay (Amambay), escenario del último combate de la guerra de la Triple Alianza (1870). || ~ **de la Cruz,** cima de Bolivia; 5 433 m. || ~ **de la Muerte,** monte de Costa Rica (Cartago), en la cord. de Talamanca. || ~ **de las Campanas,** cerro de México (Querétaro), donde fueron fusilados el emperador Maximiliano y los generales Miramón y Mejía (17 de junio de 1867). || ~ **de las Vueltas,** monte de Costa Rica en la cord. de Talamanca; 3 000 m. || ~ **de los Ángeles,** cerro cerca de Madrid en cuya cima se eleva una estatua al Sagrado Corazón. || ~ **de Pasco,** c. del Perú, cap. de la prov. y del dep. homónimos. Minas (cobre, plata, oro, plomo, cinc, bismuto). || ~ **Gordo,** pobl. de México (Veracruz). || ~ **Hermoso** o **Yúrac Llanganati,** cumbre del Ecuador, en la Cord. Central; 4 638 m. || ~ **Largo,** cuchilla del Uruguay, entre los ríos Tacuarí y Cebollatí. — Dep. del Uruguay; cap. *Melo.* || ~ **Pax,** cumbre del Ecuador, en la Cord. Oriental; 2 250 m. || ~ **Puntas,** alt. máx. de Puerto Rico (Ponce); 1 338 m. || ~ **Quebrado.** V. CHACO. || ~ **Quemado,** cumbre volcánica de Guatemala (Quezaltenango); 3 179 m.

cerrojazo m. Cierre brusco.

cerrojo m. Barra de hierro, movible entre dos armellas, que cierra una puerta o ventana. || En los fusiles y armas ligeras, cilindro metálico que contiene los elementos de percusión, obturación y extracción del casquillo.

cerrolarguense adj. y s. De Cerro Largo (Uruguay).

cerrón m. *Méx.* Cerrar bruscamente el paso un automovilista a otro.

Cerruto (Óscar), poeta y novelista boliviano, n. en 1907.

certamen m. Desafío, duelo, pelea, batalla. || *Fig.* Concurso sobre una materia intelectual: *certamen literario, científico.*

certeneja f. *Méx.* Pantano pequeño, pero profundo.

certero, ra adj. Hábil, diestro. || Acertado: *tiro certero.* || Cierto: *juicio certero.*

certeza y **certidumbre** f. Conocimiento seguro y claro de alguna cosa.

certificación f. Acción y efecto de certificar. || Certificado.

certificado m. Documento o escrito en que se asegura algo: *certificado médico.* || Diploma. || — Adj. y s. m. Dícese del envío postal que se certifica.

certificador m. El que certifica.

certificar v. t. Dar una cosa por segura, afirmar. || *For.* Hacer cierta una cosa por medio de documento público: *certificar una fianza.* || *Certificar una carta, un paquete,* obtener, mediante pago, un certificado con que se puede acreditar haber depositado el objeto en Correos.

certitud f. Certeza.

Cerulario (Miguel), patriarca de Constantinopla (¿1000?-1059). Durante su mandato (1043-1058) se consumó el cisma de la Iglesia bizantina (1054).

cerúleo, a adj. Azul celeste.

cerumen m. Secreción grasa del interior de los oídos.

cerusa f. *Quím.* Albayalde.

cerusita f. Carbonato natural de plomo.

cerval adj. Cervuno, del ciervo. || *Fig.* Dícese del miedo grande.

Cervantes, v. de España (Lugo). Cereales.

Cervantes Saavedra (Miguel de), escritor español, n. en Alcalá de Henares en 1547 y m. en Madrid en 1616. Combatió en la batalla de Lepanto (1571), donde fue herido en la mano izquierda, y estuvo prisionero de los turcos en Argel. Cultivó la novela pastoril con la *Galatea;* la novela corta con las doce *Novelas Ejemplares (El coloquio de los perros, El casamiento engañoso, Rinconete y Cortadillo,* de carácter picaresco; *El celoso extremeño, La gitanilla, La ilustre fregona, La fuerza de la sangre* y *El amante liberal,* costumbristas; *La española inglesa* y *El licenciado Vidriera,* filosóficas; *La señora Cornelia* y *Las dos doncellas,* al estilo italiano). Su última creación fue la novela bizantina *Los trabajos de Persiles y Segismunda.* Pero la obra que le dio fama inmortal fue las *Aventuras del ingenioso Hidalgo Don Quijote de la Mancha* (primera parte, 1605; segunda, 1615). *El Quijote* es una novela de caballerías, una obra en la que se encuentran todos los géneros conocidos en su época (pastoril, bizantino, italiano, picaresco, etc.) [V. QUIJOTE]. Escribió tb. un poema en tercetos *(Viaje del Parnaso),* entremeses *(La guarda cuidadosa, La cueva de Salamanca, El juez de los divorcios,* etc.) y varias comedias *(La gran sultana, Los baños de Argel)* y tragedias *(La Numancia).*

cervantesco, ca y **cervantino, na** adj. Propio de Cervantes: *la bibliografía cervantesca.*

cervantista m. Persona que se dedica al estudio de las obras de Cervantes.

cervantófilo, la adj. y s. Persona a quien le gustan mucho las obras de Cervantes.

cervatillo m. *Zool.* Almizclero.

cervato m. Ciervo pequeño.

cervecería f. Lugar donde se fabrica o vende cerveza.

cervecero, ra adj. Relativo a la cerveza. || — M. y f. Persona que hace o vende cerveza.

Cervera, c. de España (Lérida). Ant. universidad, de 1714 a 1822. || ~ (CABO), cabo del Mediterráneo, en los límites entre España y Francia. (En fr. *Cerbère.*)

cerveza f. Bebida alcohólica, hecha con granos de cebada germinados y fermentados y lúpulo: *cerveza dorada, negra.*

cervical adj. Relativo a la cerviz: *vértebra cervical.*

cérvidos m. pl. Familia de mamíferos rumiantes, como el ciervo, el ante, el gamo, el corzo, el huemul, etc. (ú. t. c. adj.).

cervino, na adj. Cervuno.

Cervino (MONTE) o **Matterhorn,** cumbre de los Alpes Peninos, en la frontera de Suiza e Italia; 4 478 m.

cerviz f. *Anat.* Parte posterior del cuello, nuca. || *Fig. Bajar o doblar la cerviz,* humillarse.

cervuno, na adj. Relativo al ciervo o parecido a él.

cesación f. Interrupción, acción y efecto de cesar.

cesante adj. Que cesa. || — Adj. y s. Dícese del empleado que queda sin empleo.

cesantía f. Estado de cesante. || Pensión que disfruta en ciertos casos el empleado cesante.

cesar v. i. Detenerse o terminarse una cosa. || Dejar de desempeñar algún empleo o cargo: *cesar en el gobierno.* || Dejar de hacer lo que se está haciendo: *cesar de trabajar.* || *Sin cesar,* sin parar.

Cesar, dep. del N. de Colombia, cap. *Valledupar.* — Río de Colombia (Magdalena), afl. del Magdalena; 315 km. Llamado tb. *Cesare.*

césar m. Emperador, príncipe, soberano: *césar del Sacro Imperio.*

César, sobrenombre de la familia romana Julia, que llevaron, junto con el de Augusto, los emperadores romanos y, desde Diocleciano, el heredero presunto del Imperio.

César (Cayo Julio), general romano, n. en Roma (104-44 a. de J. C.), una de las figuras más egregias de la historia. Participó en la conquista de las Galias (59-51), atravesó el Rubicón, en la guerra civil contra Pompeyo, al que derrotó en Farsalia (48), persiguió a sus partidarios hasta España, donde los venció en Munda (45), y se hizo proclamar dictador con poderes soberanos. Fue apuñalado en el Senado por un grupo de conjurados en el que figuraba su propio hijo adoptivo Bruto. Historiador eminente, nos ha dejado *Comentarios de la guerra de las Galias* y *Comentarios de la guerra civil.*

cesaraugustano, na adj. De Cesaraugusta (Zaragoza).

Cesarea, ant. c. septentrional de Palestina, a orillas del Mediterráneo.

cesárea adj. y s. f. *Med.* Operación de extraer el feto por incisión de la pared abdominal.

cesáreo, a adj. Relativo al emperador o a la majestad imperial.

cesarismo m. Gobierno de los césares. || Sistema de gobierno personal y absoluto.

cese m. Detención, interrupción. || Revocación de un cargo. || Escrito en que se hace constar.

cesible adj. Que puede cederse.

cesio m. Metal raro (Cs), de número atómico 55, semejante al potasio.

cesión f. Renuncia de alguna cosa, posesión o derecho: *cesión de sus derechos a otro.* || *For. Cesión de bienes,* abandono que los deudores hacen de sus bienes a los acreedores.

cesionario, ria m. y f. Persona en cuyo favor se hace una cesión.

cesionista com. Persona que hace una cesión.

césped m. Hierba corta y tupida: *alfombra de césped.*

Céspedes (Ángel María), poeta y diplomático colombiano (1892-1956). || ~ (AUGUSTO), escritor boliviano, n. en 1904, autor de la novela *Sangre de mestizos.* || ~ (CARLOS MANUEL DE), patriota cubano, n. en Bayamo (1819-1874), que lanzó en Yara el grito de "Viva Cuba Libre" (1868). Proclamó la Rep. en Armas, de la que fue pres. de 1869 a 1873. M. asesinado. || ~ (FRANCISCO JAVIER DE), general cubano (1821-1903). Luchó en la guerra de los Diez Años y fue pres. de la Rep. en Armas en 1877. || ~ (PABLO DE), pintor y escritor español (¿1538-1608?), autor del poema *Arte de la pintura.* || **~ y Quesada** (CARLOS MANUEL DE), político e historiador cubano (1871-1939), hijo de Carlos Manuel. Fue pres. de la Rep. en 1933.

cesta f. Recipiente de mimbre o junco trenzado, que sirve para transportar o guardar cosas: *una cesta para la compra.* || Su contenido. || Especie de pala utilizada para jugar al frontón. || Red que cuelga de un aro en el juego del baloncesto. || Tanto marcado en este juego. || *Fam. Llevar la cesta,* acompañar y vigilar a una jovencita.

cestapunta f. Variedad del juego del frontón.

cestería f. Taller y tienda del cestero.

cestero, ra m. y f. Persona que hace o vende cestos.

Cestero (Manuel Florentino), novelista dominicano (1879-1926), autor de *Cuentos a Lila* y *El canto del cisne.* || ~ (TULIO MANUEL), novelista dominicano (1877-1954), autor de *La sangre.*

cesto m. Cesta grande.

cestodos m. pl. Orden de gusanos platelmintos, de cuerpo aplanado y largo a modo de cinta, como la solitaria (ú. t. c. adj.).

cestón m. Cesto grande. || Cesto lleno de tierra que sirve de defensa en las fortificaciones y obras hidráulicas.

cesura f. Pausa hecha en un verso para regular el ritmo.

cetáceos m. pl. Orden de mamíferos marinos de gran tamaño, como la ballena, el cachalote, el delfín, el narval, etc. (ú. t. c. adj.).

cético, ca adj. *Quím.* Aplícase al ácido extraído de la cetina.

cetina f. Esperma o blanco de ballena.

Cetina (Gutierre de), poeta español, n. en Sevilla (1520-¿1557?), autor del *Madrigal a unos ojos.* M. en México.

Cetiña, c. de Yugoslavia, ant. cap. de Montenegro.

cetona f. Nombre genérico de ciertos compuestos químicos análogos a la acetona.

cetonia f. Insecto coleóptero de reflejos metálicos.

Cetrángolo (Antonio), tisiólogo argentino (1888-1949).

cetrería f. Arte de criar halcones y demás aves de caza. || Caza con halcones.

cetrero, ra adj. Relativo a la cetrería: *ave cetrera.* || — M. Cazador con halcones y aves de presa.

cetrino, na adj. De color amarillo verdoso: *tez cetrina.*

cetro m. Bastón o insignia de mando: *el cetro del emperador.* || Vara de plata que llevan algunos dignatarios de la Iglesia como insignia. || *Fig.* Reinado: *el cetro de Carlos III.* || Superioridad: *el cetro de la elocuencia.*

Cette. V. SÈTE.

Ceuta, plaza y puerto de soberanía española en el N. de Marruecos. Forma parte de la prov. de Cádiz. Obispado. Conquistada por España en 1688.

ceutí adj. y s. De Ceuta.

Cevallos (Pedro Fermín de), militar español (1716-1778), gobernador de Buenos Aires de 1756 a 1766 y primer virrey del Río de la Plata en 1766.

Cevenas, región montañosa de Francia, en el O. del Macizo Central; alt. máx. en el Lozère (1 567 m.).

Ceylán. V. CEILÁN.

Cézanne (Paul), pintor impresionista francés (1839-1906), precursor de la pintura moderna.

Cf., abrev. de *confer,* que significa *compárese, véase.*

Cf, símb. químico del *californio.*

C. G. S., sistema cegesimal de medidas cuyas unidades son el centímetro (cm), el gramo (g) y el segundo (s).

Ci, símbolo del *curie,* unidad de medida de actividad nuclear.

cía f. *Anat.* Hueso de la cadera.

C. I. A., sigla de *Central Intelligence Agency,* o sea servicios secretos de Estados Unidos.

cianamida f. Fertilizante.

cianhídrico, ca adj. *Quím.* Ácido prúsico. tóxico violentísimo.

cianita f. Turmalina azul.

cianosis f. *Med.* Coloración azul negruzca o lívida de la piel.

cianuria f. *Med.* Emisión de orina de color azulado.

cianuro m. *Quím.* Sal del ácido cianhídrico: *cianuro de potasio.*

ciar v. i. *Mar.* Remar hacia atrás. || *Fig.* Cejar, ceder.

ciático, ca adj. Relativo a la cadera: *dolor ciático.* || — F. *Med.* Neuralgia del nervio ciático.

Cibao, macizo montañoso de las Rep. de Haití y Dominicana. Alt. máx. 3 140 m.

Cibeles, hija del Cielo y la Tierra, esposa de Saturno, madre de Júpiter, Neptuno, Plutón, etc. Recibe tb. el n. de *Rea. (Mit.)*

cibernética f. Ciencia que estudia los mecanismos automáticos de comunicación y de control de los seres vivos y de las máquinas.

Cíbola, región legendaria en el N. de México de que habla Marcos de Niza, en la que se creía que había siete ciudades maravillosas. Fue buscada afanosamente por los conquistadores.

cíbolo m. Bisonte americano.

ciboney adj. y s. Individuo de un ant. pueblo de Cuba, Jamaica y parte de la isla de Haití o Santo Domingo. (Los *ciboneyes* eran de cultura paleolítica.)

ciborio m. Baldaquino que cubre un altar. || Copa para beber.

cicatear v. i. *Fam.* Escatimar, dar o gastar lo menos posible.

cicatería f. Calidad de cicatero o ruin.

cicatero, ra adj. y s. Tacaño, avaro, ruin.

cicatriz f. Señal que queda después de cerrarse una herida o llaga. || *Fig.* Huella que deja en el ánimo algún sentimiento pasado.

cicatrización f. Fenómeno que hace que una llaga o herida se cierre.

cicatrizante adj. y s. m. Dícese del remedio que hace cicatrizar.

cicatrizar v. t. e. i. Completar la curación de una herida o llaga hasta quedar bien cerrada. || *Fig.* Calmar, hacer olvidar.

cícero m. *Impr.* Unidad de medida tipográfica que equivale a doce puntos (4,51 mm).

cicerón m. *Fig.* Hombre muy elocuente.

Cicerón (Marco Tulio), escritor y orador romano, n. cerca de Arpino (106-43 a. de J. C.), llamado *Padre de la Patria* por haber descubierto la conspiración de Catilina. Fue expresión máxima de la elocuencia latina en sus discursos de defensa (*Verrinas, Pro Murena, Pro Milone*) y en sus arengas políticas (*Catilinarias, Filípicas*). Autor tb. de *Correspondencia.* M. asesinado a instigación de Marco Antonio.

cicerone m. Persona que enseña y explica las curiosidades de una localidad, edificio, etc.

ciceroniano, na adj. y s. Propio de Cicerón: *estilo ciceroniano.*

Cícladas, archip. griego en el mar Egeo; cap. *Hermópolis.* Formado por las islas Delos, Andros, Tinos, Naxos, Paros y Santorín.

ciclamen m. Pamporcino.

ciclamor m. Árbol de jardín de la familia de las papilionáceas, de flores rojas.

cíclico, ca adj. Relativo al ciclo: *cronología cíclica.* || Que forma parte de un ciclo literario épico: *un poema cíclico.* || *Quím.* Dícese de los compuestos orgánicos cuyas moléculas forman una cadena cerrada.

ciclismo m. Deporte y utilización de la bicicleta.

ciclista adj. Relativo al ciclismo: *corredor ciclista.* || — Com. Persona que practica el ciclismo.

ciclo m. Período de tiempo en que se cumple una serie de fenómenos realizados en un orden determinado: *el ciclo de las estaciones.* || Serie de acciones, modificaciones o fenómenos que sufre un cuerpo o sistema que pasa por diferentes fases hasta volver al estado inicial. || Conjunto de poemas, generalmente épicos, que tienen como tema un héroe, un personaje, un hecho: *el ciclo bretón, el ciclo del rey Artús.* || Serie de conferencias sobre cierto asunto. || Serie de operaciones destinadas al mismo fin: *ciclo de fabricación.* || *Astr.* Período de tiempo después del cual los mismos fenómenos astronómicos se reproducen en orden semejante: *ciclo solar, lunar.*

cicloidal y **cicloideo** adj. *Geom.* Relativo a la cicloide.

cicloide f. *Geom.* Curva descrita por un punto de una circunferencia que rueda sobre una recta.

ciclomotor m. Bicicleta con motor.

ciclón m. Huracán que gira a gran velocidad alrededor de un centro de baja presión.

ciclonal y **ciclónico, ca** adj. Relativo a los ciclones.

ciclópeo, a adj. Propio de los cíclopes. ‖ Dícese de ciertas construcciones prehistóricas hechas con piedras enormes, unidas sin argamasa. ‖ *Fig.* Gigantesco, enorme.

cíclopes m. pl. Gigantes monstruosos que poseían un solo ojo en medio de la frente. *(Mit.)*

ciclostilo m. Máquina para copiar escritos o dibujos.

ciclóstomos m. pl. Orden de peces de forma cilíndrica y oblonga con boca a modo de ventosa, como la lamprea (ú. t. c. adj.).

ciclotimia f. *Med.* Forma de perturbación mental caracterizada por alternativas de exaltación y depresión del ánimo.

ciclotrón m. Acelerador electromagnético de alta frecuencia que comunica a las partículas electrizadas gran velocidad para obtener de este modo transmutaciones y desintegraciones de átomos.

cicloturismo m. Turismo que se practica en bicicleta.

cicote m. *Cub.* Mal olor en los pies.

cicotudo, da adj. *Cub.* Persona sucia, desaseada, que tiene cicote.

cicuta f. Planta umbelífera venenosa.

cid m. *Fig.* Hombre valiente.

Cid Campeador (Rodrigo DÍAZ DE VIVAR, llamado el), personaje semilegendario, n. cerca de Burgos hacia 1043, m. en Valencia en 1099. Vivió en las cortes de Fernando I y de Sancho II de Castilla y, al ser asesinado éste en el sitio de Zamora, tuvo que servir al nuevo rey Alfonso VI, tras haberle hecho jurar que no había participado en la muerte de su hermano *(Jura de Santa Gadea)*, lo que le atrajo su enemistad y el destierro. Luchó entonces contra moros, que le dieron el n. de Cid *(Señor)*, y cristianos, y al final de su vida defendió Valencia, que había arrebatado a los árabes. Contrajo matrimonio, antes de su destierro, con doña Jimena. Ya en el s. XII los romances *Crónica rimada del Cid*, el *Cantar de Mío Cid* y la *Crónica del Cid*, cantaban las hazañas de este héroe.

Cid *(El)*, tragedia del escritor francés P. Corneille, trasunto de *Las mocedades del Cid*, del español Guillén de Castro (1636).

cidiano, na adj. Del Cid.

Cidno. V. TARSUS.

cidra f. Fruto del cidro, semejante al limón. ‖‖ *Cidra cayote*, variedad de calabaza.

cidro m. Árbol rutáceo de flores rojas que produce la cidra.

ciego, ga adj. y s. Que no ve, privado de la vista: *ser ciego de nacimiento*. ‖ *Fig.* Obcecado, enloquecido por alguna pasión: *ciego de ira, de amor*. | Que no ve algo patente. | Obstruido, cegado: *una tubería ciega*. ‖ Dícese del pan o queso que no tienen ojos. ‖ — M. *Anat.* Parte del intestino grueso entre el íleon y el colon. ‖ — *A ciegas*, ciegamente, sin ver; (fig.) sin reflexión. ‖ *Dar palos de ciego*, darlos al aire. ‖ *En tierra de ciegos el tuerto es rey*, donde todos son ignorantes sobresale el que sabe un poco más.

Ciego ‖ **~ de Ávila**, c. de Cuba (Camagüey). ‖ **~ Montero**, pobl. de Cuba (Las Villas).

cielito m. *Riopl.* Baile y canto popular.

cielo m. Espacio indefinido, azul de día y poblado de estrellas por la noche, en el cual se mueven los astros. ‖ Parte del espacio que parece formar una bóveda encima de la Tierra: *levantar las manos al cielo*. ‖ Aire, atmósfera: *cielo alegre, claro*. ‖ Mansión de los bienaventurados: *ganarse el cielo*. ‖ *Fig.* Dios, la Providencia: *rogar al Cielo*. | Nombre cariñoso dado a una persona amada: *¡cielo mío!* | Parte superior de un espacio cerrado: *el cielo de la boca, de un coche*. ‖ *Arg.* y *Urug.* Cielito, baile popular. ‖ — *A cielo abierto*, al raso, al descubierto. ‖ *A cielo raso*, al aire libre. ‖ *Fam. Al que al cielo escupe en la cara le cae*, es peligrosa la excesiva arrogancia. ‖ *Fig.* y *fam. Bajado del cielo*, muy oportuno, inesperado. ‖ *Cielo de la boca*, paladar. ‖ *Cielo raso*, techo interior en el cual no se ven las vigas. ‖ *Fig. Estar en el séptimo cielo*, no caber en sí de gozo. | *Juntarse el cielo con la tierra*, acongojarse, amilanarse ante una dificultad. | *Llovido del cielo*, muy oportuno. | *Mover cielo y tierra*, hacer uno todos los esfuerzos para conseguir una cosa. | *Poner el grito en el cielo*, gritar mucho. | *Ser un cielo*, ser agradable, encantador. | *Ver el cielo abierto*, descubrir uno el medio de salir de apuros; alegrarse.

ciempiés m. Nombre vulgar de los miriápodos. ‖ *Fig.* y *fam.* Cosa confusa, sin pies ni cabeza.

Ciempozuelos, v. de España (Madrid).

cien adj. Apócope de *ciento*, que se usa antes de un sustantivo: *cien años, cien pesetas*. ‖ *Fig. Cien por cien*, completamente.

Cien ‖ **~ Años** *(Guerra de los)*, lucha entre Francia e Inglaterra (1337 a 1453), originada por la oposición de Felipe VI de Valois a Eduardo III de Inglaterra, pretendiente al trono de Francia. Los fracasos franceses de Crecy (1346), Poitiers (1356) y Azincourt (1415) fueron borrados por Juana de Arco, que recuperó todas las plazas perdidas. ‖ **~ Días** *(Los)*, n. dado al período comprendido entre el 20 de marzo de 1815, vuelta de Napoleón I a París, y el 22 de junio, día en que éste renunció al Poder por segunda vez. ‖ **~ Mil Hijos de San Luis**, n. dado al cuerpo de ejército enviado por Luis XVIII de Francia a España en ayuda de Fernando VII (1823).

ciénaga f. Lugar lleno de cieno.

Ciénaga, c. y puerto de Colombia (Magdalena). ‖ **~ de Zapata**, región pantanosa de la isla de Cuba.

ciencia f. Conocimiento exacto y razonado de las cosas por sus principios y causas: *la ciencia del bien y del mal*. ‖ Conjunto de los conocimientos humanos: *los adelantos de la ciencia*. ‖ Conjunto de conocimientos relativos a un objeto determinado: *las ciencias humanas*. ‖ *Fig.* Saber o erudición. | Conjunto de conocimientos: *la ciencia del vividor*. ‖ — *A ciencia cierta*, con seguridad. ‖ *Ciencia cristiana*, v. CHRISTIAN SCIENCE. ‖ *Ciencia ficción*, género novelesco que recurre a los temas del viaje en el tiempo y en los espacios supraterrestres. ‖ *Ciencia infusa*, la comunicada directamente por Dios: *la ciencia infusa de los Apóstoles*. ‖ *Ciencias exactas*, las matemáticas. ‖ *Ciencias naturales*, las que estudian los reinos animal, vegetal y mineral. ‖ *Ciencias ocultas*, la alquimia, la astrología, la cábala, la quiromancia, etc. ‖ *Gaya ciencia*, poesía.

Cienfuegos, bahía de Cuba (Las Villas), conocida tb. por el n. de *Jagua*. — C. y puerto de Cuba (Las Villas). Obispado.

Cienfuegos (Nicasio ÁLVAREZ DE). V. ÁLVAREZ DE CIENFUEGOS. ‖ **~ y Camús** (ADOLFO), militar y diplomático mexicano (1889-1943); fue colaborador del presidente Obregón.

cienfueguero, ra adj. y s. De Cienfuegos (Cuba).

cienmilésimo, ma adj. Que está en lugar indicado por el número cien mil. ‖ — M. Cada una de las cien mil partes iguales en que se divide un todo.

cienmilímetro m. Centésima parte de un milímetro (símb., *cmm*).

cieno m. Fango que se forma en las aguas estancadas. ‖ *Fig.* Ignominia, deshonra.

cientificismo m. Tendencia a valorizar con exceso las nociones científicas.

cientificista adj. y s. Partidario del cientificismo o relativo a él.

científico, ca adj. Relativo a la ciencia: *principios, métodos científicos*. ‖ Que investiga sobre alguna ciencia (ú. t. c. s.).

ciento adj. y s. m. Diez veces diez. ‖ Centésimo: *número ciento*. ‖ — M. Signo o conjunto de signos que expresan la cantidad de ciento: *en la numeración romana la letra C equivale a ciento*. ‖ Centena: *un ciento de personas*. ‖ *Darle ciento y raya a uno*, sobrepasarle.

cierne m. *Bot.* Acción de florecer la flor de ciertas plantas. ‖ — *En cierne*, dícese del trigo, de la vid, etc., en flor. ‖ *Fig. Estar en cierne una cosa*, estar en sus comienzos, en potencia.

¡cierra! interj. Antiguo grito de guerra español.

cierre m. Acción y efecto de cerrar o cerrarse: *el cierre de la Bolsa*. ‖ Mecanismo que sirve para cerrar: *cierre de un bolso*. ‖ — *Cierre metálico*, cortina de hierro para cerrar las tiendas. ‖ *Cierre patronal*, lock out.

cierro m. Cierre. ‖ *Cierro de cristales*, mirador.

cierto, ta adj. Verdadero, seguro, indubitable: *una noticia cierta*. ‖ Determinado, fijo: *verse a cierto día*. ‖ Alguno: *tenía ciertas sospechas*. ‖ Un poco de, algo de: *siento cierta tristeza*. ‖ Seguro, que no puede fallar: *promesa cierta*.

cierva f. Hembra del ciervo.

Cierva (Juan de la). V. LA CIERVA.

ciervo m. Género de mamíferos rumiantes, de color pardo rojizo y con varios cuernos ramificados. ‖ *Ciervo volante*, insecto coleóptero.

cierzo m. Viento frío del Norte.

Cieszyn, en alem. *Teschen*, c. fronteriza del S. de Polonia. Desde 1920, está dividida en una parte polaca (Cieszyn) y otra checoslovaca (Teshin).

Cieza, c. de España (Murcia).

Cieza de León (Pedro), historiador español (1518-1560), autor de una *Crónica del Perú*.

cifra f. Número, signo o signos con que se representa. ‖ Escritura secreta, clave: *escrito en cifra*. ‖ Monograma, letras enlazadas. ‖ Abreviatura. ‖ Galicismo por *cantidad* y *suma*.

cifrar v. t. Escribir en clave: *cifrar un telegrama*. ‖ *Fig.* Compendiar. | Fijar, colocar: *cifrar la ambición en una cosa*. ‖ — V. pr. Elevarse: *cifarse en mil pesetas*.

Cifuentes, mun. de Cuba (Las Villas). — V. de España (Guadalajara).

cigala f. Crustáceo marino comestible.

cigarra f. Insecto hemíptero de color amarillo verdoso. (El abdomen del macho lleva un aparato con el cual produce un ruido estridente y monótono.)

cigarral m. Finca de recreo en Toledo.

cigarrera f. Mujer que hace cigarros. ‖ Caja de cigarros puros.

cigarrero m. El que hace o vende cigarros.

cigarrillo m. Cigarro de papel: *cigarrillo con filtro*.

cigarro m. Rollo de hojas de tabaco que se fuma: *cigarro habano*. ‖ Cigarrillo de papel.

cigarrón m. Saltamontes.

cigomático, ca adj. *Anat.* Relativo a la mejilla o al pómulo: *arco cigomático*.

cigoñino m. Pollo de cigüeña.

cigoñuela f. *Méx.* Ave zancuda, menor que la cigüeña.

cigoto m. *Biol.* Óvulo fertilizado, huevo.

cigua f. *Hond.* Mujer fabulosa de cara de caballo: *la cigua se aparece a los trasnochadores.*
ciguata f. *Pop. Méx.* Mujer.
ciguatera f. *Méx.* Intoxicación causada por mariscos descompuestos.
ciguato, ta adj. y s. *Antill.* y *Méx.* Idiota. | Pálido.
cigüeña f. Ave zancuda migratoria, de cuello largo y pico rojo, que tiene más de dos metros de envergadura. || Manubrio, manivela.
cigüeñal m. *Mec.* Eje acodado de un motor en el que van ajustadas las bielas unidas a los pistones o émbolos transformando el movimiento rectilíneo de éstos en circular o rotativo.
cilantro m. Planta umbelífera cuyas hojas sirven de condimento.
cilapo m. *Méx.* Obsidiana.
ciliado, da adj. Aplícase a las células o microorganismos provistos de cilios. || — M. pl. *Zool.* Clase de protozoos provistos de cilios.
ciliar adj. Relativo a las pestañas: *nervios ciliares.*
Cilicia, región de Turquía asiática, al SE. de Anatolia; c. pr.: *Adana* y *Seleucia.*
cilicio m. Vestidura o cinturón áspero o con pinchos que se llevan sobre la carne por penitencia.
cilindrada f. *Mec.* Capacidad de los cilindros de un motor de explosión.
cilindrar v. t. Prensar con un rodillo.
cilindrero, ra m. y f. *Méx.* Músico callejero que toca el cilindro u organillo.
cilíndrico, ca adj. Relativo al cilindro: *hélice cilíndrica.* || De forma de cilindro: *cañón, cuerpo cilíndrico.*
cilindro m. Cuerpo de sección circular, del mismo grosor en toda su longitud. || Cuerpo geométrico engendrado por una línea recta que se mueve siguiendo una curva cerrada y permaneciendo indicada por el eje. || Cámara tubular en la que se mueve en sentido alternativo el émbolo de un motor o bomba: *automóvil de cuatro cilindros.* || Pieza cilíndrica que al girar imprime el papel o el tejido. || Rodillo compresor para apisonar. || *Amer.* Sombrero de copa. | Organillo. || *Cilindro de revolución,* sólido engendrado por el movimiento circular de un rectángulo alrededor de uno de sus lados.
cilio m. *Biol.* Filamento del protoplasma que emerge de ciertos protozoos ciliados y de algunas otras células: *cilio vibrátil.*
cima f. Parte más alta, cumbre de una montaña, de un árbol, de la cresta de una ola, etc. || *Bot.* Inflorescencia cuyo eje principal termina en una flor, y en que salen otras flores en los extremos de ejes laterales o en ramificaciones que éstos tienen. || *Fig.* Apogeo, altura máxima: *llegó a la cima de los honores.* || *Dar cima a una cosa,* terminarla.
Cimabue (Giovanni), pintor primitivo italiano de la escuela de Florencia (¿1240?-1302), maestro de Giotto. Frescos.
cimacio m. *Arq.* Moldura de perfil en forma de *s*, gola.
Cimarosa (Domenico), músico italiano (1749-1801), autor de óperas y oratorios.
cimarrón, ona adj. *Amer.* Salvaje, montaraz: *animal cimarrón.* || Decíase del esclavo negro que huía al campo: *negro cimarrón.* || — Adj. y s. m. *Riopl.* Dícese del mate sin azúcar: *tomar un cimarrón.*
cimarronada f. *Amer.* Manada de animales salvajes.
cimarronear v. i. *Riopl.* Tomar mate cimarrón. || *Amer.* Huir.
cimbalero m. Músico que toca los címbalos o platillos.
címbalos m. pl. *Mús.* Platillos.
cimbel m. Ave que sirve de señuelo para cazar. || *Fig.* Señuelo, añagaza.
cimborrio m. *Arq.* Cuerpo cilíndrico que sirve de base a la cúpula. || Cúpula.
cimbra f. *Arq.* Armazón sobre la que se construye un arco o bóveda. || *Mar.* Curvatura de los tablones del casco de un barco.
cimbrado m. Paso de la danza española en que se dobla la cintura.
cimbrar v. t. Poner las cimbras en una bóveda o arco. || Cimbrear. || *Fig.* y *fam.* Golpear.
cimbreante adj. Delgado y flexible. || Flexible: *de talle cimbreante.*
cimbrear v. t. Hacer vibrar una vara o un palo en el aire agarrándolos por un extremo. || Mover graciosamente y con garbo el cuerpo. || — V. pr. Vibrar un objeto flexible. || Moverse con garbo al caminar.
cimbreño, ña adj. Cimbreante.
cimbreo m. Acción y efecto de cimbrear o cimbrearse.
címbrico, ca adj. y s. Perteneciente o relativo a los cimbros.
cimbrio, bria adj. y s. Cimbro.
cimbro, bra adj. y s. Individuo de un ant. pueblo germánico que habitaba Jutlandia. (Los *cimbros* asolaron las Galias en el siglo II a. de J. C.)
cimbrón m. *Amer.* Acción y efecto de vibrar una vara o cosa flexible. | Estremecimiento nervioso. || *Méx.* Cintarazo: *dar un cimbrón.*
cimentación f. Acción y efecto de cimentar.
* **cimentar** v. t. Poner los cimientos. || Fijar con cemento: *cimentar una pared.* || *Fig.* Consolidar, afirmar, asentar: *cimentar la paz.*
cimera f. Adorno en la parte superior de la celada.
cimero, ra adj. Que está en la parte más alta. || *Fig.* Destacado, sobresaliente: *figura cimera.*
cimiento m. Parte del edificio que está debajo de tierra y sobre la cual estriba toda la fábrica: *los cimientos de una casa.* || *Fig.* Origen de una cosa. || Base, fundamento: *los cimientos de una cooperación.*
cimitarra f. Especie de sable curvo usado por turcos y persas.
Cimón, general ateniense (510-449 a. de J. C.), hijo de Milcíades. Luchó contra los persas.
cinabrio m. Mineral compuesto de azufre y mercurio, muy pesado y de color rojo oscuro: *del cinabrio se extrae el mercurio o azogue.* || Bermellón.
cinacina f. *Riopl.* Arbusto papilionáceo, de flor olorosa cuya semilla es medicinal.
cinámico adj. *Quím.* Relativo a la canela. || Dícese de un ácido sacado del bálsamo del Perú.
cinamomo m. Árbol de la familia de las meliáceas, de madera dura y aromática.
cinascle m. *Méx.* Cabellera despeinada (es despectivo).
cinc m. Cuerpo simple, metálico (Zn), de número atómico 30 y de color blanco azulado. (Pl. *cines.*)
Cinca, río del NE. de España (Huesca), afl. del Segre; 280 km.
cincel m. Herramienta para labrar maderas, piedras y metales.
cincelado m. Acción y efecto de cincelar.
cincelador m. El que cincela.
cinceladura f. Cincelado.
cincelar v. t. Labrar o grabar con el cincel en piedras, maderas o metales.
Cincinato (Lucio Quinto), cónsul y dictador romano de austeras costumbres (s. V a. de J. C.).
Cincinnati, c. de Estados Unidos (Ohio), a orillas del Ohio.
cinco adj. Cuatro y uno: *tiene cinco niños.* || Quinto: *libro cinco.* || — M. Signo con que se representa el número cinco: *un cinco bien escrito.* || *Méx.* Cinco centavos: *dame un cinco.* | Las nalgas: *azotar el cinco.* || *Fig.* y *fam.* *Decir a uno cuántas son cinco,* decirle las verdades. | *Esos cinco,* la mano (ú. con los verbos *venir, chocar,* etc.).
cincoenrama f. Planta rosácea de flores amarillas, cuya raíz es medicinal.
cincografía f. Arte de grabar láminas en cinc.
cincolite m. *Méx.* Especie de huacal para almacenar y conservar la cosecha de maíz.
cincuate m. *Méx.* Reptil ofidio.
cincuenta adj. y s. m. Cinco veces diez. || Quincuagésimo: *es el cincuenta en el orden.*
cincuentavo, va adj. y s. Dícese de cada una de las cincuenta partes en que se divide un todo.
cincuentenario m. Fecha en que se cumplen los cincuenta años de un hecho.
cincuenteno, na adj. Quincuagésimo. || — F. Conjunto de cincuenta unidades: *una cincuentena de pesetas.*
cincuentón, ona adj. y s. Que tiene más o menos cincuenta años: *hombre cincuentón.*
cincha f. Faja con que se asegura la silla o albarda a la caballería. || *Méx.* Acción de dar cintarazos.
cinchadura f. Acción de cinchar.
cinchar v. t. Poner la cincha a una caballería. || Asegurar con cinchos: *cinchar un tonel.* || *Méx.* Pegar con la cincha, dar cintarazos.
cinchera f. Parte del cuerpo de las caballerías en que se pone la cincha.
cincho m. Faja o cinturón de la gente del pueblo. || Aro de hierro con que se rodean algunas cosas: *cincho de tonel.* || *Arq.* Arco saliente en el intradós de una bóveda en cañón.
cine m. Cinematógrafo: *cine mudo, sonoro.*
cineasta m. Creador o actor de películas cinematográficas.
cineclub m. Asociación cuyo objeto es dar a sus miembros una cultura cinematográfica.
cinegético, ca adj. Relativo a la cinegética. || — F. Arte de cazar.
Cinegiro, hermano de Esquilo y combatiente de Maratón.
cinemascope m. Procedimiento cinematográfico de proyección en pantalla panorámica.
cinemateca f. Archivo de cintas cinematográficas notables.
cinemática f. *Fís.* Parte de la mecánica que estudia el movimiento en sus elementos de espacio y tiempo.
cinematografía f. Arte de representar imágenes en movimiento por medio del cinematógrafo.
cinematografiar v. t. Fotografiar una escena en movimiento destinada a ser reproducida en una pantalla.
cinematográfico, ca adj. Relativo al cinematógrafo.
cinematógrafo m. Aparato óptico que reproduce en proyección vistas animadas. || Local público en que se exhiben películas cinematográficas.
cinerama m. Procedimiento cinematográfico basado en la proyección yuxtapuesta de tres imágenes procedentes de tres proyectores para dar una impresión de relieve.
cineraria f. Planta de adorno.
cinerario, ria adj. Cinéreo. || *Urna cineraria,* la destinada a contener cenizas de cadáveres.
cinesiterapia f. Terapéutica a base de gimnasia y masaje.
cinético, ca adj. *Fís.* Relativo al movimiento: *energía cinética.* || — F. Parte de la física que estudia el movimiento.
cingalés, esa adj. y s. De Ceilán.
cíngaro, ra adj. y s. Gitano.
cingiberáceas f. pl. Familia de plantas monocotiledóneas, de rizoma rastrero, a que pertenecen el jengibre y el amomo (ú. t. c. adj.).

cinglar v. t. Forjar el hierro para limpiarlo de escorias. || — V. i. Remar con un solo remo en la popa.

cíngulo m. Cinturón.

cínico, ca adj. y s. Aplícase al filósofo de la escuela cuyo principal representante fue Diógenes. || *Fig.* Impudente, desvergonzado: *discurso cínico.*

— La escuela filosófica de los *cínicos* fue fundada por el griego Antístenes. Despreciaba todas las convenciones sociales.

cínife m. Mosquito.

cinismo m. Doctrina de los filósofos cínicos. || Falta de escrúpulos, desvergüenza, procacidad: *tener mucho cinismo.*

Cino [*chi-*] **da Pistoia** (Guittoncino, llamado), poeta y jurista italiano (1270-1337), precursor de Petrarca.

cinocéfalo m. Mono grande de África, cuya cabeza es semejante a la de los perros: *el cinocéfalo fue adorado por los egipcios.*

Cinocéfalos (MONTES), colinas de Tesalia, entre Farsalia y Larisa. Victoria del cónsul romano Flaminio contra Filipo V de Macedonia (197 a. de J. C.).

cinódromo m. Canódromo.

cinta f. Tira o banda de tela: *una cinta azul.* || *Por ext.* Lo que tiene aspecto de cinta o tira: *cinta de máquina de escribir; metro de cinta.* || Hilera de baldosas de un suelo junto a la pared. || *Arq.* Filete, parte más fina de la moldura. || *Blas.* Divisa, faja. || *Bot.* Planta gramínea de adorno. || Película cinematográfica. || Tira de acero o tela dividida en metros y centímetros que sirve para medir distancias. || *Veter.* Corona del casco. || — *Cinta aisladora* o *aislante,* la empleada para cubrir los empalmes de cables eléctricos. || *Cinta magnetofónica,* la de materia plástica utilizada para grabar el sonido o la voz. || *Cinta transportadora,* cinta sin fin flexible para transportar materias a granel.

cintarazo m. Golpe dado de plano con la espada.

cintería f. Conjunto de cintas. || Comercio y tienda de cintas.

Cinti, comarca de Bolivia (Chuquisaca), en la que hay dos prov. (*Nor Cinti* y *Sur Cinti*).

cintilar v. i. Centellear.

cinto m. Cinturón: *con la espada al cinto.* || Cintura, talle.

cintra f. *Arq.* Curvatura de un arco o de una bóveda.

Cintra o **Sintra,** c. de Portugal (Lisboa). Palacio real.

cintrado, da adj. Que forma cintra.

cintura f. Talle, parte más estrecha del cuerpo humano, por encima de las caderas: *tener poca cintura.* || *Fig.* y *fam. Meter en cintura,* hacer entrar en razón.

cinturón m. Cinto de cuero del que cuelga la espada o el sable. || Banda de cuero o de tela con que se sujetan los pantalones, las faldas o los vestidos. || *Arq.* Parte superior de la campana de la chimenea. || *Fig.* Fila o serie de cosas que rodean otra. || Cada una de las categorías en judo: *cinturón negro.* || *Fig. Apretarse el cinturón,* pasar privaciones.

Cione (Otto Miguel), autor de teatro y novelista uruguayo (1875-1945).

cipayo m. Antiguo soldado indio al servicio de los ingleses. || Puertorriqueño o cubano que sirvió en el ejército español.

cipe adj. *Salv.* y *Hond.* Niño desmedrado.

ciperáceas f. pl. Familia de plantas monocotiledóneas que tiene por tipo la juncia (ú. t. c. adj.).

cipo m. Pilastra o trozo de columna erigido en memoria de una persona difunta. || Mojón de camino: *cipo kilométrico.*

Cipó, mun. del Brasil (Bahía).

cipolino adj. y s. m. Especie de mármol veteado.

cipote *Salv.* y *Hond.* Chiquillo, pilluelo.

ciprés m. Árbol cupresáceo, de copa cónica y madera rojiza, olorosa e incorruptible. || *Fig. Méx.* Altar mayor de las catedrales, formado por cuatro altares reunidos. || *Méx. Ciprés de Moctezuma,* el ahuehuete.

cipresal m. Terreno poblado de cipreses.

Cipriano (*San*), Padre de la Iglesia latina, obispo de Cartago. Martirizado en 258. Fiesta el 16 de septiembre.

ciprino, na adj. Ciprio. || — M. Carpa de China, pez de color rojo dorado.

ciprio, pria y **cipriota** adj. y s. Chipriota.

circasiano, na adj. y s. De Circasia.

circe f. Mujer astuta.

circense adj. Del circo.

circo m. En la antigua Roma, gran espacio rectangular destinado a los juegos públicos, especialmente luchas, carreras de carros y caballos. || Local público de espectáculos, con gradas y pista circulares, donde se realizan ejercicios ecuestres y acrobáticos. || Espectáculo que allí se da: *me gusta el circo.* || *Geogr.* Espacio de forma arqueada rodeado de montañas: *circo glaciar.*

circón m. Silicato de circonio, incoloro o de color amarillo rojizo.

circonio m. Metal gris (Zr), en forma de polvo negro, de número atómico 40 y densidad 6,53, semejante al titanio y al silicio.

• **circuir** v. t. Rodear.

circuito m. Contorno, límite exterior: *el circuito de París.* || Viaje organizado, periplo: *circuito de los lagos italianos.* || Itinerario cerrado de una prueba deportiva: *circuito automovilístico.* || Conjunto de conductores eléctricos por el que pasa una corriente: *cortar el circuito.* || Cada uno de los enlaces que une los mercados de servicios y de productos. || *Corto circuito,* accidente eléctrico que se produce cuando dos conductores entran en contacto.

circulación f. Movimiento continuo: *circulación de la sangre por las venas.* || Tráfico, facilidad de desplazarse por medio de las vías de comunicación: *la circulación de los automóviles.* || Movimiento de las monedas, de los artículos de comercio o de los valores bancarios. || Transmisión, propagación: *circulación de principios anticonstitucionales.* || *Circulación fiduciaria* o *monetaria,* dinero existente en billetes de banco.

circulante adj. Que circula. || *Biblioteca circulante.* aquella cuyos libros pueden prestarse.

circular adj. De forma de círculo: *objeto circular.* || — F. Carta, comunicación o aviso, con el mismo contenido, que se envía simultáneamente a varias personas: *enviar una circular a los cuentacorrentistas.*

circular v. i. Moverse de forma continua para alcanzar de nuevo el punto de partida: *la sangre circula por las venas.* || Pasar: *el agua circula por los tubos.* || Ir por las vías de comunicación: *circular por una autopista.* || Ir y venir, pasar: *circular por las calles.* || Pasar de mano en mano: *moneda que ya no circula.* || *Fig.* Propagarse, transmitirse: *circular falsas noticias.*

circulatorio, ria adj. Relativo a la circulación: *el aparato circulatorio de la sangre está compuesto por las arterias y las venas.*

círculo m. *Geom.* Superficie plana contenida dentro de la circunferencia. || Circunferencia. || Casino, club: *círculo de juego.* || *Fig.* Extensión: *ampliar el círculo de sus ocupaciones o estudios.* | Conjunto de amigos y de relaciones personales. || *Círculo vicioso,* razonamiento en que se toma como prueba lo que precisamente se debe demostrar. || — Pl. Medios: *en los círculos bien informados.* || *Círculos polares,* los menores de la esfera terrestre, tan distantes del polo como los trópicos del ecuador: *círculo polar ártico* o *antártico.*

circumpolar adj. *Geogr.* Que está alrededor del polo terrestre o celeste: *constelación circumpolar; mares circumpolares.*

CI

circuncidar v. t. Cortar circularmente una porción del prepucio. || *Fig.* Cercenar, moderar.

circuncisión m. Acción y efecto de circuncidar. || *Circuncisión de Jesucristo,* fiesta que la Iglesia católica celebra el día 1 de enero.

circunciso adj. y s. m. Dícese de la persona a quien se le ha practicado la circuncisión.

circundante adj. Que circunda.

circundar v. t. Cercar, rodear.

circunferencia f. *Geom.* Línea curva cerrada, cuyos puntos están todos a la misma distancia de un punto interior llamado *centro: la longitud de una circunferencia se obtiene multiplicando el diámetro por 3,1416.* || *Fig.* Contorno, perímetro.

• **circunferir** v. t. Circunscribir.

circunflejo adj. Dícese de un acento (ˆ) que ya ha desaparecido en castellano, pero que sigue existiendo en otras lenguas, como el francés, el portugués.

circunlocución f. y **circunloquio** m. Perífrasis, manera de hablar en la que se expresa el sentido de una palabra de una forma imprecisa e indirecta.

circunnavegación f. Acción y efecto de circunnavegar.

circunnavegar v. t. Navegar alrededor: *circunnavegar una isla.* || — V. i. Dar un buque la vuelta al mundo.

circunscribir v. t. Limitar, mantener dentro de ciertos límites: *circunscribir una epidemia.* || *Geom.* Dibujar una figura cuyos lados toquen exteriormente al círculo. || — V. pr. Reducirse, limitarse, ceñirse: *circunscribirse a las órdenes recibidas.*

circunscripción adj. Acción y efecto de circunscribir o circunscribirse. || División administrativa, militar, electoral, eclesiástica, etc., de un territorio.

circunscrito, ta adj. *Geom.* Aplícase a la figura que circunscribe a otra.

circunspección f. Cordura, comedimiento, prudencia en los actos o palabras.

circunspecto, ta adj. Cuerdo, prudente, comedido en tomar una decisión. || Serio, grave, respetable.

circunstancia f. Accidente de tiempo, lugar, modo, etc. || *For.* Particularidad que acompaña un acto: *circunstancias atenuantes* o *agravantes.* || Situación: *circunstancia favorable.* || Calidad o requisito.

circunstanciado, da adj. Detallado: *informe circunstanciado.*

circunstancial adj. Que depende de una circunstancia, incidental. || *Gram.* Que expresa una circunstancia (causa, lugar, tiempo).

circunstanciar v. t. Determinar las circunstancias de algo.

circunvalación f. Acción de circunvalar. || *Mil.* Obras de defensa, línea de trincheras. || *Línea de circunvalación,* línea de transporte que recorre el perímetro de una ciudad.

circunvalar v. t. Ceñir, rodear: *circunvalar una ciudad con trincheras, reductos y otras obras.*

circunvecino, na adj. Próximo, cercano, vecino.

circunvolución f. Vuelta alrededor de un centro común: *describir circunvoluciones.* || Sinuosidad del cerebro.

Cirenaica, prov. oriental de Libia; 855 370 km²; 291 000 h. Cap. *Bengasi.* Fue italiana.

Cirene, c. y colonia griegas, al O. de Egipto.

cirial m. Candelero de iglesia.

cirílico, ca adj. Relativo al alfabeto, atribuido a San Cirilo (s. IX), usado en ruso y otras lenguas eslavas.

Cirilo (*San*), apóstol, con su hermano Metodio, de los eslavos (827-869). Fiesta el 9 de marzo.

Cirineo (Simón), hombre de Cirene que ayudó a Jesús a llevar su cruz.

cirio m. Vela grande de las iglesias. ‖ Planta cactácea de América. ‖ *Cirio pascual,* el grande que se bendice el Sábado Santo.

Ciro ‖ ~ **II** *el Grande,* rey de Persia (558-¿528? a. de J. C.). Derribó al monarca de los medos, derrotó a Creso, conquistó Babilonia y llegó a apoderarse de toda Asia occidental. M. en una batalla. ‖ ~ **el Joven,** príncipe persa hijo de Darío II (424-401 a. de J. C.). Murió en la batalla de Cunaxa contra su hermano Artajerjes II.

cirquero m. *Méx.* Acróbata, volatinero. | Empresario de circo.

cirrípedos y **cirrópodos** m. pl. Crustáceos marinos que viven adheridos a las rocas, como los percebes (ú. t. c. adj.).

cirro m. Zarcillo de la vid. ‖ *Med.* Tumor duro e indoloro. ‖ Nube alta y blanca de aspecto filamentoso. ‖ *Zool.* Cada una de las patas de los cirrípedos.

cirrosis f. *Med.* Enfermedad del hígado, caracterizada por granulaciones de color rosado y por la destrucción de las células hepáticas.

cirrus m. Cirro, nube.

ciruela f. Fruto comestible del ciruelo. ‖ *Ciruela claudia,* ciruela redonda, de color verde claro, muy dulce y jugosa.

ciruelo m. Árbol rosáceo que produce la ciruela.

cirugía f. Parte de la medicina cuyo fin es la curación de las enfermedades mediante operaciones hechas con instrumentos generalmente cortantes. ‖ *Cirugía estética* o *plástica,* la que corrige defectos físicos con el objeto de embellecer.

cirujano m. Médico que se dedica a la cirugía, operador. ‖ Ave de México.

cisalpino, na adj. Decíase de las regiones entre los Alpes y Roma.

cisandino, na adj. Del lado de acá de los Andes.

cisca f. *Pop. Méx.* Rubor.

ciscadura f. *Cub.* y *Méx.* Acción y efecto de ciscar o ciscarse, avergonzarse.

ciscar v. t. Ensuciar alguna cosa. ‖ *Cub.* y *Méx.* Avergonzarse.

cisco m. Carbón menudo. ‖ *Fig.* y *fam.* Bullicio, alboroto. ‖ *Hacer cisco,* hacer trizas.

cisión f. Cisura, incisión.

Cisjordania, parte de Jordania situada al O. del río Jordán.

Cisleitania, n. de *Austria* cuando estaba unida con Hungría, denominada ésta *Transleitania.*

cisma m. Separación entre los miembros de una religión o comunidad: *el cisma de Occidente.* ‖ Discordia, desacuerdo.

— Se ha dado el nombre de *Gran Cisma* o *Cisma de Occidente* a la escisión producida en el seno de la Iglesia católica de 1378 a 1429, acabada con el Concilio de Constanza (1414) y la elección del papa Martín V. Es conocido por *Cisma de Oriente* la división de las Iglesias romana y bizantina, fomentada por Focio (867) y realizada por Miguel Cerulario (1054).

cismático, ca adj. y s. Que se separa de la comunidad de fieles.

cismontano, na adj. De la parte de acá de los montes.

cisne m. Ave palmípeda, de cuello largo y flexible, comúnmente de plumaje blanco y, en una especie, negro. ‖ *Fig.* Gran músico o poeta: *el cisne de Mantua* (Virgilio).

Cisne, constelación boreal de la Vía Láctea. — Ramal de los Andes del Ecuador.

Cisneros (Baltasar HIDALGO DE), marino español (1755-1829), último virrey del Río de la Plata residente en Buenos Aires (1809-1810). Fue derrocado por el Cabildo Abierto. ‖ ~ (FRANCISCO JIMÉNEZ DE), cardenal y político español, n. en Torrelaguna (Madrid) en 1436 y m. en 1517, en Roa (Burgos), confesor de Isabel la Católica. Reformó las órdenes religiosas españolas, ejerció las funciones de regente de Castilla (1506) y de España (1516), creó la Universidad de Alcalá e intervino en la redacción de la *Biblia Políglota.* ‖ ~ (LUIS BENJAMÍN), escritor peruano (1837-1904). ‖ ~ **Betancourt** (SALVADOR), patriota cubano (1828-1914). Intervino en el alzamiento de 1868, sucedió a Céspedes en la pres. de la Rep. en Armas (1873-1875) y fue nuevamente pres. de 1895 a 1897.

Cisnes, río de Chile (Aisén), que nace en la Argentina; 155 km. — Com. de Chile (Aisén).

cisoria adj. Dícese de la habilidad en cortar o trinchar las viandas: *arte cisoria.*

Cisplatina (PROVINCIA), n. dado al Uruguay cuando formaba parte del Brasil (1821-1828).

cisplatino, na adj. De este lado del Plata.

cistáceas f. pl. Familia de plantas dicotiledóneas de fruto en forma de cápsula (ú. t. c. adj.).

Cister o **Císter,** en fr. *Citeaux,* aldea de Francia (Côte-d'Or), donde se creó (1098) una orden religiosa derivada de la de San Benito.

cisterciense adj. Del Cister.

cisterna f. Aljibe, depósito subterráneo para recoger el agua de lluvia. ‖ Depósito de retención de agua: *la cisterna de un retrete.* ‖ Recipiente que, en un vehículo, sirve para transportar líquidos.

cisticerco m. Larva de la tenia.

cístico adj. y s. m. *Anat.* Dícese del conducto que desde la vesícula biliar va a unirse al conducto hepático.

cistitis f. *Med.* Inflamación de la vejiga.

cistoscopio m. Endoscopio para explorar el interior de la vejiga.

cistotomía f. *Cir.* Incisión de la vejiga para operar en su interior.

cisura f. Hendidura o incisión muy fina. ‖ Sangría que se hace en una vena. ‖ Línea de unión.

cita f. Hora y lugar en que acuerdan verse dos personas. ‖ Nota textual sacada de una obra: *una cita del Quijote.*

citación f. Acción de citar.

Citalá, v. de El Salvador (Chalatenango).

citar v. t. Señalar a uno día y lugar para encontrarse con él: *citar a uno en un café.* ‖ Decir textualmente lo que otro ha dicho o escrito: *citar un pasaje de Rodó.* ‖ Mencionar, aludir: *ni siquiera lo cita en sus Memorias.* ‖ Provocar el torero al toro para que embista. ‖ Emplazar a uno ante un juez: *citar ante un consejo de guerra.* ‖ — V. pr. Darse cita dos personas.

cítara f. *Mús.* Instrumento de cuerdas algo parecido a la guitarra y que se toca con púas.

citerior adj. De la parte de acá: *la Tarraconense* o *España citerior de los romanos.*

cítiso m. *Bot.* Codeso.

citlalcuate m. *Méx.* Cincuate.

Citlaltépetl. V. ORIZABA.

Citlaltlachtli, n. dado por los indios mexicanos a la constelación de *Orión.*

citocinesis f. División del citoplasma.

citogenética f. Parte de la biología que estudia los fenómenos de la herencia por medio de los cromosomas de las células.

citología f. Parte de la biología que estudia las células.

citoplasma m. Parte del protoplasma que en la célula rodea al núcleo.

citrato m. *Quím.* Sal formada por ácido cítrico.

cítrico, ca adj. *Quím.* Aplícase al ácido que se extrae del limón. ‖ — Adj. y s. m. pl. Agrios: *producción de cítricos.*

City, barrio de los negocios en Londres.

ciudad f. Población grande: *la ciudad de Barcelona.* ‖ — *Ciudad obrera,* conjunto de viviendas destinadas a los obreros. ‖ *Ciudad satélite,* conjunto urbano que pertenece a una ciudad pero que está separado de ella por un espacio sin urbanizar. ‖ *Ciudad universitaria,* conjunto de edificios universitarios y residencias para estudiantes y profesores. ‖ *La Ciudad Eterna,* Roma. ‖ *La Ciudad Santa,* Jerusalén, Roma, Medina, La Meca, etc., según las religiones.

Ciudad, pobl. de Puerto Rico. ‖ ~ **Arce,** c. de El Salvador (La Libertad). ‖ ~ **Barrios,** c. de El Salvador (San Miguel). ‖ ~ **Blanca.** V. LIBERIA. ‖ ~ **Bolívar,** c. de Venezuela, cap. del Estado de Bolívar. Puerto en el Orinoco. Arzobispado. Siderurgia. Fundada en 1764, conservó el n. de *Angostura* hasta 1846 (v. ANGOSTURA). ‖ ~ **Condal,** n. que se da a *Barcelona.* ‖ ~ **Darío,** ant. *Metapa,* pobl. de Nicaragua (Matagalpa). Lugar de nacimiento de Rubén Darío. ‖ ~ **de los Reyes,** n. ant. de *Lima.* ‖ ~ **de Valles,** c. de México (San Luis Potosí). Obispado. ‖ ~ **del Cabo.** V. CABO (*El*). ‖ ~ **del Carmen,** c. de México (Campeche). ‖ ~ **del Lago Salado,** c. de Estados Unidos (Utah). ‖ ~ **del Vaticano.** V. VATICANO. ‖ ~ **Dolores Hidalgo.** V. DOLORES. ‖ ~ **Eterna,** n. dado a *Roma.* ‖ ~ **García,** c. de México (Zacatecas). ‖ ~ **Guzmán,** c. de México (Jalisco). ‖ ~ **Juárez,** c. de México (Chihuahua), puerto en el río Bravo. Obispado. ‖ ~ **Madero,** c. de México (Tamaulipas). Industrias; ref. de petróleo. ‖ ~ **Obregón,** ant. *Cajeme,* c. de México (Sonora). Obispado. ‖ ~ **Quezón,** c. de Filipinas (Luzón), cap. de la Rep. desde 1948; 500 000 h. ‖ ~ **Real,** c. de España, cap. de la prov. homónima (Castilla la Nueva). Obispado. ‖ ~ **Rodrigo,** c. del O. de España (Salamanca). Obispado. ‖ ~ **Trujillo.** V. SANTO DOMINGO. ‖ ~ **Victoria,** c. de México, cap. del Est. de Tamaulipas. Obispado.

ciudadanía f. Calidad y derecho de ciudadano. ‖ Civismo, calidad de buen ciudadano.

ciudadano, na adj. De la ciudad. ‖ — M. y f. Habitante o vecino de la ciudad. ‖ Natural de un Estado, que tiene derechos y deberes políticos que le permiten tomar parte en el gobierno del mismo.

ciudadela f. Recinto fortificado en el interior de una ciudad.

Ciudadela, c. de España (Menorca). — C. de la Argentina (Buenos Aires).

ciudadrealeño, ña adj. y s. De Ciudad Real.

cívico, ca adj. Relativo al civismo. ‖ Civil, de la ciudad. ‖ *Fig.* Patriótico, de buen ciudadano. ‖ — M. *Amer.* Guardia.

civil adj. Relativo a los ciudadanos (dícese en oposición a *militar* y *eclesiástico*): *matrimonio civil.* ‖ Concerniente a las relaciones privadas entre ciudadanos: *vida civil.* ‖ *Fig.* Sociable, urbano. ‖ — *Guerra civil,* la que se produce entre ciudadanos del mismo país. ‖ *Muerte civil,* privación de los derechos civiles y cívicos. ‖ — M. *Fam.* Guardia civil. ‖ *Fig.* Paisano, no militar.

civilidad f. Cortesía, sociabilidad. ‖ Civismo.

civilismo m. *Amer.* Gobierno llevado por personas civiles.

civilista m. Persona versada en Derecho civil. ‖ — Adj. y s. Abogado que defiende asuntos civiles. || *Amer.* Enemigo de la influencia religiosa o militar en política.

civilización f. Acción y efecto de civilizar o civilizarse. || Conjunto de caracteres propios de un pueblo o raza o de los pueblos desarrollados: *civilización griega.*

civilizado, da adj. Aplícase al que emplea el lenguaje y las costumbres de la gente culta (ú. t. c. s.). || Que tiene una civilización: *país civilizado.*

civilizador, ra adj. y s. Que desarrolla o favorece la civilización.

civilizar v. t. Sacar del estado de barbarie: *civilizar a un país.* || Educar, ilustrar (ú. t. c. pr.).

civismo m. Celo por la patria, virtud del buen ciudadano. || Cortesía, educación.

Civitavechia [*chivitavekia*], c. de Italia (Lacio). Es el puerto de Roma.

cizalla f. Tijeras grandes o máquina para cortar metal. || Recortes de metal.

cizallar v. t. Cortar con cizalla.

cizaña f. Planta gramínea que perjudica los sembrados. || *Fig.* Cosa mala o que echa a perder otra cosa: *separar la cizaña del buen grano.* | Motivo de discordia o enemistad: *meter* o *sembrar cizaña.*

cizañar v. t. Sembrar o meter discordia.

cizañero, ra adj. y s. Que le gusta meter cizaña.

Cl, símbolo químico del *cloro.*

cla. V. TLA (para ciertas voces mexicanas).

clac m. Sombrero que puede plegarse para llevarlo debajo del brazo. || Sombrero de tres picos que podía doblarse.

claclauyo m. *Méx.* Empanada de maíz rellena de frijoles, carne, etc.

cladóceros m. pl. Crustáceos de pequeño tamaño y por lo general vivientes en agua dulce, provistos de un caparazón bivalvo, como la pulga de agua (ú. t. c. adj.).

Clairac y Sáenz (Pelayo), ingeniero cubano (1839-1891), autor de un *Diccionario general de arquitectura e ingeniería* (1889).

clamar v. t. Hablar con vehemencia: *clamar su indignación.* || Desear vivamente: *clamar venganza.* || — V. i. Quejarse implorando favor o socorro: *clamar a Dios, por la paz.* || Protestar: *clamar contra una injusticia.* || Tener necesidad de algo: *la tierra clama por agua.*

Clamart, pobl. de Francia (Hauts-de-Seine), al S. de París.

clámide f. Capa corta de los antiguos griegos y romanos.

clamor m. Grito: *los clamores de una muchedumbre.* || Aclamación.

clamorear v. t. Clamar. || Rogar con instancia. || Quejarse. || — V. i. Doblar a muerto las campanas.

clamoreo m. Clamor repetido y continuado: *el clamoreo de los asistentes.* || Súplica importuna y repetida.

clamoroso, sa adj. Quejoso, lastimoso: *un rumor clamoroso.* || Rotundo: *éxito clamoroso.* || Vocinglero.

clan m. En Escocia o Irlanda, tribu o familia. || *Por ext.* Grupo de personas unidas por un interés común: *los clanes políticos.*

clancuino m. *Méx.* Persona a quien faltan los dientes.

clanchinchol m. *Méx.* Tendejón, pequeño comercio.

clandestinidad f. Calidad de clandestino.

clandestino, na adj. Secreto, oculto: *matrimonio clandestino.* || A espaldas del Gobierno: *partido, periódico clandestino.*

claque f. *Teatr.* Alabarderos.

claqueta f. Instrumento formado por dos tablillas articuladas que sirve, en cinematografía, para indicar el comienzo del rodaje. || — Pl. Tablillas.

clara f. Parte transparente y líquida que rodea la yema de un huevo. || Claridad: *a las claras del día.* || Calvicie. || *Fam.* Cese momentáneo de la lluvia. || *Chil.* Clarisa, monja.

Clara *(Santa)*, abadesa italiana (1193-1253), fundadora de la orden de las Clarisas. Fiesta el 12 de agosto.

Clará (José), escultor español (1878-1958).

claraboya f. Ventana en el techo.

Claraval, en fr. *Clairvaux* [*clervó*], aldea de Francia (Aube), donde fundó San Bernardo en 1114 una abadía.

clarear v. t. Poner más claro: *clarear un color.* || Dar claridad o luz. || V. i. Amanecer: *levantarse al clarear el día.* || Despejarse las nubes: *el cielo clarea.* || — V. pr. Transparentarse: *tu vestido se clarea.* || *Fig.* y *fam.* Descubrir uno sin proponérselo sus intenciones: *se ha clareado sin querer.* | Evidenciarse: *sus intenciones se clarean.*

* **clarecer** v. imp. Amanecer.

Claret (San Antonio María), obispo español (1807-1870), consejero de Isabel II y fundador de una orden de misioneros. Fiesta el 23 de octubre.

clarete adj. y s. m. Vino tinto algo claro, rosado.

claretiano, na adj. y s. De la orden de Misioneros Hijos del Corazón de María, fundada por San Antonio María Claret.

claridad f. Luz: *la claridad del amanecer.* || *Fam.* Palabra o frase con que se dice abiertamente algo desagradable, impertinencia. || *Fig.* Nitidez: *la claridad de su prosa.* | Lucidez: *claridad de juicio.* || *De una claridad meridiana,* muy claro.

claridoso, sa adj. *Méx.* Dícese de la persona que acostumbra a decir las cosas claras, sin rodeos.

clarificación f. Acción de clarificar.

clarificar v. t. Poner claro un líquido: *clarificar el vino.* || Purificar: *clarificar azúcar.* || Aclarar.

clarín m. Trompeta de sonido muy agudo: *toque de clarín.* || Músico que lo toca.

Clarín (Leopoldo ALAS, llamado), escritor español, n. en Zamora (1852-1901), autor de la novela *La Regenta,* numerosos cuentos *(Adiós, Cordera)* y artículos de crítica literaria.

clarinete m. *Mús.* Instrumento de viento, formado por una boquilla de lengüeta de caña y un tubo de madera con agujeros, que se tapan con los dedos o con llaves. | Músico que lo toca.

clarinetista m. Músico que toca el clarinete.

clarisa f. Religiosa de la orden de Santa Clara.

clarividencia f. Lucidez, claridad de percepción.

clarividente adj. Que ve o percibe las cosas con claridad: *hombre clarividente.*

claro, ra adj. Que tiene mucha luz, luminoso: *una casa clara.* || Definido, preciso: *una fotografía clara.* || Transparente: *agua clara.* || Limpio, sin nubes: *cielo claro.* || Pálido, poco subido: *color verde claro.* || Poco consistente: *chocolate claro.* || Poco apretado o tupido: *pelo, tejido claro.* || Perceptible, inteligible: *prosa clara.* || Expresado sin rebozo: *lenguaje claro.* || Evidente, manifiesto: *verdad clara.* || *Fig.* Ilustre: *de claro linaje.* || *¡Claro!* o *¡claro está!,* expresión usada para manifestar conformidad. || — M. Abertura: *los claros de un edificio.* || Espacio, intervalo. || Claridad: *claro de luna.* || Calva en un bosque. || Interrupción, cese: *un claro de lluvia.* || *Pint.* Parte más luminosa de un dibujo o de una pintura: *cuadro con pocos claros.* || — Adv. Claramente: *explicarse claro.* || — *A las claras,* evidentemente. || — *Pasar una noche en claro,* pasarla sin dormir. || *Poner* o *sacar en claro,* aclarar una cosa.

claroscuro m. *Pint.* Estilo que utiliza sólo la luz y sombra omitiendo los diversos colores. | Distribución de la luz y la sombra de manera que produzcan un efecto armonioso: *los claroscuros de Ribera.* || *Fig.* Situación no definida o contrapuesta.

clase f. Conjunto de personas que tienen la misma función, los mismos intereses o la misma condición en una sociedad: *la clase obrera, campesina.* || Conjunto de objetos que poseen uno o varios caracteres comunes. || Grupo de personas que tienen caracteres comunes: *esta explicación se dirige a toda clase de personas.* || Grado, categoría que tienen ciertas personas o cosas según sus funciones: *ciudadano de segunda clase.* || *Fam.* Distinción: *tiene mucha clase.* || Cada una de las grandes divisiones de los tipos de los seres vivientes, subdividida en órdenes. || Conjunto de alumnos que reciben la enseñanza de un profesor: *clase terminal.* || Enseñanza dada por un profesor: *clase de matemáticas.* || Sala, aula en que se dan los cursos: *las clases son muy espaciosas.* || Actividad docente: *en verano no hay clase en las universidades.* || — Pl. Individuos de tropa cuyo grado está entre los soldados rasos y los oficiales. || — *Clase media,* clase social formada por las personas que viven de un trabajo no manual. || *Clases pasivas,* la formada por las personas que reciben del Estado una pensión de jubilación, viudedad, orfandad. || *Lucha de clases,* oposición irreductible, según los principios marxistas, existente entre los trabajadores, que ponen en acción los medios de producción, y los capitalistas que poseen estos medios.

clasicismo m. Conjunto de caracteres propios a la Antigüedad grecolatina o al período de grandes realizaciones artísticas en un país. || Doctrina literaria y artística fundada en el respeto de la tradición clásica: *el clasicismo se opone al romanticismo.* || Carácter de lo que sigue la costumbre, el hábito.

clasicista adj. y s. Adicto al clasicismo.

clásico, ca adj. Perteneciente a la Antigüedad grecolatina o al período de mayor esplendor literario o artístico de un país: *las lenguas clásicas; el teatro clásico.* || Dícese de aquello que se considera modelo en su género: *obra actualmente clásica.* || Conforme a un ideal, a las normas o a las costumbres establecidas: *va siempre vestido de forma muy clásica.* || *Fam.* Habitual, común, corriente.

clasificación f. Distribución sistemática en diversas categorías, siguiendo criterios precisos.

clasificador, ra adj. y s. Que clasifica. || — M. Mueble de oficina para guardar papeles o documentos. || — F. Máquina que clasifica rápidamente tarjetas perforadas.

clasificar v. t. Ordenar por clases: *clasificar fichas, plantas.*

Claudel [*clodel*] (Paul), escritor y diplomático francés (1868-1955), autor de poesías místicas *(Cinco grandes odas)* y de obras de teatro *(La Anunciación de María, El zapato de raso).*

claudicación f. Cojera. || *Fig.* Sometimiento. | Incumplimiento.

claudicador, ra adj. y s. Que claudica.

claudicar v. i. Cojear. || *Fig.* Faltar a sus deberes o a sus principios: *claudicar de su obligación.* | Ceder, someterse: *al fin claudicó.*

Claudio (Apio), censor romano (s. IV-III a. de J. C.), constructor de la Vía Apia.

Claudio || **~ I** (TIBERIO DRUSO), emperador romano de 41 a 54, n. en Lyon el año 10 a. de J. C. Casó con Mesalina y más tarde con Agripina, quien lo envenenó. || **~ II** (214-270), emperador romano de 268 a 270.

Clausell (Joaquín), pintor impresionista mexicano (1885-1936).
claustral adj. Del claustro.
claustro m. Galería que cerca el patio principal de una iglesia o convento: *un claustro románico.* ‖ Junta de los profesores de una universidad o colegio. ‖ *Fig.* Estado monástico: *se retiró al claustro.* ‖ *Claustro materno,* matriz.
claustrofobia f. *Med.* Aversión morbosa y de angustia producida por la permanencia en lugares cerrados.
cláusula f. *For.* Cada una de las condiciones, disposiciones de un contrato, testamento, documento, etc. ‖ *Gram.* Oración, período, frase: *cláusula simple* o *compuesta.*
clausura f. Aislamiento en que viven ciertos religiosos: *la clausura de los trapenses.* ‖ Vida religiosa o encerrada en algún recinto. ‖ Acto solemne con que terminan las deliberaciones de un tribunal, asamblea o reunión, etc.: *sesión de clausura.* ‖ *Amer.* Cierre: *clausura de feria.*
clausurar v. t. Cerrar una universidad, las cortes, una sesión, los tribunales, etc.: *clausurar el curso anual.* ‖ Cerrar por orden gubernativa: *clausurar un centro político.* ‖ Dar por terminada una exposición, una feria, etc.
clava f. Porra, maza.
clavado, da adj. Adornado con clavos. ‖ *Fig.* Puntual, exacto: *llegó a las seis clavadas.* | Pintiparado: *este traje le está clavado.* | Parecido: *es clavado a su hermano.*
clavar v. t. Poner clavos: *clavar un tablero.* ‖ Fijar con clavos: *clavar un cuadro.* ‖ *Fig.* Fijar: *clavar la mirada en una mujer.* ‖ *Fig.* y *fam.* Dejar pasmado, sorprendido. | Cobrar muy caro. | Hacer bien: *clavó el problema.* ‖ — V. pr. Hincarse una cosa puntiaguda: *clavarse una aguja.* ‖ *Fig. Méx. Clavarse mil pesos,* engañar, embolsarse dinero de otro.
clave f. Explicación de los signos convenidos para escribir en cifra: *la clave de un mensaje cifrado.* ‖ Explicación que necesitan algunos libros para ser comprendidos: *la clave de un método de francés.* ‖ *Fig.* Explicación: *la clave de un misterio.* ‖ *Arq.* Piedra en la parte superior con que se cierra un arco o bóveda: *una clave esculpida.* ‖ *Mús.* Signo que indica la entonación: *clave de sol.* ‖ — M. *Mús.* Clavicordio. ‖ — Adj. Esencial, capital: *el argumento clave.*
Clavé (José Anselmo), compositor de música coral española (1824-1874).
clavecín m. *Mús.* Clavicordio.
clavel m. Planta cariofiliácea, de flores de hermosos colores.
clavelito m. Variedad de clavel con multitud de flores.
clavelón m. Aum. de *clavel.* ‖ Planta herbácea mexicana de flores amarillas.
Claver. V. PEDRO CLAVER.
clavería f. *Méx.* Oficina que recauda y distribuye las rentas del cabildo de las catedrales.
clavero. Árbol mirtáceo.
claveteado m. Acción de clavetear.
clavetear v. t. Adornar con clavos: *clavetear una caja.* ‖ Poner clavos. ‖ Herretear la punta de las cintas, cordones, etc.
clavicembalista com. Músico que toca el clavicémbalo.
clavicémbalo m. *Mús.* Instrumento de cuerdas del s. XVIII, semejante al piano.
clavicordio m. *Mús.* Instrumento de cuerdas, semejante al piano, pero de sonido más agudo.
clavícula f. *Anat.* Cada uno de los dos huesos largos situados transversalmente en la parte superior del pecho y que unen el esternón con los omóplatos.
clavija f. Pieza de madera, metal u otra materia que se usa para ensamblajes o para tapar un agujero. ‖ La que sirve, en los instrumentos músicos con astil, para asegurar o atirantar las cuerdas. ‖ Parte macho de un enchufe: *clavija de dos contactos.* ‖ *Fam. Apretar las clavijas,* exigir una obediencia completa a uno.
clavijero m. Pieza en que se ponen las clavijas de un instrumento músico.
Clavijero (Francisco Javier), jesuita e historiador mexicano (1731-1787), autor de *Historia de México antes y después de la conquista española.*
Clavijo, lugar español (Logroño), donde Ramiro, rey de Asturias, derrotó a los moros (845) con la legendaria ayuda del apóstol Santiago.
Clavijo (Ruy GONZÁLEZ DE), cronista español (¿1356?-1412), autor de *Historia del Gran Tamerlán,* relato de su viaje a Persia.
Clavillo de Aconquija, cima de la Argentina (Tucumán y Catamarca); 5 550 m.
clavo m. Piececilla metálica, con cabeza y punta, que se hinca en un cuerpo para sujetar alguna cosa. ‖ Capullo seco de la flor del clavero: *el clavo se usa como especia.* ‖ *Med.* Punto central de la masa de pus de un furúnculo o divieso. | Callo. ‖ *Fig.* Dolor agudo. | Jaqueca. ‖ *Pop.* Deuda. | Cosa muy cara. ‖ *Min. Bol.* Bolsón de mineral de plata. ‖ *Min. Hond.* y *Méx.* Parte de una veta muy rica en metales. ‖ — *Fig. Agarrarse a un clavo ardiendo,* valerse de cualquier medio en un apuro. | *Dar en el clavo,* acertar. | *Dar una en el clavo y ciento en la herradura,* acertar por casualidad. | *Remachar el clavo,* empeñarse en un error agravándolo. | *Un clavo saca otro clavo,* un mal hace olvidar otro.
claxon m. Bocina de los automóviles accionada eléctricamente.
Clearco, general espartano que acaudilló la retirada de los Diez Mil después de la batalla de Cunaxa (401). M. asesinado.
clearing [*klirin*] m. (pal. ingl.). Compensación en las operaciones financieras o comerciales.
clemátide f. Planta ranunculácea trepadora, de flores blancas.
Clemenceau [*-mansó*] (Georges), político francés (1841-1929), jefe del Gobierno (1906-1909 y 1917-1920), artífice de la victoria contra Alemania en 1918.
clemencia f. Virtud que consiste en perdonar o moderar el rigor.
Clemens (Samuel Langhorne). V. MARK TWAIN.
clemente adj. Que tiene clemencia: *un juez clemente.* ‖ *Fig.* Poco riguroso: *invierno clemente.*
Clemente, n. de catorce papas. Los más célebres fueron: CLEMENTE V *(Bertrand de Got),* papa de 1305 a 1314, que estableció la Santa Sede en Aviñón; CLEMENTE VII *(Julio de Médicis),* papa de 1523 a 1534, que tuvo disensiones con Carlos I de España y con Enrique VIII de Inglaterra; CLEMENTE VIII *(Gil Muñoz),* antipapa español de 1424 a 1429, sucesor de Pedro de Luna; CLEMENTE XI, papa de 1700 a 1721, autor de la bula *Unigénitus* contra los jansenistas, y CLEMENTE XIV *(Ganganelli),* papa de 1769 a 1774, que suprimió la Compañía de Jesús. ‖ **~ de Alejandría** *(San),* Padre de la Iglesia (¿150-216?).
clementina f. Mandarina que no tiene huesos.
Cleóbulo, uno de los siete sabios de Grecia (s. IV a. de J. C.).
Cleofás, uno de los discípulos a los que se apareció Jesucristo resucitado.
Cleopatra, n. de siete reinas de Egipto. La más célebre fue CLEOPATRA VII (69-30 a. de J. C.). Sedujo a César y a Marco Antonio. Se suicidó tras la derrota de Antonio en Accio.
clepsidra f. Reloj de agua.
cleptomanía f. Propensión morbosa al robo.
cleptómano, na adj. y s. Persona que padece cleptomanía.
clerecía f. Conjunto de personas eclesiásticas que componen el clero. ‖ Oficio y ocupación de los clérigos. (V. MESTER.)
clergyman m. (pal. ingl.). Clérigo o pastor protestante. ‖ *Traje de clergyman,* traje seglar que usan los sacerdotes.
clerical adj. Relativo al clérigo: *hábito, estado clerical.*
clericalismo m. Influencia excesiva del clero en la vida política.
Clerice (Justino), compositor argentino (1863-1908).
clérigo m. Sacerdote. ‖ En la Edad Media, hombre letrado y de estudios, aunque no tuviese orden alguna.
Clermond-Ferrand, c. de Francia, cap. del dep. de Puy-de-Dôme. Obispado. Universidad. Industrias.
clero m. Conjunto de sacerdotes o eclesiásticos: *el clero argentino.* ‖ — *Clero regular,* el que se liga con los votos de pobreza, obediencia y castidad. ‖ *Clero secular,* el que vive en el siglo sin estos votos.
Cleveland, c. de Estados Unidos (Ohio), puerto en el lago Erie.
Cleveland (Grover), político norteamericano (1837-1908), pres. de Estados Unidos de 1885 a 1889 y de 1893 a 1897.
Cleves o **Cléveris,** en alem. *Kleve,* c. de Alemania (Rin Septentrional-Westfalia).
cliché m. Plancha o grabado en metal para la impresión. ‖ Imagen fotográfica negativa. ‖ *Fig.* Tópico, frase hecha: *valerse de clichés.*
cliente, ta m. y f. Respecto de una persona que ejerce una profesión, la que utiliza sus servicios. ‖ Respecto de un comerciante, el que compra en su establecimiento.
clientela f. Conjunto de clientes de una persona o un establecimiento.
clima m. Conjunto de fenómenos meteorológicos que caracterizan el estado atmosférico y su evolución en un lugar determinado. ‖ *Fig.* Atmósfera moral: *clima político de un país.*
Clímaco (Juan). V. JUAN CLÍMACO *(San).*
climatérico, ca adj. Cada séptimo o noveno año de la vida, que los antiguos consideraban como críticos. ‖ *Fam.* Peligroso.
climaterio m. Período de la vida que precede y sigue al cese de la actividad sexual.
climático, ca adj. Del clima.
climatización f. Acondicionamiento del aire.
climatizar v. t. Acondicionar el aire: *climatizar una sala.*
climatología f. *Fís.* Tratado de los climas.
climatológico, ca, adj. Del clima.
clímax m. Gradación. ‖ Momento culminante de un poema o de una acción dramática o cinematográfica.
clínico, ca adj. Perteneciente o relativo a la enseñanza práctica de la medicina: *hospital clínico.* ‖ *Fig. Tener ojo clínico,* ser perspicaz. ‖ — M. Persona dedicada al ejercicio práctico de la medicina. ‖ — F. Hospital privado, generalmente de carácter quirúrgico.
Clío, musa de la Historia y de la Poesía épica.
clip m. Sujetapapeles de alambre. ‖ Broche de resorte. ‖ Horquilla para el pelo.
clíper m. Barco de vela ligero. ‖ Avión grande de pasajeros.
clisar v. t. Reproducir en planchas de metal la composición tipográfica y los grabados con objeto de efectuar la tirada.
clisé m. Cliché.
clister m. Ayuda, lavativa.
Clitemnestra, mujer de Agamenón y madre de Orestes, Electra e Ifigenia. Asesinó a su marido y murió a manos de su hijo Orestes.
clítoris m. *Anat.* Pequeño ór-

gano eréctil situado en la parte superior de la vulva.

Clive (Robert, *lord*), general inglés (1725-1774), creador de la potencia británica en la India.

Cliza, c. de Bolivia, cap. de la prov. de Jordán (Cochabamba).

cloaca f. Conducto por donde van las aguas sucias de una ciudad. ‖ *Fig.* Sitio sucio. ‖ *Zool.* Porción final del intestino de las aves.

clocar v. i. Cloquear.

Clodoveo I (465-511), rey de los francos de 481 a 511.

cloquear v. i. Cacarear las gallinas.

cloqueo m. Cacareo sordo de la gallina clueca.

cloral m. *Quím.* Líquido producido por la acción del cloro sobre el alcohol anhidro, y que con el agua forma un hidrato sólido: *el cloral se usa como anestésico.*

clorato m. *Quím.* Sal del ácido clórico.

clorhídrico adj. m. *Quím. Ácido clorhídrico,* combinación de cloro e hidrógeno obtenida haciendo obrar el ácido sulfúrico sobre la sal marina.

clórico adj. m. *Quím.* Relativo al cloro: *ácido clórico.*

Clorinda, c. de la Argentina (Formosa).

clorita f. *Min.* Silicato y aluminio de magnesia y hierro, de color verdoso.

cloro m. *Quím.* Cuerpo simple (Cl), de número atómico 17, gaseoso a la temperatura ordinaria, de color amarillo verdoso, y olor fuerte.

clorofila f. *Bot.* Pigmento verde de los vegetales: *la clorofila se produce en células expuestas a la luz.*

clorofílico, ca adj. De la clorofila: *función clorofílica.*

cloroformización f. Anestesia por medio del cloroformo.

cloroformizar v. t. *Med.* Someter a la acción anestésica del cloroformo.

cloroformo m. *Quím.* Líquido incoloro, de olor etéreo, resultante de la acción del cloro sobre el alcohol, y que se emplea como poderoso anestésico.

cloromicetina f. Poderoso antibiótico.

clorosis f. *Med.* Anemia producida por la escasez de glóbulos rojos.

clorurar v. t. *Quím.* Transformar una sustancia en cloruro.

cloruro m. *Quím.* Combinación del cloro con un cuerpo simple o compuesto.

Clotilde *(Santa),* reina de los francos, esposa de Clodoveo I (¿475?-545). Hizo que su marido adoptase la religión cristiana. Fiesta el 3 de junio.

Clouet [*klué*] (Janet), pintor francés (¿1475?-1541). — Su hijo FRANÇOIS (1520-1572) fue pintor de Francisco I y de sus sucesores.

clown [*clun* o *klon*] m. (pal. ingl.). Payaso.

club m. Asamblea política: *club revolucionario.* ‖ Sociedad deportiva, literaria, de recreo, etc. (Pl. *clubs* o *clubes.*)

clueca adj. y s. f. Dícese del ave cuando empolla: *gallina clueca.*

Cluj [*kluj*], c. de Rumania (Transilvania). Universidad.

cluniacense adj. y s. De la abadía y la congregación de Cluny.

Cluny, c. de Francia (Saône-et-Loire). Antigua abadía benedictina, fundada en 910. La congregación de este n. se extendió por varios países en los s. XI y XII.

Clusium. V. CHIUSI.

Cm, símbolo químico del *curio.*

Cnido o **Gnido,** ant. c. de Asia Menor en Caria, colonia lacedemonia. Consagrada a Venus.

Cnosos, cap. de la ant. Creta. Centro de la civilización minoica.

C. N. T., sigla de *Confederación Nacional del Trabajo.*

Co, símbolo químico del *cobalto.*

coa f. *Chil.* Jerga de los delincuentes. ‖ *Méx.* Apero agrícola que se usa en lugar de la azada.

coacción f. Violencia con que se obliga a uno a hacer una cosa.

coaccionar v. t. Hacer coacción.

coactivo, va adj. *For.* Que tiene fuerza de apremiar u obligar: *usar de procedimientos coactivos.*

coacusado, da adj. y s. Acusado con otro.

coachi m. Especie de trigo mexicano.

coachomita m. *Méx.* Palo utilizado, con un cordón largo, para fijar las vetas de la tela en los telares.

coadjutor, ra m. y f. Persona que ayuda a otra en sus funciones, especialmente en la Iglesia.

coadjutoría f. Cargo o dignidad de coadjutor.

* **coadquirir** v. t. Adquirir juntamente con otro.

coadquisición f. Adquisición con otro u otros.

coadyutorio, ria adj. Que ayuda.

coadyuvante adj. Que coadyuva.

coadyuvar v. t. e i. Contribuir o ayudar: *coadyuvar a una obra.*

coagente m. Cooperador.

coagulable adj. Que puede coagularse.

coagulación f. Acción y efecto de coagular o coagularse.

coagulador, ra adj. Que coagula o solidifica.

coagulante adj. y s. m. Que coagula.

coagular v. t. Cuajar, solidificar lo líquido. Ú. t. c. pr.: *la sangre se coagula al aire.*

coágulo m. Masa de sustancia cuajada. ‖ Sangre coagulada.

Coahuatlán, templo azteca dentro del recinto cercado (Templo Mayor) de Tenochtitlán.

Coahuila, Est. del N. de México; cap. *Saltillo.* Cobre, plomo, cinc, carbón. Ganadería. Agricultura (algodón).

Coalcomán, sector de la Sierra Madre del Sur de México. — Pobl. y mun. de México (Michoacán).

coalición f. Confederación, liga, unión.

coalicionista m. Miembro de una coalición.

coaligar v. t. Galicismo por *coligar.*

coamil m. *Méx.* Tierra que se desmonta para sembrar.

coartada f. *For.* Prueba que hace el reo de haber estado ausente del sitio en el momento en que se cometió el delito: *presentar una coartada.*

coartar v. t. Limitar, restringir, no conceder enteramente alguna cosa: *coartar la voluntad, la jurisdicción.*

coastle m. *Méx.* Tejido burdo y grueso, de fibras de la cáscara de coco.

Coata, río del Perú (Puno), que vierte sus aguas en el Titicaca.

coate m. *Méx.* Leguminosa de propiedades colorantes y fosforescentes.

Coatepec, c. de México (Veracruz).

Coatepeque, lago de El Salvador (Santa Ana), a 730 m de alt.; 40 km². — C. de El Salvador (Santa Ana). — V. de Guatemala (Quezaltenango).

coatí m. Pequeño mamífero carnicero de América, de color pardo grisáceo y cola negra, llamado también *tejón, pizote, cuchuche, zorro guache, soncho.*

Coati, isla de Bolivia en el lago Titicaca. Recibe tb. el n. de *La Luna.*

Coatlicue, diosa azteca de la Tierra, madre de 400 hijos (las estrellas) y una hija (la Luna). [Su escultura monumental se conserva en el Museo Nac. de Antropología de México.]

Coatzacoalcos, río de México, que nace en Chiapas y des. en el golfo de México por un estuario navegable; 300 km. — C. de México (Veracruz). Ant. *Puerto México.*

coautor, ra m. y f. Autor con otro u otros: *coautor de una obra, de un delito.*

coaxial adj. Que tiene el mismo eje que otro cuerpo: *cilindros coaxiales.* ‖ *Cable coaxial,* el constituido por dos conductores concéntricos, separados por una sustancia dieléctrica.

coba f. *Fam.* Lisonja, halago: *dar coba.* | Embuste gracioso.

cobalto m. Metal blanco rojizo (Co), de número atómico 27, densidad 8,8 y punto de fusión a 1 490 °C. ‖ *Bomba de cobalto,* generador de rayos gamma terapéuticos, emitidos por una carga de radiocobalto.

— El *cobalto* se emplea en aleaciones con cobre, hierro y acero, y en la preparación de ciertos colorantes, generalmente azules.

Cobán, c. de Guatemala, cap. del dep. de Alta Verapaz. Obispado. Ruinas arqueológicas mayas.

cobanero, ra adj. y s. De Cobán (Guatemala).

cobarde adj. y s. Miedoso: *actitud cobarde.*

cobardía f. Falta de ánimo y valor, miedo.

cobardón, ona adj. *Fam.* Especialmente cobarde.

cobaya f. y **cobayo** m. Conejillo de Indias.

cobear v. i. *Fam.* Adular.

cobertera f. Tapadera.

cobertizo m. Tejado saledizo para resguardarse de la lluvia, para dar sombra, etc.

cobertor m. Manta ligera.

cobertura f. Cubierta.

cobija f. Teja que abraza dos canales del tejado. ‖ Cada una de las plumas pequeñas que cubren el arranque de las grandes del ave. ‖ *Amer.* Ropa de cama.

Cobija, c. de Bolivia en la frontera brasileña, cap. del dep. de Pando.

cobijador, ra adj. y s. Que cobija.

cobijamiento m. Acción y efecto de cobijar o cobijarse.

cobijar v. t. Cubrir o tapar (ú. t. c. pr.). ‖ Albergar (ú. t. c. pr.).

cobijeño, ña adj. y s. De Cobija (Bolivia).

cobijo m. Cobijamiento.

cobista adj. y s. *Fam.* Adulador.

cobla f. Banda de música en Cataluña.

Coblenza, c. de Alemania Occidental (Renania-Palatinado).

cobra f. *Zool.* Serpiente venenosa de los países tropicales, del género naja. ‖ Coyunda para los bueyes. ‖ Tronco de yeguas enlazadas para la trilla.

cobrador, ra adj. Dícese del perro que sabe cobrar y traer la caza. ‖ — M. y f. Persona que se encarga de cobrar alguna cosa: *cobrador de autobuses, del teléfono.*

cobranza f. Acción y efecto de cobrar.

cobrar v. t. Percibir uno lo que se le debe: *cobrar el sueldo.* ‖ Tomar o sentir cierto afecto: *cobrar cariño a un amigo.* ‖ Coger, apoderarse. ‖ Recuperar: *cobrar aliento, ánimo.* ‖ Adquirir: *cobrar mala fama.* ‖ Tirar de una soga. ‖ *Fam.* Recibir castigo: *vas a cobrar una torta.* ‖ Recoger el perro los animales matados por el cazador. ‖ Cazar un cierto número de piezas. ‖ — V. pr. Pagarse, resarcirse.

cobre m. Metal (Cu), de número atómico 29, de color pardo rojizo cuando está puro: *el cobre fue el primer metal descubierto por el hombre.* ‖ *Amer.* Moneda de este metal, de escaso valor. ‖ Batería de cocina cuando es de este metal. ‖ — Pl. *Mús.* Conjunto de los instrumentos de viento de una orquesta. ‖ — *Cobre amarillo,* el latón o azófar. ‖ *Cobre rojo,* el puro. ‖ — *Fig.* y *fam. Batir el cobre,* trabajar mucho en negocios que producen utilidad. | *Batirse el cobre,* echar el resto.

— El *cobre* existe en la naturaleza en estado nativo o combinado con diferentes cuerpos, especialmente el azufre. Su densidad es 8,92 y su punto de fusión 1 083 ºC. Blando, dúctil y maleable, mezclado con el estaño constituye el *bronce*, y con el cinc, el *latón*.

Cobre ‖ **~ (El)**, pico de Chile (Atacama). — Volcán de México (Sinaloa). — Pico de Venezuela (Táchira); 3 613 m. — Río de Panamá (Veraguas), afl. del San Pablo. — Térm. mun. de Cuba (Oriente). Cobre V. CANANEA. ‖ **~** (SIERRA DEL), cadena montañosa de Cuba (Oriente). Minas.

cobrizo, za adj. Aplícase al metal que contiene cobre: *pirita cobriza*. ‖ Parecido al cobre en el color: *raza cobriza*.

cobro m. Cobranza. ‖ Pago: *día de cobro*.

Coburgo, c. de Alemania Occidental (Baviera).

coca f. Arbusto del Perú de cuyas hojas se extrae la cocaína. ‖ Moño de pelo en forma de castaña.

Coca, río del Ecuador (Oriente), afl. del Napo; 274 km. ‖ **~** V. de España (Segovia).

cocaína f. *Farm.* Alcaloide que se extrae de la coca y que se utiliza como anestésico.

cocainismo m. Abuso de la cocaína.

cocainómano, na adj. y s. Que tiene el vicio de abusar de tomar cocaína.

coccidios m. pl. *Zool.* Protozoos esporádicos que viven parásitos dentro de células, especialmente epiteliales, de muchos animales (ú. t. c. adj.).

cóccidos m. pl. Insectos hemípteros.

coccígeo, a adj. Del cóccix.

coccinela f. Mariquita.

coccinélidos m. pl. *Zool.* Familia de insectos coleópteros, como la mariquita (ú. t. c. adj.).

cocción f. Acción de cocer.

cóccix m. *Anat.* Hueso pequeño que termina la columna vertebral: *el cóccix se articula por su base con el sacro*.

cocear v. i. Dar coces.

* **cocer** v. t. Preparar los alimentos por medio del fuego: *cocer legumbres*. ‖ Someter una sustancia a la acción del fuego: *cocer ladrillos*. ‖ — V. i. Hervir un líquido: *el agua cuece*. ‖ Fermentar un líquido: *el mosto cuece*. ‖ — V. pr. *Fig.* Tener mucho calor.

cocido m. Plato muy popular en España que consiste en un guisado de carne, tocino y chorizo con garbanzos y algunas verduras.

cociente m. *Mat.* Resultado obtenido al dividir una cantidad por otra.

cocimiento m. Cocción, cochura. ‖ Líquido cocido con sustancias medicinales.

cocina f. Habitación donde se guisa la comida. ‖ Aparato para guisar: *una cocina de carbón*. ‖ Arte de preparar los manjares: *cocina francesa, china*.

cocinar v. t. Guisar. ‖ — V. i. *Fam.* Meterse uno en lo que no le importa.

cocinero, ra m. y f. Persona que guisa por oficio.

cocinilla f. Infiernillo. ‖ — M. Hombre entremetido, cazoletero.

cock-tail [*cóctel*] m. (pal. ingl.). Cóctel.

Coclé, prov. de Panamá; cap. *Penonomé*. ‖ **~ del Norte,** río de Panamá (Coclé y Colón).

coclesano, na adj. y s. De Coclé (Panamá).

coco m. Cocotero. ‖ Fruto de este árbol. ‖ *Bot.* Micrococo, bactería de forma esférica. ‖ *Fam.* Fantasma con que se mete miedo a los niños. | Cabeza. | Mueca. ‖ Moño de pelo. ‖ *Zool.* Gorgojo, insecto coleóptero cuyas larvas viven dentro de las lentejas y guisantes. ‖ — *Fig. Hacer cocos,* hacer carantoñas, adular. ‖ *Parecer un coco,* ser una persona muy fea. ‖ *Méx. Pelar el coco,* afeitar la cabeza.

Coco, isla del Pacífico en Costa Rica; 30 km². — Río de América Central cuyas fuentes están en Honduras, se interna en Nicaragua y des. en el mar Caribe; 749 km. Llamado tb. *Segovia*.

cocoa f. *Amer.* Harina de cacao.

cocodrilo m. Reptil anfibio, de cuatro a cinco metros de largo, cubierto de escamas, que vive en las regiones intertropicales. ‖ *Fig. Lágrimas de cocodrilo,* las hipócritas.

cocol m. *Pop. Méx.* Rombo. | Panecillo que tiene forma de rombo.

cocolía f. *Méx.* Ojeriza, antipatía.

cocoliste m. *Méx.* Cualquier enfermedad epidémica, tifus, etc.

Cocom, familia maya soberana de Mayapán, fundada a fines del s. X, con autoridad sobre otros soberanos mayas de Yucatán.

cócomo m. *Méx.* Pavo común o guajolote.

cocorocó m. Canto del gallo.

Cocos (ISLAS DE), archip. de Australia en el océano Índico.

cocotal m. Terreno plantado de cocoteros.

cocotazo m. *Méx.* Coscorrón.

cocotero m. Palmera de los países tropicales.

Cocteau [*-tó*] (Jean), escritor francés (1889-1963), autor de poesías, novelas y obras teatrales (*El águila de dos cabezas*). Fue tb. director cinematográfico (*Orfeo*).

cóctel m. Combinación de bebidas alcohólicas y hielo. ‖ Reunión donde se dan. ‖ *Cóctel Molotov,* botella explosiva a base de gasolina.

coctelera f. Recipiente para hacer cócteles. ‖ *Fig.* Mezcla.

Cocula, río de México (Guerrero) que se une al Mezcala; 75 km.

cocuy m. Cocuyo. ‖ *Amer.* Agave.

Cocuy. V. SIERRA NEVADA DE CHITA. ‖ **~ (El),** c. de Colombia (Boyacá).

cocuyo m. Insecto coleóptero de la América tropical.

Cocha, lago de Colombia (Putumayo).

Cochabamba, cord. de Bolivia; cima a los 4 851 m. — C. de Bolivia, cap. de la prov. de Cercado y del dep. homónimo. Arzobispado. Universidad. Fundada en 1574.

cochabambino, na adj. y s. De Cochabamba (Bolivia).

cochambre f. *Fam.* Suciedad.

cochambroso, sa adj. y s. *Fam.* Lleno de mugre, de suciedad.

Cochamó, río y com. de Chile (Llanquihue).

coche m. Carruaje, generalmente de cuatro ruedas: *un coche de caballos*. ‖ Automóvil: *coche de carreras*. ‖ Vagón de ferrocarril. ‖ — *Coche cama,* vagón de ferrocarril con camas para dormir. ‖ *Coche celular,* furgoneta al servicio de las fuerzas de orden público. ‖ *Coche de plaza* o *de punto,* el que se alquila para el servicio público. ‖ *Méx. Coche de sitio,* coche de punto, taxi. ‖ *Coche restaurante,* vagón de ferrocarril en que hay un comedor. ‖ *Coche utilitario,* automóvil no lujoso que se emplea para los servicios que tiene que realizar una persona. ‖ *Fig.* y *fam. Ir en el coche de San Fernando,* ir a pie.

Coche, isla de Venezuela, en el Caribe (Est. de Nueva Esparta).

cochera adj. f. Dícese de la puerta por donde pasan los vehículos. ‖ — F. Lugar donde se guardan los coches. ‖ Garaje.

cocheril adj. *Fam.* Propio de los cocheros.

cochero m. Hombre que por oficio conduce un coche.

Cochero. V. AURIGA.

cochevís f. *Zool.* Cogujada.

cochifrito m. Guiso de cabrito.

Cochin, c. y puerto de la India, en la costa Malabar (Kerala). Obispado.

cochinada f. *Fig.* y *fam.* Grosería, mala jugada. | Porquería.

Cochinchina, región del Vietnam del Sur, parte meridional de la ant. Camboya. Cap. *Saigón;* c. pr.: *Cholón, Bien-hoa*.

cochinería f. *Fig.* y *fam.* Porquería, grosería: *decir cochinerías*.

cochinilla f. Insecto hemíptero, oriundo de México, dañino a las plantas, de color rojo. ‖ Materia colorante producida por este insecto. ‖ Pequeño crustáceo isópodo terrestre, de color ceniciento, que vive en los lugares húmedos debajo de las piedras y que toma forma de bola cuando se le sorprende. ‖ *Fig.* y *fam. Méx. Pintar en cochinilla,* mal negocio.

cochinillo m. Lechón.

cochino, na m. y f. Cerdo. ‖ — Adj. y s. *Fig.* y *fam.* Sucio, puerco. | Cicatero, ruin. ‖ Sucio, grosero. ‖ — M. Cierto pez de los mares de Cuba. ‖ *Méx. Cochino de monte,* jabalí. ‖ — Adj. *Fam.* Asqueroso, desagradable, sin valor: *tiempo cochino*. | Maldito: *el cochino dinero*. ‖ Repugnante, malo: *cochina comida*.

Cochinos (BAHÍA), bahía en el S. de Cuba (Las Villas).

cochipilotl m. *Méx.* Capullo del gusano de seda.

cochitril m. *Fam.* Pocilga.

cocho, cha adj. Cocido.

Cochrane (Tomás Alejandro), marino inglés, n. en Annsfield (Lanark) [1775-1860]. Luchó por la independencia de Chile y Perú de 1818 a 1821 y sirvió después en Brasil en favor de su emancipación (1822).

cochúa adj. y s. Indio maya. (Los *cochúas* vivían en el Yucatán antes de la Conquista.)

Cochúah, una de las prov. mayas de Yucatán, sometida en 1546.

cochura f. Cocción. ‖ Conjunto de panes, ladrillos, etc., que se cuecen de una vez.

coda f. *Carp.* Cuña de madera con que se refuerza el ángulo entrante de dos tablas. ‖ *Mús.* Período vivo y brillante al final de una pieza: *la coda de un rigodón*.

codadura f. Acodadura.

codal adj. Que tiene la longitud o la forma de codo. ‖ — M. Parte de la armadura que cubría el codo. ‖ *Arq.* Madero que sirve de puntal. ‖ *Bot.* Sarmiento de la vid. ‖ *Carp.* Brazo de la sierra. ‖ Brazo de un nivel de albañil, etc.

codaste m. *Mar.* Madero grueso longitudinal ensamblado en la quilla, que sostiene la armazón de la popa y el timón.

codazo m. Golpe con el codo.

Codazzi, monte de Venezuela (Aragua); 2 424 m. — Pobl. de Colombia (Magdalena).

Codazzi (Agustín), militar y geógrafo italiano (1793-1859). Trazó mapas de Colombia y Venezuela.

codear v. i. Mover mucho los codos: *abrirse paso codeando*. ‖ *Amer.* Pedir, sacar dinero. ‖ — V. pr. Alternar, tener trato con otras personas: *se codea con la alta sociedad*.

codeína f. Alcaloide calmante sacado de la morfina o del opio.

codeo m. Acción y efecto de codear o codearse. ‖ *Amer.* Sablazo.

codera f. *Mar.* Cable grueso con que se amarra el buque. ‖ Desgaste, deformación o pieza en el codo de una prenda de vestir.

Codera, cabo del N. de Venezuela (Miranda), en el mar Caribe.

Codesio (Julia), pintora peruana, n. en 1893, autora de murales.

codeso m. Arbusto papilionáceo de flores amarillas.

codeudor, ra m. y f. Deudor con otro u otros.

códice m. Libro manuscrito antiguo: *el códice del poema del Cid*.

— Los *códices mexicanos* son unos documentos jeroglíficos realizados por artistas mayas o aztecas en papel de fibras de maguey o piel de venado. Constituyen una fuente histórica preciosa para conocer la vida, los hábitos y la religión de los antiguos habitantes de México. Entre los códices mexicanos o aztecas merecen citarse el *Codex Vaticanus*, el *Telleriano Remensis* y el *Mendocinus* y, entre los mayas, el *Dresdense*, el *Peresiano* y el *Tro-Cortesiano.*

codicia f. Ambición, ansia exagerada de riquezas. ‖ *Fig.* Deseo vehemente, violento: *codicia de saber.* | Avidez: *codicia de ganancia.* ‖ *Taurom.* Acometividad del toro. ‖ *La codicia rompe el saco*, muchas veces se pierde una ganancia segura por querer conseguir otra mayor.

codiciador, ra adj. y s. Que codicia.

codiciar v. t. Ambicionar, desear con vehemencia, ansiar.

codicilo m. *For.* Cláusula adicional que modifica un testamento. | (Ant.). Testamento.

codicioso, sa adj. y s. Que tiene codicia. ‖ *Fig.* y *fam.* Laborioso, trabajador: *persona codiciosa.*

codificación f. Recopilación de leyes.

codificador, ra adj. y s. Que codifica.

codificar v. t. Unir en un cuerpo único textos legislativos que tratan de la misma materia.

código m. Cuerpo de leyes dispuestas según un plan metódico y sistemático. ‖ Recopilación de las leyes y estatutos de un país: *código civil, penal, de comercio*, etc. ‖ Reglamento: *código de la circulación.* ‖ *Mar. Código de señales*, vocabulario convencional por medio de banderas que usan los buques.

codillear v. i. Empujar con los codos. ‖ *Taurom.* Tener los codos junto al cuerpo toreando de capa o muleta.

codillera f. *Veter.* Tumor en el codillo de las caballerías.

codillo m. En los cuadrúpedos, articulación del brazo inmediata al codo. ‖ Tubo acodado. ‖ Parte del jamón que toca a la articulación. ‖ *Tirar al codillo*, hacer a uno todo el mal posible.

codirección f. Dirección en común con otra u otras personas.

codirector, ra adj. y s. Director con otro u otros.

codo m. Parte posterior y prominente de la articulación del brazo con el antebrazo. ‖ En los cuadrúpedos, codillo. ‖ Tubo acodado. ‖ Medida de unos 42 cm, que va desde el codo hasta los dedos. ‖ — *Méx.* Tacaño, agarrado, cicatero. ‖ — *Codo con* (o *a*) *codo*, al mismo nivel. ‖ *Méx. Doblar los codos*, ceder, transigir. ‖ *Fig.* y *fam. Empinar el codo*, beber bebidas alcohólicas. | *Hablar por los codos*, hablar en demasía.

codoñate m. Carne de membrillo.

codorniz f. Ave gallinácea de paso, semejante a la perdiz.

Cody (William Frederick). V. Búfalo Bill.

coeducación f. Enseñanza mixta.

coeficiencia f. Cooperación.

coeficiente adj. Que juntamente con otra cosa produce un efecto. ‖ — M. Índice, tasa: *coeficiente de incremento.* ‖ Grado: *coeficiente de invalidez.* ‖ Valor relativo que se atribuye a cada prueba de un examen. ‖ *Mat.* Número que se coloca delante de una cantidad para multiplicarla: $2\ (a + b)$. ‖ *Geom. Coeficiente angular de una recta*, número representativo de su inclinación sobre la horizontal.

Coéforas *(Las)*, tragedia de Esquilo que, con *Agamenón* y *Las Euménides*, compone la trilogía *La Orestiada.*

Coelemu, com. de Chile (Concepción).

Coello (Alonso Sánchez), pintor español (1515-1590), retratista en la corte de Felipe II. ‖ ~ (Claudio), pintor de cámara español (1642-1693), de origen portugués.

coendú m. *Amer.* Puerco espín de cola larga.

coercer v. t. Forzar. ‖ Impedir. ‖ Contener, reprimir. ‖ Sujetar.

coerción f. Contención por la fuerza.

coercitivo, va adj. Que obliga.

coetáneo, a adj. y s. Contemporáneo: *coetáneo de Platón.*

coexistencia f. Existencia simultánea de varias cosas: *coexistencia pacífica.*

coexistente adj. Que coexiste.

coexistir v. i. Existir una persona o cosa a la vez que otra.

cofa f. *Mar.* Plataforma pequeña en un mastelero.

cofia f. Gorro de encaje o blonda que usaban las mujeres para abrigar y adornar la cabeza. ‖ El que hoy usan las enfermeras, criadas, niñeras, etc. ‖ Red para el pelo. ‖ *Bot.* Cubierta que protege la extremidad de las raíces, pilorriza.

cofrade com. Miembro de una cofradía o hermandad.

cofradía f. Asociación o hermandad de personas devotas. ‖ Grupo o asociación para un fin preciso.

cofre m. Caja a propósito para guardar: *cofre de alhajas.* ‖ Baúl. ‖ Pez plectognato con el cuerpo de escudetes óseos hexagonales.

Cofre de Perote o **Naucampatépetl**, volcán apagado de México (Puebla de Veracruz); 4 282 m.

cofto, ta adj. y s. Copto.

cogedero, ra adj. Que puede cogerse. ‖ — M. Mango o agarrador. ‖ — F. Instrumento para coger o asir.

cogedizo, za adj. Que fácilmente se puede coger.

cogedor, ra adj. y s. Que coge. ‖ — M. Paleta de limpieza para coger el carbón, la ceniza, la basura, etc.

cogedura f. Acción de coger.

coger v. t. Asir, agarrar o tomar: *coger de o por la mano* (ú. t. c. pr.). ‖ Apoderarse: *coger muchos peces.* ‖ Tomar: *cogió el trabajo que le di.* ‖ Recoger los frutos de la tierra: *coger la uva.* ‖ Contener: *esta tinaja coge cien litros de aceite.* ‖ Ocupar: *la alfombra coge toda la sala.* ‖ Alcanzar, adelantar: *el coche cogió al camión.* ‖ Apresar: *cogieron al asesino.* ‖ Subirse: *cogí el tren.* ‖ Encontrar: *coger a uno de buen humor.* ‖ Sorprender: *le cogió la lluvia.* ‖ Contraer enfermedad: *coger un resfriado.* ‖ Experimentar, tener: *he cogido frío.* ‖ Cubrir el macho a la hembra. ‖ Adquirir: *cogió esa manía.* ‖ Cobrar, tomar: *les he cogido cariño.* ‖ Atropellar: *ser cogido por un automóvil.* ‖ *Fig.* Entender: *no has cogido lo que te dije.* ‖ Herir o enganchar el toro con los cuernos a uno. ‖ Captar: *coger Radio España.* ‖ Tomar, recoger: *le cogí sus palabras en cinta magnetofónica.* ‖ Elegir: *he cogido lo que me pareció mejor.* ‖ — V. i. Tomar, dirigirse: *coger a la derecha.* ‖ *Pop.* Caber: *el coche no coge en el garaje.* ‖ Arraigar una planta.

— Observ. *Coger* tiene en algunos países de América un sentido poco correcto y sustituye este verbo por otros (*tomar, agarrar, alcanzar*, etc.).

cogestión f. Administración ejercida por varias personas.

cogida f. Cosecha de frutos: *la cogida de la aceituna.* ‖ *Fam.* Cornada, acción de coger: *el torero sufrió una cogida.* ‖ *Méx.* y *P. Rico.* Ardid, engaño. (Se dice tb. en algunos lugares de España.)

cogido m. Frunce, pliegue en la ropa, en cortinas, etc.

cogitabundo, da adj. Meditabundo.

cogitación f. Reflexión.

cogitar v. t. Pensar.

Cognac [*koñak*], c. de Francia (Charente). Vinos y licores.

cognación f. Parentesco de consanguinidad, especialmente por la línea femenina.

cognado, da m. y f. Pariente por cognación.

cognición f. Conocimiento.

cogollo m. Parte interior de la lechuga, la col, etc. ‖ Brote de un árbol y otras plantas. ‖ *Fig.* Centro. | Lo mejor, élite. ‖ *Arg.* Chicharra grande. ‖ *Amer.* Punta de la caña de azúcar.

cogorza f. *Pop.* Borrachera.

cogotazo m. Golpe en el cogote.

cogote m. Nuca, parte posterior de la cabeza.

cogotera f. Lo que cubre la nuca en una gorra.

cogotudo, da adj. *Fig.* Altivo, orgulloso. ‖ *Amer.* Nuevo rico.

cogujada f. Especie de alondra con un penacho.

cogulla f. Hábito de ciertos religiosos.

cogullada f. Papada del cerdo.

coh m. *Méx.* Tigre, jaguar.

cohabitación f. Estado de las personas que viven juntos.

cohabitar v. i. Vivir una persona con otra. ‖ Vivir maritalmente un hombre y una mujer.

cohechador, ra adj. y s. Corruptor.

cohechar v. t. Sobornar, corromper: *cohechar a un funcionario, a un juez.*

cohecho m. Soborno, corrupción.

coheredero, ra m. y f. Heredero con otro u otros.

coherencia f. Enlace, conexión, relación entre varias cosas. ‖ *Fís.* Cohesión.

coherente adj. Que se compone de partes unidas y armónicas.

cohesión f. Adherencia, fuerza que une las moléculas de un cuerpo. ‖ *Fig.* Unión: *la cohesión entre los países de Europa.* | Coherencia.

cohesivo, va adj. Que une.

cohesor m. En la telegrafía sin hilos primitiva, detector de ondas.

cohete m. Tubo cargado de pólvora que se eleva por sí solo y al estallar en el aire produce efectos luminosos diversos en forma y color: *los cohetes se usan como señales en la marina y en la defensa antiaérea.* ‖ Artificio de uno o más cuerpos que se mueve en el aire por propulsión a chorro y se emplea con fines de guerra o científicos: *cohete espacial.* ‖ *Méx.* Lonja de carne de muslo de ganado vacuno.

cohibición f. Acción y efecto de cohibir.

cohibir v. t. Coartar, contener, reprimir (ú. t. c. pr.). ‖ Intimidar: *su presencia le cohíbe.* ‖ Embarazar.

cohombro m. Variedad de pepino. ‖ Churro. ‖ *Cohombro de mar*, holoturia.

cohonestar v. t. Dar apariencia de buena a una acción que no lo es. ‖ Armonizar, hacer compatible dos cosas.

cohorte f. Unidad de infantería romana, décima parte de la legión: *la cohorte se componía de tres, cinco o seis manípulos o centurias.* ‖ *Fig.* Serie. | Acompañamiento.

Coiba, isla de Panamá en el Pacífico (Veraguas).

coicoy m. *Chil.* Sapo.

Coihueco, río de Chile (Osorno), afl. del Rahue. — Com. de Chile (Ñuble).

Coimbatore, c. de la India (Madrás), en el Decán. Obispado.

Coimbra, c. de Portugal, cap. del distr. homónimo (Beira Litoral). Obispado. Universidad.

Coimbra (Juan B.), escritor boliviano, n. en 1895, autor de la novela *Siringa, memorias de un colonizador del Beni.*

coimbricense adj. y s. Conimbricense.

Coín, v. de España (Málaga).

coincidencia f. Concurso de circunstancias, concordancia.

coincidente adj. Que coincide.

coincidir v. i. Ajustarse una

cosa con otra: *coincidir dos superficies, dos versiones, en los gustos.* || Suceder al mismo tiempo: *mi llegada coincidió con su salida.* || Encontrarse simultáneamente dos o más personas en un mismo lugar: *ayer coincidimos en el teatro.*

Coinco, com. de Chile (O'Higgins).

coipo y **coipu** m. *Arg.* y *Chil.* Especie de castor.

Coira, c. de Suiza, cap. del cantón de los Grisones.

coito m. Cópula carnal.

cojear v. i. Caminar inclinando el cuerpo más de un lado que de otro. || No guardar el debido equilibrio un mueble en el suelo: *esta mesa cojea.* || *Fig.* y *fam.* No obrar como es debido. | No ir bien: *negocio que cojea.* | Adolecer de algún defecto. || *Fig. El que no cojea, renquea,* proverbio con que se da a entender que nadie es perfecto.

cojedense adj. y s. De Cojedes (Venezuela).

Cojedes, río de Venezuela, afl. del Portuguesa; 340 km. — Est. de Venezuela; cap. *San Carlos.*

cojera f. Defecto del cojo.

cojetada f. Acción de cojear.

cojín m. Almohadón.

cojinete m. *Mec.* Pieza de acero o de fundición que se fija a las traviesas del ferrocarril y sujeta los rieles. | Pieza en la que se apoya y gira un eje: *cojinete de bolas de rodillos.*

cojo, ja adj. y s. Que cojea. || Falto de una pierna o pata. || — Adj. Que tiene las patas desiguales: *mesa coja.* || *Fig.* Mal asentado, incompleto: *razonamiento cojo.* || *Fig.* y *fam. No ser cojo, ni manco,* ser experimentado, saber mucho.

Cojutepeque, volcán de El Salvador (Cuscatlán). — C. de El Salvador, cap. del dep. de Cuscatlán. Tabaco.

cojutepequense adj. y s. De Cojutepeque (El Salvador).

cok m. Coque.

col f. Planta crucífera de huerta, de la que hay muchas variedades comestibles.

cola f. Rabo, región posterior del cuerpo de numerosos vertebrados, largo y flexible, cuyo esqueleto no es más que una prolongación de la columna vertebral. || Extremidad del cuerpo opuesto a la cabeza: *la cola de un escorpión.* || Conjunto de plumas largas que tienen las aves al final del cuerpo: *la cola de un pavo.* || Apéndice de un objeto que sirve de agarrador: *la cola de una cacerola.* || Parte de un vestido que cuelga o arrastra por detrás: *la cola de un frac, de un traje de novia.* || Estela luminosa que acompaña el cuerpo de un cometa. || Cualquier apéndice que está en la parte de atrás de una cosa. || *Fig.* Final, último lugar: *en la cola de la lista.* | Último puesto: *está en la cola de la clase.* | Fila o serie de personas que esperan que les llegue su turno: *ponerse en cola.* | Consecuencias que se derivan de algo: *esto que has hecho traerá mucha cola.* || Parte posterior del avión. || Sustancia de gelatina que sirve para pegar. || *Mús.* Detención en la última sílaba de lo que se canta. || *Cola de milano,* espiga de ensamblar en forma de trapecio y la ensambladura hecha de este modo.

colaboración f. Acción y efecto de colaborar.

colaboracionismo m. En tiempo de guerra, ayuda prestada al enemigo.

colaboracionista adj. y s. Aplícase al que apoya a un régimen político instaurado por los enemigos de su país.

colaborador, ra m. y f. Persona que trabaja con otra en una obra común: *los colaboradores de este diccionario.* || Persona que escribe habitualmente en un periódico o revista. || Colaboracionista.

colaborar v. i. Trabajar con otros en obras literarias, artísticas, científicas, etc. || Escribir habitualmente en un periódico o revista. || Ser colaboracionista en política.

colación f. Acto de conferir un beneficio eclesiástico, un grado universitario, etc. || Cotejo, confrontación, comparación: *una colación escrupulosa.* || Comida ligera. || *Méx.* Mezcla de confites diversos, dulces, etc., que se venden en las fiestas. || *Fig. Sacar* o *traer a colación,* hacer mención de una persona o cosa.

colacionar v. t. Comparar.

colada f. Lavado de ropa con lejía: *hacer la colada.* || Lejía en que se lava la ropa. || Ropa lavada así. || *Min.* Piquera en los altos hornos para sacar el hierro en fusión. || *Fig.* y *fam.* Buena espada, por alusión al nombre de la del Cid. || *Taurom.* Acción de colarse el toro. || *Fig.* y *fam. Todo saldrá en la colada,* ya se sabrá todo.

coladera f. Filtro o colador. || *Amer.* Sumidero con agujeros.

coladero m. Cedazo para colar líquidos. || Camino o paso estrecho. || *Fam.* Sitio por donde pasa uno fácilmente. | Tribunal de examen muy benévolo.

colador m. Utensilio de cocina que sirve para filtrar el café, el té, las verduras, etc.

coladura f. Filtrado. || *Fig.* y *fam.* Metedura de pata, desacierto. | Equivocación.

colágena f. *Quím.* Prótido del tejido conjuntivo que se transforma en gelatina por efecto de cocción.

Colambo, monte del Ecuador (Loja); 3 090 m.

colambre f. *Méx.* Cuero, especialmente el de pulque; odre.

colapez f. Cola de pescado.

colapso m. *Med.* Postración repentina de las fuerzas vitales y de presión arterial, sin síncope. || *Fig.* Paralización: *colapso de la economía.*

* **colar** v. t. Filtrar, pasar a través de un colador para separar las partículas sólidas que contiene: *colar el té.* || Hacer la colada de la ropa. || Colacionar. || Vaciar: *hierro colado.* || *Fig.* Pasar en fraude: *colar una moneda falsa.* || Engañar, hacer pasar como verdadero lo que no lo es: *colar una mentira.* || — V. i. Pasar. || *Fig.* Intentar dar apariencia de verdad a lo que no lo es: *esta noticia falsa no ha colado.* || Introducirse por un sitio estrecho. || — V. pr. Pasar una persona con disimulo, a escondidas: *colarse en los toros.* || Meterse sin respetar su turno: *se coló en la fila.* || Meterse el toro bajo el engaño. || *Fam.* Cometer un error, equivocarse. Meter la pata. || *Fam.* Colarse por alguien, enamorarse de él.

colateral adj. Lateral, adyacente por un lado: *nave colateral.* || — Adj. y s. Pariente, que no lo es por línea recta: *los tíos y primos son parientes colaterales.*

colativo, va adj. Conferido por colación canónica.

Colay, cima del Ecuador, en la Cord. Central; 4 685 m.

Colbert (Jean-Baptiste), político francés (1619-1683), ministro de Luis XIV que fomentó el comercio y la industria.

colcotar m. Óxido de hierro en polvo, usado como abrasivo.

colcha f. Cubierta de cama.

Colchagua, prov. del centro de Chile, al S. de Santiago; cap. *San Fernando.* Agricultura.

colchagüino, na adj. y s. De Colchagua (Chile).

colchón m. Saco o cojín grande, relleno de lana, pluma u otra materia esponjosa, como la goma, colocado encima de la cama para dormir. || *Colchón de aire,* sistema de sustentación de un vehículo o de un barco en movimiento mediante la insuflación de aire a poca presión debajo del chasis o de la embarcación.

colchonero, ra m. y f. Persona que hace o vende colchones.

colchoneta f. Colchón estrecho. || Cojín.

coleadero m. *Méx.* y *Venez.* Diversión que consiste en colear toros. || Lugar en que se colea.

coleador adj. Que colea.

colear v. i. Mover la cola. || *Fig.* Colear un negocio, no haberse terminado todavía. || *Méx.* y *Venez.* Tirar de la cola a un toro.

colección f. Reunión de varias cosas que tienen entre sí cierta relación: *una colección de medallas.* || Compilación: *colección de cuentos.* || *Fig.* Gran número, abundancia: *colección de sandeces.*

coleccionar v. t. Hacer colección: *coleccionar sellos de correos*

coleccionista com. Persona que colecciona: *coleccionista de sellos.*

colecistitis f. *Med.* Inflamación de la vesícula biliar.

colecta f. Recaudación de donativos o de un impuesto. || Oración de la misa.

colectar v. t. Recaudar.

colectividad f. Comunidad de los miembros que forman una sociedad: *colectividad agrícola.* || El pueblo considerado en su conjunto. || Posesión en común: *colectividad de los instrumentos de trabajo.*

colectivismo m. Sistema político y económico que propugna la solución del problema social a través de la comunidad de los medios de producción en beneficio de la colectividad.

colectivista adj. Del colectivismo: *doctrina, programa colectivista.* || — M. Partidario de este sistema.

colectivización f. Conversión de una cosa en colectiva.

colectivizar v. t. Poner los medios de producción y de intercambio al servicio de la colectividad por la expropiación o la nacionalización.

colectivo, va adj. Relativo a cualquier agrupación de individuos: *los intereses colectivos.* || Realizado por varios: *una demanda colectiva.* || — M. *Gram.* Palabra que estando en singular presenta una idea de conjunto, como rebaño, grupo, asociación. || *Arg.* Autobús pequeño.

colector m. Recaudador: *colector de contribuciones.* || *Mec.* Pieza de una dinamo o de un motor eléctrico en cuya superficie rozan las escobillas para recoger la corriente. || Cañería general de una alcantarilla. || *Colector de basuras,* dispositivo que permite tirar directamente la basura de un piso superior a un recipiente común situado en la planta baja.

colédoco m. *Anat.* Canal del hígado que conduce la bilis al duodeno (ú. t. c. adj.).

colega m. Compañero en un colegio, iglesia, corporación, etc. || Persona que tiene el mismo cargo: *su colega mexicano en el Ministerio de Relaciones Exteriores.*

colegiación f. Inscripción en una corporación oficial.

colegiado adj. Aplícase al individuo inscrito a un colegio de su profesión: *médico colegiado* (ú. t. c. s.). || Formado por varias personas: *tribunal colegiado.*

colegial adj. Relativo al colegio. || Que pertenece a un capítulo de canónigos: *iglesia colegial.* || — M. Estudiante en un colegio. || *Fig.* Inexperto en una cosa. || — F. Iglesia colegial.

colegiala f. Alumna en un colegio.

colegiarse v. pr. Inscribirse en colegio: *colegiarse los abogados, los médicos,* etc.

colegiata adj. Iglesia colegial.

colegio m. Establecimiento de enseñanza: *un colegio religioso.* || Corporación, asociación oficial formada por individuos que pertenecen a una misma profesión: *colegio de abogados.* || Conjunto de personas que tienen la misma función: *colegio cardenalicio.* || — *Colegio electoral,* conjunto de personas que tienen derecho a elegir a sus representantes. || *Colegio mayor,* residencia estatal o privada para los estudiantes universitarios.

Colegio de México (El), institución de cultura fundada en la capital de México por Lázaro Cárdenas (1939).

* **colegir** v. t. Juntar. || Deducir.

colegislador, ra adj. Aplícase a la asamblea que legisla junto con otra: *en el sistema bicameral, la Cámara de diputados y el Senado son los cuerpos colegisladores.*

colemia f. *Med.* Presencia de bilis en la sangre.

coleo m. Acción de colear.

coleóptero, ra adj. y s. Dícese de los insectos que tienen boca para masticar, caparazón consistente y dos élitros córneos que cubren dos alas membranosas, plegadas cuando el animal no vuela: *el escarabajo, el cocuyo, la cantárida y el gorgojo son coleópteros.* || — M. pl. Orden de estos insectos.

cólera f. Bilis. || *Fig.* Ira, enfado, irritación, enojo. (Dícese también de los animales y de los elementos.) || — M. *Med.* Enfermedad epidémica caracterizada por vómitos, diarreas y fuertes dolores intestinales. (Se le llama tb. *cólera morbo.*)

colérico, ca adj. Enojado, irritado, iracundo: *humor colérico.* || Relativo al cólera morbo: *síntomas coléricos.*

Coleridge (Samuel Taylor), poeta, crítico y filósofo inglés (1772-1834). Precursor del romanticismo, formó parte del grupo de los lakistas. Autor de *Baladas líricas.*

colero m. *Amer.* En las minas, ayudante de capataz. || *Méx.* Ayudante en el establo, el pastoreo, etc.

colesterol m. y **colesterina** f. *Med.* Sustancia grasa que se encuentra en todas las células, en la sangre, etc., en un 1,5 a 2 por mil, y en mayor cantidad en la bilis.

coleta f. Trenza de pelo en la parte posterior de la cabeza: *coleta de torero.* || *Fig* y *fam.* Añadidura breve a un escrito. || *Cortarse la coleta,* retirarse el torero; (por ext.) retirarse de una actividad.

coletazo m. Golpe con la cola. || *Fig.* Última reacción o manifestación.

coletilla f. Adición breve a un escrito. || Repetición.

coleto m. Vestidura de piel que se ajustaba al cuerpo, semejante a una casaca. || *Fig.* y *fam.* Fuero interior: *dije para mi coleto.*

Colette (Sidonie Gabrielle), novelista francesa (1873-1954), autora de *Claudina, La ingenua libertina, Chéri, El trigo en cierne, Sido.*

coletudo, da adj. *Col.* y *Venez.* Descarado, insolente. || *Méx.* Persona que lleva el pelo largo.

colgadizo, za adj. Destinado a colgar. || — M. Tejadillo saledizo de un edificio.

colgadura f. Tapices o cortinas con que se adorna una puerta, una ventana, una cama, una habitación, un balcón, etc.

colgajo m. Cosa que cuelga. || Uvas u otras frutas que se cuelgan.

colgandero, ra adj. Colgante.

colgante adj. Que cuelga: *puente colgante.* || — M. *Arq.* Festón: *adornar con colgantes.* || Cosa que se cuelga en una cadena, joya, etc.

* **colgar** v. t. Sujetar algo por su parte superior, pender, suspender: *colgar un cuadro.* || Ahorcar: *lo ahorcaron por criminal.* || Poner el microteléfono en su sitio e interrumpir la comunicación telefónica. || *Fig.* y *fam.* Suspender en un examen: *le colgaron dos asignaturas.* | Endilgar, cargar: *me colgó un trabajo molesto.* | Achacar, imputar, atribuir: *le colgaron ese sambenito.* | Abandonar: *colgó los libros, hábitos.* || — V. i. Estar suspendido: *frutas que cuelgan del árbol.* || Caer demasiado de un lado: *traje que cuelga por la izquierda.* || *Méx.* Retrasarse intencionalmente en un trabajo, con relación a los demás; rezagarse.

Colhuacaltzincatl, uno de los dioses del pulque, entre los antiguos mexicanos.

Colhué Huapi, lago de la Argentina (Chubut).

colibacilo m. Bacteria que se encuentra en el intestino del hombre y de los animales, pero que invade a veces ciertos tejidos y órganos y puede ser patógeno.

colibacilosis f. Infección causada por los colibacilos.

colibrí m. Pájaro mosca.

cólico m. Trastorno orgánico que provoca contracciones espasmódicas en el intestino colon y dolores violentos acompañados de diarrea. || — *Cólico hepático,* dolor agudo en las vías biliares. || *Cólico miserere,* nombre que se daba antiguamente a los síndromes agudos abdominales de la peritonitis y a la oclusión intestinal. || *Cólico nefrítico* o *renal,* el causado por el paso de un cálculo por las vías urinarias.

coliflor f. Variedad de col comestible cuyos pedúnculos nacientes forman una masa blanca y grumosa.

coligado, da adj. y s. Aliado.

coligarse v. pr. Unirse, aliarse unos con otros para algún fin.

Coligny (Gaspard de), almirante francés (1519-1572), jefe de los protestantes. Decapitado en la matanza de San Bartolomé.

colilla f. Punta de cigarrillo.

colillero, ra m. y f. Persona que recoge las colillas.

Colima, nevado de México (Jalisco); 4 330 m. — Volcán de México (Jalisco); 3 860 m. — Río de México, afl. del Armería. — C. de México, cap. del Estado homónimo. Fundada en 1523. Obispado.

colimador m. Aparato óptico que permite obtener un haz de rayos luminosos paralelos. || Aparato en un arma para apuntar.

colimense o **colimeño, ña** o **colimote, ta** adj. y s. De Colima.

Colín (Eduardo), escritor y poeta mexicano (1880-1945), autor de *La vida intacta.*

colina f. Elevación de terreno menor que la montaña.

Colina, com. de Chile (Santiago).

colinabo m. Variedad de col.

Colinas, c. de Honduras (Santa Bárbara).

colindante adj. Limítrofe.

colindar v. i. Limitar entre sí dos o más terrenos.

colirio m. Medicamento líquido aplicado en la conjuntiva de los ojos.

coliseo m. Teatro destinado a la representación de dramas y comedias.

— El origen de este n. procede del anfiteatro Flavio en Roma en cuyo frente había una gran estatua de Domiciano. Empezado en tiempos de Vespasiano, fue terminado en los de Tito (año 80 de nuestra era). Del *Coliseo* quedan todavía grandiosas ruinas.

colisión f. Choque de dos cuerpos: *colisión de automóviles.* || *Fig.* Conflicto, lucha u oposición de ideas o intereses.

colista adj. y s. Último.

colita f. *Fig.* y *fam. Amer.* Persona que no se despega de otra.

colitis f. *Med.* Inflamación del intestino colon.

colmado m. Tasca, taberna.

Colman (Narciso Ramón), escritor paraguayo (1880-1954). Tradujo la Biblia al guaraní.

colmar v. t. Llenar hasta el borde: *colmar un tarro.* || Llenar un hueco: *colmar un hoyo.* || *Fig.* Satisfacer por completo: *colmar sus deseos.* | Dar con abundancia: *colmar de mercedes.* || *Fig. Colmar la medida,* pasar los límites.

Colmar, c. del NE. de Francia, cap. del dep. de Haut-Rhin.

colmena f. Habitación artificial para las abejas. || Conjunto de las abejas que hay en ella. || *Fig.* Hormiguero, aglomeración de personas: *una colmena de pedigüeños.*

colmenar m. Lugar en el que están las colmenas.

Colmenar, v. de España (Málaga). || **~ de Oreja,** c. de España (Madrid). || **~ Viejo,** v. de España (Madrid).

colmenero, ra m. y f. Apicultor. || — M. Oso hormiguero.

colmillo m. Diente canino, colocado entre los incisivos y la primera muela. || Cada uno de los dos dientes largos del elefante. || — *Fig.* y *fam. Enseñar los colmillos,* mostrar enérgicamente lo que uno es capaz de hacer. | *Escupir por el colmillo,* echárselas de valiente.

colmo m. Lo que rebasa la medida. || *Fig.* Complemento o término de alguna cosa: *el colmo de una obra.* | Último extremo o grado máximo: *el colmo de la locura.*

colmoyote m. *Méx.* Mosquito de grandes extremidades.

colobo m. Mono catirrino de América, de cola muy larga.

colocación f. Acción y efecto de colocar o colocarse. || Situación de una cosa: *la colocación de un cuadro.* || Empleo, puesto, destino: *conseguir una colocación del Estado.* || Inversión de dinero.

colocar v. t. Poner en un lugar: *colocar libros en el estante.* || Hacer tomar cierta posición: *colocar los brazos en alto.* || Emplear a uno, dar un empleo: *lo colocó en la imprenta.* || Encontrar trabajo. Ú. t. c. pr.: *me coloqué en Larousse.* || Invertir dinero. || Contar, endilgar: *colocó sus chistes de siempre.*

colocasia f. Planta arácea de hojas y raíz comestibles.

Colocolo, cacique araucano (1515-1561) que venció a Valdivia en Tucapel.

colodión m. Disolución de la celulosa nítrica en éter.

colofón m. *Impr.* Nota al final de un libro para indicar el nombre del impresor y la fecha en que se concluyó. | Viñeta puesta al final de un capítulo. || *Fig.* Colmo, lo mejor. | Remate, fin: *el brillante colofón de su carrera.*

cologaritmo m. *Mat.* Logaritmo del número inverso de otro.

coloidal adj. *Quím.* Propio a los coloides.

coloide m. *Quím.* Sustancias no dializables que tienen la apariencia de la cola de gelatina (ú. t. c. adj.).

Cololo, cumbre de los Andes bolivianos (La Paz), en la Cord. Real; 5 911 m.

Coloma (Padre Luis), sacerdote, jesuita y novelista español (1851-1914), autor de las novelas *Pequeñeces, Jeromín, Boy, La reina mártir,* etc.

Colombey-les-Deux-Églises, pobl. de Francia (Haute-Marne).

Colombia, rep. de América del Sur, situada entre el océano Atlántico, Venezuela, Brasil, Perú, Ecuador, el océano Pacífico y Panamá; 1 138 000 km²; 23 000 000 h. (*colombianos*). Cap. *Bogotá,* 2 200 000 de hab. Otras c.: *Santa Marta,* 133 000 h.; *Barranquilla,* 588 000; *Cartagena,* 293 000; *Montería,* 147 000; *Cúcuta,* 211 000; *Bucaramanga,* 286 000; *Barrancabermeja,* 90 000; *Bello,* 90 000; *Medellín,* 976 000; *Manizales,* 864 000; *Pereira,* 227 000; *Armenia,* 165 000; *Ibagué,* 191 000; *Girardot,* 71 000; *Buenaventura,* 120 000; *Buga,* 94 000; *Palmira,* 156 000; *Cali,* 815 000; *Neiva,* 106 000; *Popayán,* 89 000, y *Pasto,* 121 000.

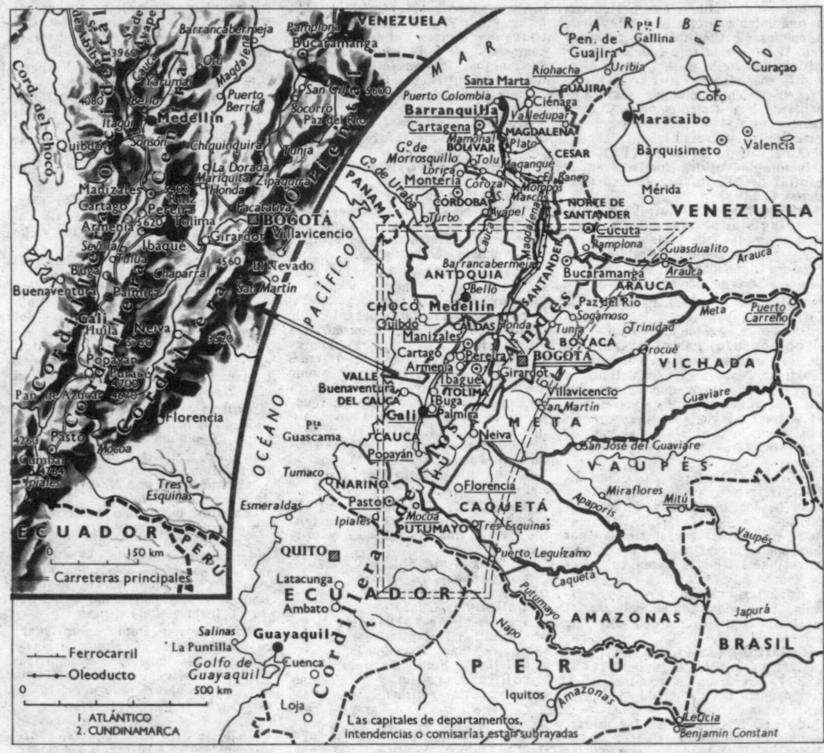

COLOMBIA

Administrativamente, Colombia se divide en 22 departamentos, tres intendencias, cinco comisarías y un distrito especial (D. E.) [Bogotá]. La población está constituida por un 48 p. ciento de mestizos, un 24 p. ciento de mulatos, un 20 p. ciento de blancos, descendientes de españoles, un 6 p. ciento de negros y un 2 p. ciento de indios. La religión católica es profesada por la mayoría y el idioma oficial es el castellano o español. La densidad media de población es de 15 h/km².

— GEOGRAFÍA. Dos regiones están bien diferenciadas en Colombia: la zona andina al O. y las tierras bajas del Oriente, que ocupan dos tercios del territorio, pero están escasamente pobladas. Los Andes forman tres cadenas paralelas: la Occidental; la Central, que es la más elevada, donde se encuentran los nevados de Huila (5 750 m) y Tolima (5 620 m), y la Oriental, que encierra algunas altiplanicies, en una de las cuales se encuentra Bogotá. Estas tres cordilleras, después de atravesar el país de N. a S., se unen en el Nudo de Pasto. Aparte de los Andes, hay que citar la Sierra Nevada de Santa Marta, al NE., con los picos Colón y Bolívar (5 775 m), y la sierra del Baudó, en la costa del Pacífico. El río más importante de Colombia es el Magdalena, con su gran afluente el Cauca, que surca casi todo el país y desemboca en el mar Caribe, donde también lo hace el Atrato. Al Pacífico van los ríos Baudó, San Juan de Chocó, Patía y Mira. En la zona oriental están el Orinoco, con sus afluentes Meta, Vichada y Guaviare, y el Amazonas, que sirve de frontera con el Perú en 115 km, importante sobre todo por sus afluentes: Vaupés, Caquetá y Putumayo. Existen algunos lagos como el de La Cocha (Nariño) y el de Tota (Boyacá). La costa del Pacífico es baja al S. y escarpada en el N. La del Atlántico presenta numerosos abrigos para la navegación (Cartagena, Barranquilla, Santa Marta). En razón de su orografía, el clima de Colombia es variado, a pesar de hallarse todo el país en la zona tórrida: va desde el cálido en las regiones costeras hasta el frío en las zonas de más de 2 000 m de altitud. Las lluvias son abundantes, salvo en el N. La economía colombiana está basada principalmente en la agricultura y la minería. Las producciones principales son: café, cacao, caña de azúcar, cereales, algodón. El subsuelo encierra hierro, carbón, petróleo, uranio, oro, plata y platino. La ganadería está bien desarrollada, y la industria siderúrgica es importante (planta de Paz del Río), así como la producción de electricidad hidráulica. Unos 5 000 km de ferrocarril y 20 000 km de carreteras aseguran las comunicaciones, sin olvidar las importantes vías fluviales que ofrecen el Magdalena, el Cauca y los ríos de la zona oriental. La navegación marítima y la aérea son muy extendidas (más de 60 aeropuertos).

— HISTORIA. Colombia estuvo antiguamente habitada por varios pueblos indígenas, entre los cuales los guajiros, caribes, quimbayas y, sobre todo, los chibchas o muiscas, que poblaban las altiplanicies de la cordillera Oriental (Cundinamarca). Alonso de Ojeda fue el primero que exploró la costa colombiana (1499). Juan de la Cosa hizo lo mismo en 1501, 1504 y 1507. Alonso de Ojeda y Diego de Nicuesa partieron para colonizar estas tierras en 1509, pero la primera ciudad, Santa Marta, no fue fundada hasta 1525, por Rodrigo de Bastidas, y a esta fundación siguieron otras, como Bogotá (1538). Las tres expediciones conquistadoras, mandadas por Jiménez de Quesada, Sebastián de Benalcázar y Nicolás Federmann, se reunieron en Bogotá en 1538, y al poco tiempo todo el territorio estuvo sometido. La Audiencia de Bogotá fue creada en 1550, dependiente del Perú, hasta que en 1718 fue creado el Virreinato de Nueva Granada, nombre que desde un principio tuvo esta colonia. La vida durante este período transcurrió como en los otros países americanos, con algunos ataques de los corsarios a los puertos y sublevaciones interiores, como las de Álvaro de Oyón (1553) y Lope de Aguirre (1561), o la de los comuneros del Socorro (1781). En julio de 1810 estalló la revolución de Bogotá, preparada en gran parte por Antonio Nariño, la cual se extendió a todo el país. Cundinamarca declaró su independencia, pero la reacción española fue rápida y brutal. Las tropas de Pablo Morillo reconquistaron el territorio, si bien encontraron dura resistencia durante el sitio de Cartagena (1815). No obstante, los patriotas no se amilanaron: reagrupados en torno al caudillo Francisco de Paula Santander, y con la valiosa ayuda del Libertador Simón Bolívar, derrotaron a los realistas en las batallas de Pantano de Vargas y Boyacá (1819), que pusieron fin definitivamente al dominio español en Nueva Granada. La República fue proclamada, y Nueva Granada se integró en la República de la Gran Colombia, constituida por los departamentos de Venezuela, Cundinamarca y Quito, cuya capital estaba en Bogotá. Bolívar fue el primer presidente y Santander el vicepresidente. En 1830 la federación fue disuelta, ocupando Santander la presidencia de Nueva Granada en 1832. La inestabilidad política era grande, como lo prueban las sucesivas constituciones de 1832, 1858 y 1863, de signo federal la última. Durante la vigencia de ésta el país conoció un neto progreso, hasta que en 1886 Rafael Núñez abolió el régimen federal y volvió al gobierno unitario y centralista. El nombre oficial pasó a ser *República de Colombia*, que ha mantenido hasta la actualidad. Este período ha sido llamado por los historiadores de *Regeneración*, y durante el mismo tuvo lugar la separación de Panamá (1903), apoyada por el gobierno de Estados Unidos. En 1910 se reformó la Constitución, y por unos años se instaló la normalidad constitucional, con los presidentes Carlos E. Restrepo (1910), J. V. Concha (1914) y M. F. Suárez (1918), quienes impulsaron el progreso material del país. En 1930 hubo un conflicto fronterizo con el Perú (Leticia), que la Sociedad de Naciones resolvió favorablemente a Colombia. En 1946 ocupó la presidencia el conservador Mariano Ospina Pérez, y en 1948 estalló en Bogotá un grave motín tras el asesinato del jefe liberal Jorge Eliécer Gaitán, que tuvo sangrientas consecuencias y se extendió a todo el país. Laureano Gómez accedió a la presidencia en 1950, y, ante la fuerte oposición liberal, decidió suspender las garantías constitucionales. En este estado de cosas, en 1953 se sublevó el general Gustavo Rojas Pinilla, quien gobernó dictatorialmente hasta 1957, año en que fue derribado y sustituido por una Junta Militar, la cual restableció, mediante plebiscito, el sistema democrático. Los partidos decidieron turnarse en el poder durante un período de 16 años, y en esta etapa, llamada del *Frente Nacional*, han gobernado Alberto Lleras Camargo (1958), Guillermo León Valencia (1962), Carlos Lleras Restrepo (1966) y Misael Pastrana Borrero (1970). En 1974 asumió la presidencia Alfonso López Michelsen.

Colombia Británica, prov. occidental del Canadá; cap. *Victoria*.

colombianismo m. Voz o giro del castellano hablado en Colombia.

colombiano, na adj. y s. De Colombia.

colombicultura f. Arte de criar palomas.

colombino, na adj. Relativo a Cristóbal Colón: *la empresa colombina*.

Colombo, cap. y puerto de la isla de Ceilán; 515 300 h. Industrias. Centro comercial.

colombófilo, la adj. Aficionado a o relacionado con la cría de palomas: *sociedad colombófila*.

colon m. *Anat.* Parte del intestino grueso, entre el ciego y el recto. ‖ *Gram.* Parte o miembro principal de la oración.

colón m. Unidad monetaria de Costa Rica y El Salvador.

Colón, territ. del Ecuador, formado por las islas Galápagos; cap. *Puerto Baquerizo*. — Cerro de Colombia, en la Sierra Nevada de Santa Marta (Magdalena); 5 775 m. — Llanura de Cuba (Matanzas y Las Villas). — Sierra de Honduras (Choluteca); cumbre a 2 000 m. — Dep. de Honduras, en la costa del Caribe; cap. *Trujillo*. — C. de Panamá, cap. de la prov. homónima.

Colón (*Faro*), gran faro en la Rep. Dominicana, levantado donde se fundó la c. de Santo Domingo de Guzmán, primera de América.

Colón (Bartolomé), cartógrafo y explorador, hermano de Cristóbal (¿1461?-1514), adelantado de la Española y fundador de la c. de Santo Domingo (1496). ‖ ~ (CRISTÓBAL), navegante, n. probablemente en Génova (¿1451?-1506), descubridor de América. Desde sus primeros años acarició el proyecto de llegar a las Indias por Occidente. En 1492 consiguió la ayuda de la reina de Castilla Isabel la Católica, firmó las Capitulaciones de Santa Fe, en las que se le otorgaban los títulos de almirante del mar Océano y el cargo de virrey y gobernador de todo lo que descubriera. Se hizo a la vela en el puerto de Palos (3 de agosto de 1492) con tres carabelas (la *Santa María*, la *Pinta* y la *Niña*), tripuladas por unos 120 hombres. El 12 de octubre el marinero Rodrigo de Triana vio la isla de Guanahaní, una de las Bahamas, a la que Colón llamó San Salvador. Desembarcó posteriormente en Cuba y Haití, llamada *La Española*, y volvió a España en marzo de 1493 donde fue acogido triunfalmente en Barcelona. Efectuó aún tres viajes; en el segundo (1493) exploró las Antillas Menores, Puerto Rico y Jamaica; en el tercero (1498) descubrió Trinidad, la desembocadura del Orinoco y la punta de Paria (Venezuela). Como consecuencia del desorden imperante en La Española, el comendador Francisco de Bobadilla, influido por los enemigos de Colón, detuvo al Almirante y a sus hermanos y ordenó su traslado a España. Después de ser rehabilitado, llevó todavía a cabo un cuarto viaje (1502) en el que visitó las costas de Honduras, Nicaragua, Costa Rica y Panamá. Enfermo, volvió a España (1504), residió en Valladolid, donde murió postergado. ‖ ~ (DIEGO), hermano de Cristóbal (¿1465?-1515), gobernador de La Española en 1494. ‖ ~ (DIEGO), almirante español (1474-1526), hijo de Cristóbal. Fue gobernador de las Indias en 1509 y residió en Santo Domingo. ‖ ~ (FERNANDO), historiador español, hijo de Cristóbal (1488-1539). Fue varias veces a las Indias, publicó la vida de su padre y dejó a la catedral de Sevilla su biblioteca, base de la *Biblioteca Colombina*.

colonato m. Explotación de las tierras por colonos.

colonense adj. y s. De Colón (Panamá).

coloneño, ña adj. y s. De Colón (Honduras).

colonia f. Grupo de gente que va de un país a otro para poblarlo o establecerse en él: *las colonias griegas*. ‖ País donde se establece esta gente. ‖ Establecimiento fundado por una nación en otro país y gobernado por la metrópoli: *las antiguas colonias británicas*. ‖ Conjunto de extranjeros originarios del mismo país que viven en una ciudad: *la colonia española de Buenos Aires*. ‖ Reunión de personas o animales que viven juntas: *una colonia de artistas; colonia de hormigas*. ‖ Grupo de niños que pasan juntos las vacaciones: *colonia escolar*. ‖ Agua de Colonia.

Colonia, c. de Alemania (Rin Septentrional-Westfalia), a orillas del Rin. Arzobispado. Universidad. Catedral gótica. ‖ ~ C. del Uruguay, cap. del dep. homónimo. Puerto en el río de la Plata. Ruinas históricas. ‖ ~ **del Sacramento,** c. del Uruguay (Colonia). V. SACRAMENTO. ‖ ~ **Suiza,** pobl. del Uruguay (Colonia). ‖ ~ **Valdense,** pobl. del Uruguay (Colonia).

coloniaje m. Período de la dominación española en América. ‖ Época colonial de cualquier país.

colonial adj. De la colonia: *imperio colonial*. ‖ Ultramarino, exótico: *productos coloniales*. ‖ *Estilo colonial*, el que une los elementos de los pueblos colonizadores con los autóctonos. (El *estilo colonial* es de gran significación en la América hispana.)

colonialismo m. Doctrina imperialista que sólo considera la colonización como medio de prosperidad de la nación colonizadora.

colonialista adj. y s. Perteneciente o relativo al colonialismo.

Colonias Mennonitas, asociación de colonias agrícolas del Paraguay (Boquerón), de unas 500 000 hect., organizadas según las doctrinas de Mennon Simón. Las principales son *Filadelfia* y *New Neuland*.

coloniense adj. y s. De Colonia (Uruguay).

colonización f. Acción y efecto de colonizar. ‖ Movimiento de población de un país (metrópoli) a otro (colonia). ‖ Transformación de un país en territorio dependiente de la metrópoli. ‖ Repoblación y revalorización agrícolas de un territorio poco desarrollado.

colonizador, ra adj. y s. Que coloniza.

colonizar v. t. Transformar en colonia una tierra extranjera. ‖ Poblarla de colonos.

colono m. Habitante de una colonia. ‖ Labrador arrendatario.

coloquial adj. Propio de la conversación: *estilo coloquial*.

coloquíntida f. Planta cucurbitácea cuyo fruto sirve de purgante.

coloquio m. Conversación entre dos o varias personas: *estaban en animado coloquio*. ‖ Reunión cuyo objeto es el estudio de un problema científico o la discusión de asuntos diplomáticos, económicos, etc.

Coloquio de los perros *(El)*, una de las *Novelas Ejemplares* de Cervantes (1609).

Coloquios espirituales y sacramentales y poesías sagradas, de Fernán González de Eslava, obra escrita probablemente en México entre 1567 y 1600.

color m. Impresión producida en los ojos por la luz difundida por los cuerpos. ‖ Lo que se opone al negro o al blanco. ‖ Sustancia colorante. ‖ *Fig.* Brillo, luminosidad: *relato lleno de color*. | Carácter propio de una opinión, de un partido político: *ideas de un color indefinido*. | Apariencia, aspecto: *describir la tragedia con colores trágicos*. ‖ Colorido del rostro: *tienes mal color*. ‖ Cada uno de los cuatro atributos que distinguen los palos de los naipes: *escalera de color*. ‖ — Pl. Señal distintiva que distinguen las banderas nacionales: *los colores de Argentina*. ‖ — *Color local*, puntualidad con que refleja un escritor o un pintor las costumbres de un país. ‖ *Hombre de color*, el que no es de raza blanca, especialmente el negro y el mulato. ‖ *Fam. Mudar de color*, mudar de semblante. | *Sacarle a uno los colores de la cara*, confundirlo, avergonzarlo. ‖ *So color de*, con el pretexto de. ‖ *Fam. Ver las cosas de color de rosa*, pensar en ellas de un modo muy optimista.

coloración, f. Acción y efecto de colorear. ‖ Color.

Colorada, laguna de Bolivia (Potosí), a 4 000 m. de alt. — Sector de la Sierra Madre de Oaxaca (México).

colorado, da adj. Que tiene color. ‖ *Fig.* Libre, subido de tono, picante. | Verde. ‖ — Adj. y s. m. Rojo. ‖ — M. Miembro del Partido Liberal uruguayo. (Su contrario es el *Partido Blanco*.) ‖ Miembro de un partido político paraguayo llamado *Asociación Nacional Republicana*, creado en 1887. ‖ En la Argentina, nombre que se daba a los seguidores de Rosas.

Colorado, uno de los Estados Unidos de Norteamérica en el SO.; cap. *Denver*. — Cima de Bolivia (Potosí); 5 400 m. — Río del S. de la Argentina en la frontera N. de Patagonia; 1 300 km. — Río de Costa Rica, brazo del delta de San Juan. — Río de Estados Unidos, cuyas fuentes están en las Montañas Rocosas, se interna en México, recorre profundas cañadas o cañones y des. en el golfo de California; 2 730 km. — Río de Estados Unidos (Texas), tributario del golfo de México; 1 400 km.

Colorados, volcán en la frontera de la Argentina (Catamarca) y Chile (Atacama); 6 049 m.

colorante adj. Que da color o tiñe. ‖ — M. Sustancia natural o artificial que da un color determinado.

colorar v. t. Colorear.

colorear v. t. Dar color. ‖ *Fig.* Dar a alguna cosa apariencia de verdad: *colorear un pretexto.* ‖ — V. i. Tomar color rojo.

colorete m. Pintura de maquillaje, colorada, para el rostro.

colorido m. Arte de disponer el grado e intensidad de los colores de una pintura: *aprender el colorido.* ‖ Efecto que resulta de la mezcla y el empleo de los colores. ‖ *Fig.* Color: *el colorido de las mejillas.* | Brillo: *lleno de colorido.*

colorimetría f. *Quím.* Procedimiento de análisis basado en la intensidad del color de una disolución.

colorímetro m. Aparato para la colorimetría.

colorín m. Sarampión. ‖ Jilguero. ‖ — Pl. Colores chillones.

* **colorir** v. t. Dar color. ‖ *Fig.* Colorear.

colorismo m. Tendencia artística que abusa mucho del colorido.

colorista adj. y s. Pintor que se distingue en el empleo de los colores.

colosal adj. De gran tamaño. ‖ *Fig.* Inmenso. | Formidable, extraordinario.

coloso m. Estatua muy grande: *el coloso de Rodas.* ‖ Hombre muy grande: *el coloso Sansón.* ‖ *Fig.* Persona de gran importancia o que sobresale por sus cualidades.

colote m. *Méx.* Canasto.

Colotepec, sector de la sierra Madre del Sur de México (Oaxaca).

Colotlán, c. y mun. de México (Jalisco).

Colquechaca, c. de Bolivia, cap. de la prov. de Chayanta (Potosí). Minas (estaño, plata).

Cólquida, ant. comarca de Asia, al E. del Ponto Euxino y al S. del Cáucaso. Los argonautas organizaron una expedición en busca del vellocino de oro.

Colt (Samuel), ingeniero norteamericano (1814-1862), inventor del revólver que lleva su nombre.

coludo, da adj. y s. *Amer.* Animal que tiene la cola larga. ‖ *Fig. Amer.* Persona que arrastra el vestido por el suelo.

columbario m. Entre los romanos, edificio donde se conservaban las urnas funerarias. ‖ Edificio donde se guardan las cenizas de los cadáveres incinerados.

Columbia, río del N. de Estados Unidos, que nace en las Montañas Rocosas (Canadá) y desemboca en el Pacífico, en Portland; 2 000 km. Llamado antes *Oregón.* — Distr. federal de Estados Unidos de Norteamérica; cap. *Washington.* — C. de Estados Unidos, cap. de Carolina del Sur. ‖ ~ **Británica.** V. COLOMBIA BRITÁNICA.

Columbia University, universidad de Estados Unidos, en Nueva York.

colúmbidos m. pl. Orden de aves (palomas, etc.) [ú. t. c. adj.].

columbrar v. t. Divisar, ver de lejos, percibir. ‖ *Fig.* Adivinar, prever, conjeturar.

Columbus, c. de Estados Unidos, cap. del Est. de Ohio. Obispado. Universidad. — C. de Estados Unidos (Georgia). Textiles.

Columela (Lucio), escritor hispanolatino del s. I, n. en Cádiz, autor de un *Tratado de agricultura.*

columna f. *Arq.* Pilar cilíndrico con base y capitel, que sostiene un edificio: *columna corintia, salomónica.* ‖ Monumento conmemorativo en forma de columna: *la columna de Trajano.* ‖ *Fig.* Apoyo, sostén, pilar, puntal: *las columnas de la sociedad.* ‖ *Fís.* Masa de fluido de forma cilíndrica: *la columna del termómetro.* ‖ *Impr.* Parte de una página de libro o diario dividida verticalmente. ‖ *Mil.* Masa de tropas dispuesta en formación de poco frente y mucho fondo: *caminar en columna.* ‖ — *Columna vertebral,* espina dorsal, conjunto de huesos o vértebras soldados que se extienden desde la base del cráneo hasta el nacimiento de los miembros inferiores. ‖ *Quinta columna,* los partidarios que ayudan al enemigo dentro de un país en guerra. ‖ — El n. de *Columnas de Hércules* designaba ant. los montes Calpe (Europa) y Abila (África), situados a la entrada del estrecho de Gibraltar.

columnario, ria adj. Con columnas: *templo columnario.*

columnata f. *Arq.* Serie de columnas que sostienen o adornan un edificio.

columpiar v. t. Mecer en el columpio. ‖ — V. pr. Mecerse en el columpio. ‖ *Fig.* y *fam.* Andar contoneándose. ‖ Equivocarse.

columpio m. Asiento suspendido entre dos cuerdas para mecerse.

coluro m. *Astr.* Cada uno de los dos círculos máximos de la esfera celeste, los cuales pasan por los polos del mundo y cortan a la Eclíptica, el uno en los puntos equinocciales y el otro en los solsticiales.

colusión f. Acuerdo entre varios para perjudicar a un tercero.

colza f. Especie de col de flores amarillas y semillas oleaginosas.

Coll (Pedro Emilio), escritor venezolano (1872-1947), autor de *El castillo de Elsinor* y *La escondida senda.*

colla adj. y s. Indio aimará. (Los *collas* habitan las mesetas andinas de Bolivia y del N. argentino.)

collada f. *Amer.* Caravana, multitud. | Dicho o hecho propio de un indígena colla.

collado m. Colina.

Collao (El), meseta al S. y al E. del lago Titicaca (Bolivia).

collar m. Adorno que rodea el cuello: *un collar de perlas.* ‖ Insignia de algunas órdenes: *el collar del Toisón de Oro.* ‖ Plumas del cuello de algunas aves. ‖ Aro que se ciñe al pescuezo de los animales domésticos. ‖ *Mec.* Anillo, abrazadera circular.

collarín m. Collar pequeño. ‖ Reborde de las espoletas de los proyectiles o bombas. ‖ Alzacuello de los eclesiásticos o sobrecuello de una casaca. ‖ Etiquetilla en forma de medialuna para el cuello de las botellas.

collarino m. *Arq.* Anillo que termina el fuste de la columna.

Collasuyo, ant. reino aimará de Bolivia. Durante la dominación inca era parte del Tahuantinsuyo y se extendía hasta Argentina y Chile.

Collazo Tejada (Enrique), patriota y escritor cubano (1848-1921), ayudante de Máximo Gómez. Autor de *Cuba intervenida.*

collera f. Collar de cuero para caballerías y bueyes. ‖ Pareja. ‖ — Pl. *Amer.* Gemelos de camisa.

Collingwood (Cuthbert), almirante inglés (1750-1810), segundo de Nelson en Trafalgar.

Collipulli, com. y dep. de Chile (Malleco).

Collivadino (Pío), pintor realista argentino (1869-1945).

Collodi (Carlo). V. LORENZINI.

coma f. Signo de puntuación en forma de trazo un poco curvado hacia la izquierda que sirve para separar los diferentes miembros de una frase. ‖ El mismo signo que se utiliza para separar la parte entera de la decimal en un número. ‖ Ménsula de las sillas de coro. ‖ — M. Estado mórbido caracterizado por un sopor profundo, la pérdida total o parcial de la inteligencia, de la sensibilidad y del movimiento voluntario, sin perder las funciones respiratorias y de la circulación.

comadre f. Comadrona, partera. ‖ Madrina de un niño respecto del padrino o los padres del niño. ‖ La madre respecto de la madrina. ‖ *Fam.* Vecina o amiga de confianza. | Alcahueta. ‖ *Cuando se pelean las comadres salen las verdades,* refr. méx. que indica que al calor de una disputa suelen descubrirse faltas ocultas.

comadrear v. i. *Fam.* Criticar.

comadreja f. Mamífero carnicero mustélido que vive en las regiones frías.

comadreo m. Chismorreo.

comadrón m. Médico partero.

comadrona f. Partera.

Comagene, ant. prov. del NE. del reino seleucida de Siria, al E. de Capadocia; cap. *Samosata.*

comal m. *Méx.* y *Amér. C.* Disco delgado de barro o metal que se usa para cocer las tortillas de maíz.

Comalcalco, pobl. de México (Tabasco). Restos mayas.

comalería f. *Méx.* y *Amér. C.* Lugar donde se hacen o venden comales.

comanche adj. y s. Indio de América del Norte. (Los *comanches* vivían en tribus en Texas y Nuevo México.) ‖ — M. Lengua de los comanches.

comandancia f. Grado de comandante. ‖ División militar al mando de un comandante. ‖ Edificio donde está.

comandante m. Oficial superior en los ejércitos de tierra y de aire, entre el capitán y el teniente coronel. ‖ Militar con mando.

comandar v. t. *Mil.* Mandar: *comandar un pelotón.*

comandita f. *Sociedad en comandita,* sociedad comercial en la que una parte de los socios aportan el capital sin participar en la gestión.

comanditario, ria adj. y s. m. Dícese del que aporta el capital.

comando m. *Mil.* Unidad militar de pocos elementos encargada de misiones especiales y que efectúa sus acciones aisladamente.

comarca f. Subdivisión territorial, región, país.

comarcal adj. De la comarca.

comarcano, na adj. Próximo.

Comas (Juan), antropólogo n. en España en 1900, autor de *Antropología física de México y Centroamérica.*

Comasagua, v. de El Salvador (La Libertad).

comatoso, sa adj. *Med.* Del coma: *en estado comatoso.*

Comayagua, río de Honduras, afl. del Ulúa. — C. de Honduras, cap. del dep. homónimo en la depresión central. Centro comercial. Fundada en 1537, la c. fue residencia de la Audiencia de los Confines y cap. de la Rep. desde la Independencia hasta 1880.

comayagüense adj. y s. De Comayagua (Honduras).

comba f. Saltador, cuerda para saltar. ‖ Juego de niñas en que se salta con una cuerda.

combadura f. Curva, alabeo.

combar v. t. Torcer: *combar un hierro* (ú. t. c. pr.). ‖ Alabear (ú. t. c. pr.).

Combarbalá, com. y dep. de Chile (Coquimbo).

combate m. Lucha, pelea: *combate armado, naval, de boxeo, de gallos.* ‖ *Fig.* Oposición, lucha de fuerzas contrarias: *el combate de los elementos, de la vida.* ‖ *Fuera de combate,* sin poder seguir luchando.

combatiente adj. y s. Que combate: *los ex combatientes.*

combatir v. i. Luchar, sostener un combate contra. ‖ Golpear, batir el viento, las olas. ‖ *Fig.* Atacar: *combatir los prejuicios.*

combatividad f. Inclinación a la lucha, al combate.

combativo, va adj. Luchador.

combinación f. Unión, arreglo, en cierto orden, de cosas semejantes o diversas: *combinación de tejidos.* ‖ Unión de varios cuerpos químicos para formar uno nuevo. ‖ Prenda de ropa interior de las mujeres debajo del vestido. ‖ Bebida alcohólica hecha mezclando otras. ‖ *Mat.* Cada una de las maneras de elegir *n* veces repetidas uno u otro de *m* objetos dados. ‖ Clave que permite la abertura de un cierre. ‖ Pase entre los varios compañeros de un equipo deportivo. ‖ *Fig.* Medidas tomadas o cálculos para asegurar el éxito de una empresa. | Arreglo, intriga.

combinado m. Complejo industrial. ‖ Combinación, bebida. ‖ *Dep.* Equipo formado por una selección de jugadores de diversa procedencia: *un combinado catalán.*

combinar v. t. Unir varias cosas para conseguir cierto resultado: *combinar colores.* ‖ Disponer en un orden determinado: *combinar fórmulas.* ‖ *Quím.* Hacer una mezcla de: *combinar el oxígeno con el hidrógeno.* ‖ *Fig.* Disponer de la manera conveniente para lograr un resultado: *ella lo combinó todo.*

combinatorio, ria adj. *Mat.* De las combinaciones o de la combinatoria. ‖ — F. Parte de las matemáticas que trata de las combinaciones.

comburente adj. y s. m. Dícese de un cuerpo que, combinándose con otro, produce la combustión del último.

combustibilidad f. Propiedad de los cuerpos combustibles.

combustible adj. Que puede arder o quemarse. ‖ — M. Materia cuya combustión produce energía calorífica.

combustión f. Acción de arder. ‖ Conjunto de fenómenos producidos al mezclarse un cuerpo con oxígeno.

Comechingones, cadena montañosa de la Argentina, en la Sierra Grande de Córdoba; alt. med. 2 200 m.

comedero, ra adj. Comible. ‖ — M. Sitio donde se echa la comida a los animales. ‖ Comedor.

comedia f. Obra dramática de tema ligero y desenlace feliz: *comedia de capa y espada, de costumbres, de enredo, de carácter* o *de figurón, del arte de magia.* ‖ Cualquier obra dramática. ‖ Género teatral compuesto de esta clase de piezas. ‖ Teatro: *ir a la comedia.* ‖ *Fig.* Ficción, farsa, engaño: *su llanto fue una comedia.*

Comedia humana *(La),* título que designa las novelas de H. de Balzac desde la edición de 1842.

comediante, ta m. y f. Actor o actriz. ‖ *Fig.* y *fam.* Farsante, persona que simula.

comedido, da adj. Mesurado, moderado, tranquilo.

comedimiento m. Circunspección, moderación, urbanidad.

comediógrafo, fa m. y s. Autor de comedias.

* **comedirse** v. pr. Moderarse, contenerse.

comedor, ra adj. Que come mucho, comilón. ‖ — M. Habitación para comer, y muebles que la adornan. ‖ Casa de comidas.

comején m. Insecto arquíptero de los países cálidos que roe toda clase de sustancias, principalmente la madera. (En América se llama *hormiga blanca.*) ‖ *Méx.* Perico.

comejenera f. Nido de comejenes. ‖ *Fig.* y *fam. Méx.* Lugar donde se reúnen gentes de mal vivir.

Comena, sector de la Sierra Madre Oriental de México (San Luis Potosí). — Pobl. del Paraguay (Paraguarí).

comendador m. Caballero que tiene encomienda. ‖ Dignidad entre caballero y gran cruz: *comendador de Calatrava.* ‖ Prelado religioso.

Comendador. V. ELÍAS PIÑA.

comendadora f. Superiora de un convento de las órdenes militares: *comendadora de Santiago.*

comensal com. Persona invitada a comer en una casa. ‖ Cada una de las personas que comen en la misma mesa.

comentador, ra m. y f. Persona que comenta. ‖ Persona que comenta una emisión de radio o de televisión.

comentar v. t. Hacer comentarios sobre una persona o cosa: *comentar la Biblia.*

comentario m. Observaciones acerca de un texto. ‖ Exposición e interpretación oral o escrita de noticias, de informaciones o de un texto. ‖ — Pl. Memorias históricas: *los "Comentarios de César".* ‖ *Fam.* Interpretación maligna de los actos o dichos de alguien: *los comentarios del vulgo.*

Comentarios reales, obra del Inca Garcilaso (1609 y 1616).

comentarista com. Comentador: *comentarista radiofónico.*

* **comenzar** v. t. e i. Empezar, principiar, tener principio: *comenzar el año.*

comer m. Comida, alimento. ‖ *El comer y el rascar, todo es empezar,* prov. que significa que lo más difícil en ciertas cosas es empezarlas.

comer v. i. Masticar y desmenuzar los alimentos en la boca y pasarlos al estómago (ú. t. c. t. y pr.). ‖ Tomar alimento: *comer de todo* ‖ Tomar la comida principal: *comer al mediodía.* ‖ — V. t. Tomar como alimento: *comer carne.* ‖ *Fig.* Desgastar: *el sol come los colores* (ú. t. c. pr.). | Corroer los metales. | Gastar, consumir: *comer el capital* (ú. t. c. pr.). | Sentir comezón. | Sentir desazón: *los celos te comen.* | En el ajedrez y juego de damas, ganar una pieza: *comer un peón, una ficha.* ‖ — *Fig.* y *fam. Ser pan comido,* ser muy fácil. | *Sin comerlo ni beberlo,* sin saber cómo. ‖ — V. pr. Comer. ‖ *Fig.* Saltar algo al hablar, al leer o al escribir: *comerse una línea.* ‖ *Fig.* y *fam. Amer. Comer pavo,* quedarse una mujer sin bailar.

comercial adj. Relativo al comercio y a los comerciantes, mercantil. ‖ Donde hay tiendas: *calle comercial.*

comercialidad f. Carácter comercial.

comercialismo m. Espíritu comercial excesivo, mercantilismo.

comercialización f. Mercantilización. ‖ Mercadeo, estudio del mercado, marketing.

comercializar v. t. Dar carácter comercial. ‖ Ordenar los ideales, hábitos y métodos de una persona, asociación o comunidad en el marco exclusivo del espíritu y maneras de la vida mercantil y del afán de lucro.

comerciante adj. Que comercia: *hombre comerciante.* ‖ — M. y f. Persona que se dedica al comercio: *comerciante al por mayor, al por menor.* ‖ *Fig.* Interesado, que sólo busca el lucro.

comerciar v. i. Negociar, comprar y vender con fin lucrativo: *comerciar en granos.* ‖ *Fig.* Tratar unas personas con otras. | Especular con fines de lucro.

comercio m. Compra y venta o cambio de productos naturales e industriales. ‖ Conjunto de comerciantes. ‖ Establecimiento comercial. ‖ *Fig.* Comunicación y trato: *el comercio de las personas.* ‖ Trato sexual. ‖ — *Cámara de Comercio,* organismo consultivo de los comerciantes. ‖ *Código de comercio,* conjunto de leyes que rigen el comercio.

comestible adj. Que se puede comer: *molusco, planta comestible.* ‖ — M. Alimento, víveres.

cometa m. *Astr.* Astro generalmente formado por un núcleo poco denso y una atmósfera luminosa que le precede, le envuelve o le sigue según su posición respecto del Sol, y que describe una órbita muy excéntrica: *la cola* o *cabellera de un cometa.* ‖ — F. Juguete hecho con un armazón de cañas y papel o tela que se mantiene en el aire sujeta con una cuerda y sirve de juguete.

— Los *cometas* describen una elipse prolongada o una parábola cuyo foco ocupa el Sol. Algunos cometas reaparecen periódicamente: el de Halley, por ej., nos visita cada 76 años.

cometer v. t. Incurrir en errores, culpas, delitos, etc.: *cometer un robo, un solecismo.* ‖ Encargar a uno un asunto.

CO

cometido m. Encargo, tarea, misión. ‖ Deber, trabajo.

comezón f. Picazón, escozor. ‖ *Fig.* Intranquilidad, desasosiego: *la comezón del remordimiento.*

comible adj. *Fam.* Comestible.

comicastro m. Mal actor.

comicial adj. Relativo a los comicios.

comicidad f. Carácter cómico.

comicio m. Asamblea del pueblo romano para tratar de los asuntos públicos. ‖ — Pl. Elecciones.

cómico, ca adj. Relativo a la comedia: *actor cómico.* ‖ *Fig.* Divertido, gracioso. ‖ — M. y f. Comediante, actor. ‖ *Cómico de la legua,* el que anda representando de pueblo en pueblo.

comida f. Alimento del cuerpo. ‖ Alimento que se toma a ciertas horas: *hacer tres comidas al día.* ‖ Almuerzo. ‖ Acción de comer.

comidilla f. *Fam.* Tema de conversación: *es la comidilla del barrio.* | Ocupación favorita.

comienzo m. Principio.

comilón, ona adj. y s. *Fam.* Que come mucho. ‖ — F. *Fam.* Festín, banquete, comida muy abundante.

comillas f. pl. *Gram.* Signo ortográfico (" ") al principio y fin de las citas.

Comillas, v. de España (Santander). Universidad pontificia.

cominear v. i. Cazoletear.

comino m. Planta umbelífera de semillas aromáticas de figura aovada usadas como condimento y en medicina. ‖ *Fig.* y *fam.* Poco, insignificancia.

comis m. Ayudante de camarero.

comisar v. t. Confiscar.

comisaría f. Función u oficina de comisario. ‖ *Amer.* Territorio administrado por un comisario.

comisario m. Jefe de policía. ‖ Delegado de una comisión.

comiscar v. t. Comisquear.

comisión f. Cometido: *la comisión de un delito.* ‖ Delegación, orden y facultad que se da a una persona para que ejecute algún encargo. ‖ Delegación, conjunto de personas delegadas por una corporación: *ir en comisión a visitar a una autoridad* ‖ Porcentaje que recibe alguien en un negocio de compraventa o por ocuparse de asuntos ajenos: *cobrar una comisión.*

Comisión Económica para América Latina (C.E.P.A.L.), organismo económico regional del Consejo Económico y Social de las Naciones Unidas, creado en 1948, con residencia en Santiago de Chile.

comisionado, da adj. y s. Encargado para ocuparse de algún negocio: *comisionado para resolver un conflicto.*

comisionar v. t. Dar comisión o encargo a una o más personas.

comisionista com. Persona que vende y compra por cuenta de otra persona y cobra una comisión.

comiso m. Confiscación.

comisorio, ria adj. Válido hasta determinada fecha.

comisquear v. t. Comer poco y frecuentemente.

comisura f. *Anat.* Punto de unión de ciertas partes: *comisura de los labios.*

Comitán de Domínguez, c. y mun. de México (Chiapas).

comité m. Comisión o junta de personas delegadas para entender en algún asunto: *comité administrativo, político, sindical.*

comiteco m. *Méx.* Licor que se elabora del jugo de un maguey del Est. de Chiapas.

comitiva f. Acompañamiento.
cómitre m. El que gobernaba a los galeotes.
Commonwealth [*-uelz*] **of Nations,** comunidad británica de naciones, integrada por Gran Bretaña y los ant. mandatos, dominios protectorados, posesiones y colonias que han alcanzado hoy la independencia.
Commune *(La)*, órgano revolucionario francés creado en París a raíz del levantamiento popular del 18 de marzo de 1871. Dejó de existir a finales de mayo.
Comneno, familia bizantina a la que pertenecen seis emperadores de Oriente.
como adv. Lo mismo que, del modo que: *haz como quieras.* || Tal como: *un hombre como él.* || En calidad de: *asistió a la ceremonia como testigo.* || Porque: *como recibí tarde tu invitación, no pude venir.* || Según: *como dice la Biblia.* || — Conj. Si: *como no lo hagas te castigaré.*
cómo adv. De qué manera, de qué modo: *no sé cómo agradecerle.* || Por qué: *¿cómo no viniste?* || — M. El modo como se hace algo. || — Interj. Denota sorpresa o indignación. || *Amer. ¡Cómo no!,* ciertamente.
Como, c. de Italia en las faldas de los Alpes (Lombardía), en las riberas del lago homónimo (152 km²).
cómoda f. Mueble con varios cajones que sirve para guardar ropa, etc.
comodato m. *For.* Préstamo gratuito.
comodidad f. Calidad de lo que es cómodo, agradable. || Utilidad, interés. || — Pl. Conveniencias, cosas agradables y cómodas: *vivir con todas las comodidades.*
comodín m. Lo que puede servir para todo. || Carta que tiene el valor que se le quiera dar.
cómodo, da adj. Fácil, manejable: *un trabajo cómodo.* || Acomodadizo: *carácter cómodo.* || Agradable, que permite estar a gusto: *un sillón cómodo.*
Cómodo (Lucio), emperador romano de 180 a 192. Se distinguió por su crueldad.
comodón, ona adj. y s. *Fam.* Que le gusta estar cómodo.
comodoro m. *Mar.* En Inglaterra, Estados Unidos, Argentina y México, jefe de marina inferior al contraalmirante.
Comodoro Rivadavia, c. y puerto del S. de la Argentina (Chubut). Obispado. Petróleo.
Comonfort, c. y mun. de México (Guanajuato).
Comonfort (Ignacio), general mexicano, n. en Puebla (1812-1863), pres. de la Rep. en 1855. Acaudilló un golpe de Estado (Plan de Tacubaya) para derogar la Constitución promulgada por él mismo. Reemplazado por B. Juárez huyó a Estados Unidos. Regresó a su patria ante la invasión francesa y sirvió lealmente a Juárez, hasta que murió asesinado por un grupo de imperialistas.
comoquiera adv. De cualquier modo: *comoquiera que sea.*
Comores, archip. francés del océano Índico, al NO. de Madagascar; cap. *Dzaudzi.*
Comorín, cabo de la India, al S. de la penins.
compacidad f. Calidad de compacto.
compactar v. t. Hacer compacta una cosa.
compacto, ta adj. De textura apretada y poco porosa: *la caoba es una madera muy compacta.* || *Impr.* Dícese de la impresión que en poco espacio tiene mucha lectura: *texto compacto.* || *Fig.* Denso, apretado.
* **compadecer** v. t. Sentir compasión por el mal ajeno: *compadecer al pobre* (ú. t. c. pr.).
compadraje m. Amistad entre compadres. || *Fig.* Conchabamiento.
compadrar v. i. Contraer compadrazgo. || Hacerse compadre o amigo.
compadrazgo m. Parentesco entre el padrino de un niño y los padres de éste. || Compadraje.
compadre m. Padrino del niño respecto de los padres y la madrina de éste. || *Fam.* Amigo o conocido.
compaginación f. Reunión. || *Impr.* Ajuste. || *Fig.* Acuerdo.
compaginador m. *Impr.* Ajustador.
compaginar v. t. Poner en buen orden cosas que tienen alguna relación mutua. || Hacer compatible, combinar. || *Impr.* Ajustar: *compaginar un periódico.* || — V. pr. Corresponder, armonizarse.
Companys [*-pañs*] (Luis), político catalán (1883-1940), presidente de la Generalidad de 1933 a 1939. M. fusilado.
compaña f. Compañía.
compañerismo m. Relación entre compañeros. || Armonía entre ellos.
compañero, ra m. y f. Persona que acompaña a otra para algún fin: *compañero de viaje.* || Persona que convive con otra. || Persona que hace alguna cosa con otra: *compañero de trabajo.* || *Fig.* Cosa que hace juego o forma pareja con otra.
compañía f. Efecto de acompañar: *hacer compañía.* || Persona que acompaña a otra. || Sociedad o junta de varias personas unidas para un mismo fin. || Reunión de personas que forman un cuerpo: *compañía teatral.* || Empresa industrial o comercial: *compañía ferroviaria, de seguros.* || *Mil.* Unidad de infantería mandada por un capitán. || — *Compañía de Jesús,* la orden de los jesuitas. (V. JESUITA.) || *Compañía de la legua,* la de cómicos que anda de pueblo en pueblo. || *Compañías blancas,* conjunto de aventureros dirigidos por el francés Bertrand Duguesclin, que apoyaron en España a Enrique de Trastamara (s. XIV).
comparación f. Acción y efecto de comparar, paralelo. || *Ret.* Símil, semejanza. || *Gram. Grados de comparación,* el positivo, el comparativo y el superlativo.
comparar v. t. Examinar las semejanzas y las diferencias que hay entre las personas y las cosas: *comparar una persona con otra.* || Cotejar, equiparar: *comparar dos textos.*
comparativo, va adj. Que expresa comparación. || — M. *Gram.* Segundo grado de comparación de los adjetivos.
— Los *adjetivos comparativos* son muy escasos en castellano (*mayor, menor, mejor, peor, superior, inferior*). Su falta se sustituye por los adverbios *tan, más, menos,* antepuestos al positivo (*no hay hombre tan bueno como él*).
comparecencia f. *For.* Presentación de una persona ante el juez. || *Cub.* Presentación ante la televisión.
* **comparecer** v. i. *For.* Presentarse en un lugar en virtud de una orden. || Presentarse, aparecer.
compareciente adj. y s. *For.* Que comparece.
comparición f. *For.* Comparecencia. | Auto, orden de comparecencia.
comparsa f. Acompañamiento, grupo: *comparsa numerosa.* || Grupo de gente con máscaras. || — Com. *Teatr.* Figurante, extra (cine). || *Fig.* Persona que desempeña un papel sin importancia en algo.
compartimento y **compartimiento** m. Acción y efecto de compartir. || Departamento de un vagón, de un casillero, etc.
compartir v. t. Repartir, dividir, distribuir las cosas en partes: *compartir las ganancias.* || Participar uno en alguna cosa: *compartir las alegrías o las penas con otro.*
compás m. Instrumento de dos brazos articulados para trazar circunferencias o medir. || Símbolo de la masonería. || *Fig.* Regla o medida de alguna cosa. | Ritmo. || *Mar.* Brújula. || *Mús.* División de la duración de los sonidos en partes iguales: *compás de dos por cuatro.* || *Fig. Compás de espera,* pausa.
compasillo m. Compás menor.
compasión f. Sentimiento de piedad por la desgracia ajena.
compasivo, va adj. Que siente compasión: *hombre compasivo.*
compatibilidad f. Calidad de compatible: *compatibilidad de caracteres.*
compatible adj. Que puede coexistir: *caracteres compatibles.*
compatriota com. Nacido en la misma patria.
compeler v. t. Forzar, obligar.
compendiar v. t. Abreviar, resumir: *compendiar una historia.* || *Fig.* Expresar brevemente, sintetizar: *compedia todas las características de la bondad.*
compendio m. Breve o corta exposición de una materia: *un compendio de geografía.* || *Fig.* Síntesis.
compenetración f. Penetración mutua.
compenetrarse v. pr. Penetrar las partículas de una sustancia entre las de otra, o recíprocamente. || *Fig.* Identificarse las personas en ideas y sentimientos.
compensación f. Acción de compensar. || Indemnización: *dar algo en compensación del daño.* || *For.* Modo de extinción de dos obligaciones recíprocas. || Operación financiera en la que las compras y ventas se saldan por medio de transferencias recíprocas, sin intervención del dinero. || Pago similar efectuado por las naciones respecto a los créditos del comercio internacional (llamado tb. *clearing*). || *Med.* Supresión de los efectos de una lesión por modificaciones secundarias que restablecen el equilibrio.
compensador, ra adj. Que compensa.
compensar v. t. Equilibrar un efecto con otro, neutralizar. || Indemnizar, resarcir los daños.
compensatorio, ria adj. Que establece una compensación.
competencia f. Rivalidad entre varias personas que persiguen el mismo objeto. || Conjunto de los que ejercen el mismo comercio, la misma industria: *competencia desleal.* || Atribución para juzgar: *la competencia de un tribunal.* || Incumbencia: *esto no cae en mi competencia.* || Capacidad, conocimiento profundo.
competente adj. Que tiene aptitud para resolver un asunto: *juez competente.* || Que es capaz o conocedor de cierto asunto: *persona muy competente.* || Conveniente.
competer v. i. Ser de la competencia de, incumbir.
competición f. Prueba deportiva. || Competencia entre comerciantes.
competidor, ra adj. y s. Rival. || Concursante en una prueba deportiva.
* **competir** v. i. Rivalizar, oponerse dos o más personas para un puesto o a la superioridad en algo. || Rivalizar en el comercio.
competitivo, va adj. Capaz de competir con otros: *precio competitivo.* || Dícese donde la competencia comercial es posible: *mercado competitivo.*
Compiègne, c. de Francia (Oise). Palacio. Cerca se firmaron los armisticios de 1918 y 1940.
compilación f. Colección de noticias, leyes o materias: *compilación jurídica.*
compilador, ra adj. y s. Que compila.
compilar v. t. Reunir en un solo cuerpo de obra extractos de otros libros o documentos.

compinche com. *Fam.* Amigote.

complacencia f. Satisfacción, placer.

* **complacer** v. t. Ser agradable a una persona. || Dar satisfacción y placer: *me complace su éxito.* || — V. pr. Gustarle a uno algo: *complacerse en su desgracia.*

complacido, da adj. Satisfecho, contento: *complacido con su suerte.*

complaciente adj. Solícito, amable. || Indulgente con las faltas: *marido complaciente.*

complejidad f. Calidad de complejo.

complejo, ja adj. Formado de elementos diferentes: *carácter complejo.* || Complicado: *asunto complejo.* || *Mat. Número complejo,* el formado por unidades de diferentes especies. || — M. Cuerpo químico obtenido por la asociación de diferentes moléculas. || Conjunto o combinado de industrias que se dedican a cierta producción: *el complejo siderúrgico de Avilés.* || Tendencia independiente e inconsciente de la voluntad de uno que condicionan su conducta: *complejo de superioridad.*

complementar v. t. Completar (ú. t. c. pr.).

complementario, ria adj. Que completa: *cantidad complementaria.* || *Geom. Ángulos complementarios,* ángulos cuya suma es igual a la de un recto.

complemento m. Lo que completa una cosa: *esto sería el complemento de mi felicidad.* || *Geom.* Lo que falta añadir a un ángulo agudo para obtener un ángulo recto. || *Gram.* Palabra u oración que añade algo al sentido de otro vocablo o frase: *los complementos gramaticales se dividen en directos e indirectos.*

completar v. t. Hacer una cosa completa (ú. t. c. pr.).

completo, ta adj. Entero, íntegro, que tiene todos los elementos necesarios. || Acabado, perfecto: *un deportista completo.* || Lleno: *autobús completo.* || Absoluto: *un completo fracaso.* || *Por completo,* completamente. || — M. Lleno.

complexión f. *Fisiol.* Constitución física del individuo: *persona de fuerte complexión.*

complicación f. Estado de lo que es complicado: *la complicación de las matemáticas.* || Dificultad. || *Med.* Síntoma distinto de los habituales de una enfermedad.

complicado, da adj. Compuesto de gran número de piezas: *una máquina muy complicada.* || *Fig.* Muy difícil: *asunto complicado.* | Difícil de comprender (persona). || Implicado: *complicado en un robo.*

complicar v. t. Hacer difícil de comprender. || Comprometer o mezclar en un asunto. || — V. pr. Hacerse difícil. || Presentarse dificultades. || Empeorarse, agravarse una enfermedad.

cómplice com. *For.* Copartícipe en un delito. || *Fig.* Que ayuda o favorece.

complicidad f. Participación a un crimen, a un delito. || *Fig.* Acuerdo, connivencia.

complot m. *Fam.* Conspiración, conjura. | Trama, intriga.

complotar v. t. e i. Conjurarse.

complutense adj. y s. De Alcalá de Henares.

Complutum, n. romano de *Alcalá de Henares.*

componedor, ra m. y f. Mediador, árbitro. || — M. *Impr.* Regla en la que el tipógrafo pone las letras para formar las líneas.

componenda f. Combinación poco escrupulosa, chanchullo. || Reparación provisional.

componente adj. y s. Que forma parte de un todo. || — M. Elemento usado en la realización de los circuitos electrónicos.

* **componer** v. t. Constituir un todo con diferentes partes. || Hacer una obra literaria o de música: *componer un concierto para piano.* || *Impr.* Reunir caracteres o tipos de letras: *componer en redondo.* || Adornar, ataviar. || Reconciliar: *componer a los enemistados.* || Arreglar: *componer un asunto.* || Reparar, arreglar una cosa rota: *componer un mueble.* || — V. i. Hacer versos o composiciones musicales. || — V. pr. Estar formado. || Arreglarse, ataviarse. || Ponerse de acuerdo. || *Fig.* y *fam. Componérselas,* manejárselas, arreglarse para salir de un apuro.

componte m. *P. Rico.* Castigo corporal impuesto injustamente por las autoridades.

comportamiento m. Conducta.

comportar v. t. *Fig.* Sufrir, aguantar, sobrellevar. || Traer consigo, implicar, acarrear, causar. (Es galicismo en este sentido.) || — V. pr. Portarse, conducirse.

composición f. Acción y efecto de componer. || Manera como forman un todo diferentes partes. || Proporción de los elementos que forman parte de un cuerpo compuesto: *la composición del agua.* || Compostura, circunspección. || Obra científica, musical, literaria o artística. || Combinación musical de las formas melódicas. || Arte de agrupar las figuras y accesorios para conseguir el mejor efecto en pintura y escultura. || Ejercicio de redacción. || Acuerdo. || Comedimiento. || *Gram.* Modo de formar nuevas palabras. || *Impr.* Conjunto de líneas, galeradas y páginas antes de la imposición. || *Fig. Hacer composición de lugar,* pesar el pro y el contra.

compositor, ra adj. y s. Que compone, especialmente obras musicales.

Compostela, pobl. y mun. de México (Nayarit). || ~ **(Santiago de).** V. SANTIAGO DE COMPOSTELA.

Compostela (Diego Avelino de), obispo español (1635-1704), llamado en Cuba *el Obispo Santo.*

compostelano, na adj. y s. De Santiago de Compostela.

compostura f. Arreglo, reparación: *compostura de un reloj.* || Aseo o arreglo de una persona. || Manera de comportarse. || Acuerdo, convenio. || Mesura, comedimiento. || Recato en las mujeres. || Composición.

compota f. Fruta cocida con azúcar. || *Fig.* y *fam. En compota,* hecho polvo o trizas.

compound adj. (pal. ingl.). *Motor compound,* motor de émbolos en el que la energía del gas de escape la recuperan parcialmente los álabes de una turbina.

compra f. Adquisición mediante pago. || Cosa comprada. || Conjunto de comestibles comprados para el consumo diario. || *Fig.* Soborno, corrupción.

comprador, ra adj. y s. Que compra.

comprar v. t. Adquirir por dinero. || *Fig.* Sobornar con dinero.

compraventa f. Contrato de compra y venta.

comprender v. t. Contener, constar de: *este diccionario lo comprende todo.* || Entender: *no comprendo bien.* || — V. pr. Avenirse dos personas.

comprensible adj. Inteligible.

comprensión f. Acción de comprender. || Facultad, capacidad para entender y penetrar las cosas. || *Lóg.* Conjunto de cualidades que integran una idea. || *Fig.* Indulgencia, carácter benévolo.

comprensivo, va adj. Que tiene facultad de comprender o entender. || Tolerante, indulgente: *hombre comprensivo.* || Que comprende, contiene o incluye.

compresa f. Lienzo que se aplica debajo del vendaje. || Paño higiénico de gasa.

compresibilidad f. Propiedad de los cuerpos que pueden ser comprimidos.

compresible adj. Comprimible.

compresión f. Acción y efecto de comprimir: *bomba de compresión.* || *Gram.* Sinéresis. || *Mec.* En un motor, presión alcanzada por la mezcla detonante en la cámara de explosión antes del encendido.

compresivo, va adj. Que comprime.

compresor adj. m. Que comprime: *músculo, cilindro, rodillo compresor.* || — M. Aparato para comprimir un gas.

comprimible adj. Que se puede comprimir.

comprimido, da adj. Disminuido de volumen: *aire comprimido.* || Aplastado. || — M. *Farm.* Pastilla.

comprimir v. t. Hacer presión sobre un cuerpo de modo que ocupe menos volumen: *comprimir una arteria.* || — V. pr. Retenerse.

comprobación f. Acción y efecto de comprobar.

comprobante adj. Que comprueba. || — M. Prueba, justificación. || Recibo.

* **comprobar** v. t. Confirmar una cosa: *comprobar algo con testigos.*

comprobatorio, ria adj. Que comprueba.

comprometedor, ra adj. Que compromete: *dicho comprometedor.*

comprometer v. t. Exponer, poner en peligro: *comprometer un negocio, una empresa.* || Perder la reputación de una persona. || Poner en un compromiso. || Poner de común acuerdo en manos de un tercero la resolución de una diferencia: *comprometer en jueces árbitros.* || Obligar a uno a una cosa. || Contratar, apalabrar. || — V. pr. Obligarse a una cosa: *comprometerse a pagar.* || Tomar posición: *este escritor no se ha comprometido.*

compromisario m. Árbitro. || Persona designada por otras en una elección para presentarse a una nueva elección.

compromiso m. Convenio entre litigantes para aceptar un fallo. || Obligación contraída, palabra dada: *cumplir sus compromisos.* || Dificultad, apuro: *poner en un compromiso.* || Esponsales: *compromiso matrimonial.* || Elección en que los electores se hacen representar por compromisarios. || *Más vale un buen compromiso que un mal matrimonio,* refr. que en América signif. preferir una buena unión sin legalizar a un mal casamiento. — Es históricamente conocido con el n. de *Compromiso de Caspe* el acuerdo a que llegaron en Caspe, a la muerte de Martín I el Humano de Aragón, los delegados de los parlamentos catalán, aragonés y valenciano, que reconocieron como rey a Fernando de Antequera (1412). V. tb. BREDA *(Compromiso de).*

Compton (Arthur Holly), físico norteamericano (1892-1962), descubridor del efecto corpuscular de la luz que lleva su nombre. (Pr. Nóbel, 1927.)

compuerta f. Portón movible en presas y canales.

compuesto, ta adj. Constituido por varias partes. || Arreglado, acicalado. || Reparado. || *Arq.* Dícese del orden formado por la mezcla del jónico y el corintio: *capitel compuesto.* || *Gram.* Aplícase a los tiempos de un verbo que se conjugan con el participio pasivo precedido de un auxiliar: *he dado, había dado, habré dado.* || *Nombre compuesto,* el formado por la unión de palabras distintas, pero que representa un solo objeto: *cortaplumas, prototipo, sacacorchos, son nombres compuestos.* || — M. *Quím.* Sustancia química en cuya composición entran dos o más cuerpos simples. || — F. pl. Plantas dicotiledóneas gamopétalas cuyas flores forman una o más filas sobre el receptáculo, como la margarita, el crisantemo (ú. t. c. adj.).

compulsación f. Confrontación.

compulsar v. t. Cotejar, confrontar documentos. || *Amer.* Obligar, compeler.

compulsión f. *For.* Apremio.

compunción f. Tristeza.

compungirse v. pr. Entristecerse o dolerse.

compurgar v. t. *Méx.* Cumplir la pena el reo.

computación f. Cómputo.

computadora f. Calculadora.

computar v. t. Calcular. || Contar.

cómputo m. Cuenta, cálculo.

Comte (Auguste), filósofo francés, n. en Montpellier (1798-1857), fundador de la escuela positivista y autor de un *Curso de filosofía positiva.*

comulgante adj. y s. Que comulga.

comulgar v. i. Recibir la comunión. || *Fig.* Coincidir, tener ideas comunes.

comulgatorio m. Sitio en las iglesias en que los fieles reciben la sagrada comunión.

común adj. Aplícase a las cosas que pertenecen a todos: *bienes, pastos comunes.* || Admitido por la mayor parte: *opinión común.* || Que se ejecuta con otros: *obra común.* || General, universal: *interés común.* || Ordinario, frecuente: *de uso común.* || Vulgar: *modales comunes.* || *Méx.* Asentaderas. || *Gram. Nombre común,* el que conviene a todos los seres de la misma especie. || — M. Todo el pueblo, todo el mundo: *el común de los mortales.* || Comunidad. || — *Cámara de los Comunes,* V. CÁMARA. || *En común,* conjuntamente. || *Por lo común,* generalmente.

comuna f. *Amer.* Municipio.

comunal adj. Del municipio: *casa comunal.* || — M. El común, el pueblo.

comunero, ra adj. y s. Partidario de las comunidades de Castilla. (V. COMUNIDAD.) || En Colombia y Paraguay, n. de los primeros partidarios de la Independencia. || — M. Copropietario.

— Los *comuneros paraguayos* se levantaron en 1717 contra el dominio español, y fueron reducidos en 1735. El alzamiento de los *comuneros colombianos* se produjo hacia 1781 (en Socorro) y fue severamente reprimido.

comunicable adj. Que puede comunicarse. || *Fam.* Sociable.

comunicación f. Acción y efecto de comunicar: *la comunicación de un movimiento.* || Escrito: *una comunicación oficial.* || Enlace entre dos puntos: *comunicación telefónica.* || Trato entre personas. || — Pl. Correspondencia postal, telegráfica, telefónica: *Palacio de comunicaciones.* || Medios de enlace: *barrio con malas comunicaciones.*

comunicado m. Aviso oficial que se transmite a la prensa. || Aviso, a cargo del remitente, que sale en un periódico, remitido.

comunicante adj. y s. Que comunica: *vasos comunicantes.*

comunicar v. t. Transmitir: *comunicar un virus.* || Hacer partícipe a otro de lo que uno conoce o tiene. || — V. i. Estar en relaciones: *comunicar con una persona* (ú. t. c. pr.). || Estar unidos por un paso común: *cuartos que comunican* (ú. t. c. pr.). || — V. pr. Propagarse.

comunicativo, va adj. Que se comunica: *risa comunicativa.* || Que le gusta decir a los demás sus pensamientos, sus sentimientos.

comunidad f. Estado de lo que es común: *comunidad de bienes.* || Asociación de personas que tienen un interés común. || Sociedad religiosa sometida a una regla común. || — Pl. (Ant.). Levantamientos populares: *las comunidades de Castilla.* || *Comunidad agraria,* en México, congregación de campesinos que tienen las tierras en común, y, por ello, necesidades afines y derechos semejantes. || *For. Comunidad de bienes,* régimen de gananciales.

— Se conoce históricamente con el n. de *Sublevaciones de las Comunidades,* el alzamiento de los comuneros de Castilla al comienzo del reinado de Carlos I en defensa de los derechos de la nación y las libertades municipales. Habiendo derrotado las fuerzas reales a las comuneras en Villalar (1521), sus caudillos Padilla, Bravo y Maldonado fueron decapitados.

Comunidad || **~ Económica Europea,** asociación creada en 1957 entre Alemania Federal, Bélgica, Holanda, Francia, Italia y Luxemburgo a fin de establecer una unión arancelaria y un mercado común. Puesta en vigor en 1959. Gran Bretaña, Dinamarca e Irlanda ingresaron en ella el año 1973. || **~ Europea de la Energía atómica** (EURATOM), asociación creada en 1957 entre Alemania Federal, Bélgica, Holanda, Francia, Italia y Luxemburgo para favorecer el desarrollo de las industrias nucleares. || **~ Europea del Carbón y el Acero** (C. E. C. A.), asociación fundada en 1951 entre Alemania Federal, Bélgica, Holanda, Francia, Italia y Luxemburgo para crear un mercado común del carbón y el acero.

comunión f. Unión en la misma fe: *comunión de los fieles.* || Ceremonia y recepción del sacramento de la Eucaristía. || Comunidad de ideas, de principios entre personas.

Comunión Tradicionalista, organismo político que, después de las guerras civiles del s. XIX, representó el espíritu del carlismo.

comunismo m. Teoría de la colectivización de los medios de producción y de la repartición de los bienes de consumo según las necesidades del individuo. || Aplicación política de esta teoría.

Comunismo (PICO), ant. *Pico Stalin,* alt. máx. de la U. R. S. S., en el Pamir; 7 495 m.

comunista adj. Relativo al comunismo. || Partidario o miembro de este partido (ú. t. c. s.).

comunistoide adj. y s. *Fam.* Que simpatiza con el comunismo.

comuña f. Aparcería.

con prep. Indica el medio o la manera de hacer alguna cosa: *comer con un tenedor.* || Juntamente: *salir con un amigo.* || Con un infinitivo equivale a un gerundio: *con pulsar este botón ya se enciende la luz.* || A pesar de: *con ser tan inteligente no ha conseguido triunfar.*

Conakry, c. y puerto de Guinea; 172 500 h. Cap. del país. Arzobispado.

conato m. Tendencia, propósito. || *For.* Intento, tentativa: *intento de robo.* || Comienzo: *conato de incendio.* || Empeño, esfuerzo.

concadenar y **concatenar** v. t. Enlazar unas cosas con otras.

concatenación f. Encadenamiento, relación.

concausa f. Causa que, junto con otra, produce algún efecto.

concavidad f. Calidad de cóncavo. || Parte cóncava, cavidad.

cóncavo, va adj. Que forma una cavidad: *lente cóncava.*

concebible adj. Comprensible.

* **concebir** v. i. y t. Quedar encinta la hembra. || *Fig.* Tener idea de una cosa, comprenderla: *concebir un proyecto.* | Pensar: *no lo puedo concebir.* | Sentir: *concibió enorme odio hacia sus congéneres.*

conceder v. t. Dar, otorgar: *conceder una gracia, una indemnización.* || Asentir, reconocer.

concejal m. Miembro de un ayuntamiento.

concejo m. Ayuntamiento.

concelebración f. Acción y efecto de concelebrar.

concelebrar v. t. Celebrar ceremonias litúrgicas varios sacerdotes u obispos juntos.

concentrable adj. Que se puede concentrar.

concentración f. Acción y efecto de concentrar o concentrarse. || Reunión en público de personas para manifestarse. || Conjunto de relaciones entre empresas para limitar la competencia. || *Fig.* Abstracción. || *Concentración parcelaria,* agrupación de fincas pequeñas para facilitar su cultivo.

concentrado m. Producto en el que se ha hecho desaparecer el agua.

concentrar v. t. Reunir en un centro (ú. t. c. pr.). || Reunir en un mismo punto: *concentrar tropas* (ú. t. c. pr.). || Tender hacia un único objetivo: *concentrar las energías.* || Condensar: *concentrar leche.* || — V. pr. *Fig.* Reflexionar profundamente.

concéntrico, ca adj. *Geom.* Que tienen un mismo centro.

concepción f. Acción que hace que el niño o el animal exista. || Por antonomasia, la de la Virgen. || Su festividad (8 de diciembre). || Idea, concepto.

Concepción, estrecho del S. de Chile (Magallanes), entre las islas Lobos, la de Doñas y la del Duque de York. — Laguna de Bolivia (Santa Cruz); 540 km². — Sierra de México (Baja California). Recibe tb. el n. de *la Giganta.* — Cerro volcánico de Nicaragua, en la isla homónima; 1610 m. Conocido tb. por el n. de *Ometepe.* — N. de cuatro pobl. de la Argentina (Corrientes, Misiones, San Juan y Tucumán). — Pobl. de Bolivia, cap. de la prov. de Ñuflo de Chávez (Santa Cruz). — C. de Chile, en la des. del río Bío-Bío; cap. de la prov. homónima. Universidad. Arzobispado. — V. de Panamá, cap. del distr. de Baugaba (Chiriquí). — C. del Paraguay, cap. del dep. homónimo. Puerto en el río Paraguay Obispado. — C. del Perú, cap. de la prov. homónima (Junín). || **~ de Ataco,** c. de El Salvador (Ahuachapán). || **~ de Buenos Aires,** pobl. de México (Jalisco). || **~ de la Vega,** c. de la Rep. Dominicana, cap. de la prov. de La Vega. Fundada en 1495 por Bartolomé Colón. || **~ de Oriente,** v. de El Salvador (La Unión). || **~ del Uruguay,** c. de la Argentina (Entre Ríos). Puerto fluvial. Sede de la Univ. Nacional de Entre Ríos.

concepcionero, ra adj. y s. De Concepción (Paraguay).

conceptismo m. Estilo literario conceptuoso, propio de España en el s. XVII: *Quevedo es el mejor representante del conceptismo.*

conceptista adj. y s. Que abusa del estilo conceptuoso.

concepto m. Idea que concibe o forma el entendimiento: *el concepto del espacio.* || Opinión: *tener un gran concepto de uno.* || Razón, motivo: *en su concepto.* || Cada una de las partes de una cuenta. || *En concepto de,* en calidad de.

conceptualismo m. *Fil.* Sistema que defiende la realidad de las ideas universales.

conceptualista adj. Relativo al conceptualismo. || — Adj. y s. Partidario de este sistema.

conceptuar v. t. Tener formado juicio o concepto, juzgar.

conceptuoso, sa adj. Sentencioso, agudo: *escritor conceptuoso.*

concerniente adj. Relativo a.

* **concernir** v. i. Atañer, afectar.

* **concertar** v. t. Proyectar en común: *concertar un plan.* || Ponerse de acuerdo sobre el precio de algo. || Coordenar, hacer en común: *concertar esfuerzos.* || Pactar, tratar: *concertar la paz, un negocio.* || Concordar: *esto concierta con sus dichos.* || Armonizar voces o instrumentos músicos. || — V. i. *Gram.* Concordar: *concertar en género y número las palabras.* || — V. pr. Ponerse de acuerdo.

concertina f. Acordeón de forma hexagonal u octogonal.

concertino m. Primer violinista de una orquesta.

concertista com. *Mús.* Solista de un instrumento.

concesión f. Privilegio que da el Estado para explotar algo: *concesión minera.* || Cosa concedida. || *Fig.* Renuncia a sus derechos, a sus pretensiones: *hacer concesiones.*

concesionario, ria adj. y s. m. Que tiene una concesión: *sociedad concesionaria.* || Intermediario comercial que ha recibido de un productor el derecho exclusivo de venta en una región determinada.

conciencia f. Conocimiento, noción: *tener conciencia de sus actos, de sus derechos.* || Sentimiento por el cual aprecia el hombre sus acciones: *escuchar la voz de la conciencia.* || Moralidad, rectitud, integridad: *hombre de conciencia.* || *A conciencia,* con toda solidez. || — *Fig. Ancho de conciencia,* indulgente, tolerante. | *Estrecho de conciencia,* poco tolerante. || *Libertad de conciencia,* libertad absoluta en materia religiosa.

concienzudo, da adj. Que hace todo con mucho cuidado.

concierto m. Ejecución musical, pública o privada. || Lugar donde se verifica. || Composición musical para orquesta y un instrumento solista: *concierto de piano y orquesta.* || Acuerdo: *llegar a un concierto.* || *De concierto,* comúnmente.

conciliable adj. Que puede ser conciliado.

conciliábulo m. Concilio ilegítimo. || *Fig.* Reunión secreta.

conciliación f. Acción y efecto de conciliar. || Acuerdo de dos litigantes realizado por el juez.

conciliador, ra adj. Que concilia o es propenso a conciliar.

conciliar adj. Del concilio: *decisión, decreto conciliar.* || Que asiste a un concilio (ú. t. c. s.).

conciliar v. t. Poner de acuerdo a los que estaban opuestos entre sí: *el juez concilió las partes.* || Conformar dos o más proposiciones o doctrinas. || Hacer compatibles. || *Conciliar el sueño,* conseguir dormirse. || — V. pr. Granjearse: *conciliarse la amistad de todos.*

concilio m. Junta o congreso. || Reunión de obispos y doctores en teología que tratan de cuestiones de doctrina y disciplina eclesiástica. || *Concilio ecuménico,* el que reúne los obispos de todos los países.
— Los *concilios ecuménicos* de la Iglesia católica celebrados hasta ahora son los de: Nicea (325 y 787); Constantinopla (381, 553, 681 y 869); Éfeso (431), Calcedonia (451); Letrán (1123, 1139, 1179, 1215 y 1512); Lyon (1245-1274); Viena (1311), Constanza (1414); Ferrara, trasladado a Florencia (1438-1445); Trento (1545-1563), que reformó la Iglesia católica; Vaticano (1870), que proclamó la infalibilidad del Papa, y Segundo del Vaticano, convocado por Juan XXIII en 1962 y clausurado en 1965 por su sucesor, Paulo VI.

concisión adj. Brevedad.

conciso, sa adj. Breve.

concitar v. t. Incitar a uno contra otro.

conciudadano, na m. y f. Persona de la misma ciudad o nación.

cónclave y **conclave** m. Asamblea en que los cardenales eligen el Sumo Pontífice.

* **concluir** v. t. Acabar, dar fin, finalizar, determinar: *ayer concluyó el año.* || Sacar como consecuencia: *concluí que era él el culpable.* || Deducir. || — V. i. Determinar, decidir: *concluyeron en pedir un armisticio* (ú. t. c. t.). || Acabar, terminar: *concluir en consonante.*

conclusión f. Término, fin: *la conclusión de nuestra obra.* || Idea que expresa un razonamiento, un libro. || Consecuencia: *conclusión mal entendida.* || Acuerdo, decisión: *no llegamos a ninguna conclusión.*

concluso, sa adj. Terminado.

concluyente adj. Categórico.

concoide f. *Geom.* Curva que se aproxima constantemente a una recta sin llegar a tocarla.

concoideo, a adj. Parecido a la concha.

Concolorcorvo (Calixto Carlos BUSTAMANTE, llamado), escritor peruano del s. XVIII, autor del relato picaresco *El Lazarillo de ciegos caminantes.*

concomerse v. pr. Consumirse de impaciencia.

concomitancia f. Simultaneidad, relación entre las acciones que cooperan a un mismo efecto.

concomitante adj. Que se produce al mismo tiempo: *causas, motivos concomitantes.*

Concón, balneario de Chile (Valparaíso).

conconete adj. *Méx.* Pequeño, achaparrado. || — M. *Méx.* Surco pequeño de riego tributario del principal.

Concord, c. de Estados Unidos, cap. del New Hampshire.

concordancia f. Conformidad. || *Gram.* Correspondencia entre dos o más palabras variables: *concordancia en género y número.* || *Mús.* Justa proporción entre las voces.

* **concordar** v. t. Poner de acuerdo. || — V. i. Estar de acuerdo. || *Gram.* Formar concordancia: *el verbo concuerda con el sujeto.*

concordato m. Tratado entre la Santa Sede y un Estado.

concorde adj. Conforme.

concordia f. Acuerdo, conformidad de pareceres. || Buena inteligencia.

Concordia, c. de la Argentina (Entre Ríos). Obispado. Puerto fluvial. — C. de Colombia (Antioquia).

concreción f. Acción y efecto de concretar. || Reunión de partículas en una masa sólida: *concreción salina.* || *Med.* Cálculo: *concreción renal.*

concretar v. t. Precisar, hacer concreto lo que es abstracto. || Reducir a lo más esencial: *concretar una idea.* || — V. pr. Limitarse, reducirse: *se concretó a hablar de su problema.* || Materializarse: *la solución parece concretarse.*

concreto, ta adj. Determinado, preciso. || Real, positivo, específico. || — *En concreto,* concretamente. || *Mat. Número concreto,* aquel cuya unidad está determinada, como es *cien metros.* || — M. Concreción, cálculo. || *Amer.* Hormigón armado.

concubina f. Mujer que vive con un hombre sin estar casada con él.

concubinato m. Cohabitación de un hombre y de una mujer que no están casados.

conculcación f. Infracción.

conculcar v. t. Infringir, violar: *conculcar una ley.*

concuñado, da m. y f. Hermano o hermana del cuñado o cuñada.

concupiscencia f. Deseo excesivo de los bienes materiales, especialmente de los goces sensuales.

concupiscente adj. y s. Dominado por la concupiscencia.

concurrencia f. Asistencia, reunión en un sitio: *había gran concurrencia en el teatro.* || Simultaneidad de dos sucesos: *concurrencia de circunstancias favorables.* || Galicismo por *competencia, rivalidad.*

concurrente adj. y s. Asistente, que concurre. || Concursante.

concurrido, da, adj. Que acude o va mucha gente: *espectáculo concurrido.* || De mucho tráfico: *calle concurrida.*

concurrir v. i. Asistir, ir o acudir al mismo lugar o tiempo: *concurrir a una fiesta.* || Influir, contribuir: *concurrir al éxito de una obra.* || Ser del mismo parecer, estar de acuerdo. || Participar, tomar parte en un concurso: *concurrir a una oposición del Estado.* || Coincidir en el tiempo o en el lugar: *concurren en él todas las virtudes.*

concursante m. y f. Participante en un concurso.

concursar v. t. *Fam.* Ordenar que los bienes del deudor vayan a concurso de acreedores. || — V. i. Tomar parte en un concurso.

concurso m. Reunión simultánea de personas o sucesos: *concurso de espectadores, de circunstancias.* || Cooperación, contribución, ayuda: *prestar su concurso para una buena obra.* || Licitación para adjudicar algo: *concurso de Obras Públicas.* || Oposición, certamen: *concurso literario, de belleza.* || Prueba deportiva: *concursos hípicos.* || *Concurso de acreedores,* juicio para el pago de acreedores.

concusión f. Exacción cometida por un funcionario.

concusionario, ria adj. y s. Dícese del que comete concusión.

concha f. Caparazón que cubre a los animales testáceos, como las tortugas, moluscos, crustáceos, etc. || Animal que vive en una concha. || *Fig.* Cosa en forma de concha: *la concha del apuntador en los teatros.* || Ensenada: *la Concha de San Sebastián.* || — *Anat. Concha auditiva,* cavidad de la oreja donde nace el canal auditivo. || *Fig.* y *fam. Tener muchas conchas,* ser muy caradura.

Concha (Gilberto). V. VALLE (Juvencio). || ~ (GUTIÉRREZ DE LA). V. GUTIÉRREZ DE LA. || ~ (JOSÉ VICENTE), jurista colombiano (1867-1929), pres. de la Rep. de 1914 a 1918.

conchabamiento m. y **conchabanza** f. Asociación con malos fines.

conchabarse v. pr. *Fam.* Confabularse: *conchabarse con ladrones.*

Conchagua mun. y volcán de El Salvador (La Unión); 1 250 m.

Conchalí, com. de Chile (Santiago).

Conchas (Las), c. de la Argentina (Buenos Aires).

conche m. *Guat.* Extranjero de origen sajón.

conchífero, ra adj. *Geol.* Aplícase al terreno secundario en el que hay conchas fósiles.

Conchillas, pobl. del Uruguay (Colonia).

concho, cha adj. y s. Individuo de una tribu mexicana que vivió en la cuenca del río Conchos. || — Adj. *C. Rica.* Campesino. || En Sudamérica, poso de un líquido, sobras del común (ú. m. en pl.).

Conchos, río de México (Chihuahua), afl. del Bravo; 590 km.

conchoso, sa adj. *Amer.* Sedimento.

conchudo, da adj. Animal cubierto de conchas. *Amer.* Egoísta.

conchuela f. *Méx.* Cierto parásito del hígado de las reses vacunas y bovinas.

condado m. Dignidad o territorio de jurisdicción del conde: *el condado de Barcelona.*

condal adj. Relativo al conde: *Barcelona recibe el nombre de ciudad condal.*

Condamine (Charles). V. LA CONDAMINE.

conde m. Título de nobleza entre el marqués y el vizconde.

Conde Lucanor *(El)* o *Libro de Patronio,* colección de cuentos del infante Don Juan Manuel.

Condé, familia real francesa, rama colateral de los Borbones. || ~ (LUIS II, *príncipe de* CONDÉ, llamado **el Gran**), general francés (1621-1686). Derrotó a los españoles en Rocroi (1643).

Condebamba, río del Perú que, al confluir con el Cajamarca, forma el Crisnejas. — Distr. del Perú (Cajabamba).

condecoración f. Acción y efecto de condecorar. || Cruz, insignia honorífica de una orden.

condecorar v. t. Otorgar una

condecoración: *condecorar con la medalla militar.*

condena f. Decisión de un tribunal que impone a uno de los litigantes inclinarse ante las pretensiones de su adversario. ‖ Decisión o sentencia de un tribunal criminal que pronuncia una pena contra el autor de un crimen, de un delito, etc. ‖ Esta misma pena.

condenable adj. Que merece ser condenado o censurado: *iniciativa condenable.*

condenación f. Condena. ‖ Condena a las penas eternas.

condenado, da adj. y s. Sometido a una pena por un tribunal. ‖ Que está en el infierno. ‖ — *Fam.* adj. Malo, travieso: *estos condenados niños.* ‖ Enfadoso, maldito: *¡condenados zapatos!* ‖ *Fam. Como un condenado,* mucho: *sufrir, trabajar como un condenado.*

Condenado por desconfiado *(El),* drama teológico de Tirso de Molina (1635).

condenar v. t. Declarar culpable: *condenar a presidio, a una multa.* ‖ Censurar, reprobar una doctrina u opinión. ‖ Reducir a; forzar a: *condenar al silencio.* ‖ Desaprobar: *condenar una costumbre.* ‖ Tabicar, enmurar: *condenar una puerta.* ‖ Mandar al Infierno. ‖ — V. pr. Confesar su culpa. ‖ Incurrir en la pena eterna.

condenatorio, ria adj. Que condena: *sentencia condenatoria.*

condensación f. Paso de un vapor al estado líquido o al estado sólido. ‖ *Fig.* Reducción.

condensado adj. En estado más denso. ‖ — M. Resumen, compendio, exposición sumaria.

condensador, ra adj. Que condensa. ‖ — *Electr.* Sistema de dos conductores o armaduras, separados por un medio aislante, que acumula cargas eléctricas de signos opuestos. ‖ Aparato destinado a enfriar el gas para eliminar la mayor parte de los productos fácilmente condensables. ‖ En general, aparato que sirve para condensar un vapor.

condensar v. t. Transformar un cuerpo en estado gaseoso en estado líquido. ‖ *Fig.* Compendiar, resumir. | Expresar con concisión.

Condes (Las), com. de Chile (Santiago).

condesa f. Mujer del conde o que tiene este título.

condescendencia f. Complacencia. ‖ Benevolencia, tolerancia.

* **condescender** v. i. Dignarse consentir, deferir a los deseos de otro: *condescender a su voluntad.*

condescendiente ad. Que condesciende, complaciente.

condestable m. (Ant.). Jefe superior de la milicia. | En Francia, oficial mayor de la Corona. ‖ Sargento de artillería de marina.

Condesuyos, prov. del Perú (Arequipa); cap. *Chuquibamba.*

condición f. Manera de ser, naturaleza, índole: *la condición humana; áspero de condición.* ‖ Estado social: *de condición modesta.* ‖ Circunstancia exterior de la que dependen las personas o las cosas. ‖ Situación ventajosa o no: *en condiciones muy malas.* ‖ Base fundamental, calidad requerida: *exijo esta condición.* ‖ Cláusula, convenio: *condiciones de un pacto.* ‖ — Pl. Cualidades: *persona de excelentes condiciones.* ‖ Estado: *carne en malas condiciones.* ‖ — *A condición que,* siempre que. ‖ *De condición,* de alta clase social.

condicionado, da adj. Que depende de una condición.

condicional adj. Dependiente de una condición. ‖ *Gram.* Dícese de la oración, o de la conjunción que la introduce, que expresa una condición. ‖ — M. Potencial, modo de verbo.

condicionar v. t. Depender de o someter a condiciones, supeditar.

cóndilo m. Parte prominente del hueso de una articulación.

Condillac (Etienne BONNOT DE), filósofo francés (1715-1780), fundador de la escuela sensualista.

condimentación f. Aderezo.

condimentar v. t. Sazonar.

condimento m. Aderezo para sazonar la comida.

condiscípulo, la m. y f. Compañero de estudios.

condolencia f. Pésame. ‖ Pesar.

* **condolerse** v. pr. Compadecerse.

condominio m. Propiedad de una cosa por varias personas en común. ‖ Derecho de soberanía de varias naciones sobre un país.

condonación f. Perdón.

condonar v. t. Perdonar o remitir: *condonar una deuda, una pena, una multa.*

cóndor m. Ave rapaz, especie de gran buitre, de América del Sur: *el cóndor es la mayor de las aves que vuelan.* ‖ Moneda de oro de Ecuador, Colombia y Chile.

Cóndor, cadena montañosa del Ecuador (Oriente); 4 000 m. — Desfiladero en las montañas de los Frailes (Bolivia); 4 800 m.

Condorcanqui (José Gabriel). V. TÚPAC AMARU.

Condorcet (Jean Antoine DE CARITAT, *marqués de*), filósofo y matemático francés (1743-1794).

Cóndores (SIERRA DE LOS), extremo S. de la Sierra Chica de Córdoba (Argentina).

Condoriri, cima de Bolivia, 6 105 m.

condotiero m. En Italia, antiguo jefe de mercenarios. ‖ Soldado mercenario.

Condoto, c. de Colombia (Chocó). Centro comercial.

conducción f. Acción y efecto de conducir: *permiso de conducción.* ‖ Transporte. ‖ Conducto de tuberías, cables, etc., para el paso de un fluido. ‖ Dirección: *la conducción de un negocio.*

conducente adj. Que conduce.

* **conducir** v. t. Guiar: *conducir un coche* (ú. t. c. i.). ‖ Llevar: *conducir al colegio.* ‖ Dirigir, mandar: *conducir una empresa, tropas.* ‖ Impulsar, llevar: *conducir a la desesperación.* ‖ Ir un fluido por una tubería, cable, etc. ‖ — V. i. Llevar: *carretera que conduce a París.* ‖ Convenir. ‖ — V. pr. Portarse, proceder: *conducirse bien o mal.*

conducta f. Comportamiento, manera de portarse: *conducta irreprochable.* Conducción.

conductancia f. *Electr.* Valor inverso de la resistencia.

conductibilidad f. *Fís.* Propiedad natural que poseen los cuerpos de transmitir el calor o la electricidad.

conductividad f. Valor inverso de la resistividad. ‖ Calidad de conductivo. ‖ Conductibilidad.

conductivo, va adj. Conductor.

conducto m. Canal, tubo. ‖ *Fig.* Camino: *por conducto jerárquico.* ‖ *Anat.* Canal: *conducto lagrimal.*

conductor, ra adj. y s. Que conduce: *conductor de masas.* ‖ Chófer, que conduce: *conductor de automóvil.* ‖ *Fig.* Dícese de los cuerpos que transmiten el calor o la electricidad: *hilo conductor.*

condueño, ña m. y f. Copropietario.

conduerma f. *Venez.* Modorra, sueño. ‖ *Fig. Méx.* Persona o cosa que produce molestias.

condumio m. *Fam.* Comida.

conectador m. Aparato de conexión.

conectar v. t. *Electr.* Establecer la comunicación entre dos o más circuitos. ‖ *Mec.* Comunicar el movimiento de una máquina a otro aparato. ‖ *Fig.* Poner en relación o contacto.

coneja f. Hembra del conejo.

conejal y **conejar** m. Vivero de conejos.

conejera f. Madriguera de conejos.

Conejera, isla de las Baleares (España).

conejillo m. Dim. de *conejo.* ‖ *Conejillo de Indias,* pequeño mamífero roedor que se emplea para experimentos de laboratorio.

conejo m. Mamífero roedor del género liebre. ‖ — *Conejo casero,* el doméstico. ‖ *Conejo de campo,* el que vive en libertad.

conepatl m. *Méx.* Especie de mamífero mustélido.

conexidad f. Relación.

conexión f. Enlace, relación, encadenamiento: *no hay conexión entre ambas cosas.* ‖ *Electr.* Unión de un aparato eléctrico a un circuito. | Enchufe. ‖ — Pl. Amistades, mancomunidad de ideas o intereses.

conexionar v. t. Enlazar. ‖ *Electr.* Enchufar. ‖ — V. pr. Contraer conexiones.

conexo, xa adj. Relacionado.

confabulación f. Conjuración.

confabulador, ra m. y f. Que se confabula.

confabular v. i. Tratar una cosa entre dos o más personas. ‖ — V. pr. Conjurarse, conspirar: *confabularse contra un régimen.*

confección f. Hechura de un traje. ‖ Fabricación en serie de ropa de vestir: *sindicato de la confección.* ‖ *Impr.* Compaginación.

confeccionado, da adj. Dícese de la ropa no hecha a medida.

confeccionador, ra m. y f. Persona que hace trajes. ‖ Persona que realiza la compaginación de un libro.

confeccionar v. t. Hacer: *confeccionar una chaqueta, un plato.* ‖ *Impr.* Compaginar.

confederación f. Unión de Estados que se someten a un gobierno o poder general conservando, sin embargo, un gobierno particular. ‖ Organismo que agrupa diversas asociaciones o federaciones (sindicales, deportivas, etc.).

Confederación ‖ **~ Argentina,** n. de la Rep. Argentina de 1854 a 1862. ‖ **~ del Rin,** unión política que agrupó varios Estados alemanes de 1806 a 1813, bajo la protección de Napoleón I. ‖ **~ Germánica,** unión política que agrupó los Estados alemanes de 1815 a 1866. ‖ **~ Granadina,** n. de Colombia desde 1858 a 1861. ‖ **~ Helvética.** V. SUIZA. ‖ **~ Peruboliviana.** V. PERUBOLIVIANA *(Confederación).*

Confederación ‖ **~ General del Trabajo** (C. G. T.), n. de la central sindical francesa, fundada en 1895. ‖ **~ Nacional del Trabajo** (C. N. T.), central sindical obrera española, fundada en 1910.

confederado, da adj. y s. Que forma parte de una confederación. ‖ — M. Partidario de la esclavitud en la guerra de Secesión norteamericana. (Los *confederados,* llamados también *sudistas,* se opusieron a los federales o nordistas.)

confederar v. t. Reunir en confederación.

confer, pal. lat. que significa *compárase.* (Se utiliza para indicar una obra que se ha de consultar. Se suele abreviar *Cf., Cfr., Conf.* o *Cof.*)

conferencia f. Examen, discusión de un asunto. ‖ Reunión de personas, especialmente de carácter político, que tratan de cuestiones internacionales: *conferencia entre los países aliados.* ‖ Discurso destinado a un público y que trata de asuntos de índole literaria, artística, científica, etc. ‖ Comunicación telefónica entre dos ciudades: *me llamaron en conferencia de Málaga.*

conferenciante com. Persona que pronuncia una conferencia.

conferenciar v. i. Entrevistarse, celebrar una conferencia.

* **conferir** v. t. Dar, administrar: *conferir el bautismo.* ‖ Otorgar, conceder: *conferir un honor.* ‖ Atri-

buir: *le confirieron nuevas responsabilidades.* || Comparar, cotejar. || — V. i. Entrevistarse: *conferir con su abogado.*

* **confesar** v. t. Decir sus pecados en la confesión (ú. t. c. pr.). || Oír en confesión: *confesar a un penitente.* || Proclamar: *confesar la fe.* || *Fig.* Declarar, reconocer: *confesar su incapacidad.*

confesión f. Declaración de los pecados propios a un confesor para obtener la absolución. || Afirmación pública de la fe, de una creencia, etc. || Resumen de los artículos que contienen la declaración de fe de una Iglesia, de una persona, etcétera: *la Confesión de Augsburgo.* || Declaración de una falta, etc.

Confesión de Augsburgo, formulario en 28 artículos, redactado por Melanchton, que contenía la profesión de la fe luterana. Fue presentado a la Dieta de Augsburgo (1530).

confesional adj. Relativo a una confesión: *instituciones confesionales.*

confesionario o **confesonario** m. Especie de garita donde el sacerdote oye las confesiones.

confeso, sa adj. Que ha confesado su delito. || Judío convertido. || — M. Monje lego.

confesor m. Sacerdote que confiesa a los penitentes. || Mártir que confesó públicamente su fe cristiana.

confeti m. pl. Papelillos que se tiran en carnaval o en otras fiestas.

confiado, da adj. Crédulo, imprevisor. || Presumido, satisfecho de sí mismo.

confianza f. Sentimiento del que confía, esperanza en una persona o cosa: *él me da confianza.* || Actitud del que confía en sí mismo, seguridad: *tengo confianza en mí.* || Sentimiento de seguridad: *la confianza ha desaparecido.* || Apoyo dado al Gobierno por la mayoría del Parlamento. || Familiaridad: *tengo mucha confianza con él* (ú. t. c. pl.).

confiar v. t. Dejar al cuidado: *confiar su hijo a sus padres.* || Suponer: *confío en que no lloverá.* || Esperar: *confiaba en su apoyo.* || Fiar, fiarse: *yo confío en su probidad.* || Dejar: *confío en mi buena estrella.* || Tener confianza: *confío en mi memoria.* || Decir en confianza: *me confió sus infortunios* (ú. t. c. pr.).

confidencia f. Revelación de un secreto.

confidencial adj. Que se hace o dice reservadamente o en confianza: *noticia, carta confidencial.*

confidente adj. Fiel y seguro: *el amigo más confidente.* || — M. y f. Persona a quien se confían secretos íntimos. || Persona que sirve de espía, soplón. || — M. Canapé de dos asientos.

configuración f. Forma exterior.

configurar v. t. Dar forma a.

confín adj. Limítrofe. || — M. pl. Límites. || El sitio más lejano: *en los confines del Universo.*

confinación f. Confinamiento.

confinado m. Desterrado.

confinamiento m. Destierro. || Límite.

confinar v. i. Limitar: *México confina con los Estados Unidos.* || — V. t. Desterrar. || Meter en un campo de concentración. || — V. pr. Galicismo por *encerrarse, limitarse.*

confirmación f. Ratificación, corroboración: *confirmación de una noticia.* || Sacramento de la Iglesia que confirma la gracia adquirida por el bautismo.

confirmado, da m. y f. Persona que ha recibido la confirmación.

confirmador, ra adj. y s. Que confirma.

confirmando, da m. y f. Persona que va a ser confirmada.

confirmante adj. y s. Que confirma.

confirmar v. t. Corroborar la verdad o certeza de una cosa: *confirmar un hecho.* || Ratificar. || Dar validez definitiva: *confirmar una sentencia.* || Dar mayor firmeza o seguridad: *esto confirmó mis dudas.* || Asegurar la habitación ya retenida en un hotel, una cita, etc. || *Teol.* Conferir la confirmación.

confirmatorio, ria adj. Que confirma: *fallo confirmatorio.*

confiscación f. Acto de pasar al Estado los bienes o parte de ellos a causa de una condena penal, fiscal o gubernativa.

confiscar v. t. Apoderarse el Estado de bienes de una persona.

confitado, da adj. Impregnado con azúcar o cocido en ella: *frutas confitadas.*

confitar v. t. Cubrir las frutas con azúcar o cocerlas en almíbar. || *Fig.* Dulcificar.

confite m. Golosina pequeña.

confíteor m. Oración que empieza con esta palabra en la misa o en la confesión. || *Fig.* Confesión.

confitería f. Tienda donde se hacen o venden dulces. || *Arg.* Cafetería.

confitero, ra m. y f. Persona que hace o vende dulces y confituras. || — F. Casa de confites.

confitillo m. *Méx.* Piedra molida como confite que se utiliza en los pisos mezclada con cemento. || Tierra de tequezquite que se recoge en algunos lagos de México.

confitura f. Especie de mermelada: *confitura de melocotón.*

conflagración f. Guerra, conflicto.

conflicto m. Choque, combate: *conflicto entre dos países.* || Lucha de sentimientos contrarios, antagonismo: *conflicto de intereses.* || *Fig.* Apuro, situación difícil.

confluencia f. Acción de confluir. || Paraje donde confluyen dos ríos, caminos, etc.

confluente adj. Que confluye. || — M. Punto de unión de dos ríos o caminos o calles.

* **confluir** v. i. Unirse ríos o calles o caminos. || *Fig.* Reunirse en un lugar mucha gente que viene de diversas partes.

conformación f. Colocación, distribución de las partes de un todo: *la conformación del cráneo.* || *Vicio de conformación,* defecto físico grave.

conformar v. t. Poner de acuerdo: *conformar su vida a sus ingresos económicos.* || — V. i. Estar de acuerdo una persona con otra. || — V. pr. Resignarse, contentarse: *conformarse con su suerte.*

conforme adj. Igual: *conforme con el modelo.* || Que conviene: *conforme con sus ideales,* la razón. || De acuerdo: *estar conforme.* || *Fig.* Contento, resignado: *conforme con su suerte.* || — M. Aprobación puesta al pie de un escrito. || — Adv. Según, con arreglo a: *conforme a lo que dijiste.* || Tan pronto como: *conforme amanezca iré.* || A medida que: *colóquense conforme lleguen.* || Como, de la misma manera: *te lo cuento conforme lo vi.* || — Interj. ¡De acuerdo!

conformidad f. Analogía, igualdad, semejanza. || Acuerdo, concordancia. || Aprobación, asentimiento, consentimiento: *tienen mi conformidad.* || Resignación, paciencia: *aceptó con conformidad.*

conformismo m. Aceptación de todo lo establecido.

conformista adj. y s. En Inglaterra, el que está conforme con el anglicanismo. || De acuerdo con lo establecido.

confort m. (pal. fr.). Comodidad.

confortable adj. Cómodo: *sillón confortable.*

confortar v. t. Reconfortar. || Animar, ver con satisfacción.

confraternidad f. Fraternidad.

confraternizar v. i. Fraternizar: *confraternizaron mucho.*

confrontación f. Careo entre dos o más personas: *confrontación de testigos.* || Cotejo: *confrontación de textos.*

confrontar v. t. Poner frente a frente, carear: *confrontar el reo con un testigo.* || Cotejar, comparar: *confrontar dos textos.*

confucianismo m. Doctrina de Confucio.

Confucio, filósofo chino (551-479 a. de J. C.), fundador de un sistema de moral basado en la tradición nacional y familiar.

confundir v. t. Mezclar cosas diversas. || Reunir en un todo. || Equivocar: *confundir el camino.* || Tomar por: *confundir una cosa con otra.* || *Fig.* Abrumar, agobiar: *sus alabanzas me confunden.* | Humillar: *confundió a sus adversarios.* | Turbar, dejar confuso (ú. t. c. pr.). || — V. pr. Equivocarse: *me he confundido.* || Estar desdibujado, confuso: *su silueta se confundía en la oscuridad.*

confusión f. Reunión de cosas inconexas. || Desorden, falta de orden. || Falta de claridad: *confusión de ideas, de argumentos.* || Acción de tomar una cosa por equivocación, error: *confusión de nombres.* || *Fig.* Vergüenza, turbación: *a mi gran confusión.*

confusionismo m. Confusión.

confuso, sa adj. Desordenado, revuelto. || Oscuro, poco claro, dudoso: *sentido confuso.* || Que no puede distinguirse: *luz confusa.* || Vago, incierto: *recuerdo confuso.* || *Fig.* Avergonzado.

confutar v. t. Refutar

conga f. Cierto baile tropical originario de Cuba.

congal m. *Méx.* Burdel.

congalero, ra adj. *Méx.* Persona que frecuenta los congales.

congelable adj. Que puede congelarse.

congelación f. Paso de un cuerpo del estado fluido al sólido. || Esta misma transformación. || Espesor de ciertos líquidos: *la congelación del aceite.* || Enfriamiento de ciertos alimentos para conservarlos durante mucho tiempo. || Bloqueo de los fondos monetarios.

congelador m. Parte más fría de una nevera.

congelamiento m. Congelación.

congelar v. t. Solidificar por el frío un líquido (ú. t. c. pr.). || Coagular, espesarse ciertos líquidos. || Enfriar ciertos alimentos para conservarlos: *carne congelada.* || Bloquear o inmovilizar el Estado ciertos fondos monetarios para que el propietario no pueda utilizarlos.

congénere adj. y s. Del mismo género, especie o clase.

congeniar v. i. Convenir en carácter, avenirse: *los dos congenian.*

congénito, ta adj. De nacimiento. || *Fig.* Innato.

congestión f. *Med.* Afluencia excesiva de sangre en algún órgano del cuerpo. || *Fig.* Aglomeración anormal del tráfico en una vía pública.

congestionar v. t. Producir congestión en una parte del cuerpo. || — V. pr. Acumularse la sangre en una parte del organismo. || *Fig.* Aglomerarse el tráfico de vehículos.

congestivo, va adj. Propio a la congestión: *fiebre congestiva.*

conglomeración f. Acción y efecto de conglomerar o conglomerarse.

conglomerado m. Roca compuesta por la aglomeración de fragmentos diversos reunidos por un cemento calcáreo o silíceo. || Masa compacta de materiales unidos artificialmente. || *Fig.* Mezcla, acumulación. || *Neol.* Asociación de empresas de producciones diversas.

conglomerar v. t. Reunir en una sola masa.

conglutinación f. Aglutinación.

conglutinante adj. y s. m. Aglutinante.

conglutinar v. t. Aglutinar.

congo, ga adj. y s. *Cub.* Negro. || *Cub* y *Méx.* Hueso del fémur del cerdo.

Congo, hoy **Zaire,** río de África Ecuatorial que nace en la región de los Grandes Lagos, donde se le llama *Lualaba,* y des. en el Atlántico; 4 640 km. Atraviesa las c. de Kinshasa o Stanleyville, Leopoldville y Brazzaville. — Río del Ecuador (Pichincha y Guayas), afl. del Daule. — Río de Panamá.

Congo (REPÚBLICA POPULAR DEL) o **Congo-Brazzaville,** Estado de África Ecuatorial formado por el ant. territorio del Congo Medio, que fue colonia francesa, independiente en 1960: 342 000 km²; 880 000 h. (*congoleños*). Cap. *Brazzaville,* 135 000 h.; c. pr.: *Pointe-Noire,* 76 000 h. || ~ (REPÚBLICA DEMOCRÁTICA DEL), llamada tb. **Congo-Kinshasa,** ant. *Congo Belga,* y, desde 1971, **República del Zaire,** Estado de África Ecuatorial, que comprende la mayor parte de la cuenca del Congo; 2 345 000 km²; 17 100 000 h. (*congoleños*). Cap. *Kinshasa,* un millón de h. Otras c.: *Lubumbashi,* ant. *Elisabethville,* 233 100 h.; *Likasi,* 80 000; *Kisangani,* ant. *Stanleyville,* 125 500; *Kananga,* ant. *Luluaburgo,* 140 900, y *Bukavu,* 35 000. — Fundado por Leopoldo II de Bélgica en 1879, la Conferencia de Berlín (1885) lo reconoció internacionalmente y el rey lo cedió a su país en 1908. Convertido en colonia, suministradora de grandes recursos mineros, se independizó en 1960 en medio de graves conflictos internos.

congoja f. Angustia.

congoleño, ña y **congolés, esa** adj. y s. Del Congo.

Congolón, monte de Honduras en los límites con El Salvador; 2 134 m.

Congonhas [-*ñas*], pobl. del Brasil (Minas Gerais). Hierro. Peregrinación.

congraciarse v. pr. Atraerse la benevolencia de uno: *congraciarse con su superior.* || Ganar: *se congració las voluntades.*

congratulación f. Felicitación.

congratular v. t. Manifestar satisfacción a otro por una cosa favorable, felicitar. || — V. pr. Felicitarse: *congratularse de* o *por una cosa.*

congregación f. Reunión de personas religiosas o seglares que viven regidas por los mismos estatutos. || Asamblea de prelados y cardenales que examina ciertos asuntos en el Vaticano: *Congregación de Ritos.* || *Congregación de los fieles,* Iglesia católica.

congregante, ta m. y f. Miembro de una congregación.

congregar v. t. Reunir.

congresista com. Asistente a un congreso.

congreso m. Asamblea, reunión, junta de personas para deliberar sobre ciertos asuntos: *el Congreso de París de 1856; congreso de pediatría.* || Asamblea nacional.

Congreso (ISLA). V. CHAFARINAS.

congrí m. *Cub.* Plato de arroz y frijol negro cocidos juntos.

congrio m. Anguila de mar.

congruencia f. Conveniencia, relación lógica, oportunidad. || *Mat.* Fórmula que expresa que dos números son congruentes con relación a un tercero.

congruente adj. Acorde, conveniente, oportuno: *lo que dices no es congruente.* || *Mat.* Dícese de la cantidad que dividida por otra da un residuo determinado o módulo.

congruo, grua adj. Congruente. || *Porción congrua,* renta que se da al eclesiástico que tiene cura de almas.

conicari adj. y s. Individuo de un pueblo indio de México (Sonora). || — M. Lengua de los conicaris.

cónico, ca adj. *Geom.* Relativo al cono. || De figura de cono: *techo cónico; cavidad cónica.* || *Sección cónica,* curva obtenida cortando un cono por un plano, como la elipse, la parábola y la hipérbola.

conífero, ra adj. Dícese de las plantas y árboles gimnospermos de fruto cónico, como el pino, el ciprés, el abeto. || — F. pl. Clase de estas plantas.

Conil, pobl. del S. de España (Cádiz). Estación veraniega.

conimbricense adj. y s. De Coimbra (Portugal).

conirrostro, tra adj. y s. m. Dícese del pájaro que tiene el pico de forma cónica (gorrión, pardillo).

conjetura f. Opinión basada en apariencias, en probabilidades.

conjeturar v. t. Formar juicio probable de una cosa por indicios y observaciones, presumir, suponer.

conjugable adj. Que se puede conjugar.

conjugación f. *Gram.* Acción y efecto de conjugar. | Modo de conjugar un verbo. | Clase de verbos: *en castellano hay tres conjugaciones terminadas respectivamente en infinitivo por* AR, ER *e* IR.
— La lengua castellana comprende unos diez mil verbos, de los cuales nueve mil pertenecen a la 1.ª conjugación y quinientos a cada una de las otras dos. (V. *Compendio de Gramática,* al final del vol.)

conjugado, da adj. *Mat.* Aplícase a las líneas o cantidades relacionadas por alguna ley: *valores conjugados de una función.* || *Anat.* Dícese de los nervios que realizan juntos la misma función: *nervios conjugados.* || *Mec.* Dícese de las máquinas cuyos funcionamientos están coordinados.

conjugar v. t. *Gram.* Poner un verbo en sus diferentes formas para expresar los accidentes de modo, tiempo, número y persona. || *Fig.* Reunir, juntar: *conjugar los esfuerzos.*

conjunción f. Reunión: *conjunción de hechos.* || *Astr.* Encuentro aparente de dos astros en la misma parte del cielo. || *Gram.* Palabra invariable que enlaza dos vocablos o dos oraciones: *conjunciones de coordinación, de subordinación; copulativa, adversativa, causal, final.*

conjuntado, da adj. Aplícase a la asociación de personas o cosas que constituyen un cuerpo bien unido para el fin a que se destina: *equipo muy bien conjuntado.*

conjuntar v. t. Reunir personas o cosas de modo armonioso.

conjuntiva f. *Anat.* Mucosa que cubre la parte anterior del ojo.

conjuntivitis f. *Med.* Inflamación de la conjuntiva.

conjuntivo, va adj. Que une. || *Gram.* Relativo a la conjunción.

conjunto, ta adj. Unido: *un trabajo conjunto.* || Mixto: *base conjunta de dos naciones.* || Mezclado con otra cosa. || — M. Reunión: *conjunto artístico, deportivo,* etcétera. || Reunión de cosas que se hacen al mismo tiempo: *movimiento de conjunto.* || Totalidad: *en su conjunto.* || Juego de prendas de vestir destinadas a llevarse al mismo tiempo: *un conjunto de sport.* || *Conjunto urbanístico,* agrupación de viviendas y servicios en la periferia de una población.

conjura y **conjuración** f. Conspiración contra el Estado, el príncipe, u otra autoridad.

conjurado, da adj. y s. Que participa en una conjuración: *la conjuración de Catilina.* || — Adj. Impedido, evitado: *peligro conjurado.*

conjurador m. El que conjura.

conjuramentar v. t. Tomar juramento. || — V. pr. Juramentarse.

conjurar v. t. Rogar mucho. || Exorcizar. || *Fig.* Evitar un daño, alejar un peligro: *conjurar un incendio.* || — V. i. Conspirar: *Catilina conjuró contra la República.* || — V. pr. Confabularse, conspirar: *los militares se conjuraron.*

conjuro m. Exorcismo. || Ruego encarecido.

Conlara, río de la Argentina (San Luis); 180 km. — Pobl. de la Argentina (Córdoba).

conllevar v. t. Ayudar a uno. || *Fig.* Sufrir, soportar.

conmemoración f. Ceremonia hecha en recuerdo de un acontecimiento importante. || *Fig.* Recuerdo. || *Liturg.* Mención, en el rezo, que se hace de un santo. || *Conmemoración de difuntos,* fiesta de la Iglesia católica en sufragio de los muertos (2 de noviembre).

conmemorar v. t. Recordar un acontecimiento: *conmemorar un hecho histórico.*

conmemorativo, va adj. Que conmemora: *lápida conmemorativa.*

conmensurable adj. Que es posible medir. || *Mat.* Que tiene con otra cantidad una medida común.

conmigo pron. pers. Junto a mí.

conminación f. Amenaza.

conminar v. t. Amenazar con algún daño. || Intimar, requerir con amenazas.

conminativo, va y **conminatorio, ria** adj. Que conmina.

conmiseración f. Compasión.

conmoción f. Perturbación violenta del cuerpo, choque. || Emoción fuerte. || Movimiento sísmico. || *Fig.* Trastorno, disturbio: *conmoción política.* || *Conmoción cerebral,* pérdida del conocimiento debida a un golpe en la cabeza, una descarga eléctrica o una explosión.

conmocionar v. t. *Neol.* Causar conmoción.

conmovedor, ra adj. Que emociona: *escena conmovedora.*

* **conmover** v. t. Perturbar, hacer vacilar. || Emocionar, turbar (ú. t. c. pr.). || Hacer temblar, estremecer.

conmutable adj. Cambiable.

conmutación f. Cambio o permuta. || *For.* Indulto parcial que altera la naturaleza del castigo en favor del reo: *conmutación de pena.*

conmutador, ra adj. Que conmuta. || — M. *Electr.* Dispositivo que sirve para invertir el sentido de la corriente o hacer pasar voluntariamente la corriente por diferentes aparatos. || *Arg.* y *Col.* Centralita telefónica.

conmutar v. t. Cambiar.

conmutativo, va adj. Dícese de la justicia basada en la igualdad de derechos y deberes.

conmutatriz f. *Electr.* Rectificadora.

Connacht, ant. *Connaught,* prov. del NO. de la Rep. del Eire.

connatural adj. Natural.

connaturalizarse v. pr. Acostumbrarse.

Connecticut [*coneticat*], río en el N. de Estados Unidos, que des. en el Atlántico; 553 km. — Uno de los Estados Unidos de América del Norte, en el NE.; cap. *Hartford.*

connivencia f. Complicidad, acuerdo secreto.

cono m. Superficie engendrada por una recta, o *generatriz,* que pasa por un punto fijo, llamado *vértice* del cono, que se encuentra sobre una curva fija o *directriz.* || Cualquier cuerpo que tiene la forma de este sólido: *un cono de luz.* || Fruto de las coníferas. || *Astr.* Sombra proyectada por un planeta que intercepta los rayos solares. || Cúspide de un volcán por donde sale la lava.

conocedor, ra adj. y s. Entendido, que conoce bien algo. || — Adj. Informado de. || — M. Mayoral de toros.

* **conocer** v. t. Saber. || Saber, tener en la cabeza: *conocer su apellido.* || Estar en relación: *lo co-*

nozco mucho. || Haber visto: *lo conozco de vista.* || Tener experiencia de: *conocer a las gentes.* || Sufrir, soportar: *conocí la miseria en mis años mozos.* || Ser distinguido por los demás: *hacerse conocer.* || Reconocer: *conocer por la voz.* || Ser experto o perito: *conoce mucho de música.* || Distinguir: *está tan viejo que ya no conoce a nadie.* || Entender: *conoce mucho de vinos.* || Ser competente: *juez que conoce este asunto.* || — V. pr. Tener una idea cabal de uno mismo: *conócete a ti mismo.* || Tener trato: *se conocen de toda la vida.*

conocido, da adj. Que se conoce. || Evidente, claro, cierto: *cosa bien conocida.* || Descubierto, explorado: *el mundo conocido.* || Reputado, famoso: *pintor muy conocido.* || — M. y f. Persona con quien se ha tenido algún trato, pero no amistad: *era un conocido mío.*

conocimiento m. Noción, idea: *el conocimiento de las leyes.* || Información: *tengo conocimiento de eso.* || Sentido: *perdí el conocimiento.* || — Pl. Saber, erudición: *tiene muchos conocimientos.* || Personas con las que se tiene relación.

conoide f. Sólido semejante al cono.

conopial adj. m. Dícese del arco cuya punta está formada por dos arcos de curvatura inversa a la de los que le sirven de arranque.

conque conj. Así pues, así que, por consiguiente: *conque ¿sigues convencido?*

conquense adj. y s. De Cuenca.

conquiforme adj. De forma de concha.

conquista f. Acción y efecto de conquistar. || Cosa conquistada. || *Fig.* Acción de ganarse el amor de una persona. | Esta misma persona.

Conquista de México *(Historia de la),* obra de Antonio de Solís (1684).

conquistable adj. Que puede ser conquistado: *ciudad conquistable.* || *Fig.* Fácil de lograr.

conquistador, ra adj. y s. Que conquista. || Dícese particularmente de los españoles que llevaron a cabo la conquista de América. || *Fig.* Aplícase a la persona que enamora a muchas del otro sexo.

conquistar v. t. Ganar, apoderarse con las armas: *conquistar un país.* || *Fig.* Captar la voluntad de uno: *su simpatía nos ha conquistado.* | Enamorar. | Conseguir, lograr.

Conrad (Konrad KORZENIOWSKI, llamado **Joseph**), escritor inglés, de origen polaco (1857-1924), autor de novelas de aventuras *(Lord Jim, El negro del Narcissus, Tifón).*

Conrado, n. de cinco reyes o emperadores de Germania.

consabido, da adj. Conocido de antes. || Acostumbrado, repetido.

consagración f. Acción y efecto de consagrar a Dios. || En la misa, transformación por el sacerdote del pan y el vino en el cuerpo y sangre de Jesucristo. || *Fig.* Confirmación, ratificación. || Ceremonia por la que consagra un rey.

consagrado, da adj. Que ha recibido la consagración religiosa. || *Fig.* Dedicado: *monumento consagrado a la Victoria.* | Destinado: *consagrado al arte.* | Sancionado, ratificado: *consagrado por el uso.*

consagrar v. t. Dar carácter, dedicar a Dios: *consagrar a un obispo, un templo.* || En la misa, transformar el sacerdote el pan y el vino en cuerpo y sangre de Jesucristo. || *Fig.* Emplear, dedicar: *consagrar las horas al estudio.* | Sancionar, ratificar: *consagrar una nueva palabra.* | Acreditar, confirmar: *ese trabajo lo ha consagrado como un gran lexicógrafo.* || — V. pr. *Fig.* Dedicarse: *consagrarse a la política, al arte.*

consanguíneo, a adj. y s. Dícese de los hermanos hijos de un mismo padre y de madre diferente. || Dícese de las personas que tienen un antepasado común.

consanguinidad f. Ascendencia común. || Parentesco por el lado paterno.

consciente adj. Que tiene conciencia, noción de algo.

conscripción f. *Amer.* Reclutamiento.

conscripto adj. m. *Padre conscripto,* senador romano. || — M. *Amer.* Quinto, recluta.

consecución f. Obtención. || Realización. || Logro.

consecuencia f. Hecho que se deduce de otro. || Resultado que puede tener una cosa. || Firmeza, conducta de una persona que es fiel a los principios que profesa.

consecuente adj. Que sigue inmediatamente a otra cosa. || Aplícase a la persona que mantiene sus ideas o principios : *conducta consecuente.* || — M. *Lóg.* Proposición que se deduce de otra principal o antecedente. || *Mat.* Segundo término de una razón.

consecutivo, va adj. Que sigue inmediatamente a otra cosa.

* **conseguir** v. t. Lograr, obtener.

conseja f. Cuento, leyenda.

consejero, ra m. y f. Persona que aconseja. || Miembro de un consejo: *consejero de Estado.*

consejo m. Parecer o dictamen: *consejo de persona competente.* || Asamblea, junta o reunión de personas que tiene como misión dirigir, guiar, administrar: *consejo provincial.* || Tribunal de jurisdicción superior: *Consejo de Castilla, de Aragón.* || Organismo consultivo: *Consejo Superior de Agricultura.* || Sesión que celebra. || *Consejo de Estado,* cuerpo consultivo que delibera de los asuntos más importantes del Estado. || *Consejo de familia,* reunión de personas que se ocupan de los asuntos de un menor o incapacitado. || *Consejo de guerra,* tribunal que entiende de las causas de jurisdicción militar. || *Consejo de ministros,* reunión de éstos.

Consejo || **~ de Ciento,** asamblea municipal establecida en Barcelona por el rey Jaime I (1274). || **~ de Indias,** institución española, fundada en 1509 por Fernando el Católico, encargada de los asuntos administrativos y económicos de América. Carlos I lo reformó en 1524. || **~ de los Tumultos.** V. TRIBUNAL. || **~ de Seguridad,** organismo de la O. N. U., integrado por cinco miembros permanentes (Rep. Popular de China, Francia, Gran Bretaña, Estados Unidos y Unión soviética) y seis elegidos cada dos años. Su función reside en el mantenimiento de la paz y la seguridad internacional. || **~ Económico y Social de las Naciones Unidas,** organismo de las Naciones Unidas formado por 18 miembros elegidos cada tres años. Tiene tres comisiones regionales para Europa, Asia y Lejano Oriente y para América Latina. || **~ Real** o **de Castilla,** tribunal supremo establecido por Fernando III el Santo de Castilla. || **~ Superior de Investigaciones Científicas,** organismo oficial español, creado en 1939.

Conselheiro || **~ Lafaite,** mun. del Brasil (Minas Gerais). || **~ Pena,** mun. del Brasil (Minas Gerais).

consenso m. Consentimiento.

consensual adj. *For.* Dícese del contrato que se perfecciona por el solo consentimiento de las partes.

consentido, da adj. Mimado con exceso: *hijo consentido.* || Dícese del marido que tolera el adulterio de su mujer.

consentidor, ra adj. Tolerante.

consentimiento m. Permiso, autorización. || Acuerdo de un gran número de personas: *consentimiento universal.*

* **consentir** v. t. e i. Dejar, permitir, autorizar una cosa: *consentir un plazo.* || Tolerar, admitir. || — V. t. Mimar a un niño.

conserje m. Portero de un establecimiento público.

conserjería f. Cargo y habitación del conserje. || Recepción en un hotel.

conserva f. Confitura seca. || Sustancia alimenticia envasada que se puede guardar mucho tiempo: *conserva de carne, de legumbres.* || *Mar. De conserva,* juntos.

conservable adj. Que puede conservarse.

conservación f. Acción y efecto de conservar o conservarse. || Estado de lo que se conserva.

conservador, ra adj. Que conserva. || Poco amigo de cambios o reformas: *mente conservadora.* || — Adj. y s. En política, defensor de las instituciones tradicionales y enemigo de las innovaciones. || — M. Título de ciertos funcionarios: *conservador de museo.*

conservadurismo m. Actitud o tendencia de los que son contrarios a las innovaciones políticas y sociales.

conservar v. t. Mantener una cosa o cuidar de su permanencia: *conservar la juventud.* || Guardar cuidadosamente: *conservar un secreto.* || No perder: *conservar las amistades.* || Retener: *conservar el calor.* || Hacer conservas. || *Fig. Bien conservado,* de aspecto joven. || — V. pr. Durar, permanecer.

conservatismo m. *Amer.* Conservadurismo.

conservativo, va adj. Que conserva. || — Adj. y s. *Amer.* Conservador.

conservatorio m. Escuela oficial de música o de teatro.

conservería f. Industria de conservas.

conservero, ra adj. De la conservería: *industria conservera.* || — M. y f. Fabricante de conservas. || — F. *Méx.* Dulcera.

considerable adj. Digno de tenerse en cuenta. || Importante, eminente: *figura considerable de la política.* || Grande, cuantioso: *suma considerable.*

consideración f. Examen atento: *digno de consideración.* || Pensamiento. || Estimación, aprecio: *me tiene gran consideración.* || Trato respetuoso. || Cortesía, educación, respeto: *tratar a uno con consideración.* || Cuidado: *no tiene consideración con los libros.* || *Fig.* Razón, motivos: *aguantar a uno en consideración a su edad.* || — Pl. Reflexiones. || Buen trato. || — *Amer. De mi consideración,* muy señor mío (cartas). || *Ser una cosa de consideración,* ser importante. || *Tomar en consideración,* tener en cuenta.

considerado, da adj. Examinado. || Apreciado, estimado. || Respetado. || Que se conduce con respeto con los demás. || Comedido.

considerando m. Fundamento, motivo que justifica un fallo o dictamen: *los considerandos de una sentencia, de un decreto.*

considerar v. t. Pensar, reflexionar con atención. || Juzgar, examinar: *considerar las ventajas y los inconvenientes.* || Tener en cuenta. || Creer: *lo considero fácil.* || Tratar a una persona con respeto o aprecio. || — V. pr. Pensar, creer.

consigna f. *Mil.* Órdenes que se dan al que manda o vigila un puesto: *la consigna del centinela.* || Órdenes recibidas: *observar la consigna.* || En las estaciones, lugar en el que los viajeros depositan los equipajes.

consignación f. Acción y efecto de consignar. || Cantidad consignada en un presupuesto: *consignación de créditos.* || *Méx.* Entrega de un detenido a la autoridad competente.

consignador m. *Com.* El que consigna mercaderías a un corresponsal.

consignar v. t. Entregar en depósito: *consignar dinero, una maleta.* ‖ *Com.* Dirigir a un consignatario: *consignar una mercancía.* ‖ Destinar el sitio en donde se ha de colocar o enviar algo. ‖ Enviar, remitir algo. ‖ Poner por escrito: *consignar lo ocurrido.* ‖ Señalar una cantidad en un presupuesto. ‖ *For.* Depositar judicialmente el precio de alguna cosa o alguna cantidad.

consignatario m. *Com.* Negociante al que se dirige una mercancía. ‖ *For.* El que recibe en depósito el dinero que otro consigna. ‖ *Mar.* Representante de un armador en un puerto.

consigo, ablat. s. y pl. de la forma reflexiva *se, sí* del pron. *él* o *ella, ellos* o *ellas: trajo el dinero consigo.*

consiguiente adj. Natural, que depende o resulta de otra cosa. ‖ *Por consiguiente,* por lo tanto.

* **consistencia** f. Estado de un líquido que se solidifica: *salsa poco consistente.* ‖ Cohesión de los cuerpos sólidos: *la consistencia de la cera.* ‖ *Fig.* Estabilidad, solidez, firmeza: *la consistencia de su argumentación.*

consistente adj. Que consiste. ‖ Que tiene consistencia, cohesión, dureza o solidez. ‖ *Fig.* Fundado, con base.

consistir v. i. Residir, radicar, estribar. ‖ Estar compuesto o formado. ‖ Depender: *en ti consiste hacerlo.*

consistorial adj. Del consistorio. ‖ Del ayuntamiento.

consistorio m. Junta de cardenales convocada por el Papa. ‖ Asamblea de ministros protestantes o de rabinos. ‖ Ayuntamiento.

consocio, cia m. y f. Socio con otro: *dirigido a los consocios.*

consola f. Mesa de adorno puesta junto a la pared. ‖ Ménsula.

consolación f. Consuelo. ‖ *Premio de consolación,* el de poca importancia atribuido a veces a los que no han sido agraciados con los primeros premios. ‖ *Prueba de consolación,* la disputada, en deportes, por los eliminados de las primeras plazas de un torneo.

Consolación ‖ **~ del Norte,** térm. mun. de Cuba (Pinar del Río). ‖ **~ del Sur,** térm. mun. de Cuba (Pinar del Río). Tabaco.

consolador, ra adj. y s. Que consuela.

* **consolar** v. t. Aliviar la pena o dolor de uno. ‖ — V. pr. Poner uno fin a su dolor, encontrar consuelo.

consolidación f. Fortalecimiento, aseguramiento, mayor solidez.

consolidar v. t. Dar firmeza y solidez a una cosa: *consolidar un edificio.* ‖ *Fig.* Asegurar, hacer duradero: *consolidar una alianza.* ‖ Convertir una deuda a largo plazo en una a corto plazo. — V. pr. *For.* Reunirse el usufructo con la propiedad.

consolón m. *Fam. Méx.* Consuelo, alegría por algo inesperado.

consomé m. (fr. *consommé*). Caldo.

consonancia f. *Mús.* Reunión de sonidos acordes. ‖ Uniformidad de sonido en la terminación de dos palabras. ‖ *Fig.* Armonía o conformidad de algunas cosas entre sí. ‖ *En consonancia con,* según, de acuerdo con.

consonante adj. y s. f. Dícese de las letras que sólo pueden pronunciarse combinadas con una vocal. ‖ — Adj. *Mús.* Que forma consonancia (ú. t. c. s.).

consorcio m. Asociación de empresas para realizar operaciones comunes.

consorte com. Cónyuge. ‖ *Príncipe consorte,* el marido de una reina.

conspicuo, cua adj. Eminente, notable, sobresaliente.

conspiración f. Conjura tramada contra un régimen o un hombre políticos.

conspirador, ra m. y f. Persona que conspira.

conspirar v. i. Unirse varias personas para derribar un gobierno. ‖ Unirse contra un particular para hacerle daño. ‖ *Fig.* Concurrir varias cosas a un mismo fin.

Constable (John), pintor paisajista inglés (1776-1837).

constancia f. Paciencia, perseverancia. ‖ Firmeza en las opiniones, ideas o sentimientos. ‖ Reproducción ininterrumpida del mismo hecho. ‖ Circunstancia de hacer constar o saber: *dejar constancia.*

Constancia, paso de los Andes, entre Chile y la Argentina.

Constancio ‖ **~ I** *Cloro* (¿225?-306), emperador romano de 305 a 306. ‖ **~ II** (317-361), emperador romano, hijo de Constantino I. Reinó a partir de 337 con sus hermanos, y solo de 351 a 361. Favoreció a los cristianos. ‖ **~ III,** emperador romano, en unión de Horacio, en 421. Casó con Gala Placidia. M. en 421.

Constant de Rebecque (Benjamin), escritor y político francés (1767-1830), autor de la novela psicológica *Adolfo.*

constante adj. Que consta. ‖ Que tiene constancia. ‖ Durable. ‖ — F. *Mat.* Cantidad que guarda valor fijo.

Constantina, dep. y c. del NE. de Argelia. Obispado. Ant. *Cirta.* — C. de España (Sevilla).

Constantino, nombre de once emperadores romanos. Los más importantes fueron: CONSTANTINO I *el Grande* (entre 270 y 288-337), emperador en 306, que hizo de Bizancio, con el n. de *Constantinopla,* la capital del Imperio. Derrotó a Majencio cerca de Roma y promulgó el Edicto de Milán (313) por el que toleraba el cristianismo en Roma; CONSTANTINO XI *Paleólogo* (1405-1453), último emperador de Bizancio (1449-1453).

Constantino ‖ **~ I,** rey de Grecia (1868-1923). Heredero de Jorge I, subió al trono en 1913, renunció a la corona en 1917, reinó de nuevo en 1920 y volvió a abdicar en 1922. ‖ **~ II,** rey de Grecia, n. en 1940. Sucedió a su padre Pablo I (1964) y hubo de abandonar el país en 1967.

Constantinopla, n. dado por Constantino a *Bizancio,* y después llamado *Estambul* por los turcos. ‖ **~** (ESTRECHO DE). V. BÓSFORO.

Constantza, c. y puerto de Rumania en el mar Negro.

Constanza, lago de Europa Central, entre Suiza, Austria y Alemania; 540 km². — C. de Alemania, enclave en territorio suizo (Wurtemberg-Baden), en las márgenes del lago homónimo. Su Concilio de 1414 acabó con el Cisma de Occidente. — Com. de la Rep. Dominicana (La Vega).

constar v. i. Ser cierto, evidente. ‖ Componerse, estar formado de diferentes partes: *un libro que consta de dos partes.* ‖ Estar, hallarse: *esto consta en el contrato.*

constatar v. t. Galicismo por *confirmar, comprobar, observar, darse cuenta, advertir, hacer constar.*

constelación f. *Astr.* Conjunto de estrellas fijas y vecinas que tienen una forma invariable que le ha valido un nombre determinado: *constelación de la Osa Mayor.* ‖ *Fig.* Grupo de cosas o personas.

constelar v. t. Estrellar.

consternación f. Profundo abatimiento o aflicción, desolación.

consternar v. t. Causar un profundo abatimiento, aflicción, pena (ú. t. c. pr.).

constipado m. Resfriado.

constipar v. t. Resfriar. ‖ Cerrar y apretar los poros, impidiendo la transpiración. ‖ — V. pr. Acatarrarse, resfriarse.

constitución f. Acción y efecto de constituir: *la constitución de una nueva sociedad, de una renta.* ‖ Esencia y calidades de una cosa: *la constitución del cuerpo humano, del aire, del agua.* ‖ Forma o sistema de gobierno de cada Estado: *constitución monárquica, republicana.* ‖ Ley fundamental de la organización de un Estado: *la Constitución española de 1876, de 1931.* ‖ Cada una de las ordenanzas o estatutos con que se gobierna una corporación.

— Las *Constituciones españolas* han sido las siguientes: la de 1812, votada por las Cortes de Cádiz, derogada por Fernando VII en 1814, puesta de nuevo en vigor en 1820 y definitivamente suprimida en 1823; la de 1837; la de 1845; la de 1856, que no llegó a regir; la de 1869, a raíz de la Revolución de Septiembre; la de 1876, aprobada por las primeras Cortes de la Restauración, y la republicana de 1931, que duró hasta 1939.

Pueden asimismo considerarse la *Constitución de Bayona,* otorgada por el rey José Bonaparte en 1808, y el *Estatuto Real* de 1834, obra de Martínez de la Rosa.

Constitución, dep. de Argentina (Sante Fe). — Bahía de Chile (Antofagasta). — Com. y dep. de Chile (Maule). — Pobl. del Uruguay (Salto).

constitucional adj. y s. Perteneciente a la Constitución: *ley constitucional.* ‖ Sujeto a una Constitución: *monarquía constitucional.* ‖ De la constitución de un individuo: *enfermedad constitucional.*

constitucionalidad f. Calidad de constitucional: *la constitucionalidad de una medida de gobierno.*

constitucionalismo m. Régimen constitucional.

constitucionalizar v. t. Dar carácter constitucional.

* **constituir** v. t. Formar, componer: *constituir una familia, un gobierno.* ‖ Ser: *esto no constituye una falta.* ‖ Hacer: *le constituyó heredero.* ‖ Organizar: *constituir una sociedad.* ‖ Establecer: *constituir una pensión.* ‖ — V. pr. Asumir una obligación, un cargo o cuidado: *constituirse en fiador, en guardador.* ‖ Personarse, presentarse: *se constituyó en el lugar.* ‖ Entregarse: *me constituí prisionero.*

constitutivo, va adj. Que constituye: *acto constitutivo.*

constituyente adj. y s. m. Que entra en la composición de una cosa: *el hidrógeno es uno de los constituyentes del agua.* ‖ — Adj. y s. f. Dícese de las asambleas convocadas para reformar la Constitución del Estado: *las Cortes Constituyentes* o *las Constituyentes.*

constreñimiento m. Coacción.

* **constreñir** v. t. Obligar, forzar. ‖ *Fig.* Coartar, cohibir. ‖ — V. pr. Limitarse, moderarse.

constrictor, ra adj. Que produce constricción: *músculos constrictores de la faringe.* ‖ — Adj. y s. m. *Méd.* Dícese del medicamento que se emplea para constreñir. ‖ *Boa constructor* o *constrictor,* la especie más conocida y fuerte de las boas.

construcción f. Acción y efecto de construir. ‖ Arte de construir. ‖ Edificio construido: *construcciones modernas.* ‖ *Gram.* Disposición de las palabras en una oración.

constructivo, va adj. Que crea: *mente constructiva.*

constructor, ra adj. y s. Que construye.

* **construir** v. t. Poner en orden los elementos diversos que forman un edificio, una máquina, un aparato: *construir una casa, un avión.* ‖ Imaginar, idear: *construir una teoría.* ‖ Hacer, dibujar: *construir una circunferencia.* ‖ *Gram.* Colocar, en la oración, las palabras en cierto orden.

consubstanciación f. Consustanciación.

consubstancial adj. Consustancial.

consubstancialidad f. Consustancialidad.

consuegro, gra m. y f. Padre o madre de uno de los esposos respecto a los del otro.

consuelo m. Sentimiento de alivio. || Gozo, alegría.

Consuelo, sierra de México (Coahuila), en la Sierra Madre Occidental.

consuetudinario, ria adj. Referente a las costumbres: *Derecho consuetudinario.*

cónsul m. Magistrado romano que compartía con otro durante un año la magistratura suprema de la República. || Cada uno de los tres magistrados que componían en Francia el Consulado (1799-1804). || Agente diplomático con misión de proteger a sus compatriotas en el extranjero.

consulado m. Dignidad de cónsul romano: *el consulado fue instituido a la caída de Tarquino el Soberbio.* || Su duración. || Hoy, cargo, oficina y jurisdicción del cónsul de un país.

— En Francia, el *Consulado* instituyóse como régimen después del derrocamiento del Directorio en 1799. En el Paraguay fue la forma de gobierno de 1813 a 1814 y de 1841 a 1844.

consular adj. Del cónsul o del consulado.

consulta f. Petición de un consejo, de un parecer, etc. || Examen de un enfermo por un médico. || Consultorio.

consultante adj. Que consulta.

consultar v. t. e i. Preguntar su parecer a alguien, asesorarse: *consultar con el médico, al abogado.* || Buscar una explicación, una aclaración: *consultar el diccionario.*

consultivo, va adj. Destinado para dar consejos, pareceres, etc.

consultor, ra adj. y s. Consultante. || Que da la consulta.

consultorio m. Establecimiento donde se informa o consulta: *consultorio médico, técnico, de informaciones.* || Sección en un periódico o emisora de radio que responde a las preguntas del público.

consumación f. Perpetración: *la consumación de un crimen.* || Fin: *la consumación de los siglos.*

consumado, da adj. Perfecto, acabado: *un consumado granuja.*

consumar v. t. Realizar, llevar a cabo: *consumar un acto.*

consumible adj. Que puede consumirse.

consumición f. Acción de consumir. || Bebida tomada en un bar, sala de fiestas, etc.

consumido, da adj. Agotado. || Delgado y débil.

consumidor, ra adj. y s. Dícese de la persona que compra en una tienda o utiliza los servicios de un restaurante, bar, etc.

consumir v. t. Destruir: *consumido por las llamas.* || Comer o beber: *consumir alimentos.* || Gastar: *coche que consume mucha gasolina.* || *Fig.* Agotar, corroer: *nos consumen las preocupaciones.* || Tomar alguna bebida o comida en un establecimiento (ú. t. c. i.). || Comulgar el sacerdote en la misa (ú. t. c. i.). || — V. pr. Quedarse seco y arrugado. || Afligir.

consumo m. Gasto que se hace de los productos naturales o industriales: *bienes de consumo.* || — Pl. Impuesto que gravaba los productos que entraban en una población.

consunción f. Acción y efecto de consumir o consumirse. || Extenuación, enflaquecimiento y demacración progresivos.

consuno (de) adv. De común acuerdo.

consustanciación f. En sentido luterano, presencia de Jesucristo en la Eucaristía, es decir, conservando el pan y el vino su propia sustancia y no una mera apariencia.

consustancial adj. Que es de la misma sustancia.

consustancialidad f. Calidad de consustancial.

contabilidad f. Ciencia y arte de llevar las cuentas. || Conjunto de las cuentas de una persona o de una colectividad. || Servicio encargado de llevar las cuentas.

contabilización f. Acción y efecto de contabilizar.

contabilizar v. t. Anotar en los libros de cuentas.

contable adj. Que se puede anotar en las cuentas. || — Com. Tenedor de libros de cuentas, persona que lleva las cuentas.

contacto m. Relación de los cuerpos que se tocan: *contagiar una enfermedad por contacto.* || Dispositivo que permite la abertura y el cierre de un circuito eléctrico. || Enlace: *contactos radiofónicos.* || Trato, relación: *ponerse en contacto con él.* || *Méx.* Enchufe.

contado, da adj. Raro, escaso. || Determinado, señalado. || — *Al contado,* con dinero contante. || *Por de contado,* por supuesto, de seguro.

contador m. Nombre dado a varios aparatos que miden las distancias recorridas, la velocidad o el número de movimientos efectuados en un espacio de tiempo. || Aparato que registra las cantidades de gas, agua, electricidad, etc., que se consumen en una casa. || *Contador Geiger,* instrumento que sirve para descubrir y contar las partículas emitidas por cuerpo radiactivo.

contaduría f. Oficio y oficina del contador. || Contabilidad: *estudiar contaduría.* || Nombre de ciertas administraciones: *Contaduría General del Estado.* || Taquilla en la que se venden los billetes de un espectáculo por anticipado.

contagiar v. t. Comunicar a otro una enfermedad. || *Fig.* Comunicar o pegar a otro costumbres, gustos, malas cualidades, etc. || — V. pr. Adquirir por contagio. || *Fig.* Transmitirse, pegarse.

contagio m. *Med.* Transmisión de una enfermedad específica por contacto: *el contagio del tifus.* | Germen de la enfermedad contagiosa. | La misma enfermedad. || *Fig.* Transmisión: *el contagio del vicio.* | Imitación involuntaria: *el contagio de la risa.*

contagioso, sa adj. Aplícase a la enfermedad que se comunica por contagio: *el tifus es contagioso.* || Que tiene una enfermedad que se pega. || *Fig.* Dícese de los vicios o costumbres que se transmiten o comunican: *risa contagiosa.*

container m. (pal. ingl.). Caja para transporte de mercancías. || Batea de ferrocarril.

Contamana, ramal de la cord. de los Andes, entre el Perú y el Brasil. — C. del Perú, cap. de la prov. de Ucayali (Loreto).

contaminación f. Contagio.

contaminar v. t. Penetrar la inmundicia un cuerpo. || Contagiar, infectar. || *Fig.* Viciar, alterar: *contaminar un texto.* | Pervertir, corromper: *contaminar las costumbres.* || — V. pr. *Fig.* Corromperse.

contante adj. Efectivo: *dinero contante.*

* **contar** v. t. Calcular, computar: *cuenta lo que hemos dejado.* || Poner en el número de: *contar entre sus amistades.* || Tener: *contar poca edad.* || Poseer: *cuenta cinco millones de habitantes.* || Relatar, narrar: *contar sus aventuras.* || — V. i. Decir los números: *cuenta hasta cinco.* || Enumerar: *contar los niños.* || Hacer cálculos: *contar con los dedos.* || Hacer cuentas: *tengo que contar mucho para acabar el mes.* || Equivaler: *cuento por cinco.* || Tener en cuenta: *lo dicho no cuenta.* || Importar, interesar: *lo que cuenta es su edad.* || Considerar, pensar: *cuenta que ya no sirvo para eso.* || Proponer, tener intención de: *cuento irme mañana.* || — *Contar con,* estar provisto: *el barco cuenta con un motor eléctrico;* tener: *cuenta con ingresos considerables;* tener en cuenta. || *Contar con alguien,* confiar en él.

contario m. Moldura en forma de rosario.

contemplación f. Acción de contemplar. || — Pl. Miramientos: *tratar con contemplaciones.*

contemplador, ra adj. y s. Que contempla.

contemplar v. t. Mirar con atención: *contemplar la ciudad, el paisaje.* || Tratar con miramientos.

contemplativo, va adj. Que contempla. || *Teol.* Muy dado a la contemplación de Dios. || *Vida contemplativa,* la pasada en la meditación.

contemporáneo, a adj. y s. Que existe al mismo tiempo. || Del tiempo actual: *problemas contemporáneos.*

contemporización f. Acción y efecto de contemporizar.

contemporizador, ra adj. y s. Que contemporiza.

contemporizar v. i. Ser tolerante o acomodaticio, transigir.

contención f. Acción y efecto de contener: *muro de contención.* Moderación. || *For.* Pleito.

contencioso, sa adj. Litigioso, en pleito. || — M. Administración contenciosa.

* **contender** v. i. Pelear. || *Fig.* Competir, rivalizar.

contendiente adj. y s. Que lucha, adversario.

* **contener** v. t. Llevar dentro de sí una cosa a otra. || Mantener en ciertos límites: *contener a la multitud.* || Encerrar, decir: *libro que contiene la verdad.* || *Fig.* Mantener en la sumisión: *contener un pueblo.* | Reprimir o moderar: *contener su ira.* || — V. pr. *Fig.* Dominarse.

contenido m. Cosa contenida. || Tema, asunto: *el contenido de una carta.*

contentadizo, za adj. Que se da por contento fácilmente.

contentamiento m. Contento.

contentar v. t. Poner contento o satisfecho: *contentar al hijo.* || — V. pr. Conformarse, darse por contento, estar satisfecho: *contentarse con poco.*

contento, ta adj. Alegre. || Satisfecho: *estoy contento y feliz.* || — M. Alegría, satisfacción o placer. || *Fig.* y *fam.* *No caber uno de contento,* sentir gran placer.

contera f. Remate de metal con que se protege el extremo del bastón, del paraguas, del lapicero, la funda de la espada, etc.

contertulio, lia m. y f. Asistente, con respecto a otros, a una tertulia.

contesta f. *Fam. Amer.* Contestación, respuesta. || *Méx.* Conversación, plática.

contestación f. Respuesta. || Riña o disputa.

contestar v. t. Responder: *contestar una carta.*

contexto m. Disposición de una obra literaria. || Su texto. || Enredo, trabazón. || *Fig.* Hilo de un relato, discurso, etc. | Conjunto de circunstancias que acompañan un suceso.

contextura f. Unión de las partes de un todo. || *Anat.* Constitución, naturaleza. || Estructura.

contienda f. Guerra. || Altercado, disputa, pelea.

contigo ablat. sing. del pron. pers. *tú,* en género m. y f.: *llévame contigo.*

contigüidad f. Vecindad.

contiguo, gua adj. Inmediato, adyacente.

continencia f. Abstinencia de los deleites carnales.

continental adj. Relativo a los países de un continente: *clima continental.*

continente adj. y s. m. Que contiene a otro: *el continente y el contenido.* || Que tiene continencia, casto. || — M. Aspecto, exterior: *persona de continente elegante.* || Gran extensión de tierra que se puede recorrer sin atravesar el mar. || — *Nuevo Continente*, América. || *Viejo Continente*, Europa, Asia y África.

contingencia f. Posibilidad de que una cosa suceda o no. || Cosa que puede o no suceder.

contingente adj. Que puede o no suceder. || — M. Contingencia. || *Com.* Cupo, parte proporcional que se señala a un país o particular en el movimiento de mercancías: *contingente de importación, de exportación.* || *Mil.* Cupo anual de reclutas.

continuación f. Acción y efecto de continuar. || Prolongación. || *A continuación*, después o detrás.

continuador, ra adj. y s. Que continúa lo empezado por otro.

continuar v. t. Seguir lo comenzado: *continuar la lectura, el trabajo.* || — V. i. Durar, persistir, permanecer: *continuar el buen o mal tiempo.* || Proseguir: *la sesión continúa.* || — V. pr. Seguir, extenderse.

continuidad f. Carácter de continuo: *la continuidad de un ruido, de la fiebre.* || *Solución de continuidad*, interrupción.

continuismo m. *Amer.* Permanencia indefinida de un mandatario en un cargo público.

continuista adj. y s. Partidario de prolongar la duración de un cargo público, y tb. de un gobierno o sistema político.

continuo, nua adj. No dividido: *línea continua.* || Que dura sin interrumpción: *lluvia continua.* || Incesante: *temor continuo.* || Perseverante: *estadista continuo en su política.* || Dícese de la corriente eléctrica de intensidad constante que circula siempre en el mismo sentido. || *De continuo*, continuamente.

Contisuyo, sección sudoeste del Tahuantinsuyo.

contlapacharse v. pr. *Méx.* Asociarse, confabularse.

contlapache com. *Méx.* Compinche.

Conto (César), poeta, escritor y político colombiano (1836-1891).

contonearse v. pr. Mover al andar los hombros y las caderas afectadamente.

contoneo m. Movimiento de la persona que se contonea.

contornear v. t. Seguir el contorno de algo. || *Pint.* Perfilar.

contorno m. Territorio que rodea un lugar. Ú. m. en pl.: *los contornos de una ciudad.* || Línea que limita una figura. || Canto de la moneda o medalla.

contorsión f. Movimiento violento de los miembros o facciones.

contorsionarse v. pr. Hacer contorsiones.

contorsionista com. Acróbata, persona que hace contorsiones.

contra prep. Indica: 1.º Contacto: *apretado contra su pecho;* 2.º Oposición: *obrar contra nuestras costumbres;* 3.º Hostilidad: *ir contra el enemigo;* 4.º Defensa: *remedio contra la tos;* 5.º Apoyo: *está contra el pretil.* || — M. Lo opuesto: *defender el pro y el contra.* || — F. *Fam.* Dificultad, inconveniente: *ahí está la contra.* || Parada circular en esgrima. || — *En contra*, contra. || *Fig. Hacer la contra*, llevar siempre la contraria.

contraalmirante m. Jefe de marina inferior al vicealmirante.

contraatacar v. t. Efectuar un contraataque.

contraataque m. *Mil.* Acción de pasar de la defensiva a la ofensiva: *contraataque nocturno.*

contrabajo m. *Mús.* El mayor y más grave de los instrumentos de cuerda y arco. | Persona que lo toca. | Voz más grave que la del bajo y persona que la tiene.

contrabalancear v. t. Equilibrar, compensar, contrapesar.

contrabandear v. i. Hacer contrabando.

contrabandista adj. y s. Que hace contrabando.

contrabando m. Introducción en un país, sin pagar los derechos de aduanas, mercancías u objetos prohibidos. || Estas mismas mercancías. || *Fig.* y *fam.* Cosa ilícita.

contrabarrera f. Segunda fila en los tendidos de las plazas de toros.

contracción f. Disminución del volumen de un cuerpo. || Respuesta mecánica de un músculo correspondiente a una excitación que hace que éste disminuya la longitud y aumente de tamaño. || *Gram.* Unión de dos sílabas, de dos vocales en una, como *doquier, al.*

contracepción f. Infecundidad causada por el empleo de métodos anticonceptivos.

contraceptivo, va adj. y s. m. Dícese de los métodos o productos que evitan la concepción.

contraclave f. *Arq.* Cada una de las dovelas inmediatas a la clave de un arco o bóveda.

contracorriente f. Corriente de dirección opuesta a la de la principal de que procede. || *Fig. Ir a contracorriente*, ir en sentido opuesto a la marcha normal.

contráctil adj. Que se contrae.

contractilidad f. Facultad que tienen ciertos cuerpos de contraerse. || Calidad de contráctil.

contractual adj. Procedente del contrato o derivado de él.

contraculebra f. *Amer.* Planta empleada como contraveneno de las mordeduras de los ofidios.

contrachapado, da y **contrachapeado, da** adj. Dícese del tablero formado por capas de maderas encoladas entre sí (ú. t. c. s. m.).

contrachapar y **contrachapear** v. t. Poner chapas de madera.

contradanza f. Baile de parejas. || Su música.

* **contradecir** v. t. Decir lo contrario de lo que otro afirma. || Estar en oposición: *sus actos contradicen sus palabras.* || — V. pr. Estar en contradicción.

contradicción f. Acción y efecto de contradecir o contradecirse. || Oposición, incompatibilidad. || *Espíritu de contradicción*, disposición a contradecir siempre a todo.

contradictor, ra adj. y s. Que contradice.

contradictorio, ria adj. Que contradice. || *For.* Hecho ante los interesados: *juicio contradictorio.*

* **contraer** v. t. Disminuir de volumen. || *Fig.* Adquirir: *contraer una costumbre, un resfriado.* || — *Contraer deudas*, entramparse. || *Contraer matrimonio*, casarse. || — V. pr. Encogerse una cosa: *contraerse los músculos.* || Limitarse.

contraespionaje m. Servicio de seguridad encargado de descubrir la actividad de los agentes de información enemigos.

contrafagot m. Contrabajo.

contrafallar v. t. En algunos juegos de naipes, poner triunfo superior al jugado por el que falló antes.

contrafilo m. Parte cortante opuesta al filo de las armas blancas.

contrafoque m. *Mar.* Foque pequeño y de lona más gruesa.

contrafoso m. *Teatr.* Segundo foso debajo del primero.

contrafuero m. Lo que se opone al fuero.

contrafuerte m. *Arq.* Pilar que sostiene o refuerza un muro. || *Fort.* Fuerte que se hace enfrente de otro. || *Geogr.* Cadena secundaria de montañas: *los contrafuertes de los Andes.* || Pieza de cuero que refuerza la parte trasera del zapato.

contrafuga f. *Mús.* Repetición del tema en sentido inverso.

* **contrahacer** v. t. Falsificar, imitar: *contrahacer la letra de uno.* || *Fig.* Remedar: *contrahacer la voz del perro.* | Fingir: *contrahacer el dolor.*

contrahecho, cha adj. Deforme (ú. t. c. s.).

contrahílo (a) m. adv. En dirección opuesta al hilo.

contraindicación f. *Med.* Peligro que implica la administración de un medicamento determinado.

contraindicar v. t. *Med.* Hacer peligrosa la aplicación de un tratamiento que por otra parte parece conveniente. || *Fig.* Ser poco conveniente y perjudicial.

contralmirante m. Contraalmirante.

Contralmirante Villar, prov. del Perú (Tumbes); cap. *Zorritos.*

contralor m. Control. || *Amer.* Inspector de la contabilidad.

contralto m. *Mús.* Voz femenina entre tiple y tenor. | La que la tiene.

contraluz m. Iluminación de un objeto que recibe la luz del lado opuesto del que la mira.

contramaestre m. Encargado o jefe de los obreros en un taller. || Capataz en las minas. || *Mar.* Oficial que manda la marinería.

contramanifestación f. Manifestación opuesta a otra.

contramanifestar v. i. Manifestar en oposición a otros.

contramaniobra f. Maniobra contraria a otra.

contramano (a) m. adv. En dirección contraria a la indicada.

contramarcha f. Marcha en sentido inverso al normal. || Marcha atrás en los automóviles.

contramina m. Galería subterránea para replicar al ataque de una posición militar con minas.

contramuralla f. y **contramuro** m. Muro en el que se apoya otro.

contraofensiva f. *Mil.* Operación ofensiva con la que se responde a una del enemigo.

contraorden f. Orden opuesta a la dada anteriormente.

contrapartida f. Asiento para corregir un error en una cuenta. || Lo que se da a cambio de otra cosa. || Compensación.

contrapelo (a) m. adv. En dirección opuesta a la del pelo. || *Fig.* y *fam.* En contra el sentido normal. | Inoportunamente.

contrapesar v. t. Hacer contrapeso. || *Fig.* Igualar, compensar una cosa con otra, contrarrestar.

contrapeso m. Peso que sirve para equilibrar otro: *el contrapeso de un ascensor.* || Añadido con que se completa un peso. || Balancín de los volatineros. || *Fig.* Fuerza que contrarresta otra.

contraplante m. *Méx.* Caño de riego para desagüe de algunos cultivos.

* **contraponer** v. t. Oponer (ú. t. c. pr.). || Comparar, cotejar.

contraportada f. Cuarta página de la cubierta de un libro.

contraposición f. Oposición. || Comparación. || Contraste.

contraproducente adj. De efecto contrario al que se desea obtener.

contraproposición f. Proposición con que se contesta o se impugna otra ya formulada sobre determinada materia.

contrapropuesta f. Contraproposición.

contraproyecto m. Proyecto diferente de otro determinado.

contrapuerta f. Portón.

contrapunta f. Pieza del torno para ajustar lo que se tornea.

contrapuntista m. *Mús.* Compositor que utiliza el contrapunto.

contrapunto m. Disciplina musical que combina diferentes líneas melódicas.

contrariar v. t. Oponerse a las palabras, acciones o voluntad de otro: *contrariar el deseo de alguien.* || Disgustar, causar disgusto. || Poner obstáculo.

contrariedad f. Oposición de una cosa con otra. || Impedimento, dificultad: *tropezar con una contrariedad.* || Disgusto, enfado.

contrario, ria adj. Que se opone a, que difiere completamente: *contrario a los principios.* || De dirección opuesta: *vientos contrarios.* || Desfavorable, perjudicial, nocivo: *contrario a la salud.* || Adverso, hostil: *suerte contraria.* || En sentido diferente: *íbamos en dirección contraria.* || — M. y f. Adversario, enemigo. || Palabra que, por su significado, se opone a otra, antónimo: *orgullo y modestia son contrarios.* || — M. Lo que se opone a algo: *es lo contrario.*

Contrarreforma, movimiento producido después de la Reforma protestante en el s. XVI, que tuvo por objetivos, para luchar contra ella, el resurgimiento espiritual de la Iglesia siguiendo el dogma y la tradición y llevar de nuevo a su seno los países y las almas que se habían separado de Roma. El instrumento esencial de esta reforma católica fue la Compañía de Jesús.

contrarréplica f. Respuesta del demandado al demandante.

contrarrestar v. t. Hacer frente, oponerse, resistir. || Neutralizar una cosa los efectos de otra. || En tenis, devolver la pelota del saque.

contrarrevolución f. Movimiento político destinado a combatir una revolución o a anular sus resultados.

contrarrevolucionario, ria adj. y s. Favorable a la contrarrevolución.

contraseguro m. Seguro accesorio de otro contraído antes.

contrasentido m. Interpretación opuesta al verdadero sentido. || *Fig.* Lo que se opone a la realidad, a lo que debe ser.

contraseña f. Señal convenida para reconocerse. || *Mil.* Seña dada al centinela para ser reconocido, consigna. || Tarjeta que se da en los espectáculos a los espectadores que quieren salir en el entreacto para poder luego entrar: *contraseña de salida.*

contrastar v. i. Formar contraste. || Ser muy diferente, no parecerse en nada. || — V. t. Resistir, hacer frente: *contrastar el ataque.* || Someter a prueba la veracidad de algo. || Comprobar la ley de los metales preciosos, las monedas y la exactitud de las pesas y medidas. || Marcar con el contraste.

contraste m. Acción y efecto de contrastar. || Oposición: *contraste de sombra y luz.* || El que ejerce el oficio público de contrastar las pesas y medidas. || Su oficina. || Señal que se pone en los objetos de plata y oro para dar fe de su autenticidad.

contrata f. Escritura de un contrato. || Contrato, convenio. || Contrato para ejecutar una obra por precio determinado: *construcción por contrata.* || Ajuste de obreros.

contratación f. Contrato.

contratante adj. Que suscribe un contrato.

contratapa f. Carne de vaca entre la babilla y la tapa.

contratar v. t. Hacer un contrato con. || Tomar a su servicio para realizar un trabajo.

contraterrorismo m. Conjunto de acciones para responder al terrorismo.

contraterrorista adj. Relativo al contraterrorismo. || — Com. Persona que ejecuta actos de contraterrorismo.

contratiempo m. Suceso imprevisto. || Accidente desagradable, enojoso. || *Mús.* Desplazamiento del acento musical a los tiempos débiles del compás. || *A contratiempo,* en momento poco oportuno.

contratista com. Persona que ejecuta una obra por contrata: *contratista de obras.*

contrato m. Pacto entre dos o más personas: *contrato de venta.* || Documento en que consta.

contratorpedero m. *Mar.* Barco de guerra destinado a la persecución de torpederos.

contravalor m. Valor dado a cambio de otro.

contravapor m. *Fís.* Corriente de vapor que obra en sentido inverso a la que de ordinario mueve una máquina y que la frena.

contravención f. Infracción.

contraveneno m. Medicamento que obra contra el veneno, antídoto.

* **contravenir** v. i. Obrar en contra de lo que está mandado.

contraventana f. Postigo, puerta que interiormente cierra la vidriera.

contraventor, ra adj. y s. Infractor.

contravisita f. Visita que sirve para comprobar otra anterior.

contrayente adj. Que contrae. || Aplícase sobre todo a la persona que contrae matrimonio (ú. t. c. s.).

Contreras (Francisco), poeta chileno (1877-1932). || ~ (JESÚS F.), escultor mexicano (1866-1902).

contribución f. Acción de contribuir, parte realizada en una obra común. || Participación: *la contribución de las ciencias en el progreso.* || Carga que se aporta a un gasto común, particularmente a los gastos del Estado o de una colectividad pública, impuesto. || — *Contribución directa,* tributos establecidos en función de la fortuna de los contribuyente y pagados directamente por ellos. || *Contribución indirecta,* la establecida por el consumo de ciertos artículos, etc.

contribuidor, ra adj. y s. Contribuyente.

* **contribuir** v. i. y t. Intervenir, cooperar en algo: *contribuir al éxito de una empresa.* || Dar, pagar una parte de una obra común. || Pagar impuestos.

contribuyente adj. y s. Que contribuye. || El que paga contribución al Estado.

contrición f. Pesar de haber ofendido a Dios: *acto de contrición.*

contrincante m. Competidor.

contristarse v. pr. Apenarse.

contrito, ta adj. Arrepentido de haber cometido una falta. || *Fig.* Triste, compungido.

control m. Verificación, comprobación, intervención, fiscalización. || Inspección. || Vigilancia. || Lugar donde se verifica esta inspección. || Contraste de pesas y medidas. || Autoridad: *territorio bajo el control de las Naciones Unidas.* || Revisión de entradas. || Regulación: *control de nacimientos.*

controlable adj. Que se puede controlar.

controlar v. t. Inspeccionar. || Verificar, comprobar. || Fiscalizar, intervenir. || Revisar en los ferrocarriles. || Contrastar pesas y medidas. || Regular los precios, las cuentas, la natalidad. || Vigilar. || Dominar: *controlar sus nervios.* || — V. pr. Dominarse, retenerse.

controversia f. Debate, discusión, polémica sobre algo.

controvertible adj. Discutible.

* **controvertir** v. i. Discutir, polemizar, debatir sobre una materia (ú. t. c. t.).

contubernio m. Cohabitación ilícita. || *Fig.* Alianza o unión vituperable.

contumacia f. Obstinación. || *For.* Rebeldía, no comparecencia.

Contumasá, c. del Perú, cap. de la prov. homónima (Cajamarca).

contumaz adj. Obstinado. || *For.* Rebelde, que no comparece ante un tribunal.

contumelia f. Injuria, afrenta dicha a una persona en su cara. || *Chil. Sacar a uno la contumelia,* golpearlo con fuerza.

contundencia f. Calidad de contundente. || *Fig.* Peso de un argumento.

contundente adj. Que causa contusión: *arma contundente.* || *Fig.* Categórico, terminante.

conturbar v. t. Turbar.

contusión f. Lesión por golpe sin herida exterior.

contuso, sa adj. Que ha recibido contusión: *herida contusa.*

conuco m. (voz antill.). Parcela de tierra que concedían en Cuba los dueños a sus esclavos para cultivarla por su cuenta.

conuquero, ra adj. *Amer.* Animal que merodea por los conucos. | Relativo al conuco. || — M. y f. Dueño de un conuco.

convalecencia f. Estado del convaleciente.

* **convalecer** v. i. Recobrar las fuerzas perdidas por enfermedad.

convaleciente adj. y s. Que se repone de una enfermedad.

convalidación f. Acción y efecto de convalidar.

convalidar v. t. Ratificar, confirmar. || Dar por válido.

convección f. *Fís.* Transmisión de calor de los cuerpos en movimiento.

convecino, na adj. Cercano, próximo, inmediato. || Vecino de un mismo pueblo o en la misma casa (ú. t. c. s.).

convencer v. t. Persuadir, conseguir que uno reconozca una cosa (ú. t. c. pr.). || Gustar: *no me convence ese automóvil.* || — V. pr. Adquirir la seguridad.

convencido, da adj. Persuadido, seguro.

convencimiento m. Certeza absoluta, creencia segura.

convención f. Acuerdo, pacto: *convención laboral.* || Asamblea de los representantes de un país. || Conveniencia, conformidad.

— Además de la *Convención Nacional francesa,* que gobernó el país de 1792 a 1795, son dignas de mención por su significado histórico: las *Convenciones argentinas* de *Buenos Aires* (1898 y 1949), y de *Santa Fe* (1828, 1831, 1853, 1860, 1866 y 1957).

Convención, c. de Colombia (Santander). — Prov. del Perú (Cuzco); cap. *Quillabamba.*

convencional adj. Relativo al convenio o convención. || Establecido en virtud de precedentes o de costumbres. || Consabido, según costumbres. || *Armas convencionales,* las no atómicas, bacteriológicas o químicas. || — M. Miembro de la Convención Nacional francesa.

convencionalismo m. Conjunto de prejuicios que, por comodidad o conveniencia social, no se modifican.

convenenciero, ra adj. y s. *Méx.* Amigo de su conveniencia.

conveniencia f. Calidad de lo que conviene o es apropiado a. || Acuerdo, afinidad recíproca: *conveniencia de humores.* || Lo que es favorable a alguien: *no mira más que a sus conveniencias.* || Oportunidad: *conveniencia de una gestión.* || Comodidad, gusto: *a su conveniencia.* || — Pl. Normas o reglas que siguen los hábitos de la sociedad.

conveniente adj. Que conviene, provechoso.

convenio m. Pacto, acuerdo: *convenio colectivo, comercial.*

— *El Convenio de Vergara,* suscrito en Vergara (Guipúzcoa) por Maroto y Espartero, puso fin a la primera guerra carlista (31 de agosto de 1839).

* **convenir** v. t. e i. Acordar, decidir algo entre varios: *convenimos irnos juntos.* || Decidir: *convenimos no decirle nada.* || Asentir: *convengo en que no tengo razón.* || Ser conveniente o apropiado: *no te conviene esa colocación.* || Venir bien: *no me conviene ese precio.* || — V. impers. Ser a propósito.

convento m. Casa de religiosos o religiosas.

conventual adj. Relativo al convento: *retiro conventual.*

convergencia f. Dirección común hacia el mismo punto. || Este punto. || *Fig.* Objetivo común.

convergente adj. Que converge.
converger y **convergir** v. i. Dirigirse a un mismo punto. ‖ *Fig.* Tener el mismo fin las opiniones de dos o más personas.
conversación f. Charla, plática, coloquio. ‖ Manera de conversar.
conversada f. *Chil* y *Méx.* Charla, plática.
conversador, ra adj. y s. Que conversa amenamente.
conversar v. i. Hablar una o más personas con otra u otras: *conversaron de todo un poco.*
conversión f. Acción y efecto de hacer creer: *la conversión de un ateo.* ‖ Cambio de una creencia: *la conversión de un pagano.* ‖ Cambio de opinión, de ideas. ‖ Cambio de una moneda por otra.
converso, sa adj. Aplicado a los moros y judíos convertidos al catolicismo. ‖ — M. y f. En algunas órdenes religiosas, lego o lega.
convertibilidad f. Calidad de convertible: *convertibilidad de las monedas.*
convertible adj. Que puede convertirse: *fracción convertible en decimales.* ‖ Descapotable (automóviles).
convertidor m. *Tecn.* Aparato para transformar el hierro fundido en acero: *el convertidor Bessemer.* ‖ Transformador de corriente.
* **convertir** v. t. Cambiar una cosa en otra, transformarla: *convertir un palacio en escuela.* ‖ Hacer cambiar de religión, parecer u opinión: *convertir a los ateos* (ú. t. c. pr.). ‖ Hacer, transformar. Ú t. c. pr.: *se convirtió en una persona odiosa.*
convexidad f. Curvatura. ‖ Parte convexa.
convexo, xa adj. Esférico, curvado hacia el exterior.
convicción f. Convencimiento. ‖ — Pl. Creencias, ideas, pareceres.
convicto, ta adj. *For.* Aplícase al reo a quien se ha probado el delito, aunque no lo haya confesado.
convidado, da m. y f. Invitado. ‖ — F. *Fam.* Invitación.
convidar v. t. Ofrecer una persona a otra que la acompañe a comer, a una fiesta, etc. ‖ *Fig.* Mover, incitar: *los alimentos salados convidan a beber.*
convincente adj. Que convence.
convite m. Invitación. ‖ Fiesta, banquete, etc., a que uno es convidado.
convivencia f. Coexistencia. ‖ Vida en común.
convivir v. i. Vivir con otra u otras personas, cohabitar. ‖ Vivir en buena armonía. ‖ Coexistir.
convocación f. Convocatoria.
convocar v. t. Citar, llamar a varias personas para que concurran a lugar o acto determinado: *convocar las Cortes.*
convocatorio, ria adj. Que convoca. ‖ — F. Escrito o anuncio con que se convoca. ‖ Examen: *la convocatoria de septiembre.*
convolvuláceas f. pl. Plantas angiospermas de fruto capsular, como la batata (ú. t. c. adj.).
convoy m. Escolta o guardia. ‖ Grupo de naves, vehículos, etc., escoltados. ‖ Vinagreras. ‖ *Fig.* y *fam.* Séquito.
convoyar v. t. *P. Rico.* Inducir con falsos halagos a una persona para que haga una cosa.
convulsión f. Contracción violenta e involuntaria de los músculos. ‖ *Geol.* Sacudida de la tierra o del mar por efecto de los terremotos. ‖ *Fig.* Trastorno, agitación: *convulsiones políticas* o *sociales.*
convulsionar v. t. *Med.* Causar convulsiones.
convulsivo, va adj. Relativo a la convulsión: *movimientos convulsivos.* ‖ Dícese de lo que tiene convulsiones: *tos convulsiva.*
convulso, sa adj. Crispado de manera convulsiva: *rostro convulso.*
conyugal adj. De los cónyuges.
cónyuge com. Consorte, marido o mujer, respectivamente.
coñac m. Aguardiente envejecido en toneles de roble, según se hace en Cognac (Francia).
coñearse v. pr. *Pop.* Burlarse.
Cook [*kuk*], islas de Nueva Zelanda, al O. de Tahití; cap. *Avarua*, en la isla de Rarotonga. — C. y puerto de la isla de los Estados (Argentina). ‖ ~ (ESTRECHO DE), brazo de mar de Oceanía que separa las dos islas de Nueva Zelanda; 80 km. de anchura.
Cook [*kuk*] (James), navegante inglés (1728-1779), que organizó tres expediciones a Oceanía.
coolí [*kulí*] m. (ingl. *coolee*). Trabajador indio o chino.
Coolidge [*kulich*] (Calvin), político norteamericano (1872-1933), presidente de Estados Unidos de 1923 a 1929. ‖ ~ (WILLIAM DAVID), físico norteamericano, n. en 1873. Descubrió el tubo para rayos X.
Cooper [*kuper*] (James Fenimore), novelista norteamericano (1789-1851), autor de *El último mohicano.*
cooperación f. Participación a una obra común.
cooperador, ra adj. y s. Que coopera.
cooperar v. i. Obrar conjuntamente, con otra u otras personas, para un mismo fin.
cooperativa f. Sociedad formada por productores o consumidores para producir, vender o comprar en común: *cooperativa de trabajo, agrícola, de consumo,* etc. ‖ Establecimiento de esta sociedad.
cooperativismo m. Doctrina económica de las sociedades cooperativas. ‖ Movimiento favorable a las cooperativas.
cooperativista adj. Relativo a la cooperación. ‖ — M. y f. Persona partidaria del cooperativismo.
cooperativo, va adj. Basado en la cooperación.
cooptación f. Elección de una persona como miembro de una sociedad o cuerpo mediante el voto de los asociados.
coordenadas f. pl. *Geom.* Líneas que determinan la posición de un punto en el espacio o en una superficie. (Las dos *coordenadas* de un punto en un plano son la *abscisa* y la *ordenada*).
coordinación f. Acción y efecto de coordinar. ‖ Estado de las cosas coordinadas.
coordinador adj. y s. Que coordina.
coordinar v. t. Disponer cosas metódicamente. ‖ Reunir esfuerzos para un objetivo común.
copa f. Vaso con pie para beber. ‖ Su contenido: *beber una copa de vino.* ‖ Parte superior de las ramas de un árbol. ‖ Parte hueca del sombrero en que entra la cabeza. ‖ Premio que se concede en algunos certámenes deportivos: *copa de plata.* ‖ — Pl. Uno de los palos de la baraja española.
Copacabana, pobl. de la Argentina (Catamarca). — Penins. de Bolivia, en el lago Titicaca, donde se encuentra la v. homónima, cap. de la prov. de Manco Cápac (La Paz). — Pobl. de Colombia (Antioquia). — Barrio de Río de Janeiro (Brasil). Casino y playa.
Copahue, volcán de los Andes, entre Argentina (Neuquen) y Chile (Bío-Bío); 2 980 m. — Estación termal de la Argentina (Neuquen).
copaiba f. Copayero.
copal m. Resina sacada de diversos árboles tropicales.
copalchi m. Árbol de América cuya corteza es amarga y medicinal.
copalí m. *Méx.* Resina que puede usarse como incienso.
copalino, na adj. Que produce copal.
Copán, río de América Central (Honduras y Guatemala), afl. del Motagua. — Macizo montañoso de Guatemala. Recibe tb. el n. de *Montañas del Merendón.* — Dep. de Honduras fronterizo con Guatemala; cap. *Santa Rosa de Copán.* Ruinas mayas.
copaneco, ca adj. y s. De Copán (Honduras).
copar v. t. En los juegos de azar, hacer una puesta equivalente a todo el dinero de la banca. ‖ *Mil.* Cortar la retirada a una tropa y hacerla prisionera. ‖ *Fig.* En unas elecciones, conseguir todos los puestos. ‖ Acaparar.
coparticipación f. Acción de participar a la vez con otro u otros en alguna cosa.
copartícipe com. Que participa o comparte con otro en alguna cosa.
copayero m. Árbol de América de cuyo tronco se saca el bálsamo de copaiba.
copear v. i. Tomar copas.
copec f. Moneda rusa equivalente a un céntimo de rublo.
copela f. Crisol hecho con huesos calcinados.
copelación f. Operación consistente en la separación por el calor de un metal precioso de sus impurezas.
copelar v. t. Fundir los metales preciosos en una copela.
Copenhague, cap. y puerto de Dinamarca en el E. de la isla de Seeland; 960 300 h. (1 220 000 con los suburbios). Obispado. Universidad. Centro industrial.
copeo m. Acción de tomar o servir copas de vino, y tb. de irse de bar en bar para tomarlas.
Copérnico (Nicolás), astrónomo polaco (1473-1541). Probó que la Tierra no está en el centro del Universo y que gira en una órbita alrededor del Sol.
copero m. Servidor encargado de las bebidas de un dios, de un rey, etc.
copete m. Tupé, mechón de pelo sobre la frente. ‖ Moño de plumas de algunas aves: *el copete del pavo real.* ‖ Colmo de un helado. ‖ *Fig. De alto copete,* encopetado.
copey m. Árbol gutífero de las Antillas de flores amarillas y rojas.
copia f. Abundancia de una cosa. ‖ Reproducción de un escrito, de un texto musical u obra artística. ‖ Retrato, persona muy parecida a otra: *es una copia de su padre.*
copiador, ra adj. y s. Que copia. ‖ — M. Libro en el que se copian las cartas.
copiante adj. y s. Que copia. ‖ — Com. Persona que se dedica a copiar escritos ajenos.
copiapeño, ña adj. y s. De Copiapó (Chile).
Copiapó, volcán de Chile (Atacama); 6 072. Recibe tb. el n. de *Azufre.* — C. de Chile, a orillas del río homónimo; es cab. del dep. tb. llamado así y cap. de la prov. de Atacama. Obispado. Fundada en 1744 por Manso de Velasco.
copiar v. t. Reproducir lo escrito, una obra de arte. ‖ Escribir lo que otro dicta. ‖ Imitar: *copiar a un autor, artista,* etc. ‖ Remedar a una persona. ‖ Plagiar el ejercicio de otro en un examen.
copiloto m. Piloto auxiliar.
copina f. *Méx.* Piel sacada entera de un animal.
copinar v. t. *Méx.* Desollar animales sacando entera la piel.
copiosidad f. Abundancia.
copioso, sa adj. Abundante.
copista com. Copiador.
copla f. Canción popular. ‖ Estrofa. ‖ — Pl. *Fam.* Versos.
coplero, ra m. y f. Persona que hace o vende coplas. ‖ *Fig.* Mal poeta.
copo m. Mechón de cáñamo, lino, algodón, etc., dispuesto para el hilado. ‖ Pequeña masa que cae al nevar. ‖ Coágulo. ‖ Grumo. ‖ Acción de copar. ‖ Bolsa que forman algunas redes de pescar.
copón m. Copa grande en que se guarda la Eucaristía.
coposesión f. Posesión con otro.
coposo, sa adj. Copudo.

copra f. Medula del coco, de la palma, de la que se extrae el aceite.

coproducción f. Producción en común: *película en coproducción*.

copropiedad f. Propiedad en común: *edificio en copropiedad*.

copropietario, ria adj. y s. Que posee bienes con otras personas.

copto, ta adj. y s. Cristiano de Egipto. ‖ — M. Lengua litúrgica de estos cristianos.

copudo, da adj. Con copa.

cópula f. Unión. ‖ Atadura, ligamento. ‖ Unión sexual. ‖ *Arq.* Cúpula. ‖ Término que une el sujeto con el predicado.

copularse v. pr. Unirse sexualmente.

copulativo, va adj. Que une: *conjunción copulativa*.

copyright [*-rait*] m. (palabra ingl.). Derecho de propiedad literaria.

coque m. Carbón poroso, con pocas sustancias volátiles, que resulta de la calcinación de la hulla.

coquefacción f. Transformación de la hulla en coque.

coqueluche f. Tos ferina. (Es galicismo.)

coquería f. Fábrica de coque.

coqueta adj. y s. Dícese de la mujer que desea gustar a los hombres. ‖ — F. Tocador.

coquetear v. i. Tratar de agradar por mera vanidad. ‖ Flirtear. ‖ *Fig.* Tener trato superficial.

coqueteo m. Coquetería, flirteo.

coquetería f. Deseo de agradar a los hombres. ‖ Afición a arreglarse y vestirse bien.

coquetón, ona adj. *Fam.* Atractivo, agradable. ‖ Bastante grande: *una cantidad de dinero coquetona*. ‖ — M. Hombre que desea agradar a las mujeres. ‖ — F. Coqueta.

coquificar v. t. Transformar la hulla en coque.

Coquilhatville. V. MBANDAKA.

coquillo m. *Méx.* Palmera.

coquimbano, na adj. De Coquimbo (Chile).

coquimbo m. En Honduras, liberal, rojo o colorado. (Los rivales de los *coquimbos* eran los *cachurecos* o conservadores.)

Coquimbo, c. y puerto del N. de Chile, en la bahía homónima; es cab. del dep., en la prov. tb. llamada así. Fundada por Valdivia en 1544. — Prov. de Chile; cap. *La Serena*. Minas. — V. ELQUI.

coquina f. Almeja pequeña.

coquizar v. t. Coquificar.

cora f. División territorial árabe.

coracero m. Soldado de caballería con coraza.

coracoides adj. *Anat.* Aplícase a la apófisis del omóplato.

Coracora, c. del Perú, cap. de la prov. de Parinacochas (Ayacucho). Centro comercial.

coraisquita o **coreisquita** adj. y s. Individuo de la tribu árabe de la que formaba parte Mahoma.

coraje m. Ánimo, valentía, valor. ‖ Rabia, ira.

corajudo, da adj. Acometedor. ‖ Colérico, irritable.

coral m. Celentéreo antozoo cuya estructura calcárea de color blanco, rosado o encarnado se emplea en joyería. ‖ Arbusto de Cuba de cuyas semillas se hacen sartas para collares. ‖ — F. Culebra venenosa de América del Sur, de color rojo y anillos negros. ‖ Carúnculas rojas del pavo.

coral adj. *Mús.* Relativo al coro. ‖ — F. *Mús.* Composición para coro. | Masa coral.

Coral (MAR DEL), parte del Pacífico, entre el NO. de Australia, Nueva Guinea, las islas Salomón, las Nuevas Hébridas y Nueva Caledonia.

coralífero, ra adj. Que tiene corales. ‖ De coral.

coralillo m. Serpiente de la América tropical, muy venenosa.

coralino, na adj. De coral. ‖ De color de coral. ‖ — F. Zoófito que produce el coral. ‖ Alga marina empleada como vermífugo.

corambre f. Conjunto de cueros o pellejos.

Corán o **Alcorán,** libro sagrado de los musulmanes, redactado por Mahoma y atribuido por el Profeta a Dios mismo.

coránico, ca adj. Del Corán.

coraza f. Armadura que protegía el pecho y la espalda. ‖ *Mar.* Cubierta metálica de un buque. ‖ *Zool.* Concha, caparazón: *la coraza de la tortuga*. ‖ *Fig.* Lo que defiende o protege.

corazón m. Órgano hueco de forma ovoide, situado en el pecho del hombre, que constituye el elemento central de la circulación de la sangre. ‖ *Por ext.* Parte anterior del pecho en la que se sienten los latidos de este órgano. ‖ *Fig.* Figura en forma de corazón en los naipes franceses. | Parte central o esencial de una cosa: *corazón de alcachofa*. | Asiento de los sentimientos, de la sensibilidad; conjunto de las facultades afectivas y morales: *entristecer los corazones*. | Asiento de los sentimientos altruistas: *tener buen corazón*. | Valor, energía: *yo no tengo corazón para hacer eso*. | Sentido moral, conciencia: *muchacha de corazón puro*. | Centro: *en el corazón de la población*. ‖ Término afectuoso: *¡corazón mío!* ‖ — *Fig. De corazón*, con franqueza; generoso. | *Llevar el corazón en la mano*, hablar y obrar sin disimulo, con toda sinceridad. | *No caberle a uno el corazón en el pecho*, ser extremadamente bueno y generoso; estar muy alegre. | *No tener corazón*, tener poca sensibilidad. | *No tener corazón para hacer algo*, no ser capaz de hacerlo.

— El *corazón* se divide en dos partes separadas, la derecha y la izquierda, que tiene cada una una aurícula y un ventrículo que se comunican. La sangre de las venas de la circulación general llega a la aurícula derecha, y de allí pasa al ventrículo derecho, que la envía a los pulmones, donde se regenera. El líquido sanguíneo pasa luego de los pulmones a la aurícula izquierda y de ésta al ventrículo izquierdo, del cual, por la aorta, pasa al resto del cuerpo. El primer trasplante de corazón fue realizado por el doctor Barnard en 1967.

Corazón, monte del Ecuador, en la Cord. Occidental; 4 791 m. — Pobl. del Ecuador, cab. del cantón de Pangua (Cotapaxi). — Estrella principal de la constelación de los Lebreles. ‖ **~ del León.** V. RÉGULO.

corazonada f. Impulso instintivo. ‖ Presentimiento: *tengo la corazonada de que vendrá*.

Corbacho *(El)* o *Reprobación del amor mundano*, obra satírica del Arcipreste de Talavera (1438).

corbata f. Tira de tela que se anudan los hombres al cuello de la camisa para adorno. ‖ Lazo adornado en el asta de una bandera. ‖ Insignia de ciertas órdenes. ‖ En el teatro, parte del proscenio comprendida entre la batería y la línea en que está el apuntador.

corbato m. Refrigerador del serpentín de un alambique.

corbeta f. Barco de guerra ligero, más pequeño que la fragata.

Corbusier (Le). V. LE CORBUSIER.

Córcega, en fr. *Corse*, isla del Mediterráneo, perteneciente a Francia desde 1768; 8 722 km². Cap. *Ajaccio*.

corcel m. Caballo.

Corcira. V. CORFÚ.

corcova f. Joroba.

corcovado, da adj. y s. Jorobado.

Corcovado, monte del Brasil en cuyas faldas está Río de Janeiro. En su cumbre se levanta una grandiosa estatua de Cristo; 704 m. — Com. de Chile (Chiloé). — Volcán de Chile (Chiloé); 2 290 m.

corcoveta com. Jorobado.

corcovo m. Salto que dan algunos animales encorvando el lomo.

Corcubión, pobl., golfo y ría del NO. de España (La Coruña).

corchea f. *Mús.* Nota cuyo valor es la mitad de una negra. ‖ *Doble corchea*, nota que vale la mitad de una corchea.

corchero, ra adj. Del corcho: *industria corchera*. ‖ — M. Trabajador que descorcha los alcornoques. ‖ — F. Recipiente de corcho para helar las bebidas. ‖ Línea que delimita, en una carrera, las calles de una piscina.

corcheta f. Hembra en que entra el macho de un corchete.

corchete m. Broche compuesto de macho y hembra. ‖ Macho en forma de gancho. ‖ Signo de estas figuras ([ ]) utilizado a modo de paréntesis. ‖ *Fig.* Agente de policía. ‖ Taruguillo con dientes con que sujetan los carpinteros la pieza que trabajan.

corcho m. Corteza del alcornoque. ‖ Tapón de corcho.

¡córcholis! interj. ¡Caramba!

corchotaponero, ra adj. De la industria de los tapones de corcho.

cordada f. Grupo de montañeros, unidos por una cuerda.

cordados m. pl. *Zool.* Tipo de metazoos que comprende los vertebrados y seres afines (ú. t. c. adj.).

cordaje m. *Mar.* Jarcia de una embarcación. ‖ *Mús.* Conjunto de cuerdas de la guitarra.

cordal adj. y s. f. Dícese de cada una de las muelas que en la edad viril nacen en las extremidades de las mandíbulas, llamadas también las del juicio. ‖ — M. *Mús.* Pieza de los instrumentos de cuerda donde se atan éstas.

Corday [*kordé*] (Charlotte), joven francesa (1768-1793) que apuñaló a Marat. M. guillotinada.

cordel m. Cuerda delgada. ‖ Cuerda. ‖ Distancia de cinco pasos. ‖ Camino de ganado trashumante. ‖ — *A cordel*, en línea recta. ‖ *Fig. Méx. Dar cordel a un negocio*, dar largas a su resolución.

cordelería f. Oficio, taller y tienda del cordelero.

cordelero, ra m. y f. Persona que hace o vende cordeles.

cordera f. Oveja que no pasa de un año. ‖ *Fig.* Persona dócil.

corderillo m. Piel curtida de cordero.

cordero m. Cría de la oveja que no pasa de un año. ‖ Piel curtida de cordero. ‖ *Fig.* y *fam.* Hombre muy dócil. ‖ *El Cordero de Dios* o *el Divino Cordero*, Jesucristo.

Cordero (Juan), pintor de murales y retratista mexicano (1824-1884). ‖ **~** (LUIS), político y escritor ecuatoriano (1833-1912), pres. de la Rep. de 1892 a 1895. Redactó un *Diccionario del idioma quechua*.

cordial adj. Afectuoso, amistoso. ‖ — M. Bebida que tonifica.

cordialidad f. Calidad de cordial.

cordillera f. Serie de montañas enlazadas entre sí: *cordillera pirenaica, de los Andes*.

Cordillera, prov. de Bolivia (Santa Cruz); cap. *Lagunillas*.

cordillerano, na adj. Relativo a la cordillera, especialmente a la de los Andes. ‖ — Adj. y s. De Las Cordilleras (Paraguay).

Cordilleras (Las), dep. en el centro del Paraguay; cap. *Caacupé*.

córdoba m. Moneda de Nicaragua.

Córdoba, c. del S. de España, cap. de la prov. homónima, atravesada por el Guadalquivir. Obispado. Escuela de Ingenieros Agrónomos. Centro turístico. Entre sus monumentos sobresalen la Mezquita, convertida por Carlos I en catedral, construida por el califa árabe Abderramán I (786), el Alcázar y el puente romano. — Sierra de la Argentina, en la prov. homónima; alt. máx. 2 880 m. Riquezas mineras. — C. de la Argentina, cap. de la prov. homónima. Arzobispado. Universidad. Fundada en 1573 por Jerónimo de Cabrera. Construcción de automóviles. — Dep. de Colombia en el mar Caribe; cap. *Montería.*—Pobl. de México (Veracruz).

Córdoba (Gonzalo Fernández de). V. Fernández de Córdoba (Gonzalo) ‖ ~ (José María), general colombiano (1799-1829). Intervino decisivamente en la batalla de Ayacucho. Posteriormente se rebeló contra Bolívar. ‖ ~ (Matías de), dominico, patriota y poeta guatemalteco (1750-1828). ‖ ~ **y Figueroa** (Pedro de), historiador chileno (1692-1770). ‖ ~ **y Válor.** V. Aben Humeya.

cordobán m. Piel de cabra curtida.

cordobense adj. y s. Cordobés, de Córdoba (Colombia).

cordobés, esa adj. y s. De Córdoba (España y Argentina). ‖ Cordobense.

cordón m. Cuerda pequeña: *los cordones de los zapatos.* ‖ Cable o hilo que conduce la electricidad. ‖ Cuerda con que se ciñen el hábito algunos religiosos. ‖ *Arq.* Bocel. ‖ *Mar.* Cada una de las cuerdas que componen un cable. ‖ Serie de personas o cosas destinadas a proteger o vigilar: *cordón sanitario, de policía, de tropa.* ‖ *Zool.* Fibra: *cordón nervioso.* ‖ *Riopl.* Bordillo de la acera. ‖ — Pl. Divisa en el hombro de algunos militares. ‖ *Cordón umbilical,* conjunto de vasos que unen la placenta materna con el vientre del feto.

cordonazo m. *Cub.* y *Méx.* Temporal de otoño.

cordon-bleu m. (pal. fr.). Cocinero o cocinera excelente.

cordoncillo m. Labor de ciertos tejidos. ‖ Borde labrado de ciertas monedas.

cordonear v. i. *Méx.* En el campo, las líneas de plantas recién nacidas.

cordonero, ra m. y f. Persona que hace o vende cordones, flecos, etcétera. ‖ — M. *Mar.* El que hace jarcias.

Córdova (Arturo de), actor cinematográfico mexicano, n. en 1904. ‖ ~ (Jorge), general boliviano (1822-1861), pres. de la Rep. de 1855 a 1857. M. asesinado.

cordura f. Juicio, sensatez. ‖ Estado del que no está loco.

Core. V. Perséfone.

corea f. *Med.* Baile de San Vito.

Corea, penins. de Asia oriental entre el mar del Japón y el mar Amarillo, dividida, desde 1945, en dos Estados: la *República Popular Democrática de Corea del Norte* (120 500 km²; 15 000 000 h.; cap. *Pyonyang,* 940 000 h.) y la *República Democrática de Corea del Sur* (98 400 km²; 33 000 000 habitantes; cap. *Seúl,* 3 805 400 habitantes).

Corea (Estrecho de), brazo de mar entre la penins. homónima y el Japón.

coreano, na adj. y s. De o relativo a Corea.

corear v. t. Componer música para ser cantada. ‖ Repetir en coro, acompañar cantando a coro. ‖ *Fig.* Repetir, unirse con otros para asentir a lo que ellos dicen.

corega y **corego** m. Ciudadano que en Grecia costeaba una representación teatral.

Corelli (Arcangelo), violinista y compositor italiano (1653-1713), autor de *Sonatas.*

coreo m. Pie de la poesía antigua compuesto de dos sílabas, una larga y otra breve. ‖ Combinación de los coros en la música.

coreografía f. Arte de la danza. ‖ Arte de componer bailes.

coreográfico, ca adj. De la coreografía.

coreógrafo m. El que dirige la ejecución de un ballet.

Corfú, ant. *Corcira,* c. de Grecia, cap. de la isla homónima, una de las Jónicas.

Coria, c. de España (Cáceres). ‖ ~ **del Río,** v. de España (Sevilla).

coriáceo, a adj. Relativo o semejante al cuero. ‖ *Fig.* y *fam.* Duro como el cuero. | Obstinado. ‖ — F. pl. Plantas angiospermas leñosas o herbáceas. (ú. t. c. adj.).

coriambo m. Verso griego o latino compuesto de dos breves y dos largos.

coriano, na adj. y s. De Coro (Venezuela).

coribante m. Sacerdote de Cibeles.

corifeo m. Hombre que guiaba el coro en las tragedias antiguas. ‖ *Fig.* Portavoz, persona que habla por un conjunto de personas.

COREA

coriláceas f. pl. Familia de plantas que tienen por tipo el avellano (ú. t. c. adj.).

corimbo m. Grupo de flores o frutos nacidos en distintos puntos del tallo que terminan a la misma altura.

corindón m. Alúmina cristalizada de diferentes colores y casi tan dura como el diamante: *el corindón azul se llama zafiro.*

Corintia, nomo de Grecia; cap. *Corinto.*

corintio, tia adj. y s. De Corinto. ‖ *Orden corintio,* orden de arquitectura y columna cuyo capitel está adornado de una hoja de acanto.

Corinto, c. de Grecia, cap. del nomo de Corintia, al fondo del istmo de igual n., que une Grecia continental y el Peloponeso. — Mun. del Brasil (Minas Gerais). — Pobl. de El Salvador (Morazán). — Pobl. y puerto de Nicaragua en el Pacífico (Chinandega).

corión m. Membrana que envuelve el embrión en los vertebrados superiores.

Corisco, isla de Guinea Ecuatorial (Río Muni), a 24 km del continente.

corista m. Religioso que asiste al coro. ‖ — Com. *Teatr.* Persona que canta en un coro. ‖ — F. Artista femenina que forma parte del conjunto de una revista teatral.

corito, ta adj. Desnudo.

coriza f. Catarro nasal.

Cork, c. y puerto de la rep. de Irlanda, cap. de la prov. de Munster. Obispado. Universidad.

cormorán m. Cuervo marino.

Corn Island, isla y pobl. de Nicaragua (Zelaya).

cornaca m. El que doma, conduce y cuida un elefante.

cornáceas f. pl. Familia de plantas dicotiledóneas de las regiones templadas y cálidas, como el cornejo (ú. t. c. adj.).

cornada f. Golpe dado por el toro con el cuerno. ‖ Herida producida.

cornadura f. Cornamenta.

cornalina f. Ágata rojiza.

cornalón adj. m. Que tiene grandes cuernos. ‖ — M. Gran cornada.

cornamenta f. Conjunto de los cuernos de un animal.

cornamusa f. Trompeta larga de metal que tiene el tubo vuelto por en medio. ‖ Especie de gaita.

córnea f. Membrana transparente y abombada de la parte exterior del globo del ojo.

corneado, da adj. Que ha sufrido una cornada.

cornear v. t. Dar cornadas. ‖ *Fig. Amer.* Faltar la mujer a la fidelidad conyugal.

Corneille (Pierre), poeta dramático francés, n. en Ruán (1606-1684), autor de la tragicomedia *El Cid,* inspirada en la obra del español Guillén de Castro, y de una serie de tragedias de asuntos históricos (*Horacio, Cinna, Polyeucto, Nicomedes,* etc.). Se le considera como el creador del arte clásico en el teatro. — Su hermano Thomas (1625-1709), tb. dramaturgo.

corneja f. Especie de cuervo. ‖ Especie de búho.

cornejo m. Arbusto cornáceo, de madera muy dura.

Cornejo (José María), político salvadoreño, jefe del Estado de 1829 a 1830 y de 1830 a 1832.

Cornelia, hija de Escipión el Africano y madre de los Gracos (189-110 a. de J. C.).

Cornelio ‖ ~ **Hispano.** V. López (Ismael). ‖ ~ **Nepote** (Cayo), biógrafo latino (¿99-24? a. de J. C.), autor de *Varones ilustres.*

Cornelio Saavedra, prov. de Bolivia (Potosí); cap. *Betanzos.*

Cornelius (Peter von), pintor alemán (1783-1867), autor de frescos.

córneo, a adj. De cuerno o semejante a él. ‖ — F. pl. Cornáceas.

córner m. En fútbol, saque de esquina: *tirar los córners.*

corneta f. *Mús.* Instrumento de viento parecido al clarín. ‖ Trompa de caza. ‖ Cuerno que usan los porqueros. ‖ *Mil.* Especie de clarín para los toques reglamentarios. ‖ Trompetilla acústica. ‖ Especie de sombrero de algunas monjas. ‖ — M. Músico que toca la corneta.

cornete m. Cuerno pequeño. ‖ — Pl. *Anat.* Huesecillos interiores en la fosa de la nariz. ‖ Instrumento de cirugía.

cornetín m. Instrumento músico de pistones o llaves. ‖ Músico que lo toca.

corneto, ta adj. *Méx.* Res de cuernos torcidos hacia abajo.

cornezuela f. *Méx.* Gusano que ataca al tabaco. | Plaga de tierra caliente.

cornezuelo m. Honguillo ascomiceto parásito del centeno.

corniabierto, ta adj. Que tiene los cuernos muy separados.

cornicabra m. *Méx.* Venado de cuerno recto y delgado, sin ramificación. | Venado aguja.

cornigacho, cha adj. De cuernos inclinado hacia abajo.

cornisa f. *Arq.* Adorno compuesto de molduras saledizas que corona un entablamento. ‖ Carretera escarpada y tortuosa al borde del mar o en una montaña.

Cornisa Cantábrica, n. geoturístico dado al litoral del Atlántico en el N. de España, entre el río Bidasoa y la ría de Ribadeo (Lugo).

cornisamento m. Conjunto de molduras que rematan un edificio.

cornivelcto, ta adj. Que tiene los cuernos dirigidos hacia arriba.

corno m. Cornejo, arbusto. ‖ *Mús. Corno inglés,* instrumento de viento, más grande y de sonido más grave que el oboe.

Cornualles, en ingl. *Cornwall,* condado al SE. de Inglaterra; cap. *Bodmin.*

cornucopia f. Espejo de marco tallado con varios brazos para colocar las velas. ‖ Cuerno de la abundancia.

cornudo, da adj. Con cuernos. ‖ — Adj. m. y s. m. *Fig.* Aplícase al marido cuya mujer ha cometido adulterio. ‖ — F. Pez de la familia del tiburón.

cornúpeta y **cornúpeto** m. Toro de lidia.

coro m. Reunión de cantores para ejecutar una obra musical en común: *el Coro de Pamplona.* ‖ Título dado a las piezas musicales compuestas para ser cantadas por un conjunto de voces. ‖ Grupo de personas que ejecutan un baile reunidas. ‖ Parte de una iglesia en la que están los religiosos. (En las iglesias españolas se encuentran en el centro de la nave y en las francesas entre el crucero y el ábside). ‖ Nombre dado a las jerarquías de ángeles y a ciertas categorías de santos: *coro celestial.* ‖ *Fig.* Conjunto de personas que tienen la misma opinión: *un coro de descontentos.* ‖ En las tragedias griegas y romanas, conjunto de actores que participaban en los entreactos y tenían escaso papel en la representación. ‖ *A coro,* todos a la vez.

Coro, golfo de Venezuela (Falcón). — C. de Venezuela, cap. del Estado de Falcón. Obispado. Fundada en 1528.

Corocoro, pobl. de Bolivia (La Paz). Cobre.

Coroico, pobl. de Bolivia, cap. de la prov. de Nor Yungas (La Paz). Centro comercial.

coroideo, a adj. *Anat.* Aplícase a ciertas membranas vasculares y a lo relativo a ellas: *humor coroideo; venas coroideas.*

coroides f. *Anat.* Segunda membrana del globo del ojo, entre la esclerótica y la retina.

corojo m. Palmera americana de fruto mantecoso.

corola f. *Bot.* Segunda envoltura de las flores que protege los estambres y el pistilo.

corolario m. Afirmación segura de una proposición que se ha demostrado anteriormente.

Coromandel, costa oriental de la India, en el golfo de Bengala.

Corominas (Pere), polígrafo español (1870-1939). — Su hijo JOAN, n. en 1905, es filólogo y autor de un notable *Diccionario etimológico de la lengua castellana.*

corona f. Guirnalda de flores o de otra cosa que rodea la cabeza como adorno o como signo de distinción. ‖ Joya de metal que se pone en la cabeza como signo de dignidad, autoridad o potencia: *corona imperial, ducal, real.* ‖ Monarquía: *declase partidario de la corona.* ‖ Adorno en forma de corona: *corona funeraria.* ‖ Parte de un diente o muela junto a la encía. ‖ Forro de oro o de otro metal para cubrir un diente o muela estropeados. ‖ Tonsura de un monje. ‖ Aureola o halo en la cabeza de un santo o alrededor de un astro. ‖ Círculo metálico que se pone a un objeto. ‖ Parte superior de la pezuña. ‖ Unidad monetaria de diversos países (Dinamarca, Noruega, Suecia, Islandia, Checoslovaquia) o pieza de moneda (Gran Bretaña). ‖ Moneda antigua española y de otros países. ‖ Trépano anular para perforaciones. ‖ Rueda dentada que engrana con un piñón para transmitir el movimiento a las ruedas de un automóvil. ‖ Pieza que permite dar cuerda a un reloj. ‖ *Fig.* Cualquier cosa de forma circular: *corona de nubes.* ‖ Gloria: *la corona del martirio.* ‖ — *Corona circular,* superficie comprendida entre dos circunferencias concéntricas. ‖ *Corona de hierro,* la de los reyes lombardos. ‖ *Corona de espinas,* la puesta a Jesús crucificado y, por ext., tormento o aflicción profundo.

coronación f. Acción de coronar o coronarse un soberano. ‖ Ceremonia con que se celebra la posesión oficial del trono por un rey. ‖ *Fig.* Remate, fin. | Colmo.

Coronación, isla del archip. de las Orcadas del Sur (Argentina).

Coronado, isla de México (Baja California).

Coronado (Carolina), poetisa romántica española (1823-1911). ‖ ~ (FRANCISCO y JUAN VÁZQUEZ DE). V. VÁZQUEZ DE CORONADO. ‖ ~ (MARTÍN), escritor argentino (1850-1919), uno de los precursores del teatro nacional (*La piedra del escándalo, La chacra de don Lorenzo,* etc.). Fue tb. poeta.

coronamiento m. *Fig.* Remate, final. ‖ *Arq.* Adorno que remata un edificio.

coronar v. t. Colocar la corona en la cabeza: *coronar al vencedor.* ‖ Elegir por soberano: *coronar al rey.* ‖ Premiar: *coronar a un académico.* ‖ *Fig.* Rematar, acabar, servir de remate: *este éxito coronó su vida.* | Completar una obra: *coronar un edificio.* | Dominar, servir de remate: *la cúpula que corona un palacio.* ‖ Llegar a la cúspide de un monte. ‖ — V. pr. *Fig.* Cubrirse. ‖ Ponerse una corona.

coronario, ria adj. De forma de corona. ‖ *Anat.* Dícese de cada uno de los vasos que conducen la sangre al corazón. ‖ — F. Ruedecilla del reloj que mueve la aguja de los segundos.

corondel m. *Impr.* Regleta que se pone entre dos columnas de un molde. | *Méx.* Especie de tordo.

coronel m. Oficial superior del ejército que manda un regimiento.

Coronel, c. y puerto de Chile (Concepción). ‖ ~ **Bogado,** pobl. del Paraguay (Itapúa), ant. *Caí Puente.* — Pobl. de la Argentina (Santa Fe). ‖ ~ **Eugenio A. Garay,** pobl. del Paraguay (Guairá). ‖ ~ **Martínez,** pobl. del Paraguay (Guairá). ‖ ~ **Oviedo,** c. del Paraguay, cap. del dep. de Caaguazú. ‖ ~ **Portillo,** prov. del Perú (Loreto); cap. *Pucallpa.* ‖ ~ **Pringles,** c. de la Argentina (Buenos Aires).

Coronel Urtecho (José), poeta, dramaturgo y novelista nicaragüense, n. en 1906.

Coroneo. V. TIGRE.

Corongo, c. del Perú, cap. de la prov. homónima (Ancash). Terremoto en 1970.

coronilla f. Parte superior de la cabeza. ‖ Tonsura de los eclesiásticos. ‖ *Fig.* y *fam. Estar hasta la coronilla,* estar harto.

Coropuna, nevado del Perú, al NO. de Arequipa; 6 615 m.

corosol m. Variedad de anona.

Corot (Camille), pintor paisajista francés (1796-1875).

coroza f. Capirote de papel que se ponía como afrenta a ciertos delincuentes.

corozal m. Terreno plantado de corozos.

Corozal, c. de Colombia (Sucre). Textiles.

corozo m. Corojo.

Corozo, c. de Colombia (Bolívar). Tabacos. — Pobl. de Venezuela (Guárico).

Corpancho (Manuel Nicolás), poeta peruano (1830-1863).

corpiño m. Blusa de mujer sin mangas. ‖ *Amer.* Sostén.

Corpo Truppe Volontari, cuerpo expedicionario italiano que durante la guerra civil española (1936-1939) combatió en el bando antirrepublicano.

corporación f. Asociación de personas que ejercen la misma profesión.

corporal adj. Del cuerpo: *los sentidos corporales.* ‖ — M. *Liturg.* Lienzo que se pone sobre el altar y en el que el sacerdote coloca la hostia y el cáliz.

corporativismo m. Doctrina económica y social que defiendo la creación de instituciones profesionales corporativas dotadas de poderes económicos, sociales e incluso políticos.

corporativo, va adj. De una corporación.

corporeidad f. Calidad de corpóreo.

corpóreo, a adj. Corporal.

corps m. Voz francesa que se introdujo en España para designar algunos empleos destinados al servicio del rey: *sumiller de corps.*

corpulencia f. Altura y carácter fornido de un cuerpo.

corpulento, ta adj. Alto y gordo. ‖ Grande.

Corpus o **Corpus Christi** m. Jueves en que la Iglesia católica conmemora la institución de la Eucaristía.

Corpus Christi, c. y puerto del S. de Estados Unidos (Texas). Ref. de petróleo.

corpuscular adj. Relativo a los corpúsculos, a los átomos. ‖ Compuesto de corpúsculos.

corpúsculo m. Partícula pequeña, como la célula, la molécula, el electrón, etc.

Corque, pobl. de Bolivia, cap. de la prov. de Carangas (Oruro).

corral m. Sitio cerrado y descubierto destinado a los animales domésticos. ‖ Patio de una casa de vecinos. ‖ Patio al aire libre donde antiguamente se representaban las obras teatrales: *el Corral de la Pacheca, el del Príncipe* (Madrid). ‖ Circo de montañas de nieves perpetuas. ‖ *Fam.* Lugar muy sucio.

Corral (Juan del), patriota colombiano (1778-1814). Dictador del Estado de Antioquia, proclamó la independencia de este territorio en 1813.

Corrales, rancho de México (Jalisco). Derrota de las tropas realistas el 1 de mayo de 1814.

Corralillo, térm. mun. de Cuba (Las Villas).

corraliza f. Corral.

corralón m. Corral grande.

Corralones, pobl. del Perú, cerca de Arequipa. Estación arqueológica.

correa f. Tira de cuero o cosa que se le asemeja: *correa de un reloj.* || Cinturón de cuero. || — *Correa de transmisión,* correa sin fin que permite un movimiento circular. || *Fig.* y *fam. Tener mucha correa,* soportar pacientemente las bromas y burlas.

correaje m. Conjunto de correas: *correaje de un soldado.* || Arnés.

correazo m. Golpe dado con una correa.

correcalles com. *Fam.* Persona a quien gusta mucho callejear.

corrección f. Acción de corregir, de enmendar: *corrección de erratas.* || Revisión, señalando las faltas, del ejercicio de un alumno, de los que sufren un examen. || Cambio hecho a una obra con el objeto de mejorarla. || Reprimenda, reprensión. || Comportamiento conforme a las normas de trato social. || *Impr.* Enmienda de los errores contenidos en el original de un escrito o de las planas compuestas.

correccional adj. Propio a las faltas cometidas y de los tribunales que juzgan los delitos. || — M. Establecimiento penitenciario destinado al cumplimiento de ciertas penas de prisión.

correcorre m. *P. Rico.* Alboroto en que algunas personas huyen.

correctivo, va adj. Que corrige: *medicamento correctivo.* || — Castigo.

correcto, ta adj. Conforme a las normas. || Bien educado. || Decente: *llevar un traje correcto.*

corrector, ra adj. y s. Que corrige. || — M. *Impr.* El que corrige las pruebas tipográficas.

corredero, ra adj. Que se corre: *puerta corredera.* || — F. Ranura por donde resbala una pieza: *ventana de corredera.* || Muela superior del molino. || Cucaracha. || *Arg.* Rápido de río. || Nombre de algunas calles que fueron pistas para los caballos: *la corredera de San Pablo en Madrid.* || *Mar.* Aparato para medir la velocidad del barco. || *Mec.* Pieza que abre y cierra los orificios de entrada y salida del vapor.

corredizo, za adj. Que se desata o se corre fácilmente: *nudo corredizo.* || *Techo corredizo,* el que se puede abrir en los coches.

corredor, ra adj. Que corre. || — M. y f. Persona que participa en una carrera. || — M. Intermediario en compras y ventas: *corredor de fincas, de Bolsa,* etc. || Pasillo de una casa. || Soldado encargado de descubrir y observar al enemigo. || — F. pl. Orden de aves, como el avestruz (ú. t. c. adj.).

correduría f. *Com.* Oficio de corredor. | Corretaje, comisión.

corregente adj. Que comparte la regencia con otro (ú. t. c. s.).

Correggio (Antonio ALLEGRI el), pintor italiano (¿1489?-1534), precursor del barroco.

corregible adj. Que puede corregirse.

corregidor m. (Ant.). Oficial de justicia en algunas poblaciones. | Alcalde nombrado por el rey. || — F. Mujer del corregidor.

Corregidor, isla de Filipinas, a la entrada del puerto de Manila. Ocupada por los japoneses de 1942 a 1945.

Corregidora de Querétaro. V. ORTIZ DE DOMÍNGUEZ (Josefa).

corregimiento m. Empleo, jurisdicción y oficina del corregidor.

* **corregir** v. t. Quitar los errores: *corregir una prueba.* || Amonestar, castigar. || Encontrar remedio a un defecto físico: *corregir la desviación de la columna vertebral.* || — V. pr. Enmendarse.

correhuela f. *Bot.* Centinodia.

correinado m. Gobierno simultáneo de dos reyes en una nación.

Correira (Raymundo), poeta parnasiano brasileño (1860-1911).

correlación f. Relación: *correlación entre el aumento de la producción y el desarrollo del comercio.*

correlacionar v. t. Relacionar varias cosas.

correlativo, va adj. Que tiene o indica relación. || Consecutivo.

correligionario, ria adj. y s. De la misma religión o ideas políticas que otro.

correntino, na adj. y s. De Corrientes (Argentina).

correo m. Encargado de llevar y traer la correspondencia. || Administración pública para el transporte de la correspondencia: *la administración de Correos* (ú. t. en pl.). [Institución antiquísima. Como servicio público, empezó en España en el siglo XVI. Los sellos aparecieron en Inglaterra en 1840.] || Oficina de dicha administración (ú. t. en pl.). || Correspondencia que se recibe o expide. || Tren correo.

correoso, sa adj. Que es flexible y elástico: *sustancia correosa.* || *Fig.* Blando, flexible y difícil de masticar: *pan correoso.*

correr v. i. Ir muy rápidamente: *correr tras uno.* || Participar en una carrera. Ú. t. c. t.: *correr los mil metros.* || Fluir: *el río corre entre los árboles.* || Soplar: *correr el viento.* || Extenderse: *el camino corre de Norte a Sur.* || Transcurrir el tiempo. || Propagarse, difundirse: *corre la voz que...* || Devengarse un sueldo. || Ser válido: *esta moneda ya no corre.* || Encargarse: *correr con los gastos.* || *A todo correr,* con gran velocidad. || — V. t. Perseguir, acosar: *correr un ciervo.* || Lidiar toros. || Recorrer: *correr el mundo.* || Deslizar: *corre un poco la mesa.* || Echar: *correr el pestillo.* || Tender o recoger: *correr las cortinas.* || Estar expuesto: *correr peligro.* || *Fig.* Avergonzar, confundir. || *Méx.* y *Nicar.* Despedir a uno de mala manera. || *Fam. Correrla,* divertirse, irse de juerga. || — V. pr. Apartarse, hacerse a un lado. || *Fam.* Ruborizarse.

correría f. Incursión armada en territorio enemigo. || Viaje corto y rápido.

correspondencia f. Relación, concordancia. || Comunicación entre dos localidades, dos vehículos públicos. || Intercambio de cartas: *mantener correspondencia con uno.* || Cartas recibidas y expedidas: *encargarse de la correspondencia.* || Significado de una palabra en otro idioma.

corresponder v. i. Pagar a alguien con una atención semejante a la que ha tenido antes: *corresponder al favor recibido.* || Estar en relación una cosa con otra: *a cada cuadro corresponde un espejo.* || Ser adecuado. || Pertenecer: *esta llave corresponde a mi reloj.* || Tocar: *te corresponde a ti hacerlo.* || Concordar: *no corresponde a lo que imaginaba.* || Tener un sentimiento recíproco: *él la quiere y ella le corresponde.* || — V. pr. Escribirse: *corresponderse con un amigo.* || Tenerse estimación o cariño recíproco. || Comunicarse una habitación o dependencia con otra.

correspondiente adj. Que corresponde. || Que mantiene correspondencia con una persona (ú. t. c. s. m.). || Aplícase al académico que reside fuera del lugar donde está la Academia a la cual pertenece. || *Ángulos correspondientes,* los formados por dos paralelos y una secante y colocados del mismo lado de la secante, uno siendo interno y el otro externo.

corresponsal adj. y s. Que mantiene correspondencia con una persona. || Persona con quien un comerciante tiene relaciones en otro país. || Periodista que envía noticias a su periódico desde otro país.

corresponsalía f. Cargo de corresponsal de periódico.

corretaje m. Profesión de corredor. || Comisión que éste cobra por su trabajo.

corretear v. i. *Fam.* Callejear. | Correr de un lado para otro jugando.

correteo m. Acción y efecto de corretear.

correveidile com. Chismoso.

Corrèze, dep. en el centro de Francia; cap. *Tulle.*

corrida f. Carrera. || *Taurom.* Lidia de toros en plaza cerrada. || *Min.* Dirección de una veta. || — Pl. Playeras, canto popular andaluz. || *De corrida,* apresuradamente; sin dificultad.

corrido, da adj. Que excede un poco lo justo: *un kilo corrido.* || Aplícase a la letra cursiva. || Contiguo, seguido: *balcón corrido.* || *Fig.* Avergonzado. | Experimentado. || — M. Cobertizo. || Música y baile mexicano. || *De corrido,* sin dificultad: *traducir de corrido.*

corriente adj. Que corre: *agua corriente.* || Dícese del tiempo que transcurre: *el diez del corriente.* || Frecuente, habitual: *cosa corriente.* || Ordinario: *vino corriente.* || Fluido, suelto: *estilo corriente.* || — *Corriente y moliente,* nada extraordinario. || *Cuenta corriente,* la que se tiene en un banco. || *Moneda corriente,* la que tiene curso legal en un país. || — F. Movimiento de traslación de las aguas o del aire en dirección determinada: *corriente marina; la corriente de un río.* || *Fís.* Electricidad transmitida a lo largo de un conductor: *corriente alterna, continua, polifásica.* || *Fig.* Curso, dirección que llevan algunas cosas: *la corriente de la opinión.* || — *Al corriente,* al tanto, al día. || *Dejarse llevar de* (o *por*) *la corriente,* no oponerse a la marcha de las cosas ni a lo que hacen los demás.

Corrientes, cabo de la costa E. de la prov. argentina de Buenos Aires. — Cabo de Colombia (Chocó), en el Pacífico. — Cabo de México (Jalisco). — Río de la Argentina, en la prov. homónima, afl. del Paraná. — Río del Ecuador que se interna en el Perú, afl. del Tigre; 340 km. — C. del NE. de la Argentina, cap. de la prov. homónima. Puerto en el río Paraná. Arzobispado. Universidad. Centro Comercial. Fundada por Juan de Torres de Vera y Aragón en 1588. La economía provincial es agrícola y ganadera.

corrillo m. Grupo de personas reunido para hablar. || Espacio en la Bolsa donde se reúnen los agentes de cambio.

corrimiento m. Acción y efecto de correr o correrse. || Deslizamiento: *corrimiento de tierras.* || *Fig.* Vergüenza, confusión.

corro m. Grupo de personas alrededor de algo o de alguien. || Danza ejecutada por varias personas que forman un círculo, cogidas de las manos: *bailan en corro.* || — Grupo de cotizaciones de Bolsa: *el corro bancario.* || Corrillo en la Bolsa. || Espacio redondo.

corroboración f. Confirmación.

corroborar v. t. Confirmar: *corroborar con hechos.* || Vivificar, fortalecer al débil o desmayado.

corroborativo, va adj. Que corrobora.

* **corroer** v. t. Desgastar lentamente como royendo, carcomer. || *Fig.* Consumir, arruinar la salud una pena o remordimiento: *las preocupaciones le corroen.*

corromper v. t. Alterar, dañar, podrir. || Echar a perder (ú. t. c. pr.). || *Fig.* Depravar: *corromper las costumbres.* | Pervertir: *corromper a una mujer.* | Cohechar, sobornar.

corrosión f. Acción y efecto de las sustancias corrosivas.

corrosivo, va adj. Que corroe (ú. t. c. s. m.). || *Fig.* Virulento, caústico.

corrupción f. Putrefacción. || Alteración o tergiversación: *corrupción de un libro, de un escrito.* || *Fig.* Soborno, cohecho: *corrupción de un juez, de un funcionario.* | Vicio introducido en las cosas no materiales: *corrupción de la moral.*

corruptela f. Corrupción.

corruptibilidad f. Calidad de lo que puede ser corrompido.
corruptible adj. Que puede corromperse.
corruptivo, va adj. Que corrompe.
corruptor, ra adj. y s. Que corrompe. || Depravador: *corruptor de menores.*
corrusco m. *Fam.* Mendrugo de pan.
corsario, ria adj. y s. *Mar.* Aplícase al barco armado en corso y al que lo manda. || — M. Pirata.
Corse, dep. de Francia; cap. *Ajaccio.* Centro turístico. (V. CÓRCEGA).
corsé m. Prenda interior para ceñirse el cuerpo. (Pl. *corsés.*)
corsetería f. Fábrica de corsés y tienda donde se venden.
corsetero, ra m. y f. Persona que hace o vende corsés.
corso m. *Mar.* Campaña que hacen por el mar los buques mercantes con patente de su gobierno para perseguir a los piratas o a las embarcaciones enemigas: *salir a corso; patente de corso.*
corso, sa adj. y s. De Córcega.
corta f. Tala de árboles.
cortacéspedes m. Máquina para cortar el césped.
cortacigarros m. Instrumento para cortar la punta de los puros.
cortacircuitos m. *Electr.* Aparato que interrumpe automáticamente la corriente.
cortacorriente m. *Electr.* Conmutador.
cortadera f. Cincel para cortar a martillazos las barras de hierro. || Cuchilla de colmeneros.
cortadillo m. Vaso pequeño. || *Azúcar de cortadillo,* el cortado en terrones.
cortado, da adj. Coagulado: *leche cortada.* || *Fig.* Turbado: *quedarse cortado.* || Aplícase al estilo cuyos períodos no están bien enlazados entre sí. || *Méx.* y *P. Rico.* Estado del cuerpo cuando se siente malestar o síntoma de enfermedad. || — M. Taza de café con muy poca leche.
cortador, ra adj. Que corta. || — M. y f. Persona que corta telas, carnes, etc. || — F. Máquina para cortar.
cortadura f. Incisión hecha en un cuerpo: *hacerse una cortadura en la mano.* || Hendidura. || Paso entre dos montañas. || *Fort.* Parapeto de tierra o ladrillo. || — Pl. Recortes, desperdicios.
cortafrío m. Cincel para cortar metales en frío a golpes de martillo.
cortafuego m. *Agr.* Vereda ancha en los montes, campos y bosques para que no se propaguen los incendios. || *Arq.* Muro destinado a evitar que el incendio pase de un lado a otro de un edificio.
cortalápices m. Instrumento que sirve para sacar punta a los lápices.
cortante adj. Que corta.
cortapapel y **cortapapeles** m. Plegadera, cuchillo para cortar las hojas de los libros y los papeles.
cortapicos m. Insecto ortóptero, cuyo abdomen termina por dos apéndices móviles que forman una especie de alicates.
cortapisa f. *Fig.* Donaire. | Restricción, condición o traba: *poner cortapisas a una persona.*
cortaplumas m. Navaja pequeña.
cortar v. t. Separar por medio de un instrumento cortante: *cortó las ramas.* || Amputar un miembro: *le cortaron la pierna.* || Rajar: *estas tijeras cortan.* || Hacer una raja: *el filo de esta cartulina corta.* || Separar y dar la forma adecuada a las telas en confección: *cortar un traje.* || Dividir: *calle cortada en dos.* || Interceptar, interrumpir: *cortar las comunicaciones.* || Hacer una pausa en la frase: *estilo cortado.* || Atravesar: *la nave cortaba las olas.* || Hacer disminuir la graduación: *cortar el vino con agua.* || Suprimir: *cortó el capítulo incriminado.* || Causar una sensación comparable a la de un corte: *el frío corta la cara.* || Agrietar la piel el frío. || Separar los dobleces de un libro con una plegadera. || *Geom.* Dividir una línea a otra con un punto común o una superficie a otra con una línea común (ú. t. c. pr.). || Dividir la baraja de cartas en dos partes, poniendo una debajo de otra. || Aislar: *un foso cortaba la extensión del fuego.* || Impedir que continúe su proceso: *cortar los abusos.* || Impedir la continuación: *le corté la palabra.* || Avergonzar, turbar, confundir. Ú. m. c. pr.: *me cortan las personas tan importantes.* || *Méx.* Separarse del grupo en una marcha o carrera. || — V. pr. Coagularse, cuajarse.
cortarraíces m. inv. Máquina utilizada para cortar raíces.
cortaúñas m. inv. Alicates o pinzas para cortarse las uñas.
Cortázar (Julio), escritor argentino, n. en 1914, autor de *Las armas secretas* (cuentos) y de *Los premios, Rayuela* (novelas).
corte m. Acción de cortar. || División de un tejido para la confección de un vestido: *traje de buen corte.* || Cantidad de tela necesaria para hacer un traje. || Manera de estar hecho un vestido: *chaqueta de corte elegante.* || *Fig.* Figura, forma, contorno: *el corte de su cara.* || Pausa, breve interrupción en una frase. || Representación o diseño de un edificio, de una máquina, etc., en el que se muestra la disposición de su interior. || Separación de las cartas de una baraja en dos partes. || Herida o raja efectuada con un instrumento cortante. || Interrupción: *corte del agua.* || Borde afilado de un cuchillo o una herramienta. || El rey y sus servidores que habitan en el palacio. || Lugar donde están establecidos: *la villa y corte.* || Séquito que acompaña a un rey. || *Amer.* Tribunal de justicia. || — *Corte celestial,* bienaventurados que gozan del cielo. || *Hacer la corte,* galantear a una dama. || — Pl. Asamblea legislativa o consultiva formada por el Senado y el Congreso o por una cámara sola existente en España. (Las primeras *Cortes* españolas se reunieron en los reinos de Aragón [1163], de León [1183] y de Castilla [1250]. Los miembros de esta asamblea se llamaban *procuradores,* n. reemplazado en algunas legislaturas por el de *diputados,* y restablecido en las actuales Cortes.)
Corte Internacional de Justicia, tribunal internacional de las Naciones Unidas con residencia en La Haya.
Corte Real (Gaspar), navegante portugués (s. XV y XVI) que, con su hermano MIGUEL, efectuó expediciones al Labrador, Terranova y Groenlandia (hacia 1502). || ~ JERÓNIMO), poeta y pintor portugés (1535-1588).
cortedad f. Pequeñez, poca extensión. || *Fig.* Escasez o falta de talento, valor, instrucción, fortuna, etcétera. | Timidez, apocamiento.
cortejador, ra adj. y s. Que corteja a una mujer.
cortejar v. t. Galantear a una mujer. || Agasajar, halagar.
cortejo m. Requiebro o galanteo. || Agasajo. || Séquito, comitiva. || *Fig.* Secuela, acompañamiento.
cortés adj. Que se conduce con gran educación.
Cortés, dep. del NO. de Honduras; cap. *San Pedro Sula.* Minas. Cafetales. || ~ (MAR DE), n. que recibe tb. el *golfo de California.*
Cortés (Hernán), conquistador español, n. en Medellín (Badajoz), [1485-1547]. En 1504 se dirigió a las Indias, residiendo primero en La Española, a las órdenes de Ovando. Participó después en la conquista de Cuba con Diego Velázquez (1511), quien le encargó que organizase una expedición a México. Partió en 1519, hizo escala en Cozumel y Tabasco, fundó la ciudad de Veracruz y negó luego obediencia a Velázquez. Tras ordenar el hundimiento de las naves, para impedir la vuelta de sus compañeros a Cuba, Cortés se dirigió a México, ciudad en la que entró el 8 de noviembre de 1519. Más tarde, viéndose obligado a abandonar la capital del Imperio Azteca a causa de la insurrección indígena, emprendió la desafortunada retirada llamada de la *Noche Triste* (1520). La victoria conseguida después en Otumba le permitió apoderarse de nuevo de México tras un sitio de 75 días (1521). Nombrado por Carlos I gobernador y capitán general de Nueva España, Cortés emprendió diversas expediciones a Honduras y California. Fue marqués del Valle de Oaxaca. — Su hijo MARTÍN (¿1530-1589?) conspiró contra la autoridad virreinal (1566). || ~ MANUEL JOSÉ), poeta e historiador boliviano (1811-1865). || ~ **Castro** (LEÓN), político costarricense (1882-1946), pres. de la Rep. de 1936 a 1940.
cortesanía f. Cortesía.
cortesano, na adj. Relativo a la corte. || Cortés. || — M. Palaciego. || — F. Prostituta de alta categoría.
cortesía f. Demostración de respeto y educación, delicadeza. || Regalo. || Gracia, favor. || Tratamiento. || Prórroga de un plazo. || *Impr.* Blanco en una hoja, página o parte de ella. || *De cortesía,* de cumplido.
corteza f. Capa exterior y protectora de los troncos y ramas de los árboles. || Parte exterior y dura de algunas frutas, del pan, del queso, del tocino. || Zona superficial de la Tierra. || *Fig.* y *fam.* Rusticidad, grosería. | Apariencia.
cortical adj. Relativo a la corteza. || *Anat.* Dícese del tejido que rodea ciertos órganos.
cortijero, ra m. y f. Propietario de un cortijo. || — M. Capataz encargado de un cortijo.
cortijo m. Finca.
cortina f. Tela con que se cubre una puerta, ventana, etc.: *descorrer la cortina.* || *Fig.* Lo que oculta algo: *cortina de humo.*
Cortina (Joaquín GÓMEZ DE LA), humanista y bibliófilo español, n. en México (1808-1868). || ~ (JOSÉ ANTONIO), escritor, orador y político cubano (1852-1883). || ~ MANUEL DE LA), jurista y político español (1802-1879), partidario de Espartero.
Cortina d'Ampezzo, c. de Italia (Venecia). Estación de deportes de invierno.
cortinaje m. Conjunto de cortinas.
cortisona f. *Med.* Hormona de la corteza de las glándulas suprarenales aplicada a la artritis y a ciertas enfermedades de la sangre.
corto, ta adj. De poca longitud o duración: *falda, lucha corta.* || Escaso: *corto de dinero.* || *Fig.* De poco talento: *corto de alcances.* | Tímido, timorato, vergonzoso. || — *A la corta o a la larga,* más pronto o más tarde. || *Corto de vista, de oído,* que ve u oye poco. || *De corto,* vestido con pantalón corto o muchacha que todavía no frecuenta la sociedad. || *Quedarse corto,* no calcular bien; hablar de algo o alguien menos de lo que se merece.
cortocircuito m. Fenómeno eléctrico producido al conectar con un conductor de poca, resistencia dos puntos entre los cuales hay un potencial diferente.
cortometraje m. Película cinematográfica de poca duración.
Cortona, c. de Italia (Toscana). Obispado.
Cortona (Pietro BERRETTINI DA CORTONA, llamado **Pietro da**), pintor y arquitecto barroco italiano (1596-1669).
coruco m. *Méx.* Piojillo de las aves de corral.
Corumbá, c. del Brasil (Mato

Grosso), en los límites con Bolivia y a orillas del río Paraguay.

Coruña (La), c. y puerto de España en Galicia, cap. de la prov. homónima.

coruñés, esa adj. De La Coruña.

corva f. Parte de la pierna, detrás de la rodilla, por donde aquélla se dobla y encorva. ‖ *Méx.* Miedo. ‖ *P. Rico.* Hoz.

corvadura f. Curvatura. ‖ *Arq.* Parte arqueada del arco o de la bóveda.

Corvalán (Manuel), militar argentino (1774-1847), colaborador de San Martín.

corvato m. Cría del cuervo.

corvaza f. Tumor en el corvejón de las caballerías.

corvejón m. Cuervo marino. ‖ Parte de la caña del animal donde se dobla la pata. ‖ Espolón de los gallos. ‖ *Méx.* Ave de ribera de tierra caliente.

corveta f. Movimiento del caballo que camina con los brazos o las patas en el aire.

corvetear v. i. Hacer corvetas.

córvidos m. pl. Pájaros dentirrostros de pico largo, necrófobos, como el cuervo (ú. t. c. adj.).

corvina f. Pez teleósteo marino, de carne comestible.

corvino, na adj. Del cuervo.

Corvino (Matías), rey de Hungría en 1458 (1440-1490). Protegió las artes y las letras.

corzo, za m. y f. Cuadrúpedo rumiante cérvido con cuernos cortos, verrugosos y ahorquillados.

Cos o **Kos,** isla griega del mar Egeo, en el archip. del Dodecaneso; cap. *Cos.*

cosa f. Palabra indeterminada cuyo significado (materia, objetos, bienes, palabras, acontecimientos, asuntos) se precisa por lo que la precede o la sigue: *se pueden decir muchas cosas en pocas palabras.* ‖ Ser inanimado, por oposición a ser animado: *personas y cosas.* ‖ Realidad, por oposición a apariencia: *estudiar el fondo de las cosas.* ‖ Lo que se piensa, lo que se hace, lo que pasa: *hizo grandes cosas en su vida.* ‖ Lo que depende de nosotros, lo que se posee: *estas cosas son suyas.* ‖ Ocurrencia, agudeza. ‖ — Pl. Hechos o dichos propios de alguien: *esas son cosas de Ramón.* ‖ — *A cosa hecha,* adrede, de intento. ‖ *Como quien no quiere la cosa,* sin darle mucha importancia o con disimulo. ‖ *Como si tal cosa,* como si no hubiera ocurrido nada. ‖ *Cosa de,* aproximadamente, cerca de. ‖ *No haber tal cosa,* no ser verdadera. ‖ *No ser cosa del otro jueves o del otro mundo,* no ser nada extraordinario. ‖ *Ser algo cosa de uno,* ser de su aprecio. ‖ *Será cosa de ver,* habría que verlo.

Cosa (Juan de la), navegante, geógrafo y cartógrafo español (¿1460?-1510), compañero de Colón en sus dos primeros viajes, piloto de Alonso de Ojeda y de Américo Vespucio, y jefe de dos expediciones a las tierras recién descubiertas. Autor del primer mapa mundi (1500) donde se señala el Nuevo Mundo o continente americano. M. a manos de los indígenas, en el Darién.

cosaco, ca adj. y s. Dícese del habitante de algunos distritos de Rusia. ‖ — M. Soldado de un cuerpo de caballería ruso.

— Los *cosacos* son un pueblo antes nómada o semisedentario, de las estepas de Rusia meridional. Se reunían en colonias militares o *stanitzas,* mandadas por un hetman (atamán).

Cosamaloapán, c. y mun. de México (Veracruz).

cosario m. Ordinario, recadero.

coscoja f. Árbol cupulífero, semejante a la encina.

coscojal m. Lugar plantado de coscojas.

coscojo m. Agalla de la coscoja.

coscomate m. *Méx.* Troje cerrado para conservar el maíz.

coscorrón m. Golpe en la cabeza: *el niño se llevó un coscorrón.*

cosecante f. Secante del complemento de un ángulo o de un arco (símb., *cosec*).

cosecha f. Conjunto de frutos que se recogen de la tierra: *cosecha de trigo, cebada, aceite, vino,* etc. ‖ Tiempo y trabajo en que se recogen los frutos: *pagar a la cosecha.* ‖ *Fig.* Abundancia de ciertas cosas: *cosecha de datos.* ‖ *Fig. De la cosecha de,* de su invención.

cosechadora f. Máquina para segar y agavillar la cosecha de cereales.

cosechar v. i. Hacer la cosecha. ‖ — V. t. Recoger los frutos del campo. ‖ *Fig.* Obtener, ganar: *cosechó galardones.*

cosecharroza f. *Méx.* Desmonte y quema de monte para convertirlo en tierra laborable.

cosechero, ra m. y f. Persona que cosecha: *cosechero de trigo.*

cosedora f. Máquina de coser libros, etc.: *una cosedora automática.*

coselete m. Coraza ligera. ‖ Soldado que la llevaba. ‖ *Zool.* Tórax del insecto.

coseno m. Seno del complemento de un ángulo (símb., *cos.*).

Cosenza, c. de Italia (Calabria). Ante sus murallas m. Alarico.

coser v. t. Unir con hilo, generalmente enhebrado en la aguja: *coser un botón.* ‖ Hacer dobladillos, pespuntes y otras labores de aguja. ‖ *Fig.* Unir una cosa a otra: *coser papeles.* | Atravesar: *coser a cuchilladas, a balazos.* ‖ — *Máquina de coser,* máquina que hace el mismo trabajo que la costurera. ‖ *Fig.* y *fam. Ser una cosa coser y cantar,* ser extremadamente fácil.

cosido m. Costura.

Cosigüina, volcán de Nicaragua (Chinandega), en el S. del golfo de Fonseca; 859 m.

Cosme *(San)* y **Damián** *(San),* mártires cristianos en la época de Diocleciano, hacia 287. Patronos de los cirujanos. Fiesta el 27 de septiembre.

cosmético, ca adj. y s. m. Dícese de ciertos productos de belleza para el cutis o para fijar el pelo.

cósmico, ca adj. Relativo al universo: *espacios cósmicos.* ‖ *Rayos cósmicos,* radiaciones procedentes de los espacios intersiderales.

cosmogonía f. Ciencia o sistema de la formación del universo.

cosmogónico, ca adj. De la cosmogonía: *sistema cosmogónico.*

cosmografía f. Descripción de los sistemas astronómicos del mundo.

cosmográfico, ca adj. De la cosmografía.

cosmógrafo m. Especialista en cosmografía.

cosmología f. Ciencia de las leyes generales que rigen el mundo.

cosmológico, ca adj. Relativo a la cosmología.

cosmonauta com. Piloto o pasajero de un vehículo espacial.

cosmopolita adj. y s. Aplícase a la persona que ha vivido en muchos países y ha adquirido las costumbres de ellos. ‖ — Adj. Dícese de los lugares donde hay muchos extranjeros al país y de las costumbres que son influidas por las del extranjero.

cosmopolitismo m. Carácter de lo que tiene influencia de muchos países.

cosmos m. El universo en su conjunto. ‖ Espacio intersideral.

coso m. Plaza de toros. ‖ Calle principal en algunas poblaciones: *el Coso de Zaragoza.*

cospel m. Disco de metal para acuñar monedas.

cosqui y **cosque** m. *Fam.* Coscorrón.

cosquillas f. pl. Excitación nerviosa que se experimenta en ciertas partes del cuerpo cuando son tocadas por otra persona y que provoca la risa y hasta convulsión: *hacer cosquillas.* ‖ *Fig.* y *fam. Buscarle a uno las cosquillas,* hacer lo posible por irritarle.

cosquillear v. t. Hacer cosquillas. ‖ *Fig.* Tener idea.

cosquilleo m. Sensación que producen las cosquillas. ‖ *Fig.* Desasosiego.

cosquilloso, sa adj. Que siente mucho las cosquillas. ‖ *Fig.* Quisquilloso, puntilloso, susceptible.

Cosquín, río y pobl. de la Argentina (Córdoba).

Cossío (Francisco GUTIÉRREZ COSSÍO, llamado **Pancho**), pintor español (1898-1970). ‖ ~ (JOSÉ MARÍA DE), escritor español, n. en 1893, autor de la enciclopedia *Los toros.* ‖ ~ (MANUEL BARTOLOMÉ), pedagogo e historiador del arte español (1858-1935).

costa f. Orilla del mar y tierra que está cerca de ella: *la costa de Málaga.* ‖ — Pl. *For.* Gastos judiciales: *condenado a pagar las costas del juicio.* ‖ — *A costa de,* a expensas de. ‖ *A toda costa,* cueste lo que cueste.

Costa (Ángel Floro), escritor y jurista uruguayo (1839-1907). ‖ ~ (CLAUDIO MANUEL DA), poeta épico brasileño (1729-1789), autor de *Villa-Rica.* ‖ ~ (JOAQUÍN), escritor, jurisconsulto e historiador español (1844-1911), autor de ensayos sobre la reconstrucción política y económica de su país. ‖ ~ (LUCIO), arquitecto brasileño, n. en 1902. Trazó el plano de Brasília. ‖ ~ **e Silva** (ARTHUR DA), militar brasileño (1902-1969), pres. de la Rep. en 1967. Abandonó el cargo en 1969 a causa de una grave enfermedad.

Costa, n. dado por su situación a varias cordilleras en América. ‖ ~ **Azul,** parte oriental del litoral francés del Mediterráneo. Estaciones estivales e invernales (Cannes, Niza, Mónaco, Menton). ‖ ~ **Blanca,** n. geoturístico del litoral mediterráneo del E. de España, entre Gandía y el cabo de Gata. Estaciones veraniegas e invernales en las prov. de Alicante (Denia, Jávea, Calpe, Altea, Benidorm, Villajoyosa, Alicante, Santa Pola, Torrevieja), Murcia (Mar Menor, Cartagena, Mazarrón, Águilas) y Almería (Garrucha, Mojácar). ‖ ~ **Brava,** n. geoturístico del litoral del Mediterráneo, en el NE. de España, desde Port Bou, en la frontera con Francia, hasta Blanes en la prov. de Gerona. Estaciones veraniegas (Cadaqués, Rosas, Ampurias, Palafrugell, Palamós, S'Agaró, San Feliú de Guíxols, Tossa de Mar, Lloret de Mar, Blanes). ‖ ~ **de la Luz,** n. geoturístico del litoral del Atlántico en el S. de España, desde la des. del río Guadiana hasta Tarifa. Estaciones veraniegas en la prov. de Huelva (Ayamonte, Isla Cristina, Punta Umbría, Mazagón) y de Cádiz (Sanlúcar de Barrameda, Chipiona, Rota, Puerto de Santa María, Conill). ‖ ~ **de los Mosquitos.** V. MOSQUITIA. ‖ ~ **de los Piratas.** V. ÁRABES UNIDOS (*Estado de los Emiratos*). ‖ ~ **de Marfil.** V. art. siguiente. ‖ ~ **de Oro.** V. GHANA. ‖ ~ **del Azahar,** n. geoturístico del litoral mediterráneo del E. de España, en las prov. de Castellón de la Plana (Vinaroz, Benicarló, Peñíscola, Benicasim, Burriana) y de Valencia (El Perelló, Cullera, Gandía). ‖ ~ **del Bálsamo,** costa de El Salvador, entre Acajutla y La Libertad. ‖ ~ **del Sol,** n. geoturístico del litoral mediterráneo del S. de España, desde el cabo de Gata hasta pasado Tarifa. Estaciones veraniegas e invernales en las prov. de Almería (Roquetas de Mar, Adra), Granada (Motril, Salobreña, Almuñécar), Málaga (Nerja, Torrox, Torre del Mar, Rincón de la Victoria, Torremolinos, Benalmádena, Fuengirola, Marbella, Estepona) y Cádiz (San Roque, La Línea de la Concepción, Algeciras, Tarifa). ‖ ~ **Dorada,** n. geoturístico del litoral mediterráneo del NE. de España, entre Blanes y la des. del Ebro, en las prov. de Barcelona (Arenys de Mar, Prat de Llobregat, Castelldefels, Sitges, Villanueva y Geltrú) y Tarragona (Calafell, Salou, Cambrils, San Carlos de la Rápita). ‖ ~ **Firme,** n. dado por Colón a la costa del istmo centroaméricano. ‖ ~ **Francesa de los Somalíes.** V. AFARS E ISSAS. ‖ ~ **Rica.** V. más adelante, y TEMBLEQUE. ‖ ~ **Verde,** n. geoturístico en el N. de España (Asturias).

Costa de Marfil, rep. de África Occidental, en la costa norte del golfo de Guinea; 322 500 km²; 1 195 000 h.; cap. *Abidján,* 187 500 h. Independiente desde 1960.

Costa Rica, rep. de América Central, situada entre Nicaragua, el océano Atlántico, Panamá y el océano Pacífico; 50 900 km²; 1 965 000 h. (*costarricenses*). Cap. *San José,* 185 000 h. Otras c.: *Puntarenas,* 26 000 h.; *Alajuela,* 25 000; *Heredia,* 19 000; *Cartago,* 19 000, y *Limón,* 29 000. Administrativamente, Costa Rica se divide en siete provincias. La población es blanca en su mayoría, con un pequeño porcentaje de negros y de indios. La religión predominante es la católica y el idioma oficial el castellano o español. La densidad media es de 31,3 h/km².

— GEOGRAFÍA. El centro de Costa Rica está constituido por una meseta, donde se asienta la agricultura del país. Al N. se encuentran las cordilleras de Guanacaste y Central, con los volcanes Irazú y Poás. La cordillera de Talamanca, en el S., presenta la mayor eminencia del país, el Chirripó Grande (3 382 m). Al Atlántico van los ríos: San Juan (con sus afluentes San Carlos y Sarapiquí), Reventazón y Sixaola; en el Pacífico desembocan los ríos: Tempisque, Grande de Tárcoles y Grande de Térraba. La costa atlántica es baja, arenosa y poco accidentada, mientras que la del Pacífico es más recortada (península y golfo de Nicoya, península de la Osa, golfo Dulce). La isla del Coco se encuentra a unos 300 km de la costa, en el Pacífico. El clima es cálido en la costa y en las tierras bajas, frío en las montañas. Las lluvias son abundantes en la zona atlántica. Costa Rica basa su economía en la agricultura (café, cacao, caña de azúcar, tabaco, maderas preciosas). La ganadería está medianamente desarrollada, y la industria transforma principalmente los productos agrícolas (ingenios azucareros, beneficios de café, aserraderos de madera, etc.). Unos 1 280 km de vías férreas aseguran las comunicaciones, junto con 9 000 km de carreteras y varias líneas aéreas interiores.

— HISTORIA. Entre las tribus indias que habitaban Costa Rica, la más importante era la de los chorotegas, que vivían en la península de Nicoya. Cristóbal Colón, durante su cuarto viaje, desembarcó en Limón (1502), y desde allí exploró las costas. Una vez descubierto el Pacífico, Juan de Castañeda recorrió este litoral y descubrió a su vez los golfos de Dulce y Nicoya (1519). La verdadera colonización de Costa Rica puede decirse que comenzó con la expedición de Juan de Cavallón (1560), y ésta se llevó a cabo de una manera bastante humana. Juan Vázquez Coronado fue nombrado alcalde de Nueva Cartago, ciudad fundada en 1564. Durante el período colonial, Costa Rica dependió administrativamente de la Capitanía General de Guatemala, lo que dificultó grandemente el gobierno, dada la distancia, cuando lo más lógico hubiera sido integrarla en Panamá, como así se solicitó a la Corona en 1622. En 1821 llegó la emancipación de la colonia, y en 1822 se unió al Imperio Mexicano de Iturbide, si bien esta medida no contó con el apoyo popular. Desaparecido el Imperio, las provincias centroamericanas se unieron para formar la federación llamada *Provincias Unidas de Centroamérica,* que estaba gobernada por un presidente común y dejaba suficiente autonomía a las provincias. La Federación fue disuelta en 1838, y el caudillo unionista Morazán penetró en Costa Rica, pero fue derrotado y ejecutado en 1842. El presidente Mora Porras ayudó a Nicaragua cuando se vio atacada por Walker (1855). Tomás Guardia se mantuvo en la presidencia de 1870 a 1882, construyó el ferrocarril interoceánico y comenzó a abrir al mundo el comercio del café, labor seguida por los gobernantes que le sucedieron. También se introdujo el cultivo del banano, de gran importancia económica para el país. Estos factores, unidos al fortalecimiento de las instituciones democráticas y al esfuerzo realizado en la educación, han contribuido al desarrollo regular de Costa Rica. Solamente en 1948 hubo una guerra civil, tras la elección de Otilio Ulate Blanco, quien finalmente se vio confirmado en el sillón presidencial. Le han sucedido en dicho puesto José Figueres Ferrer (1953), Mario Echandi (1958), Francisco J. Orlich (1962), José Joaquín Trejos (1966), José Figueres Ferrer (1970) y Daniel Oduber Quirós (1974), todos ellos dentro de la regularidad constitucional.

costadillo m. *Taurom. De costadillo,* aplícase a la manera de torear de perfil en la que el diestro prepara la huida.

costado m. Cada una de las dos partes laterales del cuerpo humano. ‖ Lado. ‖ *Mar.* Cada uno de los dos lados de un buque, banda. ‖ *Mil.* Lado derecho o izquierdo de un ejército. ‖ *Mec.* Andén del ferrocarril. ‖ — Pl. Línea de ascendientes: *noble por los cuatro costados.*

costal adj. Relativo a las costillas. ‖ — M. Saco grande. ‖ *Fig. Vaciar el costal,* desahogarse.

COSTA RICA

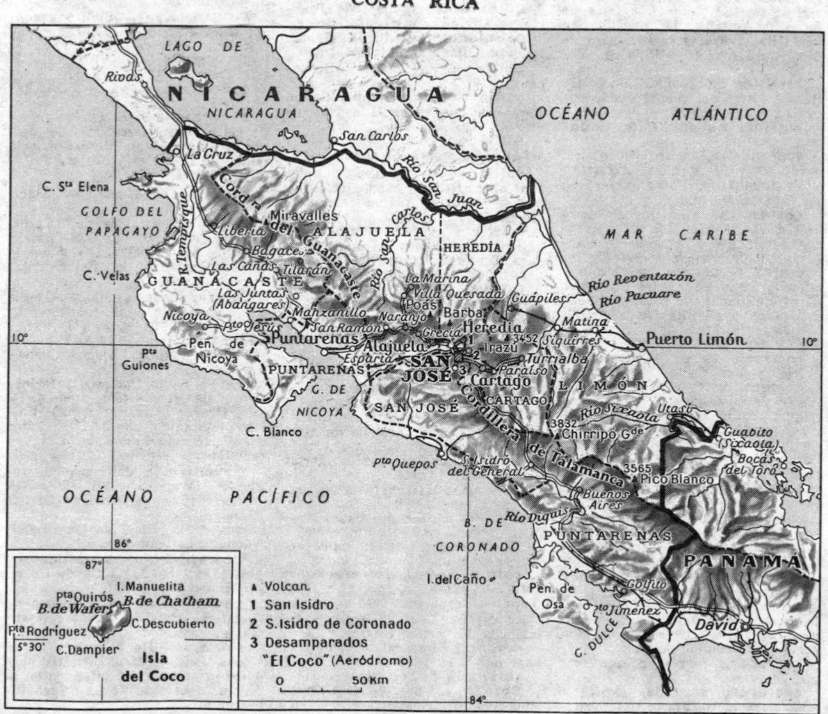

costalada f. y **costalazo** m. Caída y golpe que se da al caerse.
costalero m. Mozo de cuerda. ‖ El que lleva en hombros los pasos de Semana Santa.
costanera f. Cuesta. ‖ — Pl. Maderos que cargan sobre la viga principal que forma el caballete de un edificio.
costanero, ra adj. Relativo a la costa: *población costanera.* ‖ Inclinado.
costanilla f. Calle corta y en pendiente.
* **costar** v. i. Valer una determinada cosa cierto precio. ‖ Causar gastos: *me costará caro.* ‖ *Fig.* Ser penoso o difícil: *le cuesta mucho decirlo.* ‖ Ocasionar molestias: *las promesas cuestan poco.* ‖ — V. t. Causar, ocasionar: *me costó mucho trabajo hacerlo.* ‖ Ocasionar una pérdida: *le costó la vida.* ‖ Consumir tiempo: *le costó dos días realizarlo.* ‖ — *Fig. Costar los ojos de la cara* o *un riñón* o *un sentido,* valer muy caro. ‖ *Cueste lo que cueste,* a toda costa.
costarricense y **costarriqueño, ña** adj. y s. De Costa Rica.
costarriqueñismo m. Vocablo o giro propio de los costarriqueños.
coste m. Costa, precio en dinero: *el coste de una obra.*
costear v. t. Pagar el gasto: *costeó sus estudios* (ú. t. c. pr.). ‖ *Mar.* Navegar cerca de la costa. ‖ — V. pr. Cubrir los gastos: *este negocio no te costea lo que has invertido.*
costeño, ña adj. Costanero. ‖ — Adj. y s. Zelayense, de Zelaya (Nicaragua). ‖ *Costeño del Cabo,* de Cabo Gracias a Dios (Nicaragua).
Costera (CADENA), conjunto de montañas de El Salvador, alineadas a lo largo del litoral y con numerosos volcanes.
Costermansville. V. BUKAVU.
costero, ra adj. De la costa: *pueblo costero; navegación costera.* ‖ — M. Habitante de la costa. ‖ *Min.* Hastial, sostén de una excavación. ‖ — F. Cuesta, pendiente.
costilla f. *Anat.* Cada uno de los huesos que forman la caja torácica: *costilla flotante.* ‖ Cosa en forma de costilla: *las costillas de una silla.* ‖ *Fig.* y *fam.* Esposa. ‖ *Mar.* Cuaderna. ‖ — Pl. *Fam.* Espalda.
costillar m. Conjunto de costillas. ‖ Parte del cuerpo donde están (ú. t. en pl.).
costino, na adj. *Chil.* Costanero.
costo m. Coste: *mercancía de poco costo; costo de la vida.* ‖ Gasto.
costomate m. *Méx.* Solanácea de fruto comestible.
costoso, sa adj. Que cuesta o vale mucho. ‖ *Fig.* Que exige grandes sacrificios o de consecuencias desagradables: *triunfo costoso.*
costra f. Corteza exterior que se endurece o seca sobre una cosa húmeda o blanda: *la costra del pan, del queso.* ‖ Postilla: *la costra de una llaga.* ‖ Moco de una vela. ‖ *Fig.* y *fam.* Suciedad.
costroso, sa adj. Con costras. ‖ *Fig.* y *fam.* Sucio.
costumbre f. Hábito, uso: *la fuerza de la costumbre.* ‖ Práctica que ha adquirido fuerza de ley: *regirse por la costumbre.* ‖ — Pl. Conjunto de cualidades y usos que forman el carácter distintivo de un país o persona.
costumbrismo m. Género literario que describe las costumbres de un país o región determinados.
costumbrista m. Escritor o pintor que pinta las costumbres de un país. ‖ — Adj. Relativo al costumbrismo.
costura f. Cosido. ‖ Unión de dos piezas cosidas. ‖ Oficio de confeccionar vestidos. ‖ *Mar.* Empalmadura. ‖ *Fig. Meter en costura,* poner en el camino debido.
costurera f. Mujer que cose por oficio.
costurero m. Caja, mesita o cesto para la costura.
costurón m. Costura mal hecha. ‖ *Fig.* Señal, cicatriz.
cota f. Armadura antigua: *cota de mallas.* ‖ Número que indica la dimensión en un diseño o plano, o una diferencia de nivel entre dos puntos. ‖ Altura señalada en un mapa.
Cota (Rodrigo de), poeta español del s. XV, de origen judío, a quien se ha atribuido el primer acto de *La Celestina* y las *Coplas de Mingo Revulgo.*
Cotabanana, cacique de Haití, ahorcado por los españoles en 1504.
Cotacachi, pobl. del Ecuador (Imbabura), al pie del volcán del mismo n.; 4 966 m.
Cotacajes, río de Bolivia (La Paz y Beni), afl. del Beni.
Cotagaita, pobl. de Bolivia, cap. de la prov. de Nor Chichas (Potosí).
Cotahuasi, c. del Perú, cap. de la prov. de La Unión (Arequipa).
cotangente f. Tangente del complemento de un ángulo o de un arco (símb., *cot.*).
Cotarelo ‖ ~ **Valledor** (Armando), erudito español (1879-1950). ‖ ~ **y Mori** (Emilio), erudito y filólogo español (1857-1936), especialista del teatro del Siglo de Oro.
cotarro m. Albergue para peregrinos y vagabundos. ‖ Ladera de un barranco. ‖ — *Fig.* y *fam. Alborotar el cotarro,* sembrar disturbios. | *Dirigir el cotarro,* mangonear.
Cotaxtla, v. y mun. de México (Veracruz).
Côte ‖ ~ **-d'Or,** dep. de Francia, en Borgoña; cap. *Dijon.* Viñedos. ‖ ~ **-de-Fer,** c. de Haití (Oeste).
cotejar v. t. Comparar una cosa con otra: *cotejar las versiones.*
cotejo m. Comparación.
cotense m. *Chil.* y *Méx.* Tela burda de cáñamo.
Cotentin, penins. de Francia en el canal de la Mancha (Manche).
coterráneo, a adj. y s. Del mismo país.
Côtes-du-Nord, dep. de Francia, en Bretaña; cap. *Saint-Brieuc.*
cotidiano, na adj. Diario, de todos los días: *trabajo cotidiano.*
Cotija, c. de México (Michoacán).
cotila f. *Anat.* Cavidad de un hueso en que entra la cabeza de otro.
cotiledón m. *Bot.* Parte de la semilla que rodea el embrión.
cotiledóneo, a adj. *Bot.* Relativo al cotiledón: *cuerpo cotiledóneo.* ‖ — Adj. y s. Que tiene cotiledones.
cotilla f. Ajustador armado de ballenas que usaban las mujeres. ‖ — Com. *Fam.* Persona chismosa.
cotillear v. i. *Fam.* Chismorrear.
cotilleo m. *Fam.* Chisme, chismorreo.
cotillero, ra m. y f. Cotilla.
cotillo m. Parte del martillo que sirve para golpear.
cotillón m. Danza con figuras en la cual se distribuyen obsequios.
cotinga m. Pájaro dentirrostro de América, de hermoso plumaje.
cotizable adj. Que se cotiza.
cotización f. Valor de los títulos negociables en la Bolsa y cuadro que señala el precio de ciertas mercancías. ‖ Cuota.
cotizar v. t. *Com.* Asignar precio en la Bolsa o mercado. ‖ *Fig. Estar cotizado,* ser apreciado. ‖ — V. i. Pagar o recaudar una cuota. ‖ — V. pr. Pagar a determinado precio. ‖ Dar un valor a algo.
coto m. Vedado, terreno acotado: *coto de pesca, de caza.* ‖ *Fig.* Término, fin: *poner coto al vicio.*
cotón m. Tela de algodón estampada de varios colores.
cotona f. *Amer.* Camisa de trabajo que usan los hombres.
cotonada f. Tela de algodón.
Cotonú, c. y puerto de Dahomey. Obispado.
cotopaxense adj. y s. De Cotopaxi (Ecuador).
Cotopaxi, volcán nevado de los Andes del Ecuador, en la Cord. Central; 5 943 m. — Prov. del Ecuador; cap. *Latacunga.*
cotorra f. Papagayo pequeño, de color verde. ‖ Urraca. ‖ *Fig.* y *fam.* Persona muy parlanchina.
cotorrear v. i. *Fig* y *fam.* Hablar demasiado.
cotorreo m. *Fig.* y *fam.* Charla sin sustancia.
cotorrón, ona adj. y s. *Fam.* Carcamal, loro.
cottage [*cotech*] m. (pal. ingl.). Casita de campo.
Cottbus, c. de Alemania Oriental, a orillas del Spree.
cotufa f. Tubérculo de la aguaturma. ‖ Chufa.
Cotuí, c. de la Rep. Dominicana, cap. de la prov. de Sánchez Ramírez.
coturno m. Entre los griegos y romanos, calzado.
cotutela f. Función de cotutor.
cotutor m. Tutor con otro.
Coubertin (Pierre de), educador francés (1863-1937), restaurador de los Juegos Olímpicos (1896).
Coulomb (Charles de), físico francés (1736-1806). Investigó sobre electrostática y magnetismo.
Coulommiers, c. de Francia (Seine-et Marne).
couóh adj. y s. Indígena maya de Campeche (México).
Couperin (François), organista y compositor francés (1668-1733).
Courbet (Gustave), pintor realista francés (1819-1877).
Courbevoie, c. de Francia (Hauts-de-Seine), suburbio al NO. de París. Industrias.
Courteline (Georges MOINAUX, llamado), escritor francés (1858-1929), autor de comedias de carácter satírico.
Courtois (Bernard), químico francés (1777-1838), descubridor de la morfina y el yodo.
Courtrai, c. de Bélgica (Flandes Occidental).
Cousin (Jean), pintor y grabador francés (¿1490-1561?). — Su hijo JEAN *el Joven* (¿1522-1594?), también pintor. ‖ ~ (VICTOR), filósofo francés (1792-1867).
covacha f. Cueva. ‖ *Fam.* Zaquizamí.
covachuela f. *Fam.* Cualquiera de las antiguas secretarías del despacho universal en el real palacio de Madrid, hoy ministerios. ‖ Oficina pública.
covachuelista m. *Fam.* Oficinista, chupatintas.
Covadonga, aldea de la prov. de Oviedo en la que Don Pelayo venció a los árabes (718) y señaló el comienzo de la Reconquista. Parque Nacional.
Covarrubias (Antonio Alonso de), arquitecto renacentista español (1488-1570). ‖ ~ (MIGUEL), pintor mexicano (1904-1957). ‖ ~ **y Leyva** (DIEGO), obispo y jurista español (1512-1577). Fue arzobispo de Santo Domingo y recibió el n. de *el Bártolo español.* ‖ ~ **y Orozco** (SEBASTIÁN DE), filólogo español (1539-1613), autor del diccionario *Tesoro de la lengua castellana o española* (1611).
Coventry, c. del centro de Inglaterra (Warwick) Ind. automóvil.
Covilhã, c. de Portugal (Castelo Branco).
cow-boy [*kao-*] m. (voz ingl.). Vaquero norteamericano.
Coward (Noel), dramaturgo inglés (1899-1973), autor de *Un espíritu burlón.*
Cowes [*kaus*], c. y puerto de Inglaterra (isla de Wight). Regatas internacionales.
coxal adj. De la cadera.
coxalgia f. *Med.* Artritis muy dolorosa causada por infección en la cadera, generalmente de origen tuberculoso.

coxálgico, ca adj. y s. Que sufre coxalgia.
coxcojilla y **coxcojita** f. Piso, tres en raya, infernáculo, juego de niños.
coxis m. *Anat.* Cóccix.
coy m. *Mar.* Lona que sirve de hamaca a bordo de los barcos.
coya f. Entre los ant. peruanos, mujer del emperador o princesa.
coyamel m. *Méx. Zool.* Pecarí.
Coyhaique, com. y dep. de Chile (Aisén).
Coyle, río del S. de la Argentina (Santa Cruz) ; 800 km.
Coyoacán, zona residencial en la ciudad de México. Lugar en que se instaló Cortés; fue el primer centro político de Nueva España.
coyol m. *Amér. C.* y *Méx.* Palmera de cuyo tronco se extrae un jugo. || Su fruto.
coyote m. Lobo de México y América Central. || *Méx.* Individuo que actúa como abogado sin tener el título.
coyotero, ra adj. y s. *Amer.* Perro amaestrado para perseguir coyotes.
Coyuca de Catalán, c. y mun. de México (Guerrero).
coyunda f. Correa del yugo de los bueyes. || *Fig.* Lazos matrimoniales. | Dominio.
coyuntura f. Articulación o juntura movible de un hueso con otro. || *Fig.* Oportunidad, ocasión, circunstancia. | Pronóstico, sobre la evolución próxima en el sector económico, social, político o demográfico, basado en una comparación de la situación presente con la pasada y en datos estadísticos. | Conjunto de elementos que constituye la situación presente.
coyuntural adj. Relativo a la coyuntura económica.
coz f. Golpe violento que dan las bestias con las patas traseras: *pegar coces.* || Golpe dado por una persona con el pie hacia atrás. || Culatazo del arma de fuego. || Culata de la escopeta. || *Fig.* y *fam.* Exabrupto, grosería, mal modo: *le trata a coces.*
Cozumel, isla de México en la costa de Yucatán (frente a Quintana Roo), en el Caribe; 489 km².
Cr, símbolo químico del *cromo.*
crac m. Quiebra, bancarrota.
cracking m. (pal. inglesa). Transformación de los aceites pesados del petróleo en combustibles para motores.
Cracovia, c. de Polonia, a orillas del Vístula. Arzobispado. Universidad.
crampón m. Gancho de los montañeros.
cran m. *Impr.* Muesca de los caracteres tipográficos.
Cranach (Lucas), pintor y grabador alemán (1472-1533).
Crane (Stephen), novelista norteamericano (1871-1900), de gran realismo.
craneal y **craneano, na** adj. *Anat.* Del cráneo: *fractura craneal; huesos craneanos.*
cráneo m. *Anat.* Caja ósea en que está el encéfalo. || *Fig.* y *fam.* Cabeza.
Cranmer (Thomas), arzobispo de Cantorbery (1489-1556), promotor de la Reforma en Inglaterra. Quemado como hereje.
crápula f. Libertinaje. || — Adj. y s. Crapuloso.
crapuloso, sa adj. y s. m. Que lleva una vida de crápula.
craqueo m. Cracking.
craso, sa adj. Grueso, lleno de grasa. || *Fig.* Grande, muy grave: *ignorancia crasa.*
Craso (Marco Licinio), triunviro con Pompeyo y César (¿115?-53 a. de J. C.). M. asesinado.
crasuláceas f. pl. Familia de plantas dicotiledóneas dialipétalas (ú. t. c. adj.).
cráter m. Boca de volcán por la que sale la lava.
crátera f. Vasija grande con dos asas de los griegos.
Crato *(Prior de).* V. ANTONIO.
Cravioto (Alfonso), escritor mexicano (1884-1955), autor de *Cantos del Anáhuac.*
crawl [*krol*] m. (pal. ingl.). Forma de nadar consistente en un movimiento rotatorio de los brazos y con los pies golpeando el agua.
creación f. Acto de crear. || El universo, conjunto de las cosas creadas. || Fundación, realización, establecimiento. || *Fig.* Obra literaria o artística. | Representación de un personaje en el teatro o en el cinematógrafo.
creacionismo m. Doctrina poética, reacción contra la técnica modernista, que defiende el verso libre: *el chileno Vicente Huidobro fue fundador del creacionismo.*
creacionista adj. y s. Partidario del creacionismo.
creador, ra adj. y s. Que crea. || *El Creador,* Dios.
crear v. t. Producir algo de la nada. || Engendrar. || Hacer Dios el mundo. || *Fig.* Inventar. | Fundar: *crear una academia.* || Establecer: *crear un premio.* || Instituir un cargo. || Designar: *creado Papa.*
* **crecer** v. i. Aumentar, insensiblemente: *los días crecen.* || Desarrollarse: *el árbol ha crecido.* || Ponerse más alto: *crecer con la edad.* || Aumentar la parte iluminada de la Luna. || Aumentar, hacerse más grande: *creció su animosidad.* || Aumentar de caudal un río. || — V. pr. Envanecerse. || Ser más osado.
creces f. pl. Aumento. || *Fig.* Ventajas. | Intereses: *pagar con creces.* || *Con creces,* abundantemente, con exceso, en demasía.
crecida f. Aumento de caudal de una corriente de agua.
crecido, da adj. Grande, elevado: *una suma crecida.* || De edad: *hijos crecidos.* || — M. pl. Puntos que se aumentan en la labor de media, jersey, etc.
creciente adj. Que crece. || — M. *Blas.* Media luna. || *Creciente de la Luna,* intervalo entre el novilunio y el plenilunio.
crecimiento m. Acción y efecto de crecer, aumento.
credencial adj. Que acredita: *cartas credenciales.* || — F. Documento que acredita el nombramiento a un empleo.
credibilidad f. Calidad de creíble: *la credibilidad de un suceso.*
crédito m. Confianza, creencia otorgada a una cosa o a una persona digna de fe. || Influencia que se tiene a causa de la confianza que se inspira. || Reputación de ser solvente: *persona de crédito.* || Plazo concedido para un pago: *dos meses de crédito.* || Préstamo concedido por un banco. || Parte de la cuenta en la que figura el haber. || Cantidad que puede cobrar uno como acreedor.
credo m. Oración, símbolo de la fe. || *Fig.* Conjunto de principios que rigen la conducta o las opiniones de alguien o de una colectividad: *credo político.*
credulidad f. Facilidad en creerse todo.
crédulo, la adj. Que cree fácilmente lo que se le dice.
creencia f. Acción de creer en la verosimilitud o en la posibilidad de una cosa. || Fe religiosa. || Opinión, convicción completa: *creencias políticas.*
* **creer** v. t. Tener por cierto, aceptar como verdad: *creo lo que me dices* (ú. t. c. pr.). || Dar por sincero, verídico: *no hay que creer a los embusteros* (ú. t. c. pr.). || Pensar, estimar, juzgar: *creo que vendrá* (ú. t. c. pr.). || Imaginar, suponer: *nunca lo hubiera creído* (ú. t. c. pr.). || — V. i. Dar por cierta su existencia: *creo en la vida eterna.* || Tener fe en la veracidad: *creer en sus palabras.* || Tener fe en su eficacia: *creo en la medicina.* || — V. pr. Tener muy buena opinión de sí mismo.
creíble adj. Digno de ser creído.
creído, da adj. Confiado. || Engreído, vanidoso (ú. t. c. s.).
crema f. Nata de la leche. || Dulce de leche, huevos, azúcar, etc. || Cosmético para el cutis. || Líquido extraído de ciertos frutos: *crema de cacao.* || Betún: *crema para el calzado.* || *Fig.* Lo mejor, la nata: *la crema de la sociedad.* || *Gram.* Diéresis. || — Adj. De color blanco amarillento.
cremá f. En Valencia, quema de las fallas la noche de San José.
cremación f. Incineración.
cremallera f. *Mec.* Barra con dientes que engranan con un piñón. || Cierre que consiste en dos tiras flexibles con dientes por las que se desliza una corredera. || Raíl dentado en el cual engrana una rueda motriz: *ferrocarril de cremallera.*
crematística f. Economía política. || Dinero.
crematorio, ria adj. De la cremación de los cadáveres: *horno crematorio.* || — M. Edificio para la incineración de los cadáveres o lugar donde se quema la basura.
Cremona, c. de Italia (Lombardía), cap. de la prov. homónima. Obispado.
cremonense adj. y s. De Cremona.
crémor m. *Quím.* Tartrato ácido de potasio.
cremoso, sa adj. Parecido a la crema.
crencha f. Raya del pelo.
creosota f. *Quím.* Sustancia oleaginosa extraída del alquitrán.
crepé m. (pal. fr.). Crespón, tela ligera y fina. || Caucho esponjoso empleado en las suelas del calzado. || Relleno que se pone en algunos peinados.
crepitación f. Acción y efecto de crepitar. || Ruido de una cosa que chisporrotea en el fuego. || *Med.* Ruido que producen al rozarse los extremos de un hueso fracturado. | Ruido que producen los pulmones al respirar.
crepitar v. i. Hacer ruido semejante a los chasquidos de la leña que arde.
crepuscular adj. Del crepúsculo.
crepúsculo m. Luz del amanecer y del anochecer: *crepúsculo matutino, vespertino.* || *Fig.* Decadencia: *el crepúsculo de los dioses.*
crescendo [*creschendo*] m. (pal. ital.). *Mús.* Aumento gradual de intensidad de los sonidos (ú. t. c. adv.).
creso m. *Fig.* Hombre muy rico.
Creso, rey de Lidia (560 a 546 a. de J. C.), célebre por sus riquezas. Derrotado por Ciro.
crespo, pa adj. Aplícase al pelo muy rizado.
Crespo (Joaquín), general venezolano (1841-1898), pres. de la Rep. de 1884 a 1886 y de 1892 a 1898. || **~ Toral** (REMIGIO), poeta ecuatoriano (1860-1939).
crespón m. Tela de seda de urdimbre muy retorcida.
cresta f. Carnosidad en la cabeza de algunas aves: *la cresta del gallo.* || Penacho de plumas. || *Fig.* Cumbre peñascosa de una montaña. | Cima de una ola generalmente coronada de espuma. || *Fig. Dar en la cresta,* humillar.
crestería f. *Arq.* Adorno de labores caladas que se usó en el estilo ojival. || *Fort.* Remate de las almenas.
crestomatía f. Antología.
creta f. Carbonato de cal.
Creta, ant. *Candía,* isla griega del E. del Mediterráneo; 8 379 km.²; 482 000 h. (*cretenses* o *créticos*). Cap. *La Canea;* c. pr.: *Candía.* Centro de una civilización prehelénica.
cretáceo, a adj. Gredoso. || — M. Capa geológica posterior al jurásico.
Créteil, c. de Francia, cerca de París, cap. del dep. de Val-de-Marne. Obispado.
cretense adj. y s. De Creta.
crético, ca adj. Cretense.
cretinismo m. *Med.* Idiotez endémica o heredera, acompañada

de degeneración física. || *Fig.* y *fam.* Necedad, estupidez.

cretino, na adj. y s. Que padece cretinismo. || *Fig.* Idiota.

cretona f. Tela de algodón con dibujos estampados.

Creus (CABO DE), promontorio en el NE. de España (Gerona), en el Mediterráneo.

Creuse, dep. en el centro de Francia; cap. *Gueret.*

Creusot (Le), c. de Francia (Saône-et-Loire). Hulla; metalurgia. Textiles.

creyente adj. y s. Que cree.

cría f. Acción y efecto de criar: *cría extensiva.* || Niño o animal mientras se está criando. || Conjunto de hijos que tienen los animales de una vez.

criadero m. Sitio donde se trasplantan los arbolillos nacidos en el semillero. || Yacimiento, lugar donde abunda un mineral. || Lugar para criar animales.

criadilla f. Testículo de las reses. || Patata.

criado, da adj. Con los adverbios *bien* o *mal,* de buena o mala educación. || — M. y f. Persona que sirve a otra por dinero y se ocupa de las faenas domésticas.

criador, ra adj. Que nutre y alimenta. || — Adj. y s. Que cría animales domésticos: *criador de caballos, gallinas.* || Vinicultor: *criador de vinos.* || *El Criador,* Dios.

crianza f. Acción y efecto de criar. || Época de la lactancia. || Educación, cortesía: *buena* o *mala crianza.* || *Crianza del vino,* elaboración del vino.

criar v. t. Amamantar a las crías con su leche. || Alimentar a un niño: *criar con biberón.* || Cuidar animales: *criar toros.* || Producir: *criar piojos.* || Educar, cuidar en la niñez: *ella me crió.* || Someter el vino a los cuidados propios de su elaboración. || Cultivar plantas. || *Fig.* Crear, ocasionar, provocar: *no críes motivos para que te castiguen.* || — V. pr. Desarrollarse, crecer, hacerse hombres: *los niños se crían al aire libre.* || Hacerse: *criarse el vinagre.*

criatura f. Cosa creada. || Niño de pecho. || *Fig.* Niño. | Hechura: *él puede considerarse tu criatura.*

criba f. Tamiz para cribar.

cribado f. Operación de cribar.

cribar v. t. Pasar por la criba. || *Fig-* Limpiar de impurezas.

cricoides adj. y s. Dícese del cartílago anular inferior de la laringe de los mamíferos: *cartílago cricoides.*

cricquet m. Juego de pelota, con palas de madera, entre dos equipos de once jugadores.

crimen m. Delito grave. || *Fig.* Falta muy grande.

Crimea, ant. *Quersoneso Táurico,* penins. de la U. R. S. S., que separa el mar Negro del de Azov (Ucrania). C. pr.: *Sinferopol, Sebastopol.*

criminal adj. Del crimen: *atentado criminal.* || Penal: *código criminal.* || — Adj. y s. Autor de un crimen.

criminalidad m. Calidad de criminal. || Estadística de los crímenes cometidos en un tiempo o lugar determinado.

criminalista adj. y s. Penalista, jurista especializado en derecho penal: *abogado criminalista.*

criminología f. Tratado acerca del delito, sus causas y la pena.

crin f. Pelos largos en el cuello de algunos animales: *crin de caballo.* || *Crin vegetal,* filamento de algunas plantas (pita, palmera, etc.) que se emplea para rellenar colchones, etc.

crinera f. Parte del cuello donde nace la crin.

crinoideo adj. y s. m. Equinodermo cuyas especies vivientes conocidas fueron dragadas en el golfo de México.

crinolina f. Galicismo por *miriñaque.* || *Méx.* Suerte que ejecuta el lazador conservando en el aire la lazada en figura de círculo.

crío com. *Fam.* Niño o niña que se está criando. | Niño, chiquillo.

criolita f. Fluoruro doble de aluminio y sodio.

criollismo m. Carácter criollo. || Afición a las cosas criollas.

criollo, lla adj. y s. Aplícase al blanco nacido en las colonias y a los españoles nacidos en América. || Dícese del negro nacido en América. || Aplícase en América a los animales, plantas, etc., que proceden del país, cuando hay que distinguirlos de los extranjeros: *caballo criollo, pan criollo.*

cripta f. Parte subterránea de una iglesia donde se enterraba a los muertos. || Capilla subterránea de una iglesia.

criptógamo, ma adj. y s. f. *Bot.* Dícese de las plantas que tienen ocultos los órganos reproductores, como los hongos, las algas y los helechos.

criptografía f. Arte de escribir con clave secreta.

criptograma m. Texto cifrado.

criptón m. *Quím.* Gas existente en el aire (símb., Kr), de número atómico 36.

criquet m. Cricquet.

crisálida f. *Zool.* Ninfa de un insecto entre el estado de oruga y el de mariposa.

crisantemo m. Planta perenne de la familia de las compuestas, de hermosas flores ornamentales.

Crisipo, filósofo estoico griego (¿280-207? a. de J. C.).

crisis f. Cambio rápido que se produce en el transcurso de una enfermedad y que es síntoma de mejora. || Ataque: *crisis de rabia.* || Manifestación profunda de un sentimiento: *crisis de melancolía. Fig.* Momento difícil, dificultad: *crisis financiera.* || Falta, penuria, escasez: *crisis de mano de obra.* || Ruptura del equilibrio entre la producción y el consumo caracterizada por la súbita baja de los precios, quiebras y paro. || Período intermedio entre la dimisión de un gobierno y la formación de otro. || *Hacer crisis,* momento en que alcanza una enfermedad su punto crítico o agudo.

crisma m. Aceite consagrado. || — M. *Fam.* Cabeza: *romperse la crisma.*

crismas m. Christmas.

Crisnejas, río del Perú, formado al unirse el Cajamarca con el Condebamba.

crisoberilo m. Piedra preciosa de color verde amarillento.

crisol m. Recipiente empleado para fundir y purificar metales a gran temperatura. || Depósito inferior de los hornos que recoge el material fundido. || *Impr.* Depósito en las linotipias en el que está el plomo fundido. || *Fig.* Lugar en el que se mezclan o funden diversas cosas. | Medio de purificación, de ensayo o prueba, de análisis.

crisolar v. t. Acrisolar.

crisomélidos m. pl. Familia de insectos coleópteros (ú. t. c. adj.).

crispar v. t. Poner tensos o rígidos los músculos. || Poner nervioso, exasperar: *ese niño me crispa* (ú. t. c. pr.).

cristal m. *Min.* Cuerpo solidificado en forma poliédrica. || Vidrio incoloro y transparente: *cristal de Bohemia.* || Objeto de cristal: *cristales de Venecia.* || Hoja de vidrio que se pone en las ventanas. || *Fig.* Espejo. | Agua: *el cristal de la fuente.*

cristalera f. Armario con cristales. || Puerta de cristales. || Techo de cristales.

cristalería f. Fábrica o tienda de objetos de cristal, de placas de vidrio para las ventanas. || Conjunto de vasos, copas, jarras, etc. para el servicio de mesa.

cristalero m. El que hace o pone cristales.

cristalino, na adj. De la naturaleza del cristal. || Semejante a él por la transparencia o sonoridad: *agua, voz cristalina.* || — M. Elemento constitutivo del ojo, de forma de lente biconvexa, que reproduce en la retina la imagen de los objetos.

cristalización f. Acción y efecto de cristalizar o cristalizarse. || Cosa cristalizada.

cristalizado, da adj. De forma de cristales: *azúcar cristalizado.*

cristalizar v. t. Tomar forma de cristales (ú. t. c. pr.). || *Fig.* Formar un conjunto de diferentes elementos dispersos: *cristalizar el descontento.* || — V. i. *Fig.* Concretarse, convertirse en realidad, precisarse: *sus proyectos cristalizaron en una gran empresa.*

cristalografía f. Estudio de los cristales y conjunto de las leyes de su formación.

cristaloide m. *Quím.* Cuerpo disuelto que atraviesa los tabiques porosos.

cristel m. Clíster.

cristero adj. y s. m. En México, durante el gobierno de P. Elías Calles, adversario de la aplicación de los artículos de la Constitución relativos a la cuestión religiosa.

cristianar v. t. *Fam.* Bautizar.

cristiandad f. Conjunto de los fieles cristianos. || Cristianismo.

Cristianía. V. OSLO.

cristianismo m. Religión cristiana. || Conjunto de los cristianos.

— El *cristianismo* (o religión de Cristo) fue predicado por los apóstoles después de la muerte del Redentor. El más activo propagador de la Iglesia cristiana fue San Pablo, que extendió por Grecia e Italia la nueva doctrina. Perseguido por los emperadores desde Nerón hasta Diocleciano, el cristianismo gozó de libertad bajo Constantino I, quien proclamó en 313 el principio de tolerancia religiosa (Edicto de Milán) y convocó en 325 el Concilio de Nicea.

España recibió la predicación del apóstol Santiago. San Pablo estuvo en Tarragona y parece que San Pedro envió siete misioneros a Andalucía.

Durante la Edad Media, el cristianismo se fue propagando por todos los países civilizados.

cristianización f. Acción y efecto de cristianizar.

cristianizar v. t. Convertir a la religión cristiana. || Dar carácter cristiano.

cristiano, na adj. Que está bautizado y profesa la religión de Cristo (ú. t. c. s.). || Propio de la religión de Cristo. || *Fig.* y *fam. Hablar en cristiano,* hablar claro. || — M. *Fam.* Individuo, persona.

Cristina (1626-1689), reina de Suecia (1632-1654), hija de Gustavo Adolfo. Protegió las letras y las ciencias. Abdicó.

cristino, na adj. y s. Partidario en España de la reina gobernadora María Cristina, viuda de Fernando VII, y madre de Isabel II, contra el pretendiente Don Carlos: *el ejército cristino.*

cristo m. Crucifijo: *un cristo de marfil.*

Cristo, el Redentor, el Mesías entre los cristianos. (V. JESÚS.)

Cristóbal, c. y puerto de Panamá en la Zona del Canal. || **~ Colón,** monte de Colombia, en la Sierra Nevada de Santa Marta (Magdalena); 5 775 m.

Cristóbal *(San),* mártir del cristianismo (250), n. en Siria. Patrón de los automovilistas. Fiesta el 23 de julio.

cristobalense adj. y s. De San Cristóbal (Venezuela).

cristobalita f. *Méx.* Especie de mineral de sílice.

criterio m. Norma para juzgar, estimar o conocer la verdad. || Juicio, discernimiento: *persona de buen criterio.* || Opinión, parecer. || Prueba deportiva.

crítica f. V. CRÍTICO.
criticable adj. Que puede criticarse.
criticador, ra adj. y s. Que critica.
criticar v. t. Enjuiciar, analizar las cualidades o defectos de las obras literarias o artísticas. ‖ Censurar, decir un juicio desfavorable de persona o cosa. ‖ Murmurar.
criticastro m. Mal crítico.
criticismo m. Sistema filosófico de Kant basado en la crítica del conocimiento.
crítico, ca adj. Producido por una crisis, por un ataque: *época crítica.* ‖ Decisivo: *momento crítico.* ‖ Difícil, peligroso: *situación crítica.* ‖ Preciso: *vino en aquella hora crítica.* ‖ Oportuno, conveniente: *lo dijo en el momento crítico.* ‖ Que juzga: *análisis crítico.* ‖ *Fís.* Dícese de las condiciones bajo las cuales se inicia la reacción en cadena dentro de un reactor nuclear. ‖ — Persona que estudia, analiza o juzga las obras artísticas o literarias: *crítico de un periódico.* ‖ — F. Juicio que se hace sobre las obras literarias o artísticas. ‖ Conjunto de personas que lo hacen: *la crítica es unánime.* ‖ Actividad de los críticos: *escribe crítica teatral.* ‖ Ataque, censura, juicio desfavorable: *estoy harto de tus críticas.* ‖ Murmuración, habladuría, chismes: *no hay que hacer caso de la crítica de las gentes.* ‖ *Crítica histórica,* análisis metódico de las fuentes en que se apoyan los hechos históricos.
criticón, ona adj. y s. Que critica todo.
critiqueo m. *Fam.* Crítica.
crizneja f. Trenza de pelo.
Croacia, rep. federada de Yugoslavia; 56 553 km²; 4 340 000 h.; cap. *Zagreb,* 500 000 h. En 1918 formó, con Serbia y Eslovenia, el reino de Yugoslavia. Declarada independiente por los alemanes durante la segunda guerra mundial (1941).
croar v. i. Cantar las ranas.
croata adj. y s. De Croacia.
Croce (Benedetto), filósofo, historiador y político italiano (1866-1952), autor de *Breviario de estética, Filosofía del espíritu,* etc. ‖ ~ (GIULIO CESARE), poeta burlesco italiano (¿1550?-1620).
croché m. Crochet.
crochet m. (pal. fr.). Labor de ganchillo. ‖ Gancho en boxeo.
Croix (Carlos Francisco de CROIX, *marqués de*), militar español (1699-1786), virrey de Nueva España (1766-1771).
crol m. Crawl.
cromado m. Acción de cromar.
Cro-Magnon, caverna de Francia (Dordogne), donde se encontraron restos humanos fósiles (1868).
cromar v. t. Cubrir con una capa de cromo.
cromático, ca adj. Relativo a los colores. ‖ *Mús.* Dícese del sistema que procede por semitonos: *escala cromática.* ‖ *Ópt.* Aplícase al cristal o instrumento que presenta los objetos contorneados con los colores del arco iris.
cromatina f. Sustancia protoplasmática del núcleo de la célula.
cromatismo m. Coloración. ‖ Aberración cromática.
Crombet (Flor), militar cubano, m. en 1895. Luchó en la Guerra Chiquita (1879).
crómlech m. Crónlech.
Crommelynck (Fernand), autor de teatro belga (1886-1970).
cromo m. Metal de color gris claro (Cr), de número atómico 24, duro e inoxidable. ‖ Cromolitografía, estampa, grabado.
cromolitografía f. Impresión de imágenes, en varios colores superpuestos, por procedimientos litográficos. ‖ Imagen obtenida.
cromosfera f. *Astr.* Capa media de la atmósfera del Sol, entre la fotosfera y la corona solar.
cromosoma m. Elemento que en forma de corpúsculos, filamentos o bastoncillos existe en el núcleo de las células en el momento de su división o mitosis.
cromotipia y **cromotipografía** f. Impresión tipográfica en color. ‖ Prueba obtenida.
Cromwell (Oliver), lord protector de la República de Inglaterra, Escocia e Irlanda (1599-1658), dirigente de la Revolución burguesa que llevó al rey Carlos I al patíbulo (1649). Sojuzgó a Irlanda y Escocia y gobernó dictatorialmente. — Su hijo RICHARD (1626-1712) fue también protector y abdicó en 1659. ‖ ~ (THOMAS), político inglés (¿1485?-1540), conde de Essex y gran canciller de Enrique VIII. M. decapitado.
crónica f. Relato de hechos históricos por el orden que sucedieron: *las crónicas del Gran Capitán.* ‖ Artículo de periódico en el que se relatan los hechos o las noticias de la actualidad.
cronicidad f. Calidad de crónico.
crónico, ca adj. Dícese de las enfermedades que aquejan siempre a un enfermo. ‖ Relativo a un mal antiguo y constante: *paro crónico.*
cronicón m. Crónica breve.
cronista m. El que escribe crónicas en los periódicos.
crónlech m. Monumento megalítico, consistente en varios menhires que cercan un terreno pequeño.
cronógrafo m. Reloj de precisión que permite medir la duración de un fenómeno.
cronología f. Ciencia que tiene por objeto determinar el orden y las fechas de los sucesos históricos. ‖ Orden y fecha de los acontecimientos históricos.
cronológico, ca adj. Referente al tiempo: *orden cronológico.*
cronometrador m. Persona que mide con precisión el tiempo en que se realiza una acción.
cronometraje m. Medición del tiempo con el cronómetro.
cronometrar v. t. Medir el tiempo en que se ejerce una acción.
cronométrico, ca adj. Exacto en la medida del tiempo. ‖ Puntual.
cronómetro m. Reloj de precisión: *un cronómetro suizo.*
Cronos, deidad griega del Tiempo, hijo de Urano y de Gea y padre de Zeus. Es el *Saturno* de los romanos.
Cronstadt, c. y puerto de la U. R. S. S., en una isla del golfo de Finlandia.
Crookes [*cruks*] (William), físico y químico inglés (1832-1919), descubridor de los rayos catódicos. Tb. aisló el talio.
croquet m. Juego que consiste en hacer pasar bajo unos arcos una bola de madera impulsada con un mazo.
croqueta f. Fritura de carne, pescado u otro ingrediente, de forma ovalada, rebozada con huevo y pan rallado.
croquis m. Apunto, diseño.
cross-country [*-kontre*] m. (pal. ingl.). Carrera de obstáculos a campo traviesa.
crótalo m. Serpiente de cascabel. ‖ — Pl. Castañuelas.
Crotona, c. de la ant. Italia del S. Residencia de Pitágoras y lugar de nacimiento de Milón.
croupier m. (pal. fr.). Empleado que talla en una casa de juego.
Croydon, c. de Inglaterra (Surrey). Ant. aeropuerto de Londres.
cruce m. Acción de cruzar o de cruzarse. ‖ Lugar donde se cortan mutuamente dos líneas: *el cruce de dos caminos.* ‖ Paso de peatones. ‖ Reproducción sexual a partir de dos seres de razas diferentes. ‖ *Electr.* Cortocircuito. ‖ Interferencia de comunicaciones telefónicas.
cruceiro m. Cruzeiro.
cruceño, ña adj. y s. De Santa Cruz (Bolivia).
crucería f. *Arq.* Adorno propio del estilo gótico compuesto de molduras que se cruzan: *bóveda de crucería.*
crucero m. Espacio de una iglesia en que se cruzan la nave mayor y la transversal. ‖ El que lleva la cruz en ciertas ceremonias. ‖ Encrucijada. ‖ *Impr.* Doblez del pliego de papel. ‖ *Mar.* Determinada extensión por la que cruzan barcos. ‖ Viaje de turismo por mar o por aire. ‖ Barco de guerra de reconocimiento, escolta o vigilancia. ‖ *Min.* Dirección por la que resulta más fácil la división de las rocas. ‖ *Velocidad de crucero,* la más rápida de un buque o avión.
Crucero, constelación del hemisferio austral. (V. CRUZ.)
Cruces, térm. mun. de Cuba (Las Villas). ‖ ~ (CERRO DE LAS), monte de Costa Rica, al S. de Cartago. ‖ ~ (MONTES DE LAS), parte de la Cord. Neovolcánica de México (México); 3 217 m. ‖ ~ (PASO DE LAS), paso de los Andes en la Cord. Oriental de Colombia; 1 874 m.
Cruces (*Batalla de las*), episodio de la guerra de Independencia de México, en que las fuerzas de Hidalgo derrotaron a las españolas (30 de octubre de 1810).
cruceta f. Cada una de las intersecciones de dos series de líneas paralelas: *las crucetas de un enrejado.* ‖ *Arq.* Crucero. ‖ *Mar.* Meseta en la cabeza de los masteleros. ‖ *Mec.* Pieza articulada entre el vástago del émbolo y la biela.
crucial adj. De figura de cruz: *incisión crucial.* ‖ Cruciforme. ‖ *Fig.* Culminante, decisivo, fundamental: *cuestión crucial.*
cruciar v. t. Atormentar, afligir, enojar.
cruciferario m. El que lleva la cruz en ciertas ceremonias.
crucífero, ra adj. *Poét.* Que lleva una cruz. ‖ — M. Cruciferario. ‖ — F. pl. Familia de plantas dicotiledóneas cuyas flores tienen cuatro pétalos en cruz, como la col, el nabo, etc. (ú. t. c. adj.).
crucificado, da adj. Clavado en cruz. ‖ — M. *El Crucificado,* Jesucristo.
crucificar v. t. Clavar una persona en una cruz. ‖ *Fig.* Atormentar, martirizar.
crucifijo m. Imagen de Jesús crucificado.
crucifixión f. Acción y efecto de crucificar: *la crucifixión de Jesús.*
cruciforme adj. De forma de cruz: *patio de trazado cruciforme.*
crucigrama m. Juego o pasatiempo que consiste en encontrar ciertas palabras, según una definición dada, y ponerlas en unos casilleros de tal modo que colocadas vertical y horizontalmente algunas de sus letras coincidan. ‖ *Fig.* Adivinanza, acertijo.
cruda f. *Méx.* Borrachera.
crudeza f. Calidad de riguroso, de severo: *la crudeza del tiempo.* ‖ Realismo de una descripción. ‖ Ausencia de atenuantes, franqueza: *se lo dijo con toda crudeza.* ‖ Palabra o dicho grosero.
crudillo m. Tejido fuerte empleado para entretelas.
crudo, da adj. Que aún no ha cocido: *carne cruda.* ‖ Sin preparar: *seda, petróleo crudo.* ‖ De color amarillento: *camisa cruda.* ‖ Riguroso, duro: *clima crudo.* ‖ Que contiene yeso en disolución: *agua cruda.* ‖ Chocante, demasiado libre o realista: *chiste crudo.* ‖ *Méx.* Amodorrado después de una borrachera.
cruel adj. Aficionado a hacer sufrir o a ver sufrir: *persona cruel.* ‖ Que indica crueldad: *sonrisa cruel.* ‖ Implacable, riguroso: *destino cruel.* ‖ Que causa gran sufrimiento: *dolor cruel.* ‖ Riguroso: *clima cruel.* ‖ Con mala idea o malignidad: *burla cruel.*
crueldad f. Placer o gozo que se siente haciendo sufrir o viendo sufrir. ‖ Ferocidad: *la crueldad de un tigre.* ‖ Rigor, dureza. ‖ Sen-

CR

timiento sin compasión, despiadado. || Acto maligno.

cruento, ta adj. Sangriento.

crujía f. Espacio entre dos muros de contención. || Fila de habitaciones en el mismo lado de una casa. || Sala de hospital. || Espacio de una iglesia entre el coro y el santuario. || *Mar.* Espacio de popa a proa en medio de una nave. || *Fig.* y *fam. Pasar* o *sufrir una crujía*, pasarlas moradas, muy mal.

crujido m. Sonido hecho por algo que cruje, por un látigo.

crujiente adj. Que cruje.

crujir v. i. Hacer un ruido: *crujir los dientes, la seda, una hoja.*

crúor m. *Poét.* Sangre.

crup m. *Med.* Difteria.

crustáceos m. pl. Clase de animales articulados, del orden de los artrópodos, acuáticos, de respiración branquial y con un caparazón de quitina y calcáreo, como los cangrejos, langostinos, bogavantes, langostas, percebes, etc. (ú. t. c. adj.).

cruz f. Figura formada de dos líneas que se atraviesan o cortan perpendicularmente. || Instrumento de suplicio formado por un madero hincado verticalmente, atravesado por otro horizontal en la parte superior, del que se suspendían o clavaban los criminales. || Objeto que representa la cruz de Jesucristo. || Símbolo de cristiano en memoria de la crucifixión de Jesús. || Señal en forma de cruz. || Distintivo de ciertas órdenes y condecoraciones religiosas, militares o civiles: *la gran cruz de Isabel la Católica.* || Entrepierna de los pantalones. || Reverso de las medallas o monedas: *jugar a cara o cruz.* || Señal que hacen los que no saben firmar. || Parte más alta del espinazo de los animales. || Parte del árbol en que empiezan las ramas. || *Blas.* Pieza formada por el cruce del palo y de la banda. || *Fig.* Aflicción, pesar: *ser un hijo la cruz de sus padres.* || *Mar.* Unión de la caña del ancla con los brazos. || — *Cruz de mayo,* fiesta de la Invención de la Santa Cruz (3 de mayo). || *Cruz de San Andrés,* aspa. || *Cruz Roja,* v. art. aparte. || *Cruz y raya,* expr. con la que se da por terminado un asunto, una amistad. || *Fig. Hacerse cruces,* quedar estupefacto.

Cruz, cabo del S. de Cuba (Oriente). — Constelación próxima al círculo polar antártico cuyas estrellas forman una cruz. Es llamada tb. *Cruz del Sur.* || ~ **(La),** c. de Colombia (Nariño). — Com. de Chile (Valparaíso). || ~ **Alta,** dep. de Argentina (Tucumán); cap. *Alderetes.* || ~ **de Piedra,** *(La),* paso argentino de los Andes, en la prov. de Mendoza; 3 442 m. || ~ **del Eje,** c. de la Argentina, cab. del dep. homónimo (Córdoba). Presa en el río así tb. llamado. || ~ **del Obispo** *(La),* cima de Costa Rica, en la cord. de Talamanca; 2 775 m.

Cruz (Juan de YEPES, llamado **San Juan de la**), escritor, místico y sacerdote carmelita español, n. en Fontiveros (Ávila) [1542-1591]. Fue encarcelado por haber querido reformar la Orden, y, fugado de la prisión, con ayuda de Santa Teresa, vivió en los conventos de Granada y Baeza. Su poesía está escrita en su mayor parte en liras *(Subida al monte Carmelo, Noche oscura del alma, Llama de amor viva* y *Cántico espiritual*), pero dejó también algunos romances aconsonantados. Fiesta el 24 de noviembre. || ~ (SOR JUANA INÉS DE LA), carmelita y poetisa mexicana, n. en San Miguel Nepantla en 1651 y m. en la c. de México en 1695. Escribió autos sacramentales (*El cerco de José, El mártir del sacramento, El divino Narciso*), comedias *(Los empeños de una casa, Amor es más laberinto)*, poesías de estilo gongorista *(Inundación castálida)*, relatos *(Crisis de un Sermón, Respuesta a Sor Filotea de la Cruz)* y loas y sainetes. Su nombre de familia fue *Juana Inés de Asbaje y Ramírez de Cantillana* y se le llamó *La décima Musa* o *El Fénix de México.* || ~ (OSWALDO), bacteriólogo e higienista brasileño (1872-1917). || (RAMÓN DE LA), escritor español, n. en Madrid (1731-1794), autor de obras de teatro en un acto o sainetes costumbristas del Madrid de su época (*Las castañeras picadas, La casa de Tócame Roque, El fandango del candil,* etc.). || ~ (RAMÓN ERNESTO), político y jurista hondureño, n. en 1903, pres. de la Rep. en 1971, derrocado en 1972. || ~ **e Souza** (JOÃO DA), poeta simbolista brasileño (1862-1898). || ~ **Mena** (JOSÉ DE LA), compositor nicaragüense (1874-1907). || ~ **Varela** (Juan). V. VARELA.

Cruz Roja, organización internacional creada en Ginebra en 1864 para socorrer a las víctimas de las guerras.

cruza f. *Amer.* Cruzamiento de dos razas de animales. || *Agr. Méx.* Paso del arado en sentido perpendicular al anterior.

cruzada f. Expedición para reconquistar Tierra Santa: *la cruzada de Pedro el Ermitaño.* || Tropa que iba en ella. || *Por ext.* Expedición militar contra herejes. || *Fig.* Campaña en pro de algún fin: *cruzada antituberculosa.*

— Las *cruzadas* emprendidas por la Europa cristiana entre los s. XI al XIII fueron ocho: la primera en 1096-1099; la segunda, 1147-1149; la tercera, 1189-1193; la cuarta, 1202-1204; la quinta, 1217-1222; la sexta, 1228-1229; la séptima, 1428-1454 y la octava, 1270.

cruzadillo m. Tela algodón.

cruzado, da adj. Atravesado. || En cruz: *líneas cruzadas.* || Dícese de una tela de hilos muy apretados: *tela cruzada.* || Rayado: *cheque cruzado.* || Dícese del animal nacido de padres de raza distinta: *perro, caballo cruzado.* || — M. Soldado que tomaba parte en una cruzada. || Persona que pertenece a una orden cuyo distintivo es una cruz. || Nombre de varias monedas antiguas españolas.

cruzador, ra m. y f. *Méx.* El que cruza al viajero de un lado a otro de los ríos. || — F. *Méx.* Mujer que roba en los comercios y pasa lo robado a otra mujer.

cruzamen m. *Mar.* Cruce del mastelero con las vergas.

cruzamiento m. Cruce.

cruzar v. t. Atravesar una cosa sobre otra en forma de cruz. || Atravesar: *cruzar la calle.* || Cortar: *camino que cruza la carretera.* || Acoplar hembras y machos de distintas razas o juntar plantas de variedad diferente. || Poner a una persona la cruz y el hábito de una orden. || Arar por segunda vez. || Pasar por un sitio dos personas o cosas que vienen de dirección opuesta (ú. t. c. pr.). || Trazar en un cheque dos rayas paralelas para que éste sólo pueda ser cobrado por medio de una cuenta corriente. || — V. i. *Mar.* Navegar en todas direcciones. || — V. pr. Tomar la cruz, alistarse en una cruzada. || Ingresar en una orden.

cruzeiro m. Unidad monetaria del Brasil.

Cruzeiro, cima del Brasil (Minas Gerais y Espíritu Santo); 2 861 m. — Pobl. del Brasil (São Paulo).

Cs, símbolo químico del *cesio.*

Ctesifonte, c. de Asiria, a orillas del Tigris. Morada invernal de los reyes partos, arsácidas y sasánidas.

C. T. V., siglas de *Corpo Truppe Volontari.*

cu m. *Méx.* Templo de los ant. aztecas.

Cu, símbolo químico del *cobre.*

cuachate m. *Méx.* Cigarro puro hecho con hoja de tabaco cimarrón.

cuachimil m. Abeja melera de México.

cuaderna f. *Mar.* Cada una de las piezas que arrancan de la quilla de un barco y forman la armadura del casco. || *Cuaderna vía,* estrofa monorrima de cuatro versos utilizada por los escritores del mester de clerecía.

cuadernillo m. Librillo. || *Impr.* Pliego. || Conjunto de cinco pliegos de papel.

cuaderno m. Conjunto de pliegos de papel cosidos en forma de libro. || Libro pequeño de apuntes. || *Cuaderno de bitácora,* libro de a bordo.

cuadra f. Lugar donde están las caballerías, caballeriza. || Conjunto de caballos o de automóviles de un mismo propietario. || Grupo de corredores de caballos del mismo equipo. Sala grande, especialmente la de un cuartel u hospital. || *Fam.* Lugar muy sucio. || *Amer.* Manzana de casas y distancia entre las esquinas de dos calles.

Cuadra (José de la), escritor ecuatoriano (1903-1941), autor de la novela *Los sangurimas.* || ~ (JOSÉ VICENTE), político nicaragüense, pres. de la Rep. de 1871 a 1875. || ~ (PABLO ANTONIO), escritor nicaragüense, n. en 1912, autor de poesías vanguardistas, narraciones, ensayos y obras de teatro.

cuadradillo m. Cuadrado, regla. || Barra de hierro de sección cuadrada. || Azúcar partida en terrones cuadrados.

cuadrado, da adj. De forma cuadrangular. || *Fig.* Rechoncho, gordo y bajo. || *Mat. Raíz cuadrada de un número,* el que, multiplicado por sí mismo, da un producto igual a aquel número: *la raíz cuadrada* de 64 es 8 y se escribe $\sqrt{64} = 8$. || — M. *Geom.* Cuadrilátero de lados y ángulos iguales. || *Mat.* Segunda potencia de un número: *el cuadrado de 6 es 36.* || Regla cuadrada para rayar el papel. || *Impr.* Cuadratín. || — F. Nota musical.

cuadragenario, ria adj. y s. De cuarenta años.

cuadragesimal adj. De la cuaresma.

cuadragésimo, ma adj. Que está en el lugar del número cuarenta. || — M. La cuadragésima parte de un todo. || — F. Cuaresma.

cuadrangular adj. Que posee cuatro ángulos.

cuadrante m. *Geom.* Cuarta parte del círculo limitada por dos radios. || Indicador para señalar las dimensiones de una magnitud. || Reloj solar trazado en un plano. || Cada una de las cuatro partes en que se divide el horizonte por el meridiano y el paralelo del punto de observación.

cuadrar v. t. Dar a una cosa forma de cuadro o cuadrada. || *Mat.* Elevar una cantidad al cuadrado o a la segunda potencia. || *Geom.* Determinar el cuadrado de superficie equivalente a la de otra figura. || *Carp.* Trabajar un madero en cuadro. || — V. i. Conformarse una cosa con otra: *su carácter no cuadra con el mío.* || Acomodar o convenir una cosa. || Casar, estar de acuerdo. || Salir exactas las cuentas. || — V. pr. Ponerse firme un militar delante de un superior: *me cuadré ante el coronel.* || Pararse el caballo o el toro con las cuatro patas en firme. || *Fig.* y *fam.* Mostrar uno firmeza o rigidez en una actitud.

cuadratín m. *Impr.* Espacio en blanco que se deja al principio de una línea. | En América, cícero.

cuadratura f. *Geom.* Acción y efecto de cuadrar una figura. || Situación relativa de dos astros cuando distan entre sí un cuarto de círculo. || *Fig.* y *fam. La cuadratura del círculo,* dícese de un problema insoluble.

cuadriceps adj. y s. *Anat.* Dícese del músculo con cuatro inserciones que forma la parte anterior del muslo.

cuadrícula f. Disposición en cuadrados contiguos.

cuadriculado, da adj. Dividido en cuadrículas: *papel cuadriculado.*

cuadricular v. t. Dividir en cuadrículas.

cuadrienal adj. Que ocurre cada cuatro años: *los Juegos Olímpicos son cuadrienales.* || Que dura cuatro años.

cuadrienio m. Espacio de tiempo de cuatro años.

cuadrifoliado, da adj. Con cuatro hojas.

cuadriga f. Tiro y carro de cuatro caballos enganchados de frente.

cuadril m. Hueso de la cadera. || Cadera.

cuadrilátero, ra adj. Con cuatro lados. || — M. *Geom.* Polígono de cuatro lados.

cuadrilla f. Brigada, conjunto de personas que realizan juntas una misma obra: *cuadrilla de trabajadores.* || Conjunto de subalternos que ayudan y torean con el mismo matador. || Banda: *cuadrilla de malhechores.* || Cierto baile de salón: *cuadrilla de lanceros.*

cuadringentésimo, ma adj. Que está en el lugar del número cuatrocientos. || — M. Cada una de las cuatrocientas partes iguales en que se divide un todo.

cuadriplicar v. t. e i. Cuadruplicar, multiplicar algo por cuatro.

cuadrisílabo, ba adj. y s. m. Cuatrisílabo.

cuadrivalente adj. *Quím.* Con cuatro valencias, tetravalente.

cuadrivio m. En la Edad Media, las cuatro artes liberales matemáticas (aritmética, música, geometría y astrología).

cuadro, dra adj. Cuadrado. || — M. Rectángulo. || Lienzo, pintura: *un cuadro de Velázquez.* || Marco. || Dibujo en forma de cuadrícula en un tejido. || Armadura de la bicicleta. || Tablero en el que se hallan los dispositivos que hacen funcionar una instalación. || Parte de un jardín con plantas en forma de cuadro: *cuadro de flores.* || Parte de una obra de teatro. || Representación sinóptica. || *Fig.* Descripción de un suceso: *cuadro de costumbres.* || Escena, espectáculo: *cuadro horripilante.* | Equipo. || *Mil.* Formación en figura de cuadrilátero. | Conjunto de los jefes de un regimiento. || — *Cuadro de distribución,* conjunto de aparatos de una central eléctrica o telefónica. || *Estar o quedarse en cuadro,* quedarse un cuerpo sin tropas; (fig.) irse toda la gente.

cuadrumano, na adj. y s. m. Aplícase a los animales que tienen cuatro manos, como el mono.

cuadrúpedo, da adj. y s. m. Dícese del animal con cuatro pies.

cuádruple adj. Cuatro veces mayor (ú. t. c. m.). || Dícese de la serie de cuatro cosas iguales o semejantes.

cuadruplicación f. Multiplicación por cuatro.

cuadruplicar v. t. e i. Hacer cuádruple una cosa; multiplicar por cuatro una cantidad.

cuajada f. Requesón.

cuajado, da adj. *Fig.* y *fam.* Asombrado, extrañado. | Dormido.

cuajamiento m. Coagulación.

cuajar m. *Zool.* Última de las cuatro divisiones del estómago de los rumiantes.

cuajar v. t. Unir y trabar las partes de un líquido para convertirlo en sólido: *cuajar la leche con un ácido* (ú. t. c. pr.). || *Fig.* Adornar con exceso. || — V. i. *Fig.* y *fam.* Llegar a realizarse, lograrse: *no cuajó su negocio.* | Gustar: *no cuajó esta moda.* | Convertirse: *esa promesa ha cuajado en un gran artista.* || *Cuajado de,* lleno de. || — V. pr. Llenarse un espacio. || Ser poco activo. || *Fig.* Ser poco activo.

cuajarón m. Porción de líquido cuajado. || Coágulo de sangre.

cuajicote m. *Méx.* Abajón.

cuajiote m. *Amer.* Planta que produce una goma medicinal.

cuajiotera f. *Amer.* Plantación de cuajiotes.

cuajo m. Cuajar de los rumiantes. || Materia que cuaja la leche. || Efecto de cuajar. || *Fig.* y *fam.* Calma, pachorra. || *De cuajo,* de raíz: *arrancar de cuajo.*

cual pron. Hace en pl. *cuales.* Precedido del artículo equivale al pron. *que.* || Carece de artículo cuando significa *como.* || Se usa con acento en frases interrogativas o dubitativas. (En este caso no lleva nunca artículo.) || Contrapónese a *tal* con igual sentido: *cual el padre, tal el hijo.* || Ú. c. pr. indeterminado, repetido, para designar personas o cosas sin nombrarlas. (En tal caso lleva acento: *todos contribuyeron, cuál más, cuál menos, a este exito.*) || *A cual más,* en competencia cerrada: *los mozos cantaban a cual más, hasta enronquecer.* || — Adv. Como: *cual se lo cuento.* || En sentido ponderativo lleva acento y significa *de qué modo.*

cualesquier pron. Pl. de *cualquier.*

cualesquiera pron. Pl. de *cualquiera.*

cualidad f. Cada una de las circunstancias o caracteres que distinguen a las personas o cosas.

cualitativo, va adj. Que denota cualidad. || *Quím. Análisis cualitativo,* el que busca la naturaleza de los elementos de una mezcla o de un cuerpo compuesto.

cualquier pron. Cualquiera. (Solamente se emplea antepuesto al nombre.)

cualquiera pron. Uno o alguno. || *Ser un cualquiera,* ser persona de poca importancia.

cuamil m. *Méx.* Huerta con árboles.

cuan adv. Apócope de *cuanto.* (Lleva acento cuando es admirativo o interrogativo.) || Correlativo de *tan,* denota idea de igualdad.

cuando adv. En el mismo momento que: *en el momento en que tú ibas yo venía.* || En qué momento: *¿cuándo te vas?* || — Conj. Aunque: *cuando lo dijeras de rodillas.* || Puesto que: *cuando lo dices será verdad.* || En el momento en que: *cuando sea viejo.* || — *Cuando más,* todo lo más. || *De cuando en cuando,* algunas veces.

— Observ. *Cuando* lleva siempre acento ortográfico en las formas interrogativas o admirativas y al ser sustantivo (*el cómo y el cuándo*).

cuandú m. *Zool.* Coendú.

cuanta m. pl. *Fís.* Quanta.

cuantía f. Cantidad.

cuántico, ca adj. Relativo a los quanta o unidades de energía: *mecánica cuántica.*

cuantioso, sa adj. Abundante.

cuantitativo, va adj. De la cantidad. || *Quím. Análisis cuantitativo,* el que dosifica los elementos de una mezcla o de un cuerpo compuesto.

cuanto, ta adj. Qué cantidad: *¿cuántas manzanas quieres?* || Indica una cantidad indeterminada y se emplea al mismo tiempo que *tanto: cuantas personas, tantos pareceres.* || Qué: *¡cuánta gracia tiene!* || Todo: *se llevó cuantos objetos había sobre la mesa.* || Algún: *unos cuantos amigos.* || — Pron. Qué cantidad: *¿cuántos han muerto?* || Todo lo que: *¡si supieras cuánto me dijo!* || — Adv. De qué modo: *ya conoce cuánto le estimo.* || Qué precio: *¿cuánto vale eso?* || Qué tiempo: *¿cuánto duró su discurso?* || — *Cuanto a* o *en cuanto a,* por lo tocante a, respecto de. || *Cuanto antes,* lo más pronto posible: || *Cuanto más,* todo lo más; con mayor razón. || *En cuanto,* tan pronto como que. || *Por cuanto,* puesto que.

— Observ. *Cuanto* lleva siempre acento ortográfico en las formas interrogativas y admirativas.

cuaquerismo m. Doctrina y conjunto de los cuáqueros.

cuáquero, ra m. y f. Miembro de una secta religiosa creada en Inglaterra en el s. XVII por George Fox y extendida a Estados Unidos.

cuarcita f. Roca granular unida por un cemento silíceo.

Cuareim, isla del Brasil, en la unión del río homónimo con el Uruguay; 5 km².

cuarenta adj. Cuatro veces diez. || — M. Cuadragésimo. || Signos que representan el número cuarenta.

cuarentavo, va adj. y s. Cuadragésimo.

cuarentena f. Conjunto de cuarenta unidades. || Edad de cuarenta años. || Cuaresma. || Tiempo que están en observación los que llegan de lugares donde hay una epidemia. || *Fig* y *fam.* Aislamiento impuesto a una persona.

cuarentón, ona adj. y s. Que tiene ya cuarenta años.

Cuarepotí, río del Paraguay (San Pedro), afl. del Paraguay.

cuaresma f. Para los católicos, tiempo de penitencia entre el miércoles de Ceniza y la Pascua de Resurrección.

Cuaró, río del Uruguay (Artigas), afl. del Cuareim; 125 km.

cuarta f. Cada una de las cuatro partes iguales de un todo. || Medida de un palmo. || *Mús.* Intervalo compuesto de dos tonos y un semitono mayor.

cuartana f. Fiebre palúdica e intermitente que dura cuatro días.

cuartear v. t. Dividir en cuatro. || *Por ext.* Dividir en más o menos partes. || Descuartizar. || — V. i. *Taurom.* Dar el torero un salto lateral para poner las banderillas. || — V. pr. Agrietarse una pared. || *Fig.* Conmoverse las estructuras de algo.

cuartel m. Edificio destinado a la tropa. | Alojamiento del ejército en campaña: *cuartel de invierno.* || Cuarta parte. || *Blas.* Cualquier división del escudo. || Buen trato ofrecido por los vencedores a los vencidos. || — *Cuartel general,* lugar ocupado por el Estado Mayor de un ejército. || *Sin cuartel,* despiadado.

cuartelada f. Sublevación militar.

cuartelazo m. *Amer.* Cuartelada.

cuartelero, ra adj. Del cuartel.

cuarteo m. *Taurom.* Salto lateral que da el torero para evitar la cogida. || Grieta en una pared.

cuarterón, ona adj. y s. Hijo de blanco y mestizo o viceversa. || — M. Cuarta parte. || Cuarta parte de la libra: *cuarterón de tabaco.* || Postigo alto de una ventana. || Panel o cuadrado de una puerta.

cuarteta f. Redondilla, combinación métrica de cuatro versos octosílabos.

cuarteto m. Combinación métrica de cuatro versos endecasílabos o de arte mayor. || Conjunto musical formado por cuatro voces o instrumentos. || Composición de música escrita para este conjunto.

cuartilla f. Hoja de papel, cuarta parte de un pliego. || En las caballerías, parte entre los menudillos y la corona del casco. || Cuarta parte de varias medidas de capacidad.

cuartillero m. Encargado de recoger y llevar los originales a la redacción de un periódico.

cuartillo m. Cuarta parte del celemín o del azumbre. || Moneda antigua de vellón.

cuarto, ta adj. Que ocupa el cuarto lugar. || *Fam. Estar a la cuarta pregunta,* estar sin dinero. || — M. Cada una de las cuatro partes iguales de un todo: *un cuarto de hora.* || Habitación: *cuarto de dormir.* || Piso: *cuarto amueblado.* || Cuarto piso: *vive en el cuarto.* || Moneda de vellón española antigua (tres céntimos de peseta). || *Por ext.* Dinero: *no tener un cuarto* (ú. t. c. pl.). || Cada una de las cuatro partes del cuerpo de los animales: *cuarto trasero, delantero.* || *Astr.* Cuarta parte del tiempo que transcurre entre dos lunas nuevas: *cuarto men-*

guante, cuarto creciente. || *Mil.* Tiempo que está un soldado de centinela. || — *Cuarto de banderas,* en los cuarteles, sala donde se custodian éstas y donde se reúnen los oficiales. || *Cuarto de estar,* habitación en que se reúne la familia. || *Cuarto de final,* cada una de las cuatro antepenúltimas competiciones de un campeonato o concurso. || *Fig.* y *fam. Dar un cuarto al pregonero,* divulgar una cosa. | *De tres al cuarto,* de poco valor. | *Echar su cuarto a espadas,* meter uno baza en la conversación.

Cuarto, río de la Argentina (Córdoba), que va a parar a la laguna de Olmos.

cuarzo m. Sílice cristalizado que se encuentra en numerosas rocas (granito, arena, etc.).

cuasia f. Planta simarubácea de corteza y raíz medicinales.

cuasicontrato m. *For.* Acto que se ejecuta sin convenio previo.

cuasidelito m. *For.* Hecho ilícito, cometido sin intención de dañar que da lugar a una acción judicial al resultar perjudicada una persona.

Cuasimodo m. Primer domingo después de Pascua.

cuasontecomasúchil m. Planta de México cuya raíz medicinal suele emplearse para curar la inflamación de los ojos.

cuate, ta adj. y s. *Méx.* Gemelo. | Igual o semejante. | Compadre, amigo íntimo. || *Méx. No tiene cuate,* no tiene igual.

cuatequil m. *Méx.* Maíz para sembrar.

cuatera f. *Méx.* Mujer que da a luz cuates.

cuaternario, ria adj. Que consta de cuatro unidades, números o elementos. || *Geol.* Perteneciente al terreno sedimentario más moderno (3 millones de años) en el que hace su aparición el hombre. Ú. t. c. s. m.: *el cuaternario.*

cuaterno, na adj. De cuatro números.

cuatezón, ona adj. *Méx.* Descornado: *animal cuatezón.*

cuatezonar v. t. Cortar los cuernos a un animal joven.

cuatreño, ña adj. De cuatro años: *novillo cuatreño.*

cuatrero, ra adj. y s. Ladrón de ganado.

cuatrienio m. Espacio de cuatro años.

cuatrillizo, za adj. y s. Dícese de cada uno de los cuatro hermanos nacidos de un mismo parto.

cuatrillo m. Juego de naipes entre cuatro.

cuatrillón m. Millón de trillones: *el cuatrillón se expresa por la unidad seguida de veinticuatro ceros.*

cuatrimestral adj. Que sucede cada cuatro meses. || Que dura cuatro meses.

cuatrimestre m. Período de cuatro meses.

cuatrimotor m. Avión de cuatro motores (ú. t. c. adj.).

cuatrinca f. Junta de cuatro personas.

cuatrirreactor m. Avión con cuatro reactores (ú. t. c. adj.).

cuatrisílabo, ba adj. y s. m. Que tiene cuatro sílabas.

cuatro adj. Tres y uno. || Cuarto, número que sigue al tercero. || — M. Signo que representa el número cuatro. || Naipe de cuatro figuras: *cuatro de oros.* || Guitarrilla venezolana. || — *Fam. Cuatro gatos,* expresión que significa poca gente. || *Las cuatro,* la cuarta hora desde media noche o desde mediodía. | *Más de cuatro,* muchas personas.

Cuatro Cantones o **de Lucerna** (LAGO DE LOS) lago de Suiza; 114 km².

cuatrocentista adj. y s. Dícese de los artistas y escritores italianos del siglo XV.

cuatrocientos, tas adj. Cuatro veces ciento. || Cuadringentésimo. || — M. Signos que representan el número cuatrocientos.

Cuauhtémoc o **Guatimozín,** último emperador azteca (¿1495?-1522), hijo de Ahuízotl y sucesor en 1520 de su tío Cuitláhuac. Defendió México heroicamente frente a H. Cortés, pero fue derrotado y hecho prisionero (1522). M. en la horca.

Cuahuxicalli, piedra de sacrificios de los ant. mexicanos. (El ejemplar más famoso, llamado *Piedra del Sol,* se encuentra en el Museo Nacional de México.)

Cuautla, pobl. de México (Morelos). Turismo.

cuba f. Recipiente de madera, cerrado por ambos extremos: *una cuba de vino, de aceite,* etc. || Tonel grande de madera abierto por su cara superior: *cuba de fermentación.* || Todo el líquido que cabe en una cuba. || Parte del horno entre el vientre y el tragante. || *Fig.* y *fam.* Persona que bebe mucho vino. || — *Cuba libre,* bebida hecha con coca cola y ron. || *Fig.* y *fam. Estar hecho una cuba,* estar muy borracho.

Cuba, rep. de las Antillas, ubicada en la isla del mismo nombre, que se encuentra entre Florida, las Bahamas, Haití, Jamaica y México; 115 000 km²; 9 000 000 h. (*cubanos*). Cap. *La Habana,* 1 680 000 h.; Otras c.: *Pinar del Río,* 121 000 h.; *Matanzas,* 101 000; *Cienfuegos,* 117 000; *Santa Clara,* 190 000; *Santi Spíritus,* 137 000; *Ciego de Ávila,* 122 000; *Camagüey,* 250 000; *Manzanillo,* 117 000; *Holguín,* 285 000; *Santiago de Cuba,* 215 000, y *Guantánamo,* 154 000. Administrativamente, Cuba se divide en seis provincias. La población es blanca en un 73 por 100, negra en un 12 por 100 y mestiza en un 14 por 100. La religión católica es la que cuenta más adeptos, y el idioma oficial es el castellano o español. La densidad media de población es de 68 h/km².

— GEOGRAFÍA. La isla de Cuba, de unos 1 200 km de longitud y de una anchura máxima de 145 km, está esencialmente constituida por una llanura, que ocupa las tres cuartas partes del territorio, por el macizo montañoso de la Sierra Maestra al SE. (pico Turquino, 7 040 m), y por la cordillera de Guaniguanico al O. Los ríos son cortos y muy numerosos, distinguiéndose entre los principales: Cauto, Zaza, Jatibonico del Norte, Jatibonico del Sur y Agabama. El litoral cubano se extiende sobre 3 500 km y su perfil es sinuoso. En la costa aparecen numerosas formaciones coralinas, islotes e islas, entre ellos el archipiélago de los Canarreos, al que pertenece la isla de Pinos (3 061 km²). El clima es cálido, algo templado por las brisas marinas. Las lluvias son abundantes y suelen producirse huracanes. La economía cubana es esencialmente agrícola, destacando sobre todo el cultivo de la caña de azúcar (primer productor mundial), sin olvidar el tabaco, de excelente calidad, el café y las frutas tropicales. La pesca y la ganadería son dos importantes recursos económicos, mientras que el subsuelo encierra yacimientos de hierro, cobre, manganeso, níquel, cobalto. La industria es sobre todo transformadora de productos agrícolas (azucarera, tabacalera) y las vías de comunicación están formadas por 9 600 km de ferrocarriles y 6 000 km de carreteras. La navegación marítima y la aérea son importantes.

— HISTORIA. Los primitivos pueblos que habitaron Cuba fueron los siboneyes, los taínos y los guanajatabeyes. Cristóbal Colón arribó a la isla en su primer viaje (1492), y le dio el nombre de *Juana,* en honor de la hija de los Reyes Católicos. Exploró la parte oriental, dejando para su segundo viaje (1493) el reconocimiento de la zona meridional. La ocupación comenzó en 1510, con la llegada de la expedición de Diego de Velázquez, y con las campañas de Juan de Grijalva y Pánfilo de Narváez, que acabaron por someter a los indígenas (1514) y fundaron varias ciudades, entre ellas la de San Cristóbal (La Habana), estableciendo la capital en Santiago de Cuba. El primer gobernador fue Diego de Velázquez, quien inició las explotaciones mineras y ordenó la importación de negros africanos para sustituir la mano de obra indígena. A finales del s. XVI era ya importante la industria azucarera, y el puerto de La Habana se convirtió en el punto de reunión de los barcos que efectuaban el comercio entre España y sus colonias americanas, lo que produjo el rápido crecimiento de esta ciudad. La situación excepcional de la isla de Cuba hizo que fuera el blanco de frecuentes ataques de los corsarios ingleses, franceses y holandeses. Así La Habana fue saqueada en 1538 y en 1555, Santiago en 1662, y en 1688 Henry Morgan realizó una incursión que le llevó hasta Camagüey. La vida cultural recibió un fuerte impulso con la creación de la Universidad de La Habana en 1728. El cultivo del tabaco había adquirido ya gran importancia, pero el monopolio ejercido por el gobierno español provocó varias revueltas entre los cultivadores. Durante el s. XVIII, el comercio de esclavos negros llegó a su apogeo, y se calcula eran más de 60 000 los que trabajaban en los ingenios azucareros. Al comenzar el s. XIX empezaron a dibujarse los primeros movimientos independentistas, como el de Luz Silveira (1809), que fue descubierto antes de su ejecución. Cuba conoció las mismas vicisitudes que la Metrópoli: Constitución liberal de Cádiz (1812), vuelta al absolutismo (1823). Por otra parte, algunos cubanos pretendieron anexar la isla a Estados Unidos, pero no consiguieron llevar a cabo su propósito. Más tarde, tras varias sublevaciones sofocadas, Carlos María de Céspedes inició en 1868 la lucha por la independencia de Cuba (Grito de Yara). Esta guerra, llamada Guerra Grande, duró diez años, y terminó con el Pacto del Zanjón (1878). Al año siguiente estalló la Guerra Chiquita, de corta duración, en la que se distinguieron los generales patriotas Calixto García y Antonio Maceo. La independencia de la isla era ya una aspiración unánime del pueblo cubano, pero fue José Martí quien supo aunar todas las tendencias separatistas en el Partido Revolucionario Cubano, fundado por él en 1892. En 1895, este partido lanzó la orden de rebelión (Grito de Baire), y la guerra duró hasta 1898. Los ejércitos cubanos derrotaron a las mejores tropas españolas, y, cuando el triunfo era ya total, los Estados Unidos intervinieron en el conflicto: declararon la guerra a España, derrotaron a su flota en Santiago de Cuba y en Cavite (Filipinas), y ajustaron con ella el Tratado de París (1898), que ponía término a la soberanía española en Cuba, Puerto Rico y Filipinas. Cuba elaboró y promulgó su propia constitución republicana, a la cual el gobierno de los Estados Unidos impuso la llamada *Enmienda Platt* (1901), que le autorizaba a intervenir en los asuntos cubanos. Tomás Estrada Palma fue el primer presidente de la República (1902), y al término de su mandato los Estados Unidos hubieron de intervenir, como lo harían frecuentemente hasta la abolición de la Enmienda Platt en 1934. Fulgencio Batista ocupó la presidencia de 1940 a 1944, y en 1952 efectuó un golpe militar para deponer al presidente Carlos Prío Socarrás, tras lo cual se hizo elegir de nuevo en 1954. Su gobier-

CUBA

no dictatorial encontró oposición en ciertos medios, y así Fidel Castro desembarcó en Oriente (1956) con 82 hombres y se hizo fuerte en la Sierra Maestra. A finales de 1958, contando con el apoyo popular, logró derribar a Batista y designó presidente a Manuel Urrutia, sustituido pronto por Osvaldo Dorticós. Fidel Castro ocupó el cargo de Primer ministro, desde el cual ha implantado la reforma agraria y la nacionalización de las empresas extranjeras. Su política se orientó hacia las potencias socialistas y en oposición a los intereses norteamericanos. En 1961, con el apoyo secreto de Washington, un comando anticastrista desembarcó en la Bahía de Cochinos, pero fue derrotado por las milicias revolucionarias. Ese mismo año, Castro proclamó la República Socialista. En 1962 se produjo una grave crisis mundial al denunciar el gobierno norteamericano la existencia en territorio cubano de proyectiles nucleares de procedencia soviética. Moscú y Washington llegaron a un acuerdo pacífico, mientras que la isla fue sometida a un bloqueo por parte de las autoridades norteamericanas.

cubanismo m. Voz o giro propio de Cuba.

cubanizar v. t. Dar carácter cubano a una cosa.

cubano, na adj. y s. De Cuba. ‖ — F. Pescadora, camisa.

Cubatão, pobl. del Brasil (São Paulo) al pie de la *sierra de Cubatão.* Ref. de petróleo. Central hidráulica.

cubero m. El que hace o vende cubas. ‖ *Fig* y *fam. A ojo de buen cubero,* por un cálculo aproximado.

cubeta f. Cuba pequeña. ‖ Depósito del barómetro. ‖ Recipiente rectangular para operaciones químicas y fotográficas.

cubicación f. Estimación del volumen de un cuerpo en unidades cúbicas.

cubicar v. t. *Mat.* Elevar un número a la tercera potencia. ‖ *Geom.* Medir el volumen de un cuerpo o la capacidad de un recipiente en unidades cúbicas.

cúbico, ca, adj. *Geom.* Perteneciente al cubo. ‖ De figura de cubo geométrico. ‖ *Mat.* Dícese de una medida destinada a estimar el volumen de un cuerpo.

cubiche m. Criollo de Cuba. (Es despectivo.)

cubierta f. Lo que tapa o cubre una cosa: *cubierta de cama, de mesa.* ‖ Tapa de libro. ‖ Banda que protege las cámaras de los neumáticos. ‖ Funda que cubre algo. ‖ *Fig.* Simulación, pretexto. ‖ *Mar.* Cada uno de los puentes del barco, especialmente el superior: *cubierta de popa, de proa.*

cubierto m. Servicio de mesa para cada persona. ‖ Juego de cuchara, tenedor y cuchillo. ‖ Comida de los restaurantes a precio fijo: *cubierto turístico.* ‖ *Estar a cubierto,* estar protegido.

cubil m. Guarida de las fieras.

cubilete m. Vaso para diversos usos y especialmente para juegos de manos y para el de los dados.

cubiletear v. i. *Fig.* Hacer combinaciones, intrigar.

cubileteo m. Intriga, combinación, manejo.

Cubillín. V. QUILLIMAS.

Cubillo de Aragón (Álvaro), autor dramático clásico español (¿1596?-1661).

cubismo m. Escuela artística que se caracteriza por la representación de los objetos bajo formas geométricas: *los españoles Gris y Picasso, y el francés Braque fueron los iniciadores del cubismo.*

cubista adj. Del cubismo. ‖ Com. Artista que sigue el cubismo.

cubital adj. *Anat.* Del codo.

cúbito m. *Anat.* El mayor y más grueso de los dos huesos que forman el antebrazo.

cubo m. Recipiente de diversas formas y materias para contener líquidos. ‖ Parte hueca de algunos objetos en la que se encaja otro: *cubo de bayoneta.* ‖ Pieza central de la rueda donde encajan los radios. ‖ *Fort.* Torreón circular en las fortalezas antiguas. ‖ *Geom.* Sólido limitado por seis cuadrados iguales, hexaedro. ‖ *Mat.* Tercera potencia de un número: *el cubo de 2 es 8.*

cuboides adj. y s. *Anat.* Dícese del hueso del tarso situado en el borde externo del pie.

cubrecadena m. Pieza que protege la cadena de las bicicletas.

cubrecama m. Colcha.

cubrefuego m. Galicismo por *toque de queda.*

cubrepiés m. Manta que se pone en la cama para abrigar los pies.

cubrir v. t. Poner una cosa encima o delante de otra para ocultarla, protegerla, adornarla, etc.: *cubrir la cara con las manos; cubrir de una capa de pintura.* ‖ Tapar: *cubrió la olla.* ‖ Poner muchas cosas encima de algo: *cubrir de flores.* ‖ Acoplarse el macho con la hembra. ‖ Extenderse: *la nieve cubría el camino.* ‖ Recorrer una distancia: *cubrió muchos kilómetros.* ‖ Compensar, ser equivalente: *lo recaudado no cubre los gastos.* ‖ Llenar: *me cubrieron de elogios, de insultos, de besos.* ‖ Ahogar, apagar, dominar: *el ruido de la calle cubría sus gritos.* ‖ Proteger de un riesgo: *la policía cubre sus espaldas.* ‖ Simular, ocultar: *se cree que con esto cubre su mala acción.* ‖ Ser suficiente, bastar: *lo que gana no cubre sus necesidades.* ‖ Proteger con un dispositivo militar de seguridad. ‖ *Cubrir carrera,* disponerse la tropa o policía en dos hileras para proteger a una personalidad. ‖ — V. pr. Ponerse algo en la cabeza (sombrero, gorra, etc.). ‖ Encapotarse el cielo. ‖ Proveer: *se cubrieron todas las plazas.* ‖ Adquirir: *se cubrió de gloria.* ‖ Precaverse contra un riesgo: *se cubrió con un seguro de vida, contra incendios.*

cucalambé m. *P. Rico.* Baile popular de negros.

cucamonas f. pl. Carantoñas.

cucaña f. Palo alto enjabonado y resbaladizo por el que hay que subir para alcanzar un premio atado a su extremo.

cucaracha f. Insecto ortóptero nocturno de cuerpo aplastado. ‖ *Méx.* Aire popular bailable.

cucarachear v. t. *Amer.* Registrar, revolver cosas. ‖ *Méx.* Andar entre libros.

cuclillas (en) adv. Acurrucado apoyándose en los talones.

cuclillo m. Cuco, ave.

cuco, ca adj. *Fig. y fam.* Bonito, mono. ‖ — Adj. y s. *Fig.* y *fam.* Taimado, astuto. ‖ — M. Oruga de una mariposa nocturna. ‖ Ave trepadora. ‖ *Reloj de cuco,* el de madera del que sale un cuclillo para dar la hora.

cucú m. Onomatopeya del canto del cuclillo.

cucucha f. *Méx.* Paloma enana.

Cuculcán, deidad maya identificada con el Quetzalcóatl azteca.

cuculí m. *Amer.* Tórtola.

cucumi m. *Cub.* Insecto que ataca al tabaco.

cucúrbita f. Retorta del alambique.

cucurbitáceas f. pl. Familia de plantas dicotiledóneas rastreras, como la calabaza, el melón y el pepino (ú. t. c. adj.).

cucurucho m. Papel arrollado en forma de cono que sirve de bolsa. ‖ Capirote, gorro de esta forma.

Cucurucho, pico de la Rep. Dominicana entre las prov. de Azua y de La Vega: 2 250 m.

Cúcuta, c. de Colombia, cap. del dep. de Norte de Santander. Arzobispado. Fundada el año 1733. (V. ROSARIO.)

cucuteño, ña adj. y s. De Cúcuta (Colombia).

cucuyo o **cocuyo** m. *Antill.* y *Méx.* Insecto luminoso tropical, del que hay más de cien especies.

cuchara f. Utensilio de mesa con mango y una palita cóncava para llevar a la boca alimentos líquidos. ‖ Su contenido. ‖ Instrumento parecido a la cuchara utilizado para pescar, para agarrar objetos con la pala mecánica, para tomar metales en fusión, etc. ‖ *Fam. Meter con cuchara,* explicar detalladamente algo al que no entiende.

cucharada f. Contenido de una cuchara.

Cucharas, parte de la Sierra Madre Oriental de México (Tamaulipas).

Cúchares (Curro). V. ARJONA HERRERA (Francisco).

cuchareta f. Nombre de varias aves zancudas.

cucharilla f. Cuchara pequeña.

cucharón m. Cuchara grande para servir o utilizada en la cocina.

cuché adj. Dícese de un papel de impresión recubierto de una capa de sulfato de bario.

cuchichear v. i. Hablar al oído.

cuchicheo m. Acción y efecto de cuchichear.

cuchichiar v. i. Cantar peculiar de la perdiz.

cuchilla f. Lámina cortante de una máquina. ‖ Cuchillo de hoja ancha. ‖ Hoja de arma blanca. ‖ Hoja de afeitar. ‖ *Amer.* Ceja de la sierra o cadena de una montaña. ‖ *Fig.* y *fam.* Espada.

cuchillada f. Corte o herida hechos con un cuchillo o arma cortante. ‖ — Pl. Aberturas que se hacían en los vestidos para que se viera el forro. ‖ *Fig.* Disputa, riña.

cuchillazo m. Cuchillada.

cuchillería f. Oficio de cuchillero. ‖ Taller donde se hacen y venden cuchillos. ‖ Barrio o calle donde antiguamente se hallaba esta industria.

cuchillero m. Fabricante o vendedor de cuchillos.

cuchillo m. Utensilio cortante compuesto de una hoja y un mango: *cuchillo de trinchar, de postre.* ‖ Corriente de aire frío que pasa por una rendija. ‖ Defensa inferior del jabalí. ‖ *Arq.* Maderos verticales que sostienen la cubierta de un edificio. ‖ *Mar.* Vela de figura triangular. ‖ *Fig.* Añadidura triangular que se hace a una prenda para agrandar su vuelo. | Jurisdicción para gobernar y hacer cumplir la ley. ‖ *Pasar a cuchillo,* matar, degollar.

cuchipanda f. *Fam.* Comilona.

cuchitril m. Zaquizamí.

Cuchivero, río de Venezuela, afl. del Orinoco (Bolívar).

cuchufleta f. *Fam.* Chanza.

cuchufletero, ra m. y f. *Fam.* Bromista.

Cuchumatanes, macizo montañoso de Guatemala (Huehuetenango y El Quiché). Es la mayor alt. de América Central; 3 500 m.

cueca f. Baile popular de Chile, Bolivia y Perú.

cuelgacapas m. Perchero.

Cuéllar, v. de España (Segovia). Castillo gótico.

Cuéllar (Jerónimo de), dramaturgo español (1622-¿1665?), autor de *El pastelero de Madrigal* y *Cada cual a su negocio.* ‖ ~ (JOSÉ TOMÁS DE), novelista romántico mexicano de temas históricos (1830-1894). ‖ ~ **y Altarriba** (RAMÓN), músico y organista español (1777-1833).

cuello m. Parte del cuerpo que une la cabeza al tronco. ‖ Gollete, parte alargada y estrecha que precede el orificio de ciertos recipientes: *el cuello de una botella.* ‖ Parte de un traje o vestido que rodea el cuello: *cuello de la camisa.* ‖ Número que señala la medida del cuello de las camisas. ‖ Prenda de piel o de otra cosa que se pone en esta parte del cuerpo: *cuello de visón.* ‖ Parte del diente entre la corona y la raíz.

cuenca f. Concavidad. ‖ Cavidad en la que se encuentra cada uno de los ojos. ‖ Territorio regado por un río y sus afluentes: *la cuenca del Guadalquivir.* ‖ Importante yacimiento de hulla o de hierro que forma una unidad geográfica y geológica: *la cuenca del Sarre.*

Cuenca, c. del Ecuador, cap. de la prov. de Azuay. Universidad. Arzobispado. Centro comercial. Fundada en 1557 por Gil Ramírez Dávalos, que le dio el n. de *Santa Ana de los Ríos de Cuenca.* — C. de España, cap. de la prov. homónima (Castilla la Nueva). Obispado. La prov. es principalmente ganadera. ‖ ~ (SERRANÍA DE), macizo montañoso de la cordillera Ibérica, al O. del Albarracín.

Cuenca (Agustín F.), poeta romántico mexicano (1850-1884).

cuencano, na adj. y s. De Cuenca (Ecuador).

cuenco m. Concavidad de algo. ‖ Escudilla de barro.

cuenta f. Valoración de una cantidad: *llevar la cuenta de sus errores.* ‖ Operación de sumar, restar, multiplicar y dividir: *no sabe hacer cuentas.* ‖ Factura: *la cuenta del gas.* ‖ Lo que se debe de cobrar o lo que se le debe a otra persona: *tengo muchas cuentas pendientes.* ‖ Explicación, justificación de un hecho: *no hay por qué darle cuenta de tus actividades.* ‖ Cosa, asunto: *eso es cuenta mía.* ‖ Obligación, responsabilidad: *eso corre de su cuenta.* ‖ Cuidado: *te lo dejo de tu cuenta.* ‖ Bolita con un orificio para ensartar y formar collares o rosarios. ‖ Provecho, beneficio: *trabajar por su cuenta.* ‖ — *Abrir una cuenta,* depositar dinero en un establecimiento bancario. ‖ *A cuenta,* en deuda. ‖ *A cuenta de qué,* con qué motivo. ‖ *A fin de cuentas,* en resumen. ‖ *Ajustarle a uno las cuentas,* saldar con uno todas las quejas que se puedan tener con él. ‖ *Caer en la cuenta,* comprender. ‖ *Con su cuenta y razón,* con sus motivos. ‖ *Cuenta atrás,* la que se hace en orden decreciente: *tres, dos, uno.* ‖ *Cuenta corriente,* depósito de dinero en una entidad bancaria. ‖ *Fam. Cuenta de la vieja,* cálculo hecho con los dedos. ‖ *Fig. Cuentas galanas* o *del Gran Capitán,* cuenta exagerada. ‖ *Dar cuenta de,* dar a conocer; comunicar; acabar con. ‖ *Darse cuenta de,* comprender. ‖ *Estar fuera de cuenta,* haber pasado los nueve meses en una mujer que está embarazada. ‖ *Llevar las cuentas,* llevar los libros en que se anotan los ingresos y los gastos. ‖ *Más de la cuenta,* demasiado. ‖ *No querer cuentas con uno,* no desear trato con él. ‖ *Pedir cuentas a uno,* pedir explicaciones. ‖ *Por mi cuenta,* a mi parecer. ‖ *Tener cuenta de,* ocuparse de una cosa. ‖ *Tener cuenta una cosa,* ser ventajosa. ‖ *Tener en cuenta una cosa,* tenerla presente, tomarla en consideración. ‖ *Fig. Tomar en cuenta,* recordar un favor.

cuentacorrentista com. Titular de una cuenta corriente.

cuentagotas m. inv. Aparato que se emplea para verter un líquido gota a gota.

cuentahílos m. inv. Aparato con una lupa para contar los hilos que entran en la trama de un tejido.

cuentakilómetros m. inv. Aparato que registra el número de kilómetros recorrido por un vehículo.

cuentapasos m. Podómetro.

cuentarrevoluciones m. inv. *Mec.* Aparato que mide el número de revoluciones de un eje móvil o de una máquina.

cuentista adj. y s. El que escribe cuentos. ‖ *Fam.* Chismoso, mentiroso. | Soplón. | Persona poco seria, camelista.

cuento m. Relato, narración breve. ‖ Fábula o relación de un suceso imaginario: *cuento de hadas.* ‖ *Fam.* Chisme. | Mentira, camelo, infundio. | Pretexto, simulación. | Historieta, cosa sin interés. | Exageración, camelo. ‖ — *Fig. Cuento chino* o *tártaro,* patraña, relato inverosímil. | *Cuento de viejas,* leyenda. | *El cuento de la lechera,* cálculo demasiado optimista. | *Es el cuento de nunca acabar,* es algo interminable. | *Quitarse* o *dejarse de cuentos,* dejar de contar cosas que no son verdad. | *Sin cuento,* sin número. | *Traer a cuento,* referirse a algo. ‖ *Fam. Venir a cuento,* venir al caso. | *Venir con cuentos,* contar bolas.

cuera f. *Amer.* Azote para arrear las bestias.

cuerazo m. *Amer.* Latigazo.

cuerda f. Unión de hilos de cáñamo, lino u otra materia flexible, que torcidos juntos forman un solo cuerpo. ‖ Hilo de tripa, metal o nylon para ciertos instrumentos músicos. ‖ Órgano de un reloj o de cualquier mecanismo que comunica el movimiento a toda la máquina: *dar cuerda al reloj.* ‖ Conjunto de presos atados juntos. ‖ *Geom.* Línea recta que une los dos extremos de un arco. ‖ *Fig.* Suplicio de la horca. ‖ *Mús.* Cada una de las voces fundamentales, como las de bajo, tenor, contralto y tiple. ‖ — Pl. *Mús.* Término genérico que designa los instrumentos de cuerda como el violín, contrabajo, violonchelo. ‖ — *Fig. Aflojar la cuerda,* ceder en las pretensiones. | *Bailar en la cuerda floja,* no tomar partido entre bandos opuestos. ‖ *Cuerda floja,* alambre poco tenso sobre el que los volatineros ejecutan sus ejercicios. ‖ *Cuerdas vocales,* ligamentos de la laringe cuyas vibraciones producen la voz. ‖ *Fig. Dar cuerda a uno,* hacerle hablar de lo que él desea. | *No ser de la misma cuerda,* no ser de la misma opinión. | *Por debajo de cuerda* o *bajo cuerda,* encubiertamente. | *Tener cuerda para rato,* quedarle por hablar mucho a una persona o durar mucho una cosa. | *Tirar de la cuerda,* abusar de alguien; restringir los gastos.

cuerdo, da adj. y s. Sano de juicio. ‖ Sensato, juicioso.

cuerear v. t. *Amer.* Azotar, dar una paliza. | Desollar una res para sacarle la piel. ‖ *Riopl.* Despellejar al prójimo.

cueriza f. *Fam. Amer.* Paliza.

cuerna f. Cornamenta. ‖ Vaso hecho con cuerno. ‖ Cuerno de algunos animales. ‖ Trompa de cuerno.

Cuernavaca, c. al S. de México, cap. del Est. de Morelos. Obispado. Universidad. Centro turístico.

cuernavaquense adj. y s. De Cuernavaca (México).

cuerno m. Prolongación ósea y cónica que tienen ciertos rumiantes en la región frontal. ‖ Protuberancia dura y puntiaguda que el rinoceronte tiene sobre la mandíbula superior. ‖ Antena de los insectos y crustáceos. ‖ Materia que forma la capa exterior de los cuernos: *calzador de cuerno.* ‖ Instrumento músico de viento, de forma corva: *cuerno de caza.* ‖ *Fig.* Cada una de las puntas de la Luna creciente o menguante. ‖ — *Fam. ¡Al cuerno!,* ¡al diablo! ‖ *Cuerno de la abundancia,* figura decorativa en forma de cuerno, rebosante de frutos, símbolo de la abundancia. ‖ *Fig.* y *fam. Levantar* o *poner a uno hasta los cuernos de la Luna,* ensalzarle mucho. | *Mandar al cuerno,* mandar a paseo. | *Poner en los cuernos del toro,* poner en peligro. | *Poner los cuernos,* faltar una mujer a la fidelidad conyugal.

cuero m. Piel de los animales. ‖ Pellejo curtido y preparado. ‖ Odre. ‖ — *Cuero cabelludo,* piel del cráneo. ‖ *En cueros* o *en cueros vivos,* desnudo.

Cuero y Caicedo (José), obispo y prócer n. en Colombia (1735-1815), pres. de la Junta Suprema de Gobierno en 1811.

cuerpo m. Toda sustancia material orgánica o inorgánica. ‖ Parte material de un ser animado. ‖ Tronco del cuerpo, a diferencia de las extremidades. ‖ Figura o aspecto de una persona: *un joven de buen cuerpo.* ‖ Parte del vestido que cubre hasta la cintura. ‖ Cadáver. ‖ Hablando de libros, volumen: *una librería con dos mil cuerpos.* ‖ Colección de leyes. ‖ Grueso, consistencia: *tela de mucho cuerpo.* ‖ Espesura o densidad de un líquido. ‖ Corporación, comunidad: *el Cuerpo diplomático.* ‖ Cada una de las partes de un todo: *armario de tres cuerpos.* ‖ Parte de una casa que forma una habitación distinta. ‖ *Impr.* Tamaño de letra. ‖ Unidad orgánica militar: *cuerpo de ejército.* ‖ — *A cuerpo,* sin abrigo. || *A cuerpo de rey,* con toda comodidad. || *Cuerpo a cuerpo,* a brazo partido. || *Cuerpo de baile,* conjunto de bailarines y bailarinas de un teatro. || *Cuerpo de casa,* limpieza de la casa. || *Cuerpo del delito,* objeto que prueba su existencia. || *Cuerpo facultativo,* los médicos. || *Dar cuerpo,* espesar un líquido. || *De cuerpo presente,* dícese del cadáver expuesto al público. || *En cuerpo y alma,* por completo. || *Tomar cuerpo,* tomar consistencia.

cuervo m. Pájaro dentirrostro carnívoro, de pico fuerte y plumaje negro. || *Cuervo marino,* ave palmípeda que se alimenta de peces.

Cuervo (Ángel), escritor colombiano (1838-1898). || **~** (RUFINO), jurista y escritor colombiano (1801-1853), autor de cuadros de costumbres e históricos. — Su hijo (RUFINO JOSÉ), escritor y filólogo, n. en Bogotá (1844-1911), autor de un *Diccionario de construcción y régimen de la lengua castellana* (del que sólo se publicaron dos tomos), *Apuntaciones críticas sobre el lenguaje bogotano, Notas a la Gramática de Bello, Disquisiciones filológicas,* etc. || **~ Márquez** (EMILIO), escritor colombiano (1873-1937), autor de la novela *Phinées.*

cuesco m. Hueso de la fruta. || *Fam.* Pedo.

cuesta f. Terreno en pendiente. || *A cuestas,* sobre los hombros. || *Fig.* y *fam. Hacérsele a uno cuesta arriba una cosa,* costarle trabajo.

cuestación f. Colecta, petición o demanda de donativos para un objeto piadoso o benéfico.

Cuestas (Juan Lindolfo), político uruguayo (1837-1905), pres. interino de la Rep. de 1897 a 1898, dictador de 1898 a 1899 y pres. constitucional de 1899 a 1903.

cuestión f. Pregunta o proposición para averiguar la verdad de una cosa. || Materia, objeto de discusión o controversia. || Cosa: *es cuestión de una hora.* || Asunto: *es cuestión de vida o muerte.* || Punto dudoso o discutible. || Disputa, pendencia. || *For.* Tormento. || *Mat.* Problema. || — *Fam. Cuestión batallona,* motivo de discusión permanente. || *Cuestión candente,* la que tiene gran actualidad. || *Cuestión de confianza,* la planteada por el Gobierno al Parlamento.

cuestionario m. Lista de asuntos de discusión. || Programa de los temas de un examen u oposición. || Impreso o formulario para recoger datos.

cuestor m. Magistrado romano encargado de la administración o de asuntos fiscales.

cuete m. *Méx.* Borracho. | Borrachera.

Cuetzalán del Progreso, v. y mun. de México (Puebla).

Cuetzamala o **Cutzamala,** río de México (Michoacán), afl. del río de las Balsas; 108 km.

cueva f. Cavidad subterránea, caverna, gruta.

Cueva (Alfonso de la), obispo y político español (1572-1655). Participó en la conjuración de Venecia. Fue marqués de Bedmar. || **~** (BELTRÁN DE LA), noble español (¿1440?-1492), valido de Enrique IV de Castilla y padre de Juana la Beltraneja, supuesta hija del rey. || **~** (JUAN DE LA), poeta español, n. en Sevilla (¿1543?-1610), uno de los creadores de la comedia en su país, en el libro *Ejemplar poético.* Autor de la comedia *El Infamador,* primer precedente de la figura de Don Juan.

cuévano m. Cesto que se lleva a la espalda.

Cuevas de Almanzora o **de Vera,** v. de España (Almería). Minas.

cuguar m. *Zool.* Puma.

cuí m. *Amer.* Cuy.

Cui (César), músico ruso (1835-1918), autor de óperas (*El prisionero del Cáucaso, La hija del capitán,* etc.), melodías, obras para piano, etc.

Cuiabá, río del Brasil, afl. del Paraguay; 482 km. — C. del Brasil, cap. del Estado de Mato Grosso. Arzobispado.

cuicacoche f. Ave canora de México y América Central.

cuicateca adj. y s. de Cuicatlán (México).

Cuicatlán, pobl. de México (Oaxaca).

cuico m. *Méx.* Gendarme o agente de policía.

cuidado m. Esmero: *hacer las cosas con cuidado.* || Asunto a cargo de uno: *esto corre a su cuidado.* || Recelo, temor: *hay que tener cuidado con él.* || Preocupación. || Prudencia, precaución: *ten cuidado con lo que haces.* || Galicismo por *atención, esfuerzo, afán.* || — Pl. Medios usados para curar a un enfermo. || — Interj. Denota amenaza o advierte la proximidad de un peligro. || — *De cuidado,* peligroso: *hombre de cuidado;* grave: *enfermo de cuidado.* || *Salir de cuidado,* dar a luz; estar fuera de peligro un enfermo. || *Fam. Tenerle* o *traerle a uno sin cuidado,* no importarle nada.

cuidador, ra adj. Que cuida (ú. t. c. s). || — M. Entrenador. || *Arg.* Enfermero. || — F. *Méx.* Niñera.

cuidadoso, sa adj. Esmerado, que tiene cuidado en hacer una cosa. || Atento, vigilante.

cuidar v. t. Poner esmero en una cosa. || Asistir: *cuidar a un enfermo.* || Conservar: *cuidar la ropa, la casa.* (Ú. t. c. i. seguido de la prep. de: *cuidar de su salud.*) || — V. pr. Darse buena vida, mirar por su salud. || Atender, ocuparse. || Preocuparse.

cuido m. Cuidado.

Cuilapa, c. de Guatemala, cap. del dep. de Santa Rosa.

cuilapeño, ña adj. y s. De Cuilapa (Guatemala).

cuita f. Pena, tristeza. || *Amér. C.* y *Méx.* Excremento de aves de corral.

cuital m. *Méx.* Excremento humano.

cuitlacoche m. *Méx.* Hongo comestible, parásito del maíz.

Cuitláhuac, décimo rey de México, hermano y sucesor de Moctezuma II. Derrotó a los españoles en la *Noche Triste* (1520).

Cuitzeo, lago de México (Michoacán). || **~ de Hidalgo,** v. de México (Guanajuato) a orillas del río Lerma. || **~ del Porvenir,** v. de México (Michoacán), a orillas del lago de Cuitzeo.

Cujas (Jacques), jurisconsulto francés (1520-1590).

culantrillo m. Verdín que se cría en los sitios húmedos.

culata f. Parte posterior de la caja de un arma de fuego portátil que sirve para asir o afianzar esta arma: *la culata del fusil.* || Recámara del cañón de artillería. || Anca, parte posterior de las caballerías. || *Fig.* Parte posterior de una cosa. || *Mec.* Parte superior de los cilindros en los motores de explosión. || *Fig. Salir el tiro por la culata,* fracasar.

culatazo m. Golpe dado con la culata del arma. || Retroceso que da la escopeta u otra arma de fuego al dispararla.

culebra f. Reptil sin pies y de cuerpo casi cilíndrico. || Serpentín del alambique.

Culebra, isla del archip. de las Vírgenes al E. de Puerto Rico. — Río de Panamá, afl. del Chagres. — Loma, en el istmo de Panamá, por donde se hizo la principal excavación para el canal.

culebrear v. i. Zigzaguear.

culebrilla f. *Med.* Enfermedad cutánea, a modo de herpes, propia de los países tropicales. || Dragontea, planta.

culebrina f. Pieza de artillería antigua. || Relámpago en forma de línea ondulada.

culi m. Coolí.

Culiacán, río de México en los Est. de Sinaloa y Durango; des. en el Pacífico. — C. de México, cap. del Est. de Sinaloa. Obispado.

culiacano, na adj. y s. De Culiacán (México).

culimiche adj. *Méx.* Tacaño.

culinario, ria adj. De la cocina: *recetas culinarias.*

culmen m. Cima.

culminación f. Acción y efecto de culminar. || *Astr.* Momento en que un astro ocupa el punto más alto a que puede llegar en el horizonte.

culminante adj. Dícese de lo más elevado de una cosa: *el punto culminante de los Andes.* || *Astr.* Aplícase a la mayor altura de un astro en el horizonte. || *Fig.* Superior, principal, sobresaliente.

culminar v. i. Llegar al punto más alto. || Pasar un astro por su punto culminante.

culo m. Parte posterior o asentaderas del hombre y de los animales. || Ano. || *Fig.* Fondo de una cosa: *el culo de la botella.* || — *Fig. Culo de mal asiento,* persona inquieta, bulliciosa, que no deja de moverse. || *Culo de vaso,* diamante falso y grande.

culombio m. Unidad de cantidad de electricidad (símb., C).

culpa f. Falta más o menos grave cometida a sabiendas: *confesar una culpa.* || Causa, responsabilidad: *tener alguien la culpa.*

culpabilidad f. Calidad de culpable.

culpable adj. y s. Aplícase a aquel a quien se puede echar la culpa. || Acusado. || — Adj. Que constituye una falta o delito.

culpación f. Acción de culpar o culparse.

culpado, da adj. y s. Culpable, que ha cometido o tiene culpa. || Acusado.

culpar v. t. Acusar, atribuir la culpa a alguien (ú. t. c. pr.).

cultalatiniparla f. *Fam.* Lenguaje afectado. | Mujer pedante.

culteranismo m. Estilo literario, existente a finales del siglo XVI y principios del XVII, que consistía en el empleo de giros rebuscados y de una sintaxis complicada, abundando las riquezas de imágenes: *la poesía lírica tuvo su más eximio representante en España en la persona de Góngora.*

culterano, na adj. Aplícase a lo influido por el culteranismo. || Que seguía este movimiento literario (ú. t. c. s.).

cultiparlar v. i. Emplear un lenguaje culto y afectado.

cultiparlista adj. y s. Que habla incurriendo en los vicios del culteranismo.

cultismo m. Palabra culta o erudita. || Culteranismo.

cultivable adj. Que se puede cultivar: *tierra cultivable.*

cultivador, ra adj. y s. Que cultiva. || — M. Máquina agrícola parecida al arado.

cultivar v. t. Dar a la tierra y a las plantas las labores necesarias para que fructifiquen: *cultivar un terreno, cultivar cereales, flores,* etc. || Criar, desarrollar microbios o gérmenes. || *Fig.* Dedicarse a: *cultivó la poesía.* | Mantener, cuidar de conservar: *cultivar la amistad.* | Desarrollar, ejercitar facultades o aptitudes: *cultivar el talento.*

cultivo m. Acción y efecto de cultivar. || Desarrollo de los microbios: *caldo de cultivo.*

culto, ta adj. Dícese de las tierras y plantas cultivadas. || Que tiene cultura: *hombre culto.* || Empleado por personas instruidas: *palabra culta.* || — M. Homenaje religioso: *culto a los santos.* || Religión. || *Fig.* Veneración, admiración: *rendir culto a su valentía.*

cultura f. Conjunto de conocimientos adquiridos; saber: *hombre de gran cultura.* || Conjunto de estructuras sociales, religiosas, etc., de manifestaciones intelectuales, artísticas, etc., que caracteriza una sociedad: *la cultura helénica.* || Civilización: *historia de la cultura.* || Cultivo (p. us.). || *Cultura física*, gimnasia.

cultural adj. Relativo a la cultura: *acto cultural.*

Cullera, c. de España (Valencia), a orillas del Júcar. Estación balnearia.

Culloden, localidad de Escocia (Invernes), en la que el duque de Cumberland derrotó al pretendiente Carlos Eduardo (1746).

Cumaná, c. de Venezuela, a la entrada del golfo de Cariaco, cap. del Estado de Sucre. Obispado. Universidad. Industrias. Centro comercial. Fundada por Gonzalo de Ocampo en 1521 con el nombre de *Nuevo Toledo.* Luego llamada *Nueva Córdoba.* Lugar de nacimiento de Sucre.

Cumanayagua, suburbio de la c. cubana de Cienfuegos (Las Villas). Centro minero.

Cumandá, novela romántica e indigenista del ecuatoriano Juan León Mera (1871).

cumanés, esa adj. y s. De Cumaná (Venezuela).

Cumas, c. de Italia (Campania). Antro de una famosa sibila.

Cumbal, pobl. y volcán de Colombia (Nariño).

Cumberland, c. de Estados Unidos (Maryland), a orillas del río Potomac. — Condado del N. de Inglaterra; cap. *Carlisle.* || ~ (PENÍNSULA DE), península en el E. de la Tierra de Baffin (Canadá).

cumbre f. Cima o parte superior de un monte. || *Fig.* Apogeo, punto culminante de una cosa.

Cumbre, paso de los Andes, entre las prov. argentina de Mendoza y la chilena de Aconcagua; 3 863 m. Por él entró en Chile el ejército del general Las Heras (1817). || ~ **(La),** pobl. de la Argentina (Córdoba). Estación de veraneo. Turismo. || ~ **de la Tentación,** parte de la Sierra Madre del S. de México (Guerrero).

cumbrera f. Caballete de tejado. || Dintel. || Cumbre.

Cumbres Calchaquíes, macizo montañoso de la Argentina, en la región de Salta; 4 500 m.

cúmel m. Bebida alcohólica alemana y rusa, muy dulce y aromatizada con cominos.

cumeo, a adj. y s. De Cumas.

cumiche m. *Amér. C.* El más joven de los hijos de una familia.

cúmplase m. Fórmula puesta al final de algunos documentos para ordenar la ejecución de lo escrito.

cumpleaños m. Día en que se celebra el aniversario del nacimiento de una persona.

cumplido, da adj. Que ha sobrepasado una edad: *cuarenta años cumplidos.* || Realizado: *profecía cumplida.* || Completo, cabal, perfecto: *un cumplido caballero.* || Amplio, holgado: *abrigo demasiado cumplido.* || Bien educado, cortés: *persona muy cumplida.* || Que ha acabado su servicio en las armas: *soldado cumplido.* || — M. Cortesía, amabilidad: *basta de cumplidos.* || — Pl. Consideraciones, miramientos, respeto: *deshacerse en cumplidos.* || *De cumplido,* por compromiso.

cumplidor, ra adj. Serio, de fiar. || Que ejecuta sus compromisos u obligaciones.

cumplimentar v. t. Recibir, saludar cortésmente: *fue cumplimentado por las autoridades.* || Felicitar. || Ejecutar órdenes.

cumplimiento m. Ejecución, realización de una orden. || Aplicación de una ley, decreto, etc. || Acatamiento de los requisitos. || Educación, cortesía.

cumplir v. t. Realizar, ejecutar: *cumplir una orden.* || Hacer: *cumplir el servicio militar.* || Obedecer: *cumplir las leyes.* || Obrar en conformidad con: *cumplir un contrato.* || Llevar a cabo: *cumplir lo que se prometió.* || Tener: *ha cumplido cuarenta años.* || Purgar: *cumplir condena.* || — V. i. Respetar la palabra o una promesa. || Ejecutar su deber. || Respetar: *cumplir con los requisitos legales.* || Ser obligación de, estar a cargo de: *cumple a Ramón hacer esto.* || Vencer, llegar a su término: *el pagaré cumple dentro de ocho días.* || Haber servido un soldado en el ejército el tiempo normal. || Satisfacer los preceptos religiosos. || *Para cumplir* o *por cumplir,* por la forma, por educación o cortesía. || — V. pr. Realizarse: *se cumplieron tus predicciones.* || Tener lugar, verificarse: *ahora se cumple el cincuentenario de la fundación.* || Expirar un plazo.

cúmulo m. Acumulamiento, montón. || *Fig.* Serie, concurso, conjunto: *cúmulo de necedades.* || Nube blanca con forma de cúpula.

cuna f. Cama de niños que puede balancearse. || Inclusa. || *Fig.* Origen: *cuna de la civilización.* || Nacimiento, origen: *de ilustre cuna.* || Lugar de nacimiento de una persona. || Espacio que media entre los cuernos de un toro. || *Tecn.* Cavidad en la que reposa una pieza móvil.

Cunaxa, c. del Imperio Persa, cerca del Éufrates y de Babilonia. Artajerjes II derrotó a su hermano Ciro el Joven (401 a. de J. C.).

Cundinamarca, dep. de Colombia, en la Cord. Oriental; cap. *Bogotá.* Salinas. Yac. de carbón.

cundinamarqués, esa adj. y s. De Cundinamarca (Colombia).

cundir v. i. Propagarse, extenderse: *cundió el pánico.* || Dar mucho de sí, dar impresión que hay más cantidad: *esta pierna de cordero cunde mucho.* || Hincharse, aumentar de volumen: *el arroz cunde mucho.* || Adelantar, progresar: *su trabajo cunde.* || Ocupar cada vez más extensión: *las manchas de aceite cunden rápidamente.* || Correr: *cunde la voz que no es cierto.*

Cunegunda *(Santa),* emperatriz germánica (¿978-1039?), esposa de Erique II de Baviera. Fiesta el 3 de marzo.

cuneiforme adj. De forma de cuña. || Dícese especialmente de la escritura de los asirios, persas y medos.

cunero, ra adj. y s. Expósito, inclusero. || Aplícase al toro cuya ganadería no se conoce. || *Fam.* Aplícase al diputado elegido por influencia del Gobierno y casi desconocido en su distrito. || — Adj. *Fam.* Sin marca; de segundo orden.

cuneta f. Zanja al lado de un camino o carretera para recoger las aguas de lluvia. || Arcén.

Cunha [*kuña*] (Euclides da), escritor brasileño (1866-1909), autor de la novela *Os sertões.* M. asesinado. || ~ (RODRIGO DA), obispo de Lisboa (1577-1643). En 1640 liberó a su país de la dominación española e instauró la Casa de Braganza. || ~ (TRISTÃO DA), navegante portugués (1460-1540), descubridor de diversas islas en el continente austral. — Su hijo NUÑO, virrey de las Indias portuguesas (1487-1539).

cunicultor m. Criador de conejos.

cunicultura f. Arte de criar conejos.

Cunninghame Graham (Robert Bontine), escritor inglés (1852-1936), autor de relatos sobre la Argentina.

cuña f. Pieza terminada en ángulo diedro muy agudo, que sirve para hender cuerpos sólidos, para calzarlos o para rellenar un hueco. || Adoquín de figura de pirámide truncada. || *Anat.* Cada uno de los tres huesos del tarso. || *Fig.* Influencia, recomendación, apoyo: *tener mucha cuña.*

cuñado, da m. y f. Hermano o hermana de uno de los esposos respecto del otro, hermano político.

cuño m. Troquel con que se imprimen las monedas y las medallas. || Sello con que se imprime. || *Fig.* Huella, señal: *dejar el cuño de su personalidad.* || *Fig. De nuevo cuño,* moderno, reciente.

cuota f. Parte o cantidad fija o proporcionada. || Cantidad que aporta cada contribuyente. || Gastos: *la cuota de instalación de teléfono.* || *Amer.* Plazo: *venta por cuotas.*

cupé m. Berlina, coche.

Cupica o **Chirichire,** golfo de Colombia (Choró), en el Pacífico.

cupido m. *Fig.* Hombre enamoradizo y galanteador.

Cupido, divinidad romana del Amor; es el *Eros* griego.

Cúpira, mun. y río de Venezuela (Miranda).

cupla f. *Amer.* Par de fuerzas.

cuplé m. Copla, cancioncilla.

cupletista com. Cantor, cantora de cuplés.

cupo m. Parte que cada uno debe pagar o recibir en el reparto de una cantidad total. || Cantidad máxima de mercancías que pueden importarse en un período de tiempo determinado. || Cantidad de una cosa racionada que cada persona tiene derecho a recibir.

cupón m. Título de interés unido a una acción, a una obligación, y que se separa en el momento de su vencimiento. || Trozo de papel que se recorta de un documento o cartilla para utilizar el derecho conferido por él. || Vale: *cupón de pedido.* || Billete de la lotería de los ciegos.

cupresáceas f. pl. Plantas coníferas que tienen por tipo el ciprés (ú. t. c. adj.).

cúprico, ca adj. *Quím.* De cobre.

cuprífero, ra adj. Que contiene cobre: *mineral cuprífero.*

cuproníquel m. Aleación de cobre y níquel.

cuproso, sa adj. *Quím.* Dícese de ciertas sales de cobre.

cúpula f. *Arq.* Bóveda semiesférica de algunos edificios monumentales: *la cúpula de San Pedro en Roma.* || *Bot.* Involucro que envuelve el fruto de ciertas plantas: *la cúpula de la castaña.* || *Mar.* Torre blindada y giratoria de los buques de guerra.

cupulíferas f. pl. Plantas cuyo fruto está cubierto por una cúpula (ú. t. c. adj.).

cupulino m. *Arq.* Remate superior de la cúpula.

cuquería f. *Fam.* Astucia.

cura m. Sacerdote encargado de una feligresía. || *Fam.* Sacerdote católico. || Saliva que salta al hablar. || — *Cura de almas,* párroco. || *Cura de misa y olla,* el poco instruido. || *Fam. Este cura,* yo. || — F. Curación. || Tratamiento a que se somete un enfermo: *hacer una cura de aguas.* || Aplicación de apósitos y remedios.

Cura, c. de Venezuela (Aragua), en las márgenes del lago Tacarigua. || ~ **Malal,** sierra de Argentina (Buenos Aires); 1 037 m.

Curacautín, com. y dep. de Chile (Malleco).

curación f. Cura médica.

curado, da adj. Seco: *jamón curado.* || *Fig.* Endurecido: *curado de espanto.*

curador, ra adj. y s. Dícese del tutor nombrado para cuidar de los bienes del menor o del incapaz. || — M. Curandero.

Curahuara de Carangas, pobl. de Bolivia, cap. de la prov. de Sajama (Oruro).

curalotodo m. Panacea, medicina que cura todo.

curandero, ra m. y f. Persona que cura sin ser médico.

curar v. i. Ponerse bien un enfermo, sanar (ú. t. c. pr.). || *Fig.* Quitarse un padecimiento moral. || Tener o poner cuidado: *curar de una cosa.* || V. t. Aplicar al enfermo los remedios adecuados. || Cuidar las heridas. || Exponer al aire o al humo las carnes y pescados para conservarlos: *curar al humo.*

|| Curtir pieles, preparar para su uso la madera, el tabaco. || *Fig.* Quitar un mal moral. || — V. pr. Tratar: *se cura con antibióticos.* || *Amer.* Embriagarse. || *Méx.* Tomar licor después de una borrachera.

Curaray, río del Ecuador (Napo-Pastaza) y Perú (Loreto), afl. del Napo; 600 km.

curare m. Veneno que los indios sudamericanos sacan de la raíz del maracure para emponzoñar sus flechas de caza o de guerra.

curasao o **curazao** m. Licor fabricado con cortezas de naranja.

curativo, va adj. Que cura.

curato m. Cargo de cura párroco. || Parroquia.

Curazao o **Curaçao,** isla holandesa de las Antillas, al N. de Venezuela; 550 km^2; 136 300 h. Cap. *Willemstad.* Producción del licor *curasao* o *curazao.*

curbaril m. Árbol leguminoso de la América tropical cuya madera se usa en ebanistería.

Curcio Rufo (Quinto). V. QUINTO CURCIO.

curda f. *Fam.* Borrachera. || — Adj. *Fam.* Borracho.

Curdistán o **Kurdistán,** región del O. de Asia, dividida entre Turquía, Irak, Irán y Siria; 3 000 000 de hab.

curdo, da adj. y s. Del Curdistán o Kurdistán.

cureña f. Armazón sobre la que se monta el cañón.

Curepto, com. y dep. de Chile (Talca).

cureta f. Legrador.

curia f. Subdivisión de la sociedad romana. || Lugar donde se reunía la curia. || Lugar donde se reunía el Senado. || Tribunal de lo contencioso. || Conjunto de abogados, jueces, escribanos, etc.: *gente de curia.* || Organismo gubernamental, administrativo y judicial de la Santa Sede: *la Curia romana.*

Curiacios. V. HORACIOS.

curiana f. Cucaracha.

Curiapo, c. y puerto de Venezuela, en el Orinoco (Delta Amacuro).

Curicó, c. central de Chile, cap. de la prov. homónima.

curie m. Unidad de actividad nuclear (símb., Ci).

Curie (Pierre), químico y físico francés (1859-1906), que, con su esposa MARIE SKLODOWSKA (1867-1934), descubrió el radio (1899). [Pr. Nóbel, 1903 y 1911.] — Su hija IRENE, casada con Frédéric Joliot (v. JOLIOT-CURIE), continuó la obra de sus padres.

curio m. Elemento radiactivo (Cm), de número atómico 96.

curiosear v. i. *Fam.* Interesarse en averiguar lo que otros hacen. || — V. t. Ir a ver las cosas que no tienen ningún interés para la persona que lo hace.

curiosidad f. Deseo de ver, de conocer. || Deseo de conocer los secretos, los asuntos ajenos. || Aseo, limpieza. || Cosa curiosa, rareza: ser aficionado a curiosidades.

curioso, sa adj. Que tiene curiosidad (ú. t. c. s.). || Que excita curiosidad. || Extraño, raro, sorprendente, singular. || Limpio, aseado, cuidado.

Curitiba, c. del Brasil, cap. del Est. de Paraná. Arzobispado. Universidad.

curricán m. Aparejo de pesca.

curriculum vitae m. (pal. lat.). Conjunto de datos relativos al estado civil, a los estudios y a la capacidad profesional de una persona, de un candidato a un puesto; historial profesional.

Curros Enríquez (Manuel), escritor español (1851-1908), gran cantor poético de Galicia. Autor tb. de dramas y novelas.

currutaco, ca adj. y s. *Fam.* Elegante con afectación, petimetre. | Pequeño, mequetrefe.

curry m. Carry.

cursado, da adj. Versado.

cursar v. t. Estar estudiando: *cursar Derecho; cursa en Madrid.* || Dar curso, enviar, remitir: *cursé un cable.* || Dar, transmitir: *cursar órdenes.* || Dar curso, hacer que siga su tramitación: *cursar una petición.*

cursi adj. *Fam.* De mal gusto: *vestido cursi.* | Que presume de fino y elegante sin serlo (u. t. c. s.). | Afectado, remilgado (ú. t. c. s.).

cursilería y **cursilada** f. *Fam.* Calidad de cursi. | Mal gusto. | Cosa de mal gusto.

cursilón, ona adj. y s. Cursi.

cursillista com. Estudiante que sigue un cursillo.

cursillo m. Curso breve. || Serie de conferencias sobre determinada materia. || Período de prácticas: *cursillo de capacitación.*

cursivo, va adj. Letra bastardilla (ú. t. c. s.).

curso m. Corriente de agua por un cauce: *el curso del Amazonas.* || Camino recorrido por los astros. || Clase: *un curso de Derecho.* || Año escolar: *curso 1975-1976.* || Texto en que se estudia una asignatura determinada. || Serie o continuación: *el curso del tiempo.* || Desarrollo, período de tiempo: *en el curso de su existencia.* || Corriente: *el curso de la historia.* || Circulación: *moneda de curso legal.* || *Dar curso,* dar rienda suelta; remitir, tramitar.

cursor m. Corredera de algunos aparatos (regla de cálculo, etc.).

curtido m. Acción de curtir. || — Pl. Cueros o pieles curtidos.

curtidor m. El que curte pieles.

curtiduría f. Taller donde se curten y trabajan pieles, tenería.

curtiente adj. Aplícase a la sustancia que sirve para curtir.

curtimiento m. Acción y efecto de curtir o curtirse.

curtir v. t. Adobar, aderezar las pieles. || *Fig.* Tostar, poner moreno el sol el cutis (ú. t. c. pr.). || *Fig.* Acostumbrar a uno a la vida dura, endurecer: *estar curtido contra el frío* (ú. t. c. pr.).

Curtius (Ernst), erudito alemán (1814-1896), que estudió las antigüedades griegas.

curul adj. Aplicábase en Roma al edil patricio y a la silla en que se sentaba.

curupay m. *Riopl.* Árbol leguminoso cuya corteza se emplea como curtiente.

Curupayty o **Curupaiti,** localidad del Paraguay (Ñeembucú), teatro de un importante combate de la guerra de la Triple Alianza (1866).

Curuzú Cuatiá, pobl. de la Argentina (Corrientes).

curva f. *Geom.* Línea curva, línea cuya dirección cambia progresivamente sin formar ningún ángulo. || Representación gráfica de las fases de un fenómeno: *curva de temperatura, de natalidad.* || Vuelta, recodo: *las curvas de una carretera, de un río.* || Forma redondeada: *las curvas del cuerpo.*

curvado, da adj. Curvo.

curvar v. t. Poner curvo lo que está derecho, encorvar (ú. t. c. pr.).

curvatura f. Forma curva.

curvilíneo, a adj. Dícese de una figura formada por líneas curvas.

curvo, va adj. Que constantemente se va apartando de la dirección recta sin formar ángulos.

Curwood (James Oliver), escritor norteamericano (1878-1927), autor de novelas de la vida del Norte del Canadá.

cusca f. *Méx.* Cuzca, mujer ligera. || *Fam. Hacer la cusca,* fastidiar, molestar.

Cuscatlán, dep. central de El Salvador; cap. *Cojutepeque.*

Cusco. V. CUZCO.

cuscurrear v. i. Crujir al mascar alguna cosa.

cuscurro m. Trozo de pan duro.

cuscuta f. Planta convolvulácea parásita que vive sobre el cáñamo, la alfalfa, etc.

Cushing (Harvey Williams), médico norteamericano (1869-1939), creador de la neurocirugía.

cúspide f. Cima, cumbre, el punto más alto de un monte: *la cúspide del Everest.* || *Geom.* Punta del cono o de la pirámide, opuesta a la base. || *Fig.* Cima, cumbre: *la cúspide de los honores.*

custodia f. Vigilancia, guarda: *bajo la custodia de.* || Persona o escolta encargada de custodiar a un preso. || Vaso, generalmente de oro o plata, en el que se expone el Santísimo Sacramento. || Tabernáculo.

custodiar v. t. Guardar con cuidado y vigilancia. || Proteger.

custodio adj. y s. m. Que custodia: *ángel custodio.*

Custoza o **Custozza,** aldea de Italia (Venecia), al SO. de Verona.

cusumbé y **cusumbo** m. *Amer.* Coatí.

cutáneo, a adj. Del cutis o de la piel: *erupción cutánea liviana.*

cúter m. Barco con sólo un mástil y dos foques.

Cutervo, c. del Perú, cap. de la prov. homónima (Cajamarca).

cuti f. Abrev. de *cutirreacción.*

cutí m. Tela de algodón.

cutícula f. *Bot.* Película. || *Zool.* Epidermis.

cutirreacción f. *Med.* Prueba para descubrir ciertas enfermedades (tuberculosis) que consiste en poner en la piel determinadas sustancias (tuberculina) que provocan una reacción visible.

cutis m. Piel del cuerpo humano, especialmente de la cara.

Cuvier (Georges), naturalista francés (1769-1832), creador de la anatomía comparada y de la paleontología.

Cuxhaven, c. y puerto de Alemania (Baja Sajonia), en la des. del Elba y cerca de Hamburgo.

cuy m. *Amer.* Conejillo de Indias.

cuyano, na adj. y s. De Cuyo (Argentina).

cuyo, ya pron. De quien: *el hombre cuya madre conocemos.* || A quien, en el que: *el amigo a cuya generosidad debo esto; el cuarto en cuyo fondo está la chimenea.* (Este pronombre tiene siempre carácter posesivo; precede inmediatamente al nombre y concierta con la cosa poseída y no con el poseedor.)

Cuyo, región de la Argentina, al pie de los Andes, ant. prov. formada por las actuales de Mendoza, San Juan y San Luis. Hoy se da el n. de *Cuyo* a una Universidad, establecida en Mendoza, y a un arzobispado con sede en San Juan.

Cuyultitán, v. de El Salvador (La Paz).

Cuyuní, río de Venezuela (Bolívar), que entra en Guyana y se une al río Esequibo.

Cuyutlán, laguna de México en la costa del Est. de Colima. (Se llama tb. *Caimanes.*)

cuzca f. *Amér. C.* Coqueta. || *Méx.* Mujer ligera. | Prostituta.

cuzco m. Gozquecillo.

Cuzco o **Cusco,** nevado de Bolivia (Potosí); 5 434 m. — C. del S. del Perú, cap. del dep. homónimo, en un fértil valle de los Andes Orientales, a 3 650 m de alt. Arzobispado. Universidad. Centro comercial y turístico. Fundada en el s. XI por Manco Cápac, era cap. del Imperio de los Incas cuando se apoderaron de ella los españoles.

cuzcuz m. V. ALCUZCUZ.

cuzma f. Camisa sin mangas de los indios andinos.

cuzqueño, ña adj. y s. De Cuzco (Perú).

CV, abrev. de *caballo de vapor.*

Cyrano de Bergerac (Savinien de), escritor francés (1619-1655), autor de obras de teatro y de *Cartas* amorosas y satíricas.

czar y sus derivados, v. ZAR y los suyos.

Czegled, c. de Hungría, al SE. de Budapest. Vinos.

Czernowitz. V. TCHERNOVTSY.

Czerny (Karl), pianista y compositor austriaco (1791-1857).

Czestochowa, c. de Polonia (Katovice), a orillas del Warta.

Charros mexicanos

ch f. Cuarta letra del alfabeto castellano y tercera de sus consonantes.

cha m. Sha.

Chaab (Al-). V. AL-CHAAB.

chabacanada f. Chabacanería.

chabacanear v. i. Obrar con chabacanería.

chabacanería f. Falta de arte y gusto. ‖ Grosería, vulgaridad: *decir chabacanerías.*

chabacano, na adj. Vulgar: *un aspecto chabacano.* ‖ De mal gusto: *un chiste chabacano.*

chabola f. Choza. ‖ Barraca, casa de madera o latas.

chabolismo m. Aglomeración de barracas en los alrededores de una ciudad.

Chabrier [-*brié*] (Emmanuel), músico francés (1841-1849). Compuso la rapsodia *España.*

chac m. Entre los mayas, ayudante del sacerdote.

Chac, divinidad maya de la Lluvia, que comprende otras cuatro: *Sac Xib Chac, Kan Xib Chac, Chac Xib Chac* y *Ek Xib Chac.* ‖ **~ Mool,** deidad mayotolteca de la Lluvia. — N. dado tb. a una escultura del Imperio Maya, de la que se han encontrado ejemplares en varios lugares de México.

Chacabuco, ramal de los Andes chilenos, entre las prov. de Aconcagua y Santiago, en el que San Martín derrotó a los realistas acaudillados por Maroto (12 de febrero de 1817). — Pobl. de la Argentina (Buenos Aires).

Chacaco (CANAL DE), estrecho que separa la prov. chilena de Llanquihue de la isla de Chiloé.

chacal m. Mamífero carnicero de Asia y África semejante al lobo, pero de tamaño de zorro.

chácara f. *Amer.* Chacra.

chacarero, ra adj. y s. *Amer.* Campesino. ‖ — F. *Bol.* y *Riopl.* Cierto baile y su música.

chacarreo m. *Méx.* Trajín de campo, faena agrícola.

chácena f. Reserva de decorados en los bastidores de un teatro.

chacina f. Carne de cerdo adobada o preparada.

chacinería f. Establecimiento donde se prepara o se vende chacina.

chacinero, ra m. y f. Persona que hace o vende chacina.

Chaco o **Gran Chaco,** meseta central de América del Sur, perteneciente a Bolivia, Paraguay y la Argentina; 700 000 km². Se divide en *Chaco Boreal,* desde el río Pilcomayo hasta Chiquitos; *Chaco Central,* entre los ríos Pilcomayo y Bermejo, y *Chaco Austral,* que penetra hasta la Pampa. Es una región de tierras bajas, cálida y semiárida. Bolivia y Paraguay sostuvieron una guerra (1932-1935) por territorios en litigio del Chaco Boreal. El Tratado de Buenos Aires (1938) fijó los límites entre ambos países.

Chaco, prov. de la Argentina; cap. *Resistencia.* Algodón, quebracho. — Volcán de Chile (Antofagasta); 5 180 m. Recibe tb. el n. de *Cerro Quebrado.* ‖ **~ (Gran),** prov. de Bolivia (Tarija); cap. *Yacuiba.*

chacó m. Morrión.

chacolí m. Vino ligero.

chacolotear v. i. Hacer ruido la herradura por estar floja.

Chacón (Lázaro), general guatemalteco (1873-1931), pres. de la Rep. de 1926 a 1930.

chacona f. Composición musical. ‖ Baile antiguo español.

chacota f. Burla, broma: *echar* o *tomar a chacota.*

chacotear v. i. Burlarse, chancearse (ú. t. c. pr.).

chacoteo m. Burla, broma.

chacotero, ra adj. y s. Bromista.

chacra f. *Amer.* Finca rústica pequeña, granja.

chacuaco m. *Méx.* Horno para fundir minerales de plata.

chacual m. *Amer.* Taza hecha de cáscara de fruta.

chacualear v. i. *Méx.* Chismorrear.

chachacuate adj. *Méx.* Picado de viruela.

chachalaca f. Ave gallinácea de México. ‖ *Fig.* Parlanchín.

Chachani, volcán del Perú (Arequipa); 6 096 m.

Chachapoyas, c. del N. del Perú, cap. de la prov. homónima y del dep. de Amazonas. Obispado. Fundada en 1536.

chachapoyense o **chachapuyno, na** adj. y s. De Chachapoyas (Perú).

cháchara f. *Fam.* Charla, palique: *estar de cháchara.* ‖ — Pl. *Amer.* Baratijas.

chacharear v. i. Hablar con poca sustancia.

chacharero, ra adj. y s. *Fam.* Parlanchín, charlatán.

chacho, cha m. y f. *Fam.* Muchacho, muchacha. | Hermano. ‖ — F. *Fam.* Niñera. | Criada.

Chad, extensión lacustre y pantanosa del centro de África en los confines del Chad, Camerún, Nigeria y Níger; 25 000 km².

Chad, rep. de África Central, al E. y al NE. del lago homónimo; 1 284 000 km²; 3 410 000 h. Independiente desde 1960. Cap. *Fort Lamy,* 132 500 h. Ganadería. Sedición a partir de 1968.

Chadwick (*sir* James), físico inglés (1891-1974), descubridor del neutrón. (Pr. Nóbel, 1935.)

chafaldete m. *Mar.* Cabo para cargar los puños de gavias y juanetes.

chafalonía f. Objeto de plata u oro inservibles vendidos al peso.

chafalote adj. *Amer.* Vulgar, ordinario, grosero. ‖ — M. *Amer.* Chafarote.

chafar v. t. Aplastar: *chafar la fruta.* ‖ Arrugar la ropa, estropear algo. ‖ *Fig.* Es ropear, echar a perder: *me ha chafado el plan* (ú. t. c. pr.). | Abatir, quitar el ánimo. Confundir en una discusión.

Chafarinas (ISLAS), archip. español en el litoral de Marruecos, compuesto de las islas *Congreso, Rey* e *Isabel II,* la capital.

chafarote m. Sable corvo.

chafarrinar v. t. Deslucir una cosa con manchas o borrones.

chafirete m. *Méx.* Chôfer. (Es despectivo.)

chaflán m. Cara de un sólido que se obtiene cortando por un plano una esquina del mismo. ‖ Plano que, en lugar de esquina, une dos superficies planas que forman ángulo.

chaflanar v. t. Achaflanar.

Chagall (Marc), pintor francés, de origen ruso, n. en 1887.

Chagas (Carlos), médico brasileño (1879-1934), descubridor del tripanosoma que lleva su nombre.

Chagres, río de Panamá, que des. en el mar Caribe; 150 km. Utilizado por el canal interoceánico. ‖ — Pobl. de Panamá (Colón).

chagual m. *Arg., Chil.* y *Per.* Planta bromeliácea, de medula comestible, de cuyas fibras se fabrican cuerdas.

chagüí m. *Ecuad.* Pajarito algo parecido al gorrión y que abunda en el litoral.

chah m. Sha, soberano de Irán.

chahuistle m. *Méx.* Roya del maíz.

Chaikowski (Piotr Ilich). V. TCHAIKOVSKI.

Chain (Ernst Boris), fisiólogo inglés, n. en 1906. Encontró, en unión de Fleming y Florey, la penicilina. (Pr. Nóbel, 1945.)

chaira f. Cuchilla de zapatero. || Barra de acero de los carniceros para afilar los cuchillos.

chaise-longue [*ches-long.*] f. (pal. fr.). Tumbona, meridiana.

Chaitén, com. y río de Chile (Chiloé), que des. en la bahía homónima.

chajá m. *Riopl.* Ave zancuda.

Chakán, n. de una ant. prov maya de Yucatán.

chal m. Especie de mantón.

chala f. *Amer.* Espata del maíz.

Chala, c. y puerto del Perú (Arequipa).

chalaco, ca adj. y s. De El Callao (Perú).

chalado, da adj. *Fam.* Tonto, necio. | Chiflado, loco. | Muy enamorado: *chalado por una mujer.*

chaladura f. *Fam.* Tontería, necedad. | Extravagancia, chifladura. | Locura. | Enamoramiento.

chalán m. Tratante de caballos. || *Fig.* Hombre poco escrupuloso en sus tratos. || *Per.* Domador de caballos.

chalana f. Barco menor, de fondo muy plano.

chalanear v. i. Negociar, cambalachear, comerciar como los chalanes. || *Per.* Domar caballos.

chalaneo m. Discusión en un trato. || Poca escrupulosidad en los tratos.

chalanería f. Astucia de que se vale el chalán.

chalanesco, ca adj. *Despect.* Propio de chalanes.

chalar v. t. Enloquecer, chiflar. || — V. pr. Enamorarse, perder el seso: *chalarse por una mujer.*

chalateco, ca adj. y s. De Chalatenango (El Salvador).

Chalatenango, c. del N. de El Salvador, cap. del dep. homónimo.

chalaza f. Cada uno de los dos filamentos que mantienen la yema del huevo en medio de la clara.

Chalco, ant. reino chichimeca de México. — C. y mun. de México en el Est. de este n.

chalchihuite m. *Méx.* Entre los nahuas, piedra de color verde para hacer dijes, estatuitas, etc.

Chalchihuitlicue, diosa tolteca del Agua, hermana y tal vez mujer de Tlaloc.

Chalchuapa, c. de El Salvador (Santa Ana).

chalé m. Chalet.

chaleco m. Prenda del traje, sin mangas, que se pone sobre la camisa. || Jersey. || — *Amer. Chaleco de fuerza,* camisa de fuerza. || *Chaleco salvavidas,* prenda neumática usada en caso de naufragio.

chalequear v. t. *Méx.* Trampear, estafar.

chalequera f. Mujer que hace chalecos.

chalet m. Casa de madera de estilo suizo. || Casa con jardín, hotelito.

Chalia o **Shehuen,** río de la Argentina (Santa Cruz), afl. del Chico; 225 km.

chalina f. Corbata ancha con un gran nudo: *chalina de artista.*

Châlons-sur-Marne, c. de Francia, cap. del dep. del Marne. Obispado. En sus cercanías se encontraban los *Campos Cataláunicos.*

chalote m. Planta liliácea, parecida a la cebolla.

Chalpán, laguna de México (Veracruz).

chalupa f. *Mar.* Embarcación pequeña de dos palos. || Lancha, bote o canoa de diversas formas.

challenge m. (pal. ingl.). Prueba o competición deportiva.

challenger m. (pal. ingl.). Aspirante a un título deportivo.

chama f. *Pop.* Cambalache.

Chama, río de Venezuela (Est. de Mérida y Zulia); des. en el lago de Maracaibo.

Chamá, cadena montañosa de Guatemala (Alta Verapaz). Alt. máx. 1 900 m.

chamaco, ca m. y f. *Méx.* Muchacho, niño.

chamada f. Chamarasca, leña menuda. || Llama. || *Pasar una chamada,* estar en un apuro.

chamagoso, sa adj. *Méx.* Mugriento.

chamal m. *Arg., Bol.* y *Chil.* Paño que usan los indios para cubrirse de la cintura para abajo, envolviéndolo en forma de pantalones.

chamarasca f. Leña menuda que hace mucha llama. || Esta llamarada.

chamarilear v. i. Cambalachear. || Vender trastos viejos.

chamarileo m. Cambalache. || Comercio o venta de trastos viejos.

chamarilero, ra m. y f. Vendedor de trastos viejos, de cosas usadas.

chamariz m. Pájaro fringílido de color verdoso.

chamarra f. Zamarra, pelliza.

chamarreta f. Chaqueta amplia, abierta y redonda.

chamarro m. *Amer. C.* y *Méx.* Manta burda.

Chamartín de la Rosa, barrio del N. de Madrid.

Chamaya. V. HUANCABAMBA.

chamba f. *Fam.* Chiripa, suerte. || *Méx.* Ocupación, negocio. || *Por chamba,* por casualidad.

chambear v. t. *Méx.* Hacer trabajos poco remunerados.

chambelán m. Gentilhombre de cámara, camarlengo.

chambergo, ga adj. Dícese de la guardia personal de Carlos II de España y de las prendas de su uniforme. || *Sombrero chambergo,* el de copa campanuda y de ala ancha. || — M. Sombrero chambergo.

Chamberí, barrio en el N. de Madrid.

Chambéry, c. de Francia, cap. del dep. de Savoie. Arzobispado.

Chambo, río del Ecuador (prov. de Chimborazo y Tungurahua). Se une con el Patate para formar el Pastaza.

chambón, ona adj. y s. *Fam.* De escasa habilidad en el juego. | Que consigue algo por chiripa, por casualidad.

chambonada f. *Fam.* Desacierto propio del chambón, pifia. | Chamba.

chambonear v. i. Hacer chambonadas.

chambra f. Blusa de mujer.

chambrana f. Adorno que rodea una puerta, ventana, etc.

Chame, pobl., bahía y punta de Panamá, en el golfo de Panamá.

Chamelecón, río de Honduras, (Santa Bárbara y Cortés), que des. en el mar Caribe.

Chamical, pobl. de la Argentina (Rioja).

chamicera f. Parte de monte quemado.

chamico m. Estramonio.

Chaminade (Guillaume Joseph), sacerdote francés (1761-1850), creador en 1817 de la Compañía de María u orden de los Marianistas.

Chamisso (Adalbert von), escritor y naturalista alemán (1781-1838).

chamiza f. Hierba gramínea con la que se hacen techumbres. || Leña menuda.

chamizo m. Leño medio quemado. || Choza cubierta de chamiza. || *Fam.* Tugurio, casucha.

Chamo. V. GOBI.

Chamonix, c. de Francia (Haute-Savoie), en las faldas del monte Blanco. Deportes de invierno.

Chamorro (Diego Manuel), político nicaragüense, m. en 1923. Pres de la Rep. de 1921 a 1923. || ~ (EMILIANO), general nicaragüense (1871-1965), pres. de la Rep. de 1917 a 1921 y en 1926. || ~ (FRUTOS), general nicaragüense, n. en Guatemala (1806-1855), director supremo de 1853 a 1855. Reformó la Constitución. || ~ (PEDRO JOAQUÍN), político nicaragüense (1818-1890), pres. de la Rep. de 1875 a 1879.

champagne [*-pañ*] m. (pal. fr.). Champaña.

Champagne. V. CHAMPAÑA.

Champaigne o **Champagne** (Philippe de), pintor flamenco (1602-1674), autor de retratos.

champán m. Champaña. || *Amer.* Barco fluvial.

champaña m. Vino blanco espumoso, originario de Francia.

Champaña, en fr. *Champagne,* ant. prov. del E. de Francia cap. *Troyes.* Vinos espumosos.

champañizar v. t. Volver espumoso un vino.

Champaquí, pico de la Argentina, alt. máx. de la Sierra de Córdoba; 2 884 m.

Champara, cumbre nevada del Perú (Ancash); 5 754 m.

Champerico, c. y puerto de Guatemala en el Pacífico (Retalhuleu).

champiñón m. Hongo comestible: *coger champiñones.*

Champlain (LAGO), lago en la frontera de Estados Unidos y el Canadá.

Champlain (Samuel de), colonizador francés (¿1567?-1635), fundador de Quebec (1608) y gobernador del Canadá (1633).

Champollion (Jean-François), egiptólogo francés (1790-1832), que descifró los jeroglíficos.

Champotón. V. POTONCHÁN.

champú m. Jabón líquido para el lavado de la cabeza. || Este lavado. (Pl. *champúes.*)

chamula adj. y s. Indígena mexicano (Chiapas), de gran resistencia física.

Chamula, mun. de México (Chiapas).

chamullar v. i. *Pop.* Hablar mal una lengua.

chamuscar v. t. Quemar o tostar ligeramente. || Pasar por la llama. || *Méx.* Vender mercancías a bajo precio.

chamusquina f. Acción y efecto de chamuscar o chamuscarse. || Olor a quemado. || *Fig.* y *fam.* Riña, pelea. || *Fig.* y *fam. Oler a chamusquina,* parecer herética una teoría o discusión; ir por mal camino una cosa.

chaná adj. y s. Individuo de un pueblo indio de América del Sur. (Los *chanás* se establecieron en las islas del delta del Paraná.)

chanca adj. y s. Individuo de un pueblo indio del Perú. (Los *chancas* fueron sometidos por los incas.) || — F. Chancla.

chancar v. t. *Amer.* Triturar.

Chancay, río del Perú que des. en el Pacífico. — Prov. y v. del Perú (Lima); cap. *Huacho.*

chance m. *Amer.* Oportunidad, posibilidad, ocasión, suerte.

chancear v. i. Bromear. || — V. pr. Burlarse.

chancero, ra adj. Bromista.

chanciller m. Canciller.

chancillería f. Tribunal superior de justicia donde se conocía por apelación de todas las causas de los demás tribunales. (En España había dos *chancillerías,* una en Valladolid y otra en Granada.)

chancla f. Zapato viejo. || Chancleta, zapatilla.

chancleta f. Zapatilla sin talón. || *Fig.* Persona inepta.

chancleteo m. Ruido hecho al andar en chancletas.

chanclo m. Zueco de madera utilizado en el campo. || Zapato de goma u otra materia elástica que se pone sobre el calzado.

Chanco, com., dep. y río de Chile (Maule).

chancro m. Úlcera sifilítica.

chancha f. Cerda.

Chanchamayo, río del Perú (Junín). Valle fértil.

Chanchán, monte del Ecuador (Azuay); 4 096 m. — Cap. del Imperio Chimú, hoy en ruinas, cerca de Trujillo (Perú).

chánc harras máncharras f. pl. Rodeos para no hacer una cosa: *andar en chánc harras máncharras.*

chanchería f. *Amer.* Salchichería, tocinería.

chancho, cha adj. *Amer.* Sucio, puerco. ‖ — M. Cerdo.

Chanchuen, c. en el NE. de China, cap. de Kirin.

chanchullero, ra adj. y s. Intrigante, marrullero.

chanchullo m. *Fam.* Acción poco escrupulosa, tejemaneje, negocio sucio: *andar en chanchullos.*

chandal y **chandail** m. Traje de punto que llevan los deportistas.

Chandernagor, c. de la India (Bengala Occidental), a orillas del Hugli. Fue francesa hasta 1951.

Chandigarh, c. de la India, al pie del Himalaya; cap. de los Estados de Pendjab y Hariana.

Chandragupta, rey de la India de 315 a 291 a. de J. C., fundador de la dinastía maurya. Protegió el budismo.

chanelar v. i. *Pop.* Saber. | Comprender.

chanfaina f. Guiso de bofes.

Chang o **Yin,** dinastía que gobernó China de 1450 a 1050 a. de J. C.

Chang Kai-chek, mariscal chino (1887-1975). Luchó contra el Japón de 1937 a 1945 y fue pres. de la Rep. de 1943 a 1948. En 1949, al ser derrotado por las tropas comunistas de Mao Tse-tung, se retiró a Formosa al frente de un gobierno nacionalista.

changa f. *Arg.* y *Chil.* Trabajo del changador. | *Fam.* Trato, negocio. ‖ *Antill.* Broma, burla.

changador m. *Arg.* y *Chil.* Mozo de cuerda.

changar v. i. *Arg.* Trabajar de cargador. | Hacer trabajos de poca monta.

changarro m. *Méx.* Tendejón.

Changcha, c. del centro de China, cap. de Hunan.

Changcheu, c. de China oriental (Kiangsu). Textiles. Metalurgia.

Changhai, en ingl. *Shangai,* c. y puerto del E. de China (Kiangsu). Gran centro industrial.

Changhua, c. del O. de Taiwan.

Changkieu, c. de China (Honan).

chango m. *Amer.* Mono.

changüí m. *Fam.* Engaño, broma (ú. más con el v. *dar.*).

Changuinola, río de Panamá (Bocas del Toro) que des. en el mar Caribe.

Chankiang, c. y puerto del NE. de China (Kuangton).

chanquete m. Pez pequeño comestible, que se pesca sobre todo en la costa de Málaga.

Chansi, en ingl. *Shansi,* prov. del N. de China, al S. de Mongolia; cap. *Taiyuán.* Carbón.

chantaje m. Delito que consiste en obtener dinero o conseguir favores, etc., de una persona con la amenaza de revelaciones escandalosas.

chantajista com. Persona que hace un chantaje a otra.

Chantal (Santa Juana Francisca de), monja francesa (1572-1641), fundadora de la orden de la Visitación. Fiesta el 21 de agosto.

Chanteu, ant. *Swaton,* c. y puerto de China (Kuangtung).

chantillí y **chantilly** m. Crema de nata batida. ‖ Clase de encaje.

Chantilly, pobl de Francia (Oise). Castillo. Encajes.

chantre m. Canónigo que se ocupaba del coro.

Chantung, prov. oriental de China, en las riberas del mar de China. Cap. *Tsinan.*

chanza f. Dicho festivo y gracioso. ‖ Broma, burla. ‖ *Entre chanzas y veras,* medio en serio, medio en broma.

chañar m. *Amer.* Árbol papilionáceo, semejante al olivo, de fruto comestible.

Chañaral, com. y dep. de Chile (Atacama).

Chañi, pico de Argentina (Jujuy); 6 200 m.

¡chao! interj. *Fam.* Adiós.

Chao Mong-fu, pintor chino (1254-1322), que representó escenas de jinetes y caballos tátaros.

Chaocheu, c. del NE. de China (Kuangton). Metalurgia.

Chaohing, c. de China central (Chekiang).

Chaoyang, c. de China meridional (Hunan).

chapa f. Hoja, lámina, placa o plancha de madera, metal, etc.: *chapa de acero.* ‖ Producto siderúrgico laminado. ‖ Cápsula, tapón corona: *coleccionar chapas de botellines de cerveza.* ‖ Insignia distintiva de una profesión, de un cargo: *chapa de policía.* ‖ Ficha, señal: *chapa del guardarropa.* ‖ Chapeta. ‖ *Amer.* Cerradura. ‖ — Pl. Cierto juego de muchachos ejecutado con cápsulas de botellas.

chapado, da adj. Cubierto o revestido con una chapa: *mueble chapado; reloj chapado de oro.* ‖ *Fig. Chapado a la antigua,* dícese de la persona apegada a los hábitos y costumbres anticuados. ‖ — M. Aplicación de una chapa de madera o metal, revestimiento de una superficie con una chapa de otra materia. ‖ Contrachapado.

Chapala, lago de México (Jalisco y Michoacán); 1 109 km².

chapalear v. i. Chapotear.

chapaleta f. Válvula de la bomba hidráulica.

Chapallata, pobl. de Bolivia, cap. de la prov. de Abaroa (Oruro).

Chapapoyas, pobl. de la Argentina (Salta). Ref. de petróleo.

chapar v. t. Cubrir con chapas de madera o metal. ‖ *Fig.* Zampar, encajar: *le chapó un insulto.*

Chapare, prov. y río de Bolivia (Cochabamba); cap. *Sacaba.*

chaparra f. Coscoja, árbol.

chaparrada f. Chaparrón.

chaparral m. Sitio poblado de chaparros.

chaparrear v. i. Llover mucho.

chaparro m. Mata baja de encina. ‖ Arbusto malpigiáceo de América Central. ‖ *Fig.* Persona rechoncha, de baja estatura.

chaparrón m. Lluvia fuerte de corta duración. ‖ *Fig.* y *fam.* Lluvia, aluvión, gran cantidad: *un chaparrón de palabrotas.*

chape m. *Col.* y *Chil.* Trenza.

chapeado, da adj. y s. m. Chapado.

chapear v. t. Chapar. ‖ *Cub.* Deshierbar la tierra de cultivo. ‖ — V. i. Chacolotear la herradura.

Chapeltique, v. de El Salvador (San Miguel).

chapeo m. Sombrero: *recogió el chapeo, fuese y no hubo nada.*

chapeta f. Mancha roja en la piel de las mejillas.

chapete m. *Fam. Méx.* Chapeta.

chapetón, ona adj. y s. *Amer.* Español o europeo recién llegado a América. ‖ *Amer. Fig.* Novato, bisoño ‖ — M. Chaparrón, aguacero. ‖ Chapeta. ‖ Chapetonada, enfermedad. ‖ *Méx.* Rodaja de plata que adorna los arreos de una caballería.

chapetonada f. Primera enfermedad que padecían los españoles al llegar a América. ‖ *Fig. Amer.* Bisoñería, falta de experiencia.

Chapí (Ruperto), músico español (1851-1909), compositor de zarzuelas (*La revoltosa, El puñao de rosas, El rey que rabió, El tambor de granaderos,* etc.).

chapín, ina adj. y s. *Amer.* Guatemalteco. | Patituerto. ‖ — M. Chanclo de corcho.

chápiro m. *Fam.* Voz que se usa en algunas exclamaciones de enojo: *¡por vida del chápiro!, ¡por vida del chápiro verde!* y *¡voto al chápiro!* | Sombrero.

chapista adj. y s. El que hace chapas. ‖ El que repara la carrocería de un automóvil.

chapistería f. Taller y labor del chapista.

chapitel m. Capitel.

Chaplin (Charles), actor y director de cine inglés, n. en Londres en 1889, creador del personaje de *Charlot.*

chapodar v. t. Podar.

chapopote m. Asfalto ligeramente espeso que se encuentra en las Antillas.

chapopotear v. t. Pintar con chapopote.

chapotear v. t. Remojar, humedecer repetidas veces una cosa. ‖ — V. i. Agitar los pies o las manos en el agua, para que salpique.

chapoteo m. Acción y efecto de chapotear. ‖ Ruido hecho al chapotear.

chapucear v. t. Hacer algo de prisa y mal.

chapucería f. Acción de hacer mal un trabajo. ‖ Arreglo rápido. ‖ Trabajo mal hecho.

chapucero, ra adj. Hecho de prisa y mal: *trabajo chapucero.* ‖ — Adj. y s. Que trabaja de prisa y mal: *trabajador muy chapucero.*

Chapultepec, barrio de la ciudad de México con un cerro y un parque. Palacio de los emperadores aztecas y de algunos presidentes de la República. Actualmente Museo Nacional de Historia. Academia militar, lugar de un heroico y último combate contra las tropas de Estados Unidos (1847).

chapurrar y **chapurrear** v. t. Hablar mal un idioma extranjero: *chapurrear el francés.*

chapurreo m. *Fam.* Modo de hablar mal un idioma extranjero.

chapuz m. y **chapuza** f. Chapucería. ‖ Trabajo de poca importancia. ‖ Zambullida, chapuzón.

chapuzar v. t. Meter a uno en el agua (ú. t. c. i. y pr.).

chapuzón m. Zambullida.

chaqué m. Chaqueta negra con faldones que se lleva con pantalones rayados y se usa en las ceremonias de etiqueta.

chaquense y **chaqueño, ña** adj. y s. Del Chaco.

chaqueta f. Prenda de vestir con mangas, abotonada por delante y que cubre el busto hasta las caderas. ‖ *Fig.* y *fam. Cambiarse de chaqueta,* mudar de opinión o cambiar de partido.

chaquete m. Cierto juego, parecido al de damas.

chaquetear v. i. *Fig.* Cambiar de ideas. | Tener miedo. ‖ *Fam.* Rajarse. no hacer algo arriesgado.

chaqueteo m. Cambio de ideas. ‖ Acobardamiento.

chaquetilla f. Chaqueta corta. ‖ La usada por los toreros. ‖ Bolero de mujer.

chaquetón m. Pelliza, chaqueta larga de abrigo.

chaquira f. *Méx.* Abalorio.

chara f. *Arg.* y *Chil.* Cría de avestruz o de ñandú.

charada f. Adivinanza que consiste en hallar una palabra mediante el previo encuentro de las sílabas que tienen un significado completo.

charal m. Pez de los lagos de México. ‖ *Fig.* Persona muy flaca.

Charalá, pobl. de Colombia (Santander).

charanda f. *Méx.* Tierra rojiza por contener óxido de hierro. | Aguardiente común.

charanga f. Banda de música. ‖ Baile familiar.

charango m. *Amer.* Bandurria pequeña.

charanguero, ra adj. y s. Chapucero.

charape m. *Méx.* Bebida hecha con pulque.

charca adj. y s. Indio de la América Meridional sujeto al Imperio de los Incas. ‖ — F. Charco grande.

Charcas, sierra y c. de México (San Luis Potosí). — N. que tuvo *Sucre* (Bolivia). Durante la colonia fue sede de la Real Audiencia, de la que dependían Bolivia, Argentina, Paraguay y parte del Brasil, y de una reputada universidad. —

Prov. de Bolivia (Potosí); cap. *San Pedro de Buenavista.*

charco m. Agua u otro líquido estancados en un hoyo del terreno. ‖ *Fig.* y *fam. Pasar el charco*, atravesar uno el océano Atlántico.

Charcot (Jean Martin), médico francés (1825-1893). Estudió las enfermedades nerviosas. — Su hijo JEAN (1867-1936) fue tb. médico y explorador de las regiones polares.

charcutería f. Galicismo por *tienda de embutidos, salchichería.*

Charente, río de Francia que atraviesa Angulema y des. en el Atlántico; 360 km. — Dep. de Francia; cap. *Angulema.* ‖ ~ **-Maritime,** dep. de Francia; cap. *La Rochela.*

Charenton, c. de Francia (Val-de-Marne).

Chari, río del África ecuatorial que des. en el lago Chad; 1 200 km.

charla f. Conversación. ‖ Conferencia breve, coloquio. ‖ *Zool.* Cagaaceite.

charlador, ra adj. y s. *Fam.* Charlatán.

charlar v. i. *Fam.* Conversar por mero pasatiempo: *charlar por los codos o mucho.*

charlatán, ana adj. y s. Parlanchín, que habla mucho. ‖ Curandero. ‖ Vendedor ambulante.

charlatanear v. i. Charlar.

charlatanería f. Palabrería. ‖ Calidad de charlatán.

charlatanismo m. Explotación de la credulidad pública.

Charleroi [*-ruá*], c. de Bélgica (Henao), a orillas del Sambre.

charlestón m. Baile de moda en 1925.

Charleston, c. y puerto de Estados Unidos (Carolina del Sur). Centro de la resistencia sudista en la guerra de Secesión. — C. de Estados Unidos, cap. de Virginia Occidental.

Charleville-Mézières, c. del NE. de Francia, cap. del dep. de Ardennes, formado por la reunión de Charleville, Mézières y otros municipios.

charlista com. Persona que da charlas, conferenciante.

Charlot. V. CHAPLIN.

charlotada f. Corrida bufa con becerros.

charlotear v. i. Charlar. ‖ *Méx.* Torear en una charlotada.

charloteo m. Charla.

charnela f. Bisagra. ‖ Articulación de las dos valvas de los moluscos acéfalos.

charol m. Barniz muy brillante. ‖ Cuero que tiene este barniz.

charolar v. t. Barnizar con charol.

charpa f. Tahalí. ‖ Cabestrillo.

Charpentier (Gustave), compositor francés (1860-1956), autor de *Louise.* ‖ ~ (MARC ANTOINE), músico francés (¿1636?-1704), compuso motetes, misas y oratorios.

charque y **charqui** m. *Amer.* Cecina.

charrada f. Torpeza. ‖ Baile propio de los charros. ‖ *Fig.* y *fam.* Adorno tosco, de mal gusto.

charrán adj. y s. Granuja. ‖ Patán, zafio.

charranada f. Grosería. ‖ Mala jugada, cochinada.

charranear v. i. Granujear.

charranería f. Condición de charrán. ‖ Charranada.

charrasca f. *Méx.* Cuchillo, arma blanca y gastada.

charrasquear v. t. Herir con charrasca.

charreada f. *Méx.* Entretenimiento con ejercicios propios de los charros.

charretera f. Adorno que llevan los militares en el hombro de la guerrera. ‖ Jarretera, condecoración.

charro, rra adj. Nativo de la provincia de Salamanca (ú. t. c. s.). ‖ *Fig.* Llamativo, chillón, muy recargado. | De mal gusto. ‖ — M. Caballista mexicano que lleva un sombrero de grandes alas y un traje bordado. ‖ Su sombrero.

charrúa adj. y s. Indio de alguna de las tribus que vivían en la costa septentrional del Río de la Plata, ya extinguidas.

charter m. (pal. ingl.). Avión fletado por una compañía de turismo o un grupo de personas, cuyas tarifas son menos elevadas que en las líneas regulares.

Chartier (Emile). V. ALAIN.

Chartres, c. de Francia, cap del dep. de Eure-et-Loir. Catedral gótica (s. XII-XIII). Obispado.

chartreuse [*chartrés*] f. (pal. fr.). Licor fabricado en distintos lugares por los monjes de la Cartuja.

chas m. Zas, crac. ‖ *Méx. Al chas chas*, pagar al contado.

chasca f. Leña menuda.

chascar v. i. Dar chasquidos.

chascarrillo m. *Fam.* Chiste.

chasco m. Desilusión que causa un suceso contrario a lo que uno esperaba: *llevarse un chasco.* ‖ Burla, engaño: *dar un chasco.*

Chascomús, c. de la Argentina (Buenos Aires), a orillas del lago homónimo.

chasis m. Armazón que sostiene el motor y la carrocería de un automóvil o un vehículo cualquiera. ‖ Bastidor donde se colocan las placas fotográficas. ‖ *Fig.* y *fam. Quedarse en el chasis*, quedarse en los huesos, muy delgado.

chaspe m. Señal hecha con un hacha en un tronco de árbol.

chasponazo m. Señal que deja una bala al rozar con algo.

chasquear v. t. Dar chasquidos. ‖ — V. i. Chascar. ‖ *Fig.* Decepcionar. ‖ — V. pr. Sufrir un desengaño. ‖ Fracasar.

chasqui m. *Amer.* Mensajero, correo.

chasquido m. Ruido del látigo, la honda al restallar o la lengua al moverse. ‖ Ruido seco de la madera cuando se abre. ‖ Ruido de los disparos de la ametralladora.

chata f. Orinal plano de cama con un mango hueco. ‖ Chalana, barcaza de poco calado. | Carro o vagón plano.

chatarra f. Escoria del mineral de hierro. ‖ Hierro viejo. ‖ — Pl. *Fig.* y *fam.* Condecoraciones.

chatarrería f. Lugar donde se vende chatarra.

chatarrero, ra m. y f. Persona que coge y vende hierro viejo.

chatear v. i. *Fam.* Beber vino en chatos.

Chateaubriand (François René, *vizconde de*), escritor romántico francés, n. en Saint-Malo (1768-1848), autor de *El genio del Cristianismo*, apología de su religión, *Atala* y *René*, novelas, *El último Abencerraje*, relato histórico sobre los moros de Granada, *Los mártires* y *Los Nátchez*, poemas en prosa, y *Memorias de ultratumba*, diario de su vida. Fue tb. político.

Chateauroux, c. de Francia, cap. del dep. del Indre. Industrias.

chateo m. *Fam.* Copeo, acción de chatear: *irse de chateo.*

Chatham, c. y puerto de Inglaterra (Kent). Astilleros. — Archip. al E. de Nueva Zelanda, a la que pertenece.

chato, ta adj. Poco prominente, aplastado: *nariz chata.* ‖ *Fig.* De poca altura: *barco chato* ‖ *Fam. Dejar chato*, sorprender mucho. ‖ — M. y f. Persona que tiene la nariz poco abultada. ‖ — *Fam.* Expresión de cariño: *¡chata mía!* ‖ — M. *Fam.* Vaso pequeño, generalmente de vino.

chatón m. Piedra preciosa engastada en una joya.

chatria m. Guerrero o noble que compone la segunda casta de la India.

Chatt el-Arab, río del Irak constituido por la confluencia del Tigris y el Éufrates; 200 km.

Chattanooga, c. de Estados Unidos (Tennessee).

Chatterton (Thomas), poeta inglés (1752-1770), imitador del estilo medieval. Se suicidó

¡chau! interj. *Arg.* ¡Chao!

Chaucer [*choser*] (Geoffrey), poeta inglés (¿1340?-1400), iniciador de la literatura poética en su país con los *Cuentos de Cantorbery.*

chaucha adj. *Amer.* Pobretón, deslucido.

Chaumont [*chomón*], c. de Francia, cap. del dep. de Haute-Marne.

Chaure, pobl. de Venezuela. Refinerías de petróleo.

chauvinismo m. Patriotería, nacionalismo exagerado.

chauvinista adj. y s. Patriotero.

Chaux-de-Fonds (La) [*chodfón*], c. de Suiza (Neuchâtel).

chaval, la adj. y s. *Pop.* Niño.

chavalería f. *Fam.* Chiquillería.

Chavarría (Lisímaco), poeta costarricense (1877-1913).

chavea m. *Fam.* Chaval.

Chaves (Federico), militar y político paraguayo, n. en 1878, pres. de la Rep. en 1949. Fue derrocado en 1954. ‖ ~ (ÑUFLO DE), conquistador español (¿1518?-1568), que exploró el Paraguay y fundó más tarde la c. de Santa Cruz de la Sierra, en Bolivia (1561).

chaveta f. Clavija o pasador que une dos piezas. ‖ *Fam.* Chiflado. ‖ *Cub.* y *Méx.* Cuchilla de hoja ancha usada en las tabaquerías. ‖ *Fig.* y *fam. Perder la chaveta*, volverse loco

chavetazo m. *Amer.* Golpe dado con la chaveta.

Chávez (Carlos), músico mexicano, n. en 1899, autor de *Sinfonía india.* ‖ ~ (CORONADO), político hondureño (1807-1881), pres. de la Rep. de 1845 a 1847.

Chavín, estación arqueológica de cultura preincaica en los Andes peruanos.

chavo m. Ochavo.

chavó m. (voz gitana). Chaval.

Chayanta, prov. de Bolivia (Potosí); cap. *Colquechaca.*

chayote m. Fruto comestible de la chayotera, parecido a la calabaza. ‖ Chayotera.

chayotera f. Planta cucurbitácea americana, cuyo fruto es el chayote.

che f. Nombre de la letra *ch.*

¡che! interj. Se emplea para llamar la atención de una persona.

checa f. Primera policía política de la U. R. S. S. ‖ Organismo semejante en otros países. ‖ Local donde estaba.

checo, ca adj. y s. De Checoslovaquia. ‖ De Bohemia, de Moravia, o de una parte de Silesia ‖ — M. Lengua eslava hablada en Checoslovaquia.

checoslovaco, ca adj. y s. De Checoslovaquia.

Checoslovaquia, rep. socialista del centro de Europa, situada entre Alemania, Polonia, Austria, Hungría y Ucrania; 127 860 km²; 14 362 000 h. (*checoslovacos*). Cap. *Praga*, 1 030 000 h.; otras c.: *Brno*, 320 371 h.; *Bratislava*, 246 695; *Ostrava*, 227 200; *Plzen*, 135 273, y *Koshice*, 81 460.

— GEOGRAFÍA. El país lo forman tres extensas regiones: *Bohemia*, llanura de rica agricultura e importante industria; *Moravia*, corredor entre Bohemia y Eslovaquia, y *Eslovaquia*, muy montañosa.

— HISTORIA. La Gran Moravia, Estado unificado y cristianizado el s. IX por Cirilo y Metodio, fue conquistado en la centuria siguiente por los magiares, trayendo como consecuencia la política hegemónica del ducado de Bohemia. Bratislao II (1061-1092) fue coronado rey; en 1253 ocupó el trono Otokar II, que poseía ya Austria, y Carlos IV, hijo de Juan de Luxemburgo, ciñó además la corona imperial (1346-1378). Los Habsburgo ocuparon el trono en 1526 y en el reinado de Matías I la defenestración de Praga (1618) encendió la guerra, terminada con el triunfo de Austria (*Montaña Blanca*, 1620). El movimiento nacionalista de Bohemia obtuvo la independencia del país en 1918. En 1938, parte de Checoslo-

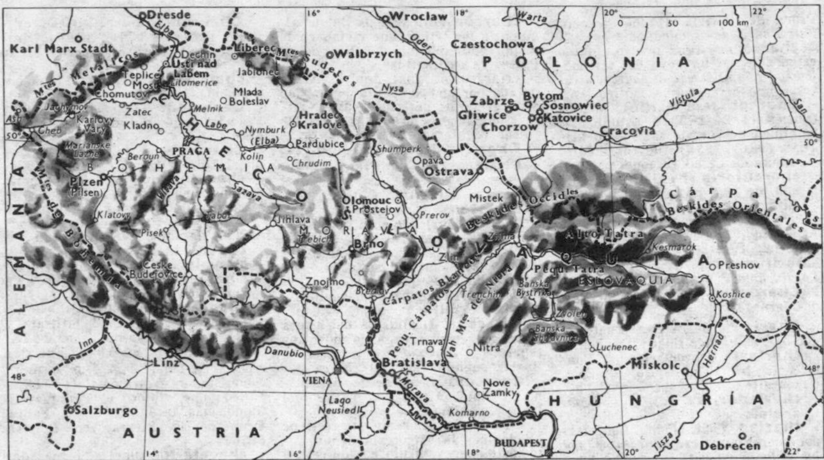

vaquia fue anexada por la Alemania de Hitler. Después de la segunda guerra mundial, el país se transformó en República Popular (1948). Un intento de liberalización del régimen provocó la intervención de la U. R. S. S. en 1968.

chécheres m. pl. *Amer.* Trebejos, trastos de que uno se sirve.

chechón, ona adj. *Méx.* Llorón.

chef-d'oeuvre [*chedeuv*] m. (pal. fr.). Obra maestra: *el Escorial, chef-d'œuvre de Herrera.*

Chefu. V. YENTAI.

cheik m. Jeque.

Chejov (Antón), escritor ruso (1860-1904), autor de obras de teatro (*El tío Vania, El jardín de los cerezos, Las tres hermanas, La gaviota,* etc.), cuentos y novelas.

Chekiachuang, c. de China (Hopei), al SO. de Pekín. Textiles.

Chekiang, prov. del centro de China; cap. *Hangcheu.*

Cheliabinsk, c. de la U. R. S. S. (Rusia). Metalurgia.

chelín m. Moneda inglesa que valía hasta 1971 doce peniques y actualmente cinco nuevos peniques.

Chelsea, barrio residencial del O. de Londres.

Cheltenham, c. de Gran Bretaña (Gloucester). Universidad.

Chemulpo. V. INCHÓN.

Chengcheu, c. de China, cap. de Honan, a orillas del Hoangho.

Chengchu, c. de China oriental (Kiangsu).

Chengkiang, c. de China oriental (Kiangsu).

Chengtu, c. de China, cap. de Sechuán. Industrias.

Chenier (André), poeta lírico francés (1762-1794). Guillotinado durante la Revolución.

Chensi, en ingl. *Shensi,* prov. septentrional de China; cap. *Sian.*

Chenyang, ant. *Mukden,* c. del NE. de China, cap. de la prov. de Siaoning. Centro económico. Fue la cap. del protectorado japonés de Manchukuo (1931-1945).

chepa f. *Fam.* Joroba.

Chepo, pobl. y río de Panamá que des. en el Pacífico; 250 km.

cheque m. *Com.* Documento en forma de orden de pago, para que una persona cobre la cantidad asignada de los fondos que el expedidor tiene en una cuenta bancaria. ‖ — *Cheque cruzado,* el expedido al portador que tiene dos rayas paralelas y no puede ser cobrado sino por intermedio de un banco. ‖ *Cheque de viaje,* el emitido para los turistas, que se puede cobrar en bancos de diversos países. ‖ *Cheque sin fondos,* el hecho sin que el expedidor tenga dinero en su cuenta para efectuar su pago. ‖ *Dar un cheque en blanco,* autorizar a alguien a que se sirva de él como quiera.

CHECOSLOVAQUIA

chequear v. i. *Amér. C.* Hacer un cheque. ‖ *Amer.* Controlar, verificar. | Confrontar, cotejar. ‖ Hacer un reconocimiento médico.

chequeo m. *Amer.* Control. | Reconocimiento médico. | Cotejo.

chequero m. *Amer.* Talonario de cheques.

Cher, río del centro de Francia, afl. del Loira; 320 km. — Dep. de Francia; cap. *Bourges.*

Cherburgo, c. y puerto de Francia (Manche). Astilleros.

cherqueso, sa adj. y s. Tcherkeso.

Cherubini [*ker-*] (Luigi), músico italiano (1760-1842), autor de obras religiosas y de óperas.

Chesapeake [*-pick*], bahía del Atlántico en la costa E. de Estados Unidos (Maryland y Virginia).

Cheshire, condado de Gran Bretaña, en el NO. de Inglaterra; cap. *Chester.*

Cheste *(Conde de).* V. GONZÁLEZ DE LA PEZUELA.

chéster m. Queso inglés.

Chester, c. y puerto de Inglaterra, cap. de Cheshire. Construcciones aeronáuticas; centro de energía nuclear.

Chesterton (Gilbert Keit), novelista, ensayista e historiador inglés (1874-1936), autor de *El hombre que fue jueves, El regreso de don Quijote* y las historias del *Padre Brown.*

Chetumal, c. y puerto de México, en la bahía homónima (Yucatán oriental), cap. del territ. de Quintana Roo.

Cheu, dinastía china que reinó desde 1050 a 249 a. de J. C.

cheurón m. *Blas.* Cabrío.

cheviot m. (pal. ingl.). Lana de cordero de Escocia y tela que se hace con ella.

Cheviot, conjunto de altas colinas de Gran Bretaña entre Escocia e Inglaterra; 810 m en el monte homónimo.

Cheyney (Peter), autor de novelas policiacas inglés (1896-1951).

Chi Cumarcah, ant. c. de Guatemala, cap. de los quichés.

chía f. Manto negro de luto. ‖ *Méx.* Semilla con la que se hace una especie de refresco.

Chía, pobl. de Colombia (Cundinamarca).

Chian Kai-chek. V. CHANG KAI-CHEK.

Chiangmai, c. de Tailandia septentrional. Plata.

Chianti [*kianti*], región de Italia en Toscana (Siena). Vinos.

Chiapas, Est. en el extremo SE. de México, a orillas del Pacífico; cap. *Tuxtla Gutiérrez.* Restos mayas.

Chiappori (Atilio), escritor y crítico de arte argentino (1880-1945).

Chiari (Roberto Francisco), político panameño, n. en 1905, pres. de la Rep. de 1960 a 1964. ‖ ~ (RODOLFO), político panameño (1869-1937), pres. de la Rep. en 1912 y de 1924 a 1928.

chibalete m. *Impr.* Armazón para poner las cajas de caracteres.

chibcha adj. y s. Individuo de un ant. pueblo indio de América. — Los *chibchas,* llamados por los españoles *muiscas* o *moscas,* vivían principalmente en Colombia, en las altiplanicies de la Cord. Oriental (Boyacá, Cundinamarca y parte de Santander). En tiempos de la llegada de los conquistadores estaban divididos en varios Estados independientes. Su cultura, que podía parangonarse con la incaica, nos dejó innumerables objetos de alfarería, joyas y figuras de oro y cobre. Adoraban los astros, a *Bochica,* su héroe civilizador, y veneraban a sus antepasados.

chic m. (pal. fr.). Distinción, elegancia, buen gusto: *vestir con chic; persona de chic.*

chica f. V. CHICO.

Chica (MAR). V. MAR CHICA.

chicada f. Chiquillada.

Chicago, c. de Estados Unidos (Illinois), en el extremo SO. del lago Michigan. Es la segunda ciudad del país. Arzobispado. Universidad. Comercio; industrias.

Chicamocha. V. SOGAMOSO.

chicana f. *Amer.* Galicismo por *ardid, triquiñuela, argucia.*

chicanear v. t. e i. *Amer.* Galicismo por *tergiversar, trapacear, trapichear, trapisondear.*

chicar v. i. *Arg.* Mascar tabaco.

chicarrón, ona m. y f. *Fam.* Muchacho fuerte y robusto.

Chiclana de la Frontera, c. de España (Cádiz). Vinos.

chiclayano, na adj. y s. De Chiclayo (Perú).

Chiclayo, c. del Perú septentrional, cap. del dep. de Lambayeque. Obispado.

chicle m. Goma de mascar aromática: *pastilla de chicle.* ‖ *Amer.* Gomorresina del chicozapote.

chiclear v. i. *Méx.* Mascar chicle o goma.

chico, ca adj. Pequeño: *un libro muy chico.* ‖ *Fam. Perra chica,* moneda de poco valor. ‖ — Adj. y s. Niño, chiquillo. | Término de familiaridad: *oye, chico, ¿qué haces?* ‖ *Fam.* Recadero o aprendiz joven. ‖ — F. Niña. ‖ Muchacha. ‖ Criada, niñera.

Chico, río meridional de la Argentina (Santa Cruz), que des. en el Atlántico. — Río de México (Tabasco y Chiapas, afl. del Usumacinta.

chicolear v. i. *Fam.* Requebrar, piropear.

chicoleo m. *Fam.* Requiebro, piropo.

Chicomecóatl, diosa azteca del Maíz.

Chicomoztoc, lugar del que creían proceder las tribus nahuas.

chicoria f. Achicoria.

chicotazo m. Chorro. ‖ *Amer.* Latigazo, azote.

chicote, ta m. y f. *Fam.* Chico robusto. ‖ — M. *Mar.* Punta de un cabo. ‖ *Amer.* Latigazo.

chicozapote m. Árbol sapotáceo de fruto comestible, del cual se extre el chicle.

chicha f. Bebida alcohólica americana hecha con maíz fermentado. ‖ *Fam.* Carne comestible. | Gracia: *persona de poca chicha.* ‖ — *Calma chicha,* en el mar, calma completa. ‖ *Fig.* y *fam. De chicha y nabo,* de poca importancia. | *No ser ni chicha ni limonada* o *limoná,* no tener carácter definido, no valer para nada.

chícharo m. Guisante.

chicharra f. Cigarra, insecto. ‖ Juguete que produce un ruido desagradable. ‖ *Fig.* y *fam.* Cotorra, parlanchín: *hablar como una chicharra.*

chicharro m. Jurel, pez. ‖ Chicharrón.

chicharrón m. Residuo muy frito de las pellas del cerdo. ‖ Carne requemada. ‖ *Fig.* y *fam.* Persona muy morena del sol. ‖ — Pl. Fiambre de cerdo.

chiche m. *Amer.* Pecho de la nodriza. ‖ *Méx.* Nodriza. ‖ *Chil.* y *Arg.* Chuchería. ‖ *Arg.* Juguete de los niños pequeños.

Chichén Itzá, ant. localidad maya del SE. de México, al N. del Yucatán. Fundada hacia el s. IX por los indios itzaes. Fue cap. del Estado maya-tolteca. Abandonada en el s. XV. Monumentos antiguos.

chichería f. *Amer.* Establecimiento en el que se vende chicha.

chichero m. *Amer.* Fabricante de chicha.

Chichicastenango, mun. de Guatemala (Quiché).

Chichicastepeque, volcán de El Salvador. (V. APANECA.)

chichicuilote m. *Méx.* Ave zancuda de pequeño tamaño.

Chichigalpa, pobl. de Nicaragua (Chinandega). Azúcar.

Chichihua, río de México (Oaxaca), que, al confluir con el Chivela, forma el Coatzacoalcos.

chichimeca adj. y s. Individuo de un ant. pueblo indio de raza nahua que, procedente del N. de México, venció a los toltecas (s. XII). [Los *chichimecas* se asentaron en Tenayuca y más tarde en Texcoco.

chichisbeo m. Galanteo de un hombre a una mujer. ‖ Hombre galanteador.

chicho, cha adj. *Méx.* Bueno, aceptable.

chichón m. Bulto producido por un golpe en la cabeza o frente.

chichonera f. Gorro o casco para proteger la cabeza de los golpes.

Chichontepec, volcán de El Salvador. (V. SAN VICENTE.)

Chieti [*ki-*], c. de Italia, en los Abruzos, cap. de la prov. homónima. Arzobispado.

chifarrada f. Señal de una herida, de un golpe.

chifla f. Silbido. ‖ Pitada a una persona. ‖ Pito, silbato. ‖ Cuchilla ancha de encuadernadores, guanteros, etc.

chifladera f. Silbato.

chiflado, da adj. *Fam.* Dícese de la persona que tiene algo perturbada la razón (ú. t. c. s.). | Muy enamorado, con el seso sorbido. | Apasionado, muy aficionado: *estar chiflado por el fútbol* (ú. t. c. s. m.).

chifladura f. Silbido. ‖ *Fam.* Locura. | Manía. | Afición exagerada. | Enamoramiento grande.

chiflar v. i. *Fam.* Silbar. ‖ — V. t. Mofar, hacer burla: *chiflar una obra de teatro.* ‖ *Fam.* Beber mucho, zamparse. | Gustar mucho: *cazar es lo que le chifla.* ‖ — V. pr. *Fam.* Gustar exageradamente, aficionarse mucho: *chiflarse por una mujer, por el cine.*

chiflato m. Silbato.

chifle m. Silbato. ‖ Reclamo para la caza. ‖ Frasco de cuerno para llevar la pólvora.

chiflido m. Silbido.

chiflón m. *Amer.* Viento colado o corriente muy sutil de aire. ‖ *Méx.* Canal por donde sale agua con fuerza. | Derrumbe que se produce en las minas.

chigre m. *Mar.* Torno.

Chiguara, pobl. de Venezuela (Mérida).

Chihuahua, c. del México septentrional, cap. del Estado homónimo. Arzobispado. Centro comercial. El Estado es esencialmente ganadero. Minas de plata, plomo, cobre y cinc.

chihuahuense adj. y s. De Chihuahua (México).

chiíta adj. y s. Dícese de la secta musulmana que defiende que sólo Alí y sus descendientes son los únicos califas legítimos.

Chikamatsu Monzaemon (Sugimori Nobumori, llamado), dramaturgo japonés (1653-1724), autor de tragedias y dramas burgueses históricos.

chilaba f. Túnica con capucha que llevan los árabes.

chilacayote m. Calabaza, planta cucurbitácea de México.

Chilam Balam (*Libros de*), crónicas de autor desconocido escritas en maya después de la Conquista.

Chilamate, pobl. de Costa Rica (Heredia).

Chilanga, v. de El Salvador (Morazán).

Chilapa, c. de México (Guerrero). Obispado.

chilaquile m. *Méx.* Guiso de tortillas desmenuzadas.

chilar m. Plantío de chiles.

chilate m. *Amer.* Bebida hecha con chile, maíz tostado y cacao.

chile m. *Amer.* Ají, pimiento.

Chile, rep. de América del Sur, que ocupa una banda costera del océano Pacífico de 4 270 km de longitud y limita con Perú, Bolivia y Argentina; 756 945 km²; 9 780 000 h. (*chilenos*). Posee además 1 250 000 km² de territorios en la Antártida. Cap. *Santiago,* 2 597 000 h. Otras c.: *Arica,* 65 000 h.; *Iquique,* 61 000; *Antofagasta,* 110 000; *Copiapó,* 30 000; *La Serena,* 62 000; *Viña del Mar,* 150 000; *Valparaíso,* 295 000; *Rancagua,* 67 000; *Talca,* 80 000; *Chillán,* 77 000; *Talcahuano,* 105 000; *Concepción,* 182 000; *Temuco,* 89 000, y *Valdivia,* 75 000.

Administrativamente, Chile se divide en 25 provincias. La población es producto de la fusión de los grupos étnicos indígenas primitivos con los conquistadores españoles. La inmigración es escasa.

La religión católica es la de la mayoría y la lengua castellana o española es la oficial. La densidad media de población es de 11,6 h/km².

— GEOGRAFÍA. Chile está recorrido de N. a S. por la cordillera de los Andes, que sirve de frontera con Bolivia y Argentina y que se prolonga hasta la Antártida, donde recibe el nombre de *Andes Antárticos* o *Antartandes.* Sus alturas son importantes: Ojos del Salado (6 100 m), volcanes Tacora (5 980 m), Llullaillaco (6 723 m), Tupungato (6 800 m), Maipo (5 323 m). Otra cordillera, paralela a la anterior, es la de la Costa, de menor altitud (máxima 2 000 m). Entre ambas se extiende una depresión que forma al N. la Pampa de Tamarugal y el Desierto de Atacama, mientras que al S. se hunde en el mar formando un angosto valle. La actividad sísmica es considerable y algunos terremotos han asolado regiones enteras. Los ríos son cortos y rápidos: Aconcagua, Maipo, Maule, Bío-Bío, Valdivia y Palena, y hay varios lagos como el Llanquihue, Ranco, Rupanco y Villarrica. La costa es recta y acantilada al N., con algunas zonas bajas que sirven de puertos, mientras que al S. el litoral es muy recortado, formando innumerables golfos, estrechos, fiordos e islas (Chiloé, Chonos, Magallanes, Tierra del Fuego). Otras islas más lejanas forman parte también del territorio nacional: el archipiélago de Juan Fernández, las islas de San Félix y San Ambrosio y, en Oceanía, la isla de Pascua. El clima chileno es templado y bastante uniforme en todo el país, a pesar de la excepcional longitud del mismo. Las lluvias, abundantes en la zona de los Andes y en el S., son muy escasas en el N. La agricultura ha alcanzado un notable desarrollo, a pesar de la relativa escasez de tierras cultivables; los principales productos son cereales, patatas, arroz, naranjas, tabaco y vid. Posee importantes explotaciones forestales y ganaderas, pero la mayor riqueza del país la constituye la minería (cobre, carbón, hierro, azufre y manganeso, y también petróleo en la Tierra del Fuego). Chile es el segundo productor mundial de cobre y el primero de salitre. En otros tiempos, el salitre representaba una riqueza considerable, pero su importancia disminuyó tras la aparición de productos sintéticos. La industria se encuentra en período de desarrollo (química, textil, alimenticia y siderúrgica). Para sus comunicaciones, Chile cuenta con una red de 9 172 km de vías férreas, 58 620 km de carreteras y numerosas líneas aéreas (más de 70 aeropuertos).

— HISTORIA. Antes de la Conquista, Chile estuvo habitado por diferentes pueblos indios: atacameños y diaguitas al N., patagones y puelches en los Andes, chonos y alacalufes al S. Los mapuches o araucanos llegaron en el s. XIV y se impusieron a todo el país. El Imperio Incaico logró extenderse hasta el río Maule, y de este modo el N. de Chile se enriqueció con su aporte cultural. Diego de Almagro fue el primero que exploró el país (1536), si bien Fernando de Magallanes había descubierto la Tierra del Fuego en 1520, así como el estrecho que hoy lleva su nombre. Pedro de Valdivia inició la ocupación en 1540, y el año siguiente fundó la c. de Santiago. Hacia 1550 empieza la colonización en gran escala, pero en 1553 Valdivia fue muerto en la batalla de Tucapel por los araucanos, al frente de los cuales se hallaba el caudillo Lautaro. La resistencia indígena fue siempre muy tenaz, y los conquistadores no vacilaron en emplear la dureza para someter a los bravos araucanos (suplicio de Caupolicán, 1558). El s. XVII fue muy turbulento y la existencia de la colonia muy precaria, ya que los españoles se veían constantemente hostigados por los indios y por los corsarios ingleses y holandeses que saqueaban los puertos. El s. XVIII transcurrió más tranquilo, llegándose a establecer una especie de armisticio entre los gobernadores y los caudillos indígenas. El comercio y la industria pudieron de este modo desarrollarse, así como la vida cultural, favorecida en 1538 con la creación de la Universidad de San Felipe, en Santiago. Los sucesos de España en 1808 tuvieron repercusión en Chile, como en todos los territorios americanos, y así se formó en una Junta de Gobierno el 18 de septiembre de 1810. Al año siguiente, José Miguel Carrera encabezó una sublevación, se adueñó del poder y decretó una serie de

CHILE

medidas liberalizadoras, pero hubo de hacer frente a las tropas enviadas por el virrey del Perú. En 1814, los realistas vencieron en Rancagua, pero en 1817 el general San Martín, secundado por Bernardo O'Higgins, inició la campaña de Chile y derrotó a los españoles, ese mismo año, en la batalla de Chacabuco. La Independencia fue proclamada en 1818, la cual fue asegurada por la victoria de Maipú. O'Higgins fue nombrado Director Supremo, pero obligado por las circunstancias, dimitió en 1823. Desde este año hasta 1830 hubo un período de confusión política y guerra civil, a lo cual puso fin el ministro Diego Portales, con la victoria de Lircay. Portales promulgó una nueva Constitución en 1833, que establecía el principio de un gobierno autoritario y presidencial. Desde 1831, con el gobierno de Joaquín Prieto, se inició un período de prosperidad y regularidad constitucional. Las guerras contra la Confederación Peruboliviana (1838) y contra Perú y Bolivia (1879) fueron favorables a Chile, que por esta última reivindicó la posesión de la provincia de Antofagasta, agregó a su territorio el departamento de Tarapacá y recibió en fideicomiso las provincias peruanas de Tacna y Arica. El presidente Manuel Bulnes (1841) se distinguió por la fundación de la Universidad de Chile, y estableció la soberanía chilena en el estrecho de Magallanes (1843). Manuel Montt (1851) encargó a Andrés Bello la redacción del Código civil, y José Pérez (1861) inició la penetración pacífica al sur del Bío-Bío. A partir de 1891 se debilitó el poder ejecutivo, y se sucedieron gobiernos parlamentarios, hasta la accesión de Arturo Alessandri Palma (1920), quien restableció el orden civil, dictó leyes sociales muy avanzadas y promulgó la Constitución de 1925, que establecía una república presidencialista y consagraba definitivamente la separación de la Iglesia y el Estado. Tras la crisis mundial de 1929, que repercutió notablemente en Chile, hubo un período turbulento que terminó en 1932 con la nueva elección de Arturo Alessandri. Desde 1938 tuvo mayoría el Frente Popular, pero éste se dividió durante la presidencia de Gabriel González Videla (1946-1952). De 1952 a 1958 Carlos Ibáñez gobernó con poderes especiales otorgados por el Congreso, dada la grave situación económica del país. Le sucedieron constitucionalmente Jorge Alessandri Rodríguez (1958) y Eduardo Frei Montalva (1964), quien realizó una eficaz acción encaminada a promover el desarrollo económico y una política social más justa. Fueron puntos basicos de su programa la llamada « chilenización del cobre » el incremento de la producción y las reformas agraria y de la enseñanza. En 1970 fue elegido para sucederle Salvador Allende, de tendencia socialista, que nacionalizó la Banca, la industria del cobre y otras empresas. Contra esas reformas se produjo un golpe de Estado en 1973 y una Junta Militar, encabezada por el general Pinochet, nombrado en 1974 presidente, se hizo cargo del Poder.

Chilecito, pobl. de la Argentina (La Rioja). Ruinas precolombinas en la Tambería del Inca.

chilenismo m. Vocablo, giro o modo de hablar de los chilenos.
— Los *chilenismos* comprenden en su gran mayoría voces de origen indio que designan casi todas plantas, animales indígenas, objetos y acciones de la vida doméstica. La lengua quechua es la que más voces ha suministrado. El mapuche o araucano (V. ARAUCANISMO) ha dejado, sobre todo, nombres de historia natural (*boldo, coipu, colihue, colocolo, culpéu, chilco, degu, diuca, güemul, pangue, pudú*) y voces del vocabulario doméstico o familiar como (*chamal, chape, chavalongo, huata, pololo, maloca*).

chilenizar v. t. Dar carácter chileno.

chileno, na adj. y s. De Chile.

Chiles, pobl. de Costa Rica (Alajuela). — Volcán en el O. del Ecuador (Carchi); 4 748 m.

chilindrina f. *Fam.* Pequeñez.

chilmole m. Salsa de chile.

Chiloé, archip. e isla de Chile meridional que forma una prov.; cap. *Ancud.*

chilote, ta adj. y s. De Chiloé.

Chilpancingo de los Bravo, c. de México, en un valle de la vertiente N. de la Sierra Madre del Sur; cap. del Estado de Guerrero. Aquí se celebró el Primer Congreso Constituyente (1813).

chilla f. Reclamo de los cazadores. ‖ *Arg.* Especie de zorra.

Chillán, río de Chile (Ñuble), afl. del Ñuble. — Volcán de los Andes chilenos (Ñuble); 2 904 m. — C. de Chile, cap. de la prov. de Ñuble. Obispado.

chillar v. i. Gritar, dar chillidos. ‖ Chirriar: *la puerta chilla.* ‖ *Fam.* Alborotar, protestar. ‖ Estar mal combinados los colores o no pegar o sentar bien dos cosas.

Chillida (Eduardo), escultor abstracto español, n. en 1924.

chillido m. Grito muy agudo.

chillón, ona adj. *Fam.* Que grita mucho: *chico chillón.* ‖ Dícese de todo sonido agudo y desagradable: *voz chillona.* ‖ *Fig.* Llamativo, muy vivo o mal combinado: *colores chillones.*

chimacalli m. Entre los ant. aztecas, administrador de los poblados.

Chimalpopoca, señor de México, reinó de 1416 a 1428. Consolidó la autonomía de Tenochtitlán. M. asesinado.

chimalteco, ca adj. y s. De Chimaltenango (Guatemala).

Chimaltenango, c. de Guatemala, cap. del dep. homónimo.

Chimán, pobl. y río de Panamá que des. en la bahía de Panamá.

Chimanas, islas de Venezuela, en el mar Caribe, que forman parte del Estado de Anzoátegui.

Chimbarongo, com. de Chile (Colchagua).

Chimbo, río del Ecuador (Bolívar, Chimborazo y Guayas), afl. del Bodegas. — Cantón del Ecuador (Bolívar).

chimboracense adj. y s. De Chimborazo, prov. del Ecuador.

Chimborazo, cumbre volcánica andina del Ecuador, en la Cord. Occidental; 6 310 m. — Prov. del Ecuador; cap. *Riobamba.*

Chimbote c. y puerto del Perú, cap. de la prov. de Santa (Ancash), en la desembocadura del río Santa. Centro siderúrgico. Pesquerías. Terremoto en 1970.

chimenea f. Conducto para dar salida al humo que resulta de la combustión. ‖ Hogar para cocinar o calentarse: *chimenea de campana.*

chiminango m. Árbol corpulento de Colombia.

Chimkent. V. TCHIMKENT.

chimó o **chimojo** m. *Cub.* y *Venez.* Pasta de tabaco y sal de urao que mascan algunos indios.

chimpancé m. Mono antropomorfo domesticable de África con brazos muy largos.

chimú adj. y s. Individuo de un ant. pueblo indio de América en el litoral N. del Perú. (Los *chimúes* fueron sometidos por los incas en el s. XV. La cap. de su Imperio era *Chanchán.*)

china f. Piedra pequeña: *tirar chinas al agua.* ‖ Tela o porcelana de China. ‖ — *Fig.* y *fam. Poner chinas,* poner obstáculos o dificultades. | *Tocarle a uno la china,* ser designado por la suerte.

china f. Femenino de *chino.* ‖ *Amer.* Criada. | Dícese en algunos puntos de la mujer guapa, en otros de la india soltera. | Compañera, amiga. | Querida, amante. ‖ *Arg.* y *Amér. C.* Niñera. ‖ *Méx.* y *Arg.* Criada mestiza. ‖ *Col.* Peonza.

China, Estado de Asia. República Popular desde 1949. Superficie 9 780 000 km²; 790 millones de hab. (*chinois*), casi un cuarto de la población del globo. Cap. *Pekín,* 7 000 000 h.: otras c.: *Changhai,* 10 000 000 hab.; *Tientsin,* 4 000 000; *Chonyana,* 2 447 000, *Chongking,* 2 765 000; *Cantón,* 1 840 000; *Pin Kiang,* 1 595 000; *Sian,* 1 368 000; *Tsingtao,* 1 121 000; *Chengtu,* 1 107 000; *Tsinan,* 862 000.

CHINA

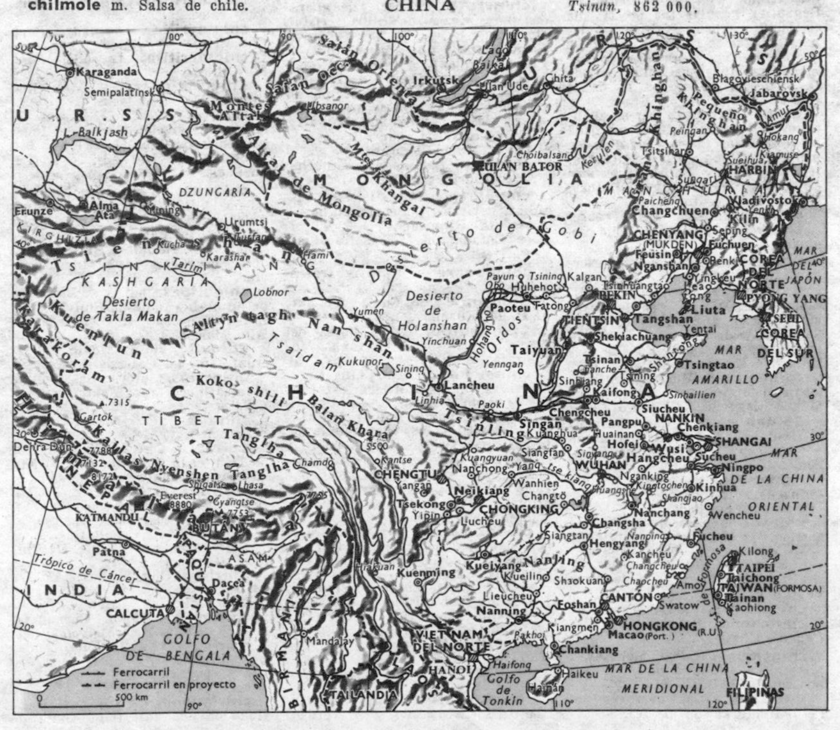

— GEOGRAFÍA. Separando de la descripción las regiones autónomas, en parte desérticas, de Mongolia Interior, Sinkiang y el Tíbet, China se divide en: *China del Nordeste* (ant. Manchuria), planicie encuadrada por macizos boscosos donde las riquezas del subsuelo (carbón, hierro, cobre, etc.) han favorecido el desarrollo de potentes industrias (Anchan, Mukden); *China del Norte*, compuesta de macizos y una planicie cubierta por un limo amarillento al que el *Hongho* o *Río Amarillo*, debe su n.; *China Central*, de clima tropical templado, atravesada por el gran río *Yang-tse-Kiang* o *Río Azul*, donde se hallan la fértil *Cuenca Roja* (arroz, té, caña de azúcar, maíz, naranja) y las llanuras bajas del Yang-tse, intensamente pobladas; *China del Sur*, tb. de clima tropical. La costa, muy abrupta, posee excelentes puertos: *Cantón, Fucheu, Amoy.*

— HISTORIA. La larga historia de China cuenta veintidós dinastías, entre las que se distinguieron la Tsin y la Chu. En el s. III a. de J. C., Tsin realizó la unificación y creó el Imperio. En 1644 subió al trono la dinastía de los Tsing, que gobernó hasta 1911. Las potencias europeas aprovecharon la debilidad de China en el s. XIX para obtener amplias concesiones. La revolución de Sun Yat-sen proclamó la República de Nankín (1911). Siguió luego un período de desorden hasta la toma del Poder por el Kuomintang y la victoria de Chang Kai-chek, heredero espiritual de Sun Yat-sen (1928). En 1932, el Japón separó Manchuria de China y formó el Estado independiente de Manchukuo. En 1937 se apoderó de diez provincias más e instaló en Nankín un Gobierno sometido a su influencia, en tanto que Chang Kai-chek se refugiaba en el O. Después de Pearl Harbor (1941), China declaró la guerra al Eje. A la derrota del Japón (1945), Chang Kai-chek guerreó con la oposición comunista dirigida por Mao Tse-tung, que debía triunfar en 1948-1949. La República Popular fue proclamada en 1949 y Chang Kai-chek y los nacionalistas se retiraron a Taiwan (Formosa). La representación nacionalista fue sustituida en la O. N. U. en 1971 por la de la China Popular.

China (MAR DE), mar en el interior del océano Pacífico que baña las costas de China. Dividido en *mar de China Oriental* (Corea, islas Ryukyu y Formosa) y *mar de China Meridional* (Filipinas, Borneo e Indochina).

chinaca f. *Méx.* Gente pobre.

chinacate m. *Méx.* Pollo sin plumas.

Chinácota, c. de Colombia (Norte de Santander).

Chinameca, volcán de El Salvador (San Miguel), en la sierra homónima; 1 402 m. — C. de El Salvador (San Miguel). — Pobl. de México (Morelos). En ella asesinaron a E. Zapata.

chinampa f. Huertos, antiguamente flotantes, cerca de la c. de México (lago de Xochimilco).

Chinandega, c. de Nicaragua occidental, en las faldas del volcán Viejo; cap. del dep. homónimo. Ant. cap. de la U. Centroamericana.

chinandegano, na adj. y s. De Chinandega (Nicaragua).

chinazo m. Pedrada.

chincol m. *Amer.* Especie de gorrión. | Agua con aguardiente.

Chincha, prov. del Perú (Ica); cap. *Chincha Alta.* || **~ Alta,** c. del O. del Perú, cap. de la prov. de Chicha (Ica).

chinchal m. *Méx.* Tenducho.

chinchano, na adj. y s. De Chincha (Perú).

chinchar v. t. *Pop.* Molestar. | Matar. || — V. pr. *Pop.* Fastidiarse, aguantarse.

Chinchas, islas guaneras del Perú, frente al dep. de Ica.

Chinchasuyo, sección norte del *Tahuantinsuyo.*

Chinchaycocha. V. JUNÍN.

chinche f. Insecto hemíptero de cuerpo elíptico, olor fétido, parásito del hombre. || Clavito metálico de cabeza grande y plana y punta corta y fina. || — Com. *Fig.* y *fam.* Persona exigente y pesada, latosa o cargante. | Chismoso. || *Fig.* y *fam. Morir como chinches,* morir en gran cantidad.

chincheta f. Chinche, clavo.

chinchilla f. Mamífero roedor de la América meridional parecido a la ardilla. || Su piel, de color gris perla.

chinchín m. *Fam.* Ruido de música callejera.

Chinchipe, río del Ecuador y Perú (Cajamarca), afl. del Marañón; 180 km. — Cantón del Ecuador (Zamora-Chinchipe).

Chinchón, c. de España (Madrid). Aguardientes.

Chinchón (Luis Jerónimo FERNÁNDEZ DE CABRERA, *conde de*), virrey del Perú de 1629 a 1639, cuya esposa, ANA OSSORIO, dio a conocer en Europa en 1632 el uso de la quinina, denominada en su honor *chinchona.*

chinchona f. *Amer.* Quina.

chinchorrería f. *Fig.* y *fam.* Impertinencia, lata, molestia. | Chisme.

chinchorrero, ra adj. y s. *Fam.* Chinche.

chinchorro m. Red parecida a la jábega. || Barca de remos pequeña.

chinchoso, sa adj. y s. *Fam.* Fastidioso, cargante, latoso, pesado.

chinchulines m. pl. *Arg.* Tripas de vacunos u ovinos que se comen generalmente asadas.

Chindasvinto, rey visigodo de España (642-652), padre de Recesvinto.

chiné adj. (pal. fr.). Dícese de las telas de varios colores: *una blusa chiné* (ú. t. c. m.).

chinela f. Zapatilla sin talón.

chinero m. Especie de aparador para piezas de china, cristal, etcétera.

chinesco, ca adj. Chino, de China: *facciones chinescas.* || *Sombras chinescas,* siluetas negras producidas por figurillas de cartón recortado o hechas con las manos que se proyectan sobre una pantalla.

chingadura f. *Fam.* Enojo, molestia. || *Amer.* Fracaso.

chingana f. *Amer.* Tabernucha. || *Arg.* Fiesta populachera.

chingar v. t. *Pop.* Molestar, fastidiar, irritar. | Beber mucho. || *Amer. C.* Bromear. || — V. pr. *Pop.* Enfadarse. | Emborracharse. || *Chil.* Fracasar.

chinguerre m. *Méx.* Aguardiente común.

Chinju, c. de Corea del Sur, al O. de Fusán.

Chinnampo, c. de Corea del Norte, puerto de Pyongyang. Metalurgia.

chino, na adj. De China (ú. t. c. s.). *Fig.* Complicado, extraño: *eso es chino para mí.* || — M. Lengua hablada por los chinos. (El *chino* es monosilábico, las palabras son invariables, su fonética es pobre y se escribe con caracteres o ideogramas.) || — *Fig.* y *fam. Engañar como a un chino,* engañar completamente. | *Trabajar como un chino,* trabajar muchísimo.

chino, na adj. y s. *Amer.* Dícese del hijo de mulato y negra. | Dícese del hijo de indio y negra. | Sirviente, criado. || — M. China, piedra. || *Amer.* Enfado, irritación. | Hombre del pueblo. | Apelativo de cariño. || — F. Véase CHINA (segundo artículo).

Chinú, pobl. de Colombia (Bolívar).

Chioggia [*ki-*], c. y puerto de Italia (Venecia).

chipá m. *Riopl.* Torta de maíz.

chipé o **chipén** f. *Pop.* Verdad. || *De chipén* o *de chipendi,* magnífico, excelente, estupendo.

chipichipi m. *Méx.* Llovizna.

chipil adj. *Méx.* Niño enfermizo o enclenque.

chipilín m. *Méx.* Tamal.

Chipiona, v. de España (Cádiz). Vinos.

chipirón m. Calamar.

Chipka, c. de Bulgaria en la vertiente sur de los Balcanes.

chipote m. *Méx.* Chichón en la cabeza.

Chipre, isla del Mediterráneo Oriental; 9 282 km²; 630 000 h. (*chipriotas*). Cap. *Nicosia;* 103 000 h.; otras c.: *Limasol,* 47 000 h.; *Famagusta,* 41 000, y *Larnacas,* 17 900. Reino cristiano en la Edad Media, tuvo una brillante civilización y fue centro comercial activo. Estuvo bajo la dominación de Venecia (1489-1571), Turquía (1571-1878) y de Gran Bretaña (a partir de 1878). Independiente desde 1960.

chipriota adj. y s. De Chipre.

chiquear v. t. *Cub.* y *Méx.* Mimar, acariciar.

chiquero m. Toril. || Pocilga de cerdos.

Chiquián, c. del Perú, cap. de la prov. de Bolognesi (Ancash). Terremoto en 1970.

chiquilicuatre y **chiquilicuatro** m. *Fam.* Mequetrefe.

chiquilín m. *Fam.* Chiquillo.

chiquillada f. Niñería.

chiquillería f. *Fam.* Conjunto de chiquillos. || Chiquillada.

chiquillo, lla adj. y s. Chico.

chiquimole m. *Méx.* Pajarillo. || *Fig.* y *fam. Méx.* Charlatán.

Chiquimula, c. oriental de Guatemala, cab. del dep. homónimo.

chiquimulteco, ca adj. y s. De Chiquimula (Guatemala).

Chiquinchaque (San Luis), pequeño volcán de México, en la Sierra Madre de Chiapas; 1 850 m.

Chiquinquirá, c. de Colombia en la Cord. Occidental (Boyacá). Santuario.

chiquión, ona adj y s. *Cub.* y *Méx.* Mimoso, cariñoso.

chiquirritillo, lla adj. *Fam.* Muy chico.

chiquirritín, ina adj. *Fam.* Chiquitín.

chiquirritito, ta adj. *Fam.* Muy chico.

Chiquita (MAR). V. MAR CHIQUITA.

Chiquita *(Guerra),* n. que recibió la segunda guerra de Independencia de Cuba (1879).

chiquitín, ina adj. y s. Pequeñuelo.

chiquito, ta adj. y s. Muy pequeño. || *Riopl.* Un poco: *espérese un chiquito.* || — *Fig.* y *fam. Dejar chiquito,* superar en mucho. | *No andarse con chiquitas,* ir con mano dura; no dudar. || — M. Vaso de vino.

chiquito, ta adj. y s. Individuo de un pueblo indio de Bolivia y del Brasil. (Los *chiquitos* viven en el Alto Mamoré.)

Chiquito, río de México (Veracruz), afl. del Coatzacoalcos.

Chiquitos, prov. de Bolivia (Santa Cruz); cap. *Santa Cruz de Chiquitos.*

chirapa f. *Per.* Lluvia con sol. || *Bol.* Andrajo.

Chiraz o **Chirás,** c. del SO. de Irán, en la cord. de Zagros. Numerosas mezquitas. Tapices.

chiribita f. Chispa. || — Pl. *Fam.* Chispas en los ojos. || *Fig. Echar chiribitas,* estar furioso.

chiribitil m. Cuchitril.

chiricano, na adj. y s. De Chiriquí (Panamá).

Chirico (Giorgio de). V. DE CHIRICO.

Chirichire. V. CUPICA.

chirigota f. *Fam.* Cuchufleta, broma: *andarse con chirigotas.*

chirigotear v. i. *Fam.* Andar con chirigotas.

chirigotero, ra adj. y s. Bromista.

chiriguano, na adj. y s. Individuo de una ant. tribu india de

América. (Los *chiriguanos*, de remoto origen guaraní, vivían en el Chaco occidental.)

Chirilagua, v. de El Salvador (San Miguel).

chirimbolo m. *Fam.* Trasto, bártulo, chisme.

chirimía f. *Mús.* Instrumento de viento semejante a la flauta.

chirimoya f. Fruto del chirimoyo, de sabor muy agradable y pepitas negras.

chirimoyo m. Árbol anonáceo.

chiringo m. *P. Rico.* Caballo pequeño.

chirinola f. Juego de muchachos parecido al de bolos. ‖ *Fig.* Disputa leve. | Pequeñez, cosa insignificante: *esto es una chirinola.* ‖ *Fig.* y *fam. Estar de chirinola,* estar de fiesta o de buen humor.

chiripa f. En el billar, suerte que se gana por casualidad. ‖ *Fig.* y *fam.* Casualidad favorable, chamba, suerte: *tener algo por chiripa.*

chiripá m. *Chil.* y *Riopl.* Prenda de vestir de los campesinos consistente en un paño que, a modo de calzones, cubre el delantero de los muslos y se ata a la cintura.

chiripear v. i. Hacer algo por chiripa.

Chiriquí, golfo del Pacífico en Panamá (Chiriquí). — Laguna de Panamá (Bocas del Toro). — Río de Panamá, que des. en el golfo homónimo; 80 km. Recibe th el n. de *Chiriquí Viejo.* — Cadena de montañas en el O. de Panamá, en la que se halla el volcán homónimo; 3 475 m. — Prov. de Panamá; cap. *David.* ‖ **~ Grande,** pobl. de Panamá (Bocas del Toro).

chirivía f. Planta umbelífera de raíz carnosa y comestible. ‖ Aguzanieves, pájaro.

chirla f. Almeja pequeña.

chirle adj. *Fam.* Insípido. ‖ — M. Sirle, excremento.

chirlo m. Herida o cicatriz en la cara. ‖ *Méx.* Desgarrón de ropa.

chirona f. *Fam.* Prisión: *lo encerraron en chirona.*

chirriador, ra adj. Que chirría: *ruedas chirriadoras.*

chirriar v. i. Producir cierto sonido discordante: *chirriar las ruedas sin grasa de un vehículo.*

chirrido m. Sonido estridente o desagradable: *el chirrido de un grillo, de una rueda.* ‖ Grito de dolor.

chirrión m. *Amer.* Látigo de cuero.

chirriona adj. y s. *Méx.* Mujer coqueta.

chirrionazo m. *Méx.* Golpe dado con el chirrión.

Chirripó, río de Costa Rica (Limón), que des. en el mar Caribe. ‖ **~ Grande,** pico de Costa Rica (Limón), en la cord. de Talamanca, alt. máx. del país; 3 832 m.

chirriquitín, ina adj. *Fam.* Chiquitín.

chirula f. Flautilla vascongada.

chirumen m. *Fam.* Caletre.

Chirveches (Armando), escritor boliviano (1881-1926), autor de la novela *La candidatura de Rojas* y de poesías.

¡chis! interj. ¡Chitón!

chischás m. Ruido de espadas al chocar unas con otras en la lucha.

chisgarabís m. *Fam.* Zascandil, informal. | Mequetrefe, pequeñajo.

chisguete m. *Fam.* Trago de vino: *echar un chisguete.* | Chorro de líquido.

chisme m. Murmuración, habladuría, hablilla: *decir chismes.* ‖ *Fam.* Bártulo, cosa, trasto, trebejo. ‖ *El cuarto de los chismes,* el desván, el cuarto trasero.

chismear v. i. Chismorrear.

chismería f. Chisme.

chismero, ra adj. y s. Chismoso.

chismografía f. *Fam.* Gusto a los chismes. | Murmuración.

chismorrear v. i. Contar chismes, murmurar.

chismorreo m. Chismes.

chismosear v. i. Chismorrear.

chismoso, sa adj. y s. Que chismea o es dado a chismear.

chispa f. Partícula pequeña encendida que salta de la lumbre. ‖ Fenómeno luminoso que acompaña una descarga eléctrica. ‖ Diamante muy pequeño. ‖ Gota de lluvia menuda. ‖ *Fig.* Porción pequeña, pedazo: *no sobró ni una chispa de pan.* | Destello: *chispa de inteligencia.* | Agudeza, viveza de ingenio: *tiene mucha chispa.* ‖ *Fam.* Borrachera. ‖ *Fig.* y *fam. Echar unos chispas,* estar colérico, furioso. | *No tener chispa de,* no tener nada de.

chisparse v. pr. *Fam.* Embriagarse.

chispazo m. Chispa. ‖ Acción de saltar la chispa del fuego. ‖ *Fig.* Momento brillante, muy logrado: *fue un chispazo de gracia.* | Fenómeno súbito y pasajero del desarrollo de algo: *los primeros chispazos de la conflagración.* | Chisme.

chispeante adj. Que chispea. ‖ *Fig.* Agudo, ingenioso, brillante: *conversación chispeante.* | Que despide destellos: *ojos chispeantes.*

chispear v. i. Echar chispas. ‖ Despedir destellos, brillar mucho: *ojos que chispean de alegría.* ‖ — V. impers. Lloviznar: *está chispeando.*

chispero m. Herrero. ‖ Tipo popular del barrio de Maravillas de Madrid a principios del siglo XIX, llamado así porque había allí muchos herreros en esa época.

chispo, pa adj. Achispado, un poco ebrio. ‖ — M. Trago.

chisporrotear v. i. Despedir reiteradamente chispas al arder una cosa: *el fuego chisporrotea.* ‖ Producir ruidos parásitos: *chisporrotear la radio.*

chisporroteo m. Proyección de chispas y ruido que hace algo que está ardiendo. ‖ Ruidos parásitos en la radio.

chisquero m. Encendedor de yesca y de bolsillo.

¡chist! interj. Se emplea para imponer silencio.

chistar v. i. Hablar.

chiste m. Historieta burlesca y que hace reír: *siempre está contando chistes.* ‖ Agudeza, dicho agudo. ‖ Gracia: *esto no tiene chiste.* ‖ Burla, broma: *siempre está de chistes.* ‖ *Fam. Caer en el chiste,* comprender.

chistera f. Sombrero de copa alta. ‖ Cesta del pelotari. ‖ Cesta de los pescadores.

chistosada f. *Méx.* Chiste de poca gracia.

chistoso, sa adj. Que cuenta chistes. ‖ Gracioso: *anécdota chistosa.* ‖ Bromista. ‖ *Fig. Qué poco chistoso es,* qué poca gracia tiene.

chistu m. Flauta vasca.

chistulari m. Músico que toca el chistu.

chita f. *Anat.* Astrágalo, hueso del pie. ‖ Juego que consiste en colocar en el suelo una chita o taba y tirar a ella con tejos. ‖ *Fam. A la chita callando,* chiticallando.

Chita. V. SIERRA NEVADA DE CHITA.

chiticallando adv. *Fam.* En secreto, sin meter ruido.

¡chitón! interj. ¡Silencio!

Chitré, c. de Panamá, cap. del dep. de Herrera.

chitreano, na adj. y s. De Chitré (Panamá).

Chittagong, c., puerto y prov. del Bangla Desh. Obispado.

Chiusi, c. de Italia (Toscana). Necrópolis etrusca. Llamada ant. *Clusium.*

chiva f. Femenino de *chivo.* ‖ *Amer.* Perilla, barba. ‖ — Pl. *Méx.* Conjunto de trastos y cosas personales.

chivar v. t. *Pop.* Fastidiar. ‖ — V. pr. *Fam.* Delatar, acusar, soplar. ‖ Aburrirse.

chivatazo m. *Fam.* Delación, soplo, acusación.

chivatear v. i. *Fam.* Chivar.

chivateo m. *Fam.* Chivatazo.

chivato m. Chivo de más de seis meses y de menos de un año. ‖ *Fam.* Soplón, delator, acusón.

Chivay, c. del Perú, cap. de la prov. de Cailloma (Arequipa).

Chivela, río de México (Oaxaca), que, al confluir con el Chichihua, forma el Coatzacoalcos.

Chivilcoy, c. de la Argentina (Buenos Aires).

chivo, va m. y f. Cría de la cabra desde que no mama hasta que llega a la edad de procrear.

CH

chivón, ona adj. *Cub.* Molesto.

Chivor, pobl. de Colombia (Boyacá). Esmeraldas.

Chixoy. V. SALINAS.

¡cho! interj. ¡So!

Choapa, río de Chile (Coquimbo); 160 km.

Chocano (José SANTOS), poeta lírico peruano, n. en Lima (1875-1934). De ideas socialistas y revolucionarias, protector de los indios, m. asesinado en Santiago de Chile. En sus composiciones celebró la naturaleza de la tierra de su país (*Iras santas, Alma América, Primicias de oro de Indias*).

chocante adj. Que choca. ‖ Desagradable: *voz chocante.* ‖ *Méx.* Fastidioso.

chocar v. i. Golpearse violentamente dos cuerpos o una cosa con otra: *chocar contra, o con, una muralla.* ‖ *Fig.* Pelear, combatir. | Tener una pelea: *chocaron los dos en el despacho.* | Causar extrañeza, extrañar, sorprender: *su conducta me choca.* ‖ — V. t. Entrechocar: *chocaron los vasos al brindar.* ‖ Estrechar: *chocaron las manos.*

chocarrería f. Calidad de chocarrero. ‖ Dicho o acción grosero.

chocarrero, ra adj. Soez, grosero (ú. t. c. s.).

Chocaya, cantón de Bolivia (Potosí). Minas.

Chocim. V. HOTIN.

choclo m. Chanclo. ‖ *Amer.* Mazorca de maíz sin madurar.

choco, ca adj. *Amer.* Mutilado. ‖ *Bol.* De color rojo oscuro. *Col.* De tez muy morena. ‖ *Chil.* De pelo ensortijado. ‖ — M. Jibia pequeña. ‖ *Amer.* Perro de aguas. ‖ *Chil.* Muñón.

Chocó, región de Colombia, a orillas del Pacífico, que forma un departamento y comprende una parte de la Cord. Occidental de Colombia; cap. *Quibdó.*

chocoano, na adj. y s. De Chocó (Colombia).

chocolate m. Pasta alimenticia sólida hecha con cacao y azúcar molido. ‖ Bebida hecha con esta pasta desleída en agua o leche. ‖ — Adj. inv. De color del chocolate: *un vestido chocolate.*

chocolatería f. Fábrica en la que se hace o tienda donde se vende chocolate.

chocolatero, ra m. y f. Persona que fabrica o vende chocolate. ‖ — Adj. y s. Que le gusta mucho el chocolate. ‖ — F. Recipiente para hacer chocolate. ‖ *Fam.* Trasto, cacharro, cosa vieja.

chocolatín m. y **chocolatina** f. Tableta o bombón de chocolate.

chocolomo m. *Amer.* Cocido de carne, tomate y otros ingredientes: *les sirvieron un chocolomo.*

chocón, ona adj. *Méx.* Antipático.

Chocontá, pobl. de Colombia (Cundinamarca).

chocoyo m. *Guat.* Herreruelo, ave trepadora.

Choczin. V. HOTIN.

chocha f. Ave zancuda de pico largo, becada.

chochear v. i. Repetir la misma cosa. ‖ Volver a la infancia un viejo. ‖ *Fig.* y *fam.* Perder el seso, querer o gustar mucho.

chochera y **chochez** f. Repetición de lo mismo. ‖ Disminución de la inteligencia en los viejos. ‖ *Fam.* Admiración, cariño, amor.

chocho, cha adj. Que chochea:

viejo chocho. || *Fig.* y *fam.* Que está loco de puro cariño, que le gusta mucho. || — M. Altramuz.

chochoperdiz f. Chocha.

Choderlos de Laclos. V. LACLOS (Pierre).

Choele-Choel, isla de la Argentina en el río Negro.

chofer m. *Amer.* Chófer.

chófer m. Conductor de un automóvil.

Choiseul [*chuasel*] (Étienne François, *duque de*), político francés (1719-1785), ministro de Luis XV.

chola f. *Fam.* Cabeza.

cholada f. y **cholerío** m. *Amer.* Conjunto de cholos.

cholo, la adj. y s. *Amer.* Mestizo de blanco e india. | Dícese del indio civilizado. || *Chil.* Indio puro. || *Arg., Bol., Chil., Ecuad.* y *Per.* Gente de sangre mezclada.

Cholojov (Mihail), escritor soviético, n. en 1905, autor de las novelas *El Don apacible* y *Campos roturados.* (Pr. Nóbel, 1965.)

Cholón, c. del Viet Nam del Sur, en las proximidades de Saigón.

Cholula de Rivadabia, c. de México (Puebla). Pirámide azteca. Ant. c. tolteca.

choluteca adj. y s. De Choluteca (Honduras).

Choluteca, c. meridional de Honduras, a orillas del río *Choluteca,* cap. del dep. homónimo.

cholutecano, na adj. y s. Choluteca, de Choluteca.

choluteco, ca adj. y s. De Cholula (México).

cholla f. *Fam.* Cabeza.

chollo m. *Fam.* Ganga. | Suerte.

Chomutov, c. de Checoslovaquia. Lignito.

Chonco o **San Nicolás,** cumbre volcánica de Nicaragua (Chinandega); 1 105 m.

Chone, río y pobl. del Ecuador (Manabí).

Chongjin, c. y puerto de Corea del Norte, a orillas del mar del Japón.

Chongking, c. de China Central (Sechuán), a orillas del Yangtse Kiang. Residencia del gobierno durante la guerra contra el Japón. Industrias.

chongo m. *Méx.* Moño de pelo. || Postre de leche cuajada.

Chonju, c. de Corea del Sur, al S. de Seúl.

chono, na adj. y s. Indio alacalufe del S. de Chile.

Chonos, archip. de Chile meridional formado por más de mil islas o islotes. Depende de las prov. de Aisén y Chiloé.

chontal adj. y s. Individuo de una ant. tribu india de México (Tabasco) y de América Central.

Chontaleña o **Sierra de Amerisque,** cord. de Nicaragua.

chontaleño, ña adj. y s. De Chontales (Nicaragua).

Chontales, páramo de Colombia (Boyacá y Santander Norte). — Dep. en el centro de Nicaragua; cap. *Juigalpa.*

chopera f. Plantío de chopos.

Chopin [*-pan*] (Frédéric), compositor romántico polaco, de origen francés, n. cerca de Varsovia (1810-1849). Sus obras, dedicadas especialmente al piano, son notables por su sencillez y riqueza melódica (*Conciertos, Estudios, Preludios, Nocturnos, Sonatas, Polonesas, Mazurkas,* etc.).

chopo m. Árbol de regiones templadas y húmedas. || *Fam.* Fusil.

choque m. Encuentro violento de un cuerpo con otro: *choque de coches.* || *Mil.* Combate, pelea: *un choque de tanques.* || *Fig.* Disputa, lucha, contienda. | Conflicto, oposición: *choque de dos ideas.* || *Med.* Conmoción: *choque nervioso.*

choquezuela f. *Anat.* Rótula.

choricería f. Tienda de embutidos.

choricero, ra m. y f. Persona que hace o vende chorizos.

chorizo m. Embutido de carne de cerdo, picada y adobada con pimentón. || Contrapeso. || Balancín de volatineros. || *Pop.* Ratero.

chorlito m. Ave zancuda de carne muy estimada || *Fig.* y *fam. Cabeza de chorlito,* persona distraída.

Chorolque, macizo montañoso de Bolivia (Potosí); 5 615 m.

chorotega adj. y s. Individuo de una ant. tribu india de América Central.

chorra f. *Pop.* Suerte: *tener mucha chorra.*

chorrada f. *Pop.* Tontería.

chorreado, da adj. Aplícase a la res que tiene rayas verticales.

chorreadura f. Chorreo. || Mancha dejada por el chorro de un líquido.

chorrear v. i. Caer o salir un líquido formando chorro. || Salir el líquido lentamente y goteando: *la ropa chorrea.* || *Fam.* Abundar: *el dinero chorrea en esta casa.* || — V. t. Derramar, vertir: *chorreando sudor.*

chorreo m. Salida de un líquido. | *Fig.* Afluencia: un chorro de gente. | Gasto continuo.

chorreón m. Chorreadura. || Pequeña cantidad: *le echó un chorreón de aceite.*

chorrera f. Lugar por donde chorrea un líquido. || Señal que deja. || Adorno de encajes que se ponía en la abertura de la camisa. || Adorno de que pendía la venera. || *Arg.* Serio, conjunto: *chorrera de disparates.*

Chorrera del Guayabo, pobl. de El Salvador (Cabañas). Central eléctrica del río Lempa.

chorrillo m. *Fig.* y *fam.* Chorro continuo. || Chorreón.

Chorrillos, c. del Perú (Lima).

chorro m. Salida de un líquido con fuerza: *un chorro de agua.* || Salida violenta de gas o vapor que sirve de fuerza propulsora. || Caída sucesiva de ciertas cosas: *un chorro de trigo.* | Gran cantidad: *un chorro de luz, de dólares.* || — *A chorros,* abundantemente. || *Avión de chorro,* avión de reacción. || *Fam. Como los chorros del oro,* muy limpio.

Chorros, pobl. de El Salvador (La Libertad). Balneario.

Chorzow, ant. *Königshütte,* c. de Polonia, en Alta Silesia (Katovice). Hulla. Siderurgia.

Chosen, n. japonés de *Corea.*

Chostakovich (Dimitri Dimitrievich), músico ruso, n. en 1906, autor de sinfonías.

Chota, río del Ecuador (Imbabura), afl. del Mira. — C. del Perú, cap. de la prov. homónima (Cajamarca).

chotacabras m. Ave trepadora que destruye los insectos nocivos.

chotearse v. pr. *Fam.* Burlarse.

choteo m. *Fam.* Burla, pitorreo. || *Fam. Tomar a choteo,* tomar a broma.

chotis f. Baile por parejas típico de Madrid.

choto, ta m. y f. Cabrito. || Ternero. || *Fam. Estar como un choto,* estar medio loco.

chotuno, na adj. Aplícase al ganado cabrío mientras mama. || *Fam. Oler a chotuno,* oler a sucio.

chova f. Corneja, ave.

choza f. Cabaña de estacas y ramas.

chozno, na m. y f. Cuarto nieto.

chozo m. Choza.

Christchurch, c. de Nueva Zelanda, en la isla del Sur, cap. de la prov. de Canterbury. Universidad.

Christian Science, secta religiosa fundada en Estados Unidos (1879), con sede en Boston.

Christiansted, c. y puerto de Estados Unidos en la isla de Santa Cruz (Islas Vírgenes).

Christie (Agatha), novelista policiaca inglesa, n. en 1891.

christmas [*kristmas*] m. (pal. ingl.). Tarjeta de felicitación en Navidad. (Es mejor usar la ortografía *crismas.*)

Christophe (Henri), general haitiano (1767-1820), pres. de la Rep. (1807-1811), que se proclamó rey (1811-1820). Se suicidó.

Chu || ~ **En-lai,** político chino, n. en 1898, pres. del Consejo de la República Popular. || ~ **Hi,** historiador y filósofo chino (1130-1200), comentador de los libros canónicos.

Chuacús, cerro de Guatemala (Totonicán).

chuamico m. *Méx.* Ponche de sidra, preparado con frutas agridulces.

chuán m. Insurgente del O. de Francia durante la Revolución.

chubasco m. Chaparrón, aguacero, lluvia violenta. || *Fig.* Adversidad.

chubasquero m. Impermeable.

chubesqui m. Estufa.

Chubut, río del S. de la Argentina que des. en el Atlántico; 800 km. — Prov. de la Argentina; cap. *Rawson.* Ganadería. Petróleo.

chubutense adj. y s. De Chubut (Argentina).

Chucuito, parte NO. del lago *Titicaca.* — Prov. del Perú (Puno); cap. *Juli.*

Chucunaque, río de Panamá (Darién), que se une al Tuira; 150 km.

chucha f. Perra. || *Pop.* Peseta.

chuchear v. i. Cuchichear. || Cazar con señuelos, lazos o redes. || Comer chucherías.

chuchería f. Baratija, fruslería. || Dulce, golosina.

chuchero m. *Cub.* Guardagujas.

chucho m. *Fam.* Perro. || *Cub.* Conmutador de la luz. | Aguja del tren. || *Méx.* Chismoso, enredador.

chuchón m. *Méx.* Gallo de pelea, azuzador.

chuchumeco m. Mequetrefe, monigote. || *Méx.* Chichimeca.

chuchurrido, da adj. *Fam.* Marchito. | Arrugado.

Chudsk. V. PEIPUS.

chueca f. Apófisis: *la chueca del fémur, del húmero.* || Tocón de un árbol cortado.

Chueca (Federico), músico español (1846-1908), compositor de zarzuelas (*La Gran Vía; Agua, azucarillos y aguardiente,* etc.).

chufa f. Planta ciperácea de cuyos tubérculos, comestibles, se hace una horchata.

chufar v. i. Burlarse.

chufla f. Cuchufleta.

chuflarse y **chuflearse** v. pr. Burlarse.

chufletear v. i. *Fam.* Bromear.

chufletero, ra adj. y s. *Fam.* Bromista. | Burlón.

chuico m. *Chil.* Damajuana.

chukche adj. y. s. Individuo de un pueblo de la U.R.S.S. que habita en el E. de Siberia.

Chukutién, aldea de China al SO. de Pekín. Estación prehistórica donde apareció el sinántropo (1921).

chulada f. *Fam.* Desenfado, desfachatez: *obrar con chulada.* | Grosería. | Bravata, dicho o hecho jactancioso. | Agudeza.

chulapear v. i. *Fam.* Portarse a lo chulo.

chulapería f. *Fam.* Chulería.

chulapo, pa y **chulapón, ona** adj. y s. *Fam.* Chulo.

chulé m. *Pop.* Duro, moneda.

chulear v. t. Burlar con gracia, bromear, reírse. || — V. pr. Burlarse. || *Fam.* Presumir.

chulería f. *Fam.* Gracia, donaire. | Desfachatez, descaro, desenfado. | Bravata.

chulesco, ca adj. y s. Relativo a los chulos. | Populachero.

chuleta f. Costilla de cerdo, ternera, cordero, etc.: *almorzamos chuletas.* || Pieza de madera con la que los carpinteros rellenan algunas grietas. || Cuchillo, nesga de un vestido. || *Fig.* y *fam.* Guantazo, capón, bofetón. || Nota o papelito que llevan escondidamente los estudiantes a los exámenes y en el que están apuntadas fórmulas, resúmenes de temas, etc., que les van a preguntar. ‖ — M. *Fam.* Chulo.

chulo, la adj. Chulesco, propio del pueblo de Madrid, picaresco: *andares chulos.* ‖ Descarado, desenfadado, insolente: *no seas tan chulo* (ú. t. c. s.). ‖ Bravucón, atrevido: *estuvo muy chulo con el director* (ú. t. c. s.). ‖ Presumido, ufano: *se paseaba muy chulo con su novia al lado* (ú. t. c. s.). ‖ Majo, de buen efecto: *¡qué coche tan chulo!* ‖ — M. y f. Persona del pueblo bajo de Madrid. ‖ — M. Mozo que ayudaba antiguamente a los toreros. ‖ Rufián, que vive de las mujeres. ‖ *Pop.* Tipejo, individuo.

Chulucanas, c. del Perú, cap. de la prov. de Morropón (Piura).

Chulumani, c. de Bolivia (La Paz), cap. de la prov. de Sur Yungas.

chullo m. *Bol* y *Per.* Shullo.

chullpa o **chulpa** f. Monumento funerario precolombino en Bolivia y Perú.

Chuma, c. de Bolivia, cap. de la prov. de Muñecas (La Paz).

chumacera f. *Mec.* Pieza en que descansa y gira un eje. ‖ *Mar.* Tablita en la que se fija el tolete.

Chumacero (Alí), poeta mexicano, n. en 1918.

chumarse v. pr. *Arg.* Embriagarse.

Chumayel pobl. y mun. de México (Yucatán), donde fue hallada la versión más importante de Chilam Balam.

chumbe m. *Amer.* Faja de los indios.

chumbera f. Higuera chumba.

Chumbivilcas, prov. del Perú (Cuzco); cap. *Santo Tomás.*

chumbo, ba adj. Dícese del nopal y de su fruto: *higuera chumba, higo chumbo* (ú. t. c. m.).

Chunchi, pobl. del Ecuador (Chimborazo).

chunga f. *Fam.* Burla o broma festiva: *habló en tono de chunga.*

Chungking. V. CHONGKING.

chunguear v. i. *Fam. Méx.* Bromear. ‖ — V. pr. *Fam.* Burlarse, guasearse. ‖ Bromear.

chungueo m. *Fam.* Chunga.

chupa f. Prenda de vestir con faldillas y mangas ajustadas. ‖ *Fig. y fam. Poner a uno como chupa de dómine,* decirle cosas muy desagradables.

chupacirios m. *Fam.* Beato.

chupada f. Acción de chupar.

chupadero, ra adj. Que chupa. ‖ — M. Chupete.

chupado, da adj. *Fig.* y *fam.* Muy flaco. ‖ *Fam. Está chupado,* es muy fácil.

chupador, ra adj. y s. Que chupa. ‖ — M. Chupete. ‖ Tetina del biberón.

chupadura f. Acción y efecto de chupar o chuparse, succión.

chupaflor m. *Amer.* Colibrí.

chupalámparas m. inv. *Fam.* Sacristán, monago.

chupamirto m. *Méx.* Colibrí.

chupar v. t. Extraer con los labios el jugo de una cosa o un fluido: *chupar un limón, un cigarrillo.* ‖ Lamer: *chupar un caramelo.* ‖ Embeber los vegetales u otra cosa un líquido, el agua o la humedad: *las raíces chupan la humedad del suelo.* ‖ Mamar el niño. ‖ *Fig.* y *fam.* Absorber. | Despojar los bienes de uno con astucia y engaño: *chuparle el dinero a uno.* ‖ — V. pr. Pasar entre los labios y humedecer con saliva: *se chupa el dedo meñique.* ‖ Enflaquecer, adelgazar. ‖ *Fam.* Tirarse, soportar una cosa: *chuparse seis meses de prisión.* | Emplear en provecho propio: *se chupó todo el capital.* ‖ *Amer.* Emborracharse. — *Fam. Chuparse el dedo,* tener poca experiencia. | *Chuparse los dedos,* deleitarse con una cosa. | *¡Chúpate ésa!,* ¡tómate esa!

chupatintas m. *Fam.* Oficinista de poca categoría.

chupe m. *Fam.* Chupete.

chupendo m. *Fam.* Chupetón.

chupeta f. *Amer.* Chupete. | Chupón, caramelo.

chupete m. Objeto que se da a los niños de muy corta edad para que chupen. ‖ Tetina del biberón.

chupetear v. i. Chupar mucho.

chupeteo m. Succión.

chupetón f. Chupada fuerte.

chupinazo m. *Fam.* En fútbol, chut fuerte.

chupón, ona adj. y s. Que chupa. ‖ *Fig. y fam.* Parásito, aprovechón. ‖ — M. *Bot.* Vástago o brote inútil. ‖ Pluma de las aves no enteramente formada. ‖ Tetina de biberón. ‖ Caramelo sostenido por un palo y que se lleva a la boca para chuparlo. ‖ Beso chupado. ‖ *Fís.* Émbolo de las bombas de desagüe. ‖ Desatrancador neumático. ‖ *Amer.* Biberón. | Chupete.

chupóptero m. *Fam.* Persona que sin prestar servicios efectivos tiene uno o más sueldos.

Chuquibamba, c. del Perú, cap. de la prov. de Condesuyos (Arequipa).

Chuquibambilla, c. del Perú, cap. de la prov. de Grau (Apurímac).

Chuquicamata, c. del S. de Chile (Antofagasta). Cobre.

Chuquicara o **Tablacacha,** río del Perú, afl. del Santa.

Chuquisaca, dep. de Bolivia; cap. *Sucre.* — N. ant. de la c. de *Sucre* (Bolivia).

chuquisaqueño, na adj. y s. De Chuquisaca (Bolivia).

Churchill, río del Canadá (Saskatchewan y Manitoba), que des. en la bahía de Hudson; 1 500 km.

Churchill (Sir Winston Spencer), político y escritor inglés, n. en Blenheim (Oxford) [1874-1965]. Fue Lord del Almirantazgo durante la primera guerra mundial y jefe del Gobierno en la segunda, contribuyendo con su energía y dotes de mando al triunfo aliado de 1945. Asumió otra vez el poder de 1951 hasta su dimisión en 1955. Su obra literaria, que le valió el Premio Nobel en 1953, es esencialmente histórica y autobiográfica.

churla f. y **churlo** m. *Amer.* Saco.

churrascado, da adj. Quemado.

churrasco m. *Arg.* Carne asada en las brasas.

churrasquear v. i. *Arg.* Comer un churrasco. | Asar.

churrasquería f. Tienda de asados.

churre m. *Fam.* Sustancia grasa. | Suciedad.

churrería f. Tienda de churros.

churrero, ra m. y f. Persona que hace o vende churros.

churrete m. Mancha en la cara.

churretón m. Churrete.

churretoso, sa adj. Sucio.

churri adj. *Fam.* De poco valor.

Churriguera, familia de arquitectos españoles cuyos representantes más destacados fueron: JOSÉ, m. en 1679, autor de retablos, y su hijo JOSÉ (1665-1723), que creó un estilo exuberante, mezcla de elementos góticos, platerescos y barrocos.

churrigueresco, ca adj. *Arq.* Dícese del estilo derivado del barroco introducido en España a principios del siglo XVIII por Churriguera, Ribera y sus discípulos. ‖ *Fig.* Recargado, rococó, complicado.

churriguerismo m. Estilo arquitectónico cuya característica principal fue la excesiva o recargada ornamentación.

churriguerista m. Adepto del churriguerismo.

churro, rra adj. Dícese de la lana basta y grosera. ‖ — M. Masa de harina y agua que se fríe y tiene forma de bastoncito alargado o en rueda. ‖ *Fig.* y *fam.* Obra mal hecha, mamarracho. | Fracaso: *salir un churro.* | Casualidad, suerte, chiripa: *ser un churro que no se hace dos veces.*

Churruca y Elorza (Cosme Damián de), marino español, n. en 1761, m. en 1805 en Trafalgar.

churruscarse v. pr. Tostarse.

churrusco m. Trozo de pan muy tostado.

Churubusco, lugar de México, donde se batieron las tropas norteamericanas y los restos del ejército mexicano del Norte, el 20 de agosto de 1847.

churumbel m. *Pop.* Niño.

chuscada f. Gracia.

chusco, ca adj. Gracioso, humorístico. ‖ — M. *Fam.* Pieza de pan que se da al soldado para la comida.

chusma f. Gentuza, populacho, gente soez. ‖ *Fam.* Multitud, muchedumbre. ‖ Conjunto de galeotes.

chusmaje m. *Amer.* Chusma.

chuspa f. *Arg. y Per.* Bolsa.

chusquero m. *Fam.* Oficial procedente de la tropa y que no ha pasado por la Academia Militar.

chut m. En fútbol, puntapié al balón.

chutar v. i. En fútbol, lanzar el balón de un puntapié. ‖ — *Fam. Esto va que chuta,* esto va muy bien. | *¡Y va que chuta!,* ya es suficiente.

Chutro (Pedro), medico argentino (1880-1937).

chuvache adj. y s. Individuo de un pueblo de la U.R.S.S. que habita en el Volga medio. Su lengua es de origen turco.

Chuvaquia, rep. autónoma de la U. R. S. S. (Rusia), a orillas del Volga; cap. *Tcheboksari.*

chuza f. *Méx.* Lance en el boliche y el billar que consiste en derribar de una vez y con una bola todos los palos. ‖ *Fig.* y *fam. Mex. Haecr chuza,* acabar con todo.

chuzo m. Bastón, con un hierro en la punta, de los serenos. ‖ *Amer.* Látigo. ‖ *Fam. Llover a chuzos* o *caer chuzos de punta,* llover con mucha fuerza o ímpetu.

Diligencia, por L. L. Boilly

d f. Quinta letra del alfabeto castellano y cuarta de sus consonantes. ‖ — **D,** cifra romana que vale 500. ‖ *Mat.* Símbolo de *diferencial.* ‖ *Quím.* Símbolo del *deuterio.* ‖ — **D.,** abrev. de *Don.*

Da Nang, ant. *Turane,* c. y puerto del Viet Nam del Sur, al SE. de Hué.

dable adj. Posible. ‖ Factible.

daca, voz compuesta de *da* y *acá.* Da o dame, acá. ‖ *Andar al daca y toma,* andar en dares y tomares.

Dacca, cap. del Bangla Desh, y de la prov. homónima, en un brazo del Ganges; 556 700 h. — Universidad. Arzobispado.

Dacia, ant. conjunto de regiones de Europa situado en la orilla izquierda del Danubio y correspondiente a la actual Rumania.

dacio, cia adj. y s. De Dacia. (Los *dacios* fueron sometidos por Trajano.)

· **dación** f. *For.* Donación.

dactilar adj. Digital: *huellas dactilares.*

dáctilo m. Pie de la poesía grecolatina compuesto de una sílaba larga seguida de dos breves.

dactilografía f. Mecanografía.

dactilográfico, ca adj. Relativo a la dactilografía.

dactilógrafo, fa adj. y f. Mecanógrafo.

dactiloscopia f. Procedimiento que consiste en identificar a las personas por las huellas digitales.

dacha f. En Rusia, finca de recreo.

Dachau, c. de Alemania Occidental (Baviera). Campo de concentración nazi (1933-1945).

dadaísmo m. Movimiento artístico de vanguardia iniciado en 1916, que tendía a suprimir toda relación entre el pensamiento y la expresión. (Formaron parte de este grupo Tristan Tzara, Picabia, Max Ernst, Paul Eluard.)

dadaísta adj. y s. Perteneciente al dadaísmo.

· **dádiva** f. Don, regalo.

dadivoso, sa adj. y s. Liberal, generoso, propenso a dar.

dado m. Pieza de forma cúbica en cuyas caras hay señalados puntos desde uno hasta seis o figuras, y que sirve para varios juegos de azar. ‖ *Arq.* Pedestal de la columna. ‖ *Mec.* Pieza cúbica que en las máquinas sirve de apoyo a tornillos, ejes, etc.

dado, da adj. Inclinado: *dado a la bebida.* ‖ — Conj. *Dado que,* siempre que; puesto que.

dador, ra adj. y s. Que da. ‖ — M. Portador de una carta. ‖ El que firma la letra de cambio.

Daet, c. de Filipinas (Luzón); cap. de la prov. de Camarines Norte.

Dafne, ninfa metamorfoseada en laurel por Apolo cuando éste quiso poseerla. *(Mit.)*

Dafnis, pastor siciliano, creador de la poesía bucólica. *(Mit.)*

Dafnis y Cloe, novela pastoril de Longo (s. IV), vertida al castellano por J. Valera.

daga f. Arma blanca antigua, de hoja corta.

Daghestán. V. DAGUESTÁN.

Dagua, mun. y río de Colombia (Valle del Cauca).

Daguerre (Jacques), inventor francés (1787-1851), que descubrió la fijación de las imágenes de la cámara oscura en planchas metálicas (*daguerrotipia*).

daguerrotipar v. t. Fijar la imagen por medio del daguerrotipo.

daguerrotipia f. Arte de daguerrotipar.

daguerrotipo m. Procedimiento inventado por Daguerre que permitía fijar en una placa de cobre las imágenes obtenidas con la cámara oscura. ‖ Imagen obtenida. ‖ Aparato para obtener esta clase de imágenes.

Daguestán, rep. soviética autónoma (Rusia), a orillas del Caspio; cap. *Makhatchkala.*

dahir m. Decreto del rey de Marruecos.

Dahomey, rep. de África Occidental, entre Togo y Nigeria; 115 800 km²; 2 640 000 h. (*dahomeyanos*); cap. *Porto Novo,* 69 500 h. Fue colonia francesa desde 1893 a 1960, año de su independencia.

dahomeyano, na adj. y s. De Dahomey.

daifa f. Concubina.

daimio m. Hasta 1868, príncipe feudal japonés.

Daimler (Gottlieb), ingeniero alemán (1834-1900), iniciador de la industria automovilística.

Dairen. V. TALIÉN.

Dajabón, c. de la Rep. Dominicana; cap. de la prov. homónima.

Dakar, cap. y puerto del Senegal; 374 700 h. Arzobispado.

Dakota, región del centro-norte de Estados Unidos, dividida en *Dakota del Norte* (cap. *Bismarck*), y *Dakota del Sur* (cap. *Pierre*).

dala f. *Méx.* Viga de cemento armado que se pone como refuerzo en las construcciones.

Dalecarlia, ant. prov. de Suecia central. País montañoso. Turismo

D'Alembert (Jean LE ROND), matemático y filósofo francés, n. en París (1717-1783), autor del *Discurso preliminar* de la Enciclopedia francesa.

Dalence, prov. de Bolivia (Oruro); cap. *Huanuni.*

Dalfinger (Ambrosio). V. ALFINGER.

Dalí (Salvador), pintor español n. en 1904. Ha sufrido, en diversos períodos, influencias cubista, dadaísta y surrealista.

dalia f. Planta compuesta de flores sin olor. ‖ Flor de esta planta.

Dalila, amante de Sansón que, comprada por los filisteos, le cortó los cabellos de los que dependía su fuerza.

Dalmacia, región histórica al E. de los Balcanes y a orillas del Adriático, perteneciente a Yugoslavia (Croacia).

dálmata adj. y s. De Dalmacia.

dalmático, ca adj. Dálmata. ‖ — M. Lengua hablada en Dalmacia. ‖ — F. Túnica blanca que llevaban los emperadores romanos. ‖ Vestidura sagrada que se pone encima del alba. ‖ Túnica que llevan los reyes de armas y maceros.

Dalmáticos (Alpes). V. ALPES.

Dalmau (Luís), pintor catalán, m. en 1460, autor del *Retablo de los Consellers.*

Dalny. V. TALIÉN.

Dalton (John), físico y químico inglés (1766-1844), considerado como el autor de la teoría atómica. Estudió la perversión del sentido de los colores (*daltonismo*).

daltoniano, na adj. Relativo al daltonismo. ‖ Que padece daltonismo.

daltonismo m. *Med.* Defecto de la vista que impide distinguir ciertos colores o que los confunde, especialmente el rojo y el verde.

dalla f. y **dalle** m. Guadaña.

Dallas, c. de Estados Unidos (Texas). Obispado. Aquí fue asesinado el pres. J. F. Kennedy en 1963.

dama f. Mujer noble o de calidad distinguida. ‖ Mujer galanteada. ‖ La que acompaña o sirve a la reina o a las princesas e infantas: *dama de honor, de palacio.* ‖ Actriz que representa los papeles principales. || Manceba. || Pieza coronada en el juego de las damas. || Reina en el ajedrez y en los naipes. || — Pl. Juego que se hace con peones redondos negros y blancos en un tablero escaqueado (dos jugadores).

Dama (La). || **~ de Baza, de Elche.** V. BAZA y ELCHE. || **~ de las Camelias,** novela (1848) y drama (1852) de Dumas, hijo.

damajuana f. Botellón grande y muy ancho.

Damao, c. y puerto de la India, al N. de Bombay, de soberanía portuguesa de 1558 a 1961.

damasceno, na adj. y s. De Damasco.

damasco m. Tela de seda con dibujos. || Variedad de albaricoque.

Damasco, cap. de Siria y de la prov. homónima; 618 500 h.

Dámaso || **~ I** *(San)*, papa español de 366 a 384. Hizo que San Jerónimo tradujese la Biblia *(Vulgata)*. Fiesta el 11 de diciembre. || **~ II,** papa en 1048.

damasquillo m. Albaricoque.

damasquinado m. Ataujía o embutido de metales finos.

damasquinar v. t. Incrustar con hilos de oro o plata ciertos objetos.

damasquino, na adj. Damasceno, de Damasco.

damero m. Tablero del juego de damas.

Damián || **~** *(San)*. V. COSME. || **~** *(San* PEDRO), doctor de la Iglesia (988-1072), promotor de la reforma del clero. Fiesta el 23 de febrero. || **~ de Veuster** (*Padre* JOSÉ), misionero belga (1840-1889). Cuidó a los leprosos de Molokai (Hawai).

Damieta, c. y puerto de Egipto, en el delta del Nilo.

damisela f. Moza que se las da de dama. || Mujer mundana.

damnación f. Condenación.

damnificado adj. y s. Perjudicado, dañado, siniestrado.

damnificar v. t. Dañar, perjudicar, lesionar.

Damocles, cortesano de Dionisio el Viejo (s. IV a. de J. C.), famoso por la leyenda de la espada que pendía sobre su cabeza.

Damodar, río del NE. de la India; 545 km. Siderurgia en su valle medio.

Damón y Pitias, filósofos griegos de la escuela pitagórica, célebres por su amistad y compenetración (s. IV a. de J. C.).

Dánae, hija de Acrisio, rey de Argos, y de Eurídice. Fue, con Zeus, madre de Perseo.

Danaides, las cincuenta hijas de Dánao, que, excepto una, mataron todas a sus esposos la noche de bodas. *(Mit.)*

Dánao, rey de Egipto y de Argos, padre de las Danaides. *(Mit.)*

dancing m. (pal. ingl.). Sala de baile.

dandismo m. Elegancia de los dandíes.

dandy m. (pal. ingl.). Hombre elegante, a la moda. (Pl. *dandies.*)

Daneri (Eugenio), pintor argentino (1881-1970).

danés, esa adj. y s. De Dinamarca.

Daniel, punta de Chile, en el estr. de Magallanes. || **~ Campos,** prov. de Bolivia (Potosí); cap. *Llica.* || **~ Carrión,** prov. del Perú (Pasco); cap. *Yanahuanca.*

Daniel, uno de los cuatro profetas mayores (s. VII a. de J. C.).

Daniel-Rops (Henri PETIOT, llamado), escritor francés (1901-1965), novelista e historiador del cristianismo.

Daniell (John Frederic), físico y químico inglés (1790-1845), inventor de un tipo de pila eléctrica.

Danlí, c. de Honduras (El Paraíso).

D'Annunzio. V. ANNUNZIO.

danta f. *Zool.* Anta. || Tapir.

Dantas (Julio), escritor portugués (1876-1962), autor de *Viaje en España,* de obras teatrales *(La cena de los cardenales, La ceguera)* y de poesías.

Dante Alighieri, poeta italiano n. en Florencia en 1265 y m. en Ravena en 1321. Su amor imposible por Beatriz Portinari le inspiró los sonetos de la *Vita Nuova* y la *Divina Comedia,* poema alegórico compuesto en tercetos. Escribió tb. *El Convivio* y el tratado latino *De Monarchia.*

dantesco, ca adj. Propio de Dante o de su poesía. || Parecido a su estilo.

Danton (Georges), político, revolucionario y orador francés (1759-1794). M. guillotinado.

Dantzig. V. GDANSK.

danubiano, na adj. Del Danubio: *puerto danubiano.*

Danubio, río de Europa Central, que n. en la Selva Negra, atraviesa o pasa por Alemania, Austria, Checoslovaquia, Hungría, Yugoslavia, Rumania, Bulgaria y la U. R. S. S., y des. en el mar Negro; 2 850 km.

Danvila (Alfonso), novelista español, n. en 1879, autor de la serie *Las luchas fratricidas de España,* que comprende diez volúmenes.

danza f. Baile, serie de movimientos cadenciosos efectuados al son de la música cantada o tocada. || *Fig.* y *fam.* Negocio sucio o poco acertado. | Riña, pelea. || Acción: *meter* (o *entrar*) *en danza.*

danzador, ra adj. y s. Que danza.

danzante adj. Que danza. || — M. y f. Bailarín. || *Fig.* y *fam.* Persona informal, casquivana.

danzar v. t. e i. Bailar. || — V. i. Efectuar movimientos rápidos, bullir. || *Fig.* y *fam.* Entremeterse una persona en un asunto. | Pasar rápidamente de un sitio a otro: *ahora la tienen danzando de un servicio a otro.*

danzarín, ina m. y f. Bailarín.

Danzig. V. GDANSK.

dañado, da adj. Estropeado.

dañar v. t. Causar daño, perjudicar: *dañarle a uno en su honra.* || Echar a perder una cosa: *el granizo ha dañado las cosechas.* || — V. pr. Lastimarse, hacerse daño.

dañino, na adj. Que hace daño. || Nocivo.

daño m. Detrimento, perjuicio. || Estropicio: *los daños causados por la sequía.* || Dolor: *estos zapatos me hacen daño.* || *Daños y perjuicios,* lo que se reclama de indemnización para reparar un mal.

dañoso, sa adj. Que daña.

Daoiz (Luis), héroe de la guerra de la Independencia española (1767-1808), que, con Velarde y Ruiz, se rebeló en Madrid contra los franceses.

Dapsang. Véase K2.

* **dar** v. t. Donar: *dar un regalo.* || Entregar. || Conferir: *dar un título.* || Otorgar, conceder: *dar permiso.* || Proponer: *dar una idea.* || Producir: *el rosal da rosas.* || Declarar, comunicar: *dar conocimiento, noticias.* || Causar: *dar mucho que hacer.* || Ocasionar, provocar: *dar alegría.* || Sacrificar: *dar su existencia.* || Imponer: *dar leyes a un país.* || Asestar: *dar un puñetazo.* || Administrar: *dar un remedio.* || Proporcionar: *dar sustento.* || Untar: *dar con betún.* || Hacer: *dar los primeros pasos.* || Lanzar, exhalar: *dar voces, un suspiro.* || Sonar las campanadas: *el reloj da las diez* (ú. t. c. i.). || Echar una película o representar una obra de teatro. || Evaluar: *le doy veinte años.* || *Fam.* Fastidiar: *me dio la tarde.* || — *¡Dale!,* interj. para ponderar la obstinación. || *Dar clases,* hacerlas el profesor o seguirlas el alumno. || *Dar que decir,* provocar la murmuración. || *Dar que hacer,* causar trabajo o molestia. || *Donde las dan las toman,* las malas acciones se pagan con la misma moneda. || *No dar golpe,* no hacer nada. || — V. i. Golpear: *darle fuerte a un niño malo.* || Importar: *dar lo mismo.* || Caer: *dar de espaldas.* || Poner en movimiento: *darle a la máquina.* || Pulsar: *dar al botón.* || Empeñarse: *le dio en pintar.* || Tener, sobrevenir: *me dio un calambre.* || Acertar: *dar en el blanco.* || Estar orientado hacia: *la ventana da al patio.* || Ocurrir: *se da el caso.* || *Fig.* Presagiar: *me da el corazón que va a llover.* || — *Dar con una persona o cosa,* encontrarla. || *Dar de sí,* ensancharse. || *Dar en qué pensar,* despertar sospechas. || *Dar por,* considerar: *dar por acabado algo;* ocurrírsele a uno: *ahora le ha dado por beber.* || — V. pr. Entregarse. || *Fig.* Ocuparse: *darse a la música.* || Pegarse, topar: *darse contra la pared.* || Considerarse: *darse por contento.* || Producirse las plantas: *esta fruta se da bien aquí.* || — *Fam. Dársela a uno,* engañarle. | *Dárselas de,* presumir de lo que no se es. | *Dársele bien a uno algo,* conseguirlo fácilmente.

Dar || **~ El-Beida.** V. CASABLANCA. || **~ Es-Salam,** cap. y puerto de Tanzania; 273 000 h. Arzobispado.

Dardanelos, estrecho que comunica el mar Egeo con el de Mármara. Se llamó ant. *Helesponto.*

Dárdano. Fundador legendario de Troya.

dardo m. Arma pequeña arrojadiza. || *Fig.* Dicho satírico.

Darfur, prov. montañosa en el O. del Sudán; cap. *El-Facher.*

Darién, serranía en la frontera de Panamá y Colombia. — Prov. de la parte oriental de Panamá, entre el golfo homónimo y el O. del de Panamá; cap. *La Palma.*

darienita adj. y s. De Darién (Panamá).

Dariense (CORDILLERA). V. SEGOVIANA.

Darío || **~ I,** rey de Persia de 521 a 486, hijo de Histaspes, n. hacia 550 a. de J. C. Organizó sus dominios, se apoderó de la India, dominó a Tracia y Macedonia, pero fue derrotado por los griegos en Maratón. || **~ II** *Oco* o *Noto,* rey de los persas de 424 a 404 a. de J. C. Combatió contra Atenas. || **~ III** *Codomano,* rey de los persas de 335 a 330 a. de J. C. Derrotado por Alejandro en Gránico, Isos y Arbelas. M. asesinado.

Darío (Félix Rubén GARCÍA SARMIENTO, llamado **Rubén**), escritor nicaragüense n. en Metapa en 1867 y m. en León en 1916, considerado como uno de los primeros poetas líricos contemporáneos de la escuela modernista, cuya influencia se ha extendido a todas las literaturas de lengua castellana. Fue corresponsal de prensa y diplomático. Entre sus obras más famosas figuran *Abrojos, Azul, Prosas profanas, Cantos de vida y esperanza, El Canto errante, Canto a la Argentina, Poema del otoño y otros poemas,* etc. Escribió en prosa *(Azul)* e introdujo cuentos y prosas poemáticas en *Los raros, Peregrinaciones* y *La caravana pasa.*

Darjeeling o **Dardjiling,** c. de la India, al pie del Himalaya (Bengala Occidental).

Darling, río de Australia (Queensland y Nueva Gales del Sur), afl. del Murray; 2 450 km.

Darmstadt, c. de Alemania Occidental (Hesse).

Daroca, c. de España (Zaragoza). Iglesias mudéjares.

Darro, río de España, en la prov. de Granada, afl. del Genil.

dársena f. *Mar.* Parte interior y resguardada de un puerto.

Dartmouth, c. y puerto del Canadá (Nueva Escocia), en la bahía de Halifax.

darviniano, na adj. Del darvinismo.

darvinismo m. Teoría de Darwin, que trata del origen de las especies por la transformación de unas en otras y la selección natural.

darvinista com. Partidario del darvinismo.

Darwin (Charles), naturalista inglés (1809-1882), autor de una teoría sobre la evolución de las especies *(darwinismo)*, que expone en su libro *Del origen de las especies por medio de la selección natural.*

Dassen (Claro Cornelio), matemático argentino (1873-1941).

data f. Fecha. ‖ — *Com.* Conjunto de partidas de descargo.

datar v. t. Poner la fecha: *datar un libro.* ‖ — *Com.* Poner en las cuentas las partidas de descargo. ‖ — V. i. Remontarse a tal o cual fecha: *nuestra amistad data de 1930.*

dataría f. Cancillería de la Santa Sede en la que se despachan los asuntos no consistoriales.

dátil m. *Bot.* Fruto comestible de la palmera. ‖ *Zool.* Molusco bivalvo parecido a este fruto. ‖ — Pl. *Pop.* Dedos.

datilera f. Palmera que da dátiles.

dativo m. *Gram.* En las lenguas declinables, caso que indica la atribución, la destinación. (En castellano se expresa con las preposiciones *a* y *para.*)

dato m. Antecedente necesario para el conocimiento de una cosa: *los datos de un problema.* ‖ Documento, testimonio. ‖ Noción, información: *datos estadísticos.*

Dato Iradier (Eduardo), político español (1856-1921), jefe del Partido Conservador y pres. del Gobierno (1914-1918 y 1920-1921). Fue asesinado en Madrid.

Daudet [*dodé*] (Alphonse), escritor francés, n. en Nimes (1840-1897), autor de las novelas *Cartas desde mi molino* y *Tartarín de Tarascón*, inspiradas en temas de Provenza. — Su hijo LÉON (1867-1942), fue periodista y escritor.

Daule, río del Ecuador (Guayas), afl. del Guayas.

Daumier [*domié*] (Honoré), pintor, grabador y escultor francés (1808-1879), autor de ilustraciones del Quijote.

Davalaghiri. V. DHAULAGHIRI.

Dávalos (Balbino Adolfo), poeta mexicano (1866-1915). ‖ ~ (JUAN CARLOS), poeta, comediógrafo y escritor argentino (1887-1959). ‖ ~ (MARCELINO), político, autor dramático y poeta mexicano (1871-1923). Publicó *Guadalupe, El último cuadro* (teatro) e *Iras de bronce* (poesías).

Davao, prov., c. y puerto de Filipinas (Mindanao).

David, río de Panamá, que des. en el golfo de Chiriquí. — C. de Panamá, cap. de la prov. de Chiriquí. Obispado.

David, rey y profeta de Israel (¿1010-975? a. de J. C.). Sucedió a Saúl, derrotó a los filisteos y fundó Jerusalén. Autor de *Salmos.*

David (Gérard), pintor primitivo flamenco de cuadros religiosos (¿1460?-1523). ‖ ~ (LOUIS), pintor academicista francés (1748-1825). Estuvo al servicio de Napoleón I. ‖ ~ **D'Angers** (Pierre Jean), escultor y medallista francés (1788-1856).

davideño, ña adj. y s. De David (Panamá).

Dávila (Miguel R.), general hondureño, m. en 1927. Pres. de la Rep. en 1907, depuesto en 1911. ‖ ~ (PEDRARIAS). V. PEDRARIAS. ‖ ~ (SANCHO). V. ÁVILA (Sancho de).

Davis, estr. que separa la Tierra de Baffin de Groenlandia.

Davis (Jefferson), político norteamericano (1808-1889), pres. de la Confederación sudista durante la guerra de Secesión. ‖ ~ (JOHN), navegante inglés (¿1550?-1605), que descubrió el estrecho que lleva su nombre (1585).

Davos, pobl. de Suiza (Grisones). Estación de invierno.

Davy (Humphry), químico inglés (1778-1829), inventor de una lámpara de seguridad para los mineros.

Dawes (Charles Gates), político norteamericano (1865-1951), autor de un plan para la reconstrucción de Alemania (1923). [Pr. Nóbel de la Paz, 1925.]

Dawson, c. del Canadá (Yukon).

Dax, c. del SO. de Francia (Landes). Obispado. Aguas termales.

Dayton, c. de Estados Unidos (Ohio). Agricultura.

Daza (Hilarión), general boliviano (1840-1894). Pres. de la Rep. en 1876 y, derrotado en la guerra del Pacífico (1879), fue derrocado en 1880. M. asesinado.

dB, símbolo del *decibel* o *decibelio.*

D. D. T. m. Fuerte insecticida.

de f. Nombre de la letra *d.* ‖ —Prep. Indica la posesión, el origen; la materia; la extracción; el modo de hacer una cosa; el contenido; la separación; las cualidades personales. ‖ Por: *me lo dieron de regalo.* ‖ Desde: *de enero a marzo.* ‖ Durante: *de día, de noche.* ‖ Con: *el señor de las gafas.* ‖ Para: *¿qué hay de postre?* ‖ Como: *estuvo aquí de embajador.* ‖ Entre: *tres de estos aviones.* ‖ Restado: *dos de cuatro son dos.* ‖ Se usa a veces para reforzar la expresión: *el bribón de mi hermano.* ‖ Seguida del infinitivo, puede indicar suposición: *de saberlo antes, no venía.*

de jure loc. lat. De derecho.

de profundis m. Salmo penitencial rezado por los difuntos.

De ‖ ~ **Amicis** (Edmondo). V. AMICIS. ‖ ~ **Chirico** (GIORGIO), pintor surrealista italiano, n. en Grecia en 1888. ‖ ~ **Forest** (LEE). V. FOREST. ‖ ~ **Gasperi** (ALCIDE DE). V. GASPERI. ‖ ~ **Gaulle** (CHARLES). V. GAULLE. ‖ ~ **La Roche** (MAZO), escritora canadiense (1885-1961), autora de la novela Jalna. ‖ ~ **Mille** (CECIL BLOUNT), director cinematográfico norteamericano (1881-1959).

dea f. *Poét.* Diosa.

deambular v. i. Pasear, andar.

deambulatorio m. Nave que rodea la capilla mayor de una iglesia.

deán m. El que preside el cabildo después del prelado.

Deán Funes, pobl. de la Argentina (Córdoba).

deanato m. Dignidad de deán.

Deauville [*dovil*], c. del NO. de Francia (Calvados). Estación balnearia.

debacle f. Catástrofe, desastre, ruina. (Es galicismo.)

debajo adv. En lugar inferior. ‖ Cubierto por: *debajo de un paraguas.* ‖ Galicismo por *bajo.*

debate m. Discusión, disputa.

debatir v. t. Discutir: *debatir una cuestión.* ‖ Combatir, pelear por una cosa. ‖ — V. pr. Galicismo por *luchar, forcejear, agitarse.*

debe m. *Com.* Parte que señala las partidas de cargo en las cuentas corrientes. (Se opone al *haber.*)

debelación f. Victoria armada.

debelador, ra adj. y s. Que debela.

debelar v. t. Vencer con las armas. ‖ Reprimir una rebelión.

deber v. t. Tener la obligación de pagar: *me debe doscientas pesetas.* ‖ Estar obligado a algo por precepto religioso o por ley natural o positiva: *debes cumplir las órdenes.* ‖ *Deber de,* haber ocurrido o haber de ocurrir una cosa. ‖ — V. pr. Tener obligación de dedicarse a algo o alguien: *deberse a la patria.* ‖ Tener por motivo: *esto se debe a su ignorancia.* ‖ — M. Lo que cada uno está obligado a hacer: *cumplir con sus deberes.* ‖ Tarea, trabajo escolar: *el niño hace sus deberes.*

débil adj. y s. De poco vigor o fuerza. ‖ *Fig.* Que transige fácilmente: *ser de carácter débil.* ‖ *Débil mental,* atrasado. ‖ — Adj. Escaso, deficiente: *luz débil.*

debilidad f. Falta de vigor, de fuerza física. ‖ *Fig.* Falta de energía moral. ‖ Galicismo por *flaqueza, punto flaco,* y por *afecto, cariño: tener una debilidad por uno.* ‖ *Debilidad mental,* atraso intelectual, deficiencia.

debilitación f. Disminución de fuerzas, de actividad.

debilitador, ra y **debilitante** adj. y s. m. Que debilita.

debilitamiento m. Debilitación, debilidad.

debilitar v. t. Disminuir la fuerza (ú. t. c. pr.).

débito m. Deuda. ‖ Deber.

debla f. Cante popular andaluz.

Débora, profetisa de Israel.

Debrecen, c. de Hungría Oriental. Universidad.

Debussy (Claude), músico francés (1862-1918), autor de *Preludios,* para piano, de un drama lírico *(Pelléas et Mélisande)* y de poemas sinfónicos *(Preludio a la siesta de un fauno, El mar* y *El martirio de San Sebastián).*

debut m. Presentación o primera actuación de un artista. ‖ Estreno de una obra. (Es galicismo.)

debutante com. Principiante. (Es galicismo.)

debutar v. i. Presentarse por primera vez una obra o un artista. (Es galicismo.)

década f. Decena. ‖ Espacio de diez días o años. ‖ Parte de una obra compuesta de diez capítulos: *"Las Décadas", de Tito Livio.* ‖ Historia de diez personajes.

Décadas o **Historia general de los hechos de los castellanos en las islas y Tierra Firme del mar Océano,** historia de la colonización en América, por Antonio de Herrera (1601).

decadencia f. Declinación, principio de la ruina, de la degradación: *la decadencia de Bizancio, de las costumbres.*

decadente adj. Que decae. ‖ — Adj. y s. Aplícase a los artistas y escritores que cultivan un refinamiento exagerado.

decadentismo m. *Lit.* Escuela de los decadentistas. | Estilo de un refinamiento excesivo.

decadentista adj. y s. Partidario del decadentismo: *el decadentista Oscar Wilde.*

decaedro m. *Geom.* Sólido o cuerpo geométrico de diez caras.

* **decaer** v. i. Ir a menos: *comercio que decae.* ‖ Declinar: *fuerzas que decaen.* ‖ Disminuir: *la animación decayó.*

decagonal adj. Del decágono.

decágono m. *Geom.* Polígono de diez lados.

decagramo m. Peso de diez gramos.

decaído, da adj. En decadencia. ‖ Triste, desalentado. ‖ Débil.

decaimiento m. Decadencia. ‖ Desaliento. ‖ *Med.* Postración, debilidad general.

decalitro m. Medida de capacidad equivalente a diez litros.

decálogo m. En la religión cristiana, los diez mandamientos de la ley de Dios.

Decamerón, serie de cuentos de Boccaccio, publicados entre 1349 y 1353, donde pinta vivamente las costumbres italianas del s. XIV.

decámetro m. Medida de longitud equivalente a diez metros.

Decán o **Dekkán,** región meridional y peninsular de la India, al S. de los montes Vindhya.

decanato m. Cargo de decano. ‖ Despacho del decano.

decano, na m. y f. Persona más antigua de una comunidad. ‖ La nombrada para presidir una corporación o facultad: *el decano del Colegio de Abogados.*

decantación f. Acción y efecto de decantar.

decantar v. t. Ponderar, celebrar: *decantar las aventuras de un héroe.* ‖ Trasegar un líquido para que caiga sin que salga el poso.

decapante adj. y s. m. Producto que sirve para decapar.

decapar v. t. Desoxidar la superficie de un metal.

decapitación f. Acción y efecto de decapitar.

decapitar v. t. Cortar la cabeza: *decapitaron a los comuneros.*

decápodos m. pl. Familia de crustáceos que tienen cinco pares de patas, como el cangrejo (ú. t. c adj.). || Familia de moluscos cefalópodos que tienen diez tentáculos, como la jibia y el calamar (ú. t. c. adj.).

decapsular v. tr. Quitar la cápsula de un proyectil.

decasílabo, ba adj. y s. De diez sílabas: *verso decasílabo.*

decatlón m. Competición atlética que consta de diez pruebas.

decena f. *Mat.* Conjunto de diez unidades. || *Mús.* Octava de la tercera.

decenal adj. Que se sucede o se repite cada decenio. || Que dura diez años.

decenario m. Decenio. || Rosario pequeño de diez cuentas y una más grande.

decencia f. Decoro, recato. || Dignidad en las palabras y los actos.

decenio m. Diez años.

deceno, na adj. Décimo.

* **decentar** v. t. Comenzar a cortar o gastar una cosa: *decentar un pan.* || — V. pr. Ulcerarse una parte del cuerpo por estar tumbado mucho tiempo del mismo lado.

decente adj. Conforme a la decencia. || Que obra con dignidad, honestidad o recato: *una mujer decente.* || Correcto: *un libro decente.* || Regular, suficiente: *un ingreso decente.* || Ni bueno ni malo: *un empleo decente.* || Limpio, aseado.

decenvirato m. Empleo y dignidad de los decenviros. || Tiempo que duraba.

decenviro m. Cada uno de los diez magistrados romanos que redactaron la ley de las Doce Tablas. || Antiguo magistrado romano que servía de consejero a los pretores.

decepción f. Desengaño, desilusión.

Decepción, isla de la Argentina en el archip. de Shetland del Sur.

decepcionar v. t. Desilusionar, desengañar: *este amigo me ha decepcionado mucho.* || Contrariar: *me decepciona el que no vengas.*

deceso m. Muerte.

deciárea f. Medida de superficie que equivale a 10 m².

decibel o **decibelio** m. Unidad de medida para expresar la intensidad de los sonidos (símb., dB), que equivale a la décima parte del *bel.*

decidido, da adj. Atrevido, resuelto: *adversario decidido.* || Firme: *apoyo decidido.*

decidir v. t. Pronunciar un juicio sobre una cosa discutida: *decidir una cuestión.* || Determinar, acordar: *decidieron salir.* || Convencer a alguien de hacer algo: *le decidió a que se fuera.* || — V. pr. Tomar una resolución.

decidor, ra adj. Gracioso, ocurrente (ú. t. c. s. m.).

decigramo m. Décima parte del gramo.

decilitro m. Décima parte del litro.

décima f. Cada una de las diez partes iguales de un todo. || Composición de diez versos octosílabos. || Décima parte de un grado del termómetro. || Diezmo.

decimal adj. Que tiene por base el número diez. || Aplícase a la fracción cuyo denominador es divisible por diez. || Relativo al diezmo. || — Cada una de las cifras colocadas después de la coma en un número decimal.

decímetro m. Décima parte del metro.

décimo, ma adj. y s. Que va después del noveno. || Aplícase a cada una de las diez partes iguales de un todo (ú. t. c. s. m.). || — M. Décima parte de un billete de lotería.

decimoctavo, va adj. Que va después del decimoséptimo.

decimocuarto, ta adj. Que va después del decimotercero.

decimonono, na adj. Que va después del decimoctavo.

decimoquinto, ta adj. Que va después del decimocuarto.

decimoséptimo, ma adj. Que va después del decimosexto.

decimosexto, ta adj. Que va después del decimoquinto.

decimotercero, ra adj. Que va después del duodécimo.

Decio, emperador romano de 248 a 251. Persiguió duramente a los cristianos.

* **decir** v. t. Manifestar el pensamiento con palabras o por escrito: *decir la verdad.* || Hablar: *dicen muchas cosas de ti.* || Asegurar, sostener, afirmar. || Nombrar o llamar, dar un apodo. || Divulgar, descubrir. || Relatar: *me dijo lo que vio.* || Ordenar: *le dijo que viniera.* || Celebrar: *decir misa.* || Revelar, denotar: *su indumentaria dice su pobreza.* || Parecer familiar: *esto me dice algo.* || *Fam. Como quien dice* o *como si dijéramos,* expr. que se emplea para explicar lo que se ha dicho. | *Como quien no dice nada,* de una manera falsamente ingenua. || *Fig.* y *fam. Méx. Decir algo debajo de las cobijas,* decirlo en secreto. || *Fam. Decirle a uno cuántas son cinco,* o *las cuatro verdades,* reprenderle. | *Decir por decir,* hablar sin fundamento. || *¿Diga?,* o *¿dígame?,* expr. que se emplea al descolgar el teléfono. || *Fam. ¡Digo!,* interj. de sorpresa. | *El qué dirán,* la opinión pública. | *Ello dirá,* ya se verá el resultado. || *Es decir,* esto es. || *Ni que decir tiene,* ser evidente. || *Fam. No haber más que decir,* ser insuperable una cosa. | *¡No le digo nada!,* loc. de encarecimiento. | *¡No me digas!,* expr. que indica la sorpresa. | *Por decirlo así,* o *digamos,* expr. explicativa. | *¡Y usted que lo diga!,* expr. de asentimiento. || — M. Dicho, palabra. || Lo que se dice: *según los decires de...* || *Es un decir,* es una manera de hablar.

decisión f. Acción de decidir, determinación: *la decisión del Gobierno.* || Ánimo, firmeza, denuedo entereza. || Fallo de un tribunal.

decisivo, va adj. Que decide. || Que conduce a un resultado definitivo: *batalla decisiva.* || Tajante, categórico: *respuesta decisiva.*

decisorio, ria adj. Decisivo.

declamación f. Acción, arte o manera de declamar. || *Fig.* Empleo de expresiones enfáticas. || Arte de representar obras escénicas.

declamador, ra adj. y s. Que declama.

declamar v. t. e i. Hablar en público. || Expresarse con vehemencia y enfáticamente. || Recitar en voz alta con la entonación adecuada.

declamatorio, ria adj. Ampuloso, grandilocuente.

declaración f. Acción de declarar o declararse. || Enunciación. || *For.* Deposición hecha ante el juez: *declaración de los testigos.* || Confesión: *declaración amorosa.* || *Declaración de guerra,* acto por el cual una potencia entra en conflicto armado con otra.

Declaración || **~ de los Derechos del Hombre y del Ciudadano,** conjunto de principios adoptados por la Asamblea Constituyente francesa de 1789, fundamento de los derechos humanos || **~ Universal de los Derechos del Hombre,** documento promulgado por la Asamblea General de las Naciones Unidas (1948) en el que se proclaman los derechos fundamentales de la humanidad.

declaradamente adv. Manifiestamente, claramente.

declarante adj. y s. Que declara.

declarar v. t. Dar a: *declarar una intención.* || Confesar, descubrir, conocer, manifestar. || Significar: *declarar la guerra.* || Decir de uno cómo se le considera: *declarar incompetente.* || *For.* Hacer una deposición los reos y testigos: *declarar ante el juez.* || Decir en la aduana lo que uno lleva consigo. || Dar conocimiento a la administración de sus ingresos. || — V. pr. Manifestarse una cosa: *se declaró un incendio.* || Hacer confesión de amor. || Determinar hacer algo: *declararse en huelga.*

declaratorio, ria adj. Que declara: *auto declaratorio.*

declinable adj. *Gram.* Que se declina: *palabra declinable.*

declinación f. Pendiente, declive. || *Fig.* Decadencia o menoscabo. || *Gram.* Serie ordenada de los casos gramaticales. || *Astr.* Distancia angular de un astro al ecuador celeste. || *Declinación magnética,* ángulo que forma la aguja magnética con relación al meridiano de un punto.

DA

declinante adj. Que declina.

declinar v. i. Inclinarse. || Ir hacia su fin: *declinar el día.* || *Fig.* Decaer, menguar en salud, inteligencia, etc. || Alejarse del meridiano la aguja imantada. || *Astr.* Alejarse un astro del ecuador. || — V. t. Rehusar, rechazar. || *Gram.* Poner una palabra declinable en los distintos casos.

declive m. y **declividad** f. Inclinación del terreno o de una superficie. || Pendiente.

decocción f. Acción de cocer en agua sustancias vegetales o animales. || Lo que resulta.

decoloración f. Acción y efecto de descolorar o descolorarse.

decolorante m. Producto que sirve para decolorar.

decolorar v. t. Descolorar: *pelo decolorado.*

decomisar v. t. Confiscar, incautarse de.

decomiso m. Confiscación. || Cosa decomisada.

decoración f. Acción y efecto de decorar. || Cosa o conjunto de cosas que decoran: *la decoración de un piso.* || *Teatr.* Decorado.

decorado m. Conjunto de lienzos que representan el lugar en que ocurre la escena en una obra de teatro o película.

decorador, ra adj. y s. Que se dedica a decorar.

decorar v. t. Adornar una cosa o sitio con accesorios destinados a embellecerlo.

decorativo, va adj. Relativo a la decoración: *arte decorativo.* || Que adorna. || *Fig.* Que interesa sólo por su presencia.

decoro m. Respeto: *guardar el decoro a uno.* || Recato. || Dignidad: *persona sin decoro.* || *Arq.* Arte de adornar los edificios.

decoroso, sa adj. Que tiene decoro, respetable, recatado: *persona decorosa.* || Decente: *no es decoroso ir ahí.*

***decrecer** v. i. Disminuir.

decreciente adj. Que decrece.

decrecimiento m. Disminución, mengua.

decrepitar v. i. Crepitar.

decrépito, ta adj. De edad muy avanzada y achacoso: *persona decrépita.*

decrepitud f. Suma vejez. || *Fig.* Gran decadencia.

decrescendo m. *Mús.* Disminución de la intensidad de una melodía o canto.

decretal f. Epístola en que el Papa resuelve alguna duda. || — Pl. Libro en que están compiladas.

decretar v. t. Decidir con autoridad. || Ordenar por decreto: *decretar la movilización general.*

decreto m. Disposición tomada por el jefe de un Estado, el Papa o por alguna otra autoridad. || Resolución de carácter político o gubernativo. || *Decreto ley,* disposición promulgada por el Poder ejecutivo.

decúbito m. Posición del cuerpo tendido sobre un plano horizontal. || *Decúbito supino,* descansado sobre la espalda.

decuplicar v. t. Multiplicar por diez. ‖ *Fig.* Aumentar mucho.
décuplo, pla adj. Diez veces mayor: *número décuplo de otro.* (ú. t. c. s. m.).
decuria f. Entre los romanos, grupo de diez soldados y un cabo.
decurión m. Jefe de una decuria.
decurso m. Sucesión o continuación del tiempo.
dechado m. Ejemplo, modelo: *un dechado de patriotismo.*
dedada f. Porción de una cosa que se puede tomar con el dedo.
dedal m. Estuche generalmente metálico que se pone en la extremidad del dedo que empuja la aguja de coser para protegerlo. ‖ Dedil.
dedalera f. *Bot.* Digital.
dédalo m. *Fig.* Laberinto. Cosa confusa y enmarañada.
Dédalo, arquitecto griego, constructor del Laberinto de Creta. *(Mit.)* [V. ÍCARO.]
Dedeaagh. V. ALEJANDRÚPOLIS.
dedicación f. Acción y efecto de dedicar o dedicarse. ‖ Solemnidad que recuerda dicha consagración. ‖ *Trabajo de dedicación exclusiva,* o *de plena dedicación,* el que se hace en la jornada entera.
dedicar v. t. Consagrar al culto. ‖ Dirigir a una persona, como homenaje, una obra: *dedicar un libro.* ‖ Emplear, aplicar. ‖ Destinar: ‖ *estas palabras te van dedicadas.* ‖ — V. pr. Entregarse a: *dedicarse al estudio.* ‖ Ocuparse.
dedicativo, va adj. Dedicatorio: *tarea dedicativa.*
dedicatorio, ria adj. Que supone dedicación: *inscripción dedicatoria.* ‖ — F. Fórmula con que se dedica una obra.
dedil m. Funda que se pone en los dedos: *dedil de goma.*
dedillo m. Dedo pequeño. ‖ *Fig.* y *fam. Saber una cosa al dedillo,* saberla perfectamente.
dedo m. Cada una de las extremidades móviles de la mano o el pie del hombre y de los animales vertebrados. (Llámase *dedo anular,* al cuarto de la mano; *auricular* o *meñique,* al quinto y más pequeño; *cordial* o *del corazón,* al tercero y más largo; *índice,* al segundo; *gordo* o *pulgar,* al primero.) ‖ Medida del ancho de un dedo. ‖ — *Fig. y fam. A dos dedos de,* muy cerca de. ‖ *Fam. Méx. Coger a uno con los dedos en la puerta,* descubrir la intención oculta, sorprender. | *Chuparse los dedos,* relamerse de gusto. | *Mamarse el dedo,* ser simple o tonto. | *Morderse los dedos,* arrepentirse de algo. | *No tener dos dedos de frente,* ser tonto. | *Poner el dedo en la llaga,* señalar el punto sensible. | *Señalar a uno con el dedo,* censurar en público.
deducción f. Acción y efecto de deducir. ‖ Conclusión.
* **deducir** v. t. Sacar consecuencias de una proposición o supuesto, inferir. ‖ Rebajar: *deducir cierta cantidad del sueldo.*
deductivo, va adj. Que obra por deducción: *método deductivo.*
defalcar v. tr. Desfalcar.
defasaje m. *Electr.* Diferencia de fase entre dos fenómenos alternativos de igual frecuencia. ‖ *Fig.* Diferencia.
defecación f. Heces.
defecar v. t. Quitar las heces o impurezas. ‖ — V. i. Expeler los excrementos.
defección f. Abandono de una causa o motivo con deslealtad.
defectibilidad f. Calidad de defectible.
defectible adj. Dícese de lo que puede faltar.
defectivo, va adj. Defectuoso. ‖ *Gram.* Dícese del verbo que no se emplea en todos los tiempos, modos y personas (ú. t. c. s. m.).
defecto m. Carencia, falta de algo. ‖ Imperfección moral, física o material: *esta madera tiene defectos.* ‖ — Pl. *Impr.* Pliegos sobrantes en la impresión de un libro.
defectuosidad f. Carácter de defectuoso, imperfección, defecto.
defectuoso, sa adj. Imperfecto: *una edición defectuosa.*
* **defender** v. t. Luchar para proteger a uno o algo contra un ataque: *defender la ciudad, a una persona, sus privilegios.* ‖ Proteger, amparar: *defender al desvalido.* ‖ Abogar en favor de uno o de una idea. ‖ — V. pr. Resistir un ataque.
defendible adj. Que se puede defender.
defenestración f. Acción de arrojar a alguien por la ventana o balcón.
— Se conoce históricamente con el n. de *Defenestración de Praga* el acto violento de los husitas de Bohemia contra los gobernadores imperiales, que fueron arrojados por las ventanas del palacio del Ayuntamiento de Praga, preludio de la guerra de los Treinta Años (1618).
defensa f. Acción de defender o defenderse. ‖ Resistencia: *la defensa de Numancia.* ‖ Dispositivos usados para defenderse (ú. t. c. pl.). ‖ Amparo, protección: *defensa del perseguido.* ‖ Medio de justificación de un acusado: *en defensa de su honor.* ‖ *For.* Abogado defensor. ‖ En ciertos deportes, parte del equipo que protege la portería. ‖ — Pl. Colmillos de los elefantes, morsas, etc. ‖ Cuernos del toro. ‖ — *Defensa nacional,* todo lo que emprende un país para salvaguardar su seguridad. ‖ *Defensa pasiva,* protección de la población civil contra los ataques aéreos. ‖ *Legítima defensa,* causa eximente de culpabilidad. ‖ — M. Jugador de la línea de defensa.
defensivo, va adj. Útil para defender: *línea defensiva.* ‖ — F. Aptitud de defensa: *ponerse a la defensiva.*
defensor, ra adj. s. Que defiende. ‖ *For.* Que defiende a un acusado.
deferencia f. Condescendencia: *asentir por deferencia.* ‖ Respeto: *deferencia a una persona mayor.*
deferente adj. Condescendiente, respetuoso. ‖ *Anat.* Que lleva fuera: *conducto deferente.*
* **deferir** v. i. Adherirse al dictamen de uno por respeto o cortesía. ‖ — V. t. Atribuir a una jurisdicción o poder: *deferir una causa a un tribunal.*
deficiencia f. Defecto, imperfección. ‖ *Deficiencia mental,* debilidad mental.
deficiente adj. Que presenta una insuficiencia física o mental. ‖ Mediocre: *alumno deficiente.*
déficit m. *Com.* Cantidad que falta para que los ingresos se equilibren con los gastos. (Pl. *déficits.*)
deficitario, ria adj. Que tiene déficit.
definición f. Explicación clara y exacta del significado de una palabra. ‖ Determinación de una duda. ‖ Número de líneas y de puntos en que se divide la imagen transmitida por la televisión.
definido, da adj. Explicado: *palabra mal definida.* ‖ Que tiene límites precisos. ‖ *Gram.* Determinado: *artículo definido.*
definidor, ra adj. y s. Que define o determina.
* **definir** v. t. Fijar con precisión el significado de una palabra o la naturaleza de una cosa. ‖ Determinar, resolver una duda. ‖ Precisar: *definir su opinión.* ‖ Acabar cuidadosamente una pintura.
definitivo, va adj. Fijado o resuelto para siempre: *solución definitiva.* ‖ *En definitiva,* después de todo, finalmente.
deflación f. Reducción de la circulación fiduciaria.
deflacionista adj. Que practica la deflacion.
deflagración f. Acción de deflagrar. ‖ Explosión violenta.
deflagrador, ra adj. Que deflagra. ‖ — M. Aparato eléctrico para encender los barrenos.
deflagrar v. i. Arder una sustancia súbitamente con llama y sin explosión.
deflector m. Aparato para desviar la dirección de un fluido.
Defoe [*difo*] (Daniel), escritor inglés, n. en Londres (¿1660?-1731), autor de *Robinson Crusoe,* novela de aventuras, y de *Moll Flanders,* relato picaresco.
defoliación f. Caída prematura de las hojas de los vegetales.
deformación f. Alteración de la forma normal. ‖ *Deformación profesional,* apreciación errónea de los hechos o costumbres adquiridas por el ejercicio de una profesión.
deformador, ra adj. y s. Que deforma.
deformar v. t. Alterar la forma de una cosa (ú. t. c. pr.). ‖ *Fig.* Alterar la verdad.
deforme adj. De forma anormal, desproporcionado.
deformidad f. Alteración persistente en la forma, en las posiciones. ‖ *Fig.* Error.
defraudación f. Fraude.
defraudador, ra adj. y s. Que defrauda.
defraudar v. t. Usurpar a uno lo que le toca de derecho: *defraudar a sus acreedores.* ‖ Eludir el pago de impuestos: *defraudar al fisco.* ‖ *Fig.* Frustrar: *defraudar las ilusiones, las esperanzas.*
defunción f. Muerte, fallecimiento: *partida de defunción.*
Degaña, v. en el NO. de España (Oviedo). Coto de caza.
Degas (Edgar DE GAS, llamado), pintor impresionista francés, n. en París (1834-1917).
degeneración f. Degradación. ‖ Alteración de la estructura de una parte del cuerpo.
degenerado, da adj. y s. Que muestra degeneración física, intelectual o moral.
degenerante adj. Que degenera.
degenerar v. i. Decaer, degradarse, no corresponder a su origen una persona o cosa. ‖ Perder el mérito, el valor físico o moral. ‖ Cambiar empeorando: *el resfriado degeneró en bronconeumonía.* ‖ — V. pr. Bastardear.
deglución f. Paso de los alimentos de la boca al estómago.
deglutir v. t. e i. Tragar.
degollación f. Degüello.
degolladero m. Matadero de animales. ‖ Cadalso.
Degollado (Santos), patriota mexicano (1811-1861), paladín de la causa liberal durante la guerra de la Reforma. M. en el primer encuentro con los asesinos de Melchor Ocampo.
degollamiento m. Degüello.
* **degollar** v. t. Cortar la garganta o la cabeza: *degollar una res, un reo.* ‖ Escotar o sesgar el cuello de un vestido. ‖ *Taurom.* Dar una estocada delantera al toro, haciéndole echar sangre por la boca. ‖ *Teatr.* Representar mal una obra. ‖ *Fig.* Desbaratar, arruinar.
degollina f. *Fam.* Matanza.
degradación f. Acción y efecto de degradar o degradarse. ‖ *Fig.* Envilecimiento. ‖ Disminución gradual de la intensidad del color en una pintura.
degradante adj. Que degrada.
degradar v. t. Rebajar de grado o dignidad: *degradar a un militar.* ‖ Envilecer: *degradado por la bebida.* ‖ Disminuir progresivamente la intensidad de un color en una pintura.
degüello m. Acción de degollar. ‖ Matanza: *entrar a degüello.* ‖ *Fig.* y *fam. Tirar a degüello,* ensañarse.
degustación f. Acción de degustar.

degustar v. t. Probar alimentos o bebidas para apreciar su calidad.

dehesa f. Campo de pastos. ‖ *Fam. Soltar el pelo de la dehesa,* civilizarse.

dehiscencia f. Apertura de las anteras de una flor o de los frutos.

dehiscente adj. Aplícase al fruto cuyo pericarpio se abre para que salga la semilla y a las anteras que dejan salir el polen.

Dehra Dun, c. de la India (Uttar Pradesh), al N. de Delhi. Academia militar.

deicida adj. y s. Dícese de los que dieron muerte a Jesucristo.

deicidio m. Crimen del deicida.

deidad f. Divinidad. ‖ Dios del paganismo.

deificación f. Acción y efecto de deificar.

deificar v. t. Divinizar.

Deir Ez-Zor, c. de Siria, a orillas del Éufrates, cap. de la prov. homónima.

deísmo m. Doctrina que reconoce la existencia de Dios pero que no admite la revelación y el culto externo.

deísta adj. y s. Partidario del deísmo.

dejación f. Abandono, cesión.

dejadez f. Pereza, falta de energía. ‖ Descuido, negligencia.

dejado, da adj. Perezoso. ‖ Negligente, descuidado (ú. t. c. s.). ‖ Bajo de ánimo. ‖ — F. En tenis, pelota muy corta y sin fuerza. ‖ Dejación. ‖ *Méx.* Carrera (trayecto y precio) de un coche de punto.

Dejanira. V. DEYANIRA.

dejar v. t. Soltar una cosa: *deja este libro.* ‖ Poner algo que se había cogido en un sitio: *deja este florero aquí.* ‖ Abandonar, apartarse: *dejar a su mujer, su país.* ‖ Cesar: *dejar sus estudios.* ‖ No quitar: *dejó el polvo en los muebles.* ‖ Hacer que quede de cierto modo: *esta noticia le dejó pasmado.* ‖ Dar: *le dejó una carta para mí.* ‖ Prestar: *te dejaré mi tocadiscos para unos días.* ‖ Olvidar: *dejé el paraguas en casa* (ú. t. c. pr.). ‖ Omitir: *dejar de hacer lo prometido.* ‖ Permitir, no impedir: *deja a su hijo que salga.* ‖ Producir: *los pasos dejan huellas; el negocio le dejó ganancia.* ‖ No molestar: *déjale tranquilo.* ‖ Despreocuparse: *déjale que se las arregle.* ‖ Aplazar: *deja este trabajo para mañana.* ‖ Esperar: *deja que venga para decírselo.* ‖ Entregar: *dejar al cuidado de uno.* ‖ Designar, considerar: *dejar como heredero.* ‖ Legar. ‖ — *Fig. Dejar caer,* insinuar una cosa fingiendo no darle importancia. | *Dejar correr,* permitir. | *Dejar fresco,* no preocupar. ‖ *No dejar de,* no cesar; forma que sirve para afirmar: *no deja de extrañarme su conducta.* ‖ — V. pr. Descuidarse. ‖ Abandonarse, entregarse: *dejarse llevar por la corriente.* ‖ Cesar: *déjese de llorar; déjate de tonterías.* ‖ *Fig.* y *fam. Dejarse caer,* presentarse inesperadamente. ‖ *Fig.* y *fam. No dejarse,* no sufrir ofensa sin devolverla.

deje m. Dejo, acento en el hablar. ‖ *Deje de cuenta,* mercancía rechazada después de solicitada a un fabricante o proveedor.

dejo m. Deje. ‖ Gustillo que queda de la comida o bebida. ‖ *Fig.* Impresión que queda después de hecha una cosa.

Dekkán. V. DECÁN.

del, contracción de la preposición *de* y el artículo *el.*

Del Monte (Domingo). V. MONTE (Domingo del).

delación f. Denuncia, acusación.

Delacroix [*-kruá*] (Eugène), pintor romántico francés (1798-1863), autor de *La barca de Dante, La matanza de Scio, La Libertad guiando al pueblo,* etc.

Delagoa, bahía del océano Índico en Mozambique, SE. de África, en la que se encuentra el puerto de Lourenço Marques.

Delambre (Jean-Baptiste), astrónomo francés (1749-1822). Midió el arco del meridiano entre Barcelona y Dunkerque.

delantal m. Prenda que sirve para proteger los vestidos, mandil.

delante adv. En la parte anterior: *ir delante.* ‖ Enfrente: *hay un hotel delante de mi casa.* ‖ En presencia de, a la vista de: *lo hizo delante de mí.*

delantero, ra adj. Que va delante. ‖ Anterior, que está delante. ‖ — M. Jugador que forma parte de la línea de ataque en un equipo deportivo. ‖ — F. Parte anterior de una cosa. ‖ Primera fila de asientos en un local público. ‖ Anticipación en el tiempo o el espacio: *llevar la delantera.* ‖ Línea de ataque en un equipo deportivo. ‖ *Coger* (o *tomar*) *la delantera,* adelantarse a uno o anticipársele.

delatar v. t. Revelar a la autoridad un delito y designar a su autor: *delatar a los cómplices.*

delator, ra adj. y s. Denunciador, acusador.

Delaware, río del E. de Estados Unidos, que pasa por Filadelfia y des. en la bahía homónima; 406 km. — Uno de los Estados Unidos de Norteamérica; cap. *Dover.*

delco m. Distribuidor eléctrico que produce el encendido del motor de explosión.

dele y **deleátur** m. Signo de corrección que indica en las pruebas de imprenta que ha de quitarse una letra o palabra.

delectación f. Deleite.

Deledda (Grazia), escritora italiana (1875-1936), autora de novelas (*Mariana Sirca, Elías Portolú* y *El camino del mal*). [Pr. Nóbel, 1926.]

delegación f. Acción y efecto de delegar. ‖ Cargo y oficina del delegado. ‖ Reunión de delegados: *la delegación española en la O. N. U.*

delegado, da adj. y s. Aplícase a la persona que actúa en nombre de otra.

delegar v. t. Dar autorización a uno para que actúe en lugar de otro: *delegar en* [o *a*] *uno su poder.*

deleitable adj. Deleitoso.

deleitación f. Deleite.

deleitar v. t. Causar placer en el ánimo o los sentidos. Ú. t. c. pr.: *deleitarse con la lectura.*

deleite m. Placer: *leer con deleite.* ‖ Placer sensual.

deleitoso, sa adj. Que causa deleite, sumamente agradable.

deletéreo, a adj. Venenoso, mortífero: *gas deletéreo.*

deletrear v. t. Pronunciar las letras y las sílabas por separado: *deletrear su apellido.* ‖ *Fig.* Descifrar: *deletrear jeroglíficos.*

deletreo m. Acción de deletrear. ‖ Método para enseñar a leer.

deleznable adj. Que se disgrega fácilmente: *barro deleznable.* ‖ Resbaladizo. ‖ *Fig.* Poco durable. | Desagradable: *clima deleznable.*

delfín m. Cetáceo carnívoro que puede alcanzar tres metros de largo. ‖ Título que se daba en Francia al príncipe heredero desde 1349.

delfina f. Esposa del delfín de Francia.

Delfinado, ant. prov. de Francia; cap. *Grenoble.* Dividida actualmente en los dep. de *Hautes-Alpes, Isère* y *Drôme.*

Delfos, c. de la ant. Grecia, al pie del Parnaso. Célebre oráculo del templo de Apolo. Hoy *Castri.*

Delft, c. de Holanda (Holanda Meridional), al SE. de La Haya.

delgadez f. Estado de delgado.

delgado, da adj. Poco grueso: *hilo delgado.* ‖ Flaco: *quedarse delgado.* ‖ Aplícase al agua que contiene en disolución poca cantidad de sales. ‖ Dicho de un terreno, pobre, de poca sustancia. ‖ — Pl. En los cuadrúpedos, partes inferiores del vientre, hacia las ijadas.

Delgado, cabo del océano Índico en la costa E. de África (Mozambique).

Delgado (José), torero español (1754-1801). Utilizó el nombre de *Pepe Hillo.* ‖ ~ (JOSÉ MATÍAS), sacerdote salvadoreño (1768-1833). Paladín de la Independencia centroamericana. Caudillo del primer conato revolucionario en San Salvador (1811), fue después uno de los signatarios del Acta de Independencia de América Central (1821) y pres. la Asamblea Constituyente de su patria (1823). ‖ ~ (RAFAEL), escritor mexicano (1853-1914), autor de novelas (*La Calandria, Angelina,* etc.). ‖ ~ **Chalbaud** (CARLOS), militar venezolano (1909-1950), pres. de una Junta Militar de 1948 a 1950. M. asesinado. ‖ ~ **Palacios** (GUILLERMO), biólogo venezolano (1866-1941).

Delhi, c. de la India, cap. del territorio homónimo. Numerosos monumentos y mezquitas. ‖ ~ **(Nueva),** cap. de la India; 314 400 h. Arzobispado. Construida en las cercanías de Delhi.

deliberación f. Discusión sobre un asunto. ‖ Reflexión.

deliberado, da adj. Voluntario.

deliberante adj. Que delibera: *asamblea deliberante.*

deliberar v. i. Examinar y discutir una cosa antes de tomar una decisión: *las Cortes deliberan.* ‖ Reflexionar sobre un asunto.

deliberativo, va y **deliberatorio, ria** adj. De la deliberación.

Delibes (Léo), músico francés (1836-1891), autor de óperas y ballets. ‖ ~ (MIGUEL), novelista español, n. en 1920, autor de *La sombra del ciprés es alargada, El camino, diario de un cazador,* etc.

delicadeza f. Finura: *delicadeza del gusto.* ‖ Suavidad. ‖ Miramiento, atención, amabilidad: *tener mil delicadezas con uno.* ‖ Escrupulosidad. ‖ Discreción.

delicado, da adj. Agradable al gusto, exquisito: *manjar delicado.* ‖ Endeble, enfermizo: *delicado de salud.* ‖ Frágil, quebradizo. ‖ Escrupuloso, susceptible: *carácter delicado.* ‖ Discreto, cuidadoso de no ofender. ‖ Complicado: *un asunto delicado.* ‖ Difícil de contentar. Ú. t. c. s.: *hacer el delicado.* ‖ Sensible. ‖ Ingenioso. ‖ Fino: *facciones delicadas.* ‖ Atento. ‖ Primoroso, exquisito. ‖ Hecho con gusto.

Delicado (Francisco), escritor español del s. XVI, autor de la novela picaresca *Retrato de la lozana andaluza.*

delicia f. Placer extremo. ‖ Encanto: *esta mujer es una delicia.*

delicioso, sa adj. Muy agradable. ‖ Encantador: *mujer deliciosa.*

delictivo, va y **delictuoso, sa** adj. Relativo al delito.

delicuescente adj. Que absorbe la humedad del aire y se transforma lentamente en líquido.

Deligne (Gastón Fernando), poeta y escritor dominicano (1861-1913), autor de *Romances de Hispaniola.*

delimitar v. t. Limitar, deslindar. ‖ Fijar los límites de algo.

delincuencia f. Calidad de delincuente. ‖ Conjunto de actos delictivos en un país o época: *delincuencia juvenil.*

delincuente adj. y s. Que es culpable de un delito.

delineación f. Diseño.

delineamiento m. Delineación.

delineante m. y f. Dibujante que traza planos o proyectos.

delinear v. t. Trazar las líneas de una cosa: *delinear un plano.* ‖ — V. pr. Perfilarse.

delinquir v. i. Cometer delito.

deliquio m. Desmayo, desfallecimiento. ‖ Éxtasis.

delirante adj. Que delira. ‖ Excesivo, frenético: *ovaciones delirantes.*

delirar v. i. Desvariar: *el enfermo delira.* ‖ Tener perturbada la razón. ‖ *Fig.* Disparatar.

delirio m. Acción de delirar.

Perturbación mental causada por una enfermedad: *delirio de la persecución.* || *Fig.* Agitación grande originada por las pasiones, las emociones. || *Delirio de grandezas,* actitud de una persona que aparenta tener unas posibilidades superiores a las suyas verdaderas.

delírium tremens m. Delirio con agitación y temblor de miembros, frecuente en los alcohólicos.

delito m. Infracción a la ley, de menos gravedad que el crimen. || *Cuerpo del delito,* objeto que sirve para hacerlo constar.

Delos, isla del mar Egeo (Cícladas).

delta f. Cuarta letra del alfabeto griego, que corresponde a la *d: la delta tiene la forma de un triángulo* (Δ). || — M. Terreno bajo triangular formado en la desembocadura de un río: *el delta del Ebro.*

Delta || ~ **Amacuro,** territorio federal de Venezuela; cap. *Tucupita.* || ~ **del Paraná,** región de la Argentina en la desembocadura del río Paraná.

deltoides adj. De forma de delta mayúscula. || *Anat.* Dícese del músculo triangular del hombro (ú. t. c. s. m.).

Della Francesca. V. FRANCESCA *(Della).*

Dell'Oro Maíni (Atilio), escritor y jurista argentino, n. en 1895.

demacración f. Adelgazamiento por desnutrición o enfermedad.

demacrado, da adj. Sumamente delgado: *rostro demacrado.*

demacrarse v. pr. Adelgazar mucho.

demagogia f. Gobierno de la plebe. || Política que intenta agradar al pueblo.

demagógico, ca adj. De la demagogia.

demagogo, ga m. y f. Persona que intenta ganar influencia política halagando al pueblo.

Demajagua *(La),* ingenio azucarero próximo a Yara (Cuba). En él Carlos Manuel de Céspedes comenzó la guerra de Independencia (10 de octubre de 1868).

demanda f. Petición. || *For.* Petición a un tribunal del reconocimiento de un derecho. | Acción que se ejercita en juicio. || *Com.* Pedido o encargo de mercancías. | Conjunto de los productos y servicios que los consumidores están dispuestos a adquirir: *la oferta y la demanda.* || Limosna para un fin benéfico. || Busca. || Pregunta. || Empresa o intento.

Demanda (SIERRA DE LA), sierra de España (Logroño).

demandado, da m. y f. *For.* Persona acusada en un pleito civil.

demandador, ra adj. y s. Que demanda o pide. || Demandante.

demandante adj. y s. *For.* Que demanda: *abogado demandante.*

demandar v. t. *For.* Presentar querella ante un tribunal civil: *demandar en juicio.* || Pedir. || Desear, apetecer.

demarcación f. Limitación: *línea de demarcación.* || Territorio demarcado. || Jurisdicción.

demarcar v. t. Limitar.

Demaría (Bernabé), escritor y pintor argentino (1827-1910).

demás adj. Precedido del artículo *lo, la, los, las* significa *lo otro, la otra, los otros, las otras.* || — Adv. Además. || — *Estar demás,* ser inútil. || *Por demás,* inútil; demasiado. || *Por lo demás,* aparte de esto. || *Y demás,* etcétera.

demasía f. Exceso: *cometer demasías.* || Atrevimiento, descaro. || *En demasía,* excesivamente.

demasiado, da adj. Más de lo necesario: *había demasiadas personas.* || Excesivo, sobrado: *tienen demasiada confianza.* || — Adv. En demasía, excesivamente.

Demavend, pico del Irán, altura máxima de los montes Elburz; 5 604 m.

demencia f. Locura.

demencial adj. Característico de la demencia.

demente adj. y s. Loco.

Deméter, deidad griega de la Tierra. Es la *Ceres* latina.

demiurgo m. Entre los platónicos y alejandrinos, Dios creador. || Según los gnósticos, principio activo del universo.

democracia f. Gobierno en que el pueblo ejerce la soberanía, eligiendo a sus dirigentes. || Nación gobernada por este sistema.

demócrata adj. y s. Partidario de la democracia.

democrático, ca adj. Conforme con la democracia: *régimen democrático.*

democratización f. Acción y efecto de democratizar.

democratizar v. t. Hacer demócratas a las personas y democráticas las instituciones. || Poner al alcance de todos: *democratizar la universidad.*

Demócrito de Abdera, filósofo griego del s. v a. de J. C.

demografía f. Estudio estadístico de la población humana.

demográfico, ca adj. Referente a la demografía: *estudio, registro demográfico.*

demógrafo m. Especialista de demografía.

demoledor, ra adj. y s. Que demuele: *crítica demoledora.*

* **demoler** v. t. Deshacer, derribar, destruir.

demolición f. Derribo, destrucción: *la demolición del barrio.*

demolitorio m. *Cub.* Juicio establecido para demoler una hacienda.

demoniaco, ca adj. Concerniente al demonio. || Endemoniado (ú. t. c. s.).

demonio m. Ángel rebelde, diablo. || *Mit.* Genio o ser sobrenatural. || *Fig.* Persona mala o traviesa: *este muchacho es el mismísimo demonio.* || — *De un demonios,* fantástico, extraordinario. || *¡Demonio!* o *¡demonios!,* ¡caramba!, ¡diablo!

demonomanía f. Manía del que se cree poseído del demonio.

demora f. Tardanza, retraso: *llegar algo con demora.* || Tiempo de espera para conseguir una conferencia telefónica internacional o interurbana. || Los ocho meses que debía trabajar obligatoriamente el indio americano en las minas.

demorar v. t. Retardar, diferir: *demorar el pago de una deuda.* || — V. i. Detenerse en un lugar. || Tardar: *me he demorado mucho.*

demóstenes m. *Fig.* Orador u hombre muy elocuente.

Demóstenes, político y orador ateniense (384-322 a. de J. C.). Adversario de Filipo de Macedonia, pronunció contra él las *Filípicas* y las *Olínticas,* se alió con Tebas y fue derrotado en Queronea (338). Se envenenó para no sobrevivir a la sumisión de Grecia.

demostrable adj. Que se puede demostrar.

demostración f. Acción de demostrar. || Razonamiento por el cual se da pruebas de la exactitud de una proposición: *demostración matemática, de un teorema.* || Comprobación experimental de un principio. || Manifestación, prueba.

demostrador, ra adj. y s. Que demuestra o prueba.

* **demostrar** v. t. Probar de un modo evidente: *demostrar una proposición.* || *Fig.* Atestiguar: *demostrar inteligencia.* | Dar pruebas: *demostrar buena voluntad.*

demostrativo, va adj. Que demuestra. || *Gram.* Dícese de los adjetivos y pronombres que señalan personas o cosas (ú. t. c. s. m.). [V. *Compendio de gramatica,* al final del vol.]

demótico, ca adj. Aplícase a cierta escritura cursiva utilizada por los antiguos egipcios para diversos actos privados.

demudación f. y **demudamiento** m. Acción de demudar o demudarse.

demudar v. t. Mudar, variar. || Alterar repentinamente el color, la expresión del semblante: *rostro demudado por la cólera.* || — V. pr. Inmutarse: *su cara se demudó.*

Denain [*denán*], c. de Francia (Nord), a orillas del Escalda. Hulla; siderurgia. Batalla que preludió el fin de la guerra de Sucesión de España (1712).

denario, ria adj. y s. Decimal. || — M. Moneda romana de plata.

Denbighshire, condado de Gran Bretaña, al N. de Gales; cap. *Ruthin.*

dendrita f. Concreción mineral arborescente. || Árbol fósil. || *Anat.* Prolongación protoplasmática de una neurona.

dendrítico, ca adj. *Min.* De forma de dendrita: *concreción dendrítica.*

denegación f. Negación.

* **denegar** v. t. Negar, rehusar, no conceder lo que se pide.

denegatorio, ria adj. Que incluye denegación.

dengoso, sa adj. Remilgado. || *Amer.* Persona que al andar contonea las caderas.

dengue m. Melindre, remilgo (ú. m. en pl.). || Especie de chal de paño. || Enfermedad epidémica contagiosa de los países tropicales parecida a la gripe. || *Pop.* Demonio. || *Amer.* Contoneo.

denguear v. i. Hacer remilgos. || — V. pr. *Amer.* Contonearse.

Denia, c. y puerto de España (Alicante). Los griegos le dieron el n. de *Hemeroscopión* y los romanos el de *Dianium.* Playas.

denigración f. Difamación, desprecio.

denigrador, ra y **denigrante** adj. Que denigra, deshonroso: *palabras denigrantes.*

denigrar v. t. Desacreditar, atacar la fama de una persona: *denigrar por envidia el talento ajeno.* || Injuriar, insultar.

denigrativo, va adj. Que denigra, denigrante.

Denizli, c. de Turquía al SE. de Esmirna. Cerca se encuentran las ruinas de Laodicea.

denodado, da adj. Valiente. || Esforzado, decidido.

denominación f. Nombre con que se designa una persona o cosa.

denominado adj. *Mat.* Dícese del número complejo.

denominador, ra adj. y s. Que denomina. || — M. *Mat.* Divisor en el quebrado.

denominar v. t. Nombrar, llamar, dar un nombre a una persona o cosa.

denominativo, va adj. Que implica denominación: *término denominativo.*

* **denostar** v. t. Injuriar.

denotar v. t. Indicar, revelar: *lenguaje que denota cultura.* || Significar.

densidad f. Calidad de denso. || *Fís.* Relación entre la masa de un cuerpo y la del agua o del aire que ocupa el mismo volumen. || *Densidad de población,* número de habitantes por kilómetro cuadrado.

densificar v. t. Volver denso (ú. t. c. pr.).

densimetría f. Medida de las densidades.

densímetro m. *Fís.* Areómetro para medir la densidad de los líquidos.

denso, sa adj. Compacto, muy pesado en relación con su volumen. || *Fig.* Espeso: *neblina densa.* | Apiñado: *denso auditorio* | Apretado: *bosque denso.* | Oscuro, confuso: *pensamiento denso.*

dentado, da adj. Que tiene dientes: *rueda dentada.* || — M. Borde semejante a los dientes de una sierra: *el dentado de los sellos.*

dentadura f. Conjunto de los dientes, de una persona o animal.

dental adj. Referente a los dientes: *arteria dental; crema dental.* || — Adj. y s. f. Dícese de las consonantes que se pronuncian tocando los dientes con la lengua *(d, n, t).* || — M. *Agr.* Palo donde encaja la reja del arado.

* **dentar** v. t. Formar dientes en algo: *dentar una sierra.* || — V. i. Echar dientes.

dentario, ria adj. Dental.

dentellada f. Mordisco.

dentellado, da adj. Que tiene dientes o muescas.

dentellar v. i. Castañetear los dientes: *dentellar de miedo.*

dentellear v. t. Morder.

dentellón m. Diente grande de la cerradura maestra. || *Arq.* Dentículo. | Parte saliente de la adaraja (entre dos vacíos).

dentera f. Sensación desagradable en los dientes al comer, ver ciertas cosas u oír ciertos ruidos desagradables. || *Fig.* y *fam.* Envidia.

dentición f. Acción y efecto de echar los dientes. || Tiempo en que se realiza.

denticulado, da adj. *Bot.* Que tiene dentículos o dientes: *hojas denticuladas.*

denticular adj. Que tiene forma de dientes.

dentículo m. *Arq.* Adorno que forma dientes.

dentífrico, ca adj. y s. m. Que sirve para limpiar los dientes: *pasta dentífrica.*

dentina f. Marfil de los dientes.

dentirrostros m. pl. Suborden de pájaros que tienen puntas y escotaduras en el pico a modo de dientes, como el mirlo (ú. t. c. adj.).

dentista com. Médico cirujano que se dedica a cuidar y arreglar los dientes, odontólogo.

dentón, ona adj. y s. Dentudo.

dentro adv. A o en el interior de un espacio de terreno o de tiempo: *dentro de la casa, de un año.*

dentudo, da adj. Que tiene dientes desproporcionados.

denudación f. Estado de un árbol sin corteza, de un hueso al desnudo, de un terreno sin vegetación, inculto.

denudar v. t. Provocar la denudación: *denudar un hueso.*

denuedo m. Valor.

denuesto m. Insulto.

denuncia f. Acusación, delación. || Anulación.

denunciación f. Denuncia.

denunciador, ra y **denunciante** adj. y s. Que denuncia.

denunciar v. t. *For.* Acusar ante la autoridad: *denunciar a uno como autor de un delito.* || Declarar el estado ilegal de algo. || Anular, cancelar: *denunciar un convenio.* || *Fig.* Revelar, descubrir: *denunciar un secreto.* || Indicar. | Pronosticar. || *Amer.* Solicitar la concesión de una mina.

denunciatorio, ria adj. Que denuncia o acusa.

denuncio m. Petición de la concesión de una mina. || Concesión minera.

Denver, c. de Estados Unidos, cap. de Colorado. Arzobispado.

Deo volente, loc. lat. Si Dios quiere: *vendré Deo volente.*

deontología f. Ciencia o tratado de los deberes. || *Deontología médica,* reglas para las relaciones de los médicos entre sí o de los facultativos con los enfermos.

deparar v. t. Ofrecer, presentar: *deparar una oportunidad.* || Conceder, proporcionar.

departamental adj. Relativo al departamento.

departamento m. División territorial en ciertos países. || Ministerio o división administrativa: *el departamento de Guerra, de Marina, de Hacienda.* || Cada una de las partes en que se divide una caja, un edificio, un vagón de ferrocarril, etc. || Conjunto de los puestos de un almacén que venden la misma clase de géneros: *el departamento de las corbatas.* || Piso, apartamento.

departir v. i. Hablar, conversar: *departir sobre política.*

depauperación f. Empobrecimiento. || *Med.* Debilitación del organismo.

depauperar v. t. Empobrecer. || *Med.* Debilitar.

dependencia f. Sujeción, subordinación: *la dependencia de los efectos a las causas.* || Oficina dependiente de otra superior. || Sucursal. || Relación de parentesco o amistad. || Conjunto de dependientes de una casa de comercio. || — Pl. Cosas accesorias de otra principal. || Habitaciones de un edificio grande. || Conjunto de edificios donde vive la servidumbre. || *Dependencia asistencial,* sitio donde se atiende a los enfermos gratuitamente o por poco dinero.

depender v. i. Estar bajo la dependencia de uno. || Ser consecuencia, estar determinado por algo: *mi decisión depende de la tuya.* || Estar sometido a las circunstancias.

dependienta f. Empleada.

dependiente adj. Que depende. || — M. Empleado: *dependiente de una tienda de comestibles.*

depilación f. Acción y efecto de depilar o depilarse.

depilar v. t. Quitar los pelos o vello (ú. t. c. pr.).

depilatorio, ria adj. y s. m. Producto usado para depilar.

deplorable adj. Lamentable. || Que inspira compasión.

deplorar v. t. Lamentar profundamente: *deplorar un suceso.*

deponente adj. y s. m. *Gram.* Dícese de un verbo latino de forma pasiva y significación activa. || *For.* Testigo.

* **deponer** v. t. Dejar, apartar de sí: *deponer un resentimiento; deponer las armas.* || Destituir de un empleo o dignidad: *deponer a una autoridad.* || Declarar ante el juez u otro magistrado. || — V. i. Evacuar el vientre.

deportación f. Destierro a un punto determinado. || Prisión en un campo de concentración en el extranjero.

deportar v. t. Condenar a deportación.

deporte m. Práctica metódica de ejercicios físicos.

deportismo m. Afición a los deportes. || Deporte.

deportista adj. y s. Que practica uno o varios deportes.

deportivamente adv. Lealmente: *reconocer deportivamente la derrota.*

deportividad f. Carácter deportivo. || Lealtad.

deportivo, va adj. Relativo al deporte: *diario, coche deportivo.*

deposición f. Privación de empleo o dignidad: *la deposición de un monarca.* || *For.* Declaración hecha ante el juez. || Evacuación del vientre.

depositador, ra y **depositante** adj. y s. Que deposita.

depositar v. t. Poner bienes o cosas de valor bajo la custodia de persona que responda de ellos: *depositar fondos en el Banco.* || Colocar en un lugar determinado. || Sedimentar un líquido. || *For.* Sacar el juez a una menor de su domicilio y colocarla en un sitio donde pueda expresar libremente su voluntad. || *Fig.* Fundar esperanzas, ilusiones, etc., en algo o alguien. || — V. pr. Sedimentarse.

depositaría f. Oficina en la que se efectúan los depósitos.

depositario, ria m. y f. Persona a quien se confía un depósito o algo inmaterial como un secreto, la confianza, etc.

depósito m. Acción y efecto de depositar. || Cosa depositada. || Recipiente para contener un líquido: *depósito de gasolina.* || Sedimento de un líquido. || Almacén, lugar donde se guardan mercancías. || *Depósito de cadáveres,* sitio donde se expone el cuerpo de las personas muertas en la vía pública o cuya identidad se desconoce.

depravación f. Acción de depravar o depravarse. || *Fig.* Corrupción, vicio, perversión.

depravado, da adj. Pervertido, desenfrenado en las costumbres.

depravador, ra adj. y s. Que deprava: *literatura depravadora.*

depravar v. t. Alterar. || *Fig.* Pervertir, corromper.

deprecación f. Ruego ferviente.

deprecar v. t. Suplicar.

deprecativo, va y **deprecatorio, ria** adj. En forma de ruego.

depreciación f. Disminución del valor o precio.

depreciar v. t. Hacer disminuir el precio o valor de una cosa.

depredación f. Pillaje, robo con violencia. || Malversación o exacción injusta por abuso de autoridad o de confianza.

DE

depredador, ra adj. y s. Que depreda.

depredar v. t. Robar, saquear con violencia y destrozo.

depresión f. Hundimiento natural o accidental en un terreno o superficie. || Abatimiento del ánimo. || Debilitación. || *Fís.* Descenso de presión: *depresión barométrica.* || Disminución de actividad económica que precede o sigue a una crisis.

depresivo, va adj. Deprimente.

depresor, ra adj. Que deprime. || — M. Instrumento que sirve para bajar la lengua a un enfermo y examinarle la garganta.

deprimente adj. Que deprime.

deprimido, da adj. Que sufre depresión.

deprimir v. t. Reducir el volumen por presión. || *Fig.* Quitar las fuerzas, debilitar, abatir (ú. t. c. pr.). || — V. pr. Disminuir un cuerpo de volumen o cambiar de forma por efecto de algún hundimiento parcial.

deprisa adv. m. De prisa. (Debe escribirse separado.)

depuración f. Acción de depurar: *fábrica de depuración.*

depurador, ra adj. Que depura. || — M. Aparato para la depuración: *depurador de aire.*

depurar v. t. Limpiar. || Rehabilitar.

depurativo, va adj. y s. m. Dícese del medicamento que depura la sangre, el organismo.

depuratorio, ria adj. Que depura o purifica.

Derain (André), pintor fauvista francés (1880-1954).

derby m. (pal. ingl.). Carrera anual de caballos en Epsom (Inglaterra).

Derby, c. de Inglaterra, cap. del Derbyshire. Industrias (química, textil, aeronáutica).

derecha f. Lado derecho. || Mano derecha. || La parte más moderada o conservadora de una colectividad política. || — *A la derecha, a mano derecha,* por el lado derecho. || *No hacer nada a derechas,* hacer todo mal.

derechazo m. Golpe dado con la mano derecha. || *Taurom.* Muletazo con la mano derecha.

derechismo m. Doctrina política de derecha.

derechista com. Miembro de un partido político de derecha.

derecho m. Conjunto de las leyes y disposiciones a que está sometida toda sociedad civil. || Su estudio: *cursar el primer año de Derecho.* || Facultad de hacer una cosa, de disponer de ella o de exigir algo de una persona: *tener derecho a cierta consideración.* || Tributo, tasa: *derechos de aduana.* || Anverso, lado mejor labrado en una tela. || — Pl. Honorarios. || — *Derecho canónico,* normas doctrinales de la Iglesia católica. || *Derecho civil,* el que determina las relaciones privadas de los ciudadanos entre sí. || *Derecho consuetudinario,* el que se funda en la costumbre. || *Derecho de gentes* o *internacional,* el que regula las relaciones entre los pueblos. || *Derecho natural,* conjunto de reglas morales que se fundan en el buen sentido y la equidad. || *Derecho positivo,* el establecido por las leyes. || *Derecho público,* el que regula el orden del Estado.

derecho, cha adj. Recto: *camino derecho.* || Vertical: *poner derecho un poste.* || Que no está encorvado. || Dícese de lo que está colocado en el cuerpo del hombre, del lado opuesto al del corazón: *mano derecha.* || Aplícase a las cosas que están del lado de la mano derecha de la persona que mira. || Justo, legítimo. || — Adv. Derechamente, directamente: *ir derecho.*

derechohabiente adj. y s. Aplícase a la persona cuyos derechos derivan de otra.

deriva f. Desvío del rumbo de un barco o una aeronave por efecto del viento o una corriente. || *Fig. A la deriva,* sin gobierno.

derivación f. Acción de derivar. || Pérdida de fluido en una instalación eléctrica. || *Gram.* Procedimiento para formar vocablos mediante la adición de sufijos, etc. || *Tecn.* Canalización secundaria que arranca de otra principal.

derivado, da adj. *Gram.* Dícese de la palabra que procede de otra: *cuchillada, derivada de cuchillo* (ú. t. c. m.). || — M. *Quím.* Producto que se saca de otro. || — F. *Mat. Derivada de una función, de una variable,* límite hacia el cual tiende la relación entre el incremento de la función y el atribuido a la variable cuando éste tiende a cero.

derivar v. i. Traer su origen de una cosa (ú. t. c. pr.). || Desviarse (ú. t. c. pr.). || — V. t. Dirigir, encaminar. || Cambiar la dirección o rumbo. || *Gram.* Traer una palabra de cierta raíz, como *marina,* de *mar.* || Llevar parte de una corriente o conducto en otra dirección. || *Mat.* Obtener una función derivada. || — V. pr. *Fig.* Proceder.

derivativo, va adj. Que indica derivación. || — M. *Med.* Medicamento que atrae a un punto la inflamación o los humores acumulados en otro.

dermatitis f. Inflamación cutánea o de la piel.

dermatoesqueleto m. Caparazón exterior y duro de los crustáceos y quelonios.

dermatología f. Estudio de las enfermedades de la piel.

dermatólogo m. Especialista de enfermedades de la piel.

dermatosis f. Cualquier enfermedad eruptiva de la piel.

dérmico, ca adj. De la piel.

dermis f. Capa inferior y más gruesa de la piel.

dermitis f. Dermatitis.

dermorreacción f. Cutirreacción o reacción cutánea.

derogación f. Abolición, anulación.

derogar v. t. Abolir, anular: *derogar una ley.*

derogatorio, ria adj. *For.* Que deroga: *cláusula derogatoria.*

Derqui (Santiago), político argentino (1810-1867), pres. de la Confederación de 1860 a 1862.

derrama f. Repartimiento de un impuesto o gasto. || Contribución extraordinaria.

derramadero m. Vertedero.

derramamiento m. Acción y efecto de derramar o derramarse.

derramar v. t. Verter: *derramar agua en el suelo.* || Esparcir: *derramar arena.* || Repartir los impuestos. || *Fig.* Propagar, divulgar: *derramar una noticia.* || — V. pr. Desparramarse, esparcirse. || Desembocar una corriente de agua.

derrame m. Derramamiento. || Salida de un líquido. || Cantidad de líquido que se sale de un recipiente roto o estropeado. || Corte oblicuo del muro en una puerta o ventana. || Subdivisión de un valle. || Declive. || *Med.* Acumulación de humor en una cavidad o salida del mismo al exterior del cuerpo: *derrame sinovial.*

derramo m. Derrame de una puerta o ventana.

derrapar v. i. Galicismo por *resbalar* o *patinar* un coche.

derredor m. Contorno de algo. || *Al* (o *en*) *derredor,* alrededor.

derrelicto, ta adj. *Mar.* Embarcación u objeto que queda abandonado en el mar.

derrengado, da adj. Torcido. || *Fig.* Molino, baldado.

derrengar v. t. Descaderar, lastimar el espinazo. || Torcer, inclinar. || *Fig.* y *fam.* Cansar (ú. t. c. pr.).

derretimiento m. Acción de derretir o derretirse: *derretimiento de un metal, de la nieve.* || *Fig.* Afecto o amor apasionado.

* **derretir** v. t. Liquidar por medio del calor: *derretir sebo.* || *Fig.* Consumir, derrochar su fortuna. || — V. pr. Volverse líquido. || *Fig.* y *fam.* Enamorarse locamente. | Consumirse, estar lleno de impaciencia o inquietud.

derribador, ra adj. Que derriba reses vacunas.

derribar v. t. Echar a tierra: *derribar una muralla, un edificio, una persona.* || Hacer caer: *derribar un avión.* || Echar abajo, a rodar: derribar los bolos. || Tirar al suelo las reses con la garrocha. || *Fig.* Derrocar: *derribar a un privado.* | Postrar, hacer caer de su posición, humillar. | Sujetar las pasiones. || — V. pr. Tirarse o caerse al suelo.

derribo m. Acción y efecto de derribar. || Materiales sacados de la demolición. || Sitio donde se derriba.

derrick m. (pal. ingl.). Torre de perforación de un pozo de petróleo.

derriscadero m. *Cub.* Despeñadero.

derriscar v. t. *Cub.* y *P. Rico.* Rodar de risco en risco, tirar una cosa peñas abajo.

derrocamiento m. Acción y efecto de derrocar.

derrocar v. t. Despeñar. || *Fig.* Derribar: *derrocar una casa.* | Destituir, deponer: *derrocar de un cargo.* | Echar abajo, hacer caer: *derrocar la monarquía.*

derrochador, ra adj. y s. Despilfarrador, que derrocha el dinero.

derrochar v. t. Malgastar, despilfarrar: *derrochar su fortuna.*

derroche m. Despilfarro, dilapidación. || *Fig.* Profusión: *un derroche de luces.*

derrota f. *Mil.* Fuga en desorden de un ejército. || *Fig.* Fracaso, revés: *las derrotas de la vida.* || *Mar.* Rumbo o ruta. || Camino, sendero, vereda.

derrotar v. t. *Mil.* Vencer al ejército contrario. || Batir, superar: *derrotar a un candidato en las elecciones.* || Derrochar, dilapidar su fortuna. || Dañar la salud. || *Mar.* Desviar un barco de su rumbo (ú. t. c. pr.). || Dar cornadas el toro.

derrote m. Cornada.

derrotero m. *Mar.* Rumbo que lleva la nave. || *Fig.* Dirección, camino. | Modo de obrar, medio para llegar a un fin.

derrotismo m. Propensión a extender el desaliento y el pesimismo en tiempo de guerra.

derrotista adj. y s. Que está dominado por el derrotismo.

derrubiar v. t. Desgastar la tierra el agua: *el río derrubia las riberas.*

derrubio m. Acción y efecto de derrubiar.

* **derruir** v. t. Derribar. || Destruir poco a poco.

derrumbamiento m. Desplome. || Desmoronamiento. || *Fig.* Derrocamiento. | Destrucción: *el derrumbamiento de un imperio.*

derrumbar v. t. Derribar, echar abajo (ú. t. c. pr.). || Arrojar, despeñar: *derrumbar por el barranco* (ú. t. c. pr.).

derrumbe m. Derrumbamiento. || Despeñadero.

Derry. V. LONDONDERRY.

derviche m. Religioso o monje musulmán.

Des Moines, c. de Estados Unidos, cap. de Iowa. Obispado. Universidad. — Río de Estados Unidos, afl. del Misisipí; 658 km. Pasa por la c. homónima.

Des Pres (Josquin), músico francés (¿1440-1521 ó 1527?).

desabarrancar v. t. Sacar de un barranco. || *Fig.* Sacar de un apuro.

desabollar v. t. Quitar los bollos a una pieza o vasija de metal.

desabonarse v. pr. Retirar uno su abono o suscripción.

desabono m. Supresión de un abono.

desaborido, da adj. Insípido. || *Fig.* y *fam.* Soso, con poco ángel, sin gracia: *una chica desaborida* (ú. t. c. s.).

desabotonar v. t. Desabrochar (ú. t. c. pr.). || — V. i. Abrirse los capullos de las flores.

desabrido, da adj. Insípido, con poco sabor. || Destemplado, desapacible: *clima desabrido.* || *Fig.* Áspero, brusco en el trato, huraño.

desabrigar v. t. Quitar el abrigo, descubrir (ú. t. c. pr.).

desabrigo m. Acción de desabrigar. || *Fig.* Desamparo.

desabrimiento m. Insipidez. || Calidad de desapacible, hablando del tiempo. || *Fig.* Dureza o aspereza de genio. | Disgusto, desazón interior.

desabrir v. t. Volver soso. || *Fig.* Enfadar, disgustar. | Apenar. || — V. pr. Enfadarse.

desabrochar v. t. Abrir los broches, corchetes, botones, etc., de una cosa que estaba cerrada. Ú. t. c. pr.: *desabrocharse la chaqueta.*

desacalorarse v. pr. Refrescarse. || *Fig.* Calmarse.

desacatamiento m. Desacato.

desacatar v. t. Faltar al respeto: *desacatar a sus padres.* || Desobedecer, contravenir: *desacatar las órdenes.*

desacato m. Falta de respeto o consideración. || *For.* Ofensa a una autoridad. | Infracción, contravención, transgresión.

desacerar v. t. Quitar la aceración de una pieza.

desacertado, da adj. Hecho sin acierto. || Inoportuno.

* **desacertar** v. i. No acertar, errar. || No tener tino.

desacierto m. Error: *fue un desacierto actuar así.* || Dicho o hecho desacertado, desatino.

desacomodado, da adj. Que no tiene medios económicos suficientes. || Que está sin empleo. || Molesto, que incomoda.

desacomodar v. t. Privar de la comodidad. || Dejar a uno sin empleo u ocupación (ú. t. c. pr.).

desacomodo m. Molestia, incomodidad. || Paro forzoso.

desaconsejar v. t. Aconsejar no hacer.

desacoplar v. t. Desajustar.

desacordado, da adj. *Mús.* Desafinado. || Falto de unidad.

* **desacordar** v. t. Destemplar o desafinar un instrumento músico.

desacorde adj. *Mús.* Desafinado: *instrumento desacorde.*

desacostumbrado, da adj. Desusado, extraño, poco frecuente.

desacostumbrar v. t. Hacer perder la costumbre de algo.

desacotar v. t. Levantar el coto.

desacreditado, da adj. Que no goza de buena fama o crédito.

desacreditar v. t. Disminuir el crédito de uno, desprestigiar.

desacuartelar v. t. *Mil.* Sacar la tropa del cuartel.

desacuerdo m. Disconformidad, falta de acuerdo: *estar en desacuerdo.* || Contradicción.

desadeudar v. t. Liberar de deudas.

* **desadormecer** v. t. Despertar. || Quitar el entumecimiento.

desadornar v. t. Quitar el adorno: *desadornar una habitación.*

desadorno m. Falta de adorno o compostura.

desafear v. t. Quitar o reparar la fealdad.

desafección f. Desafecto.

desafecto, ta adj. Que muestra desapego. || Opuesto, contrario. || — M. Falta de afecto. || Frialdad.

***desaferrar** v. t. Desasir, soltar lo aferrado (ú. t. c. pr.). || *Fig.* Disuadir (ú. t. c. pr.). || *Mar.* Levantar anclas.

desafiador, ra adj. y s. Que desafía.

desafiar v. t. Provocar, retar: *desafiar a un rival.* || Arrostrar, afrontar: *desafiar los peligros.*

desafición f. Desapego.

desaficionar v. t. Hacer perder la afición (ú. t. c. pr.).

desafilar v. t. Embotar el filo.

desafinación f. Acción de desafinar o desafinarse.

desafinar v. i. *Mús.* Destemplarse un instrumento o la voz. || *Fig.* y *fam.* Desvariar. || — V. tr. Destemplar un instrumento o la voz.

desafío m. Reto. || Duelo. || Rivalidad, competencia.

desaforadamente adv. Atropelladamente. || Con exceso: *comer desaforadamente.* || Con osadía. || Con furia.

desaforado, da adj. Excesivo, desmedido: *ambición desaforada.* || Violento, furioso: *dar voces desaforadas.* || Fuera de la ley. || *Gritar como un desaforado,* gritar muy fuerte, descomedidamente.

* **desaforar** v. t. Infringir los fueros y privilegios. || *For.* Privar a uno de sus fueros.

desafortunado, da adj. Que tiene mala suerte. || Desgraciado, adverso. || Inoportuno, desacertado: *una medida desafortunada.*

desafuero m. Acto violento. contra la ley o el fuero. || Acto arbitrario. || Hecho que priva de fuero al que lo tenía. || *Fig.* Desacato. | Abuso.

desagarrar v. t. *Fam.* Soltar.

desagraciar v. t. Quitar la gracia, afear.

desagradable adj. Que no gusta: *una película desagradable.* || Molesto: *un trabajo desagradable.* || Antipático, poco tratable: *persona desagradable.*

desagradar v. i. Causar desagrado, disgustar: *su comportamiento me desagrada.* || Molestar: *el humo le desagrada.*

* **desagradecer** v. t. Mostrar ingratitud: *desagradecer el beneficio recibido.*

desagradecido, da adj. y s. Ingrato: *desagradecido con* o *para su bienhechor.*

desagradecimiento m. Ingratitud.

desagrado m. Disgusto, descontento: *su visita inoportuna me causó mucho desagrado.*

desagraviar v. t. Reparar un agravio, dando satisfacción al ofendido: *desagraviar a uno el mal que se le hizo* (ú. t. c. pr.).

desagravio m. Reparación de un agravio.

desagregación f. Acción y efecto de desagregar o desagregarse.

desagregar v. t. Descomponer las cosas que formaban un conjunto (ú. t. c. pr.).

desaguadero m. Conjunto o cañería de desagüe.

Desaguadero, río de la Argentina, entre las prov. de Mendoza y San Luis. — Río de Bolivia, que une los lagos Titicaca y Poopó; 320 km.

desaguador m. Canal o conducto de desagüe.

desaguar v. t. Extraer el agua de un sitio para desecarlo. || — V. i. Desembocar un río. || Verterse (ú. t. c. pr.). || — V. pr. *Fig.* Vomitar o evacuar el vientre.

desaguazar v. t. Quitar el agua encharcada de un lugar.

desagüe m. Acción y efecto de desaguar. || Desaguadero.

desaguisado, da adj. Hecho contra ley o razón. || — M. Ofensa, injusticia. || Desacierto, cosa mal hecha: *cometer un desaguisado.*

desahogado, da adj. Descarado, desvergonzado. || Aplícase al sitio espacioso: *habitación desahogada.* || Que vive con acomodo: *familia desahogada.*

desahogar v. t. Aliviar la pena o el trabajo a una persona. || Dar libre curso a un sentimiento o pasión: *desahogar su ira contra uno.* || — V. pr. Recobrarse del cansancio o el calor. || Librarse de deudas. || Confiarse, sincerarse con una persona: *desahogarse con* o *a un amigo.* || Decir lo que se piensa.

desahogo m. Alivio, descanso. || Desenvoltura: *contestar con desahogo.* || Comodidad, bienestar: *vivir con desahogo.* || Sitio espacioso donde se colocan las cosas que no se usan.

desahuciar v. t. Quitar toda esperanza: *desahuciar a un enfermo.* || Expulsar al inquilino o arrendatario.

desahucio m. Expulsión del arrendatario o inquilino.

desahumar v. t. Quitar el humo.

desairado, da adj. Sin garbo. || *Fig.* Que queda mal: *el pretendiente se fue muy desairado.* | Desatendido, menospreciado.

desairar v. t. Hacer un feo. || Desestimar, despreciar una cosa.

desaire m. Falta de garbo. || Acción de desairar, afrenta: *dar un desaire.* || Desprecio.

desajustar v. t. Desacoplar, quitar el ajuste. || Desconcertar, desarreglar: *desajustar mis planes.*

desajuste m. Acción y efecto de desajustar o desajustarse.

desalabear v. t. Poner planas las tablas y demás cosas alabeadas.

desalar v. t. Quitar la sal: *desalar el bacalao.* || Hacer potable el agua de mar mediante la eliminación de la sal. || Quitar las alas. || — V. pr. Apresurarse. || *Fig.* Ansiar, desear.

desalentador, ra adj. Que desalienta: *noticia desalentadora.*

* **desalentar** v. t. Hacer dificultoso el aliento por el cansancio. || *Fig.* Desanimar: *la desgracia le ha desalentado* (ú. t. c. pr.).

desalfombrar v. t. Quitar las alfombras: *desalfombrar un piso.*

desaliento m. Desánimo.

desalinear v. t. Romper la alineación o el orden (ú. t. c. pr.).

desaliñado, da adj. Descuidado, desaseado: *persona desaliñada.*

desaliño m. Desaseo. || *Fig.* Negligencia, descuido. || — M. pl. Pendientes muy largos, arracadas.

desalmado, da adj. y s. Malvado, cruel. || Falto de conciencia.

desalmamiento m. Crueldad. || Maldad.

desalojado, da m. y f. Persona que no tiene casa.

desalojamiento m. Expulsión. || Cambio de residencia.

desalojar v. t. Expulsar: *desalojar al enemigo del fortín.* || *Mar.* Desplazar: *barco que desaloja 100 toneladas.* || *Mil.* Abandonar: *desalojar una posición.* || — V. i. Mudarse, cambiar de residencia, irse a otra parte voluntariamente.

desalojo m. Desalojamiento.

desalquilar v. t. Dejar o hacer dejar lo alquilado. || — V. pr. Quedar desocupada una casa.

desalterar v. t. Sosegar.

desamarrar v. t. Quitar las amarras: *desamarrar una lancha.*

desambientar v. t. Desorientar: *encontrarse desambientado en un país extranjero.* || Carecer de animación un sitio.

desamontonar v. t. Deshacer el montón o lo amontonado.

desamor m. Desapego, falta de afecto. || Aborrecimiento, odio.

desamortizable adj. Que puede desamortizarse.

desamortización f. Acción y efecto de desamortizar.

desamortizar v. t. Liberar bienes amortizados. || Poner en venta los bienes vinculados.

desamparador, ra adj. Que desampara.

Desamparados, pobl. de la Argentina (San Juan). — Cantón de Costa Rica (San José).

desamparar v. t. Dejar sin amparo: *desamparar a un huérfano.* || Abandonar un lugar. || *For.* Dejar una cosa con renuncia de todo derecho a ella.

desamparo m. Acción y efecto de desamparar. || Abandono. || Aflicción, desesperación.

desamueblar v. t. Quitar los muebles: *desamueblar un piso.*

desanclar y **desancorar** v. t. *Mar.* Levantar el ancla.

* **desandar** v. t. Volver atrás, retroceder: *desandar el camino.*

Desangles (Luis), pintor impresionista dominicano (1862-1937).

desangramiento m. Acción y efecto de desangrar o desangrarse.

desangrar v. t. Sacar la sangre. || *Fig.* Desaguar un lago, estanque, charca, etc. || *Fig.* Sacarle todo el dinero a uno. || — V. pr. Perder mucha sangre.

desanidar v. i. Abandonar el nido las aves. || — V. t. *Fig.* Desalojar, echar de un sitio.

desanimado, da adj. Desalentado. || Que tiene poca animación: *calle desanimada.*

desanimar v. t. Quitar el ánimo, la energía, el valor (ú. t. c. pr.). || Quitar la animación.

desánimo m. Decaecimiento del ánimo, abatimiento.

desanublar v. t. Aclarar. || — V. pr. Despejarse el cielo.

desanudar v. t. Desatar un nudo o una cosa anudada. || *Fig.* Desenredar lo enmarañado.

desaojar v. t. Curar el aojo.

desapacible adj. Que causa disgusto, áspero, desabrido: *tono desapacible.* || Desagradable a los sentidos: *tiempo desapacible.*

desapadrinar v. t. *Fig.* Desaprobar: *desapadrinar un proyecto.* | Retirar su apoyo.

desaparear v. t. Separar dos animales u objetos apareados.

* **desaparecer** v. i. Dejar de ser visible. || Ocultarse, quitarse de la vista: *el sol desapareció detrás de los montes.* || Irse: *desapareció muy discretamente de la fiesta.* || No encontrarse en su sitio: *ha desaparecido mi reloj.*

desaparecido, da adj. y s. Muerto o dado como tal.

desaparecimiento m. Desaparición.

desaparejar v. t. Quitar el aparejo: *desaparejar una caballería, una embarcación.*

desaparición f. Acción y efecto de desaparecer.

desapasionado, da adj. Falto de pasión, imparcial.

desapasionar v. t. Desinteresar, quitar la pasión que tenía (ú. t. c. pr.).

desapegar v. t. Despegar. || *Fig.* Hacer perder un afecto (ú. t. c. pr.).

desapego m. *Fig.* Falta de afecto o interés, desvío, alejamiento: *desapego a su familia, a los estudios.*

desapercibido, da adj. Desprevenido: *coger desapercibido.* || Galicismo por *inadvertido.*

desapercibimiento m. Falta de lo necesario.

desaplacible adj. Desagradable.

desaplicación f. Falta de aplicación.

desaplicado, da adj. y s. Que no es aplicado.

desapolillar v. t. Quitar la polilla. || — V. pr. *Fig.* y *fam.* Salir de casa para tomar el aire.

desaporcar v. t. Quitar la tierra con que están aporcadas las plantas.

desaposentar v. t. Desalojar. || *Fig.* Desechar, echar de sí.

desapreciar v. t. Desestimar.

desaprender v. t. Olvidar lo aprendido.

desaprensión f. Falta de aprensión o miramiento.

desaprensivo, va adj. Falta de escrúpulos (ú. t. c. s.).

* **desapretar** v. t. Aflojar, soltar: *desapretar un nudo.*

desaprobación f. Falta de aprobación.

desaprobador, ra adj. Que desaprueba: *gritos desaprobadores.*
* **desaprobar** v. t. Censurar, encontrar algo mal hecho o poco aconsejado: *desaprobar un proyecto.*
desapropiar v. t. Desposeer. || — V. pr. Desprenderse de algo.
desaprovechado, da adj. Aplícase al que pudiendo adelantar en algo no lo hace: *estudiante desaprovechado.* || Mal empleado, desperdiciado: *tiempo desaprovechado.* || Infructuoso.
desaprovechamiento m. Mal empleo.
desaprovechar v. t. Desperdiciar: *desaprovechar una oportunidad, sus dotes.* || Malgastar: *desaprovechar el dinero.*
desapuntalar v. t. Quitar los puntales: *desapuntalar un muro.*
desarbolar v. t. *Mar.* Cortar o tronchar los mástiles de un barco.
desarenar v. t. Quitar la arena que obstruye un lugar.
desarmado, da adj. Sin armas.
desarmar v. t. Quitar las armas: *desarmar al enemigo.* || Desmontar las piezas de un artefacto: *desarmar una máquina, un mueble.* || *Mar.* Retirar a un buque la artillería o el aparejo. || *Mil.* Licenciar fuerzas de tierra, mar o aire (ú. t. c. i.). || *Fig.* Templar, apaciguar: *desarmar el enojo.* | Confundir, desconcertar: *su respuesta me desarmó.*
desarme m. Acción de desarmar un país. || Reducción o supresión de las fuerzas armadas. || Acción de desarmar un artefacto, aparato, etc.
desarmonía f. Falta o ausencia de armonía.
desarmonizar v. t. Destruir la armonía.
desarraigar v. t. Arrancar de raíz: *desarraigar un árbol.* || *Fig.* Extirpar una costumbre, vicio o pasión. || Echar a alguien del sitio donde vivía antes: *desarraigar un pueblo* (ú. t. c. pr.).
desarraigo m. Acción de desarraigar o desarraigarse.
desarrapado, da adj. Desharrapado.
desarreglado, da adj. Descompuesto. || Desordenado: *cuarto desarreglado.* || Desaseado. || No sujeto a regla: *vida desarreglada.*
desarreglar v. t. Desordenar. || Descomponer: *desarreglar una máquina.* || *Fig.* Trastornar: *esto ha desarreglado mis planes.*
desarreglo m. Falta de arreglo, desorden. || Descompostura. || Falta de orden en la vida que se lleva. || — Pl. Trastornos: *desarreglos intestinales.*
* **desarrendar** v. t. Dejar lo que se tenía arrendado.
desarrimar v. t. Apartar, alejar. || *Fig.* Disuadir.
desarrollable adj. Que puede desarrollarse.
desarrollar v. t. Extender, desplegar lo que está arrollado. || *Fig.* Ampliar, aumentar, acrecentar: *desarrollar el comercio.* | Perfeccionar, mejorar: *desarrollar la memoria.* | Explicar una teoría detalladamente. | Tener, realizar: *desarrollar actividades subversivas.* || *Mat.* Hacer operaciones para cambiar la forma de una expresión analítica. || *Quím.* Extender una fórmula. || — V. pr. Crecer, desenvolverse. || Tener lugar, transcurrir: *la semana pasada se desarrolló la conferencia episcopal.*
desarrollo m. Acción y efecto de desarrollar o desarrollarse. || Crecimiento de un organismo. || Incremento: *industria en pleno desarrollo.* || Distancia que recorre la bicicleta por cada vuelta de pedal.
desarropar v. t. Quitar la ropa (ú. t. c. pr.).
desarrugar v. t. Estirar, quitar las arrugas: *desarrugar una tela, un pliego.*
desarrumar v. t. *Mar.* Deshacer la carga.
desarticulación f. Acción de desarticular o desarticularse.
desarticular v. t. Separar dos o más huesos o piezas articulados entre sí || *Fig.* Descomponer: *desarticular un partido.*
desarzonar v. t. Lanzar violentamente al jinete fuera de la silla.
desaseado, da adj. Sin aseo.
desasear v. t. Quitar el aseo.
desaseo m. Falta de aseo.
desasimiento m. Acción de desasir. || *Fig.* Desinterés, desprendimiento.
desasimilación f. *Biol.* Catabolismo.
desasimilar v. t. Producir la desasimilación. || Privar de los elementos asimilables.
* **desasir** v. t. Soltar o desprender lo asido. || — V. pr. *Fig.* Desprenderse de una cosa.
desasistencia f. Abandono.
desasistir v. t. Desamparar.
desasnar v. t. Desembrutecer.
desasociar v. t. Disolver.
* **desasosegar** v. t. Privar de sosiego, inquietar (ú. t. c. pr.).
desasosiego m. Falta de sosiego, inquietud.
desastrado, da adj. y s. Sucio, desaliñado. || Harapiento. || Desgraciado, infeliz. || — Adj. Desordenado: *vida desastrada.*
desastre m. Calamidad, catástrofe. || *Fig.* Dicho de una persona, nulidad, incapaz. | Fracaso: *la función fue un desastre.*
desastroso, sa adj. Desafortunado, desdichado.
desatadura f. Acción y efecto de desatar o desatarse.
desatancar v. t. Desobstruir un conducto.
desatar v. t. Soltar lo atado: *desatar un fardo.* || *Fig.* Resolver, aclarar: *desatar un asunto.* || Destrabar: *desatar la lengua.* || — V. pr. Deshacerse. || *Fig.* Excederse en hablar. | Descomedirse: *desatarse en insultos.* | Encolerizarse. | Desencadenarse una fuerza física o moral: *se desató una tormenta.*
desatascar v. t. Sacar de un atolladero. || Desobstruir.
desatención f. Falta de atención, distracción. || Descortesía.
* **desatender** v. t. No prestar atención: *desatender lo que dice.* || No hacer caso de una persona o cosa. || No satisfacer una demanda.
desatento, ta adj. Que no presta la atención requerida. || Descortés, poco delicado.
desatierre m. *Amer.* Escombrera.
desatinado, da adj. Sin juicio. || Insensato, disparatado, absurdo: *una empresa desatinada.*
desatinar v. t. Hacer perder el juicio. || — V. i. Cometer desatinos.
desatino m. Falta de tino. || Disparate, despropósito.
desatontarse v. i. Salir uno del atontamiento en que estaba.
desatorar v. t. Desobstruir: *desatorar una cañería.* || *Min.* Quitar los escombros que obstruyen una excavación.
desatornillar v. t. Destornillar.
desatracar v. t. *Mar.* Soltar las amarras. || — V. i. *Mar.* Separarse el barco del sitio donde estaba atracado.
desatrancar v. t. Quitar la tranca de la puerta. || Desobstruir.
desautorización f. Desaprobación. || Descrédito.
desautorizar v. t. Quitar la autoridad: *desautorizar a un embajador.* || Desaprobar. || Desacreditar.
desavenencia f. Desacuerdo.
desavenido, da adj. Que está enemistado con otro: *familias desavenidas.*
* **desavenir** v. t. Enemistar (ú. t. c. pr.).
desaventajado, da adj. Poco ventajoso. || Que no tiene ventaja.
desaviar v. t. Apartar del camino, desviar. || Molestar: *eso me desavía.* || Desproveer: *se quedó desaviado sin servidumbre.*
desayunado, da adj. Que ha desayunado.
desayunar v. i. y t. Tomar el desayuno (ú. t. c. pr.). || — V. pr. *Fig.* Acabar de enterarse de algo.
desayuno m. Primera comida del día.
desazogar v. t. Quitar el azogue a una cosa.
desazón f. Falta de sabor, insipidez. || *Agr.* Falta de humedad en lo cultivado. || *Fig.* Disgusto. || Desasosiego, inquietud. | Malestar.
desazonado, da adj. Que siente desazón.
desazonar v. t. Volver insípido, soso. || *Fig.* Disgustar. | Molestar. || — V. pr. Enfadarse. || Preocuparse. || Sentirse indispuesto.
desbancar v. t. En los juegos de azar, ganar al banquero todo el dinero. || *Fig.* Suplantar a uno.
desbandada f. Acción y efecto de desbandarse. || *A la desbandada*, sin orden ni concierto.
desbandarse v. pr. Huir en desorden. || Desertar. || Dispersarse. || Apartarse.
desbarajustar v. t. Desordenar.
desbarajuste m. Desorden, confusión.
desbaratado, da adj. Desordenado. || Roto, deshecho.
desbaratador, ra adj. y s. Que desbarata: *desbaratador de planes.*
desbaratar v. t. Descomponer: *desbaratar un reloj.* || Derrochar, malgastar: *desbaratar sus bienes.* || *Fig.* Frustrar, hacer fracasar: *desbaratar sus planes.* || *Mil.* Descomponer al enemigo. || — V. i. Disparatar. || — V. pr. Descomponerse.
desbarbado, da adj. Que no tiene barba. || — M. *Tecn.* Supresión de la rebaba de las piezas de fundición o estampadas.
desbarbar v. t. Cortar los hilachos al papel de tina, las raíces de una planta, etc. || *Tecn.* Efectuar el desbarbado.
desbarbillar v. t. *Agr.* Desbarbar las vides nuevas para darles vigor.
desbardar v. t. Quitar la barda a una tapia.
desbarnizar v. t. Quitar el barniz.
desbarrancadero m. *Amer.* Despeñadero.
desbarrancar v. t. *Méx.* Hacer perder una buena posición política o social. || *C. Rica.* Desbancar a un rival.
desbarrar v. i. Escurrirse, deslizar. || *Fig.* Disparatar, decir despropósitos.
desbarro m. Resbalón. || Desacierto.
desbastador m. Instrumento usado para desbastar.
desbastadura f. Efecto de desbastar.
desbastar v. t. Quitar las partes más bastas a lo que se ha de labrar: *desbastar un madero, una piedra.* || *Fig.* Quitar la tosquedad, educar a una persona rústica: *desbastar a un palurdo.*
desbaste m. Acción y efecto de desbastar. || *Tecn.* Lingote grueso.
desbautizar v. t. Trocar el nombre. || — V. pr. Irritarse.
desbloquear v. t. *Com.* Levantar el bloqueo: *desbloquear un crédito.* || Aflojar toda pieza bloqueada.
desbloqueo m. Acción y efecto de desbloquear.
desbocado, da adj. Sin freno. || *Fig.* y *fam.* Desvergonzado, descarado (ú. t. c. s.).
desbocamiento m. Acción y efecto de desbocarse.
desbocar v. t. Romper o estropear la boca a una cosa: *desbocar un cántaro.* || — V. i. Desembocar. || — V. pr. Dejar una caballería de obedecer al freno y dispararse. || *Fig.* Prorrumpir en denuestos y desvergüenzas. | Pasarse de la raya.
desbordamiento m. Acción y efecto de desbordar o desbordarse: *el desbordamiento de un río.* || *Fig.* Exaltación.
desbordante adj. Que desborda. || Que sale de sus límites o de la medida: *alegría desbordante.*
desbordar v. i. Salir de los bordes, derramarse un líquido (ú. t. c. pr.). || Salir de su cauce un río (ú. t. c. pr.). || *Fig.* Rebosar.

desborde m. Desbordamiento.
desbotonar v. t. *Cub.* Quitar los botones y la guía a la planta de tabaco.
desbravador m. Domador de potros cerriles.
desbravar v. t. Amansar el ganado cerril. ‖ — V. i. y pr. Amansarse. ‖ *Fig.* Calmarse: *el mar se desbrava.*
* **desbravecer** v. i. Desbravar, perder la braveza (ú. t. c. pr.). ‖ Calmarse (ú. t. c. pr.).
desbridar v. t. Quitar la brida a una caballería. ‖ Cortar los bordes de una herida o quitar ciertos tejidos fibrosos que pudieran estrangular un órgano.
desbriznar v. t. Hacer briznas
desbrozar v. t. Quitar la broza, limpiar. ‖ *Fig.* Aclarar: *desbrozar un tema.*
desbrozo m. Acción y efecto de desbrozar. ‖ Broza.
desbulla f. Concha de las ostras. ‖ Acción de desbullar.
desbullador m. Tenedor para ostras. ‖ El que abre las ostras.
desbullar v. t. Abrir las ostras.
descabal adj. No cabal.
descabalamiento m. Acción y efecto de descabalar.
descabalar v. t. Dejar incompleta una cosa. ‖ Desemparejar: *descabalar un par de guantes.*
descabalgadura f. Acción de descabalgar el que va montado.
descabalgar v. i. Apearse de una caballería. ‖ — V. t. Desmontar de la cureña el cañón.
descabellado, da adj. *Fig.* Insensato, disparatado: *plan descabellado.*
descabellar v. t. Despeinar. ‖ *Taurom.* Matar al toro hiriéndolo en la cerviz con estoque acabado en cruz.
descabello m. Acción y efecto de descabellar al toro.
descabezado, da adj. y s. *Fig.* Que procede sin juicio.
Descabezado ‖ ~ **Chico,** volcán de Chile (Talca); 3 330 m. ‖ ~ **Grande,** volcán de Chile (Talca); 3 888 m.
descabezamiento m. Acción y efecto de descabezar o descabezarse.
descabezar v. t. Cortar la cabeza. ‖ *Fig.* Cortar la parte superior o las puntas de algunas cosas: *descabezar árboles.* ‖ *Fig.* y *fam.* Empezar a superar una dificultad. ‖ *Mil.* Cambiar de dirección. ‖ *Descabezar un sueño,* dormir poco tiempo. ‖ — V. pr. *Fig.* Romperse la cabeza. ‖ *Agr.* Desgranarse las espigas de las mieses.
* **descaecer** v. i. Declinar.
descaecimiento m. Decaimiento, flaqueza.
descafeinar v. t. Suprimir la cafeína del café.
descaimiento m. Decaimiento.
descalabazarse v. pr. *Fig.* y *fam.* Empeñarse en saber algo. | Cavilar mucho.
descalabrado, da adj. y s. Herido en la cabeza. ‖ *Fig.* Mal parado.
descalabradura f. Herida en la cabeza y cicatriz que queda.
descalabrar v. t. Herir en la cabeza y, por extensión, en otra parte del cuerpo (ú. t. c. pr.). ‖ *Fam.* Causar daño o perjuicio. | Maltratar. | Vencer al enemigo.
descalabro m. Contratiempo. ‖ Fracaso. ‖ Derrota en la guerra.
descalce m. Socava.
descalcificación f. Acción y efecto de descalcificar.
descalcificar v. t. Provocar la disminución de sustancia calcárea en el organismo.
descalificación f. Acción y efecto de descalificar.
descalificar v. t. Desautorizar, incapacitar, inhabilitar: *descalificar a un contrincante, a un jugador.*
descalzador m. *Agr.* Instrumento para socavar.
descalzar v. t. Quitar el calzado (ú. t. c. pr.). ‖ Quitar un calzo o calce: *descalzar un mueble.* ‖ Socavar: *descalzar un árbol.* ‖ — V. pr. Perder sus herraduras las caballerías.
descalzo, za adj. Que trae desnudos los pies: *andar descalzo.* ‖ — Adj. y s. *Fig.* Falto de recursos. ‖ Religioso que lleva sandalias: *carmelita descalzo.*
descamación f. Desprendimiento de la epidermis seca en forma de escamillas.
descamarse v. pr. Caerse la piel en forma de escamillas.
descambiar v. t. Volver a cambiar.
descaminar v. t. Apartar a uno del camino recto. ‖ Disuadir a uno de su buen propósito, descarriar: *las malas compañías le descaminan.*
descamino m. Acción de descaminar. ‖ *Fig.* Disparate.
descamisado, da adj. *Fam.* Sin camisa. ‖ — Adj. y s. Muy pobre, desharrapado. ‖ — M. pl. En la Argentina, partidarios de Perón; en España, liberales de la revolución de 1820.
descampado, da adj. y s. m. Dícese del terreno sin vegetación ni viviendas. ‖ *En descampado,* a campo raso, al aire libre.
descampar v. i. Escampar.
descansado, da adj. Tranquilo. ‖ Reposado: *persona, cara descansada.* ‖ Cómodo, fácil.
descansar v. i. Dejar de trabajar. ‖ Reparar las fuerzas con reposo. ‖ *Por ext.* Dormir: *el enfermo descansó toda la noche.* ‖ Confiar en la ayuda de otro. ‖ *Fig.* Tener algún alivio en los cuidados. | Tranquilizarse. | Apoyarse una cosa en otra: *la viga descansa en la pared.* ‖ Estar enterrado: *descansar en el sepulcro.* ‖ — V. t. Aliviar, ayudar. ‖ Apoyar.
descansillo m. Rellano de una escalera.
descanso m. Quietud. ‖ Pausa en el trabajo. ‖ Cesación del trabajo por algún tiempo: *descanso por enfermedad.* ‖ Alto en una marcha. ‖ Descansillo. ‖ Entreacto. ‖ Pausa entre las dos partes de un partido de fútbol. ‖ Asiento en que se apoya una cosa. ‖ *Fig.* Alivio.
descantillar v. t. Romper las aristas o cantos de una cosa: *descantillar una piedra.* ‖ *Fig.* Rebajar o desfalcar algo de una cantidad.
descañonar v. t. Quitar los cañones a las aves.
descapotable adj. y s. m. Dícese del automóvil de capota plegable.
descapotar v. t. Plegar o quitar la capota de los coches.
descaracterizar v. t. Suprimir lo característico.
descarachar v. t. *Col.* Descortezar, descascarar.
descarado, da adj. y s. Desvergonzado: *niño descarado.*
descararse v. pr. Hablar u obrar con desvergüenza.
descarburación f. *Quím.* Separación del carbono de los carburos de hierro.
descarburar v. t. *Quím.* Sacar el carbono contenido en algún cuerpo.
descarga f. Acción y efecto de descargar. ‖ *Arq.* Aligeramiento que se da a una pared. ‖ *Mil.* Fuego que se hace de una vez por una o más unidades. ‖ *Electr.* Fenómeno producido cuando un cuerpo electrizado pierde su carga.
descargador m. El que por oficio descarga mercancías. ‖ Sacatrapos de las armas de fuego.
descargar v. t. Quitar o aliviar la carga: *descargar un barco.* ‖ Disparar las armas de fuego. ‖ Extraer la carga a un arma de fuego o a un barreno. ‖ Dar un golpe con violencia: *descargar un puntapié.* ‖ Quitar la carga eléctrica: *descargar un acumulador.* ‖ *Fig.* Exonerar a uno de una obligación. ‖ *Fig.* Desahogarse (ú. t. c. pr.). ‖ — V. i. Desembocar los ríos. ‖ Deshacerse una nube y caer en lluvia o granizo. ‖ — V. pr. Dejar a otro las obligaciones de un cargo. ‖ *For.* Disculparse.
descargo m. Acción de descargar. ‖ *Com.* En las cuentas, partidas de data o salida. ‖ Satisfacción o excusa del cargo que se hace a uno. ‖ Defensa: *testigo de descargo.*
descargue m. Descarga.
descarnadamente adv. *Fig.* Con franqueza, sin rodeos.
descarnado, da adj. Demacrado. ‖ Desnudo. ‖ Crudo, sin paliativos: *la verdad descarnada.*
descarnador m. Instrumento con que el dentista despega la muela de la encía.
descarnadura f. Acción y efecto de descarnar o descarnarse.
descarnar v. t. Quitar la carne al hueso, a los dientes (ú. t. c. pr.).
descarne m. *Cub.* y *Méx.* Remover la tierra junto a la cepa de la caña de azúcar.
descaro m. Desvergüenza, desfachatez: *hablar, obrar con descaro.*
descarriar v. t. Apartar a uno del camino. ‖ Apartar cierto número de reses de un rebaño. ‖ Apartar a uno de su deber. ‖ — V. pr. Perderse. ‖ *Fig.* Apartarse de lo razonable.
descarrilamiento m. Acción y efecto de descarrilar. ‖ *Fig.* Extravío, descarrío.
descarrilar v. i. Salir un vehículo del carril.
descarrío m. Acción y efecto de descarriar o descarriarse.
descartable adj. *Amer.* Que puede prescindirse de ello fácilmente.
descartar v. t. *Fig.* Desechar una cosa o apartarla de sí: *descartar todos los obstáculos.* ‖ — V. pr. En algunos juegos, dejar las cartas inútiles.
descarte m. Acción de descartar. ‖ En los juegos de naipes, cartas que se desechan o no se reparten. ‖ *Fig.* Excusa, evasiva.
Descartes (René), filósofo y matemático francés, n. en La Haye (Turena) [1596-1650]. Creó la geometría analítica y dio las primeras nociones de la óptica geométrica y de la metafísica moderna. Atacó los principios escolásticos, consagró un nuevo método de raciocinio (*cartesianismo*), elaboró su teoría de la duda metódica y llegó al conocimiento de su propia existencia por medio del pensamiento (*cogito, ergo sum,* pienso, luego existo). Sus principales obras son *Discurso del método* y *Las pasiones del alma.* M. en Estocolmo.
descasar v. t. Anular un matrimonio. ‖ Descomponer cosas que casaban bien. ‖ *Impr.* Cambiar la colocación de las planas para ordenarlas ‖ — V. pr. Divorciarse.
descascarar v. t. Quitar la cáscara de una cosa.
descascarillar v. t. Quitar la cascarilla. | Hacer saltar en escamas la superficie de un objeto. Ú. t. c. pr.: *se me ha descascarillado el esmalte de las uñas.*
descastado, da adj. y s. Que es poco cariñoso.
descastar v. t. Acabar con una casta de animales.
descebar v. t. Quitar el cebo a un arma.
descendencia f. Hijos y generaciones sucesivas. ‖ Casta, linaje.
descendente adj. Que desciende: *movimiento, línea descendente.*
* **descender** v. i. Bajar. ‖ Proceder: *descender de una estirpe de músicos.* ‖ *Fig.* Derivarse. ‖ — V. t. Bajar, poner bajo.
descendiente adj. Descendente. ‖ — Com. Persona que desciende de otra.
descendimiento m. Acción de descender o bajar. ‖ Por antonomasia, el de Cristo de la Cruz.
descenso m. Acción y efecto de descender. ‖ Bajada. ‖ *Fig.* Acción de pasar de una dignidad o estado a otro inferior. | Decadencia. | Disminución.
descentrado, da adj. Dícese de lo que está fuera de su centro. ‖ *Fig.* Desequilibrado.

DE

descentralización f. Acción y efecto de descentralizar. ‖ Sistema político que tiende a descentralizar: *descentralización administrativa.*

descentralizador, ra adj. Que descentraliza.

descentralizar v. t. Transferir a corporaciones locales o regionales servicios privativos del Estado. ‖ Dispersar en todo el país administraciones, organismos, etc., que estaban reunidos en un mismo sitio.

descentramiento m. Acción y efecto de descentrar.

descentrar v. t. Sacar de su centro. ‖ *Fig.* Desequilibrar.

descepar v. t. Arrancar de raíz.

descercar v. t. Quitar la cerca.

descerrajadura f. Acción de descerrajar.

descerrajar v. t. Abrir violentamente una cerradura o un cerrojo. ‖ *Fig.* y *fam.* Disparar con armas de fuego: *descerrajar un tiro.* | Decir.

descifrable adj. Que se puede descifrar o explicar.

descifrado m. Desciframiento.

descifrador, ra adj. y s. Que descifra.

desciframiento m. Acción y efecto de descifrar.

descifrar v. t. Sacar el significado de lo que está escrito en cifra o clave. ‖ *Fig.* Aclarar lo que está poco claro o difícil de entender.

descimbrar v. t. *Arq.* Quitar las cimbras de una obra.

descinchar v. t. Soltar las cinchas a una caballería.

desclavar v. t. Sacar clavos.

descoagulante adj. y s. m. Que descoagula.

descoagular v. t. Convertir en líquido lo coagulado (ú. t. c. pr.).

descocado, da adj. Descarado, demasiado desenvuelto. ‖ Poco juicioso, sin sensatez.

descocador m. *Agr.* Instrumento para descocar los árboles.

descocamiento m. Descaro, desenvoltura excesiva.

descocar v. t. *Agr.* Limpiar de bichos dañinos los árboles. ‖ — V. pr. *Fam.* Mostrar descaro.

descoco m. *Fam.* Descocamiento.

descogollar v. t. *Agr.* Quitar cogollos a una planta.

descolada f. *Fam. Méx.* Persona despreciada.

descolar v. t. Cortar la cola.

* **descolgar** v. t. Bajar lo colgado: *descolgar una lámpara.* ‖ Quitar las colgaduras. ‖ — V. pr. Soltarse y caer. ‖ Escurrirse: *descolgarse por una cuerda.* ‖ *Fig.* Ir bajando rápidamente por una pendiente: *descolgarse de las montañas.* ‖ *Fig.* y *fam.* Presentarse inesperadamente una persona.

descolonización f. Acción de poner término a la situación de un pueblo colonizado.

descolonizar v. t. Efectuar la descolonización.

descolorar v. t. Quitar el color.

descolorido, da adj. Pálido de color o bajo en su línea.

descolorimiento m. Acción y efecto de descolorir.

* **descolorir** v. t. Descolorar.

* **descollar** v. t. Sobresalir, destacarse.

descombrar v. t. Limpiar de escombros.

descombro m. Escombro.

descomedido, da adj. Sin medida, excesivo. ‖ Grosero, insolente, descarado.

descomedimiento m. Falta de respeto.

* **descomedirse** v. pr. Faltar al respeto. ‖ Excederse, pasarse de la raya (de obra o de palabra).

descompaginar v. t. Descomponer. ‖ Perturbar: *la huelga descompagina todos mis proyectos.*

descompás m. Exceso, falta de medida o proporción.

descompasado, da adj. Descomedido, desproporcionado.

descompasarse v. pr. Descomedirse.

* **descomponer** v. t. Desordenar. ‖ Desbaratar, desarreglar un mecanismo: *descomponer un motor* (ú. t. c. pr.). ‖ Podrir, corromper. ‖ Separar las diversas partes que forman un compuesto: *descomponer el agua en hidrógeno y oxígeno.* ‖ *Fig.* Irritar. | Alterar: *el miedo descompuso sus rasgos.* | Trastornar: *esto ha descompuesto mis proyectos.* ‖ — V. pr. Corromperse: *descomponerse un cadáver.* ‖ Sentirse indispuesto. ‖ *Fig.* Perder la templanza. | Irritarse.

descomponible adj. Que puede descomponerse.

descomposición f. Separación de los elementos de un todo. ‖ Putrefacción. ‖ Alteración: *descomposición del rostro.* ‖ Disgregación: *la descomposición del Imperio.*

descompostura f. Descomposición. ‖ Desaliño. ‖ *Fig.* Descaro.

descompresión f. Disminución de la presión.

descomprimir v. t. Suprimir o disminuir la compresión.

descompuesto, ta adj. Que ha sufrido descomposición. ‖ *Fig.* Alterado: *rostro descompuesto.* | Atrevido, descarado. ‖ *Amer.* Medio ebrio.

descomunal adj. Extraordinario, enorme: *escándalo descomunal.*

desconcertante adj. Que desconcierta: *cinismo desconcertante.*

* **desconcertar** v. t. Desorientar, turbar: *mi pregunta le ha desconcertado.* ‖ Dislocar un hueso (ú. t. c. pr.). ‖ — V. pr. *Fig.* Descomedirse. | Turbarse.

desconcierto m. *Fig.* Desorden, desacuerdo. | Confusión. | Falta de medida en las acciones.

desconchado m. y **desconchadura** f. Parte en que una pared ha perdido el enlucido o revestimiento. ‖ Trozo superficial que se desprende de la loza después de un choque.

desconchar v. t. Quitar a una pared, vasija, etc., parte de su enlucido o revestimiento (ú. t. c. pr.).

desconchinflado, da adj. *Méx.* Descompuesto.

desconchinflar v. t. *Amer.* Desarmar de un golpe.

desconectar v. t. Interrumpir una conexión eléctrica. ‖ *Fig. Estar desconectado,* haber perdido todo contacto.

desconfiado, da adj. y s. Que no se fía.

desconfianza f. Falta de confianza.

desconfiar v. i. No confiar, tener poca confianza. ‖ No creer que algo sea posible.

descongelador m. Dispositivo para eliminar la capa de hielo que se forma en una nevera.

descongelar v. t. Deshelar.

descongestión f. Acción y efecto de descongestionar.

descongestionar v. t. Disminuir o quitar la congestión. ‖ *Fig.* Despejar, dejar libre: *descongestionar una calle.*

desconocedor, ra adj. y s. Que desconoce.

* **desconocer** v. t. No conocer: *desconozco a esta persona.* ‖ Ignorar: *desconozco su punto de vista.* ‖ Afectar que se ignora una cosa. ‖ Negar uno ser el autor de algo: *desconocer una obra.* ‖ *Fig.* No reconocer: *tanto ha cambiado que lo desconocí.*

desconocido, da adj. y s. No conocido: *pintor, país desconocido.* ‖ — Adj. Muy cambiado. ‖ Mal apreciado: *méritos desconocidos.*

desconocimiento m. Acción y efecto de desconocer, ignorancia.

desconsideración f. Ausencia de consideración.

desconsiderado, da adj. Falto de consideración.

desconsiderar v. t. No tener la consideración debida.

desconsolado, da adj. Sin consuelo. ‖ Afligido. ‖ *Fig.* Triste.

desconsolador, ra adj. Que desconsuela: *carta desconsoladora.*

* **desconsolar** v. t. Entristecer.

desconsuelo m. Aflicción profunda, pena difícil de consolar.

descontaminación f. Acción y efecto de descontaminar.

descontaminar v. t. Quitar la contaminación a un cuerpo.

* **descontar** v. t. No contar con. ‖ Deducir una cantidad al tiempo de hacer un pago. ‖ *Com.* Pagar una letra de cambio antes de vencida, rebajándole la cantidad estipulada como interés del dinero anticipado. ‖ *Fig.* Quitar mérito a alguien. ‖ *Dar por descontado,* dar por cierto.

descontentadizo, za adj. y s. Que siempre está descontento.

descontentar v. t. Disgustar.

descontento, ta adj. y s. Disgustado. ‖ — M. Disgusto.

* **desconvenir** v. i. No convenir en opiniones, no estar de acuerdo. ‖ No concordar entre sí dos personas o cosas.

descorazonamiento m. *Fig.* Desaliento, desánimo.

descorazonar v. t. Arrancar el corazón. ‖ *Fig.* Desanimar, desalentar (ú. t. c. pr.).

descorchador m. El que descorcha. ‖ Sacacorchos.

descorchar v. t. Arrancar el corcho al alcornoque. ‖ Destapar una botella.

descorche m. Acción y efecto de descorchar el alcornoque.

* **descordar** v. t. Quitar las cuerdas. ‖ *Taurom.* Herir al toro en la médula espinal, sin matarlo.

* **descornar** v. t. Arrancar los cuernos a un animal. ‖ — V. pr. *Fig.* y *fam.* Romperse los sesos. | Trabajar mucho.

descoronar v. t. Quitar la corona o cima.

descorrer v. t. Plegar lo que estaba estirado: *descorrer las cortinas.* ‖ Abrir: *descorrer el pestillo.*

descortés adj. y s. Falto de cortesía, mal educado.

descortesía f. Falta de cortesía, grosería.

descortezadura f. Corteza que se arranca a una cosa. ‖ Parte descortezada.

descortezamiento m. Acción de descortezar.

descortezar v. t. Quitar la corteza: *descortezar un árbol.* ‖ *Fig.* y *fam.* Desbastar, pulir a alguien.

descoser v. t. Deshacer una costura o desprender algo cosido.

descosido, da adj. *Fig.* Que habla demasiado. | Desordenado: *discurso descosido.* | Desastrado. ‖ — M. Parte descosida en una prenda. ‖ *Fig.* y *fam. Como un descosido,* mucho.

descostillarse v. pr. Caerse de espaldas.

descostrar v. t. Quitar o arrancar la costra.

descoyuntamiento m. Acción y efecto de descoyuntar o descoyuntarse: *descoyuntamiento de un hueso.* ‖ *Fig.* Gran cansancio, derrengamiento, malestar.

descoyuntar v. t. Desencajar los huesos de su lugar. Ú. t. c. pr.: *descoyuntarse un brazo.* ‖ *Fam. Descoyuntarse de risa,* reírse mucho.

descrédito m. Pérdida de consideración, de crédito.

descreído, da adj. y s. Incrédulo, falto de fe.

descreimiento m. Falta de fe.

describir v. t. Representar a personas o cosas por medio del lenguaje: *describir un paisaje.* ‖ Relatar. ‖ *Geom.* Trazar: *describir un arco de circunferencia.*

descripción f. Acción y efecto de describir.

descriptivo, va adj. Dícese de lo que describe: *narración descriptiva.* ‖ —*Anatomía descriptiva,* descripción de los órganos del cuerpo humano. ‖ *Geometría descriptiva,* la que representa los cuerpos por medio de proyecciones en planos adecuadamente escogidos.

descriptor, ra adj. y s. Que describe.

descrismar v. t. *Fig.* y *fam.* Dar un golpe en la cabeza. ‖ —

V. pr. *Fig. y fam.* Romperse la cabeza al recibir un golpe. | Enfadarse mucho. | Devanarse los sesos.
descristianizar v. t. Quitar el carácter de cristiano. || Apartar del cristianismo.
descuajar v. t. Poner líquido. || *Fig. y fam.* Desanimar. || *Agr.* Arrancar de raíz o de cuajo plantas o malezas.
descuajaringar v. t. *Fam.* Descomponer. || *Estar descuajaringado,* estar molido, extenuado.
descuartizamiento m. Acción y efecto de descuartizar.
descuartizar v. t. Dividir un cuerpo en trozos o cuartos. || *Fam.* Hacer pedazos una cosa.
descubierta f. Reconocimiento, inspección.
Descubierta (La), com. de la Rep. Dominicana (Independencia).
descubiertamente adv. Claramente, abiertamente.
descubierto, ta adj. Sin sombrero. || — M. Déficit. || — *A la descubierta* o *al descubierto,* sin disfraz; sin protección. || *Com. Al (o en) descubierto,* en deuda.
descubridor, ra adj. y s. Que descubre o inventa algo. || El que ha descubierto un país desconocido: *el descubridor de América.* || — M. *Mil.* Explorador, batidor del campo.
descubrimiento m. Acto de descubrir un país ignorado o cosas científicas: *descubrimiento geográfico.* || Cosa descubierta: *los descubrimientos de la ciencia.* || Acto solemne de descubrir una estatua o lápida que estaban tapadas.
descubrir v. t. Hallar lo escondido o ignorado: *descubrir un tesoro, una tierra.* || Inventar: *descubrir la litografía.* || Destapar: *descubrir una estatua.* || *Fig.* Divisar: *descubrir el Guadarrama.* | Enterarse: *descubrir un complot.* | Revelar: *descubrir sus intenciones.* || — V. pr. Quitarse el sombrero, la gorra, etc. || *Fig.* Abrirse, sincerarse. | Manifestar admiración: *descubrirse ante un acto de valor.*
descuento m. Acción y efecto de descontar. || Lo que se descuenta.
descuerar v. t. Despellejar una res. || *Fig. Amer.* Desollar, criticar: *descuerar al vecino.*
descuidado, da adj. y s. Negligente. || Desaliñado. | Desprevenido: *coger descuidado.* | Despreocupado.
descuidar v. t. Desatender una cosa, no poner en ella la atención debida: *descuidar sus obligaciones* (ú. t. c. pr.). || No preocuparse: *descuida, que yo me encargaré de todo.* || Eximir, liberar de obligación. || — V. pr. *Fig.* No cuidar nada su arreglo personal o su salud.
descuido m. Falta de cuidado, negligencia. || Inadvertencia, distracción. || Desliz, falta. || *Al descuido,* con descuido afectado.
deschavetearse v. pr. *Amer.* Perder la chaveta.
desde prep. Denota principio de tiempo o lugar y forma parte de muchos modismos adverbiales: *desde entonces; desde allí.* || — *Desde luego,* naturalmente, claro. || *Desde que,* a partir del momento o el tiempo en que.
* **desdecir** v. i. *Fig.* No estar una persona o cosa a la altura de su origen, educación o clase: *desdecir de su familia.* | No ir bien una cosa con otra: *dos colores que desdicen uno de otro.* | Contradecir. || — V. pr. Retractarse: *desdecirse de su palabra.*
desdén m. Desprecio, menosprecio. || *Al desdén,* al descuido; con desaliño afectado.
desdentado, da adj. Que no tiene dientes o que los ha perdido. || — M. pl. Animales que no tienen dientes incisivos, como el oso hormiguero (ú. t. c. adj.).
* **desdentar** v. t. Dejar sin dientes la boca.
desdeñable adj. Digno de desdén o desprecio.
desdeñador, ra adj. Que desdeña o desestima.
desdeñar v. t. Despreciar. || — V. pr. No dignarse a: *desdeñarse de hablar.*
desdeñoso, sa adj. y s. Que muestra desdén.
desdibujado, da adj. Que no está bien definido: *contornos desdibujados.*
desdibujarse v. pr. Borrarse, desvanecerse los contornos de algo.
desdicha f. Desgracia: *ocurrir muchas desdichas.* || *Ser el rigor de las desdichas,* ser muy desgraciado.
desdichado, da adj. y s. Desgraciado.
desdoblamiento m. Acción de desdoblar. || *Desdoblamiento de la personalidad,* perturbación mental caracterizada por la coexistencia en un mismo ser de dos personalidades, una normal y otra patológica.
desdoblar v. t. Extender una cosa que estaba doblada: *desdoblar un mantel.* || *Fig.* Dividir una cosa en dos o más iguales.
desdorar v. t. Quitar el oro que cubre algo. || *Fig.* Empañar la fama de alguien.
desdoro m. Deshonra, descrédito, mancilla en la virtud.
deseable adj. Que se desea.
Deseada (La), isla de las Antillas Francesas, al E. de Guadalupe; 27 km².
Deseado, río del S. de la Argentina (Patagonia); 482 km.
desear v. t. Tender a la posesión o realización de algo agradable o útil para sí mismo o para otro: *desear la felicidad, el éxito de un amigo.* || Expresar algún voto: *le deseo unas felices Pascuas.* || — *Hacerse desear,* hacerse esperar. || *No dejar nada que desear,* ser perfecta una cosa.
desecación f. y **desecamiento** m. Acción y efecto de desecar o desecarse.
desecar v. t. Secar, extraer la humedad: *desecar un pantano.* || *Fig.* Volver insensible.
desecativo, va adj. y s. m. Que tiene la propiedad de desecar: *aceite desecativo.*
desechar v. t. Excluir, rechazar: *desechar los malos pensamientos.* || Menospreciar, desestimar: *desechar un consejo.* || Rechazar un empleo o una dignidad. || Apartar de sí una sospecha, temor, etc. || Dejar de lado una prenda de vestir u otra cosa, para no volver a usarla.
desecho m. Lo que se desecha. || Residuo. || *Fig.* Desprecio, desestimación. | Lo más despreciable: *el deshecho de la sociedad.*
desembalaje m. Acción de desembalar.
desembalar v. t. Deshacer el embalaje: *desembalar muebles.*
desembaldosar v. t. Quitar las baldosas.
desembarazado, da adj. Libre, despejado. || Desenvuelto, desenfadado. || Vivo.
desembarazar v. t. Quitar lo que estorba, despejar. || Evacuar, desocupar. || *Fig.* Sacar de apuro. || — V. pr. *Fig.* Quitarse de encima lo que estorba: *desembarazarse de un enemigo.*
desembarazo m. Acción de desembarazar. || Desenvoltura, desenfado. || *Amer.* Parto.
desembarcadero m. Lugar donde se desembarca.
desembarcar v. t. Sacar de la embarcación: *desembarcar mercancías.* || — V. i. Salir de la nave: *desembarcar los pasajeros.* || *Fig. y fam.* Llegar, salir de un carruaje.
desembarco m. Acción de desembarcar personas. || *Mar.* Operación militar que consiste en desembarcar: *el desembarco de tropas.*
desembargar v. t. Quitar estorbos. || *For.* Levantar el embargo.
desembargo m. *For.* Acción y efecto de desembargar. | Levantamiento del embargo.
desembarque m. Acción y efecto de desembarcar mercancías.
desembarrancar v. t. Desencallar, sacar a flote un barco.
desembelesarse v. pr. Recobrar uno el juicio.
desembocadura f. Lugar por donde un río desemboca en otro o en el mar, o una calle en otra.
desembocar v. i. Desaguar un río o canal en otro o en el mar: *el Amazonas desemboca en el Atlántico.* || Dar una calle en otra. || Salir de un lugar angosto: *desembocar en la llanura.* || *Fig.* Conducir a un resultado: *razonamientos que no desembocan en nada.*
desembolsar v. t. Gastar o pagar una cantidad de dinero.
desembolso m. Entrega que se hace de una cantidad de dinero. || Dispendio, gasto.
desemborrachar v. t. Desembriagar.
desembotar v. t. *Fig.* Avivar, despertar: *desembotar el entendimiento.*
desembozar v. t. Quitar el embozo. || *Fig.* Revelar, descubrir.
desembragar v. t. *Mec.* Desconectar un mecanismo del eje de un motor.
desembrague m. *Mec.* Acción y efecto de desembragar.
* **desembravecer** v. t. Amansar (ú. t. c. pr.). || — V. pr. Calmarse.
desembriagar v. t. Quitar la embriaguez.
desembrollar v. t. *Fam.* Desenredar, aclarar.
desembuchar v. t. Vaciar las aves lo que tienen en el buche. || — V. i. *Fig. y fam.* Confesar.
desembullar v. t. *Cub.* Desanimar (ú. t. c. pr.).
desemejante adj. Diferente.
desemejanza f. Diferencia.
desemejar v. i. Diferenciarse.
desempacar v. t. Desempaquetar, quitar de las pacas: *desempacar las mercaderías.* || — V. pr. Aplacarse.
desempachar v. t. Quitar el empacho. || — V. pr. Curarse del empacho.
desempalagar v. t. Quitar el empalagamiento.
desempañar v. t. Quitar el vaho: *desempañar los cristales.* || Quitar al niño los pañales.
desempapelar v. t. Quitar el revestimiento de papel.
desempaque y **desempaquetado** m. Acción y efecto de desempacar o desempaquetar.
desempaquetar v. t. Desenvolver, sacar de su paquete: *desempaquetar un regalo.*
desemparejar v. t. Desigualar, descabalar.
desempatar v. t. Deshacer el empate, tratándose de una votación o en deportes. || *Méx.* y *P. Rico.* Desatar. || *Fig. Méx.* y *P. Rico.* Deshacer un enredo o una confusión.
desempate m. Acción y efecto de desempatar.
* **desempedrar** v. t. Levantar las piedras del pavimento. || *Fig. Ir desempedrando calles,* andar muy de prisa.
desempeñar v. t. Liberar lo empeñado: *desempeñar sus alhajas.* || Dejar a uno sin deudas (ú. t. c. pr.). || Ejercer, tener a su cargo: *desempeñar unas funciones importantes.* || Realizar: *desempeñar una misión peligrosa.* || Sacar a uno airoso de un apuro (ú. t. c. pr.). || *Teatr.* Representar un papel.
desempeño m. Acción y efecto de desempeñar o desempeñarse.
desemperezar v. i. Sacudir la pereza (ú. t. c. pr.).
desempleo m. Paro forzoso: *el desempleo agrícola.* || Subempleo, paro encubierto.
desemplumar v. t. Quitar las plumas.
desempolvar v. t. Quitar el polvo. || Sacar del olvido: *desempolvar viejos recuerdos.*
desemponzoñar v. t. Quitar el veneno.
desempotrar v. t. Arrancar una cosa empotrada.

desempuñar v. t. Soltar.
desencabestrar v. t. Sacar el pie o la mano de la caballería que se ha enredado en el cabestro.
desencadenamiento m. Acción y efecto de desencadenar o desencadenarse.
desencadenar v. t. Soltar al que está amarrado con cadena: *desencadenar un perro.* || *Fig.* Provocar: *desencadenar una guerra.* || Romper la cadena o vínculo de las cosas inmateriales. || — V. pr. *Fig.* Desenfrenarse, desatarse: *desencadenarse las pasiones, el viento.*
desencajamiento m. Acción y efecto de desencajar o desencajarse.
desencajar v. t. Sacar de su encaje o trabazón. || Dislocar los huesos. || — V. pr. Demudarse, alterarse el semblante por enfermedad o por pasión del ánimo.
desencaje m. Desencajamiento.
desencajonamiento m. *Taurom.* Acción de desencajonar: *presenciar el desencajonamiento de los toros.* || *Tecn.* Desencofrado.
desencajonar v. t. Sacar lo que está dentro de un cajón. || *Taurom.* Hacer salir al toro del cajón en que está encerrado. || *Tecn.* Desencofrar.
desencallar v. t. *Mar.* Poner a flote una embarcación encallada.
desencantador, ra adj. Que desencanta o desilusiona.
desencantar v. t. Romper el encanto. || Desilusionar, decepcionar (ú. t. c. pr.).
desencanto m. Acción y efecto de desencantar. || *Fig.* Desilusión, decepción.
desencapotar v. t. Quitar el capote. || *Fig.* y *fam.* Manifestar, descubrir. || — V. pr. Despejarse: *desencapotarse el cielo.* || *Fig.* Desenfadarse.
desencaprichar v. t. Quitar un capricho.
desencasquillar v. t. Desatascar el arma de fuego que tiene un cartucho encasquillado.
desencoger v. t. Extender lo encogido: *desencoger un tejido.* || — V. pr. *Fig.* Perder uno el encogimiento o timidez.
desencogimiento m. Acción de desencoger. || Desenfado, desparpajo, desenvoltura.
desencolar v. t. Despegar lo que estaba fijado con cola.
desencolerizar v. t. Apaciguar, calmar, serenar.
desenconar v. t. *Med.* Desinflamar, templar el encono o inflamación. || *Fig.* Apaciguar, moderar el encono: *desenconar los ánimos.*
desencono m. Acción y efecto de desenconar o desenconarse.
desencorvar v. t. Enderezar.
desencuadernar v. t. Quitar la encuadernación: *desencuadernar un libro.*
desenchufar v. t. Quitar el enchufe: *desenchufar la televisión.*
desendiosar v. t. Humillar al que se muestra altanero: *desendiosar al vanidoso.*
desenfadado, da adj. Desenvuelto, desahogado: *conducirse de modo desenfadado.* || Despreocupado.
desenfadar v. t. Desenojar, quitar o aplacar el enfado.
desenfado m. Franqueza. || Desenvoltura. || Desahogo del ánimo.
desenfardar v. t. Abrir y desatar los fardos.
desenfocar v. t. Perder el enfoque. || *Fig.* Enfocar mal.
desenfoque m. Enfoque defectuoso.
desenfrenado, da adj. Alocado: *baile desenfrenado.* || Inmoderado: *apetitos desenfrenados.*
desenfrenar v. t. Quitar el freno: *desenfrenar una caballería.* || — V. pr. *Fig.* Entregarse al libertinaje, desmandarse. | Desencadenarse alguna fuerza bruta o los elementos: *desenfrenarse el viento.*
desenfreno m. *Fig.* Acción y efecto de desenfrenarse. || Libertinaje, desvergüenza.
desenfundar v. t. Sacar de la funda: *desenfundar un arma.*
* **desenfurecer** v. t. Calmar el furor de una persona o cosa.
desenfurruñar v. t. Desenfadar, desenojar (ú. t. c. pr.).
desenganchar v. t. Soltar lo enganchado: *desenganchar dos vagones.* || Quitar de un carruaje las caballerías de tiro.
desengañado, da adj. Desilusionado por la experiencia: *una persona desengañada.* || Decepcionado: *estar desengañado por un amigo.*
desengañador, ra adj. y s. Que desengaña.
desengañar v. t. Hacer conocer el error. || Desilusionar, decepcionar. || Quitarle a uno las ilusiones.
desengaño m. Conocimiento del error. || Decepción: *llevarse un desengaño.* || — Pl. Desilusiones que se experimentan en la vida.
desengarzar v. t. Quitar el engarce.
desengastar v. t. Sacar una cosa de su engaste: *desengastar una piedra preciosa.*
desengranar v. t. *Mec.* Desacoplar un engranaje.
desengrasar v. t. Quitar la grasa. || Limpiar de grasa. || — V. i. *Fig.* Adelgazar mucho.
desenhebrar v. t. Sacar la hebra de la aguja.
desenjaezar v. t. Quitar los jaeces: *desenjaezar una caballería.*
desenjaular v. t. Sacar de la jaula: *desenjaular una fiera.*
desenlace m. Acción y efecto de desenlazar o desenlazarse. || *Lit.* Solución del nudo o enredo de un poema dramático, de una novela, etc.
desenladrillar v. t. Quitar los ladrillos: *desenladrillar el suelo.*
desenlazar v. t. Soltar lo que está atado. || *Fig.* Dar desenlace o solución a un asunto o problema. || *Lit.* Desatar el nudo o enredo de un drama o novela (ú. t. c. pr.).
desenlodar v. t. Quitar el lodo: *desenlodar una calle.*
desenlosar v. t. Quitar el enlosado.
desenlutar v. t. Quitar el luto (ú. t. c. pr.).
desenmarañar v. t. Desembrollar lo enmarañado. || *Fig.* Aclarar un asunto embrollado.
desenmascarar v. t. Quitar la máscara. || *Fig.* Descubrir lo que una persona o cosa es en realidad: *desenmascarar la hipocresía.*
* **desenmohecer** v. t. Quitar el moho: *desenmohecer el hierro.*
* **desenmudecer** v. i. Romper a hablar el que no lo había hecho desde hacía mucho tiempo. || *Fig.* romper el silencio.
desenojar v. t. Quitar o calmar el enojo || — V. pr. Distraerse.
desenojo m. Apaciguamiento, desaparición del enojo.
desenredar v. t. Desembrollar. || *Fig.* Poner en orden lo enredado. | Resolver una intriga, etc. || — V. pr. *Fig.* Salir de apuro.
desenredo m. Acción y efecto de desenredar o desenredarse. || Desenlace.
desenrollar v. t. Desarrollar, extender una cosa arrollada.
desenroscar v. t. Deshacer lo enroscado.
desensamblar v. t. Separar dos cosas que estaban ensambladas.
desensartar v. t. Soltar lo ensartado: *desensartar cuentas.*
desensibilizar v. t. Quitar la sensibilidad.
desensillar v. t. Quitar la silla a una caballería.
* **desensoberbecer** v. t. Humillar, hacer deponer la soberbia (ú. t. c. pr.)
desensortijado, da adj. Desrizado.
desentalingar v. t. *Mar.* Soltar la cadena del arganeo del ancla.
desentarimar v. t. Quitar el entarimado: *desentarimar un piso.*
* **desentenderse** v. pr. No querer saber nada de un asunto.
desenterramiento m. Acción de desenterrar.
* **desenterrar** v. t. Sacar lo enterrado. || Exhumar. || *Fig.* y *fam.* Recordar cosas ya olvidadas.
desentonadamente adv. Con desentono: *cantar desentonadamente.*
desentonamiento m. Desentono, descompostura.
desentonar v. i. *Mús.* Estar fuera de tono: *desentonar un instrumento, la voz.* || *Fig.* Salir del tono, chocar: *modales que desentonan.* || — V. pr. *Fig.* Levantar la voz. | Descomedirse.
desentono m. Acción y efecto de desentonar. || *Fig.* Destemplanza, descompostura.
* **desentorpecer** v. t. Desentumecer: *desentorpecer las piernas.* || Quitarle la torpeza a alguien.
desentrampar v. t. *Fam.* Desempeñar. || — V. pr. Quedar libre de deudas.
desentrañar v. t. Sacar las entrañas. || *Fig.* Indagar, adivinar: *desentrañar un misterio.* || — V. pr. *Fig.* Dar a otro todo cuanto se posee.
desentrenar v. t. No entrenar lo suficiente (ú. t. c. pr.). Hacer que un miembro entorpecido recobre su agilidad y soltura: *desentumecer el brazo.* (ú. t. c. pr.).
desentumecimiento m. Acción y efecto de desentumecer o desentumecerse.
desenvainar v. t. Sacar de la vaina: *desenvainar la espada.* || *Fig.* Sacar las uñas un animal que tiene garras.
desenvoltura f. *Fig.* Desembarazo, desenfado, soltura. | Facilidad de elocución. | Falta de recato en las mujeres.
desenvolvedor, ra adj. y s. *Fig.* Que desenvuelve o averigua.
* **desenvolver** v. t. Deshacer lo envuelto: *desenvolver un paquete.* || Extender lo arrollado. || *Fig.* Aclarar un asunto embrollado. | Desarrollar, exponer ampliamente una cuestión: *desenvolver una teoría.* || — V. pr. Desarrollarse. || *Fig.* Salir adelante, arreglárselas. | Salir de apuro.
desenvolvimiento m. Desarrollo, acción y efecto de desenvolver.
desenvuelto, ta adj. *Fig.* Que tiene desenvoltura: *aire desenvuelto.* | Listo, que sabe arreglárselas.
desenzarzar v. t. Sacar de las zarzas.
deseo m. Aspiración por el conocimiento o la posesión de algo: *según sus deseos.* || Lo que se desea: *tener muchos deseos.* || Voto: *deseos de felicidad.* || *A medida de sus deseos,* según su gusto.
deseoso, sa adj. Que desea. || Obsequioso, atento.
desequilibrado, da adj. y s. Falto de equilibrio mental.
desequilibrar v. t. Hacer perder el equilibrio.
desequilibrio m. Falta de equilibrio.
deserción f. Acción de desertar. || *For.* Abandono de la apelación interpuesta.
desertar v. i. Abandonar el soldado sus banderas. || Pasarse al enemigo. || *For.* Desistir de la causa o apelación. || *Fig.* y *fam.* Dejar de frecuentar: *desertar de un círculo.*
desértico, ca adj. Desierto.
desertor m. Soldado que deserta. || *Fig.* y *fam.* El que deja de frecuentar a la gente con quien se trataba.
desespañolizar v. t. Quitar el carácter español.
desesperación f. Pérdida total de esperanza. || *Fig.* Cólera, enojo: *causar desesperación.* || *Ser una desesperación,* ser sumamente molesto.
desesperado, da adj. Poseído de desesperación (ú. t. c. s.). || Que no tiene esperanzas, deshauciado: *enfermo en estado desesperado.* || *A la desesperada,* como último recurso.
desesperante adj. Que desespera o impacienta.
desesperanza f. Desesperación.
desesperanzar v. t. Quitar la esperanza. || — V. pr. Quedarse sin esperanza.
desesperar v. t. Quitar la esperanza. || *Fam.* Irritar, exasperar:

este niño me desespera (ú. t. c. pr.). ‖ — V. i. No tener esperanza: *desespero de que venga mi tío.* ‖ — V. pr. Perder la esperanza. ‖ Apesadumbrarse: *desesperarse por no recibir noticias.*

desestimación f. Acción y efecto de desestimar.

desestimar v. t. Tener en poco. ‖ Despreciar. ‖ Denegar, rechazar: *desestimar un permiso.*

desfacedor, ra adj. y s. El que deshace. ‖ *Desfacedor de entuertos,* deshacedor de agravios.

desfachatez f. *Fam.* Descaro, frescura.

desfajar v. t. Quitar la faja.

desfalcar v. t. Rebajar. ‖ Malversar un caudal.

desfalco m. Acción y efecto de desfalcar.

* **desfallecer** v. t. Debilitar, causar desfallecimiento. ‖ — V. i. Debilitarse mucho, quedar sin fuerzas. ‖ Desmayarse.

desfallecimiento m. Debilidad. ‖ Desmayo.

desfasado, da adj. Fuera de fase. ‖ Descentrado, que no se halla en su centro.

desfasar v. t. *Electr.* Establecer una diferencia de fase entre dos fenómenos alternativos que tienen la misma frecuencia.

desfavorable adj. Contrario, poco favorable o ventajoso.

* **desfavorecer** v. t. Dejar de favorecer.

desfibrado m. *Tecn.* Acción de desfibrar.

desfibradora f. *Tecn.* Máquina para desfibrar la madera.

desfibrar v. t. Eliminar las fibras: *desfibrar plantas textiles.*

desfiguración f. Acción y efecto de desfigurar o desfigurarse.

desfiguramiento m. Desfiguración, acción y efecto de desfigurar.

desfigurar v. t. Afear el semblante: *una cicatriz le desfigura.* ‖ *Fig.* Alterar, falsear; *desfigurar la verdad.* | Disfrazar: *desfigurar la voz.* | Disimular, velar las formas. ‖ — V. pr. Turbarse.

desfiladero m. Paso estrecho entre montañas: *el desfiladero de Pancorbo.*

desfilar v. i. Marchar en fila: *desfilar la tropa.* ‖ Ir, pasar o salir uno tras otro: *desfilar en fila india.*

desfile m. Acción de desfilar. ‖ Gente que desfila.

desflemar v. t. Expulsar la flema. ‖ *Quím.* Separar la flema de un líquido espiritoso.

desfloración f. y **desfloramiento** m. Acción y efecto de desflorar.

desflorar v. t. Ajar, quitar la flor o el lustre. ‖ Desvirgar. ‖ *Fig.* Tratar un asunto sin profundizarlo.

desfogar v. t. Dar salida a. ‖ *Fig.* Dar rienda suelta a una pasión: *desfogar la cólera* (ú. t. c. pr.). ‖ Apagar la cal. ‖ — V. i. *Mar.* Estallar una tempestad que se estaba preparando.

desfogue m. Acción de desfogar. ‖ *Méx.* Agujero de un conducto de agua por donde se descarga.

desfondar v. t. Romper o quitar el fondo: *desfondar una caja.* ‖ *Agr.* Arar profundamente. ‖ *Mar.* Agujerear el fondo de un barco. ‖ Labrar profundamente un terreno. ‖ — V. pr. Quedarse sin fondo. ‖ *Fig.* Estar agotado, sin fuerzas.

desfonde m. Acción y efecto de desfondar. ‖ *Fig.* Agotamiento.

desfruncir v. t. Desplegar, quitar los frunces.

desgaire m. Descuido, desaliño. ‖ Desgarbo: *andar con desgaire.* ‖ Ademán de desprecio. ‖ *Al desgaire,* con descuido o negligencia.

desgajadura f. Rotura de una rama que se desgaja.

desgajar v. t. Arrancar con violencia una rama del tronco. ‖ Despedazar, romper. ‖ — V. pr. Desprenderse, soltarse una cosa de otra. ‖ *Fig.* Apartarse.

desgalichado, da adj. *Fam.* Desgarbado o desaliñado: *mujer desgalichada.*

desgana f. Falta de apetito. ‖ *Fig.* Falta de gana, aversión: *trabajar con desgana, a desgana.*

desganado, da adj. Sin apetito o entusiasmo.

desganar v. t. Cortar el apetito, la gana. ‖ — V. pr. Perder el apetito. ‖ *Fig.* Sentir tedio. | Disgustarse.

desgañitarse v. pr. Gritar muy fuerte y largo tiempo. ‖ Ponerse ronco.

desgarbado, da adj. Que no tiene garbo.

desgarbo m. Ausencia de garbo.

desgarrador, ra adj. Que desgarra o puede desgarrar.

desgarramiento m. Rotura de una tela o de un músculo.

desgarrar v. t. Rasgar: *desgarrar un vestido.* ‖ *Fig.* Destrozar: *desgarrar el corazón.* | Lastimar: *la tos le desgarraba el pecho.* ‖ — V. pr. Apartarse.

desgarro m. Desgarrón. ‖ Rotura muscular. ‖ *Fig.* Bravuconería. | Descaro. ‖ *Amer.* Escupidura.

desgarrón m. Rotura grande en la ropa. ‖ Jirón, colgajo.

desgastar v. t. Deteriorar poco a poco por el roce o el uso. ‖ *Fig.* Pervertir. ‖ — V. pr. *Fig.* Debilitarse, cansarse.

desgaste m. Deterioro progresivo. ‖ Debilitación.

desglosar v. t. Quitar la glosa a un escrito. ‖ Separar un escrito de otros, particularmente un documento de una pieza de autos judiciales. ‖ Hacer el desglose de una película. ‖ Distribuir ciertos gastos entre varias partidas.

desglose m. Acción y efecto de desglosar. ‖ División de un guión de película en cierto número de planos. ‖ Repartición de los gastos.

desgobernado, da adj. Disoluto. ‖ Desordenado.

* **desgobernar** v. t. Turbar el gobierno de una cosa. ‖ Dislocar o descoyuntar los huesos (ú. t. c. pr.). ‖ *Mar.* Descuidar el gobierno del timón.

desgobierno m. Falta de gobierno u orden.

desgolletar v. t. Romper el gollete o cuello: *desgolletar una vasija, un frasco.*

desgomar v. t. Quitar la goma: *desgomar tejidos.*

desgracia f. Suerte desfavorable: *labrarse la propia desgracia.* ‖ Revés, acontecimiento adverso: *sufrir muchas desgracias.* ‖ Pérdida de valimiento: *caer en desgracia.* ‖ Suceso en que hay muertos o heridos: *en esta casa ha ocurrido una desgracia.* ‖ Falta de gracia, torpeza. ‖ *Por desgracia,* desgraciadamente.

desgraciado, da adj. y s. Que no tiene suerte. ‖ Funesto: *empresa desgraciada.* ‖ Falto de gracia o atractivo. ‖ Desagradable. ‖ *Fig. Ser un desgraciado,* ser un don nadie, una persona insignificante.

desgraciar v. t. Estropear, echar a perder. ‖ Lisiar, herir. ‖ — V. pr. Enemistarse. ‖ Salir mal, malograrse: *desgraciarse un plan.*

desgramar v. t. Quitar o arrancar la grama.

desgranador, ra adj. y s. Que desgrana. ‖ — F. Máquina que sirve para desgranar.

desgranar v. t. Separar los granos: *desgranar una espiga.* ‖ Pasar las cuentas de un rosario. ‖ — V. pr. Soltarse lo ensartado: *desgranarse un collar.*

desgrane m. Acción y efecto de desgranar o desgranarse.

desgranzar v. t. Cribar.

desgrasar v. t. Quitar la grasa: *desgrasar las lanas.*

desgrase m. Acción y efecto de desgrasar.

desgravación f. Rebaja, disminución.

desgravar v. t. Rebajar un impuesto o un derecho arancelario.

desgreñado, da adj. Despeinado, con el cabello en desorden.

desgreñar v. t. Enmarañar los cabellos. ‖ — V. pr. Reñir, tirándose del pelo: *desgreñarse dos vecinas.*

desguace m. *Mar.* Acción y efecto de desguazar: *el desguace de un buque.*

desguanzarse v. pr. *Méx.* Desfallecer.

desguanzo m. *Fam. Méx.* Falta de vigor.

* **desguarnecer** v. t. Quitar la guarnición o adornos: *desguarnecer un salón.* ‖ *Mil.* Retirar las fuerzas de una plaza: *desguarnecer un fuerte.* ‖ Quitar los arreos a un caballo. ‖ Desarmar un instrumento.

desguazar v. t. Desbastar la madera con hacha. ‖ *Mar.* Deshacer un barco.

desguince m. Esguince.

deshabillé m. Galicismo por *bata, traje de casa.*

deshabitado, da adj. Donde no vive nadie: *paraje* o *edificio deshabitado.*

deshabitar v. t. Dejar un sitio. ‖ Despoblar, dejar sin habitantes: *deshabitar un territorio.*

deshabituar v. t. Desacostumbrar (ú. t. c. pr.).

deshacedor, ra adj. y s. Que deshace. ‖ *Deshacedor de agravios,* el que los venga.

* **deshacer** v. t. Destruir lo hecho: *deshacer la cama.* ‖ Derrotar: *deshacer un ejército.* ‖ Anular: *deshacer un contrato.* ‖ Derretir: *deshacer el sol la nieve.* ‖ Disolver: *deshacer un terrón de azúcar.* ‖ Dividir. ‖ *Fig.* Desbaratar: *deshacer una intriga, unos planes.* | Desandar el camino. ‖ *Deshacer agravios,* vengarlos. ‖ — V. pr. Descomponerse: *deshacerse las nubes en lluvia.* ‖ *Fig.* Trabajar con ahínco: *deshacerse por conseguir algo.* | Hacer todo lo que se puede: *cuando vine aquí se deshizo por mí.* | Impacientarse. | Afligirse mucho. | Extenuarse. ‖ — *Deshacerse de,* desembarazarse. ‖ *Deshacerse en atenciones o cumplidos,* tener muchas atenciones, hacer muchos cumplidos, etc. ‖ *Deshacerse por una cosa,* anhelarla.

desharrapado, da adj. Andrajoso, harapiento.

deshebrar v. t. Sacar las hebras. ‖ Quitar el hilo enhebrado en la aguja. ‖ *Fig.* Deshacer en trozos muy pequeños.

deshechizar v. t. Deshacer el hechizo o maleficio.

deshecho, cha adj. Dícese de la lluvia o de la tormenta violenta. ‖ *Fig.* Molido, extenuado. | Abatido. Sumamente preocupado.

* **deshelar** v. t. Derretir lo que está helado (ú. t. c. pr.).

desherbar v. t. Arrancar las hierbas perjudiciales.

desheredado, da adj. y s. Que no tiene dones naturales ni tampoco bienes de fortuna.

desheredamiento m. Acción y efecto de desheredar.

desheredar v. t. Excluir de la herencia: *desheredar a sus hijos.*

deshermanar v. t. Destruir la igualdad o semejanza entre dos cosas. ‖ — V. pr. No comportarse como buen hermano.

* **desherrar** v. t. Quitar los hierros o prisiones: *desherrar a un penado.* ‖ Quitar las herraduras: *desherrar un caballo* (ú. t. c. pr.).

desherrumbrar v. t. Limpiar de herrumbre.

deshidratación f. Acción y efecto de deshidratar.

deshidratar v. t. *Quím.* Quitar a un cuerpo el agua que contiene.

deshidrogenar v. t. *Quím.* Quitar a una sustancia el hidrógeno que contiene.

deshielo m. Acción y efecto de deshelar o deshelarse. ‖ Ruptura de la capa de hielo que cubre los ríos y las aguas polares durante la primavera.

deshilachar v. t. Sacar hilachas. ‖ Desflecar.

deshilado m. Especie de calado que se hace sacando algunos hilos de un tejido.

deshiladura f. Acción y efecto

DE

de deshilar o sacar hilos de un tejido.

deshilar v. t. Sacar los hilos de un tejido.

deshilvanado, da adj. *Fig.* Sin enlace ni trabazón: *pensamiento deshilvanado.*

deshilvanar v. t. Quitar hilvanes: *deshilvanar lo cosido.*

deshinchar v. t. Quitar la hinchazón. || Desinflar: *deshinchar un globo.* || *Fig.* Dar rienda suelta a su cólera. || — V. pr. Desaparecer la hinchazón. || *Fig.* y *fam.* Moderar sus pretensiones.

deshipotecar v. t. Levantar la hipoteca: *deshipotecar una finca.*

deshojadura f. Deshoje.

deshojar v. t. Quitar las hojas a una planta o los pétalos a una flor. || — V. pr. Caerse las hojas.

deshoje m. Caída de las hojas de las plantas.

deshollinador, ra adj. y s. Que deshollina. || — M. Utensilio para deshollinar chimeneas. || Escobón para deshollinar.

deshollinar v. t. Limpiar de hollín las chimeneas.

deshonestidad f. Indecencia, inmoralidad. || Dicho o hecho deshonesto.

deshonesto, ta adj. Falto de honestidad, inmoral, indecente.

deshonor m. Pérdida del honor. || Afrenta, deshonra, baldón.

deshonra f. Pérdida de la honra. || Cosa deshonrosa. || *Tener uno a deshonra una cosa,* juzgarla por indigna de su calidad y estado.

deshonrador, ra adj. Que deshonra (ú.t.c.s.).

deshonrar v. t. Quitar la honra (ú. t. c. pr.). || Injuriar.

deshonroso, sa adj. Indecente, vergonzoso, afrentoso.

deshora f. Tiempo inoportuno. || *A deshora* o *a deshoras,* fuera de tiempo o de ocasión.

deshuesar v. t. Quitar el hueso o los huesos: *deshuesar un animal, una fruta.*

deshumanizar v. t. Quitar el carácter humano.

deshumano, na adj. Inhumano.

* **deshumedecer** v. t Quitar la humedad.

desiderátum m. Lo que falta o que más se desea. (Pl. *desiderata.*)

desidia f. Negligencia, dejadez. || Pereza, inercia.

desidioso, sa adj. y s. Negligente, despreocupado.

desierto, ta adj. Despoblado, deshabitado: *comarca desierta.* || Donde hay muy poca gente: *calle desierta.* || Solitario: *lugar desierto.* || Dícese del concurso o subasta en que nadie toma parte o en que no se concede el premio o la plaza. || — M. Lugar arenoso, árido y despoblado: *el desierto de Sáhara.* || *Fig.* y *fam. Predicar en el desierto,* dirigirse a unas personas que no quieren dejarse convencer.

designación f. Nombramiento: *designación de un sucesor.* || Nombre: *designación de un objeto.*

designar v. t. Nombrar, destinar para un fin determinado: *designar a un embajador.* || Denominar, llamar. || Fijar: *designar el lugar.*

designio m. Proyecto. || Propósito, intención.

desigual adj. No igual, diferente. || Escabroso, cubierto de aspereza. || *Fig.* Cambiadizo (dicho del carácter). | Inconstante, irregular: *tiempo, alumno desigual.*

desigualar v. t. Hacer desigual. || — V. pr. Aventajar a otro.

desigualdad f. Falta de igualdad, diferencia. || Aspereza de un terreno. || Expresión algebraica que indica la falta de igualdad entre dos cantidades: *la desigualdad se indica con los signos* ($>$) *y* ($<$) : $a > b = a$ mayor que b; $a < b = a$ menor que b.

desilusión f. Pérdida de las ilusiones. || Desengaño.

desilusionar v. t. Hacer perder las ilusiones, desengañar. || Decepcionar. || — V. pr. Desengañarse.

desimanación y **desimantación** f. Pérdida de la imantación.

desimpresionar v. t. Desengañar, sacar del error (ú. t. c. pr.).

desincrustación f. Desprendimiento o disolución de las incrustaciones.

desincrustante adj. y s. Dícese de la sustancia que permite disolver las incrustaciones calizas.

desincrustar v. t. Quitar las incrustaciones que se forman en las paredes de ciertos aparatos: *desincrustar una caldera de vapor.*

desinencia f. *Gram.* Terminación de una palabra.

desinencial adj. Perteneciente o relativo a la desinencia.

desinfección f. Acción y efecto de desinfectar.

desinfectante adj. y s. m. Dícese del producto que sirve para desinfectar.

desinfectar v. t. Destruir los gérmenes nocivos en algún sitio o cosa.

desinficionar v. t. Desinfectar.

desinflamar v. t. Hacer desaparecer la inflamación (ú. t. c. pr.).

desinflar v. t. Sacar el aire o gas de un cuerpo inflado (ú. t. c. pr.). || — V. pr. *Fam.* Acobardarse, rajarse.

desintegración f. Descomposición. || Disgregación. || Transformación espontánea del núcleo del átomo.

desintegrador m. Máquina para desintegrar o pulverizar.

desintegrar v. t. Separar los elementos que forman un todo. || — V. pr. Disgregarse. || Hablando del átomo radiactivo, transformarse espontáneamente el núcleo, dando origen a una radiación.

desinterés m. Falta de interés. || Desprendimiento.

desinteresado, da adj. Que no está movido por el interés. || Desprendido. || Liberal.

desinteresarse v. pr. No mostrar ningún interés por una cosa.

desintoxicación f. Acción y efecto de desintoxicar o desintoxicarse.

desintoxicar v. t. Curar de la intoxicación (ú. t. c. pr.).

desistimiento m. Acción y efecto de desistir.

desistir v. i. Renunciar a una empresa o intento. || *For.* Abandonar un derecho. || Cuando hay varias votaciones seguidas para un mismo puesto, no presentar su candidatura después de la primera.

desjarretar v. t. Cortar las piernas por el jarrete. || *Fig.* y *fam.* Debilitar mucho.

deslastrar v. t. Quitar lastre.

deslavazado, da adj. *Fig.* Descosido, sin ilación.

deslavazar v. t. Deslavar. || Quitar el sabor a un manjar.

desleal adj. y s. Falto de lealtad: *un soldado desleal.*

deslealtad f. Falta de lealtad.

desleimiento m. Acción y efecto de desleír o desleírse.

* **desleír** v. t. Disolver un cuerpo sólido en otro líquido. || *Fig.* Expresar las ideas muy prolijamente.

deslenguado, da adj. *Fig.* Mal hablado, grosero.

deslenguamiento m. *Fig.* y *fam.* Insolencia, grosería.

deslenguar v. t. Cortar la lengua. || — V. pr. *Fig.* y *fam.* Hablar con insolencia o groseramente.

desliar v. t. Deshacer un lío, desatar: *desliar un paquete.*

desligadura f. Acción y efecto de desligar o desligarse.

desligar v. t. Desatar, quitar las ligaduras. || *Fig.* Separar. | Eximir de una obligación (ú. t. c. pr.). | Aclarar un asunto. | Absolver de las censuras eclesiásticas. || *Mús.* Picar. || — V. pr. Desapegarse: *desligarse de su familia.*

deslindador m. El que deslinda: *los deslindadores comarcanos.*

deslindamiento m. Deslinde.

deslindar v. t. Limitar, poner los lindes a un lugar: *deslindar una heredad.* || *Fig.* Determinar: *deslindar un problema.* | Aclarar una cuestión.

deslinde m. Acción y efecto de deslindar.

desliz m. Acción y efecto de deslizar o deslizarse. || *Fig.* Falta, especialmente deshonesta, extravío.

deslizable adj. Que se puede deslizar.

deslizadizo, za adj. Resbaladizo: *ladera deslizadiza.*

deslizamiento m. Desliz.

deslizar v. i. Resbalar (ú. t. c. pr.). || — V. pr. Escurrirse. || Escaparse, evadirse. || *Fig.* Introducirse: *se ha deslizado una falta.* | Caer en una flaqueza: *deslizarse en el vicio.* || — V. t. Poner con suavidad o disimulo una cosa en un sitio: *deslizar una carta debajo de la puerta.* || *Fig.* Decir: *deslizar una palabra.*

deslomar v. t. Derrengar, moler. || — V. pr. *Fam.* Trabajar mucho.

deslucido, da adj. Falto de brillo. || *Fig.* Falto de lucimiento, poco brillante: *orador deslucido.*

deslucimiento m. Falta de lucimiento.

* **deslucir** v. t. Quitar la gracia o belleza a una cosa: *deslucir el discurso, el estilo.* || *Fig.* Desacreditar.

deslumbrador, ra adj. Que deslumbra u ofusca.

deslumbramiento m. Ofuscación de la vista por exceso de luz. || *Fig.* Ceguera del entendimiento.

deslumbrante adj. Que deslumbra.

deslumbrar v. t. Ofuscar la vista un exceso de luz. || *Fig.* Causar mucha impresión algo que no tiene gran valor: *su discurso deslumbró a los oyentes.* | Confundir, engañar.

deslustrar v. t. Quitar el lustre. || Quitar la transparencia al vidrio. || *Fig.* Deslucir, desacreditar. | Deshonrar.

deslustre m. Falta de lustre o de brillo. || Acción de deslustrar el paño u otra cosa. || *Fig.* Descrédito. | Deshonra.

desmadejado, da adj. *Fig.* Sin energía. | Desgarbado.

desmadejamiento m. *Fig.* Flojedad, falta de energía. | Desgarbo.

desmadejar v. t. *Fig.* Debilitar mucho.

desmallar v. t. Deshacer las mallas: *desmallar un red, una media.*

desmán m. Exceso, abuso: *cometer desmanes.* || Desdicha. || Mamífero insectívoro parecido al musgaño.

desmanarse v. pr. Apartarse el ganado del rebaño o manada.

desmandado, da adj. Desobediente. || Indómito. || Desbandado.

desmandar v. t. Anular una orden. || — V. pr. Descomedirse, pasarse de la raya. || Desobedecer. || Apartarse de la compañía de los demás. || Desmandarse.

desmangar v. t. Quitar el mango a una herramienta.

desmano (a) loc. adv. Fuera de alcance. || Fuera del camino seguido.

desmantelado, da adj. Dícese de la casa mal cuidada o desamueblada. || *Fig.* Desamparado.

desmantelamiento m. Acción y efecto de desmantelar. || *Fig.* Desamparo.

desmantelar v. t. Derribar las fortificaciones. || *Fig.* Desamueblar una casa. | Desorganizar: *desmantelar una organización.* || *Mar.* Desarbolar. | Desarmar y desaparejar un barco. | Abandonar.

desmaña f. Falta de maña.

desmañado, da adj. y s. Falto de maña y habilidad, torpe.

desmaquillador m. Producto para quitar el maquillaje.

desmarcar v. t. Borrar una marca. || — V. pr. En el fútbol y otros deportes, liberarse de la vigilancia del adversario (ú. t. c. t.).

desmarrido, da adj. Abatido.

desmayado, da adj. Dícese del color apagado. || *Fig.* Sin fuerzas. | Muy hambriento. | Desanimado.

desmayar v. t. Provocar desmayo. || Apagar un calor. || — V. i.

Fig. Desanimarse. || — V. pr. Perder el sentido.

desmayo m. Pérdida del sentido. || Pérdida de las fuerzas físicas o morales. || Sauce llorón.

desmedido, da adj. Desproporcionado, falto de mesura: *pretensiones desmedidas.*

desmedirse v. pr. Descomedirse, excederse.

desmedrado, da adj. Enclenque, flaco, débil.

desmedrar v. t. Deteriorar (ú. t. c. pr.). || — V. i. Decaer, declinar.

desmedro m. Acción y efecto de desmedrar o desmedrarse.

desmejoramiento m. Deterioro. || Empeoramiento de la salud.

desmejorar v. t. Hacer perder el lustre y perfección. || — V. i. y pr. Ir perdiendo la salud. || Empeorar: *todo ha desmejorado.*

desmelenar v. t. Desordenar el pelo, despeinar. || — V. pr. *Fig.* Dejarse llevar por una pasión.

desmembración f. y **desmembramiento** m. Acción y efecto de desmembrar.

* **desmembrar** v. t. Separar los miembros del cuerpo. || *Fig.* Dividir: *desmembrar un Estado.*

desmemoriado, da adj. y s. Olvidadizo, falto de memoria.

desmemoriarse v. pr. Olvidarse, faltar a uno la memoria.

desmentido m. *Arg.* Mentís.

* **desmentir** v. t. o i. Decir a uno que miente: *desmentir a un falso testigo.* || Negar: *desmentir una noticia.* || *Fig.* No corresponder: *desmentir el linaje.*

desmenuzador, ra adj. Que desmenuza.

desmenuzamiento m. Acción y efecto de desmenuzar.

desmenuzar v. t. Dividir en trozos pequeños: *desmenuzar el pan, la carne.* || *Fig.* Examinar minuciosamente: *desmenuzar un proyecto.*

desmeollar v. t. Sacar el meollo o tuétano: *desmeollar huesos.*

desmerecedor, ra adj. Que desmerece.

* **desmerecer** v. t. No ser digno de algo: *desmerecer el cargo que se ocupa.* || — V. i. Perder mérito o valor. || No valer tanto una cosa como otra.

desmerecimiento m. Demérito.

desmesura f. Falta de mesura.

desmesurado, da adj. Desproporcionado, excesivo: *ambición desmesurada.* || — Adj. y s. Insolente, descarado.

desmesurar v. t. Desordenar. || — V. pr. *Fig.* Descomedirse.

desmigajar y **desmigar** v. t. Hacer migajas (ú. t. c. pr.).

desmilitarización f. Acción de desmilitarizar.

desmilitarizar v. t. Quitar el carácter militar. || Prohibir toda instalación o actividad militar: *desmilitarizar un territorio.*

desmineralización f. *Med.* Pérdida anormal de los principios minerales necesarios al organismo, como fósforo, potasio, calcio, etc.

desmirriado, da adj. *Fam.* Flaco, enclenque: *un niño desmirriado.*

desmochar v. t. Quitar la parte superior de una cosa: *desmochar árboles.* || *Fig.* Mutilar una obra.

desmoche m. Acción y efecto de desmochar.

desmocho m. Conjunto de las partes que se cortan al efectuar el desmoche.

desmogar v. i. Mudar los cuernos el venado y otros animales.

desmonetización f. Acción y efecto de desmonetizar.

desmonetizar v. t. Quitar a la moneda o a un papel moneda su valor legal.

desmontable adj. Que se puede desmontar: *aparato desmontable.* || — M. *Autom.* Palanca usada para desmontar los neumáticos.

desmontaje m. Acción y efecto de desmontar: *el desmontaje de un arma de fuego.*

desmontar v. t. Deshacer: *desmontar un neumático.* || Desarmar: *desmontar una máquina.* || Rozar, talar el monte: *desmontar árboles, matas.* || Allanar un terreno. || Bajar del disparador la llave de un arma de fuego, o descargarla. || Echar a tierra al jinete una caballería. || — V. i. y pr. Bajar del caballo, apearse.

desmonte m. Acción y efecto de desmontar. || Paraje desmontado.

desmoralización f. Desánimo.

desmoralizador, ra adj. y s. Que desmoraliza: *libro desmoralizador.*

desmoralizar v. t. Corromper las costumbres: *desmoralizar con el mal ejemplo.* || Desalentar, quitar el ánimo (ú. t. c. pr.).

desmoronadizo, za adj. Que se desmorona fácilmente.

desmoronamiento m. Acción y efecto de desmoronar o desmoronarse: *el desmoronamiento del muro.*

desmoronar v. t. Derrumbar un edificio (ú. t. c. pr.). || Disgregar lentamente una cosa. || *Fig.* Destruir poco a poco. || — V. pr. *Fig.* Ir decayendo hasta desaparecer: *desmoronarse un imperio, el crédito.*

desmotador, ra m. y f. Persona que desmota la lana o el paño. || — F. Máquina para desmotar.

desmotar v. t. Quitar las motas a la lana o al paño. || *Amer.* Sacar la semilla al algodón.

desmote m. Acción y efecto de desmotar.

Desmoulins [*demulán*] (Camille), político revolucionario francés (1760-1794). M. guillotinado con Dantón.

desmovilización f. Acción y efecto de desmovilizar.

desmovilizar v. t. Licenciar tropas: *desmovilizar una quinta.*

desmultiplicar v. t. Reducir la velocidad por medio de un sistema de transmisión.

desnacionalización f. Acción de desnacionalizar.

desnacionalizar v. t. Quitar el carácter nacional.

desnarigado, da adj. Que no tiene narices. || Chato.

desnarigar v. t. Quitar a uno las narices.

desnatadora f. Máquina para desnatar.

desnatar v. t. Quitar la nata a la leche. || *Fig.* Coger lo mejor de una cosa.

desnaturalización f. Acción y efecto de desnaturalizar.

desnaturalizado, da adj. Que falta a los deberes impuestos por la naturaleza: *padre, hermano desnaturalizado.*

desnaturalizar v. t. Privar a uno del derecho de naturaleza y patria. || Alterar, desfigurar.

desnitrificación f. Acción y efecto de desnitrificar.

desnitrificar v. t. *Quím.* Extraer el nitrógeno de una sustancia: *desnitrificar el aire, una tierra.*

desnivel m. Diferencia de alturas entre dos o más puntos. || Elevación o depresión del terreno. || *Fig.* Desequilibrio.

desnivelación f. Acción y efecto de desnivelar o desnivelarse.

desnivelar v. t. Sacar de nivel (ú. t. c. pr.).

desnucar v. t. Dislocar o romper los huesos de la nuca (ú. t. c. pr.). || Causar la muerte por un golpe en la nuca (ú. t. c. pr.).

desnudar v. t. Quitar la ropa: *desnudar a un niño para lavarle* (ú. t. c. pr.). || *Fig.* Despojar una cosa de lo que la cubre. || — V. pr. *Fig.* Apartar de sí: *desnudarse de las pasiones.*

desnudez f. Calidad de desnudo: *la desnudez de una estatua.*

desnudismo m. Práctica que consiste en exponer el cuerpo desnudo a los agentes naturales.

desnudista adj. y s. Que practica el desnudismo.

desnudo, da adj. Sin ropa. || *Fig.* Sin adorno: *un local desnudo.* | Desprovisto de todo. | Falto de algo no material: *desnudo de talento.* | Sin rebozo, tal y como es: *la verdad desnuda.* || — M. *Esc.* y *Pint.* Figura humana desnuda.

desnutrición f. *Med.* Depauperación del organismo por trastornos nutritivos o por falta de alimentos.

desnutrirse v. pr. Padecer desnutrición.

* **desobedecer** v. t. No obedecer.

desobediencia f. Falta de obediencia.

desobediente adj. y s. Que desobedece. || Propenso a desobedecer.

desobligar v. t. Eximir de una obligación. || *Fig.* Causar disgusto.

* **desobstruir** v. t. Quitar lo que obstruye: *desobstruir un conducto.*

desocupación f. Falta de ocupación, ocio. || *Amer.* Desempleo, paro forzoso.

desocupado, da adj. y s. Ocioso. || Sin empleo. || — Adj. Vacío, sin nadie: *un piso desocupado.*

desocupar v. t. Desalojar, abandonar: *desocupar una casa.* || Desembarazar, vaciar: *desocupar una habitación.* || — V. pr. Liberarse de una ocupación.

desodorante adj. y s. m. Que destruye los olores molestos.

desodorizar v. t. Hacer desaparecer los olores.

* **desoir** v. t. Desatender, no hacer caso: *desoír un consejo.*

desolación f. Destrucción. || Aflicción, desconsuelo.

desolador, ra adj. Que desuela, asolador: *epidemia desoladora.* || *Fig.* Que aflige.

* **desolar** v. t. Asolar, devastar: *desolar la guerra una nación.* || — V. pr. *Fig.* Afligirse, entristecerse.

desolidarizarse v. pr. Dejar de ser solidario de alguien.

desolladero m. Lugar donde se desuellan las reses.

desollador, ra adj. y s. Que desuella. || *Fig.* Que cobra demasiado caro. || — M. Alcaudón.

desolladura f. Acción y efecto de desollar. || Rasguño, arañazo.

* **desollar** v. t. Despellejar: *desollar una res.* || *Fig.* y *fam.* Vender muy caro. | Sacarle a uno todo el dinero: *desollarle a uno vivo.* | Causar grave daño a una persona. | Murmurar de ella acerba o despiadadamente.

desollón m. *Fam.* Rasguño, arañazo.

desopilación f. Acción y efecto de desopilar.

desopilante adj. Que desopila. || Galicismo por *jocoso, risible.*

desopilar v. t. Curar la opilación. || Galicismo por *hacer reír.*

desoprimir v. t. Librar de la opresión: *desoprimir al esclavo.*

desorbitado, da adj. *Fig.* Excesivo: *precios desorbitados.*

desorbitar v. t. Hacer que una cosa se salga de su órbita: *ojos desorbitados* (ú. m. c. pr.). || *Fig.* Exagerar: *este periódico desorbita los hechos.* || *Arg.* Enloquecer.

desorden m. Falta de orden: *un cuarto en desorden.* | Confusión: *desorden político, administrativo.* || Disturbio: *hay muchos desórdenes en el país.* || *Fig.* Desarreglo en la conducta: *vivir en el desorden.* || Trastorno físico: *desorden cerebral.* || Demasía, exceso.

desordenado, da adj. Que no tiene orden, descuidado: *persona desordenada.* || Desarreglado: *piso desordenado.* || *Fig.* Que no sigue regla alguna: *vida desordenada.*

desordenar v. t. Poner en desorden: *desordenar la vida privada, política, social.* || — V. pr. Salir de la regla, excederse.

desorejar v. t. Cortar las orejas: *desorejar un animal.*

desorganización f. Falta de organización.

desorganizador, ra adj. Que desorganiza.

desorganizar v. t. Desordenar en sumo grado, llenar de confusión y desorden: *desorganizar un servicio público* (ú. t. c. pr.). || Desagregar.

DE

desorientación f. Acción y efecto de desorientar.
desorientar v. t. Hacer perder la orientación. || *Fig.* Desconcertar, confundir: *esta pregunta le desorientó.*
desorillar v. t. Quitar las orillas a un tejido, papel, etc.
desornamentar v. t. Quitar los ornamentos o adornos.
desortijar v. t. *Agr.* Dar la primera labor a las plantas recién nacidas.
* **desosar** v. t. Quitar los huesos.
desovar v. t. *Zool.* Poner las huevas las hembras de los peces y de los anfibios.
desove m. Acción de desovar. || Época en que tiene lugar.
desoxidación f. Acción y efecto de desoxidar.
desoxidante adj. y s. m. Que desoxida.
desoxidar v. t. *Quím.* Quitar el oxígeno a una sustancia (ú. t. c. pr.). || Limpiar la superficie de un metal del óxido que se ha formado.
desoxigenación f. Acción y efecto de desoxigenar.
desoxigenar v. t. Desoxidar, quitar el oxígeno: *desoxigenar el aire, la sangre.*
despabiladeras f. pl. Tijeras para despabilar las velas.
° **despabilado, da** adj. Despierto. || *Fig.* Espabilado, vivo, listo.
despabiladura f. Pavesa que se quita de la vela al despabilarla.
despabilar v. t. Quitar la extremidad del pabilo. || *Fig.* Espabilar, quitar la torpeza o timidez excesiva. | Terminar pronto algo: *despabilar la comida.* | Robar, quitar. || — V. pr. Despertarse: *despabilarse temprano.* || Darse prisa.
despacio adv. Lentamente: *andar despacio.* || — Interj. Se emplea para aconsejar moderación o prudencia.
despacioso, sa adj. Lento.
despacito adv. *Fam.* Muy despacio, muy poco a poco. || — Interj. *Fam.* ¡Despacio!
despachaderas f. pl. *Fam.* Manera desagradable de responder. | Prontitud en el despacho de los negocios. | Facilidad para salir de las dificultades.
despachar v. t. Hacer: *despachar el correo.* || Enviar: *despachar un paquete.* || Concluir un negocio. || Vender: *despachar vinos.* || Atender: *despachar a los clientes.* || Despedir: *despachar a un importuno.* || *Fig.* y *fam.* Acabar rápidamente: *despachar un discurso.* | Matar. | Tragarse: *despachar una botella de vino.* || — V. i. Darse prisa (ú. t. c. pr.). || Hablar francamente. Ú. t. c. pr.: *se despachó a sus anchas.* || Discutir de un asunto. || — V. pr. Desembarazarse.
despacho m. Acción de despachar. || Envío. || Venta. || Tienda donde se despachan mercancías: *despacho de vinos.* || Oficina: *despacho del director.* || Comunicación: *despacho diplomático.* || Título dado para desempeñar un empleo.
despachurramiento m. Aplastamiento.
despachurrar v. t. *Fam.* Aplastar, reventar: *despachurrar un tomate.* | Embrollar las cosas hablando. | Confundir, apabullar.
despajar v. t. *Agr.* Separar la paja del grano.
despaldilladura f. Acción y efecto de despaldillar.
despaldillar v. t. Romper o dislocar la espaldilla a un animal.
despaletillar v. t. Despaldillar. || *Fig.* y *fam.* Magullar a golpes las espaldas.
despalillar v. t. Sacar los palillos al tabaco, a las pasas o las raspas a la uva. || *Fig. P. Rico.* Asesinar, matar a una persona.
despalmar v. t. *Mar.* Limpiar el casco de un barco. || Quitar la palma córnea de los animales.
despampanadura f. *Agr.* Acción y efecto de despampanar.
despampanante adj. *Fam.* Sorprendente. | Muy divertido.
despampanar v. t. *Agr.* Cortar los pámpanos a las vides. | Quitar los brotes de las plantas. || *Fig.* y *fam.* Sorprender, dejar pasmado. || — V. pr. Lastimarse al caer: *despampanarse las rodillas.* || *Fig.* y *fam.* Desahogarse hablando sin miramiento. || *Despampanarse de risa,* reírse mucho.
despanzurrar o **despanchurrar** v. t. *Fam.* Romper la panza o barriga. | Despachurrar, reventar (ú. t. c. pr.).
desparejar v. t. Quitar una de las cosas que formaban pareja: *desparejar los calcetines.*
desparejo, ja adj. Dispar. || Descabalado.
desparpajado, da adj. Desenvuelto, descarado.
desparpajar v. t. Desbaratar, descomponer una cosa. || Desparramar. || *Amer.* Dispersar, ahuyentar. || — V. i. Hablar mucho y sin concierto.
desparpajo m. *Fam.* Desembarazo, desenvoltura. | Descaro.
desparramado, da adj. Muy amplio, abierto. || Esparcido. || Derramado.
desparramar v. t. Esparcir, dispersar. || Derramar, verter. || *Fig.* Disipar, malgastar: *desparramar su caudal.* || — V. pr. Divertirse desordenadamente.
desparvar v. t. Levantar la parva después de trillada.
despatarrada f. *Fam.* Movimiento en algunos bailes que consiste en abrir mucho las piernas hasta que formen un ángulo plano.
despatarrar v. t. *Fam.* Abrir mucho las piernas (ú. t. c. pr.). || *Fig.* Asombrar. || — V. pr. Caerse al suelo.
despavesar v. t. Despabilar. || Quitar, soplando, la ceniza.
despavorido, da adj. Asustado, aterrado, lleno de pavor.
* **despavorirse** v. pr. Asustarse.
despearse v. pr. Lastimarse los pies por haber caminado mucho.
despectivo, va adj. Despreciativo: *mirada despectiva.* || *Gram.* Dícese de la palabra que incluye la idea de menosprecio, como *pajarraco, poetastro, villorrio, cafetucho.*
despechar v. t. Causar despecho. || *Fam.* Destetar a los niños.
despecho m. Descontento grande debido a un desengaño. || Desesperación. || *A despecho de,* a pesar de alguno, contra su gusto.
despechugadura f. Desaliño en la indumentaria.
despechugar v. t. Quitar la pechuga a un ave. || — V. pr. *Fig.* y *fam.* Dejar al descubierto el pecho y la garganta por desaliño.
despedazador, ra adj. y s. Que despedaza.
despedazamiento m. Acción y efecto de despedazar.
despedazar v. t. Cortar en pedazos: *despedazar una res.* || *Fig.* Afligir mucho: *despedazar el alma.*
despedida f. Acción y efecto de despedir a uno o despedirse.
* **despedir** v. t. Lanzar, arrojar: *el sol despide rayos de luz.* || Echar: *despedir a un empleado, a una persona molesta, a un inquilino.* || *Fig.* Difundir, desprender: *despedir luz, olor.* | Apartar de sí: *despedir un mal pensamiento.* || Acompañar al que se marcha: *fui a despedirlo al puerto.* || — V. pr. Saludar al irse: *se fue sin despedirse de nadie.* || Separarse: *nos despedimos en la estación.* || Emplear una expresión de afecto o de cortesanía al final de una carta. || *Fig.* Dar algo por perdido: *puedes despedirte del libro que le has prestado.* || *Despedirse a la francesa,* irse sin decir adiós a nadie.
despegado, da adj. *Fig.* Poco afectuoso en el trato. | Indiferente.
despegar v. t. Separar lo pegado: *despegar varias hojas de un almanaque.* || — V. i. Dejar el suelo un avión: *despegar el avión de París-Madrid.* || — V. pr. Despegarse, apartarse: *despegarse de sus amigos, de sus hermanos.*
despego m. Desapego.
despegue m. Acción y efecto de despegar el avión.
despeinar v. t. Desarreglar el peinado.
despejado, da adj. Que tiene soltura en el trato. || Sin nubes: *cielo despejado.* || Sin estorbos: *camino despejado.* || *Fig.* Claro: *entendimiento despejado.* | Espabilado, listo. || Espacioso, ancho: *plaza despejada.*
despejar v. t. Desocupar un sitio: *despejar el local.* || Desembarazar: *despejar la calle de los escombros.* || *Mat.* Separar la incógnita de la ecuación. || *Fig.* Aclarar, poner en claro: *despejar una situación.* || — V. pr. Adquirir soltura, espabilarse. || Aclararse quedar sin nubes: *despejarse el cielo.* | Despedir: *despejar a los importunos.* || *Dep.* Disparar la pelota. || Esparcirse, distraerse. || Tomar el aire para reponerse.
despeje m. Disparo de la pelota en el fútbol.
despejo m. Acción y efecto de despejar. || Soltura en las acciones. || *Fig.* Talento, inteligencia.
despeluzamiento m. Acción y efecto de despeluzar o despeluzarse.
despeluzar v. t. Desordenar el pelo. || Erizar el cabello por horror o miedo (ú. t. c. pr.).
despeluznante adj. Pavoroso, horrible: *relato despeluznante.*
despeluznar v. t. Despeluzar.
despellejadura f. Desolladura.
despellejar v. t. Quitar el pellejo, desollar. || *Fig.* Murmurar maliciosamente, criticar.
despenar v. t. *Fam.* Matar.
despensa f. Lugar donde se guardan los alimentos en una casa. || Provisiones. || Oficio de despensero, administrador de la despensa.
despensería f. Cargo u ocupación del despensero.
despensero, ra m. y f. Persona encargada de la despensa.
despeñadero, ra adj. Abrupto. || — M. Precipicio.
despeñamiento m. Despeño.
Despeñaperros, desfiladero de España, en Sierra Morena, que une la meseta de Castilla la Nueva y el valle del Guadalquivir; 745 m.
despeñar v. t. Precipitar, arrojar desde una eminencia. || V. pr. Precipitarse, caer: *despeñarse por una cuesta.* || *Fig.* Entregarse a pasiones o vicios: *despeñarse de un vicio a otro.*
despeño m. *Fig.* Caída. Ruina.
despepitar v. t. Quitar las pepitas: *despepitar una naranja.* || *Mex.* y *P. Rico.* Quitar la cáscara al café. || *Fam. Amer.* Decir lo que uno tiene callado. || — V. pr. Desgañitarse. || Hablar sin concierto. || *Fig.* y *fam. Despepitarse por una cosa,* anhelarla.
desperdiciador, ra adj. y s. Que desperdicia.
desperdiciar v. t. Malgastar, derrochar: *desperdiciar el dinero.* | Emplear mal una cosa, no sacar provecho de ella: *desperdiciar la ocasión, el tiempo.*
desperdicio m. Malbaratamiento, derroche. || Residuo que no se puede aprovechar. || *No tener desperdicio,* ser enteramente aprovechable.
desperdigar v. t. Desparramar, dispersar.
* **desperecer** v. i. Perecer. || — V. pr. Desvivirse por algo.
desperezarse v. r. Estirar los miembros para desentumecerse o sacudirse la pereza.
desperezo m. Acción de desperezarse.
desperfecto m. Ligero deterioro. || Defecto, imperfección.
despernado, da adj. Sin piernas. || *Fig.* Fatigado y harto de andar. || — F. Despatarrada en el baile.
* **despernar** v. t. Cortar o estropear las piernas.

despertador, ra adj. Que despierta. ‖ — M. y f. Persona encargada de despertar a los demás. ‖ — M. Reloj con timbre para despertar. ‖ *Fig.* Estímulo.

* **despertar** v. t. Cortar el sueño: *el ruido me despertó.* ‖ *Fig.* Avivar, traer a la memoria: *despertar recuerdos.* | Suscitar: *despertar el interés.* | Excitar: *despertar el apetito.* ‖ — V. i. y pr. Dejar de dormir. ‖ *Fig.* Espabilarse, ser más listo que antes.

despertar m. Acción de salir de la inactividad: *el despertar de un pueblo.*

despestañar v. t. Arrancar las pestañas.

despezonar v. t. Quitar el pezón a las frutas. ‖ Arrancar. ‖ — V. pr. Romperse un eje, etc.

despiadado, da adj. Sin piedad ni compasión, cruel: *persona, crítica despiadada.*

despicar v. t. Quitar el enfado al que se ha picado.

despichar v. t. Secar. ‖ Estrujar. ‖ Aplastar. ‖ — V. i. *Fam.* Espichar, morir.

despido m. Acción de despedir a un empleado.

despierto, ta adj. *Fig.* Espabilado, listo, avispado.

despilfarrado, da adj. y s. Derrochador.

despilfarrador, ra adj. y s. Derrochador, manirroto.

despilfarrar v. t. Derrochar malgastar: *despilfarrar el dinero.* ‖ — V. pr. *Fam.* Gastar profusamente en alguna ocasión.

despilfarro m. Derroche. ‖ Gasto excesivo: *hacer un despilfarro.* ‖ Abundancia.

despimpollar v. t. *Agr.* Quitar a la vid los brotes o pimpollos sobrantes.

despinochar v. t. Quitar las hojas a las mazorcas de maíz.

despintar v. t. Borrar o quitar lo pintado: *la lluvia despintó la fachada.* ‖ *Fig.* Desfigurar, alterar: *despintar un asunto.* ‖ — V. i. *Fig.* Desdecir: *despintar de su casta.* ‖ ‖ — V. pr. Borrarse fácilmente lo teñido o pintado. ‖ *Fig.* y *fam.* *No despintársele a uno una persona o cosa,* no olvidarla.

despiojar v. t. Quitar los piojos. ‖ *Fig.* y *fam.* Sacar a uno de la pobreza.

despistado, da adj. Desorientado. ‖ Distraído: *es tan despistado que siempre hace las cosas al revés* (ú. t. c. s.).

despistar v. t. Hacer perder la pista: *el ciervo despistó a sus perseguidores* (ú. t. c. pr.). ‖ *Fig.* Desorientar. ‖ — V. pr. Extraviarse. ‖ Resbalar y desviarse un vehículo. ‖ *Fam.* Desorientarse, desconcertarse.

despiste m. Acción de despistarse, desorientación. ‖ Atolondramiento, distracción. ‖ Movimiento brusco que desvía un vehículo de su dirección: *sufrir un despiste.*

* **desplacer** v. t. Disgustar.

desplantador m. *Agr.* Instrumento para desplantar.

desplantar v. t. *Agr.* Desarraigar ciertos vegetales: *desplantar tomates.*

desplante m. Postura incorrecta. ‖ *Fig.* Descaro, desfachatez, salida de tono.

desplatar v. t. Separar la plata de otro metal.

desplatear v. t. *Amer.* Sacar la plata que cubre un objeto. | Sacar dinero a uno.

desplazamiento m. *Mar.* Espacio que ocupa en el agua un buque hasta su línea de flotación. ‖ Traslado.

desplazar v. t. *Mar.* Desalojar el buque un volumen de agua igual al de la parte sumergida. ‖ Trasladar. ‖ — V. pr. Trasladarse.

desplegable m. Prospecto constituido por una sola hoja doblada en forma de pliegues.

* **desplegar** v. t. Extender, desdoblar: *desplegar las banderas.* ‖ *Fig.* Aclarar lo oscuro. | Dar muestras de una cualidad, hacer alarde: *desplegar ingenio.* ‖ *Mil.* Hacer pasar del orden compacto al abierto: *desplegar la tropa en guerrillas.*

despliegue m. Acción y efecto de desplegar.

desplomar v. t. Hacer perder la posición vertical. ‖ — V. pr. Perder la posición vertical: *desplomarse un edificio.* ‖ Derrumbarse. ‖ Caer pesadamente. ‖ *Fig.* Caer sin vida o sin sentido: *al oír aquellas palabras se desplomó.*

desplome m. Acción y efecto de desplomar o desplomarse.

desplomo m. Desviación de la posición vertical.

desplumadura f. Acción de desplumar o desplumarse.

desplumar v. t. Quitar las plumas: *desplumar un pollo.* ‖ *Fig.* Quitar a uno con engaño lo que tiene, particularmente el dinero.

despoblación f. Acción de despoblar. ‖ Ausencia parcial o total de habitantes en un lugar: *despoblación del campo.*

despoblado m. Sitio no poblado, deshabitado.

despoblamiento m. (Ant.). Despoblación.

despoblar v. t. Dejar sin habitantes: *la guerra ha despoblado este país.* ‖ *Fig.* Despojar un sitio de lo que hay en él: *despoblar un campo de árboles, de plantas.* ‖ — V. pr. Quedarse un lugar sin vecinos. ‖ Clarear el pelo: *frente despoblada.*

despoetizar v. t. Quitar el carácter poético.

despojador, ra adj. y s. Que despoja: *una medida despojadora.*

despojar v. t. Quitarle a uno lo que tiene: *despojar del mando.* ‖ Quitar a una cosa lo que la cubre o adorna. ‖ — V. pr. Desnudarse, quitarse: *despojarse de su abrigo.* ‖ *Fig.* Desprenderse voluntariamente de algo.

despojo m. Acción y efecto de despojar. ‖ Botín del vencedor. ‖ — Pl. Vientre, asadura, cabeza y patas de las reses muertas. ‖ Alones, patas, cabeza, pescuezo y molleja de un ave muerta. ‖ Escombros, materiales de una casa derribada. ‖ Restos mortales, cadáver.

despolarización f. Acción y efecto de despolarizar.

despolarizador adj. y s. m. Que tiene la propiedad de despolarizar.

despolarizar v. t. *Ópt.* y *Electr.* Quitar la polarización.

despolvorear v. t. Limpiar el polvo. ‖ *Amer.* Espolvorear.

despopularización f. Pérdida de la popularidad.

despopularizar v. t. Quitar la popularidad.

desportilladura f. Acción de desportillar. ‖ Astilla. ‖ Rotura que queda, mella.

desportillar v. t. Deteriorar el borde una cosa, haciéndole una mella: *desportillar un jarro.*

desposado, da adj. Recién casado (ú. t. c. s.). ‖ Aprisionado con esposas.

desposar v. t. Autorizar el párroco o el juez el matrimonio. ‖ Casar. ‖ — V. pr. Contraer esponsales. ‖ Casarse.

desposeer v. t. Quitarle a uno lo que posee. ‖ — V. pr. Desprenderse, renunciar a lo que se posee.

desposeimiento m. Privación de la posesión de algo.

desposorios m. pl. Promesa mutua de matrimonio, esponsales. ‖ Matrimonio.

despostilladura f. *Méx.* Desportilladura.

despostillar v. t. *Méx.* Desportillar.

déspota m. Soberano absoluto. ‖ *Fig.* Persona que impone su voluntad a otros.

despótico, ca adj. Tiránico, arbitrario: *poder despótico.*

despotismo m. Poder absoluto. ‖ Tiranía. ‖ Arbitrariedad. ‖ *Despotismo ilustrado,* en el siglo XVIII, forma de gobierno cuya divisa era "todo para el pueblo, pero sin el pueblo"; se inspiraba en las teorías políticas de los filósofos franceses de aquella época.

despotricar v. i. *Fam.* Hablar sin reparo, sin ton ni son. | Decir barbaridades.

despreciable adj. Que merece desprecio. ‖ De poca monta.

despreciar v. t. Desestimar, tener en poco, desdeñar: *despreciar las riquezas* (ú. t. c. pr.).

despreciativo, va adj. Que indica desprecio: *manifestarse con tono despreciativo.*

desprecio m. Falta de estimación, desdén, menosprecio. ‖ Desaire: *hacer un desprecio.*

desprender v. t. Desunir, atar, separar. ‖ Galicismo por *despedir, emitir.* ‖ — V. pr. Separarse, privarse de algo: *se desprendió de sus joyas.* ‖ *Fig.* Deducirse, inferirse: *de todo ello se desprenden dos consecuencias.*

desprendido, da adj. Generoso, desinteresado.

desprendimiento m. Acción de desprenderse: *un desprendimiento de la retina.* ‖ *Fig.* Desapego. | Generosidad. ‖ Caída de tierra. ‖ Representación del descendimiento del cuerpo de Cristo.

despreocupación f. Estado de ánimo libre de preocupaciones.

despreocupado, da adj. y s. Indiferente, que no se preocupa por nada, libre de preocupación.

despreocuparse v. pr. Librarse de una preocupación. ‖ Desentenderse de algo.

desprestigiar v. t. Quitar el prestigio, desacreditar (ú. t. c. pr.).

desprestigio m. Pérdida de prestigio o de buena fama.

desprevenido, da adj. Desprovisto, falto de lo necesario: *coger desprevenido.* ‖ Poco precavido.

desproporción f. Falta de proporción.

desproporcionado, da adj. Que no tiene la proporción conveniente o necesaria.

desproporcionar v. t. Quitar la proporción a una cosa.

despropósito m. Dicho o hecho que no viene a cuento, falto de sentido: *decir muchos despropósitos.*

desproveer v. t. Quitar a uno lo necesario.

desprovisto, ta adj. Falto de lo necesario: *desprovisto de todo.*

después adv. Indica posterioridad de lugar, de tiempo, de jerarquía o preferencia: *después de mi casa, de la guerra, del jefe.*

despulmonarse v. pr. *Fam.* Desgañitarse.

despulpador m. Instrumento utilizado para extraer la pulpa.

despulpar v. t. Extraer la pulpa de algunos frutos.

despuntador m. *Méx.* Aparato para separar los minerales. | Martillo que se usa para romper minerales separados.

despuntar v. t. Quitar o gastar la punta: *despuntar unas tijeras.* ‖ Cortar las celdas vacías de la colmena. ‖ *Méx.* Cortar las puntas de los cuernos al ganado. ‖ *Mar.* Doblar una punta o cabo. ‖ — V. i. *Bot.* Empezar a brotar las plantas: *ya despunta el trigo.* ‖ Manifestar inteligencia: *muchacho que despunta.* ‖ *Fig.* Destacarse, sobresalir: *este niño despunta entre los demás.* ‖ Empezar: *al despuntar la aurora.*

despunte m. Despuntadura. ‖ *Arg.* y *Chil.* Desmocho, escamonda.

desquejar v. t. Sacar esquejes.

desqueje m. Acción y efecto de desquejar.

desquiciador, ra adj. y s. Que desquicia.

desquiciamiento m. Trastorno. ‖ Desequilibrio. ‖ Pérdida del favor.

desquiciar v. t. Desencajar o sacar de quicio: *desquiciar una puerta.* ‖ Descomponer, trastornar. | Quitar el aplomo: *las instituciones están desquiciadas.* | Desequilibrar: *la guerra ha desquiciado a muchos hombres.* ‖ Derribar de la privanza.

desquilitar v. t. *Méx.* Quitar las hierbas de las eras.

DE

desquiotillar v. t. *Méx.* Cortar el tallo floral o quiote del maguey.

desquitar v. t. Recuperar. ‖ Dar una compensación: *desquitar a uno por los estropicios producidos.* ‖ — V. pr. Resarcirse: *desquitarse de una pérdida.* ‖ *Fig.* Tomar satisfacción o venganza de un agravio.

desquite m. Satisfacción que se toma de una ofensa o desprecio.

desrabar y **desrabotar** v. t. Cortar el rabo.

desratizar v. t. Matar las ratas.

desrazonable adj. *Fam.* Nada sensato o razonable.

desrielar v. t. *Amer.* Descarrilar, salir del carril.

desriñonar v. t. Derrengar.

desrizar v. t. Estirar lo rizado: *desrizar el pelo.* ‖ *Mar.* Soltar los rizos de las velas.

desrodrigar v. t. *Agr.* Quitar los rodrigones de la vid.

Dessalines (Jean-Jacques), esclavo negro haitiano (1758-1806), que proclamó la independencia de su país. Nombrado gobernador vitalicio, se dio el título de emperador con el n. de *Jacobo I* (1804). M. asesinado.

destacamento m. *Mil.* Porción de tropa destacada.

destacar v. t. *Mil.* Separar de un cuerpo una porción de tropa: *el comandante destacó una compañía para ocupar la loma.* ‖ *Fig.* Hacer resaltar una cosa de modo que sobresalga o se note (ú. t. c. pr.). | Recalcar, subrayar: *hay que destacar la importancia de tal decisión.* ‖ — V. i. y pr. Descollar, sobresalir: *destacar por su saber.*

destajador m. Martillo del herrero para forjar el hierro.

destajar v. t. Concertar las condiciones en que se realizará una obra. ‖ Cortar la baraja.

destajista com. Persona que trabaja a destajo.

destajo m. Trabajo que se contrata por un tanto alzado. ‖ — *A destajo,* por un tanto. ‖ *Fam. Hablar a destajo,* hablar demasiado.

destapar v. t. Quitar la tapa, tapadera o tapón: *destapar la olla, la botella.* ‖ Desatorar. ‖ Quitar lo que abriga. Ú. t. c. pr.: *destaparse en la cama.* ‖ — V. pr. *Fig.* Descubrir uno su verdadera manera de ser, sus pensamientos o sus intenciones.

destapiar v. t. Derribar tapias: *destapiar una finca.*

destaponar v. t. Quitar el tapón.

destarar v. t. Rebajar la tara de lo pesado con ella.

destartalado, da adj. Desproporcionado, mal dispuesto.

destechar v. t. Quitar el techo a un edificio.

destejar v. t. Quitar las tejas: *destejar la casa.* ‖ *Fig.* Descubrir.

destejer v. t. Deshacer lo tejido. ‖ *Fig.* Desbaratar lo tramado: *destejer una conjuración.*

destellar v. t. e i. Despedir ráfagas de luz, rayos, etc.

destello m. Resplandor momentáneo, ráfaga de luz: *los destellos de un diamante.* ‖ *Fig.* Manifestación inesperada y momentánea de talento: *destello de genio.*

destemplado, da adj. Falto de mesura. ‖ Desconcertado. ‖ Disonante, desafinado. ‖ Poco armonioso. ‖ *Med.* Calenturiento.

destemplanza f. Desigualdad del tiempo. ‖ *Med.* Ligera elevación de la temperatura. ‖ *Fig.* Falta de moderación: *destemplanza en el hablar, en el comer.* | Irritabilidad, impaciencia.

destemplar v. t. Alterar el orden o la armonía de una cosa. ‖ Desafinar: *destemplar el violín.* ‖ Quitar el temple: *destemplar el acero.* ‖ — V. pr. *Med.* Tener un poco de fiebre. ‖ *Fig.* Descomponerse, irritarse, perder la moderación en acciones o palabras.

destemple m. *Mús.* Desafinación de un instrumento. ‖ *Med.* Ligera elevación de la temperatura. ‖ *Fig.* Alteración. | Desorden. ‖ Acción y efecto de destemplar o destemplarse el acero.

* **desteñir** v. t. Quitar el tinte o color. ‖ — V. pr. Perder su color. ‖ Manchar una cosa con el tinte quitado por acción del agua.

desternillarse v. pr. Romperse las ternillas. ‖ *Desternillarse de risa,* reírse mucho.

* **desterrar** v. t. Echar a uno de un lugar o territorio: *desterrar a uno por razones políticas.* ‖ *Fig.* Apartar de sí: *desterrar la tristeza.* ‖ *Agr.* Quitar la tierra a las raíces de las plantas. ‖ — V. pr. Expatriarse.

Desterro, bahía brasileña (Santa Catarina) en cuya orilla está la c. de Florianópolis.

desterronar v. t. Quebrantar o deshacer los terrones.

destetar v. t. Hacer que deje de mamar.

destete m. Acción y efecto de destetar.

destiempo (a) expr. adv. Fuera de tiempo, en mal momento.

destierro m. Pena que consiste en echar a una persona de su lugar de nacimiento o residencia. ‖ Situación del que está desterrado. ‖ Lugar donde reside el desterrado.

destilación f. Acción de destilar. ‖ Lo producido por esta operación. ‖ Flujo de humores.

destilador, ra adj. Que destila. ‖ — M. y f. Persona que destila agua o licores. ‖ — M. Filtro. ‖ Alambique.

destilar v. t. Evaporar una sustancia para separarla de otras y reducirla después a líquido: *destilar vino.* ‖ Filtrar. ‖ *Fig.* Contener algo que se va desprendiendo: *este libro destila amargura.* ‖ — V. i. Correr gota a gota una cosa líquida. Ú. t. c. t.: *la llaga destila pus.*

destilatorio, ria adj. Que sirve para la destilación: *aparato destilatorio.* ‖ — M. Destilería. ‖ Alambique.

destilería f. Lugar donde se destila.

destinación f. Acción y efecto de destinar.

destinar v. t. Determinar el empleo de una persona o cosa: *destinar a su hijo al foro; edificio destinado a oficinas.* ‖ Asignar a una persona el sitio donde ha de servir un cargo, etc.: *militar destinado a Burgos.* ‖ — V. pr. Tener pensado ya el empleo que se va a ocupar.

destinatario, ria m. y f. Persona a quien se dirige una cosa.

destino m. Hado, sino: *un destino desgraciado.* ‖ Fin para el cual se designa una cosa: *este edificio ha cambiado de destino.* ‖ Destinación, sitio a donde se dirige algo: *buque con destino a Buenos Aires.* ‖ Empleo, colocación: *obtener un destino en Correos.*

destitución f. Acción y efecto de destituir.

* **destituir** v. t. Quitar a uno su cargo: *destituir a un funcionario.*

destocar v. t. Despeinar. ‖ — V. pr. Quitarse el sombrero.

* **destorcer** v. t. Deshacer lo retorcido: *destorcer una cuerda.* ‖ Enderezar lo torcido. ‖ — V. pr. *Mar.* Perder el rumbo un barco.

destorlongado, da adj. y s. *Méx.* Destornillado.

destorlongo m. *Fam. Méx.* Despilfarro.

destornillado, da adj. y s. *Fig.* Atolondrado. | Chiflado, loco.

destornillador m. Instrumento para atornillar y destornillar.

destornillar v. t. Dar vueltas a un tornillo para quitarlo: *destornillar una cerradura.* ‖ — V. pr. *Fig.* Perder el juicio.

destrabar v. t. Quitar las trabas. ‖ Desprender, soltar.

destral m. Hacha pequeña.

destramar v. t. Sacar la trama.

destrenzar v. t. Deshacer la trenza.

destreza f. Habilidad.

destripamiento m. Acción y efecto de destripar.

destripar v. t. Quitar o sacar las tripas: *el toro destripó un caballo.* ‖ Abrir la tripa. ‖ *Fig.* Reventar, sacar lo interior: *destripar un sillón.* | Despachurrar, apaisar. | Interrumpir al que habla anticipando el desenlace de un discurso, para estropear el efecto que quería producir.

destripaterrones m. *Fig.* y *fam.* Gañán, jornalero agrícola. | Paleto, campesino.

* **destrocar** v. t. Deshacer el trueque.

destronamiento m. Acción y efecto de destronar.

destronar v. t. Deponer, echar del trono. ‖ *Fig.* Quitar a uno su preponderancia.

destroncamiento m. Acción y efecto de destroncar.

destroncar v. t. Cortar un árbol por el tronco. ‖ *Fig.* Descoyuntar un miembro. | Embarazar a uno perjudicándole. | Rendir de cansancio. | Interrumpir: *destroncar un discurso.*

destronque m. Acción de destroncar. ‖ *Chile* y *Méx.* Descuaje.

destroyer m. (pal. ingl.). *Mar.* Destructor.

destrozador, ra adj. y s. Que destroza.

destrozar v. t. Hacer trozos, romper: *destrozar la ropa, un juguete.* ‖ *Fig.* Arruinar: *destrozar la salud.* | Echar abajo, destruir: *destrozar los planes de uno.* | Causar quebranto moral: *destrozar el corazón.* | Abatir, dejar sin ánimo: *esta noticia le ha destrozado.* | Agotar: *este viaje me ha destrozado.* ‖ *Mil.* Derrotar: *destrozar al ejército enemigo.*

destrozo m. Acción y efecto de destrozar.

destrozón, ona adj. y s. *Fig.* Que destroza o rompe mucho.

destrucción f. Acción y efecto de destruir. ‖ Ruina, asolamiento, devastación: *sembrar la destrucción en el país.*

destructible adj. Destruible.

destructividad f. Instinto de destrucción.

destructivo, va adj. Que destruye o puede destruir.

destructor, ra adj. y s. Que destruye. ‖ — M. *Mar.* Torpedero de alta mar, utilizado como escolta.

destruible adj. Que puede destruirse.

* **destruir** v. t. Echar abajo: *destruir una casa.* ‖ Aniquilar, asolar: *destruir un país.* ‖ Hacer desaparecer por varios medios: *destruir unos documentos.* ‖ *Fig.* Deshacer una cosa inmaterial: *destruir un argumento.* | Desbaratar: *destruir unos proyectos.* ‖ — V. pr. *Mat.* Anularse mutuamente dos cantidades iguales y de sentido contrario.

desuello m. Acción y efecto de desollar. ‖ *Fig.* Desfachatez, descaro, osadía.

desulfuración f. Acción y efecto de desulfurar.

desulfurar v. t. Quitar el azufre a una sustancia: *desulfurar el hierro colado con cal.*

desuncir v. t. Quitar el yugo.

desunión f. Separación. ‖ *Fig.* Desacuerdo, discordia, división: *la desunión de los países.*

desunir v. t. Separar. ‖ Introducir la discordia.

desuñar v. t. Arrancar las uñas ‖ *Agr.* Arrancar las raíces viejas. ‖ — V. pr. Afanarse mucho para conseguir algo.

desurdir v. t. Deshacer la urdimbre de un tejido. ‖ *Fig.* Desbaratar: *desurdir una rebelión.*

desusado, da adj. Fuera de uso: *modos desusados.* ‖ Poco usado o corriente. ‖ Desacostumbrado: *hablar en tono desusado.*

desusar v. t. Desacostumbrar.

desuso m. Falta de uso: *caer en desuso.*

desustanciar v. t. Quitar la sustancia. ‖ Debilitar.

desvaído, da adj. Descolorido, pálido: *color desvaído.* || Desgarbado. || *Fig.* Insignificante, soso.
desvainar v. t. Sacar los granos o semillas de la vaina: *desvainar guisantes.*
desvalido, da adj. y s. Desamparado, menesteroso.
desvalijador, ra m. y f. Persona que desvalija.
desvalijamiento y **desvalijo** m. Acción y efecto de desvalijar.
desvalijar v. t. Robar. || *Fig.* Despojar mediante robo, engaño, juego, etc.
desvalimiento m. Desamparo.
desvalorar v. t. Quitar valor a la moneda. || Depreciar.
desvalorización f. Acción y efecto de desvalorizar.
desvalorizar v. t. Hacer perder parte de su valor a una cosa.
desván m. Parte más alta de una casa inmediata al tejado.
desvanecedor m. Aparato para desvanecer parte de una fotografía al sacarla en papel.
* **desvanecer** v. t. Disipar, hacer desaparecer gradualmente: *el viento desvanece el humo* (ú. t. c. pr.). || Atenuar, borrar, esfumar los colores. || *Fig.* Hacer cesar: *desvanecer la sospecha, toda duda.* || — V. pr. Evaporarse, exhalarse: *desvanecerse el alcohol.* || Desmayarse. || *Fig.* Vanagloriarse: *se desvanece con sus éxitos.*
desvanecimiento m. Desmayo, pérdida del conocimiento. || Disipación, desaparición. || Vanidad, presunción. || Disminución momentánea de la intensidad de las señales radioeléctricas.
desvarar v. t. Resbalar. || Poner a flote la nave que está varada.
desvariado, da adj. Que desvaría. || Desconcertado.
desvariar v. i. Delirar. || *Fig.* Desatinar, decir locuras o disparates.
desvarío m. Delirio. || *Fig.* Desatino: *los desvaríos de una imaginación enfermiza.* | Monstruosidad. | Capricho: *los desvaríos del azar.*
desvedar v. t. Alzar la prohibición de una cosa.
desvelar v. t. Impedir o quitar el sueño: *el café desvela.* || — V. pr. *Fig.* Desvivirse, afanarse: *desvelarse por el bien de la patria.*
desvelo m. Insomnio. || Preocupación. || Esfuerzo: *sus desvelos le resultaron inútiles.*
desvenar v. t. *Min.* Sacar de la vena el mineral. || Quitar las venas a la carne. || Quitar las fibras al tabaco.
desvencijar v. t. Descomponer: *desvencijar un reloj, una cama.*
desvendar v. t. Quitar la venda: *desvendar los ojos* (ú. t. c. pr.).
desveno m. Arco del freno en que se aloja la lengua del caballo.
desventaja f. Perjuicio: *llevar desventaja en un concurso.* || Inconveniente: *sus desventajas tiene.*
desventajoso, sa adj. Que no tiene ventaja alguna.
desventura f. Desgracia.
desventurado, da adj. y s. Desgraciado. || Avariento. || De corto entendimiento, inocente.
desvergonzado, da adj. y s. Descarado, sinvergüenza, fresco.
* **desvergonzarse** v. pr. Perder la vergüenza. || Descomedirse.
desvergüenza f. Falta de vergüenza, frescura. || Insolencia, grosería: *decir desvergüenzas.*
* **desvestir** v. t. Desnudar, quitar el vestido (ú. t. c. pr.).
desviación f. Acción y efecto de desviar o desviarse. || Cambio de dirección en un camino: *a veinte kilómetros de aquí hay una desviación.* || Separación de la aguja imantada de su posición normal por la atracción de una masa de hierro. || *Med.* Paso de los humores fuera de su conducto natural: *desviación de la bilis.* | Cambio de la posición natural de los huesos: *desviación de la columna vertebral.*
desviacionismo m. Acción de apartarse de la doctrina del partido político, sindicato, etc., al cual pertenece.
desviacionista adj. y s. Que se aparta de la doctrina de su partido, sindicato, etc.
desviador, ra adj. Que desvía.
desviar v. t. Hacer cambiar de dirección: *desviar el curso de un río.* || *Fig.* Apartar: *desviar a uno de su deber.* || Disuadir: *desviar a uno de un proyecto.* || — V. pr. Cambiar de dirección.
desvinculación f. Acción y efecto de desvincular.
desvincular v. t. Suprimir un vínculo: *desvincular de un compromiso, de la familia.* || *For.* Liberar los bienes vinculados.
desvío m. Desviación. || *Fig.* Desapego, desafecto.
desvirgar v. t. Quitar la virginidad.
desvirtuar v. t. Quitar a una cosa su virtud o su fuerza. || Adulterar.
desvitalizar v. t. Quitar la pulpa de un diente.
desvitrificación f. Acción y efecto de desvitrificar.
desvitrificar v. t. Hacer que el vidrio pierda su transparencia por la acción prolongada del calor.
desvivirse v. pr. Afanarse, esforzarse: *desvivirse por hacer el bien.* || Desear mucho: *se desvive por ir al teatro.* || Estar enamorado: *desvivirse por una chica.*
desvolvedor m. Herramienta para apretar o aflojar las tuercas.
desyemar v. t. *Agr.* Quitar las yemas de un árbol.
desyerbar v. t. Desherbar.
desyugar v. t. Desuncir.
detal o **detall (al)** expr. adv. Al por menor, al menudeo, al detalle.
detallar v. t. Referir algo con todos sus pormenores. || Vender al detall.
detalle m. Pormenor, circunstancia: *contar algo con muchos detalles.* || *Amer.* Comercio de menudeo. || *Fig.* Amabilidad, atención: *tener miles de detalles por una persona.* || Parte de una obra de arte reproducida separadamente. || *Al detalle,* al menudeo.
detallista com. Comerciante que vende al por menor, minorista.
detección f. Acción y efecto de detectar.
detectar v. t. Descubrir, localizar: *detectar un avión.*
detective m. Persona encargada de investigaciones privadas.
detector m. *Electr.* Aparato destinado a detectar ondas hertzianas, radiaciones eléctricas, etc.
detención f. Parada, suspenso: *la detención de los negocios.* || Tardanza. || Prisión, arresto. || Sumo cuidado: *examinar con detención.*
detenedor, ra adj. Que detiene (ú. t. c. s.).
* **detener** v. t. Parar: *detener un coche.* | Entretener: *no me detengas mucho.* || Arrestar, poner en prisión. || Retener, guardar: *detener una cantidad.* || — V. pr. Pararse. || Entretenerse: *detenerse mucho tiempo en una tienda.* || *Fig.* Pararse a examinar algo: *detenerse a revisar una cuenta.*
detenidamente adv. Con tiempo y cuidado.
detenido, da adj. Minucioso: *un estudio detenido.* || Apocado, irresoluto. || — Adj. y s. Arrestado.
detenimiento m. Detención.
detentación f. *For.* Posesión ilegal de algo.
detentador, ra m. y f. Persona que retiene lo que no es suyo.
detentar v. t. *For.* Atribuirse uno la posesión de algo que no le pertenece.
detentor, ra m. y f. (P. us.). Detentador.
detergente adj. y s. m. Que sirve para limpiar.
deterger v. t. *Med.* Limpiar una herida. || Limpiar con detergente.
deterioración f. Acción y efecto de deteriorar o deteriorarse.
deteriorar v. t. Estropear: *deteriorar un objeto.* || Arruinar la salud. || — V. pr. *Fig.* Empeorar.
deterioro m. Deterioración.
determinación f. Fijación. || Decisión: *tomó la determinación de marcharse.* || Resolución: *dar pruebas de determinación.*
determinado, da adj. Resuelto, decidido. || Preciso: *una misión determinada.* || — *Gram. Artículo determinado,* el que determina con precisión el nombre que acompaña: *el, la, lo, los, las.* || *Verbo determinado,* el que va regido por otro.
determinante adj. Que determina: *las causas determinantes.* || *Gram. Verbo determinante,* el que rige a otro. || — M. *Mat.* Expresión que se forma con arreglo a ciertas leyes a partir de cantidades colocadas en hileras y columnas.
determinar v. t. Fijar con precisión: *determinar el volumen de un cuerpo.* || Decidir: *determinaron firmar la paz* (ú. t. c. pr.). || Hacer tomar una decisión: *eso me determinó a hacerlo.* || Señalar: *determinar el día de una visita.* || Causar, provocar. || *For.* Sentenciar: *determinar la causa en favor de uno.*
determinativo, va adj. Que determina.
determinismo m. *Fil.* Sistema según el cual todos los hechos están determinados por causas precisas.
determinista adj. Relativo al determinismo: *escuela determinista.* || — Com. Su partidario.
detersión f. Limpieza.
detersivo, va y **detersorio, ria** adj. y s. Detergente.
detestable adj. Muy malo, execrable, odioso.
detestar v. t. Aborrecer, tener aversión por algo o alguien.
detonación f. Acción y efecto de detonar.
detonador m. Carga ultrasensible que provoca la explosión.
detonante adj. Que detona. || Sustancia que puede producir detonación.
detonar v. i. Dar estampido al explotar: *detonar un barreno.*
detorsión f. Extensión violenta: *detorsión de un músculo.*
detracción f. Murmuración. || Desvío.
detractar v. t. Detraer.
detractor, ra adj. y s. Infamador: *detractores del régimen.*
* **detraer** v. t. Desviar. || *Fig.* Infamar, denigrar, desacreditar.
detrás adv. En la parte posterior. || *Fig. Por detrás,* a espaldas de una persona.
detrimento m. Daño, perjuicio: *hacer algo en su detrimento.*
detrítico, ca adj. *Geol.* Compuesto de detritos o residuos de rocas: *capa detrítica.*
detrito o **detritus** m. Resultado de la desagregación de una masa sólida en partículas.
Detroit, c. y puerto de Estados Unidos (Michigan), a orillas del río homónimo. Arzobispado. Universidad. Industrias (automóviles).
Deucalión, hijo de Prometeo y marido de Pirra. Rey de Tesalia. Habiendo sido sumergida la Tierra por un diluvio, se refugió con su mujer en una barca que los llevó al monte Parnaso y juntos volvieron a poblar la Tierra, de la cual toda vida humana había desaparecido.
deuda f. Lo que uno debe a otro. || Cantidad de dinero debida: *contraer deudas.* || Falta, pecado. || *Deuda pública,* obligaciones de un Estado.
deudo, da m. y f. Pariente.
deudor, ra adj. y s. Que debe.
Deusto, barrio de Bilbao (España). Universidad católica.
Deustúa (Alejandro Octavio), escritor y pedagogo peruano (1849-1945).
deuterio m. *Quím.* Isótopo del hidrógeno pesado.
deutón m. *Quím.* Núcleo del átomo de deuterio.

deutóxido m. *Quím.* Combinación del oxígeno con un cuerpo en su segundo grado de oxidación.

Deux-Sèvres, dep. del O. de Francia; cap. *Niort.*

Deva, v. de España (Guipúzcoa), al O. de San Sebastián. Playas. — C. de Rumania (Transilvania).

devaluación f. Acción y efecto de devaluar.

devaluar v. t. Disminuir el valor de una moneda.

devanadera f. Armazón giratoria para devanar las madejas. ‖ *Teatr.* Dispositivo giratorio que permite hacer las mutaciones en los escenarios.

devanado m. Acción y efecto de devanar. ‖ *Electr.* Alambre aislado y devanado de forma adecuada, que forma parte de un circuito.

devanador, ra adj. y s. Que devana. ‖ — M. Carrete. ‖ *Amer.* Devanadera. ‖ *Méx.* Aparato de madera para confeccionar el rebozo.

devanagari m. Escritura moderna del sánscrito clásico.

devanar v. t. Arrollar hilo en ovillo o carrete. ‖ — V. pr. *Fig. y fam. Devanarse los sesos,* cavilar mucho.

devanear v. i. Disparatar.

devaneo m. Delirio, disparate. ‖ Pasatiempo vano. ‖ Amorío pasajero.

devastación f. Acción y efecto de devastar.

devastador, ra adj. y s. Que devasta.

devastar v. t. Destruir, arrasar, asolar: *devastar la guerra un territorio, la inundación una comarca.*

devengar v. t. Tener derecho a retribución: *devengar salarios.*

devengo m. Suma devengada.

* **devenir** v. i. Sobrevenir, suceder. ‖ *Fil.* Llegar a ser.

deviación f. Desviación.

devoción f. Fervor religioso. ‖ Práctica religiosa: *cumplir con sus devociones.* ‖ *Fig.* Predilección, simpatía: *tenerle devoción a uno.* | Costumbre, veneración. ‖ — *Estar a la devoción de uno,* estarle enteramente sometido. ‖ *No ser santo de la devoción de uno,* no serle nada simpático.

devocionario m. Libro de oraciones para uso de los fieles.

devolución f. Restitución. ‖ Reenvío: *devolución de una carta al remitente.* ‖ Reembolso.

* **devolver** v. t. Restituir: *devolver un libro prestado.* ‖ Reenviar: *devolver un paquete.* ‖ Volver una cosa a su estado primitivo. ‖ Rechazar, no aceptar: *devolver un regalo.* ‖ Volver a entregar una cosa comprada: *devolver un vestido.* ‖ Corresponder a un favor o a un agravio: *devolver bien por mal.* ‖ *Fam.* Vomitar.

Devon o **Devonshire,** condado del SO. de Inglaterra; cap. *Exeter.*

devoniano, na y **devónico, ca** adj. *Geol.* Aplícase al terreno comprendido entre el siluriano y el carbonífero.

Devonport, c. y puerto de Inglaterra, cerca de Plymouth. Metalurgia.

devorador, ra adj. y s. Que devora: *hambre devoradora.*

devorante adj. Devorador.

devorar v. t. Comer desgarrando con los dientes, hablando de las fieras. ‖ Comer con ansia. ‖ *Fig.* Consumir: *el fuego devoraba el bosque.* | Disipar, gastar: *devorar la hacienda.* ‖ — *Fig. Devorar un libro,* leerlo muy rápidamente y con avidez. | *Devorar sus lágrimas,* contener el llanto.

devotería f. *Fam.* Beatería.

devoto, ta adj. Piadoso: *persona devota.* ‖ De devoción: *imagen devota.* ‖ Adicto a una persona o cosa.

Dewsbury, c. de Inglaterra (Yorkshire). Industrias (textiles, metalurgia).

dexteridad f. Destreza.

dextrina f. *Quím.* Sustancia sacada del almidón, empleada en tintorería y en dietética.

dextrógiro, ra adj. *Quím.* Dícese del cuerpo que desvía a la derecha la luz polarizada (ú. t. c. s. m.).

dextrorso, sa adj. *Fís.* Que se mueve hacia la derecha.

dextrórsum adv. lat. A derechas, hacia la derecha.

dey m. Título del jefe de gobierno de Argel hasta 1830.

Deyanira o **Dejanira,** esposa de Heracles a quien mató dándole la túnica envenenada del centauro Neso.

deyección f. *Geol.* Materias arrojadas por un volcán en erupción o desprendidas de una montaña. ‖ *Med.* Evacuación de los excrementos. ‖ Excrementos.

deyector m. Aparato que evita las incrustaciones en las calderas de vapor.

D. F., siglas de *Distrito Federal.*

D'Halmar (Augusto). V. THOMSON (Augusto Goemine).

Dhaulaghiri o **Davalaghiri,** una de las mayores cimas del Himalaya (Nepal); 8 172 m.

día m. Tiempo que tarda la Tierra en girar sobre sí misma: *día solar.* ‖ Tiempo que dura la claridad del Sol: *ya es de día.* ‖ Tiempo atmosférico: *día despejado, lluvioso, cubierto.* ‖ Fecha en que la Iglesia católica celebra la memoria de un santo: *día de San Juan.* ‖ Aniversario o cumpleaños y fecha onomástica (ú. t. en pl.). ‖ — Pl. Vida. ‖ Época, tiempos: *nuestros días.* ‖ — *A días,* a veces. ‖ *Al día,* al corriente. ‖ *A tantos días vista* o *fecha,* expresión comercial que indica el plazo en que se han de cobrar los pagarés, etc. ‖ *Buenos días,* saludo familiar durante el día. ‖ *Como del día a la noche,* completamente diferente. ‖ *Cualquier día,* un día; nunca. ‖ *De día en día,* a medida que pasan los días. ‖ *Astr. Día astronómico,* tiempo transcurrido entre dos pasos consecutivos del Sol por el meridiano superior. ‖ *Día civil,* tiempo comprendido entre dos medias noches consecutivas. ‖ *Fam. Día de mucho, víspera de nada,* la fortuna puede cambiar de un momento a otro. ‖ *Día de Reyes,* la Epifanía o el 6 de enero. ‖ *Día del Juicio,* último de los tiempos en que Dios juzgará a los vivos y a los muertos; (*fig.* y *fam.*) muy tarde, nunca. ‖ *Día por medio,* un día sí y otro no. ‖ *El día de mañana,* en un tiempo venidero. ‖ *En su día,* a su tiempo. ‖ *Estar al día,* estar al corriente de una cosa. ‖ *Fam. Hay más días que longanizas,* no corre prisa hacer o decir ciertas cosas. ‖ *Hoy día u hoy en día,* actualmente. ‖ *Romper el día,* amanecer. ‖ *Tener días,* ser de un humor muy cambiadizo. ‖ *Fam. Todo el santo día,* el día entero. ‖ *Vivir al día,* vivir sin pensar en el porvenir, gastando todo lo que se tiene.

diabetes f. *Med.* Enfermedad caracterizada por la presencia de glucosa en la orina o sangre.

diabético, ca adj. *Med.* Relativo a la diabetes. ‖ Que padece diabetes (ú. t. c. s.).

diabla f. *Fam.* Diablo hembra. ‖ *Teatr.* Entre las bambalinas, batería de luces que cuelga del peine. ‖ *Fam. A la diabla,* de cualquier modo, sin cuidado.

diablear v. i. *Fam.* Hacer travesuras.

diablejo m. Diablo.

diablesa f. *Fam.* Diabla.

diablesco, ca adj. Del diablo.

diablillo m. El que se disfraza de diablo en procesiones y máscaras. ‖ *Fig.* y *fam.* Persona traviesa.

diablo m. Ángel rebelde. ‖ *Fig.* Persona mala o traviesa. | Persona muy fea. ‖ Carro de dos ruedas para arrastrar troncos de árbol. ‖ *Méx.* Conexión fraudulenta en una red eléctrica. ‖ *Como el diablo,* mucho. ‖ *Darse al diablo,* desesperarse. ‖ *Fam. De todos los diablos,* muy grande. ‖ *Diablo encarnado,* persona maligna. ‖ *Fam. Mandar al diablo,* mandar a paseo. | *Más sabe el diablo por viejo que por diablo,* la larga experiencia es lo que más sirve. ‖ *Pobre diablo,* pobre hombre; persona insignificante. ‖ *Tener el diablo en el cuerpo* o *ser la piel del diablo,* ser muy malo o revoltoso. ‖ — Interj. Denota admiración o extrañeza.

Diablo cojuelo *(El),* novela de Luis Vélez de Guevara (1641), de la que se inspiró el francés Lesage (1707).

diablura f. Travesura. ‖ Cosa extraordinaria: *este malabarista hace diabluras con sus aros.*

diabólico, ca adj. Del diablo. ‖ *Fig.* y *fam.* Muy malo, muy perverso. | Como inspirado por el diablo: *idea diabólica.* | Muy difícil.

diábolo o **diávolo** m. Juguete de forma de carrete que se hace girar sobre un cordón y se arroja al aire, imprimiéndole un movimiento de rotación muy rápido.

diaconado m. Diaconato.

diaconal adj. Del diácono.

diaconato m. Segunda de las órdenes mayores.

diaconía f. Distrito de una iglesia al cargo de un diácono. ‖ Casa del diácono.

diácono m. Ministro eclesiástico de grado inmediatamente inferior al sacerdocio.

diacrítico, ca adj. *Gram.* Dícese de los signos ortográficos, como la diéresis, que sirven para dar a una letra un valor especial. ‖ *Med.* Aplícase al síntoma característico de una enfermedad.

diadema f. Cinta blanca que antiguamente ceñía la cabeza de los reyes. ‖ Corona. ‖ Adorno femenino de cabeza en forma de media corona. ‖ Aro abierto usado para sujetarse el pelo hacia atrás.

diadoco m. Título de los generales que se disputaron el imperio de Alejandro Magno. ‖ Príncipe heredero de Grecia.

diafanidad f. Calidad de diáfano, transparencia.

diáfano, na adj. Transparente. ‖ *Fig.* Claro.

diáfisis f. *Anat.* Parte media de los huesos largos.

diafragma m. Músculo ancho y delgado que separa el pecho del abdomen. ‖ Tabique, separación. ‖ Lámina vibrátil del fonógrafo y del micrófono. ‖ *Fot.* Disco para limitar la entrada de la luz.

diafragmar v. t. *Fot.* Disminuir la abertura del objetivo con el diafragma.

Diaghilev (Sergio de), empresario ruso (1872-1929), creador de los *ballets rusos.*

diagnosis f. *Bot.* Descripción abreviada de una planta. ‖ *Med.* Conocimiento de los síntomas de las enfermedades.

diagnosticar v. t. *Med.* Determinar por los síntomas el carácter de una enfermedad.

diagnóstico, ca adj. *Med.* Relativo a la diagnosis. ‖ — M. *Med.* Determinación de una enfermedad por los síntomas.

diagonal adj. y s. f. *Geom.* Dícese de la línea recta que va de un vértice a otro no inmediato. ‖ *En diagonal,* oblicuamente. ‖ *Leer en diagonal,* leer don suma rapidez.

diagrama m. Dibujo geométrico que representa gráficamente las variaciones de un fenómeno. ‖ *Bloque diagrama,* representación de una región en corte y perspectiva.

diaguita adj. y s. Individuo de un pueblo indio establecido en la región andina del NO. argentino.

dial m. Placa exterior de un receptor de radio, detrás de la cual se mueve una aguja que permite escoger la conexión deseada.

dialectal adj. De un dialecto: *giro, forma dialectal.*

dialectalismo m. Voz o giro dialectal. ‖ Carácter dialectal.

dialéctica f. Arte de razonar.

dialéctico, ca adj. Propio del arte de razonar. ‖ — F. *Log.* Arte de razonar metódicamente. ‖ — M. El que profesa la dialéctica.

dialecto m. Variante regional de un idioma: *el dialecto leonés.*

— En el área de extensión hispánica se distinguen varios *dialectos*, como son el bable asturiano, el leonés, el montañés, el extremeño, el murciano y el aragonés. En cambio son lenguas románicas independientes el catalán (con sus dialectos valenciano y mallorquín), y el galaico-portugués. El vascuence es una reminiscencia de las lenguas prerromanas. En cuanto al andaluz, el canario y el hispanoamericano son simples variantes fonéticas del castellano.

dialectología f. Tratado de los dialectos.

dialipétala adj. *Bot.* Aplícase a la corola cuyos pétalos no están soldados entre sí.

dialisépalo, la adj. *Bot.* Aplícase a los cálices cuyos sépalos no están soldados entre sí.

diálisis f. *Quím.* Análisis fundada en la propiedad que tienen ciertos cuerpos de atravesar las membranas porosas.

dializador m. *Quím.* Instrumento que sirve para dializar.

dialogar v. i. Hablar o escribir en diálogo.

dialogístico, ca adj. Del diálogo. ‖ Escrito en forma de diálogo.

diálogo m. Conversación entre dos o más personas. ‖ Obra literaria escrita en forma de conversación o plática.

Diálogo de la Lengua, obra de Juan de Valdés, publicada por primera vez por Mayans en *Orígenes de la lengua española* (1737).

dialoguista m. Escritor que compone diálogos.

diamantado, da adj. Parecido al diamante.

diamantar v. t. Dar a una cosa el brillo del diamante.

diamante m. Piedra preciosa formada por carbono puro cristalizado. ‖ Trebejo para cortar el vidrio.

El *diamante* es el más brillante, duro y límpido de los minerales. No se deja atacar fácilmente por los agentes químicos, raya todos los cuerpos y no puede ser rayado por ninguno, por lo cual no puede labrarse sino utilizando su propio polvo. Hoy día se extrae principalmente de los yacimientos de la Rep. de África del Sur, India, Brasil y Australia.

Diamante, cerro y río de la Argentina (Mendoza). — Dep. y c. de la Argentina (Entre Ríos).

Diamante (Juan Bautista), dramaturgo clásico español (1625-1687).

diamantífero, ra adj. Que contiene diamante: *terreno, yacimiento diamantífero.*

Diamantina, c. del Brasil (Minas Gerais). Arzobispado. Minas de diamante.

diamantino, na adj. Del diamante. ‖ Que tiene la dureza o el brillo del diamante.

diamantista com. Persona que labra o vende diamantes y otras piedras preciosas.

diametralmente adv. De extremo a extremo. ‖ *Fig.* Del todo.

diámetro m. *Geom.* Línea recta que pasa por el centro del círculo y termina por ambos extremos en la circunferencia: *el diámetro equivale al doble del radio.* ‖ Eje de la esfera. ‖ Línea que divide en dos partes iguales un sistema de cuerdas paralelas de una curva. ‖ *Astr. Diámetro aparente de un astro,* arco del ángulo formado por dos visuales encaminadas a los extremos del diámetro del astro.

diana f. *Mil.* Toque militar al amanecer. ‖ Punto central de un blanco de tiro.

Diana, diosa romana de la Caza, hija de Júpiter y de Letona. Es la *Artemisa* griega.

Diana, novela pastoril de Jorge de Montemayor (1559). ‖ ~ **Enamorada,** continuación de la *Diana* de Montemayor, por Gaspar Gil Polo (1564).

Dianium. V. Denia.

diapasón m. *Mús.* Instrumento de acero en forma de horquilla que sirve para dar la nota *la.* ‖ *Fig.* y *fam. Bajar o subir el diapasón,* bajar o subir el tono o la voz.

diapositiva f. Imagen fotográfica positiva sobre soporte transparente para la proyección.

diaprea f. *Bot.* Ciruela pequeña redonda muy gustosa.

diapreado, da adj. *Blas.* Matizado de diferentes colores.

diario, ria adj. De todos los días: *uso diario.* ‖ — M. Periódico que sale cada día. ‖ Relación de acontecimientos hecha por días. ‖ Gasto de un día en una casa. ‖ Ganancia de cada día. ‖ *Com.* Libro en que el comerciante apunta día por día las operaciones que efectúa. ‖ — *De (o a) diario,* diariamente. ‖ *Diario hablado, televisado,* noticias de actualidad transmitidas por la radio, la televisión. ‖ *Traje de diario,* el que se usa ordinariamente.

diarrea f. *Med.* Evacuación frecuente de excrementos líquidos.

diarreico, ca adj. *Med.* De la diarrea: *flujo diarreico.*

diartrosis f. *Anat.* Articulación movible: *diartrosis del húmero con el omóplato.*

Dias (Bartolomeu), navegante portugués (1400-1500), descubridor del cabo de Buena Esperanza (1486). ‖ ~ (Henrique), general brasileño de raza negra (1600-1662). Luchó contra los invasores holandeses. ‖ ~ (Teófilo), poeta brasileño (1854-1889).

diascordio m. *Farm.* Electuario astringente cuyo elemento principal es el escordio.

diáspora f. Dispersión del pueblo hebreo a través del mundo.

diásporo m. *Quím.* Alúmina hidratada de color gris usada como piedra preciosa.

diaspro m. Variedad de jaspe.

diastasa f. *Quím.* Fermento soluble que transforma varias sustancias amiláceas.

diastático, ca adj. De las diastas: *fermento diastático.*

diástoles f. Movimiento de dilatación del corazón y de las arterias. ‖ Licencia poética para usar como larga una sílaba breve.

diatérmano, na adj. *Fís.* Dícese del cuerpo que deja pasar fácilmente el calor.

diatermia f. *Med.* Empleo de corrientes eléctricas para elevar la temperatura en partes profundas del cuerpo humano.

diátesis f. *Med.* Predisposición orgánica a contraer ciertas enfermedades.

diatomeas f. pl. Familia de algas unicelulares (ú. t. c. adj.).

diatónico, ca adj. *Mús.* Que procede por intervalos de dos tonos y un semitono: *escala diatónica.*

diatriba f. Crítica violenta o insultante. ‖ Libelo injurioso.

diávolo m. Diábolo.

Díaz (Adolfo), político nicaragüense, n. en 1874, pres. de la Rep. de 1911 a 1916 y de 1926 a 1929. ‖ ~ (César), general y político uruguayo (1812-1857). Tras luchar en Caseros (1852) y ser pres. interino de la Rep. (1853), se sublevó contra Pereira (1857). Derrotado, fue fusilado. ‖ ~ (Eugenio), novelista colombiano (1804-1865), autor de *Manuela.* ‖ ~ (José Eduvigis), general paraguayo, m. en 1867. Participó en la defensa de Curupayty (1866). ‖ ~ (José de Jesús), militar y poeta mexicano (1809-1846). ‖ ~ (Juan Martín). V. Empecinado *(El).* ‖ ~ (Leopoldo), poeta parnasiano argentino (1862-1947), autor de *Bajorrelieves.* ‖ ~ (Porfirio), general mexicano, n. en Oaxaca (1830-1915), pres. en 1876, de 1877 a 1880 y de 1884 a 1911. De buen gobernante se convirtió en dictador, y aunque logró algunos progresos para el país, jamás intentó elevar el nivel de las clases populares. Fue derrocado por el alzamiento de F. Madero. M. expatriado en París. ‖ ~ **Alfaro** (Abelardo), escritor puertorriqueño, n. en 1920, autor de la novela *Terrazo.* ‖ ~ **Arosemena** (Domingo), político panameño (1875-1949), pres. de la Rep. de 1948 a 1949. ‖ ~ **Casanueva** (Humberto), poeta chileno, n. en 1905. ‖ ~ **Covarrubias** (Francisco), astrónomo mexicano (1833-1889). Fundó el Observatorio Astronómico y publicó las *Tablas Geodésicas de la República Mexicana.* ‖ ~ **Covarrubias** (Juan), poeta y escritor romántico mexicano (1837-1859). M. fusilado en Tacubaya. (La historia mexicana le designa a él y a sus compañeros con el n. de *Mártires de Tacubaya.*) ‖ ~ **de Armendáriz** (Lope), virrey de Nueva España de 1635 a 1640. Fundador de la c. de Cadereyta y marqués de este n. ‖ ~ **de Guzmán** (Ruy), militar e historiador paraguayo (¿1558?-1629), autor de *La Argentina* o *Historia del descubrimiento, población y conquista del Río de la Plata.* ‖ ~ **de Solís** (Juan). V. Solís. ‖ ~ **de Vivar** (Rodrigo). V. Cid. ‖ ~ **del Castillo** (Bernal), militar y cronista español (1492-¿1581?). Intervino en la conquista de México, de la que dejó un fiel relato en *Verdadera Historia de los sucesos de la conquista de Nueva España.* ‖ ~ **Granados** (Domingo), poeta colombiano (1835-1868). ‖ ~ **Leguizamón** (Héctor), poeta y escritor argentino (1892-1938). ‖ ~ **Mirón** (Salvador), poeta mexicano, n. en Veracruz (1853-1928), de agradable musicalidad y gran perfección técnica *(Poesías, Lascas).* Su labor política le obligó a desterrarse. ‖ ~ **Ordaz** (Gustavo), político mexicano, n. en 1911, pres. de la Rep. (1964-1970). ‖ ~ **Plaja** (Guillermo), profesor y crítico literario español, n. en 1909. ‖ ~ **Ramos** (José), político comunista español (1896-1942). M. en el destierro. ‖ ~ **Rodríguez** (Manuel), escritor venezolano (1871-1927), autor de novelas (*Ídolos rotos, Sangre patricia,* etc.) y ensayos (*Sensaciones de viaje, De mis romerías,* etc.). ‖ ~ **Romero** (Belisario), médico, historiador, arqueólogo y filósofo boliviano (1870-1940). ‖ ~ **Sánchez** (Ramón), novelista venezolano, n. en 1903, autor de *Mene* y *Cumbato.* ‖ ~ **Venero de Leiva** (Andrés). V. Venero de Leiva.

Dibay o **Dubay,** principado del Estado de los Emiratos Árabes Unidos, en el golfo Pérsico; 3 900 km²; 59 100 h. C. pr. *Dibay.* Petróleo.

dibujante adj. y s. Que dibuja.

dibujar v. t. Representar con el lápiz, la pluma, el pincel, etc., una cosa copiada o inventada. ‖ *Fig.* Describir: *dibujar un carácter, una pasión.* ‖ — V. pr. Manifestarse, aparecer: *una sonrisa se dibujó en sus labios.*

dibujo m. Cosa dibujada. ‖ Arte que enseña la manera de dibujar: *una academia de dibujo.* ‖ Conjunto de las líneas y contornos que forman una figura. ‖ *Dibujos animados,* serie de dibujos que, una vez cinematografiados, producen la sensación de movimiento.

dicción f. Modo de pronunciar: *dicción clara.* ‖ Palabra.

diccionario m. Reunión, por orden alfabético o ideológico, de todas las palabras de un idioma o de una ciencia, seguidas de su definición o de su traducción a otro idioma: *un diccionario de calidad.*

diccionarista m. Lexicógrafo.

Dicenta (Joaquín), dramaturgo y novelista español (1863-1917), autor de obras de tema social (*Juan José, El lobo, El señor feudal,* etc.).

DE

diciembre m. Duodécimo mes del año, que cuenta 31 días.

Dickens (Charles), novelista inglés, n. en Landport (1812-1870), autor de obras llenas de emoción humana y de amor a los pobres (*Oliver Twist* o *El hijo de la parroquia, La pequeña Dorrit, Los papeles póstumos del Club Pickwick, Nicolás Nickleby, David Copperfield, Cuentos de Navidad*).

Dickinson (Emily), poetisa norteamericana (1830-1886), autora de poemas delicados y sensitivos.

dicotiledóneas f. pl. Clase de plantas angiospermas cuyo embrión tiene dos cotiledones, como la judía y la malva (ú. t. c. adj.).

dicotomía f. *Bot.* Bifurcación, división en dos partes. ‖ *Astr.* Fase de la Luna en la que sólo está visible la mitad de su disco.

dicótomo, ma adj. Que se bifurca en dos: *tallo dicótomo.*

dicroico, ca adj. *Fís.* Que tiene dicroísmo.

dicroísmo m. Propiedad de algunos minerales de presentar dos coloraciones según la reflexión de la luz.

dicromático, ca adj. De dos colores.

dictado m. Acción de dictar: *escribir al dictado.* ‖ Lo que se dicta: *dictado ortográfico, musical.* ‖ Título de dignidad o nobleza. ‖ — Pl. *Fig.* Inspiraciones, preceptos de la razón o la conciencia.

dictador m. En Roma, magistrado investido de la autoridad suprema por el Senado en tiempos de peligro: *dictadores fueron Cincinato, Camilo, Sila* y *Julio César.* ‖ En los Estados modernos, jefe supremo investido de todos los poderes.

dictadura f. Dignidad y gobierno de dictador. ‖ Tiempo que dura: *la dictadura de Primo de Rivera.* ‖ Gobierno que se ejerce al margen de las leyes constitucionales. ‖ *Dictadura del proletariado,* principio marxista del ejercicio del poder del Estado por una minoría que actúa en nombre de la clase obrera y campesina.

dictáfono m. Aparato que graba la voz y sirve sobre todo para dictar el correo.

dictamen m. Opinión, parecer: *dar un dictamen desfavorable.* ‖ Informe: *dictamen de los peritos.*

dictaminar v. t. Dar su opinión. ‖ Dar consejo. ‖ Recetar un médico. ‖ Hacer un informe.

dictar v. t. Decir algo para que otro lo escriba: *dictar una carta.* ‖ *For.* Pronunciar un fallo o sentencia. ‖ *Fig.* Sugerir, inspirar.

dictatorial adj. Dictatorio: *poderes dictatoriales* ‖ *Fig.* Absoluto, arbitrario, despótico: *gobierno dictatorial.*

dictatorio, ria adj. Relativo al dictador.

dicterio m. Insulto.

dicha f. Felicidad. ‖ Suerte feliz: *ser hombre de dicha.* ‖ *Por dicha,* por casualidad, por fortuna.

dicharachero, ra adj. y s. *Fam.* Propenso a decir dicharachos, bromista, gracioso. | Parlanchín.

dicharacho m. Palabra inconveniente. ‖ Broma, dicho gracioso.

dicho, cha p. p. irreg. de *decir.* ‖ *Dicho y hecho,* expresión que indica prontitud. ‖ — M. Frase o sentencia: *dicho agudo, oportuno.* ‖ Ocurrencia, frase aguda: *tener buen dicho.* ‖ Refrán. ‖ *Fam.* Insulto. ‖ *For.* Deposición del testigo. ‖ Declaración de la voluntad de los contrayentes en el acto del matrimonio. Ú. m. en pl.: *tomarse los dichos.* ‖ *Del dicho al hecho hay un gran trecho,* no hay que fiarse mucho de las promesas.

dichoso, sa adj. Feliz. ‖ Que incluye o trae consigo dicha. ‖ *Fam.* Enfadoso, molesto: *¡dichosa visita!, ¡dichoso niño!* | En sentido irónico, malhadado.

didáctico, ca adj. Relativo a la enseñanza: *obra didáctica.* ‖ Propio para enseñar: *método didáctico.* ‖ — F. Arte de enseñar.

didáctilo, la adj. De dos dedos.

didelfos m. pl. Orden de mamíferos cuyas hembras tienen una bolsa donde permanecen encerradas las crías, como la zarigüeya y el canguro (ú. t. c. adj.).

Diderot [*-ró*] (Denis), escritor francés, n. en Langres (1713-1784). Emprendió la publicación de la *Enciclopedia* (1751) y escribió novelas de carácter filosófico (*El sobrino de Rameau*), dramas y obras de crítica. Difundió las ideas de la Ilustración, de la que fue el representante más ilustre.

didimio m. Metal raro, terroso, de color de acero.

dídimo, ma adj. *Bot.* Aplícase a todo órgano formado por dos lóbulos iguales y simétricamente colocados: *cotiledones dídimos.*

Dido, hija del rey de Tiro, fundadora de Cartago.

diecinueveavo, va adj. y s. Dícese de cada una de las diecinueve partes iguales en que se divide un todo.

dieciochavo, va adj. y s. Dícese de cada una de las dieciocho partes iguales en que se divide un todo.

dieciocheno, na adj. Decimoctavo, dieciochavo.

dieciochesco, ca adj. Del siglo XVIII.

dieciseisavo, va adj. y s. Dícese de cada una de las dieciséis partes iguales en que se divide un todo.

dieciseiseno, na adj. Decimosexto.

diecisieteavo, va adj. y s. Dícese de cada una de las diecisiete partes iguales en que se divide un todo.

diedro adj. *Geom.* Dícese del ángulo formado por dos planos que se cortan (ú. t. c. m.).

Diego ‖ ~ **de Ocampo,** monte de la Rep. Dominicana (Santiago), en la Cord. Septentrional; 1 217 m. ‖ ~ **Ramírez,** islas de Chile, en el extremo austral de América. ‖ ~ **Suárez,** c. y puerto septentrional de Madagascar.

Diego (Gerardo), poeta y crítico español, n. en 1896. ‖ ~ (José de), abogado, escritor y político puertorriqueño (1866-1918).

Diéguez (Juan), político y poeta romántico guatemalteco (1813-1866), autor de *La garra, El cisne,* etc.

dieléctrico, ca adj. *Fís.* Aplícase al cuerpo aislador de la electricidad: *el vidrio es dieléctrico* (ú. t. c. m.).

Diemen (Tierra de Van). V. Tasmania.

Diemen (Anthony Van), explorador y colonizador holandés (1593-1645).

dientazo m. *Pop. Méx.* Mordisco, dentellada.

diente m. Cada uno de los huesos visibles de las mandíbulas que sirven para masticar: *el hombre tiene treinta y dos dientes (ocho incisivos, cuatro colmillos y veinte muelas).* ‖ Puntas de ciertas herramientas, instrumentos y otros objetos: *dientes de sierra, de rueda, de peine.* ‖ *Arq.* Adaraja, piedra que se deja sobresaliendo en el muro de un edificio. ‖ Cada una de las partes que constituyen la cabeza del ajo. ‖ — *Fig.* y *fam. Alargársele a uno los dientes,* desear algo con ansia. | *Dar diente con diente,* temblar de frío o miedo. | *De dientes afuera,* sin sinceridad. ‖ *Diente de leche,* cada uno de los de la primera dentición. ‖ *Bot. Diente de león,* planta compuesta, de flores amarillas. ‖ *Tecn. Diente de lobo,* bruñidor de ágata. ‖ *Fig.* y *fam. Enseñar los dientes,* hacer cara a uno. | *Hablar uno entre dientes,* hablar bajo y sin que se le entienda lo que dice. | *Tener uno buen diente,* ser muy comedor.

Diente (Mesa del), meseta de México (Tamaulipas); 1 714 m.

Dieppe, c. y puerto del NO. de Francia en el Canal de la Mancha (Seine-Maritime). Balneario.

diéresis f. *Gram.* Figura que consiste en separar las vocales que forman un diptongo, haciendo de una sílaba dos: *su-a-ve* por suave; *vi-o-le-ta* por violeta. ‖ *Gram.* Signo ortográfico ( ) que se coloca sobre la *u* de las sílabas *que, gui* para que se pronuncie: *vergüenza, argüir.*

diesel adj. y s. m. Motor de combustión interna por inyección y compresión de aceite pesado o gasoil.

Diesel (Rudolf), ingeniero alemán (1858-1913), inventor de un motor de combustión interna y de aceite pesado.

diesi f. *Mús.* Sostenido.

diestro, tra adj. Derecho. ‖ Hábil: *ser diestro en su oficio.* ‖ Sagaz. ‖ *A diestro y siniestro,* por todos lados; sin tino. ‖ — M. Matador de toros. ‖ — F. Mano derecha.

dieta f. Asamblea legislativa de ciertos Estados que forman confederación. ‖ *Med.* Privación total o parcial de comer: *estar a dieta.* ‖ — Pl. Honorarios de un funcionario mientras desempeña una misión fuera de su residencia. ‖ Retribución de los diputados. ‖ Indemnización dada a una persona por tener que trabajar fuera de su residencia.

dietario m. Agenda. ‖ Libro en que los cronistas de Aragón inscribían los sucesos más notables.

dietético, ca adj. Relativo a la dieta: *régimen dietético.* ‖ — F. Parte de la terapéutica que estudia el régimen de nutrición.

diez adj. Nueve y uno. ‖ Décimo: *Pío diez.* ‖ — M. El número diez. ‖ Cada una de las divisiones del rosario o cuenta gruesa que las separa.

Diez Años (*Guerra de los*), guerra de los *mambises* en Cuba, comenzada por Carlos Manuel de Céspedes contra la dominación española (1866-1878).

Díez (Friedrich), filólogo alemán (1794-1876), que estudió las lenguas romances. ‖ ~ **Canedo** (Enrique), ensayista y poeta español (1879-1944). ‖ ~ **Canseco** (José), novelista peruano (1904-1949), autor de *Estampas mulatas.* ‖ ~ **Canseco** (Pedro), general peruano (1815-1893), pres. interino de la Rep. ‖ ~ **de Gámez** (Gutierre), historiador español (1378-1450), autor de una *Crónica de Don Pero Niño.* ‖ ~ **de Medina** (Clemente), patriota boliviano (1778-1848). ‖ ~ **de Medina** (Crispín), jurisconsulto y patriota boliviano (1781-1863). ‖ ~ **de Medina** (Fernando), escritor boliviano, n. en 1908, autor de novelas (*Nayjama, La enmascarada,* etc.).

diezmar v. t. *Fig.* Causar gran mortandad. ‖ Pagar el diezmo a la Iglesia.

diezmero, ra m. y f. Persona que pagaba o cobraba el diezmo.

diezmilésimo, ma adj. y s. Aplícase a cada una de las diez mil partes iguales en que se divide un todo.

diezmilímetro m. Décima parte de un milímetro.

diezmo m. Décima parte de los frutos que daban como tributo los fieles a la Iglesia o al rey.

difamación f. Acción y efecto de difamar.

difamador, ra adj. Que difama.

difamar v. t. Desacreditar a uno oralmente o por escrito. ‖ Despreciar.

difamatorio, ria adj. Que difama: *discurso difamatorio.*

difásico adj. *Electr.* De dos fases: *corriente difásica.*

diferencia f. Falta de similitud: *hay mucha diferencia entre tú y yo.* ‖ Discrepancia, disensión. ‖ *Mat.* Resto en una sustracción. ‖ *A diferencia de,* contrariamente a.

diferenciación f. Acción y efecto de diferenciar. ‖ *Mat.* Operación por la cual se determina la diferencial de una función.

diferencial adj. *Mat.* Dícese

de la cantidad infinitamente pequeña. || — M. *Mec.* Mecanismo que permite que la velocidad de un móvil sea igual a la suma o a la diferencia de otros dos. | En un automóvil, dispositivo mediante el cual en las curvas la rueda exterior puede girar más rápidamente que la anterior al recorrer ésta un arco más pequeño. || — F. *Mat.* Diferencia infinitamente pequeña de una variable.

diferenciar v. t. Hacer distinción: *no sabe diferenciar los colores.* || *Mat.* Calcular la diferencial de una cantidad variable. || — V. i. Estar en desacuerdo: *diferenciar en* opiniones (ú. t. c. pr.). || — V. pr. Distinguirse, descollar: *diferenciarse de sus compañeros.* || Diferir, ser diferente.

diferente adj. Diverso, distinto. || — Pl. Varios.

* **diferir** v. t. Dilatar, aplazar: *diferir un viaje, una visita.* || — V. i. Ser diferente: *diferir en costumbres.*

difícil adj. Que requiere mucho trabajo: *una labor difícil.* || Complicado: *una cuestión difícil de resolver.* || Descontentadizo: *una persona difícil.* || Dícese de la cara extraña y fea.

dificultad f. Calidad de difícil: *la dificultad de una multiplicación.* || Problema: *las dificultades de una empresa.* || Inconveniente. || Obstáculo, impedimento: *poner dificultades.* || Objeción.

dificultador, ra adj. Que pone o imagina dificultades (ú. t. c. s.).

dificultar v. t. Complicar. || Estorbar: *dificultar el paso.*

dificultoso, sa adj. Difícil. || *Fig.* y *fam.* Difícil, extraño y feo. | Dificultador.

* **difluir** v. i. Difundirse.

difracción f. *Fís.* Desviación de las ondas luminosas, acústicas o radioeléctricas cuando rozan los bordes de un cuerpo opaco.

difractar v. t. *Fís.* Hacer sufrir difracción.

difrangente adj. *Fís.* Que produce la difracción.

difteria f. Enfermedad contagiosa caracterizada por la formación de falsas membranas en las mucosas.

diftérico, ca adj. *Med.* De la difteria: *angina diftérica.*

difumar y **difuminar** v. t. Frotar con difumino un dibujo.

difumino m. Papel arrollado para esfumar las sombras en los dibujos.

difundir v. t. Extender, derramar un fluido. || Divulgar: *difundir la instrucción, una noticia.* || Propagar: *difundir una epidemia.* || Transmitir: *difundir una emisión radiofónica.*

difunto, ta adj. y s. Fallecido.

difusión f. Acción y efecto de difundir o difundirse: *la difusión de la luz, de ondas sonoras.* || Propagación, divulgación: *difusión de la cultura.*

difuso, sa adj. Extenso. || Demasiado prolijo en palabras.

difusor, ra adj. Que difunde. || — M. Aparato para sacar el jugo sacarino de la remolacha. || Altavoz.

* **digerir** v. t. Hacer la digestión. || *Fig.* Sobrellevar: *digerir una pena.* | Asimilar: *no ha digerido la lección.*

digestión f. Transformación de los alimentos en el aparato digestivo. || *Quím.* Maceración de un cuerpo en un líquido a temperatura elevada.

— La *digestión,* cuyo objeto final es la asimilación, abarca un conjunto de actos mecánicos (prensión, masticación y deglución) que se realizan desde la ingestión de los alimentos hasta su transformación y absorción por la sangre.

digestivo, va adj. Que ayuda a la digestión. || *Zool. Aparato digestivo,* conjunto de órganos que concurren a la digestión. || — M. Licor que facilita la digestión.

digesto m. Colección de las decisiones del Derecho romano: *el "Digesto" de Justiniano.*

digestónico, ca adj. y s. m. Digestivo.

digitado, da adj. *Bot.* Recortado en forma de dedos: *hojas digitadas.* || *Zool.* Aplícase a los mamíferos que tienen sueltos los dedos de los cuatro pies.

digital adj. Relativo a los dedos: *músculos digitales.* || — F. Planta escrofulariácea venenosa, de flores purpúreas en forma de dedal.

digitalina f. *Quím.* Glucósido venenoso que se extrae de las hojas de la digital.

digitiforme adj. De forma de dedos.

digitígrado, da adj. Aplícase a los mamíferos carniceros que sólo apoyan los dedos al andar, como el gato, el perro, etc. (ú. t. c. m.).

dígito adj. y s. m. Dícese del número que puede expresarse con un solo guarismo: *1, 6.*

dignarse v. pr. Servirse por condescendencia a hacer una cosa: *dignarse escuchar al inferior.*

dignatario m. Persona investida de una dignidad: *dignatario del Vaticano.*

Digne, c. en el S. de Francia, cap. del dep. de los Alpes de Haute-Provence.

dignidad f. Calidad de digno. || Alto cargo o título eminente: *la dignidad cardenalicia.* || Nobleza, gravedad en los modales: *obrar con dignidad.* || Respeto que se merece uno: *compromete su dignidad.*

dignificante adj. Que dignifica: *gracia dignificante.*

dignificar v. t. Hacer digna.

digno, na adj. Que merece algo en sentido favorable o adverso: *digno de recompensa, de castigo.* || Correspondiente al mérito y condición: *hijo digno de su padre.* || Grave, mesurado: *respuesta digna.* || Que tiene respeto de sí mismo.

digresión f. Desviación en el hilo de un relato. || Relato.

dije m. Joyas, alhajas pequeñas que suelen llevarse por adorno: *una pulsera con muchos dijes.* || *Fig.* y *fam.* Persona que tiene muchas cualidades o gran habilidad.

Dijon, c. de Francia, en Borgoña, cap. del dep. de Côte-d'Or. Obispado. Universidad.

dilaceración f. Acción y efecto de dilacerar o dilacerarse.

dilacerar v. t. Desgarrar. || *Fig.* Dañar.

dilación f. Retraso, demora. || *Sin dilación,* inmediatamente.

dilapidación f. Disipación, despilfarro.

dilapidador, ra adj. y s. Que dilapida.

dilapidar v. t. Malgastar, disipar, despilfarrar: *dilapidar la hacienda.*

dilatable adj. Que se dilata.

dilatación f. Acción y efecto de aumentar el volumen o la longitud de un cuerpo, el calibre de un conducto. || *Fig.* Alivio.

dilatadamente adv. Anchamente. || Detalladamente: *hablar dilatadamente de algo.*

dilatador, ra adj. Que dilata o extiende. || — M. *Cir.* Aparato para dilatar un conducto o una cavidad.

dilatar v. t. Aumentar el volumen de un cuerpo mediante una elevación de su temperatura. || Ensanchar. || *Fig.* Diferir, aplazar: *dilatar un asunto.* || Propagar, extender: *dilatar la fama.* || — V. pr. *Fig.* Extenderse mucho en un discurso o escrito: *dilatarse en argumentos.* | Extenderse, ensancharse: *la llanura se dilata hasta el horizonte.* || *Amer.* Demorar, tardar: *su llegada se dilata mucho.*

dilatorio, ria adj. *For.* Que sirve para prolongar un pleito, para aplazar un fallo. || — F. Detención. Ú. m. en pl.: *andar con dilatorias.*

dilección f. Amor tierno y puro.

dilecto, ta adj. Muy estimado.

dilema m. Argumento de dos proposiciones contrarias que conducen a una misma conclusión. || *Por ext.* Obligación de escoger entre dos cosas.

dilettante y **diletante** m. (pal. ital.). Persona apasionada por un arte, especialmente el de la música. || El que tiene afición a cualquier actividad, pero sin profundizar en ella. || El que quiere vivir según su fantasía y sus gustos.

dilettantismo y **diletantismo** m. Carácter del dilettante. || Afición muy grande a un arte.

Dili, cap. de la parte portuguesa de Timor.

diligencia f. Cuidado en hacer una cosa. || Prisa, prontitud. || Coche grande para el transporte por carretera de viajeros y mercancías. || Trámite, gestión. || *For.* Ejecución de un auto o decreto judicial.

diligenciar v. t. Hacer los trámites necesarios para c o n s e g u i r algo: *diligenciar un pasaporte.*

diligente adj. Cuidadoso y activo. || Pronto, ágil en el obrar.

dilogía f. Ambigüedad.

Dilthey (Wilhelm), filósofo alemán (1833-1911), que analizó el carácter histórico del hombre.

dilucidación f. Aclaración.

dilucidador, ra adj. y s. Que dilucida.

dilucidar v. t. Aclarar y explicar un asunto, una cuestión.

* **diluir** v. t. Desleir, disolver un cuerpo en un líquido. || *Quím.* Añadir líquido en las disoluciones para aclararlas.

diluvial adj. Del diluvio. || *Geol.* Dícese del terreno formado por arenas arrastradas por corrientes de agua (ú. t. c. s. m.).

diluviano, na adj. Relativo al diluvio universal.

diluviar v. impers. Llover mucho, a manera de diluvio.

diluvio m. Inundación universal de que habla la Biblia. || *Fig.* y *fam.* Lluvia torrencial. | Excesiva abundancia: *un diluvio de injurias.*

dilie m. *Chil.* Chicharra.

dimanar v. i. Venir el agua de sus manantiales. || *Fig.* Proceder, tener origen: *una medida que dimana de otra.*

dimensión f. Cada una de las tres direcciones en que se mide la extensión de un cuerpo (largo, ancho, altura o profundidad). || Tamaño: *un mueble de grandes dimensiones.* || *Fig.* Importancia, magnitud: *dimensiones del conflicto.*

dimensional adj. De las dimensiones.

dimes y diretes loc. fam. Discusiones, réplicas entre dos o más personas: *andar en dimes y diretes.*

diminutivo, va adj. y s. Que tiene cualidad de disminuir o reducir a menos una cosa. || M. *Gram.* Aplícase a las palabras que disminuyen la significación de los positivos de que proceden: *hombrecito es diminutivo de hombre.* (V. *Compendio de gramática,* al final del vol., p. 824.)

diminuto, ta adj. Muy pequeño. || Incompleto.

dimisión f. Renuncia de algo que se tiene: *presentar la dimisión de un cargo.*

dimisionario, ria adj. y s. Que dimite: *alcalde dimisionario.*

dimisorias f. pl. Letras que da un prelado a sus súbditos para recibir de un obispo extraño las sagradas órdenes.

dimitente adj. y s. Que dimite.

dimitir v. t. Renunciar a una cosa, presentar la dimisión: *dimitir un empleo.*

Dimitrovo. V. PERNIK.

dimorfismo m. Calidad de dimorfo.

dimorfo, fa adj. Aplícase a lo que puede tener de dos formas distintas. || *Min.* Aplícase al mineral que puede cristalizar de dos maneras distintas.

din m. Unidad práctica del grado de sensibilidad de las emulsiones fotográficas.

dina f. *Mec.* Unidad de fuerza

C. G. S. que aplicada a la masa de un gramo le comunica velocidad de un centímetro por segundo.

Dinamarca, reino del N. de Europa, entre el mar del Norte y el mar Báltico; 43 042 km²; 4 910 000 h. (*daneses*). Cap. *Copenhague,* 960 300 h.; otras c.: *Aarhus,* 119 600 h.; *Odense,* 110 000, y *Aalborg,* 83 000.

— GEOGRAFÍA. El país comprende una parte continental, la península de Jutlandia y una parte insular (islas de Seeland, Laaland, Filonia, etc.), Sus explotaciones agrícolas y ganaderas son muy modernas y su nivel de vida es uno de los más altos de Europa.

— HISTORIA. Los daneses se constituyeron en reino en el s. IX y formaron un solo Estado con Suecia y Noruega en 1397. Convertida al luteranismo en el s. XIV, Dinamarca participó en la guerra de los Treinta Años. Suecia, independizada ya de Dinamarca en 1523, anexionó Noruega en 1814. En 1848 entró en conflicto con Prusia y ésta le arrebató Slesvig, Holstein y Lauenburgo (1864). Los efectos políticos de esta contienda fueron en parte anulados por la primera guerra mundial. De 1940 a 1945, los alemanes ocuparon el país. En 1972 ingresó en el Mercado Común.

dinamarqués, esa adj. y s. Danés, de Dinamarca.

dinámico, ca adj. Relativo a la fuerza cuando produce movimiento: *efecto dinámico.* ‖ *Fig.* y *fam.* Activo, enérgico: *hombre dinámico.* ‖ — F. Parte de la mecánica que estudia el movimiento en relación con las fuerzas que lo producen.

dinamismo m. *Fil.* Doctrina según la cual los elementos materiales no son sino combinaciones de fuerzas. ‖ *Fig.* Energía, actividad: *el dinamismo de las juventudes.*

dinamista adj. y s. Partidario del dinamismo.

dinamita f. Explosivo compuesto por nitroglicerina, descubierto por A. Nóbel (1866).

dinamitar v. t. Hacer saltar con dinamita: *dinamitar un fuerte.*

dinamitero, ra m. y f. Obrero que en las minas u otros lugares efectúa destrucciones con dinamita. ‖ Persona que comete atentados con dinamita: *los dinamiteros asturianos.*

dinamo f. *Fís.* Máquina destinada a transformar la energía mecánica (movimiento) en energía eléctrica (corriente) o viceversa por inducción electromagnética.

dinamómetro m. *Mec.* Instrumento para medir fuerzas.

Dinant, c. de Bélgica (Namur), a orillas del Mosa.

dinar m. Unidad monetaria de Yugoslavia y Túnez. ‖ Moneda del Irán.

Dináricos (ALPES). V. ALPES.

dinasta y **dinastes** m. Príncipe que dependía de otro soberano.

dinastía f. Serie de soberanos de una misma familia: *dinastía borbónica, austriaca.* ‖ Serie de hombres célebres de una misma familia: *la dinastía de los Couperin.* ‖ Serie de personas que ejercen una misma influencia en un campo determinado.

dinástico, ca adj. De la dinastía. ‖ Partidario de una dinastía.

dineral m. Cantidad grande de dinero: *gastarse un dineral.*

dinero m. Cualquier clase de moneda. ‖ *Fig.* y *fam.* Riqueza, fortuna: *ser hombre de dinero.* ‖ — *De dinero y calidad, la mitad de la mitad,* se suele exagerar la riqueza y linaje de las personas. ‖ *Dinero de San Pedro,* limosna que los católicos dan al Papa.

Dinis o **Diniz** *(Dom),* rey y poeta portugués (1261-1325). Gobernó a partir de 1279, y fundó las universidades de Coimbra y Lisboa. Contrajo matrimonio con Isabel de Aragón, más tarde llamada *Santa Isabel de Portugal.* Escribió diversas canciones de amor, serranillas y pastorelas, compiladas en el *Cancionero de Dom Dinis.* ‖ ~ (JOAQUIM GUILHERME GOMES COELHO, llamado **Júlio**), novelista portugués 1839-1871), autor de *Las pupilas del señor rector.*

dinornis m. Avestruz antediluviano de tamaño gigantesco.

dinosaurio m. Reptil fósil gigantesco.

dinoterio m. Proboscidio fósil gigantesco semejante a un elefante.

dintel m. *Arq.* Parte superior de las puertas y ventanas que carga sobre las jambas. ‖ Barb. por *umbral.*

diñarla v. i. *Pop.* Morirse.

diocesano, na adj. y s. De la diócesis: *clero diocesano.*

diócesis f. Territorio en que ejerce jurisdicción espiritual un obispo o arzobispo: *la diócesis de Tarragona.*

Diocleciano (245-313), emperador romano (284-305), n. en Dalmacia. Estableció la tetrarquía (ejercicio del Poder por cuatro titulares), sin dividir por eso el Imperio. Perseguidor de los cristianos (303), abdicó en 305.

diodo m. Válvula electrónica de dos electrodos, por la cual pasa la corriente en un solo sentido.

Diodoro de Sicilia, escritor griego del s. I a. de J. C., autor de *Biblioteca histórica,* historia universal de la Antigüedad.

Diógenes ‖ ~ **el Cínico,** filósofo griego, n. en Sínope (413-327 a. de J. C.). Criticó las costumbres y creencias de su época, la riqueza y las convenciones sociales. Vivió en un tonel, buscó en pleno día un hombre en Atenas con un farol, respondió un día a Alejandro Magno que lo único que deseaba de él era que se apartase porque le quitaba el sol. ‖ ~ **Laercio,** historiador griego del s. III, autor de *Vidas de los filósofos ilustres.*

dioico, ca adj. *Bot.* Aplícase a las plantas que tienen las flores de cada sexo en pie separado.

dionea f. Cierta planta insectívora de América del Norte.

dionisiaco, ca adj. De Dionisio o Baco. ‖ — F. pl. Fiestas en su honor.

Dionisio o **Dionisos,** nombre griego del dios romano *Baco.*

Dionisio ‖ ~ **Aeropagita** *(San),* obispo y mártir ateniense del s. I, convertido por San Pablo. Fiesta el 9 de octubre. ‖ ~ **de Halicarnaso,** historiador griego, m. hacia el año 8 a. de J. C.

dioptría f. Unidad de convergencia de las lentes y de potencia de los aparatos ópticos. (La *dioptría* es la convergencia de un sistema óptico que tiene una distancia focal de un metro.)

dióptrica f. Parte de la óptica que trata de la refracción de la luz.

diorama m. Cuadro o conjunto de vistas pintadas en un lienzo transparente.

diorita f. *Min.* Anfibolita de textura granítica.

Dios m. Ser supremo y criador del universo. ‖ *Mit.* Deidad: *los dioses del Olimpo.* ‖ *Fig.* Persona o cosa que se venera por encima de todo. ‖ — *¡A Dios!,* adiós (despedida). ‖ *A Dios gracias,* felizmente. ‖ *A Dios rogando y con el mazo dando,* debemos hacer todo lo que podemos en vez de esperar que los demás lo hagan por nosotros. ‖ *A la buena de Dios,* de cualquier manera, sin mucho cuidado. ‖ *Como Dios manda,* como es debido. ‖ *Diga, que de Dios dijeron,* debemos despreciar la murmuración. ‖ *¡Dios!, ¡por Dios!* o *¡válgame Dios!,* expr. de impaciencia o de sorpresa. ‖ *Dios dirá,* expr. de confianza en el porvenir. ‖ *Dios Hijo* o *Dios Hombre,* Jesucristo. ‖ *Dios sabe,* expr. que indica duda. ‖ *Fig. Méx. Está de Dios y de la ley,* magnífico. ‖ *Pasar la de Dios es Cristo,* pasarlo muy mal. ‖ *Si Dios quiere,* si nada se opone a lo que uno espera. ‖ *Fam. Todo Dios,* todo el mundo.

— Según las mitologías griega y romana existieron doce *dioses* mayores (entre paréntesis los griegos): *Júpiter* (Zeus), *Febo* (Apolo), *Marte* (Ares), *Mercurio* (Hermes), *Vulcano* (Hefestos), *Vesta* (Hestia), *Juno* (Hera), *Ceres* (Deméter), *Diana* (Artemisa), *Venus* (Afrodita), *Minerva* (Atenea), *Neptuno* (Poseidón).

diosa f. Deidad del sexo femenino: *la diosa Minerva.*

dioscoreáceas f. pl. *Bot.* Familia de plantas monocotiledóneas como el ñame (ú. t. c. adj.).

Dioscuros *("Hijos de Zeus"),* n. dado a los dos hermanos gemelos Cástor y Pólux. *(Mit.)*

dipétala adj. *Bot.* Aplícase a la flor y corola de dos pétalos.

Dipilto, sierra fronteriza entre Honduras y Nicaragua.

diplodoco m. Especie de dinosaurio, reptil fósil de gran tamaño.

diploma m. Documento en que consta un título conferido por un cuerpo o facultad. ‖ Documento oficial que establece un privilegio.

diplomacia f. Ciencia de las relaciones entre Estados soberanos. ‖ Cuerpo o carrera diplomática. ‖ *Fig.* y *fam.* Tacto, habilidad: *conducirse con diplomacia.*

diplomado, da adj. y s. Que ha obtenido un título o diploma: *profesor diplomado.*

diplomar v. t. Conferir un diploma. ‖ — V. pr. Obtener un diploma, graduarse.

DINAMARCA

diplomática f. Arte que enseña las reglas para conocer y distinguir los diplomas u otros documentos oficiales. || Diplomacia.

diplomático, ca adj. De la diplomacia: *cuerpo diplomático.* || Concerniente a los diplomas. || *Fig.* y *fam.* Sagaz, circunspecto, que tiene tacto. || — M. Persona encargada de ciertas funciones diplomáticas: *un diplomático de valía.*

dipneo, a adj. y s. m. *Zool.* Aplícase a los peces dotados de respiración branquial y pulmonar.

dipsacáceas y **dipsáceas** f. pl. *Bot.* Familia de dicotiledóneas que tienen por tipo la cardencha y la escabiosa (ú. t. c. adj.).

dipsomanía f. Tendencia irresistible a beber, sed violenta.

dipsomaniaco, ca y **dipsómano, na** adj. Que padece dipsomanía.

díptero, ra adj. y s. *Arq.* Aplícase al edificio de dos costados salientes y doble fila de columnas. || — M. pl. Orden de insectos con dos alas membranosas, como la mosca (ú. t. c. adj.).

dipterocarpáceas f. pl. *Bot.* Familia de plantas tropicales arborescentes de hojas esparcidas y con estípulas (ú. t. c. adj.).

díptico m. o **díptica** f. Cuadro o bajorrelieve compuesto de dos tableros articulados que se cierran lo mismo que un libro.

diptongación f. *Gram.* Acción y efecto de diptongar.

diptongar v. t. *Gram.* Unir dos vocales pronunciándolas en una sola sílaba: *cau-sa, cue-llo.* || — V. pr. Convertirse en diptongo una vocal, como la *o* de *poder* en *puedo.*

diptongo m. *Gram.* Reunión de dos vocales en una sola sílaba: *aire, puerta.*

diputación f. Conjunto de diputados: *diputación provincial, general, permanente.* || Cargo de diputado. || Duración de este cargo. || *Amer.* Casa consistorial.

diputado, da m. y f. Persona nombrada para representar a otras: *diputado a Cortes.*

diputar v. t. Destinar, comisionar. || Delegar, designar un cuerpo a uno de sus miembros para que les represente en una asamblea.

dique m. Muro para contener las aguas. || Parte de un puerto cerrada con obra de fábrica donde se puede reparar el casco de las naves. || *Fig.* Freno, obstáculo: *poner un dique al desorden.* || *Geol.* Filón estéril que asoma en forma de muro en la superficie del terreno.

diquelar v. t. *Pop.* Comprender. | Mirar.

Diquís, río de Costa Rica. (V. GRANDE DE TÉRRABA.)

dirección f. Acción y efecto de dirigir o dirigirse. || Rumbo que un cuerpo sigue en su movimiento: *la dirección del viento.* || Persona o conjunto de personas encargadas de dirigir: *la dirección de una sociedad, de un partido.* || Cargo de director. || Señas que se ponen a una carta o paquete. || Mecanismo para guiar un vehículo automóvil. || Realización escénica o cinematográfica de una obra: *la dirección de una película.*

directivo, va adj. Que dirige (ú. t. c. s.). || — F. Línea de conducta, instrucción. || Mesa o junta de dirección de una corporación, sociedad, etc.

directo, ta adj. Derecho, en línea recta: *carretera directa.* || Que va de una parte a otra sin pararse en los puntos intermedios: *tren directo de París a Marsella.* || *Fig.* Sin intermediario: *relaciones directas.* | Sin rodeos: *pregunta directa.* | Encaminado a su objeto por medios expeditivos: *acción directa.* || Que se sigue de padre a hijo: *un heredero en línea directa.* || *Gram. Complemento directo,* el que recibe la acción del verbo. || — M. Golpe dado por los boxeadores hacia adelante estirando el brazo. || *En directo,* no diferido.

director, ra adj. Que dirige. || — M. y f. Persona que dirige una administración, establecimiento, una película cinematográfica, una orquesta, etc. || — *Director espiritual,* confesor habitual. || *Director general,* director de una empresa.

— Los patriotas chilenos dieron a San Martín el título de *Director General* (1817), pero éste lo rehusó y lo hizo conceder a O'Higgins. En las Provincias Unidas del Río de la Plata, el *Director Supremo* ejerció funciones de jefe del Estado (1813 a 1820). El primero fue Gervasio Antonio Posadas y el último José Rondeau.

directoral adj. Del director.

directorio, ria adj. Destinado a dirigir. || — M. Conjunto de reglas e instrucciones: *directorio jurídico.* || Asamblea directiva. || Gobierno. || *Amer.* Lista de direcciones.

— El nombre de *Directorio* fue dado en Francia al gobierno establecido de 1795 a 1799, derrocado por Bonaparte el 18 de brumario del año VIII (9 de noviembre de 1799). En México, el *Directorio Ejecutivo* sucedió al Congreso Nacional de 1815. En España, llamóse *Directorio Militar* al gobierno del general Primo de Rivera durante el período 1923-1925.

directriz adj. y s. f. *Geom.* Dícese de la línea o superficie que determina las condiciones de generación de otras. || — F. pl. Instrucciones, orientaciones.

dirigente adj. y s. Que dirige.

dirigible adj. Que puede dirigirse. || — M. Globo dirigible.

dirigir v. t. Encaminar hacia cierto punto: *dirigir la mirada, dirigir el coche hacia la derecha.* || Gobernar: *dirigir una empresa.* || Mandar, hacer ejecutar: *dirigir las operaciones.* || Poner las señas a lo que se manda. || Aconsejar: *dirigir a uno en un asunto.* || Aplicar a una persona un dicho: *dirigir unos insultos a alguien.* || *Dirigir la palabra a uno,* hablarle. || — V. pr. Ir: *dirigirse a Barcelona.* || Destinar unas palabras oralmente o por escrito a alguien.

dirigismo m. Sistema en que el Gobierno ejerce un poder de orientación o de decisión en la actividad económica del país.

dirimente adj. Que anula.

dirimir v. t. Resolver: *dirimir una dificultad.* || Ajustar o terminar una controversia: *dirimir la discusión.* || Disolver, anular: *dirimir un matrimonio.*

Diriomo, pobl. de Nicaragua (Granada).

Dirraqueo. V. DURAZZO.

Discépolo (Armando), autor de teatro argentino (1887-1971). Su hermano ENRIQUE (1901-1951) fue tb. comediógrafo y compositor de música popular (tangos).

discernidor, ra adj. Que discierne.

discernimiento m. Distinción. || Juicio recto: *proceder con discernimiento.* || *For.* Nombramiento judicial que habilita a una persona para ejercer un cargo.

* **discernir** v. t. Distinguir con acierto. || *For.* Encargar el juez a uno la tutela de un menor. || Barb. por *conceder, otorgar, adjudicar.*

disciplina f. Conjunto y observancia de las leyes o reglamentos que rigen ciertos cuerpos, como la Magistratura, la Iglesia, el Ejército, las escuelas. || Asignatura. || — Pl. Instrumento de penitencia para azotar.

disciplinado, da adj. Que observa la disciplina. || *Bot.* Jaspeado.

disciplinante adj. y s. Penitente, que se disciplina.

disciplinar v. t. Enseñar a uno su profesión. || Acostumbrar a la disciplina: *disciplinar al soldado.* || Azotar, someterse a disciplina (ú. t. c. pr.). || *Fig.* Contener, dominar: *disciplinar sus instintos.*

disciplinario, ria adj. Relativo a la disciplina. || Dícese de los cuerpos militares integrados por soldados condenados a alguna pena correccional: *batallón disciplinario.* || — M. Soldado de estos cuerpos.

discípulo, la m. y f. Persona que recibe la enseñanza de un maestro. || Persona que sigue la opinión de una escuela filosófica: *discípulo de Aristóteles.*

disco m. Objeto plano y circular. || Placa circular de materia plástica en la que se graba el sonido: *un disco microsurco.* || Señal que en los ferrocarriles indica si la vía está libre. || Señal luminosa para el tráfico: *disco rojo.* || Tejo que se utiliza en los juegos gimnásticos: *lanzamiento del disco.* || *Astr.* Figura circular y plana con que se presentan a nuestra vista el Sol, la Luna y los planetas. || *Fam.* Cosa pesada, aburrida o enojosa.

discóbolo m. Atleta que lanzaba el disco.

discófilo, la adj. y s. Aficionado a los discos fonográficos.

discografía f. Arte de impresionar discos fonográficos.

discoidal adj. Que tiene figura de disco.

díscolo, la adj. Travieso, indócil, perturbador: *niño díscolo.*

disconforme adj. No conforme.

disconformidad f. Desacuerdo. || Divergencia: *disconformidad de opiniones.*

discontinuar v. t. e i. Interrumpir la continuación de una cosa.

discontinuidad f. Falta de continuidad.

discontinuo, nua adj. Interrumpido, cortado. || *Mat.* No continuo.

* **disconvenir** v. i. Desconvenir.

discordancia f. Desacuerdo, disconformidad: *discordancia entre los dichos y los hechos.* || Divergencia: *discordancia de opiniones.*

discordante adj. Opuesto.

* **discordar** v. i. Ser opuestos o diferentes entre sí dos o más cosas. || Estar en desacuerdo dos personas. || *Mús.* No estar acordes las voces, los instrumentos. || Carecer de armonía: *colores que discuerdan.*

discorde adj. No conforme. || *Mús.* Disonante, sin consonancia.

discordia f. Desacuerdo, desavenencia: *sembrar la discordia.* || *Fig. Manzana de la discordia,* objeto de disputa.

Discordia, deidad maléfica hija de la Noche y hermana de Marte. Encolerizada, por no haber sido invitada a las bodas de Tetis y Peleo, arrojó entre los dioses la *manzana de la discordia.* (V. PARIS.)

discoteca f. Colección de discos fonográficos. || Local o mueble donde se guardan.

discreción f. Rectitud de juicio, cordura. || Moderación. || Capacidad para guardar los secretos. || Agudeza, ingenio. || *A discreción,* sin tasa ni limitación, al antojo o voluntad de uno.

discrecional adj. Que se hace libremente. || — *Parada discrecional,* aquella en que el autobús, tranvía, etc., solamente se para si se avisa al conductor. || *Servicio discrecional,* servicio especial.

discrepancia f. Diferencia, desigualdad. || Disentimiento, desacuerdo: *discrepancia de ideas.*

discrepante adj. y s. Que discrepa o es distinto. || Que disiente.

discrepar v. i. Ser diferente: *mi opinión discrepa de la tuya.* || Disentir, no estar de acuerdo.

discretear v. i. Mostrar ingenio. (Es a veces despectivo.)

discreteo m. Acción y efecto de discretear.

discreto, ta adj. Dotado de discreción, cuerdo (ú. t. c. s.). || Que denota discreción: *conducta discreta.* || Reservado, moderado en sus palabras o acciones: *hombre discreto.* || Que sabe guardar un secreto. || Que no llama la atención: *un peinado discreto.* || Agudo, ingenioso. || *Mat.* Discontinuo. || — M. y f. Religioso que asiste como consiliario al superior en el gobierno de una comunidad.

discrimen m. Peligro.

discriminación f. Acción y efecto de discriminar. ‖ *Discriminación racial*, separación de las personas de origen, raza o religión diferentes en un mismo país.

discriminante m. Relación entre los coeficientes de una ecuación de segundo grado que permite saber si ésta tiene dos raíces, una raíz doble o ninguna raíz.

discriminar v. t. Separar, distinguir, diferenciar una cosa de otra. ‖ Dar trato de inferioridad a una persona o colectividad.

disculpa f. Razón que se da para excusarse de una culpa.

disculpar v. t. Dar razones o pruebas que descarguen de una culpa o delito. Ú. t. c. pr.: *se disculpó de su retraso.* ‖ Perdonar.

discurrir v. i. Caminar, andar por un sitio: *discurrir de un punto a otro.* ‖ Correr un líquido. ‖ Pasar el tiempo. ‖ *Fig.* Reflexionar: *discurrir sobre política.* ‖ — V. t. Imaginar, idear. ‖ Conjeturar.

discursante adj. Que discursa. Hablar sobre una materia.

discursar v. i. Discurrir sobre una materia.

discursear v. i. *Fam.* Pronunciar discursos.

discursivo, va adj. Dado a discurrir, meditabundo, reflexivo. ‖ Propio del discurso.

discurso m. Exposición oral de alguna extensión hecha generalmente con el fin de persuadir. ‖ Escrito o tratado: *el "Discurso sobre las Ciencias y las Artes", de J.-J. Rousseau.* ‖ Pieza oratoria: *un discurso académico.* ‖ Facultad de discurrir, raciocinio. ‖ Transcurso del tiempo: *el discurso de los días.*

Discurso del Método, libro en que Descartes somete todas las cosas a la duda metódica y reconstruye la ciencia a partir del principio *Cogito, ergo sum* (pienso, luego existo).

discusión f. Acción y efecto de discutir.

discutible adj. Que puede discutirse.

discutidor, ra adj. y s. Amante de disputas y discusiones.

discutir v. t. e i. Examinar minuciosamente una materia: *discutir sobre arte.* ‖ Debatir: *discutir una cuestión.* ‖ Poner en tela de juicio, controvertir: *libro muy discutido.*

disecación f. Disección.

disecador m. El que diseca. ‖ Taxidermista.

disecar v. t. Cortar para examinar su estructura un cuerpo animal, un vegetal, etc.: *disecar una planta.* ‖ Preparar animales muertos para su conservación. ‖ *Fig.* Analizar minuciosamente.

disección f. Acción y efecto de disecar. ‖ *Fig.* Análisis minucioso.

disector m. El que diseca. ‖ Taxidermista.

diseminación f. Dispersión, esparcimiento. ‖ *Fig.* Difusión.

diseminar v. t. Dispersar, esparcir. ‖ *Fig.* Difundir: *diseminar ideas.*

disensión f. Desacuerdo, oposición de pareceres o de intereses. ‖ *Fig.* Contienda, discordia.

disenso m. Disentimiento.

disentería f. *Med.* Diarrea dolorosa con pujos y sangre.

disentérico, ca adj. De la disentería.

disentimiento m. Divergencia de opiniones, de pareceres.

* **disentir** v. i. No tener el mismo parecer: *disentir en política.* ‖ Ser diferente: *ideas que disienten.*

diseñador m. El que diseña.

diseñar v. t. Hacer un diseño: *diseñar un edificio, una figura.*

diseño m. Dibujo. ‖ Descripción o bosquejo de alguna cosa.

disépalo, la adj. *Bot.* De dos sépalos: *cáliz disépalo.*

disertación f. Examen crítico y detallado de una cuestión. ‖ Ejercicio escolar sobre un tema literario o filosófico. ‖ Discurso, conferencia.

disertador, ra y **disertante** adj. y s. Aficionado a disertar. ‖ Conferenciante.

disertar v. i. Razonar sobre una materia.

diserto, ta adj. Elecuente.

disfagia f. *Med.* Dificultad para deglutir.

disfasia f. *Med.* Perturbación del lenguaje por una lesión cerebral.

disforme adj. Deforme. ‖ Feo, horroroso. ‖ Desproporcionado.

disfraz m. Artificio para ocultar o disimular. ‖ Vestido de máscara: *baile de disfraces.* ‖ *Fig.* Fingimiento, disimulo.

disfrazar v. t. Desfigurar la forma natural de una persona o cosa para que no se la conozca. ‖ Vestir de máscara (ú. t. c. pr.). ‖ *Fig.* Cambiar, alterar: *disfrazar la voz.* | Disimular los sentimientos. | Maquillar, encubrir: *disfrazar en suicidio un crimen.*

disfrutar v. t. Poseer ‖ Aprovechar: *disfrutar sus vacaciones.* ‖ — V. i. Gozar, tener algo de lo cual se sacan ventajas: *disfrutar de buena salud, del favor de uno.* ‖ Sentir placer: *disfrutar ante el paisaje.*

disfrute m. Acción y efecto de disfrutar.

disfumar v. t. Difuminar.

disfumino m. Difumino.

disgregación f. Separación de las partes de un todo.

* **disgregar** v. t. Separar las partes que forman un todo (ú. t. c. pr.).

disgustado, da adj. Descontento, enfadado: *disgustado con uno.* ‖ Decepcionado: *disgustado por la actitud de un amigo.* ‖ Pesaroso, entristecido.

disgustar v. t. Causar disgusto. ‖ — V. pr. Enfadarse.

disgusto m. Contrariedad: *llevarse un gran disgusto.* ‖ Decepción. ‖ Pesadumbre: *esta muerte le dio un gran disgusto.* ‖ Revés, desgracia. ‖ Desavenencia, disputa: *tener un disgusto con uno.* ‖ Tedio, repulsión. ‖ *A disgusto*, contra la voluntad de uno; incómodo.

disidencia f. Separación de una doctrina, creencia u opinión.

disidente adj. y s. Que diside.

disidir v. i. Separarse de una comunidad, doctrina, creencia u opinión política o filosófica.

disilábico, ca y **disílabo, ba** adj. Bisílabo.

disimetría f. Falta de simetría.

disimétrico, ca adj. Falto de simetría.

disímil adj. Desemejante.

disimilación f. Alteración de un sonido o fonema por otro próximo o igual.

disimilar v. t. Alterar un sonido o fonema por influencia de otro próximo, igual o parecido.

disimilitud f. Desemejanza.

disimulable adj. Que se puede disimular.

disimulación f. Ocultación, encubrimiento. ‖ Disimulo.

disimulado, da adj. Que disimula lo que siente, hipócrita.

disimulador adj. y s. Que disimula o finge.

disimular v. t. Ocultar, esconder. ‖ Encubrir algo que uno siente o padece: *disimular su alegría.* ‖ Disfrazar: *disimular una enfermedad.* ‖ Perdonar: *disimular la falta del amigo.* ‖ — V. i. Fingir que no se ve o se siente algo.

disimulo m. Arte con que se oculta lo que se siente o sabe. ‖ Hipocresía, encubrimiento. ‖ Indulgencia, tolerancia.

disipación f. Despilfarro, gasto completo: *disipación de sus bienes.* ‖ Evaporación: *disipación del alcohol.* ‖ Vida disoluta.

disipado, da adj. y s. Disipador. ‖ Entregado a diversiones.

disipador, ra adj. y s. Malgastador, despilfarrador.

disipar v. t. Desvanecer: *el sol disipa las nieblas.* ‖ Derrochar: *disipar la hacienda.* ‖ *Fig.* Hacer desaparecer: *los años disipan las ilusiones.* ‖ — V. pr. Evaporarse: *disiparse el alcohol.* ‖ *Fig.* Desvanecerse: *disiparse las sospechas.*

dislalia f. *Med.* Dificultad de articular las palabras.

dislate m. Disparate, desatino.

dislocación y **dislocadura** f. Acción y efecto de dislocar o dislocarse. (Dícese, por lo común, de los huesos.)

dislocar v. t. Sacar una cosa de su lugar. Ú. m. c. pr.: *dislocarse un brazo.* ‖ *Fig.* Dispersar: *dislocar un cortejo.* | Desmembrar: *dislocar un ejército.*

disloque m. *Fam.* El colmo.

dismenorrea f. *Med.* Menstruación dolorosa o difícil.

disminución f. Acción y efecto de disminuir.

* **disminuir** v. t. Hacer menor (ú. t. c. i. y pr.).

dismnesia f. *Med.* Debilidad de la memoria.

disnea f. *Med.* Dificultad de respirar.

Disney (Walt), dibujante norteamericano (1901-1966), creador de dibujos animados en el cine.

disociación f. Acción y efecto de disociar o disociarse.

disociar v. t. Separar, desunir (ú. t. c. pr.). ‖ *Quím.* Descomponer una sustancia (ú. t. c. pr.).

disolución f. *Fís.* Descomposición de los cuerpos por la acción de un agente que se une íntimamente a ellos. | Solución así formada. ‖ Solución viscosa de caucho para reparar cámaras de neumáticos. ‖ *Fig.* Relajación de las costumbres. | Rompimiento de vínculos: *disolución del matrimonio.* | Acción de suprimir o de hacer cesar: *disolución de las Cortes.*

disolutivo, va adj. Que tiene la propiedad de disolver.

disoluto, ta adj. Relajado: *vida disoluta.* ‖ Licencioso, libertino.

disolvente adj. y s. m. Dícese del líquido propio para disolver. ‖ *Fig.* Que causa corrupción.

* **disolver** v. t. Descomponer un cuerpo por medio de un líquido, formando una mezcla. ‖ Suprimir: *disolver un partido.* ‖ Anular: *disolver un contrato.* ‖ Poner fin al mandato de una asamblea antes de tiempo ‖ Relajar: *disolver las costumbres.*

disonancia f. Asociación de sonidos desagradables.

disonante adj. Que disuena.

* **disonar** v. i. Formar una armonía desagradable para el oído. ‖ *Fig.* No ir bien una cosa con otra. | Ser repugnante.

dispar adj. Desigual.

disparada f. *Arg.* y *Méx.* Acción de echar a correr o partir con precipitación; fuga. ‖ *A la disparada*, a todo correr.

disparador m. El que dispara. ‖ Pieza de las armas de fuego que se suelta para disparar. ‖ Pieza del obturador automático de una cámara fotográfica. ‖ Escape del reloj.

disparar v. t. Arrojar, lanzar con violencia. ‖ Lanzar un proyectil con un arma: *disparar un cañón* (ú. t. c. pr.). ‖ Enviar con fuerza el balón hacia la meta. ‖ — V. i. Apretar el disparador de un mecanismo. ‖ Decir o hacer tonterías. ‖ *Salir disparado*, salir corriendo. ‖ — V. pr. Partir con gran rapidez: *dispararse un caballo.* ‖ *Fig.* Dejarse llevar por un sentimiento violento. ‖ *Méx.* Invitar.

disparatadamente adv. Fuera de razón.

disparatado, da adj. Que disparata. ‖ Absurdo, loco: *idea disparatada.* ‖ *Fam.* Excesivo.

disparatar v. i. Decir o hacer tonterías o barbaridades.

disparate m. Cosa absurda o tonta: *hacer, decir disparates.* ‖ Barbaridad, insulto: *soltar un disparate.* ‖ *Fam. Un disparate*, mucho.

disparejo, ja adj. Dispar.

disparidad f. Desemejanza. ‖ *Disparidad de cultos*, diferencia de religión.

disparo m. Acción de disparar. ‖ Tiro. ‖ Tiro, chut, en fútbol. ‖ *Fig.* Disparate. | Ataque.

dispendio m. Gasto excesivo.

dispendioso, sa adj. Costoso.

dispensa f. Excepción y papel en que consta.

dispensable adj. Que puede ser objeto de una dispensa.

dispensación f. Acción y efecto de dispensar o dispensarse. ‖ Dispensa.

dispensador, ra adj. y s. Que dispensa.

dispensar v. t. Dar, conceder, distribuir: *dispensar mercedes.* ‖ Proporcionar: *dispensar ayuda.* ‖ Eximir de una obligación: *dispensar la asistencia a un acto* (ú. t. c. i.). ‖ Perdonar, excusar: *dispénseme por llegar tan tarde.*

dispensario m. Centro gratuito o poco costoso de asistencia médica y farmacéutica.

dispepsia f. Mala digestión, dificultad en digerir.

dispéptico, ca adj. De la dispepsia. ‖ — Adj. y s. Enfermo de dispepsia.

dispersar v. t. Diseminar, esparcir (ú. t. c. pr.). ‖ Poner en fuga. ‖ *Fig.* Repartir entre muchas cosas: *dispersar sus esfuerzos.*

dispersión f. Acción y efecto de dispersar o dispersarse. ‖ *Fís.* Separación de los diversos colores espectrales de un rayo de luz por medio de un prisma.

disperso, sa adj. Que está disgregado. ‖ *Mil.* Incomunicado del cuerpo a que pertenece: *en orden disperso.* | Que no está asignado a ningún cuerpo.

dispersor, ra adj. Que dispersa.

displicencia f. Frialdad, indiferencia en el trato. ‖ Desaliento. ‖ Descuido, negligencia.

displicente adj. Que desagrada y disgusta: *tono displicente.* ‖ Desabrido, de mal humor. ‖ Descuidado, negligente.

* **disponer** v. t. Colocar en cierto orden: *disponer las naves en orden de batalla.* ‖ Preparar a alguien a una cosa. ‖ Preparar algo: *disponer el salón para una fiesta.* ‖ Decidir, determinar. ‖ — V. i. Tener, poseer: *disponer de mucho dinero.* ‖ Valerse de: *disponer de alguien, de sus bienes.* ‖ — V. pr. Prepararse: *disponerse a* (o *para*) *salir.*

disponibilidad f. Calidad de disponible. ‖ Situación de excedencia. ‖ Galicismo por *cesantía.* ‖ — Pl. Reservas, cosas de las que se puede disponer.

disponible adj. Dícese de todo aquello de que se puede disponer libremente. ‖ Aplícase al militar o funcionario que no está en servicio activo.

disposición f. Distribución, colocación: *la disposición de las piezas de una casa.* ‖ Posibilidad de disponer de algo: *tener la libre disposición de su fortuna.* ‖ *Fig.* Aptitud: *tener disposición para la pintura.* ‖ Estado de salud o de ánimo: *estar en buena disposición para emprender la marcha.* ‖ *Ret.* Arreglo de las partes de un discurso. ‖ Precepto legal o reglamentario. ‖ Medida. ‖ — *Hallarse en disposición de hacer una cosa,* estar dispuesto a hacerla. ‖ *Poner algo a la disposición de alguien,* ponerlo en condiciones de que pueda utilizarlo cuando quiera. ‖ *Última disposición,* testamento.

dispositivo, va adj. Que dispone: *parte dispositiva de un decreto.* ‖ — M. Mecanismo, aparato, máquina: *dispositivo automático.*

dispuesto, ta adj. Listo, preparado. ‖ Servicial: *una mujer siempre dispuesta.* ‖ *Bien o mal dispuesto con uno,* con ánimo favorable o no.

disputa f. Discusión, debate. ‖ Altercado. ‖ *Sin disputa,* sin duda.

disputar v. t. Debatir, discutir. ‖ Contender, pretender lo mismo que otro: *disputar el primer puesto a uno* (ú. t. c. pr.).

disquisición f. Exposición rigurosa y detenida de una cosa. ‖ Digresión.

Disraeli (Benjamin), político y escritor inglés, n. en Londres (1804-1881). Jefe del Partido Conservador y Primer ministro. Fue lord Beaconsfield.

distancia f. Intervalo que separa dos puntos del espacio o del tiempo. ‖ *Fig.* Diferencia entre unas cosas y otras. ‖ — *A distancia, a la distancia,* lejos. ‖ *Guardar las distancias,* no dar un trato familiar a una persona considerada como inferior. ‖ *Mantener a distancia,* dicho de personas, evitar toda familiaridad.

distanciar v. t. Alejar: *el acompañarte me distanciaría de mi casa.* ‖ Separar, apartar (ú. t. c. pr.). ‖ Dejar atrás: *un corredor que distancia a su rival.*

distante adj. Apartado, lejano.

distar v. i. Estar una cosa apartada de otra en el espacio o el tiempo: *distar diez kilómetros de París.* ‖ *Fig.* Ser muy diferente: *el niño de Fulano dista mucho de ser bueno.*

* **distender** v. t. Aflojar.

distensión f. *Med.* Lesión producida por la tensión demasiado violenta de un músculo o de una articulación.

dístico, ca adj. *Bot.* Aplícase a las hojas, flores y espigas dispuestas de modo que unas miran a un lado y otras a otro. ‖ — M. *Poét.* Composición de dos versos.

distinción f. División, separación. ‖ Diferencia: *no hacer distinción entre dos cosas.* ‖ Dignidad, prerrogativa, honor. ‖ Elegancia, buenas maneras. ‖ Consideración: *tratar a un superior con distinción.* ‖ *A distinción de,* a diferencia de.

distingo m. Distinción lógica de los sentidos de una proposición. ‖ Reparo, distinción sutil o maliciosa.

distingüendo adj. *Chil.* y *Guat.* Se dice de los sustantivos cuya significación varía según se usen como masculinos o femeninos, v. gr.: *capital, frente.*

distinguido, da adj. Notable: *autor distinguido.* ‖ Elegante, que tiene buenos modales.

distinguir v. t. Discernir, divisar. ‖ Saber hacer la diferencia entre dos o más cosas. ‖ Separar, diferenciar: *distinguir varios grupos en una clase.* ‖ Caracterizar: *la razón distingue al hombre.* ‖ Mostrar preferencia por una persona. ‖ Otorgar una prerrogativa, dignidad, etc. ‖ — V. pr. Descollar: *distinguirse por su aplicación.*

distintivo, va adj. Que distingue. ‖ — M. Insignia, señal. ‖ Cualidad que distingue esencialmente una cosa.

distinto, ta adj. Diferente, no semejante: *estas dos fotos son distintas.* ‖ Inteligible, claro.

dístomo, ma adj. *Zool.* Que tiene dos bocas.

distorsión f. Torsión. ‖ *Fís.* Deformación de una onda luminosa o sonora. ‖ *Med.* Esguince.

distracción f. Diversión, entretenimiento. ‖ Falta de atención o aplicacción: *cometer una falta por distracción.*

* **distraer** v. t. Divertir, recrear, entretener. Ú. t. c. pr.: *distraerse con cualquier cosa.* ‖ Atraer la atención de uno para que no la fije en otra cosa: *distraer a las tropas enemigas.* ‖ Quitar una idea: *distraer a uno de un proyecto.* ‖ Sustraer: *distraer sumas importantes.* ‖ — V. pr. No prestar la atención debida.

distraído, da adj. Que divierte o entretiene: *película distraída.* ‖ — Adj. y s. Poco atento a lo que se hace o dice.

distraimiento m. Distracción.

distribución f. Reparto. ‖ Disposición: *la distribución de una casa.* ‖ Reparto de papeles a los actores. ‖ Difusión de películas. ‖ Conjunto de las operaciones por las cuales las mercancías están encaminadas del productor al consumidor. ‖ *Autom.* Arrastre por el motor de ciertos órganos auxiliares.

distribuidor, ra adj. y s. Que distribuye. ‖ — M. Aparato que sirve para distribuir: *distribuidor de gasolina.* ‖ En los motores de explosión, aparato que distribuye la corriente a las bujías.

* **distribuir** v. t. Repartir una cosa entre varios. ‖ Disponer: *distribuir los muebles de un cuarto.* ‖ *Impr.* Deshacer los moldes, repartiendo las letras en los cajetines.

distributivo, va adj. De la distribución. ‖ *Justicia distributiva,* la que da a cada cual lo que merece.

distrito m. División administrativa o judicial de una provincia, territorio o población. ‖ División administrativa de la enseñanza.

distrofia f. *Med.* Lesión orgánica producida por un trastorno parcial o total de la nutrición.

disturbar v. t. Perturbar.

disturbio m. Perturbación del orden: *la adopción de estas medidas ha suscitado disturbios.*

disuadir v. t. Convencer a uno con razones para cambiar de propósito, alejar de una idea.

disuasión f. Acción y efecto de disuadir. ‖ *Fuerza* (o *poder*) *de disuasión,* conjunto de los medios militares modernos destinados a dar un golpe decisivo al enemigo.

disuasivo, va adj. Que disuade.

disuria f. Dificultad en orinar.

disyunción f. Separación.

disyuntivo, va adj. Que desune o separa. ‖ *Gram. Conjunción disyuntiva,* la que uniendo las palabras, separa las ideas, como *o, ni.* ‖ — F. Alternativa entre dos cosas por una de las cuales hay que optar.

disyuntor m. *Electr.* Interruptor automático.

dita f. Fianza de un pago. ‖ *Vender a dita,* vender a crédito.

ditá m. Árbol de Filipinas.

ditirámbico, ca adj. Relativo al ditirambo ‖ *Fam.* Excesivamente elogioso o laudatorio.

ditirambo m. *Poét.* Composición en honor de Baco. | Composición de tono arrebatado. ‖ *Fig.* Alabanza exagerada.

dítono m. *Mús.* Intervalo de dos tonos.

Diu, isla y puerto de la India, al S. de la penins. de Gujerate. Fue portuguesa de 1535 a 1961.

diuresis f. *Med.* Secreción de la orina.

diurético, ca adj. *Med.* Que facilita la secreción de orina.

diurno, na adj. Concerniente al día. ‖ Que dura un día. ‖ *Bot.* y *Zool.* Dícese de las plantas que sólo abren sus flores de día, y de los animales que buscan el alimento durante el día o que no viven más que un día.

diva f. V. DIVO.

divagación f. Acción y efecto de divagar.

divagador, ra adj. y s. Que divaga.

divagar v. i. Andar sin rumbo fijo. ‖ Hablar o escribir sin concierto, desatinar.

diván m. Supremo Consejo del sultán de Turquía y sala donde se reunía. ‖ Especie de sofá con o sin respaldo.

divergencia f. Situación de dos líneas o rayos que se van apartando uno de otro. ‖ *Fig.* Desacuerdo, diferencia: *divergencia de opiniones.*

divergente adj. Que diverge.

divergir v. i. Irse apartando progresivamente una de otra dos líneas o rayos. ‖ *Fig.* Disentir, diferenciarse.

diversidad f. Variedad.

diversificación f. Variación.

diversificar v. t. Variar, hacer diverso.

diversión f. Pasatiempo, recreo. ‖ *Mil.* Operación o estratagema para divertir al enemigo.

diverso, sa adv. Diferente: *hablaron sobre los temas más diversos.* || — Pl. Varios: *diversas personas.*
divertículo m. *Anat.* Apéndice hueco y terminado en fondo de saco que aparece en el trayecto del esófago o del intestino por malformación congénita.
divertido, da adj. Que divierte, gracioso: *persona divertida.* || Alegre, de buen humor.
divertimento m. *Mús.* Composición ligera.
divertimiento m. Diversión.
* **divertir** v. t. Recrear, entretener (ú. t. c. pr.). || Provocar la risa: *este chiste me ha divertido mucho.* || Apartar, desviar. || *Mil.* Desviar la atención del enemigo para alejarle del sitio donde se le quiere atacar.
dividendo m. Cantidad que ha de dividirse por otra. || *Com.* Parte de interés que corresponde a cada acción.
dividir v. t. Partir, separar en partes: *el río divide la ciudad en dos partes.* || Repartir: *dividir entre cuatro.* || *Fig.* Desunir, sembrar la discordia: *este asunto dividió a la familia.* || *Mat.* Averiguar cuántas veces el divisor está contenido en el dividendo.
divieso m. *Med.* Forúnculo.
Divina Comedia, poema de Dante (1307-1321) que consta de tres partes (*Infierno, Purgatorio* y *Paraíso*). Esta obra ha ejercido una gran influencia literaria.
divinamente adv. *Fig.* Admirablemente, maravillosamente.
divinidad f. Esencia, naturaleza divina. || *Fig.* Persona o cosa dotada de gran belleza. || — Pl. Dioses o diosas de la mitología: *las divinidades del Olimpo.*
divinizar v. t. Considerar como un dios: *divinizar a un héroe.* || *Fig.* Ensalzar con exceso.
divino, na adj. De Dios o de un dios. || Místico: *poeta divino.* || *Fig.* Muy excelente, maravilloso.
divisa f. Señal exterior para distinguir personas, grados u otras cosas. || Lazo que permite distinguir los toros de varias ganaderías. || *Blas.* Lema debajo del escudo. || *For.* Parte de la herencia paterna que se transmitía a descendientes de grado ulterior. || Dinero en moneda extranjera.
divisar v. t. Ver de una manera imprecisa: *divisar un buque lejos.*
divisibilidad f. Calidad de divisible.
divisible adj. Que puede dividirse: *número divisible por dos.*
división f. Acción y efecto de dividir, separar o repartir. || Corte. || Parte de un todo dividido. || *Mat.* Operación de dividir. || *Fig.* Desavenencia, desunión, discordia: *sembrar la división en una familia.* || *Mar.* Parte de una escuadra. || *Mil.* Parte de un cuerpo de ejército.
divisionario, ria adj. Divisional. || Aplícase a la moneda que es fracción exacta de la unidad legal.
divisor adj. y s. m. *Mat.* Submúltiplo. | Número que divide a otro llamado *dividendo.* || — *Común divisor,* el que divide exactamente a varios otros. || *Máximo común divisor,* el mayor de los divisores comunes de varios números.
divisorio, ria adj. y s. Que divide. || *Geogr. Línea divisoria de las aguas,* la que se considera en un terreno como separación de dos cuencas hidrográficas.
divo, va adj. *Poét.* Divino. || — M. y f. Cantante famoso. || *Fig.* Figura principal, estrella.
divorciar v. t. Separar judicialmente a dos casados. || *Fig.* Separar, desunir. || — V. pr. Separarse de su consorte, disolviendo el matrimonio. (Es galicismo usar este verbo como intransitivo.)
divorcio m. Disolución del matrimonio. || *Fig.* Desacuerdo.
divulgación f. Acción y efecto de divulgar o hacer público. || Acción de poner al alcance de todos lo que antes no lo estaba.
divulgador, ra adj. y s. Que divulga.
divulgar v. t. Difundir, propagar: *divulgar una noticia.* || Revelar, hacer público: *divulgar un secreto.* || Poner al alcance de todos algo reservado antes a unos pocos.
Diyarbakir, c. de Turquía, a orillas del Tigris. Ind. textil.
Djajapura, ant. *Hollandia,* luego *Sukarnopura,* c. de Indonesia, cap. de Nueva Guinea Occidental; 36 500 h.
Djakarta. V. YAKARTA.
Djami, escritor persa (1414-1492), autor del poema *Yusuf y Zulaica.*
Djeddah. V. JEDDAH.
Djerba, isla de Túnez, a la entrada del golfo de Gabes.
Djibuti. V. JIBUTI.
Djokjakarta. V. JOGJAKARTA.
Dniéper, río de la U. R. S. S. (Bielorrusia, Rusia y Ucrania), que nace en las colinas de Valdai y des. en el mar Negro; 2 200 km. Pasa por Smolensko y Kiev. Llamado ant. *Borístenes.*
Dnieprodzerjinsk, ant. *Kamenskoié,* c. de la U. R. S. S. (Ucrania). Industrias.
Dniepropetrovsk, ant. *Iekaterinoslav,* c. de Ucrania, puerto en el Dniéper. Industrias.
Dniéster, en ruso *Dnestr,* río de la U. R. S. S., que nace en los Cárpatos de Ucrania y des. en el mar Negro; 1 411 km.
do m. Primera nota de la escala musical. || *Do de pecho,* nota muy aguda en la voz del tenor. || *Fig.* y *fam. Dar el do de pecho,* sobrepasarse a sí mismo, hacer un gran esfuerzo. || — Adv. *Poét.* Donde.
dobla f. Moneda antigua española de oro. || *Méx.* Operación de doblar la mata de maíz abajo de la mazorca cuando está en sazón.
dobladillo m. Pliegue en el borde de una tela.
doblado, da adj. Plegado.
dobladura f. Parte por donde está doblada una cosa.
doblaje m. Acción y efecto de doblar una película.
doblamiento m. Acción y efecto de doblar o doblarse.
doblar v. t. Aumentar una cosa para que sea el doble: *doblar el precio* (ú. t. c. i.). || Aplicar una sobre otra dos partes de una cosa flexible: *doblar un mantel.* || Torcer, curvar, cimbrar: *doblar una barra de hierro.* || Torcer. Ú. t. c. i.: *doblar a la izquierda.* || Pasar al otro lado: *doblar la esquina* (ú. t. c. i.). || Franquear: *doblar el cabo de Hornos.* || *Fig.* Convencer a uno para que haga lo contrario de lo que pensaba. || Sustituir la voz del actor de una película o reemplazarle en las escenas peligrosas. || Grabar en otro idioma las voces de los actores de una película. || — V. i. *Fig.* Ceder. || Tocar a muerto: *doblar las campanas.* || *Méx.* Derribar a uno de un balazo. || *Taurom.* Desplomarse o caer agonizante el toro después de la estocada. || *Amer. Doblar el petate,* morir.
doble adj. Duplo, dos veces mayor. || Que vale, pesa, contiene dos veces la cosa designada: *doble decalitro.* || Que se repite dos veces: *consonante doble.* || Dícese de la cosa que va acompañada de otra idéntica: *doble fondo.* || Dícese de las flores de más hojas que las sencillas: *rosa doble.* || *Fig.* Disimulado, hipócrita. || — M. Cantidad dos veces más grande. || Vaso de cerveza de gran tamaño. || Doblez: *hacer tres dobles a una tela.* || Toque de difuntos. || Copia, reproducción: *el doble de un acta.* || Actor parecido a la estrella de una película a quien sustituye en las escenas peligrosas. || En el tenis, partido jugado dos contra dos. || *Ver doble,* ver dos cosas cuando sólo hay una. || — Adv. Doblemente.
doblegable adj. Fácil de doblegar.
doblegar v. t. Doblar, torcer. || *Fig.* Blandear, ceder: *doblegar la voluntad de uno.* || — V. pr. *Fig.* Someterse, ceder: *doblegarse ante la razón, la fuerza.*
doblemente adv. Con duplicación. || *Fig.* Con doblez o falsedad.
doblete m. En el juego del billar, suerte consistente en dar a la bola con que se juega varias trayectorias perpendiculares a las bandas que toca.
doblez m. Parte de una cosa que se dobla. || — F. *Fig.* Falsedad, hipocresía: *obrar con doblez.*
doblón m. Moneda antigua de oro. || *Doblón de vaca,* callos de vaca.
Dobrudja, Dobrucha o **Dobrogea,** región de Europa oriental entre el mar Negro y el Danubio, perteneciente a Bulgaria.
doce adj. y s. m. Diez y dos. || Duodécimo: *Pío XII.* || *Fig.* y *fam. Méx. Dar a uno las doce,* estar en peligro de algo grave e inminente.
Doce, río del Brasil (Minas Gerais); 579 km.
Doce Tablas (*Ley de las*), primer código de los romanos (450 a. de J. C.).
doceañista adj. Nombre de los partidarios de la Constitución española de 1812.
docencia f. Enseñanza.
doceno, na adj. Duodécimo. || — F. Conjunto de doce cosas: *una docena de pañuelos.*
docente adj. De la enseñanza: *centro docente.* || Que enseña. || *El cuerpo docente,* conjunto de profesores y maestros. || — M. y f. Profesor.
dócil adj. Fácil de dirigir, obediente.
docilidad f. Calidad de dócil.
dock m. (pal. ingl.). *Mar.* Dársena, muelle rodeado de almacenes. | Depósito de mercancías.
docker m. Descargador, trabajador portuario.
docto, ta adj. y s. Erudito, que posee muchos conocimientos.
doctor, ra m. y f. Persona que ha obtenido el último grado universitario. || Teólogo de gran autoridad: *los doctores de la Iglesia.* || Médico. || — F. *Fam.* Mujer del médico. || *Doctor honoris causa,* título honorífico que las universidades conceden a personalidades eminentes.
Doctor Arroyo, mun. y pobl. de México (Nuevo León).
doctorado m. Grado de doctor y estudios seguidos para obtenerlo.
doctoral adj. Del doctor o doctorado. || *Fam.* Pedantesco, solemne.
doctorando, da m. y f. Persona que va a recibir el grado de doctor.
doctorar v. t. Graduar de doctor en una universidad (ú. t. c. pr.).
doctrina f. Lo que es objeto de enseñanza. || Conjunto de las ideas de una escuela literaria o filosófica, de un partido político o de los dogmas de una religión. || *Por ext.* Doctrina cristiana. || Predicación religiosa.
Doctrina Cristiana o **Escuelas Cristianas** (*Hermanos de la*), congregación religiosa creada en Francia, en 1680, por San Juan Bautista de La Salle.
doctrinal adj. Relativo a la doctrina. || — M. Libro que contiene reglas y preceptos.
doctrinar v. t. Enseñar, dar instrucción. || *Fig.* Aleccionar, convencer.
doctrinario, ria adj. y s. Consagrado a una doctrina determinada. || — M. pl. Durante la Restauración francesa, nombre dado a los partidarios de una política a igual distancia de la soberanía del pueblo y del derecho divino.
doctrinarismo m. Sistema de los doctrinarios.
doctrino m. Huérfano que se educa en un asilo.
documentación f. Acción y efecto de documentar. || Conjunto de documentos, particularmente los de identidad.

documentado, da adj. Dícese del memorial acompañado de los documentos necesarios o de la persona bien informada.

documental adj. Fundado en documentos: *prueba documental.* || — M. Película cinematográfica tomada con fines instructivos o de información.

documentalista com. Persona encargada de buscar, seleccionar, clasificar y difundir documentos.

documentar v. t. Probar, justificar con documentos. || Informar sobre un asunto (ú. t. c. pr.).

documento m. Escrito con que se prueba o hace constar una cosa: *un documento oficial.* || *Fig.* Testimonio de algún hecho, cosa que sirve de prueba: *documento histórico.* || — Pl. Carnet de identidad. (El término oficial, en España, es *Documento Nacional de Identidad.*)

dodecaedro m. *Geom.* Sólido de doce caras.

dodecafonía f. Dodecafonismo.

dodecafónico, ca adj. *Mús.* Relativo al dodecafonismo.

dodecafonismo m. *Mús.* Forma atonal fundada en el empleo sistemático de los doce sonidos de la gama cromática, con exclusión de otra escala sonora.

dodecágono m. *Geom.* Polígono de doce ángulos y doce lados.

Dodecaneso, archip. griego del mar Egeo, formado por las islas Espóradas meridionales. La principal es Rodas.

dodecasílabo, ba adj. De doce sílabas.

Dodgson (Charles). V. CARROLL (Lewis).

dogal m. Cuerda para atar las caballerías. || Cuerda para ahorcar a un reo. || *Fig. Estar con el dogal al cuello,* estar muy apurado.

dogaresa f. Mujer del dux.

dogma m. Punto fundamental de una doctrina religiosa o filosófica. || Conjunto de estos puntos capitales : *el dogma católico.*

dogmático, ca adj. Relativo al dogma. || *Fig.* Intransigente en sus convicciones, sentencioso. || — Adj. y s. m. Dícese del autor que trata de los dogmas. || — F. Conjunto de los dogmas.

dogmatismo m. Doctrina según la cual el espíritu humano puede conocer la verdad. || Tendencia a creer y afirmar sin discutir.

dogmatista m. Partidario del dogmatismo.

dogmatizador, ra y **dogmatizante** adj. Persona que dogmatiza (ú. t. c. s.).

dogmatizar v. t. Enseñar dogmas. || Afirmar categóricamente principios contradictorios.

dogo, ga m. y f. Perro guardián, de cabeza grande y hocico chato, de singular fuerza y valor.

Doha, cap. del Estado de Katar, en el golfo Pérsico; 45 000 h.

Doisy (Edward), químico norteamericano, n. en 1893. Estudió la vitamina K y la insulina. (Pr. Nóbel, 1943.)

doladera f. *Tecn.* Herramienta cortante de los toneleros.

dolaje m. Vino absorbido por la madera de las cubas en que se guarda.

dolar v. t. Desbastar con la doladera.

dólar m. Unidad monetaria de los Estados Unidos y Canadá (sím., $). [Pl. *dólares.*]

dolencia f. Indisposición, achaque, enfermedad.

* **doler** v. i. Sufrir dolor: *doler los ojos, la cabeza.* || Sentir disgusto o pesar: *me duele ver tanta injusticia.* || — V. pr. Arrepentirse: *dolerse de su conducta.* || Afligirse, lamentarse: *dolerse de las desgracias que ocurren.* || Compadecer. || Quejarse: *dolerse con o sin razón.*

Dolfos (Bellido o Vellido), traidor zamorano que asesinó a Sancho II de Castilla (1072).

dolicocefalia f. Cualidad de dolicocéfalo.

dolicocéfalo, la adj. De cráneo muy oval o más largo que ancho.

doliente adj. Enfermo (ú. t. c. s.). || Dolorido, que hace sufrir.

dolmen m. Monumento megalítico en forma de mesa.

dolo m. Engaño, fraude.

Dolomitas o **Alpes Dolomíticos,** macizo montañoso italiano de los Alpes orientales.

dolor m. Sufrimiento, padecimiento físico: *dolor de cabeza.* || Aflicción, pena: *dolor por la pérdida de un ser querido.* || Arrepentimiento.

dolora f. Composición poética creada por Campoamor.

dolorense adj. y s. De Dolores (Uruguay).

Dolores, bahía de México, en el O. de la Baja California. — Pobl de la Argentina (Buenos Aires). — Pobl. de México (Guanajuato), hoy *Ciudad Dolores Hidalgo.* — Pobl. del Uruguay (Soriano). Agricultura.

Dolores *(Grito de),* acto de rebelión que encabezó el cura Miguel Hidalgo en el pueblo de Dolores, el 16 de septiembre de 1810, y que inició la guerra de Independencia de México.

dolorido, da adj. Que se resiente de un dolor anterior: *pierna dolorida.* || Apenado, triste, lleno de dolor y de angustia.

doloroso, sa adj. Que causa dolor: *una herida dolorosa.* || Lamentable, que da pena. || — F. La Virgen de los Dolores.

doloso, sa adj. Engañoso, fraudulento.

Dollfus (Engelbert), político austriaco (1892-1934). Canciller o jefe del Gobierno en 1932, fue asesinado por los nazis.

dom m. Tratamiento que se da a ciertos religiosos (benedictinos, cartujos, salesianos).

doma f. Acción de domar. || *Fig.* Represión de las pasiones.

domador, ra m. y f. Persona que doma. || Persona que exhibe y maneja fieras domadas.

domar v. t. Amansar a un animal: *domar potros.* || Amaestrarlo. || *Fig.* Sujetar, reprimir: *domar sus inclinaciones.* | Someter. | Hacer que una cosa dura se vuelva más flexible: *domar zapatos nuevos.*

Dombey (Joseph), botánico francés (1742-1794), explorador del Perú y Chile.

Domenchina (Juan José), poeta y crítico español (1898-1959). M. en el destierro.

domeñar v. t. Someter: *domeñar la resistencia de uno.* || Sujetar, dominar: *domeñar sus pasiones.*

domesticación f. Acción y efecto de domesticar.

domesticar v. t. Acostumbrar a un animal a la vista y compañía del hombre: *domesticar un potro.* || *Fig.* Volver a una persona más tratable.

domesticidad f. Calidad de doméstico.

doméstico, ca adj. Relativo al hogar: *artes domésticas.* || Dícese del animal que se cría en la compañía del hombre. || — M. y f. Criado.

Domeyko (Ignacy), químico polaco (1802-1889), chileno de origen. Estudió mineralogía chilena.

Domiciano (Tito Flavio) [51-96], emperador romano de 81 a 96, hijo de Vespasiano y hermano de Tito. Gobernó despóticamente y persiguió a los cristianos.

domiciliar v. t. Asignar un domicilio. || *Méx.* Poner sobrescrito a una carta. || — V. pr. Establecer su domicilio.

domiciliario, ria adj. Referente al domicilio. || — M. y f. Vecino, domiciliado en un lugar.

domicilio m. Casa en que uno habita o se hospeda. || Población donde se considera legalmente que reside una persona. || *Domicilio social,* sitio donde está establecida una entidad.

dominación f. Señorío, soberanía. || *Fig.* Influencia. || *Mil.* Monte, colina o lugar elevado desde el cual se domina una plaza. || — Pl. *Teol.* Ángeles del cuarto coro.

dominador, ra adj. y s. Que domina.

dominanta adj. y s. f. *Fam.* Aplícase a la mujer que domina a todos, particularmente a su marido.

dominante adj. Que domina || Que quiere imponer su voluntad: *de carácter dominante.* || *Fig.* Sobresaliente, característico: *la modestia es su cualidad dominante.* || — F. Rasgo característico. || *Mús.* Quinta nota de la escala.

dominar v. t. Tener bajo su dominio: *Roma dominó todo el Mediterráneo.* || Sujetar, contener, reprimir: *dominar las pasiones.* || Contener: *dominar un incendio, una rebelión.* || Predominar, sobresalir. || *Fig.* Conocer perfectamente: *dominar el inglés.* || Ocupar una posición más alta: *la loma que domina la ciudad* (ú. t. c. i.). || — V. pr. Reprimirse, contenerse, controlarse.

dominatriz adj. f. (P. us.). Dominadora (ú. t. c. s.).

dómine m. *Fam.* Maestro de latín. || *Despect.* Pedante.

domingo m. Primer día de la semana dedicada al descanso.

Domingo *(Santo),* abad de Silos (1000-1073). Fiesta el 20 de diciembre. || **~ de Guzmán** *(Santo),* predicador español (1170-1221), fundador de la orden de los Dominicos (1206). Fiesta el 4 de agosto. || **~ de la Calzada** *(Santo),* religioso español, m. en 1109. Fiesta el 12 de mayo.

Domingo Martínez de Irala, pobl. del Paraguay (Caazapá).

dominguejo m. Dominguillo. || *Amer.* Persona insignificante.

dominguero, ra adj. *Fam.* Que se usa o hace en domingo: *vestido dominguero.*

Domínguez (Belisario), médico y político mexicano (1863-1913), senador maderista. M. asesinado. || **~** (LUIS L.), poeta e historiador argentino (1819-1898), autor del poema *El Ombú.* || **~** (MANUEL), historiador paraguayo (1896-1935), autor de *El alma de la raza.* || **~ Alba** (BERNARDO). V. SINÁN (Rogelio). || **~ Camargo** (HERNANDO), jesuita y poeta colombiano (¿1590?-1656), autor de *Poema heroico de San Ignacio de Loyola,* obra no terminada.

dominguillo m. Muñeco con un contrapeso en la base que siempre vuelve a ponerse derecho si se le tumba.

dominguito m. *Méx.* Pájaro de la familia de los fringílidos.

dominica adj. y s. Raza de gallinas de América. || Pájaro de Cuba, de plumaje negro con manchas blancas.

Dominica, isla de las Antillas Menores, que forma un Estado del Commonwealth. Cap. *Roseau.*

domínica f. En lenguaje eclesiástico, domingo. || Texto de la Escritura que corresponde al oficio divino de cada domingo.

dominical adj. Del domingo.

Dominicana (REPÚBLICA), rep. del archipiélago de las Antillas, ubicada en la parte oriental de la isla de Santo Domingo, que comparte con la república de Haití; 48 442 km²; 4 174 000 h. (*dominicanos*). Cap. *Santo Domingo,* 430 000 h. Otras c.: *Puerto Plata,* 25 000 h.; *Santiago de los Caballeros,* 95 000; *La Vega,* 23 000; *San Juan de la Maguana,* 25 000; *Barahona,* 24 000; *Baní,* 15 000; *San Cristóbal,* 15 000; *San Pedro de Macorís,* 27 000; *La Romana,* 28 000, y *San Francisco de Macorís,* 30 000.

El país se divide en 25 provincias y un distrito nacional. La población está constituida esencialmente por blancos (20 por 100), negros (12 por 100) y el resto por mulatos. La religión católica es la de la mayoría y la lengua oficial la castellana o española. La densidad media de población es de 72 h/km².

— GEOGRAFÍA. El país presenta un aspecto montañoso, pues está atravesado de E. a O. por cuatro sistemas orográficos. En el más importante de ellos, la cordillera Central, se encuentra el pico Duarte (3 175 m), punto culminante de las Antillas. A la región central pertenece el valle del Cibao, zona muy fértil y, por lo tanto, de las más pobladas de la isla. Existen numerosos ríos (Yaque del Norte, Yaque del Sur, Yuna, Artibonito, Ozama), algunos de ellos navegables para embarcaciones de poco calado. En el SO. se encuentra el lago *Enriquillo*, en una depresión a 44 m. bajo el nivel del mar, así como varias lagunas. Los 1 400 km de costas presentan varias bahías (Escocesa, Samaná, Ocoa), y algunas islas (Saona, Catalina, Beata). El clima es variado, según la altitud, pero en general es cálido y húmedo, moderado por las corrientes oceánicas. La agricultura es el principal renglón de la economía dominicana (caña de azúcar, tabaco, café, cacao). La industria de base es la azucarera, y existen también fábricas de cemento, textiles e instalaciones madereras. Aseguran las comunicaciones unos 4 000 km de carreteras, al mismo tiempo que 1 500 km de ferrocarril (1 000 de los cuales pertenecen a las compañías azucareras), y varias líneas aéreas (aeropuertos de Santo Domingo, Santiago y San Juan).

— HISTORIA. La isla de Haití o Quisqueya, habitada por indios de las familias caribe y arawaka, vio la llegada de Cristóbal Colón en diciembre de 1492, quien realizó un bojeo y dejó una guarnición en el fuerte de La Navidad, construido con los restos de la nao *Santa María*. Al año siguiente volvió, y se encontró con la destrucción del fuerte; Diego de Arana y sus cuarenta soldados habían desaparecido. Colón organizó luego distintas expediciones al interior y acabó dominando completamente la isla. Dejó allí a su hermano Bartolomé, quien fundó la ciudad de *Santo Domingo* (1496). En 1498 volvió Colón, y encontróse con que el desorden y la indisciplina cundían entre las tropas españolas, lo cual motivó el envío del comendador Francisco de Bobadilla. La primera orden del enviado real fue la de apresar al Almirante y llevarlo a España, junto con su familia. La isla de *La Española*, nombre que le dio Colón en su primer viaje, fue un centro de colonización importante, del cual partían muchas de las expediciones a los territorios continentales. El primer obispado americano se estableció en Santo Domingo (1504), así como la primera Audiencia (1511) y la primera Universidad (1538). Los dominicos se instalaron en la colonia, y uno de ellos, el P. Las Casas, alcanzaría gran celebridad por su labor en defensa de los indígenas, llegando a influir decisivamente en la elaboración de las Leyes de Indias. Durante el período colonial se produjeron, entre otros sucesos de relieve, la valerosa resistencia del cacique Enriquillo, los saqueos de los corsarios ingleses y la ocupación de la isla Tortuga por los franceses, base de la penetración gala en la isla, que hubo de reconocer España en el tratado de Riswick (1697). En 1804, los negros de la zona occidental se sublevaron contra Francia y crearon el Estado de Haití. Los dominicanos, dirigidos por Juan Sánchez Ramírez, recuperaron para España la zona oriental (1809) y proclamaron la Independencia en 1821, de duración efímera, ya que el presidente haitiano Boyer invadió el país y lo anexó a Haití (1822). En 1844, Juan Pablo Duarte liberó a sus compatriotas del yugo haitiano y fundó la República Dominicana, cuya existencia fue muy precaria, dada la permanente amenaza de invasión por parte del Estado vecino. Con la intención de buscar protección en la antigua metrópoli, el presidente Pedro Santana anexó voluntariamente a España el territorio dominicano (1861). Sin embargo, tras varias sublevaciones patriotas y la guerra llamada de *Restauración*, la República Dominicana renació independiente en 1865. Durante el s. XIX fueron notables las presidencias de G. Luperón (1879), U. Heureaux (1882 y 1887) y G. Bellini (1884). El país fue ocupado por las tropas norteamericanas de 1916 a 1924, año en que fue elegido presidente H. Vázquez. De 1930 a 1961 se extiende la llamada *era de Trujillo*, en la cual el general Rafael L. Trujillo gobernó personalmente o inspiró los otros presidentes. Su gestión fue favorable en lo que se refiere a obras públicas y realizaciones, pero no respetó los derechos humanos fundamentales y suprimió sistemáticamente toda oposición. Asesinado en 1961, tras unos gobiernos provisionales, fue elegido constitucionalmente Juan Bosch, derrocado a los ocho meses por un golpe militar. En 1965 hubo un levantamiento popular en favor de Bosch, que provocó la intervención y ocupación norteamericana y degeneró en conflicto internacional. Organizadas elecciones en 1966, 1970 y 1974 salió triunfante Joaquín Balaguer.

dominicano, na adj. y s. Dominico. ‖ De la República Dominicana.

Domínici (Aníbal), biógrafo y novelista venezolano (1837-1897). ‖ ~ (PEDRO CÉSAR), escritor venezolano (1872-1954), autor de las novelas *El triunfo del ideal*, *La tristeza voluptuosa* y *El cóndor*.

dominico, ca adj. y s. Aplícase a los religiosos de la orden de Santo Domingo. ‖ *Cub.* y *Amer. C.* Especie de plátano de tamaño pequeño. ‖ *Cub.* Pajarillo de plumaje negruzco y manchas blancas.

— La orden de los *Dominicos* o *Predicadores* fue fundada en Toulouse (Francia) por Santo Domingo de Guzmán para combatir a los albigenses (1206).

dominio m. Libre disposición de lo que es suyo: *dominio de sus bienes.* ‖ Superioridad legítima sobre las personas. ‖ Autoridad: *tener dominio sobre sus alumnos.* ‖ Territorio sujeto a un Estado o soberano (ú. m. en pl.). ‖ Nombre de varios Estados de la Comunidad Británica, políticamente independientes, pero ligados a la Corona de Inglaterra. Tiende a sustituir este término el de Estado miembro del Commonwealth. (V. COMMONWEALTH.) ‖ *Fig.* Conocimiento perfecto: *dominio de un idioma.* ‖ Represión de las pasiones. ‖ — *Dominio de sí mismo*, poder que tiene uno sobre sus propias pasiones o reacciones. ‖ *Ser del dominio público una cosa*, ser sabida de todos.

Dominiquino (Domenico ZAMPIERI, llamado **el**), pintor y arquitecto italiano (1581-1641).

dominó m. Juego que se hace con veintiocho fichas rectangulares, blancas y marcadas con puntos. ‖ Traje con capucha, que se usa en los bailes de máscara.

domo m. *Arq.* Cúpula, cúpula semiesférica.

REPÚBLICA DOMINICANA

Domodossola, c. de Italia en Piamonte (Novara), a la salida del túnel del Simplón.

Domrémy-La-Pucelle, pobl. de Francia, en Lorena (Vosges), donde nació Juana de Arco.

don m. Dádiva, regalo. || Talento: *el don de la palabra.* || Habilidad especial para algo: *don de mando.* || Tratamiento que hoy se usa por lo común antepuesto al nombre de pila: *Don Pedro.* || *Tener don de gente,* saber tratar a todos con afabilidad y simpatía.

Don, río de la U. R. S. S. que n. al S. de Moscú y des. en el mar de Azov; 1 967 km. || **~ Benito,** v. de España, en Extremadura (Badajoz).

Don || **~ Juan,** personaje mítico de la literatura española. La leyenda del caballero sevillano Juan de Mañara y obras literarias como *El infamador,* de Juan de la Cueva, sirvieron de base a Tirso de Molina en *El Burlador de Sevilla y convidado de piedra* para trazar definitivamente la imagen de su héroe, utilizado como protagonista en muchas obras por escritores extranjeros (Molière, Goldoni, D'Aponte, Byron, Dumas, Merimée, Puschkin, Montherlant) o españoles (A. de Zamora, Espronceda, Zorrilla [*Don Juan Tenorio*], Azorín) o músicos (Mozart, R. Strauss). || **~ Quijote.** V. QUIJOTE. || **~ Segundo Sombra,** novela gauchesca de Ricardo Güiraldes.

dona f. *Méx.* Donación. || *Méx.* Especie de rosca. || — Pl. Regalo de boda del novio a la novia.

donación f. Acción y efecto de donar, regalo.

donadío m. Propiedad que procede de donación real.

donador, ra adj. y s. Que da. || Que hace un don o presente. || *Donador de sangre,* el que da sangre suya para que se utilice en transfusiones.

donaire m. Prestancia, garbo: *hablar con mucho donaire.* || Gracia en el hablar o en el estilo. || Chiste, dicho agudo.

donante adj. y s. Donador.

donar v. t. Dar.

donatario, ria m. y f. Persona a quien se hace una donación.

Donatello (Donato DI BETTO BARDI, llamado), escultor italiano, n. en Florencia (1386-1466), precursor de Miguel Ángel. Autor de *San Juan Bautista, David, San Jorge,* etc.

donatista adj. y s. Adepto de la doctrina de Donato.

donativo m. Regalo.

Donato, obispo de Casae Nigrae (Numidia) y luego de Cartago (s. IV), fundador de una secta que, so pretexto de ortodoxia, enfrentaba a los campesinos beréberes con los colonos romanos. || **~** (ELIO), gramático latino del s. IV, preceptor de San Jerónimo.

Donbass, cuenca hullera de la U. R. S. S. (Ucrania y Rusia), a orillas del Donetz. Industrias.

Doncaster, c. de Inglaterra (Yorkshire). Cuenca hullera.

doncel m. Joven noble que aún no estaba armado caballero. || Paje: *el doncel de Sigüenza.* || Hombre que no ha conocido mujer. || — Adj. Suave: *pimiento doncel.*

doncella f. Mujer virgen. || Soltera. || Criada que se ocupa de todo menos de la cocina.

doncellez f. Estado de doncella.

donde adv. En un lugar: *allí es donde vivo.* || Cuando es interrogativo o dubitativo se acentúa: *¿Dónde está?* || Adonde. || Actúa a veces como pron. relativo con el sentido de *en que, lo cual,* etc. || En algunas partes se emplea con el sentido de *a* o *en casa de: voy donde Juan.*

dondequiera adv. En cualquier sitio.

dondiego m. Planta nictaginácea cuyas flores sólo se abren al anochecer. También se llama *dondiego de noche.*

Donetsk, hasta 1961 *Stalino,* c. de la U. R. S. S. (Ucrania), en el Donbass. Metalurgia.

Donetz, río de la U. R. S. S. (Ucrania), afl. del Don; 1 016 km.

Donizetti (Gaetano), músico italiano (1797-1848), autor de óperas (*La Favorita, Lucrecia Borgia, Lucía de Lamermoor,* etc.).

donjuanesco, ca adj. Propio de un don Juan Tenorio.

donjuanismo m. Comportamiento o carácter que recuerdan los de don Juan Tenorio.

donosamente adv. Con donosura, graciosamente.

donosidad f. Donosura, gracia. || Chiste.

donoso, sa adj. *Fam.* Gracioso. || Antepuesto al sustantivo, ú. en sentido irónico: *¡donosa ocurrencia!*

Donoso (Armando), escritor y ensayista chileno (1887-1946). || **~ Cortés** (JUAN), escritor, político y diplomático español (1809-1853), autor de *Ensayo sobre el catolicismo, el liberalismo y el socialismo, Discurso sobre la Biblia, El cerco de Zamora,* etc.

Donostia, n. vasco de la c. de *San Sebastián.*

donostiarra adj. y s. De San Sebastián.

donosura f. Donaire, gracia.

doña f. Tratamiento dado a las mujeres, antepuesto al nombre de pila. || (Ant.). Dueña.

Doña || **~ Ana,** pico chileno de los Andes (Coquimbo); 5 314 m. || **~ Inés,** volcán de Chile en los Andes (Atacama); 5 070 m. || **~ Juana,** volcán andino de Colombia (Nariño), en la Cord. Central; 4 200 m. || **~ Rosa,** cord. de los Andes en Chile (Coquimbo).

Doña || **~ Bárbara,** novela de Rómulo Gallegos, canto a los llanos venezolanos. || **~ Perfecta,** novela de B. Pérez Galdós.

Doñana (COTO), coto cercado en el SO. de España (Almonte, Huelva).

dopar v. t. Dar un doping, drogar (ú. t. c. pr.).

doping m. (pal. ingl.). Estimulante que se da a un hombre o a un animal antes de una prueba deportiva.

Doppler (Christian), matemático y físico austriaco (1803-1853), autor de valiosos estudios de acústica y óptica.

doquier y **doquiera** adv. Dondequiera.

dorada f. Pez marino, común en las costas de España, de carne muy apreciada.

Dorada, constelación cercana del polo austral. || **~ (La),** c. de Colombia (Caldas), puerto en el Magdalena.

doradilla f. Helecho usado en medicina. || Dorada, pez.

dorado, da adj. De color de oro: *un marco dorado.* || *Fig.* Esplendoroso: *siglos dorados.* || — M. Pez del Mediterráneo, de colores vivos con reflejos dorados, que suele seguir a los barcos. || Doradura. || *Méx.* Especie de colibrí.

Dorado (El). V. ELDORADO.

dorador m. El que tiene por oficio dorar.

doradura f. Acción y efecto de dorar.

dorar v. t. Cubrir con oro: *dorar una cadena.* || *Fig.* Asar o freir ligeramente: *dorar un alimento.* || *Fig.* y *fam.* *Dorar la píldora,* decir o hacer aceptar con palabras amables una cosa desagradable. || — V. pr. Tomar color dorado.

Dorchester, c. del S. de la Gran Bretaña (Inglaterra), cap. del condado de Dorset.

Dordogne, dep. de Francia; cap. *Périgueux.*

Dordoña, en fr. *Dordogne,* río de Francia, que nace en el Macizo Central y, al confluir con el Garona, forma el Gironda; 490 km.

Dordrecht, c. y puerto de Holanda (Holanda Meridional). Astilleros; industrias.

Doré (Gustave), dibujante y pintor francés (1832-1883), autor de ilustraciones para *El Quijote, La Divina Comedia,* etc.

Doria, familia noble de Génova cuyos miembros más distinguidos fueron ANDREA (1466-1560), almirante de las escuadras del emperador Carlos V y de Francisco I, y su sobrino JUAN ANDREA (1539-1606), que participó en la batalla de Lepanto (1571).

dórico, ca adj. Dorio. || *Arq. Orden dórico,* el caracterizado por su sobriedad. || — M. Dialecto de los dorios.

Dórida o **Dóride,** ant. región del SO. de Asia Menor, al S. de Tesalia.

DO

dorífera y **dorifora** f. Insecto parásito de la patata.

dorio, ria adj. y s. De la Dóride o Dórida. (Los *dorios,* de origen indoeuropeo, invadieron Grecia en los s. XII y XI a. de J. C.)

Doris, hija de Océano y Tetis. Unida a su hermano Nereo tuvo cincuenta hijas: las Nereidas. (*Mit.*)

dormida f. Acción de dormir: *echar una dormida.* || Sitio donde pasan la noche los animales.

dormidera f. *Bot.* Adormidera. || — Pl. *Fam.* Facilidad para dormir: *tener buenas dormideras.*

dormilón, ona adj. y s. *Fam.* Que duerme fácilmente y mucho. || — F. Tumbona, hamaca. || *Méx.* Cojín que se coloca en la parte superior de los sillones para descansar la cabeza.

* **dormir** v. i. Descansar con el sueño (ú. t. c. t.): *dormir la siesta.* || Pernoctar: *dormimos en Madrid antes de salir para Galicia.* || *Fig.* Obrar con poca diligencia (ú. t. c. pr.). || *Fig. Dejar dormir un asunto,* no ocuparse de él. || — V. t. Hacer dormir: *dormir a un niño.* || *Dormir el último sueño,* estar muerto. || — V. pr. Entregarse al sueño. || Entumecerse un miembro: *se me ha dormido la pierna.* | *Dormirse sobre los laureles,* abandonarse después de haber triunfado.

dormitar v. i. Estar medio dormido, dormir poco profundamente.

dormitivo, va adj. y s. m. Soporífero.

dormitorio m. Cuarto o pieza de dormir.

dornajo m. Especie de artesa.

Dornoch, c. de Gran Bretaña al N. de Escocia.

Dorpat. V. TARTU.

Dorrego (Manuel), militar argentino, n. en Buenos Aires (1787-1828). Gobernador de la Provincia de Buenos Aires (1820 y 1827), fue derrocado por Lavalle. M. fusilado.

D'Ors (Eugenio), ensayista español, n. en Barcelona (1882-1954), autor de *Tres horas en el museo del Prado, Mi salón de otoño y Glosas,* comentarios de la actualidad de su tiempo. Utilizó el seudónimo de *Xenius.*

dorsal adj. Del dorso, espalda o lomo: *región dorsal.* || *Gram.* Aplícase a la consonante que se articula con el dorso de la lengua, es decir, *ch, ñ* y *k* (ú. t. c. s. f.). || — M. Número que se suele coser en la camiseta de los atletas, ciclistas, futbolistas, etc., para distinguirlos.

Dorset, condado de Inglaterra en las costas del canal de la Mancha; cap. *Dorchester.*

dorso m. Espalda, lomo. || Revés: *el dorso de un escrito.* || *Anat.* Parte superior de ciertos órganos: *dorso de la nariz, de la lengua.*

Dorticós Torrado (Osvaldo), político cubano, n. en 1919, pres. de la Rep. en 1959.

Dortmund, c. de Alemania Occidental (Rin Septentrional-Westfalia). Centro industrial del Ruhr.

dos adj. Uno y uno. || Segundo: *año dos.* || — M. Guarismo que representa el número dos. || Segundo día del mes: *el dos de mayo.* || Naipe que tiene dos figuras: *el dos de oros.* || — *Cada dos por tres,* muy a menudo. || *De dos en dos,* apareado. | *En un dos por tres,* en un instante.

Dos ‖ **~ de Mayo,** prov. del Perú (Huánuco); cap. *La Unión.* ‖ **~ Hermanas,** c. de España (Sevilla). Agricultura. ‖ **~ Puentes,** en alem. *Zweibrücken,* c. de Alemania (Renania-Palatinado). ‖ **~ Sicilias** (REINO DE LAS). V. SICILIAS.
Dos de Mayo, fecha del alzamiento en Madrid (1808) contra el ejército napoleónico.
Dos Passos (John), escritor norteamericano (1896-1970), autor de novelas realistas (*Manhattan Transfer, U. S. A.,* etc.).
dos piezas m. Traje femenino compuesto de chaqueta y falda del mismo tejido. ‖ Bikini, bañador compuesto de bragas y sostén.
dosañal adj. De dos años.
doscientos, tas adj. pl. Dos veces ciento. ‖ Ducentésimo.
dosel m. Colgadura que cubre el sitial o el altar y cae por detrás. ‖ Techo de madera cubierto de tela y sostenido por columnas que se pone encima de ciertas camas. ‖ Antepuerta, tapiz.
dosificación f. Acción de dosificar. ‖ *Quím.* Relación entre la masa del cuerpo disuelto y la de la solución.
dosificar v. t. Graduar las dosis de un medicamento. ‖ *Quím.* Determinar la cantidad proporcional de una solución.
dosis f. Cantidad de medicina que se toma de una vez. ‖ *Fig.* Porción de una cosa cualquiera.
Dostoievski (Fedor Mijailovich), novelista ruso, n. en Moscú (1821-1881). Sufrió nueve años de prisión, después de haber sido condenado a la pena capital por sus actividades revolucionarias. Sus obras están impregnadas de gran patetismo (*Pobre gente, Humillados y ofendidos, Crimen y castigo, El jugador, El idiota, Los endemoniados, Los hermanos Karamazov,* etc.).
Dota, monte de Costa Rica en la cord. de Talamanca (San José).
dotación f. Acción y efecto de dotar. ‖ *Mar.* Tripulación de un buque de guerra. ‖ Personal de un taller, oficina, finca, etc. ‖ Dote.
dotal adj. Relativo al o a la dote de la mujer: *bienes dotales.*
dotar v. t. Constituir dote a la mujer que va a casarse. ‖ Asignar una dotación a una fundación: *dotar un hospital.* ‖ Asignar a una oficina, barco, etc., el número de personas necesarias. ‖ Dar, proveer. ‖ *Fig.* Adornar la naturaleza a uno con particulares dones: *dotar de hermosura.*
dote f. Caudal que aporta la mujer al matrimonio o que entrega la monja al convento. ‖ — M. En el juego, número de tantos que se reparte a cada uno para saber luego lo que gana o pierde. ‖ — F. pl. Prendas, cualidades o aptitudes excepcionales: *tener dotes de mando.*
Douai [*dué*], c. de Francia (Nord). Metalurgia.
doublé m. (pal. fr.). Plata sobredorada.
Doubs [*du*], río de Francia y Suiza que nace en el Jura y es afl. del Saona; 430 km. — Dep. del E. de Francia; cap. *Besanzón.*
dovela f. *Arq.* Piedra labrada en forma de cuña con que se forman los arcos o bóvedas.
dovelar v. t. Labrar la piedra dándole forma de dovela.
Dover, c. y puerto de Inglaterra en el Paso de Calais (Kent). — C. del E. de Estados Unidos, cap. de Delaware.
Down, condado de Irlanda del N. (Ulster); cap. *Downpatrick.*
Doyle (Sir Arthur Conan), novelista inglés (1859-1930). Cultivó el género policiaco con su célebre personaje *Sherlock Holmes.*
dozavo, va adj. Duodécimo.
Draa o **Dra,** río del Marruecos meridional que nace en el Alto Atlas; 1 000 km.
dracma f. Moneda griega que valía cuatro sestercios. ‖ Unidad monetaria actual de Grecia. ‖ *Farm.* Octava parte de una onza.
Dracón, legislador ateniense (fines del s. VII a. de J. C.).
draconiano, na adj. Relativo a Dracón. ‖ *Fig.* Excesivamente severo: *medidas draconianas.*
draga f. Máquina para dragar. ‖ Barco provisto de esta máquina.
dragado m. Acción y efecto de dragar.
dragaminas m. inv. Barco para limpiar de minas los mares.
dragar v. t. Ahondar y limpiar de fango y arena los puertos, los ríos, los canales, etc. ‖ Limpiar de minas los mares.
dragea f. Gragea, píldora.
Drago (Luis María), jurista argentino (1859-1921), autor de una doctrina internacional que preconizaba que la deuda pública no puede dar lugar a intervención armada alguna.
dragomán m. Intérprete.
dragón m. Monstruo fabuloso en forma de serpiente con pies y alas. ‖ Reptil de la familia de los lagartos. ‖ Planta perenne escrofulariácea. ‖ *Veter.* Mancha opaca en las niñas de los ojos de los caballos. ‖ *Mil.* Soldado que combatía a pie y a caballo. ‖ *Tecn.* Tragante de un horno.
Dragón, constelación y estrella del hemisferio boreal, que rodea la Osa Menor.
dragona f. *Mil.* Especie de charretera. | Fiador de la espada.
dragontea f. Planta herbácea de la familia de las aráceas.
Draguignan, c. del SE. de Francia, cap. del dep. del Var.
Drake (Sir Francis), marino inglés (¿1540?-1596) que llevó a cabo varias expediciones a los dominios españoles de América (1570-1572). Realizó el primer viaje inglés que dobló el estrecho de Magallanes. Participó en la destrucción de la Armada Invencible (1588).
Drakensberg, cord. de la Rep. de África del Sur; 3 482 m.
drama m. *Teatr.* Obra escénica. | Pieza cuyo asunto suele ser serio o incluso triste. | Obra cuyo argumento puede ser a la vez cómico y trágico. ‖ *Fig.* Suceso trágico, catástrofe: *el drama de Hiroshima.* ‖ *Drama lírico,* ópera.
Drama, nomo y c. de Grecia (Macedonia).
dramático, ca adj. Relativo al drama: *estilo dramático.* ‖ *Fig.* Emocionante, capaz de conmover: *asunto dramático.* | Crítico, peligroso: *situación dramática.* | Afectado, teatral: *una mujer muy dramática.* ‖ — Adj. y s. Que hace obras dramáticas: *autor dramático; un dramático.* ‖ — F. Arte de componer obras dramáticas.
dramatismo m. Cualidad de dramático.
dramatizar v. t. Dar forma dramática a una cosa. ‖ Exagerar la gravedad de algo.
dramaturgia f. Dramática.
dramaturgo m. Escritor de obras dramáticas.
Drammen, c. y puerto de Noruega, al SO. de Oslo.
dramón m. *Fam.* Drama malo.
drástico, ca adj. Draconiano, muy severo.
Drave, río de Austria y de Yugoslavia que n. en los Alpes, afl. del Danubio; 720 km.
drávida adj. y s. Individuo de un pueblo establecido en la India y Anam antes de la llegada de los indoeuropeos.
Dreiser (Theodore), novelista norteamericano (1871-1945), autor de relatos naturalistas (*Hermana Carrie, El titán, Una tragedia americana,* etc.).
drenaje m. Avenamiento. ‖ *Med.* Procedimiento para facilitar la salida de humores de una herida.
drenar v. t. Avenar, encañar. ‖ *Med.* Hacer un drenaje: *drenar una llaga.*
Drenthe, prov. del NO. de Holanda, limítrofe con Alemania; cap. *Assen.* Petróleo.
Dresde, en alem. *Dresden,* c. y distrito de Alemania Oriental, ant. cap. de Sajonia, a orillas del Elba. Universidad. Pinacoteca. Industrias (electrónica).
Dreux, c. de Francia (Eure-et-Loir).
Dreyfus (Alfred), militar francés, de origen judío (1859-1935). Acusado de espionaje y condenado (1894), fue rehabilitado en 1906.
dríade f. Ninfa de los bosques.
driblar v. i. (ingl. *to dribble.*). En el fútbol, engañar al adversario sin perder el balón, regatear.
dril m. Tela fuerte de hilo o algodón crudos. ‖ Mono cinocéfalo africano.
drive m. (pal. ingl.). En tenis, bala rasante.
driza f. *Mar.* Cuerda para arriar las velas, vergas, banderas, etc.
drizar v. t. *Mar.* Izar o arriar las vergas.
droga f. Cualquier sustancia medicamentosa natural o sintética de efecto estimulante, deprimente o narcótico. ‖ Cualquier producto para pintar, limpiar, etc. ‖ *Fig.* Embuste, mentira. | Trampa. | Cosa fastidiosa o molesta. | *Chil.* y *Per.* Deuda. ‖ *Amer.* Medicamento.
drogadicto adj. y s. Enviciado en administrarse drogas.
drogado m. Acción y efecto de drogar o drogarse.
drogar v. t. Dar drogas a un enfermo. ‖ Dar un estimulante a un deportista. ‖ — V. pr. Administrarse una persona narcóticos o estimulantes.
droguería f. Comercio en drogas y tienda en que se venden. ‖ *Amer.* Farmacia.
droguero, ra m. y f. Persona que vende drogas. ‖ *Amer.* Tramposo; dícese del que contrae deudas y no las paga.
droguista com. Droguero.
Drôme, río de Francia, afl. del Ródano; 102 km². — Dep. del SE. de Francia; cap. *Valence.*
dromedario m. Rumiante de África parecido al camello, pero con una sola giba.
drugstore m. (pal. ingl.) Establecimiento comercial compuesto de varias secciones (prensa, librería, artículos de regalo, tabaco, comestibles, farmacia, etc.), de un servicio de bar, y que suele estar abierto por la noche mucho más tiempo que las demás tiendas, incluso las 24 horas del día.
druida m. Sacerdote celta.
drupa f. *Bot.* Fruta carnosa que contiene un hueso, como la cereza.
Dryden (John), poeta y dramaturgo inglés (1631-1700).
Du ‖ **~ Barry.** V. BARRY. ‖ **~ Bellay** (JOACHIM). V. BELLAY. ‖ **~ Guesclin** (Bertrand). V. DUGUESCLIN. ‖ **~ Maurier** (Daphne). V. MAURIER.
dual adj. Dícese del número gramatical que designa dos personas o cosas: *número dual.*
Duala, c. y puerto del Camerún. Obispado.
dualidad f. Condición de reunir dos caracteres un mismo sujeto.
dualismo m. Doctrina filosófica que explica el universo por la acción de dos principios opuestos. ‖ Reunión de dos Estados autónomos bajo un mismo cetro.
Duarte, cima de la Rep. Dominicana, en la Cordillera Central, punto culminante de las Antillas; 3 175 m. — Prov. de la Rep. Dominicana; cap. *San Francisco de Macorís.*
Duarte, rey de Portugal. V. EDUARDO.
Duarte (Juan Pablo), patriota dominicano (1813-1876), considerado como el fundador de la Rep. después de la ocupación haitiana. ‖ **~ de Perón** (María Eva). V. PERÓN.
Duayen (Emma DE LA BARRA, llamada **César**), novelista argentina (1860-1947), autora de *Stella.*
Dubay. V. DIBAY.
dubitación f. Duda.

dubitativo, va adj. Dudoso.
dublé m. Doublé.
Dublín, cap. y puerto de Irlanda en la costa E.; 580 000 h. Arzobispado. Universidad. Industrias.
Dubrovnik, en ital. *Ragusa*, c. y puerto de Yugoslavia (Croacia), en la costa dálmata. Fue italiana de 1941 a 1943.
ducado m. Título y territorio de duque. ‖ Antigua moneda de oro de España y otros países.
ducal adj. Del duque.
ducas f. pl. Penas.
Ducasse (Isidore). V. LAUTRÉAMONT.
duce m. (pal. ital.). Jefe, guía. ‖ Título que tomó Musolini de 1922 a 1945.
ducentésimo, ma adj. Que ocupa el lugar doscientos. ‖ — M. Cada una de las 200 partes iguales en que se divide un todo.
dúctil adj. Que puede alargarse, estirarse y adelgazarse sin romperse. ‖ *Fig.* Acomodadizo, que se aviene a todo.
ductilidad f. Carácter de dúctil: *la ductilidad del hierro.*
ducha f. Dispositivo por el cual el agua sale a chorro y puede ser utilizada para fines higiénicos o curativos. ‖ El chorro mismo: *tomar una ducha.* ‖ *Fig. y fam. Ducha de agua fría*, cosa que apaga el entusiasmo, la alegría o ilusión.
Duchambe, de 1929 a 1961 *Stalinabad*, c. de la U. R. S. S., cap. de Tadjikistán.
duchar v. t. Dar una ducha. ‖ — V. pr. Tomarla.
ducho, cha adj. Experimentado, hábil, experto, diestro: *ducho en política.*
duda f. Incertidumbre: *no cabe duda.* ‖ Sospecha. ‖ — *Duda filosófica*, escepticismo voluntario. ‖ *Sin duda*, seguramente; tal vez.
dudar v. i. No estar seguro de algo: *dudar de la sinceridad de uno.* ‖ Vacilar: *dudo en salir.* ‖ Tener sospechas acerca de uno. ‖ — V. t. No creer alguna cosa: *dudo lo que dice.*
dudoso, sa adj. Poco cierto: *éxito dudoso.* ‖ Vacilante: *estoy dudoso.* ‖ Sospechoso: *honradez dudosa; amor dudoso.*
Dudley, c. de Inglaterra (Worcester). Hulla. Metalurgia.
duela f. Cada una de las tablas curvadas que forman la cuba o el tonel. ‖ Parásito de algunos mamíferos. ‖ *Méx.* Tabla aserrada en listones delgados para ensamblar, en la construcción de pisos.
duelista m. El que anda siempre en desafíos.
duelo m. Combate entre dos, a consecuencia de un desafío. ‖ Dolor, pena. ‖ Sentimiento por la muerte de una persona. ‖ Cortejo fúnebre: *presidir el duelo.* ‖ — Pl. Fatigas, trabajos.
duende m. Espíritu travieso, diablillo familiar. ‖ *And.* Encanto.
dueña f. Propietaria de una cosa. ‖ Antiguamente, ama de llaves, dama de compañía. ‖ *Fig.* Señora, mujer principal.
Dueñas (Francisco), político salvadoreño (1811-1884), pres. de la Rep. de 1852 a 1854, de 1863 a 1865 y de 1865 a 1871. M. en el destierro.
dueño m. Posesor de una cosa, propietario, amo. ‖ — *Hacerse dueño de una cosa*, apoderarse de ella. ‖ *Ser dueño de sí mismo*, saber dominarse. ‖ *Ser muy dueño de hacer una cosa*, ser perfectamente libre de hacerla.
Duero, río de la península Ibérica que nace en la sierra de Urbión, pasa por Soria y Zamora y des. en Oporto (Portugal); 850 km.
duetista com. Persona que canta o toca un instrumento en un dúo.
dueto m. *Mús.* Dúo.
duffle coat m. (pal. ingl.). Abrigo tres cuartos, con un capuchón, de tela muy fuerte.
Dufy (Raoul), pintor fauvista y dibujante francés (1877-1953).
Duguesclin (Bertrand), caballero francés (¿1320?-1380). Ayudó en España, con sus tropas, a Enrique de Trastamara.
Duguit (Léon), jurista francés (1859-1928).
Duhamel (Georges), novelista francés (1884-1966).
Dühring (Eugen), filósofo materialista y economista alemán (1833-1921).
Duina o **Dvina** ‖ **~ Septentrional,** río de la U. R. S. S. (Rusia), que des. en el mar Blanco, en Arcángel; 1 293 km. ‖ **~ Occidental,** río de la U. R. S. S. (Rusia), que des. en el golfo de Riga; 1 024 km.
Duisburgo, c. de Alemania Occidental (Rin Septentrional-Westfalia), en el Ruhr. Puerto fluvial.
Duitama, c. de Colombia (Boyacá). Obispado.
Dukas (Paul), músico francés (1865-1935), autor de *El aprendiz de brujo.*
dulce adj. De sabor agradable. ‖ De sabor azucarado: *el café está muy dulce.* ‖ Que produce una impresión agradable: *música dulce.* ‖ *Fig.* Amable, benevolente: *carácter dulce.* | Cariñoso: *mirada dulce.* ‖ Dúctil: *hierro dulce.* ‖ *Agua dulce*, la que no contiene sal. ‖ — M. Manjar compuesto con azúcar: *dulce de membrillo.* ‖ Fruta o cosa confitada. ‖ *Dulce de almíbar*, fruta en almíbar. ‖ — Pl. Golosinas.
Dulce, bahía de Costa Rica, en el Pacífico (Puntarenas). [V. IZABAL.] — Río de Guatemala (Izabal), que des. en el golfo de Honduras. — V. SALÍ. ‖ **~ Nombre,** pobl. de Honduras (Copán). ‖ **~ Nombre de María,** v. de El Salvador (Chalatenango).
Dulce (Domingo), general español (1808-1869), capitán general de Cuba. Luchó contra la insurrección de Céspedes.
dulcera f. Recipiente para dulce de almíbar.
dulcería f. Confitería.
dulcificación f. Acción y efecto de dulcificar.
dulcificar v. t. Volver dulce: *dulcificar una poción.* ‖ *Fig.* Suavizar: *dulcificar el enojo.*
dulcinea f. *Fam.* Mujer amada. ‖ *Fig.* Objeto ideal, aspiración.
Dulcinea del Toboso, personaje del *Quijote*, "dama del pensamiento" del protagonista.
dulía f. Culto a los ángeles y santos.
dulzaina f. *Mús.* Instrumento de viento parecido a la chirimía.
dulzarrón, ona y **dulzón, ona** adj. *Fam.* Empalagoso.
dulzura f. Calidad de dulce. ‖ *Fig.* Afabilidad, bondad en el trato.
Dumas [*-ma*] (Alexandre), escritor francés (1802-1870), autor de novelas históricas (*Los tres mosqueteros, Veinte años después, El vizconde de Bragelone, El conde de Montecristo*, etc.) y de dramas (*La torre de Nesle, Don Juan de Mañara*, etc.). — Su hijo ALEXANDRE (1824-1895), autor de novelas, dramas y comedias (*La dama de las camelias, Las ideas de Madame Aubray*, etc.). ‖ **~** (JEAN-BAPTISTE), químico francés (1800-1884).
dum-dum f. *Mil.* Bala explosiva cuyo uso prohibe la Convención de La Haya de 1899. Produce heridas muy peligrosas (ú. t. c. adj.).
Dumont (Alberto SANTOS). V. SANTOS). ‖ **~ D'Urville** (Jules), navegante francés (1790-1842). Dio la vuelta al mundo y exploró la Antártida.
dumping m. (pal. ingl.). Venta de mercancías en el mercado exterior a un precio inferior al que se paga en el mismo país exportador.
Dun Laoghaire, ant. *Kingstown*, c. y puerto de la Rep. de Irlanda. Estación balnearia.
duna f. Amontonamiento de arena formado por la acción del viento en los desiertos y playas.
Dunant (Henri), filántropo y escritor suizo (1828-1910), fundador de la Cruz Roja (1864). [Pr. Nóbel de la Paz, 1901.]
Duncan (Isadora), danzarina norteamericana (1878-1927).
Duncan I, rey de Escocia de 1034 a 1040. Fue asesinado por Macbeth.
Dundee, c. y puerto de Gran Bretaña, en Escocia.
Dunedin c. y puerto en el SE. de Nueva Zelanda, cap. de la prov. de Otago. Obispado. Universidad.
Dunfermline, c. de Gran Bretaña, en el centro de Escocia (Fife). Ant. residencia de los reyes de Escocia.
Dungeness, cabo del S. de la Argentina (Patagonia), punto más austral del país.
Dunkerque c. y puerto de Francia (Nord).
Duns Escoto (John), teólogo y filósofo inglés (¿1266?-1308), adversario de Tomás de Aquino. Fue llamado el *Doctor Sutil.*
dúo m. *Mús.* Composición escrita para dos voces o instrumentos.
duodecimal adj. Duodécimo. ‖ *Mat.* Dícese de todo sistema aritmético cuya base es el número doce.
duodécimo, ma adj. Que ocupa el lugar doce. ‖ — M. Cada una de las 12 partes iguales en que se divide un todo.
duodenal adj. Del duodeno.
duodeno, na adj. *Mat.* Duodécimo. ‖ — M. *Anat.* Primera sección del intestino delgado que va desde el estómago hasta el yeyuno.
Dupin (Aurore). V. SAND (George).
Dupleix (Joseph François), administrador francés (1696-1763).
duplex m. *Tecn.* Sistema de transmisión que expide simultáneamente por un solo hilo despachos en dos sentidos. | En radiodifusión y televisión, sistema que permite oir o ver programas emitidos a partir de dos estaciones diferentes. ‖ Piso de dos plantas que comunican una con otra.
duplicación f. Acción y efecto de duplicar o duplicarse.
duplicado, da adj. Doblado. ‖ Reproducido. ‖ Dícese de un número repetido: *calle Luchana, número 5 duplicado.* ‖ *Por duplicado*, en dos ejemplares. ‖ — M. Copia, reproducción de un documento: *el duplicado de un acta.*
duplicador, ra adj. y s. Que duplica. ‖ — M. Máquina para sacar copias: *duplicador eléctrico.*
duplicar v. t. Hacer doble: *duplicar la producción.* ‖ Multiplicar por dos (ú. t. c. pr.). ‖ Reproducir, sacar copia.
duplicata m. Duplicado, copia de un documento.
duplicativo, va adj. Que duplica o dobla.
duplicidad f. Doblez, falsedad.
duplo, pla adj. Que contiene un número dos veces exactamente. Ú. t. c. s. m.: *veinte es el duplo de diez.*
Dupont de l'Étang (Pierre-Antoine, *conde de*), general francés (1765-1840), derrotado en 1808 por Castaños en Bailén (España).
duque m. Título nobiliario que viene inmediatamente después del de príncipe.
Duque ‖ **~ de Caxias,** c. del Brasil (Río de Janeiro). ‖ **~ de York,** isla de Chile (Magallanes).
Duque Job. V. GUTIÉRREZ NÁJERA (Manuel).
duquesa f. Esposa del duque o mujer que posee un título ducal
Duquesne (Abraham), marino francés (1610-1688).
Duquesnoy (Adrien), político francés (1759-1808), promotor de la división del país en departamentos.
durabilidad f. Calidad de durable.
durable adj. Duradero.
duración f. Espacio de tiempo que dura algo.

duradero, ra adj. Que dura.
duraluminio m. Aleación ligera y muy resistente de aluminio, cobre, magnesio, manganeso y silicio: *el duraluminio se emplea en la construcción aeronáutica.*
duramadre y **duramáter** f. Membrana fibrosa que envuelve el encéfalo y la medula espinal.
duramen m. Parte más seca y compacta del tronco y de las ramas gruesas de un árbol.
Durán (Fray Diego), cronista español (¿1538-1588), autor de *Historia de las Indias de Nueva España.*
Durand (Luis), novelista chileno (1894-1954).
Durango, c. de España (Vizcaya). Fundiciones. — C. de México, llamada tb. *Victoria de Durango,* cap. del Estado homónimo. Arzobispado. Universidad. El Estado es agrícola y ganadero, y posee importantes minas de hierro, oro, plata y cinc.
durangués, esa adj. y s. De Durango.
durante prep. Mientras.
Durão (Fray José de SANTA RITA), poeta épico brasileño (1722-1784), autor *Caramurú,* epopeya nacional.
durar v. i. Continuar siendo u ocurriendo: *la conferencia duró cuatro días.* || Subsistir.
duraznense adj. y s. De Durazno (Uruguay).
duraznero m. Variedad de melocotón, pero de fruto más pequeño.
duraznillo m. *Méx.* Especie de nopal.
durazno m. Duraznero, y su fruto. || *Amer.* Melocotonero, y su fruto.
Durazno, c. del Uruguay, al N. de Montevideo, cap. del dep. homónimo. Academia militar.
Durazzo, ant. *Dirraquio,* hoy *Durres,* c. y puerto de Albania, en el Adriático. Arzobispado.
Durban, ant. *Port Natal,* c. y puerto de la Rep. de África del Sur (Natal). Arzobispado.
Durero (Alberto), pintor alemán, n. en Nuremberg (1471-1528). Se distinguió en el óleo, la acuarela y en numerosos grabados.
dureza f. Calidad de duro. || *Fig.* Insensibilidad. || *Med.* Tumor o callosidad.
Durham, c. de Gran Bretaña, al N. de Inglaterra, cap. del condado homónimo. Catedral (s. XII).
durmiente adj. y s. Que duerme. || — M. Traviesa.
duro, ra adj. Dícese del cuerpo sólido, difícil de cortar, romper o doblar. || *Fig.* Fuerte, resistente: *muchacho duro a la fatiga.* | Violento, cruel. || Penoso: *trabajo duro.* || Aplícase al agua cuando el grado hidrométrico es elevado. || *Fig.* Áspero, rígido: *estilo duro.* || — *Fam. Ser duro de casco,* comprender difícilmente o ser testarudo. || *Ser duro de oído,* oír con dificultad. || — M. Moneda de cinco pesetas. || — Adv. Con fuerza: *dale duro al trabajo.* || *Fig. Amer. Hacerse duro,* fingir resistencia para ceder pronto.
Dürrenmatt (Friedrich), escritor suizo, n. en 1921, autor de obras de teatro.
Durres. V. DURAZZO.
Durruti (Buenaventura), revolucionario anarquista español (1898-1936). M. en la guerra civil.
Düsseldorf, c. de Alemania Occidental, cap. del Rin Septentrional-Westfalia, a orillas del Rin. Industrias (química, automóviles).
Dutra (Eurico Gaspar), militar brasileño (1885-1974), pres. de la Rep. de 1946 a 1951.
duunviro m. Nombre de varios magistrados de la Roma antigua.
Duvalier (François), político haitiano (1909-1971), pres. de la Rep. de 1957 a 1971. Le sustituyó su hijo Jean-Claude, n. en 1951.
Dvina. V. DUINA.
Dvorak (Anton), músico checoslovaco, n. en Nelahozeves (Bohemia) [1841-1904], autor de la *Sinfonía del Nuevo Mundo* y de conciertos.
dux m. Magistrado supremo en Venecia y Génova.
duz adj. Dulce. || *Palo duz,* regaliz.
Dyck (A. Van). V. VAN DYCK.
Dyle, río de Bélgica que pasa por Lovaina y Malinas. Al confluir con el Nethe, forma el Rupel; 86 km.

Circuitos electrónicos

e f. Sexta letra del alfabeto castellano y segunda de sus vocales. || — Conj. Se usa en vez de la *y* para evitar el hiato antes de las palabras que empiezan por *i* o *hi*.

¡ea! interj. Denota resolución o sirve para animar.

Easo, otro n. de la c. de *San Sebastián*.

easonense adj. y s. Donostiarra.

East || **~ Ham,** c. de Gran Bretaña en Inglaterra (Essex), suburbio industrial al E. de Londres. || **~ London,** c. y puerto de la Rep. de África del Sur (El Cabo). || **~ Saint Louis,** c. de Estados Unidos (Illinois), a orillas del Misisipí.

Eastbourne, c. de Gran Bretaña al SE. de Inglaterra (Sussex). Estación balnearia.

ebanista m. El que tiene por oficio trabajar en ébano y otras maderas finas. || Carpintero que fabrica muebles.

ebanistería f. Arte o taller del ebanista. || Conjunto de muebles y otras obras de ebanista.

ébano m. Árbol ebenáceo africano cuya madera, dura y negra, se usa para la fabricación de muebles. || Madera de este árbol. || *Fig. Ébano vivo,* nombre que se daba a los negros en tiempo de la trata.

ebenáceas f. pl. Familia de plantas angiospermas dicotiledóneas intertropicales que tiene por tipo el ébano (ú. t. c. adj.).

Ebert (Friedrich), político socialista alemán (1871-1925), primer pres. de la Rep. en 1919.

Eberth (Karl Joseph), bacteriólogo alemán (1835-1926), que descubrió el microbio de la fiebre tifoidea.

Éboli (Ana de MENDOZA Y LA CERDA, *princesa de*), dama española (1540-1591), desterrada por sus relaciones con Antonio Pérez, secretario de Felipe II.

ebonita f. Caucho endurecido por vulcanización, utilizado por sus propiedades aisladoras.

eborario, ria adj. De marfil.

ebriedad f. Embriaguez.

ebrio, a adj. y s. Embriagado, borracho. || *Fig.* Loco, ofuscado.

Ebro, río de la España septentrional, que nace en Fontibre (Santander), pasa por Miranda, Logroño, Tudela, Zaragoza, Tortosa y des. en el Mediterráneo por un amplio delta: 927 km.

ebullición f. Hervir: *entrar en ebullición.* || *Fig.* Efervescencia, gran agitación: *los ánimos están en ebullición.*

ebullómetro y **ebulloscopio** m. *Fís.* Aparato para medir la temperatura a la cual hierve un cuerpo.

ebúrneo, a adj. De marfil o parecido a él: *piel ebúrnea.*

Eça de Queirós (José María), novelista portugués (1845-1900), representante del naturalismo. Autor de *El crimen del padre Amaro, El primo Basilio, Los Maias,* etc.

ecacoate m Culebra de México, larga y de varios colores.

ecapacle m. Leguminosa medicinal de México, que se usa como febrífugo.

Ecatepec Morelos, v. y mun. de México, en el Est. de este n. Ahí fue fusilado José María Morelos (1815).

Ecbatana. V. HAMADÁN.

eccehomo o **ecce homo** m. Imagen de Jesucristo coronado de espinas. || *Fig.* Persona lacerada, de lastimoso aspecto: *le dejaron hecho un eccehomo.*

eccema amb. *Med.* Eczema.

Écija, c. del S. de España (Sevilla), a orillas del Genil. Cereales.

Eckermann (Johann Peter), escritor alemán (1792-1854), secretario de Goethe. Autor de *Conversaciones con Goethe.*

Eckhart (Johann), filósofo y místico alemán (¿1260-1327?). Sus doctrinas fueron condenadas en 1329 por su carácter panteísta.

eclampsia f. *Med.* Enfermedad convulsiva propia de las mujeres embarazadas o recién paridas.

eclecticismo m. Método que consiste en reunir lo que parece más valedero en varios sistemas filosóficos para formar una doctrina. || *Fig.* Modo de juzgar que procura evitar las soluciones extremas.

ecléctico, ca adj. Relativo al eclecticismo: *escuela ecléctica.* || *Fig.* Compuesto de elementos muy diversos. || — Adj. y s. Partidario de esta doctrina: *filósofo ecléctico.* || *Fig.* Que coge de cada cosa lo que mejor le parece. | Que tiene opiniones o gustos muy variados.

Eclesiastés *(El),* libro sapiencial del Antiguo Testamento. Atribuido a Salomón.

eclesiástico, ca adj. De la Iglesia. || — M. Clérigo.

Eclesiástico *(El),* libro canónico del Antiguo Testamento.

eclipsar v. t. Causar un astro el eclipse de otro: *la Luna eclipsa al Sol cuando se interpone entre este astro y la Tierra.* || *Fig.* Oscurecer, deslucir: *eclipsar por su belleza a las demás mujeres.* || — V. pr. Ocurrir el eclipse de un astro. || *Fig.* Ausentarse discretamente, desaparecer.

eclipse m. Ocultación total o parcial de un astro por la interposición de otro cuerpo celeste. || *Fam.* Ausencia, desaparición transitoria.

— Los *eclipses* son fenómenos que se reproducen periódicamente. Son totales o parciales si desaparece el astro entero o sólo parte de él. Hay *eclipse de Luna* cuando la Tierra se interpone entre el Sol y la Luna. El *eclipse de Sol* se produce por la interposición de la Luna entre la Tierra y el Sol.

eclíptico, ca adj. *Astr.* Relativo a la eclíptica: *camino, término eclíptico.* || — F. *Astr.* Círculo máximo de la esfera celeste que señala el curso aparente del Sol durante el año. | Órbita descrita por la Tierra en su movimiento anual alrededor del Sol.

eclisa f. Plancha para reforzar los empalmes de los rieles de una vía férrea.

eclosión f. Galicismo por *brote, nacimiento, aparición.*

eco m. Repetición de un sonido por reflexión de las ondas sonoras: *el eco de las campanas.* || Sonido lejano y débil: *eco de gritería, de lucha.* || Onda electromagnética emitida por un radar que vuelve a él después de haber sido reflejada por un obstáculo. || Composición poética en que se repite la última sílaba de algunos versos en forma de eco. || *Fig.* Resonancia: *sus palabras no tuvieron eco alguno.* | Persona que repite lo que otra dice. | Rumor, noticia imprecisa. || — *Ecos de sociedad,* noticias referentes a la alta sociedad. || *Fig. Hacer eco,* tener efecto. | *Hacerse eco de,* repetir, difundir.

Eco, ninfa metamorfoseada en roca y condenada a repetir las últimas sílabas de las palabras. *(Mit.)*

Ecolampadio (Juan HAUSSCHEIN, llamado), teólogo reformador suizo (1482-1531). Amigo de Zuinglio.

economato m. Cargo de ecónomo. || Establecimiento en forma de cooperativa que depende de una sociedad industrial o comercial y donde su personal puede adquirir o comprar los productos más baratos que en otro sitio. || *Chil.* y *Méx.* Oficina del ecónomo.

economía f. Arte de administrar y ordenar los gastos e ingresos de una casa: *economía doméstica.* || Riqueza pública, conjunto de los recursos de un país: *la economía nacional.* || Moderación en los gastos. || Ahorro: *economía de dinero, de trabajo, de tiempo,* etc. || Armonía entre las diferentes partes de un cuerpo organizado: *economía animal.* || — Pl. Lo que se economiza, ahorros. || — *Economía dirigida,* la intervenida por el Estado. || *Economía política,* ciencia que estudia los mecanismos que regulan la producción, repartición y consumo de las riquezas.

económico, ca adj. Relativo a la economía: *ciencias, doctrinas económicas.* || Parco en el gasto: *persona económica.* || Poco costoso: *pensión económica.*

economista m. Especialista en estudios de fenómeros económicos.

economizar v. t. Ahorrar. || *Fig.* No prodigar, escatimar: *economizar esfuerzos.*

ecónomo, ma m. y f. Persona encargada de administrar los gastos de un establecimiento: *el ecónomo de un convento, de un colegio.*

ectoparásito, ta adj. y s. m. Aplícase al parásito que vive en la superficie de otro organismo.

ectoplasma m. *Biol.* Parte exterior del citoplasma.

ectropión m. *Med.* Inversión hacia fuera del párpado, principalmente el inferior.

ecuación f. *Mat.* Igualdad que contiene una o más incógnitas: *ecuación de segundo grado.* || *Astr.* Diferencia entre el lugar o movimiento medio y el verdadero o aparente de un astro.

ecuador m. *Astr.* Círculo máximo que se considera en la esfera celeste perpendicular al eje de la Tierra. || *Geom.* Paralelo de mayor radio de una superficie de revolución. || — *Ecuador magnético,* línea trazada en la Tierra por todos los puntos donde es nula la inclinación de la aguja imantada. || *Ecuador terrestre,* círculo máximo de la Tierra perpendicular a la línea de los polos. || *Paso del ecuador,* momento en que se cruza la línea ecuatorial; mitad de la carrera de un estudiante.

Ecuador, rep. de América del Sur, situada entre Colombia, Perú y el océano Pacífico; 270 670 km²; 6 500 000 h. (*ecuatorianos*). Cap. *Quito,* 500 000 h. Otras c.: *Esmeraldas,* 40 000 h.; *Portoviejo,* 38 000; ***Guayaquil,*** 650 000; ***Cuenca,*** 95 000; ***Machala,*** 38 000; *Loja,* 33 000; ***Riobamba,*** 45 000; *Ambato,* 70 000; *Ibarra,* 30 000, y ***Tulcán,*** 22 000.

Administrativamente, el Ecuador se divide en 19 provincias y un territorio insular. La composición étnica de la población es bastante heterogénea (indios, blancos, negros), con predominio de los elementos indígena y mestizo. La religión dominante es la católica y la lengua oficial la castellana o española, si bien el quechua es hablado también por los indios de la Sierra. La densidad media de población es de 18 h/km².

— GEOGRAFÍA. La cordillera de los Andes, formando dos ramales, atraviesa el país de N. a S., y en ella se encuentra una serie de picos volcánicos (Cotopaxi, Chimborazo). Entre ambos ramales, unidos por estribaciones laterales, se encuentra la región llamada la *Sierra.* La *Costa* o *Litoral* es la zona situada entre el mar y los Andes, y la región amazónica u *Oriente,* cubierta de selva virgen y escasamente poblada, queda entre la cadena andina y la frontera peruana. La cuenca hidrográfica más importante es la amazónica (Napo, Pastaza, Putumayo), si bien la vertiente del Pacífico es de mayor importancia económica, pues sus ríos (Guayas, Esmeraldas) irrigan zonas muy fértiles. La costa ecuatoriana tiene una longitud de unos 1 000 km y su accidente mayor lo constituye el golfo de Guayaquil. Varias islas jalonan el litoral (Puná), y a 1 000 km de distancia se encuentra el archipiélago de Colón o Islas Galápagos, de soberanía ecuatoriana. El clima es variado, debido al escalonamiento de las altitudes, y va desde el tropical al glacial. En el Oriente es cálido y húmedo. La agricultura constituye la base de los recursos económicos del país, a pesar de la escasa explotación de las tierras. La zona litoral, la más fértil, produce plátanos, cacao, café, caña de azúcar, algodón y tabaco, mientras que en la Sierra se cultivan los cereales y las patatas, se explotan las maderas de sus bosques, se extrae el caucho y se desarrolla la cría del ganado vacuno. El subsuelo produce petróleo en Santa Elena y en el Oriente, y oro en varias provincias. Las principales industrias ecuatorianas son la textil y la alimenticia. Unos 1 100 km de vías férreas y 10 000 km de carreteras (incluida la Panamericana) constituyen la red de comunicaciones, además de las líneas aéreas (aeropuertos de Guayaquil y Quito).

— HISTORIA. A la llegada de los españoles al Ecuador (1526), este país formaba parte del Imperio Incaico. Atahualpa gobernaba en Quito, y por aquel entonces se encontraba en guerra contra su hermano Huáscar, suceso que contribuyó a debilitar el Imperio y facilitar por lo tanto la ocupación por parte de los españoles. Francisco Pizarro, mientras avanzaba por el Perú, había dejado en San Miguel de Piura a Sebastián de Benalcázar, quien a su vez emprendió la conquista del territorio ecuatoriano, defendido por el caudillo indio Rumiñahui. En 1534 Benalcázar fundó la ciudad de San Francisco de

ECUADOR

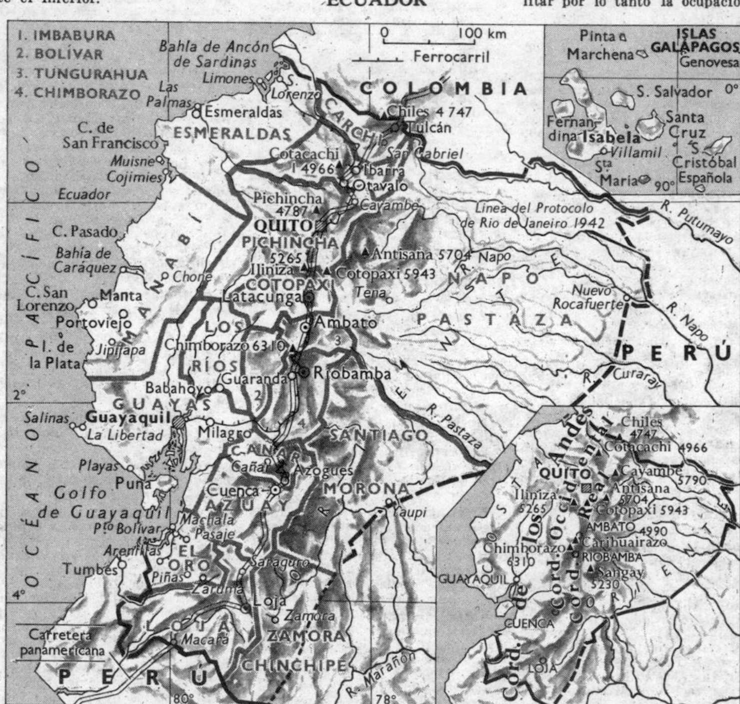

Quito, y Gonzalo Pizarro fue nombrado su primer gobernador. En 1542 Orellana descubrió el Amazonas y en 1563 Felipe II creó la Real Audiencia de Quito. La colonización prosiguió intensamente durante los dos siglos siguientes, turbada solamente por algún que otro motín y por los saqueos de los piratas en el puerto de Guayaquil (1687 y 1710). Los escritos de Eugenio de Santa Cruz y Espejo valieron a éste la prisión y la muerte (1795), pero también ganó con ellos el título de *Precursor de la independencia americana*. En 1809 los criollos quiteños depusieron al presidente de la Audiencia, pero las disensiones interiores y la oposición realista dieron al traste con este movimiento. Otra sublevación popular estalló en 1810, que fue reprimida por los españoles. En 1820 se sublevó de nuevo Guayaquil, y Bolívar envió al general Sucre para sostener a los rebeldes. En 1822 los patriotas ganaron la batalla de Pichincha, e inmediatamente fue proclamada la independencia de la Audiencia de Quito, que se integró en la República de la Gran Colombia. Esta unión duró hasta 1830, en que el general Flores asumió la presidencia, elaboró una constitución y dio al territorio el nombre de Ecuador, instalando la capital en Quito. García Moreno inspiró la Constitución de 1869, de carácter netamente confesional, y su gobierno, positivo en varios aspectos, encontró una violenta oposición, al extremo de motivar su propio asesinato (1875). Eloy Alfaro, presidente en 1895 y en 1906 fue una figura en el campo liberal, promulgó la Constitución de 1906 e inauguró el ferrocarril de Quito a Guayaquil. En 1942 se firmó un tratado de límites con el Perú que no resolvió prácticamente este problema. Velasco Ibarra ocupó la presidencia en cinco ocasiones a partir de 1934 y cuatro veces hubo de abandonarla violentamente, la última en 1972. En 1963 se instaló en el poder una Junta Militar, que gobernó hasta 1966, año en que unos graves disturbios le obligaron a dimitir. Tras un gobierno provisional de Clemente Yerovi, la Asamblea Constituyente eligió presidente interino, en 1966, a Otto Arosemena Gómez. En las elecciones de 1968 triunfó de nuevo José María Velasco Ibarra, quien, poco antes de concluir su mandato (1972), fue derribado otra vez por un golpe militar, asumiendo el cargo de presidente el general Guillermo Rodríguez Lara.

ecuánime adj. Que da pruebas de ecuanimidad: *persona ecuánime.*

ecuanimidad f. Igualdad y constancia de ánimo. ‖ Imparcialidad: *juzgar con ecuanimidad.*

ecuatorial adj. Relativo al ecuador: *clima ecuatorial; plantas ecuatoriales.* ‖ — M. *Astr.* Anteojo móvil provisto de un eje paralelo al eje de la Tierra, que permite medir la ascensión recta y la declinación de los astros.

ecuatorianismo m. Voz o giro propios del Ecuador.

ecuatoriano, na adj. y s. Del Ecuador.

ecuestre adj. Relativo al caballero, al caballo o a la orden y ejercicio de la caballería. ‖ *Pint.* y *esc.* Dícese de la figura a caballo: *estatua ecuestre.*

ecumene m. Universo.

ecumenicidad f. Universalidad.

ecuménico, ca adj. Universal. ‖ Dícese de los concilios generales cuando en ellos está representada la Iglesia católica oriental y la occidental: *el concilio ecuménico convocado por Juan XXIII.*

eczema m. *Med.* Inflamación local de la piel caracterizada por vesículas, acompañada de escozor.

echador, ra adj. y s. Que echa. ‖ *Echadora de cartas* persona que predice el porvenir por medio de combinaciones de cartas. ‖ — M. *Cub.* y *Méx.* Fanfarrón.

Echagüe (Juan Pablo), ensayista y crítico teatral argentino (1877-1951), historiador del teatro nacional. ‖ ~ (PASCUAL), general argentino (1797-1867), partidario del federalismo, derrotado por Rivera en Cagancha (1839) y por Paz en Caaguazú (1841).

Echandi (Mario), político costarricense, n. en 1916, pres. de la Rep. de 1958 a 1962.

echar v. t. Lanzar: *échame la pelota.* ‖ Arrojar, tirar: *echar mercancías al mar.* ‖ Tender: *echar las redes.* ‖ Despedir: *echar olor, chispas.* ‖ Dejar caer: *echar dinero en un saco.* ‖ Verter: *echar agua en un vaso.* ‖ Poner: *echar un remiendo.* ‖ Poner en el buzón: *echar una carta.* ‖ Expulsar: *echar del Poder a un tirano.* ‖ Brotar: *echar las plantas raíces* (ú. t. c. i.). ‖ Salirle a una persona o animal cualquier complemento natural de su cuerpo: *echar los dientes, el bigote.* ‖ Acostar: *echar un niño en la cama.* ‖ Inclinar: *echar el cuerpo hacia atrás.* ‖ Correr: *echar el pestillo a la puerta.* ‖ Imponer: *echar una multa.* ‖ Atribuir: *echar la culpa a otro.* ‖ Dar: *echar la comida a las bestias.* ‖ Repartir: *echar cartas.* ‖ Hacer: *echar cálculos, una partida de cartas.* ‖ Decir: *echar la buenaventura, echar pestes de uno.* ‖ Pronunciar: *echar un discurso.* ‖ Dirigir una reprimenda: *echar un rapapolvo, una bronca.* ‖ Conjeturar, suponer: *¿cuántos años me echas?* ‖ Tardar: *echar una hora de Madrid a Aranjuez.* ‖ Ir: *echar por la derecha.* ‖ Proyectar o representar: *echar una película, una obra de teatro.* ‖ Presentar: *echar una instancia.* ‖ Publicar: *echar un bando.* ‖ *Fam.* Tomar: *echar una copa, un cigarrillo.* ‖ Jugar, apostar. Ú. t. c. i.: *echar a la lotería.* ‖ — *Echar a*, seguido de un sustantivo indica la manera de tomar una cosa: *echar a broma, a risa.* ‖ *Echar* (o *echarse*) *a*, significa empezar cuando va seguido de un infinitivo: *echar a correr, a llorar.* ‖ *Echar abajo*, destruir, derribar. ‖ *Echar a perder*, estropear; malograr. ‖ *Echar de menos*, sentir la falta de una cosa o la ausencia de una persona. ‖ *Echar de ver*, notar, percatarse. ‖ *Fam. Echarla* (o *echárselas*) *de*, jactarse de. | *Echarlo todo a rodar*, mandarlo todo a paseo. ‖ *Fig.* y *fam. Méx. Echar perico*, hablar más de la cuenta. | *Echar toros*, hacer preguntas difíciles. ‖ — V. pr. Arrojarse: *echarse al agua.* ‖ Tumbarse, acostarse: *echarse en la cama.* ‖ Hacerse a un lado, apartarse. ‖ Dedicarse: *echarse a la vida.* ‖ Empezar a tener: *echarse novio.* ‖ Calmarse el viento. ‖ — *Echarse a perder*, estropearse una cosa; corromperse una persona. ‖ *Fig. Echarse atrás*, desdecirse, desistir de algún propósito. | *Echarse encima*, ser muy próximo; llegar inesperadamente.

echarpe m. Galicismo por *chal, mantón.*

Echegaray (José), dramaturgo español, n. en Madrid (1832-1916). Escribió en un principio obras científicas y más tarde teatrales que le proporcionaron gran celebridad: *O locura o santidad, El gran galeoto*, etc. (Pr. Nóbel en 1904, compartido con Frédéric Mistral.). — Su hermano MIGUEL (1848-1927) fue tb. escritor y publicó obras teatrales del género chico (*Gigantes y cabezudos, El dúo de la Africana*).

Echenique (José Rufino), general peruano (1800-1887), pres. de la Rep. de 1851 a 1854.

Echevarría (Juan de), pintor español (1872-1931), autor de retratos (Azorín, Unamuno).

Echeverri (Camilo Antonio), escritor y orador colombiano (1828-1887).

Echeverría (Aquileo J.), poeta romántico costarricense (1866-1909). ‖ ~ (ESTEBAN), escritor romántico argentino, n. en Buenos Aires (1805-1851). Autor de libros de poesías (*Elvira o la novia del Plata* y *Rimas*), y del relato costumbrista *El matadero.* ‖ ~ **Álvarez** (LUIS), político mexicano, n. en 1922, pres. de la Rep. en 1970. Nacionalizó la industria del cobre.

Echternach, c. del E. de Luxemburgo. Peregrinación célebre.

edad f. Tiempo transcurrido desde el nacimiento: *un hombre de cuarenta años de edad.* ‖ Duración de la vida: *la flor de la edad.* ‖ Vejez: *persona de edad.* ‖ Tiempo transcurrido desde la creación de una cosa material: *la edad de un monumento.* ‖ Período de la vida: *las cuatro edades del hombre son la infancia, la juventud, la madurez y la vejez.* ‖ Período histórico: *la Edad Moderna.* ‖ Época: *en la edad de nuestros padres.* ‖ — *Edad adulta*, la de la persona llegada a su completo desarrollo. ‖ *Edad crítica*, en la mujer, la menopausia. ‖ *Edad del juicio* o *de razón*, momento en que los niños empiezan a tener realmente conciencia de sus actos. ‖ *Edad del pavo*, principio de la adolescencia en que los niños suelen ser pesados y tontos. ‖ *Edad de Oro*, en la mitología, tiempo de inocencia y de felicidad; período de mayor esplendor. ‖ *Edad Media*, tiempo que va del siglo V a la mitad del XV. ‖ *Mayor edad*, la requerida por la ley para tener derecho a ejercer sus derechos. ‖ *Menor edad*, la de la persona que no puede todavía disponer completamente de sus bienes y persona.

EC

Edam, c. de Holanda (Holanda Septentrional). Industrias alimenticias (queso).

Eddas, dos colecciones de tradiciones mitológicas escandinavas, debidas a autores islandeses (s. XIII).

Eddington (Sir Arthur Stanley), astrónomo y físico inglés (1882-1944).

Eddy (Mary BAKER GLOVER), reformadora norteamericana (1821-1910), fundadora de la Ciencia Cristiana (*Christian Science*).

edecán m. Ayudante de campo.

edelweiss m. (pal. alem.). Flor compuesta de los Alpes y Pirineos.

edema m. *Med.* Hinchazón de una parte del cuerpo producida por infiltración de serosidad en el tejido celular.

edematoso, sa adj. Del edema.

edén m. Paraíso terrenal. (Según la Biblia, lugar donde vivieron Adán y Eva antes del pecado.) ‖ *Fig.* Lugar delicioso: *tu jardín es un edén.*

Eden (Sir Anthony), político conservador inglés, n. en 1897. Primer ministro de 1955 a 1957.

edénico, ca adj. Del Edén.

Edesa, ant. c. del N. de Mesopotamia. Fue capital de un principado cristiano (1098), conquistada por los turcos en 1144. Hoy *Orfa.*

edetano, na adj. y s. Individuo de un ant. pueblo de la España Tarraconense. (Los *edetanos* vivían entre los cursos inferiores del Ebro y el Júcar.)

Edfú, c. de Egipto (Asuán), a orillas del Nilo. Templo ptolemaico de Horus.

Edgardo Etheling ("el Ilustre o el Noble"), príncipe anglosajón (¿1050-1130?), rival de Guillermo el Conquistador.

edición f. Impresión, publicación y difusión de una obra. ‖ Conjunto de los ejemplares de una obra o periódico impresos de una vez: *primera edición de un diccionario.* ‖ *Edición príncipe* o *princeps*, la primera de todas.

edicto m. Ley u ordenanza: *el edicto real.*

— Entre los *edictos* más importantes se encuentran: el *de Milán*, promulgado en 313 por Constantino, que otorgaba a los cristianos igualdad de derechos que a los romanos, y el *de Nantes*, promulgado por

Enrique IV de Francia en 1598 en favor de los protestantes.

edificación f. Construcción: *edificación de una casa.* ‖ *Fig.* Incitación a la piedad y a la virtud por el buen ejemplo.

edificador, ra adj. y s. Constructor. ‖ *Fig.* Edificante.

edificante adj. Que edifica o incita a la virtud: *conducta edificante; libros edificantes.*

edificar v. t. Construir. ‖ *Fig.* Crear: *edificar una teoría.* | Incitar a la piedad o a la virtud con el buen ejemplo.

edificativo, va adj. Edificante.

edificio m. Construcción que suele ser de grandes dimensiones. ‖ *Fig.* Institución: *edificio social.*

edil m. Magistrado romano de la inspección y conservación de los monumentos públicos. ‖ Concejal de un ayuntamiento.

edilicio, cia adj. Del edil.

Edimburgo, c. de Gran Bretaña, cap. de Escocia, cerca de la des. del Dorth; 473 300 h. Catedral. Universidad. Industrias diversas.

Edimburgo *(Duque de).* V. MOUNTBATTEN.

Edipo, héroe tebano, hijo de Layo, rey de Tebas, y de Yocasta. Su padre, a quien un oráculo vaticinó que sería asesinado por él, le abandonó al nacer. Recogido por unos pastores, fue llevado al rey de Corinto, quien lo educó como a un príncipe. Otro oráculo predijo a Edipo que habría de dar muerte a su padre y casarse con su madre, huyó de Corinto, pero encontró en el camino a Layo y lo mató en una disputa. Casó luego con Yocasta, sin saber que era su madre. Al descubrirlo, ella se ahorcó y Edipo se sacó los ojos. La leyenda de Edipo inspiró a Sófocles dos bellas tragedias: *Edipo rey* y *Edipo en Colona.*

Edirne. V. ANDRINÓPOLIS.

Edison (Thomas Alva), físico norteamericano (1847-1931). Inventor de varios aparatos eléctricos (lámpara de incandescencia, el fonógrafo, acumulador, etc.).

editar v. t. Imprimir, publicar y difundir la obra de un escritor, compositor o grabador: *editar un libro, un periódico, un mapa,* etc.

editor, ra m. y f. Persona que se dedica a la edición de una obra literaria, musical o artística. ‖ — Adj. Que edita: *casa, sociedad editora.* ‖ — F. Editorial.

editorial adj. Del editor o de la edición: *casa editorial.* ‖ — M. Artículo de fondo en un periódico. ‖ — F. Casa editora: *la Editorial Larousse.*

editorialista m. El que escribe el editorial en un periódico.

Edjelé, explotación petrolífera del Sáhara argelino (Oasis).

Edmonton, c. del SO. del Canadá, cap. de la prov. de Alberta. Arzobispado. Universidad. Industrias (petroquímica).

Edom. V. IDUMEA.

edredón m. Plumón muy fino de ciertas aves. ‖ Cubierta de cama rellena de plumón: *taparse con el edredón.*

Edrisi (El), geógrafo árabe español, n. en Ceuta (¿1099-1164?), descendiente de Mahoma.

Eduardo, lago de África Oriental. Comunicado con el lago Alberto; 2 150 km².

Eduardo ‖ ~ **I** *el Viejo,* rey de los anglosajones de 899 a 924. ‖ ~ **II** *el Mártir* (¿963?-978), rey de los anglosajones desde 975. ‖ ~ **III** *el Confesor (San)* [¿1000?-1066), rey de los anglosajones desde 1042. Fiesta el 13 de octubre.

Eduardo ‖ ~ **I** (1239-1307), rey de Inglaterra desde 1272. Sometió el País de Gales. ‖ ~ **II** (1281-1327), rey de Inglaterra desde 1307, hijo del anterior. M. asesinado. ‖ ~ **III** (1312-1377), rey de Inglaterra desde 1327, hijo del anterior. Conquistó Escocia y emprendió contra Francia la guerra de los Cien Años. ‖ ~ **IV** (1442-1483), rey de Inglaterra desde 1461 y jefe del partido de la *Rosa Blanca.* ‖ ~ **V** (1470-1483), hijo del anterior, rey de Inglaterra en 1483. M. asesinado. ‖ ~ **VI** (1537-1553), rey de Inglaterra desde 1547. Apoyó la Reforma. ‖ ~ **VII** (1841-1910), hijo de la reina Victoria, rey de la Gran Bretaña desde 1901. ‖ ~ **VIII** (1894-1972), hijo de Jorge V, rey de la Gran Bretaña en 1936. Abdicó ese mismo año por su casamiento morganático. Tomó el nombre de *duque de Windsor.*

Eduardo, hijo de Eduardo III de Inglaterra, príncipe de Gales llamado *el Príncipe Negro* (1330-1376). Ayudó a Pedro I de Castilla contra Enrique de Trastamara, a quien derrotó en Nájera (1367).

Eduardo, en portugués *Duarte* (1391-1438), hijo de Juan I, rey de Portugal desde 1433. Conquistó Ceuta y favoreció las empresas marítimas de su hermano Enrique el Navegante.

educación f. Acción y efecto de educar. ‖ Instrucción, enseñanza: *educación primaria.* ‖ Conocimiento de las normas de cortesía: *tener educación.* ‖ — *Educación física,* gimnasia. ‖ *Educación nacional,* instrucción pública.

educacional adj. *Amer.* Educativo.

educacionista com. Educador.

educado, da adj. Correcto. ‖ *Mal educado,* grosero.

educador, ra adj. y s. Que educa: *educadores laicos, religiosos.*

educando, da adj. y s. Que recibe educación en un colegio.

educar v. t. Desarrollar las facultades intelectuales y morales del niño o del joven (ú. t. c. pr.). ‖ Enseñar la urbanidad. ‖ Perfeccionar, afinar los sentidos: *educar el gusto, el ojo* (o *la vista*). ‖ Acostumbrar un miembro a realizar cierta función por medio del ejercicio apropiado.

educativo, va adj. De la educación: *método educativo.*

edulcoración f. Acción y efecto de edulcorar.

edulcorar v. t. *Farm.* Endulzar con azúcar, miel o jarabe: *edulcorar una sustancia insípida.*

Edwards Bello (Joaquín), novelista chileno (1886-1968). De gran realismo descriptivo: *La cuna de Esmeraldo, El roto, El chileno en Madrid.*

efe f. Nombre de la letra *f.*

efebo m. Adolescente.

efectismo m. Procedimiento destinado a impresionar, a producir un efecto en el ánimo.

efectista adj. Que busca ante todo producir efecto o impresión sobre el ánimo: *un pintor efectista.*

efectividad f. Calidad de efectivo. ‖ *Mil.* Posesión del cargo de que sólo se tenía el grado.

efectivo, va adj. Real, verdadero: *ayuda efectiva.* ‖ Aplícase al empleo o cargo de plantilla, por oposición al interino. ‖ Contante: *dinero efectivo.* ‖ — M. Número exacto de los componentes de una colectividad (ú. m. en pl.). ‖ Dinero en metálico. ‖ — M. pl. Fuerzas militares. ‖ *En efectivo,* en numerario.

efecto m. Resultado de una acción: *la relación de causa a efecto.* ‖ Impresión hecha en el ánimo: *sus palabras hicieron efecto en mi corazón; causar buen efecto.* ‖ Fin por el que se hace una cosa: *lo destinado al efecto.* ‖ Artículo de comercio. ‖ Documento o valor mercantil: *efecto nominativo, endosable, al portador.* ‖ Movimiento giratorio que toman una bola de billar o una pelota al picarla lateralmente. ‖ — Pl. Bienes, enseres. ‖ — *Efectos públicos,* documentos de crédito emitidos por una corporación oficial. ‖ *En efecto,* efectivamente. ‖ *Llevar a efecto,* realizar. ‖ *Surtir efecto,* dar una cosa el resultado esperado; entrar en vigor una ley, etc.

efectuar v. t. Hacer, ejecutar: *efectuar un registro.* ‖ — V. pr. Cumplirse, realizarse: *efectuarse el escrutinio.*

efedrina f. Alcaloide análogo a la adrenalina, que dilata la pupila.

efemérides f. pl. Escrito en que se refieren los acontecimientos de cada día. ‖ *Astr.* Tablas que indican, para cada día del año la situación de los planetas. ‖ Hechos notables ocurridos el mismo día en diferentes épocas.

eferente adj. *Anat.* Que lleva hacia fuera: *vasos eferentes.*

efervescencia f. Desprendimiento de burbujas gaseosas a través de un líquido. ‖ *Fig.* Agitación muy viva: *el Gobierno calmó la efervescencia del país.*

efervescente adj. Que está o puede estar en efervescencia: *bebida efervescente.*

efesio, sia adj. y s. De Éfeso.

Éfeso, ant. c. de Asia Menor, a orillas del mar Egeo. Su templo de Artemisa, incendiado por Eróstrato, era una de las siete maravillas del mundo.

eficacia f. Carácter de lo que produce el efecto deseado: *la eficacia de un medicamento.*

eficaz adj. Que produce el efecto deseado: *medicamento eficaz.*

eficiencia f. Facultad para lograr un efecto determinado. ‖ Acción con que se logra este efecto.

eficiente adj. Que tiene eficiencia: *causa eficiente; acción eficiente del calor.* ‖ Capaz, competente: *un empleado eficiente.*

efigie f. Representación pictórica o escultórica de una persona. ‖ Representación de un personaje importante en una moneda o medalla: *la efigie del rey, de un santo.* ‖ *Fig.* Personificación, imagen viva: *ser una persona la efigie del dolor.*

efímero, ra adj. Que dura un solo día: ‖ Pasajero, de poca duración: *ilusión, fiebre efímera.*

* **eflorecerse** v. pr. *Quím.* Convertirse en polvo ciertas sales.

eflorescencia f. *Quím.* Transformación en polvo de ciertas sales: *eflorescencias de nitrato de calcio.* ‖ *Med.* Erupción cutánea. ‖ Polvo que cubre ciertas frutas.

eflorescente adj. *Quím.* Dícese de los cuerpos capaces de eflorecerse: *sales eflorescentes.*

efluvio m. Emanación que se desprende de un cuerpo. ‖ *Fig.* Irradiación: *efluvios de simpatía.*

éforo m. Magistrado espartano.

efracción f. Galicismo por *fractura: robo con efracción.*

efugio m. Recurso para evitar una dificultad: *valerse de efugios.*

efusión f. Derramamiento de un líquido: *efusión de sangre.* ‖ *Fig.* Manifestación de un sentimiento muy vivo: *efusión de ternura; abrazar con efusión.*

efusividad f. Carácter o calidad de efusivo.

efusivo, va adj. Que manifiesta sus sentimientos afectuosos: *recibimiento efusivo.*

Ega, río del N. de España, afl. del Ebro; 122 km.

Egaña (Juan), jurista y patriota chileno (1768-1836), autor de la Constitución de 1823. — Su hijo MARIANO (1793-1846), tb. jurista, participó en la redacción de la Constitución de 1833.

Egas (Annequin), arquitecto flamenco, m. hacia 1494, maestro de las obras de la catedral de Toledo. — Su hijo ENRIQUE (1455-1534), fue tb. arquitecto y uno de los representantes más notables del plateresco (Universidad de Salamanca, Capilla Real de Granada, etc.).

Egastes o **Egadas,** archipiélago italiano al O. de Sicilia.

Egberto el Grande, rey de los anglosajones, m. en 839, jefe de la heptarquía anglosajona.

Egea de los Caballeros, v. de España (Zaragoza). Cereales. Ganadería.

Egeo (MAR), parte del Mediterráneo, entre la costa oriental de Grecia y el Asia Menor. Llamado ant. *Archipiélago.*

egeria f. *Fig.* Persona que aconseja secretamente a otra.

Egeria, ninfa consejera del rey romano Numa Pompilio.

Egica, rey hispanovisigodo de 687 a 701.

égida f. Coraza de Júpiter y de Minerva. ‖ *Fig. Protección*, apoyo: *bajo la égida de uno.*

Egina, isla de Grecia, en el golfo homónimo, entre Ática y el Peloponeso. Su cap., la c. de igual n., era rival de Atenas.

egipciaco, ca y **egipciano, na** adj. y s. Egipcio: *Santa María Egipciaca; los egipcianos del Sur.*

egipcio, cia adj. y s. De Egipto. ‖ — M. Lengua egipcia.

Egipto, Est. del NE. de África; 1 000 000 km²; 35 000 000 h. (*egipcios*). Cap. *El Cairo*, 3 518 200 h.; otras c.: *Alejandría*, 1 587 700 h.; *Port Said*, 283 000; *Tanta*, 209 500; *Mahalla al-Kubra*, 132 000; *Mansura*, 176 500, y *Suez*, 219 000. Su n. oficial es *República Árabe de Egipto.*

— GEOGRAFÍA. Las regiones desérticas ocupan el 97 por 100 del territorio egipcio: al Oeste, el *desierto de Libia* y, al Este, el *de Arabia*. La región fértil se encuentra en el valle del Nilo. La economía egipcia depende de la exportación de algodón, pero la construcción de la presa de Asuán va sin duda a cambiar profundamente las estructuras del país.

— HISTORIA. La historia de Egipto en la Antigüedad es una de las más remotas (tres milenios a. de J. C.) y su cultura una de las más brillantes. Ocupado por los persas (525 a. de J. C.) y por Alejandro (332), Egipto fue reducido a provincia romana en el año 30 a. de J. C. En 640 de nuestra era fue ocupado por los árabes y en 1517 por los turcos. En 1882, los británicos se apoderaron del valle del Nilo. Durante la primera guerra mundial, Egipto fue declarado protectorado de Gran Bretaña hasta 1922. En 1952, el ejército destronó al rey Faruk y proclamó después la República. Nasser, jefe de Estado desde 1954, ha orientado la política del país en un sentido nacionalista; en 1956 nacionalizó el canal de Suez y tuvo un conflicto armado con Israel. De 1958 a septiembre de 1961, Egipto formó con Siria y el Yemen la República Árabe Unida, reconstituida de 1963 a 1971, a la que se incorporó Irak. En 1967 una guerra enfrentó de nuevo a Egipto con Israel, que terminó con la victoria de los israelíes, quienes ocuparon la península de Sinaí. El Canal de Suez fue cerrado al tráfico. A la muerte de Nasser (1970) fue nombrado jefe de Estado A. al-Sadat. En 1971, Egipto, con Siria y Libia, forma la federación Unión de Repúblicas Árabes. Nueva guerra con Israel en 1973.

Egipto, príncipe de Egipto, hermano de Dánao. Sus cincuenta hijos casaron con las cincuenta Danaides y fueron asesinados, excepto uno, por sus esposas la noche de bodas.

egiptología f. Estudio del antiguo Egipto.

egiptólogo, ga m. y f. Especialista en egiptología.

égira f. Hégira.

Egisto, uno de los Atridas. Sedujo a Clitemnestra, y luego entre los dos dieron muerte a Agamenón, esposo de Clitemnestra. A su vez fue muerto por Orestes.

EGIPTO

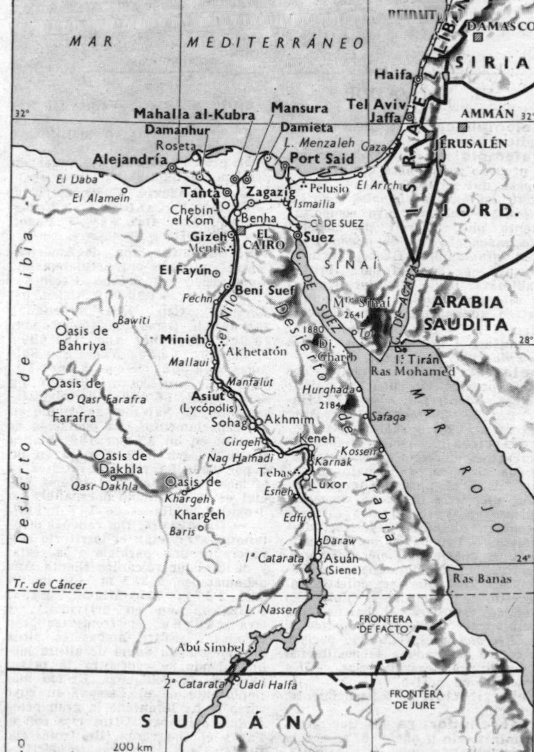

égloga f. Composición poética del género bucólico: *las églogas de Garcilaso de la Vega.*

Egmont (Lamoral, *conde de*), militar flamenco (1522-1568). Primeramente al servicio de España, se alzó contra los abusos de la Inquisición. M. decapitado por orden del duque de Alba.

ego m. *Fil.* Ser individual. ‖ Parte consciente del individuo.

egocéntrico, ca adj. Que se cree el centro del universo.

egocentrismo m. Exagerada exaltación de la propia personalidad, hasta considerarse como centro del universo.

egoísmo m. Inmoderado amor de sí mismo que antepone a todo la conveniencia y el interés propio, incluso en perjuicio de los demás.

egoísta adj. y s. Que da muestras de egoísmo.

egoistón, ona adj. y s. Muy egoísta.

ególatra adj. y s. Afectado de egolatría.

egolatría f. Culto, adoración, amor excesivo de sí mismo.

egolátrico, ca adj. Ególatra.

egotismo m. Afán de hablar o de ocuparse únicamente de sí mismo.

egregio, gia adj. Insigne.

egresado, da adj. y s. *Amer.* Graduado de una escuela, colegio o universidad: *egresado de la Universidad de Charcas.*

egresar v. i. *Amer.* Graduarse en una escuela, colegio o universidad (ú. t. c. pr.).

egreso m. *Com.* Salida. ‖ *Amer.* Acción y efecto de egresar.

Eguía (Francisco Ramón de), general español de la guerra de Independencia (1750-1827).

Eguren (José María), poeta simbolista peruano (1882-1942), autor de *Simbólicas, La canción de las figuras, Sombra, Rondinelas.*

Egusquiza (Juan Bautista), general paraguayo (1845-¿1898?) pres. de la Rep. de 1894 a 1898.

¡eh! interj. Sirve para llamar la atención.

Ehrenburg (Ilya), escritor soviético (1891-1967), autor de *Una callejuela de Moscú, El deshielo, La caída de París*, etc.

Ehrlich (Paul), médico alemán (1854-1915). Descubrió el salvarsán. (Pr. Nóbel, 1908.)

Éibar, v. del N. de España (Guipúzcoa). Industrias (armas, bicicletas, máquinas de coser).

Eichelbaum (Samuel), escritor y dramaturgo realista argentino (1894-1967), autor de *La mala sed, Pájaros de barras, Dos brasas*, etc.

eider m. (pal. sueca). Pato del que se saca el edredón. (Llámase tb. *pato de flojel.*)

Eifel, meseta en el O. de Alemania (Renania); 746 m. Bosques.

Eiffel (*Torre*), torre metálica de París (320 m.), construida para la Exposición universal de 1889 por Gustave EIFFEL (1832-1923).

Eijkman (Christiaan), fisiólogo holandés (1858-1930). Descubrió la vitamina B. (Pr. Nóbel, 1929.)

Eilat, c. de Israel en el golfo de Akaba. Oleoducto que le une con Ashdod.

Einaudi (Luigi), político y economista italiano (1874-1961, presde la Rep. de 1948 a 1955.

Eindhoven, c. de Holanda (Brabante Septentrional). Industrias (radiotécnicas, químicas, automóviles)

Einstein [*ainstain*] (Albert), físico alemán, n. en Ulm (1879-1955), naturalizado norteamericano, creador de la teoría de la relatividad. (Pr. Nóbel, 1921.)

Eire, n. oficial de la *República de Irlanda.*

Eisenach [*aisenaj*], c. de Alemania Oriental (Erfurt). En sus cercanías se halla el castillo de Wartburgo, cuna de la Reforma de Lutero. Patria de J. S. Bach.

Eisenhower (Dwight David), general norteamericano (1890-1969), jefe supremo de los ejércitos aliados en la segunda guerra mundial. Pres. de Estados Unidos de 1953 a 1961.

Eisenhüttenstadt [*aisenjut-*], ant. *Stalinstadt*, c. de Alemania Oriental, a orillas del Oder.

Eisenstadt [*aisenç-*], c. de Austria, cap. del Burgenland.

Eisleben [*aisli-*], c. de Alemania Oriental (Halle), donde nació Lutero.

eje m. Varilla que atraviesa un cuerpo giratorio. || Barra horizontal dispuesta perpendicularmente a la línea de tracción de un carruaje y que entra por sus extremos en los bujes de las ruedas. || Línea que divide por mitad el ancho de una calle u otra cosa semejante. || *Geom.* Línea alrededor de la cual se supone que gira una figura: *eje de un cilindro, de un cono.* || *Mat* Línea a la cual se da un valor especial: *eje de correderas.* || *Fig.* Idea fundamental: *el eje de una política.* | Tema central de una obra o empresa: *el eje de un discurso, de una tesis.*

Eje, alianza realizada entre Berlín y Roma (1936), completada luego por Japón, Hungría, Rumania y Bulgaria.

ejecución f. Realización: *ejecución de un plan.* || Cumplimiento: *ejecución de una orden.* || Modo de interpretar una obra artística: *la ejecución de una ópera.* || Suplicio de un condenado a muerte: *ejecución de un asesino.* || *For.* Embargo y venta de los bienes de un deudor: *ejecución judicial.*

ejecutante com. Persona que ejecuta una pieza musical. || — Adj. y s. *For.* Que efectúa una ejecución judicial.

ejecutar v. t. Realizar, llevar a cabo: *ejecutar un proyecto.* || Cumplir: *ejecutar una orden* (ú. t. c. i.). || *For.* Obligar a una persona a que pague sus deudas: *ejecutar a un deudor.* | Ajusticiar: *ejecutar a un reo de muerte.* || *Mús.* Tocar, cantar: *ejecutar un trozo de Beethoven.* || Pintar, esculpir: *ejecutar un cuadro, una escultura.*

ejecutivo, va adj. Encargado de la aplicación de las leyes: *poder ejecutivo.* || Encargado de aplicar un mandato: *consejo ejecutivo.* || Dirigente. || Urgente. || — M. Dirigente, directivo de una empresa. || Poder ejecutivo.

ejecutor, ra adj. y s. Que ejecuta: *ejecutor de un plan.* || — *Ejecutor de la justicia,* verdugo. || *Ejecutor testamentario,* albacea.

ejecutoria f. Título o carta de nobleza. || *Fig.* Mérito, timbre.

ejecutoría f. Cargo de ejecutor.

EL SALVADOR

ejecutoriar v. t. Dar firmeza de cosa juzgada a un fallo judicial (ú. t. c. pr.). || *Fig.* Comprobar la certeza de una cosa.

ejecutorio, ria adj. *For.* Firme: *sentencia ejecutoria.*

¡ejem! interj. Expresa duda o ironía.

ejemplar adj. Que puede servir de ejemplo: *vida ejemplar.* || Lo que debe servir de escarmiento: *castigo ejemplar.* || — M. Cada objeto sacado de un mismo modelo: *un ejemplar de la Biblia.* || Número suelto de una revista. || Objeto de una colección: *un ejemplar magnífico de escarabajo.* || *Fig.* Individuo: *¡menudo ejemplar!*

ejemplaridad f. Calidad de ejemplar: *la ejemplaridad de su conducta.*

ejemplarizar v. t. Servir de ejemplo.

ejemplificar v. t. Demostrar o explicar con ejemplos.

ejemplo m. Caso o hecho que se propone y cita para que se imite o para que se evite, siendo malo: *seguir los buenos ejemplos y no los malos.* || Persona cuyo comportamiento puede servir de modelo: *este muchacho es un ejemplo de buen alumno.* || Hecho, texto o cláusula que se cita para ilustrar o autorizar un aserto: *los ejemplos de este diccionario.* || Desgracia o castigo que puede servir de escarmiento. || — *Dar ejemplo,* excitar la imitación de los demás. || *Sin ejemplo,* sin precedente.

ejercer v. t. e i. Practicar los actos propios de una profesión: *ejercer una carrera.* || — V. t. Hacer uso de: *ejercer sus derechos; ejercer influencia sobre alguien.*

ejercicio m. Acción y efecto de ejercer: *el ejercicio de la abogacía, de las virtudes.* || Trabajo que se hace para el aprendizaje de una cosa: *ejercicios de piano, de matemáticas.* || Paseo u otro esfuerzo corporal: *ejercicio pedestre, gimnástico.* || Prueba en un examen o en una oposición: *ejercicio oral, escrito.* || *Mil.* Movimientos y evoluciones con que se adiestra al ejército. || Período al final del cual se establece el balance del presupuesto: *ejercicio económico.* || — *Ejercicios espirituales,* período de retiro dedicado a la meditación y a las prácticas piadosas. || *En ejercicio,* en activo.

ejercitación f. Entrenamiento, ejercicio.

ejercitador, ra adj. Que ejerce un ministerio u oficio (ú. t. c. s.).

ejercitante adj. Que ejercita. || — Com. Persona que hace algunos ejercicios, particularmente los ejercicios espirituales.

ejercitar v. t. Enseñar con la práctica: *ejercitar a uno en el manejo de las armas.* || — V. pr. Adiestrarse: *ejercitarse en la equitación.*

ejército m. Conjunto de las fuerzas militares de un país o que operan juntas en un conflicto. || *Fig.* Gran número, multitud: *un ejército de acreedores.* || *Ejército de Salvación,* v. SALVACIÓN.

Ejército Argentino, meseta de la Antártida Argentina; 4 000 m.

ejido m. Campo común situado en las afueras de un pueblo y donde suelen reunirse los ganados o establecerse las eras. || En México, parcela o unidad agrícola establecida por la Ley, no menor de diez hectáreas.

ejote m. *Amer.* Vaina del frijol verde.

el art. determ. en gén. m. y núm. sing.

él pron. pers. de 3.ª pers. en gén. m. y núm. sing.

El || ~ **Azarié.** V. BETANIA. || ~ **Callao.** V. CALLAO. || ~ **Escorial.** V. ESCORIAL. || ~ **Paso.** V. PASO (*El*).

El Salvador, rep. de América Central, situada entre Guatemala, Honduras y el océano Pacífico; 21 160 km²; 4 000 000 h. (*salvadoreños*). Cap. *San Salvador,* 250 000 h. Otras c.: *Ahuachapán,* 40 000 h.; *Santa Ana,* 137 000; *Sonsonate,* 31 000; *Nueva San Salvador,* 40 000; *San Vicente,* 35 000; *Zacatecoluca,* 39 000, y *San Miguel,* 76 000. Administrativamente, El Salvador se divide en 14 departamentos. La población es mestiza en un 85 por 100, blanca en un 10 por 100 e india en un 5 por 100. La religión católica es la más extendida, y el idioma oficial es el castellano o español. La densidad media es de 147 h/km².

— GEOGRAFÍA. Dos cadenas montañosas atraviesan el territorio salvadoreño: una paralela a la costa y de carácter volcánico (Santa Ana o Lamatepec, 2 385 m; Chichontepec, 2 174; San Miguel, 2 153, e Izalco, aún en actividad), y otra cadena es fronteriza con Honduras. Entre ambas se sitúa una meseta de 65 m de altura media, donde se concentra la mayor parte de la población. El río más importante es el Lempa, en cuyo curso se ha levantado la gran presa *5 de Noviembre.* Otros ríos son el Paz y el Goascorán, limítrofes con Guatemala y Honduras, respectivamente. Existen lagos bastante extensos, como son el Ilopango, el Güija y el Coatepeque. El accidente costero más importante es el golfo de Fonseca, que El Salvador comparte con Honduras y Nicaragua. El clima es cálido en la costa y templado en la meseta. La economía salvadoreña está basada en la agricultura, aun cuando solamente la cuarta parte de las tierras están cultivadas. Se produce café, algodón, caña de azúcar, tabaco y frutas tropicales. La ganadería es bastante importante (vacunos, cerdos, caballos), la minería está poco explotada (oro, plata) y la industria ha realizado grandes progresos. Las comunicaciones están ampliamente servidas por 700 km de carreteras pavimentadas, 640 km de ferrocarril y varias líneas aéreas.

— HISTORIA. El Salvador estuvo habitado en otros tiempos por los indios pipiles y lencas, que vivían de la agricultura. Andrés Niño descubrió el golfo de Fonseca en 1522, pero la conquista comenzó dos años más tarde, con la entrada de Pedro de Alvarado, enviado por Cortés. El país fue sometido rápidamente; no obstante hubo una sublevación indígena en 1529, que fue reprimida. Se fundaron varias ciudades, como San Salvador (1525), San Miguel (1530), Chalatenango (1536). Políticamente, la Alcaldía de San Salvador dependió de la Capitanía General de Guatemala. El período colonial fue relativamente tranquilo, viéndose alterado solamente por las erupciones de volcanes y por los terremotos, que llegaron a destruir varias veces la ciudad de San Salvador. Tras unos intentos fallidos de emancipación en 1811 y 1814, la independencia del Istmo fue proclamada en 1821, y al año siguiente El Salvador quedó incorporado, mal de su grado, al Imperio Mexicano de Iturbide. Roto el Imperio en 1823, pasó a formar parte de las Provincias Unidas de Centroamérica, federación que estaba gobernada por un presidente común, pero que dejaba a cada Estado su autonomía y un jefe propio. El Salvador se opuso desde un principio a la política centralista de Manuel José de Arce, y la federación acabó disolviéndose en 1838. Como Estado soberano, El Salvador promulgó su Constitución en 1841. La vida política del país se vio turbada por las luchas internas entre liberales y conservadores, y, en el exterior, por los sucesivos conflictos con los países vecinos: guerra en 1845 contra Honduras y Nicaragua, y en 1850, 1863, 1876 y 1906 contra Guatemala. Afortunadamente tampoco faltaron los intentos de unión, como fue el de la República Tripartita, en 1842, que agrupaba a Honduras, Nicaragua y El Salvador, y el Tratado de Paz y Amistad suscrito en 1907 entre los cinco países centroamericanos. La gran inestabilidad política del s. XIX se ha reducido grandemente, y el país ha podido en la actualidad consagrarse a su desarrollo. José María Lemus fue derrocado en 1960, y sustituido por una Junta y un Directorio, hasta la elección de Julio Adalberto Rivera en 1962, quien terminó su mandato y fue sucedido constitucionalmente por Fidel Sánchez Hernández en 1967 y por el coronel Arturo Armando Molina en 1972. En 1969 estalló un conflicto armado entre el país y Honduras.

elaboración f. Fabricación: *elaboración del tabaco.* ‖ Preparación: *elaboración del presupuesto.*

elaborador, ra adj. y s. Que elabora.

elaborar v. t. Transformar en producto una materia prima: *elaborar un producto químico.* ‖ Idear, preparar por un largo trabajo: *elaborar un reglamento, una ley.* ‖ Transformar en sustancia asimilable: *el hígado elabora bilis.*

elación f. (P. us.). Elevación, grandeza. | Hinchazón de estilo.

Elam o **Susiana,** ant. Estado vecino de Caldea; cap. *Susa.*

elamita adj. y s. De Elam.

elan m. (pal. fr.). Impulso. ‖ *Fil. Elan vital,* ímpetu de vida, impulso continuo de la vida que, según Bergson, produce la evolución de los seres.

elasticidad f. Calidad de elástico: *la elasticidad de los gases.* ‖ *Fig.* Flexibilidad: *la elasticidad de un miembro.* | Flexibilidad, falta de rigor.

elástico, ca adj. Que recobra su forma inicial después de haber sido estirado o deformado: *los gases son sumamente elásticos.* ‖ *Fig.* Flexible, no estricto: *conciencia elástica; reglamento elástico.* ‖ *Goma elástica,* caucho. ‖ — M. Tejido que tiene elasticidad. ‖ Cinta o cordón elástico. ‖ Parte superior de un calcetín, de punto elástico. ‖ — Pl. Tirantes. ‖ — F. Camiseta de punto.

Elath. V. EILAT.

Elba, en checo *Labe,* río de Checoslovaquia y Alemania que des. en el mar del Norte; 1 100 km. — Isla del Mediterráneo (Italia) al E. de Córcega, donde fue desterrado Napoleón en 1814.

Elberfeld. V. WUPPERTAL.

Elblag, ant. *Elbing,* c. de Polonia, al E. del delta del Vístula.

Elbruz, altura máxima del Cáucaso (U. R. S. S.); 5 633 m.

Elburz, cord. de Irán, al S. del mar Caspio. El Demavend (5 604 m) es su punto culminante.

Elcano (Juan Sebastián), navegante español, n. en Guetaria (¿1476?-1526). Participó en la expedición de Magallanes, a cuya muerte (1521) asumió el mando, y a bordo de la *Victoria* dio la primera vuelta al mundo (1519-1522).

elche m. Morisco o renegado de la religión cristiana.

Elche, c. de España (Alicante). En 1897 se encontró en esta ciudad una escultura de piedra iberofenicia que representa un busto de mujer, llamada *La dama de Elche.*

Eldorado, pobl. de la Argentina (Misiones).

Eldorado, río mítico de América del Sur, buscado afanosamente por los conquistadores españoles. El nacimiento de esta leyenda se debe a la ceremonia de consagración de los nuevos *zipas,* que se sumergían en la laguna de Guatavita con el cuerpo cubierto de polvo de oro. Jiménez de Quesada y Benalcázar intentaron llegar a esta región fabulosa.

ele f. Nombre de la letra *l.*

Elea, ant. ciudad del S. de Italia (Lucania), colonia focense. Lugar de nacimiento de Zenón y de Parménides.

eleagnáceas f. pl. Familia de plantas dicotiledóneas cuyo tipo es el árbol del Paraíso (ú. t. c. adj.).

eleático, ca adj. De la escuela filosófica de Elea. ‖ — M. Filósofo eleático. (Los *eleáticos* eran filósofos presocráticos que defendían la unidad e inmutabilidad del ser [Jenófanes de Colofón, Parménides, Zenón de Elea].)

eleatismo m. Filosofía eleática.

Eleazar, sumo sacerdote de los hebreos, hijo y sucesor de Aarón.

elección f. Designación por votación: *elección de un diputado.* ‖ Acción y efecto de escoger: *la elección de un oficio.* ‖ Posibilidad de escoger: *ser de su libre elección.*

electivo, va adj. Que se designa o se da por elección: *presidente electivo; cargo electivo.*

electo, ta adj. Elegido: *presidente electo de la República.* ‖ — M. El elegido o nombrado mientras no toma posesión.

elector, ra adj. y s. Que vota o tiene derecho a hacerlo en unas elecciones. ‖ — M. Cada uno de los príncipes germánicos a quienes correspondía la elección y nombramiento de emperador.

— Según lo dispuesto por la Bula de Oro (1356), en el Sacro Imperio Romano Germánico había tres *electores* eclesiásticos (los arzobispos de Tréveris, Colonia y Maguncia) y cuatro seglares (el rey de Bohemia, el Elector palatino, el Elector de Sajonia y el Elector de Brandeburgo).

electorado m. Estado soberano germánico cuyo príncipe tenía voto para elegir emperador. ‖ Conjunto de electores.

electoral adj. Del elector o de las elecciones: *derechos electorales.*

electoralismo m. Intervención de consideraciones puramente electorales en la política de un partido.

Electra, hija de Agamenón y Clitemnestra. Unida a su hermano Orestes, vengó a su padre. (*Mit.*)

electricidad f. *Fís.* Forma de energía que se manifiesta por fenómenos mecánicos, luminosos, térmicos, fisiológicos y químicos.

— Cuando se frotan entre sí dos cuerpos se producen dos clases de *electricidad:* una *positiva* en uno de estos cuerpos y una *negativa* en el otro. Este fenómeno se debe a la composición de los átomos, que están formados de un núcleo central, electrizado positivamente, rodeado de electrones a su vez cargados de electricidad negativa. Estas cargas, de signos contrarios, se compensan en los cuerpos eléctricamente neutros. En cambio, un exceso de electrones determina una carga negativa, y una falta de electrones provoca una carga positiva. La electricidad creada por frotamiento se llama *estática.* Las cargas eléctricas transmitidas por los conductores en forma de corriente eléctrica constituyen la *electricidad dinámica.* La electricidad se puede transformar en otra clase de energía: mecánica, en los motores; térmica, en las resistencias de calefacción; luminosa, en el alumbrado eléctrico; química, en la electrólisis.

electricista adj. Que se dedica al estudio y las aplicaciones de la electricidad: *ingeniero electricista.* ‖ Que se ocupa de las instalaciones eléctricas. Ú. t. c. s. m.: *el electricista arregló el timbre.*

eléctrico, ca adj. Relativo a la electricidad: *corriente, luz eléctrica.* ‖ Que funciona con electricidad: *horno eléctrico.*

electrificación f. Utilización de la electricidad para hacer funcionar una máquina o una explotación: *la electrificación de los ferrocarriles.* ‖ Producción y suministro de energía eléctrica en un sitio desprovisto anteriormente de ella: *la electrificación de un valle, de una región.*

electrificar v. t. Dotar de instalación eléctrica: *electrificar un país.* ‖ Adaptar a una instalación un equipo eléctrico: *electrificar el ferrocarril.*

electriz f. Mujer de un príncipe elector.

electrizable adj. Que puede electrizarse: *cuerpos electrizables.*

electrización f. Acción y efecto de electrizar o electrizarse.

electrizador, ra y **electrizante** adj. Que electriza.

electrizar v. t. Comunicar o producir energía eléctrica: *electrizar un cuerpo por frotación.* ‖ *Fig.* Entusiasmar, exaltar: *el orador electrizó al auditorio.*

electroacústica f. *Fís.* Técnica de la producción, transmisión, grabación y reproducción de los fenómenos acústicos por medios eléctricos.

electrocardiografía f. Parte de la medicina que estudia la obtención e interpretación de los electrocardiogramas.

electrocardiógrafo m. Dispositivo que registra en electrocardiogramas la variación de la tensión producida por la actividad cardiaca.

electrocardiograma m. Gráfico producido por el electrocardiógrafo.

electrocinética f. Parte de la física que se ocupa de los fenóme-

El

nos de la electricidad en movimiento.

electrocución f. Muerte producida por una descarga eléctrica.

electrocutar v. t. Matar por una descarga eléctrica (ú. t. c. pr.).

electrochoque m. *Med.* Tratamiento de algunas enfermedades mentales por aplicación al encéfalo de una corriente eléctrica de corta duración.

electrodinámico, ca adj. De la electrodinámica. ‖ — F. Parte de la física que estudia la acción dinámica de las corrientes eléctricas.

electrodo m. Cada uno de los polos de una corriente eléctrica que se ponen en un líquido o un gas para que la electricidad pase a través de éstos.

electrodoméstico, ca adj. y s. m. pl. Aplícase a los aparatos eléctricos destinados al uso doméstico (plancha eléctrica, aspirador, nevera, etc.).

electroencefalografía f. Parte de la medicina que trata de la obtención e interpretación de los electroencefalogramas.

electroencefalógrafo m. Aparato que registra gráficamente las corrientes eléctricas producidas por la actividad del encéfalo.

electroencefalograma m. Gráfico producido por el electroencefalógrafo.

electrófono m. Aparato que reproduce los sonidos grabados en un disco por procedimientos electromecánicos. (Se compone de un tocadiscos y un amplificador con altavoz.)

electróforo m. Instrumento para producir y multiplicar pequeñas cantidades de electricidad estática.

electrógeno, na adj. Que produce electricidad: *grupo electrógeno.* ‖ — M. Generador eléctrico.

electroimán m. *Fís.* Barra de hierro dulce imantado artificialmente por la acción de una corriente eléctrica.

electrólisis f. *Quím.* Descomposición de un cuerpo haciendo pasar por su masa una corriente eléctrica.

electrolítico, ca adj. Producido por electrólisis: *descomposición electrolítica.* ‖ De la electrólisis.

electrólito m. *Fís.* y *Quím.* Cuerpo que en estado líquido puede ser descompuesto por la electricidad.

electrolización f. Electrólisis.

electrolizador, ra adj. Que electroliza. ‖ — M. *Fís.* Aparato para efectuar la electrólisis.

electrolizar v. t. Efectuar la electrólisis.

electromagnético, ca adj. De electromagnetismo.

electromagnetismo m. Parte de la física que estudia las acciones y reacciones de las corrientes eléctricas sobre los campos magnéticos.

electromecánico, ca adj. Aplícase al dispositivo mecánico que funciona por medio de la electricidad. ‖ — F. Ciencia de las aplicaciones de la electricidad y de la mecánica.

electrometalurgia f. Aplicación de procedimientos eléctricos a la metalurgia.

electrometría f. Parte de la física que estudia la medida de la intensidad eléctrica.

electrómetro m. *Fís.* Aparato para medir la carga o el potencial eléctrico de un cuerpo.

electromotor, ra adj. *Fís.* Aplícase a todo aparato o máquina en que se transforma la energía eléctrica en trabajo mecánico: *aparato electromotor; máquina electromotora* (ú. t. c. s. m.). ‖ Que produce electricidad bajo la influencia de agentes químicos o mecánicos.

electromotriz adj. f. *Fís.* Aplícase a la fuerza de la electricidad que se mueve a lo largo de un circuito.

electrón m. *Fís.* Partícula elemental dotada de una carga de electricidad negativa, uno de los constituyentes del átomo: *la carga del electrón es 1,60 × 10—*[19] *culombios.* ‖ *Electrón positivo,* el positrón.

electronegativo, va adj. *Quím.* Aplícase al cuerpo que en la electrólisis se dirige al ánodo o polo positivo.

electrónico, ca adj. *Fís.* De los electrones o de la electrónica: *microscopio electrónico; calefacción electrónica.* ‖ — F. Parte de la física que estudia los fenómenos en que intervienen los electrones libres. ‖ Aplicación industrial de estos conocimientos. ‖ *Música electrónica,* la que utiliza las oscilaciones eléctricas para crear, valiéndose de altavoces, sonidos musicales grabados.

electronvoltio m. *Fís.* Unidad de energía utilizada en física nuclear (símb., eV) equivalente a la energía adquirida por un electrón acelerado con una diferencia de potencial de un voltio.

electropositivo, va adj. *Quím.* Aplícase al cuerpo que en la electrólisis se dirige al ánodo o polo negativo.

electroquímico, ca adj. De la electroquímica. ‖ — F. Parte de la física que estudia las transformaciones mutuas de las energías eléctrica y química. ‖ Aplicación industrial de estos conocimientos.

electroscopio m. *Fís.* Instrumento que indica la existencia de electricidad en un cuerpo y su signo.

electrosiderurgia f. Aplicación de la electricidad a la siderurgia.

electrostático, ca adj. Relativo a la electricidad estática: *inducción electrostática.* ‖ — F. Parte de la física que estudia la electricidad en equilibrio.

electrotecnia f. Estudio de las aplicaciones técnicas de la electricidad.

electrotécnico, ca adj. De la electrotecnia.

electroterapia f. *Med.* Aplicación de la electricidad en el tratamiento de las enfermedades.

electroterápico, ca adj. De la electroterapia.

electrotermia f. Estudio de las transformaciones de la energía eléctrica en calor. ‖ Utilización de la electricidad para elevar la temperatura de la materia en la electrometalurgia.

electrotipia f. Aplicación de medios electroquímicos en la reproducción tipográfica.

electrotipo m. Reproducción galvanoplástica de un grabado o composición tipográfica.

electuario m. Preparación farmacéutica de consistencia de miel.

elefancía f. *Med.* Elefantiasis.

elefanciaco, ca adj. y s. Elefantiásico.

elefante m. Mamífero proboscidio herbívoro, que tiene trompa prensil, piel rugosa y dos incisivos prolongados o colmillos que dan el marfil. ‖ — *Fig.* y *fam. Méx. Elefante blanco,* objeto, finca o negocio de mucho costo y poca utilidad. ‖ *Elefante marino,* morsa.

— El *elefante* es el mayor de los animales terrestres actuales. Puede alcanzar de 2 a 3,70 m de altura y de 5 a 6 toneladas de peso. Vive en grandes manadas y se domestica fácilmente.

elefantiásico, ca adj. *Med.* Relativo a la elefantiasis. ‖ — Adj. y s. Que padece este mal.

elefantiasis f. *Med.* Enfermedad de los países tropicales caracterizada por el desarrollo excesivo de algunas partes del cuerpo, especialmente de las extremidades y por la rugosidad de la piel.

Elefantina, isla fluvial del Nilo (Egipto), frente a Asuán. Ruinas de tiempos de los faraones.

elefantino, na adj. Relativo al elefante o que se le parece.

elegancia f. Gracia y distinción en el porte, el vestido y los modales. ‖ Buen gusto en la elección de las palabras.

elegante adj. Distinguido, de buen gusto: *hombre, traje, estilo elegante.* ‖ Que se ajusta mucho a la moda (ú. t. c. s.). ‖ Fino, sin mezquindad: *una acción elegante.*

elegantón, ona adj. *Fam.* Muy elegante.

elegía f. Composición lírica de asunto triste: *las elegías de Ovidio.*

elegiaco, ca adj. De la elegía. ‖ *Por ext.* Triste, lastimero: *tono elegiaco.*

elegibilidad f. Calidad de elegible.

elegible adj. Que puede ser elegido.

elegido, da adj. y s. Que ha sido designado por elección. ‖ — M. Predestinado.

* **elegir** v. t. Escoger, dar su preferencia: *elegir un libro entre varios.* ‖ Designar por elección: *elegir diputado.*

elemental adj. Fundamental, primordial: *principio elemental.* ‖ Que contiene los elementos de una ciencia: *química elemental.* ‖ Muy sencillo: *nociones elementales de matemáticas.* ‖ Evidente: *no vale la pena decir algo tan elemental.*

elemento m. Componente de un cuerpo: *el cuarzo es uno de los elementos del granito.* ‖ Cuerpo simple: *elemento químico.* ‖ Parte integrante de un todo: *los elementos de una obra; la agricultura, elemento de riqueza de un país.* ‖ Motivo: *un elemento de descontento.* ‖ Medio en que se desenvuelve un ser: *el aire es el elemento de los pájaros.* ‖ Medio favorito o habitual: *estar uno en su elemento.* ‖ Persona que pertenece a un grupo: *elemento activo de un partido.* ‖ *Fam.* Individuo. ‖ *Fís.* Par de una pila eléctrica, de un acumulador. ‖ — Pl. Fundamentos, primeras nociones: *elementos de geometría, de dibujo.* ‖ Fuerzas naturales: *luchar contra los elementos desencadenados.* ‖ *Fig.* Medios: *poseer elementos de subsistencia.* ‖ *Los cuatro elementos,* el aire, el fuego, la tierra y el agua. (V. ilustr. pág. sgte.)

Elena. V. Helena. ‖ ~ *(Santa),* madre de Constantino el Grande (¿247?-327); participó en la Invención de la Santa Cruz (326). Fiesta el 18 de agosto.

elenco m. Catálogo, índice. ‖ Conjunto de actores en una compañía de teatro. ‖ Reparto de una obra teatral.

eleusino, na adj. De Eleusis.

Eleusis, c. de Grecia (Ática), al NO. de Atenas, donde había un templo de Deméter. Sus fiestas eran famosas.

Eleuteria, diosa griega de la Libertad.

Eleuterio *(San),* papa de 175 a 189. Fiesta el 26 de mayo.

elevación f. Acción y efecto de elevar o elevarse. ‖ Eminencia. ‖ *Fig.* Distinción, nobleza: *elevación de los sentimientos, del estilo.* ‖ Ascensión a un cargo muy elevado. ‖ El alzar en el sacrificio de la misa. ‖ *Tirar por elevación,* tirar de manera que describa el proyectil una curva muy elevada.

elevado, da adj. Alto: *cumbres elevadas.* ‖ *Fig.* Sublime.

elevador, ra adj. Que eleva: *músculo elevador; bomba elevadora.* ‖ — M. Aparato para subir mercancías, montacargas. ‖ *Amer.* Ascensor.

elevamiento m. Elevación.

elevar v. t. Levantar, alzar: *elevar un peso* (ú. t. c. pr.). ‖ Construir: *elevar un monumento.* ‖ *Fig.* Colocar en un cargo elevado: ‖ *Mat.* Poner un número en una potencia: *elevar al cuadrado.* ‖ *Elevar protestas,* suscitarlas. ‖ — V. pr. *Fig.* Ascender, alcanzar: *los gastos se elevan a tres millones.* ‖ Alcanzar una posición social elevada. ‖ Enajenarse: *elevarse en éxtasis.* ‖ Engreírse, envanecerse.

elfo m. Genio mitológico escandinavo que simboliza el aire, la tierra, el fuego, etc.

Elgar (Edward), compositor inglés (1857-1934), autor de sinfonías, cantatas y oratorios.

Elhúyar (Fausto de), químico español, n. en Logroño (1757-1833). Descubrió el volframio o tungsteno. Fundador de la Escuela de Minería de México. Autor de *Teoría de la amalgamación*.

Elías, profeta judío (s. IX a. de J. C.). ‖ ~ **Calles** (PLUTARCO), general mexicano (1877-1945), pres. de la Rep. de 1924 a 1928.

Elías Piña, ant. *Comendador*, c. de la Rep. Dominicana, cap. de la prov. de San Rafael.

Élide, región de Grecia (Peloponeso) donde se celebraban los juegos olímpicos.

elidir v. t. *Gram.* Quitar la vocal con que acaba una palabra cuando la que sigue empieza por otra vocal, v. gr. .

eliminación f. Supresión.

eliminador, ra adj. y s. Que elimina.

CLASIFICACIÓN DE LOS ELEMENTOS QUÍMICOS

Cada casilla del cuadro corresponde a un elemento químico, y en ella aparece el número atómico (número de electrones del átomo) en la parte superior izquierda, y la masa o peso atómico en la parte superior derecha.

Los electrones del átomo están dispuestos en capas u órbitas sucesivas; los elementos correspondientes a una misma línea, o período, tienen igual número de órbitas; una el hidrógeno y el helio, dos el segundo período, comprendido entre el litio y el neón, y así sucesivamente.

Los elementos que figuran en una misma columna vertical poseen igual número de electrones en la órbita externa, desde 1 que tiene la columna del hidrógeno hasta 8 la del helio; estos elementos presentan grandes analogías.

Una sola casilla ha sido reservada a los elementos metálicos de las tierras raras (lantánidos), de propiedades muy similares, cuyo detalle se da más abajo; igualmente se ha procedido con los elementos que siguen al radio (actínidos).

1 1 H HIDRÓGENO																	2 4 He HELIO
3 6,9 Li LITIO	4 9 Be BERILIO											5 10,8 B BORO	6 12 C CARBONO	7 14 N NITRÓGENO	8 16 O OXÍGENO	9 19 F FLÚOR	10 20,2 Ne NEÓN
11 23 Na SODIO	12 24,3 Mg MAGNESIO											13 27 Al ALUMINIO	14 28,1 Si SILICIO	15 31 P FÓSFORO	16 32,1 S AZUFRE	17 35,5 Cl CLORO	18 39,9 A ARGÓN
19 39,1 K POTASIO	20 40,1 Ca CALCIO	21 45 Sc ESCANDIO	22 47,9 Ti TITANIO	23 51 V VANADIO	24 52 Cr CROMO	25 54,9 Mn MANGANESO	26 55,8 Fe HIERRO	27 58,9 Co COBALTO	28 58,7 Ni NÍQUEL	29 63,5 Cu COBRE	30 65,4 Zn CINC	31 69,7 Ga GALIO	32 72,6 Ge GERMANIO	33 74,9 As ARSÉNICO	34 79 Se SELENIO	35 79,9 Br BROMO	36 83,8 Kr CRIPTÓN
37 85,5 Rb RUBIDIO	38 87,6 Sr ESTRONCIO	39 88,9 Y ITRIO	40 91,2 Zr CIRCONIO	41 92,9 Nb NIOBIO	42 96 Mo MOLIBDENO	43 96 Tc TECNECIO	44 101,7 Ru RUTENIO	45 102,9 Rh RODIO	46 106,7 Pd PALADIO	47 107,9 Ag PLATA	48 112,4 Cd CADMIO	49 114,8 In INDIO	50 118,7 Sn ESTAÑO	51 121,8 Sb ANTIMONIO	52 127,6 Te TELURIO	53 126,9 I YODO	54 131,3 Xe XENÓN
55 132,9 Cs CESIO	56 137,4 Ba BARIO	57 á 71 TIERRAS RARAS SERIE DE LOS LANTÁNIDOS	72 178,6 Hf HAFNIO	73 180,9 Ta TANTALIO	74 183,9 W TUNGSTENO	75 186,3 Re RENIO	76 190,2 Os OSMIO	77 193,1 Ir IRIDIO	78 195,2 Pt PLATINO	79 197,2 Au ORO	80 200,6 Hg MERCURIO	81 204,4 Tl TALIO	82 207,2 Pb PLOMO	83 209 Bi BISMUTO	84 210 Po POLONIO	85 210 At ASTATO	86 222 Rn RADÓN
87 221 Fr FRANCIO	88 226 Ra RADIO	89 á 102 ELEMENTOS RAROS SERIE DE LOS ACTÍNIDOS															

LANTÁNIDOS

57 138,9 La LANTANO	58 140,1 Ce CERIO	59 140,9 Pr PRASEODIMIO	60 144,3 Nd NEODIMIO	61 145 Pm PROMECIO	62 150,4 Sm SAMARIO	63 152 Eu EUROPIO	64 156,9 Gd GADOLINIO	65 159,2 Tb TERBIO	66 162,5 Dy DISPROSIO	67 164,9 Ho HOLMIO	68 167,2 Er ERBIO	69 169,4 Tm TULIO	70 173 Yb ITERBIO	71 175 Lu LUTECIO
89 227 Ac ACTINIO	90 232,1 Th TORIO	91 231 Pa PROTACTINIO	92 238,1 U URANIO	93 237 Np NEPTUNIO	94 242 Pu PLUTONIO	95 243 Am AMERICIO	96 243 Cm CURIO	97 249 Bk BERKELIO	98 249 Cf CALIFORNIO	99 253 Es EINSTENIO	100 255 Fm FERMIO	101 256 Mv MENDELEVIO	102 No NOBELIO	103 Lw LAWRENCIO

ACTÍNIDOS

eliminar v. t. Suprimir, quitar: *eliminar dificultades.* ‖ Apartar, excluir: *eliminar a un concursante.* ‖ *Mat.* Expeler del organismo: *eliminar un cálculo.*

eliminatorio, ria adj. Que sirve para eliminar: *composición eliminatoria.* ‖ — F. Prueba para eliminar a los concursantes más débiles.

elinvar m. Aleación formada con hierro, níquel, cromo y tungsteno cuya elasticidad es insensible a las variaciones de temperatura.

Elío (Francisco Javier de), general español (1767-1822). Siendo gobernador de Montevideo en 1807, se sublevó contra Liniers y, nombrado virrey del Río de la Plata (1811), trató de sofocar la guerra civil y abolió el virreinato.

Eliot (Mary Ann EVANS, llamada **George**) novelista inglesa (1819-1880), autora de *El molino del Floss, Silas Marner* y *Escenas de la vida clerical.* ‖ ~ (THOMAS STEARNS), poeta y ensayista inglés de origen norteamericano (1888-1965), autor de *Asesinato en la catedral, Cocktail Party,* etc. (Pr. Nóbel, 1948.)

elipse f. *Geom.* Curva plana convexa y cerrada, con dos ejes de simetría que se cortan perpendicularmente.

elipsis f. Supresión de palabras cuyo sentido se sobreentiende: *¿qué tal?* por *¿qué tal le parece?* o *¿qué tal está?*

elipsoidal adj. *Geom.* De forma de elipsoide.

elipsoide m. *Geom.* Cuerpo engendrado por la revolución de una elipse alrededor de uno de sus ejes: *la Tierra es un elipsoide achatado.*

elíptico, ca adj. *Geom.* De la elipse: *órbita elíptica.* ‖ De forma de elipse. ‖ *Gram.* De la elipsis: *frase elíptica.*

Elisabethville. V. LUBUMBASHI.

elíseo, a adj. y s. *Mit.* Del Elíseo.

Elíseo, en fr. *Elysée,* palacio de París donde vive el presidente de la República. ‖ ~ o **Campos Elíseos,** morada de los hombres virtuosos. *(Mit.)*

elisión f. Supresión de una vocal al final de una palabra cuando la siguiente empieza por otra.

élite f. Galicismo por *lo más selecto, lo mejor: la élite de la nación.*

élitro m. Cada una de las dos alas anteriores córneas de algunos insectos que cubren las posteriores.

elixir m. Medicamento líquido. | *Fig.* Remedio maravilloso.

Elobey, n. de dos islas de la Guinea Ecuatorial (Río Muni), llamadas *Elobey Grande* y *Elobey Chico.* Fueron de España hasta 1968.

elocución f. Modo de expresarse: *facilidad de elocución.*

elocuencia f. Facultad de hablar bien y de modo convincente: *la elocuencia de un orador.* ‖ *Fig.* Fuerza expresiva: *la elocuencia del gesto, de los hechos.*

elocuente adj. Que tiene elocuencia: *orador elocuente.* ‖ Significativo, expresivo: *cifras muy elocuentes.*

elogiable adj. Que merece elogio: *una publicación elogiable.*

elogiador, ra adj. y s. Que elogia.

elogiar v. t. Alabar, ponderar: *elogiar la conducta de una joven.*

elogio m. Alabanza: *el elogio de la virtud.* ‖ Discurso laudatorio: *elogio académico.*

elogioso, sa adj. Que celebra o alaba: *palabras elogiosas.*

Eloísa, religiosa francesa (1101-1164), célebre por sus amores con Abelardo.

elongación f. *Med.* Alargamiento accidental o terapéutico de un miembro o un nervio. ‖ *Astr.* Distancia angular de un astro al Sol, con referencia a la Tierra.

elosúchil m. Planta de México cuya flor tiene forma de mazorca de maíz verde.

elotada f. *Amer.* Merienda de elotes. | Conjunto de elotes.

elote m. *Amér. C.* y *Méx.* Mazorca tierna de maíz, que se come cocida o asada, en guisos diversos.

elotear v. t. *Amer.* Coger elotes en la milpa. ‖ — V. i. *Amer.* Comenzar a brotar los elotes.

elotera f. *Amer.* Mujer que vende elotes.

Eloy *(San),* prelado francés (¿588?-660), patrón de los orfebres. Fiesta el 1 de diciembre.

Eloy Alfaro, cantón del Ecuador (Esmeraldas).

Elqui, laguna de Chile (Coquimbo), a más de 3 000 m. de alt. — Río de Chile; 210 km, tb. llamado *Coquimbo.* — Dep. de Chile (Coquimbo).

Elsass-Lothringen. V. ALSACIA Y LORENA.

Elsinor, hoy *Helsingoer,* c. de Dinamarca (Selandia), donde Shakespeare sitúa la acción de *Hamlet.*

Eluard (Eugène GRINDEL, llamado **Paul**), poeta surrealista francés (1895-1953). Autor de *Libertad, La vida inmediata,* etc.

elucidar v. t. Aclarar, dilucidar: *elucidar una cuestión.*

elucubración f. Lucubración.

elucubrar v. t. Lucubrar.

eludir v. t. Evitar, librarse de una dificultad o una cosa molesta: *eludir un compromiso.*

Elvas, c. del E. de Portugal (Portalegre). Catedral.

Elvend, macizo montañoso del Irán occidental; 3 914 m.

Elzevir, Elzevirio o **Elzevier,** n. de una familia de impresores holandeses de los s. XVI y XVII.

elzeviriano, na adj. Relativo a los Elzevirios: *letra, edición elzeviriana.*

elzevirio m. Libro impreso por los Elzevirios. ‖ Tipo o carácter creado por ellos.

ella pron. personal de 3.ª pers. en género f. núm. sing.

Ellauri (José Eugenio), político uruguayo (1834-1894), pres. de la Rep. de 1873 a 1875.

elle f. Nombre de la letra *ll.*

ello pron. pers. de 3.ª pers. en género neutro.

Ellora, pobl. de la India (Maharashtra). Templos subterráneos (s. VI a IX).

ellos, ellas pron. pers. de 3.ª pers. en género m. y f. núm. pl. ‖ *¡A ellos!,* expresión con que se incita a atacar.

emaciación f. Demacración.

emaciado, da adj. Demacrado.

emanación f. Olor o exhalación que se desprende de algunos cuerpos. ‖ *Fig.* Manifestación.

emanante adj. Que emana.

emanar v. i. Desprenderse, exhalarse: *el olor que emana de una sustancia.* ‖ *Fig.* Proceder, derivar: *el gobierno emana del pueblo.*

emancipación f. Acción y efecto de emancipar o emanciparse.

emancipador, ra adj. y s. Que emancipa.

emancipar v. t. Libertar de la patria potestad, de la tutela o de la servidumbre: *emancipar a un esclavo.* ‖ Librar de alguna dependencia o tiranía. ‖ — V. pr. *Fig.* Librarse de las obligaciones y convencionalismos sociales. | Permitirse toda clase de libertad.

Emaús, aldea de Judea, cerca de Jerusalén, donde apareció Jesucristo después de la Resurrección.

embadurnador, ra adj. y s. Que embadurna.

embadurnar v. t. Untar. ‖ Manchar. Ú. t. c. pr.: *embadurnarse de grasa.* ‖ Pintarrajear.

embajada f. Cargo de embajador. ‖ Su residencia. ‖ Sus empleados. ‖ *Fig.* Mensaje. | Proposición desagradable o molesta.

embajador m. Representante de un Estado cerca de otro: *embajador cerca de la Santa Sede.* ‖ *Fig.* Emisario, mensajero.

embajadora f. Mujer que dirige una embajada. ‖ Mujer del embajador. ‖ Emisaria, mensajera.

embalador, ra m. y f. Persona que hace los embalajes.

embalaje m. Acción de embalar: *él hizo el embalaje.* ‖ Envoltura que sirve para embalar: *embalaje de cartón.* | Coste de esta envoltura.

embalar v. t. Envolver, empaquetar, poner en cajas. ‖ Acelerar un motor (ú. t. c. pr.). ‖ — V. pr. Hablar deprisa. ‖ Ir o correr más deprisa. ‖ *Fig.* Entusiasmarse.

embaldosado m. Suelo cubierto de baldosas. ‖ Trabajo u operación de embaldosar.

embaldosar v. t. Cubrir un suelo con baldosas.

embalsadero m. Terreno hondo y pantanoso donde se encharcan las aguas de lluvia.

embalsamador, ra adj. y s. Que embalsama.

embalsamamiento m. Acción y efecto de embalsamar.

embalsamar v. t. Llenar de aromas un cadáver para evitar su putrefacción. ‖ Perfumar: *las flores embalsaman el aire.*

embalsar v. t. Recoger en una balsa. ‖ — V. pr. Detenerse el agua, encharcarse.

embalse m. Acción y efecto de embalsar. ‖ Retención artificial de las aguas de un río para utilizarlas en la producción de energía o en el riego de los campos: *el embalse de Asuán.*

emballenado, da adj. Que tiene ballenas. ‖ — M. Armazón compuesta de ballenas.

emballenar v. t. Poner ballenas a una cosa: *emballenar un vestido, un corsé.*

emballestado, da adj. *Veter.* Que tiene encorvado el menudillo de las manos. ‖ — M. Enfermedad que presenta estas características.

embanastar v. t. Poner en una banasta: *embanastar fruta.* ‖ *Fig.* Meter en un recinto más gente de la que cabe normalmente.

embancarse v. pr. *Mar.* Encallarse.

embarazado, da adj. Cohibido, molesto. ‖ — Adj. y s. Dícese de la mujer que ha concebido: *embarazada de siete meses,*

embarazador, ra adj. Molesto.

embarazar v. t. Impedir, estorbar, dificultar: *embarazar el paso.* ‖ Poner encinta a una mujer. ‖ *Fig.* Molestar, confundir. ‖ — V. pr. Estar molesto por cualquier embarazo: *embarazarse con* (o *por*) *la ropa.*

embarazo m. Estorbo, dificultad, obstáculo. ‖ Encogimiento, falta de soltura. ‖ Preñez.

embarazoso, sa adj. Que estorba: *paquete embarazoso.* ‖ Molesto: *pregunta embarazosa.*

embarbillado m. Acción y efecto de embarbillar.

embarbillar v. t. Ensamblar a muesca y barbilla (ú. t. c. i.).

embarcación f. Barco. ‖ Embarco. ‖ Tiempo que dura una travesía.

embarcadero m. Sitio destinado para embarcar: *todos los pasajeros estaban en el embarcadero.*

embarcador m. El que embarca mercancías.

embarcar v. t. Meter a personas, mercancías, etc., en una embarcación. ‖ *Fig.* Meter a uno en un negocio: *le embarcaron en un pleito.* ‖ — V. pr. Subir a un barco: *embarcarse de pasajero para Buenos Aires.* ‖ *Fig.* Meterse, emprender: *embarcarse en un asunto.*

embarcenar v. t. *Méx.* Hacer bordado entresacando los hilos de las telas.

embarco m. Acción de embarcar o embarcarse personas.

embargador m. El que efectúa el embargo.

embargar v. t. Embarazar, estorbar, impedir. ‖ *Fig.* Paralizar: *el dolor embargó mis sentidos.* | Absorber, llenar totalmente: *la felicidad le embargaba.* ‖ *For.* Retener una cosa judicialmente: *le embargaron todos sus bienes.*

embargo m. *For.* Retención de

bienes por mandamiento judicial. || *Mar.* Prohibición de salir un barco del puerto. || Empacho, indigestión. || *Sin embargo,* no obstante.

embarque m. Carga de mercancías en un barco o en un tren.

embarradilla f. *Méx.* Empanada de dulce.

embarrancar v. i. *Mar.* Varar, encallarse (ú. t. c. t.). || — V. pr. Atascarse: *embarrancarse el carro.*

embarrar v. t. Untar o manchar con barro (ú. t. c. pr.). || Embadurnar o manchar con cualquier sustancia viscosa. || *Amer.* Envilecer. | Comprometer, complicar en un asunto (ú. t. c. pr.).

embarrilado y **embarrilamiento** m. Colocación en un barril.

embarrilar v. t. Poner en barriles: *embarrilar arenques, vino.*

embarullar v. t. *Fam.* Mezclar desordenadamente unas cosas con otras. | Hacer las cosas muy de prisa, chapucear.

embastar v. t. Hilvanar. || Poner bastas a los colchones.

embaste m. Acción y efecto de embastar. || Hilván.

* **embastecer** v. i. Engrosar, engordar. || — V. pr. Volverse basto.

embate m. Golpe impetuoso de mar: *los embates de las olas.* || Acometida impetuosa: *embate del viento.*

embaucador, ra adj. y s. Que embauca.

embaucamiento m. Engaño. || Seducción.

embaucar v. t. Engañar: *embaucar a uno con muchas promesas.* || Seducir.

embaular v. t. Meter cosas en un baúl: *embaular sus cosas.* || *Fig.* y *fam.* Meter en un sitio más personas o cosas de las que normalmente caben. | Comer con ansia.

* **embebecer** v. t. Entretener. || Embelesar. || — V. pr. Embelesarse.

embebecimiento m. Embelesamiento, embeleso

embeber v. t. Absorber un cuerpo un líquido: *la esponja embebe el agua.* || Empapar: *embeber en agua* (ú. t. c. pr.). || Contener, encerrar. || Recoger los bordes de una costura para achicar un vestido. || — V. i. Encoger: *los trajes de lana embeben* (ú. t. c. pr.). || — V. pr. Quedarse extasiado, embelesado o pasmado. || *Fig.* Empaparse, impregnarse bien: *embeberse en el espíritu de Voltaire.* | Ensimismarse, quedar absorto: *embeberse en la lectura.*

embelecador, ra adj. y s. Embaucador.

embelecamiento m. Engaño.

embelecar v. t. Engañar, embaucar.

embeleco m. y **embelequería** f. *Antill.* y *Méx.* Engaño.

embelesador, ra adj. Encantador. || Hechicero (ú. t. c. s.).

embelesamiento m. Embeleso.

embelesar v. t. Cautivar los sentidos, encantar: *embelesar al público con su voz.* Ú. t. c. pr.: *embelesarse con un espectáculo.*

embeleso m. Encanto: *esta escena es un embeleso.* || Arrebato, arrobamiento.

embellecedor, ra adj. Que embellece. || — M. Moldura cromada de los coches. || Tapacubos.

* **embellecer** v. t. Dar belleza (ú. t. c. i. y pr.).

embellecimiento m. Acción y efecto de embellecer o embellecerse.

emberrenchinarse y **emberrincharse** v. pr. *Fam.* Coger un berrinche, encolerizarse: *emberrenchinarse los niños.*

embestida f. Ataque, acometida: *la embestida de un toro.*

* **embestir** v. t. Arrojarse con ímpetu sobre una persona, animal o cosa: *embestir con (o contra) una fiera; el toro embistió al matador.* || — V. i. *Fig.* y *fam.* Arremeter, atacar, acometer.

embetunar v. t. Cubrir con betún: *embetunar el calzado.*

embicar v. t. *Mar.* Poner oblicua una verga en señal de luto. || *Cub.* y *Méx.* Embocar una vasija, invirtiéndola, para beber su contenido. || — V. i. *Mar.* Dirigir el barco sobre la costa.

* **emblanquecer** v. t. Blanquear.

emblema m. Figura simbólica con una sentencia o lema. || Representación simbólica: *la perla es el emblema del pudor.* || Atributo: *los emblemas de la república.*

emboar v. t. *Fig.* y *fam. Cub.* Embrujar, hechizar.

embobamiento m. Admiración injustificada. || Alelamiento, atontamiento.

embobar v. t. Tener suspenso y admirado. || Embaucar: *embobar a uno con buenas palabras.* || Atontar, alelar. || — V. pr. Quedarse absorto y admirado.

* **embobecer** v. t. Volver bobo.

embocadura f. Acción de embocar. || Desembocadura de un río. || Sitio por donde se entra en un canal o en un paso estrecho. || *Mús.* Boquilla de un instrumento de viento. || Bocado del freno del caballo. || Sabor: *vino de buena embocadura.* || *Teatr.* Boca del escenario.

embocar v. t. Meter por la boca. || Meterse por un sitio angosto. Ú. t. c. pr.: *se embocó por una callejuela.* || Hacer entrar por un espacio estrecho. || *Fig.* Hacer creer: *le embocaron una noticia falsa.* || *Fam.* Comer mucho, engullir. || *Mús.* Aplicar los labios a la boquilla de un instrumento de viento. || Emprender.

embodegar v. t. Meter en la bodega: *embodegar vino, aceite.*

embojar v. t. Colocar ramas para que hilen los gusanos de seda su capullo.

embojo m. Acción de embojar. || Enramada que se pone a los gusanos de seda para que hilen.

embolada f. Movimiento de vaivén del émbolo de un motor.

embolado m. *Fig.* En el teatro, papel corto y desairado. || *Fam.* Engaño. | Engorro, pega: *¡pues vaya un embolado!* || Toro embolado.

embolar v. t. Poner bolas de madera en los cuernos del toro de lidia. || Dar bola o betún a los zapatos. || Dar la última mano a lo que se dora.

embolia f. *Med.* Obstrucción de un vaso sanguíneo por un coágulo.

embolismo m. Intercalación de unos días para hacer concordar entre sí años de varias clases, como el lunar y el civil con el solar. || *Fig.* Confusión, enredo. | Chisme, embuste.

émbolo m. *Mec.* Disco cilíndrico que se desplaza alternativamente en el cuerpo de una bomba o en el cilindro de una máquina de vapor.

embolsar v. t. Poner en una bolsa: *embolsar dinero.* || Cobrar. Ú. t. c. pr.: *se embolsó mucho dinero en aquel negocio.*

embonar v. t. *Cub.* y *Méx.* Encajar bien una cosa con otra. | Convenir, ensamblar, empalmar.

emboquillado adj. m. Con boquilla de filtro: *cigarrillo emboquillado.*

emboquillar v. t. Poner boquilla de filtro a los cigarrillos. || *Min.* Abrir la boca de un barreno o de una galería.

embornal m. *Mar.* Imbornal.

emborrachador, ra adj. Que emborracha, embriagador.

emborrachar v. t. Poner borracho: *el vino blanco le emborracha.* || Atontar, perturbar, adormecer: *emborrachar a uno con ciertos olores* (ú. t. c. pr.). || — V. pr. Beber más de la cuenta, ponerse borracho: *emborracharse con (o de) aguardiente.* || *Fig. Emborracharse los colores,* mezclarse y confundirse los colores de una tela por efecto de la humedad.

emborrascarse v. pr. Irritarse. || Hacerse borrascoso: *emborrascarse el tiempo.* || *Fig.* Echarse a perder un negocio.

emborrazar v. t. Poner albardilla a un ave para asarla.

emborrizar v. t. Bañar en huevo y harina lo que ha de freírse.

emborronador, ra adj. y s. Que emborrona: *emborronador de cuartillas.*

emborronar v. t. Llenar de borrones y garrapatos: *emborronar un papel.* || *Fig.* Escribir de prisa y mal o con poca meditación.

emboscada f. Ataque por sorpresa. || *Fig.* Asechanza, trampa preparada contra alguien: *tender una emboscada.*

emboscar v. t. *Mil.* Poner oculta una tropa para atacar por sorpresa al enemigo. || — V. pr. Esconderse entre el ramaje. || *Fig.* Escudarse en una ocupación cómoda para no hacer otra.

embotadura f. y **embotamiento** m. Acción y efecto de embotar o embotarse: *embotamiento de los sentidos, de un cuchillo.*

embotar v. t. Volver menos cortante o menos aguda la hoja de un arma, de un cuchillo o de una herramienta (ú. t. c. pr.). || *Fig.* Debilitar: *el ocio embota el ánimo* (ú. t. c. pr.). || Poner en un bote.

embotellado, da adj. Embotella. | *Fig.* Dícese del discurso preparado de antemano. || — M. Acción de embotellar: *el embotellado de vinos.*

embotellador, ra m. y f. Persona encargada de embotellar. || — F. Máquina para embotellar.

embotellamiento m. Embotellado. || *Fig.* Atasco de la circulación: *los embotellamientos dominicales.*

embotellar v. t. Meter en botellas: *embotellar champaña.* || *Fig.* Obstruir, estorbar: *embotellar la circulación.* | Aprender de memoria. Ú. t. c. pr.: *se embotelló todo el Código Civil.* || *Méx.* Encarcelar.

embovedar v. t. Abovedar.

embozadamente adv. Encubiertamente.

embozar v. t. Cubrir la parte inferior del rostro. Ú. m. c. pr.: *se embozó en la capa.* || Poner el bozal a un animal. || *Fig.* Disfrazar, encubrir: *embozar sus intenciones.*

embozo m. Parte de la capa o prenda que sirve para embozarse. || Parte doblada de la sábana de encima que toca el rostro. || *Fig.* Disimulo: *hablar con embozo.* || *Quitarse el embozo,* descubrir sus intenciones.

embragar v. t. *Mec.* Establecer conexión entre el motor y los órganos que debe poner en movimiento. Ú. t. c. i.: *el coche hace ruido al embragar.*

embrague m. Acción de embragar. || Dispositivo que permite poner una máquina en movimiento uniéndola al motor: *embrague automático.*

* **embravecer** v. t. Irritar, poner furioso. || — V. pr. Enfurecerse: *embravecerse el mar.*

embravecimiento m. Furor.

embrazadura f. Asa del escudo.

embreado m. y **embreadura** f. Acción y efecto de embrear.

embrear v. t. Untar con brea.

embriagador, ra y **embriagante** adj. Que embriaga: *perfume embriagador.*

embriagar v. t. Poner ebrio, hacer perder el uso de la razón. Ú. t. c. pr.: *embriagarse con anís.* || *Fig.* Enajenar: *embriagado por la gloria* (ú. t. c. pr.).

embriaguez f. Pérdida de la razón por el abuso del alcohol.

embridar v. t. Poner la brida. || Obligar al caballo a que lleve bien la cabeza.

embrión m. *Biol.* Organismo en vías de desarrollo desde la fecundación del óvulo hasta el momento en que puede llevar una vida autónoma. || *Fig.* Origen: *esto fue el embrión de la revolución.* | Principio, estado incipiente de una cosa.

embrionario, ria adj. Del embrión. || *Fig.* En sus comienzos, en gestación: *proyecto embrionario.*

embrocación f. *Med.* Acción de

EL

derramar lentamente un líquido en la parte enferma. | Este líquido.

embrocar v. t. Vaciar una vasija en otra. || Coger el toro al lidiador entre las astas. || *Méx.* Poner una prenda de vestir por la cabeza, como los curas la casulla, especialmente las mujeres. | Empinar el codo, beber.

embrollador, ra adj. y s. Que embrolla.

embrollar v. t. Enredar, enmarañar: *embrollar un asunto.* || — V. pr. *Fig.* Hacerse un lío, mezclarlo todo.

embrollo m. Enredo, maraña: *un embrollo de hilos.* || *Fig.* Lío. situación confusa o difícil de resolver: *¡en menudo embrollo se ha metido!* | Chisme, mentira.

embrollón, ona adj. y s. *Fam.* Que lo embrolla todo.

embrolloso, sa adj. *Fam.* Que provoca o causa embrollo.

embromador, ra adj. y s. Bromista.

embromar v. t. Dar bromas. || Engañar, chasquear. || *Méx.* Retardar el despacho de un asunto, entretenerlo.

embrujador, ra adj. y s. Que embruja.

embrujamiento m. Acción y efecto de embrujar.

embrujar v. t. Hechizar.

embrujo m. Hechizo: *el embrujo de Sevilla.*

embrutecedor, ra adj. Que embrutece: *trabajo embrutecedor.*

* **embrutecer** v. t. Volver bruto. Ú. t. c. pr.: *el trato con esta gente te ha embrutecido.*

embrutecimiento m. Acción y efecto de embrutecer: *embrutecimiento causado por el alcohol.*

embuchacar v. t. *Amer.* En la pelea de gallos, herir al contrario en el buche. || *Chil.* y *Méx.* Callar un secreto.

embuchado m. Embutido de carne picada. || *Fig.* Introducción fraudulenta de votos en una urna electoral. | Añadidura que introduce un cómico en su papel.

embuchar v. t. Meter comida en el buche de un ave. || Embutir carne picada en un buche. || *Fam.* Embocar, engullir. || *Fig. Méx.* Quedarse o apropiarse una cosa ajena.

embudar v. t. Colocar el embudo en la boca de una vasija.

embudo m. Utensilio hueco de forma cónica para trasegar líquidos. || Hueco producido en la tierra a causa de una explosión. || *Fig.* Trampa, enredo: *se metió en un embudo.* || *Fig.* y *fam. Ley del embudo,* la que no aplica el mismo criterio para juzgar a varias personas.

embullar v. t. *Amer.* Meter bulla, alborotar.

embullo m. *Amer.* Bulla, broma, entusiasmo.

emburujar v. t. *Fam.* Hacer que se formen burujos en una cosa (ú. t. c. pr.). || *Antill.* Estropear un negocio. || *Cub.* y *Méx.* Envolver en forma desaliñada.

embuste m. Mentira.

embustero, ra adj. y s. Mentiroso.

embutidera f. Utensilio para remachar clavos.

embutido m. Intestino de animal rellenado con carne picada y condimentos. || Operación que consiste en embutir metales. || Obra de marquetería. || Entredós.

embutir v. t. Meter en un material trozo de otro: *embutir un metal en otro.* || *Tecn.* Dar formas adecuadas a las chapas de metal por compresión o martilleo. || Hacer embutidos. || Meter una cosa apretada en otra: *embutir lana en una almohada.* || *Fig.* Incluir: *embutir toda la asignatura en pocas lecciones.* || *Fam.* Embocar, engullir (ú. t. c. pr.).

Emden, c. de Alemania Occidental (Baja Sajonia). Puerto en el Ems.

eme f. Nombre de la letra *m.*

emergencia f. Acción y efecto de emerger. || *Fig.* Circunstancia imprevista: *en caso de emergencia.* || — *Estado de emergencia,* estado de excepción o de urgencia. || *Punto de emergencia,* punto por donde sale un rayo luminoso del medio que atraviesa. || *Salida de emergencia,* la que se utiliza en caso de peligro.

emergente adj. Que emerge. || Que procede de otra cosa. || *Fís.* Aplícase al rayo luminoso que sale de un medio después de atravesarlo

emerger v. i. Salir de un líquido: *en medio del lago emerge una roca.* || Salir de otro medio. || *Fig.* Resultar, proceder.

Emérita Augusta, n. romano de *Mérida,* c. de España (Badajoz).

emeritense adj. y s. De Mérida (España).

emérito, ta adj. Dícese del que se ha retirado de un cargo y disfruta de un premio por sus servicios: *profesor emérito.*

Emerson (Ralph Waldo), filósofo norteamericano (1803-1882), creador del *trascendentalismo.* Autor de *Rasgos del carácter inglés.*

emético, ca adj. y s. m. Vomitivo.

emétrope adj. Relativo al ojo de vista normal. || — Adj. y s. Que tiene vista normal.

emídidos m. pl. Reptiles quelonios que viven en aguas dulces, como el galápago (ú. t. c. adj.).

emidosaurios m. pl. Reptiles parecidos a los saurios que viven en los ríos (ú. t. c. adj.).

emigración f. Acción de emigrar. || Conjunto de habitantes de un país que se establecen en otro. (Desde el punto de vista del país de destino se llama *inmigración.*) || *Fig.* Salida de un país: *emigración de capitales.*

emigrado, da adj. y s. Que reside fuera de su patria por motivos políticos o económicos.

emigrante adj. y s. Que emigra. || — Com. Persona que va a residir a otro país sin que medien razones políticas.

emigrar v. i. Salir de su país para ir a establecerse en otro: *emigrar a América.* | Ausentarse temporalmente. || Cambiar periódicamente de clima ciertos animales: *las golondrinas emigran.*

emigratorio, ria adj. Referente a la emigración.

Emilia, región del N. de Italia; c. pr. *Bolonia.*

eminencia f. Parte del terreno más elevada que la circundante. || *Por ext.* Cualquier cosa que sobresale. || Tratamiento dado a los cardenales. || Persona eminente. || *Fig. Eminencia gris,* persona que aconseja a otra secretamente.

Eminencia *(Acción de la),* episodio de la rebelión separatista de Yucatán (México) en 1842.

eminente adj. Elevado: *edificado en lugar eminente.* || *Fig.* Distinguido, de mucho valor: *artista eminente.*

eminentísimo, ma adj. Muy eminente. || Tratamiento que se da a los cardenales.

Eminescu (Mihail), poeta rumano (1850-1889). Autor de *El pobre Dionisio.*

emir m. Príncipe o jefe árabe: *el emir Abderramán I.*

Emiratos Árabes Unidos. V. Árabes Unidos.

Emiro Kastos. V. Restrepo (Juan de Dios).

emisario m. Mensajero. || Desaguadero.

emisión f. Acción y efecto de emitir. || Difusión por radio o televisión. || Programa difundido por radio o televisión. || Puesta en circulación de monedas o valores.

emisor, ra adj. y s. Que emite: *centro emisor.* || — M. Aparato de emisión radiofónica. || — F. Estación emisora de radio.

emitir v. t. Despedir, producir: *emitir radiaciones, sonidos.* || Poner en circulación: *emitir moneda.* || Manifestar, expresar: *emitir un juicio.* || — V. i. Difundir emisiones de radio o televisión: *emitir en onda corta* (ú. t. c. tr.).

Emmenthal *(Valle del Emme),* valle de Suiza (Berna). Quesos.

emoción f. Alteración del ánimo provocada por la alegría, la sorpresa, el miedo, etc. || Expectación.

emocional adj. Referente a la emoción: *choque emocional.*

emocionante adj. Que causa emoción. || Conmovedor: *emocionantes pruebas de simpatía.* || Apasionante: *un libro emocionante.*

emocionar v. t. Conmover, causar emoción: *le emociona ver sangre.* || — V. pr. Conmoverse: *emocionarse ante una desgracia.*

emoliente adj. y s. m. Que ablanda: *cataplasma emoliente.*

emolumento m. Retribución correspondiente a un cargo o empleo (ú. m. en pl.).

emotividad f. Sensibilidad a las emociones.

emotivo, va adj. Que produce emoción. || De la emoción. || Que se emociona fácilmente: *persona emotiva* (ú. t. c. s.).

empacador, ra adj. Que empaca. || — F. Máquina para empacar.

empacamiento m. *Amer.* Acción y efecto de empacarse.

empacar v. t. Poner en pacas, paquetes o cajas. || — V. pr. Emperrarse, obstinarse. || Avergonzarse, turbarse, quedarse cortado. || *Amer.* Plantarse una bestia.

empachado, da adj. Apocado, torpe. || Que tiene una indigestión.

empachar v. t. Causar indigestión: *le empachó la cena.* || Estorbar, embarazar. || — V. pr. Avergonzarse, turbarse. || Tener una indigestión. || — V. pr. *Méx.* Echarse a perder el aguamiel, en la fabricación del pulque, por no fermentar debidamente.

empacho m. Indigestión: *tener empacho de estómago.* || Turbación, vergüenza: *hablar con empacho.* || Estorbo: *¡qué empacho de niño!*

empachoso, sa adj. Que causa empacho: *comida empachosa.* || Vergonzoso. || Molesto.

empadrarse v. pr. Encariñarse demasiado el niño con sus padres.

empadronador m. El que empadrona.

empadronamiento m. Inscripción en el padrón.

empadronar v. t. Inscribir en un padrón: *empadronar a los vecinos de un pueblo* (ú. t. c. pr.).

empajar v. t. Cubrir o rellenar con paja. || *Amer.* Techar con paja.

empalagamiento m. Empalago, hartura.

empalagar v. t. Empachar un alimento por ser muy dulce. Ú. t c. pr.: *empalagarse de almíbar.* || *Fig.* Fastidiar, cansar.

empalago m. Hartura. || *Fig.* Fastidio, aburrimiento.

empalagoso, sa adj. Que empalaga. || *Fig.* Fastidioso, pesado. | Dulzón, meloso: *voz empalagosa.* | Afectadamente suave o amable: *chica empalagosa.* | Excesivamente sentimental: *novela empalagosa.*

empalamiento m. Suplicio que consistía en empalar a un reo.

empalar v. t. Atravesar a un reo en un palo puntiagudo.

empalizada f. Cerca, vallado.

empalizar v. t. Poner empalizadas, cercar o rodear de empalizadas.

empalmadura f. Empalme.

empalmar v. t. Unir dos cosas por sus extremos: *empalmar un tubo con otro.* || *Fig.* Ligar, enlazar: *empalmar planes, ideas, acciones,* etc. || — V. i. Juntarse una cosa con otra. || Unirse dos carreteras. || Combinarse adecuadamente la hora de llegada de un tren u otro vehículo público con la de salida de otro: *el autocar empalma con el tren.*

empalme m. Acción y efecto de empalmar. || Punto en que empalman dos cosas. || Cosa que empalma con otra. || Tramo de carretera que permite pasar de una vía pública a otra.

empanada f. Manjar que consiste en una vianda emborrizada en masa y cocida al horno o frita. || *Fig.* Maniobra secreta.

empanadilla f. Pastel pequeño y relleno con carne o dulce.

empanar v. t. Poner algo en una empanada. || Rebozar con pan rallado: *empanar una chuleta.* || *Agr.* Sembrar las tierras con trigo. || — V. pr. *Agr.* Sofocarse los sembrados.

empanizar v. t. *Bol.* y *Méx.* Empanar.

empantanar v. t. Inundar un terreno. Ú. t. c. pr.: *la carretera se empantanó.* || Meter en un pantano o barrizal. Ú. t. c. pr.: *el carro se empantanó.* || *Fig.* Detener, no hacer progresar un asunto. Ú. t. c. pr.: *este expediente se empantana en el ministerio.* || *Amer.* Enlodar, embarar, ensuciar.

empanturrarse v. pr. *Méx.* Hartarse

empañado, da adj. Sin brillo. || *Voz empañada,* aquella cuyo timbre no es puro.

empañar v. t. Envolver a una criatura en pañales. || Quitar la tersura, el brillo o la transparencia: *empañar un espejo.* || *Fig.* Manchar, deslucir: *empañar el honor, el mérito* (ú. t. c. pr.)

empapamiento m. Acción y efecto de empapar o empaparse.

empapar v. t. Mojar, humedecer: *empapar una sopa en vino.* || Absorber: *la tierra empapa la lluvia.* || Penetrar un líquido en un cuerpo: *el agua empapa la esponja.* || Enjugar: *empapar el agua con un trapo.* || *Empapado en sudor,* muy sudoroso. || — V. pr. Penetrar: *la lluvia se empapa en el suelo.* || Calarse, mojarse mucho: *mi traje se ha empapado.* || *Fig.* Meterse en la cabeza: *empaparse unas ideas, un discurso.*

empapazón f. *Cub.* Aguazal.

empapelado m. Revestimiento de las paredes con papel pintado. || Papel empleado.

empapelador, ra m. y f. Persona que empapela.

empapelar v. t. Envolver en papel. || Cubrir de papel: *empapelar una habitación.* || *Fig.* y *fam.* Formar un proceso a uno.

empaque m. Empaquetado. || Envoltura del paracaídas. || *Fam.* Distinción, aspecto señorial: *traje de mucho empaque.* | Afectación: *hablar con empaque.*

empaquetado m. Acción de empaquetar.

empaquetador, ra m. y f. Persona que empaqueta.

empaquetar v. t. Poner en paquetes. || *Fig.* Amontonar, embanastar: *empaquetar a la gente en un sitio pequeño.* | Enviar. || — V. pr. Ponerse paquete, vestirse con lujo.

Emparán (Vicente), militar español (¿1750-1815?), capitán general de Venezuela en 1809, destituido por la Revolución de 1810.

emparedado, da adj. y s. Recluso, encerrado por castigo o penitencia. || — M. Manjar que consiste en dos rebanadas de pan de molde que encierran alguna vianda. como jamón, queso, etc.

emparedamiento m. Acción y efecto de emparedar. || Casa donde vivían recogidos los emparedados.

emparedar v. t. Encerrar a una persona sin comunicación alguna (ú. t. c. pr.). || Encerrar u ocultar alguna cosa entre paredes.

emparejador, ra m. y f. Persona que empareja.

emparejadura f. Igualación de dos cosas entre sí.

emparejamiento m. Formación de una pareja.

emparejar v. t. Formar una pareja: *emparejar guantes.* || Combinar: *emparejar una cosa con otra.* || Juntar la puerta o la ventana sin cerrarlas. || Poner al mismo nivel. || — V. i. Alcanzar: *tuve que correr para emparejar con él.* || Ser igual una cosa que otra (ú. t. c. pr.). || — V. pr. Formar pareja con una persona. || *Méx.* Procurarse por medios reprobables lo que a juicio propio es necesario.

***emparentar** v. i. Contraer parentesco por vía de casamiento.

emparrado m. Cobertizo formado por vástagos y hojas de parra. || Armazón que sostiene la parra u otra planta trepadora.

emparrandarse v. pr. *Amer.* Darse a la parranda.

emparrar v. t. Hacer o formar un emparrado.

emparrillado m. *Arq.* Enrejado puesto como base para los cimientos. | Zampeado. || Asado en la parrilla.

emparrillar v. t. Asar en la parrilla.

emparvar v. t. Disponer en parva las mieses.

empastador, ra adj. Que empasta. || — M. Pincel para empastar. || *Amer.* Encuadernador.

empastar v. t. Cubrir con pasta. || Encuadernar en pasta. || Aplicar suficiente color en las pinturas para ocultar el lienzo. || Llenar con pasta o metal el hueco de un diente cariado. || — V. pr. *Chil.* Llenarse un sembrado de maleza.

empaste m. Acción y efecto de empastar. || Unión perfecta de los colores. || Pasta o metal con que se llena un diente cariado.

empastelamiento m. *Impr.* Acción y efecto de empastelar o empastelarse un molde.

empastelar v. t. *Impr.* Mezclar las letras de un molde. || *Fig.* y *fam.* Transigir en un negocio para salir del paso.

empatar v. i. Obtener el mismo número de votos: *los dos candidatos salieron empatados.* || Tener el mismo número de tantos dos equipos deportivos contrarios: *empataron a cuatro tantos.* || Sacar el mismo número de puntos en un concurso. || Detener el curso de un asunto. || — V. pr. Anularse la votación por no haber conseguido el número de votos requeridos ninguno de los candidatos. || — V. t. *Amer.* Unir o empalmar dos cosas.

empate m. Igual número de puntos. || Votación que se tiene que repetir por no haber alcanzado la mayoría requerida ninguno de los candidatos. || Partido que no ha sido ganado por ninguno de los contrincantes.

empavesado, da adj. Armado o provisto de pavés || Cubierto por un lienzo. || — M. *Mar.* Conjunto de adornos con que se engalanan los barcos. || — F. *Mar.* Banda de lona o paño de color para adornar las bordas y cofas de un buque. || Conjunto de adornos con que se engalana algo. || *Mil.* Defensa que hacían los soldados con los paveses o escudos.

empavesar v. t. *Mar.* Engalanar un buque. || Adornar, engalanar. || Ocultar un monumento hasta su inauguración oficial.

empavonado m. *Tecn.* Acción y efecto de empavonar.

empavonar v. t. *Tecn.* Dar pavón al hierro o al acero.

* **empecer** v. i. Impedir, obstar.

empecinado, da adj. Obstinado, pertinaz, terco.

Empecinado (Juan Martín Díaz, el), guerrillero español (1775-1825), que se distinguió en la guerra de la Independencia.

empecinamiento m. Obstinación, terquedad.

empecinar v. t. Untar con pez. || — V. pr. Obstinarse.

empedernido, da adj. *Fig.* Insensible, duro: *corazón empedernido.* || Incorregible, impenitente: *bebedor, jugador empedernido.*

* **empedernir** v. t. Endurecer. || — V. pr. *Fig.* Hacerse insensible o duro de corazón.

Empédocles, filósofo y médico de Agrigento (s. v a. de J. C.) Se suicidó arrojándose al cráter del volcán Etna.

empedrado m. Pavimento de piedra. || Empedramiento. || Guiso de patatas con carne.

Empedrado, com. de Chile (Maule). — Pobl. de la Argentina (Corrientes), a orillas del Paraná.

empedrador m. Obrero que empiedra las calles.

empedramiento m. Acción y efecto de empedrar.

* **empedrar** v. t. Pavimentar el suelo con piedras o adoquines. || *Fig.* Llenar, plagar: *empedrar de citas un libro.*

empega f. Pez, liga.

empegar v. t. Cubrir con pez: *empegar un pellejo, un barril.* || Marcar o señalar con pez: *empegar un cordero.*

EM

empeine m. Parte superior del pie. || Parte del calzado que la cubre. || Parte inferior del vientre entre las ingles. || *Med.* Enfermedad del cutis, herpes.

empelar v. t. *Méx.* Formar una pareja con dos bestias de igual color.

empelotarse v. pr. *Fam.* Enredarse. | Reñir.

empella f. Pala del zapato.

empellar v. t. Dar empellones.

empellejar v. t. Cubrir o forrar con pellejo.

empellón m Empujón. || *Fig.* y *fam.* *A empellones,* a empujones.

empenachado, da adj. Que lleva penacho.

empenaje m. Planos de estabilización de un avión.

empentar v. t. Unir dos galerías de mina o dos zanjas.

empeñar v. t. Dejar un objeto de valor en garantía de un préstamo: *empeñar una joya en mil pesetas.* || Comprometer: *empeñar su palabra* (ú. t. c. pr.). || Utilizar a uno como mediador. || — V. pr. Obstinarse: *empeñarse en hacer algo.* || Esforzarse: *se empeña en trabajar lo mejor posible.* || Insistir: *si te empeñas tanto lo haré.* || Endeudarse. || Trabarse en una lucha o disputa.

empeñero, ra m. y f. *Méx.* Prestamista.

empeño m. Acción de empeñar un objeto. || Afán: *tener empeño en conseguir algo.* || Obstinación, tesón, constancia: *trabajar con empeño.* || Esfuerzo: *empeño constante para mejorarse.* || *Casa de empeños,* Monte de Piedad.

empeñoso, sa adj. *Amer.* Obstinado.

empeoramiento m. Acción y efecto de empeorar o empeorarse.

empeorar v. t. Poner peor. || — V. i. Ponerse peor: *el enfermo empeora, la situación ha empeorado mucho* (ú. t. c. pr.).

* **empequeñecer** v. t. Hacer una cosa más pequeña. || Disminuir la importancia de algo.

empequeñecimiento m. Acción y efecto de empequeñecer.

emperador m. Jefe supremo de un imperio: *el emperador Alfonso VII.* || Pez espada.

emperadora f. Emperatriz.

emperatriz f. Mujer del emperador. || Soberana de un imperio: *la emperatriz Catalina II de Rusia.*

emperejilar v. t. *Fam.* Arreglar, acicalar (ú. t. c. pr.).

emperezarse v. pr. Dejarse dominar por la pereza.

empergaminar v. t. Cubrir o forrar con pergamino.

emperifollar v. t. *Fam.* Emperejilar (ú. t. c. pr.).

empero conj. Pero. || Sin embargo.

emperramiento m. *Fam.* Obstinación. | Rabia.

emperrarse v. pr. *Fam.* Obstinarse en no ceder. | Encapricharse. | Irritarse.

empestillarse v. pr. *Arg.* Obstinarse.

empetacar v. t. *Amer.* Guardar en petaca.

empetatar v. t. *Amer.* Cubrir el piso con petate. | Envolver con petate.

* **empezar** v. t. Comenzar, dar principio: *empezar una obra.* || *Fig. Empezar la casa por el tejado,* empezar una cosa por donde se debía acabar. || — V. i. Tener principio: *el año 1968 empezzó en lunes.* || Hacer algo por primera vez: *hace unos meses que empezó a trabajar.* || Hacer algo antes de cualquier otra cosa: *¡empieza por callarte!*

empicarse v. pr. Aficionarse demasiado: *empicarse en el juego.* || *Méx.* Engolosinarse.

empiece y **empiezo** m. *Arg. Fam.* Comienzo, principio.

empinado, da adj. Erguido. || Muy alto. || En pendiente: *camino empinado.* || *Fig.* Orgulloso.

empinamiento m. Pendiente.

empinar v. t. Enderezar, levantar. || Poner en alto. || Inclinar una botella para beber. || *Fig.* y *fam. Empinar el codo,* beber mucho. || — V. pr. Ponerse de puntillas: *empinarse para ver mejor.* || Encabritarse el caballo. || Alzarse, erguirse.

empingorotado, da adj. *Fam.* De alto copete. | Engreído.

empingorotar v. t. *Fam.* Levantar una cosa poniéndola sobre otra. || — V. pr. Subirse: *empingorotarse en un taburete.* || *Fam.* Engreírse, envanecerse.

empíreo, a adj. Dícese del cielo de los bienaventurados. || *Fig.* Celestial, supremo, divino. || — M. Parte más elevada de los cielos habitada por los dioses.

empírico, ca adj. Relativo al empirismo: *método empírico.* || Que aplica el sistema del empirismo: *filósofo empírico* (ú. t. c. s.).

empiriocriticismo m. Doctrina filosófica moderna fundada en la crítica de la ciencia.

empirismo m. Procedimiento fundado en la observación y la experiencia. || Sistema filosófico que considera la experiencia como única fuente del conocimiento.

empitonar v. t. Coger el toro al torero con los cuernos.

empizarrado m. Tejado de pizarras.

empizarrar v. t. Cubrir con pizarras: *empizarrar un tejado.*

emplastar v. t. Poner emplastos. || *Fig.* Poner afeites u adornos postizos (ú. t. c. pr.). || — V. pr. Embadurnarse, ensuciarse.

* **emplastecer** v. t. Igualar las asperezas de la superficie sobre la cual se va a pintar.

emplasto m. *Farm.* Ungüento extendido en un lienzo utilizado para curar las afecciones cutáneas. || *Fig.* y *fam.* Componenda.

emplazamiento m. *For.* Citación judicial. || Situación, colocación, ubicación. || Sitio.

emplazar v. t. *For.* Citar ante un tribunal. || Colocar, situar.

empleado, da m. y f. Persona que trabaja a sueldo en una empresa pública o privada.

empleador, ra adj. Que emplea. || — M. y f. Persona que tiene empleados.

emplear v. t. Utilizar: *emplear un instrumento, una palabra* (ú. t. c. pr.). || Ocupar, dar empleo: *emplear a un trabajador.* || Invertir dinero: *emplear la fortuna en fincas.* || Gastar: *emplear bien* (o *mal*) *el tiempo.* || *Lo tiene bien empleado,* se lo ha merecido.

emplebeyecer v. t. Dar carácter plebeyo.

empleo m. Uso: *el buen empleo de una palabra.* || Colocación, ocupación: *tener un buen empleo.* || *Pleno empleo,* situación que se presenta cuando hay suficiente trabajo para ocupar toda la mano de obra disponible.

empleomanía f. *Fam.* Afán con que se codician los empleos públicos retribuidos.

emplomar v. t. Fijar o soldar con plomo: *emplomar las vidrieras.* || Poner sellos o precintos de plomo: *emplomar un fardo.* || *Amer.* Empastar: *emplomar un diente.*

emplumar v. t. Poner plumas: *emplumar un dardo.* || — V. i. Emplumecer. || *Amer.* Huir.

* **emplumecer** v. i. Echar plumas las aves.

* **empobrecer** v. t. Volver pobre: *empobrecer a un pueblo con la guerra.* || — V. i. Venir a pobre una persona (ú. t. c. pr.). || Decaer, venir a menos (ú. t. c. pr.).

empobrecido, da adj. Pobre.

empobrecimiento m. Pobreza.

empolvar v. t. Echar polvo o polvos. || Llenar de polvo. || — V. pr. Cubrirse de polvo. || Ponerse polvos en la cara. || *Fig. Méx.* Perder el conocimiento o la pericia en una profesión por haber abandonado su ejercicio.

empolvoramiento m. Empolvamiento.

empollado, da adj. y s. *Fam.* Instruido en una materia: *empollado en matemáticas.*

empollar v. t. Calentar el ave los huevos para que nazcan los pollos (ú. t. c. i.). || *Fig.* y *fam.* Meditar profundamente. | Estudiar mucho. Ú. t. c. pr.: *empollarse una lección.*

empollón, ona adj. y s. Que estudia mucho: *se distingue más por la aplicación que por el talento.*

emponzoñamiento m. Envenenamiento. || *Fig.* Corrupción.

emponzoñar v. t. Envenenar. || *Fig.* Inficionar, envilecer: *la envidia le emponzoñaba el alma.* | Enconar, exacerbar.

empopar v. i. *Mar.* Calar mucho de popa un barco. | Volver un buque la popa al viento.

emporio m. Gran centro comercial. || *Fig.* Lugar famoso por su riqueza material, cultural o artística. || *Amer.* Almacén.

empotramiento m. Acción y efecto de empotrar.

empotrar v. t. Fijar una cosa en un muro o en el suelo con fábrica: *empotrar vigas, armarios.*

emprendedor, ra adj. Que toma iniciativas y las lleva a cabo. || Atrevido, resuelto.

emprender v. t. Comenzar una obra o empresa: *emprender un trabajo.* || *Fam. Emprenderla con uno,* meterse con él.

empreñar v. t. Fecundar.

empresa f. Acción dificultosa que se acomete con resolución: *empresa atrevida.* || Sociedad comercial o industrial: *empresa privada.* || Símbolo, emblema.

empresariado m. Conjunto de los empresarios de sociedades.

empresarial adj. Relativo a la empresa: *clase empresarial.*

empresario m. Persona que explota una empresa: *empresario de obras públicas.* || Persona que se ocupa de los intereses de un actor o de un deportista.

emprestar v. t. Tomar préstamo. || Prestar.

empréstito m. Acción de pedir un préstamo: *hacer un empréstito.* || Préstamo que toma el Estado o una corporación o empresa, especialmente cuando está representado por títulos negociables o al portador: *empréstito al seis por ciento.* || Cantidad así prestada.

empringar v. t. Pringar.

empujar v. t. Impulsar, hacer fuerza contra una persona o cosa para moverla: *empujar la puerta.* || *Fig.* Hacer que uno deje su puesto o empleo. | Incitar: *le empujaron a actuar de esta manera.*

empuje m. Acción y efecto de empujar, empujón. || *Arq.* Fuerza ejercida por un elemento de construcción sobre otro. || *Fís.* Fuerza vertical que se ejerce hacia arriba sobre todo cuerpo sumergido en un fluido. || Fuerza propulsiva de los motores de reacción. || *Fig.* Energía, brío, eficacia: *persona de mucho empuje.*

empujón m. Golpe brusco que se da con fuerza para apartar o mover a una persona o cosa. || Avance notable y rápido: *dar un empujón a un trabajo.* || *Fig.* y *fam. A empujones,* bruscamente, sin cuidado; con dificultad; con intermitencia.

empulverarse v. pr. *Méx.* Envenenarse con los gases producidos por la explosión de la dinamita.

empuntado m. *Méx.* Labor que lleva el rapacejo del rebozo nacional.

empuntar v. t. *Méx.* Hacer los flecos o puntas de los rebozos.

empuñadura f. Puño de la espada, daga, bastón, etc.

empuñar v. t. Coger fuertemente por el puño: *empuñar la espada.* || Asir con la mano: *empuñar el tenedor.* || *Fig.* Conseguir un empleo: *empuñar una sinecura.*

empuñidura f. *Mar.* Cabo firme para sujetar los puños de la vela.

Ems, río de Alemania, que des. en el mar del Norte; 378 km.

emú m. Ave corredora de Australia.

emulación f. Deseo de igualar o superar las acciones de otro.

emulador, ra adj. y s. Que compite con otro.

emular v. t. Competir con uno intentando imitarle o superarle.

émulo, la m. y f. Competidor, persona que procura aventajar a otra. (No se suele usar en el sentido de rivalidad.)

emulsión f. Líquido constituido por dos sustancias no miscibles, una de las cuales se halla dispersa en la obra en forma de gotas pequeñísimas. || *Emulsión fotográfica,* preparación sensible a la luz que cubre las películas.

emulsionar v. t. Convertir un líquido en emulsión.

emulsivo, va adj. y s. m. Aplícase al medicamento que sirve para hacer emulsiones.

emulsor m. Aparato para preparar emulsiones.

emuntorio m. *Med.* Cualquier conducto, canal u órgano natural o artificial que sirve para evacuar los humores superfluos del cuerpo.

en prep. Sirve para indicar el lugar, la situación, el tiempo, el modo: *estar en casa; el libro está en la mesa; sucedió en domingo; lento en obrar.* || Con un gerundio significa *en cuanto, luego que* o *si: en saliendo a la calle lo compro; en haciendo lo que te digo triunfarás.* || Seguido de infinitivo equivale a *por: le conocí en el andar.* || Se usa a veces antes de un precio: *vender algo en veinte pesetas.* || *En esto,* en aquel momento.

enaceitar v. t. Lubrificar. || — V. pr. Ponerse rancia una cosa.

enagua f. Prenda interior femenina que se lleva debajo de la falda (ú. t. en pl.).

enaguachar v. t. Empapar, llenar de agua. || Empachar el estómago por exceso de agua o un jugo (ú. t. c. pr.).

enagüilla f. Dim. de *enagua.* || — Pl. Enaguas cortas. || Falda del traje nacional masculino griego.

enajenable adj. Que se puede enajenar.

enajenación f. Cesión. || *Fig.* Turbación. | Embelesamiento, éxtasis. || *Enajenación mental,* locura.

enajenador, ra adj. y s. Que enajena.

enajenamiento m. Enajenación. || Acción de enajenar.

enajenar v. t. Transmitir a otro la propiedad de una cosa. || *Fig.* Trastornar, hacer perder el juicio: *el miedo le enajenó.* | Embelesar, arrobar: *la música le enajena.* || — V. pr. Desprenderse de algo. || Perder: *enajenarse la amistad de uno.* || *Fig.* Volverse loco. | Extasiarse.

enalbardar v. t. Poner la albarda. || *Fig.* Rebozar con harina, huevos, pan rallado, etc.

enaltecedor, ra adj. Que enalenamora.

* **enaltecer** v. t. Ensalzar (ú. t. c. pr.).

enaltecimiento m. Ensalzamiento, exaltación.

enamoradizo, za adj. Propenso a enamorarse.

enamorado, da adj. y s. Dícese de la persona que siente amor por otra o por una cosa: *un mujer enamorada; estar enamorado de un país.*

enamorador, ra adj. y s. Que enamora.

enamoramiento m. Acción y efecto de enamorar o enamorarse.

enamorar v. t. Despertar amor: *le enamoró con su garbo.* || Cortejar, galantear. || — V. pr. Sentir amor por una persona. || Aficionarse mucho a una cosa: *enamorarse de un coche.*

enamoricarse y **enamoriscarse** v. pr. *Fam.* Enamorarse superficialmente.

enanismo m. *Med.* Trastorno del crecimiento caracterizado por una talla inferior a la media propia de los individuos de la misma edad, especie y raza.

enano, na adj. *Fig.* Muy pequeño: *persona, planta enana.* || — M. y f. Persona de estatura inferior a la normal. || *Fig. y fam. Trabajar como un enano,* trabajar mucho.

enarbolar v. t. Levantar: *enarbolar la bandera.* || Esgrimir un arma.

enarcar v. t. Arquear: *enarcar las cejas.* || Poner cercos a las cubas, a los toneles.

enardecedor, ra adj. Que enardecer: *espectáculo enardecedor.*

* **enardecer** v. t. *Fig.* Excitar: *enardecer los ánimos.* | Avivar, enconar: *enardecer una discusión.* | Animar. || — V. pr. Encenderse una parte del cuerpo por congestión o inflamación.

enardecimiento m. Excitación del ánimo.

enarenar v. t. Echar arena o cubrir con ella: *enarenar las calles, un jardín.* || — V. pr. Encallar una embarcación en la arena.

enarmónico, ca adj. Dícese del sistema musical basado en dos semitonos menores y una tercera mayor.

enartrosis f. *Med.* Articulación de un hueso que encaja en una cavidad donde se mueve.

enastar v. t. Poner asta o mango a un arma o instrumento.

encabalgar v. i. Montar, apoyarse una cosa sobre otra.

encaballar v. t. Poner unas cosas sobre otras de manera que las cubran parcialmente. || *Impr.* Desarreglar un molde de modo que las letras de una línea de un impreso pasen a otra.

encabestrar v. t. Poner el cabestro a los animales. || Hacer que las reses bravas sigan a los cabestros. || — V. pr. Enredarse la caballería la mano en el cabestro.

encabezamiento m. Fórmula con que se empieza una carta o un escrito. || Palabras dirigidas a la persona a quien va dirigido un libro o escrito. || Titulares de un periódico. || Padrón.

encabezar v. t. Poner el encabezamiento a un libro o escrito. || Comenzar: *encabezó su libro con la frase siguiente.* || Estar al principio, iniciar: *encabezar una suscripción, una lista.* || Estar en cabeza o al frente: *encabezar una rebelión.* || Empadronar. || Aumentar la graduación. de un vino.

encabritarse v. pr. Levantarse el caballo sobre los pies. || *Fig.* Levantarse la parte delantera de un vehículo.

encachado m. Empedrado en el cauce de un río, entre los estribos de un puente.

encachar v. t. Hacer un encachado.

encachorrarse v. pr. *Amer.* Enojarse, emperrarse.

encadenado m. Armazón de maderos. || Unión de dos escenas de una película.

encadenamiento m. Sujeción con cadena. || Enlace, trabazón.

encadenar v. t. Sujetar con cadena. || *Fig.* Trabar, enlazar unas cosas con otras. Ú. t. c. pr.: *se encadenaron las desgracias.* || Obligar a uno a quedarse en un sitio. | Impedir a uno que actúe libremente. || Unir dos escenas de una película.

encajador m. Persona que encaja. || Instrumento que sirve para encajar una cosa en otra.

encajadura f. Acción de encajar. || Hueco donde encaja una cosa.

encajar v. t. Meter una cosa en otra de modo que ajuste: *encajar una pieza en otra.* || Poner en su sitio: *encajar un hueso.* || *Fig.* Hacer soportar una cosa molesta: *le encajó una arenga.* | Soportar, aguantar: *encajar un golpe; encajar críticas* (ú. t. c. i.). | Dar: *encajar un billete falso.* | Asestar: *le encajó un puñetazo.* || — V. i. Quedar bien ajustado: *la ventana no encaja* (ú. t. c. pr.). || *Fig.* Convenir, estar de acuerdo: *este cuadro encaja bien en la habitación.* | Ir bien: *esto encaja en mis proyectos.* || — V. pr. Meterse en un sitio de donde no se puede salir: *la rueda se encajó entre dos piedras.* || *Fig. y fam.* Ponerse una prenda: *se encajó el gabán.* | Adaptarse: *ya está encajado en su nueva colocación.* | Ir, hacer un desplazamiento: *me encajé a su casa.* | Introducirse: *encajarse uno donde no le llaman.* | Llevar una vida ordenada. | *Arg.* Atascarse.

encaje m. Ajuste de dos piezas que se adaptan. || Tejido de mallas que se obtiene entrelazando hilos manual o mecánicamente: *encaje de bolillos.* || *Amer.* Dinero o valores en caja.

encajero, ra m. y f. Persona que hace encajes o los vende.

encajetar v. t. Encajar, meter.

encajonado m. Acción y efecto de encajonar en construcción.

encajonamiento m. Acción y efecto de encajonar: *encajonamiento de los toros.*

encajonar v. t. Meter algo dentro de un cajón: *encajonar naranjas para el transporte.* || Meter en un sitio angosto: *río encajonado entre rocas.* || Construir cimientos en cajones abiertos. | Reforzar un muro con machones. || Poner los toros en cajones para transportarlos. || *Fig.* Arrinconar, poner en situación difícil. || — V. pr. Correr el río por una angostura.

encalabrinar v. t. Turbar los sentidos el vaho de una sustancia. || Excitar, irritar: *encalabrinar los nervios.* || — V. pr. Obstinarse, encapricharse.

encalado m. Blanqueo con cal.

encalador, ra adj. y s. Blanqueador.

encaladura f. Encalado.

encalambrarse v. pr. *Amer.* Agarrotarse un músculo.

encalamocar v. t. *Amer.* Atontar, alelar, confundir.

encalar v. t. Dar de cal, blanquear con cal. || Cubrir con cal.

encalmarse v. pr. Calmarse. || Haber pocas transacciones: *mercado encalmado.*

* **encalvecer** v. i. Quedarse calvo.

encalladero m. Sitio donde pueden encallar las naves.

encalladura f. y **encallamiento** m. Acción y efecto de encallar.

encallar v. i. Varar, quedarse inmovilizado un barco en arena o rocas. || *Fig.* Quedarse detenido, no poder salir adelante en un negocio. || — V. pr. Encallecerse.

* **encallecer** v. i. Criar callos (ú. t. c. pr.). || — V. pr. Endurecerse. || *Fig.* Endurecerse, curtirse con la costumbre. | Acostumbrarse demasiado a un vicio.

encallecido, da adj. Avezado, curtido, endurecido.

encallejonar v. t. Hacer entrar por un callejón.

encamarse v. pr. Meterse en la cama el enfermo: *estuvo encamado tres días.* || Tumbarse las mieses. || Meterse la liebre en su madriguera.

encaminamiento m. Acción y efecto de encaminar o encaminarse.

encaminar v. t. Indicar el camino o poner en camino: *se encaminó a la población* (ú. t. c. pr.). || Dirigir, orientar: *medidas encaminadas a suprimir los abusos.*

encamisar v. t. Poner la camisa. || Enfundar: *encamisar las sillas.* || Envolver. || *Tecn.* Poner camisas a los cilindros de un motor.

encampanar v. t. Dar forma de campana. || *Méx.* Empujar a una empresa, entusiasmar. || — V. pr. Ensancharse.

encanallamiento m. Envilecimiento. Encanallar o encanallarse.

encanallar v. t. Corromper, envilecer. || — V. pr. Hacerse canalla una persona.

encanastar v. t. Poner en canasta.

* **encandecer** v. t. Poner candente.

encandilamiento m. Brillo de los ojos.

encandilar v. t. Deslumbrar con el candil u otra luz intensa. || *Fig.* Deslumbrar con apariencias falsas. || — V. pr. Ponerse muy brillantes los ojos.

* **encanecer** v. i. Ponerse cano. || *Fig.* Envejecer. || *Encanecer en el oficio,* adquirir veteranía por haber trabajado muchos años. || — V. t. Volver cano, envejecer.

encanijamiento m. Enflaquecimiento excesivo.

encanijar v. t. Poner flaco y enfermizo. || — V. pr. Ponerse canijo y flaco.

encanillar v. t. Devanar el hilo en las canillas.

encantado, da adj. Muy contento: *encantado de conocerte.* || Distraído, embobado. || Que parece habitado por fantasmas: *casa encantada.*

encantador, ra adj. Muy agradable: *voz encantadora.* || Sumamente simpático: *persona encantadora.* || — M. y f. Hechicero.

encantamiento m. Acción y efecto de encantar.

encantar v. t. *Fig.* Gustar mucho: *me encanta su gracia, el teatro.* || Ejercitar artes de magia sobre cosas o personas.

encantarar v. t. Meter en cántaro, y por ext. en una bolsa u otro objeto.

encante m. Venta en subasta y lugar en que se hace.

encanto m. Cualidad de lo que agrada o atrae: *¡qué encanto tiene esta mujer!* || *Fig.* Persona muy simpática: *este niño es un encanto.* | Cosa muy agradable: *la playa es un encanto.* || — Pl. Atractivos. || *Como por encanto,* por arte de magia.

encanutar v. t. Dar forma de canuto. || Liar: *encanutar un cigarrillo.*

encañada f. Cañada.

encañado m. Conducto para el agua. || Enrejado de cañas.

encañar v. t. Conducir el agua por cañerías. || Desecar un terreno húmedo con encañados. || Poner cañas para sostener las plantas: *encañar las judías.*

encañizada f. Armazón de cañas para la pesca. || *Agr.* Enrejado de cañas.

encañonado m. Planchado en forma de cañones o pliegues.

encañonar v. t. Hacer pasar por un conducto estrecho, encajonar (ú. t. c. pr). || Apuntar con un arma. || Planchar en forma de cañones. || — V. i. Echar cañones las aves al mudar de pluma.

encapachar v. t. Poner en capachos.

encapillar v. t. *Mar.* Enganchar un cabo. || *Min.* Formar un ensanchamiento una galería. || Poner al reo de muerte en capilla.

encapirotar v. t. Poner un capirote.

encapotamiento m. Oscurecimiento del cielo.

encapotar v. t. Cubrir con el capote. || — V. pr. Nublarse mucho el cielo. || *Fig.* Fruncir el ceño. || Bajar la cabeza demasiado el caballo.

encaprichamiento m. Capricho, obstinación.
encapricharse v. pr. Obstinarse, empeñarse uno en un capricho. ‖ Enamorarse, aficionarse mucho por una persona o cosa.
encapuchar v. t. Poner una capucha (ú. t. c. pr.).
encarado, da adj. Con los adv. *bien* o *mal*, de buen o mal aspecto, hablando de una persona.
encaramador, ra adj. *Amer.* Que se encarama. ‖ *Fig. Méx.* Licor que embriaga fácilmente.
encaramar v. t. Levantar o subir. ‖ *Fig.* y *fam.* Elevar, colocar en puestos altos (ú. t. c. pr.). ‖ — V. pr. Trepar: *encaramarse a* (o *en*) *una rama.* ‖ *Méx.* Subirse la bebida.
encaramiento m. Careo, confrontación. ‖ Afrontamiento.
encarar v. t. Poner dos cosas cara a cara. ‖ Apuntar: *encarar el fusil.* ‖ Mirar cara a cara. ‖ *Fig.* Afrontar, hacer frente. Ú. t. c. pr.: *encararse con las dificultades.* ‖ — V. pr. Ponerse cara a cara. ‖ Oponerse, tener o manifestar actitudes contrarias.
encarcelación f. y **encarcelamiento** m. Acción y efecto de encarcelar.
encarcelar v. t. Meter en la cárcel: *encarcelar a un delincuente.* ‖ Empotrar: *encarcelar una reja.* ‖ Sujetar dos piezas recién encoladas en la cárcel para que se peguen.
* **encarecer** v. t. Aumentar, subir el precio de alguna cosa. Ú. t. c. i.: *la vida ha encarecido.* ‖ *Fig.* Ponderar, alabar. | Recomendar: *le encareció mucho que trabajase.* | Insistir, instar: *se lo encarezco.*
encarecimiento m. Subida de precio, aumento: *el encarecimiento de la vida.* ‖ Recomendación. ‖ Insistencia: *pedir algo con encarecimiento.*
encargado, da adj. Que recibe el encargo de hacer algo. ‖ — M. y f. Persona que se ocupa de un trabajo determinado: *el encargado del vestuario.* ‖ *Encargado de negocios,* agente diplomático inferior al embajador y al ministro.
encargar v. t. Confiar a uno la realización de una cosa: *encargar la administración de un negocio.* ‖ Dar el cuidado de algo: *encargar a alguien del teléfono.* ‖ Ordenar, pedir: *encargar un vestido, la comida.* ‖ Recomendar, aconsejar: *me encargó mucho que tratase de conseguirlo.* ‖ — V. pr. Tomar a su cuidado, tomar la responsabilidad de algo: *encargarse de dirigir la hacienda.* ‖ Mandar hacer: *acabo de encargarme un traje.*
encargo m. Acción y efecto de encargar. ‖ Mandado, recado, compra: *hacer sus encargos.* ‖ *Com.* Pedido: *hacer un encargo.* ‖ Empleo. ‖ — *Como hecho de encargo,* hecho de la manera más adecuada. ‖ *De encargo,* a la medida; a petición del cliente.
encariñar v. t. Despertar o suscitar el cariño. ‖ — V. pr. Aficionarse, tomar cariño: *encariñarse con un niño, con un objeto.*
encarna f. Acto de cebar los perros en el venado muerto.
encarnaceno, na adj. y s. De Encarnación (Paraguay).
encarnación f. Acción de tomar carne. ‖ Dícese especialmente de la de Jesucristo. ‖ *Fig.* Personificación: *ser la encarnación de la avaricia.* ‖ Color de la carne en pintura y escultura.
Encarnación, c. del SE. del Paraguay, cap. del dep. de Itapúa; puerto en el Paraná.
encarnado, da adj. Rojo (ú. t. c s. m.). ‖ Personificado: *el diablo encarnado.*
encarnadura f. Disposición de la carne viva para cicatrizar: *tener buena* (o *mala*) *encarnadura.*
encarnamiento m. Efecto de encarnar bien o mal una herida.
encarnar v. i. Haberse hecho hombre el Verbo Divino. ‖ Cicatrizarse una herida. ‖ Entrar en la carne: *uña encarnada.* ‖ Introducirse en la carne un arma blanca. ‖ — V. t. *Fig.* Ser la personificación de una cosa: *encarnar la justicia.* ‖ Cebar el perro en la caza (ú. t. c. pr.). ‖ — V. pr. Unirse, incorporarse una cosa con otra.
encarne m. Parte de la res muerta que se da a los perros y momento en que se da. ‖ Encarnación, color de carne en pinturas y esculturas.
* **encarnecer** v. i. Engordar, tomar carnes.
encarnizado, da adj. Encendido, ensangrentado: *ojos encarnizados.* ‖ Muy porfiado y violento: *batalla encarnizada.*
encarnizamiento m. Acción de encarnizarse. ‖ *Fig.* Crueldad, ensañamiento: *encarnizamiento en la lucha.*
encarnizar v. t. Cebar el perro en la carne de otro animal para que se haga fiero. ‖ *Fig.* Enfurecer: *la guerra encarniza a los hombres.* ‖ — V. pr. Cebarse un animal en su presa. ‖ *Fig.* Ensañarse: *el invasor se encarnizó con los vencidos; encarnizarse en la lucha.*
encaro m. Acción de mirar a uno con atención. ‖ Acción de encarar o apuntar un arma. ‖ Puntería.
encarpetar v. t. Guardar en carpetas. ‖ *Fig.* Dar carpetazo, dejar detenido un expediente.
encarrerar v. t. *Amer.* Poner en carrera, adiestrar para correr (ú. m. c. pr.).
encarrilar v. t. Encaminar, dirigir. ‖ Colocar sobre carriles un vehículo descarrilado. ‖ *Fig.* Poner en buen camino: *encarrilar un negocio.* | Encauzar, orientar: *encarrilar su vida.* ‖ — V. pr. Encarrillarse. ‖ *Fig.* Llevar una vida formal y estable: *ahora su hermano está encarrilado.*
encarrillarse v. pr. Salirse la rueda de una polea.
encartar v. t. *For.* Condenar en rebeldía a un reo. ‖ Incluir a uno en los padrones. ‖ Insertar: *encartar un prospecto.* ‖ Implicar en un asunto. ‖ — V. i. *Fig.* y *fam.* ‖ Ir bien: *esto no encarta con mis proyectos.* ‖ Echar carta de un palo que el otro tiene que seguir. ‖ — V. pr. En los juegos de naipes, tomar cartas o quedarse con ellas. ‖ *Si se encarta,* si la ocasión se presenta.
encarte m. Acción y efecto de encartar o encartarse en los juegos de naipes. ‖ *Impr.* Hoja o cuaderno que se inserta en un libro, revista, etc.
encartonador m. El encargado de encartonar libros para encuadernarlos.
encartonar v. t. Cubrir con cartones. ‖ Encuadernar solamente con cartones.
encasillable adj. Que se puede encasillar.
encasillado m. Conjunto de casillas: *el encasillado de un crucigrama.* ‖ Lista de candidatos adeptos al Gobierno, a quienes éste apoya en las elecciones.
encasillar v. t. Poner en casillas. ‖ Clasificar personas o cosas. ‖ *Fig.* Encerrar: *encasillado en un egoísmo monstruoso.* ‖ Señalar el Gobierno a un candidato para un distrito determinado.
encasquetar v. t. Calarse bien el sombrero (ú. t. c. pr.). ‖ *Fig.* Meter en la cabeza: *encasquetar a uno una idea.* | Hacer aguantar algo molesto: *nos encasquetó un discurso muy largo.* ‖ — V. pr. Meterse en la cabeza, empeñarse en algo: *se le encasquetó la idea de ir a América.*
encasquillarse v. pr. Quedarse la bala en el cañón de un arma de fuego atascándolo.
encastillado, da adj. *Fig.* Altivo, soberbio.
encastillamiento m. *Fig.* Aislamiento, retiro. | Obstinación, testarudez.
encastillar v. t. Fortificar con castillos. ‖ Apilar. ‖ — V. pr. Resguardarse en un castillo o en un sitio de difícil acceso. ‖ *Fig.* Obstinarse, empeñarse: *encastillarse en su opinión.* | Abstraerse.
encastrar v. t. *Mec.* Encajar dos piezas, engranar. ‖ Empotrar.
encausticar v. t. Encerar.
encáustico, ca adj. Aplícase a la pintura hecha al encausto. ‖ — M. Preparado de cera y aguarrás que sirve para dar brillo a los muebles, entarimados, etc.
encauzamiento m. Canalización. ‖ *Fig.* Orientación, dirección.
encauzar v. t. Abrir cauce o conducir por un cauce: *encauzar una corriente.* ‖ *Fig.* Dirigir, orientar: *encauzar una discusión.*
encebadamiento m. Enfermedad de las caballerías por beber mucha agua después de tomar mucho pienso.
encebadar v. t. Dar a las bestias demasiada cebada. ‖ — V. pr. Enfermar una caballería de encebadamiento.
encebollado m. Guisado de carne, cortada en trozos, mezclada con cebollas y sazonada con especias.
encebollar v. t. Echar mucha cebolla a un manjar.
encefálico, ca adj. Del encéfalo: *masa encefálica.*
encefalitis f. *Med.* Inflamación del encéfalo.
encéfalo m. *Anat.* Conjunto de los órganos nerviosos (cerebro, cerebelo, bulbo raquídeo) encerrados en el cráneo.
encefalografía f. Radiografía del encéfalo.
encefalograma m. Electroencefalograma.
encelamiento m. Celo.
encelar v. t. Dar celos. ‖ — V. pr. Tener celos. ‖ Estar en celo un animal.
encella f. Molde de mimbres para requesones y quesos.
encellar v. t. Formar el queso o el requesón en la encella.
encenagado, da adj. Cubierto de cieno. ‖ Atascado. ‖ *Fig.* Entregado al vicio, envilecido.
encenagamiento m. Acción y efecto de encenagarse.
encenagarse v. pr. Revolcarse en el cieno. ‖ Cubrirse de cieno o de lodo. ‖ Atascarse. ‖ *Fig.* Entregarse a los vicios: *encenagarse en la corrupción.* | Sumirse: *encenagarse en la ignorancia.*
encendajas f. pl. Ramas menudas y secas que se utilizan para encender el fuego (ú. t. en sing.).
encendedor, ra adj. y s. Que enciende. ‖ — Utensilio para encender los cigarrillos y otras cosas: *encendedor de gas.*
* **encender** v. t. Prender fuego: *encender un cigarrillo.* ‖ Hacer funcionar: *encender la luz, la calefacción.* ‖ *Fig.* Causar ardor: *la pimienta enciende la lengua.* | Avivar, excitar: *encender una pasión.* | Provocar, ocasionar: *encender un conflicto.* | Poner muy colorado: *la fiebre encendía sus mejillas.* ‖ — V. pr. *Fig.* Ponerse muy brillantes los ojos. | Ruborizarse. ‖ *Encenderse en* (o *de*) *ira,* ponerse furioso.
encendido, da adj. Muy colorado: *tener la cara encendida.* ‖ Hecho ascua. ‖ — M. Acción de encender: *el encendido de los faroles.* ‖ En los motores de explosión, inflamación, por medio de una chispa eléctrica, de la mezcla carburante. ‖ Conjunto de la instalación eléctrica y aparatos destinados a producirla.
encendimiento m. Abrasamiento. ‖ *Fig.* Inflamación: *el encendimiento de la sangre, del rostro.* | Viveza, agudizamiento de las pasiones.
encerado, da adj. De color de cera. ‖ Untado con cera. ‖ Espeso: *argamasa encerada.* | — M. Tablero o lienzo pintado de color negro u oscuro utilizado en las escue-

las para escribir con tiza. || Tela impermeabilizada. || Capa de cera que se da a los muebles y entarimados. || Emplasto de cera.

encerador, ra m. y f. Persona que encera. || — F. Máquina eléctrica para dar cera y lustre al entarimado.

enceramiento m. Acción y efecto de encerar.

encerar v. t. Aplicar cera: *encerar el piso.* || Manchar con cera. || — V. i. Tomar color de cera o amarillear las mieses (ú. t. c. pr.).

encerradero m. Sitio donde se encierra el ganado. || Toril.

encerramiento m. Encierro.

* **encerrar** v. t. Meter en un sitio cerrado: *encerrar a una persona en un cuarto, unos papeles en un cajón.* || En los juegos de damas o ajedrez, inmovilizar las fichas o peones del contrario. || *Fig.* Incluir, contener: *una pregunta que encierra misterio.* || — V. pr. Apartarse del mundo entrando en un convento o clausura.

encerrona f. *Fam.* Retiro voluntario: *hacer la encerrona.* || Celada: *prepararle a uno la encerrona.* || Lidia de toros en privado.

encestar v. t. Meter en un cesto. || Marcar un tanto en el juego de baloncesto.

enceste m. Tanto en el juego de baloncesto.

encía f. Carne que cubre la raíz de los dientes.

encíclica f. Carta solemne dirigida por el Sumo Pontífice a los obispos del orbe católico: *la encíclica "Pacem in Terris".*

enciclopedia f. Conjunto de todos los conocimientos humanos. || Obra que trata metódicamente de todas las ciencias y artes: *enciclopedia metódica.* || *Fig.* Persona que posee muchos conocimientos sobre materias muy variadas.

Enciclopedia, obra filosófica en 33 tomos publicada en París por D'Alembert y Diderot (1751-1772).

enciclopédico, ca adj. De la enciclopedia: *diccionario enciclopédico.* || De erudición universal: *saber enciclopédico.*

enciclopedismo m. Doctrinas filosóficas profesadas por los autores de la *Enciclopedia* y sus seguidores en el s. XVIII.

enciclopedista adj. y s. Adicto al enciclopedismo. || Autor de una enciclopedia.

encierro m. Acción y efecto de encerrar o encerrarse. || Sitio donde se encierra. || Retiro, recogimiento. || Prisión estrecha. || Acto de conducir los toros al toril: *los encierros de Pamplona.* || Toril.

encima adv. En lugar o situación superior. || Sobre sí: *llevar encima un abrigo.* || Además: *le insultaron y encima le pegaron.* || — *Por encima,* de paso, superficialmente: *leyó el libro muy por encima.* || *Por encima de todo,* a pesar de todo; más que cualquier cosa: *esto me interesa por encima de todo.*

encimero, ra adj. Que está encima: *la sábana encimera.* || — F. *Arg.* Parte superior de la silla de montar.

encina f. Árbol de la familia de las fagáceas, de madera muy dura, cuyo fruto es la bellota. || Su madera.

Encina (Carlos), poeta, matemático e ingeniero argentino (1840-1882). || ~ (JUAN DEL), dramaturgo español (1468-1529), considerado como uno de los padres del teatro en su país, autor de *De Fileno, Zambardo y Cardonio, De Plácida y Victoriano, De Cristino y Fabea,* y *De Carnaval o Antruejo.*

encinar m. Sitio poblado de encinas.

encino m. Encina. || *Méx.* Nombre de varias especies de fagáceas: *encino blanco, amarillo.*

encinta adj. Embarazada.

encintado m. Fila de piedras que forma el borde de la acera de una calle.

encintar v. t. Adornar con cintas. || Poner el encintado de la acera.

encismar v. t. Provocar cisma.

Enciso (Martín FERNÁNDEZ DE). V. FERNÁNDEZ DE ENCISO (Martín).

enclaustrar v. t. Meter en un claustro. || *Fig.* Esconder, encerrar.

enclavado, da adj. y s. m. Dícese del sitio incluido dentro del área de otro.

enclavadura f. Muesca o hueco por donde se unen dos maderos. || Clavadura.

enclavar v. t. Clavar.

enclave m. Territorio perteneciente a un país situado en otro: *el enclave de Llivia.*

enclavijar v. t. Unir con clavijas. || Poner clavijas a un instrumento: *enclavijar un violín.*

enclenque adj. y s. Enfermizo.

énclisis f. Unión de una palabra enclítica con la anterior.

enclítico, ca adj. y s. f. Dícese de la palabra que se une con la que la precede, formando con ella un solo vocablo, como los pronombres pospuestos al verbo (*aconséjame, aplícase,* etc.).

* **enclocar** y * **encloquecer** v. i. Ponerse clueca un ave de corral.

encobar v. i. Empollar las aves los huevos.

encobrado, da adj. Que contiene cobre. || De color de cobre.

encobrar v. t. Cubrir con cobre.

encofrado m. Revestimiento de madera en las minas para evitar los desprendimientos de tierra. || Armazón que se pone para que se fragüe el cemento.

encofrar v. t. Poner un encofrado.

encoger v. t. Contraer: *encoger el brazo, la pierna* (ú. t. c. pr.). || Disminuir, reducir: *el lavado encoge ciertos tejidos* (ú. t. c. i.). || — V. pr. *Fig.* Apocarse, acobardarse. || — *Encogerse de hombros,* alzarlos en signo de indiferencia o de desprecio. || *Fig. Encogérsele a uno el corazón,* tener el corazón oprimido.

encogido, da adj. y s. *Fig.* Vergonzoso, cohibido, tímido. | Pusilánime.

encogimiento m. Acción y efecto de encoger o encogerse. || *Fig.* Vergüenza, cohibimiento, timidez. pusilanimidad.

encohetarse v. pr. *Méx.* Emborracharse.

encolamiento m. Acción y efecto de encolar.

encolar v. t. Pegar con cola: *encolar una silla.* || Clarificar vino con clara de huevo.

encolerizar v. t. Poner colérico, enfurecer (ú. t. c. pr.).

encomendado m. Dependiente del comendador.

encomendamiento m. Encargo, encomienda.

* **encomendar** v. t. Confiar, encargar: *le encomiendo a usted mi hijo.* || — V. pr. Entregarse, confiarse a la protección de uno: *encomendarse a Dios.*

encomendero m. Recadero || En América, el que tenía indios en encomienda.

encomiador, ra adj. y s. Que encomia.

encomiar v. t. Alabar, celebrar.

encomiasta m. Panegirista.

encomiástico, ca adj. Laudatorio: *palabras encomiásticas.*

encomienda f. Encargo. || Dignidad en las órdenes militares y civiles. || Cruz de los caballeros de las órdenes militares. || Renta vitalicia. || Recomendación, elogio. || Amparo, protección. || Pueblo de indios que estaba a cargo de un encomendero. || *Amer.* Paquete.
— Las *encomiendas* eran una institución colonial española en América y tenían por objeto el repartimiento de indios entre los conquistadores. El indio debía trabajar o pagar un tributo a su dueño, llamado *encomendero,* que tenía obligación de enseñarle la doctrina cristiana, instruirle y protegerle. Ciertas encomiendas sobrevivieron hasta el s. XVIII.

encomio m. Alabanza, elogio: *una acción digna de los mayores encomios.*

enconado, da adj. Apasionado: *partidario enconado.* || Reñido: *lucha enconada.*

enconamiento m. Inflamación de una herida. || *Fig.* Encono.

enconar v. t. Inflamar una herida (ú. m. c. pr.). || *Fig.* Intensificar, agudizar: *enconar la discusión, la lucha* (ú. m. c. pr.). | Irritar (ú. m. c. pr.). | Cargar la conciencia con una mala acción. || *Méx.* Robar pequeñeces.

encongarse v. pr. *Méx.* Encolerizarse.

encono m. Animadversión, rencor. || Ensañamiento: *luchar con encono.*

encontradizo, za adj. Que se encuentra. || *Hacerse el encontradizo,* simular encontrar por casualidad a uno cuando en realidad se le buscaba.

encontrado, da adj. Opuesto, contrario: *pareceres encontrados.*

* **encontrar** v. t. Tropezar con uno: *le encontré en el teatro.* || Hallar una cosa: *encontrar un objeto, una solución.* || Enfrentar: *encontrar muchos obstáculos.* || Juzgar: *¿cómo encuentras esto libro?* | Ver: *te encuentro mala cara.* || — V. i. Tropezar. || — V. pr. Coincidir en un sitio: *se encontraron en la playa.* || Chocar: *encontrarse dos vehículos.* || Reunirse: *se encuentran en este bar.* || Hallarse, estar: *encontrarse en el extranjero, sin un céntimo.* || *Fig.* Sentirse: *encontrarse mal de salud.* || Ser contrarias dos cosas. || Coincidir, estar de acuerdo: *no encontrarse en las opiniones.* | Oponerse, enemistarse.

encontronazo m. Choque.

encopetado, da adj. *Fig.* De alto copete. | Presumido, engreído.

encopetar v. t. Elevar, alzar. || Formar copete. || — V. pr. *Fig.* Envanecerse, engreírse.

encorajar v. t. *Fam.* Encolerizar, enrabietar (ú. t. c pr.). | Dar ánimo (ú. t. c. pr).

encorajinarse v. pr. Tomar una corajina, encolerizarse.

encorazado, da adj. Cubierto y vestido de coraza. || — M. *Méx.* Relleno para evitar la resonancia de los pisos.

encorazar v. t. Revestir con una coraza. || *Méx.* Rellenar con escombros el vano entre las vigas en los suelos divisorios de los pisos.

encorchadora f. Máquina para taponar botellas.

encorchar v. t. Hacer entrar abejas en la colmena. || Poner tapones de corcho: *encorchar botellas.*

encorchetar v. t. Poner corchetes. || Fijar con corchetes.

* **encordar** v. t. Poner cuerdas a un instrumento de música. || — V. pr. Hablando de montañistas, unirse unos a otros con una cuerda.

encordonar v. t. Poner cordones: *encordonar los borceguíes.*

encornado, da adj. Con los adv. *bien* o *mal,* que tiene buena o mala encornadura: *vaca bien encornada.*

encornadura f. Disposición de los cuernos de un animal. | Cornamenta: *la encornadura del toro.*

encorralar v. t. Meter en el corral.

encorselar y **encorsetar** v. t. Poner el corsé (ú. m. c. pr.).

encortinar v. t. Poner cortinas.

encorvadura f. y **encorvamiento** m. Curva.

encorvar v. t. Dar forma curva: *encorvar la espalda.* || — V. pr. Inclinarse: *encorvarse por la edad, por el peso de una carga.* || *Tecn.* Doblarse, ladearse.

encostrar v. t. Cubrir con costra: *encostrar un pastel.* || — V. pr. Formar costra: *encostrarse la llaga.*

encrasar v. t. Espesar un líquido (ú. t. c. pr.). || Fertilizar las tierras con abonos (ú. t. c. pr.).

encrespar v. t. Ensortijar, rizar el pelo. ‖ Poner el pelo de punta. ‖ *Fig.* Irritar. ‖ — V. pr. Agitarse mucho el mar con el viento. ‖ *Fig.* Excitarse las pasiones. | Acalorarse una discusión. | Enredarse un asunto.
encrestarse v. pr. Levantar la cresta las aves.
encristalar v. t. Poner cristales en una ventana, puerta, etc.
encrucijada f. Cruce, sitio donde se cruzan varias calles, caminos o carreteras. ‖ *Fig.* Situación difícil en la cual no se sabe qué solución escoger.
* **encrudecer** v. t. Poner crudo. ‖ *Fig.* Crispar, irritar. ‖ — V. i. Ponerse crudo el tiempo.
encuadernación f. Acción y efecto de encuadernar. ‖ Tapa o cubierta de un libro: *encuadernación en rústica.*
encuadernador, ra m. y f. Persona que tiene por oficio encuadernar. ‖ — M. Clavillo que sirve para sujetar hojas de papel.
encuadernar v. t. Reunir varios pliegos y ponerles cubierta: *encuadernar de fino, en pasta.*
encuadramiento m. Encuadre.
encuadrar v. t. Colocar en un marco o cuadro: *encuadrar una fotografía.* ‖ Servir de marco. ‖ Enfocar bien la imagen en foto y cine. ‖ *Fig.* Encajar, ajustar una cosa dentro de otra. | Encerrar. ‖ *Mil.* Incorporar soldados bisoños. | Colocar una unidad entre otras.
encuadre m. *Fot.* y *Cin.* Enfoque de la imagen. ‖ En los televisores, sistema regular que permite centrar la imagen en la pantalla. ‖ *Fig.* Límite ‖ *Mil.* Conjunto de los cuadros de una tropa.
encuartar v. t. *Méx.* Enredar la bestia con la reata, paseándola entre los cuartos. ‖ *Fig. Méx.* Enredarse en un negocio.
encuarte m. Caballerías de refuerzo que se añaden a las de un tiro para ayudarlas. ‖ *Amer.* Acción y efecto de encuartar.
encuartelar v. t. Acuartelar.
encuatar v. t. *Méx.* Hacer dos cosas iguales. ‖ Unir, conectar dos objetos semejantes.
encubar v. t. Meter en cubas.
encubierto, ta adj. Tapado. ‖ *Palabras encubiertas,* medias palabras. ‖ — Fraude, ocultación.
encubridor, ra adj. y s. Que encubre un delito o una falta: *madre encubridora de las fechorías de su hijo.* ‖ Que encubre a un delincuente.
encubrimiento m. Ocultación.
encubrir v. t. Ocultar o disimular una cosa: *encubrir sus intenciones.* ‖ *For.* Hacerse indirectamente partícipe de un delito ocultando una cosa o persona para que no sean descubiertas.
encuentro m. Acción de encontrarse: *encuentro casual.* ‖ Choque: *encuentro de dos automóviles.* ‖ Combate imprevisto: *encuentro de las tropas enemigas.* ‖ Hallazgo: *un encuentro interesante.* ‖ Competición deportiva. ‖ Oposición, contradicción. ‖ — Pl. En las aves, parte del ala pegada al cuerpo. ‖ *Salir al encuentro,* ir hacia alguien o algo; anticiparse; oponerse.
encuerado, da adj. *Amer.* Desnudo. ‖ *Méx.* Dícese de la mujer vestida con poca ropa.
encuerar v. t. *Cub.* y *Méx.* Desnudar. ‖ *Amer.* Enchalecar.
encuesta f. Averiguación, investigación: *proceder a una encuesta policial.* ‖ Averiguación de la opinión dominante sobre una materia por medio de unas preguntas hechas a muchas personas.
encuestador, ra m. y f. Persona que interroga para una encuesta.
encuetar v. t. *Amer.* Fajar a los niños de pecho. ‖ — V. pr. *Méx.* Embriagarse.
encumbrado, da adj. Elevado.
encumbramiento m. Acción y efecto de encumbrar o encumbrarse. ‖ Posición encumbrada. ‖ *Fig.* Ensalzamiento, exaltación. | Progreso.
encumbrar v. t. Poner en alto. ‖ *Fig.* Ensalzar. ‖ — V. pr. Llegar a gran altura: *las peñas se encumbran hasta hacerse inaccesibles.* ‖ *Fig.* Envanecerse, engreírse. | Progresar, adquirir elevada posición social o económica.
encunar v. t. Poner al niño en la cuna. ‖ *Taurom.* Coger el toro al lidiador entre las astas. ‖ — V. pr. Coger el toro al lidiador entre los cuernos.
encureñar v. t. Poner en la cureña: *encureñar un cañón.*
encurtido m. Fruto o legumbre en vinagre, como los pepinillos, alcaparras, etc.
encurtir v. t. Conservar frutos o legumbres en vinagre.
encuyarse v. pr. *Méx.* Subirse a un cerro en tiempo de avenidas.
enchalecar v. t. *Pop.* Embolsar (ú. t. c. pr.).
enchamarrado, da m. y f. *Pop. Méx.* Persona de mala catadura.
enchapado m. Chapa.
enchapar v. t. Cubrir con chapas, chapar.
enchaquetar v. t. *Méx.* y *P. Rico.* Ponerse la chaqueta.
encharcamiento m. Formación de charcos. ‖ Inundación. ‖ *Med.* Hemorragia interna de los pulmones.
encharcar v. t. Cubrir de agua, formar charcos (ú. t. c. pr.). ‖ — V. pr. *Med.* Tener una hemorragia interna en los pulmones.
enchichicastarse v. i. *Amér. C.* y *Méx.* Sentir la molestia del chichicaste.
enchiladera f. *Méx.* Enchiladora.
enchilado, da adj. *Méx.* De color de chile, bermejo: *toro enchilado.* | Rabioso, emberrenchinado. ‖ — M. *Cub* y *Méx.* Guisado de mariscos con salsa de chile. ‖ — F. *Méx.* Tortilla de maíz enrollada o doblada, rellena con alguna vianda y aderezada con chile.
enchiladora f. *Méx.* Mujer que hace y vende enchiladas.
enchilar v. t. *Amer.* Untar o sazonar con chile. ‖ *Méx.* Irritar, enfadar (ú. t. c. pr.).
enchinar v. t. Empedrar con chinas o piedras pequeñas. ‖ — V. pr. *Méx.* Hacerse rizos en el pelo o cabello.
enchiqueramiento m. Encierro en el chiquero. ‖ *Fig.* y *fam.* Encarcelamiento.
enchiquerar v. t. Encerrar el toro en el chiquero. ‖ *Fig.* y *fam.* Encarcelar.
enchironar v. t. *Fam.* Encarcelar, meter en chirona.
enchuecar v. t. *Amer.* Torcer.
enchufado, da adj. y s. *Fam.* Que tiene un puesto o cargo obtenido por influencia. | Que acumula otro cargo. o función.
enchufar v. t. Empalmar tubos. ‖ Establecer una conexión eléctrica por medio de un enchufe: *enchufar una lámpara.* ‖ *Fig.* Valerse de su influencia para favorecer a uno. | Enlazar, unir. ‖ — V. pr. *Fam.* Obtener un enchufe.
enchufe m. Acción y efecto de enchufar. ‖ Dispositivo para conectar un aparato con la red eléctrica. ‖ Parte de un tubo que entra en otro. ‖ *Fam.* Influencia: *tener mucho enchufe.* | Recomendación. | Puesto, generalmente muy bueno, obtenido por influencia.
enchufismo m. *Fam.* Corruptela que favorece a los enchufados.
ende (por) adv. Por tanto.
endeble adj. Poco resistente, débil: *niña endeble.* ‖ *Fig.* De poco valor o fuerza: *versos endebles.*
endeblez f. Calidad.
endécada f. Espacio o período de once años.
endecágono adj. y s. m. *Geom.* Dícese del polígono que tiene once ángulos y lados.
endecasílabo, ba adj. y s. m. Aplícase al verso de once sílabas.
endecha f. Canción melancólica y de lamento. ‖ Combinación métrica de cuatro versos de seis o siete sílabas, generalmente asonantados: *endecha en loor de un difunto.*
endemia f. *Med.* Enfermedad que existe habitualmente en un sitio.
endémico, ca adj. *Med.* Relativo a la endemia: *enfermedad endémica.* ‖ *Fig.* Que se repite con frecuencia en un sitio: *desorden endémico; crisis económica endémica.*
endemoniado, da adj. *Fig.* y *fam.* Muy perverso: *niño endemoniado.* | Infernal, diabólico: *invento endemoniado.* | Malísimo: *tiempo endemoniado.* | Maldito, muy difícil: *traducción endemoniada.* ‖ — Adj. y s. Poseído del demonio.
endemoniar v. t. Meter los demonios en el cuerpo. ‖ *Fig.* Enfurecer, encolerizar: *capaz de endemoniar al más pacífico* (ú. m. c. pr.).
* **endentar** v. t. *Mec.* Encajar una cosa en otra. | Poner dientes a una pieza: *endentar una rueda.*
enderezador, ra adj. y s. Que endereza.
enderezamiento m. Acción de enderezar.
enderezar v. t. Poner derecho lo que está torcido: *enderezar una viga.* ‖ Poner vertical: *enderezar un poste.* ‖ *Fig.* Corregir, enmendar: *enderezar entuertos.* | Arreglar: *enderezar una situación.* | Dirigir o gobernar bien. | Orientar, encaminar: *enderezar sus esfuerzos a un propósito noble.* ‖ — V. i. Dirigirse: *enderezó hacia donde salía el humo.* ‖ — V. pr. *Fig.* Tender hacia cierto objetivo: *sus palabras se enderezaban a lograr el indulto.*
endeudarse v. pr. Contraer deudas. ‖ Reconocerse obligado.
endiablado, da adj. *Fig.* Endemoniado. | Muy feo. | Muy animado: *música endiablada.*
endiablar v. t. Endemoniar. ‖ — V. pr. Encolerizarse.
endibia f. Especie de achicoria cultivada.
endilgar v. t. *Fam.* Dirigir, enviar. | Hacer aguantar algo desagradable: *le endilgó un discurso inacabable, un trabajo molesto.*
endino, na adj. *Fam.* Malo, maldito.
endiñar v. t. *Pop.* Dar: *endiñar una torta.*
endiosamiento m. *Fig.* Orgullo, soberbia. | Suspensión o abstracción de los sentidos.
endiosar v. t. Divinizar. ‖ — V. pr. *Fig.* Engreírse, ensoberbecerse. | Embebecerse: *endiosarse en la lectura.*
endocardio m. Membrana que cubre el interior del corazón.
endocarditis f. *Med.* Inflamación del endocardio.
endocrino, na adj. Aplícase a las glándulas de secreción interna, como la tiroides.
endocrinología f. Estudio de las glándulas endocrinas.
endodermo m. *Biol.* Capa interna del blastodermo.
endógeno, na adj. *Biol.* Que se forma en el interior, como la célula que se forma dentro de otra.
endomingar v. t. Poner la ropa de fiesta: *iba muy endomingado* (ú. t. c. pr.).
endonar v. t. *Méx.* Enjaretar.
endoparásito adj. y s. m. Aplícase al parásito que vive en el interior de otro animal o planta.
Endor, c. de Palestina, donde Saúl consultó a un célebre pitonisa.
endosable adj. *Com.* Que se puede endosar.
endosante adj. y s. *Com.* Que endosa.
endosar v. t. *Com.* Traspasar a otro un documento de crédito, haciéndolo constar al dorso. ‖ *Fig.* y *fam.* Encargar a alguien una cosa molesta: *le endosó la copia de todos los documentos.*
endosatario, ria m. y f. Persona a cuyo favor se endosa un documento de crédito.
endoscopio m. Aparato destinado al examen visual de la uretra y de la vejiga urinaria.
endosmómetro m. *Fís.* Aparato para apreciar la endósmosis.
endósmosis f. *Fís.* Corriente

de fuera adentro que se establece cuando dos líquidos de densidad diferente están separados por un tabique membranoso muy fino.

endoso m. *Com.* Acción y efecto de endosar un documento de crédito. | Lo que se escribe al dorso de este documento.

endotelio m. *Anat.* Tejido que cubre los vasos y las cavidades serosas.

endotérmico, ca adj. *Quím.* Que se verifica con absorción de calor.

endrino, na adj. De color negro azulado, parecido al de la endrina. || — M. Ciruelo silvestre. || — F. Fruto del endrino.

endulzar v. t. Poner dulce: *endulzar algo con miel.* || *Fig.* Suavizar: *el cariño endulza las penas.*

* **endurecer** v. t. Poner duro: *la sequía endurece la tierra* (ú. t. c. pr.). || *Fig.* Hacer a uno resistente: *el ejercicio endurece al hombre.* | Volver insensible: *la vida le ha endurecido* (ú. t. c. pr.).

endurecimiento m. Dureza. || Aumento de la dureza. || *Fig.* Resistencia. | Obstinación, tenacidad.

ene f. Nombre de la letra *n.* || Un número indeterminado: *la cosa costará ene* (o *n*) *pesetas.*

Ene, río del centro del Perú formado por la confluencia del Apurímac y del Mantaro (Ayacucho); 250 km.

enea f. *Bot.* Anea.

eneágono, na adj. y s. m. *Geom.* Aplícase al polígono que tiene nueve ángulos y lados.

Eneas, príncipe troyano, héroe de *La Eneida* de Virgilio.

eneasílabo, ba adj. Que tiene nueve sílabas: *verso eneasílabo.*

enebrina f. Fruto del enebro.

enebro m. Arbusto cupresáceo, de fruto aromático.

Eneida *(La),* poema épico de Virgilio, en doce cantos (29-19 a. de J. C.).

enema f. *Med.* Lavativa (ú. t. c. s. m.). || — M. *Farm.* Medicamento secante que se aplicaba sobre las heridas sangrientas.

enemigo, ga adj. y s. Contrario: *países enemigos.* || Que odia y procura hacer daño: *es mi enemigo personal.* || Que aborrece: *enemigo de trasnochar.* || — M. El contrario en la guerra: *el enemigo fue rechazado.* || — F. Enemistad, mala voluntad: *tenerle enemiga a una persona.* || *Al enemigo que huye, puente de plata,* hay que alegrarse de la desaparición de una persona que quería perjudicar a uno.

enemistad f. Aversión, odio. || Hostilidad.

enemistar v. t. Hacer perder la amistad. Ú. t. c. pr.: *me he enemistado con todos.*

eneolítico m. Período prehistórico en el cual se empezó a utilizar el cobre.

energético, ca adj. De la energía. || — F. Ciencia que se ocupa de la energía.

energía f. Fuerza: *la energía muscular.* || Virtud, eficacia: *la energía de un medicamento.* || *Fig.* Fuerza de carácter, firmeza. || *Fís.* Capacidad que tiene un cuerpo de producir un trabajo: *energía calorífica, eléctrica, hidráulica.*

enérgico, ca adj. Que tiene o implica energía: *hombre enérgico.*

energúmeno, na m. y f. (Ant.). Endemoniado. || *Fig.* Persona muy exaltada: *gritar como un energúmeno*

enero m. Primer mes del año civil. || *Pop. Méx. Enero y febrero desviejadero,* expr. que alude al tiempo frío de estos meses, mortal para los viejos.

enervación f. y **enervamiento** m. Debilitación, abatimiento.

enervador, ra y **enervante** adj. Que debilita las fuerzas.

enervar v. t. Debilitar, quitar energía física o moral (ú. t. c. pr.).

enésimo, ma adj. Aplícase al número indeterminado de veces que se repite una cosa: *decir por enésima vez.* || *Mat.* Aplícase a la cosa que ocupa el número ene en una serie (escríbese n^o).

enfadadizo, za adj. Propenso a enfadarse: *madre enfadadiza.*

enfadar v. t. Disgustar, enojar. Ú. t. c. pr.: *enfadarse por algo.*

enfado m. Enojo, disgusto, descontento: *causar enfado.*

enfadoso, sa adj. Enojoso.

enfaldado, da adj. Dícese del niño muy apegado a las mujeres.

enfangar v. t. Cubrir o ensuciar con fango (ú. t. c. pr.). || — V. pr. *Fig.* y *fam.* Entregarse a los placeres sensuales. | Meterse en negocios vergonzosos.

enfardar v. t. Hacer fardos. || Embalar, empaquetar.

enfardelar v. t. Enfardar.

énfasis m. Exageración en la manera de expresarse que implica cierta afectación.

enfático, ca adj. Que denota énfasis: *lenguaje enfático.*

enfermar v. i. Ponerse enfermo: *enfermar del pecho.* || — V. t. Causar enfermedad. || *Fig.* Debilitar. | Poner enfermo, irritar: *las injusticias me enferman.* || — V. pr. *Fam. Méx.* Dar a luz la mujer y tb. estar en su período.

enfermedad f. Alteración en la salud: *enfermedad infecciosa, mental.* || *Fig.* Pasión dañosa: *sufrir la enfermedad de la envidia, de la ambición.*

enfermería f. Departamento de algún establecimiento donde se curan a los enfermos y heridos: *la enfermería de un colegio.* || Conjunto de enfermos.

enfermero, ra m. y f. Persona que tiene por oficio atender a los enfermos.

enfermizo, za adj. Que tiene poca salud: *niño enfermizo.* || Que puede causar enfermedad: *alimento, clima enfermizo.* || Propio de un enfermo: *pasión enfermiza.*

enfermo, ma adj. y s. Que sufre una enfermedad. || *Fig. Poner enfermo,* causar mucho desagrado.

enfermucho, cha adj. *Fam.* Algo enfermo.

enfervorizar v. t. Animar.

enfeudación f. Acción de enfeudar. || Título en que se contiene este acto.

enfeudar v. t. Dar en feudo.

Enfield, c. de Gran Bretaña (Middlesex), al N. de Londres.

enfilada f. *Mil.* Acción de enfilar al enemigo.

enfilar v. t. Colocar en fila. || Ensartar: *enfilar perlas.* || *Mil.* Batir de flanco. | Apuntar. || Dirigirse: *enfilar hacia la plaza.* || Seguir una dirección: *el viento enfilaba la calle.*

enfisema m. *Med.* Hinchazón producida por la presencia de aire o gas en el tejido celular. || *Enfisema pulmonar,* dilatación anormal de los alveolos pulmonares.

enfistolarse v. pr. *Med.* Transformarse una llaga en fístula.

enfiteusis f. *For.* Cesión por largo tiempo del dominio útil de un inmueble o finca mediante el pago anual de un canon.

enfiteuta com. *For.* Persona que tiene el dominio útil en el censo enfitéutico.

enfitéutico, ca adj. Relativo a la enfiteusis o dado en enfiteusis.

* **enflaquecer** v. t. Poner flaco: *las penas le enflaquecen.* || *Fig.* Debilitar, enervar. || — V. i. Adelgazar mucho: *enflaquecer por falta de nutrición.* || *Fig.* Desanimarse.

enflaquecimiento m. Adelgazamiento excesivo. || Debilitación.

enflatarse v. pr. *Cub. Méx.* Malhumorarse.

enflautado, da adj. *Fam.* Ampuloso, enfático. || — F. *Amer.* Patochada.

enflautar v. t. *Fam.* Engañar. | Hinchar.

enfocar v. t. *Fot.* Hacer que la imagen de un objeto producida por un lente coincida con un punto determinado. || Dirigir: *enfocar los gemelos hacia cierto punto.* || *Fig.* Considerar, analizar: *enfocar un asunto desde el punto de vista religioso.*

enfoque m. Acción y efecto de enfocar: *el enfoque de la imagen.* || *Fig.* Manera de considerar y tratar un asunto.

enfoscar v. t. Tapar los agujeros de una pared. || Enlucir con mortero. || — V. pr. Enfadarse. || Enfrascarse, absorberse. || Nublarse el cielo.

enfrascamiento m. Acción y efecto de enfrascarse.

enfrascar v. t. Meter en frascos. || — V. pr. Internarse en una espesura. || *Fig.* Dedicarse por completo, entregarse: *enfrascarse en la política.*

enfrenar v. t. Poner freno al caballo y enseñarle a obedecer o a levantar la cabeza. || *Fig.* Refrenar, contener, reprimir.

enfrentar v. t. Afrontar, arrostrar: *enfrentar el peligro* (ú. t. c. pr.). || Poner frente a frente. || Oponer. || — V. pr. Tener ante sí: *enfrentarse con una dificultad.* || Hacer frente: *enfrentarse con una persona importante.* || Oponerse: *se enfrenta con todos.* || Encontrarse dos equipos o jugadores.

enfrente adv. Delante, en el lugar opuesto: *la escuela está enfrente.* | En contra: *todos se pusieron enfrente del proyecto.*

enfriadero m. Sitio donde se enfrían las cosas.

enfriador, ra adj. Que enfría. || — M. Enfriadero.

enfriamiento m. Acción y efecto de enfriar o enfriarse. || *Med.* Catarro, resfriado.

enfriar v. t. Poner fría una cosa: *enfriar un líquido.* || *Fig.* Moderar las pasiones: *enfriar el entusiasmo.* || *Fig.* y *fam.* Matar. || — V. pr. Acatarrarse, resfriarse.

enfrijolada f. Comida típica mexicana hecha de tortilla de maíz, puré de frijoles y queso.

enfrijolarse v. pr. *Méx.* Enredarse una cosa, un negocio.

enfullinarse v. pr. *Chil.* y *Méx.* Enfurecerse.

enfundadura f. Funda.

enfundar v. t. Poner en una funda: *enfundar un arma.*

* **enfurecer** v. t. Poner furioso, encolerizar: *esta observación le enfureció.* || — V. pr. *Fig.* Embravecerse el mar.

enfurecimiento m. Irritación.

enfurruñamiento m. Enfado.

enfurruñarse v. pr. *Fam.* Enfadarse, gruñir. | Nublarse el cielo.

enfurtido m. Abatanamiento.

enfurtir v. t. Abatanar los paños y otros tejidos de lana. || Apelmazar el pelo.

Engadina, valle de Suiza (Grisones). Turismo.

engaitar v. t. *Fig.* y *fam.* Embaucar, engañar. | Engolosinar.

engalanado m. *Mar.* Empavesado.

engalanar v. t. Adornar. || Ataviar. || — V. pr. Acicalarse, ataviarse: *engalanarse con las mejores prendas.*

engalgar v. t. Apretar la galga contra el cubo de la rueda para impedir que gire. || Calzar las ruedas de los carruajes.

engallado, da adj. *Fig.* Arrogante, envalentonado.

engallarse v. pr. *Fig.* Engreírse, envalentonarse, crecerse.

enganchador, ra adj. Que engancha. || — M. Reclutador.

enganchamiento m. Enganche.

enganchar v. t. Agarrar con un gancho. || Colgar de un gancho. || Sujetar las caballerías a un carruaje o los vagones entre sí. || *Fig.* y *fam.* Atraer a uno con arte: *le engancharon para que les ayudase.* | Coger, pescar: *enganchar una borrachera, un marido, una colocación.* || Alistar a alguien como soldado. || *Mec.* Engranar. || *Taurom.* Coger el toro al bulto y levantarlo con los pitones. || — V. pr. Quedarse prendido en un gancho o algo semejante: *se me enganchó la falda en un clavo.* || Sentar plaza de soldado: *engancharse por cinco años.*

enganche m. Acción y efecto de enganchar o engancharse. || Pieza para enganchar. || *Mil.* Reclutamiento: *banderín de enganche.*

enganchón m. Enganche. || Desgarrón. || Deterioro en una prenda de punto o en una media.

engañabobos m. inv. *Fam.* Engaño falaz. | Embaucador.

engañadizo, za adj. Fácil de ser engañado.

engañador, ra adj. Que engaña. || *Fig.* Que atrae el cariño.

engañar v. t. Hacer creer algo que es falso: *me engañó con sus promesas; la vista engaña.* || Estafar: *engañar a un cliente.* || Hacer más llevadero: *engañar el tiempo, el sueño, el hambre.* || Ser infiel a su cónyuge. || — V. pr. Equivocarse: *engañarse en la cuenta.* || No querer ver la verdad.

engañifa f. *Fam.* Engaño.

engaño m. Acción y efecto de engañar. || Error. || Cualquier arte de pescar. || *Taurom.* Capa o muleta con que se engaña al toro. || *Llamarse a engaño,* lamentarse por haberse dejado engañar.

Engaño, cabo oriental de la Rep. Dominicana (La Altagracia).

Engaños (Río). V. YARI.

engañoso, sa adj. Que engaña.

engarce m. Acción y efecto de engarzar. || Metal en que se engarza una piedra preciosa. || *Fig.* Enlace, trabazón, unión.

engargantar v. t. Cebar animales. || — V. i. Engranar.

engargolado m. Gárgol. || Ensambladura de ranura y lengüeta.

engargolar v. t. Ajustar piezas por medio del engargolado.

engarrotar v. t. Agarrotar.

engarzador, ra adj. y s. Que engarza.

engarzadura f. Engarce.

engarzar v. t. Reunir formando cadena: *engarzar perlas.* || Rizar el pelo. || Engastar: *engarzar un brillante en platino.* || *Fig.* Trabar, encadenar, enlazar.

engastador, ra adj. y s. m. Que engasta.

engastadura f. Engaste.

engastar v. t. Embutir una cosa en otra: *engastar un rubí en oro.*

engaste m. Acción y efecto de engastar. || Cerco de metal que abraza lo que se engasta. || Perla que es llana por un lado y redonda por el otro.

engatusador, ra adj. y s. *Fam.* Que engatusa, embaucador.

engatusamiento m. Acción y efecto de engatusar, embaucamiento.

engatusar v. t. *Fam.* Ganar la voluntad de uno con atenciones y halagos: *engatusar a los acreedores.*

Engels, c. de la U. R. S. S. (Rusia), en la orilla izquierda del Volga.

Engels (Friedrich), filósofo, economista y político alemán (1820-1895), autor, con Karl Marx, del *Manifiesto Comunista* (1848).

engendrador, ra adj. y. s. Que engendra.

engendramiento m. Acción y efecto de engendrar.

engendrar v. t. Procrear. || *Fig.* Causar, ocasionar, originar: *malestar que engendra disturbios.*

engendro m. Engendramiento. || Feto. || Criatura deforme, monstruo. || *Fig.* Producción intelectual muy mala: *esta obra es un engendro.* || *Fig.* y *fam. Mal engendro,* muchacho perverso.

engentarse v. pr. *Méx.* Atontarse entre personas.

Enghien-les-Bains, pobl. de Francia (Val-d'Oise), al N. de París. Aguas termales.

englobar v. t. Reunir en un conjunto.

engolado, da adj. Que tiene gola. || *Fig.* Presuntuoso, enfático.

engolfar v. i. *Mar.* Entrar un barco muy lejos en el mar (ú. t. c. pr.). || — V. pr. *Fig.* Sumirse, entregarse por completo: *engolfarse en una meditación.*

engolillado, da adj. Que andaba siempre con golilla puesta. || *Fig.* y *fam.* Anticuado, chapado a la antigua.

engolosinador, ra adj. Tentador, atrayente.

engolosinar v. t. Excitar el deseo. || — V. pr. Aficionarse: *engolosinarse con el juego.*

engollamiento m. *Fig.* Presunción, envanecimiento.

engolletado, da adj. Altivo.

engolletarse v. pr. *Fam.* Engreírse, envanecerse.

engomado, da adj. Acicalado, gomoso, peripuesto. || — M. Pegamento. || Apresto de los tejidos.

engomar v. t. Poner goma de pegar o apresto a los tejidos: *engomar un sobre, un cuello.*

engorda f. *Amer.* Ganado que se engorda. | Engorde.

engordadero m. Sitio donde se engordan los animales. || Tiempo en que se engordan.

engordador, ra adj. y s. m. Que se dedica a engordar los animales.

engordar v. t. Cebar: *engordar cerdos para la matanza.* || — V. i. Ponerse gordo: *engorda de día en día.*

engorde m. Acción y efecto de engordar o cebar animales.

engorro m. Molestia, fastidio, pesadez. || Pega, dificultad: *asunto lleno de engorros.*

engorroso, sa adj. Fastidioso, molesto: *trabajo engorroso.* || Difícil, delicado: *asunto engorroso.*

engranaje m. *Mec.* Acción y efecto de engranar. | Piezas que engranan. | Conjunto de los dientes de una máquina. || *Fig.* Enlace, conexión de ideas, circunstancias o hechos: *el engranaje burocrático.*

engranar v. t. e i. *Mec.* Introducir unos en otros los dientes de dos piezas: *engranar dos ruedas.* || *Fig.* Enlazar, trabar.

* **engrandecer** v. t. Aumentar, hacer mayor: *engrandecer la fama de uno.* || *Fig.* Alabar, celebrar. | Enaltecer, elevar: *la lectura engrandece el espíritu* (ú. t. c. pr.). | Exaltar.

engrandecimiento m. Dilatación, aumento. || *Fig.* Ponderación, elogio. | Acción de elevar o elevarse uno a una dignidad superior.

engranujarse v. pr. Llenarse de granos una persona o cosa. || Hacerse granuja, apicararse.

engrapadora f. Máquina utilizada para fijar papeles con grapas.

engrapar v. t. Fijar con grapas.

engrasado m. Engrase.

engrasador, ra adj. y s. Que engrasa.

engrasamiento m. Engrase.

engrasar v. t. Untar o ensuciar con grasa. Ú. t. c. pr.: *las bujías se han engrasado.* || Lubrificar. || — V. pr. *Méx.* Contraer la enfermedad del saturnismo, por envenenamiento con sales de plomo.

engrase m. Acción y efecto de engrasar. || Materia lubricante.

engreído, da adj. Creído de sí mismo. || *Antill. Col.* y *Méx.* Encariñado.

engreimiento m. Vanidad, orgullo, envanecimiento.

* **engreír** v. t. Llenar de vanidad. || — V. pr. Envanecerse: *engreírse de su fortuna.*

engrescar v. t. Provocar la disputa o riña: *engrescar a dos rivales.* || — V. pr. Disputarse.

engrifar v. t. *Méx.* Enojarse, irritarse. || — V. pr. Trastornarse por efecto de drogas.

engringarse v. pr. *Amer.* Adoptar las maneras de los gringos.

engrosamiento m. Acción y efecto de engrosar.

* **engrosar** v. t. Poner grueso. || *Fig.* Aumentar: *engrosar las filas del ejército* (ú. t. c. i.). || — V. i. Engordar: *engrosar con la buena vida* (ú. t. c. pr.).

engrudar v. t. Poner engrudo. || — V. pr. Espesarse, tomando consistencia de engrudo.

engrudo m. Masa de harina o almidón cocidos en agua que sirve para pegar.

engruesar v. i. Engrosar.

* **engrumecerse** v. pr. Formar grumos: *engrumecerse una masa.*

enguachinar v. t. Enaguachar.

enguantarse v. pr. Cubrirse las manos con guantes.

enguaraparse v. pr. *Cub., Méx.* y *P. Rico.* Tomar guarapo en exceso.

enguatar v. t. Poner guata: *enguatar un abrigo, un sillón.*

enguijarrar v. t. Empedrar con guijarros: *enguijarrar un camino.*

enguirnaldar v. t. Adornar con guirnaldas: *enguirnaldar un patio.*

engullidor, ra adj. y s. Que engulle.

* **engullir** v. t. Tragar precipitadamente. || Comer mucho.

engurruñar v. t. Encoger, arrugar (ú. t. c. pr.).

enhacinar v. t. Hacinar.

enharinar v. t. Cubrir con harina (ú. t. c. pr.).

enhebrar v. t. Pasar la hebra por el ojo de la aguja. || Ensartar: *enhebrar perlas.* || *Fig.* y *fam.* Decir muchas cosas seguidas: *enhebrar una mentira tras otra.*

enhestar v. t. Alzar, erguir: *enhestar la bandera.*

enhiesto, ta adj. Alzado, erguido, derecho: *bandera enhiesta.*

enhilar v. t. Enhebrar: *enhilar la aguja.* || *Fig.* Ordenar: *enhilar bien las ideas.* | Guiar con orden una cosa. | Poner en fila. || — V. i. Encaminarse, dirigirse a un fin u objetivo.

enhorabuena f. Felicitación: *dar la enhorabuena.* || — Adv. Felizmente, en hora buena.

enhoramala adv. Poco a propósito, en hora mala.

enhornar v. t. Meter en el horno.

enigma m. Adivinanza. || Dicho de interpretación difícil. || *Fig.* Cosa incomprensible: *su comportamiento es un enigma.*

enigmático, ca adj. Que encierra enigma: *palabras enigmáticas.* || Misterioso, difícil de comprender: *personaje enigmático.*

enilismo m. Alcoholismo producido por el abuso del vino.

enjabonado, da adj. Con jabón. || — M. Jabonadura.

enjabonadura f. Jabonadura.

enjabonar v. t. Jabonar, dar jabón. || *Fig.* y *fam.* Lisonjear, adular. | Reprender.

enjaezar v. t. Poner los jaeces a las caballerías.

enjalbegadura f. Encalado.

enjalbegar v. t. Encalar, blanquear con cal, yeso, etc.: *enjalbegar un patio.*

enjalma f. Albarda.

enjalmable adj. *Fam. Méx.* Rústico, necio.

enjalmar v. t. Poner la enjalma: *enjalmar una mula.* || — V. i. *Cub.* Armar algo con poca gracia.

enjambrar v. i. Salir de una colmena parte de sus abejas para ir a formar otra. || *Fig.* Multiplicarse. || — V. t. Sacar un enjambre de la colmena.

enjambre m. Conjunto de abejas con su reina que van a formar una colonia. || *Fig.* Gran cantidad de hombres o animales. || *Astr.* Conjunto de numerosas estrellas que pertenecen al mismo sistema.

enjarciar v. t. Poner la jarcia.

enjaretado m. Enrejado de listones.

enjaretar v. t. Hacer pasar por una jareta una cinta, etc. || *Fig.* y *fam.* Hacer o decir algo atropelladamente: *enjaretar unos versos.* | Endilgar, hacer aguantar algo molesto.

enjaular v. t. Encerrar en una jaula: *enjaular un tigre.* || *Fig.* y *fam.* Encarcelar.

enjetarse v. pr. Enojarse.

enjoyar v. t. Adornar con joyas. ‖ Engastar piedras preciosas. ‖ *Fig.* Hermosear, enriquecer.

enjuagadientes m. Líquido para enjuagarse la boca.

enjuagadura f. Acción de enjuagar o enjuagarse. ‖ Líquido con que se ha enjuagado una cosa.

enjuagar v. t. Limpiar la boca con agua u otro líquido (ú. m. c. pr.). ‖ Aclarar con agua limpia.

enjuagatorio y **enjuague** m. Acción de enjuagar. | Recipiente para enjuagarse la boca o las manos. ‖ *Fig.* Intriga, tejemaneje.

enjugador, ra adj. Que enjuga. ‖ — M. Camilla para secar la ropa. ‖ *Fot.* Secador para placas.

enjugar v. t. Secar: *enjugar el sudor, las lágrimas* (ú. t. c. pr.). ‖ *Fig.* Liquidar una deuda o hacer desaparecer un déficit.

enjuiciamiento m. Acción y efecto de enjuiciar. ‖ *For.* Instrucción de una causa.

enjuiciar v. t. *Fig.* Someter una cuestión a examen, discusión y juicio. ‖ *For.* Instruir una causa. | Juzgar. | Sujetar a uno a juicio, procesar.

enjulio y **enjullo** m. Madero del telar donde se va enrollando la urdimbre.

enjundia f. Grasa en la overa de las aves. ‖ Gordura de otros animales. ‖ *Fig.* Sustancia, importancia: *libro de mucha enjundia; argumento de enjundia.* | Talla: *hombre de enjundia.* | Vigor.

enjundioso, sa adj. Que tiene enjundia.

enjuta f. *Arq.* Cada uno de los espacios que deja en un cuadrado el círculo inscrito en él. | Pechina.

enjuto, ta adj. Seco. ‖ *Fig.* Muy delgado, flaco. ‖ — M. pl. Leña menuda para encender. ‖ Bocados ligeros que excitan la sed.

enlace m. Encadenamiento. ‖ Unión, conexión, relación: *enlace entre las ideas.* ‖ Dicho de los trenes: *enlace ferroviario.* ‖ *Fig.* Intermediario: *enlace sindical.* | Casamiento. ‖ *Quím.* Unión de dos átomos en una combinación.

enladrillado m. Suelo o pavimento hecho de ladrillos.

enladrillador m. Solador.

enladrilladura f. Enladrillado.

enladrillar v. t. Pavimentar con ladrillos: *enladrillar un piso.*

enlame m. *Méx.* Entarquinamiento para la siembra del trigo en tierras de regadío.

enlardar v. t. Lardar, lardear.

enlatar v. t. Envasar conservas en botes de lata.

enlazador, ra adj. Que enlaza (ú. t. c. s.).

enlazadura f. y **enlazamiento** m. Enlace.

enlazar v. t. Sujetar con lazos. ‖ Unir, trabar, relacionar: *enlazar una idea con otra.* ‖ Hablando de los medios de comunicación, unir varios sitios. ‖ — V. pr. *Fig.* Casarse. | Unirse dos familias por casamiento.

enligar v. t. Pegar con liga. ‖ — V. pr. Quedar el pájaro prendido en la liga.

* **enlobreguecer** v. t. Oscurecer.

enlodadura f. y **enlodamiento** m. Acción y efecto de enlodar o enlodarse.

enlodar y **enlodazar** v. t. Ensuciar con lodo. ‖ *Fig.* Manchar, deslucir, desacreditar.

enlomar v. t. Hacer el lomo a los libros.

enloquecedor, ra adj. Que enloquece.

* **enloquecer** v. t. Hacer perder el juicio, volver loco. ‖ Trastornar, hacer perder la sensatez. — V. i. Volverse loco.

enloquecimiento m. Locura.

enlosado m. Pavimento de losas o baldosas.

enlosador m. Obrero que tiene por oficio enlosar.

enlosar v. t. Pavimentar el suelo con losas o baldosas.

enlucido, da adj. Blanqueado con yeso. ‖ — M. Capa de yeso o estuco que se da a los muros.

enlucidor m. El que enluce.

* **enlucir** v. t. Poner una capa de yeso en los muros, techos, etc. ‖ Dar brillo a los metales.

enlutado, da adj. De luto.

enlutar v. t. Cubrir o vestir de luto. ‖ *Fig.* Entristecer, afligir (ú. t. c. pr.). ‖ — V. pr. Vestirse de luto. ‖ *Fig.* Oscurecerse.

enllantar v. t. Poner llantas a las ruedas.

enmaderado y **enmaderamiento** m. Acción de enmaderar. ‖ Revestimiento de madera.

enmaderar v. t. Cubrir con madera: *enmaderar un techo, una pared.* ‖ Construir el maderamen.

enmadrarse v. pr. Encariñarse demasiado el niño con su madre.

enmaizarse v. pr. *Méx.* Enfermar el ganado por comer maíz en grano y en seguida beber agua.

enmangar v. t. Poner mango.

enmaniguarse v. pr. *Cub.* Convertirse un terreno en manigua. | Acostumbrarse a la vida del campo.

enmarañamiento m. Confusión, mezcla. ‖ Embrollo.

enmarañar v. t. Mezclar, poner en desorden: *enmarañar una madera* (ú. t. c. pr.). ‖ Complicar, embrollar: *enmarañar un pleito* (ú. t. c. pr.). ‖ — V. pr. Confundirse.

enmarcar v. t. Encuadrar: *unos cabellos negros enmarcaban su cara.*

enmaridar v. i. Casarse la mujer (ú. t. c. pr.).

* **enmarillecerse** v. pr. Amarillearse, ponerse descolorido.

enmaromar v. t. Atar con maroma: *enmaromar una res brava.*

enmascarado, da adj. Disfrazado, cubierto el rostro. ‖ — M. y f. Máscara.

enmascaramiento m. *Mil.* Acción y efecto de enmascarar.

enmascarar v. t. Cubrir el rostro con máscara o carátula. ‖ *Fig.* Encubrir, disimular. ‖ *Mil.* Disimular o encubrir las tropas o el material de guerra para que no advierta el enemigo su presencia.

enmasillar v. t. Sujetar con masilla: *enmasillar los cristales.*

* **enmelar** v. t. Untar con miel. ‖ Hacer miel la abeja. ‖ *Fig.* Endulzar, hacer más suave y agradable una cosa.

enmendable adj. Que puede enmendarse.

enmendador, ra adj. y s. Que enmienda o corrige.

* **enmendar** v. t. Corregir, quitar defectos o errores. ‖ Resarcir, compensar. ‖ *For.* Rectificar una sentencia. ‖ — V. pr. Corregirse: *enmendarse de una equivocación.* ‖ *Taurom.* Moverse el torero.

enmienda f. Corrección. ‖ Rectificación en un escrito. ‖ Propuesta de un cambio en un texto oficial: *esta ley ha tenido varias enmiendas.* ‖ Sustancia con que se abona la tierra para hacerla más productiva. ‖ Compensación. ‖ *Fig. No tener enmienda,* ser incorregible.

* **enmohecer** v. t. Cubrir de moho (ú. t. c. pr.). ‖ — V. pr. *Fig.* Volverse inutilizable.

enmohecimiento m. Moho.

* **enmollecer** v. t. y pr. Ablandar.

enmondar v. t. Desmotar un paño.

* **enmudecer** v. t. Hacer callar: *el remordimiento le enmudece.* ‖ — V. i. Perder el habla: *enmudeció de espanto.* ‖ *Fig.* Callarse.

enmudecimiento m. Silencio.

Enneadas o **Novenas,** n. con el cual Porfirio publicó la colección de las obras de su maestro Plotino (s. III).

* **ennegrecer** v. t. Poner negro (ú. t. c. pr.). ‖ — V. pr. *Fig.* Ponerse muy oscuro, nublarse: *ennegrecerse el cielo.*

ennegrecimiento m. Negrura.

Ennio (Quinto), poeta latino (239-169 a. de J. C.). Autor de *Los Anales,* poema en que canta la historia de Roma.

* **ennoblecer** v. t. Conceder un título de nobleza: *ennoblecer a un servidor de la monarquía.* ‖ *Fig.* Dar nobleza: *la virtud ennoblece al hombre; ennoblecer un arte.*

ennoblecimiento m. Acción y efecto de ennoblecer.

enojada f. *Méx.* y *P. Rico.* Acción y efecto de enojarse.

enojadizo, za adj. Que se enoja fácilmente, enfadadizo.

enojamiento m. *Amer.* Enojo.

enojar v. t. Causar enojo, disgustar, irritar. ‖ — V. pr. Irritarse, encolerizarse: *enojarse con* (o *contra*) *el maldiciente.* ‖ Enfadarse: *enojarse con un amigo.* ‖ *Fig.* Enfurecerse el mar, los vientos.

enojo m. Ira, cólera. ‖ Enfado, disgusto.

enojón, ona adj. *Chil.* y *Méx.* Enojadizo.

enojoso, sa adj. Molesto, fastidioso. ‖ Violento, muy desagradable, que contraría: *asunto enojoso.*

enología f. Conjunto de conocimientos relativos al vino.

enológico, ca adj. De la enología.

enólogo m. Persona entendida en enología.

* **enorgullecer** v. t. Llenar de orgullo. Ú. t. c. pr.: *enorgullecerse de* (o *con*) *sus éxitos.*

enorme adj. Muy grande o muy gordo: *una casa enorme.* ‖ *Fig.* Grave, importante: *error enorme.*

enormidad f. Tamaño descomunal. ‖ *Fig.* Desatino, despropósito. | Barbaridad, atrocidad.

enquiciar v. t. Poner en el quicio (ú. t. c. pr.). ‖ Poner en orden.

enquillotrarse v. pr. Engreírse, envanecerse. ‖ *Fam.* Enamorarse.

enquistado, da adj. De aspecto de quiste. ‖ *Fig.* Metido dentro, encajado.

enquistarse v. pr. *Med.* Formarse un quiste. ‖ *Fig.* Meterse dentro de una organización, etc.

enrabiar v. t. Encolerizar, poner furioso (ú. t. c. pr.).

enraizar v. i. Arraigar.

enramada f. Ramaje. ‖ Cobertizo hecho con ramas. ‖ Adorno de ramas.

enramado m. *Mar.* Cuadernas de un buque.

* **enrarecer** v. t. Hacer menos denso un cuerpo gaseoso (ú. t. c. i. y pr.). ‖ Hacer que escasee una cosa (ú. t. c. i. y pr.).

enrarecimiento m. Rarefacción. ‖ Escasez.

enrasar v. t. Poner de nivel: *enrasar los muros de un piso.* ‖ Hacer que quede plana y lisa la superficie de una obra.

enrase m. Nivelación.

enredadera adj. Dícese de las plantas que se enredan en varas, cuerdas, etc. ‖ — F. Planta de la familia de las convolvuláceas, de flores acampanadas.

enredador, ra adj. y s. Que enreda. ‖ *Fam.* Chismoso, lioso.

enredar v. t. Enmarañar, mezclar desordenadamente: *enredar hilos* (ú. t. c. pr.). ‖ Prender con red. ‖ Tender las redes para cazar. ‖ *Fig.* Meter cizaña, enemistar. | Meter en un mal negocio, liar (ú. t. c. pr.). | Complicar: *enredar un asunto* (ú. t. c. pr.). ‖ — V. i. Travesear: *este niño está siempre enredando.* ‖ — V. pr. Trepar las plantas enredaderas. ‖ *Fam.* Amancebarse: *se enredó con una vecina.*

enredo m. Maraña, lío. ‖ *Fig.* Situación inextricable, lío. | Confusión. | Travesura de niños. | Engaño, mentira. | Relaciones amorosas ilícitas. ‖ Trama de una obra de teatro o una novela. ‖ — Pl. Cosas, trastos.

enredoso, sa adj. Complicado. ‖ *Fig.* Que enreda: *niño enredoso.*

enrejado m. Conjunto de rejas: *el enrejado de un jardín.* ‖ Celosía de cañas. ‖ Emparrillado.

enrejar v. t. Cercar con rejas o verjas: *enrejar un parque.* ‖ Poner la reja al arado. ‖ *Méx.* Zurcir la ropa.

enrevesado, da adj. Intrincado, complicado de hacer o de comprender.

enriar v. t. Meter en el agua el lino, cáñamo o esparto para que se maceren.
enrielar v. t. Transformar el metal en rieles. || Poner rieles. || *Fig. Amer.* Encarrilar.
enripiar v. t. Echar cascote o ripio en un hueco.
Enrique || ~ **I** de Castilla (1202-1217). Reinó desde 1214 bajo la tutela de su hermana Berenguela. || ~ **II** *de Trastamara* (1333-1379), rey de Castilla desde 1369, hermano y rival de Pedro I el Cruel. Huyó a Francia y, más tarde, con las Compañías Blancas de Duguesclin, invadió Castilla. El asesinato de su hermano en Montiel le dio la Corona. || ~ **III** *el Doliente* (1379-1406), rey de Castilla desde 1390. || ~ **IV** *el Impotente* (1425-1474), rey de Castilla desde 1454. Su sucesión provocó la lucha entre Juana la Beltraneja e Isabel la Católica.
Enrique || ~ **I** (1008-1060), rey de Francia desde 1031. || ~ **II** (1519-1559), hijo de Francisco I, rey de Francia desde 1547. Luchó contra el emperador Carlos V y conquistó Metz, Toul y Verdún (1552). || ~ **III** (1551-1589), rey de Francia desde 1574. M. asesinado por un fanático en 1589. || ~ **IV** (1553-1610), rey de Navarra desde 1562, bajo el nombre de Enrique III, y de Francia desde 1589. Protestante, abjuró de su religión en 1593. Reparó los daños causados por una guerra civil de cuarenta años, hizo la paz con España y promulgó el Edicto de Nantes (1598). M. asesinado.
Enrique || ~ **I** *el Pajarero* (¿876?-936), rey de Germania desde 919. || ~ **II** (973-1024), duque de Baviera en 995, emperador de Occidente desde 1002. || ~ **III** (1017-1056), emperador de Occidente desde 1039. || ~ **IV** (¿1050?-1106), hijo del anterior, emperador de Occidente desde 1056. Luchó contra el papa Gregorio VII (Querella de las Investiduras) y tuvo que ir a humillarse a Canossa (1077). || ~ **V** (1081-1125), hijo del anterior, emperador de Occidente desde 1106. || ~ **VI** *el Cruel* (1165-1197), hijo y sucesor de Federico I Barbarroja, emperador de Occidente desde 1190. || ~ **VII** (¿1275?-1313), conde de Luxemburgo, emperador de Occidente desde 1308.
Enrique || ~ **I** (1068-1135), hijo de Guillermo el Conquistador, rey de Inglaterra desde 1100. || ~ **II** (1133-1189), rey de Inglaterra desde 1154. || ~ **III** (1207-1272), rey de Inglaterra desde 1216. || ~ **IV** (1367-1413), rey de Inglaterra desde 1399. || ~ **V** (1387-1422), rey de Inglaterra desde 1413. Derrotó a los franceses en Azincourt y fue regente y heredero de la corona de Francia (1420). || ~ **VI** (1421-1471), hijo del anterior, rey de Inglaterra de 1422 a 1461. Tuvo que renunciar a sus derechos en Francia. Durante su reinado comenzó la guerra de las *Dos Rosas*. || ~ **VII** (1457-1509), rey de Inglaterra desde 1485. Fue el primero de la dinastía de los Tudor. Terminó con la *guerra de las Dos Rosas*, restauró en Inglaterra la autoridad real. || ~ **VIII** (1491-1547), hijo del anterior, rey de Inglaterra desde 1509. Instruido y amigo de las artes, pero cruel y vicioso. Al no concederle el Papa el divorcio con Catalina de Aragón, hija de los Reyes Católicos, se separó de la Iglesia de Roma y se proclamó jefe de la Iglesia anglicana. Casado seis veces, hizo morir en el cadalso a dos de sus esposas: Ana Bolena y Catalina Howard.
Enrique || ~ **(Don)**, infante de Castilla (1225-1304), hijo de Fernando III. Se rebeló contra su hermano Alfonso X, pero fue derrotado. Fue regente de Fernando IV. || ~ **el Navegante**, hijo de Juan I de Portugal, n. en Oporto (1394-1460), promotor de viajes y descubrimientos.
enriquecedor, ra adj. Que enriquece.
* **enriquecer** v. t. Hacer rico: *enriquecer a una persona, una comarca.* || *Fig.* Adornar, embellecer: *enriquecer el estilo.* || — V. i. y pr. Hacerse rico. || Prosperar un país, una empresa.
enriquecimiento m. Acción y efecto de enriquecer o enriquecerse.
Enríquez (Fray Camilo). V. HENRÍQUEZ. || ~ **de Almansa** (MARTÍN), virrey de Nueva España, de 1568 a 1580 y del Perú de 1580 a 1583. || ~ **de Arana** (BEATRIZ), dama española (¿1467-1521?), presunta esposa de Cristóbal Colón. || ~ **de Guzmán** (LUIS), virrey de Nueva España de 1650 a 1653, y del Perú de 1655 a 1661. || ~ **de Rivera** (Fray PAYO), prelado y estadista español, m. en 1684, obispo de Guatemala (1657-1667), arzobispo de México (1668-1680) y virrey de Nueva España de 1673 a 1681.
Enriquillo, lago del SO. de la Rep. Dominicana, a 44 m bajo el nivel del mar; 500 km². Ant. llamado *Xaragua.* — Valle de la Rep. Dominicana, entre las sierras de Neiba y el Baoruco. — Com. de la Rep. Dominicana (Barahona).
Enriquillo, cacique indio de La Española, que luchó contra los conquistadores hasta obtener en 1533 la libertad de los indígenas.
Enriquillo, popular novela histórica del dominicano Manuel de Jesús Galván (1878).
enriscado, da adj. Con muchos riscos. || Escarpado.
enriscar v. t. *Fig.* Elevar, alzar. || — V. pr. Guarecerse entre riscos.
enristrar v. t. Hacer ristras: *enristrar cebollas.* || Poner la lanza en ristre. || *Fig.* Ir derecho a un sitio.
* **enrocar** v. t. En el ajedrez, mover el rey al mismo tiempo que una de las torres. || Hacer girar el copo en la rueca.
* **enrocejer** v. t. Poner rojo con el calor. || Dar color rojo: *la cólera enrojecía su rostro.* || — V. pr. Sonrojarse, ruborizarse.
enrojecimiento m. Acción y efecto de ponerse rojo. || Rubor, sonrojo.
enrolar v. t. *Mar.* Inscribir en la lista de tripulantes de un buque. || Alistar.
enrollamiento m. Acción de enrollar.
enrollar v. t. Arrollar, poner en forma de rollo.
* **enronquecer** v. t. Poner ronco: *la niebla le enronqueció* (ú. m. c. pr.).
enronquecimiento m. Ronquera, afección de la laringe.
enroque m. Acción y efecto de enrocar en el ajedrez.
enroscadura f. y **enroscamiento** m. Acción y efecto de enroscar o enroscarse.
enroscar c. t. Dar forma de rosca o espiral. || Introducir a vuelta de rosca, atornillar.
ensabanar v. t. Envolver o cubrir con sábanas. || Enlucir.
ensacar v. t. Meter en un saco: *ensacar granos, harina.*
ensaimada f. Bollo de pasta hojaldrada en forma de espiral.
ensalada f. Hortaliza aderezada con vinagreta: *ensalada de tomate.* || *Fig.* y *fam.* Mezcla de cosas inconexas. | Lío, confusión: *armar una ensalada.* || *Fig.* Pieza musical formada por la reunión de varias canciones famosas. || — *Ensalada de fruta,* mezcla de trozos de diferentes frutas con azúcar y a veces un licor. || *Ensalada rusa,* la compuesta de varias legumbres frías, con salsa mayonesa.
ensaladera f. Recipiente donde se sirve la ensalada.
ensaladilla f. Especie de ensalada rusa. || *Fig.* Conjunto de distintas piedras preciosas engastadas en una misma joya. || *Fig.* y *fam.* Lío.
ensalmador, ra m. y f. Algebrista, persona que compone los huesos rotos y dislocados. || Curandero, persona que cura con ensalmos.
ensalmar v. t. Componer los huesos dislocados o rotos. || Curar con ensalmos.
ensalmo m. Modo supersticioso de curar con palabras mágicas y aplicación empírica de medicinas. || *Hacer una cosa como por ensalmo,* hacerla con mucha prontitud y por arte de magia.
ensalzador, ra adj. y s. Que ensalza.
ensalzamiento m. Exaltación.
ensalzar v. t. Enaltecer, exaltar: *ensalzar la fe.* || Alabar, celebrar: *ensalzar al virtuoso* (ú. t. c. pr.).
ensamblado m. Ensambladura.
ensamblador, ora m. y f. Persona u objeto que ensambla.
ensambladura f. y **ensamblaje** m. Unión de dos piezas encajando una en otra.
ensamblar v. t. Unir dos piezas haciendo encajar la parte saliente de una en la parte entrante de la otra: *ensamblar las tablas del piso.*
ensamble m. Ensambladura.
ensanchador, ra adj. Que ensancha. || — M. Utensilio para ensanchar los guantes.
ensanchamiento m. Aumento de la anchura: *ensanchamiento de una carretera.*
ensanchar v. t. Poner más ancho: *ensanchar un tubo.* || Extender: *ensanchar una ciudad.* || — V. pr. *Fig.* Engreírse, hincharse.
ensanche m. Extensión: *ensanche del firme; ensanche de una ciudad.* || Tela que se mete en las costuras del traje para poder ensancharlo. || Terreno dedicado a nuevas edificaciones en las afueras de una población: *el ensanche de Barcelona.*
* **ensandecer** v. i. Volverse necio (ú. t. c. t.).
* **ensangrentar** v. t. Manchar con sangre. Ú. t. c. pr.: *ensangrentarse las manos.* || *Fig.* Provocar derramamiento de sangre: *la guerra ensangrentó el país.*
ensañamiento m. Encarnizamiento, saña.
ensañar v. t. Irritar, encolerizar, poner furioso. || — V. pr. Mostrarse cruel, encarnizarse: *ensañarse en el enemigo, con su víctima, con el vencido.*
* **ensarmentar** v. t. Acodar un sarmiento.
ensartar v. t. Pasar por un hilo, alambre, etc.: *ensartar perlas, cuentas.* || Enhebrar: *ensartar una aguja.* || Atravesar: *el toro le ensartó el cuerno en el muslo.* || *Fig.* Decir una serie de cosas seguidas: *ensartar mentiras, sandeces.*
ensayador m. El que ensaya: *ensayador de metales preciosos.*
ensayar v. t. Poner a prueba: *ensayar un prototipo, un metal precioso.* || Hacer el ensayo de un espectáculo (ú. t. c. i.). || Amaestrar, adiestrar. || Galicismo por *intentar.* || — V. pr. Probar hacer una cosa: *ensayarse en la declamación.*
ensaye m. Prueba de la calidad de los metales.
ensayismo m. Género literario constituido por los ensayos.
ensayista com. Autor, escritor de ensayos.
ensayo m. Prueba a que se somete una cosa: *ensayo de una máquina.* || Análisis rápido de un producto químico. || Obra literaria que consiste en la reunión de algunas reflexiones hechas sobre un tema determinado: *Unamuno es autor de numerosos ensayos.* || Representación preliminar y preparatoria de un espectáculo antes de presentarlo al público: *ensayo general.* || En rugby, acción de colocar el balón detrás de la línea de meta adversaria.
Ensayos, obra filosófica de Montaigne, en la que campea un

espíritu profundo y escéptico (1580-1588).

ensebar v. t. Untar con sebo.

enseguida adv. En seguida.

ensenada f. Pequeña bahía.

Ensenada, c. y puerto de la Argentina (Buenos Aires). Frigoríficos. — C. y puerto de México (Baja California Norte).

Ensenada (Zenón DE SOMODEVILLA, *marqués de la*), político español (1702-1781), ministro de Fernando VI; restauró la marina. Derribado por una intrigua en 1751.

enseña f. Insignia.

enseñanza f. Instrucción, acción de enseñar los conocimientos humanos de una materia: *la enseñanza de las matemáticas.* || Método empleado para ello. || — Pl. Ideas, preceptos: *seguir las enseñanzas de un maestro.* || — *Enseñanza laboral* o *técnica,* la que da la formación necesaria para seguir una carrera industrial. || *Enseñanza superior,* la dada en la universidad y en las escuelas especiales de ingenieros, etc. || *Primera enseñanza* o *enseñanza primaria,* la que se da en el colegio a los niños. || *Segunda enseñanza* o *enseñanza media,* la que corresponde al bachillerato.

enseñar v. t. Instruir, hacer que alguien aprenda algo: *enseñar las primeras letras, a bailar.* || Dar clases: *enseñar latín en la universidad.* || Indicar: *enseñar el camino.* || Mostrar: *enseñar un libro.* || Dejar ver involuntariamente: *enseñar los pies por tener rotos los zapatos.* || Aleccionar: *¡ya te enseñaré a portarse como Dios manda!* || — V. pr. Aprender.

enseñoramiento m. Apoderamiento.

enseñorearse v. pr. Hacerse dueño, apoderarse: *enseñorearse de un territorio.*

enseres m. pl. Efectos, muebles o utensilios necesarios en una casa o para una profesión: *enseres domésticos, de pintor.*

ensiladora f. Máquina para ensilar forraje.

ensilaje y **ensilamiento** m. Acción y efecto de ensilar.

ensilar v. t. Guardar en un silo.

ensillado, da adj. Con montura. || Dícese de la caballería que tiene el lomo muy hundido.

ensilladura f. Acción y efecto de ensillar. || Parte del cuerpo del caballo donde se pone la silla. || Encorvadura entrante de la columna vertebral en la región lumbar.

ensillar v. t. Poner la silla o montura a las caballerías. || *Chil.* y *Méx.* Molestar a una persona, avasallarla.

ensimismado, da adj. Pensativo: *quedarse ensimismado.* || Absorto, sumido: *ensimismado en un libro.*

ensimismamiento m. Reflexión o meditación profunda.

ensimismarse v. pr. Abstraerse, concentrarse. || Reflexionar profundamente. || *Amer.* Envanecerse, engreírse.

* **ensoberbecer** v. t. Causar o excitar soberbia (ú. t. c. pr.). || — V. pr. *Fig.* Agitarse mucho el mar, encresparse las olas.

ensogar v. t. Sujetar con soga.

* **ensombrecer** v. t. Oscurecer: *ensombrecer un paisaje.* || *Fig.* Hacer más negro: *ensombrecer la situación.* | Entristecer. Ú. t. c. pr.: *cuando se enteró de lo ocurrido su cara se ensombreció.*

ensoñador, ra adj. y s. Soñador, que tiene ensueños.

Ensor (James), pintor impresionista y grabador belga (1860-1949).

ensordecedor, ra adj. Que ensordece: *ruido ensordecedor.*

* **ensordecer** v. t. Causar sordera. || Dejar momentáneamente sordo: *nos ensordecía con sus gritos.* || Hacer menos fuerte un sonido. || — V. i. Quedarse sordo.

ensordecimiento m. Acción de ensordecer. || Sordera.

ensortijamiento m. Acción de ensortijar. || Sortijas o rizos formados en el cabello.

ensortijar v. t. Rizar, retorcer el cabello, el hilo, etc. || Enrollar.

ensuciamiento m. Suciedad.

ensuciar v. t. Manchar, poner sucia una cosa. Ú. t. c. pr.: *ensuciarse con lodo.* || *Fig.* Manchar, deslucir: *ensuciar su nombre, su fama.* || — V. pr. *Fam.* Hacer las necesidades corporales manchándose. || *Fig.* y *fam.* Meterse en negocios sucios: *ensuciarse por dinero.*

ensueño m. Cosa que se sueña: *un país de ensueño.* || Ilusión.

ensullo m. Enjulio.

entablado m. Suelo formado de tablas. || Armazón de tablas.

entablamento m. *Arq.* Cornisamento.

entablar v. t. Cubrir, asegurar o cercar con tablas. || Emprender, iniciar: *entablar negociaciones, un combate.* || Trabar: *entablar relaciones, amistad.* || Entablillar un miembro. || Disponer en su escaque las piezas del ajedrez o de las damas. || — V. i. *Amer.* Hacer tablas, empatar. || — V. pr. Resistirse el caballo a torcer la cabeza. || Fijarse el viento en una dirección.

entablerarse v. pr. *Taurom.* Arrimarse el toro a la barrera.

entablillar v. t. *Med.* Sujetar con tablillas y vendajo un miembro que tiene un hueso roto: *entablillar un brazo.*

entalegar v. t. Guardar en talegos: *entalegar monedas.* || Ahorrar dinero. || V. pr. *Fam.* Embolsarse.

entalingar v. t. *Mar* Amarrar el chicote del cable al arganeo del ancla.

entalla f. Corte.

entalladura f. y **entallamiento** m. Corte que se hace en los pinos para extraer la resina o en las maderas para ensamblarlas. || Acción y efecto de entallar o esculpir.

entallar v. t. Cortar la corteza de ciertos árboles para extraer la resina. || Hacer cortes en una pieza de madera para ensamblarla con otra. || Esculpir. || Ajustar un vestido. || — V. i. Estar ajustado al talle: *este traje entalla bien.*

* **entallecer** v. i. Echar tallos.

entarimado m. Suelo de tablas ensambladas.

entarimador m. El que tiene por oficio entarimar.

entarimar v. t. Cubrir el suelo con tablas o parquet.

entarquinar v. t. Inundar un terreno, rellenarlo o sanearlo por sedimentación para dedicarlo al cultivo.

entarugado m. Pavimento formado con tarugos de madera.

entarugar v. t. Pavimentar con tarugos de madera.

éntasis f. Parte más abultada del fuste de algunas columnas.

ente m. Ser: *ente racional.* || Sociedad comercial, organismo. || *Fam.* Persona extraña o ridícula. || *Fil. Ente de razón,* el que sólo existe en el entendimiento.

Entebe, c. de Uganda, ant. cap. a orillas del lago Victoria.

enteco, ca adj. Enclenque, enfermizo.

entechar v. t. *Amer.* Techar.

entejar v. t. *Amer.* Tejar.

entelequia f. *Fil.* Realidad que tiende a la perfección o la ha alcanzado ya. (Palabra introducida por Aristóteles y renovada por Leibniz.) || *Fam.* Cosa perfecta que no puede existir, irrealidad.

entena f. *Mar.* Palo muy largo para la vela latina.

entendederas f. pl. *Fam.* Comprensión: *ser duro de entendederas.*

entendedor, ra adj. y s. Que entiende. || *Al buen entendedor pocas palabras,* las personas inteligentes comprenden fácilmente.

* **entender** v. t. Comprender: *entender bien una lección, el inglés; no entiendo cómo te gusta este libro.* || Querer decir: *¿qué entiendes por esta palabra?* || Creer: *entiendo que será mejor obrar así.* || Imaginar: *yo no entiendo las cosas así.* || Querer, exigir: *yo entiendo que se me obedezca.* || *Dar a entender,* insinuar. || — V. i. Conocer muy bien: *entender de (o en) pintura.* || — V. pr. Comprenderse: *entenderse por señas.* || Llevarse bien dos o más personas. || Ponerse de acuerdo: *entenderse con sus socios.* || Estar de acuerdo. || Saber lo que se hace: *cada uno se entiende.* || Tener alguna relación amorosa: *José se entiende con María.*

entender m. Opinión, manera de pensar: *a mi entender.*

entendido, da adj. Conocedor, que tiene buenos conocimientos en una materia: *entendido en electricidad, en historia* (ú. t. c. s.). || *No darse por entendido,* hacerse el sordo. || — Interj. De acuerdo.

entendimiento m. Capacidad de comprensión. || Inteligencia, juicio. || Comprensión, acuerdo.

* **entenebrecer** v. t. Oscurecer. Ú. t. c. pr.: *entenebrecerse el cielo.*

entente f. (pal. fr.). Buenas relaciones entre personas, entidades o Estados. || Pacto, alianza. — Se dio el n. de *Entente Cordial* a la colaboración franco inglesa establecida bajo el reinado de Luis Felipe y reanudada en 1904.

enterado, da adj. Informado. || Entendido (ú. t. c. s.).

enteralgia f. *Med.* Dolor intestinal agudo.

enterar v. t. Notificar, informar: *enterar de un asunto.* || — V. pr. Informarse: *entérate de todo lo que pasa.* || Saber, adquirir cierto conocimiento: *enterarse de la muerte de un amigo.* || Darse cuenta: *cuando me enteré de su maldad reñí con él.*

enterciar v. t. *Cub.* y *Méx.* Empacar, formar tercios con una mercancía.

entereza f. Integridad. || *Fig.* Firmeza, fortaleza: *entereza de carácter.* | Energía. | Observancia perfecta de la disciplina.

entérico, ca adj. Intestinal.

enteritis f. Inflamación del intestino, especialmente del intestino delgado.

enterizo, za adj. Entero. || De una sola pieza: *columna enteriza.*

enternecedor, ra adj. Que enternece: *cuadro enternecedor.*

* **enternecer** v. t. Ablandar. || *Fig.* Conmover, mover a compasión o ternura. Ú. t. c. pr.: *enternecerse ante el dolor ajeno.*

enternecimiento m. Acción y efecto de enternecer o enternecerse. || Compasión o ternura.

entero, ra adj. Completo: *la casa entera.* || Aplícase al animal no castrado. || *Fig.* Que tiene entereza o firmeza de carácter: *hombre entero.* | Fuerte, robusto. | Recto, justo. || — *Número entero,* el que no contiene fracciones de unidad. || *Por entero,* enteramente. || — M. Punto en la cotización de la Bolsa: *acciones que han perdido muchos enteros.*

enterocolitis f. *Med.* Inflamación del intestino delgado, del ciego y del colon.

enterrador m. Sepulturero. || *Zool.* Necróforo, coleóptero.

enterramiento m. Entierro. || Sepulcro. || Sepultura.

* **enterrar** v. t. Poner debajo de tierra: *enterrar un tesoro.* || Sepultar, dar sepultura: *enterrar a una persona.* || *Fig.* Poner debajo de algo que lo tapa todo: *el libro estaba enterrado debajo de otros muchos.* | Dejar de lado, olvidar: *enterrar un asunto.* | Desechar, abandonar: *enterrar las ilusiones.* | Sobrevivir: *enterrar a todos sus deudos.* | Clavar. || — V. pr. *Fig.*

Apartarse del mundo: *enterrarse en un convento.*

entesar v. t. Dar mayor fuerza. || Atirantar, poner tirante.

entibación f. y **entibado** m. *Min.* Colocación de maderos o tablas destinadas a sostener la tierra en las excavaciones. | Forro interior de un pozo de mina.

entibador m. Obrero que entiba: *los entibadores de Asturias.*

entibar v. t. *Min.* Hacer un entibado. || — V. i. Estribar.

entibiar v. t. Poner tibio. || *Fig.* Enfriar, templar, moderar: *entibiar el entusiasmo* (ú. t. c. pr.).

entibo m. Estribo, puntal. || *Min.* Madero para entibar. || *Fig.* Sostén, apoyo.

entidad f. *Fil.* Lo que constituye la esencia de una cosa. | Ente, ser. || Colectividad, sociedad, empresa: *entidad privada.* || *Fig.* Importancia: *asunto de entidad.*

entierro m. Acción de enterrar. || Funerales. || Convoy fúnebre. || Sepulcro. || *Fam.* Tesoro enterrado.

entinar v. t. Meter en tina.

entintado m. Acción y efecto de entintar.

entintador, ra adj. Que entinta: *rodillo entintador.*

entintar v. t. Manchar o empapar con tinta. || *Fig.* Teñir con tinta.

entoldado m. Acción de entoldar. || Conjunto de toldos para dar sombra.

entoldar v. t. Cubrir con toldos: *entoldar el patio para que no entre el sol.* || Cubrir con tapices o colgaduras. || — V. pr. Nublarse: *entoldarse el cielo.* || *Fig.* Engreírse, desvanecerse.

entomófago, ga adj. y s. m. Insectívoro: *animal entomófago.*

entomología f. Parte de la zoología que se dedica al estudio de los insectos.

entomológico, ca adj. De la entomología.

entomólogo m. El que se dedica a la entomología.

entompeatada f. *Fam. Méx.* Acción y efecto de entompeatar. | Engaño.

entompeatar v. t. *Fam. Méx.* Embaucar, engañar.

entonación f. Manera de entonar. || Tono. || *Fig.* Arrogancia, orgullo.

entonado, da adj. *Amer.* Vanidoso, arrogante.

entonamiento m. Entonación.

entonar v. t. Empezar a cantar: *entonar una canción.* || Dar cierto tono a la voz. || Fortalecer, tonificar: *esta medicina me ha entonado.* || Armonizar los colores (ú. t. c. i.). || Dar aire a los fuelles del órgano. || — V. i. Cantar ajustado al tono, afinar la voz. || — V. pr. *Fig.* Engreírse. | Reponerse, recuperarse.

entonces adv. En aquel tiempo: *entonces llegué yo.* || En este caso: *entonces vete.*

entongador m. *Cub.* y *Méx.* Que entonga.

entongadura f. *Cub.* y *Méx.* Acción y efecto de entongar.

entongar v. t. *Cub.* y *Méx.* Apilar, formar tongas. (Es muy común en el corte de caña.)

entonelar v. t. Poner algo en toneles.

entontar v. t. *Amer.* Atontar.

* **entontecer** v. t. Volver tonto (ú. t. c. i. y pr.).

entontecimiento m. Atontamiento.

entorchado m. Cuerda o hilo de seda cubierto de metal. || Bordado en oro o plata de ciertos uniformes. || *Fig.* Título, calificación.

entorchar v. t. Cubrir un hilo o cuerda con otro de plata u oro. || Retorcer varias velas para formar una antorcha.

entornar v. t. Cerrar a medias la puerta, la ventana o los ojos.

entorno m. V. AMBIENTE.

entorpecedor, ra adj. y s. Que entorpece.

* **entorpecer** v. t. Poner torpe: *el frío entorpece los miembros.* || *Fig.* Embotar, debilitar: *el alcohol entorpece la inteligencia.* | Dificultar, estorbar: *entorpecer la marcha.*

entorpecimiento m. Acción y efecto de entorpecer o entorpecerse.

entozoario m. Parásito de las cavidades internas.

entrada f. Acción de entrar: *entrada triunfal; discurso de entrada.* || Sitio por donde se entra: *el parque tiene dos entradas* || Vestíbulo, antesala. || Billete: *sacar entradas para ir al cine.* || Cantidad de personas que asisten a un espectáculo: *haber gran entrada en el circo.* || Lo recaudado en la venta de billetes. || Caudal que ingresa en una caja: *mes de buenas entradas* || Desembolso inicial: *pagar una entrada de cien mil pesetas para un piso.* || Principio: *la entrada del invierno.* || Plato que se sirve al principio de la comida. || Amistad: *tener entrada en una familia.* || *Cub.* y *Méx.* Zurra, azotaina, embestida. || — *De entrada,* desde el principio. || *Tener entradas en la frente,* empezar a caerse el pelo de la frente.

entramado m. Armazón de maderas para una pared, el suelo, etc.

entramar v. t. Hacer un entramado. || *Amer.* Tramar.

Entrambasaguas (Joaquín de), escritor español, n. en 1904, autor de *Estudios sobre Lope de Vega.*

entrambos, bas adj. y pron. det. pl. Ambos, los dos.

entrampar v. t. Hacer caer en la trampa: *entrampar un animal* (ú. t. c. pr.). || *Fig.* Engañar. | Enredar un asunto. || — V. pr. *Fig.* y *fam.* Contraer deudas.

entrante adj. Que entra: *año entrante.* || — M. Persona que entra.

entraña f. Víscera (ú. m. en pl.). || — Pl. *Fig.* Parte más oculta: *las entrañas de la Tierra, de los montes.* | Lo más íntimo o esencial de una cosa: *las entrañas de un conflicto.* | Índole, carácter: *hombre de buenas entrañas.* | Corazón, sensibilidad: *no tener entrañas.*

entrañable adj. Íntimo, muy querido: *amigo entrañable, mis deseos más entrañables.* || Profundo: *entrañable amistad.*

entrañar v. t. Llevar en sí, implicar: *este negocio entraña graves dificultades.* || Introducir en lo más profundo. || — V. pr. Unirse con íntima amistad.

entrar v. i. Pasar adentro: *entrar en una casa.* || Encajar, caber: *entrar bien en la cabeza el sombrero; el libro no entra en el cajón.* || Penetrar: *el clavo entra en la pared.* || *Fig.* Ser admitido: *entrar en la Academia.* | Incorporarse: *entrar en la milicia, en una sociedad.* | Empezar a desempeñar una función: *entrar de criada en una casa.* | Estar incluido: *esto no entra en mis atribuciones.* | Haber: *en la paella entran arroz y carne.* | Empezar: *el verano entra el 21 de junio.* | Hacerse sentir: *le entraron ganas de hablar.* | Tener un ataque de: *entrar en cólera.* || *Fig.* y *fam.* Ser asimilable: *no me entra la geometría.* || *Mec.* Engranar: *no entra la tercera velocidad.* || *Mús.* Empezar a tocar o a cantar. || *Taurom.* Arremeter el toro. || — *Entrado en años,* de edad avanzada. || *Entrar a matar,* prepararse el matador a dar la estocada. || — V. t. Introducir: *entrar la ropa en el armario.* || Meter tela en una costura o dobladillo. || — V. pr. Introducirse: *se entra a golpetazos.*

entre prep. En medio de: *ciudad que está entre Madrid y Málaga; conducir entre la niebla.* || En el intervalo: *entre las dos y las tres.* || En: *coger algo entre sus manos.* || En el número de: *contar a alguien entre sus amigos.* || En una colectividad: *entre los sastres.* || Contando: *entre chicos y chicas serán unos veinte.* || Indica cooperación: *hacer un trabajo entre dos.* || Significa estado intermedio: *sabor entre dulce y agrio.* || En sus adentros: *así pensaba entre mí.* || Unida a otra palabra debilita el significado de ésta, v. gr.: *entreabrir, entrever, entrefino.*

Entre Ríos, cord. de la Antártida Argentina descubierta en 1956. — Prov. del NE. de la Argentina; cap. *Paraná.* Agricultura, ganadería. — Pobl. de Bolivia, cap. de la prov. de O'Connor (Tarija).

entreabrir v. t. Abrir a medias: *entreabrir la ventana.*

entreacto m. Intermedio en un espectáculo.

entreayudarse v. pr. Ayudarse mutuamente.

entrebarrera f. *Taurom.* Espacio entre la barrera y la contrabarrera.

entrecable f. *Arq.* Espacio entre dos molduras.

entrecanal f. *Arq.* Saliente entre las estrías de una columna.

entrecano, na adj. A medio encanecer: *cabello entrecano; hombre entrecano.*

entrecasa f. *Méx.* Saya blanca, de estar en casa, usada por las mujeres.

entrecejo m. Espacio entre ceja y ceja. || *Fig.* Ceño: *mirar con entrecejo.*

* **entrecerrar** v. t. Entornar.

entrecinta f. Madero paralelo al tirante entre dos pares de la armadura del tejado.

etnrecomillar v. t. Poner entre comillas.

entrecoro m. En las catedrales, espacio que hay entre el coro y la capilla mayor.

entrecortar v. t. Cortar una cosa sin acabar de dividirla. || Interrumpir a trechos: *voz entrecortada.*

entrecote [*entrecot*] m. (voz fr.). Galicismo por *lomo.*

entrecruzar v. t. Cruzar cosas entre sí (ú. t. c. pr.).

entrecubierta f. *Mar.* Espacio entre las cubiertas de un barco (ú. t. en pl.).

entrechocarse v. pr. Chocar una con otra: *entrechocarse los dientes.*

entredicho m. Prohibición. || Privación eclesiástica de la asistencia a los oficios y de algunos sacramentos. || — *Fig. Estar en entredicho,* estar en duda. | *Poner en entredicho,* poner en tela de juicio.

entredós m. Tira de bordado o de encaje que se cose entre dos telas. || Mueble de poca altura colocado entre dos ventanas. || *Impr.* Grado de letra entre breviario y lectura.

entrefilete m. Suelto, recuadro en un periódico.

entrefino, na adj. Entre fino y grueso o entre fino y basto: *tela entrefina.*

entreforro m. Entretela.

entrega f. Acción y efecto de entregar: *entrega de las llaves, de los premios, de un pedido.* || Rendición: *la entrega de una ciudad.* || Cada uno de los cuadernillos de un libro que se vende a medida que se imprime: *novela por entregas.* || Devoción: *entrega a una causa.*

entregamiento m. Entrega.

entregar v. t. Dar algo a la persona a quien corresponde: *entregar una carta, un pedido.* || Hacer que uno caiga entre las manos de otro: *entregar a uno a la policía.* || Abandonar. || Rendir: *entregar la ciudad.* || *Entregar el alma,* expirar. || — V. pr. Ponerse a la disposición de uno: *entregarse al enemigo.* || Declararse vencido. || Dedicarse por entero: *entregarse al estudio.* || *Fig.* Dejarse dominar: *entregarse a una pasión, un vicio,* etc. | Confiarse.

entrehierro m. Espacio entre los polos de un electroimán.

entrejuntar v. t. Ensamblar los entrepaños de puertas o ventanas con los travesaños o paños.

entrelazamiento m. Enlace.

entrelazar v. t. Enlazar, entretejer una cosa con otra.

entrelínea f. Espacio entre dos líneas. ‖ Lo escrito entre dos líneas.

entrelinear v. t. Escribir algo que se intercala entre dos líneas.

entrelistado, da adj. Con listas de varios colores: *tela entrelistada.*

* **entrelucir** v. i. Aparecer una cosa entre otras.

entremedias adv. En medio.

entremés m. Obra de teatro jocosa en un acto que solía servir de entreacto. ‖ Manjares que se sirven en una comida antes de los platos fuertes.

entremeter v. t. Meter una cosa entre otras. ‖ — V. pr. Meterse, inmiscuirse: *entremeterse en la conversación; entremeterse en todo.*

entremetido, da adj. y s. Que se quiere meter en todo: *hombre entremetido.*

entremetimiento m. Acción y efecto de entremeter o entremeterse.

entremezclar v. t. Mezclar.

entrenador m. El que se dedica al entrenamiento de deportistas: *entrenador ciclista.*

entrenamiento m. Acción y efecto de entrenar o entrenarse.

entrenar v. t. Preparar adecuadamente a la práctica de un deporte o a la utilización de algo: *entrenar a un equipo de fútbol; entrenar en el manejo de las armas.*

entrenudo m. Parte del tallo de algunas plantas entre dos nudos.

* **entreoír** v. t. Oír a medias.

entrepaño m. Tabla de una estantería. ‖ *Arq.* Lienzo de pared entre dos columnas o dos ventanas. ‖ Tablero de puerta o ventana.

entrepechuga f. Carne entre la pechuga y el caballete de las aves: *una ración de entrepechuga.*

entrepiernas f. pl. Parte interior de los muslos (ú. t. en sing.). ‖ Parte correspondiente del pantalón. ‖ Piezas cosidas en esta parte como refuerzo o remiendo.

entrepiso m. *Min.* Espacio entre los pisos o galerías de una mina.

entrepuente m. *Mar.* Entrecubierta (ú. t. en pl.).

entrepunta f. Una de las piezas de la grúa.

entrerrenglonar v. t. Escribir entre renglones.

entrerriano, na adj. y s. De la prov. argentina de Entre Ríos.

entresaca f. Selección. ‖ Acción de cortar algunos árboles en un bosque.

entresacar v. t. Sacar una cosa de entre otras, seleccionándola. ‖ Aclarar o hacer menos espeso el pelo o un bosque.

entresijo m. Mesenterio, redaño. ‖ *Fig.* Cosa oculta: *conocer todos los entresijos.* ‖ *Fig.* y *fam. Tener muchos entresijos,* contener muchas dificultades una cosa; ser una persona muy cautelosa y disimulada.

entresuelo m. Piso entre la planta baja y el principal. ‖ Piso principal en un teatro.

entresurco m. *Agr.* Espacio entre surco y surco.

entretalla y **entretalladura** f. Media talla o bajorrelieve.

entretallar v. t. Tallar en bajorrelieve o media talla. ‖ Grabar, esculpir. ‖ Recortar una tela o hacer calados en ella. ‖ *Fig.* Impedir el paso a uno.

entretanto adv. Mientras tanto. ‖ — M. Intervalo: *en el entretanto.*

entretecho m. *Amer.* Desván.

entretejer v. t. Meter en la tela que se teje hilos diferentes para formar un dibujo. ‖ Entrecruzar, enlazar: *entretejer ramas.* ‖ *Fig.* Incluir palabras, versos, etc., en un escrito.

entretela f. Tela rígida que se pone entre el tejido y el forro de un traje. ‖ *Impr.* Satinado. ‖ — Pl. *Fig.* y *fam.* Lo más íntimo del corazón.

entretenedor, ra adj. y s. Que entretiene.

* **entretener** v. t. Detener a uno: *me ha entretenido media hora en la calle* (ú. t. c. pr.). ‖ Divertir, distraer: *esta película me ha entretenido mucho* (ú. t. c. pr.). ‖ *Fig.* Hacer olvidar momentáneamente algo desagradable: *entretener el dolor, el hambre.* | Hacer más soportable. | Embaucar: *entretener a uno con promesas.* | Dar largas a un asunto. | Ocupar, tomar: *estas gestiones me han entretenido toda la mañana.* | Mantener, conservar. ‖ — V. pr. Retrasarse: *entretenerse en casa de alguien.*

entretenido, da adj. Que distrae: *una lectura entretenida.* ‖ Que toma mucho tiempo: *un trabajo entretenido.* ‖ *Blas.* Enlazado.

entretenimiento m. Recreo, distracción. ‖ Pasatiempo. ‖ Conservación, cuidado: *el entretenimiento de una máquina.*

entretiempo m. Tiempo de primavera y otoño: *traje de entretiempo.*

entreventana f. Lienzo de pared entre dos ventanas.

* **entrever** v. t. Ver confusamente, vislumbrar: *sólo pude entrever su casa.* ‖ *Fig.* Conjeturar, prever: *entrever una desgracia.* | Adivinar: *entreveo sus intenciones.*

entreverado, da adj. Con una cosa distinta intercalada. ‖ *Tocino entreverado,* el que tiene algo de magro.

entreverar v. t. Intercalar en una cosa otra diferente.

entrevía f. Espacio entre los rieles de una vía férrea.

entrevista f. Encuentro concertado entre dos o más personas para tratar de un asunto. ‖ Conversación que tiene un periodista con una persona importante para interrogarla sobre sus ideas, proyectos, etc.: *hacer una entrevista a un artista, a un político.*

entrevistador, ra m. y f. Persona que hace una entrevista.

entrevistar v. t. Hacer una entrevista a una persona. ‖ — V. pr. Tener una entrevista con alguien.

entripado m. Relleno de un asiento. ‖ *Fig.* Resentimiento.

* **entristecer** v. t. Causar tristeza: *su desgracia entristeció a todos sus amigos.* ‖ Dar aspecto triste: *la lluvia entristece el paisaje.* ‖ — V. pr. Ponerse triste.

entristecimiento m. Tristeza.

entrojar v. t. Guardar en la troj: *entrojar cereales.*

entrometer y sus deriv. V. ENTREMETER.

entromparse v. pr. *Amer.* Enfadarse. ‖ *Fam.* Emborracharse.

entroncamiento m. Parentesco. ‖ Unión. ‖ Empalme.

entroncar v. i. Tener parentesco con una familia o persona. ‖ Contraer parentesco: *sus familias entroncaron en el siglo XVII.* ‖ *Amer.* Empalmar (ú. t. c. pr.). ‖ — V. tr. Unir. ‖ *Méx.* Aparear caballos o yeguas del mismo pelo.

entronización f. m. Acción y efecto de entronizar.

entronizar v. t. Colocar en el trono. ‖ *Fig.* Ensalzar. ‖ — V. pr. *Fig.* Engreírse, envanecerse.

entronque m. Parentesco. ‖ *Amer.* Empalme de dos vías férreas.

entropión m. Inversión del borde de un párpado hacia el globo del ojo.

entruchada f. y **entruchado** m. *Fam.* Trampa, intriga, conspiración: *armar una entruchada.*

entruchar v. t. *Fam.* Atraer a uno con engaños para hacerle intervenir en un negocio. ‖ — V. pr. *Méx.* Entremeterse, mezclarse en negocios ajenos.

entubación f. o **entubado** m. Colocación de un tubo.

entubar v. t. Poner un tubo.

entuerto m. Agravio, daño: *enderezar entuertos.* ‖ — Pl. Dolores después del parto.

* **entullecer** v. t. *Fig.* Detener, entorpecer el movimiento de una cosa. ‖ — V. i. Tullirse.

* **entumecer** v. t. Impedir, entorpecer el movimiento de un miembro: *entumecer la pierna* (ú. t. c. pr.). ‖ Hinchar: *labios entumecidos.* ‖ — V. pr. *Fig.* Alterarse, hincharse: *entumecerse el río.*

entumecimiento m. Entorpecimiento de un miembro. ‖ Hinchazón.

entumirse v. pr. Entumecerse.

enturbiar v. t. Poner turbio: *el ganado enturbió el agua.* ‖ *Fig.* Oscurecer, enredar. ‖ — V. pr. Ponerse turbio: *se enturbió la alegría, el tiempo.*

entusiasmar v. t. Provocar entusiasmo: *el orador entusiasmó al público.* ‖ Encantar, gustar mucho: *el teatro me entusiasma.* ‖ — V. pr. Sentir entusiasmo: *entusiasmarse por la victoria obtenida, con el teatro.*

entusiasmo m. Excitación que impulsa a actuar: *entusiasmo religioso.* ‖ Admiración apasionada: *la representación despertó el entusiasmo.* ‖ Adhesión fervorosa: *acoger una reforma con entusiasmo.* ‖ Fervor, ardor: *hablar con entusiasmo de un proyecto.* ‖ Inspiración divina: *el entusiasmo de los profetas.*

entusiasta adj. Que siente entusiasmo (ú. t. c. s.). ‖ Entusiástico: *público entusiasta.*

entusiástico, ca adj. Que revela: *un recibimiento entusiástico.*

enucleación f. *Med.* Extirpación de un órgano, de un tumor.

enumeración f. Enunciación sucesiva de las partes de un todo. ‖ Cómputo, cuenta: *la enumeración de la población de un país.* ‖ *Ret.* Resumen de las ideas expresadas en un discurso.

enumerar v. t. Enunciar sucesivamente: *enumerar las ventajas y desventajas.*

enumerativo, va adj. Que supone enumeración: *lista enumerativa de artículos.*

enunciación f. y **enunciado** m. Exposición, formulación.

enunciar v. t. Exponer, formular de una manera concisa y sencilla: *enunciar un principio.*

enunciativo, va adj. Que sirve para enunciar.

envainador, ra adj. *Bot.* Aplícase a las hojas cuya base envuelve el tallo de las plantas.

envainar v. t. Meter en la vaina: *envainar el sable.* ‖ Envolver una cosa a otra ciñéndola a manera de vaina.

envalentonamiento m. Acción y efecto de envalentonar o envalentonarse.

envalentonar v. t. Dar valor. ‖ Estimular. ‖ — V. pr. Cobrar valentía. ‖ Animarse: *se envalentonó con aquellas palabras elogiosas.* ‖ Enorgullecerse: *envalentonarse con un pequeño éxito.* ‖ Ponerse atrevido.

envanecedor, ra adj. Que envanece.

* **envanecer** v. t. Poner vanidoso: *el éxito le envaneció.* ‖ — V. pr. Engreírse, enorgullecerse: *envanecerse con* (o *de* o *en* o *por*) *la victoria.* ‖ Sentirse orgulloso: *puedes envanecerte de tus padres.*

envanecimiento m. Orgullo, vanidad.

envaramiento m. Entumecimiento. ‖ Tiesura.

envarar v. t. Entorpecer, entumecer un miembro. ‖ — V. pr. Entumecerse. ‖ Marchar muy tieso.

envasable adj. *Amer.* Que puede ser envasado.

envasado m. Acción de poner en un envase.

envasador, ra adj. y s. Que envasa. ‖ — M. Embudo para envasar.

envasar v. t. Poner un líquido en una vasija: *envasar vino.* ‖ Poner en costales: *envasar trigo.* ‖ Poner en un recipiente o en un envoltorio: *envasar mercancías.* ‖ Beber mucho.

envase m. Acción y efecto de envasar. ‖ Recipiente: *envase de gas butano.* ‖ Envoltorio: *envase de cartón, de materia plástica.*

envedijarse v. pr. Enredarse, enmarañarse: *envedijarse el pelo.* ‖ *Fam.* Enzarzarse en una riña.

* **envejecer** v. t. Hacer viejo: *los disgustos le envejecieron antes de tiempo.* ‖ Hacer parecer más viejo de lo que uno es: *este traje te envejece.* ‖ — V. i. Hacerse viejo: *envejecer de pena* (ú. t. c. pr.).

envejecido, da adj. Que se ha vuelto viejo. ‖ *Fig.* Acostumbrado, experimentado.

envejecimiento m. Acción y efecto de envejecer.

envenenador, ra adj. y s. Que envenena.

envenenamiento m. Acción y efecto de envenenar o envenenarse.

envenenar v. t. Provocar la muerte o enfermedad por la ingestión de veneno: *el traidor envenenó al rey.* ‖ Inficionar con veneno: *envenenar un alimento, una flecha.* ‖ *Fig.* Amargar: *este hijo me envenena la existencia.* | Enconar, agriar: *envenenar una discusión.*

* **enverdecer** v. i. Reverdecer.

envergadura f. *Mar.* Ancho de una vela. | Ancho de las alas extendidas de las aves. ‖ Ancho de las alas de un avión. ‖ *Fig.* Importancia: *asunto de mucha envergadura.*

envergar v. t. *Mar.* Sujetar las velas a las vergas.

envergue m. *Mar.* Cabo con que se sujeta la vela a la verga.

envero m. Color que toman los frutos al madurar.

envés m. Revés. ‖ *Fam.* Espalda.

enviado m. Persona enviada a un sitio para cumplir una misión. ‖ Mensajero. ‖ — *Enviado especial de prensa* o *radio,* encargado de un reportaje especial. ‖ *Enviado extraordinario,* ministro plenipotenciario.

enviar v. t. Mandar, hacer que llegue algo o alguien a cierta parte: *enviar a su hijo a Inglaterra.* ‖ *Fam. Enviar a paseo,* despedir de muy mala manera.

enviciar v. t. Corromper con un vicio. Ú. t. c. pr.: *enviciarse con el contacto de las malas compañías.* ‖ — V. i. Echar las plantas demasiadas hojas y poco fruto. ‖ — V. pr. Aficionarse con exceso: *enviciarse con (o en) la lectura.*

envidar v. t. Hacer envite.

envidia f. Deseo del bien ajeno, celos: *tener envidia a uno.*

envidiable adj. Digno de ser deseado: *salud, suerte envidiable.*

envidiar v. t. Tener envidia. ‖ *Fig.* Desear algo lícito: *envidiar la serenidad de otro.*

envidioso, sa adj. y s. Que tiene envidia.

Envigado, c. de Colombia (Antioquia).

envigar v. t. Colocar vigas.

envilecedor, ra adj. Que envilece.

* **envilecer** v. t. Hacer vil y despreciable: *la cobardía envilece al hombre.* ‖ Quitar la honra y estimación a uno: *esta acción le ha envilecido.* ‖ — V. pr. Degradarse, perder su dignidad.

envilecimiento m. Bajeza. ‖ Deshonra. ‖ Degradación.

envinagrar v. t. Echar o poner vinagre a una cosa.

envío m. Acción de enviar. ‖ Cosa enviada. ‖ *Com.* Remesa.

enviscar v. t. Untar ramas con liga para cazar pájaros. ‖ Azuzar. ‖ *Fig.* Irritar. ‖ — V. pr. Pegarse con liga.

envite m. Apuesta que se añade a la ordinaria en ciertos juegos de naipes. ‖ Empujón. ‖ *Fig.* Ofrecimiento. ‖ *Al primer envite,* en el primer impulso.

enviudar v. i. Quedar viudo.

envoltorio m. Lío, paquete mal hecho. ‖ Cosa para envolver.

envoltura f. Lo que envuelve una cosa. ‖ Conjunto de paños con que se envuelve al niño.

envolvedor m. Cualquier cosa que sirve para envolver.

envolvente adj. Que envuelve: *movimiento envolvente.*

* **envolver** v. t. Cubrir completamente: *envolver un paquete en un papel* (ú. t. c. pr.). ‖ Recubrir: *envolver un medicamento con chocolate.* ‖ *Fig.* Ocultar, disimular. Complicar en un asunto (ú. t. c. pr.). | Rodear: *envolver algo en el misterio.* ‖ Vestir al niño con pañales. ‖ Enrollar: *envolver hilo en un carrete.* ‖ *Mil.* Rebasar las líneas del enemigo para atacar por todos los lados.

envolvimiento m. Envoltura.

envuelto m. *Méx.* Tortilla de maíz guisada y arrollada.

enyerbar v. t. *Méx.* Hechizar, dar chamico. ‖ — V. i. *Amer.* Envenenarse un animal por comer hierba. ‖ — V. pr. *Amer.* Llenarse de malezas.

enyesado m. Escayolado.

enyesar v. t. Cubrir con yeso. ‖ Aplicar un vendaje cubierto con yeso: *enyesar una pierna rota.*

enzarzar v. t. Cubrir con zarzas. ‖ Poner zarzos para los gusanos de seda. ‖ *Fig.* Malquistar. ‖ — V. pr. Enredarse en las zarzas, matorrales, etc. ‖ *Fig.* Meterse en malos negocios. | Enredarse: *enzarzarse en una disputa, en una conversación.* | Pelearse.

enzima f. *Quím.* Sustancia orgánica que actúa como catalizador en los procesos de metabolismo.

enzootia f. *Veter.* Epidemia local que ataca una o más especies.

enzunchar v. t. Poner zunchos o flejes.

eñe f. Nombre de la letra *ñ*.

eoceno m. *Geol.* Primer período de la era terciaria. ‖ — Adj. Relativo a los terrenos de aquella época.

Eolia o **Eólida,** ant. región del NO. de Asia Menor, entre Tróade y Jonia.

Eolias, archip. volcánico del mar Tirreno (Italia), al N. de Sicilia, que comprende las islas Lípari, Vulcano, Estrómboli, etc.

eólico, ca adj. Eolio. ‖ — M. Uno de los dialectos griegos.

eolio, lia adj. Relativo a Eolo. ‖ — Adj. y s. De la Eólida.

eolito m. Sílex terciario que servía de instrumento al hombre primitivo.

Eolo, dios de los Vientos, hijo de Zeus y Menalipas. *(Mit.)*

eón m. Entre los gnósticos, cada una de las inteligencias eternas emanadas de la divinidad suprema.

epacigüil m. Planta euforbiácea de México cuyas semillas se emplean como purgante.

epacta f. Número de días en que el año solar excede al lunar. ‖ *Ecles.* Añalejo.

Epaminondas, general tebano (¿418?-362 a. de J. C.), vencedor de los lacedemonios en Leuctra y Mantinea, donde murió.

epazote m. Planta herbácea de México que se usa como condimento. ‖ Pazote.

Epecuén o **Carhué,** laguna salada del E. de la Argentina (Buenos Aires).

Epée (Charles-Michel, *abate de* **L'**), pedagogo francés (1712-1789), creador de un sistema para educar a los sordomudos.

epeira f. Género de arañas.

epéndimo m. *Anat.* Membrana fina que cubre los ventrículos cerebrales y el canal central de la medula espinal.

epéntesis f. *Gram.* Introducción de una letra en medio de un vocablo, v. gr.: *corónica* por *crónica, Ingalaterra* por *Inglaterra.*

Epernay [*né*], c. del NE. de Francia (Marne), a orillas del Marne. Vinos de Champaña.

épica f. Poesía épica.

epicardio m. Membrana serosa que cubre el corazón.

epicarpio m. Película que cubre el fruto de las plantas.

epiceno adj. *Gram.* Dícese del género de las palabras que tienen una sola forma para el macho y la hembra, v. gr.: *águila, lince, ardilla, perdiz, milano.*

epicentro m. *Geol.* Punto de la superficie terrestre a partir del cual se propagan los movimientos sísmicos: *el epicentro de un terremoto.*

epiciclo m. *Astr.* Círculo que se suponía descrito por un planeta alrededor de un centro que se movía en otro círculo mayor.

épico, ca adj. Que relata epopeyas: *poesía épica.* | Propio de la epopeya: *estilo épico.* | Cultivador del género épico: *poeta épico.* ‖ Heroico: *combate épico.*

Epicteto, filósofo estoico griego del s. I.

epicureísmo m. Filosofía de Epicuro. ‖ *Fig.* Búsqueda del placer exento de todo dolor.

epicúreo, a adj. De Epicuro: *filosofía epicúrea.* ‖ — Adj. y s. Seguidor de la filosofía de Epicuro. ‖ *Fig.* Que sólo busca el placer.

Epicuro, filósofo griego (341-270 a. de J. C.). Enseñaba que el fin supremo del hombre es el placer.

Epidauro, c. de la antigua Grecia (Argólida), a orillas del mar Egeo. Templo de Esculapio.

epidemia f. Enfermedad que afecta transitoriamente a muchas personas en un sitio determinado: *epidemia de gripe.* ‖ *Fig.* Cosa que se produce al mismo tiempo en muchos sitios: *epidemia de suicidios.* — La *epidemia* difiere de la *endemia* en que la primera depende de causas accidentales y la segunda de circunstancias constantes o periódicas.

epidémico, ca adj. De la epidemia: *enfermedad epidémica.* ‖ *Fig.* Contagioso, que se propaga como una epidemia.

epidemiología f. *Med.* Estudio de las epidemias.

epidérmico, ca adj. De la epidermis: *tejido epidérmico.*

epidermis f. *Anat.* Membrana epitelial que envuelve el cuerpo. ‖ *Bot.* Película delgada que cubre la superficie de las plantas.

epifanía f. Festividad de la adoración de los Reyes Magos (6 de enero).

Epifanio *(San),* Padre y doctor de la Iglesia griega (¿315?-403). Fiesta el 12 de mayo.

epífisis f. *Anat.* Parte terminal de un hueso largo. | Pequeño órgano nervioso y glandular situado en el encéfalo, entre los hemisferios cerebrales y el cerebelo.

epifito, ta adj. y s. *Bot.* Dícese de un vegetal que crece sobre otro sin ser parásito de éste, como los musgos y líquenes.

epifonema f. Consideración en forma exclamativa que resume un relato.

epigástrico, ca adj. Del epigastrio.

epigastrio m. *Anat.* Parte superior del abdomen.

epiglosis f. Parte de la boca de los himenópteros.

epiglotis f. *Anat.* Cartílago que tapa la glotis.

epígono m. El que sigue las huellas o enseñanzas de alguien.

epígrafe m. Cita o sentencia a la cabeza de una obra o capítulo. ‖ Resumen que se pone a veces al principio de un capítulo. ‖ Título, rótulo. ‖ Inscripción sobre un edificio.

epigrafía f. Ciencia que estudia las inscripciones.

epigrama m. Composición poética satírica. ‖ *Fig.* Pensamiento mordaz o satírico expresado con concisión y agudeza.

epigramático, ca adj. Parecido al epigrama.

epigramatista m. Autor de epigramas.

epilepsia f. *Med.* Enfermedad crónica caracterizada por desvanecimiento y convulsiones.

epiléptico, ca adj. *Med.* Que padece epilepsia (ú. t. c. s.). | De la epilepsia: *convulsiones epilépticas.*

epilogar v. t. Resumir, compendiar. ‖ Recapitular.

epílogo m. Conclusión de una obra literaria. ‖ Resumen, compen-

dio. || Recapitulación. || *Fig.* Final.
Epimeteo, hermano de Prometeo y esposo de Pandora. *(Mit.)*
Epinal, c. del NE. de Francia, cap. del dep. de los Vosgos, a orillas del Mosela.
epinicio m. Canto de victoria; himno triunfal.
epiplón m. *Anat.* Redaño.
Epiro, región montañosa de la península de los Balcanes, bañada por el mar Jónico.
episcopado m. Dignidad de obispo. || Época y duración del gobierno de un obispo. || Conjunto de los obispos: *el episcopado argentino, peruano.*
episcopal adj. Del obispo: *palacio episcopal.* || — M. Ritual de los obispos. || *Iglesia episcopal,* iglesia anglicana que conserva el episcopado.
episcopalismo m. Doctrina de los canonistas favorable a la potestad episcopal y no pontificia.
episódico, ca adj. Que sólo constituye un episodio.
episodio m. Acción secundaria relacionada con la principal en una composición literaria. || Circunstancia que forma parte de una serie de acontecimientos que constituyen un todo: *un episodio de la guerra mundial.* || División de la acción dramática: *película de episodios.*
Episodios Nacionales, colección de novelas históricas de B. Pérez Galdós en 46 volúmenes.
epistemología f. Estudio filosófico de la ciencia que abarca la metodología, el problema de la verdad científica y el de las relaciones entre la ciencia y la filosofía.
epístola f. Carta. || Discurso escrito: *las epístolas de los apóstoles.* || Composición poética en forma de carta: *las epístolas de Horacio.* || *Liturg.* Parte de la misa, antes del gradual.
epistolar adj. Relativo a las cartas: *correspondencia epistolar.*
epistolario m. Colección de cartas de un autor. || Libro litúrgico que contiene las epístolas de la misa.
epitafio m. Inscripción o lámina funeraria.
epitalámico, ca adj Del epitalamio: *canto, himno epitalámico.*
epitalamio m. Poema en loor de una boda.
epítasis f. Enredo en el poema dramático que sigue a la prótasis y precede a la catástrofe.
epitelial adj. Del epitelio.
epitelio m. *Anat.* Tejido tenue que cubre el cuerpo, las cavidades internas y los órganos.
epitelioma m. *Med.* Tumor canceroso de origen epitelial.
epíteto m. Adjetivo o participio que indica una cualidad natural del nombre así calificado o considerada como tal. || Adjetivo que forma un grupo con el nombre que califica. || *Fig.* Calificativo.
epítome m. Resumen o compendio de una obra extensa: *epítome de filosofía, de química.*
epizoario m. Animal parásito de otro.
epizootia f. Epidemia entre los animales.
epizoótico, ca adj. De la epizootia.
época f. Momento determinado en el tiempo: *la época de la Primera Cruzada, del reinado de Felipe II, de la siembra.* || Período geológico: *la época terciaria.* || *Fig. Hacer época,* dejar un recuerdo duradero.
epodo m. y **epoda** f. En la poesía griega, tercera parte del poema lírico, que se cantaba después de la estrofa y la antistrofa. || Último verso de la estancia.
epónimo, ma adj. Que da su nombre a un pueblo, a una época (ú. t. c. s. m.).
epopeya f. Poema extenso que relata hechos heroicos, como *La Ilíada, La Eneida, Los Lusiadas, La Cristiada.* || *Fig.* Serie de sucesos heroicos: *la epopeya americana.* | Empresa difícil.
épsilon f. Nombre de la *e* breve griega.
Epsom, c. de Gran Bretaña al SE. de Inglaterra (Surrey). Célebres carreras hípicas (el *Derby*).
epucua f. *Méx.* Variedad indígena del agave.
Epunamún, dios de la Guerra entre los araucanos.
Epuyén, pobl. de la Argentina (Chubut). Carbón.
equiángulo, la adj. *Geom.* Dícese de figuras y sólidos cuyos ángulos son iguales entre sí: *un triángulo equilátero es también equiángulo.*
equidad f. Justicia: *tratar a dos personas con equidad.* || Justicia natural, por oposición a la legal. || Templanza.
equidistancia f. Igualdad de distancia entre varios puntos u objetos.
equidistante adj. Situado a igual distancia: *las líneas paralelas son equidistantes unas de otras.*
equidistar v. i. *Geom.* Estar a igual distancia de una o más cosas determinadas.
équidos adj. Aplícase a los animales de la familia de los caballos, asnos, cebras: *los équidos tienen las patas terminadas por un solo dedo con pezuña* (ú. t. c. s. m. pl.).
equilátero, ra adj. *Geom.* Aplícase a las figuras cuyos lados son todos iguales entre sí: *polígono equilátero.*
equilibrado, da adj. *Fig.* Sensato, ecuánime.
equilibrar v. t. Poner en equilibrio: *equilibrar un peso, dos fuerzas opuestas.* || *Fig.* Armonizar, proporcionar: *equilibrar las partes de un discurso.*
equilibrio m. Estado de reposo de un cuerpo sometido a dos fuerzas que se contrarrestan: *el equilibrio de la balanza.* || *Fig.* Armonía, proporción: *el equilibrio de las fuerzas militares.* | Combinación ajustada de los varios elementos de un todo: *equilibrio político.* | Moderación. | Ponderación, sensatez. || *Fig. Hacer equilibrios,* hacer con maña algo muy difícil. || *Perder el equilibrio,* caer o estar a punto de hacerlo.
equilibrismo m. Arte del equilibrista.
equilibrista com. Artista que hace ejercicios acrobáticos consistentes en mantenerse en equilibrio.
equimosis f. Cardenal, mancha producida en la piel por un golpe.
equino, na adj. Relativo al caballo. || — M. Erizo marino. || *Arq.* Moldura convexa.
equinoccial adj. Del equinoccio: *línea equinoccial.*
equinoccio m. *Astr.* Momento del año en que el día y la noche tienen la misma duración.
— Hay dos *equinoccios,* el de primavera, que ocurre el 21 ó 22 de marzo y el de otoño, que tiene lugar el 22 ó 23 de septiembre.
equinococo m. Larva de una tenia, de tres a cinco mm de largo.
equinodermo adj. Dícese de los animales marinos radiados de piel espinosa, como el erizo de mar (ú. t. c. s. m.).
equipaje m. Conjunto de maletas y demás objetos que se llevan en los viajes. || *Mar.* Tripulación.
equipar v. t. Proveer de todo lo necesario: *equipar de ropa a un colegial, al soldado.*
equiparable adj. Comparable.
equiparación f. Comparación.
equiparar v. t. Comparar dos cosas o personas, considerándolas iguales o equivalentes: *equiparar Alejandro con* (o *a*) *César.*
equipo m. Acción y efecto de equipar. || Lo que sirve para equipar, accesorios necesarios para determinado fin: *equipo eléctrico, quirúrgico.* || Conjunto de ropas y otras cosas para uso personal: *equipo de novia, de colegial, de soldado.* || Conjunto de personas que efectúan un mismo trabajo: *equipo de colaboradores.* || Grupo de jugadores que compiten siempre juntos contra otros: *un equipo de fútbol.*
equiponderar v. i. Tener una cosa igual peso que otra.
equis f. Nombre de letra *x.* || Representación de la incógnita en los cálculos. || Cantidad desconocida o indiferente: *hace x años que le conozco.*
equisetáceas f. pl. Plantas equisetíneas, de la familia de la cola de caballo (ú. t. c. adj.).
equisetíneas f. pl. Plantas criptógamas pteridofitas, con rizoma feculento y fruto en ramillete terminal (ú. t. c. adj.).
equitación f. Arte de montar a caballo.
equitativo, va adj. Con equidad; justo: *reparto equitativo.*
équite m. Ciudadano romano que pertenecía a la clase de los caballeros.
equivalencia f. Igualdad en el valor o la naturaleza: *la equivalencia de dos diplomas.*
equivalente adj. Igual, que tiene el mismo valor. || *Geom.* Aplícase a las figuras y sólidos que tienen igual área o volumen y distinta forma. || — M. Lo que equivale a otra cosa. || Término o expresión que sustituye a otro de sentido parecido. || *Quím.* Peso mínimo de un cuerpo necesario para formar con otro una combinación y número que indica dicha proporción. || *Equivalente mecánico del calor,* relación constante entre un trabajo y la cantidad de calor que produce.
* **equivaler** v. i. Tener el mismo valor una cosa que otra: *en música una blanca equivale a dos negras.* || *Fig.* Significar: *esta contestación equivale a una negativa.*
equivocación f. Error.
equivocar v. t. Tomar, decir o hacer una cosa por otra. Ú. m. c. pr.: *equivocarse de nombre.* || Incurrir en error. Ú. m. c. pr.: *equivocarse en un cálculo.* || Barb. por *engañar.*
equívoco, ca adj. De doble sentido. || *Fig.* Sospechoso: *individuo equívoco.* || — M. Palabra que se aplica a varias cosas, como *cáncer* (signo zodiacal y también enfermedad). || Confusión, mala interpretación.
Er, símbolo químico del *erbio.*
era f. Fecha determinada a partir de la cual se cuentan los años: *era cristiana.* || *Fig.* Época, período: *una era de prosperidad.* || Lugar descubierto donde se trillan las mieses. || Sitio donde se aparta el carbón en las minas. || — *Era cristiana,* la que empieza con el nacimiento de Cristo. || *Era de la hégira* o *musulmana,* la comenzada en 622. || *Era geológica,* cada una de las cuatro grandes divisiones de la historia de la Tierra *(era primaria, secundaria, terciaria y cuaternaria).*
eral, la m. y f. Res vacuna entre uno y dos años: *toro eral.*
erario m. Tesoro público.
erasmismo m. Doctrina filosófica de Erasmo.
erasmista adj. Partidario del erasmismo.
Erasmo (Desiderius), humanista holandés, n. en Rotterdam (¿1469?-1536), autor de *Adagios, Coloquios* y *Elogio de la locura.* Espíritu enciclopédico, ejerció una gran influencia en la Europa de su tiempo.
Erato, musa de la Poesía elegíaca.
Eratóstenes, astrónomo, matemático y filósofo griego (¿284-192? a. de J. C.). Fue el primero en medir el meridiano terrestre.
Erauso (Catalina de), religiosa española llamada *la Monja Alférez,* n. en San Sebastián en 1592. Se fugó del convento donde profesaba y, vestida de hombre, pasó a

América. Sirvió como soldado, y por su valor ascendió al grado de alférez.

Erazo (Ignacio), médico mexicano (1807-1870).

Erbil. V. ARBELAS.

erbina f. Óxido terroso del erbio.

erbio m. Metal raro de número atómico 68 (Er).

Ercilla, com. de Chile (Malleco).

Ercilla y Zúñiga (Alonso de), poeta épico y militar español, n. en Madrid (1533-1594), que describió la conquista española de Chile en su poema *La Araucana.*

Erckmann-Chatrian, n. con el que firmaban en colaboración sus obras los escritores franceses EMILE ERCKMANN (1822-1899) y ALEXANDRE CHATRIAN (1826-1890), autores de relatos de ambiente alsaciano.

ere f. Nombre de la letra *r* suave.

Erebo, región tenebrosa bajo la Tierra encima del Infierno. *(Mit.)*

Erebus o **Erebo,** volcán de la Antártida, en la Tierra Victoria; 4 023 m.

erección f. Construcción: *erección de un templo.* ‖ Fundación, institución: *la erección de un tribunal.* ‖ Hinchazón de un órgano causada por la afluencia de sangre.

Erecteón, templo de la Acrópolis de Atenas (s. V a. de J. C.). Es una obra maestra del estilo jónico. Famoso pórtico de las cariátides.

eréctil adj. Que tiene la facultad de erguirse o de ponerse tieso.

erectilidad f. Calidad de eréctil, rigidez.

erecto, ta adj. Erguido. ‖ Rígido, tieso.

erector, ra adj. y s. Que erige.

Eregli. V. HERACLEA.

eremita m. Ermitaño.

eremítico, ca adj. Del eremita.

Eresma, río de España, afl. del Adaja y del Duero, que pasa por Segovia; 150 km.

eretismo m. Exaltación de la vitalidad de un órgano.

Erevan. V. ERIVÁN.

Erfurt, c. de Alemania Oriental. Catedral. Ant. cap. de Turingia. Industrias (textil, metal.).

erg m. Ergio, en la nomenclatura internacional.

ergástulo m. y **ergástula** f. Cárcel destinada a esclavos, en la época romana.

ergio m. Unidad de trabajo en el sistema cegesimal.

ergo conj. lat. Por tanto, luego, pues.

ergotina f. Alcaloide extraído del cornezuelo de centeno y empleado contra las hemorragias.

ergotismo m. Abuso de la argumentación silogística. ‖ *Med.* Envenenamiento por el cornezuelo de centeno.

ergotista adj. y s. Que ergotiza: *un parlamentario ergotista.*

ergotizar v. i. Abusar de la argumentación silogística.

erguimiento m. Acción y efecto de erguir o erguirse.

* **erguir** v. t. Levantar y poner derecha una cosa: *erguir la cabeza, el cuello.* ‖ — V. pr. Enderezarse. ‖ Ponerse de pie. ‖ Alzarse: *la montaña se yergue a lo lejos.* ‖ *Fig.* Engreírse, ensoberbecerse.

Erhard (Ludwig), economista y político alemán, n. en 1897, canciller de 1963 a 1966.

erial adj. Aplícase a la tierra sin labrar. ‖ — M. Terreno sin cultivar.

ericáceas f. pl. Familia de dicotiledóneas cuyo tipo es el brezo común (ú. t. c. adj.).

Erico el Rojo, explorador noruego (¿940-1010?), que descubrió Groenlandia hacia 985.

Erie, c. de Estados Unidos (Pensilvania); puerto en el lago homónimo. Obispado. Industrias. — Lago de América del Norte fronterizo entre Estados Unidos y Canadá; 25 000 km².

Erígena (Juan ESCOTO). V. ESCOTO.

erigir v. t. Construir, levantar: *erigir un edificio.* ‖ Instituir. ‖ Dar a algo o alguien un carácter que antes no tenía: *erigir un territorio en provincia.* ‖ — V. pr. Atribuirse una función: *erigirse en dictador, en juez.*

erina f. Instrumento quirúrgico para mantener separados los tejidos.

Erinias e **Euménides,** diosas griegas identificadas con las Furias romanas.

erisipela f. *Med.* Enfermedad infecciosa caracterizada por una inflamación cutánea superficial.

eritema m. *Med.* Inflamación superficial de la piel, caracterizada por manchas rojas.

Eritrea, región de África oriental que forma una prov. del reino de Etiopía; 124 300 km²; 1 527 000 h. Cap. *Asmara* (132 000 h). De 1890 hasta la segunda guerra mundial fue colonia italiana.

Eritreo (MAR), n. ant. del *mar Arábigo,* y luego del *mar Rojo.*

eritrocito m. Glóbulo rojo.

eritroxiláceas f. pl. Familia de árboles y arbustos dicotiledóneos tropicales a la que pertenece la coca del Perú (ú. t. c. adj.).

Eriván, c. de la U. R. S. S., cap. de la Rep. de Armenia. Centro industrial.

erizado, da adj. Rígido, tieso. ‖ Cubierto de púas o espinas, como el espín. ‖ *Fig.* Lleno: *problema erizado de dificultades.*

erizamiento m. Acción y efecto de erizar o erizarse.

erizar v. t. Poner rígido. Ú. m. c. pr.: *erizarse el pelo de miedo.* ‖ Armar de púas o pinchos. ‖ *Fig.* Poner obstáculos: *erizar un negocio de dificultades.* ‖ — V. pr. *P. Rico.* Acobardarse.

erizo m. Mamífero roedor cuyo cuerpo está cubierto de púas. ‖ Planta papilionácea muy espinosa. ‖ Envoltura espinosa de la castaña. ‖ *Fig.* y *fam.* Persona huraña y arisca. ‖ Puntas de hierro que se ponen como defensa en las tapias y murallas. ‖ *Erizo de mar,* equinodermo globoso, de caparazón cubierto de púas.

ermita f. Santuario o capilla fuera de una población.

Ermita o **Ermitage** *(Palacio y Museo de la),* palacio construido por Catalina II en San Petersburgo (Leningrado), que encierra una notable colección de pinturas.

ermitaño m. Persona que vive en la ermita y cuida de ella. ‖ Religioso que vive solitario. ‖ *Fig.* Persona que vive aislada de todos. ‖ Paguro, cangrejo marino que se aloja en la concha de otros moluscos, especialmente de los caracoles.

Ernst (Max), pintor francés de origen alemán, n. en 1891, que ha seguido las tendencias dadaísta y surrealista.

erogación f. Distribución.

erogar v. t. Distribuir, repartir bienes o caudales.

Eros, dios griego del Amor.

erosión f. Desgaste producido en un cuerpo por el roce de otro. ‖ Destrucción lenta causada por algún agente físico: *erosión fluvial.* ‖ Herida producida por el roce continuo de algo.

erosivo, va adj. Que provoca la erosión: *acción erosiva de los ríos, los torrentes.*

Eróstrato, pastor que, queriendo hacerse célebre, incendió el templo de Artemisa en Éfeso.

erótico, ca adj. Relativo al amor carnal. ‖ De asunto amoroso: *poesías eróticas.* ‖ Licencioso: *literatura erótica.* ‖ — F. Poesía erótica.

erotismo m. Amor sensual. ‖ Calidad de erótico.

erotomanía f. *Med.* Enajenación mental caracterizada por un delirio erótico.

erotómano, na adj. y s. Que sufre de erotomanía.

errabundo, da adj. Vagabundo: *imaginación errabunda.*

erradicación f. Extirpación.

erradicar v. t. Arrancar de raíz: *erradicar un árbol, un mal.*

errado, da adj. Equivocado. ‖ Que no alcanza su meta: *tiro, proyectil errado.*

erraj m. Carbón hecho con huesos de aceituna.

errante adj. Vagabundo.

* **errar** v. t. No acertar: *errar el tiro, el golpe.* ‖ Equivocarse: *errar la vocación.* ‖ — V. i. Vagar. ‖ *Fig.* Divagar el pensamiento, la imaginación, la atención. ‖ Equivocarse: *errar es humano.*

errata f. Falta que se ha dejado en un impreso. ‖ *Fe de erratas,* lista de las faltas cometidas en la impresión de una obra.

errático, ca adj. Errante. ‖ *Geol.* Aplícase a las rocas arrastradas por los heleros: *bloques erráticos.* ‖ *Med.* Que se desplaza: *dolor errático.*

errátil adj. Errante.

Errázuriz (Fernando), político chileno (1777-1841), miembro de la Junta Gubernativa de 1823 y pres. provisional de la Rep. en 1831. ‖ **~ Echaurren** (FEDERICO), político chileno (1850-1901), pres. de la Rep. de 1896 a 1901. ‖ **~ Zañartu** (FEDERICO), político chileno (1825-1877), pres. de la Rep. de 1871 a 1876.

erre f. Nombre de la letra *r* fuerte. ‖ *Erre que erre,* porfiadamente, tercamente.

Er-Riad. V. RIAD (Er-).

errona f. *Chil.* y *Méx.* Suerte en que el jugador no acierta.

erróneo, a adj. Equivocado: *juicio erróneo.*

error m. Idea falsa o equivocada: *incurrir en error.* ‖ Conducta reprobable: *perseverar en el error.* ‖ Desacierto: *fue un error actuar de esta manera.* ‖ Falta: *error de cálculo, de imprenta.* ‖ Doctrina falsa.

eructar v. i. Expeler con ruido por la boca los gases del estómago.

eructo m. Acción y efecto de eructar.

erudición f. Conocimientos amplios adquiridos por el estudio en una o varias materias.

erudito, ta adj. y s. Que tiene amplios conocimientos, que demuestra erudición. ‖ *Fam. Erudito a la violeta,* el que tiene unos conocimientos muy superficiales.

erupción f. Salida repentina y violenta de alguna materia contenida en las profundidades de la Tierra: *la erupción de un volcán.* ‖ *Med.* Aparición de granos, manchas, etc., en la piel.

eruptivo, va adj. Producido por la erupción volcánica: *rocas eruptivas.* ‖ Que va acompañado de erupción: *fiebre eruptiva.*

Ervigio, rey hispanovisigodo (680-687), sucesor de Wamba.

Erzerum, c. de Turquía Oriental, cap. de la prov. homónima.

Erzgebirge o **Montes Metálicos,** en checo *Krusne Hory,* macizo montañoso en la frontera de Alemania Oriental y de Checoslovaquia (Bohemia).

Esaú, hijo de Isaac y de Rebeca, hermano mayor de Jacob, a quien vendió por un plato de lentejas su derecho de primogenitura. *(Biblia.)*

Esauira, ant. *Mogador,* c. y puerto del O. de Marruecos (Marrakech). Pesquerías.

esbeltez f. Cualidad de esbelto.

esbelto, ta adj. Alto, delgado y de buen porte.

esbirro m. Alguacil. ‖ El que hace ejecutar las órdenes de una autoridad por fuerza. ‖ *Fig.* Individuo encargado de proteger de cualquier manera la vida del que le paga.

esbozar v. t. Bosquejar: *esbozar al lápiz.* ‖ Empezar a hacer: *esbozó una sonrisa.*

esbozo m. Bosquejo, boceto.

escabechar v. t. Poner en escabeche. ‖ *Fig.* y *fam.* Matar: *le escabechó al volver la esquina.* | Suspender en un examen: *le escabecharon en matemáticas.*

escabeche m. Salsa de vinagre, aceite, sal, laurel y otros ingredientes en que se conservan pescados o carnes: *atún en escabeche.* ‖ Carne o pescado escabechado.

escabechina f. *Fig.* Destrozo, estrago: *hacer una escabechina.*

escabel m. Asiento sin respaldo. ‖ Taburete para los pies.

escabrosidad f. Desigualdad, aspereza. | Lo que es escabroso.

escabroso, sa adj. Desigual, lleno de asperezas: *terreno escabroso.* ‖ *Fig.* Difícil: *asunto escabroso.* | Peligroso, resbaladizo: *conversación escabrosa.* | Al borde de lo obsceno: *novela escabrosa.* | Áspero, intratable.

* **escabullirse** v. pr. Escaparse de entre las manos. ‖ Marcharse disimuladamente. ‖ Desaparecer entre personas o cosas.

escacharrar v. t. Romper un cacharro. ‖ Estropear, destrozar. ‖ *Fig.* Hacer fracasar.

escafandra f. Aparato hermético de los buzos provisto de un dispositivo para renovar el aire.

escafoides adj. *Anat.* Aplícase a uno de los huesos del carpo y del tarso (ú. t. c. s. m.).

escagüil m. *Méx.* Escagüite.

escagüite m. Planta euforbiácea de México.

escajocote m. Árbol de América Central, corpulento, de fruta agridulce.

escala f. Escalera de mano. ‖ Serie de cosas ordenadas según cierto criterio: *escala de colores, de los seres.* ‖ Puerto o aeropuerto donde toca una embarcación o un avión: *hacer escala en Buenos Aires.* ‖ *Fís.* Graduación de un instrumento de medida: *escala barométrica, termométrica.* ‖ Relación que existe entre una dimensión y su representación en un plano o mapa. ‖ Línea dividida en partes iguales que representa esta relación. ‖ *Mil.* Escalafón: *escala cerrada, de reserva.* ‖ *Mús.* Sucesión de las siete notas: *escala musical.* ‖ *Fig.* Orden de magnitud: *problema que se plantea a escala internacional.* ‖ — *En gran escala,* de mucha importancia. ‖ *Escala móvil,* sistema de fijación de los salarios en función de los precios.

escalada f. Acción y efecto de escalar. ‖ *Mil.* Progresión en el empleo de armas estratégicas que motiva la agravación de un conflicto bélico.

escalador, ra adj. y s. Que escala. ‖ — M. Ciclista que sube bien las pendientes de una montaña.

escalafón m. Lista de los individuos de un cuerpo, clasificados según su categoría, antigüedad, etc. ‖ Grado.

escalamiento m. Acción y efecto de escalar.

escálamo m. Estaquilla en el borde de una embarcación para apoyar el remo.

Escalante, río de Venezuela, en los Est. de Mérida y Zulia, que des. en el lago Maracaibo; 123 km.

Escalante (Constantino), dibujante mexicano (1836-1868) cuyas caricaturas contribuyeron a la lucha contra el emperador Maximiliano. ‖ ~ (JUAN ANTONIO), pintor religioso español (1630-1670). ‖ ~ (JUAN DE), conquistador español, m. en 1519, compañero de Cortés en México.

escalar v. t. Subir y pasar por encima de algo: *escalar un muro.* ‖ Trepar, ascender: *escalar una montaña.* ‖ Entrar en un sitio valiéndose de escalas. ‖ Introducirse con violencia en una parte: *escalar una casa.* ‖ Entrar en una plaza. ‖ *Fig.* Alcanzar una posición elevada: *escalar el mando.*

Escalda, río del O. de Europa (Francia, Bélgica y Holanda), que des. en el mar del Norte; 400 km.

escaldado, da adj. *Fig.* y *fam.* Escarmentado. | Libre, deshonesto.

escaldadura f. Acción y efecto de escaldar.

escaldar v. t. Sumergir o limpiar en agua hirviendo: *escaldar la verdura antes de cocerla.* ‖ Poner al rojo: *escaldar el hierro.* ‖ *Fig.* Hacer sufrir un chasco y escarmentar. ‖ — V. pr. Escocerse la piel: *escaldarse la mano.*

escaleno adj. m. *Geom.* Aplícase al triángulo que tiene sus tres lados desiguales. ‖ *Anat.* Dícese de cada uno de los tres músculos situados a la altura de las vértebras cervicales.

escalera f. Serie de escalones que unen dos pisos situados a dos niveles distintos. ‖ Sucesión de cartas de valor correlativo: *escalera al rey, de color, máxima.* ‖ — *Fig. De escalera abajo,* de situación inferior. ‖ *Escalera de mano,* utensilio portátil formado por dos largueros unidos por travesaños paralelos entre sí que sirve para subir a un sitio elevado. ‖ *Escalera de tijera,* la compuesta de dos de mano unidas por bisagras. ‖ *Escalera mecánica* o *automática,* la de peldaños movidos por un mecanismo eléctrico, utilizada en estaciones, almacenes y otros lugares.

escalerilla f. Escalera de pocos escalones. ‖ Pasarela de un avión. ‖ Serie de tres cartas seguidas en algunos juegos.

escalfador m. Jarro de metal en que calientan el agua los barberos. ‖ Braserillo para calentar la comida. ‖ Utensilio para escalfar los huevos.

escalfar v. t. Echar en agua hirviendo los huevos sin cáscara.

Escalígero (Giulio Cesare), filólogo y médico italiano del Renacimiento (1484-1558). Autor de *Arte poética.*

escalinata f. Escalera amplia de piedra situada ante la entrada de un edificio.

escalo m. Acción de escalar: *robo con escalo.*

escalofrío m. Estremecimiento con sensación de frío.

escalón m. Peldaño. ‖ *Fig.* Grado de un empleo, o dignidad. | Paso dado para adelantar la consecución de algo. ‖ *En escalones,* cortado de manera desigual.

Escalón (Pedro José), político salvadoreño (1847-¿1907?), pres. de la Rep. de 1903 a 1907.

Escalona, v. de España (Toledo). Castillo gótico del s. XV.

escalonamiento m. Distribución en el tiempo: *escalonamiento de las vacaciones.*

escalonar v. t. Situar de trecho en trecho: *escalonar las tropas* (ú. t. c. pr.). ‖ Distribuir en el tiempo: *escalonar los pagos.* ‖ Graduar: *escalonar las dificultades.*

escalope m. Filete delgado de carne, generalmente de ternera.

escalpar v. t. Separar la piel del cráneo con un instrumento cortante.

escalpe y **escalpo** m. Cabellera arrancada con la piel que los pieles rojas conservaban como trofeo de guerra.

escalpelo m. Bisturí para disecciones anatómicas y autopsias.

escama f. Cada una de las laminillas que cubren la piel de los peces y ciertos reptiles. ‖ Lo que tiene forma parecida: *las escamas de la loriga; jabón de escamas.* ‖ Laminilla que se desprende de la piel. ‖ *Fig.* Recelo, desconfianza. | Disimulo, reserva.

escamado, da adj. *Fam.* Desconfiado, receloso. ‖ — M. Obra labrada en figura de escamas. ‖ — F. Una labor de bordado.

escamar v. t. Quitar las escamas a los peces. ‖ Labrar en figura de escamas. ‖ *Fig.* y *fam.* Volver desconfiado. | Parecer sospechoso: *tanta solicitud me escama.* ‖ — V. pr. *Fam.* Desconfiar.

escamocha f. *Méx.* Sobras de la comida.

escamol m. *Méx.* Ninfa de ciertas especies de hormigas que comen los indígenas. | Guiso que se hace con estas ninfas.

escamón, ona adj. y s. Escamado, desconfiado.

escamonda f. Acción de escamondar.

escamondadura f. Ramas inútiles que se quitan.

escamondar v. t. Limpiar los árboles de las ramas inútiles. ‖ *Fig.* Quitar a una cosa lo superfluo. | Lavar, limpiar.

escamondo m. Escamonda.

escamoso, sa adj. Cubierto de escamas. ‖ *Fig.* Sospechoso.

escamotable adj. Que puede escamotearse.

escamotar y **escamotear** v. t. Hacer desaparecer un objeto sin que nadie se dé cuenta. ‖ *Fig.* Robar sutilmente. | Eludir: *escamotear la resolución de un asunto.*

escamoteo m. Acción y efecto de escamotear.

escampada f. Momento corto en que deja de llover.

escampar v. impers. Dejar de llover.

escampavía f. Barco pequeño y ligero que sirve de explorador o para vigilar las costas.

escamujar v. t. Podar un árbol.

escamujo m. Rama de olivo que se corta.

escanciador, ra adj. Persona encargada de escanciar en las mesas y convites (ú. t. c. s.).

escanciar v. t. Servir el vino. ‖ — V. i. Beber vino.

escandalera f. *Fam.* Escándalo.

escandalizar v. t. Indignar, causar escándalo: *su conducta me escandaliza.* ‖ Armar escándalo. ‖ — V. pr. Mostrar indignación: *me escandalicé al verlo actuar así.* ‖ Encolerizarse, irritarse.

escándalo m. Acción que ofende a la moral. ‖ Indignación provocada por una mala acción. ‖ Alboroto, jaleo: *escándalo nocturno.*

escandalosa f. *Mar.* Vela pequeña que se coloca sobre la cangreja. ‖ *Fig.* y *fam. Echar la escandalosa,* reprender violentamente.

escandaloso, sa adj. Que causa escándalo: *injusticia escandalosa; traje escandaloso.* ‖ Revoltoso, ruidoso (ú. t. c. s.).

escandallar v. t. *Mar.* Sondear con el escandallo. ‖ *Com.* Aplicar a una mercancía el procedimiento del escandallo.

escandallo m. *Com.* En el régimen de tasas, determinación del precio de coste o de venta de una mercancía. ‖ *Fig.* Prueba o ensayo de una cosa. ‖ *Mar.* Sonda o plomada que sirve para reconocer la calidad del fondo del agua.

Escandinava (PENÍNSULA), península del N. de Europa que se extiende entre el mar del Norte y el Báltico. Políticamente comprende los Estados de Suecia y Noruega.

Escandinavia, región septentrional de Europa formada por Noruega, Suecia y Dinamarca. Por sus analogías física y humana se suele incluir también a Finlandia en esta agrupación.

escandinavo, va adj. y s. De Escandinavia.

escandio m. Cuerpo simple metálico (Sc), de número atómico 21. (Su densidad es de 3,00.)

escandir v. t. Medir el verso.

Escania, parte meridional de la península Escandinava.

escantillar v. t. *Arq.* Tomar una medida o plantilla desde una línea fija.

escantillón m. Regla o plantilla para trazar las líneas y fijar las dimensiones según las cuales se han de labrar las piezas.

escaño m. Banco con respaldo. ‖ Asiento en el Parlamento.

escapada f. Acción de escapar o escaparse. ‖ Escapatoria.

escapamiento m. Escapada.

escapar v. i. Huir, salir de un sitio donde se estaba encerrado. Ú. t. c. pr.: *se escapó por la azotea.* || Librarse de un peligro: *escapar de la muerte por milagro.* || Irse apresuradamente. || — V. pr. Salirse un líquido o gas por algún resquicio. || Dejar salir un líquido o gas: *la cacerola se sale.* || Adelantar mucho un ciclista a los demás en una carrera. || — *Escaparse de las manos,* escurrirse. || *Escapársele a uno una cosa,* no advertirla; decirla por descuido.

escaparate m. Parte delantera de una tienda cerrada con cristales donde se exponen las mercancías: *un decorador de escaparates.* || Armario con cristales donde se colocan objetos de adorno.

escaparatista com. Decorador de escaparates .

escapatoria f. Acción y efecto de escaparse. || *Fam.* Evasiva, pretexto, salida para eludir algo: *no me venga usted con escapatorias.*

escape m. Pérdida: *un escape de gas.* || *Mec.* Pieza que detiene la marcha de una máquina: *el escape de un reloj.* | Válvula que abre o cierra la salida de los gases en los automóviles. || *Fig.* Salida, solución: *no tenemos escape.* || Acción de escaparse. || *A escape,* a todo correr, a toda prisa.

escápula f. *Anat.* Omóplato.

escapulario m. Objeto de piedad, compuesto de dos trozos de tela, reunidos con cintas, que se lleva sobre el pecho y la espalda.

escaque m. Casillas del tablero de ajedrez o damas. || — Pl. Ajedrez: *partida de escaques.*

escaqueado, da adj. Que forma escaques.

escara f. Costra en las llagas.

escarabajo m. Insecto coleóptero, de élitros lisos y cuerpo ovalado que se alimenta de estiércol. || Cualquier coleóptero de cuerpo ovalado y cabeza corta. || *Fig.* Defecto de los tejidos y de los cañones de artillería. || *Fam.* Persona pequeña y mal hecha. || — Pl. *Fam.* Garrapatos, letras mal formadas.

escarabajuelo m. Insecto coleóptero que roe las hojas de la vid.

escaramujo m. Rosal silvestre. || Percebe, molusco.

escaramuza f. *Mil.* Combate de poca importancia. || *Fig.* Riña, disputa ligera.

escarapela f. Divisa compuesta de cintas de varios colores, lazadas alrededor de un punto: *la escarapela del morrión del soldado.* || Riña entre mujeres.

escarbadero m. Sitio donde escarban los animales.

escarbadientes m. inv. Mondadientes.

escarbador, ra adj. Que escarba. || — M. Instrumento para escarbar la lumbre.

escarbaorejas m. Instrumento para limpiar los oídos.

escarbar v. t. Remover la tierra ahondando algo: *escarbar el toro la tierra.* || Limpiar los dientes u oídos. || Remover la lumbre. || *Fig.* Investigar, intentar averiguar lo oculto. | Registrar.

escarcela f. Bolsa que pendía de la cintura. || Mochila del cazador. || Cofia.

escarceo m. Formación de pequeñas olas en los sitios donde hay corriente. || — Pl. *Equit.* Vueltas y caracoles que da el caballo. || *Fig.* Rodeos. | Divagaciones. | Primeros pasos: *escarceos amorosos.*

escarcha f. Rocío helado: *prados cubiertos de escarcha.*

escarchado, da adj. Cubierto de escarcha. || Cubierto con azúcar cristalizada: *fruta escarchada.* || Dícese del aguardiente cuando se hace cristalizar azúcar en un ramo de anís dentro de la botella. || — M. Bordado de oro o plata.

escarchar v. impers. Formarse escarcha en las noches frías. || — V. t. Preparar frutas y pasteles de manera que queden cubiertos de azúcar cristalizado. || Poner en el aguardiente un ramo de anís con azúcar.

escarchoso, sa adj. *Amer.* Grasiento, mugroso.

escarda f. Azada pequeña para escardar. || Acción de escardar.

escardador, ra m. y f. Persona que escarda.

escardadura f. Escarda.

escardar v. t. Arrancar las malas hierbas de los campos cultivados. || *Fig.* Separar lo malo de lo bueno: *escardar una obra de los errores que contiene.*

escardilla f. Almocafre.

escardillar v. t. Escardar.

escardillo m. Instrumento para escardar.

escariador m. Herramienta para ensanchar o redondear taladros.

escariar v. t. Ensanchar y redondear un agujero con el escariador.

escarificación f. *Med.* Incisión poco profunda hecha en la piel.

escarificador m. Instrumento para mullir la tierra sin volverla. || Instrumento con puntas aceradas para escarificar la piel.

escarificar v. t. Mullir la tierra con el escarificador. || *Med.* Hacer incisiones superficiales: *escarificar la piel para poner una vacuna.*

escarizar v. t. Quitar la costra.

escarlata f. Color rojo subido (ú. t c. adj.). || Tejido de este color. || Escarlatina.

escarlatina f. Enfermedad infecciosa, contagiosa y epidémica, que se manifiesta por la aparición de manchas rojas difusas en la piel.

escarmentado, da adj. y s. Que escarmienta.

* **escarmentar** v. t. Castigar con severidad. || — V. i. Enmendarse con la experiencia propia o ajena: *escarmentar con la desgracia.*

escarmiento m. Lección, experiencia que hace escarmentar: *esto le servirá de escarmiento.* || Castigo, multa, pena.

escarnecedor, ra adj. y s. Que escarnece.

* **escarnecer** v. t. Ofender a uno burlándose de él, zaherir.

escarnecimiento y **escarnio** m. Burla que ofende, mofa tenaz.

escarola f. Achicoria.

escarolado, da adj. Muy rizado, como la escarola.

escarolar v. t. Alechugar: *escarolar un cuello.*

escarpa f. Cuesta empinada. || Plano inclinado que forma el muro de una fortificación.

escarpado, da adj. Muy empinado, abrupto y escabroso: *orillas escarpadas.*

escarpadura f. Declive, cuesta empinada.

escarpar v. t. Cortar a pico: *escarpar una zanja.* || Raspar con escarpelo o escofina.

escarpelo m. Escalpelo. || Instrumento parecido a la escofina usado por los carpinteros y escultores.

escarpia f. Alcayata, clavo acodado usado para colgar objetos.

escarpidor m. Peine de púas largas, gruesas y ralas.

escarpín m. Zapato descubierto y de suela muy fina: *escarpines de charol.* || Calzado interior.

escarzaño adj. m. *Arq.* Aplícase al arco cuyo centro está situado más bajo que la línea de arranque.

escarzar v. t. Quitar los panales sucios o inútiles de las colmenas. || Entresacar, escoger.

escarzo m. Panal sucio. || Operación de escarzar las colmenas. || Hongo yesquero.

escasear v. i. Faltar: *el carbón escasea este invierno.* || — V. t. Escatimar, ahorrar. || Cortar la cara de un sillar oblicuamente a las otras.

escasez f. Insuficiente: *escasez de agua, de mano de obra.* || Falta de productos alimenticios: *año de escasez.* || Tacañería, mezquindad: *proveer a los gastos con escasez.* || Pobreza: *vivir con escasez.*

escaso, sa adj. Insuficiente: *la cena resultó escasa.* || Poco abundante: *escasa vegetación; escasos recursos.* || No completo, falto de algo: *un metro escaso de paño.* || Poco: *tiene escasas posibilidades de triunfar.* || Tacaño. || *Andar escaso de,* estar falto de.

escatimar v. t. Dar con parsimonia, ser parco en: *escatimar la comida, los elogios.* || Reducir: *le ha escatimado el sueldo.* || *Fig.* Ahorrar: *escatimar sus energías.*

escatimoso, sa adj. y s. Tacaño.

escatofagia f. Hábito de comer excrementos.

escatófago, ga adj. Aplícase a los animales que comen excrementos: *el escarabajo es escatófago.*

escatología f. Conjunto de creencias y doctrinas relativas a la vida de ultratumba. || Tratado de cosas excrementicias. || Literatura o broma relacionada con cosas sucias.

escatológico, ca adj. Relativo a las postrimerías de la muerte. || Referente a los excrementos y suciedades. || Indecente, grosero.

escaupil m. Vestido acolchado a modo de armadura que usaban los antiguos indios mexicanos. || *C. Rica.* Morral de cazador.

escayola f. Yeso calcinado. || Estuco.

escayolar v. t. Inmovilizar un miembro roto con un vendaje endurecido con escayola.

escayolista m. Persona especializada en hacer molduras y otros adornos con escayola.

escena f. Escenario, parte del teatro donde se representa el espectáculo. || Conjunto de los decorados: *cambio de escena.* || Subdivisión de un acto: *tercera escena del primer acto.* || *Fig.* Arte dramático: *tener vocación para la escena.* | Suceso considerado como un espectáculo digno de atención: *una escena conmovedora.* | Lugar de un suceso: *la escena del asesinato.* || — *Fam. Hacer una escena,* armar un escándalo. || *Llevar a la escena,* escoger como tema de una obra de teatro.

escenario m. Parte del teatro donde se representa el espectáculo: *el escenario de la Ópera.* || Sitio donde se ruedan los interiores de una película. || Lugar donde se desarrolla una película. || *Fig.* Lugar de un suceso: *el escenario de un crimen.* | Ambiente, medio, circunstancias que rodean algo o a alguien.

escénico, ca adj De la escena: *representaciones escénicas.*

escenificación f. Disposición de la escena para representar una obra teatral o rodar una película.

escenificar v. t. Dar forma dramática a una obra o a un asunto para representarlo.

escenografía f. Arte de realizar los decorados. || Arte de poner en perspectiva un objeto.

escenográfico, ca adj. De la escenografía.

escenógrafo m. Pintor de decorados escénicos.

escepagüil m. *Méx.* Escagüite.

escepticismo m. Doctrina filosófica que sostiene que el hombre es incapaz de alcanzar la verdad. || Duda, tendencia a no creer nada de lo que los demás reconocen como real o verdadero.

escéptico, ca adj. y s. Que profesa el escepticismo: *filosofía escéptica.* || Que duda de todo: *hombre escéptico.*

Escévola (Cayo Mucio), patricio romano (s. VII-VI a. de J. C.). Quiso matar a Porsena, jefe etrusco que sitiaba Roma; se equivocó y dio muerte a su secretario. Conducido ante Porsena, se quemó voluntariamente su mano derecha.

Escila, escollo del estrecho de Mesina, frente al torbellino de Caribdis.

escindible adj. Que puede escindirse.

escindir v. t. Dividir, separar. || *Fís.* Romper un núcleo atómico en dos porciones iguales, con liberación de energía.

Escipión, n. de una familia patricia de la antigua Roma cuyos principales representantes fueron: ESCIPIÓN *el Africano* (236-183 a. de J. C.), que luchó en España en la segunda guerra púnica y derrotó a Aníbal en Zama en 202 a. de J. C., y ESCIPIÓN EMILIANO (185-129 a. de J. C.), vencedor de Numancia y destructor de Cartago en 146 a. de J. C.

Esciros. V. SKIROS.

escirro m. *Med.* Tumor duro de naturaleza cancerosa y evolución muy lenta.

escisión f. División: *la escisión del átomo, de una asamblea.*

escita adj. y s. De Escitia. (Los *escitas* efectuaron una expedición a Egipto en el siglo VII a. de J. C.)

Escitia, ant. región de Europa al N. del Ponto Euxino.

escítico, ca adj. Relativo a Escitia o a los escitas.

esciúridos m. pl. Familia de mamíferos roedores a la que pertenece la ardilla (ú. t. c. adj.).

* **esclarecer** v. t. Iluminar, poner clara y luciente una cosa. || *Fig.* Aclarar, dilucidar, poner en claro: *esclarecer una cosa dudosa.* | Hacer famoso a uno: *varón esclarecido.* || — V. i. Empezar a amanecer.

esclarecido, da adj. Insigne.

esclarecimiento m. Aclaración.

esclavina f. Prenda de vestir de forma de capa muy corta.

esclavista adj. y s. Partidario de la esclavitud.

esclavitud f. Condición de esclavo: *la abolición de la esclavitud.* || *Fig.* Sumisión a las pasiones.

esclavizar v. t. Someter a esclavitud. || *Fig.* Oprimir, tiranizar: *esclavizar a cuantos le rodean.* | Dominar: *esta pasión le esclaviza.* | No dejar un momento libre: *su trabajo le esclaviza.*

esclavo, va adj. y s. Que está bajo la dependencia absoluta del que le compra o hace prisionero. || *Fig.* Completamente dominado por una persona o cosa: *esclavo del tabaco.* | Enteramente sometido a una obligación: *esclavo de su deber.* | A la disposición de uno: *esclavo de sus amigos.* || — F. Pulsera sin ningún adorno.

— Son históricamente conocidas con el n. de *Guerras de los Esclavos* las tres sublevaciones de los esclavos en la ant. Italia, la última (37-7 a. de J. C.), capitaneada por Espartaco.

esclavócrata adj. y s. *Amer.* Partidario de la esclavitud.

Esclavonia. V. ESLAVONIA.

Esclavos, río de Guatemala que des. en el océano Pacífico. || **~** (COSTA DE LOS), ant. n. de la costa de África entre Dahomey y el O. de Nigeria. || **~** (GRAN LAGO DE LOS), lago del Canadá en el que des. el río Mackenzie; 27 800 km².

esclerosar v. t. Producir esclerosis.

esclerosis f. *Med.* Endurecimiento patológico de los tejidos o de los órganos.

esclerótica f. *Anat.* Membrana dura y blanca, que cubre el globo del ojo, salvo la córnea transparente.

esclusa f. Recinto en un canal de navegación con puertas movibles de entrada y salida que se pueden cerrar y abrir según se quiera contener las aguas o dejarlas correr.

escoa f. *Mar.* Punto de mayor curvatura de la cuaderna de una embarcación.

escoba f. Utensilio para barrer constituido por un cepillo empalmado con un mango o por un manojo de palmas, de crin o de otra cosa atado a un palo. || *Bot.* Retama usada para hacer escobas. || *Coche escoba*, en una carrera, el que recoge a los que tienen que abandonar la competición.

escobajo m. Escoba vieja. || Raspa del racimo sin uvas.

escobar v. t. *Cub.* y *Méx.* Sostener, apuntalar. || — V. pr. *Cub.* y *Méx.* Vivir a costa de otro.

Escobar (Arcesio), escritor y poeta colombiano (1832-1867). || **~** (ELOY), poeta venezolano (1829-1889), autor del drama *Nicolás Rienzi.* || **~** (PATRICIO), general paraguayo, m. en 1912, que luchó en la guerra de la Triple Alianza. Pres. de la Rep. de 1886 a 1890. || **~ y Mendoza** (ANTONIO DE), jesuita y escritor español (1589-1669). Casuista famoso, atacado por Pascal en sus *Provinciales.*

escobazo m. Golpe de escoba. || Barrido ligero. || *Fam. Echar a escobazos*, despedir a alguien de mala manera.

Escobedo (Juan de), político español (¿1530?-1578), asesinado en Madrid, al parecer por orden de Antonio Pérez. || **~** (MARIANO), general y político mexicano (1826-1902), defensor de la Reforma liberal. || **~ y Aguilar** (PEDRO), médico mexicano (1798-1844), autor de una *Farmacopea mexicana.*

escobén m. *Mar.* Agujero situado en la proa del barco para dar paso a las cadenas del ancla.

escobero, ra m. y f. Persona que hace escobas o las vende.

escobeta f. *Méx.* Raíz de zacatón, para limpiar suelos, trastos, etc.

escobetear v. t. *Méx.* Fregar con escobeta.

escobilla f. Escoba pequeña. || Cepillo para la ropa. || *Bot.* Especie de brezo usado para hacer escobas. || *Electr.* Pieza conductora, generalmente de cobre o de carbón aglomerado, con la cual se establece el contacto entre un órgano fijo y otro móvil en los motores eléctricos.

escobillón m. Cepillo cilíndrico sujeto a un mango para limpiar los cañones.

escobina f. Serrín o limadura de metal que hace la barrena.

escobón m. Escoba de mango largo para deshollinar o limpiar el techo de una casa. || Escoba de palo muy corto.

escocedura f. Inflamación o irritación de la piel. || Sensación de quemadura, escozor.

* **escocer** v. i. Causar una sensación parecida a una quemadura: *la guinda escuece en la lengua.* || *Fig.* Herir, doler: *la reprimenda le escoció de veras.* || — V. pr. Irritarse o inflamarse una parte del cuerpo. || Tener escocedura. || *Fig.* Picarse, sentirse, dolerse.

escocés, esa adj. y s. De Escocia. || — Adj. Aplícase a las telas de cuadros de distintos colores. || — M. Dialecto céltico hablado en Escocia.

Escocesa, bahía y punta de Panamá (San Blas), en el mar Caribe.

escocia f. *Arq.* Moldura cóncava entre dos toros, y más ancha en su parte inferior.

Escocia, región historicogeográfica del N. de Gran Bretaña; 77 180 km²; 5 179 000 h. (*escoceses*). Cap. *Edimburgo,* 473 300 h.; otras c.: *Glasgow* y *Dundee.* Escocia se divide en tres regiones: *Highlands* o *Tierras Altas del Norte, Lowlands* o *Tierras Bajas* y *Tierras Altas del Sur.* || **~ (Nueva).** V. NUEVA ESCOCIA.

escocimiento m. Escozor.

escoda f. Especie de martillo con corte en ambos extremos de la cabeza.

escodar v. t. Labrar o picar con la escoda.

escofina f. Lima de dientes gruesos y triangulares que se usa para desbastar.

escofinar v. t. Limar o desbastar con escofina.

escogedor, ra adj. y s. *Cub.* Operario seleccionador del tabaco.

escoger v. t. Tomar entre varias personas o cosas la que mejor parece: *escoger como* (o *por*) *mujer; escoger un disco.* || *Cub.* Separar las distintas clases de tabaco.

escogido, da adj. Seleccionado: *trozos escogidos de un libro.* || Excelente: *un artículo escogido.*

escolanía f. Conjunto de escolanos: *la escolanía de Montserrat.*

escolano m. Niño que se educaba, especialmente para el canto, en ciertos monasterios españoles.

escolapio m. Religioso o alumno de las Escuelas Pías.

escolar adj. De la escuela: *libro escolar.* || — M. Estudiante, alumno de una escuela.

escolaridad f. Duración de los estudios en un centro docente.

escolarizar v. t. Crear escuelas. || Dar instrucción.

escolástica f. y **escolasticismo** m. Filosofía de la Edad Media, ligada a la teología y basada en los libros de Aristóteles. || Espíritu exclusivista de escuela en filosofía, ciencia, etc.

— Los principales doctores del *escolasticismo* son Escoto Erígena, San Anselmo, Abelardo, Pedro Lombardo, Alberto Magno, Santo Tomás de Aquino, Duns Escoto, San Buenaventura, Francis Bacon, Raimundo Lulio, Guillermo de Occam, etc.

escolástico, ca adj. Concerniente al escolasticismo. || Aplícase al que enseña o profesa el escolasticismo (ú. t. c. s.). || Relativo a las escuelas. || — F. Escolasticismo: *el espíritu de la escolástica.*

escoleta f. *Méx.* Banda de músicos aficionados.

escólex m. Cabeza de los gusanos cestodos provista de ventosas.

escolio m. Nota, observación o comentario que se pone a un texto para explicarlo.

escoliosis f. *Med.* Desviación lateral de la columna vertebral.

escolopendra f. *Zool.* Ciempiés. || *Bot.* Lengua de ciervo.

escolta f. Conjunto de soldados, barcos o vehículos que escoltan algo o a alguien. || Barco que protege los buques mercantes. || Personas que acompañan a otra.

escoltar v. t. Acompañar para proteger o vigilar: *los guardaespaldas escoltan al presidente.* || Acompañar por cortesía y respeto a un personaje importante: *los cortesanos escoltaban al rey.*

escollar v. i. *Arg.* Dar el barco en un escollo. || *Fig. Arg.* Frustrarse, malograrse.

escollera f. Dique de defensa contra el oleaje en un puerto.

escollo m. Peñasco a flor de agua. || *Fig.* Peligro, dificultad: *tropezar en un escollo.*

Escoma, puerto de Bolivia, en el lago Titicaca.

escombrar v. t. Quitar los escombros. || *Fig.* Desembarazar, despejar, limpiar.

escombrera f. Vertedero de escombros.

Escombreras, isla española del Mediterráneo, frente a Cartagena (Murcia). Ref. de petróleo.

escombro m. Material de desecho de un edificio derribado, de la explotación de una mina, de una cantera o de una fábrica. || *Zool.* Caballa, pez.

esconder v. t. Ocultar. Ú. t. c. pr.: *esconderse detrás de un árbol.* || *Fig.* Encerrar, llevar en sí.

escondido, da adj. Oculto. || — M. *Riopl.* Baile popular. — F. pl. *Amer.* Escondite. | *A escondidas*, ocultamente. (Se dice tb. *a escondidillas.*)

Escondido, río de Nicaragua (Zelaya) que des. en el mar Caribe; 104 km.

escondimiento m. Ocultación y encubrimiento de una cosa.

escondite m. Escondrijo. || Juego de muchachos en que todos se esconden menos uno que tiene que buscarlos.

escondrijo m. Lugar oculto.

Escopas, escultor griego (¿420-350? a. de J. C.). Esculpió los bajorrelieves del Mausoleo de Halicarnaso.

escopeta f. Arma de fuego para cazar, con uno o dos cañones. || *Fig.* y *fam. ¡Aquí te quiero ver, escopeta!*, quiero ver cómo te las arreglas en este caso.

escopetazo m. Disparo de escopeta. || Herida producida. || *Fig.* Noticia o hecho inesperado y desagradable: *al abrir el periódico recibió un escopetazo.*

escopetero m. Soldado armado con escopeta. ‖ Fabricante o vendedor de escopetas. ‖ *Zool.* Insecto coleóptero.

escopladura y **escopleadura** f. Corte, muesca o agujero hecho en la madera con el escoplo.

escoplear v. t. Hacer corte, muesca o agujero con el escoplo.

escoplo m. Herramienta de carpintero o escultor parecida al cincel.

escora f. *Mar.* Inclinación accidental del barco. | Cada uno de los puntales que sostienen el barco en construcción o en reparación.

escoraje m. Acción de escorar.

escorar v. t. *Mar.* Apuntalar un barco con escoras. ‖ — V. i. *Mar.* Inclinarse el barco. | Llegar la marea a su nivel más bajo.

escorbuto m. Enfermedad producida por la carencia de vitaminas C que se manifiesta por hemorragias, caída de los dientes y alteración en las articulaciones.

escoria f. Sustancia vítrea que sobrenada en el crisol de los hornos de fundición ‖ Óxido que salta del hierro candente. ‖ Residuo, sustancia de desecho. ‖ Lava esponjosa de los volcanes. ‖ *Fig.* Lo más vil, desecho: *la escoria de la sociedad.*

escoriación f. Irritación o desolladura superficial producida por el roce continuo de algo.

escorial m. Sitio donde se arrojan las escorias de las fábricas. ‖ Montón de escorias.

Escorial (El), v. de España Madrid), al pie de la sierra de Guadarrama.

Escorial *(San Lorenzo de El),* monasterio y residencia real, cerca de Madrid, construido entre 1562 y 1584 por Juan Bautista de Toledo, Juan de Herrera y Francisco Mora por orden de Felipe II en recuerdo de la batalla de San Quintín. Obra maestra del estilo herreriano, el monasterio alberga una rica biblioteca, una valiosa colección de cuadros y tapices, y el Panteón de los Reyes.

escoriar v. t. Desollar superficialmente la piel.

Escorpio V. ESCORPIÓN.

escorpión m. Alacrán, arácnido. | *Mil.* Máquina antigua para lanzar piedras. ‖ Instrumento de tormento consistente en unas cadenas terminadas por garfios que recordaban la cola del escorpión.

Escorpión, constelación del Zodiaco, entre Sagitario y Libra. — Octavo signo del Zodiaco (de 24 de octubre a 23 de noviembre).

escorzado m. Escorzo.

escorzar v. t. Representar una figura pictórica según las reglas de la perspectiva.

escorzo m. Acción y efecto de escorzar. ‖ Figura o parte de figura escorzada.

Escosura (Patricio de la), político y escritor romántico español (1807-1878), autor de la leyenda *El bulto vestido de negro capuz* y de las novelas *El conde de Candespina* y *Ni Rey ni Roque.*

escota f. *Mar.* Cabo que sirve para atiesar las velas.

escotado m. Escote.

escotadura f. Escote de vestido. ‖ Corte, cercenadura. ‖ *Teatr.* Escotillón grande.

escotar v. t. Hacer escote: *escotar un traje.* ‖ Hacer una derivación en una corriente de agua. ‖ — V. i. Pagar a escote.

escote m. Corte que forma en una prenda la abertura del cuello. ‖ Abertura grande de una prenda que deja al descubierto la garganta y parte de la espalda. ‖ *Fam.* Parte que toca pagar a cada uno en un gasto común.

escotilla f. *Mar.* Abertura que permite pasar de un piso del barco a otro. ‖ Puerta de acceso a un carro de combate, avión, etc.

escotillón m. Trampa. ‖ Abertura en el escenario por donde se pueden subir y bajar objetos y tb. entrar o desaparecer los actores.

escoto, ta adj. y s. Individuo de un pueblo céltico de Hibernia (Irlanda). [Los *escotos* se establecieron en Caledonia (Escocia) hacia el s. VI.]

Escoto (John DUNS). V. DUNS. ‖ **~ Erígena** (JOHN), filósofo y teólogo escocés o irlandés (¿830-880), de tendencia racionalista.

escozor m. Sensación dolorosa parecida a la de una quemadura. ‖ *Fig.* Dolor, aflicción. | Remordimiento profundo.

escriba m. Doctor e intérprete de la ley judaica. ‖ *Fam.* Escribano.

escribanía f. Profesión de escribano. ‖ Despacho del escribano. ‖ Escritorio, mueble para guardar documentos. ‖ Recado de escribir.

escribano m. El que por oficio público está autorizado para dar fe de las escrituras que pasan ante él. (Hoy sólo se ocupa de las escrituras judiciales.) ‖ Secretario. ‖ Pendolista.

escribido, da adj. *Fam. Ser muy leído y escribido,* ser muy pedante.

escribiente m. Oficinista que copia o pone en limpio escritos ajenos, y tb. escribe al dictado.

escribir v. t. Representar palabras, ideas o sonidos por signos convencionales. ‖ Redactar: *escribir libros, discursos,* etc. ‖ Componer: *escribir música.* ‖ Comunicar por escrito: *escribir una noticia.* ‖ Ortografiar: *escribir "hombre" con "h" y "jilguero" con "j".* ‖ *Fig.* Marcar, señalar: *la ignominia escrita en su cara.*

escrito, ta p. p. irreg. de *escribir.* ‖ *Fig. Estaba escrito,* así tenía que ocurrir. ‖ — M. Cualquier cosa escrita. ‖ Obra literaria: *los escritos de Platón.* ‖ Conjunto de pruebas escritas en un examen. ‖ *For.* Alegato, solicitud. ‖ *Por escrito,* escribiendo en un papel: *declarar por escrito.*

escritor, ra m. y f. Persona que escribe. ‖ Autor de libros.

escritorio m. Mueble para guardar documentos. ‖ Mesa de despacho. ‖ Cuarto donde tiene su despacho una persona. ‖ Pequeño mueble de cajones para guardar joyas.

escritorzuelo, la m. y f. Escritor sin talento.

escritura f. Acción y efecto de escribir. ‖ Arte de escribir, letra. ‖ Escrito. ‖ Caracteres con que se escribe: *escritura griega.* ‖ *For.* Documento público de que da fe el notario: *escritura de venta.* (Dícese también *escritura pública.*) ‖ *La Sagrada Escritura,* la Biblia.

escriturar v. t. *For.* Hacer constar en escritura pública: *escriturar una venta.* ‖ Contratar a un artista.

escriturario, ria adj. *For.* Que consta en escritura pública. ‖ — M. Exegeta.

Escrivá de Balaguer (José María), prelado español, n. en 1902, fundador del *Opus Dei* (1928). Autor de *Camino.*

escrófula f. *Med.* Inflamación de los ganglios del cuello causada por una debilidad general.

escrofularia f. Planta escrofulariácea medicinal.

escrofulariáceas f. pl. Familia de plantas angiospermas dicotiledóneas (ú. t. c. adj.).

escrofuloso, sa adj. *Med.* Relativo a la escrófula. ‖ — Adj. y s. Que padece escrófula.

escroto m. *Anat.* Bolsa de piel que cubre los testículos

escrúpulo m. Duda, aprensión de hacer algo malo: *un hombre sin escrúpulos.* ‖ Aprensión, temor de tomar o usar algo malo: *le da escrúpulo comer en este plato.* ‖ Escrupulosidad: *hacer algo con escrúpulo.* ‖ China que se mete en el calzado. ‖ *Fam.* Peso antiguo equivalente a 24 granos o 1 198 mg.

escrupulosidad f. Minuciosidad, sumo cuidado. ‖ Exactitud en el cumplimiento de las cosas.

escrupuloso, sa adj. Que tiene escrúpulos. | Concienzudo. ‖ *Fig.* Exacto, minucioso: *cuentas escrupulosas.* | Delicado: *no se puede invitar a gente tan escrupulosa.*

escrutador, ra adj. Escudriñador. ‖ — M. El que hace el recuento de votos en las elecciones.

escrutar v. t. Hacer el recuento de votos. ‖ Mirar con mucha atención, escudriñar: *escrutar el horizonte.*

escrutinio m. Recuento de los votos en una elección. ‖ Examen minucioso.

escrutiñador, ra m. y f. Escudriñador.

escuadra f. Utensilio de dibujo para trazar ángulos rectos. ‖ Pieza de hierro, de forma de L o de T, para asegurar una ensambladura. ‖ Escuadría. ‖ Cuadrilla de obreros. ‖ *Mar.* Conjunto de barcos de guerra que maniobran juntos: *la sexta escuadra estadounidense.* ‖ *Mil.* Cierto número de soldados con su cabo. | Cargo de cabo de estos soldados. ‖ — *A* (o *de*) *escuadra,* en ángulo recto. ‖ *Escuadra de agrimensor,* la empleada para trazar perpendiculares en el terreno. ‖ *Falsa escuadra,* la que sirve para trazar ángulos de varias aberturas.

escuadrar v. t. Labrar o formar a escuadra: *escuadrar un madero.*

escuadreo m. Medida de superficie en unidades cuadradas.

escuadría f. Conjunto de las dos dimensiones de la sección transversal de un madero labrado a escuadra.

escuadrilla f. Escuadra de buques pequeños. ‖ Conjunto de aviones que vuelan juntos.

escuadrón m. *Mil.* Compañía de un regimiento de caballería.

escuagüil m. *Méx.* Escagüite.

escualidez f. Flaqueza.

escuálido, da adj. Muy flaco.

escualo m. Cualquiera de los peces selacios con cuerpo fusiforme y boca grande como el tiburón.

escucha f. Acción de escuchar: *ponerse a la escucha.* ‖ En los conventos y colegios de religiosas, la que presencia las visitas en el locutorio para oír lo que allí se dice. ‖ Centinela avanzado. ‖ *Estación de escucha,* la que controla las conversaciones radiotelefónicas.

escuchar v. t. Estar atento para oír algo: *escuchar tras la puerta; escuchar un discurso.* ‖ *Fig.* Hacer caso, tomar en cuenta: *escuchar los consejos.* | Obedecer: *escuchar la voz del deber.* ‖ — V. pr. Hablar con pausa y afectación, con cierta satisfacción de sí mismo: *hablar escuchándose.*

escuchimizado, da adj. Enclenque.

escuchón, ona adj. Que escucha indiscretamente lo que otros hablan (ú. t. c. s.).

escudar v. t. Proteger con el escudo. ‖ *Fig.* Resguardar y defender de algún peligro. ‖ — V. pr. Ampararse, valerse de algo como excusa: *escudarse con el ejemplo de sus antepasados.*

escudería f. Servicio u oficio de escudero. ‖ Conjunto de coches de carrera que corren por una misma marca.

escuderil adj. Propio del escudero: *condición escuderil.*

escudero m. Paje que llevaba el escudo del señor. ‖ Hidalgo. ‖ El que recibía retribución de su señor por asistirle. ‖ Criado que acompañaba a una señora. ‖ El que hacía escudos.

escudete m. Escudo pequeño. ‖ Escudo de una cerradura. ‖ Trozo de tela triangular que sirve como refuerzo. ‖ Nenúfar, planta. ‖ Trozo de corteza con una yema, que se injerta en otro árbol: *injerto de escudete.*

escudilla f. Vasija semiesférica.

escudo m. Arma para cubrirse el cuerpo que se llevaba en el brazo izquierdo. ‖ Chapa de acero que llevan los cañones para protección de sus sirvientes. ‖ *Blas.* Figura en forma de escudo donde se pintan los blasones de un estado, ciudad o familia. (En este sentido se llama tb. *escudo de armas.*) || *Fig.* Protección, defensa. || *Mar.* Espejo de popa. || Antigua moneda de oro. || Moneda actual en algunos países, como Chile y Portugal. || Pieza de metal que rodea el ojo de la cerradura. || Espaldilla del jabalí. || Cabezal de la sangría.

escudriñador, ra adj. y s. Que escudriña. || Curioso.

escudriñamiento m. Acción de escudriñar.

escudriñar v. t. Examinar minuciosamente. || Otear, mirar intensamente de lejos: *escudriñar el horizonte.*

escuela f. Establecimiento donde se da la primera enseñanza: *escuela municipal.* || Establecimiento donde se da cualquier género de instrucción: *escuela de ingenieros.* || Instrucción: *tener buena escuela.* || Conjunto de los seguidores de un maestro o doctrina: *escuela estoica.* || Conjunto de los pintores que han dado fama a un sitio o han seguido un maestro: *la escuela española, la escuela de David.* || Lo que da experiencia: *la escuela de la vida.* || — *Escuela normal,* la que se dedica a la formación de los maestros de primera enseñanza. || *Formar escuela,* tener discípulos.

Escuela || ~ **de Traductores de Toledo,** corporación de traductores, fundada por Alfonso X el Sabio (s. XIII), que vertieron al latín los principales textos orientales. || ~ **Salmantina,** grupo de poetas españoles del s. XVI, como Fray Luis de León, Aldana, Medrano, etc., en los que predomina el fondo sobre la forma. || ~ **Sevillana,** grupo de poetas españoles del s. XVI, como F. de Herrera, D. del Alcázar, F. de Rioja, etc., en los que predomina la forma sobre el fondo en un estilo exuberante y colorista.

Escuelas || ~ **Cristianas.** V. DOCTRINA CRISTIANA. || ~ **Pías,** orden religiosa fundada por San José de Calasanz para la educación de niños pobres (1597).

escuerzo m. Sapo. || *Fam.* Persona flaca o escuchimizada.

escueto, ta adj. Sobrio: *estilo escueto.* || Sin ambages, simple: *la verdad escueta.* || Conciso, sucinto: *un informe escueto.*

escuimpacle m. Hierba medicinal de México.

escuincle m. *Méx.* Escuintle.

Escuintla, c. del S. de Guatemala, cap. del dep. homónimo. Llamada ant. *Itzcuitlan.* — Pobl. y mun. de México (Chiapas).

escuintle m. *Méx.* Perro callejero. || *Fig. Méx.* Muchacho, rapaz.

escuintleco, ca adj. y s. De Escuintla (Guatemala).

esculapio m. *Fam.* Médico.

Esculapio o **Asclepios,** dios de la Medicina, hijo de Apolo.

esculpidor m. Escultor.

esculpir v. t. Labrar con el cincel: *esculpir en mármol.*

escultor, ra m. y f. Artista que se dedica a la escultura.

escultórico, ca adj. Escultural: *grupo escultórico.*

escultura f. Arte de labrar figuras de bulto. || Obra así hecha.

escultural adj. De la escultura: *arte escultural.* || Digno de ser esculpido por su belleza: *formas esculturales.*

escupidera f. Recipiente para escupir. || *And.* y *Amer.* Orinal.

escupido, da adj. *Fig.* Muy parecido: *este niño es a su padre escupido.* || — M. Escupitajo.

escupidor, ra adj. y s. Que tiene costumbre de escupir. || — M. *Amer.* Escupidera.

escupidura f. Lo que se escupe. || Excoriación en los labios a consecuencia de la fiebre.

escupir v. i. Arrojar saliva por la boca: *escupir en el suelo.* || — V. t. Arrojar de la boca: *escupir sangre.* || *Fig.* Soltar: *el metal escupe la escoria.* | Arrojar con violencia: *los cañones escupían balas.* | Despreciar: *escupir a uno.*

escupitajo y **escupitanajo** m. Saliva que se escupe de una vez.

escurcón, ona adj. y s. *Méx.* Buscón.

escurialense adj. De El Escorial: *el monasterio escurialense.*

escurra m. Truhán.

Escurra (Juan A.). V. EZCURRA.

escurrajas f. pl. Escurriduras.

escurrebotellas m. Utensilio para escurrir las botellas.

escurreplatos m. Utensilio para escurrir los platos.

escurridera f. Utensilio para colgar las cucharas. || Escurreplatos.

escurridero m. Escurreplatos. || Dispositivo adecuado para escurrir las cosas mojadas.

escurridizo, za adj. Que se escurre o desliza fácilmente: *terreno escurridizo.* || *Fig. Hacerse el escurridizo,* desaparecer disimuladamente.

escurrido, da adj. Dícese de la persona muy estrecha de caderas. || *Fam.* Desvergonzado, fresco.

escurridor m. Colador para escurrir. || En la máquina de lavar, parte que sirve para escurrir la ropa. || Escurreplatos.

escurriduras f. pl. Últimas gotas de un licor que quedan en el fondo de un recipiente. || Marcas que deja la pintura al escurrirse.

escurrimiento m. Acción y efecto de escurrir o escurrirse. || *Fig.* Desliz.

escurrir v. t. Verter las últimas gotas de un líquido fuera del recipiente donde estaban: *escurrir vino.* || Hacer que una cosa mojada suelte el líquido que contiene: *escurrir la ropa.* || *Fig.* y *fam. Escurrir el bulto,* esquivarse. || — V. i. Caer o dejar el líquido contenido. || Resbalar: *el suelo escurre.* || — V. pr. Deslizarse: *escurrirse por la pendiente.* | Escaparse: *el plato se le escurrió de las manos.* || *Fam.* Escaparse, escabullirse: *se escurrió sin dejar rastro.* | Equivocarse.

Escutari, c. de Albania, a orillas del lago homónimo, llamada hoy *Shkodër* o *Shkodra.* — C. de Turquía, suburbio asiático de Estambul.

Esdras, doctor judío del s. V a. de J. C.

esdrújulo, la adj. y s. Aplícase al vocablo acentuado en la antepenúltima sílaba, como *carátula, fenómeno, gramática.*

ese f. Nombre de la letra *s.* || Eslabón de cadena en forma de *s.* || Zigzag: *carretera con eses.* || *Fam. Andar haciendo eses,* titubear por estar borracho.

ese, esa, esos, esas adj. dem. Sirven para designar lo que está cerca de la persona con quien se habla: *ese libro; esa mesa.* || — Prom. dem. Se escriben con acento y se aplican a la persona que está cerca de aquella con quien se habla: *ése quiero; vendrán ésas.* || — *¡A ése!,* grito para incitar a detener al que huye. || *Ni por ésas,* de ninguna manera.

esencia f. Ser y naturaleza propia de las cosas. || *Quím.* Sustancia volátil y olorosa: *esencia de rosas.* || Perfume: *un frasco de esencia.* || Extracto concentrado: *esencia de café.* || Lo esencial, lo principal: *la esencia de una materia.* || — *Quinta esencia,* entre los alquimistas, principio fundamental de la materia; (fig.) lo más puro y acendrado de una cosa.

esencial adj. Lo que constituye la esencia de algo: *la inteligencia es esencial en el hombre.* || Primordial, fundamental, principal. || *Aceite esencial,* esencia.

Esequibo, río de Guyana que des. en el Atlántico por un ancho estuario; 800 km. — Cord. de Guyana.

Esera, río del NE. de España (Huesca); afl. del Cinca; 70 km.

esfenoidal adj. *Anat.* Del hueso esfenoides.

esfenoides adj. y s. m. Aplícase al hueso que ocupa la parte anterior y mediana del cráneo.

esfera f. Globo, sólido limitado por una superficie curva cuyos puntos equidistan todos de otro interior llamado *centro: el volumen de una esfera.* || Círculo en que giran las manecillas del reloj. || *Fig.* Clase social: *hombre de alta esfera.* | Círculo, medio, ambiente: *salirse de su esfera.* | Campo, terreno: *esfera de actividad.* || *Esfera celeste,* esfera ideal que rodea nuestro globo, y donde parecen estar situados los astros.

esfericidad f. *Geom.* Calidad de esférico.

esférico, ca adj. De la esfera: *superficie esférica; casco esférico.* || De forma de esfera: *figura esférica.* || — M. *Fam.* Balón.

esferoidal adj. Relativo al esferoide o semejante a él.

esferoide m. Cuerpo de forma casi esférica: *la Tierra es un esferoide.*

esferómetro m. Instrumento para medir la curvatura de una superficie esférica.

esfinge amb. Animal fabuloso de los egipcios con cabeza y pecho de mujer, cuerpo y pies de león, que personificaba al Sol. (La *gran esfinge de Gizeh,* labrada en roca viva, mide 17 m. de altura y 39 de longitud.) || *Fig.* Persona muy reservada e impenetrable. || *Zool.* Mariposa nocturna, llamada también *calavera.*

esfínter m. *Anat.* Anillo muscular que abre y cierra un orificio natural: *esfínter del ano.*

esforzado, da adj. Valiente.

* **esforzar** v. t. Obligar a hacer un esfuerzo. || Infundir ánimo o valor. || — V. pr. Hacer esfuerzos física o moralmente con algún fin: *me esforzaré en darle satisfacción.*

esfuerzo m. Empleo enérgico de la fuerza física o de la actividad del ánimo: *hay que hacer muchos esfuerzos para sacar el diploma.* || Sacrificios: *hace un esfuerzo para dar instrucción a sus hijos.*

esfumar v. t. Extender el lápiz con el difumino. || — V. pr. *Fig.* Desvanecerse, desaparecer.

esfumino m. Difumino.

esgrima f. Arte de manejar la espada, el florete y otras armas blancas.

esgrimidor, ra m. y f. Persona que sabe esgrimir.

esgrimir v. t. Manejar un arma blanca como la espada. || Blandir: *esgrimía un palo.* || *Fig.* Valerse de algo para defenderse o lograr un objetivo: *esgrimir un argumento.* | Amenazar con algo: *esgrimir el peligro de una revolución.*

esgrimista com. *Arg., Chil.* y *Per.* Esgrimidor.

esguín m. Cría del salmón.

esguince m. Movimiento del cuerpo para evitar el golpe o la caída. || Distensión de una articulación: *producir un esguince en el tobillo.* || Gesto de desagrado o desdén.

Esla, río de España (León, Zamora), afl. del Duero; 280 km.

eslabón m. Pieza en forma de anillo o de ese que, engarzada con otras, forma una cadena. || Hierro con que se sacan chispas del pedernal. || Chaira para afilar. || *Veter.* Tumor óseo debajo del corvejón y de la rodilla. || *Zool.* Alacrán negro.

eslabonamiento m. Acción y efecto de eslabonar.

eslabonar v. t. Trabar eslabones. || *Fig.* Enlazar, encadenar.

Eslava (Fernán). V. GONZÁLEZ DE ESLAVA. || ~ (ANTONIO DE), novelista español, n. en 1570, autor de *Noches de invierno.* || ~ (SEBASTIÁN DE), gobernante español (1684-1759), virrey de Nueva Granada de 1739 a 1749. Derrotó a los ingleses que sitiaban Cartagena de Indias (1741). || ~ **y Elizondo** (MIGUEL HILARIÓN), compositor español (1807-1878), autor de música sacra (*Miserere*), y obras didácticas.

eslavismo m. Estudio de todo lo relacionado con los eslavos.

eslavizar v. t. Dar carácter eslavo a algo o a alguien.

eslavo, va adj. Relativo a los eslavos. ‖ De raza eslava. ‖ — M. Lengua eslava.

— Los *eslavos* constituyen un grupo etnográfico y lingüístico de la familia indoeuropea subdividido en tres grandes ramas: 1.º los *eslavos occidentales* (polacos, checos, eslovacos, lusacios); 2.º *los orientales* (rusos): 3.º los *meridionales* o *yugoslavos* (servios, croatas, eslovenos, búlgaros).

eslavófilo, la adj. y s. Amigo de los eslavos.

Eslavonia, región de Yugoslavia (Croacia), entre los ríos Save y Drave.

eslinga f. *Mar.* Maroma con ganchos para levantar pesos.

eslora f. *Mar.* Longitud interior de la nave desde el codaste hasta la roda. ‖ — Pl. *Mar.* Maderos endentados en los baos para reforzar las cubiertas.

eslovaco, ca adj. y s. De Eslovaquia.

Eslovaquia, región oriental de Checoslovaquia; 49 008 km², al E. de Moravia; cap. *Bratislava.*

Eslovenia, rep. federada del NO. de Yugoslavia; 20 226 km²; cap. *Liubliana.*

esloveno, na adj. y s. De Eslovenia.

Esmalcalda. V. SMALCALDA.

esmaltador, ra m. y f. Persona que esmalta.

esmaltar v. t. Aplicar esmalte. ‖ *Fig.* Adornar de varios colores: *las florecillas esmaltan el prado de mil colores.*

esmalte m. Barniz vítreo, opaco o transparente, que se aplica en caliente sobre la loza, la porcelana o los metales. ‖ Objeto esmaltado. ‖ Materia dura que cubre la superficie de los dientes. ‖ Barniz que sirve para adornar las uñas. ‖ *Blas.* Color. ‖ Vidrio coloreado de azul por el óxido de cobalto. ‖ *Fig.* Lustre, esplendor.

esmerado, da adj. Hecho con sumo cuidado: *trabajo esmerado.* ‖ Que se esmera: *una persona esmerada.* ‖ Aseado, pulcro.

esmeralda f. Piedra fina, silicato de berilio y aluminio, de un hermoso color verde.

Esmeralda, penins. del S. de Chile (Aisén).

Esmeraldas, río del NO. del Ecuador, que des. en el Pacífico; 289 km. — C. y puerto del NO. del Ecuador, cap. de la prov. homónima, en la des. del río de igual n. Centro comercial.

esmeraldeño, ña adj. y s. De Esmeraldas (Ecuador).

esmeraldino, na adj. De color de esmeralda.

esmerar v. t. Pulir, limpiar. ‖ — V. pr. Poner sumo cuidado en lo que se hace: *esmerarse en su trabajo.* ‖ Lucirse.

esmerejón m. Ave rapaz.

esmeril m. Roca negruzca compuesta de corindón granoso, mica y óxido de hierro que, reducida a polvo, sirve para pulir. ‖ *Papel de esmeril,* lija.

esmerilado m. Pulido con esmeril.

esmerilador m. Obrero que esmerila. ‖ Rectificación de una pieza.

esmerilar v. t. Pulir con esmeril. ‖ Rectificar una pieza: *esmerilar las válvulas de un motor.*

esmero m. Sumo cuidado: *trabajar con esmero.* ‖ Aseo, pulcritud.

esmiláceas f. pl. Subfamilia de las liliáceas cuyo tipo es la zarzaparrilla (ú. t. c. adj.).

Esmirna, en turco *Izmir,* c. y puerto del O. de Turquía. Centro comercial. Alfombras.

esmirriado, da adj. Encanijado, raquítico, desmirriado.

esmoquin m. Smoking.

* **esmorecerse** v. pr. Desvanecerse, desfallecer.

esmorecido, da adj. Aterido de frío.

esmorecimiento m. *Amer.* Acción y efecto de esmorecerse.

esnob adj. y s. Snob.

esnobismo m. Snobismo.

eso pron. dem. Forma neutra que sirve para designar lo que está más cerca de la persona con quien se habla. ‖ — *A eso de,* hacia, aproximadamente: *llegó a eso de las ocho.* ‖ *¡Eso!* o *¡eso es!,* exactamente.

esofágico, ca adj. Del esófago.

esófago m. *Anat.* Primera parte del tubo digestivo que va de la faringe al estómago.

esópico, ca adj. De Esopo.

Esopo, fabulista griego (s. VII-VI a. de J. C.).

esotérico, ca adj. Oculto, secreto. ‖ Aplícase a la doctrina que los filósofos de la Antigüedad no comunicaban sino a algunos de sus discípulos: *la doctrina esotérica de Aristóteles.*

esoterismo m. Calidad de esotérico. ‖ Doctrina esotérica.

esotro, tra pron. Ese otro, esa otra (ú. t. c. adj.).

espabilar v. t. Despabilar.

espaciador m. En la máquina de escribir, tecla que deja un espacio en blanco.

espacial adj. Del espacio: *vehículo espacial.*

espaciar v. t. Separar las cosas en el espacio o en el tiempo: *espaciar las comidas, los pagos.* ‖ Divulgar (ú. t. c. pr.). ‖ Separar las palabras, letras o renglones en un impreso o en lo escrito con máquina. ‖ — V. pr. Extenderse, dilatarse: *esparcirse escribiendo.* ‖ Esparcirse, distraerse: *salir a espaciarse al sol.*

espacio m. Extensión indefinida que contiene todo lo existente: *el espacio es indivisible al infinito.* ‖ Extensión limitada: *hay un gran espacio delante de la casa.* ‖ Sitio: *este armario no deja espacio para la cómoda.* | Transcurso de tiempo: *un espacio de dos años.* ‖ *Fig.* Tardanza, lentitud: *hacer algo con mucho espacio.* ‖ Blanco dejado entre las líneas. ‖ *Impr.* Pieza de metal que sirve para separar las palabras y a veces las mismas letras. ‖ *Mús.* Separación entre cada dos rayas del pentagrama. ‖ Emisión de televisión o de radio. ‖ — *Espacio vital,* territorio que una nación juzga indispensable adquirir para su desarrollo demográfico y económico. ‖ *Geometría del espacio,* la que estudia las figuras de tres dimensiones.

espacioso, sa adj. Muy ancho: *un local espacioso.* ‖ Lento, calmoso: *hombre espacioso.*

espachurrar v. t. Despachurrar.

espada f. Arma blanca, recta, aguda y cortante con empuñadura y guarnición. ‖ Persona diestra en su manejo: *excelente espada.* ‖ *Fig.* Autoridad, figura: *es una de las primeras espadas en su profesión.* ‖ Torero que mata al toro con espada (ú. más c. m.). ‖ Pez espada. ‖ — Pl. En el juego de naipes, palo que representa una o más espadas: *rey, as de espadas.* ‖ — *Fig. Echar su cuarto a espadas,* intervenir en una conversación. | *Entre la espada y la pared,* en trance apurado. | *Espada de Damocles,* peligro que está constantemente amenazando a uno. | *Espada de dos filos,* lo que puede producir un efecto opuesto al que se busca.

espadachín m. El que maneja bien la espada. ‖ Pendenciero.

espadaña f. Hierba tifácea acuática. ‖ Campanario formado por un muro con huecos para las campanas.

espadar v. t. Raspar con la espadilla el lino o el cáñamo.

espádice m. *Bot.* Inflorescencia en forma de espiga encerrada en la espata.

espadilla f. Insignia de la orden de Santiago. ‖ *Mar.* Remo grande que sirve al mismo tiempo de timón. ‖ Especie de sable de madera para espadar. ‖ En la baraja española, as de espadas. ‖ Horquilla que llevan en el pelo las mujeres.

espadillar v. t. Espadar.

espadín m. Espada delgada.

espadón m. Mandoble. ‖ *Fig.* Militar de alta jerarquía.

espagueti m. Spaghetti.

espahí m. Soldado de caballería turco y del ant. ejército francés en Argelia.

Espaillat, prov. del N. de la Rep. Dominicana; cap. *Moca.*

Espaillat (Ulises Francisco), político y escritor dominicano (1823-1878). Soldado de la Independencia y pres. de la Rep. en 1876.

espalda f. Parte posterior del cuerpo humano, desde los hombros hasta la cintura (ú. t. en pl.). ‖ Parte semejante de los animales. ‖ Parte posterior del vestido. ‖ Parte de atrás. Ú. t. en pl.: *las espaldas del edificio.* ‖ Estilo de natación en el que se nada boca arriba. ‖ — *Cargado de espaldas,* algo jorobado. ‖ *Fig. Echarse una cosa sobre las espaldas,* encargarse voluntariamente de ella. | *Hablar de uno a sus espaldas,* hablar mal de él en su ausencia. | *Medirle a uno las espaldas,* pegarle. | *Tener buenas espaldas,* tener mucho aguante. | *Tener guardadas las espaldas,* tener suficiente protección. | *Tirar de espaldas,* causar una gran sorpresa. | *Volver la espalda,* retirarse mostrando desprecio; huir o marcharse.

espaldar m. Parte de la coraza que servía para defender la espalda. ‖ Respaldo: *el espaldar de un banco.* ‖ Espaldera. ‖ Espalda. ‖ *Zool.* Parte superior de la coraza de los reptiles.

espaldarazo m. Golpe dado de plano con la espada, o con la mano en las espaldas. ‖ — *Fig. Dar el espaldarazo,* reconocer como ya completamente apto para algo.

espaldarcete m. Parte de la armadura que cubría el hombro.

espaldarón m. Parte de la armadura que cubría toda la espalda.

espaldera f. Enrejado para que trepen ciertas plantas. ‖ Serie de barras paralelas adosadas a una pared para ejecutar ejercicios gimnásticos.

espaldilla f. Omóplato. ‖ Cuarto delantero de algunas reses.

espaldón m. Parte saliente que queda en un madero después de entallarlo. ‖ *Fort.* Valla artificial.

espantable adj. Espantoso.

espantada f. Huida repentina de un animal. ‖ Desistimiento súbito motivado por el miedo.

espantadizo, za adj. Que se espanta fácilmente.

espantador, ra adj. Que espanta, que hace huir.

espantajo m. Lo que se pone para espantar. ‖ Espantapájaros. ‖ *Fig.* Cosa con que se amenaza a alguien. | Persona fea o ridícula. | Persona que se desprecia.

espantapájaros m. Objeto grotesco que figura un hombre y sirve para ahuyentar los pájaros.

espantar v. t. Causar espanto, asustar. ‖ Ahuyentar a un animal: *espantar las gallinas.* ‖ — V. pr. Asustarse, tener mucho miedo: *espantarse con el estruendo.* ‖ Maravillarse, asombrarse: *se espanta de verte tan solícito.*

espantavaqueros m. *Méx.* Especie de enredadera.

espantavenado m. Tipo de ave rapaz de México.

espanto m. Terror, miedo intenso. ‖ Horror. ‖ Fantasma, espectro, aparecido (ú. más en pl.). ‖ *Fam. Estar curado de espanto,* ver algo con impasibilidad por la experiencia que se tiene.

espantoso, sa adj. Que causa espanto o terror. ‖ Horrible. ‖ *Fig.* Muy grande: *tener una sed espantosa.* | Muy feo.

España, Estado de la Europa meridional y occidental, que forma, junto con Portugal, la Península Ibérica; 504 748 km² (incluidos los territ. insulares); 34 032 801 h. (*españoles*). Cap. *Madrid*, 3 100 000 h. Otras c.: *San Sebastián*, 150 000; *Bilbao*, 350 000; *Gijón*, 125 000; *La Coruña*, 177 000; *Vigo*, 145 000; *Valladolid*, 172 000; *Córdoba*, 215 000; *Sevilla*, 549 000; *Jerez de la Frontera*, 140 000; *Málaga*, 325 000; *Granada*, 157 000; *Cartagena*, 124 000; *Murcia*, 250 000; *Alicante*, 133 000; *Valencia*, 653 000; *Zaragoza*, 479 845; *Barcelona*, 1 700 000; *Palma de Mallorca* (Baleares), 159 000; y en las islas Canarias: *Santa Cruz de Tenerife*, 150 000, y *Las Palmas*, 225 000. Administrativamente, España se divide en 50 provincias (47 peninsulares y tres insulares), además de la provincia africana de Sáhara. La religión católica es profesada por la inmensa mayoría, y la lengua oficial es la española o castellana, aunque tres regiones (Cataluña, Vascongadas y Galicia) tienen su lengua propia. La densidad media de población es de 60 h./km².

— GEOGRAFÍA. España está constituida fundamentalmente por una meseta central (Castilla), que se halla dividida en dos zonas por las sierras de Guadarrama y Gredos. Los rebordes de esta altiplanicie son montañosos: montes Cantábricos al N. y NO., montes Ibéricos al NE. y sierra Morena al S. Los Pirineos señalan la frontera con Francia (Pico de Aneto, 3 404 m), y al S. se encuentra el sistema Penibético, al que pertenece la Sierra Nevada, con el pico **Mulhacén** (3 478 m), el más alto de la Península. Existen también llanuras como el valle del Guadalquivir, la cuenca del Ebro y las planicies costeras de Murcia y Levante. El río Ebro, el más caudaloso de España, desemboca en el Mediterráneo; al Atlántico van a parar varios ríos importantes: Miño, Duero, Tajo, Guadiana y Guadalquivir. Los 3 300 km de costa que pertenecen a España son de variado perfil, muy recortado en Galicia. Las islas

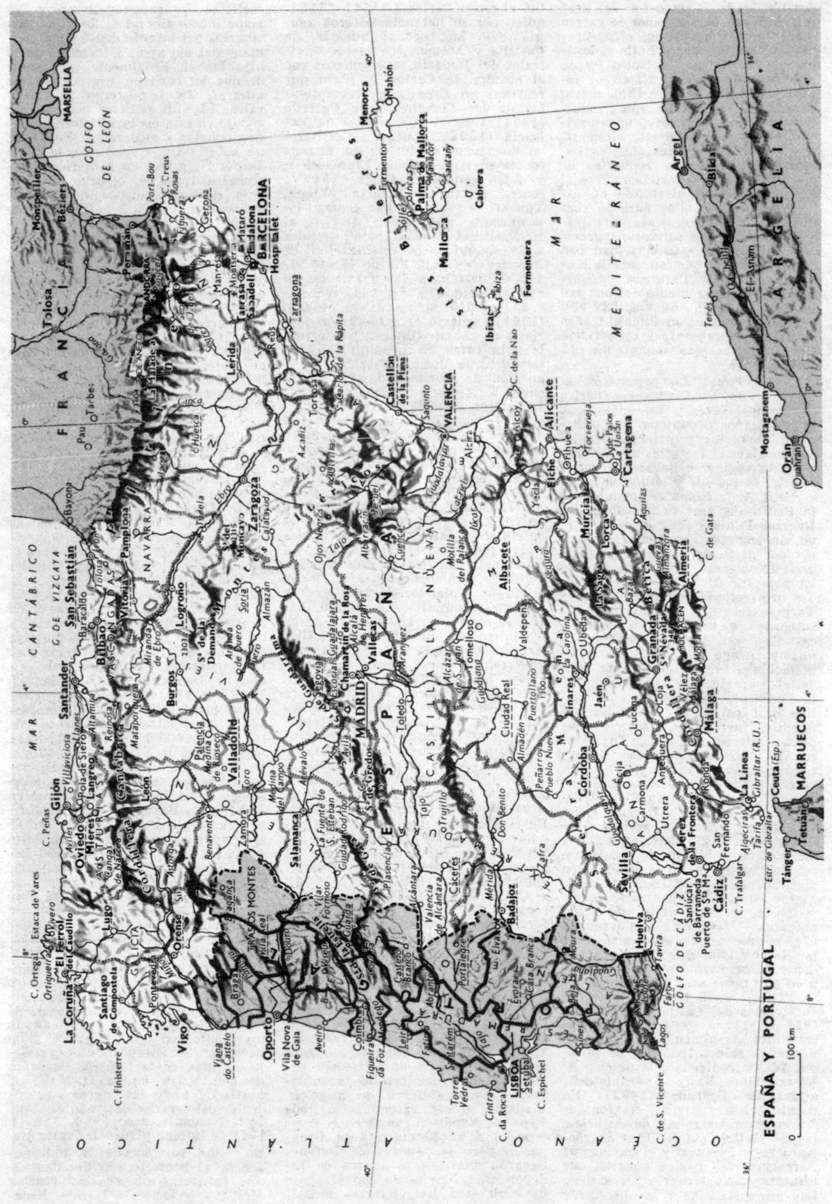

Baleares, en el Mediterráneo, y el archipiélago de las Canarias, en Atlántico, al NO. de la costa africana, forman parte del territorio metropolitano español. Dadas las características del relieve, el clima es muy variado: continental en el interior, lluvioso en el NO. atlántico, suave en el Mediterráneo, seco y caluroso durante el verano en los valles del Ebro y el Guadalquivir. La agricultura ha sido tradicionalmente el primer recurso económico del país, y sus principales producciones son: cereales, olivos, vid, hortalizas, algodón, agrios, arroz, tabaco, remolacha. Grandes obras de regadío (Extremadura, Ebro) han transformado zonas antes improductivas. La ganadería está bastante desarrollada (vacunos, ovinos) y la pesca constituye una riqueza considerable, dada la extensión del litoral. Del subsuelo español se extrae cobre, mercurio, plomo, cinc, uranio, volframio, hierro, hulla y, desde hace poco tiempo, petróleo en la provincia de Burgos. El sector industrial es el que ha recibido mayor impulso en los últimos años: industrias textiles, vinícolas, metalúrgicas, eléctricas, químicas, alimenticias, fabricación de automóviles, construcción naval y refinerías de petróleo. Capítulo aparte merece el turismo, que ha alcanzado un espectacular desarrollo, para lo cual dispone de una excelente organización hotelera. Los saneados ingresos que proporciona esta actividad han revigorizado sustancialmente la economía española. Para sus comunicaciones, España cuenta con una red ferroviaria de 18 000 km, 132 000 km de carreteras, un intenso tráfico marítimo de cabotaje y un servicio aéreo interior muy importante (32 aeropuertos).

— Historia. Los primitivos habitantes de la Península Ibérica fueron los iberos y los celtas, que al mezclarse produjeron los celtiberos. Fenicios y griegos establecieron algunas factorías en España, y los cartagineses llegaron a dominar las costas sur y levantina (s. VI a. de J. C.). Roma se implantó en la Península, tras su triunfo en las Guerras Púnicas (202 a. de J. C.), no sin tropezar con fuerte resistencia por parte de la población indígena (Numancia, 133 a. de J. C.). El país fue dividido en tres grandes provincias: Lusitania, Bética y Tarraconense. La romanización fue intensa: se construyeron puentes, calzadas, acueductos y teatros, al mismo tiempo que la lengua y legislación se fueron imponiendo. Caído el Imperio Romano, invadieron la Península sucesivas olas de pueblos bárbaros, de los cuales los más notables fueron los visigodos, que permanecieron tres siglos, realizaron la unión religiosa con la conversión al cristianismo del rey Recaredo (589), y elaboraron el Fuero Juzgo, código que refundía las legislaciones romana y visigótica. En 711 desembarcaron los árabes, mandados por Tarik y derrotaron al rey Rodrigo en la batalla de Guadalete, con lo que se inició la dominación musulmana. Los cristianos se refugiaron en el N., organizaron la resistencia, y siete años más tarde obtuvieron la victoria de Covadonga (718), que marca el comienzo de la Reconquista. La España árabe dependió primeramente de Damasco, pero más tarde se hizo independiente y llegó a su máximo esplendor en tiempos del Califato de Córdoba (929-1031). A partir de 1031, el territorio musulmán se fraccionó en pequeños reinos llamados de *taifa*, que fueron cediendo a la presión de los cristianos, hasta la pérdida definitiva de Granada (1492). En cuanto a los cristianos, crearon sucesivamente los reinos de Asturias, León, Galicia, Castilla, Aragón, Navarra, y Portugal y el condado de Barcelona, los cuales aunaron sus esfuerzos para vencer a los árabes. Las circunstancias y las herencias contribuyeron a la unión de estos reinos, como ocurrió entre Aragón y el condado de Barcelona (1137), Castilla y León (1230) y Castilla y Aragón (1479), tras el matrimonio entre Isabel de Castilla y Fernando V de Aragón, los *Reyes Católicos*, a quienes cupo la gloria de terminar con el último baluarte moro (Granada). De este modo realizaron la ansiada unidad nacional, y, en el mismo año (1492), el navegante Cristóbal Colón descubrió para España las tierras del Nuevo Mundo, para lo que contó con el apoyo de Isabel la Católica. En Italia, el Gran Capitán se apoderó definitivamente del reino de Nápoles (1503), de acuerdo con la tradicional política mediterránea de la corona de Aragón. Tras una eficaz regencia del cardenal Cisneros, subió al trono Carlos I (1517-1556), quien por su herencia paterna reunió bajo su corona, además de Castilla y Aragón, los vastos territorios del Imperio, que gobernó con el nombre de Carlos V. Tuvo que reprimir en España los movimientos de los Comuneros de Castilla (1521) y de las Germanías de Valencia (1522). Luego se embarcó en una serie de luchas en Europa contra su rival francés Francisco I, a quien venció en Pavía (1525); contra el turco Solimán (Viena, Túnez), y sobre todo contra los protestantes (Mühlberg, 1547), al tiempo que tenía que atender a la conquista y colonización de América. Su hijo Felipe II (1556-1598) derrotó a los franceses en San Quintín (1557) y Gravelinas (1558), fijó la corte en Madrid (1561), aplastó la sublevación morisca de Aben Humeya y derrotó la flota turca en Lepanto (1571). Completó la unidad ibérica con la anexión de Portugal (1580), pero envió la Armada Invencible contra Inglaterra y sufrió un tremendo descalabro (1588). Se le ha reprochado a Felipe II su intransigencia en materia religiosa y el poco respeto que mostró por los fueros de Aragón, fortaleciendo al máximo la autoridad real. Sus descendientes Felipe III (1598), Felipe IV (1621) y Carlos II (1665) fueron incapaces de gobernar tan extensos territorios y los confiaron a sus validos. La decadencia política de esos tiempos había de coincidir precisamente con el mayor esplendor de las letras y las artes españolas. La unidad ibérica se rompió en 1640, y estallaron movimientos en Nápoles, Sicilia, Aragón, Cataluña y Andalucía, que pudieron a duras penas ser reducidos. La infantería española fue derrotada en Rocroi (1643) y, por la Paz de Westfalia (1648), se reconocía la independencia de Holanda. Carlos II murió sin descendencia, lo que dio lugar a la guerra de Sucesión entre los pretendientes al trono, que fue finalmente favorable a Felipe de Anjou, iniciador de la dinastía de los Borbones en España. En esta guerra España se vio arrebatar la plaza de Gibraltar (1704), pérdida que fue sancionada por el Tratado de Utrecht (1713). Tras los gobiernos de Fernando VI (1746) y Carlos III (1759), que pueden considerarse positivos por las reformas administrativas que introdujeron, subió al trono Carlos IV (1788-1808), débil monarca que depositó toda su confianza en Manuel Godoy. Durante su reinado, la flota española, junto a la francesa, sufrió la derrota de Trafalgar (1805), frente a la armada británica. Con el beneplácito real, las tropas francesas fueron ocupando puestos claves en el territorio nacional, hasta que estalló la sublevación popular del 2 de mayo en Madrid, pronto extendida a toda España. Napoleón colocó en el trono español a su hermano José Bonaparte, pero las Juntas de Defensa llevaron adelante la guerra de Independencia, contando con el apoyo de Inglaterra. Las victorias de Bailén (1808), Arapiles y San Marcial (1812) fueron decisivas, y los franceses hubieron de abandonar la Península (1813). Las Cortes de Cádiz habían elaborado una Constitución de carácter liberal (1812), la cual fue abolida por el rey Fernando VII en el momento de su llegada (1814). Durante este tiempo (1810-1824) se fueron emancipando las colonias americanas, salvo Cuba y Puerto Rico. En 1820 se sublevó el general Riego, quien puso en vigor la Constitución de 1812 durante tres años (Trienio Constitucional), hasta que las tropas francesas del duque de Angulema (los Cien Mil Hijos de San Luis) restablecieron el poder absoluto del rey. A la muerte de Fernando VII se planteó el problema de la sucesión, y el país se dividió en dos fracciones: los carlistas o tradicionalistas y los isabelinos o liberales, los unos partidarios del infante don Carlos, hermano del monarca, y los otros de su hija Isabel. Finalmente, y a pesar de que los carlistas provocaron tres guerras, se impusieron los liberales. La vida política española se redujo en esta época a la lucha entre progresistas y moderados. En 1868, un golpe militar expulsó a la reina Isabel II, y tras un gobierno provisional el trono fue ofrecido al príncipe italiano Amadeo de Saboya, quien apenas pudo gobernar durante dos años. A su marcha (1873) se instauró la Primera República, de vida más efímera todavía (once meses). El pronunciamiento de Sagunto (1874) restauró la dinastía borbónica en la persona de Alfonso XII, quien murió en 1885. Bajo la regencia de su esposa, María Cristina de Habsburgo, los partidos dinásticos acordaron una rotación en el poder, gobernando alternativamente los jefes Sagasta y Cánovas del Castillo. En 1898 se firmó el Tratado de París, que sancionaba la pérdida para España de sus últimos reductos coloniales (Cuba, Puerto Rico y Filipinas). En 1902 empezó el reinado de Alfonso XIII, hijo póstumo de Alfonso XII, quien hubo de hacer frente a la guerra de África (1907) y a los disturbios de la Semana Trágica de Barcelona (1909). Conservó a España apartada de la guerra mundial (1914-1918), y en 1923 entregó el poder a Miguel Primo de Rivera, tras un golpe de Estado que estableció la dictadura en el país. La oposición a este gobierno fue muy fuerte, a pesar de que su gestión fue positiva en la pacificación de Marruecos y en las numerosas obras públicas que realizó. Derrocada la Dictadura en 1930, al año siguiente unas elecciones municipales fueron favorables a los candidatos republicanos, de tal modo que el 14 de abril de 1931 se proclamó la Segunda República. Su corta vida fue muy agitada: revuelta derechista en 1932, sublevaciones en Asturias y Cataluña en 1934, para llegar en 1936 al acceso del Frente Popular al poder. El ejército se levantó el 18 de julio de 1936, bajo la dirección del general Francisco Franco, y este movimiento fue secundado en varios puntos de la Península. La guerra duró cerca de tres años y concluyó con el triunfo de los sublevados, que establecieron un régimen autoritario, presidido por el propio Franco. La neutralidad española fue mantenida durante la segunda guerra mundial, y en 1947 la Ley de Sucesión estableció el principio de la monarquía. En 1953 se firman un concordato con la Santa Sede y un pacto con los Estados Unidos, y España entra en la Unesco. Dos años después entra en la O. N. U. A partir de 1960 los ingresos procedentes del turismo cambian el signo de la economía, y en 1964, 1969 y 1972 se inician planes de desarrollo. En 1958 se concede la independencia al protectorado de Marruecos, salvo las plazas de Ceuta y Melilla; en 1968 a Guinea Ecuatorial y en 1969 se verifica la retrocesión de Ifni a Marruecos. Se lleva a cabo una campaña para que los ingleses abandonen Gibraltar. Desde 1966, aprobadas por referéndum diversas reformas constitucionales, se dibuja una tendencia liberalizadora en la política interna del país y se intenta una incorporación definitiva a la Comunidad Económica Europea, concretizada en 1970 por un acuerdo comercial. En 1969 se nombra al príncipe Don Juan Carlos de Borbón, a título de rey, sucesor en la jefatura del Estado.

España (José María), patriota venezolano (1761-1799). Sublevado, en unión de Manuel Gual, contra los españoles (1797), fue ejecutado.

español, la adj. y s. De España. ‖ — M. Lengua neolatina nacida en Castilla y oficial en España y gran parte de América, hablada en Filipinas y comunidades judías de Oriente y del Norte de África.

Española, isla deshabitada del Ecuador (Archip. de Colón). ‖ **~ (La),** n. que dio Colón a la isla de *Haití* o *Santo Domingo*.

españolada f. Dicho o hecho propio de españoles. ‖ Acción, obra literaria o espectáculo que exagera y deforma las cosas típicas de España o el carácter español.

españolear v. i. Hablar de España.

españoleta f. Falleba.

Españoleto (El). V. RIBERA.

españolismo m. Admiración o apego a las cosas españolas. ‖ Hispanismo. ‖ Carácter español.

españolización f. Acción y efecto de españolizar.

españolizar v. t. Castellanizar, dar forma española. ‖ — V. pr. Adoptar costumbres españolas.

esparadrapo m. Tela adherente que sirve para sujetar vendajes o como apósito si se le ha agregado algún antiséptico.

esparaván m. Gavilán.

esparavel m. Red redonda para la pesca fluvial. ‖ Tabla de madera con mango para tener la mezcla que se ha de aplicar con la llana.

esparceta f. *Bot.* Pipirigallo.

esparciata adj. y s. Espartano.

esparcimiento m. Acción y efecto de esparcir o esparcirse. ‖ Diversión: *tomarse unas horas de esparcimiento.*

esparcir v. t. Echar, derramar: *esparcir el grano, la arena.* ‖ Desparramar: *esparcir flores.* ‖ Divulgar, difundir: *esparcir una noticia.* ‖ — V. pr. Divertirse, distraerse: *esparcirse el ánimo.*

espárrago m. Planta liliácea cuyos tallos son comestibles: *puntas de espárragos.* ‖ Palo largo que sostiene un entoldado. ‖ *Fig.* Persona alta y delgaducha. ‖ Madero atravesado por estacas a modo de escalera. ‖ *Fig.* y *fam. Mandar a freír espárragos,* despedir a uno de mala manera.

esparraguera f. Espárrago. ‖ Plantación de espárragos. ‖ Plato en que se sirven los espárragos.

esparraguina f. Fosfato de calcio cristalizado, de color verdoso.

esparrancarse v. pr. *Fam.* Ponerse con las piernas muy abiertas.

Esparta, c. de la ant. Grecia, en el Peloponeso, llamada tb. *Lacedemonia.* Fundada por los dorios, constituyó un Estado, y fue dotado por Licurgo de una constitución severa y aristocrática. Dominó el Peloponeso y consiguió triunfar de Atenas (404 a. de J. C.). — Pobl. de Costa Rica (Puntarenas). Fundada en 1574, llamóse primitivamente *Esparza.*

Espartaco, caudillo de los esclavos que se sublevaron contra Roma. Muerto en 71 a. de J. C.

espartano, na adj. De Esparta (ú. t. c. s.). ‖ *Fig.* Severo, disciplinado.

Espartel, cabo en el NO. de Marruecos (Tánger).

espartería f. Oficio o taller del espartero.

espartero, ra m. y f. Fabricante o vendedor de obras de esparto.

Espartero (Baldomero), general y político español, n. en Granátula (Ciudad Real [1793-1879]). Luchó contra los carlistas y firmó el Convenio de Vergara. Regente del Reino de 1841 a 1843 y de 1854 a 1856. Fue *duque de la Victoria.*

esparto m. Planta gramínea cuya fibra se usa para hacer sogas, esteras, papel y otras cosas.

Esparza V. ESPARTA.

Esparza Otero (Alfonso), compositor mexicano (1897-1950).

espasmo m. Contracción convulsiva involuntaria de los músculos.

espasmódico, ca adj. Relativo al espasmo o parecido a él: *tos espasmódica.*

espata f. *Bot.* Bráctea que envuelve el espádice.

espatarrarse v. pr. Abrirse de piernas, despatarrarse.

espato m. *Min.* Mineral de estructura laminosa. ‖ *Espato de Islandia,* carbonato de calcio muy puro.

espátula f. Paleta pequeña de farmacéuticos, pintores, etc. ‖ *Zool.* Ave zancuda de pico ensanchado en la punta.

especia f. Sustancia aromática usada como condimento, como el comino, nuez moscada, clavo, pimienta, azafrán, chile.

especial adj. Particular: *servicio especial.* ‖ Fuera de lo corriente: *una comida especial.* ‖ Extraño: *tener un gusto especial.* ‖ *En especial,* especialmente.

especialidad f. Particularidad. ‖ Parte de una ciencia o arte a que se dedica una persona: *los retratos son la especialidad de este pintor.* ‖ Cosa que alguien conoce o hace particularmente bien: *los pasteles son su especialidad.*

especialista adj y s. Que se dedica a una especialidad: *un especialista en física nuclear.* ‖ Aplícase en particular a los médicos.

especialización f. Acción y efecto de especializar o especializarse.

especializado, da adj. Dícese del que efectúa un trabajo que necesita cierta formación profesional: *obrero especializado.*

especializar v. t. Destinar algo o alguien para un fin determinado. ‖ — V. pr. Adquirir conocimientos especiales para dedicarse a una ciencia o arte en particular.

Especias (ISLAS DE LAS), n. dado a las *Molucas,* llamadas tb. *Islas de la Especiería.*

especie f. Subdivisión del género: *la especie se subdivide en variedades y razas.* ‖ Conjunto de seres o cosas que tienen uno o varios caracteres comunes: *especie humana.* ‖ Género humano: *la propagación de la especie.* ‖ Variedad: *la toronja es una especie de cidra.* ‖ Género, clase: *allí había gente de toda especie.* ‖ Asunto: *se trató de aquella especie.* ‖ Noticia: *una especie falsa.* ‖ *Teol.* Apariencia de pan y vino después de la consagración: *las especies sacramentales.* ‖ *En especie,* en mercancías o productos naturales y no en metálico: *pagar en especie.*

especiería f. Tienda de especias. ‖ Conjunto de especias.

Especiería. V. ESPECIAS.

especiero, ra m. y f. Persona que vende especias. ‖ — M. Armarito para guardarlas.

especificación f. Acción y efecto de especificar.

especificar v. t. Determinar con todo detalle: *es difícil especificar todos los casos.* ‖ Precisar: *no me ha especificado lo que quería.*

especificativo, va adj. Que especifica.

especificidad f. Carácter específico.

específico, ca adj. Que caracteriza y distingue una especie de otra: *caracteres específicos del caballo, de una droga.* ‖ *Fís. Peso específico,* relación entre la masa o peso de un cuerpo y su volumen. ‖ — M. *Med.* Medicamento apropiado para tratar una enfermedad determinada. | Medicamento preparado en laboratorios y no en la misma farmacia.

espécimen m. Muestra, modelo. ‖ Ejemplar. (Pl. *especímenes.*)

especioso, sa adj. Engañoso. ‖ Precioso, perfecto.

espectacular adj. Que tiene caracteres de espectáculo público. ‖ Impresionante: *un accidente espectacular.*

espectacularidad f. Calidad de espectacular.

espectáculo m. Función o diversión pública: *ver un espectáculo en el teatro.* ‖ Lo que atrae la atención: *el espectáculo de la naturaleza.* ‖ *Fig. Dar el espectáculo,* armar un escándalo; llamar mucho la atención.

espectador, ra adj. y s. Dícese de la persona que presencia cualquier acontecimiento y más particularmente un espectáculo público. ‖ — M. pl. Público.

espectral adj. Del espectro: *análisis espectral.* ‖ *Fig.* Misterioso: *luz espectral.*

espectro m. Figura fantástica y horrible, aparecido, fantasma. ‖ *Fig.* y *fam.* Hombre de aspecto cadavérico. ‖ *Fís.* Resultado de la descomposición de la luz a través de un prisma. (La luz solar produce el *espectro solar,* constituido por los siete colores del arco iris.)

espectrografía f. Estudio de los espectros con el espectrógrafo.

espectrógrafo m. *Fís.* Espectroscopio para registrar los espectros en forma de espectrogramas.

espectrograma m. Fotografía o diagrama de un espectro luminoso.

espectroheliógrafo m. *Fís.* Espectroscopio para fotografiar los detalles de la superficie solar con una luz monocromática.

espectroscopia f. *Fís.* Ciencia que se ocupa de la producción y estudio de los espectros y de sus aplicaciones.

espectroscópico, ca adj. *Fís.* De la espectroscopia o del espectroscopio.

espectroscopio m. *Fís.* Instrumento que sirve para observar un espectro luminoso.

especulación f. Reflexión: *especulación filosófica.* ‖ *Com.* Operación consistente en comprar algo con la idea de venderlo sacando un beneficio: *especulación bancaria.*

especulador, ra adj. y s. Que especula: *especuladores de la Bolsa.*

especular adj. (Ant.). Transparente, diáfano.

especular v. i. Reflexionar, meditar, raciocinar: *especular sobre la esencia de las cosas.* ‖ Hacer operaciones comerciales o financieras de las cuales se espera sacar provecho gracias a las variaciones de los precios o de las cotizaciones. ‖ Comerciar, negociar: *especular en carbones.* ‖ Utilizar algo para obtener provecho o ganancia: *especular con su cargo.*

especulativo, va adj. *Com.* Relativo a la especulación. ‖ Teórico: *conocimientos especulativos.* ‖ Pensativo y dado a la especulación. ‖ — F. Inteligencia, facultad de especular.

espéculo m. Instrumento para examinar por la reflexión luminosa ciertas cavidades del cuerpo.

espejado, da adj. Claro y brillante como un espejo. ‖ Que refleja la luz.

espejar v. t. Despejar.

espejear v. i. Reflejar la luz de manera intermitente. ‖ Brillar como un espejo.

espejeo m. Espejismo. ‖ Brillo intermitente: *el espejeo de las olas.*

espejería f. Tienda en que se venden espejos.

espejero m. Fabricante o vendedor de espejos.

ES

espejismo m. Ilusión óptica característica de los países cálidos, particularmente de los desiertos, por la cual los objetos lejanos producen una imagen invertida como si se reflejasen en una superficie líquida. ‖ *Fig.* Ilusión engañosa.
espejo m. Lámina de cristal azogada por la parte posterior para reflejar los objetos: *mirarse en el espejo.* ‖ Superficie que refleja los objetos: *el espejo del mar.* ‖ *Fig.* Imagen, reflejo: *los ojos son el espejo del alma.* | Modelo, ejemplo: *espejo de ciudadanía.* ‖ — *Espejo de cuerpo entero,* el muy alto para poder verse completamente. ‖ *Mar. Espejo de popa,* superficie exterior de la popa. ‖ *Espejo ustorio,* el cóncavo con el cual se pueden quemar objetos por medio de los rayos solares que se concentran en su foco.
Espejo, cantón del Ecuador (Carchi). — V. de España (Córdoba). Centro comercial.
Espejo (Francisco Eugenio de Santa Cruz y). V. Santa Cruz y Espejo.
espejuelo m. Yeso cristalizado de estructura hojosa. ‖ Hoja de talco. ‖ Instrumento de madera con espejitos que se hacen girar al sol para atraer a las alondras y cazarlas. ‖ *Por ext.* Cosa atractiva que se muestra a alguien para seducirle. ‖ Excrecencia córnea que tienen las caballerías en las patas. ‖ — Pl. Cristales de las gafas. ‖ Anteojos.
espeleología f. Estudio y exploración de las grutas o cavernas.
espeleólogo m. El que se dedica a la espeleología.
espeluznante adj. Espantoso, que hace erizarse el cabello.
espeluznar v. t. Hacer erizarse el cabello. ‖ Espantar, horrorizar.
espeluzno m. *Fam.* Escalofrío, estremecimiento, repeluzno.
espeque m. Palanca de madera usada para levantar cargas muy pesadas. ‖ Puntal de una pared.
espera f. Acción y efecto de esperar: *estar en espera de un acontecimiento.* ‖ Tiempo durante el cual se espera: *una espera muy larga.* ‖ Plazo concedido para la ejecución de una cosa. ‖ Calma y paciencia: *tener espera.* ‖ Puesto de caza: *cazar a espera.*
esperantista adj. Relativo al esperanto: *congreso esperantista.* ‖ — Adj. y s. Partidario y defensor del esperanto.
esperanto m. Lengua internacional creada en 1887 por el médico polaco Zamenhof, basada en la internacionalidad máxima de las raíces y en la invariabilidad de los elementos lexicológicos.
esperanza f. Confianza en lograr una cosa o en que ocurra algo deseado: *tengo la esperanza de que mi madre venga.* ‖ Objeto de esta confianza: *vivir de esperanzas.* ‖ Una de las tres virtudes teologales. ‖ — *Alimentarse de esperanzas,* forjarse ilusiones. ‖ *Como última esperanza,* en último recurso. ‖ *Esperanza de vida,* promedio de la duración de la vida para un grupo de seres determinado.
Esperanza, c. de la Argentina (Santa Fe). — C. de Honduras, cap. del dep. de Intibucá. — Térm. mun. de Cuba (Las Villas). — Com. de la Rep. Dominicana (Santiago).
esperanzador, ra adj. Alentador: *resultados esperanzadores.*
esperanzano, na adj. y s. De la Esperanza (Honduras).
esperanzar v. t. Dar esperanzas, animar.
esperar v. t. e i. Confiar en que vaya a ocurrir algo que se desea: *esperar tener éxito.* ‖ Desear: *espero que todo te vaya bien.* ‖ Contar con la llegada de una persona o cosa: *esperar una carta; le esperamos esta noche para cenar.* ‖ Permanecer en un sitio hasta que llegue una persona o cosa que ha de venir: *esperar el metro; esperar a su madre* (ú. t. c. pr.). ‖ Dejar pasar cierto tiempo: *esperaremos tres días antes de emprender este trabajo.* ‖ Prever, suponer. Ú. t. c. pr.: *no me esperaba tal cosa de ti.* ‖ Suponer que va a ocurrir algo: *buena noche nos espera; muchas dificultades le esperan.* ‖ Tener confianza: *esperar en Dios.* ‖ — *Fam. ¡Espérate sentado!,* expr. que indica que lo deseado puede tardar mucho en ocurrir o no ocurrir nunca. ‖ *Quien espera desespera,* no hay cosa peor que la esperanza de algo poco seguro.
esperma amb. *Anat.* Líquido seminal. ‖ *Esperma de ballena,* sustancia grasa del cráneo del cachalote usada para fabricar velas.
espermático, ca adj. Del o de la esperma: *canal espermático.*
espermatozoide m. *Anat.* Célula reproductora masculina.
esperón m. *Mar.* Tajamar.
esperpento m. *Fam.* Persona fea o ridícula por su desaliño. | Desatino, disparate.
espesamiento m. Acción y efecto de espesar.
espesar v. t. Volver más espeso: *espesar el chocolate* (ú. t. c. pr.). ‖ Poner tupido: *espesar el punto de las medias.* ‖ — V. pr. Hacerse más tupido: *espesarse un sembrado.*
espeso, sa adj. Poco fluido: *salsa espesa.* ‖ Denso: *humo espeso.* ‖ Tupido: *bosque, tejido espeso.* ‖ Grueso: *muros espesos.*
espesor m. Grueso.
espesura f. Calidad de espeso. ‖ Sitio muy poblado de árboles y arbustos: *internarse en la espesura de un bosque.*
espetar v. t. Poner en el asador: *espetar un pollo, unas sardinas.* ‖ Traspasar: *le espetó una cuchillada.* ‖ *Fig.* y *fam.* Soltar: *le espetó un sermón, una pregunta.*
espeto m. Espetón, asador.
espetón m. Varilla de hierro para asar carne o pescado. ‖ Hurgón. ‖ Alfiler grande. ‖ Aguja, pez.
espía com. Persona encargada de recoger informaciones secretas sobre una potencia extranjera. ‖ Persona que observa con disimulo las acciones de otra o intenta conocer sus secretos. ‖ *Mar.* Calabrote para espiar. ‖ *Espía doble,* persona que sirve simultáneamente a las dos partes contrarias.
espiar v. t. Observar con disimulo lo que pasa o se dice generalmente para contárselo a otra persona.
espichar v. t. Pinchar. ‖ — V. i. *Fam.* Morirse. ‖ — V. pr. *Cub.* y *Méx.* Enflaquecer, adelgazar.
espiche m. Estaquilla para tapar un agujero. ‖ Arma o utensilio largo y puntiagudo.
espiga f. Conjunto de flores o frutos situados a lo largo de un tallo común: *la espiga del trigo.* ‖ Parte superior de la espada en donde se asegura la guarnición. ‖ Espoleta. ‖ Extremidad de un madero o eje, adelgazada para entrar en un hueco de otro. ‖ Clavija. ‖ Dibujo parecido a la espiga del trigo: *tela de espiga.*
espigadera f. Espigadora.
espigado, da adj. Aplícase a las plantas crecidas hasta la completa madurez de su semilla. ‖ Dícese del árbol nuevo de tronco muy elevado. ‖ *Fig.* Alto, crecido de cuerpo: *joven espigado.*
espigador, ra m. y f. Persona que espiga.
espigar v. t. Recoger las espigas que quedan en el rastrojo. ‖ *Fig.* Recoger: *espigar datos en los libros.* ‖ Hacer espiga en los maderos. ‖ — V. i. Empezar las plantas a echar espiga. ‖ — V. pr. Crecer algunas hortalizas más de lo debido: *espigarse las lechugas.* ‖ *Fig.* Crecer mucho una persona: *este chico se ha espigado mucho.*
espigón m. Malecón que protege la orilla de un río. ‖ Aguijón. ‖ Punta de una cosa: *el espigón del cuchillo.* ‖ Mazorca o panoja. ‖ Cerro alto, pelado y puntiagudo.
espiguero m. *Méx.* Lugar en que se almacenan las espigas.
espiguilla f. Cada una de las espigas secundarias cuya reunión forma la espiga principal. ‖ Planta gramínea. ‖ Dibujo parecido a la espiga: *tela de espiguillas.* ‖ Cinta estrecha con picos.
espín m. Puerco espín. ‖ *Fís.* Momento cinético del electrón.
espina f. Púa que tienen algunas plantas: *el rosal y la chumbera tienen espinas.* ‖ Astilla pequeña: *clavarse una espina en el pie.* ‖ *Anat.* Espinazo: *espina dorsal.* ‖ Hueso de pez: *el arenque tiene muchas espinas.* ‖ *Fig.* Pena muy grande y duradera: *tener o llevar clavada una espina en el corazón.* | Dificultad: *la vida está llena de espinas.* ‖ *Fig.* y *fam. Eso me da mala espina,* eso me parece raro o me preocupa. | *Sacarse la espina,* desquitarse de algo; salir de un apuro.
Espina (Concha), novelista española (1879-1955), autora de *La esfinge maragata, Altar mayor, La niña de Luzmela.*
espinaca f. Hortaliza de la familia de las quenopodiáceas cuyas hojas son comestibles.
espinal adj. Relativo al espinazo: *médula espinal.*
Espinal, c. de Colombia (Tolima). Obispado.
espinapez m. Disposición de un entarimado con las tablas formando zigzag en direcciones diagonales y endentando las testas.
espinar m. Sitio lleno de espinos. ‖ *Fig.* Enredo.
espinar v. t. Pinchar con espinas. ‖ Proteger con espinos o zarzas. ‖ *Fig.* Herir, zaherir con palabras molestas.
Espinar, prov. del Perú (Cuzco); cap. *Yauri.*
espinazo m. *Anat.* Columna vertebral. ‖ *Arq.* Clave de una bóveda o de un arco. ‖ *Fig.* y *fam. Doblar el espinazo,* humillarse, someterse.
espinel m. *Mar.* Palangre de ramales cortos y cordel grueso.
Espinel (Vicente), escritor español, n. en Ronda (1550-1624), autor de la novela picaresca *Vida del escudero Marcos de Obregón.* Inventó la estrofa *décima,* tb. llamada *espinela.*
espinela f. Décima, combinación métrica de diez versos octosílabos debida al escritor Espinel. ‖ Piedra preciosa que se asemeja al rubí.
espineta f. *Mús.* Clavicordio pequeño.
espingarda f. Cañón antiguo mayor que el falconete. ‖ Escopeta muy larga que usaban los moros. ‖ *Fam.* Persona muy alta y delgada.
Espinhaco [*-ñaco*] (Serra do), macizo montañoso del Brasil (Minas Gerais); 2 147 m.
espinilla f. Parte anterior de la canilla de la pierna. ‖ Grano, tumorcillo de la piel.
espinillera f. Pieza de la armadura que cubría la espinilla. ‖ Pieza que protege la espinilla.
espino m. Arbusto espinoso rosáceo de flores blancas. ‖ *Espino artificial,* alambre con pinchos.
Espínola (Ambrosio de), general español de origen italiano (1569-1630), que luchó en Flandes y tomó Breda. ‖ ~ (Francisco), novelista uruguayo, n. en 1901, autor de *Raza ciega* y *Sombras sobre la tierra.*
Espinosa (Baruch). V. Spinoza. ‖ ~ (Fermín), torero mexicano, conocido por *Armillita Chico,* n. en 1911. ‖ ~ (Gaspar de), conquistador español (¿1484?-1537). Explorador de la costa panameña y costarricense del Pacífico, estuvo luego en el Perú. ‖ ~ (Jacinto Jerónimo de), pintor español (1600-1680), discípulo de Ribalta. ‖ ~ (Javier), político ecuatoriano (1815-1870), pres. de la Rep. de

1867 a 1869. || ~ (NICOLÁS), general y político salvadoreño, jefe del Estado en 1835. || **~ Medrano** (JUAN DE), poeta peruano (¿1632-1688?), de tendencia culterana. Autor de *Auto sacramental del Hijo pródigo* y *Apologético en favor de Don Luis de Góngora*. Conocido por el n. de *el Lunarejo*.

espinosismo m. Doctrina filosófica de Baruch Spinoza, según la cual todos los seres son modos y formas de una sustancia única.

espinosista adj. y s. Partidario del espinosismo.

espinoso, sa adj. Que tiene espinas. || *Fig.* Difícil, delicado: *una cuestión espinosa.*

espionaje m. Trabajo de espía. || *Fig.* Vigilancia secreta.

espionitis f. FAM. Obsesión del espionaje.

espira f. *Arq.* Parte de la basa de la columna colocada encima del plinto. || *Geom.* Espiral. | Cada una de las vueltas de una hélice o de una espiral. || *Zool.* Hélice en la concha de algunos moluscos. || Vuelta de un resorte.

Espira, en alem. *Speyer*, c. de Alemania Occidental (Renania-Palatinado). Obispado; catedral románica. Dieta de los protestantes (1529).

Espira (Jorge de). V. SPIRA.

espiración f. Segundo tiempo de la respiración consistente en expeler el aire.

espirador, ra adj. De la espiración o que sirve para producirla: *músculo espirador.*

espiral adj. De forma de espiral: *línea, escalera espiral.* || — F. Curva que se desarrolla alrededor de un punto del cual se aleja progresivamente. || Muelle del volante de un reloj.

espirar v. i. Expulsar el aire aspirado (ú. t. c. t.). || Respirar. || — V. t. Exhalar: *espirar un olor.* || *Teol.* Producir el Padre y el Hijo al Espíritu Santo por medio de su amor recíproco.

espirilo m. Bacteria de forma de filamento alargado en espiral.

espiritado, da adj. *Fam.* Muy flaco. || Endemoniado.

espiritismo m. Doctrina según la cual por ciertos procedimientos los vivos pueden entrar en comunicación con el alma de los difuntos.

espiritista adj. Relativo al espiritismo. || Que cree en el espiritismo y lo practica (ú. t. c. s.).

espiritoso, sa adj. Vivo, animoso. || Que contiene alcohol: *bebida espiritosa.*

espíritu m. Alma: *el espíritu humano.* || Ser inmaterial: *los ángeles son espíritus.* || Aparecido o ser sobrenatural como los genios y gnomos: *creer en los espíritus.* || Don sobrenatural: *espíritu de profecía.* || Tendencia natural: *espíritu de sacrificio.* || Sentido profundo: *el espíritu de una ley, de una corporación.* || Manera de pensar propia a un grupo de personas: *espíritu militar, de clase.* || *Fig.* Ánimo, valor: *ser de mucho espíritu.* | Vivacidad del ingenio. || Virtud, ciencia mística. || *Gram.* Cada uno de los dos signos ortográficos, uno suave y otro áspero o rudo, que se escriben sobre algunas palabras griegas. || *Quím.* Sustancia extraída: *espíritu de vino.* || — Pl. Demonios. || — *Espíritu de sal*, ácido clorhídrico. || *Espíritu maligno*, el demonio. || *Espíritu Santo*, tercera persona de la Santísima Trinidad. || *Espíritus vitales o animales*, espíritus sutiles que se imaginaba provocaban y mantenían la actividad vital. || *Exhalar el espíritu*, morirse. || *Levantar el espíritu*, animar. || *Pobre de espíritu*, apocado, pobre hombre.

Espíritu Santo, cabo de la parte N. de la isla Grande de Tierra del Fuego, punto límite argentino-chileno. — Monte de Bolivia (Oruro); 4 700 m. — Estado del E. del Brasil; cap. *Vitoria*. Agricultura. Minas. — Isla de México, en el golfo de California.

espiritual adj. Del espíritu: *vida espiritual.* || Formado sólo por el espíritu, inmaterial. || Religioso: *poder espiritual.* || Galicismo por *ingenioso, gracioso.*

espiritualidad f. Calidad de espiritual: *la espiritualidad del alma.* || Obra espiritual.

espiritualismo m. *Fil.* Doctrina opuesta al materialismo que admite la existencia del espíritu como realidad sustancial: *el espiritualismo de Leibniz.* | Tendencia a llevar una vida espiritual.

espiritualista adj. Del espiritualismo. || Partidario del espiritualismo (ú. t. c. s.).

espiritualización f. Acción y efecto de espiritualizar.

espiritualizar v. t. Hacer espiritual a una persona. || Dar carácter espiritual: *espiritualizar el amor, una obra.*

espirituoso, sa adj. Espiritoso.

espiroidal adj. En forma de espiral: *movimiento espiroidal.*

espirómetro m. *Med.* Aparato para medir la capacidad respiratoria del pulmón.

espiroqueta f. Animal protozoario de forma espiral.

espita f. Canilla de cuba. || *Fig. y fam.* Borracho.

Espita, v. y mun. de México (Yucatán).

Esplá (Óscar), compositor español, n. en 1886, autor de poemas sinfónicos y de ballets.

esplender v. i. Resplandecer.

esplendidez f. Belleza. || Magnificencia: *la esplendidez de una recepción.* || Generosidad, liberalidad: *hombre de gran esplendidez.*

espléndido, da adj. Magnífico: *un día espléndido; una casa espléndida.* || Generoso, liberal: *un hombre espléndido.* || Resplandeciente.

esplendor m. Resplandor, brillo. || Esplendidez, magnificencia. || *Fig.* Lustre, nobleza: *el esplendor de una familia.* | Apogeo: *periodo de esplendor de la literatura.*

esplendoroso, sa adj. Resplandeciente: *un sol esplendoroso.* || Espléndido, magnífico.

esplénico, ca adj. Del bazo. || — M. Esplenio.

esplenio m. *Anat.* Músculo largo y aplanado que une las vértebras cervicales con la cabeza y contribuye al movimiento de ésta.

esplenitis f. Inflamación del bazo.

espliego m. Planta labiada cuya semilla se emplea como sahumerio y de cuyas flores azules se extrae una esencia.

esplín m. Hastío, humor que produce tedio de la vida.

espolada f. y **espolazo** m. Espoleo.

espolear v. t. Picar con la espuela a la caballería. || *Fig.* Incitar, estimular: *me espolea para que lo haga.*

espoleo m. Golpe dado a la caballería con las espuelas.

espoleta f. Dispositivo que provoca la explosión de los proyectiles: *la espoleta de una granada.* || Hueso en forma de horquilla constituido por las clavículas de las aves.

Espoleto, c. del centro de Italia (Umbría). Arzobispado; catedral románica. Siderurgia.

espoliador, ra adj. y s. Que espolia.

espoliar v. t. Despojar.

espolio m. Bienes que deja a su muerte un eclesiástico. || (Ant.). Entierro.

espolón m. Protuberancia ósea en el tarso de varias aves gallináceas. || *Arq.* Contrafuerte. || Tajamar de un puente y de un barco. || Malecón para contener las aguas de un río o del mar. || Andén elevado que sirve de paseo en algunos pueblos: *el espolón de Burgos.* || Ramal montañoso corto.

espolonazo m. Golpe dado con el espolón.

espolvorear v. t. Quitar el polvo. || Echar polvo a algo.

espondeo m. Pie de la poesía antigua compuesto de dos sílabas largas.

espóndilo m. *Anat.* Vértebra.

espongiarios m. pl. *Zool.* Animales acuáticos fijos cuyo cuerpo está compuesto de alveolos y de un esqueleto calcáreo (ú. t. c. adj.).

esponja f. *Zool.* Cualquier animal espongiario. || Esqueleto de estos animales empleado para diversos usos, sobre todo para la limpieza. || Imitación artificial de este esqueleto: *esponja de plástico.* || *Quím.* Masa esponjosa. || *Fig. y fam.* Persona que se aprovecha de

esponjadura f. Acción y efecto de esponjar o esponjarse.

esponjar v. t. Ahuecar, volver esponjoso. || Dar volumen: *esponjar el pelo.* || — V. pr. Engreírse, enorgullecerse. || *Fam.* Tener buena cara, aspecto de salud.

esponjera f. Recipiente donde se pone la esponja.

esponjosidad f. Calidad de esponjoso.

esponjoso, sa adj. Muy poroso, de características parecidas a las de la esponja.

esponsales m. pl. Promesa mutua de matrimonio.

esponsalicio, cia adj. De los esponsales: *contrato esponsalicio.*

espontaneidad f. Calidad de espontáneo. || Naturalidad, falta de artificio.

espontáneo, a adj. Voluntario, sin influencia externa: *ayuda, declaración espontánea.* || Natural: *carácter espontáneo.* || Que crece sin cultivo. || *Generación espontánea*, aparición espontánea de los seres vivos a partir de la materia inerte. || — M. *Taurom.* Espectador que se lanza al ruedo para torear.

espora f. Célula reproductora de las plantas criptógamas y algunos protozoos.

Espórades o **Espóradas,** archip. griego del mar Egeo, dividido en *Espórades del Norte* y *Espórades del Sur*.

esporádico, ca adj. *Med.* Aplícase a las enfermedades que no tienen carácter epidémico ni endémico. || *Fig.* Aislado.

esporangio m. *Bot.* Cápsula donde están las esporas.

esporidio m. *Bot.* Espora de segunda generación.

esporo m. Espora.

esporofito, ta adj. *Bot.* Aplícase a las plantas que se reproducen por esporas.

esporozoarios y **esporozoos** m. pl. *Zool.* Protozoarios parásitos que se reproducen por medio de esporas (ú. t. c. adj.).

esporrondingar v. t. *Col., C. Rica* y *Venez.* Desvencijar. || — V. pr. *Col.* Echar el resto.

esportada f. Contenido de una espuerta. || *Fig. A esportadas*, en abundancia.

esportear v. t. Transportar con espuertas.

esportilla f. Espuerta pequeña.

esportillo m. Capazo de esparto o de palma.

esporulación f. *Bot.* Reproducción por esporas. | Formación y emisión de las esporas.

esposado, da adj. y s. Desposado, casado.

esposar v. t. Ponerle a uno esposas: *llevarle a uno esposado a la comisaría.*

esposo, sa m. y f. Persona que ha contraído matrimonio. || En relación con una persona, la que está casada con ella. || — F. pl. Manillas unidas por una cadena con las cuales se sujetan las muñecas de los presos.

Espoz y Mina (Francisco Javier), general español, n. en Idocín (Navarra) (1781-1836). Guerrillero en la lucha por la Independencia, formó después parte del bando liberal contra Fernando VII y el carlismo.

esprint m. Sprint.

ES

Espronceda (José de), poeta romántico español, n. en Almendralejo (Badajoz) [1808-1842], autor de *El diablo mundo* y de la leyenda lírica *El estudiante de Salamanca*. Escribió numerosos poemas (*Himno al Sol*, *La canción del pirata*, etc.).

espuela f. Espiga de metal terminada en una rodajita con puntas ajustada al talón para picar a la cabalgadura. ‖ *Fig.* Estímulo, aliciente: *la espuela del deseo.* | Última copa. ‖ *Amer.* Espolón del gallo, espoleta de las aves.

espuelero adj. *Amer.* Gallo de pelea que usa bien sus espuelas.

espuerta f. Cesta de esparto, palma o incluso materia plástica usada sobre todo para transportar materiales y escombros. ‖ *A espuertas*, en abundancia.

espulgar v. t. Quitar las pulgas o piojos. ‖ *Fig.* Examinar de muy cerca para quitar lo malo: *espulgar un escrito.*

espulgo m. Eliminación de las pulgas o piojos. ‖ *Fig.* Examen detenido.

espuma f. Conjunto de burbujas que se forman en la superficie de un líquido: *la espuma del mar.* ‖ Parte del jugo o de las impurezas que suben a la superficie de algunos líquidos cuando hierven: *la espuma de la leche.* ‖ *Fig.* Nata, lo más estimado. ‖ — *Fig. Crecer como la espuma*, crecer muy rápidamente. ‖ *Espuma de mar*, silicato natural de magnesia hidratado, blanco y poroso que sirve para hacer pipas. ‖ *Espuma de nylon*, nylon de gran elasticidad.

espumadera f. Cuchara grande y algo cóncava con agujeros que sirve para espumar.

espumajear v. i. Echar espumarajos.

espumajo m. Espumarajo.

espumante adj. Espumoso.

espumar v. t. Quitar la espuma: *espumar un licor, el caldo.* ‖ — V. i. Formar espuma: *la olla espuma.* ‖ *Fig.* Crecer, aumentar rápidamente.

espumarajo m. Saliva espumosa arrojada en abundancia por la boca.

espumilla f. Tejido de crespón muy fino. ‖ *Amer.* Merengue.

espumoso, sa adj. Que tiene o forma espuma: *ola espumosa; vino espumoso; jabón espumoso.*

espumuy f. *Guat.* Paloma silvestre.

espúreo, adj. Barb. por *espurio.*

espurio, ria adj. Bastardo: *hijo espurio.* ‖ *Fig.* Adulterado, falto de legitimidad o autenticidad.

espurrear y **espurriar** v. t. Rociar con un líquido.

esputar v. t. Expectorar, escupir: *el abuelo esputaba sin cesar.*

esputo m. Lo que se escupe: *esputo de sangre.*

esqueje m. Tallo joven de una planta que se echa en tierra para que forme una planta nueva.

Esquel, pobl. de la Argentina (Chubut). Centro turístico.

esquela f. Carta breve: *esquela amorosa.* ‖ Carta para comunicar una invitación o ciertas noticias. ‖ *Esquela de defunción*, notificación de la muerte de alguien por medio de una carta especial o de un artículo en el periódico con recuadro negro.

esquelético, ca adj. Del esqueleto. ‖ *Fam.* Muy flaco.

esqueleto m. Armazón ósea de los vertebrados o partes duras de los artrópodos. ‖ *Fig.* Armazón, armadura: *el esqueleto de una construcción.* | Bosquejo, plan. | Persona muy flaca: *hecho un esqueleto.*

esquema m. Representación de una figura sin entrar en detalles, indicando solamente sus relaciones y funcionamiento. ‖ Plan, bosquejo. ‖ *Fil.* Representación que se sitúa entre el concepto y la percepción.

esquemático, ca adj. Representado por o perteneciente a un esquema. ‖ Sin detalles.

esquematismo m. Procedimiento esquemático.

esquematizar v. t. Representar una cosa en forma esquemática.

esquena f. *Anat.* Espinazo. ‖ Espina dorsal de los peces.

esquí m. Plancha de madera o de metal, larga, estrecha y algo encorvada en la punta para patinar sobre nieve o agua. (Pl. *esquíes* o *esquís.*) ‖ Deporte practicado sobre estos utensilios.

esquiador, ra m. y f. Persona que esquía.

esquiar v. i. Patinar con esquíes.

esquifada adj. f. *Arq.* Aplícase a la bóveda claustral. ‖ — F. Carga que suele llevar un esquife.

esquife, m. Barco pequeño que se lleva en la nave para saltar a tierra. ‖ Barco muy estrecho y alargado para un solo tripulante utilizado en competiciones deportivas. ‖ *Arq.* Bóveda de cañón.

esquila f. Cencerro. ‖ Campanilla. ‖ Esquileo del ganado. ‖ Camarón, crustáceo. ‖ Insecto coleóptero acuático. ‖ Cebolla albarrana.

Esquilache (Leopoldo Gregorio, *marqués de*), ministro de Carlos III (¿1700?-1785), cuya gestión provocó el motín de 1766. ‖ ~ (FRANCISCO DE BORJA Y ARAGÓN, *príncipe de*), poeta culterano español (1581-1658).

esquilador, ra m. y f. Persona que se dedica al esquileo. ‖ — F. Maquinilla para esquilar.

esquilar v. t. Cortar con las tijeras o una maquinilla la lana o el pelo de los animales.

esquileo m. Operación consistente en esquilar los animales. ‖ Temporada en que se esquila.

Esquilino (MONTE), colina de Roma, en la orilla der. del Tíber.

esquilmar v. t. Recoger los frutos de la tierra, heredades y ganado. ‖ *Agr.* Agotar, empobrecer la tierra. ‖ *Fig.* Agotar. | Empobrecer. | Despojar: *esquilmar a uno.*

esquilmo m. Frutos que se sacan de la tierra y del ganado.

Esquilo, poeta griego n. en Eleusis (525-456 a. de J. C.), creador de la tragedia antigua con la trilogía *La Orestíada* (*Agamenón*, *Las Coéforas* y *Las Euménides*), *Los persas*, *Los Siete contra Tebas*, *Prometeo encadenado* y *Las suplicantes.*

esquilón m. Esquila grande.

esquimal adj. y s. Que pertenece a los pueblos de las regiones polares. (Los *esquimales* viven principalmente en la zona comprendida entre el estrecho de Bering y la bahía de Hudson.)

esquina f. Ángulo exterior formado por dos superficies unidas por uno de sus lados: *una casa que hace esquina.* ‖ Arista. ‖ — *Fig. A la vuelta de la esquina*, muy cerca; en todas partes. ‖ *Las cuatro esquinas*, juego de niños.

Esquina, monte de la Argentina (San Luis); 1 545 m. — Pobl. de la Argentina (Corrientes); puerto en el Paraná.

esquinado, da adj. Que hace esquina o forma ángulos. ‖ *Fig.* De trato difícil, huraño: *hombre muy esquinado.*

esquinar v. t. e i. Formar esquina. ‖ Poner en una esquina: *esquinar un armario.* ‖ Escuadrar un madero. ‖ *Fig.* Enfadar, enemistar. Ú. t. c. pr.: *esquinarse con uno.*

esquinazo m. *Fam.* Esquina. ‖ *Fam. Dar esquinazo a uno*, dejarle plantado, darle un plantón.

Esquines, orador griego (¿390-314? a. de J. C.), rival de Demóstenes.

Esquipulas, mun. de Guatemala (Chiquimula). — Pobl. de Nicaragua (Matagalpa). Café.

esquirla f. Fragmento pequeño de un hueso roto.

esquirol m. *Fam.* Obrero que sustituye a un huelguista o que acude al trabajo cuando hay huelga.

esquisto m. Roca de estructura hojosa, pizarra.

esquistoso, sa adj. De estructura hojosa o laminar como el esquisto.

esquisúchil m. *Amer.* Flor semejante al grano de maíz tostado. ‖ *Amer C.* y *Méx.* Árbol que la produce.

Esquiú (Mamerto), religioso argentino (1826-1883), autor de elocuentes arengas en favor de la Constitución.

esquivar v. t. Evitar con habilidad, rehuir algo molesto: *esquivar un encuentro.* ‖ — V. pr. Evitar de hacer algo.

Esquivel (Antón de), conquistador español del s. XVI que acompañó a Benalcázar. ‖ ~ (ANTONIO MARÍA), pintor y retratista español (1806-1857). ‖ ~ (JUAN DE), conquistador español, primer gobernador de Jamaica en 1509. ‖ ~ **Ibarra** (ASCENSIÓN), político costarricense (1848-1927), pres. de la Rep. de 1902 a 1906.

esquivez f. Frialdad, desdén.

esquivo, va adj. Arisco, desdeñoso, poco propenso a las demostraciones de amistad o cariño.

esquizofrenia f. Enfermedad mental caracterizada por la disociación de las funciones psíquicas.

esquizofrénico, ca adj. y s. Que padece esquizofrenia.

esquizomicetos m. pl. Bacterias (ú. t. c. adj.).

Essen, c. de Alemania Occidental (Rin Septentrional-Westfalia). Obispado. Catedral románica. Hulla; metalurgia. Fábricas Krupp.

Essex, condado de Gran Bretaña en el SE. de Inglaterra, regado por el Támesis; cap. *Chelmsford.*

Esslingen [*-guen*], c. de Alemania Occidental (Baden-Wurtemberg), a orillas del Neckar. Centro industrial.

Essonne, dep. de Francia al S. de París; cap. *Evry.*

estabilidad f. Equilibrio: *la estabilidad de un avión.* ‖ Firmeza, resistencia: *la estabilidad de un puente.* ‖ Permanencia, duración: *la estabilidad del poder.* ‖ Seguridad: *la estabilidad de una situación.* ‖ *Quím.* Resistencia a la descomposición: *la estabilidad de un cuerpo.* ‖ *Fig.* Equilibrio: *recuperar su estabilidad.*

estabilización f. Acción y efecto de estabilizar: *política de estabilización.* ‖ *Planos de estabilización de un avión*, dispositivo para dar estabilidad al avión.

estabilizador m. Planos de estabilización.

estabilizar v. t. Dar estabilidad. ‖ Fijar oficialmente el valor de una moneda o el precio de las mercancías: *estabilizar los precios.*

estable adj. Que no está en peligro de caerse, bien equilibrado: *coche estable.* ‖ Seguro, duradero: *posición estable; paz estable.* ‖ Constante: *carácter estable.* ‖ *Quím.* Que resiste a la descomposición.

Estable (Clemente), biólogo uruguayo, n. en 1894, autor de *Intuición* y *Plástica de la evolución.*

establecedor, ra adj. Que establece (ú. t. c. s.).

* **establecer** v. t. Instalar: *establecer un campamento.* ‖ Fundar, instituir: *establecer la república.* ‖ Fijar: *establecer una regla; hay que conformarse con lo establecido por la ley.* ‖ — V. pr. Instalarse: *establecerse en París.*

establecimiento m. Fundación, institución: *establecimiento de un nuevo régimen; de un colegio.* ‖ Fijación: *establecimiento de una regla.* ‖ Local donde se desarrolla una actividad de enseñanza o de beneficencia: *establecimiento docente, asistencial.* ‖ Lugar donde se ejercer una actividad comercial o industrial. ‖ Colonia fundada en un país por habitantes de otro.

Establecimientos de los Estrechos. V. STRAITS SETTLEMENTS.

establo m. Lugar cubierto donde se encierra el ganado.

estabulación f. Permanencia del ganado en el establo.

estaca f. Palo terminado por una punta que se clava en el suelo. ‖ Rama verde que se planta para que arraigue. ‖ Palo grueso: *apalear con una estaca.* ‖ Clavo largo de hierro para fijar vigas y maderas.

Estaca de Vares. V. VARES.

estacada f. Valla hecha con estacas. ‖ Palenque, campo de un desafío. ‖ Plantío de estacas. ‖ *Amer.* Punzada, pinchazo de estaca. ‖ — *Fig.* y *fam.* *Dejar en la estacada,* abandonar en una situación apurada. ‖ *Quedar en la estacada,* ser vencido; perecer; fracasar.

estacar v. t. Atar una bestia a una estaca. ‖ Deslindar o señalar con estacas: *estacar el perímetro de una mina, el eje de un camino.* ‖ *Amer.* Fijar con estaquillas. ‖ — V. pr. *Fig.* Quedarse inmóvil y tieso como una estaca.

estacazo m. Golpe dado con estaca. ‖ *Fig.* Fracaso, quebranto.

Estacio, poeta latino (¿40?-96), autor del poema épico *La Tebaida* y de *Silvas.*

estación f. Cada una de las cuatro épocas en que se divide el año y que son: la primavera, el verano, el otoño y el invierno. ‖ Temporada, período: *la estación de las lluvias, de las siembras.* ‖ Lugar donde se pasa una temporada: *estación balnearia.* ‖ Lugar donde paran los trenes y edificios administrativos allí instalados: *estación de ferrocarril, de metro.* ‖ Establecimiento donde se efectúan investigaciones científicas: *estación meteorológica* ‖ *Rel.* Visita que se hace a las iglesias para rezar ante el Santísimo en determinadas ocasiones: *las estaciones de Semana Santa.* ‖ Oraciones rezadas en estas ocasiones. ‖ Estado, posición: *estación vertical.* ‖ *Astr.* Detención aparente de los planetas en su órbita. ‖ — *Estación de radio,* emisora. ‖ *Estación de servicio,* puesto donde se alimentan los vehículos en gasolina, aceite, agua, etc.

— La diferencia de las *estaciones* proviene de la inclinación del eje de la Tierra sobre la eclíptica. Pero, si la Tierra conservara durante todo el año la misma inclinación respecto al Sol, no habría ningún cambio de estación.

estacional adj. Propio y peculiar de una estación del año: *calenturas estacionales.* ‖ *Astr.* Estacionario: *planeta estacional.* ‖ *Obrero estacional,* el que sólo trabaja durante ciertas estaciones.

estacionamiento m. Aparcamiento: *estacionamiento de automóviles.* ‖ Lugar donde se estaciona.

estacionar v. t. Aparcar un coche (ú. t. c. pr.). ‖ Dejar algo parado. ‖ — V. pr. Quedarse estacionario, dejar de progresar.

estacionario, ria adj. Que no sufre ningún cambio: *estado estacionario.* ‖ *Astr.* Aplícase al planeta que parece detenido en su órbita: *planeta estacionario.* ‖ Temporal: *el paro estacionario.* ‖ — M. Persona que tenía puesto de libros para venderlos o dejarlos copiar. ‖ El que daba los libros en la biblioteca de la Universidad de Salamanca.

estacón m. *Col.* Pinchazo.

estaconazo m. *Cub.* Estacón, estacada.

estada f. Estancia, permanencia en un sitio.

estadal m. Medida de longitud de 3 334 m.

estadía f. Estancia. ‖ *Com.* Cada uno de los días que transcurren después del plazo estipulado para la carga o descarga de un barco, por los cuales se ha de pagar un tanto por vía de indemnización. ‖ Tiempo que permanece el modelo ante el pintor o escultor.

estadio m. Lugar público con graderías para competiciones deportivas. ‖ Fase, período relativamente corto.

estadista m. Hombre que participa en la dirección del Estado, que se ocupa de política. ‖ Estadístico, especialista en estadística.

estadístico, ca adj. De la estadística: *informaciones estadísticas.* ‖ — M. Especialista en estadística. ‖ — F. Ciencia que se ocupa de la reunión de todos los hechos que se pueden valorar numéricamente para hacer comparaciones entre las cifras y sacar conclusiones aplicando la teoría de las probabilidades. ‖ — Pl. Conjunto de los hechos así reunidos.

estado m. Manera de ser: *estado de salud.* ‖ Forma en que se presenta una cosa: *estado sólido, líquido, gaseoso.* ‖ Condición: *máquina en estado de funcionamiento.* ‖ Situación: *el estado de los negocios.* ‖ Condición social: *estado de casado.* ‖ Clase: *estado noble.* ‖ Nación o grupo de territorios autónomos que forman una nación: *Estado unitario.* ‖ Gobierno, administración superior: *conflicto entre la Iglesia y el Estado.* ‖ Forma de gobierno: *Estado monárquico, republicano, socialista.* ‖ Inventario: *estado del personal, de los gastos.* ‖ — *Estado civil,* condición de cada individuo en relación con los derechos y obligaciones civiles. ‖ *Estado de alarma,* situación considerada oficialmente grave para el orden público. ‖ *Estado de alma* o *de ánimo,* estado moral. ‖ *Estado de cosas,* circunstancias. ‖ *Estado de sitio,* aquel en que las libertades individuales son casi totalmente suprimidas. ‖ *Fam. Estado interesante,* embarazo. ‖ *Estado llano,* antigua clase formada por el pueblo. ‖ *Estado mayor,* el cuadro técnico de un ejército. ‖ *Golpe de Estado,* acción de apoderarse violenta e ilegalmente del poder. ‖ *Razón de Estado,* justificación de un acto injusto por el interés nacional. ‖ *Tomar estado,* casarse; entrar en una orden religiosa.

Estados (ISLA DE LOS), isla de la Argentina al E. de Tierra del Fuego. ‖ **~ Pontificios.** V. IGLESIA. *(Estados de la).*

Estados Unidos de América, república federal de América del Norte, entre el Canadá, el océano Atlántico, México y el océano Pacífico. Agrupa cincuenta Estados, incluyendo Alaska y las islas Hawai, a los que hay que añadir el distrito federal de Columbia y los territorios exteriores: Estado libre asociado de Puerto Rico, las islas Vírgenes (Antillas Menores), las islas Samoa y Guam; 9 385 000 km²; 210 000 000 h. (*estadounidenses* o *norteamericanos*); cap. federal *Washington,* 811 000 h.; otras c.: *Nueva York,* 7 840 000 h. (cerca de 15 millones con sus suburbios); *Chicago,* 3 575 000; *Los Ángeles,* 2 660 000; *Filadelfia,* 2 040 000; *Detroit,* 1 670 000; *Baltimore,* 939 000; *Houston,* 938 200; *Cleveland,* 876 000; *Saint Louis,* 750 000; *San Francisco,* 750 000; *Milwaukee,* 760 000; *Boston,* 697 000; *Nueva Orleans,* 627 500; *Pittsburgh,* 604 000; *Seattle,* 565 000; *Búfalo,* 532 800; *Minneápolis,* 521 720, y *Cincinnati,* 502 000.

— GEOGRAFÍA. Estados Unidos comprende: 1.º el macizo montañoso de los Apalaches al E.; 2.º una región de extensas planicies en el Centro, y 3.º unas cordilleras paralelas al O. (Montañas Rocosas, Cascadas y Cadenas costeras) cuyas cuencas son muy elevadas. Sus numerosos ríos discurren por las cuencas del Pacífico (Columbia con el Smake), golfo de California (Colorado), Atlántico (Hudson, Delaware, Potomac) y golfo de México (Grande, Colorado de Texas y Misisipí con el Misuri). Abundan los lagos, siendo los más importantes los *Grandes Lagos,* en la frontera con el Canadá. El clima es muy variado, marítimo en el Pacífico y continental en el resto del país.

Dentro de la federación, cada uno de los Estados goza de amplia autonomía y tiene su propio Gobierno. Washington, la capital, se halla en el distrito federal de Columbia. Gracias a su superficie y a la abundancia de vías fluviales y terrestres que posee, así como a su inmenso mercado interior y exterior, Estados Unidos es hoy la primera potencia económica del mundo. Sus recursos son inmensos: agricultura (algodón, maíz, tabaco, maderas); ganadería (ovejas, bovinos, caballos), minería (hierro, cobre, carbón, petróleo). La industria está superdesarrollada (metalúrgica, cemento, automóviles, aeronáutica, química, alimenticia, eléctrica).

ES

— HISTORIA. Las costas del E. de Estados Unidos fueron exploradas, en el s. XVI, por navegantes franceses, ingleses y españoles. La colonización fue iniciada por Inglaterra en el s. XVII. El intento de Inglaterra de imponer tributos exorbitantes provocó una guerra de ocho años. (1775-1783). El 4 de julio de 1776, proclamada la Independencia, las colonias tomaron el n. de *Estados Unidos de América,* con George Washington por presidente. Reconocida por Inglaterra (Tratado de 3 de septiembre de 1783), a principios del s. XIX la nueva República compró el territorio de Luisiana a Francia y Florida a España. En 1848, Estados Unidos anexó los territorios mexicanos de Tejas, Nuevo México y California. En 1861, con el pretexto de la abolición de la esclavitud, estalló la llamada *guerra de Secesión,* por la que los Estados del Sur intentaron separarse de los del Norte, militarmente vencedores en 1866. En 1898, Estados Unidos intervino en la última guerra colonial de España, lo que le permitió la ocupación de Cuba, Puerto Rico y Filipinas, a los que agregó el territorio de Hawai. En 1903 firmó el acuerdo Hay-Bunau Varilla que creaba la Zona del Canal de Panamá en la cual terminó la obra empezada por Lesseps. En 1917, Estados Unidos participó en la primera guerra mundial al lado de los Aliados. Esta guerra trajo como consecuencia un rápido desarrollo de la producción industrial y agrícola norteamericanas. La crisis económica de 1929, provocada por el derrumbamiento del sistema de crédito, tuvo repercusiones profundas. Roosevelt llegó a la presidencia en 1933 e hizo adoptar una serie de medidas (*New Deal*) que pusieron de nuevo en marcha el mecanismo económico. Tras un período de neutralidad, y consumada la agresión japonesa a Pearl Harbor (7 diciembre de 1941), Estados Unidos entró en la segunda guerra mundial, otra vez al lado de los Aliados. (V. GUERRA MUNDIAL.) Tras la victoria, y con la idea de impedir el progreso del comunismo, Estados Unidos desarrolló una política de ayuda financiera a Europa (Plan Marshall, 1947), cooperó a la reorganización militar de este continente (Pacto del Atlántico Norte, 1949) e intervino contra la China comunista en la guerra de Corea (1950-1953). A partir de 1956, las relaciones con la U. R. S. S. se basaron en una coexistencia pacífica. Los demócratas accedieron al poder con Kennedy (1961) y han tratado de resolver el problema de la integración de los negros y el del subdesarrollo en los países latinoamericanos (Alianza para el Progreso). Tras la crisis de Cuba (1962) se llegó a un acuerdo diplomático con la Unión Soviética que hizo posible la firma del Tratado de Moscú (1963), sobre la suspensión de ensayos nucleares en la atmósfera. Kennedy fue asesinado en 1963, y hubo de hacerse cargo de la presidencia el vicepresidente en funciones,

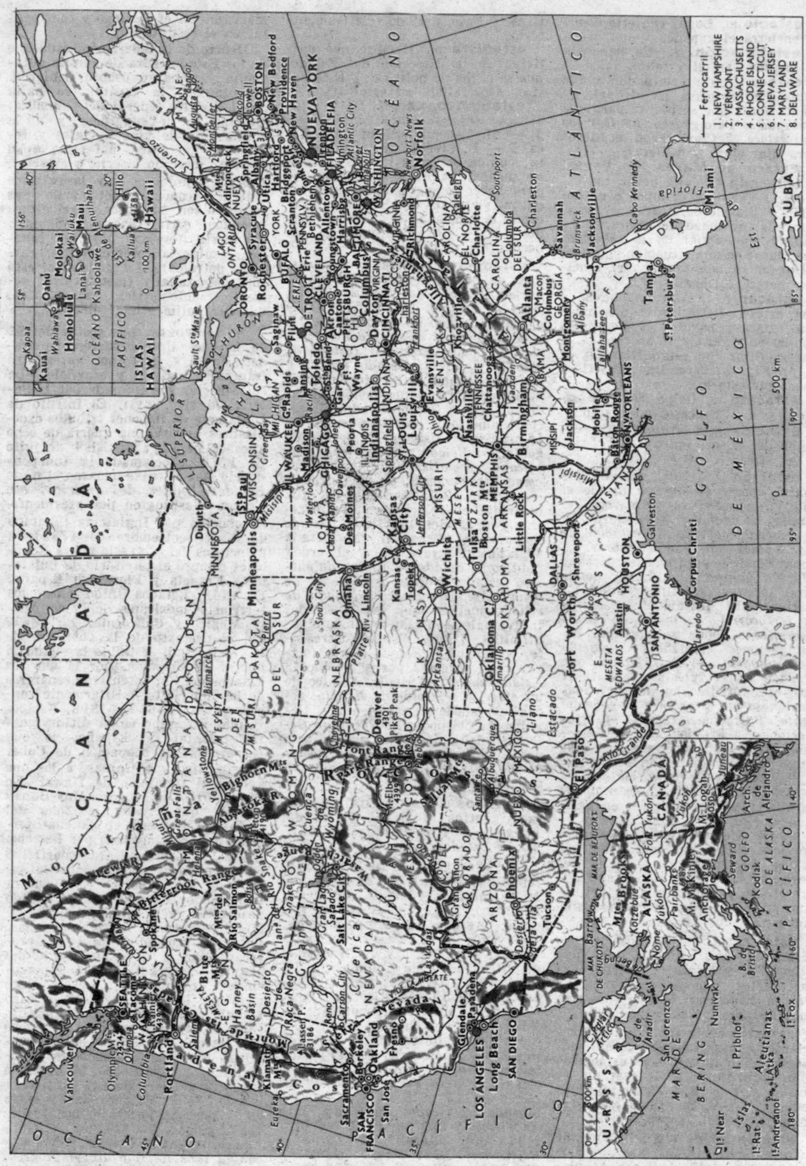

ESTADOS UNIDOS

L. B. Johnson, cuyo mandato le fue confirmado por el cuerpo electoral el mismo año. Estados Unidos intervino militarmente en la República Dominicana (1965), y acentuó su participación en la lucha armada del Viet Nam. En las elecciones de 1968 fue elegido presidente R. Nixon. Éste dimitió en 1974 y le sustituyó Gerald Ford.

Estados Unidos de Centroamerica, confederación creada por Honduras, Salvador y Nicaragua (1895-1896).

estadounidense adj. y s. De Estados Unidos de Norteamérica.

estafa f. Timo.

estafador, ra m. y f. Persona que estafa.

estafar v. t. Sacar dinero o cosas de valor con engaño: *le estafó mil pesetas.* || Cobrar más de lo justo. || Pagar menos de lo debido.

estafermo m. En los torneos, muñeco giratorio armado con un palo al que los jinetes procuraban herir con su lanza sin que les tocara con el palo. || *Fig.* Persona ridícula o atontada.

estafeta f. Correo ordinario que iba de un lugar a otro. || Oficina del correo, especialmente la que depende de la central en una ciudad. || Correo especial diplomático.

estafilococia f. *Med.* Infección causada por estafilococos.

estafilococo m. Microbio redondeado que se agrupa en racimos y produce el furúnculo, el ántrax, etc.

Estagira, hoy *Stavros,* c. de Macedonia, donde nació Aristóteles, llamado por eso *el Estagirita.*

estagirita adj. y s. De Estagira. || *El Estagirita,* Aristóteles.

estalactita f. *Geol.* Concreción calcárea formada en la bóveda de las cuevas por el agua.

estalagmita f. *Geol.* Concreción calcárea formada en el suelo de las cuevas por las gotas que caen de la bóveda y se evaporan.

estallar v. i. Reventar violentamente y con ruido: *estallar una bomba, un petardo, un neumático.* || *Fig.* Suceder de repente: *estalló un conflicto, un incendio.* | Manifestarse bruscamente: *estalló su cólera; estalló una ovación general.* | Irritarse: *eso le hizo estallar.*

estallido m. Acción y efecto de estallar. || Ruido producido.

estambrar v. t. Torcer la lana y hacerla estambre. || Tramar.

estambre m. Hebra larga del vellón de lana. || Tela de baja calidad hecha con estas hebras. || Urdimbre. || Órgano sexual masculino de las plantas fanerógamas.

Estambul, ant. *Constantinopla* o *Bizancio,* c. y puerto de Turquía, a orillas del Bósforo. Universidad.

estamento m. Cada uno de los cuatro Estados que concurrían a las Cortes de Aragón. | Cada uno de los dos cuerpos colegisladores establecidos en España por el Estatuto real de 1834. || Clase. || Grado.

estameña f. Tejido de lana con urdimbre de estambre.

estamíneo, a adj. *Bot.* Del estambre.

estaminífero, ra adj. *Bot.* Con estambres: *flor estaminífera.*

estampa f. Imagen, grabado impreso: *un libro con estampas.* || *Fig.* Aspecto, traza, figura: *hombre, toro de buena estampa.* | Huella: *aquí se ve la estampa de sus pasos; la estampa del genio.* | Símbolo: *ser la estampa de la caballerosidad.* || Imprenta o impresión: *dar una obra a la estampa.* || *Fam. Tener mala estampa,* ser feo; tener mala suerte; parecer antipático.

estampación f. Impresión.

estampado, da adj. Aplícase a las telas en que se estampan dibujos. || — M. Estampación. || Operación para estampar los metales.

estampador m. El que estampa.

estampar v. t. Imprimir: *estampar letras, grabados.* || Dejar huella: *estampar el pie en la arena.* || *Fam.* Arrojar, hacer chocar contra algo: *estampó la botella contra la pared.* | Asestar, dar: *le estampó una bofetada.* || Producir una forma en relieve en una chapa metálica.

estampería f. Sitio donde se estampan láminas. || Tienda donde se venden las estampas: *estampería religiosa.*

estampero m. El que hace o vende estampas.

estampía (de) m. adv. De repente, de prisa: *salir de estampía.*

estampida f. Estampido. || *Amer.* Carrera precipitada.

estampido m. Ruido fuerte como el producido por una cosa que estalla o explota.

estampilla f. Sello en que están dibujadas la firma y rúbrica de una persona. || Sello que se imprime en los documentos para atestiguar su autenticidad o para indicar que cierto derecho ha sido pagado. || *Amer.* Sello de correos o fiscal.

estampillado m. Acción y efecto de estampillar. || Matasellos.

estampillar v. t. Imprimir una estampilla: *estampillar documentos.*

estancación f. y **estancamiento** m. Detención: *estancación de la sangre, del agua.* || Embalse. || *Fig.* Situación en que parece imposible seguir adelante: *el estancamiento de las negociaciones.* | Monopolización de las mercancías.

estancar v. t. Detener, parar: *estancar la sangre.* || Embalsar: *estancar las aguas para el riego* (ú. t. c. pr.). || Monopolizar la venta de ciertas mercancías: *estancar el tabaco.* || *Fig.* Detener, dejar en suspenso: *estancar un negocio.* || — V. pr. Quedar en suspenso o parado: *las negociaciones se han estancado desde hace mucho tiempo.*

estancia f. Permanencia en un sitio: *una estancia de cinco días en Madrid.* || Precio que se paga por alojarse cierto tiempo en un sitio. || Tiempo que se queda un enfermo en un hospital y cantidad que por ello paga. || Morada. || Habitación de una vivienda. || Estrofa. || *Amer.* Hacienda de campo. || *Riopl.* y *Chil.* Finca de ganadería.

estanciero m. *Amer.* Dueño o encargado de una estancia.

estanco, ca adj. Que no deja filtrar el agua: *departamento estanco.* || — M. Prohibición de la venta libre de una mercancía, monopolio: *el estanco del tabaco.* || Sitio donde se despachan los géneros estancados. || Tienda donde se venden tabaco, cerillas y sellos.

estandardización f. V. STANDARDIZACIÓN.

estandarte m. Insignia, bandera: *el estandarte de la hermandad.*

Estanislao || ~ **I** *Leczinski* (1677-1766), rey de Polonia desde 1704. || ~ **II** *Poniatowski* (1732-1798), último rey de Polonia de 1764 a 1795.

estannato m. *Quím.* Sal del ácido estánnico.

estánnico, ca adj. *Quím.* Dícese de los compuestos en que el estaño es cuadrivalente: *sales estánnicas.* | Aplícase a un ácido oxigenado del estaño.

estannífero, ra adj. Que contiene estaño: *mineral estannífero.*

estanque m. Balsa de agua artificial para el riego o el adorno: *el estanque de un jardín.*

estanquero, ra m. y f. Persona encargada de un estanco. || — M. *Chil.* En el s. XIX, afiliado o simpatizante del partido dirigido por Diego Portales.

estanquillero, ra m. y f. Estanquero, que tiene a su cargo un estanco.

estante adj. Fijo y permanente en un sitio: *estar estante en París.* || — M. Anaquel, tabla que sirve para colocar objetos. || Mueble formado por un conjunto de anaqueles. || Cada uno de los cuatro pies que sirven de soporte para ciertas máquinas: *los estantes de un trono, de un batán.* || *Amer.* Madero incorruptible que, en la zona tropical, se hinca en el suelo para sostén de las casas.

estantería f. Conjunto de estantes o anaqueles.

estantigua f. Visión, fantasma, aparecido. || *Fig.* y *fam.* Persona alta y muy flaca. | Persona fea y mal vestida.

estañado m. y **estañadura** f. Baño o soldadura con estaño. || Aleación para estañar.

estañador m. El que se dedica a estañar.

estañar v. t. Cubrir o soldar con estaño: *estañar una cacerola.*

estaño m. Metal blanco, relativamente ligero, muy maleable e inalterable al aire, usado para soldar y para proteger otros metales. — El *estaño* (Sn), de número atómico 50, de densidad 7,3, es poco tenaz y muy fusible. Su punto de fusión es 231,9 °C y el de ebullición 2 270 °C. Unido al cobre, forma el bronce.

estaquear v. t. *Amer.* Hincar estacas en el suelo para hacer un cercado.

estaquilla f. Espiga de madera con que se refuerzan los tacones del calzado. || Trozo de madera o de metal puntiagudo para ensamblar piezas.

* **estar** v. i. Hallarse con cierta permanencia en un lugar: *estar en casa.* || Indica un estado momentáneo: *estar malo; estar de rodillas.* || Indica la fecha: *hoy estamos a martes.* || Sentar bien o mal: *este traje le está ancho.* || Ir vestido: *estar de paisano.* || Tener como actividad: *estar de embajador.* || Entender: *¿estás en ello?* || Costar: *el pan está a tres pesetas.* || Junto con el gerundio, indica la duración de la acción: *estar durmiendo.* || — *Fam. Estar a la que salta,* estar dispuesto a aprovechar todas las ocasiones que se presenten. | *Estar al caer,* hablando de horas, estar a punto de sonar; estar a punto de ocurrir un suceso. | *Estar al tanto,* estar al corriente. | *Estar a matar,* estar muy enemistados. | *Estar a oscuras,* estar ignorante de algo. || *Estar bien,* gozar de buena salud, situación, comodidades, etc. || *Estar bien con uno,* llevarse bien. || *Estar de más,* sobrar. || *Estar en sí,* saber lo que se hace. || *Estar en todo,* ocuparse de todo. || *Fig. Estarle bien una cosa a uno,* ser merecida. || *Estar para,* estar a punto de hacer algo; estar de cierto humor: *hoy no estoy para bromas.* || *Estar por,* quedar por hacer una cosa; estar uno a favor de otro. || *Fam. Estar uno que bota,* estar muy indignado. || — V. pr. Permanecer: *estarse quieto; estarse mucho tiempo en un sitio.*

estarcir v. t. Pasar una brocha o cisquero por un dibujo previamente recortado para reproducirlo.

estatal adj. Del Estado: *el sindicalismo estatal.*

estático, ca adj. Relativo al equilibrio de las fuerzas: *energía, presión estática.* || Que no se mueve, que permanece en el mismo sitio o estado. || *Fig.* Que se queda parado de asombro o de emoción. || — F. Parte de la mecánica que estudia el equilibrio de los sistemas de fuerzas.

estatificar v. t. Nacionalizar.

estatismo m. Sistema político en el cual el Estado interviene directamente en el terreno económico. || Inmovilidad.

estator m. Parte fija de un motor o generador eléctrico.

estatorreactor m. Propulsor de reacción sin órgano móvil, constituido por una tobera de propulsión térmica.

estatoscopio m. Barómetro muy sensible para medir las variaciones de la presión atmosférica.

estatua f. Escultura labrada a bulto que representa un ser animado. || *Fig.* y *fam. Quedarse hecho una estatua,* quedarse paralizado por el espanto o la sorpresa.

estatuario, ria adj. Relativo a las estatuas o que sirve para hacerlas. || — M. Escultor que hace estatuas. || — F. Arte de hacer estatuas.

estatúder m. En los Países Bajos, título de los gobernadores de cada provincia y luego de los jefes militares de la Unión, especialmente los príncipes de Orange.

estatuderato m. Cargo y dignidad del estatúder.

* **estatuir** v. t. e i. Establecer, disponer lo que hay que hacer: *según lo estatuido.*

estatura m. Altura de una persona: *mozo de poca estatura.*

estatutario, ria adj. Conforme a los estatutos o designado por ellos.

estatuto m. *For.* Reglamento que rige el funcionamiento de una comunidad, asociación o sociedad. | Régimen jurídico. || Ley básica por la cual un Estado concede autonomía a una de sus regiones. || *Estatuto real,* ley fundamental del Estado español que estuvo vigente de 1834 a 1836.

estay m. *Mar.* Cabo que sujeta la cabeza de un mastelero. (Pl. *estayes.*)

este m. Parte del horizonte por donde sale el Sol, oriente. || Uno de los cuatro puntos cardinales. || Parte oriental de un país o región.

este, esta, estos, estas adj. dem. Designan lo que se halla más cerca de la persona que habla o lo que se acaba de mencionar: *este periódico; estas mujeres; este objetivo.* || Expresa el tiempo actual o inmediatamente pasado: *este año.* || — Cuando son pronombres llevan un acento: *veo a éstos; conozco a éstas.* || *Ésta,* ciudad en que está el que escribe.

estearato m. Sal o éster del ácido esteárico.

esteárico, ca adj. De estearina: *ácido esteárico.* || Hecho con estearina: *velas esteáricas.*

estearina f. Cuerpo graso, principal constituyente de las grasas animales.

esteatita f. Silicato de magnesia, blanco o verdoso, muy blando.

Esteban *(San),* primer mártir del cristianismo, lapidado en Jerusalén. Fiesta el 26 de diciembre. — N. de nueve papas del s. III al XI. — N. de cinco reyes de Hungría, entre los cuales ESTEBAN I *(San),* rey de 1000 a 1038, que favoreció la propagación del cristianismo.

Esteban Arze, prov. de Bolivia (Cochabamba); cap. *Tarata.*

Estébanez Calderón (Serafín), escritor costumbrista español (1799-1867), llamado *el Solitario,* autor de *Escenas andaluzas.*

Estebanillo González, personaje mal conocido del s. XVII que escribió el relato picaresco *La vida de Estebanillo González, hombre de buen humor.*

estela f. Huella o rastro momentáneo que deja el barco en la superficie del agua, un cuerpo luminoso en el cielo o cualquier cuerpo en movimiento en el espacio. ‖ *Fig.* Rastro que queda de una cosa: *dejar una estela de descontento.* ‖ Monumento en forma de lápida, pedestal o cipo destinado a llevar una inscripción conmemorativa.

estelar adj. De las estrellas. ‖ *Fig.* De más importancia: *combate estelar.*

Estelí, c. del NO. de Nicaragua, cap. del dep. homónimo.

estelión m. Salamanquesa, saurio. ‖ Piedra fabulosa utilizada como contraveneno por los antiguos que, según ellos, se hallaba en la cabeza de los sapos.

estelionato m. *For.* Ocultación en la venta de una finca de una carga que recae sobre ella.

Estella, c. de España (Navarra). Iglesias antiguas. Cuartel general de los carlistas en 1873.

estenio m. Unidad de fuerza en el sistema M. T. S., equivalente a 10^3 newtons (símb., *sn*).

estenografía f. Taquigrafía.

estenografiar v. t. Taquigrafiar: *estenografiar un discurso.*

estenográfico, ca adj. Escrito por medio de la estenografía: *copia estenográfica.*

estenógrafo, fa m. y f. Taquígrafo.

estenograma m. Representación estenográfica de una palabra.

estenosis f. *Med.* Estrechamiento: *estenosis del píloro.*

estenotipia f. Transcripción rápida de la palabra por medio de un estenotipo.

estenotipista com. Persona que se dedica a la estenotipia.

estenotipo m. Máquina de escribir con un número reducido de teclas, que sirve para reemplazar la taquigrafía manual.

esténtor m. *Fam.* Hombre que tiene una voz muy fuerte.

estentóreo, a adj. Muy fuerte, sonoro: *voz estentórea.*

estepa f. Llanura extensa caracterizada por una vegetación discontinua. ‖ Planta cistácea, jara.

Estepa, c. de España (Sevilla) Agricultura, ganadería.

estepal m. *Méx.* Especie de jaspe rojo.

estepar m. Sitio o lugar poblado de estepas.

estepario, ria adj. Propio de la estepa: *planta esteparia.*

Estepona, v. de España (Málaga). Puerto pesquero. Playa en la Costa del Sol.

éster m. *Quím.* Cuerpo derivado de la acción de un ácido sobre un alcohol.

Ester, sobrina de Mardoqueo, esposa de Asuero. *(Biblia.)*

estera f. Tejido de esparto, juncos u otros tallos entrelazados. ‖ Felpudo.

esterar v. t. Cubrir el suelo con esteras.

estercoladura f. y **estercolamiento** m. Abono de las tierras con estiércol.

estercolar v. t. Abonar las tierras con estiércol. ‖ — V. i. Expeler el estiércol o excremento los animales.

estercolero m. Lugar donde se amontona el estiércol. ‖ *Fig.* Sitio muy sucio. ‖ Mozo que recoge el estiércol.

esterculiáceas f. pl. Plantas dicotiledóneas, como el cacao y el abroma (ú. t. c. adj.).

estéreo m. Unidad de medida para leña que equivale a un m^3.

estereóbato m. *Arq.* Basa sin molduras de un edificio.

estereofonía f. Reproducción de los sonidos destinada a dar la impresión del relieve acústico.

estereofónico, ca adj. De la estereofonía.

estereofotografía f. Fotografía estereoscópica.

estereografía f. Arte de representar los sólidos en un plano.

estereográfico, ca adj. Relativo a la estereografía o propio de ella: *proyección estereográfica.*

estereógrafo m. El que se dedica a la estereografía.

estereometría f. Parte de la geometría que se ocupa de la medición de los sólidos.

estereométrico, ca adj. Relativo a la estereometría.

estereoquímica f. Representación de los compuestos químicos por fórmulas desarrolladas en el espacio.

estereorradián m. Unidad de ángulo sólido equivalente al ángulo sólido que, teniendo su vértice en el centro de una esfera, recorta en la misma una superficie igual a la de un cuadrado cuyo lado tuviese el mismo tamaño que el radio de la esfera.

estereoscópico, ca adj. Relativo al estereoscopio.

estereoscopio m. Instrumento óptico que da la ilusión del relieve.

estereotipar v. t. *Impr.* Fundir en planchas o clichés una composición tipográfica. | Imprimir con estas planchas. ‖ *Fig.* Fijar, hacer inmutable: *expresión estereotipada.*

estereotipia f. Reproducción por medio de estereotipos. ‖ Taller donde se estereotipa. ‖ Máquina de estereotipar. ‖ *Med.* Repetición involuntaria e intempestiva de un gesto, acción o palabra, propio de ciertos dementes.

estereotípico, ca adj. Relativo a la estereotipia: *impresión estereotípica.*

estereotipo m. Plancha o cliché de imprenta. ‖ *Fig.* Imagen o idea adoptada por un grupo, concepción muy simplificada de algo o de alguien.

estereotomía f. Arte de labrar y cortar los sólidos para la industria y la construcción.

esterero, ra m. y f. Persona que fabrica o vende esteras. ‖ Persona que cubre los suelos con esteras.

esterificar v. t. *Quím.* Transformar en éster.

estéril adj. Que nada produce: *terreno estéril; ingenio estéril.* ‖ Que no puede tener hijos: *mujer estéril.* ‖ *Fig.* Inútil, sin resultado: *conversaciones estériles.* ‖ Que no contiene ningún fermento o microbio.

esterilidad f. Condición de estéril.

esterilización f. Acción y efecto de esterilizar.

esterilizador, ra adj. Que esteriliza. ‖ — M. Aparato empleado para esterilizar.

esterilizar v. t. Volver estéril. ‖ *Med.* Destruir los fermentos o microbios: *esterilizar la leche.*

esterilla f. Galón estrecho de oro o plata. ‖ Trenza poco ancha de paja. ‖ Rejilla para asientos.

esterlina adj. f. V. LIBRA *esterlina.*

esternón m. *Anat.* Hueso plano situado en la parte anterior de la caja torácica, al cual están unidas las costillas verdaderas.

estero m. Estuario, terreno anegadizo situado a la orilla de una ría. ‖ Acción de esterar. ‖ *Arg.* Terreno pantanoso.

Estero Real, río de Nicaragua, que des. en el golfo de Fonseca.

estertor m. Respiración anhelosa de los moribundos. ‖ Ruido producido por el paso del aire a través de las mucosidades. ‖ *Estar en los últimos estertores,* próximo a morir.

esteta com. Persona amante de la belleza.

estético, ca adj. De la estética. ‖ De la belleza. ‖ Artístico, bello: *postura estética.* ‖ *Cirugía estética,* la que corrige las alteraciones no patológicas del cuerpo humano. ‖ — M. El que se dedica a la estética. ‖ — F. Ciencia que trata de la belleza en general y de los sentimientos que suscita en el hombre.

esteticismo m. Escuela literaria y artística de origen anglosajón que quería hacer volver las artes a sus formas primitivas.

estetoscopia f. *Med.* Auscultación por medio del estetoscopio.

estetoscopio m. *Med.* Instrumento para auscultar el pecho.

esteva f. Pieza curva por donde se empuña el arado.

Esteva (José María), político y poeta mexicano (1818-1904), ministro del emperador Maximiliano.

Esteves (José de Jesús), poeta puertorriqueño (1881-1918).

Estévez (José María), prelado colombiano (1780-1834), miembro del Congreso Constituyente de 1830 y de la Convención Granadina de 1831. ‖ ~ (Luis), escritor y político cubano (1849-1909), primer vicepresidente de la República.

estiaje m. Caudal mínimo de un río en verano. ‖ Período en que ocurre el descenso de nivel del río.

estiba f. *Mar.* Carga en la bodega de los barcos. | Colocación de esta carga. ‖ Apilado.

estibador m. El que estiba las mercancías en un barco.

estibar v. t. Apretar las cosas para que quepan más en un mismo sitio. ‖ *Mar.* Colocar convenientemente la carga en un barco.

Estienne [*estién*] (Robert), lexicógrafo francés (1503-1559), autor de *Thesaurus linguae latinae.*

estiércol m. Excrementos de los animales. ‖ Materias vegetales descompuestas y excrementos que se usan como abono.

estigarribeño, ña adj. y s. De Mariscal Estigarribia (Paraguay).

Estigarribia (José Félix), militar paraguayo (1888-1940). Jefe supremo durante la guerra del Chaco (1932-1935) y pres. de la Rep. de 1939 a 1940. M. en accidente de aviación.

Estigia, laguna de los Infiernos, formada por un río que daba siete veces la vuelta a éstos. *(Mit.)*

estigio, gia adj. De la laguna Estigia.

estigma m. Huella que deja en el cuerpo una enfermedad o lesión. ‖ Marca que se imponía con hierro candente como pena infamante. ‖ *Fig.* Huella vergonzosa: *los estigmas del vicio.* ‖ *Bot.* Parte superior del pistilo de la flor que recibe el polen. ‖ *Med.* Lesión orgánica o trastorno funcional. ‖ *Zool.* Orificio respiratorio de los insectos. ‖ — M. pl. *Teol.* Huellas parecidas a las de las cinco llagas de Jesucristo que aparecieron en el cuerpo de algunos santos.

estigmatización f. Acción y efecto de estigmatizar.

estigmatizar v. t. Marcar con hierro candente: *estigmatizar a un criminal.* ‖ *Fig.* Infamar. | Censurar, condenar: *estigmatizar el vicio.* ‖ *Teol.* Imprimir milagrosamente las llagas de Cristo.

estilar v. t. Acostumbrar. ‖ Redactar una escritura o despacho conforme al estilo establecido. ‖ — V. pr. Usarse, ser costumbre hacer, llevar o utilizar algo: *los jubones ya no se estilan.*

estilete m. Pieza en forma de aguja: *el estilete de un aparato grabador.* ‖ Punzón de escribir. ‖ Pequeño puñal de hoja muy estrecha. ‖ Tienta para reconocer ciertas heridas.

estiliano, na adj. y s. De Estelí (Nicaragua).

estilismo m. Tendencia a cuidar con exceso el estilo.

estilista com. Escritor de estilo muy elegante y pulcro.

estilístico, ca adj. Del estilo. ‖ — F. Estudio científico de los recursos que ofrece el estilo.

estilita adj. y s. Anacoreta que vivía sobre una columna: *San Simeón Estilita.*

estilización f. Acción y efecto de estilizar.

estilizar v. t. Representar artísticamente un objeto por sus rasgos característicos: *estilizar una flor, un monumento.*

estilo m. Punzón con que escribían los antiguos en sus tablillas. ‖ Varilla del reloj de sol. ‖ Manera de expresarse: *el estilo de Cervantes.* ‖ Modo de escribir o hablar propio de los varios géneros literarios: *estilo oratorio.* ‖ Carácter original de un artista, arte, época, escuela, nación, etc.: *el estilo colonial, gótico, de Picasso.* ‖ Manera de comportarse: *no me gusta el estilo de esta chica.* ‖ Manera de hacer algo: *tiene un estilo muy particular para peinarse.* ‖ Clase, categoría: *esta mujer tiene mucho estilo.* ‖ Manera de practicar un deporte: *estilo mariposa.* ‖ *Bot.* Prolongación del ovario que sostiene el estigma. ‖ *Col.* Aparato con que se hace lejía. ‖ *Por el estilo,* parecido.

estilóbato m. *Arq.* Pedestal o zócalo en que se apoya una serie de columnas.

estilográfico, ca adj. Que sirve para la estilográfica: *tinta estilográfica.* ‖ — Adj. y s. f. Pluma que almacena tinta en el mango.

estillado m. *Amer.* Acción y efecto de estillar.

estillar v. t. *P. Rico.* Cascar, agrietar las cosas quebradizas.

estima f. Aprecio, opinión favorable: *tener a uno en alta estima.* ‖ *Mar.* Concepto que se forma el marino de la situación del buque por la corriente y la deriva.

estimable adj. Que se puede valorar. ‖ Digno de estimación.

estimación f. Evaluación, valoración: *estimación presupuestaria.* ‖ Estima, aprecio, consideración: *merece la estimación del público.* ‖ *For.* Aceptación y estudio de una demanda.

estimador, ra adj. y s. Que estima o valora.

estimar v. t. Evaluar, valorar: *estimar una joya en cinco mil dólares.* ‖ Juzgar, creer, considerar: *estimo que no merecía este castigo.* ‖ Apreciar: *todos le estiman por sus cualidades.* ‖ *For.* Aceptar y examinar una demanda. ‖ — V. pr. Tener dignidad: *ninguna persona que se estime obraría así.*

estimativa f. Capacidad para apreciar el valor de las cosas. ‖ Instinto.

estimatorio, ria adj. Referente a la estimación.

estimulante adj. y s. m. Dícese de lo que estimula.

estimular v. tr. Aguijonear, animar: *el éxito le va a estimular.* ‖ *Fig.* Incitar: *le estimulé a que hablase.* ‖ Fomentar, desarrollar: *estimular la industria.* ‖ Activar las funciones de un órgano.

estímulo m. Incitación para obrar, aguijón, acicate. ‖ Breve excitación de un órgano que provoca una reacción.

estío m. Verano.

estipe m. *Bot.* Tronco largo, recto y sin ramificar.

estipendiar v. t. Dar estipendio, retribuir.

estipendiario m. El que recibe un estipendio.

estipendio m. Pago, retribución que se da a una persona.

estípite m. *Arq.* Soporte en forma de pirámide truncada invertida. ‖ *Bot.* Estipe.

estíptico, ca adj. y s. m. Astringente. ‖ *Fig.* Estreñido.

estiptiquez f. *Amer.* Estreñimiento.

estipulación f. *For.* Cláusula. ‖ Acuerdo verbal.

estipulante adj. y s. Que estipula: *cláusula estipulante.*

estipular v. t. *For.* Formular muy claramente una cláusula en un contrato: *estipular una garantía.* ‖ Convenir, decidir.

estirado, da adj. *Fig.* Arrogante. ‖ Mezquino. ‖ Tieso: *andar estirado.* ‖ Muy esmerado en el vestir, acicalado. ‖ — M. *Tecn.* Acción de estirar. ‖ Desrizamiento del pelo. ‖ — F. En fútbol, salto que da el guardameta para detener el balón.

estiramiento m. Acción y efecto de estirar o estirarse.

estirar v. t. Alargar una cosa tirando de sus extremos. ‖ Desarrugar la ropa cogiéndola con las manos por un extremo: *estirar las medias.* ‖ *Tecn.* Pasar una barra o un tubo de metal por una hilera. ‖ Extender verticalmente la masa de cristal fundida en el crisol. ‖ *Fig.* Hacer durar: *estirar el dinero.* ‖ — V. i. *Fig.* Crecer una persona (ú. t. c. pr.). ‖ *Amer.* Matar. ‖ — V. pr. Desperezarse.

Estiria, prov. del SE. de Austria; cap. *Gratz.* Ganadería.

estirón m. Sacudida brusca, tirón. ‖ Crecimiento brusco o rápido: *este niño ha dado un estirón.*

estirpe f. Linaje, origen de una familia: *ser de buena estirpe.*

estivación f. Adaptación al calor y sequedad del verano.

estival adj. Del estío: *calor, moda, solsticio estival.*

esto pron. dem. Forma neutra. Sirve para designar lo que se halla más cerca de la persona que habla o lo que se acaba de mencionar. ‖ *En esto,* en este momento.

estocada f. Golpe dado con la punta de la espada o estoque. ‖ Herida producida.

Estocolmo, cap. de Suecia; 808 500 h. Obispado. Universidad. La ciudad, edificada sobre varias islas, es de gran belleza.

estofa f. Tela labrada. ‖ *Fig.* Calidad, clase: *de buena estofa.*

estofado, da adj. Aliñado, adornado. ‖ — M. Acción de estofar: *el estofado de una tela, de una pintura.* ‖ Guisado de carne cocida a fuego lento en un recipiente tapado: *estofado de vaca.*

estofar v. t. Bordar de realce una tela acolchada. ‖ *Tecn.* Pintar sobre dorado. ‖ Pintar de blanco la madera que se ha de dorar. ‖ Guisar carne en estofado.

estoicismo m. Doctrina filosófica de Zenón de Citio, llamada también *doctrina del Pórtico,* según la cual el bien supremo reside en el esfuerzo que obedece a la razón y queda indiferente ante las circunstancias exteriores. ‖ *Fig.* Entereza ante la adversidad.

estoico, ca adj. Del estoicismo. ‖ Seguidor del estoicismo: *filósofo estoico* (ú. t. c. s.). ‖ *Fig.* Firme, que no se deja impresionar por las circunstancias adversas.

estola f. Vestidura grecorromana de forma de túnica. ‖ Ornamento litúrgico que el sacerdote se pone en el cuello. ‖ Banda larga, generalmente de piel, que usan las mujeres para abrigarse.

estolidez f. Estupidez.

estólido, da adj. y s. Estúpido.

estolón m. *Bot.* Tallo rastrero que echa raíces y nuevas plantas.

estomacal adj. Del estómago. ‖ Para la digestión: *licor estomacal.* ‖ — M. Digestivo: *tomar un estomacal.*

estomagar v. t. Empachar, indigestar. ‖ *Fam.* Fastidiar, empalagar: *esa mujer me estomaga.*

estómago m. *Anat.* Parte del aparato digestivo que forma una bolsa y está situada entre el esófago y el duodeno. ‖ — *Fam. Tener el estómago en los pies,* tener mucha hambre. ‖ *Tener un estómago de piedra,* poder tragar cualquier cosa.

estomatología f. *Med.* Estudio y tratamiento de las enfermedades de la boca.

Estonia, rep. federada de la U. R. S. S., a orillas del Báltico; 45 100 km²; 1 273 000 h. *(estonios).* Cap. *Tallinn.* Independiente de 1921 a 1940.

estonio, nia adj. y s. De Estonia. ‖ — M. Lengua hablada por los estonios.

estopa f. Parte basta del lino o del cáñamo. ‖ Tela gruesa fabricada con esta parte. ‖ *Mar.* Jarcia vieja que sirve para calafatear.

estopilla f. Parte del cáñamo o lino más fina que la estopa. ‖ Hilado o tela de estopa fina. ‖ Tela ordinaria de algodón.

estoque m. Espada estrecha y sin filo. ‖ Bastón con esta clase de espada en el interior. ‖ Espada de torero. ‖ *Bot.* Planta iridácea de flores rojas en espiga.

estoqueador m. Torero que mata o hiere con el estoque.

estoquear v. t. Herir o matar al toro con el estoque.

estoqueo m. Acción de tirar estocadas.

estoraque m. Árbol del que se saca un bálsamo muy oloroso. ‖ Este bálsamo.

estorbar v. t. Embarazar: *este paquete me estorba.* ‖ Dificultar, obstaculizar: *estorbar el paso, las negociaciones.* ‖ Molestar: *el ruido me estorba.*

estorbo m. Molestia. ‖ Obstáculo.

Estoril, v. de Portugal (Lisboa). Centro turístico (playa famosa).

estornino m. Pájaro de cabeza pequeña y plumaje negro.

estornudar v. i. Expeler violenta y ruidosamente aire por la boca y la nariz.

estornudo m. Expulsión violenta y ruidosa de aire por la boca y la nariz.

estotro, tra pron. Contracción de *este, esta* o *esto* y *otro* u *otra.*

estrabismo m. *Med.* Defecto de la vista por el cual el eje óptico derecho se dirige en sentido opuesto al izquierdo.

Estrabón, geógrafo griego (¿58 a. de J. C.-25 d. de J. C.?), autor de una célebre *Geografía.*

estrada f. Camino.

Estrada (Ángel de), escritor argentino (1872-1923), autor de *Redención, El color y la piedra,* y *Formas y espíritus.* ‖ ~ (GENARO), escritor y diplomático mexicano (1887-1937), autor de libros de versos y de la novela *Pero Galín.* ‖ ~ (JOSÉ MANUEL), orador y escritor argentino (1842-1894), autor de estudios históricos. — Su hermano SANTIAGO (1840-1891), poeta, periodista y crítico. ‖ **~ Cabrera** (MANUEL), político guatemalteco (1857-1923), pres. de la Rep. de 1898 a 1920. Su gobierno dictatorial fue derribado por una revolución. ‖ **~ Palma** (TOMÁS), político cubano, n. en Manzanillo (1835-1908), pres. de la Rep. en Armas (1876-1877) y de la Rep. libre de 1902 a 1906. Bajo su mandato, Cuba fue llamada *República Modelo.*

Estradivario. V. STRADIVARIUS.

estrado m. Tarima sobre la que se coloca el trono real o la mesa presidencial en actos solemnes. ‖ Sala donde recibían las visitas las mujeres. ‖ Mobiliario de esta sala. ‖ — Pl. Salas de los tribunales de justicia.

estrafalario, ria adj. y s. *Fam.* Extravagante y algo ridículo: *razonamiento estrafalario.*

estragador, ra adj. Que estraga, corrompe.

estragamiento m. Estrago. ‖ Desarreglo y corrupción.

estragar v. t. Viciar, pervertir (ú. t. c. pr.). ‖ Causar estrago, deteriorar. ‖ *Tener el gusto estragado,* tener muy mal gusto.

estrago m. Daño, destrucción, destrozo: *las guerras hacen muchos estragos; el terremoto causó muchos estragos.* ‖ Matanza de gente. ‖ Daño moral: *ciertas películas causan estragos en la juventud.*

estragón m. Planta compuesta usada como condimento.

estrambote m. Versos que se añaden al final del soneto o de otra composición poética.

estrambótico, ca adj. *Fam.* Extravagante, extraño, irregular.

estramonio m. Planta solaná-

ES

cea, tóxica, de flores grandes y blancas.

estrangulación f. Ahogo por opresión del cuello.

estrangulado, da adj. *Med.* Muy oprimido, apretado: *hernia estrangulada.*

estrangulador, ra adj. y s. Que estrangula. ‖ — M. Starter.

estrangular v. t. Ahogar oprimiendo el cuello. (ú. t. c. pr.). ‖ Impedir la respiración: *la bufanda le estrangula.* ‖ Interceptar el paso de la sangre: *estrangular una vena.*

estraperlear v. i. *Fam.* Vender de estraperlo.

estraperlista adj. y s. *Fam.* Que se dedica a negocios de estraperlo.

estraperlo m. *Fam.* Comercio clandestino o fraudulento de mercancías: *vender de estraperlo.*

estrás m. (del n. del inventor). Vidrio que imita el diamante.

Estrasburgo, c. del E. de Francia, cap. de Alsacia y del dep. del Bas-Rhin, a orillas del Ill y del Rin. Obispado. Universidad. Sede del Consejo de Europa. Hermosa catedral gótica. Importante puerto fluvial. Centro comercial.

estratagema f. *Mil.* Ardid de guerra. ‖ *Fig.* Treta, artimaña.

estratega m. Especialista en estrategia.

estrategia f. *Mil.* Arte de dirigir y coordinar las operaciones militares. ‖ *Fig.* Arte de coordinar las acciones y de obrar para alcanzar un objetivo: *la estrategia femenina.*

estratégico, ca adj. Relativo a la estrategia. ‖ — Adj. y s. Especialista en estrategia.

estratificación f. *Geol.* Disposición de las rocas en capas paralelas superpuestas.

estratificar v. t. *Geol.* Formar estratos (ú. t. c. pr.).

estratigrafía f. *Geol.* Parte de la geología que estudia la disposición y la estructura de los terrenos en el transcurso de los siglos.

estrato m. *Geol.* Capa formada por rocas sedimentarias: *estratos calcáreos, cristalinos.* ‖ Nube que se presenta en forma de banda paralela al horizonte: *estratos crepusculares.* ‖ Capa en un órgano: *estrato granuloso.* ‖ *Fig.* Capa o clase de la sociedad,

estratosfera f. Parte de la atmósfera de unos treinta kilómetros entre la troposfera y la mesosfera, donde la temperatura es casi constante.

estratosférico, ca adj. De la estratosfera o que la atraviesa: *globo estratosférico.*

estrave m. *Mar.* Remate de la quilla de la nave.

estraza f. Trapo de tela basta.

estrechamiento m. Disminución de la anchura: *estrechamiento de una calle.* ‖ Encogimiento: *estrechamiento de un vestido.* ‖ *Fig.* Fortalecimiento, unión más fuerte: *estrechamiento de las relaciones.*

estrechar v. t. Volver más estrecho: *estrechar un vestido, un cinturón; estrechar los lazos de amistad* (ú. t. c. pr.). ‖ *Fig.* Apretar: *estrechar las manos, entre los brazos.* | Arrinconar a uno, acosarle. ‖ — V. pr. Apretarse: *estrecharse en un banco para dejar sitio.* ‖ *Fig.* Reducir los gastos. | Trabar estrecha intimidad: *parentesco que se ha estrechado.*

estrechez f. Falta de anchura. ‖ Falta de espacio o de tiempo. ‖ *Fig.* Apuro, escasez de dinero: *vivir en la estrechez.* | Dificultad: *pasar estrecheces.* | Austeridad. ‖ *Estrechez de miras,* incapacidad de tener una visión amplia de las cosas.

estrecho, cha adj. De poca anchura: *camino estrecho.* ‖ Justo, apretado: *vestido estrecho.* ‖ *Fig.* Apocado, de cortos alcances: *espíritu estrecho.* | Íntimo: *amistad estrecha.* | Muy próximo: *parentesco estrecho.* | Muy unido o fuerte: *lazos estrechos.* | Riguroso: *persona de moral estrecha.* | Tacaño. ‖ — M. *Geogr.* Brazo de mar entre dos tierras: *el estrecho de Magallanes.*

estrechura f. Estrechez.

estregadera f. Cepillo muy duro. ‖ Utensilio usado para limpiar la suela de los zapatos antes de entrar en una casa.

* **estregar** v. t. Frotar con fuerza una cosa sobre otra (ú. t. c. pr.).

estrella f. Astro brillante que aparece en el cielo como un punto luminoso. ‖ Figura convencional y estilizada con que se representa. ‖ Objeto de forma parecida. ‖ Hado, suerte, destino: *nacer con buena estrella.* ‖ *Impr.* Asterisco. ‖ Moneda cubana de plata. ‖ Lunar de pelo blanco en la frente de algunas caballerías. ‖ *Fig.* Artista de mucha fama: *estrella cinematográfica.* ‖ — *Estrella de mar,* estrellamar. ‖ *Estrella doble,* o *triple,* conjunto de varias estrellas que gravitan alrededor de un mismo centro de gravedad. ‖ *Estrella errante* o *errática,* planeta. ‖ *Estrella polar,* la que está más cerca del Polo Norte. ‖ *Fig. Tener estrella,* ser afortunado. | *Ver las estrellas,* sentir un dolor físico muy fuerte.

— Las *estrellas* son los centros o soles de otras tantas galaxias. Están a una distancia muy grande de nuestro planeta. Las *estrellas fugaces* son fragmentos de algún planeta que penetran en nuestra atmósfera, con suficiente velocidad para recorrerla en muy pocos segundos, y que al rozar el aire alcanzan la incandescencia.

Estrella, com. de Chile (Colchagua). — Río de Costa Rica (Limón). — Cerro de México (D. F.), donde la tradición sitúa el jardín de Moctezuma. ‖ ~ (SIERRA DE LA), cord. de Portugal; 1 981 m.

Estrella Gutiérrez (Fermín), escritor y profesor argentino, n. en 1900, autor de poemas, narraciones y ensayos literarios.

estrellado, da adj. De figura de estrella. ‖ Salpicado de estrellas. ‖ Aplícase al caballo que lleva una estrella en la frente. ‖ *Huevo estrellado,* el frito.

estrellamar f. Animal equinodermo que tiene la forma de una estrella de cinco puntas.

estrellar adj. De las estrellas: *luz estrellar.*

estrellar v. t. *Fam.* Arrojar con violencia una cosa contra otra haciéndola pedazos o aplastándola: *estrellar un vaso contra la pared* (ú. t. c. pr.). ‖ Dicho de los huevos, freírlos. ‖ Constelar. ‖ — V. pr. Caer brutalmente: *estrellarse contra el suelo.* ‖ Chocar violentamente contra algo: *las olas se estrellaban contra las rocas.* ‖ Lisiarse o matarse a consecuencia de un choque: *estrellarse contra un poste.* ‖ *Fig.* Fracasar: *mis proyectos se han estrellado.* | Chocar con uno. | Tropezar con una dificultad insuperable.

estrellato m. *Neol.* Condición de estrella de cine, teatro, etc.: *lanzar al estrellato.*

estremecedor, ra adj. Violento: *choque estremecedor.*

* **estremecer** v. t. Hacer temblar, sacudir: *el ruido del cañonazo* estremeció las casas. ‖ *Fig.* Sobresaltar. | Impresionar, emocionar. ‖ — V. pr. Temblar: *estremecerse de frío, al oír un ruido.*

estremecimiento m. Sacudida. ‖ Temblor, escalofrío. ‖ *Fig.* Sobresalto. | Conmoción.

Estremoz, c. del centro de Portugal (Alemtejo). Victoria portuguesa contra España en 1663.

estrena f. Regalo para celebrar un acontecimiento feliz. ‖ Aguinaldos (ú. t. en pl.).

estrenar v. t. Usar por primera vez: *estrenar unos zapatos.* ‖ Representar por primera vez: *estrenar una comedia, una película* (ú. t. c. pr.). ‖ Ser el primero en hacer un papel: *este actor estrenó muchas comedias.* ‖ — V. pr. Empezar a desempeñar un cargo o darse a conocer por primera vez en un arte: *estrenarse como orador, cómico.*

estreno m. Primera representación. ‖ Primer uso de una cosa. ‖ Comienzos en un empleo o arte. ‖ *Cine de estreno,* aquel en el que sólo se representan películas nuevas.

estreñido, da adj. Que padece estreñimiento.

estreñimiento m. Dificultad o imposibilidad de evacuar el vientre: *padecer estreñimiento.*

* **estreñir** v. t. Dificultar o imposibilitar la evacuación del vientre.

estrépito m. Ruido muy grande, estruendo: *el estrépito de los cañones.* ‖ *Fig.* Ostentación en la realización de una cosa.

estrepitoso, sa adj. Que hace mucho ruido.: *aplausos estrepitosos; fracaso estrepitoso.* ‖ *Fig.* Muy grande, espectacular.

estreptococia f. *Med.* Infección producida por los estreptococos.

estreptococo m. Bacteria del grupo de los cocos, redondeada, que forma colonias en cadenas que pueden producir infecciones graves.

estreptomicina f. *Med.* Antibiótico contra el bacilo de la tuberculosis y otros microbios.

estría f. Acanaladura, raya profunda. ‖ *Arq.* Mediacaña hueca, labrada en la columna.

estriación f. Formación de estrías.

estriar v. t. Formar estrías.

estribación f. *Geogr.* Ramal lateral corto de una cordillera.

estribar v. i. Apoyarse una cosa de peso en otra que la sostiene: *el depósito estriba en cuatro vigas.* ‖ *Fig.* Fundarse, residir, proceder: *mi fortuna estriba en mi trabajo.*

estribera f. Estribo. ‖ *Riopl.* Ación.

estribillo m. Verso o versos que se repiten al fin de cada estrofa. ‖ *Fig.* y *fam.* Lo que repite constantemente una persona.

estribo m. Pieza de metal en que el jinete apoya el pie. ‖ Especie de escalón para subir o bajar del coche. ‖ *Anat.* Uno de los tres huesecillos del oído medio y que está articulado con la apófisis lenticular del yunque. ‖ *Arq.* Contrafuerte: *el estribo de un puente.* ‖ *Fig.* Fundamento. ‖ *Geogr.* Estribación. ‖ — *Hacer estribo con las manos,* poner las manos de tal manera que sirvan de apoyo a uno para que pueda subir. ‖ *Fig. Perder los estribos,* obrar fuera de razón.

estribor m. Costado derecho del barco mirando de popa a proa.

estribote m. Composición poética en estrofas con estribillo.

estricnina f. Veneno que se extrae de la nuez vómica y el haba de San Ignacio.

estricto, ta adj. Riguroso: *estricto cumplimiento de la ley.*

estridencia f. Calidad de estridente. ‖ *Fig.* Extravagancia. | Violencia de la expresión o de l acción.

estridente adj. Agudo, desapa cible y chirriante: *voz estridente.* *Poét.* Que causa ruido y estruend

estridor m. Sonido estrident

estridulación f. Ruido estr dente como el que producen ciert insectos (grillos, chicharras, etc.

estro m. Inspiración: *estro pc tico.* ‖ *Zool.* Moscardón. ‖ Perío de celo de los mamíferos.

estrofa f. Grupo de versos c forma un conjunto y tiene corr pondencia métrica con otro u ot parecidos: *la estrofa de un poes*

Estrómboli, isla volcánica mar Tirreno (Italia). El volcán actividad tiene 926 m de altitu

estroncio m. Metal blanco (S de número atómico 38, análogo calcio.

estropajo m. Manojo de esp para fregar. ‖ *Fig.* Desecho, inútil. ‖ *Amer.* Esponja veg

estropajoso, sa adj. *Fi fam.* Que pronuncia con dificu *tener la lengua estropajosa.* | I seado y andrajoso. | Fibroso y cil de mascar: *carne estropajo*

estropear v. t. Dejar en mal estado: *una máquina le estropeó la mano.* || Lisiar. || Deteriorar: *el granizo estropeó la cosecha.* || *Fig.* Echar a perder: *el vicio le estropeó la salud; has estropeado el negocio.* || Volver inservible: *los niños han estropeado el ascensor.* || Batir la argamasa.

estropeo m. Lisiadura. || Deterioro.

estropicio m. Ruido de cosas que se rompen. || *Fam.* Destrozo. || *Por ext.* Trastorno ruidoso, jaleo: *armar un estropicio.*

estructura f. Disposición de las distintas partes de un todo: *la estructura de un edificio.* || Armazón que sostiene un conjunto.

estructuración f. Acción y efecto de estructurar.

estructural adj. Relativo a la estructura.

estructuralismo m. Teoría común a ciertas ciencias humanas, como la lingüística, la antropología social, la psicología, etc. que concibe cualquier objeto de estudio como un todo cuyos miembros se determinan entre sí, tanto en su naturaleza como en sus funciones, en virtud de leyes generales.

estructurar v. t. Dar una estructura.

estruendo m. Ruido grande: *el estruendo del trueno.* || *Fig.* Confusión, alboroto. | Pompa, fausto.

estruendoso, sa adj. Ruidoso, muy fuerte: *voz estruendosa.*

estrujador, ra adj. y s. Que estruja. || — F. Exprimidera.

estrujadura f. y **estrujamiento** m. Acción y efecto de estrujar.

estrujar v. t. Apretar una cosa para sacarle el zumo: *estrujar un limón, las uvas.* || Exprimir el agua: *estrujar la ropa.* || Apretar algo arrugándolo: *estrujar un papel.* || Apretar y dejar magullado: *le estrujó el pie de un pisotón.* || *Fig. y fam.* Sacar todo el partido posible: *estrujar al pueblo con tributos.* || — V. pr. *Fig.* Apretujarse.

estrujón m. Estrujadura.

Estuardo, familia que reinó en Escocia de 1371 a 1688 y en Inglaterra de 1603 a 1688.

estuario m. Entrada del mar en la desembocadura de un río.

estucado m. Revestimiento con estuco.

estucador m. Obrero que cubre las paredes con estuco.

estucar v. t. Cubrir con estuco.

estuco m. Masa de yeso blanco y agua de cola. || Masa de cal y mármol pulverizado para enlucir las paredes.

estuche m. Caja o funda: *estuche para joyas, para gafas.* || Conjunto de utensilios que se guardan en esta caja: *un estuche de aseo.*

estudiado, da adj. *Fig.* Rebuscado, falto de naturaleza: *postura estudiada.*

estudiantado m. Conjunto de alumnos o estudiantes.

estudiante m. y f. Persona que cursa estudios en una universidad u otro centro de enseñanza, sobre todo media: *estudiante de medicina.*

estudiantil adj. *Fam.* De los estudiantes.

estudiantina f. Conjunto musical de estudiantes.

estudiar v. t. Ejercitar el entendimiento para comprender o aprender una cosa: *estudiar el francés.* || Seguir un curso. Ú. t. c. i.: *estudiar para médico.* || Aprender de memoria: *estudiar la lección.* || Examinar, observar con detenimiento: *estudiar un problema.* || *Pint.* Dibujar de modelo o del natural. || — V. pr. Observarse.

estudio m. Aplicación del espíritu para aprender o comprender algo: *dedicarse al estudio de un asunto, de las matemáticas.* || Obra en que un autor examina y aclara una cuestión: *estudio sobre la Edad Media.* || Cuarto donde trabajaban los pintores, escultores, arquitectos, fotógrafos, etc. || Apartamento que consta de una habitación, una cocina y un cuarto de aseo. || Local donde se hacen las tomas de vista o de sonido para las películas o donde se transmiten programas radiofónicos o de televisión (ú. m. en pl.). || *Pint.* Dibujo o pintura de tanteo: *estudio del natural.* || *Mús.* Composición de ejercicios. || Trabajos preparatorios: *el estudio de un metropolitano.* || *Fig.* Aplicación, interés: *trabajar con estudio.* || *Riopl.* Bufete de abogado. || — M. pl. Serie completa de cursos seguidos para hacer una carrera.

estudiosidad f. Aplicación en el estudio.

estudioso, sa adj. Aplicado, que se dedica al estudio. || — M. Especialista: *un estudioso de Cervantes.* || Investigador.

estufa f. Aparato para la calefacción de las habitaciones. || Utensilio para secar o desinfectar. || En los baños termales, sitio destinado para sudar. || Invernadero de plantas. || Estufilla. || Carroza grande con cristales.

estufilla f. Manguito para las manos. || Braserillo para calentarse los pies.

estulticia f. Necedad, sandez.

estulto, ta adj. Necio.

Estúñiga (Lope de). V. STÚÑIGA (*Cancionero de*).

estupefacción f. Asombro, pasmo: *causó gran estupefacción.*

estupefaciente adj. Que causa estupefacción. || — M. Sustancia narcótica, como la morfina, la cocaína, etc.

estupefacto, ta adj. Atónito, pasmado.

estupendo, da adj. Magnífico, maravilloso, muy bueno.

estupidez f. Tontería, necedad.

estúpido, da adj. y s. Tonto, necio.

estupor m. *Med.* Disminución o paralización de las funciones intelectuales. || *Fig.* Pasmo, asombro: *esa noticia produjo estupor.*

estupro m. Violación de una mujer virgen.

estuquista m. Obrero que hace obras de estuco.

esturión m. Pez ganoideo con cuyas huevas se prepara el caviar.

esvástica f. Cruz gamada.

esviaje m. Oblicuidad.

Esztergom, c. del N. de Hungría, a orillas del Danubio. Arzobispado.

Eta, montaña de Grecia (Tesalia); 2 152 m.

etalaje m. Parte del alto horno entre la obra y el vientre.

etano m. Carburo de hidrógeno saturado.

etapa f. Sitio donde se para un viajero, un ciclista, un soldado para descansar. || Distancia que hay que recorrer para llegar a este sitio. || Período que media entre dos puntos importantes de una acción o proceso: *las etapas de la vida, del progreso.* || *Mil.* Ración dada a la tropa en campaña o marcha. | Lugar en que hace noche la tropa. || *Quemar etapas,* no pararse en ellas.

etcétera loc. adv. Y lo demás (ú. t. c. s. m.). [Se escribe con la abreviatura *etc.*]

Eteocles, hijo de Edipo y de Yocasta, hermano de Polinices.

éter m. *Fís.* Fluido sutil, invisible, imponderable y elástico que, según cierta hipótesis antigua y caduca, llena todo el espacio, y, por su movimiento vibratorio, transmite la luz y otras formas de energía. || *Quím.* Óxido de etilo, líquido muy volátil e inflamable, de olor muy fuerte, llamado también *éter sulfúrico,* que se emplea como anestésico. || *Poét.* Espacio celeste.

etéreo, a adj. Del éter: *vapores etéreos; solución etérea.* || *Poét.* Celeste: *regiones etéreas.*

eterismo m. *Med.* Anestesia producida por el éter | Fenómenos patológicos producidos por la absorción excesiva de éter.

eterizar v. t. *Med.* Hacerle respirar éter a uno para volverle insensible. || *Quím.* Combinar con éter una sustancia.

eternidad f. Tiempo que no tiene principio ni tendrá fin. || *Fig.* Tiempo muy largo: *hace una eternidad que no le vemos.* || *Teol.* Vida eterna.

Eternidad, cord. de la Antártida Argentina; 3 000 m.

eternizar v. t. Hacer durar o prolongar demasiado alguna cosa (ú. t. c. pr.). || Perpetuar la duración de una cosa.

eterno, na adj. Que no tiene principio ni tendrá fin: *un ser eterno.* || *Fig.* Que dura o parece durar mucho tiempo: *el discurso se me hizo eterno.* || Que no tiene fin, perpetuo: *la vida eterna; gratitud eterna.* || *Padre Eterno,* Dios.

etesio adj. y s. m. Aplícase a cada uno de los dos vientos del Norte que soplan durante seis semanas en el Mediterráneo.

ético, ca adj. Relativo a los principios de la moral. || — M. Moralista. || — F. Moral.

etileno m. *Quím.* Hidrocarburo gaseoso incoloro que se obtiene deshidratando el alcohol por el ácido sulfúrico.

etílico, ca adj. *Quím.* Aplícase a los cuerpos derivados del etano: *alcohol etílico.*

etilismo m. Intoxicación causada por el alcohol etílico.

etilo m. *Quím.* Radical univalente derivado del alcohol etílico por supresión del hidroxilo.

etimología f. Origen y derivación de las palabras. || Ciencia que lo estudia.

Etimologías, vasto compendio enciclopédico de San Isidoro de Sevilla (20 tomos).

etimológico, ca adj. Referente a la etimología.

etimologista com. Filólogo que se dedica a la etimología.

etimologizar v. i. Buscar la etimología de las palabras.

etimólogo m. Etimologista.

etiología f. *Fil.* Estudio de las causas de las cosas. || Estudio de las causas de las enfermedades.

etíope adj. y s. De Etiopía.

Etiopía, ant. *Abisinia,* imperio de África oriental, entre el Sudán, Kenia y Somalia; 1 237 000 km²; 25 millones de h. (*etíopes*). Cap. *Addis Abeba,* 560 000 h. Otras c.: *Asmara* (Eritrea), 132 000 h. El imperio etíope moderno data de Teodoro II, coronado en 1855. En 1935, los italianos invadieron Abisinia y, vencida, la incorporaron a Italia (1936). Tras la Segunda Guerra mundial recuperó su soberanía y se anexó la región de Eritrea.

etiópico, ca adj. De Etiopía.

etiqueta f. Ceremonial observado en actos públicos solemnes. || Trato ceremonioso: *recibir sin etiqueta.* || Marbete, rótulo, inscripción: *poner una etiqueta en una maleta, un paquete.* || *De etiqueta,* solemne: *fiesta de etiqueta;* para los actos solemnes: *traje de etiqueta;* de cumplido: *visita de etiqueta.*

etiquetar v. tr. Poner etiquetas.

etiquetero, ra adj. Muy ceremonioso.

etmoidal adj. Perteneciente al hueso etmoides.

etmoides adj. y s. m. *Anat.* Dícese de un hueso pequeño encajado en la escotadura del hueso frontal y que concurre a formar las cavidades nasales y las órbitas.

Etna, volcán activo de Italia en el NE. de Sicilia; 3 295 m.

etnarca m. Jefe de una etnarquía: *el etnarca de Judea.*

etnarquía f. Provincia vasalla de los romanos. || Dignidad de etnarca.

etnia f. Agrupación natural de individuos que tienen la misma cultura.

étnico, ca adj. Gentil. || Relativo a la etnia: *caracteres étnicos.*

etnografía f. Parte de las ciencias humanas que se dedica a la descripción y clasificación de las razas.
etnográfico, ca adj. De la etnografía.
etnógrafo, fa m. y f. Persona que se dedica a la etnografía.
etnolingüística f. Ciencia que estudia el lenguaje de los pueblos sin escritura.
etnología f. Parte de las ciencias humanas que estudia los distintos caracteres de las razas.
etnológico, ca adj. De la etnología.
etnólogo, ga m. y f. Persona que se dedica a la etnología.
Etolia, región de la ant. Grecia al N. del golfo de Corinto; cap. *Misolonghi.*
etolio, lia adj. y s. De Etolia. (Los *etolios* fueron adversarios de los lacedemonios.)
etología f. Parte de la sociología que estudia las costumbres.
Eton, c. de Inglaterra (Buckingham), al O. de Londres y a orillas del Támesis. Célebre colegio.
etopeya f. Descripción del carácter, acciones y costumbres de una persona.
Etruria, ant. región de Italia, entre el Tíber, los Apeninos, el mar Tirreno y el río Magra. Hoy *Toscana.* Su civilización influyó en la romana.
etrusco, ca adj. y s. De Etruria. ‖ — M. Lengua etrusca.
etzaquahitl m. Planta euforbiácea de México.
etzemo m. Planta liliácea del SE. de México: *el etzemo es venenoso.*
Eu, símbolo químico del *europio.*
Eubea, isla de Grecia en el SO. del mar Egeo. En la Edad Media se llamó *Negroponto.*
eubeo, a adj. y s. De Eubea.
eucalipto m. Árbol de la familia de las mirtáceas que puede alcanzar cien metros de alto, de hojas olorosas utilizadas en productos farmacéuticos.
eucaristía f. Sacramento instituido por Jesucristo que consiste en la transformación del pan y el vino en el cuerpo y sangre de Cristo por la consagración.
eucarístico, ca adj. De la Eucaristía: *congreso eucarístico.*
Eucken (Rudolf), filósofo alemán (1846-1926). Desarrolló un nuevo idealismo opuesto al naturalismo. (Pr. Nóbel, 1908.)
Euclides, matemático griego, que enseñaba en Alejandría (s. III a. de J. C.). Fundador de la geometría plana. ‖ ~ **el Socrático,** filósofo griego (450-330 a. de J. C.), discípulo de Sócrates en Atenas. Fundó la escuela de Megara.
euclidiano, na adj. Relativo al método matemático de Euclides: *geometría euclidiana.*
eudemonismo m. *Fil.* Teoría ética que se funda en la idea de que la felicidad es el bien supremo.
Eudes (San Juan), sacerdote francés (1601-1680), fundador de la congregación de Jesús y María. Fiesta el 19 de agosto.
eudiometría f. *Fís.* Análisis de las mezclas gaseosas con el eudiómetro.
eudiómetro m. *Fís.* Tubo de vidrio empleado para el análisis y síntesis de los cuerpos gaseosos.
eudita adj. y s. Perteneciente a la congregación de Jesús y María.
Eudoxia, esposa de Arcadio, emperatriz de Oriente, cuyos abusos fueron denunciados por San Juan Crisóstomo. M. en 404.
Eudoxio ‖ ~ **de Cízico,** navegante griego, al servicio de Alejandría. Realizó el periplo de África (s. II a. de J. C.). ‖ ~ **de Cnido,** astrónomo y matemático griego (¿406-535? a. de J. C.).
eufemismo m. Expresión que sustituye a otra que sería demasiado fuerte o malsonante.
eufemístico, ca adj. Relativo al eufemismo.
eufonía f. Sonoridad agradable que resulta de la acertada combinación de los elementos fonéticos de la palabra.
eufónico, ca adj. Que tiene eufonía. ‖ De la eufonía.
euforbiáceas f. pl. Familia de plantas angiospermas dicotiledóneas que suelen contener látex, como el ricino (ú. t. c. adj.).
euforbio m. Planta euforbiácea medicinal.
euforia f. Sensación de confianza, satisfacción y bienestar debida generalmente a una buena salud o al uso de estupefacientes.
eufórico, ca adj. En estado de euforia: *persona eufórica.*
Eufrasia, religiosa que ocultando su personalidad vivió treinta y ocho años en un convento de frailes. M. en 470. Fiesta el 11 de febrero.
Éufrates, río de Asia occidental, que unido al Tigris forma el Chat el Arab; 2 900 km.
Eufrosina, una de las tres Gracias. *(Mit.)*
eufuismo m. Culteranismo puesto de moda en Inglaterra por Lyly durante el reinado de Isabel I.
eugenesia f. Aplicación de las leyes biológicas de la herencia al perfeccionamiento de la especie humana.
eugenésico, ca adj. Relativo a la eugenesia.
Eugenia *(Santa),* mártir romana en 258. Fiesta el 25 de diciembre. — Virgen y mártir española decapitada en 921. Fiesta el 26 de marzo.
Eugenia de Montijo, dama española n. en Granada (1826-1920), esposa de Napoleón III, emperatriz de los franceses de 1853 a 1870. Era *condesa de Teba.*
Eugenio ‖ ~ **I** *(San),* papa de 654 a 657. Fiesta el 2 de junio. ‖ ~ **II,** papa de 824 a 827. ‖ ~ **III,** papa de 1145 a 1153. ‖ ~ **IV** (1383-1447), papa desde 1431. Favoreció el renacentismo.
Eugenio de Saboya, llamado *el Príncipe Eugenio,* general de las fuerzas imperiales en la guerra de Sucesión de España (1663-1736). Vencedor en Audenarde y Malplaquet.
eugenismo m. Estudio teórico y práctico de todos los medios capaces de proteger, desarrollar y perfeccionar los elementos más robustos y mejor dotados de las razas humanas.
Eulalia *(Santa),* virgen española, patrona de Mérida, martirizada en esa c. (303). Fiesta el 10 de diciembre. — Virgen y mártir española, n. hacia 308, copatrona de Barcelona. Fiesta el 12 de febrero.
Euler (Leonhard), matemático suizo (1707-1783), autor de estudios de análisis matemáticos, mecánica racional y astronomía.
Eulogio *(San),* mártir cordobés m. en 859. Fiesta el 11 de marzo. — Mártir español, m. en 259 en Tarragona. Fiesta el 21 de enero.
Eumenes, general de Alejandro Magno (¿360?-316 a. de J. C.). Gobernó en Capadocia, Paflagonia y el Ponto.
Euménides. V. ERINIAS.
eunuco m. Hombre castrado que custodiaba un serrallo.
Eupatoria, c. y puerto de la U. R. S. S. (Ucrania), en la costa O. de Crimea. Gran mezquita.
eupatorio m. Planta compuesta, de raíz purgante.
Eupátridas, miembros de la nobleza en Ática que formaron una oligarquía gobernante hasta la Constitución de Solón.
Euráfrica, n. dado a veces al conjunto de Europa y África.
Eurasia, n. dado a veces al conjunto de Europa y Asia.
eurasiático, ca adj. y s. Mestizo de europeo y asiático.
Euratom. V. COMUNIDAD EUROPEA DE LA ENERGÍA ATÓMICA.
Eure, río de Francia, afl. izq. del Sena; 225 km. — Dep. de Francia; cap. *Evreux.* ‖ ~ **-et-Loir.** dep. de Francia; cap. *Chartres.*
¡eureka! interj. Voz griega que significa *¡he hallado!* (Es la exclamación de alegría atribuida a Arquímedes al descubrir el medio de determinar el peso específico de los cuerpos.)
Eurico, rey visigodo (¿420?-484), el primer independiente de España (466). Ordenó una compilación de leyes o *Código de Eurico.*
Eurídice, mujer de Orfeo.
Eurípides, poeta trágico griego, n. en Salamina (480-406 a. de J. C.), autor de *Alcestes, Medea, Andrómaca, Ifigenia en Táuride, Electra, Ifigenia en Áulide, Las bacantes,* etc.
euritmia f. Combinación armoniosa de las líneas, los sonidos y las proporciones.
eurítmico, ca adj. Armonioso.
euroafricano, na adj. Relativo a la vez a Europa y África.
eurodólar m. Dólar de los Estados Unidos invertido en Europa.
Europa, una de las cinco partes del mundo, la más pequeña después de Oceanía, pero la más poblada. Situada entre el océano Glacial Ártico, el Atlántico, el Mediterráneo, el mar Caspio y los Urales; diez millones de km²; 663 000 000 de hab. (*europeos*).

— GEOGRAFÍA. Europa presenta, en el NO. y el N., una región de islas o de penínsulas accidentadas (islas Británicas, Dinamarca, Suecia y Noruega). Al S. de la zona indicada se encuentran llanuras ocupadas por Francia, Bélgica, Holanda, Alemania, Polonia, Rusia, en las que aparecen algunas formaciones montañosas (Macizo Central, Vosgos, Selva Negra, Ardenas, mesetas de Bohemia, etc.). Por último, el S. de Europa está formado por extensas penínsulas a orillas del Mediterráneo (Grecia, Italia y la Ibérica, bañado tb. por el océano Atlántico). La hidrografía europea alcanza varios tipos de ríos: los *orientales,* con abundantes crecidas en primavera (Volga, Ural, Dniéster, Dniéper, Don, Vístula); los del *Atlántico* y el *Báltico,* muy navegables (Oder, Elba, Weser, Escalda, Mosa, Sena, Támesis); los de tipo *alpino,* con crecidas primaverales (Rin, Ródano, Po); los de tipo *mixto* (Danubio); los de las mesetas torrenciales (Loira, Duero, Tajo, Guadalquivir), y los *mediterráneos* (Ebro, Tíber, Vardar, Maritza). El clima es, en conjunto, moderado. Se pueden distinguir tres tipos: el *oceánico,* con ligeras variaciones de temperatura entre el verano y el invierno; el *continental,* con diferencias notables, y el *mediterráneo,* de inviernos tibios, veranos cálidos y secos, y lluvias violentas en otoño y primavera. Existen también zonas frías en el Ártico y en las altas montañas.

Políticamente, Europa puede dividirse fundamentalmente en dos grandes bloques: Europa Occidental, con una economía de tipo liberal, y Europa Oriental, socialista. Dentro de estos dos grandes grupos existen Estados fuertemente industrializados (Alemania, Bélgica, Francia, Gran Bretaña, U. R. S. S., Checoslovaquia) y otros donde predomina la agricultura (Albania, Bulgaria, España, Grecia, Portugal, Yugoslavia). Si bien no existe unidad política, se han ido constituyendo grandes agrupaciones económicas tanto en el O. (Benelux, Mercado Común, Zona de Libre Cambio) como en el E. (Comecon).
Europa (PICOS DE). V. PICOS DE EUROPA.
Europa, hija de Agenor, rey de Fenicia, y hermana de Cadmo, que fue raptada por Zeus metamorfoseado en toro. *(Mit.)*

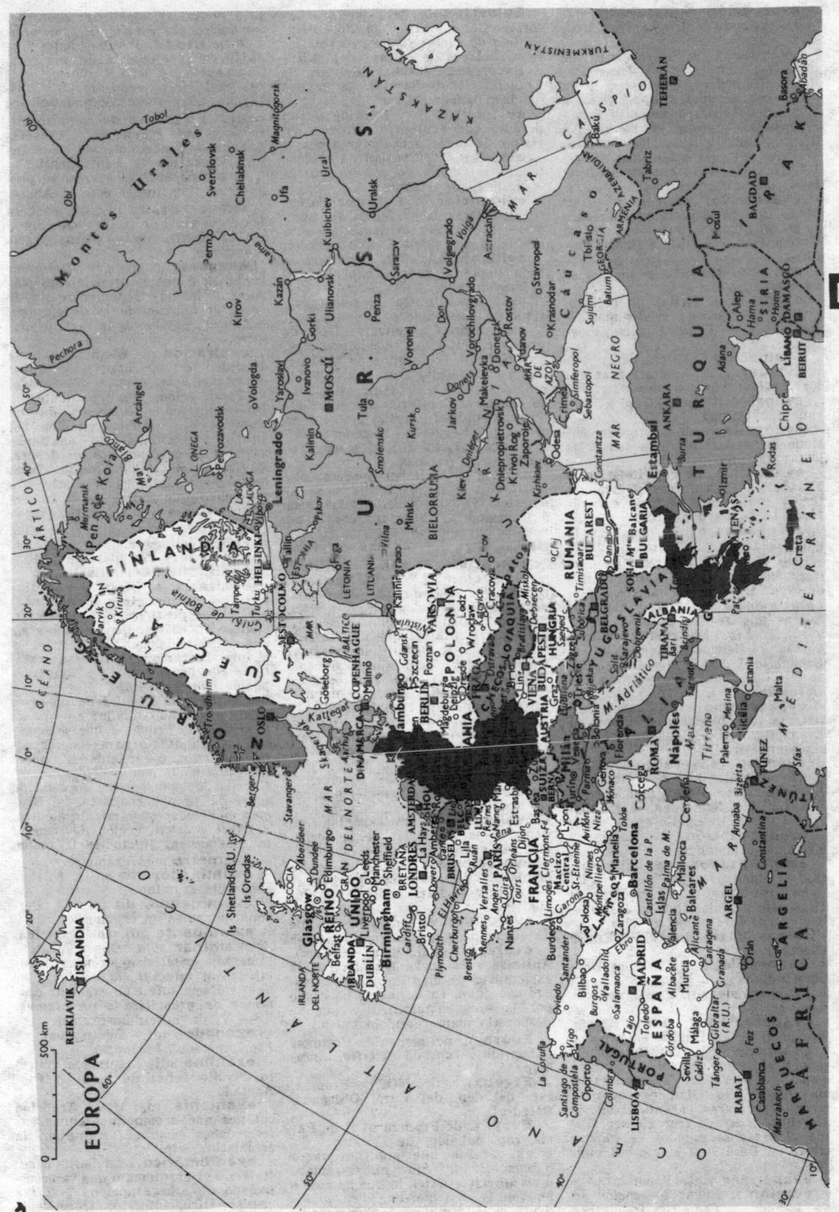

…uropeísmo m. Doctrina favo… a la unión europea.
…uropeísta adj. Relativo a la … europea: *política europeísta.* … m. Partidario de la unión eu…
…ropeización f. Introducción … costumbres europeas.
…ropeizar v. t. Introducir en … pueblo las costumbres y la cultu… ropeas (ú. t. c. pr.).
…ropeo, a adj. y s. De Euro… *la guerra europea.*
…ropio m. Cuerpo simple (Eu), … mero atómico 63 y de peso … 152, que se encuentra en … tierras raras.
Eurotas, río de Grecia que des. en el golfo de Laconia.
Eurovisión, organismo internacional para el intercambio europeo de emisiones televisadas.
euscalduna adj. y s. f. Perteneciente a la lengua vascuence.
éuscaro, ra adj. y s. Vasco. ‖ — M. Lengua vascuence.
Eusebio *(San)*, papa en 310. Fiesta el 26 de septiembre. ‖ ~ **de Cesarea,** escritor y prelado griego (¿265?-340), autor de una célebre *Historia eclesiástica.*
Eusebio Ayala, pobl. del Paraguay (Las Cordilleras), ant. llamada *Barrero Grande.*
eusquero, ra adj. y s. Éuscaro.
euskalduna adj. y s. f. Euscalduna.
Eustaquio *(San)*, mártir romano en 118. Fiesta el 20 de septiembre.
eutanasia f. *Med.* Muerte sin dolor. ‖ Teoría según la cual se podría acortar la vida de un enfermo incurable para que no sufra.
Eutiques, heresiarca griego (¿378-454?), que negaba la naturaleza humana de Cristo. Su doctrina fue condenada por el Concilio de Calcedonia (451).
eutiquianismo m. Herejía de Eutiques.
eutiquiano, na adj. y s. Seguidor del heresiarca Eutiques.
eutrapelia f. Moderación en la diversión. ‖ Broma inofensiva. ‖ Distracción inocente.
Euzkadi, el País Vasco.
eV, símbolo del *electrón-voltio.*
Eva, nombre de la primera mujer. (*Biblia.*)

evacuación f. Expulsión.
evacuante adj. y s. m. *Med.* Evacuativo.
evacuar v. t. Hacer salir de un sitio: *evacuar a los damnificados.* || Desocupar, marcharse de un sitio: *evacuar una sala, un país.* || Expeler del cuerpo humores o excrementos: *evacuar el vientre.* || *Med.* Sacar, extraer los humores viciados del cuerpo humano. || *For.* Realizar, efectuar: *evacuar un traslado, una diligencia.*
evacuativo, va adj. y s. m. *Med.* Que provoca la evacuación.
evacuatorio, ria adj. *Med.* Evacuativo. || — M. Urinario público.
evadido, da adj. y s. Que se ha escapado.
evadir v. t. Evitar un peligro. || Eludir, esquivar: *evadir una dificultad.* || — V. pr. Fugarse, escaparse.
evaluación f. Valoración.
evaluar v. t. Valorar, fijar valor: *evaluar algo en cien pesetas.*
evanescente adj. Que se desvanece o esfuma.
evangeliario m. Libro que contiene los evangelios para todas las misas del año.
evangélico, ca adj. Relativo al Evangelio. || Conforme al Evangelio. || Protestante: *iglesia evangélica; templo evangélico.*
evangelio m. Historia de la vida, doctrina y milagros de Jesucristo. Ú. t. c. pl.: *los "Evangelios" contienen los cuatro relatos de San Mateo, San Marcos, San Lucas y San Juan.* || Parte de estos relatos que se lee o canta en la misa. || *Fig.* Doctrina cristiana: *abrazar el Evangelio; convertirse al Evangelio.* || *Fig.* y *fam.* Ley sagrada. | Cosa certera: *palabras de Evangelio.*
evangelismo m. Sistema consistente en fundarlo todo en el Evangelio. || Doctrinas de la Iglesia evangélica.
evangelista m. Cada uno de los cuatro apóstoles que escribieron el Evangelio: San Mateo, San Marcos, San Lucas y San Juan. || Clérigo que canta el Evangelio en la misa.
evangelización f. Acción y efecto de evangelizar.
evangelizador, ra adj. y s. Que evangeliza.
evangelizar v. t. Predicar el Evangelio y la doctrina de Jesucristo: *evangelizar a los infieles.*
Evans (Mary Ann). V. Eliot (George).
Evansville, c. de Estados Unidos (Indiana).
evaporable adj. Capaz de evaporarse.
evaporación f. Lenta transformación de un líquido en vapor.
evaporar v. t. Transformar en vapor: *el calor del sol evapora el agua.* || — V. pr. Transformarse en vapor. || *Fig.* Disiparse, desaparecer: *evaporarse el entusiasmo.* | Marcharse, desaparecer sin ser visto: *el preso se evaporó de su encierro.* || Perder su aroma: *el vino se ha evaporado.*
evaporizar v. t. Vaporizar.
evasión f. Fuga: *la evasión de un ladrón.* || *Fig.* Evasiva, escapatoria.
evasivo, va adj. Vago, impreciso: *una respuesta evasiva.* || — F. Recurso para no comprometerse con una respuesta o una promesa: *salir con evasivas.*
evección f. *Astr.* Desigualdad periódica de los movimientos de la Luna: *la evección es ocasionada por la atracción solar.*
evento m. Acontecimiento, suceso. || *A todo evento,* en todo caso.
eventual adj. Que depende de las circunstancias.
eventualidad f. Posibilidad: *no querer pensar en la eventualidad de una guerra.* || Cosa que puede ocurrir: *no haber previsto todas las eventualidades.*
Everest (Monte), pico más alto del mundo, en el Himalaya; 8 880 m.
Evia (Jacinto de), poeta ecuatoriano del s. XVII. Compiló en *Ramillete de varias flores poéticas* las composiciones de autores del país.
Evian-les-Bains, c. del SE. de Francia (Haute-Savoie), a orillas del lago Leman.
evicción f. *For.* Pérdida de un derecho por sentencia firme y en virtud de derecho anterior ajeno.
evidencia f. Calidad de evidente: *la evidencia de una demostración.* || Cosa evidente.
evidenciar v. t. Hacer patente, demostrar la evidencia de algo. || — V. pr. Ser evidente: *se evidencia la necesidad de una reforma.*
evidente adj. Tan claro que no deja lugar a dudas: *superioridad evidente.*
evitable adj. Que se puede evitar o debe evitarse.
evitación f. Acción y efecto de precaver, evitar que suceda una cosa.
evitar v. t. Escapar de algo peligroso o molesto: *evitar el contagio, las visitas.* || Huir, procurar no encontrar: *evitar a un conocido.*
evocación f. Acción y efecto de evocar. || Recuerdo, rememoración.
evocador, ra adj. Que hace recordar cosas pasadas.
evocar v. t. Hacer aparecer por sortilegios a los espíritus y a los muertos. || *Fig.* Traer alguna cosa a la memoria, recordar: *evocar un nombre querido, un recuerdo.* | Mencionar, citar: *evocar una cuestión.*
evocativo, va adj. Evocador.
evolución f. Transformación progresiva: *la evolución de un país, de unas ideas, del carácter.* || *Biol.* Serie de transformaciones sucesivas, particularmente las que han sufrido los seres vivos durante los tiempos geológicos. || *Med.* Curso de una enfermedad: *la evolución de un cáncer.* || — Pl. *Mil.* Movimiento, especialmente de tropas, buques y aviones: *evoluciones de un ejército.*
evolucionar v. i. Transformarse progresivamente: *la humanidad está evolucionando.* || Hacer evoluciones. || Mudar de parecer. || Desarrollarse, alcanzar cierto grado de civilización.
evolucionismo m. Doctrina fundada en la evolución de las especies: *el evolucionismo de Lamark.*
evolucionista adj. Del evolucionismo: *doctrina evolucionista.* || — Adj. y s. Partidario del evolucionismo.
evolutivo, va adj. Susceptible de evolución o que la produce.
evolvente adj. y s. f. *Geom.* Aplícase a la curva trazada por la extremidad de un hilo arrollado sobre una curva en la que se ha fijado por la otra extremidad y que se desenrolla manteniéndolo tenso.
Évora, c. del centro de Portugal (Alemtejo), cap. de distrito. Arzobispado.
Évreux, c. del NO. de Francia, cap. del dep. del Eure. Obispado. Catedral.
Evry, v. de Francia al S. de París, cap. del dep. de Essonne.
ex, prefijo que significa *fuera* o *más allá de.* Ante un sustantivo o un adjetivo indica lo que ha sido o ha tenido una persona: *ex presidente.* || — *Ex abrupto,* bruscamente, sin que sea previsto. || *Ex aequo,* de igual mérito, en el mismo lugar. (Es inv.: *dos ex equo.*) || *Ex cátedra,* desde la cátedra de San Pedro: *el Papa habla ex cátedra;* (fig. y fam.) en tono doctoral y terminante: *parece que está siempre hablando ex cátedra.* || *Ex libris,* etiqueta con una inscripción que se pega en el reverso de la tapa de los libros para indicar el nombre de su propietario. || *Ex profeso,* de propósito, expresamente.
exabrupto m. Salida de tono, contestación brusca e inesperada.
exacción f. Acción y efecto de exigir impuestos, multas, etc. || Cobro ilegal, injusto, violento.
exacerbación f. Irritación. || Agravación de una enfermedad.
exacerbar v. t. Exasperar, irritar: *exacerbar los ánimos* (ú. t. c. pr.). || Avivar, agudizar: *exacerbar un dolor, una pasión* (ú. t. c. pr.).
exactitud f. Puntualidad y fidelidad en la ejecución de una cosa.
exacto, ta adj. Conforme a la realidad: *descripción exacta.* || Justo: *un cálculo exacto, una balanza exacta.* || Fiel: *exacto cumplimiento de la ley.* || Puntual. || *Ciencias exactas,* las matemáticas. || — Interj. Expresión de asentimiento.
exageración f. Acción de propasarse en cualquier cosa. || Abuso.
exagerado, da adj. Que exagera las cosas (ú. t. c. s.). || Que rebasa los límites de lo justo: *precio exagerado.*
exagerar v. t. e i. Deformar las cosas dándoles proporciones mayores de las que tienen en realidad: *exagerar las cualidades de alguien.* | Abusar, pasarse de la raya, propasarse.
exaltación f. Elevación a una dignidad o a un cargo importante: *exaltación a la jefatura del Estado.* | Ponderación, enaltecimiento. || Intensificación: *exaltación de un sentimiento.* || Sobreexcitación del ánimo. || Acaloramiento, apasionamiento: *la exaltacin de un debate.* || *Exaltación de la Santa Cruz,* fiesta celebrada el 14 de septiembre en recuerdo de la llegada de la verdadera cruz a Jerusalén (628).
exaltado, da adj. y s. Que se exalta fácilmente.
exaltador, ra adj Que exalta.
exaltamiento m. Exaltación.
exaltar v. t. Elevar a una dignidad o a un cargo importante: *exaltar al pontificado* || Ponderar, enaltecer: *exaltar las hazañas de uno.* || Entusiasmar, excitar. || — V. pr. Excitarse, apasionarse: *exaltarse con la discusión.* || Avivarse: *pasión que se exalta.*
examen m Acción de observar algo con mucho cuidado: *examen de un asunto.* || Prueba a que se somete a un candidato para conocer sus conocimientos o capacidades: *pasar un examen de matemáticas.* || — *Examen de conciencia,* meditación sobre la propia conducta. || *Examen médico,* reconocimiento médico. | *Libre examen,* acción de someter los dogmas al juicio de la razón.
exámetro m. Hexámetro.
examinador, ra m. y f. Persona que examina.
examinando, da m. y f. Persona que sufre un examen.
examinante adj. Que examina.
examinar v. t. Observar atentamente, someter a examen: *examinar un mineral, la conducta de uno.* || Hacer sufrir un examen: *examinar de gramática a un alumno.* || — V. pr. Sufrir un examen.
exangüe adj. Desangrado. || *Fig.* Agotado. | Muerto.
exánime adj. Inanimado, muerto. || Sin señal de vida. || *Fig.* Agotado.
exantema m. *Med.* Erupción cutánea que acompaña algunas enfermedades como el sarampión, la escarlatina, etc.
exantemático, ca adj. *Med.* Relativo al exantema o que va acompañado de esta erupción. || *Tifus exantemático,* infección tífica, epidémica, transmitida generalmente por el piojo, caracterizada por las manchas punteadas en la piel.
exarca m. Gobernador bizantino de las provincias de Ravena (Italia) y de Cartago (África). || Dignidad que sigue inmediatamente a la de patriarca en la Iglesia griega.
exarcado m. Dignidad de exarca y territorio que administra.
exasperación f. Irritación, sumo enojo. || Agravación, intensificación: *la exasperación de un dolor.*
exasperador, ra y **exasperante** adj. Que exaspera.
exasperar v. t. Hacer más intenso: *exasperar un mal* (ú. t. c. pr.). || Irritar, poner muy nervioso: *la injusticia le exaspera.*
excavación f. Acción de excavar: *excavación de zanjas.* || Hoyo.

parte excavada. || Acción de quitar la tierra, las rocas, etc., para encontrar restos arqueológicos.

excavador, ra adj. y s. Que excava. || — F. Máquina para excavar o para evacuar materiales: *excavadora mecánica.*

excavar v. t. Cavar: *excavar un pozo.* || *Agr.* Quitar la tierra alrededor del pie de una planta. || Hacer excavaciones arqueológicas.

excedencia f. Condición de excedente. || Sueldo que se da al empleado excedente.

excedente adj. Dícese del empleado que durante cierto tiempo deja de prestar un servicio. || Sobrante: *sumas excedentes.* || — Adj. y s. m. Lo que sobra.

exceder v. t. Sobrepasar: *los ingresos exceden los gastos.* || Superar: *exceder en inteligencia a uno.* || — V. pr. Propasarse, pasarse de la raya: || *Excederse a sí mismo,* superarse.

excelencia f. Suma perfección. || Título honorífico dado a los ministros, embajadores, académicos, etc. || *Por excelencia,* en sumo grado; por antonomasia.

excelente adj. Que sobresale en lo que hace: *obrero excelente.* || Muy bueno, perfecto: *comida excelente; una excelente persona.*

excelentísimo, ma adj. Tratamiento con que se dirige a la persona a quien se da el título de excelencia: *excelentísimo señor.*

excelsitud f. Suma alteza: *la excelsitud de un [illegible].* || Excelencia.

excelso, sa adj. Muy elevado.

excentración f. *Mec.* Desplazamiento de un centro.

excentricidad f. Rareza, extravagancia. || Estado de lo que se halla lejos de su centro. || — *Geom. Excentricidad de una elipse,* distancia que media entre el centro de la elipse y uno de sus focos. || *Astr. Excentricidad de un planeta,* la de la elipse que forma la órbita de este planeta.

excentricismo m. Calidad de excéntrico.

excéntrico, ca adj. Muy raro, extravagante: *hombre excéntrico* (ú. t. c. s.). || Muy alejado del centro: *barriada excéntrica.* || *Geom.* Que está fuera del centro o que tiene un centro diferente: *dos círculos excéntricos, dos elipses excéntricas.* || — M. Artista de music-hall o circo que interpreta un número cómico. || — F. *Mec.* Pieza usada para convertir un movimiento circular uniforme en otro rectilíneo alterno.

excepción f. Derogación a lo normal: *hacer una excepción.* || Lo que se aparta de la regla general: *no hay regla sin excepción.* || *For.* Motivo que el demandado alega para hacer ineficaz la acción del demandante: *excepción dilatoria, perentoria.* || *A excepción de,* o *con excepción de,* excepto.

excepcional adj. Que forma excepción: *circunstancias excepcionales.* || Extraordinario: *artista excepcional.*

excepto prep. Menos, excluyendo, salvo.

exceptuación f. Excepción.

exceptuar v. t. Excluir, no comprender (ú. t. c. pr.). || Hacer salvedad: *exceptuar a uno de su deber.*

excerta f. Extracto.

excesivo, va adj. Demasiado grande o que sale de lo normal: *trabajo excesivo.* || Exagerado.

exceso m. Lo que sobra: *exceso de carga, de peso, de equipaje.* || Lo que pasa de los límites: *exceso de velocidad.* || Lo que sobrepasa una cantidad: *exceso de natalidad sobre la mortalidad.* || Abuso: *cometer excesos; exceso de poder.* || — *Con exceso,* demasiado. || *En exceso,* excesivamente, demasiado.

excipiente m. Sustancia para incorporar o disolver medicamentos.

excitabilidad f. Calidad de excitable.

excitable adj. Capaz de ser excitado. || Que se excita fácilmente.

excitación f. Provocación, incitación. || Estado de agitación. || *Biol.* Efecto que produce un excitante al actuar sobre una célula, un órgano u organismo.

excitador, ra adj. Que excita (ú. t. c. s.). || — M. *Fís.* Especie de tenacilla, con dos mangos de materia aislante, con la que conectan dos polos de potencial eléctrico diferente.

excitante adj. y s. m. Que puede excitar el organismo: *el café es un excitante.*

excitar v. t. Suscitar, causar: *excitar la sed.* || Activar la energía: *el café excita el sistema nervioso.* || Provocar: *excitar la envidia.* || Estimular, animar: *excitar los ánimos; excitar a la rebelión.* || Poner en estado de agitación moral o física (ú. t. c. pr.).

excitativo, va adj. y s. m. Excitante.

exclamación f. Frase o expresión provocada por una alegría, indignación o sorpresa súbitas. || Signo ortográfico de admiración (¡!).

exclamar v. i. Proferir exclamaciones. || Decir algo gritando.

exclamativo, va y **exclamatorio, ria** adj. Que denota exclamación: *tono exclamatorio; expresión exclamatoria.*

exclaustración f. Acción y efecto de exclaustrar.

exclaustrado, da m. y f. Religioso a quien se ha hecho abandonar el claustro.

exclaustrar v. t. Dar permiso u orden a un religioso para que abandone el claustro.

* **excluir** v. t. Echar a una persona del lugar que ocupaba: *excluir a uno de un partido, de la sociedad.* || Apartar: *excluir de una herencia.* || No hacer entrar, eliminar: *esta clasificación excluye a todos los insectos.* || Rechazar, descartar: *excluir una hipótesis.* || Hacer imposible: *la generosidad excluye el egoísmo.*

exclusión f. Acción y efecto de excluir.

exclusiva f. Privilegio: *dar la exclusiva a un editor.* || Repulsa, no admisión.

exclusive adv. Únicamente. || Con exclusión: *hasta el 15 de agosto exclusive.*

exclusividad f. Exclusiva.

exclusivismo m. Obstinada adhesión a una persona, una cosa o una idea, excluyendo a las demás.

exclusivista adj. y s. Que demuestra exclusivismo.

exclusivo, va adj. Que excluye. || Único, solo.

excombatiente adj. y s. Que luchó en una guerra.

excomulgado, da m. y f. Persona excomulgada.

excomulgar v. t. Apartar la Iglesia católica a una persona de la comunión de los fieles y del uso de los sacramentos. || *Fig.* y *fam.* Excluir a una persona del trato de otra u otras.

excomunión f. Censura por la cual se aparta a uno de la comunión de los fieles. || Carta o edicto con que se intima.

excoriación f. Escoriación.

excoriar v. t. Escoriar (ú. m. c. pr.).

excrecencia f. Tumor o parte superflua que se cría en ciertos tejidos animales y vegetales (verrugas, pólipos, agallas, etc.).

excreción f. Expulsión de los excrementos o de las sustancias secretadas por una glándula.

excrementar v. i. Deponer los excrementos.

excrementicio, cia adj. De los excrementos: *materia excrementicia.*

excremento m. Materia que expele el cuerpo por las vías naturales.

excrementoso, sa adj. Aplícase al alimento que nutre poco y se convierte más que otros en excremento. || Excrementicio.

excrescencia f. Excrecencia.

excretar v. t. e i. Expeler el excremento. || Expeler las glándulas las sustancias que secretan.

excretor, ra y **excretorio, ria** adj. Aplícase a lo que sirve para excretar o que se relaciona con la excreción: *conducto excretorio.*

exculpar v. t. Declarar que una persona no es culpable, disculpar (ú. t. c. pr.).

excursión f. Paseo o viaje corto a algún sitio por motivos de recreo, turismo o estudio: *ir de excursión.*

excursionismo m. Práctica de las excursiones como deporte.

excursionista com. Persona que hace excursiones o es aficionada al excursionismo.

excusa f. Razón dada para disculparse o evitar algo molesto: *buscar excusas; presentar sus excusas.*

excusable adj. Que puede ser excusado.

excusado, da adj. Superfluo, inútil: *excusado es decirlo.* || Que por privilegio está libre de pagar tributos. || Secreto: *puerta excusada.* || — M. Retrete.

excusar v. t. Disculpar. || Evitar: *excusar pleitos, discordias.* || Rechazar, no aceptar: *excusar responsabilidades.* || — V. pr. Disculparse.

exeat m. (pal. lat.) Permiso dado a un clérigo o a un funcionario para salir del lugar donde está.

execrable adj. Abominable.

execración f. Profunda aversión. || Maldición, imprecación.

execrador, ra adj. y s. Que execra.

execrar v. t. Aborrecer, detestar: *execrar el vicio.* || Maldecir, condenar: *execrar a los traidores.*

exégesis f. Explicación, interpretación: *exégesis de la Sagrada Escritura.*

exégeta m. Intérprete o expositor de la Sagrada Escritura.

exegético, ca adj. De la exégesis: *método exegético.*

exención f. Efecto de eximir o eximirse. || Privilegio que exime de un cargo u obligación: *exención fiscal.*

exento, ta adj. Libre: *exento de cuidados, de temor; producto exento de aduanas.* || Descubierto por todas partes: *paraje, edificio exento.* || Aislado: *columna exenta.*

exequátur m. (pal. lat.). Pase dado por la autoridad civil a las bulas y breves pontificios. || Autorización del jefe de un Estado a los representantes extranjeros para que puedan desempeñar sus funciones.

exequias f. pl. Honras fúnebres: *exequias nacionales.*

exergo m. Parte de una medalla donde se pone la leyenda debajo del emblema o figura.

Exeter, c. y puerto del SO. de Inglaterra, cap. del condado de Devon. Catedral gótica.

exfoliación f. División en laminillas. || Caída de la corteza de un árbol. || *Med.* Caída de la epidermis en forma de escamas.

exfoliador m. *Amer.* Calendario de taco del que se arranca una hoja diariamente.

exfoliar v. t. Dividir en láminas o escamas. Ú. t. c. pr.: *exfoliarse un mineral.*

exhalación f. Emanación de gases, vapores u olores. || Estrella fugaz. || Rayo. || Centella.

exhalador, ra adj. Que exhala.

exhalar v. t. Despedir gases, vapores, olores: *exhalar miasmas el pantano, perfume las flores.* || *Fig.* Lanzar: *exhalar suspiros.* || Proferir: *exhalar quejas.* || *Exhalar el último suspiro,* morir. || — V. pr. Correr precipitadamente.

exhaustivo, va adj. Que agota o apura por completo: *investigación exhaustiva; estudio exhaustivo.*

exhausto, ta adj. Agotado, rendido, extenuado: *quedar exhausto.* || Apurado, completamente desprovisto: *exhausto de dinero.*

EV

exhibición f. Demostración. ‖ Presentación: *exhibición de modelos de alta costura.* ‖ Exposición. ‖ Proyección cinematográfica. ‖ *Méx.* Pago de una cantidad a cuenta de una acción, póliza, etc.

exhibicionismo m. Prurito de exhibirse. ‖ Impulso mórbido que lleva a desnudarse en público.

exhibicionista com. Persona que procura siempre exhibirse.

exihibir v. t. Presentar, mostrar: *exhibir una prueba, modelos de alta costura.* ‖ Exponer: *exhibir cuadros.* ‖ Proyectar una película. ‖ Lucir, mostrar con orgullo. ‖ *Méx.* Pagar, entregar una cantidad de dinero. ‖ — V. pr. Mostrarse en público: *exhibirse un acróbata.* ‖ Procurar llamar la atención.

exhortación f. Incitación: *exhortación a la piedad.* ‖ Sermón breve.

exhortador, ra adj. y s. Que exhorta.

exhortar v. t. Aconsejar encarecidamente, incitar con razones o ruegos: *exhortar a cumplir un deber.*

exhorto m. *For.* Despacho que manda un juez a otro para rogarle que lleve a cabo lo que le pide.

exhumación f. Desenterramiento: *proceder a una exhumación.*

exhumar v. t. Desenterrar: *exhumar un cadáver.* ‖ *Fig.* Sacar a luz lo perdido u olvidado: *exhumar el pasado.*

exigencia f. Lo que uno exige de otro: *persona que tiene muchas exigencias.* ‖ Obligación: *esta profesión tiene sus exigencias.*

exigente adj. y s. Difícil de contentar por pedir demasiado.

exigible adj. Que puede ser exigido: *rendimiento exigible.*

exigir v. t. Instar u obligar a alguien a que haga o dé algo en virtud de un derecho o por fuerza: *exigir explicaciones, los tributos.* ‖ *Fig.* Demandar imperiosamente, reclamar: *el crimen exige venganza.* | Necesitar, requerir: *las circunstancias exigen mucha decisión.*

exigüidad f. Pequeñez: *la exigüidad de un cuarto.* ‖ Escasez, insuficiencia: *la exigüidad de sus recursos.*

exiguo, gua adj. Muy pequeño. ‖ Escaso, insuficiente: *un salario exiguo.*

exilado, da adj. y s. Exiliado.

exilar v. t. Exiliar.

exiliado, da adj. y s. Desterrado, que vive en exilio.

exiliar v. t. Desterrar, expatriar (ú. t. c. pr.). (Se dice particularmente del que abandona su patria por razones políticas.)

exilio m. Destierro, expatriación: *permanecer en el exilio.*

eximente adj. Que exime. ‖ *For. Circunstancia eximente,* la que libra de responsabilidad criminal.

eximio, mia adj. Ilustre, eminente: *el eximio poeta.*

eximir v. t. Liberar de una obligación, cargo, culpa, cuidado, etc.: *eximir de un trabajo, del servicio militar* (ú. t. c. pr.).

existencia f. Hecho de existir: *la existencia de Dios para el creyente.* ‖ Vida: *la existencia humana.* ‖ — Pl. Mercancías que no han sido aún vendidas: *liquidación de las existencias.*

existencial adj. De la existencia: *filosofía existencial.*

existencialismo m. *Fil.* Filosofía según la cual el hombre crea y escoge su propia personalidad por sus actos: *el existencialismo de Heidegger, de Sartre.*

existencialista adj. Del existencialismo: *doctrina, filósofo existencialista.* ‖ — M. y f. Seguidor de esta doctrina.

existente adj. Que existe.

existir v. i. Tener ser real: *los duendes no existen.* ‖ Tener vida, vivir: *esta sociedad existe desde hace cinco años.* ‖ Durar, permanecer: *un Estado no puede existir sin leyes.*

éxito m. Resultado feliz de un negocio, actuación, etc.: *ser coronado por el éxito.* ‖ Aprecio: *esta obra de teatro ha tenido mucho éxito.* ‖ Cosa muy conseguida y apreciada: *su recital ha sido un éxito.* ‖ Resultado: *mal éxito.*

exitoso, sa adj. Con éxito.

exlibris m. V. EX libris.

exocrina adj. Aplícase a las glándulas de secreción externa.

éxodo m. *Fig.* Emigración de un grupo de gente: *el éxodo de un pueblo ante el invasor.*

Éxodo (*El*), segundo libro del Pentateuco. (*Biblia.*)

exoneración f. Acción y efecto de exonerar.

exonerar v. t. Liberar de una carga u obligación: *exonerar de impuestos.* ‖ Quitar un cargo o dignidad: *exonerar a uno de su empleo.* ‖ Evacuar: *exonerar el vientre.*

exorbitante adj. Excesivo, que sale de los límites de lo razonable: *precio exorbitante.*

exorcismo m. Conjuro ordenado por la Iglesia católica contra el espíritu maligno.

exorcista m. El que tiene potestad para exorcizar. ‖ Eclesiástico que ha recibido la tercera orden menor.

exorcizar v. t. Usar de exorcismos contra el espíritu maligno: *exorcizar al demonio.* ‖ Librar del demonio por medio de exorcismos.

exordio m. Introducción, preámbulo de una obra o discurso.

exornar v. t. Adornar, embellecer: *exornar un discurso con galas retóricas* (ú. t. c. pr.).

exósmosis f. *Fís.* Corriente de dentro afuera cuando dos líquidos de distinta concentración están separados por una membrana.

exotérico, ca adj. Accesible para el vulgo (opuesto a *esotérico*).

exotérmico, ca adj. *Quím.* Que despide calor: *reacción exotérmica.*

exótico, ca adj. Procedente de un país extranjero: *planta exótica.* ‖ Extraño, raro: *moda exótica.*

exotiquez f. Calidad de exótico.

exotismo m. Calidad de exótico. ‖ Tendencia, inclinación a lo exótico.

expandirse v. pr. Extenderse, dilatarse.

expansibilidad f. *Fís.* Tendencia a la expansión de un gas.

expansible adj. Que tiende a expandirse.

expansión f. *Fís.* Dilatación, aumento de la superficie: *la expansión de un gas o vapor.* ‖ *Fig.* Propagación, difusión: *la expansión del socialismo.* | Desarrollo: *la expansión de la producción.* | Dilatación: *la expansión del espíritu.* | Desahogo, exteriorización: *expansión de alegría.* | Recreo, diversión. | Tendencia a incrementar sus posesiones, la influencia política, etc.

expansionarse v. pr. Desahogarse, sincerarse. ‖ Recrearse.

expansionismo m. Tendencia a la expansión territorial. ‖ Tendencia de los poderes políticos a fomentar el incremento de la renta nacional.

expansionista adj. Que tiende al expansionismo: *política expansionista.* ‖ — Adj. y s. Partidario del expansionismo.

expansivo, va adj. Que tiene tendencia a dilatarse: *cemento expansivo.* ‖ *Fig.* Abierto, comunicativo: *carácter expansivo.*

expatriación f. Salida de su patria para instalarse en otro país.

expatriar v. t. Obligar a uno a que abandone su patria. ‖ — V. pr. Abandonar su patria.

expectación f. Interés e impaciencia con que se espera algo: *esperar con expectación la llegada de un héroe.*

expectante adj. Que espera antes de actuar: *política expectante.* ‖ Que espera algún acontecimiento: *madre expectante.* ‖ *Medicina expectante,* la que deja obrar la naturaleza antes de intervenir.

expectativa f. Espera de algo que ha de suceder: *estar a la expectativa de un negocio.*

expectoración f. Expulsión de las secreciones de las vías respiratorias. ‖ Lo que se expectora: *expectoración sanguínea.*

expectorante adj. y s. m. *Med.* Que facilita la expectoración.

expectorar v. i. Expeler por la boca las secreciones de las mucosas de la tráquea, los bronquios y los pulmones.

expedición f. Envío o remesa: *expedición de mercancías.* ‖ Viaje de exploración: *expedición al Polo Norte.* ‖ Viaje para cumplir una misión particular: *expedición militar, de salvamento.* ‖ Personas que participan en estos viajes. ‖ Rapidez con que se despacha algo.

expedicionario, ria adj. y s. Que participa en una expedición: *tropas expedicionarias.*

expedidor, ra m. y f. Persona que expide o manda algo.

expedientar v. t. Instruir un expediente.

expediente m. Recurso para conseguir algún fin: *hallar un expediente para desentenderse de un asunto.* ‖ Habilidad: *tener expediente en el manejo de un negocio.* ‖ Investigación oficial sobre la conducta de un empleado: *le abrieron expediente por prevaricación.* ‖ Conjunto de documentos relativos a un asunto. ‖ Documentos que dan fe de la actuación de una persona: *tener un expediente cargado en la policía.* ‖ *For.* Negocio sin juicio contradictorio en un tribunal: *instruir un expediente.* ‖ — Pl. Trámites. ‖ — *Fig.* y *fam. Cubrir el expediente,* hacer sólo lo indispensable de lo que se tiene que hacer. | *Dar expediente,* despachar rápidamente un negocio.

expedienteo m. Prolongación y complicación de los expedientes. ‖ *For.* Tramitación de los expedientes.

* **expedir** v. t. Enviar: *expedir una carta, un pedido.* ‖ Resolver un asunto. ‖ Extender un documento: *expedir un pasaporte.* ‖ Dar copia legalizada de un documento: *expedir un contrato.* ‖ Despachar, hacer algo rápidamente.

expeditar v. t. *Méx.* Despachar un asunto con celeridad. ‖ *Amer.* Acelerar. | Facilitar.

expeditivo, va adj. Que despacha o permite despachar las cosas con rapidez: *métodos expeditivos.*

expedito, ta adj. Desembarazado, libre: *camino expedito.* ‖ Pronto para obrar.

expelente adj. Que expele.

expeler v. t. Arrojar, echar, expulsar: *expeler humo por la boca; expeler del país a un indeseable.*

expendedor, ra adj. y s. Que gasta o expende. ‖ — M. y f. Persona que vende al por menor objetos propios o de otro: *expendedor de tabaco, de sellos, de billetes de lotería.* ‖ Persona que pone en circulación moneda falsa.

expendeduría f. Tienda o puesto en que se venden al por menor ciertos objetos estancados: *expendeduría de tabaco.*

expender v. t. Gastar, hacer expensas: *expender el caudal.* ‖ Vender al por menor: *expender tabaco.* ‖ Dar salida a la moneda falsa.

expendio m. *Arg., Méx.* y *Per.* Tienda de ventas al por menor.

expensas f. pl. Gastos, costas. ‖ *A expensas,* a costa, a cargo.

experiencia f. Enseñanza sacada de lo que uno ha hecho: *una persona de experiencia.* ‖ Conocimientos adquiridos por la práctica: *un piloto sin experiencia.* ‖ Hecho de haber experimentado o presenciado algo: *conocer una cosa por experiencia.* ‖ Suceso con el cual se adquiere conocimiento de la vida: *una experiencia desagradable pero aleccionadora.* ‖ Experimento: *una experiencia de física.*

experimentación f. Acción de someter a experimentos.

experimentado, da adj. Que tiene experiencia: *persona experimentada.*

experimentador, ra adj. y s. Que hace experimentos.

experimental adj. Basado en la experiencia: *método, conocimiento experimental.*

experimentar v. t. Someter a experimentos, poner a prueba: *experimentar con nuevos productos.* ‖ Conocer por experiencia: *ha experimentado lo que representa la soledad.* ‖ Sentir: *experimentar una gran satisfacción.* ‖ Sufrir: *experimentar una derrota.*

experimento m. Operación que consiste en observar las reacciones de un cuerpo u objeto cuando se le somete a ciertos fenómenos: *un experimento de química.*

experto, ta adj. Que conoce perfectamente algo, muy hábil: *piloto experto.* ‖ — M. Perito: *experto electricista, químico.*

expiable adj. Que puede ser expiado.

expiación f. Castigo, sufrimiento padecido para reparar una falta o un delito.

expiar v. t. Sufrir un castigo por una falta o delito cometido: *expiar por medio del sacrificio; expiar los desvaríos del pasado.*

expiatorio, ria adj. Que sirve para la expiación: *sacrificio expiatorio.*

expiración f. Término, vencimiento de un plazo: *la expiración de una pena.*

expirar v. i. Morir. ‖ *Fig.* Acabar, llegar a su término: *expirar el mes, el plazo.*

explanación f. Allanamiento, nivelación. ‖ *Fig.* Aclaración, explicación: *explanación de una doctrina.*

explanada f. Terreno de cierta extensión llano y descubierto, situado delante de una fortificación o un edificio. ‖ Parte más elevada de la muralla.

explanar v. t. Allanar, nivelar: *explanar una carretera.* ‖ *Fig.* Aclarar, explicar.

explayada adj. f. *Blas.* Aplícase al águila representada con las alas extendidas.

explayar v. t. Extender (ú. t. c. pr.). ‖ — V. pr. *Fig.* Extenderse al hablar: *explayarse en una peroración.* | Desahogarse, confiarse: *explayarse contando sus cuitas.*

expletivo, va adj. Aplícase a las voces que, sin ser necesarias para el sentido, se emplean para dar más fuerza o armonía a la frase.

explicable adj. Que puede explicarse.

explicación f. Palabras que permiten hacer comprender algo: *explicación del sentido de una frase.* ‖ Razón por la cual ocurre algo: *la explicación de un fenómeno.* ‖ Justificación: *dar, pedir una explicación.* ‖ *Tener una explicación con alguien,* pedirle cuenta de su conducta.

explicar v. t. Hacer comprender: *explicar una frase oscura, una lección.* ‖ Enseñar: *explicar geología en la Universidad.* ‖ Justificar, motivar: *explicar su actuación en un asunto.* ‖ Dar a conocer: *me ha explicado lo que quiere hacer.* ‖ — V. pr. Comprender: *ahora me lo explico.* ‖ Expresarse: *no sabe explicarse.*

explicativo, va adj. Que explica: *nota explicativa.*

explícito, ta adj. Claro y formal: *respuesta explícita.*

explorable adj. Que puede ser explorado.

exploración f. Reconocimiento, observación de un país o sitio: *viaje de exploración.* ‖ *Med.* Examen de una herida u órgano interno. ‖ *Radiot.* Descomposición de las imágenes televisadas en líneas que se transmiten separadamente. ‖ *Min.* Reconocimiento y prospección de los yacimientos.

explorador, ra adj. y s. Que se dedica a la exploración. ‖ — M. Muchacho afiliado a cierta asociación educativa y deportiva.

explorar v. t. Recorrer un país o un sitio poco conocidos o desconocidos observándolos detenidamente: *explorar las orillas del río Amazonas, el fondo del mar.* ‖ Examinar atentamente una herida o una parte interna del organismo. ‖ *Fig.* Registrar: *explorar una biblioteca.* | Sondear, tantear. | Empezar a estudiar un asunto. ‖ *Min.* Reconocer y prospectar las minas.

exploratorio, ria adj. Utilizado para explorar.

explosión f. Acción de estallar violentamente y con estruendo un cuerpo o recipiente: *explosión de un mortero.* ‖ Dilatación repentina de un gas en el interior de un cuerpo hueco, sin que éste estalle: *motor de explosión.* ‖ Tercer tiempo en el funcionamiento de un motor de explosión. ‖ *Fig.* Manifestación viva y repentina: *explosión de entusiasmo.* ‖ En fonología, expulsión del aire al pronunciar ciertas consonantes.

explosionar v. t. Hacer estallar. ‖ — V. i. Estallar, explotar: *explosionar una bomba.*

explosivo, va adj. Que hace explosión o puede producirla: *fuerza, materia explosiva.* ‖ *Gram.* Que se articula con explosión: *la "p" es una consonante explosiva.* ‖ — M. *Quím.* Agente o cuerpo que puede producir explosión.

explotable adj. Que puede ser explotado: *terreno explotable.*

explotación f. Aprovechamiento. ‖ Sitio donde se explota alguna riqueza y elementos que sirven para ello: *explotación minera, agrícola.*

explotador, ra adj. y s. Que explota.

explotar v. t. Aprovechar una riqueza natural: *explotar una mina, un terreno.* ‖ *Fig.* Sacar provecho abusivo de alguien ó de algo: *explotar a un obrero; explotar la generosidad de uno.* ‖ — V. i. Estallar: *explotar un petardo.*

expoliación f. Despojó violento o injusto.

expoliador, ra adj. y s. Que expolia.

expoliar v. t. Despojar con violencia o injusticia.

exponencial adj. y s. f. *Mat.* Dícese de la cantidad que está elevada a una potencia cuyo exponente es variable o desconocido: *función exponencial.*

exponente adj. y s. Que expone. ‖ — M. *Álg.* Número que indica la potencia a que se ha de elevar otro número u otra expresión. ‖ *Fig.* Expresión, ejemplo: *Cervantes es el máximo exponente de la literatura española.*

* **exponer** v. t. Dar a conocer: *exponer una teoría, un programa.* Mostrar, poner a la vista: *exponer al Santísimo.* ‖ Presentar en una exposición: *exponer una obra de arte.* ‖ Arriesgar, hacer peligrar: *exponer la vida* (ú. t. c. pr.). ‖ Abandonar: *exponer un niño.* ‖ Someter: *un sitio expuesto a las intemperies.* ‖ *Fot.* Impresionar una placa por la acción de la luz: *exponer un cliché.*

exportable adj. Que puede ser exportado: *género exportable.*

exportación f. Envío de un producto a otro país: *comercio de exportación.* ‖ Conjunto de mercancías que se exportan. ‖ Envío de capitales al extranjero.

exportador, ra adj. y s. Que exporta: *país exportador.*

exportar v. t. Mandar mercancías a otro país: *España exporta vinos, naranjas, aceite, etc.* ‖ Enviar capitales al extranjero.

exposición f. Acción y efecto de poner algo a la vista. ‖ Exhibición pública de artículos de la industria, ciencias o artes: *la exposición de Montreal de 1967.* ‖ Narración hecha verbalmente o por escrito. ‖ Instancia: *exposición para la rebaja de aranceles.* ‖ Parte de la obra literaria en que se da a conocer el asunto que se va a desarrollar: *exposición de los antecedentes de la acción.* ‖ *Mús.* Parte donde se presenta el tema. ‖ Orientación: *exposición de una casa al Este.* ‖ *Fot.* Tiempo durante el cual una placa recibe la luz. ‖ Riesgo.

exposímetro m. *Fot.* Aparato que permite calcular el tiempo de exposición que requiere un cliché.

expósito, ta adj. y s. Aplícase al recién nacido abandonado en un sitio público.

expositor, ra adj. y s. Que expone: *el expositor de un texto, de un tema.* ‖ — M. y f. Persona que participa en una exposición pública: *los expositores premiados.* ‖ — M. El que interpreta la Biblia o un texto jurídico.

EX

exprés m. Anglicismo por *tren expreso.* ‖ Manera de preparar el café. ‖ — Adj. Anglicismo por *rápido*: *olla exprés.*

expresado, da adj. Anteriormente mencionado.

expresar v. t. Manifestar lo que se piensa, siente o quiere: *expresar su afecto con palabra emocionada; expresar sus sentimientos con la música* (ú. t. c. pr.).

expresión f. Manifestación de un pensamiento, sentimiento o deseo: *estas palabras son la expresión de su modo de pensar.* ‖ Manera de expresarse verbalmente. ‖ Palabra, frase giro: *expresión impertinente.* ‖ Aspecto del semblante que traduce un sentimiento: *una expresión de bondad.* ‖ Capacidad de manifestar intensamente sus sentimientos: *una cara llena de expresión.* ‖ *Farm.* Zumo o sustancia exprimida. ‖ *Mat.* Representación de una cantidad: *expresión algébrica.* ‖ — Pl. Recuerdos, saludos: *dale a tu madre expresiones de mi parte.* ‖ *Fig.* Reducir *a la mínima expresión,* disminuir hasta el máximo.

expresionismo m. Tendencia artística y literaria iniciada a principios del siglo XX, marcada por un intento de representar la sensación interna y subjetiva que las cosas y seres producen.

expresionista adj. y s. Que sigue el expresionismo: *Orozco, Segall y Rouault son pintores expresionistas.*

expresivo, va adj. Que expresa perfectamente lo que piensa, quiere o siente: *palabra expresiva.* ‖ Que tiene expresión: *mirada expresiva.* ‖ Cariñoso: *hombre expresivo.* ‖ Vivo: *expresivos agradecimientos.*

expreso, sa adj. Especificado, explícito: *por orden expresa.* ‖ — Adj. y s. m. Aplícase a los trenes de viajeros muy rápidos. ‖ — M. Correo extraordinario.

exprimelimones m. inv. Exprimidor para limones.

exprimidera f., **exprimidero** m. y **exprimidor** m. Utensilio para sacar el zumo de una sustancia, y particularmente de la fruta.

exprimir v. t. Sacar el zumo: *exprimir una naranja.* ‖ *Fig.* Estrujar, sacar todo lo que se puede de una persona o cosa. ‖ *Fig.* y *fam. Méx. Exprimir un arma de fuego,* disparar todos los cartuchos del depósito.

expropiación f. Desposeimiento legal de una propiedad. ‖ Cosa expropiada.

expropiador, ra adj. y s. Que expropia.

expropiar v. t. Desposeer legalmente a alguien de su propiedad con indemnización y por motivos de utilidad pública.

expuesto, ta adj. Que no está protegido: *casa expuesta a todos los vientos.* ‖ Peligroso, arriesgado: *acción expuesta.*

expugnable adj. Que puede ser expugnado.

expugnación f. Acción y efecto de expugnar.

expugnar v. t. Tomar por asalto: *expugnar una trinchera.*

expulsar v. t. Despedir, echar: *expulsar a un revoltoso de un local.* || Hacer salir: *expulsar mucosidades de los bronquios.*

expulsión f. Acción y efecto de expulsar.

expulsivo, va adj. Que favorece la expulsión: *medicamento expulsivo.*

expurgación f. Supresión de las cosas malas contenidas en algo.

expurgar v. t. Quitar de algo lo malo que contiene: *expurgar un texto, la sociedad.*

expurgatorio, ria adj. Que expurga.

expurgo m. Expurgación.

exquisitez f. Calidad de exquisito.

exquisito, ta adj. De muy buen gusto: *un espectáculo exquisito; un detalle exquisito.* || Muy fino: *manjar exquisito.* || Muy agradable: *casa, persona exquisita.* || Delicado, elegante: *poeta exquisito; cortesía exquisita.*

extasiarse v. pr. Arrobarse, enajenarse. | Maravillarse: *extasiarse contemplando el paisaje.*

éxtasis m. Estado de admiración o alegría intensa que hace desaparecer cualquier otro sentimiento: *caer en éxtasis ante un cuadro.* || *Teol.* Estado del alma, que se siente transportada fuera del mundo sensible: *los éxtasis de San Juan de la Cruz, de Santa Teresa.* || *Med.* Estado mental pasajero en el cual el enfermo se crea un mundo feliz completamente ajeno al que lo rodea.

extemporáneo, a adj. Impropio del tiempo en que ocurre. || Inoportuno, inadecuado: *discurso extemporáneo.*

* **extender** v. t. Hacer que una cosa ocupe más espacio que antes. || Abrir: *extender las alas.* || Aumentar: *extender su influencia.* || Esparcir: *extender la hierba segada para que se seque.* || Desdoblar, desplegar: *extender un mapa.* || Hacer llegar: *extender a más personas un derecho.* || Escribir y entregar documentos: *extender una fe de vida.* || Redactar: *extender un cheque.* || — V. pr. Ocupar cierto espacio de tiempo o terreno: *la llanura se extiende hasta muy lejos.* || Alcanzar: *su venganza se extendió a toda su familia.* || *Fig.* Propagarse: *extenderse una epidemia.* | Hablar dilatadamente.

extensibilidad f. Capacidad de aumentar de extensión.

extensible adj. Que puede aumentar de extensión: *mesa extensible.*

extensión f. Dimensiones, espacio ocupado por una cosa: *la extensión de un país.* || Acción y efecto de extender o extenderse: *la extensión de un miembro.* || Duración: *la extensión de un fenómeno, de un discurso.* || Propagación: *la extensión de un conflicto.* || Amplitud: *la extensión de un suceso.* || Significación: *en toda la extensión de la palabra.* || *Amer.* Línea telefónica suplementaria conectada con la principal. || *Por extensión,* aplícase al significado de una palabra derivado del propio.

extensivo, va adj. Que se extiende o se puede extender. || *Cultivo extensivo,* el que se practica en superficies muy grandes de escasa población y poco rendimiento.

extenso, sa adj. Extendido: *brazo extenso.* || Amplio, muy grande: *un extenso país.* || Largo: *un discurso extenso.* || *Por extenso,* con todo detalle.

extensor, ra adj. Que sirve para extender: *músculo extensor.* || — M. Aparato de gimnasia formado por cables de caucho y usado para desarrollar los músculos.

extenuación f. Debilitación, agotamiento. || Enflaquecimiento.

extenuar v. t. Debilitar, agotar (ú. t. c. pr.).

exterior adj. Que está por la parte de fuera: *el mundo exterior; la capa exterior de un árbol.* || Que da a la calle: *ventana exterior.* || Relativo a otros países: *las relaciones exteriores; comercio exterior.* || — M. Superficie externa de los cuerpos: *el exterior de una esfera.* || Lo que está fuera: *el exterior de una casa.* || Espacio que rodea una casa: *no quiso entrar, se quedó al exterior.* || Aspecto, porte, modales de una persona. || Países extranjeros. || — M. pl. *Cin.* Escenas rodadas fuera de un estudio.

exterioridad f. Calidad de exterior. || — Pl. Apariencias.

exteriorización f. Manifestación ante los demás de una idea o sentimiento.

exteriorizar v. t. Manifestar ante los demás lo que se piensa o siente: *exteriorizar su alegría.*

exterminación f. Exterminio.

exterminador, ra adj. y s. Que extermina. || *Ángel exterminador,* en la Biblia, el encargado de matar a los egipcios que perseguían a los hebreos.

exterminar v. t. Acabar por completo con una cosa: *exterminar una plaga de insectos.* || Aniquilar: *exterminar un pueblo.* || Devastar.

exterminio m. Destrucción completa o casi completa, aniquilación: *el exterminio de un pueblo.*

externado m. Centro de enseñanza para alumnos externos.

externo, na adj. Que se manifiesta al exterior o viene de fuera: *signos externos de riqueza; influencia externa.* || Que se pone fuera: *medicina de uso externo.* || — Adj. y s. Aplícase al alumno que da clases en una escuela sin dormir y comer en ella.

extinción f. Acción de apagar o apagarse. || Cesación o desaparición progresiva.

extinguible adj. Que se puede extinguir.

extinguir v. t. Hacer que cese el fuego o la luz, apagar: *extinguir un incendio* (ú. t. c. pr.). || *Fig.* Hacer cesar o desaparecer gradualmente: *extinguir el sonido, un afecto, la vida* (ú. t. c. pr.). || — V. pr. Morirse.

extintivo, va adj. *For.* Que sirve para hacer cesar una acción: *prescripción extintiva.*

extinto, ta adj. Apagado. || *Arg.* y *Chil.* Muerto, difunto.

extintor adj. Que extingue. || — M. Aparato para extinguir incendios.

extirpable adj. Que puede ser extirpado.

extirpación f. Supresión completa y definitiva.

extirpador, ra adj. y s. Que extirpa. || — M. *Agr.* Instrumento para arrancar las malas hierbas y labrar superficialmente la tierra.

extirpar v. t. Arrancar de cuajo o de raíz: *extirpar las malas hierbas.* || *Fig.* Acabar definitivamente con algo: *extirpar un vicio.*

extorsión f. Despojo o usurpación violenta. || *Fig.* Perturbación, trastorno, molestia.

extorsionar v. t. Usurpar con violencia. || Causar extorsión.

extra prep. Significa *fuera de,* como *en extramuros, extraoficial.* || *Fam.* Aislada, significa *además: extra del sueldo, tiene otras ganancias.* || — Adj. Extraordinario, de calidad superior. || Suplementario: *horas extras.* || — M. *Fam.* Beneficio accesorio: *cobrar extras.* || *Cin.* Comparsa. || Persona que presta accidentalmente un servicio. || Gasto o comida especial.

extracción f. Acción y efecto de extraer: *la extracción de carbón, de una muela, de un preso.* || *Mat.* Operación consistente en sacar la raíz de una cantidad: *extración de una raíz cuadrada.* || Origen, extirpe: *de extracción noble, campesina.*

extractar v. t. Resumir, hacer un extracto: *extractar un documento, un discurso.*

extractivo, va adj. Que se dedica a la extracción: *industrias extractivas.*

extracto m. Resumen, compendio: *un extracto de una novela; un extracto de cuentas.* || Perfume concentrado: *extracto de rosas.* || Sustancia que se extrae de otro cuerpo: *extracto de quinina.*

extractor, ra m. y f. Persona que extrae. || — M. Aparato que sirve para extraer. || Instrumento para sacar los cuerpos extraños del organismo.

extradición f. Entrega del reo refugiado en un país al gobierno de otro que lo reclama.

extradós m. *Arq.* Superficie convexa o exterior de una bóveda. || *Aeron.* Superficie superior del ala de un avión.

* **extraer** v. t. Sacar, arrancar: *extraer una muela; extraer carbón de una mina.* || Sacar, tomar parte de algo: *extraer una cita de un libro.* || Hacer salir: *extraer de la prisión.* || *Mat.* Sacar la raíz de un número. || Separar una sustancia del cuerpo en que está contenida: *extraer la esencia de una hierba.*

extrafino, na adj. Sumamente fino: *comestibles extrafinos.*

extrajudicial adj. Que se hace o trata fuera de la vía judicial: *procedimiento extrajudicial.*

extralegal adj. Que se hace fuera de la legalidad: *medios extralegales.*

extralimitación f. Acción y efecto de extralimitarse, abuso.

extralimitarse v. pr. *Fig.* Propasarse, ir demasiado lejos, pasar los límites en la conducta o las atribuciones que uno se toma.

extramuros adv. Fuera del recinto de una población.

extranjería f. Calidad y condición de extranjero.

extranjerismo m. Afición desmedida a todo lo extranjero. || Palabra, giro extranjero.

extranjerizar v. t. Introducir en un país las costumbres de otro (ú. t. c. pr.).

extranjero, ra adj. y s. De otro país. || — M. Toda nación que no es la propia: *viajar por el extranjero.*

extranjis (de) loc. fam. De tapadillo; callandito.

extrañamiento m. Destierro. || Asombro, sorpresa.

extrañar v. t. Sorprender: *me extrañó verte allí.* || Encontrar una cosa extraña por ser nueva: *no durmió por extrañarle la cama del hotel.* || Ser muy tímido un niño con los desconocidos. || Desterrar: *extrañar de la patria* (ú. t. c. pr.). || Dejar de tratar a uno. || *Amer.* Echar de menos. || — V. pr. Sorprenderse, maravillarse.

extrañeza f. Admiración, asombro. || Calidad de extraño. || Cosa extraña.

extraño, ña adj. Que pertenece a una nación, familia, grupo u oficio distintos (ú. t. c. s.). || Raro, extravagante: *extraño humor; extraña idea.* || Sorprendente: *es extraño que no haya venido.* || Ajeno a una cosa: *ser extraño a un hecho.* || *Med. Cuerpo extraño,* el que se encuentra en un organismo sin formar parte de él normalmente. || — M. Espantada del caballo.

extraoficial adj. No oficial, oficioso.

extraordinario, ria adj. Fuera de lo corriente: *medida extraordinaria.* || Singular: *proyecto extraordinario.* || Magnífico, admirable: *un hombre extrordinario.* || Muy grande: *un talento extraordinario.* || Suplementario: *horas extrordinarias.* || Imprevisto: *gastos extraordinarios.* || — M. Plato añadido a la comida de todos los días. || Número especial de un periódico:

un extraordinario de "La Nación". || *Embajador extraordinario,* el enviado para tratar un asunto particular o para presenciar una ceremonia solemne.

extrapolación f. *Mat.* Procedimiento que consiste en llevar la aplicación de una ley o el conocimiento de una función más allá de los límites en que han sido averiguados. || Operación consistente en hacer previsiones a partir de los datos estadísticos disponibles. || *Fig.* Deducción y generalización.

extrapolar v. t. *Mat.* Hacer una extrapolación. || *Fig.* Generalizar.

extrarradio m. Circunscripción administrativa en las afueras de una población: *el extrarradio de Madrid.*

extrasístole f. *Med.* Contracción suplementaria del corazón entre dos contracciones normales.

extraterritorial adj. Que está o se considera fuera del territorio de la propia jurisdicción: *aguas extraterritoriales.*

extraterritorialidad f. Inmunidad que exime los agentes diplomáticos, los buques de guerra, etc., de la jurisdicción del Estado en que se encuentran.

extravagancia f. Calidad de extravagante: *la extravagancia de un proyecto, de una persona.* || Excentricidad, acción o cosa extravagante: *hacer extravagancias.*

extravagante adj. Fuera del sentido común, raro, extraño, excéntrico: *tener ideas extravagantes* (ú. t. c. s.).

extravasación f. Acción y efecto de extravasarse.

extravasarse v. pr. Salirse un líquido de su conducto natural: *extravasarse la sangre, la savia.*

extravenarse v. pr. Extravasarse la sangre de las venas.

extraversión f. Carácter de la persona siempre dirigida hacia el mundo exterior.

extraviado, da adj. Que ha perdido su camino: *res extraviada.* || Aislado, retirado: *calle extraviada.* || Perdido: *objeto extraviado.* || De vida airada: *muchacho extraviado.* || Con la mirada perdida y llena de asombro: *ojos extraviados.*

extraviar v. t. Desorientar (ú. t. c. pr.). || Perder, no acordarse de dónde se puso una cosa: *extravió su libro* (ú. t. c. pr.). || — V. pr. *Fig.* Pervertirse, dedicarse a la mala vida: *este muchacho se ha extraviado.*

extravío m. Acción y efecto de extraviar o extraviarse. || *Fig.* Desorden en las costumbres. | Error, equivocación, desvarío: *los extravíos de la juventud.*

Extremadura, región occidental de España que forma las provincias de Badajoz y Cáceres. Ganadería. — Ant. prov. de Portugal, en el litoral, que comprendía los actuales distritos de Lisboa, Santarem y Leiria.

extremar v. t. Llevar hacia el más alto grado: *extremar la vigilancia, las precauciones.* || — V. pr. Esmerarse: *extremarse en la limpieza.*

extremaunción f. *Relig.* Sacramento que se administra a los moribundos.

extremeño, ña adj. y s. De Extremadura.

extremidad f. Punta, cabo: *la extremidad de una lanza.* || Último momento. || — Pl. Pies y manos del hombre. || Cabeza, manos, pies y cola de los animales.

extremismo m. Tendencia a adoptar ideas o actitudes extremas, exageradas, especialmente en política: *extremismo revolucionario.*

extremista adj. y s. Partidario del extremismo.

extremo, ma adj. Que llega al mayor grado: *bondad extrema; calor extremo.* || Más alejado de un sitio: *la punta extrema de una península.* || *Fig.* Excesivo; falto de moderación: *opiniones extremas; la extrema derecha en el Parlamento.* || Distante, diferente. || — M. Extremidad: *el extremo de un palo.* || Situación extremada: *llegó al extremo que quiso matarse.* || Punto, tema: *se trataron varios extremos durante la sesión.* || *Mat.* El primero y el último término en una proporción. || En fútbol, cada uno de los delanteros exteriores. || — *Con extremo* o *en extremo,* mucho: *beber en extremo.* || *Pasar de un extremo a otro,* cambiar radicalmente.

extremoso, sa adj. Excesivo, que no guarda ninguna moderación. || Demasiado expresivo en sus demostraciones de cariño.

extrínseco, ca adj. Externo, que viene de fuera: *causas extrínsecas.* || *Valor extrínseco de una moneda,* valor legal, convencional.

extroversión f. Extraversión.

exuberancia f. Gran abundancia: *la exuberancia de la vegetación tropical.* || *Fig.* Temperamento muy vivo y demostrativo.

exuberante adj. Muy abundante: *vegetación exuberante; imaginación exuberante.* || Que manifiesta sus sentimientos por demostraciones excesivas: *mujer exuberante*

exudación f. *Med.* Acción y efecto de exudar.

exudar v. i. *Med.* Salir un líquido fuera de sus vasos o conductos propios. || Rezumar.

exultación f. Manifestación muy viva de alegría.

exultar v. i. Sentir y mostrar viva alegría.

exutorio m. *Med.* Úlcera mantenida abierta para un fin curativo.

exvinculación f. Desamortización.

exvincular v. t. Desamortizar.

exvoto m. Ofrenda hecha en agradecimiento de un beneficio obtenido, que se cuelga en los muros de las capillas.

eyaculación f. Expulsión violenta del líquido contenido en un órgano o cavidad.

eyacular v. t. Lanzar con fuerza el contenido de un órgano o cavidad. || Expeler el semen.

Eyck (Jan VAN). V. VAN EYCK.

eyección f. Extracción. || Deyección.

eyectable adj. Que puede ser proyectado o expulsado en el aire: *asiento eyectable.*

eyector m. Dispositivo para extraer los cartuchos vacíos de algunas armas.

Eylau, hoy *Bagrationovsk,* c. de la U. R. S. S. (Rusia), cerca de Königsberg. Victoria de Napoleón I (1807).

eyrá m. Pequeño puma de América del Sur.

Eyzaguirre (Agustín), político y patriota chileno (1766-1837), miembro de la Junta de 1823 y pres. de la Rep. de 1826 a 1827.

Ezcurra (Juan Antonio), militar y político paraguayo (1859-¿1905?), pres. de la Rep. de 1902 a 1904.

Ezeiza, pobl. de la Argentina (Buenos Aires). Aeropuerto.

Ezequiel, profeta judío (¿627-570? a. de J. C.) que anunció la ruina de Jerusalén.

Ezeta (Carlos), general salvadoreño (1855-1903), pres. de la Rep. de 1890 a 1894.

ezpatadanza f. Baile vasco.

Ezpeleta de Galdeano (José de), general español (1741-1823), gobernador de Cuba de 1785 a 1789 y virrey de Nueva Granada de 1789 a 1797.

Ezra (Moisés Ben), poeta hispanojudío (¿1060?-1138), autor de *El collar de perlas.*

Baile flamenco

F

f f. Séptima letra del alfabeto castellano y quinta de sus consonantes. ‖ — **F**, símbolo del *faradio* y del *flúor*. ‖ **°F**, símbolo del *grado* en la escala de Fahrenheit.

fa m. Cuarta nota de la escala musical. ‖ Signo que la representa. ‖ — *Clave de fa*, la que se representa con el signo 𝄢 seguido de dos puntos, y en que la nota colocada sobre la línea que pasa entre dichos puntos se llama *fa*.

fabada f. En Asturias, potaje de alubias y tocino.

Fabbiani Ruiz (José), escritor venezolano, n. en 1911, autor de la novela *La dolida infancia de Perucho González*.

Fabela Alfaro (Isidro), jurista, diplomático y escritor mexicano (1882-1964), autor de *La neutralidad, La doctrina de Monroe y el monroísmo*, etc.

Fabini (Eduardo), músico uruguayo (1882-1950), que cultivó los temas nativos (*Campo, La isla de los ceibos*).

Fabio ‖ **~ Cunctátor** o *el Contemporizador*, general romano (¿275-203? a. de J. C.). Nombrado tras el revés de Trasimeno prodictador, detuvo con su táctica el avance de Aníbal. ‖ **~ Píctor** (Quinto), historiador latino (¿254-200? a. de J. C.), autor de *Anales*.

Fabiola de Mora y Aragón, dama española n. en 1928, reina de los belgas por su casamiento con Balduino I en 1960.

Fabios, familia romana cuyos 306 miembros lucharon con los veyanos y fueron exterminados en 477 a. de J. C. Su único sobreviviente fue Quinto Fabio Vibulano, cónsul en 450 a. de J. C.

Fabra (Pompeyo), filólogo español (1868-1948), director de los estudios para normalizar la lengua catalana moderna.

Fábrega (José Isaac), novelista panameño, n. en 1900, autor de *El crisol*.

Fábregas (Virginia), actriz de teatro mexicana (1871-1950).

Fabriano (Gentile da). V. Gentile.

fábrica f. Establecimiento industrial en el que se transforman los productos semimanufacturados o materias primas para la creación de objetos destinados al consumo: *fábrica siderúrgica*. ‖ Fabricación. ‖ Edificio, construcción hecha por los albañiles. ‖ *Fig.* Trama de historias, de mentiras, etc. ‖ *Precio de fábrica*, el que pide el fabricante al comercio.

fabricación f. Acción o manera de fabricar.

fabricante m. Persona que fabrica productos para venderlos.

fabricar v. t. Transformar materias en productos industriales: *fabricar automóviles*. ‖ Edificar, construir: *fabricar un puente*. ‖ *Fig.* Inventar, forjar: *fabricar un tejido de mentiras*. | Hacer: *fabricar uno su fortuna*.

fabril adj. Industrial, manufacturero: *centro fabril*.

fábula f. Apólogo, relato alegórico, generalmente en verso, del que se saca una moraleja: *las fábulas de Iriarte y de Samaniego*. ‖ Mentira, historia inventada: *lo que dices es una fábula*. ‖ Relato mitológico. ‖ Tema que provoca la burla: *la fábula de todo el barrio*.

fabulario m. Colección o repertorio de fábulas.

fabulista com. Autor de fábulas.

fabuloso, sa adj. Imaginario, creado por la mente: *personaje fabuloso*. ‖ Enorme, extraordinario, fuera de lo corriente: *precio, riqueza fabulosos*.

faca f. Cuchillo grande con la punta corva.

Facatativá, c. del centro de Colombia (Cundinamarca).

facción f. Rasgos del rostro. ‖ Conjunto de gentes unidas para llevar a cabo una acción política violenta. ‖ *Mil.* Servicio de guardia que hace un soldado.

faccioso, sa adj. y s. Sedicioso, rebelde.

faceta f. Cada una de las caras de un poliedro: *las facetas de un brillante*. ‖ *Fig.* Aspecto, lado: *hombre de múltiples facetas*.

facetada f. *Méx.* Chiste sin gracia.

facial adj. De la cara: *arteria, músculo, nervio facial*. ‖ — *Ángulo facial*, el formado por el eje de la cara y el del cráneo. ‖ *Cirugía facial*, la que opera en la cara, generalmente con fines de belleza. ‖ *Técnico facial*, especialista que, en un instituto de belleza, se dedica al tratamiento de la cara.

facies f. Semblante.

fácil adj. Que cuesta poco trabajo, sencillo: *una tarea fácil de resolver*. ‖ Cómodo: *llevar una vida fácil*. ‖ Que parece hecho sin esfuerzo: *estilo fácil*. ‖ Dócil, manejable: *temperamento fácil*. ‖ Probable: *es fácil que lo haga pronto*. ‖ Liviana, poco recatada: *mujer fácil*. ‖ — Adv. Con facilidad.

facilidad f. Calidad de fácil: *la facilidad de un problema*. ‖ Disposición, capacidad para ejecutar algo sin esfuerzo: *tiene facilidad de palabra*. ‖ Poca dificultad: *tiene gran facilidad para que se le contagie cualquier enfermedad*. ‖ — Pl. Comodidades: *facilidades de comunicaciones*. ‖ Plazos para pagar: *obtener facilidades*.

facilitación f. Acción de facilitar una cosa.

facilitar v. t. Hacer fácil, sencilla o posible una cosa: *facilitar el trabajo*. ‖ Proporcionar, dar: *facilitar los documentos*. ‖ Procurar: *me facilitó una entrevista*.

facilón, ona adj. Muy fácil.

facineroso, sa adj. y s. Malhechor.

facistol m. Atril grande. ‖ — Adj. *Antill., Méx.* y *Venez.* Engreído, pedante.

facistolería f. *Fig.* y *fam. Cub., Méx.* y *Venez.* Vanidad, afectación (especialmente al andar).

facón m. *Riopl.* Daga o puñal grande, de punta aguda.

facoquero m. Mamífero de África semejante al jabalí.

facsímil y **facsímile** m. Reproducción perfecta de una firma, escrito, dibujo, etc.

facsimilar adj. Aplícase a las reproducciones en facsímile.

factible adj. Hacedero.

facticio, cia adj. Que no es natural.

factor m. Cada uno de los términos de un producto: *el orden de los factores no altera el producto*. ‖ Elemento, concausa: *los factores de una desgracia*. ‖ Agente causal hereditario que determina un cierto carácter en la descendencia: *factor Rhesus*. ‖ El que hace una cosa. ‖ Apoderado de un comerciante para compras y ventas. ‖ Empleado de ferrocarril encargado de facturar.

factoraje m. Factoría.

factoría f. Empleo y oficina del factor. ‖ Establecimiento de comercio en un país colonial. ‖ Manufactura, fábrica.

factorial f. *Mat.* Producto obtenido al multiplicar un número dado por todos los enteros sucesivos inferiores: *la factorial de 5 es*

5! = $5 \times 4 \times 3 \times 2 \times 1 = 120$.

factótum m. Persona subalterna que se encarga de todo por cuenta de otra.

factura f. Cuenta detallada de las mercancías compradas o vendidas. ‖ Hechura: *versos de buena factura.*

facturación f. Acción y efecto de facturar. ‖ Volumen de ventas de un negocio.

facturar v. t. Extender una factura de las mercancías vendidas. ‖ En los ferrocarriles, hacer registrar el depósito de las mercancías o equipajes que se envían.

facultad f. Aptitud, capacidad, potencia física o moral: *facultad de pensar, de sentir, de querer.* ‖ Poder, derecho para hacer alguna cosa: *la ley da facultad para disponer de nuestros bienes.* ‖ Virtud, propiedad: *el imán tiene la facultad de atraer el hierro.* ‖ En la Universidad, sección de la enseñanza superior: *la Facultad de Derecho, de Filosofía y Letras.* ‖ Edificio en que está. ‖ — Pl. Disposiciones, aptitudes.

facultar v. t. Autorizar, conceder facultades a uno para hacer lo que sin tal requisito no podría.

facultativo, va adj. Perteneciente a una facultad: *dictamen facultativo.* ‖ Potestativo, que puede hacerse o no: *aplicación facultativa de una ley, de una regla.* ‖ Propio del médico: *orden facultativa; parte facultativo.* ‖ *El cuerpo facultativo,* los médicos. ‖ — M. Médico.

facundia f. Locuacidad.

facundo, da adj. Hablador.

Facundo o Civilización y barbarie, obra histórica y sociológica de D. F. Sarmiento (1845).

facha f. *Fam.* Presencia, figura, aspecto: *tener mala facha.* ‖ Adefesio (ú. t. c. m.).

fachada f. Aspecto exterior que ofrece un edificio, un buque, etc., por cada uno de sus lados. ‖ Portada en los libros. ‖ *Fam.* Presencia, apariencia: *fulano no tiene más que fachada.*

fachenda f. *Fam.* Jactancia. ‖ — M. *Fam.* Fachendoso.

fachendoso, sa adj. *Fam.* Vanidoso. ‖ Presumido.

Fachoda, hoy *Kodok,* c. del Sudán, a orillas del Nilo.

fachosear v. i. *Méx.* Presumir.

fachoso, sa adj. De mala facha. ‖ *Amer.* Fachendoso.

Fadeiev (Aleksandr), novelista ruso (1901-1956).

Fader (Fernando), pintor paisajista argentino (1882-1935).

fading m. (pal. ingl.). Debilitación momentánea de la intensidad de las señales radioeléctricas.

fado m. Canción portuguesa.

Fadrique, infante de Castilla (¿1334?-1358), mandado asesinar por su hermano Pedro I el Cruel.

faena f. Trabajo corporal, labor: *las faenas de la recolección.* ‖ Trabajo mental: *las faenas del ingenio.* ‖ Quehacer, tarea: *dedicarse a sus faenas cotidianas.* ‖ Cada una de las operaciones que se hacen con el toro en el campo: *faena de acoso.* ‖ Trabajo del torero con la muleta. ‖ *Fig.* Mala jugada: *hacer una faena a un amigo.*

faenar v. tr. Matar reses y prepararlas para el consumo.

faenero, ra m. y f. Jornalero.

Faenza, c. del N. de Italia (Emilia). Obispado. Cerámicas.

faetón m. Coche de caballos, alto y descubierto, con cuatro ruedas.

Faetón, hijo de Helios y de Climena, que guiando el carro del Sol estuvo a punto de abrasar el universo. *(Mit.)*

fagáceas f. pl. Familia de árboles angiospermos dicotiledóneos, como la encina (ú. t. c. adj.).

Fagatogo, cap. de las Samoa orientales o norteamericanas.

Fagnano, llamado tb. *Cami,* lago y valle de la Tierra del Fuego, entre Argentina y Chile.

Fagnano [*-ñano*] (José), religioso italiano (1844-1916), explorador del Sur argentino. ‖ ~ **dei Toschi** (GIULIO CESARE), matemático italiano (1682-1766).

fagocito m. Glóbulo blanco de la sangre capaz de absorber y asimilarse las células que le rodean.

fagocitosis f. Función que desempeñan los fagocitos en el organismo: *la fagocitosis fue descubierta por Metchnikov.*

fagot m. Instrumento músico de viento. ‖ El que lo toca.

fagotista m. Fagot, músico.

Fagundes Varela (Luis Nicolau), poeta brasileño (1841-1875), autor de *Cántico del Calvario.*

Fahrenheit (Daniel Gabriel), físico alemán, n. en Dantzig (1686-1736), inventor de una escala termométrica que aún se usa hoy.

Fahrenheit *(Escala),* graduación termométrica en la que 0° centesimal equivale a 32 °Fahrenheit y 100 °C a 212 °F.

[Fórmulas de conversión:

$$C = \frac{5}{9}(F - 32)$$

$$\text{y } F = \frac{9}{5}C + 32.]$$

F. A. I., siglas de *Federación Anarquista Ibérica.*

Faial, ant. *Fayal,* isla de Portugal al O. del archip. de las Azores; cap. *Horta.*

fair play [*fear pley*] m. (pal. ingl.). Juego limpio.

Fairbanks, c. de Estados Unidos (Alaska). Universidad. Estación terminal del ferrocarril de Alaska.

Faisal ‖ ~ **I** (1883-1933), rey de Siria (1919) y luego de Irak en 1921. ‖ ~ **II** (1935-1958), nieto del anterior, rey de Irak desde 1939. M. asesinado.

faisán m. Ave gallinácea comestible y de hermosas plumas.

Faisanes (ISLA DE LOS), isla fluvial del Bidasoa (frontera franco-española), donde se firmó el Tratado de los Pirineos (1659).

faísta com. Miembro de la Federación Anarquista Ibérica.

faja f. Lista: *las fajas de un escudo.* ‖ Tira de lienzo o tejido elástico para ceñir el cuerpo por la cintura: *faja abdominal.* ‖ Porción de terreno. ‖ Banda de papel con que se rodean los periódicos o impresos enviados por correo o las que tienen algunos libros con ciertas indicaciones sobre el tema tratado o con el premio recibido. ‖ Insignia de algunos cargos militares o civiles. ‖ Vitola de un puro. ‖ *Arq.* Moldura.

fajado, da adj. *Blas.* Dícese del escudo que lleva fajas. ‖ — *Min.* Madero para entibar.

fajamiento m. Acción y efecto de fajar o fajarse.

fajar v. t. Rodear o envolver con faja o venda: *fajar un brazo herido, a un niño de pecho.* ‖ *Amer.* Pegar a uno: *le fajó dos bofetadas.*

Fajardo, c. y puerto de Puerto Rico (Humacao), en la costa este.

fajín m. Insignia o faja de un militar.

fajina f. Montón de haces de mies. ‖ Hacecillo de leña menuda. ‖ *Méx.* Comida del mediodía, en el trabajo del campo. ‖ *Mil.* Antiguo toque para retirarse la tropa a su alojamiento, y hoy toque de llamada para la comida.

fajo m. Haz o atado: *fajo de leña.* ‖ Paquete: *un fajo de billetes.* ‖ — Pl. Mantillas de los recién nacidos.

fakir m. V. FAQUIR.

falacia f. Engaño o mentira.

falange f. (Ant.). Cuerpo de infantería de Macedonia. ‖ *Poét.* Ejército. ‖ *Anat.* Cada uno de los huesos de los dedos.

Falange Española, agrupación política fundada por José Antonio Primo de Rivera en 1933. ‖ ~ **de las J. O. N. S.,** organismo en el que se agruparon los efectivos de Falange Española y los de las Juntas de Ofensiva Nacional-Sindicalista (1934). ‖ ~ **Tradicionalista y de las J. O. N. S.,** n. adoptado en 1937 por el movimiento político que agrupó a Falange, la Comunión Tradicionalista y demás fuerzas alzadas contra la República Española.

falangeta f. *Anat.* Tercera y última falange de los dedos.

falangina f. *Anat.* Segunda falange de las tres que componen los dedos.

falangio m. Segador, insecto.

falangista adj. De Falange Española. ‖ — Com. Miembro de este partido.

falansteriano, na adj. y s. Miembro de un falansterio.

falansterio m. Asociación de personas, dentro de la cual los trabajadores viven en comunidad, según el sistema de Charles Fourier.

FA

falaropo m. Ave zancuda.

falaz adj. Engañoso, mentiroso, falso: *falaces promesas.*

Falcao Espalter (Mario), escritor uruguayo (1892-1941), autor de críticas literarias.

Falcón, cabo de Argelia, cerca de Orán. — Est. del NO. de Venezuela; cap. *Coro.* Carbón, petróleo.

Falcón (César), escritor peruano contemporáneo, autor de *El pueblo sin Dios* y *El buen vecino.* ‖ ~ (JUAN CRISÓSTOMO), general venezolano (1820-1869), pres. de la Rep. en 1863, derrocado en 1868.

falconés, esa adj. y s. De Falcón (Venezuela).

falconete m. Cañón ligero.

falcónidos m. pl. Familia de aves de rapiña que comprende los halcones, buitres, etc. (ú. t. c. adj.).

falda f. Parte del vestido de las mujeres que cubre de la cintura hasta las rodillas: *una falda con vuelo* (ú. m. en pl.). ‖ Vertiente, ladera de una montaña. ‖ Carne de la res que cuelga de las agujas. ‖ Regazo: *con su hijo en la falda.* ‖ Tela que va del tablero al suelo en una mesa camilla. ‖ Hombrera de armadura. ‖ Parte de la armadura desde la cintura hacia abajo. ‖ — Pl. *Fam.* Mujeres: *cuestión de faldas.*

Falda (La), pobl. de la Argentina (Córdoba). Centro turístico.

faldear v. i. Andar por la falda de un monte. ‖ *Fam.* Ir un hombre detrás de las mujeres.

faldellín m. Falda corta. ‖ *Amer.* Traje de cristianar.

faldeo m. *Arg.* y *Chil.* Falda de un monte.

faldero, ra adj. Mujeriego.

faldillas f. pl. Faldón.

faldón m. Parte trasera de algunos trajes que empieza en la cintura y acaba en las corvas: *los faldones de un frac.* ‖ Parte inferior de una prenda de vestir, especialmente de la camisa. ‖ *Arq.* Vertiente triangular de un tejado. ‖ *Fam. Estar colgado* o *agarrado a los faldones de uno,* acogerse a su valimiento o patrocinio, no dejarle ni a sol ni a sombra.

faldriquera f. Faltriquera.

Falemé, río del África occidental, afl. del Senegal; 650 km.

falena f. Mariposa nocturna.

falencia f. Error. ‖ *Arg.* y *Chil.* Quiebra comercial.

falerno m. Vino célebre de la Roma antigua.

falibilidad f. Posibilidad de equivocarse.

falible adj. Que puede equivocarse: *toda persona es falible.*

Faliero, familia de Venecia, que dio varios dux a la República.

Falkland, n. inglés de las islas *Malvinas.*

Falmouth, c. y puerto del SO. de Gran Bretaña (Inglaterra) en el condado de Cornualles.

falsa f. *Mús.* Disonancia.

Falsa, bahía de la Argentina (Bahía Blanca). — Bahía de México (Baja California).

falsario, ria adj. y s. Que falsea o falsifica una cosa. || Mentiroso, embustero.

falseador, ra adj. Falsificador.

falseamiento m. Desfiguramiento o alteración de una cosa.

falsear v. t. Adulterar o contrahacer una cosa: *falsear la moneda, la escritura; la doctrina, el pensamiento.* || Romper una cerradura abriéndola con falsa llave o palanca. || *Arq.* Desviar un corte de la perpendicular (ú. t. c. i.). || — V. i. *Mús.* Desentonar.

falsedad f. Falta de verdad o autenticidad: *la falsedad de un sentimiento, de una acusación.* || Duplicidad, hipocresía. || Cosa falsa.

falseta f. Floreo de guitarra.

falsete m. *Mús.* Voz más aguda que la natural. || Corcho o tarugo para taponar en los toneles el orificio de la canilla.

falsía f. Falsedad.

falsificación f. Imitación fraudulenta de un cuadro, de un acta o documentos, de una firma, etc.

falsificador, ra adj. y s. Que falsifica o falsea: *un falsificador de billetes.*

falsificar v. t. Imitar fraudulentamente, contrahacer: *falsificar una firma.*

falsilla f. Hoja de papel rayado utilizado para guiar la escritura.

falso, sa adj. Que no es verdadero, contrario a la verdad: *rumor falso; falsa amistad.* || Contrario a la realidad: *creencia falsa* || Falto de ponderación, de rectitud: *carácter falso.* || Hipócrita, ficticio. || Que engaña, disimulado: *persona falsa.* || Inexacto, que no es exacto: *cálculo falso.* || Equívoco: *situación falsa.* || Falsificado: *billete falso.* || Que es parecido pero no real: *falsa pulmonía.* || *Tecn.* Añadido de refuerzo: *el falso forro de un barco.* || — M. Lo que está en contra de la verdad: *distinguir lo falso de lo verdadero.* || Refuerzo que tienen en el interior ciertas partes del vestido. || Forro de un vestido. || — *Dar un paso en falso,* tropezar. || *En falso,* falsamente; sin seguridad ni firmeza: *edificio construido en falso.*

Falso, cabo de México (Baja California).

Falstaff (John FALTOLF, llamado), militar y diplomático inglés (¿1370?-1459). En las obras de Shakespeare *Enrique V* y *Las alegres comadres de Windsor* aparece como el tipo de libertino fanfarrón.

Falster, isla de Dinamarca, en el Báltico; cap. *Nyköbing.*

falta f. Ausencia, carencia, penuria: *falta de soldados.* || Ausencia: *falta de asistencia.* || Anotación de esta ausencia: *no ha marcado las faltas.* || Carencia: *falta de formalidad.* || Ausencia: *falta de compañía.* || Defecto: *tu traje tiene muchas faltas.* || Cosa censurable: *falta de respeto.* || Error: *falta de ortografía.* || Incumplimiento del deber, inobservancia de la moral: *caer en falta.* || Infracción de la ley: *juicio de faltas.* || Acción en contra las reglas de un juego: *falta castigada por un golpe franco.* || — *A falta de,* sólo queda: *estar a falta de la traída de agua.* || *A falta de pan buenas son tortas,* la carencia de algo siempre puede sustituirse con otra cosa. || *Echar en falta,* echar de menos. || *Hacer falta una cosa,* ser muy necesaria. || *Sin falta,* sin duda alguna, seguro.

faltar v. i. No haber, carecer: *faltaban los víveres.* || Morir, desaparecer: *el día que faltó su padre cayeron en la ruina.* || Estar ausente: *faltan muchos alumnos.* || No tener, carecer: *le faltan las fuerzas.* || Incumplir, no cumplir: *faltó a su obligación, a su palabra.* || No acudir, no ir, no estar presente, no asistir: *faltó a la sesión inaugural.* || No respetar: *faltó a sus superiores.* || No tener la cantidad necesaria: *le faltan medios económicos.* || Quedar: *faltan tres días para la fiesta.* || Haber sido sustraído o robado: *me falta dinero en mi cartera.* || Dejar de haber: *jamás faltan las distracciones.* || Estar por ejecutar: *faltan todavía unos cuantos detalles en la decoración.* || Defraudar: *faltó a la confianza que teníamos en él.* || Ser infiel: *nunca falté a mi mujer.* || — *Faltar poco para,* haber estado a punto de suceder. || *No faltaba más que,* hubiera sido el colmo.

falto, ta adj. Carente, privado: *falto de recursos.*

faltón, ona adj. Que falta al respeto, a sus obligaciones, promesas, etc.

faltoso, sa adj. *Méx.* Irrespetuoso. || *Col.* Pendenciero.

faltriquera f. Bolsillo de las prendas de vestir: *reloj de faltriquera.* || *Fam. Rascarse uno la faltriquera,* pagar comúnmente de mala gana.

falúa f. Embarcación menor.

falucho m. Embarcación pequeña. || *Arg.* Sombrero de dos picos.

Falucho (Antonio RUIZ, llamado), soldado argentino fusilado en 1824 en El Callao por haberse opuesto al motín de los españoles.

Falun, c. de Suecia (Dalecarlia).

falún m. Depósito marino formado de arena y restos de conchas.

Fall River [*fol river*], c. y puerto del NE. de Estados Unidos (Massachusets). Obispado.

falla f. Quiebra del terreno provocada por movimientos geológicos y acompañada de un corrimiento de los bordes de la grieta. || Falta, defecto, fallo. || Prenda que las mujeres se colocaban en la cabeza a modo de mantilla. || Monumento de cartón con figuras grotescas que se queman en las calles de Valencia (España) la noche de San José. || — Pl. Fiestas de Valencia.

Falla (Manuel de), músico español, n. en Cádiz en 1876, m. en la Argentina en 1946. Se inspiró en el folklore español y está considerado como uno de los grandes maestros de la música contemporánea. Autor de la ópera *La vida breve,* de los ballets *El amor brujo* y *El sombrero de tres picos,* de las piezas para piano y orquesta *El retablo de Maese Pedro, Noche en los jardines de España* y del poema sinfónico *La Atlántida* (terminado éste por su discípulo Ernesto Halffter en 1961).

Fallada (Rudolf DITZEN, llamado **Hans**), novelista alemán (1893-1947), autor de *Corazón viejo a la aventura.*

fallar v. t. Sentenciar, pronunciar una sentencia. || Otorgar, atribuir: *fallar un premio literario.* || — V. i. Flaquear, dar signos de debilidad: *le ha fallado el corazón; le falló la memoria.* || Faltar: *le fallaron las fuerzas.* || No rendir lo esperado: *falló en el examen oral.* || Fracasar: *fallaron sus intentos de pacificación.* || No dar en el blanco: *falló el tiro.* || Tener fallos un motor. || Ceder, no cumplir su cometido: *fallaron los frenos del automóvil.* || Resultar completamente distinto de lo que se esperaba: *fallaron nuestros pronósticos, cálculos.* || Perder una cosa su resistencia: *falló la cuerda y se cayó.* || Jugar triunfo en los naipes por carecer de cartas del palo que echa el contrincante. || *Sin fallar,* sin falta.

Fallas (Carlos Luis), escritor costarricense (1911-1966), autor de *Mamita Yunai.*

falleba f. Barra de metal, en el borde de una de las hojas de puertas y ventanas, que sirve para cerrarlas.

* **fallecer** v. i. Morir.

fallecimiento m. Muerte.

fallero, ra adj. De las fallas de Valencia. || — M. y f. Persona que construye fallas o va a las fiestas de las fallas: *fallero mayor.*

fallido, da adj. Que no da el resultado esperado.

fallo m. Sentencia de un juez o árbitro. || Falta de carta del palo que se juega en los naipes y jugar triunfo. || Falta: *fallo de la naturaleza.* || Error, equivocación: *cometiste un fallo.* || Detonación débil que se produce en el escape de un motor de explosión que funciona mal. || *Fallos de memoria,* olvidos.

Fallón (Diego), poeta y musicólogo colombiano (1834-1905), autor de los poemas *A la Luna, La palma del desierto.*

fama f. Renombre, reputación: *buena, mala fama.* || — *Cría o cobra fama y échate a dormir,* el que goza de buena fama no le es muy difícil conservarla. || *Es fama,* se dice. || *Unos tienen fama y otros cardan la lana,* refrán que significa que no son siempre los que merecerían la celebridad aquellos que cosechan los laureles.

Famagusta, c. y puerto del E. de Chipre, ant. cap. de la isla. Catedral gótica.

Famatina, sierra de la Argentina (La Rioja). Minerales.

famélico, ca adj. Hambriento.

familia f. Conjunto compuesto por un matrimonio y sus hijos, y, en un sentido amplio, todas las personas unidas por un parentesco, ya vivan bajo el mismo techo ya en lugares diferentes. || Los hijos solamente: *tengo mucha familia.* || Grupo de seres o de cosas que tienen caracteres comunes: *familia espiritual.* || Cada una de las divisiones de un orden de seres vivientes: *familia de plantas, de animales.* || *Fig.* Linaje: *de familia aristocrática.* || — *Cabeza de familia,* el jefe de ella. || *En familia,* con carácter íntimo. || *Familia política,* la contraída por alianza.

familiar adj. De la familia: *reunión familiar.* || Que ve a menudo a alguien y es íntimo de él. || Que tiene maneras libres, que se permite demasiada confianza: *familiar con sus superiores.* || Que se sabe, que se conoce, que se hace por costumbre: *este problema le es muy familiar.* || Natural, sencillo: *estilo familiar.* || De la conversación sin protocolo: *vocablo familiar.* || — M. Pariente. || Íntimo. || Furgoneta automóvil.

familiaridad f. Gran intimidad, confianza. || — Pl. Confianza excesiva.

* **familiarizar** v. t. Hacer familiar; acostumbrar, habituar. || — V. pr. Hacerse familiar o conocida una cosa por el uso o práctica: *se familiarizó con la lengua.*

familión m. Gran familia.

famoso, sa adj. Que tiene fama, reputado: *comedia famosa; médico famoso.* || *Fam.* Bueno, excelente: *un vino famoso.* || Que llama la atención, notable: *famoso holgazán.*

fámula f. *Fam.* Criada.

fámulo m. Sirviente.

fanal m. Farol grande: *fanal de barco.* || Campana de cristal que preserva del polvo. || — Pl. Ojos muy grandes.

fanático, ca adj. y s. Que defiende con apasionamiento creencias u opiniones religiosas: *creyente fanático.* || Entusiasmado ciegamente por algo: *un fanático de la música, de los toros.*

fanatismo m. Apasionamiento exaltado de los fanáticos.

fanatizar v. t. Provocar el fanatismo.

fandango m. Baile alegre, muy común en España, y música que le acompaña. || *Fam.* Lío, jaleo.

fandanguero, ra adj. y s. Persona dada a bailes y diversiones.

fandanguillo m. Baile, canción y música del cante flamenco.

fanega f. Medida de capacidad para áridos (55 litros y medio). || Medida agraria, variable en cada región, y que en Castilla equivale a 6 600 m^2.

fanegada f. Fanega de tierra.

fanerógamo, ma adj. Dícese de los vegetales que se reproducen por semillas formadas en flores (ú. t. c. s. f.).
fanfarria f. *Fam.* Jactancia, fanfarronería. ‖ Charanga.
fanfarrón, ona adj. y s. *Fam.* Que exagera o hace alarde de lo que no es, jactancioso. ‖ Clase de trigo.
fanfarronada f. Dicho o hecho propio de fanfarrón: *proferir fanfarronadas.*
fanfarronear v. i. Hablar con arrogancia, echando fanfarronadas.
fanfarronería f. Modo de hablar y de portarse el fanfarrón.
fangal o **fangar** m. Sitio lleno de fango, lodazal, cenagal, barrizal.
fango m. Lodo glutinoso.
fangoso, sa adj. Lleno de fango: *el terreno está fangoso.*
fantaseador, ra adj. y s. Fantasioso.
fantasear v. i. Dejar correr la fantasía o imaginación: *estás siempre fantaseando.* ‖ — V. t. Imaginar algo fantástico: *fantasear grandezas.*
fantaseo m. Fantasía, ficción.
fantasía f. Imaginación: *dejar correr la fantasía.* ‖ Imagen creada por la imaginación: *forjarse fantasías.* ‖ Cosa sin fundamento. ‖ Ficción, cuento: *las fantasías de los poetas.* ‖ *Mús.* Paráfrasis de un motivo de ópera. ‖ — *De fantasía*, que sale de lo corriente, de mero adorno: *chaleco de fantasía.*
fantasioso, sa adj. Que tiene mucha imaginación. ‖ Presuntuoso. ‖ *Amer.* Valentón, bravucón.
fantasista com. Artista de variedades.
fantasma m. Espectro, visión. ‖ Ilusión, apariencia: *ver fantasmas.* ‖ *Fig.* Persona vanidosa, jactanciosa.
fantasmagoría f. Representación de fantasmas por medio de ilusión óptica. ‖ Abuso de efectos producidos por medios extraordinarios en arte o literatura.
fantasmagórico, ca adj. De fantasmagoría.
fantasmal adj. De los fantasmas. ‖ *Fig.* Irreal, impreciso.
fantasmón, ona adj. y s. *Fam.* Fantasioso, fatuo, fantoche.
fantástico, ca adj. Quimérico, imaginario, creado por la imaginación: *relato fantástico.* ‖ Sensacional, magnífico, estupendo: *casa fantástica.*
fantochada f. Locura, invención, acción poco seria.
fantoche m. (pal. fr.). Títere, muñeco. ‖ Persona informal. ‖ Cuentista. ‖ Presumido. ‖ Persona muy dócil o manejable. ‖ Mamarracho, ridículo.
F. A. O. V. Organización de las Naciones Unidas para la Agricultura y la Alimentación.
faquir o **fakir** m. Asceta musulmán. ‖ *Por ext.* Nombre dado en Europa a los ascetas de la India.
farad o **faradio** m. *Fís.* Unidad electromagnética de capacidad eléctrica (símb., F).
Faraday (Michael), físico y químico inglés, n. en Newington (Surrey) [1791-1867], que descubrió la inducción electromagnética.
faradización f. Paso en una cosa de una corriente eléctrica inducida.
farallón m. Roca escarpada.
faramalla f. Farfolla. ‖ Hojarasca, cosa sin importancia.
faramallear v. i. *Amer.* Farolear, fanfarronear.
faramallero, ra adj. y s. *Amer.* Fanfarrón, farolero.
farándula f. Profesión de los artistas de teatro. ‖ Compañía antigua de cómicos ambulantes: *la farándula era un conjunto de siete hombres y dos mujeres.* ‖ *Fig.* y *fam.* Charla.
farandulear v. i. *Fam.* Darse excesiva importancia, farolear.
farandulero, ra m. y f. Actor. ‖ — Adj. *Fig.* y *fam.* Charlatán, camelista.
faraón m. Rey del antiguo Egipto. ‖ — Com. *Fig.* Rey, el primero: *la faraona del cante jondo.*
faraónico, ca adj. Relativo a los faraones: *dinastías faraónicas.*
faraute m. Heraldo.
farda f. Bulto, lío, paquete.
fardar v. t. Abastecer de ropa. ‖ — V. i. *Pop.* Lucir una prenda o algo. ‖ Presumir.
fardo m. Lío, paquete, bulto.
Farewell, cabo al S. de Groenlandia.
farfalloso, sa adj. Tartamudo.
fárfara f. Planta compuesta medicinal, de hoja grande y flor amarilla. ‖ Telilla que tiene el huevo por dentro.
farfolla f. Espata del maíz. ‖ *Fig.* Oropel, hojarasca, bambolla.
farfulla f. *Fam.* Habla confusa. ‖ — Adj. y s. Farfullador.
farfullador, ra adj. y s. *Fam.* Que habla confusamente.
farfullar v. t. *Fam.* Hablar de prisa, confusa y atropelladamente. ‖ *Fig.* y *fam.* Chapucear.
farfullero, ra adj. y s. Farfullador. ‖ Chapucero.
Farina (Giovanni Maria), químico italiano (1685-1766). Establecido en Colonia, inventó la fórmula y fabricó el *agua* de ese nombre.
farináceo, a adj. Harinoso.
Farinelli (Arturo), hispanista italiano (1867-1948), que realizó estudios sobre Lope de Vega y el tema de Don Juan.
faringe f. Conducto muscular y membranoso situado en el fondo de la boca y unido al esófago.
faríngeo, a adj. De la faringe: *músculo faríngeo.*
faringitis f. *Med.* Inflamación de la faringe.
faringoscopio m. Aparato para observar la faringe.
fariña f. Torta asturiana de maíz cocido. ‖ *Riopl.* Harina de mandioca.
Fariña Núñez (Eloy), escritor paraguayo (1885-1929), autor de poemas (*Canto secular, Cármenes*), cuentos y ensayos.
fario m. *Fam.* Sombra, gracia: *tener mal fario.*
farisaico, ca adj. Propio de los fariseos. ‖ *Fig.* Hipócrita, orgulloso: *vanidad farisaica.*
farisaísmo y **fariseísmo** m. Secta, costumbres o espíritu de los fariseos. ‖ *Fig.* Hipocresía, orgullo.
fariseo m. Entre los judíos, miembro de una secta que se distinguía por una observancia estricta de las normas de la ley de Moisés. ‖ *Fig.* Hipócrita, orgulloso.
farmacéutico, ca adj. De la farmacia: *preparación farmacéutica.* ‖ — M. y f. Persona que ha hecho la carrera de farmacia o la que está al frente de un establecimiento de esta clase.
farmacia f. Ciencia que tiene por objeto la preparación de medicamentos. ‖ Carrera o estudios en que se adquieren estos conocimientos. ‖ Establecimiento que vende y prepara medicamentos.
fármaco m. Medicamento.
farmacología f. Estudio de los medicamentos y de su empleo.
farmacólogo, ga m. y f. Especialista en farmacología.
farmacopea f. Libro en el que se encuentran las recetas o fórmulas para preparar los medicamentos.
Farnaces II (¿97?-47 a. de J. C.), rey del Ponto, hijo de Mitrídates el Grande, vencido por César en Zela. El Senado conoció esta victoria a través de la famosa frase: *veni, vidi, vici.*
Farnborough, c. de Gran Bretaña (Hampshire). Tumbas de Napoleón III y Eugenia de Montijo. Exposición aeronáutica.
Farnesio (Alejandro), militar al servicio de España n. en Roma (1545-1592), gobernador de los Países Bajos. — Su hijo Ranucio (1569-1622) fue gobernador de los Países Bajos.
farniente m. (pal. ital.). Ocio agradable.
faro m. Torre en las costas con una luz que sirve para guiar a los navegantes durante la noche. ‖ Luz potente que llevan en la parte delantera los automóviles. ‖ *Fig.* Persona o cosa que guía, orienta o dirige.
Faro, c. y puerto del S. de Portugal, cap. del Algarve. Obispado.
farol m. Linterna, faro. ‖ Luz que ilumina las calles. ‖ En el juego, falso envite para desorientar a los adversarios. ‖ *Fig.* y *fam.* Mentira, exageración: *este chico se echa muchos faroles.* ‖ Lance del toreo, echando el capote al toro y pasándoselo por la espalda al recogerlo. ‖ *Arg.* Mirador cerrado. ‖ — *Fig.* y *fam. Adelante con los faroles,* expresión con la que se anima a otro a continuar lo ya comenzado. ‖ *Farol a la veneciana,* farol de papel usado en verbenas y fiestas.
farola f. Farol grande para el alumbrado público.
farolazo m. *Méx.* y *Amér. C* Trago de licor.
farolear v. i. *Fam.* Tirarse faroles, exagerar.
faroleo m. *Fam.* Mentira dicha para lucirse.
farolería f. Taller donde se hacen faroles o tienda que los vende. ‖ *Fam.* Faroleo
farolero, ra adj. *Fam.* Que dice mentiras para lucirse (ú. t. c. s.). ‖ El que fabrica o vende faroles. ‖ El que cuida de ellos.
farolillo m. Farol a la veneciana. ‖ Planta campanulácea de jardín, de flores grandes y en forma de campanilla. ‖ Planta sapindácea trepadora, originaria de la India. ‖ *Fam. El farolillo rojo,* el último.
farra f. *Amer.* Juerga, jarana.
fárrago m. Aglomeración confusa de cosas.
farragoso, sa adj. Confuso y prolijo.
farrear v. i. *Amer.* Ir de juerga.
Farrell (Edelmiro Julián), general argentino, n. en 1887, pres. de la Rep. de 1944 a 1946.
farrero, ra y **farrista** adj. y s. *Amer.* Juerguista.
farruco, ca adj. y s. *Fam.* Gallego o asturiano recién salido de su tierra. ‖ *Fam.* Valiente; rebelde. ‖ — Adj. *Fam.* Ufano, orgulloso, impávido.
farruto, ta adj. *Amer.* Enfermizo, enclenque.
farsa f. Comedia burlesca. ‖ Compañía de teatro. ‖ Teatro. ‖ *Fig.* Pantomima, comedia, engaño.
Farsalia, c. de Grecia (Tesalia). Victoria de César sobre Pompeyo (48 a. de J. C.).
farsante m. Actor, comediante. ‖ — Adj. y com. *Fig.* y *fam.* Comediante, hipócrita, simulador.
farsear v. i. *Amér. C.* y *Chil.* Bromear.
Farsistán, ant. prov. del NO. del Irán; cap. *Shiraz.*
Faruk I (1920-1965), rey de Egipto, sucesor de su padre Fuad I en 1936, fue derribado en 1952.
fas o por nefas (por) m. adv. *Fam.* Por una u otra cosa. ‖ Con razón o sin ella.
fasces f. pl. Segur o hacha sostenido por un haz de varillas que llevaban los lictores romanos como signo de su autoridad.
fasciculado, da adj. Reunido en haces.
fascículo m. Cada una de las entregas de una obra publicada en partes sucesivas. ‖ Cuadernillo.
fascinación adj. Embrujo, ojo. ‖ *Fig.* Atracción, seducción fuerte: *la fascinación del poder.*
fascinador, ra adj. y s. Que fascina.
fascinante adj. Que fascina.
fascinar v. t. Atraer a sí con la fuerza de la mirada: *la leyenda atribuye a las serpientes la facultad de fascinar su presa.* ‖ *Fig.* Hechizar, deslumbrar, cautivar, seducir: *Cicerón fascinaba con su elocuencia.*

fascismo m. Régimen implantado por Mussolini en Italia de 1922 a 1945. ‖ Doctrina fundada en el ejercicio del poder mediante un partido único, la exaltación nacionalista y la organización corporativa. ‖ *Por ext.* Régimen dictatorial.
fascista adj. Del fascismo. ‖ Partidario del fascismo (ú. t. c. s.).
fase f. *Astr.* Cada una de las diversas apariencias o figuras con que se dejan ver la Luna y algunos planetas, según los ilumina el Sol: *las fases de la Luna.* ‖ Conjunto de labores efectuadas en un puesto de trabajo para la misma unidad de producción. ‖ *Fís.* y *Quím.* Cualquier parte homogénea de un sistema de un cuerpo en equilibrio. ‖ Cada uno de los estados sucesivos por el que pasan los insectos. ‖ *Electr.* Cada una de las corrientes alternativas que componen una corriente polifásica. | Intensidad de una corriente en un momento determinado. ‖ *Fig.* Cada uno de los cambios, de los aspectos sucesivos de un fenómeno en evolución: *las fases de una guerra, de la vida.*
fasiánidas f. pl. Familia de aves gallináceas, a la que pertenece el faisán (ú. t. c. adj.).
Fastenrath (Johannes), hispanista alemán (1838-1908). Instituyó en su testamento un premio literario que concede anualmente la Academia Española de la Lengua.
fastidiar v. t. Molestar, causar asco o hastío una cosa (ú. t. c. pr.). ‖ *Fig.* Enfadar, disgustar, o ser molesto a alguien: *me fastidia este niño con sus gritos.*
fastidio m. Disgusto: *un olor que causa fastidio.* ‖ *Fig.* Enfado, cansancio. | Aburrimiento, molestia: *este espectáculo es un fastidio.*
fastidioso, sa adj. Que causa fastidio; enojoso, molesto, cansado: una conversación fastidiosa. ‖ Aburrido.
fasto, ta adj. En la Roma antigua, decíase del día en que era lícito tratar los negocios públicos y administrar justicia. ‖ *Por ext.* Feliz, venturoso: *día, año fasto.* ‖ — M. Fausto. ‖ — Pl. Calendario romano. ‖ Relato histórico.
fastuosidad f. Fausto, ostentación, magnificencia, esplendor.
fastuoso, sa adj. Ostentoso, amigo del lujo: *vida fastuosa.*
fatal adj. Fijado por el destino: *el fin fatal de nuestra vida.* ‖ Funesto, aciago: *fatal resolución.* ‖ Inevitable, que debe suceder: *consecuencia fatal.* ‖ Muy malo, lamentable: *película fatal.* ‖ Que trae malas consecuencias: *error fatal.* ‖ Mortal: *accidente fatal.* ‖ Que seduce: *mujer fatal.* ‖ *Fam. Estar fatal,* no encontrarse en buen estado de salud. ‖ — Adv. Muy mal: *canta fatal.*
fatalidad f. Destino ineludible: *la inexorable fatalidad.* ‖ Acontecimiento inevitable: *la fatalidad de la muerte.* ‖ Desgracia.
fatalismo m. Doctrina que considera todo cuanto ocurre como determinado de antemano por el hado o el destino.
fatalista adj. y s. Que admite el fatalismo. ‖ Que se somete sin reacción a los acontecimientos.
Fatchan o **Fochan,** c. de China meridional (Kuangstung).
fatídico, ca adj. Que anuncia el porvenir, por lo general nefasto: *las fatídicas profecías de la sibila de Cumas.*
fatiga f. Cansancio. ‖ Penalidad, cualquier trabajo penoso. ‖ Ahogo en la respiración: *la fatiga de los asmáticos.* ‖ Náusea. ‖ Vergüenza, confusión: *me da fatiga decírselo.* ‖ *Tecn.* Desgaste en los materiales que componen un órgano.
fatigador, ra adj. Que fatiga o molesta.
fatigante adj. Fatigoso.
fatigar v. t. Causar fatiga, cansar. Ú. t. c. pr.: *esta tarea le fatiga mucho.* ‖ Molestar: *fatigar a uno con su conversación.*
fatigoso, sa adj. Cansado. ‖ Que causa fatiga, pesado: *trabajo fatigoso.* ‖ *Fam.* Cargante.
Fátima, pueblo de Portugal (Santarem), a 100 km de Lisboa. Célebre por la aparición de la Virgen a tres pastorcillos en 1917. Centro de peregrinaciones. Visitado por el papa Paulo VI en 1967.
Fátima o **Fatma,** hija de Mahoma (606-633). Casó con su primo Alí y tuvo tres hijos.
fatimí y **fatimita** adj. y s. Descendiente de Fátima, hija única de Mahoma. (La dinastía *fatimí* o *fatimita* reinó en África del Norte en el s. X y en Egipto de 969 a 1171.)
fatuidad f. Necedad. ‖ Vanidad ridícula.
fatuo, a adj. y s. Necio. ‖ Tonto. ‖ Engreído, presuntuoso: *hombre fatuo.*
fauces f. pl. Faringe, parte posterior de la boca de los mamíferos.
Faulkner (William), novelista norteamericano (1897-1962), autor de *Mientras agonizo, ¡Absalón, Absalón!, Santuario, Palmeras salvajes,* cuya acción se centra en el S. de Estados Unidos. (Pr. Nóbel, 1949.)
fault [*foult*] m. (pal. ingl.). En deportes, falta o castigo.
fauna f. Conjunto de los animales de una región determinada: *la fauna americana.*
fauno m. *Mit.* Divinidad campestre de los antiguos romanos.
Faure (Félix), político francés (1841-1899), pres. de la Rep. en 1895.
Fauré (Gabriel), músico francés (1845-1924), autor de *Réquiem, Prometeo* (piano) y de la ópera *Penélope.*
Faustino I. V. SOULOUQUE.
fausto, ta adj. Feliz, venturoso, afortunado: *fausto acontecimiento.* ‖ Suceso. ‖ — M. Boato, gran lujo, magnificencia, pompa.
Fausto, n. de un personaje, quizá real, alemán, que ha entrado en la leyenda. Vendió su alma al demonio Mefistófeles a cambio de los placeres terrenales. — Drama de Goethe (1831), en dos partes. Existen tb. sobre este tema: un drama del inglés Marlowe (1588) y varias óperas, como *La condenación de Fausto,* de Berlioz (1846), *Fausto,* de Gounod (1859), etc.
fautor, ra m. y f. Favorecedor, instigador: *fautor de la conjura.*
fauvismo m. Escuela pictórica francesa de la primera mitad del s. XX, opuesta al impresionismo. (Matisse, Braque, Derain, Rouault, Dufy, Marquet, Vlaminck, etc.).
Favila, rey de Asturias (737-739), hijo de Don Pelayo.
favor m. Ayuda, asistencia: *me hizo muchos favores.* ‖ Protección, valimiento: *implorar el favor de alguien.* ‖ Señal excepcional de privilegio: *colmar de favores.* ‖ Gracia, decisión indulgente: *solicitar un favor.* ‖ Crédito, confianza que se tiene con alguien, con el público: *gozar del favor de las multitudes.* ‖ — Pl. Señales de amor que una mujer da a un hombre. ‖ — *A favor de,* gracias a; en el activo o haber de; en provecho o beneficio de. ‖ *En favor de,* en beneficio de. ‖ *Por favor,* expresión de cortesía utilizada para pedir algo. ‖ *Tener a* (o *en*) *su favor,* gozar de su apoyo.
favorable adj. Conveniente, propicio: *circunstancia favorable.*
favorecedor, ra adj. y s. Que favorece. ‖ Que sienta bien o embellece. ‖ — M. y f. Protector. ‖ Cliente de un establecimiento.
* **favorecer** v. t. Ayudar, tratar con favor, socorrer: *favorecer a los desvalidos.* ‖ Servir, secundar: *las circunstancias me han favorecido.* ‖ Embellecer, agraciar, sentar bien: *ese traje te favorece.* ‖ Agraciar: *favorecido con el premio gordo.*
favoritismo m. Abuso de los favores o preferencias.
favorito, ta adj. Que se estima preferido, que goza de la predilección: *la lectura favorita.* ‖ — M. y f. Persona privada y predilecta de un príncipe o magnate. ‖ Competidor que tiene muchas posibilidades de ser el vencedor.
faya f. Tejido de seda negra formando acanalado por trama.
Fayal. V. FAIAL.
Fayún, prov. y c. del Egipto Medio, en la vega homónima.
faz f. Rostro o cara: *una faz alegre.* ‖ Anverso de una cosa: *la faz de una moneda, de una medalla.* ‖ *La Santa Faz,* imagen del rostro de Jesús.
F. B. I., siglas de *Federal Bureau of Investigation.*
fe f. Fidelidad en cumplir los compromisos, lealtad, garantía: *tengo fe en su palabra.* ‖ Confianza en alguien o en algo: *testigo digno de fe.* ‖ Creencia en los dogmas de una religión; esta misma religión: *tener fe; la propagación de la fe.* ‖ Creencia fervorosa: *fe patriótica.* ‖ Fidelidad: *fe conyugal.* ‖ Confianza en el valor de algo: *tiene fe en ese tratamiento.* ‖ Acta, certificado, documento: *fe de bautismo.* ‖ — *A fe,* realmente. ‖ *A fe mía,* lo digo con toda seguridad. ‖ *De buena fe,* con buena intención. ‖ *Dar fe de,* atestiguar, certificar. ‖ *Fe de erratas,* lista que se pone al final de un libro para señalar los errores que hay en él. ‖ *Hacer fe,* garantizar.
F. E., siglas de *Falange Española.*
fealdad f. Calidad de feo: *la fealdad de una persona, de una conducta.* ‖ Torpeza, acción indigna.
febeo, a adj. *Poét.* Relativo a Febo o al Sol.
Febo, dios griego del Sol.
febrero m. Segundo mes del año: *febrero es el mes más corto.*
Febres Cordero (León de), militar venezolano (1795-1875), que participó en las luchas por la Independencia. ‖ ~ (TULIO), escritor e historiador venezolano (1860-1938).
febrífugo, ga adj. y s. m. Que hace descender la fiebre.
febril adj. De la fiebre: *ataque febril.* ‖ Que tiene fiebre. ‖ *Fig.* Intenso, vivo: *actividad febril.*
fecal adj. De los excrementos.
Fécamp, c. y puerto del NO. de Francia (Seine-Maritime). Estación balnearia. Pesca. Industrias.
fécula f. Sustancia blanca convertible en harina obtenida de los tubérculos de ciertas plantas: *fécula de patata.*
feculento, ta adj. Que contiene fécula.
fecundación f. Acto de fecundar.
fecundador, ra adj. y s. Que fecunda.
fecundar v. t. Hacer fecundo o productivo: *la lluvia fecunda la tierra.* ‖ Unirse los elementos reproductores masculino y femenino para originar un nuevo ser.
fecundidad f. Capacidad de ser fecundado. ‖ Fertilidad: *la fecundidad de unas tierras.* ‖ Virtud y facultad de producir: *la fecundidad de Lope de Vega.*
fecundización f. Fecundidad.
fecundizar v. t. Hacer fecundo.
fecundo, da adj. Capaz de fecundar o de ser fecundado: *hombre, mujer fecundos.* ‖ Fértil: *campo fecundo.* ‖ *Fig.* Que produce abundantemente: *músico fecundo; escritor muy fecundo.*
fecha f. Indicación del tiempo en que se hace una cosa. ‖ Momento actual: *a estas fechas ya habrá llegado.* ‖ Días transcurridos: *la carta tardó seis fechas.*
fechador m. Sello usado para fechar. ‖ Matasellos de Correos.
fechar v. t. Poner fecha: *fechar una carta, un documento,* etc.
Fechner (Gustav Theodor), filósofo alemán (1801-1887), uno de los fundadores de la psicofísica.

fecho, cha adj. (Ant.). Hecho.
fechoría f. Mala acción.
Fedala. V. MOHAMEDIA.
federación f. Alianza entre pueblos o unión de Estados formando un solo Estado soberano: *Suiza, los Estados Unidos y México son federaciones.* || Asociación de clubes deportivos: *Federación Española de Fútbol.* || Unión de sociedades que tienen un fin común: *las federaciones de sindicatos obreros.*
Federación Anarquista Ibérica, n. adoptado por los grupos anarquistas de la Península Ibérica, federados en 1927.
federal adj. De una federación: *Estado federal.* || — Adj. y s. Federalista.
Federal Bureau of Investigation, organismo de Estados Unidos encargado de investigar delitos de carácter federal.
federalismo m. Principio fundado en la autonomía de sus componentes (Estados, regiones, etc.): *el federalismo argentino, mexicano.* || El mismo principio, aplicado a las corporaciones: *el federalismo sindical.*
federalista adj. y s. Relativo al federalismo o su partidario.
federalizar y **federar** v. t. Organizar en federación o hacer pacto entre varios (ú. t. c. pr.).
federativo, va adj. Constituido en federación. || Que forma parte de una asociación deportiva federada (ú. t. c. s.).
Federico, n. de varios reyes de Dinamarca, Suecia y Sicilia.
Federico || **∼ I** *Barbarroja* (1122-1190), emperador de Occidente desde 1152. Hizo numerosas expediciones contra Italia y destruyó Milán (1162), pero fue derrotado en Legnano (1176). Se ahogó durante la Tercera Cruzada. || **∼ II** (1194-1250), rey de Sicilia en 1198, de Germania en 1216, emperador de Occidente desde 1220. Tomó parte en la Sexta Cruzada. || **∼ III** (1415-1493), emperador de Occidente desde 1440.
Federico || **∼ I** (1657-1713), primer rey de Prusia desde 1701, hijo de Federico Guillermo de Brandeburgo. || **∼ II** *el Grande,* rey de Prusia, n. en Berlín (1712-1786), hijo de Federico Guillermo I. Subió al trono en 1740. Creó la grandeza de Prusia, conquistó Silesia y preparó el primer reparto de Polonia. Protector de las letras, fue un típico representante del despotismo ilustrado. || **∼ III** (1831-1888), rey de Prusia y emperador de Alemania en 1888, murió a los 99 días de reinado.
Federico Guillermo, gran elector de Brandeburgo (1620-1688), subió al trono en 1640. Organizó el ejército prusiano. || **∼ I** (1688-1740), rey de Prusia desde 1713. Llamado el *Rey sargento* por lo autoritario y por su organización minuciosa del ejército. Preparó las conquistas de su hijo Federico II. || **∼ II** (1744-1797), rey de Prusia desde 1786, sobrino de Federico II. Luchó contra la Revolución francesa. || **∼ III** (1770-1840), rey de Prusia desde 1797. Vencido por Napoleón en Jena vio sus Estados desmembrados hasta 1815, en que los recuperó por el Congreso de Viena. || **∼ IV** (1795-1861), rey de Prusia en 1840. Abandonó la regencia en 1857 a su hermano Guillermo, pues sufrió un ataque de alienación mental.
Federman (Nicolás), conquistador alemán (1501-1542) que intervino en la colonización de Venezuela, hizo una expedición en busca de El Dorado y llegó a Nueva Granada.
Fedra, esposa de Teseo, hija de Minos y de Pasifae. Intentó seducir a su hijastro Hipólito, pero, rechazada por éste, le calumnió ante su padre y se ahorcó. *(Mit.)*
Fedro, fabulista latino (15 a de J. C.-¿50? de nuestra era).
féferes m. pl. *Amer.* Trastos.
fehaciente adj. Que da fe, indudable, fidedigno: *prueba fehaciente.*
Feijó (Diego Antonio), religioso y político brasileño (1784-1843), regente del Imperio en la minoría de Pedro II.
Feijoo (Fray Benito Jerónimo), erudito y monje benedictino español, n. en Casdemiro (Orense) [1676-1764]. Autor de una copiosa serie de artículos sobre las más diversas materias, verdadera enciclopedia reunida bajo el título de *Teatro Crítico Universal.*
Felanitx, c. de España, en el SE. de la isla de Mallorca.
feldespato m. Silicato de alúmina y potasio, sodio, calcio o bario que forma parte de muchas rocas eruptivas.
feldmariscal m. En Alemania, Gran Bretaña, etc., grado supremo en la jerarquía militar.
felibre m. Poeta y prosista provenzal.
felibrismo m. Escuela literaria fundada por F. Mistral en 1854 que defendía el renacimiento del provenzal.
felicidad f. Estado del ánimo que se complace en la posesión de un bien. || Satisfacción, placer, contento: *llegar, viajar con felicidad.* || Buena suerte, circunstancia favorable: *¡qué felicidad la mía!* || — Pl. interj. Fórmula de felicitación.
felicitación f. Acción de felicitar: *enviar una tarjeta de felicitación.* || — Pl. Deseos de felicidad: *felicitaciones por Año Nuevo.*
felicitar v. t. Expresar a uno la satisfacción que le produce un acontecimiento feliz que le atañe, dar la enhorabuena: *le felicito por su éxito; felicitar el cumpleaños.* || Expresar el deseo de que una persona sea feliz: *felicitar el día de Año Nuevo.* || — V. pr. Congratularse.
félidos m. pl. Familia de mamíferos carnívoros, como el tigre, el gato, el lince, etc. (ú. t. c. adj.).
feligrés, esa m. y f. Persona que pertenece a una parroquia.
feligresía f. Conjunto de los feligreses de una parroquia. || Jurisdicción de una parroquia.
felino, na adj. Relativo al gato. | Que parece de gato: *astucia, gracia felina; movimientos felinos.* || — M. pl. V. FÉLIDOS.
Felipe (León Felipe CAMINO, llamado **León**), poeta español (1884-1968), autor de *Versos y oraciones del caminante* y *El español del éxodo y el llanto.*
Felipe || **∼ I** *el Hermoso,* archiduque de Austria y rey de Castilla, n. en Brujas en 1478, m. en Burgos en 1506. Hijo de Maximiliano I de Austria y de María de Borgoña, contrajo matrimonio con Juana de Aragón, llamada después Juana la Loca, hija de los Reyes Católicos (1496). Al morir Isabel la Católica (1504), Juana le sucedió en el trono de Castilla, pero a causa de su enfermedad mental, Felipe se hizo cargo de la corona (1506), y murió ese mismo año. || **∼ II** *el Prudente,* rey de España, hijo de Carlos I y de Isabel de Portugal, n. en Valladolid (1527-1598). Fue rey de Nápoles y de Sicilia en 1554, soberano de los Países Bajos en 1555 y rey de España desde 1556, tras la abdicación de su padre. Derrotó a los franceses en San Quintín (1557) y obligó a Enrique IV a levantar el sitio de París, pero la conversión de este monarca al catolicismo hizo fracasar todos sus proyectos de apoderarse del trono de San Luis. En 1571, una escuadra formada por españoles, venecianos, genoveses y pontificios, dirigida por su hermano bastardo don Juan de Austria, obtuvo la resonante victoria de Lepanto contra los turcos, aunque en 1574 se perdió la plaza de Túnez. A la muerte del rey don Sebastián de Portugal, Felipe II le sucedió en el trono (1580), con lo que se realizó la unidad ibérica. Felipe II fue un príncipe enérgico y un hábil diplomático, y durante su reinado alcanzaron singular desarrollo las artes y las letras. El propio soberano dirigió las obras del monasterio de El Escorial. Algunos sucesos empañan, sin embargo, la gloria de su reinado: en 1572 se sublevaron los Países Bajos y, pese a la represión del duque de Alba, el rey de España tuvo que cederlos a su hija Isabel Clara Eugenia; en 1588 envió contra Inglaterra la llamada *Armada Invencible* y conocido es su desastroso fin; dura fue más tarde la represión contra los moriscos granadinos y triste la violación de los fueros aragoneses (1591), y no muy clara la conducta real con su hijo Don Carlos, que ha dado origen a tantas leyendas. || **∼ III,** hijo de Felipe II, n. en Madrid (1578-1621). Rey desde 1598, abandonó el poder al duque de Lerma, quien no supo reorganizar la hacienda. La expulsión de los moriscos (1609) fue un golpe duro para la economía. En el exterior siguió la guerra en los Países Bajos y se firmó la paz con Inglaterra y Francia. || **∼ IV** (1605-1665), hijo del anterior y su sucesor en el trono en 1621. Confió el poder a su favorito el conde-duque de Olivares, cuya política causó grandes perjuicios a España. Reanudó la guerra en los Países Bajos (1622), señalada por la toma de Breda. Participó en la guerra de los Treinta Años, que se saldó con la pérdida de Arrás y de Perpiñán, y las derrotas de Rocroi (1643) y de Lens (1648). Por la Paz de los Pirineos perdió España el Rosellón y Artois. La tiranía del Conde-Duque provocó la sublevación de Cataluña y de Portugal (1640). Al cabo de doce años de guerra, aunque pudo reconquistar Cataluña, Portugal logró su independencia. || **∼ V,** primer rey de España de la Casa de Borbón, n. en Versalles y m. en Madrid (1683-1746), nieto de Luis XIV de Francia y de María Teresa de Austria, hija de Felipe IV de España. Tuvo que sostener una guerra para apoderarse del trono que le había dejado por testamento Carlos II. Al principio de su reinado, por el Tratado de Utrecht (1713), hubo de renunciar a los Países Bajos y posesiones de Italia. Intentó, con Alberoni, recuperar el antiguo poderío español, pero su política no tuvo el resultado apetecido. Abdicó y se retiró a La Granja. La muerte de su hijo Luis I (1724) le obligó a volver al trono. Intervino igualmente en las guerras de Sucesión de Polonia y de Austria.
Felipe || **∼ I** (1052-1108), hijo de Enrique I, rey de Francia desde 1060. En su reinado se organizó la Primera Cruzada. || **∼ II,** llamado *Felipe Augusto* (1165-1229), rey de Francia desde 1180, hijo de Luis VII. Participó en la Tercera Cruzada con Ricardo Corazón de León. Derrotó en Bouvines a Juan Sin Tierra, al conde de Flandes Fernando y al emperador germánico Otón IV (1214). || **∼ III** *el Atrevido* (1245-1285), rey de Francia desde 1270, hijo de San Luis. Luchó contra Pedro III de Aragón. || **∼ IV** *el Hermoso* (1268-1314), hijo del anterior, rey de Francia desde 1285. Con ayuda del Papa disolvió la orden de los Templarios. Durante su reinado, la Santa Sede se trasladó a Aviñón. || **∼ V** *el Largo* (1294-1322), hijo del anterior, rey de Francia desde 1316. || **∼ VI,** *de Valois* (1293-1350), rey de Francia desde 1328, cuyo trono codició Eduardo III de Inglaterra y éste fue el origen de la guerra de los Cien Años, que costó la pérdida de Calais (1347).
Felipe || **∼ de Jesús** *(San),* religioso franciscano, n. en México (1575-1597), protomártir de su país. M. crucificado en Nagasaki (Japón). Fiesta el 5 de febrero. ||

~ **Neri** *(San)*, religioso italiano (1515-1595), fundador de la Congregación del Oratorio. Fiesta el 26 de mayo.

Felipe ‖ ~ **el Atrevido**, duque de Borgoña, príncipe francés (1342-1404), hijo del rey Juan II. Tomó parte en la batalla de Poitiers. ‖ ~ **Igualdad**, político revolucionario francés (1747-1793) de la familia de Orleáns que votó la muerte de su primo Luis XVI. M. ajusticiado.

Felipillo, indio peruano del s. XVI, intérprete de Pizarro, Hernando de Soto y Almagro.

Felíu y Codina (José), dramaturgo y periodista español, n. en Barcelona (1847-1897), autor del drama *La Dolores*.

Félix, n. de cuatro papas y un antipapa. ‖ ~ *(San)*, martirizado en Gerona (303). Fiesta el 1 de agosto.

Félix Pérez Cardozo, ant. *Hiaty*, v. del Paraguay (Guairá).

feliz adj. Que goza felicidad, satisfecho, dichoso: *persona feliz*. ‖ Oportuno, acertado: *intervención feliz*. ‖ Que ocurre con felicidad: *campaña feliz*. ‖ Favorecido por la suerte. ‖ Que anuncia felicidad: *presagio feliz*.

felodermo m. *Bot.* Capa cortical interna producida por el felógeno.

felógeno m. *Bot.* Capa cortical externa que engendra el corcho.

felón, ona adj. y s. Traidor.

felonía f. Traición: *autor de innumerables felonías*.

felpa f. Tejido de seda o algodón esponjoso, de pelo largo: *oso de felpa, toalla de felpa*. ‖ *Fig.* y *fam.* Paliza. | Reprensión: *echar una felpa*.

felpilla f. Cordón afelpado.

felposo, sa adj. Esponjoso.

felpudo m. Limpiabarros, esterilla a la entrada de las casas.

femenil adj. Relativo a la mujer.

femenino, na adj. De la mujer: *ternura femenina*. ‖ Hembra: *flores femeninas*. ‖ Característico de la mujer: *voz femenina*. ‖ *Gram.* Dícese del género a que pertenecen las hembras y de lo relativo al género femenino: *un nombre femenino* (ú. t. c. m.).

fementido, da adj. Falto de fe y palabra. ‖ Falso, engañoso.

femineidad f. Feminidad.

femíneo, a adj. Femenino.

feminidad f. Carácter femenino. ‖ Aspecto femenino del varón.

feminismo m. Doctrina que concede a la mujer los mismos derechos sociales y políticos que los del varón.

feminista adj. Relativo al feminismo. ‖ — Com. Partidario del feminismo: *revista feminista*.

feminización f. Acción de dar forma femenina a un nombre que no la tiene.

feminoide adj. y s. m. Aplícase al hombre que tiene rasgos femeninos.

femoral adj. *Anat.* Del fémur: *arteria femoral* (ú. t. c. s. f.).

fémur m. *Anat.* Hueso del muslo, el más grueso y largo del cuerpo.

* **fenecer** v. i. Fallecer.

Fenelon (François DE SALIGNAC DE LA MOTHE), prelado y escritor francés (1651-1715), autor de obras de carácter pedagógico (*Tratado de la educación de las jóvenes, Las aventuras de Telémaco, Fábulas*, en prosa, y *Diálogos de los muertos*).

fenianismo m. Separatismo irlandés. (El *fenianismo* tuvo su origen entre los emigrados irlandeses de Estados Unidos, organizados como sociedad secreta en 1858.)

feniano, na adj. y s. Relativo al fenianismo. ‖ — M. Miembro de la asociación revolucionaria irlandesa opuesta a la dominación de Inglaterra.

fenicado, da adj. Con ácido fénico: *algodón fenicado*.

Fenicia, ant. región de Asia Anterior, entre el Mediterráneo y el Líbano. Sus ciudades principales eran: Arad, Trípoli, Biblos, Beirut, Sidón, Tiro y Acca.

fenicio, cia adj. y s. De Fenicia: *Cartago fue fundada por los fenicios*. ‖ — M. Lengua de los fenicios.

— Los *fenicios*, de origen semítico, se establecieron en el litoral mediterráneo hacia el s. XXIV a. de J. C. De sus puertos salieron flotas para traficar y colonizar todo el litoral del Mediterráneo, el mar Rojo, el Atlántico e inclusive el Báltico. Parece ser que se establecieron en la Península Ibérica antes del s. XV a. de J. C. Hacia los s. VIII y VII a. de J. C. tenían colonias importantes en Algeciras, Málaga, Adra, Sevilla, y sobre todo en Cádiz. Enseñaron a los pueblos del Mediterráneo el comercio, la navegación, la industria y propagaron una escritura de donde se derivan la mayor parte de los alfabetos del mundo antiguo.

fenilo m. Radical del benceno.

fénix m. inv. Ave mitológica que los antiguos creían que, una vez quemada, renacía de sus cenizas. ‖ *Fig.* Persona única en su clase. ‖ *El Fénix de los Ingenios*, Lope de Vega.

Fénix (ISLAS). V. PHOENIX.

fenol m. *Quím.* Derivado oxigenado del benceno extraído por destilación de los aceites de alquitrán. (Se usa como antiséptico.) ‖ — Pl. Nombre genérico de varios compuestos análogos al fenol y derivados de otros hidrocarburos del benceno.

fenomenal adj. Relativo al fenómeno. ‖ *Fam.* Extraordinario: *un éxito fenomenal*. | Sensacional, magnífico. | Monumental, enorme.

fenomenismo m. *Fil.* Teoría que no admite otra realidad que la de los fenómenos.

fenómeno m. Hecho científico que se puede observar: *los fenómenos de la naturaleza*. ‖ Lo que es percibido por los sentidos. ‖ Persona o cosa que tiene algo de anormal o de sorprendente: *fenómeno de barraca de feria*. ‖ *Fam.* Persona muy original o notable por sus cualidades: *es un fenómeno de memoria*. ‖ Suceso, hecho: *es un fenómeno bastante corriente*. ‖ — Adj. inv. *Fam.* Sensacional, magnífico, formidable: *fiesta fenómeno*.

fenomenología f. Estudio filosófico de los fenómenos que experimentan nuestros sentiods.

fenotipo f. Conjunto de caracteres hereditarios.

feo, a adj. Desagradable a la vista: *mujer fea* (ú. t. c. s.). ‖ Contrario al deber, a lo que habría que hacer: *es feo faltar a la palabra*. ‖ Que carece de belleza: *espectáculo feo*. ‖ Poco delicado, mal hecho: *acción fea*. ‖ Amenazador: *el tiempo se pone feo*. ‖ Malo, la: *la cosa se pone fea*. ‖ — M. Afrenta, desaire, grosería: *me hizo un feo intolerable*. ‖ Fealdad: *es de un feo que impresiona*. ‖ — Adv. Mal: *oler feo*.

feracidad f. Fertilidad.

feraz adj. Fértil.

Ferdusi. V. FIRDUSI.

féretro m. Ataúd.

feria f. Mercado de más importancia que el común: *feria de ganado*. ‖ Fiesta popular en fecha fija: *la feria de Sevilla*. ‖ Exposición comercial anual: *feria del libro*. ‖ Cualquier día de la semana, excepto el sábado y el domingo. ‖ *Méx.* Dinero menudo, cambio ‖ — Pl. Agasajos. ‖ *Feria de muestras*, exposición periódica de productos industriales o agrícolas.

Feria (Pedro de), dominico español (1525-1589), obispo de Chiapas (México). Escribió *Doctrina cristiana en lengua castellana y zapoteca* (1767).

feriado, da adj. Dícese del día de descanso.

ferial adj. Relativo a la feria: *recinto ferial*. ‖ — M. Lugar donde se celebra la feria.

feriante adj. y s. Concurrente a la feria para vender o comprar. ‖ Expositor en una feria de muestras.

feriar v. t. Comprar en la feria (ú. t. c. pr.). ‖ — V. i. No trabajar. ‖ *Méx.* Cambiar moneda.

Fermat (Pierre de), matemático francés (1601-1665), que descubrió al mismo tiempo que Pascal el cálculo de probabilidades.

fermata f. *Mús.* Calderón.

fermentable adj. Que puede fermentar.

fermentación f. Cambio químico sufrido por ciertas sustancias orgánicas a causa de enzimas microbianas, generalmente con desprendimiento de gases. (La *fermentación alcohólica* transforma el mosto en vino; la *fermentación acética* hace que el vino se vuelva vinagre; la *fermentación láctica* trae consigo la coagulación de la leche.) ‖ *Fig.* Agitación, efervescencia de los ánimos.

fermentar v. i. Estar en fermentación. ‖ *Fig.* Estar en un estado de agitación moral. ‖ — V. t. Hacer que se produzca la fermentación: *fermentar el vino*.

fermento m. Agente que produce la fermentación de una sustancia. ‖ *Fig.* Lo que excita o mantiene: *fermento de discordias*.

Fermi (Enrico), físico italiano (1901-1954), constructor en Chicago de la primera pila de uranio. (Pr. Nóbel, 1938.)

Fermín *(San)*, sacerdote español, n. en Pamplona, mártir en 287. Fiesta el 7 de julio.

fermio m. Elemento químico artificial, de número atómico 100 (símb., Fm).

Fernambuco. V. PERNAMBUCO.

Fernán Caballero (Cecilia BÖHL DE FABER, llamada), novelista costumbrista española (1796-1877), autora de *La gaviota, La familia de Alvareda, Clemencia, Un verano en Bornos*, etc.

Fernán González, primer conde independiente de Castilla, hacia 950, héroe de varios romances antiguos.

Fernández (Alejo), pintor español (¿1470?-1543), que trabajó en Córdoba y Sevilla (*La Virgen del Buen Aire*) ‖ ~ (DIEGO), capitán e historiador español (¿1520?-1581). Vivió en el Perú y publicó una *Primera y segunda parte de la historia del Perú* (1571). ‖ ~ (EMILIO), director de cine mexicano, n. en 1904, realizador de *Flor silvestre, María Candelaria, Enamorada, La perla, Río escondido*. ‖ ~ (GREGORIO). V. HERNÁNDEZ. ‖ ~ (JORGE), novelista ecuatoriano, n. en 1912, autor de *Agua* y *Los que viven por sus manos*. ‖ ~ (JUAN), marino portugués que exploró el Senegal y Cabo Verde en 1446. ‖ ~ (JUAN), navegante español (¿1530-1599?), que recorrió las costas meridionales de América del Sur y descubrió en 1574 las islas que llevan su nombre. ‖ ~ (LUCAS), dramaturgo español (¿1474-1542?), precursor del teatro en su país, autor de *Farsas y églogas*, y *Auto de la Pasión*. ‖ ~ (MACEDONIO), escritor humorístico argentino (1874-1952), autor de *Continuación de la Nada, Papeles de recién venido*, etc. ‖ ~ (MANUEL FÉLIX). V. VICTORIA (Guadalupe). ‖ ~ **Almagro** (MELCHOR), ensayista, historiador y periodista español (1893-1966). ‖ ~ **Alonso** (SEVERO), político y abogado boliviano (1849-1925), pres. de la Rep. de 1896 a 1898. ‖ ~ **Arbós** (ENRIQUE), compositor, violinista y director de orquesta español (1863-1940). ‖ ~ **Ardavín** (LUIS), poeta y dramaturgo español (1892-1962, autor de las comedias *Rosa de Madrid, La florista de la Reina, La dama del armiño*, etc. ‖ ~ **Caballero** (MANUEL). V. CABALLERO. (Manuel FERNÁNDEZ). ‖ ~ **Cuesta** (NEMESIO), lexicógrafo y periodista español (1818-1893). ‖ ~ **de An-**

drada (ANDRÉS), poeta español del s. XVI, a quien se atribuyó la *Epístola moral a Fabio.* ‖ ~ **de Avellaneda** (ALONSO). V. AVELLANEDA. ‖ ~ **de Castro** (PEDRO), conde de Lemos, virrey del Perú de 1667 a 1672). ‖ ~ **de Castro y Bocángel** (JERÓNIMO), dramaturgo peruano (1689-1737). ‖ ~ **de Córdoba** (DIEGO), gobernante español (1578-1630), virrey de México de 1612 a 1621 y del Perú de 1621 a 1629. ‖ ~ **de Córdoba** (FRANCISCO), conquistador español (¿1475-1526?). Fundó en Nicaragua las c. de León y Granada, y en Costa Rica la de Bruselas (1524). ‖ ~ **de Córdoba** (FRANCISCO). V. HERNÁNDEZ. ‖ ~ **de Córdoba** (Gonzalo), llamado el *Gran Capitán,* militar español (1453-1515). Se distinguió en las guerras contra los moriscos y más tarde en Italia, donde conquistó Tarento, derrotó a los franceses en Ceriñola y Garellano, y aseguró la posesión del reino de Nápoles, del que fue nombrado condestable. ‖ ~ **de Enciso** (MARTÍN), geógrafo y navegante español del s. XVI, autor de *Suma de Geografía.* Con Balboa exploró el Darién y fundó Santa María la Antigua (1510). ‖ ~ **de la Cueva** (Francisco). V. ALBUQUERQUE *(Duque de).* ‖ ~ **de Lizardi** (JOSÉ JOAQUÍN), novelista mexicano, n. en la ciudad de México (1776-1827), llamado *el Pensador Mexicano.* Autor del relato *El Periquillo Sarniento,* descripción de la sociedad de su país poco antes de la Independencia, *Don Catrín de la Fachenda, La Quijotita y su prima* y *Noches tristes.* ‖ ~ **de Moratín** (LEANDRO y NICOLÁS). V. MORATÍN. ‖ ~ **de Navarrete** (JUAN), llamado *el Mudo,* pintor español (¿1526?-1572). ‖ ~ **de Oviedo** (GONZALO), historiador español (1478-1557), autor de una *Historia General y Natural de las Indias,* obra en 50 tomos. ‖ ~ **de Piedrahita** (LUCAS), prelado colombiano (1624-1688), autor de una *Historia general del Nuevo Reino de Granada.* ‖ ~ **de Quirós** (PEDRO). V. QUIRÓS. ‖ ~ **de Ribera** (RODRIGO), poeta y novelista barroco español (1579-1631), autor de *Los anteojos de mejor vista.* ‖ ~ **de San Pedro** (DIEGO). V. SAN PEDRO. ‖ ~ **de Sevilla** (LUIS), escritor español (1888-1974), autor de *La del soto del Parral, Los claveles, La del manojo de rosas,* etc. ‖ ~ **de Valenzuela** (FERNANDO), autor dramático colombiano (1616-¿1685?). ‖ ~ **de Velasco** (BERNARDINO). V. FRÍAS *(Duque de).* ‖ ~ **Flórez** (DARÍO), novelista español n. en 1909, autor de *Lola, espejo oscuro.* ‖ ~ **Flórez** (ISIDORO), periodista español (1840-1902), conocido por el nombre de *Fernanflor.* ‖ ~ **Flórez** (WENCESLAO), escritor español (1886-1964), de vena humorística, autor de *Relato inmoral, El malvado Caravel, Las siete columnas, El secreto de Barba Azul,* etc. ‖ ~ **García** (ALEJANDRO), escritor venezolano (1879-1939), autor de *Oro de alquimia* y *Búcaros en flor.* ‖ ~ **Grilo** (ANTONIO), poeta español (1845-1906). ‖ ~ **Guardia** (RICARDO), escritor costarricense (1867-1950), autor de *Cuentos ticos.* ‖ ~ **Ledesma** (ENRIQUE), poeta y escritor mexicano (1888-1939), autor de *Con la sed en los labios.* ‖ ~ **Madrid** (JOSÉ), médico, político y poeta colombiano (1789-1830), pres. de la Rep. en 1816, año en que fue desterrado por Morillo. Cantor de la gesta de la Independencia. — Su hijo PEDRO, n. en La Habana (1817-1875), fue escritor y estadista de Colombia. ‖ ~ **Moreno** (BALDOMERO), poeta argentino (1886-1950), autor de *Las iniciales del misal, Romances y seguidillas, Ciudad, Campo argentino,* etc., composiciones de carácter sentimental y evocativo. — Su hijo CÉSAR, n. en 1919, es también poeta. ‖ ~ **Oreamuno** (PRÓSPERO), general costarricense (1834-1885), pres. de la Rep. de 1882 a 1885. ‖ ~ **Shaw** (CARLOS), poeta español (1865-1911), autor de los libros de versos *Poesía de la sierra* y *Poemas del mar* y del libreto de *La revoltosa.* — Su hijo GUILLERMO (1893-1965) fue comediógrafo y libretista de zarzuelas, autor de *Doña Francisquita, La rosa del azafrán, Luisa Fernanda,* etc. ‖ ~ **Villaverde** (RAIMUNDO), político español (1848-1905), jefe del Gob. en 1903 y 1905. ‖ ~ **y González** (MANUEL), poeta, dramaturgo y novelista español (1821-1888), autor del relato *El pastelero de Madrigal.*

Fernandina, isla del Ecuador (Archip. de Colón). — N. que los españoles dieron a la isla de Cuba.

fernandino, na adj. y s. De San Fernando (Venezuela).

Fernando ‖ ~ **de la Mora,** pobl. del Paraguay (Central). ‖ ~ **de Noroña,** archip. brasileño del Atlántico a 350 km del cabo de San Roque. ‖ ~ **Poo,** isla del golfo de Guinea, a 36 km del continente; 2 017 km²; 62 612 h. Cap. *Santa Isabel.* Produce cacao, café, plátanos. Ricas maderas. (V. GUINEA ECUATORIAL.)

Fernando ‖ ~ **I** *el Grande* (¿1017-1065), rey de Castilla (1035), de León (1037) y de Navarra (1064). Era hijo segundo de Sancho III. ‖ ~ **II** (¿1145?-1188), rey de León desde 1157, hijo de Alfonso VII de Castilla y de León. ‖ ~ **III** *el Santo* (1199-1252), rey de Castilla y de León, hijo de Alfonso IX de León. Sucedió en Castilla a su tío Enrique I y a la muerte de su padre reunió Fernando las dos coronas (1230). Arrebató a los árabes Córdoba, Sevilla, Murcia y Jaén, y redujo a vasallaje al rey de Granada. Declaró el castellano lengua oficial del reino. Fiesta el 30 de mayo. ‖ ~ **IV** *el Emplazado* (1285-1312), rey de Castilla y de León. Subió al trono en 1295 a la muerte de su padre Sancho IV. Cuenta la tradición que, habiendo hecho perecer injustamente a los hermanos Carvajal éstos le emplazaron ante Dios en un término de treinta días, lo que se cumplió. ‖ ~ **V** *el Católico.* V. FERNANDO II DE ARAGÓN. ‖ ~ **VI,** rey de España, n. en Madrid (1712-1759). Sucedió a su padre Felipe V en 1746. Fue su reinado un período de paz y de reformas, obra de sus ministros Carvajal y Ensenada. Afligido por la muerte de su esposa en 1758, cayó en incurable demencia. ‖ ~ **VII** *el Deseado,* rey de España, n. en San Ildefonso (1784-1833), hijo de Carlos IV. Durante el reinado de éste, conspiró contra el ministro Godoy, favorito de su madre. Napoleón lo atrajo a Bayona y le hizo abdicar para entregar el trono a su hermano José. Al volver a España en 1813 restableció la monarquía absoluta. Las posesiones españolas de América se basaron en su renuncia para proclamar su independencia. La revolución de 1820 obligó a Fernando VII a restablecer la Constitución (Trienio constitucional), pero la ayuda del ejército francés del duque de Angulema le permitió derribar las Cortes en 1823, volvió a proclamarse rey absoluto y organizó una dura represión. Abolió después la ley sálica y promulgó una pragmática por la que le sucedería su hija Isabel en perjuicio de su hermano don Carlos, origen de las guerras carlistas que ensangrentaron al país durante los reinados siguientes.

Fernando ‖ ~ **I,** hermano menor de Carlos V, n. en Alcalá de Henares (1503-1564), emperador germánico desde 1558. Fundador de la monarquía austriaca. ‖ ~ **II** (1578-1637), nieto del anterior, emperador germánico desde 1619. Provocó la guerra de Treinta Años. ‖ ~ **III** (1608-1657), emperador germánico desde 1637. Firmó en 1648 el Tratado de Westfalia.

Fernando ‖ ~ **I** *el de Antequera* (1380-1416), rey de Aragón y de Sicilia desde 1412, elegido tras el Compromiso de Caspe. ‖ ~ **II** *el Católico* (1452-1516), n. en Sos (Zaragoza), rey de Aragón y de Sicilia (1479-1516), rey (Fernando V) de Castilla (1474-1504) y rey (Fernando III) de Nápoles (1504-1516). Su matrimonio con Isabel I de Castilla (1469) condicionó la unidad nacional, rematada tras la toma de Granada (1492). Su política interior consistió esencialmente en reforzar la autoridad real, imponiéndose a la nobleza y a las órdenes militares. Organizó la Santa Hermandad, poniéndola al servicio del Estado, y en el campo religioso se mostró severo, con el pretexto de favorecer la unificación, hasta el punto de expulsar a los judíos no conversos (1492) y a los mudéjares (1502), lo que supuso una sangría que habría de repercutir en la economía española. En el exterior, conquistó el reino de Nápoles (1502-1504), se anexionó Navarra (1512), ocupó el Milanesado (1513) y se apoderó de varios puntos estratégicos de la costa africana (Orán, Bujía, Trípoli). A la muerte de su esposa Isabel, fue regente de Castilla (1504), y en 1506 lo fue de nuevo, al morir su yerno Felipe el Hermoso. Casó en segundas nupcias con Germana de Foix. M. en Madrigalejo, y dejó el reino a su nieto Carlos de Gante, ya rey de Castilla y después emperador de Alemania.

Fernando ‖ ~ **I,** rey de Nápoles de 1458 a 1494. ‖ ~ **II,** nieto del anterior, rey de Nápoles de 1495 a 1496. ‖ ~ **III,** rey de Nápoles. V. FERNANDO II [de Aragón].

Fernando ‖ ~ **de España,** llamado *el Cardenal-Infante,* cardenal español (1609-1641), hijo de Felipe III. Fue gobernador de los Países Bajos en 1634. ‖ ~ **de Talavera,** teólogo español (1445-1507), confesor de Fernando el Católico.

Fernanflor. V. FERNÁNDEZ FLÓREZ (Isidoro).

ferocidad f. Carácter sanguinario. ‖ Barbarie, inhumanidad. ‖ Atrocidad, dicho o hecho insensato, necedad.

ferodo m. Forro de fibras de amianto e hilos metálicos que se pone a las zapatas de los frenos.

Feroe (ISLAS), archip. danés, al N. de Escocia; cap. *Thorshavn.*

feroz adj. Salvaje y sanguinario: *bestia feroz.* ‖ *Fig.* Cruel, bárbaro: *hombre feroz.* | Que causa mucho miedo o mucho daño: *un feroz padecimiento.* | Que indica ferocidad: *mirada feroz.* | Enorme, tremendo: *resistencia feroz.*

Ferrán (Jaime), bacteriólogo español (1852-1929), inventor de la vacunación anticolérica e introductor de la antirrábica en España.

Ferrant (Ángel), escultor español (1891-1961).

Ferrara, c. del N. de Italia (Emilia), a orillas del Po, cap. de la prov. homónima. Arzobispado. Catedral (s. XII-XV).

Ferrari (Gaudenzio), pintor, escultor y arquitecto italiano (¿1480?-1546).

Ferrater Mora (José), ensayista y filósofo español, n. en 1912, autor de un conocido *Diccionario de Filosofía.*

Ferraz (Valentín), militar y político español (1793-1866).

Ferré (Luis), abogado puertorriqueño, n. en 1904, gobernador del Estado de 1969 a 1973.

Ferreira (ANTONIO), poeta petrarquista portugués (1528-1569), autor de la tragedia *Inés de Castro.* ‖ ~ (BENIGNO), general paraguayo (1845-1922), pres. de la Rep. de 1906 a 1908. ‖ ~ **de Castro** (JOSÉ MARÍA), novelista portugués, n. en 1898, autor de *Carne hambrienta, Sangre negra.*

Ferreñafe, c. del Perú, cap. de la prov. homónima. (Lambayeque).

férreo, a adj. De hierro. || *Fig.* Duro, tenaz: *voluntad férrea.* || *Vía férrea,* vía de ferrocarril.
Ferrer (Bartolomé), navegante español que exploró la costa de California en 1543. || ~ (MATEO), organista español (1788-1864). || ~ **Bassa,** pintor y miniaturista catalán (¿1290-1348?), autor de frescos. || ~ **del Río** (ANTONIO), historiador español (1814-1872), autor de una *Galería de la Literatura española.*
Ferrera (Francisco), general hondureño (1794-1851), vicejefe del Estado en 1834 y primer pres. de la Rep. (1841-1845).
ferrería f. Forja.
Ferrero (Guglielmo), sociólogo e historiador italiano (1871-1943).
ferretería f. Tienda donde se venden herramientas, clavos, alambres, vasijas, etc., quincalla.
ferretero, ra m. y f. Quincallero.
Ferretis (Jorge), novelista mexicano, n. en 1902, que trató de la Revolución de su país en *Hombres en tempestad.*
Ferreyra Basso (Juan G.), escritor argentino, n. en 1910, autor de *Soledad poblada.*
ferricianuro m. Compuesto de hierro, de cianógeno y de otro metal.
férrico, ca adj. De hierro.
ferrita m. Óxido de hierro natural hidratado, de color rojo pardo.
ferrobús m. Automotor, autovía.
ferrocarril m. Camino con dos vías o rieles paralelos sobre los cuales ruedan los vagones de un tren arrastrados por una locomotora de vapor o eléctrica. || Empresa, explotación y administración de este medio de transporte. || *Ferrocarril urbano* o *metropolitano,* el que circula dentro del casco de una población, generalmente bajo tierra.
ferrocarrilero, ra adj. *Amer.* Ferroviario.
ferrocianuro m. *Quím.* Sal compuesta del cianuro ferroso y un cianuro alcalino.
Ferrol del Caudillo (El), c. y puerto militar del O. de España (La Coruña).
ferromanganeso m. Aleación de hierro y gran cantidad de manganeso.
ferroníquel m. Aleación de hierro con níquel.
ferroprusiato f. Ferrocianuro.
ferroso, sa adj. *Quím.* Dícese de los compuestos en los cuales el hierro tiene dos átomos de valencia.
ferroviario, ria adj. De los ferrocarriles. || — M. Empleado de ferrocarriles.
ferruginoso, sa adj. Que contiene hierro: *mineral ferruginoso.* || — M. Medicamento ferruginoso.
ferry boat [*ferribout*] m. (pal. ingl.). Barco transbordador.
Ferryville. V. MENZEL-BURGUIBA.
Ferté-Millon (La), pobl. de Francia (Aisne). Patria de Jean Racine.
fértil adj. Fecundo, productivo: *huerta fértil.* || *Fig.* Abundante, rico: *año fértil en acontecimientos.*
fertilidad f. Calidad de fértil.
fertilización f. Acción de fertilizar.
fertilizante adj. Que fertiliza. || — M. Abono: *fertilizantes nitrogenados.*
fertilizar v. t. Abonar para hacer más fértil.
férula f. *Cir.* Tablilla o armazón que se empleaba en el tratamiento de fracturas. || Palmeta para dar golpes en las manos: *la férula del maestro de escuela.* || — *Estar uno bajo la férula de otro,* estar bajo su dominación.
férvido, da adj. Ardiente, activo.
ferviente adj. Ardiente.
fervor m. Devoción intensa. || Entusiasmo, ardor, afán.
fervoroso, sa adj. Ardiente.
festejador, ra y **festejante** adj. y s. Que festeja u obsequia.
festejar v. t. Hacer festejos, agasajar, obsequiar: *festejar a un invitado.* || Galantear, cortejar. || *Méx.* Azotar. || — V. pr. Celebrarse, conmemorarse.
festejo m. Acción y efecto de festejar. || Fiesta. || Galanteo. || — Pl. Actos públicos de diversión
festín m. Banquete.
festival m. Gran fiesta, especialmente musical: *el festival de Wagner.* || Serie de representaciones consagradas a un arte o a un artista: *festival de cine en Venecia.*
festividad f. Fiesta o solemnidad con que se celebra una cosa: *las festividades de Navidad.* || *Fig.* Agudeza, ingenio. | Alegría.
festivo, va adj. Chismoso, agudo. || Alegre: *niño festivo.* || Que no se trabaja, de fiesta: *día festivo.*
festón m. Guirnalda. || Adorno de flores, frutas y hojas. || Bordado que se pone en los ribetes de una prenda. || *Arq.* Adorno en forma de guirnalda.
festonear o **festonar** v. t. Adornar con festones.
fetal adj. *Med.* Del feto.
fetén adj. *Fam.* Verdadero. | Formidable, estupendo.
feticida adj. y s. m. Que ocasiona la muerte de un feto.
feticidio m. Muerte dada a un feto: *cometer un feticidio.*
fetiche m. Objeto material venerado como un ídolo. || Objeto de superstición.
fetichismo m. Culto de los fetiches. || *Fig.* Veneración excesiva y supersticiosa por una persona o cosa. || Idolatría.
fetichista adj. y s. Relativo al fetichismo. || Que profesa este culto (ú. t. c. s.).
fetidez f. Mal olor, hedor.
fétido, da adj. Hediondo.
feto m. Producto de la concepción desde el período embrionario hasta el parto. || *Fig.* Engendro, muy feo.
feudal adj. Relativo al feudo: *derechos feudales.*
feudalidad f. Calidad o condición de feudal.
feudalismo m. Régimen feudal u organización política y social fundada en los feudos, que estuvo en vigor en la Edad Media. || *Fig.* Cualquier potencia económica o social que recuerda la organización feudal.
feudatario, ria adj. y s. Sujeto a feudo. || Posesor de un feudo.
feudo m. Contrato por el cual cedía el rey o el señor a su vasallo una tierra, con la obligación de que le jurase fidelidad. || Tierra dada en feudo. || *Fig.* Zona en la que se ejerce gran influencia.
Feuillet (Octave), novelista francés (1821-1890), opuesto al realismo y al naturalismo.
Feval (Paul), escritor francés (1817-1887), autor de novelas de aventuras.
Feydeau [*fedó*] (Georges), comediógrafo francés (1862-1921). Cultivó el vodevil.
fez m. Gorro rojo de los moros.
Fez, c. del centro de Marruecos, ant. capital del reino. Centro religioso. Importantes monumentos.
Fezzán, prov. del SO. de Libia; cap. *Sebha.*
fi f. Letra griega.
fiado, da adj. A crédito: *comprar fiado.*
fiador, ra m. y f. Persona que fía. || Garantizador: *salir fiador por su hermano.* || — M. Presilla para abrochar. || Pieza para que no se mueva una cosa.
Fiallo (Fabio), escritor dominicano (1866-1942), autor de *Cuentos frágiles.*
Fiambalá, río y pobl. de la Argentina (Catamarca).
fiambre adj. Dícese de la comida que se deja enfriar para comerla más tarde sin calentar: *los embutidos son fiambres* (ú. t. c. m.). || *Fig.* Sin actualidad: *noticia fiambre.* || — M. *Pop.* Cadáver. || *Méx.* Plato compuesto de ensalada de lechuga, cerdo, aguacate y chiles. || *Arg.* Reunión desanimada.
fiambrera f. Cacerola en que se lleva la comida fuera de casa. || *Arg.* Fresquera.
fiambrería f. *Arg.* Tienda de fiambres.
fianza f. Obligación que uno contrae de hacer lo que otro promete, si éste no lo cumple. || Garantía que se da como seguridad del cumplimiento de un compromiso: *depositar una fianza.* || Fiador.
fiar v. t. Garantizar que otro hará lo que promete, obligándose a hacerlo en caso contrario. || Vender a crédito. || — V. i. Confiar: *fiar en él.* || Tener confianza (ú. t. c. pr.): *fiarse de una persona seria.*
fiasco m. Fracaso completo.
fíat m. Consentimiento, venia.
fibra f. Filamento o célula alargada que constituyen ciertos tejidos animales y vegetales o algunas sustancias minerales: *fibras textiles, musculares, de amianto.* || *Fig.* Nervio, energía, vigor. || *Fibra de Tampico,* la del agave.
fibrina f. Materia albuminoidea, blanca, insípida e inodora que se forma en la sangre para coagularla.
fibroma m. Tumor.
fibroso, sa adj. Con fibras.
ficción f. Creación de la imaginación: *tu relato es una ficción.* || Simulación.
ficoideas f. pl. Familia de plantas dicotiledóneas de frutos parecidos al higo (ú. t. c. adj.).
ficticio, cia adj. Imaginario, no real: *nombre ficticio.* || Aparente, convencional.
ficus m. Nombre de ciertas plantas tropicales.
ficha f. Pieza para marcar los tantos en el juego: *una ficha de madera.* || Pieza del dominó o de otro juego. || Tarjeta de cartulina o papel fuerte que suele clasificarse, papeleta: *ficha antropométrica, electrónica.* || Pieza que hace funcionar un mecanismo automático: *ficha de teléfono.* || Contrato de un jugador deportivo profesional. || Chapa o tarjeta para indicar la presencia en un sitio.
fichaje m. Acción de fichar a un jugador de un equipo deportivo.
fichar v. t. Anotar en una ficha. || Contar con fichas los géneros que el camarero recibe para servirlos. || Controlar en un reloj especial las horas de entrada y salida de los obreros (ú. t. c. i.). || *Neol.* Contratar los servicios de un jugador en un equipo de fútbol u otro deporte. Ú. t. c. i.: *fichar por un club deportivo.* || *Fig.* y *fam.* Poner a una persona en el número de las que se miran con sospecha y desconfianza. Ú. t. c. i.: *fichado por la policía.*
Ficher (Jacobo), compositor argentino de origen ruso n. en 1896. Autor de *Poema Heroico, La Sulamita,* etc.
fichero m. Colección de fichas o papeletas. || Mueble con cajones para guardarlas ordenadamente.
Fichte (Johann Gottlieb), filósofo alemán (1762-1814). Su sistema, derivado del de Kant, se convirtió en un idealismo absoluto. Autor de los *Discursos a la nación alemana.*
Fichtelgebirge, macizo montañoso de Alemania (Baviera); 1 051 m.
fidedigno, na adj. Digno de fe: *información de fuente fidedigna.*
fideicomiso m. *For.* Donación testamentaria hecha a una persona encargada de restituirla a otra o para que realice alguna voluntad del testador. || Mandato o tutela de un territorio.
fidelidad f. Exactitud en cumplir con sus compromisos. || Constancia en el afecto: *la fidelidad de un amigo.* || Obligación recíproca de los cónyuges de no cometer adulterio. || Exactitud, veracidad: *fidelidad de una narración.* || Calidad en la reproducción de sonidos: *magnetófono de alta fidelidad.* || *Fís.*

Calidad de un instrumento de medida que, colocado en las mismas condiciones, da siempre la misma indicación.

fideo m. Pasta alimenticia. || *Fam.* Persona muy delgada.

Fidias, escultor de la Grecia ant., n. en Atenas, m. hacia 431 a. de J. C., a quien se atribuye el *Zeus olímpico.*

Fidji o **Viti,** Estado formado por un archip. en el Pacífico Sur (Melanesia), cuyas islas principales son Vanua, Levu y Viti Levu; 519 000 h. Cap. *Suva,* 55 000 h. Base aérea. Perteneció a la Gran Bretaña desde 1874 hasta 1970.

fiduciario, ria adj. Dícese de los valores ficticios que dependen del crédito y la confianza: *moneda fiduciaria.*

fiebre f. Fenómeno patológico que ordinariamente se manifiesta por aumento de la temperatura normal del cuerpo y frecuencia del pulso y de la respiración: *tener mucha fiebre.* || *Fig.* Actividad viva y desordenada: *fiebre electoral.* || *Fiebre amarilla,* enfermedad antes endémica en las Antillas y América Central, caracterizada por vómitos negruzcos.

fiel adj. Que cumple sus compromisos: *fiel a mis promesas.* || Constante, perseverante: *un amigo fiel.* || Exacto, verídico: *cronista, relato fiel.* || Seguro: *guía fiel.* || Honrado: *empleado fiel.* || Que retiene lo que se le confía: *memoria fiel.* || — M. Persona que pertenece a una Iglesia. || Partidario, seguidor. || Aguja de la balanza. || Clavillo que sostiene las hojas de las tijeras.

fielato m. Oficina de consumos que existía a la entrada de las poblaciones.

fielazgo m. Fielato.

Fielding [*filding*] (Henry), escritor y dramaturgo inglés (1707-1754), autor de *Tom Jones,* novela realista.

fieltro m. Tela hecha con lana o pelo abatanados. || Sombrero hecho con esta tela.

fiera f. Animal feroz. || Toro. || *Fig.* Persona muy encolerizada o cruel: *estaba hecho una fiera.*

fierabrás m. *Fig.* y *fam.* Persona perversa. | Matasiete.

fiereza f. Carácter feroz. || Crueldad.

fiero, ra adj. Feroz: *animal fiero.* || Duro, cruel: *corazón fiero.* || Grande, enorme: *gigante fiero.* || *Fig.* Horroroso, espantoso: *fiera tempestad.*

fierro m. (Ant.). *Amer.* Hierro.

Fierro (Humberto), poeta simbolista ecuatoriano (1890-1931), autor de *El laúd del valle.* || ~ (MARTÍN). V. MARTÍN FIERO. || ~ (PANCHO), pintor costumbrista peruano (1803-1879).

Fierro Urcu, pico de los Andes del Ecuador, en el S. del país; 3 790 m.

Fiésole, c. de Italia (Toscana), cerca de Florencia. Ruinas etruscas.

Fiésole (Fra Angélico Da). V. ANGÉLICO.

fiesta f. Solemnidad religiosa o civil en conmemoración de un hecho histórico: *la fiesta nacional.* || Día consagrado a actos de religión: *santificar las fiestas.* || Día consagrado a la memoria de un santo: *la fiesta de San Jaime.* || Reunión de gente con fines de diversión. || Alegría, regocijo, placer: *estar de fiesta.* || Día en que no se trabaja: *hoy es fiesta.* || Caricia, agasajo, carantoña: *hacerle fiestas al niño.* || — *Fig.* y *fam. Aguar la fiesta,* estropear un regocijo. || *No estar para fiestas,* estar de mal humor.

fiestear v. i. Estar de fiesta.

fiestero, ra adj. *Fam.* Que le gustan las fiestas.

Fife, condado de Gran Bretaña (Escocia), en el estuario del Forth; cap. *Cupar;* c. pr. *Dunfermline.*

fifí com. *Méx.* Vago, ocioso. Que viste bien, insustancial.

fifiriche m. *Fam. Amer.* Mequetrefe.

Figari (Pedro), abogado, político y pintor impresionista uruguayo (1861-1938).

fígaro m. Barbero.

Fígaro. V. LARRA (Mariano José de).

figle m. *Mús.* Instrumento de viento.

figón m. Tasca.

figonero, ra m. y f. Persona que tiene un figón.

Figueira Da Foz, c. y puerto del NO. de Portugal (Coimbra). Playa.

Figueras, c. de España (Gerona). Ant. plaza fuerte.

Figueras y Moragas (Estanislao), abogado y político español (1819-1882), pres. de la Primera República (1873).

Figueredo (Pedro), abogado y patriota cubano, conocido por el n. de *Pedrucho* (1819-1870). Intervino en la toma de Bayamo (1868) y fue ejecutado en Santiago.

Figueres Ferrer (José), político costarricense, n. en 1907, pres. de la Rep. de 1953 a 1958 y de 1970 a 1974.

Figueroa (Fernando), general salvadoreño (1849-1912), pres. de la Rep. de 1907 a 1911. || ~ (FRANCISCO DE), poeta petrarquista español (1536-1620). Llamado *el Divino.* || ~ **Alcorta** (JOSÉ), político y abogado argentino (1860-1931), pres. de la Rep. de 1906 a 1910. || ~ **Larraín** (EMILIANO), político chileno (1863-1931), vicepres. de la Rep. en 1910 y pres. de 1925 a 1927. || ~ **y Torres** (ÁLVARO DE). V. ROMANONES.

Figuerola (Justo), abogado y político peruano, m. en 1854, pres. prov. de la Rep. en 1844.

figulino, na adj. De barro cocido: *estatua figulina.*

figura f. Forma exterior de un cuerpo por la cual se distingue de otro, silueta. || Cara, rostro: *el Caballero de la Triste Figura.* || Tipo, facha: *tiene buena figura.* || Escultura, pintura o dibujo que representa el cuerpo humano, el de un animal, etc.: *una figura de frente, de perfil.* || Símbolo: *el esqueleto, figura de la muerte.* || Personaje, persona notable: *las grandes figuras del pasado.* || *Geom.* Conjunto de puntos, de líneas o superficies: *trazar figuras en el encerado.* || Ejercicio de patinaje, esquí, saltos de trampolín, etc., que se exige en el programa de ciertas competiciones. || Cualquiera de los naipes que representa un personaje, como la sota, el caballo y el rey. || Ficha del ajedrez. || Nota musical. || Personaje principal de una obra de teatro y actor que lo representa. || Movimiento en el baile. || *Gram.* Modificación en el empleo de las palabras: *figura de construcción, de dicción, retórica.*

figuración f. Acción y efecto de figurar o figurarse una cosa. || Idea, fantasía: *esas son meras figuraciones.*

figurado, da adj. Dícese del sentido en que se toman las palabras para que denoten idea diversa de la que recta y literalmente significan: *el libro alimenta el espíritu* (sentido figurado); *el pan alimenta el cuerpo* (sentido propio). || Que usa de figuras retóricas: *lenguaje, estilo figurado.*

figurante, ta m. y f. *Teatr.* Comparsa, personaje poco importante en una comedia o baile. || *Fig.* Persona cuyo papel no es más que decorativo.

figurar v. t. Delinear y formar la figura de una cosa: *figurar una casa, una montaña.* || Representar alegóricamente: *figurar la fuerza por medio del león.* || Aparentar, suponer, simular, fingir: *figuró una retirada.* || — V. i. Formar parte de un número determinado de personas o cosas: *figurar entre los vocales de un consejo o junta.* || Hacer, representar cierto papel. || Ser tenido como persona importante: *figura mucho en la sociedad de Buenos Aires.* || — V. pr. Creer, imaginarse: *no te figures que harás según tus deseos.*

figurativo, va adj. Que es representación de una cosa. || *Arte figurativo,* el que representa figuras concretas por oposición al *arte abstracto.*

figurilla, ta com. *Fam.* Persona pequeña y ridícula. || Estatuilla de barro cocido que se pone en los nacimientos.

figurín m. Dibujo o patrón de modas. || Revista de modas. || *Fig.* Petimetre, lechuguino.

figurón m. *Fig.* y *fam.* Hombre extravagante y presumido. | Hombre que le gusta figurar. || *Comedia de figurón,* pase de comedia del s. XVII en la que el protagonista era un tipo ridículo o extravagante.

fijación f. Acción de fijar o establecer: *la fijación de un deber.* || *Biol.* Operación por la que un tejido vivo pierde su vida para poder examinarlo con el microscopio. || *Quím.* Operación por la cual se convierte en fijo un cuerpo volátil. || Operación por medio de la cual se fija una imagen fotográfica.

fijador, ra adj. Que fija. || — M. Líquido que sirve para fijar el pelo, las fotografías, los dibujos, etc. || *Biol.* Líquido que coagula las proteínas de las células sin variar por ello las estructuras de éstas.

fijar v. t. Poner algo en un sitio de manera segura: *fijar un sello, carteles.* || Clavar, hincar: *fijar una chinche.* || Asegurar, sujetar: *fijar con cuñas.* || Dirigir: *fijar la mirada, la atención.* || Determinar, precisar: *fijar una fecha, el significado de un vocablo.* || Decidir: *aún no me han fijado mis honorarios.* || Establecer: *fijó su domicilio en París.* || Aplicar fijador a las fotografías, dibujos, etc. || — V. pr. Localizarse en un sitio: *el dolor se me fijó en el pecho.* || Asegurarse: *fijarse el tiempo.* || Prestar atención: *se fijó en los detalles* || Darse cuenta: *no me fijé en sus facciones.* || Mirar, observar: *me fijé en su elegancia.*

fijasellos m. inv. Lo que sirve para fijar los sellos en un álbum.

fijeza f. Seguridad, firmeza. || Atención, persistencia: *miraba con fijeza.*

fijo, ja adj. Sujeto, que no se mueve: *punto fijo.* || Inmóvil: *con los ojos fijos.* || Que vive permanentemente en un lugar: *domicilio fijo.* || Que no cambia, invariable: *Navidad es una fiesta fija.* || Definitivo: *sueldo fijo.* || Que no se volatiza: *el platino es un cuerpo fijo.* || *Idea fija,* idea que siempre está presente en la mente. || — M. Sueldo o cantidad que uno recibe invariablemente cada cierto tiempo. || — Adv. Con fijeza: *mirar fijo.* || *De fijo,* seguramente.

fila f. Hilera de personas o cosas puestas unas detrás de otras: *la primera fila de una formación militar.* || Línea horizontal en un cuadro. || *Fig.* y *fam.* Antipatía, tirria: *le tenía fila.* || — *En fila* o *en fila india,* uno detrás de otro. || *En filas,* en el servicio militar. || *Mil. Romper filas,* deshacer una formación.

Filabres (SIERRA DE LOS), cord. de España al N. de Almería; 2 137 m. Yacimientos de hierro.

Filadelfia, en ingl. *Philadelphia,* c. de Estados Unidos (Pensilvania), a orillas del Delaware. Arzobispado. Universidad. Centro industrial. Fundada por William Penn, fue capital federal de 1790 a 1800.

Filadelfia. V. COLONIAS MENNONITAS.

filamento m. Elemento fino y alargado de un órgano animal o vegetal. || Hilo muy delgado. || En una bombilla o lámpara, hilo metálico conductor que se pone incandescente al pasar la corriente.

filamentoso, sa adj. Con filamentos.
filantropía f. Amor a la humanidad.
filantrópico, ca adj. Relativo a la filantropía. || Inspirado en la filantropía: *hombre filantrópico.*
filantropismo m. Carácter filantrópico.
filántropo, pa m. y f. Persona que se distingue por su amor al prójimo.
filaria f. Gusano parásito.
filarmonía f. Afición o pasión a la música.
filarmónico, ca adj. Apasionado por la música. || *Sociedad filarmónica,* aquella constituida por aficionados a la música.
filástica f. Cuerda.
filatelia f. Arte que trata del conocimiento de los sellos, principalmente los de correos. || Sigilografía.
filatélico, ca adj. Relativo a la filatelia: *exposición filatélica.*
filatelista com. Coleccionista de sellos de correos.
Filemón y Baucis, matrimonio frigio cuya choza fue transformada en templo por Zeus, en premio a su hospitalidad. (*Mit.*)
filete m. Moldura estrecha. || Solomillo: *filete a la parrilla.* || Lonja de carne magra o de pescado sin espinas: *filete de lenguado.* || Freno pequeño para los potros. || *Impr.* Rayita que sirve para separar dos partes de un impreso. || *Anat.* Última ramificación de los nervios. *Tecn.* Rosca de tuerca o de tornillo. || Cuchillo de aire frío.
fileteado m. Roscas de un tornillo o tuerca.
filetear v. t. Adornar con filetes. || Hacer las roscas de un tornillo o tuerca. || *Cub.* Poner filetes a las cajas de puros.
filfa f. *Fam.* Mentira. | Engañifa: *venir con filfas.*
filiación f. Línea directa que va de los antepasados a los hijos o de éstos a los antepasados. || Enlace que tienen unas cosas con otras: *filiación de palabras.* || Señas personales de un individuo. || Ficha donde están estos datos. || *Mil.* Enrolamiento en un regimiento. || Acción de estar afiliado: *de filiación izquierdista.*
filial adj. De hijo: *respeto filial.* || — F. Sucursal: *la filial de Madrid.*
filiar v. t. Tomar los datos de alguien. || — V. pr. Alistarse como soldado. || Afiliarse a un partido.
filibusterismo m. Piratería.
filibustero m. Pirata en los mares de América en los s. XVII y XVIII. || El que trabajaba por la emancipación de las posesiones españolas de ultramar, y en particular de Cuba.
filicíneas f. pl. Familia de plantas que comprende los helechos (ú. t. c. adj.).
filiforme adj. Como un hilo.
filigrana f. Labor de orfebrería, en forma de encajes, en el oro y la plata. || Marca de fábrica del papel que se ve por transparencia. || Dibujo que tiene los billetes de bancos y que se ve por transparencia. || *Fig.* Cosa finamente trabajada.
filipense adj. y s. De San Felipe (Venezuela). || De Filipos (Macedonia). || — M. Miembro de la congregación de San Felipe Neri.
filípica f. Discurso violento. || *Fig.* Reprensión severa.
Filípicas (*Las*), discursos políticos de Demóstenes contra Filipo de Macedonia, y de Cicerón contra Marco Antonio.
Filipinas, archip. y república al SE. de Asia, entre el mar de China y el océano Pacífico; 300 000 km²; 38 493 000 h. (*filipinos*). Cap. *Ciudad Quezón,* 500 000 h., otras c.: *Manila,* 1 500 000 h.; *Cebú,* 299 700; *Iloilo,* 180 900, y *Zamboanga,* 104 000.
— GEOGRAFÍA. Las islas más importantes del archipiélago, compuesto por más de 7 000, son las de Luzón, al N., y Mindanao al S., y las de Samar, Negros, Palaván, Panay, Leyte, Visayas, Joló, etc. El suelo es montañoso y volcánico, y la mayor altura la alcanza el volcán Apo (2 930 m), en Mindanao. El clima, cálido y húmedo, es bastante regular. La agricultura es el principal recurso económico (arroz, caña de azúcar, tabaco, copra). En la población, bastante heterogénea, predominan los elementos de raza malaya y grupos de negritos, chinos, españoles y norteamericanos. Existen numerosos dialectos en las islas, pero se habla sobre todo el tagalo, lengua oficial desde 1940. También se habla el inglés y el español. Hay 25 universidades, la más antigua de las cuales es la de Santo Tomás, fundada en 1611. La religión predominante es la católica.
— HISTORIA. Descubiertas en 1521 por Magallanes, que las llamó Filipinas en honor del rey Felipe II, fue el español Ruy López de Villalobos quien desembarcó en 1543 en Mindanao y Leyte. La colonización sólo se inició a la llegada de la expedición de Miguel López de Legazpi (1565), que fundó Manila (1571). El Archipiélago pasó a depender administrativamente del reino de Nueva España. La dominación española se prolongó por más de tres siglos y medio. El ejemplo de la emancipación de las colonias hispanoamericanas hizo nacer el ansia de independencia y provocó diversos conatos separatistas (1823 y 1825) sofocados por los españoles, aunque no se apagó completamente el fermento de rebeldía, sobre todo al formarse la sociedad secreta llamada *Katipunán.* En 1896 estalló la más grave de todas las rebeliones y, acusado el doctor José Rizal de haber participado en ella, el general Polavieja lo mandó fusilar en Manila. En 1897, tomó el mando de los nacionalistas Emilio Aguinaldo. Los Estados Unidos intervinieron en 1898, destruyeron la escuadra española en Cavite, y España firmó el Tratado de París, por el que cedía el Archipiélago a los Estados Unidos, lo que encontró la oposición de los patriotas, que se refugiaron en las montañas. En 1916, el Congreso de Washington concedió la autonomía y en 1934 se decidió que Filipinas sería independiente diez años más tarde. La segunda guerra mundial, de la que Filipinas fue teatro sangriento, retardó la independencia hasta el 4 de julio de 1946. Manuel A. Roxas (1946), Elpidio Quirino (1948), Ramón Magsaysay (1953), Carlos P. García (1957), Diosdado Macapagal (1961) y Fernando E. Marcos (1966 y 1970) han gobernado sucesivamente, tratando de restañar las heridas de la guerra y fomentando el desarrollo económico y cultural del país.

FILIPINAS

filipino, na adj. y s. De las islas Filipinas. || *Fam. Punto filipino,* dícese de alguien de cuidado.
Filipo II (¿382?-336 a. de J. C.), rey de Macedonia padre de Alejandro Magno. Venció a los atenienses en Queronea (338) e iba a marchar contra los persas cuando fue asesinado.
Filipópolis. V. PLOVDIV.
Filísola (Vicente), general mexicano, n. en Italia (1785-1850), que se pronunció con Iturbide (1821) y entró en México triunfante. Después intervino en el Congreso de Guatemala que declaró la independencia centroamericana (1823).
filisteo, a adj. y s. Individuo de un ant. pueblo de Asia establecido al S. de Fenicia. (Los *filisteos,* enemigos de los israelitas, desaparecieron en el s. VII.) || — M. *Fig.* y *fam.* Hombre gigantesco. || Persona inculta, sin gusto artístico.

film o **filme** m. Película.

filmación f. Rodaje.

filmar v. t. Cinematografiar.

fílmico, ca adj. De la película o film.

filmografía f. Descripción o conocimiento de filmes o microfilmes.

filmología f. Estudio científico del cine y su influencia en la vida social.

filmoteca f. Colección de cintas cinematográficas.

filo m. Arista o borde agudo de un instrumento cortante: *el filo de la espada, de una navaja.* || — *Al filo de,* hacia. || *Fig. De dos filos,* de resultado contrario al deseado.

filología f. Estudio de una lengua basándose en los textos y documentos que nos la hacen conocer. || Estudio de textos.

filológico, ca adj. De la filología: *ensayo filológico.*

filólogo, ga m. y f. Especialista en filología.

filón m. Yacimiento, masa de metal entre dos capas de terreno diferentes. || *Fig.* y *fam.* Ganga, cosa de la que se saca mucho provecho o rendimiento.

Filón de Alejandría, filósofo griego de origen judío, n. en Alejandría (20 a. de J. C.-54), cuya doctrina era mezcla de la de Platón y de la Biblia.

filosofador, ra adj. y s. Que filosofa o le gusta filosofar.

filosofal adj. f. *Piedra filosofal,* aquella que los alquimistas creían que podía transformar todos los metales en oro; (fig.) cosa que no es posible hallar.

filosofar v. i. Reflexionar acerca de una cosa apoyándose en razones filosóficas. || *Fam.* Pensar.

filosofastro m. Filósofo de poca monta.

filosofía f. Ciencia general de los seres, de los principios y de las causas y efectos de las cosas naturales. || Sistema particular de un filósofo, de una escuela o de una época: *la filosofía de Platón.* || Sistema de principios que se establecen para explicar o agrupar ciertos hechos: *filosofía del Derecho.* || Resignación del que sabe soportar con tranquilidad todas las contrariedades de la vida: *aceptar una desgracia con filosofía.*

filosófico, ca adj. De la filosofía: *estudio filosófico.*

filósofo, fa m. y f. Persona que estudia filosofía. || *Fig.* Persona que lleva una vida tranquila y retirada o que soporta con resignación las contrariedades de la vida.

filosoviético, ca adj. y s. Amigo de lo soviético.

Filostrato (Flavio), sofista griego (¿175-249?), autor de *Vida de Apolonio de Tiana.*

filoxera f. Plaga de la vid producida por unos insectos hemípteros. || Estos insectos.

filtración f. Paso de un líquido a través de un filtro que retiene las partículas sólidas. || Paso del agua a través de la tierra, la arena. || *Fig.* Indiscreción.

filtrador m. Filtro.

filtrante adj. Que filtra o se filtra.

filtrar v. t. Hacer pasar un líquido por un filtro: *filtrar agua.* || — V. i. y pr. Penetrar un líquido a través de otro cuerpo sólido: *el agua se filtraba por la pared.* || *Fig.* Desaparecer el dinero. | Ser revelada una noticia por indiscreción o descuido.

filtro m. Cuerpo poroso o aparato a través de los cuales se hace pasar un líquido o un gas para eliminar las partículas sólidas en suspensión. || Extremo de un cigarrillo en el que hay una materia porosa que retiene el paso de la nicotina. || Dispositivo para eliminar los parásitos en un receptor de radio. || Pantalla que se coloca en un objetivo fotográfico para eliminar ciertos rayos del espectro. || Bebida a la cual se atribuía la propiedad de provocar el amor de una persona.

fimo m. Estiércol.

fimosis f. Estrechez en el prepucio.

fin m. Término, remate o consumación de una cosa: *el fin del año.* || Muerte: *acercarse uno a su fin.* || Finalidad, objeto: *perseguir un fin honesto.* || Destino: *el fin del hombre.* || — *A fin de,* con objeto de, para: *a fin de averiguar la verdad.* || *A fines de,* al final de: *a fines de la semana próxima.* || *Al fin* o *al fin y al cabo,* por último. || *Dar* o *poner fin a una cosa,* acabarla. || *En* o *por fin,* finalmente. || *Fin de fiesta,* espectáculo extraordinario hecho al final de una función de teatro para rendir un homenaje. || *Fin de semana,* el sábado y el domingo (aunque éste, en realidad, sea el primer día de la semana). || *Un sin fin,* una gran cantidad.

finado, da m. y f. Difunto.

final adj. Que termina o acaba: *punto final.* || *Fil. Causa final,* motivo principal, razón última de un ser, de una cosa. || — M. Fin, término de una cosa. || Extremidad: *al final de la calle.* || — F. Última prueba de una competición deportiva por eliminatorias.

finalidad f. Propósito con que o por que se hace una cosa. || Utilidad, razón de ser.

finalista m. Partidario de la doctrina de las causas finales. || — Adj. y s. En una competición deportiva o en concurso, equipo o persona que llega a la prueba o votación final.

finalización f. Término, fin.

finalizar v. t. Concluir, dar fin: *finalizar una tarea.* || — V. i. Extinguirse, terminarse o acabarse.

financiación f. y **financiamiento** m. Aportación de capitales.

financiar v. t. Aportar, adelantar dinero: *financiar una empresa.* || — V. i. Dar dinero o capital.

financiero, ra adj. Relativo a las finanzas: *sistema financiero.* || — M. Hacendista. || Capitalista, banquero, bolsista.

finanzas f. pl. Galicismo por *hacienda, caudal, dinero, banca, mundo financiero.* (Empleado sobre todo en América).

finar v. i. Fallecer.

finca f. Propiedad rústica o urbana. (Se emplea generalmente en el primer sentido.)

fincar v. i. Adquirir fincas (ú. t. c. pr.). || Establecerse, domiciliarse. || *Amer.* Estribar, consistir: *en esto finca su influencia.*

finés, esa adj. y s. Finlandés.

fineza f. Finura.

Fingal (Gruta de), caverna de Escocia, en la isla de Staffa (Hébridas).

fingido, da adj. Que finge, engañoso. || Ficticio: *nombre fingido.*

fingidor, ra adj. y s. Que finge.

fingimiento m. Ficción, simulación.

fingir v. t. e i. Dar a entender lo que no es cierto: *fingir alegría* (ú. t. c. pr.). || Afectar, simular: *fingir una enfermedad* (ú. t. c. pr.).

finiquitar v. t. Liquidar una cuenta. || Acabar. || *Fig.* Matar.

finiquito m. Liquidación, saldo de una cuenta: *dar finiquito a una cuenta.*

finisecular adj. Del fin de siglo.

Finistère, dep. del NO. de Francia (Bretaña); cap. *Quimper.*

Finisterre (Cabo), promontorio de 600 m de alt. en el extremo NO. de España (La Coruña).

finito, ta adj. Que tiene fin.

finlandés, esa adj. y s. De Finlandia.

Finlandia, en finés *Suomi,* rep. del N. de Europa, entre Suecia, Noruega, la U. R. S. S. y el Báltico; 337 000 km²; 4 703 000 h. (*fineses* o *finlandeses*). Cap. *Helsinki,* 528 300 h.; otras c.: *Tampere,* 139 400 h.; *Turku,* 138 300; *Lahti,* 79 000; *Pori,* 60 200 h.; *Uleaborg,* 79 000, y *Kuopio,* 51 000.

— Geografía. El territorio de Finlandia es una llanura con pequeñas eminencias cubiertas de bosques y millares de lagos. Las fuentes principales de la economía son la explotación de la madera, la ganadería y las industrias. Los bosques cubren las tres cuartas partes de la superficie.

— Historia. Finlandia, cristianizada desde 1154, perteneció a Suecia hasta que ésta la cedió a Rusia (1809). Obtuvo la independencia en 1917. Los soviéticos la atacaron en 1939 y, tras una valerosa resistencia, firmó con la U. R. S. S. un armisticio en 1940. Reanudó el combate contra los rusos al lado de los alemanes y hubo de capitular en 1944. Luchó después contra los alemanes y en 1947 tuvo que ceder a la Unión Soviética las regiones de Pétsamo y Carelia.

Finlandia (Golfo de), golfo en el mar Báltico, entre Finlandia y la U. R. S. S.

Finlay (Carlos Juan), médico e investigador cubano, n. en Camagüey (1833-1915). Efectuó importantes estudios sobre las enfermedades tropicales y descubrió el agente transmisor de la fiebre amarilla.

fino, na adj. Menudo, sutil: *lluvia fina.* || Puntiagudo: *extremidad fina.* || Delgado: *papel, talle fino.* || Delicado: *gusto fino.* || Agudo: *oído fino.* || De buena calidad, excelente: *turrón fino.* || Ligero: *tejido fino.* || Precioso: *piedra fina.* || Dícese de las perlas y de las piedras naturales empleadas en joyería. || Puro: *oro fino.* || Muy cortés o educado: *un joven muy fino.* || Astuto: *fino como un zorro.* || Muy seco: *jerez fino.*

finolis adj. y s. *Fam.* Aplícase a la persona fina y algo pedante.

Finot (Emilio), escritor boliviano (1886-1914). || ~ (Enrique), escritor y político boliviano (1891-1952), autor de una *Historia de la literatura boliviana.*

Finsen (Niels), médico y biólogo danés (1860-1904). Investigó las cualidades curativas de la luz. (Pr. Nóbel, 1903.)

finta f. Ademán o amago con la espada. || Ademán hecho con la intención de engañar a uno. || Regate en fútbol.

fintar v. t. e i. Hacer fintas.

finura f. Primor, delicadeza. || Atención, detalle. || Cortesía: *hablar con mucha finura.*

Fionia, isla de Dinamarca, separada del Slesvig por el Pequeño Belt; cap. *Odense.* Cereales. Ganadería.

Fioravanti (Octavio), pintor y escultor argentino, de origen italiano (1894-1970). — Su hermano José, n. en 1896, es tb. escultor.

fiord o **fiordo** m. Golfo estrecho y profundo de Noruega.

Firdusi (Abul Cassin Mansur), poeta persa (933-1021 ó 1025), autor del *Libro de los Reyes.*

firma f. Nombre de una persona, con rúbrica, que se pone al pie de un escrito para demostrar que se es el autor o que se aprueba lo contenido en él. || Conjunto de documentos que se presentan a una persona para que los firme, y acto de firmarlos: *la firma del presidente del Consejo de ministros.* || Empresa, casa de comercio, razón social: *una firma muy acreditada.*

firmamento m. Cielo.

firmante adj. y s. Que firma: *los firmantes de un tratado.*

firmar v. t. Poner uno su firma.

firme adj. Estable, fuerte: *la mesa está firme.* || *Fig.* Entero, inconmovible, constante, que no se vuelve atrás: *un carácter firme.* || Dícese de las operaciones financieras o comerciales que tienen carácter definitivo. || Definitivo: *decisión firme.* || — M. Capa sólida en la que se cimenta una carretera, etc. || Pavimento de una carretera. || — Adv. Con firmeza. || — *De firme,* mucho, intensamente: *llueve, estudia de firme.* || *En firme,* con carácter definitivo: *venta*

FINLANDIA

en firme. || *Mil.* *¡Firmes!,* voz de mando para que los soldados se cuadren.

firmeza f. Estabilidad, fortaleza: *la firmeza de unos cimientos.* || *Fig.* Entereza: *responder con firmeza.* || Perseverancia. || *Arg.* Antiguo baile popular.

fiscal adj. Relativo al fisco o al oficio de fiscal: *derechos fiscales; ministerio fiscal.* || — M. Agente del fisco. || En los tribunales, el que representa el interés público: *el fiscal del Reino, de la República.*

fiscalía f. Cargo y oficina del fiscal. || *Fiscalía de tasas,* servicio y control del racionamiento.

fiscalización f. Examen, control.

fiscalizador, ra adj. y s. Que fiscaliza.

fiscalizar v. t. Hacer las funciones del fiscal. || *Fig.* Controlar, inspeccionar. || *Fig.* Averiguar o criticar las acciones de otro: *fiscalizar la vida de uno.*

fisco m. Tesoro o erario del Estado. || Administración encargada de calcular y recaudar los impuestos públicos: *las cajas del fisco.*

fisgador, ra adj. y s. Curioso.

fisgar v. t. Husmear, curiosear, atisbar: *no hace más que fisgar.*

fisgón, ona adj. y s. Curiosón.

fisgonear v. t. Fisgar.

fisgoneo m. Curiosidad. || Indiscreción.

fisible adj. Escindible.

física f. Ciencia que tiene por objeto el estudio de los cuerpos y sus leyes y propiedades, mientras no cambia su composición, así como el de los agentes naturales con los fenómenos que en los cuerpos produce su influencia: *física nuclear.* || *Física experimental,* la que se basa en la experiencia.

físico, ca adj. Perteneciente a la física: *ciencias físicas.* || Relativo al cuerpo del hombre: *educación física.* || Efectivo, material: *imposibilidad física.* || — M. y f. Especialista en física. || (Ant.). Médico. || — M. Fisonomía, exterior de una persona: *un físico poco agraciado.* || Constitución natural del hombre: *lo físico influye en lo moral.*

fisicomatemático, ca adj. Relativo a la física y a las matemáticas.

fisicoquímico, ca adj. Relativo a la física y a la química. || — F. Ciencia que estudia los fenómenos físicos y químicos.

fisil adj. Escindible.

fisiocracia f. Doctrina económica que sostenía que la agricultura era la única fuente de riqueza.

fisiócrata adj. y s. Partidario de la fisiocracia.

fisiología f. Ciencia que tiene por objeto el estudio de las funciones de los seres orgánicos. || Funcionamiento de un organismo.

fisiológico, ca adj. De la fisiología.

fisiólogo, ga m. y f. Especialista en fisiología.

fisión f. *Fís.* Escisión del núcleo de un átomo, a causa de un bombardeo de neutrones, que provoca la liberación de energía: *la fisión del uranio.*

fisionomía f. Fisonomía.

fisioterapia f. *Med.* Método curativo por medio de los agentes naturales (calor, frío, electricidad, ejercicios, etc.).

fisonomía f. Cara, rostro, semblante. || Carácter o aspecto que distingue una cosa de otra.

fisonómico, ca adj. De la fisonomía: *rasgos fisonómicos.*

fisonomista y **fisónomo** adj. y s. Dícese de la persona que recuerda las caras de aquellos a quien ha visto o encontrado.

fístula f. *Med.* Conducto accidental y ulceroso que se abre en la piel o en las membranas mucosas: *fístula lacrimal.*

fistular adj. De la fístula.

fistuloso, sa adj. Que tiene forma de fístula.

fisura f. Grieta, hendidura. || *Cir.* Grieta longitudinal de un hueso o del ano. || Hendedura en una masa mineral. || *Fig.* Ruptura, fallo, falta.

Fitero, v. de España (Navarra). Monasterio de San Bernardo.

fitófago, ga adj. Que se nutre de materias vegetales.

fitografía f. Estudio de las plantas.

fitolacáceas f. pl. Familia de plantas dicotiledóneas, como la hierba carmín y el ombú (ú. t. c. adj.).

fitología f. Botánica.

Fitz Roy, monte de los Andes patagónicos, en la frontera de la Argentina (Santa Cruz) y Chile (Aisén); 3 375 m.

Fitzgerald (Francis SCOTT), novelista norteamericano (1896-1940), autor de *A este lado del Paraíso, El gran Gatsby,* etc.

Fitzmaurice-Kelly (James), hispanista inglés (1857-1923), autor de *Historia de la literatura española.*

Fiume. V. RIJEKA.

flaccidez o **flacidez** f. Blandura, flojedad.

fláccido, da o **flácido, da** adj. Falto de tersura, blando, fofo.

flaco, ca adj. Muy delgado: *niño flaco.* || *Fig.* Flojo, endeble, sin fuerza: *argumento, espíritu flaco.* | Débil: *la carne es flaca.* || *Memoria flaca,* mala, poco fiel. || *Punto flaco,* debilidad. || — M. Debilidad moral: *es su flaco.*

flacucho, cha adj. Muy flaco.

flacura f. Delgadez. || Debilidad, flojedad.

flagelación f. Azotamiento.

flagelado, da adj. Que tiene flagelos. || — M. pl. Clase de protozoos provistos de flagelos.

flagelador, ra adj. y s. Que flagela.

flagelar v. t. Azotar. || *Fig.* Criticar, fustigar, censurar severamente: *flagelar la sociedad.*

flagelo m. Azote. || Calamidad. || Filamento móvil, órgano locomotor de ciertos protozoos y de los espermatozoides. || *Fig.* Azote, calamidad, plaga.

flagrancia f. Estado o calidad de flagrante.

flagrante adj. Evidente, indiscutible: *injusticia flagrante.* || Que se realiza en el momento en que se habla: *delito flagrante.* || *En flagrante,* en el mismo momento de hacer, de cometer un delito.

flagrar v. i. Arder, llamear.

flama f. Llama.

flamante adj. Brillante, resplandeciente. || Nuevo, reciente: *nos recibió espléndidamente en su flamante casa de campo.*

flameado m. Acción de pasar por el fuego.

flamear v. i. Llamear, echar llamas. || Ondear al viento una vela o una bandera. || — V. t. Quemar alcohol para esterilizar algo. || Pasar por una llama: *flamear plátanos, una gallina.*

flamenco, ca adj. De Flandes (en Francia y Bélgica) [ú. t. c. s.]. || *Fam.* Achulado: *ponerse flamenco* (ú. t. c. s.). || Dícese de la música, el baile y del cante folklórico andaluz (ú. t. c. m.). || Que tiende a hacerse agitanado: *aire, tipo flamenco* (ú. t. c. s.). || *Amér.* C. Delgado, flaco. || — M. Ave palmípeda zancuda de plumaje blanco en el pecho y rojo en la espalda. || *Arg.* Facón.

flamenquería f. y **flamenquismo** m. Afición a lo flamenco. || Modo de hablar u obrar achulado.

flamígero, ra adj. Que arroja llamas. || Aplícase al último período (s. XV) del estilo gótico cuando los contornos lanceolados recuerdan las llamas.

Flammarion (Camille), astrónomo francés (1842-1925), autor de *Astronomía popular.*

flámula f. Gallardete, grímpola.

flan m. Plato de dulce hecho con yemas de huevo, leche y azúcar. || *Flan de arena,* montoncito de arena que hacen los niños en la playa con moldes.

flanco m. Cada una de las dos partes laterales de un cuerpo considerado de frente. || Cada una de las dos murallas del baluarte que forman ángulo entrante con la cortina, y saliente con el frente.

Flandes, región de Europa Occidental (Francia y Bélgica), entre la ant. prov. francesa de Artois, el Escalda y el mar del Norte. El condado de Flandes lo heredó Carlos I de España de su abuelo Maximiliano I y fue teatro de largas guerras. || **~ Occidental,** prov. de Bélgica; cap. *Brujas.* || **~ Oriental,** prov. de Bélgica, cap. *Gante.*

Flandes (Juan de), pintor flamenco establecido en España, m. hacia 1519.

flanquear v. t. *Mil.* Defender por medio de baluartes edificados en la costa. | Apoyar o defender el flanco de una formación militar o de una posición con tropas o fuego de armas. || Estar colocado a los lados de algo: *flanqueado por dos inmensos edificios.* || Acompañar: *flanqueado por dos guardaespaldas.*

flanqueo m. Colocación de un cuerpo de ejército de modo que pueda batir al enemigo por sus flancos.

flap m. (pal. ingl.). Alerón de las alas de un avión.

flaquear v. i. Fallar, mostrarse débil: *me flaquea bastante la memoria.* || Estar a punto de ceder: *la viga flaquea.* || *Fig.* Debilitarse: *le flaquea la voluntad.* | Tener poca resistencia o solidez: *me flaquean las piernas.* | Fallar, mostrar menos conocimientos: *flaqueó en matemáticas.*

flaquedad f. *Amer.* Flacura.

flaqueza f. Debilidad, poca resistencia: *las flaquezas del género humano.* || Debilidad, punto flaco: *esa es una de sus flaquezas.* || Delgadez, carácter flaco.

flash m. Luz relámpago empleada para hacer una fotografía en un lugar donde hay poca iluminación. || Información concisa transmitida en primer lugar. || Fogonazo.

flato m. Acumulación molesta de gases en el tubo digestivo. || Emisión de estos gases por la boca. || *Amer.* Tristeza, melancolía.

flatoso, sa adj. Que tiene flatos.

flatulencia f. Flato.

flatulento, ta adj. Que causa flato. || Que lo padece.

Flaubert [*flober*] (Gustave), novelista francés, n. en Ruán (1821-1880), autor de obras realistas en una prosa impecable: *Madame Bovary, Salambó, La educación sentimental, Tres cuentos,* etc.

flauta f. Instrumento músico de viento formado por un tubo con varios agujeros que producen el sonido según se tapan o destapan con los dedos. || Flautista. || *Fam. Y sonó la flauta por casualidad,* indica que un acierto ha sido casual.

flautín m. Flauta aguda y pequeña. || Músico que lo toca.

flautista com. Músico que toca la flauta.

Flavios, familia de Roma de la que eran miembros Vespasiano, Tito y Domiciano.

flebitis f. *Med.* Inflamación de una vena que puede provocar la formación de un coágulo.

flebotomía f. Sangría.

fleco m. Hilos, borlas o cordoncillos que cuelgan y sirven de ornamento a vestidos, cortinas, muebles, etc. || Flequillo de pelo. || Borde de una tela deshilachada.

flecha f. Arma arrojadiza consistente en un asta con punta afilada, que se dispara con el arco. || *Geom.* Sagita. || Punta de un campanario.

flechar v. t. Asaetear, acribillar de flechas. || Estirar la cuerda del arco para lanzar la flecha. || *Fig. y fam.* Seducir, inspirar amor. | *Méx.* Apostar en los juegos sin miedo. | *Fam. Ir flechado,* muy rápido. || — V. pr. Enamorarse rápidamente y mucho.

flechaste m. *Mar.* Cada una de las cuerdas horizontales que forman las escalas para subir a los palos.

flechazo m. Disparo de flecha o herida causada por él. || *Fig. y fam.* Amor repentino: *la vio y sintió el flechazo.*

flechilla f. Flecha pequeña.

flegma f. Flema.

flegmón m. *Med.* Flemón.

fleje m. Tira o banda de hierro o acero: *los flejes de las camas antiguas.* || Ballesta, muelle.

flema f. Mucosidad que se arroja por la boca. || *Fig.* Cachaza, pachorra, tranquilidad exagerada.

Flemalle *(Maestro de),* pintor flamenco no identificado del s. XV, maestro de Van der Weyden.

flemático, ca adj. Impasible.

Fleming (Sir Alexander), médico y bacteriólogo inglés (1881-1955), descubridor, con Chain y Florey, de la penicilina. (Pr. Nobel, 1945.)

flemón m. *Med.* Inflamación del tejido celular o conjuntivo: *un flemón en la encía.*

Flensburgo, c. y puerto de Alemania Occidental (Slesvig-Holstein). Astilleros.

flequillo m. Pelo recortado que cae sobre la frente.

Flesinga, c. y puerto de Holanda (Zelanda). Astilleros. Ind. petroquímica.

Fleta (Miguel B.), tenor español (1897-1938).

fletamento y **fletamiento** m. Contrato de transportes por mar. || Alquiler de un barco o avión.

fletar v. t. Alquilar un barco o avión o parte de él para conducir personas o mercancías. || Alquilar una caballería, un vehículo de transporte, etc. || Embarcar mercancías o personas. || *Amer.* Soltar, espetar. || — V. pr. *Cub.* y *Méx.* Largarse. | *Arg.* Colarse.

Fletcher (John), dramaturgo inglés (1579-1625).

flete m. Precio de alquiler de una nave o un avión. || Carga de un barco o avión. || *Méx.* y *Col.* Carga transportada por tierra.

fletero m. *Méx.* Transportista.

flexibilidad f. Calidad de flexible: *la flexibilidad del junco.* || *Fig.* Disposición del ánimo para ceder y acomodarse a un dictamen.

flexible adj. Que se dobla fácilmente, que cede: *alambre, colchón flexible.* || *Fig.* Que se acomoda sin dificultad: *carácter flexible.* || — M. Sombrero flexible. || Cordón o cable eléctrico.

flexión f. Acción y efecto de doblar o doblarse: *flexión del brazo, de la pierna.* || — Pl. *Gram.* Modificación que experimentan las voces conjugables y las declinaciones con el cambio de desinencias: *las flexiones del verbo.*

flexor, ra adj. y s. m. Que dobla o hace que una cosa se doble con movimientos de flexión: *músculo flexor del brazo.*

Flint, condado del SO. de Gran Bretaña (Gales); cap. *Mold.* — C. del NE. de Estados Unidos (Michigan). Centro industrial.

flip m. Especie de ponche a base de coñac, huevos, frutas y azúcar.

flirt [*flert*] m. (pal. ingl.). Flirteo.

flirtear v. i. Coquetear.

flirteo m. Coqueteo. || Persona con quien se coquetea.

flit m. *Pop.* Líquido insecticida.

floculación f. *Quím.* Precipitación de sustancias en disolución coloidal.

flogístico, ca adj. Del flogisto.

flogisto m. Principio que suponían los antiguos desprenderse de los cuerpos en combustión.

flojear v. i. Obrar con pereza. || Flaquear: *los clientes flojean.* || Disminuir: *la calefacción flojea.*

flojedad f. Debilidad. || Flaqueza en alguna cosa. || *Fig.* Pereza, holgazanería.

flojera f. Flojedad, pereza.

flojo, ja adj. Mal atado, poco apretado o poco tirante: *nudo flojo.* || Sin fuerza: *cerveza floja.* || *Fig.* Sin intensidad: *sonido flojo.* | Regular, no muy bueno: *película floja.* | Que le faltan conocimientos suficientes: *flojo en matemáticas.* | Mediocre: *razonamiento flojo.* | Perezoso, holgazán. || Poco activo: *mercado flojo.* | *Amer.* Cobarde.

flor f. Parte de un vegetal que contiene los órganos de la reproducción: *la flor del almendro.* || Planta con flores. || Polvillo blanco que cubre ciertos frutos recién cortados. || *Fig.* Lo más escogido de una cosa: *la flor de la sociedad, de la harina; pan de flor.* || Nata que hace el vino. || Adorno poético: *flor retórica.* || Productos ligeros obtenidos por medio de la sublimación o la descomposición: *flor de azufre.* || *Fig.* Novedad, frescor: *la flor de la juventud.* | Piropo, requiebro: *decir o echar flores a una mujer* (ú. m. en pl.). || Parte exterior de las pieles adobadas. || — *Flor artificial* o *flor de mano,* imitación de una flor, hecha con papel, tela, plástico, etc. || *Méx. Flor del corazón,* cualquiera de las magnoliáceas de flores aromáticas. || *La flor y nata,* lo mejor. || *Flor de lis,* forma heráldica de la flor de lirio. || *Flores de maíz,* rosetas.

Flor (Roger de). V. ROGER DE FLOR.

flora f. Conjunto de las plantas de un país o región; *la flora tropical.* || Obra que las enumera y describe.

Flora *(Santa),* mártir española n. en Córdoba, m. en 851. Fiesta el 24 de noviembre.

floración f. Aparición de las flores. || Su época.

floral adj. De la flor: *verticilo floral.* (V. JUEGOS FLORALES.)

floreado, da adj. Cubierto de flores. || Con dibujos de flores. || De flor de harina. || *Fig.* Ornado.

floreal m. Octavo mes del calendario republicano francés (20 de abril a 19 de mayo).

Floreana. V. SANTA MARÍA.

florear v. t. Adornar con flores. || Sacar la flor de la harina. || Adornar, ornamentar: *estilo muy floreado.* || — V. i. Vibrar la punta de la espada. || *Mús.* Hacer arpegios con la guitarra. || *Fam.* Decir flores: *florear a una joven.* || Ampliar un relato añadiendo cosas ingeniosas pero falsas. || *Méx.* Hacer filigranas los charros en el manejo del lazo.

* **florecer** v. t. Echar flor o cubrirse de flores. *los almendros florecen temprano.* || *Fig.* Prosperar: *la industria florece en estos momentos.* | Existir: *los mejores escritores españoles florecieron en el Siglo de Oro.* || — V. pr. Ponerse mohoso el queso, pan, etc.

floreciente adj. Que florece: *terreno floreciente.* || *Fig.* Próspero: *negocio floreciente.*

florecimiento m. Que florece: *terreno floreciente.* || *Fig.* Próspero: *negocio floreciente.*

Florencia, en ital. *Firenze,* c. de Italia (Toscana), cap. de la prov. homónima, a orillas del Arno. Arzobispado. Universidad. Riquísimos museos, palacios y monumentos. En la Edad Media fue un gran centro artístico, literario y comercial. — Pobl. de la Argentina (Santa Fe). — C. de Colombia, cap. de la intendencia de Caquetá.

florense adj. y s. De Flores (Uruguay). | Floreño.

florentino, na adj. y s. De Florencia.

FI

floreño, ña adj. y s. De Flores (Guatemala).

floreo m. *Fig.* Conversación vana y de pasatiempo para hacer alarde de ingenio. | Dicho vano y superfluo: *perder el tiempo en floreos.* || Movimiento de la danza española. || Vibración de la punta de la espada. || Arpegio de la guitarra.

florería f. Tienda de flores.

florero m. Vasija para las flores.

Flores, isla fluvial del Uruguay, en el río de la Plata. — Isla del río Paraguay, que pertenece al Brasil y al Paraguay. — C. del NE. del Brasil (Pernambuco). — C. de Guatemala, cab. del dep. de El Petén, llamada *Tayasal* durante la época maya. Centro comercial. — Dep. del Uruguay; cap. *Trinidad;* riqueza ganadera, cultivos. — Isla portuguesa en el NO. del archip. de las Azores; 143 km². — Isla de Indonesia, en el archip. de la Sonda, separada de las Célebes por el mar homónimo.

Flores (Cirilo), político guatemalteco (1779-1826), jefe del Estado en 1826. M. asesinado en una revuelta popular. || ~ (JUAN DE), escritor español del s. XV, autor de *Historia de Grisel y Mirabella.* || ~ (JUAN JOSÉ), general ecuatoriano, n. en Puerto Cabello (Venezuela) [1801-1864]. Intervino en la guerra de Independencia americana y en 1830 separó al Ecuador de la Gran Colombia. Primer pres. de la Rep. de 1830 a 1834, reelegido en 1839 y derribado en 1845. Promulgó la Constitución de 1843. || ~ (MANUEL ANTONIO), virrey de Nueva Granada de 1776 a 1782 y de Nueva España de 1787 a 1789. || ~ (MANUEL M.), poeta romántico mexicano (1840-1885), autor de *Pasionarias.* || ~ (VENANCIO), general uruguayo (1808-1868), miembro del triunvirato de 1853 a 1854 y pres. interino de la Rep. de 1854 a 1855. En 1863 invadió el Uruguay, derribó al pres. Berro y asumió la dictadura (1865-1868). M. asesinado. || ~ **Avendaño** (GUILLERMO), militar guatemalteco, pres. de la Rep. de 1957 a 1958. M. en 1968. || ~ **de Lemus** (ANTONIO), economista español (1876-1941). || ~ **Jijón** (ANTONIO), político y escritor ecuatoriano (1833-1912), pres. de la Rep. de 1888 a 1892. Escribió obras históricas. || ~ **Magón** (RICARDO), político y escritor mexicano (1873-1922), precursor de la revolución de 1910.

florescencia f. Floración.

floresta f. Espesura. || Lugar campestre. || *Fig.* Reunión de cosas agradables y de buen gusto. | Florilegio.

floretazo m. Golpe de florete.

florete m. Espada fina sin filo cortante, utilizada en esgrima, acabada en un botón.

floretear v. t. Adornar con flores. || — V. i. *Arg.* Coquetear.

floretista m. y f. Persona diestra en el manejo del florete.

Florey (Howard), médico australiano (1898-1968), colaborador de Fleming en el descubrimiento de la penicilina. (Pr. Nóbel, 1945.)

Flórez (Enrique), monje agustino español (1702-1773), autor de la monumental obra *España Sagrada* (29 vol.). || ~ (JULIO) poeta romántico colombiano (1867-1923).

Floriano (Marco Annio), emperador romano en 276.

Florianópolis, c. del SE. del Brasil, cap. del Estado de Santa Catarina, en la isla de este n. Arzobispado. Universidad.

florícola adj. Que se alimenta de las flores.

floricultor adj. Cultivador de flores.

floricultura f. Cultivo de las flores. | Arte de cultivarlas.

Florida, brazo de mar de América del Norte, entre la penins. homónima y la isla de Cuba. — Penins. baja del SE. de Estados Unidos, separada de Cuba por el canal homónimo, que forma uno de los Estados de la Unión; cap. *Tallahassee.* Playas famosas (Miami, Palm Beach). Yacimientos de fosfato. Base de lanzamiento de cohetes (Cabo Cañaveral). Fue descubierta en 1512 por Ponce de León y vendida por España a Estados Unidos en 1821. — Prov. de Bolivia (Santa Cruz); cap. *Samaipata.* — Térm. mun. de Cuba (Camagüey). — Pobl. del Paraguay (Misiones). — C. del Uruguay, cap. del dep. homónimo. Obispado. En ella se declaró la independencia del Uruguay (1825).

Floridablanca (José MOÑINO, *conde de*), magistrado y político español (1728-1808). Ministro de Carlos III, desarrolló la instrucción pública, la marina y la industria. Contribuyó a la expulsion de los jesuitas.

floridano, na adj. y s. De la Florida (Estados Unidos).

floridense adj. y s. De Florida (Uruguay).

florido, da adj. Que tiene flores: *árbol florido.* || *Arq.* Flamígero: *gótico florido.* || *Fig.* Escogido, selecto: *está lo más florido.* | Aplícase al lenguaje o estilo, elegante y adornado. || — *Letra florida,* la muy adornada. || *Pascua florida,* Pascua de Resurrección.

florilegio m. Colección de trozos selectos de obras literarias.

florín m. Unidad monetaria de Holanda.

Florinda la Cava, figura legendaria española (s. VIII), hija del conde Don Julián, quien, ultrajada por el rey godo Don Rodrigo, provocó la alianza de su padre con los invasores musulmanes.

floripondio m. Arbusto solanáceo del Perú, de flores blancas en forma de embudo. || Flor grande en un tejido, tapia. || *Fig.* Adorno rebuscado y de mal gusto.

florista com. Persona que vende flores.

floritura f. Adorno en el canto. || *Fig.* Adorno accesorio, arabesco.

florón m. Adorno en forma de flor que se utiliza en pintura y arquitectura. || *Blas.* Flor que se pone como adorno en algunas coronas. || *Fig.* Hecho que honra o da lustre.

flósculo m. Cada una de las florecitas que forman una cabezuela de las flores compuestas.

flota f. Gran número de barcos que navegan juntos. || Conjunto de las fuerzas navales de un país o de una compañía marítima: *la flota española.* || Conjunto de aviones que operan juntos.

flotabilidad f. Calidad que poseen algunos cuerpos de no sumergirse.

flotable adj. Capaz de flotar: *objeto flotable.* || Dícese del río por donde se pueden conducir armadías, aunque no sea navegable.

flotación f. Estado de un objeto que flota. || Estado de una moneda cuya paridad respecto al patrón establecido cambia constantemente. || — *Línea de flotación,* la que separa la parte sumergida de un barco de la que no lo está.

flotador, ra adj. Que flota en un líquido. || — M. Cuerpo destinado a flotar en un líquido: *el flotador de una caña de pescar.* || Órgano de flotación de un hidroavión. || Banda formada por pedazos de corcho o aparato de goma hinchada que sirve para hacer flotar a las personas que no saben nadar.

flotante adj. Que flota. || — *Deuda flotante,* parte de la deuda pública sujeta a cambios diarios. | *Población flotante,* la de paso en una ciudad.

flotar v. i. Sostenerse un cuerpo en la superficie de un líquido: *el corcho flota en el agua.* || Ondear en el aire: *la bandera flotaba.* || *Fig.* Oscilar, variar.

flote m. Flotación. || — *A flote,* sobrenadando: *poner una embarcación a flote.* || *Fig. Salir a flote,* salir adelante de dificultades.

flotilla f. Flota de pequeños barcos o aviones.

fluctuación f. Cambio, variación: *las fluctuaciones de los precios.* || *Fig.* Irresolución.

fluctuante adj. Que fluctúa.

fluctuar v. i. Vacilar un cuerpo sobre las aguas. || Ondear, ser llevado por las olas: *la barca fluctúa.* || *Fig.* Oscilar, crecer y disminuir alternativamente: *fluctuar los valores en Bolsa.* | Vacilar, dudar: *fluctuar en la resolución de algo.*

fluente adj. Que fluye.

fluidez f. Calidad de fluido.

fluidificar v. t. Hacer o volver fluido.

fluido, da adj. Aplícase al cuerpo cuyas moléculas tienen entre sí poca o ninguna coherencia, y toma siempre la forma del recipiente que lo contiene: *sustancia fluida* (ú. t. c. s. m.). || *Fig.* Corriente, suelto, fácil: *prosa fluida.* | Dícese del tráfico automovilístico cuando éste se efectúa a una velocidad normal, sin paradas debidas a embotellamientos. || — M. Nombre de algunos agentes de naturaleza desconocida que intervienen en ciertos fenómenos: *fluido nervioso.*

* **fluir** v. i. Correr un líquido. || *Fig.* Surgir, salir: *idea que fluyó de su mente.*

flujo m. Movimiento de los fluidos. || Movimiento regular de ascenso de la marea a ciertas horas. || *Fig.* Abundancia excesiva: *flujo de risa, de palabras.* || — *Flujo de sangre,* hemorragia violenta. || *Flujo de vientre,* diarrea.

fluminense adj. y s. De Río de Janeiro. || De Los Ríos (Ecuador).

flúor m. *Quím.* Cuerpo simple gaseoso, de color verde amarillento, de número atómico 3, que es corrosivo y sofocante. (Símb., F.) || *Espato flúor,* fluorina.

fluorescencia f. *Fís.* Propiedad de ciertos cuerpos de emitir luz cuando reciben ciertas radiaciones.

fluorescente adj. Que tiene fluorescencia. || Producido por la fluorescencia.

fluorhídrico, ca adj. Aplícase a un ácido formado por el flúor y el hidrógeno.

fluorina y **fluorita** f. Fluoruro natural de calcio.

fluoruro m. Cualquier compuesto formado por el flúor y un metal.

flus m. *Amer.* Flux, traje.

fluvial adj. Relativo a los ríos: *puerto fluvial.*

flux m. *Amer.* Traje de hombre completo. || *Fig.* y *fam. Méx. Estar a flux,* no tener nada. | *Amer. Tener flux,* tener suerte.

fluxión f. Hinchazón dolorosa provocada por la acumulación de humores.

fluyente adj. Que fluye.

f. o. b., abrev. del inglés *free on board,* franco a bordo.

fobia f. Miedo angustioso que algunos enfermos experimentan en determinadas circunstancias. (Sirve también como sufijo a algunas palabras como *claustrofobia, xenofobia, agarofobia, hidrofobia.*)

foca f. Mamífero carnicero pinnípedo que vive principalmente en los mares polares. || Piel que tiene.

focal adj. Del foco: *lente focal.*

Focea, hoy *Fotcha,* ant. c. de Asia Menor (Jonia), fundada por los griegos.

focense adj. y s. De Fócida.

Fócida, región de la ant. Grecia en la que estaba el Monte Parnaso y el oráculo de Apolo.

Focio, patriarca de Constantinopla y escritor bizantino (820-891), que provocó el cisma de Oriente.

foco m. *Fís.* Punto donde convergen los rayos luminosos reflejados por un espejo esférico o refractados por una lente de cristal. || *Geom.* Punto cuya distancia a cualquier otro de ciertas curvas (elipse, parábola, hipérbola) se puede expresar en función de las coordenadas de dichos puntos. || *Fig.* Centro activo de ciertas cosas: *un foco de ilustración.* | Punto donde se reúnen cosas de distintas procedencias. || Proyector de donde salen potentes rayos luminosos o caloríficos: *iluminado por un foco.*

Foch (Ferdinand), mariscal de Francia (1851-1929), generalísimo de los ejércitos aliados en 1918.

Fochan. V. FATCHAN.

Foe. V. DEFOE.

fofo, fa adj. Blando.

fogarada f. Llamarada.

fogata f. Fuego que levanta llama.

Fogazzaro (Antonio), poeta y novelista italiano (1842-1911), autor de *Daniel Cortis.*

Foggia, c. del SE. de Italia (Pulla), cap. de la prov. homónima. Obispado. Catedral. Cereales.

fogón m. Lugar donde se hace lumbre en las cocinas. || Cocina. || Hogar de las máquinas de vapor. || Oído de las armas de fuego. || *Amer.* Fogata. || *Arg.* Reunión en torno al fuego.

fogonadura f. *Mar.* Orificio en la cubierta de la embarcación por donde pasan los palos.

fogonazo m. Llama que levanta la pólvora o el magnesio cuando explota o se inflama. || *Fig.* Flash: *los fogonazos de la actualidad.* || *Méx.* Cualquier bebida con licores.

fogonero m. El que cuida del fogón en las máquinas de vapor: *el fogonero de una locomotora.*

fogosidad f. Ardor, ímpetu.

fogoso, sa adj. Ardiente, impetuoso, muy vivo: *caballo fogoso*

foguear v. t. Limpiar con fuego una escopeta. || Acostumbrar a los soldados al fuego. || Poner al toro banderillas de fuego. || *Fig.* Acostumbrar a alguien a ciertos trabajos, adquirir cierto hábito: *foguear a un novicio* (ú. t. c. pr.).

Fo-Hi, figura legendaria china, primer emperador y legislador (hacia 3 300 a. de J. C.).

Foix [*fua*], c. del S. de Francia, cap. del dep. del Ariège.

Foix (Germaine de), princesa francesa (1488-1538), segunda esposa de Fernando el Católico.

folía f. Cierto baile antiguo. || Canto popular canario.

foliáceo, a adj. De las hojas.

foliación f. Acción y efecto de foliar y serie numerada de los folios de un libro. || Momento en que echan sus hojas las plantas. || Colocación de las hojas en las plantas.

foliado, da adj. Con hojas.

foliar v. t. Numerar los folios de un libro.

folicular adj. De los folículos.

folículo m. *Bot.* Pericarpio membranoso, con una valva o ventalla. || *Zool.* Glándula sencilla situada en el espesor de la piel o de las mucosas: *folículo sebáceo.*

folio m. Hoja del libro o cuaderno. || Titulillo o encabezamiento de las páginas de un libro. || Planta euforbiácea. || — *Fig. De a folio,* enorme.

Folkestone [*folkston*], c. y puerto del SE. de Inglaterra (Kent). Estación balnearia.

folklore m. Ciencia o conjunto de las tradiciones, costumbres y leyendas de un país: *el folklore catalán, de los indios americanos.*

folklórico, ca adj. Del folklore. || *Fig.* Pintoresco, pero desprovisto de seriedad.

folklorista m. Especialista en folklore.

follaje m. Conjunto de las hojas de los árboles: *el follaje del abeto.* || *Arq.* Adorno de hojas y ramas. || *Fig.* Adorno superfluo, hojarasca.

***follar** v. t. Soplar con un fuelle. || — V. pr. *Pop.* Ventosear.

folletín m. Fragmento de novela que se inserta en un periódico: *folletín policiaco.* || Novela mala. || *Fig.* Suceso o acontecimiento melodramático.

folletinesco, ca adj. Propio del folletín.

folletinista com. Escritor de folletines.

folleto m. Impreso menos voluminoso que un libro y que no suele encuadernarse: *folleto turístico.*

follón, ona adj. Vil, canalla. || *Fam.* Pesado, latoso. || — M. *Fam.* Lío, enredo: *¡vaya follón!* | Desorden, confusión. | Jaleo: *estaba metido en un follón.* | Escándalo: *forma un follón por naderías.* | Alboroto, discusión, riña: *allí siempre hay follones.* | Pesado, latoso: *ese amigo tuyo es un follón.* || *Pop.* Ventosidad.

Fombona || ~ **Pachano** (JACINTO), poeta venezolano (1901-1951), autor de *Virajes* y *Las torres desprevenidas.* || ~ **Palacio** (MANUEL), poeta y político venezolano (1857-1903).

fomentación f. Fomento.

fomentador, ra adj. y s. Que fomenta.

fomentar v. t. Excitar, activar, enardecer: *fomentó la sublevación.* || Favorecer, estimular, alentar: *fomentar la exportación.* || Animar: *fomentar las pasiones.*

fomento m. Ayuda, protección: *sociedad de fomento.* || Estímulo: *fomento de la producción.* || Promoción: *fomento de las ventas.* || Desarrollo: *Banco de Fomento.* || Paño o compresa caliente para ablandar los furúnculos. || Calor. || *Ministerio de Fomento,* antiguo ministerio de Obras Públicas en España.

Fomento, térm. mun. de Cuba (Las Villas)

fon m. Unidad de potencia sonora.

fonación f. Conjunto de fenómenos que participan en la formación de la voz.

fonda f. Pensión, hotel modesto. || Cantina en las estaciones.

fondeadero m. *Mar.* Sitio donde anclan los barcos.

fondeado, da adj. *Amer.* Rico.

fondear v. t. Reconocer el fondo del agua. || Registrar el fisco una embarcación. || *Fig.* Examinar, sondear: *fondear a un candidato.* | Profundizar, examinar profundamente. || — V. i. *Mar.* Echar el ancla, anclar: *fondear en la ensenada.* || Llegar a un puerto. || — V. pr. *Amer.* Enriquecerse.

fondeo m. Anclaje, llegada a un puerto.

fondero, ra m. y f. *Amer.* Fondista.

fondillos m. pl. Parte trasera del pantalón.

fondista com. Propietario de una fonda. || Nadador o corredor de largas distancias.

fondo m. Parte inferior de una cosa hueca: *el fondo de un vaso.* || Parte sólida en la que descansa el agua del mar o de un río. || Profundidad: *con poco fondo.* || Lo que queda en el fondo: *el fondo de la botella.* || Parte que se encuentra más lejos de la entrada: *el fondo de una habitación.* || En las telas, tejido en el cual se hacen las labores. || Segundo plano de una pintura. || Catálogo de una biblioteca o editorial. || Capital, caudal: *fondo social.* || *Fig.* Índole: *chica de buen* (o *mal*) *fondo.* | Ambiente, medio. | Tema, idea: *el fondo de su comedia.* | Resistencia física. | Lo esencial de una cosa: *el fondo de un problema.* | Lo más oculto o íntimo: *en el fondo del corazón.* || — Pl. Dinero: *tener fondos disponibles.* || Parte sumergida del barco. || — *A fondo,* enteramente. || *Bajos fondos,* el hampa. || *Carrera de fondo,* la de largo recorrido (más de 5 000 m en atletismo y más de 800 en natación). || *Mar. Dar fondo,* echar el ancla al fondo. || *Fondos públicos,* los del Estado.

Fondo Monetario Internacional, organismo de las Naciones Unidas para fomentar la cooperación monetaria internacional.

fondón, ona adj. *Fam.* Culón.

fonducho m. Fonda mala.

fonema m. Cada uno de los sonidos simples del lenguaje hablado (sonido y articulación).

fonendoscopio m. Aparato para calibrar el sentido del oído.

fonético, ca adj. Relativo al sonido. || — F. Estudio de los sonidos y las articulaciones del lenguaje hablado.

fonetismo m. Calidad de fonético.

fonetista com. Especialista en fonética.

foniatra com. Médico que trata los trastornos de la voz.

fónico, ca adj. Relativo a la voz o al sonido: *signo fónico.*

fono y **fonio** m. Unidad de potencia sonora para medir la intensidad de los sonidos. || *Chil.* Auricular de teléfono.

fonocaptor m. Aparato que reproduce los sonidos de un disco fonográfico.

fonográfico, ca adj. Del fonógrafo: *disco fonográfico.*

fonógrafo m. Gramófono.

fonograma m. Signo que representa un sonido. || Cada una de las letras del alfabeto.

fonología f. Ciencia que estudia los fonemas.

fonómetro m. Aparato para medir el sonido.

fonoteca f. Lugar donde se guardan los documentos sonoros

Fonseca, golfo de América Central, en el Pacífico, perteneciente a El Salvador, Honduras y Nicaragua. — Río de Panamá (Chiriquí) que des. el océano Pacífico.

Fonseca (Cristóbal de), escritor ascético agustino español (1550-1621), autor de *Tratado del amor de Dios.* || ~ (HERMES RODRIGUES DA), general brasileño (1855-1923), pres. de la Rep. de 1910 a 1914. || ~ (JUAN RODRÍGUEZ DE), prelado español (1451-1524), pres. del Consejo de Indias. Fue enemigo de Colón, de Cortés y del Padre Las Casas. || ~ (MANUEL DEODORO DA), militar brasileño (1827-1892), jefe de la sublevación que derribó la monarquía y primer pres. de la Rep. en 1889. || ~ (PEDRO DA), jesuita y filósofo portugués (1528-1599), llamado *el Aristóteles portugués.*

Fontainebleau [*fontenbló*], c. de Francia (Seine-et-Marne), a 60 km al S. de París. Palacio construido por Francisco I (1527), donde Napoleón abdicó en 1814.

fontana f. *Poét.* Fuente.

Fontana, lago de la Argentina (Chubut). — Pobl. de la Argentina (Chaco).

Fontana (Domenico), arquitecto italiano (1543-1607).

fontanela f. *Anat.* Cada uno de los espacios membranosos que presenta el cráneo de los recién nacidos antes de osificarse.

fontanería f. Oficio de fontanero. || Conjunto de tubos.

fontanero m. Obrero que pone y repara las instalaciones y cañerías o conductos domésticos de agua y gas.

Fontes (Amando), novelista brasileño, n. en 1899, autor de *Os Corumbas.*

Fontibón, páramo de Colombia (Norte de Santander), en la Cord. Oriental. — C. de Colombia (Cundinamarca).

Fontibre, lugar de nacimiento del río Ebro (España), cerca de Reinosa (Santander).

football m. (pal. ingl.). Fútbol.

Foote [*fut*] (Samuel), autor satírico inglés (1720-1777), llamado *el Moderno Aristófanes.*

footing [*fúting*] m. (pal. ingl.) Marcha a pie.

foque m. *Mar.* Nombre común a todas las velas triangulares.

forajido, da adj. y s. Malhechor, facineroso.

foral adj. Relativo al fuero.

foraminíferos m. pl. Orden de protozoarios marinos cubiertos de una concha caliza horadada y de for-

ma y composición química muy diversas (ú. t. c. adj.).
foráneo, a adj. Forastero. ‖ Extraño, extranjero.
forastero, ra adj. y s. Dícese de la persona que no tiene su domicilio en la localidad donde se encuentra.
forcejear v. i. Esforzarse.
forcejeo m. Esfuerzo.
fórceps m. *Cir.* Instrumento que se usa para la extracción de las criaturas en los partos difíciles.
Ford (Gerald), político norteamericano, n. en 1913. Pres. a partir de la dimisión de R. Nixon en 1974. ‖ ~ (JOHN), dramaturgo inglés (1586-1639), autor de tragedias (*Corazón roto*). ‖ ~ (HENRY), industrial (1863-1947). Fue el primero que construyó automóviles en serie.
Foreign Office, ministerio británico de Asuntos Exteriores.
forense adj. Jurídico, relativo al foro: *práctica forense.* ‖ Dícese del médico que efectúa los reconocimientos por orden judicial. Ú. t. c. s.: *en presencia del forense.*
forero, ra adj. Relativo o hecho conforme a fuero.
Forest (Fernand), inventor francés (1851-1914), a quien se debe el motor de explosión de cuatro tiempos. ‖ ~ (LEE DE), ingeniero norteamericano (1873-1961), inventor de la lámpara tríodo.
forestal adj. De los bosques.
Forey (Elie Fréderic), general francés (1804-1872). Jefe del cuerpo expedicionario enviado a México, tomó Puebla (1863).
Forfar o **Angus,** condado de Gran Bretaña (Escocia oriental); cap. *Forfar;* c. pr. *Dundee.*
forillo m. *Teatr.* Telón pequeño detrás del telón de foro.
forja f. Fragua de los metales. ‖ Ferrería. ‖ Acción y efecto de forjar: *la forja de una herramienta.*
forjador adj. y s. m. Que forja.
forjar v. t. Dar la primera forma con el martillo a cualquier metal. ‖ Construir los albañiles. ‖ *Fig.* Crear. | Inventar, imaginar: *forjar planes.* ‖ — V. pr. *Fig.* Labrarse: *se ha forjado una buena reputación.* | Imaginarse.
Forli, c. de Italia (Emilia), cap. de la prov. homónima, al S. de Ravena. Obispado. Industrias.
forma f. Figura exterior o disposición de los cuerpos u objetos: *la forma de una casa.* ‖ Apariencia aspecto: *de forma extraña.* ‖ Modo de obrar o proceder: *obrar en la forma debida.* ‖ Molde: *la forma de un sombrero.* ‖ Tamaño de un libro, grabado, etc.: *forma apaisada.* ‖ Modo, manera: *no hay forma de ir.* ‖ Modales, comportamiento: *guardar las formas.* ‖ Carácter de un gobierno, de un Estado, según la Constitución: *forma monárquica, republicana.* ‖ Estilo de una obra literaria o artística: *la forma de una obra es tan importante como el fondo.* ‖ Hostia. ‖ Palabras de un sacramento. ‖ *Fil.* Principio activo que constituye la esencia de los cuerpos. ‖ *For.* Requisitos externos en los actos jurídicos: *vicio de forma.* ‖ Buena condición física: *estar en forma.* ‖ *Impr.* Molde con las páginas de un pliego. ‖ — Pl. Configuración femenina: *formas atractivas.* ‖ — *En forma, en debida forma* o *en buena forma,* con todas las formalidades necesarias.
formación f. Acción y efecto de formar o formarse: *la formación de un tumor.* ‖ Educación, instrucción: *formación de la juventud; formación profesional.* ‖ Desarrollo de los órganos, de un cuerpo en la pubertad. ‖ Rocas o piedras que constituyen un suelo: *formación terciaria.* ‖ *Mil.* Conjunto de los elementos que constituyen un cuerpo de tropas: *formación naval, aérea.* | Disposición de la tropa: *formación en columnas de a tres.*
formador, ra adj. y s. Que forma.
formal adj. Relativo a la forma. ‖ Relativo a la apariencia y no al fondo. ‖ Que tiene formalidad, serio: *un negociante muy formal* ‖ Con todos los requisitos: *renuncia formal.* ‖ Preciso, categórico.
formaldehído m. Formol.
formalidad f. Exactitud, puntualidad. ‖ Seriedad: *chica de mucha formalidad.* ‖ Requisito, condición necesaria para la validez de un acto civil, judicial: *cumplir las formalidades exigidas.* ‖ Ceremonia, regla, norma.
formalismo m. Rigurosa observancia en las formas o normas puramente externas: *el formalismo administrativo.* ‖ *Fil.* Sistema metafísico que sólo reconoce la existencia de la forma: *el formalismo de Kant.*
formalista m. Persona muy cuidadosa de las formas.
formalizar v. t. Hacer formal o serio: *formalizó su situación.* ‖ Legalizar: *formalizar un expediente.* ‖ Regularizar. ‖ Concretar. ‖ Dar forma legal o reglamentaria: *formalizar un acuerdo.*
formalote adj. *Fam.* Muy serio.
formar v. t. Dar el ser y la forma (ú. t. c. pr.). ‖ Dar forma: *formar letras, números.* ‖ Componer: *colinas que forman un anfiteatro.* ‖ Concebir: *formar uno planes* (ú. t. c. pr.). ‖ Constituir: *formar una sociedad* (ú. t. c. pr.). ‖ Integrar: *ellos forman el consejo.* ‖ Adiestrar, educar: *formar a los discípulos.* ‖ Instruir: *estas lecturas le formaron.* ‖ Reunirse en: *formaron un corro.* ‖ *Mil.* Poner en filas: *formar el batallón* (ú. t. c. i.). ‖ — V. pr. Tomar forma. ‖ Hacerse: *se formó una idea errónea.* ‖ Desarrollarse una persona. ‖ Criarse.
formativo, va adj. Que forma.
formato m. Tamaño, especialmente el de los impresos.
Forment (Damián), escultor renacentista español (1480-1541), autor de retablos.
Formentera, isla de España (Baleares), al S. de Ibiza; 115 km².
Formentor, promontorio al NE. de la isla de Mallorca (Baleares).
Formia, c. de Italia (Lacio) en el golfo de Gaeta, donde fue asesinado Cicerón.
formiato m. Sal obtenida con el ácido fórmico y una base.
fórmico adj. *Quím.* Dícese de un ácido que se encuentra en las hormigas, el cuerpo de las hormigas, etc.
formidable adj. Muy temible: *enemigo formidable.* ‖ Muy grande, muy fuerte: *lluvia formidable.* ‖ Extraordinario, magnífico: *nota formidable.* ‖ Asombroso.
formol m. Desinfectante sacado de la oxidación del ácido metílico.
formón m. Escoplo más ancho y menos grueso que el común. ‖ Sacabocados.
Formosa, c. del NE. de la Argentina, cap. de la prov. homónima. Obispado. Puerto en el río Paraguay. — V. TAIWAN.
formoseño, ña adj. y s. De Formosa (Argentina).
fórmula f. Modelo que contiene los términos en que debe redactarse un documento: *fórmula legal.* ‖ Modo de expresarse, de obrar según las buenas costumbres: *fórmulas de cortesía.* ‖ Resultado de un cálculo; expresión de una ley física. ‖ *Quím.* Representación por medio de símbolos de la composición de un cuerpo compuesto. ‖ *Fig.* Conjunto de indicaciones o de elementos que dan una solución entre varias posiciones distintas.
formulación f. Acción y efecto de formular.
formular v. t. Expresar de manera precisa, exponer: *formular una objeción.* ‖ Recetar conforme a una fórmula: *formular una receta.* ‖ Expresar, manifestar: *formular votos por el éxito de alguien.* ‖ — V. i. *Quím.* Poner la fórmula de un cuerpo.
formulario, ria adj. Hecho por cumplir: *una visita formularia.* ‖ — M. Colección de formulas, recetario.
formulismo m. Sujeción excesiva a las fórmulas.
formulista adj. Muy dado a las fórmulas.
Fornaris (José), poeta cubano (1827-1890), autor de *Cantos del Siboney.*
Forner (Juan Pablo), crítico literario y polemista español, n. en Mérida (1756-1797), autor de *Exequias de la lengua castellana.* ‖ ~ (RAQUEL), pintora argentina, n. en 1902.
fornicación f. Acción de fornicar, pecado de lujuria.
fornicar v. i. Tener ayuntamiento o cópula carnal fuera del matrimonio (ú. t. c. t.).
fornido, da adj. Robusto.
foro m. Plaza en Roma en la que se celebraban las reuniones públicas. ‖ *Por ext.* Sitio donde los tribunales juzgan las causas. ‖ Ejercicio de la abogacía o de la magistratura. ‖ *Teatr.* Fondo del escenario.
forofo, fa m. y f. *Fam.* Fanático: *los forofos del fútbol.*
forraje m. Hierba, heno o paja que sirven de pienso.
forrajear v. t. Segar y recoger el forraje.
forrajero, ra adj. Aplícase a las plantas que sirven de forraje.
forrar v. t. Poner un forro: *forrar un libro con* (o *de*) *plástico.* ‖ Poner una tela en el reverso de una prenda de vestir: *forrar una gabardina.* ‖ Poner o recubrir con una materia protectora: *forrar un cable, un sillón.* ‖ *Fig.* y *fam. Estar forrado de oro* o *estar forrado,* ser muy rico. ‖ — V. pr. *Pop.* Enriquecerse, ganar mucho. | Comer mucho.
forro m. Tela con la que se forra un vestido. ‖ Cubierta protectora con la que se cubre un libro, un sillón, un cable, etc. ‖ Material de fricción que protege el embrague, los frenos de un automóvil. ‖ *Mar.* Conjunto de chapas de madera o de metal que recubre la parte exterior de una embarcación. ‖ *Fig.* y *fam. Ni por el forro,* en absoluto.
Forster (Edward Morgan), novelista y crítico inglés (1879-1970).
Fort ‖ ~ **-de-France,** cap. y puerto de la isla de Martinica (Antillas francesas). ‖ ~ **-Lamy,** cap. del Chad; 132 500 h. ‖ ~ **Wayne** [*-uen*], c. de Estados Unidos (Indiana). Industrias. ‖ ~ **William,** c. del SE. del Canadá (Ontario), puerto en el lago Superior. ‖ ~ **Worth** [*-uorz*], c. de Estados Unidos (Texas). Petróleo.
Fort (Paul), poeta francés (1872-1960).
fortacho, cha adj. *Arg.* y *Chil.* y **fortachón, ona** adj. *Fam.* Muy fuerte, recio.
fortalecedor, ra adj. Que fortalece.
* **fortalecer** v. t. Fortificar, dar fuerza.
fortalecimiento m. Acción y efecto de fortalecer o fortalecerse: *el fortalecimiento de la economía.*
fortaleza f. Fuerza. ‖ Entereza, firmeza de ánimo. ‖ Una de las virtudes cardinales. ‖ Recinto fortificado para defender una ciudad, una región, etc. ‖ *Fortaleza volante,* bombardero pesado.
Fortaleza, mont. del Brasil, entre Minas Gerais y Espírito Santo; 1 444 m. — Río del Perú (Ancash y Lima) que des. en el Pacífico. — C. y puerto del NE. del Brasil, cap. del Estado de Ceará. Arzobispado. Universidad.
forte adv. y s. m. (pal. ital.). *Mús.* Indica que ha de hacerse más fuerte el sonido.
Forth [*forz*], río de Gran Bretaña, en Escocia, que des. en el golfo homónimo (mar del Norte); 158 km.
fortificación f. Acción de fortificar. ‖ Obra o conjunto de obras con que se fortifica un sitio.

fortificante adj. y s. m. Dícese de sustancias que dan fuerzas: *las vitaminas son fortificantes.*

fortificar v. t. Dar vigor y fuerza: *fortificar una idea.* || Fortalecer, vigorizar (ú. t. c. pr.). || *Mil.* Poner fortificaciones (ú. t. c. pr.).

fortín m. Fuerte pequeño.

fortuito, ta adj. Casual, imprevisto.

fortuna f. Hado, destino, azar, suerte: *la fortuna es ciega.* || Destino: *la fortuna de un libro.* || Situación buena: *es el autor de su fortuna.* || Bienes, riqueza, caudal, hacienda: *tener una gran fortuna.* || Bienes morales: *su belleza fue su fortuna.* || *Mar.* Borrasca, tempestad. || — *Correr* o *probar fortuna,* aventurarse. || *Por fortuna,* felizmente.

Fortuna, divinidad alegórica griega y romana, personificación de la suerte.

fortunón m. *Fam.* Gran fortuna.

Fortuny [*tuñ*] (Mariano), pintor español (1838-1874), brillante colorista, sobresalió en la acuarela y el aguafuerte.

forzado, da adj. Ocupado por fuerza. || Forzoso: *trabajos forzados.* || Que no es natural: *llanto forzado; alegría forzada.* || — M. Galeote, presidiario.

forzamiento m. Acción de forzar o hacer fuerza.

* **forzar** v. t. Romper, violentar: *forzar una cerradura.* || Entrar por violencia: *forzar una morada.* || Gozar a una mujer contra su voluntad. || Hacer un esfuerzo excesivo: *forzar la voz.* || *Fig.* Obligar: *le forzó a venir.* || *Forzar la mano a uno,* obligarle a que actúe a pesar suyo.

forzoso, sa adj. Inevitable. || Obligado.

forzudo, da adj. Muy fuerte (ú. t. c. s. m.).

Fos-sur-Mer, puerto en el SE. de Francia (Bouches-du-Rhône). Complejo siderúrgico.

fosa f. Sepultura: *fosa común.* || Depresión: *fosa submarina.* || *Anat.* Cavidad natural del cuerpo: *las fosas nasales, orbitarias.* || *Fosa séptica,* pozo que recibe las aguas residuales.

Fóscolo (Ugo), poeta y novelista italiano (1778-1827), autor del poema patriótico *Los Sepulcros.*

fosfatado, da adj. Que tiene fosfato: *harina, creta fosfatada.* || — M. Acción de fosfatar.

fosfatar v. t. Fertilizar con fosfato o agregar fosfato.

fosfato m. Sal formada por el ácido fosfórico.

fosforado, da adj. Que contiene fósforo.

* **fosforecer** y **fosforescer** v. i. Ser fosforescente.

fosforero, ra m. y f. Persona que fabrica o vende fósforos. || — F. Estuche o caja para guardar fósforos. || Fábrica de fósforos.

fosforescencia f. Propiedad que poseen algunos cuerpos de volverse luminosos en la oscuridad.

fosforescente adj. Que fosforece: *pintura fosforescente.*

fosfórico, ca adj. Relativo al fósforo: *ácido fosfórico.*

fosforita f. Fosfato natural de calcio.

fósforo m. Cuerpo simple (P), de número atómico 15, transparente, incoloro o ligeramente amarillento, muy inflamable y luminoso en la oscuridad. || Cerilla: *caja de fósforos.*

— El *fósforo* existe en la naturaleza en estado de fosfatos y también en los huesos, en el sistema nervioso y en la orina. Se funde a 44° y hierve a 280°. Fue descubierto por Brandt en 1669.

fosforoscopio m. Instrumento utilizado para averiguar si un cuerpo es o no fosforescente.

fosforoso, sa adj. Que tiene fósforo.

fosfuro m. Combinación del fósforo con un cuerpo simple.

fósil adj. Aplícase a los fragmentos de animales o plantas petrificados que se encuentran en diversos terrenos geológicos antiguos: *concha, carbón fósil; plantas fósiles* (ú. t. c. s. m.). || *Fig.* y *fam.* Viejo, anticuado. Ú. t. c. s.: *ese hombre es un verdadero fósil.*

fosilífero, ra adj. Que contiene fósiles: *terreno fosilífero.*

fosilización f. Paso de un cuerpo al estado fósil.

fosilizarse v. pr. Convertirse en fósil un cuerpo orgánico. || *Fig.* Estancarse uno en sus ideas, no evolucionar.

foso m. Hoyo. || Excavación profunda que rodea una fortaleza. || *Teatr.* Piso inferior del escenario. || Espacio con arena o colchones de materia plástica donde llega el atleta después del salto. || En los garajes, excavación que permite arreglar los coches desde abajo. || *Fig.* Distancia que separa: *entre ambos hermanos hay un foso.*

Fotcha. V. Focea.

foto pref. Significa *luz* y entra en la composición de voces científicas: *fotoquímico, fotoeléctrico,* etc. || — F. Apócope familiar de *fotografía.* || — M. *Fís.* Unidad de iluminación (Ph) equivalente a 10 000 lux.

fotocalco m. Calco obtenido por la acción de la luz..

fotocopia f. Procedimiento rápido de reproducción de un documento mediante el revelado instantáneo de un negativo fotográfico. || Prueba obtenida.

fotocopiadora f. Máquina para hacer fotocopias.

fotocopiar v. t. Hacer fotocopias: *fotocopiar un libro.*

fotocromía f. Impresión de fotografías en colores naturales.

fotoelectricidad f. Producción de electricidad por acción de la luz.

fotoeléctrico, ca adj. Dícese de cualquier fenómeno eléctrico provocado por la intervención de radiaciones luminosas. || *Célula fotoeléctrica,* ampolla sometida al vacío y provista de dos electrodos entre los cuales puede establecerse una corriente eléctrica cuando la hiere la luz. (Se emplea en fotografía, televisión, telemecánica, etc.).

fotofobia f. Aversión a la luz.

fotogenia f. Calidad de fotogénico.

fotogénico, ca adj. Que promueve o favorece la acción química de la luz sobre ciertos cuerpos. || Que impresiona la placa fotográfica. || Aplícase a las personas que salen muy bien en las fotografías.

fotograbado m. Arte de grabar planchas por acción química de la luz. || Lámina grabada o estampada por este procedimiento: *fotograbado en cinc, en cobre.*

fotograbador m. Persona que hace fotograbados: *taller de fotograbador.*

fotograbar v. t. Grabar valiéndose del fotograbado.

fotografía f. Procedimiento de fijar en una placa o película, impresionable a la luz, las imágenes obtenidas con ayuda de una cámara oscura. || Reproducción obtenida: *fotografía en color.* || *Fotografía aérea* o *aerofotografía,* imagen del suelo tomada desde una aeronave, un satélite, etc.

fotografiar v. t. Obtener una imagen por medio de la fotografía.

fotográfico, ca adj. De la fotografía: *máquina fotográfica.*

fotógrafo, fa m. y f. Persona que hace fotografías.

fotograma f. Imagen de una película cinematográfica.

fotolitografía f. Procedimiento de impresión litográfica en el cual el dibujo se traslada a la piedra por medio de la fotografía.

fotomecánico, ca adj. Aplícase a los procedimientos de impresión tipográfica con clichés obtenidos mediante la fotografía.

fotometría f. Parte de la física que mide la intensidad de la luz.

fotómetro m. Instrumento para medir la intensidad de la luz.

fotomontaje m. Montaje de una serie de fotos.

fotón m. *Fís.* Partícula de energía luminosa, en la teoría de los quanta.

fotoquímica f. Parte de la química que estudia los efectos químicos producidos por la luz.

fotosensible adj. Que es muy sensible a la luz.

fotosfera f. Zona luminosa y más interior de la envoltura gaseosa del Sol.

fotosíntesis f. Síntesis de un cuerpo químico en presencia de la energía luminosa por la acción de la clorofila.

fototeca f. Archivo fotográfico.

fototipia f. Procedimiento de impresión de grabados sobre una placa de cristal o cobre recubierta de una capa de gelatina con bicromato. || Lámina así impresa.

fototipo m. Imagen fotográfica obtenida directamente en la cámara oscura.

fototropismo m. Acción de la luz en el crecimiento de una planta: *el tallo posee fototropismo positivo.*

fotutazo m. *Amer.* Toque que se da con el fotuto o caracol.

fotuto, ta adj. *Fam. Antill.* Arruinado. || — M. *Cub.* Caracol, molusco marino usado como bocina.

Foucault [*fukó*] (Léon), físico francés (1819-1868). Demostró el movimiento de rotación de la Tierra por medio del péndulo.

Fouché (Joseph), estadista francés (1759-1820), ministro de Policía bajo el Directorio, el Imperio y la Restauración.

Foulché-Delbosc (Raymond), hispanista francés (1864-1929), fundador de la *Revue hispanique* en 1894.

Fouquet [*fuké*] (Jean), pintor y miniaturista francés (¿1420-1480?). || ~ o **Foucquet** (Nicolas), político francés (1615-1680), ministro de Hacienda de Luis XIV.

Fourcroy [*furkruá*] (Antoine François, *conde de*), químico francés (1755-1809), autor de la nomenclatura química orgánica.

Fourier [*furié*] (Charles), filósofo y sociólogo francés (1772-1837), que preconizaba la asociación de los individuos en falansterios.

Fournier [*furnié*] (Henri Alban Fournier, llamado **Alain-**), novelista francés (1886-1914), autor de *El gran Meaulnes* (1913).

Fox (Charles James), político inglés (1749-1806), jefe del partido whig y adversario de Pitt. || ~ (George), místico inglés (1624-1690), fundador de la secta de los cuáqueros. || ~ **Morcillo** (Sebastián), filósofo y humorista español (1526-¿1560?). Su doctrina participaba de las de Platón y Aristóteles.

fox terrier m. Perro pequeño de caza, de gran bravura.

fox trot m. Baile de cuatro tiempos.

Foxá (Agustín de, *conde de*), diplomático y poeta español (1903-1959), autor de la comedia *Baile en Capitanía.* || ~ (Francisco Javier), poeta dominicano (1816-1865). Autor de obras dramáticas de tema histórico (*El Templario, Don Pedro de Castilla*). Residió en Cuba. || ~ **y Lecanda** (Narciso), poeta puertorriqueño (1822-1883).

foyer [*foaié*] m. (pal. fr.). Sala de descanso.

Fr, símbolo químico del *francio.*

Fra || ~ **Angélico.** V. Angélico. || ~ **Diávolo** (Michele Pezza, llamado), bandolero y guerrillero italiano (1771-1806), adversario de los franceses. M. en la horca.

frac m. Traje de hombre que tiene en la parte trasera dos faldones estrechos y largos. (Pl. *fraques* o *fracs.*)

fracasado, da m. y f. Persona que no ha conseguido triunfar en la vida, en sus aspiraciones.

fracasar v. i. No conseguir lo intentado. || Fallar, frustrarse, tener resultado adverso: *fracasar un proyecto, una empresa.*

fracaso m. Falta de éxito, mal resultado: *fracasó en sus gestiones.*

fracción f. División de una cosa en partes. *la fracción del pan.* || Parte, porción. || *Mat.* Quebrado, número que expresa una o varias partes de la unidad dividida en cierto número de partes iguales: $\frac{1}{3}$, $\frac{3}{4}$. || — *Fracción decimal,* la que el denominador es una potencia de 10: $\frac{54}{100}$ ó 0,54.

fraccionamiento m. División en partes.

fraccionar v. t. Dividir una cosa en partes o fracciones.

fraccionario, ria adj. Que representa determinada parte o fracción de alguna cosa: *moneda fraccionaria.*

fractura f. Rotura hecha con esfuerza: *robo con fractura.* || Rotura de un hueso: *fractura del brazo.* || *Geol.* Falla.

fracturar v. t. Romper o quebrantar con esfuerzo una cosa: *fracturar un cofre.* || — V. pr. Romperse: *fracturarse una pierna.*

Frade, cumbre del Brasil, en la sierra homónima (Río de Janeiro); 1 750 m.

Fraga, c. del NE. de España (Huesca).

fragancia f. Aroma, perfume.

fragante adj. Que huele bien.

fraganti (in) adv. En flagrante delito.

fragata f. Barco de tres palos con cofas y vergas en los tres.

frágil adj. Que se rompe o quiebra fácilmente: *el cristal es muy frágil.* || Que se estropea con facilidad. || *Fig.* Que cae fácilmente en el pecado, débil: *el hombre es frágil ante la tentación.* | Débil: *memoria frágil.*

fragilidad f. Calidad de frágil o quebradizo. || *Fig.* Debilidad; inestabilidad.

fragmentación f. División en fragmentos.

fragmentar v. t. Fraccionar, dividir en partes (ú. t. c. pr.).

fragmentario, ria adj. Compuesto de fragmentos. || Incompleto, no acabado, parcial.

fragmento m. Trozo, pedazo o parte de algo roto, cosa rota. || *Fig.* Trozo de un libro o escrito o discurso: *un fragmento del Quijote, de Cicerón.*

Fragonard [*-nar*] (Jean Honoré), pintor y grabador francés (1732-1806), que sobresalió en los temas galantes.

fragor m. Ruido, estruendo: *el fragor del trueno.*

fragoroso, sa adj. Ruidoso.

fragosidad f. Espesura de los montes: *la fragosidad de la selva.* || Bosque espeso.

fragoso, sa adj. Abrupto, accidentado: *camino fragoso.* || Ruidoso.

fragua f. Fogón grande del herrero. || Forja, herrería.

Fragua (La), cerro de Colombia, en la Cord. Oriental; 3 000 m. — Sierra de México (Coahuila).

fraguado m. Acción y efecto de fraguar o endurecerse la cal, el yeso, el cemento y otros materiales.

fraguador, ra adj. y s. Que fragua, traza alguna cosa: *fraguador de enredos.*

fraguar v. t. Forjar el hierro. || *Fig.* Idear y discurrir: *siempre fraguando enredos.* || — V. i. Endurecerse la masa de cal, yeso o cemento.

Fragueiro (Rafael), poeta posromántico uruguayo (1864-1914).

fraile m. Monje de ciertas órdenes: *fraile dominico.* || *Impr.* Pedacito de papel que, interpuesto entre el pliego y la forma, deja un blanco en el texto.

frailejón m. Planta de los páramos andinos que alcanza hasta dos metros de altura y produce una resina muy apreciada.

frailero, ra y **frailesco, ca** adj. *Fam.* Propio de frailes.

Frailes (CORDILLERA DE LOS), sector de la Cord. Oriental de Bolivia; 5 456 m. — (SIERRA DE LOS), mont. de la Sierra Madre Occidental de México (Durango, Sinaloa); 2 782 m.

frailesco, ca adj. *Fam.* Perteneciente o relativo a los frailes.

frailuco m. *Despect.* Fraile.

frailuno, na adj. *Fam.* Frailero.

frambuesa f. Fruto comestible del frambueso, de color rojo.

frambueso m. Arbusto rosáceo, cuyo fruto es la frambuesa.

francachela f. *Fam.* Comilona. | Juerga, jarana.

France (Anatole THIBAULT, llamado **Anatole**), escritor francés (1844-1924), autor de novelas de estilo cuidado y delicada ironía: *El crimen de Sylvestre Bonnard, El lirio rojo, Los dioses tienen sed,* etc. (Pr. Nóbel, 1921.)

francés, esa adj. y s. De Francia. || — M. Lengua francesa: *hablar francés.* || — *A la francesa,* al uso de Francia. || *Fam. Marcharse* o *despedirse a la francesa,* hacerlo bruscamente, sin despedirse.

Francés (José), novelista y crítico de arte español (1883-1964), autor de *La mujer de nadie* y *El misterio del Kursaal.*

francesada f. Dicho o hecho propio de los franceses.

Francesca (Piero DI BENEDETTO DA BORGO SAN SEPOLCRO, llamado **Della**), pintor toscano (1406-1492), autor de frescos.

francesilla f. Planta ranunculácea, de flores grandes, muy variadas de color. || Especie de ciruela. || Pan de forma alargada.

Francfort || **~ del Meno** o **del Main,** c. del centro de Alemania Occidental (Hesse). Ant. ciudad libre, sede de la Dieta de la Confederación Germánica (1815-1866) y de la Confederación del Rin. Universidad. Centro industrial y comercial. Patria de Goethe. || **~ del Oder,** c. de Alemania Oriental, en la frontera polaca. Industrias químicas.

Francia, rep. de Europa Occidental, que se encuentra entre el canal de la Mancha, el mar del Norte, Bélgica, Luxemburgo, Alemania, Suiza, Italia, el mar Mediterráneo, España y el océano Atlántico; 551 602 km²; 52 millones de hab. (*franceses*). Cap. *París,* 2 590 000 h. (París y la región parisiense, más de nueve millones.) Otras c.: *Lila,* 199 000 h.; *El Havre,* 185 580; *Ruán,* 123 500; *Brest,* 142 900; *Rennes,* 157 700; *Le Mans,* 136 100; *Nantes* 246 200; *Burdeos,* 283 500; *Toulouse,* 330 600; *Marsella,* 783 700; *Tolón,* 235 800; *Niza,* 295 000; *Grenoble,* 162 800; *Saint-Etienne,* 292 600; *Lyon,* 535 800; *Clermont-Ferrand,* 134 300; *Dijon,* 141 100; *Estrasburgo,* 235 500; *Nancy,* 133 500, y *Reims,* 138 600.

— GEOGRAFÍA. Francia se halla situada en la zona templada, con fronteras que dan acceso a todos los sistemas marítimos de Europa. Bien regada en general, no tiene ninguna región absolutamente seca. Los ríos más importantes son el Sena, el Loira, el Garona, el Ródano y el Rin. La densidad de población es muy inferior a la de los países vecinos. Las zonas más pobladas son la de París y las regiones industriales del Norte y del Este. La economía francesa es equilibrada y variada: agricultura (trigo, vino, legumbres), ganadería (carnes y productos lácteos), minería (hierro, bauxita). La industria está muy desarrollada (metalúrgica, textiles, química, aeronáutica y fabricación de automóviles). Las comunicaciones (carreteras, ferrocarriles, puertos) son excelentes y favorecen grandemente el progreso del país.

— HISTORIA. Los galos fueron sometidos por las legiones romanas de Julio César. A partir del s. III se sucedieron las invasiones de los bárbaros y en el s. V se establecieron los francos. Carlos Martel detuvo en Poitiers (732) el avance musulmán y su hijo Pipino el Breve, apoyado por el Papa, fundó la dinastía carolingia. Carlomagno fue coronado emperador el año 800, pero su imperio se desmembró por el Tratado de Verdún (843). En 987, la dinastía de los Capetos sustituyó a la carolingia. Gracias a la política de sus príncipes, el s. XIII marco la hegemonía francesa, especialmente bajo Felipe IV el Hermoso. La dinastía de los Capeto-Valois (s. XIV), trajo consigo una serie de derrotas ante los ingleses (guerra de los Cien Años) y hubo que esperar a que Luis XI (s. XV) unificase el país y extendiese las fronteras del reino. Con las guerras de religión estalló una nueva crisis, salvada en gran parte por el advenimiento de la rama de los Capeto-Borbones al trono en la persona de Enrique IV (1589). Posteriormente, gracias a Richelieu, fundador del absolutismo, y a la política de Mazarino en la guerra de los Treinta Años, Luis XIV fue el soberano más poderoso de Europa (s. XVII). En el XVIII, los fracasos de la política exterior de Luis XV y la mala administración de Luis XVI crearon las crisis financiera, política y social que provocaron la *Revolución* (1789). Después de los agitados años de la Convención y del Directorio, Napoleón Bonaparte fundó el Primer Imperio, sancionó las principales conquistas sociales de la burguesía y emprendió campañas militares para extenderlas por toda Europa. Mas en 1815 la coalición europea frustró estos planes. Con la Restauración (Luis XVIII y Carlos X) se inició una reacción política caracterizada por el régimen de *Carta otorgada* que Luis Felipe I liberalizó después de la revolución de julio de 1830. La Monarquía de Julio duró hasta febrero de 1848, en que se proclamó la II República, pero el poder personal se instaló de nuevo con Napoleón III (Segundo Imperio) hasta 1871, en que, después de la derrota sufrida por las fuerzas imperiales ante las prusianas, se instauró la III República, que intervino victoriosamente en la primera guerra mundial 1914-1918). En 1940, el territorio francés fue otra vez invadido por los alemanes y se firmó un humillante armisticio. Creado un nuevo Estado francés, presidido por el mariscal Pétain en Vichy, surgieron, respondiendo al llamamiento del general De Gaulle desde Londres, innumerables grupos de resistencia contra los ocupantes del país. Francia fue liberada en 1944 y en 1946 se creó la IV República, que duró hasta 1958, año en que De Gaulle hizo votar la constitución de la V República y subió a la presidencia. De Gaulle dimitió en 1969, al no ser aprobado un referéndum sobre reformas internas, y fue elegido G. Pompidou y, al morir éste (1974), V. Giscard d'Estaing.

Francia (José Gaspar RODRÍGUEZ DE), político paraguayo, n. en Asunción (1766-1840). Fue vocal de la Junta Superior Gubernativa de 1811 a 1812 y cónsul, alternativamente, con F. Yegros, de 1813 a 1814. Ocupó el Poder como dictador de 1814 hasta su muerte.

francio m. Metal alcalino radiactivo (Fr), de número atómico 87.

Francisca Romana *(Santa),* religiosa italiana (1384-1440), fundadora de las Oblatas de San Benito. Fiesta el día 3 de marzo.

franciscano, na adj. y s. Religioso de la orden fundada por San Francisco de Asís en 1209.

Francisco || **~ Caracciolo** *(San),* religioso italiano (1563-1608), fundador en 1588 de la

FRANCIA

orden de los clérigos regulares menores. Fiesta el 4 de junio. || ~ **de Asís** *(San)*, religioso italiano n. en Asís (1182-1226), fundador de la orden de los Franciscanos. Predicó la fraternidad universal. Fiesta el 4 de octubre. || ~ **de Borja** *(San)*, noble español (1510-1572), duque de Gandía; abandonó el mundo (1545) e ingresó en la Compañía de Jesús, de la que fue tercer general (1565). Fiesta el 10 de octubre. || ~ **de Paula** *(San)*, religioso italiano (¿1416?-1507), fundador de la orden de los Mínimos. Fiesta el 2 de abril. || ~ **de Sales** *(San)*, religioso francés (1567-1622), obispo de Ginebra y fundador de la orden de la Visitación. Escribió *Introducción a la vida devota* y el *Tratado del amor de Dios*. Patrón de los periodistas. Fiesta el 29 de enero. || ~ **Javier** *(San)*, jesuita español (1506-1552), discípulo de San Ignacio, evangelizó la India y el Japón. Patrón de las misiones. Fiesta el 3 de diciembre. || ~ **Solano** *(San)*, franciscano español (1549-1610), que ejerció su apostolado en América del Sur. Fiesta el 14 de julio.

Francisco || ~ **I** (1494-1547), rey de Francia desde 1515. Se apoderó del Milanesado y disputó la corona imperial a Carlos V. Vencido en Pavía por los españoles fue hecho prisionero y tuvo que firmar el Tratado de Madrid (1526). Favoreció el movimiento del Renacimiento en Francia, protegiendo a los artistas italianos. || ~ **II** (1544-1560), rey de Francia, esposo de María Estuardo. Reinó desde 1559.

Francisco || ~ **I** (1708-1765), emperador germánico desde 1745, padre de la reina de Francia María Antonieta. || ~ **II** (1768-1835), emperador germánico (1792) y de Austria (1806). Combatió sin éxito la Revolución Francesa y a Napoleón I, a quien concedió la mano de su hija María Luisa.

Francisco de Asís de Borbón, rey consorte de España (1822-1902), casó con su prima Isabel II en 1846.

Francisco José, archip. polar al E. del Spitzberg; 20 000 km².

Francisco José I (1830-1916), emperador de Austria y rey de Hungría. Subió al trono en 1848.

Francisco Morazán, dep. en el centro de Honduras; cap. *Tegucigalpa*.

Franck (César), músico francés. n. en Lieja (1822-1890), autor del oratorio *Redención, Sinfonía en re menor* y obras para piano y de música de cámara. || ~ (JAMES), físico norteamericano, de origen alemán (1882-1964). Autor de la teoría de la luminiscencia. (Pr. Nóbel. 1925.)

francmasón m. Masón.

francmasonería f. Masonería: *la francmasonería perseguida.*

francmasónico, ca adj. Masónico: *signos francmasónicos.*

franco, ca adj. Leal, sincero: *carácter muy franco.* || Abierto, comunicativo: *mirada franca.* || Exento, que no paga: *franco de porte; puerto franco.* || Libre, expedito: *paso franco.* || Evidente, claro, cierto: *franco empeoramiento.* || *Tener mesa franca,* acoger a todos en su casa. || — Adj. y s. Nombre que se da a los pueblos antiguos de la Germanía Inferior. (Los *francos* conquistaron las Galias [s. v] y dieron su nombre a Francia.) || En palabras compuestas significa francés: *el comercio franco-español.* || — M. Unidad monetaria de Francia, Bélgica, Luxemburgo, Suiza.

Franco (Luis), poeta argentino, n. en 1898. || ~ (MANUEL), político y pedagogo paraguayo (1875-1919), pres. de la Rep. de 1916 a 1919. || ~ (RAFAEL), militar paraguayo, pres. de la Rep. en 1936, derrocado en 1937. || ~ **Bahamonde** (FRANCISCO), general español, n. en 1892 en El Ferrol. Luchó en Marruecos (1921-1926) y participó en 1936 en el movimiento insurreccional contra la República. Caudillo del alzamiento, ganó la guerra civil y fue nombrado jefe del Estado. Se ha mostrado hábil en política extranjera (neutralidad durante la segunda guerra mundial) y ha dado una nueva estructura económica al país. — Su hermano RAMÓN (1896-1938) fue aviador e hizo, en el hidroavión *Plus Ultra*, la travesía del Atlántico Sur (1926).

Franco Condado, región del E. de Francia; cap. *Besanzón*. Formó parte de las posesiones españolas de 1496 a 1678.

francófilo, la adj. y s. Amigo de Francia.

francófobo, ba adj. y s. Enemigo de Francia.

francofonía f. Conjunto de países en los que se habla francés.

francófono, na adj. y s. Que habla francés.

francolín m. Ave parecida a la perdiz.

Franconia, región histórica de Alemania que forma hoy el NO. de Baviera.

FR

francote, ta adj. Muy franco.
francotirador m. Guerrillero.
franchute, ta m. y f. *Despect.* Francés.
franela f. Tejido fino de lana.
frangollar v. t. *Fam.* Chapucear, hacer algo de prisa y mal.
frangollo m. Trigo cocido. || *Fig.* y *fam.* Chapuza. || *Cub.* Dulce seco de plátano y azúcar. || *Arg.* Maíz pelado y molido grueso. | Locro de maíz molido. || *Chil.* Trigo o maíz machacado. || *Amer.* Guiso mal hecho.
frangollón, ona adj. y s. Chapucero.
franja f. Guarnición o fleco que sirve para adornar vestidos y otras cosas. || Borde, lista, faja.
franjalete m. *Méx.* Correa que descansa en el lomo de la bestia y sostiene los tirantes.
Frank (Waldo), hispanista norteamericano (1889-1967), autor de *España virgen.*
Frankfort, c. de Estados Unidos, cap. del Est. de Kentucky.
Franklin (Benjamin), político, físico y filósofo norteamericano, n. en Boston (1706-1790), promotor de la independencia de las colonias inglesas de América (1777). Inventor del pararrayos. || ~ (JOHN), navegante inglés (1786-1847), que exploró las costas árticas del Canadá y Australia. Murió al intentar descubrir el paso del Atlántico al Pacífico por el NO.
franklinio m. *Fís.* Unidad de carga eléctrica.
franqueadora adj. f. Dícese de la máquina que pone los sellos.
franqueamiento m. Franqueo.
franquear v. t. Libertar, exceptuar a uno de un pago o tributo. || Conceder, dar: *franquear la entrada.* || Desembarazar: *franquear el camino.* || Pagar previamente en sellos el porte de lo que se remite por correo: *franquear una carta para Argentina.* || Dar libertad: *franquear un esclavo.* || Galicismo muy empleado por *salvar: franquear un obstáculo.* || — V. pr. Descubrir sus intenciones, hablar francamente: *franquearse con un amigo.*
franqueo m. Acción y efecto de franquear. || Pago, imposición del precio de porte: *franqueo postal.*
franqueza f. Sinceridad, llaneza: *me lo dijo con gran franqueza.* || Confianza, familiaridad.
franquía (en) loc. adv. Con el paso libre para salir del puerto o hacerse a la mar (un barco).
franquicia f. Exención de derechos de aduana, de los sellos de correo, etc.
Fraortes || ~ **I,** rey legendario de Media de 647 a 633 a. de J. C., vencido y muerto por Asurbanipal. || ~ **II,** nombre que adoptó el medo Satarita cuando se sublevó contra Ciro. Vencido por éste en 520 a. de J. C.
fraque m. Frac.
Frascati, ant. *Túsculo,* c. de Italia, cerca de Roma. Obispado. Vinos.
frasco m. Botella alta y estrecha. || Su contenido: *un frasco de jarabe.* || Vaso de cuerno para la pólvora.
Frascuelo. V. SÁNCHEZ (Salvador).
frase f. Conjunto de palabras que tienen sentido. || Locución, expresión. || — *Frase hecha* o *acuñada* o *estereotipada,* la de uso corriente, tópico. || *Frase musical,* serie de sonidos armónicos bien definidos.
frasear v. i. Formar frases.
fraseo m. Arte de puntuar y graduar el discurso musical.
fraseología f. Modo de ordenar las frases, peculiar a cada escritor. || Palabrería, verbosidad, verborrea.
Fraser, río del Canadá que nace en las Montañas Rocosas y des. en el Pacífico; 1 200 km.
frasquera f. Caja para guardar o transportar frascos. || Licorera.
frasquerío m. *Méx.* Conjunto de frascos.
fraternal adj. Propio de hermanos: *sentimientos fraternales.*
fraternidad f. Unión y buena correspondencia entre hermanos o entre los que se tratan como tales.
fraternización f. Fraternidad.
fraternizar v. t. Tratarse como hermanos.
fratricida adj. y s. Que mata a su hermano.
fratricidio m. Crimen del que mata a un hermano.
fraude m. Engaño, acto de mala fe: *cometer un fraude.* || Contrabando.
fraudulento, ta adj. Que contiene fraude.
fráustina f. Cabeza de madera que sirve para poner sombreros o pelucas.
fray m. Apócope de *fraile,* que se emplea delante de los nombres de religiosos: *fray Luis de León.*
Fray Bentos, c. y puerto del Uruguay, cap. del dep. de Río Negro. Llamóse ant. *Independencia.*
Fray || ~ **Candil.** V. BOBADILLA (Emilio). || ~ **Mocho.** V. ÁLVAREZ (José Sixto).
fraybentino, na adj. y s. De o relativo a Fray Bentos (Uruguay).
frazada f. Manta de cama.
frecuencia f. Repetición a menudo de un acto o suceso. || Número de ondulaciones por segundo de un movimiento vibratorio. || — *Alta frecuencia,* la de varios millones de períodos por segundo. || *Baja frecuencia,* la que corresponde a un sonido audible.
frecuencímetro m. Aparato para medir la frecuencia de una corriente alterna.
frecuentación f. Acción de ir a menudo a un lugar. || Compañía: *buenas (o malas) frecuentaciones.*
frecuentado, da adj. Concurrido, muy visitado.
frecuentar v. t. Concurrir o hacer con frecuencia: *frecuentar los museos.* || Tratar, tener relación con alguien. || — V. i. En sentido absoluto, practicar los sacramentos.
frecuente adj. Que se repite a menudo: *visitas frecuentes.*
Fredericia, c. y puerto del centro de Dinamarca (Jutlandia).
Fredericton, c. del SE. del Canadá, cap. de Nuevo Brunswick. Obispado. Universidad.
Freetown [*fritáun*], c. y puerto del NO. de África, cap. de Sierra Leona; 128 000 h. Obispado.
fregadero m. Pila donde se friega la vajilla, los utensilios de cocina.
fregado, da adj. *Amer.* Majadero. | Perverso. || — M. Lavado. || *Fig.* y *fam.* Enredo, lío, jaleo: *se metió en un fregado.* | Escándalo; discusión. || — F. *Amér. C.* y *Méx.* Suceso adverso.
* **fregar** v. t. Estregar con fuerza: *fregar el suelo.* || Lavar los platos, cubiertos y cacerolas. || *Amer.* Fastidiar.
Fregenal de la Sierra, c. de España (Badajoz).
fregona f. Mujer que friega los platos y los suelos. || Criada. || *Fam.* Mujer ordinaria. || Cubo y escoba que se moja para limpiar los suelos.
fregotear v. t. Fregar mal.
fregoteo m. Lavado a la ligera.
Frei Montalva (Eduardo), jurista y político chileno, n. en 1911. Pres. de la Rep. de 1964 a 1970. Nacionalizó la producción de energía eléctrica.
Freiberg, c. de Alemania Oriental. Metalurgia.
freidor, ra m. y f. Vendedor de pescado frito. || — F. Recipiente para freír patatas.
freiduría f. Establecimiento donde se venden cosas fritas.
* **freír** v. t. Guisar en una sartén con aceite o manteca: *freír patatas.* || *Fam.* Fastidiar, desesperar, molestar: *me frieron a preguntas.* | Matar, liquidar a tiros. || — *Fig. Al freír será el reír,* no se puede dar una causa por ganada hasta el último momento. | *Estar frito,* estar harto. || *Fam. Mandar a freír espárragos,* mandar con viento fresco. || — V. pr. Guisarse en una sartén. || *Fig.* y *fam.* Cocerse, asarse de calor.
Freire, com. de Chile (Cautín).
Freire (Manuel), general uruguayo (1792-1858), uno de los *Treinta y Tres Orientales.* M. fusilado. || ~ (RAMÓN), general y político chileno, n. en Santiago (1787-1851). Luchó por la independencia de su país, no acató la Constitución del director O'Higgins y, caído éste, fue elegido director supremo interino en 1823. En 1826 acaudilló la expedición que acabó con la dominación española en Chile. En 1827, el Congreso le eligió pres. de la Rep., pero dimitió el mismo año.
Freirina, com. y dep. de Chile (Atacama).
fréjol m. V. FRÍJOL.
Frejus, c. del S. de Francia (Var), donde fue herido de muerte Garcilaso de la Vega (1536).
frenado y **frenaje** m. Detención con el freno. || Sistema de frenos.
frenar v. t. e i. Disminuir o detener la marcha de una máquina con un freno. || — V. t. *Fig.* Contener, reprimir, retener: *frenar las pasiones.* | Detener el desarrollo: *frenar las importaciones.*
frenazo m. Detención o parada brusca con el freno.
French (Domingo), militar argentino (1774-1825), que participó en la Revolución de Mayo (1810).
frenesí m. Delirio furioso. || *Fig.* Violenta exaltación del ánimo: *lo atacó con frenesí.*
frenético, ca adj. Poseído de frenesí.
frenillo m. Membrana que sujeta la lengua por la línea media de la parte inferior.
freno m. Bocado, pieza de la brida que llevan los caballos en la boca para gobernarlos. || Órgano en las máquinas destinado a disminuir o parar el movimiento: *freno de mano, asistido.* || *Fig.* Lo que retiene u obstaculiza: *ambiciones sin freno.* || — Pl. Sistema de frenos.
frenología f. Estudio del carácter y las funciones intelectuales del hombre según la conformación del cráneo.
frenopatía f. Parte de la medicina que estudia las enfermedades mentales.
frente f. Región anterior de la cabeza de los vertebrados que, en el hombre, va desde el nacimiento del pelo hasta las cejas. || *Por ext.* Cara, rostro, semblante. | Cabeza: *bajar la frente.* || — M. Parte delantera de algo. || Línea exterior de una tropa en orden de batalla. || Límite antes de la zona de combate. || Esta misma zona. || Separación entre dos zonas de la atmósfera cuyas temperaturas son distintas. || Parte superior de una cosa: *al frente de su misiva.* || Agrupación política compuesta de diversos partidos o concordancia de las tendencias de la opinión para resolver una serie de problemas determinados: *frente nacional.* || — *Estar al frente de,* dirigir. || *Frente a* (o *con*) *frente,* cara a cara.
Frente Popular, alianza de los partidos de izquierda, creada en España y Francia en 1936, y en Chile al año siguiente.
frentero m. *Min. Amer.* Obrero que trabaja en el frente de un filón.
fresa f. Planta rosácea, de fruto rojo sabroso y fragante. || Su fruto. || *Tecn.* Avellanador, herramienta que gira empleada para horadar o labrar los metales. || Instrumento usado por los dentistas para limar o agujerear los dientes o muelas.
fresado m. Avellanado.
fresador, ra m. y f. Persona que fresa. || — F. Máquina para fresar.

fresal m. Plantío de fresas.
fresar v. t. Trabajar con la herramienta llamada fresa.
fresca f. V. FRESCO.
frescachón, ona adj. De color sano. || *Fam.* Descarado, caradura (ú. t. c. s.).
frescales com. inv. *Fam.* Desvergonzado, caradura.
fresco, ca adj. Ligeramente frío: *viento fresco* (ú. t. c. adv.). || Ligero, que da la sensación de frescor: *traje fresco.* || Que no está marchito, que conserva el brillo de la juventud: *tez fresca.* || Que no está cansado: *tropas frescas.* || Dícese de las cosas que, pudiéndose estropear por el paso del tiempo, no han sufrido alteración: *pescado fresco; flores frescas.* || Que no experimenta el cansancio: *después de tal esfuerzo estaba tan fresco.* || Húmedo, sin secar: *la pintura está fresca.* || *Fig.* Acabado de suceder, reciente: *noticias frescas.* | Tranquilo, sin perder la calma: *y se quedó tan fresco.* | Descarado, aprovechado, caradura. Ú. t. c. s.: *es un fresco.* | Que trata a los demás sin contemplaciones (ú. t. c. s.). | Dícese de la mujer libre en su trato con los hombres (ú. t. c. f.). || — M. Frescor, ligeramente frío: *el fresco del atardecer.* || Viento frío. || Mural, pintura hecha en una pared: *los frescos de la pintura mexicana.* || *Amer.* Bebida fresca. || — F. Fresco, frescor: *salir con la fresca.* || *Fig.* Inconveniencia, dicho molesto: *le soltó cuatro frescas.*
Frescobaldi (Girolamo), compositor italiano (1583-1643).
frescor m. Fresco.
frescote, ta adj. *Fig.* y *fam.* Frescachón (ú. t. c. s.).
frescura f. Calidad de fresco: *la frescura del agua, del rostro.* || Fertilidad y amenidad de un paraje. || *Fam.* Desvergüenza, caradura, desenfadado, descaro: *¡vaya frescura!* || *Fig.* Fresca, dicho molesto. | Descuido, negligencia.
fresera f. Fresa, planta.
Fresia, com. de Chile (Llanquihue).
fresneda f. Terreno con fresnos.
Fresnedillas, mun. en el centro de España (Ávila). Estación para vuelos espaciales.
Fresnillo, c. y mun. de México (Zacatecas). Minas de plata.
fresno m. Árbol oleáceo de madera estimada.
Fresno, c. del O. de Estados Unidos (California). || — C. de Colombia (Tolima).
fresón m. Fresa grande.
fresquera f. Alambrera para conservar los comestibles. || *Arg.* Fiambrera.
fresquería f. *Amer.* Quiosco de bebidas.
fresquista m. Pintor al fresco.
Freud (Sigmund), psiquiatra austriaco (1856-1939), creador de la teoría del psicoanálisis y de la doctrina del subconsciente.
freudiano, na adj. Relativo a Freud o al freudismo.
freudismo m. Doctrina psicológica que interpreta las neurosis por el pensamiento, los sueños.
Freyre (Gilberto), escritor y sociólogo brasileño, n. en 1900, autor de *Sobrados e mucambos.* || ~ (RICARDO JAIMES). V. JAIMES FREYRE (Ricardo).
freza f. Desove de los peces y tiempo en que se verifica. || Huevos y cría de los peces. || Tiempo entre cada dos mudas del gusano de seda.
frezar v. i. Estercolar los animales. || Hozar. || Desovar el pez. || Comer el gusano de seda.
frialdad f. Sensación que proviene de la falta de calor: *la frialdad del tiempo.* || Frigidez. || *Fig.* Falta de ardor, indiferencia, falta de animación: *frialdad de carácter.*
Frías, pobl. de la Argentina (Santiago del Estero). — Distrito del Perú (Piura).
Frías (Carlos Eduardo), novelista venezolano, n. en 1906, autor de *Fiebres.* || ~ (BERNARDINO FERNÁNDEZ VELASCO, *duque de*), escritor épico español (1783-1851). Autor de *Llanto del proscrito* y *A las nobles artes.* || ~ (HERIBERTO), novelista mexicano (1870-1928), autor de *Tomóchic* y *El triunfo de Sancho Panza.* || ~ (TOMÁS), político boliviano (1805-1884), pres. de la Rep. de 1872 a 1873 y de 1874 a 1876. || ~ **y Jacott** (Francisco). V. POZOS DULCES.
Friburgo, c. del SO. de Suiza, cap. del cantón del mismo n. Obispado. Universidad. || ~ **de Brisgovia,** c. del SO. de Alemania Occidental, ant. cap. de Baden. Arzobispado. Universidad. Catedral (s. XII-XVII). Industria textil.
fricativo, va adj. Aplícase a las letras consonantes, como *f, j, s, z,* cuya articulación hace salir el aire con cierta fricción o roce en los órganos bucales.
fricción f. Acción y efecto de friccionar: *dar una fricción en la rodilla.* || Limpieza de la cabeza con un loción aromática. || Resistencia o roce de dos superficies en contacto. || *Fig.* Desavenencia, choque, pequeña disputa.
friccionar v. t. Dar fricciones.
Friedland, hoy *Pravdinsk,* c. de la U. R. S. S., al SE. de Königsberg, antes alemana. Derrota de los rusos por Napoleón I (1807).
Friedrichshafen, c. de Alemania Occidental (Baden-Wurtemberg), a orillas del lago de Constanza.
friega f. Fricción.
Frigia, ant. región del centro de Asia Menor, al S. de Bitinia.
frigidez f. Frialdad. || Ausencia de deseo sexual.
frígido, da adj. *Poét.* Frío. || Carente de deseo sexual.
frigio, gia adj. y s. De Frigia. || *Gorro frigio,* v. GORRO.
frigoría f. Unidad calorífica (símb., fg), equivalente a una kilocaloría negativa.
frigorífico, ca adj. Que produce frío. || Dícese de los lugares donde se conservan los productos por medio del frío: *armario frigorífico* (ú. t. c. s. m.).
frigorizar v. t. Congelar.
fríjol y **frijol** m. Judía. || — Pl. *Fam. Méx.* La comida: *trabajar para los frijoles.* || *Fig. Méx.* Fanfarronadas, bravatas.
frijolillo m. Árbol silvestre de Cuba, de madera fuerte.
frimario m. Tercer mes del calendario republicano francés (21 de noviembre a 20 de diciembre).
fringílidos m. pl. Pájaros conirrostros como el gorrión, el jilguero, el canario, el pardillo, el pinzón, etc. (ú. t. c. adj.).
frío, a adj. Dícese de la temperatura de los cuerpos inferior a la ordinaria del ambiente: *aire frío.* || Que no da calor: *la gabardina es más fría que un abrigo.* || Que ha perdido el calor: *comida fría.* || *Fig.* Reservado, falto de afecto: *hombre frío.* | Insensible: *mujer fría.* | Desapasionado: *mediador frío.* | Tranquilo, sereno: *su enemistad me deja frío.* | Menos entusiasmado, indiferente: *estoy más frío con sus proposiciones.* | Carente de calor, de sensibilidad: *música fría.* | Que carece de interés sexual. || — M. Baja temperatura. || Sensación que produce la carencia, la pérdida o la disminución de calor: *frío riguroso.* || *Fig.* Ausencia de cordialidad.
Frío, río de Costa Rica (Alajuela) que des. en el lago de Nicaragua. — Nombre de dos ríos de México (Guerrero). — Río de Venezuela (Mérida y Zulia) que des. en el lago de Maracaibo. — V. CABO FRÍO.
friolento, ta adj. y s. Friolero.
friolera f. Pequeñez, nadería, cosa de poca importancia. || *Fig.* e *irón.* Nada menos: *cuesta la friolera de dos millones.*
friolero, ra adj. Sensible al frío (ú. t. c. s.).
frisa f. Tela basta de lana. || *Fort.* Palizada oblicua que se pone al pie de la muralla. || *Arg.* y *Chile.* Pelo de las telas.
frisador, ra m. y f. Persona que frisa los paños.
frisar v. t. Levantar y retorcer el pelo de un tejido. || *Fig.* Acercarse: *frisaba la edad de cincuenta años* (ú. t. c. i.).
Frisia o **Frisa,** región costera y cadena de islas del mar del Norte, pertenecientes a Holanda y Alemania. — Prov. del N. de Holanda; cap. *Leeuwarden.*
frisio, sia adj. y s. Frisón.
friso m. *Arq.* Parte del cornisamento que media entre el alquitrabe y la cornisa. || Zócalo, cenefa de una pared.
frísol y **frisol** m. *Amer.* Fríjol.
frisón, ona adj. y s. De Frisia. (Los *frisones* fueron sometidos por los romanos al comienzo de la era cristiana.)
fritada o **fritanga** f. Manjar frito: *fritada de sesos.*
frito, ta p. p. irreg. de *freír: huevos fritos con jamón.* || *Fam.* *Estar frito,* estar fastidiado o dormido. | *Estar frito por hacer algo,* desearlo ardientemente. | *Tener frito a uno,* tenerlo desesperado. || — M. Fritada, fritura.
fritura f. Cosa frita.
Friul, región del NE. de Italia, que goza de estatuto de autonomía (con la Venecia Julia) desde 1963.
frivolidad f Ligereza, superficialidad, falta de seriedad, futilidad.
frívolo, la adj. Ligero, veleidoso; superficial, poco serio: *conversación frívola.*
Frobisher (Sir Martin), marino inglés (¿1535?-1594). Exploró Groenlandia, Labrador y la Tierra de Baffin, y secundó a Drake en su expedición a las Indias Occidentales (1585).
Froissart [*fruasar*] (Jean), cronista francés (¿1337-1410?), cuyas *Crónicas* constituyen una excelente pintura del mundo feudal.
Froment [*froman*] (Nicolas), pintor primitivo francés (¿1435?-1484).
Fromentin (Eugène), escritor y pintor francés (1820-1876), autor de la novela *Dominico.*
Frómista, v. de España (Palencia). Iglesia románica (s. XI).
fronda f. o **fronde** m. Hoja de planta. || Follaje, espesura. || Hoja del helecho.
Fronda *(La),* guerra civil que estalló en Francia durante la minoría de Luis XIV (1648-1653).
Frondizi (Arturo), jurista y político argentino n. en 1908, pres. de la Rep. en 1958, derrocado en 1962.
frondosidad f. Abundancia de hojas y ramas, follaje.
frondoso, sa adj. Abundante en hojas: *una rama frondosa.* || Abundante en árboles: *paraje frondoso.*
frontal adj. De la frente: *hueso frontal.* || — M. *Anat.* Hueso de la frente. || Decoración de la parte delantera del altar. || *Amer.* Frontalera.
frontalera f. Correa de la cabezada. || Frontil del buey.
frontera f. Límite que separa dos Estados: *la cordillera de los Andes es la frontera natural entre Argentina y Chile.* || *Fig.* Límite: *estar en la frontera de lo ridículo.*
Frontera, barra de la costa de Tabasco (México), por la que des. el río Grijalva. (Llámase tb. *barra de Tabasco.*)
fronterizo, za adj. Que está en la frontera: *pueblo fronterizo.* || Que vive cerca de una frontera (ú. t. c. s.). || Limítrofe, confinante. || Que está enfrente: *un edificio fronterizo de otro.*
frontero, ra adj. Enfrente.
frontil m. Almohadilla que se pone a los bueyes entre la frente y la coyunda.
frontis m. Frontispicio.
frontispicio m. Fachada: *el*

frontispicio de un edificio. || Portada de un libro. || *Arq.* Frontón remate de una fachada.

frontón m. Pared contra la cual se lanza la pelota en el juego. || Edificio o cancha para jugar a la pelota. || *Arq.* Remate generalmente triangular: *el frontón de un pórtico, de una fachada.*

Frost (Robert), poeta norteamericano (1875-1963).

frotación f. Frotamiento.

frotador, ra adj. y s. Que frota. || — M. Rascador.

frotadura f. y **frotamiento** m. Acción de dos cuerpos en contacto, uno de los cuales al menos está en movimiento.

frotar v. t. Pasar muchas veces una cosa sobre otra con fuerza (ú. t. c. pr.).

frote m. Frotamiento.

fructidor m. Duodécimo mes del calendario republicano francés (18 de agosto a 16 de septiembre).

fructífero, ra adj. Que da frutos: *árboles fructíferos.* || *Fig.* Productivo, provechoso.

fructificación f. Formación del fruto. || Tiempo en que se produce.

fructificar v. i. Dar fruto: *la planta fructifica.* || *Fig.* Ser productivo, dar utilidad: *fructificar el capital.*

fructuosa f. Azúcar de frutas.

fructuoso, sa adj. Fructífero.

Fruela (722-768), hijo de Alfonso I, rey de Asturias desde 757.

frugal adj. Sobrio en el comer y beber: *hombre muy frugal.* || Poco abundante: *cena frugal.*

frugalidad f. Sobriedad.

Frugoni (Emilio), escritor y político uruguayo (1880-1970), autor de *El eterno cantar, La sensibilidad americana* y *La esfinge roja.*

fruición f. Placer, gozo.

frumentario, ria y **frumenticio, cia** adj. Relativo al trigo.

frunce m. Pliegue, doblez.

fruncido m. Frunce.

fruncimiento m. Fruncido.

fruncir v. t. Arrugar la frente, la boca: *fruncir el entrecejo.* || Hacer en una tela frunces o arrugas pequeñas. || *Fig.* Estrechar y recoger una cosa: *fruncir la boca.*

Frunze, ant. *Pichpek,* c. de la U. R. S. S., cap. de Kirghizia. Industria alimenticia.

fruslería f. Insignificancia, pequeñez, nadería.

frustración f. Malogro de un deseo.

frustrar v. t. Privar a uno de lo que esperaba: *frustrar deseos, esperanzas.* || Malograr un intento o pretensión: *frustrar un robo, un crimen* (ú. t. c. pr.).

fruta f. Fruto comestible de ciertas plantas, como los duraznos, plátanos o bananas, etc. || Cada especie de ellos. || — *Fruta de sartén,* masa frita. || *Fruta escarchada* o *confitada,* la cocida y recubierta en almíbar. || *Frutas secas,* las que se comen secas (pasas, almendras, nueces, avellanas, etc.).

frutal adj. Que da frutas.

frutería f. Establecimiento en el que se venden frutas.

frutero, ra adj. Que lleva fruta: *barco frutero.* || De la fruta: *industria frutera.* || Que sirve para poner la fruta: *plato frutero.* || — M. Vendedor de fruta. || Recipiente donde se coloca la fruta: *un frutero de plata.* || Lavafrutas, enjuague.

frutescente adj. *Bot.* De tallo leñoso como un arbusto.

fruticultura f. Cultivo de los árboles frutales.

frutilla f. *Chil.* Fresa.

Frutillar, com. de Chile (Llanquihue).

fruto m. Órgano de la planta que contiene las semillas y nace del ovario de la flor. || *Fig.* Producto, resultado, provecho: *fruto de sus afanes.* | Utilidad: *influencia que no da ningún fruto.* || — Pl. Productos dados por la tierra. || — *Dar fruto,* producir un beneficio. || *Sacar fruto,* sacar provecho.

Frydek, c. del N. de Checoslovaquia (Silesia). Industria textil.

Ftah, dios del antiguo Egipto, adorado en Menfis, identificado con Osiris y Sokari.

ftaleína f. Materia colorante incolora en un medio ácido o neutro y roja con una base.

ftálico adj. m. Dícese de un ácido derivado del benceno, empleado en la fabricación de colorantes y de ciertas resinas sintéticas.

fu, onomatopeya con que se imita el bufido del gato. || — *¡Fu!,* interjección de desprecio. || *Fig.* y *fam. Hacer fu,* huir de alguien. | *Ni fu ni fa,* ni una cosa ni otra, regular.

Fuad || **~ I** (1868-1936), rey de Egipto (1922-1936). || **~ II,** n. en 1952, hijo de Faruk, último rey de Egipto (1952-1953).

Fúcar. V. FUGGER.

fucilar v. i. Fulgurar.

fucilazo m. Relámpago sordo que ilumina la atmósfera de noche.

fuco m. Alga de color verde.

fucsia f. Arbusto de flores rojas y colgantes.

fucsina f. Materia colorante sólida y roja, utilizada en citología y bacteriología.

¡fucha! o **¡fuchi!** interj. *Chil.* y *Méx.* Expresa repugnancia.

Fucheu, c. y puerto del SE. de China, enfrente de Formosa, cap. de la prov. de Fukien. Industrias.

fuego m. Desprendimiento simultáneo de calor, luz y llama producido por la combustión de ciertos cuerpos. || Conjunto de cuerpos en combustión: *sentado junto al fuego.* || Hogar, lugar donde se enciende fuego, lumbre. || Lo que se necesita para alumbrar: *¿tiene fuego?* || Incendio: *los bomberos combaten el fuego.* || Suplicio en que se quemaba al condenado, hoguera. || Calor interior: *su cuerpo era puro fuego.* || Tiro, disparo: *el fuego del enemigo.* || Combate: *bautismo de fuego.* || *Mar.* Nombre genérico de cualquier señal luminosa. || *Fig.* Pasión, entusiasmo: *fuego sagrado.* | Ardor, vehemencia: *en el fuego de la discusión.* || — *A* (o *con*) *fuego lento,* poco a poco. || *Arma de fuego,* la que dispara balas u obuses. || *Fig. Atizar el fuego,* avivar una disputa. | *Echar fuego por los ojos,* estar furioso. | *Echar leña al fuego,* proporcionar motivos para que continúe una pelea o disputa. | *Estar entre dos fuegos,* estar entre la espada y la pared. || *¡Fuego!,* voz de mando para disparar. || *Fuego fatuo,* llamas pequeñas que se desprenden de las sustancias animales o vegetales en descomposición (lugares pantanosos, cementerios). || *Fuegos artificiales* o *de artificio,* conjunto de cohetes luminosos lanzados con fines de diversión. || *Fig. Jugar con fuego,* entretenerse con cosas que pueden resultar peligrosas. || *Pegar fuego,* incendiar. || *Tocar a fuego,* prevenir por los toques de campanas de que hay un incendio.

Fuego (TIERRA DEL). V. TIERRA DEL FUEGO. || **~** Volcán de Guatemala en los dep. de Chimaltenango y Sacatepéquez; 3 835 m.

fueguino, na adj. De la Tierra del Fuego: *Andes Fueguinos.*

fuel y **fuel-oil** [*fiueloi*] m. (voz ingl.). Derivado del petróleo natural, obtenido por refinación y destilación, destinado a la calefacción.

fuelle m. Instrumento que recoge aire y lo lanza en una dirección determinada: *fuelle para la chimenea; fuelle de órgano.* || Pliegue en un vestido. || Capota plegable de carruaje. || Cualquier parte que se puede plegar o doblar en las máquinas de fotografía, los bolsos, la gaita, etc. || Pasillo flexible que comunica dos vagones de un tren. || *Fig.* y *fam.* Resistencia, aliento: *tiene mucho fuelle.*

Fuendetodos, v. de España (Zaragoza). Lugar de nacimiento de Goya.

Fuengirola, v. del S. de España (Málaga). Playa famosa en la Costa del Sol.

Fuenleal (Sebastián RAMÍREZ DE). V. RAMÍREZ.

fuente f. Lugar donde brota agua de la tierra. || Construcción destinada a la salida y distribución de aguas. || Monumento en los sitios públicos con caños y surtidores de agua. || Pila de bautismo. || Plato grande en el que se sirve la comida. || *Fig.* Origen, causa: *el turismo es una fuente de divisas.* || Documento original: *fuentes de la historia.* || Fundamento, base: *aquello fue fuente de discordias.* || *De fuente fidedigna,* de alguien digno de fe.

Fuente || **~ de Cantos,** v. de España (Badajoz). Patria de Zurbarán. || **~ del Maestre,** c. de España (Badajoz). Agricultura. || **~ Ovejuna,** v. de España (Córdoba). || **~ Vaqueros,** v. de España (Granada). Patria de F. García Lorca.

Fuenteovejuna, drama histórico de Lope de Vega (hacia 1618).

Fuenterrabía, c. del N. de España (Guipúzcoa), junto a la des. del Bidasoa. Playa reputada.

Fuentes (Carlos), escritor mexicano, n. en 1929, autor de novelas (*Los días enmascarados, La región más transparente, La muerte de Artemio Cruz, Cambio de piel,* etc.), de cuentos y de obras de crítica. || **~** (MANUEL ATANASIO), poeta romántico peruano (1820-1890), fundador del periódico satírico *El Murciélago.* || **~ y Guzmán** (Francisco de), historiador guatemalteco (1643-1700), autor de *La recordación florida o Historia del Reino de Guatemala.*

Fuentes de Oñoro, v. de España (Salamanca). Victoria angloportuguesa sobre los franceses en 1811.

fuer m. Forma apocopada de *fuero.* || *A fuer de,* en calidad de, como: *a fuer de hombre de ley.*

fuera adv. En la parte exterior: *estaba fuera.* || — *De fuera,* de otro sitio, población o país. || *Estar fuera de sí,* estar muy encolerizado. || *Fuera de,* excepto, salvo, además de. || *Fuera de combate,* sin que pueda continuar combatiendo. || *Fuera de concurso,* dícese de la persona que no puede tomar parte en un concurso a causa de su superioridad. || *Fuera de juego,* en fútbol y en rugby, posición irregular de un jugador, situado detrás de la defensa del equipo contrario, que le impide participar en el juego sin que se le señale una falta. (Se usa tb. la expr. inglesa *off side.*) || *Fuera de que,* además, aparte de que. || *Fuera de texto,* ilustración de un libro que se tira aparte y se intercala entre dos pliegos o en medio de uno de ellos. || *Por fuera,* exteriormente.

fuera borda m. Embarcación pequeña, tipo canoa, dotada de un motor situado fuera del casco y en la parte posterior. || Este motor.

fuerano, na o **fuereño, ña** o **fuerero, ra** adj. y s. *Amer.* Forastero.

fuerista adj. De los fueros. || — Com. Conocedor de los fueros o partidario de ellos.

fuero m. Privilegio o ley especial que gozaba antiguamente alguna región, ciudad o persona en España: *el Fuero de Navarra.* || Compilación de leyes: *el Fuero de los Españoles, del Trabajo.* || Competencia jurisdiccional: *sometido al fuero militar.* || *Fig.* Orgullo, presunción: *tiene muchos fueros.* || — *En mi fuero interno,* en mi intimidad, pensando interiormente. || *Fig. Volver por los fueros de algo,* defender sus derechos.

— Los reyes cristianos españoles, por medio de los *fueros* o *cartas de población,* fijaban las libertades concedidas a las villas. El fuero más antiguo fue otorgado en 780.

Fuero Juzgo, traducción en lengua romance de la compilación de leyes romanas y visigóticas, llamada *Liber judicum,* ordenada por Fernando III de Castilla (1241).

fuerte adj. Que tiene buena salud o mucha fuerza: *es el más fuerte de todos.* || Resistente: *tejido muy fuerte.* || Que posee mucho poder, poderoso: *empresa, nación muy fuerte.* || Grande: *un fuerte capital.* || Que tiene gran intensidad, energía o violencia: *calor fuerte; voz fuerte; fuerte fiebre.* || Que causa viva impresión en el gusto, en el olfato: *licor, perfume fuerte.* || Copioso, abundante: *fuerte diarrea.* || Intenso, vivo: *rojo fuerte.* || Acre, picante: *pimiento fuerte.* || Considerable, grande: *impresión fuerte.* || Con gran fuerza: *le dio un fuerte garrotazo.* || Duro, penoso: *es bastante fuerte mendigar.* || Irritable: *carácter fuerte.* || Verde, picante: *chiste fuerte.* || Aplícase a la moneda de un valor superior al que tenía: *franco fuerte.* || Conocer bien una materia: *está muy fuerte en matemáticas.* || Fortificado: *plaza fuerte.* || Muy sujeto: *el clavo está muy fuerte.* || Apretado: *nudo fuerte.* || *Gram.* Dícese de las vocales que son más perceptibles como *a, e, o.* || — M. Hombre poderoso, con medios o recursos: *proteger a los fuertes contra los débiles.* || Obra de fortificación. || *Fig.* Aquello en que una persona sobresale: *la historia es su fuerte.* | Tiempo en que algo alcanza su punto máximo, apogeo: *en el fuerte de la discusión.* || — Adv. Con intensidad: *hablar, dar fuerte.* || Con abundancia, mucho: *en Inglaterra desayunan fuerte.* || Mucho: *trabajar, jugar fuerte.*

Fuerte, río de México (Chihuahua y Sinaloa) que des. en el golfo de California; 290 km. || **~ General Roca,** pobl. de la Argentina (Río Negro). || **~ Olimpo,** c. del N. del Paraguay, cap. del dep. de Olimpo; a orillas del río Paraguay.

Fuerteventura, isla de España (Las Palmas) en el SE. del archip. de las Canarias.

fuerza f. Cualquier causa capaz de obrar, de producir un efecto: *las fuerzas naturales.* || *Fís.* Cualquier acción que modifica el estado de reposo o movimiento de un cuerpo: *fuerza centrífuga.* || Poder, capacidad o vigor físico: *tiene mucha fuerza.* || Intensidad, eficacia: *fuerza de un medicamento.* || Energía: *la fuerza de un ácido.* || Violencia, carácter de obligación, coacción: *ceder por fuerza.* || Capacidad de dar un impulso, presión: *fuerza de una máquina.* || Autoridad: *la fuerza de la ley.* || Influencia: *tiene gran fuerza en las altas esferas.* || Esfuerzo: *agárralo con fuerza.* || Resistencia, solidez: *no tiene fuerza para aguantar los embates del mar.* || Electricidad, energía eléctrica: *no hay fuerza para que se enciendan las luces.* || Momento en que es más intenso algo: *en la fuerza de sus años mozos.* || Condición, estado, potencia para hacer algo: *fuerza de ánimo.* || — Pl. Conjunto de las formaciones militares de un Estado: *las fuerzas de Tierra, Mar y Aire.* || — *A fuerza de,* perseverantemente y con trabajo: *a fuerza de voluntad;* con abundancia, a base: *a fuerza de dinero;* con exageración: *a fuerza de explicaciones despertó las sospechas en mí.* || *A la fuerza,* por obligación; necesariamente. || *A la fuerza ahorcan,* nunca se hace lo que uno quiere. || *Fuerza de disuación* o *disuasoria,* la que consta de las armas más modernas (atómicas generalmente) que se utilizan con la mayor rapidez y eficacia. || *Fuerza mayor,* la que es necesario emplear ineludiblemente. || *Fuerza pública,* agentes de la autoridad. || *Fuerzas de choque,* unidades militares selectas empleadas preferentemente en la ofensiva. || *Por fuerza,* por obligación, por necesidad. || *Por la fuerza,* de manera violenta. || *Fig. Sacar fuerzas de flaqueza,* hacer un último esfuerzo cuando ya está uno agotado.

fuete m. *Amer.* Látigo.

fuga f. Huida, evasión: *delito de fuga.* || Escape de un fluido. || Cierta composición musical. || *Fig.* Evasión: *fuga de capitales.* | Ardor: *la fuga de la juventud.*

fugacidad f. Calidad de breve.

fugarse v. pr. Escaparse, huir: *se fugaron de la cárcel.*

fugaz adj. Que con velocidad huye y desaparece: *deseo fugaz.* || *Fig.* De muy corta duración. || Aplícase a la estrella que cambia de posición.

Fugger o **Fúcar,** familia de banqueros alemanes que obtuvieron de los Habsburgo el privilegio de acuñar moneda (1535).

fugitivo, va adj. Que huye: *detener a un fugitivo* (ú. t. c. s.). || Que apenas dura: *dicha fugitiva.*

fuguillas m. inv. *Fam.* Persona impaciente en obrar.

führer m. (voz alem.). El jefe. (Se dio este nombre en Alemania, en 1933, a Adolfo Hitler, jefe del Estado nacionalsocialista o Tercer Reich.)

fuina f. Garduña, animal.

Fuji Yama. V. Fusi Yama.

Fujita (Tsuguharu), pintor francés, de origen japonés (1886-1968), perteneciente a la escuela de París.

Fukien, prov. del SE. de China, enfrente de Formosa; cap. *Fuchou.*

Fukuoka, c. y puerto del S. del Japón, (Kiusiu), en el estrecho de Corea. Obispado. Universidad. Centro industrial.

Fukushima, c. del Japón (Honshu). Industria de la seda.

ful adj. Fulastre.

fulano, na m. y f. Palabra con que se designa a una persona indeterminada: *Fulano de Tal.* || — F. *Fam.* Mujer de mala vida.

fular m. Pañuelo de seda para la cabeza o el cuello.

fulastre y **fulastrón, ona** adj. *Fam.* Malo. | Mal hecho. | Chapucero, de poco valor.

Fulbe. V. Peul.

fulcro m. Punto de apoyo de la palanca.

Fulda, c. del centro de Alemania Occidental (Hesse), a orillas del río homónimo. Obispado. Catedral. Industrias.

fuldense adj. y s. Religioso de la abadía benedictina de Fulda.

fulero, ra adj. y s. *Fam.* Cuentista, farsante. | Chapucero.

Fulgencio *(San),* obispo y escritor español, hermano de San Leandro y San Isidoro, m. en 619. Fiesta el 14 de enero.

fulgente y **fúlgido, da** adj. Brillante.

fulgir v. i. Brillar.

fulgor m. Resplandor, brillo.

fulguración f. Acción y efecto de fulgurar. || Relámpago sin trueno. || Accidente que causa el rayo.

fulgurante adj. Que fulgura: *rayo fulgurante.* || *Med.* Aplícase al dolor muy vivo y súbito. || *Fig.* Rápido, incisivo: *una respuesta fulgurante.*

fulgurar v. i. Brillar.

fúlica f. Ave zancuda, especie pequeña de polla de agua.

fuliginoso, sa adj. Denegrido, oscurecido, tiznado.

fulmicotón m. Algodón pólvora.

fulminación f. Acción de fulminar. || Detonación de una sustancia fulminante.

fulminador, ra adj. y s. Que fulmina.

fulminante adj. Que fulmina: *ataque de gota fulminante.* || Muy grave: *enfermedad fulminante.* || *Fig.* Amenazador: *mirada fulminante.* || Que estalla con explosión: *pólvora fulminante.* || — M. Pistón del arma de fuego.

fulminar v. t. Arrojar rayos. || *Fig.* Arrojar bombas y balas. | Herir o matar un rayo. | Dictar, imponer con cierta solemnidad: *fulminar excomuniones, sentencias, censuras.* | Matar: *fulminado por la enfermedad.* | Mirar irritado. || — V. i. Hacer explosión. || *Fig.* Amenazar.

fulminato m. *Quím.* Sal del ácido fulmínico: *el fulminato de mercurio se emplea como detonante.*

Fulton (Robert), ingeniero norteamericano (1765-1815), que realizó la propulsión de los barcos por medio del vapor y construyó un submarino.

full m. En el póquer, reunión de tres cartas iguales y una pareja.

fullear v. i. Hacer trampas.

fullería f. Trampa.

fullero, ra adj. y s. Tramposo, que hace fullerías en el juego.

fuma f. *Antill.* Tabaco torcido o cigarros puros que pueden llevarse los obreros tabaqueros para su consumo particular.

fumada f. Bocanada de humo.

fumadero m. Sitio que se destina para fumar: *fumadero de opio.*

fumador, ra adj. y s. Que tiene costumbre de fumar.

fumante adj. *Quím.* Que humea.

fumar v. i. Aspirar y despedir humo de tabaco, de opio, etc. (ú. t. c. t. y pr.). || — V. pr. *Fam.* Tirarse, gastar por completo: *fumarse la paga.* | Faltar, dejar de acudir: *fumarse la clase, la oficina.*

fumaria f. Planta papaverácea cuyo jugo se usa como depurativo.

fumarola f. Desprendimiento de gases de un volcán.

fumigación f. Acción de fumigar para purificar el aire.

fumigador m. Aparato que sirve para fumigar.

fumigar v. t. Desinfectar por medio de humo, gas, etc.

fumigatorio, ria adj. Que fumiga. || — M. Perfumador.

fumígeno, na adj. y s. m. Que produce humo.

fumista m. Reparador de chimeneas y estufas.

fumistería f. Oficio y taller del fumista.

funámbulo, la m. y f. Acróbata, volatinero.

función f. Desempeño de un cargo: *entrar en funciones.* || Cargo; obligaciones impuestas por este cargo: *cumplir uno sus funciones.* || Papel: *desempeñar una función.* || Actividad ejecutada por un elemento vivo, órgano o célula en el campo de la fisiología: *funciones de reproducción.* || *Quím.* Conjunto de propiedades propio de un grupo de cuerpos: *función ácida.* || *Gram.* Actividad de una palabra en una oración: *función de complemento.* || *Mat.* Magnitud que depende de una o varias variables. || Fiesta, solemnidad religiosa. || Representación teatral: *fui a la función de la noche.* || Cualquier acto que constituye un espectáculo. || Fiesta privada, convite.

funcional adj. Relativo a las funciones orgánicas o matemáticas: *trastornos, ecuaciones funcionales.* || Dícese de todo aquello en que la función predomina sobre cualquier otro elemento decorativo o artístico.

funcionalismo m. Tendencia en arquitectura y mobiliario en que la belleza de la forma está supeditada al fin utilitario. || Doctrina antropológica que tiende a explicar el funcionamiento de las actividades de un grupo como conjuntos estructurados y jerarquizados entre ellos.

funcionamiento m. Manera como funciona una cosa.

funcionar v. i. Desempeñar su función. || Ponerse en marcha.

funcionario, ria m. y f. Empleado al servicio de la administración pública.

funcionarismo m. Tendencia al aumento de funcionarios.

Funchal, c. y puerto de Portugal, cap. de la isla de Madera; 43 300 h. Obispado. Catedral.

funche m. *Amer.* Maíz molido con manteca y sal.
funcho m. *Nicar.* Cerdo.
funda f. Cubierta que protege algo: *funda de almohada.*
fundación f. Creación, establecimiento: *fundación de un hospital.* || Creación, por donación o legado, de un establecimiento de interés general. || Este establecimiento.
fundacional adj. De la fundación: *acta fundacional.*
fundador, ra adj. y s. Que crea o funda: *socios fundadores.*
fundamentación f. Fundamento, base.
fundamental adj. Que sirve de fundamento o base. || *Fig.* Que tiene un carácter esencial, muy importante: *condición fundamental.* || Que se manifiesta en los principios mismos del hombre, de las cosas.
fundamentar v. t. Tomar como base. || Sentar las bases, echar los cimientos. || — V. pr. Descansar, apoyarse: *esto se fundamenta en principios sólidos.*
fundamento m. Principal apoyo, base, soporte: *fundamento de un Estado.* || Causa: *noticias sin fundamento.* || Formalidad, seriedad. || — Pl. Rudimentos de una ciencia o arte. || Cimientos.
fundar v. t. Establecer, crear: *fundar una empresa.* || Instituir: *fundar un colegio.* || Dar el capital necesario para el establecimiento de algo: *fundar un premio literario.* || *Fig.* Apoyar, basar (ú. t. c. pr.).
fundente adj. Que funde. || — M. Sustancia que se mezcla con otra para facilitar la fusión.
fundible adj. Que puede fundirse: *materia fundible.*
fundición f. Acción y efecto de fundir o fundirse. || Extracción de un metal del mineral por medio del calor. || Hierro colado; arrabio. || Lugar donde se funde. || Surtido de caracteres de imprimir.
fundido m. Procedimiento cinematográfico que consiste en hacer aparecer o desaparecer lentamente una imagen.
fundidor m. Obrero de una fundición.
fundidora f. Máquina para fundir metales.
fundir v. t. Convertir un sólido en líquido, derretir. Ú. t. c. pr.: *fundir plomo.* || Vaciar en un molde: *fundir una estatua.* || — V. pr. Fusionar, unirse: *sus intereses se fundieron.* || Estropearse un órgano en movimiento por falta de engrase: *se fundió la biela.* || Dejar de funcionar por un cortocircuito o un exceso de tensión: *fundirse todas las bombillas de la casa.*
fundo m. Finca rústica.
Fundy (BAHÍA DE), golfo del océano Atlántico, en la costa oriental del Canadá.
fúnebre adj. De los difuntos: *carroza fúnebre; honras fúnebres.* || *Fig.* Triste: *lamento fúnebre.*
funeral m. Solemnidad de un entierro. || Misa del aniversario de una muerte. || — Pl. Exequias: *le hicieron solemnes funerales.*
funerala (a la) m. adv. Modo de llevar las armas los militares en señal de duelo, con las bocas de los fusiles o las puntas de los sables hacia abajo. || *Fam. Ojo a la funerala,* ojo amoratado por un golpe o un puñetazo.
funerario, ria adj. Funeral. || — F. Agencia de pompas fúnebres.
Funes (Gregorio), sacerdote, político y escritor argentino (1749-1829). Se adhirió a la causa de la Independencia en Córdoba y fue miembro de la Junta de 1810. Conocido por *el Deán Funes.*
funesto, ta adj. Aciago, desgraciado: *batalla funesta.* || Fatal, nefasto: *consejo funesto.*
fungible adj. Consumible.
fungir v. i. *Cub.* y *Méx.* Funcionar, desempeñar una función.
funicular adj. y s. m. Ferrocarril en el cual la tracción se hace por medio de una cuerda, cable, cadena o cremallera y que se utiliza en recorridos muy pendientes. || Teleférico.
funículo m. *Bot.* Conjunto de vasos nutritivos que unen el grano al pericarpio después de atravesar la placenta.
Funza, V. BOGOTÁ.
Fúqueñe, mun. y laguna de Colombia (Cundinamarca).
furcia f. *Fam.* Ramera.
furgón m. Automóvil cerrado que se utiliza para transportes. || Vagón de equipajes en un tren.
furgoneta f. Pequeño vehículo comercial que tiene una puerta en la parte posterior para sacar los géneros transportados.
furia f. Cólera o irritación muy violenta. || Movimiento impetuoso. de las cosas: *la furia de las olas.* || Coraje, valor, ímpetu: *luchar con furia.* || Momento culminante: *en la furia del calor.* || — M. y f. *Fam.* Persona mala y violenta.
Furias. V. ERINIAS.
furibundo, da adj.. Furioso, iracundo: *estaba furibundo.*
furierismo m. Sistema filosófico de Charles Fourier.
furioso, sa adj. Irritado, colérico, enfurecido. || *Fig.* Violento, impetuoso: *viento furioso.* | Muy grande y excesivo: *furioso gasto; furioso caudal.* || *Fig.* y *fam.* Grande, enorme, terrible: *tengo un deseo furioso de ir.*
Furlong (Guillermo), sacerdote y historiador argentino (1889-1974).
furor m. Cólera, ira exaltada. || Locura momentánea. || *Fig.*. Pasión: *el furor del juego.* | Violencia: *el furor de la lluvia.* | Arrebatamiento del poeta, estro. || *Hacer furor,* estar en boga. || *Furor uterino,* ninfomanía, impulso sexual exagerado en la mujer, de carácter patológico.
furriel m. *Mil.* Cabo que, en cada compañía, repartía el pan y la cebada.
Fürstemberg, antiguo principado del SO. de Alemania (Suabia).
Fürth, c. del SO. de Alemania Occidental (Baviera), junto a Nuremberg.
furtivo, va adj. Hecho a escondidas y como a hurto: *mirada furtiva.* || *Cazador furtivo,* el que caza sin permiso.
furúnculo m. Divieso.
furunculosis f. Erupción de diviesos.
fusa f. *Mús.* Nota que dura media semicorchea.
Fusagasugá, río de Colombia (Tolima, Cundinamarca) afl. del Magdalena. — C. de Colombia (Cundinamarca).
Fusán o **Pusán,** c. y puerto de Corea del Sur.
Fuse, c. del Japón (Honshu); centro industrial.
fuselaje m. Cuerpo de un avión al que se le añadirán las alas.
Fusi Yama, volcán apagado y montaña sagrada del Japón (Honshu); 3 778 m.
fusibilidad f. Calidad de fusible: *la fusibilidad de un metal.*
fusible adj. Que puede fundirse: *el estaño es muy fusible.* || — M. Hilo o chapa metálica que, colocada en un circuito eléctrico, se funde e interrumpe la corriente si ésta es excesiva.
fusiforme adj. De forma o figura de huso.
fusil m. Arma de fuego portátil que consta de un tubo metálico (cañón) de pequeño calibre montado en un armazón de madera y de un mecanismo que permite el disparo. || *Por ext.* El tirador. || *Fusil ametrallador,* arma automática ligera que puede disparar las balas separadamente o por ráfagas.
fusilamiento m. Ejecución con una descarga de fusilería. || *Fig.* y *fam.* Plagio, copia.
fusilar v. t. Ejecutar a una persona con una descarga de fusilería. || *Fig.* Plagiar, copiar, imitar.
fusilería f. Conjunto de fusiles o de fusileros.
fusilero m. Soldado con fusil.
fusión f. Paso de un cuerpo sólido al estado líquido por medio del calor. || Unión de varios núcleos de átomos ligeros a elevada temperatura en un solo núcleo de masa más elevada (por ej., hidrógeno y litio en la bomba de hidrógeno). || *Fig.* Unión, combinación: *la fusión de dos partidos.*
fusionar v. t. Reunir en una sola sociedad, en una sola asociación, en un solo partido, etc. (ú. t. c. pr.).
fusta f. Látigo.
fustán m. *Méx.* Enaguas blancas que se usan como ropa interior.
fuste m. Madera o vara: *el fuste de una lanza.* || Cada una de las dos piezas de madera que forman la silla del caballo. || *Fig.* Fundamento, sustancia. | Importancia: *asunto de mucho fuste.* || *Arq.* Parte de la columna entre el capitel y la basa. || *Bot.* Conjunto del tallo y las hojas.
fustero adj. Perteneciente al fuste. || — M. Tornero.
fustigación f. Azotamiento.
fustigador, ra adj. y s. Que fustiga.
fustigar v. t. Azotar, dar azotes. || *Fig.* Censurar con dureza, vituperar.
Futa Yalón, macizo montañoso del NO. de África, en Guinea.
Futalaufquen, lago de la Argentina (Chubut); 66 km².
Futaleofú, río de la Argentina (Chubut) que des. en el Pacífico. — Com. de Chile (Chiloé).
fútbol o **futbol** m. Deporte practicado por dos equipos de 11 jugadores cada uno en el que éstos intentan con los pies enviar un balón hacia la portería o meta contraria sin intervención de las manos y siguiendo determinadas reglas.
futbolín m. Juego de mesa que figura un campo de fútbol.
futbolista m. Jugador de fútbol.
futbolístico, ca adj. Del fútbol.
futesa f. Pequeñez, nadería.
fútil adj. De escasa importancia: *argumentos fútiles.*
futileza f. *Amer.* Futilidad.
futilidad f. Poca o ninguna importancia de una cosa. || Cosa fútil.
futre m *Amer.* Petimetre, lechuguino.
futura f. Derecho a la sucesión de un empleo que aún no está vacante. || *Fam.* Novia.
futuridad f. Condición o calidad de futuro.
futurismo m. Movimiento literario y artístico, fundado en Italia por Marinetti, que se rebelaba contra la tradición, el academicismo, la moral, y preconizaba la búsqueda de sensaciones y estados dinámicos o no simultáneos. || *Fig.* Actividad prematura.
futurista adj. Conforme con el futurismo. || — Adj. y s. Partidario del futurismo. || Que trata de evocar la sociedad, las técnicas del porvenir. || *Amer.* Se aplica especialmente a los aspirantes a la sucesión presidencial.
futuro, ra adj. Que está por venir, venidero: *sucesos futuros.* || — M. Porvenir: *veo el futuro pesimista.* || *Gram.* Tiempo verbal que expresa una acción que ha de venir: *futuro imperfecto* (dirá, comerá) y *futuro perfecto* (habrá ido, habrá venido). || *Fam.* Novio, prometido.
Fux (Johann Joseph), compositor alemán (1660-1741), que vivió en Viena, donde fue maestro de capilla. Cultivó la música religiosa y la ópera. Autor de un tratado de contrapunto universalmente conocido.
Fuxá y Leal (Manuel), escultor español (1850-1927). Autor de una estatua de Lope de Vega (Madrid).
Fuyafuya, cumbre de los Andes del Ecuador; 4 294 m.
Fyt (Jan), pintor flamenco (1611-1661), autor de naturalezas muertas y escenas de caza.

Góndolas (Venecia)

G

g f. Octava letra del alfabeto castellano y sexta de sus consonantes. ‖ — **g**, abreviatura de gramo. | Forma abreviada con que se representa la aceleración de la gravedad. ‖ — **G**, símbolo del *gauss*.

Ga, símbolo químico del *galio*.

gabacho, cha adj. y s. Dícese de los naturales de algunos pueblos de las faldas de los Pirineos. ‖ *Fam.* Francés. ‖ — M. *Fam.* Castellano lleno de galicismos.

gabán m. Abrigo.

Gabaón, ant. c. de Palestina, al N. de Jerusalén donde Josué derrotó a los cananeos tras haber detenido la carrera del Sol. *(Biblia.)*

gabardina f. Tejido ligero empleado en trajes de verano. ‖ Impermeable.

gabarra f. Embarcación pequeña y chata para la carga y descarga en los puertos.

gabarrero m. Conductor de gabarra. (Se dice tb. del cargador o descargador.)

gabarro m. Pepita de las gallinas. ‖ Defecto de un tejido. ‖ *Geol.* Nódulo de composición distinta en la masa de la piedra. ‖ Pasta para rellenar los fallos de las piedras. ‖ Enfermedad del casco de las caballerías.

gabazo m. Bagazo.

gabela f. Tributo, impuesto, contribución que se paga al Estado. ‖ *Fig.* Carga, gravamen. ‖ *Col.* y *P. Rico.* Ventaja.

Gaberones, cap. de Botswana; 12 300 h.

Gabes, c. y puerto del SE. de Túnez, en el golfo homónimo.

gabinete m. Sala pequeña de recibir. ‖ Conjunto de muebles para este aposento. ‖ Conjunto de ministros de un Estado, Gobierno. ‖ Sala que contiene colecciones u objetos y aparatos para estudiar o enseñar una ciencia o arte: *gabinete de Física, de Historia Natural.*

Gabirol (Salomón ben). V. AVICEBRÓN.

Gabón, río del África ecuatorial que des. en el Atlántico y forma un amplio estuario.

Gabón, rep. del África ecuatorial, entre el Atlántico, la Guinea Ecuatorial, el Camerún y el Congo; 267 000 km²; 480 000 h. (*gaboneses*). Cap. *Libreville*, 46 000 h. Independiente desde 1960. Produce oro, uranio y petróleo.

Gaboto (Sebastián). V. CABOTO.

Gabriel, arcángel que anunció a la Virgen María la encarnación del hijo de Dios. *(Evangelio.)*

Gabriel (Jacques-Ange), arquitecto francés (1698-1782), constructor del Pequeño Trianón y la Ópera de Versalles. ‖ **~ y Galán** (José María), poeta español (1870-1905), autor de *Castellanas, Extremeñas* y *Campesinas.*

Gabriela Mistral. V. MISTRAL.

Gabrieli (Andrea), compositor y organista italiano (1510-1586).

gacela f. Antílope de las estepas de África y Asia, algo menor que el corzo.

gaceta f. Papel periódico en que se dan noticias de algún ramo especial: *gaceta de los tribunales, médica, literaria.* ‖ En España, antiguamente, boletín oficial. ‖ *Fam.* Correveidile: *ser una gaceta.* ‖ *Tecn.* Caja refractaria para cocer en el horno piezas de porcelana.

gacetero m. Periodista de una gaceta o vendedor de ellas.

gacetilla f. Parte de un periódico donde se insertan noticias cortas. ‖ Esta noticia. ‖ *Fig.* y *fam.* Persona que por hábito lleva y trae noticias de una parte a otra, correveidile.

gacetillero m. Redactor de gacetillas. ‖ Periodista. ‖ *Fig.* Correveidile.

gacha f. Masa muy blanda y medio líquida. ‖ *Amer.* Escudilla. ‖ — Pl. Comida hecha con harina, agua, sal, leche, etc. ‖ *Fam.* Mimos. ‖ *Fig.* y *fam. Hacerse unas gachas,* volverse muy meloso.

Gachalá, mun. de Colombia (Cundinamarca).

gaché m. *Pop.* Gachó.

gacheta f. Engrudo. ‖ Palanquita que sujeta el pestillo de algunas cerraduras.

Gachetá, c. de Colombia (Cundinamarca).

gachí f. *Pop.* Mujer.

gacho, cha adj. Doblado, encorvado hacia abajo: *cuernos gachos.* ‖ *Antill.* y *Méx.* Bajo, en general.

gachó m. *Pop.* Hombre, tipo, individuo. ‖ Andaluz (para los gitanos).

gachón, ona adj. *Fam.* Gracioso, atractivo.

gachonería f. *Fam.* Gracia, salero. | Mimo, halago.

gachumbo m. *Amer.* Cubierta leñosa de la almendra del coco, de la calabaza.

gachupín m. *Amer.* Español establecido en la América de lengua española. (Se dio primeramente este n. a los españoles en tiempos de la guerra de la Independencia mexicana.)

Gad, hijo de Jacob, origen de una de las doce tribus israelitas.

Gadea *(Santa).* V. SANTA GADEA DEL CID.

Gades, c. de la ant. Hispania, hoy *Cádiz.*

gádidos m. pl. Familia de peces de mar (merluzas, bacalaos, etc.) y de río (lota) [u. t. c. adj.].

gaditano, na adj. y s. De Cádiz, ant. Gades.

gadolinio m. Metal raro de número atómico 64 (símb., Gd).

Gador (SIERRA DE), cadena de montañas del sistema Penibético, en la prov. de Almería.

gael o **goidel** adj. y s. Individuo de un pueblo celta. (Los *gaeles* o *goidels* se establecieron en el NO. de las Islas Británicas durante el primer milenio a. de J. C.)

gaélico, ca adj. Relativo a los gaeles. ‖ — M. Dialecto celta de Irlanda y del País de Gales.

Gaeta, c. y puerto de Italia en el Lacio. Arzobispado.

gafa f. Gancho para sujetar algo. ‖ Grapa. ‖ Gancho para armar la ballesta. ‖ — Pl. Lentes: *ponerse las gafas.*

gafar v. t. Agarrar con las uñas o un instrumento corvo. ‖ Lañar. ‖ *Fam.* Traer mala suerte, ser gafe.

gafe m. *Fam.* Mala suerte. | Pájaro de mal agüero. | Persona que trae mala suerte. ‖ *Ser gafe,* traer mala suerte.

gafedad f. Contracción permanente de los dedos. ‖ Lepra.

gafo, fa adj. Con los dedos encorvados. ‖ Leproso.

Gafsa, c. y oasis del S. de Túnez. Fosfatos.

gag m. (pal. ingl.). Situación o episodio o golpe de efecto cómico.

gagá adj. y s. Galicismo por *chocho, lelo.*

Gagarin (Yuri Alexeyevich), aviador ruso (1934-1968), primer cosmonauta que realizó un vuelo orbital alrededor de la Tierra (1961). M. en accidente de aviación.

Gagini (Carlos), filólogo y escritor costarricense (1865-1925), autor de un *Diccionario de barbarismos.*

gaguear v. i. *Amer.* Tartamudear.

gaguera f. *Amer.* Tartamudez.

Gainsborough [*guéinsboro*] (Thomas), pintor retratista inglés (1727-1788).

Gaínza (Gabino), general español (¿1750?-1822). Defendió la causa realista en Chile y Perú, y, al independizarse Guatemala (1821), fue designado jefe del nuevo Estado.

gaita f. *Mús.* Instrumento de viento formado de una bolsa de cuero a la cual están unidos canutos, uno para soplar el aire y otros con agujeros, como una flauta, por donde sale la música. | Zanfonía. || *Fig.* y *fam.* Cosa engorrosa o pesada, lata. || *Templar gaitas*, usar miramientos para que nadie se disguste.

Gaitán (Jorge Eliecer), jurista y político colombiano (1903-1948), organizador de un gran movimiento oligárquico. M. asesinado.

gaitero, ra adj. *Fam.* Excéntrico, extravagante: *lleva un vestido gaitero.* || — M. Músico que toca la gaita.

Gaito (Constantino), músico argentino (1878-1945), autor del poema sinfónico *El Ombú, Ollantay*, etc.

gajes m. pl. Emolumento, salario de un empleado. || *Fam. Gajes del oficio*, las molestias o inconvenientes inherentes a un empleo.

gajo m. Rama de árbol sobre todo cuando está desprendida del tronco. || Racimo pequeño: *gajo de uvas, de cerezas.* || División interior de varias frutas: *un gajo de naranja.* || Punta de algunos instrumentos de labranza: *gajo de horca.* || Cordillera secundaria. || *Bot.* Lóbulo de una hoja. || *Arg.* Esqueje.

gal m. Unidad de aceleración en el sistema C. G. S. (Símb., cm/s².)

gala f Vestido suntuoso. || Gracia, garbo y donaire. || Lo más selecto: *ser una muchacha la gala del lugar.* || Adorno, ornato. || Fiesta o espectáculo de carácter extraordinario. || — Pl. Trajes, joyas de lujo: *las galas de la novia.* || — *De gala*, de lujo: *uniforme de gala.* | *Fig. Hacer gala* o *tener a gala*, enorgullecerse de algo.

Gala Placidida. V. PLACIDIA.

Galaad, región montañosa de la ant. Palestina, entre el Jordán y el desierto arábigo.

Galacia, ant. comarca de Asia Menor, conquistada por los galos en 278 a. de J. C. y prov. romana en 25 a. de J. C.; c. pr. *Ancira.*

galáctico, ca adj. *Astr.* De la Galaxia o Vía Láctea.

galactita f. Arcilla.

galactómetro m. Pesaleche.

galactosa f. *Quím.* Azúcar obtenida mediante hidrólisis de la lactosa.

galaico, ca adj. Gallego: *cordillera galaica; literatura galaica.*

galaicoportugués, esa adj. y s. m. Dícese de la lengua romance hablada en Galicia y Portugal, y de las obras literarias medievales de ambos territorios. (V. GALLEGO.)

galalita f. Materia plástica que se obtiene tratando la caseína con formol.

galán m. Hombre apuesto, bien parecido. || Hombre que corteja a una mujer. || Actor que representa los papeles de tipo amoroso. || *Galán de noche*, mueble que sirve para colgar los trajes.

Galán (Fermín), militar español (1899-1930), sublevado en Jaca contra la monarquía (1930). Fue fusilado. || ~ (JOSÉ ANTONIO), patriota colombiano (1749-1782), caudillo de la insurrección de los comuneros (1780). Fue ahorcado.

galancete m. Galán joven.

galanía f. Galanura.

galano, na adj. Que viste bien. || *Fig.* Brillante, elegante, ameno: *estilo galano.* || *Fam. Cuentas galanas*, cálculos ilusorios, cuentas del Gran Capitán.

galante adj. Atento, obsequioso, fino: *hombre galante.* || Picante: *historia galante.*

galanteador adj. m. y s. m. Que galantea a las mujeres.

galantear v. t. Cortejar a una mujer. || *Fig.* Solicitar con empeño alguna cosa o la voluntad de una persona.

galanteo m. Flirteo.

galantería f. Acción o expresión obsequiosa, amabilidad. || Caballerosidad. || Liberalidad.

galantina f. Manjar compuesto de carne picada que se sirve frío y con gelatina. || Ave de México.

galanura f. Elegancia, gallardía: *vestir, andar con galanura.*

Galaor, personaje de la literatura caballeresca, prototipo de la intrepidez y de la cortesanía, defensor de los humildes y desamparados.

galapagar m. Lugar en el que abundan los galápagos.

galápago m. Reptil quelonio parecido a la tortuga. || Lingote corto. || Madero de la reja del arado. || Molde para hacer ladrillos o tejas. || *Arq.* Cimbra pequeña. || Silla de montar para mujer. || *Mil.* Testudo, máquina de guerra antigua. || Úlcera en el casco de las caballerías.

Galápagos (ISLAS). V. COLÓN (*Archipiélago de*).

galapaguino, na adj. y s. Del Archipiélago de Colón (Ecuador).

galardón m. Premio, recompensa de los méritos o servicios.

galardonado, da adj. y s. Premiado: *libro galardonado.*

galardonar v. t. Recompensar, premiar: *galardonar a un poeta.*

gálata adj. y s. De Galacia.

Galatea, ninfa amada por Polifemo.

Galatzi o **Galati,** c. y puerto de Rumania, en el Danubio.

galaxia f. *Astr.* Vía láctea. || Agrupación de estrellas análoga.

Galba (Servio Sulpicio), emperador romano (5-69 a. de J. C.). Sucedió a Nerón en 68. M. asesinado por los pretorianos.

galbana f. *Fam.* Pereza.

Galdós (Benito PÉREZ). V. PÉREZ GALDÓS.

galdosiano, na adj. Propio del escritor Pérez Galdós.

Galeana (Hermenegildo), héroe de la independencia mexicana (1772-1814). Luchó con Morelos.

galeaza f. Barco antiguo, de tres mástiles, el mayor de los que se usaban con remos y velas.

galena f. Sulfuro natural de plomo, mineral de color gris azulino. (Es la mejor mena del plomo.)

galenismo m. Doctrina médica de Galeno.

galeno, na adj. *Mar.* Dícese del viento suave. || — M. *Fam.* Médico.

Galeno (Claudio), médico griego (¿131-201?), autor de importantes descubrimientos en anatomía.

galeón m. *Mar.* Gran nave de guerra semejante a la galera. (Los españoles solían transportar en *galeones* las riquezas extraídas de sus colonias de América durante los s. XVII y XVIII.)

galeopiteco m. Mamífero insectívoro intermediario entre los lemúridos y los murciélagos.

galeota f. Galera menor.

galeote m. Forzado que remaba en la galera.

galera f. Antigua nave de guerra o de transporte movida por remos o velas. || Carro grande de cuatro ruedas. || Cárcel de mujeres. || Sala de un hospital. || Garlopa larga. || *Impr.* Tabla en que se ponen las líneas para formar luego la galerada. | Galerada. || *Amer.* Chistera, sombrero de copa. || — Pl. Antigua pena de remar: *echar* o *condenar a galeras.*

galerada f. *Impr.* Trozo de composición que se pone en una galera o en un galerín. | Prueba que se saca para corregirla. | En América, galera.

Galeras, volcán de Colombia (Nariño), en las cercanías de Pasto; 4 266 m.

galería f. Pieza larga y cubierta. || Pasillo o corredor con vidriera. || Local para exposiciones: *una galería de pinturas.* || Camino subterráneo en las minas. || *Mar.* Crujía en medio de la cubierta del buque. | Cada uno de los balcones de la popa del navío. || *Teatr.* Paraíso, y público que lo ocupa. || Armazón de madera que sostiene las cortinas de una ventana. || *Fig.* Opinión pública: *trabajar para la galería.*

galerín m. *Impr.* Tabla para poner las líneas compuestas por los cajistas, hasta formar una galerada.

Galerio (Valerio Maximiano), emperador romano que gobernó de 305 a 311. Persiguió a los cristianos. Fue yerno de Diocleciano.

galerna f. Viento del Noroeste que sopla en el mar Cantábrico.

galerón m. *Amer.* Romance vulgar que se recita cantando. || *Méx.* Pieza o salón grande, destartalado.

Gales || ~ (PAÍS DE), región del O. de la Gran Bretaña; 2 700 000 h. (*galeses*). C. pr.: *Cardiff* y *Swansea.* || ~ **del Sur** (NUEVA). V. NUEVA GALES DEL SUR.

Gales (*Príncipe de*), en Gran Bretaña, título que lleva desde 1301 el heredero de la corona.

galés, esa adj. y s. De Gales. || — M. Lengua céltica hablada por los galeses.

galga f. Piedra que baja rodando por una pendiente. || Muela voladora del molino de aceite. || *Mec.* Instrumento de medida para longitudes y ángulos. || Palo que, atravesado sobre el eje de una rueda, sirve de freno.

galgal m. Monumento celtico.

galgo, ga m. y f. Variedad de perro muy ligero y buen cazador. || *Fam.* ¡*Échale un galgo!*, es imposible alcanzar, recobrar o comprender algo.

Galia, ant. país de los galos dividido en *Galia Cisalpina* (Italia Septentrional) y *Galia Transalpina*, entre los Alpes, los Pirineos, el Atlántico y el Rin. Ésta fue conquistada por César entre 58 y 50 a. de J. C.

galibar v. t. Hacer un objeto conforme al gálibo.

gálibo m. Arco de hierro en forma de U invertida que sirve en las estaciones de ferrocarriles para comprobar si los vagones cargados pueden pasar los túneles y los puentes. || *Mar.* Plantilla para dar forma a las cuadernas y otras piezas de los barcos.

galicado, da adj. Con muchos galicismos: *estilo galicado.*

galicanismo m. Doctrina religiosa aparecida en Francia durante el cisma de Occidente.

— El *galicanismo* tenía por objeto la defensa de las franquicias o libertades de la Iglesia católica francesa (galicana) con respecto a la Santa Sede, aunque observando los dogmas católicos en toda su integridad.

galicano, na adj. Dícese de la Iglesia de Francia y de su liturgia: *la Iglesia galicana.* || Partidario de los principios y franquicias de la Iglesia galicana (ú. t. c. s.). || Galicado, viciado de galicismo.

Galicia, región del NO. de España, formada por las prov. de La Coruña, Lugo, Orense y Pontevedra. País montañoso y fértil, de costas muy recortadas. Agricultura ganadería, pesca. Industrias. — V. GALITZIA.

galicismo m. Palabra francesa utilizada en castellano. || Giro, idiotismo o construcción propio de la lengua francesa.

— Desde el siglo XI, dada la vecindad de los dos países, comenzaron a entrar en castellano *galicismos* hace tiempo aceptados (*homenaje, deán, mensaje, manjar,* etc.). Esta corriente aumentó al pasar el tiempo y ya Nebrija en 1493 registra numerosas palabras tachadas de galicismos (*paje, bajel, trinchar, jardín,* etc.). En el siglo XVIII y más adelante la influencia se hace más patente y el Diccionario de la Real Academia Española se ve obligado a dar entrada en su léxico a voces empleadas comúnmente (*coqueta, tupé, ficha, sofá, cuplé, hotel, mentón, bobina, etiqueta,* etc.). Hay en cambio numerosos galicismos no admitidos por existir el vocablo equivalente en castellano. Así tenemos: *remarcable* (por notable), *amateur* (por aficionado), *élite* (por selección), *chic* (por elegancia), *debut* (por primera presentación), *constatar* (por comprobar), etc. Todavía más censurables son los galicismos sintácticos en que suelen incurrir con frecuencia los traductores. Los puristas de la lengua se han elevado siempre contra la admisión de extranjerismos y el escritor venezolano Rafael María Baralt publicó un *Diccionario de galicismos* en 1855, puesto al día y con adiciones por Niceto Alcalá Zamora en 1945.

galicista m. Persona que emplea muchos galicismos (ú. t. c. adj.).

gálico, ca adj. Perteneciente a las Galias. ‖ *Ácido gálico,* el extraído del tanino. ‖ — M. Sífilis.

galicursi adj. *Fam.* Dícese del lenguaje en que por afectación de elegancia se abusa de los galicismos. ‖ — Com. *Fam.* Persona que lo usa.

Galieno, emperador romano de 253 a 268, n. probablemente en 218. Era hijo de Valeriano.

Galilea, región septentrional de Palestina donde predicó principalmente Jesús. C. pr.: *Tiberíades, Nazaret, Caná, Betulia* y *Cafarnaum.*

galileo, a adj. y s. De Galilea. ‖ Cristiano. ‖ *El Galileo,* Cristo.

Galileo (Galileo GALILEI, llamado), físico y astrónomo italiano, n. en Pisa (1564-1642). Enunció las leyes de la gravedad de los cuerpos y el principio de inercia, inventó la balanza hidrostática, el termómetro y construyó el primer telescopio, en Venecia (1609). Defendió el sistema de Copérnico sobre la rotación de la Tierra.

galillo m. Campanilla, úvula.

galimatías m. Jerga, jerigonza, lenguaje oscuro y confuso.

Galindo (Beatriz), erudita española (1475-1534), preceptora y consejera de la reina Isabel la Católica. Llamada *la Latina.*

galio m. Hierba rubiácea usada para cuajar la leche. ‖ *Quím.* Metal (Ga), de número atómico 31, parecido al aluminio.

galiparla f. Lenguaje de los que emplean voces y giros afrancesados al hablar o escribir en castellano.

galiparlista m. Persona que emplea muchos galicismos.

Galitzia o **Galicia,** ant. prov. del Imperio Austriaco en una región de Europa central, al N. de los Cárpatos. Dividida en 1945 entre Polonia y Ucrania.

galo, la adj. y s. De la Galia.

galocha f. Zueco de madera para andar por la nieve o el barro.

galón m. Cinta de tejido grueso, de hilo de oro, plata, seda, etc., utilizada como adorno en ribetes. ‖ *Mil.* Distintivo de los grados inferiores: *galón de cabo, de sargento.* ‖ Medida británica de capacidad equivalente a 4,546 litros y de Estados Unidos igual a 3,785 litros.

galonear v. t. Adornar, ribetear con galones: *galonear un chaleco.*

galonista m. En una academia militar, alumno distinguido.

galopada f. Carrera a galope.

galopante adj. Que galopa. ‖ *Fig. Tisis galopante,* la fulminante, de evolución muy rápida.

galopar v. i. Ir a galope. ‖ *Fig.* y *fam.* Ir muy rápido.

galope m. La marcha más veloz del caballo. ‖ *Fig. A galope tendido,* muy de prisa.

galopear v. i. Galopar.

galopín m. Golfillo, muchacho desharrapado. ‖ *Mar.* Grumete. ‖ Pinche de cocina.

galorromano, na adj. Relativo a la vez a los galos y a los romanos: *arquitectura galorromana.* ‖ — M. y f. Habitante de la Galia romana.

galpón m. *Amer.* Cobertizo. | Departamento destinado ant. a los esclavos en las haciendas.

Galsworthy (John), escritor inglés (1867-1933), autor del ciclo de novelas *La saga de los Forsyte* y de obras dramáticas. (Pr. Nóbel, 1932.)

Galván (Manuel de Jesús), escritor dominicano (1834-1910), autor de la novela *Enriquillo.*

Galvani (Luigi), físico y médico italiano (1737-1798), investigador de las corrientes nerviosas eléctricas.

galvánico, ca adj. *Fís.* Del galvanismo.

galvanismo f. *Fís.* Acción que ejercen las corrientes eléctricas continuas en los órganos vivos. | Electricidad dinámica producida por una acción química.

galvanización f. *Fís.* Procedimiento que consiste en cubrir una pieza metálica con una capa de cinc para protegerla contra la corrosión.

galvanizar v. t. *Fís.* Electrizar por medio de una pila. | Dar movimientos convulsivos a un cadáver por la acción de una pila. | Cubrir una pieza metálica de una capa de cinc por galvanización. ‖ *Fig.* Entusiasmar, exaltar: *orador que galvaniza a las multitudes.*

galvano m. *Impr.* Galvanotipo.

galvanocauterio m. Electrocauterio, cauterio consistente en un hilo de platino al rojo por la corriente eléctrica.

galvanómetro m. *Fís.* Aparato para medir la intensidad y el sentido de una corriente eléctrica.

galvanoplastia f. Operación de cubrir un cuerpo sólido con capas metálicas mediante electrólisis.

galvanoplástico, ca adj. De la galvanoplastia o producido por ella. ‖ — F. Galvanoplastia.

galvanoterapia f. *Med.* Tratamiento de las enfermedades por corrientes galvánicas.

galvanotipia f. Galvanoplastia aplicada especialmente a la obtención de clichés tipográficos.

galvanotipo m. Cliché en relieve, en la impresión tipográfica, obtenido por electrólisis o galvanotipia.

Galvarino, com. del centro de Chile (Cautín).

Galve *(Conde de).* V. CERDA SANDOVAL.

Galveston, c. y puerto de Estados Unidos (Texas), a la entrada de la bahía homónima (golfo de México). Obispado. Universidad.

Gálvez (José), político español (1729-1786), que fue visitador general de México. ‖ ~ (JOSÉ), poeta modernista peruano (1885-1957), autor de *Bajo la Luna.* ‖ ~ (JUAN MANUEL), político hondureño (1887-1955), pres. de la Rep. de 1949 a 1954. ‖ ~ (MANUEL), escritor argentino, n. en Paraná (1882-1962), autor de novelas realistas *(La maestra normal, Nacha Regules),* relatos históricos *(Escenas de la época de Rosas)* y de biografías. ‖ ~ (MARIANO), político guatemalteco (1794-1865), jefe del Estado en 1831, derrocado en 1838. ‖ ~ (MATÍAS), general español, m. en 1784, capitán general de Guatemala y virrey de Nueva España (1783-1784). — Su hijo BERNARDO (1756-1786) fue también capitán general de Guatemala y le sucedió en el virreinato de Nueva España (1785-1786). ‖ ~ **Alfonso** (JOSÉ MARÍA), abogado y político cubano (1834-1906). Fundador del Partido Autonomista y pres. del Gobierno formado por éste en 1897. ‖ ~ **de Montalvo** (LUIS), poeta español (¿1546-1591?), autor de la novela pastoril *El pastor de Fílida.*

galladura f. Coágulo sanguinolento que hay en la yema del huevo de la gallina cubierta por el gallo, indicio de la fecundación del huevo.

gallarda f. Danza española antigua. ‖ *Impr.* Carácter de letra.

gallardear v. i. Vanagloriarse.

gallardete m. Bandera pequeña y triangular que se pone en los barcos y como adorno o señal en las decoraciones.

gallardía f. Gracia, buen aire, prestancia. ‖ Ánimo, valor.

gallardo, da adj. Airoso, con prestancia, bien parecido: *jóvenes gallardos.* ‖ Valiente, apuesto, bizarro: *gallardo militar.* ‖ *Fig.* Grande, excelente: *gallarda idea.*

Gallardo (Ángel), naturalista y biólogo argentino (1867-1934), rector de la Universidad de Buenos Aires. ‖ ~ (BARTOLOMÉ JOSÉ), bibliógrafo español (1776-1852), autor de un célebre *Diccionario crítico burlesco.*

gallareta f. Ave zancuda de plumaje negro, foja.

gallear v. t. Cubrir el gallo a las gallinas. ‖ — V. i. *Fam.* Fanfarronear, pavonearse. | Alzar la voz. | Ser el que lleva la voz cantante y se impone a los demás. ‖ Producirse el galleo en un metal.

gallegada f. Cosa propia de gallegos. ‖ Cierto baile gallego.

gallego, ga adj. y s. De Galicia. ‖ *Pop. Amer.* Español. ‖ — M. Lengua hablada en Galicia.

— Del *gallego,* lengua cultivada en el siglo XIII por los primeros líricos españoles (*Cantigas,* de Alfonso el Sabio), el castellano ha conservado voces como *macho, morriña, sarao, chubasco, achantarse, vigía, chumacera, arisco, payo,* etc.

Gallego (Juan Nicasio), sacerdote y poeta español (1777-1853), autor de la oda *Al Dos de Mayo.*

Gállego, río de España (Aragón) que nace en los Pirineos y des. en el Ebro cerca de Zaragoza; 190 km.

Gallegos, río del S. de la Argentina (Santa Cruz) que des. en la c. de Río Gallegos; 300 km.

Gallegos (Fernando), pintor español de la escuela flamenca (¿1440-1507?). ‖ ~ (GERARDO), escritor ecuatoriano, n. en 1906, autor de la novela *Eladio Segura.* ‖ ~ (JOSÉ RAFAEL DE), político costarricense (1784-1850), jefe del Estado de 1833 a 1835 y de 1845 a 1846. ‖ ~ (RÓMULO), escritor y político venezolano, n. en Caracas (1884-1969). Pres. de la Rep. en 1947, fue derrocado al año siguiente. En sus novelas (*Doña Bárbara, Cantaclaro, Canaima, El último Solar,* etc.) muestra sus grandes dotes de narrador.

galleguismo m. Palabra o expresión propia de los gallegos cuando hablan castellano.

galleo m. Desprendimiento de gas que se produce al solidificarse ciertos metales o aleaciones formando ciertas desigualdades o resquebrajamiento en la superficie de la plancha. ‖ *Taurom.* Quiebro hecho con la capa. ‖ *Fig.* Chulería.

gallera y **gallería** f. Sitio donde se efectúan las peleas de gallos.

gallero, ra m. y f. Criador de gallos de pelea. ‖ Aficionado a las riñas de gallos.

galleta f. Bizcocho de mar. ‖ Pasta, bizcocho seco. ‖ Carbón mineral de cierto tamaño. ‖ Disco en que rematan los palos y las astas de banderas. ‖ *Fam.* Bofetada. ‖ *Arg.* Vasija hecha de calabaza, chata, redonda y sin asa que se usa para tomar mate.

galletería f. Fábrica de galletas o tienda donde se venden.

gallina f. Ave doméstica, con poca cresta, hembra del gallo. ‖ —

Com. *Fig.* y *fam.* Persona cobarde: *son unos gallinas.* || — *Estar como gallina en corral ajeno,* encontrarse cohibido y molesto en un lugar. || *Gallina ciega,* cierto juego de niños en que uno de los participantes tiene los ojos vendados. || *Fig. Matar la gallina de los huevos de oro,* hacer desaparecer una fuente productiva de ganancia. | *Tener carne de gallina,* tener la piel como la de las gallinas a causa del frío o del miedo.

Gallina, pico de Chile (Copiapó); 5 250 m.

gallináceo, a adj. De la gallina. || — F. pl. Orden de aves que tienen por tipo el gallo, la perdiz, el pavo, etc.

gallinaza f. Gallinazo, ave. || Estiércol de gallina y demás aves de corral.

gallinazo m. Aura, ave rapaz. || *Méx.* Zopilote.

gallinería f. Conjunto de gallinas. || *Fig.* Cobardía.

gallinero, ra m. y f. Vendedor de aves de corral. || — M. Sitio en el que se recogen las gallinas. || *Fig.* Lugar donde hay mucho jaleo o gritos. | Paraíso, localidad más alta de un teatro.

gallineta f. Fúlica. || Chocha. || *Amer.* Pintada.

gallipava f. Gallina de una variedad mayor que las comunes.

Gallípoli, c. de la Turquía europea, en la penins. homónima.

gallito m. *Fig.* Gallo, persona.

gallo m. Ave gallinácea doméstica con pico corto, cresta roja, abundante plumaje y patas provistas de espolones. || Platija, acedía, pez. || *Fig.* y *fam.* Hombre que todo lo manda o quiere mandar. || Hombre que quiere ser el más importante y admirado de un lugar: *gallo del pueblo.* | Hombre bravucón, matón. || Categoría en la que se clasifican los boxeadores que pesan de 53,524 kg. a 57,125. || *Pop.* Gargajo, esputo. || *Amer.* Hombre fuerte y muy valiente. || — *Fam. Alzar el gallo,* mostrarse arrogante. | *En menos que canta un gallo,* en un instante. || *Gallo de pelea,* el que se cría para reñir. (En América, las *peleas de gallos* constituyen un espectáculo en el que se cruzan apuestas.) || *Fam. Méx. Haber comido gallo,* estar agresivo. | *Pelar el gallo,* irse, morir. | *Tener mucho gallo,* tener soberbia o altanería.

Gallo (Isla del), isla de Colombia, en el Pacífico.

gallocresta f. Planta labiada medicinal, especie de salvia, de hojas en forma de cresta. || Planta escrofulariácea de flores amarillas.

gallofa f. Comida que se daba a los peregrinos que iban a Santiago de Compostela.

gallón m. *Arq.* Adorno del capitel jónico.

galludo m. Especie de tiburón.

gallup [*galop*] m. (pal. ingl). Sondeo de la opinión pública por medio de un cuestionario preciso.

Gallup (George Horace), estadístico norteamericano, n. en 1901, fundador de un instituto para sondeos de la opinión pública (1935).

gama f. *Mús.* Escala musical: *hacer gamas en el piano.* || Escala de colores en pintura. || *Fig.* Serie, sucesión de cosas, escala, gradación. | Hembra del gamo.

Gama (Antonio de León y). V. León y Gama. || ~ (José Basilio), poeta brasileño (1741-1795), autor del poema *Uruguay.* || ~ (Vasco de), navegante portugués, n. en Sines (Alemtejo) [1469-1524]. Fue el primero que, doblando el cabo de Buena Esperanza, llegó a Calicut, en la costa de Malabar (1489). Fundó, al ser nombrado almirante de las Indias (1502), establecimientos en Mozambique, Sofala y Cochim.

gamada adj. f. Dícese de una cruz cuyos brazos tienen forma de la letra gamma mayúscula. (Fue la insignia del partido nacionalsocialista alemán.)

gamarra f. Correa que va de la muserola del freno a la cincha del caballo.

Gamarra (Agustín), militar peruano, n. en Cuzco (1785-1841), pres. de la Rep. de 1829 a 1833 y en 1839. M. en la batalla de Ingaví, en guerra con Bolivia.

gamba f. Crustáceo comestible parecido al langostino, pero más pequeño.

gambado, da adj. *Amer.* Patituerto.

gambadura f. *Amer.* Acción y efecto de gambarse, encorvarse las piernas.

gamberrada f. *Fam.* Acción de vandalismo o grosería de los gamberros.

gamberrismo m. Conjunto de gamberros. || Gamberrada, vandalismo, grosería.

gamberro, rra adj. y s. Grosero, mal educado, golfo que escandaliza en los sitios públicos.

gambeta f. Movimiento consistente en cruzar las piernas en la danza. || Corveta del caballo.

gambetear v. i. Hacer corvetas el caballo. || En algunos deportes, regatear.

gambeteo m. Corveta. || Regate.

Gambetta (Léon), abogado y político francés (1838-1882), organizador de la resistencia de Francia contra la invasión prusiana de 1870.

Gambia, río del África occidental, que des. en el Atlántico; 1 700 km.

Gambia, república del África occidental, ex protectorado británico, hoy miembro del Commonwealth; 9 301 km²; 450 000 h. (*gambianos*); cap. *Bathurst,* 30 000 h.

gambiano, na adj. y s. De Gambia.

Gambier (Islas), archip. francés de unas veinte islas, en Polinesia; cap. *Rikitea.*

gambito m. Apertura en ajedrez que consiste en adelantar dos casillas al peón del rey o de la reina y lo mismo con los peones respectivos del alfil.

Gamboa (Federico), escritor y diplomático mexicano (1864-1939), autor de la novela naturalista *Santa* y de obras de teatro. || ~ (Isaías), poeta y novelista colombiano (1872-1904).

Gambrino o **Gambrinus,** rey germánico, inventor legendario de la cerveza.

gambusino m. *Méx.* Práctico de minería, cateador.

gamella f. Arco del yugo para la cabeza de los bueyes, mulas, etc. || Artesa grande de madera.

gameto m. *Biol.* Célula reproductora, masculina o femenina, cuyo núcleo sólo contiene *n* cromosomas. (Las otras células del cuerpo tienen 2 *n*).

gamma f. Tercera letra del alfabeto griego (γ), correspondiente a nuestra *ge.* || Unidad internacional de peso que vale una millonésima de gramo. || *Rayos gamma,* radiaciones análogas a los rayos X, pero más fuertes pese a su menor longitud de onda y de una acción fisiológica poderosa.

gamo m. Mamífero rumiante de la familia de los cérvidos dotado de cuernos en forma de pala.

gamón m. *Bot.* Asfódelo.

gamonal m. Lugar plantado de gamones. | *Amer.* Cacique.

gamopétalo, la adj. *Bot.* Aplícase a las corolas cuyos pétalos están soldados entre sí y de las flores que tienen esta clase de corolas.

gamosépalo, la adj. *Bot.* Aplícase a los cálices cuyos cépalos están soldados entre sí y de las flores que tienen esta clase de cálices.

gamuza f. Rumiante bóvido, con cuernos curvados, de las montañas de Europa. || Piel delgada y curtida de este animal. || Tejido de lana del mismo color que esta piel y que sirve para quitar el polvo.

gana f. Ansia, deseo, apetito: *gana de comer, de dormir,* etc. (ú. t. en pl.). || — *De buena gana,* con gusto. || *De mala gana,* a disgusto. || *Darle la gana,* querer hacer uno algo. || *Tenerle ganas a uno,* tenerle animadversión. || *Amér. C.* y *Méx. Ser malo con ganas,* ser malo de veras.

Gana (Federico), escritor chileno (1867-1926), autor de *Días de campo,* cuentos.

ganadería f. Cría o crianza de ganado: *ganadería de toros bravos.* || Conjunto de ganado de un país o de parte de él.

ganadero, ra adj. De ganado: *provincia ganadera.* || — M. y f. Persona que cría ganado.

ganado m. Nombre colectivo de los animales de pasto en una finca, hacienda o granja: *ganado vacuno, bovino, caprino, ovino, de cerda* o *porcino, caballar, lanar.* || Rebaño, reses que se llevan juntas a pastar. || *Fig.* y *fam.* Gentes: *aquí hay muy mal ganado.*

ganador, ra adj. y s. Que gana: *jugar a ganador.*

ganancia f. Beneficio, provecho, lo que se gana: *ha obtenido muchas ganancias.* || *Amer.* Gratificación. || — *Fig.* y *fam. No le arriendo la ganancia,* no quisiera estar en su lugar.

ganançiado, da adj. *Méx.* Que se vende con ganancia.

ganancial adj. De las ganancias. || *Bienes gananciales,* bienes adquiridos a título oneroso durante el matrimonio por cualquiera de los dos esposos.

ganancioso, sa adj. Lucrativo. || Beneficiado en comparación con otra cosa.

ganapán m. El que hace portes. || Recadero. || *Fig.* Buscavidas. | Lo que permite ganarse la vida. | Grosero.

ganar v. t. Adquirir una ganancia, un provecho: *ganar dinero.* || Recibir como sueldo, etc.: *ganaba un salario miserable.* || Conseguir ventaja: *ganar un premio, un pleito.* || Conquistar: *ganó numerosas tierras a sus enemigos.* || Obtener el aprecio, la fama, etc.: *ganó su amistad, la gloria.* || Extenderse, propagarse: *el fuego gana la casa vecina.* || Lograr éxito en un examen: *ganó las oposiciones.* || Salir vencedor: *el equipo ganó el campeonato.* || Obtener en el juego: *ganaron jugando a las cartas todo su capital.* || Llegar a un lugar: *ganaron la cumbre del Aconcagua.* || Adelantar: *ganar tiempo.* || *Fig. No se ganó Zamora en una hora,* las cosas importantes necesitan tiempo para ejecutarse o lograrse. || — V. i. Ser vencedor: *nunca gano en los juegos de azar.* || Superar, ser superior: *me ganas en destreza pero no en perseverancia.* || Atraer: *le ganó para nuestro bando.* || Mejorar: *ganamos con el cambio; esta persona gana con el trato.* || Ser mayor: *la casa ha ganado en altura.* || Vencer: *las tropas enemigas ganaron.* || — V. pr. Adquirir una ganancia: *se ganó con sólo ir mucho dinero.* || Granjearse, atraerse: *con su carita de ángel se gana todos los corazones.* || Merecer: *se ganó grandes ovaciones; te ganaste con tu interés lo que te dieron; se ganó una bofetada.* || *Ganarse la vida,* conseguir los medios necesarios para vivir.

ganchero m. El que guía las armadías.

ganchillo m. Aguja para hacer gancho, crochet. || Labor que se hace con ella. || Horquilla de pelo.

gancho m. Garfio, lo que encorvado por la punta sirve para colgar, sujetar, etc. || Aguja para hacer labor y esta labor. || Horquilla de pelo. || *Fig.* Atractivo: *tiene mucho gancho.* | Facilidad para conseguir novio o marido. | El que atrae a los clientes. || En boxeo.

puñetazo en la cara dado con el brazo en forma horizontal y doblado.

Gand. V. GANTE.

gándara f. Tierra baja, con maleza y sin cultivar.

Gandhi (Mohandas KARAMCHAND, llamado **el Mahatma**), apóstol nacional y religioso indio. (1869-1948), artífice de la independencia de su país. Predicó la no violencia. M. asesinado. ‖ ~ (INDIRA), estadista india, hija del pandit Nehru, n. en 1917, primer ministro en 1966.

Gandía, c. de España (Valencia). Agricultura. Playas.

gandinga f. Mineral menudo.

Gandolfi Herrero (Arístides). V. YUNQUE (Álvaro).

gandul, la adj. y s. *Fam.* Perezoso.

gandulear v. i. Holgazanear.

gandulería f. Holgazanería.

gandumbas adj. y s. *Fam.* Gandul.

gang m. (pal. norteamer.). Banda de malhechores.

ganga f. Ave gallinácea semejante a la perdiz. ‖ *Fig.* Cosa que se adquiere a poca costa: *este mueble fue una ganga.* | Ocasión, ventaja a poca costa; inesperado: *aprovechar una ganga.* ‖ *Min.* Materia inútil que se separa de los minerales.

Ganges, río sagrado de la India que nace en la vertiente meridional del Himalaya, pasa por Benarés y des. en un gran delta en el golfo de Bengala cubierto de arrozales.

gangético, ca adj. Del río Ganges (India).

ganglio m. *Anat.* Masa de células nerviosas. | Abultamiento en los vasos linfáticos. | Tumor pequeño que se forma en los tendones y en las aponeurosis.

ganglionar adj. De los ganglios: *sistema ganglionar.*

gangosear v. i. Hablar gangoso, con sonido nasal.

gangosidad f. Habla gangosa.

gangoso, sa adj. Que habla con la boca casi cerrada y con sonido nasal.

gangrena f. Destrucción de un tejido por falta de riego sanguíneo, infección de una herida, etc. ‖ *Fig.* Cáncer, perturbación moral: *la gangrena carcome las costumbres.* ‖ *Gangrena gaseosa,* la muy grave, provocada por microbios anaerobios que causan la existencia de gases de putrefacción de los tejidos.

gangrenado, da adj. Que padece gangrena (ú. t. c. s.). ‖ *Fig.* Corrompido, dañado moralmente.

gangrenarse v. pr. Ser atacado por la gangrena.

gángster m. (voz norteamer.). Atracador, bandido, malhechor.

gangsterismo m. Acción, conducta propia de los gángsters; bandolerismo.

ganguear v. i. Hablar con la nariz, con la boca tapada o como si lo estuviera.

gangueo m. Defecto del que ganguea.

gánguil m. Barco que echa en alta mar lo extraído por la draga.

Ganimedes, príncipe troyano, hijo de Tros y de la ninfa Calírroe. Zeus le raptó para hacerle copero de los dioses. *(Mit.)*

Ganivet (Ángel), escritor español, n. en Granada (1865-1898), precursor de la Generación del 98. Autor de la novela filosófica *La conquista del reino de Maya por Pío Cid* y de los ensayos *Cartas finlandesas* e *Idearium español.* Se suicidó en Riga.

ganoideos m. pl. Orden de peces, de esqueleto cartilaginoso, como el esturión (ú. t. c. adj.).

ganoso, sa adj. Deseoso.

gansada f. *Fam.* Necedad.

gansarón m. Ansarón.

gansear v. i. *Fam.* Decir o hacer tonterías o necedades.

ganso, sa m. y f. Ave palmípeda doméstica, algo menor que el ánsar. ‖ — Adj. y s. *Fig.* Persona poco inteligente. | Patoso; soso. | Bromista. | Persona poco seria. ‖ — *Fig. Hablar por boca de ganso,* repetir lo que otro dice. | *Hacer el ganso,* hacer el tonto.

Gante, en fr. *Gand* y en flam. *Gent,* c. y puerto de Bélgica, cap. de Flandes Oriental, en la confluencia del Escalda y el Lis. Obispado. Universidad. Lugar de nacimiento del emperador Carlos V.

Gante (Fray Pedro de), franciscano español (1486-1572). Fundó en Texcoco (México) la primera escuela de música, canto y primeras letras.

gantés, esa adj. y s. De Gante.

ganzúa f. Alambre o garfio con que pueden abrirse sin llave las cerraduras.

gañán m. Mozo de labranza. ‖ *Fig.* Patán, hombre basto.

gañanía f. Conjunto de gañanes. ‖ Casa de los gañanes. ‖ *Fig.* Patanería.

gañido m. Aullido.

* **gañir** v. i. Aullar. ‖ Graznar las aves. ‖ *Fam.* Chillar, resollar con ruido una persona.

gañote m. *Fam.* Garguero o gaznate. ‖ *Fam.* Gorrón, parásito. ‖ — *Fam. De gañote,* de balde, gratis, de gorra.

Gao, c. de la Rep. del Malí, a orillas del Níger.

Gaona (Rodolfo), torero mexicano, n. en 1888, creador de la *gaonera.*

gaonera f. *Taurom.* Cierto pase de capa con el capote por detrás.

Gaos (José), filósofo español (1900-1960), discípulo de Ortega y Gasset, y de García Morente. ‖ ~ (VICENTE), poeta español, n. en 1919.

garabatear v. i. Echar un gancho o garabato para agarrar una cosa. ‖ Garrapatear, hacer garabatos, escribir mal (ú. t. c. t.). ‖ *Fig.* y *fam.* Andar con rodeos.

garabateo m. Escritura mal hecha. ‖ — Pl. *Fig.* y *fam.* Rodeos. ‖ Acción y efecto de garabatear.

garabato m. Gancho de hierro: *colgar del garabato.* ‖ Escritura mal formada: *página llena de garabatos.* ‖ *Fig.* y *fam.* Garbo, gracia de una mujer: *moza de mucho garabato.* ‖ — Pl. Gestos descompasados con dedos y manos.

garabito m. Puesto en el mercado. ‖ *Arg.* Atorrante.

Garaicoechea (Miguel), matemático peruano (1816-1861), autor de *Cálculo binomial.*

garaje m. Local en que se guardan automóviles, bicicletas u otros vehículos.

garajista m. Propietario o encargado de un garaje.

garambaina f. Adorno superfluo y de poco gusto. ‖ — Pl. *Fam.* Ademanes o gestos ridículos: *hacer garambainas.* | Tonterías, estupideces, exigencias. | Garabatos, letras mal hechas.

garante adj. y s. Fiador.

garantía f. Responsabilidad asumida por uno de los que han hecho un contrato: *garantía del transportista.* ‖ Obligación legal que tiene el vendedor o el arrendador de entregar al comprador o al arrendatario una cosa exenta de vicios ocultos. ‖ Comprobación legal, y hecha por un servicio público especializado, de la ley de los metales preciosos. ‖ Compromiso hecho por un constructor de asumir total o parcialmente los gastos y reparaciones necesarios por defectos de construcción: *certificado de garantía.* ‖ Contrato por el que una persona se compromete con un acreedor a reemplazar al deudor en caso de que éste no pueda cumplir sus obligaciones. ‖ Seguridad: *la autoridad ha dado garantías de que el orden público no será alterado.* ‖ Lo que proporciona esta seguridad: *la presentación del libro constituye una garantía de éxito.* ‖ Confianza: *es una marca de garantía.* ‖ — Pl. Derechos que da un Estado a todos sus ciudadanos: *garantías constitucionales.*

* **garantir** v. t. Garantizar.

garantizado, da adj. Con garantía: *garantizado por un año.*

garantizador, ra adj. y s. Que garantiza.

garantizar v. t. Responder del valor o de la calidad de una cosa. ‖ Comprometerse en mantener el funcionamiento de un aparato vendido: *garantizar un reloj por un año.* ‖ Afirmar, certificar: *le garantizo que es la pura verdad.* ‖ Asegurar: *un régimen sano garantiza una salud envidiable.* ‖ Hacerse responsable de los compromisos de otro si éste no los cumple.

garañón m. Asno reproductor.

garapiña f. Estado del líquido solidificado formando grumos. ‖ *Cub.* y *Méx.* Bebida hecha de la corteza de la piña con agua y azúcar.

garapiñar v. t. Congelar formando grumos. ‖ Recubrir las almendras de almíbar solidificada.

garapullo m. Rehilete. ‖ *Fig. Méx.* Robar cosas de poco valor.

Garay (Blasco de), mecánico español del s. XVI. Ideó en 1540 un sistema para propulsar las naves sin remos ni vela. M. hacia 1552. ‖ ~ (JUAN DE), conquistador español (¿1527?-1583). Estuvo en el Perú, Santa Cruz de la Sierra y Paraguay. Fundó la c. de Santa Fe (1573) y llevó a cabo la segunda fundación de Buenos Aires (1580). M. asesinado por los indios.

garbanza f. Garbanzo mayor que el corriente, más blanco y de mejor calidad.

garbanzal m. Campo sembrado de garbanzos.

garbanzo m. Planta leguminosa cuyas semillas son comestibles. ‖ — *Fam. Garbanzo negro,* individuo que no goza de consideración y cuyo trato es poco recomendable. | *En toda tierra de garbanzos,* en todas partes.

garbear v. i. Afectar garbo. ‖ — V. pr. *Fam.* Componérselas: *se las garbea muy bien.* ‖ *Fam.* Pasearse, dar una vuelta.

garbeo m. *Fam.* Paseo: *darse un garbeo.* | Vuelta.

garbo m. Prestancia, buena facha, buen porte: *tener garbo.* ‖ Elegancia, gracia: *vestirse, andar con garbo.* ‖ Donaire, gracejo. ‖ Generosidad.

garboso, sa adj. Airoso, de buena facha: *mujer garbosa.* ‖ Generoso. ‖ Gracioso, con donaire.

garceta f. Ave zancuda de plumaje blanco y penacho corto en la cabeza.

García ‖ ~ **I Íñiguez,** rey de Navarra de 852 a 882. ‖ ~ **Sánchez I,** rey de Navarra (925-970), hijo de Sancho I Garcés. ‖ ~ **Sánchez II,** *el Trémulo,* rey de Navarra (995-1000), hijo de Sancho II Garcés. Combatió contra Almanzor. ‖ ~ **Sánchez III,** rey de Navarra (1035-1054), hijo de Sancho III. Se enfrentó a Fernando I de Castilla, que le venció en Atapuerca, donde pereció. ‖ ~ **V Ramírez,** *el Restaurador,* rey de Navarra (1134-1150). Separó Navarra de Aragón.

García, rey de León (910-914). Trasladó la corte asturiana a León. ‖ ~ **II Sánchez,** conde de Castilla (1017-1029), hijo de Sancho García. M. asesinado.

García (Alejo), descubridor portugués, m. en 1525. Exploró el Paraguay y Bolivia y fue hasta el Perú. M. asesinado por los indios. ‖ ~ (CALIXTO). V. GARCÍA ÍÑIGUEZ. ‖ ~ (CARLOS P.), político filipino (1896-1971), pres. de la Rep. de 1957 a 1961. ‖ ~ (DIEGO), explorador portugués, n. en 1471. Fue con Solís al río de la Plata y remontó con Caboto el Paraná hasta el río Paraguay (1527). ‖ ~ **Calderón** (FRANCISCO), jurista, diplomático, escritor y polí-

GA

tico peruano (1834-1905), pres. provisional de la Rep. en 1881. — Su hijo FRANCISCO, historiador, sociólogo y diplomático (1883-1953), autor de ensayos históricos y filosóficos. — Su otro hijo VENTURA (1886-1959) fue diplomático, escritor y poeta, y publicó una serie de cuentos (*La venganza del cóndor*). ‖ ~ **Caturla** (ALEJANDRO), compositor cubano de música afrocubana (1906-1940). ‖ ~ **de Diego** (VICENTE), filólogo español, n. en 1878. ‖ ~ **de la Huerta** (VICENTE), poeta neoclásico español (1734-1787), autor de la tragedia *La Raquel*. ‖ ~ **de Paredes** (DIEGO). V. PAREDES (Diego *García*). ‖ ~ **de Polavieja**. V. POLAVIEJA. ‖ ~ **de Quevedo** (JOSÉ HERIBERTO), poeta, novelista y dramaturgo venezolano (1819-1871). ‖ ~ **del Río** (JUAN), escritor colombiano (1794-1856). Fue secretario de Estado de San Martín y colaborador de Bolívar y Santa Cruz. ‖ ~ **Estrada** (JUAN ANTONIO), músico argentino (1895-1960), autor de *Suite* de danzas sinfónicas. ‖ ~ **Godoy** (FEDERICO), novelista de temas históricos dominicanos (1857-1923). ‖ ~ **Gómez** (EMILIO), arabista español, n. en 1905. ‖ ~ **González** (VICENTE), general y político cubano (1833-1886) que luchó en la guerra de los Diez Años y fue pres. de la Rep. en Armas (1877). ‖ ~ **Goyena** (RAFAEL), fabulista ecuatoriano (1766-1823). ‖ ~ **Granados** (MIGUEL), general y político liberal guatemalteco (1809-1878), pres. de la Rep. de 1871 a 1873. ‖ ~ **Gutiérrez** (ANTONIO), escritor romántico español, n. en Chiclana (Cádiz) [1813-1884], autor del drama *El Trovador* y de *El encubierto de Valencia*, *Venganza catalana*, etc. ‖ ~ **Hernández** (ÁNGEL), militar español (1900-1930), sublevado en Jaca contra la monarquía (1930), fue fusilado. ‖ ~ **Icazbalceta** (JOAQUÍN), erudito, historiador y filólogo mexicano (1825-1894). ‖ ~ **Íñiguez** (CALIXTO), general cubano, n. en Holguín (1839-1898). Sobresalió en la guerra de los Diez Años. Hecho prisionero, fue desterrado (1874). Participó más tarde en la *Guerra Chiquita* y en la última lucha por la Independencia (1895). ‖ ~ **Lorca** (FEDERICO), poeta español, n. en Fuente Vaqueros (Granada) en 1898 y m. en Granada en 1936 al comienzo de la guerra civil. La calidad lírica de su inspiración se manifiesta en el *Poema del cante jondo* y el *Romancero gitano*. Escribió también dramas de intensa pasión (*Bodas de sangre*, *Yerma*, *Mariana Pineda*, *La casa de Bernarda Alba*) y comedias (*La zapatera prodigiosa* y *Doña Rosita la Soltera*). ‖ ~ **Márquez** (GABRIEL), escritor colombiano, n. en 1928, autor de novelas (*La hojarasca*, *El coronel no tiene quien le escriba*, *Los funerales de Mamá Grande* y *Cien años de soledad*). ‖ ~ **Menocal** (MARIO), general cubano (1866-1941), pres. de la Rep. de 1913 a 1921. ‖ ~ **Merou** (MARTÍN), escritor y diplomático argentino (1862-1905). ‖ ~ **Monge** (JOAQUÍN), escritor costarricense (1881-1958), autor de los cuentos *La mala sombra y otros sucesos*. ‖ ~ **Moreno** (GABRIEL), político ecuatoriano, n. en Guayaquil (1821-1875), miembro del Gob. provisional de 1859 a 1861 y pres. de la Rep. de 1861 a 1865 y de 1869 a 1875. Su obra de gobierno, centralizadora y clerical, desató una violenta oposición. M. asesinado. ‖ ~ **Morente** (MANUEL), pensador español (1888-1944), influido primero por Ortega, fue luego existencialista. ‖ ~ **Morillo** (ROBERTO), compositor y crítico argentino, n. en 1911. ‖ ~ **Nieto** (JOSÉ), poeta español, n. en 1914. ‖ ~ **Óñez de Loyola**. V. ÓÑEZ DE LOYOLA. ‖ ~ **Pumacahua** (MATEO). V. PUMACAHUA. ‖ ~ **Quejido** (ANTONIO), socialista español, m. en 1927. ‖ ~ **Sarmiento** (Félix Rubén). V. DARÍO (Rubén). ‖ ~ **Tassara** (GABRIEL), poeta romántico español (1817-1875), autor de *Himno al Mesías*. ‖ ~ **Velloso** (ENRIQUE), escritor argentino (1880-1938), autor de comedias y del drama gauchesco *Nazareno*.

Garcilaso de la Vega, poeta lírico español, n. en Toledo (1501-1536). Luchó en el ejército de Carlos V y murió, de resultas de un combate, en Niza. En sus composiciones, hechas todas siguiendo los metros italianos, sobresalen *Sonetos*, *Canciones*, *Elegías* y tres admirables *Églogas*. ‖ ~ (SEBASTIÁN) conquistador español (1495-1559). Estuvo en México con H. Cortés y, más tarde, fue al Perú con Alvarado. Contrajo matrimonio con una princesa india y fue padre del Inca Garcilaso. ‖ ~ (EL INCA), escritor peruano, hijo del anterior (1539-1616). Vivió primero en Cuzco y posteriormente en España. Es autor de *La Florida del Inca*, narración de la expedición de Hernando de Soto, y de *Comentarios reales*, crónica del Imperio de los Incas.

Gard, río de Francia, afl. del Ródano; 113 km. Puente romano. — Dep. del Sur de Francia; cap. *Nimes*.

Garda (LAGO DE), lago de los Alpes al N. de Italia, en el límite de las prov. de Brescia y de Verona; 370 km².

Gardafuí (CABO). V. GUARDAFUÍ.

Gardel (Carlos), cantante argentino, n. en Toulouse (Francia) [1887-1935], célebre intérprete del tango. M. en un accidente de aviación.

gardenia f. Planta rubiácea de adorno con flores blancas y olorosas.

garden-party m. (voz ingl.). Fiesta dada en un jardín o parque.

Gardiner (Stephen), obispo inglés (¿1493?-1555), adversario de la Reforma.

garduña f. Mamífero carnicero grisáceo que ataca a las aves de corral.

Garellano, río de Italia entre el Lacio y Campania, que des. en el golfo de Gaeta; 158 km. Derrota de los franceses por el Gran Capitán (1503).

garete m. *Mar. Ir* o *irse al garete*, ir sin rumbo o a la deriva un barco; (fig.) irse al diablo.

garfear v. i. Coger con garfios.

garfio m. Gancho.

gargajear v. i. Echar gargajos.

gargajo m. Gran esputo.

gargajoso, sa adj. y s. Que escupe gargajos frecuentemente.

Gargallo (Pablo), escultor español (1881-1934).

garganta f. Parte de delante del cuello, tanto exterior como interiormente: *me duele la garganta*. ‖ Empeine del pie. ‖ Parte más estrecha de algunas cosas. ‖ *Arq.* Especie de moldura cóncava. ‖ *Geogr.* Valle estrecho y encajonado, desfiladero. ‖ *Tecn.* Ranura o hendidura: *la garganta de una polea*. ‖ *Fig. y fam. Atravesado en la garganta*, dícese de la persona a quien se le tiene tirria, antipatía.

gargantilla f. Collar.

gargantúa m. Persona muy comilona, como el personaje de Rabelais.

gárgara f. Medicamento líquido con que se enjuaga la garganta. ‖ *Fig. y fam. Mandar a hacer gárgaras*, mandar a paseo.

gargarismo m. Gárgara.

gargarizar v. i. Hacer gárgaras.

gárgol m. Ranura.

gárgola f. Caño, con forma de animal fantástico, por donde se vierte a distancia el agua de los tejados. ‖ Baga del lino.

garguero m. Garganta.

Garibaldi (Giuseppe), político italiano (1807-1882). Participó en el Uruguay en la lucha contra Rosas (1836-1846) y más tarde por la unificación de Italia contra Austria, el reino de Dos Sicilias y los Estados Pontificios.

garibaldino, na adj. y s. Partidario o soldado de Garibaldi. ‖ Voluntario italiano que en la guerra civil española (1936-1939) combatió en las filas republicanas.

garita f. Casilla pequeña de madera. ‖ Abrigo del centinela.

garitero m. El que tiene un garito. ‖ *Méx.* Empleado de consumos o arbitrios.

garito m. Casa de juego clandestina, timba.

garlito m. Red de pesca. ‖ *Fig.* y *fam.* Trampa, celada, ratonera.

garlopa f. Cepillo grande de carpintero.

garlopín m. Garlopa pequeña.

garnacha f. Vestidura talar de los magistrados y jueces.

Garnier [-*nié*] (Charles), arquitecto francés (1825-1898). Edificó la Ópera de París (1875).

Garofalo. V. TISI.

Garona, en fr. *Garonne*, río de Francia, que nace en el valle de Arán (España), atraviesa Toulouse y des. en el Atlántico por el estuario del Gironda; 650 km. ‖ ~ **(Alto)**. V. HAUTE-GARONNE.

garra f. Mano o pie de un animal cuando tiene uñas encorvadas y fuertes: *garras del tigre, del cóndor*. ‖ *Fig.* y *fam.* Mano del hombre. ‖ *Fig.* Nervio, empuje, vigor. ‖ *Mar.* Garfio, gancho. ‖ — Pl. Dominio, férula: *cayó en sus garras*. ‖ Pieles de menor calidad, sacadas de las patas: *garras de astracán*. ‖ *Fig.* y *fam. Méx. Hacer garras*, despedazar. | *Sacar garras*, obtener ventajas.

garrafa f. Recipiente de vidrio ancho y redondo y de largo cuello.

garrafal adj. De grandes frutos: *cerezas garrafales*. ‖ *Fig.* Enorme, monumental, mayúsculo: *equivocación garrafal*.

garrafiñar v. t. *Fam.* Quitar una cosa agarrándola.

garrafón m. Gran garrafa.

garrapata f. Parásito que vive en otros animales y les chupa la sangre.

garrapatear v. i. Garabatear.

garrapato m. Garabato.

garrapiñar v. t. Garrafiñar.

garrar v. i. *Mar.* Cejar o ir hacia atrás un buque arrastrando el ancla por no haber ésta hecho presa en el fondo.

Garrastazu Médici (Emilio), militar brasileño, n. en 1905, pres. de la Rep. desde 1969 a 1974.

Garrett (João Baptista DA SILVA LEITÃO DE **Almeida**), escritor romántico y político portugués (1799-1854), autor del drama *Frei Luís de Sousa*.

garrido, da adj. Apuesto.

Garrido (Fernando), político socialista español (1821-1883).

garrocha f. Vara con una pica en la punta para picar toros. ‖ Pértiga: *salto con garrocha*.

garrochazo m. Picar a los toros con la garrocha.

garrochista m. Picador con garrocha.

garrotazo m. Golpe de garrote.

garrote m. Palo grueso que puede manejarse a modo de bastón. ‖ Estaca, rama de árbol que se planta para que arraigue. ‖ Ligadura fuerte que se retuerce con un palo para detener una hemorragia. ‖ Instrumento con que en España se estrangula a los condenados a muerte. ‖ Pandeo de una pared.

garrotear v. t. *Amer.* Apalear.

garrotero, ra adj. *Chil.* Apaleador. ‖ *Fig. Chil.* Mezquino (ú. t. c. s.). ‖ — M. *Méx.* Guardafrenos.

garrotillo m. Difteria.

garrotín m. Cierto baile popular español.

garrucha f. Polea.

Garrucha, pobl. en el SE. de España (Almería). Estación estival.

garrulería f. Charla.

garúa f. *Amer.* Llovizna.

garuar v. impers. *Amer.* Lloviznar.

garufa f. *Arg.* Farra.

garza f. Ave zancuda, de largo pico y con cabeza pequeña con moño gris.

Garza (La), cumbre de Venezuela, en la Sierra Nevada (Mérida); 4 922 m.

garzo, za adj. De color azulado: *ojos garzos.* || — M. Agárico, hongo.

Garzón, laguna del Uruguay (Maldonado). — C. de Colombia (Huila). Obispado.

garzota f. Ave zancuda semejante a la garceta.

gas m. Cualquier fluido aeriforme. || Uno de los tres estados de la materia, caracterizado por su poder de comprensión y de expansión. || Gas del alumbrado. || Residuos gaseosos que se forman en el tubo digestivo con los productos volátiles de fermentación. || Gasolina, nafta, esencia. || — *Fig. A todo gas,* con gran rapidez. || *Gas butano,* butano. || *Gas de combate* o *asfixiante,* sustancia química gaseosa, líquida o sólida, que, a causa de sus propiedades, se emplea como arma de guerra. || *Gas del alumbrado* o *de ciudad,* el obtenido por destilación de la hulla y empleado para el alumbrado, para la calefacción y como combustible. || *Gas de los pantanos,* el metano. || *Gas hilarante,* óxido nitroso utilizado en anestesias. || *Gas lacrimógeno,* gas tóxico empleado para provocar la secreción de lágrimas. || *Gas noble* o *raro,* nombre dado al helio, neón, argón, criptón y xenón. || *Gas pobre,* gas obtenido en un gasógeno después del paso de los productos de la combustión de sólidos por una masa de coque al rojo vivo.

gasa f. Tejido ligero y transparente de seda o algodón. || Tejido de algodón muy claro que se emplea en la curación de las heridas.

Gasca (Pedro de **La**). V. LA GASCA (Pedro de).

gascón, ona adj. y s. De Gascuña (Francia).

Gascuña, región y ant. ducado del SO. de Francia; cap. *Auch.* — Golfo del Atlántico entre Francia y España (mar Cantábrico). Recibe tb. el n. de *golfo de Vizcaya.*

gaseiforme adj. Que está en estado de gas.

gaseoducto m. Barb. por *gasoducto.*

gaseoso, sa adj. Que tiene las propiedades del gas. || Aplícase al líquido de que se desprenden gases. || — F. Bebida azucarada, efervescente y sin alcohol: *un vaso de gaseosa helada.*

Gasherbrum o **Hidden Peak,** una de las cimas del Karakorum; 8 068 m.

gasificación f. Transformación en gas combustible de productos líquidos o sólidos que tienen carbono.

gasificar v. t. Transformar en un producto gaseoso. || Disolver ácido carbónico en un líquido.

gasista m. Obrero que coloca y repara aparatos de alumbrado de gas o trabaja en esta industria.

Gaskell (Elizabeth), escritora inglesa (1810-1865), autora de las novelas *Mary Barton* y *Cranford.*

gasoducto m. Tubería para conducir gases combustibles a larga distancia.

gasógeno m. Aparato destinado para obtener gases combustibles. (En algunos vehículos automóviles sirve para producir carburo de hidrógeno que se emplea como carburante.)

gas-oil y **gasoil** m. Líquido amarillento y viscoso extraído del petróleo y utilizado como carburante y como combustible.

gasóleo m. Gas-oil.

gasolina f. Mezcla de hidrocarburos, líquida, muy volátil, fácilmente inflamable. (La *gasolina,* producto del primer período de la destilación del petróleo, se emplea como carburante de los motores de explosión.)

gasolinera f. Lancha automóvil con motor de gasolina. || Surtidor público de gasolina.

gasometría f. Medida del gas.

gasómetro m. Instrumento para medir el gas. || Depósito de gas que hace que éste se distribuya con una presión constante.

Gaspar (Antonio), escritor mexicano, m. en 1583, nieto de un rey maya. Autor de un *Vocabulario de la lengua maya.*

Gaspar Hernández, com. de la Rep. Dominicana (Espaillat).

Gasparini (Francisco), músico italiano (1668-1727).

Gasperi (Alcide de), político demócrata cristiano italiano (1881-1954), jefe del Gobierno de 1945 a 1953.

Gassendi (Pierre), matemático, físico y filósofo materialista francés (1592-1655).

Gasser (Herbert Spencer), fisiólogo norteamericano (1888-1963), que estudió las fibras nerviosas. (Pr. Nóbel, 1944.)

gastado, da adj. Debilitado, cansado: *hombre gastado por el vicio, por los años.* || Usado, desgastado, borrado: *medalla gastada.*

gastador, ra adj. y s. Que gasta mucho dinero. || — M. *Mil.* Soldado empleado en abrir trincheras. | Soldado de escuadra que abre la marcha.

gastar v. t. Utilizar el dinero para comprar algo. || Consumir: *gasta mucha gasolina.* || Emplear: *gastar el tiempo en tontorías.* || Estropear, desgastar: *esos frenazos gastan las zapatillas.* || Llevar: *gasta bigotes.* || Tener: *¿has visto el coche que gasta?* || Ponerse: *gasta vestidos muy estrafalarios.* || Usar, emplear, tener: *gasta un lenguaje arrabalero.* || Dar: *te gastaron una broma muy graciosa.* || Estar de: *gastar mal humor.* || Desgastar, estropear las energías o la salud: *tanto trabajo gasta.* || *Fam. Gastarlas,* obrar, conducirse. || — V. pr. Deteriorarse, desgastarse. || Emplear dinero: *se gastó una fortuna en su educación.* || *Fam.* Llevarse, estilarse: *ese peinado ya no se gasta.*

gasteromicetos m. pl. Cierta clase de hongos (ú. t. c. adj.).

gasterópodos m. pl. Clase de moluscos, generalmente cubiertos de una concha, como el caracol, la babosa, la lapa (ú. t. c. adj.).

gasto m. Utilización del dinero con fines que no sean los de inversión: *hay infinidad de gastos en la vid.* || Cantidad que se gasta: *hoy he hecho muchos gastos.* || Consumo: *gasto de electricidad, de agua.* || Empleo, desgaste: *gasto de fuerzas.* || *Méx. Coger a uno para el gasto,* fastidiar con pertinacia. || *Cubrir gastos,* recuperar, sin ganancia, lo que había empleado en un negocio. || *Gastos de representación,* dinero empleado para asumir con decoro ciertos cargos. || *Gastos e ingresos,* entradas y salidas del dinero. || *Gastos generales,* los hechos en una empresa que no son imputables a la fabricación de algo, pero que intervienen en el precio de costo. || *Gastos menudos,* dinero de bolsillo. || *Fam. Hacer el gasto de la conversación,* ser la persona que más habla.

gastoso, sa adj. Que gasta mucho dinero.

gastralgia f. Dolor de estómago.

gastrectomía f. Ablación o disminución del estómago.

gástrico, ca adj. Del estómago.

gastritis f. Inflamación de la mucosa del estómago.

gastroenteritis f. Inflamación de la mucosa gástrica e intestinal.

gastroenterología f. Parte de la medicina que estudia las enfermedades del tubo digestivo.

gastroenterólogo m. Médico especialista en gastroenterología.

gastrointestinal adj. Del estómago y de los intestinos.

gastronomía f. Conjunto de conocimientos y actividades en relación con comer bien.

gastronómico, ca adj. Relativo a la gastronomía. || *Especialidad gastronómica,* plato característico de una región, un restaurante, etc.

gastrónomo, ma m. y f. Persona aficionada a comer bien.

gata f. Hembra del gato. || Gatuña, planta. || *Fig.* y *fam.* Madrileña. || *Méx.* Criada.

Gata (SIERRA DE), sierra del S. de España que acaba en el cabo homónimo, al E. de Almería.

gatas (a) m. adv. A cuatro pies, con las manos y pies: *anda a gatas.*

Gatchina, de 1929 a 1944 *Krasnogvardeisk,* c. de la U.R.S.S. (Rusia), al SO. de Leningrado.

gatear v. i. Trepar por los árboles, etc. || *Fam.* Andar a gatas. | *Méx.* Enamorar sirvientas.

gatesco, ca adj. *Fam.* Gatuno.

Gateshead [*gueitched*], c. de Gran Bretaña en Inglaterra (Durham), cerca de Newcastle.

GA

gatillazo m. Golpe del gatillo.

gatillo m. Disparador de las armas de fuego.

gato m. Género de mamíferos félidos y carnívoros: *gato callejero.* || Aparato para levantar grandes pesos a poca altura: *gato hidráulico.* || *Fig.* y *fam.* Ratero. | Madrileño. | Hombre astuto. || *Arg.* Baile popular. || *Méx.* Criado. || — *Fig.* y *fam. Méx. Gato de azotea,* persona muy flaca. || *Gato montés,* especie de gato salvaje. || *Gato de algalia,* mamífero carnívoro de Asia, que tiene cerca del ano una bolsa donde segrega la algalia (v. esta palabra). || *Gato pampeano,* el salvaje de la Argentina y el Uruguay. || *Fam. Haber cuatro gatos,* haber poca gente. | *Haber gato encerrado,* haber algo oculto. | *No haber ni un gato,* no haber nadie.

Gato, sierra de la frontera argentinochilena (Chubut y Aisén); 2 026 m. — Montes de México (Chihuahua); 2 500 m.

G. A. T. T., acuerdo general sobre aranceles y comercio firmado en 1967 por casi todos los países.

Gatún, lago artificial, en la cuenca del río Chagres (Canal de Panamá).

gatuna f. Gatuña.

gatuno, na adj. Del gato.

gatuña f. Planta herbácea, muy común en los sembrados.

gatuperio m. Mezcla de cosas inconexas. || *Fig.* y *fam.* Chanchullo, intriga, tapujo. | Engaño.

gauchada f. Acción propia de un gaucho. || *Arg.* Cuento, chiste. || Verso improvisado. || *Fig. Arg.* Servicio o favor.

gauchaje m. *Arg.* y *Chil.* Conjunto de gauchos. | El populacho.

gauchear v. i. *Arg.* Conducirse como un gaucho.

gauchesco, ca adj. Relativo al gaucho. | Dícese de la literatura que describe la vida y las costumbres de los gauchos en la pampa argentina: *Hilario Ascasubi, Estanislao del Campo, José Hernández y Domingo Faustino Sarmiento son escritores gauchescos.*

gauchismo m. Movimiento literario y musical rioplatense, en la segunda mitad del s. XIX, inspirado en la vida pampera del gaucho.

gauchita f. *Arg.* Mujer bonita. | Canto de estilo gauchesco, acompañado de la guitarra.

gaucho, cha adj. *Amer.* Dícese del natural de las pampas del Río de la Plata en la Argentina, Uruguay y Río Grande do Sul: *un payador gaucho* (ú. m. c. s.). | Relativo a esos gauchos: *un apero gaucho.* | Buen jinete. || *Arg.* Grosero, zafio. || *Arg.* y *Chil.* Ducho en tretas, malevo, astuto.

gaudeamus m. *Fam.* Fiesta, júbilo, regocijo.

Gaudí (Antonio), arquitecto español, n. en Reus (1852-1926). Autor del templo inacabado de *La Sagrada Familia* (Barcelona).

Gauguin [*gogán*] (Paul), pintor francés, n. en París (1848-1903), precursor de los expresionistas. Residía en Tahití.

Gaulle [*-gol*] (Charles DE), general y político francés, n. en Lila (1890-1970). Tras la firma del armisticio de 1940, exhortó, desde Londres, al pueblo francés a la resistencia contra Alemania. Jefe del Gobierno Provisional en Argel y en París (1944-1946). Volvió al Poder en 1958, promulgó una nueva Constitución aprobada por referéndum y fue elegido presidente de la V República en 1959 y en 1965. Dimitió en 1969. Autor de *Memorias.*

Gaurisankar, cumbre del Himalaya Central (Nepal); 7 145 m.

gauss y **gausio** m. *Fís.* Unidad de inducción magnética (símb., G.).

Gauss (Carl Friedrich), astrónomo, matemático y físico alemán (1777-1855).

Gautier [*gotié*] (Teophile), escritor francés (1811-1872), poeta en *Esmaltes y camafeos* y prosista en *Viajes por España* y *El capitán Fracasse.* ‖ **~ Benítez** (JOSÉ), poeta romántico puertorriqueño (1851-1880).

gavanzo m. Escaramujo.

Gavarnie [*-ní*], circo de montañas en los Pirineos franceses (Hautes-Pyrénées).

gaveta f. Cajón.

gavia f. *Mar.* Vela del mastelero mayor. | Cofa de las galeras.

gavial m. Cocodrilo de la India.

Gavidia (Francisco), escritor salvadoreño (1863-1955), autor de *Cuentos y narraciones,* ensayos y poesías.

gaviero m. *Mar.* Vigía en las gavias.

gavilán m. Ave rapaz diurna, parecida al halcón. ‖ Rasgo al final de una letra. ‖ Cada una de las puntas de la plumilla de escribir. ‖ Cada uno de los hierros que forman la cruz de la guarnición de la espada. ‖ *Fig.* Hombre que ataca a los débiles.

gavilla f. Paquete de sarmientos, mies. ‖ *Fig.* Banda de malhechores: *gavilla de ladrones.*

Gaviola (Enrique), físico argentino, n. en 1900, que estudió los espejos telescópicos.

gavión m. Recipiente lleno de tierra y defensa hecha con ellos.

gaviota f. Ave palmípeda que vive en las costas.

gavota f. Antiguo baile de origen francés. | Su música.

gay saber m. Maestría en el arte de rimar: *maestro en gay saber.*

Gayangos (Pascual), bibliógrafo y arabista español (1809-1897).

Gayarre (Julián), tenor de ópera español, n. en Roncal (Navarra) [1844-1890].

Gay-Lussac [*gue-*] (Joseph), físico y químico francés (1778-1850). Enunció la ley de dilatación de los gases.

gayo, ya adj. Alegre, vistoso. ‖ *Gaya ciencia,* poesía.

Gayo, jurisconsulto romano (s. II), autor de *Institutas,* base de las de Justiniano.

gayomba f. Arbusto leguminoso de flores amarillas.

gayuba f. Mata ericácea de fruto rojo comestible.

gaza f. *Mar.* Lazo que se hace en un nudo corredizo.

Gaza, c. y territorio del S. de Palestina, ocupados por Israel en 1967.

gazapa f. *Fam.* Mentira.

gazapera f. Madriguera de los conejos. ‖ *Fig.* y *fam.* Banda de malhechores. | Pendencia.

gazapo m. Conejo joven. ‖ *Fig.* y *fam.* Hombre astuto. | Disparate: *se le escapó un gazapo monumental.* | Yerro del que habla o escribe. ‖ *Impr.* Error en una composición tipográfica.

gazmoñería f. Modestia o devoción fingida. ‖ Mojigatería.

gazmoño, ña adj. y s. Que finge mucha devoción. ‖ Mojigato.

gaznápiro, ra adj. y s. Necio.

gaznate m. Garganta.

gazpacho m. Sopa fría de pan, aceite, vinagre, ajo, pepino, etc.

gazpachuelo m. Sopa caliente hecha con huevos, aceite y vinagre.

Gaztambide (Joaquín), compositor español de zarzuelas (1822-1870).

gazuza f. *Fam.* Hambre.

Gd, símbolo químico del *gadolinio.*

Gdansk, en alem. *Danzig* o *Dantzig,* c. y puerto de Polonia en el mar Báltico que forma la bahía homónima, cerca de la des. del Vístula. Obispado. Su ocupación por los alemanes en 1939 dio origen a la Segunda Guerra mundial.

Gdynia, c. y puerto de Polonia, en el mar Báltico.

ge f. Nombre de la letra *g.*

Ge, símbolo del *germanio.*

Gea, diosa griega de la Tierra.

Gedeón, juez de Israel, vencedor de los madianitas. (*Biblia.*)

gehena f. Infierno.

Geiger (Hans), físico alemán (1882-1945), inventor del contador de partículas radiactivas que lleva su nombre.

Geisel (Ernesto), militar brasileño, n. en 1908, pres. de la Rep. en 1974.

géiser m. Géyser.

geisha [*guei-cha*] f. Bailarina y cantora japonesa.

Geissler (Heinrich), físico alemán (1815-1879).

gel m. *Quím.* Sustancia viscosa formada por la mezcla de una materia coloidal y un líquido.

gelatina f. *Quím.* Proteína incolora y transparente que funde a los 25 °C, obtenida por efecto de cocción de la colágena del tejido conjuntivo y de los huesos y cartílagos. (Se emplea en microbiología como medio de cultivo y en la industria [placas fotográficas, barnices], y tb. en cocina.)

gelatinoso, sa adj. Abundante en gelatina o parecido a ella. ‖ Viscoso.

Gelboé, mont. de Palestina, donde murió Saúl.

gélido, da adj. Muy frío.

gelificar v. t. Trasformar en gel.

Gelmírez (Diego), obispo y político español del s. XII, señor feudal de Galicia.

gelosa f. Gelatina vegetal.

Gelsenkirchen c. de Alemania Occidental (Rin Septentrional-Wesfalia), al N. de Essen. Carbón. Metalurgia.

Gelves (Leonor DE MILÁN, *condesa de*), noble española (¿1528?-1580), musa del poeta Fernando de Herrera.

gema f. Nombre genérico de las piedras preciosas. ‖ Yema o botón en los vegetales. ‖ *Sal gema,* sal mineral.

gemación f. *Bot.* Desarrollo de las yemas: *Bot* y *Zool.* Reproducción asexual por yemas.

gemebundo, da adj. Gimiente.

gemelo, la adj. y s. Aplícase a cada uno de dos o más hermanos nacidos de un mismo parto. ‖ Aplícase a dos músculos de la pantorrilla y a dos de la región glútea. ‖ Dícese de dos objetos o elementos iguales o que forman parejas. ‖ — M. Pasador o sujetador en cada puño de camisa o en los cuellos postizos, etc. ‖ — Pl. Anteojos dobles para mirar de lejos: *gemelos de teatro.*

Gemelos. V. GÉMINIS.

gemido m. Quejido lastimero.

gemidor, ra adj. Que gime.

geminación f. *Ret.* Figura que consiste en repetir inmediatamente una o más palabras: *dime, dime lo que quieres.*

geminado, da adj. Partido, dividido: *hojas geminadas.*

Géminis, tercer signo del Zodíaco (21 de mayo-22 de junio). — Constelación boreal cuyas dos estrellas principales son Cástor y Pólux.

gemíparo, ra adj. Reproducido por yemas: *animales gemíparos; plantas gemíparas.*

gemiqueo m. Gimoteo.

* **gemir** v. i. Expresar con sonido y voz lastimera la pena y dolor que aflige el corazón. ‖ *Fig.* Aullar algunos animales, o sonar algunas cosas inanimadas, como el gemido del hombre.

gemonías f. pl. En Roma, escaleras del monte Capitolio en las que se exponían los cadáveres de los ajusticiados.

gen o **gene** m. Elemento del cromosoma de la célula que condiciona la transmisión de los caracteres hereditarios. (Pl. *genes.*)

genal adj. De las mejillas.

genciana f. Planta medicinal, de flores amarillas que se emplea como tónica.

gendarme m. En Francia y en otros países, militar destinado a mantener el orden y la seguridad pública.

gendarmería f. Cuerpo de tropa y cuartel de los gendarmes.

gene m. Gen.

genealogía f. Conjunto de los antepasados de un individuo. ‖ Cuadro que lo contiene.

genealógico, ca adj. Relativo a la genealogía. ‖ *Árbol genealógico,* representación gráfica de la genealogía de una familia por medio de un árbol cuyo tronco es un antepasado y las ramificaciones sus descendientes.

genealogista m. Especialista en el estudio de genealogías.

generación f. Función por la que los seres se reproducen. ‖ Serie de seres orgánicos semejantes que proceden unos de otros. ‖ Grado de filiación de padre a hijo: *hay dos generaciones entre el abuelo y el nieto.* ‖ Período de tiempo que separa cada uno de los grados de filiación: *hay unas tres generaciones en un siglo.* ‖ Conjunto de seres coetáneos y de aproximadamente la misma edad: *las personas de mi generación.* ‖ Conjunto de las personas que viven en la misma época: *las generaciones venideras.* ‖ *Generación espontánea,* la que admite que la materia inerte puede originar seres de orden inferior.

— Llámase *generación literaria,* a un conjunto de escritores de poco más o menos la misma edad y cuya obra presenta algunos caracteres similares. Así, la *Generación del 1898,* fecha que señala el fin del imperio colonial (pérdida de Cuba, Puerto Rico y Filipinas), reunió un grupo importante de escritores españoles, entre otros: Unamuno, Azorín (que le dio este apelativo), Valle-Inclán, Baroja, Antonio Machado, Ramiro de Maeztu y Benavente. Sus precursores fueron Larra, Ganivet, Costa y Macías Picavea.

generador, ra adj. Relativo a la generación, que engendra: *fuerza generadora.* ‖ *Fig.* Que es causa eficiente: *principio generador de luchas.* ‖ *Geom.* Aplícase a la línea y a la figura que por su movimiento engendran respectivamente una figura o un sólido geométrico: *punto generador de una línea.* (El f. de esta acepción es *generatriz.*) ‖ — M. Aparato que transforma cualquier energía en energía eléctrica.

general adj. Que se aplica a un conjunto de personas o de cosas: *poder general.* ‖ Considerado en su conjunto, sin tener en cuenta los detalles: *ésa es mi impresión general.* ‖ Que es el resultado de una generalización: *ideas generales.* ‖ Vago, indeterminado: *en términos generales.* ‖ Referente al conjunto de un servicio, de una jerarquía: *inspector general.* ‖ *Mil.* Dícese del grado superior de la jerarquía de oficiales o de los organismos que conciernen la totalidad de un ejército: *cuartel general.* ‖ Común, usual, corriente: *creencia general.* ‖ — M. Jefe superior de los ejércitos de tierra o del aire: *general de división, de brigada.* || Superior en ciertas órdenes religiosas: *el general de los jesuitas.*

General || ~ **Acha,** pobl. de la Argentina (La Pampa). || ~ **Alvarado,** pobl. de la Argentina (Buenos Aires). || ~ **Alvear,** dep. y pobl. de la Argentina (Mendoza). || ~ **Arenales,** partido y pobl. de la Argentina (Buenos Aires). || ~ **Artigas,** pobl. del Paraguay (Itapúa). Ant. llamado *Bobi.* || ~ **Belgrano,** partido y c. de la Argentina (Buenos Aires). Base naval. || ~ **Bilbao,** prov. de Bolivia (Potosí); cap. *Arampampa.* || ~ **Conesa,** dep. y pobl. de la Argentina (Río Negro). || ~ **Delgado,** pobl. del Paraguay (Itapúa). Ant. llamada *San Luis.* || ~ **Díaz,** pobl. del Paraguay (Ñeembucú). || ~ **José Ballivián,** prov. de Bolivia (Beni); cap. *Reyes.* || ~ **Lamadrid,** partido y pobl. de la Argentina (Buenos Aires). || ~ **Lavalle,** pobl. de la Argentina (Buenos Aires). || ~ **L. Plaza Gutiérrez,** pobl. del Ecuador, cab. del cantón de Limón-Indanza (Morona-Santiago). || ~ **Madariaga,** partido y pobl. de la Argentina (Buenos Aires). || ~ **Pinto,** partido y pobl. de la Argentina (Buenos Aires). || ~ **Roca,** dep. y pobl. de la Argentina (Río Negro). || ~ **Sánchez Cerro,** prov del Perú (Moquegua); cap *Omato.* || ~ **San Martín,** partido y c. de la Argentina (Buenos Aires). — Nombre de tres dep. de la Argentina (Córdoba, La Rioja y San Luis). || ~ **Sarmiento,** partido y c. de la Argentina (Buenos Aires). || ~ **Viamonte,** partido y pobl. de la Argentina (Buenos Aires). || ~ **Villegas,** partido y pobl. de la Argentina (Buenos Aires).

generala f. Mujer del general. || *Mil.* Toque para que las fuerzas de una guarnición se preparen con las armas.

generalato m. Grado, dignidad de general. || Cargo de superior general en ciertas órdenes religiosas. || Conjunto de los generales de un ejército, de un país.

generalidad f. Calidad de lo que es general. || El mayor número: *la generalidad de los hombres.* || (Ant.). Las Cortes catalanas o el organismo encargado de cumplir sus acuerdos. (Adoptó el n. de *Generalidad* el Gobierno autónomo de Cataluña durante la Segunda República Española [1931-1939].) || — Pl. Ideas generales más o menos indeterminadas.

Generalife, palacio y jardines de los príncipes moros de Granada, al lado de la Alhambra.

generalísimo m. Jefe que tiene mando superior sobre todos los generales del ejército de un Estado o de una coalición.

generalizable adj. Que puede generalizarse.

generalización f. Acción de hacer general o corriente una cosa. || Aplicación con carácter general de lo que solamente puede decirse de algunas personas o cosas. || *Med.* Propagación de una enfermedad o mal a todo el organismo.

generalizador, ra adj. Que generaliza.

generalizar v. t. e i. Hacer común; hacer aplicable a un conjunto: *generalizar un método.* || Sacar conclusiones generales de algo particular. || — V. pr. Extenderse, volverse corriente. || *Med.* Propagarse una enfermedad o mal a todo el organismo.

generar v. t. Engendrar, producir: *generar un nuevo ser, una corriente eléctrica.*

generativo, va adj. Que engendra.

generatriz adj. f. y s. f. V. GENERADOR.

genérico, ca adj. Relativo a un género. || Del género gramatical.

género m. Grupo formado por seres u objetos que tienen entre ellos características comunes. || Manera, clase, modo: *género de vida.* || Clase de obras literarias emparentadas por ciertos caracteres semejantes: *género dramático.* || En historia natural, subdivisión de la familia que se descompone a su vez en especies. || *Gram.* Forma que reciben las palabras para indicar el sexo de los seres animados o para diferenciar el nombre de las cosas: *género masculino, femenino, neutro.* || Costumbre: *pintor de género.* || Artículo, mercancía: *en la tienda hay toda clase de géneros.* || Tejido: *género de punto.* || — *Género chico,* obras teatrales cortas y musicales. || *Género humano,* conjunto de los hombres.

generosidad f. Inclinación a dar con liberalidad. || Calidad de lo que es benevolente, indulgente o clemente.

generoso, sa adj. Que se sacrifica en bien de otros, dotado de sentimientos nobles o magnánimos. || Desinteresado, liberal, que da a los demás lo que tiene. || Que da gran rendimiento: *tierra generosa.* || De muy buena calidad y reconfortante: *vino generoso.*

genes m. pl. de *gen* o *gene.*

Genesaret (LAGO DE). V. TIBERÍADES.

genesiaco, ca adj. Relativo a la genesia.

genésico, ca adj. De la generación.

génesis m. Sistema cosmogónico || — F. Conjunto de hechos que concurren en la formación de una cosa: *la génesis de las ideas, de un libro.*

Génesis, primer libro del Pentateuco de Moisés y de toda la Biblia, que empieza por la historia de la creación del mundo.

genético, ca adj. De la genética. || — F. Teoría de la herencia de los caracteres anatómicos, citológicos y funcionales formulada por Mendel en 1865.

genetliaca f. Horóscopo.

Genève. V. GINEBRA.

Gengis Kan (TEMUTCHIN, llamado), fundador del Imperio Mongol (¿1160?-1227). Se apoderó de China del Norte (1215) y de gran parte del mundo conocido entonces.

genial adj. Que tiene genio: *escritor genial.* || *Fig.* y *fam.* Ocurrente, agudo, gracioso: *es un tipo genial.* | Sobresaliente, notable: *descubrimiento genial.* | Magnífico, formidable: *película genial.*

genialidad f. Calidad de genio. || *Fig.* y *fam.* Originalidad, singularidad, extravagancia.

geniazo m. *Fam.* Mal humor.

geniecillo f. Ser fantástico de los cuentos.

Genil, río del S. de España, afl. del Guadalquivir. Nace en Sierra Nevada y riega la vega granadina; 243 km.

genio m. Carácter: *tiene mal genio.* || Humor: *estar de mal genio.* || Poder o facultad de creación: *el genio de Pasteur.* || Persona que tiene este poder: *Cervantes fue un genio.* || Ánimo: *una persona sin genio.* || Habilidad muy grande: *es un genio en mecánica.* || Carácter propio y distintivo de una persona, de una cosa: *el genio de la lengua castellana.* || Ser sobrenatural a quien se atribuye un poder mágico. || Geniecillo de los cuentos.

genioso, sa adj. *Chil.* y *Méx.* Con el adv. *mal,* colérico, violento.

genital adj. Que sirve para la reproducción.

genitivo m. Caso, en una lengua con declinaciones, que indica la dependencia, la posesión, y que se expresa en castellano anteponiendo al nombre la preposición *de: el libro de Ramón.*

genitor, ra adj. y s. Que engendra.

genitourinario, ria adj. Relativo a las vías y órganos genitales y urinarios.

genízaro, ra m. y f. Jenízaro.

Gennevilliers, c. industrial (Hauts-de-Seine), al NO. de París.

genocidio m. Crimen cometido con el propósito de exterminar un grupo étnico o social por motivos de raza, de religión o de política.

genotipo m. Constitución hereditaria de un organismo.

Génova, c. y puerto de Italia en el golfo homónimo, cap. de Liguria Arzobispado. Universidad. Fue en la Edad Media cap. de una rep. y en 1798 de la de Liguria.

genovés, esa adj. y s. De Génova. || — M. (Ant.). *Por ext.* Banquero.

Genoveva *(Santa),* virgen patrona de París (¿422-502?). Fiesta el 3 de enero.

gens f. En Roma, grupo de varias familias que llevaban el mismo nombre: *la gens Cornelia.*

Genserico, rey de los vándalos de 428 a 477. Conquistó África.

Gent. V. GANTE.

gente f. Pluralidad de personas: *la gente de la calle.* || Personas en general: *buena (o mala) gente.* || Tropa de soldados: *gente de armas.* || *Fam.* Conjunto de personas que trabajan en un mismo lugar: *la gente del taller, de la fábrica.* || Familia: *una casa de mucha gente.* || Nación: *derecho de gentes.* || — Pl. (Ant.). Gentiles. *Pablo, apóstol de las gentes.* || — *Fam. Gente menuda,* los niños. | *Gente de medio pelo,* la de la clase media. || *Méx. Ser gente,* ser persona decente.

gentecilla y **gentezuela** f. Gente de poca importancia.

gentil adj. Airoso, galán: *gentil mozo* || Amable; simpático. || *Fam.* Notable: *gentil desvergüenza, gentil disparate.* || Pagano: *predicar el Evangelio a los gentiles.*

Gentile (Giovanni), filósofo y político italiano (1875-1944). Sus teorías influyeron en el fascismo. || ~ **da Fabriano,** pintor italiano (¿1370?-1427).

gentileza f. Gracia, garbo. || Cortesía, buenas maneras. || Amabilidad: *tuvo la gentileza de venir.*

gentilhombre m. Servidor de los reyes: *gentilhombre de cámara.* || Galicismo por *hidalgo.*

gentilicio, cia adj. Relativo a una nación. || Perteneciente al linaje o familia: *nombre, adjetivo gentilicio.* || — M. Nombre que indica la nación o la ciudad o población: *francés, alemán, bonaerense, malagueño, mexicano son gentilicios.*

gentilidad f. y **gentilismo** m. Religión de los gentiles. || Conjunto de los gentiles.

gentío m. Reunión de gente.

gentleman m. (pal. ingl.). Caballero. (Pl. *gentlemen.*) || — *Gentleman farmer,* propietario de tierras de cultivo. || *Gentleman's agreement,* acuerdo verbal entre caballeros.

gentry [*yentre*] f. (pal. ingl.). Alta burguesía inglesa.

gentualla y **gentuza** f. Gente la más despreciable.

genuflexión f. Arrodillamiento.

genuino, na adj. Puro, auténtico, verdadero: *genuina representación del demócrata.*

geocéntrico, ca adj. Del centro de la Tierra. || *Astr.* Aplícase a la latitud y longitud de un planeta visto desde la Tierra.

geodesia f. Ciencia matemática que tiene por objeto determinar la figura y magnitud del globo terrestre y construir los mapas correspondientes.

geodésico, ca adj. Relativo a la geodesia: *operación geodésica.*

Geoffroy Saint-Hilaire [*yofruá-Santiler*] (Etienne), naturalista francés (1772-1844), creador de la embriología.

geofísica f. Parte de la geología que estudia la física terrestre.

geografía f. Ciencia que estudia la descripción y la explicación del aspecto actual, natural y humano de la superficie de la Tierra: *geo-*

grafía física, económica, política, histórica. || Libro que trata de esta materia.

geográfico, ca adj. De la geografía: *estudio geográfico; expedición, misión, sociedad geográfica.*

geógrafo, fa m. y f. Especialista en geografía.

geoide m. Forma teórica de la Tierra determinada por la geodesia.

geología f. Ciencia que trata de la forma exterior e interior del globo terrestre; de la naturaleza de las materias que lo componen y de su formación, así como de su situación actual y las causas que la han determinado.

geológico, ca adj. Relativo a la geología: *fenómeno geológico.*

geólogo, ga m. y f. Especialista en geología.

geomagnético, ca adj. Del geomagnetismo: *prospección geomagnética del petróleo.*

geomagnetismo m. Magnetismo terrestre.

geomancia f. Adivinación supersticiosa que se hace valiéndose de los cuerpos terrestres o con dibujos hechos en la tierra.

geómetra m. Especialista en geometría.

geometría f. Disciplina matemática que estudia el espacio y las figuras o cuerpos que se pueden formar. || Obra que trata de esta materia. || — *Geometría analítica,* estudio de las figuras por medio del álgebra y valiéndose de coordenadas. || *Geometría del espacio,* geometría que corresponde a la representación intuitiva que podemos hacernos del espacio y que tiene tres dimensiones. || *Geometría descriptiva,* estudio de las figuras del espacio considerándolas en sus proyecciones ortogonales sobre dos planos perpendiculares. || *Geometría plana,* estudio de las figuras situadas en un plano.

geométrico, ca adj. De la geometría. || *Fig.* Exacto, preciso.

geomorfía o **geomorfología** f. Parte de la geografía física que trata de la descripción y explicación del relieve terrestre actual.

geonomía f. Estudio de las propiedades de la tierra vegetal.

geopolítica f. Estudio de las relaciones que existen entre los Estados y la política que llevan y las causas que determinan ésta.

George (Stefan), poeta simbolista alemán (1868-1933).

George Town, hoy *Penang.*

Georgetown, puerto y cap. de Guyana; 198 200 h. Obispado.

Georgia, uno de los Estados Unidos de Norteamérica, en el SE.; cap. *Atlanta.* — Rep. federada de la U. R. S. S., a orillas del mar Negro; cuatro millones de hab.; cap. *Tbilisi* (Tiflis). || ~ Estrecho del Pacífico entre la isla de Vancouver y la costa de Colombia Británica (Canadá).

georgiano, na adj. y s. De Georgia.

Georgias del Sur, islas de la Argentina, en las Antillas del Sur.

geórgico, ca adj. Agrícola. || — F. pl. Poema sobre la agricultura: *las « Geórgicas » de Virgilio.*

geosinclinal m. Depresión de la corteza terrestre en la que se acumulan sedimentos de detritos.

geotermia f. *Fís.* Calor interno de la Tierra.

geotérmico, ca adj. Relativo a la geotermia.

geotropismo m. Crecimiento de un órgano vegetal orientado con relación a la Tierra y debido a la fuerza de gravedad.

geoturístico, ca adj. Que participa a la vez de lo geográfico y de lo turístico: *« Costa del Sol » es una denominación geoturística.*

geraniáceas f. pl. Familia de plantas dicotiledóneas con cinco pétalos, como el geranio y el pelargonio (ú. t. c. adj.).

geranio m. Planta geraniácea, de flores de colores vivos.

Gérard (François, *barón de*), pintor de motivos históricos francés, n. en Roma (1770-1837).

Gerbault [*-bo*] (Alain), navegante francés (1893-1941), que en una pequeña embarcación dio la vuelta al mundo (1924-1929).

Gerchunoff (Alberto), escritor argentino (1884-1950), autor de cuentos (*Los gauchos judíos*) y novelas (*El hombre importante*).

gerencia f. Función del gerente. || Tiempo que dura. || Su oficina.

gerente m. Encargado, por los otros interesados, de la dirección de un establecimiento comercial o de una sociedad.

Gergovia, c. de la ant. Galia, cerca de la actual Clermont-Ferrand (Puy-de-Dôme). Sitiada por César fue defendida victoriosamente por Vercingetórix (52 a. de J. C.).

Gerhard (Roberto), músico español (1896-1970), naturalizado inglés.

Gerhardt (Charles Frédéric), químico francés (1816-1856), uno de los creadores de la notación atómica. || ~ (PAUL), poeta y teólogo alemán (1607-1676).

geriatra m. Médico especializado en geriatría.

geriatría f. Parte de la medicina que estudia las enfermedades de la vejez y su tratamiento.

Géricault [*yerikó*] (Théodore), pintor francés (1791-1824), iniciador de la escuela romántica.

gerifalte m. Ave rapaz parecida al halcón. || *Fig.* Persona que manda o muy importante.

Gerlache (Adrien de), marino belga (1866-1934). Realizó una expedición a la Antártida (1897-1899).

Germán (*San*), mártir del s. IV en Osuna (España). Fiesta el 23 de octubre.

germanesco, ca adj. Relativo a la germanía.

germanía f. Lenguaje de gitanos y rufianes. || Hermandad de los gremios de Valencia y de Mallorca. — Las *Germanías* se sublevaron y sostuvieron una guerra social [1519-1523] contra los nobles del reino de Valencia.

Germania, extensa región de Europa central, hoy *Alemania.* — Reino constituido por parte del Imperio Carolingio (843-1024).

germánico, ca adj. Relativo a Germania o los germanos. || Alemán. || — M. Lengua indoeuropea que hablaron los pueblos germanos y de la que se derivaron el alemán, el inglés y las lenguas escandinavas.

germanio m. Metal raro (Ge), de número atómico 32, parecido al silicio, que se encuentra en los minerales de cinc.

germanismo m. Giro propio de la lengua alemana. || Voz germánica. || Empleo de palabras o giros alemanes en otro idioma.

germanista m. y f. Especialista en estudios germánicos.

germanización f. Acción y efecto de germanizar.

germanizar v. t. Dar o hacer tomar carácter germánico.

germano, na adj. y s. De Germania. (Los *germanos,* de origen indoeuropeo, ocuparon el actual territorio de Alemania en el s. III a. de J. C.) || Alemán.

germanofilia f. Simpatía por lo germánico o alemán.

germanófilo, la adj. y s. Partidario de los germanos o los alemanes.

germanofobia f. Aversión a los germanos o alemanes.

germanófobo, ba adj. y s. Que odia a los germanos o alemanes.

germen m. Primera fase de cualquier ser organizado, vegetal o animal. || Término general que designa el huevo fecundado. || Microbio (bacteria, virus) capaz de engendrar una

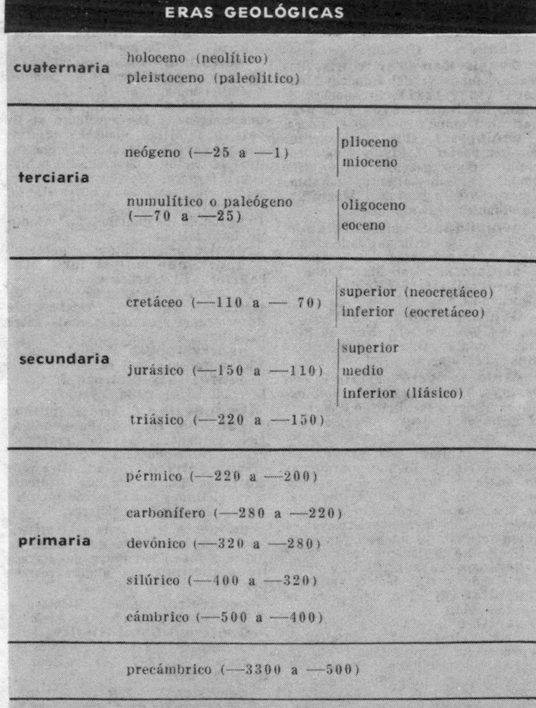

ERAS GEOLÓGICAS

cuaternaria	holoceno (neolítico) pleistoceno (paleolítico)	
terciaria	neógeno (—25 a —1)	plioceno mioceno
	numulítico o paleógeno (—70 a —25)	oligoceno eoceno
secundaria	cretáceo (—110 a — 70)	superior (neocretáceo) inferior (eocretáceo)
	jurásico (—150 a —110)	superior medio inferior (liásico)
	triásico (—220 a —150)	
primaria	pérmico (—220 a —200)	
	carbonífero (—280 a —220)	
	devónico (—320 a —280)	
	silúrico (—400 a —320)	
	cámbrico (—500 a —400)	
	precámbrico (—3300 a —500)	

N. B. La cronología aproximada se indica en millones de años y entre paréntesis.

enfermedad. || *Fig.* Principio, fuente, causa original: *el germen de una revolución.*

germicida adj. y s. m. Que destruye los gérmenes patógenos.

germinación f. Desarrollo del germen contenido en la semilla.

germinador, ra adj. Que tiene la facultad de germinar.

germinal adj. Del germen. || — M. Séptimo mes del calendario republicano francés (del 21 ó 22 de marzo al 18 ó 19 de abril).

germinar v. i. Salir el germen en la semilla. || *Fig.* Empezar a desarrollarse: *idea que germinó en todo el mundo.* | Brotar, aparecer.

germinativo, va adj. Relativo a la germinación.

Germiston, c. de la Rep. de África del Sur (Transvaal). Minas de oro. Centro industrial.

Gerona, c. del NE. de España (Cataluña), cap. de la prov. homónima. Atravesada por el río Oñar. Catedral gótica (s. XI-XV). Comercio e industrias. Resistió heroicamente a los franceses en 1808.

gerontocracia f. Gobierno confiado a los ancianos.

gerontología f. Estudio de los fenómenos que producen la vejez. || Estudio de la vejez en sus diversos aspectos: morfológicos, fisiopatológicos (geriatría), psicológicos, sociales, etc.

gerontólogo m. Especialista en gerontología.

Gers, dep. en el S. de Francia, cap. *Auch.* Agricultura, ganadería.

Gershwin (George), músico norteamericano (1898-1937), autor de *Rapsodia in blue, Un americano en París* (ballet), *Porgy and Bess* (ópera).

Gerson (Jean CHARLIER, llamado), teólogo y predicador francés (1363-1429).

Gerstein (Noemí), escultora abstracta argentina, n. en 1910.

gerundense adj. y s. De Gerona: *la resistencia gerundense.*

gerundio m. *Gram.* Forma verbal invariable que expresa la acción del verbo como ejecutándose en el tiempo en que se habla: *estaban durmiendo, vino corriendo.* || Empléase a veces como ablativo absoluto: *reinando Alfonso XIII se proclamó la República.* || — El *gerundio,* cuyas terminaciones regulares son *ando,* en la primera conjugación, y *iendo,* en la segunda y tercera, constituye, como el infinitivo y el participio, una forma verbal no personal. El gerundio puede ser simple (*escribiendo*) y compuesto (*habiendo escrito*) y en ambos casos modifica la significación verbal y le añade una función adverbial o adjetiva. (Es censurable el empleo de dos gerundios seguidos.)

Gervasio y **Protasio** *(Santos),* hermanos gemelos mártires en Milán (s. I). Fiesta el 19 de junio.

Gessen (PAÍS DE), región E. del delta del Nilo (Egipto).

Gessner (Salomon), poeta y pintor paisajista suizo (1730-1788).

gesta f. Poema épico o heroico de la Edad Media: *cantares de gesta.* || Conjunto de hazañas o hechos memorables de alguien.

gestación f. Estado en que se encuentra una hembra embarazada. || Tiempo que dura este estado, que puede ser de 21 días en los ratones y 640 en el elefante. || *Fig.* Período de elaboración de una obra de la inteligencia: *la gestación de un libro.*

Gestapo (abrev. de *GEheime STAats POlizei*), policía política y secreta del partido nacionalsocialista alemán y, luego, del Estado.

gestar v. t. Llevar y sustentar la madre en sus entrañas a su futuro hijo. || — V. pr. Desarrollarse, hacerse, crecer.

gestatorio, ria adj. Que ha de llevarse a brazos: *silla gestatoria del Papa.*

gestear v. i. Hacer gestos.

gestero, ra adj. y s. Que tiene el hábito de hacer gestos.

gesticulación f. Movimiento de las facciones que indica afecto o pasión. || Ademán.

gesticulador, ra adj. Gestero.

gesticulante adj. Que gesticula.

gesticular v. i. Hacer gestos.

Gestido (Óscar), militar y político uruguayo (1901-1967), pres. de la Rep. en 1967.

gestión f. Administración: *gestión de un negocio.* || Trámite, diligencia, paso: *hacer gestiones inútiles para obtener el pasaporte.*

gestionar v. t. Hacer gestiones o trámites, dar los pasos para obtener alguna cosa.

gesto m. Movimiento de las facciones que expresa un estado de ánimo: *torcer el gesto de dolor.* || Semblante, aspecto: *un gesto desagradable.* || Ademán. || Rasgo: *realizó un gesto de bondad.* || *Fruncir el gesto,* poner mala cara.

gestor, ra adj. y s. Que gestiona. || — M. y f. Gerente de una empresa o sociedad, administrador.

gestoría f. Agencia que gestiona los asuntos de los demás.

Geta (189-212), emperador romano junto con Caracalla, quien le hizo dar muerte.

Getafe, pobl. en el suburbio S. de Madrid (España). Aeródromo.

Getsemaní, huerto de olivos, cerca de Jerusalén, donde oró y fue prendido Jesús antes de la Pasión.

Gettysburg, c. de Estados Unidos (Pensilvania).

Getulia, ant. región de África del N., al S. de Numidia.

getulo, la adj. y s. De Getulia. (Los *getulos,* beréberes nómadas, fueron sometidos por los romanos el año 6 a. de J. C.)

géyser m. Fuente intermitente de agua caliente.

Ghana, república de África occidental, miembro del Commonwealth, formada por Costa de Oro y el Togo británico; 237 875 km²; 9 000 000 h. La cap. es *Accra* (900 000 h.). Independiente en 1957.

ghanés, esa adj. y s. De Ghana.

ghetto [*gueto*] m. Judería. || *Fig.* Lugar donde vive una minoría separada del resto de la sociedad.

Ghiano (Juan Carlos), escritor argentino, n. en 1920, autor de *Constantes de la literatura argentina.*

Ghiberti (Lorenzo), escultor, orfebre y arquitecto florentino (1378-1455), autor de la *Puerta del Paraíso* del baptisterio de Florencia.

Ghiraldo (Alberto), escritor argentino (1874-1946), autor de *Triunfos nuevos* (poemas), *Los salvajes* (teatro).

Ghirlandaio [*guir-*] (Domenico BIGORDI, llamado), pintor florentino del Renacimiento (1449-1494), autor de frescos.

Giacometti (Alberto), escultor y pintor expresionista suizo (1901-1966).

Gianneo (Luis), músico folklórico argentino (1897-1968).

giba f. Joroba.

gibar v. t. Corcovar. || *Fig. y fam.* Dar la lata, molestar.

Gibara, río y térm. mun. de Cuba (Oriente).

Gibbons (Orlando), músico inglés (1583-1625).

Gibbs (Willard), físico norteamericano (1839-1903), que investigó sobre termodinámica.

gibelino, na adj. y s. V. GÜELFO.

gibón m. Género de monos asiáticos de brazos muy largos.

gibosidad f. Cualquier protuberancia en forma de giba.

giboso, sa adj. y s. Jorobado.

Gibraltar, c. y puerto de la Península Ibérica, en el estrecho homónimo, brazo de mar (15 km) que separa España de Marruecos. El peñón (6 km²) es posesión británica desde 1704, a pesar de las reclamaciones españolas. Obispado. Base aeronaval. Es la ant. *Calpe.*

gibraltareño, ña adj. y s. De Gibraltar.

gicleur [*yicler*] m. (pal. fr.). Surtidor del carburante de un vehículo automóvil.

Gide (André), escritor francés, n. en París (1869-1951). Analista notable del alma humana y prosista de estilo cuidado, sus obras proclaman la liberación del hombre de todo prejuicio moral. (*Alimentos terrestres, El inmoralista, Las cuevas del Vaticano, Diario*). [Pr. Nóbel, 1947.]

Giessen, c. de Alemania Occidental (Hesse).

giga f. Cierto baile antiguo. || Su música.

giganta f. Mujer de gran estatura. || Girasol, planta.

Giganta (SIERRA DE LA). V. CONCEPCIÓN.

gigante adj. Gigantesco, muy grande: *árboles gigantes.* || — M. Hombre muy alto. || Personaje de cartón que, junto a los cabezudos, figura en ciertos festejos populares. || *Fig.* Coloso, persona que sobresale en algo: *un gigante de la literatura.*

Gigantes || ~ (MONTES DE LOS), en alemán *Riesengebirge* y en checo *Krknoshe,* montes entre Polonia y Checoslovaquia. || ~ (LOS), peniplanicie de la Argentina en la sierra de Córdoba; 2 350 m.

gigantesco, ca adj. Propio de los gigantes. || *Fig.* Enorme, colosal, descomunal, excesivo o sobresaliente en su línea: *edificio gigantesco; fuerzas gigantescas.*

gigantismo m. Desarrollo o crecimiento excesivo del cuerpo o de algunas de sus partes.

gigantomaquia f. Combate fabuloso de los gigantes contra los dioses.

gigantón, ona m. y f. Gigante de los festejos.

gigolo [*yigoló*] m. (pal. fr.). Hombre joven que saca beneficio de su trato con mujeres de mayor edad que él.

gigote m. Guisado de carne picada y rehogada en manteca.

Gijón, c. y puerto en el N. de España (Oviedo). Universidad laboral. Industrias.

gijonense y **gijonés, esa** adj. y s. De Gijón.

Gil (Martín), escritor y meteorólogo argentino (1868-1955), autor de *Prosa rural.* || ~ **Fortoul** (JOSÉ), escritor y político venezolano (1862-1943), autor de *Julián* y *Pasiones* (novelas) y de ensayos históricos. || ~ **Gilbert** (ENRIQUE), escritor ecuatoriano, n. en 1912, autor de *Yugla, Nuestro pan* (novelas). || ~ **Polo** (GASPAR), poeta español (¿1529-1591?), autor de *Diana enamorada,* novela pastoril, escrita en prosa y en verso. || ~ **Robles** (JOSÉ MARÍA), abogado y político español, n. en 1908, fundador de la C. E. D. A. Autor de *No fue posible la paz* (memorias). || ~ **Vicente** V. VICENTE. || ~ **y Carrasco** (ENRIQUE), novelista romántico español (1815-1846), autor de *El Señor de Bembibre.* || ~ **y Zárate** (ANTONIO), dramaturgo romántico español (1796-1861), autor de *Carlos II el Hechizado* y *Cuidado con los novios.*

Gil Blas de Santillana *(Historia de),* novela del escritor francés Lesage (1715), inspirada en la obra picaresca española *Marcos de Obregón,* de Vicente Espinel.

Gila, río del S. de Estados Unidos que atraviesa el desierto homónimo y des. en el Colorado; 800 km.

Gilardi (Gilardo), músico argentino (1889-1963), autor de la ópera *La leyenda del urutaú.*

Gilbert y Ellice (ISLAS), archip. británico en Polinesia; cap. *Tarawa.* Fosfatos.

Gilgamés, héroe legendario babilonio.

gilí adj. y s. *Fam.* Tonto, necio.

Gili Gaya (Samuel), filólogo español, n. en 1892, autor de un *Diccionario* y un *Curso Superior de Sintaxis Española.*

Gilolo. V. HALMAHERA.

gimnasia f. Arte de desarrollar y dar agilidad al cuerpo por medio de ciertos ejercicios. | Estos ejercicios. ‖ *Fig.* Práctica o ejercicio que adiestra en cualquier actividad. ‖ *Fam. Confundir la gimnasia con la magnesia,* equivocarse del todo en una apreciación.

gimnasio m. Local destinado a ejercicios gimnásticos. ‖ Instituto en Alemania y Suiza. ‖ (Ant.). Establecimiento de educación.

gimnasta com. Persona que hace gimnasia o ejercicios gimnásticos.

gimnástico, ca adj. De la gimnasia. ‖ *Paso gimnástico,* paso ligero en las carreras.

gimnospermas f. pl. Grupo de plantas fanerógamas que no tienen encerradas las semillas en un óvulo (ú. t. c. adj.).

gimnoto m. Pez de los ríos de América del Sur, con forma de anguila, que produce descargas eléctricas.

gimoteador, ra adj. y s. Llorón, que gimotea.

gimotear v. i. *Fam.* Lloriquear.

gimoteo m. *Fam.* Lloriqueo.

Ginastera (Alberto), músico argentino, n. en 1916, autor del ballet *Panambí, Sinfonía porteña* y *Danzas argentinas para piano,* y de las óperas *Rodrigo* y *Bomarzo.*

ginebra f. Bebida alcohólica aromatizada con bayas de enebro.

Ginebra, en fr. *Genève,* c. de Suiza, cap. del cantón homónimo a orillas del lago Leman. Sede de organismos internacionales. ‖ ~ (LAGO DE). V. LEMAN.

ginebrés, esa y **ginebrino, na** adj. y s. De Ginebra (Suiza).

gineceo m. Habitación retirada que destinaban los griegos a las mujeres. ‖ *Bot.* Parte femenina de la flor compuesta por los pistilos.

ginecología f. Ciencia de la morfología, la fisiología, la patología y la psicología de la mujer. ‖ Especialidad médica que trata de las enfermedades de la mujer.

ginecólogo, ga m. y f. Médico especialista en ginecología.

Giner de los Ríos (Francisco), filósofo krausista, pedagogo y escritor español (1839-1915). Fundó la Institución Libre de Enseñanza.

gingival adj. Relativo a las encías: *afección gingival.*

gingivitis f. *Med.* Inflamación de las encías.

Gioconda *(La),* retrato de Leonardo de Vinci (Louvre).

Giono (Jean), novelista francés (1895-1970).

Giordano (Luca), pintor italiano llamado *il Fa presto* por su virtuosismo (1632-1705). Trabajó en El Escorial. Conocido en España con el n. de *Lucas Jordán.*

Giorgione (Giorgio BARBARELLI DA CASTELFRANCO, llamado), pintor italiano (1477-1510).

Giotto di Bondone, pintor florentino (1266-1337), autor de frescos. Fue amigo de Dante.

Giovanni da Fiésole. V. ANGÉLICO *(Fra).*

gira f. Excursión de recreo. ‖ Viaje de un artista, un escritor, etc., por varios sitios. ‖ *Amer.* Viaje de propaganda política. ‖ *Méx.* Cortar el maguey maduro para elaborar la tequila.

girado m. *Com.* Aquel contra quien se gira la letra de cambio.

girador m. *Com.* El que gira la letra de cambio.

giralda f. Veleta.

Giralda, torre cuadrada de la catedral de Sevilla, construida por los árabes de 1184 a 1196. El remate actual, de estilo renacentista, fue añadido en 1568.

giraldilla f. Cierto baile asturiano. ‖ *Taurom.* Cierto pase de muleta.

Giraldo (Francisco), abogado y escritor colombiano (1884-1926), autor de *Titanes.*

girar v. i. Moverse en redondo, dar vueltas: *la rueda gira en su eje.* ‖ *Fig.* Versar, tener por tema: *la conversación giraba en torno a la política.* ‖ *Com.* Expedir letras u órdenes de pago. Ú. t. c. t.: *girar un letra.* | Transferir una cantidad. | Remitir por correo o por telégrafo dinero (ú. t. c. t.). ‖ Torcer, desviarse de la dirección: *la calle gira a la derecha.* ‖ V. t. Hacer dar vueltas: *girar la peonza.* ‖ Hacer, ir: *girar una visita oficial.*

Girardon (François), escultor francés (1628-1715). Decoró el palacio de Versalles.

Girardot, c. de Colombia (Cundinamarca). Ferias. Café.

Girardot (Atanasio), héroe colombiano (1791-1813). Halló la muerte en el monte Bárbula (Venezuela), al hincar en su cúspide el estandarte republicano.

girasol m. Planta compuesta, de grandes flores amarillas que siempre miran al sol.

giratorio, ria adj. Que gira o se mueve alrededor: *placa giratoria.*

Giraudoux [*yirodú*] (Jean), dramaturgo francés (1882-1944), autor de *Anfitrión 38, Intermezzo, La loca de Chaillot, Ondina,* etc. Escribió también novelas.

Giresún. V. KERASUNDA.

Girgeh o **Girga,** c. y prov. del Alto Egipto, en la orilla O. del Nilo, cerca de la ant. Abidos.

Girgenti. V. AGRIGENTO.

girl [*guerl*] f. (pal. ingl.). Bailarina de conjunto, corista.

giro m. Movimiento circular. ‖ Dirección o aspecto que toma una conversación, un asunto, etc.: *tomar mal giro.* ‖ Construcción de la frase: *un giro elegante.* ‖ Transferencia o envío de fondos por medio de letras, libranzas o a través de las oficinas de Correos *(postal)* o Telégrafos *(telegráfico).* ‖ *Derechos de giro,* cantidad de divisas que el Fondo Monetario Internacional puede poner a disposición de sus miembros para que éstos salden el déficit de su balanza de pagos respecto a otras naciones.

girón m. Jirón.

Girón, c. de Colombia (Santander). — Pobl. del Ecuador (Azuay).

Girón de Rebolledo (Ana), dama y escritora española del s. XVI, casada con Boscán.

Gironda, en fr. *Gironde,* n. del río francés Garona, después de su confluencia con el Dordoña.

Gironde, dep. del SO. de Francia; cap. *Burdeos.* Vinos.

girondino, na adj. y s. De Gironde (Francia). ‖ Relativo al partido político de los girondinos. (Durante la Revolución francesa de 1789, los *girondinos* constituían el ala moderada de la Convención.)

Girondo (Oliverio), poeta ultraísta argentino (1891-1967), autor de *Veinte poemas para ser leídos en el tranvía, Calcomanías,* etc.

Gironella (José María), novelista español, n. en 1917, autor de *Los cipreses creen en Dios, Un millón de muertos, Ha estallado la paz,* etc.

giroscopio m. Aparato que, efectuando un movimiento de rotación alrededor de uno de sus ejes, se puede modificar su posición de cualquier modo sin que la dirección del eje de rotación experimente ningún cambio.

giróstato m. Cualquier sólido que gire a gran velocidad alrededor del eje que posee.

Giscard D'Estaing (Valéry), político francés, n. en 1926. Pres. de la Rep. desde 1974.

Gisors, c. de Francia (Eure).

gitanada f. Acción propia de gitanos. ‖ *Fig.* Caricia interesada.

gitanear v. i. *Fig.* Halagar, adular con gitanería para conseguir lo que se desea. | Andarse con engaños.

gitanería f. Mimo interesado hecho con zalamería y gracia. ‖ Engaño. ‖ Reunión de gitanos. ‖ Dicho o hecho propio de gitanos.

gitanismo m. Costumbres y maneras de los gitanos. ‖ Vocablo o giro de la lengua de los gitanos. ‖ Gitanería.

gitano, na adj. y s. Dícese de un pueblo nómada que parece proceder del N. de la India. ‖ — Adj. Propio de los gitanos. ‖ *Fig.* Zalamero, adulador.

Giusti (Roberto Fernando), escritor y crítico argentino, autor de *Literatura y vida,* n. en 1887.

Gizéh o **Giza,** c. y prov. de Egipto, en la orilla O. del Nilo, cerca de las grandes pirámides.

Gjellerup (Karl), escritor danés (1857-1919), autor de novelas, dramas y poesías.

°Gl, símbolo del *grado alcohométrico centesimal.*

glabro, bra adj. Lampiño.

glaciación f. Transformación en hielo. ‖ Período glaciar.

glacial adj. Que hiela, de frío intenso: *viento glacial.* ‖ De hielo: *océano Glacial.* ‖ *Fig.* Frío, muy poco caluroso: *mostró una actitud glacial con él.*

Glacial ‖ ~ **Antártico** *(Océano),* océano que rodea el continente Antártico, al S. de los océanos Atlántico, Pacífico e Índico. ‖ ~ **Ártico** *(Océano),* conjunto de mares de la parte boreal de la Tierra, limitado por las costas septentrionales de Asia, América y Europa, y por el Círculo Polar Ártico; 13 millones de km².

glaciar m. Masa de hielo formada en las altas montañas que se desliza lentamente hacia los valles. ‖ — Adj. Del glaciar: *período glaciar.*

Glaciares (PARQUE NACIONAL DE LOS), parque de la Argentina (Santa Cruz). En él están los lagos Viedma y Argentino.

glacis m. *Fort.* Explanada.

gladiador m. Luchador que en Roma combatía, en los juegos del circo contra un hombre o fiera.

gladiolo y **gladíolo** m. Planta iridácea de flores ornamentales.

Gladstone [*-tón*] (William Ewart), político liberal inglés (1809-1898), cuatro veces primer ministro. Se consagró al librecambismo y al reconocimiento legal de los sindicatos obreros.

Glamorgan, condado de Gran Bretaña, al S. del País de Gales; cap. *Cardiff;* c. pr. *Swansea.*

glande m. Bálano, cabeza del miembro viril.

glándula f. Órgano de origen epitelial cuya función es la de segregar ciertas sustancias fuera del organismo.

glandular adj. De las glándulas: *sistema glandular.*

glasé m. Tela de seda brillante.

glaseado, da adj. Que imita o se parece al glasé. ‖ Abrillantado, satinado. ‖ — M. Acción y efecto de glasear.

glasear v. t. Dar brillo a la superficie de algo: *glasear papel.*

glaseo m. Glaseado.

Glasgow, c. y puerto de Gran Bretaña en Escocia, a orillas del Clyde. Arzobispado. Universidad. Industrias. Comercio.

glauco, ca adj. Verde claro. ‖ — M. Molusco gasterópodo marino.

glaucoma m. *Med.* Endurecimiento del globo ocular, debido al aumento de la presión interna, que acarrea disminución de la vista.

Glazunov (Aleksandr), músico ruso (1865-1936), autor de ocho *Sinfonías.*

gleba f. Terrón de tierra. ‖ *Siervos de la gleba,* los que dependían de la tierra que cultivaban y eran enajenados con ella.

Glendale, c. de Estados Unidos (California), en los suburbios de Los Ángeles.

Gleiwitz. V. GLIWICE.

glicéridos m. pl. Nombre genérico de los ésteres de la glicerina (ú. t. c. adj.).

glicerina f. Sustancia orgánica líquida, incolora y viscosa extraída de los cuerpos grasos por saponificación.

glicerofosfato m. *Quím.* Sal derivada de la combinación del ácido fosfórico con la glicerina.

glicina f. Planta papilionácea de jardín, de flores azuladas.

glicocola f. *Quím.* Ácido aminado que se encuentra en numerosas proteínas.

glicógeno y derivados, v. GLUCÓGENO.

glicol m. *Quím.* Alcohol orgánico biatómico.

Glinka (Mikhail Ivanovich), compositor ruso (1804-1857), creador de la escuela musical moderna en su país. Autor de óperas (*La vida por el Zar*) y música de cámara. Estuvo en España y se inspiró en su música (*Jota aragonesa* y *Noche de verano en Madrid*).

glioma m. *Med.* Tumor en un órgano del sistema nervioso.

glíptica f. Arte de grabar en piedras finas.

gliptodonte m. Gigantesco mamífero fósil desdentado provisto de un caparazón dividido en piezas hexagonales.

gliptografía f. Estudio de las piedras grabadas antiguas.

gliptoteca f. Museo de escultura: *la Gliptoteca de Munich.*

Gliwice, en alem. *Gleiwitz,* c. de Polonia (Silesia).

global adj. Tomado en su conjunto, total: *visión global.*

globe-trotter m. (pal. ingl.). Persona que viaja a través el mundo. (Pl. *globe-trotters.*)

globo m. Esfera. || La Tierra. || Cubierta de cristal esférico que se pone sobre una bombilla eléctrica u otro foco de luz para protegerlos. || Aeróstato, bolsa que se hincha con un gas menos pesado que el aire y que se eleva en la atmósfera. || Objeto de goma, de forma parecida, lleno también de un gas ligero, que se usa como juguete o como adorno en las fiestas. || — *Globo del ojo,* órgano de la vista. || *Globo sonda,* aeróstato sin tripulación lanzado para observaciones meteorológicas. || *Globo terráqueo* o *terrestre,* la Tierra o esfera que la representa.

globular adj. De forma de glóbulo. || Compuesto de glóbulos.

globulariáceas f. pl. Familia de plantas angiospermas dicotiledóneas (ú. t. c. adj.).

globulina f. Elemento de la sangre, de dos a cuatro micras, que interviene en la coagulación.

glóbulo m. Pequeño cuerpo esférico. || Nombre de las células de la sangre y de la linfa: *glóbulos rojos* (hematíes, eritrocitos) y *glóbulos blancos* (leucocitos).

globuloso, sa adj. Globular.

glomérulo m. *Anat.* Grupo de vasos sanguíneos o de fibras nerviosas.

Glommen, río de Noruega, que des. en el Skagerrak; 567 km.

gloria f. Fama grande: *desprecio las glorias terrestres.* || Motivo de orgullo: *los cuadros de Velázquez son las glorias del museo del Prado.* || Persona que ha alcanzado gran fama o renombre: *las glorias nacionales.* || Esplendor de la majestad divina: *gloria a Dios en las alturas.* || Bienaventuranza celeste que gozan los elegidos después de su muerte. || Aureola luminosa que rodea el cuerpo de Cristo o de un santo. || *Fig.* Lo que proporciona gran satisfacción: *es una gloria ver a los niños tan sanos.* || — *Fig. Estar en la gloria,* encontrarse muy satisfecho o muy bien. | *Oler a gloria,* oler muy bien. | *Saber a gloria,* ser exquisito. | *Trabajar por la gloria,* trabajar por nada, gratis. || — M. Rezo dicho en la misa después del *Kirie eleison* y que comienza por las palabras *Gloria in excelsis Deo.* || *Gloria Patri,* versículo con que termina la Iglesia católica los salmos cantados en el oficio y que comienza por las palabras *Gloria Patri et Filio.*

Gloria (SERRANÍA), sector de la Sierra Madre Oriental de México (Coahuila y Nuevo León).

gloriado m. *Amer.* Ponche de aguardiente y azúcar.

gloriar v. t. Glorificar. || — V. pr. Presumir, vanagloriarse, jactarse de una cosa.

glorieta f. Armazón de madera o hierro recubierto de plantas que abriga en un jardín un lugar cerrado, cenador. || Plazoleta en un jardín. || Plazoleta con jardines en una población. || Plaza en una encrucijada de calles o alamedas.

glorificación f. Ensalzamiento.

glorificador, ra adj. y s. Persona o cosa que glorifica.

glorificar v. t. Honrar, celebrar, ensalzar, alabar. || Llamar a gozar de las bienaventuranzas celestiales: *Dios glorifica los santos.* || — V. pr. Honrarse, gloriarse.

glorioso, sa adj. Que ha adquirido gloria o fama: *personaje glorioso.* || Que proporciona gloria: *muerte, combate glorioso.* || Dícese de las cosas del cielo o de los seres celestiales: *la gloriosa Virgen María.* || *La Gloriosa,* n. dado a la revolución española de 1868, que obligó a la reina Isabel II a exilarse en Francia.

glosa f. Explicación de algunas palabras poco claras de una lengua por otras más comprensibles: *las glosas de las Escrituras.* || Comentario o nota que aclara la comprensión de un texto. || Comentario: *glosas de la actualidad.* || *Hacer una glosa de,* hacer el panegírico de.

glosador, ra adj. y s. Comentador: *glosadores clásicos.*

glosar v. t. Comentar, hacer comentarios. || Interpretar malévolamente algo.

glosario m. Diccionario o léxico en el que se da la explicación de las palabras poco claras. || Léxico de un autor al final de una edición clásica.

glosilla f. *Impr.* Carácter de letra menor que la de breviario.

glosina f. Mosca tse-tsé.

glositis f. *Med.* Inflamación de la lengua.

glosofaríngeo, a adj. De la faringe o de la lengua.

glosopeda f. Enfermedad epizoótica del ganado.

glotis f. Orificio superior de la laringe, entre las dos cuerdas vocales inferiores.

glotón, ona adj. y s. Que come mucho y con ansia. || — M. Mamífero carnívoro del Ártico.

glotonear v. i. Comer con glotonería.

glotonería f. Vicio del glotón.

Gloucester [*glóster*], c. de Gran Bretaña en Inglaterra, cap. del condado homónimo. Catedral.

glucemia f. Presencia de azúcar en la sangre.

glúcido m. Componente de la materia viva que contiene carbono, hidrógeno y oxígeno. (Son llamados también *hidratos de carbono.*)

Gluck (Christoph Willibald), músico alemán (1714-1787), autor de óperas (*Orfeo, Alcestes, Ifigenia en Aulide, Ifigenia en Táuride, Armida,* etc.).

glucina f. *Quím.* Óxido de glucinio.

glucinio m. *Quím.* Berilio.

glucogénesis y **glucogenia** f. Formación de glucosa por hidrólisis del glucógeno.

glucógeno m. Hidrato de carbono existente en el hígado, y que, por hidrólisis, se transforma en azúcar.

glucómetro m. Areómetro para medir la cantidad de azúcar que tiene una disolución.

glucosa f. Azúcar que se encuentra en ciertas frutas (uvas) y en la composición de casi todos los glúcidos.

glucósido m. *Quím.* Cualquiera de los compuestos de la glucosa existentes en los vegetales.

glucosismo m. Estado morboso producido por exceso de azúcar.

glucosuria f. Presencia de glucosa en la orina.

gluten m. Materia albuminoidea que se encuentra juntamente con el almidón en la harina de los cereales.

glúteo, a adj. De la nalga: *músculo glúteo* (ú. t. c. s. m.).

glutinoso, sa adj. Pegajoso.

G. M. T., abrev. de la expresión inglesa *Greenwich mean time,* hora media del meridiano de Greenwich.

gneis m. Roca de estructura pizarrosa e igual composición que el granito.

Gnido. V. CNIDO.

Gniezno, ant. *Gnesen,* c. de Polonia, al N. de Poznan. Arzobispado.

gnomo m. Enano.

gnosis f. Doctrina de los gnósticos. || Alta teología. || Filosofía de los magos.

gnoticismo m. Sistema religioso y filosófico cuyos partidarios pretendían tener un conocimiento completo y trascendente de todo.

gnóstico, ca adj. Del gnosticismo. || Su partidario (ú. t. c. s.).

gnu m. Especie de antílope de África del Sur.

Goa, c. de la India, en la costa de Malabar. El territorio de Goa fue portugués hasta 1961. Está integrado hoy en el *territorio de Goa, Damao y Diu* (3 700 km² y 662 000 h.; cap. *Panjim*).

Goascarán, río en la frontera de Honduras y El Salvador; des. en el golfo de Fonseca; 129 km.

Gobelinos, famosa manufactura de tapices fundada en París por Colbert en 1662.

gobernable adj. Que se puede gobernar.

gobernación f. Gobierno, acción y efecto de gobernar o gobernarse. || Ejercicio del gobierno. || En ciertos países, territorio que depende del gobierno nacional. || *Ministerio de la Gobernación,* el del Interior, encargado de la administración local y del mantenimiento del orden en un país.

gobernador, ra adj. y s. Que gobierna. || — M. Persona que gobierna un territorio por delegación del Poder central. || Autoridad que en España gobierna una provincia o una división administrativa (*gobernador civil, militar*). || En América, jefe del Poder ejecutivo de un Estado federado. || Director de un gran establecimiento financiero público: *el gobernador del Banco de España.*

gobernalle m. *Mar.* Timón.

gobernante adj. y s. Que gobierna.

* **gobernar** v. t. Dirigir la política de: *gobernar un Estado.* || Dirigir la conducta de, tener autoridad sobre: *gobernar una comunidad.* || *Fig.* Tener poder o fuerza para regir: *gobernar su imaginación.* | Dominar, manejar: *gobernado por deseos inconfesables.* || Dirigir un barco con el gobernalle o timón. || — V. i. Seguir el barco las direcciones señaladas por el timón.

Gobi, en chino *Chamo,* gran meseta desierta de Asia Central, en el S. de la Rep. de Mongolia Exterior y las prov. chinas de Sinkiang y Kansu; dos millones de km².

gobiernista adj. *Amer.* Gubernamental.

gobierno m. Dirección: *el gobierno de una familia.* || Dirección de la política de un país. || Forma política que tiene un Estado: *gobierno democrático.* || Conjunto de los órganos de un Estado que determinan la orientación de la política del país. || Conjunto de los ministros que llevan a cabo la política interior o exterior de un Estado. || Circunscripción administrativa en algunos países. || Dirección de una provincia o de una división administrativa: *gobierno civil, militar.* || Edificio donde está instalado este gobierno. || *Mar.* Timón, gobernalle. || *Fig.* Lo que debe servir de dirección, de regla de conducta en un asunto: *esto se lo digo para su gobierno.* | Información: *para su buen gobierno.*

Gobineau [*-nó*] (Joseph Arthur *conde de*), diplomático y escritor francés (1816-1882), autor del *Ensayo sobre la desigualdad de las razas humanas.*

gobio m. Pez de las aguas litorales. || Pez acantopterigio de agua dulce, comestible.

goce m. Sensación de placer.

Godaveri o **Godavari,** río sagrado de la India, que des. en el golfo de Bengala; 1 500 km.

Godesberg. V. BAD GODESBERG.

Godínez (Felipe), autor dramático y comediógrafo clásico español (1588-1639).

Godjam, prov. y macizo montañoso de Etiopía, al S. del lago Tana: 4 320 m.

godo, da adj. De los godos. || (Ant.). Rico y poderoso. || — M. Individuo de un pueblo germánico que se estableció en Italia y España. || *Amer.* Español en la guerra de Independencia.

— Los *godos* eran un pueblo de Germania, dividido en *ostrogodos* (godos del Este) y *visigodos* (godos del Oeste), que invadieron el Imperio Romano en 410, al mando de Alarico. Conquistaron la Galia y se adentraron en España, donde fundaron su reino (410-711).

Godofredo de Bouillon, jefe de la Primera Cruzada y primer rey de Jerusalén (1061-1100).

Godoy, pobl. de la Argentina (Santa Fe). || **~ Cruz,** dep. y pobl. de la Argentina (Mendoza). Vinos.

Godoy (Juan), escritor chileno, n. en 1911, autor de la novela social *Angurrientos.* || **~ Alcayaga** (LUCÍA). V. MISTRAL. || **~ y Álvarez de Faria** (Manuel), político español, n. en Castuera (Badajoz) [1767-1851]. Guardia de corps, fue favorito de Carlos IV y de su esposa María Luisa de Parma. Ministro del Rey en 1792, luchó primero contra la Revolución Francesa, pero firmó después en Basilea un acuerdo con sus dirigentes que le valió el título de *Príncipe de la Paz.* Tuvo luego que someterse a las exigencias de Napoleón y, aunque en 1806 intentó aliarse con Inglaterra, el motín de Aranjuez le obligó a desterrarse. M. en París.

Godthaab, cap. de Groenlandia.

Godunov (Boris) [1551-1605], zar de Moscovia después de haber envenenado a su cuñado Fedor I, de quien había sido ministro.

Godwin (William), escritor inglés (1756-1836), autor de *Justicia política* (ensayo) y *Las aventuras de Caleb Williams* (novela).

Godwin Austen. V. K2.

Goes (Hugo VAN DER). V. VAN DER GOES.

Goés (Damião), historiador portugués (1502-1574).

Goethals (George Washington), ingeniero norteamericano (1858-1928), que dirigió la construcción del canal de Panamá (1904-1914).

Goethe (Johann Wolfgang), poeta alemán, n. en Francfort del Meno (1749-1832), uno de los genios de la literatura universal. Autor de dramas *(Egmont, Clavijo* y *Goetz de Berlichingen),* novelas *(Werther, Los años de aprendizaje de Guillermo Meister* y *Las afinidades electivas),* poesías *(Elegías romanas* y *Hermann y Dorotea)* y *Fausto,* creación filosoficopoética.

gofio m. Harina de maíz tostado.

gofrado, da adj. Estampado.

gofrar v. t. *Tecn.* Estampar en seco dibujos en papel, cuero u otra materia.

Gogh (Vicente VAN). V. VAN GOGH.

Gogol (Nikolai), novelista ruso (1809-1852), autor de *Las almas muertas, Taras Bulba.*

Goiania, c. del Brasil, cap. del Estado de Goiás. Arzobispado.

Goiás, c. del Brasil, ant. cap. del Est. de Goiás. Obispado. — Estado del centro del Brasil; cap. *Goiania.* Níquel.

gol m. En el fútbol y en otros deportes, suerte de entrar un equipo el balón en la portería contraria. || *Gol averaje,* cociente de goles en favor y en contra.

gola f. Garganta. || Pieza de la armadura que cubre la garganta. || Gorguera del cuello. || *Arq.* Moldura en forma de S: *gola inversa, gola reversa.* || *Fort.* Entrada desde la plaza al baluarte. || *Mar.* Embocadura estrecha o canal de un puerto o ría por donde entran los barcos.

Golconda, ant. c. y reino de la India (Andhra Pradesh). Destruidos por Aurangzeb (1687).

Goldoni (Carlo), escritor italiano (1707-1793), autor de comedias de costumbres *(La posadera* y *El abanico).*

Goldsmith (Oliver), escritor inglés (1728-1774), autor de la novela *El vicario de Wakefield.*

Golea (El), oasis del Sáhara argelino, al SO. de Uargla.

goleada f. Tanteo excesivo en un encuentro deportivo.

goleador m. En deportes, jugador que marca goles.

golear v. t. Marcar muchos goles en un partido deportivo.

goleta f. Barco pequeño de dos palos y un cangrejo en cada uno.

Goleta (La), c. y puerto de Túnez, cerca de la c. de este n.

golf m. Juego que consiste en introducir una pelota, por medio de palos *(clubs),* en una serie de agujeros abiertos en terreno accidentado y cubierto de césped.

golfa f. Ramera.

golfante m. Golfo.

golfear v. i. *Fam.* Pillear.

golfería f. Conjunto de golfos. || Granujada de un golfo.

golfista com. Jugador de golf.

Golfito, c. y puerto de Costa Rica en el golfo Dulce (Puntarenas).

golfo, fa adj. y s. Pilluelo. || Sinvergüenza. || — M. *Geogr.* Parte del mar que penetra en la tierra entre dos cabos: *el golfo de Venecia.*

Golfo (CORRIENTE DEL). V. GULF STREAM.

Golgi (Camillo), médico italiano (1844-1926) que estudió el sistema nervioso. (Pr. Nóbel en 1906, compartido con S. Ramón y Cajal.)

Gólgota. V. CALVARIO.

goliardesco, ca adj. Relativo al goliardo. || De tema erótico.

goliardo, da adj. Libertino. || — M. Clérigo o estudiante de vida irregular.

Goliat, gigante filisteo, muerto por David de una pedrada en la frente. *(Biblia.)*

golilla f. Cuello de tela blanca y rizada de los togados. || *Tecn.* Tubo para empalmar. || — M. *Fam.* Togado, curial.

golondrina f. Pájaro emigrante de cola ahorquillada y alas largas. || Pez teleósteo marino. || Barco de paseo en algunos puertos.

Golondrinas, pobl. en el NE. de México (Nuevo León). Hierro. Ganaderías de toros de lidia.

golondrino m. Cría de la golondrina. || Golondrina, pez. || Forúnculo en el sobaco.

golosina f. Dulce, manjar delicado, como caramelos, bombones, etc. || *Fig.* Cosa más agradable que útil.

golosinear v. i. Andar comiendo o buscando golosinas.

goloso, sa adj. y s. Aficionado a golosinas. || — Adj. Dominado por el apetito de una cosa. || Apetitoso.

golpazo m. Golpe violento.

golpe m. Choque que resulta del movimiento de un cuerpo que se junta con otro de manera violenta: *dio un golpe en la puerta.* || Sonido que hacen ciertos cuerpos cuando se les golpea. || Acción de pegarse: *llegaron a darse golpes.* || Vez: *consiguió todo lo que quería de golpe.* || Gran cantidad de gente, gentío, multitud. || Abundancia: *un golpe de sangre.* || Latido: *siento los golpes de mi corazón.* || Pieza de una cerradura que entra en la parte hembra de ésta e inmoviliza la puerta. || Cartera o carterilla de un bolsillo, franja de tela que cierra la entrada de un bolsillo. || *Fig.* Admiración, sorpresa: *dio el golpe con su traje.* | Agudeza, chiste, gracia: *¡tiene cada golpe!* | Salida, ocurrencia: *tuviste un buen golpe.* | Azar en el juego: *tres golpes como éste y ganas una fortuna.* | Acto o acción que afecta a alguien moralmente, desgracia, contratiempo: *sufrió un golpe con la muerte de su mujer.* | Disgusto, molestia: *recibió muchos golpes en su vida.* | Acceso, ataque: *le dio un golpe de tos.* | Ataque brusco y osado: *proyectaron un golpe para asaltar al cajero.* || *Amer.* Solapa. | Mazo. || — *A golpes,* a porrazos; con intermitencia. || *Darse golpes de pecho,* darse con los puños en esta parte del cuerpo en señal de arrepentimiento. || *De golpe,* súbitamente. || *De golpe y porrazo,* de improviso, sin avisar; bruscamente. || *De un golpe,* en una sola vez. || *Errar* o *fallar el golpe,* no conseguir el efecto deseado. || *Golpe bajo,* el dado por el boxeador más abajo de la cintura; (fig.) acción desleal, poco limpia. || *Golpe de efecto,* el que causa gran sorpresa o impresión. || *Golpe de Estado,* acción de una autoridad que viola las formas constitucionales; acción de apoderarse del poder político valiéndose de medios ilegales. || *Golpe de fortuna* o *de suerte,* acontecimiento favorable. || *Golpe de gracia,* tiro con que se remata a un herido; (fig.) el que consuma la ruina de alguien. || *Golpe de mar,* ola violenta contra una embarcación. || *Golpe de vista,* rapidez en la percepción de algo. || *Golpe franco,* cierto castigo en algunos juegos deportivos. || *Fam. No dar golpe,* no hacer nada de nada.

golpeador, ra adj. y s. Que golpea. || — M. *Amer.* Aldaba.

golpeadura f. Golpe.

golpear v. t. e i. Dar golpes.

golpeo m. Golpe.

golpetear v. t. e i. Golpear frecuentemente. || Dar pequeños golpes. || Hacer un ruido repetido la lluvia.

golpeteo m. Golpes frecuentes.

golpiza f. *Amer.* Paliza.

Golspie, c. de Gran Bretaña (Escocia), cap. de Sutherland.

golleria f. Cosa superflua, superfluidad. || Cosa demasiado buena e innecesaria. || *Fig. Pedir gollerías,* pedir la Luna.

golletazo m. Golpe dado en el cuello de una botella que no se puede descorchar. || *Fig.* Término inesperado y súbito que se da a un asunto. | *Taurom.* Estocada en el cuello del toro que atraviesa los pulmones.

gollete m. Cuello. || Cuello, parte estrecha de algunas vasijas.

goma f. Sustancia más o menos viscosa, pegajosa, que fluye de ciertos árboles o plantas de modo natural o después de haber efectuado una incisión. || Sustancia elástica y resistente que se extrae de ciertos árboles de países tropicales, de la familia de los heveas, originado por la coagulación del látex. || Caucho: *suela de goma.* || Grupo de sustancias análogas obtenido sintéticamente por polimerización. || Cámara de un neumático. || Trozo de caucho que sirve para borrar lo escrito con lápiz o pluma. || Cinta o elástico que se utiliza para sujetar cosas o fajos. || *Med.* Tumor de origen infeccioso provocado por la sífilis terciaria, lepra, tuberculosis, micosis. || *Tecn.* Residuo que queda en las válvulas de los motores de explosión. || — *Goma arábiga,* la extraída de algunas especies de acacias. || *Goma espuma,* caucho de poca densidad con alveolos. || *Goma laca,* la laca.

gomal m. Plantación de caucho.

Gomara (Francisco LÓPEZ DE). V. LÓPEZ DE GOMARA.

Gomel, c. de la U. R. S. S. (Bielorrusia).

Gomera, isla española de las Canarias (prov. de Santa Cruz de Tenerife); 378 km².

gomero adj. m. Relativo a la goma. || — M. *Amer.* Recolector de caucho. | Frasco para la goma de pegar.

Gomes (António Carlos), músico brasileño (1836-1896), autor de la ópera *El guaraní.*

gomespuma f. Goma espuma.

Gómez (José), llamado *Joselito,* torero español (1895-1920), rival de Juan Belmonte. M. por un toro en Talavera de la Reina. || ~ (JOSÉ MIGUEL), general cubano (1858-1921), pres. de la Rep. de 1909 a 1913. || ~ (JUAN CARLOS), político, periodista y poeta romántico uruguayo (1820-1884). || ~ (JUAN VICENTE), general venezolano, n. en San Antonio (Táchira) [¿1857?-1935], pres. de la Rep. de 1908 a 1915, de 1922 a 1929 y de 1931 a 1935. Subió al Poder por un golpe de Estado y gobernó dictatorialmente. Fomentó la explotación del petróleo. || ~ (LAUREANO), político colombiano (1889-1965), pres. de la Rep. de 1950 a 1953. || ~ (MÁXIMO), general y patriota cubano, n. en Bani (Santo Domingo) [1836-1905]. Participó en la guerra de los Diez Años y, más tarde, Martí le nombró general en jefe del nuevo Ejército Libertador (1895). Obtenida la independencia, no quiso aceptar el cargo de pres. de la Rep. M. en La Habana. || ~ (SEBASTIÁN), llamado el *Mulato de Murillo,* pintor español del s. XVII, criado de Murillo, de quien imitó las obras. || ~ **Carrillo** (ENRIQUE), escritor y periodista guatemalteco (1873-1927), autor de la novela *El evangelio del amor* y *Crónicas.* || ~ **Carrillo** (MANUEL), músico argentino, n. en 1883, autor de *Rapsodia santiagueña* y *Romanza gaucha.* || ~ **de Avellaneda** (GERTRUDIS), escritora cubana, n. en Puerto Príncipe (1814-1873), autora de poesías (*Devociones en prosa y verso*), novelas (*Sab* y *Dos mujeres*), dramas (*Saúl, Baltasar, El Príncipe de Viana*). Residió en España. || ~ **de Baquero** (EDUARDO), escritor y periodista español (1866-1929), autor de *Literatura y periodismo, Letras e ideas* y *De Gallardo a Unamuno.* Utilizó el seudónimo de *Andrenio.* || ~ **de Ciudad Real** (ÁLVAR), poeta español (1488-1538), llamado *el Virgilio español.* || ~ **de Ciudad Real** (FERNÁN), médico y escritor español (¿1408?-1457), autor del *Centón epistolario,* colección de cartas a personajes del reinado de Juan II. || ~ **de la Cortina.** V. CORTINA. || ~ **de la Serna** (RAMÓN), escritor español, n. en Madrid (1888-1963), inventor de la greguería, frase aguda y paradójica. Cultivó la novela, el ensayo, la biografía y el teatro. || ~ **Escobar** (FRANCISCO), escritor colombiano (1873-1938), autor de narraciones cortas. Utilizó el seudónimo de *Efe Gómez.* || ~ **Farías** (VALENTÍN), político y médico mexicano (1781-1858), pres. de la Rep. de 1833 a 1834 y de 1846 a 1847. || ~ **Jaime** (ALFREDO), escritor, poeta y diplomático colombiano (1878-1946). || ~ **Manrique.** V. MANRIQUE. || ~ **Moreno** (MANUEL), arqueólogo e historiador del arte español (1870-1970). || ~ **Pedraza** (MANUEL), general mexicano (1789-1851), pres. de la Rep. de 1832 a 1833. || ~ **Pereira** (ANTONIO), filósofo y médico español (1500-1558). || ~ **Restrepo** (ANTONIO), escritor y político colombiano (1869-1947).

gomina f. Fijador del pelo.

Gomorra, c. de Palestina, destruida, al mismo tiempo que Sodoma, por el fuego celeste. (*Biblia.*)

gomorresina f. Jugo lechoso compuesto de goma y resina.

gomoso, sa Con goma o parecido a ella. || — M. Pisaverde.

gónada f. Glándula sexual que produce los gametos y segrega hormonas.

Gonaives (Les), c. y puerto de Haití, cap. del dep. de Artibonite, donde Dessalines proclamó la República (1804).

Gonave, golfo, canal e isla de Haití, entre las dos penins. del N. y del S.

Gonçalves (Nuno), pintor portugués del s. XV, autor del *Políptico de São Vicente.* || ~ **de Magalhaes** (Domingos José), poeta romántico brasileño (1811-1882). || ~ **Dias** (António), poeta romántico brasileño (1823-1863).

Goncourt [*-cur*] (Edmond HUOT DE) [1822-1896] y su hermano JULES (1830-1870), novelistas naturalistas franceses, autores de obras realizadas en colaboración (*Renato Mauperin* y *Germinia Lacerteux*). Legaron su fortuna para constituir un premio literario otorgado en diciembre a un novelista francés.

Gondar, c. y ant. cap. de Etiopía, en el centro del país.

góndola f. Embarcación de un remo como las empleadas en los canales de Venecia.

gondolero m. Batelero de una góndola.

Gondra (Manuel), político, profesor y escritor paraguayo (1872-1927), pres. de la Rep. en 1910, derribado en 1911. Reelegido en 1920, renunció en 1921.

Gondvana, región de la India (Decán), al N. del Godaveri. Ha dado su nombre a un continente hipotético.

gonfalón m. Estandarte.

gong o **gongo** m. Batintín.

Góngora, volcán de Costa Rica en la cord. de Guanacaste; 1 728 m.

Góngora (Diego de), primer gobernador español del Río de la Plata (1618). M. en 1623. || ~ **y Argote** (LUIS DE), poeta español, n. en Córdoba (1561-1627), representante máximo del culteranismo. Sus obras más famosas son los poemas *Fábula de Polifemo y Galatea,* el *Panegírico al Duque de Lerma* y, sobre todo, *Las Soledades,* que dejó sin acabar, e innumerables letrillas, romances y sonetos. Atacado en su época, sólo la crítica contemporánea le ha reconocido toda la gloria que merece.

gongorino, na adj. Culterano.

gongorismo m. Culteranismo.

— El *gongorismo* fue un movimiento literario de principios del s. XVII, creado por Góngora y sus discípulos. Se caracteriza por el abuso de latinismos y la acumulación de metáforas.

gongorista adj. y s. Culterano.

gongorizar v. i. Escribir o hablar en el estilo de Góngora.

goniometría f. *Fís.* Medida de los ángulos.

goniómetro m. Instrumento de topografía utilizado para levantar planos y medir los ángulos de un terreno.

gonococo m. Microbio patógeno, productor de la blenorragia.

gonorrea f. Blenorragia.

Gontcharov (Iván), novelista ruso (1812-1891), autor de *Oblomov* (1859).

González. V. NUEVO (golfo).

González (Diego Tadeo), agustino y poeta español (1732-1794), autor del poema *El murciélago alevoso.* || ~ (JOAQUÍN V.), escritor, político y jurisconsulto argentino (1863-1923), autor de *Mis Montañas.* Fundó la Universidad de La Plata (1905). — Su hijo JULIO V. (1900-1955) fue historiador. || ~ (JOSÉ). V.° GRIS (Juan). || ~ (JUAN), pintor español (1868-1908). — Su hermano JULIO (1876-1942) fue pintor y sobre todo escultor. || ~ (JUAN G.), político paraguayo, pres. de la Rep. de 1890 a 1894. || ~ (MANUEL), general mexicano (1833-1893), pres. de la Rep. de 1880 a 1884. || ~ (JUAN NATALICIO), político y escritor paraguayo (1897-1966), pres. de la Rep. en 1948, derribado por un golpe de Estado el año siguiente. || ~ (PEDRO ANTONIO), escritor chileno (1863-1903), autor de la colección de poesías *Ritmos.* || ~ (SANTIAGO), militar salvadoreño, n. en Guatemala, que se apoderó del Poder de 1871 a 1876. || ~ (JUAN VICENTE), historiador y político venezolano (1811-1866). || ~ **Anaya** (SALVADOR), novelista español (1879-1955). || ~ **Arrili** (BERNARDO), escritor argentino, n. en 1892, autor de la novela *La Venus calchaquí.* || ~ **Balcarce** (ANTONIO). V. BALCARCE. || ~ **Bocanegra** (FRANCISCO), poeta mexicano (1824-1861), autor de la letra del himno nacional de su país. || ~ **Bravo** (LUIS), político español (1811-1871), pres. del Consejo de ministros en 1843 y 1868. || ~ **Carbalho** (JOSÉ), poeta y escritor argentino (1900-1958), autor de *La ciudad del alba.* || ~ **Dávila** (GIL), explorador español (¿1480-1526?). Descubrió Nicaragua (1522). — Su hermano ALONSO fue con Cortés a México y desempeñó el cargo de gobernador de Yucatán. || ~ **de Amezúa** (AGUSTÍN), erudito español (1881-1958). || ~ **de Clavijo** (RUY). V. CLAVIJO. || ~ **de Eslava** (FERNÁN), sacerdote y escritor mexicano, n. en España (1534-1601), autor de *Coloquios espirituales y sacramentales y poesías sagradas,* y tb. de entremeses, loas y poesías varias. || ~ **de la Pezuela** (JUAN), militar y escritor español (1809-1906), traductor de Dante, Ariosto, Tasso y Camoens. Fue conde de Cheste. || ~ **del Castillo** (JUAN IGNACIO), escritor español (1763-1800), autor de sainetes de ambiente andaluz. || ~ **de Salas** (JOSÉ ANTONIO), erudito español (1588-1654). || ~ **Flores** (ALFREDO), político costarricense (1877-1962), pres. de la Rep. de 1914 a 1917. || ~ **García** (MATÍAS), escritor naturalista puertorriqueño (1866-1938), autor de las novelas *Cosas, Ernesto, Carmela,* etc. || ~ **Lanuza** (EDUARDO), poeta y escritor argentino, n. en España en 1900, autor de *Prismas, Transitable cristal,* etc. || ~ **Martínez** (ENRIQUE), poeta modernista, médico, profesor y diplomático mexicano, n. en Guadalajara (1871-1952), autor de *Preludios, Lirismo, Los senderos ocultos, La muerte del cisne,* etc. || ~ **Navero** (EMILIANO), político paraguayo (1861-1938), pres. de la Rep. de 1908 a 1910, en 1912 y de 1931 a 1932. || ~ **Palencia** (Ángel), escritor español (1889-1949), especialista de la civilización musulmana española y autor de una *Historia de la literatura española,* en colaboración con Juan Hurtado. || ~ **Peña** (CARLOS), novelista y crítico literario mexicano (1885-1955). || ~ **Prada** (MANUEL), escritor peruano, n. en Lima (1848-1918), hostil a cualquier forma de conservadurismo político y social o literario. (Autor de obras en verso (*Minúsculas, Libertarias, Exóticas* y *Grafitos*) y en prosa (*Horas de lucha, Páginas libres,* etc.). || ~ **Santín** (IGNACIO MARÍA), general dominicano (1840-1915), pres. de la Rep. de 1874 a 1878. || ~ **Tuñón** (ENRI-

QUE) escritor argentino (1901-1943), autor de cuentos. || ~ **Velázquez** (LUIS), pintor español (1715-1764). — Fueron tb. pintores sus hermanos ALEJANDRO (1719-1772) y ANTONIO (1723-1793). || ~ **Vera** (JOSÉ SANTOS), escritor chileno (1897-1970), autor de novelas realistas (*Alhué, Cuando era muchacho,* etc.) || ~ **Videla** (GABRIEL), político chileno, n. en 1898, pres. de la Rep. de 1946 a 1952. || ~ **Víquez** (CLETO), político e historiador costarricense (1858-1937), pres. de la Rep. de 1906 a 1910 y de 1928 a 1932. || ~ **y González** (ANTONIO), político español (1792-1876), pres. del Consejo de ministros en la regencia de Espartero (1841). || ~ **Zeledón** (MANUEL), escritor costarricense (1864-1936), autor de cuadros de costumbres naturalistas. Utilizó el seudónimo de *Magón*.

Gonzalo || ~ **de Córdoba.** V. FERNÁNDEZ DE CÓRDOBA (Gonzalo). || ~ **García** (ELOY), soldado español de la guerra de Cuba (1876-1897), que se cubrió de gloria en el campo de batalla de Cascorro (Camagüey), lo que le valió el n. de *Héroe de Cascorro*.

Gonzanamá, pobl. del Ecuador (Loja).

Gorbea, com. de Chile (Cautín). || ~ (PEÑA), macizo montañoso de España, entre Álava y Vizcaya.

Gorbea (Andrés Antonio), ingeniero chileno, n. en España (1792-1852). Participó en la guerra de la Independencia de España (1808) y posteriormente fue partidario de Riego.

Gorda, sierra de México (Guanajuato).

gordal adj. Muy grande: *dedo gordal; aceituna gordal.*

gordiano adj. *Nudo gordiano,* v. GORDIO.

gordiflón, ona y **gordinflón, ona** adj. y s. Gordo.

Gordio, rey de Frigia (s. IV a. de J. C.). Su carro estaba sujeto por un nudo muy complicado (*nudo gordiano*) y se presumía que quien lo deshiciera dominaría Asia. Alejandra Magno zanjó la dificultad cortándolo con la espada.

gordo, da adj. Voluminoso, que supera el volumen corriente: *hombre gordo.* || Graso: *tocino gordo.* || Dícese del agua que contiene ciertos compuestos minerales y no hace espuma con el jabón. || *Fig.* y *fam.* Importante, de peso: *tratar con gente gorda.* | Importante, enorme: *un error gordo.* | Grande: *piedra gorda.* || Espeso, grueso: *un hilo gordo.* || Burdo, basto: *gracia gorda.* || — M. y f. Persona corpulenta. || — M. Parte grasa de la carne. || Premio mayor en una lotería. || — F. Moneda de diez céntimos en España. || — *Fam. Armar la gorda,* dar un escándalo. | *Estar sin gorda,* sin dinero.

Gordo, cerro de México (Aguascalientes); 2 495 m.

gordolobo m. Planta escrofuliácea de flores amarillas, cuyo cocimiento se ha usado para combatir la tuberculosis pulmonar.

Gordon (Charles George), explorador militar inglés (1833-1885). Gobernador del Sudán. Conocido por el n. de *Gordon Bajá.* || ~ **Bennet.** V. BENNET.

gordura f. Grasa del cuerpo. || Corpulencia.

Goretti (Santa María). V. MARÍA (*Santa*).

Gorgias, filósofo y retórico griego, n. en Lencio (Sicilia) [¿427-320? a. de J. C.], maestro de Tucídides y defensor de un escepticismo absoluto.

gorgojo m. Insecto coleóptero que ataca las semillas de los cereales y legumbres.

Gorgona, isla del Pacífico (Colombia), lugar en el que Pizarro y sus compañeros de expedición se quedaron siete meses antes de iniciar la conquista del Perú.

Gorgonas, tres divinidades griegas hermanas (*Medusa, Euríale y Esteno*). Medusa convertía en piedra a cuantos las miraban. (*Mit.*)

gorgonzola m. Queso italiano.

gorgoritear v. i. *Fam.* Hacer quiebros con la voz.

gorgorito m. Quiebro que se hace con la voz en la garganta, especialmente al cantar.

gorguera f. Cuello alechugado.

Gori, c. de la U. R. S. S. (Georgia). Textiles. Lugar de nacimiento de Stalin.

Gorica. V. GORIZIA.

gorigori m. *Fam.* Canto fúnebre en los entierros.

gorila m. Género de monos antropomorfo de África ecuatorial. (Tiene una estatura de unos dos metros y puede pesar hasta 250 kg).

Gorizia, ant. *Gorica,* en alem. *Görz,* c. de Italia (Venecia), limítrofe con Yugoslavia. Arzobispado.

gorjal m. Cuello de la vestidura del sacerdote. || Parte de la armadura que protegía el cuello.

gorjeador, ra adj. Que gorjea.

gorjear v. i. Hacer quiebros con la voz: *los pájaros gorjean.* || *Amer.* Burlarse. || — V. pr. *Fam.* Empezar a hablar el niño.

gorjeo m. Quiebro de la voz al cantar. || Cantan los pájaros. || Articulaciones imperfectas de los niños.

Gorki, ant. *Nijni Novgorod,* c. de la U. R. S. S. (Rusia), en la confluencia del Volga y el Oka. Industrias.

Gorki (Alexei Maximovich PECHKOV, llamado **Máximo**), escritor realista y social ruso (1868-1936), autor de los relatos *Narraciones, La madre, Los bajos fondos, Mis Universidades,* etc.

Görlitz. V. ZGORZELEC.

Gorlovka, c. de la U. R. S. S. (Ucrania), en el Dombass. Industrias. Minas.

gormijo m. *Méx.* Chiquillo.

Gorostiza (Celestino), escritor y comediógrafo mexicano (1904-1967), autor de *El color de nuestra piel, Columna social.* — Su hermano JOSÉ (n. en 1901) es poeta y diplomático. Autor de *Canciones para cantar en las barcas.* || ~ (MANUEL EDUARDO DE), escritor y militar mexicano (1789-1851), autor de obras teatrales (*Contigo pan y cebolla, El jugador, Don Dieguito,* etc). Residió en España y en Londres.

gorra f. Prenda con visera para cubrir la cabeza. || — M. *Fig.* y *fam.* Gorrón, parásito. || *Fam. De gorra,* sin pagar. || *Gorra de plato,* la compuesta de una parte cilíndrica de poca altura sobre la que hay otra más ancha y plana.

gorrinada y **gorrinería** f. Cochinada.

gorrino, na m. y f. Cerdo pequeño que aún no llega a cuatro meses. || Cerdo. || *Fig.* y *fam.* Cerdo, marrano.

gorrión m. Pájaro pequeño de plumaje pardo, con manchas negras, de la familia de los fringílidos muy abundante en Europa.

gorriona f. Hembra del gorrión.

Gorriti (Juana Manuela), novelista de temas históricos argentina (1819-1892).

gorro m. Prenda usada para cubrirse y abrigarse la cabeza: *gorro de dormir.* || — *Gorro catalán,* barretina. || *Gorro frigio,* gorro encarnado que llevaban los revolucionarios franceses y adoptaron luego como emblema los republicanos españoles. || *Fig.* y *fam. Poner el gorro,* poner en ridículo a una persona; mostrar infidelidad los novios o casados.

gorrón, ona adj. y s. Parásito, aprovechado, dícese de las personas que nunca pagan y se hacen siempre invitar. || — M. Canto rodado. || *Mec.* Espiga que tiene un eje en un extremo y que le hace girar al estar introducida en el soporte que imprime el movimiento.

gorronear v. i. No pagar nunca lo que se consume y vivir a costa de los demás.

gorronería f. Acción del gorrón.

Görz. V. GORIZIA.

Goslar, c. de Alemania Occidental (Baja Sajonia).

gota f. Pequeña cantidad de líquido que se desprende en forma de glóbulo: *gota de agua.* || *Fig.* Pequeñez, cosa de poca importancia o insignificante: *no tiene una gota de sensatez.* | Un poco: *me dio una gota de vino.* || *Med.* Cantidad de medicamento dado con cuentagotas. | Enfermedad del metabolismo caracterizada por trastornos viscerales y, especialmente, por la hinchazón dolorosa de algunas articulaciones. || *Arq.* Adorno en forma de lágrima en el entablamento de orden dórico. || — *Fam. No ver ni gota,* no ver nada. | *Parecerse como dos gotas de agua,* parecerse mucho. | *Sudar la gota gorda,* hacer un esfuerzo muy grande. || *Med. Transfusión gota a gota,* la efectuada muy lentamente por medio de un aparato especial.

Gotaland. V. GOTIA.

goteante adj. Que gotea.

gotear v. i. Caer gota a gota: *el agua gotea del tejado.* || *Fig.* Dar o recibir poco a poco, dar con cuentagotas. || — V. impers. Lloviznar poco.

Göteborg o **Gotemburgo,** c. y puerto del S. de Suecia. Universidad. Industrias.

goteo m. Acción y efecto de gotear. || *Fig.* Gasto lento y continuo.

gotera f. Filtración de gotas de agua en el techo. || Mancha que deja || Canalón del tejado. || *Fig.* Achaque. || — Pl. *Amer.* Arrabales.

Gotera, c. del Salvador, actualmente llamada *San Francisco.*

goterano, na adj. y s. De Gotera (El Salvador).

gotero m. *Amer.* Cuentagotas.

goterón m. Gota grande. || *Arq.* Canalón.

Gotha, c. de Alemania Oriental (Erfurt). Metalurgia; porcelana.

Gotha (*Almanaque de*), anuario genealógico publicado en Gotha desde 1763.

Gotia o **Gotaland,** parte meridional de Suecia; cap. *Göteborg.*

gótico, ca adj. De los godos. || Dícese de una forma de arte que se desarrolló en Europa desde el s. XII hasta el Renacimiento. || Aplícase a los caracteres de imprenta que se emplearon en las primeras pruebas tipográficas. || — M. Lengua germánica oriental hablada por los godos. || *Arq.* Arte gótico.

Gotinga, en alem. *Göttingen,* c. de Alemania Occidental (Baja Sajonia). Universidad.

Gotland, prov. e isla de Suecia, en el mar Báltico; cap. *Visby.*

gotoso, sa adj. y s. Enfermo de gota.

Gotwald (Klement), político checoslovaco (1896-1953), secretario general del Partido Comunista y pres. de la Rep. de 1948 a su muerte.

Gottwaldov, ant. *Zlin,* c. de Checoslovaquia (Moravia).

Goujon [*guyón*] (Jean), escultor y arquitecto renacentista francés (¿1510-1568?).

Goulart (João), político brasileño, n. en 1918, pres. de la Rep. en 1961, derrocado en 1964.

Gounod [*gunó*] (Charles), músico francés (1818-1893), autor de óperas (*Fausto, Romeo y Julieta, Filemón y Baucis*) y de composiciones religiosas.

gourmet [*gurmé*] m. (pal. fr.). Gastrónomo, aficionado a comer bien.

Goya, dep. y pobl. de la Argentina (Corrientes). Obispado.

Goya y Lucientes (Francisco de), pintor español, n. en Fuendetodos (Zaragoza) en 1746, m. en Burdeos en 1828. Fue autor de retratos (*Carlos III, María Luisa, Carlos IV y su familia*), de cuadros de rebosante sensualidad (*Las majas*), de grabados (*Los desastres de la guerra, Los disparates, La tauromaquia*), de aguafuertes (*Los caprichos*), de composiciones históricas (*Los fusilamientos del Tres de Mayo*) y de cartones para tapices. Su influencia en la pintura moderna ha sido considerable.

Goyanarte (Juan), novelista argentino, n. en España (1900-1967).

Goyeneche (José Manuel de), general español, n. en el Perú (1775-1846). Combatió con los realistas en el Alto Perú.

goyesco, ca adj. Propio y característico de Goya.

Goytisolo (Juan), novelista español, n. en 1931, autor de *Duelo en el paraíso, Juego de manos, La resaca*, etc.

gozar v. t. Poseer alguna cosa: *gozar buena salud, un clima templado.* || — V. i. Tener gusto en algo, disfrutar: *gozar con su visita.* || — V. pr. Complacerse, recrearse: *gozarse en hacer daño.*

gozne m. Herraje articulado con que se fijan las hojas de las puertas y ventanas al quicio. || Bisagra.

gozo m. Placer extremo proporcionado por la posesión de algo. || Placer de los sentidos. || — Pl. Composición poética en honor de la Virgen o de los santos. || *Mi gozo en un pozo*, expresión usada al verse frustrada una esperanza.

gozoso, sa adj. Que tiene alegría o que la produce.

gozque m. Perro pequeño.

Gozzoli (Benezzo), pintor italiano (1420-1497), alumno de Fra Angélico.

gr, símbolo del *grado centesimal.* || Abrev. de *gramo.*

Graal. V. GRIAL.

grabación f. Registro de sonidos en un disco fonográfico, una cinta magnetofónica, etc.

grabado m. Arte o manera de grabar: *grabado en madera.* || Estampa obtenida en una plancha grabada o litografiada. || Grabación de discos, de cintas magnetofónicas.

grabador, ra adj. Que imprime discos, etc. || — M. y f. Persona que se dedica grabado. || *Grabador de cinta*, magnetófono.

grabar v. t. Trazar una figura, caracteres, en metal, madera, mármol o piedra por medio de una herramienta o de un ácido: *grabar una inscripción.* || Trazar en una plancha de metal o madera la copia de un cuadro, etc., para reproducirlo después por impresión. || Registrar un sonido en un disco, una cinta magnetofónica, etc.: *grabar su voz.* || *Fig.* Fijar, dejar fijo en el recuerdo de alguien: *aquella escena se quedó grabada en mi mente* (ú. t. c. pr.).

Graça Aranha (José PEREIRA DA), escritor de novelas modernista brasileño (1868-1931), autor de *Chanaan.*

gracejada f. *Amér. C.* y *Méx.* Payasada, bufonada vulgar.

gracejo m. Gracia, desenvoltura. || *Amer.* Payaso de mal gusto.

gracia f. Favor hecho a alguien para serle agradable. || Suspensión o perdón de una condena: *pedir gracia al jefe del Estado.* || Encanto: *la gracia de sus facciones.* || Atractivo: *adornado con mucha gracia.* || Título dado antiguamente a los reyes de Inglaterra y hoy a los arzobispos. || Don o ayuda sobrenatural que Dios concede a los hombres en vista a su salvación: *en estado de gracia.* || Cosa que hace reir: *tiene más gracia que nadie.* || Broma, chiste: *siempre está diciendo gracias.* || Mala jugada, mala pasada: *me hizo una gracia que me costó cara.* || Disposición amistosa hacia alguien: *gozaba de la gracia del rey.* || Habilidad, arte: *tiene gracia para conquistarse a los clientes.* || Lo que asombra por su falta de lógica: *¡qué gracia tiene que, después de haberme despreciado, ahora me busque con tanto afán!* || Cosa que fastidia: *esta es una de sus gracias.* || *A la gracia de Dios*, sin otra ayuda que la de Dios. || *Caer en gracia*, gustar. || *Dar las gracias*, agradecer. || *En estado de gracia*, limpio de pecado. || *Hacer gracia*, ser simpático, agradar; divertir, hacer reir. || *Por obra y gracia de*, debido a. || *Tener toda la gracia*, ser muy chistoso. || *Y gracia si*, nos podemos dar por contentos si. || — Pl. Agradecimiento: *me dio miles de gracias.* || Nombre de tres divinidades mitológicas, hijas de Venus. || — *Acción de gracias*, testimonio de agradecimiento. || *Gracias a*, por causa de. || *Gracias por*, agradecer por. || — Interj. Expresa el agradecimiento a cualquier amabilidad: *¡muchas gracias!*

graciable adj. Que se puede otorgar. || Digno de perdón.

Gracián (Baltasar), escritor conceptista y jesuita español, n. en Calatayud (1601-1658). Autor de tratados de carácter moral (*El héroe, El discreto, El político, Agudeza y arte de ingenio*) y de la extensa novela alegórica *El criticón.* || **~ de Alderete** (DIEGO), humanista e historiador español (¿1510-1600?).

Graciana (SIERRA DE). V. ANCASTI.

graciano, na adj. y s. De Gracias (Honduras).

Graciano (359-383), emperador romano en 375, hijo de Valentianiano I. — Canonista italiano de finales del s. XII. Compiló las decretales de los papas (*Decreto de Graciano*).

Gracias, c. de Honduras, cap. del dep. de Lempira. || **~ a Dios,** cabo de América Central, entre Nicaragua y Honduras, en la des. del río Coco. — Dep. del E. de Honduras; cap. *Brus Laguna.*

Gracias (LAS TRES), en griego *Cárites*, divinidades de la Belleza (*Aglaya, Talía y Eufrosina*).

grácil adj. Sutil, muy delgado, menudo, flexible y gracioso.

gracilidad f. Carácter de grácil.

Graciosa, isla septentrional de las Azores; cap. *Santa Cruz.*

gracioso, sa adj. Cómico, humorístico, chistoso. || Divertido. || Encantador. || Gratuito: *concesión graciosa.* || Dícese de los reyes de Inglaterra: *Su Graciosa Majestad.* || — M. y f. Persona que tiene gracia o comicidad. || — M. Papel cómico en una comedia y actor que lo representa.

Graco, n. de dos hermanos: TIBERIO (162-133 a. de J. C.) y CAYO (154-121 a. de J. C.), tribunos y oradores romanos. Promulgaron unas *leyes agrarias* para frenar los abusos de los terratenientes.

grada f. Escalón, peldaño. || Graderío (ú. t. en pl.). || *Agr.* Rastra, rastrilla. || *Mar.* Astillero.

gradación f. Paso de un estado a otro por grados sucesivos. || Escala. || *Mús.* Aumento progresivo de la sonoridad.

gradería f. Graderío.

graderío m. Conjunto de escalones en un anfiteatro, campo de fútbol, plaza de toros, etc.

gradilla f. Escalera portátil. || Molde para ladrillos. || Escalafón.

grado m. Cada una de las divisiones de una escala de medida adaptada a un aparato. || Unidad de arco que tiene un valor de 360° de la circunferencia. || Unidad de ángulo (símb., °) que equivale al ángulo formado en el centro de arco de un grado. || Unidad de medida de la temperatura, la presión o la densidad: *diez grados bajo cero.* || Unidad de medida alcoholométrica. || Proximidad más o menos grande que existe en el parentesco: *primo en tercer grado.* || Escalón, peldaño. || Indice: *grado de invalidez.* || Clase: *un gran grado de amistad.* || Fase, estadio: *los diferente grados de una evolución.* || Título universitario o militar. || Curso, año: *alumno del quinto grado.* || Situación considerada en relación con una serie de otras superiores o inferiores: *subir un grado en la escala social.* || Gusto, voluntad: *hacerlo de buen grado.* || *Gram.* Manera de significar la intensidad de los adjetivos (*positivo, comparativo* y *superlativo*).

graduable adj. Que se puede graduar: *tirantes graduables.*

graduación f. Acción de graduar. || División en grados. || Proporción de alcohol o número de grados que tiene una cosa. || Cada uno de los grados de una jerarquía.

graduado, da adj. Dícese de la escala dividida en grados. || Que ha obtenido un título universitario (ú. t. c. s.).

graduador m. Tornillo que sirve para graduar.

gradual adj. Que va por grados. || Progresivo. || — M. Versículos que se cantan entre la epístola y el evangelio. || Libro de cánticos de la misa.

graduando, da m. y f. Persona que sufre los exámenes para obtener un título universitario.

graduar v. t. Dividir en grados. || Medir los grados: *graduar la vista.* || Regular: *graduar las entradas y salidas.* || Escalonar, someter a una graduación: *graduar los efectos.* || Ascender de un grado: *graduar de capitán.* || Conceder un título universitario. || Calificar: *lo gradué bastante bien.* || — V. pr. *Mil.* Ser ascendido a. || Recibir un título universitario: *se graduó de licenciado en Derecho.*

Graef Fernández (Carlos), físico y matemático mexicano, n. en 1911; estudió los rayos cósmicos y la energía atómica.

graffito m. (pal. ital.). Dibujo o inscripción en las paredes. (Pl. *graffiti.*)

grafía f. Modo de escribir o representar los sonidos, y, en especial, empleo de tal letra o tal signo gráfico para representar un sonido dado.

gráfico, ca adj. De la escritura. || Representado por signos o dibujos. || *Fig.* Rico de imágenes sugerentes o metáforas, expresivo: *cuenta las cosas de manera muy gráfica.* || *Artes gráficas*, conjunto de los procedimientos para imprimir textos, dibujos, grabados, etc. || — M. Representación por el dibujo o cualquier otro método análogo de los grados o estados de un fenómeno que se estudia y que sirve en estadística para esquematizar los datos y señalar sus relaciones esenciales: *gráfico de producción petrolera en el mundo.* || — F. Gráfico.

gráfila f. Pequeños puntos en relieve que tienen en el borde las monedas.

grafismo m. Manera de escribir las palabras de una lengua. || Manera de escribir una persona en cuanto refleja el carácter de ésta.

grafito m. Carbono natural o artificial cristalizado que sirve para fabricar minas de lápices, crisoles refractarios, etc.

grafología f. Estudios de las constantes normales y sobre todo patológicas de la personalidad de un individuo según el examen de su escritura.

grafólogo, ga adj. y s. Especialista en grafología.

grafómetro m. Instrumento compuesto de un semicírculo graduado, que se emplea para medir los ángulos en topografía.

gragea f. Píldora medicinal recubierta de una capa dura. || Confite cubierto de azúcar dura.

Graham o **de San Martín** (TIERRA DE), penins. de la Antártida. Tb. llamada *Península de Palmer.*

graja f. Hembra del grajo.

grajeado m. *Méx.* Bizcocho de huevo con granos de azúcar.

grajear v. i. Graznar.

grajo m. Pájaro semejante al cuervo, de pico y pies rojos. || *Amer.* Mal olor de la transpiración.

gralaria f. *Amer.* Ave tropical.

grama f. Planta silvestre gramínea, de raíz medicinal.

gramal m. Lugar plantado de gramas.

gramática f. Ciencia de las reglas de una lengua hablada o escrita. (Las dos partes principales de la *gramática* son la morfología y la sintaxis.) ‖ Estudio sistemático de los elementos constitutivos de una lengua: *gramática histórica, comparada, estructural.* ‖ Libro que trata de esta materia. (V. *Compendio de gramática,* al final del vol.) ‖ *Fig.* y *fam Gramática parda,* astucia o habilidad para manejarse.

gramatical adj. Relativo a la gramática. ‖ Conforme a las normas de la gramática.

gramático, ca adj. Gramatical. ‖ — M. y f. Especialista en gramática.

Gramático (Saxo), historiador danés (¿1140?-1206).

gramatiquería f. *Fam.* Sutilidades de la gramática.

gramil m. Instrumento empleado en mecánica y en carpintería para trazar líneas paralelas a una superficie dada.

gramilla f. *Arg.* Planta gramímea que sirve de pasto.

gramíneas y **gramináceas** f. pl. Familia de plantas monocotiledóneas en la que se encuentran los cereales (ú. t. c. adj.).

gramo m. Unidad de masa (símb., g o gr) del sistema C.G.S., equivalente a la milésima parte del kilogramo.

gramófono m. Aparato que reproduce las vibraciones del sonido grabadas en un disco fonográfico.

gramola f. Cualquier aparato reproductor de discos fonográficos.

Grampianos (MONTES), sistema montañoso de Escocia. Altura máxima en el pico *Ben Nevis* (1 340 m).

gran adj. Apócope de *grande* utilizado delante de un sustantivo singular: *un gran sombrero.* ‖ Jefe, principal: *gran maestre.*

Gran Bretaña e Irlanda del Norte (REINO UNIDO DE), Est. de Europa Occidental formado por Inglaterra, el País de Gales, Escocia e Irlanda del Norte; 244 000 km²; 55 534 000 h. (*británicos*). Cap. *Londres,* 3 205 000 h. (con sus suburbios más de 8 210 000); otras c.: *Birmingham,* 1 105 700 h.; *Glasgow,* 1 075 000; *Liverpool,* 747 000; *Manchester,* 661 000; *Leeds,* 510 000; *Sheffield,* 510 000; *Edimburgo,* 473 300; *Bristol,* 436 000; *Coventry,* 314 000.

— GEOGRAFÍA. Inglaterra Occi-

GRAN BRETAÑA

dental y Gales son muy accidentados (Montes Peninos y Cambrianos). La Inglaterra del Este, regada por el Támesis, es llana. Escocia, cubierta de bosques, está surcada por cadenas montañosas (Cheviot, Grampianos) y depresiones, en cuyo suelo arcilloso se forman profundos lagos y estuarios (ríos Clyde, Forth). El clima del Reino Unido es oceánico y muy húmedo. La agricultura británica produce sólo el 35 % de lo que el país necesita. La gran riqueza es la industria (astilleros, maquinaria, textiles), servida por importantes minas de hierro y hulla, y el comercio activo que realiza aún con los países dependientes antiguamente, reunidos en la Comunidad Británica de Naciones (Commonwealth).

— Historia. El actual territorio de Gran Bretaña estaba habitado por pueblos celtas (*gaeles* o *goidels, welhs, britanos, pictos* y *escotos*). En el s. v, los británicos fueron sojuzgados por *anglos* y *sajones* (pueblos germánicos), que establecieron siete reinos en el S. del país (*Sussex, Kent, Essex, Wessex, Mercia, Estanglia* y *Northumberland*). Esta heptarquía desapareció para formar un reino único que, en el último tercio del s. IX, alcanzó su máximo esplendor con Alfredo el Grande. Los normandos, después de la batalla de *Hastings* (1066), se apoderaron del país y hasta la terminación de la guerra de los Cien Años (1337-1453) Inglaterra formó parte de un Estado único extendido desde el Sena a Irlanda. Los nobles consiguieron de Juan Sin Tierra la *Carta Magna* (1215), origen de las instituciones liberales todavía vigentes. La *guerra de las Dos Rosas,* entre las Casas de York y Lancaster, consagró el predominio de la monarquía absoluta. Bajo Enrique VIII, Inglaterra se separó de Roma, abrazó las ideas de la Reforma y creó la Iglesia Anglicana. El reinado de Isabel I fue uno de los períodos de mayor esplendor de la historia inglesa: anexión de Escocia y consagración de la supremacía marítima. El movimiento puritano ganó al pueblo y al Parlamento y, vencida la nobleza por la Revolución burguesa de 1648, Carlos I fue decapitado y se proclamó la *República* (1649-1653). Bajo este régimen y el *Protectorado de Cromwell* (1653-1658), se prosiguió la expansión marítima y comercial. Tras la Restauración se sucedieron en el trono las Casas de Estuardo (1660), Orange-Nassau (1689), Brunswick-Hannover (1714) y la actual de Sajonia-Coburgo (Windsor). En el s. XVII aumentó la expansión colonial inglesa, y desde el s. XVIII, Gran Bretaña ha intervenido en todos los conflictos europeos. En 1939 entró en la segunda guerra mundial y, enérgicamente dirigida por W. Churchill, hizo frente sola a Alemania e Italia en varios teatros de operaciones durante largo tiempo. En el agitado período de la posguerra, el Gobierno británico tuvo que resolver considerables problemas (reconstrucción, independencia de la India, emancipación de numerosas posesiones de África y Asia). Estas dificultades han mermado en parte su antiguo poderío. Los laboristas gobernaron de 1945 a 1951 y practicaron una política de dirigismo económico. Los conservadores ganaron en 1951 y al año siguiente la reina Isabel II sucedió a su padre Jorge VI. En 1964 volvieron los laboristas y hubo poco después una devaluación de la libra. En 1970 ocuparon de nuevo el poder los conservadores y en 1974 los laboristas. En 1973 Gran Bretaña ingresa en la Comunidad Europea y prosigue la lucha en Irlanda del Norte, entre católicos y protestantes.

Gran || **~ Canaria,** isla del archip. de Canarias, cap. *Las Palmas.* || **~ Colombia,** república formada en el Congreso de Angostura por Venezuela, Colombia y el Ecuador (1819). Dejó de existir en 1830. || **~ Cuenca,** región desértica del O. de Estados Unidos: 520 000 km². || **~ Malvina,** isla del archip. argentino de las Malvinas. || **~ Sasso.** V. Sasso (*Gran*).

grana f. *Bot.* Formación del grano. || Cochinilla. || Quermes. || Encarnado, granate (ú. t. c. adj.).

granada f. Fruta del granado que contiene numerosos granos encarnados de sabor agridulce. || Proyectil ligero (explosivo, incendiario, fumígeno o lacrimógeno), que se lanza con la mano. || Bala de cañón.

Granada, c. del S. de España (Andalucía), al pie de la Sierra Nevada y en la confluencia de los ríos Darro y Genil; cap. de la prov. homónima. Arzobispado. Universidad. Innumerables monumentos (La Alhambra, Catedral, Palacio de Carlos V, Generalife). Hasta la conquista por los Reyes Católicos, en 1492, fue el último centro de resistencia de los árabes en España. — C. de Nicaragua en el NO. del lago de este nombre y cap. del dep. homónimo. Obispado. Universidad. — Isla de las Antillas Menores, cap. *Saint George's.* Estado autónomo en 1967 e independiente en 1974. || **~ (Nueva).** V. Nueva Granada.

Granada (Luis de Sarria, llamado **Fray Luis de**), escritor y dominico español, n. en Granada (1504-1588). Autor de numerosos tratados de carácter ascético (*Introducción al símbolo de la fe, Memorial de la vida cristiana* y *Guía de pecadores*). || **~** (Nicolás), comediógrafo argentino (1840-1915), autor de *¡Al campo!, Atahualpa,* etcétera.

granadero m. *Mil.* Soldado que llevaba granadas. | Nombre que se daba a ciertas tropas formadas por soldados de elevada estatura.

granadilla f. Flor de la pasionaria. || Pasionaria, pasiflora.

granadillo m. Árbol papilionáceo de América cuya madera se usa en ebanistería.

Granadinas o **Granadillas,** serie de islas o islotes de las Antillas Menores (Islas de Barlovento).

granadino, na adj. y s. De Granada. || (Ant.). De Nueva Granada o Colombia. || — F. Jarabe de zumo de granada. || Cierta tonada andaluza.

granado, da adj. *Fig.* Notable y principal. | Escogido. | Maduro, experto. | Alto, espigado, crecido: *jóvenes granados.* || — M. Árbol de la familia de las mirtáceas, cuyo fruto es la granada.

Granados (Enrique), pianista y compositor español, n. en Lérida (1867-1916), autor de composiciones para piano (*Danzas españolas, Goyescas*). M. en un naufragio.

granalla f. Metal reducido a trozos menudos.

granar v. i. Formarse y crecer el grano de los frutos en algunas plantas: *granar las mieses.* || *Fig.* Desarrollarse los jóvenes.

granate m. Piedra fina compuesta de silicato doble de alúmina y de hierro. || — Adj. y s. m. Color rojo y oscuro.

granazón f. Formación del grano. || *Fig.* Maduración, desarrollo.

grancilla f. Carbón mineral entre 12 y 15 milímetros.

grancolombiano, na adj. De la Gran Colombia.

grande adj. Dícese de las cosas que sobrepasan las dimensiones corrientes: *ciudad grande.* || Aplícase a las personas que han pasado la primera juventud, mayor. || Superior al promedio, hablando de objetos o cosas que no se pueden medir: *reputación, ruido grande.* || Que sobresale por la potencia, la autoridad, la influencia: *los grandes constructores de automóviles.* || Que se distingue por las cualidades morales, por el genio: *los grandes pintores.* || Importante: *se anuncian grandes acontecimientos.* || Intenso, fuerte: *dolor grande.* || *Fig.* Enojoso, sorprendente: *es grande que tenga yo que cumplir sus obligaciones.* || — *A lo grande,* con mucho lujo. || *En grande,* en conjunto. || *Fam. Pasarlo en grande,* divertirse mucho. || — M. Persona ya en edad adulta: *los grandes y los pequeños.* || Título nobiliario que llevan algunas personas en España. || Nombre que se da a algunos jefes de Estados de las principales potencias: *los cuatro grandes.*

Grande, río de la Argentina (Tierra del Fuego). — Río de la Argentina (Mendoza). — Río de Bolivia (Santa Cruz), afl. del Mamoré. — Río del Brasil, que, al confluir en el Paranaíba, forma el Paraná; 1 050 km. — Río del Perú (Ayacucho e Ica), que des. en el Pacífico. — V. Bravo. || **~ de Chiapas.** V. Mezcalapa. || **~ de Jujuy,** río de la Argentina que, al pasar por el valle de Ledesma se llama *San Francisco.* || **~ del Norte** (Río). V. Bravo. || **~ de Matagalpa,** río de Nicaragua (Matagalpa y Zelaya), que des. en el mar Caribe; 321 km. || **~ de Morelia,** río de México (Michoacán), que des. en la laguna de Cuitzeo. Presa de Cointzio. || **~ de Pirris,** río de Costa Rica (San José y Puntarenas), que des. en el Pacífico. || **~ de San Miguel,** río de El Salvador (San Miguel y Usulután); 72 km. || **~ de Santiago** (Río). V. Santiago. || **~ de Sonsonate,** río de El Salvador (Sonsonate); 70 km. || **~ de Tárcoles,** río de Costa Rica, que des. en el golfo de Nicoya. || **~ de Tarija,** río de la Argentina (Salta), que se une con el Bermejo. || **~ de Térraba** o **Diquís,** río de Costa Rica (Puntarenas), que des. en el Pacífico; 150 km.

Grandes Lagos, n. de cinco lagos norteamericanos fronterizos con el Canadá (*Superior, Michigan, Hurón, Erie* y *Ontario*).

grandeza f. Importancia, magnitud: *la grandeza de un proyecto.* || Nobleza de sentimientos, elevación moral: *grandeza de alma.* || Superioridad procedente del poder: *grandeza y servidumbre de las armas.* || Dignidad de grande de España y conjunto de éstos.

grandilocuencia f. Elocuencia afectada o enfática.

grandilocuente y **grandílocuo, cua** adj. Que habla o escribe de manera enfática.

grandiosidad f. Admirable grandeza, magnificencia.

grandioso, sa adj. Que impresiona por su belleza, significado o majestad.

grandísimo, ma adj. Muy grande.

grandísono, na adj. Altísono.

Grandmontagne (Francisco), escritor y periodista español (1866-1936). Residió en la Argentina.

grandor m. Tamaño.

graneado, da adj. Granulado, reducido a grano: *pólvora graneada.* || Salpicado de pintas. || *Mil. Fuego graneado,* el hecho sin cesar.

granear v. t. Esparcir las semillas en un terreno.

granel (a) m. adv. Sin orden, en montón: *cargar a granel.* || Sin envase: *agua de colonia a granel.* || Al detalle. || *Fig.* En abundancia, copiosamente.

granero m. Almacén en que se guardan los cereales. || *Fig.* Territorio que produce muchos cereales.

Graneros, dep. y pobl. de la Argentina (Tucumán). — Com. de Chile (O'Higgins).

Gránico, río costero de Asia Menor. Derrota de Darío por Alejandro Magno (334 a. de J. C.).

granillo m. Grano pequeño.

granitado, da adj. Semejante al granito.

granítico, ca adj. Relativo o parecido al granito: *roca granítica.*

granito m. Roca cristalina muy dura formada por feldespato, cuarzo y mica. (Llámase tb. *piedra berroqueña.*)

granívoro, ra adj. Dícese del animal que se alimenta de granos.

granizada f. Precipitación de granizo. || Conjunto de granizo que cae de una vez. || *Fig.* Multitud de cosas que caen o se manifiestan al mismo tiempo: *una granizada de golpes.* || Bebida refrescante con hielo machacado.

granizado m. *Arg.* Granizada, refresco.

granizar v. impers. Caer granizo. || — V. i. *Fig.* Caer algo con fuerza (ú. t. c. t.).

granizo m. Lluvia helada que cae formando granos. || Estos granos. || Especie de nube que se forma en los ojos. || — Adj. y s. *Méx.* Caballería de pelaje oscuro y pequeñas manchas blancas.

granja f. Explotación agrícola dedicada al cultivo o a la cría de ganado. || *Granja modelo,* la creada para formar agricultores y difundir sistemas de explotación modernos.

Granja (La), palacio mandado edificar por Felipe V de España, a imitación de Versalles, en la villa de San Ildefonso (Segovia).

granjearse v. pr. Adquirir, ganarse: *se granjeó su admiración.*

granjero, ra m. y f. Persona encargada de una granja.

grano m. Semilla de los cereales, de las especias, de otras plantas: *grano de trigo, de pimienta, de café.* || Partícula, porción: *grano de arena.* || Conjunto de pequeñas asperidades que hacen rugosa una superficie. || Forúnculo en la piel. || *Fot.* Partícula de sal de plata, de estructura cristalina, recubierta por una gelatina sensible. | Conjunto de pequeñas partículas que, al revelarse, forma la imagen fotográfica. || — *Fig. Grano de arena,* pequeña contribución a algo. | *Ir al grano,* no andarse por las ramas, hablar de algo sin entretenerse en lo accesorio. | *No ser grano de anís,* ser un asunto importante.

Granollers, c. del NE. de España (Barcelona). Textiles.

granoso, sa adj. Con granos.

Grant (Ulysses Simpson), general y político norteamericano (1822-1885), vencedor de los sudistas en la guerra de Secesión. Pres. de Estados Unidos de 1868 a 1876.

granuja f. Uva desgranada. || — Com. *Fam.* Pillo. | Canalla.

granujada y **granujería** f. Conjunto de pillos o de canalla. || Canallada.

granujiento, ta adj. Que tiene granos. || Con espinillas.

granulación f. Fragmentación en granos. || Conjunto de granos de una cosa.

granulado, da adj. Convertido en granos. || — M. Granulación.

granular adj. Que tiene granulaciones o granos: *erupción granular.* || Sustancia que forma granos.

granular v. t. Convertir en granos. || — V. pr. Cubrirse de granos.

gránulo m. Grano pequeño.

granuloso, sa adj. De estructura granular.

Granvela (Nicolás PERRENOT DE), político español, n. en el Franco Condado (1468-1550), ministro de Margarita de Austria y de Carlos V. — Su hijo ANTONIO (1517-1586) fue cardenal, ministro de Carlos V y de Felipe II, y gobernador de los Países Bajos.

granza f. Rubia, planta. || — Pl. Restos de paja, semilla, grano, etc., que quedan de las semillas al levantarlas. || Escorias de un metal.

granzón m. Pedazo grueso de mineral que no pasa por la criba.

grao m. Playa que sirve de desembarcadero.

Grao (El), n. de los puertos de Valencia y de Castellón de la Plana (España).

grapa f. Gancho de hierro para reunir varios papeles. || Laña. || Laminilla de metal con dos puntas que sirve para suturar las heridas. || *Veter.* Llaga que se forma a las caballerías en el corvejón.

grasa f. Sustancia untuosa de origen animal o vegetal. || Lubricante de origen mineral. || Suciedad, mugre. || Grasilla o sandáraca. || *Méx.* La que se aplica al calzado para lustrarlo. || — Pl. Escorias, desechos de cualquier metal.

grasera f. Recipiente para guardar la grasa o para recogerla.

grasiento, ta adj. Untado de grasa. || Sucio de grasa.

grasilla f. Polvo de sandáraca.

graso, sa adj. Que tiene grasa.

grasoso, sa adj. Grasiento.

Grass (Günter), novelista y dramaturgo alemán, n. en 1929.

grata f. Escobilla de platero.

gratén m. Pan rallado que se pone sobre ciertos manjares cuando se guisan al horno: *lenguado al gratén.*

gratificación f. Recompensa pecuniaria por algún servicio eventual o remuneración fija que se añade al suelo. || Propina.

gratificador, ra adj. y s. Que gratifica.

gratificar v. t. Recompensar con dinero un servicio.

grátil o **gratil** m. *Mar.* Borde de la vela por donde se une al palo o verga. | Parte central de la verga.

gratin [*gratán*] m. (pal. fr.). V. GRATÉN.

gratinar v. t. Poner en el horno con gratén.

gratis adv. Sin pagar: *viajar gratis.* || Sin cobrar: *hacerlo gratis.*

gratitud f. Agradecimiento.

grato, ta adj. Agradable, placentero: *recuerdo grato.*

Gratry (Alphonse), sacerdote y filósofo francés (1805-1872), restaurador de la congregación del Oratorio.

gratuidad f. Calidad de gratuito. || De gracia, sin interés. || Sin fundamento: *la gratitud de su afirmación.*

gratuito, ta adj. Sin pagar o sin cobrar: *consulta gratuita.* || Sin fundamento, sin motivo, arbitrario: *suposición gratuita.*

Gratz, en alem. *Graz,* c. de Austria (Estiria). Universidad. Industrias. Estación de invierno.

Grau, prov. del Perú (Apurímac); cap. *Chuquibambilla.*

Grau (Miguel), marino peruano (1834-1879). M. gloriosamente en lucha contra Chile, al mando del monitor *Huáscar,* en la batalla naval de Angamos. || **~ Delgado** (JACINTO), dramaturgo español (1877-1958), autor de *El conde Alarcos, El burlador que no se burla,* etc. || **~ San Martín** (RAMÓN), político y médico cubano (1889-1969), pres. de la Rep. de 1933 a 1934 y de 1944 a 1948.

grava f. Piedra machacada utilizada en la construcción de caminos.

gravamen m. Obligación que pesa sobre alguien. || Impuesto o tributo, censo, etc., que tiene una propiedad.

gravar v. t. Imponer una contribución o tributo: *gravar las importaciones.* || Cargar, obligar a cierto gasto: *tener un automóvil grava mucho un presupuesto.*

grave adj. Que puede tener consecuencias importantes; que acarrea cierto peligro: *situación, enfermedad grave.* || Austero, serio: *un semblante grave.* || Dícese del sonido producido por ondas de poca frecuencia o vibraciones. || *Fís.* Atraído por la fuerza de la gravedad. || Elevado: *estilo grave.* || *Gram.* Que tiene el acento en la penúltima sílaba como *mañana, casa, crustáceo.* | Dícese del acento, empleado antiguamente en castellano y hoy en francés, cuya tilde va de izquierda a derecha (ˋ).

gravedad f. Acción que hace que los cuerpos materiales sean atraídos hacia la Tierra: *principio de gravedad.* || Carácter peligroso: *la gravedad del incendio.* || Importancia, carácter grave: *la gravedad de los sucesos.* || Seriedad, austeridad: *la gravedad de sus palabras.* || *Med.* Carácter de las afecciones de salud que ponen en peligro la vida o que son de gran importancia. || *Centro de gravedad,* punto de un cuerpo que constituye la resultante de las acciones de la gravedad en todas las partes de él.

Gravelinas, en fr. *Gravelines,* c. de Francia, en Flandes (Nord.). Batalla ganada por los españoles a los franceses (1558).

Gravesend, c. y puerto de Gran Bretaña (Kent), en el S. del estuario del Támesis.

grávido, da adj. Pesado, lleno.

gravilla f. Grava.

Gravina (Federico Carlos, *duque de*), marino español, n. en Palermo (1756-1806), héroe de Trafalgar, donde fue gravemente herido (1805).

gravitación f. *Fís.* Fuerza en virtud de la cual todos los cuerpos se atraen mutuamente en razón directa de sus masas y en razón inversa de los cuadrados de las distancias a que se encuentran.

gravitar v. i. *Fís.* Moverse según las leyes de la gravedad. || *Fig.* Apoyarse: *gravita sobre unas columnas.* | Pesar una obligación. | Girar en torno a: *gravita en el mismo círculo.* | Pender: *la amenaza gravita sobre su cabeza.*

gravoso, sa adj. Costoso, oneroso, que es una carga. || Pesado.

Gray (Thomas), poeta elegiaco inglés (1716-1771).

Graz. V. GRATZ.

Grazalema, v. de España (Cádiz). Mantas.

graznador, ra adj. Que grazna.

graznar v. i. Dar graznidos.

graznido m. Voz del cuervo, el grajo, el ganso, etc. || *Fig.* Canto o grito desagradable al oído.

Great Yarmouth. V. YARMOUTH.

Greater Wollongong. V. WOLLONGONG.

greba f. Pieza de la armadura que cubría la pierna desde la rodilla hasta el pie.

greca f. Adorno en el que se repiten los mismos elementos decorativos.

Greca (Alcides), novelista argentino, n. en 1896.

Grecia, Est. del SE. de Europa, en un extremo de la penínș. Balcánica, Turquía, Bulgaria, Yugoslavia, Albania y los mares Mediterráneo, Egeo y Jónico; 133 000 km²; 8 835 000 h. (*griegos*). Cap. *Atenas,* 627 600 h. (1 852 000 con los suburbios); otras c.; *Salónica,* 377 000 h.; *Patrás,* 102 500; *Candía* (Creta), 64 100; *Volo,* 67 300; *Larissa,* 55 700.

— GEOGRAFÍA. Hay tres regiones: la *continental,* montañosa (cord. del *Pindo,* macizo del *Olimpo*), con algunas llanuras (Tesalia y Tracia Occidental), la *peninsular,* constituida por el Peloponeso, unido al continente por el istmo de Corinto, y la *insular,* que equivale a la cuarta parte de la nación. Grecia es un país esencialmente agrícola (cereales, vinos, aceite de oliva, tabaco, uvas, higos, etc.) y el subsuelo es rico (hierro, plomo, cinc). La industria está poco desarrollada.

— HISTORIA. Los *pelasgos* fueron los primeros pobladores de Grecia. En el s. XV a. de J. C. llegaron los *aqueos,* procedentes de Europa Central, y luego los *dorios,* los *eolios* y los *jonios.* La influencia del mundo griego alcanzó a la Magna Grecia (Sicilia), el litoral asiático del mar Egeo y el Helesponto. Venció a Persia en las Guerras Médicas (s. V a. de J. C.). Pericles construyó en Atenas infinidad de monumentos e hizo que fuera centro de la civilización helénica, pero la guerra del Peloponeso (431-404), provocada por la rivalidad con Esparta, la arruinó. En el siglo siguiente, enfrentada Tebas a

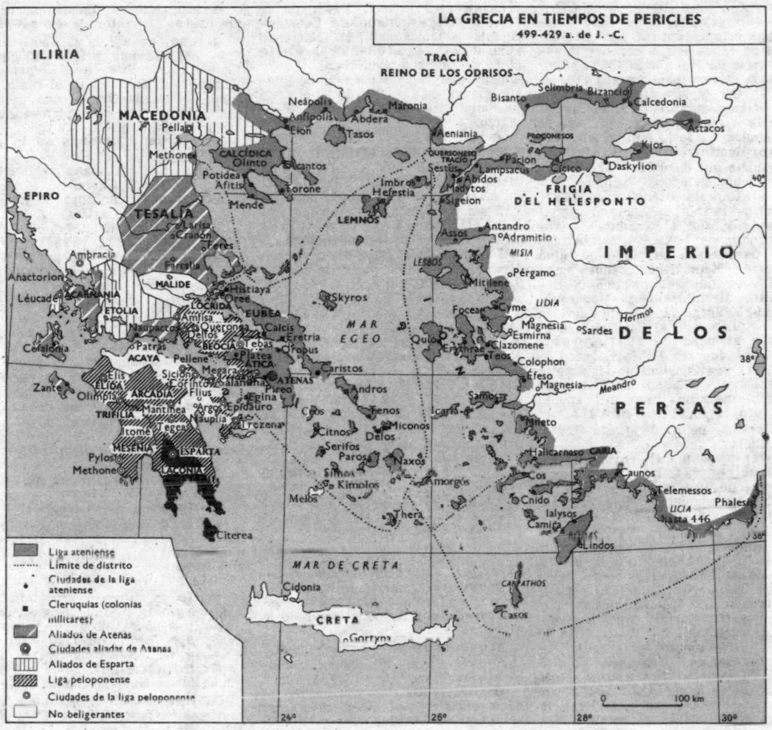

LA GRECIA EN TIEMPOS DE PERICLES
499-429 a. de J.-C.

ILIRIA
TRACIA
REINO DE LOS ODRISOS
MACEDONIA
Pella
Methone
CALCÍDICA
Olinto
Potidea
Afitis
Mende
Torone
Neápolis
Anfipolis
Eion
Abdera
Maronia
Tasos
Aeniania
Selimbria
Bizancio
Calcedonia
Bisanto
Astacos
PROCONESOS
QUERSONESO TRACIO
Sestus
Lampsacus
Parion
Cicico
Kios
Daskylion
Abidos
Madytos
Sigeion
Imbros
Hefestia
LEMNOS
FRIGIA DEL HELESPONTO
EPIRO
TESALÍA
Larisa
Cranon
Feres
Ftiotida
Ambracia
Anactorion
Léucade
ACARNANIA
ETOLIA
MALIDE
Histiaya
Oreo
LÓCRIDA
EUBEA
Anfisa
Queronea
Delfos
Naupacto
BEOCIA
Tebas
Platea
Calcis
Eretria
Oropus
Caristos
ÁTICA
ATENAS
Pireo
Salamina
Megara
Cefalonia
Patras
ACAYA
Pellene
Sición
Corinto
Zante
Elis
ÉLIDA
Olimpia
ARCADIA
Fliús
Argos
Egina
Epidauro
Nauplia
Trezena
TRIFILIA
Mantinea
Tegea
Itome
MESENIA
ESPARTA
LACONIA
Pylos
Methone
Citerea
Skyros
MAR EGEO
Andros
Ceos
Tenos
Citnos
Delos
Miconos
Serifos
Paros
Sifnos
Naxos
Kimolos
Melos
Amorgós
Thera
Icaria
Samos
Quío
LESBOS
Mitilene
Assos
Antandro
Adramitio
MISIA
Pérgamo
Focea
Cyme
LIDIA
Magnesia
Esmirna
Sardes
Hermos
Erythrae
Clazomene
Teos
Colophon
Éfeso
Magnesia
Meandro
Mileto
Halicarnaso
CARIA
Cos
Cnido
Ialysos
Camira
Lindos
RODAS
Caunos
Telemessos
Phaleis
LICIA
hasta 446
IMPERIO DE LOS PERSAS
MAR DE CRETA
Cidonia
CRETA
Gortyna
CARPATHOS
Casos
40°
38°
36°
24°
26°
28°
30°
0 100 km

Liga ateniense
Límite de distrito
Ciudades de la liga ateniense
Cleruquias (colonias militares)
Aliados de Atenas
Ciudades aliadas de Atenas
Aliados de Esparta
Liga peloponense
Ciudades de la liga peloponense
No beligerantes

GRECIA

YUGOSLAVIA
BULGARIA
TURQUÍA
ALBANIA
TIRANA
L. Ohrid
Bitola
L. Presba
Florina
Edessa
Berroia
Kosáni
Aliakmon
Vardar
Kilkis
MACEDONIA
Struma
Mesta
Mtes. Rodope
Maritza
Serrai
Drama
Xanze
Komototine
TRACIA
Kabala
Alejandrúpolis
Tasos
Samotracia
Tesalónica
CALCÍDICA
Políguiros
Golfo de Salónica
Kariai
M. Atos
Katerine
2911
Olimpo
Piniós
Mtes. Pindo
Corfú
Yanina
Igumenitsa
EPIRO
Arta
Trikkala
Larisa
TESALIA
Karditsa
Farsala
Volos
Pelión
Lamia
Prebedsa
Levkas
Levkas
Aqueloos
GRECIA
Agrinion
Termópilas
Limne
Amfissa
Parnaso
Lebadeia
Kalkis
Missolonghi
Lepanto
Delfos
CENTRAL
Tebas
Maratón
Islas Jónicas
Cefalonia
Argostolion
G. de Patrás
Patrás
Aigion
G. de Corinto
Canal de Corinto
Eleusis
ATENAS
El Pireo
Zante
Amalias
Corinto
Laurión
Olimpia
Argos
Nauplia
Egina
Pirgos
Tripolis
PELOPONESO
Eurotas
Kalamata
Mte. Taigeto
Esparta
G. de Nauplia
Malbasia
G. de Messenia
G. de Laconia
C. Maleas
C. Matapán
Citera
Kiznos
Hidra
Keos
Andros
Tenos
Siros
Miconos
Paros
Naxos
Serifos
Sifnos
CÍCLADAS
Milos
Nio
Santorin
Amargos
Esporadas
Septentrionales
Eubea
Skiros
MAR EGEO
Lemnos
Troya
Dardanelos
MAR DE MÁRMARA
Mitilene
Mitilene
Quío
Quío
Manisa
Esmirna
Aydin
Samos
Icaria
Esporadas Meridionales
Calino
Kos
Astipalaia
DODECANESO
Rodas
Rodas
Karpathos
MAR JÓNICO
MAR DE CRETA
MAR MEDITERRÁNEO
La Canea
Retimo
Candia
H. Nikolaos
Knossos
CRETA
0 100 200 km
20°
22°
24°
26°
28°
36°
38°
40°

GR

Esparta y debilitada Grecia por sus guerras, Filipo II supo aprovechar esta coyuntura para sus deseos de expansión e imponer la supremacía de Macedonia (338). Convertida en provincia romana (146 a. de J. C.) y sometida al Imperio de Oriente durante la Edad Media. Grecia vivió un nuevo período de esplendor en los s. XI y XII. Los turcos dominaron al país, tras una conquista que duró de 1354 a 1458. El pueblo griego se sublevó contra el Imperio Otomano en 1821, proclamó la independencia al año siguiente y, por el Tratado de Andrinópolis de 1829, el Sultán tuvo que reconocer a Grecia como reino soberano. Esta situación duró hasta 1924, en que se proclamó la República. Restablecida la Monarquía en 1935, Jorge II ciñó de nuevo la corona. Liberado el país de la ocupación alemana de 1941 a 1944, en 1947 fue rey Pablo I, sucedido en 1964 por Constantino II. Éste se refugió en Roma en 1967 dejando el gobierno a una junta militar que instauró la república en 1973.

Grecia, pobl. de Costa Rica (Alajuela).

grecismo m. Helenismo.

grecizar v. t. Dar forma griega a voces de otra lengua. ‖ — V. i. Usar afectadamente voces griegas.

greco, ca adj. y s. Griego.

Greco (Domenico THEOTOCOPULI, llamado **el**), pintor español, n. hacia 1544 en Creta y m. en Toledo en 1614. Vivió cierto tiempo en Italia antes de residir permanentemente en España. Sus composiciones, caracterizadas por la audacia de los colores y la estilización de las figuras, son de un gran misticismo (*Entierro del conde de Orgaz, El expolio, Los Apóstoles, El caballero de la mano al pecho,* etc.).

grecolatino, na adj. Relativo a griegos y latinos, especialmente a lo escrito en griego y latín.

grecorromano, na adj. Común a los griegos y a los romanos: *arquitectura grecorromana.* ‖ Aplícase a una forma de lucha entre dos personas.

greda f. Arcilla.

gredal m. Lugar donde hay greda.

Gredos (SIERRA DE), macizo montañoso del centro de España (prov. de Ávila), prolongación de la sierra de Guadarrama. Separa los valles del Tajo y del Duero. Punto culminante, 2 592 m, en el pico de Almanzor.

gredoso, sa adj. Relativo a la greda: *tierra gredosa.* ‖ Con greda.

Green (Julien), escritor francés, de origen norteamericano, n. en 1900. Autor de novelas (*Adriana Mesurat, Leviathan,* etc., y de obras de teatro.

Greene (Graham), novelista inglés, n. en 1904, autor de *El poder y la gloria, El tercer hombre, El americano impasible,* etc. ‖ ~ (ROBERT), poeta y autor de relatos realistas inglés (¿1558?-1592).

Greenwich [*grinich*], barrio del SO. de Londres (Inglaterra). Ant. observatorio astronómico cuya posición se toma como origen para medir las longitudes terrestres.

gregario, ria adj. Que vive en rebaño. ‖ *Fig.* Que sigue servilmente las iniciativas o ideas ajenas: *instinto gregario.*

gregarismo m. Tendencia a seguir las iniciativas ajenas.

gregoriano, na adj. Dícese del canto llano y del rito reformado en el s. VII por el papa Gregorio I. ‖ Dícese del año, calendario, cómputo y era reformados por el papa Gregorio XIII en 1582.

Gregorio ‖ **~ de Tours** (*San*), teólogo francés (538-594), obispo de Tours (Francia). Fiesta el 17 de noviembre. ‖ **~ el Taumaturgo** (*San*), teólogo de la Iglesia griega (¿213-220?), convertido por Orígenes. Obispo de Neocesarea. Fiesta el 17 de noviembre. ‖ **~ Nacianceno** (*San*), Padre de la Iglesia griega, obispo de Constantinopla y teólogo, n. en Nacianzo (Capadocia) [¿330?-390]. Fiesta el 1º de enero. ‖ **~ Niceno** (*San*), Obispo de Nisa y Padre de la Iglesia griega (¿335-395?), hermano de San Basilio. Fiesta el día 9 de marzo.

Gregorio ‖ **~ I** *Magno* (*San*), doctor de la Iglesia (¿540?-604). Papa de 590 a 604. Reformador del canto coral. Fiesta el 12 de marzo. ‖ **~ II** (*San*), papa de 715 a 731. Fiesta el 13 de febrero. ‖ **~ III** (*San*), papa de 731 a 741. Fiesta el 28 de noviembre. ‖ **~ IV**, papa de 827 a 844, de origen español. ‖ **~ V**, papa de 996 a 999. ‖ **~ VI**, papa en 1045. Renunció en 1046. ‖ **~ VII** (*San*) [Hildebrando], monje italiano (1015-1085), papa en 1073. Sostuvo con el emperador de Occidente Enrique IV la *Querella de las Investiduras.* Fiesta el 25 de mayo. ‖ **~ VIII**, papa en 1187. ‖ **~ IX**, papa de 1227 a 1241, publicó importantes *decretales.* ‖ **~ X**, papa de 1271 a 1276. ‖ **~ XI**, papa de 1370 a 1378. ‖ **~ XII**, papa de 1406 a 1415. ‖ **~ XIII**, papa de 1572 a 1578. Reformó el calendario. ‖ **~ XIV**, papa de 1590 a 1591. ‖ **~ XV**, papa de 1621 a 1623. ‖ **~ XVI**, papa de 1831 a 1846.

gregorito m. *Fam. Cub.* y *Méx.* Burla, chasco. ‖ *Cub.* y *Méx. Dar un gregorito,* dar un berrinche.

greguería f. gritería confusa. ‖ Imagen en prosa a modo de aforismo, creada por Ramón Gómez de la Serna en 1912.

gregüescos m. pl. Calzones.

Greiff (León de), poeta simbolista colombiano, n. en 1895.

Greifswald, c. y puerto de Alemania Oriental (Rostock). Universidad. Industrias.

gremial adj. De los gremios. ‖ Sindical. ‖ — M. Miembro de un gremio.

gremio m. Corporación o asociación de las personas que practican el mismo oficio. (Los *gremios* tuvieron gran importancia en la Edad Media.) ‖ Conjunto de personas que se dedican a la misma profesión u oficio: *gremio de la hostelería, de zapateros.* ‖ *Fig.* y *fam.* Conjunto de personas que llevan el mismo género de vida: *son del gremio de los incasables.*

Grenoble, c. de Francia, cap. del dep. del Isère. Obispado. Universidad.

Grenville (George), político inglés (1712-1770). Estableció una ley fiscal que originó el primer levantamiento de las colonias norteamericanas (1765).

greña f. Cabellera despeinada. ‖ *Fig.* Cosa enredada. ‖ — *Fam. Andar a la greña,* reñir pelear. ‖ *Méx. En greña,* en rama, sin purificar: *plata en greña.*

greñudo, da adj. Mal peinado.

gres m. Pasta cerámica parcialmente vitrificada que sirve para fabricar recipientes: *vasija de gres.* ‖ Arenisca.

gresca f. Riña, pelea: *armar gresca con uno.* ‖ Ruido, jaleo.

Gretry (André), músico francés (1741-1813), autor de óperas cómicas.

Greuze (Jean-Baptiste), pintor francés (1725-1805).

grey f. Rebaño. ‖ *Fig.* Congregación de los fieles cristianos bajo la autoridad de su pastor. | Conjunto de individuos que tienen algún carácter común.

Grey (Juana). V. JUANA GREY. ‖ ~ (ZANE), novelista de aventuras norteamericano (1875-1939).

Grez (Vicente), novelista y crítico chileno (1847-1909).

Grial o **el Santo Grial,** vaso de esmeralda legendario empleado por Jesús en la Última Cena. En él recogió José de Arimatea la sangre de Cristo.

Grieg (Edvar), músico noruego (1843-1907), autor de *Peer Gynt.*

griego, ga adj. y s. De Grecia. ‖ — M. Idioma griego. ‖ *Fam.* Cosa ininteligible: *esto es griego.*

grieta f. Quiebra en el suelo, el hielo de un glaciar, en una pared, etc. ‖ Hendedura o resquebrajadura pequeña en la piel.

grietarse o **grietearse** v. pr. Agrietarse.

grifa f. Marihuana, estupefaciente. ‖ *Amer.* Garra.

grifería f. Conjunto de grifos. ‖ Fabricación de grifos.

Griffuelhes (Victor), sindicamista francés (1874-1923).

grifo m. Llave que permite la salida o la interrupción voluntaria del paso de un líquido contenido en un depósito. ‖ *Amer.* Surtidor de gasolina.

Grijalva, río de México, que se une al Usumacinta y des. en el golfo de México (Tabasco).

Grijalva (Juan de), navegante español (1490-1527). Combatió en la conquista de Cuba (1511) y exploró el Yucatán (1518). M. en Nicaragua.

Grilo (Antonio FERNÁNDEZ). V. FERNÁNDEZ.

grillaje m. *Arg.* y *Col.* Galicismo por *enrejado.*

grillarse v. pr. Germinar.

grillera f. Agujero o jaula de los grillos. ‖ *Fig.* y *fam.* Leonera.

grillete m. Anilla que sujeta una cadena. ‖ — Pl. Cadena que se pone a los presos.

grillo m. Insecto ortóptero de color negro rojizo que produce con sus élitros un sonido agudo y monótono. *Bot.* Brote de las semillas. ‖ — Pl. Grilletes.

Grillo (Maximiliano), político y escritor colombiano (1868-1949).

Grillparzer (Franz), autor dramático austriaco (1791-1872). Estudió el teatro español (Calderón y Lope de Vega).

grill-room [*grilrum*] m. (pal. ingl.). Parrilla.

grima f. Desazón, disgusto: *me da grima ver esto.*

Grimaldi, localidad de Italia (Liguria), en la frontera francesa, donde se descubrieron fósiles de restos humanos negroides.

Grimm (Jacob), filólogo y escritor alemán (1785-1863) que, en colaboración con su hermano WILHELM (1786-1859), compiló numerosos textos recogidos de la tradición germánica y publicó los populares *Cuentos para niños y para el hogar.* ‖ ~ (MELCHIOR, *barón de*), escritor y crítico literario alemán (1723-1807).

Grimmelshausen (Hans Jakob Christoph VON), novelista alemán (¿1621?-1676), autor del relato picaresco *Simplicissimus.*

grímpola f. Gallardete.

Grindel (Eugène). V. ELUARD (Paul).

gringada f. *Amer.* Acción propia de gringos.

gringo, ga adj. y s. *Despect.* Extranjero, especialmente inglés. ‖ *Amer.* Yanqui, estadounidense, norteamericano. ‖ — *Fam. Hablar en gringo,* hablar chino.

Gringore (Pierre), poeta dramático francés (1475-1538).

gringuerío m. *Amer.* Grupo de gringos. (Es despectivo).

gripa f. *Méx.* Gripe.

gripal adj. Relativo a la gripe: *afección gripal.*

griparse v. pr. *Mec.* Galicismo por *agarrotarse un motor.* ‖ Contraer la gripe.

gripe f. Enfermedad contagiosa, debida a un virus, caracterizada por un estado febril y catarro.

griposo, sa adj. Que tiene gripe.

gris adj. Color entre blanco y negro (ú. t. c. s. m.). ‖ *Fig.* Sombrío, triste: *tiempo gris.* | Deslucido, apagado: *hombre gris.* ‖ — M. Ardilla de Siberia. ‖ *Fam.* Viento frío.

Gris (José Victoriano GONZÁLEZ,

llamado **Juan**), pintor cubista español, n. en Madrid (1887-1927).

grisáceo, a adj. Que tira a gris, algo gris.

grisgrís m. Amuleto de negros.

grisón, ona adj. y s. Del cantón suizo de los Grisones. ‖ — M. Lengua de esa región.

Grisones, cantón del E. de Suiza; cap. *Coire.*

grisú m. Metano que se desprende de las minas de carbón, y es inflamable y explosivo al mezclarse con el aire.

gritar v. i. Dar gritos: *gritar de dolor.* ‖ Hablar en voz muy alta: *gritar a voz en cuello* (ú. t. c. t.). ‖ — V. t. Abuchear en señal de protesta: *gritar a un actor, una zarzuela.* ‖ Reñir en tono enojado: *a mí no me grites.*

gritería f. y **griterío** m. Vocerío, gritos.

grito m. Sonido de la voz, fuerte y violento: *dar gritos.* ‖ Gemido, queja: *gritos de dolor.* ‖ Sonido inarticulado emitido por los animales. ‖ Llamada: *grito de angustia.* ‖ — *Fam. A grito herido* o *limpio* o *pelado* o *a voz en grito,* con toda la fuerza de los pulmones. | *Asparse a gritos,* desgañitarse. | *Estar en un grito,* no poder más de dolor. ‖ *Pedir a gritos,* reclamar con insistencia. ‖ *Fam. Pegarle a uno cuatro gritos,* reñirle fuerte. ‖ *Fig. Poner el grito en el cielo,* manifestar violentamente la indignación. | *Ser el último grito,* ser la última moda.

gritón, ona adj. y s. *Fam.* Que grita mucho.

gro m. Tela de seda parecida al glasé.

Grocio (Hugo), jurisconsulto y diplomático holandés (1583-1645), considerado, con el español F. de Vitoria, el precursor del Derecho Internacional Público. Autor de *De iure belli ac pacis.*

Grodno, c. de la U. R. S. S. (Bielorrusia), cerca de Polonia.

groenlandés, esa adj. y s. De Groenlandia.

Groenlandia, isla danesa del Ártico al N. de América, casi cubierta de hielo; 2 180 000 km²; 45 000 hab.; cap. *Godthaab.* Población esquimal. Pesca (bacalao, focas, etc.).

grog m. (pal. ingl.). Bebida caliente hecha con ron, agua, limón y azúcar.

groggy [*groguí*] adj. (pal. ingl.). Dícese del boxeador que pierde momentáneamente el conocimiento sin estar k. o. ‖ *Fig.* Aturdido, atontado por un choque físico o moral.

grogui adj. Groggy.

Gronchi [*-ki*] (Giovanni), político italiano, n. en 1887, pres. de la Rep. de 1955 a 1962.

Groninga, en holandés *Groningen,* c. de Holanda, al NE. de Frisia, cap. de la prov. homónima. Universidad. Industrias.

Groot (José Manuel), historiador y poeta colombiano (1800-1878). ‖ ~ (Hugo de). V. Grocio (Hugo).

Gropius (Walter), arquitecto alemán (1883-1969), gran innovador en la arquitectura moderna.

Gros [*gro*] (Antoine, *barón de*), pintor francés (1771-1835), precursor del romanticismo.

grosella f. Fruto del grosellero, constituido por bayas rojas o blancas, de sabor agridulce, usado en bebidas y jaleas.

grosellero m. Arbusto de la familia de las saxifragáceas, cuyo fruto es la grosella.

grosería f. Carácter de lo que es grosero, basto, falto de pulimento. ‖ *Fig.* Falta de educación, de cortesía. ‖ Palabra o acción inconveniente.

grosero, ra adj. Basto, poco fino. ‖ Falto de delicadeza, común, vulgar. ‖ Carente de educación, de cortesía (ú. t. c. s.). ‖ Mal hecho, de figura mal trazada: *dibujo grosero, estatua grosera.*

grosor m. Grueso.

grosso modo loc. adv. lat. Sin entrar en detalles, en términos generales, sin puntualizar.

grosura f. Sustancia grasa.

grosz m. Moneda polaca equivalente a la centésima parte del zloty. (Pl. *groszy.*)

grotesco, ca adj. Que provoca risa por su extravagancia. ‖ Ridículo, absurdo: *idea grotesca.*

Grotius (Hugo de). V. Grocio.

Groussac (Pablo), crítico, historiador y escritor argentino, n. en Francia (1848-1929).

Groznyi, c. de la U. R. S. S., en el Cáucaso (Rusia). Refinerías de petróleo.

grúa f. Aparato con un brazo giratorio y una o más poleas para levantar, cargar y transportar pesos: *grúa de pórtico.*

Grudziandz, en alem. *Graudenz,* c. de Polonia, a orillas del Vístula. Metalurgia.

grueso, sa adj. De gran dimensión o corpulencia: *un palo grueso.* ‖ Grande: *granos de arroz gruesos.* ‖ Espeso: *tela gruesa.* ‖ Gordo: *hombre grueso.* ‖ Poco fino: *líneas gruesas.* ‖ *Fig.* No muy inteligente, obtuso. ‖ *Mar.* Con grandes olas, alborotado: *mar gruesa.* ‖ — M. Volumen, dimensión. ‖ La mayor parte: *el grueso del ejército.* ‖ Espesor: *el grueso de un papel.* ‖ Parte más grande de los trazos de la escritura. ‖ — F. Doce docenas. ‖ *Préstamo a la gruesa,* inversión de una gran cantidad de dinero, con grandes intereses, en un barco mercante con riesgo de perder todo si naufraga. ‖ — Adv. Con caracteres grandes: *escribir grueso.* ‖ *En grueso,* al por mayor.

Grueso (José María), sacerdote, orador y poeta colombiano (1779-1835), autor de *Anacreónticas.*

grulla f. Ave zancuda, de alto vuelo, y que suele mantenerse sobre un pie cuando está en tierra.

grumete m. Aprendiz de marinero o marinero de clase inferior.

grumo m. Parte de un líquido que se coagula: *grumo de sangre.*

grumoso, sa adj. Con grumos.

Grünewald (Matthias), pintor alemán (¿1460?-1528), representante del gótico en su última fase.

gruñido m. Voz del cerdo. ‖ Voz ronca del perro u otros animales cuando amenazan. ‖ *Fig.* Voz de mal humor o desaprobación.

gruñidor, ra adj. Gruñón.

* **gruñir** v. i. Dar gruñidos. ‖ *Fig.* Murmurar entre dientes, refunfuñar.

gruñón, ona adj. *Fam.* Que gruñe con frecuencia, refunfuñador.

grupa f. Anca de una caballería: *montada a la grupa.*

grupera f. Almohadilla de la silla de montar. ‖ Baticola.

grupo m. Pluralidad de personas o cosas que forman un conjunto: *un grupo de niños, de árboles.* ‖ Conjunto de personas que tienen opiniones o intereses idénticos: *un grupo político, profesional.* ‖ Conjunto de figuras pintadas o esculpidas: *un grupo escultórico.* ‖ *Mil.* Unidad táctica de artillería o aviación, bajo las órdenes de un jefe superior. ‖ — *Grupo de presión,* asociación de personas que están unidas por un interés común político o económico y reúne una cantidad de dinero importante para llevar a cabo una acción simultánea en la opinión pública, en los partidos políticos, en la administración o en los gobernantes. ‖ *Grupo electrógeno,* aparato generador de electricidad. ‖ *Grupo sanguíneo,* clasificación de la sangre en la que se pueden verificar transfusiones sin que haya peligro de que se aglutinen los hematíes.

gruppetto m. (pal. ital.). *Mús.* Floreo compuesto de tres o cuatro notas ascendentes o descendentes.

grupúsculo m. *Despect.* Grupo pequeño, sin relieve: *otro grupúsculo izquierdista.*

gruta f. Cueva o cavidad natural abierta en las rocas.

gruyère [*gruier*] m. (pal. fr.). Especie de queso de leche de vaca cocida, a la manera del fabricado en Gruyère (Suiza).

Gruyère [*gruier*], comarca de Suiza (Friburgo). Quesos.

Gstaad, estación veraniega e invernal de Suiza (Berna).

gua m. Juego de las canicas o bolas. ‖ Hoyo donde hay que meter las bolas en ese juego.

guaba f. *Amer.* Fruto del guamo.

guabairo m. *Cub.* Ave nocturna de plumaje rojo y negro.

guabán m. Árbol silvestre de Cuba, cuya madera es muy dura.

guabina f. *Col.* y *Venez.* Pez de río, de carne apreciada. ‖ *Col.* Aire popular de la montaña.

guabirá f. *Arg.* Árbol grande de tronco blanco y liso y fruto amarillo en forma de guinda.

guabiyú m. Árbol mirtáceo de fruto comestible en forma de baya negra del tamaño de una guinda.

guaca f. *Amer.* Sepultura de los antiguos indios, principalmente de Bolivia y Perú. ‖ *Amer.* Tesoro escondido. ‖ *C. Rica, Cub. Méx.* y *Venez.* Hucha, alcancía. ‖ *C. Rica* y *Cub.* Hoyo donde se ponen las frutas para su maduración. ‖ *Méx.* Escopeta de dos cañones.

guacal m. *Antill., Col., Méx.* y *Venez.* Cesta portátil para llevar a la espalda. ‖ *Amér. C.* Árbol bignoniáceo, de fruto parecido a la calabaza. | Recipiente hecho con el fruto de este árbol. ‖ *Fig.* y *fam. Amér. C.* y *Méx. Salirse del guacal,* perder los estribos.

guacalote m. *Cub.* Planta papilionácea trepadora, con fruto en una vaina.

guacamayo, ya m. y f. Especie de papagayo. ‖ Nombre de diversas plantas de América.

guacamole m. *Amer. C. Cub.* y *Méx.* Ensalada de aguacate, cebolla, chile y tomate picados.

guacamote m. *Méx.* Yuca.

Guacanagarí, cacique indígena dominicano, m. en 1499.

Guacanayabo, golfo del S. de Cuba (Camagüey y Oriente).

guacia f. Uno de los nombres de la *acacia.*

guaco m. Planta compuesta americana de propiedades medicinales. ‖ Ave gallinácea americana de carne apreciada. ‖ *Per.* Objeto que se saca de una guaca o túmulo.

guachacai m. *Chil.* Aguardiente malo.

guachamaca f. *Amer.* Arbusto venenoso.

guachapear v. t. *Fam.* Batir el agua con los pies. ‖ *Fig.* y *fam.* Hacer algo de modo chapucero. ‖ *Chil.* Hurtar. ‖ — V. i. Hacer ruido una chapa de hierro por estar mal clavada.

guachapelí m. *C. Rica, Ecuad.* y *Venez.* Árbol mimosáceo parecido a la acacia, cuya madera se emplea en construcciones navales.

guachinango, ga adj. *Méx.* Se dice en la costa oriental del habitante del Interior. ‖ — M. *Méx.* Pez pargo.

guácharo m. Polluelo. ‖ Guacho, pollo de gorrión.

guache m. *Col.* y *Venez.* Hombre de pueblo. ‖ *Col.* Instrumento músico popular en forma de canuto con semillas secas en el interior.

Guachí, río de Venezuela (Mérida y Zulia) que vierte sus aguas en el S. del lago de Maracaibo.

guacho, cha adj. *Amer.* Huérfano, sin padres. ‖ — M. Pollo.

guadal m. *Riopl.* Ciénaga.

Guadalajara, c. del centro de España (Castilla la Nueva), cap. de la prov. homónima. Palacio del duque del Infantado. Centro comercial. — C. de México en medio de una fértil llanura, cap. del Estado de Jalisco. Es la segunda c. del país. Centro comercial. Arzobispado. Catedral (s. XVI-XVII). Universidad.

guadalajarense adj. y s. De Guadalajara (México).

guadalajareño, ña adj. y s. De Guadalajara (España).

Guadalaviar. V. TURIA.

Guadalcanal, v. de España (Sevilla). — Isla volcánica del archip. británico de Salomón, en Melanesia; cap. *Honiara.*

Guadalete, río del S. de España que des. en la bahía de Cádiz: 171 km. En sus márgenes tuvo lugar una batalla, entre las fuerzas árabes de Tarik y las del rey Don Rodrigo (711), que acabó con la dominación visigoda en Península.

Guadalhorce, río del S. de España (Málaga); 120 km.

guadaloso, sa adj. *Riopl.* Arenoso, lleno de dunas.

Guadalquivir, río del S. de España, que nace en la sierra de Cazorla (Jaén) y atraviesa Córdoba y Sevilla; des. en el Atlántico por Sanlúcar de Barrameda; 680 km. Ant. llamado *Betis.*

Guadalupe, isla de Francia, en las Antillas Menores, formada en realidad por dos separadas por un estrecho; 149 km². (V. GUADELOUPE.) — Sierra de España en la cord. Oretana (Extremadura); 1 500 a 1 600 m. — C. de España (Cáceres). Monasterio mudéjar en que se venera una imagen de la Virgen. — Pobl. de México (Zacatecas). Minas. — V. CANELONES. ‖ **~ Hidalgo,** hoy *Gustavo A. Madero,* c. de México en el Distrito Federal, al N. de la cap. Basílica de la Virgen de Guadalupe. ‖ **~ Victoria.** V. VICTORIA. ‖ **~ y Calvo,** v. de México (Chihuahua). Yac. de oro y plata.

Guadalupe *(Nuestra Señora de),* imagen de la Virgen y santuario de Guadalupe en España (Cáceres). — Imagen de la Virgen y basílica, al pie del cerro Tepeyac (México). Desde 1910 es patrona de Hispanoamérica.

guadamací y **guadamecil** m. Cuero adornado con dibujos de pintura o relieve.

guadamacilería f. Arte de labrar guadameciles.

guadaña f. Instrumento para segar a ras de tierra consistente en una cuchilla corva enastada en un mango largo.

guadañador, ra m. y f. Que guadaña. ‖ — F. Segadora, máquina para guadañar.

guadañar v. t. Segar la hierba con la guadaña.

guadañero m. Persona que siega la hierba con guadaña.

guadapero m. Mozo que lleva la comida a los segadores. ‖ Peral silvestre.

guadarnés m. Lugar donde se guardan los arneses. ‖ Mozo que cuida de ellos. ‖ Armería.

Guadarrama (SIERRA DE), macizo montañoso, entre Madrid y Segovia; 2 405 m en el pico de Peñalara.

Guadeloupe, dep. francés de ultramar, en las Antillas Menores; cap. *Basse-Terre.*

Guadiana, río de la meseta central de España que nace en las lagunas de Ruidera (Sierra de Alcaraz), pasa por Badajoz, penetra en Portugal y des. en el Atlántico (prov. de Huelva). Desaparece en 30 km, al filtrarse sus aguas en el suelo *(Ojos del Guadiana).*

Guadiela, río de España, afl. del Tajo (Cuenca).

guadijeño, ña adj. y s. De Guadix.

Guadix, c. del S. de España (Granada). Lugar de nacimiento de Pedro de Mendoza.

guadua f. Especie de bambú con púas que se cría en América y se utiliza para la construcción.

guadual m. Plantío de guaduas.

Guaduas, mun. y c. de Colombia (Cundinamarca).

Guafo, golfo e isla de Chile, en el archip. de Chiloé.

Guagrauma, macizo montañoso del Ecuador (Loja); 3 790 m.

guagua f. Cosa baladí. ‖ *Amer.* Nene, niño de teta. ‖ Autobús, en las islas Canarias y en las Antillas. ‖ *De guagua,* de balde, gratis.

Guagua Pichincha, pico de la Cord. Occidental de los Andes, en el Ecuador; 4 784 m.

guagüero m. *Antill.* Conductor de guagua.

Guaicaipuro, cacique indígena de Venezuela que se distinguió combatiendo contra los conquistadores españoles.

guaico m. *Amer.* Hondonada.

guaicurú m. *Arg.* Planta de tallo estriado y flores moradas, que tiene propiedades medicinales.

Guaillabamba, río del Ecuador (Pichincha y Esmeraldas), afl. del Esmeraldas; 270 km.

Guáimaro, v. y mun. de Cuba (Camagüey). Aquí se aprobó la primera Constitución cubana (10 de abril de 1869).

Guainía, río de Colombia, limítrofe con Venezuela y que al penetrar en el Brasil recibe el n. de *río Negro,* afl. del Amazonas; 2 200 km. — Comisaría de Colombia; cap. *Puerto Inírida.*

guaipíu m. *Amer.* Capote que cubre el cuello y los hombros.

guaira f. ‖ *Amér. C.* Especie de flauta de varios tubos que usan los indios. ‖ *Mar.* Vela triangular. ‖ *Per.* Crisol de barro para fundir los minerales de plata.

Guaira (La), c. de Venezuela, en el Distrito Federal, puerto de Caracas.

Guairá, dep. del centro del Paraguay; cap. *Villarrica.* — Salto de aguas del Brasil, de 40 m, en la frontera con Paraguay. Llamado tb. *Sete Quedas.*

guairabo m. *Chil.* Ave zancuda nocturna.

guaireño, ña adj. y s. Del dep. de Guairá (Paraguay). ‖ De La Guaira (Venezuela).

guairo m. *Amer.* Barco pequeño utilizado para el pequeño cabotaje.

Guaitecas, islas de Chile, entre el archip. de Chiloé y las islas de Chonos.

guajá f. *Amer.* Garza.

guajada f. *Méx.* Sandez.

guajal m. *Méx.* Terreno plantado de guajes.

guájaras f. pl. Fragosidad, lo más áspero de una sierra.

guaje m. *Méx.* Árbol leguminoso de fruto en forma de calabaza. ‖ — Adj. y s. *Méx.* Bobo. ‖ *Méx. Hacerse guaje,* hacerse el tonto.

Guajira, penins. de Colombia, en el mar Caribe. ‖ **~ (La),** dep. del NE. de Colombia; cap. *Riohacha.* Región ganadera.

guajiro, ra adj. y s. De La Guajira (Colombia). ‖ *Cub.* Rústico, campesino. ‖ — F. Canción popular en Cuba.

guajolote m. *Méx.* Pavo común. ‖ — Adj. y s. *Fam. Méx.* Tonto.

Gual (Manuel), patriota venezolano (1749-1800), jefe, con José María España, de un levantamiento contra los españoles (1797).

gualdado, da adj. Teñido con el color de gualda.

gualdera f. Tablón lateral de una cureña, escalera, etc.

gualdo, da adj. De color de gualda o amarillo. ‖ — F. Planta resedácea de flores amarillas y fruto en forma de cápsula.

gualdrapa f. Cobertura larga que cubre las ancas de la caballería. ‖ *Fam.* Andrajo.

gualdrapazo m. *Mar.* Golpe que dan las velas contra los árboles y jarcias.

gualdrapear v. i. *Mar.* Dar gualdrapazos.

Gualeguay, pobl. y río de la Argentina (Entre Ríos).

Gualeguaychú, dep. y c. de la Argentina (Entre Ríos). Obispado.

gualicho o **gualichú** m. Entre los gauchos, genio del mal. ‖ *Arg.* Talismán.

Guam, isla del S. del archip. de las Marianas (Micronesia), perteneciente a Estados Unidos.

guama f. *Col.* y *Venez.* Fruto del guamo, en forma de legumbre.

Guamá, cacique indígena de Cuba (s. XVI). Hizo frente a los españoles y fue cruelmente castigado.

guamo m. Árbol de la familia de las mimosáceas cuyo fruto es la guama, y se planta en los cafetales para dar sombra.

Guamo, mun. y pobl. de Colombia (Tolima). Ref. de petróleo.

guamúchil m. Árbol espinoso de México, de flores amarillentas o verdosas y legumbres comestibles.

guanabá m. Ave zancuda de Cuba: *el guanabá come mariscos.*

Guanabacoa, mun. de Cuba, cerca de La Habana.

guanábana f. Fruta del guanábano.

guanabanada f. Refresco hecho con guanábana.

guanábano m. Árbol americano de la familia de las anonáceas, con fruto de sabor muy agradable.

Guanabara, Estado y bahía de la costa del Brasil; cap. *Rio de Janeiro.*

guanacaste m. Árbol de Centroamérica, de la familia de las mimosáceas.

Guanacaste, cord. volcánica y prov. del NO. de Costa Rica; cap. *Liberia.*

guanacasteco, ca adj. y s. De Guanacaste (Costa Rica).

guanaco m. Mamífero rumiante parecido a la llama, que habita en los Andes meridionales y sirve de animal de carga. ‖ *Fam. Amer.* Necio, tonto.

Guanahaní, n. indígena de la isla de San Salvador, primera tierra americana donde desembarcó Colón en 1492. Actualmente posesión británica, llamada *Watling.*

Guanajay, térm. mun. de Cuba (Pinar del Río).

guanajo adj. y s. *Amer.* Tonto, bobo. ‖ *Antill.* Pavo.

Guanajuato, c. del NO. de México, cap. del Estado homónimo. Universidad. Minas. Turismo.

guanal m. *Amer.* Palmeral.

guanana f. Ganso de Cuba.

Guanare, río de Venezuela (Portuguesa y Barinas), afl. del Apure. — C. de Venezuela, cap. del Estado de Portuguesa. Obispado. Peregrinación a la Virgen de Coromoto.

guanarense adj. y s. De Guanare (Venezuela).

Guanay, v. de Bolivia, sección de la prov. de Larecaja (La Paz).

guanche adj. y s. Individuo de la raza que poblaba las islas Canarias en el momento de su conquista (s. XV).

guando m. *Amer.* Parihuela.

guandú m. *Amér. C.* y *Cub.* Arbusto papilionáceo cuyas hojas sirven de alimento al ganado.

guanear v. t. *Per.* Abonar el terreno con guano. ‖ — V. i. *Amer.* Defecar, dicho de animales.

guanero, ra adj. y s. Relativo al guano. ‖ — M. Buque para transportar el guano. ‖ — F. Yacimiento de guano.

Guanes (Alejandro), poeta modernista paraguayo (1871-1925).

guango m. *Amer.* Trenza de las indias del Ecuador. ‖ *Guat.* y *Méx.* Ancho, holgado, flojo.

guaní m. *Cub.* Colibrí.

Guaniguanico, cord. al O. de Cuba. — V. SANTA INÉS.

Guanipa, río de Venezuela (Anzoátegui y Monagas); des. en el golfo de Paria; 282 km.

guano m. Materia excrementicia de aves marinas que se encuentra acumulada en gran cantidad en las costas y en varias islas del Perú y del norte de Chile, así como en las costas del sudoeste de África: *el guano se utiliza como abono en la agricultura.* ‖ Abono mineral sucedáneo del guano natural. ‖ *Fam. ¡Vete al guano!,* ¡vete a paseo!

Guanta, c. y puerto de Venezuela (Anzoátegui). Oleoductos.

guantada f. y **guantazo** m. *Fam.* Manotazo, bofetón.
Guantánamo, térm. mun. de Cuba (Oriente), puerto en la bahía homónima. Base naval de Estados Unidos.
guante m. Prenda que se adapta a la mano para abrigarla: *un par de guantes de cuero.* ‖ Objeto análogo para diferentes usos: *guante de cirujano, de boxeo.* ‖ *Fig.* y *Fam.* Gratificación. ‖ *Fig. Arrojar el guante a uno,* desafiarle. ‖ *Fam. De guante blanco,* con gran corrección. | *Echarle el guante a una cosa,* apoderarse de ella. | *Recoger el guante,* aceptar un reto. | *Ser más suave que un guante,* ser dócil.
guantear v. t. Dar guantazos.
guantelete m. Pieza metálica en forma de guante que era parte de la armadura y protegía la mano.
guantería f. Taller donde se hacen y tienda donde se venden guantes. ‖ Oficio de guantero.
guantero, ra m. y f. Persona que fabrica o vende guantes. ‖ — F. Caja para guardarlos.
guantón m. *Amer.* Guantazo, manotada.
guañil m. *Chil.* Arbusto de la familia de las compuestas, con flores en panoja.
guao m. Arbusto anacardiáceo de México, Cuba y Ecuador, de cuya madera se hace carbón.
guaparra f. *Méx.* Machete de campo.
guapear v. i. *Fam.* Ostentar mucho ánimo. | Hacer alarde de buen gusto. ‖ *Amer.* Fanfarronear, echar bravatas.
guapería f. *Fam.* Bravata.
guapetón, ona adj. *Fam.* Muy guapo y arrogante.
guapeza f. *Fam.* Ánimo, bizarría. | Ostentación en el vestir. | Fanfarronería.
guapo, pa adj. Bien parecido: *una mujer guapa.* ‖ Animoso, valiente. ‖ *Fam.* Apelativo cariñoso: *anda guapo, no te enfades así.* ‖ — M. Hombre pendenciero: *el guapo del pueblo.* ‖ *Fam.* Galán.
Guaporé, río fronterizo entre Bolivia y Brasil; 1 700 km. Recibe tb. el n. de *Iténez.*
guapote, ta adj. *Fam.* Bonachón, de buen genio. | Agraciado, de buen parecer.
guapura f. Calidad de guapo.
guaquear v. i. *Amer.* Buscar guacas o tesoros.
Guaqui, c. y puerto de Bolivia en el Titicaca (La Paz).
guará m. *Amer.* Lobo que vive en las pampas.
guaraca f. *Amer.* Honda para lanzar piedras.
guaracaro m. *Venez.* Planta leguminosa trepadora, de semilla comestible.
guaracha f. Aire y danza popular antillanos.
guarache m. *Méx.* Sandalia.
guarachear v. t. *Antill.* Parrandear. ‖ *Méx.* Andar con guaraches.
guaragua f. *Per.* y *Chil.* Contoneo. | Rodeo para decir algo, circunloquio. ‖ — Pl. *Chil.* Perifollos.
Guarambaré, pobl. del Paraguay (Central).
Guaranda, c. del Ecuador, cap. de la prov. de Bolívar. Obispado.
guarandeño, ña adj. y s. De Guaranda (Ecuador).
guaranga f. Fruto del guarango.
guarango, ga adj. y s. *Chil.* y *Riopl.* Mal educado, grosero. ‖ — M. *Bot.* Especie de acacia del Perú y Ecuador.
guaraní adj. y s. Relativo a un pueblo indio de la familia cultural tupí-guaraní. ‖ — M. Idioma de los guaraníes. ‖ Unidad monetaria paraguaya.
— Los *guaraníes,* hábiles navegantes, hicieron importantes migraciones desde Paraguay hasta el Amazonas. Su lengua, hablada todavía corrientemente en Paraguay y el NE. de Argentina, introdujo en el castellano no pocas voces de zoología, como *agutí, apereá, urubú, yaguar, ñandú, paca, tamanduá, tatú, tapir, tucano, yacaré;* de botánica: *ananás, copaiba, curare, ombú, jaborandí, mandioca,* y algunas extrañas a la historia natural: *bagual, maraca, pororó, pororoca, tacurú, tapioca.*
guaranismo m. Voz propia del guaraní.
guaraña f. Baile popular venezolano.
Guaraparí, c. y puerto del Brasil (Espíritu Santo).
guarapo m. Jugo de la caña dulce. ‖ Bebida fermentada a base de guarapo.
guarapón m. *Chil.* y *Per.* Sombrero de ala ancha usado en el campo para defenderse del sol.
guarda com. Persona que tiene a su cargo cuidar o vigilar algo: *guarda de un museo, guarda de caza.* ‖ — F. Acción de guardar, conservar o defender. ‖ Tutela. ‖ Observancia y cumplimiento de un mandato o ley. ‖ Cada una de las varillas exteriores del abanico (ú. m. en pl.). ‖ Hoja de papel blanco o de color al principio y al fin de los libros (ú. m. en pl.). ‖ Guarnición en el puño de la espada. ‖ — Pl. Hierros de la cerradura que corresponden a los huecos de la llave. ‖ — *Guarda jurado,* el nombrado para vigilar las propiedades de particulares. ‖ *Guarda nocturno,* sereno, vigilante de noche.
Guarda, distrito y c. de Portugal (Beira Alta), limítrofe con España. Obispado.
guardabarrera m. y f. Persona que vigila un paso a nivel en una línea férrea.
guardabarros m. inv. Alero del coche, de la bicicleta o motocicleta, etc., para protegerse de la proyección de barro.
guardabosque m. Guarda que vigila en un bosque.
guardabrisa m. Fanal o globo de cristal donde se coloca una vela. ‖ Parabrisas.
guardacabras com. Cabrero.
guardacadena m. Cubrecadena de la bicicleta.
guardacandela m. *Cub.* Guardia contra el fuego en los cañaverales.
guardacantón m. Poste de piedra que se pone en las esquinas de las casas, o a los lados de los paseos o caminos, para protegerlos de los vehículos.
guardacoches m. inv. Guarda de un aparcamiento.
guardacostas m. inv. *Mar.* Barco de guerra cuya misión es defender las costas y perseguir el contrabando.
guardador, ra adj. y s. Que guarda. ‖ Que observa una ley, una orden. ‖ Avariento.
guardaespaldas m. inv. Persona destinada a proteger a otra de un eventual ataque.
guardafango m. *Amer.* Guardabarros.
guardafrenos m. inv. Empleado de ferrocarril cuya misión es manejar los frenos de los trenes.
Guardafuí, cabo del NE. de África, a la entrada del golfo de Adén.
guardaganado m. *Riopl.* Foso cubierto de una serie de travesaños paralelos, en forma de parrilla, que se coloca a la entrada de las estancias para permitir el paso de los vehículos e impedir el del ganado.
guardagujas m. inv. Empleado que en los cambios de vía de los ferrocarriles cuida del manejo de las agujas.
guardainfante m. Especie de faldellín emballenado que llevaban antiguamente las mujeres debajo de la falda para ahuecarla.
guardalmacén com. Encargado de la custodia de un almacén.
guardamano m. Guarnición de la espada.
guardameta m. Portero, en ciertos deportes de equipo (fútbol, balonmano, water-polo, etc.).
guardamonte m. En las armas de fuego, pieza clavada en la caja, que protege el disparador. ‖ Capote de monte. ‖ *Arg.* Guarnición de cuero para las piernas del jinete.
guardamuebles m. inv. Almacén donde se guardan muebles.
guardapelo m. Medallón para llevar un rizo de cabello.
guardapesca m. Barco pequeño cuya misión es vigilar el cumplimiento de los reglamentos de pesca marítima.
guardapolvo m. Cubierta para proteger del polvo. ‖ Bata de tela ligera que se pone encima del traje para preservarlo de la suciedad. ‖ Tejadillo voladizo sobre una ventana. | Tapa interior de los relojes de bolsillo.
guardapuerta f. Antepuerta.
guardapuntas m. inv. Contera para preservar la punta de un lápiz.
guardar v. t. Cuidar, vigilar custodiar: *guardar un campo; guardar bajo llave.* ‖ Preservar una persona o cosa de cualquier daño. ‖ Conservar, retener para sí: *guardo un buen recuerdo de Barcelona.* ‖ Vigilar animales: *guardar un rebaño de ovejas.* ‖ Cumplir lo que se debe: *guardar el secreto, la palabra.* ‖ Tener un sentimiento: *guardar rencor a alguien.* ‖ Estar en, abandonar: *guardar cama.* ‖ Poner en su sitio: *guardar un libro en la biblioteca.* ‖ Reservar y conservar: *guardar dinero* (ú. t. c. pr.). ‖ *Fig.* Mantener, observar: *guardar silencio, las formas.* ‖ — V. pr. Evitar algo, precaverse de un riesgo: *guardarse del agua mansa.* ‖ Poner cuidado en no hacer algo: *me guardaré de trasnochar.* ‖ Quedarse con, conservar para sí: *guardarse un libro prestado.* ‖ — *Fig. Guardársela a uno,* esperar el momento oportuno para la venganza.
guardarraya f. *Antill.* Linde en los campos. ‖ *Cub.* Paso o camino ancho en los cañaverales.
guardarropa m. Local donde se deposita el abrigo y otros objetos que no se pueden conservar en teatros u otros establecimientos públicos. ‖ Persona que vigila este local. ‖ Armario ropero y su contenido. ‖ El encargado de la guardarropía de un teatro.
guardarropía f. *Teatr.* Conjunto de trajes y accesorios para las representaciones escénicas. | Local donde se guardan estos trajes. ‖ *De guardarropía,* que aparenta lo que no es.
guardasellos m. inv. En algunos países, título de canciller.
guardavela m. *Mar.* Cabo que trinca las velas de gavia a los palos.
guardavía m. Empleado que vigila una sección de línea férrea.
guardería f. Ocupación y empleo del guarda. ‖ Establecimiento donde se atiende y cuida a los niños pequeños mientras sus padres trabajan.
guardesa f. Guardiana. ‖ Mujer del guarda.
guardia f. Conjunto de soldados o gente armada encargada de la custodia de una persona: *la guardia del emperador.* ‖ Defensa, amparo, custodia. ‖ Posición de defensa en boxeo, esgrima, lucha, etc. ‖ Cuerpo de tropa especial: *guardia de corps, republicana.* ‖ — *En guardia,* prevenido, sobre aviso: *ponerse en guardia.* ‖ — *Guardia Civil,* cuerpo armado español creado en 1833 para perseguir a los malhechores, luego empleado para el mantenimiento del orden público. ‖ *Guardia Municipal,* cuerpo perteneciente a un ayuntamiento y a las órdenes del alcalde, cuya misión es velar por el cumplimiento de los reglamentos de policía urbana. ‖ — M. Individuo perteneciente a ciertos cuerpos armados: *un guardia civil, municipal.* ‖ *Guardia marina,* guardiamarina.
Guardia (Lago de). V. Garda.
Guardia (Alfredo de la), escritor argentino (1899-1974), autor de

GU

documentadas críticas literarias. ‖ ~ (ERNESTO DE LA), político panameño, n. en 1904, pres. de la Rep. de 1956 a 1960. ‖ ~ (RICARDO ADOLFO DE LA), político panameño, n. en 1899, pres. de la Rep. de 1941 a 1945. ‖ ~ **Gutiérrez** (TOMÁS), general costarricense (1832-1882), pres. de la Rep. de 1870 a 1876 y de 1877 a 1882. Construyó el ferrocarril interoceánico.

guardiamarina m. Alumno de la Escuela Naval.

guardián, ana m. y f. Persona que custodia a una persona o cosa. ‖ — M. Prelado ordinario de un convento de franciscanos. ‖ *Mar.* Cable muy sólido.

guardianía f. Cargo de guardián en la orden franciscana, tiempo que dura y territorio que abarca cada convento.

guardilla f. Buhardilla.

Guardini (Romano), filósofo y teólogo alemán (1885-1968).

Guardiola (Santos), general hondureño (1816-1862), pres. de la Rep. de 1856 a 1862. M. asesinado.

* **guarecer** v. t. Guardar, acoger, dar asilo. ‖ — V. pr. Refugiarse, ampararse en alguna parte: *guarecerse bajo un pórtico.* ‖ Protegerse: *guarecerse de la lluvia.*

guaria m. Ave zancuda de las Antillas, que vive en las lagunas.

Guárico, río de Venezuela, afl. del Apure; 480 km. — Estado en el centro de Venezuela; cap. *San Juan de los Morros.* Agricultura. Petróleo.

guarida f. Cueva o espesura donde se guarecen los animales. ‖ *Fig.* Refugio, amparo.

guarimán m. Árbol magnoliáceo americano cuya corteza aromática se usa como condimento.

Guarini (Giambattista), poeta italiano (1538-1612), autor del drama pastoril *Pastor Fido.*

Guarionex, cacique indígena dominicano, m. en 1502; héroe legendario.

guariqueño, ña adj. y s. De Guárico (Venezuela).

guarismo m. Cada uno de los signos o cifras arábigas que expresan una cantidad.

guarnecedor, ra adj. y s. Que guarnece.

* **guarnecer** v. t. Poner guarnición a alguna cosa: *guarnecer una joya, una espada,* etc. ‖ Proveer, suministrar. ‖ *Albañ.* Revocar las paredes. ‖ Estar de guarnición un regimiento. ‖ Revestir el cilindro de una máquina con una camisa.

Guarnerius o **Guarneri,** familia italiana de fabricantes de violines de Cremona (s. XVII a XVIII).

guarnición f. Lo que se pone para adornar algunas cosas: *la guarnición de un vestido.* ‖ Engaste de las piedras preciosas. ‖ Parte de la espada que protege la mano. ‖ *Mil.* Tropa que guarnece una plaza, castillo o buque de guerra. ‖ Arreos de las caballerías (ú. m. en pl.). ‖ Plato de verdura, pastas, etc., que se suele servir con la carne o pescado para acompañarlos.

guarnicionar v. t. *Mil.* Poner guarnición: *guarnicionar una plaza.*

guarnicionería f. Local donde se hacen o venden guarniciones para las caballerías.

guarnicionero m. Persona que fabrica o vende guarniciones para caballerías.

guaro m. Especie de loro pequeño. ‖ *Amér. C.* Aguardiente de caña, tafia.

guarrada f. *Fam.* Guarrería.

guarrazo m. *Fam.* Porrazo, caída: *darse un guarrazo.*

Guarrazar, v. de España (Toledo), donde se descubrió un tesoro arqueológico visigótico en 1853.

guarrería f. Porquería, suciedad. ‖ *Fig.* Acción sucia, mala jugada, cochinada: *hacer una guarrería a alguien.* | Indecencia.

guarro, rra m. y f. Cochino, marrano (ú. t. c. adj.).

Guas (Juan), arquitecto español del s. XV, n. en Lyon (Francia), a quien se debe el Palacio del Infantado en Guadalajara y la reforma de la iglesia de San Juan de los Reyes, en Toledo. M. en 1495.

guasa f. *Fam.* Pesadez, falta de gracia. | Burla, broma, chanza. | Gracia, chiste: *la guasa andaluza.* ‖ — *En guasa,* en broma. ‖ *Estar de guasa,* estar de broma. ‖ *Tener algo* o *alguien mucha guasa,* ser fastidioso.

guasca f. *Chil* y *Per.* Látigo.

guasearse v. pr. *Fam.* Chancearse, tomar a broma.

guaso, sa m. y f. Campesino chileno. ‖ — Adj. *Amer.* Rústico.

guasón, ona adj. y s. Que tiene guasa. ‖ Bromista, que gasta bromas, chancero.

Guastalla, c. de Italia (Emilia). Obispado. En 1621 se creó el ducado homónimo.

guastatoyano, na adj. y s. De El Progreso (Guatemala).

guata f. Algodón en rama que se coloca dentro del forro de los vestidos o de la ropa de cama. ‖ *Amer.* Pandeo, alabeo. | Vientre, panza.

guataca f. *Cub.* Azada corta. | Servil, adulador.

guataquear v. t. *Cub.* Escardar con guataca. | Adular.

guate m. *Hond.* y *Salv.* Espiga tierna de maíz usada como forraje.

guateado, da adj. Acolchado con guata. ‖ *Fig.* Temperado.

guatear v. t. Acolchar, poner guata: *guatear un abrigo.*

Guatemala, rep. de América Central, situada entre México, Belice, el mar de las Antillas, Honduras, El Salvador y el océano Pacífico; 108 889 km²; 5 500 000 h. (*guatemaltecos*). Cap. *Ciudad de Guatemala,* 700 000 h. Otras c.: *Cobán,* 32 000 h.; *Totonicapán,* 33 000; *Quezaltenango,* 48 000; *Escuintla,* 40 000; *Jalapa,* 31 000, y *Chiquimula,* 27 000. Administrativamente, Guatemala se divide en 22 departamentos, a los que hay que añadir Belice (22 965 km², 105 000 h.) reclamado a Gran Bretaña. La población presenta el mayor porcentaje de indios (54 por 100) en Centroamérica, y el resto lo componen los mestizos (43 por 100) y los blancos (3 por 100). La religión predominante es la católica y el idioma oficial es el castellano o español, existiendo también una veintena de lenguas indígenas. La densidad de población es de 39 h/km².

— GEOGRAFÍA. Guatemala es un país montañoso y volcánico. La Sierra Madre presenta dos ramales; en el de la costa del Pacífico origina la meseta Central, donde se encuentran las principales poblaciones. Los ríos más importantes van a parar al océano Atlántico (Usumacinta y Motagua). Al Pacífico van el Suchiate y el Paz, que constituyen la frontera con México y El Salvador, respectivamente. Los lagos son importantes (Izabal, Petén-Itzá, Amatitlán y Atitlán). La costa atlántica presenta la bahía de Santo Tomás, en la que se hallan los puertos Matías de Gálvez y Puerto Barrios, y la del Pacífico tiene los puertos de San José y Champerico. Debido al relieve, el clima va desde el cálido al frío, con abundantes lluvias en el N. (región de las Verapaces). La agricultura es la base de la economía (café, banano, algodón), así como la explotación de maderas preciosas y chicle (El Petén). La ganadería está medianamente desarrollada, y las industrias principales son las alimenticias, de bebidas, textiles y fabricación de tabacos. La red ferroviaria cuenta 1 430 km y la de carreteras se aproxima a los 2 000 km. El tráfico aéreo nacional e internacional es importante, y el aeropuerto de La Aurora es la terminal aérea para Centroamérica.

— HISTORIA. Guatemala fue sede y cuna de una brillante civilización precolombina, la de los *mayas,* la cual ha dejado huellas importantes en las ciudades de Uaxactún, Piedras Negras, Zaculeu y Tikal. Posteriormente los mayas emigraron hacia el Yucatán (s. IX). Otros pueblos indígenas fueron los quichés, los cakchiqueles y los tzutuhiles, de nivel cultural inferior a los anteriores. Enviado por Hernán Cortés, Pedro de Alvarado efectuó la conquista de Guatemala (1523), quien mostróse particularmente severo en su misión. Alvarado fue nombrado capitán general de Guatemala en 1527, y en 1570 fue creada la Audiencia. Durante el s. XVIII fueron frecuentes las incursiones de los corsarios ingleses. Por el Tratado de Versalles (1783), el Gobierno español autorizó a Inglaterra a cortar madera en la región de Valis, lo que con el tiempo originó el establecimiento británico en la zona de Belice. La independencia de Guatemala fue declarada en 1821, siendo anexada a México el año siguiente, para formar por fin, en 1823, junto con los otros países centroamericanos, las Provincias Unidas de Centroamérica. Esta federación estaba gobernada por un presidente, pero cada jefe de los Estados constituyentes gozaba de amplia autonomía. La Ciudad de Guatemala fue a la vez la capital de la federación y del Estado de Guatemala. Desgraciadamente esta unión se rompió en 1838, a pesar de los esfuerzos realizados por Francisco Morazán. El presidente Rafael Carrera unió su país a Honduras, Costa Rica y El Salvador para emprender la lucha contra el filibustero Walker, que llegó, en 1856, a apoderarse de Nicaragua. Un nuevo intento de unión centroamericana efectuado por Justo Rufino Barrios no llegó a realizarse (1885). El comienzo del s. XX está dominado por la figura de Manuel Estrada Cabrera, que si bien fomentó la instrucción pública, su gobierno autoritario provocó una revolución en 1920 (Movimiento Unionista). En 1921 fracasó otro intento de federación entre Guatemala, Honduras y El Salvador, que llevaba el nombre de *República Tripartita de Guatemala.* El general Jorge Ubico ocupó la presidencia de 1931 a 1944, durante cuyo mandato hizo concesiones a las compañías norteamericanas. Le sucedió una Junta Militar y luego el general Federico Ponce Valdés, derrocado a su vez por una revolución popular el 20 de octubre de 1944. Un triunvirato revolucionario convocó elecciones, de las que salió elegido el Dr. Juan José Arévalo, quien gobernó durante su período de seis años. Jacobo Arbenz accedió a la presidencia en 1951, pero fue derribado por el coronel Castillo Armas en 1954, quien a su vez fue asesinado en 1957. En 1958 tomó posesión de la presidencia Miguel Ydígoras Fuentes, quien antes de terminar su mandato fue derrocado por un golpe militar (1963), que instaló una Junta presidida por el coronel Enrique Peralta Azurdia. Las elecciones de 1966 fueron muy reñidas y, al no obtener ningún candidato la mayoría absoluta, el Congreso eligió finalmente al licenciado Julio César Méndez Montenegro. En 1970 fue elegido el general Carlos Arana Osorio y en 1974 Kjell Eugenio Laugerud García.

Guatemala (CIUDAD DE), cap. del dep. y de la Rep. del mismo n.; 700 000 hab. Arzobispado. Universidad. Centro comercial. La c. fue fundada en 1776 en sustitución de la *Antigua Guatemala,* destruida por un terremoto en 1773.

guatemalense adj. y s. Guatemalteco.

guatemaltecanismo m. Guatemaltequismo.

guatemaltecanista adj. y s. Que estudia y es especialista del habla o de la cultura de Guatemala.

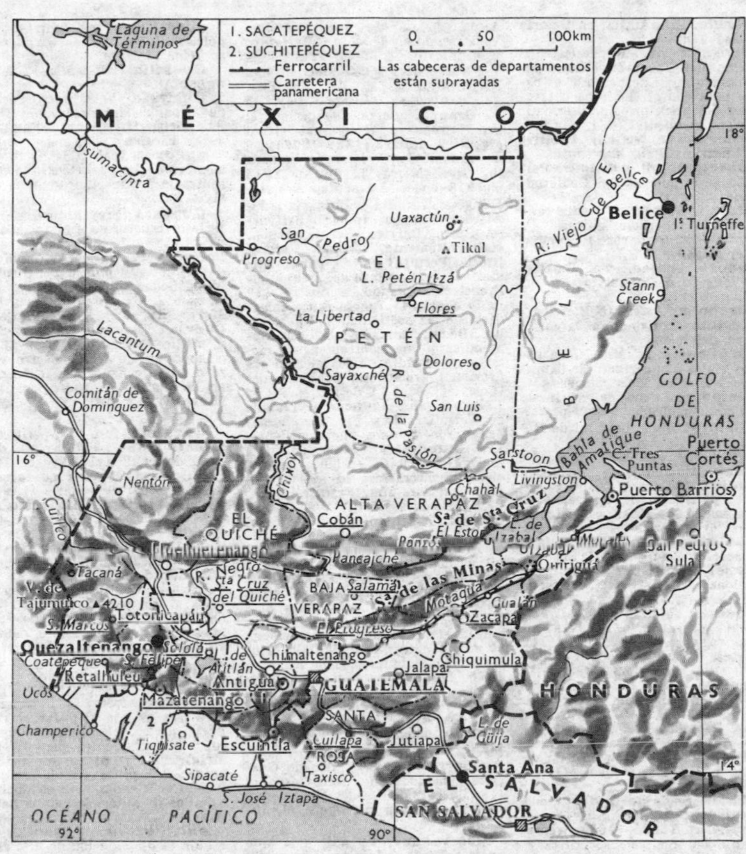

GUATEMALA

guatemalteco, ca adj. y s. De Guatemala.

guatemaltequismo m. Palabra o giro propios del español hablado en Guatemala.

guatepín m. *Méx.* Puñetazo, golpe dado en la cabeza.

guateque m. Fiesta que se da en una casa con baile: *Todos los jóvenes asistían constantemente a guateques, dejando de lado los estudios.* ‖ *Fam.* Comida. ‖ *Cub.* Reunión de gente de poca categoría.

Guateque, mun. y c. de Colombia (Bocayá).

guatequimame adj. y s. Indígena mexicano.

guatero, ra m. y f. *Chil.* Mondonguero, tripero, tripicallero, persona que vende callos.

Guates (Los), pobl. de Guatemala (Sacatepéquez).

guatiao adj. *Cub.* Amigo; hermano. ‖ — M. *Cub.* Nombre que dieron los españoles al indio sometido a las leyes de los conquistadores.

guatíbere m. Cierto pez del mar de las Antillas. ‖ *Cub.* Cierto pájaro.

guatiguati m. *Venez.* Cierta ave canora cuyo canto tiene un tono lastimero o triste.

Guatimozín. V. CUAUHTÉMOC.

guatín m. *Col.* Agutí.

guatusa o **guatuza** f. Roedor americano, parecido a la paca, de carne apreciada.

guau, onomatopeya que imita el ladrido del perro.

Guaviare, río de Colombia (Meta y Vichada), afl. del Orinoco; 1 350 km.

¡guay! interj. ¡Ay!: *¡guay de los vencidos!*

guaya f. Lloro o lamento: *hacer la guaya.*

guayaba f. Fruto del guayabo. ‖ Conserva y jalea de esta fruta. ‖ *Amer.* Mentira.

guayabal m. Plantío de guayabos.

guayabate m. Dulce hecho con guayaba.

guayabera f. Chaquetilla corta de tela ligera.

guayabita m. *Fig. Cub.* Chulo, rufián.

guayabo m. Árbol mirtáceo de América, que tiene por fruto la guayaba. ‖ *Fam.* Muchacha joven y atractiva.

guayaca f. *Arg.* y *Chil.* Bolsa o taleguilla para el tabaco o dinero. ‖ *Fig.* Amuleto.

guayaco m. Árbol cigofiláceo de la América tropical cuya madera se emplea en ebanistería.

guayacol m. Principio medicinal del guayaco.

Guayajayuco, n. dado al río Artibonite en la Rep. Dominicana.

Guayama, distrito y c. meridional de Puerto Rico. Agricultura.

Guayana, región del NE. de América del Sur, en la costa atlántica. Se divide en *Guayana Brasileña* (500 000 km²), en la cuenca superior del Oyapok; *Guayana Francesa* (91 000 km²; 44 400 h.), cap. *Cayena; Guayana Holandesa* o *Surinam* (143 000 km²; 363 000 hab.), cap. *Paramaribo; Guayana Británica*, independiente desde 1966, que ha tomado el nombre de *Guyana* (v. este art.); *Guayana Venezolana*, en los confines de Venezuela y de la Guayana Holandesa.

Guayaneco, archip. de Chile, entre el golfo de Penas y el estrecho de Magallanes (prov. de Aisén).

guayanés, esa adj. y s. De la Guayana.

Guayaquil, golfo del Pacífico, en el Ecuador. — C. y puerto del Ecuador, cap. de la prov. de Guayas. Arzobispado. Universidad. Centro comercial.

guayaquileño, ña adj. y s. De Guayaquil (Ecuador).

Guayas, río del Ecuador (Guayas); 160 km. — Prov. del Ecuador; cap. *Guayaquil.*

Guayasamín (Oswaldo), pintor ecuatoriano, n. en 1919.

guayasense adj. y s. De Guayas (Ecuador).

Guayavero, río de Colombia, que al confluir con el río Ariari, forma el Guaviare.

guaycurú adj y s. Individuo de una de las tribus indígenas establecidas en el Chaco y a orillas del río Paraguay. (Pl. *guaycurúes.*)

Guaymallén, dep. de la Argentina, en la prov. de Mendoza; cap. *Villa Nueva.*

Guaymas, c. y puerto de México en el golfo de California y al fondo de la bahía homónima.

Guayquiraró, río de la Argentina (Corrientes), afl. del Paraná.

Guayubín, com. de la Rep. Dominicana (Monte Cristi).

guayule m. Árbol propio de México que produce el hule.

guayusa f. *Ecuad.* Especie de mate: *infusiones de guayusa.*

Guazapa, volcán de El Salvador (Cuscatlán); 1 410 m.

guazubirá m. Venado de las regiones platenses.

Gubbio, c. de Italia, en Umbría (Perusa). Obispado.
gubernamental adj. Relativo al gobierno del Estado: *política gubernamental.* || Respetuoso o benigno para con el Gobierno o favorecedor del principio de autoridad: *radio gubernamental* (ú. t. c. s.).
gubernativo, va adj. Relativo al gobierno: *policía gubernativa.*
gubernista adj. y s. *Amer.* Partidario de la política del Gobierno: *partido gubernista.*
gubia f. Formón de media caña para labrar superficies curvas.
gudari m. (pal. vasc.). Combatiente, soldado.
guebro, bra adj. y s. Relativo a la religión de Zoroastro o a sus partidarios.
güecho m. *Amér. C.* Bocio.
guedeja f. Cabellera larga. || Melena del león.
güegüenche m. *Méx.* Cada uno de los viejos que dirigen las danzas de los indios en las romerías.
güeldo m. Cebo de crustáceos pequeños empleado para pescar.
Güeldres, prov. oriental de Holanda; cap. *Arnheim.*
güeldrés, esa adj. y s. De Güeldres (Holanda).
güelfo, fa adj. y s. Del s. XII al XV, partidario de los papas en Italia contra los gibelinos, defensores de los emperadores germánicos.
Guelma, c. de Argelia (Bona).
Güell y Bacigalupi (Eusebio, *conde de*), industrial español, n. en Barcelona (1845-1918), protector de las letras y las artes.
Güemes (Martín Miguel de), general argentino (1785-1821). Luchó en el Alto Perú contra los realistas. M. en un combate en Salta. || **~ y Horcasitas** (JUAN FRANCISCO DE), militar español (1682-1768) capitán general de Cuba de 1734 a 1745 y virrey de la Nueva España de 1746 a 1755. || **~ Pacheco de Padilla** (JUAN VICENTE DE), político y militar español, n. en La Habana (1740-1799), virrey de México de 1789 a 1794. Fue conde de Revillagigedo.
Guerasimov (Aleksandr), pintor soviético (1881-1963), representante del realismo socialista.
Guericke (Otto von), físico alemán, n. en Magdeburgo (1602-1686), inventor de la máquina neumática.
Guernesey, una de las islas británicas del archp. anglonormando; cap. *Saint Peter.*
Guernica, v. de España (Vizcaya), ant. cap. política de Vizcaya. Su bombardeo aéreo en 1937 inspiró un célebre cuadro a P. Picasso.
güero, ra adj. *Méx.* Rubio (ú. t. c. s.).
guerra f. Lucha armada entre dos o más países o entre ciudadanos de un mismo territorio: *declarar la guerra.* || Pugna, disidencia, discordia entre dos o más personas: *guerra entre parientes.* || *Fig.* Oposición de una cosa con otra: *guerra de ideas, de intereses.* || Cierto juego de billar. || — *Consejo de guerra,* tribunal militar. || *Fam. Dar guerra,* molestar, fastidiar. || *Fig. y fam. Estar pidiendo guerra algo,* ser muy apetitoso: *esta paella está pidiendo guerra.* || *Guerra civil,* la que tiene lugar entre ciudadanos de una misma nación. || *Guerra florida,* la convenida por los aztecas con otros pueblos con el fin de hacer prisioneros para sacrificarlos a sus dioses. || *Guerra fría* o *de nervios,* dícese de las relaciones internacionales caracterizadas por una política constante de hostilidad sin que se llegue al conflicto armado. || *Fig. Tenerle declarada la guerra a alguien,* actuar con hostilidad hacia una persona.
Guerra || **~ Chiquita.** V. CHIQUITA (*Guerra*). || **~ de la Reforma.** V. REFORMA. || **~ de la Triple Alianza.** V. TRIPLE ALIANZA. || **~ de las Dos Rosas.** V. ROSAS (*Guerra de las Dos*). || **~ de los Diez Años.** V. DIEZ AÑOS. || **~ de los Pasteles.** V. PASTELES. || **~ de Religión.** V. RELIGIÓN. || **~ de Tres Años.** V. REFORMA. || **~ del Chaco.** V. CHACO. || **~ del Pacífico.** V. PACÍFICO (*Guerra del*). || **~ Grande,** guerra que declaró el pres. uruguayo Rivera al tirano argentino Rosas (1839-1852). || **~ Mundial** (*Primera*), llamada tb. *Gran Guerra,* la que de 1914 a 1918 opuso Alemania, Austria-Hungría, Turquía y Bulgaria a los Aliados (Francia, Imperio Británico, Rusia, Bélgica, Serbia, Japón, Italia, Rumania, Estados Unidos, Grecia, Portugal y otros países). El asesinato en Sarajevo del archiduque Francisco Fernando de Austria (28 junio de 1914) fue la causa inmediata de las hostilidades. En 1918, los Aliados, mandados por Foch, emprendieron una contraofensiva victoriosa que obligó a los alemanes a firmar el armisticio en Rethondes (Compiègne) el 11 de noviembre de 1918 y al año siguiente el Tratado de Versalles. Las pérdidas humanas fueron de unos nueve millones. || **~ Mundial** (*Segunda*), la que, de 1939 a 1945, enfrentó las naciones democráticas aliadas (Polonia, Gran Bretaña, Francia, U. R. S. S., Estados Unidos y China) a los países totalitarios del Eje (Alemania, Italia, Japón y sus satélites). El conflicto se puede dividir en dos períodos: Del 1 de septiembre de 1939 a finales del año 1942, señalado por los triunfos del Eje, y de 1943 a 1945, en el que los Aliados ocuparon los territorios perdidos, atacaron al adversario en su propio país y le hicieron capitular sin condiciones el 8 de mayo de 1945. Los japoneses, tras los bombardeos atómicos de Hiroshima y Nagasaki, cesaron de combatir el 15 de agosto del mismo año. Las pérdidas humanas se elevaron a 36 millones.
Guerra (Rafael), llamado *Guerrita,* matador de toros español (1862-1941). || **~ Junqueiro** (ABILIO), poeta portugués (1850-1923).
guerreador, ra adj. y s. Que guerrea o es aficionado a guerrear.
guerrear v. i. Hacer guerra.
guerrero, ra adj. Relativo a la guerra: *valor guerrero.* || Marcial, belicoso, que tiene afición a la guerra: *pueblo guerrero.* || *Fig.* y *fam.* Travieso, molesto: *chico guerrero.* || — M. Soldado: *un guerrero troyano.* || — F. Chaqueta ajustada y generalmente abrochada hasta el cuello, que forma parte del uniforme militar.
Guerrero, páramo de Colombia (Cundinamarca), en la Cord. Oriental; 3 100 m. — Estado meridional de México, atravesado por la Sierra Madre meridional; cap. *Chilpancingo de los Bravos.* Agricultura. Minas.
Guerrero (Francisco), compositor español (1528-1599), autor de música religiosa. || **~** (JACINTO), compositor de zarzuelas español (1895-1951), autor de *El huésped del sevillano, Los gavilanes, La rosa del azafrán,* etc. || **~** (MANUEL AMADOR). V. AMADOR GUERRERO. || **~** (MARÍA), actriz española (1868-1928). || **~** (VICENTE), general mexicano (1793-1831). Luchó en la guerra de la Independencia y fue pres. de la Rep. en 1829. Derrocado por un golpe de Estado, m. fusilado en Oaxaca.
Guerreros (*Templo de los*), templo de la ant. c. maya de Chichén Itzá (Yucatán, México).
guerrilla f. *Mil.* Orden de batalla que se hace dividiendo la tropa en pequeñas partidas de tiradores para hostilizar al enemigo. || Partida de paisanos que, independientemente del ejército regular, acosa el enemigo. || Cierto juego de naipes.
guerrillear v. i. Practicar la guerra de guerrillas.
guerrillero m. Individuo que pelea en las guerrillas: *el guerrillero Mina el Mozo.*
Guesclin (Beltrán DU). V. DUGUESCLIN.
Guetaria, v. y puerto del N. de España (Guipúzcoa), al O. de San Sebastián. Pesca. Patria de J. S. Elcano.
gueux m. (pal. fr.). Nombre que adoptaron los rebeldes flamencos contra la dominación española en el siglo XVI.
Guevara (Fray Antonio de), religioso franciscano e historiador español (1480-1545), confesor e historiógrafo de Carlos V, predicador de la Corte y obispo de Guadix y Mondoñedo. Autor de *Relox de príncipes* o *Libro áureo del emperador Marco Aurelio.* || **~** (ERNESTO GUEVARA, llamado **Che**), político y médico argentino (1928-1967), colaborador de Fidel Castro en la revolución cubana. M. en Bolivia en la lucha de guerrillas. || **~** (LUIS VÉLEZ DE). V. VÉLEZ DE GUEVARA.
Guggiari (José P.), político paraguayo (1884-1957), pres. de la Rep. de 1928 a 1931 y en 1932.
guía com. Persona que acompaña a otra para enseñarle el camino o para explicarle una visita: *un guía de montaña, de museo.* || — M. *Mil.* Soldado que se coloca en la posición conveniente para el correcto alineamiento de la tropa. || Manillar de una bicicleta. || *Fig.* Persona que da instrucciones y consejos y son seguidos por las gentes: *los héroes son los guías de la juventud.* || — F. Libro de indicaciones: *guía de ferrocarril, de teléfonos.* || Documento que lleva consigo el que transporta ciertas mercancías, para tener libre paso: *guía de circulación.* || Sarmiento o vara que se deja al podar. || Caballería que va delante fuera del tronco. || Pieza mecánica que sirve para dirigir el movimiento en una máquina: *las guías de una rotativa.* || — Pl. Riendas para conducir los caballos de guías. || Puntas del bigote cuando están retorcidas.
guiahílos m. Dispositivo que regula la distribución de hilo en las máquinas de coser o textiles.
guiar v. t. Ir delante mostrando el camino: *guiar a los excursionistas.* || Conducir: *guiar un vehículo.* || Hacer que una pieza de una máquina siga un movimiento determinado. || *Fig.* Aconsejar a uno en algún negocio: *guiar en un estudio científico.* || Hacer obrar: *le guía sólo el interés.* || — V. pr. Dejarse uno dirigir o llevar: *se guío del consejo del amigo.*
Güicán. V. SIERRA NEVADA DE CHITA.
Guicciardini (Francesco), historiador italiano (1483-1540), embajador de Florencia en la corte de Fernando de Aragón.
güichichi m. *Méx.* Colibrí.
Guido (Guido RENI, llamado **el**), pintor italiano (1575-1642). || **~ de Arezzo,** benedictino y musicógrafo italiano (¿990-1050?), autor del actual sistema de notación musical. || **~ y Spano** (CARLOS), poeta y escritor argentino (1827-1918), autor de *Hojas al viento* y *Ecos lejanos* (poesías) y de *Ráfagas* (colección de artículos).
guiguí m. Mamífero roedor nocturno, parecido a la ardilla, que habita en Filipinas.
guija f. Piedra pequeña y redonda. || Almorta.
Güija, lago fronterizo entre Guatemala (Jutiapa) y El Salvador (Santa Ana); 300 km².
guijarral m. Terreno donde abundan los guijarros.
guijarrazo m. Golpe dado con un guijarro.
guijarreño, ña y **guijarroso** adj. Abundante en guijarros: *terreno guijarreño.*
guijarro m. Canto rodado.
guijo m. Conjunto de guijas para consolidar y rellenar los caminos. ||

Mec. Gorrón, extremo de un eje giratorio.

guijoso, sa adj. Abundante en guijos.

guilda f. Asociación medieval de obreros, comerciantes y artesanos para proteger sus mutuos intereses: *la guilda es de origen germánico.* (Se da hoy este n. a algunas asociaciones de carácter cultural o comercial.)

Guildford, c. de Gran Bretaña, al SO. de Londres, cap. de Surrey.

güilo, la adj. y s. *Méx.* Tullido, débil, enclenque.

guilladura f. Chifladura.

guillame m. Cepillo estrecho de carpintero para hacer los rebajos.

guillarse v. t. *Fam.* Irse, marcharse. | Chiflarse.

Guillén (Alberto), poeta peruano 1897-1935), defensor de la raza indígena. ‖ ~ (JORGE), poeta español, n. en Valladolid en 1893. Sus composiciones han sido reunidas en los libros titulados *Cántico, Ardor* y *Clamor.* ‖ ~ (NICOLÁS), poeta cubano, n. en Camagüey en 1904, cantor de temas negros. Autor de *Sóngoro-Cosongo, El son entero,* etc. ‖ **~ de Castro.** V. CASTRO. ‖ **~ de Segovia** (PERO), poeta español (1413-1474), autor de *Decir sobre el amor* y *Del día del Juicio.* ‖ **~ Zelaya** (ALFONSO), poeta nativista hondureño (1888-1947).

Guillermina (1880-1962), reina de Holanda de 1890 a 1948. Abdicó en su hija Juliana.

Guillermo ‖ **~ I** *el Conquistador,* duque de Normandía (1027-1087). Ocupó Inglaterra tras la derrota del rey Haroldo en Hastings (1066). ‖ **~ II** (¿1056?-1100), hijo del anterior, rey de Inglaterra desde 1087. ‖ **~ III** *de Nassau* (1650-1702), príncipe de Orange, rey de Inglaterra y Escocia desde 1689 y estatúder de Holanda. ‖ **~ IV** (1765-1837), rey de Gran Bretaña desde 1830.

Guillermo ‖ **~ I** *de Hohenzollern* (1797-1888), rey de Prusia en 1861 y emperador de Alemania desde 1871. Gobernó con ayuda de Bismarck y consiguió la unidad de Alemania. Organizó el ejército prusiano, venció a Dinamarca (1864), a Austria en Sadowa (1866) y a Francia (1870), ocupando Alsacia y parte de Lorena. ‖ **~ II** (1859-1941), último rey de Prusia y emperador de Alemania desde 1888 hasta su abdicación en 1918. M. en Holanda.

Guillermo ‖ **~ de Lorris,** poeta francés (¿1205-1240?), autor del principio del poema *Román de la rose,* acabado por Juan de Meung. ‖ **~ de Machault,** poeta y músico francés de la escuela polifónica (¿1300?-1377). ‖ **~ Tell,** héroe legendario de la independencia suiza (principios del s. XIV).

Guillermo Tell, tragedia de Schiller y ópera de Rossini.

Guillot (Víctor Juan), escritor argentino (1866-1940), autor de relatos cortos.

Guillotin (Joseph Ignace), médico francés (1738-1814), que propuso la adopción de la *guillotina.*

guillotina f. Máquina que sirve para decapitar a los condenados a muerte. ‖ Pena de muerte. ‖ *Impr.* Máquina para cortar papel, constituida esencialmente por una cuchilla que corre por un bastidor de hierro. ‖ *Ventana de guillotina,* la que se abre y cierra de arriba abajo.

guillotinar v. t. Dar muerte con guillotina. ‖ *Impr.* Cortar papel con la guillotina.

Güímar, c. de Tenerife (Canarias). Naranjas.

Guimarães, c. en el NO. de Portugal (Braga).

Guimarães (Alphonsus DA COSTA), poeta simbolista brasileño (1870-1921). ‖ ~ (BERNARDO SILVA), escritor brasileño (1827-1884), autor de novelas regionalistas (*Historia y tradiciones, Maurício,* etc.).

guimbalete m. Palanca con que se da juego al émbolo de la bomba aspirante.

guimbarda f. Cepillo de carpintero para labrar el fondo de las ranuras.

Guimerá (Ángel), poeta y dramaturgo catalán (1849-1924), autor del poema *El año mil* y de la obra dramática *Tierra Baja.*

guinchar v. t. Picar o herir con la punta de un palo.

güinchar v. i. *Amer.* Trabajar con la grúa.

güinche m. *Amer.* Grúa, cabrestante, malacate.

guinda f. Fruto del guindo. ‖ *Mar.* Altura total de los masteleros.

guindalera f. Lugar plantado de guindos.

guindaleta f. *Mar.* Cuerda de cáñamo del grueso de un dedo.

guindaleza f. *Mar.* Cabo grueso y de gran longitud.

guindamaina f. *Mar.* Saludo que se hacen dos buques batiendo el pabellón.

guindar v. t. Subir una cosa que ha de colocarse en alto. ‖ *Fam.* Robar: *Pedro guindó la novia a Juan.* | Lograr una cosa en concurrencia de otros: *guindar a uno un empleo.* | Ahorcar, colgar. ‖ — V. pr. Descolgarse con una cuerda.

guindaste m. *Mar.* Cabria formada por tres maderos en forma de horca. | Armazón en forma de horca para colgar algo.

guindilla f. Fruto del guindillo de Indias. ‖ Pimiento pequeño, encarnado y muy picante. ‖ *Fam.* En España, guardia municipal.

guindillo m. *Guindillo de Indias,* planta solanácea de fruto encarnado del tamaño de una guinda y muy picante.

guindo m. Árbol rosáceo, parecido al cerezo, de fruto más ácido.

guindola f. *Mar.* Pequeño andamio volante. | Aparato salvavidas provisto de un largo cordel cuyo chicote está sujeto a bordo. | Barquilla de la corredera.

Guinea, parte de África, entre el Senegal y el Congo; bañada por el golfo homónimo. ‖ ~ Rep. del África Occidental, ant. terr. francés, independiente en 1958, entre el Senegal, Guinea Portuguesa, Sierra Leona y Liberia; 250 000 km²; 3 890 000 h. (*guineos*); cap. *Conakry,* 172 500 h. Ganadería: agricultura. Bauxita, hierro. ‖ **~ Ecuatorial,** n. dado a los ant. territ. españoles de *Fernando Poo* y *Río Muni* al acceder a la autonomía en 1964; 28 000 km²; 285 000 h. La cap. del primero es *Santa Isabel,* y está constituido por la isla homónima y la de Annobón; la cap. del segundo es *Bata,* y comprende la zona continental y las islas de Corisco, Elobey Grande y Elobey Chico. Constituyen una rep. independiente desde 1968. Cap. *Santa Isabel;* 40 000 h. ‖ **~ Portuguesa,** prov. portuguesa en África Occidental; 36 125 km²; 600 000 h.; cap. *Bisao.* Industria forestal, cacahuetes, tabaco.

guineo, a adj. y s. De Guinea. ‖ *Gallina guinea,* la pintada. ‖ — F. Moneda inglesa antigua, equivalente a veintiún chelines.

Güines, térm. mun. de Cuba (La Habana).

guiñada f. Señal que se hace guiñando un ojo. ‖ *Mar.* Desvío brusco del buque hacia un lado.

guiñador, ra adj. Que guiña.

guiñapiento, ta adj. Guiñaposo, andrajoso.

guiñapo m. Andrajo, trapo viejo y roto. ‖ *Fig.* Persona andrajosa y sucia: *ir hecho un guiñapo.* | Persona degradada: *el vicio lo convirtió en un guiñapo.*

guiñaposo, sa adj. Lleno de guiñapos: *vestido guiñaposo.*

guiñar v. t. e i. Cerrar un ojo momentáneamente, lo que suele hacerse a modo de advertencia disimulada: *guiñar a alguien* (ú. t. c. pr.). ‖ *Mar.* Dar guiñadas el barco.

guiño m. Guiñada.

guiñol m. Títere, muñeco que se puede mover introduciendo la mano por debajo. ‖ Teatro realizado con estos muñecos o títeres.

guión m. Cruz que va delante del prelado o de la comunidad. ‖ Estandarte real. ‖ Bandera arrollada de una cofradía en algunas procesiones. ‖ *Fig.* El que sirve de guía. ‖ Esquema director para la redacción de un texto o para pronunciar un discurso. ‖ Texto en el que figura el diálogo de una película, con todos los detalles relativos al rodaje, tales como planos, luces, decorados, efectos especiales, etc. ‖ *Gram.* Signo ortográfico (-) que se pone al fin del renglón que termina con parte de una palabra cuya otra parte, por no caber en él, se ha de escribir en el siguiente. (Sirve también para separar en varios casos los miembros de una palabra compuesta: *germano-soviético.*)

GU

guionista com. Autor de un guión cinematográfico.

guipar v. t. *Pop.* Ver, descubrir, dar con alguien o alguna cosa.

güipil m. *Méx.* Camisa sin mangas que usan los indígenas de Yucatán y Tehuantepec.

guipure [*guipur*] m. (pal. fr.). Especie de encaje de malla utilizado para visillos.

Guipúzcoa, prov. del N. de España, cap. *San Sebastián.* Es una de las Vascongadas. Zona industrial y pesquera. Ganadería. Turismo.

guipuzcoano, na adj. y s. De Guipúzcoa.

güiquilite m. *Méx.* Jiquilete, añil.

güira f. Árbol americano de la familia de las bignoniáceas, de cuyo fruto, parecido a la calabaza, se hacen platos y tazas. ‖ Fruto de este árbol con cuya pulpa se hace una especie de miel. ‖ *Fam. Amer.* Cabeza, calabaza.

Güira de Melena, térm. mun. de Cuba (La Habana).

Güiraldes (Ricardo), escritor argentino, n. en Buenos Aires (1886-1927), autor de narraciones (*Cuentos de muerte y de sangre*) y novelas (*Raucho, Rosaura, Xamaica, Seis relatos porteños,* y *Don Segundo Sombra,* epopeya en prosa de la vida del gaucho).

guiri m. Nombre con que los carlistas designaban a los cristinos y después a todos los liberales, especialmente los soldados del Gobierno. ‖ *Pop.* Individuo de la Guardia Civil.

Güiria, pobl. y puerto de Venezuela (Sucre).

guirigay m. *Fam.* Lenguaje oscuro e ininteligible. ‖ Gritería y confusión producida por hablar todos al mismo tiempo. (Pl. *guirigays o guirigayes.*)

Guirior (Manuel, *marqués de*), marino y gobernante español (1708-1788), virrey de Nueva Granada (1773 a 1776) y del Perú (1776 a 1780).

guirlache m. Variedad de turrón a base de almendras o avellanas tostadas y caramelo.

guirnalda f. Corona o cordón de ramas, flores o papel que se cuelgan como adorno. ‖ Perpetua, planta amarantácea.

güiro m. *Bol.* y *Per.* Tallo del maíz verde. ‖ *Antill., Méx.* y *Venez.* Instrumento músico hecho con una calabaza vacía que se frota con una varilla.

guisa f. Manera, modo: *a guisa de; de tal guisa.*

Guisa, familia ducal de Lorena. Los más distinguidos miembros fueron: FRANCISCO DE LORENA (1519-1563), jefe de las tropas católicas durante las guerras de religión, y su hijo ENRIQUE I (1550-1588), uno de los instigadores de la matanza de la noche de San

Bartolomé; intentó destronar a Enrique III, pero éste le hizo asesinar.

guisado m. Guiso de carne, con salsa y generalmente con patatas: *guisado de carnero.* || Cualquier guiso con salsa.

guisador, ra adj. y s. Que guisa la comida.

Guisando, v. de España (Ávila). Esculturas ibéricas (toros de piedra).

guisante m. Planta papilionácea trepadora cuya semilla es comestible. || Semilla de esta planta.

guisar v. t. e i. Someter los alimentos a diversas manipulaciones utilizando el fuego, con objeto de hacerlos aptos para la consumición: *guisar las lentejas; Pepita guisa bien.* || *Fig.* Arreglar, componer o disponer una cosa.

guiso m. Manjar guisado. || Guisado, carne con salsa y patatas.

guisote m. Guiso mal preparado.

guisotear v. t. e i. Guisar de cualquier manera.

güisquelite m. *Méx.* Especie de alcachofa.

guita f. Cuerda delgada, bramante. || *Fam.* Dinero.

guitarra f. Instrumento músico de cuerda compuesto de una caja de madera de forma ovalada, con un estrechamiento en el centro, un mástil con varios trastes y seis clavijas para templar otras tantas cuerdas. || Instrumento para machacar el yeso, consistente en una tabla con mango. || *Fig. Tener bien* o *mal templada la guitarra,* estar de buen o mal humor.

guitarrazo m. Golpe dado con la guitarra.

guitarrear v. i. Tocar la guitarra.

guitarreo m. Rasgueo de guitarra de modo repetido y monótono.

guitarrería f. Taller donde se fabrican guitarras y otros instrumentos de cuerda. || Tienda en la que se venden.

guitarrero, ra m. y f. Fabricante de guitarras.

guitarresco, ca adj. *Fam.* Relativo o perteneciente a la guitarra: *música guitarresca.*

guitarrillo o **guitarro** m. Guitarra pequeña de cuatro cuerdas.

guitarrista com. Tocador de guitarra.

guitarrón m. Guitarra grande. || *Fig.* y *fam.* Tunante, astuto.

Guiteras (Juan), biólogo y médico cubano (1852-1925). Investigó sobre la fiebre amarilla.

güito m. *Fam.* Sombrero.

guitón, ona adj. y s. (Ant.). Pícaro, vagabundo.

guitonear v. i. Vagabundear.

guitonería f. Vagabundeo.

Guitry (Sacha), actor y comediógrafo francés (1885-1957).

Guizot (François), historiador y político francés (1787-1874), ministro del rey Luis Felipe I.

guizque m. Palo con un gancho en la punta para alcanzar algo que está en alto.

guja f. Lanza con hierro en forma de ancha cuchilla: *la guja de los antiguos arqueros.*

Gujerate, Est. del NO. de la India a orillas del mar de Omán; cap. *Amenabad.*

Gujranwala, c. del Paquistán occidental (Lahore). Textiles.

gul m. *Amer.* Maíz de mazorca de granos arrugados.

gula f. Exceso en la comida o la bebida, y apetito desordenado en el comer y beber: *pecado de gula.*

gulden m. Florín.

gules m. pl. *Blas.* Color rojo vivo: *castillo de oro en campo de gules.*

Gulf Stream [*-strim*] o *Corriente del Golfo,* corriente cálida del Atlántico N. que va del golfo de México a Noruega. Fue descubierta en 1513 por el navegante español Alaminos.

gulusmear v. i. Andar oliendo lo que se guisa. || *Fig.* Curiosear.

Gulliver, personaje principal de la novela de Swift *Los viajes de Gulliver.*

Gumbinnen, hoy *Gusev,* c. de la U. R. S. S., antes de Alemania (Prusia Oriental).

gumía f. Daga morisca de hoja algo corva.

gumífero, ra adj. Que produce goma: *árbol gumífero.*

Guntur, c. de la India (Andhra Pradesh). Textiles. Obispado.

gura f. Paloma azul y con moño de Filipinas.

Gurabo, río de la Rep. Dominicana (Monte Cristi), afl. izq. del Yaque del Norte.

gurdo m. Unidad monetaria de Haití.

Guridi (Jesús), compositor español (1886-1961), autor de óperas *(Amaya, Mirentxu)* y de zarzuelas *(El caserío).*

Guriev, c. y puerto de la U. R. S. S., a orillas del Caspio (Kazakstán).

Gurion. V. BEN GURION.

guripa m. *Fam.* Golfo, pillete. | Soldado.

gurriato y **gurripato** m. Pollo de gorrión. || *Pop.* Chiquillo.

gurrumino, na adj. *Fam.* Desmedrado, enclenque. || — M. y f. Niño pequeño. || — M. *Fam.* Marido que adora a su mujer. || — *Fam.* Contemplación excesiva por un marido de la mujer propia.

Gurugú (MONTE), macizo montañoso de África, cerca de Melilla. Escenario de sangrientos combates entre moros y españoles de 1909 a 1921.

Gurupi, cabo del Brasil (Pará). — Río del Brasil (Pará y Maranhão), que des. en el Atlántico; 800 km.

gurupiada f. *Méx.* Salario del gurupié.

gurupié m. *Amer.* Ayudante del banquero en el juego.

gusanear v. i. Hormiguear.

gusanera f. Sitio donde se crían gusanos. || Herida en la cabeza. || *Fig.* y *fam.* Pasión que domina el ánimo.

gusanillo m. Cierta labor menuda de las telas. || — *Fam. El gusanillo de la conciencia,* el remordimiento. | *Matar el gusanillo,* beber aguardiente en ayunas.

gusano m. Nombre vulgar de varios animales invertebrados de cuerpo blando, alargado y segmentado, que carecen de extremidades y se mueven mediante contracciones. || — *Gusano blanco,* larva del abejorro. || *Gusano de luz,* la luciérnaga. || *Gusano de seda,* larva de un insecto lepidóptero que produce un capullo de seda, dentro del cual pasa al estado de crisálida y luego al de mariposa.

gusanoso, sa adj. Que está lleno de gusanos.

gusarapiento, ta adj. Que tiene gusarapos. || *Fig.* Inmundo, corrompido.

gusarapo, pa m. y f. *Despect.* Cualquiera de los animales de forma de gusanos que se crían en los líquidos.

Gusev. V. GUMBINNEN.

gustación f. Acción y efecto de gustar.

gustar v. t. Probar, sentir y percibir en el paladar el sabor de las cosas. || Experimentar. || — V. i. Agradar una cosa, parecer bien: *me gustan las novelas policíacas.* || Desear, querer, tener gusto en algo: *gustar de correr, de jugar, de leer.* || *¿Usted gusta?,* expresión de cortesía usada cuando alguien empieza a comer delante de otros.
— En América es muy frecuente con este verbo la omisión de la preposición *de: ¿no gustan tomar algo?*

gustativo, va adj. Relativo al gusto. || *Nervio gustativo,* el que transmite de la lengua al encéfalo las sensaciones del paladar.

Gustavino (Enrique), comediógrafo argentino, n. en 1898, autor de *El señor Pierrot y su dinero* y *La novia perdida.*

Gustavo || ~ **I** *Vasa* (1496-1560), rey de Suecia desde 1523. Liberó a su patria de la dominación danesa. || ~ **II** *Adolfo* (1594-1632), rey de Suecia desde 1611. Organizó el ejército de su país, participó en la guerra de los Treinta Años, en defensa de los protestantes de Alemania, en la que alcanzó las victorias de Breitenfeld y Lech, pero murió en la batalla de Lützen, que acababa de ganar. || ~ **III** (1746-1792), rey de Suecia desde 1771. || ~ **IV** (1778-1837), rey de Suecia en 1792, depuesto en 1809. || ~ **V** (1858-1950), rey de Suecia desde 1907. || ~ **VI** *Adolfo* (1882-1973), rey de Suecia desde 1950 hasta su muerte.

Gustavo A. Madero. V. GUADALUPE HIDALGO.

gustazo m. *Fam.* Gusto grande al satisfacer un deseo vehemente o al realizar un acto de desquite o de venganza: *me di el gustazo de parar en un hotel de lujo.*

gustillo m. Dejo o saborcillo que percibe el paladar: *esta sopa tiene un gustillo extraño.*

gusto m. Uno de los cinco sentidos corporales, con que se percibe y distingue el sabor de las cosas. (El *órgano del gusto* se encuentra en el hombre en la lengua y en el paladar.) || Sabor: *comida de gusto dulce.* || Placer, agrado: *lo haré con gusto.* || Facultad de apreciar lo bello: *tener buen (o mal) gusto.* || Gracia, elegancia: *vestir con gusto.* || Manera de expresar una obra artística: *obra de gusto helénico.* || Modo de apreciar las cosas: *el gusto peculiar de cada uno.* || Inclinación, afición: *tener gustos diferentes.* || Capricho, antojo: *por su gusto nunca saldríamos de paseo.* || Gustazo: *me di el gusto de verle arruinado.* || — *A gusto,* con gusto, con agrado o placer. || *Con mucho gusto,* expresión de cortesía con la que se acepta algo. || *Dar gusto a uno,* complacerle. || *Fam. Despacharse a su gusto,* hacer o decir algo sin traba de ninguna clase. || *Hay gustos que merecen palos,* hay gente con el gusto extraviado. || *Mucho gusto* o *tanto gusto,* encantado de conocerle (en una presentación). || *Tomar gusto a algo,* aficionarse a ello.

gustosamente adv. Con gusto, con agrado.

gustoso, sa adj. Sabroso: *plato gustoso.* || Que hace con gusto una cosa: *iré gustoso a verle.* || Agradable, placentero.

gutagamba f. Árbol de la India, de la familia de las gutíferas, de cuyo tronco fluye una gomorresina usada en farmacia y pintura. || Gomorresina de este árbol.

gutapercha f. Sustancia gomosa, más blanda que el caucho, que se obtiene de un árbol grande de Indonesia de la familia de las sapotáceas. || Tela barnizada con esta sustancia.

Gutenberg (Johannes GENSFLEISCH, llamado), impresor alemán, n. en Maguncia (¿1400?-1468), inventor de la tipografía en 1440. Imprimió la *Biblia latina de 42 líneas.*

gutiámbar f. Goma de color amarillo, empleada en pintura.

Gutierre de Cetina. V. CETINA.

Gutiérrez, prov. de Bolivia (Santa Cruz); cap. *Portachuelo.*

Gutiérrez (Eduardo), escritor argentino (1851-1889), autor de la popular novela gauchesca *Juan Moreira.* || ~ (JOAQUÍN), escritor costarricense, n. en 1910, autor de novelas (*Manglar, Puerto Limón,* etc.) y poesías. || ~ (JOSÉ MARÍA), político y periodista argentino (1832-1903), fundador del periódico *La Nación* (1862). || ~

(JUAN MARÍA), poeta, crítico y escritor argentino (1809-1878), autor de cuadros de costumbres (*El hombre hormiga*). || ~ (MIGUEL JERÓNIMO), patriota cubano (1822-1871), jefe de la sublevación de Las Villas (1869). || ~ (RAFAEL ANTONIO), general salvadoreño, pres. provisional de la Rep. en 1894 y constitucional (1895-1898). Derribado por una insurrección. || ~ (RICARDO), médico y poeta romántico argentino (1836-1896). || ~ (SANTOS), general colombiano (1820-1872), pres. de la Rep. de 1868 a 1870. || ~ **Coll** (JACINTO), poeta venezolano (1863-1903), de filiación parnasiana. || ~ **de la Concha** (JOSÉ), militar y político español (1809-1895), pres. del Consejo de ministros en 1868. || ~ **de la Concha** (JUAN), marino español que defendió Buenos Aires contra los ingleses. M. fusilado en 1810 con Liniers. || ~ **González** (GREGORIO), poeta romántico colombiano (1826-1872), autor de *Memoria sobre el cultivo del maíz en Antioquia*. || ~ **Guerra** (JOSÉ), político boliviano (1869-1929), pres. de la Rep. de 1917 a 1920. Derribado por una revolución. || ~ **Hermosillo** (ALFONSO), poeta mexicano (1903-1935). || ~ **Nájera** (MANUEL), poeta modernista mexicano, n. en México (1859-1895), autor de *Tristissima nox, Pax animae, Non omnis moriar*, etc. Escribió en prosa (*Cuentos frágiles, Cuentos de color de humo*, etc.). Firmó, a veces, con el seudónimo *Duque Job*. || ~ **Solana** (JOSÉ), pintor español (1886-1945). Sus temas recuerdan las pinturas negras de Goya. Fue tb. escritor.

gutíferas f. pl. Familia de plantas y árboles angiospermos dicotiledóneos que segregan productos resinosos, como la gutagamba y la gutapercha (ú. t. c. adj.).

gutural adj. Relativo a la garganta: *grito gutural*. || *Gram.* Dícese de las consonantes cuyos sonidos se producen aplicando la lengua contra el velo del paladar (la *g*, la *j* y la *k* son *consonantes guturales*) [ú. t. c. f.].

Guyana, Estado del N. del continente de América del Sur, perteneciente al Commonwealth británico. Es la antigua *Guayana Británica;* 215 000 km²; 742 000 h. Cap. *Georgetown,* 198 200 h. Bauxita. Caña de azúcar, arroz. Se declaró independiente en 1966 y proclamó la Rep. en 1970.

Guyena, ant. prov. de Francia; cap. *Burdeos.*

guzapar adj. y s. m. Lengua indígena mexicana, en el SO. de Chihuahua.

Guzarate. V. GUJERATE.

guzla f. Instrumento músico popular de Dalmacia, que es una especie de guitarra con una sola cuerda.

Guzmán (Antonio Leocadio), político y escritor venezolano (1801-1884), fundador del Partido Liberal (1840). || ~ (AUGUSTO), novelista boliviano, n. en 1903. || ~ (FERNANDO), general nicaragüense, pres. de la Rep. de 1867 a 1871. || ~ (LEONOR DE), dama castellana (1310-1351), amante de Alfonso XI de Castilla y madre de Enrique II de Trastamara. Al morir el soberano, su viuda, María de Portugal, la hizo degollar. || ~ (MARTÍN LUIS), escritor mexicano, n. en Chihuahua en 1887, cuyas novelas relatan la revolución de su país (*El águila y la serpiente, La sombra del caudillo* y *Memorias de Pancho Villa*). || ~ (NUÑO DE), conquistador español del s. XVI, pres. de la primera Audiencia de México. Se apoderó de la Nueva Galicia y, destituido (1538), murió preso en España en 1550. || ~ **Blanco** (ANTONIO), general venezolano, n. en Caracas (1829-1899). Fue vicepres. de la Rep. de 1864 a 1868, pres. provisional en 1870 y constitucional de 1873 a 1888, con algunas interrupciones (1877-1878, 1879, 1884-1886). Su gobierno fue dictatorial. || ~ **el Bueno** (ALFONSO PÉREZ DE GUZMÁN, llamado), capitán castellano, n. en Valladolid (1258-1309). En 1293 luchaba en Tarifa, cercada por los árabes. Éstos, habiendo apresado a su hijo, le intimaron que si no se rendía, lo matarían. Antes que faltar a su deber, arrojó su puñal al asesino para que llevase a cabo su amenaza.

Guzmán de Alfarache (*Vida y hechos del pícaro*), novela picaresca de Mateo Alemán, narración de la vida de un aventurero sevillano (1599-1604).

gymkhana f. (pal. india). Conjunto de pruebas deportivas en automóvil, motocicletas o caballos en el cual los participantes han de vencer obstáculos variados.

Györ, en alemán *Raab*, prov. y c. de Hungría. Obispado. Textiles.

H

Helipuerto (Bruselas)

h f. Novena letra del alfabeto castellano y séptima de sus consonantes. ‖ — **H**, símbolo del *hidrógeno*. y del *henrio* o *henry*. ‖ *Mús.* La nota *si* en alemán. ‖ — **h**, símbolo de la *hora*. ‖ — *La hora H*, momento fijado para una operación. ‖ *Por h o por b*, por cualquier causa.

— La *hache* no representa ningún sonido. Antiguamente se aspiraba y aún hoy suelen pronunciarse así algunas palabras en Andalucía y Extremadura.

ha, abreviatura de *hectárea*.

¡ha! interj. ¡Ah!

Haarlem o **Harlem**, c. de Holanda Septentrional. Obispado. Gran mercado de flores.

haba f. Planta de la familia de las papilionáceas, de semilla comestible. ‖ Su semilla. ‖ Nombre de la bolita blanca o negra con que se vota en algunas congregaciones. ‖ Figurita encerada que se pone en el roscón de Reyes. ‖ Roncha. ‖ En algunas provincias, habichuela, judía. ‖ *Min.* Nódulo de mineral redondeado y envuelto por la ganga. ‖ *Veter.* Tumor de las caballerías en el paladar. ‖ *Fam. En todas partes cuecen habas*, lo mismo ocurre en todas partes.

Habacuc, uno de los doce profetas menores judíos (entre 650 y 627 a. de J. C.).

habado adj. *Cub. Méx.* y *Venez.* Dícese del gallo blanquirrojo.

Habana (La), cap. y puerto de la Rep. de Cuba y de la prov. de La Habana, en la bahía homónima. 1 680 000 h. Arzobispado. Universidad. Fundada por Diego Velázquez en 1519, ha ido extendiéndose y transformándose hasta constituir una de las más bellas urbes americanas.

habanero, ra adj. y s. De La Habana. ‖ — F. Danza originaria de La Habana.

habano, na adj. De La Habana y, por ext. de Cuba: *cigarro habano*. ‖ Del color de tabaco claro: *un vestido de color habano*. ‖ — M. Cigarro puro de Cuba.

habar m. Plantío de habas.

hábeas corpus m. Institución de Derecho que garantiza la libertad individual y protege de las detenciones arbitrarias.

haber m. Hacienda, caudal (ú. t. en pl.). ‖ Parte de la cuenta de una persona donde se apuntan las cantidades que se le deben. ‖ — Pl. Retribución: *los haberes de un empleado*. ‖ *Fig. Tener alguna cualidad o mérito en su haber*, poseerla de tal modo que compense otros aspectos poco o menos favorables.

* **haber** v. t. Poseer, tener una cosa (en este sentido se suele usar *tener*). ‖ Detener, alcanzar: *el mal hechor no pudo ser habido*. ‖ — V. auxiliar. Sirve para conjugar los tiempos compuestos de los verbos: *he amado; habrás leído*. ‖ — V. impers. Suceder, ocurrir, acaecer, sobrevenir: *hubo una hecatombe*. ‖ Verificarse, efectuarse, celebrarse: *ayer hubo conferencia*. ‖ Dicho del tiempo, hacer: *habrá diez años que ocurrió*. ‖ Hallarse: *había mucha gente en el mercado*. ‖ — *Algo habrá*, debe de existir algún motivo para que haya ocurrido cierta cosa. ‖ *Haber de*, tener que, ser necesario. ‖ *Habérselas con uno*, enfrentarse con él. ‖ *Hay que*, es preciso. ‖ *Fam. ¿Qué hay?*, fórmula de saludo que se emplea al encontrarse dos amigos.

habichuela f. Judía (planta y semilla): *un plato de habichuelas estofadas*.

habiente adj. *For.* Que tiene: *derecho habiente* o *habientes*.

hábil adj. Capaz, diestro: *un cirujano hábil*. ‖ Inteligente: *una hábil maniobra*. ‖ *For.* Apto: *hábil para contratar*. ‖ *Días hábiles*, días laborables.

habilidad f. Capacidad y disposición para una cosa. ‖ Destreza: *la habilidad de un operario*. ‖ Inteligencia, talento: *la habilidad de un político*. ‖ Acción que demuestra la destreza o inteligencia: *la niña tuvo que hacer todas sus habilidades delante de la familia*. ‖ Cualidad de hábil: *habilidad para testar, para firmar un contrato*.

habilidoso, sa adj. y s. Que tiene habilidad, mañoso.

habilitación f. Acción y efecto de habilitar. ‖ Cargo del habilitado.

habilitado m. Persona encargada de pagar los haberes de militares y funcionarios.

habilitador, ra adj. y s. Que habilita.

habilitar v. t. Hacer a una persona hábil o apta desde el punto de vista legal: *habilitar para suceder*. ‖ Proveer de: *habilitar un millón de pesetas*. ‖ Comanditar. ‖ Disponer, arreglar, acondicionar: *habilitar una casa*.

habitabilidad f. Calidad de habitable.

habitable adj. Aplícase al sitio donde puede habitarse: *planeta habitable*.

habitación f. Acción y efecto de habitar. ‖ Cualquiera de los aposentos de la casa o morada: *piso con cinco habitaciones*. ‖ Edificio o parte de él que se destina para habitarlo, domicilio. ‖ Cuarto de dormir. ‖ Área donde se cría normalmente una especie animal o vegetal.

habitáculo m. *Poét.* Habitación.

habitante adj. Que habita. ‖ — M. Cada una de las personas que constituyen la población de un lugar: *habitante de una nación*.

habitar v. t. Vivir, morar en un lugar o casa.

habitat m. (pal. fr.). Conjunto de hechos geográficos relativo a la residencia del hombre: *el habitat rural, urbano*.

hábito m. Traje o vestido. ‖ Vestido que se lleva en cumplimiento de un voto: *hábito del Carmen*. ‖ Vestidura de los religiosos: *hábito de San Francisco*. ‖ Costumbre: *tener malos hábitos*. ‖ — Pl. Vestido talar de los sacerdotes. ‖ — *Ahorcar* (o *colgar*) *los hábitos*, abandonar la vida eclesiástica. ‖ *El hábito no hace al monje*, no debemos juzgar por las apariencias. ‖ *Tomar el hábito*, entrar en religión.

habituación f. Costumbre: *habituación a un medicamento*.

habitual adj. De siempre: *ocupación, paseo habitual*.

habituar v. t. Acostumbrar o hacer que uno se acostumbre a una cosa: *habituar al ruido, a la luz* (ú. m. c. pr.).

habla f. Facultad o acción de hablar: *perder el habla*. ‖ Idioma, lenguaje: *países de habla española*. ‖ Manera de hablar: *el habla de los niños*. ‖ Razonamiento, oración, arenga. ‖ *Al habla*, en contacto, al teléfono.

hablado, da adj. Con los adverbios *bien* o *mal*, comedido o descomedido en el hablar. ‖ — F. pl. *Amer.* Fanfarronadas.

hablador, ra adj. Que habla mucho, parlanchín. ‖ Aficionado a contar todo lo que ve y oye.

habladuría f. Dicho o expresión inoportuna y desagradable. ‖ Rumor, chisme.

hablar v. i. Articular, proferir palabras para darse a entender: *el* *niño empieza a hablar al año o año y medio.* ‖ Articular palabras ciertas aves: *el papagayo puede hablar.* ‖ Expresarse de un modo cualquiera: *hablar elocuentemente, como el pueblo.* ‖ Conversar (ú. t. c. pr.). ‖ Perorar: *hablar en un mitin.* ‖ Razonar, tratar: *hablar de literatura, de ciencias.* ‖ Dirigir la palabra: *le tengo que hablar para discutir de un asunto.* ‖ Tratar: *hablar de tú a un amigo.* ‖ Murmurar: *hablar mal del vecino.* ‖ Rogar, interceder: *hablar en favor de un amigo.* ‖ *Fig.* Tener relaciones amorosas: *Fernando habló tres años con Victoria* (ú. t. c. pr.). | Sonar un instrumento con expresión: *hablar el violín.* ‖ Darse a entender por medio distinto de la palabra: *el Partenón nos habla de la grandeza de Grecia.* ‖ — *Fig. Hablando en plata,* hablando claramente. ‖ *Fam. Hablar como una cotorra, más que un papagayo, por los codos,* hablar mucho y muy de prisa. | *¡Ni hablar!,* de ninguna manera. ‖ — V. t. Conocer, emplear un idioma: *hablar inglés.* ‖ Decir: *hablar disparates.* ‖ — V. pr. *Fig.* Tratarse: *desde aquella discusión no se hablan a pesar de su antigua amistad.*

hablilla f. Habladuría.

hablista com. Persona que habla con pureza y propiedad.

habón m. Roncha grande, haba.

Habsburgo (CASA DE), dinastía que reinó en Austria de [illegible] (Rodolfo I) hasta 1918 (Carlos I). Una rama de esta familia pasó a España por el matrimonio de Felipe el Hermoso, hijo de Maximiliano I, con Juana la Loca, hija de los Reyes Católicos. (V. AUSTRIA [*Casa de*].)

hacecillo m. Grupo de flores en cabezuela, con pedúnculos paralelos.

hacedero, ra adj. Factible.

hacedor, ra adj. y s. Que hace una cosa. ‖ Por antonomasia, Dios: *el Sumo Hacedor.*

hacendado, da adj. y s. Que tiene hacienda en bienes raíces. ‖ *Fig.* Rico, adinerado. ‖ *Amer.* Dueño de una estancia.

* **hacendar** v. t. Dar o conferir la propiedad de bienes raíces. ‖ — V. pr. Adquirir bienes para establecerse: *hacendarse en Argentina.*

hacendista m. Hombre experto en la administración de la hacienda pública.

hacendístico, ca adj. Relativo a la hacienda pública.

hacendoso, sa adj. Aplícase a la persona que realiza concienzudamente los trabajos domésticos: *mujer hacendosa.*

* **hacer** v. t. Producir una cosa, darle el primer ser. ‖ Fabricar, componer: *hacer un mueble, un poema.* ‖ Disponer, arreglar: *hacer la comida, las maletas.* ‖ Causar, ocasionar: *hacer humo, sombra, daño; hacer feliz.* ‖ Caber, contener: *esta bota hace cien litros de vino.* ‖ Efectuar: *hacer un milagro.* ‖ Ejercitar los miembros para procurar su desarrollo: *hacer piernas.* ‖ Representar: *hacer un papel de cómico.* ‖ Ocuparse en algo: *tener mucho que hacer.* ‖ Ser: *cuatro y cuatro hacen ocho.* ‖ Convertir: *hacer trizas una cosa.* ‖ Dar cierta impresión: *este vestido me hace más gorda.* ‖ Convenir: *este trabajo no me hace.* ‖ Creer, suponer: *hacía a Ramón en Málaga* (ú. t. c. pr.). ‖ Expeler del cuerpo: *hacer de vientre.* ‖ Obligar: *hacer salir del local.* ‖ Aparentar: *hacer el rico, el muerto* (ú. t. c. pr.). ‖ Proferir o producir cierto sonido: *el reloj hace tic tac.* ‖ — *Hacer el amor,* enamorar, cortejar. ‖ *Fam. Hacerla,* hacer una fechoría o una jugada. ‖ *Hacer las delicias,* causar placer. ‖ *Hacer las veces de,* reemplazar; servir para. ‖ *Hacer saber,* o *hacer presente,* poner en conocimiento. ‖ *Hacer tiempo,* dejar pasar el tiempo. ‖ *Hacer uso,* usar, utilizar. ‖ — V. i. Importar, convenir: *lo que hace al caso.* ‖ Corresponder, concordar: *llave que hace a ambas cerraduras.* ‖ — *Hacer como,* aparentar. ‖ *Hacer de,* desempeñar el oficio de. ‖ *Hacer para* o *por,* procurar. ‖ — V. pr. Proveerse: *hacerse con dinero.* ‖ Volverse: *hacerse viejo.* ‖ Resultar: *este viaje se hace muy largo.* ‖ Crecer, irse formando: *hacerse los árboles.* ‖ Convertirse en, llegar a ser. ‖ Apartarse: *se hizo a un lado.* | *Fam.* Acostumbrarse: *me hice a esa clase de vida.* | Ganar: *todos los días se hace con una buena cantidad de dinero.* ‖ — *Hacerse con* (o *de*) *una cosa,* quedarse con ella, apropiársela. ‖ *Hacerse a la mar,* embarcarse. ‖ — V. impers. Hablando del tiempo, hacerlo bueno o malo: *hace calor, frío, buen día,* etc. ‖ Haber transcurrido cierto tiempo: *hace tres días, diez años.*

hacia prep. Indica la dirección del movimiento: *hacia la derecha, la izquierda.* ‖ Alrededor de, cerca de: *hacia las cuatro de la tarde.*

hacienda f. Finca agrícola o rural. ‖ Fortuna. ‖ Labor, faena casera (ú. m. en pl.). ‖ *Amer.* Ganado. ‖ — *Méx. Hacienda de beneficio,* lugar en que se benefician los minerales de plata. ‖ *Hacienda pública,* tesoro público, rentas del Estado. ‖ *Ministerio de Hacienda,* el que se ocupa de la recaudación fiscal y de proveer los gastos públicos.

hacina f. Conjunto de haces apilados. ‖ *Fig.* Montón.

hacinamiento m. Amontonamiento.

hacinar v. t. Poner los haces unos sobre otros formando hacina. ‖ *Fig.* Amontonar, acumular: *hacinar las pruebas contra un procesado.* ‖ — V. pr. Amontonarse: *hacinarse en un tranvía.*

hacha f. Vela de cera grande y gruesa con cuatro pabilos. ‖ Tea de esparto y alquitrán. ‖ Herramienta cortante provista de un mango, utilizada para cortar leña o labrar toscamente la madera. ‖ Cada uno de los cuernos del toro. ‖ Arma antigua de guerra en forma de hacha. ‖ — *Hacha americana,* la de dos palas. ‖ *Fam. Ser un hacha,* sobresalir en algo.

hachazo m. Golpe con el hacha. ‖ Golpe que da el toro lateralmente con un cuerno.

hache f. Nombre de la letra *h.*

hachear v. t. Desbastar con hacha. ‖ — V. i. Dar golpes con el hacha.

hachemita adj. y s. Perteneciente a una dinastía árabe: *el Reino Hachemita de Jordania.*

hachero m. Candelero para poner el hacha. ‖ *Méx.* En la época de la Reforma, liberal.

Hachinoe, c. y puerto del Japón (Honshu). Textiles.

hachís m. Composición narcótica extraída del cáñamo, usada por los orientales.

hachón m. Hacha, tea de esparto y alquitrán.

hada f. Ser fantástico de sexo femenino al cual se atribuía el don de adivinar lo futuro.

Hades, divinidad griega de los Infiernos, llamada *Plutón* por los romanos.

hado m. Destino, encadenamiento fatal de los sucesos. ‖ Suerte.

Hadramaut, región meridional de Arabia en el golfo de Adén.

Haendel o **Händel** [*jendel*] (Georg Friedrich), músico alemán, naturalizado inglés (1685-1759), autor de óperas y oratorios (*Israel en Egipto, Judas Macabeo, El Mesías,* etc.).

Haenke [*jenke*] (Tadeus), naturalista alemán (1751-1817). Acompañó a Malaspina en su viaje alrededor del mundo. Vivió algún tiempo en Bolivia.

Hafiz, poeta lírico persa, n. en Chiraz (¿1320-1389?), autor de *Diván,* conjunto de sus composiciones.

hafnio m. Metal blanco (símb. Hf), de número atómico 72, que funde a 2 500 °C, y pertenece al grupo de las tierras raras.

Hagen [*jaguen*], c. de Alemania Occidental (Rin Septentrional-Westfalia), a orillas del Ruhr. Metalurgia.

hagiografía f. Historia de las vidas de los santos.

hagiográfico, ca adj. Relativo a la hagiografía: *antología hagiográfica.*

hagiógrafo m. Autor de cualquiera de los libros de la Biblia. ‖ Escritor de vidas de santos: *los hagiógrafos San Atanasio y San Eusebio.*

Hahn (Otto), químico alemán (1879-1968), autor de experimentos sobre la fisión del uranio. (Pr. Nóbel, 1944.) ‖ ~ (REYNALDO), músico francés, n. en Caracas (1875-1947), autor de *Ciboulette.*

Hahnemann (Samuel), médico alemán (1755-1843), fundador de la escuela homeopática en 1796.

Haidarabad. V. HYDERABAD.

Haifa o **Haiffa,** c. y puerto de Israel, al S. de la Bahía de Acre.

Haifong, c. y puerto del Viet Nam del Norte. Industrias.

haiga f. *Pop.* En España, automóvil de lujo.

Haikeu, c. y puerto de China en el N. de la isla de Hainán.

Haile Selasie, emperador de Etiopía de 1930 a 1974. N. en 1891.

Hainán o **Hai-nan,** isla costera de China del S. en el golfo de Tonquín. Forma parte de la prov. del Kuangtung; c. pr. *Haikeu.*

Hainaut. V. HENAO.

Haití, rep. de las Antillas Mayores, al O. de la isla de Santo Domingo. Limita al N. con el océano Atlántico, al E. con la Rep. Dominicana, al S. con el mar de las Antillas y al O. con el Paso de los Vientos (77 km), que la separa de Cuba; 27 750 km²; 4 768 000 h. (*haitianos*); cap. *Port-au-Prince* o *Puerto Príncipe,* 250 000 h.

— GEOGRAFÍA. El país está atravesado por montañas (2 680 m), entre las que se encajan extensos valles. La agricultura es su principal actividad económica y el primer producto de exportación el café. Los bosques cubren el 25 por ciento del país. La población, muy densa, se caracteriza por el predominio del elemento negro y mulato, de ascendencia francesa (99 por ciento). El idioma oficial es el francés.

— HISTORIA. Hasta 1626, año en que se apoderaron los piratas franceses de la isla Tortuga, la historia de Haití es la misma que la de La Española. (V. DOMINICANA, *Rep.*) Haití pasó a poder de Francia por el Tratado de Ryswick (1697), pero los negros, acaudillados por Toussaint-Louverture, se sublevaron contra los colonos y proclamaron la República independiente (1804). Los españoles recuperaron la parte oriental de la isla (1809), que se constituyó en 1844 en *República Dominicana.*

Haití o **Santo Domingo,** isla del Atlántico en las Antillas Mayores, dividida entre la *República de Haití* al O. y la *República Dominicana* al E. Colón la descubrió en 1492 y le dio el nombre de *Hispaniola* o *La Española.* Los indígenas la llamaban *Quisqueya.*

haitiano, na adj. y s. De Haití.

Hakodate, c. del Japón (Hokkaido). Astilleros. Metalurgia.

¡hala! interj. Se usa para animar, incitar.

halagador, ra adj. Que halaga.

halagar v. t. Dar a uno muestras de afecto. ‖ Dar motivo de satisfacción o envanecimiento: *me halaga lo que dices.* ‖ Adular. ‖ *Fig.* Agradar, deleitar.

halago m. Alabanza, lisonja.

halagüeño, ña adj. Que halaga. ‖ Que lisonjea o adula. ‖ Que atrae con dulzura y suavidad.

halar v. t. *Mar.* Tirar de un cabo, de una lona o un remo. | Remar hacia adelante. ‖ *Amer.* Jalar.

HAITÍ

halcón m. Ave rapaz diurna, de plumaje variado, pico fuerte y corvo, que se empleaba en cetrería.

halconera f. Sitio donde se guardaban los halcones.

halconería f. Caza que se hacía con halcones.

halconero m. Persona que cuidaba de los halcones.

¡hale! interj. Se usa para animar o meter prisa.

haleche m. Boquerón.

Halevy (Jacques Fromental), músico francés (1799-1862), autor de la ópera *La Hebrea*. — Su sobrino LUDOVIC (1834-1908) escribió novelas y libretos de operetas.

Halffter (Rodolfo), músico español, n. en Madrid en 1900, residente en México. — Su hermano ERNESTO, n. en 1905, fue discípulo de M. de Falla y terminó *La Atlántida*, poema sinfónico de su maestro (1961). Autor de un *Concierto para guitarra*.

Halicarnaso, hoy *Bodrum*, ant. c. de Caria en Asia Menor. Alcanzó su máximo esplendor en los reinados de Mausolo y de Artemisa II. Lugar de nacimiento de Herodoto.

halieto m. Ave rapaz diurna que se alimenta de peces.

haliéutico, ca adj. Relativo a la pesca. ‖ — F. Arte de la pesca.

Halifax, c. y puerto del Canadá. cap. de Nueva Escocia. Arzobispado. Universidad. Astilleros. — C. de Gran Bretaña (York).

hálito m. Aliento que sale por la boca del animal. ‖ Vapor que una cosa arroja. ‖ *Poét.* Soplo suave y apacible del aire.

Halmahera o **Gilolo,** isla principal del grupo de las Molucas.

halo m. Cerco luminoso que rodea a veces el Sol y la Luna. ‖ *Fot.* Aureola que rodea la imagen de un punto brillante. ‖ Cerco brillante que se pone sobre la cabeza de las imágenes de los santos. ‖ *Fig.* Atmósfera que rodea a una persona.

halógeno, na adj. y s. *Quím.* Aplícase a los elementos de la familia del cloro (*flúor, bromo, yodo*, etc.).

halografía f. *Quím.* Descripción de las sales.

haloideo, a adj. y s. m. *Quím.* Aplícase a las sales formadas por la combinación de un metal con un halógeno.

Hals (Frans), pintor (¿1580?-1666), autor de retratos y de cuadros de costumbres.

Halsingborg, c. y puerto de Suecia, en la entrada del Sund.

haltera f. Instrumento de gimnasia formado por dos bolas o discos metálicos unidos por una barra.

halterofilia f. Deporte consistente en el levantamiento de pesos y halteras.

hall [*jol*] m. (pal. ingl.). Recibimiento, entrada, zaguán.

hallar v. t. Dar con una persona o cosa sin buscarla. ‖ Encontrar lo que se busca: *hallar un documento histórico.* ‖ Inventar: *hallar un procedimiento químico.* ‖ Observar, notar: *hallar errores de imprenta.* ‖ Averiguar: *hallar el paradero de una persona.* ‖ — V. pr. Encontrarse: *se hallaba en Barcelona.* ‖ Estar: *hallarse perdido, enfermo, alegre.* ‖ Estar presente: *hallarse fuera de su patria, en París, en un local.* ‖ — *Hallarse uno en todo,* ser entrometido. ‖ *No hallarse en un sitio,* no sentirse en su elemento.

hallazgo m. Acción y efecto de hallar. ‖ Cosa hallada.

Halle, c. y distrito de Alemania Oriental, a orillas del Saale. Universidad. Industrias.

Halley [*-é*] (Edmond), astrónomo inglés (1656-1742).

Hallstatt, pueblo de Austria (Salzkammergut). Estación prehistórica (edad del hierro).

Hama, c. y prov. en el N. de Siria, a orillas del Orontes.

hamaca f. Red o lona que se cuelga horizontalmente y sirve de cama y columpio. ‖ Tumbona. ‖ *Arg.* Columpio.

hamada f. Paraje pedregoso en el Sáhara.

Hamadán, c. de Irán, al SO. de Teherán. Comercio. Fue capital de Media con el n. de *Ecbatana*.

hamadría y **hamadríada** f. *Mit.* Ninfa de los bosques.

Hamamatsu, c. del Japón en la isla de Hondo.

hamaquear v. t. *Amer.* Mecer. ‖ *Fig. Amer.* Marear a uno. | Dar largas a un negocio.

hamaquero m. Persona que hace hamacas. ‖ Gancho para colgarlas.

hambre f. Gana y necesidad de comer. ‖ *Fig.* Apetito o deseo ardiente: *hambre de libertad, de justicia.* ‖ — *Fig. A buen hambre no hay pan duro,* cuando aprieta la necesidad no repara uno en ninguna delicadeza. | *Hambre calagurritana,* la muy violenta. ‖ *Fig.* y *fam. Hambre canina,* gana de comer excesiva. | *Ser más listo que el hambre,* ser muy avispado.

hambrear v. t. Hacer padecer hambre. ‖ — V. i. Padecer hambre. ‖ Mostrar necesidad y mendigar su remedio.

hambriento, ta adj. y s. Que tiene hambre. ‖ *Fig.* Deseoso: *hambriento de triunfos.*

hambrón, ona adj. y s. *Fam.* Muy hambriento.

hambruna f. *Amer.* Hambre.

Hamburgo, Estado, c. y puerto de Alemania Occidental, en el estuario del Elba. Universidad. Centro comercial e industrial.

hamburgués, esa adj. y s. De Hamburgo. ‖ — F. Especie de albóndiga de carne, de forma plana.

Hamerling (Robert), escritor austriaco (1830-1899), autor de poemas épicos (*El rey de Sión*).

Hamilton, c. del Canadá, en la prov. de Ontario, al O. del lago Ontario. Obispado. Universidad. Metalurgia. — C. de Gran Bretaña en Escocia, al SE. de Glasgow.

Hamilton (Sir William), filósofo kantiano escocés (1788-1856). ‖ ~ (*Sir* WILLIAM ROWAN), matemático y astrónomo irlandés (1805-1865), fundador de la geometría vectorial.

Hamlet, príncipe de Jutlandia (siglo V) que fingió la locura para vengar a su padre. Inmortalizado por un drama de Shakespeare.

Hammarskjold [*-kiol*] (Dag), político sueco (1905-1961), secretario general de la O. N. U. de 1953 a 1961. (Pr. Nóbel de la Paz en 1961.)

Hammerfest, c. y puerto del N. de Noruega, en la isla Kvalöy.

Hammurabi, sexto rey semita de Babilonia (¿1730-1685? a. de J. C.), autor del primer código escrito conocido. Fundó una dinastía.

hampa f. Género de vida de los pícaros y maleantes y su conjunto: *el hampa de una gran ciudad.*

hampesco, ca adj. Relativo al hampa: *la vida hampesca.*

hampón adj. y s. Valentón. ‖ Haragán, bribón.

Hampshire [*-cher*], condado meridional de Inglaterra; cap. *Winchester.*

hámster m. Género de roedores pequeños de Europa Oriental.

Hamsun (Knut PEDERSEN, llamado **Knut**), escritor noruego (1859-1952), autor de las novelas *Hambre, Pan,* etc. (Pr. Nóbel, 1920.)

Han, dinastía imperial china, que reinó del año 206 a. de J. C. al 220 de nuestra era.

hand ball [*janbol*] m. (pal. ingl.). Balonmano.

Händel. V. HAENDEL.

handicap m. (pal. ingl.). Prueba deportiva en la que se da ventaja a ciertos competidores para igualar las posibilidades. ‖ *Fig.* Cualquier desventaja.

hangar m. Cobertizo, en particular el destinado a guarecer los aviones.

Hangcheu, c. y puerto de China del S., cap. de la prov. de Chekiang. Ant. cap. de la dinastía de los Song. Industrias.

Hankeu o **Hangkeu,** c. de China, junto a la de Wuchan (Hupé), a orillas de Hangkiang. Industrias.

Hannón, navegante cartaginés del s. VI a. de J. C. Hizo una expedición a África y llegó hasta la isla de Fernando Poo.

Hannover, c. y distrito de Alemania Occidental, cap. de Baja Sajonia, a orillas del Leine. Industrias. Centro comercial. Fue ant. reino y después prov. prusiana.

hannoveriano, na adj. y s. De Hannover.

Hanoi, cap. del Viet Nam del Norte, en el delta del Tonquín; 1 073 400 h. Universidad.

hansa f. V. ANSA.

hanseático, ca adj. V. ANSEÁTICO.

happening m. (pal. ingl. que sign. *acontecimiento*). Espectáculo artístico improvisado sobre un tema en el que participa el público.

haragán, ana adj. y s. Holgazán, que rehuye el trabajo.

haraganear v. i. Holgazanear.

haraganería f. Aversión al trabajo, ociosidad.

harakiri [*jara-*] y **haraquiri** m. En el Japón, suicidio ritual que consiste en abrirse el vientre.

harapiento, ta adj. Haraposo.

harapo m. Andrajo, guiñapo: *ir cubierto de harapos.* ‖ Último aguardiente que sale del alambique.

haraposo, sa adj. Andrajoso, roto, lleno de harapos.

Harar, prov. y c. de Etiopía.

Harbín. V. PIN KIANG.

harca [*jarca*] f. En Marruecos, antigua expedición de tropas indígenas de organización irregular. ‖ Partida de rebeldes marroquíes. ‖ *Fam.* Banda.

Hardt, región montañosa de Francia y de Alemania, al O. del valle del Rin.

hardware m. (pal. ingl.). Conjunto de los elementos que forman un ordenador electrónico desde el punto de vista de su realización.

Hardy (Thomas), escritor inglés (1840-1928), autor de novelas (*Judas el Oscuro, Teresa la de Uberville,* etc.) y poesías (*Los Dinastas*).

harén m. Entre los musulmanes, departamento de la casa donde viven las concubinas. ‖ Conjunto de estas mujeres.

Hargeisa, c. de Somalia, ant. cap. de Somalia Británica.

Hariana, Estado del NO. de la India; cap. *Chandigarh.*

harina f. Polvo resultante de la molienda de diversos granos: *harina de maíz, de trigo, de mandioca.* ‖ *Fig.* Polvo menudo. ‖ — *Harina de flor,* harina de calidad superior. ‖ *Harina de pescado,* polvo elaborado a partir de desechos de pescado. ‖ *Fig.* y *fam. Ser harina de otro costal,* ser muy diferente una cosa de otra. ‖ *Metido en harina,* empeñado en una empresa.

harinero, ra adj. Relativo a la harina: *molinos harineros.* ‖ — M. Persona que comercia en harina o la fabrica. ‖ Lugar donde se guarda la harina.

harinoso, sa adj. Que tiene mucha harina. ‖ Farináceo.

Harlem. V. HAARLEM.

harmonía y sus derivados, v. ARMONÍA.

harnero m. Especie de criba.

Haro, c. de España, en Castilla la Vieja (Logroño). Vinos.

Haroldo II (¿1022-1066), rey de Inglaterra en 1066. Derrotado en Hastings.

harpa f. Arpa.

Harpagon, personaje principal de la comedia de Molière *El avaro,* tipo de la avaricia.

harpía f. Arpía.

harpillera f. Arpillera.

Harrisburgo, c. de Estados Unidos, cap. de Pensilvania. Obispado. Siderurgia.

Harrogate, c. de Inglaterra (Yorkshire). Aguas termales.

Harrow, pobl. de los suburbios del NO. de Londres (Middlesex). Célebre colegio.

hartada f. Hartazgo.

hartar v. t. Saciar el apetito de comer o beber (ú. t. c. i. y pr.). ‖ *Fig.* Satisfacer el deseo de una cosa. Ú. t. c. pr.: *hartarse de dormir.* ‖ Fastidiar, cansar. Ú. t. c. pr.: *hartarse de esperar.* ‖ Dar en gran cantidad: *hartar a uno de palos.*

hartazgo m. Repleción incómoda que resulta de hartarse: *hartazgo de fruta.* ‖ *Fig.* y *fam. Darse un hartazgo de una cosa,* hacerla con exceso hasta la saciedad.

Harte (Francis BRETT, llamado **Bret**), escritor norteamericano (1836-1902), autor de relatos del Oeste.

Hartford, c. de Estados Unidos, en Nueva Inglaterra, cap. de Connecticut, en el estuario del río homónimo. Arzobispado. Universidad.

Hartmann von Aue, poeta alemán (¿1170-1210), autor de los primeros poemas narrativos en su país (*Erec, Iwein,* etc.).

harto, ta adj. Saciado de comer o beber. ‖ *Fig.* Cansado: *estoy harto de tus impertinencias.* ‖ — Adv. Bastante o demasiado: *estaba harto enojado.*

hartón m. Hartazgo, indigestión. ‖ *Méx.* y *P. Rico.* Glotón.

hartura f. Hartazgo. ‖ Abundancia. ‖ *Fig.* Satisfacción.

Hartzenbusch (Juan Eugenio), escritor romántico español, n. en Madrid (1806-1880), autor de dramas de temas históricos (*Los amantes de Teruel, La jura de Santa Gadea*) y de comedias (*Los polvos de la madre Celestina, Las Batuecas*).

Harún al-Rachid o **Harún er-Rechid** (766-809), califa abasida de Bagdad en 786. Inmortalizado en *Las Mil y Una Noches.*

Harvard (*Universidad de*), la universidad más antigua de Estados Unidos, fundada en 1636 en Cambridge (Massachusetts).

Harvey (William), médico inglés (1578-1657). Descubrió la circulación de la sangre en la misma época que el español Miguel Servet.

Harz o **Hartz,** macizo montañoso de Alemania Occidental y Oriental, entre los ríos Weser y Saale; alt. máx. en el Brocken (1 142 m).

Hasa, prov. de Arabia Saudita, en el golfo Pérsico. Cap. *Hufuf.* Petróleo.

Hassán ‖ ~ **I** (¿1830?-1894), sultán de Marruecos de 1873 a 1894. ‖ ~ **II,** rey de Marruecos en 1961. N. en 1929.

Hassi ‖ ~ **Messaud,** centro petrolífero del Sáhara argelino, al SO. de Uargla. ‖ ~ **R'Mel,** yacimiento de gas natural y petróleo en el Sáhara argelino, al O. de Uargla.

hasta prep. Sirve para expresar el término de lugares, acciones y cantidades continuas o discretas: *desde aquí hasta allí; llegaremos hasta Barcelona; ahorramos hasta cien mil pesetas.* ‖ — Conj. y adv. Equivalente a *incluso, aun, también: en la casa podrá caber hasta el coche; le hubiese hasta pegado.* ‖ — *Hasta la vista, hasta luego, hasta pronto, hasta otra,* expresiones de despedida. ‖ *Hasta más no poder,* sumamente: *es tonto hasta más no poder.*

hastial m. Parte superior triangular de la fachada de un edificio formada por las dos vertientes del tejado o cubierta. ‖ *Min.* Cara lateral de una excavación. ‖ *Fig.* Hombrón rústico y grosero. (Suele aspirarse la *h.*)

hastiar v. t. Asquear (ú. t. c. pr.). ‖ Fastidiar (ú. t. c. pr.).

Hastings, c. de Inglaterra, en la costa del Paso de Calais (Sussex). Batalla ganada por Guillermo el Conquistador a Haroldo II el 14 de octubre de 1066.

hastío m. Asco a la comida. ‖ *Fig.* Disgusto, fastidio, tedio: *sentir hastío de un trabajo.*

hatajador m. *Méx.* El que guía la recua.

hatajo m. Pequeño hato de ganado. ‖ *Fig.* y *fam.* Conjunto, abundancia: *un hatajo de disparates.*

hatear v. i. Recoger el hato o ajuar cuando se va de viaje. ‖ Dar la hatería a los pastores.

hatería f. Ajuar y repuesto de víveres de los pastores, mineros y jornaleros.

hatillo m. Hato pequeño de ganado. ‖ Pequeño lío de ropa: *el maletilla se iba con su hatillo.*

hato m. Porción de ganado: *un hato de bueyes, de ovejas.* ‖ Sitio en despoblado donde paran los pastores con el ganado. ‖ Hatería, comida de los pastores. ‖ *Fig.* Junta de gente de mal vivir: *un hato de pícaros.* ‖ Hatajo, montón. ‖ *Fam.* Junta, corrillo: *un hato de chiquillos, de comadres.* ‖ Lío de ropa y efectos que lleva uno consigo cuando va de un sitio para otro.

Hatteras (CABO), promontorio de la costa E. de Estados Unidos (Carolina del Norte).

Hatuey, c. y mun. de Cuba (Camagüey).

Hatuey, indígena de La Española, que en 1511 pasó a Cuba y luchó contra los españoles. M. ajusticiado en 1515.

Hauptmann (Gerhart), escritor alemán (1862-1946), autor de obras de teatro (*Los tejedores, La campana sumergida,* etc.) [Pr. Nóbel, 1912.]

Haurán, región de Siria, al E. del Jordán y al S. de Damasco. Es la antigua *Auranítida* o *Auranitis.*

Hausschein (Juan). V. ECOLAMPADIO.

Haussmann (Georges, *barón*), administrador y político francés (1809-1891). Realizó grandes obras de reforma en París.

Haut ‖ ~ **-Rhin,** dep. de Francia; cap. *Colmar.* ‖ ~ **-Sénégal-Niger,** ant. colonia francesa de África Occidental.

haute m. *Blas.* Escudo de armas adornado de cota, donde se pintan las armas de distintos linajes.

Haute ‖ ~ **-Garonne,** dep. de Francia; cap. *Toulouse.* ‖ ~ **-Loire,** dep. de Francia; cap. *Le Puy.* ‖ ~ **-Marne,** dep. de Francia; cap. *Chaumont.* ‖ ~ **-Saône,** dep. de Francia; cap. *Vesoul.* ‖ ~ **-Savoie,** dep. de Francia; cap. *Annecy.* ‖ ~ **-Vienne,** dep. de Francia; cap. *Limoges.*

Hautes ‖ ~ **-Alpes,** dep. de Francia; cap. *Gap.* ‖ ~ **-Pyrénées,** dep. de Francia; cap. *Tarbes.* Ind. textil.; yac. de plomo.

Hauts-de-Seine, dep. de Francia, al O. de París; cap. *Nanterre.*

Haüy (Abate René Just), mineralogista francés (1743-1822), creador de la cristalografía.

Havel, río de Alemania Oriental, afl. del Elba; 341 km.

Havre (Le), c. y puerto del NO. de Francia (Seine-Maritime), en la desembocadura del Sena.

Hawai (ISLAS), archip. de Polinesia (Oceanía), uno de los Estados Unidos de Norteamérica desde 1959; 16 731 km²; 718 000 h. Cap. *Honolulú.* Descubierto por Cook en 1778. (Islas pr.: Oahú, Hawai, Mauí, Kauaí, Niihaú, Molokai, Lanai.) Llamado ant. *islas Sandwich.*

hawaiano, na adj. y s. De Hawai.

Hawthorne (Nathaniel), escritor norteamericano (1804-1864), autor de novelas (*La letra escarlata, La casa de los siete altillos.*

Hawkins (Sir John), almirante inglés (1532-1595). Combatió contra los españoles en América y participó en la destrucción de la Armada Invencible.

haya f. Árbol de la familia de las fagáceas, de tronco liso, corteza gris y madera blanca, cuyo fruto es el hayuco.

Haya (La), en hol. *'s Gravenhage,* c. de Holanda, cap. de Holanda Meridional y residencia del Gobierno. Sede del Tribunal Internacional de Justicia.

Haya de la Torre (Víctor Raúl), político y escritor peruano, n. en 1895, fundador del movimiento A. P. R. A.

hayal m. Sitio poblado de hayas.

Haydn (Joseph), músico austriaco (1732-1809). Estableció las leyes de la sinfonía y de la sonata clásicas.

hayense adj. y s. De Presidente Hayes (Paraguay).

hayo m. Coca, arbusto. ‖ Mezcla de hojas de coca y sales calizas que mascan los indios de Colombia.

hayuco m. Fruto del haya.

haz m. Porción atada de mieses, lino, leña, etc. ‖ *Fís.* Conjunto de rayos luminosos emitidos por un foco. ‖ — F. Cara o rostro. ‖ Cara de una hoja, de cualquier tela, etc., opuesta al envés. ‖ *El o la haz de la Tierra,* la superficie de ella. ‖ — Pl. Fasces de los lictores.

haza f. Porción de tierra de labor. ‖ (Ant.). Montón o rimero.

hazaña f. Hecho ilustre y heroico: *las hazañas de Hércules.*

hazmerreír m. *Fam.* Persona objeto de burlas: *ser el hazmerreír de la reunión.*

he adv. Con los adverbios *aquí* y *allí* o los pronombres enclíticos *me, te, la, le, lo, las, los* sirve para señalar una persona o cosa: *heme aquí; hela allí; he aquí el dilema.*

He, símbolo del *helio.*

Heath, río fronterizo entre el Perú y Bolivia, afluente del Madre de Dios.

Heath [jiz] (Edward), político conservador inglés, n. en 1916, primer ministro de 1970 a 1974.

Heaviside (Oliver), físico y matemático inglés (1850-1925), descubridor de la ionosfera.

Hebbel (Friedrich), dramaturgo romántico alemán (1813-1863), autor de la trilogía *Los Nibelungos.*

hebdomadario, ria adj. Semanal: *periódico hebdomadario.*

Hebe, diosa de la Juventud, hija de Zeus y de Hera. (*Mit.*)

hebijón m. Clavillo de hebilla.

hebilla f. Broche para ajustar correas, cintas, etc.

hebra f. Porción de hilo que se pone en una aguja. ‖ Fibra de la carne. ‖ Filamento de las materias textiles: *hebra de lino, de cáñamo.* ‖ Dirección de las vetas de la madera: *aserrar a hebra.* ‖ Hilo de cualquier materia viscosa concentrada: *hebras de sangre.* ‖ *Min.* Vena o filón: *hebra argentífera.* ‖ *Fig.* Hilo del discurso. ‖ — Pl. *Poét.* Los cabellos. ‖ *Fig.* y *fam. Pegar la hebra,* charlar.

hebraico, ca adj. Hebreo.

hebraísmo m. Profesión de la ley de Moisés, ley judía. ‖ Giro propio de la lengua hebrea.

hebraísta m. Persona que cultiva la lengua y la literatura hebreas.

hebraizante m. Hebraísta.

hebraizar v. i. Usar hebraísmos o giros hebreos.

hebreo, a adj. y s. Aplícase al pueblo semítico que conquistó y habitó Palestina, también llamado *israelita* y *judío.* (Los *hebreos* son descendientes del patriarca Heber, antepasado de Abrahán.) ‖ — M. Lengua de los hebreos.

Hebreo (Judá ABARBANEL, llamado **León**) escritor judeoespañol (1740-1521), autor de *Diálogos de amor.*

Hébridas, islas de Gran Bretaña, al O. de Escocia que forman dos archip. Las principales islas son *Lewis* y *Skye.* ‖ **~ (Nuevas).** V. NUEVAS HÉBRIDAS.

Hebrón, c. de Jordania, cerca de Jerusalén.

Hécate, n. dado a las diosas griegas *Perséfona* y *Artemisa.*

hecatombe f. Sacrificio solemne de cien bueyes y, por ext., de otras víctimas, que hacían los paganos a sus dioses. ‖ *Fig.* Matanza, mortandad: *la hecatombe de Hiroshima.* | Acontecimiento en que son muchos los perjudicados: *el examen de ingreso fue una verdadera hecatombe.*

hectárea f. Medida de superficie de cien áreas equivalente a diez mil metros cuadrados (símb., *ha*).

héctico, ca adj. Hético, tísico. ‖ — Adj. y s. *Med.* Dícese de la fiebre prolongada, con fuertes oscilaciones de temperatura, característica de las enfermedades consuntivas: *fiebre héctica.*

hectiquez f. *Med.* Estado del que padece fiebre héctica.

hectogramo m. Medida de peso, que tiene 100 g (símb., *hg*).

hectolitro m. Medida de capacidad, que tiene 100 l (símb., *hl*).

hectómetro m. Medida de longitud, que tiene 100 m (símb., *hm*).

Héctor, héroe troyano, hijo mayor de Príamo. M. por Aquiles.

Hécuba, esposa de Príamo, madre de Paris y Héctor.

Hechaz. V. HEDJAZ.

hechicería f. Profesión y acto del hechicero. ‖ Hechizo, maleficio.

hechicero, ra adj. y s. Persona que el vulgo creía estaba en relación con el diablo para producir maleficios. ‖ En los cuentos, brujo. ‖ *Fig.* Que, por su belleza, cautiva y atrae: *niña hechicera.*

hechizar v. t. Emplear prácticas supersticiosas para someter a uno a influencias maléficas. ‖ *Fig.* Despertar una persona o cosa admiración, cautivar: *hechizar por su belleza, con su palabra.*

hechizo m. Cosa supersticiosa de que se vale el hechicero para lograr su objetivo. ‖ *Fig.* Persona o cosa que cautiva el ánimo: *el hechizo de sus ojos negros.*

hecho, cha adj. Perfecto, acabado. *hombre hecho; vino hecho.* ‖ *Fig.* Semejante a: *estaba hecho un hombre, una fiera.* ‖ Con los adv. *bien* o *mal,* bien o mal proporcionado: *mujer muy bien hecha.* ‖ — M. Acción, obra. ‖ Acontecimiento, suceso: *un hecho histórico.* ‖ — *A lo hecho, pecho,* hay que sufrir las consecuencias de lo que se hace. ‖ *De hecho,* en realidad. ‖ *¡Hecho!,* ¡de acuerdo!, ¡aceptado!: *¿vienes con nosotros? ¡Hecho!* ‖ *Hecho consumado,* aquel que, una vez realizado, es irreversible. ‖ *Hecho y derecho,* cabal, perfecto. ‖ *Hechos de los Apóstoles,* libro del Nuevo Testamento, escrito por San Lucas.

hechura f. Ejecución, confección: *la hechura de un traje.* ‖ Criatura, respecto de su creador: *somos hechuras de Dios.* ‖ Cualquier cosa respecto del que la ha hecho. ‖ Forma exterior. ‖ *Fig.* Persona que debe a otra cuanto tiene: *ser la hechura de su protector.* ‖ *No tener hechura,* no ser factible.

* **heder** v. i. Despedir mal olor. ‖ *Fig.* Fastidiar, cansar.

Hedin (Sven), explorador sueco (1865-1952), que hizo viajes a Asia Central.

hediondez f. Cosa hedionda. ‖ Hedor, mal olor.

hediondo, da adj. Que despide hedor, pestilente: *un hediondo calabozo.* ‖ *Fig.* Sucio, repugnante. | Molesto, insoportable. ‖ — M. Arbusto de la familia de las leguminosas que despide olor desagradable.

Hedjaz, región de Arabia, bañada por el mar Rojo; 400 000 km²; tres millones de h.; cap. *La Meca.* Unida al Nedjd forma la *Arabia Saudita.*

hedonismo m. Doctrina moral que considera el placer como único fin de la vida.

hedonista adj. y s. Relativo al hedonismo o partidario de él.

hedor m. Mal olor.

Hefestos o **Hefaistos,** dios helénico del Fuego y del Metal. Es el *Vulcano* romano.

Hegel (Georg Wilhelm Friedrich, filósofo alemán, n. en Stuttgart (1770-1831), creador de la doctrina llamada *hegelianismo.* Autor de *Fenomenología del espíritu, Lógica, Filosofía del Derecho,* etc.

hegelianismo m. Sistema filosófico fundado en la primera mitad del siglo XIX por el alemán Hegel, según el cual lo Absoluto, que él llama Idea, se manifiesta evolutivamente bajo las formas de naturaleza y espíritu.

hegeliano, na adj. y s. Relativo al hegelianismo o partidario del mismo.

hegemonía f. Supremacía de un Estado sobre otros: *la hegemonía de Macedonia sobre Grecia.* ‖ *Fig.* Superioridad en cualquier grado.

hégira o **héjira** f. Punto de arranque de la cronología musulmana, situado el 16 de julio de 622, día de la huida de Mahoma de La Meca a Medina.

Heidegger (Martin), filósofo existencialista alemán, n. en 1889, autor de *Ser y Tiempo.*

Heidelberg, c. de Alemania Occidental (Baden-Wurtemberg), a orillas del Neckar. Universidad.

Heidenheim, c. de Alemania Occidental (Baden-Wurtemberg).

Heilbronn, c. de Alemania Occidental (Baden-Wurtemberg), a orillas del Neckar. Industrias.

Heilongkiang, prov. del NE. de China, fronteriza con la U. R. S. S.; cap. *Pin Kiang.* Agricultura.

Heine (Heinrich), escritor romántico alemán, n. en Düsseldorf (1797-1856), autor de poesías (*Cancionero, Intermezzo lírico, Retorno,* etc.) y de *Cuadros de viajes,* escritos en prosa.

Heisenberg (Werner), físico alemán, n. en 1901, autor de experimentos sobre los átomos y la mecánica cuántica. (Pr. Nóbel, 1932.)

héjira. V. HÉGIRA.

helada f. Congelación de los líquidos producida por la frialdad del tiempo.

Hélade, ant. n. de *Grecia.*

heladera f. Máquina para hacer helados. ‖ *Amer.* Nevera, refrigerador.

heladería f. Tienda donde se fabrican o venden helados.

heladero m. Fabricante de helados. ‖ Vendedor de helados.

helado, da adj. De consistencia sólida a causa del frío: *lago helado.* ‖ *Fig.* Muy frío: *tener los pies helados.* | Atónito, suspenso: *quedarse helado del susto.* | Frío, desdeñoso: *hombre de temperamento helado.* ‖ — M. Crema azucarada, a veces con zumo de frutas o licor, que se congela en un molde y constituye un manjar refrescante: *helado de vainilla.*

helador, ra adj. Que hiela. || — F. Utensilio para hacer helados.

* **helar** v. t. Solidificar un líquido por medio del frío: *el frío hiela el agua de los ríos.* || *Fig.* Dejar a uno suspenso: *helar a uno con una mala noticia.* | Desanimar, amilanar: *helar el entusiasmo a uno.* || — V. pr. Ponerse helada una cosa: *helarse el aceite por la baja temperatura.* || Quedarse muy frío. || Echarse a perder los vegetales por causa de la congelación. || *Fig.* Pasar mucho frío. || — *Helársele a uno la sangre en las venas,* quedarse paralizado por miedo o sorpresa. || — V. impers. Formarse hielo: *ayer heló.*

Helder (El), c. y puerto de Holanda Septentrional, en el mar del Norte.

helecho m. Género de plantas criptógamas de la clase de las filicíneas, que crecen en los lugares húmedos y sombríos. || *Helecho arborescente,* especie de gran tamaño, común en México.

Helena, c. de Estados Unidos, cap. de Montana. Obispado.

Helena, hija de Zeus y de Leda, esposa de Menelao. Huyó con Paris a Troya, lo que motivó la guerra.

helénico, ca adj. Griego, relativo a Grecia.

helenio m. Genero de plantas de la familia de las compuestas.

helenismo m. Giro propio de la lengua griega. || Influencia de la civilización griega en las culturas posteriores.

helenista com. Persona versada en la lengua y literatura griegas.

helenístico, ca adj. Relativo a los helenistas. || Aplícase al griego alejandrino, y particularmente al de los Setenta, que es el dialecto macedónico mezclado con el de Fenicia y el de Egipto.

helenización f. Adopción de la lengua y cultura griegas.

helenizar v. t. Dar carácter griego. || — V. pr. Adoptar las costumbres, lengua y civilización griegas.

heleno, na adj. y s. Griego.

Heleno, hijo de Deucalión y Pirra, padre de los helenos o griegos.

helera f. Granillo de las aves. || *Amer.* Heladera.

helero m. Masa de hielo debajo del límite de las nieves perpetuas en las altas montañas.

helespóntico, ca adj. Relativo al Helesponto.

Helesponto, ant. n. del *estrecho de los Dardanelos.*

Helgoland, ant. *Heligoland,* isla de Alemania Occidental en el mar del Norte.

heliantemo m. Género de plantas cistáceas de flores amarillas.

heliantina f. Indicador químico que toma la coloración amarilla en un medio básico y rosa en un medio ácido.

hélice f. *Anat.* Parte más externa y periférica del pabellón auditivo. || *Arq.* Voluta. || Curva de longitud indefinida que forma ángulos iguales con las generatrices de un cilindro. | Espiral. || *Tecn.* Sistema de propulsión, tracción o sustentación, constituido por palas helicoidales que giran sobre un eje: *la hélice de un avión.* || *Zool.* Caracol, molusco.

Hélice, n. dado a la *Osa Mayor.*

helicoidal adj. De figura de hélice: *estría helicoidal.*

helicoide m. *Geom.* Superficie o volumen engendrado por una curva (o una superficie) animada de un movimiento helicoidal.

Helicón, macizo montañoso de Grecia (Beocia), consagrado a las Musas; 1 748 m.

helicónides f. pl. Las Musas.

helicóptero m. Aeronave cuya sustentación y propulsión se deben a hélices horizontales que le permiten ascender y descender en sentido vertical.

Heligoland. V. Helgoland.

helio m. *Quím.* Cuerpo simple gaseoso (He), de densidad 0,18 y número atómico 2. Descubierto en la atmósfera solar, se encuentra también en el aire.

heliocéntrico, ca adj. *Astr.* Aplícase a los lugares y medidas referidos al centro del Sol.

heliogábalo m. *Fig.* Hombre dominado por la gula y la crueldad.

Heliogábalo, emperador romano (204-222). M. asesinado.

heliograbado m. *Impr.* Procedimiento fotomecánico para obtener grabados en hueco mediante el aguafuerte. || Estampa así obtenida.

heliografía f. Descripción o fotografía del Sol. || Sistema de transmisiones de señales por medio del heliógrafo.

heliógrafo m. Aparato telegráfico óptico que se basa en los destellos emitidos por espejos planos que reflejan los rayos solares. || Instrumento para medir la cantidad de calor irradiada por el Sol.

helión m. *Quím.* Núcleo del átomo del helio, llamado también *partícula alfa.*

Heliópolis, ant. c. del Bajo Egipto, al S. del delta del Nilo. (V. Balbek.)

Helios, divinidad helénica, personificación del Sol y de la Luz.

helioscopio m. Telescopio para observar el Sol.

helioterapia f. *Med.* Tratamiento basado en la luz solar, activa por sus rayos ultravioleta. (La *helioterapia* es eficaz contra el raquitismo, la tuberculosis ósea y algunas enfermedades de la piel.)

heliotropismo m. Fenómeno que ofrecen ciertas plantas de dirigir sus flores, sus tallos y sus hojas hacia el Sol.

heliotropo m. Género de plantas borragináceas de flores olorosas, originarias del Perú. || Ágata color verde oscuro.

helipuerto m. Aeropuerto para uso de los helicópteros.

Helmholtz (Hermann Ludwig Ferdinand von), fisiólogo y físico alemán (1821-1894). Hizo investigaciones de óptica, electricidad y acústica.

helmintiasis f. *Med.* Enfermedad causada por la presencia de helmintos en el organismo.

helmíntico, ca adj. Relativo a los helmintos.

helminto m. Gusano parásito intestinal.

Helmond, c. de Holanda (Brabante Septentrional).

Helos, ant. c. del Peloponeso, en el golfo de Laconia, cuyos habitantes (ilotas) fueron esclavos de los espartanos.

Helsingborg, c. y puerto de Suecia, en el Sund.

Helsingœr [*-guer*] o **Helsingör.** V. Elsinor.

Helsinki, en sueco *Helsingfors,* cap. y puerto de Finlandia, en una península del golfo de Finlandia; 528 300 h. Industrias. Obispado. Universidad.

Helst (Bartholomeus Van der). V. Van der Helst.

Heluan, c. de Egipto, a orillas del Nilo, al SE. de El Cairo. Industrias.

Helvecia, parte E. de las Galias, hoy *Suiza.*

helvecio, cia adj. y s. De Helvecia o Suiza.

helvético, ca adj. y s. Helvecio: *Confederación Helvética.*

Helvetius (Claude Adrien), filósofo francés (1715-1771), autor de *De l'esprit,* apología del sensualismo materialista.

Hellín v. de España (Albacete). Minas de azufre.

hematemesis f. *Med.* Vómito de sangre procedente de una lesión de la mucosa digestiva.

hematidrosis f. Sudor de sangre, producido por hemorragia de las glándulas sudoríparas

hematíe m. Glóbulo rojo de la sangre.

hematina f. Pigmento ferruginoso de la hemoglobina.

hematites f. *Min.* Oxido natural de hierro, rojo y a veces pardo.

hematología f. Estudio de la estructura histológica, la composición química y las propiedades físicas de la sangre.

hematoma m. *Med.* Derrame de sangre en una cavidad natural o en un tejido debido a la ruptura de algún vaso.

hematosis f. Conversión de la sangre venosa en arterial, realizada en el aparato respiratorio.

hematozoario m. Protozoario parásito de la sangre, agente del paludismo.

hematuria f. *Med.* Enfermedad que consiste en orinar sangre.

hembra f. Animal del sexo femenino. || Niño del sexo femenino: *tiene dos hijos, un varón y una hembra.* || Mujer. || En las plantas que tienen sexos distintos en pies diversos, individuo que da frutos. || *Fig.* Pieza con un hueco o agujero por donde otra se introduce y encaja. | El mismo hueco.

hembraje m. *Amer.* Conjunto de hembras de una ganadería o una especie de ganado.

hembrilla f. Armella. || Pieza pequeña donde encaja otra.

hembrita f. *Amer.* Plátano más pequeño que el macho.

Hemeroscopión. V. Denia.

hemeroteca f. Biblioteca de diarios y periódicos al servicio del público. || Edificio donde se halla.

hemiciclo m. Semicírculo. || Salón de forma semicircular, con gradas: *el hemiciclo del Congreso.*

hemiedría f. Ley conforme a la cual ciertos cristales sólo presentan modificaciones en la mitad de las aristas y los ángulos correspondientes.

hemiedro, dra adj. Que presenta los caracteres de la hemiedría: *cristal hemiedro.*

Hemingway (Ernest), novelista norteamericano (1899-1961), autor de estilo conciso y directo (*El adiós a las armas, Muerte en el atardecer, Por quién doblan las campanas, El viejo y el mar*). Se suicidó. (Pr. Nóbel, 1954.)

hemiplejía f. *Med.* Parálisis de todo un lado del cuerpo.

hemipléjico, ca adj. y s. Relativo a la hemiplejía o que padece de esta parálisis.

hemíptero, ra adj. y s. Dícese de los insectos de cuatro alas, provistos de trompa chupadora y pico articulado.

hemisférico, ca adj. Relativo al hemisferio o que tiene su forma.

hemisferio m. Mitad de una esfera. || *Astr.* Cada una de las dos partes iguales en que se divide el globo terrestre o la esfera celeste: *hemisferio austral, boreal, occidental, oriental.*

hemistiquio m. Parte del verso cortado por una cesura.

hemofilia f. *Med.* Hemopatía hereditaria, caracterizada por la excesiva fluidez y dificultad de coagulación de la sangre.

hemofílico, ca adj. De la hemofilia. || Que la padece (ú. t. c. s.).

hemoglobina f. Materia colorante del glóbulo rojo de la sangre.

hemólisis f. Disolución de los corpúsculos sanguíneos.

Hémon (Louis), novelista francés (1880-1913), autor del relato *Marie Chapdeleine.*

hemopatía f. *Med.* Enfermedad de la sangre en general.

hemoptísico, ca adj. y s. *Med.* Dícese del enfermo atacado de hemoptisis.

hemoptisis f. *Med.* Hemorragia de la membrana mucosa pulmonar, caracterizada por la expectoración de sangre.

hemorragia f. *Med.* Flujo de sangre de cualquier parte del cuerpo: *hemorragia nasal, cerebral, en los pulmones.*

hemorrágico, ca adj. Relativo a la hemorragia: *derrame, flujo hemorrágico.*

hemorroidal adj. *Med.* Relativo a las hemorroides o almorranas: *arteria, sangre hemorroidal.*

hemorroide f. *Med.* Almorrana.

hemostasis f. *Med.* Detención de una hemorragia por cualquier procedimiento.

hemostático, ca adj. y s. *Med.* Que sirve para detener la hemorragia: *pinzas hemostáticas.*

hemotórax m. *Med.* Derrame de sangre en la pleura.

Henao, en fr. *Hainaut,* prov. meridional de Bélgica; cap. *Mons.*

henar m. Sitio abundante en heno. ‖ Henil.

Henares, río de España que pasa por Guadalajara y Alcalá, afl. del Jarama; 150 km.

henchidura o **henchimiento** m. f. Acción y efecto de henchir o de henchirse.

* **henchir** v. t. Llenar, hinchar. ‖ — V. pr. Hartarse de comida.

Hendaya, c. de Francia, fronteriza con España (Pyrénées-Atlantiques), a orillas del Bidasoa.

hendedura f. Hendidura.

* **hender** v. t. Hacer o causar una hendidura. ‖ *Fig.* Atravesar un fluido o líquido: *hender una flecha el aire, un buque el agua.* | Abrirse paso entre la muchedumbre.

hendible adj. Que puede henderse o rajarse.

hendidura f. Abertura estrecha y larga en un cuerpo sólido, cuando no llega a dividirlo del todo: *hendidura en la pared.*

hendimiento m. Acción y efecto de hender o henderse.

* **hendir** v. t. Hender.

Hendon, suburbio en el NO. de Londres.

henequén m. *Amér. C., Col.* y *Méx.* Variedad de agave o sisal, de cuya fibra textil se fabrican cuerdas.

Henestrosa (Andrés), escritor y poeta mexicano, n. en 1908.

henificar v. t. Segar plantas forrajeras y secarlas al sol para conservarlas y que sirvan como heno.

henil m. Lugar donde se apila el heno.

heno m. Planta gramínea de los prados. ‖ Hierba segada y seca para alimento del ganado.

henrio o **henry** m. *Fís.* Unidad de inductancia eléctrica (símb., H), equivalente a la inductancia que se produce en un circuito cerrado cuando al variar la corriente en un amperio por segundo induce una tensión de un voltio.

Henríquez (Fray Camilo), patriota y escritor chileno (1769-1825). Fundó la *Aurora* (1812), primer periódico de su país. ‖ ~ **de Guzmán** (ALONSO), cronista español (1500-¿1544?), autor de relatos sobre el Perú. ‖ ~ **Ureña** (PEDRO), lingüista e historiador dominicano (1884-1946), autor de *Seis ensayos en busca de nuestra expresión, Plenitud de España,* etc. — Su hermano MAX (1885-1968) fue diplomático y escritor, autor de *Episodios dominicanos.*

Henry (Joseph), físico norteamericano (1797-1878), descubridor de la autoinducción. ‖ ~ (WILLIAM SYDNEY PORTER, llamado **O.**), escritor humorístico norteamericano (1862-1910).

hepático, ca adj. Relativo al hígado: *arteria hepática.* ‖ *Cólico hepático,* crisis dolorosa de los canales biliares. ‖ — M. y f. Persona que padece del hígado. ‖ — F. Planta ranunculácea que se usó en medicina.

hepatismo m. *Med.* Afección del hígado.

hepatitis f. *Med.* Inflamación del hígado, de origen tóxico o infeccioso.

heptacordio o **heptacordo** m. *Mús.* Escala compuesta de las siete notas *do, re, mi, fa, sol, la, si.* | Intervalo de séptima.

heptaedro m. *Geom.* Poliedro de siete caras.

heptagonal adj. Relativo al heptágono.

heptágono, na adj. y s. *Geom.* Polígono de siete lados.

heptámetro adj. y s. Aplícase al verso de siete pies.

heptarquía f. Gobierno de siete personas. ‖ País dividido u organizado en siete reinos.

— Llamóse *Heptarquía anglosajona* al conjunto de los siete reinos (Kent, Sussex, Wessex, Essex, Northumberland, Anglia y Mercia), creado en el s. IV por los sajones y los anglos, convertido en 827 en uno solo (Inglaterra).

heptasílabo, ba adj. y s. De siete sílabas: *verso heptasílabo.*

heptodo m. *Fís.* Tubo electrónico provisto de siete electrodos.

Hera, divinidad helénica del Matrimonio, esposa de Zeus. Corresponde a la *Juno* de los romanos.

Heraclea, c. ant. de Asia Menor, en el mar Negro (Bitinia). Actualmente *Eregli.* — Ant. c. de Italia (Lucania). Pirro derrotó aquí a los romanos en 280 a. de J. C.

Heracles, semidiós griego de la Fuerza. Es el *Hércules* romano.

heraclida adj. y s. Descendiente de Heracles. (Hubo *dinastías heraclidas* en el Peloponeso, Corinto, Lidia y Macedonia.)

Heraclio I (¿575?-641), emperador de Oriente de 610 a 641.

Heraclión, n. actual de *Candía.*

Heráclito de Éfeso, filósofo griego (576-480 a. de J. C.). Afirmaba que el fuego era el elemento material fundamental.

heráldico, ca adj. Relativo al blasón. ‖ — M. Heraldista. ‖ — F. Ciencia del blasón.

heraldista com. Persona versada en heráldica.

heraldo m. Oficial cuya misión era anunciar las declaraciones de guerra, llevar mensajes, etc. ‖ Mensajero, portavoz.

Heras (Las), pobl. de la Argentina (Mendoza).

Herault [*eró*], dep. del SE. de Francia, cap. *Montpellier.*

herbáceo, a adj. Que tiene el aspecto de la hierba.

herbaje m. Conjunto de hierbas. ‖ Cantidad pagada por arrendar pastos y dehesas.

herbajero m. Arrendatario o arrendador de un prado o dehesa.

* **herbar** v. t. Preparar, adobar con hierbas las pieles o cueros.

herbario, ria adj. Relativo a las hierbas y las plantas. ‖ — M. Botánico, el que profesa la botánica. ‖ Colección de plantas secas para el estudio. ‖ Libro que explica las propiedades de las plantas. ‖ Panza de los rumiantes.

herbazal m. Sitio poblado de hierbas.

* **herbecer** v. i. Empezar a brotar la hierba.

herbero m. Esófago de los rumiantes.

herbecida adj. y s. m. Aplícase al producto que destruye las malas hierbas.

herbívoro, ra adj. y s. m. Aplícase al animal que se alimenta de hierbas.

herbolario m. Persona que vende hierbas medicinales. ‖ Tienda donde se venden estas hierbas.

herborización f. Acción y efecto de herborizar.

herborizar v. i. Recoger plantas para estudiarlas.

herboso, sa adj. Lleno de hierba: *terreno herboso.*

herciniano, na adj. *Geol.* Aplícase al último plegamiento del primario (ú. t. c. s. m.).

hercio m. V. HERTZ.

Herculano, c. ant. de Italia, al E. de Nápoles, enterrada bajo las cenizas de Vesubio (79) y descubierta en 1709.

Herculano (Alexandre), escritor romántico portugués (1810-1877), autor de poesías *(Arpa del creyente),* de novelas *(El Padre Enrico, El monje del Císter)* y de una *Historia de Portugal.*

hercúleo, a adj. Propio o digno de Hércules: *fuerza hercúlea.*

hércules m. *Fig.* Hombre muy fuerte.

Hércules, constelación boreal, muy extensa, al N. de Serpentario.

Hércules, semidiós de la mitología romana, hijo de Júpiter y de Alcmena, dotado de una fuerza extraordinaria. Llevó a cabo los doce famosos trabajos y gran número de hazañas. Es el *Heracles* griego.

Herder (Johann Gottfried), escritor y filósofo alemán (1744-1803), uno de los primeros representantes del movimiento literario *Sturm und Drang.*

heredad f. Finca o hacienda de campo.

heredar v. t. Suceder por disposición testamentaria o legal en los bienes y acciones que tenía uno al tiempo de su muerte (ú. t. c. i.). ‖ Darle a uno heredades, posesiones o bienes raíces. ‖ *Biol.* Recibir los seres vivos los caracteres físicos y morales que tienen sus padres.

heredero, ra adj. y s. Dícese de la persona que por testamento o por ley sucede a título universal en todo o parte de una herencia: *heredero universal, legítimo.* ‖ Dueño de una heredad o heredades. ‖ *Fig.* Que tiene alguno de los caracteres propios de sus padres.

Heredia, c. de Costa Rica, cap. de la prov. homónima. Centro industrial y ganadero.

Heredia (José María de), poeta parnasiano francés, n. en Cuba (1842-1905), autor de *Trofeos,* compilación de sonetos. ‖ ~ (JOSÉ RAMÓN), poeta venezolano, n. en 1900, autor de *Música de silencio.* ‖ ~ (NARCISO de). V. OFALIA. ‖ ~ (NICOLÁS), novelista y crítico cubano, n. en Bani (Rep. Dominicana) [1859-1901]. ‖ ~ (PEDRO DE), colonizador español (¿1520?-1554). Fundó la c. de Cartagena (Colombia). ‖ ~ **y Heredia** (JOSÉ MARÍA), poeta cubano, n. en Santiago (1803-1839), que en sus composiciones *En el Teocalli de Cholula* y *Oda al Niágara* describe con apasionado lirismo la tierra de América. Publicó tb. cuentos y una tragedia *(Atreo).* Residió expatriado en Estados Unidos y México.

herediano, na adj. y s. De Heredia (Costa Rica).

hereditario, ria adj. Transmisible por herencia: *bienes hereditarios.* ‖ Que va de padres a hijos: *cargo, título hereditario; enfermedad hereditaria.*

hereje com. Persona que profesa o defiende una herejía. ‖ *Fig.* Persona que hace alguna fechoría.

herejía f. Doctrina que, dentro del cristianismo, es contraria a la fe católica: *la herejía arriana.* ‖ *Fig.* Sentencia errónea contra los principios de una ciencia o arte: *caer en una herejía en literatura.* | Palabra muy injuriosa. | Opinión no aceptada por la autoridad: *herejía política.* | Fechoría. | Acción desatinada: *es una herejía establecer una cafetería en este castillo.*

herencia f. Derecho de heredar. ‖ Bienes que se transmiten por sucesión. ‖ *Biol.* Transmisión de los caracteres normales o patológicos de una generación a otra.

Heres, distr. de Venezuela (Bolívar). Hierro.

Heres (Tomás de), general venezolano (1795-1842), hombre de confianza de Simón Bolívar.

heresiarca m. Autor de una herejía o jefe de una secta herética.

herético, ca adj. Relativo a la herejía: *una doctrina herética.*

herida f. Rotura hecha en las carnes con un instrumento o por efecto de fuerte choque con un cuerpo duro: *hacer una herida a alguien; curar una herida.* ‖ *Fig.* Lo que ofende el amor propio o el honor: *la herida del desprecio, de una injuria.* | Dolor profundo: *la herida de la madre que pierde un hijo.* ‖ *Fig. Tocar en la herida,* mencionar precisamente lo que le duele a una persona.

herido, da adj. y s. Que ha

recibido una herida: *herido de un balazo.* || *Fig.* Afligido, ofendido: *herido en su honor, en su orgullo.*

* **herir** v. t. Dar un golpe que produzca llaga, fractura o contusión (ú. t. c. pr.): *herir de una pedrada.* || *Fig.* Ofender: *herir el amor propio de una persona.* | Caer los rayos del Sol sobre una cosa: *la luz solar hiere la vista.* | Pulsar o tañer un instrumento músico: *herir las cuerdas de la guitarra.* | Producir una impresión desagradable: *sonido que hiere el oído.*

hermafrodita adj. Dícese de los animales o plantas que reúnen los dos sexos en un mismo individuo. || — M. Individuo de la especie humana que aparentemente reúne los órganos reproductores de ambos sexos.

hermafroditismo m. Yuxtaposición en un mismo animal o planta de los dos sexos. (El *hermafroditismo* propiamente dicho no existe en la especie humana.)

hermanable adj. Que puede hermanarse.

hermanado, da adj. Apareјado: *calcetines hermanados.* || *Fig.* Igual y uniforme en todo a una cosa. || Dícese de los órganos gemelos en las plantas. || Asociado; *ciudades hermanadas.*

hermanamiento m. Acción y efecto de hermanar o hermanarse. || Convenio de hermandad entre dos ciudades de diferentes países.

hermanar v. t. Aparear objetos de la misma índole: *hermanar calcetines de varios colores.* || Unir, juntar, armonizar: *hermanar colores, esfuerzos.* || Hacer a uno hermano de otro espiritualmente: *la desgracia los hermanó* (ú. t. c. pr.). || Asociar dos ciudades de distintos países para desarrollar sus intercambios.

hermanastro, tra m. y f. Hijo de uno de los dos consortes con respecto al hijo del otro.

hermandad f. Relación de parentesco que hay entre hermanos. || *Fig.* Amistad íntima, fraternidad. | Analogía o correspondencia entre dos cosas. | Cofradía. | Liga o confederación. || — *Convenio de hermandad*, el que asocia dos ciudades de distintos países. || *Santa Hermandad*, v. SANTA HERMANDAD.

hermano, na m. y f. Persona que con respecto a otra tiene los mismos padres o por lo menos uno de ellos: *en esta familia son seis hermanos.* || Lego o donado: *hermano portero.* || *Fig.* Aplícase a todos los hombres, considerados como hijos de un mismo padre: *hermanos en Jesucristo.* | Dícese de las personas que están unidas por algún motivo afectivo: *hermanos en el dolor.* | Individuo de una hermandad, cofradía, etc.: *hermano de la cofradía de la Sangre; hermanos francmasones.* | Religioso de ciertas órdenes: *hermana de la Caridad.* || — *Hermano bastardo*, el habido fuera de matrimonio respecto del legítimo: *Don Juan de Austria, hermano bastardo de Felipe II de España.* || *Hermano carnal*, el del mismo padre y madre. || *Hermano consanguíneo*, el de padre solamente. || *Hermano de leche*, hijo de una nodriza respecto del ajeno que ésta crió, o viceversa. || *Hermano político*, cuñado. || *Hermano uterino*, el que sólo lo es de madre: *el duque de Morny, hermano uterino de Napoleón III.* || *Hermanos siameses*, gemelos procedentes de un solo óvulo, unidos por alguna parte del cuerpo. || *Medio hermano*, hermanastro. || — Adj. Dícese de las cosas que, por su común origen, tienen caracteres análogos: *lenguas hermanas, países hermanos.*

Hermenegildo *(San)*, príncipe hispanovisigodo, hijo del rey Leovigildo, m. en 586. Abrazó la religión católica y, enfrentado a su padre, fue derrotado en las cercanías de Tarragona y decapitado.

hermenéutico, ca adj. Relativo a la hermenéutica. || — F. Arte de interpretar los textos antiguos.

Hermes, dios griego, hijo de Zeus. Era el *Mercurio* romano. || ~ **Trismegisto.** V. TOT.

hermeticidad f. y **hermetismo** m. Calidad de hermético.

hermético, ca adj. Dícese de los libros de alquimia atribuidos a Hermes y de los partidarios de este filósofo egipcio. || Que no deja pasar nada ni hacia fuera ni hacia dentro: *tapa hermética.* || *Fig.* Difícil de entender: *poesía hermética.* || Impenetrable: *persona hermética.*

Hermiona o **Hermione**, ant. c. griega de Argólida (Peloponeso). Actualmente *Kastri.*

Hermione, hija de Menelao y Helena, esposa de Pirro y más tarde de Orestes.

Hermite, archip. de Chile, al S. de la Tierra del Fuego (prov. de Magallanes). En una de sus islas está el cabo de Hornos.

hermoseamiento m. Embellecimiento.

hermosear v. t. Hacer o poner hermosa a una persona o una cosa (ú. t. c. pr.).

Hermosillo, c. de México, cap. del Estado de Sonora. Obispado. Universidad. Agricultura. Minas.

hermoso, sa adj. Dotado de hermosura: *mujer hermosa.* || Grandioso, excelente y perfecto en su línea: *edificio hermoso.* || Despejado, espléndido: *hermoso día.* || *Fig.* Sano y robusto: *niño hermoso.*

hermosura f. Belleza grande. || Persona o cosa hermosa: *¡qué hermosura de niño!*

Hernandarias, c. del Paraguay, cap. del dep. de Alto Paraná.

Hernandarias. V. ARIAS DE SAAVEDRA.

hernandeño, ña adj. y s. De Hernandarias (Paraguay).

Hernández (DOMINGO RAMÓN), poeta venezolano (1829-1892). || ~ (EFRÉN), escritor y ensayista mexicano (1903-1958). || ~ (FRANCISCO), médico y botánico español (¿1517?-1587). Estudió la historia natural de México. || ~ (GREGORIO), escultor español (1566-1637), maestro en la escultura policroma. || ~ (JOSÉ), poeta argentino, n. en Pedriel (Buenos Aires) [1834-1886], autor del poema gauchesco *Martín Fierro* (1872), epopeya de la Pampa. En 1879 publicó *La vuelta de Martín Fierro.* || ~ (MATEO), escultor español (1888-1949). || ~ (MIGUEL), poeta español (1910-1942), autor de sonetos *(El rayo que no cesa)*, poemas *(Viento del pueblo)* y dos obras teatrales *(El labrador de más aire* y *Quien te ha visto y quien te ve).* || ~ **Catá** (ALFONSO), autor de cuentos, novelista y escritor dramático cubano (1885-1940). Publicó *Cuentos pasionales, Los siete pecados*, etc. || ~ **Colón** (RAFAEL), político puertorriqueño, n. en 1936, gobernador del país desde enero de 1973. || ~ **de Córdoba** (FRANCISCO), navegante español, m. en Cuba en 1518, año en que descubrió las costas de Yucatán. ~ || **de Córdoba** (FRANCISCO). V. FERNÁNDEZ. || ~ **de Navarrete** (DOMINGO). V. NAVARRETE. || ~ **Franco** (TOMÁS), poeta lírico dominicano (1904-1952). || ~ **Girón** (FRANCISCO), conquistador español (1510-1554). Se opuso a Pizarro en el Perú y acaudilló un alzamiento contra el virrey La Gasca. M. ajusticiado. || ~ **Martínez** (MAXIMILIANO), general salvadoreño (1882-1966), jefe del Estado en 1931, sofocó una rebelión campesina en 1932. Pres. de la Rep. en 1934, fue reelegido en 1939 y una huelga provocó su dimisión en 1944.

Hernando Siles, prov. de Bolivia (Chuquisaca); cap. *Monteagudo.*

Hernani, v. de España (Guipúzcoa), cerca de San Sebastián.

Hernani, drama de V. Hugo.

Herne, c. de Alemania Occidental, en el Ruhr (Rin Septentrional-Westfalia). Hulla. Metalurgia.

hernia f. Tumor blando producido por la salida total o parcial de una víscera u otra parte blanda de la cavidad que la encerraba: *hernia inguinal, umbilical.*

herniado, da y **hernioso, sa** adj. y s. Que padece hernia.

herniario, ria adj. Relativo a la hernia: *anillo, tumor herniario.*

herniarse v. pr. Sufrir una hernia. || *Fig.* y *fam.* Cansarse, hacer muchos esfuerzos: *no se ha herniado para efectuar este trabajo.*

Hero. V. LEANDRO.

Herodes || ~ **el Grande**, rey de Judea (40-4 a. de J. C.). Ordenó la degollación de los Inocentes. — Su hijo HERODES ANTIPAS fue tetrarca de Galilea de 4 a. de J. C. a 39 de nuestra era, mandó degollar a San Juan Bautista en 28 y juzgó a Jesús en 33. || ~ **Agripa I**, rey de Judea de 37 a 44, nieto de Herodes el Grande y padre de Berenice. || ~ **Agripa II**, rey de Judea hacia 50. Intervino en la conquista de Jerusalén por Tito (70).

Herodías, esposa de Herodes Antipas. Pidió la cabeza de San Juan Bautista por mediación de su hija Salomé.

Heródoto, historiador griego (¿484-420? a. de J. C.). Relata en sus *Historias* todos los sucesos legendarios o verídicos de que tuvo conocimiento. Se le considera el *Padre de la Historia.*

héroe m. Entre los griegos, el que creían nacido de un dios o diosa y de una persona humana, por lo que le reputaban más que hombre y menos que dios: *los héroes Hércules, Aquiles, Eneas*, etc. || Varón famoso. || El que ejecuta una acción heroica. *Bernardo del Carpio, el héroe de Roncesvalles.* || *Fig.* Personaje principal de una obra literaria, de una aventura: de una película, *Ulises, héroe, de "La Odisea".* | Persona que realiza una acción que requiere valor.

heroicidad f. Calidad de heroico. || Acción heroica.

heroico, ca adj. Propio del héroe: *acción heroica.* || Que requiere valor: *una decisión heroica.* || Muy poderoso y eficiente: *remedio heroico.* || — *Poesía heroica*, la noble y elevada, que canta las acciones de los héroes. || *Tiempos heroicos*, época lejana en la que se confunde la historia con la leyenda; (fig.) época en que se inicia una nueva actividad cuyo desarrollo es todavía escaso: *Blériot vivió los tiempos heroicos de la aviación.*

heroida f. Composición poética en que el autor hace hablar o figurar algún héroe o personaje célebre: *"Las Heroidas", de Ovidio.*

heroína f. Mujer ilustre y famosa por sus grandes hechos. || La que lleva a cabo un hecho heroico: *la heroína María Pita.* || *Fig.* La protagonista de una obra literaria o de una aventura: *Emma, la heroína de "Madame Bovary".* || Alcaloide derivado de la morfina, analgésico y sedante.

heroísmo m. Virtud propia de los héroes. || Acción heroica.

Herón, matemático y físico de Alejandría (s. I).

herpe amb. Erupción cutánea acompañada de escozor (ú. m. en pl.).

herpético, ca adj. y s. *Med.* Relativo a la herpe o persona que la padece.

herpetismo m. *Med.* Predisposición constitucional para el padecimiento de herpes.

herrada f. Cuba de madera, con aros de hierro, y más ancho por la base que por la boca.

herradero m. Acción y efecto de marcar con el hierro los ganados, y sitio en que se realiza.

herrador m. Persona cuyo oficio es herrar las caballerías.

herradura f. Semicírculo de hierro que se pone para protección en el casco de las caballerías. || — *Arq. Arco de herradura,* el mayor que una semicircunferencia. || *Camino de herradura,* sendero apto sólo para el paso de caballerías.

herraj m. Carbón vegetal hecho con huesos de aceitunas, erraj.

herraje m. Conjunto de piezas de hierro con que se guarnece o asegura un artefacto: *el herraje de una puerta.* || Conjunto de herraduras y clavos con que éstas se aseguran. || *Arg.* Herradura.

herramental adj. y s. Dícese de la caja o bolsa en que se guardan y llevan las herramientas. || — M. Conjunto de herramientas de un oficio.

herramienta f. Instrumento con el que se realiza un trabajo manual o mecánico: *las herramientas de un fontanero.* || *Fig.* y *fam.* Cornamenta del toro.

Herrán (Antonio), arzobispo de Bogotá (1798-1868). Se distinguió por su caridad. || ~ (PEDRO ALCÁNTARA), general colombiano (1800-1872), pres. de la Rep. de 1841 a 1845.

* **herrar** v. t. Ajustar y clavar las herraduras a una caballería o los callos a los bueyes. || Marcar con hierro candente: *herrar los ganados.* || Guarnecer de hierro un artefacto: *herrar un baúl.*

Herrera, dep. de Panamá, en la parte occidental del golfo de Panamá; cap. *Chitré.*

Herrera (Alfonso Luis), biólogo mexicano (1868-1944), autor de *Una nueva ciencia: la plasmogenia.* || ~ (CARLOS), político guatemalteco (1856-1930), pres. de la Rep. de 1920 a 1921. || ~ (DARÍO), poeta modernista panameño (1869-1914). || ~ (DEMETRIO), escritor y poeta panameño (1902-1950). || ~ (DIONISIO), político hondureño (1781-1850), jefe del Estado en su país de 1824 a 1827 y de 1830 a 1833 en Nicaragua. Fue pres. de El Salvador en 1835, pero renunció. || ~ (ERNESTO), dramaturgo uruguayo (1886-1917), autor de *El león ciego, La moral de Misia Paca* y *El pan nuestro.* || ~ (FERNANDO DE), poeta renacentista español de la escuela sevillana (1534-1597), autor de poemas *(A la muerte del rey Don Sebastián, y Al Santo rey Don Fernando),* sonetos y canciones en los que celebró la belleza de la condesa de Gelves. Fue llamado *el Divino.* || ~ (FRANCISCO DE), llamado *el Viejo,* pintor español, n. en Sevilla (¿1576?-1656). — Su hijo FRANCISCO (1622-1685), llamado *el Mozo,* fue pintor de cámara de Felipe IV. || ~ (JOSÉ JOAQUÍN), general mexicano (1792-1854), pres. de la Rep. de 1844 a 1845 y de 1848 a 1851. || ~ (JUAN DE), arquitecto español (1530-1597). Ayudó, y más tarde sustituyó, a Juan Bautista de Toledo en la edificación del monasterio de El Escorial. || ~ (LUIS ALBERTO DE), político e historiador uruguayo (1873-1959), campeón del revisionismo. || ~ (TOMÁS), general y político colombiano (1802-1854), iniciador del movimiento, separatista panameño de 1840. || ~ **Oria** (ÁNGEL), periodista y prelado español (1886-1968). Se ordenó a los 58 años y fue obispo de Málaga en 1947; nombrado cardenal en 1965. || ~ **y Obes** (JULIO), político uruguayo (1841-1912), pres. de la Rep. de 1890 a 1894. || ~ **y Reissig** (JULIO), poeta modernista uruguayo, n. en Montevideo (1875-1910). Su gran lirismo y sentido de la metáfora se ponen de manifiesto en *Los maitines de la noche, Poemas violetas.* || ~ **y Tordesillas** (ANTONIO DE), historiador español (1559-1625), cronista de España y de Indias (*Décadas*).

herrerano, na adj. y s. De Herrera (Panamá).

herrería f. Oficio de herrero. || Taller o tienda del herrero. || Fábrica en que se forja el hierro.

herrerillo m. Pájaro insectívoro, común en Europa.

herrero m. Operario que forja el hierro a mano. || *En casa del herrero cuchillo de palo,* las personas que fabrican ciertos objetos suelen carecer de ellos en su propia casa.

Herreros (Manuel BRETÓN DE LOS). V. BRETÓN.

herreruelo m. Pájaro pequeño, negro por el lomo y blanco por el pecho y alas.

herrete m. Cabo metálico en los extremos de los cordones, cintas, etc., para que puedan entrar fácilmente en los ojetes.

herretear v. t. Echar, poner o colocar herretes en los cordones, las cintas, etc.

herrín m. Herrumbre.

herrón m. Barra de hierro para plantar álamos, vides, etc. || Arandela de una rueda de coche.

herrumbre f. Orín que cubre el hierro. || Gusto o sabor que algunas cosas toman del hierro. || Roya, honguillo parásito.

herrumbroso, sa adj. Que cría herrumbre o está atacado por ella: *espada herrumbrosa.*

Herschel (Sir William), astrónomo inglés, n. en Hannover (1738-1822), creador de la astronomía estelar. Descubrió el planeta Urano. —Su hijo JOHN (1792-1871) creó el análisis espectroscópico y descubrió las radiaciones infrarrojas.

Herstal, ant. *Heristal,* c. de Bélgica (Lieja).

Hertford, c. de Gran Bretaña, cap. de un condado de Inglaterra al N. de Londres.

hertz o **hertzio** o **hercio** m. *Fís.* Unidad de frecuencia (símb., Hz), igual a un período por segundo.

Hertz (Heinrich), físico alemán (1857-1894). Descubridor de las ondas eléctricas denominadas *hertzianas* y del efecto fotoeléctrico. — Su sobrino GUSTAV, n. en 1887, es tb. físico y enunció la teoría de la luminiscencia. (Pr. Nóbel, 1925.)

hertziano, na adj. *Fís.* Dícese de las ondas radioeléctricas.

Hertzog (Enrique), político y médico boliviano, n. en 1897, pres. de la Rep. en 1947. Renunció a su cargo en 1949.

hérulo, la adj. y s. Individuo de un ant. pueblo germánico. (Los *hérulos,* acaudillados por Odoacro invadieron el Imperio de Occidente en el s. v.)

Hervás (José Gerardo de), sacerdote y poeta español, m. en 1742. Firmó con el seudónimo de *Jorge Pitillas* su famosa *Sátira contra los malos escritores de este siglo.* || ~ **y Panduro** (LORENZO), jesuita y filólogo español (1735-1809), autor de un *Catálogo de las lenguas de las naciones conocidas.*

Herveo, páramo en los Andes de Colombia (Tolima).

hervezón f. *Amer.* Hervidero.

hervidero m. Movimiento y ruido que hacen los líquidos cuando hierven. || *Fig.* Manantial de donde brota agua con desprendimiento de burbujas. | Ruido que producen los humores en los pulmones al respirar. | Muchedumbre de personas o de animales: *hervidero de gente.*

hervido m. *Amer.* Cocido u olla.

hervidor m. Recipiente metálico para hervir líquidos. || Cilindro metálico donde circula el agua y que recibe la acción del fuego en las calderas.

* **hervir** v. i. Agitarse un líquido por la acción del calor o por la fermentación (ú. t. c. t.). || *Fig.* Agitarse mucho el mar. | Abundar: *hervir en deseos, de gente.* || *Fig. Hervir en cólera,* estar furioso.

hervor m. Ebullición. || *Fig.* Fogosidad, entusiasmo. || *Med. Hervor de la sangre,* nombre de ciertas erupciones cutáneas benignas.

Herzegovina. V. BOSNIA Y HERZEGOVINA.

Herzen (Aleksandr Ivanovich), filósofo, crítico literario y escritor revolucionario ruso (1812-1870).

Herzl (Theodor), escritor húngaro (1860-1904), promotor del sionismo.

Hesíodo, poeta griego del s. VIII a. de J. C., autor de *Teogonía* y del poema *Los trabajos y los días.*

Hesperia, n. que daban los antiguos griegos a Italia y los romanos a España.

hespérides f. pl. *Mit.* Ninfas que guardaban el jardín de las manzanas de oro.

— Las *hespérides* eran hijas de Atlas, cuyo jardín vigilaba un dragón de cien cabezas, que Hércules mató para apoderarse de aquellos frutos.

Hespérides, islas legendarias del Atlántico, identificadas con las Canarias.

hesperio, ria adj. y s. Natural de las Hesperias (España o Italia).

Hesse, Estado de Alemania Occidental; 21 100 km²; 5 100 000 h. Cap. *Wiesbadem.*

Hesse (Hermann), novelista alemán, naturalizado suizo (1877-1962), autor de *Peter Gamezing, Demian, Goldmundo y Narciso,* etc. (Pr. Nóbel, 1946.)

Hestia, divinidad griega del Hogar. Corresponde a la *Vesta* de los romanos.

heteo, a adj. Hitita (ú.c.s.m.).

hetera o **hetaira** f. Cortesana griega de elevada condición. || Mujer pública.

heteróclito, ta adj. *Gram.* Que se aparta de las reglas ordinarias de la analogía: *nombre heteróclito.* || *Fig.* Que resulta de la mezcla de cosas inconexas. | Extraño, irregular: *amalgama heteróclita.*

heterodino m. *Electr.* Pequeño generador de ondas dentro de los circuitos de ciertos radiorreceptores.

heterodoxia f. Disconformidad con la doctrina fundamental de cualquier secta o sistema, y particularmente con el dogma católico.

heterodoxo adj. y s. No conforme con el dogma católico. || *Por ext.* No conforme con la doctrina fundamental de una secta o sistema, y particularmente con el dogma católico: *punto de vista heterodoxo.*

heterogamia f. *Biol.* Fusión de dos gametos distintos.

heterogeneidad f. Calidad de heterogéneo. || Mezcla de partes de diversa naturaleza en un todo.

heterogéneo, a adj. Compuesto de partes de diversa naturaleza: *sociedad formada de elementos heterogéneos.*

heterómero, ra adj. Dícese de los insectos coleópteros que tienen cuatro artejos en los tarsos de las patas del último par y cinco en los demás, como la carraleja.

heteromorfo, fa adj. Que presenta formas muy diferentes dentro de una misma especie.

heteróptero m. Insecto hemíptero con cuatro alas, de las que las dos posteriores son membranosas y las anteriores coriáceas en su base.

hético, ca adj. y s. Tísico. || *Fig.* Muy flaco.

hetiquez f. Hectiquez, tisis.

Heureaux (Ulises), general dominicano (1845-1899), pres. de la Rep. de 1882 a 1884 y de 1887 a 1889. M. asesinado.

hevea m. Árbol euforbiáceo de cuyo látex se deriva el caucho.

hexacordo m. *Mús.* Escala de canto llano compuesto de seis notas. | Intervalo de sexta. | Lira de seis notas.

hexaédrico, ca adj. Relativo al hexaedro.

hexaedro m. *Geom.* Poliedro de seis caras planas: *el hexaedro regular es llamado "cubo".*

hexagonal adj. Relativo al hexágono o de forma de hexágono.

hexágono, na adj. y s. m. *Geom.* Polígono de seis lados y seis ángulos. (La ortografía *exágono* [sin h] es la más frecuente.)

hexámetro adj. y s. *Poét.* Dícese del verso de seis pies, empleado en la métrica griega y latina.

hexapétalo, la adj. Que tiene seis pétalos: *flor hexapétala.*

hexasílabo, ba adj. y s. Que tiene seis sílabas: *verso hexasílabo.*

Héyaz. V. HEDJAZ.

Heyden (Juan VAN DER). V. VAN DER HEYDEN.

Heyse (Paul VON), poeta, novelista y dramaturgo alemán (1830-1914). [Pr. Nóbel, 1910.]

hez f. Poso o sedimento de un líquido (ú. m. en pl.). ‖ *Fig.* Lo más despreciable: *la hez de la sociedad* ‖ — Pl. Excrementos.

Hf, símbolo del *afnio.*

Hg, símbolo del *mercurio.*

Hia, primera dinastía real de China (s. XX-XVI a. de J. C.).

Hia Kuei, pintor paisajista chino del s. XIII.

Hiades, grupo de estrellas de la constelación del Toro.

hialino, na adj. *Fís.* Diáfano como el vidrio o parecido a él: *cuarzo hialino.*

hialoideo, a adj. Transparente como el vidrio. ‖ — *Anat. Humor hialoideo,* humor vítreo del ojo.

Hia-Men. V. AMOY.

hiato m. *Gram.* Sonido desagradable que se produce al chocar dos vocales no diptongadas; por ejemplo: *va a América; de este a oeste.*

Hiaty. V. FÉLIX PÉREZ CARDOZO.

hibernación f. *Med.* Terapéutica que consiste en enfriar al enfermo a temperaturas vecinas a los — 30 °C para facilitar ciertas intervenciones quirúrgicas o para tratar las quemaduras graves. ‖ Estado letárgico invernal de ciertos animales, entre ellos la marmota, el murciélago, etc.

hibernal adj. Invernal. ‖ Que tiene lugar durante el invierno: *sueño hibernal.*

hibernés, esa adj. y s. De Hibernia, hoy Irlanda.

Hibernia, n. latino de *Irlanda.*

hibridación f. Producción de seres híbridos.

hibridez f. o **hibridismo** m. Calidad de híbrido.

híbrido, da adj. y s. Aplícase al animal o al vegetal que procede de dos individuos de distinta especie: *el mulo es un animal híbrido.* ‖ *Fig.* Constituido por elementos de distinto origen: *voces o palabras híbridas.* | Mal definido.

Hibueras (Las), n. que dieron los conquistadores españoles a la región del golfo de Honduras, donde Cristóbal de Olid se sublevó contra Hernán Cortés.

hicaco m. Arbusto de las Antillas, de fruto parecido a la ciruela.

Hicacos, penins. de Cuba, al N. de Matanzas.

Hicken (Cristóbal M.), naturalista argentino (1875-1933), autor de importantes estudios de botánica.

hicotea f. *Amer.* Especie de tortuga de agua dulce.

hidalgo, ga m. y f. Persona que pertenece a la clase noble: *un hidalgo de sangre.* ‖ — M. *Méx.* Moneda de oro de diez pesos. ‖ — Adj. Noble: *origen hidalgo.* ‖ *Fig.* Generoso: *hombre hidalgo.*

Hidalgo, sector de la Sierra Madre Oriental de México. — Estado de México en el centro del país; cap. *Pachuca.* Oro, plata y antimonio. Agricultura. ‖ **~ del Parral,** pobl. de México (Chihuahua). Plata, plomo, oro.

Hidalgo (Alberto), poeta futurista peruano (1897-1967). ‖ **~** (BARTOLOMÉ), poeta uruguayo (1788-1823), uno de los primeros autores gauchescos. ‖ **~ de Cisneros** (BALTASAR). V. CISNEROS (Baltasar HIDALGO DE). ‖ **~ y Costilla** (MIGUEL), sacerdote y prócer mexicano, n. en Pénjamo (Guanajuato) [1753-1811], padre de la Patria, paladín y mártir de la Independencia. Era cura párroco de Dolores (Guanajuato). El 16 de septiembre de 1810 lanzó el *Grito de Dolores,* que inició la lucha armada por la independencia mexicana. Al mando de un ejército de indios tomó Guanajuato y Valladolid, derrotó a las fuerzas realistas en la batalla del Monte de las Cruces, pero fue vencido en Aculco, Guanajuato y Puente de Calderón. Hecho prisionero en Acatita de Baján, fue condenado a muerte y ejecutado en Chihuahua.

hidalguía f. Calidad de hidalgo, nobleza. ‖ *Fig.* Generosidad y nobleza de ánimo.

Hidaspes, río continental de la India, hoy llamado *Djelam.*

Hidden Peak. V. GASHERBRUM.

Hideyoshi (Toyotomi), general y político japonés (1536-1598), pacificador y unificador del país.

hidra f. Culebra acuática venenosa que vive en las costas del Pacífico y del mar de las Indias. ‖ *Fig.* Peligro que renace constantemente: *la hidra de la revolución.*

Hidra, constelación al S. de Virgo.

Hidra de Lerma, serpiente de siete cabezas, que volvían a crecer cuando eran cortadas. Fue muerta por Hércules. *(Mit.)*

hidrácido m. *Quím.* Ácido formado por la combinación del hidrógeno con un metaloide.

hidrargirismo m. *Med.* Intoxicación por el mercurio.

hidrargiro m. *Quím.* Mercurio.

hidratación f. Transformación de un cuerpo en hidrato.

hidratado, da adj. Combinado con el agua: *cal hidratada.*

hidratante adj. Dícese de una loción utilizada en cosmética para el cuidado de la piel.

hidratar v. t. Combinar un cuerpo con el agua: *hidratar la cal.*

hidrato m. *Quím.* Combinación de un cuerpo simple o compuesto con una o varias moléculas de agua: *hidrato de cloro.* ‖ *Hidratos de carbono,* los azúcares y almidones, la celulosa, etc.

hidráulico, ca adj. Relativo a la hidráulica. ‖ Que se mueve o funciona por medio del agua: *rueda, prensa, máquina hidráulica.* ‖ *Cal hidráulica,* silicato de cal con el que se fabrica el *hormigón hidráulico.* ‖ — F. Parte de la mecánica de los fluidos que trata de las leyes que rigen los movimientos de los líquidos. ‖ Ingeniería que se ocupa de la conducción y aprovechamiento de las aguas.

hídrico, ca adj. Dícese del régimen o dieta en el que solamente se bebe agua.

hidroavión m Avión que puede posarse en el agua y despegar de ella: *hidroavión militar, civil.*

hidrobiología f. Ciencia que estudia la vida de los animales y las plantas que pueblan las aguas corrientes y las remansadas en la superficie terrestre.

hidrocarbonato m. *Quím.* Carbonato hidratado.

hidrocarburo m. *Quím.* Carburo de hidrógeno.

hidrocefalia f. *Med.* Hidropesía del encéfalo por aumento del volumen del líquido cefalorraquídeo.

hidrocéfalo, la adj. *Med.* Que padece hidrocefalia.

hidrocele m. *Med.* Hidropesía de la túnica serosa del testículo o escroto.

hidrodinámico, ca adj. Relativo a la hidrodinámica. ‖ — F. Parte de la física que estudia las leyes que rigen el movimiento de los líquidos.

hidroeléctrico, ca adj. Relativo a la electricidad obtenida por hulla blanca: *central hidroeléctrica.*

hidrófilo, la adj. Que absorbe el agua: *algodón hidrófilo.* ‖ — M. Género de coleópteros que viven en las charcas.

hidrofobia f. Horror al agua que suelen tener los que han sido mordidos de animales rabiosos. ‖ *Med.* Rabia de los animales.

hidrófobo, ba adj. y s. Que padece hidrofobia: *perro hidrófobo.*

hidrófugo, ga adj. Dícese de las sustancias que evitan la humedad o las filtraciones.

hidrogenación f. Combinación con hidrógeno.

hidrogenado, da adj. Que contiene hidrógeno. ‖ Combinado con hidrógeno.

hidrogenar v. t. *Quím.* Combinar con el hidrógeno.

hidrógeno m. *Quím.* Cuerpo simple (símb., H) de número atómico 1, peso atómico 1,008, gaseoso, que entra en la composición del agua. (Descubierto por Cavendish en 1781, este gas es inflamable, catorce veces más ligero que el aire y tiene numerosas aplicaciones en la industria.)

hidrografía f. Parte de la geografía física que describe los mares y las corrientes de agua.

hidrográfico, ca adj. De la hidrografía: *mapa hidrográfico.*

hidrógrafo adj. y s. Persona que ejerce o profesa la hidrografía.

hidrólisis f. *Quím.* Descomposición de ciertos compuestos orgánicos por la acción del agua.

hidrología f. Parte de las ciencias naturales que trata de las aguas.

hidrológico, ca adj. Relativo a la hidrología: *tratado hidrológico.*

hidrólogo adj. y s. m. Persona que se dedica a la hidrología.

hidroma m. Tumor seroso.

hidromel o **hidromiel** m. Bebida hecha con agua y miel.

hidrometría f. Parte de la hidrodinámica que estudia los líquidos en movimiento.

hidrométrico, ca adj. Relativo a la hidrometría.

hidrómetro m. Instrumento para medir la velocidad de las aguas corrientes, el nivel de los ríos o la amplitud de las mareas.

hidromiel m. Hidromel.

hidroneumático, ca adj. Aplícase a los dispositivos que funcionan mediante un líquido y un gas comprimido.

hidropesía f. *Med.* Derrame o acumulación anómala del humor seroso en cualquier cavidad del cuerpo animal, o su infiltración en el tejido celular.

hidrópico, ca adj. y s. Relativo a la hidropesía o que la padece. ‖ *Fig.* Sediento.

hidroplano m. Embarcación de casco plano provista de unos patines inclinados que, al aumentar la velocidad, tienden a levantarla del agua. ‖ Hidroavión.

hidroquinona f. Paradifenol que se utiliza como revelador fotográfico.

hidroscopia f. Arte de averiguar la existencia y condiciones de las aguas ocultas.

hidrosfera f. Conjunto de las partes líquidas del globo terráqueo.

hidrosilicato m. *Quím.* Silicato hidratado.

hidrosoluble adj. Que es soluble en el agua.

hidrostático, ca adj. Relativo al equilibrio de los líquidos. ‖ *Balanza hidrostática,* balanza para determinar el peso específico de los cuerpos. ‖ — F. Parte de la mecánica que estudia las condiciones de equilibrio de los líquidos y la repartición de las presiones que éstos ejercen.

hidroterapia f. Tratamiento médico basado en las propiedades del agua.

hidroterápico, ca adj. Relativo a hidroterapia.

hidrotórax m. *Med.* Hidropesía del pecho.

hidróxido m. *Quím.* Combinación del agua con un óxido metálico.

hidruro m. *Quím.* Combinación del hidrógeno con un cuerpo simple.

hiedra f. Planta trepadora siempre verde.

hiel f. Bilis. ‖ *Fig.* Amargura. ‖ *Fig.* y *fam. Echar* o *sudar la hiel,* trabajar con execso.

hielo m. Agua solidificada por el frío. ‖ Acción de helar o helarse. ‖ *Fig.* Frialdad en los afectos. ‖ *Fig. Romper el hielo,* quebrantar la reserva o recelo en una reunión. ‖ *Fam. Ser más frío que el hielo,* ser insensible.

hiena f. Género de mamíferos carniceros nocturnos de Asia y de África que se alimentan de carroña. ‖ *Fig.* Persona muy cruel y cobarde.

Hierápolis, ant. c. de Frigia, en Asia Menor, al N. de Laodicea.

hierático, ca adj. Relativo a las cosas sagradas o a los sacerdotes. ‖ Que reproduce las formas tradicionales: *pintura hierática.* ‖ *Fig.* Que afecta gran austeridad y solemnidad: *actitud hierática.* ‖ *Escritura hierática,* variante de la escritura jeroglífica de los egipcios.

hieratismo m. Calidad de hierático.

hierba f. Planta pequeña de tallo tierno cuyas partes aéreas mueren cada año. ‖ Espacio de terreno cubierto por estas plantas: *un partido de hockey sobre hierba.* ‖ Nombre de diferentes plantas. ‖ — Pl. Pastos. ‖ Años: *este toro tiene tres hierbas.* ‖ — *En hierba,* verde: *trigo en hierba;* (fig.) en potencia: *autor en hierba.* ‖ *Hierbas marinas,* las algas. ‖ *Hierbas medicinales,* las empleadas en farmacia. ‖ *Fig.* y *fam. Mala hierba,* mala persona. ‖ *Y otras hierbas,* expresión que se emplea al final de una enumeración.

hierbabuena f. Planta herbácea, aromática, usada en algunos condimentos.

hierbatero, ra m. y f. *Chil.* y *Méx.* Curandero que usa hierbas.

hieroglífico, ca adj. y s. m. Jeroglífico.

hierosolimitano, na adj. De Jerusalén.

hierro m. Metal de color gris azulado de gran utilización en la industria y en las artes. ‖ Punta de metal de un arma. ‖ *Poét.* Arma. ‖ Marca que con hierro candente se pone a los ganados y se ponía a los delincuentes. ‖ — Pl. Grillos o cadenas que se ponían a los presos. ‖ — *Fig. De hierro,* robusto, resistente: *salud de hierro;* inflexible: *disciplina de hierro.* ‖ *Edad de hierro,* período prehistórico, en que el hombre comenzó a usar el hierro. ‖ ‖ — *Hierro colado* o *fundido,* el que sale de los altos hornos. ‖ *Hierro de T., doble T,* o *en U,* el forjado en la forma de estas letras. ‖ *Hierro dulce,* hierro recocido utilizado en los circuitos magnéticos. ‖ *Hierro electrolítico,* el muy puro, obtenido por electrólisis de una sal de hierro. ‖ *Hierro galvanizado,* el revestido de cinc por galvanización. ‖ *Fig. Machacar en hierro frío,* hacer esfuerzos vanos para mejorar una persona que no puede serlo. ‖ *Quien a hierro mata a hierro muere,* uno suele experimentar el mismo daño que hizo en perjuicio de otra u otras personas.

— El *hierro* (Fe), de número atómico 26, tiene una densidad de 7,88 y su punto de fusión es 1530 °C. Muy dúctil, maleable y resistente, es el metal más importante por el número de sus aplicaciones, y es conocido desde los más remotos tiempos. Se presenta en estado de óxido de carbonato y de sulfuro. Los diversos minerales son tratados en los altos hornos, de los que se obtiene el hierro bruto o arrabio que a su vez sirve para elaborar varios tipos de fundición y de acero. Sus principales yacimientos se encuentran en la Unión Soviética, Estados Unidos y Francia.

Hierro, isla de España en el S. de las Canarias; cap. *Valverde.*

higa f. Amuleto en forma de puño que se ponía a los niños. ‖ Burla que se hace con la mano. ‖ *Fam. No me importa una higa,* me da igual.

higadillo m. Hígado de los animales pequeños, particularmente de las aves.

hígado m. *Anat.* Víscera que segrega la bilis. ‖ — Pl. *Fig.* Valor: *hay que tener hígados para emprender tal expedición.* ‖ *Fig.* y *fam. Echar los hígados,* trabajar duramente, con exceso.

— El *hígado* es una víscera voluminosa, propia de los animales vertebrados, que en los mamíferos tiene forma irregular y color rojo oscuro y está situada en la parte anterior y derecha del abdomen. El hígado, que en el hombre pesa unos 1 800 g, recibe por la vena porta toda la sangre procedente del tubo digestivo y algo de sangre oxigenada por la arteria hepática, para volver ambas a la vena cava inferior. De esta víscera parten las vías que conducen la bilis al intestino después de su paso por la vesícula biliar.

highlander [*jailánder*] m. (pal. ingl.). En Escocia, habitante de las tierras altas (Highlands).

Highlands [*jailans*] (*Tierras altas*), parte montañosa de Gran Bretaña, en el norte de Escocia.

higiene f. Parte de la medicina que estudia la manera de conservar la salud, mediante la adecuada adaptación del hombre al medio en que vive, y contrarrestando las influencias nocivas que puedan existir en este medio. ‖ *Fig.* Limpieza, aseo en viviendas y poblaciones. ‖ *Higiene mental,* la que atiende al estado psíquico del individuo.

higiénico, ca adj. Relativo a la higiene: *métodos higiénicos.*

higienista com. Persona dedicada al estudio de la higiene.

higienizar v. t. Hacer higiénico, dotar de condiciones higiénicas.

higo m. Fruto que da la higuera después de la breva. ‖ — *Fam. De higos a brevas,* de tarde en tarde. ‖ *Higo chumbo, de pala* o *de tuna,* el fruto del nopal. ‖ *Fam. No dársele a uno un higo de una cosa,* no importarle nada.

higroma m. Inflamación de las bolsas serosas.

higrometría f. Parte de la física que estudia las causas de la humedad atmosférica y la medida de sus variaciones.

higrométrico, ca adj. Relativo a la higrometría: *estado higrométrico del aire.*

higrómetro m. Instrumento para apreciar el grado de humedad del aire atmosférico.

higroscopia f. Higrometría.

higroscopicidad f. *Fís.* Propiedad de algunos cuerpos inorgánicos, y de todos los orgánicos, de absorber la humedad atmosférica.

higroscópico, ca adj. Que tiene higroscopicidad.

higroscopio m. Higrómetro.

higuera f. Árbol de la familia de las moráceas, propio de las tierras cálidas cuyos frutos son primero la breva y luego el higo. ‖ — *Higuera de Indias, de pala* o *de tuna,* el nopal. ‖ *Higuera infernal,* el ricino. ‖ *Fig.* y *fam. Estar en la higuera,* estar siempre distraído.

Higuera (La), com. de Chile (Coquimbo).

higueral m. Sitio plantado de higueras.

higuerón m. Árbol de tronco corpulento cuya madera se emplea para construir embarcaciones.

higuerote m. *Méx.* Higuerón.

Higüey, com. de la Rep. Dominicana (La Romana). Obispado.

hijastro, tra m. y f. Hijo o hija de uno de los cónyuges respecto del otro que no los procreó.

hijo, ja m. y f. Persona o animal respecto de su padre o de su madre. ‖ Nombre que se suele dar al yerno o a la nuera, respecto de los suegros. ‖ Expresión de cariño: *ven aquí, hijo, que te abrace.* ‖ *Fig.* Cualquiera persona, respecto del país, provincia o pueblo de que es natural: *hijo de España, de Barcelona.* | Religioso con relación al fundadorr de su orden: *hijo de San Ignacio.* | Obra o producción del ingenio: *hijo de su talento.* ‖ — Pl. *Fig.* Descendientes: *hijos de Israel, de los incas, de Mahoma.* ‖ — *Hijo adulterino,* el nacido de adulterio. ‖ *Hijo bastardo* o *espurio,* el nacido de padres que no pueden contraer matrimonio. ‖ *Hijo natural,* el nacido de padres solteros. ‖ *Hijo sacrílego,* el procreado por quebranto del voto de castidad.

hijodalgo m. Hidalgo. (Pl. *hijosdalgo.*)

hijuela f. Cosa aneja o subordinada a otra principal. ‖ Añadido que se echa a un vestido para ensancharlo. ‖ Colchón estrecho que se agrega a los demás. ‖ Reguero que desagüa en la acequia principal ‖ Camino o vereda derivado de otro principal. ‖ Documento donde se reseña lo que corresponde a cada uno en la participación. ‖ Conjunto de los bienes que forman la herencia. ‖ Semilla de las palmas.

Hijuelas, com. de Chile (Valparaíso).

hijuelo m. *Bot.* Retoño.

hikso, sa adj. y s. Individuo de un ant. pueblo que invadió Egipto. (La dominación de los *hiksos* duró desde 1730 [?] a 1580 a. de J. C.)

hila f. Acción de hilar: *ya viene el tiempo de la hila.* ‖ Hilera, fila: *una hila de plantas.* ‖ Hebra que se saca del lienzo usado y sirve para curar llagas y heridas (ú. m. en pl.). ‖ Tripa delgada.

hilacha f. Trozo de hila que se saca o cuelga de una tela.

hilachento, ta adj. *Amer.* Andrajoso.

hilacho m. *Méx.* Guiñapo harapo (ú. más en pl.).

hilachudo, da adj. *Amer.* Hilachento, andrajoso.

hilada f. Hilera, serie de cosas en fila: *una hila de cajas.* ‖ *Arq.* Serie horizontal de ladrillos o piedras que se van poniendo en un edificio. ‖ Cosa hilada.

hiladillo m. Hilo que se saca de la maraña de la seda. ‖ Cinta de seda o hilo.

hilado m. Acción y efecto de hilar. ‖ Porción de lino, cáñamo, etc., transformada en hilo: *fábrica de hilados.*

hilador, ra m. y f. Persona que hila: *hilador de sedas.*

Hilanderas (*Las*), cuadro de Velázquez (Prado).

hilandería f. Arte de hilar. ‖ Fábrica de hilados.

hilandero, ra m. y f. Persona que hila por oficio. ‖ — M. Hilandería (fábrica).

hilar v. t. Convertir en hilo: *hilar lana, algodón.* ‖ Elaborar su hilo el gusano de seda y los insectos: *el gusano hila su capullo, la araña su tela.* ‖ *Fig.* Inferir unas cosas de otras. | Tramar: *hilar una intriga.* ‖ *Fig* y *fam. Hilar delgado* o *muy fino,* proceder cautelosamente, discurrir con sutileza.

hilarante adj. Que mueve a risa: *gas hilarante.*

hilaridad f. Explosión incontenible de risa: *provocó la hilaridad de todos los asistentes.*

Hilario ‖ ~ (*San*), papa de 461 a 468. Condenó a Eutiques y Nestorio. Fiesta el 10 de setiembre. ‖ ~ (*San*), obispo de Poitiers y Doctor de la Iglesia (¿315?-367). Fiesta el 14 de enero.

hilatura f. Arte de hilar la lana, el algodón y otras materias análogas.

hilaza f. Hilado. ‖ Hilo basto o desigual. ‖ Hilo de una tela. ‖ *Fig.* y *fam. Descubrir la hilaza,* poner de manifiesto su verdadero carácter, sus defectos, etc.

Hildesheim, c. de Alemania Occidental (Baja Sajonia). Obispado. Catedral (s. XI). Metalurgia.

hilera f. Formación en línea recta: *una hilera de espectadores, de cipreses.* ‖ Instrumento para reducir a hilo los metales. || *Arq.* Madero que forma el lomo de la armadura, parhilera.

Hilmand o **Hilmend,** río de Afganistán; 1 200 km.

hilo m. Hebra larga y delgada que se forma retorciendo cualquier materia textil: *hilo de lana, de seda, de lino, de algodón.* || Tela de fibra de lino: *un pañuelo de hilo.* | Ropa blanca de lino o cáñamo. || Alambre muy delgado. || Hebra que producen las arañas y el gusano de seda. || Filo. || *Fig.* Chorro muy delgado: *hilo de agua, de sangre.* | Desarrollo de un discurso, de un relato, de un pensamiento: *el hilo de la exposición.* || — *Al hilo,* según la dirección de los hilos. || *Fig. Cortar el hilo,* interrumpir. | *Estar colgado o pendiente de un hilo,* estar en constante peligro. | *Estar con el alma en un hilo,* estar lleno de inquietud. | *Hilo de voz,* voz muy débil. | *Mover los hilos,* dirigir algo sin hacerse ver. | *Perder el hilo,* olvidar lo que se decía. | *Por el hilo se saca el ovillo,* por el conocimiento de una cosa se puede deducir lo demás. | *Seguir el hilo,* proseguir, continuar.

hilván m. Costura a grandes puntadas con que se une provisionalmente lo que se ha de coser. || Cada una de estas puntadas.

hilvanado m. Acción y efecto de hilvanar.

hilvanar v. t. Coser con hilvanes: *hilvanar una falda antes de probarla.* || *Fig.* y *fam.* Hacer algo con precipitación. | Trazar, forjar: *hilvanar una historia,*

Hilversum, c. de Holanda (Holanda Septentrional). Industrias. Estación de radio.

Himachal Pradesh, Estado de la India, en el Himalaya occidental; cap. *Simla.*

Himalaya, cord. de Asia, que se extiende por Paquistán, Cachemira, India, el Tíbet, Nepal, Sikkim y Bután. En ella se encuentran las montañas más elevadas del mundo (*Everest,* 8 882 m., etc.).

Himeji, c. del Japón, al S. de la isla de Hondo. Industrias.

himen m. *Anat.* Membrana que, en la mujer virgen, reduce el orificio externo de la vagina.

himeneo m. Casamiento. || Epitalamio, composición poética con motivo de un casamiento.

Himeneo, divinidad griega del Matrimonio. (*Mit.*)

himenóptero, ra adj. y s. Dícese de los insectos que tienen cuatro alas membranosas, con pocos nervios y grandes celdillas, como las avispas, las abejas, las hormigas, etc.

Himeto, montaña de Grecia en Ática, al S. de Atenas. Famosa por su miel.

himnario m. Colección de himnos: *himnario patriótico.*

himno m. Cántico en honor de Dios, de la Virgen o de los santos. | Entre los antiguos, poemas en honor de los dioses o de los héroes: *himnos homéricos.* || Canto nacional o popular: *himno a la patria, a la libertad, al progreso, al ser amado.*

himplar v. i. Rugir la onza o la pantera.

hincada f. Fijamiento.

hincapié m. Acción de hincar el pie para sostenerse o hacer fuerza. || *Fig. Hacer hincapié,* insistir con fuerza.

hincar v. t. Introducir una cosa en otra. Ú. t. c. pr.: *se me ha hincado una astilla en la mano.* || Apoyar una cosa en otra como para clavarla. || *Pop. Hincar el pico,* morir. || — V. pr. *Hincarse de rodillas,* arrodillarse, doblar las rodillas hasta el suelo.

hincha f. *Fam.* Antipatía, encono: *tener hincha a uno.* || — M. *Fam.* Fanático, defensor: *Fulano es un hincha del fútbol.*

hinchado, da adj. Lleno: *globo hinchado.* || *Fig.* Vanidoso, presumido: *una persona hinchada.* | Hiperbólico y afectado: *estilo hinchado.* || *Fig. Hinchado de orgullo,* sumamente orgulloso. || — F. *Fig.* Conjunto de hinchas: *la hinchada del fútbol.*

hinchamiento m. Hinchazón.

hinchar v. t. Hacer que aumente el volumen de un cuerpo: *hinchar un balón.* || *Fig.* Exagerar: *hinchar una noticia.* || — V. pr. Aumentar de volumen: *hincharse una mano, una pierna, un ojo.* || *Fig.* Envanecerse: *hincharse de orgullo.* | Comer con exceso: *me hinché de caviar.* | Hartarse: *hincharse de correr.* || *Fam.* Ganar mucho dinero: *hincharse en un negocio.* || *Fam. Hinchársele a uno las narices,* enfadarse.

hinchazón f. Efecto de hincharse: *hinchazón de la cara, del vientre.* || *Fig.* vanidad, engreimiento. | Afectación del estilo: *la hinchazón de un orador es insoportable.*

Hindemith (Paul), músico alemán (1895-1963). Abandonó el estilo tradicional y adoptó el sistema contrapuntístico.

Hindenburg (Paul von), mariscal alemán (1847-1934), comandante supremo del ejército imperial de 1916 a 1918, en la primera guerra mundial. Pres. de la Rep. de 1925 a 1934.

hindi m. Idioma de la India, derivado del sánscrito.

Hindostán. V. INDOSTÁN.

hindú adj. y s. V. INDIO.

hinduismo m. Religión brahmánica, la más difundida en la India.

Hindu-Kuch, cadena de montañas en el N. de Afganistán.

hinojal m. Terreno plantado de hinojos.

hinojo m. Planta de la familia de las umbelíferas, muy aromática. || — Pl. Rodillas: *está de hinojos.*

Hinojosa del Duque, v. del S. de España (Córdoba).

Hinojosa y Naveros (Eduardo), jurista y erudito español (1852-1919), autor de *Historia del Derecho Español.*

hinterland [*jinterland*] m. (pal. alem.). Región del interior correspondiente a un establecimiento colonial del litoral, cuyo control ha sido frecuentemente ejercido por la potencia colonizadora.

hioideo, a adj. Relativo al hueso hioides.

hioides adj. y s. *Anat.* Dícese del hueso flotante situado a raíz de la lengua y encima de la laringe.

hipar v. i. Tener hipo. || Resollar el perro al seguir la caza. || Gimotear (en esta acepción se aspira la *h*).

Hiparco, astrónomo griego, n. en Nicea (Bitinia) en el s. II a. de J. C. Descubrió la precesión de los equinoccios e inventó la trigonometría.

hipear v. i. *Amer.* Hipar.

hipérbaton m. *Gram.* Figura de construcción que consiste en invertir el orden habitual de las palabras en el discurso.

hipérbola f. *Geom.* Curva simétrica respecto de dos ejes perpendiculares entre sí, con dos focos.

hipérbole f. Figura retórica que consiste en exagerar aquello de que se habla.

hiperbólico, ca adj. Relativo a la hipérbola o de figura de tal: *curvas hiperbólicas.* || Perteneciente a la hipérbole o que la encierra: *lenguaje hiperbólico.*

hiperboloide adj. y s. m. *Geom.* Superficie cuyas secciones planas son elipses, círculos o hipérbolas, y se extiende indefinidamente en dos sentidos opuestos.

hiperbóreo, a adj. Aplícase a las regiones muy septentrionales y a cuanto vive en ellas: *pueblos,*

HIMALAYA

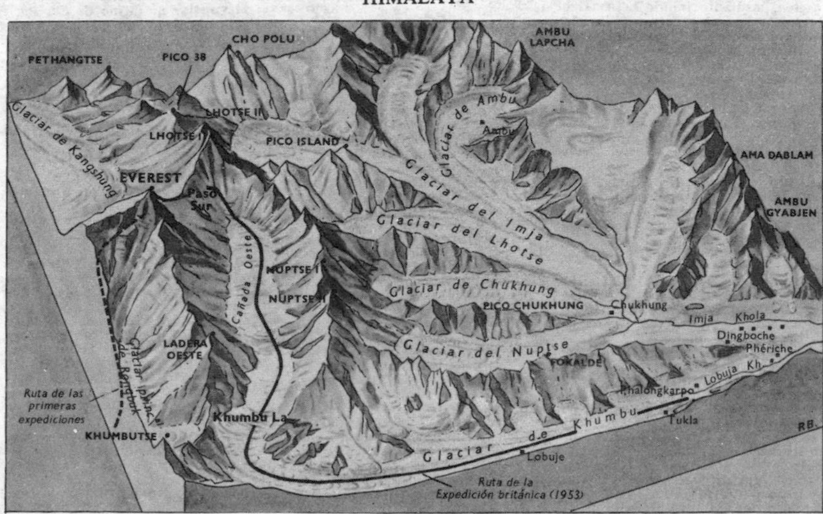

animales y plantas hiperbóreos. ‖ Ártico.
hiperclorhidria f. Exceso de ácido clorhídrico en el jugo gástrico. ‖ Acidez de estómago.
hiperclorhídrico, ca adj. y s. Relativo a la hiperclorhidria o que la padece.
hiperdulía f. Culto que los católicos dan a la Virgen.
hiperestesia f. Sensibilidad excesiva y dolorosa.
hiperfocal adj. *Fot.* Dícese de la distancia a partir de la cual todo objeto proporciona una imagen neta al ser fotografiado con un objetivo enfocado al infinito.
hipermétrope adj. y s. Que padece hipermetropía.
hipermetropía f. *Med.* Anormalidad del ojo en que los rayos luminosos forman el foco detrás de la retina, y que se corrige por medio de lentes convexas.
hipersecreción f. Secreción excesiva.
hipersensibilidad f. Sensibilidad excesiva.
hipersensible adj. y s. De suma sensibilidad.
hipertensión f. *Med.* Tensión excesivamente alta de la sangre, en el aparato circulatorio.
hipertenso, sa adj. y s. *Med.* Que sufre de tensión elevada en el aparato circulatorio.
hipertrofia f. *Med.* Aumento excesivo del volumen de un órgano: *hipertrofia del corazón.* ‖ *Fig.* Desarrollo excesivo: *la hipertrofia de la administración.*
hipertrofiar v. t. *Med.* Aumentar con exceso el volumen de un órgano: *el alcohol hipertrofia el hígado* (ú. t. c. pr.). — V. pr. *Fig.* Desarrollarse excesivamente.
hipertrófico, ca adj. *Med.* Relativo a la hipertrofia o que presenta sus caracteres.
hipervitaminosis f. *Med.* Trastorno ocasionado por absorción excesiva de una vitamina.
hípico, ca adj. Relativo al caballo y a la equitación. ‖ *Concurso hípico,* prueba deportiva que consiste en saltar obstáculos a caballo.
hipido [*jipido*] m. Acción y efecto de hipar o gimotear (la *h* es aspirada).
hipismo m. Deporte hípico.
Hipnos, dios griego del Sueño.
hipnosis f. *Med.* Sueño producido por el hipnotismo.
hipnótico, ca adj. Relativo a la hipnosis: *sueño hipnótico.* ‖ — M. Medicamento narcótico.
hipnotismo m. *Med.* Procedimiento empleado para producir el sueño llamado magnético, por fascinación, mediante influjo personal o por aparatos adecuados. ‖ Ciencia que trata de estos fenómenos.
hipnotización f. Acción de hipnotizar.
hipnotizador, ra adj. y s. Que hipnotiza.
hipnotizar v. t. Dormir a alguien por el procedimiento del hipnotismo. ‖ *Fig.* Atraer de modo irresistible: *hipnotizar con un gesto al auditorio.*
hipo m. Movimiento convulsivo del diafragma que produce una respiración interrumpida y violenta que causa algún ruido. ‖ *Fig. Quitar el hipo,* asombrar.
hipocampo m. Caballo marino, pececillo.
hipocastáneas f. pl. Familia de plantas angiospermas dicotiledóneas cuyo tipo es el castaño de Indias (ú. t. c. adj.).
hipocentro m. *Geol.* Punto subterráneo, debajo del epicentro, donde se ha originado el seísmo.
hipoclorhidria f. *Med.* Escasez de ácido clorhídrico en el jugo gástrico.
hipoclorito m. *Quím.* Sal del ácido hipocloroso.
hipocloroso, sa adj. *Quím.* Dícese de un ácido compuesto de cloro, oxígeno e hidrógeno.
hipocondría f. *Med.* Depresión morbosa del ánimo.
hipocondriaco, ca adj. y s. *Med.* Que padece hipocondría.
hipocondrio m. *Anat.* Cada una de las dos partes laterales de la región epigástrica, situada debajo de las costillas falsas (ú. m. en pl.).
Hipócrates, médico griego, n. en la isla de Cos (¿460-377? a. de J. C.). Postuló la teoría de los cuatro humores (sangre, flema, bilis amarilla y bilis negra).
hipocrático, ca adj. Relativo a Hipócrates o a su doctrina.
hipocresía f. Fingimiento de cualidades o sentimientos contrarios a los que verdaderamente se tienen. ‖ Acción hipócrita.
hipócrita adj. Que finge cualidades o sentimientos que no tiene (ú. t. c. s.). ‖ Fingido, falso: *devoción hipócrita.*
hipodérmico, ca adj. Que está o se pone debajo de la piel: *inyección hipodérmica.*
hipodermis f. Parte profunda de la piel, debajo de la dermis.
hipódromo m. Campo de carreras de caballos.
hipofagia f. Hábito de comer carne de caballo.
hipofágico, ca adj. Relativo a la hipofagia: *carnicería hipofágica.*
hipófago, ga adj. Que come carne de caballo.
hipófisis f. *Anat.* Glándula endocrina bajo el encéfalo, llamada *silla turca.*
hipofosfito m. *Quím.* Sal del ácido hipofosforoso, con una base.
hipofosforoso, sa adj. Dícese del ácido menos oxigenado del fósforo.
hipogástrico, ca adj. Relativo al hipogastrio.
hipogastrio m. *Anat.* Parte inferior del vientre.
hipogeo m. Sepulcro subterráneo en la Antigüedad.
hipogloso adj. Que está debajo de la lengua: *nervios hipoglosos.*
hipoglucemia f. *Med.* Disminución del índice de azúcar en la sangre.
Hipona, ant. c. del N. de África (Numidia), cerca de Bona. Ruinas romanas. De ella fue obispo San Agustín.
hipopótamo m. Mamífero paquidermo de labios monstruosos y patas cortas que vive en los grandes ríos de África. ‖ *Fig.* y *fam.* Persona enorme.
hiposecreción f. *Med.* Secreción inferior a la normal.
hipóstasis f. *Teol.* Persona distinta (referente a la tres personas de la Santísima Trinidad). ‖ *Fil.* Principios y realidades divinas en la doctrina de Plotino.
hipostático, ca adj. *Teol.* Relativo a la hipóstasis: *unión hipostática.*
hipóstilo, la adj. *Arq.* Que tiene el techo sostenido por columnas.
hiposulfato m. *Quím.* Sal del ácido hiposulfúrico con una base.
hiposulfito m. *Quím.* Sal del ácido hiposulfuroso con una base.
hiposulfúrico adj. *Quím.* Dícese de un ácido obtenido por combinación del azufre con el oxígeno.
hiposulfuroso adj. *Quím.* Dícese de un ácido compuesto de azufre, oxígeno e hidrógeno.
hipotálamo m. *Anat.* Región del encéfalo situada en la base cerebral, unida por un tallo nervioso a la hipófisis, y en la que residen centros importantes de la vida vegetativa.
hipoteca f. Finca que garantiza el pago de un empréstito. ‖ *For.* Derecho real que grava bienes inmuebles para responder del pago de una deuda: *levantar una hipoteca.*
hipotecable adj. Que se puede hipotecar.
hipotecar v. t. Garantizar un crédito mediante hipoteca: *hipotecar una deuda.* ‖ Someter a la hipoteca: *hipotecar una casa.* ‖ *Fig.* Comprometer: *hipotecar el futuro.*
hipotecario, ria adj. Relativo a la hipoteca: *banco hipotecario.* ‖ Garantizado por una hipoteca: *crédito hipotecario.*
hipotensión f. Tensión baja.
hipotenso, sa adj. y s. *Med.* Que tiene la tensión baja.
hipotenusa f. *Geom.* Lado opuesto al ángulo recto en un triángulo rectángulo: *el cuadrado de la hipotenusa es igual a la suma de los cuadrados de los catetos.*
hipotermia f. *Med.* Disminución de la temperatura en el cuerpo.
hipótesis f. Suposición que se admite provisionalmente para sacar de ella una consecuencia.
hipotético, ca adj. Relativo o fundado en la hipótesis: *causa, proposición hipotética.* ‖ Dudoso, incierto: *éxito hipotético.*
hippie adj. y s. (pal. ingl., pl. *hippies*). Término aparecido en la segunda mitad del s. XX que se aplica a las personas, generalmente jóvenes, que reaccionan contra los valores de la sociedad en que viven, son amantes de la paz y buscan todos los medios posibles de evasión, en algunos casos incluso la droga.
Hiram I, rey de Tiro (¿969?-935 a. de J. C.). Ayudó a Salomón en la construcción del templo de Jerusalén.
Hircania, región de Irán, al SE. del mar Caspio.
hiriente adj. Que hiere.
Hirohito, emperador del Japón, n. en 1901, heredero de Yoshihito en 1926. Aprobó en 1945 una Constitución democrática.
Hiroshige (Utagawa ICHIRYUSAI, llamado), pintor y grabador japonés (1797-1858).
Hiroshima, c. del Japón, en el SE. de la isla de Honshu. Obispado. Los norteamericanos arrojaron allí la primera bomba atómica el 6 de agosto de 1945 (80 000 muertos y más de 75 000 heridos).
hirsuto, ta adj. Dícese del pelo erizado y duro: *cabellera hirsuta.* ‖ Dícese de lo que está cubierto de este pelo o de púas o espinas: *piel, castaña hirsuta.*
hirudíneas f. pl. Familia de anélidos cuyo tipo es la sanguijuela (ú. t. c. adj.).
hirviente adj. Que está hirviendo: *agua hirviente.*
hisopada f. o **hisopazo** m. Aspersión hecha con el hisopo.
hisopear v. t. Rociar o echar agua con el hisopo.
hisopo m. Planta muy olorosa de la familia de las labiadas. ‖ Utensilio con el cual se echa el agua bendita.
hispalense adj. y s. Sevillano: *la catedral hispalense.*
Híspalis, n. latino de *Sevilla.*
Hispania, n. latino de la *Península Ibérica.*
Hispanic Society of America, asociación fundada en Nueva York en 1904 por el hispanista norteamericano Huntington para el fomento del estudio de la lengua y civilización españolas.
hispánico, ca adj. y s. Relativo a España. ‖ Español.
hispanidad f. Conjunto y comunidad de los pueblos hispanos. ‖ Hispanismo, amor a lo hispano.
Hispaniola, n. dado a la isla de *Haití.*
hispanismo m. Giro o vocablo propio de la lengua castellana. ‖ Voz de esta lengua introducida en otra. ‖ Afición a las lenguas, literaturas y cosas de España.
hispanista com. Persona que se dedica a los estudios hispánicos.
hispanizar v. t. Españolizar, dar carácter español.
hispano, na adj. y s. Hispánico. ‖ Español.
Hispano (Cornelio). V. LÓPEZ (Ismael).
Hispanoamérica, n. que suele darse al conjunto de países americanos donde se habla la lengua española.
hispanoamericanismo m. Doctrina que tiende a la unión espiri-

tual de todos los pueblos hispanoamericnos.

hispanoamericanista adj. y s. Relativo al hispanoamericanismo o partidario de él. || — Com. Persona versada en la lengua y cultura hispanoamericana.

hispanoamericano, na adj. y s. Relativo a los españoles y americanos. || De Hispanoamérica.

hispanoárabe adj. Dícese del arte y la civilización árabe en España (ú. t. c. s.).

hispanofilia f. Amor a España.

hispanófilo, la adj. y s. Aficionado a la cultura, historia y costumbres de España.

hispanofobia f. Odio a España.

hispanófobo adj. y s. Que tiene odio a España.

hispanohablante adj. y s. Dícese de la persona que tiene el español como lengua materna.

hispanojudío adj. Dícese del judío español: *Sem Tob fue un poeta hispanojudío* (ú. t. c. s.).

hispanomusulmán, ana adj. Relativo a la época de dominación musulmana en España (ú. t. c. s.).

histeria f. o **histerismo** m. *Med.* Neurosis caracterizada por ataques convulsivos, parálisis, sofocaciones, etc., más frecuente en la mujer que en el hombre.

histérico, ca adj. Relativo a la histeria. || — Adj. y s. Que padece histeria. || *Fig.* Que manifiesta sus reacciones afectivas de una manera exagerada.

histólisis f. *Biol.* Destrucción o disolución de los tejidos orgánicos.

histología f. Parte de la anatomía que trata del estudio de los tejidos orgánicos.

histológico, ca adj. Relativo a la histología.

histólogo m. Persona entendida o versada en histología.

historia f. Desarrollo de la vida de la humanidad: *las enseñanzas de la historia.* || Narración verdadera y ordenada de los acontecimientos pasados y de las cosas memorables de la actividad humana: *historia sagrada, de España, de la literatura.* || Parte de los tiempos pasados conocida por documentos escritos. || Descripción de los seres: *historia natural.* || Obra histórica: *la "Historia de la América Española", de Pereyra.* || Relato: *contar una historia.* || *Fig.* Fábula, cuento: *no me vengas con historias.* | Chisme, enredo: *historias de comadres.* || *Fig. Pasar una cosa a la historia,* perder su actualidad e interés; hacer época.
— La *historia* se divide en varios períodos: la *Antigüedad,* desde los orígenes hasta el año 395 (muerte de Teodosio); la *Edad Media,* de 395 hasta 1453 o hasta 1492 (caída de Constantinopla o descubrimiento de América); la *Edad Moderna,* de 1453 hasta 1789 (Revolución Francesa); la *Edad Contemporánea,* desde 1789 hasta la actualidad.

historiado, da adj. Adornado: *letra historiada.*

historiador, ra m. y f. Persona que escribe historia. || Especialista en estudios históricos.

historial adj. Relativo a la historia. || — M. Reseña detallada de los antecedentes de un asunto, de los servicios de un funcionario: *historial profesional.* || Breve reseña sobre la actividad de un deportista, de un club, etc.

historiar v. t. Contar o escribir historias. || Exponer las vicisitudes por que ha pasado una persona o cosa. || *Fam. Amer.* Complicar, confundir.

historicidad f. Carácter de lo que es realmente histórico: *la historicidad de un hecho.*

historicismo m. Doctrina según la cual la historia por sí sola es capaz de establecer ciertas verdades morales o religiosas.

historicista adj. y s. Relativo al historicismo o partidario del mismo.

histórico, ca adj. Perteneciente a la historia: *edificio histórico.* || Digno de figurar en la historia: *acontecimiento histórico.* || *Fig.* Muy importante: *una entrevista histórica.* || *Gram. Presente histórico,* tiempo usado a menudo en los relatos.

historieta f. Cuento breve, generalmente de carácter jocoso.

historiografía f. Arte de escribir la historia. || Estudio crítico de la historia.

historiográfico, ca adj. Relativo a la historiografía.

historiógrafo m. Persona que cultiva la historiografía.

histrión m. Bufón, actor. || Volatín, jugador de manos, farsante. || *Fig.* Persona que se expresa con la afectación propia de un actor teatral.

hit m. (pal. ingl.). Éxito: *esta canción es un hit.*

Hita (Juan RUIZ, *arcipreste de*), escritor español del mester de clerecía, n. en Alcalá de Henares (¿1293-1350?), autor del *Libro de buen amor,* poema de contenido autobiográfico en el que intercala numerosas leyendas, alegorías y hace una severa crítica de la sociedad de su época, valiéndose del pretexto de prevenir contra los infortunios que puede acarrear el amor.

hitita adj. y s. De un pueblo de la Antigüedad en Asia Menor.

Hitler (Adolf), político alemán (1889-1945), dirigente del Partido Nacionalsocialista, canciller en 1933 y *führer* (jefe) del III Reich en 1934. Sus reiteradas agresiones provocaron en 1939 la segunda guerra mundial.

hitleriano, na adj. y s. Relativo a la doctrina de Hitler o partidario de la misma, nazi.

hitlerismo m. Doctrina política de Hitler, nacionalsocialismo, nazismo. (El *hitlerismo* se fundaba en el racismo, el espacio vital y la reforma corporativa bajo el signo del partido único.)

hito, ta adj. Unido, inmediato: *calle, casa hita.* || Fijo, firme. || — M. Mojón de piedra: *hito kilométrico.* || *Fig.* Blanco adonde se dirige la puntería. | Cosa importante que sirve de punto de referencia: *acontecimiento que es un hito en la historia.* || *Mirar de hito en hito,* mirar fijamente.

Hittorf (Johann Wilhem), científico alemán (1824-1914), descubridor de los rayos catódicos.

Hixem || ~ **I,** emir independiente de Córdoba (788-796), hijo de Abderramán I. Protegió las artes y las ciencias. || ~ **II,** califa de Córdoba (976-1013). Tuvo como favorito al ministro Almanzor, bajo cuyo gobierno el Califato adquirió su mayor grandeza. || ~ **III,** califa omeya de Córdoba (1027-1031). A su muerte se dividió el poder en los *reinos de taifas.*

Ho, símbolo químico del *holmio.*

Ho Chi Minh, político comunista vietnamita (1890-1969), pres. de la rep. del Viet Nam del Norte desde 1946.

Hoangho o **Río Amarillo,** río del N. de China; 5 200 km.

hoazín m. Especie de faisán de México.

Hobart, c. y puerto de Australia, cap. de Tasmania. Arzobispado. Universidad. Industrias.

Hobbema (Meindert), pintor paisajista holandés (1638-1709).

Hobbes (Thomas), filósofo inglés (1588-1679), autor de *Leviathan.* Sus doctrinas predican el utilitarismo en moral y el despotismo en política.

hobby m. (pal. ingl.). Ocupación secundaria a modo de pasatiempo, que sirve para distraerse de las ocupaciones habituales: *el hobby de Churchill era la pintura.*

Hoceima (Al-). V. ALHUCEMAS.

hocicada f. Golpe dado con el hocico.

hocicar v. t. Hozar, picar con el hocico. || — V. i. Dar de hocicos: *hocicar en el suelo, contra la pared.* || *Fig.* y *fam.* Tropezar con un obstáculo o dificultad. || *Mar.* Hundir la proa el barco.

hocicazo m. *Fam.* Caída: *dar un hocicazo.*

hocico m. Parte saliente más o menos alargada de la cabeza de ciertos animales: *el hocico del jabalí.* || Boca del hombre cuando tiene los labios muy abultados. || *Fig.* y *fam.* Cara. Ú. m. en pl.: *caer de hocicos.* | Gesto que denota enojo o desagrado. || — *Fam. Estar de hocicos,* estar enfadados. || *Fig.* y *fam. Meter el hocico en todo,* ser muy curioso. | *Romper los hocicos a uno,* partirle la boca, romperle la cara.

hocicudo, da adj. Que tiene mucho hocico.

hocino m. Hoz para cortar leña. || Instrumento que usan los hortelanos para trasplantar. || Angostura de un río entre dos montañas.

hociquear v. i. Hocicar, hozar.

hockey m. (pal. ingl.). Juego de pelota sobre terreno de hierba en el que se utiliza un bastón (stick) y cuyas reglas recuerdan las del fútbol. || *Hockey sobre hielo,* juego análogo practicado sobre pista de hielo.

Hoche [*och*] (Lazare), general francés (1768-1797), pacificador de la Vandea.

Hodeida, c. y puerto del Yemen, en el litoral del mar Rojo.

Hodler (Ferdinand), pintor suizo (1853-1918).

Hoetzendorf (Conrad von). V. HÖTZENDORF.

Hofei, c. de China, cap. de la prov. de Nganhuei.

Hoffmann (Ernst Theodor Amadeus), escritor y compositor alemán (1776-1822), autor de *Cuentos fantásticos, Cascanueces y el rey de los ratones, Opiniones del gato Murr,* etc. || ~ (FRIEDRICH), médico alemán (1660-1742), creador de la teoría organicista.

Hofmannsthal (Hugo von), escritor austriaco (1874-1929), autor de los libretos de las óperas de Richard Strauss. Fue el creador de la escuela neorromántica germana. Sus últimas obras fueron de un realismo simbólico.

hogaño adv. Este año. || Hoy, en la actualidad.

hogar m. Sitio donde se enciende lumbre: *el hogar de un horno, de una chimenea.* || *Fig.* Casa o domicilio de uno: *encontrar su hogar desierto.* | Familia: *fundar un hogar.* | Vida de familia: *gustarle a uno el hogar.* | Centro de reunión de personas unidas por algún lazo profesional o regional: *hogar de estudiantes, del soldado.*

hogareño, ña adj. Amante del hogar. || De la familia: *tradición hogareña.*

Hogarth (William), pintor costumbrista inglés (1697-1764).

hogaza f. Pan grande. || Pan de salvado o de harina mal cernida.

Hoggar, macizo montañoso de Argelia, en el Sáhara central.

hoguera f. Porción de materias combustibles que, encendidas, levantan mucha llama. || Montón de leña en el que se quemaba a los condenados al suplicio del fuego.

Hohenstaufen, familia imperial germánica, originaria de Wurtemberg, que ocupó el trono de 1138 a 1250.

Hohenzollern, ant. principado de Alemania; cap. *Sigmaringen.*

Hohenzollern, familia imperial que, de 1701 a 1918, ocupó el trono del principado homónimo. || ~ **Sigmaringen** (LEOPOLDO VON), príncipe alemán (1835-1905), candidato de Prim al trono de España en 1868.

hoitziltotol m. *Méx.* Colibrí.

hoja f. Cada una de las partes, generalmente verdes, planas y delgadas que nacen en la extremidad de los tallos y ramas de los vegetales. || Pétalo. || Lámina delgada de cualquier materia: *hoja de papel, de metal.* || Folio de un libro o cuaderno. || Cuchilla de ciertas armas o herramientas: *hoja de afeitar.* || Cada una de las partes de la puerta o ventana que se cierra. || Parte de un tríptico. || Loncha de tocino. || *Fig.* Espada: *una hoja de Toledo.* | Diario: *Hoja oficial.* | Defecto de la moneda que le hace perder su sonido claro: *esta peseta tiene hoja.* || — *Hoja de lata,* hojalata. || *Hoja de ruta,* documento en el que constan la carga de un vehículo, el destino, etc. || *Hoja de servicios,* historial profesional de un funcionario o deportista. || *Fam. Sin vuelta de hoja,* sin discusión.

hojalata f. Lámina de hierro o acero estañada por las dos caras: *un bote de hojalata.*

hojalatería f. Tienda o taller de objetos de hojalata.

hojalatero m. Operario que trabaja en hojalata.

hojaldrar v. t. Dar a la masa forma de hojaldre.

hojaldre m. Masa que, al cocerse, hace muchas hojas delgadas superpuestas unas a otras: *pastel de hojaldre.*

hojarasca f. Hojas secas que caen de los árboles. || Excesiva frondosidad. || *Fig.* Cosas inútiles: *texto de mucha hojarasca.*

hojear v. t. Pasar las hojas de un libro. || *Fig.* Leer un libro superficialmente. || — V. i. Formar hojas un metal.

Hojeda (Alonso de). V. OJEDA (Alonso de). || ~ (DIEGO DE), religioso y poeta español (¿1570?-1615), autor de *La Cristiada,* poema épico sobre la Pasión de Jesús.

hojuela f. Hoja pequeña. || Masa frita de forma plana. || Hollejo de la aceituna molida. || Hoja muy fina de metal. || *Bot.* Cada una de las hojas que forman parte de otra compuesta.

Hokkaido, ant. *Yeso,* isla septentrional del Japón; cap. *Sapporo.*

Hokusai (Katsushika), pintor, dibujante y grabador japonés (1760-1849).

¡hola! interj. Se emplea como saludo, o para expresar sorpresa.

Holactún, ant. centro de la civilización maya (Viejo Imperio), al NO. de Yucatán (México).

Holanda (REINO DE), en holandés *Nederland.* Estado de Europa Occidental, a orillas del mar del Norte, y entre Alemania y Bélgica; 33 491 km²; 13 019 000 h. (*holandeses*). Cap. *Amsterdam,* 871 000 h.; otras c.: *La Haya* (residencia del Gobierno), 607 000 h.; *Rotterdam,* 762 000; *Utrecht,* 267 000; *Haarlem,* 172 000; *Eindhoven,* 179 000; *Groninga,* 152 500; *Tilburgo,* 145 000; *Nimega,* 140 000; *Enschede,* 135 000; *Arnhem,* 131 000, y *Breda,* 115 000 h.

— GEOGRAFÍA. Holanda es llana y a veces está a un nivel inferior al mar. Atravesada por grandes ríos (Rin, Mosa, Escalda), ha luchado siempre contra las invasiones del mar y le ha ganado terreno por desecación progresiva del suelo (*pólders*). La ganadería y los productos derivados (leche, mantequilla, carne) son la principal riqueza. La industria (refinerías de petróleo, astilleros, construcciones mecánicas, textiles artificiales, aparatos eléctricos) es floreciente.

— HISTORIA. Holanda, en los comienzos de nuestra era, estaba habitada por frisones, sajones y francos. Ocupada por los romanos (15 a. de J. C.) y luego por los merovingios, formó parte de Lotaringia (843) y fue después sucesivamente unida a la Casa de Borgoña y a la de Austria. En el reinado de Felipe II de España, las provincias del Norte se sublevaron y la corona española perdió definitivamente ese territorio por el Tratado de Aquisgrán (1648). Holanda llegó a ser una potencia marítima y comercial, con un gran imperio en Oriente, rival de Francia e Inglaterra. Después del reinado de Guillermo III, también rey de Inglaterra en 1689, el país cayó bajo la dominación francesa y constituyó, en 1795, la *República Bátava,* unida al Imperio napoleónico en 1810. A raíz de la batalla de Leipzig (1813), fue creado el llamado Reino de los Países Bajos, al que el Tratado de Viena de 1815 anexó Bélgica, unión que se disolvió en 1830 (v. BÉLGICA).

HOLANDA

Holanda || ~ **Meridional,** prov. de Holanda; cap. *La Haya.* || ~ **Septentrional,** prov. de Holanda; cap. *Haarlem.*

holandés, esa adj. y s. De Holanda. || — M. Idioma hablado en este país. || — F. Hoja de papel de escribir del tamaño 21 × 27 cm. || *A la holandesa,* al modo de Holanda; encuadernación en que las tapas están forradas de papel y el lomo de piel o tela.

Holbach (Paul Henri DIETRICH, *barón de*), filósofo materialista francés (1723-1789), autor de *Sistema de la naturaleza.*

Holbein || ~ **el Viejo,** pintor alemán (¿1465?-1524). Influido por la escuela flamenca y el gótico alemán. || ~ **el Joven** (HANS), pintor alemán (1497-1543), retratista de gran realismo y uno de los principales representantes del Renacimiento en su país. Vivió en Inglaterra, donde fue pintor de Enrique VIII.

Holberg (Barón Ludvig), escritor danés (1684-1754), autor de teatro y poeta. Le dieron el n. de *el Plauto de Dinamarca.*

Hölderlin (Friedrich), poeta alemán (1770-1843), autor de poemas de gran inspiración y precursores del romanticismo. M. loco.

holding m. (pal. ingl.). Organización financiera que participa en varias empresas de la misma naturaleza, entre las cuales crea una verdadera comunidad de intereses.

holgado, da adj. Ancho: *traje holgado.* || No apretado: *ir holgados en un coche.* || Desocupado, ocioso. || *Fig.* Que vive con bienestar: *siempre llevó una existencia holgada.*

holganza f. Descanso, quietud, reposo. || Ociosidad, pereza. || Placer, diversión.

* **holgar** v. i. Descansar. || No trabajar: *holgar sábados y domingos.* || Divertirse. || Ser inútil: *huelgan las explicaciones.* || — V. pr. Divertirse, entretenerse. || Alegrarse: *se holgó al verle.*

holgazán, ana adj. y s. Perezoso, ocioso.

holgazanear v. i. Estar voluntariamente ocioso, hacer poco o nada.

holgazanería f. Pereza, aversión al trabajo.

holgorio m. Jolgorio, bulla.

Holguín, térm. mun. de Cuba (Oriente). Agricultura.

Holguín (Carlos), político colombiano (1832-1894), pres. de la Rep. de 1888 a 1892. ~ (JORGE), general colombiano (1848-1928), pres de la Rep. en 1909 y de 1921 a 1922.

holgura f. Anchura, amplitud. || Bienestar, comodidad: *una familia que vive con holgura.* || Ajuste amplio entre piezas mecánicas. || Regocijo, diversión.

Holmberg (Eduardo Ladislao), botánico argentino (1852-1937), autor de *Flora y fauna de la República Argentina.*

holmio m. *Quím.* Cuerpo simple metálico, de número atómico 67 (símb., Ho), que pertenece al grupo de las tierras raras.

Holmul, ant. centro de la civilización maya, a orillas del río homónimo, en Yucatán (México).

holocausto m. Entre los judíos, sacrificio en que se quemaba enteramente a la víctima. || La víctima así sacrificada. || *Fig.* Acto de abnegación, sacrificio, ofrenda generosa.

holoceno m. *Geol.* Período más reciente de la era cuaternaria.

Holofernes, general de Nabucodonosor. Judit le cortó la cabeza mientras dormía. (*Biblia.*)

holoturia f. Equinodermo marino de cuerpo blando y alargado, llamado también *cohombro de mar.*

Holstein [*jolstain*] (DUCADO DE), ant. Estado de la Confederación Germánica, unido en 1864 a Prusia.

Holz (Arno), escritor naturalista alemán (1863-1929).

holladura f. Pisoteo.

Hollandia. V. DJAJAPURA.

* **hollar** v. t. Pisar: *hollar una alfombra.* ‖ *Fig.* Pisotear.

hollejo m. Piel delgada de algunas frutas o legumbres.

hollín m. Materia crasa y negra del humo que se pega a las chimeneas. ‖ *Fam.* Jollín, disputa.

Hollywood [*jólivud*], c. de Estados Unidos, cerca de Los Ángeles. Centro cinematográfico.

hombrada f. Acción propia de un hombre, gesto viril.

hombradía f. Calidad de hombre. ‖ Entereza.

hombre m. Mamífero bimano del orden de los primates, dotado de razón y de lenguaje articulado: *existen varias razas de hombres.* ‖ Ser humano del sexo masculino: *el hombre y la mujer.* ‖ El que ha llegado a la edad viril, adulto: *Juan está ya hecho un hombre.* ‖ Especie humana, en general: *el hombre fue creado por Dios a su imagen.* ‖ *Fam.* Marido. ‖ Persona: *un hombre de bien.* ‖ Soldado: *una tropa de mil hombres.* ‖ Juego de naipes. ‖ — *Buen hombre,* hombre sencillo y cándido. ‖ *De hombre a hombre,* de poder a poder. ‖ *El Hijo del Hombre,* Jesucristo. ‖ *Gran o grande hombre,* el ilustre y eminente en su línea. ‖ *¡Hombre!,* interj. de sorpresa, cariño, admiración, duda. ‖ *Hombre de bien,* persona honrada. ‖ *Hombre de guerra,* militar. ‖ *Hombre de la calle,* el ciudadano medio. ‖ *Hombre de letras,* literato. ‖ *Hombre del día,* el que está de actualidad. ‖ *Hombre de mundo,* el que trata con toda clase de gente y tiene mucha experiencia. ‖ *Fig. Hombre de paja,* persona que presta su nombre en un negocio que en realidad pertenece a otro, testaferro. ‖ *Fig. y fam. Hombre de pelo en pecho,* el fuerte y osado. ‖ *Hombre público,* el que toma una parte activa en la política. ‖ *Hombre rana,* buceador provisto de una escafandra autónoma. ‖ *Pobre hombre,* infeliz.

hombrear v. i. Querer el joven parecer hombre hecho. ‖ Hacer fuerza con los hombros para sostener o empujar alguna cosa.

hombrera f. Pieza de la armadura que defendía los hombros. ‖ Adorno de algunos vestidos y uniformes en el hombro. ‖ Relleno de guata que los sastres colocan en las chaquetas para armar el hombro. ‖ *Amer.* Resfuerzo que se pone a la camisa por el hombro.

hombría f. Hombradía. ‖ *Hombría de bien,* honradez.

hombro m. Parte superior y lateral del tronco, del hombre y de los cuadrumanos, de donde nace el brazo. ‖ Parte correspondiente del vestido. ‖ — *Fig. Arrimar el hombro,* trabajar fuerte; ayudar. | *Mirar por encima del hombro,* mirar con desprecio.

hombruno, na adj. *Fam.* Que se parece al hombre o parece de hombre: *mujer, voz hombruna.*

Home Rule [*jon-rul*], régimen de autonomía solicitado por los irlandeses de 1870 a 1914.

homenaje m. Juramento de fidelidad: *rendir homenaje al soberano.* ‖ Acto que se celebra en honor de una persona: *presidir un homenaje.* ‖ *Fig.* Sumisión, respeto. ‖ *Torre del homenaje,* v. TORRE.

homenajeado, da m. y f. Persona que recibe un homenaje.

homenajear v. t. Rendir homenaje.

homeópata adj. y s. Dícese del médico que cura por medio de la homeopatía.

homeopatía f. *Med.* Sistema curativo que aplica a las enfermedades, en dosis mínimas, las mismas sustancias que en mayores cantidades producirían síntomas iguales a los que se trata de combatir.

homeopático, ca adj. Relativo a la homeopatía: *medicamento homeopático.* ‖ *Fig.* Muy pequeño.

homérico, ca adj. Relativo al poeta Homero: *himno homérico.*

Homero, poeta épico griego que se cree vivió en el s. IX a. de J. C. Era ciego. Los dos poemas que se le atribuyen son unas de las más altas creaciones humanas. En *La Ilíada* describe la guerra de Troya y en *La Odisea* el viaje de Ulises.

homicida adj. Que ocasiona la muerte de una persona: *puñal homicida.* ‖ — M. y f. Asesino.

homicidio m. Muerte causada a una persona por otra: *homicidio por imprudencia.* ‖ Por lo común, la ejecutada ilegítimamente y con violencia: *cometer un homicidio.*

homilía f. Plática religiosa, generalmente sobre un punto del Evangelio.

homocéntrico, ca adj. *Geom.* Concéntrico. ‖ *Fís.* Aplícase al haz luminoso cuyos rayos pasan por un mismo punto.

homocentro m. *Geom.* Centro común a varias circunferencias.

homofonía f. Calidad de homófono. ‖ *Mús.* Conjunto de voces que cantan al unísono.

homófono, na adj. *Gram.* Aplícase a las voces de distinto significado pero de igual sonido, como *solar,* sustantivo; *solar,* adjetivo, y *solar,* verbo; *errar* y *herrar,* etc. ‖ *Mús.* Dícese del canto o música en que todas las voces tienen el mismo sonido.

homogeneidad f. Calidad de homogéneo.

homogeneización f. Acción de homogeneizar. ‖ Tratamiento que sufre la leche para impedir la separación de sus elementos.

homogeneizar v. t. Volver homogéneo.

homogéneo, a adj. Perteneciente a un mismo género. ‖ Dícese del compuesto cuyos elementos son de igual naturaleza: *roca homogénea.* ‖ *Fig.* Muy unido: *un grupo homogéneo.*

homografía f. *Gram.* Calidad de homógrafo. ‖ *Mat.* Correspondencia entre elementos tal que, si un elemento A está en otro elemento B, el elemento A', correspondiente a A, está en B' que es el elemento correspondiente a B.

homográfico, ca adj. *Geom.* Aplícase a los elementos correspondientes en una homografía.

homógrafo, fa adj. *Gram.* Aplícase a las palabras de distinta significación que se escriben de igual manera, como *haya,* árbol, *haya* acción verbal.

homologación f. *For.* Acción y efecto de homologar. ‖ Inscripción oficial de un récord deportivo.

homologar v. t. *For.* Dar firmeza las partes al fallo de los árbitros, en virtud de consentimiento tácito. ‖ Registrar y confirmar oficialmente el resultado de una prueba deportiva realizada de acuerdo con las normas federativas: *homologar el récord de los 100 m libre.*

homología f. Calidad de homólogo. ‖ *Geom.* Carácter de las figuras homólogas.

homólogo, ga adj. *Geom.* Dícese de los lados que en cada una de dos o más figuras semejantes están colocados en el mismo orden: *los lados homólogos de dos triángulos semejantes.* ‖ *Quím.* Dícese de las sustancias orgánicas que desempeñan iguales funciones y sufren idénticas metamorfosis.

homonimia f. Calidad de homónimo.

homónimo, ma adj. y s. Dícese de dos o más personas o cosas que llevan el mismo nombre: *dos personas, dos ciudades homónimas.* ‖ *Gram.* Dícese de las palabras que siendo iguales por su forma tienen distinta significación, como *Tarifa,* ciudad y *tarifa* de precios.

homoplastia f. Implantación de injertos de órganos para restaurar partes lesionadas del organismo por otras procedentes de otro individuo de la misma especie.

homópteros m. pl. Insectos hemípteros, de cuatro alas más o menos membranosas.

homosexual adj. y s. Dícese de la persona que tiene afinidad sexual con las de su mismo sexo.

homosexualidad f. *Med.* Estado de los individuos que sólo son atraídos sexualmente por personas de su propio sexo.

Homs, prov. y c. de Siria, cerca del Orontes.

homúnculo m. Especie de duendecillo que pretendían fabricar los brujos de la Edad Media. ‖ *Fam.* Hombre pequeño y feo.

Honan, prov. del N. de China, en la cuenca inferior del Hoangho; cap. *Chengcheu.*

honda f. Tira de cuero o trenza de esparto para lanzar piedras.

Honda, mun. y v. de Colombia (Tolima).

hondero m. Soldado que tiraba con la honda.

hondo, da adj. Que tiene profundidad. ‖ Dícese de la parte más baja de un terreno. ‖ *Fig.* Recóndito: *en lo más hondo de mi alma.* | Intenso: *hondo pesar.* | Aplícase al cante andaluz o flamenco. (Se dice tb. *cante jondo.*) ‖ — M. Fondo.

Hondo, río de Cuba que des. en el S. de la isla, cerca de Punta de Gato. — Río del E. de la Rep. Dominicana, que des. en el mar Caribe. — Río que nace en Guatemala, señala la frontera entre Honduras Británica y México, y des. en la bahía de Chetumal; 241 km. Se le llama tb. *río Azul.* — N. por el que se conoce en la prov. de Santiago del Estero (Argentina) el río *Salí* o *Dulce.* — V. HONSHU.

hondonada f. Espacio de terreno hondo, depresión.

hondura f. Profundidad. ‖ *Fig. Meterse en honduras,* querer hablar de cosas profundas sin preparación adecuada.

Honduras, rep. de América Central situada entre el océano Atlántico, Nicaragua, el océano Pacífico, El Salvador y Guatemala; 112 088 km²; 2 750 000 h. *(hondureños).* Cap. *Tegucigalpa,* 190 000 h. Otras c.: *Trujillo,* 13 000 h.; *La Ceiba,* 21 000; *Yoro,* 15 000; *San Pedro Sula,* 54 000; *Comayagua,* 13 000; *Nacaome,* 19 000; *Choluteca,* 22 000, y *Juticalpa,* 14 000. Administrativamente, Honduras se divide en 17 departamentos. La población es mestiza en su mayoría, con pequeños porcentajes de blancos, indios y negros. La religión católica es la predominante y el idioma oficial es el castellano o español, aunque se conservan algunas lenguas indígenas. La densidad media de población es de 19 h/km².

— GEOGRAFÍA. Una gran depresión orientada de N. a S. divide al país en dos zonas, oriental y occidental, pertenecientes ambas al sistema orográfico de los Andes Centroamericanos. Los ríos que desembocan en el Atlántico son: Chamalecón, Ulúa, Patuca y Coco o Segovia, fronterizo con Nicaragua. Al Pacífico van los ríos Lempa, Negro, Grande, Nacaome y Goascorán. El lago más importante es el Taulebé o Yojoa. Las costas son en general angostas, salvo en la zona atlántica correspondiente a la depresión. El clima es variado, dependiente de la altura. En el interior, las oscilaciones térmicas son mayores que en la costa. Como en los otros países centroamericanos, la agricultura es el primer recurso económico hondureño: plátanos, café, tabaco, caña de azúcar. Las explotaciones forestales son importantes y la riqueza ganadera bastante desarrollada. El subsuelo está apenas explotado y la industria solamente transforma los productos agrícolas. Existen 1 500 km de ferrocarriles y 6 200 km de carreteras, así como una bien servida red aérea interior.

— HISTORIA. Al igual que Guatemala, Honduras estuvo habitada por los mayas, que han dejado importantes vestigios de su civilización en Copán. En 1502, Cristóbal Colón, durante su cuarto viaje, llegó a tocar en Honduras, y estuvo cerca de la actual ciudad de Trujillo. En 1524, una vez descubierto el Pacífico, cuatro expediciones coincidieron en el territorio hondureño, las cuales guerrearon entre sí: las de Gil González Dávila, Fernández de lleda Morales solucionó un viejo problema fronterizo con Nicaragua en 1959. Depuesto por un golpe militar al final de su mandato (1963), tomó el poder una Junta Militar presidida por Osvaldo López Arellano, quien ascendió constitucionalmente a la presidencia en 1965. En 1969 un conflicto armado estalló entre el país y El Salvador. En 1971 ocupó la pres. de la Rep. Ramón Ernesto Cruz derrocado por un golpe de Estado, dirigido por O. López Arellano, en 1972.

Honduras (GOLFO DE), golfo en el mar Caribe, al S. de la Península del Yucatán. || **~ Británica.** V. BELICE.

hondureñismo m. Vocablo o giro propio de los hondureños.

hondureño, ña adj. y s. Natural

Occidental (Rin Septentrional - Westfalia). Centro minero (hulla).

hongo m. Cualquier planta talofita, sin clorofila que vive como saprófita, parásita o en simbiosis. || Sombrero de fieltro de copa redonda. || *Mar.* Terminal en cubierta de un tubo de ventilación, con una tapa o sombrerete para evitar la entrada de agua. || — *Fig.* y *fam. Crecer como hongos,* crecer en abundancia y rápidamente. | *Hongo atómico,* nube, de forma parecida a la de esta planta, que aparece después de una explosión atómica.

Honiara, cap. de las islas Salomón.

Honolulú, c. y puerto de la isla Oahú, cap. del Estado norteamericano de las islas Hawai; 390 000 h. Obispado. Universidad.

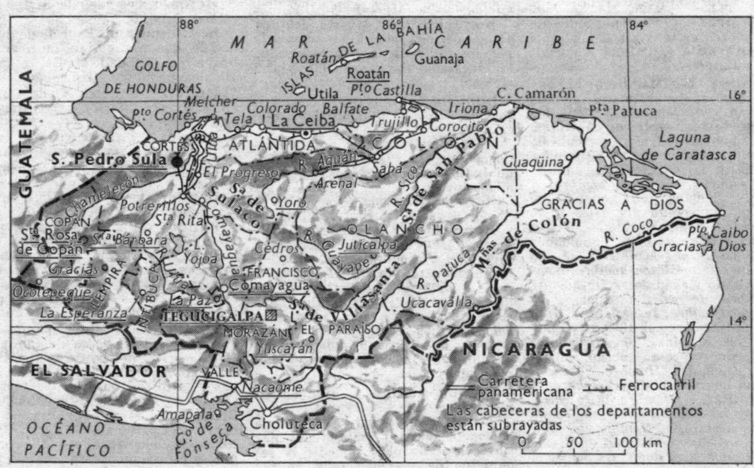

HONDURAS

Córdoba, Cristóbal de Olid y Francisco de las Casas. Hernán Cortés llegó en 1525, y Pedro de Alvarado fundó en 1536 la ciudad de San Pedro Sula. La resistencia indígena cesó con la muerte de su caudillo Lempira (1537), empezando entonces la colonización. En lo político, Honduras dependió de la Capitanía General de Guatemala. La llamada *Costa de los Mosquitos* no fue dominada por los conquistadores, y esto facilitó el establecimiento de los ingleses en 1737, donde permanecieron hasta 1859, a pesar de haberse comprometido a devolverla en 1783, por el Tratado de Versalles. En 1821 llegó la hora de la emancipación para Centroamérica, y Honduras, al año siguiente, se integró en el Imperio Mexicano de Iturbide. En 1823 salió de este imperio, junto con los otros países del Istmo, y constituyeron entre ellos la federación llamada *Provincias Unidas de Centroamérica.* Un presidente común gobernaba esta federación, pero cada Estado gozaba de amplia autonomía y tenía su propio jefe. Sin embargo, los mecanismos de la federación no marchaban perfectamente, y a pesar de los esfuerzos del hondureño Francisco Morazán, la unión fue rota en 1838. En 1956, Honduras acudió en socorro de Nicaragua, que se encontraba en lucha contra el aventurero norteamericano William Walker. Hubo intentos de reagrupación de los países centroamericanos en 1847, 1875 y 1885, este último por iniciativa hondureña, reuniéndose en Tegucigalpa la Asamblea Constituyente de la *República Tripartita* (Honduras, El Salvador y Guatemala). La inestabilidad política ha presidido la vida de Honduras independiente, si bien en los últimos tiempos parece haberse establecido una mayor regularidad. El presidente Ramón Vi-

de Honduras. || Perteneciente a esta nación de América.

Honea Path, pobl. en el E. de Estados Unidos (Carolina del Sur). Industria textil.

Honegger (Arthur), músico suizo (1892-1955), autor de obras de cámara y para orquesta.

Honei, c. y puerto de Corea del Sur. Comercio.

Honesdale, pobl. de Estados Unidos (Pensilvania).

honestamente adv. Con honestidad, decencia y moderación. || Con modestia o cortesía.

honestar v. t. Honrar. || Cohonestar. || — V. pr. (Ant.). Portarse o conducirse de una manera moderada o decentemente.

honestidad f. Pudor, decencia, recato en la conducta. || Urbanidad. || Decoro.

honesto, ta adj. Decente, pudoroso, recatado. || Razonable, justo. || *Estado honesto,* el de soltera.

Honesto (*San*), apóstol de Navarra, n. en Nimes y m. en el año 260. Fue convertido al cristianismo por el obispo de Toulouse. Fiesta el 16 de febrero.

Honey, pobl. de México (Puebla).

Honfleur, pobl. y puerto en el NO. de Francia, a orillas del canal de la Mancha (Calvados). Pesca. Comercio. Centro turístico.

Höng, pobl. de Dinamarca, en la isla de Selandia.

Hong Kong, c. e isla en la costa meridional de China. Obispado. Gran centro comercial; 4 000 000 h.; cap. *Victoria,* 675 000 h. Posesión británica desde 1841.

hongal m. Lugar donse se crían hongos comestibles.

Höngen, pobl. de Alemania

honor m. Sentimiento profundo de la propia dignidad moral: *un hombre de honor.* || Honestidad, recato en la mujer. || Buena fama, consideración: *defender el honor de alguien.* || Cosa que honra: *su invitación es un honor para mí.* || Prestigio. || — Pl. Dignidades, empleos elevados: *aspirar a los honores de la república.* || Ceremonial que se tributa a una persona: *rendir honores militares.* || Concesión por la que se usa un título o privilegio sin estar en posesión de los mismos: *el jefe de una región militar tiene honores de capitán general.* || — *En honor a la verdad,* para decir verdad || *En honor de una persona,* para honrarla. || *Hacer honor a su firma, a su palabra,* cumplir sus compromisos o sus promesas. || *Hacer los honores de la casa,* recibir los convidados conforme a las reglas de la cortesía.

honorabilidad f. Cualidad de la persona honorable.

honorable adj. Digno de ser honrado o acatado: *persona, magistrado honorable.*

honorar v. t. Honrar.

honorario, ria adj. Que sirve para honrar a uno. || Que sólo tiene los honores del cargo: *presidente honorario.* || — M. pl. Emolumentos en las profesiones liberales.

honorífico, ca adj. Que da honor y no provecho material: *título honorífico.*

Honorio (Flavio), primer emperador romano de Occidente de 395 a 423, hijo de Teodosio I.

honoris causa loc. lat. A título honorífico: *doctor honoris causa.*

honra f. Estima y respeto de la dignidad propia. || Buena fama. || Pudor y recato en las mujeres. || *Fig.* Cosa o persona de la cual se puede uno sentir orgulloso: *este hombre es la honra de su país.* ||

— Pl. Exequias, funerales. ‖ *Tener a much. honra una cosa,* gloriarse, mostrarse orgulloso de ella.

honradez f. Cualidad de honrado. ‖ Manera de obrar con rectitud e integridad.

honrado, da adj. Que procede con rectitud e integridad: *hombre honrado.* ‖ Digno de consideración: *conducta honrada.*

honrar v. t. Respetar, venerar: *honrar a los padres.* ‖ Enaltecer o premiar el mérito: *honrar al sabio, al justo.* ‖ Ser motivo de orgullo: *este militar ha honrado su patria.* ‖ Conceder algo que se considera honorífico: *honrar con su amistad, con su presencia.* ‖ — V. pr. Tener a honra ser o hacer una cosa: *honrarse defendiendo al perseguido.*

honrilla f Puntillo o pundonor: *hacer algo por la honrilla.*

honroso, sa adj Que da honra: *un título honroso* ‖ Decente, decoroso: *acción honrosa*

Honshu, antes *Hondo,* isla principal del Japón y la más poblada; 71 374 000 h. C. pr.: *Tokio, Osaka, Nagoya, Kyoto, Kobe* y *Yokoama.*

hontanar m. Terreno donde nacen manantiales.

Hooghly. V. HUGLI.

Hoorn c. septentrional de Holanda. Ind. lácteas (quesos).

Hoorn (Philippe, *conde de*), gobernador de Güeldres (1524-1568), amigo de Egmont. Dirigió a los patriotas de Flandes. M. ajusticiado.

Hoover (Herbert Clark), político norteamericano (1874-1964), pres. de Estados Unidos de 1929 a 1933.

hopalanda f. Vestido amplio que utilizaban antiguamente los universitarios.

hopear v. i. Menear la cola.

Hopei u **Hope,** ant. *Cheli,* prov. de la China septentrional; cap. *Tientsin.*

hopeo m. Movimiento del hopo, o cola.

hoplita m. Soldado griego provisto de armas pesadas.

hopo m. Rabo, cola. (Suele aspirarse la *h.*)

hora f. Cada una de las veinticuatro partes en que se divide el día solar: *a la hora de comer.* ‖ *Astr.* Vigésimocuarta parte de la línea equinoccial. ‖ *Fig.* Cita: *pedir hora a un médico.* | Momento de la muerte: *a cada uno le llega su hora.* ‖ — Pl. Libro que contiene varios rezos. ‖ — *A buena hora* o (fam.) *a buena hora mangas verdes,* demasiado tarde. ‖ *A la hora,* puntualmente. ‖ *Dar la hora,* sonar el reloj; (fig.) ser una persona puntual. ‖ *Hora H,* véase H. ‖ *Hora punta,* momento de mayor afluencia (transportes) o de mayor consumo (energía). ‖ *Horas canónicas,* diversas partes del rezo divino. ‖ *Horas extraordinarias,* las que se trabajan de más. ‖ *Fig. La última hora,* la de la muerte. | *Tener las horas contadas,* estar próximo a la muerte.

horaciano, na adj. Propio del poeta Horacio.

Horacio (Quinto Horacio Flaco), poeta latino (65-8 a. de J. C.), autor de *Odas, Sátiras* y *Epístolas.* En una de estas últimas se halla el *Arte Poética.*

Horacios (*Los tres*), tres hermanos romanos (s. VII a. de J. C.) que lucharon contra los tres hermanos *Curiacios.* Dos Horacios murieron y el superviviente, aparentando que huía, mató uno a uno a los Curiacios.

horadación f. Perforación.

horadador, ra adj. y s. Que horada.

horadar v. t. Agujerear, perforar una cosa atravesándola de parte a parte: *horadar una pared.*

horario, ria adj. Relativo a las horas: *media horaria.* ‖ — *Círculos horarios,* círculos máximos que pasan por los polos, señalan las horas del tiempo verdadero y dividen el globo en *husos horarios* que abarcan las regiones que tienen la misma hora oficial. ‖ — M. Aguja del reloj que señala las horas. ‖ Cuadro indicador de las horas de salida y llegada: *horario de trenes.* ‖ Repartición de las horas del trabajo: *horario escolar.*

horca f. Conjunto de dos maderos hincados en el suelo y otro que los une por encima, sobre el cual se colgaba a los ajusticiados. ‖ Suplicio de los así condenados: *morir en la horca.* ‖ *Agr.* Palo rematado en dos puntos para diversos usos. ‖ Ristra: *horca de ajos.*

horcadura f. Punto del tronco del árbol de donde salen las ramas. ‖ Horquilla que hacen dos ramas.

horcajadas (a) m. adv. Echando una pierna por cada lado tal como el que va a caballo.

horcajadura f. Ángulo que forman los dos muslos o las dos piernas en su nacimiento.

horcajo m. Horca de madera que se pone al pescuezo de las mulas para trabajar. ‖ Confluencia de dos ríos. ‖ Nudo de montañas.

Horcas Caudinas, desfiladero de Italia (ant. región de Samnio, en el límite con Campania), cerca de Caudio, donde las tropas romanas tuvieron que pasar ignominiosamente bajo el yugo (321 a. de J. C.). La expresión *pasar bajo las Horcas Caudinas* significa cualquier concesión humillante impuesta a los vencidos.

horcón m. *Agr.* Horca, bieldo.

horconada f. Golpe dado con el horcón. ‖ Cantidad de heno o paja que se coge con el horcón.

horchata f. Bebida refrescante a base de almendras o chufas machacadas en agua y azúcar. ‖ *Fig. Tener sangre de horchata,* ser flemático o excesivamente tranquilo.

horchatería f. Establecimiento donde se venden horchata y otras bebidas.

horchatero, ra m. y f. Persona que hace o vende horchata.

horda f. Tropa salvaje: *una horda de salteadores.*

Horda de Oro, reino más occidental de los mongoles, en el S. de Siberia y Rusia (s. XIII-XIV).

horizontal adj. Paralelo al horizonte: *línea, plano horizontal.* ‖ — F. Línea horizontal.

horizontalidad f. Calidad o carácter de horizontal.

horizonte m. Línea aparente que separa la tierra del cielo. ‖ Espacio circular de la superficie del globo, encerrado en dicha línea. ‖ Espacio a que puede extenderse la vista: *tener un horizonte limitado.* ‖ *Fig.* Extensión de una actividad: *el horizonte de los conocimientos humanos.* | Perspectiva: *se despeja el horizonte político de Europa.*

horma f. Molde para dar forma a algo: *horma de zapatero, de sombrerero.* ‖ Ballestilla para conservar la forma del zapato. ‖ *Fig. y fam. Hallar uno la horma de su zapato,* encontrar lo que le conviene; encontrar a alguien con quien medirse.

hormiga f. Género de insectos del orden de los himenópteros que viven bajo tierra en hormigueros formando colonias en las que hay hembras fecundas, machos y hembras estériles u obreras, éstas carentes de alas. ‖ — *Hormiga blanca,* comején. ‖ *Hormiga león,* insecto neuróptero que se alimenta de hormigas. ‖ *Fig. Ser una hormiga,* ser muy trabajador o ahorrador.

hormigón m. Mezcla de arena, grava y mortero amasado con agua. ‖ — *Hormigón armado,* el que tiene entre su masa un armazón de alambres y barras de hierro que le dan consistencia. ‖ *Hormigón hidráulico,* el hormigón hecho a base de cal hidráulica.

hormigón m. Enfermedad parasitaria de algunas plantas. ‖ Enfermedad del ganado vacuno.

hormigonado m. Trabajo hecho con hormigón: *el hormigonado de unos cimientos.*

hormigonera f. Máquina para la preparación del hormigón.

hormiguear v. i. Experimentar en una parte del cuerpo la sensación de picor: *me hormiguean las piernas.* ‖ *Fig.* Bullir de gente: *los niños hormiguean en la plaza.* ‖ Galicismo por *abundar.*

hormigueo m. Acción y efecto de hormiguear: *el hormigueo de la muchedumbre.* ‖ Comezón, picor, cosquilleo: *hormigueo en las manos.*

hormiguero m. Lugar donde se crían las hormigas. ‖ Torcecuello, ave trepadora. ‖ *Fig.* Sitio donde hay muchas personas: *un hormiguero de chiquillos.* ‖ *Agr.* Montón de hierba seca que se quema para beneficiar la tierra. ‖ — Adj. V. oso *hormiguero.*

hormiguilla f. *Fam.* Hormigueo. ‖ *Fig.* y *fam.* Remordimiento, reconcomio.

hormiguillo m. Enfermedad que padecen los caballos en el casco. ‖ Hormiguilla, cosquilleo. ‖ *Fig.* y *fam. Tener el hormiguillo,* estar muy inquieto.

hormiguita f. *Fam.* Persona trabajadora o ahorradora.

hormona f. *Biol.* Producto de secreción interna de ciertos órganos del cuerpo de animales y plantas.

— En el reino animal, las *hormonas* son el producto de la secreción de las glándulas endocrinas. La hipófisis segrega hormonas que actúan sobre el desarrollo y el funcionamiento de las otras glándulas. El tiroides segrega la *tiroxina,* que regula las combustiones y el crecimiento. Las gónadas (testículo y ovario) segregan las *hormonas sexuales.* Entre los vegetales, las hormonas intervienen en el crecimiento en longitud y en la floración.

hormonal adj. De las hormonas: *insuficiencia hormonal.*

hormonoterapia f. *Med.* Tratamiento por hormonas.

hornabeque m. Fortificación consistente en dos medios baluartes unidos por una cortina.

hornablenda f. Mineral negro o verde oscuro del grupo de los anfíboles que se encuentra en las rocas eruptivas.

hornacina f. *Arq.* Hueco o nicho en forma de arco que se deja en un muro.

hornacho m. Cavidad de una cantera.

hornada f. Lo que se cuece de una vez en un horno. ‖ *Fig.* Conjunto de individuos de una misma promoción: *hornada de empleados del Estado.*

hornaguero, ra adj. Ancho, espacioso, holgado. ‖ Dícese del terreno carbonífero. ‖ — F. Carbón de piedra.

hornaza f. Horno de los plateros y fundidores de metales. ‖ Barniz amarillo usado en alfarería.

hornear v. i. Trabajar o ejercer el oficio de hornero.

hornero, ra m. y f. Persona cuyo oficio es cocer pan en el horno. ‖ — F. Solera del horno.

hornija f. Leña menuda.

hornilla f. Hornillo.

hornillo m. Horno manual: *hornillo de gas, eléctrico.* ‖ Parte de la mina donde se introduce la carga. ‖ *Mil.* Mina.

horno m. Obra abovedada de fábrica que sirve para someter a la acción del calor diversas sustancias: *horno de panadero, de arco, eléctrico.* ‖ Compartimento en el interior de una cocina donde se asan las viandas. ‖ *Fig.* Lugar muy caliente: *esta habitación es un horno.* ‖ — *Alto horno,* el de cuba muy prolongada para fundir mena de hierro. ‖ *Fig. y fam. No estar el horno para bollos,* no ser el momento oportuno.

Hornos (CABO DE), cabo en Chile, al S. de la Tierra del Fuego. Descubierto por los holandeses Lemaire y Schouten (1616).

Horo. V. HORUS.

horóscopo m. Conjunto de presagios basados en el estado del firmamento al nacer una persona. ‖

Por ext. Predicción. | Adivino, agorero, augur.

horqueta f. Horcón, bieldo.

Horqueta, cerro de Colombia, entre los dep. de Antioquia y Chocó; 2 800 m. — Cerro de Panamá (Bocas del Toro); 2 480 m. — Pobl. del. Paraguay (Concepción).

horquilla f. *Agr.* Horca, bieldo. || Alfiler doblado para sujetar el cabello. || Pieza de la bicicleta o motocicleta en que entra la rueda delantera: *horquilla telescópica.*

horquillada f. Horconada.

horrendo, da adj. Espantoso, que causa horror: *crimen horrendo.*

hórreo m. Granero, troj. || Granero de madera sostenido en el aire por pilares, propio de Asturias y Galicia.

horrible adj. Horrendo: *espectáculo horrible.* || *Fam.* Muy malo: *hace un tiempo horrible.*

hórrido, da adj. Horrendo.

horrificar v. t. Horrorizar.

horrífico, ca adj. Horrendo.

horripilación f. Acción de horripilar u horripilarse. || *Med.* Estremecimiento que experimenta el que padece el frío de terciana u otra enfermedad.

horripilante y **horripilativo, va** adj. Que horripila.

horripilar v. t. Hacer que se ericen los cabellos. || Hacer tiritar: *el frío nos horripila.* || Causar horror y espanto: *ese cuento me horripila.*

horrísono, na adj. Que causa horror con su sonido: *estampido horrísono.*

horro, rra adj. Libre, exento. || Aplícase a la hembra de ganado que no queda preñada.

horror m. Temor causado por algo espantoso: *estremecerse de horror.* || Repulsión, odio, aversión: *tener horror al tabaco, al vicio.* || *Fig.* Atrocidad, monstruosidad. Ú m. en pl.: *los horrores de la guerra.* || — Pl. *Fig.* y *fam.* Cosas extraordinarias, maravillas: *Santana hace horrores con la raqueta.* || — Adv. *Fam.* Mucho: *eso me gusta horrores.*

horrorizar v. t. Causar horror. || — V. pr. Tener horror: *horrorizarse ante el cariz de la guerra.*

horroroso, sa adj. Que produce *horror.* || *Fam.* Muy feo: *pintura horrorosa.* | Muy malo: *un tiempo horroroso.*

horse-power m. (pal. ingl.). *Mec.* Unidad práctica de potencia utilizada en los países anglosajones: *el horse-power equivale a 75'9 kgm/s.* (Símb., HP.)

Horta, c. y puerto de Portugal (Azores), cap. de la isla Faisal.

Horta (Manuel), periodista y escritor mexicano, n. en 1897.

hortaliza f. Verduras y demás plantas comestibles que se cultivan en las huertas.

hortelano, na adj. Relativo a las huertas. || — M. El que por oficio cultiva huertas. || Pájaro de la familia de los fringílidos, común en Europa.

hortense adj. Relativo a la huerta: *cultivo hortense.*

hortensia f. Arbusto de la familia de las saxifragáceas, de hermosas flores en corimbos.

Hortensia de Beauharnais (1783-1837), reina de Holanda, por su casamiento con Luis Bonaparte, hija del vizconde de Beauharnais y de la emperatriz francesa Josefina, y madre de Napoleón III.

hortera f. Escudilla o cazuela de madera. || — M. *Fam.* En Madrid, dependiente de ciertos comercios. || *Fig.* y *fam.* Individuo de clase social inferior que, por su vestimenta y modales falsamente elegantes, pretende situarse socialmente donde no le corresponde.

Horthy (Nicolás), marino y político húngaro (1868-1957). Regente de 1920 a 1944.

hortícola adj. Relativo al huerto, a la horticultura.

horticultor, ra m. y f. Persona que se dedica a la horticultura.

horticultura f. Cultivo de los huertos y huertas. || Ciencia que trata del cultivo de los huertos.

hortolano m Hortelano.

Horus, dios solar egipcio representado por un gavilán.

hosanna m. Exclamación o cántico de júbilo en la liturgia católica. || Himno que se canta el domingo de Ramos.

hosco, ca adj. Severo, áspero, ceñudo: *tener cara hosca.* || Moreno oscuro.

hospedaje u **hospedamiento** m. Alojamiento y asistencia: *tomar hospedaje en un hotel.* || Lo que se paga por ello: *pagar poco hospedaje.*

hospedar v. t. Recibir huéspedes en su casa; darles alojamiento: *hospedar a unos viajeros.* || — V. pr. Alojarse.

hospedería f. Habitación reservada en los conventos para los huéspedes. || Hospedaje, alojamiento. || Casa destinada al alojamiento de visitantes o viandantes, hotel.

hospedero, ra m. y f. Persona que aloja huéspedes, hotelero.

hospiciano, na m. y f. Persona acogida en un hospicio.

hospicio m. Casa para albergar peregrinos y pobres. || Asilo en el que se aloja y educa a niños pobres, expósitos o huérfanos.

hospital m. Establecimiento público o privado donde pueden ser admitidos todos los enfermos para ser tratados u operados: *hospital general, militar, de beneficencia.* || Hospicio donde se recogen pobres y peregrinos por tiempo limitado. || *Mil.* Hospital de sangre, centro de primera cura para los heridos en campaña.

hospitalario, ria adj. Aplícase a las órdenes religiosas que tienen por regla el hospedaje y la asistencia de los enfermos: *orden hospitalaria de San Juan de Dios* (ú. t. c. s.). || Que auxilia y alberga a los extranjeros y necesitados. || Acogedor: *casa muy hospitalaria.*

Hospitalet u **Hospitalet de Llobregat,** c. de España en el SO. de Barcelona. Industrias.

hospitalicio, cia adj. Relativo a la hospitalidad.

hospitalidad f. Acción de recibir y albergar a uno gratuitamente por caridad o cortesía: *dar hospitalidad a un amigo.* || Estancia o mansión de los enfermos en el hospital.

hospitalización f. Admisión y estancia en un hospital.

hospitalizar v. t. Llevar a uno al hospital para prestarle la asistencia que necesita.

hosquedad f. Mal humor, aspereza.

hostal m. Hostería.

Hoste, isla de Chile, al S. de la Tierra del Fuego (Magallanes).

hostelería f. Conjunto de la profesión hotelera.

hostelero, ra m. y f. Persona dueña de una hostería o encargada de ella.

hostería f. Establecimiento hotelero. || Restaurante, generalmente de lujo y decorado a la antigua.

hostia f. Disco de pan ázimo que el sacerdote consagra en el sacrificio de la misa.

hostiario m. Caja para guardar hostias. || Molde para hacer hostias.

hostigador, ra adj. y s. Que hostiga.

hostigamiento m. Acción de hostigar: *tiro de hostigamiento.*

hostigar v. t. Azotar, castigar con látigo, vara o cosa semejante: *hostigar las caballerías.* || *Fig.* Acosar, perseguir, molestar: *hostigar al adversario.*

hostil adj. Contrario, enemigo.

hostilidad f. Enemistad. || Oposición. || — Pl. Estado de guerra. || *Romper las hostilidades,* empezar la guerra atacando al enemigo.

hostilizar v. t. Hostigar, molestar al enemigo.

Hostos (Eugenio María), escritor, ensayista y pedagogo puertorriqueño, n. en Mayagüez (1839-1903), autor de *Moral social* y de la novela poética *La peregrinación de Bayoán.*

hotel m. Establecimiento donde los viajeros pueden comer y albergarse mediante pago: *hotel de lujo, de primera.* || Edificio separado de los otros, generalmente con jardín, destinado a la habitación de una sola familia.

hotelero, ra adj. Relativo al hotel: *industria, cadena hotelera.* || — M. y f. Propietario de un hotel o encargado del mismo.

hotelito m. Chalet, casita.

hotentote, ta adj. y s. Individuo de una raza negra del SO. de África, al N. del río Orange.

Hotin o **Jotin,** en polaco **Chocim** o **Choczin,** c. de la U. R. S. S. (Ucrania).

Hötzendorf (Conrad von), general austriaco (1852-1925), que derrotó a los italianos en Caporetto (1917).

Houssay (Bernardo Alberto), fisiólogo argentino (1887-1971). Premio Nóbel en 1947 por sus estudios relativos a las glándulas de secreción interna.

Houston [*jiuston*], c. del S. de Estados Unidos (Texas). Industrias. Petróleo; gas natural.

Howard (Catalina). V. CATALINA.

Howells (William Dean), novelista realista norteamericano (1837-1920).

Howrah, c. de la India (Bengala Occidental). Industrias.

hoy adv. En este día, en el día presente: *hoy he visto a Juan.* || En el tiempo presente, actualmente: *hoy no se estilan las levitas.* || — *De hoy en adelante,* desde hoy. || *Hoy día, hoy en día* u *hoy por hoy,* actualmente.

hoya f. Hoyo grande en la tierra. || Sepultura: *tener un pie en la hoya.* || Llano extenso entre montañas: *la hoya de Málaga.*

hoyada f. Terreno bajo, hondonada.

hoyanca f. Fosa común en los cementerios.

hoyo m. Agujero en la tierra o en cualquier superficie. || Sepultura, hoya.

hoyuelo m. Hoyo pequeño. || Hoyo en el centro de la barba o en las mejillas. || Juego de niños con bolas.

hoz f. Instrumento de hoja corva y mango corto para segar mieses y hierbas. || Angostura, estrechura de un valle profundo, o la que forma un río que corre por entre dos sierras.

hozada f. Golpe dado con la hoz. || Porción de mies o de hierba que se corta de una vez.

hozadero m. Terreno donde hozan puercos o jabalíes.

hozadura f. Hoyo o señal que deja el animal que hoza.

hozar v. t. Escarbar la tierra con el hocico, lo que hacen el puerco y el jabalí.

HP, abrev. de *horse-power.*

Hradec-Kralove, c. de Checoslovaquia, al NE. de Bohemia.

hua, elemento que entra en muchas voces americanas, y a veces toma la forma *gua.*

¡hua! interj. ¡Gua!, ¡Oh!

huaca f. *Amer.* Guaca.

Huaca (MACIZO DE), nudo montañoso de los Andes en el Ecuador y Colombia.

huacal m. *Amer.* Guacal.

huacamole m. *Amer.* Ensalada de aguacate, guacamole.

huaco m. *Per.* y *Chil.* Guaco, figura de cerámica precolombina.

Huacrachuco, c. del Perú, cap. de la prov. de Marañón (Huánuco).

Huachacalla, pobl. de Bolivia, cap. de la prov. de Sabaya (Oruro).

huachano, na adj. y s. De Huacho (Perú).

huache m. *Méx.* Obrero que ceba con mineral el mortero o molino.

huachinango m. *Méx.* Guachinango.

huachipairi adj. y s. Indígena del Perú.

Huachipato, localidad de Chile (Concepción). Centro metalúrgico.

huacho m. Guacho.

Huacho, c. del Perú, cap. de la prov. de Chancay (Lima). Obispado. Es puerto de mar.

huaico m. *Per.* Masa de peñas desprendida por las lluvias.

Huainan, c. del E. de China (Nganhuei).

Huainaputina u **Omate,** volcán de los Andes del Perú (Moquegua) ; 6 175 m.

Huajuapan de León, c. de México (Oaxaca). Obispado.

Hualañé, com. de Chile (Curicó).

Hualgayoc, c. del Perú, cap. de la prov. homónima (Cajamarca).

Hualqui, com. de Chile (Concepción).

Huallaga, río del Perú (Huánico, San Martín, Loreto), afl. del Marañón; 1 126 km. — Prov. del Perú (San Martín) ; cap. *Saposoa.*

Huamachuco, c. del Perú, cap. de la prov. homónima (La Libertad). Prelatura nullius.

Huamalíes, prov. del Perú (Huánuco) ; cap. *Llata.*

Huamán Poma de Ayala. V. POMA DE AYALA (Felipe).

Huamanga, prov. del Perú (Ayacucho) ; cap. *Ayacucho.*

Huamantla, mun. y c. de México (Tlaxcala).

Huancabamba o **Chamaya,** río del Perú (Cajamarca), afl. del Marañón. — C. del Perú, cap. de la prov. homónima (Piura).

huancaíno, na adj. y s. De Huancayo (Perú).

Huancané, c. del Perú, cap. de la prov. homónima (Puno). — Río del Perú, que se une al Azángaro y el Pucará para formar el Ramis.

Huancapeti, pico de los Andes del Perú (Ancash) ; 4 853 m.

Huancapi, c. del Perú, cap. de la prov. de Víctor Fajardo (Ayacucho).

Huancavelica, c. del Perú, cap. de la prov. y del dep. homónimos. Obispado. Minas. Fundada por el virrey Toledo, que la llamó *Villarica de Oropeza* en 1570.

huancavelicano, na adj. y s. De Huancavelica (Perú).

Huancayo, c. del Perú en los Andes, cap. de la prov. homónima y del dep. de Junín. Arzobispado.

Huancune, volcán de los Andes del Perú (Tacna).

Huanchaca, c. de Bolivia (Potosí). Minas de plata.

Huandoy, nevado del Perú (Ancash) ; 6 256 m.

Huanta, c. del Perú, cap. de la prov. homónima (Ayacucho).

Huánuco, c. del Perú en la Cord. Central, cap. de la prov. y del dep. homónimos. Obispado.

Huanuni, pobl. de Bolivia, cap. de la prov. de Dalence (Oruro).

huanuqueño, ña adj. y s. De Huánuco (Perú).

huapango m. *Méx.* Fiesta popular, típica de Veracruz. | Música, baile y cantos de esa fiesta.

Huara, v. de Chile (Tarapacá).

huarache m. *Méx.* Guarache.

Huarás, c. del Perú, en los Andes, cap. de la prov. de su n. y del dep. de Ancash. Terremoto en 1970.

huarasino, na adj. y s. De Huarás (Perú).

Huari, c. del Perú, cap. de la prov. homónima (Ancash). Terremoto en 1970.

Huarochirí, prov. del Perú (Lima) ; cap. *Matucana.*

Huáscar, emperador inca del Perú, m. en 1532, hijo de Huayna Cápac y hermano de Atahualpa.

Huáscar, monitor peruano que se cubrió de gloria en la batalla naval de la bahía de Angamos contra los chilenos (1879). Su comandante, Miguel Grau, murió a bordo de la nave.

Huascarán, nevado del Perú, en la Cord. Blanca (Ancash), punto culminante del país; 6 780 m.

Huasco, dep., com. y río de Chile (Atacama).

huasipungo m. *Ecuad.* Tierra que reciben los jornaleros del campo además de su jornal.

huaso, sa adj. y s. *Amer.* Guaso.

huasteca, huaxteca o **huazteca** adj. y s. Individuo de un pueblo indígena del ant. México, de raza maya. (Los *huastecas* vivían en la región costera del Atlántico.)

Huasteca, región de México entre la Sierra Madre Oriental y el golfo de México (Estados de Puebla, Veracruz, Hidalgo, Tamaulipas y San Luis Potosí). Petróleo.

Huata, c. y puerto de Bolivia, en el lago Titicaca.

Huatusco, c. y mun. de México (Veracruz).

Huautla, sierra de México (Morelos y Guerrero).

Huaxtecapán, ant. señorío huasteca de México, tributario del Imperio Azteca.

huayco m. *Per.* Alud de piedras y lodo.

Huaylas, prov. del Perú (Ancash) ; cap. *Carás.* Terremoto en 1970.

Huayna Cápac, emperador inca del Perú desde 1493, m. en 1525. Agrandó el Imperio e impulsó las obras públicas. A su muerte dividió sus Estados entre sus dos hijos Huáscar y Atahualpa.

Huayna Potosí, pico andino de Bolivia (La Paz) ; 5 225 m.

hucha f. Arca grande. || Alcancía. || *Fig.* Ahorros.

Huddersfield, c. de Inglaterra (Yorkshire). Textiles.

Hudson, río del NE. de Estados Unidos, que des. en Nueva York; 500 km. || ~ (BAHÍA o MAR DE), mar interior en el N. del Canadá. Comunica con el Atlántico por medio del estrecho homónimo.

Hudson (Guillermo Enrique) escritor y naturalista argentino (1840-1922), autor de *El ombú.* || ~ (HENRY), navegante inglés del s. XVI. Descubrió el estrecho y la bahía que llevan su nombre (1610). M. en 1611.

hue, elemento que entra en varias voces americanas, que a veces toman la forma de *güe.*

Hué, c. del Viet Nam del Sur.

huebra f. Tierra labrada por una yunta en un día. || Yunta de mulas alquiladas a la jornada.

hueco, ca adj. Vacío, que tiene una cavidad interior: *pared hueca.* || *Fig.* Orgulloso, presumido: *hombre hueco.* || De sonido retumbante y profundo: *sonido hueco; voz hueca.* | Vacío, sin ideas: *cabeza hueca; discurso hueco.* | Afectado: *estilo hueco.* || Mullido, esponjoso: *tierra, lana hueca.* || — M. Cavidad: *aquí hay un hueco.* || Intervalo de tiempo o lugar: *encontrar un hueco en sus ocupaciones.* || *Fig.* y *fam.* Empleo o puesto vacante: *en la oficina hay varios huecos.* || *Arq.* Abertura en una pared. || *Grabado en hueco* o (fam.) *hueco,* huecograbado.

huecograbado m. *Impr.* Heliograbado en hueco sobre cilindros de cobre para reproducirlo en máquina rotativa. || Este grabado.

Huehuecoyotl, dios de la Danza entre los aztecas.

huehuenches m. pl. *Méx.* Güegüenches.

huehueteco, ca adj. y s. De Huehuetenango (Guatemala).

Huehuetenango, c. de Guatemala, cab. del dep. homónimo.

huehuetl m. Instrumento músico de percusión de los indígenas mexicanos.

huélfago m. Enfermedad de los animales que dificulta la respiración.

huelga f. Interrupción concertada del trabajo que hacen los obreros para obligar a los patronos a ceder ante sus reivindicaciones: *declararse en huelga.* || Recreación, juerga. || — *Huelga de brazos caídos o de brazos cruzados,* la realizada sin abandonar el lugar de trabajo. || *Huelga del hambre,* la que consiste en privarse de alimento para así llamar la atención de las autoridades sobre lo que se reivindica. || *Huelga escalonada* o *alternativa,* la que afecta sucesivamente a cada uno de los departamentos de una empresa, pero nunca a todos juntos. || *Huelga general,* la que se extiende a todos los ramos de la producción. || *Huelga revolucionaria,* la violenta y declarada con fines políticos. || *Huelga salvaje,* la efectuada bruscamente en el lugar de trabajo.

Huelgas (*Monasterio de Las*), monasterio cisterciense, cerca de Burgos, fundado por Alfonso VIII de Castilla (1187).

huelguista m. Persona que toma parte en una huelga.

huelguístico, ca adj. Relativo a la huelga.

Huelva, c. y puerto del SE. de España, en Andalucía, cap. de la prov. homónima. Está en la desembocadura de los ríos Tinto y Odiel. Obispado. Llamada *Onuba* por los romanos.

huelveño, ña adj. y s. De Huelva. (Relativo a la c. se dice tb. *onubense.*)

huella f. Señal que deja el pie: *se ven huellas en la nieve.* || *Fig.* Marca, vestigio: *huella de una herida.* || — *Huella digital* o *dactilar,* marca dejada por la yema de los dedos, utilizada para identificar a las personas. || *Fig. Seguir las huellas de uno,* imitarle.

huello m. Sitio o terreno que se pisa: *un camino de buen huello.* || Acción de pisar el caballo. || Parte inferior del casco del animal.

huembé m. *Amer.* Bejuco muy resistente.

huemul m. *Arg.* y *Chil.* Ciervo que vive en los Andes.

huérfano, na adj. Dícese del niño que se ha quedado sin padre o sin madre o que ha perdido a los dos: *quedó huérfano a los nueve años.* Ú. t. c. s.: *un huérfano de guerra.* || *Fig.* Falto de alguna cosa: *quedar huérfano de amparo.*

huero, ra adj. Que no produce cría: *huevo huero.* || *Fig.* Vacío: *mentalidad huera.* || *Guat.* y *Méx.* Güero, rubio. || — *Fig. Salir huera una cosa,* fracasar, salir mal.

huerta f. Huerto grande. || Llanura bien irrigada donde se practica el cultivo intensivo: *la huerta de Murcia.*

Huerta, cord. en los Andes de la Argentina (San Juan).

Huerta (Vicente GARCÍA DE LA). V. GARCÍA. || ~ (VICTORIANO), general mexicano (1845-1916). Derrocó a Madero y fue pres. de la Rep. (1913).

huertano, na adj. y s. Dícese del habitante de las comarcas de regadío, como Murcia, Valencia, etc., llamadas *huertas.*

huerto m. Terreno de poca extensión donde se cultivan verduras, legumbres y frutales: *una casa con un pequeño huerto detrás.*

huesa f. Sepultura.

Huesca, c. en NE. de España (Aragón), en las faldas de los Pirineos; cap. de la prov. homónima. Obispado. Llamada *Osca* por los romanos.

Huéscar, c. de España (Granada), al E. de la sierra homónima.

hueso m. Cada una de las piezas duras que forman el esqueleto de los vertebrados. || Materia que las constituye. || Parte dura interior que contiene la semilla de ciertos frutos: *hueso de cereza, de melocotón.* || *Fig.* y *fam.* Cosa trabajosa: *este trabajo es un hueso.* | Persona de carácter desagradable y trato difícil: *este capitán es un hueso.* | Asignatura muy difícil. || — Pl. *Fam.* Manos: *toca esos huesos.* || — *Fig. Estar en los huesos,* estar sumamente flaco. || *Fam. Estar por los huesos de alguien,* estar muy enamorado. || *Hueso de santo,* rollito de pasta de almendra relleno de yema. || *Fam. La sin hueso*, la lengua. | *No dejar a uno hueso sano*, murmurar de alguien. | *Soltar la sin hueso*, hablar sin parar.

huésped, da m. y f. Persona que se hospeda en casa ajena o en un establecimiento hotelero. || Animal o planta en cuyo cuerpo se aloja un parásito: *el hombre es el huésped de la lombriz solitaria.* || *Casa de huéspedes*, establecimiento hotelero de categoría modesta, utilizado generalmente por clientes estables.

— OBSERV. *Huésped* también se aplica a la persona que recibe a alguien en su casa o al hotelero que aloja a sus clientes. Sin embargo, estos significados, anticuados ambos, tienden a desaparecer, dada la confusión que crean por el hecho de referirse a conceptos diametralmente opuestos a los que aquí consignamos.

hueste f. Ejército en campaña: *las huestes del Cid.* || *Fig.* Grupo de seguidores.

huesudo, da adj. Que tiene mucho hueso.

hueva f. Masa de huevecillos de ciertos peces.

huevar v. i. Empezar las aves a poner huevos.

huevera f. Vendedora de huevos. || Conducto membranoso que tienen las aves, desde el ovario hasta cerca del ano, y en el cual se forman los huevos. || Huevero.

huevería f. Tienda del huevero.

huevero m. Comerciante en huevos || Recipiente pequeño donde se coloca el huevo pasado por agua para comerlo.

huevo m. *Biol.* Célula resultante de la unión del gameto masculino con el femenino y que por división producirá un nuevo ser, animal o vegetal. | Cuerpo orgánico que contiene el germen o embrión del nuevo individuo, producido por las hembras de muchos animales: *huevos de reptiles, insectos y peces.* | El de las aves domésticas: *huevos de gallina, de paloma.* || Trozo de madera de forma ovoide que se utiliza para zurcir medias y calcetines. || — *Fig. Andar pisando huevos*, andar con mucho cuidado, apenas posando el pie en el suelo. | *No es tanto por el huevo sino por el fuero*, es una cuestión de principios. | *Parecerse como un huevo a una castaña*, ser totalmente diferentes.

Huexotla, pobl. de México, en el Est. de este n. Restos aztecas.

Hufuf, c. de Arabia Saudita, cap. de la prov. de Hasa.

Hughes (David Edward), físico norteamericano, n. en Londres (1831-1900), inventor del micrófono, de un telégrafo inscriptor, el micrófono, etc.

Hugli o **Hooghly,** brazo occidental del delta del Ganges, que pasa por Calcuta (India); 250 km.

Hugo (Victor), escritor francés, n. en Besanzón (1802-1885). Poeta clásico en sus principios, adoptó posteriormente los metros románticos (*Odas y baladas, Las Orientales, Las voces interiores*, etc.), cultivó el teatro (*Cromwell, Hernani, Ruy Blas, Los Burgraves*, etc.) y escribió novelas (*Los miserables, Nuestra Señora de París*, etc.). || **~ Wast.** V. WAST.

Hugo Capeto (¿941?-996), rey de Francia en 987, jefe de la dinastía de los Capetos.

hugonote adj. y s. Calvinista.

Huguet (Jaume), pintor español (1415-1492), uno de los principales primitivos catalanes, autor de grandes retablos (*Santos Abdón y Senén, el Condestable de Portugal*, etc.).

Huhehot, c. de China, cap. de Mongolia Interior.

hui, elemento que entra en varias voces americanas y a veces adopta la forma *güi.*

huichol adj. y s. Indígena mexicano que vive en Jalisco y Nayarit.

huida f. Acción de huir, de escaparse: *la huida de Egipto.* || *Fig.* Pretexto, escapatoria. || *Equit.* Movimiento brusco del caballo apartándose de la dirección correcta.

huidizo, za adj. Que tiende a huir: *animal huidizo.*

Huidobro (Vicente), poeta chileno, n. en Santiago (1893-1948), fundador de la escuela creacionista. Autor de *Poemas árticos, Ecuatorial, Altazor*, etc.

Huila, nevado de Colombia, en la Cord. Central, entre los dep. de Cauca, Huila y Tolima; 5 750 m. — Dep. de Colombia en el valle del Alto Magdalena: cap. *Neiva.*

huilacapitztli m. Pequeña flauta de hueso o barro usada por los indígenas mexicanos.

huilense adj. y s. De Huila.

huincha f. *Amer.* Cinta.

huinche m. *Amer.* Güinche.

huipil m. *Amer.* Güipil.

* **huir** v. i. Alejarse rápidamente: *los vecinos huyeron del fuego.* || Escaparse de un sitio donde se estaba encerrado. || Evitar: *huir de alguno; huir de ir a hacer visitas.* || *Fig. Huir el cuerpo*, hurtarlo.

huira f. *Amer.* Güira.

Huiracocha. V. VIRACOCHA.

huistacluache m. Puerco espín americano.

Huitzilihuitl, segundo rey de los aztecas de 1396 a 1417.

Huitzilopóchtli, dios azteca de la Guerra, el principal y más venerado de todos los dioses.

huitznahua adj. y s. Miembro de uno de los seis clanes superiores de los aztecas.

Huízar (Candelario), compositor y musicólogo mexicano (1888-1970), autor de obras sinfónicas.

hujier m. Ujier.

hule m. Caucho o goma elástica. || Tela impermeable, pintada y barnizada: *los tricornios de los guardias civiles son de hule.* || *Fam.* Mesa de operaciones. || *Fig. Ha habido hule*, ha corrido la sangre.

hulero m. *Amer.* Trabajador que recoge el caucho o hule.

Hull, c. y condado del Canadá (Quebec). Industrias.

hulla f. *Min.* Carbón fósil procedente de vegetales que han sufrido una transformación a través de las eras geológicas; se le llama también *carbón de piedra.* || *Hulla blanca*, energía obtenida a partir de los saltos de agua.

hullero, ra adj. Relativo a la hulla: *cuenca hullera.*

Humacao, c. y distr. de Puerto Rico cerca de la costa oriental.

Humahuaca, sierra y pobl. de la Argentina (Jujuy).

Humaitá, pobl. del Paraguay (Ñeembucú). Se distinguió por su heroica resistencia en la guerra contra la Triple Alianza (1868).

humaiteño, ña adj. y s. De Humaitá (Paraguay).

humanar v. t. Humanizar (ú. t. c. pr.). || — V. pr. Hacerse hombre el Verbo divino.

humanidad f. Naturaleza humana. || Género humano: *benefactor de la humanidad.* || Bondad, compasión, benevolencia: *tratar a todos con humanidad.* || *Fam.* Corpulencia: *hombre de fuerte humanidad.* | Muchedumbre: *este cuarto huele a humanidad.* || — Pl. Letras humanas: *estudiar humanidades.*

humanismo m. Conjunto de tendencias intelectuales y filosóficas cuyo objetivo es el desarrollo de las cualidades esenciales del hombre. || Movimiento intelectual que se desarrolló en Europa durante el s. XVI para renovar el estudio de la lengua, literatura y civilización clásicas.

humanista com. Filósofo que funda su doctrina en el desarrollo de las cualidades esenciales del hombre. || Persona versada en las letras humanas. || Escritor perteneciente al movimiento llamado *humanismo: Erasmo fue un humanista.* || — Adj. Relativo al humanismo: *doctrina humanista.*

humanístico, ca adj. Del humanismo o de las humanidades.

humanitario, ria adj. Que mira o se refiere al bien del género humano: *tomar medidas humanitarias.* || Humano, compasivo: *un juez humanitario.*

humanitarismo m. Humanidad, sensibilidad para los males ajenos.

humanización f. Acción de humanizar.

humanizar v. t. Volver más humano (ú. t. c. pr.).

humano, na adj. Del hombre: *el cuerpo humano.* || Propio de los hombres: *es una reacción humana.* || Compasivo, caritativo: *mostrarse humano con los demás.* || — *El género humano*, el conjunto de los hombres. || *Letras humanas*, literatura, particularmente la griega y romana.

humarada y **humarasca** f. *Amer. C.* Humareda.

humarazo m. Humazo.

humareda f. humo.

humazo m. Humo espeso. || *Fig.* y *fam. Darle humazo a uno*, ahuyentarlo del lugar donde va.

Humber, estuario formado en la costa E. de Inglaterra por la confluencia de los ríos Derwent, Ouse, Don y Trent.

Humberto || **~ I** (1844-1900), rey de Italia en 1878, hijo de Víctor Manuel II. M. asesinado. || **~ II,** n. en 1904, rey de Italia en mayo de 1946. Abdicó después del referéndum favorable a la República. Era hijo de Víctor Manuel III.

Humboldt, región del O. de Estados Unidos (Nevada). — Monte de Estados Unidos (Colorado); 4 283 m. — Cima de Venezuela; 4 942 m, en la Sierra Nevada de Mérida. || **~** (CORRIENTE DE), corriente fría del Pacífico que bordea, de Sur a Norte, las costas de Chile y Perú.

Humboldt (Wilhelm, *barón von*), filólogo, escritor y político alemán (1767-1835). — Su hermano ALEXANDER (1769-1859) fue geógrafo y naturalista y emprendió un viaje de exploración científica, en unión de Aimé Bonpland, por América, de 1799 a 1804. Relató el resultado de su expedición en varios libros.

Hume (David), filósofo e historiador escocés (1711-1776), creador del empirismo y autor de *Ensayo sobre el entendimiento humano* y *Ensayos morales y políticos.*

humeante adj. Que humea.

humear v. i. Exhalar, echar de sí humo: *carbón que humea.* || Arrojar una cosa vaho parecido al humo: *humear la sangre.* || *Fig.* Quedar restos de algo pasado. || Vanagloriarse, enorgullecerse.

humectación f. Humedecimiento.

humectador m. Aparato que satura de humedad la atmósfera. | Cualquier aparato que sirve para humedecer.

humectar v. t. Humedecer.

humedad f. Estado de lo que es húmedo. || Agua de que está impregnado un cuerpo: *la humedad del ambiente.*

* **humedecer** v. t. Volver húmedo (ú. t. c. pr.).

humedecimiento m. Acción y efecto de humedecer.

húmedo, da adj. Impregnado de un líquido o de vapor: *aire húmedo; ropa húmeda.* || Con mucha lluvia: *clima húmedo.*

humera f. *Fam.* Borrachera. (Se suele aspirar la *h.*)

humeral adj. *Anat.* Relativo al húmero: *arteria humeral.* || — M. Paño blanco que reviste el sacerdote y en cuyos extremos envuelve las manos, para tomar la custodia o copón.

humero m. Cañón de las chimeneas por donde sale el humo.

húmero m. *Anat.* Hueso del brazo que se articula en la escápula y el codo.

Humeya (Aben). V. ABEN.

humildad f. Virtud opuesta al

orgullo. ‖ Modestia. ‖ Sumisión: *solicitar algo con humildad.*

humilde adj. Que da muestra de humildad: *un humilde siervo de Dios.* ‖ De muy modesta condición: *ser de humilde cuna.* Ú. t. c. s.: *favorecer a los humildes.*

humillación f. Acción y efecto de humillar o de humillarse. ‖ Afrenta: *sufrir una humillación.*

humilladero m. Cruz o imagen religiosa que hay a la entrada de algunos pueblos.

humillador, ra adj. Que humilla.

humillante adj. Degradante: *acción humillante.*

humillar v. t. Bajar, abatir: *humillar el orgullo.* ‖ Bajar, doblar una parte del cuerpo en señal de reverencia o sumisión: *humillar la frente, la cabeza.* ‖ Avergonzar, rebajar a alguien en su dignidad: *humillar al insolente.* ‖ — V. pr. Rebajarse voluntariamente: *humillarse ante los poderosos.*

humillo m. Vanidad, orgullo.

humita f. *Per. Chil* y *Arg.* Pasta a base de maíz tierno rallado, pimientos y tomates o grasa y azúcar, que se cuece en agua hirviendo envuelta en la hoja verde de la mazorca, recalentándolo después de frío en el rescoldo.

humitero, ra m. y f. Persona que fabrica o vende humitas.

humo m. Mezcla de gases, de vapor de agua y de partículas tenues de carbón que se desprende de los cuerpos en combustión. ‖ Vapor que se desprende de un líquido caliente o cualquier cosa que fermenta. ‖ — Pl. Hogares: *aldea de cien humos.* ‖ *Fig.* Vanidad, presunción: *¡cuántos humos tiene!* ‖ — *Fig.* y *fam. A humo de pajas,* sin reflexión, con ligereza. | *Bajarle a uno los humos,* humillarle. | *Subirle a uno el humo a las narices,* enfadarse, irritarse. | *Subírsele a uno los humos a la cabeza,* volverse muy presumido.

humor m. Cualquiera de los líquidos del cuerpo del animal, como la sangre, la bilis. ‖ *Fam.* Pus, materia, etc. ‖ *Fig.* Estado de ánimo: *tener buen* (o *mal*) *humor.* | Gracia, agudeza: *hombres de humor.* ‖ *Humor ácueo,* líquido incoloro y transparente entre la córnea y el cristalino del ojo. ‖ *Humor negro,* gracia que se basa en presentar como jocosos asuntos que por su naturaleza son muy serios. ‖ *Humor vítreo,* masa gelatinosa y transparente en la membrana hiloidea de detrás del cristalino. ‖ *Seguirle el humor a uno,* fingir estar de acuerdo con lo que dice.

humorado, da adj. *Bien, mal humorado,* de buen, de mal humor. ‖ — F. Chiste: *decir humoradas.* ‖ Capricho: *le ha dado la humorada al coronel de tocar diana a las 5.*

humoral adj. Relativo a los humores del cuerpo.

humorismo m. Estilo literario en que se hermanan la gracia con la ironía y lo alegre con lo triste.

humorista adj. Dícese del autor en cuyos escritos predomina el humorismo. ‖ — M. Autor de canciones satíricas.

humorístico, ca adj. Relativo al humorismo en literatura. ‖ Satírico y gracioso: *caricatura humorística.*

humour [*jiumur*] f. (pal. ingl.). Ironía.

humus m. *Agr.* Sustancia coloidal de aspecto negruzco que resulta de la descomposición parcial de los desechos vegetales y animales; se llama también *mantillo.*

Hunab Ku, en el panteón maya, creador del universo.

Hunac Ceel, gobernador de Mayapán, que en 1194 luchó contra Chichén Itzá ayudado por mercenarios aztecas.

Hunan, prov. montañosa del S. de China; cap. *Changsha.*

hundimiento m. Acción y efecto de hundir o hundirse. ‖ Depresión: *hundimiento del terreno.*

HUNGRÍA

hundir v. t. Meter en lo hondo: *hundir un puñal en el pecho.* ‖ Hacer bajar el nivel de algo: *las lluvias han hundido el terreno.* ‖ Echar a pique: *hundir un barco* (ú. t. c. pr.). ‖ *Fig.* Abrumar, abatir: *la muerte de su padre le hundió.* | Arruinar: *hundir un negocio* (ú. t. c. pr.). | Perjudicar mucho: *su mala actuación le hundió.* | Enflaquecer: *hundir las mejillas* (ú. t. c. pr.). ‖ — V. pr. Sucumbir: *hundirse un imperio.* ‖ Derrumbarse, desplomarse: *la techumbre se ha hundido.*

húngaro, ra adj. y s. De Hungría. ‖ — M. Lengua hablada por los húngaros. ‖ Magiar.

Hungría, rep. popular de Europa Central, situada entre Checoslovaquia, Austria, Yugoslavia, Rumania y la U.R.S.S.; 93 300 km²; 10 256 000 h. (*húngaros*). Cap. *Budapest,* 1 951 000 h. (con los suburbios); otras c.: *Miskolc,* 178 000 h.; *Debrecen,* 144 000; *Pecs,* 132 000; *Szeged,* 136 500; *Kecskemet,* 87 000; *Györ,* 74 000, y *Nyiregyhaza,* 50 000.

— GEOGRAFÍA. Se distinguen cuatro regiones: al O., el *Kis Alföld,* zona agrícola; una cadena de elevaciones hacia el SO.-NO.; la *Transdanubia,* al SE. del lago Balatón y el *Alföld,* al E. del Danubio, gran llanura o "puszta". Agricultura; ganadería. Las riquezas del subsuelo alimentan una industria en plena expansión.

— HISTORIA. Los magiares, de raza asiática, llegaron a la llanura húngara en el s. IX. La primera dinastía formada por ellos desapareció en 1301. Después, gran parte del país cayó bajo la dominación turca (1526) y posteriormente reinaron príncipes de la Casa de Habsburgo (1699). El país trató en vano de recuperar su independencia con la revolución de 1848, acaudillada por Kossuth. En 1867 obtuvo cierta autonomía con el *régimen dualista* austrohúngaro, que acabó en 1918. A la dictadura de Bela Kun (1919) sucedió como regente el almirante Horthy (1921). En 1946 se estableció una república popular de tipo comunista, cuyos métodos provocaron en 1956 un movimiento general de protesta, dominado por las fuerzas de la Unión Soviética.

huno, na adj. y s. Individuo de un pueblo bárbaro de raza mongólica establecido en Asia Central. (Los *hunos* invadieron Europa al mando de Atila en el s. V.) [V. ATILA.]

Hunt (William Holman), pintor prerrafaelista inglés (1827-1910).

Huntington (Archer Milton), hispanista norteamericano (1870-1955), fundador de la *Hispanic Society of America* (1904).

Hunyadi o **Hunyada** o **Huniades,** ant. familia húngara. Uno de sus miembros, JUAN CORVINO (¿1387?-1456), defendió Belgrado contra los turcos. — Su hijo MATEO, llamado *Matías Corvino,* fue rey de Hungría. (V. CORVINO.)

Hupé o **Hupéh,** prov. en el centro de China; cap. *Wuchan.* C. pr. *Hankeu.*

huracán m. Viento violento e impetuoso que, a modo de torbellino, gira en grandes círculos. ‖ *Fig.* Vendaval, viento fuerte.

huracanado, da adj. Violento como el huracán.

huraño, ña adj. Que huye de las gentes, poco sociable: *tiene un carácter muy huraño.*

Hurdes (Las), región montañosa de España (Extremadura), al N. de la prov. de Cáceres.

hurgador, ra adj. Que hurga. ‖ — M. Hurgón.

hurgar v. t. Menear o remover: *hurgar la lumbre.* ‖ Tocar: *hurgar un mecanismo.* ‖ Fisgar: *hurgar en los papeles de uno.* ‖ *Fig.* Picar, azuzar.

hurgón m. Instrumento de hierro para atizar la lumbre.

hurgonada f. Acción de hurgonear o menear.

hurgonear v. t. Revolver con el hurgón.

hurí f. Beldad del paraíso de Mahoma. (Pl. *huríes.*)

hurón m. Mamífero carnívoro del género de la comadreja, que se emplea para cazar conejos. ‖ *Fig.* y *fam.* Persona curiosa que todo lo averigua. | Persona muy huraña.

hurón, ona adj. y s. Indio de América del Norte (Ontario).

Huron, gran lago de América, entre el Canadá y Estados Unidos; 61 600 km².

huronear v. i. Cazar con hurón. ‖ *Fig.* y *fam.* Meterse a escudriñar vidas ajenas.

huronera f. Lugar en que se mete el hurón. ‖ *Fig.* y *fam.* Guarida, madriguera, escondrijo.

huroniano, na adj. *Geol.* Aplícase a la parte superior del terreno primitivo en el Canadá y en Escandinavia.

¡hurra! interj. Expresa admiración, entusiasmo o alegría.

hurtadillas (a) adv. Furtivamente, sin que nadie lo note: *se marchó a hurtadillas.*

Hurtado (Juan), escritor español (1875-1944), autor, en colaboración con Ángel González Palencia, de *Historia de la literatura española.* ‖ **~ de Mendoza** (ANDRÉS), gobernante español, m. en 1561. Virrey del Perú de 1556 hasta su muerte. Fue marqués de Cañete. — Su hijo GARCÍA (1535-1609) fue gobernador de Chile, donde derrotó a Caupolicán, y virrey del Perú de 1589 a 1596. ‖ **~ de Mendoza** (ANTONIO), dramaturgo español (1586-1644), autor de *Cada loco con su tema, El marido hace mujer,* etc. ‖ **~ de Mendoza** (DIEGO), escritor español (1503-1575). Fue embajador de Carlos V en Venecia y asistió al Concilio de Trento. Escribió poesías al gusto italiano y *La guerra de Granada,* obra en prosa en la que relata la sublevación de los moriscos en Las Alpujarras. || **~ de Toledo** (LUIS), poeta bucólico español (¿1523-1590), autor de *Las trescientas.*

hurtar v. t. Robar sin intimidación ni violencia: *hurtar fruta.* || *Fig.* Apartar, esquivar, alejar: *hurtar el cuerpo.* || — V. pr. *Fig.* Desviarse, ocultarse: *hurtarse a los ojos de la policía.* | Zafarse, librarse.

hurto m. Robo sin violencia. || Cosa hurtada.

husada f. Porción de lino, de lana o de cáñamo que, ya hilada, cabe en el huso.

húsar m. Soldado de un antiguo cuerpo de caballería ligera vestido a la húngara: *húsar de Pavía.*

husillo m. Tornillo de una prensa. || Conducto para desaguar un terreno inundado.

husita adj. y s. Adepto del reformador Juan Huss.

husma f. Husmeo. || *Fig.* y *fam. Andar a la husma,* buscar, indagar.

husmeador, ra adj. y s. Que husmea.

husmear v. t. Oler, olfatear. || *Fig.* y *fam.* Indagar, curiosear: *esta mujer siempre está husmeando.* | Presentir: *husmear el peligro.* || — V. i. Empezar a oler mal las carnes a causa de la descomposición.

husmeo m. Acción de husmear.

husmo m. Olor que se desprende de la carne algo manida. || — *Fig. Estar al husmo,* estar al acecho.

huso m. Palo para hilar. || Instrumento para devanar la seda. || *Blas.* Losange largo y estrecho. || Cilindro de un torno de mano. || — *Geom. Huso esférico.* Parte de la superficie de una esfera comprendida entre dos mitades de círculo máximo de diámetro común. || *Huso horario,* cada uno de los veinticuatro husos geométricos de una amplitud de 15° en que se divide convencionalmente la esfera terrestre y en los cuales la hora legal es la misma.

Huss o **Hus** (Jan), reformador checo (1369-1415). Adoptó la doctrina de Wiclef y fue excomulgado por el papa Alejandro V. Se le condenó a morir en la hoguera.

Hussein, rey de Jordania en 1952, n. en 1935.

Husserl (Edmund), filósofo alemán (1859-1938), partidario del método de la *fenomenología pura* (ciencia de la esencia).

hutia f. Jutia.

Hutten (Felipe de), último gobernador alemán de Venezuela designado por los Welser. M. asesinado en 1546 por Carvajal.

Huxley (Thomas Henry), fisiólogo inglés (1825-1895), defensor del transformismo. — Su nieto ALDOUS (1894-1963) fue novelista, ensayista y poeta, autor de los relatos *Contrapunto, Un mundo feliz, Ciego en Gaza, Eminencia gris,* etc.

¡huy! interj. Expresa dolor, melindre, asombro o admiración.

Huygens (Christiaan), físico, matemático y astrónomo holandés (1629-1695). Inventó el muelle espiral para los relojes.

Huysmans (Joris-Karl), novelista francés (1848-1907).

Hyderabad, ant. Est. de la India, en el Decán, cuya cap. era *Hyderabad,* hoy *Haidarabad.* — C. y prov. del Paquistán Occidental (Sind).

Hyères, c. del SE. de Francia (Var), en el litoral Mediterráneo, frente a las islas homónimas.

Hz, símbolo internacional del *hertz,* unidad que mide la frecuencia.

Iceberg

i f. Décima letra del alfabeto castellano y tercera de sus vocales. ‖ — **I,** cifra romana que vale uno ‖ Símbolo químico del *yodo.* ‖ *Fam. Poner los puntos sobre las íes,* hablar de manera muy clara sin lugar a dudas.

Ibadán, c. del O. de Nigeria. Obispado. Universidad.

Ibagué, c. de Colombia en la vertiente E. de la Cord. Central; cap. del dep. de Tolima. Arzobispado. Universidad.

ibaguereño, ña adj. y s. De Ibagué (Colombia).

Ibáñez (Roberto), político y poeta uruguayo, n. en 1907, autor de *La danza de los horizontes, Mitología de la sangre,* etc. ‖ **~** (SARA DE), poetisa uruguaya (1910-1971); autora de *Canto, Hora ciega, Pastoral,* etc. ‖ **~ del Campo** (CARLOS), general y político chileno (1877-1960), pres. de la Rep. de 1927 a 1931 y de 1952 a 1958.

Ibarbourou (Juana FERNÁNDEZ llamada **Juana de**), poetisa uruguaya, n. en Melo en 1895. De tendencia modernista, ha cantado en su obra el amor y la pasión (*Las lenguas de diamante, Raíz salvaje, La rosa de los vientos* y *El cántaro fresco,* poema en prosa). Se le ha dado el título de *Juana de América.*

Ibarra, c. del Ecuador, cap. de la prov. de Imbabura. Obispado. Fundada en 1606.

ibarreño, ña adj. y s. De Ibarra (Ecuador).

Ibarruri (Dolores), llamada *la Pasionaria,* político comunista español, n. en 1895.

Ibarzábal (Federico de), poeta y novelista cubano (1894-1953).

Iberá, laguna de la Argentina (Corrientes).

Iberia, ant. n. de *España.* — Ant. país de Asia, al S. del Cáucaso.

Ibérica (PENÍNSULA), conjunto geográfico formado por España y Portugal.

ibérico, ca adj. Ibero, relativo a Iberia: *arte ibérico.*

Ibérico (SISTEMA), conjunto de macizos montañosos de España, que va de NO. al SE. y separa la cuenca del Ebro de la meseta de Castilla. Formado por la sierra de la Demanda, sierras Cebollera y de Urbión, Moncayo, montes Universales y sierra de Albarracín.

iberio, ria adj. y s. Ibérico. ‖ Ibero.

ibero, ra adj. y s. De Iberia. (El *ibero* era un pueblo que habitó en España, la Galia meridional o del S. y las costas de Italia del Norte.)

Iberoamérica, conjunto de países de América que fueron dominios de España y Portugal

iberoamericano, na adj. y s. De Iberoamérica.

Iberville [*-vil*] (Pierre LE MOYNE D'), marino francés (1661-1700), fundador de la colonia de Luisiana.

íbice m. Cabra montés.

ibicenco, ca adj. y s. De Ibiza.

Ibicuy, pobl. y puerto de la Argentina (Entre Ríos).

ibídem adv. lat. que significa *allí mismo* o *en el mismo lugar.*

ibis f. Ave zancuda de pico largo. (Fue venerada por los ant. egipcios.)

Ibiza, isla de España en el archip. balear, al SO. de Mallorca; 624 km². — C. de España (Baleares), cap. de la isla homónima. Obispado. Centro turístico.

ibn, palabra árabe que significa *hijo.* (Se dice también *ben.*)

Ibn Saud o **Ibn Seud,** rey de Arabia Saudita (¿1887?-1953), elevado al trono en 1932. Fue rey de Hedjaz en 1927.

Ibrahim Bajá, virrey de Egipto (1789-1848). Luchó contra Grecia (1827) y conquistó Siria (1833), que abandonó más tarde.

Ibsen (Henrik), dramaturgo noruego (1828-1906), autor de dramas filosóficos y sociales (*Peer Gynt, Casa de muñecas, El pato salvaje, Hedda Gabler,* etc.). Ejerció una gran influencia en su tiempo.

Ica, río del Perú, que des. en el Pacífico; 193 km. — C. del Perú, cap. de la prov. y del dep. homónimos. Obispado. Vinos. Algodón.

Icaria, isla griega del mar Egeo, al O. de Samos. — Colonia socialista fundada en Texas (1848) por E. Cabet.

icariense adj. y s. De Icaria.

icario, ria adj. Relativo a Ícaro o a Icaria.

Ícaro, hijo de Dédalo, que escapó del laberinto de Creta con unas alas pegadas a los hombros con cera. El Sol derritió la cera e Ícaro cayó al mar. *(Mit.)*

Icaza (Francisco de Asís de), poeta y escritor mexicano (1863-1925), autor de estudios cervantinos y de versos (*Efímeras, Lejanías,* etc.). ‖ **~ Coronel** (JORGE), escritor ecuatoriano, n. en 1906, autor de la célebre novela *Huasipungo* y de *Barro de la Sierra, Cholos,* etc.

Icazbalceta. V. GARCÍA ICAZBALCETA.

iceberg m. (pal. ingl.). Masa de hielo flotante en los mares polares, desprendida de un glaciar.

icneumón m. Mangosta adorada por los antiguos egipcios. ‖ Insecto himenóptero cuya larva es parásita de otros insectos.

icnografía f. *Arq.* Delineación de la planta de un edificio.

Iconio, ant. n. de *Konia.*

icono m. En la Iglesia ortodoxa, imagen sagrada.

iconoclasta adj. y s. Dícese de los miembros de una secta que proscribía el culto a las imágenes. ‖ *Fig.* Que no respeta los valores tradicionales: *escritor iconoclasta.*

iconografía f. Estudio de las obras de arte, de sus orígenes y significado. ‖ Álbum de imágenes o reproducciones artísticas.

iconográfico, ca adj. Relativo a la iconografía.

iconólatra adj. y s. Que adora las imágenes.

iconolatría f. Adoración de las imágenes.

iconología f. Interpretación de los atributos y símbolos con que se representan los personajes mitológicos.

iconoscopio m. Tubo electrónico para la toma de vistas, que forma parte de las cámaras de televisión.

icosaedro m. *Geom.* Sólido limitado por veinte caras. ‖ *Icosaedro regular,* aquel cuyas caras son triángulos equiláteros iguales.

ictericia f. *Med.* Enfermedad producida por la presencia en la sangre de pigmentos biliarios y caracterizada por la amarillez de la piel y de las conjuntivas.

ictérico, ca adj. y s. *Med.* Relativo a la ictericia o que la padece.

ictíneo adj. Semejante al pez. ‖ — M. Buque submarino inventado por el español Narciso Monturiol.

Ictinos, arquitecto griego de mediados del s. v. a. de J. C. Constructor del Partenón.

ictiofagia f. Hábito de alimentarse exclusivamente de pescado.

ictiófago, ga adj. y s. Que se alimenta a base de pescado.

ictiología f. Parte de la zoología que estudia los peces.

ictiólogo m. Especialista en ictiología.
ictiosauro m. Reptil fósil con aspecto de tiburón de unos 10 m de largo, que vivió en la era secundaria.
ictus m. *Med.* Afección repentina que produce la caída del enfermo.
Ichal Amoyac, soberano indio que en la primera mitad del s. XV habitaba en lo que actualmente es Guatemala.
iches adj. y s. m. En Yucatán (México), gemelos.
Ichilo, prov. de Bolivia (Santa Cruz); cap. *Buena Vista.*
icho o **ichu** m. Planta gramínea de América, común en los páramos de los Andes: *el icho es combustible.*
ida f. Acción de ir de un lugar a otro: *billete de ida y vuelta.* ‖ *Fig.* Ímpetu, acometida. ‖ *Idas venidas,* actividad de la persona que va a muchos sitios para hacer una gestión.
Ida, n. de dos cadenas de montañas, en Misia (Asia Menor) y en Creta.
Idacio, obispo e historiador español (¿392-470?), autor de *Crónica de las invasiones visigóticas.*
Idaho [*áidajou*], uno de los Estados Unidos de Norteamérica, en el NO. (Montañas Rocosas); cap. *Boise.*
idea f. Representación mental de una cosa real o imaginaria: *tener una idea clara de algo.* ‖ Modo de ver: *ideas políticas, filosóficas.* ‖ Intención: *tener idea de casarse.* ‖ Impresión, creencia: *tengo la idea de que no va a venir.* ‖ Opinión: *te haces una idea falsa de este chico.* ‖ Conocimiento: *no tengo la menor idea de lo que quiere.* ‖ Inspiración literaria o artística: *un autor de mucha idea.* ‖ Primera concepción: *a este técnico se le debe la idea de una máquina.* ‖ Imagen, recuerdo: *tengo su idea grabada en la mente.* ‖ Esquema, exposición superficial: *dame una idea de tus intenciones.* ‖ Aptitud: *tienes mucha idea para la decoración.* ‖ *Fam.* Manía, imaginación extravagante: *perseguirle a uno una idea.* ‖ — *Idea fija,* la que obsesiona a uno. ‖ *No tener idea de nada,* ser completamente ignorante.
ideación f. Formación de las ideas, concepción.
ideal adj. Relativo a la idea. ‖ Que existe sólo en la imaginación, irreal: *tipo ideal.* ‖ Perfecto: *mujer ideal; es el sitio ideal para descansar.* ‖ Maravilloso. ‖ — M. Perfección suprema: *ideal de belleza.* ‖ Prototipo, modelo o ejemplar de perfección. ‖ Objetivo al que uno aspira: *tener un ideal.*
idealidad f. Calidad de ideal.
idealismo m. Sistema filosófico que considera la idea como principio del ser y del conocer. ‖ Persecución de un ideal. ‖ Tendencia a idealizar las cosas.
idealista adj. y s. Que profesa el idealismo. ‖ Que persigue un ideal que puede ser quimérico: *Don Quijote era un idealista.*
idealización f. Creación de una forma imaginaria de algo.
idealizador, ra adj. y s. Que idealiza.
idealizar v. t. Dar sobre la realidad un carácter ideal a las personas o cosas, adornándolas con todas las perfecciones: *idealizar a la mujer amada.*
idear v. t. Imaginar, pensar, formar en la mente la idea de algo. ‖ Proyectar, planear: *idear una reforma.* ‖ Trazar, inventar: *aparato ideado por un ingeniero.*
ideario m. Repertorio de ideas: *el ideario político de un partido.*
ídem adv. lat. El mismo, lo mismo.
idéntico, ca adj. Exactamente igual: *copia idéntica al original.* ‖ Muy parecido: *es idéntico a su abuelo.*
identidad f. Calidad de idéntico, similitud: *identidad de pareceres.* ‖ Conjunto de caracteres que diferencian a las personas entre sí: *averiguar la identidad de una persona; documento de identidad.* ‖ *Mat.* Igualdad cuyos dos miembros son idénticos:

$$(a + b)^2 = a^2 + 2ab + b^2.$$

identificable adj. Que puede ser identificado.
identificación f. Acción de identificar: *la identificación de un culpable.* ‖ Compenetración: *la identificación de un actor con su papel.*
identificar v. t. Hacer que dos o varias cosas distintas aparezcan como idénticas (ú. m. c. pr.). ‖ *For.* Reconocer si una persona es la que se busca: *identificar a un delincuente.* ‖ — V. pr. Llegar a tener las mismas ideas, voluntad, deseo, etc.: *actor que se identifica con su papel.*
ideografía f. Representación de las ideas por imágenes o símbolos.
ideográfico, ca adj. Dícese de la escritura en que las ideas se representan por medio de figuras o símbolos.
ideograma m. Cada uno de los signos o elementos de la escritura ideográfica: *los ideogramas egipcios.*
ideología f. Ciencia del origen y clasificación de las ideas. ‖ Conjunto de las ideas propias de un grupo: *la ideología marxista.*
ideológico, ca adj. Relativo a la ideología o a la clasificación de las ideas.
ideólogo, ga m. y f. Persona que profesa la ciencia de la ideología. ‖ Persona que conoce a fondo los principios de una doctrina política: *un ideólogo nazi.*
Idiarte Borda (Juan), político uruguayo (1844-1897), pres. de la Rep. de 1894 a 1897. M. asesinado.
idílico, ca adj. Maravilloso: *descripción idílica.*
idilio m. Pequeño poema de asunto bucólico y amoroso: *los idilios de Teócrito.* ‖ *Fig.* Coloquio amoroso, amor tierno: *el idilio de Dafnis y Cloe, de Pablo y Virginia.*
idioma m. Lengua de un país o nación. ‖ Modo particular de hablar un grupo de personas: *en idioma de la corte.*
idiomático, ca adj. Característico de una lengua determinada.
idiosincrasia f. Manera de ser propia de una persona.
idiosincrásico, ca adj. Relativo a la idiosincrasia.
idiota adj. y s. Que padece de idiotez. ‖ *Fig.* Falto de entendimiento.
idiotez f. Insuficiencia de desarrollo mental debida a lesiones o malformaciones cerebrales. ‖ *Fig.* Imbecilidad: *decir idioteces.*
idiotismo m. *Gram.* Expresión o construcción particular de una lengua. ‖ Ignorancia, idiotez.
idiotizar v. t. Volver idiota.
ido, da p.p. de *ir.* ‖ — Adj. *Fam.* Ebrio. | Chiflado, mal de la cabeza: *está un poco ido desde aquel accidente.*
idólatra adj. y s. Que adora ídolos. ‖ *Fig.* Que ama excesivamente a una persona o cosa.
idolatrar v. t. Adorar ídolos. ‖ *Fig.* Amar o admirar vehementemente a una persona o cosa: *idolatrar a su hijo.*
idolatría f. Adoración de los ídolos. ‖ *Fig.* Amor o admiración vehemente.
idolátrico, ca adj. Relativo a la idolatría: *culto idolátrico.*
ídolo m. Figura de una divinidad a la que se da adoración. ‖ *Fig.* Persona amada o admirada.
idoneidad f. Aptitud o buena disposición para algo.
idóneo, a adj. Adecuado, apropiado: *ser idóneo para un cargo.*
Idumea o **Edom,** región de Palestina.
idumeo, a adj. y s. De Idumea.
idus m. pl. En el calendario romano, los días 15 de marzo, mayo, julio y octubre y el 13 de los otros meses.
Iekaterinenburgo. V. SVERDLOVSK.
Iekaterinodar. V. KRASNODAR.
Iekaterinoslav. V. DNIEPROPETROVSK.
Ielisavetgrado. V. KIROVOGRADO.
Ielisavetpol. V. KIROVABAD.
Iena. V. JENA.
Ienikaleh. V. KERTCH.
Ienisei. V. YENISEI.
If, isla francesa en el Mediterráneo, a 2 km de Marsella.
Ifach (PEÑÓN DE), promontorio del E. de España, en la costa de Alicante. Llamado ant. *Calpe.*
Ife, c. en el O. de Nigeria. Universidad. Centro aurífero.
Ifigenia, hija de Agamenón y de Clitemnestra. Su padre, general griego en la lucha contra Troya, la sacrificó a Artemisa para ser protegido por los dioses.
Ifni, prov. de Marruecos meridional; 2 000 km²; 51 500 h.; cap. *Sidi Ifni.* Fue española de 1934 a 1969.
iglesia f. Templo cristiano. ‖ Sociedad religiosa fundada por Jesucristo. ‖ Cualquier comunión cristiana: *la Iglesia protestante.* ‖ Conjunto de las creencias, ministros y fieles de la religión católica: *la Iglesia española.* ‖ Clero. ‖ Inmunidad de que gozaba quien se refugiaba en un templo. ‖ *Cumplir con la Iglesia,* confesar y comulgar por Pascua florida.
— El nombre de *Iglesia* es dado por excelencia a la Iglesia católica, apostólica romana. La *Iglesia griega ortodoxa* no reconoce la autoridad del Papa; la *Iglesia protestante* o *reformada* no admite más que la de la Biblia. Estas tres Iglesias son conocidas con la denominación común de *cristianas.*
Iglesia, cerro de los Andes en la Argentina, en el límite de las prov. de San Juan y Mendoza; 5 567 m. — Dep. y pobl. de la Argentina (San Juan).
Iglesia (ESTADOS DE LA) o **Estados Pontificios,** territorios del centro de Italia que estuvieron bajo la soberanía del Papa desde 753 hasta 1870; cap. *Roma.*
Iglesias (Ignacio), poeta y escritor dramático español (1871-1928), autor de *L'escorçó, Els vells, El cor del poble,* obras de teatro publicadas en catalán. ‖ ~ (MIGUEL), militar peruano (1822-1901), pres. de la Rep. de 1883 a 1886. ‖ ~ (PABLO), político español (1850-1925), fundador del Partido Socialista Obrero Español y de la Unión General de Trabajadores. ‖ ~ **Castro** (RAFAEL), político costarricense (1861-1924), pres. de la Rep. de 1894 a 1902. ‖ ~ **Villoud** (HÉCTOR), compositor argentino, n. en 1913, autor de *Amancay.*
iglú o **igloo** m. Vivienda esquimal hecha con bloques de nieve en forma de cúpula.
ignaciano, na adj. Relativo a San Ignacio de Loyola o a su doctrina.
Ignacio ‖ ~ *(San),* Padre de la Iglesia, patriarca de Constantinopla (797-877). Fiesta el 23 de octubre. ‖ ~ **de Loyola** *(San),* religioso español, fundador de la Compañía de Jesús, n. en Azpeitia (Guipúzcoa) en 1491 y m. en Roma en 1556. Fue primero militar y, después de haber sido herido en Pamplona (1521), se hizo sacerdote. Es autor de *Ejercicios espirituales.* Fiesta el 31 de julio.
ignaro, ra adj. Ignorante.
ígneo, a adj. De fuego o que tiene alguna de sus cualidades: *sustancia ígnea.* ‖ De color de fuego. ‖ Producido por acción del fuego: *rocas ígneas.*
ignición f. Estado de los cuerpos en combustión: *carbón en ignición.* ‖ Enrojecimiento de un cuerpo incandescente.

ignícola adj. y s. Que adora el fuego.

ignífero, ra adj. *Poét.* Que arroja o contiene fuego.

ignífugo, ga adj. y s. m. Que protege contra el incendio: *pintura ignífuga.*

ignominia f. Infamia.

ignominioso, sa adj. Que es causa de ignominia, infame: *suplicio ignominioso.*

ignorancia f. Carencia de instrucción: *ignorancia crasa.* ‖ Falta de conocimiento de algo: *ignorancia de lenguas extranjeras.* ‖ *Ignorancia supina,* la que procede de negligencia en aprender o inquirir lo que puede y debe saberse.

ignorante adj. y s. Que no tiene instrucción. ‖ Que no tiene noticia de las cosas: *ignorante de un hecho, de un suceso.*

ignorantón, ona adj. *Fam.* Muy ignorante.

ignorar v. t. No saber: *ignoraba que te habías cambiado de casa.* ‖ No tener en cuenta: *no se puede ignorar la fuerza material y moral de ese país.*

ignoto, ta adj. No conocido: *tierras ignotas; mundos ignotos.*

igual adj. De la misma naturaleza, calidad o cantidad: *dos distancias iguales.* ‖ Semejante: *no he visto cosa igual.* ‖ Muy parecido: *su hija es igual que ella.* ‖ De la misma clase o condición. Ú. t. c. s.: *es mi igual.* ‖ Que no varía, inmudable: *clima siempre igual.* ‖ Liso: *terreno, superficie igual.* ‖ Indiferente: *me es igual.* ‖ *Geom.* Dícese de las figuras que se pueden superponer de modo que se confundan en su totalidad: *triángulos iguales.* ‖ — M. Signo de la igualdad (=). ‖ — *Al igual* o *por igual,* igualmente, lo mismo. ‖ *Sin igual,* sin par. ‖ — Adv. De la misma manera: *baila igual que canta.* ‖ *Fam.* Con toda probabilidad: *igual te matabas por el camino.* ‖ *Dar* (o *ser*) *igual,* no importar.

iguala f. Ajuste o pacto en los tratos. ‖ Estipendio o cosa que se da en virtud de ajuste.

Iguala, c. del S. de México (Guerrero). En ella proclamó Iturbide el *Plan de Iguala,* que garantizaba la independencia política de México en el seno de una monarquía constitucional (24 de febrero de 1821).

igualación f. o **igualamiento** m. Acción y efecto de igualar o igualarse. ‖ *Fig.* Arreglo, convenio.

Igualada, c. de España (Barcelona). Textiles; papel; cemento.

igualador, ra adj. y s. Que iguala.

igualar v. t. Hacer igual o poner al igual. ‖ Allanar, alisar: *igualar los caminos, los terrenos.* ‖ Ajustar, convenir por un contrato: *igualar una venta* (ú. t. c. pr.). ‖ *Fig.* Juzgar con imparcialidad. ‖ — V. i. Ser una cosa igual a otra. Ú. t. c. pr.: *igualarse dos cantidades.* ‖ En deporte, tener un tanteo igual al de la parte adversa.

Igualata, pico del Ecuador (Chimborazo y Tungurahua); 4 432 metros.

igualatorio m. Establecimiento médico que presta servicio a sus asociados mediante determinada cuota periódica.

igualdad f. Conformidad de una cosa con otra en naturaleza, forma, calidad o cantidad. ‖ Identidad: *igualdad de opiniones.* ‖ *Mat.* Expresión de equivalencia de dos cantidades. ‖ Llanura: *la igualdad de un terreno.*

igualitario, ria adj. Que entraña o tiende a la igualdad. ‖ — M. Partidario de la igualdad civil, política y social.

iguana f. Reptil saurio de América Central y Meridional, semejante al lagarto.

Iguana, isla de Venezuela en el archip. de Testigos.

iguánidos m. pl. Familia de reptiles saurios cuyo tipo es la iguana (ú. t. c. adj.).

iguanodonte m. Reptil dinosaurio de la época cretácea, de unos diez metros.

Iguazú o **Iguasú,** río del S. del Brasil (Paraná), afl. del Paraná al que se une en la frontera argentina; 1 320 km. Gran catarata (70 m de alt.). Parque nacional en su curso inferior. — Territ. del Brasil, limítrofe con la Argentina; cap. *Iguazú.*

I. H. S., abrev. de las palabras latinas *Jesus, hominum salvator* (Jesús, salvador de los hombres) que aparece en las inscripciones cristianas.

IJ (Golfo del), golfo del Ysselmeer, cerca de Amsterdam.

ijada f. o **ijar** m. Cada una de las cavidades situadas entre las costillas falsas y las caderas. ‖ Dolor que se padece en esa parte.

Ijevsk, c. de la U. R. S. S. (Rusia), cap. de Udmurtia.

IJsel o **IJselmeer.** V. Ysselmeer.

ilación f. Acción y efecto de deducir una cosa de otra. ‖ Conexión lógica entre antecedente y consecuente. ‖ Enlace normal de las partes del discurso.

Ilagán, c. de Filipinas, al N. de Luzón; cap. de la prov. de Isabela.

Ilahabad. Véase Allahabad.

ilang ilang m. Árbol de la familia de las anonáceas cultivado en Indonesia y Madagascar, cuyas flores son empleadas en perfumería.

ilativo, va adj. Que se infiere o puede inferirse de algo. ‖ *Conjunción ilativa,* la que expresa ilación o consecuencia, como *conque.*

Ildefonso (San). V. Granja (*La*).

Ildefonso de Toledo (*San*), arzobispo de Toledo y escritor español (¿607?-667), autor *De perpetua virginitate beatae Mariae.* Fiesta el 23 de enero.

ilegal adj. Que va contra la ley: *acción ilegal.*

ilegalidad f. Falta de legalidad: *la ilegalidad de un tratado.* ‖ Acción ilegal.

ilegible adj. Que no puede leerse: *firma ilegible.*

ilegitimar v. t. Privar de la legitimidad.

ilegitimidad f. Falta de legitimidad: *la ilegitimidad de un título, de una autoridad.*

ilegítimo, ma adj. No legítimo: *unión ilegítima.* ‖ Nacido de padres que no están casados: *hijo ilegítimo.*

íleo m. *Med.* Enfermedad que origina oclusión intestinal y cólico miserere.

ileocecal adj. *Anat.* Perteneciente a los intestinos íleon y ciego: *válvula ileocecal.*

íleon m. *Anat.* Tercera porción del intestino delgado que empieza en el yeyuno y termina en el ciego. ‖ Porción lateral del hueso innominado que forma la cadera.

Ilerda, ant. n. de *Lérida.*

ilerdense adj. y s. De Lérida, leridano. ‖ De un pueblo de la España Tarraconense.

ilergete adj. y s. De una región de la España Tarraconense (Huesca, Zaragoza, Lérida).

ileso, sa adj. Que no ha sufrido lesión: *salir ileso de un accidente.*

iletrado, da adj. y s. Falto de instrucción. ‖ Analfabeto.

Ilhéus, c. y puerto del Brasil (Bahía). Obispado.

Ili, río de China y de la U. R. S. S., que des. en el lago Balkach; 1 384 km.

iliaco, ca o **ilíaco, ca** adj. *Anat.* Relativo al íleon: *hueso iliaco.* ‖ — Adj. y s. De Ilión o Troya.

Ilíada (*La*), poema épico griego, atribuido a Homero, en veinticuatro cantos, que relata los episodios de la guerra de Troya.

Ilíberis, n. ant. de *Granada.*

iliberitano, na adj. y s. De Ilíberis, granadino.

ilicíneas f. pl. Plantas dicotiledóneas siempre verdes, como el acebo (ú. t. c. adj.).

ilicitano, na adj. y s. De Elche (Alicante).

ilícito, ta adj. No permitido legal ni moralmente: *negocio ilícito.*

ilicitud f. Calidad de ilícito.

ilimitado, da adj. Sin límites: *permiso ilimitado.*

Iliniza, pico de la Cord. Occidental del Ecuador, en el límite de las prov. de Pichincha y Cotopaxi; 5 265 m.

ilion m. *Anat.* Hueso de la cadera que unido al isquion y al pubis forma el hueso innominado.

Ilión, uno de los n. de *Troya.*

Iliria, región montañosa de la costa septentrional del Adriático, correspondiente a lo que actualmente forma el Estado de Albania.

Ilíricos (Alpes). V. Alpes Dináricos.

ilirio, ria adj. y s. De Iliria.

Ilmen, lago de la U. R. S. S. (Rusia), al S. de Novgorod.

Ilobasco, distr. de El Salvador (Cabañas).

Ilocos ‖ ~ **Norte,** prov. de Filipinas, al NO. de la isla de Luzón; cap. *Laoag.* ‖ ~ **Sur,** prov. de Filipinas, al N. de la isla de Luzón; cap. *Vigán.*

ilógico, ca adj. Sin lógica: *conclusión ilógica.*

ilogismo m. Calidad de ilógico.

Iloilo, prov. y c. de Filipinas, en el S. de la isla de Panay.

Ilopango, lago de El Salvador a 12 km al E. de San Salvador; 64 km². — Pobl. de El Salvador (San Salvador).

ilota com. En Esparta, esclavo originario de la ciudad de Helos. ‖ *Fig.* El que se halla desposeído de los derechos de ciudadano. ‖ Hombre abyecto.

iluminación f. Acción y efecto de iluminar. ‖ Alumbrado especial para realzar ciertos edificios, monumentos, etc. ‖ En la Edad Media, pintura al temple sobre vitela: *manuscrito con iluminaciones.*

iluminado, da adj. Alumbrado: *jardín iluminado.* ‖ — Adj. y s. Alumbrado, hereje. ‖ Miembro de diferentes sectas religiosas, como la del bávaro Weishaupt en 1776. ‖ *Fig.* Visionario.

iluminador, ra adj. y s. Que ilumina. ‖ — M. y f. Persona que da color a libros, estampas, etc.

iluminancia f. *Fís.* Cantidad de luz que recibe por segundo una unidad de superficie.

iluminar v. t. Alumbrar, dar luz: *el Sol ilumina los planetas.* ‖ Adornar con muchas luces: *iluminar un templo, un teatro,* etc. ‖ Dar color a las letras o dibujos de un libro, estampa, etc.: *iluminar un manuscrito.* ‖ *Fig.* Ilustrar el entendimiento, hacer comprender algo que quedaba oscuro.

iluminismo m. Doctrina de los iluminados.

ilusión f. Error de los sentidos o del entendimiento, que nos hace tomar las apariencias por realidades: *una ilusión óptica.* ‖ Esperanza quimérica: *forjarse ilusiones.* ‖ *Fig.* Alegría muy grande: *¡qué ilusión ir esta noche al teatro!* ‖ *Hacer ilusión algo,* tener gran deseo de una cosa.

ilusionar v. t. Hacer concebir ilusiones. ‖ Causar gran alegría: *me ilusiona este viaje.* ‖ — V. pr. Forjarse ilusiones. ‖ *Fig.* Estar muy contento, entusiasmarse.

ilusionismo m. Tendencia a forjarse ilusiones. ‖ Arte de producir fenómenos que parecen estar en contradicción con las leyes naturales, prestidigitación.

ilusionista m. Prestidigitador, artista que ejecuta números de ilusionismo.

iluso, sa adj. y s. Engañado. ‖ Propenso a ilusionarse, soñador.

ilusorio, ria adj. Capaz de engañar. ‖ Que no se ha de realizar: *promesa ilusoria.*

ilustración f. Instrucción: *persona de mucha ilustración.* ‖ Grabado, estampa o fotografía que adorna un texto. ‖ Revista ilustrada. ‖ Movimiento filosófico del siglo XIII en pro de la amplia difusión del saber. (Alcanzó su apogeo en Francia, con los enciclopedistas, y en Alemania.)

ilustrado, da adj. Instruido: *hombre ilustrado.* ‖ Que tiene dibujos: *libro ilustrado.* ‖ *Despotismo ilustrado,* v. DESPOTISMO.

ilustrador, ra adj. y s. Persona que se ocupa de los grabados en un libro.

ilustrar v. t. Aclarar: *ilustrar un punto dudoso con comentario.* ‖ Explicar una materia: *ilustrar una definición con ejemplos.* ‖ *Fig.* Instruir, civilizar: *ilustrar a un pueblo.* ‖ Adornar con grabados: *ilustrar con texto.* ‖ — V. pr. Llegar a ser ilustre: *ilustrarse el sabio por sus obras.*

ilustrativo, va adj. Que ilustra.

ilustre adj. De fama o mérito notables: *pintor ilustre.* ‖ Título de dignidad: *al ilustre señor...*

ilustrísimo, ma adj. Muy ilustre. ‖ — F. Título que se da a los obispos y a otras personas importantes.

Ill, río de Francia (Alsacia), afl. del Rin. Atraviesa Mulhouse, Colmar y Estrasburgo; 208 km.

Illampu. V. SORATA.

Illapel, com. y dep. de Chile (Coquimbo).

Ille-et-Vilaine [*ilevilén*], dep. del O. de Francia, en Bretaña; cap. *Rennes.*

Illescas, v. de España (Toledo). Hospital del s. XVI. Cuadros de El Greco.

Illia (Arturo), médico y político argentino, pres. de la Rep. de 1963 a 1966. Derribado por una Junta militar.

Illimani, nevado de los Andes de Bolivia (La Paz); 6 710 m.

Illinois, uno de los Estados Unidos de Norteamérica, en el centro del país; cap. *Springfield;* c. pr. *Chicago.*

Íllora, v. de España (Granada)

imagen f. Representación en pintura o escultura de una persona o cosa. ‖ Representación de la divinidad, de los santos, etc.: *imagen de la Virgen; imágenes votivas.* ‖ Semejanza: *a imagen de Dios.* ‖ Símbolo, figura: *imagen del arte, de la industrias.* ‖ Representación de las personas y objetos en la mente: *conservar la imagen del desaparecido.* ‖ Reproducción de la figura de un objeto formado por la reflexión o refracción de los rayos de luz. ‖ *Ret.* Representación viva y sugestiva de una cosa por medio del lenguaje: *acompañar el discurso con imágenes.* ‖ *Fig.* y *fam. Quedarse una mujer para vestir imágenes,* quedarse soltera.

imaginable adj. Que puede imaginarse: *escena imaginable.*

imaginación f. Facultad de poder imaginar: *imaginación creadora.* ‖ Cosa imaginada. ‖ *Fig.* Idea sin fundamento: *son imaginaciones tuyas.*

imaginar v. t. Representar idealmente una cosa, crearla en la mente. ‖ Crear, inventar: *imaginar un sistema de propulsión.* ‖ Pensar, suponer: *imaginar lo que uno habrá dicho.* ‖ — V. pr. Figurarse: *se imaginó que era un sabio.*

imaginaria f. *Mil.* Guardia que no presta servicio sino en caso necesario. ‖ — M. Soldado de guardia en un dormitorio.

imaginario, ria adj. Que no tiene realidad: *un mundo imaginario; una enfermedad imaginaria.*

imaginativo, va adj. Que imagina fácilmente: *un escritor imaginativo.* ‖ — F. Facultad de imaginar: *la imaginativa de un novelista.* ‖ Sentido común.

imaginería f. Bordado de aves, flores y figuras que imita la pintura. ‖ Talla o pintura de imágenes sagradas.

imaginero m. Estatuario o pintor de imágenes: *imaginero religioso.*

imán m. Óxido de hierro que atrae el hierro, el acero y otros metales: *imán natural.* ‖ Barra o aguja imantada. ‖ *Fig.* Atractivo.

imán m. Entre los musulmanes, el encargado de dirigir la oración ‖ Título de ciertos soberanos musulmanes: *el imán de Mascate.*

imanación o **imantación** f. Magnetización.

imanar o **imantar** v. t. Magnetizar un cuerpo: *imanar el hierro* (ú. t. c. pr.).

imanato m. Dignidad de imán. ‖ Territorio gobernado por un imán: *el imanato de Omán.*

imantación f. Imanación.

imantar v. t. Imanar.

Imataca, brazo del delta del Orinoco en Venezuela (Delta Amacuro). — Sierra de Venezuela (Guayana). Hierro.

Imbabura, cumbre de los Andes del Ecuador; 4 630 m. — Prov. del Ecuador; cap. *Ibarra.*

imbabureño, ña adj. y s. De Imbabura (Ecuador).

imbatible adj. Invencible: *equipo imbatible.*

imbebible adj. Que no es agradable beber: *nos dieron un café imbebible.*

imbécil adj. y s. Alelado, escaso de razón. ‖ *Fam.* Tonto.

imbecilidad f. Alelamiento, escasez de razón, perturbación del sentido. ‖ *Fam.* Tontería.

imberbe adj. Que no tiene aún barba: *joven imberbe.*

Imbert, com. de la Rep. Dominicana (Puerto Plata).

imbornal m. En la cubierta del barco, en las terrazas, calles, etc., agujero por donde se vacía el agua.

imborrable adj. Indeleble que no se puede borrar.

imbricación f. Estado de las cosas imbricadas. ‖ *Arq.* Adorno que imita las escamas del pez.

imbricado, da adj. Dícese de las cosas que están sobrepuestas, como las tejas en los tejados y las escamas de los peces.

* **imbuir** v. t. Infundir, inculcar: *imbuir a uno ideas falsas.*

imitable adj. Que se puede o debe imitar: *ejemplo imitable.*

imitación f. Acción y efecto de imitar: *la imitación de un estilo.* ‖ Cosa imitada. ‖ Materia elaborada que imita a otra de superior calidad: *imitación de cocodrilo.*

Imitación de Cristo, libro religioso, de autor desconocido, escrito en latín y traducido a casi todas las lenguas, atribuido generalmente al monje Tomás de Kempis.

imitador, ra adj. y s. Que imita.

imitar v. t. Hacer una cosa a ejemplo o semejanza de otra: *imitar a la naturaleza.* ‖ Actuar de la misma manera: *imita a su hermano incluso en la manera de andar.* ‖ Tomar por modelo: *imitar el arte griego.* ‖ Procurar copiar el estilo de un autor, de un artista, etc.: *imitar a los clásicos.* ‖ Producir un efecto parecido: *pedazo de vidrio que imita el diamante.*

imitativo, va adj. Relativo a la imitación: *artes imitativas.*

impaciencia f. Falta de paciencia: *colmar la impaciencia con un cigarrillo.*

impacientar v. t. Hacer que uno pierda la paciencia. ‖ — V. pr. Perder la paciencia: *impacientarse por el retraso de alguien.*

impaciente adj. y s. Que no tiene paciencia. ‖ Ansioso, deseoso: *impaciente por salir.*

impacto m. Choque de un proyectil en el blanco. ‖ Huella que deja en él. ‖ *Fig.* Repercusión, efecto: *el impacto causado por un discurso.*

impagado da adj. y s. m. Que no ha sido pagado, pendiente de un cobro: *un efecto impagado.*

impalpabilidad f. Calidad de impalpable.

impalpable adj. Muy tenue.

impar adj. *Mat.* Que no es divisible por dos: *número impar.* ‖ Que no tiene igual, único. ‖ *Anat. Órganos impares,* los que no tienen un correspondiente simétrico en el cuerpo: *el hígado es un órgano impar.*

imparable adj. Que no se puede parar: *un gol imparable.*

imparcial adj. Que no sacrifica la justicia a consideraciones personales: *juez, escritor imparcial.* ‖ Justo, objetivo, que incluye imparcialidad: *historia imparcial.*

imparcialidad f. Carácter del que es justo y no tiene prevención en favor o en contra de una persona o cosa.

imparidígito, ta adj. Aplícase al animal que tiene un número impar de dedos.

impartir v. t. Conceder, repartir. ‖ *For.* Pedir, solicitar: *impartir asistencia.* ‖ *Impartir su bendición,* bendecir.

impasibilidad f. Falta de reacción ante el dolor o las emociones.

impasible adj. Insensible ante el dolor o las emociones: *permanecer impasible ante una injusticia.*

impavidez f. Valor, denuedo, entereza ante el peligro. ‖ Impasibilidad.

impávido, da adj. Imperturbable, valeroso. ‖ Impasible.

impecable adj. Incapaz de pecar. ‖ *Fig.* Perfecto, exento de tacha: *trabajo, obra impecable.*

impedancia f. *Electr.* Resistencia aparente de un circuito al flujo de una corriente alterna.

impedido, da adj. y s. Baldado, inválido, tullido.

impedidor, ra adj. y s. Que impide o estorba.

impedimenta f. *Mil.* Bagaje de la tropa.

impedimento m. Obstáculo, estorbo. ‖ *For.* Circunstancia que anula o hace ilícito el matrimonio: *impedimento dirimente.*

* **impedir** v. t. Dificultar: *impedir los movimientos.* ‖ Hacer imposible: *la lluvia le impidió que saliera a la hora prevista.*

impeditivo, va adj. Que impide o embaraza.

impelente adj. Que impele: *bomba impelente.*

impeler v. t. Dar empuje. ‖ *Fig.* Estimular, incitar: *impeler a una buena (o mala) acción.*

impenetrabilidad f. Propiedad de los cuerpos que impide que uno esté en el lugar que ocupa otro: *la impenetrabilidad de la materia.* ‖ *Fig.* Carácter de lo que no se deja adivinar.

impenetrable adj. Que no se puede penetrar: *recinto impenetrable.* ‖ *Fig.* Oscuro, que no puede descubrirse: *secreto impenetrable.* ‖ Dícese del hombre que no deja traslucir sus sentimientos: *un político impenetrable.*

impenitencia f. Obstinación en el pecado.

impenitente adj. y s. Que se obstina en el pecado. ‖ *Fam.* Incorregible, que persiste en su error o manía: *un bebedor impenitente.*

impensado, da adj. Inesperado.

impepinable adj. *Fam.* Seguro, indudable.

imperante adj. Que impera. ‖ Dominante: *el viento imperante traerá lluvias.*

imperar v. i. Ejercer el imperio. ‖ Gobernar. ‖ *Fig.* Dominar: *aquí impera una atmósfera de pesimismo.*

imperativo, va adj. Que impera o manda: *un deber imperativo; persona imperativa.* ‖ — M. *Gram.* Modo y tiempo del verbo que expresa la orden, la exhortación o la súplica. ‖ Principio que tiene carácter de orden: *los imperativos de la política.* ‖ *Imperativo categórico,* precepto o ley obligatoria en materia de moral, según la doctrina de Kant.

imperceptibilidad f. Calidad de imperceptible.

imperceptible adj. Que escapa a nuestros sentidos: *un insecto imperceptible.* ‖ Que no se puede notar: *cambio imperceptible.*

imperdible adj. Que no puede perderse. ‖ — M. Alfiler de seguridad que se abrocha.

imperdonable adj. Que no se puede perdonar: *error imperdonable.*

imperecedero, ra adj. Que no perece. ‖ *Fig.* Hiperbólicamente, inmortal, eterno: *fama, gloria imperecedera.*

imperfección f. Carencia de perfección. ‖ Defecto ligero.

imperfecto, ta adj. No perfecto. ‖ Incompleto, inacabado. ‖ *Gram.* V. FUTURO y PRETÉRITO.

imperforación f. *Med.* Oclusión de un órgano o conducto que por su naturaleza debe estar abierto para ejercer sus funciones: *imperforación del ano.*

Imperia, c. y prov. en el NO. de Italia (Liguria), en el golfo de Génova.

imperial adj. Relativo al emperador o al imperio: *dignidad imperial; dominios imperiales.* ‖ — F. Parte superior de algunos vehículos, con asientos: *la imperial de un autobús.*

Imperial, río de Chile, 220 km. — Dep. de la prov. central chilena de Cautín; cap. *Nueva Imperial.*

Imperial (Micer Francisco), poeta español (¿1372-1409?), autor de *Decir de las siete virtudes.*

imperialismo m. Política de un Estado tendente a someter a otros Estados bajo su dependencia política o económica.

imperialista adj. y s. Favorable al imperialismo o partidario del mismo: *tendencia imperialista; luchar contra los imperialistas.*

impericia f. Falta de pericia o de experiencia: *la impericia de un mecánico.*

imperio m. Acción de mandar con autoridad. ‖ Tiempo durante el cual hubo emperadores en determinado país: *el Imperio de Bizancio.* ‖ Estado gobernado por un emperador: *el Imperio del Japón.* ‖ Países o Estados sujetos a la misma autoridad: *el antiguo Imperio Británico.* ‖ *Fig.* Orgullo, altanería. ‖ Dominación, poder. ‖ *Estilo imperio,* el decorativo que se desarrolló en tiempos de Napoleón I.

— Por orden cronológico, los *Imperios* más destacados han sido: 1.º el *Romano,* desde Augusto hasta Teodosio (29 a. de J. C.-395 de nuestra era); cap. *Roma;* 2.º el *de Occidente,* parte del Romano (395-476); cap. *Ravena;* 3.º el *de Oriente,* parte del Romano (395-1453); cap. *Constantinopla;* 4.º el *Segundo Imperio de Occidente* (llamado tb. *Sacro Imperio Romano Germánico*), creado por Carlomagno (800) y que terminó con Francisco II de Habsburgo (1806); 5.º el *Latino de Oriente* (1204-1393), establecido en Constantinopla por los cruzados; 6.º el *de Austria* (1804-1918), fundado por Francisco II y terminado con la abdicación de Carlos I; 7.º el *Francés,* creado por Napoleón I en 1804, suprimido en 1815, fue restablecido por Napoleón III de 1852 a 1870; 8.º el *Alemán* (Deutsches Reich), fundado por Guillermo I de Prusia en 1871, que duró hasta 1919. Restablecido por Hitler (1933), desapareció en 1945.; 9.º el *Británico,* v. COMMONWEALTH; 10.º *Celeste,* v. CHINA; 11.º el *del Sol Naciente,* v. JAPÓN.

imperioso, sa adj. Autoritario: *carácter imperioso.* ‖ Apremiante: *necesidad imperiosa.*

impermeabilidad f. Calidad de impermeable: *la impermeabilidad de una lona.*

impermeabilización f. Operación de impermeabilizar un tejido.

impermeabilizar v. t. Hacer impermeable alguna cosa: *impermeabilizar ciertas telas.*

impermeable adj. Impenetrable al agua o a otro fluido: *el hule es impermeable.* ‖ — M. Abrigo impermeable.

impermutable adj. Que no puede permutarse.

impersonal adj. Carente de personalidad: *una escritura impersonal.* ‖ Que no se aplica a nadie personalmente: *crítica, alusión impersonal.* ‖ *Gram.* Dícese del verbo que sólo se usa en infinitivo y en la tercera persona del sing., como *llover, nevar, alborear.*

impersonalizar v. t. *Gram.* Usar como impersonales algunos verbos que no lo son, como *hace calor; se cuenta de un explorador.*

impertérrito, ta adj. Dícese de la persona que no es fácil de asustar o intimidar.

impertinencia f. Palabra o acción fuera de propósito, inconveniencia.

impertinente adj. Que no es oportuno y resulta molesto: *una respuesta impertinente.* ‖ Enfadoso, insolente: *un niño impertinente.* Ú. t. c. s.: *no soporto a los impertinentes.* ‖ Pesado, cargante. ‖ — M. pl. Anteojos plegables con manija que suelen usar las mujeres.

imperturbable adj. Impasible.

impétigo m. *Med.* Erupción cutánea, caracterizada por la aparición de pústulas que acaban secándose para formar costras.

impetración f. Acción y efecto de impetrar.

impetrante adj. y s. Que impetra.

impetrar v. t. Pedir algo con encarecimiento. ‖ Conseguir lo que se ha pedido.

ímpetu m. Violencia, vivacidad: *atacar con ímpetu.* ‖ Energía: *iniciar una empresa con ímpetu.* ‖ Fogosidad.

impetuosidad f. Ímpetu.

impetuoso, sa adj. Violento, vivo: *un viento impetuoso.* ‖ *Fig.* Fogoso: *un hombre impetuoso.*

impiedad f. Falta de piedad o de religión.

impío, a adj. Falto de religión o piedad (ú. t. c. s.). ‖ Irreverente: *acción impía.*

implacable adj. Que no se puede aplacar o templar: *odio, enemigo implacable.*

implantación f. Establecimiento, acción y efecto de implantar.

implantador, ra adj. Que implanta: *implantador de un estilo.*

implantar v. t. Establecer, instaurar: *implantar instituciones, costumbres o modas nuevas.* ‖ — V. pr. Establecerse.

implicación f. Participación en un delito. ‖ Cosa implicada. ‖ Contradicción, oposición de los términos entre sí.

implicancia f. Contradicción de los términos entre sí. ‖ *Amer.* Incompatibilidad legal o moral.

implicante adj. Que implica o envuelve.

implicar v. t. Envolver, enredar: *estar implicado en un asunto.* ‖ *Fig.* Llevar en sí, significar: *esto implica la guerra.* ‖ — V. i. Obstar, envolver contradicción.

implicatorio, ria adj. Que contiene en sí contradicción.

implícito, ta adj. Dícese de lo que va incluido en algo sin necesidad de expresarlo: *una cláusula implícita.*

imploración f. Ruego, súplica.

implorar v. t. Suplicar, rogar: *implorar el perdón.*

implosión f. Irrupción brusca del aire en un recinto que se halla a presión muy inferior a la de la atmósfera. ‖ *Gram.* Modo de articular las consonantes implosivas.

implosivo, va adj. *Gram.* Dícese de la consonante oclusiva que está al final de sílaba, como la *p* de *apto,* la *c* de *néctar.*

implume adj. Que no tiene plumas: *ave implume.*

impluvio m. Especie de aljibe en las casas de la ant. Roma, situado en el atrio.

impolítico, ca adj. Falto de política.

impoluto, ta adj. Inmaculado, limpio, sin mancha.

imponderabilidad f. Cualidad de imponderable.

imponderable adj. Que no puede pesarse: *un fluido imponderable.* ‖ *Fig.* Que excede a toda ponderación, inapreciable. ‖ Imprevisible. ‖ — M. Circunstancia difícil de prever: *los imponderables de la política, de la guerra.*

imponedor, ra adj. y s. Imponente, el que impone un gravamen.

imponente adj. Que impone: *ceremonia imponente.* ‖ *Fam.* Magnífico, impresionante: *un coche imponente.* ‖ — M. y f. Persona que impone dinero a interés.

* **imponer** v. t. Poner una carga u obligación: *imponer un gravamen.* ‖ Hacer prevalecer: *imponer una moda; imponer su voluntad.* ‖ Atribuir falsamente, calumniar. ‖ Infundir respeto o miedo. Ú. t. c. i.: *un espectáculo que impone.* ‖ Ingresar dinero en un establecimiento bancario. ‖ *Impr.* Disponer las planas de composición con sus márgenes correspondientes. ‖ Poner encima: *imponer las manos.* ‖ Poner al corriente (ú. t. c. pr.). ‖ — V. pr. Mostrar superioridad: *imponerse a todos los adversarios.*

imponible adj. Que se puede someter a impuesto: *base imponible.*

impopular adj. Que no es grato al pueblo o a la mayoría de la gente: *medida, gobierno impopular.*

impopularidad f. Desafecto, mal concepto público.

importable adj. Que se puede importar.

importación f. *Com.* Acción de importar o introducir géneros extranjeros: *comercio de importación.* ‖ Mercancías importadas.

importador, ra adj. y s. Que se dedica al comercio de importación: *importador de carbón.*

importancia f. Calidad de lo que es de mucho valor: *la importancia de la técnica.* ‖ Carácter de lo que es considerable o puede tener consecuencias: *la importancia de las exportaciones, de una decisión.* ‖ Autoridad, influencia: *una persona de importancia social.* ‖ — *Darse importancia,* tener alta opinión de sí mismo. ‖ *De importancia,* importante: *un negocio de importancia;* gravemente: *estar herido de importancia.*

importante adj. Que importa, considerable: *ocasión importante.* ‖ Que tiene autoridad o importancia: *un cargo importante.* ‖ Esencial, principal: *subrayar los párrafos importantes.* ‖ *Dárselas de importante,* presumir.

importar v. t. e i. Convenir, interesar: *importa mucho hacerlo bien.* ‖ Valer, costar: *la póliza importa treinta pesetas.* ‖ — *¿Le importa...?,* seguido de verbo en infinitivo, fórmula de cortesía para pedir un favor: *¿le importa llevar esta maleta?* ‖ *Fam. Me importa un bledo* o *un comino* o *un pito* o *tres pepinos,* me da absolutamente igual. ‖ — V. t. Introducir en un país mercancías procedentes del extranjero: *España importa petróleo.*

importe m. Valor a que asciende una cosa: *mercancía cuyo importe es de cien mil pesos.*

importunación f. Instancia porfiada y molesta.

importunar v. t. Incomodar, molestar: *importunar con una pretensión o solicitud.*

importunidad f. Falta de oportunidad. ‖ Incomodidad, molestia.

importuno, na adj. Inoportuno: *una llegada importuna.* ‖ Molesto, enfadoso.

imposibilidad f. Carácter de lo que es imposible.

imposibilitado, da adj. y s. Tullido, inválido.

imposibilitar v. t. Hacer imposible: *imposibilitar un negocio.* ‖ — V. pr. Quedar tullido o inválido.

IL

imposible adj. No posible. ‖ Intratable, inaguantable: *persona imposible.* ‖ *Fig.* Sucio. ‖ — M. Lo que no se puede realizar: *pedir eso es pedir un imposible.* ‖ *Hacer lo imposible*, hacer el máximo para lograr algo.

imposición f. Acción de imponer o imponerse: *la imposición de una carga u obligación; imposición de manos.* ‖ Cantidad que se impone en cuenta, en depósito: *una imposición de diez mil pesetas.* ‖ Contribución, tributo. ‖ *Impr.* Arreglo de las planas que componen un pliego de impresión.

impositor m. *Impr.* Tipógrafo encargado de la imposición.

imposta f. *Arq.* Hilada de sillares sobre la que se asienta un arco. | Faja que corre por la fachada de un edificio a la altura de los pisos.

impostor, ra adj. y s. Que atribuye falsamente a uno alguna cosa. ‖ Que engaña fingiendo ser lo que no es.

impostura f. Engaño con apariencia de verdad. ‖ Imputación falsa y maliciosa.

impotencia f. Falta de poder o de fuerza para hacer una cosa. ‖ Incapacidad de un individuo para realizar el coito.

impotente adj. y s. Que no tiene potencia o fuerza: *impotente por la edad.* ‖ Incapaz de realizar el coito.

impracticable adj. Irrealizable: *operación impracticable.* ‖ Intransitable: *veredas impracticables.*

imprecación f. Acción de imprecar.

imprecar v. t. Proferir palabras con las que se pide o desea un daño a alguien.

imprecatorio, ria adj. Que implica o denota imprecación: *fórmula, exclamación imprecatoria.*

imprecisión f. Poca precisión.

impreciso, sa adj. Falto de precisión, vago, indefinido: *retrato impreciso.*

impregnable adj. Que puede ser impregnado.

impregnación f. Acción y efecto de impregnar o impregnarse.

impregnar v. t. Hacer penetrar una sustancia en otro cuerpo: *impregnar un trapo con gasolina.*

impremeditación f. Falta de premeditación.

impremeditado, da adj. No premeditado: *acto impremeditado.* ‖ Irreflexivo.

imprenta f. Arte de imprimir. ‖ Establecimiento donde se imprime: *la imprenta Larousse.* ‖ *Fig.* Lo que se publica impreso: *leyes de imprenta.*

— La xilografía, o impresión por medio de láminas o caracteres grabados en madera, usada por los chinos desde el siglo VI, se conoció en Europa a mediados del siglo XII y se desarrolló durante el XV, aunque la impresión tipográfica no se realizó verdaderamente hasta que Gutenberg inventó en Maguncia, hacia el año 1436, los caracteres móviles de metal.

imprescindible adj. Indispensable, necesario.

imprescriptible adj. Que no puede prescribir: *el derecho a la libertad es imprescriptible.*

impresentable adj. No presentable: *un trabajo impresentable.*

impresión f. Acción de imprimir: *la impresión de un diccionario.* ‖ Obra impresa. ‖ Calidad o forma de letra con que está impresa una obra. ‖ Huella que deja una cosa que se aprieta contra otra: *la impresión del pie en el barro.* ‖ Grabación de un disco o de una cinta magnetofónica. ‖ Efecto producido sobre los sentidos o el ánimo: *impresión de frío, de calor; el orador hizo mucha impresión en el público.* ‖ Punto de vista, opinión: *cambio de impresiones.* ‖ — *Impresión digital* o *dactilar*, la que deja la yema del dedo en un objeto al tocarlo. ‖ *Tener la impresión de,* o *que*, creer, imaginarse.

impresionable adj. Que se puede de impresionar: *película impresionable.* ‖ *Fig.* Fácil de emocionar: *mujer impresionable.*

impresionante adj. Que impresiona, que produce emoción: *espectáculo impresionante.*

impresionar v. t. Producir alguna impresión material: *impresionar una placa fotográfica, un disco fonográfico.* ‖ *Fig.* Producir una impresión moral: *impresionar por su belleza, su maldad* (ú. t. c. pr.).

impresionismo m. Sistema estético que consiste en tomar las impresiones como principio de creación artística.

— Las primeras manifestaciones conocidas del *impresionismo* se dieron en pintura y su nombre procede del cuadro *Impression, soleil levant*, de Claude Monet (1874). Esta tendencia tiene precedentes en Velázquez, Constable, Goya, Turner. En pintura, los representantes del impresionimo fueron: en Francia, Manet, Monet, Renoir, Sisley, Degas, Cézanne; en Alemania, Liebermann; en España, Darío de Regoyos, D. Vázquez Díaz, Agustín Riancho, Isidro Nonell, J. Sorolla, S. Rusiñol, J. Mir, Hermen Anglada, Francisco Domingo, Francisco Gimeno, Juan Echevarría, etc.

impresionista adj. y s. Partidario del impresionismo o que lo practica: *la escuela impresionista.*

impreso m. Papel impreso: *un impreso publicitario.*

impresor m. Propietario o director de una imprenta. ‖ Obrero que trabaja en una imprenta.

imprevisible adj. Que no puede preverse.

imprevisión f. Falta de previsión, inadvertencia.

imprevisor, ra adj. Que no prevé: *persona imprevisora.*

imprevisto, ta adj. No previsto: *acontecimiento imprevisto.* ‖ — M. Cosa no prevista: *hacer frente al imprevisto.* ‖ — M. pl. Gastos no previstos.

imprimátur m. Licencia de la autoridad eclesiástica para imprimir un escrito.

imprimible adj. Que puede ser impreso.

imprimir v. t. Señalar en el papel, tela, etc., las letras u otros caracteres de las formas, apretándolas en la prensa: *imprimir un periódico; imprimir tejidos.* ‖ Dejar una huella sobre una cosa: *imprimir los pasos en el barro.* ‖ *Fig.* Fijar en el ánimo algún afecto: *imprimir nobleza.* | Marcar: *la virtud estaba impresa en su rostro.* | Dar, comunicar: *imprimir movimiento a un volante.*

improbable adj. Poco probable.

ímprobo, ba adj. Falto de probidad, malvado: *funcionario ímprobo.* ‖ Muy duro, penoso: *trabajo ímprobo.*

improcedencia f. Falta de fundamento, de oportunidad o de derecho.

improcedente adj. *For.* Que no es conforme a derecho: *fallo improcedente.* ‖ Inadecuado, inoportuno: *acción improcedente.*

improductividad f. Calidad de lo que no produce.

improductivo, va adj. Que no produce: *terreno improductivo.*

impromptu m. *Mús.* Composición de forma libre: *los impromptus de Schubert.*

impronta f. Reproducción de un sello o medalla en yeso, lacre, cera, etc. ‖ *Fig.* Huella, marca.

impronunciable adj. Que no se puede pronunciar o de difícil pronunciación.

improperio m. Injuria grave de palabra, insulto, denuesto. ‖ — Pl. *Liturg.* Reproches de Cristo contra los judíos, que canta la Iglesia en los oficios del Viernes Santo.

impropiedad f. Falta de propiedad en el uso de las palabras.

impropio, pia adj. Ajeno, extraño: *lenguaje impropio de una persona culta.* ‖ Que no es adecuado: *expresión impropia.*

improrrogable adj. Que no se puede prorrogar: *plazo, mandato improrrogable.*

improvisación f. Acción y efecto de improvisar. ‖ *Lit.* y *Mús.* Composición improvisada.

improvisador, ra adj. y s. Que improvista: *improvisador de versos.*

improvisar v. t. Hacer una cosa de pronto, sin preparación alguna: *improvisar un discurso.*

improviso, sa adj. Que no se prevé. ‖ *Al* (o *de*) *improviso*, improvisadamente.

improvisto, ta adj. Improviso. ‖ *A la improvista*, sin previsión.

imprudencia f. Falta de prudencia: *obrar con imprudencia.* ‖ Acción imprudente. ‖ *For. Imprudencia temeraria*, negligencia o falta de precaución elemental que puede constituir un delito.

imprudente adj. y s. Que no tiene prudencia: *joven imprudente.*

impúber o **impúbero, ra** adj. Que no ha llegado aún a la pubertad (ú. t. c. s.).

impudencia f. Descaro, desvergüenza. ‖ Palabra o acción impudente.

impudente adj. Desvergonzado, descarado.

impudicia o **impudicicia** f. Deshonestidad.

impúdico, ca adj. y s. Deshonesto, falto de pudor: *una falda impúdica.*

impudor m. Falta de pudor y honestidad. ‖ Cinismo.

impuesto m. Tributo, gravamen: *impuesto sobre la renta.*

impugnable adj. Que se puede impugnar.

impugnación f. Ataque, contestación, refutación.

impugnador, ra adj. y s. Que impugna.

impugnante adj. Que impugna.

impugnar v. t. Combatir, atacar, refutar: *impugnar una opinión, un proyecto de ley.*

impulsar v. t. Impeler, dar impulso: *impulsar una pelota.* ‖ *Fig.* Estimular, incitar: *impulsar el comercio, las artes.*

impulsión f. Impulso, fuerza.

impulsividad f. Condición de impulsivo.

impulsivo, va adj. Que impele o puede impeler: *fuerza impulsiva.* ‖ — Adj. y s. *Fig.* Que actúa sin reflexionar: *persona impulsiva.*

impulso m. Fuerza que pone algo en movimiento: *el impulso del émbolo.* ‖ Movimiento así producido. ‖ *Fig.* Fuerza: *dar impulso a la industria.* | Fuerza interior que lleva las personas a actuar de cierta manera: *los impulsos del corazón.* ‖ *Tomar impulso*, correr antes de dar un salto.

impulsor, ra adj. y s. Que impele o impulsa: *impulsor del comercio.*

impune adj. Que queda sin castigo: *delito impune.*

impunidad f. Falta de castigo.

impureza f. Calidad de impuro. ‖ Mezcla de partículas extrañas a un cuerpo o materia: *la impureza de ciertas aguas.* ‖ Falta de pureza o castidad, obscenidad.

impurificar v. t. Hacer impura a una persona o cosa.

impuro, ra adj. No puro: *agua impura.* ‖ *Fig.* Impúdico, deshonesto: *pensamiento impuro.*

imputable adj. Que se puede imputar.

imputación f. Acción de imputar. ‖ Cosa imputada.

imputador, ra adj. Que imputa (ú. t. c. s.).

imputar v. t. Atribuir a otro una culpa, delito o acción censurable. ‖ *Com.* Abonar una partida en cuenta.

imputrescibilidad f. Calidad de imputrescible.

imputrescible adj. Dícese de lo que no puede pudrirse: *madera imputrescible.*

In, símbolo químico del *indio.*

in albis m. adv. *Fam.* En blanco. ‖ *Quedarse in albis,* no enterarse o no comprender.

in artículo mortis loc. lat. En el artículo de la muerte: *matrimonio, testamento, confesión, "in artículo mortis".*

in extremis m. adv. En el último momento: *matrimonio, confesión "in extremis".*

in fraganti m. adv. En flagrante: *sorprender al ladrón "in fraganti".*

in illo tempore loc. lat. En aquel tiempo.

in pace m. (pal. lat.). Prisión subterránea. ‖ Encierro perpetuo.

in promptu m. adv. De repente: *cometer un acto "in promptu".*

in púribus m. adv. *Fam.* En cueros: *estar "in púribus".*

inabarcable adj. Que no se puede abarcar.

inabordable adj. Inaccesible: *persona inabordable.*

inacabable adj. Que no se puede acabar. ‖ Que tarda mucho: *guerra inacabable.*

inacabado, da adj. Sin acabar, incompleto: *obra inacabada.*

inaccesibilidad f. Calidad de inaccesible.

inaccesible adj. No accesible: *altura inaccesible.*

inacción f. Falta de acción, ociosidad.

inaceptable adj. No aceptable: *propuesta inaceptable.*

inactividad f. Falta de actividad: *período de inactividad.*

inactivo, va adj. Sin acción o movimiento: *puerto inactivo.* ‖ Perezoso: *alumno inactivo.*

inactual adj. No actual.

inadaptable adj. No adaptable.

inadaptación f. Falta de adaptación.

inadaptado, da adj. y s. Dícese del que no se adapta o aviene a ciertas condiciones o circunstancias.

inadecuación f. Falta de adecuación.

inadecuado, da adj. No adecuado.

inadmisible adj. No admisible: *ingerencia inadmisible.*

inadoptable adj. No adoptable.

inadvertencia f. Descuido: *hacer algo por inadvertencia.* ‖ Hecho de no notar alguna cosa.

inadvertido, da adj. Distraído, descuidado. ‖ No advertido: *pasar el tiempo inadvertido.*

inagotable adj. Que no se puede agotar: *mina inagotable.*

inaguantable adj. Que no se puede aguantar o sufrir, insoportable: *un discurso inaguantable.*

inajenable adj. Inalienable.

inalámbrico, ca adj. *Electr.* Aplícase a la telegrafía y telefonía sin hilos.

inalcanzable adj. Que no se puede alcanzar.

inalienable adj. Que no se puede enajenar.

inalienado, da adj. No enajenado, sin enajenar.

inalterabilidad f. Calidad de inalterable: *la inalterabilidad de un orden político o social.*

inalterable adj. Que no se puede alterar: *tener uno una salud inalterable.*

inalterado, da adj Que no tiene alteración.

inamistoso, sa adj. Poco amistoso: *gesto inamistoso.*

inamovible adj. Fijo, a quien no se puede quitar el puesto: *funcionario inamovible.*

inamovilidad f. Calidad de inamovible.

inane adj. Vano, fútil, inútil.

inanición f. *Med.* Debilidad causada generalmente por la falta de alimento.

inanidad f. Futilidad, vacuidad.

inanimado, da adj. Que no tiene vida o parece no tenerla: ‖ *Fig.* Apagado: *expresión inanimada.*

inapagable adj. Que no puede apagarse.

inapelable adj. Que no se puede apelar: *sentencia inapelable.*

inapetencia f. Falta de ganas de comer.

inaplazable adj. Que no se puede aplazar. ‖ Urgente: *necesidad inaplazable.*

inaplicable adj. Que no se puede aplicar: *reglamento inaplicable.*

inapreciable adj. Muy pequeño: *diferencia inapreciable.* ‖ De mucho valor: *ayuda inapreciable.*

inapropiado, da adj. Poco adecuado.

inaptitud f. Falta de aptitud.

inarmónico, ca adj. Falto de armonía: *sonidos inarmónicos.*

inarrugable adj. Que no se arruga: *tela inarrugable.*

inarticulado, da adj. No articulado: *sonidos inarticulados.*

inasequible adj. No asequible.

inasimilable adj. Que no se puede asimilar.

inastillable adj. Que no puede astillarse: *cristal inastillable.*

inatacable adj. Que no puede ser atacado.

inaudito, ta adj. Nunca oído. ‖ *Fig.* Extraordinario, increíble: *un cambio inaudito.*

inauguración f. Acto de inaugurar: *inauguración de la temporada teatral, deportiva, taurina.*

inaugurador, ra adj. y s. Que inaugura.

inaugural adj. De la inauguración: *discurso inaugural.*

inaugurar v. t. Dar principio a una cosa con solemnidad: *inaugurar el curso académico.* ‖ Abrir un establecimiento, un templo, etc. ‖ Poner en servicio: *inaugurar una carretera, una central eléctrica.* ‖ Celebrar el estreno de una obra, monumento, edificio, etc. ‖ *Fig.* Iniciar: *inaugurar un régimen.*

inaveriguable adj. Que no se puede averiguar.

inca m. Rey, príncipe o varón de estirpe regia entre los antiguos peruanos. ‖ *Por ext.* Habitante del Imperio de los Incas. ‖ Moneda de oro del Perú.

— El *Imperio de los Incas* fue fundado en el s. XII por una tribu quechua de la región del Titicaca. Su territorio se extendió del S. de Colombia al N. de la Argentina y Chile. En Cuzco, su capital, residía el Inca, monarca absoluto y hereditario. Este Imperio desapareció después de la llegada de los españoles. Su elevada cultura se reflejó en la cerámica, la poesía, la música y la danza, y tb. en los palacios, templos *(Pachacámac, el Cuzco)* y fortalezas *(Sacsahuamán, Pisac, Ollantaitambo, Machu Picchu).*

Inca, v. de España en el N. de la isla de Mallorca.

Inca ‖ **~ Roca.** V. ROCA *(Inca).* ‖ **~ Yupangui** (DIONISIO), militar y político peruano, descendiente de los ant. incas. Diputado a las Cortes de Cádiz, defendió los derechos de los indígenas de su país.

Incahuasi, pico de los Andes entre Argentina y Chile; 6 610 m. — Pobl. en el NO. de la Argentina (Catamarca).

incaico, ca o **incásico, ca** adj. Relativo a los incas: *la cultura incaica; el Imperio incásico.*

incalculable adj. Que no puede calcularse: *pérdidas, destrozos incalculables.*

incalificable adj. Que no se puede calificar. ‖ Muy censurable: *crimen incalificable.*

incandescencia f. Estado de un cuerpo que, a causa de una temperatura elevada, se ha vuelto luminoso.

incandescente adj. Candente: *carbón incandescente.*

incansable adj. Incapaz o muy difícil de cansar: *propagandista, luchador incansable.*

incapacidad f. Falta de capacidad, de aptitud. ‖ *For.* Carencia de aptitud legal: *incapacidad jurídica.* ‖ *Fig.* Falta de inteligencia o talento.

incapacitado, da adj. *For.* Dícese de los locos, pródigos, iletrados, sordomudos y reos, que sufren la pena de interdicción.

incapacitar v. t. Inhabilitar, hacer incapaz: *su accidente le incapacita para este trabajo.* ‖ Declarar incapaz: *incapacitar a uno para un cargo público.*

incapaz adj. Que no es capaz: *incapaz de hacer una mala jugada.* ‖ Que no tiene capacidad para una cosa: *ser incapaz para desempeñar un cargo.* ‖ *Fig.* Falto de talento (ú. t. c. s.). ‖ *For.* Que no tiene cumplida personalidad para actos civiles.

incasable adj. Dícese de la persona que no puede casarse: *esa muchacha es incasable.* ‖ Que tiene gran aversión al matrimonio.

incásico, ca adj. Incaico.

incautación f. Embargo, confiscación.

incautarse v. pr. Tomar posesión de algo un tribunal u otra autoridad competente, confiscar: *la aduana se incautó de la mercancía.*

incauto, ta adj. Que no tiene cautela, imprudente. ‖ Inocente, crédulo.

incendiar v. t. Poner fuego a una cosa que no está destinada a arder: *incendiar un edificio, mieses* (ú. t. c. pr.).

incendiario, ria adj. y s. Que causa maliciosamente un incendio. ‖ — Adj. Que provoca incendio: *bomba incendiaria.* ‖ *Fig.* Subversivo: *artículo, libro incendiario.*

incendio m. Fuego grande que abrasa total o parcialmente lo que no está destinado a arder: *incendio de un buque.* ‖ *Fig.* Ardor vehemente, ímpetu: *el incendio de una pasión.*

* **incensar** v. t. Agitar el incensario ardiendo delante del altar. ‖ *Fig.* Lisonjear, adular.

incensario m. Braserillo suspendido por unas cadenitas donde arde el incienso en las ceremonias litúrgicas.

incentivo m. Lo que incita o mueve a una cosa: *el incentivo de la ganancia.*

incertidumbre f. Falta de certidumbre, duda.

incesante adj. Que no cesa: *trabajo incesante.*

incesto m. Unión sexual entre parientes dentro de los grados en que está prohibido el matrimonio.

incestuoso, sa adj. y s. Que comete incesto. ‖ Relativo al incesto: *amor incestuoso.*

incidencia f. Lo que sobreviene en el curso de un asunto o negocio y tiene con éste algún enlace. ‖ Dirección según la cual un cuerpo choca con otro. ‖ — *Geom. Ángulo de incidencia,* el formado por la dirección de un rayo de luz o un cuerpo en movimiento hacia un plano y la normal a dicho plano en el punto de contacto. ‖ *Por incidencia,* accidentalmente.

incidental adj. Fortuito.

incidente adj. Que cae sobre una superficie: *luz incidente.* ‖ Que sobreviene en el curso de un asunto. ‖ — M. Acontecimiento imprevisto: *un incidente parlamentario.*

incidir v. i. Incurrir en una falta, error, etc. ‖ *Fís.* Caer un rayo luminoso o un cuerpo sobre una superficie reflectora. ‖ *Med.* Hacer una incisión o cortadura.

incienso m. Gomorresina aromática que se quema en ciertas ceremonias del culto. ‖ *Fig.* Adulación: *dar incienso a uno.*

incierto, ta adj. Que no es cierto, dudoso. ‖ Que no es fijo: *rumbo incierto,* ‖ Impreciso: *la fecha de nacimiento de Colón es incierta.*

incineración f. Reducción a cenizas.

incinerar v. t. Reducir a cenizas: *incinerar un cadáver.*

incipiente adj. Que empieza: *parálisis incipiente.*

IM

incisión f. Hendidura hecha con instrumento cortante. ‖ Cesura.

incisivo, va adj. Cortante. ‖ Dícese de cada uno de los dientes delanteros que sirven para cortar: *dientes incisivos* (ú. t. c. s. m.). ‖ *Fig.* Punzante, mordaz: *escritor incisivo.*

inciso, sa adj. Cortado: *estilo inciso.* ‖ — M. *Gram.* Cada uno de los miembros que, en los períodos, encierra un sentido parcial. ‖ Coma, signo ortográfico.

incisura f. *Med.* Incisión.

incitación f. Impulsión, instigación: *incitación al crimen.*

incitador, ra adj. y s. Que incita: *incitador a la lucha.*

incitante adj. Que incita: *un ambiente incitante a la violencia.*

incitar v. t. Estimular, instigar: *incitar a la violencia, a la venganza.*

incitativo, va adj y s. Que incita o tiene virtud de incitar.

Inclán (José), militar mexicano que luchó contra los franceses y se trasladó luego a Cuba para defender la independencia de la Isla contra los españoles. Fue fusilado en 1872. ‖ (LUIS GONZAGA), escritor mexicano (1816-1875).

inclaustración f. Ingreso en una orden monástica de clausura.

inclemencia f. Falta de clemencia: *la inclemencia de ciertos jueces.* ‖ *Fig.* Rigor del tiempo: *la inclemencia del invierno.*

inclemente adj. Falto de clemencia: *tribunal inclemente; tiempo inclemente.*

inclinación f. Acción de inclinar o inclinarse. ‖ Reverencia en señal de respeto: *inclinación de cabeza.* ‖ *Fig.* Afición, propensión: *tener inclinación a la música.* ‖ Afecto, cariño: *tener inclinación por los niños.* ‖ Tendencia. ‖ Estado de lo que está inclinado: *la inclinación de la torre de Pisa.* ‖ *Astr.* Ángulo formado por el plano de la órbita de un planeta con el de la eclíptica. ‖ *Geom.* Oblicuidad de dos líneas. o de dos superficies. ‖ *Inclinación de la aguja magnética*, ángulo que forma una aguja imantada con el horizonte.

inclinar v. t. Apartar una cosa de su posición vertical: *inclinar la cabeza en señal de respeto* (ú. t. c. pr.). ‖ *Fig.* Dar propensión a decir o hacer algo: *inclinar a la benevolencia.* ‖ — V. i. Parecerse (ú. t. c. pr.). ‖ — V. pr. Tener tendencia a algo: *inclinarse a creer una cosa.*

ínclito, ta adj. Ilustre, preclaro: *ínclito varón.*

* **incluir** v. i. Poner una cosa dentro de otra: *incluir un cheque en una carta.* ‖ Contener una cosa a otra, o llevarla implícita. ‖ Comprender un número menor en otro mayor, o una parte en su todo.

inclusa f. Asilo de niños expósitos.

inclusero, ra dj. y s. *Fam.* Dícese de la persona que se ha criado, o que se cría, en la inclusa.

inclusión f. Acción y efecto de incluir.

inclusivamente o **inclusive** adv. Con inclusión de.

inclusivo, va adj. Que incluye.

incluso, sa adj. Encerrado, contenido: *factura inclusa.* ‖ — Adv. Con inclusión de. ‖ Hasta: *en nuestro viaje llegamos incluso a Suiza.*

incoación f. Acción de incoar.

incoar v. t. Comenzar, empezar una cosa, esp. una actuación oficial: *incoar un pleito, un proceso.*

incoativo, va adj. Que denota el principio de una cosa o de una acción: *verbo incoativo.*

incobrable adj. Que no se puede cobrar: *crédito incobrable.*

incoercibilidad f. Calidad de incoercible.

incoercible adj. Que no puede ser coercido, irrefrenable.

incógnito, ta adj. y s. m. No conocido: *territorio, escritor incógnito.* ‖ *De incógnito*, sin ser conocido. ‖ — F. *Mat.* Cantidad desconocida de una ecuación o de un problema: *aislar una incógnita.* ‖ *Fig.* Misterio, cosa desconocida que se quiere averiguar: *su actuación en este asunto es una incógnita.*

incognoscible adj. Que no se puede conocer.

incoherencia f. Falta de coherencia.

incoherente adj. No coherente, falto de lógica: *ideas incoherentes.*

incoloro, ra adj. Que no tiene color: *un gas incoloro.*

incólume adj. Sin daño, sin lesión ni menoscabo, ileso: *volvió incólume de la guerra.*

incombustibilidad f. Calidad de incombustible.

incombustible adj. Aplícase a lo que no puede quemarse o consumirse: *el amianto es una materia incombustible.*

income tax [*inkom tax*] m. (pal. ingl.). Impuesto sobre la renta en Gran Bretaña y Estados Unidos.

incomestible adj. Incomible.

incomible adj. Que no puede comerse.

incomodar v. t Causar incomodidad. ‖ Molestar, fastidiar: *su visita me incomoda.* ‖ — V. pr. Enfadarse.

incomodidad f. Falta de comodidad. ‖ Achaque, malestar. ‖ Disgusto, enfado.

incómodo, da adj. Que carece de comodidad: *butaca incómoda.* ‖ Que incomoda: *una persona incómoda; un calor incómodo.*

incomparable adj. Que no tiene o no admite comparación: *la belleza incomparable del mar.*

incompartible adj. Que no se puede compartir.

incompasivo, va adj. Despiadado, sin compasión.

incompatibilidad f. Imposibilidad de coexistir o de armonizar dos personas o cosas: *incompatibilidad de carácter.* ‖ *For.* Imposibilidad legal de ejercer dos o más cargos a la vez.

incompatible adj. No compatible: *dos cargos incompatibles.* ‖ Que hacen imposible el acuerdo entre dos personas: *caracteres incompatibles.*

incompetencia f. Falta de competencia o jurisdicción: *la incompetencia de un tribunal.* ‖ Falta de conocimientos suficientes.

incompetente adj. *For.* No competente: *tribunal incompetente.* ‖ Que carece de los conocimientos requeridos para algo: *un funcionario incompetente.*

incompleto, ta adj. No completo: *obra incompleta.*

incomprehensible adj. Incomprensible.

incomprendido, da adj. No comprendido. ‖ Que no es apreciado en su justo valor: *artista incomprendido* (ú. t. c. s.).

incomprensible adj. Que no se puede comprender: *frase incomprensible; jeroglíficos incomprensibles.*

incomprensión f. Falta de comprensión.

incompresible adj. Que no se puede comprimir o reducir a menor volumen: *líquido incompresible.*

incomunicable adj. No comunicable: *herencia incomunicable.*

incomunicación f. Acción y efecto de incomunicar o incomunicarse. ‖ *For.* Aislamiento temporal de procesados.

incomunicado, da adj. Que no tiene comunicación: *preso incomunicado.* ‖ Aislado, privado de comunicaciones: *aldea incomunicada.*

incomunicar v. t. Privar de comunicación: *incomunicar a un detenido.* ‖ — V. pr. Aislarse, apartarse una persona del trato de la gente por temor, melancolía, etc.

inconcebible adj. Que no puede concebirse. ‖ *Fig.* Extraordinario, inimaginable: *decir algo inconcebible.*

inconciliable adj. Que no puede conciliarse: *dos principios inconciliables.*

inconcluso, sa adj. Inacabado.

inconcuso, sa adj. Cierto, que no ofrece duda: *prueba inconcusa.*

incondicional adj. Absoluto, sin restricción. ‖ — Adj. y s. Que sigue ciegamente a una persona o idea: *partidario incondicional.*

incondicionalismo m. *Amer.* Servilismo.

inconexión f. Falta de conexión o de unión.

inconexo, xa adj. Que no tiene ninguna relación: *asuntos inconexos entre sí.*

inconfesable adj. Que no puede confesarse por vergonzoso: *acto inconfesable.*

inconfeso, sa adj. *For.* Que no confiesa el delito de que le acusan: *reo inconfeso.*

inconforme adj. No conforme.

inconfortable adj. No confortable: *vivienda inconfortable.*

inconfundible adj. No confundible, característico: *huella inconfundible.*

incongruencia f. Falta de congruencia.

incongruente adj. No congruente, inoportuno o inconveniente.

incongruo, grua adj. Incongruente. ‖ Dícese del sacerdote que no tiene congrua.

inconmensurabilidad f. Calidad de inconmensurable.

inconmensurable adj. No conmensurable: *el círculo y su diámetro son inconmensurables.* ‖ Considerable, inmenso: *espacios inconmensurables.*

inconmovible adj. Que no se puede conmover o alterar, perenne, firme: *verdad inconmovible.*

inconmutabilidad f. Calidad de inconmutable.

inconmutable adj. Inmutable. ‖ No conmutable.

inconquistable adj. Que no se puede conquistar: *fortaleza inconquistable.* ‖ *Fig.* Inflexible o incorruptible: *hombre inconquistable.*

inconsciencia f. Estado en que el individuo no se da cuenta exacta del alcance de sus palabras o acciones. ‖ *Por ext.* Falta de juicio.

inconsciente adj. y s. No consciente. ‖ *Por ext.* Irreflexivo. ‖ — M. Conjunto de procesos dinámicos que actúan sobre la conducta pero escapan a la consciencia.

inconsecuencia f. Falta de consecuencia: *proceder con inconsecuencia.* ‖ Cualidad de inconsecuente.

inconsecuente adj. y s. Que no actúa de conformidad con su conducta previa o sus ideas. ‖ Que cambia fácilmente de ideas y comportamiento: *inconsecuente en sus ideas, en sus actos.*

inconsideración f. Falta de consideración y reflexión.

inconsiderado, da adj. Que actúa sin reflexionar (ú. t. c. s.). ‖ Inadvertido.

inconsistencia f. Falta de consistencia. ‖ *Fig.* Falta de lógica o cohesión: *la inconsistencia de un argumento.*

inconsistente adj. Falto de consistencia: *pared inconsistente.* ‖ Falto de lógica o cohesión: *argumento inconsistente.*

inconsolable adj. Que no puede ser consolado: *madre, viuda inconsolable.* ‖ *Fig.* Que se consuela muy difícilmente.

inconstancia f. Falta de constancia, facilidad para cambiar de opinión o de conducta: *la inconstancia de un alumno.* ‖ *Fig.* Inestabilidad: *la inconstancia del tiempo.*

inconstante adj. No constante, cambiadizo: *carácter inconstante* (ú. t. c. s.). ‖ *Fig.* Variable, inestable: *la fortuna es inconstante.*

inconstitucional adj. Contrario a la Constitución: *decreto inconstitucional.*

inconsútil adj. Sin costura: *la túnica inconsútil de Jesucristo.*

incontable adj. Que no puede contarse o narrarse ‖ *Fig.* Muy abundante, innumerable: *había incontables bañistas en la playa.*

incontaminado adj. No contaminado.

incontenible adj. Que no se puede contener.

incontestable adj. Que no se puede impugnar o negar: *una verdad incontestable.*

incontinencia f. Vicio opuesto a la continencia. || *Med.* Emisión involuntaria de la orina, de las materias fecales, etc.

incontinente adj. Que no es casto. || *Fig.* Que no se contiene. || Que padece incontinencia. || — Adv. Incontinenti.

incontinenti adv. Prontamente, al instante: *le echó incontinenti a la calle.*

incontrastable adj. Que no puede impugnarse: *derecho, argumento incontrastable.* || *Fig.* Que no se puede convencer.

incontrolable adj. Que no se puede controlar.

incontrovertible adj. Indiscutible: *argumento incontrovertible.*

inconvencible adj. Que no se deja convencer con razones: *persona terca e inconvencible.*

inconvenible adj. No conveniente o convenible.

inconveniencia f. Inoportunidad. || Inconveniente. || Inverosimilitud de una cosa. || Despropósito: *decir inconveniencias.*

inconveniente adj. No conveniente, inoportuno. || Desatento, descortés. || — M. Aspecto desfavorable de una cosa: *este proyecto presenta muchos inconvenientes.*

inconvertible adj. No convertible: *moneda inconvertible.*

incordiar v. t. *Fam.* Fastidiar, molestar: *andar incordiando.*

incordio m. *Med.* Bubón, tumor. || *Fam.* Persona enojosa y molesta. | Molestia.

incorporación f. Acción y efecto de incorporar o incorporarse.

incorporal adj. Incorpóreo.

incorporar v. t. Unir dos o más cosas para formar un todo: *incorporar una sustancia a otra.* || Anexar: *Fernando el Católico incorporó Navarra a España* (ú. t. c. pr.). || Sentar el cuerpo que estaba echado: *incorporar al enfermo en la cama* (ú. t. c. pr.). || — V. pr. Entrar una persona a formar parte de un cuerpo: *incorporarse a filas los reclutas.*

incorporeidad f. Calidad de incorpóreo.

incorpóreo, a adj. No corpóreo.

incorrección f. Calidad de incorrecto. || Descortesía, descomedimiento: *cometer una incorrección.*

incorrecto, ta adj. No correcto: *texto incorrecto; persona, actitud incorrecta.*

incorregible adj. No corregible: *una criatura incorregible.*

incorrupción f. Estado de lo que no se corrompe. || *Fig.* Pureza de vida y costumbres.

incorruptibilidad f. Calidad de incorruptible.

incorruptible adj. No corruptible: *incorruptible como el cedro.* || *Fig.* Que no se puede corromper: *funcionario incorruptible.*

incorrupto, ta adj. Que está sin corromperse: *cadáver incorrupto.* || *Fig.* No dañado ni viciado. | Que no ha perdido la virginidad: *mujer incorrupta.*

increado, da adj. No creado.

incredibilidad f. Imposibilidad o dificultad que hay para que sea creída una cosa.

incredulidad f. Dificultad para creer una cosa. || Falta de fe y de creencia religiosa.

incrédulo, la adj. y s. Dícese del que no cree en los dogmas religiosos. || Que se deja difícilmente convencer.

increíble adj. Que no puede creerse. || *Fig.* Extraordinario: *un éxito increíble.* | Muy sorprendente: *es increíble que me hayas hecho esta mala jugada.*

incrementar v. t. Aumentar: *incrementar las exportaciones.*

incremento m. Aumento, acrecentamiento: *incremento de riqueza, de prosperidad.* || *Gram.* Aumento de letras que tiene cualquier voz sobre la primitiva: *el incremento de los aumentativos.* || *Mat.* Variación del valor de una variable: *a un incremento pequeño de la variable corresponde un incremento pequeño de la función.*

increpación f. Reprensión severa, agria.

increpador, ra adj. y s. Que increpa.

increpar v. t. Reprender con dureza y severidad.

incriminación f. Acusación.

incriminar v. t. Acusar con fuerza o insistencia. || Exagerar un delito, culpa o defecto.

incruento, ta adj. No sangriento: *el sacrificio incruento de la misa o del altar.*

incrúngido, da adj. *Col.* Tonto, estúpido.

incrustación f. Acción de incrustar. || Madera, marfil, etc., que se incrusta en una superficie dura y lisa, formando dibujos. || Capa calcárea que se forma sobre ciertos cuerpos que permanecen en el agua. || Depósito de carbonato de cal que se forma en las paredes de las calderas de vapor y otros recipientes.

incrustador, ra adj. y s. Que incrusta.

incrustante adj. Que incrusta.

incrustar v. t. Embutir en una superficie lisa y dura piedras, metales, maderas, etc., formando dibujos: *incrustar figuras de nácar en un mueble.* || Cubrir una superficie con una costra calcárea. || — V. pr. Adherirse fuertemente. || *Fig.* Grabarse en la memoria: *incrustarse un recuerdo.*

incubación f. Acción de empollar las aves los huevos. || *Med.* Desarrollo de una enfermedad desde que empieza a obrar la causa morbosa hasta que se manifiestan sus efectos: *período de incubación.* || *Incubación artificial*, acción de empollar los huevos por medio del calor artificial.

incubadora f. Aparato o local para la incubación artificial. || Urna de cristal para mantener a los nacidos prematuramente en condiciones adecuadas de temperatura, humedad y oxigenación.

incubar v. i. Encobar. || — V. t. Empollar el ave los huevos. || Tener una enfermedad en estado de incubación.

incuestionable adj. Indiscutible: *verdad incuestionable.*

inculcación f. Acción y efecto de inculcar.

inculcador adj. y s. Que inculca o infunde.

inculcar v. t. Apretar una cosa contra otra. || *Fig.* Repetir una cosa a uno para que la aprenda: *inculcar las primeras letras.* | Imprimir algo en el espíritu: *inculcar la verdad.* || *Impr.* Juntar demasiado las letras.

inculpabilidad f. Exención de culpa: *veredicto de inculpabilidad.*

inculpación f. Acusación.

inculpado, da adj. y s. Culpado, acusado de algo.

inculpar v. t. Acusar a uno de un delito, culpar: *inculpar a uno de deserción.*

incultivable adj. Que no puede cultivarse.

inculto, ta adj. No cultivado: *terreno inculto.* || *Fig.* Descuidado: *estilo inculto.* || Que no tiene instrucción: *hombre, pueblo inculto* (ú. t. c. s.).

incultura f. Falta de cultivo o de cultura.

incumbencia f. Función que debe estar desempeñada por determinada persona: *este trabajo no es de mi incumbencia.*

incumbir v. i. Estar a cargo de uno una cosa: *esto me incumbe.*

incumplimiento m. Falta de cumplimiento.

incumplir v. t. No llevar a efecto, dejar de cumplir: *incumplir un contrato.*

incunable adj. y s. m. Aplícase a las ediciones hechas desde la invención de la imprenta hasta principios del s. XVI.

incurable adj. y s. Que no se puede curar: *un enfermo incurable.* || *Fig.* Sin enmienda.

incuria f. Descuido, negligencia.

incurrir v. i. Cometer error, delito, etc.: *incurrir en falta.* || Ocasionar, atraerse: *incurrir en la desgracia de uno, en odio.*

incursión f. Acción de incurrir. || *Mil.* Correría: *hacer una incursión por territorio enemigo.*

Inchón o **Chemulpo,** c. y puerto de Corea del Sur, al O. de Seúl.

Indaburo (José Manuel), prelado boliviano (1787-1844), fundador de la Universidad de San Andrés en La Paz.

indagación f. Averiguación, investigación.

indagador, ra adj. y s. Que indaga o averigua.

indagar v. t. Averiguar, investigar, inquirir una cosa.

indagatorio, ria adj. *For.* Que tiende o conduce a indagar. || — F. Declaración que se toma al presunto reo sin recibirle juramento.

indamericano, na adj. y s. *Amer.* Aborigen de América.

indebido, da adj. Que no es obligatorio ni exigible. || Ilícito, falto de equidad.

indecencia f. Falta de decencia o de modestia. || Acto vergonzoso, obscenidad.

indecente adj. Contrario a la decencia: *acto indecente.* || *Fig.* Muy malo: *comida indecente.* | Asqueroso, muy sucio.

indecible adj. Indescriptible: *alegría indecible.* || *Sufrir lo indecible*, sufrir mucho.

indecisión f. Irresolución. || Falta de decisión.

indeciso, sa adj. Pendiente de resolución: *encuentro; combate indeciso.* || Irresoluto, dudoso: *estar indeciso sobre lo que ha de hacer.* || Vago, impreciso: *contornos indecisos; formas indecisas.*

indeclinable adj. *For.* Que tiene que cumplirse: *sentencia indeclinable.* || *Gram.* Que no se declina.

indecoroso, sa adj. Que carece de decoro o lo ofende: *actitud indecorosa.*

indefectibilidad f. Calidad de indefectible.

indefectible adj. Que no puede faltar o dejar de ser.

indefendible adj. Que no puede ser defendido: *tesis indefendible.*

indefensión f. Falta de defensa.

indefenso, sa adj. Que carece de defensa: *animal indefenso.*

indefinible adj. Que no se puede definir: *emoción indefinible.*

indefinido, da adj. No definido: *tristeza indefinida.* || Que no tiene límites, ilimitado: *espacio indefinido.* || Indeterminado: *proposición indefinida.* || *Gram.* Dícese de las palabras que determinan o representan los nombres de una manera vaga, general: *artículo, adjetivo, pronombre indefinido.* || *Pretérito indefinido*, tiempo verbal que indica la acción pasada con independencia de otra, como *escribí, llegué*, etc. (V. *Compendio de gramática,* al final del vol., p. 822.)

indehiscente adj. *Bot.* No dehiscente, que no se abre por sí solo: *fruto indehiscente.*

indeleble adj. Que no se puede borrar o quitar: *tinta indeleble.*

indeliberado, da adj. Hecho sin deliberación, impensado, involuntario: *acción indeliberada.*

indelicadeza f. Falta de delicadeza.

indelicado, da adj. Falto de delicadeza.

indemne adj. Ileso: *salió indemne de la catástrofe.*

indemnización f. Reparación legal de un daño o perjuicio causado. ‖ Cosa con que se indemniza.

indemnizar v. t. Resarcir de un daño o perjuicio: *indemnizar al propietario por una expropiación.*

indemostrable adj. No demostrable.

independencia f. Estado de una persona o cosa independiente: *para mayor independencia se levantó una valla entre los dos jardines.* ‖ Libertad, autonomía, y especialmente la de un Estado que no es tributario ni depende de otro: *la independencia de los países americanos.* ‖ Entereza, firmeza de carácter.

— Se ha dado el n. de *Guerra de la Independencia* a la lucha sostenida por las colonias británicas de América del Norte contra la metrópoli y que motivó el nacimiento de los Estados Unidos (1775-1782). Igualmente es conocida la resistencia que sostuvieron los españoles contra la invasión napoleónica (1808-1813), y también se designa así la lucha de las colonias españolas de América para lograr su emancipación (1808-1824).

Independencia, pobl. en el centro de Bolivia, cap. de la prov. de Ayopaya (Cochabamba). — Pobl. del Paraguay (Guairá). — Prov. en el SO. de la Rep. Dominicana; cap. *Jimaní.* — V. FRAY BENTOS.

independentismo m. Movimiento que reclama la independencia en un país.

independentista adj. Partidario del independentismo (ú. t. c. s.).

independiente adj. Que no de-

INDEPENDENCIA Y FORMACIÓN DE LOS ESTADOS DE AMÉRICA

PROCESO DE LA INDEPENDENCIA

Primeros intentos separatistas. Miranda, El Precursor, desembarca en Venezuela (abril-agosto de 1806). — Juntas de Chuquisaca (25-V-1809) y La Paz (16-VII-1809). — Junta de Quito (10-VIII-1809). — Junta de Caracas (19-IV-1810). — Junta provisional de Buenos Aires (25-V-1810). — Junta de Bogotá (20-VII-1810). — México: Hidalgo lanza el *"Grito de Dolores"* (15-IX-1810). — Primera Junta en Chile (18-IX-1810). — *Paraguay proclama su independencia* (15-V-1811). — Artigas vencedor en Las Piedras (18-V-1811). — *Venezuela proclama su independencia* (5-VII-1811). — Bolívar, El Libertador, entra en Caracas (7-VIII-1813). — Morelos proclama la independencia de México en Chilpancingo (6-XI-1813).

La reacción española. Hidalgo es fusilado en Chihuahua (30-VII-1811). — Miranda prisionero y caída de la primera República de Venezuela (julio de 1812). — Derrota del ejército libertador de Bolívar y caída de la segunda República de Venezuela (1814). — Derrota del ejército libertador de O'Higgins en **Rancagua** (Chile). [1-X-1814]. — Morelos, derrotado, es fusilado (22-XII-1815). — Morillo, El Pacificador, en Venezuela (1815). — Represión de Morillo en Colombia (1816).

Hacia la independencia absoluta. El *Congreso de Tucumán declara la independencia de las Provincias Unidas del Río de la Plata* (9-VII-1816). — San Martín, en **Chacabuco** (12-II-1817). — **Maipú:** independencia de Chile (5-IV-1818). — Bolívar en **Boyacá** (7-VIII-1819). — Bolívar entra en Bogotá (9-VIII-1819). — La República de Gran Colombia es proclamada en Angostura (17-II-1819). — Bolívar en **Carabobo:** *independencia de Venezuela* (20-VI-1821). — *Proclamación de la independencia del Perú* (21-VII-1821). — Sucre en **Pichincha:** *independencia del Ecuador* (24-V-1822). — *Pedro I proclama la independencia de Brasil* (7-IX-1822). — Federación de las Provincias Unidas de Centroamérica (24-VI-1823). — Bolívar en **Junín** (6-VIII-1824). — Constitución federal de los Estados Unidos de México (4-X-1824). — Sucre en **Ayacucho** (9-XII-1824). — Los Treinta y Tres Orientales en la playa de la Agraciada (19-IV-1825). — *Independencia de Bolivia* (6-VIII-1825). — *Independencia de Cuba* (10-XII-1898).

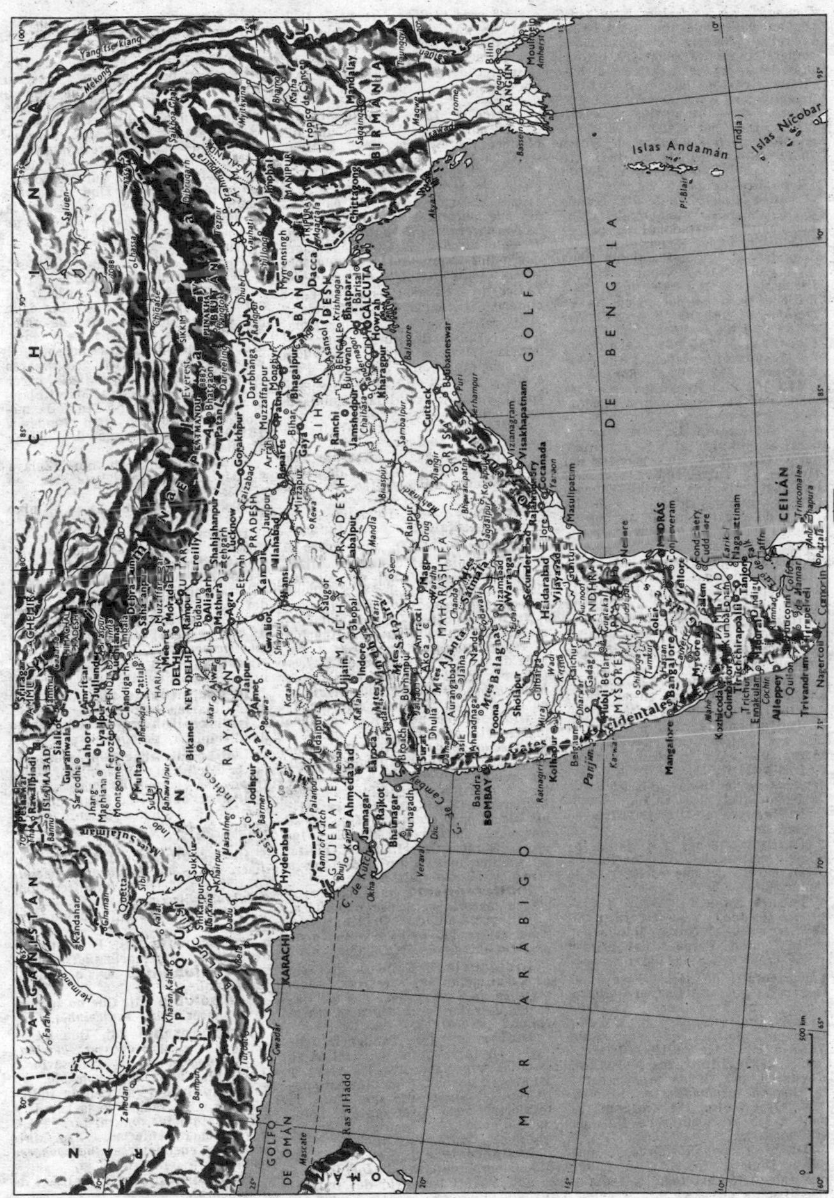

INDIA

pende de otro: *país independiente.* || Aislado, separado: *una entrada independiente.* || *Fig.* Dícese de la persona que no quiere depender de nadie: *hombre, carácter independiente.* | Sin relación con otra cosa.

independista adj. y s. Independentista.

independizarse v. pr. Hacerse independiente, emanciparse.

indescifrable adj. Que no se puede descifrar.

indescriptible adj. Que no se puede describir: *reinó un entusiasmo indescriptible.*

indeseable adj. y s. Dícese de la persona que, debido a sus pésimos antecedentes, no es aceptada normalmente en sociedad: *expulsar a los elementos indeseables.*

indestructible adj. Que no se puede destruir.

indeterminable adj. Que no se puede determinar.

indeterminación f. Falta de determinación en las cosas, o de resolución en las personas.

indeterminado, da adj. No determinado: *por tiempo indeterminado; artículo indeterminado.* || Indeciso: *persona indeterminada.*

indeterminismo m. Sistema filosófico según el cual el curso natural de las cosas no está sometido a ninguna ley, ni a ninguna causalidad inteligible, tanto si se trata de actos humanos como de hechos naturales.

indeterminista adj. y s. Relativo al indeterminismo o partidario del mismo.

India, penins. del S. de Asia bañada por el océano Índico, que limita al N. con la cadena del Himalaya, que la separa del Tíbet, y se une por el E. a la penins. indochina. Está dividida entre los Estados *República de la India, Paquistán, Bután* y *Nepal.*

— HISTORIA. Después de numerosas invasiones (macedonios, iranios, hunos, musulmanes, turcos, etc.), el sultanato de Delhi, creado en el s. XIII, fue devastado por Tamerlán en 1398. Baber, descendiente de Tamerlán, fundó el Imperio de la India, que se desmembró en el s. XVII. En 1498, Vasco de Gama llegó a Calcuta, y en el s. siguiente los portugueses se establecieron en la península seguidos por los holandeses (s. XVII), franceses e ingleses, quienes fundaron la

Compañía de las Indias. Ésta cedió sus derechos a la Corona y, en 1877, la reina Victoria fue proclamada emperatriz de las Indias. A principios del s. XX se desarrolló el movimiento nacionalista, promovido principalmente por Gandhi. El desacuerdo entre hinduistas y musulmanes, tuvo por efecto la creación en 1947 de dos Estados: la Unión India (República de la India en 1950) y el Paquistán. (V. INDIA [*República de la*] y PAQUISTÁN.)

India (*República de la*), Estado del S. de Asia, miembro del Commonwealth, limitado al O. por el mar de Omán, al E. por el golfo de Bengala y al N. por Paquistán, Bangla Desh, China, Nepal, Bután y Birmania; 3 268 000 km²; 550 millones de h. (*indios*). Cap. *Nueva Delhi*, 314 400 h.; c. pr.: *Delhi*, 3 465 000 h.; *Bombay*, 4 654 000; *Calcuta*, 4 765 000; *Madrás*, 1 927 400; *Ahmedabad*, 1 865 000; *Kanpur*, 1 139 300; *Bangalore*, 1 473 400. La República está formada por 18 Estados y 9 territorios.

— GEOGRAFÍA. La estructura general es simple: al S., la penins. del Decán, al N., los macizos del Himalaya; entre ambas regiones, una vasta planicie aluvial. El país presenta grandes diferencias de clima y de vegetación, a las que se añaden las de razas, lenguas, religiones y castas.

India Portuguesa, ant. colonias de Portugal (Goa, Damao y Diu), incorporadas a la Rep. de la India en 1961.

indiada f. *Amer.* Muchedumbre de indios.

indiana f. Tela estampada por un solo lado.

Indiana, uno de los Estados Unidos de Norteamérica, en el centro del país; cap. *Indianápolis.*

Indianápolis, c. en el centro de Estados Unidos, cap. de Indiana. Arzobispado. Universidad.

indianismo m. Modismo de las lenguas de la India. ‖ Estudio de la lengua y civilización indias.

indianista com. Especialista en indianismo.

indiano, na adj. y s. De las Indias Occidentales o América. ‖ *Fam.* Dícese del que vuelve rico de América.

Indias (MAR DE LAS). V. ÍNDICO (*Océano*). ‖ **~ Occidentales,** n. dado al Nuevo Mundo por Colón, quien, después del primer viaje, creyó haber llegado a las costas orientales de Asia. (Éste es el origen de que se llamasen *indios* a los indígenas americanos.) ‖ **~ Occidentales** (FEDERACIÓN DE LAS), asociación política que agrupó de 1958 a 1962 las Antillas Británicas. ‖ **~ Occidentales Neerlandesas,** n. por el que se conoce tb. la *Guayana Holandesa* o *Surinam.* ‖ **~ Orientales Holandesas,** n. dado a las ex colonias de Holanda en Indonesia.

Indias (*Compañía de las*), compañía inglesa, fundada en 1600, que conquistó casi toda la India y fue disuelta en 1897.

Indíbil, caudillo español (s. II a. de J. C.) que encabezó una sublevación de los ilergetes contra los romanos.

indicación f. Acción y efecto de indicar. ‖ Dato, informe: *las indicaciones de un agente de tráfico.* ‖ *Med.* Oportunidad en un tratamiento.

indicador, ra adj. Que indica: *poste indicador.* ‖ — M. Aparato que sirve para indicar la presión de un gas, el nivel de un líquido, etc. ‖ *Quím.* Sustancia que señala el final de una reacción química por un cambio de color.

indicar v. t. Dar a entender o significar una cosa con indicios y señales. ‖ Enseñar a uno lo que busca: *indicar el camino.* ‖ Ordenar, mandar: *el médico ha indicado reposo.*

indicativo, va adj. Que indica o sirve para indicar: *flecha indicativa.* ‖ — M. *Gram.* Uno de los modos del verbo, con el que se expresa una afirmación sencilla y absoluta.

indicción f. Convocación para un concilio o sínodo: *bula de indicción.*

índice m. Lista de los capítulos de una obra. ‖ Catálogo de una biblioteca: *índice general.* ‖ Indicio, señal. ‖ Dedo segundo de la mano. ‖ Manecilla del reloj. ‖ *Mat.* Número que indica el grado de una raíz. | Relación entre dos cantidades que muestra la evolución de un fenómeno: *índice de natalidad; índice de alcohol.* ‖ *Quím.* Número que indica la proporción de una sustancia: *índice de alcohol.* ‖ — *Fís. Índice de refracción,* relación entre el seno del ángulo de incidencia y el de refracción. ‖ *Índice expurgatorio,* catálogo de libros proscritos por la Iglesia católica (el *Índice* fue suprimido en 1966). ‖ *Fig. Meter o poner a una persona o cosa en el Índice,* excluirla, señalarla como peligrosa.

indiciar v. t. Dar indicios. ‖ Sospechar. ‖ Indicar.

indicio m. Signo aparente que informa sobre la existencia de algo: *hay indicios de petróleo en esta comarca.*

índico, ca adj. Relativo a las Indias Orientales: *océano Índico.*

Índico (OCÉANO), mar entre el S. de la India, las costas de África y el litoral occidental de Australia; 75 millones de km². Se llamó anteriormente *mar de las Indias.*

indiferencia f. Estado del ánimo en que no se siente inclinación ni repugnancia por una cosa. ‖ Estado de un cuerpo que no está afectado por nada: *la indiferencia de la materia.* ‖ *Indiferencia religiosa,* no creencia en ninguna religión.

indiferente adj. Que no tiene preferencia por una cosa: *me deja indiferente que vengas o no.* ‖ Que no atrae ni repugna: *esta persona me resulta indiferente.* ‖ Que causa poca impresión: *la noticia le dejó indiferente.* ‖ Sin interés: *su estima me es indiferente.* ‖ Que no se conmueve: *indiferente al dolor ajeno.* ‖ No creyente, sin fe. ‖ Que no se inclina más a un lado que a otro: *equilibrio indiferente.*

indiferentismo m. Indiferencia en materia religiosa o política.

indígena adj. y s. Originario del país, nativo: *la población indígena de Argelia, de Bolivia.*

indigencia f. Falta de recursos para alimentarse, vestirse, etc.: *vivir en la indigencia.* ‖ *Fig.* Carencia de valor: *la indigencia oratoria del predicador.*

indigenismo m. Tendencia o escuela literaria que se inclina a estudiar especialmente los tipos y asuntos indígenas. ‖ Movimiento políticosocial americano que trata de revalorizar todo lo referente al mundo indígena. ‖ Vocablo de origen indígena adaptado al castellano.

indigenista adj. Relativo al indigenismo: *política indigenista.* ‖ — M. y f. Partidario del indigenismo.

indigente adj. y s. Falto de recursos, pobre: *socorrer a los indigentes.* ‖ *Fig.* Malo, falto de recursos: *un poeta indigente.*

indigestarse v. pr. No sentar bien una comida. ‖ *Fig.* y *fam.* No poder soportar a alguien.

indigestión f. Trastorno del organismo causado por una mala digestión. ‖ *Fig.* Saciedad, hartura: *tener una indigestión de novelas.*

indigesto, ta adj. Que no se digiere bien: *comida indigesta.* ‖ *Fig.* Confuso: *libro indigesto.*

indigete adj. y s. De una región de la España Tarraconense (Gerona).

Indighirca, río de la U. R. S. S. (Rusia), en Siberia oriental, que des. en el océano Glacial Ártico; 1 793 km.

indignación f. Enojo, enfado, provocado por alguna ofensa o injusticia.

indignar v. t. Irritar, enfadar vehementemente a uno. ‖ — V. pr. Sentir indignación.

indignidad f. Falta de mérito o disposición para una cosa. ‖ Acción reprobable: *esto es una indignidad.*

indigno, na adj. Que no tiene méritos suficientes para una cosa: *indigno de ocupar el cargo que ocupa.* ‖ Que no se merece algo: *es indigno de mi aprecio.* ‖ Vil, ruin: *persona indigna.* ‖ Que deshonra: *conducta indigna.* ‖ Que no corresponde a la condición o categoría de uno: *esta acción es indigna de una persona mayor.*

índigo m. Añil.

indino, na adj. *Fam.* Travieso. | Descarado. | Malo.

indio, dia adj. y s. De la India o Indias Orientales. ‖ Nombre dado por Colón a los indígenas de América o Indias Occidentales y aplicado después a sus descendientes. ‖ Relativo a los indios: *costumbres indias.* ‖ *Fig. Hacer el indio,* hacer el tonto. ‖ — M. *Min.* Metal blanco parecido al estaño (In), de número atómico 49, que funde a 156 °C y se obtiene de ciertas blendas.

Indio, río de Nicaragua (Zelaya y Río San Juan), que des. en el mar Caribe.

indiófilo, la adj. y s. Amigo de los indios.

indirecto, ta adj. Que no es directo. ‖ *Gram.* Dícese del complemento o frase que expresa fin, daño o provecho de la acción verbal. ‖ — F. Frase indirecta para dar a entender algo sin expresarlo claramente: *usar de indirectas.* ‖ Ofensa hecha de esta manera: *tirarle indirectas a una persona.*

indisciplina f. Falta de disciplina, desobediencia.

indisciplinable adj. Incapaz de disciplinarse, indócil.

indisciplinado, da adj. Falto de disciplina, desobediente.

indisciplinarse v. pr. Quebrantar la disciplina: *indisciplinarse una tropa, los alumnos de una clase.*

indiscreción f. Falta de discreción. ‖ Acción o palabra indiscreta: *la indiscreción de un periodista.*

indiscreto, ta adj. Que obra sin discreción: *un hombre indiscreto* (ú. t. c. s.). ‖ Hecho sin discreción: *palabra indiscreta.*

indisculpable adj. Que no tiene disculpa.

indiscutible adj. Evidente, no discutible: *supremacía indiscutible.*

indisolubilidad f. Calidad de indisoluble.

indisoluble adj. Que no se puede deshacer: *lazo indisoluble.*

indispensable adj. Que no se puede dispensar o excusar: *asistencia indispensable.* ‖ Necesario o inevitable: *labor indispensable.*

* **indisponer** v. t. Causar indisposición o alteración de la salud. ‖ *Fig.* Malquistar, enemistar. ‖ — V. pr. Ponerse enfermo. ‖ *Fig.* Malquistarse, enemistarse: *indisponerse con uno.*

indisponibilidad f. Calidad de indisponible.

indisponible adj. Que no puede disponerse.

indisposición f. Alteración leve de la salud. ‖ Falta de disposición para algo.

indispuesto, ta adj. Ligeramente enfermo. ‖ *Estar indispuesto con alguien,* estar enfadado.

indistinguible adj. Que no se distingue o es difícil de distinguir.

indistinto, ta adj. Que no se distingue de otra cosa. ‖ Que no se percibe claramente: *masa indistinta y confusa.* ‖ Dícese de la cuenta corriente a nombre de dos o más personas, de la cual puede disponer cualquiera de ellas.

individuación f. Individualización.

individual adj. Relativo al individuo: *cualidades individuales.* ‖ Particular, propio, característico de una cosa.

individualidad f. Lo que caracteriza a una persona diferenciándola de otra.

individualismo m. Aislamiento y egoísmo de cada cual en los afectos, en los intereses, en los estudios, etc. ‖ Existencia individual. ‖ *Fil.* Sistema que considera al individuo como fundamento y fin de todas las leyes y relaciones morales y políticas.

individualista adj. Relativo al individualismo: *teorías individualistas.* ‖ — Adj. y s. Partidario del individualismo. ‖ *Por ext.* Que no cuida más que de sí mismo.

individualización o **individuación** f. Conjunto de características o elementos que diferencia una persona de las demás.

individualizar o **individuar** v. t. Especificar una cosa. ‖ Clasificar individuos comprendidos en una misma especie.

individuo, a adj. Individual. ‖ Indivisible. ‖ — M. Ser organizado, respecto de su especie: *individuo animal, vegetal.* ‖ Persona indeterminada: *se acercó un individuo* (el f. es familiar). ‖ Miembro de una clase o corporación: *individuo de la Academia Española, del Consejo de Estado.* ‖ *Fam.* La propia persona con abstracción de las demás: *cuidar bien de su individuo.*

indivisibilidad f. Calidad de indivisible.

indivisible adj. Que no puede dividirse.

indivisión f. Carencia de división. ‖ *For.* Estado de condominio.

indiviso, sa adj. y s. No dividido en partes: *propiedad indivisa.*

Indo o **Sind,** río de la India y el Paquistán, que des. en el mar de Omán; 3 040 km.

indoamericano, na adj. y s. Amerindio.

indócil adj. Que no tiene docilidad.

indocilidad f. Falta de docilidad: *mostrar indocilidad.*

indocto, ta adj. Ignorante, inculto, falto de instrucción.

indocumentado, da adj. y s. Dícese de la persona que no lleva consigo documento de identidad. ‖ *Fig.* Ignorante.

Indochina, penins. en el SE. de Asia, entre la India y China, en la que se encuentran los Estados de Birmania, Tailandia, Camboya, Laos, Viet Nam del Norte, Viet Nam del Sur y Malaysia. ‖ ~ **Francesa,** ant. n. dado al conjunto de colonias o protectorados franceses de Cochinchina, Camboya, Anam, Tonquín y Laos.

indochino, na adj. y s. De Indochina.

indoeuropeo, a adj. Dícese de la familia lingüística que comprende la mayor parte de las lenguas europeas (latinas, germánicas, eslavas, griego, etc.), junto con el indoiranio y otros idiomas de Asia.

INDOCHINA

‖ — M. y f. Individuo de los pueblos que hablan cada una de estas lenguas y tienen por antepasados a los arios. (Son *indoeuropeos* los indios, iranios, griegos, italiotas, celtas, germanos y eslavos.)

indogermánico, ca adj. Indoeuropeo.

índole f. Inclinación natural propia de cada uno: *ser de buena índole.* ‖ Naturaleza, condición, clase de las cosas: *la índole de una enfermedad.*

indolencia f. Calidad de indolente, pereza.

indolente adj. Perezoso, apático: *persona indolente.* ‖ Indoloro.

indoloro, ra adj. Que no causa dolor: *tumor indoloro.*

indomable adj. Que no se puede domar.

indomado, da adj. Que está sin domar: *fiera indomada; caballo indomado.*

indomesticable adj. No domesticable.

indómito, ta adj. No domado: *animal indómito.* ‖ *Fig.* Difícil de sujetar: *pueblo indómito.*

Indonesia *(Estado Unitario de la República de)*, república del SE. de Asia, constituida por la mayor parte de las islas de Insulindia, entre el océano Pacífico y el mar de China meridional, al N. y al E., y el océano Índico al S.; 1 900 000 km²; 121 millones de h. *(indonesios)*. Las principales islas indonesias son Sumatra, Java, Madura, Bali, Sumbava, Lombok, Flores, Timor, Borneo, Célebes y Molucas. Cap. *Yakarta*, 3 000 000 h.; c. pr. de Java: *Surabaya*, 1 319 000 h.; *Bandung*, 1 020 000; *Semarang*, 521 000; *Surakarta*, 451 000; *Yokyakarta*, 376 000; *Malang*, 342 000. — Sumatra: *Medan*, 480 000 h.; *Palembang*, 475 000; *Padang*, 325 000. — Célebes: *Macasar*, 385 000. — Borneo: *Banjermasin*, 269 000. — Molucas: *Amboina*, 68 000. — La República de Indonesia, formada por las antiguas Indias Orientales Holandesas, fue creada por Sukarno en 1945 y reconocida por Holanda en 1946.

‖ ~ **-et-Loire**, dep. en el centro de Francia; cap. *Tours.*

indubitable adj. Indudable.

inducción f. Acción y efecto de inducir. ‖ Razonamiento que va de lo particular o la general. ‖ *Fís.* Producción de corrientes en un circuito cuando éste se encuentra en un campo magnético variable.

inducido m. *Fís.* Circuito que gira en el campo magnético de una dinamo, y en el cual se desarrolla una corriente por efecto de su rotación.

inducidor, ra adj. y s. Que induce a una cosa.

* **inducir** v. t. Incitar, instigar, mover a uno: *inducir al mal.* | Ascender el entendimiento desde los fenómenos hasta la ley que los rige. ‖ Inferir, deducir. ‖ *Fís.* Producir fenómenos eléctricos de inducción.

inductancia f. *Electr.* Relación entre la inducción total de un circuito y la corriente que la produce.

inductivo, va adj. Que se hace por inducción: *método inductivo.* ‖ *Electr.* Que posee inductancia.

inductor, ra adj. Que induce: *corriente inductora.* ‖ — M. Órgano de las máquinas eléctricas destinado a producir la inducción magnética.

indudable adj. Cierto, seguro.

indulgencia f. Facilidad de perdonar. ‖ Remisión hecha por la Iglesia de las penas debidas por los pecados: *indulgencia de cien días, parcial, plenaria.*

— Es históricamente conocido con el n. de *Querella de las Indulgencias* el conflicto surgido en el s. XVI entre los agustinos y los dominicos a causa de la venta de las indulgencias, conflicto que provocó la Reforma.

indulgenciar v. t. Conceder la Iglesia una indulgencia: *indulgenciar una oración.*

indulgente adj. Fácil en perdonar o disimular los yerros.

indultar v. t. Perdonar a uno el todo o parte de la pena que tiene impuesta, o conmutarla por otra. ‖ Eximirle de una ley u obligación.

indulto m. Gracia o privilegio concedido a uno para que pueda hacer lo que sin él no podría. ‖ Remisión de la totalidad o parte de una pena.

indumentario, ria adj. Relativo al vestido. ‖ — F. Estudio histórico del traje. ‖ Vestido, conjunto de prendas de vestir.

indumento m. Vestidura.

induración f. *Med.* Endurecimiento anormal: *induración de un tejido orgánico.*

indurar v. t. *Med.* Endurecer.

industria f. Destreza o artificio para hacer una cosa. ‖ Conjunto de operaciones para la obtención y transformación de productos: *la industria algodonera, química.* ‖ Conjunto de industrias: *la industria catalana.* ‖ *Industria pesada*, la gran industria metalúrgica.

industrial adj. Relativo a la industria: *el progreso industrial de España.* ‖ — M. El que ejerce una industria: *un industrial metalúrgico, algodonero.*

— Se ha dado el n. de *revolución industrial* a la transformación del mundo moderno, producida a partir del s. XVIII, basada en el desarrollo de la técnica, de la producción industrial y de las comunicaciones.

industrialismo m. Predominio de la industria sobre todas las otras actividades. ‖ Espíritu industrial.

industrialista adj. Partidario del industrialismo.

industrialización f. Desarrollo de la industria: *la industrialización de un país.* ‖ Aplicación de procedimientos industriales a una actividad: *la industrialización de la pesca, de la agricultura.*

industrializar v. t. Dar carácter industrial: *industrializar un país.* ‖ — V. pr. Tomar un carácter industrial.

industriarse v. pr. Arreglarse, amañarse, ingeniarse.

industrioso, sa adj. Que tiene industria o maña. ‖ Trabajador.

inecuación f. Desigualdad entre dos expresiones algebraicas de una o varias incógnitas, que sólo se verifica para ciertos valores de esas incógnitas.

INDONESIA

indonésico, ca adj. Indonesio.

indonesio, sia adj. y s. De Indonesia.

Indore, c. en el centro de la India (Madhya Pradesh). Arzobispado.

Indostán, región en la gran llanura indo-gangética, en el N. de la India, entre el Himalaya y el Decán.

indostanés, esa o **indostano, na** adj. y s. Del Indostán.

indostaní m. Una de las lenguas de la India.

indostánico, ca adj. Del Indostán.

Indra, el principal dios védico, soberano del Cielo.

Indre, río de Francia, afl. del Loira; 266 km. — Dep. en el centro de Francia, cap. *Châteauroux.*

inédito, ta adj. No publicado: *obra inédita.*

ineducación f. Falta o carencia de educación.

ineducado, da adj. Falto de educación.

inefable adj. Indecible, que no puede expresarse con palabras: *sentir una alegría inefable.*

ineficacia f. Falta de eficacia.

ineficaz adj. No eficaz: *método, remedio, medida ineficaz.*

inelegancia f. Falta de elegancia: *dio pruebas de inelegancia.*

inelegante adj. No elegante.

ineluctable adj. Inevitable.

ineludible adj. Que no se puede eludir.

inembargable adj. Que no se puede embargar.

inenarrable adj. Indecible.

inepcia f. Necedad.

ineptitud f. Inhabilidad, falta de aptitud, de capacidad.

inepto, ta adj. y s. Que carece de aptitud para una cosa. ‖ Necio o incapaz.

inequívoco, ca adj. Que no admite duda: *señal inequívoca.*

inercia f. Flojedad, desidia, falta de energía. ‖ *Fuerza de inercia*, incapacidad de los cuerpos para modificar su estado de reposo o de movimiento.

inerme adj. Que está sin armas ‖ *Bot.* y *Zool.* Desprovisto de espinas, pinchos o aguijones.

inerte adj. Sin movimiento:

masa inerte. ‖ Falto de vida: *cuerpo inerte.* ‖ *Fig.* Inactivo, desidioso.

inervación f. Acción del sistema nervioso en las funciones de los demás órganos del cuerpo animal.

inervar v. t. Actuar un nervio sobre un órgano.

Inés ‖ **~ de Castro,** dama española (¿1320?-1355), esposa del infante Pedro de Portugal. M. asesinada. ‖ **~ de la Cruz.** V. CRUZ (Sor Juana Inés de la).

inescrutable adj. Que no se puede saber ni averiguar.

inesperable adj. Que no es de esperar: *acontecimiento inesperable.*

inesperado, da adj. Imprevisto: *suceso inesperado.*

inestabilidad f. Falta de estabilidad.

inestable adj. No estable: *equilibrio inestable; empleo inestable.* ‖ *Fig.* Inconstante, cambiadizo. ‖ *Quím.* Que se descompone fácilmente.

inestético, ca adj. Feo.

inestimable adj. Imposible de ser estimado como corresponde: *diamante de valor inestimable.*

inestimado, da adj. No estimado en su justo valor. ‖ Que está sin tasar.

inevitable adj. Que no se puede evitar: *un choque inevitable.*

inexactitud f. Falta de exactitud: *decir inexactitudes.*

inexacto, ta adj. Que carece de exactitud: *datos inexactos.* ‖ Falto de puntualidad: *hombre inexacto.*

inexcusable adj. Que no puede excusarse: *proceder inexcusable.*

inexhaustible adj. Que no se puede agotar o acabar: *producción inexhaustible.*

inexhausto, ta adj. Que no se agota ni se acaba.

inexigible adj. Que no se puede exigir.

inexistencia f. Falta de existencia: *inexistencia de medios.*

inexistente adj. Que carece de existencia: *planeta inexistente.* ‖ *Fig.* Nulo, sin valor: *disciplina inexistente.*

inexorable adj. Duro, inflexible: *juez inexorable.*

inexperiencia f. Falta de experiencia.

inexperto, ta o **inexperimentado, da** adj. y s. Falto de experiencia: *trabajador inexperto.*

inexpiable adj. Que no se puede expiar: *guerra inexpiable; crímenes inexpiables.*

inexplicable adj. Incomprensible, que no puede explicarse: *enigma inexplicable.*

inexplorado, da adj. No explorado: *tierras inexploradas.*

inexplotable adj. Que no se puede explotar: *una mina inexplotable.*

inexpresable adj. Que no se puede expresar, indecible.

inexpresivo, va adj. Que carece de expresión: *rostro muy inexpresivo.*

inexpugnable adj. Inconquistable: *fortaleza inexpugnable.* ‖ *Fig.* Que no se deja convencer: *mujer inexpugnable.*

inextensible adj. Que no se puede extender.

inextenso, sa adj. Que carece de extensión.

inextinguible adj. No extinguible: *fuego inextinguible.* ‖ *Fig.* De perpetua o larga duración: *odio inextinguible.*

inextirpable adj. Que no puede ser extirpado: *tumor inextirpable.*

inextricable adj. Difícil de desenredar, enmarañado, confuso: *dificultad inextricable.*

infalibilidad f. Calidad de infalible. ‖ *Infalibilidad pontificia,* dogma proclamado por el Concilio Vaticano de 1870, según el cual el Papa, cuando habla ex cáthedra sobre materia de fe, no puede equivocarse.

infalible adj. Que no puede engañar ni equivocarse. ‖ Seguro: *remedio infalible.* ‖ Inevitable: *victoria infalible.*

infalsificable adj. Que no se puede falsificar.

infamación f. Infamia.

infamador, ra adj. y s. Que infama.

infamante adj. Que infama: *pena infamante.*

infamar v. t. Causar infamia, deshonrar: *infamar al adversario.*

infamatorio, ria adj. Dícese de lo que infama: *libelo infamatorio.*

infame adj. Que carece de honra: *hombre infame* (ú. t. c. s.). ‖ Envilecedor: *acción, hecho infame.* ‖ *Fig.* Muy malo: *una comida infame.*

infamia f. Descrédito, deshonra, vergüenza pública: *caer en infamia.* ‖ Maldad, vileza: *cometer infamias.*

infancia f. Primer período de la vida del hombre, desde su nacimiento hasta la pubertad. ‖ *Fig.* Conjunto de niños: *proteger a la infancia.* | El principio de una cosa: *la infancia del mundo.*

infantado m. Territorio de un infante o infanta de casa real.

infante, ta m. y f. Niño hasta la edad de siete años. ‖ Hijo o hija del rey, nacido después del príncipe o de la princesa. ‖ — M. *Mil.* Soldado de infantería.

Infante (Pedro), cantante y actor cinematográfico mexicano (1917-1957).

infantería f. *Mil.* Conjunto de la tropa que lucha a pie y está encargada de la ocupación y defensa del terreno. ‖ — *Mil. Infantería ligera,* la que sirve en guerrillas, avanzadas y descubiertas. | *Infantería de marina,* la destinada a guarnición en los buques y a operaciones de desembarco. | *Infantería motorizada,* la que dispone de medios mecánicos de transporte.

infanticida adj. y s. Dícese de la persona que mata a un niño.

infanticidio m. Muerte dada violentamente a un niño, sobre todo si es recién nacido o está próximo a nacer.

infantil adj. Relativo a la infancia o a los niños: *jardín infantil.* ‖ *Fig.* Propio de niño: *carácter infantil.*

infantilidad f. Carácter infantil: *la infantilidad de sus acciones.*

infantilismo m. Calidad de infantil. ‖ *Med.* Anomalía consistente en la persistencia de caracteres de la infancia en la edad adulta y en la no aparición de ciertos caracteres propios de esta edad.

infanzón m. Hijodalgo de señorío limitado.

infanzonía f. Carácter o estado de los infanzones.

infartar v. t. Causar un infarto (ú. t. c. pr).

infarto m. *Med.* Aumento de tamaño de un órgano enfermo: *infarto de un ganglio, del hígado,* etc. ‖ Lesión necrótica de un tejido por obstrucción de la circulación sanguínea: *infarto del miocardio.*

infatigable adj. Incansable.

infatuación f. Engreimiento.

infatuar v. t. Volver a uno fatuo, envanecerle (ú. t. c. pr.).

infausto, ta adj. Desgraciado: *día, acontecimiento infausto.*

infección f. Penetración y desarrollo en el organismo de gérmenes patógenos.

infeccionar v. t. Inficionar.

infeccioso, sa adj. Causa de infección, que provoca infección: *foco infeccioso.* ‖ Aplícase a lo que resulta de la infección: *enfermedad infecciosa.*

infectar v. t. Inficionar, contagiar (ú. t. c. pr.).

infecto, ta adj. Inficionado, contagiado, corrompido: *carroña infecta.* ‖ Que huele muy mal, pestilente: *aire infecto.*

infecundidad f. Falta de fecundidad.

infecundo, da adj. Estéril: *mujer, hembra infecunda.*

infelicidad f. Falta de felicidad, desgracia.

infeliz adj. y s. Desgraciado: *ha sido siempre muy infeliz.* ‖ *Fam.* Bondadoso, ingenuo, simple: *Fulano es un infeliz.*

infelizote m. *Fam.* Bonachón.

inferencia f. Consecuencia.

inferior adj. Que está debajo de otra cosa o más bajo que ella: *la mandíbula inferior.* ‖ *Fig.* Menor, menos importante: *de categoría inferior.* ‖ — Adj. y s. Subordinado, subalterno: *saludar a los inferiores*

inferioridad f. Calidad de inferior: *inferioridad de nivel, de posición.* ‖ Situación de una cosa que está más baja que otra. ‖ *Complejo de inferioridad,* sentimiento de ser inferior a los demás, que se traduce por una actitud de hostilidad, provocación, desconfianza o apatía.

* **inferir** v. t. Sacar una consecuencia de una cosa: *de estos indicios se puede inferir que el reo es culpable.* ‖ Llevar consigo, ocasionar: *inferir ofensas, heridas.*

infernáculo m. Juego de muchachos, parecido al del tejo.

infernal adj. Del infierno: *las potencias infernales.* ‖ *Fig.* Malo, perverso. ‖ *Fig.* y *fam.* Que causa sumo disgusto o enfado: *un ruido, un escándalo infernal.* ‖ *Piedra infernal,* nitrato de plata para cauterizar.

infernillo m. Infiernillo.

infestación f. Acción y efecto de infestar o infestarse.

infestar v. t. Inficionar, apestar. ‖ Causar estragos con correrías u hostilidades: *los piratas infestaban el Mediterráneo.* ‖ Abundar ciertos animales dañinos: *las ratas infestan los graneros.* ‖ *Fig.* Llenar de un gran número de cosas.

infesto, ta adj. Dañino.

inficionar v. t. Corromper, contagiar: *inficionar las aguas.* ‖ *Fig.* Pervertir con malas doctrinas o ejemplos: *inficionar a la juventud.*

infidelidad f. Falta de fidelidad: *infidelidad conyugal.* ‖ Deslealtad: *infidelidad a la patria.* ‖ Carencia de fe católica. ‖ Conjunto de los infieles.

infiel adj. y s. Falto de fidelidad: *marido, esposa infiel.* ‖ Que no profesa la fe católica: *convertir a los infieles.* ‖ Falto de exactitud: *historiador infiel.*

infiernillo m. Cocinilla portátil: *infiernillo de alcohol.*

infierno m. Lugar del eterno castigo y este mismo castigo. ‖ Una de las cuatro postrimerías del hombre. ‖ Limbo o seno de Abrahán. ‖ *Mit.* Estancia de las almas. ‖ *Fig.* Demonio: *las tentaciones del infierno.* | Lugar donde se sufre mucho. | Lugar donde hay mucho desorden y discordia: *ser la casa un infierno.* ‖ Suplicio moral: *ser su vida un infierno.* ‖ *Fig. En el quinto infierno* o *en los quintos infiernos,* muy lejos.

Infiesto, v. del NO. de España (Oviedo). Carbón.

infiltración f. Paso de un líquido a través de los poros de un sólido. ‖ *Med.* Derrame de humores a través de una parte sólida del cuerpo.

infiltrado m. *Med.* Penetración en el pulmón de leucocitos como consecuencia de una inflamación.

infiltrar v. t. Introducir lentamente un líquido entre los poros de un sólido (ú. t. c. pr.). ‖ *Fig.* Infundir en el ánimo ideas o doctrinas (ú. t. c. pr.).

ínfimo, ma adj. Muy bajo: *vino de ínfima calidad; a precios ínfimos.*

infinidad f. Calidad de infinito: *la infinidad del universo.* ‖ *Fig.* Gran número y muchedumbre de personas o cosas.

infinitesimal adj. Infinitamente pequeño: *dosis en cantidad infinitesimal.* ‖ *Cálculo infinitesimal,* parte de las matemáticas que estudia el cálculo diferencial y el integral.

infinitésimo, ma adj. Infinitamente pequeño.

infinitivo, va adj. *Gram.* De la naturaleza del infinitivo: *proposición infinitiva.* ‖ — M. *Gram.* Modo del verbo que no expresa por sí mismo número ni persona ni tiempo determinado, como *amar, querer, venir,* etc.

infinito, ta adj. Que no tiene ni puede tener fin ni término: *espacio infinito.* ‖ Muy extenso, muy largo: *un desierto infinito.* ‖ — M. *Mat.* Signo (∞) para significar un valor mayor que cualquier otra cantidad. ‖ *Fot.* Zona que comprende todos los objetos que dan una imagen clara en el plano focal. ‖ — Adv. Excesivamente, muchísimo: *me alegro infinito.* ‖ *A lo infinito,* sin límites, extremadamente.

infirmar v. t. *For.* Invalidar, anular: *infirmar un decreto.*

inflación f. Acción y efecto de inflar. ‖ *Fig.* Engreimiento. ‖ Desequilibrio económico caracterizado por una subida general de los precios y provocado por una excesiva emisión de billetes de banco, un déficit presupuestario o una falta de adecuación entre la oferta y la demanda.

inflacionario, ria adj. Relativo a la inflación monetaria.

inflacionismo m. Inflación.

inflacionista adj. y s. Partidario de la inflación. ‖ — Adj. Que tiende a la inflación o es causa de ella: *medida inflacionista.*

inflado m. Acción y efecto de inflar.

inflador m. Aparato para inflar.

inflamabilidad f. Capacidad de inflamarse fácilmente.

inflamable adj. Que se inflama.

inflamación f. Acción y efecto de inflamar o inflamarse. ‖ *Med.* Alteración patológica en una parte cualquiera del cuerpo, caracterizada por trastornos de la circulación de la sangre, y enrojecimiento, calor, hinchazón y dolor.

inflamador, ra adj. Que inflama.

inflamar v. t. Encender algo levantando llama: *inflamar la pólvora de una mina.* ‖ *Fig.* Enardecer las pasiones y afectos del ánimo. ‖ — V. pr. Encenderse. ‖ *Med.* Producirse una inflamación. ‖ *Fig.* Enardecerse.

inflamativo, va adj. Que tiene virtud de inflamar.

inflamatorio, ria adj. *Med.* Que causa inflamación, o procede de ella: *fiebre inflamatoria.*

inflamiento m. Hinchamiento.

inflar v. t. Hinchar un objeto con aire o gas: *inflar un globo.* ‖ *Fig.* Envanecer, engreír. Ú. t. c. pr.: *inflarse con un éxito.* | Exagerar: *inflar un suceso, una noticia, un relato.*

inflexibilidad f. Calidad de inflexible o rígido. ‖ *Fig.* Firmeza.

inflexible adj. Rígido, que no se puede torcer o doblar. ‖ *Fig.* Que no se conmueve ni se doblega, ni desiste de su propósito: *carácter inflexible.*

inflexión f. Torcimiento o comba de una cosa que estaba recta o plana. ‖ Cambio de tono o de acento en la voz. ‖ *Fís.* Desviación: *la inflexión de un rayo de luz.* ‖ *Geom.* Punto en que una curva cambia de sentido. ‖ *Gram.* Cada una de las terminaciones que toman las palabras variables en su flexión.

infligir v. t. Hablando de castigos y penas, imponerlos, condenar a ellos: *infligir una multa.*

inflorescencia f. Orden o forma con que aparecen colocadas las flores al brotar en las plantas: *inflorescencia en umbela.*

influencia f. Efecto que produce una cosa sobre otra o fuerza moral que se ejerce sobre una persona: *la marea se debe a la influencia de la luna.* ‖ Fuerza moral ejercida por una persona sobre otra: *la influencia de Aristóteles sobre Sto. Tomás de Aquino.* ‖ *Fig.* Poder, importancia: *persona de mucha influencia.* | Autoridad: *tener influencia sobre una persona.* ‖ — Pl. *Fig.* Amistades con poder o importancia: *valerse de sus influencias para conseguir algo.*

influenciar v. t. Influir.

— Observ. Este verbo, que se ha considerado incorrecto, es de uso corriente (particularmente en América) y empleado por muchos escritores. La única diferencia es que se construye como transitivo: *Aristóteles influenció a Sto. Tomás de Aquino.*

influente adj. Que influye.

influenza f. *Med.* Gripe.

* **influir** v. i. Producir una cosa cierto efecto sobre otra o ejercer fuerza moral sobre las personas: *la calidad influye en el precio.* ‖ Ejercer una persona fuerza moral sobre otra: *Aristóteles influyó en Sto. Tomás de Aquino.*

influjo m. Influencia.

influyente adj. Que influye: *persona influyente.*

infolio m. Libro en folio.

información f. Conocimiento que se tiene de algo: *estar falto de información.* ‖ Noticia dada por cualquier medio de comunicación. Ú. m. en pl.: *informaciones meteorológicas.* ‖ *For.* Averiguación de un hecho: *abrir una información.*

informado, da adj. p. p. de *informar.* ‖ Con referencias: *se necesita criada bien informada.*

informador adj. y s. Que informa: *un informador imparcial.*

informal adj. y s. No formal, poco serio o poco exacto: *un hombre muy informal.*

informalidad f. Calidad de informal. ‖ Cosa informal.

informar v. t. Dar noticia de una cosa. ‖ Avisar, decir: *le informo que su petición no ha sido satisfecha.* ‖ — V. i. *For.* Hacer una información. ‖ — V. pr. Enterarse, pedir informaciones.

informática f. Ciencia del tratamiento automático de la información.

informativo, va adj. Que informa: *diario imformativo.*

informe adj. Que no tiene forma: *una masa informe.* ‖ De forma vaga e indeterminada.

informe m. Noticia sobre un asunto o persona. ‖ *For.* Exposición oral que hace el letrado o el fiscal ante el tribunal. ‖ Exposición de las conclusiones sacadas de una investigación. ‖ — Pl. Noticias que se dan acerca de una persona en cuanto a su trabajo o a su comportamiento.

infortunado, da adj. y s. Desgraciado, infeliz.

infortunio m. Suerte o fortuna adversa. ‖ Hecho desgraciado.

infracción f. Violación de una ley, orden, pacto, etc.: *cometer una infracción.*

infractor, ra adj. y s. Transgresor.

infraestructura f. *Arq.* Conjunto de las obras subterráneas de una construcción. ‖ *Aviac.* Conjunto de instalaciones en un aerodromo para el servicio de vuelo. ‖ *Por ext.* Conjunto de instalaciones para fuerzas militares. ‖ Base material sobre la que se asienta algo: *la infraestructura económica.*

infrahumano, na adj. Inferior al nivel propio de los humanos: *condiciones infrahumanas.*

infrangible adj. Que no se puede quebrantar.

infranqueable adj. Que no puede franquearse: *camino, paso infranqueable.*

infraoctava f. El período de seis días comprendidos entre el primero y el último de la octava de una festividad de la Iglesia católica.

infrarrojo, ja adj. y s. m. *Fís.* Dícese de las radiaciones oscuras menos refrangibles que el rojo. (Estos rayos tienen grandes efectos caloríficos.)

infrascrito, ta adj. Que va dicho abajo o después en un escrito. ‖ — Adj. y s. Persona que firma en un escrito.

infrasonido m. *Fís.* Vibración de la misma naturalezta que el sonido pero no audible.

infrecuente adj. No frecuente.

infringir v. t. Quebrantar, violar: *infringir una orden, una ley.*

infructífero, ra adj. Que no produce fruto. ‖ *Fig.* Inútil para algún fin.

infructuoso, sa adj. Inútil, ineficaz: *esfuerzo infructuoso.*

ínfulas f. pl. Bandas de lana blanca que adornaban la frente de los sacerdotes gentiles. ‖ Cintas que cuelgan de la mitra episcopal. ‖ *Fig.* Presunción, vanidad: *gastar muchas ínfulas.*

infundado, da adj. Que carece de fundamento: *temor infundado.*

infundibuliforme adj. *Bot.* De figura de embudo: *corola, cáliz infundibuliforme.*

infundíbulo m. *Anat.* Región del encéfalo en forma de embudo, situado encima de la hipófisis.

infundio m. Mentira, noticia falsa y tendenciosa.

infundioso, sa adj. Mentiroso.

infundir v. t. Comunicar un sentimiento, un impulso moral: *infundir miedo, cariño, fe.* ‖ Comunicar Dios un don o gracia: *Dios infundió la ciencia a los apóstoles.*

infusible adj. Que no puede fundirse.

infusión f. Extracción de los principios medicinales o aromáticos de una planta por medio del agua caliente. ‖ Brebaje así obtenido: *una infusión de manzanilla, de tila.* ‖ Acción de echar el agua bautismal sobre el neófito.

infuso, sa adj. Dícese de los dones y gracias que infunde Dios: *ciencia infusa.*

infusorios m. pl. Microorganismos que viven en los líquidos.

Ingaguas, cerros de los Andes, en Chile (Coquimbo); 4 790 m.

Ingaví, llano en el O. de Bolivia (La Paz), donde J. Ballivián venció a los peruanos (1841). — Prov. en el O. de Bolivia (La Paz); cap. *Viacha.*

ingeniar v. t. Imaginar, inventar. ‖ — V. pr. Buscar la manera de conseguir lo que uno quiere: *ingeniarse para vivir decentemente.* ‖ *Ingeniárselas,* arreglárselas.

ingeniería f. Aplicación de los conocimientos científicos a la invención, perfeccionamiento y utilización de la técnica industrial en todas sus ramas.

ingeniero m. Persona que profesa la ingeniería: *ingeniero industrial, de minas.* ‖ — *Ingeniero agrónomo,* el especializado en la práctica de la agricultura. ‖ *Ingeniero del sonido,* técnico responsable de la grabación sonora de una película. ‖ — Pl. *Mil.* Cuerpo encargado de la ejecución de construcciones militares, caminos, puentes y fortificaciones.

Ingenieros (José), escritor, filósofo y médico argentino (1877-1925), introductor del positivismo en su país.

ingenio m. Habilidad para inventar o resolver dificultades: *un hombre de ingenio.* ‖ Talento, facultades poéticas y creadoras. ‖ Persona dotada de dicha facultad: *Lope, el fénix de los ingenios.* ‖ Agudeza, gracia. ‖ Máquina o artificio: *ingenio espacial.* ‖ Instrumento de encuadernador para cortar los cantos de los libros. ‖ — *Fig. Afilar el ingenio,* aplicar la inteligencia para algo difícil. ‖ *Ingenio de azúcar,* fábrica de azúcar.

ingeniosidad f. Calidad de ingenioso: *la ingeniosidad de un autor.* ‖ Cosa o idea ingeniosa.

ingenioso, sa adj. Lleno de ingenio: *hombre ingenioso, máquina ingeniosa.*

ingénito, ta adj. No engendrado. ‖ Connatural y como nacido con uno: *inclinación ingénita de la naturaleza humana.*

ingente adj. Muy grande, enorme: *labor ingente.*

ingenuidad f. Inocencia, candor. ‖ Palabra o acción ingenua.

ingenuo, nua adj. y s. Inocente, candoroso: *un político bastante* *ingenuo.* || *For.* En Roma, el que había nacido libre en contraposición al manumiso o liberto. || — F. Dama joven en las obras de teatro.

* **ingerir** v. t. Introducir algo en el estómago pasando por la boca: *ingerir alimentos.*

ingestión f. Acción de ingerir: *ingestión de bicarbonato.*

Inglaterra, parte oriental y meridional de Gran Bretaña; 131 760 km^2; cap. *Londres.* (V. GRAN BRETAÑA E IRLANDA DEL NORTE.)

ingle f. *Anat.* Parte del cuerpo en que se juntan los muslos con el vientre.

inglés, esa adj. y s. De Inglaterra. || — M. Lengua indoeuropea, hablada principalmente en Gran Bretaña, Estados Unidos, Canadá, Australia y África del Sur. || — F. Letra cursiva inclinada a derecha. || *A la inglesa,* al estilo de Inglaterra.

inglesismo m. Anglicismo.

inglete m. Ángulo de cuarenta y cinco grados que forma el corte de dos piezas que se han de ensamblar. || *Caja de ingletes,* instrumento para cortar molduras.

ingobernable adj. Que no se puede gobernar: *tribu ingobernable; país ingobernable.*

Ingolstadt, c. en el S. de Alemania Occidental (Baviera), a orillas del Danubio.

ingratitud f. Desagradecimiento, olvido de los beneficios recibidos. || Acción ingrata.

ingrato, ta adj. Desagradecido (ú. t. c. s.). || Desabrido, desagradable: *tiempo, día ingrato.* || Que no corresponde al trabajo que cuesta: *labor ingrata.*

ingravidez f. Estado del cuerpo que no se halla sometido a ninguna fuerza de gravedad o cuya pesantez es contrarrestada por alguna fuerza antagónica.

ingrávido, da adj. Sin peso, ligero. || Que no se haya sometido a la fuerza de la gravedad.

ingrediente m. Cualquier cosa que entra en la composición de una mezcla.

Ingres [*angr*] (Dominique), pintor francés (1780-1867). Se distinguió por la perfección de su dibujo.

ingresar v. i. Dicho del dinero, entrar: *hoy han ingresado en caja mil pesetas.* || Entrar: *ingresar en una escuela* o *academia.* || — V. t. Depositar, colocar: *ingresar dinero en el banco.*

ingreso m. Acción de ingresar. || Entrada: *examen de ingreso.* || Cargo en una cuenta. || — M. pl. Emolumentos, rentas: *los ingresos de un abogado, de un profesional de la danza clásica.*

íngrimo, ma adj. *Amer.* Solitario, aislado.

inguinal o **inguinario, ria** adj. Relativo a las ingles: *glándulas inguinarias.*

ingurgitación f. Acción y efecto de ingurgitar.

ingurgitar v. t. Tragar.

inhábil adj. Falto de habilidad, de instrucción: *una costurera inhábil.* || Que no puede desempeñar un cargo o un empleo. || Festivo, feriado: *día inhábil.*

inhabilidad f. Falta de habilidad, torpeza. || Defecto o impedimento para ejercer u obtener un empleo o cargo.

inhabilitación f. Declaración de inhabilidad.

inhabilitar v. t. Declarar a una persona inhábil para ejercer cargos públicos, o para ejercitar derechos civiles o políticos. || Imposibilitar para algo (ú. t. c. pr.).

inhabitable adj. No habitable.

inhabitado, da adj. No habitado, deshabitado.

inhalación f. Acción de inhalar: *inhalaciones de oxígeno.*

inhalador m. Aparato para hacer inhalaciones.

inhalar v. t. *Med.* Aspirar ciertos gases o líquidos pulverizados. *inhalar oxígeno.*

inherencia f. Calidad de inherente.

inherente adj. Que por su naturaleza está íntimamente unido a otra cosa: *responsabilidad inherente a un cargo.*

* **inhestar** v. t. Enhestar.

inhibición f. Acción y efecto de inhibir o inhibirse. || Disminución de la actividad de una neurona, de una fibra muscular o de una célula secretora por la acción de una corriente nerviosa o de una hormona. || En psicoanálisis, oposición inconsciente a la realización de tendencias consideradas como condenables, las cuales permanecen luego latentes en el espíritu.

inhibir v. t. *For.* Impedir que un juez prosiga el conocimiento de una causa. || Suspender transitoriamente un proceso fisiológico o psicológico (ú. t. c. pr.). || — V. pr. Abstenerse: *inhibirse de un asunto, de una discusión.*

inhibitorio, ria adj. Que inhibe. || *For.* Aplícase al despacho, decreto o letras que inhiben al juez.

inhospitalario, ria adj. Falto de hospitalidad, poco acogedor: *pueblo inhospitalario.* || Poco seguro, peligroso: *paraje inhospitalario.*

inhóspito, ta adj. Inhospitalario, peligroso: *playa inhóspita.*

inhumación f. Enterramiento de un cadáver.

inhumanidad f. Falta de humanidad.

inhumano, na adj. Falto de humanidad, cruel: *tratamiento inhumano.*

inhumar v. t. Enterrar un cadáver.

iniciación f. Enseñanza de los primeros conocimientos: *iniciación a la filosofía.* || Principio: *iniciación de intercambios comerciales.*

iniciado, da adj. y s. Que conoce algún secreto o está instruido en algún arte.

iniciador, ra adj. y s. Que inicia algo.

inicial adj. Que se verifica al principio: *velocidad inicial de un proyectil.* || Dícese de la primera letra de una palabra o de un nombre (ú. t. c. s. f.).

iniciar v. t. Empezar, comenzar: *iniciar una obra.* || Admitir a uno a la participación de ciertos misterios de las religiones o de las sociedades secretas: *iniciar a uno en la francmasonería.* || Instruir a uno en los conocimientos de una ciencia, arte o deporte: *iniciar a uno en matemáticas* (ú. t. c. pr.).

iniciativa f. Idea inicial para emprender algo: *tener la iniciativa de una medida.* || Cualidad del que suele tener estas ideas: *hombre de iniciativa.* || Derecho de hacer una propuesta. || Acto de ejercerlo.

inicio m. Principio, comienzo.

inicuo, cua adj. Injusto: *una sentencia inicua.* || Malvado, perverso: *acción inicua; hecho inicuo.*

inigualado, da adj. No igualado, impar.

inimaginable adj. No imaginable, increíble.

inimitable adj. No imitable: *estilo inimitable.*

ininflamable adj. Que no puede inflamarse.

Inini, territ. de la Guayana Francesa, regado por el río homónimo, con especial administración desde 1930.

ininteligible adj. No inteligible: *escrito ininteligible.*

ininterrumpido, da adj. No interrumpido, continuo.

iniquidad f. Injusticia grande. || Maldad.

Inírida, río de Colombia (Vaupés), afl. del Guaviare; 1 050 km.

injerencia f. Acción y efecto de injerirse: *una injerencia intolerable.*

* **injerir** v. t. Incluir una cosa en otra. || — V. pr. Entremeterse: *injerirse en los asuntos ajenos.*

injertador m. Persona que injerta.

injertar v. t. Aplicar un injerto a un árbol. || *Med.* Implantar sobre una zona del cuerpo humano partes tomadas de otra región del mismo individuo o de otro distinto.

injerto m. Acción de injertar. || Rama con una o más yemas que se separa de un vegetal para adherirla a otro: *injerto de canutillo, de corona, de escudete.* || Planta injertada. || Operación quirúrgica consistente en implantar en el cuerpo de una persona fragmentos sacados de otro individuo o de otra parte de su cuerpo.

injuria f. Ofensa, agravio. || Daño que produce una cosa.

injuriador, ra adj. y s. Que injuria o insulta, insultante.

injuriante adj. Ofensivo, que injuria: *palabras injuriantes.*

injuriar v. t. Ofender, inferir injuria. || Hacer daño.

injurioso, sa adj. Que injuria.

injusticia f. Acción injusta: *cometer una injusticia.* || Falta de justicia.

injustificable adj. Que no se puede justificar.

injustificado, da adj. No justificado.

injusto, ta adj. y s. No justo: *sentencia injusta.*

Inkerman, c. en el O. de la U. R. S. S., en Crimea, suburbio al E. de Sebastopol.

inmaculado, da adj. Sin mancha. || — F. La Purísima, la Virgen María.

inmadurez f. Falta de madurez.

inmanejable adj. No manejable, poco manejable.

inmanencia f. Calidad de inmanente.

inmanente adj. Dícese de lo que es inherente a algún ser o va unido de un modo inseparable a su esencia.

inmanentismo m. Doctrina metafísica según la cual la presencia de lo divino es intuida por el hombre pero no puede tenerse una idea clara de dicha presencia.

inmarcesible o **inmarchitable** adj. Que no se puede marchitar: *fama, gloria inmarcesible.*

inmaterial adj. No material.

inmaterialidad f. Calidad de inmaterial.

inmaterialismo m. Sistema filosófico que niega la existencia de la materia.

inmaterializar v. t. Tornar inmaterial.

inmediación f. Calidad de inmediato. || — Pl. Territorio que rodea una población: *las inmediaciones de la ciudad.*

inmediato, ta adj. Contiguo, próximo: *terreno inmediato.* || Que no tiene intermediario: *heredero inmediato.* || Instantáneo: *reacción inmediata; efecto inmediato.*

inmejorable adj. Que no se puede mejorar.

inmemorable adj. Inmemorial.

inmemorial adj. Tan antiguo que no se recuerda cuando empezó: *costumbre inmemorial.*

inmensidad f. Gran extensión: *la inmensidad del universo.* || Muchedumbre: *inmensidad de gente.*

inmenso, sa adj. Que no tiene medida, infinito, ilimitado: *los inmensos atributos de Dios.* || *Fig.* Muy grande: *tener una fortuna inmensa; inmenso placer.* || *Fam.* Formidable, extraordinario: *un torero inmenso.*

inmensurable adj. Que no se puede medir: *espacio inmensurable.*

inmerecido, da adj. No merecido: *castigo inmerecido.*

inmergir v. t. Sumergir.

inmersión f. Acción de introducir o introducirse una cosa en un líquido. || *Astr.* Entrada de un planeta en el cono de sombra de otro.

inmerso, sa adj. Sumergido: *inmerso en un líquido.*

IN

inmigración f. Llegada de personas a un país para establecerse.
inmigrado, da adj. y s. Inmigrante.
inmigrante adj. y s. Dícese de la persona que ha llegado a un país para establecerse.
inmigrar v. i. Llegar a un país para establecerse.
inmigratorio, ria adj. Relativo a la inmigración: *corriente inmigratoria.*
inminencia f. Calidad de inminente: *la inminencia de la ruina.*
inminente adj. Que está próximo a suceder: *peligro inminente.*
inmiscuir v. t. Mezclar. ‖ — V. pr. Injerirse, entremeterse: *inmiscuirse en un negocio.*
inmobiliario, ria adj. Relativo a los inmuebles: *riqueza inmobiliaria; crédito inmobiliario.* ‖ — F. Sociedad inmobiliaria.
inmoderación f. Falta de moderación.
inmoderado, da adj. Que no tiene moderación.
inmodestia f. Falta de modestia. ‖ Falta de recato.
inmodesto, ta adj. No modesto. ‖ Falto de recato.
inmolación f. Sacrificio.
inmolador, ra adj. y s. Que inmola: *inmolador del sacrificio.*
inmolar v. t. Sacrificar una víctima. ‖ — V. pr. Sacrificarse por el bien ajeno.
inmoral adj. Que se opone a la moral: *hombre, libro inmoral.*
inmoralidad f. Falta de moralidad, desarreglo en las costumbres. ‖ Acción inmoral, cosa inmoral: *esta película es de una inmoralidad condenable.*
inmortal adj. No mortal. ‖ *Fig.* Imperecedero: *recuerdo inmortal.* ‖ — F. *Bot.* Siempreviva.
inmortalidad f. Calidad de inmortal: *la inmortalidad del alma.* ‖ *Fig.* Duración indefinida en la memoria de los hombres: *la inmortalidad de un gran escritor.*
inmortalizar v. t. Hacer perpetua una cosa en la memoria de los hombres: *inmortalizar a los héroes* (ú. t. c. pr.).
inmotivado, da adj. No motivado: *reclamación inmotivada.*
inmovible adj. Que no puede moverse.
inmóvil adj. Que carece de movimiento: *permanecer inmóvil.*
inmovilidad f. Calidad de inmóvil.
inmovilismo m. Conservadurismo, hostilidad a las innovaciones políticas o sociales.
inmovilización f. Acción y efecto de inmovilizar o inmovilizarse.
inmovilizar v. t. Privar de movimiento a algo o alguien: *inmovilizar un vehículo* (ú. t. c. pr.). ‖ Invertir un capital en bienes de lenta realización.
inmudable adj. Inmutable.
inmueble adj. Dícese de los bienes raíces por oposición a los muebles. ‖ — M. Edificio.
inmundicia f. Suciedad, basura.
inmundo, da adj. Repugnante, asqueroso: *un estercolero inmundo.*
inmune adj. Libre, exento: *inmune de gravámenes.* ‖ No atacable por ciertas enfermedades: *estar inmune contra la viruela.*
inmunidad f. Calidad de inmune. ‖ Resistencia natural o adquirida de un organismo vivo a la agresión de agentes infecciosos o tóxicos: *inmunidad contra la viruela.* ‖ Privilegio que exime a determinadas personas de obligaciones y penalidades a las cuales están sujetos todos las demás: *inmunidad parlamentaria, diplomática.*
inmunización f. Protección contra ciertas enfermedades: *las vacunas son un excelente medio de inmunización.*
inmunizador, ra adj. *Med.* Dícese de lo que inmuniza.
inmunizar v. t. Hacer inmune: *inmunizar contra una enfermedad.*
inmutabilidad f. Calidad de inmutable.
inmutable adj. No mudable: *principio inmutable.*
inmutación f. Alteración.
inmutar v. t. Alterar. ‖ — V. pr. Alterarse: *al oírlo se inmutó.*
Inn, río de Suiza, Austria y Alemania, afl. del Danubio; 525 km.
innatismo m. Sistema filosófico que afirma que las ideas son connaturales a la razón y nacen con ella.
innato, ta adj. Connatural y como nacido con el mismo individuo: *bondad innata.*
innavegable adj. No navegable: *río innavegable.*
innecesario, ria adj. No necesario, superfluo.
innegable adj. Que no se puede negar: *hecho innegable.*
Innes González (Eduardo), escritor y comediógrafo venezolano (1882-1944), autor de *Saldo de cuentas.*
innoble adj. Que no es noble. ‖ Dícese de lo que es vil y abyecto: *sentimientos, palabras innobles.*
innocuidad f. Inocuidad.
innocuo, cua adj. Inocuo.
innominado, da adj. Que no tiene nombre. ‖ *Anat. Hueso innominado,* el iliaco.
innovación f. Introducción de alguna novedad en algo: *las innovaciones de la moda.*
innovador, ra adj. y s. Que innova: *espíritu innovador.*
innovar v. t. e i. Introducir novedades, alterar las cosas: *innovar la moda.*
Innsbruck, c. en el O. de Austria, cap. del Tirol, a orillas del Inn. Universidad.
innumerable adj. Que no se puede numerar, muy considerable: *ejército innumerable.*
inobediente adj. No obediente, desobediente.
inobservable adj. Que no se puede observar.
inobservado, da adj. Que no ha sido observado.
inobservancia f. Falta de observancia: *la inobservancia de la ley.*
inocencia f. Estado del alma que está limpia de culpa. ‖ Exención de toda culpabilidad: *la inocencia del acusado.* ‖ Candor, sencillez: *la inocencia de un niño.*
Inocencio ‖ ~ **I** *(San),* papa de 401 a 417. ‖ ~ **II,** papa de 1130 a 1143. ‖ ~ **III,** papa de 1198 a 1216. Organizó la Cuarta Cruzada y la expedición contra los albigenses. ‖ ~ **IV,** papa de 1243 a 1254. ‖ ~ **V,** papa en 1276. ‖ ~ **VI,** papa de 1352 a 1362. Residió en Aviñón. ‖ ~ **VII,** papa de 1404 a 1406. ‖ ~ **VIII,** papa de 1484 a 1492. ‖ ~ **IX,** papa en 1591. ‖ ~ **X,** papa de 1644 a 1655. Condenó las cinco proposiciones de Jansenio. ‖ ~ **XI,** papa de 1676 a 1689. Beatificado en 1956. ‖ ~ **XII,** papa de 1691 a 1700. ‖ ~ **XIII,** papa de 1721 a 1724.
inocentada f. *Fam.* Dicho o hecho candoroso o simple. | Engaño ridículo en que uno cae por falta de malicia. ‖ Broma del día de los Inocentes.
inocente adj. y s. Libre de pecado, que ignora el mal: *alma inocente.* ‖ Sencillo, sin malicia. ‖ Inocuo, que no hace daño: *un ataque inocente.* ‖ *Fam.* Tonto, fácil de engañar: *es tan inocente que se lo cree todo.* ‖ *Día de los Santos Inocentes,* el 28 de diciembre.
inocentón, ona adj. y s. *Fam.* Inocente.
inocuidad f. Calidad de inocuo.
inoculación f. Introducción en el organismo de un virus, vacuna, suero o veneno. ‖ *Fig.* Transmisión de una doctrina.
inoculador m. El que inocula.
inocular v. t. *Med.* Comunicar un virus, vacuna, etc., por medio de la inoculación: *inocular la rabia a un perro* (ú. t. c. pr.). ‖ *Fig.* Transmitir una doctrina (ú. t. c. pr.). | Pervertir o contaminar con el mal ejemplo (ú. t. c. pr.).
inocuo, cua adj. Que no hace daño: *bebida inocua.*
inodoro, ra adj. Que no tiene olor, que no huele: *gas inodoro.* ‖ — M. Tubo en forma de S que se coloca en los retretes y que al retener el agua impide el paso de los malos olores, sifón. ‖ *Amer.* Retrete.
inofensivo, va adj. No peligroso.
inolvidable adj Que no puede olvidarse, memorable.
Inönü (Ismet), general y político turco (1884-1973), pres. de la Rep. de 1938 a 1950 y jefe del Gob. de 1961 a 1965.
inoperable adj. Que no se puede operar: *tumor inoperable.*
inoperante adj. Ineficaz.
inopia f. Gran pobreza. ‖ *Estar en la inopia,* estar distraído.
inopinado, da adj. Inesperado, imprevisto: *suceso inopinado.*
inoportunidad f. Falta de oportunidad.
inoportuno, na adj. No oportuno: *enfermedad inoportuna.*
inorgánico, ca adj. Dícese de cualquier cuerpo sin órganos para la vida, como son todos los minerales. ‖ *Fig.* Desordenado, mal concertado.
Inowroclaw, en alem. *Hohensalza,* c. en el N. de Polonia (Bydgoszcz).
inoxidable adj. Que no se puede oxidar: *un metal inoxidable.*
inquebrantable adj. Que persiste sin quebranto o no puede quebrantarse: *voluntad inquebrantable.*
inquietador, ra adj. y s. Que inquieta.
inquietante adj. Que inquieta: *estado de salud inquietante.*
inquietar v. t. Quitar el sosiego. ‖ Acosar: *inquietar al adversario.* ‖ *For.* Despojar de la quieta y pacífica posesión de una cosa. ‖ — V. pr. Preocuparse.
inquieto, ta adj. Agitado, que se mueve mucho: *mar inquieto; hombre inquieto.* ‖ *Fig.* Desasosegado, preocupado.
inquietud f. Falta de quietud, desasosiego, desazón. ‖ Alboroto, conmoción. ‖ — Pl. Preocupaciones morales, espirituales, etc.
inquilinato m. Arriendo, alquiler. ‖ Derecho del inquilino.
inquilino, na m. y f. El que alquila una casa o parte de ella para habitarla. ‖ *For.* Arrendatario, sobre todo el de finca urbana.
inquina f. Aversión, tirria: *tenerle inquina a alguien.*
inquiridor, ra adj. y s. Que inquiere.
* **inquirir** v. t. Indagar, averiguar, investigar.
inquisición f. Averiguación, indagación. ‖ Tribunal eclesiástico establecido para inquirir y castigar lo considerado delito contra la fe católica. ‖ Local donde se reunía este tribunal. ‖ Cárcel destinada para los reos de dicho tribunal.
— Las bases de la *Inquisición* fueron establecidas por el Concilio de Verona (1183). Además de España, los tribunales de la Inquisición existieron en varios países, pero el llamado Santo Oficio nunca logró afianzarse en ellos. Abolida en España por Napoleón en 1808, la Inquisición fue restablecida de 1814 a 1834.
inquisidor, ra adj. Inquiridor: *mirada inquisidora.* ‖ — M. Juez de la Inquisición.
inquisitivo, va adj. Que inquiere y averigua.
inquisitorial adj. Relativo al inquisidor o a la Inquisición: *juicio inquisitorial.* ‖ *Fig.* Arbitrario: *medidas inquisitoriales.*
inquisitorio, ria adj. Inquisitivo: *diligencias inquisitorias.*
Inquisivi, pobl. en el O. de Bolivia, en la prov. homónima (La Paz). Centro minero.
inri m. Inscripción que puso Pilato en la Santa Cruz y que resulta de las iniciales *Iesus Nazarenus Rex Iudaeorum.* ‖ *Fig.* Baldón, ignominia: *le pusieron el inri.*

insaciabilidad f. Calidad de insaciable.
insaciable adj. Que no se puede saciar o hartar: *hambre, ambición insaciable.*
insaculación f. Introducción de boletos en un recipiente para un sorteo.
insacular v. t. Meter en un saco, urna, etc., los boletos para un sorteo.
insalivación f. Impregnación de los alimentos con la saliva.
insalivar v. t. Mezclar e impregnar los alimentos con la saliva.
insalubre adj. Malsano, dañoso para la salud: *casa insalubre.*
insalubridad f. Falta de salubridad.
insania f. Locura, demencia.
insano, na adj. Loco, demente.
insatisfacción f. Falta de satisfacción.
insatisfecho, cha adj. No satisfecho.
inscribir v. t. Grabar letras en metal, piedra u otra materia. ‖ Tomar razón de nombres, documentos, declaraciones. ‖ *Geom.* Trazar una figura dentro de otra. ‖ Apuntar el nombre de una persona entre los de otras. Ú. t. c. pr.: *inscribirse en las listas electorales.*
inscripción f. Acción de inscribir o inscribirse. ‖ Letras grabadas en el mármol, la piedra, las monedas, etc.: *una inscripción latina.* ‖ Asiento en el gran libro de la deuda pública.
inscrito, ta adj. *Geom.* Dícese del ángulo que tiene su vértice en la circunferencia y cuyos lados pueden ser dos cuerdas o una cuerda y una tangente. | Dícese del polígono que resulta de la unión de varios puntos de la circunferencia por medio de cuerdas.
insecticida adj. y s. m. Aplícase al producto que sirve para matar insectos.
insectil adj. Relativo a los insectos.
insectívoro, ra adj. Dícese de los animales que se alimentan de insectos: *pájaro insectívoro.* ‖ Dícese también de algunas plantas que los aprisionan entre sus hojas, y los digieren. ‖ — M. pl. *Zool.* Orden de mamíferos de poco tamaño provistos de molares con los que mastican los insectos de que se alimentan; pertenecen a este orden el topo y el erizo.
insecto m. Animal artrópodo, de respiración traqueal, cabeza provista de antenas y tres pares de patas.
inseguridad f. Falta de seguridad: *situación de inseguridad.*
inseguro, ra adj. Falto de seguridad: *un refugio inseguro.*
inseminación f. Introducción de esperma en las vías genitales de la mujer o de las hembras de los animales, por un procedimiento artificial.
insensatez f. Calidad de insensato. ‖ *Fig.* Dicho o hecho insensato, necedad.
insensato, ta adj. y s. Necio, falto de sentido: *plan insensato.*
insensibilidad f. Falta de sensibilidad. ‖ Dureza de corazón.
insensibilización f. Acción de insensibilizar.
insensibilizador, ra adj. y s. m. Que suprime la sensibilidad.
insensibilizar v. t. Quitar la sensibilidad o privar a uno de ella: *insensibilizar al enfermo que se va a operar* (ú. t. c. pr.).
insensible adj. Falto de sensibilidad: *ser insensible al frío.* ‖ *Fig.* Que no se deja afectar por nada: *corazón duro e insensible.* ‖ Imperceptible: *vibración casi insensible.* ‖ Privado de sentido por dolencia o síncope.
inseparabilidad f. Calidad de inseparable.
inseparable adj. Que no se puede separar. ‖ *Fig.* Íntimamente unido: *amigos inseparables* (ú. t. c. s.). ‖ *Gram.* Dícese de ciertos prefijos que entran en la formación de voces compuestas, como *in, hiper.*
insepulto, ta adj. No sepultado: *cadáver insepulto.*
inserción f. Acción y efecto de insertar: *la inserción de una cláusula en el contrato.*
insertar v. t. Incluir una cosa en otra: *insertar una cláusula en un tratado.* ‖ — V. pr. *Bot.* y *Zool.* Adherirse un órgano a la superficie de otro: *insertarse las hojas en la rama.*
inserto, ta adj. Insertado, incluido.
inservible adj. Que no sirve, inutilizable.
insidia f. Asechanza.
insidiador, ra adj. y s. Que insidia.
insidiar v. t. Poner asechanzas.
insidioso, sa adj. Que utiliza la insidia: *juez insidioso* (ú. t. c. s.). ‖ Que se hace con insidias: *procedimiento insidioso.* ‖ Malicioso con apariencias inofensivas. ‖ *Med.* Dícese de ciertas enfermedades graves a pesar de su benignidad aparente al comienzo.
insigne adj. Célebre, famoso: *un insigne escritor.*
insignia f. Señal honorífica. ‖ Pendón, estandarte. ‖ Bandera de una legión romana. ‖ Signo distintivo de los miembros de una asociación. ‖ *Mar.* Bandera que indica la graduación del jefe que manda el barco.
insignificancia f. Pequeñez, nadería, cosa de muy poca importancia.
insignificante adj. Baladí, pequeño. ‖ Sin importancia: *un hecho insignificante.* ‖ De poca personalidad: *un hombre insignificante.*
insinceridad f. Falta de sinceridad.
insincero, ra adj. No sincero.
insinuación f. Manera sutil de decir algo, sin expresarlo claramente: *abusar de la insinuación.* ‖ Cosa que se insinúa: *una insinuación inadmisible.* ‖ *Ret.* Exordio en que el orador trata de captarse la benevolencia de los oyentes.
insinuante o **insinuativo, va** adj. Que insinúa: *voz insinuante.*
insinuar v. t. Dar a entender algo sin expresarlo claramente: *me insinuó que le pagara.* ‖ — V. pr. Introducirse insensiblemente en el ánimo de uno. ‖ Ganar el afecto o el favor de uno. ‖ Mostrar el interés que se tiene en conquistar el amor de otra persona.
insipidez f. Falta de sabor.
insípido, da adj. Falto de sabor: *fruta, bebida insípida.* ‖ *Fig.* Falto de gracia o de interés: *escritor insípido; comedia insípida.*
insipiencia f. Ignorancia o insensatez.
insipiente adj. y s. Ignorante o insensato.
insistencia f. Permanencia, reiteración y porfía acerca de una cosa.
insistente adj. Que insiste o porfía.
insistir v. t. Pedir o decir algo reiteradas veces: *insistir sobre un punto.* ‖ Repetir varias veces un acto para conseguir algún fin.
insobornable adj. Que no puede ser sobornado.
insociabilidad f. Falta de sociabilidad.
insociable o **insocial** adj. Intratable, que rehuye a la gente: *niño insociable.*
insolación f. Acción de insolar: *insolación de un cliché fotográfico.* ‖ *Med.* Enfermedad causada por la exposición excesiva al sol. ‖ Tiempo en que, durante el día, luce el sol sin nubes.
insolar v. t. Poner al sol una cosa: *insolar hierba, plantas para secarlas.* ‖ — V. pr. Ser víctima de una insolación.
insoldable adj. Que no se puede soldar.
insolencia f. Dicho o hecho ofensivo e insultante. ‖ Atrevimiento, falta de respeto.
insolentar v. t. Hacer insolente y osado. ‖ — V. pr. Mostrarse insolente: *se insolentó con su padre.*
insolente adj. y s. Descarado, que falta al respeto debido. ‖ Orgulloso, soberbio, arrogante.
insólito, ta adj. No común ni ordinario; desacostumbrado: *se presentó a una hora insólita.*
insolubilidad f. Calidad de insoluble.
insolubilizar v. t. Volver insoluble.
insoluble adj. Que no puede disolverse: *una sustancia insoluble en el agua.* ‖ Sin solución: *problema insoluble.*
insoluto, ta adj. Impagado.
insolvencia f. Incapacidad de pagar una deuda.
insolvente adj. Incapaz de pagar sus deudas.
insomne adj. Que no duerme, desvelado.
insomnio m. Falta de sueño, dificultad para dormir normalmente.
insondable adj. Que no se puede sondear: *abismo insondable.* ‖ *Fig.* Que no se puede averiguar, impenetrable: *secreto insondable.*
insonorización f. Protección de un edificio o vehículo contra los ruidos del exterior.
insonorizar v. t. Tornar insonoro: *insonorizar una habitación.*
insonoro, ra adj. Protegido del ruido por cualquier procedimiento: *tabique insonoro.*
insoportable adj. Insufrible, intolerable: *carácter insoportable.* ‖ *Fig.* Muy incómodo, molesto: *calor insoportable.*
insospechable adj. Que no se puede sospechar.
insospechado, da adj. No sospechado.
insostenible adj. Que no se puede sostener: *situación insostenible.* ‖ *Fig.* Que no se puede defender con razones: *tesis, argumento insostenible.*
inspección f. Acción y efecto de inspeccionar. ‖ Cargo y despacho del inspector. ‖ *For.* Examen que hace un juez de un lugar o de una cosa.
inspeccionar v. t. Examinar, reconocer atentamente una cosa: *inspeccionó con cuidado los trabajos que se le habían encomendado.*
inspector, ra adj. Encargado de la inspección: *comisión inspectora.* ‖ — M. y f. Funcionario que tiene por oficio vigilar y examinar una actividad: *inspector de policía, de correos, de aduanas.*
inspectoría f. *Chil.* Inspección. | Cargo y oficina de inspector.
inspiración f. Acción de inspirar o atraer el aire exterior a los pulmones. ‖ *Fig.* Capacidad creadora: *músico, poeta, escritor de gran inspiración.* | Cosa inspirada. ‖ Estado del alma sometida a la influencia de una fuerza sobrenatural: *la inspiración de los profetas.*
inspirado, da adj. Que está bajo la influencia de la inspiración: *versos inspirados.*
inspirador, ra adj. y s. Que inspira: *el inspirador de una reforma.* ‖ *Zool.* Aplícase a los músculos que sirven para la inspiración.
inspirar v. t. Aspirar, atraer el aire exterior hacia los pulmones: *inspirar profundamente.* ‖ Soplar el viento. ‖ Hacer surgir ideas creadoras: *el amor inspiró al poeta.* ‖ Suscitar un sentimiento: *su comportamiento inspira admiración.* ‖ Iluminar Dios el entendimiento. ‖ — V. pr. Servirse de las ideas, de las obras de otro: *inspirarse en los clásicos.*
inspirativo, va adj. Que puede inspirar.
instabilidad f. Inestabilidad.
instable adj. Inestable.
instalación f. Acción y efecto de instalar o instalarse. ‖ Operación que consiste en colocar en orden de funcionamiento: *la instalación de una fábrica.* ‖ Conjunto de cosas instaladas: *instalación frigorífica.*

instalador, ra m. y f. Persona encargada de la instalación de algún aparato.

instalar v. t. Dar posesión de un empleo o dignidad: *instalar una autoridad en su puesto de gobierno.* ‖ Establecer: *instalar colonos en una región en vías de desarrollo.* ‖ Colocar en condiciones de funcionamiento: *instalar una fábrica, una máquina.* ‖ — V. pr. Establecerse, tomar posesión: *instalarse en una nueva casa, en su cargo.*

instancia f. Acción y efecto de instar. ‖ Solicitud: *elevar una instancia al gobernador.* ‖ *For.* Serie de actos de un juicio, desde la contestación hasta la sentencia.

instantáneo, a adj. Que sólo dura un instante: *un fulgor instantáneo.* ‖ Que se produce rápidamente: *muerte instantánea.* ‖ — F. *Fot.* Imagen obtenida rápidamente: *sacar una instantánea.*

instante m. Tiempo brevísimo: *pararse un instante.* ‖ — *A cada instante,* con frecuencia. ‖ *Al instante,* en seguida. ‖ *En un instante,* pronto. ‖ *Por instantes,* rápidamente; de vez en cuando.

instar v. t. Rogar encarecidamente, insistir con ahínco: *instar a uno para que pague.* ‖ — V. i. Apremiar, ser urgente: *insta que vengas.*

instauración f. Establecimiento, fundación.

instaurador, ra adj. y s. Que instaura.

instaurar v. t. Establecer, fundar, instituir: *instaurar la república, la monarquía.*

instigación f. Inducción o incitación a hacer algo.

instigador, ra adj. y s. Que instiga o impulsa.

instigar v. t. Inducir o incitar.

instilación f. Acción y efecto de instilar.

instilar v. t. Echar gota a gota un licor en otra cosa. ‖ *Fig.* Infundir insensiblemente en el ánimo una cosa: *instilar un afecto, una doctrina.*

instintivo, va adj. Hecho por instinto: *movimiento instintivo.*

instinto m. Estímulo interior que determina los impulsos de los animales, como el de conservación y el de reproducción. ‖ En el hombre, impulso interior independiente de la reflexión. ‖ *Por instinto,* por intuición, sin reflexión.

institución f. Establecimiento o fundación de una cosa: *la institución de una orden religiosa.* ‖ Cosa instituida o fundada. ‖ Establecimiento de educación o instrucción. ‖ *For.* Nombramiento que se hace de la persona que ha de heredar: *institución de heredero.* ‖ — Pl. Colección metódica de los principios o elementos de una ciencia, arte, etc.: *instituciones de derecho civil.* ‖ Leyes fundamentales de un Estado, nación o sociedad: *no respetar las instituciones.* ‖ *Fig. Ser uno una institución,* tener un gran prestigio en cualquier colectividad, debido a la antigüedad y a lo que representa en la misma.

institucional adj. Relativo a la institución.

institucionalizar v. t. Dar a una cosa carácter institucional.

instituidor, ra adj. y s. Que instituye.

* **instituir** v. t. Fundar, establecer: *instituir un gobierno, un premio.* ‖ Nombrar, designar: *instituir heredero a su sobrino.*

Institutas, compendio del Derecho civil romano, compuesto por orden del emperador bizantino Justiniano en 533.

instituto m. Corporación científica, literaria o artística: *Instituto de Cultura Hispánica.* ‖ En España, establecimiento oficial de segunda enseñanza. ‖ Organismo administrativo: *Instituto de la Vivienda.* ‖ Orden religiosa. ‖ — *Instituto armado,* cuerpo militar. ‖ *Instituto de belleza,* salón donde se dan tratamientos de belleza. ‖ *Instituto laboral,* en España, establecimiento docente especialmente dedicado a la clase trabajadora. ‖ *Instituto politécnico,* centro de enseñanza superior.

institutor, ra adj. y s. Instituidor, el que instituye.

institutriz f. Mujer encargada de la educación e instrucción de los niños en el domicilio de éstos.

instrucción f. Acción de instruir o instruirse. ‖ Caudal de conocimientos adquiridos: *hombre de mediana instrucción.* ‖ Precepto, orden: *dar instrucciones.* ‖ *For.* Curso de un proceso. ‖ — Pl. Órdenes dadas a los agentes diplomáticos. ‖ Informaciones dadas para el manejo de una cosa: *instrucciones para el uso y conservación de un aparato.* ‖ — *Instrucción militar,* la que se da a los reclutas. ‖ *Instrucción pública,* la dada por el Estado en sus establecimientos.

instructivo, va adj. Que instruye: *juguete instructivo.*

instructor, ra adj. y s. Que instruye.

instruido, da adj. Que tiene instrucción: *un hombre instruido.*

* **instruir** v. t. Enseñar, doctrinar, comunicar sistemáticamente conocimientos: *instruir a los niños.* ‖ Informar de una cosa (ú. t. c. pr.). ‖ *For.* Formalizar un proceso.

instrumentación f. *Mús.* Adaptación de una composición para varios instrumentos.

instrumental adj. Relativo a los instrumentos músicos: *música instrumental.* ‖ *For.* Concerniente a los instrumentos públicos: *prueba instrumental.* ‖ — M. Conjunto de instrumentos músicos o de los que utiliza el médico o cirujano.

instrumentar v. t. *Mús.* Arreglar una composición para varios instrumentos: *instrumentar una sonata.* ‖ *Fig.* Dar, propinar: *el torero instrumentó varios naturales.*

instrumentista m. y f. Persona que toca un instrumento músico.

instrumento m. Aparato, utensilio o herramienta para realizar trabajo: *instrumento de agricultura, de física, de cirugía.* ‖ Aparato para producir sonidos musicales: *instrumento de viento, de cuerda.* ‖ Escritura con que se justifica una cosa: *instrumento auténtico.* ‖ *Fig.* Lo que se emplea para alcanzar un resultado: *servirse de una persona como instrumento.* ‖ Objeto empleado para la comisión de un delito.

Insúa (Alberto), escritor español, n. en La Habana (1885-1963), autor de novelas (*El demonio de la voluptuosidad, El negro que tenía el alma blanca, La mujer fácil, El amante invisible,* etc.).

insubordinación f. Falta de subordinación, desobediencia.

insubordinado, da adj. y s. Que falta a la subordinación, indisciplinado, desobediente.

insubordinar v. t. Introducir la insubordinación: *insubordinar una clase, una tropa.* ‖ — V. pr. Rebelarse, sublevarse.

insubstancial adj. Insustancial.

insubstancialidad f. Insustancialidad.

insubstituible adj. Insustituible, que no se puede sustituir.

insuficiencia f. Calidad de insuficiente. ‖ Incapacidad: *reconocer su insuficiencia.* ‖ Cortedad, escasez de una cosa: *insuficiencia de provisiones.* ‖ *Med.* Disminución cualitativa o cuantitativa del funcionamiento de un órgano.

insuficiente adj. No suficiente: *salario insuficiente.*

insuflación f. *Med.* Introducción de un gas o vapor en una cavidad orgánica.

insuflador m. Aparato para insuflar.

insuflar v. t. *Med.* Introducir soplando en una cavidad del cuerpo un gas, un vapor o una sustancia pulverulenta: *insuflar aire en los pulmones de un asfixiado.*

insufrible adj. Que no se puede sufrir. ‖ *Fig.* Insoportable, inaguantable: *un carácter insufrible.* ‖ Que no se puede o debe tolerar: *una injusticia insufrible.*

ínsula f. Isla: *el gobierno de Sancho Panza en la ínsula de Barataria.*

insular adj. y s. Isleño, de una isla: *territorio insular; favorecer a los insulares.*

insulina f. *Med.* Hormona segregada por el páncreas que regula la cantidad de glucosa contenida en la sangre. (Sus preparados farmacológicos sirven contra la diabetes.)

Insulindia, n. dado al conjunto de islas del S. de Asia (Sumatra, Java, Bali, Timor, Molucas, Célebes, Borneo, etc.). A veces se incluyen las Filipinas.

insulinoterapia f. *Med.* Tratamiento a base de insulina.

insulsez f. Calidad de insulso. ‖ *Fig.* Cosa sin gracia ni interés.

insulso, sa adj. Insípido, soso. ‖ *Fig.* Falto de gracia y viveza: *un baile insulso.*

insultador, ra adj. y s. Que insulta.

insultante adj. Que insulta: *palabra insultante.*

insultar v. t. Ofender, ultrajar de palabra u obra.

insulto m. Ultraje cometido de palabra u obra. ‖ *Méx.* Indisposición digestiva.

insumergible adj. No sumergible.

insumisión f. Falta de sumisión, rebeldía.

insumiso, sa adj. y s. Rebelde. ‖ No sometido.

insuperable adj. No superable: *dificultad insuperable.*

insurgente adj. y s. Insurrecto, levantado o sublevado.

insurrección f. Sublevación o rebelión de un pueblo, nación, etc.: *la insurrección cubana.*

insurreccional adj. Relativo a la insurrección: *movimiento insurreccional.*

insurreccionar v. t. Sublevar. ‖ — V. pr. Rebelarse, sublevarse: *insurreccionarse una colonia.*

insurrecto, ta adj. y s. Rebelde, sublevado.

insustancial adj. De poca sustancia: *caldo insustancial.* ‖ *Fig.* Simple, vacío: *espíritu insustancial.* ‖ Sin gracia o sin interés alguno.

insustancialidad f. Calidad de insustancial.

insustituible adj. Que no se puede sustituir: *un jugador insustituible.*

intacto, ta adj. No tocado: *flor intacta.* ‖ *Fig.* Íntegro, indemne. ‖ Puro: *reputación intacta.*

intachable adj. Sin tacha, irreprochable: *conducta intachable.*

intangibilidad f. Calidad de intangible.

intangible adj. Que debe permanecer intacto: *libertad, convenio intangible.*

integérrimo, ma adj. Muy íntegro.

integrable adj. *Mat.* Que puede integrarse: *una función integrable.*

integración f. Acción y efecto de integrar. ‖ Fusión: *integraciones bancarias.* ‖ *Mat.* Cálculo integral.

integral adj. Completo: *pan integral.* ‖ *Fil.* Dícese de las partes que componen un todo. ‖ *Mat.* Dícese del cálculo que tiene por objeto determinar las cantidades variables, conociendo sus diferencias infinitamente pequeñas. ‖ Dícese del signo con que se indica la integración ($\int$). ‖ — F. Dicha cantidad variable.

integrante adj. Que integra: *parte integrante.*

integrar v. t. Componer un todo con sus partes integrantes: *asamblea integrada por 200 personas.* ‖ Hacer entrar en un conjunto. ‖ Reintegrar. ‖ *Mat.* Determinar la integral de una diferencial.

integridad f. Calidad de íntegro: *la integridad de un territorio.* ‖ *Fig.* Entereza, probidad: *la in-*

tegridad de un funcionario. | Virginidad.

integrismo m. Doctrina política de extrema derecha que repugna toda adaptación a las condiciones modernas de vida.

íntegro, gra adj. Completo: *suma, paga íntegra.* || *Fig.* Probo, honrado: *persona íntegra; jueces íntegros.*

intelección f. Entendimiento.

intelectivo, va adj. Que tiene virtud de entender: *potencia intelectiva.* || — F. Facultad de entender.

intelecto m. Entendimiento o inteligencia.

intelectual adj. Relativo al entendimiento: *las facultades intelectuales.* || Espiritual, incorpóreo. || — M. y f. Persona dedicada al cultivo de las ciencias y letras.

intelectualidad f. Entendimiento. || Conjunto de los intelectuales o personas cultas de un país, región, etc.

intelectualismo m. Doctrina filosófica que afirma la preeminencia de la inteligencia sobre los sentimientos y la voluntad.

intelectualista adj. y s. Relativo al intelectualismo o partidario del mismo.

inteligencia f. Facultad de concebir, conocer y comprender las cosas: *inteligencia despierta, privilegiada.* || Comprensión. || Habilidad, destreza: *hacer las cosas con inteligencia.* || Trato y correspondencia secreta: *tener inteligencia con el enemigo.* || *Entrar en buena inteligencia con alguien,* llevarse bien con él.

inteligente adj. y s. Dotado de inteligencia: *hombre inteligente.* || Que comprende fácilmente: *un alumno inteligente.* || Hábil: *obrero inteligente.* || Que denota inteligencia: *contestación inteligente.*

inteligibilidad f. Calidad de inteligible.

inteligible adj. Que se puede comprender: *texto inteligible.* || *Fil.* Que sólo existe en la idea sin intervención de los sentidos. || Que se oye clara y distintamente: *sonido inteligible.*

intelligentsia f. (pal. rusa). Intelectualidad, conjunto de los intelectuales de un país.

intemerata f. *Fam.* Atrevimiento. || *Fam. Saber la intemerata,* saber mucho.

intemperancia f. Falta de templanza.

intemperante adj. Falto de templanza.

intemperie f. Destemplanza del tiempo. || *A la intemperie,* a cielo descubierto, al raso.

intempestivo, va adj. Inoportuno: *pregunta intempestiva.*

intemporal adj. No temporal.

intención f. Determinación de hacer algo: *tener intención de salir.* || Deseo: *las últimas intenciones de un moribundo.* || *Fig.* Instinto dañino de los animales: *caballo, toro de intención.* || — *Curar de primera intención,* hacer la cura provisional a un herido. || *Fam. Segunda intención,* doblez.

intencionado, da adj. Que tiene ciertas intenciones buenas o malas: *bien* (o *mal*) *intencionado.*

intencional adj. Deliberado.

intencionalidad f. Carácter de intencional.

intendencia f. Dirección y gobierno de una cosa. || Cargo, jurisdicción y oficina del intendente. || *Intendencia militar,* la encargada de proveer a las necesidades elementales de la tropa y a la administración del ejército.

intendente m. Jefe superior económico. || Jefe de los servicios de administración militar.

intensidad f. Grado de energía de un agente natural o mecánico. || *Electr.* Cantidad de electricidad de una corriente continua en la unidad de tiempo. || *Fig.* Fuerza: *la intensidad de una pasión.*

intensificación f. Aumento de la intensidad.

intensificador, ra adj. Que intensifica.

intensificar v. t. Hacer que una cosa tenga mayor intensidad: *intensificar el comercio* (ú. t. c. pr.).

intensivo, va adj. Que tiene el carácter de intenso: *producción intensiva.* || — *Cultivo intensivo,* aprovechamiento máximo del terreno para darle un cultivo de gran rendimiento. || *Jornada intensiva,* horario continuo implantado en ciertos establecimientos.

intenso, sa adj. Que tiene intensidad, muy fuerte: *luz intensa; frío intenso.* || *Fig.* Muy grande y vivo: *amor intenso.*

intentar v. t. Esforzarse por hacer algo: *intentar escalar un cargo público.* || Preparar, iniciar la ejecución de una cosa: *intentar un proceso.*

intento m. Propósito, intención. || Cosa intentada, tentativa: *un intento de sublevación.* || *De intento,* a propósito, adrede.

intentona f. *Fam.* Tentativa temeraria, especialmente si ha fracasado: *intentona revolucionaria.*

ínter adv. Ínterin.

interacción f. Influencia recíproca: *interacción del corazón y los pulmones.*

interaliado, da adj. Común a varios aliados: *comité interaliado.*

interamericano, na adj. Relativo a las naciones de América: *conferencia interamericana.*

interandino, na adj. Relativo a los Estados o naciones que están a uno y otro lado de los Andes: *comercio interandino.*

intercadencia f. Irregularidad en el pulso, en el estilo, en los afectos.

intercadente adj. Que tiene intercadencias.

intercalación f. Agregación de una cosa entre otras.

intercalar adj. Que está interpuesto o añadido. || *Día intercalar,* el que se agrega a febrero en los años bisiestos.

intercalar v. t. Interponer o poner una cosa entre otras.

intercambiable adj. Dícese de las cosas que pueden sustituirse una por otra: *piezas intercambiables.*

intercambiar v. t. Cambiar mutuamente.

intercambio m. Reciprocidad de servicios entre una persona o una entidad y otra: *intercambio cultural, comercial,* etc. || *Intercambio de opiniones,* conversación.

interceder v. i. Pedir algo por otro: *interceder por un preso.*

intercelular adj. Situado entre las células: *sustancia intercelular.*

intercepción f. Interrupción, detención. || Ataque por cazas o cohetes contra aviones enemigos.

interceptar v. t. Apoderarse de algo antes de llegar a su destino: *interceptar la correspondencia.* || Detener una cosa en su camino: *interceptar un tren.* || Interrumpir, obstruir: *interceptar una calle.*

intercesión f. Petición en nombre de otro.

intercesor, ra adj. y s. Que intercede.

intercolumnio m. *Arq.* Espacio que hay entre dos columnas.

intercomunicación f. Comunicación recíproca. || Comunicación telefónica entre varios servicios.

interconexión f. Conexión entre dos o más centrales eléctricas con varios centros receptores.

intercontinental adj. Común a dos o más continentes.

intercostal adj. Que está entre las costillas: *espacio intercostal.*

intercurrente adj. *Med.* Dícese de la enfermedad que sobreviene en el curso de otra.

interdental adj. Dícese de la consonante que se pronuncia poniendo la punta de la lengua entre los incisivos superiores (ú. t. c. s. f.).

interdependencia f. Dependencia recíproca.

interdicción f. *For.* Privación de los derechos de una persona a causa de un delito (*interdicción penal*) o por ser menor de edad, loco o con algún defecto previsto por la ley (*interdicción civil*). || *For. Interdicción de residencia* o *de lugar,* pena que prohíbe a ciertas personas la entrada en un país.

interdicto m. Entredicho.

interdigital adj. Que se halla entre los dedos: *membrana, músculo interdigital.*

interés m. Provecho, utilidad, ganancia, lucro: *dejarse guiar por el interés.* || Rédito, beneficio producido por el dinero prestado. || Dinero invertido en alguna empresa y que proporciona una renta. Ú. m. en pl.: *tener intereses en una compañía.* || Valor intrínseco que tiene algo: *descubrimiento de gran interés.* || *Fig.* Inclinación hacia alguna persona o cosa: *tomarse interés por uno; mostrar interés por las ciencias.* | Curiosidad y atención: *escuchar una conferencia con mucho interés.* | Deseo: *tengo interés en adquirir este libro.* || — *Com. Interés simple,* el devengado por un capital sin tener en cuenta los intereses anteriores. | *Interés compuesto,* el devengado por el capital aumentado con los intereses anteriores.

interesado, da adj. y s. Que tiene interés en una cosa: *empleado interesado.* || Llevado por el interés: *ser muy interesado.*

interesante adj. Que interesa: *película interesante.* || Atractivo: *mujer interesante.* || Ventajoso: *oferta interesante.* || *Estado interesante,* estado de una mujer embarazada.

interesar v. t. Dar parte a uno en un negocio: *interesar a los obreros en los beneficios de una empresa.* || Importar: *me interesa saberlo.* || Captar la atención: *esta lectura me interesa.* || Inspirar interés a una persona. || Afectar: *la herida le interesa un pulmón.* || — V. pr. Tener interés por una persona o cosa: *interesarse por un empleo, por un asunto.*

interestelar adj. Que se encuentra entre los astros: *espacio interestelar.*

interfecto, ta adj. y s. *For.* Dícese de la persona muerta violentamente. || *Fam.* Persona de quien se habla.

interferencia f. *Fís.* Fenómeno que resulta de la superposición de dos o más movimientos vibratorios de la misma frecuencia. || Perturbación en las emisiones de radio o televisión causadas por este fenómeno. || *Fig.* Coincidencia en la actuación de personas u organismos que perturba el normal funcionamiento de algo.

interferente adj. *Fís.* Que presenta el fenómeno de interferencia.

interferir v. i. *Fís.* Producir interferencias. || *Fig.* Interponerse.

interfoliar v. t. *Impr.* Intercalar en las hojas impresas de un libro otras en blanco.

ínterin m. Intervalo entre dos acontecimientos. || Interinidad. || — Adv. Entretanto, mientras.

interinar v. t. Ocupar interinamente un puesto o cargo.

interinato m. *Amer.* Cargo, empleo interino.

interinidad f. Calidad de interino. || Situación interina.

interino, na adj. y s. Que ocupa provisionalmente un puesto o cargo en sustitución de otro: *juez interino.* || — F. *Fam.* Asistenta, criada pagada por horas.

interior adj. Que está en la parte de dentro: *patio, jardín interior.* || Propio de la nación y no del extranjero: *comercio, política interior.* || Del espíritu: *vida interior.* || Que se lleva directamente encima del cuerpo: *ropa interior.* || *Fig.* Que se siente en el alma: *una voz interior.* || — M. La parte de dentro: *el interior de una casa.* || Parte de un país alejada del mar. (En la cap.

de México se dice de cualquier lugar del territ. nacional.) ‖ Habitación sin vistas a la calle. ‖ En el fútbol, delantero situado entre el extremo y el delantero centro. ‖ — Pl. Entrañas.

interioridad f. Calidad de interior. ‖ — Pl. Cosas privadas de una persona o grupo. ‖ Aspectos secretos: *las interioridades de un asunto.*

interjección f. *Gram.* Parte de la oración que comprende las exclamaciones con que se expresan de manera enérgica las emociones, los sentimientos o las órdenes, por ejemplo: *¡ah!, ¡ay!, ¡arre!*

interjectivo, va adj. Perteneciente o relativo a la interjección.

Interlaken, c. en el centro de Suiza (Berna). Turismo.

interlínea f. Espacio o escritura entre dos líneas.

interlineal adj. Dícese de lo escrito o impreso entre dos renglones o líneas.

interlinear v. t. Escribir entre dos líneas o renglones.

interlocutor, ra m. y f. Cada una de las personas que participan en una conversación.

interlocutorio, ria adj. y s. m. *For.* Dícese del auto o sentencia que se da antes de la definitiva.

intérlope adj. Dícese del barco que trafica fraudulentamente y del comercio así realizado.

interludio m. Breve composición musical que se ejecuta como intermedio.

intermaxilar adj. Que se halla entre los huesos maxilares.

intermediar v. i. Mediar.

intermediario, ria adj. Que media entre dos o más personas: *agente intermediario* (ú. t. c. s.). ‖ — M. *Com.* Mediador entre el productor y el consumidor.

intermedio, dia adj. Que está en medio de los extremos de lugar o tiempo: *cuerpo intermedio.* ‖ — M. Espacio, intervalo. ‖ *Teatr.* Entreacto. | Divertimiento musical ejecutado en el entreacto. ‖ *Por intermedio,* por conducto.

interminable adj. Que no tiene fin. ‖ *Fig.* Muy largo: *discurso interminable.*

interministerial adj. Relativo a varios ministerios o que los relaciona entre sí: *comisión interministerial.*

intermisión f. Interrupción momentánea, suspensión.

intermitencia f. Calidad de intermitente. ‖ *Med.* Intervalo entre dos accesos de fiebre.

intermitente adj. Que se interrumpe y vuelve a empezar de modo alternativo: *corriente, luz, fiebre intermitente.* ‖ — M. Luz intermitente situada en los lados de los automóviles que sirve para avisar a los demás vehículos que el conductor va a cambiar de dirección.

intermolecular adj. Situado entre las moléculas: *espacio intermolecular.*

intermuscular adj. Situado entre los músculos: *aponeurosis intermuscular.*

internacional adj. Que se verifica entre varias naciones: *match, concurso, feria, exposición internacional.* ‖ Relativo a varias naciones: *conferencia al nivel internacional.* ‖ *Derecho internacional,* el que rige las relaciones entre los diferentes países. ‖ — M. y f. Deportista que ha intervenido en pruebas internacionales. ‖ — F. *La Internacional,* asociación de trabajadores de diversos países para la defensa de sus intereses.

Internacional *(La),* himno revolucionario internacional cuya letra es de Eugène Pottier y la música de Pierre Degeyter (1871).

internacionalidad f. Calidad de internacional.

internacionalismo m. Doctrina que afirma los intereses supranacionales sobre los nacionales. ‖ Identidad de objetivos comunes propia de ciertas clases sociales o de ciertos grupos políticos de las diversas naciones.

internacionalista adj. y s. Partidario del internacionalismo. ‖ *For.* Especialista en Derecho internacional.

internacionalización f. Intervención de varios Estados o de un organismo internacional en el gobierno de una región.

internacionalizar v. t. Someter al régimen de internacionalización: *internacionalizar una ciudad.* ‖ Convertir en internacional lo que era nacional: *internacionalizar un conflicto.*

internado, da adj. y s. Encerrado en un manicomio, asilo, campo de concentración, etc. ‖ — M. Estado del alumno interno. ‖ Conjunto de alumnos internos y lugar donde habitan. ‖ — F. En fútbol, penetración de un jugador por entre las líneas adversarias.

internamiento m. Reclusión de un enfermo en un hospital o asilo. ‖ Encierro de adversarios políticos o de soldados enemigos en un lugar seguro.

internar v. t. Conducir tierra adentro a una persona o cosa. ‖ Encerrar: *internar en un campo de concentración.* ‖ Poner a un niño en un internado. ‖ — V. pr. Penetrar: *internarse en un bosque.* ‖ *Fig.* Introducirse en la intimidad de alguno. | Profundizar en una materia. ‖ En fútbol, penetrar por entre las líneas adversarias.

internista adj. y s. Dícese del médico que trata las enfermedades de los órganos internos y que no interviene quirúrgicamente.

interno, na adj. Que está dentro, interior: *hemorragia interna.* ‖ — *Geom. Ángulos internos,* los que forman una secante a dos rectas paralelas y que se encuentran situados entre estas rectas. ‖ *Medicina interna,* la que trata de las enfermedades de los órganos internos. ‖ — M. y f. Alumno que está a pensión completa en un colegio. ‖ Médico que se inicia en la práctica de la medicina dentro de un hospital, a las órdenes de un jefe de servicio.

internuncio m. Persona que habla en nombre de otra. ‖ Representante del Papa que actúa en calidad de nuncio.

interoceánico, ca adj. Que pone en comunicación dos océanos: *canal interoceánico.*

interparlamentario, ria adj. Dícese de las comunicaciones y organizaciones que enlazan la actividad internacional entre las representaciones legislativas de diferentes países: *unión interparlamentaria.*

interpelación f. Acción de interpelar.

interpelante adj. y s. Que interpela.

interpelar v. t. Recurrir a alguien para solicitar algo. ‖ Exigir a uno explicaciones sobre un hecho. ‖ En el Parlamento, suscitar una discusión ajena a los proyectos de ley: *interpelar a un ministro.*

interpenetración f. Penetración mutua.

interplanetario, ria adj. Situado entre los planetas: *espacio interplanetario.* ‖ Que puede alcanzar esta zona del cosmos: *cohete interplanetario.*

Interpol, abrev. de *Comisión Internacional de Policía Criminal,* organismo con sede en París.

interpolación f. Acción y efecto de interpolar.

interpolador, ra adj. y s. Que interpola.

interpolar v. t. Interponer, intercalar una cosa entre otras. ‖ Introducir en una obra capítulos o pasajes que no le pertenecen: *interpolar una glosa en un texto.* ‖ *Mat.* Asignar a una cantidad un valor intermedio entre otros dos determinados por el cálculo.

* **interponer** v. t. Poner una cosa entre otras. ‖ *For.* Entablar algún recurso legal, como el de nulidad, de apelación, etc. ‖ *Fig.* Hacer intervenir: *interponer su autoridad.* ‖ — V. pr. *Fig.* Interferir como mediador o constituyendo un obstáculo o barrera.

interposición f. Acción y efecto de interponer o interponerse.

interpretación f. Acción y efecto de interpretar: *la interpretación de un texto, de un gesto.*

interpretador, ra adj. y s. Que interpreta.

interpretar v. t. Explicar el sentido de algo que no está expresado claramente: *interpretar un texto.* ‖ Dar a algo una determinada significación: *interpreto esta actitud como ofensiva.* ‖ Traducir oralmente de una lengua a otra. ‖ Representar un papel en una obra. ‖ Ejecutar un trozo de música: *interpretar una sonata de Beethoven.*

interpretariado m. Profesión de intérprete.

interpretativo, va adj. Que interpreta o explica.

intérprete com. Persona que traduce de viva voz de una lengua a otra. ‖ Artista que representa un papel o ejecuta una obra musical: *un excelente intérprete de Mozart.*

interpuesto, ta adj. Puesto entre otras cosas.

interregno m. Período durante el cual un país está sin soberano.

interrogación f. Pregunta: *responder a una interrogación.* ‖ *Gram.* Signo ortográfico (¿ ?) que se pone al principio y al fin de una palabra o frase interrogativa.

interrogador, ra adj. y s. Que interroga.

interrogante adj. Que interroga. ‖ — M. Pregunta, cosa pendiente de solución.

interrogar v. t. Preguntar, hacer una o más preguntas: *interrogar al acusado, a los candidatos.*

interrogativo, va adj. Que denota interrogación: *frase interrogativa.* ‖ Que sirve para expresar la interrogación: *un pronombre interrogativo.* (V. *Compendio de gramática,* al final del vol., p. 11.)

interrogatorio m. Serie de preguntas que se dirigen a una persona. ‖ Acto de dirigir estas preguntas: *someter a interrogatorio.* ‖ Papel en el que están consignadas estas preguntas.

interrumpir v. t. Suspender la continuación de una cosa. ‖ Cortar la palabra a uno: *le interrumpió con una pregunta.* ‖ Interceptar: *interrumpir el paso.* ‖ — V. pr. Cesar de hacer una cosa.

interrupción f. Detención o suspensión de algo.

interruptor m. *Electr.* Dispositivo para interrumpir o establecer una corriente en un circuito.

intersección f. *Geom.* Encuentro de dos líneas, dos superficies o dos sólidos que se cortan.

intersexual adj. Con caracteres no típicos de hombre o mujer.

intersideral adj. *Astr.* Que se encuentra situado entre los astros.

intersticio m. Espacio pequeño entre dos cuerpos o entre las partes de un mismo cuerpo. ‖ Intervalo.

intertropical adj. Relativo a la zona situada entre los trópicos y a sus habitantes: *país intertropical.*

interurbano, na adj. Dícese de las relaciones y servicios de comunicación entre distintos barrios de una misma ciudad, o entre dos poblaciones: *teléfono interurbano.*

intervalo m. Distancia que hay de un tiempo a otro o de un lugar a otro: *entre sus dos visitas hubo un intervalo de un mes.* ‖ Espacio de tiempo: *le he visto tres veces en un intervalo de cuatro días.* ‖ *Mús.* Diferencia de tono entre los sonidos de dos notas. ‖ *A intervalos,* de tiempo en tiempo.

intervención f. Acción y efecto

de intervenir. ‖ Oficina del interventor. ‖ Operación quirúrgica.

intervencionismo m. Doctrina política que preconiza la intervención del Estado en los asuntos privados o de una nación en los conflictos entre otros países.

intervencionista adj. y s. Partidario del intervencionismo.

* **intervenir** v. i. Participar en un asunto: *intervenir en una negociación.* ‖ Meditar: *intervenir en una disputa.* ‖ Entremeterse: *intervenir en los asuntos de los demás.* ‖ Actuar, entrar en juego. ‖ Ocurrir, suceder. ‖ — V. t. Examinar cuentas. ‖ Realizar una operación quirúrgica.

interventor, ra adj. y s. Que interviene. ‖ — M. Empleado que autoriza y fiscaliza ciertas operaciones a fin de que se hagan con legalidad.

interviú f. Entrevista.

interviuvar v. t. Entrevistar.

intervocálico, ca adj. *Gram.* Dícese de la consonante que se halla entre dos letras vocales.

intestado, da adj. *For.* Que muere sin hacer testamento: *morir intestado.*

intestinal adj. *Anat.* Relativo a los intestinos: *conducto intestinal.* ‖ *Jugo intestinal,* líquido que segregan las glándulas del duodeno y del yeyuno y que actúa sobre los diversos alimentos.

intestino, na adj. Interno, interior. ‖ Civil, doméstico: *discordias intestinas.* ‖ — M. *Anat.* y *Zool.* Tubo membranoso plegado en numerosas vueltas y que va desde el estómago hasta el ano.

— El *intestino* se divide, según su diámetro, en dos partes, el *intestino delgado* (de seis a ocho m en el hombre), que comprende el duodeno, yeyuno e íleon, y el *intestino grueso,* con el ciego, el colon y el recto.

Intibucá, sierra en el S. de Honduras. — Dep. en el S. de Honduras occidental, cap. *La Esperanza.*

intibucano, na adj. y s. De Intibucá (Honduras).

Intihuatana, ruinas de un templo inca del Perú, cerca de Pisac.

intimación f. Notificación, advertencia severa.

intimar v. t. e i. Notificar con autoridad: *intimar una orden, a un pago.* ‖ — V. i. Trabar profunda amistad con alguien.

intimatorio, ria adj. Que intima, que implica intimación.

intimidación f. Acción y efecto de intimidar.

intimidad f. Amistad íntima. ‖ Carácter de lo que es íntimo. ‖ Sentimientos y pensamientos más profundos de una persona. ‖ *En la intimidad,* entre íntimos.

intimidar v. t. Infundir miedo, asustar: *intimidar a uno con amenazas.*

intimista adj. y s. Dícese de la poesía que expresa los sentimientos más íntimos o de la pintura que representa escenas de familia o del hogar.

íntimo, ma adj. Interior: *convicción íntima.* ‖ Privado: *la vida íntima.* ‖ Muy estrecho: *amistad íntima.* ‖ Hecho en la intimidad: *reunión íntima.* ‖ — M. Amigo muy querido y de confianza: *consultar con sus íntimos.*

intitular v. t. Dar título.

intocable adj. Que no puede tocarse. ‖ — Pl. Miembros de ciertas castas inferiores en la India.

intolerable adj. Que no se puede tolerar.

intolerancia f. Actitud agresiva contra las personas que profesan diferentes ideas religiosas o políticas. ‖ *Med.* Repugnancia del organismo para ciertos alimentos o medicinas.

intolerante adj. y s. Que tiene el defecto de la intolerancia.

intonso, sa adj. Que tiene el cabello sin cortar. ‖ *Impr.* Dícese del libro encuadernado sin haber cortado la barba a los pliegos.

intoxicación f. Introducción de un veneno en el organismo: *intoxicación etílica grave.*

intoxicar v. t. Envenenar, emponzoñar (ú. t. c. pr.).

intraatómico, ca adj. Contenido en el átomo.

intracelular adj. Intercelular.

intradérmico, ca adj. En el interior de la piel.

intradós m. *Arq.* Superficie cóncava de un arco o bóveda.

intraducible adj. Que no se puede traducir: *expresión intraducible; texto intraducible.*

Intramontano, valle del O. de Cuba (Pinar del Río).

intramuros adv. En el recinto interior de una ciudad.

intramuscular adj. *Anat.* En el interior de los músculos: *inyección intramuscular.*

intranquilidad f. Falta de tranquilidad, desasosiego.

intranquilizar v. t. Quitar la tranquilidad, desasosegar.

intranquilo, la adj. Falto de tranquilidad, inquieto.

intranscendencia f. Calidad de intranscendente.

intranscendental adj. No transcendental.

intranscendente adj. No transcendente.

intransferible adj. No transferible: *cuenta, cargo intransferible.*

intransigencia f. Carácter de la persona intransigente.

intransigente adj. y s. Que no transige: *política intransigente.*

intransitable adj. Lugar por el cual se transita difícilmente: *carretera intransitable.*

intransitivo, va adj. En gramática, que no pasa del sujeto a un objeto: *acción intransitiva.* ‖ *Verbo intransitivo,* el que no admite complemento directo, como *nacer, morir, ir, venir.*

intransmisible adj. Que no puede ser transmitido.

intraocular adj. Relativo al interior del ojo.

intrasmutable adj. Que no se puede transmutar.

intratable adj. Con el cual es difícil tratar por insociable o grosero: *un hombre intratable.*

intravenoso, sa adj. En el interior de las venas: *inyección intravenosa.*

intrepidez f. Valor, valentía.

intrépido, da adj. Valiente, que no teme el peligro.

intriga f. Maquinación, manejo cauteloso para un fin: *intrigas políticas.* ‖ Enredo: *intriga amorosa; la intriga de una novela.*

intrigado, da adj. Curioso por saber algo.

intrigante adj. y s. Que intriga.

intrigar v. i. Tramar maquinaciones. ‖ — V. t. e i. Excitar la curiosidad: *su conducta me intriga.*

intrincado, da adj. Enmarañado, espeso: *bosque intrincado.* ‖ Confuso, complicado, enredado: *problema intrincado.*

intrincamiento m. Embrollo.

intrincar v. t. Embrollar, enredar una cosa.

intríngulis m. *Fam.* Razón oculta. | Dificultad, nudo, quid: *el intríngulis de la cuestión.*

intrínseco, ca adj. Íntimo, esencial: *mérito, valor intrínseco.*

introducción f. Acción y efecto de introducir o introducirse: *la introducción del aire en los pulmones.* ‖ Preámbulo de un libro. ‖ Preparación al conocimiento de una cosa: *introducción al estudio de la física.* ‖ *Mús.* Parte inicial de una composición instrumental.

introducido, da adj. *Fig.* Familiarizado.

* **introducir** v. t. Hacer entrar: *la doncella le introdujo en la sala; introducir la llave en el ojo de la cerradura; introducir contrabando en un país.* ‖ *Fig.* Hacer adoptar: *introducir una costumbre o moda.* | Hacer que uno sea recibido en un lugar o sociedad: *introducir a uno en la corte.* ‖ Hacer aparecer: *introducir el desorden, el pánico.* | Hacer figurar un personaje en una obra literaria. ‖ — V. pr. Meterse.

introductor, ra adj. y s. Que introduce. ‖ *Introductor de embajadores,* funcionario encargado de presentar los embajadores al jefe del Estado.

introito m. Oración del sacerdote al principio de la misa. ‖ Preámbulo de un escrito o de una oración.

intromisión f. Acción y efecto de entrometer o entrometerse.

introspección f. Examen que la conciencia hace de sí misma.

introspectivo, va adj. Relativo a la introspección: *examen introspectivo.*

introversión f. Repliegue del alma sobre sí misma.

introvertido, da o **introverso, sa** adj. Que presenta introversión (ú. t. c. s.).

intrusión f. Acción de introducirse sin derecho en un sitio.

intruso, sa adj. y s. Que se introduce sin derecho en alguna parte. ‖ Que ocupa sin derecho algún puesto.

intubación f. *Med.* Introducción de un tubo en la laringe para impedir la asfixia.

intuición f. Acción de intuir. ‖ Facultad de intuir, de adivinar, presentimiento.

intuicionismo m. Sistema filosófico basado en la preeminencia de la intuición sobre el razonamiento.

* **intuir** v. t. Percibir clara o instantáneamente una idea o verdad sin ayuda de la razón: *intuir una desgracia.*

intuitivo, va adj. Relativo a la intuición: *potencia intuitiva.* ‖ — Adj. y s. Que obra guiado por la intuición: *carácter intuitivo.*

intumescencia f. Hinchazón.

intumescente adj. Que comienza a hincharse.

inundación f. Acción y efecto de inundar o inundarse. ‖ *Fig.* Abundancia excesiva.

inundar v. t. Cubrir de agua un terreno, un río o lago que se ha salido de madre (ú. t. c. pr.). ‖ Cubrir un sitio de agua. Ú. t. c. pr.: *se ha inundado el cuarto de baño.* ‖ *Fig.* Llenar por completo: *la multitud inundó la plaza.*

Inurria (Mateo), escultor español (1869-1924), restaurador de la mezquita de Córdoba.

inusitado adj. No usado, no frecuente.

inútil adj. Que no es útil. ‖ — Adj. y s. Dícese del que es incapaz de hacer algo de provecho.

inutilidad f. Calidad de inútil.

inutilizar v. t. Hacer inútil una cosa (ú. t. c. pr.). ‖ Destruir, poner fuera de funcionamiento: *los guerrilleros inutilizaron un puente.* ‖ Impedir la buena utilización de una cosa: *este piano de cola nos inutiliza el salón.*

invadir v. t. Acometer, entrar por fuerza en una parte: *los árabes invadieron la Península Ibérica en 711.* ‖ *Fig.* Llenar un sitio alguna cosa muy numerosa: *los turistas invaden el país.* | Apoderarse del ánimo un sentimiento.

invaginación f. Introducción anormal de una porción de órgano hueco, como el intestino, en la que le precede o le sigue.

invaginar v. t. *Med.* Unir quirúrgicamente dos trozos de intestino.

invalidación f. Acción y efecto de invalidar.

invalidar v. t. Hacer inválida o de ningún valor y efecto una cosa: *invalidar un matrimonio.*

invalidez f. Falta de validez: *la invalidez de un documento.* ‖ Calidad de inválido: *la invalidez de un anciano.*

inválido, da adj. y s. Que no puede desplazarse o ejercer alguna actividad por tener algún miembro tullido o cortado: *trabajador, sol-*

dado inválido. || *Fig.* Que no tiene las condiciones fijadas por la ley: *donación inválida; matrimonio inválido.* || — M. *Mil.* Soldado herido o viejo.

invar m. (nombre registrado). Aleación de acero y níquel que presenta un coeficiente de dilatación muy reducido.

invariabilidad f. Calidad de invariable.

invariable adj. Que no padece ni puede padecer variación. || Inmutable: *clima invariable.* || *Gram.* Dícese de las palabras que no sufren modificación.

invasión f. Irrupción en un país de fuerzas militares extranjeras. || Presencia masiva de personas en algún sitio: *una invasión de turistas.*

invasor, ra adj. y s. Que invade.

invectiva f. Discurso violento, ofensivo y mordaz: *me apostrofó con invectivas muy desagradables.*

invencible adj. Que no puede ser vencido. || *P. Rico.* Cierta tela basta.

invención f. Acción y efecto de inventar: *la invención del telégrafo.* || Invento. || Ficción, engaño: *todo lo que cuenta es pura invención.* || Hallazgo, descubrimiento: *la Invención de la Santa Cruz.*

invendible adj. Que no se puede vender.

inventar v. t. Hallar una cosa nueva. || Crear por medio de la imaginación: *inventar cuentos de hadas.* || Fingir, fantasear.

inventariar v. t. Hacer el inventario: *inventarié todos los muebles de la casa que le alquilé.*

inventario m. Relación ordenada de los bienes de una persona o comunidad. || Documento en que se hace esta relación. || *Com.* Estimación de las mercancías en almacén y de los diversos valores que componen la fortuna del comerciante. || *Fig. A beneficio de inventario,* con prudencia y reservas.

inventivo, va adj. Capaz de inventar. || — F. Facultad de inventar: *tener inventiva.*

invento m. Cosa inventada: *el teléfono es un invento muy útil.*

inventor, ra adj. y s. Que inventa: *Franklin fue el inventor del pararrayos.*

invernáculo m. Invernadero.

invernada f. Invierno. || *Amer.* Tiempo del engorde del ganado y campo destinado para dicho engorde. || Invernadero.

invernadero m. Sitio para pasar el invierno. || Paraje donde pastan los ganados en invierno. || Cobertizo acondicionado donde se ponen ciertas plantas durante el invierno. || *Fam. Amer.* Lugar acogedor.

invernal adj. Relativo al invierno: *refugio invernal.*

* **invernar** v. i. Pasar el invierno en una parte: *invernar en Canarias.* || Ser tiempo de invierno.

Inverness, c. y puerto en el N. de Escocia, cap. del condado homónimo.

inverosímil adj. Que no tiene apariencia de verdad: *una noticia inverosímil.*

inverosimilitud f. Calidad de inverosímil.

inversión f. Acción y efecto de invertir: *la inversión de los términos de una proposición.* || Colocación de dinero en una empresa: *una inversión rentable.* || *Med.* Desviación de un órgano. || *Mús.* Cambio de posición de las notas de un acorde. || *Quím.* Transformación por hidrólisis de la glucosa en sacarosa.

inversionista com. Persona que invierte un capital en una empresa.

inverso, sa adj. Opuesto a la dirección natural de las cosas: *en sentido inverso.* || *A la inversa de,* contrariamente a. || *Mat. Razón inversa,* relación en la cual un término crece cuando el otro disminuye.

inversor m. *Electr.* Dispositivo para invertir el sentido de una corriente.

invertebrado, da adj. y s. m. Dícese de los animales que carecen de columna vertebral, como los insectos y los crustáceos.

invertido m. Homosexual.

* **invertir** v. t. Cambiar completamente el sentido u orden de las cosas. || Cambiar simétricamente: *el espejo invierte los objetos.* || Colocar un capital en una empresa. || Emplear el tiempo: *invertir dos horas en un recorrido.* || *Mat.* Cambiar de lugar los dos términos de cada razón o proporción.

investidura f. Acción y efecto de investir: *la investidura de un obispo.* || Carácter que confiere la toma de posesión de ciertos cargos o dignidades.

— Es históricamente conocido con el n. de *Querella de las Investiduras* el conflicto surgido entre el Pontificado y los emperadores germánicos por la concesión de los títulos eclesiásticos (1074-1122).

investigación f. Acción y efecto de investigar: *investigación geográfica.* || Búsqueda, indagación: *una investigación de la policía.* || *Investigación científica,* conjunto de trabajos destinados al descubrimiento de nuevas técnicas en el campo de las ciencias.

investigador, ra adj. y s. Que investiga o registra: *investigador infatigable.*

investigar v. t. Indagar, hacer diligencias para descubrir una cosa: *investigar la causa de un fenómeno.* || — V. i. Hacer investigaciones científicas.

* **investir** v. t. Conferir una dignidad: *investir de cardenal.*

inveterado, da adj. Arraigado: *costumbre inveterada.*

invicto, ta adj. No vencido: *soldado invicto.*

invierno m Estación fría que en el hemisferio norte va desde el 22 de diciembre al 22 de marzo y en el hemisferio sur desde el 22 de junio al 22 de septiembre.

inviolabilidad f. Calidad de inviolable: *inviolabilidad de domicilio, de la correspondencia.*

inviolable adj. Que no se debe o no se puede violar: *secreto inviolable.* || Que goza de inviolabilidad: *asilo inviolable.*

inviolado, da adj. Que no ha sido violado o ultrajado.

invisible adj. Que no se ve: *costura invisible.*

invitación f. Acción y efecto de invitar: *invitación a una cena.* || Tarjeta con que se invita.

invitado, da m. y f. Persona que ha sido invitada.

invitar v. t. Convidar: *invitar a una cena, a una copa.* || — *Fig.* Incitar: *el tiempo invita a quedarse en casa, sin salir.*

invocación f. Oración o ruego a una persona.

invocador, ra adj. y s. Que invoca.

invocar v. t. Pedir la ayuda de Dios o de los santos: *invocar a la Virgen.* || Llamar a uno en su favor. || *Fig.* Citar en defensa propia: *invocar una ley, un testigo.*

invocatorio, ria adj. Que sirve para invocar o llamar.

involucrado, da adj. En forma de involucro: *flor involucrada.*

involucrar v. t. Mezclar en un discurso o escrito asuntos ajenos.

involucro m. *Bot.* Verticilo de brácteas, situado en la base de una flor o de una inflorescencia.

involuntario, ria adj. No voluntario: *falta involuntaria.*

invulnerable adj. Que no puede ser herido.

inyección f. Introducción a presión de una sustancia líquida o semilíquida dentro de un cuerpo. || *Med.* Administración de un medicamento en las cavidades orgánicas por este sistema. || Sustancia contenida en una ampolla que se introduce con jeringuilla: *una inyección de penicilina.* || *Motor de inyección,* motor de explosión que carece de carburador y en el que el carburante se introduce directamente en los cilindros.

inyectable adj. y s. m. *Med.* Dícese de las sustancias preparadas para inyectar.

inyectado, da adj. Rojo, encendido: *ojos inyectados de sangre.*

inyectadora f. *Per.* y *P. Rico.* Inyector.

inyectar v. t. Introducir a presión una sustancia dentro de otra: *inyectar creosota en la madera.* || *Med.* Introducir un medicamento en el organismo mediante una aguja o jeringa: *inyectar morfina.* || — V. pr. Enrojecer por el aflujo de sangre: *se le inyectaron los ojos.*

inyector m. Aparato para introducir a presión un fluido en un mecanismo. || Aparato para alimentar en agua las calderas de vapor.

iñame m. Ñame.

Íñiguez (Dalia), escritora y actriz cubana, n. en 1911.

ion m. *Quím.* Partícula dotada de una carga eléctrica y que está formada por un átomo o grupo de átomos que ha ganado o perdido uno o varios electrones.

Ionesco (Eugène), dramaturgo francés, de origen rumano, n. en 1912, autor de *La cantante calva, Las sillas* y *El rinoceronte.*

ionización f. *Quím.* Formación de iones en un gas o en un electrólito.

ionizar v. t. Producir la ionización.

ionosfera f. Capa ionizada de la atmósfera situada entre los 60 y los 600 km. de altura, en la cual se reflejan las ondas hertzianas.

iota f. Novena letra del alfabeto griego (ι), que corresponde a la *i* vocal castellana.

Iowa [*áioua*], uno de los Estados Unidos de Norteamérica, en el centro del país; cap. *Des Moines.*

Ipala, cima volcánica en el E. de Guatemala (Chiquimula); 1 670 m.

ipecacuana f. Planta rubiácea de América del Sur. || Su raíz, empleada como emético.

iperita f. *Quím.* Líquido oleaginoso que se utilizó como gas asfixiante en 1917.

Ipiales, mun. y c. en el SO. de Colombia (Nariño).

Ipiranga *(Grito de).* V. YPIRANGA.

Ipoh, c. de la Federación de Malaysia, cap. del Estado de Perak. En sus cercanías, estaño.

ípsilon f. Vigésima letra del alfabeto griego (υ) que corresponde a nuestra *i griega* o *ye.*

Ipso, pobl. de la ant. Frigia (Asia Menor), donde, en 301 a. de J. C., Antígono, general de Alejandro Magno, fue derrotado y muerto por Seleuco y Lisímaco.

ipso facto loc. lat. Inmediatamente, en el acto.

Ipswich [*ipsuich*], c. en el E. de Inglaterra, cap. del condado de Suffolk.

iqueño, ña adj. y. s. De Ica.

Iquique, c. y puerto del N. de Chile, cap. del dep. homónimo y de la prov. de Tarapacá. Obispado. Guano; nitrato

iquiqueño, ña adj. y s. De Iquique (Chile).

iquiteño, ña adj. y s. De Iquitos (Perú).

Iquitos, c. y puerto fluvial en el N. del Perú, cap. de la prov. de Mainas y del dep. de Loreto. Principal centro urbano de la región amazónica peruana.

* **ir** v. i. Moverse hacia cierto sitio: *fueron al campo en coche.* || Presenciar algún espectáculo: *no le gusta ir a los toros.* || Dar clases: *todavía va al colegio.* || Convenir: *te irá bien una temporadita en el campo.* || Venir, acomodarse una cosa con otra, sentar: *esto va a maravilla.* || Extenderse: *la calle va del bulevar a la avenida.* || Haber diferencia: *¡lo que va del padre al hijo!* || Obrar, proceder: *ir con cautela.* || Marchar, dar ciertos resultados: *su nueva empresa va*

muy bien. || Ser: *lo que te he dicho va en serio.* || Apostar. || Con un gerundio, empezar a efectuarse la acción del verbo: *va clareando, anocheciendo.* || Con el participio pasivo de algunos verbos, estar: *ir rendido.* || Con la prep. *con,* llevar, tener: *ir con cuidado.* | Con la prep. *a* y un infinitivo, estar a punto de empezar la acción del verbo: *iba a gritar cuando sonó un disparo.* | Con la prep. *en,* importar, interesar: *en eso le va la vida* o *la honra.* | Con la prep. *para,* acercarse a cierta edad: *va para doce años.* | Con la prep. *por,* seguir una carrera: *ir por la Iglesia, por la milicia, la toga;* también significa ir a, buscar: *ir por carbón;* y llegar a cierto número: *ya voy por el tercer bocadillo.* || — *Fam. ¿Cómo le va?,* expresión familiar de saludo. || *¿Cuánto va?,* fórmula de apuesta. || *Fig. Ir adelante,* desenvolverse bien en la vida. || *Fam. No me va ni me viene,* no me importa. || *¡Qué va!,* interj. que se emplea para expresar incredulidad. || *¡Vaya!,* interj. que se usa para expresar impaciencia, desagrado, incredulidad o indignación. || — V. pr. Marcharse. || Morirse: *irse de este mundo.* || Salirse un líquido o rezumarse un recipiente: *este botijo se va.* || Deslizarse: *se le fueron los pies.* || Gastarse o perderse una cosa: *el dinero se va muy rápidamente.* || Desaparecer: *esta mancha no se va; su nombre se me ha ido de la cabeza.* || Escaparse: *írsele a uno la mano.* || — *Irse abajo,* derrumbarse; (fig.) fracasar. || *Irse de la lengua,* hablar demasiado. || *Váyase lo uno por lo otro,* una de las dos cosas de que se trata puede ser compensación de la otra.

Ir, símbolo químico del *iridio.*

ira f. Cólera, enojo. || Deseo de venganza. || *Fig.* Furia de los elementos: *la ira del mar.*

iracaba f. Árbol americano de la familia de las moráceas.

iracundia f. Propensión a la ira. || Cólera o enojo.

iracundo, da adj. y s. Colérico, lleno de ira.

Iradier (Manuel), explorador español (1854-1911). Hizo expediciones a Río Muni (África).

Iraí, mun. en el S. del Brasil (Rio Grande do Sul).

iraiba f. *Bot.* Palmera brasileña.

Irak o **Iraq,** Est. de Asia occidental que limita con Irán, Turquía, Siria, Jordania, Arabia Saudita, Koweit y el golfo Pérsico; 434 000 km²; 10 000 000 h. (*iraquíes* o *iraqueses*). Cap. *Bagdad,* 1 306 000 h.; c. pr.: *Mosul,* 273 400 h.; *Basora,* 423 000; *Kirkuk,* 177 000. Importantes yac. de petróleo. Reino independiente en 1930 y república en 1958.

Irala (Domingo MARTÍNEZ DE). V. MARTÍNEZ.

Irán, Est. de Asia Occidental, que se encuentra entre la U. R. S. S., el mar Caspio, Afganistán, Paquistán, el golfo Pérsico, Irak y Turquía; 1 648 000 km²; 31 000 000 h. (*iraníes*). Cap. *Teherán,* 2 719 700 h.; c. pr.: *Tabriz,* 388 000 h.; *Ispahán,* 340 000; *Meshed,* 409 600; *Abadán,* 302 500; *Chiraz,* 171 000; *Kermanshah,* 167 000. — Irán comprende esencialmente la vasta planicie del mismo nombre, limitada al N. por las montañas del Elburz y al S. por las de Zagros, Loristán y Fars. El interior del país es en gran parte desértico; las grandes ciudades se hallan en la periferia. La principal riqueza es el petróleo de las regiones que limitan con el Irak y el Paquistán.

—HISTORIA. V. PERSIA.

iraní adj. y s. Del Irán moderno.

iranio, nia adj. y s. De Irán. || *Lenguas iranias,* el zendo y sus derivados (persa, etc.).

Irapuato, c. en el centro de México (Guanajuato), a orillas del río homónimo.

IRÁN

iraqués, esa adj. y s. Iraquí.

iraquí adj. y s. De Irak.

irascibilidad f. Propensión a irritarse.

irascible adj. Colérico.

Irauadi, río de Birmania que des. en el océano Índico por un extenso delta; 2 250 km.

Irazú, volcán de Costa Rica en la sierra Turrialba, cerca de la c. de Cartago; 3 452 m.

Irene (¿752?-803), emperatriz de Oriente (797-802). Defendió la fe ortodoxa y fue destronada.

Irian, n. de la parte indonesia de Nueva Guinea.

Iriarte (Tomás de), escritor español, n. en Orotava (Tenerife) [1750-1791], autor de célebres *Fábulas literarias,* en las que condena a los escritores que no observan los cánones del clasicismo.

iribú m. *Amer.* Zopilote.

iridáceas f. pl. Familia de plantas monocotiledóneas de flores decorativas y raíces tuberculosas, como el lirio cárdeno (ú t. c. adj.).

iridiado, da adj. Combinado con iridio: *platino iridiado.*

iridio m. Metal blanco (símb., Ir), de número atómico 77, muy resistente a los agentes químicos.

iridiscente adj. Que tiene los colores del iris.

Irigoyen (Bernardo de), político y abogado argentino (1822-1906). || ~ (HIPÓLITO). V. YRIGOYEN.

irire m. *Amer.* Calabaza con la que se toma chicha.

iris m. Arco que aparece en el cielo cuando la luz del Sol atraviesa unas partículas de agua en suspensión y que presenta los siete colores del espectro (rojo, anaranjado, amarillo, verde, azul, añil y violado). Se le llama también *arco iris.* || *Anat.* Membrana del ojo, situada detrás de la córnea y delante del cristalino, que está atravesada por la pupila.

Iris (Esperanza BONFIEL, llamada **Esperanza**), actriz mexicana (1888-1962).

Iris, mensajera alada de los dioses, símbolo del arco iris. (*Mit.*).

irisación f. Reflejos que presenta un cuerpo como el arco iris.

irisar v. i. Presentar los colores del arco iris (ú. t. c. t.).

Irisarri (Antonio José de), escritor y político guatemalteco (1786-1868), autor de *El cristiano errante,* novela autobiográfica. Luchó por la independencia de Chile y fue unos días Director Supremo.

Irkutsk, c. de la U. R. S. S. en Siberia oriental, a orillas del río Angara y del lago Baikal. Industrias. Central hidroeléctrica.

Irlanda, la más occidental y la más pequeña de las dos islas principales del archip. británico; 83 900 km²; 4 368 000 h. (*irlandeses*). — De clima muy húmedo y suave. La cría de bovinos y cerdos y el tejido del lino son sus principales recursos. La isla se divide en dos Estados desde 1921. El Ulster o *Irlanda del Norte* (13 564 km²; 1 158 000 h.; cap. *Belfast,* 444 000 h.), que forma parte del Reino Unido de Gran Bretaña, y la *República de Irlanda* (Eire) 70 282 km²; 2 910 000 h. (*irlandeses*); cap. *Dublín,* 580 000 h.; c. pr.: *Cork,* 93 000 h.; *Limerick,* 52 000; *Waterford,* 28 878. Este último Estado fue dominio hasta 1937 y nación soberana desde 1949. En 1973 ingresó en el Mercado Común. || ~ (MAR DE), mar formado por el Atlántico entre la Gran Bretaña e Irlanda. || ~ **(Nueva).** V. NUEVA IRLANDA.

irlandés, esa adj. y s. De Irlanda. || — M. Lengua irlandesa.

ironía f. Burla fina y disimulada. || Figura consistente en dar a entender lo contrario de lo que se dice.

irónico, ca adj. Lleno de ironía: *palabras irónicas.*

ironizar v. t. Hablar o escribir con ironía.

iroqués, esa adj. y s. Dícese de una raza indígena de la América septentrional. (Los *iroqueses* vivían en los valles del San Lorenzo y al SE. de los lagos Erie y Ontario.)

irracional adj. Que carece de razón: *animal irracional.* || Insensato, irrazonable: *conducta irracional.* || *Mat.* Aplícase a las raíces de los números que no son potencias perfectas, como la raíz cuadrada de 5. || — M. Animal.

irracionalidad f. Calidad de irracional.

irracionalismo m. *Fil.* Sistema que da preferencia a lo irracional sobre lo racional.

irracionalista adj. y s. Relativo al irracionalismo o partidario del mismo.

irradiación f. Acción y efecto de irradiar. || *Fig.* Influencia, difusión: *la irradiación de la cultura.*

irradiar v. t. e i. Despedir un cuerpo rayos de luz, calor u otra energía en todas direcciones. || Someter un cuerpo a varias radiaciones. || *Fig.* Difundirse, tener influencia.

irrazonable adj. No razonable.

irreal adj. No real.

irrealizable adj. Que no se puede realizar.

irrebatible adj. Indiscutible, que no se puede rebatir: *razonamiento irrebatible.*

irreconciliable adj. Que no quiere reconciliarse.

irrecuperable adj. Que no se puede recuperar.

irrecusable adj. Que no se puede recusar.

irredentismo m. Acción política de los que aspiran a liberar de la dominación extranjera una provincia o comarca: *el irredentismo italiano frente a Austria.*

irredentista adj. y s. Partidario del irredentismo.

irredento, ta adj. Dícese del territorio reivindicado por una nación por razones históricas o étnicas.

irreducible o **irreductible** adj. Que no se puede reducir: *adversario irreducible.*

irreemplazable o **irremplazable** adj. No reemplazable.

irreflexión f. Falta de reflexión.

irreflexivo, va adj. Que no reflexiona: *hombre irreflexivo.* || Hecho o dicho sin reflexionar: *decisión irreflexiva.*

irrefrenable adj. Que no se puede refrenar.

irrefutable adj. Incontrovertible, que no se puede refutar: *argumento irrefutable.*

irregular adj. Que no es simétrico: *polígono irregular.* || Que no obra o funciona de un modo regular. || No conforme con las reglas de la moral: *vida, conducta irregular.* || Que no es exacto: *empleado irregular.* || Raro. || *Gram.* Relativo a las palabras cuya declinación o conjugación se apartan del modelo normal: *verbo irregular.* (V. *Compendio de gramática,* al final del vol.)

irregularidad f. Calidad de irregular. || Cosa irregular.

irreligioso, sa adj. y s. Falto de religión. || Antirreligioso.

irremediable adj. No remediable: *catástrofe irremediable.*

irremisible adj. Que no se puede perdonar: *crimen irremisible.*

irreparable adj. Que no se puede reparar o enmendar: *falta, olvido irreparable.* || Que no se puede compensar: *pérdida irreparable.*

irreprensible adj. Que no merece reprensión.

irrepresentable adj. Que no se puede representar: *comedia, drama irrepresentable.*

irreprimible adj. Que no puede reprimirse: *odio irreprimible.*

irreprochable adj. Perfecto, que no tiene ninguna falta: *conducta irreprochable.*

irresistible adj. Que no se puede resistir o vencer: *fuerza, ataque irresistible.* || Que no se puede reprimir: *un ataque de risa irresistible.* || Inaguantable.

irresolución f. Indecisión, falta de resolución.

irresoluto, ta adj. y s. Indeciso, que carece de resolución: *hombre irresoluto.*

irrespetuoso, sa adj. No respetuoso, que falta al respeto o carece de él.

irrespirable adj. Que no se puede respirar: *aire, atmósfera irrespirable.*

irresponsabilidad f. Calidad de irresponsable: *la irresponsabilidad del menor.*

irresponsable adj. No responsable. || — Adj. y s. Inconsciente, que actúa sin sentirse responsable de lo que hace.

irresuelto, ta adj. Que no ha sido resuelto: *problema irresuelto.*

irretroactividad f. Carencia de retroactividad: *la irretroactividad de la ley.*

irreverencia f. Falta de reverencia o de respeto.

irreverente adj. y s. Irrespetuoso: *acto, palabra irreverente.*

irreversible adj. Que no puede ser repetido en sentido inverso: *la marcha irreversible de la historia.*

irrevocabilidad f. Calidad de irrevocable.

irrevocable adj. Que no se puede revocar: *sentencia irrevocable.*

irrigable adj. Que se puede irrigar.

irrigación f. Técnica de llevar el agua a las tierras secas para mejorar el cultivo. || *Med.* Riego por inyección de una cavidad orgánica.

irrigador m. *Med.* Instrumento para dar irrigaciones.

irrigar v. t. *Med.* Rociar con un líquido alguna parte del cuerpo. || Regar: *irrigar un terreno.*

irrisión f. Mofa: *hacer irrisión de todo.* || Persona o cosa que la motiva, objeto de risa: *ser la irrisión del pueblo.*

irrisorio, ria adj. Ridículo, risible. || Insignificante: *oferta irrisoria.*

irritabilidad f. Propensión a irritarse.

irritable adj. Que se irrita fácilmente, susceptible.

irritación f. Acción y efecto de irritar o irritarse. || Inflamación, dolor: *irritación cutánea.*

irritado, da adj. Colérico.

irritante adj. Que irrita.

irritar v. t. Hacer sentir ira: *irritar a uno.* || Excitar vivamente otros afectos: *irritar los celos, el apetito.* || *For.* Anular o invalidar. || *Med.* Causar dolor o inflamación: *el viento irrita la piel.* || — V. pr. Enfadarse: *irritarse con* (o *contra*) *una persona.*

írrito, ta adj. Sin valor, nulo.

irrogación f. Acción y efecto de irrogar.

irrogar v. t. Causar: *irrogar daños o perjuicios.*

irrompible adj. Que no se rompe: *vaso irrompible.*

irrumpir v. i. Entrar violentamente en un lugar: *irrumpieron en el local.*

irrupción f. Entrada violenta. || Invasión.

Irtich, río de la U. R. S. S. en Siberia occidental, afl. izquierdo del Obi; 2 970 km.

Irún, v. del N. de España (Guipúzcoa), en la frontera con Francia.

irunés, esa adj. y s. De Irún.

Irving (Washington), escritor norteamericano, n. en Nueva York (1783-1859). Residió largo tiempo en España y allí se inspiró para los *Cuentos de la Alhambra.* Es también autor de obras históricas (*Vida y viajes de Cristóbal Colón, Vida de Washington*) y de cuentos (*Rip van Winkle*).

Isaac, hijo de Abrahán y de Sara, esposo de Rebeca y padre de Jacob y de Esaú. (*Biblia.*)

Isaacs (Jorge), escritor colombiano, n. en Cali (1837-1895), autor de la célebre novela romántica *María* (1867).

Isabel, isla de Chile, en el estrecho de Magallanes. || ~ **II** (ISLA). V. CHAFARINAS.

Isabel (*Santa*), madre de San Juan Bautista, esposa de Zacarías. Fiesta el 5 de noviembre. — Hermana de San Luis, rey de Francia (1225-1270). Fiesta el 31 de agosto. — Princesa de Hungría (1207-1231). Fiesta el 19 de noviembre.

Isabel || ~ **I** *la Católica* (1451-1504), nacida en Madrigal de las Altas Torres (Ávila), reina de Castilla desde 1474, hija de Juan II e Isabel de Portugal, hermana de Enrique IV de Castilla. Accedió al trono a pesar de que su hermano había destinado al mismo a su propia hija Juana, llamada la Beltraneja, quien encontró la oposición de la nobleza debido a su supuesta bastardía. Casó en 1469 con Fernando, heredero del trono de Aragón, y así, cuando éste fue proclamado rey (1479), se reunieron los dos grandes reinos peninsulares, formando una especie de monarquía dualista. Apoyada por su marido luchó contra Alfonso V de Portugal, a quien venció en Toro y Albuera, sometió a la nobleza, organizó la Inquisición, remató la Reconquista con la toma de Granada (1492) y ayudó a Cristóbal Colón, quien ese mismo año descubrió para Castilla un nuevo continente. Su colaboración con Fernando II de Aragón fue fundamental para la unificación de España, aunque hay que advertir que supo mostrarse celosa defensora de la autonomía de Castilla. Murió en 1504 en el Castillo de la Mota (Medina del Campo). || ~ **II** (1830-1904), reina de España, hija de Fernando VII, a quien sucedió en 1833, bajo la regencia de su madre María Cristina. Su subida al trono provocó la primera guerra carlista. Casó con el príncipe Francisco de Asís de Borbón. El país estuvo gobernado por los generales Espartero, O'Donnell y Narváez. La reina, al estallar la Revolución de 1868, se expatrió a Francia, donde vivió hasta su muerte. Abdicó en favor de su hijo Alfonso en 1870.

Isabel || ~ **I** (1533-1603), reina de Inglaterra desde 1558, hija de Enrique VIII y de Ana Bolena. Sostuvo el protestantismo y protegió las letras, las artes, el comercio y la colonización. || ~ **II,** n. en 1926, reina de Gran Bretaña en 1952, a la muerte de su padre Jorge VI.

Isabel || ~ **Clara Eugenia,** infanta de España (1566-1633), hija de Felipe II. Esposa del archiduque Alberto, su padre renunció en ella sus derechos sobre los Países Bajos. || ~ **de Baviera** (1371-1435), reina de Francia, esposa de Carlos VI. Siendo regente entregó Francia a los ingleses (Tratado de Troyes, 1420). || ~ **de Portugal** (1503-1539), esposa del emperador Carlos V y madre de Felipe II de España. || ~ **de Valois** (1545-1568), hija de Enrique II de Francia y tercera esposa de Felipe II, rey de España. || ~ **Farnesio** (1692-1766), reina de España por ser la segunda esposa de Felipe V. Influyó en la política del rey. || ~ **Petrovna** (1709-1762), emperatriz de Rusia (1741-1762), hija de Pedro el Grande y de Catalina I.

Isabela, cabo en el N. de la Rep. Dominicana (Puerto Plata). — Isla del Ecuador, en el archip. de Colón; 4 545 km². — Prov. de Filipinas, en el NE. de la isla de Luzón; cap. *Ilagán.* || ~ **(La),** ant. c. de la isla La Española, primera fundada en América por Colón. Sus ruinas están cerca de San Felipe de Puerto Plata.

isabelino, na adj. Relativo a cualquiera de las reinas Isabel: *época isabelina; reinado isabelino.* || Dícese de la moneda con la efigie de Isabel II de España. || Aplícase también a los partidarios de su causa (ú. t. c. s.). || Dícese del estilo decorativo de moda en España durante el reinado de Isabel II.

Isabey (Jean-Baptiste), miniaturista francés (1767-1855), autor de retratos de Napoleón I y la familia imperial.

isagoge f. *Ret.* Introducción.

Isaías, el primero de los cuatro profetas mayores hebreos (s. VIII a. de J. C.).

isba f. Casa de madera en el norte de Europa y Asia.

Iscariote, n. dado a *Judas.*

iscatón m. *Méx.* Algodoncillo. || *Méx. Cabeza de iscatón,* dícese de la persona con el pelo cano.

Ischia o **Isquia,** isla volcánica de Italia en el mar Tirreno al N. de Nápoles. — C. y puerto de esta isla. Obispado. Turismo.

Ischilín, parte N. de la Sierra Chica de Córdoba (Argentina). — Dep. de la Argentina (Córdoba), cab. *Deán Funes.*

Iseo. V. TRISTÁN.

Isère, río de Francia en los Alpes del Norte, afl. del Ródano, 290 km. — Dep. del SE. de Francia; cap. *Grenoble.*

isidoriano, na adj. De San Isidoro.

Isidoro *(San),* arzobispo y doctor de la Iglesia español, n. en Cartagena (¿560?-636), hermano de San Leandro. Presidió el IV Concilio de Toledo (633). Autor de las *Etimologías,* enciclopedia en veinte volúmenes. Fiesta el 4 de abril.

isidro, dra m. y f. *Fam.* En Madrid, campesino, paleto o forastero.

Isidro Labrador *(San)* labrador español (¿1070?-1130), patrono de Madrid y de los agricultores. Fiesta el 15 de mayo.

Isis, diosa egipcia, hermana y mujer de Osiris y madre de Horus.

Iskenderun. V. ALEJANDRETA.

isla f. Porción de tierra rodeada de agua por todas partes: *la isla de Cuba.* || Manzana de casas.

Isla || **~ Cabellos,** pobl. en el NO. del Uruguay (Artigas). || **~ Cristina,** c. en el SO. de España (Huelva). || **~ de Francia,** provincia histórica de Francia, cap. *París.* || **~ de Maipo,** com. en el centro de Chile (Santiago). || **~ de Pinos,** térm. mun. en el O. de Cuba (La Habana). || **~ (La),** n. por el que tb. se conoce la pobl. de *San Fernando* (Cádiz).

Isla (José Francisco de), jesuita español (1703-1781), autor de *Historia del famoso predicador Fray Gerundio de Campazas, alias Zotes,* narración satírica contra los malos predicadores. || **~** (JUAN DE), marino español del s. XVI. Acompañó a Legazpi y se le debe la *Descripción de los puertos de Acapulco y Navidad y de las islas que descubrió la armada del general Legazpi.*

islam m. Islamismo. || Religión y civilización de los musulmanes. || El mundo musulmán.

Islamabad, cap. del Paquistán desde 1967, cerca de Rawalpindi.

islámico, ca adj. Relativo al Islam: *religión, culto islámicos.*

islamismo m. Religión de Mahoma o de los creyentes musulmanes.
— El *islamismo* se resume en un solo libro, el Corán, que contiene toda la organización religiosa y social de los musulmanes.

islamita adj. y s. Persona que profesa el islamismo.

islamizar v. t. Adoptar la religión, usos y costumbres islámicos (ú. t. c. pr.).

islandés, esa adj. y s. De Islandia. || — M. Lengua hablada en Islandia.

Islandia, isla de Europa en el Atlántico Norte y al SE. de Groenlandia; 103 000 km²; 203 000 h. *(islandeses).* Cap. *Reikiavik* (80 000 h.). — Islandia, colonizada en el s. X por los noruegos, quedó unida a Dinamarca en 1397 y se declaró independiente en 1944 para formar una república.

Islas de la Bahía, dep. de Honduras, formado por islas en el mar Caribe (Guanaja, Roatán y Utila); cap. *Roatán.* Están en la costa septentrional del país.

Islay, prov. en el S. del Perú (Arequipa); cap. *Mollendo.*

isleño, ña adj. y s. Natural de una isla. || Natural de las Islas Canarias, o de las de la Bahía (Honduras) y San Andrés y Provincia (Colombia).

isleta f. Pequeña acera en medio de una calzada o plaza que sirve de refugio a los peatones o para señalar el tránsito rodado.

islote m. Isla pequeña, peñascosa y despoblada.

Isluga, volcán de los Andes en la frontera chilenoboliviana; 5 400 m.

Ismael, hijo de Abrahán y de Agar. Sus descendientes fueron los ismaelitas o árabes. *(Biblia.)*

ismaelita adj. y s. Descendiente de Ismael. || Dícese de los árabes miembros de una secta de musulmanes chiítas. (Los *ismaelitas* tienen adeptos en Siria, Irán y, sobre todo, en la India, donde su jefe es Karim Aga Kan.)

Ismailia, c. en el N. de Egipto, en las riberas del lago Timsah y del canal de Suez.

isobara f. Línea isobárica.

isobárico, ca adj. De igual presión atmosférica: *líneas isobáricas.*

isobata adj. De igual profundidad. || — F. Línea que en un mapa batimétrico une los puntos de igual profundidad marina.

isóclina adj. y s. f. Que tiene la misma inclinación: *línea isóclina.*

Isócrates, orador ateniense (436-338 a. de J. C.), discípulo de Gorgias y de Sócrates. Fundó una escuela de Retórica.

isocromático, ca adj. *Fís.* Que tiene el mismo color.

isocronismo m. Calidad de isócrono.

isócrono, na adj. *Fís.* Aplícase a los movimientos que se efectúan en tiempos de igual duración: *oscilaciones isócronas.*

isogamia f. Fusión de dos gametos semejantes que ocurre entre ciertas algas y setas.

isoglosa adj. y s. f. Dícese de la línea imaginaria que en un atlas lingüístico une los puntos en que se manifiesta el mismo fenómeno.

isógono, na adj. *Fís.* Relativo a los cuerpos cristalizados de ángulos iguales.

Isolda. V. TRISTÁN.

isomería f. Calidad de isómero.

isómero, ra adj. y s. m. Aplícase a los cuerpos de igual composición química y distintas propiedades físicas.

isométrico, ca adj. De idénticas dimensiones.

isomorfismo m. Calidad de isomorfo.

isomorfo, fa adj. *Min.* Dícese de los cuerpos de diferentes composición química e igual forma cristalina.

Isonzo, río de Yugoslavia e Italia, que des. en el golfo de Trieste; 138 km.

isoperímetro, tra adj. *Geom.* Dícese de las figuras diferentes pero que tienen igual perímetro.

isópodo, da adj. *Zool.* Que tiene todas las patas iguales: *crustáceo isópodo.*

isoquímeno, na adj. y s. f. Dícese de la línea que une los puntos de la Tierra que tienen la misma temperatura media en invierno.

Isos, ant. c. de Cilicia (Asia Menor). Alejandro Magno derrotó aquí a Darío III (333 a. de J. C.)

isósceles adj. Dícese del triángulo que tiene dos lados iguales.

isotérmico, ca adj. Que se mantiene a temperatura constante: *vagón isotérmico.*

isotermo, ma adj. *Fís.* De igual temperatura. || — Adj. y s. f. Aplícase a la línea que une los puntos de la Tierra de igual temperatura media en un momento dado.

isotónico, ca adj. *Quím.* Dícese de las soluciones que a la misma temperatura tienen igual presión osmótica.

isotopía f. Calidad de isótopo.

isotópico adj. Relativo a los isótopos: *separador isotópico.*

isótopo m. adj. y s. m. Dícese de los elementos químicos idénticos con masas atómicas diferentes.

isotropía f. Calidad de isótropo.

isótropo adj. y s. m. *Fís.* Dícese de los cuerpos cuyas propiedades físicas son idénticas en todas las direcciones.

Ispahán o **Isfahán,** c. de Irán al S. de Teherán. Obispado.

Isquia. V. ISCHIA.

isquion m. *Anat.* Hueso que, junto al ilion y al pubis, constituye el hueso innominado.

Israel, Est. del Cercano Oriente, limitado por el Mediterráneo, Líbano, Siria, Jordania y Egipto; 21 000 km²; 3 000 000 h. *(israelíes)*; cap. *Jerusalén,* 275 000 h.; c. pr.: *Tel Aviv,* 395 000 h.; y *Haifa,* 207 000. Comprende la parte de Palestina en la que predomina la población judía. Agricultura e industria florecientes. — El Estado de Israel, creado en 1948, encontró la tenaz oposición de los países árabes vecinos. La tensión en esta región ha sido casi permanente y ha dado lugar a tres conflictos armados (1948, 1956 y 1967) que se resolvieron con el triunfo de las fuerzas israelíes. A raíz del último, Israel ocupó la península de Sinaí y la parte de Jordania situada al O. del Jordán. En octubre de 1973, el país sostuvo una nueva guerra con Egipto y Siria.

israelí adj. y s. De Israel.

israelita adj. y s. De la religión judía. || — M. y f. Descendiente de Israel y de Jacob, llamado tb. *judío* o *hebreo.*

israelítico, ca adj. Israelita.

Issy-les-Moulineaux, mun. de Francia (Hauts-de-Seine), al SO. de París. Helipuerto.

istmeño, ña adj. Natural de un istmo.

ístmico, ca adj. Relativo al istmo. || *Juegos ístmicos,* juegos en honor de Poseidón que se celebraban en el istmo de Corinto.

istmo m. Lengua de tierra que une dos continentes o una península con un continente: *el istmo de Panamá.* || *Zool.* Parte o paso estrecho entre dos órganos o cavidades: *istmo del encéfalo, de las fauces.*

Istria, penins. en el NO. de Yugoslavia, en el mar Adriático, 4 000 km².

Itá, c. del Paraguay (Central).

Itaca, isla del O. de Grecia en el mar Jónico; 95 km². Ulises vivía en ella, según Homero. Actualmente se llama *Theaki.*

Itacurubí || **~ de la Cordillera,** pobl. del Paraguay (Las Cor-

IR

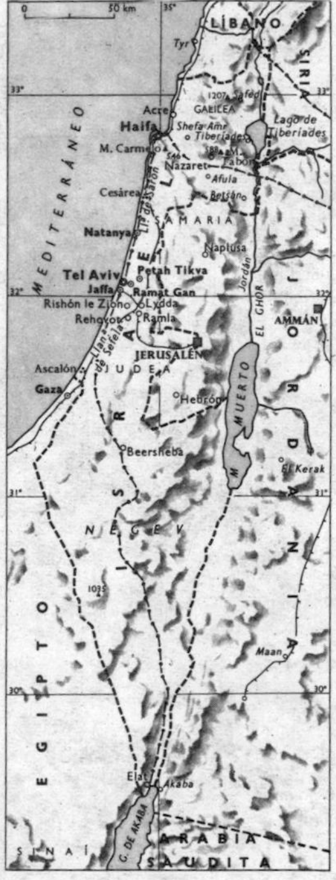

ISRAEL

dilleras). || ~ **del Rosario,** pobl. del Paraguay (San Pedro).

Itaguaçu, mun. en el E. del Brasil (Espíritu Santo).

Itaguaré, monte del E. del Brasil, en la sierra de Mantiqueira (Minas Gerais); 2 308 m.

Itaí, mun. en el S. del Brasil (Rio Grande do Sul).

Italia, Est. del S. de Europa situado en una extensa penins. que limita por el N. con Francia, Suiza, Austria y Yugoslavia, por el E. con el mar Adriático, por el S. con el mar Jónico y el estrecho de Sicilia y por el O. con los mares Tirreno y de Liguria; 301 200 km^2; 53 656 000 h. (*italianos*). Cap. *Roma,* 2 635 500 h.; otras c.: *Milán,* 1 673 000 h.; *Nápoles,* 1 236 000; *Turín,* 1 107 000; *Génova,* 849 000; *Palermo* (Sicilia), 634 000; *Venecia,* 347 000; *Trieste,* 281 000; *Mesina* (Sicilia), 265 000; *Padua,* 215 000; *Tarento,* 210 650; *Cagliari* (Cerdeña), 206 500; *Brescia,* 194 500, y *Liorna,* 170 000.

— GEOGRAFÍA. El país se divide en dos partes: la *Italia del Norte,* que comprende la vertiente meridional de los Alpes y la planicie del Po (Piamonte, Lombardía y Venecia constituyen las regiones más importantes), que agrupa las poblaciones más densas junto a considerables recursos agrícolas (trigo, maíz, arroz) e industriales, y la *Italia peninsular e insular* (Sicilia y Cerdeña), montañosa y volcánica (Vesubio), de escasos recursos.

— HISTORIA. En el s. II a. de J. C., Roma era el centro del Imperio, destruido en el s. V de nuestra era por los bárbaros, tras lo cual Justiniano I, emperador de Oriente, impuso su autoridad en Italia, con Ravena por capital. En el s. VIII, se formaron los Estados de la Iglesia, que se verían amenazados en el s. XII por los emperadores germánicos. Libre de esas presiones, en Italia surgieron las rivalidades locales, lo que no privó que Florencia, Pisa, Génova y Venecia, poderosas repúblicas, dieran al país gran brillo intelectual y económico. En los s. XV y XVI, la península fue campo de batalla de franceses y españoles, y España quedó dueña del país durante dos centurias. Mas, poco a poco en el Norte aumentó la influencia política de la Casa de Saboya. La campaña de Bonaparte en Ita-

ITALIA

lia (1796-1797) creó la República Cisalpina, que se transformó sucesivamente en República Italiana y en Reino de Italia (1807). Los tratados de 1815 entregaron Lombardía a Austria, pero Napoleón III conquistó esta región para instaurar en ella el poder de Víctor Manuel II de Saboya, rey de Piamonte-Cerdeña, quien realizó, de 1859 a 1870, la unidad italiana preparada por Cavour. A partir de 1922, Mussolini, jefe del Partido Fascista, gobernó de modo totalitario y ensanchó el imperio colonial con Etiopía (1936) y Albania (1939). Italia entró en la segunda guerra mundial al lado de Alemania. Los reveses de las potencias del Eje provocaron la caída de Mussolini (1943) y un Gobierno, presidido por el mariscal Badoglio, firmó el armisticio y declaró la guerra a Alemania. El Duce, liberado por los alemanes, formó un Gobierno en el Norte. En 1946, tras la abdicación de Víctor Manuel III y el reinado efímero de Humberto II, Italia se constituyó en República. El país se recuperó de los daños de la guerra bajo la dirección de A. De Gasperi (1946-1953), ha renovado su estructura económica y es miembro de la Comunidad Económica Europea. (V. mapa, pág. 528.)

italianismo m. Vocablo o giro del italiano. ‖ Amor por lo italiano.

italianización f. Acción y efecto de italianizar.

italianizar v. t. Dar carácter italiano: *italianizar un vocablo francés.* Ú. t. c. pr.: *se italianizó con su prolongada estancia en Roma.*

italiano, na adj. y s. De Italia. ‖ — M. Lengua neolatina hablada en Italia.

— El *italiano* ha enriquecido mucho el castellano, especialmente desde la época del Renacimiento. Esta lengua ha dado voces relativas a industrias y artes (*fachada, carroza, medalla, soneto, piano, artesano, balcón, cornisa, cúpula, mosaico, grotesco, ópera*), términos militares (*escopeta, centinela, alerta, bisoño, parapeto, arcabuz, batallón, calibro, emboscada, escolta, mosquete, pistola*), de marina (*fragata, piloto, brújula, caravela, mesana, vigía*), de comercio (*banca, tarifa, crédito, despacho, mercantil*) y otros varios como *estropear, aspaviento, saltimbanqui, charlatán, gaceta, bandido, bufón, bravo, volcán, canalla, capricho, caricatura, carnaval, cartón, casino, cortesano, ducha, festín, final, filtro, grupo, lotería, mayordomo, máscara, confeti, ravioles, mortadela*, etc. Modernamente ha enriquecido el argentino popular con gran número de voces, como *barleta, merlo, batifondio, bachicha, balurdo, esgunfiar, yeta, yuta, manyar.*

Itálica, ant. c. romana en España cerca de Sevilla. Patria de Trajano y Adriano.

italicense adj. y s. De Itálica (España romana).

itálico, ca adj. y s. De la Italia antigua: *pueblos itálicos.* ‖ *Letra itálica,* la cursiva introducida por Aldo Manucio (s. XVI).

italiota adj. y s. Individuo de origen griego que habitaba en la Magna Grecia (sur de Italia y Sicilia, antes del Imperio Romano).

Itapé, pobl. en el centro del Paraguay (Guairá).

Itapecuru, río del NO. del Brasil (Maranhão); 1 650 km.

Itapúa, dep. del S. del Paraguay, limítrofe con la Argentina; cap. *Encarnación.*

itapuense adj. y s. De Itapúa (Paraguay).

Itata, río de Chile entre las prov. de Concepción y Ñuble; 230 km. — Dep. en el centro de Chile (Ñuble); cap. *Quirihue.*

Itatiaia, macizo montañoso al E. del Brasil, en la sierra de Mantiqueira (Río de Janeiro); 2 787 m. Parque nacional.

Itatiba, mun. y c. en el E. del Brasil (São Paulo). Textiles.

Itauguá, pobl. del Paraguay (Central), fundada en 1778. Encajes de ñandutí.

ítem adv. lat. que significa *además.* ‖ — M. Párrafo, artículo.

Iténez, prov. en el N. de Bolivia (Beni); cap. *Magdalena.* V. GUAPORÉ.

iteración f. Repetición.

iterar v. t. Repetir.

iterativo, va adj. Que repite.

iterbio m. Elemento simple (símb., Yb), de número atómico 70, del grupo de las tierras raras.

itinerante adj. Que recorre varios sitios para desempeñar sus funciones: *embajador itinerante.*

itinerario, ria adj. Concerniente a los caminos: *medida itineraria.* ‖ — M. Recorrido, trayecto: *el itinerario de una procesión.* ‖ Dibujo del recorrido.

itrio m. Elemento simple (símb., Y) de número atómico 39, perteneciente al grupo de las tierras raras.

Ittihad (Al-) V. AL-CHAAB.

Itu, mun. y c. en el E. del Brasil (São Paulo). Textiles.

Iturbe, pobl. del Paraguay (Guairá). Ant. llamada *Santa Clara.*

Iturbi (José), compositor, pianista y director de orquesta español, n. en 1895.

Iturbide (Agustín de), general y político mexicano, n. en Valladolid, hoy *Morelia* (1783-1824). Tras servir en el ejército del Virrey, se alió con el jefe revolucionario Guerrero y proclamó el *Plan de Iguala* (1821). Siendo virrey O'Donojú firmó con él los Tratados de Córdoba, que reconocían la independencia. En 1822 fue coronado emperador de México con el nombre de *Agustín I,* pero el general Santa Anna le obligó a abdicar al año siguiente. Se refugió en Italia y, a su vuelta (1824), fue fusilado en Padilla (Tamaulipas).

Iturralde, prov. en el O. de Bolivia (La Paz); cap. *San Buenaventura.*

Iturrigaray (José de), general español (1742-1815), virrey de Nueva España de 1803 a 1808.

Ituzaingó, pobl. en el N. de la Argentina (Corrientes). Victoria de los argentinos y uruguayos, mandados por Alvear, sobre los brasileños (1827).

itzá adj. y s. Indio centroamericano de la familia maya. (Los *itzás* o *itzaes* son los fundadores de Chichén Itzá.)

Itzalco. V. IZALCO.

itzamate m. *Méx.* Ceibá.

Itzamná, dios principal de los mayas; creador, Sol, señor de los cielos y esposo de Ixchel.

Itzcóatl, emperador azteca de México (1427 a 1440).

Itzcuintlan. V. ESCUINTLA.

Iván ‖ **~ I,** príncipe de Moscovia de 1328 a 1341. ‖ **~ II** *el Bueno* (1286-1359), príncipe de Moscovia desde 1353. ‖ **~ III** *el Grande* (1440-1505), príncipe de Moscovia desde 1462. Finalizó con la dominación tártara. ‖ **~ IV** *el Terrible* (1530-1584), primer zar de Rusia desde 1533. ‖ **~ V** (1666-1696), zar de 1682 a 1689. ‖ **~ VI** (1740-1764), zar en 1740. Fue destronado por Isabel Petrovna y asesinado en tiempos de Catalina II.

Ivanhoe, novela histórica de Walter Scott (1820).

Ivanovo, c. de la U. R. S. S. (Rusia), al NE. de Moscú. Algodón.

Iwo Jima, isla de Estados Unidos en el Pacífico, al N. de las Marianas.

Ix ‖ **~ Kanleos,** divinidad maya del Maíz. ‖ **~ Tab** o **Ixtab,** entre los mayas, demonio femenino que atrae a los hombres para asesinarlos.

Ixchel, en el panteón maya, la diosa Luna, esposa de Itzamná y divinidad de la Medicina.

Iximché, ant. cap. de los cakchiqueles, en Guatemala (Chimaltenango).

Ixtapan de la Sal, pobl. de México (Est. de México). Balneario.

Ixtlán, sector de la Sierra Madre de Oaxaca (México). — Pobl. de México (Jalisco). ‖ **~ del Río,** c. de México (Nayarit).

ixtle m. *Méx.* Cualquier amarilidácea textil del género agave, así como la fibra que proporciona.

Ixtlilxochitl, sexto soberano chichimeca (México ant.); reinó entre 1409 y 1418. — V. ALBA IXTLILXOCHITL. ‖ (Moctezuma). V. TOVAR CANO (Antonio).

Izabal, lago de Guatemala: 690 km². Recibe tb. el n. de *Golfo Dulce.* — Dep. de Guatemala en el golfo de Honduras; cap. *Puerto Barrios.*

izabaleño, ña o **izabalino, na** adj. y s. De Izabal (Guatemala.)

Izaguirre (Carlos), poeta, ensayista y novelista hondureño (1895-1956), autor de *Bajo el chubasco, Alturas y abismos,* etc.

Izalco, volcán activo en el O. de El Salvador (Sonsonate), en la sierra de Apaneca: 1 885 m. Se le da el n. de *Faro del Pacífico.* — Pobl. de El Salvador (Sonsonate).

Izamal, localidad de México (Yucatán). Ruinas mayas.

izar v. t. Levantar las velas, la bandera.

Izmir. V. ESMIRNA.

Izmit, c. en el O. de Turquía, a orillas del mar de Mármara. Es la ant. *Nicomedia.*

izote m. *Méx.* y *Amér. C.* Árbol liliáceo, especie de palma con hojas punzantes y flores muy olorosas de color blanco o verdoso.

izquierda f. Mano izquierda. ‖ Lado izquierdo: *torcer a la izquierda.* ‖ Colectividad política partidaria del cambio y que se opone a la acción conservadora de la derecha:

izquierdismo m. Conjunto de corrientes políticas de extrema izquierda que preconiza la realización de acciones revolucionarias inmediatas y radicales.

izquierdista adj. y s. Relativo a la izquierda política o partidario de la misma. ‖ Revolucionario, extremista.

izquierdo, da adj. Dícese de lo que en el hombre está del lado en que late el corazón: *mano izquierda.* ‖ En un edificio, monumento, etc., dícese de lo que corresponde a este lado con relación a una persona que da su espalda a la fachada: *el ala izquierda del palacio.* ‖ *Fig.* Torcido. ‖ — M. y f. Zurdo.

Izquierdo (María), pintora mexicana (1906-1955).

Iztaccíhuatl, volcán extinguido y nevado de México, en la Sierra Nevada (Puebla, México): 5 386 m. Su nombre significa *Mujer blanca,* a causa de su cresta nevada que tiene la forma de una mujer tendida.

Izúcar de Matamoros, mun. y pobl. de México (Puebla). La ciudad fue fundada hacia el siglo VIII.

Jardines (Sassy, Francia)

J

j f. Undécima letra del alfabeto castellano y octava de sus consonantes. ‖ — **J,** abrev. de *julio* o *joule.*

jaba f. *Cub.* Bolsa de tela o papel.

jabalcón m. *Arq.* Madero inclinado que apea un elemento horizontal o inclinado apoyándose en otro elemento vertical.

jabalí m. Mamífero paquidermo, considerado como un cerdo salvaje, común en Europa. (Pl. *jabalíes.*)

Jabalí, río de México (Coahuila y Nuevo León), afl. del Salado. — Parte de la Sierra Madre Oriental de México (Tamaulipas).

jabalina f. Hembra del jabalí ‖ Arma arrojadiza a manera de venablo. ‖ Instrumento para lanzar en forma de pica, empleado en atletismo.

Jabalpur, ant. *Jubbulpor,* c. en el centro de la India (Madhya Pradesh). Ind. (metalurgia, tejidos).

jabardillo o **jabardo** m. Bandada de insectos o pájaros. ‖ *Fig.* y *fam.* Remolino, multitud de gente.

Jabarovsk, c. en el E. de la U. R. R. S. (Rusia), a orillas del Amur. Ref. de petróleo.

jabato m. Cría del jabalí. ‖ *Fig.* y *fam.* Joven valiente y atrevido: *¡es un jabato!*

jábega f. Red de más de cien brazas que se tira desde tierra. ‖ Embarcación de pesca.

jabegote m. Hombre que tira de la jábega.

jabeguero, ra adj Relativo a la jábega. ‖ — M. Jabegote.

jabeque m. Embarcación costera de tres palos. ‖ *Fig.* y *fam.* Herida de arma blanca en la cara.

jabí m. Árbol americano de la familia de las leguminosas, de madera muy dura e incorruptible en el agua, empleada en construcciones navales.

jabillo m. Árbol euforbiáceo americano.

jabirú o **yabirú** m. Ave zancuda de Sudamérica parecida a la cigüeña.

jable m. Ranura en que se encaja el fondo de los toneles.

Jablonec, c. de Checoslovaquia (Bohemia).

jabón m. Producto obtenido por la acción de un álcali en un cuerpo graso que sirve para lavar: *jabón de tocador, en escamas.* ‖ Pastilla de esta materia. ‖ *Por ext.* Lavado con jabón. ‖ *Fig.* y *fam.* Reprensión severa: *le dio un buen jabón.* ‖ — *Fig.* y *fam. Dar jabón,* adular, dar coba. ‖ *Jabón de olor,* jabón de tocador. ‖ *Jabón de sastre,* la esteatita para marcar la tela.

jabonado m. Lavado con jabón. ‖ Ropa que se lava. ‖ *Fam.* Reprensión.

jabonadura f. Lavado con jabón. ‖ — Pl. Agua jabonosa. ‖ Espuma de jabón.

jabonar v. t. Dar jabón: *jabonar la ropa.* ‖ Humedecer la barba con agua jabonosa para afeitarse. ‖ *Fig.* y *fam.* Reprender, dar un jabón.

jaboncillo m. Pastilla de jabón de olor. ‖ Árbol americano de la familia de las sapindáceas, de cuyo fruto se extrae saponina. ‖ Jabón de sastre. ‖ *Cub.* Tierra arcillosa, compacta e impermeable.

jabonería f. Fábrica o tienda de jabón.

jabonero, ra adj. Relativo al jabón: *industria jabonera.* ‖ Dícese del toro de color blanco sucio. ‖ — M. y f. Fabricante o vendedor de jabón. ‖ — F. Mujer que hace o vende jabón. ‖ — F. Caja para el jabón. ‖ Planta herbácea de la familia de las cariofiláceas.

jabonoso, sa adj. Que contiene jabón o tiene su naturaleza.

jaborandi m. Árbol de la familia de las rutáceas, originario del Brasil y del Paraguay, de flores en racimos delgados y con cuyas hojas se hace una infusión.

Jabugo, c. del SO. de España (Huelva). Reputados jamones.

jaca f. Caballo pequeño.

Jaca, c. de España en Aragón (Huesca). Obispado.

jacal m. *Méx.* Choza de adobes.

jacalón m. *Méx.* Cobertizo.

jacamar m. o **jacamara** f. Ave trepadora de América tropical.

jacana f. Ave zancuda de América del Sur.

jacapucayo m. Planta mirtácea de América tropical.

jácara f. Romance festivo: *una jácara de Quevedo.* ‖ Ronda nocturna de gente alegre. ‖ Especie de danza. ‖ *Fig.* y *fam.* Molestia. ‖ Mentira, cuento, patraña.

jacarandá m. Árbol bignoniáceo de América tropical, de flores azules, cuya madera es muy apreciada en ebanistería.

jacarandoso, sa adj. Garboso, alegre y desenvuelto.

jacaré m. *Amer.* Yacaré.

jacarear v. i. Cantar jácaras. ‖ *Fig.* y *fam.* Dar una serenata. ‖ Alborotar. ‖ Molestar.

jacarero m. Persona que da una serenata por las calles. ‖ *Fig.* y *fam.* Persona alegre, festiva.

jácena f. Viga maestra.

jacerina f. Cota de malla.

jacinto m. Planta de la familia de las liliáceas, de hermosas flores. ‖ Circón, piedra preciosa.

Jackson, c. de Estados Unidos, cap. de Misisipí. — C. en el N. de Estados Unidos (Michigan). — C. en el E. de Estados Unidos (Tennesee). Universidad.

Jackson (Andrew), político norteamericano (1767-1845). Pres. de Estados Unidos (1829-1837). Declaró a México la guerra de Texas.

jaco m. Caballo pequeño. ‖ Caballo malo.

Jacob, patriarca hebreo, hijo de Isaac y de Rebeca, y padre de doce hijos que fundaron las doce tribus de Israel.

Jacob (Max), escritor francés (1876-1944), precursor del surrealismo, autor de *El cubilete de dados,* poema en prosa.

jacobeo, a adj. Relativo al apóstol Santiago.

Jacobina, mun. del Brasil (Bahía). Manganeso; uranio.

jacobinismo m. Doctrina democrática y centralista profesada en la Revolución Francesa por los jacobinos.

jacobino, na adj. y s. Durante la Revolución Francesa, miembros del partido radical de Danton y Robespierre: *el Club de los jacobinos.* ‖ Partidario de la democracia. ‖ *Fig.* Revolucionario, exaltado: *demagogo jacobino.*

jacobita adj. y s. Monofisita. ‖ Partidario de la restauración de Jacobo II Estuardo en el trono de Inglaterra. ‖ Relativo al jacobitismo.

jacobitismo m. Herejía monofisita defendida por Jacobo Baradeo (siglo VI).

Jacobo, n. de siete reyes de Escocia pertenecientes a la dinastía de los Estuardos.

Jacobsen (Jens Peter), novelista danés (1847-1885), autor de *María Grubbe.*

Jacopone da Todi, religioso franciscano y poeta italiano (1230-1306). Se cree que es autor del himno *Stábat Máter.*

Jacquard [*yakar*] (Joseph-Marie), ingeniero francés (1752-1834), inventor del telar que lleva su nombre.

jactancia f. Alabanza presuntuosa de sí mismo: *un hombre de mucha jactancia.*

jactancioso, sa adj. y s. Que se jacta, vanidoso.

jactarse v. pr. Alabarse presuntuosamente, vanagloriarse, alardear: *jactarse de lo que no sabe.*

Jacuí, río meridional del Brasil (Río Grande do Sul), que des. en la laguna de los Patos; 483 km.

jaculatorio, ria adj. Breve y ferviente: *oración jaculatoria.* ‖ — F. Oración breve.

jachalí m. Árbol americano, de la familia de las anonáceas, de flores blancas y cuya madera es muy apreciada en ebanistería.

jachudo, da adj. *Ecuad.* Fuerte, vigoroso.

jade m. Piedra fina muy dura y de color verdoso.

Jade, golfo en el NO. de Alemania, en Oldemburgo (Baja Sajonia), donde está el puerto de Wilhelmshaven.

jadeante adj. Que jadea: *llegó sudoroso y jadeante.*

jadear v. i. Respirar anhelosamente por efecto de algún trabajo o ejercicio impetuoso.

jadeo m. Respiración jadeante.

Jadida (El), ant. *Mazagán,* c. y puerto del O. de Marruecos, a orillas del Atlántico.

Jadotville. V. LIKASI.

Jaén, c. del S. de España, cap. de la prov. homónima. Obispado. Agricultura (olivos, vid, cereales). — C. del Perú, cap. de la prov. homónima (Cajamarca)

jaenés, esa adj. y s. De Jaén.

jaez m. Adorno de las caballerías (ú. t. en pl.). ‖ *Fig.* Calidad, carácter: *hombre de buen* (o *mal*) *jaez.* | Clase, género.

Jafet, tercer hijo de Noé, progenitor de la raza blanca. (*Biblia.*)

Jaffa, c. y puerto de Israel, suburbio meridional de Tel Aviv.

Jaggernat o **Puri,** c. santa en el E. de la India (Orisa), en el golfo de Bengala.

jagua f. Árbol rubiáceo de la América intertropical. | Su fruto.

Jagua. V. CIENFUEGOS.

jagual m. *Amer.* Terreno plantado de jaguas.

jaguar m. Mamífero félido de gran tamaño, especie de pantera de América del Sur.

jaguareté m. Yaguareté.

Jaguaribe, río en el NE. del Brasil (Ceará); 570 km.

jagüey m. Bejuco moráceo de Cuba. ‖ *Amer.* Balsa, pozo, zanja llena de agua.

Jahvé. V. YAHVÉ.

jai alai m. Juego de pelota.

jaiba f. *Amer.* Cangrejo.

Jaime ‖ **~ I** *el Conquistador* (1208-1276), rey de Aragón y de Cataluña desde 1213. Se apoderó de las Baleares, de los reinos moros de Valencia y de Murcia, y de Ceuta. A su muerte dividió el reino entre sus dos hijos Pedro III y Jaime II. ‖ **~ II** (1260-1327), rey de Sicilia (1285-1295) y de Aragón de 1291 a 1327.

Jaimes Freyre (Ricardo), poeta modernista boliviano, n. en Tacna (1868-1933), autor de *Castalia Bárbara, Poesías completas* y de *Leyes de la versificación castellana,* obra de preceptiva literaria.

Jaina, isla de México, frente a Campeche. Ruinas mayas.

Jaipur, c. del NO. de la India, cap. del Est. de Rayastán. Universidad.

jaique m. Capa árabe con capucha.

Jakarta. V. YAKARTA.

jalado, da adj. *Amer.* Ebrio, borracho.

jalapa f. Planta convolvulácea americana. ‖ Su raíz. ‖ — Adj. y s. Jalapeño, de Jalapa (Guatemala).

Jalapa, c. de Guatemala, cab. del dep. homónimo. Obispado. — C. de México en la vertiente de la Sierra Madre Oriental, cap. del Estado de Veracruz. Universidad. Su n. oficial es el de *Xalapa Enríquez.*

jalapeño, ña adj. y s. De Jalapa (Guatemala y México).

jalar v. t. *Fam.* Tirar, halar. ‖ *Pop.* Comer. ‖ — V. pr. *Amer.* Embriagarse.

jalatocle m. *Méx.* Tierra arenosa que queda después de fuerte lluvia.

jalbegar v. t. Enjalbegar.

jalbeque m. Blanqueo.

jalea f. Zumo gelatinoso y transparente de frutas. ‖ Salsa de carne clarificada y solidificada. ‖ Cualquier medicamento de tipo gelatinoso y azucarado: *jalea real.*

Jaleaca, parte de la Sierra Madre del Sur de México (Guerrero).

jaleador, ra adj. y s. Que hace ruido. ‖ Animador.

jalear v. t. Llamar a voces a los perros. ‖ Aclamar con palmas y exclamaciones a los que bailan o cantan. ‖ Alentar, animar.

jaleo m. Gritos, aplausos. ‖ Cierto baile popular andaluz. ‖ *Fam.* Ruido, alboroto: *armar jaleo.* | Juerga: *estar de jaleo.* | Confusión, agitación. | Lío: *se ha formado un jaleo tremendo.*

jaleoso, sa adj. y s. Ruidoso.

jalifa m. Autoridad suprema, representante del sultán, en la ant. zona del protectorado español de Marruecos.

jalifato m. Dignidad de jalifa y territorio gobernado por él.

jalisciense adj. y s. De Jalisco (México).

Jalisco, Est. de México occidental, en la costa del Pacífico; cap. *Guadalajara.* Minas.

jalón m. Palo que se clava en tierra para determinar puntos fijos en topografía.

Jalón, río en el N. de España (prov. de Soria y Zaragoza), afl. del Ebro; 234 km.

jalonamiento m. Colocación de jalones.

jalonar v. t. Alinear por medio de jalones. ‖ Poner jalones. ‖ *Fig.* Determinar, fijar.

Jaltepec, río de México (Est. de Oaxaca y Veracruz), afl. del Coatzacoalcos; 255 km.

Jáltipan, v. y mun. de México (Veracruz). Ant. cabeza de un cacicazgo donde se cree que nació la Malinche.

Jamaica, isla y Est. de las Antillas Mayores, al S. de Cuba; 11 424 km²; 2 000 000 h. (*jamaicanos*); cap. *Kingston,* 457 000 h. Rep. independiente desde 1962 y miembro del Commonwealth Británico.

jamaicano, na adj. y s. De Jamaica.

jamancia f. *Pop.* Comida.

jamar v. t. *Pop.* Comer.

jamás adv. Nunca, en ninguna ocasión. ‖ — *Jamás de los jamases,* nunca. ‖ *Por siempre jamás,* para siempre.

jamba f. *Arq.* Cada una de las dos piezas verticales que sostienen el dintel de las puertas o ventanas.

jambaje m. *Arq.* Conjunto de las dos jambas y el dintel de una puerta, ventana o chimenea.

Jambelí, archip. e isla al SO. del Ecuador, en el golfo de Guayaquil (El Oro).

jamelgo m. *Fam.* Caballo flaco.

James (William), filósofo norteamericano (1842-1910), uno de los fundadores de la escuela pragmática. — Su hermano HENRY (1843-1916) fue autor de novelas psicológicas (*Retrato de una dama, Los embajadores,* etc.). Se naturalizó británico.

Jamestown, cap. de la isla británica de Santa Elena (África).

Jammes (Francis), poeta francés (1868-1938), autor de *Geórgicas cristianas.* Escribió también en prosa.

Jammu, c. del N. de la India, en Cachemira, cap., con Srinagar, del Estado de Jammu y de Cachemira. ‖ **~ y Cachemira,** Estado de la India, cap. *Srinagar* y *Jammu.*

jamón m. Carne curada de la pierna del cerdo: *jamón serrano.* ‖ — *Jamón en dulce,* el que se cuece con vino blanco. ‖ *Fam. ¡Y un jamón!,* ¡ni hablar!

jamona adj. Regordeta. ‖ — Adj. y. s. f. *Fam.* Dícese de la mujer que ya ha pasado de la juventud y es algo gorda.

jamoncillo m. *Méx.* Dulce de leche.

Jamshedpur, c. en el NE. de la India (Bihar), al O. de Calcuta. Siderurgia.

jamugas f. pl. Silla que se coloca sobre el aparejo para montar a la amazona.

Janda (La), laguna de España (Cádiz). En sus orillas se libró la batalla de Guadalete. (V. este n.)

jangada f. *Fam.* Tontería, despropósito. | Trastada. ‖ *Mar.* Balsa. ‖ *Arg.* Armadía de maderos. ‖ Balsa ligera de los pescadores del noreste del Brasil.

Jánico, com. de la Rep. Dominicana (Santiago), cab. *Santo Tomás de Jánico.*

Janículo (MONTE), una de las siete colinas de Roma.

Janina. V. YANINA.

Janitzio, isla de México en el lago de Pátzcuaro (Michoacán).

Jano, dios romano, primer rey legendario del Lacio, que veía el pasado y el porvenir. Se le representa con dos caras.

Jansenio (Cornelio JANSEN, llamado), prelado y teólogo holandés (1585-1638). Su obra principal, *Augustinus,* dio origen al jansenismo.

jansenismo m. Doctrina profesada por Cornelio Jansen, que tendía a limitar la libertad humana, partiendo de que la gracia se concede a ciertos seres desde su nacimiento y se niega a otros. ‖ *Por ext.* Piedad y virtud austera.

jansenista adj. y s. Partidario del jansenismo. ‖ Relativo al jansenismo: *clérigo jansenista.*

japón, ona adj. Japonés.

Japón, Estado insular de Extremo Oriente, separado del continente asiático por el mar del Japón y bañado al E. por el océano Pacífico; 368 589 km²; 104 millones de h. (*japoneses*). Las islas principales son Honshu, Hondo o Nipón, en el centro; Hokkaido o Yeso, al N.; Sikoku y Kiusiu, al S., y más de 500 islas menores. Cap. *Tokio,* 10 869 000 h. (con los suburbios); c. pr. *Osaka,* 3 157 000 h.; *Yokohama,* 2 652 000; *Nagoya,* 1 936 000; *Kyoto,* 1 342 000; *Kobe,* 1 216 600; *Fukuoka,* 749 800; *Kawasaki,* 791 000; *Sapporo,* 794 000; *Hiroshima,* 507 000; *Amagasaki,* 488 000; *Sendai,* 486 000; *Kumamoto,* 408 000; *Nagasaki,* 405 000.

— GEOGRAFÍA. Formado por montañas muy recientes, el territorio japonés está muy expuesto a fenómenos sísmicos y maremotos. Los volcanes son numerosos. La temperatura, gracias a la influencia de los monzones, es más suave que en las regiones correspondientes del continente. El Japón es el primer país pesquero del mundo. La densidad de población ha favorecido una gran industrialización.

— HISTORIA. Se puede dividir en diferentes períodos: *Alto Imperio,* hasta el s. VII; unificación del país e introducción de la civilización china. *Bajo Imperio* (646-1186); institución del shogunado. Época de *Kamakura* (1186-1333). El *shogunado de los Ashikagas* (1336-1574); época de guerras civiles y en la que San Francisco Javier llevó a cabo su labor evangelizadora. El *shogunado de los Tokugawas* (1574-1867); aislamiento de la nación del mundo exterior. El emperador *Mutsuhito* (1867-1912) trasladó la capital a Tokio, introdujo la civilización occidental, proclamó una Constitución (1889) y se apoderó de la isla de Formosa (1895) y, tras la guerra ruso-japonesa (1904-1905), de Corea. Bajo el reinado del emperador Yoshihito (1912-1926), el país se unió a los Aliados en la primera guerra mundial y al final de ella recibió en mandato las colonias alemanas del Pacífico y de China. En 1932, el Japón favoreció la creación de un nuevo Estado (Manchukuo) en China y en 1937 ocupó gran parte de ésta. En diciembre de 1941 entró en la segunda guerra mundial previo el ataque por sorpresa de la base norteamericana del Pearl Harbor. En agosto de 1945, los norteamericanos lanzaron en Hiroshima la primera bomba atómica, lo que trajo como consecuencia la capitulación japonesa del 15 de agosto y la ocupación del país por los Aliados. En 1946 entró en vigor una nueva Constitución de carácter democrático, en la que el emperador actual, Hirohito, es el jefe del Estado.

Japón (Mar del), mar interior del océano Pacífico, entre el archip. japonés, Corea y el Extremo Oriente soviético.

japonés, esa adj. y s. Del Japón. ‖ — M. Lengua japonesa.

Japurá, río en el O. del Brasil (Amazonas), afl. del Amazonas; 2 200 km. Aguas arriba es llamado *Caquetá.*

japuta f. Pez teleósteo comestible.

jaque m. Jugada en el ajedrez en que el rey o la reina están amenazados por una pieza adversaria. ‖ Palabra con que se avisa este lance: *jaque al rey.* ‖ — *Jaque mate,* jaque que, al no poder evitarse, pone fin a la partida. ‖ *Fig. Tener en jaque a uno,* tenerle en gran desasosiego.

jaqueca f. Dolor de cabeza intermitente. ‖ *Fam. Dar jaqueca,* fastidiar insistiendo demasiado en alguna cosa.

jaquecoso, sa adj. Que padece jaqueca. ‖ *Fig.* Fastidioso, pesado.

jaquetón m. Tiburón muy peligroso. ‖ *Fam.* Valentón, bravucón.

jáquima f. Cabezal, cabestro. ‖ *Amer.* Embriaguez.

jara f. Arbusto siempre verde de la familia de las cistáceas, de flores grandes y blancas. ‖ Palo que se empleaba como arma arrojadiza.

Jara (Heriberto), general y político mexicano (1880-1968). [Pr. Lenin de la Paz en 1951.]

Jarabacoa, com. y pobl. de la Rep. Dominicana (La Vega).

jarabe m. Bebida hecha con azúcar en solución concentrada y sustancias aromáticas o medicinales. ‖ *Fig.* Bebida dulce. ‖ *Méx.* Baile popular parecido al zapateado. ‖ — *Fam. Dar jarabe a uno,* adularle. | *Dar jarabe de palo a uno,* darle una paliza. | *Jarabe de pico,* palabrería, labia.

jaral m. Lugar poblado de jaras. ‖ *Fig.* Maraña, revoltijo.

Jarama, río en el centro de España (prov. de Guadalajara y Madrid), afl. del Tajo: 199 km.

jaramago m. Planta crucífera de flores amarillas en espigas.

jarameño, ña adj. Del Jarama.

Jaramillo (Marco Antonio), general, novelista y poeta colombiano (1849-1904).

jaramugo m. Morralla.

jarana f. *Fam.* Diversión, bulla, juerga: *andar de jarana.* | Ruido, alboroto, tumulto: *armar jarana.* | Trampa, engaño.

jaranear v. i. *Fam.* Andar de jarana o bulla.

jaranero, ra y **jaranista** adj. y s. Aficionado a las jaranas.

jarano m. Sombrero de copa redonda y baja, y ala ancha.

jarca f. Harca, tropa mora.

jarcia f. *Mar.* Aparejos y cuerdas de un buque (ú. m. en pl.). | Conjunto de instrumentos y aparejos de pesca. ‖ *Mar. Jarcia muerta,* la que está fija y mantiene la arboladura.

Jardiel Poncela (Enrique), escritor humorista español, n. en Madrid (1901-1952), autor de novelas (*Amor se escribe sin hache, ¡Espérame en Siberia, vida mía!,* etc.), de comedias (*Eloísa está debajo de un almendro, Los ladrones somos gente honrada, Angelina o el honor de un brigadier,* etc.).

jardín m. Terreno en una casa en el que se cultivan flores, árboles de sombra o adorno, etc. ‖ *Mar.* Retrete en los buques. ‖ Mancha en las esmeraldas o en otras piedras preciosas. ‖ *Jardín de la infancia* (en América *jardín de infantes*), escuela de párvulos.

jardinera f. La que cuida de un jardín. ‖ Mujer del jardinero. ‖ Mueble para colocar las macetas con plantas. ‖ Coche abierto de verano en los tranvías.

jardinería f. Arte de cultivar los jardines.

jardinero m. El que cuida los jardines.

Jardines ‖ **~ de la Reina,** archip. del S. de Cuba, en el golfo de Guaicanayabo. ‖ **~ del Rey,** n. por el que tb. se conoce el archip. cubano de *Sabana-Camagüey.*

jardinista com. Persona entendida en jardinería artística.

jarearse v. pr. *Méx.* Evadirse, fugarse.

jareta f. Dobladillo por donde se puede pasar una cinta o cordón. ‖ *Mar.* Cordaje. ‖ *Fig.* y *fam. Dar jareta,* hablar mucho, charlar.

jaretón m. Dobladillo grande.

jaripeada f. *Méx.* Acción y efecto de jaripear.

jaripear v. i. *Méx.* Participar en un jaripeo.

jaripeo m. Lidia taurina a la mexicana, con suertes a caballo. | Fiesta charra en la que se montan potros cerriles, con suertes de lazo y canciones rancheras.

Jarkov o **Kharkov,** c. en el O. de la U. R. S. S., ant. cap. de Ucrania. Ind. metalúrgica; textiles.

Jarnés (Benjamín), escritor español (1888-1950).

jaro, ra adj. Dícese del animal que tiene el pelo rojizo. ‖ — M. Aro, planta. ‖ Mancha espesa en un monte bajo.

jarocho, cha adj. y s. Del Estado mexicano de Veracruz.

jarope m. Jarabe. ‖ *Fam.* Bebistrajo.

jarra f. Vasija de barro, loza o cristal, con cuello y boca anchos y una o más asas. ‖ *De (o en) jarras,* con los brazos arqueados y las manos en las caderas.

jarrero m. Fabricante o vendedor de jarras.

jarrete m. Corva, corvejón.

jarretera f. Liga con hebilla.

Jarretera (*Orden de la*), orden de caballería inglesa, creada en 1348 por Eduardo III.

JAPÓN

jarro m. Vasija de boca más estrecha que la jarra y con un asa. ‖ Cantidad de líquido que cabe en ella: *un jarro de vino, de agua.* ‖ — *Fig.* y *fam.* *A jarros,* a cántaros. | *Echarle a uno un jarro de agua* o *de agua fría,* causarle una desilusión.

jarrón m. Jarro grande artístico. ‖ Adorno que presenta la figura de un jarro.

Jarry (Alfred), escritor francés (1873-1907), autor de la comedia *Ubu rey.*

Jartum o **Kartum,** cap. del Sudán, en el punto de unión del Nilo Blanco y el Azul; 312 500 h.

Jaruco, río de Cuba, en la prov. de La Habana. — Térm. mun. en el O. de Cuba (La Habana).

Jasón, rey de Yolcos, que rescató el vellocino de oro. *(Mit.)*

jaspe m. *Min.* Piedra silícea, dura y opaca, de la naturaleza del ágata y diversamente coloreada, empleada en joyería. ‖ Mármol veteado.

jaspeado, da adj. Veteado como el jaspe: *mármol jaspeado.* ‖ — M. Acción de jaspear.

jaspear v. t. Pintar con diversos colores para imitar las vetas del jaspe: *jaspear de verde.*

Jaspers (Karl), filósofo existencialista alemán (1883-1969).

Jassy, región y c. en el NE. de Rumania, en Moldavia. Universidad.

Jatibonico, térm. mun. de Cuba (Camagüey). Petróleo. ‖ **~ del Norte,** río de Cuba (Camagüey y Las Villas); 95 km. ‖ **~ del Sur,** río de Cuba (Camagüey y Las Villas); 115 km.

Játiva, c. en el E. de España (Valencia).

jato m. *Guat.* y *Méx.* Porción de ganado, hato.

Jatun-Yacu, río del Ecuador que, al confluir con el Anzu, forma el Napo.

Jauja, prov. y c. en el O. del Perú (Junín). La riqueza y prosperidad de esta región hace que su sustantivo este nombre para indicar un lugar próspero y abundante.

jaula f. Armazón hecho de madera, mimbres o alambres para encerrar aves. ‖ Armazón de madera o barras de hierro para encerrar animales pequeños, fieras, locos o presos. ‖ Cuadrilátero, generalmente de madera, donde se pone a los niños de corta edad. ‖ *Min.* Aparato para bajar o subir en las minas. ‖ Compartimiento de un garaje. ‖ Cabina del ascensor.

Jáuregui (Juan de), pintor y poeta español, n. en Sevilla (1583-1641), adversario de Góngora y presunto autor de un retrato de Cervantes. ‖ **~ y Aldecoa** (Agustín de), militar español (1712-1784), gobernador de Chile (1773-1780) y virrey del Perú (1780-1784). Venció la insurrección de Túpac Amaru.

Jaurès [*yorés*] (Jean), político socialista francés (1859-1914).

jauría f. Conjunto de perros que cazan juntos. ‖ *Fig.* Conjunto de personas que van en contra de otra: *jauría de acreedores.*

Jaurú, río del Brasil (Mato Grosso), afl. del Paraguay; 450 km.

Java, isla del archip. de la Sonda (Indonesia); 130 000 km²; 65 millones de hab.; cap. *Yakarta.* ‖ **~ (Mar de),** parte del océano Índico, entre Java al S., Sumatra al O. y Borneo al N.

javanés, esa adj. y s. De Java.

Jávea, pobl. del E. de España (Alicante). Estación estival.

jayán, ana m. y f. Persona de gran estatura y fuerza, gigante.

jazmín m. Arbusto oleáceo, de flores blancas olorosas. ‖ Su flor. ‖ Perfume extraído de ella.

jazmíneas f. pl. Familia de plantas dicotiledóneas que tiene por tipo el jazmín (ú. t. c. adj.).

jazz m. Música de danza de origen negro-americano. (El *jazz* se caracteriza por una melodía sincopada que contrasta con la permanencia rítmica de la batería.)

Jdanov, ant. *Mariupol,* c. y puerto en el O. de la U. R. S. S., al N. del mar de Azov (Ucrania).

Jean Paul (Johann Paul Friedrich RICHTER, llamado), escritor alemán (1763-1825), novelista *(Hesperus, Titán)* y filósofo.

Jeans (Sir James Hopwood), astrónomo, físico y matemático inglés (1877-1946).

jebe m. Alumbre. ‖ *Amer.* Caucho, goma elástica.

Jeddah, c. y puerto de Arabia, a orillas del Mar Rojo (Hedjaz).

jedive m. Título que utilizaba el virrey de Egipto.

jeep [*yip*] m. (pal. ingl.). Vehículo automóvil descubierto para terrenos desiguales, llamado tb. *coche todo terreno* o *campero.* (El *jeep* se utilizó primeramente como vehículo militar en el ejército norteamericano a partir de 1942.)

jefa f. Superiora. ‖ Mujer del jefe.

jefatura f. Dignidad, oficina y funciones de jefe.

jefazo m. *Fam.* Jefe máximo.

jefe m. Superior o principal de un cuerpo o asociación. ‖ En el escalafón militar, categoría superior a capitán e inferior a general. ‖ *Blas.* Parte superior del escudo. ‖ *Méx.* Señor, caballero. ‖ *En jefe,* como jefe, como cabeza principal de un cuerpo: *general en jefe.*

Jefferson (Thomas), político norteamericano (1743-1826), pres. de Estados Unidos de 1801 a 1809.

Jefferson City, c. de Estados Unidos, cap. de Misuri, a orillas del río de este n. Universidad.

Jehol o **Joho,** ant. prov. del N. de China, dividida entre las de Hopei y Liaoning.

Jehová o **Jehovah,** n. dado a Dios por los hebreos. (V. YAHVÉ.)

jején m. *Amer.* Mosquito.

Jelgava, ant. *Mitau,* c. en el NO. de la U. R. S. S. (Letonia). Ant. cap. de Curlandia.

Jena, c. de Alemania Oriental, a orillas del Saale. Universidad. Victoria de Napoleón sobre los prusianos (1806).

jengibre m. Planta cingiberácea. (El *jengibre* tiene flores purpúreas y rizoma nudoso aromático que se usa como especia.)

jeniquén m. Henequén.

jenízaro, ra adj. Mezclado, híbrido. ‖ — Adj. y s. *Méx.* Mestizo de cambujo y china, o viceversa. ‖ — M. Soldado de la antigua guardia turca.

Jenner (Edward), médico inglés (1749-1823), descubridor de la vacuna antivariólica.

jenny [*yenni*] f. (pal. ingl.). Máquina de hilar algodón.

Jenócrates, filósofo griego (406-314 a. de J. C.), discípulo de Platón.

Jenófanes, filósofo griego (s. VI a. de J. C.), fundador de la escuela de Elea, autor de *Naturaleza de las cosas.*

Jenofonte, filósofo y escritor griego (¿427-335? a. de J. C.), discípulo de Sócrates. Autor de *La Anábasis,* relato de la retirada de los Diez Mil, dirigida por él, de *La Ciropedia, Apología de Sócrates,* etc.

jeque m. Jefe árabe que gobierna un territorio o provincia.

Jequitinhonha, río del Brasil (Minas Gerais y Bahía); 800 km.

jerarca m. Superior en la jerarquía eclesiástica. ‖ Alto dignatario.

jerarquía f. Orden, gradación: *jerarquía social.* ‖ Dignatario, personaje.

jerárquico, ca adj. Relativo a la jerarquía: *orden jerárquico.*

jerarquización f. Orden conforme a la jerarquía.

jerarquizar v. t. Establecer un orden de acuerdo con la jerarquía.

jerbo m. Mamífero roedor del tamaño de una rata.

jeremiada f. Lamentación exagerada de dolor.

jeremías com. inv. *Fam.* Persona que se lamenta constantemente.

Jeremías, uno de los cuatro profetas mayores hebreos (¿650-580? a. de J. C.), autor de *Lamentaciones,* cuyo tema es la destrucción de Jerusalén por los caldeos.

jeremiquear o **jerimiquerar** v. i. *Amer.* Llorar, gimotear.

jerez m. Vino blanco de fina calidad que se cría en Jerez de la Frontera.

Jerez ‖ **~ de la Frontera,** c. del SO. de España (Cádiz). Obispado. Vinos. ‖ **~ de los Caballeros,** c. en el O. de España (Badajoz). Lugar de nacimiento de Vasco Núñez de Balboa.

Jerez (Francisco LÓPEZ DE). V. LÓPEZ DE JEREZ.

jerezano, na adj. y s. De Jerez.

jerga f. Tela gruesa basta. ‖ Jergón, colchón. ‖ Lenguaje especial de ciertas profesiones o círculos: *la jerga estudiantil.* ‖ Algarabía, galimatías.

jergal adj. Relativo a la jerga o jerigonza: *lengua jergal.*

jergón m. Colchón de paja.

jerguilla f. Tela parecida a la jerga.

jeribeque m. Mueca, gesto. ‖ Guiño, guiñada.

Jericó, c. de Jordania, a 23 km de Jerusalén. — C. de Colombia (Antioquia). Obispado.

jerifalte m. Gerifalte.

jerife m. Descendiente de Mahoma por su hija Fátima. ‖ Individuo de la dinastía reinante en Marruecos. ‖ Antiguo jefe superior de la ciudad de La Meca.

jerifiano, na adj. Relativo al jerife y especialmente al rey de Marruecos: *Estado jerifiano.*

jerigonza f. Galimatías, algarabía. ‖ Jerga de algunas personas.

jeringa f. Instrumento que sirve para aspirar o inyectar ciertos líquidos. ‖ *Fam.* Molestia, fastidio.

jeringar v. t. Arrojar o inyectar un líquido con la jeringa. ‖ *Fig.* y *fam.* Molestar, fastidiar.

jeringazo m. Acción de arrojar el líquido introducido en la jeringa. ‖ Líquido así arrojado.

jeringón, ona adj. *Amer.* Fastidioso.

jeringuear v. t. *Amer.* Jeringar.

jeringuilla f. Jeringa pequeña para inyectar. ‖ Arbusto saxifragáceo de flores blancas muy fragantes.

Jerjes I (¿519?-465), rey de Persia desde 485 a. de J. C., hijo de Darío I. Se apoderó de Atenas, pero fue vencido en Salamina y huyó a Asia.

jeroglífico, ca adj. Aplícase a la escritura usada por los egipcios y algunos pueblos aborígenes americanos en la que las palabras se representan con símbolos o figuras: *escritura jeroglífica.* ‖ — M. Cada uno de los caracteres de esta escritura. ‖ Pasatiempo consistente en sustituir una palabra o frase con signos o figuras.

Jerome (Jerome KLAPKA, llamado **Jerome K.**), escritor humorista inglés (1859-1927).

jerónimo, ma adj. y s. Religioso de la orden de San Jerónimo.

Jerónimo *(San),* escritor latino, Padre y doctor de la Iglesia (¿347?-420). Tradujo al latín la Biblia *(Vulgata).* Fiesta el 30 de septiembre.

jerosolimitano, na adj. y s. De Jerusalén.

jerrycan [*chérrican*] m. (pal. ingl.). Bidón para transportar gasolina.

jersey m. Prenda de abrigo de tejido de punto elástico, que se introduce por la cabeza. (Pl. *jerseys* o *jerseis.*)

Jersey, isla al SO. de Gran Bretaña, la mayor de las islas anglonormandas; cap. *Saint Hélier.* ‖ **~ City,** c. en el E. de Estados Unidos (Nueva Jersey), frente a Nueva York y a orillas del Hudson.

Jerusalén, c. santa de las religiones cristiana, israelita y musul-

JA

mana, dividida en dos sectores por la Comisión mixta de armisticio de la O. N. U., después de los combates entre árabes e israelíes (1948). La parte antigua de la c., donde tuvieron lugar hechos de la vida, Pasión y muerte de Jesucristo es administrada por Jordania y la nueva por el Estado de Israel, que ha hecho de ella su capital. En 1967 los israelíes se apoderaron de toda la ciudad; 275 000 h. ‖ ~ (REINO LATINO DE), Est. creado en la Primera Cruzada (1099). Dejó de existir al ser ocupado por las tropas del sultán de Egipto en 1291.

Jesselton, c. de Malaysia, cap. de Sabah; 21 500 h.

jesuita m. Religioso de la Compañía de Jesús.

jesuítico, ca adj. Relativo a los jesuitas: *moral jesuítica.*

jesuitismo m. Sistema moral y religioso de los jesuitas. ‖ *Fig.* Conducta precavida y astuta.

Jesús m. Representación de Cristo niño. ‖ *Fig.* y *fam. En un decir Jesús* o *en un Jesús,* en un instante.

Jesús o **Jesucristo** o **Cristo,** es decir, *el Salvador,* hijo de Dios y el Mesías anunciado por los profetas, n. en Belén en el año 749 de Roma (la cronología de la era cristiana fija esa fecha equivocadamente en el año 754) y m. a los 33 años de edad. Su vida es contada en los *Evangelios.* Tenía 31 años cuando comenzó la predicación de su doctrina *(cristianismo).* Traicionado por uno de sus apóstoles, fue condenado a morir crucificado. A los tres días resucitó y cuarenta más tarde subió al cielo.

Jesús *(Compañía* o *Sociedad de),* orden fundada en 1540 por San Ignacio de Loyola. ‖ **~ y María,** congregación fundada en Caen por Juan Eudes (1943) y cuyos miembros reciben el n. de *euditas.*

Jesús y Trinidad, distr. en el SE. del Paraguay (Itapúa).

jet [*yet*] m. (pal. ingl.). Avión de reacción.

jeta f. Boca saliente o de labios muy abultados. ‖ Hocico del cerdo. ‖ *Pop.* Cara. ‖ *Pop. Poner jeta,* poner cara de enfado.

jettatore [*yetatore*] m. (pal. ital.). Persona que tiene mal de ojo.

jettatura [*yetatura*] f. (pal. ital.). Mal de ojo.

Jezabel, esposa de Acab, rey de Israel. Fue devorada por los perros (s. IX a. de J. C.) [*Biblia.*]

ji f. Vigésima segunda letra del alfabeto griego (χ).

jibarada f. *Amer.* Dicho propio del jíbaro.

jíbaro, ra adj. y s. Indio americano de origen caribe. (Los *jíbaros* viven en la región oriental del Ecuador; sus antepasados reducían las cabezas humanas.) ‖ *Amer.* Campesino, rústico: *sombrero jíbaro.*

jibia f. Molusco cefalópodo semejante al calamar. ‖ Hueso de jibia.

jibión m. Hueso de la jibia.

Jibuti, cap. y puerto del territorio francés de los Afars e Issas; ant. Somalia Francesa; 41 200 h.

jicalcoate m. *Méx.* Culebra acuática. ‖ Cincuate.

jícama f. *Amer. C.* y *Méx.* Planta tuberosa y alimenticia. ‖ Raíz de esta planta.

jícara f. Taza pequeña de loza o porcelana: *una jícara de chocolate.* ‖ *Amer.* Vasija hecha de la corteza del fruto de la güira.

jicarada f. *Amer.* Capacidad de una jícara.

jicarazo m. Golpe que se da con una güira. ‖ Acción de dar veneno a una persona: *dar jicarazo.*

jicarear v. t. *Méx.* Despachar pulque midiéndolo por jícaras.

jícaro m. *Amer.* Güira.

jicote m. Avispa gruesa de Honduras.

jiennense adj. y s. De Jaén (España).

jifero, ra adj. Relativo al matadero. ‖ *Fig.* y *fam.* Sucio, soez. ‖ — M. Cuchillo con que se matan y descuartizan las reses. ‖ Matarife.

jigote m. Gigote.

Jiguaní, térm. mun. de Cuba (Oriente).

jigüe m. *Cub.* Duende enano.

¡ji, ji, ji! interj. Denota la risa.

jijona m. Variedad de turrón fabricado en Jijona.

Jijona, v. de España (Alicante). Turrón.

Jil (Salomé). V. MILLA (José).

jilguero m. Pájaro de plumaje pardo con una mancha roja en la cara y un collar blanco.

jilí m. *Pop.* Gilí.

jilote m. *Méx.* y *Amér. C.* Mazorca de maíz en la que los granos están sin cuajar.

jilotear v. i. *Méx.* y *Amér. C.* Empezar a cuajar el maíz.

Jimaní, c. en el O. de la Rep. Dominicana, cap. de la prov. de Independencia.

jimelga f. *Mar.* Refuerzo de madera que se pone en los palos, vergas, etc.

Jimena *(Doña),* dama castellana que casó con el Cid en 1074.

Jimena de la Frontera, c. del SO. de España (Cádiz).

Jiménez (Enrique Adolfo), político panameño, n. en 1888, pres. de la Rep. de 1945 a 1948. ‖ ~ (JUAN ISIDRO), político dominicano (1846-1919), pres. de la Rep. de 1899 a 1902. Reelegido en 1914, dimitió ante la intervención norteamericana (1916). ‖ ~ (JUAN RAMÓN), poeta español, n. en Moguer (Huelva) en 1881 y m. en San Juan de Puerto Rico en 1958. Maestro de la escuela modernista en un principio, escribió posteriormente con un estilo poético de perfiles propios que hace de él uno de los más altos representantes de la lírica de su país *(Almas de violeta, Ninfeas, La soledad sonora, Estío, Canción,* etc.). Escribió en prosa poética el relato *Platero y yo.* (Pr. Nóbel, 1956.) ‖ **~ de Asúa** (LUIS), político socialista y penalista español (1889-1970). ‖ **~ de Cisneros.** V. CISNEROS (F.) ‖ **~ de Enciso** (Diego), escritor español (1585-1634), autor de comedias de tema histórico *(El encubierto, El príncipe Don Carlos,* etc.). ‖ **~ de Quesada** (Gonzalo), descubridor, conquistador y cronista de Indias, (¿1500?-1579). Exploró el río Magdalena en busca de El Dorado (1536) y fundó la c. de Santa Fe de Bogotá (1538). Dio al territorio el nombre de *Reino de Nueva Granada.* ‖ **~ de Rada** (RODRIGO), obispo e historiador español (¿1170?-1247), autor de *Historia Gótica.* Fue conocido con el n. de *el Toledano.* ‖ **~ de Urrea** (JERÓNIMO), escritor español (¿1505?-1565), autor de *Don Clarisel de las Flores,* libro de caballerías. ‖ **~ Oreamuno** (RICARDO), político y jurista costarricense (1859-1945), pres. de la Rep. de 1910 a 1914, de 1924 a 1928 y de 1932 a 1936. ‖ **~ Rueda** (JULIO), escritor mexicano (1896-1961), autor de novelas *(Bajo la Cruz del Sur),* obras de teatro y de crítica. ‖ **~ Zamora** (JESÚS), político costarricense (1823-1897), pres. de la Rep. de 1863 a 1866 y de 1868 a 1870.

jindama f. *Pop.* Gran miedo.

jineta f. Cierto modo de montar a caballo, que consiste en llevar los estribos cortos y las piernas dobladas: *montar a la jineta.* ‖ Mujer que monta a caballo. ‖ Lanza corta de los capitanes de la antigua infantería. ‖ Charretera y hombrera de seda de los sargentos. ‖ Mamífero carnicero de Berbería.

jinete m. Soldado de a caballo. ‖ Caballista, persona diestra en la equitación.

jinetear v. t. *Amer.* Domar caballos cerriles. ‖ *Fig. Méx.* Lucrar.

jingoísmo m. Patriotería.

jingoista adj. y s. Patriotero.

Jinnah (Mohamed Alí), político paquistaní (1876-1948), fundador del Paquistán.

Jinotega, c. del N. de Nicaragua, cap. del dep. homónimo.

jinotegano, na adj. y s. De Jinotega (Nicaragua).

Jinotepe, c. en el O. de Nicaragua, cerca de Managua, cap. del dep. de Carazo.

jinotepino, na adj. y s. De Jinotepe (Nicaragua).

jiote m. *Méx.* Empeine, enfermedad cutánea.

jipar v. i. *Amer.* Hijar. ‖ Jadear.

jipi m. *Fam.* Jipijapa.

jipido m. Hipido.

jipijapa m. Sombrero de palma.

Jipijapa, c. en el O. del Ecuador (Manabí).

jipío m. Lamento en el cante andaluz.

jiquilete m. Planta leguminosa mexicana de la que se obtiene añil.

Jiquilisco, bahía y c. de El Salvador (Usulután).

Jiquilpan, mun. y c. de México (Michoacán).

jira Merienda campestre. ‖ Tira de tela o jirón.

jirafa f. Mamífero rumiante de África, de cuello largo y esbelto, y extremidades abdominales bastante más cortas que las torácicas. ‖ *Cin.* Brazo articulado que sostiene un micrófono.

jirasal f. Fruto de la yaca o anona de la India, parecido a la chirimoya y erizado de púas blandas.

jirón m. Desgarrón: *vestido hecho jirones.* ‖ *Fig.* Porción pequeña de un todo. ‖ *Blas.* Figura triangular del escudo.

jitomate m. *Méx.* Tomate.

Jitomir, c. en el O. de la U. R. S. S. (Ucrania), al O. de Kiev.

jiu-jitsu m. Lucha japonesa que sirve de entrenamiento físico y arte de defensa sin armas.

Joana. V. ANJUÁN.

João Pessoa, c. y puerto del NO. del Brasil, cap. del Estado de Paraíba. Arzobispado.

Joaquín *(San),* esposo de Santa Ana y padre de la Santa Virgen. Fiesta el 16 de agosto.

job m. Hombre de mucha paciencia.

Job, personaje bíblico, célebre por su resignación y paciencia.

jobo m. Árbol americano anacardiáceo: *el fruto del jobo es parecido a la ciruela.*

jockey [*yoki*] m. (pal. ingl.). Jinete que monta los caballos de carrera.

Jocoaitique, distrito y c. en el E. de El Salvador (Morazán).

jocoatle m. *Méx.* Bebida ácida de atole.

jocoserio, ria adj. Que es a la vez serio y jocoso: *comedia jocoseria; periódico jocoserio.*

jocosidad f. Calidad de jocoso. ‖ Chiste, donaire.

jocoso, sa adj. Gracioso, festivo, chistoso: *libro jocoso.*

jocote m. Jobo.

jocotero, ra adj. *Amer.* Relativo al jocote o jobo.

jocundidad f. Alegría, placer.

jocundo, da adj. Plácido, alegre y agradable.

Jodhpur, c. de la India (Rayastán). Textiles; metalurgia.

Joel, uno de los doce profetas menores de Israel (s. V a. de J. C.). Fiesta el 13 de julio.

jofaina f. Palangana para lavarse la cara y las manos.

Joffre [*yofr*], (Joseph), mariscal de Francia (1852-1931), vencedor en la batalla del Marne (1914).

Jogjakarta. V. YOKYAKARTA.

Johannesburgo, c. de la Rep. de África del Sur (Transvaal), centro de la cuenca aurífera de Witwatersrand. Obispado.

John Bull. V. BULL.

John F. Kennedy, n. dado actualmente al *Cabo Cañaveral.*

Johnson (Andrew), político norteamericano (1808-1875), pres. de

Estados Unidos en 1865, después del asesinato de Lincoln. || ~ (LYNDON BAINES), político norteamericano (1908-1973), vicepres. de Estados Unidos en 1961 y pres. en 1963, a la muerte de J. F. Kennedy, y de 1965 a 1969.

Johore, Estado federado de Malaysia, al S. de la penins. de Malaca; cap. *Johore.*

Joinville (Jean, *señor de*), historiador francés (1224-1317), cronista de la Cruzada de San Luis.

Jokai (Mor), escritor húngaro (1825-1904), autor de novelas (*Los pobres ricos*, etc.).

joker [*yoke*] m. (pal. ingl.). En los juegos de cartas, comodín.

jolgorio m. Regocijo, diversión con ruido y bullicio.

Joliot-Curie [*yolió-curí*], (Frédéric), físico francés (1900-1958), que junto con su esposa Irène JOLIOT-CURIE (1897-1956), descubrieron en 1934 la radiactividad artificial. (Pr. Nóbel, 1935.)

Joló o **Sulú,** archip. y prov. de Filipinas, entre Mindanao y Borneo; cap. *Joló.*

jolón adj. *Méx.* Sin cola, especialmente las aves de corral.

jollín m. *Fam.* Gresca, disputa.

joma f. *Méx.* Joroba.

jomado, da adj. y s. *Méx.* Jorobado, corcovado.

Jonás, uno de los doce profetas menores de Israel (s. VIII a. de J. C.). Fue devuelto milagrosamente a la vida, tras pasar tres días en el vientre de una ballena.

Jones (Iñigo), arquitecto renacentista inglés, de origen español (1573-1651). Recibió el n. de *el Paladio inglés.*

Jonia, litoral asiático del mar Egeo y región comprendida entre Mileto y Focea; c. pr.: *Mileto, Samos, Éfeso, Colofón, Quío.*

Jónicas (ISLAS), archip. de Grecia, en la costa occidental; 1 933 km². Principales islas: *Corfú, Paxos, Léucade, Itaca, Cefalonia, Zante* y *Citera.*

jónico, ca adj. y s. De Jonia. || — *Dialecto jónico,* uno de los cuatro dialectos de la Grecia antigua. || *Orden jónico,* uno de los cinco órdenes de arquitectura.

Jónico (MAR), parte del Mediterráneo central, entre Italia, Albania y Grecia.

jonio, nia adj. y s. Jónico.

jonote m. Género de árboles tiliáceos mexicanos.

J. O. N. S., sigla de las *Juntas de Ofensiva Nacional-Sindicalista.*

Jonson (Benjamin JONSON o **Ben),** dramaturgo isabelino inglés (1572 ó 1573-1637), autor de *Volpone o El zorro.*

jonuco m. *Méx.* Cuarto oscuro debajo de la escalera. || Covacha.

jopo m. Hopo, rabo. || — Interj. ¡Largo!, ¡fuera!

Jorasán o **Khorasán,** región oriental del Irán; c. pr. *Meshed.*

Jordaens [*-dans*] (Jacob), pintor flamenco (1593-1678), representante del naturalismo barroco.

Jordán, río del Cercano Oriente, que nace en el Antilíbano, entra en Israel, atraviesa el lago Tiberíades, pasa por Siria y Jordania y des. en el mar Muerto; 360 km.

Jordán (Lucas). V. GIORDANO.

Jordania (*Reino Hachemita de*), Estado de Asia occidental, al E. de Palestina, entre Siria, Líbano, Israel, Arabia Saudita e Irak; 96 622 km²; 2 145 000 h. (*jordanos*). Cap. *Ammán,* 296 400 h.; c. pr.: *Naplusa,* 46 000. — Ant. prov. del Imperio Otomano, estuvo bajo protectorado británico hasta 1946. Llamado luego *Transjordania,* en 1949 tomó el n. de *Reino Hachemita de Jordania.* Tras la guerra de 1967, los israelíes han ocupado la región situada al O. del Jordán.

jordano, na adj. y s. De Jordania.

Jordi de Sant Jordi, poeta catalán de principios del s. XV.

Jorge || ~ **I** (1660-1727), rey de Gran Bretaña desde 1714, primero de la dinastía de Hannover. || ~ **II** (1683-1760), rey de Gran Bretaña desde 1727. || ~ **III** (1738-1820), rey de Gran Bretaña desde 1760. || ~ **IV** (1762-1830), regente de Gran Bretaña en 1810, rey desde 1820. || ~ **V** (1865-1936), rey de Gran Bretaña y emperador de la India desde 1910. Adoptó como nombre dinástico el de Windsor en lugar del de Sajonia-Coburgo. || ~ **VI** (1895-1952), rey de Gran Bretaña en 1936, después de la abdicación de su hermano Eduardo VIII. Fue tb. emperador de la India.

Jorge || ~ **I** (1845-1913), rey de Grecia desde 1863. M. asesinado. || ~ **II** (1890-1947), rey de Grecia en 1922, destronado en 1924, restaurado en 1935, desterrado en 1941 y restablecido en el trono en 1946.

Jorge (*San*), mártir (s. IV). Patrón de Inglaterra. Fiesta el 23 de abril.

Jorge Pitillas. V. HERVÁS.

jornada f. Camino que se anda en un día: *viajar por pequeñas jornadas.* || Todo el camino o todo el viaje. || Expedición militar. || *Fig.* Tiempo que dura la vida de una persona. || Acto, en los dramas antiguos. || Episodio de una película o novela. || *Impr.* Tirada que se hacía en un día. || Día de trabajo.

jornal m. Lo que gana el trabajador en un día: *trabajar a jornal.*

jornalero, ra m. y f. Persona que trabaja a jornal.

joroba f. Corcova, giba. || *Fig.* y *fam.* Molestia, fastidio.

jorobado, da adj. Corcovado, gibado (ú. t. c. s.). || *Fig.* y *fam.* Molesto, fastidiado.

jorobar v. t. *Fig.* y *fam.* Molestar, fastidiar (ú. t. c. pr.)

jorobeta m. *Fam.* Jorobado.

jorongo m. Poncho o capote que usan los campesinos mexicanos.

joropo m. *Col.* y *Venez.* Baile de los llaneros.

Jorullo, volcán al SO. de México, en el límite de los Estados de Colima y Michoacán; 1 820 m.

Josafat (VALLE DE), n. dado a un valle de Judea, entre Jerusalén y el monte de los Olivos. Allí se reunirán los muertos, según la tradición cristiana, el día del Juicio Final.

José, patriarca hebreo, hijo de Jacob y de Raquel, vendido por sus hermanos a unos mercaderes. Fue ministro del faraón y llevó a los israelitas a Egipto. || ~ (*San*), esposo de la Virgen María y padre putativo de Jesucristo. Fiesta el 19 de marzo. || ~ **de Arimatea** (*San*), miembro del Sanedrín de Jerusalén y discípulo de Jesús, a quien sepultó. Fiesta el 17 de marzo. || ~ **de Calasanz.** V. CALASANZ.

José || ~ **I** (1678-1711), emperador romano germánico desde 1705. || ~ **II** (1741-1790), emperador romano germánico desde 1765.

José I (1714-1777), rey de Portugal desde 1750. Reinó sometido a la voluntad del marqués de Pombal.

José I Bonaparte (1768-1844), rey de Nápoles en 1806 y de España (1808-1813). Era el hermano mayor de Napoleón I. (En España se le llamaba despectivamente *Pepe Botella.*)

Josefina (Marie-Josèphe TASCHER DE LA PAGERIE), dama francesa (1763-1814), viuda del vizconde de Beauharnais. Contrajo matrimonio con Napoleón I (1796), que se divorció de ella en 1809.

josefino, na adj. y s. De San José (Costa Rica y Uruguay). || Aplícase al individuo de la congregación devota de San José. || En España, partidario del rey José Bonaparte.

Josefo (Flavio), historiador judío (37-95).

Joselito. V. GÓMEZ (José).

Josías, rey de Judá de 640 a 609 a. de J. C.

Josué, jefe de los israelitas y sucesor de Moisés. Conquistó la tierra de Canaán.

jota f. Nombre de la letra *j.* || Baile popular de Aragón, Navarra y Valencia. || Su música y copla. || Sota en la baraja francesa. || *Fig.* Cosa muy pequeña. || — *Fig.* y *fam.* *No saber una jota,* no saber nada. | *No ver una jota,* no ver nada.

Jotabeche. V. VALLEJO (José Joaquín).

Jotin. V. HOTIN.

joto adj. y s. m. *Méx.* Dícese del hombre afeminado.

Jouhaux [*yuhó*] (Léon), sindicalista francés (1879-1954). [Pr. Nóbel de la Paz en 1951.]

joule m. *Fís.* Julio. || *Efecto Joule,* desprendimiento de calor en un conductor homogéneo, recorrido por una corriente eléctrica.

Joule (James), físico inglés (1818-1889). Determinó el equivalente mecánico de la caloría.

Jovellanos, térm. mun. de Cuba (Matanzas).

Jovellanos, (Gaspar Melchor de), escritor, político y sociólogo español, n. en Gijón (1744-1811). Fomentó en sus escritos las actividades culturales y defendió el liberalismo económico (*Memoria justificativa, Informe sobre la ley agraria,* etc.). Publicó tb. poemas y obras de teatro. || ~ (SALVADOR), político paraguayo (1833-¿1876?), pres. de la Rep. de 1871 a 1874.

joven adj. De poca edad (ú. t. c. s.). || Que tiene los caracteres de la juventud: *naciones jóvenes.*

jovenzuelo, la adj. y s. Dim. de *joven.*

jovial adj. *Mit.* Relativo a Jove o Júpiter. || Alegre, festivo.

jovialidad f. Alegría, carácter festivo.

joya f. Objeto de metal precioso guarnecido de piedras finas o perlas, que sirve para adorno. || Agasajo o regalo. || *Arq.* y *Art.* Astrágalo. || *Fig.* Cosa o persona de mucho valor: *esta hija es una joya.* || — Pl. Ropa y alhajas que lleva una mujer al casarse.

Joyce (James), escritor irlandés (1882-1941), autor de *Ulises,* novela que ha ejercido gran influencia, *Finnegans Wake,* etc.

joyel m. Joya pequeña.

joyería f. Comercio de joyas.

joyero m. Comerciante en joyas. || Estuche para joyas.

Jruschef. V. KRUSCHEV.

Juan m. Hombre del pueblo. || — *Fam. Juan Lanas,* buen hombre; hombre incapaz. | *Juan de las Viñas,* hombre sencillote. | *Juan Palomo,* hombre que todo lo quiere para sí, egoísta.

Juan || ~ **Fernández,** archip. de Chile, formado por las islas *Alejandro Selkirk* y *Robinson Crusoe.* Descubierto en 1574 por Juan Fernández. || ~ **José Pérez** (*Villa General*), pobl. en el O. de Bolivia, cap. de la prov. de Bautista Saavedra (La Paz).

Juan || ~ **Bautista** (*San*), llamado *el Precursor.* Bautizó a Jesús. Fue decapitado el año 28 a petición de Salomé. Fiesta el 24 de junio. || ~ **Bautista de la Salle** (*San*). V. LA SALLE. || ~ **Bautista María Vianney** (*San*), cura de Ars (Francia) [1786-1859]. Fiesta el 9 de agosto. || ~ || ~ **Bosco** (*San*), sacerdote italiano (1815-1888), fundador de la congregación de los Salesianos. Fiesta el 31 de enero. || ~ **Clímaco** (*San*), asceta griego (¿579-649?), autor de *Escala del cielo.* Fiesta el 30 de marzo. || ~ **Crisóstomo** (*San*), orador y Padre de la Iglesia de Oriente (¿344?-407), patriarca de Constantinopla. Fiesta el 27 de enero. || ~ **Damasceno** (*San*), doctor de la Iglesia griega, n. en Damasco, m. hacia 749. Fiesta el 27 de marzo. || ~ **de Ca-**

JE

pistrano *(San)*. V. CAPISTRANO. || ~ **de Dios** *(San)*, confesor portugués (1495-1550), fundador de la orden de los Hermanos de San Juan de Dios *o* Hermanos Hospitalarios. Fiesta el 8 de marzo. || ~ **de la Cruz** *(San)*. V. CRUZ. || ~ **de Mata** *(San)*, confesor francés (1160-1213), fundador de la orden de los Trinitarios para rescate de cautivos. Fiesta el 17 de diciembre. || ~ **Evangelista** *(San)*, apóstol y uno de los cuatro evangelistas. Autor del *IV Evangelio* y del *Apocalipsis*. Fiesta el 27 de diciembre. || ~ **Nepomuceno** *(San)*, prelado checo (¿1330-1393?), confesor de la reina Juana, esposa de Wenceslao IV, mártir del secreto de confesión. Fiesta el 16 de mayo.

Juan, n. de 24 papas. Entre los más distinguidos citaremos a JUAN XXII, papa de 1316 a 1334. Residió en Aviñón. — JUAN XXIII (¿1370?-1419), papa en 1410, destituido en 1415. Considerado ilegítimo. — JUAN XXIII *(Roncalli)* (1881-1963), papa en 1958. Convocó en 1962 el Segundo Concilio Vaticano. Autor de importantes encíclicas sociales *(Mater et Magistra)* y en favor de la paz *(Pacem in Terris)*.

Juan || ~ **I** (1350-1395), rey de Aragón desde 1387. || ~ **II** (1397-1479), rey de Navarra en 1425 y de Aragón desde 1458. Sofocó la Revolución Catalana. Padre de Fernando el Católico.

Juan || ~ **I** (1359-1390), rey de Castilla desde 1379, hijo de Enrique II. Quiso apoderarse del trono de Portugal, pero fue derrotado en Aljubarrota (1385). || ~ **II** (1404-1454), rey de Castilla desde 1406, hijo de Enrique III. Dejó el reino en manos de su favorito Álvaro de Luna, a quien mandó decapitar en 1453.

Juan || ~ **I** (1357-1433), hijo natural de Pedro el Cruel de Castilla, rey de Portugal desde 1385. || ~ **II** (1455-1495), rey de Portugal desde 1481. || ~ **III** (1502-1557), rey de Portugal desde 1521. || ~ **IV** (1604-1656), rey de Portugal desde 1640. || ~ **V** (1689-1750), rey de Portugal desde 1706. || ~ **VI** (1769-1826), regente de Portugal durante la demencia de su madre (1792-1816), rey desde 1816. Se trasladó al Brasil al ser invadido su reino por los franceses (1807). Regresó a Lisboa en 1821 y reconoció la independencia brasileña.

Juan || ~ **de Austria.** V. AUSTRIA. || ~ **de Ávila.** V. ÁVILA (Beato Juan de). || ~ **de Juanes** (Vicente MASSIP o MACIP, llamado), pintor renacentista español (1523-1579), de gusto italianizante. || ~ **de Leyden,** jefe de los anabaptistas de Münster (1509-1536). M. en el suplicio. || ~ **de Meung,** escritor francés (¿1240-1305?), autor de la segunda parte del *Roman de la rose*. || ~ **de Salisbury,** filósofo escolástico (¿1115-1180), amigo de Santo Tomás Becket. || ~ **Manuel** *(Infante Don)*, escritor español, n. en Escalona (Toledo) [1282-1349]. Era sobrino de Alfonso el Sabio y príncipe de la corona de Castilla. Considerado como el creador del arte narrativo español con su *Libro de Patronio* o *Conde Lucanor*, colección de cincuenta y un cuentos. Escribió tb. el *Libro de los Estados* y el *Libro del caballero y del escudero*. || ~ **Pablo** (Johann Paul Friedrich RICHTER, llamado). V. JEAN PAUL. || ~ **Sin Miedo** (1371-1419) duque de Borgoña desde 1404, hijo de Felipe el Atrevido. Se apoderó de París, pero fue asesinado. || ~ **Sin Tierra** (1167-1216), rey de Inglaterra desde 1199, sucesor de su hermano Ricardo Corazón de León. Concedió a los barones y a la burguesía y al clero la *Carta Magna*, base de las libertades inglesas (1215). || ~ **y Santacilia** (Jorge), marino y científico español (1713-1773). Participó en la expedición del francés La Condamine a América.

Juana (ISLA). V. CUBA.

Juana *(Papisa)*, personaje femenino que, según una leyenda del s. XIII, ocupó el trono pontificio en 855. || ~ **III de Albret** (1528-1572), reina de Navarra desde 1555, madre de Enrique IV de Francia. || ~ **de Arco** *(Santa)*, heroína francesa, n. en Domrémy (1412-1431), llamada la *Doncella de Orleáns*. Creyéndose inspirada por el cielo, ofreció sus servicios al rey Carlos VII para luchar contra los ingleses, que habían invadido el país. Liberó Orleáns y, tras varios combates victoriosos, hizo que su soberano fuese coronado en Reims. Apresada por las tropas enemigas fue acusada de herejía y condenada a perecer en la hoguera. Fiesta el domingo siguiente al 8 de mayo. || ~ **de Portugal,** esposa de Enrique IV de Castilla (1439-1475), madre de Juana la Beltraneja. || ~ **Grey** (¿1537?-1554), reina de Inglaterra en 1553, decapitada por orden de María I Tudor. || ~ **Henríquez,** reina de Navarra y Aragón (1425-1468), esposa de Juan II de Aragón y madre de Fernando el Católico. || ~ **Inés de la Cruz** *(Sor)*. V. CRUZ. || ~ **la Beltraneja,** infanta de Castilla (1462-1530), hija de Enrique IV y de Juana de Portugal. Recibió su sobrenombre por suponerla los nobles nacida de los amores de la reina y de su favorito Beltrán de la Cueva. || ~ **la Loca** (1479-1555), reina de Castilla desde 1504, hija de Fernando V y de Isabel I, casada con Felipe el Hermoso, y madre de Carlos I de España y V de Alemania. La muerte de su esposo le hizo perder la razón. || ~ **Seymour** (1509-1537), tercera esposa de Enrique VIII, rey de Inglaterra.

Juanacatlán, cascada en el O. de México (Jalisco), en el río Santiago.

juanas f. pl. Palillos que sirven para ensanchar guantes.

juanés, esa adj. y s. De San Juan de los Morros (Venezuela).

juanete m. Pómulo muy abultado. || Hueso del dedo grueso del pie cuando sobresale demasiado. || *Mar.* Cada una de las vergas que cruzan sobre las gavias: *mastelero de juanete.* || *Veter.* Sobrehueso en el casco de las caballerías.

juanetero m. *Mar.* Marinero que maniobra los juanetes.

juanetudo, da adj. Que tiene juanetes: *pie juanetudo.*

Juanjuí, c. en el NE. del Perú, cap. de la prov. de Mariscal Cáceres (San Martín).

Juárez, pobl. en el E. de la Argentina (Buenos Aires). — Sierra en el O. de México (Baja California). — Sector de la Sierra Madre de Oaxaca (México). || ~ **Celman,** dep. de la Argentina (Córdoba), cap. *La Carlota.*

Juárez (Benito), político mexicano, n. en San Pablo Guelatao (Oaxaca) [1806-1872]. Pres. de la Rep. en 1857, defendió la legalidad republicana en la guerra de los Tres Años (1858-1861) y promulgó las leyes de Reforma (1859). Después de derrotar a Miramón en Calpulalpan (1860), se estableció en la capital, que tuvo que abandonar (1863) para acaudillar a los que luchaban contra la intervención francesa y el imperio de Maximiliano. Caído el emperador (1867), Juárez fue reelegido pres. en 1867 y en 1871. || ~ **Celman** (MIGUEL), político argentino (1844-1909), pres. de la Rep. de 1886 a 1890. Fue derrocado.

juarista adj. y s. Partidario de Benito Juárez.

Jubayl. V. BIBLOS.

Jubbulpor. V. JABALPUR.

jubilación f. Retiro. | Pensión de la persona jubilada.

jubilado, da adj. y s. Dícese de la persona que se ha retirado del ejercicio de sus funciones y forma parte de la clase pasiva: *jubilado del Estado.*

jubilar adj. Relativo al jubileo: *indulgencia jubilar.*

jubilar v. t. Eximir del servicio a un empleado o funcionario por motivo de antigüedad o enfermedad. || *Fig.* y *fam.* Desechar por inútil una cosa. || — V. i. Alegrarse: *jubilar por el triunfo* (ú. t. c. pr.). || — V. pr. Dejar el trabajo activo a causa de la jubilación.

jubileo m. Año consagrado a Dios y al descanso cada cincuenta años en la religión hebrea. || Entre los católicos, indulgencia plenaria concedida por el Papa. || *Fam.* Entrada y salida frecuente de gente en una casa.

júbilo m. Viva alegría demostrada exteriormente: *mostrar júbilo.*

jubiloso, sa adj. Lleno de júbilo o alegría.

jubón m. Especie de chaleco ajustado al cuerpo.

Juby (CABO), promontorio de la costa occidental del Sáhara, en Marruecos (Tarfaya).

Júcar, río de España, que pasa por Cuenca y des. en el Mediterráneo cerca de Cullera; 560 km.

júcaro m. Árbol de las Antillas.

Jucuapa, volcán y c. de El Salvador (Usulután).

juchicopal m. Planta americana apreciada por su resina.

Juchitán de Zaragoza, c. y mun. de México (Oaxaca). Puerto. Llamada ant. *Oxtaxochitlán.*

Judá, uno de los doce hijos de Jacob.

Judá (REINO DE), reino constituido por las tribus de Judá y la de Benjamín, a la muerte de Salomón. Destruido por Nabucodonosor. (V. PALESTINA.)

judaico, ca adj. Relativo a los judíos: *ley judaica.*

judaísmo m. Hebraísmo o profesión de la ley de los judíos.

judaizante adj. y s. Que judaíza.

judaizar v. i. Abrazar la religión judía. || Practicar los ritos de la ley judaica.

judas m. *Fig.* Traidor. || Muñeco de paja que en algunas partes queman públicamente en Semana Santa. || *Beso de Judas*, beso traidor; demostraciones de cariño engañosas.

Judas || ~ **Abarbanel.** V. HEBREO (León). || ~ **Iscariote,** apóstol que vendió a Jesús por treinta dineros. || ~ **Macabeo.** V. MACABEO. || ~ **Tadeo** *(San)*, uno de los doce apóstoles, hermano de Santiago el Menor. Fiesta el 28 de octubre.

Judea, región de Palestina entre el mar Muerto y el Mediterráneo. Administrada por Jordania.

judeocristianismo m. Doctrina de los primeros tiempos del cristianismo, según la cual era necesaria la iniciación al judaísmo para entrar en la Iglesia de Cristo.

judeocristiano, na adj. y s. Relativo al judeocristianismo: *doctrina judeocristiana.*

judeoespañol adj. y s. Dícese de los judíos expulsados de España en 1492, que conservan en Oriente la lengua y costumbres españolas.

judería f. Barrio de judíos. || Impuesto que pagaban los judíos.

Juderías (Julián), historiador español (¿1870?-1918), autor de *La Leyenda negra.*

judía f. Planta papilionácea de fruto comestible. || Su fruto.

judiar m. Plantío de judías.

judicatura f. Ejercicio de juzgar. || Cargo de juez y tiempo que dura. || Dignidad de juez en Israel. || Cuerpo de jueces de una nación.

judicial adj. Relativo al juicio, a la administración de justicia o a la judicatura: *procedimiento judicial; carrera judicial.*

judío, a adj. y s. Hebreo. ‖ De Judea. ‖ *Fig.* y *fam.* Avaro, usurero. ‖ — M. Judión.

— Los *judíos* constituían un pueblo de Asia occidental, descendiente de Abrahán, que se llamaba a sí mismo *pueblo de Dios.*

judión m. Variedad de judía de vainas anchas.

Judit, heroína hebrea que cortó la cabeza a Holofernes para salvar la ciudad de Betulia.

judo m. Método japonés de lucha y de educación física derivado del jiu-jitsu.

judogui m. Traje para practicar el judo.

judoka com. Luchador de judo.

juego m. Acción y efecto de jugar: *juegos infantiles.* ‖ Lo que sirve para jugar: *juego de bolos.* ‖ Ejercicio recreativo sometido a reglas, y en el cual se gana o se pierde: *juego de ajedrez, de billar, de pelota.* ‖ En sentido absoluto, juego de naipes. ‖ Conjunto de cartas de un jugador: *tener buen juego.* ‖ *Por ext.* Juego de azar, de la lotería: *una sala de juego en el casino.* ‖ Ejercicio público deportivo: *juegos olímpicos.* ‖ División de un set en tenis. ‖ Lugar donde se practican ciertos juegos: *reunirse en el juego de pelota.* ‖ Disposición de dos cosas articuladas: *juego de goznes.* ‖ Holgura de una pieza mecánica. ‖ Serie completa de objetos de una misma especie: *un juego de llaves.* ‖ Servicio: *juego de té, de café.* ‖ Visos o cambiantes: *juego de aguas, de luces.* ‖ *Fig.* Habilidad y arte para conseguir una cosa o para estorbarla: *descubrir el juego de uno.* | Funcionamiento adecuado: *el juego de las instituciones.* ‖ — *A juego,* adaptada una cosa a otra: *corbata y pañuelo a juego.* ‖ *Hacer juego,* armonizarse, casarse, corresponder una cosa con otra. ‖ *Juego de bolas,* cojinetes. ‖ *Juego de manos,* prestidigitación. ‖ *Juego de palabras,* equívoco. ‖ *Juegos de ingenio,* adivinanzas, acertijos. ‖ *Juegos florales,* certamen poético en el que se recompensan las mejores composiciones con una flor de oro, de plata o natural. ‖ *Juegos malabares,* ejercicio de equilibrio hecho con cosas; (fig.) cosa hecha con gran habilidad y destreza. ‖ *Juegos Olímpicos,* v. OLÍMPICO. ‖ *Fig. Poner en juego,* jugarse: *poner en juego su situación;* valerse de: *poner en juego sus influencias.*

juerga f. *Fam.* Fiesta, holgorio, jarana: *estar de juerga.*

juerguearse v. pr. *Fam.* Irse de juerga. | Divertirse. | Burlarse, reírse, no tomar en serio.

juergueo m. *Fam.* Juerga.

juerguista adj. *Fam.* Aficionado a juerguearse.

jueves m. Quinto día de la semana. ‖ — *Jueves gordo* o *lardero,* el inmediato a las carnestolendas. ‖ *Jueves Santo,* el de la Semana Santa. ‖ *Fam. No ser cosa del otro jueves,* no ser nada extraordinario.

juez m. Magistrado encargado de juzgar y sentenciar: *juez de tribunal correccional.* ‖ Magistrado supremo de Israel. ‖ Persona que se toma como árbitro en una discusión. ‖ En las competiciones deportivas, árbitro: *juez de línea, de banda.* ‖ Que aprecia el mérito de una cosa. ‖ — *El juez soberano,* Dios. ‖ *Juez de instrucción,* el ordinario que conoce en primera instancia de los asuntos civiles y en lo criminal dirige la instrucción de los sumarios por delitos cometidos en su jurisdicción. ‖ *Juez de paz,* en algunos países, el encargado de resolver los pleitos menores.

jugada f. Acción de jugar: *una buena jugada.* ‖ Lance de juego. ‖ *Fig.* Treta, jugarreta: *hacer una mala jugada.*

jugador, ra adj. y s. Persona que juega. ‖ Persona que tiene el vicio de jugar. ‖ Hábil en un juego. ‖ — *Jugador de manos,* prestidigitador. ‖ *Jugador de ventaja,* fullero.

* **jugar** v. t. e i. Entretenerse, divertirse: *jugar al ajedrez, a las damas; jugar una partida de dominó.* ‖ Tomar parte en juegos de azar: *jugar a la lotería, a las carreras de caballos.* ‖ Tomar parte en los juegos de equipo: *jugar en el Real Madrid; jugar un partido de fútbol.* ‖ *Fig.* No dar la importancia debida: *no hay que jugar con la salud.* ‖ Moverse ciertas cosas: *una puerta que juega.* ‖ Hacer juego: *un mueble que juega con otro.* ‖ Intervenir: *jugar en un asunto.* ‖ — *Jugar a la Bolsa,* efectuar operaciones bursátiles. ‖ *Jugar del vocablo,* manejar las palabras para conseguir un efecto verbal. ‖ *Jugar limpio,* jugar sin engaños ni trampas. ‖ — V. tr. Manejar un arma: *jugar el sable.* ‖ Arriesgar: *jugar diez pesetas a la lotería.* ‖ Echar una carta: *mejor no jugar el as de bastos ahora.* ‖ — V. pr. Sortearse. ‖ Arriesgar: *jugarse la vida.* ‖ Estar en juego: *lo que se juega es el porvenir del país.* ‖ *Fam. Jugársela a uno,* hacerle una mala pasada.

jugarreta f. *Fig.* y *fam.* Vileza, mala jugada: *hacer una jugarreta a uno.*

juglar m. En la Edad Media, trovador, el que se ganaba la vida recitando versos y tocando música.

juglaresco, ca adj. Relativo al juglar: *poesía juglaresca.*

juglaría y **juglería** f. Arte o cosa propia de los juglares.

jugo m. Zumo de una sustancia animal o vegetal: *jugo de naranja, de carne.* ‖ Líquido orgánico: *jugo gástrico, pancreático.* ‖ *Fig.* Lo más sustancial de una cosa: *sacar el jugo de un libro.*

jugosidad f. Calidad de jugoso.

jugoso, sa adj. Que tiene jugo. ‖ *Fig.* Sustancioso. | Sabroso: *prosa jugosa.*

juguete m. Objeto con que se entretienen los niños: *un juguete mecánico.* ‖ *Fig.* Lo que se abandona a la acción de una fuerza: *la barca era juguete de las olas.* ‖ Obra musical o teatral ligera: *juguete lírico.*

juguetear v. i. Divertirse jugando.

jugueteo m. Acción de juguetear.

juguetería f. Comercio de juguetes. ‖ Tienda donde se venden.

juguetón, ona adj. Aficionado a juguetear.

juicio m. Acción de juzgar. ‖ Facultad de distinguir el bien del mal y lo verdadero de lo falso: *tener el juicio recto.* ‖ Operación mental que compara dos ideas. ‖ Opinión: *a mi, a su juicio.* ‖ Sana razón: *estar* (o *no*) *en su juicio.* ‖ *Fig.* Sentido común, cordura: *buen juicio.* ‖ Decisión o sentencia de un tribunal: *juicio sin apelación.* ‖ — *Juicio de Dios,* cada una de las pruebas a que se sometía a los acusados cuando faltaban pruebas materiales. ‖ *Juicio Final,* el que, según la religión católica, ha de pronunciar Dios al fin del mundo. ‖ *Perder el juicio,* volverse loco. ‖ *Poner en tela de juicio,* juzgar, someter a examen.

juicioso, sa adj. Que tiene juicio. ‖ Hecho con juicio, sensato: *acción juiciosa.* ‖ Atinado, acertado.

Juigalpa, c. de Nicaragua, cap. del dep. de Chontales.

juilón, ona adj. *Méx.* Cobardón, pusilánime.

Juiz de Fora, c. del Brasil (Minas Gerais). Obispado.

jujeño, ña adj. y s. De Jujuy (Argentina).

Jujuy, c. septentrional de la Argentina, cap. de la prov. homónima. Obispado. Catedral.

julepe m. Cierto juego de naipes. ‖ *Fig.* y *fam.* Reprimenda. ‖ Ajetreo, trabajo. ‖ *Amer.* Miedo.

julepear v. t. *Amer.* Asustar. | Fatigar.

Julia (GENS), ilustre familia de Roma, de la cual fue miembro Julio César.

Julia (82-54 a. de J. C.), hija de Julio César y esposa de Pompeyo. — Hija de Augusto, célebre por su belleza y sus costumbres disolutas (39 a. de J. C.-14 de nuestra era).

Juliaca, c. en el SE. del Perú, cap. de la prov. de San Román (Puno).

Julián ‖ ~ *(San),* escritor apologista, arzobispo de Toledo (¿680-690?). Fiesta el 8 de marzo. ‖ ~ *(San),* obispo y teólogo español, m. en 1208. Fiesta el 28 de enero. ‖ ~ *(Conde Don),* personaje semilegendario que parece ser fue gobernador visigodo de Andalucía. Llamó a los moros a España y luchó junto a ellos en la batalla del Guadalete (711) para vengar el ultraje hecho por el rey Don Rodrigo a su hija Florinda (V. este nombre). ‖ ~ **el Hospitalario** *(San),* santo venerado en España y en Sicilia. Fiesta el 12 de febrero.

juliana f. Sopa hecha con legumbres y hierbas picadas.

Juliana, n. en 1909, reina de Holanda desde 1948.

juliano, na adj. Relativo a Julio César. ‖ — *Año juliano,* el de 365 días y seis horas. ‖ *Era juliana,* la que empieza con la reforma del calendario por Julio César.

JU

Juliano el Apóstata (331-363), emperador romano de 361 a 363. Cristiano en un principio, intentó más tarde restablecer el paganismo.

julias adj. y s. f. pl. *Arg.* Dícese de las fiestas conmemorativas de la Independencia argentina (9 de julio de 1816).

julio m. Séptimo mes del año. ‖ *Fís.* Unidad de trabajo, de energía o de cantidad de calor equivalente al trabajo producido por una fuerza de 1 newton cuyo punto de aplicación se traslada de un metro en la dirección de la fuerza. (V. JOULE.)

Julio ‖ ~ **I** *(San),* papa de 337 a 352. Fiesta el 12 de abril. ‖ ~ **II,** papa de 1503 a 1513, protector de los artistas (Miguel Ángel, Rafael, etc.). ‖ ~ **III,** papa de 1550 a 1555.

Jullundur, c. de la India, al pie del Himalaya (Pendjab).

jumaga f. *Méx.* Cuchara hecha con la cáscara de una cucurbitácea.

Jumay, volcán de Guatemala (Jalapa); 2 200 m.

Jumbilla, c. del Perú, cap. de la prov. de Bongará (Amazonas).

jumento, ta m. y f. Asno.

jumera f. *Fam.* Borrachera.

jumil m. *Méx.* Nombre de varios insectos hemípteros (Los indígenas comen los *jumiles* secos y tostados.)

Jumna, río de la India, afl. del Ganges, que pasa por Delhi, Agra y Allahabad; 1 375 km.

jumo, ma adj. *Amer.* Borracho.

jumping [*yámping*] m. (pal. ingl.). Concurso hípico.

Jumrukchal. V. BOTEV.

juncáceas f. pl. Familia de plantas monocotiledóneas, cuyo tipo es el junco (ú. t. c. adj.).

juncal m. Sitio poblado de juncos. ‖ — Adj. Esbelto: *talle, mozo juncal.*

Juncal, isla de la Argentina en la desembocadura del Paraná Guazú. — Pico de los Andes, entre la Argentina (Mendoza) y Chile (Santiago); 6 180 m. — Cerro de los Andes en el N. de Chile (Antofagasta); 5 342 m.

juncar m. Juncal.

juncia f. Planta herbácea de la familia de las ciperáceas, medicinal y olorosa.

junco m. Planta de la familia de las juncáceas, de tallos rectos, lisos y flexibles que se cría en parajes húmedos. ‖ Varilla que sirve para enmarcar un cuadro. ‖ Bastón delgado. ‖ Embarcación pequeña usada en Extremo Oriente.

Jundiaí, c. meridional del Brasil (São Paulo).

Juneau, cap. y puerto de Alaska, en la costa SE. Obispado.

Jung (Carl Gustav), médico suizo (1875-1961), uno de los creadores del psicoanálisis.

Jungfrau (La), pico de Suiza, en los Alpes Berneses; 4 166 m.

jungla f. Sabana muy espesa y exuberante en la India.

Juni (Juan de), escultor, pintor y arquitecto español, n. en Francia (1507-1577).

juniense adj. y s. De Junín (Perú).

Junín, c. de la Argentina (Buenos Aires). — C. en el O. del Perú, cap. de la prov. homónima (Junín). Victoria de Bolívar ante los españoles (1824). — Dep. en el O. del Perú; cap. *Huancayo.* Minas. — Lago del Perú, cerca del cerro de Pasco; 1 248 km². Tb. llamado *Chinchaycocha.*

junino, na adj. y s. De Junín (Argentina).

junio m. Sexto mes del año.

júnior m. Religioso novicio. ‖ Deportista comprendido entre las edades de 17 a 21 años. ‖ El más joven entre dos del mismo apellido: *Ramírez, júnior.*

Juno, divinidad romana del Matrimonio, esposa de Júpiter e hija de Saturno. Corresponde a la *Hera* griega. *(Mit.)*

Junot [*yunó*] (Andoche), general francés (1771-1813), lugarteniente de Napoleón. Fue duque de Abrantes.

junquera f. Junco. ‖ Juncal.

junqueral m. Juncal.

junquillo m. Narciso. ‖ Bastón delgado. ‖ Junco de Indias. ‖ Varilla. ‖ *Arq.* Moldura.

junta m. Reunión de varias personas para tratar un asunto: *junta directiva.* ‖ Cada una de las reuniones que celebran: *junta semanal.* ‖ Unión de dos o más cosas. ‖ Juntura: *junta de culata.* ‖ *Mar.* Empalme, costura. ‖ Nombre que se da a ciertos gobiernos de origen insurreccional. ‖ Órgano administrativo: *Junta de Asistencia Técnica.*

juntar v. t. Unir unas cosas con otras. ‖ Acopiar, amontonar: *juntar dinero.* ‖ Reunir: *juntar amigos en su casa.* ‖ Entornar: *juntar las puertas* o *las ventanas.* ‖ — V. pr. Reunirse. ‖ Arrimarse. ‖ Tener acto carnal.

Juntas de Ofensiva Nacional-Sindicalista, liga política fundada en España (1931) por R. Ledesma Ramos. Se fusionó con Falange Española en 1934.

junto, ta adj. Unido, cercano: *vivían juntos; puesto junto.* ‖ — Adv. Cerca: *junto al pueblo.* ‖ Al lado. ‖ A la vez: *lo hicieron juntos.*

juntura f. Parte en que se juntan dos o más cosas. ‖ *Anat.* Punto donde se unen dos huesos: *la juntura de los huesos del cráneo.*

Júpiter, el planeta mayor del sistema solar. Tiene doce satélites.

Júpiter, dios romano, hijo de Saturno y de Rea. Es el *Zeus* griego.

jupiteriano, na o **jupiterino, na** adj. Propio de Júpiter.

jura f. Solemnidad en que se jura fidelidad.

Jura, cadena montañosa de unos 800 km, entre Francia, Suiza y Alemania. Se divide en *Jura Francosuizo, Jura Alemán* y *Jura de Franconia.* — Dep. del E. de Francia; cap. *Lons-le-Saunier.*

jurado, da adj. Que ha prestado juramento: *guarda jurado.* ‖ Que ha hecho promesa de hacer algo. ‖ — M. Tribunal cuyo cargo es juzgar el hecho, quedando al cuidado de los magistrados la designación de la pena: *jurado popular.* ‖ Individuo de dicho tribunal. ‖ Conjunto de examinadores de un certamen o competición deportiva: *jurado calificador.* ‖ *Jurado de empresa,* organismo encargado de las cuestiones sociales en una empresa.

juramentado, da adj. Que ha prestado juramento: *traductor juramentado.*

juramentar v. t. Tomar juramento. ‖ — V. pr. Comprometerse con juramento.

juramento m. Afirmación o negación de una cosa poniendo por testigo a Dios. ‖ Voto, reniego: *soltar juramentos.*

Juramento. V. SALADO *(Río).*

jurar v. t. Afirmar con juramento: *jurar por Dios o los santos.* ‖ Reconocer solemnemente la soberanía de un príncipe o jefe: *jurar acatamiento.* ‖ Obligarse con juramento a los preceptos constitucionales de un país, estatutos de órdenes religiosas, deberes de determinados cargos, etc. ‖ — V. i. Echar votos, renegar. ‖ — V. pr. *Fam. Jurársela a uno,* asegurar que se vengará de él.

jurásico, ca adj. y s. m. *Geol.* Aplícase al terreno sedimentario que sigue cronológicamente al triásico y precede al cretáceo.

jure (de) loc. lat. De derecho: *reconocer de jure a un gobierno.*

jurel m. Pez marino.

juria f. *Méx.* Acto de arrojar monedas, dulces, etc., a los muchachos en bautizos y ceremonias.

juridicidad f. Tendencia al predominio de las soluciones jurídicas en los asuntos políticos y sociales.

jurídico, ca adj. Que atañe al Derecho, o se ajusta a él.

jurisconsulto m. Jurista.

jurisdicción f. Autoridad para gobernar. ‖ Término, extensión de un lugar: *jurisdicción municipal, provincial.* ‖ Territorio en que un juez ejerce su autoridad. ‖ Autoridad o dominio sobre otro: *caer bajo la jurisdicción de uno.*

jurisdiccional adj. Relativo a la jurisdicción: *mar jurisdiccional.*

jurispericia f. Jurisprudencia.

jurisperito m. Versado en jurisprudencia.

jurisprudencia f. Ciencia del Derecho. ‖ Conjunto de las decisiones de los tribunales sobre una materia. ‖ Hecho que sirve de punto de referencia en el caso en que hay que fallar en una materia que no está cubierta o determinada por ninguna ley escrita.

jurista com. El que estudia o profesa la ciencia del Derecho.

Juruá, río que nace en el Perú, entra en Brasil y des. en el Amazonas; 3 000 km.

Jussieu (Joseph de), botánico francés (1704-1779), que estuvo en América del Sur.

justa f. Combate singular a caballo y con lanza. ‖ Torneo. ‖ *Fig* Certamen: *justa poética.*

Justa y **Rufina** *(Santas),* hermanas mártires españolas, n. en Sevilla (s. III). Fiesta el 19 de julio.

justicia f. Virtud que nos hace dar a cada cual lo que le pertenece. ‖ Derecho, equidad: *obrar con justicia.* ‖ Calidad de justo: *la justicia de una decisión.* ‖ *For.* Derecho de pronunciar sentencias y de castigar los delitos: *administrar justicia.* ‖ Conjunto de los tribunales y magistrados. ‖ *Fam.* Pena de muerte. ‖ *Teol.* Una de las cuatro virtudes cardinales. ‖ — M. *Justicia mayor,* en Aragón, magistrado supremo que dependía directamente del Rey. (Fue suprimido por Felipe V en 1707.) ‖ *Tomarse uno la justicia por su mano,* vengarse.

justiciable adj. Sujeto a ley o castigo.

justicialismo m. En la Argentina, política social durante el régimen del general Perón.

justicialista adj. Relativo al justicialismo. ‖ — M. y f. Su partidario.

justiciero, ra adj. y s. Que observa estrictamente la justicia. ‖ Severo en el castigo de los delitos.

justificable adj. Que puede justificarse.

justificación f. Motivo que justifica una acción. ‖ Conformidad con lo justo. ‖ Prueba de una cosa. ‖ *Impr.* Anchura de una línea o columna.

justificado, da adj. Conforme a justicia y razón.

justificante adj. y s. m. Dícese de lo que justifica o prueba.

justificar v. t. Demostrar la inocencia: *justificar sus actos* (ú. t. c. pr.). ‖ Hacer que una cosa sea conforme con la justicia. ‖ Probar el fundamento de algo: *justificó las esperanzas que habían puesto en él.* ‖ *Impr.* Igualar el largo de las líneas compuestas.

justificativo, va adj. Que justifica o prueba.

justillo m. Prenda de vestir interior, sin mangas, que ciñe el cuerpo y no baja de la cintura.

justinianeo, a adj. Relativo a Justiniano: *cuerpos legales justinianeos.*

Justiniano I (482-565), emperador bizantino desde 527. Llevó a cabo la compilación del *Digesto* o *Pandectas,* las *Institutas,* las *Novelas* y los *Códigos.* Mandó edificar Santa Sofía.

justipreciación f. Evaluación.

justipreciar v. t. Estimar o tasar una cosa.

justiprecio m. Evaluación.

justo, ta adj. Que juzga y obra con justicia y equidad: *persona justa.* ‖ Conforme con la justicia y la equidad: *recompensa justa.* ‖ Legítimo, fundado: *reclamaciones justas.* ‖ Exacto: *medida justa; hora justa.* ‖ Conforme a la razón y a la verdad: *razonamiento justo.* ‖ Apretado, estrecho: *ahora este traje me está justo.* ‖ Que es fiel a la ley de Dios y de la moral (ú. t. c. s. m.). ‖ — Adv. Exactamente, precisamente: *eso es justo lo que te dije.* ‖ Con estrechez: *vivir justo.*

Justo (Agustín Pedro), general e historiador argentino (1876-1943), pres. de la Rep. de 1932 a 1938.

jutia f. Mamífero roedor de las Antillas.

Jutiapa, c. del SE. de Guatemala, cap. del dep. homónimo.

jutiapaneco, ca adj. y s. De Jutiapa (Guatemala).

Juticalpa, c. oriental de Honduras, cap. del dep. de Olancho.

juticalpense adj. y s. De Juticalpa (Honduras).

Jutlandia, en danés *Jylland,* penins. que forma la parte continental de Dinamarca.

Juvara (Filippo), arquitecto y escultor italiano (1685-1736), autor de los planos del Palacio Real de Madrid.

Juvenal (Décimo Junio), poeta latino (¿60-140?), autor de *Sátiras,* crítica de la sociedad romana.

Juvencio (Cayo Vetio Aquilio), poeta hispanolatino del s. IV. Transcribió poéticamente el Evangelio de San Mateo.

juvenil adj. Relativo a la juventud: *entusiasmo juvenil.* ‖ — Com. En deportes, júnior.

juventud f. Edad que media entre la niñez y la edad madura. ‖ Conjunto de jóvenes.

juzgado m. Conjunto de los jueces que concurren a dar sentencia. ‖ Tribunal de un solo juez. ‖ Sitio donde se juzga. ‖ Sitio o territorio de su jurisdicción. ‖ Judicatura. ‖ *Juzgado municipal,* el que tiene jurisdicción en materia civil o criminal en asuntos menores.

juzgador m. El que juzga.

juzgar v. t. *For.* Deliberar y sentenciar acerca de la culpabilidad de uno: *juzgar a un reo.* ‖ Resolver una cuestión como juez o árbitro. ‖ Estimar, creer: *juzgar oportuno hacer algo.* ‖ Emitir un juicio sobre una persona o cosa: *no hay que juzgar al prójimo.*

juzgón, ona adj. *Méx.* Criticón que todo lo censura.

Jylland. V. JUTLANDIA.

Kermesse, por Rubens

K

k f. Duodécima letra del alfabeto castellano y novena de sus consonantes. || — **k,** símbolo de *kilo.* ||
K, símbolo químico del *potasio.*
K2 o **Godwin Austen** o **Dapsang,** pico en el N. de Cachemira en el macizo de Karakorun (Himalaya), el segundo más alto del mundo después del Everest; 8 620 m.
ka f. Nombre de la letra *k.*
Kaaba, edificio cúbico, en el centro de la mezquita de La Meca.
Kabah, ant. c. maya, al N. del Yucatán y cerca de Uxmal.
kabila adj. y s. Cabila.
Kabilia, región de Argelia, al E. de Argel; cap. *Tizi-Uzu.*
kabuki m. Género teatral japonés con intermedios de cantos y danzas.
Kabul, cap. del Afganistán, a orillas del *río Kabul,* afl. del Indo; 310 000 h. Universidad.
Kachán c. de Irán, al S. de Teherán.
Kachgar, c. en el NO. de China (Sinkiang), cerca de la frontera con la U. R. S. S.
Kafiristán. V. NURISTÁN.
Kafka (Franz), novelista checo de lengua alemana (1883-1924), autor de *La metamorfosis, El proceso* y *El castillo,* donde muestra la angustia del hombre ante el absurdo del mundo.
Kagoshima, c. y puerto del Japón, en el S. de la isla de Kiusiu. Obispado.
Kahlo (Frida), pintora mexicana n. y m. en Coyoacán (1910-1954), esposa de Diego Rivera. Su casa fue convertida en un museo que lleva su nombre.
Kaifeng o **Kaifong,** c. en el E. de China (Honan). Arzobispado. Industrias.
Kairuán, c. de Túnez al O. de Susa. Mezquita.
Kaisarieh. V. KAYSERI.
káiser m. (pal. alem.). Emperador: *el káiser Guillermo II.*
Kaiserslautern, c. en el SO. de Alemania Occidental (Renania-Palatinado). Metalurgia.
kakemono m. Pintura japonesa, sobre papel o tela de seda, que se cuelga en las habitaciones.
kaki adj. y s. m. Caqui.
kala-azar m. Enfermedad producida por un parásito protozoario.
Kalahari, desierto de África autral entre las cuencas del Zambeze y del Orange; 1 200 000 km².
kaleidoscopio m. Calidoscopio.
Kalgán, c. de China, al NO. de Pekín (Hopei).
kali m. Planta salsolácea, de hojas espinosas, rica en sosa.
Kalidasa, poeta indio del s. I a. de J. C., autor del drama *Sakuntala*
Kalinin, ant. *Tver,* c. en el O. de la U. R. S. S (Rusia), puerto a orillas del Volga. Industria.
Kalinin (Mikhail), político soviético (1875-1946), presidente del Consejo Supremo de la U. R. S. S. (1937-1946).
Kaliningrado, ant. *Königsberg,* c. y puerto de la U. R. S. S., en el NO. (Rusia).
Kalisz, c. en el O. de Polonia (Poznan).
Kalmar. V. CALMAR.
kalmuco, ca adj. y s. Individuo de un pueblo mongólico de la U. R. S. S. (Siberia, Volga).
Kaluga, c. de la U. R. S. S. (Rusia), al SO. de Moscú.
Kama, río navegable de la U. R. S. S. (Rusia), afl. del Volga; 2 000 km. Centrales hidroeléctricas
Kamchatka, peníns. del E. de la U. R. S. S., en Siberia, entre el mar de Bering y el de Ojotsk.
Kamenskoié. V. DNIEPRODZERJINSK.
Kamensk-Uralski, c. de la U. R. S. S. (Rusia), en Siberia occidental y en las faldas de los montes Urales.
kamichí m. Género de aves zancudas que viven en América del Sur.
kamikase m. Avión suicida japonés.
Kampala, cap. de Uganda; 46 700 h. Obispado. Universidad.
Kamuk. V. BLANCO *(Pico).*
kan m. Título de príncipe turcomongol.
Kan Xib Chac, entre los mayas, dios de la Lluvia.
Kananga. V. LULUABURGO.
Kanaris (Konstantin). V. CANARIS.
kanato m. Cargo o funciones del kan: *el kanato de Bujara.* || Territorio bajo su jurisdicción.
Kanazava c. del Japón, al O. de la isla de Honshu.
Kanchenjunga, pico del Himalaya en Sikkim y Nepal; 8 585 m.
Kandahar, c. y prov. del SE. del Afganistán.
Kandinsky (Vasili), pintor ruso (1866-1944), iniciador de la pintura abstracta en Francia.
Kandy, c. de Ceilán, cap. de la Provincia Central. Centro religioso budista. Obispado católico.
kanguro m. Canguro.
Kano, c. del N. de Nigeria.
Kanpur. V. CAWNPORE.
Kansas, río de Estados Unidos, afl. del Misuri; 274 km. — Uno de los Estados Unidos de América del Norte (centro noroeste). Cap. *Topeka.* || ~ **City,** n. de dos c. de Estados Unidos (Misuri y Kansas), a orillas del Misuri. Arzobispado. Metalurgia.
Kansu, prov. del N. de China, en la frontera de Sinkiang y Mongolia; cap. *Lancheu.*
Kant (Emmanuel), filósofo alemán, n. y m. en Königsberg (1724-1804), representante máximo de la filosofía idealista, autor de *Crítica de la razón pura, Crítica de la razón práctica, Crítica del juicio.*
kantiano, na adj. Relativo a Kant: *escuela kantiana.*
kantismo m. Doctrina filosófica de Kant que se funda en el idealismo crítico.
Kaohiong, c. y puerto en el SO. de la isla de Taiwan (Formosa). Refinería de petróleo. Aluminio.
kaolín m. Caolín.
Kapilavatsu, c. en el NE. de la India fronteriza con Nepal, donde nació Buda.
kappa f. Décima letra del alfabeto griego (κ), que corresponde a la *k* o *c* dura castellana.
Kapurthala, ant. principado de la India (Pendjab).
Kara (MAR DE), mar formado por el océano Glacial Ártico, entre Nueva Zembla y el continente euroasiático.
Karabao m. Carabao.
Karachi, c. del Paquistán occidental (Sind), puerto en el mar de Omán; 1 912 000 h. Arzobispado. Ref. de petróleo. Fue cap. del país.
Karaganda, c. de la U. R. S. S. (Kazakstán). Hulla. Metalurgia.
Karajorge (Gjorge Petrovich) [¿1752?-1817], fundador de la dinastía servia.
Karajorgevich, dinastía servia fundada por Karajorge.
Karakorum, cord. de Asia Central, en Cachemira y al O. del Tíbet (Himalaya); 8 620 m. en el K2 y

8 068 en el Gasherbrum o Hidden Peak.

karakul m. Caracul.

Karikal, c. y puerto en el SE. de la India (Madrás).

Karl Marx Stadt, ant. *Chemnitz,* c. de Alemania Oriental (Sajonia). Textiles.

Karlovci. V. CARLOVCI.

Karlovy-Vary. V. CARLSBAD.

Karlsburg. V. ALBA JULIA.

Karlskrona. V. CARLSCRONA.

Karlsruhe. V. CARLSRUHE.

Karlstad. V. CARLSTAD.

Karnak. V. CARNAC.

Karst. V. CARSO.

kart m. Pequeño vehículo automóvil de competición que carece de carrocería, embrague, caja de cambios y suspensión, con una cilindrada máxima de 100 cm^3.

karting m. Carrera de karts o deporte de los aficionados al kart.

Kartum. V. JARTUM.

Kasai, río de África ecuatorial nacido en Angola, afl. del Congo; 1 940 km.

Kassa. V. KOSHICE.

Kastos (Emiro). V. RESTREPO (Juan de Dios).

Kastri. V. HERMIONA.

Katanga, hoy **Shaba,** región minera (cobre y uranio) del S. del Congo-Kinshasa; cap. *Lubumbashi,* ant. *Elisabethville.*

katangueño, ña adj. y s. De Katanga.

Katar o **Qatar,** Estado de Arabia, en una penins. de la costa meridional del golfo Pérsico; 22 014 km^2; 100 000 h. Cap. *Doha,* 45 000 h. Petróleo. Independiente en 1971.

Katipunán, organización clandestina de Filipinas, creada en 1896 para combatir por la Independencia.

Katmandú, cap. de Nepal; 193 300 h.

Katovice, de 1953 a 1956 *Stalinogrod,* c. y prov. en el S. de Polonia (Silesia). Obispado. Minas.

Kattegat. V. CATTEGAT.

Katyn, aldea de la U. R. S. S. (Rusia), al O. de Smolensko, donde fueron descubiertos en 1943 los cadáveres de 4 500 oficiales polacos.

Kaufmann. V. LENIN *(Pico).*

Kaunas, en ruso *Kovno,* c. en el NO. de la U. R. S. S. (Lituania). Arzobispado. Textiles.

Kavalla, ant. *Neápolis,* dep., c. y puerto en el N. de Grecia, frente a la isla de Taso.

Kawabata (Yasunari), escritor japonés (1899-1972), autor de novelas (*Los animales, País de nieve, Mil grullas,* etc.). [Pr. Nóbel, 1968.] Se suicidó.

Kawasakii, c. del Japón (Honshu), suburbio de Tokio.

kayac m. Canoa de pesca de Groenlandia hecha con piel de foca. ‖ Canoa de paseo o deportiva.

Kayes, c. y puerto en el O. de la Rep. del Malí.

Kayseri, ant. *Kaisarieh,* c. en el centro de Turquía, cap. de prov. en Capadocia. Fortaleza. Textiles.

Kazakstán, rep. autónoma de la U. R. S. S., entre la parte europea y asiática de la Unión; cap. *Alma Ata.* Región minera.

Kazán, c. de la U. R. S. S. (Rusia), cap. de la Rep. autónoma de los Tártaros, a orillas del Volga. Universidad. Industrias.

Kazantzakis (Nikos), escritor griego (1885-1957), autor de la novela *Cristo de nuevo crucificado.*

Kazvin, prov. y c. de Irán, al S. del Elburz.

kc, símbolo del *kilociclo.*

kcal, símbolo de *kilocaloría.*

Keats [*kits*] (John), poeta romántico inglés (1795-1821), autor de *Endimión, Oda a una urna griega* y *Oda del ruiseñor.*

kebir m. Palabra árabe que significa *grande* y entra en la formación de muchos nombres geográficos.

Kecskemet, c. de Hungría.

Kedah, Estado federado de Malaysia, en el estrecho de Malaca.

kéfir m. Bebida gaseosa fermentada hecha por los montañeses del Cáucaso con suero agriado.

Kefrén, rey de Egipto de la IV dinastía, sucesor de Keops. Construyó la pirámide de Guizeh.

Kekulé (August), químico alemán (1829-1896), autor de investigaciones de química orgánica.

Kelantán, Estado de la Federación de Malaysia, al E. de la penins. de Malaca; cap. *Kotabaru.*

Kelat, c. y prov. del Paquistán occidental (Beluchistán).

Kellog (Frank Billins), político norteamericano (1856-1937), promotor en 1928 de un pacto de paz mundial. (Pr. Nóbel de la Paz en 1929.)

Kemal Bajá Ataturk (Mustafá), general y político turco (1881-1938), pres. de la Rep. en 1923. Transformó Turquía en un país moderno.

Kemerovo, c. de la U. R. S. S. (Rusia), en Siberia occidental.

Kempis (Tomás HEMERKEN, llamado **Tomás de),** escritor místico alemán (1379-1471), autor de *Imitación de Cristo.*

Kenia, república de África ecuatorial, miembro del Commonwealth; 582 624 km^2; 11 250 000 h. *(keniatas).* Cap. *Nairobi,* 314 800 h.; c. pr. *Mombasa,* 189 900.

keniata adj. y s. De Kenia.

Kenitra, ant. *Port Lyautey,* c. y puerto de Marruecos, al N. de Rabat.

Kennedy (CABO), ant. y de nuevo desde 1972 *Cabo Cañaveral,* cabo oriental de Florida (Estados Unidos). Base de lanzamiento de cohetes y satélites artificiales.

Kennedy, n. del aeropuerto de Nueva York, en Idlewild.

Kennedy (John Fitzgerald), político demócrata norteamericano (1917-1963), pres. de Estados Unidos en 1961. M. víctima de un atentado. — Su hermano ROBERT FRANCIS (1925-1968), fue tb. político, candidato a la pres. de Estados Unidos. M. asesinado durante la campaña electoral. ‖ ~ (MARGARET), novelista inglesa (1896-1967), autora de *La ninfa constante.*

kenotrón m. Aparato electrónico para rectificar corrientes alternas de poca intensidad y alta tensión.

Kent (REINO DE), el reino más antiguo de la Heptarquía anglosajona; cap. *Cantorbery.* — Condado de Gran Bretaña, al SE. de Inglaterra; cap. *Maidstone.*

Kentucky, uno de los Estados Unidos de América del Norte, al centro E.; cap. *Frankfort.*

Kenya. V. KENIA.

Keops, rey de Egipto de la IV dinastía, hacia 2 600 a. de J. C. Construyó la pirámide más alta.

kepis m. Quepis, gorro militar.

Kepler o **Keplero** (Johannes), astrónomo alemán (1571-1630). Enunció las leyes astronómicas de su nombre.

Kerala, Estado de la India, en el SO. de la penins. del Decán; cap. *Trivandrum.*

Kerasunda, en turco *Giresún,* c. y puerto del N. de Turquía en el mar Negro.

keratina f. Queratina.

keratitis f. Queratitis.

Kerbela, prov. y c. de Irak, al SO. de Bagdad. Santuario chiita.

Kerenski (Aleksandr), político ruso (1881-1970), jefe del Gobierno revolucionario de marzo de 1917. Derribado por los bolcheviques el 7 de noviembre.

Kerguelen (ISLAS), archip. francés en el S. del océano Índico; 7 000 km^2.

Kermán, c. del SE. de Irán.

Kermanshad, c. de Irán (Curdistán), al SO. de Teherán.

kermes m. Quermes.

kermesse f. Nombre dado en Holanda a las fiestas parroquiales celebradas con motivo de las ferias. ‖ Fiesta de caridad, feria, verbena.

kerosén m. Queroseno.

Kertch, ant. *Ienikaleh,* c. y puerto de la U. R. S. S. en Crimea (Ucrania), en el estrecho homónimo. Astilleros, metalurgia.

Key West o **Cayo Hueso,** c. y puerto de Estados Unidos (Florida).

Keynes (John Maynard, *lord*), economista inglés (1803-1946). Sus doctrinas han tenido una profunda influencia.

Keyserling (Hermann, *conde de*), filósofo y escritor alemán (1880-1946).

kg, símbolo del *kilogramo masa.*

kgf, símbolo del *kilogramo fuerza.*

kgm, símbolo del *kilográmetro.*

Khabarovsk. V. JABAROVSK.

khan m. Kan.

Khan Tengri, monte de la U. R. S. S. (Tianchan) cerca de la frontera con China; 6 995 metros.

Kharkov. V. JARKOV.

Khartum. V. JARTUM.

Khatchaturian (Aram), compositor ruso, n. en 1903. Autor de obras sinfónicas y de cámara.

Khayyam. V. OMAR KHAYYAM.

khedive m. Galicismo por *jedive.*

Khorasán. V. JORASÁN.

khmer adj. y s. V. KMER.

Kiangsi, prov. meridional de China; cap. *Nanchang.*

Kiangsú, prov. de China Central; cap. *Nankín;* c. pr. *Changhai.*

Kiaocheu, hoy *Kiaosien,* bahía y c. de China en el S. de penins. de Shantung.

Kiayi, c. del centro de la isla de Taiwan (Formosa).

kibutz, m. Granja colectiva en Israel. (Pl. *kibutzim.*)

Kichinev, c. en el O. de la U. R. S. S., cap. de Moldavia. Universidad.

kief m. Descanso absoluto entre los orientales.

Kiel, c. y puerto de Alemania Occidental, cap. de Schlesvig-Holstein, en las riberas del Báltico. Universidad. El canal homónimo atraviesa Jutlandia y une el Báltico con el mar del Norte.

Kielce, c. de Polonia, al S. de Varsovia. Obispado.

Kierkegaard (Sören), filósofo danés (1813-1855), precursor del existencialismo. Escribió el tratado *Concepto de la angustia.* Influyó en el escritor español Unamuno.

kieserita f. *Quím.* Sulfato natural de magnesio, de color blanco.

Kiesinger (Kurt Georg), político alemán, n. en 1904, canciller de la Rep. Federal de 1966 a 1969.

Kiev, c. en el O. de la U. R. S. S., cap de Ucrania, a orillas del Dniéper. Universidad. Industrias.

kif m. Cáñamo indio mezclado al tabaco.

Kigali, c. del centro de Ruanda, cap. de la Rep.; 15 000 h.

Kilimanjaro, hoy. *Pico Uhuru,* pico más alto de Tanzania y de África, en el N. de Tanganica; 5 963 m.

Kilin. V. KIRIN.

kilo, prefijo que significa *mil: kilómetro, kilogramo.* ‖ — M. Kilogramo.

kilocaloría f. Gran caloría (símb., *kcal.*), igual a mil calorías.

kilociclo m. Unidad eléctrica de frecuencia (1 000 oscilaciones por segundo) [símb., *kc*].

kilográmetro m. Ant. unidad de trabajo (símb., *kgm*) que equivale al esfuerzo hecho para levantar un peso de un kilogramo a la altura de un metro.

kilogramo m. Peso de mil gramos y unidad principal de masa (símb., *kg*).

kilojulio m. Unidad legal de trabajo en el sistema M. T. S. (símb., *kJ*).

kilolitro m. Medida de capacidad que contiene mil litros.

kilometraje m. Medida en kilómetros.

kilometrar v. t. Medir en kilómetros.

kilométrico, ca adj. Relativo

al kilómetro. ‖ *Fig.* y *fam.* Muy largo, interminable: *distancia kilométrica.* ‖ *Billete kilométrico,* el de ferrocarril, dividido en cupones, que permite recorrer un determinado número de kilómetros en un plazo dado.

kilómetro m. Medida de mil metros (símb., *km*). ‖ *Kilómetro cuadrado,* unidad de superficie equivalente al área de un cuadrado cuyos lados miden un kilómetro (símb., *km²*).

Kilong, c. y puerto en el N. de Taiwan (Formosa).

kilovatio m. Unidad de potencia equivalente a 1 000 vatios (símb., *kW*). ‖ *Kilovatio hora,* unidad de trabajo o de energía equivalente al trabajo ejecutado durante una hora por una máquina cuya potencia es de un kilovatio (símb., *kWh*).

kilovoltio m. Unidad de tensión eléctrica equivalente a 1 000 voltios (símb., *kV*).

kilt m. Faldilla de los escoceses.

Kimberley, c. en el S. de la Rep. de África del Sur (El Cabo). Obispado. Diamantes.

kimono m. Especie de bata larga y amplia usada por los japoneses.

Kincardine, condado de la Gran Bretaña, al NE. de Escocia; cap. *Stonehaven.*

kindergarten m. (pal. alem.). Jardín de la infancia.

kinesiterapeuta com. Masajista.

kinesiterapia f. Curación por medio de masajes.

King (Martin Luther), pastor protestante norteamericano (1929-1968), apóstol de la integración de los negros en Estados Unidos. M. víctima de un atentado. (Pr. Nóbel de la Paz en 1964.)

Kingston, c. del Canadá (Ontario), puerto fluvial en el San Lorenzo. Arzobispado. Universidad. — Cap. y puerto del S. de Jamaica, 457 000 h. Fundada en 1692. ‖ **~ upon Hull,** c. de Gran Bretaña, en el E. de Inglaterra (Yorkshire); puerto en el estuario del Humber.

Kingstown. V. DUN LAOGHAIRE.

Kinich Ahau, dios del Sol, entre los mayas de México (Yucatán).

Kinshasa, ant. *Leopoldville,* cap. de la Rep. Democrática del Congo; un millón de h. Obispado. Situada en la orilla sur del río Congo.

kiosco m. Quiosco.

Kioto. V. KYOTO.

Kipling (Rudyard), escritor inglés, n. en Bombay (1865-1936), autor de novelas (*El libro de la selva, Capitanes intrépidos, Kim,* etc.). [Pr. Nóbel, 1907.]

Kirchhoff (Gustav Robert), físico alemán (1824-1887). Descubrió con Bunsen el análisis espectral.

Kirghizia o **Kirchizistán,** rep. federada de la U. R. S. S. en Asia central; cap. *Frunze.*

kirial m. Libro que tiene los cantos del ordinario de la misa.

kirie eleison m. Invocación que se hace al principio de la misa. ‖ Música compuesta sobre dicha invocación. ‖ *Fig.* Canto de los difuntos.

Kirin o **Kilin,** prov. y c. del NE. de China; cap. *Changchuen.*

Kirkuk, c. y prov. de Irak, al N. de Bagdad. Petróleo.

Kirov, ant. *Viatka,* c. de la U. R. S. S. (Rusia). Industrias.

Kirovabad, ant. *Ielisavetpol,* c. de la U. R. R. S. (Azerbaidján).

Kirovogrado, ant. *Ielisavetgrado,* c. de la U. R. S. S. (Rusia).

kirsch m. (pal. alem.). Aguardiente hecho con cerezas.

Kisangani, ant. *Stanleyville,* c. del centro de la Rep. Democrática del Congo, a orillas del río Congo. Centro comercial.

Kita Kiusiu, c. y puerto del Japón, al N. de la isla de Kiusiu, formada por la reunión de las ant. c. de Kokura, Moji, Tobata, Wakamatsu y Yahata. Gran centro industrial y pesquero.

Kiusiu, isla del S. del Japón; c. pr.: *Kita Kiusiu, Fukuoka, Kumamoto, Nagasaki* y *Kagoshima.*

Kivu, prov. del Congo oriental, al O. del lago *Kivu*; cap. *Bukavu.*

kiwi m. Pájaro corredor de Nueva Zelanda.

Kizilirmak, río de Turquía, que des. en el mar Negro; 1 400 km.

kJ, símbolo del *kilojulio.*

Klagenfurt [*-guen-*], c. de Austria, cap. de Carintia. Industrias.

Klaipeda, en alem. *Memel,* c. y puerto de la U. R. S. S. (Lituania), a orillas del Báltico.

Klaproth (Martin Heinrich), químico alemán (1743-1817). Descubrió el uranio y el titanio.

klaxon m. Claxon.

Kleber (Jean-Baptiste), general francés de la Revolución (1735-1800). M. asesinado.

Klee (Paul), pintor alemán, n. en Suiza (1879-1940), precursor del arte abstracto.

Kleist (Heinrich VON), escritor romántico alemán (1777-1811), autor del drama *El príncipe de Homburgo* y de poesías.

Klinger (Friedrich Maximilian VON), poeta alemán (1752-1831), cuyo drama *Sturm und Drang* dio nombre a una época literaria.

Klopstock (Friedrich Gottlieb), poeta alemán (1724-1803); autor de la epopeya *La Mesiada* y de dramas.

km, símbolo del *kilómetro.* — *Km²,* símbolo del *kilómetro cuadrado.*

kmer adj. y s. Individuo de un pueblo indochino, cuyo imperio, en el centro de la actual Camboya, alcanzó una cultura floreciente (templo de Angkor).

Kmer (REP.). V. CAMBOYA.

knock-down [*nocdaon*] adv. y s. m. inv. (pal. ingl.). Estado de un boxeador derribado a la lona pero sin estar fuera de combate.

knock-out [*nokaut*] adv. y s. m. inv. (pal. ingl.). Fuera de combate (Se suele abreviar K. O.)

Knox (John), reformador escocés (1505-1572), fundador del presbiterianismo.

Knoxville, c. del E. de Estados Unidos (Tennessee). Textiles.

knut m. Suplicio del látigo en Rusia. ‖ Este látigo.

Knuto. V. CANUTO.

Ko. V. COS.

K. O. V. KNOCK-OUT.

koala m. Mamífero marsupial trepador de Australia.

Kobarid. V. CAPORETTO.

Kobe, c. del Japón en el S. de la isla de Honshu. Universidad.

Koch [*koj*] (Robert), médico alemán (1843-1910), descubridor del bacilo de la tuberculosis, que lleva su n. (Pr. Nóbel, 1905.)

Kochanowski (Jan), poeta lírico polaco (1530-1584).

kodak m. (marca comercial). Cámara fotográfica manual.

Kodaly (Zoltan), compositor húngaro (1882-1967), autor de *Psalmus hungaricus.*

Koestler (Arthur), novelista húngaro, n. en 1905, naturalizado británico, autor de *Testamento español, El cero y el infinito,* etc.

Kohima, c. del E. de la India, cap. del Estado de Nagaland.

Kokok. V. FACHODA.

Kokura, ant. c. del Japón (Kiusiu), hoy parte de Kita Kiusiu.

kola f. Género de malváceas de África, cuyos frutos o nueces se usan como excitantes del corazón y del sistema muscular.

Kola (PENÍNSULA DE), penins. en el NO. de la U. R. S. S. (Rusia), al N. de Carelia.

Kolar Gold Fields, c. de la India (Mysore), en el O. del Decán. Minas de oro.

koljoz m. En la U. R. S. S., cooperativa agrícola de producción que usufructúa perpetuamente la tierra que cultiva y tiene la propiedad colectiva de los bienes de explotación.

Kolyma, río de la U. R. S. S., en Siberia; des. en el océano Glacial Artico; 2 600 km.

Kollasuyo. V. COLLASUYO.

komi adj. y s. V. ZIRIAN.

Komsomolsk, c. en el E. de la U. R. S. S. (Rusia), a orillas del Amur, en Siberia oriental.

Konakry. V. CONAKRY.

Konia, c. y prov. de Turquía, al N. del Tauro.

Königsberg. V. KALININGRADO.

Königshütte. V. CHORZOW.

kopek m. Copeck.

koraisquita adj. y s. V. CORAISQUITA.

Korasán, región del NE. del Irán, donde antiguamente se encontraba Partia. Terremoto en 1968.

Kordofan, prov. del Sudán central, al O. del Nilo Blanco; cap. *El Obeid.*

Korn (Alejandro), filósofo y médico argentino (1860-1936), autor de *La libertad creadora, El concepto de la ciencia, Axiología,* etc.

Korolenko (Vladimir Galaktionovich), escritor y novelista ruso (1853-1921), autor de *El músico ciego,* poema en prosa.

Kosciusko (MONTE), cumbre máxima de Australia; 2 228 m.

Kosciuszko (Tadeusz), patriota polaco (1746-1817), jefe de varias insurrecciones contra Rusia. Dictador en 1794.

Koshice o **Kosice,** en húngaro *Kassa,* c. del E. de Checoslovaquia (Eslovaquia). Obispado.

Kosovo-Metohija o **Kosmet,** territorio autónomo de Yugoslavia (Servia); cap. *Pristina.*

Kossuth (Lajos), patriota y político húngaro (1802-1894), jefe de la revolución de 1848.

Kostroma, c. en el O. de la U. R. S. S. (Rusia), a orillas del Volga. Ind. textil.

Kosyguin (Alexei) político soviético, n. en 1904, pres. del Consejo de ministros desde 1964.

Kotor. V. CATTARO.

Kovno. V. KAUNAS.

Koweit. V. KUWAIT.

Kozhicoda. V. CALICUT.

Kr, símbolo químico del *criptón.*

Kra, istmo de Tailandia, entre Indochina y Malaca.

krach [*krak*] m. (pal. alem.). Bancarrota financiera.

kraft m. (pal. alem.). Papel para embalajes.

Krakatoa, isla volcánica de Indonesia, entre Sumatra y Java.

Krakow. V. CRACOVIA.

krameria f. Género de arbustos de América del Sur, como la ratania.

Krasnodar, ant. *Iekaterinodar,* c. de la U. R. S. S. (Rusia), a orillas del Kubán.

Krasnogvardeisk. V. GATCHINA.

Krasnoyarsk, c. de la U. R. S. S. (Rusia), en Siberia Oriental.

Krause (Karl Christian Friedrich), filósofo alemán (1781-1832). Sus doctrinas, introducidas por Julián Sanz del Río (1857) y difundidas, entre otros, por Nicolás Salmerón y Francisco Giner de los Ríos, ejercieron gran influencia en España. Autor de *Fundamento del Derecho natural, Sistema de moral* y *Sistemas de la filosofía.*

krausismo m. Doctrina filosófica de Krause que trata de conciliar el teísmo y el panteísmo.

krausista adj. Relativo al krausismo. ‖ — Com. Partidario de esta doctrina.

Krefeld, c. de Alemania Occidental (Rin Septentrional-Westfalia), a orillas del Rin.

Kremlin, fortaleza de Moscú, antigua residencia de los zares y sede actual del Gobierno de la Unión Soviética.

kriptón m. Criptón.

Krisna o **Krina,** dios indio, octava encarnación de Visnú.

Krivoi Rog, c. en el O. de la U. R. S. S. (Ucrania). Centro minero. Metalurgia.

Krknoshe. V. GIGANTES (*Montes*).

KA

kronprinz m. (pal. alem.). Título que llevaba el heredero del trono en Alemania o Austria.

Kronstadt. V. CRONSTADT.

Kropotkin (Piotr, *príncipe*), anarquista ruso (1842-1921), autor de *Palabras de un rebelde, La conquista del pan*, etc.

Kruger (Paul), político sudafricano (1825-1904), pres. de la Rep. del Transvaal. Defendió su país contra los ingleses.

Krupp (Alfred), industrial alemán (1812-1887). Perfeccionó los métodos de elaboración del acero.

Kruschef (Nikita), político soviético (1894-1971), primer secretario del Partido Comunista (1953-1964) y presidente del Consejo de ministros de 1958 a 1964. Combatió la política de Stalin. Fue derrocado.

Krusne Hory. V. ERZGEBIRGE.

Ksar El-Kébir. V. ALCAZARQUIVIR.

Ku Klux Klan, asociación secreta del S. de Estados Unidos para luchar contra los negros.

Kuala Lumpur, cap. de Malaysia y del Estado de Selangor; 477 000 h. Refinería de petróleo.

Kuangsi, región autónoma del S. de China; cap. *Nanning*.

Kuangtung prov. de China meridional; cap. *Cantón*.

Kuantan, c. de Malaysia, cap. del Estado de Pahang.

Kuban, río de la U. R. S. S. que des. en el mar de Azov; 900 km.

Kubitschek (Juscelino de OLIVEIRA), político brasileño, n. en 1902, pres. de la Rep. de 1956 a 1961. Hizo construir Brasília.

Kuching, c. y puerto de la Federación de Malaysia, cap. de Sarawak, territ. al NO. de Borneo.

Kueicheu, prov. de China meridional; cap. *Kueiyang*.

Kueilin, c. de China (Kuangsi).

Kueiyang, c. del S. de China, cap. de la prov. de Kueicheu.

Kuenming o **Kunming,** ant. *Yunnanfu*, c. del S. de China, cap. de Yunnan.

Kuibichev, ant. *Samara*, c. de la U. R. S. S. (Rusia), puerto fluvial en el Volga. Central hidroeléctrica. Metalurgia.

Kukulcán. V. CUCULCÁN.

Kumagaya, c. del Japón, en el centro de la isla de Honshu.

Kumamoto, c. del Japón, en el O. de la isla de Kiusiu.

kumis m. Leche fermentada de yegua, hecha en Asia central.

kummel m. Licor alcohólico aromático con cominos y fabricado en Alemania y Rusia.

Kun (Bela), revolucionario húngaro (1886-1937). Se apoderó del Poder en 1919, pero fue derrocado. Acusado de desviación política, fue ejecutado en la U. R. S. S. Rehabilitado en 1958.

Kuo Ming Tang, partido democrático nacional chino, fundado en 1911 por Sun Yat-sen.

Kupang, cap. de la parte indonesia de Timor.

Kura, río de la U. R. S. S., al S. del Cáucaso; 1 515 km.

Kurashiki, c. del Japón, al S. de la isla de Honshu.

Kurdistán. V. CURDISTÁN.

kurdo, da adj. y s. Curdo.

Kure, c. y puerto del Japón, en el S. de la isla de Honshu. Astilleros.

Kurichi, c. del S. de la India (Madrás).

Kuriles (ISLAS), cadena de islas soviéticas en Asia que se extiende desde Kamchatka a la isla de Hokkaido. Japonesas de 1875 a 1945.

Kurnul, c. de la India (Andhra Pradesh).

Kursk, c. de la U. R. S. S. (Rusia), al S. de Orel. Metalurgia.

Kushiro, c. en el O. del Japón, en el E. de la isla de Hokkaido.

Kustanai, c. en el O. de la U. R. S. S. (Kazakstán).

Kutaisi, c. en el O. de la U. R. S. S. (Georgia).

Kuwait o **Koweit,** principado de la penins. de Arabia, en la costa NO. del golfo Pérsico, entre Irak y Arabia Saudita; 15 540 km²; 710 000 h. (*kuwaities*). Cap. *Kuwait*, 280 000 h. Independiente desde 1961. Petróleo.

kuwaití adj. y s. De Kuwait.

Kuzbass, cuenca hullera de la U. R. S. S. en Siberia.

kV, abreviatura de *kilovoltio*.

kW, abreviatura de *kilovatio*.

Kwangju, c. meridional de Corea del Sur.

kwas o **kvask** m. (pal. rusa). Bebida hecha en los países eslavos con harina de cebada fermentada.

Kyöngsong. V. SEÚL.

Kyoto, c. del Japón, al S. de la isla de Honshu. Industrias.

Luna en cuarto menguante

l f. Decimotercera letra del alfabeto castellano y décima de sus consonantes. ‖ — **l**, símbolo de *litro*. ‖ — **L**, letra que tiene el valor de cincuenta en la numeración romana.

la art. determinado femenino singular: *la silla.* ‖ Acusativo del pronombre personal femenino singular de tercera pers.

la m. *Mús.* Nota de música: *la sostenido.* | Sexta voz de la escala música en *do.* | Signo que la representa.

La, símbolo químico del *lantano.*

La ‖ ~ **Guardia,** uno de los aeropuertos al SE. de Nueva York. ~ **Haya.** V. HAYA (LA). ‖ ~ **Paz.** V. PAZ (LA). ‖ ~ **Tène.** V. TENE (LA). ‖ ~ **Laguna.** V. LAGUNA (LA).

La ‖ ~ **Boëtie** [*-sí*] (ETIENNE DE), escritor humanista francés (1530-1563). ‖ ~ **Bruyère** (JEAN DE), moralista francés, n. en París (1645-1696), autor de *Los caracteres,* galería de retratos y serie de máximas que describen la sociedad de su tiempo. ‖ ~ **Cierva y Peñafiel** (JUAN DE), político conservador y jurisconsulto español (1864-1938). — Su hijo JUAN DE LA CIERVA Y CODORNÍU (1896-1936) fue ingeniero e inventó el autogiro. ‖ ~ **Condamine** [*-damin*] (CHARLES DE), matemático francés (1701-1774). Realizó una expedición científica a América del Sur, en unión de los españoles Jorge Juan y Antonio de Ulloa, para medir en el Ecuador un grado del meridiano terrestre (1735). ‖ ~ **Fayette** [*lafayet*] (MARIE-MADELEINE DE), novelista francesa (1634-1692), autora de *La princesa de Clèves,* relato psicológico. ‖ ~ **Fayette** (MARIE-JOSEPH, *marqués de*), general y político francés (1757-1834). Participó en la guerra de la Independencia de Norteamérica y en las revoluciones francesas de 1789 y 1830. ‖ ~ **Fontaine** [*-fontén*] (JEAN DE), poeta francés, n. en Château-Thierry (1621-1695), autor de *Cuentos,* en verso, y de *Fábulas,* de gran celebridad. ‖ ~ **Gasca** (PEDRO DE), obispo y político español (1485-1567), pres. de la Audiencia del Perú. Derrotó a Gonzalo Pizarro y ordenó su ejecución (1548). ‖ ~ **Madrid** (GREGORIO ARAOZ), general argentino (1795-1857). Luchó en la guerra de la Independencia y contra Rosas en la batalla de Caseros (1852). ‖ ~ **Mar** (JOSÉ DE), general ecuatoriano, n. en Cuenca (1776-1830), pres. de la Rep. del Perú de 1827 a 1829. Combatió en Junín y Ayacucho, y posteriormente en la guerra contra Colombia. Fue derrocado por Gamarra. ‖ ~ **Mennais** [*-né*] (FELICITÉ ROBERT DE). V. LAMENNAIS. ‖ ~ **Rochefoucault** [*-rochfucó*] (FRANÇOIS, *duque de*), moralista francés (1613-1680), autor de *Máximas.* ‖ ~ **Salle** [*-sal*] (SAN JUAN BAUTISTA DE), sacerdote francés (1651-1719), fundador de la congregación de los Hermanos de la Doctrina Cristiana (1680). Fiesta el 15 de mayo. ‖ ~ **Salle** (ROBERT CAVELIER, *señor de*), explorador francés (1643-1687), organizador de expediciones al río Misisipí. ‖ ~ **Serna e Hinojosa** (JOSÉ DE). V. SERNA E HINOJOSA (José de la). ‖ ~ **Tour** [*latur*] (GEORGES DE), pintor francés (1593-1652), inspirado en temas religiosos y costumbristas. ‖ ~ **Tour** (MAURICE QUENTIN DE), pintor francés (1704-1788), notable retratista y autor de pasteles.

Laaland. V. LOLLAND.

lábaro m. Estandarte imperial romano en el que Constantino mandó bordar, después de derrotar a Majencio, la cruz y el monograma de Cristo (312).

Labe. V. ELBA.

label m. (pal. ingl.). Etiqueta.

labelo m. Pétalo superior de la corola de las orquídeas.

laberíntico, ca adj. Relativo al laberinto. ‖ *Fig.* Enmarañado, confuso.

laberinto m. Lugar artificiosamente formado de intrincados caminos y rodeos en el que es muy difícil encontrar la salida: *el laberinto de Creta.* ‖ *Fig.* Cosa confusa y enredada: *un laberinto de papeleos.* ‖ *Anat.* Oído interno.

Laberinto, residencia del Minotauro en Creta, construida, según la leyenda, por Dédalo.

Laberinto de Fortuna o **Las Trescientas,** poema alegórico de Juan de Mena.

labia f. *Fam.* Gran facilidad de palabra: *hombre de labia.*

labiadas f. pl. Familia de plantas dicotiledóneas gamopétalas con la corola dividida en dos lóbulos (ú. t. c. adj.).

labial adj. Relativo a los labios: músculos labiales. ‖ Dícese de la consonante que se pronuncia con los labios, como *b, p* (ú. t. c. s. f.).

labializar v. t. Dar sonido labial.

Labiche [*-bich*] (Eugène), comediógrafo francés (1815-1888).

labiérnago m. Arbusto oleáceo de ramas mimbreñas.

labihendido, da adj. Que tiene hendido o partido el labio superior.

labio m. Cada una de las partes exteriores de la boca que cubren la dentadura: *labios abultados.* ‖ *Fig.* Borde de una cosa: *los labios de una herida de un vaso.* ‖ Órgano del habla: *su labio enmudeció; nunca le ofendieron mis labios.* ‖ Lóbulo de ciertas flores. ‖ — *Fig. Cerrar los labios,* callar. | *Estar pendiente de los labios de uno,* estar muy atento a lo que dice. | *No despegar* o *descoser los labios,* no hablar. | *No morderse los labios,* decir claramente lo que se está pensando.

labiodental adj. y s. f. *Gram.* Aplícase a las consonantes que se pronuncian con los dientes y los labios, como *f* y *v.*

Labná, ant. c. maya en el Yucatán septentrional.

labor f. Trabajo: *las labores de la casa.* ‖ Adorno tejido o ejecutado en una tela: *una blusa con labores.* ‖ Obra de costura o bordado: *labores de aguja.* ‖ Escuela donde se enseñan labores a las niñas: *escuela de labor.* ‖ Vuelta de arado que se da a la tierra, labranza: *dar dos labores al trigal.* ‖ Tabaco manufacturado. ‖ *Min.* Excavación. ‖ *Sus labores,* sin profesión.

laborable adj. Que se dedica al trabajo: *día laborable.* ‖ Que se puede labrar.

laboral adj. Relativo al trabajo: *accidente laboral; agregado laboral.* ‖ Dedicado a la enseñanza de ciertos oficios especializados: *universidad laboral.*

laborar v. t. Labrar. ‖ — V. i. Trabajar, obrar con algún designio: *laborar por el bien de la patria.*

laboratorio m. Local dispuesto para hacer investigaciones científicas: *laboratorio químico.* ‖ Sitio donde se efectúan trabajos fotográficos, como el revelado, etc. ‖ En una farmacia, cuarto donde se preparan los medicamentos y se hacen los análisis.

laborear v. t. Trabajar una cosa. ‖ Hacer excavaciones: *laborear una mina.* ‖ — V. i. *Mar.* Pasar y correr un cabo por una polea.

laboreo m. Labranza del campo. ‖ Explotación de una mina y los trabajos que son necesarios.

laboriosidad f. Aplicación al trabajo.

laborioso, sa adj. Trabajador: *un joven muy laborioso.* ‖ Trabajoso, penoso: *parto laborioso; digestión laboriosa.*

laborismo m. Partido político socialista británico.

laborista adj. y s. Perteneciente o relativo al Labour Party o Partido Laborista.

Laboulaye, c. de la Argentina (Córdoba).

Labour Party o **Partido Laborista,** partido socialista de Gran Bretaña. Fundado en 1906.

labra f. Tallado de piedras, madera, etc.

Labra (Rafael María de), abogado, político y periodista cubano (1841-1918).

labradero, ra y **labradío, a** adj. Laborable.

labrado, da adj. Dícese de las telas o géneros que tienen alguna labor en contraposición a los lisos. ‖ — M. Campo labrado. ‖ — F. Tierra dispuesta para la siembra del año siguiente.

labrador, ra adj. y s. Que labra la tierra. ‖ — M. y f. Cultivador, agricultor, persona que tiene hacienda de campo y la cultiva por su cuenta.

Labrador, penins. del Canadá entre el Atlántico, el estrecho de Hudson, el estrecho de Davis y la bahía de Hudson. Hierro.

labradorita f. *Min.* Feldespato laminar iridiscente.

labrantío, a adj. Aplícase al campo de labor: *tierras labrantías* (ú. t. c. m.).

labranza f. Cultivo de la tierra. ‖ Hacienda de campo o tierras de labor. ‖ Labor de cualquier arte u oficio.

labrar v. t. Trabajar una materia: *labrar piedra, madera, metales* (ú. t. c. i.). ‖ Dar una forma: *labrar un bloque de mármol.* ‖ Cultivar la tierra. ‖ Arar. ‖ Llevar una tierra en arrendamiento. ‖ Coser, bordar. ‖ *Fig.* Causar, hacer: *labrar la felicidad, la desgracia, la ruina.*

labriego, ga m. y f. Agricultor.

labro m. Labio superior de la boca de algunos insectos. ‖ Pez acantopterigio marino.

Labuán, isla de Sabah o Borneo septentrional; cap. *Victoria.*

laca f. Resina de color encarnado oscuro extraída de ciertas plantas de Oriente. ‖ Sustancia aluminosa de color, que se emplea en pintura: *laca amarilla.* ‖ Barniz de China muy hermoso, de color rojo o negro. ‖ Objeto pintado de laca o maque. ‖ Sustancia incolora que se aplica al pelo para fijarlo. ‖ Barniz para colorear las uñas.

lacandón adj. y s. Dícese del individuo de una tribu maya casi extinguida de la cuenca del río Usmacinta.

Lacandón, región de Guatemala (Petén) y México (Chiapas y Tabasco). — Volcán de Guatemala (Quezaltenango); 2 748 m. — Río de México (Chiapas), afl. del Usumacinta. Recibe tb. el n. de *Lacantún.*

Lácar, dep. y lago del O. de la Argentina (Neuquen).

lacayo m. Criado de librea. ‖ *Fig.* Persona servil.

lacayote m. Planta cucurbitácea americana.

lacayuno, na adj. *Fam.* Servil.

laceador m. *Amer.* Peón que lacea las reses.

lacear v. t. Adornar con cintas. ‖ Atar con lazos. ‖ Cazar animales con lazo.

Lacedemonia. V. ESPARTA.

lacedemonio, nia adj. y s. De Lacedemonia.

laceración f. Acción y efecto de lacerar o lastimar.

lacerado, da adj. Infeliz, desdichado.

lacerante adj. Hiriente. ‖ Agudo: *dolor lacerante.* ‖ Desgarrador: *grito lacerante.*

lacerar v. t. Lastimar, magullar, herir (ú. t. c. pr.). ‖ *Fig.* Dañar, perjudicar: *lacerar la honra, la reputación.* | Herir. | Desgarrar: *lacerar el corazón.*

lacero m. Cazador de animales con lazo. ‖ Empleado municipal que recoge los perros vagabundos.

lacértidos m. pl. Orden de reptiles como los lagartos, camaleones, chacones, etc. (ú. t. c. adj.).

Lacetania, ant. región de la España Tarraconense, en las actuales prov. de Barcelona y Lérida.

lacetano, na adj. y s. De Lacetania.

lacio, cia adj. Marchito, mustio. ‖ Dícese del cabello liso, sin ondular. ‖ *Fig.* Abatido, flojo, con pocas fuerzas.

Lacio, región de la Italia central, a orillas del mar Tirreno. Comprende las provincias de Frosinone, Latina, Rieti, Roma y Viterbo.

Laclos (Pierre CHODERLOS DE), general y escritor francés (1741-1803), autor de la novela *Las amistades peligrosas.*

lacón m. Brazuelo del cerdo: *lacón con grelos.*

Laconia, ant. región de Grecia, en el SE. del Peloponeso; cap. *Esparta.* Actualmente es un nomo del Peloponeso.

lacónico, ca adj. Breve, conciso, compendioso: *lenguaje, escrito lacónico.* ‖ Que habla o escribe de esta manera: *escritor lacónico.*

laconismo m. Concisión.

Lacordaire [*-der*] (Henri), dominicano y predicador francés (1802-1861).

Lacq, pobl. del SO. de Francia (Pyrénées-Atlantiques). Gas natural.

lacra f. Señal dejada por una enfermedad o achaque. ‖ *Fig.* Defecto, tara, vicio: *las lacras de la sociedad.* | Plaga, miseria.

lacrado m. Sellado de una carta con lacre.

lacrar v. t. Cerrar con lacre: *lacrar un sobre.*

lacre m. Barra de goma laca que sirve para cerrar y sellar cartas. ‖ — Adj. Rojo.

lácrima christi m. Cierto vino dulce.

lacrimal adj. De las lágrimas: *glándulas, conductos lacrimales.*

lacrimógeno, na adj. Que hace llorar: *gas lacrimógeno.*

lacrimoso, sa adj. Que tiene lágrimas. ‖ Que mueve a llanto, lloroso, triste: *voz lacrimosa.*

lactación f. Amamantamiento.

lactancia f. Lactación. ‖ Período de la vida en que la criatura mama. ‖ Secreción de la leche.

Lactancio (Firmiano), orador y apologista cristiano (¿260-325?).

lactante adj. y s. m. Dícese del niño que mama.

lactar v. t. Amamantar: *lactar a una criatura.* ‖ Criar con leche. ‖ — V. i. Mamar la leche.

lactario, ria adj. Lácteo. ‖ — M. Hongo agárico.

lactasa m. Diastasa que convierte la lactosa en glucosa y galactosa.

lactato m. Sal de ácido láctico.

Láctea (VÍA), faja blanquecina de forma irregular y algo confusa que puede verse en el cielo las noches serenas, constituida por un gran número de estrellas.

lacteado, da adj. Que contiene leche: *harina lacteada.*

lácteo, a adj. Relativo o parecido a la leche: *producto lácteo.* ‖ Que consiste en leche: *dieta láctea.* ‖ — *Anat. Venas lácteas,* vasos que aspiran el quilo en la superficie de los intestinos.

lactescente adj. De aspecto de leche: *jugo lactescente.*

lacticinio m. Producto lácteo.

láctico, ca adj. *Quím.* Aplícase a un ácido orgánico que se encuentra en el suero de la leche.

lactífero, ra adj. Que conduce la leche: *vasos lactíferos.*

lactina f. Lactosa.

lactodensímetro m. Pesaleche.

lactoflavina f. Vitamina B2, extraída de la leche.

lactómetro m. Lactodensímetro.

lactosa f. Azúcar de la leche compuesta de glucosa y galactosa.

lactumen m. Erupción cutánea de los niños en la lactancia.

lacunario m. *Arq.* Lagunar.

Lacunza (Manuel), jesuita y escritor chileno (1731-1801).

lacustre adj. Relativo a los lagos: *plantas, viviendas lacustres.*

lacha f. Haleche, boquerón. ‖ *Fam.* Vergüenza, pundonor. | Gracia: *¡qué mala lacha tienes!*

ladear v. t. Inclinar y torcer una cosa hacia un lado: *ladear un clavo.* ‖ *Fig.* Soslayar, esquivar: *ladear una dificultad.* ‖ — V. i. Inclinarse (ú. t. c. pr.). ‖ Andar por las laderas. ‖ *Fig.* Desviarse del camino recto. ‖ — V. pr. Inclinarse a algo. ‖ Doblarse.

ladeo m. Torcimiento; desviación: *el ladeo de un carruaje.*

ladera f. Vertiente de un monte.

ladi f. V. LADY.

ladierno m. *Bot.* Aladierna.

ladilla f. Piojo del pubis.

ladillo m. *Impr.* Título breve colocado al margen de la plana.

ladino, na adj. Aplícase al romance o castellano antiguo, retorromano. ‖ Que habla una o varias lenguas extranjeras. ‖ *Fig.* Astuto. ‖ — Adj. y s. *Amer.* Dícese del indio o negro que habla bien el español. ‖ — M. Retorromano. ‖ Judeo-español.

Ladislao, n. de varios reyes de Hungría, Bohemia y Polonia.

Ladislao Cabrera, prov. en el O. de Bolivia (Oruro); cap. *Salinas de Garci Mendoza.*

lado m. Parte del cuerpo de la persona o del animal, comprendida entre el brazo y el hueso de la cadera. ‖ Lo que está a la derecha e izquierda de un todo. ‖ Cualquiera de los parajes que están alrededor de un cuerpo: *por el lado del río.* ‖ Sitio, lugar: *déjame un lado.* ‖ *Geom.* Cada una de las líneas que forman el contorno de una figura. ‖ Anverso o reverso de una medalla o moneda. ‖ Cada una de las dos caras de una cosa. ‖ Línea genealógica: *lado paterno, materno.* ‖ Opinión, punto de vista, partido: *estoy a su lado.* ‖ *Fig.* Aspecto: *tiene un lado bueno.* | Camino: *se fueron cada uno por su lado.* ‖ — *Fig. Al lado,* muy cerca. ‖ *Al lado de,* en comparación con. | *Dar de lado a uno,* evitar su compañía. | *Dejar a un lado o de lado,* hacer caso omiso de. ‖ *De un lado para otro,* de un sitio a otro; por todas partes. ‖ *Hacerse a un lado,* apartarse. ‖ *Lado a lado,* juntos; semejantes. ‖ *Fig. Lado flaco,* punto débil. | *Mirar de lado,* mirar con desprecio o con disimulo.

Ladoga, lago de la U. R. S. S., al NO. de Rusia. Comunica con el lago Onega y con el golfo de Finlandia por el río Neva; 18 000 km².

ladrador, ra adj. Que ladra.

ladrar v. i. Dar ladridos: *el perro ladra.* ‖ *Fig.* y *fam.* Amenazar, enseñar los dientes. | No armonizar dos o varios colores. ‖ *Fig.* y *fam. Hoy está que ladra,* hoy está de muy mal humor.

ladrería f. Galicismo por *lepra.*

ladrido m. Voz del perro. ‖ *Fig.* y *fam.* Murmuración. | Grito o respuesta áspera.

ladrillado m. Solería.

ladrillal y **ladrillar** m. Fábrica de ladrillos, tejas, etc.

ladrillar v. t. Enladrillar.

ladrillazo m. Golpe con un ladrillo. ‖ *Fig.* y *fam.* Cosa pesada.

ladrillera f. Molde para hacer ladrillos. || Fábrica de ladrillos.

ladrillero m. Fabricante o vendedor de ladrillos.

ladrillo m. Arcilla cocida, en forma de paralelepípedo rectangular utilizada para construir paredes. || Baldosín para solar habitaciones, etc. || *Fig.* Lo que tiene forma parecida a la de estos paralelepípedos: *ladrillo de chocolate.* || *Fam.* Cosa muy pesada: *este libro es un ladrillo.*

ladrón, ona adj. y s. Dícese de la persona que hurta o roba. || — M. Portillo hecho en una presa para robar agua. || Casquillo de bombilla con enchufes para conectar con la instalación eléctrica. || Pavesa que se pega a la vela. || *Impr.* Lardón. || *El buen y el mal ladrón,* los malhechores crucificados con Jesucristo. (El primero se convirtió antes de morir.)

ladronear v. i. Robar.

ladronera f. Guarida de ladrones. || Ladrón en una presa de agua. || Hucha. || *Fort.* Matacán.

ladronería f. Latrocinio.

Ladrones (ISLAS DE LOS). V. MARIANAS.

ladronzuelo, la m. y f. Ratero.

lady [*leidi*] f. (pal. ingl.). Mujer de la nobleza en Inglaterra. (Pl. *ladies.*)

Laeken, suburbio de Bruselas, donde se halla el Palacio Real.

Laertes, rey de Itaca, padre de Ulises.

Lafargue (Paul), político socialista francés, n. en Santiago de Cuba (1842-1911).

Laferrère (Alfonso de), escritor y periodista argentino, n. en 1893. || ~ (GREGORIO DE), escritor argentino (1867-1913), autor de comedias (*¡Jettatore...!, Locos de verano, Bajo la garra, Las de Barranca,* etc.).

Lafinur (Juan Crisóstomo), poeta argentino (1797-1824).

Lafone Quevedo (Samuel), etnólogo y filólogo argentino, n. en Montevideo (1835-1920).

Laforet (Carmen), escritora española, n. en 1921, autora de la novela *Nada.*

Laforgue (Jules), poeta simbolista francés, n. en Montevideo (1860-1887).

Lafuente (Modesto), historiador español (1806-1866), autor de una *Historia de España* (30 vols.).

lagar m. Sitio donde se pisa la uva o se prensa la aceituna.

lagarejo m. Lagar pequeño.

lagarta f. Hembra del lagarto. || *Fig.* y *fam.* Mujer astuta. | Mujer mala.

lagartear v. i. *Fam.* Andar con rodeos.

Lagartera, v. de España (Toledo). Bordados.

lagarterano, na adj. y s. De Lagartera: *manteles lagarteranos.*

lagartija f. Lagarto pequeño.

lagartijero, ra adj. Que caza y come lagartijas. || *Taurom. Media lagartijera,* estocada poco profunda pero de efecto fulminante.

Lagartijo. V. MOLINA (Rafael).

lagarto m. Reptil saurio insectívoro. || Bíceps, músculo del brazo. || *Fig.* y *fam.* Hombre astuto. || Espada roja de la orden de Santiago. || *Amer.* Caimán. || — Interj. ¡Toquemos madera! (se dice contra la mala suerte).

lagartón, na m. y f. *Fam.* Persona astuta o mala.

Lagash, hoy *Tello,* ant. c. de Mesopotamia. Ruinas sumerias.

Lagerkvist (Pär), escritor sueco (1891-1974), autor de poemas, novelas y obras de teatro. (Pr. Nóbel, 1951.)

Lagerlöff (Selma), escritora sueca (1858-1940), autora de *La leyenda de Gösta Berling.* (Pr. Nóbel, 1909.)

Lagidas, dinastía egipcia fundada por Ptolomeo Sóter, hijo de Lago, general de Alejandro Magno. Reinaron de 306 a 30 a. de J. C.

lago m. Gran masa de agua depositada en hondonadas del terreno. || Fosa donde se guardan las fieras en los jardines zoológicos.

Lago de los cisnes *(El),* ballet de Tchaikovski (1895).

Lago Ranco, dep. de Chile (Valdivia).

Lagos, cap. y puerto de Nigeria, en una pequeña isla de la laguna homónima; 665 200 h. Arzobispado. — C. de Portugal meridional (Faro). || ~ **de Moreno,** c. y mun. de México (Jalisco).

Lagrange (Conde Louis), matemático francés (1736-1813), autor de estudios de física teórica, cálculo combinatorio, álgebra y análisis.

lágrima f. Líquido salado, segregado por dos glándulas situadas debajo de los párpados y encima de los globos oculares que humedecen la conjuntiva y penetra en las fosas nasales por las carúnculas lacrimales: *con los ojos arrasados de lágrimas.* || *Fig.* Pequeña cantidad de vino o de licor. | Humor destilado por ciertas plantas. || — Pl. *Fig.* Adversidades, penas, dolores: *¡cuántas lágrimas me costó mi vida aventurera!* || — *Con la voz empapada en lágrimas,* con voz triste, plañidera. || *Deshacerse en lágrimas* o *llorar a lágrima viva,* llorar mucho. || *Hacer saltar las lágrimas,* provocar el llanto. || *Fig. Lágrimas de cocodrilo,* aquellas que son fingidas. || *Mex. Lágrimas de Job,* el acacoyol. || *Fig. Lo que no va en lágrimas va en suspiros,* se pasa la vida quejándose. | *Llorar lágrimas de sangre,* arrepentirse. | *Ser el paño de lágrimas de alguien,* ser su consuelo y su confidente.

lagrimal adj. Dícese de los órganos de secreción y excreción de las lágrimas: *conductos lagrimales.* || — M. Extremidad del ojo próxima a la nariz.

lagrimear v. i. Llorar.

lagrimeo m. Acción de lagrimear. || Flujo de lágrimas involuntario.

lagrimoso, sa adj. Dícese de los ojos húmedos de lágrimas. || Que mueve a llanto. || Lloroso.

Laguerre (Enrique Arturo), escritor puertorriqueño, n. en 1906, autor de novelas (*La llamarada, Solar Montoya, La resaca,* etc.).

laguna f. Lago pequeño. || *Fig.* Interrupción en el texto de un escrito. | Lo que falta para que una cosa sea completa: *las lagunas de una educación.* | Olvido: *lagunas de memoria.*

Laguna, paso de los Andes entre la Argentina y Chile; 3 224 m. — Prov. de Filipinas, en la isla de Luzón; cap. *Santa Cruz.* — Región de México en los Estados de Coahuila y Durango. Algodón, trigo. || ~ **(La),** v. de España en la isla de Tenerife, ant. cap. de las Canarias. Obispado. Universidad. || ~ **Blanca,** sierra de la Argentina (Catamarca). || ~ **Madre,** albufera de México en la costa del Estado de Tamaulipas.

Laguna (Andrés), médico y naturalista español (¿1499?-1560). || ~ (VIZCONDE DE LA). V. LECOR.

lagunar m. *Arq.* Cada uno de los huecos de un techo artesonado.

lagunero, ra adj. y s. De La Laguna (Tenerife).

Lagunillas, pobl. de Bolivia, cap. de la prov. de Cordillera (Santa Cruz).

lagunoso, sa adj. Pantanoso.

Lahore, c. del Paquistán Occidental, cap. del Pendjab. Monumentos de la época de los mongoles.

Lahti, c. del S. de Finlandia.

laicado m. Condición y conjunto de los fieles de la Iglesia no clérigos.

laicismo m. Doctrina que defiende la independencia del Estado de toda influencia eclesiástica.

laicista com. Partidario del laicismo.

laicización f. Acción y efecto de laicizar.

laicizar v. t. Eliminar el carácter religioso de una cosa.

laico, ca adj. Que no pertenece a la Iglesia o al clero.

Laín Entralgo (Pedro), médico y escritor español, n. en 1908, autor de *Las generaciones en la Historia, España como problema,* etc.

Laínez (Diego), jesuita español (1512-1565), segundo general de la Compañía de Jesús. Estuvo en el Concilio de Trento.

laísmo m. Empleo defectuoso de *la, las* en lugar de *le, les* en el dativo del pronombre personal femenino *ella* como en *la dijeron* en vez de *le dijeron* o *las sucedió* por *les sucedió.*

laísta adj. y s. Que emplea *la* o *las* en lugar de *le* o *les.* (V. LAÍSMO.)

laja f. Piedra lisa.

Laja, com. y dep. en el centro de Chile (Bío-Bío).

Lakas (Demetrio Basilio), político panameño, n. en 1925, pres. de la Rep. en 1969, reelegido en 1972.

lakismo m. Escuela poética de los lakistas.

lakista adj. y s. Aplícase a los poetas ingleses Wordsworth, Coleridge, Southey y otros que utilizaron como tema de sus composiciones la descripción de los lagos del NO. de su país.

Lalín, v. en el NO. de España (Pontevedra).

Lalo (Édouard), músico francés (1823-1892), autor de *Sinfonía española.*

lama f. Cieno, lodo. || Ova, alga. || Tela de oro o plata muy brillante. || Arena muy menuda de ríos y arroyos. || — M. Sacerdote budista del Tíbet y Mongolia. || *Dalai lama,* jefe supremo de la religión budista.

lamaísmo m. Forma particular del budismo en el Tíbet y Mongolia.

lamaísta com. Adepto del lamaísmo.

Lamarck (Jean-Baptiste de MONET, *caballero de*), naturalista francés (1744-1829), creador de la teoría del transformismo y de otra sobre la evolución de las especies. Considerado precursor de Darwin.

Lamartine [*-martin*] (Alphonse de), poeta romántico francés, n. en Mâcon (1790-1869), autor de composiciones (*Meditaciones, Armonías, Jocelyn,* etc.) y de obras en prosa *(Graziella).* Fue tb. político.

Lamas, c. del Perú, cap. de la prov. homónima (San Martín).

Lamas (Andrés), historiador y político uruguayo (1817-1891). || ~ (JOSÉ ÁNGEL), compositor de música religiosa venezolano (1775-1814).

lamasería f. Convento de lamas.

Lamatepec. V. SANTA ANA.

Lambaré, distrito de la c. de Asunción (Paraguay).

Lambarené, c. del Gabón. Hospital fundado por el doctor Albert Schweitzer.

lambareño, ña adj. y s. De Lambaré (Paraguay).

Lambayeque, c. del Perú, cap. de la prov. homónima. Ruinas incaicas. — Dep. del Perú; cap. *Chiclayo.* Agricultura.

lambda f. Undécima letra del alfabeto griego (λ) equivalente a la *l* castellana.

lambel m. Faja con tres caídas en un escudo.

lamber v. t. *Amer.* Lamer.

lambiscón adj. y s. *Méx.* Adulador, lambriche.

lambrequín m. *Blas.* Adorno en forma de hojas de acanto que baja del casco y rodea el escudo.

lambriche adj. y s. *Méx.* Adulador, zalamero, lambiscón.

lamé m. Galicismo por *lama,* tejido.

lamedor, ra adj. y s. Que lame.

lamedura f. Lamido.

Lamego, v. de Portugal (Viseo). Obispado.

lamelibranquios m. pl. Clase de moluscos que tienen una concha

de dos valvas (mejillones, ostras, almejas, etc.) [ú. t. c. adj.].
lamelicornios m. pl. Suborden de insectos coleópteros del tipo de los abejorros, escarabajos, etc. (ú. t. c. adj.).
lameliforme adj. Con figura de lámina.
lamelirrostros m. pl. Grupo de aves que tienen el pico provisto de laminillas, como los patos (ú. t. c. adj.).
Lamennais o **La Mennais** (Felicité Robert de), escritor, pensador y sacerdote francés (1782-1854), autor de *Palabras de un creyente.* Su doctrina de la libertad religiosa fue condenada por el papa Gregorio XVI (1832).
lamentable adj. Digno de compasión: *situación lamentable.* || Lastimoso: *estar en un estado lamentable.* || Que infunde tristeza y horror: *voz, rostro lamentable.* || Malo: *espectáculo lamentable.*
lamentación f. Queja con llanto, suspiro u otra muestra de dolor.
lamentador, ra adj. y s. Que lamenta o se lamenta.
lamentar v. t. Sentir, deplorar: *lamento este accidente.* || — V. pr. Quejarse.
lamento m. Lamentación, queja.
lamentoso, sa adj. Que prorrumpe en lamentos o quejas: *voz lamentosa.* || Lamentable, triste: *situación lamentosa.*
lameplatos com. inv. *Fig.* y *fam.* Goloso. | Persona que se alimenta de sobras por ser muy pobre.
lamer v. t. Pasar repetidas veces la lengua por algo (ú. t. c. pr.). || *Fig.* Pasar suavemente por un sitio: *las olas lamen las rocas.*
lamero m. *Méx.* Parte del tren de lavado de minerales.
lameteo m. *Fam.* Adulación interesada.
lametón m. Lengüetada.
lamido, da adj. *Fig.* Flaco, macilento. | Muy aseado. | Relamido, muy pulcro. | Hablando de un cuadro, demasiado retocado. || — M. Acción de lamer.
lámina f. Plancha delgada de un metal: *lámina de plata, de oro.* || Plancha grabada: *láminas al agua fuerte.* || Grabado: *las láminas de un libro.* || Chapa, plancha delgada de una materia. || Limbo, parte más ancha de las hojas, pétalos y sépalos. || Parte delgada y plana de los huesos, cartílagos, tejidos y membranas. || *Fig.* Aspecto, figura: *toro de buena lámina.*
laminación f. Laminado.
laminado, da adj. Reducido a láminas. || Cubierto de láminas de metal. || — M. Reducción a chapa, a plancha: *tren de laminado.* || Producto reducido a láminas.
laminador m. Máquina provista de dos cilindros que giran en sentido contrario para reducir el metal a láminas. || Operario que lamina el metal.
laminar adj. De forma de lámina. || Hojoso, foliáceo.
laminar v. t. Deformar un producto por compresión entre dos cilindros para modificar su constitución interna y su forma al alargarlo y disminuir su espesor: *laminar el hierro.* || Cubrir con láminas.
laminoso, sa adj. Aplícase al cuerpo de textura laminar.
Lampa, c. del Perú, cap. de la prov. homónima (Puno).
lampacear v. t. *Mar.* Secar con el lampazo.
lampalagua f. Anaconda.
lampante adj. Que se utiliza en las lámparas. || *Petróleo lampante,* mezcla de hidrocarburos, obtenida por destilación del petróleo bruto o crudo.
lampar v. i. Tener muchas ganas de: *lampa por ir* (ú. t. c. pr.).
lámpara f. Aparato, provisto de una o varias bombillas, que da luz artificial: *lámpara de mesa, de pie.* || Bombilla eléctrica. || Tubo en el que se ha hecho el vacío, con varios electrodos, utilizado en radio y en televisión para emitir, captar, amplificar o rectificar corrientes oscilantes: *lámpara diodo, triodo.* || Mancha de aceite o grasa. || — *Lámpara Davy, de seguridad* o *de minero,* la empleada para evitar los peligros de explosiones de grisú. || *Lámpara de arco,* la que utiliza la diferencia del potencial de dos electrodos de carbón para producir energía luminosa. || *Lámpara de gases enrarecidos,* tubo lleno de gas a baja presión en el que se utiliza la luz emitida por la columna positiva de la descarga eléctrica. || *Lámpara de incandescencia,* aquella en que la luz proviene de la incandescencia de un cuerpo luminoso por efecto de un aumento de temperatura. || *Lámpara fluorescente,* la que aprovecha las propiedades que poseen ciertos compuestos de emitir luz cuando son sometidos a radiaciones ultravioleta. || *Lámpara relámpago,* v. FLASH.
lamparería f. Taller, tienda o almacén del lamparero.
lamparero, ra m. y f. Fabricante o vendedor de lámparas || Encargado de las lámparas o faroles.
lamparilla f. Lámpara pequeña. || Mariposa en un vaso. || Álamo temblón.
lamparista com. Lamparero.
lamparón m. Mancha de aceite. || *Med.* Escrófula en el cuello. || *Veter.* Enfermedad de los solípedos.
lampazo m. Planta compuesta de flores purpúreas. || *Mar.* Estropajo de filástica para secar la humedad de las cubiertas y costados de las embarcaciones.
lampiño, ña adj. Sin barba. || De poco vello. || *Bot.* Falto de pelos: *trigo lampiño.*
lampíride f. Luciérnaga.
lampo m. Resplandor fugaz.
lamprea f. Pez ciclóstomo de mar y de río, de cuerpo cilíndrico y liso, apreciado por su carne.
lampreazo m. *Fam.* Latigazo.
lampreílla f. Pez fluvial semejante a la lamprea.
lampuga f. Pez marino acantopterigio, comestible.
lana f. Pelo de las ovejas, de los carneros o de otros rumiantes. || Tejido e hilo hecho con este pelo. || — *Fig.* y *fam. Cardarle a uno la lana,* reñirle severamente. || *Fig. Ir por lana y volver trasquilado,* sufrir pérdida en una cosa en que se creía uno que iba a ganar o sacar provecho. || *Lana de vidrio,* fibra de vidrio que se emplea como aislante térmico.
lanar adj. Que tiene lana: *ganado lanar.*
Lanark, c. y condado de Gran Bretaña, en el centro de Escocia.
Lancashire o **Lancaster,** condado de Gran Bretaña, al N. de Inglaterra; cap. *Lancaster.* Textiles. Minas.
Lancaster, c. de Gran Bretaña al N. de Inglaterra, cap. del condado de Lancashire. Obispado.
Lancaster, dinastía real inglesa, descendiente de Eduardo III. Combatió a la Casa de York en la guerra de las Dos Rosas. Gobernó de 1399 a 1461 (Enrique IV, Enrique V y Enrique VI).
lance m. Lanzamiento. || Acción de arrojar la red para pescar. || Acontecimiento, circunstancia, ocasión. || Trance, situación crítica: *un lance apretado.* || Aventura: *lance de amor.* || Jugada de naipes. || Encuentro, riña: *un lance de honor.* || Pericia en una obra de teatro. || Arma que arroja la ballesta. || Suerte de capa en el toreo. || — *De lance,* de ocasión, de segunda mano. || *Lance de fortuna,* golpe de suerte.
lancear v. t. Herir con lanza. || *Taurom.* Dar lances a un toro.
Lancelote o **Lanzarote,** uno de los caballeros de la *Tabla Redonda.*
lanceolado, da adj. *Bot.* Que tiene forma de lanza: *hojas lanceoladas.*
lancero m. Soldado que peleaba con lanza.
lanceta f. *Cir.* Instrumento quirúrgico para abrir tumores, una vena, poner una vacuna, etc.
lancetada f. y **lancetazo** m. Herida hecha con la lanceta.
lancetear v. t. *Amer.* Herir con lanceta.
lancinante adj. Punzante.
lancinar v. i. Punzar un dolor. || *Fig.* Obsesionar, atormentar.
Lanco, com. de Chile (Valdivia).
lancha f. Barca: *lancha salvavidas.* || Piedra plana, laja.
lanchada f. Carga que puede llevar una lancha.
lanchaje m. Transporte efectuado en lancha.
lanchero m. Patrón de lancha.
Lancheu, c. del S. de China, cap. de la prov. de Kansu, a orillas del Hoangho. Ref. de petróleo. Textiles.
lanchón m. Barcaza.
landa f. Páramo arenoso.
Landa (Diego de), obispo del Yucatán e historiador español (1524-1579).
Landas (Las), en fr. *les Landes,* región del SO. de Francia entre los Pirineos y la Gironda.
Landau, c. de Alemania Occidental (Renania-Palatinado). Fue c. imperial. Textiles.
landés, esa adj. y s. De Las Landas, región, o de Landes, dep. de Francia.
Landes, dep. de Francia; cap. *Mont-de-Marsan.*
landgrave m. Título que tenían antiguamente algunos príncipes alemanes.
landgraviato m. Dignidad de landgrave. || Jurisdicción sometida al landgrave.
Landívar (Rafael), poeta y predicador jesuita guatemalteco (1731-1793), autor de *Rusticatio mexicana,* poema en latín en el que canta la vida del campo.
landó m. Coche hipomóvil de cuatro ruedas y doble capota.
landrecilla f. Trozo de carne redondo en la parte superior de la pierna de la ternera.
Land's End, cabo de Gran Bretaña, en el SO. de Inglaterra (Cornualles).
Landshut, c. de Alemania Occidental (Baviera), atravesada por el río Isar.
landtag m. (pal. alem.). Asamblea deliberante elegida en ciertos Estados alemanes y austriacos.
lanero, ra adj. De la lana: *industria lanera.* || — M. Comerciante en lanas. || Almacén de lana.
Lang (Fritz), director de cine austriaco, naturalizado norteamericano, n. en 1890.
lángara com. *Méx.* Persona que procede con doblez.
Lange (Norah), poetisa ultraísta y novelista argentina, n. en 1906.
Langmuir (Irving), ingeniero, químico y físico norteamericano (1881-1957), descubridor del hidrógeno atómico. (Pr. Nóbel. 1932.)
langosta f. Insecto ortóptero con patas posteriores saltadoras. || Crustáceo marino de gran tamaño. con cinco pares de patas, pero sin boca, cuya carne es muy estimada. || *Fig.* y *fam.* Lo que destruye una cosa, plaga.
langostero m Barco para pescar langostas.
langostino m. Crustáceo marino de unos 15 cm de largo, de carne muy apreciada.
langostón m. Insecto ortóptero mayor que la langosta.
Langreo (Sama de), v. de España (Oviedo). Hulla.
Languedoc, prov. de la ant. Francia al S. de la Guyena y al N. del Rosellón; cap. *Toulouse.*
languedociano, na adj. y s. De Languedoc.
* **languidecer** v. i. Estar en un estado de debilidad física o de abatimiento moral. || Carecer de animación: *la conversación languidece.* || Consumirse.

languidez f. Flaqueza, debilidad enfermiza y prolongada de las fuerzas. ‖ Falta de ánimo o vigor.

lánguido, da adj. Falto de fuerzas, débil: *enfermo lánguido.* ‖ Abatido, sin energía: *miradas lánguidas.*

lanífero, ra y **lanígero, ra** adj. Que contiene lana.

lanilla f. Pelillo que queda en el paño. ‖ Lana o tejido de lana finos: *vestido de lanilla.*

Lanín, parque nacional de la Argentina (Neuquen), donde hay varios lagos (Lolog, Lacar, Huechulafquen). — Volcán de los Andes, en la frontera de la Argentina (Neuquen) y Chile (Cautín); 3 800 m.

Lanjarón, v. del S. de España (Granada). Aguas minerales.

Lannes [*lan-*] (Jean), mariscal de Francia (1769-1809). Conquistó Zaragoza en 1809.

Lannoy (Carlos de), general español y virrey de Nápoles (¿1487?-1527). Sus tropas derrotaron a Francisco I en Pavía (1525).

lanolina f. Grasa de consistencia sólida hecha con la lana del carnero.

lanoso, sa adj. Que tiene lana. ‖ Parecido a la lana.

Lansing, c. de Estados Unidos, cap. de Michigan. Obispado. Universidad.

lansquenete m. Soldado mercenario alemán (s. XV y XVI).

lantánidos m. pl. *Quím.* Nombre genérico de 15 elementos de tierras raras (ú. t. c. adj.).

lantano m. Metal (La) del grupo de las tierras raras, de número atómico 57.

Lanús, suburbio industrial de Buenos Aires (Argentina).

Lanusse (Alejandro Agustín), militar argentino, n. en 1918. Pres. de la Rep. de 1971 a 1973.

Lanuza (Agustín), historiador y poeta mexicano (1870-1936). ‖ ~ (JOSÉ LUIS), poeta y ensayista argentino, n. en 1903. ‖ ~ (JUAN DE), justicia mayor de Aragón (¿1564?-1591). Defendió a Antonio Pérez contra Felipe II y la Inquisición. M. ajusticiado.

lanza f. Arma ofensiva de asta larga y hierro en punta. ‖ Lancero. ‖ Extremidad de una manga de riego. ‖ Palo largo, unido al tiro delantero de un carruaje. ‖ — *Fig. Lanza en ristre,* dispuesto. | *Romper lanzas por,* defender a.

Lanza (Juan Bautista AMORÓS, llamado **Silverio**), ensayista y novelista español (1856-1912), uno de los precursores de la Generación del 98.

lanzabombas m. inv. *Mil.* Aparato para lanzar bombas.

lanzacohetes m. inv. *Mil.* Aparato para lanzar cohetes.

lanzada f. Golpe dado o herida hecha con una lanza.

lanzadera f. Instrumento que usan los tejedores para tramar. ‖ En las máquinas de coser antiguas, instrumento que encerraba la canilla. ‖ Sortija cuya piedra tiene la forma de este instrumento.

lanzado m. Manera de pescar con caña y molinete.

lanzador, ra adj. y s. Que lanza: *lanzador de jabalina.*

lanzafuego m. *Mil.* Botafuego.

lanzagranadas m. inv. *Mil.* Aparato para lanzar granadas.

lanzallamas m. inv. *Mil.* Aparato para lanzar líquidos inflamados.

lanzamiento m. Acción de lanzar: *lanzamiento del disco, de un paracaidista.* ‖ Acción de dar a conocer: *el lanzamiento de un producto comercial, de un artista.*

lanzaminas m. inv. *Mil.* Aparato para lanzar minas o torpedos.

lanzaplatos m. inv. Máquina utilizada para lanzar el blanco en el tiro al plato.

lanzar v. t. Arrojar con fuerza: *lanzar una pelota, el disco, la jabalina.* ‖ Decir en voz alta: *lanzar gritos.* ‖ Dar a conocer al público: *lanzar un diario, una actriz.* ‖ Hacer correr un rumor, etc.: *lanzar una acusación.* ‖ Dejar caer, saltar: *lanzar paracaidistas.* ‖ *For.* Despojar de una posesión. ‖ Echar, dirigir: *me lanzaba miradas afectuosas.* ‖ — V. pr. Ir precipitadamente en pos de, precipitarse: *lanzarse en persecución de alguien.* ‖ Abalanzarse. ‖ Echarse: *lanzarse al agua.* ‖ *Fig.* Meterse: *lanzarse en el gran mundo, en los negocios.* | Emprender bruscamente o con decisión una acción.

Lanzarote, isla del archip. español de Canarias; cap. *Arrecife.*

Lanzarote. V. LANCELOTE.

Lanzas (*Cuadro de Las*). V. RENDICIÓN DE BREDA.

lanzatorpedos m. inv. *Mil.* Aparato para lanzar torpedos.

lanzazo m. Lanzada.

laña f. Grapa para unir dos objetos de porcelana o de barro.

lañar v. t. Sujetar con lañas.

Laoag, c. de Filipinas en el NO. de la isla de Luzón, cap. de la prov. de Ilocos Norte. Arrozales.

laociano, na adj. y s. De Laos.

Laocoonte, héroe troyano, sacerdote de Apolo. M. ahogado con sus hijos por dos serpientes monstruosas. (*Mit.*)

Laodicea, ant. c. de Frigia (Asia Menor), cerca de la actual *Denizli.* — C. ant. de la costa de Siria. Actualmente *Lattaquié.*

Laomedonte, rey de Troya, padre de Príamo.

Laon [*lan*], c. de Francia, cap. del dep. del Aisne.

Laos, Estado del SE. de Asia, en la penins. de Indochina; 236 800 km²; 3 300 000 h. (*laosianos*). Cap. *Vientiane,* 105 000 h.; c. pr. *Luang Prabang,* 45 000 h. Fue protectorado de Francia desde 1893, autónomo en 1949; es reino independiente desde 1953.

laosiano, na adj. y s. De Laos.

Lao-Tse, filósofo chino (hacia 600 a. de J. C.).

lapa f. Molusco gasterópodo de concha cónica aplastada. ‖ Telilla formada en la superficie de un líquido. ‖ *Fig.* y *fam.* Persona pegajosa y pesada.

lapacho m. Árbol de América del Sur, de la familia de las bignoniáceas, de madera fuerte e incorruptible.

laparotomía f. Operación que consiste en abrir el abdomen.

Lapesa (Rafael), escritor español, n. en 1908, autor de *Historia de la lengua española.*

lapicera f. *Amer.* y **lapicero** m. Instrumento en que se pone el lápiz. ‖ Lápiz.

lápida f. Piedra que lleva una inscripción: *lápida mortuoria.*

lapidación f. Acción de apedrear o matar a pedradas.

lapidar v. t. Apedrear, matar a pedradas. ‖ *Fig. Lapidar con la mirada,* fulminar.

lapidario, ria adj. Relativo a las piedras preciosas o a las lápidas. ‖ *Fig.* Muy conciso: *estilo lapidario.* ‖ — M. El que labra piedras preciosas o comercia en ellas. ‖ Marmolista.

lapídeo, a adj. De piedra.

lapidificar v. t. Convertir en piedra.

lapilli m. pl. (pal. ital). Pequeños trozos de proyección volcánica.

lapislázuli m. Piedra fina azul compuesta de silicato de aluminio, de sodio y azufre.

lapita adj. y s. Habitante de un pueblo mitológico de Tesalia que luchó contra los centauros en la boda de Piritoo. (Los *lapitas* fueron exterminados por Heracles más tarde.)

lápiz m. Barrita de grafito dentro de una funda de madera con que se escribe o dibuja: *escribir a* (o *con*) *lápiz.* ‖ Barrita cilíndrica empleada para maquillarse o como medicamento: *lápiz de labios.*

Laplace (Pierre Simon, *marqués de*), matemático, físico y astrónomo francés (1749-1827), autor de estudios de mecánica celeste y de electromagnetismo.

lapo m. *Fam.* Escupitajo. | Cintarazo, bastonazo, bofetada. | Trago: *echar un lapo.*

lapón, ona adj. y s. De Laponia. ‖ — M. Lengua que hablan los lapones.

Laponia, la región más nórdica de Europa, dividida entre Noruega, Suecia, Finlandia y la U. R. S. S.

Laprida (Francisco Narciso de), patriota argentino (1780-1829), pres. del Congreso de Tucumán. Declaró la independencia de las Provincias Unidas del Río de la Plata (1816).

lapso, sa adj. (Ant.). Que ha incurrido en un error o delito. ‖ — M. Espacio de tiempo. ‖ Lapsus.

lapsus m. (pal. lat.). Error, desliz, equivocación. ‖ — *Lapsus cálami,* error cometido al escribir. ‖ *Lapsus linguae,* error cometido al hablar.

laque m. *Amer.* Boleadoras.

laquear v. t. Barnizar con laca.

Laquedivas, archip. de la India en el mar de Omán (14 islas).

lar m. Hogar (fuego). [V. tb. LARES.]

Lara, Estado del NO. de Venezuela; cap. *Barquisimeto.* Agricultura.

Lara (Agustín), compositor mexicano (1897-1970), autor de populares canciones (*María Bonita, Madrid,* etc.).

Lara (*Los siete infantes de*), nobles castellanos, hijos de Gonzalo Bustos o Gustios (s. X), quienes, al intentar liberar a su padre, preso del rey moro de Córdoba, fueron muertos a traición por su tío Ruy Velázquez.

Larache, c. y puerto de Marruecos (prov. de Tánger).

Larbaud [*-bo*] (Valery), escritor francés (1881-1957), autor de la novela *Fermina Márquez.*

larda f. Gordura de los cetáceos.

lardáceo, a adj. Parecido al tocino.

lardar y **lardear** v. t. Poner tocino. ‖ Mechar.

lardo m. Tocino. ‖ Grasa.

lardón m. *Impr.* Adición al margen del original o las pruebas. | Blanco en la impresión al doblarse la hoja de papel.

Larecaja, prov. de Bolivia (La Paz); cap. *Sorata.*

Laredo, v. y puerto de España (Santander). Centro turístico. — C. de Estados Unidos (Texas), que por el puente internacional sobre el río Bravo comunica con *Nuevo Laredo,* en México (Tamaulipas).

Laredo Bru (Federico), jurisconsulto cubano (1875-1946), pres. de la Rep. de 1936 a 1940.

larense adj. y s. De Lara (Venezuela).

lares m. pl. Entre los romanos, dioses protectores del hogar. ‖ *Fig.* Hogar, casa propia.

Lares, c. de Puerto Rico (Aguadilla). Café.

larga f. El más largo de los tacos de billar. ‖ *Taurom.* Pase hecho con la capa extendida. ‖ — Pl. Dilación, retraso: *dar largas a un asunto.* ‖ *A la larga,* después de mucho tiempo.

largar v. t. Aflojar, ir soltando poco a poco. ‖ *Mar.* Hacerse a la *mar.* ‖ *Fam.* Decir: *largar una palabrota, un discurso.* | Dar: *largar un bofetón, una multa, una buena propina.* ‖ Tirar, deshacerse de algo: *largar un coche viejo.* ‖ Arrojar. ‖ — V. pr. *Fam.* Marcharse, irse.

larghetto [*largueto*] adv. (pal. ital.). *Mús.* Movimiento menos lento que el largo. ‖ — M. Música tocada con este compás.

largo, ga adj. Que tiene longitud considerable: *un camino muy largo.* ‖ Que dura mucho tiempo: *una conferencia muy larga.* ‖ Dícese de la persona muy alta. ‖ Muchos: *largos años.* ‖ Más de la cuenta: *dos millones largos.* ‖ *Fig.* Astuto. | Generoso, dadivoso, liberal. | Dilatado. ‖ *Sílaba* o *vocal larga,* la que lleva acento. ‖ — M. Largor, longitud: *tener dos metros de largo.* ‖ En deportes, ventaja en la llegada equivalente a la longitud de un caballo, de una bicicleta, etc. ‖ *Mús.* Movimiento pausado o lento. | Composición escrita en este ritmo. ‖ — *A lo largo de,* en todo el espacio; durante. | *¡Largo de aquí!,* expresión con que se echa a uno. ‖ *Largo y tendido,* extensamente. ‖ *Pasar de largo,* pasar sin prestar atención. ‖ *Vestir de largo,* ponerse los niños pantalones largos o las jóvenes ropas de mujer.

Largo Caballero (Francisco), político socialista español (1869-1946), pres. del Consejo en 1936-1937. M. en el destierro.

largometraje m. Película larga.

largor m. Longitud.

larguero m. Travesaño. ‖ Almohada larga. ‖ Tabla que permite alargar una mesa. ‖ Pieza de la estructura de una máquina.

largueza f. Longitud. ‖ Generosidad.

larguirucho, cha adj. *Fam.* Muy alto y flaco.

largura f. Longitud.

laringe f. Parte superior de la tráquea cuyos cartílagos sostienen las cuerdas vocales.

laringectomía f. Ablación quirúrgica de la laringe.

laríngeo, a adj. Relativo a la laringe: *arterias laríngeas; nervios laríngeos.*

laringitis f. Inflamación de la laringe.

laringología f. *Med.* Estudio de la laringe y de las afecciones que ésta padece.

laringólogo m. Especialista en laringología.

laringoscopia f. *Med.* Estudio y observación del interior de la laringe.

laringoscopio m. *Med.* Aparato para examinar el interior de la laringe.

laringotomía f. Incisión quirúrgica en la laringe.

Larissa, nomo y c. de Grecia (Tesalia). Arzobispado ortodoxo.

Laristán, región montañosa del Irán, al N. del golfo Pérsico.

Larnacas, c. y puerto del SE. de Chipre, en el golfo homónimo.

Larousse [*-rús*] (Pierre), lexicógrafo francés (1817-1875), autor de obras pedagógicas y de un *Diccionario Universal del siglo XIX.*

Larra (Mariano José de), escritor español, n. en Madrid (1809-1837), autor de *Artículos de costumbres,* de un drama romántico *(Macías)* y de una novela histórica *(El doncel de Don Enrique el Doliente).* Utilizó los seudónimos de *El Pobrecito Hablador* y *Fígaro.* Se suicidó. — Su hijo LUIS MARIANO (1830-1901) fue autor de dramas, comedias, novelas y libretos de zarzuelas *(El barberillo de Lavapiés).*

Larragañaga (José Rafael), escritor mexicano del s. XVIII. Traductor de Virgilio.

Larrea (Juan), político argentino (1782-1847), miembro de la primera Junta Gubernativa.

Larreinaga (Miguel), político y jurista nicaragüense (1771-1845), firmante del Acta de la Independencia de Centroamérica.

Larreta (Enrique RODRÍGUEZ). novelista argentino, n. en Buenos Aires (1875-1961), autor de *La gloria de Don Ramiro,* relato de la época de Felipe II, *Zogoibi, Gerardo o La torre de las Damas, En la Pampa,* etc.

Larriva (José Joaquín de), sacerdote y poeta peruano (1780-1832). Prócer en la lucha por la Independencia.

Larroyo (Francisco), filósofo mexicano, n. en 1908. Autor de *La lógica de la ciencia.*

Lars (Claudia), poetisa salvadoreña, n. en 1899.

larva f. Primera forma de ciertos animales (batracios, insectos, crustáceos, etc.) que, en virtud de metamorfosis, difiere de la que tendrán en estado adulto.

larvado, da adj. *Med.* Dícese de las enfermedades sin síntomas característicos.

las art. determinado de género femenino y número plural: *las manos.* ‖ Acusativo del pronombre personal femenino plural de tercera persona: *las encontró en la calle.*

Las ‖ ~ **Vegas,** c. de Estados Unidos (Nevada). Casinos. — C. de Estados Unidos (Nuevo México). Laboratorios de investigaciones nucleares. ‖ ~ **Villas,** prov. del centro de Cuba; cap. *Santa Clara.*

Las ‖ ~ **Casas** (Bartolomé de). V. CASAS. ‖ ~ **Casas Aragorri** (LUIS DE). V. CASAS ARAGORRI. ‖ ~ **Cases** (EMMANUEL, *conde de*), escritor francés (1766-1842). Estuvo con Napoleón I en el destierro y publicó el *Memorial de Santa Elena.* ‖ ~ **Heras** (JUAN GREGORIO), general y político argentino (1780-1866). Luchó en Chile y el Perú en el ejército de los Andes y fue uno de los colaboradores más eficaces de San Martín. Posteriormente fue gobernador de Buenos Aires (1824-1826).

lasca f. Trozo que salta de una piedra. ‖ Lonja de jamón. ‖ *Amer. Fig.* Ventaja, utilidad: *sacar lasca a un asunto.*

lascadura f. *Méx.* Contusión, rozadura.

lascar v. t. *Amer.* Descascarar. ‖ *Méx.* Lastimar, magullar.

Lascar, monte de Chile (Antofagasta); 5 990 m.

Lascaris, familia bizantina de fines del s. XII, algunos de cuyos miembros fueron emperadores de Nicea (*Teodora I* y *II, Juan IV*).

Lascaux, cueva prehistórica francesa en Montignac (Dordogne). Pinturas rupestres.

lascivia f. Propensión a los deleites carnales.

lascivo, va adj. Propenso a la lujuria. ‖ Que excita la lujuria.

laser m. (pal. ingl.). Fuente luminosa que produce una luz coherente muy intensa y que se utiliza en biología, telecomunicaciones, etc.

Lassalle (Ferdinand), socialista alemán (1825-1864).

Lastarria (José Victorino), jurisconsulto y escritor chileno (1817-1888), autor de *Antaño y hogaño.*

lastex m. Hilado de látex cubierto de fibras textiles (algodón, nylón, etc.), empleado en la confección de fajas, trajes de baño, etc.

lástima f. Compasión que excitan los males de otro: *tener lástima de alguien.* ‖ Objeto que excita la compasión. ‖ Queja, lamentación. ‖ *Fig.* Cosa que causa pena: *es lástima que no vengas.* ‖ — *Dar lástima,* provocarla. ‖ *De lástima,* lamentable. ‖ *Estar hecho una lástima,* estar destrozado o maltrecho. ‖ *Llorar lástimas,* quejarse mucho. ‖ *¡Qué lástima!,* ¡qué pena!

lastimar v. t. Herir, dañar: *estos zapatos me lastiman.* ‖ Compadecer. ‖ *Fig.* Herir, ofender: *lastimado por su conducta.* ‖ *Lastimar los oídos,* ser desagradable de oír. ‖ — V. pr. Hacerse daño: *me lastimé el brazo.* ‖ Compadecerse. ‖ Quejarse mucho.

lastimero, ra adj. Que provoca lástima o compasión: *tono lastimero.*

lastimoso, sa adj. Que da lástima. ‖ Lamentable: *estar en un estado lastimoso.*

lastra f. Piedra plana.

Lastra (Francisco de LA), general chileno (1777-1852), director supremo en 1814.

lastrado m. Colocación de lastre: *el lastrado de un buque se hace poniendo peso en el fondo de la embarcación.*

lastrar v. t. Poner lastre. ‖ *Fig.* Poner un peso a una cosa para asegurarla.

lastre m. Peso que se pone en el fondo de una embarcación o vehículo para facilitar su conducción. ‖ Arena que llevan los globos libres para arrojarla y aliviar su peso cuando convenga: *largar lastre.* ‖ *Fig.* Juicio: *cabeza con lastre.* | Cosa que impide el buen funcionamiento o causa dificultades: *soltar lastre para sacar el negocio adelante.*

lata f. Hoja de lata. ‖ Envase hecho de hoja de lata: *una lata de sardinas.* ‖ Bidón: *lata de aceite.* ‖ Madero en rollo, de menor tamaño que el cuartón. ‖ Tabla delgada sobre la cual se aseguran las tejas. ‖ *Fig.* y *fam.* Cosa pesada o fastidiosa. | Persona pesada, pelmazo (ú. t. c. m.). ‖ — *Fig.* y *fam. Dar la lata,* fastidiar. | *¡Qué lata!,* ¡qué molestia!; ¡qué aburrimiento! | *Sin una lata,* sin un céntimo, sin dinero.

Latacunga, c. del Ecuador, cap. de la prov. de Cotopaxi, en una cuenca de la cordillera de los Andes. Centro comercial. Frecuentes terremotos.

latacungueño, ña adj. y s. De Latacunga (Ecuador).

latazo m. *Fig.* y *fam.* Persona o cosa pesada y molesta.

Latcham (Ricardo), político y escritor chileno (1903-1965).

latente adj. Que no se manifiesta exteriormente, sin síntomas aparentes: *enfermedad latente.*

lateral adj. Que está en un lado: *paredes laterales del cráneo, de un edificio.* ‖ *Fig.* Que no viene por línea recta: *sucesión, línea lateral.* ‖ — M. Costado. ‖ Lado de un escenario.

lateranense adj. De San Juan de Letrán.

latero m. Hojalatero.

látex m. Líquido de aspecto lechoso que producen ciertos vegetales: *el caucho es un látex coagulado.*

laticífero, ra adj. y s. m. Que contiene látex: *planta laticífera.*

latido m. Movimiento alternativo de contracción y dilatación del corazón y de las arterias. ‖ Golpe producido por este movimiento.

latiente adj. Que late.

latifundio m. Finca rústica de gran extensión.

latifundista m. Persona que posee uno o varios latifundios.

latigazo m. Golpe con el látigo. ‖ Chasquido del látigo. ‖ *Pop.* Trago de bebida alcohólica.

látigo m. Azote para pegar y avivar a las caballerías.

latiguear v. i. Dar chasquidos con el látigo. ‖ *Amer.* Azotar.

latigueo m. Chasquido del látigo. ‖ Acción de latiguear.

latiguillo m. Vástago o rama que nace de la base del tallo. ‖ *Fig.* y *fam.* En el teatro, efecto forzado del actor. | Estribillo, frase o palabra que se repite constantemente. | Triquiñuela, artificio.

Latimer (Hugh), teólogo inglés (¿1490?-1555), uno de los fundadores del protestantismo en Inglaterra. M. en la hoguera.

latín m. Lengua del antiguo Lacio ‖ — Pl. *Fam.* Latinajos: *echar latines.* ‖ — *Bajo latín,* el escrito después de la caída del Imperio Romano y durante la Edad Media. ‖ *Latín clásico* o *sermo urbanus,* el empleado por los escritores del Siglo de Oro de la literatura latina (Caro, Catulo, Virgilio, Horacio, Ovidio, César, Salustio, Tito Livio, Cicerón, etc.). ‖ *Fam. Latín de cocina* o *macarrónico,* lenguaje formado por palabras castellanas con desinencias latinas. ‖ *Latín vulgar* o *rústico* o *sermo rusticus,* lengua popular, usada por las gentes de clase media y baja, que la enseñaron a los habitantes de los territorios invadidos dando nacimiento a las lenguas llamadas neolatinas (castellano, portugués, gallego, catalán, francés, italiano, provenzal, valaco, rumano). ‖ *Fig.* y *fam. Saber mucho latín,* estar muy enterado de todo, ser muy astuto.

— Primitivamente, la lengua *latina* no era nada más que un dialecto itálico, hablado en el valle del Tíber o Lacio. Posteriormente, en impulso arrollador, se extendió por la Península Apenina, por el norte y el sur de la actual Italia y se impuso en las colonias del mundo occidental (Hispania, las Galias, África del Norte, etc.). Pertenece a las lenguas indoeuropeas, es menos flexible y armoniosa que la griega, carece de la misma abundancia de vocabulario que ésta, pero es más concisa y conviene más para la redacción de leyes y como medio de expresión en la oratoria. El alfabeto latino tenía veintitrés letras, las palabras nunca llevaban acento en la última sílaba, la lengua carecía de artículo, contaba con dos números (singular y plural), tres géneros (masculino, femenino y neutro), cinco declinaciones con seis casos y cuatro conjugaciones (en *-are, -ere, -ĕre* e *-ire*) con seis tiempos. A pesar de su carácter de lengua muerta, continúa siendo la oficial de la Iglesia. Las obras de ciencias y filosofía la utilizaron hasta el s. XVII e incluso más tarde. El conocimiento del latín resulta indispensable para los eruditos y filólogos contemporáneos y es base de la enseñanza clásica.

Latina, ant. *Littoria*, prov. y c. de Italia, en las marismas desecadas del Ponto. Central nuclear.

Latina (La). V. GALINDO (Beatriz).

latinajo m. *Fam.* y *despect.* Latín macarrónico. | Cita latina.

latinear v. i. Hablar o escribir latín. || *Fam.* Emplear con frecuencia latines o latinajos.

latinidad f. Latín. || Conjunto de pueblos latinos. || *Baja latinidad*, el bajo latín.

latiniparla f. Abuso de latinismos.

latinismo m. Giro propio de una lengua latina. || Su utilización en otras lenguas.

latinista com. Especialista en lengua y literaturas latinas.

latinización f. Acción y efecto de latinizar un vocablo, un pueblo.

latinizar v. t. Dar forma o terminación latina a palabras de otra lengua. || Dar carácter, aspecto latino. || — V. i. *Fam.* Latinear.

latino, na adj. y s. Perteneciente al Lacio o a sus habitantes (ú. t. c. s.). || Relativo al latín: *gramática latina.* || Aplícase a la Iglesia de Occidente, en contraposición a la griega. || — *Naciones latinas*, aquellas cuya lengua deriva del latín (España, Portugal, Francia, Italia y los países latinoamericanos). || *Vela latina*, la de forma triangular.

Latinoamérica, n. dado a *América Latina*.

latinoamericano, na adj. y s. Dícese de los países, personas o cosas de América Latina.

latir v. i. Dar latidos el corazón, el pulso o las arterias. || Punzar una herida.

latitud f. Anchura. || Extensión de un territorio. | *Geogr.* Distancia de un lugar al ecuador de la Tierra; clima en relación a la temperatura.

lato, ta adj. Ancho. || Grande. || *Fig.* Dícese del sentido que se da a una palabra fuera del literal.

latón m. Aleación de cobre y cinc (hasta 46 por ciento).

Latona, madre de Apolo y Artemisa. Es la *Leto* griega. *(Mit.)*

latonero m. Hojalatero.

Latorre (Lorenzo), militar uruguayo (1840-1916), pres. provisional de 1876 a 1879 y constitucional en 1879. Mantuvo el orden, fomentó el progreso y protegió la enseñanza. Dimitió en 1880. || ~ (MARIANO), escritor chileno (1886-1955), autor de novelas (*Zurzulita*) y de cuentos.

latoso, sa adj. *Fam.* Pesado, fastidioso.

latría f. Adoración. || *Culto de latría*, el que sólo se profesa a Dios.

latrocinio m. Hurto, robo.

Lattaquié. V. LAODICEA.

Latvia. V. LETONIA.

laucha f. *Arg.* y *Chil.* Ratón. | *Fig.* Persona lista. | Persona delgada (ú. t. c. m.). || *Chil.* Alambre de acero.

laúd m. *Mús.* Instrumento de cuerdas.

Laud (William), prelado inglés (1573-1645), arzobispo de Cantorbery y primer ministro del rey Carlos I. M. ahorcado.

laudable adj. Elogiable.

láudano m. Medicamento líquido a base de opio.

laudar v. t. *For.* Fallar el juez árbitro.

laudatorio, ria adj. Elogioso: *frase laudatoria.* || — F. Escrito de alabanza, panegírico.

laudemio m. *For.* Derecho pagado por los inmuebles transmitidos en enfiteusis.

laudes f. pl. Parte del servicio religioso después de maitines.

laudo m. Arbitraje, sentencia de los árbitros o amigables componedores.

Laue (Max VON), físico alemán (1879-1960), que descubrió la difracción de los rayos X a través de un cristal. (Pr. Nóbel, 1914.)

Lauenburgo, ant. ducado de Alemania, incorporado al Estado de Schlesvig-Holstein.

Laugerud García (Kjell Eugenio), general guatemalteco, n. en 1930, pres. de la Rep. desde 1974.

Launceston, c. y puerto de Australia, al N. de Tasmania.

Laura de Noves, dama provenzal (1308-1348), cantada en los versos de Petrarca.

lauráceo, a adj. Semejante al laurel. || — F. pl. Familia de plantas dicotiledóneas dialipétalas, como el laurel, el alcanforero, el canelo (ú. t. c. adj.).

laureado, da adj. Coronado de laureles: *efigie laureada.* || Premiado, galardonado: *escritor laureado* (ú. t. c. s.). || Recompensado con la cruz de San Fernando: *general laureado.* || — F. Cruz laureada de San Fernando: *poseer la laureada.* (Es la condecoración más importante en España.)

laurear v. t. Coronar con laureles. || Premiar, galardonar. || Condecorar con la cruz laureada de San Fernando.

laurel m. Árbol de la familia de las lauráceas, de hojas aromáticas, utilizado como condimento. || Nombre de varios árboles americanos. || — Pl. *Fig.* Recompensa, galardón, premio, triunfo: *cosechar laureles.* || — *Fig. Dormirse en los laureles*, no continuar una carrera comenzada con mucho brillo. || *Laurel cerezo* o *real*, lauroceraso. || *Laurel rosa*, adelfa.

Laurel, sierra de México (Aguascalientes); 2 768 m.

laurencio o **lawrencio** m. Elemento químico transuránico (Lw), de número atómico 103.

láureo, a adj. Del laurel.

Lauria (Roger de). V. ROGER.

Laurie, isla del archip. de las Orcadas del Sur (Argentina).

lauro m. Laurel. || *Fig.* Alabanza, elogio. | Gloria, triunfo.

lauroceraso m. Árbol rosáceo, de fruto parecido a la cereza.

Lausana, c. de Suiza, cap. del cantón de Vaud, al N. del lago Leman. Universidad. Tribunal federal.

Lautaro, dep. y com. de Chile (Cautín).

Lautaro, caudillo araucano (¿1535?-1557). Derrotó y dio muerte a Valdivia en Tucapel (1554) y fue vencido y muerto por Francisco de Villagra.

Lautaro *(Logia)*, sociedad secreta creada en Buenos Aires (1812) para combatir por la independencia americana.

Lautréamont (Isidore DUCASSE, llamado el **Conde de**), poeta francés, n. en Montevideo (1846-1870), precursor del surrealismo en los *Cantos de Maldoror*.

lava f. Materia en fusión y viscosa que expulsan los volcanes. || *Min.* Lavado de los metales.

lavable adj. Que puede lavarse.

lavabo m. Lavamanos. || Cuarto de aseo. || *Rel.* Lavatorio.

lavacoches m. inv. El que lava los coches.

lavacristales m. inv. El que lava los cristales de una casa.

lavadero m. Lugar donde se lava la ropa. || Sitio donde se lava la arena de un río aurífero o cualquier otro mineral.

lavado m. Acción y efecto de lavar o lavarse. || Aseo de una persona. || *Fam.* Riña, reprimenda. || *Med.* Irrigación de una cavidad del cuerpo. || Pintura a la aguada, con un solo color. || *Lavado de cerebro*, procedimiento de interrogación que tiene por objeto hacer confesar al acusado su culpabilidad.

lavador, ra adj. y s. Que lava. || — M. Aparato para lavar o limpiar ciertos productos industriales. || *Amer.* Oso hormiguero. || — F. Máquina de lavar ropa.

lavadura f. Lavado. || — Pl. Lavazas.

lavafrutas m. inv. Recipiente con agua que se pone en la mesa para lavar algunas frutas y enjuagarse los dedos.

Laval, c. de Francia, cap. del dep. de Mayenne. Obispado.

Lavalle, n. de dos dep. de la Argentina (Corrientes y Mendoza).

Lavalle (Juan), general argentino, n. en Buenos Aires (1797-1841). Después de participar con San Martín en las campañas de Chile y el Perú, combatió en el Brasil en la batalla de Ituzaingó (1827). Ordenó la ejecución de Dorrego y fue gobernador de la provincia de Buenos Aires (1828). Se opuso a la tiranía de Rosas, pero fue derrotado.

Lavalleja, ant. *Minas*, dep. del SE. del Uruguay, cap. *Minas*. Ganadería; agricultura. Industrias. Zona turística.

Lavalleja (Juan Antonio), general uruguayo, n. en Santa Lucía (Minas) [1784-1853]. Combatió por la Independencia y fue jefe de la expedición de los Treinta y Tres Orientales (1825).

lavamanos m. inv. Pila para lavarse las manos.

lavamiento m. Lavado. || Lavativa.

lavanco m. Pato bravío en el norte de Europa.

lavanda f. Espliego.

lavandería f. Establecimiento industrial para lavar la ropa.

lavandero, ra m. y f. Persona que lava la ropa por oficio.

lavaojos m. inv. Copita llena de un líquido desinfectante, utilizada para dar baños a los ojos.

lavaparabrisas m. inv. Varillas automáticas que sirven para limpiar los parabrisas de los coches cuando llueve.

lavaplatos com. inv. Persona que lava los platos. || — M. inv. *Amer.* Fregadero. || — Adj. inv. Que sirve para fregar los platos: *máquina lavaplatos.*

lavar v. t. Quitar con un líquido lo sucio, limpiar con agua u otro líquido: *lavar a fondo.* Ú. t. c. pr.: *lavarse la cara.* || Colorear o dar sombras a un dibujo con aguada. || *Fig.* Hacer desaparecer una mancha, purificar: *lavar del pecado original.* || — *Lavar la cabeza a alguien*, proceder de tal modo que un acusado confiese su culpabilidad. || *Lavarse las manos de algo*, declinar cualquier responsabilidad.

Lavarden (Manuel José), escritor argentino (1754-1809), autor de la *Oda al majestuoso río Paraná* y del drama *Siripo*.

lavativa f. Inyección de un líquido en el intestino grueso por medio de una cánula, ayuda. || Jeringa con que se pone. || *Fig.* y *fam.* Molestia, fastidio.

lavatorio m. Lavado. || Ceremonia de lavar los pies a los pobres el Jueves Santo, en recuerdo de Jesús que hizo lo mismo con los apóstoles la víspera de la crucifixión. || Ceremonia de rezo que el sacerdote recita en la misa mientras se lava los dedos. || *Amer.* Lavamanos.

lavazas f. pl. Agua sucia después de lavar.

Lavinia, c. ant. del Lacio, fundada por Eneas.

Lavinia, esposa de Eneas e hija de Latino.

Lavoisier (Antoine Laurent de), químico francés (1743-1794), uno de los creadores de la química moderna (ley de la conservación de la materia, composición del aire, mecanismo de las combustiones, autor de la nomenclatura química). M. en la guillotina.

lavotear v. t. *Fam.* Lavar mal (ú. t. c. pr.).

lavoteo m. Acción de lavotear o lavotearse.

Lavras, mun. y c. del Brasil (Minas Gerais).

Law [*loo*] (John), economista escocés (1671-1729). Fue inspector general de Hacienda en Francia y creó la Compañía de las Indias (1717).

Lawrence (David Herbert), novelista inglés (1885-1930), autor de *El amante de Lady Chatterley, La serpiente emplumada,* etc. || ~ (ERNEST ORLANDO), físico norteamericano (1901-1958), inventor del ciclotrón. (Pr. Nóbel, 1939.) || ~ (THOMAS), pintor retratista inglés (1769-1830). || ~ (THOMAS EDWARD), militar y escritor inglés (1888-1935). Desempeñó un papel importante en los países árabes. Autor de *Los siete pilares de la Sabiduría.*

laxación f. y **laxamiento** m. Acción y efecto de laxar.

laxante adj. Que laxa o ablanda. || — M. Medicamento purgante contra el estreñimiento.

laxar v. t. Aflojar, soltar. || Tomar un laxante, purgar.

laxativo, va adj. Que laxa. || — M. Laxante.

laxitud f. Aflojamiento.

Laxness (Halldor Kiljan), novelista irlandés, n. en 1902, autor de *Salka Valka.* (Pr. Nóbel, 1955.)

laxo, xa adj. Flojo, que no está tenso o tirante. || *Fig.* Relajado, libre, amplio.

lay m. Pequeño poema narrativo o lírico, de versos cortos, en la literatura provenzal.

laya f. Calidad, naturaleza, especie: *dos tunantes de la misma laya.* || Pala fuerte para remover la tierra.

layar v. t. Labrar con la laya.

Layetania, región de la España Tarraconense, en la parte costera de lo que es hoy Cataluña.

layetano, na adj. y s. De Layetania.

lazada f. Nudo, lazo.

lazar v. t. Apresar, coger o sujetar con lazo.

lazareto m. Establecimiento sanitario donde guardan cuarentena las personas procedentes de países en los que hay enfermedades contagiosas. || Leprosería.

lazarillo m. Guía de un ciego.

Lazarillo || ~ **de ciegos caminantes** *(El),* relato picaresco de un viaje desde Montevideo a Lima, escrito por Concolorcorvo (1773). || ~ **de Tormes,** novela picaresca española, de autor desconocido (1554).

lazarista m. Miembro de la orden de San Lázaro. (V. PAÚL.)

Lázaro *(San),* hermano de Marta y María Magdalena, resucitado por Jesús a los cuatro días de su muerte. Fiesta el 17 de diciembre.

Lázaro, mendigo leproso de quien se habla en la parábola de *El rico Epulón.*

Lázaro Cárdenas, mun. de México (Tlaxcala).

Lázaro Galdiano (José), editor español (1862-1948). Con su colección de objetos de arte se ha fundado en Madrid un rico museo.

lazo m. Nudo apretado hecho con un hilo, cinta, cuerda, etc.; *hacer un lazo.* || Cuerda con un nudo corredizo, utilizada para cazar animales o apresar cualquier otra cosa: *derribó a la res con un lazo.* || Gran curva que se describe en patinaje. || *Fig.* Vínculo: *unidos por los lazos del matrimonio.* | Enlace, unión: *España sirve de lazo entre Europa y América del Sur.* | Trampa: *caer en el lazo.* || *Arq.* Adorno hecho con motivos compuestos sin interrupción.

Lazo Martí (Francisco), médico y poeta venezolano (1864-1909), autor de *Silva criolla.*

lazulita f. Lapislázuli.

le dativo del pron. de tercera persona en singular en los dos géneros: *le dije la verdad.* || Acusativo del pron. masculino de tercera persona en singular: *ya le veo.* || Acusativo del pron. masculino de la segunda persona en singular cuando se habla de usted: *le vi ayer en la calle, en el café.*

Le || ~ **Havre.** V. HAVRE. (*Le*). || ~ **Mans,** c. de Francia, cap. del dep. de Sarthe, al SO. de París. Circuito automovilístico.

Le || ~ **Brun** o **Lebrun** (Charles), pintor francés (1619-1690). Dirigió las obras de decoración del Palacio de Versalles. || ~ **Corbusier** (EDOUARD JEANNERET-GRIS, llamado), arquitecto francés, de origen suizo (1887-1965), creador de un nuevo estilo de edificación. || ~ **Nain,** n. de tres hermanos que fueron pintores franceses: ANTOINE (1588-1648), LOUIS (1593-1648) y MATHIEU (1607-1677). || ~ **Nôtre** (ANDRÉ), arquitecto francés (1613-1700), creador del estilo francés de jardinería. || ~ **Vau** (LOUIS), arquitecto francés (1612-1670). Trabajó en las construcciones del Louvre, de los palacios de Vaux-le-Viconte y Versalles.

leader [*líder*] m. (pal. ingl.). Líder.

leal adj. Que sigue las reglas del honor, de la probidad, de la rectitud y de la fidelidad: *hombre leal.* || Inspirado por la honradez, la probidad o la rectitud: *servicios leales.* || — Adj. y s. Fiel a un régimen político, a una dinastía.

Leales, dep. de la prov. argentina de Tucumán; cap. *Santa Rosa de Leales.*

Leandro, joven griego de Abidos, amante de Hero. Se ahogó en el Helesponto. *(Mit.)*

Leandro *(San),* prelado español del s. VI, hermano de San Isidoro y arzobispo de Sevilla. Convirtió al rey visigodo Recaredo y a su pueblo, acto ratificado en el III Concilio de Toledo. Fiesta el 27 de febrero.

leasing m. (pal. ingl.). Arrendamiento con opción para, al cabo de cierto tiempo, comprar lo arrendado.

lebrato m. Cría de liebre.

lebrel adj. y s. m. Dícese de un perro utilizado para cazar liebres.

Lebreles (Los), constelación boreal, entre la Osa Mayor y el Boyero.

lebrero, ra adj. y s. Aplícase al perro que caza liebres.

Lebrija, río de Colombia (Santander y Magdalena), afl. del Magdalena. — C. del S. de España (Sevilla). Lugar de nacimiento de Antonio de Nebrija.

Lebrija (Antonio de). V. NEBRIJA.

lebrijano, na adj. y s. De Lebrija (Sevilla).

lebrillo m. Barreño ancho.

Lebrun (Albert), político francés (1871-1950), pres. de la Rep de 1932 a 1940. || ~ (CHARLES). V. LE BRUN.

Lebu, c. del centro de Chile, cab. del dep. homónimo y cap. de la prov. de Arauco.

Lecce, prov. y c. del SE. de Italia (Pulla). Obispado.

lección f. Enseñanza dada en una clase a una o varias personas: *una loccíón de matemáticas.* || Conferencia sobre un tema determinado. || Lo que un profesor da a sus discípulos para que lo sepan en la clase siguiente: *aprender la lección de memoria.* || Capítulo en que se halla dividido un texto de enseñanza. || *Fig.* Advertencia, consejo dado a alguien para orientar su conducta: *recibir lecciones de moderación.* | Advertencia que, recibida de una persona o sacada de la experiencia, sirve en el futuro de enseñanza: *he recibido muchas lecciones de la vida.* || (P. us.) Lectura. || Cualquier lectura litúrgica y más corrientemente las lecturas del oficio. || — *Fig. Dar a uno una lección,* mostrarle con el ejemplo lo que debía haber hecho. || *Lección de cosas,* método de enseñanza elemental consistente en mostrar a los discípulos los objetos usuales o su representación en dibujos o imágenes. || *Fig. Servir de lección,* servir de advertencia.

Lección de Anatomía, cuadro de Rembrandt (La Haya).

Lecco, c. de Italia en Lombardía (Como), al S. del lago homónimo. Industrias.

lecitina f. *Quím.* Sustancia que contiene ácido glicerofosfórico y se encuentra en la yema del huevo y en el sistema nervioso.

Leclanché (Georges), ingeniero francés (1839-1882), inventor de una pila eléctrica.

Leclerc (Charles), general francés (1772-1802), jefe de la expedición a Santo Domingo contra Tousaint-Louverture. || ~ (PHILIPPE MARIE DE HAUTECLOCQUE, llamado), mariscal francés (1902-1947). Luchó en la segunda guerra mundial. M. en accidente de aviación.

Leconte de Lisle [*-lil*] (Charles), poeta parnasiano francés (1818-1894).

Lecoq (Charles), músico francés (1832-1918), autor de operetas.

Lecor (Carlos Frederico), general portugués (1764-1836). Arrebató Montevideo a Artigas (1817). Fue vizconde de la Laguna.

lectivo, va adj. Escolar: *año lectivo.* || De clase: *día lectivo.*

lector, ra m. y f. Persona que lee: *los lectores de un periódico.* || Persona que lee en alta voz. || Profesor extranjero, auxiliar en la enseñanza de idiomas: *lector en un instituto.* || Colaborador que lee los manuscritos enviados a un editor. || — M. Una de las cuatro órdenes menores.

lectorado m. Orden de lector, segunda de las menores. || Lectoría.

lectoral adj. y s. Dícese del canónigo que es el teólogo del cabildo: *canónigo lectoral.*

lectoría f. Empleo de lector en una orden religiosa o en la enseñanza de lenguas.

lectura f. Acción de leer: *una hora de lectura.* || Cosa leída: *lectura instructiva.* || Arte de leer: *enseñar la lectura a los niños.* || Cultura, erudición. || *Impr.* Cícero.

Lecuona (Ernesto), músico cubano (1896-1963), autor de canciones de gran popularidad *(Siboney, Malagueña,* etc.).

Leczinsky. V. LESCZINSKY.

Lech, río de Alemania Occidental (Baviera) y de Austria, afl. del Danubio; 265 km.

lecha f. Semen de los peces.

lechada f. Cal para blanquear. || Argamasa. || Masa de trapo molido para fabricar papel. || Líquido que tiene en suspensión cuerpos insolubles.

lechal adj. Aplícase al animal que aún mama: *cordero lechal* (ú. t. c. s.). || Dícese de las plantas y frutos de zumo parecido a la leche. || — M. Este zumo.

lechar v. t. *Méx.* Blanquear con cal.

leche f. Líquido blanco, opaco, de sabor dulce, segregado por las glándulas mamarias de la mujer y por las de las hembras de los mamíferos: *la leche es un alimento completo y equilibrado.* || Cualquier líquido que tiene alguna semejanza con la leche: *leche de coco.* || *Bot.* Líquido de apariencia lechosa que se encuentra en numerosas plantas. || Cosmético líquido o semifluido que suaviza y refresca la epidermis y sirve también para quitar el maquillaje. || *Fig.* Primer alimento de la mente: *bebió la leche sagrada de las antiguas doctrinas.* || Bebida obtenida con semillas machacadas y maceradas en agua: *leche de almendras.* || — *De leche,* que se amamanta todavía; que da leche: dícese de dos niños que han sido amamantados por la misma madre. || *Fig. Estar con la leche en los labios,* estar aún en la primera infancia. || *Pop. Estar de mala leche,* estar de muy mal humor. || *Leche condensada,* leche obtenida al quitar un 65 por ciento del agua y a la que se añade azúcar. || *Leche en polvo,* aquella en que se ha quitado todo el agua que contenía. || *Leche esterilizada,* aquella en que se han destruido toda la flora microbiana y patógena por medio del calor. || *Leche homogeneizada,* aquella en que se han reducido los glóbulos grasos pasándola por un homogeneizador. || *Amer. Leche malteada,* batido de leche. || *Leche pasterizada* o *pasteurizada,* aquella en la que se han eliminado todos los gérmenes patógenos al servirla. || *Fig. Mamar una cosa con la leche,* aprenderla desde que se es niño, desde la más tierna infancia.

lechecillas f. pl. Mollejas de ternera o de cordero. || Asadura.

lechería f. Establecimiento en que se despacha leche.

lechero, ra adj. Que tiene leche: *vaca lechera.* || Relativo a la leche y a sus derivados: *central, cooperativa lechera.* || — M. y f. Comerciante en leche. || — F. Recipiente grande para trasladar la leche y el pequeño en que se conserva. || *Fig. El cuento de la lechera,* fábula en que se hace uno muchas ilusiones sin fundamento y que la realidad deshace.

lechetrezna f. Planta euforbiácea de jugo lechoso y acre.

lechigada f. Cría, camada. || *Fig.* Cuadrilla de pícaros.

lechino m. Mecha que se introduce en las úlceras y heridas.

lecho m. Cama: *en el lecho de la muerte.* || *Fig.* Cauce, madre: *el lecho de un río.* | Fondo del mar, de un lago. || Capa: *lecho de arena.* || *Arq.* Superficie de un sillar. || *Geol.* Estrato. || *Fig. Un lecho de rosas,* dícese de una cosa o situación agradable.

lechón m. Cochinillo de leche. || Puerco macho.

lechoso, sa adj. Semejante a la leche: *líquido, color lechoso.* || Aplícase a las plantas que tienen un jugo semejante a la leche. || — M. Papayo, árbol. || — F. Papaya, fruto.

lechuga f. Planta compuesta cuyas hojas son comestibles: *ensalada de lechuga.* || Lechuguilla del cuello. || Pliegue de una tela. || — *Fam. Como una lechuga,* fresco y lozano. | *Más fresco que una lechuga,* con mucha caradura.

lechugado, da adj. En forma de hoja de lechuga.

lechuguilla f. Lechuga silvestre. || Cuello o puño de camisa almidonado con adornos en forma de hojas de lechuga.

lechuguina f. Presumida, coqueta.

lechuguino m. Lechuga pequeña. || *Fig.* y *fam.* Muchacho que se las da de hombre. | Gomoso, dandy.

lechuza f. Ave rapaz nocturna. || *Fig.* Mujer fea y perversa.

Leda, esposa de Tíndaro, rey de Esparta. Zeus, enamorado de ella, se metamorfoseó en cisne para seducirla. Fue madre de Cástor y Pólux, de Helena y de Clitemnestra. (*Mit.*)

Ledesma (Bartolomé de), religioso español, obispo de Oaxaca en 1580. M. en 1606. || ~ **Ramos** (RAMIRO), político y escritor español (1905-1936), fundador de las J. O. N. S. (Juntas de Ofensiva Nacional-Sindicalista).

Lee [*li*] (Robert Edward), general norteamericano (1807-1870), jefe del ejército sudista en la guerra de Secesión.

Leeds [*lids*], c. de Gran Bretaña en Inglaterra (Yorkshire). Obispado. Universidad. Textiles.

leer v. t. Conocer y saber juntar las letras: *leer ruso; aprender a leer.* || Comprender lo que está escrito o impreso en una lengua extranjera: *leer alemán.* || Decir en voz alta o pasar la vista por lo que está escrito o impreso: *leer el periódico.* || Enterarse de lo que contiene este texto escrito. || Verificar la lectura: *leer las obras de Cervantes.* || Adoptar cierta versión de: *trozo latino que se lee de tres maneras.* || Darse cuenta del significado de algo, de un sentimiento oculto, interpretando ciertos signos: *leyó en la mirada su profunda desgracia.* || Enseñar el profesor una materia, interpretar un texto. || *Impr.* Corregir: *leer pruebas.* || *Mús.* Comprender el valor de las notas o signos. || — *Leer de corrido,* hacerlo sin dificultad. || *Fig. Leer entre renglones,* adivinar el pensamiento del que escribe sin haberlo éste manifestado claramente.

Leeuwarden [*leuarden*], c. de Holanda, cap. de Frisia.

Leeward Islands. V. SOTAVENTO.

lega f. Religiosa que hace los servicios domésticos.

legacía f. Legación, cargo.

legación f. Cargo y oficio del legado. || Ejercicio de las funciones de un legado. || Misión diplomática de un gobierno en un país en donde no tiene embajada. || Edificio en el que se encuentra esta misión.

legado m. *For.* Disposición testamentaria hecha en beneficio de una persona física o moral. || *Fig.* Lo que una generación transmite a las generaciones que le siguen, herencia. || Cargo diplomático equivalente al de ministro plenipotenciario. || Representante del Papa: *legado pontificio.* || Representante del Senado romano encargado de vigilar la administración de las provincias. || Funcionario romano que administraba las provincias imperiales en nombre del emperador.

legajar v. t. *Amer.* Juntar legajos.

legajo m. Carpeta o atado de documentos relacionados con un asunto.

legal adj. Conforme a la ley: *formalidad legal.*

legalidad f. Calidad de legal: *legalidad de una disposición.* || Conjunto de las cosas prescritas por la ley: *la legalidad de un acto.*

legalista adj. y s. Que da primacía al cumplimiento de las leyes.

legalizable adj. Que se puede legalizar.

legalización f. Acción de legalizar. || Certificado o nota con firma y sello que prueba la autenticidad de un documento o firma.

legalizar v. t. Dar estado legal. || Certificar la autenticidad de un documento o firma.

légamo m. Cieno, lodo.

legamoso, sa adj. Cenagoso.

Leganés, suburbio de Madrid. Manicomio.

legaña f. Humor viscoso procedente de la mucosa y glándulas de los párpados.

legañoso, sa adj. y s. Que tiene muchas legañas.

legar v. t. Dejar una persona a otra algo en su testamento: *legar sus cuadros a un museo.* || Enviar en legación. || *Fig.* Dejar en herencia, transmitir a sus sucesores: *legar su cultura.*

legatario, ria m. y f. Persona beneficiaria de un legado.

Legazpi, c. y puerto de Filipinas, en el SE. de la isla de Luzón. Obispado.

Legazpi (Miguel LÓPEZ DE), navegante español (¿1510?-1572). Conquistó Filipinas y fundó Manila en 1571.

legendario, ria adj Que pertenece a la leyenda o que tiene sus características: *narración legendaria.* || Popularizado por la tradición: *un personaje legendario.*

Léger (Fernand), pintor cubista francés (1881-1955).

leghorn f. (pal. ingl.). Raza de gallinas muy ponedoras.

legible adj. Que se puede leer.

legión f. Cuerpo de tropa romana de 6 000 hombres, dividido en diez cohortes. || Cuerpo de tropa en Francia y España, compuesto de soldados voluntarios, generalmente extranjeros. || *Fig.* Gran número de personas. || *Legión de Honor,* orden nacional francesa, creada en 1802 por Bonaparte para recompensar servicios militares y civiles.

legionario, ria adj. De la legión. || — M. Soldado de la legión.

legislación f. Conjunto de leyes por las que se gobierna un Estado. || Ciencia de las leyes. || Cuerpo de leyes que regulan una materia: *legislación mercantil.*

legislador, ra adj. y s. Que legisla: *el legislador Licurgo.*

legislar v. i. Dar o establecer una ley o leyes.

legislativo, va adj. Aplícase al derecho de hacer leyes: *asamblea legislativa.* || Relativo a las leyes. || Dícese del código o cuerpo de las leyes. || Autorizado por una ley: *medidas legislativas.*

LA

legislatura f. Tiempo durante el cual funcionan los cuerpos legislativos. || Cuerpo de leyes. || Período de sesiones de las Cortes o Asambleas deliberantes.

legisperito m. Jurisperito.

legista m. Jurisconsulto. || El que estudia jurisprudencia o leyes.

legítima f. *For.* Parte de la herencia que la ley asigna obligatoriamente a determinados herederos.

legitimación f. Acción y efecto de legitimar. || Acto por el que se legitima un hijo natural.

legitimador, ra adj. Que legitima: *testimonio legitimador.*

legitimar v. t. Probar la legitimidad de algo. || Hacer legítimo al hijo natural. || Habilitar a una persona que es de por sí inhábil. || Justificar.

legitimidad f. Calidad de legítimo: *la legitimidad republicana.*

legitimista adj. y s. Dícese del partidario de una dinastía que considera legítima.

legítimo, ma adj. Que reúne los requisitos ordenados por las leyes. || Dícese de la unión matrimonial consagrada por la ley. || Genuino, cierto o verdadero en cualquier línea: *cuero, oro legítimo.* || Justo, equitable: *deseos legítimos.* || *Legítima defensa,* estado de aquel que por defenderse comete un acto prohibido por la ley.

Legnano [*leñano*], c. de Italia, en Lombardía (Milán). Industrias.

Legnica, c. de Polonia (Baja Silesia). Metalurgia.

lego, ga adj. Seglar, laico, que no tiene órdenes clericales. || Sin instrucción, ignorante. || Profano, no iniciado: *lego en la materia.* || — M. Religioso que no recibe las órdenes sagradas.

legra f. *Cir.* Raedera.

legración f. y **legrado** m. Raspado: *legración de matriz.*

legrar v. t. *Cir.* Raspar la superficie de un hueso. | Raspar la mucosa del útero.

legua f. Medida itineraria de 5 572 metros. || — *Fig. A la legua,* desde muy lejos. || *Legua de posta,* distancia de cuatro kilómetros. ||

Legua marina, la de 5 555 metros o tres millas.

legui m. Polaina de cuero.

Leguía (Augusto Bernardino), político peruano (1864-1932), pres. de la Rep. de 1908 a 1912 y dictador en 1919. Derrocado en 1930. Consiguió la devolución de Tacna. ‖ ~ **Martínez** (GERMÁN), jurista, escritor, historiador y político peruano (1861-1928).

Leguizamón (Martiniano), escritor argentino (1858-1935), autor de novelas regionalistas *(Montaraz)* y de dramas *(Calandria).*

leguleyo m. Mal abogado.

legumbre f. Fruto o semilla que se cría en vaina. ‖ *Por ext.* Hortaliza.

legumina f. Sustancia extraída de las semillas de las leguminosas.

leguminosas f. pl. Familia de plantas angiospermas dicotiledóneas cuyo fruto está en una vaina, como la lenteja, el guisante, el garbanzo (ú. t. c. adj.).

Lehar (Franz), compositor de operetas austrohúngaro (1870-1948), autor de *La viuda alegre, El conde de Luxemburgo,* etc.

lei m. Pl. de *leu,* moneda rumana.

Leibniz (Gottfried Wilhelm), filósofo y matemático alemán, n. en Leipzig (1646-1716). Descubrió, al mismo tiempo que Newton, el cálculo infinitesimal.

Leicester, c. de Gran Bretaña, en el centro de Inglaterra, cap. del condado homónimo. Obispado.

Leiden. V. LEYDEN.

leído, da adj. Aplícase a la persona que ha leído mucho y tiene erudición de la cual suele hacer ostentación. ‖ — F. Lectura.

Leigh, c. de Gran Bretaña en Inglaterra (Lancaster), al O. de Manchester.

Leinster, prov. del SE. de Irlanda, cap. *Dublín.*

Leipzig, c. de Alemania Oriental (Sajonia). Universidad. Feria de muestras. Industrias.

Leiria, distrito y c. de Portugal (Extremadura). Castillo del s. XIV. Obispado.

leísmo m. *Gram.* Empleo de la forma *le* del pronombre como única en el acusativo masculino singular: por ej.: *aquel juguete no te* LE *doy,* por *no te* LO *doy.*

leísta adj. y s. Partidario del empleo del pronombre *le* como único acusativo masculino.

Leitha, río que dividía Austria-Hungría en *Cisleitania* (Austria) y *Transleitania* (Hungría); afl. del Danubio; 160 km.

leitmotiv m. (pal. alem.). *Mús.* Tema conductor. ‖ *Fig.* Frase, fórmula o motivo central que se repite en la obra de un escritor o en un discurso, etc.

Leiva, v. de Colombia (Boyacá). Fundada en 1527. Plata.

Leiva (Antonio de), militar español (1480-1536). Combatió en Italia. ‖ ~ (JUAN DE). V. LEYVA. ‖ ~ (PONCIANO), político hondureño, pres. de la Rep. de 1875 a 1876 y de 1891 a 1894.

lejanía f. Distancia grande. ‖ Paraje lejano: *se ve en la lejanía.*

lejano, na adj. Que está lejos: *un país lejano; un pariente lejano.*

lejía f. Disolución de álcalis o carbonatos alcalinos en agua. ‖ Producto detergente. ‖ *Fig. y fam.* Reprensión: *dar a uno una buena lejía.*

lejísimos adv. Muy lejos.

lejos adv. A gran distancia. ‖ En tiempo o lugar remoto. ‖ *Lejos de,* ausente de; (fig.) muy al contrario de. ‖ — M. Aspecto de una persona o cosa desde cierta distancia. ‖ *Fig.* Aspecto, apariencia.

lelo, la adj. y s. Tonto.

Leloir (Luis Federico), bioquímico argentino, n. en París en 1906, gran especialista de endocrinología. (Pr. Nóbel de Química en 1970.)

lema m. Divisa que se pone en los emblemas, armas, empresas, etc. ‖ Palabra o frase de contraseña con que se firma el trabajo presentado en algunos concursos. ‖ Argumento que precede ciertas composiciones literarias. ‖ Tema. ‖ *Mat.* Proposición que hay que demostrar antes de establecer el teorema.

Lemaire (Jacques), navegante holandés (1585-1716), que descubrió el estrecho que lleva su nombre, en el extremo meridional de la Tierra del Fuego.

Leman (LAGO), lago de Francia y Suiza, al N. de los Alpes de Saboya, atravesado por el Ródano; 582 km². Recibe tb. el n. de *lago de Ginebra.*

Lemberg. V. LVOV.

Lemercier (Jacques), arquitecto francés (¿1585?-1654).

lemming m. Género de mamíferos roedores escandinavos, semejantes al ratón campestre.

lemnáceas f. pl. Familia de plantas acuáticas monocotiledóneas en forma de disco, como la lenteja de agua (ú. t. c. adj.).

lemnio, nia adj. y s. De la isla de Lemnos.

Lemnos, isla de Grecia en el mar Egeo, entre Lesbos y Calcídica.

Lemos *(Conde de).* V. FERNÁNDEZ DE CASTRO.

lemosín, ina adj. y s. De Limoges o del Lemosín (Francia). ‖ — M. Lengua de oc hablada por los lemosines.

Lemosín, ant. prov. de Francia, al O. del Macizo Central; cap. *Limoges.*

Lempa, río que nace en Guatemala, es fronterizo entre Honduras y El Salvador y des. en el Pacífico; 323 km.

lempira m. Unidad monetaria de Honduras.

Lempira, dep. occidental de Honduras; cap. *Gracias.*

Lempira, cacique hondureño (1497-1537), que m. en lucha contra los españoles.

lempirense adj. y s. De Lempira (Honduras).

lémur m. Mamífero cuadrumano, propio de Madagascar.

lemúridos m. pl. Suborden de mamíferos primates de Madagascar, África y Malasia, como el lémur, el maki (ú. t. c. adj.).

Lemus (José María), militar salvadoreño, n. en 1911, pres. de la Rep. de 1956 a 1960.

Lena, río de la U. R. S. S. (Siberia), que des. en el océano Glacial Ártico; 4 270 km.

lenca adj. y s. Individuo de un pueblo indio centroamericano (El Salvador y Honduras).

lencera f. Mujer que vende o trata en lienzos. ‖ Mujer del lencero.

lencería f. Conjunto de ropa blanca y comercio que se hace con ella. ‖ Tienda de ropa blanca, manteles, etc. ‖ Lugar donde se guarda la ropa blanca.

lencero, ra m. y f. Persona que vende ropa blanca.

lendrera f. Peine de púas muy apretadas y finas.

lendroso, sa adj. Que tiene muchas liendres.

lengua f. Órgano, constituido por numerosos músculos cubiertos de una mucosa, movible, situado en la cavidad bucal, que interviene en la percepción del gusto, en la masticación, deglución y articulación de los sonidos. ‖ Lenguaje propio de un pueblo o de una comunidad de pueblos: *la lengua castellana.* ‖ Conjunto del vocabulario y de la sintaxis propias a determinadas épocas, a ciertos escritores, a algunas profesiones, etc. ‖ Badajo de la campana. ‖ Lengüeta de la balanza. ‖ Cosa con forma de lengua: *lengua de fuego.* ‖ — *Fig. Andar en lenguas,* estar en boca de todos. | *Hacerse lenguas de una cosa,* hablar muy bien de ella. | *Írsele a uno la lengua,* hablar más de la cuenta, decir lo que se debería callar. | *Largo de lengua,* que habla más de lo conveniente. ‖ *Lengua de ciervo,* helecho que se cría en lugares sombríos. ‖ *Lengua de gato,* bizcocho alargado y muy ligero. ‖ *Lengua de oc,* la que antiguamente se hablaba en el Mediodía de Francia y cultivaron los trovadores. ‖ *Lengua de oil,* la hablada antiguamente en Francia al norte del Loira y empleada por los troveros, origen del francés. ‖ *Lengua de tierra,* pedazo de tierra que entra en el mar. ‖ *Fig. Lengua de víbora* o *viperina* o *mala lengua* o *lengua de escorpión,* persona maldiciente. ‖ *Lengua madre,* aquella de donde se derivan otras. ‖ *Lengua materna,* la del país donde se ha nacido. ‖ *Lengua muerta,* aquella que ya no se habla. ‖ *Lenguas arias* o *indoeuropeas,* el griego, el latín, el germánico, etc. ‖ *Lengua viva,* la que se habla actualmente. ‖ *Media lengua,* manera de hablar de los niños pequeños. ‖ *Fig. Morderse la lengua,* aguantarse para no decir una cosa. | *Tirarle a una de la lengua,* hacerle hablar.

lenguado m. Pez marino de forma aplanada, de carne estimada.

lenguaje m. Conjunto de sonidos articulados con que el hombre manifiesta lo que piensa o siente. ‖ Facultad de expresarse por medio de estos sonidos. ‖ Idioma hablado por un pueblo o nación. ‖ Manera de expresarse: *lenguaje culto, incorrecto.* ‖ *Fig.* Conjunto de señales que dan a entender una cosa: *el lenguaje de su sonrisa, del campo.* | Estilo de cada uno: *escrito en un lenguaje preciso.* ‖ *Lenguaje cifrado,* el formado por una clave para guardar el secreto.

lenguaraje m. *Amer.* Lenguaje confuso.

lenguaraz adj. y s. Deslenguado, mal hablado. ‖ Hablador, charlatán.

lengüeta f. Lengua pequeña. ‖ Epiglotis. ‖ Tirilla del zapato. ‖ Fiel de la balanza. ‖ Laminilla vibrátil en algunos instrumentos músicos de viento. ‖ Barrena de abocardar. ‖ Espiga de una tabla.

lengüetada f. **lengüetazo** m. Acción de tomar o de lamer una cosa con la lengua.

lengüetear v. i. Lamer.

lengüetería f. Registros con lengüeta de un órgano.

lengüilargo, ga y **lenguón, ona** adj. y s. *Fam.* Deslenguado, charlatán, hablador.

lenidad f. Indulgencia.

lenificación f. Dulcificación.

lenificar v. t. Suavizar, dulcificar.

lenificativo, va adj. Lenitivo.

Lenin (PICO), ant. *Kaufmann,* cumbre de la U. R. S. S. en el Transalai (Pamir); 7 134 m.

Lenin o **Lenín** (Vladimir Ilich ULIANOV, llamado), político ruso, n. en Simbirsk (1870-1924), fundador del Estado soviético después de la Revolución de octubre de 1917. Está considerado como uno de los principales teóricos del marxismo.

Lenin *(Premio),* premio creado en 1956 por el Gobierno soviético destinado cada dos años a recompensar los sabios, artistas y escritores de la U. R. S. S. El de la Paz lo recibe una personalidad extranjera.

Leningrado, c. y puerto de la U. R. S. S., ant. cap. de Rusia, al fondo del golfo de Finlandia y en la desembocadura del Neva. Fundada por Pedro el Grande en 1703. Industrias. Fue llamada *San Petersburgo* hasta 1914 y *Petrogrado* de 1914 a 1924.

leninismo m. Doctrina de Lenin, en su aportación original al marxismo.

leninista adj. y s. Relativo o partidario de la doctrina de Lenin.

Leninsk-Kuznetski, c. de la U. R. S. S. (Rusia), en Kusbass (Siberia). Minas. Metalurgia.

lenitivo, va adj. Que calma y suaviza. ‖ — M. Medicamento para calmar. ‖ *Fig.* Lo que alivia o dulcifica.

lenocinio m. Alcahuetería. ‖

Casa de lenocinio, casa de prostitución, burdel.

Lens, c. de Francia (Pas-de Calais). Hulla.

lente amb. Cristal refringente de superficie esférica con caras cóncavas o convexas que se emplea en varios instrumentos ópticos. ‖ Dispositivo electromagnético que reemplaza los cristales ópticos en el microscopio electrónico. ‖ Cristal de gafas. ‖ Lupa. ‖ Monóculo. ‖ — Pl. Gafas. ‖ Quevedos. ‖ *Lente de contacto,* disco pequeño, cóncavo de un lado, convexo del otro, que se aplica directamente sobre la córnea para corregir los vicios de refracción del ojo.

— OBSERV. Aunque esta palabra es ambigua, se suele usar como masculino plural cuando significa gafas y como femenino en el sentido de cristal refringente.

lenteja f. Planta de la familia de las papilionáceas, de semillas alimenticias. ‖ Semilla de esta planta. ‖ Peso en que remata el péndulo de reloj.

lentejar m. Campo sembrado de lentejas.

lentejuela f. Laminilla redonda de metal o de cristal que se pone en el tejido de un vestido para hacerlo brillar.

lenticular adj. De forma de lenteja. ‖ — M. Hueso pequeño del oído medio. Ú. t. c. adj.: *hueso lenticular.*

lentigo m. Lunar. ‖ Peca.

lentilla f. Lente de contacto.

Lentini, c. de Italia, en Sicilia (Siracusa), cerca del lago homónimo. Es la ant. *Leontium.*

lentisco m. Arbusto anacardiáceo, de flor amarillenta o rojiza y fruto en drupa. ‖ Resina del terebinto. ‖ *Lentisco del Perú,* turbinto.

lentitud f. Falta de rapidez, de actividad, de viveza en los movimientos. ‖ *Fig.* Torpeza de entendimiento.

lento, ta adj. Tardo o pausado en el movimiento o en la operación: *trabajador lento.* ‖ Aplícase al movimiento poco veloz: *caminar lento.* ‖ Poco enérgico: *a fuego lento.* ‖ Poco vigoroso y eficaz: *respiración lenta.* ‖ Que tiene efecto progresivo: *veneno lento.* ‖ — Adv. *Mús.* Lentamente y con gravedad.

Lenz (Rudolf), filólogo alemán (1863-1938). Estudió las lenguas indígenas de Chile.

leña f. Madera utilizada para quemar. ‖ *Fig.* y *fam.* Castigo. ‖ Paliza. ‖ — *Fam. Dar leña,* pegar; jugar duro en deportes. ‖ *Fig. Echar leña al fuego,* contribuir a que se acreciente un mal.

leñador, ra m. y f. Persona que corta o vende leña.

leñar v. t. *Méx.* Cortar leña.

leñazo m. *Fam.* Garrotazo. ‖ Golpe.

leñera f. Lugar o mueble para guardar leña.

leñero m. Vendedor de leña. ‖ Leñera. ‖ — Adj. m. *Fig.* y *fam.* Duro, que juega fuerte en deportes.

leño m. Trozo de árbol cortado y sin ramas. ‖ Madera. ‖ *Fig.* y *fam.* Persona inhábil o de poco talento. ‖ *Fam. Dormir como un leño,* dormir profundamente.

leñoso, sa adj. De leña. ‖ De la misma naturalezza que la madera.

Leo o **León,** constelación boreal y quinto signo del Zodiaco que va del 23 de julio al 25 de agosto.

león, ona m. y f. Gran mamífero carnicero de la familia de los félidos, de color entre amarillo y rojo, cuyo macho tiene una abundante melena, que vive ahora en la sabanas de África después de haber existido en el Cercano Oriente e incluso en Europa. (Ataca por la noche a las cebras, a los antílopes y a las girafas. Mide unos 2 m de longitud y vive poco más o menos 40 años.) ‖ — M. Hormiga león. ‖ *Fig.* Persona valiente y atrevida: *como un león.* ‖ *Amer.* Puma. ‖ — *León marino,* especie de foca grande. ‖ *Fig. No es tan fiero el león como lo pintan,* no es mala una persona ni tan difícil un asunto como se creía. ‖ — F. Mujer de carácter enérgico o furioso.

León, ant. reino de España de los reyes de Asturias, unido a Castilla en 1230. Comprendía las actuales provincias de *León, Zamora* y *Salamanca,* y parte de las de *Palencia* y *Valladolid.* — Región de España formada por las prov. de León, Zamora y Salamanca. — C. de España, cap. de la prov. homónima. Obispado. Catedral gótica. — C. de Nicaragua al NO. del lago Managua, cap. del dep. homónimo. Universidad. Obispado. ‖ ~ (ISLA DE), isla en la prov. de Cádiz (España). — V. LEO. ‖ ~ **de los Aldamas,** c. de México (Guanajuato). Obispado.

Léon, región de Francia al NO. de Bretaña (Finistère).

León ‖ ~ **I** *el Grande (San),* papa de 440 a 461. Atila, que había llegado casi hasta Roma, desistió de la invasión de la ciudad gracias a la intervención del Papa. Fiesta el 11 de abril. ‖ ~ **II** *(San),* papa de 682 a 683. Fiesta el 28 de junio. ‖ ~ **III** *(San),* papa de 795 a 816. Coronó a Carlomagno en 800. Fiesta el 11 de junio. ‖ ~ **IV** *(San),* papa de 847 a 855. Fiesta el 19 de julio. ‖ ~ **V,** papa en 903. ‖ ~ **VI,** papa en 928. ‖ ~ **VII,** papa de 936 a 939. ‖ ~ **VIII,** papa de 963 a 965. ‖ ~ **IX** *(San),* papa de 1049 a 1054. En su pontificado tuvo lugar el último cisma de la Iglesia bizantina. Fiesta el 19 de abril. ‖ ~ **X** *(Juan de Médicis),* papa de 1513 a 1521. Protegió las artes, las letras y las ciencias. Durante su pontificado se produjo el cisma de Lutero. ‖ ~ **XI,** papa en 1605. ‖ ~ **XII,** papa de 1823 a 1829. ‖ ~ **XIII,** papa de 1878 a 1903. Autor de encíclicas de carácter social *(Rerum novarum).*

León ‖ ~ **I** *el Grande,* emperador de Oriente de 457 a 474. ‖ ~ **II,** emperador de Oriente en 474. ‖ ~ **III** *el Isáurico,* emperador de Oriente de 717 a 741. ‖ ~ **IV,** emperador de Oriente de 775 a 780. ‖ ~ **V** *el Armenio,* emperador de Oriente de 813 a 820. ‖ ~ **VI** *el Filósofo,* emperador de Oriente de 886 a 912.

León (Diego de), general español (1807-1841). Conspiró contra la reina Isabel II. M. fusilado. ‖ ~ *(Fray* LUIS DE), religioso agustino y poeta ascético español, n. en Belmonte (Cuenca) [1527-1591], catedrático de teología y exégesis bíblica en la Universidad de Salamanca. Procesado y condenado por la Inquisición. Autor de poesías (*A la vida retirada, A Salinas, A Felipe Ruiz, Noche serena, La Morada del cielo,* etc.) y de obras en prosa *(De los nombres de Cristo* y *La perfecta casada).* Tradujo a Horacio y Virgilio. ‖ ~ (RICARDO), novelista español (1877-1943), autor de *El amor de los amores, Alcalá de los Zegríes, Casta de hidalgos,* etc. ‖ ~ **Felipe.** V. FELIPE (León). ‖ ~ **Mera** (JUAN). V. MERA (Juan León). ‖ ~ **Pinelo** (ANTONIO DE), escritor peruano (¿1590?-1660), autor de *Historia de la Villa Imperio de Potosí.* ‖ ~ **y Gama** (ANTONIO DE), arqueólogo, geógrafo y astrónomo mexicano (1735-1802).

leonado, da adj. De color rubio rojizo u oscuro semejante al del pelaje del león.

Leonardo de Argensola (Bartolomé y Lupercio). V. ARGENSOLA.

Leoncavallo (Ruggero), músico italiano (1858-1919), autor de la ópera *I pagliacci.*

Leone (Giovanni), político italiano, n. en 1908, pres. de la Rep. desde 1971.

leonera f. Jaula o foso de leones. ‖ *Fig.* y *fam.* Casa de juego. ‖ Cuarto desarreglado.

leonés, esa adj. y s. De León.

Leones, isla en el S. de la Argentina (Patagonia). — Pobl. de la Argentina (Córdoba). ‖ ~ (ALTO DE LOS), puerto del Guadarrama (España). Túnel de 2 800 m.

Leoni (Leone), escultor, arquitecto y medallista italiano al servicio de Carlos V (¿1509?-1590). — Su hijo POMPEYO (¿1533?-1608) hizo el retablo mayor de El Escorial. ‖ ~ (RAÚL), abogado y político venezolano (1905-1972), pres. de la Rep. desde el año 1964 hasta el de 1969.

Leónidas, estrellas fugaces cuyo punto radiante está en la constelación de Leo o León.

Leónidas ‖ ~ **I,** rey de Esparta de 490 a 480 a. de J. C. Luchó en las Termópilas contra los persas, donde murió. ‖ ~ **II,** rey de Esparta, al mismo tiempo que Agis IV, de 247 a 236 a. de J. C.

leonino, na adj. Relativo o semejante al león: *facies leonina.* ‖ *For.* Aplícase al contrato poco equitativo: *condiciones leoninas.* ‖ — F. Especie de lepra.

Leonor de Guzmán. V. GUZMÁN (Leonor de).

leontina f. Cadena del reloj que se lleva en el chaleco.

Leontium. V. LENTINI.

Leopardi (Giacomo), poeta romántico italiano (1798-1837), autor de poemas heroicos y líricos.

leopardo m. Mamífero carnicero, de piel rojiza con manchas negras redondas. ‖ Su piel.

Leopoldo ‖ ~ **I** (1640-1705), emperador germánico desde 1658. Participó en la guerra de Sucesión de España. ‖ ~ **II** (1747-1792), emperador germánico desde 1790.

Leopoldo ‖ ~ **I** (1790-1865), rey de los belgas desde 1831. ‖ ~ **II** (1835-1909), rey de los belgas desde 1865. Creó el Estado libre del Congo en 1885, que cedió a su país en 1908. ‖ ~ **III,** rey de los belgas de 1934 a 1951, n. en 1901, hijo de Alberto I. Abdicó en favor de su hijo Balduino I.

Leopoldville. V. KINSHASA.

leotardo m. Traje sin mangas muy ajustado al cuerpo, usado por gimnastas y trapecistas. ‖ Prenda muy ajustada, generalmente de punto, que cubre desde el pie hasta la cintura.

Leovigildo, rey hispanovisigodo (573-586), padre de San Hermenegildo.

Lepanto, c. de Grecia, en el N. del estrecho homónimo, que comunica el golfo de Corinto con el mar Jónico. Don Juan de Austria derrotó a los turcos en una batalla naval (1571).

leperada f. *Méx.* Expresión obscena; picardía.

lépero, ra adj. *Amer.* Persona ordinaria. ‖ *Cub.* Astuto.

lepidio m. Planta crucífera.

Lépido (Marco Emilio), triunviro romano, con Marco Antonio y Octavio. M. el año 13 a. de J. C.

lepidolita f. Mica litinífera, principal mineral del que se extrae el litio.

lepidóptero, ra adj. y s. m. Aplícase a los insectos que tienen dos pares de alas cubiertas de escamas muy tenues y boca chupadora, como las mariposas.

lepidosirena adj. y s. f. Dícese de un género de grandes peces dipnoos del río Amazonas.

lepórido m. Animal híbrido hipotético de conejo y liebre. ‖ — Pl. Familia de mamíferos roedores que comprende las liebres y los conejos (ú. t. c. adj.).

leporino, na adj. Relativo a la liebre. ‖ *Labio leporino,* deformidad congénita caracterizada por la división del labio superior.

lepra f. *Med.* Infección crónica de la piel, debida a la presencia del bacilo Hansen, que cubre la piel de pústulas y escamas. ‖ *Fig.* Vicio que se extiende como la lepra.

leprosería f. Hospital de leprosos.
leproso, sa adj. y s. Que padece lepra.
leptorrinos m. pl. Animales que tienen el pico o el hocico delgado y muy saliente (ú. t. c. adj.).
Lequeitio, v. y puerto en el N. de España (Vizcaya). Pesca.
Lera (Ángel María de), novelista español, n. en 1912, autor de *Los clarines del miedo, La boda, Las últimas banderas,* etc.
lerdo, da adj. y s. Torpe.
Lerdo de Tejada (Miguel), político mexicano (1812-1861), propulsor de la Reforma. ‖ ~ (SEBASTIÁN), político mexicano (1827-1889). Luchó, en unión de Juárez, contra la intervención francesa y fue pres. de la Rep. de 1872 a 1876. Derrocado por Porfirio Díaz.
Lérida, mun. y pobl. de Colombia (Tolima). — C. del NE. de España, en Cataluña, cap. de la prov. homónima. Atravesada por el río Segre. Centro comercial.
leridano, na adj. y s. De Lérida.
Lerma, v. de España (Burgos). Colegiata gótica (s. XVI). — Río del SE. de México que vierte sus aguas en la laguna de Chapala; 563 km. Presas.
Lerma (Francisco de SANDOVAL y ROJAS, *duque de*), político español (¿1550?-1625), favorito del rey Felipe III.
Lermontov (Mijail Iurievich), poeta romántico ruso (1814-1841). Escribió también una novela.
Lerna, laguna griega del Peloponeso (Argólida). (V. HIDRA).
Lerroux (Alejandro), político republicano español (1864-1949), jefe del Partido Radical. Presidente del Consejo en 1934-1935.
les dativo del pronombre personal de tercera persona en ambos géneros y números *(les propuse venir conmigo)* y de segunda cuando se habla de usted *(les digo que no).*
Lesage (Alain René), escritor francés (1668-1747), autor de la novela *Gil Blas de Santillana,* inspirada en los relatos picarescos españoles, del cuento *El Diablo Cojuelo* y de comedias.
lesbiano, na adj. y s. Lesbio. ‖ Dícese de la mujer homosexual.
lesbio, bia adj. y s. De Lesbos.
Lesbos o **Mitilene,** isla griega del mar Egeo, cerca de Turquía.
Lesczinsky, familia polaca a la que pertenecían Estanislao, rey de Polonia, y la reina María, esposa de Luis XV de Francia.
lesión f. Daño corporal: *lesión interna.* ‖ Herida: *lesión en la pierna.* ‖ *Fig.* Perjuicio. ‖ *For.* Daño causado en un contrato.
lesionar v. t. Causar lesión (ú. t. c. pr.). ‖ Causar perjuicio: *lesionar intereses ajenos.* ‖ Dañar.
lesivo, va adj. Perjudicial.
leso, sa adj. f. Palabra que se pone delante de ciertos sustantivos femeninos para indicar que la idea expresada por el nombre ha sido atacada, violada: *crimen de lesa majestad, de lesa humanidad.*
Lesotho, ant. *Basutolandia,* Estado de África meridional, miembro del Commonwealth; 30 343 km²; 1 040 000 h.; cap. *Maseru,* 10 000 h.
Lesseps (Ferdinand Marie, *vizconde de*), ingeniero y diplomático francés (1805-1894). Proyectó y dirigió la construcción del canal de Suez (1859) y trató de abrir el de Panamá.
Lessing (Gotthold Ephraim), escritor alemán (1729-1781), autor de dramas, de ensayos de crítica y de poesías.
leste m. Este. ‖ Viento cálido del Atlántico que sopla del S. al E.
letal adj. Mortífero: *sueño letal.*
letanía f. Oración formada por una larga serie de breves invocaciones (ú. m. en pl.). ‖ Procesión de rogativa en que se cantan letanías (ú. m. en pl.). ‖ *Fig.* y *fam.* Enumeración larga, lista interminable, sarta.
letárgico, ca adj. Que sufre letargo: *estado letárgico.* | Relativo a esta enfermedad. ‖ Indolente.
letargo m. *Med.* Estado de somnolencia enfermiza, profunda y prolongada, sin fiebre ni infección. ‖ Estado de sopor de algunos animales en ciertas épocas. ‖ *Fig.* Modorra.
Lete o **Leteo,** uno de los ríos del Infierno, cuyo nombre significa *olvido. (Mit.)*
Letelier (Alfonso), compositor chileno, n. en 1912.
leteo, a adj. *Mit.* Relativo al Lete o Leteo.
Leticia, c. del S. de Colombia, cap. de la comisaría de Amazonas.
leticiano, na adj. y s. De Leticia (Colombia).
letífero, ra adj. Mortal.
Leto, madre de Artemisa y de Apolo. Es la *Latona* de los romanos. *(Mit.)*
letón, ona adj. y s. De Letonia. ‖ — M. Lengua hablada por los letones.
Letonia o **Latvia,** rep. federada de la U. R. S. S., en el litoral del mar Báltico; 63 700 km²; 2 242 000 h. *(letones);* cap. *Riga.* Fue independiente de 1918 a 1940. Agricultura; ganadería.
letra f. Cada uno de los signos del alfabeto por los que se indican los sonidos de una lengua: *el alfabeto castellano consta de 28 letras.* ‖ Carácter tipográfico que representa uno de los signos del alfabeto. ‖ Cada uno de los estilos de escritura: *letra itálica.* ‖ Manera de escribir: *tiene una letra muy bonita.* ‖ Texto de una canción: *la letra del himno nacional.* ‖ Lema, divisa. ‖ Letra de cambio. ‖ Sentido riguroso de un texto: *atenerse a la letra de un escrito.* ‖ *Fig.* Astucia. ‖ — Pl. Carta: *me envió dos letras para anunciarme su venida.* ‖ Literatura (por oposición a ciencias): *licenciado en Letras; Facultad de Letras.* ‖ Conocimientos: *es un hombre de letras.* ‖ — *A la letra* o *al pie de la letra,* literalmente. ‖ *Bellas Letras,* literatura. ‖ *Con todas sus letras,* sin omitir nada. ‖ *De su puño y letra,* con su propia mano. ‖ *Letra bastardilla,* la itálica ‖ *Letra de cambio,* documento de giro mediante el cual el firmante ordena a una persona que pague, en una época determinada, cierta cantidad a otra. ‖ *Letra de imprenta* o *de molde,* caracteres impresos. ‖ *Letra florida,* mayúscula decorativa. ‖ *Fig. Letra muerta,* dícese de lo que no tiene ningún valor real. ‖ *Primeras letras,* iniciación de la enseñanza. ‖ *Protestar una letra,* requerir ante notario a la persona que no paga una letra de cambio. ‖ *Fig. Tener mucha letra menuda,* ser muy astuto.
letrado, da adj. Instruido. ‖ *Fam.* Presumido. ‖ — M. Abogado. ‖ — F. Mujer del letrado.
Letrán ‖ ~ *(Palacio de),* palacio de la Roma antigua, residencia de los papas durante diez siglos. ‖ ~ *(Tratado de),* tratado firmado en 1929 por la Santa Sede e Italia, por la que ésta reconocía la soberanía del Papa en la Ciudad del Vaticano.
letrero m. Escrito o enseña para indicar una cosa: *letrero luminoso.*
letrilla f. Composición poética de versos cortos o en estrofas que tienen el mismo estribillo.
letrina f. Retrete. ‖ *Fig.* Cosa sumamente sucia.
leu m. Unidad monetaria rumana. (Pl. *lei.*)
Léucade, nomo y c. de Grecia en una de las islas Jónicas.
leucemia f. *Med.* Enfermedad que se caracteriza por un aumento del número de glóbulos blancos (leucocitos) en la sangre (hasta 500 000 por mm³).
leucémico, ca adj. y s. Relativo a la leucemia o que la padece.
Leucipo, filósofo griego (¿460?-370 a. de J. C.).
leucocito m. Glóbulo blanco de la sangre y de la linfa, que asegura la defensa contra los microbios (cada mm³ de sangre contiene 7 000).
leucocitosis o **leucocitemia** f. *Med.* Aumento anormal de la cantidad de leucocitos en la sangre.
leucoma m. Mancha blanca que sale en la córnea.
leucopenia f. *Med.* Reducción anormal del número de leucocitos en la sangre.
leucoplaquia y **leucoplasia** f. *Med.* Enfermedad de la mucosa de la boca, caracterizada por la aparición de placas de color blanco que cubren la superficie de la lengua.
leucorrea f. *Med.* Flujo blanquecino en las vías genitales de la mujer.
leucosis f. *Med.* Proliferación anormal de los leucocitos.
Leuctras, ant. c. de Grecia (Beocia). Derrota de los espartanos por Epaminondas y los tebanos en 371 a. de J. C.
leudar v. t. Echar levadura a la masa del pan. ‖ — V. pr. Fermentar la masa del pan.
leudo, da adj. Dícese de la masa de pan fermentada con levadura.
lev m. Unidad monetaria búlgara. (Pl. *leva.*)
leva f. Salida de un barco del puerto. ‖ Reclutamiento de gente para el servicio militar. ‖ *Mec.* Rueda con muescas que transmite o dirige el movimiento de una máquina: *árbol de levas.* | Álabe.
levadizo, za adj. Que se puede levantar: *puente levadizo.*
levadura f. Hongo unicelular empleado para obtener una fermentación industrial. ‖ Masa, con la que se hace el pan, que se aparta y se deja agriar para añadirla después a la masa fresca y provocar su esponjamiento.
Levallois-Perret, pobl. de Francia, en el NO. de París (Hauts-de-Seine). Industrias.
levantamiento m. Acción y efecto de levantar. ‖ Erección: *levantamiento de una estatua.* ‖ Construcción: *levantamiento de un edificio.* ‖ Subida: *levantamiento de las cejas.* ‖ Alzamiento, rebelión, sublevación: *levantamiento militar.* ‖ Conjunto de operaciones efectuadas para levantar un plano topográfico de un terreno. ‖ *Levantamiento de la veda,* suspensión de la prohibición de cazar o pescar.
levantar v. tr. Mover de abajo hacia arriba: *levantó la cabeza.* ‖ Colocar derecho lo que estaba inclinado: *levantar la barrera de un paso a nivel.* ‖ Alzar, dirigir hacia arriba: *levantó la vista.* ‖ Destapar, retirar: *levantar la cubierta.* ‖ Hacer, provocar: *levantar una polvareda.* ‖ Construir, edificar, erigir: *levantar una torre.* ‖ Quitar: *levantar el mantel.* ‖ Salir, hacer: *le levantó ampollas.* ‖ Trazar: *levantó un plano topográfico.* ‖ Poner: *siempre levanta obstáculos.* ‖ Hacer constar, tomar por escrito: *levantaron un acta, un atestado.* ‖ Retirar: *levantar el ancla del fondo.* ‖ Subir: *levantar el telón.* ‖ Abandonar, cesar: *levantar el asedio.* ‖ Hacer salir de donde está oculto: *el perro levanta la caza.* ‖ *Fig.* Trastornar, remover: *eso levanta el estómago.* | Sublevar: *levantar al hijo contra el padre.* | Restablecer la prosperidad de: *levantar la economía nacional.* | Señalar: *levantar errores.* | Suscitar, provocar: *problemas levantados por su política.* | Hacer: *levantar falso testimonio.* | Suprimir, hacer cesar: *levantar un castigo.* | Suspender: *levantar la excomunión.* | Dar por terminado: *levantar una sesión, la veda.* | Irse de: *levantó el campo.* | Alistar, reclutar: *levantar un ejército de mercenarios.* | Alzar: *no levantes la voz.* | Animar, hacer más animoso: *¡levanta tu moral!* | Causar, ocasionar: *su discurso levantó gritos de aprobación.* ‖ — V. pr.

Comenzar a aparecer: *el Sol se levanta temprano.* || Empezar a formarse, a extenderse, a soplar: *se levantó un gran viento.* || Ponerse borrascoso: *el mar se levanta.* || Ponerse mejor: *el tiempo se levanta.* || Ponerse de pie: *se levantó al llegar las señoras.* || Abandonar o dejar la cama: *levantarse tarde.* || Rebelarse, sublevarse: *el pueblo se levantó en armas.* || Subir en el aire: *el avión se levantó majestuosamente.* || Alzarse, erguirse: *a lo lejos se levanta un campanario.* || Estallar, desencadenarse: *se levantó un escándalo.* || — *Al levantarse la sesión*, al terminarse. || *Fig. Levantarse la tapa de los sesos*, suicidarse. | *Levantársele a uno el estómago*, tener náuseas.

levante m. Punto por donde parece salir el Sol. || Viento que sopla del Este.

Levante, n. dado al conjunto de países de la parte oriental del Mediterráneo. — Región de Valencia y Murcia, en España.

levantino, na adj. y s. De Levante.

levantisco ca adj. y s. Turbulento, sedicioso.

levar v. t. Levantar las anclas. || — V. pr. Hacerse a la vela.

leve adj. Ligero. || *Fig.* Poco grave, de no mucha importancia: *herida leve.*

levedad f. Ligereza.

Levene (Ricardo), historiador argentino (1885-1959), autor de *Lecciones de Historia argentina, La Revolución de Mayo*, etc.

Leverkusen, c. de Alemania Occidental (Renania-Westfalia).

Leverlin (Oscar), escritor sueco (1862-1906).

Leví, tercer hijo de Jacob, antepasado de la tribu de Israel.

Leviatán, monstruo marino del que habla el *Libro de Job* (Biblia).

Leviathan, obra en la que Hobbes expone sus doctrinas (1651).

Levi-Civita (Tullio), matemático italiano (1873-1941); descubrió el cálculo diferencial absoluto.

Levingston (Roberto Marcelo), general argentino, n. en 1920, pres. de la Rep. en 1970. Derrocado en 1971.

levirrostro adj. y s. m. Aplícase a las aves de pico largo.

levita m. Sacerdote de la tribu de Leví. || Diácono. || — F. Traje de hombre con faldones largos.

levitación f. Acto de levantar un cuerpo por la sola fuerza de la voluntad.

levítico, ca adj. De los levitas de Israel. || *Fig.* Clerical.

Levítico, tercer libro del *Pentateuco* de Moisés. Trata de los sacerdotes y de los levitas.

Lewis (Juan Treharne), endocrinólogo argentino, n. en 1898. || || ~ (SINCLAIR), novelista norteamericano (1885-1951, autor de *Babbitt, Calle Mayor, Elmer Gantry* y *Dodsworth.* (Pr. Nóbel, 1930.) || ~ **Carroll.** V. CARROLL.

léxico, ca adj. Relativo al léxico. || — M. Diccionario abreviado. || Conjunto de las palabras de una lengua o las utilizadas por un escritor. || Diccionario griego.

lexicografía f. Arte de componer léxicos o diccionarios.

lexicográfico, ca adj. Relativo a la lexicografía.

lexicógrafo, fa m. y f. Autor de un léxico o diccionario. || Especialista en lexicografía.

lexicología f. Estudio científico de las palabras desde el punto de vista histórico, semántico, etimológico, etc.

lexicológico, ca adj. Relativo a la lexicología.

lexicólogo, ga m. y f. Especialista en lexicología.

lexicón m. Léxico.

ley f. Expresión de la relación necesaria que une entre sí dos fenómenos naturales; regla constante que expresa esta relación: *leyes de la atracción de la Tierra.* || Destino ineludible: *eso es ley de vida.* || Cariño, afecto: *le he cobrado mucha ley.* || Proporción que un metal precioso debe tener en una aleación: *oro de ley.* || Calidad, peso o medida reglamentaria que han de tener algunos géneros. || Conjunto de reglas dictadas por el legislador: *ley de enjuiciamiento civil.* || Cualquier regla general y obligatoria a la que ha de someterse una sociedad: *leyes fundamentales.* || Poder, autoridad, dominio: *la ley del más fuerte.* || Religión: *la ley de los mahometanos.* || — Pl. Derecho: *estudié leyes en Madrid.* || — *Al margen de la ley* o *fuera de la ley*, fuera de las reglas por las que se rige una sociedad. || *Fig. Con todas las de la ley*, siguiendo el conducto marcado por la ley. | *De buena ley*, bueno, honrado. | *Hecha la ley, hecha la trampa*, cuando se promulga una ley siempre hay alguien que intenta soslayarla usando artificios. || *Ley de bases*, la que determina los fundamentos de una nueva ley. || *Fam. Ley del embudo*, dícese cuando uno aplica la ley estrictamente para los demás y es transigente con sí mismo. || *Ley divina*, conjunto de reglas reveladas por Dios a los hombres. || *Ley natural*, conjunto de reglas de conducta basadas en la naturaleza misma del hombre y de la sociedad. || *Ley nueva*, religión de Jesucristo. || *Ley orgánica*, ley, sin caracter constitucional, concerniente a la organización de los poderes públicos. || *Ley sálica*, la que no permitía que reinasen las mujeres. || *Ley seca*, la que prohibe el consumo de bebidas alcohólicas.

Leyden, c. de Holanda (Holanda Meridional), atravesada por un brazo del Rin. Universidad.

leyenda f. Relato de la vida de un santo: *la leyenda de San Millán.* || Relato de carácter imaginario en el que los hechos históricos están deformados por la mente popular o la invención poética: *leyendas de la Edad Media; leyenda de Rolando.* || Invención fabulosa. || *Leyenda negra*, relato de la conquista de América hostil a los españoles.

Leyes de Indias, código que recopilaba las disposiciones legales españolas para el gobierno del Nuevo Mundo (1681).

Leyte, isla del archip. de las Visayas (Filipinas); cap. *Taclobán.*

Leyva (Gabriel S.), político mexicano (1871-1910), precursor de la Revolución, alzado contra Porfirio Díaz. M. fusilado. || ~ (JUAN DE), gobernador español (1604-1678), virrey de Nueva España de 1660 a 1664.

Lezama, parque al SE. de la ciudad de Buenos Aires.

Lezama Lima (José), escritor cubano, n. en 1912, autor de poesías (*Muerte de Narciso*) y de novelas (*Paradiso*).

Lezcano (Carlos), pintor español (1870-1929).

lezna f. Instrumento de zapatero para agujerear el cuero.

Lezo (Blas de), marino español (1687-1741), que defendió el puerto de Cartagena de Indias contra los ataques ingleses.

Lhassa, cap. del Tíbet (China); 70 000 h. C. sagrada de los budistas y ant. residencia del Dalai Lama. Numerosos conventos.

L'Hermite (François, llamado **Tristan**), escritor francés (1601-1655), autor de tragedias, novelas y poesías líricas.

Lhotse, monte del Himalaya; 8 545 m.

Li, símbolo del *litio.*

Li || ~ **Kong-Lin.** V. LILONG-MIEN. || ~ **Po** o **Li Taipo,** poeta chino (¿701?-762).

Liakov o **Liakhov** (ISLAS), archip. soviético en océano Glacial Ártico (costa de Siberia).

liana f. Galicismo por *bejuco.*

Liaoning, prov. de China del NE.; cap. *Chenyang.* Industrias.

liar v. t. Envolver: *liar un pitillo; liar en una manta.* || *Fig.* y *fam.* Engatusar. | Meter en un compromiso: *no me líes en este asunto* (ú. t. c. pr.). || — V. pr. *Pop.* Amancebarse. || *Fig.* Trabucarse.

lias y **liásico** m. *Geol.* Conjunto de las capas inferiores del terreno jurásico.

libación f. Acción de libar. || Efusión de vino o de otro licor que hacían los antiguos en honor de los dioses. || Acción de beber.

libamen m. Ofrenda en el sacrificio.

libanés, esa adj. y s. Del Líbano.

Líbano, macizo montañoso de Asia, paralelo al Mediterráneo. — Mun. y c. de Colombia (Tolima).

Líbano, rep. de Asia occidental, ribereña del Mediterráneo. Limita con Siria e Israel; 10 400 km²; 2 790 000 h. (*libaneses*). Cap. *Beirut*, 500 000 h. (con los suburbios); otras c.: *Trípoli*, 145 000 h.; *Zahle*, 33 000; *Saida* (Sidón), 40 000, y *Sur* (Tiro), 12 000.

libar v. t. Chupar el jugo de una cosa: *la abeja liba las flores.* || Hacer la libación para el sacrificio. || Probar un líquido.

Libau. V. LIEPAJA.

libelista m. Autor de libelos.

libelo m. Escrito satírico o difamatorio. || *For.* Petición o memorial.

libélula f. Insecto con cuatro alas membranosas, llamado también *caballito del diablo.*

líber m. Tejido vegetal provisto de conductos por los que pasa la savia en el interior de la corteza y ramas de los árboles.

liberación f. Acción de poner en libertad: *la liberación de un preso.* || Cancelación de una hipoteca. || Término puesto a la ocupación del enemigo.

liberador, ra adj. y s. Libertador.

liberal adj. Favorable a las libertades individuales. || Indulgente, tolerante: *reglas muy liberales.* || Generoso. || — *Artes liberales*, las que eran antiguamente realizadas por personas de condición libre, como la pintura y la escultura. || *Profesión liberal*, profesión intelectual en la que no existe ninguna subordinación entre el que la efectúa y el que acude a sus servicios (notarios, procuradores, abogados, médicos, consejeros, etc.). || — M. Partidario de la libertad individual en política y en economía.

liberalidad f. Disposición de dar, generosidad.

liberalismo m. Doctrina política o económica que defiende la aplicación de la libertad en la sociedad. || *Fig.* Amplitud de miras: *persona de gran liberalismo.*

liberalización f. Acción de liberalizar. || Tendencia a promover una mayor libertad en los intercambios comerciales entre naciones.

liberalizar v. t. Hacer más liberal.

liberar v. t. Libertar. || Eximir a uno de una obligación: *liberar de una promesa.* || Librar un país de la ocupación extranjera. || — V. pr. Eximirse de una deuda, de una obligación.

liberatorio, ria adj. Que libera de una obligación.

Liberec, c. del NO. de Checoslovaquia (Bohemia). Industria textil y de maquinarias.

Liberia, rep. de África occidental, en el golfo de Guinea. Creada en 1822 por negros libertados de Estados Unidos y dependiente de este país hasta 1847; 111 370 km²; 1 700 000 h. (*liberianos*). Cap. *Monrovia*, 81 000 h. Produce hierro, oro y diamantes. Agricultura (cacao, caucho).

Liberia, c. de Costa Rica, cap. de la prov. de Guanacaste. Llamada tb. *Ciudad Blanca.*

liberiano, na adj. y s. De Liberia.

LE

liberoleñoso, sa adj. *Bot.* Compuesto de líber y leña.
libérrimo, ma adj. Muy libre.
libertad f. Ausencia de obligación. ‖ Estado de un pueblo que no está dominado por un poder tiránico o por una potencia extranjera. ‖ Estado de una persona que no está prisionera o que no depende de nadie. ‖ Poder de hacer lo que no está prohibido, de obrar a su antojo. ‖ Libre arbitrio, facultad de actuar como queremos sin obligación alguna. ‖ Modo de hablar, de obrar, demasiado atrevido, sin tener en cuenta nuestros deberes. Ú. t. en pl.: *este chico se toma libertades con todo el mundo.* ‖ Facilidad, falta de impedimento: *libertad de movimientos.* ‖ Familiaridad: *tratarle con mucha libertad.* ‖ Derecho que uno se otorga: *me tomo la libertad de contradecirte.* ‖ — *Libertad condicional,* medida por la que el condenado a una pena privativa de libertad es liberado antes de la expiración de su castigo. ‖ *Libertad de conciencia,* derecho de tener o no una creencia religiosa. ‖ *Libertad de cultos,* derecho de practicar la religión que se escoja. ‖ *Libertad de imprenta* o *de prensa,* derecho para manifestar su opinión en los periódicos y los libros sin previa censura. ‖ *Libertad individual,* la que tienen todos los ciudadanos de no verse privados de ella sino en ciertos casos determinados por la ley. ‖ *Libertad provisional,* la que goza un procesado no sometido a prisión preventiva.
Libertad (La), dep. de El Salvador en la costa del Pacífico; cap. *Nueva San Salvador.* Café. — C. y puerto de El Salvador, en el dep. homónimo. — Dep. del N. del Perú; cap. *Trujillo.* Agricultura. Minas. Terremoto en 1970.
libertador, ra adj. y s. Que liberta: *Bolívar y San Martín, libertadores de América.*
Libertador, n. que tuvo de 1936 a 1961 la prov. de Dajabón (Rep. Dominicana). ‖ **~ (El).** V. CACHI.
libertar v. t. Poner en libertad. ‖ Librar de un mal. ‖ Eximir de una deuda u obligación (ú. t. c. pr.). ‖ Preservar.
libertario, ria adj. y s. Defensor de la libertad absoluta, anarquista, ácrata.
libertense adj. y s. De La Libertad (El Salvador).
libertinaje m. Manera de vivir disoluta: *su vida estuvo dedicada a un libertinaje desenfrenado.*
libertino, na adj. y s. Que lleva una vida disoluta.
liberto, ta m. y f. Esclavo que recobraba la libertad.
Libia, Estado de África del Norte, formado por la unión de Tripolitania, Cirenaica y Fezzán; 1 759 500 km²; 1 869 000 h. *(libios).* Cap. *Trípoli,* 212 600 h. C. pr. *Bengasi,* 137 500 h. Petróleo. Reino independiente desde 1951. Se proclamó la República en 1969. En 1971 se adhirió la Unión de Repúblicas Árabes. ‖ **~** (DESIERTO DE), desierto al NE. de África, prolongación del Sáhara.
libídine f. Lujuria, lascivia.
libidinosidad f. Lujuria.
libidinoso, sa adj. y s. Lujurioso, lascivo.
libido f. Forma de energía vital, origen de las manifestaciones del instinto sexual.
libio, bia adj. y s. De Libia.
Liborio, nombre del guajiro que personifica al pueblo de Cuba.
Libourne, c. del SO. de Francia (Gironde).
libra f. Antigua medida de peso, de valor variable en diferentes lugares, que oscilaba entre 400 y 460 gramos. ‖ Moneda imaginaria cuyo valor varía en los diversos países. ‖ Unidad monetaria inglesa *(libra esterlina),* dividida hasta 1971 en 20 chelines o 240 peniques y ahora en 100 nuevos peniques. ‖ Unidad de moneda de Egipto, Israel, Turquía, Eire, Líbano, Nigeria, Gambia, Sierra Leona, Rodesia y Siria. ‖ Unidad monetaria del Perú, que contiene 10 soles. ‖ *Fam. Entrar pocos en libra,* encontrarse muy pocos.
Libra, séptimo signo del Zodiaco. — Constelación zodiacal que se halla delante del signo homónimo.
libración f. Oscilación aparente de la Luna alrededor de su eje.
libraco m. Libro malo o grande.
librado, da m. y f. *Com.* Persona contra la que se gira una letra de cambio.
librador, ra adj. y s. Que libra. ‖ — M. y f. Persona que gira una letra de cambio.
libramiento m. Acción y efecto de librar. ‖ Orden de pago.
libranza f. Orden de pago.
librar v. t. Sacar a uno de un peligro o aprieto: *librar de la tiranía.* ‖ Confiar en una persona o cosa: *librar su esperanza en Dios.* ‖ Empeñar, entablar, trabar: *librar batalla para obtener la emancipación de la mujer.* ‖ *Com.* Girar. ‖ Dicho de una sentencia, pronunciarla, y de un decreto, promulgarlo. ‖ Eximir de una obligación. ‖ — V. i. Parir la mujer. ‖ Disfrutar los empleados y obreros del día de descanso semanal. ‖ — V. pr. Evitar: *librarse de un golpe.* ‖ Eximirse de una obligación. ‖ Deshacerse de un prejuicio.
libre adj. Que posee la facultad de obrar como quiere: *el hombre se siente libre.* ‖ Que no está sujeto a la dominación extranjera, independiente: *nación libre.* ‖ Que no depende de nadie: *persona que es completamente libre.* ‖ Que no experimenta ninguna molestia, que hace lo que quiere: *me encuentro muy libre en tu casa.* ‖ Que ha pasado el peor momento: *libre de cuidados.* ‖ Sin ninguna sujeción o traba: *comercio libre.* ‖ Que no tiene obstáculos: *la vía está libre.* ‖ Desocupado: *queda todavía un piso libre.* ‖ Que no está preso: *lo dejaron pronto libre.* ‖ Que no tiene ocupación: *en mis ratos libres.* ‖ Atrevido, osado: *muy libre en sus actos.* ‖ Exento: *libre de franqueo.* ‖ Dispensado: *libre de toda obligación.* ‖ *Fig.* Sin novio o novia. ‖ — *Estudiar por libre,* estudiar sin asistir a las clases para presentarse luego a los exámenes. ‖ *Libre albedrío* o *libre arbitrio,* libertad absoluta que tienen los seres racionales para obrar según les parezca. ‖ *Libre cambio,* librecambio. ‖ *Traducción libre,* aquella en que no se traduce el texto palabra por palabra. ‖ *Verso libre,* el que no se ajusta a rima.
librea f. Uniforme de ciertos criados: *le precedían dos lacayos con libreas de color azul.*
librecambio m. Comercio entre naciones, sin prohibiciones o derechos de aduana.
librecambismo m. Doctrina que defiende el librecambio.
librecambista adj. y s. Partidario del librecambio.
librepensador, ra adj. Dícese de la persona que se considera libre de cualquier dogma religioso (ú. t. c. s.).
librepensamiento m. Doctrina que defiende la independencia absoluta de la razón individual de cualquier dogma religioso.
librería f. Tienda de libros. ‖ Comercio del librero: *librería de lance.* ‖ Armario para libros, biblioteca.
librero, ra m. y f. Persona que vende libros.
libresco, ca adj. Relativo al libro. ‖ Procedente principalmente de los libros.
libreta f. Cuaderno.
libretista com. Autor de un libreto.
libreto m. Obra de teatro a la que se pone música: *fue el autor del libreto de la ópera.*
Libreville, cap. de Gabón, en la desembocadura del río de este n.; 46 000 h. Arzobispado. Centro administrativo y comercial.
librillo m. Cuadernillo de papel de fumar. ‖ Libro, estómago de los rumiantes.
libro m. Conjunto de hojas de papel escritas o impresas reunidas en un volumen cosido o encuadernado: *libro de texto; libro de señas.* ‖ Obra en prosa o verso de cierta extensión. ‖ División de una obra. ‖ Libreto. ‖ Tercera de las cuatro cavidades del estómago de los rumiantes. ‖ — *Fig.* y *fam. Ahorcar los libros,* abandonar los estudios. ‖ *Libro amarillo, azul, blanco, rojo, verde,* el que contiene documentos diplomáticos y que publican en determinados casos los gobiernos. ‖ *Libro de caballerías,* relato en prosa o en verso de las aventuras heroicas y amorosas de los caballeros andantes (*El Caballero Cifar, Amadís de Gaula,* etc.). ‖ *Libro de caja,* aquel en que se consignan las entradas y salidas de dinero. ‖ *Libro de comercio,* cada uno de los que debe tener todo comerciante para asentar cotidianamente sus operaciones. ‖ *Libro de oro,* aquel donde se inscribían en ciertas ciudades de Italia los nombres de las familias más ilustres; (fig.) el utilizado para poner los nombres y firmas de las personas célebres que visitan un lugar. ‖ *Libro de texto,* aquel en que se estudia una asignatura. ‖ *Libro escolar,* libro en el que están señaladas las notas de un alumno. ‖ *Libro sagrado,* cada uno de los de la Sagrada Escritura. ‖ *Libro sapiencial,* cada uno del Antiguo Testamento (*Los Proverbios, El Eclesiastés, El Cantar de los Cantares, El libro de la Sabiduría* y *El Eclesiástico*).
Libro del buen amor, poema del Arcipreste de Hita, sátira contra la sociedad de su época (1330).
Licancábur, volcán andino entre Chile (Antofagasta) y Bolivia; 5 930 m.
Licantén, com. en el centro de Chile (Curicó), cap. del dep. de Mataquito.
licencia f. Permiso: *con licencia de sus jefes.* ‖ Grado universitario: *licencia en Derecho.* ‖ Libertad dada por los poderes públicos para el ejercicio de ciertas profesiones y también para la importación o exportación de ciertos productos. ‖ Certificado de inscripción de una persona o de una entidad que le autoriza a participar en una competición deportiva. ‖ Documento que autoriza a quien lo posee la práctica de la caza o la pesca. ‖ Terminación del servicio militar: *licencia de la quinta.* ‖ Libertad demasiado grande y contraria al respeto y a la buena educación. ‖ *Gram.* Infracción de la sintaxis permitida en ciertos casos.
licenciado, da adj. Que ha hecho los estudios universitarios de una licencia (ú. t. c. s.). ‖ Despedido, expulsado. ‖ Que ha acabado el servicio militar (ú. t. c. s.).
Licenciado Vidriera *(El),* una de las novelas ejemplares de Cervantes.
licenciamiento m. Despido: *licenciamiento de empleados.* ‖ *Mil.* Licencia.
licenciar v. t. Despedir, echar. ‖ Dar el título universitario de licenciado. ‖ Autorizar, dar permiso. ‖ Dar por terminado el servicio militar. ‖ — V. pr. Obtener el grado, el título de licenciado universitario: *licenciarse en ciencias.*
licenciatura f. Licencia universitaria.
licencioso, sa adj. Contrario a la decencia, al pudor.
liceo m. Uno de los tres gimnasios de Atenas, donde enseñaba Aristóteles. ‖ Sociedad literaria o recreativa. ‖ En algunos países, establecimiento de segunda enseñanza: *el liceo francés de Madrid.*

Liceo *(Teatro del)*, teatro de Barcelona (España), dedicado a la ópera e inaugurado en 1840.

licitación f. Venta en subasta.

licitador m. El que licita.

licitante adj. Que licita.

licitar v. t. *For.* Ofrecer precio por una cosa en subasta. ‖ *Amer.* Vender en pública subasta.

lícito, ta adj. Que es justo. ‖ Permitido por la ley.

licitud f. Calidad de lícito.

licopodíneas f. pl. Orden de plantas criptógamas del tipo de las pteridofitas (ú. t. c. adj.).

licopodio m. Planta criptógama que crece en lugares húmedos.

licor m. Cualquier cuerpo líquido. ‖ Bebida alcohólica.

licorera f. Utensilio de mesa donde se colocan las botellas de licor o las copas en que se sirve.

lictor m. Oficial que precedía con las fasces a los cónsules y magistrados romanos.

licuable adj. Que se puede licuar: *metal licuable.*

licuación f. Acción y efecto de licuar o licuarse.

licuante adj. Que licua.

licuar v. t. Convertir en líquido.

* **licuefacer** v. t. Licuar.

licuefación f. Paso de un gas al estado líquido.

licuefactible adj. Licuable.

licurgo, ga adj. *Fig.* Inteligente, hábil. ‖ — M. Legislador.

Licurgo, legislador legendario de Esparta (s. IX a. de J. C.).

Lichfield, c. de Gran Bretaña, en Inglaterra (Stafford), al N. de Birmingham. Obispado anglicano. Catedral.

lid f. Combate, pelea, lucha. ‖ *Fig.* Contienda, disputa, riña. ‖ *En buena lid*, valiéndose de medios legítimos

líder m. Jefe, dirigente: *el líder de un partido.* ‖ El primero en una clasificación.

liderato y liderazgo m. Jefatura: *el liderato estudiantil.*

lidia f. Acción de lidiar: *toros de lidia.* ‖ *Amer.* Tarea fatigosa, trabajo pesado.

Lidia, ant. región de Asia Menor, bañada por el mar Egeo; cap. *Sardes.*

lidiador, ra m. y f. Combatiente, luchador. ‖ — M. Torero.

lidiar v. i. Combatir, luchar, pelear. ‖ *Fig.* Tratar con una persona. | Hacer frente a uno. ‖ *Fig. Harto de lidiar*, cansado de luchar. ‖ — V. t. Torear.

lidio, dia adj. y s. De Lidia.

lidita f. Explosivo del ácido pícrico.

Lido, isla que cierra la laguna de Venecia. Estación balnearia. Palacio del festival cinematográfico de Venecia.

Liebknecht (Wilhelm), socialista alemán (1826-1900). — Su hijo KARL (1871-1919) fue también socialista. M. asesinado en la cárcel.

liebre f. Mamífero parecido al conejo, muy corredor y de orejas largas. ‖ *Fig.* y *fam.* Hombre tímido. ‖ — *Fam. Coger una liebre*, caerse. ‖ *Fig. Correr como una liebre*, correr mucho. | *Donde menos se piensa, salta la liebre*, muy a menudo las cosas ocurren cuando menos se esperan. | *Levantar la liebre*, descubrir algo que estaba oculto. ‖ *Liebre de la Pampa*, mará. ‖ *Liebre marina*, molusco gasterópodo.

Liebre, pequeña constelación austral.

Liechtenstein, principado de Europa central, entre Austria y Suiza; 159 km²; 19 500 h. *(liechtenstienses).* Cap. *Vaduz*, 3 800 h. Industrias textiles. Ganadería. Turismo. La lengua oficial del país es el alemán.

liechtenstiense adj. y s. De Liechtenstein.

lied m. (pal. alem.). Canción popular o melodía romántica. (Pl. *lieder.*)

Lieja, c. de Bélgica, cap. de la prov. homónima, a orillas del Mosa. Obispado. Universidad. Observatorio. Industrias.

liejés, esa adj. y s. De Lieja.

liendre f. Huevo del piojo.

liendrera f. *Amer.* Cabeza piojosa.

liendrudo, da adj. *Amer.* Lendroso.

lienzo m. Tela en general. ‖ Tela en un bastidor en la que se pinta. ‖ Cuadro pintado. ‖ Pared de un edificio, panel. ‖ Trozo de muralla de una fortificación.

Liepaja, ant. *Libau*, c. y puerto de la U. R. S. S. en el Báltico (Letonia). Metalurgia.

liga f. Cinta elástica con que se sujetan las medias o calcetines. ‖ Muérdago. ‖ Materia pegajosa que se saca del muérdago. ‖ Mezcla, aleación. ‖ Confederación, alianza. ‖ Acuerdo de personas o colectividades. ‖ En deportes, campeonato. ‖ *Hacer buena liga*, llevarse bien.

Liga *(La)*, confederación católica creada en Francia por el duque de Guisa (1576). Llamada tb. *La Santa Liga.* ‖ **~ Árabe,** liga formada en 1945 por Egipto, Irak, Jordania, Líbano, Arabia Saudita, Siria y Yemen a la que se adhirieron luego Libia, Sudán, Marruecos, Túnez, Kuwait y Argelia.

ligación f. Enlace. ‖ Mezcla.

ligado m. Enlace de las letras en la escritura. ‖ *Mús.* Unión de dos notas iguales.

ligadura f. Acción y efecto de ligar o unir. ‖ Vuelta que se da a una cosa con cinta o liga. ‖ *Cir.* Venda con que se agarrota. | Atadura de una vena o arteria. ‖ *Fig.* Sujeción: *las ligaduras del matrimonio.* ‖ *Mús.* Artificio con que se liga la disonancia y la consonancia.

ligamen m. Impedimento dirimente para nuevo matrimonio.

ligamento m. Ligación ‖ *Anat.* Conjunto de haces fibrosos que une los huesos entre sí en las articulaciones o mantienen los órganos en la debida posición. ‖ Entrelazamiento de un tejido.

ligar v. t. Atar. ‖ Alear metales. ‖ Unir, enlazar. ‖ Obligar: *estar ligado por una promesa.* ‖ Trabar: *ligar amistad.* ‖ — V. i. Trabar amistad, entenderse. ‖ Reunir dos o varios naipes del mismo color. ‖ *Fam.* Hacer la conquista de una mujer. ‖ — V. pr. Confederarse, unirse. ‖ Comprometerse.

ligazón f. Unión, trabazón.

ligereza f. Calidad de ligero. ‖ Prontitud, agilidad. ‖ *Fig.* Inconstancia. | Hecho o dicho irreflexivo.

ligero, ra adj. Que pesa poco: *metal ligero.* | Ágil. ‖ Rápido: *ligero de pies.* ‖ Fácil de digerir. ‖ Que tiene poca fuerza: *café ligero.* ‖ Frugal: *comida ligera.* ‖ Desconsiderado: *pecar de ligero.* ‖ Atolondrado. ‖ Superficial: *sueño ligero.* ‖ Inconstante, voluble: *una mujer ligera.* ‖ Poco grave: *falta ligera.* ‖ — Adv. De prisa. ‖ — *A la ligera*, ligeramente. ‖ *De ligero*, sin reflexión. ‖ *Fig.* y *fam. Ligero de cascos*, un poco loco. ‖ *Peso ligero*, una de las categorías de boxeo, de 61,235 a 66,678 kg de peso.

lignificación f. Transformación en madera.

lignificarse v. pr. Transformarse en madera.

lignina f. Sustancia orgánica que impregna los tejidos o los elementos de la madera.

lignito m. Carbón fósil que tiene un gran porcentaje de carbono.

lignoso, sa adj. Leñoso.

lignum crucis m. Reliquia de la cruz de Jesucristo.

Ligua (La), com. de Chile (Aconcagua). Centro ferroviario.

liguero, ra adj. Relativo a la liga. ‖ — M. Prenda de mujer que sirve para sujetar las ligas.

ligur adj. y s. Individuo de un pueblo ant. establecido entre el SE. de la Galia y Lombardía.

Liguria, región continental de Italia, que comprende las prov. de Génova, Imperia, Spezia y Savona. — Est. de la penins. de Italia, creado en 1797. (La *República de Liguria* sustituyó a la de *Génova.*)

ligurino, na adj. y s. Ligur. ‖ De la Liguria moderna.

Lihung-Chang, político chino (1823-1801).

lija f. Pez marino del orden de los selacios. ‖ Piel de este pez o de otros parecidos. ‖ Papel esmerilado. ‖ *Papel de lija*, v. PAPEL.

lijadora f. Máquina para lijar.

lijar v. t. Pulir con lija.

Likasi, ant. *Jadotville*, c. de la República Democrática del Congo, al sur del país.

lila f. Arbusto de la familia de las oleáceas, muy común en los jardines. ‖ Su flor. ‖ — M. Color morado claro. ‖ — Adj. inv. y s. *Fam.* Tonto, bobo, necio: *es un gran lila.*

Lila, en fr. *Lille*, c. de Francia, en Flandes, cap. del dep. del Nord. Obispado. Universidad. Textiles.

liliáceas f. pl. Familia de plantas monocotiledóneas, como la azucena, el tulipán, el ajo, la cebolla, etc. (ú. t. c. adj.).

Liliput, país imaginario, cuyos moradores eran enanos, donde finalizó la primera etapa del viaje de Gulliver, héroe de J. Swift.

liliputiense adj. y s. *Fig.* Muy pequeño, diminuto, enano.

Lilong-Mien o **Li Kong-Lin,** pintor chino (1040-1106).

Lillo (Baldomero), escritor chileno (1867-1923), autor de cuentos. ‖ **~** (EUSEBIO), poeta y político chileno (1827-1910), autor del himno nacional. ‖ **~** (MIGUEL), naturalista argentino (1862-1931). ‖ **~** (SAMUEL A.), poeta chileno (1870-1958), hermano de Baldomero.

lima f. Instrumento de acero templado, con la superficie estriada, que sirve para desgastar y alisar metales. ‖ *Arq.* Madero del ángulo de las dos vertientes de un tejado en el cual estriban los pares cortos de la armadura. ‖ *Bot.* Limero. | Su fruto, comestible y jugoso. ‖ *Fig.* Corrección y enmienda de las obras del entendimiento. | Lo que consume imperceptiblemente una cosa.

Lima, cap. del dep. homónimo y del Perú, cerca de la costa y a orillas del río Rimac; 1 716 000 h. Arzobispado. Universidades (la católica y la de San Marcos, fundada en 1551). Centro Comercial. Aeropuerto *(Limatambo).* Fundada por Francisco Pizarro en 1535 con el n. de *Ciudad de los Reyes.* Cap. del Virreinato del Perú hasta 1821.

Lima (Jorge de), poeta, médico, pintor y escultor brasileño (1893-1953), creador de la poesía negra en su país (*Poemas, Nuevos Poemas*, etc.). ‖ **~** (SANTA ROSA DE). V. ROSA DE LIMA. ‖ **~ Barreto** (ALFONSO HENRIQUE DE), novelista brasileño (1881-1922).

Lima fundada, poema épico del peruano Pedro de Peralta y Barnuevo (1732).

Limache, com. del centro de Chile (Valparaíso).

limado m. Pulimento con la lima. ‖ Limadura.

limador, ra adj. y s. Que lima. ‖ — F. Cepillo pequeño para metales.

limadura f. Acción y efecto de limar. ‖ — Pl. Partículas que caen al limar.

limalla f. Limaduras.

Limantour (José Yves), político y economista mexicano (1854-1935).

limar v. t. Alisar con la lima. ‖ *Fig.* Pulir, perfeccionar una obra: *limar el estilo.* | Debilitar: *limar las asperezas.*

Limarí, río de Chile (Coquimbo); 200 km.

Limasol, c. meridional y puerto de Chipre, en el golfo homónimo.

Limay, río de la Argentina que al unirse al Neuquen forma el río Negro; 400 km.

limaza f. Babosa.

limbo m. Lugar donde se detenían las almas de los santos y patriarcas, esperando la redención del género humano. || Lugar a donde van las almas de los niños que mueren sin bautizar. || Borde de una cosa. || *Astr.* Contorno aparente de un astro. || *Bot.* Parte plana de una hoja o pétalo. || *Fig.* Distracción. || *Estar en el limbo,* estar en las nubes, distraído.

Limburgo, c. de Alemania Occidental (Hesse). Obispado. — Prov. del NE. de Bélgica; cap. *Hasselt.* — Prov. meridional de Holanda; cap. *Maestricht.*

limeño, ña adj. y s. De Lima (Perú).

limero, ra m. y f. Persona que vende limas. || — M. Árbol rutáceo, parecido al limonero, cuyo fruto es la lima.

liminar adj. Que está al principio: *advertencia liminar.*

limitable adj. Que puede limitarse.

limitación f. Fijación, restricción: *sin limitación de velocidad.* || Término.

limitado, da adj. *Fig.* De poca inteligencia.

limitar v. t. Poner límites: *limitar un terreno.* || Reducir a ciertos límites (ú. t. c. pr.). || — V. i. Lindar, ser fronterizo.

limitativo, va adj. Que limita.

límite m. Línea común que divide dos Estados, dos posesiones, etc. || Línea, punto o momento que señala el final de una cosa material o no: *una fuerza sin límites.* || *Fig.* Tope: *el límite presupuestario.* || *Mat.* Término del cual no puede pasar el valor de una cantidad. || — Adj. Que no se puede sobrepasar: *precio, velocidad límite.*

limítrofe adj. Que está en los límites, colindante: *España y Francia son dos países limítrofes.*

limnea f. Género de moluscos gasterópodos de las aguas dulces.

limnología f. Ciencia que estudia todos los fenómenos físicos y biológicos referentes a los lagos.

limo m. Cieno, légamo.

Limoges, c. de Francia, cap. del dep. de Haute-Vienne. Obispado. Porcelanas. Industrias.

limón m. Fruto del limonero, de color amarillo y pulpa ácida. || Limonero, árbol. || Limonera. || — Adj. De color de limón: *amarillo limón.*

Limón || ~ o **Puerto Limón,** c. y puerto de Costa Rica en el mar Caribe; cap. de la prov. homónima. || ~ **-Indanza,** cantón del Ecuador (Morona-Santiago); cab. *General L. Plaza Gutiérrez.*

limonada f. Bebida compuesta de agua, azúcar y zumo de limón. || — *Limonada purgante,* citrato de magnesia disuelta en agua con azúcar. || *Ni chicha ni limonada,* dícese de lo indeciso, de la persona sin carácter.

limonar m. Sitio plantado de limoneros.

limonense adj. y s. De Limón

limonero, ra adj. y s. Aplícase a la caballería que va enganchada en los varales del coche. || — F. Nombre que se da a los dos varales de un carruaje. || — M. y f. Persona que vende limones. || — M. Árbol de la familia de las rutáceas cuyo fruto es el limón.

limonita f. Óxido hidratado de hierro.

limosna f. Lo que se da por caridad para socorrer una necesidad.

limosnear v. i. Mendigar.

limosneo m. Mendicidad.

limosnero, ra adj. Caritativo. || — M. El que recoge y reparte las limosnas. || *Amer.* Pordiosero.

limoso, sa adj. Cenagoso.

limousine [*limusín*] f. (pal. fr.). Coche automóvil cerrado, parecido al cupé, pero con cristales laterales.

limpeño, ña adj. y s. De Limpio (Paraguay).

limpia f. Limpieza: *la limpia de un pozo.* || — M. *Fam.* Limpiabotas.

limpiabotas m. inv. El que limpia y lustra el calzado.

limpiachimeneas m. inv. El que deshollina las chimeneas.

limpiado m. Limpieza, lavado.

limpiador, ra adj. y s. Que limpia: *limpiador de cristales.*

limpiadura f. Limpieza. || — Pl. Basuras.

limpiaparabrisas m. inv. Dispositivo mecánico para mantener limpio el parabrisas de un automóvil.

limpiar v. t. Quitar la suciedad de una cosa: *limpiar un vestido.* || Quitar las partes malas de un conjunto: *limpiar las lentejas.* || *Fig.* Purificar. | Desembarazar: *limpiar un sitio de mosquitos.* | Podar. || *Fig.* y *fam.* Hurtar: *me limpiaron el reloj.* | Ganar en el juego.

Limpias (Pedro de), conquistador español del s. XVI. Llegó a Venezuela en 1525.

limpiaúñas m. inv. Instrumento para limpiarse las uñas.

limpidez f. Calidad de límpido.

límpido, da adj. Claro, puro.

limpieza f. Calidad de limpio. || Acción y efecto de limpiar o limpiarse. || *Fig.* Castidad, pureza. | Honradez, integridad. | Destreza, habilidad. | En los juegos, observación estricta de la regla. || — *Hacer la limpieza,* limpiar y arreglar una vivienda. || *Limpieza de corazón,* rectitud natural. || *Limpieza de sangre,* no tener a ningún antepasado que sea considerado como de raza deshonrosa.

limpio, pia adj. Que no tiene mancha o suciedad: *platos limpios.* || Puro. || Aseado, pulcro: *un niño muy limpio.* || *Fig.* Exento: *limpio de toda sospecha.* | Que lo ha perdido todo en el juego. | Sin dinero. | Dícese de la fotografía clara. | Decente. | Claro: *motivos poco limpios.* || — Adv. Limpiamente. || *En limpio,* en resumen, en sustancia; neto: *ganar un millón en limpio;* sin enmiendas: *poner un escrito en limpio.*

Limpio, barrio de Asunción (Paraguay).

limpión m. Limpieza ligera. || *Fig.* y *fam. Darse un limpión,* no conseguir lo que se desea.

Limpopo, río del E. de África austral que des. en el océano Índico; 1 600 km.

lináceas f. pl. Familia de plantas dicotiledóneas que tiene por tipo el lino (ú. t. c. adj.).

linaje m. Ascendencia o descendencia de cualquier familia. || Raza, familia. || *Fig.* Clase o calidad de una cosa.

linajudo, da adj. y s. Que es o presume de ser noble.

lináloe m. Áloe. || Planta de madera olorosa de México, de la que se obtiene una esencia usada en perfumería.

linarense adj. y s. De Linares (Chile y España).

Linares, prov. de Bolivia (Potosí); cap. *Villa Talavera* o *Puna.* — C. de Chile central, cap. del dep. y de la prov. homónimos. Obispado. — C. del S. de España (Jaén). Minas; agricultura. — C. de México (Nuevo León).

Linares (José María), político boliviano (1810-1861), pres. de la Rep. de 1857 a 1861. Fue derrocado. || ~ **Rivas** (Manuel), dramaturgo español (1867-1938), autor de obras de tesis (*La garra, La mala ley, Primero vivir, Cobardías, Cristobalón,* etc.).

linaria f. Planta herbácea parecida al lino.

linaza f. Simiente del lino.

lince m. Mamífero carnicero parecido al gato cerval, al que los antiguos atribuían una vista muy penetrante. || *Fig.* Persona muy perspicaz. || *Ojos de lince* u *ojos linces,* los muy agudos.

Lincoln, c. de Estados Unidos, cap. del Estado de Nebraska. Obispado. — C. de Gran Bretaña en Inglaterra, cap. del condado homónimo. Catedral gótica. Industrias.

Lincoln (Abraham), político norteamericano (1809-1865), pres. de 1860 hasta su asesinato por un fanático esclavista.

linchamiento m. Acción de linchar: *linchamiento de un criminal.*

linchar v. t. Ejecutar a un supuesto delincuente basándose en la ley de Lynch. || *Por ext.* Maltratar la multitud a alguien.

linches m. pl. *Méx.* Alforjas fabricadas con filamento de maguey.

lindante adj. Que linda.

lindar v. i. Estar contiguos.

Lindau, c. de Alemania Occidental (Baviera), en una isla del lago de Constanza.

Lindbergh (Charles), aviador norteamericano (1902-1974). Fue el primero que hizo en avión la travesía sin escala Nueva York-París (1927).

linde amb. Límite: *la linde del bosque.* || Línea divisoria.

— OBSERV. Aunque esta palabra es ambigua, suele emplearse más en femenino.

lindera f. Linde.

lindero, ra adj. Que linda, limítrofe. || — M. Linde.

lindeza f. Calidad de lindo o bonito. || Hecho o dicho agudo. || — Pl. *Fam.* Insultos, injurias: *le soltó unas cuantas lindezas.*

lindo, da adj. Hermoso, bonito, agradable a la vista. || *Fig.* Perfecto, exquisito. || — M. *Fig.* y *fam.* Hombre presumido: *el lindo don Diego.* || — *De lo lindo,* con gran primor; mucho: *nos aburrimos de lo lindo.* || *¡Lindo amigo!,* ¡vaya amigo! || *Fig. Por su linda cara,* por que sí.

Lindo (Hugo), poeta y escritor salvadoreño n. en 1917, autor de la novela *El anzuelo de Dios.* || ~ (JUAN), político hondureño (1790-1857), pres. provisional de la Rep. de El Salvador de 1841-1842 y pres. de Honduras de 1847 a 1852.

Lindo Don Diego *(El),* comedia de Moreto (1654).

lindura f. Lindeza.

línea f. Trazo continuo, visible o imaginario, que separa dos cosas contiguas: *línea de frontera, del horizonte.* || Trazo que limita un objeto, perímetro: *las líneas que marcan su finca.* || Raya: *trazar líneas en un papel.* || Renglón. || Corte de los trajes, silueta señalada por la moda: *la línea del año 1975.* || Silueta de una persona: *guardar la línea adelgazando.* || Serie de puntos unidos entre ellos de manera que formen un conjunto: *línea de fortificaciones.* || Conjunto de puntos comunicados por el mismo medio de transporte; este servicio de comunicación: *línea de autobús, de metro, aérea.* || *Fig.* Dirección que se da al comportamiento; regla de conducta: *línea de conducta opuesta a la mía.* | Manera de pensar o de obrar conforme a la ortodoxia: *tradición en la línea del cristianismo.* | Orden de valores, puesto: *escritores que no pueden situarse en la misma línea.* || Conjunto de conductores destinado a llevar la energía eléctrica o los medios de telecomunicación. || Filiación, sucesión de generaciones de la misma familia: *por la línea paterna.* || *Mar.* Formación de los buques: *la escuadra se dispuso en línea.* || *Mat.* Conjunto de puntos que dependen continuamente del mismo parámetro: *la intersección de dos superficies es una línea.* || *Mil.* Dispositivo formado por hombres o por medios de combate unos al lado de otros: *línea de batalla.* | Frente de combate. || En televisión, superficie de análisis de la imagen que hay que transmitir o de la que se recibe, constituida por la yuxtaposición de los puntos elementales. || — *En líneas generales,* generalmente. || *En toda la línea,* en todos los aspectos, completamente. || *Línea de agua* o *de flotación,* la que señala el nivel del agua en el casco de un barco. || *Línea de tiro,* prolongación del eje del cañón en posición de fuego.

Línea de la Concepción (La), c del S. de España (Cádiz), fronteriza con Gibraltar.

lineal adj. Relativo a las líneas. || Dícese del dibujo compuesto solamente por líneas y hecho con regla y compás.

linfa f. Líquido, fuera de los vasos sanguíneos, que baña constantemente células y tejidos.

linfático, ca adj. Referente a la linfa: *ganglios, vasos linfáticos.* || *Fig.* Apático, que tiene pocos nervios, indolente: *temperamento linfático* (ú. t. c. s.).

linfatismo m. Estado de distrofia infantil caracterizado por el aumento del grosor de las amígdalas y de los ganglios linfáticos.

linfocito m. Leucocito.

linfocitosis f. Aumento del número de linfocitos en la sangre.

Lingayen, c. de Filipinas, en la isla de Luzón, cap. de la prov. de Pangasinán. Obispado.

lingote m. Barra de metal en bruto: *lingote de oro, plata.*

lingotera f. Molde para vaciar lingotes.

lingual adj. Relativo a la lengua. || *Letra lingual,* la que se articula con la lengua, como la *d,* la *f,* la *t.*

lingüista com. Especialista en lingüística.

lingüístico, ca adj. Relativo al estudio científico de la lingüística. || — F. Ciencia del lenguaje humano. || Estudio científico de las lenguas, especialmente estudio de los fenómenos de sus evoluciones y desarrollo, localización en el mundo, relaciones entre ellas, etc.

Liniers (Santiago de), marino español, de origen francés (1753-1810). Luchó en la reconquista de Buenos Aires contra los ingleses. Virrey del Plata en 1807, siguió fiel a la causa realista y, hecho prisionero, fue fusilado en Córdoba por los partidarios de la Independencia.

linimento m. Medicamento graso con el que se dan masajes.

Linköping, c. del S. de Suecia. Metalurgia.

Linneo (Carl VON), naturalista y médico sueco (1707-1778), autor de una clasificación de las plantas.

lino m. Planta herbácea linácea cuya corteza está formada de fibras textiles. || Tejido hecho de esta planta.

linóleo m. Revestimiento del suelo hecho con un hule grueso e impermeable.

linotipia f. *Impr.* Máquina de componer provista de matrices, de la que sale la línea en una sola pieza. || Composición hecha con esta máquina.

linotipista com. Persona que trabaja en la linotipia.

Lins do Rego (José), escritor brasileño (1901-1957), autor de innumerables novelas (*Os cangaceiros, Fuego muerto,* etc.).

linterna f. Farol de mano en el que la luz está protegida del viento por paredes transparentes. || Aparato manual, provisto de una pila eléctrica, que sirve para alumbrar. || Construcción circular con ventanales que se pone en la parte superior de un edificio o cúpula para que deje pasar la luz al interior. || *Mec.* Piñón de forma cilíndrica cuyos dientes son barrotes. || *Mar.* Faro. || *Linterna mágica,* instrumento de óptica que sirve para proyectar en una pantalla la imagen amplificada de figuras pintadas en un cristal.

linternazo m. Golpe con la linterna. || *Fam.* Golpe.

linternilla f. *Arq.* Linterna pequeña en una cúpula o hueco de escalera.

linternón m. Linterna grande. || *Mar.* Farol.

Linz, c. de Austria, en las márgenes del Danubio, cap. de la prov. de Alta Austria. Obispado. Catedral. Siderurgia. Textiles.

Liñán y Cisneros (Melchor), obispo y gobernante español (1629-1708). Fue capitán general de Nueva Granada (1671-1673) y virrey del Perú (1678-1681).

lío m. Cualquier cosa atada, paquete. || *Fig.* y *fam.* Embrollo, enredo, cosa complicada: *tiene líos con todo el mundo.* | Jaleo, desorden: *formar un lío.* | Amancebamiento. || — *Fig.* y *fam. Armar un lío,* embrollar. | *Hacerse un lío,* embrollarse.

Lión. V. LYON.

lionés, esa adj. y s. de Lyon.

liorna f. *Fig.* y *fam.* Confusión.

Liorna, en ital. *Livorno,* prov., c. y puerto de Italia (Toscana). Obispado. Escuela naval. Industrias. Refinería de petróleo.

lioso, sa adj. *Fam.* Complicado, enmarañado: *explicación muy liosa.* || Enredoso, aficionado a armar líos (ú. t. c. s.).

Lipá, c. de Filipinas en la isla de Luzón (Batangas).

Lípari, una de las islas italianas de las Eolias, al N. de Sicilia; cap. *Lípari.* Comúnmente se da este n. a todo el archip. de las Eolias.

lipasa f. Diastasa contenida en los jugos digestivos que hidroliza los lípidos.

lipes f. Vitriolo azul.

Lipetsk, c. de la U. R. S. S. (Rusia). Siderurgia.

lípido m. Sustancia orgánica llamada comúnmente *grasa,* insoluble en agua, soluble en benceno y en eter, y formada de ácidos grasos unidos a otros cuerpos.

lipis f. Lipes.

lipiria f. Fiebre intermitente.

lipoide y **lipoideo** adj. Que se asemeja a la grasa.

lipoma m. *Med.* Tumor benigno del tejido adiposo: *los lipomas son casi siempre hipodérmicos.*

liposoluble adj. Soluble en grasa o aceite.

lipotimia f. Breve pérdida del conocimiento sin que se detengan la respiración ni el funcionamiento del corazón.

Lippi (Fra Filippo), pintor mural italiano, n. en Florencia (¿1406?-1469). — Su hijo FILIPPINO (¿1457?-1504) pintó cuadros y frescos en Roma y Florencia. Fue discípulo de Botticelli.

liquefacción f. Licuefacción.

liquen m. Planta criptógama constituida por la reunión de un alga y un hongo, que crece sobre rocas y paredes. || *Med.* Erupción papulosa en la piel.

liquidable adj. Que puede liquidarse o licuarse.

liquidación f. Acción y efecto de liquidar o licuefacer. || *Com.* Pago de una cuenta. | Venta a bajo precio de géneros por cesación, quiebra, reforma o traslado de una casa de comercio. || Solución, terminación. || *Liquidación judicial,* determinación judicial del estado de cuentas de un comerciante en suspensión de pagos.

liquidador, ra adj. y s. Que liquida un negocio.

liquidámbar m. *Bot.* Género de plantas de América y de Asia Menor de las que se extraen diversas resinas.

liquidar v. t. Licuar, convertir en líquido. || *Com.* Saldar, vender en liquidación. | Hacer el ajuste final de cuentas en un negocio. || *Fig.* Hacer el estado final de una cuenta. | Pagar: *le liquidé mi deuda.* | Poner fin, acabar: *liquidar un asunto enredado.* | *Fig.* y *fam.* Quitarse de encima: *liquidar una visita.* | Matar: *lo liquidaron sus enemigos.*

liquidez f. Estado de líquido. || En economía, carácter de lo que es inmediatamente disponible: *liquidez monetaria.*

líquido, da adj. Que fluye o puede fluir: *el mercurio es el único metal líquido.* || Que tiene poca densidad: *tinta poco líquida.* || Aplícase al dinero del que se puede disponer inmediatamente. || Limpio, neto: *ganancia líquida.* || — Adj. f. Dícese de las letras *l* y *r* que tienen la propiedad de fundirse con otras formando una especie de diptongo, como en *atleta, flor, atrás, cobre* (ú. t. c. s. f.). || — M. Sustancia líquida. || Bebida o alimento líquido. || Cantidad sujeta a gravamen: *líquido imponible.* || *Med.* Humor: *líquido pleural, cefalorraquídeo.*

lira f. Instrumento de música, cuyo origen se sitúa en la más remota antigüedad, que posee varias cuerdas, dispuestas en una armazón con una resonancia hueca en un extremo, que son tañidas con ambas manos como el arpa. || Unidad monetaria de Italia. || Composición poética cuyas estrofas tienen cinco o seis versos. || *Ave lira* o *lira,* ave paseriforme de Australia.

Lira, pequeña constelación del hemisferio boreal.

Lira (María Isabel CARVAJAL, llamada **Carmen**), escritora costarricense (1888-1949), autora de *Los cuentos de la tía Panchita.*

Lircay, distrito y c. del Perú, cap. de la prov. de Angaraes (Huancavelica).

Liria, c. de España (Valencia).

lírico, ca adj. Dícese de la poesía en la que se expresan con ardor y emoción sentimientos colectivos o la vida interior del alma: *las composiciones líricas de Bécquer.* || — *Artista lírico,* dícese del que canta por oposición a artista dramático. || *Drama lírico,* drama acompañado de música y cantos. || *Teatro lírico,* teatro en el que se representan obras musicales. || — M. Poeta lírico. || — F. Género de la poesía lírica.

lirio m. Planta iridácea, de hermosas flores de seis pétalos. || — *Lirio blanco,* azucena. || *Lirio de los valles,* muguete.

lirismo m. Conjunto de la poesía lírica. || Inspiración lírica. || Entusiasmo, exaltación en la expresión de los sentimientos personales: *versos dotados del mayor lirismo.*

lirón m. Mamífero roedor semejante al ratón que desde octubre a abril se encuentra en estado de invernación. || *Bot.* Alisma. || *Fig.* Dormilón, que duerme mucho.

Lirquén, distrito de Chile (Concepción).

lis f. Lirio. || *Flor de lis,* v. FLOR.

lisa f. Pez de río parecido a la locha. || Mújol, pez.

Lisboa, cap. y puerto de Portugal (Extremadura), en el estuario del Tajo (Mar de Paja); 825 000 h. Arzobispado. Universidad. Industrias.

Lisboa (António Francisco), escultor y arquitecto brasileño (1730-1814). Fue llamado *el Aleijadinho.*

lisboense, lisboeta, lisbonense y **lisbonés, esa** adj. y s. De Lisboa.

lisiado, da adj. y s. Baldado. || *Fam.* Cansado.

lisiadura f. Lesión.

lisiar v. t. Producir lesión en una parte del cuerpo. || Baldar.

Lisias, orador ateniense (¿440-380? a. de J. C.), adversario de los Treinta Tiranos.

Lisieux, c. de Francia (Calvados). Peregrinación (Santa Teresita del Niño Jesús).

Lisímaco, general de Alejandro Magno (¿360?-281 a. de J. C.), rey de Tracia y de Macedonia. M. en Seleuco.

lisina f. Anticuerpo que tiene la facultad de disolver o destruir las células orgánicas o las bacterias.

Lisipo, escultor griego, n. en Sicione (s. IV a. de J. C.), autor del *Apoxiomenos.*

lisis f. Remisión de la fiebre.

Lisístrata, comedia satírica de Aristófanes (411 a. de J. C.).
liso, sa adj. Igual, llano, sin aspereza: *superficie lisa.* || Exento de obstáculos: *cien metros lisos.* || Sin adornos, sin realces: *tejido liso.* || *Liso y llano,* que no presenta dificultad. || — M. *Geol.* Cara plana de una roca.
lisonja f. Alabanza, adulación.
lisonjeador, ra adj. y s. Adulador, lisonjero.
lisonjear v. t. Adular, alabar. || *Fig.* Agradar, encantar.
lisonjero, ra adj. y s. Adulador, que agrada, adulador, grato: *resultado lisonjero.*
lista f. Raya de color en una tela o tejido: *una camisa con listas verdes.* || Serie de nombres: *la lista de los afiliados.* || Papel en que se encuentra: *no he hecho aún la lista.* || Recuento en alta voz: *pasar lista.* || Enumeración: *la lista de platos en un restaurante.* || — *Lista de correos,* mención que indica que una carta debe quedar en la oficina de correos durante cierto plazo para que el destinatario pase a recogerla. || *Lista de precios,* tarifa. || *Lista negra,* relación secreta de personas o entidades comerciales con las que se recomienda interrumpir las relaciones.
Lista (Alberto), sacerdote y poeta español (1775-1848), autor de notables composiciones (*La cabaña, A la muerte de Jesús* e *Himno del desgraciado*). Fue tb. matemático.
listado, da adj. Con listas, rayado: *tejido listado.*
listar v. t. Alistar. || Hacer rayas en un tejido.
listear v. t. Rayar con listas.
listel m. *Arq.* Filete, moldura.
listero m. Persona que pasa lista a los trabajadores en una obra.
listeza f. Inteligencia. || Sagacidad. || Prontitud.
listín m. Lista pequeña. || Cuaderno con notas: *listín telefónico.*
listo, ta adj. Vivo: *listo como una ardilla.* || Inteligente: *es un chico muy listo.* || Sagaz, astuto: *es más listo que Cardona.* || Preparado: *estar listo para salir.* || — *Andar listo,* tener cuidado. || *Echárselas* o *dárselas de listo,* creerse muy astuto. || *¡Estamos listos!,* ¡estamos arreglados! || *Pasarse de listo,* pretender ser muy sagaz.
listón m. Tabla estrecha y larga usada en carpintería. || *Arq.* Listel. || *Méx.* Cinta. || — Adj. Aplícase al toro que tiene una lista blanca por todo lo largo del lomo.
lisura f. Igualdad de un terreno. || Superficie plana. || Tersura. || *Fig.* Sinceridad, franqueza.
Liszt (Franz), músico y pianista húngaro, n. en Doborjan (1811-1886), autor de poemas sinfónicos, sinfonías (*Fausto*), composiciones religiosas y, principalmente, obras para piano (*Rapsodias húngaras, Estudios, Sonatas, Conciertos,* etc.).
litargirio m. Protóxido de plomo, fundido en hojas o escamas muy pequeñas.
lite f. *For.* Pleito, proceso.
litera f. Vehículo sin ruedas y con varales llevado por hombres o por caballerías. || Cama superpuesta en otra: *dormir en literas.* || Cada una de las camas superpuestas en los camarotes de un barco o en los vagones de ferrocarril.
literal adj. Conforme al sentido estricto del texto: *copia literal.* || Dícese de la traducción en que se respeta a la letra el original. || Aplícase a la reproducción escrita de lo dicho: *actas literales de una conferencia.*
literario, ria adj. Relativo a la literatura: *concurso literario.*
literato, ta m. y f. Escritor. || — Adj. Culto, instruido.
literatura f. Arte cuyo modo de expresión es generalmente la palabra escrita y en algunos casos la hablada: *la literatura oral transmite las leyendas y tradiciones folklóricas.* || Conjunto de las obras literarias de un país, de una época: *la literatura española de la Edad de Oro.* || Su estudio. || *Fig.* y *fam.* Charloteo, palabras hueras: *todo lo que me dices es sólo literatura.*
litiasis f. *Med.* Formación de cálculos en la vejiga.
litigación f. Pleito. || Alegato.
litigante adj. Que litiga, pleiteante (ú. t. c. s.).
litigar v. t. Pleitear, discutir en juicio una cosa. || — V. i. Estar en litigio. || Altercar, discutir.
litigio m. Pleito, proceso judicial. || *Fig.* Discusión, disputa.
litigioso, sa adj. Que está en pleito o en discusión.
litina f. *Quím.* Óxido o hidróxido de litio.
litio m. *Quím.* Metal alcalino (Li), de número atómico 3, muy ligero, de densidad 0,55 y que funde a 180 °C.
litis f. *For.* Lite, pleito.
litisconsorte com. *For.* Interesado en la misma causa judicial que otra persona.
litispendencia f. *For.* Estado del pleito que se juzga. | Existencia simultánea de dos acciones por el mismo objeto y en tribunales diferentes.
litófago, ga adj. Que roe la piedra.
litofotografía f. Fotolitografía.
litografía f. Arte de reproducir mediante impresión los dibujos trazados con una tinta grasa sobre una piedra caliza. || Grabado hecho de este modo. || Taller de litógrafo.
litografiar v. t. Imprimir por medio de la litografía.
litográfico, ca adj. Relativo a la litografía: *piedra litográfica.*
litógrafo m. Impresor que utiliza la litografía.
litología f. Petrografía, parte de la geología que trata de las rocas.
litólogo m. Especialista en litología o petrografía.
litoral adj. Relativo a la costa del mar. || — M. Costa.
Litoral (*Universidad del*), universidad de la Argentina. Sus facultades se encuentran en Santa Fe, Rosario y Corrientes.
litosfera f. *Geol.* Parte sólida de la corteza terrestre.
lítote f. Expresión que no significa todo lo que se quiere dar a entender negando generalmente lo que se desea afirmar, como en *no es fea su novia.*
litri adj. *Fam.* Cursi, presumido (ú. t. c. s.).
litro m. Medida de capacidad del sistema métrico decimal, que equivale a un decímetro cúbico (símb., *l*). || Cantidad de líquido o de áridos que cabe en tal medida. || Su contenido.
Little Rock, c. de Estados Unidos, cap. de Arkansas. Obispado. Bauxita.
Littoria. V. LATINA.
Littré (Emile), lexicógrafo y filósofo positivista francés (1801-1881), autor de un célebre *Diccionario de la lengua francesa.*
Lituania, rep. federada de la U. R. S. S., en la costa del mar Báltico; 65 200 km²; 2 950 000 h. (*lituanos*). Cap. *Vilna.* Fue independiente de 1918 a 1940.
lituano, na adj. y s. De Lituania. || — M. Lengua hablada por los lituanos.
liturgia f. Orden y forma determinados por la Iglesia para la celebración de los oficios divinos.
litúrgico, ca adj. Relativo a la liturgia.
Liubliana, c. del NO. de Yugoslavia, cap. de la rep. de Eslovenia. Arzobispado. Universidad. Metalurgia; textiles.
Liuva || ~ **I,** rey de los visigodos de 567 a 572. || ~ **II** (581-603), rey hispanovisigodo de 601 a 603, hijo de Recaredo I.
Liverpool [*-pul*], c. y puerto del O. de Gran Bretaña, en Inglaterra (Lancashire), en el estero del Mersey. Arzobispado. Universidad. Gran centro industrial.
Livia, esposa de Augusto, madre de Tiberio y de Druso (¿55? a. de J. C.-29 d. de J. C.).
liviandad f. Ligereza.
liviano, na adj. Ligero, que pesa poco. || *Fig.* Inconstante, ligero, superficial. || — M. Bofes, pulmones. || — F. Canto popular andaluz.
* **lividecer** v. i. Ponerse lívido.
lividez f. Palidez. || Amoratamiento.
lívido, da adj. Pálido. || Amoratado.
living-room [*-rum*] m. (pal. ingl.). Cuarto de estar.
Livingston, mun., c. y puerto de Guatemala, en el golfo de Honduras (Izabal).
Livingstone (David), misionero y explorador escocés (1813-1873). Realizó expediciones a África central y meridional.
Livonia, región histórica de Rusia, cap. *Riga.* Actualmente forma parte de Letonia y Estonia.
Livorno. V. LIORNA.
Livramento, c. del Brasil, fronteriza con el Uruguay (Rio Grande do Sul).
liza f. Campo dispuesto para la lucha o lid. || Lid, combate, lucha: *entrar en liza.* || Mújol.
Lizardi (José Joaquín FERNÁNDEZ DE). V. FERNÁNDEZ DE LIZARDI.
lizo m. Hilo grueso que forma la urdimbre de ciertos tejidos. || Pieza del telar que divide los hilos de la urdimbre para que pase la lanzadera.
lm, símbolo del *lumen.*
lo art. determinado, del género neutro: *lo triste del caso.* || Acusativo del pronombre personal de tercera persona en género masculino o neutro singular: *lo veo.* || — *Fam. Lo que,* cuánto: *¡lo que nos vamos a divertir!* || *Lo que es,* en cuanto a.
loa f. Prólogo de algunas obras dramáticas antiguas. || Poema en honor de alguien. || Obra de teatro corta representada al principio de una función. || Alabanza, elogio: *hacer loa de sus capacidades.*
loable adj. Elogiable.
Loaiza, prov. de Bolivia (La Paz); cap. *Luribay.*
Loanda. V. LUANDA.
loar v. t. Alabar, hacer elogios.
Loarre, v. de España (Huesca).
lob m. (pal. ingl.). En tenis, pelota bombeada que pasa por encima del adversario.
loba f. Hembra del lobo. || *Agr.* Caballón no removido.
lobagante m. Bogavante.
lobanillo m. Tumor producido por la hipertrofia de una glándula sebácea.
lobato m. Cría del lobo.
lobby m. (pal. ingl.). V. GRUPO *de presión.*
lobectomía f. Ablación quirúrgica de un lóbulo del pulmón o del cerebro.
lobeliáceas f. pl. Familia de plantas dicotiledóneas a la que pertenece el quibey (ú. t. c. adj.).
Loberia, pobl. y partido de la prov. de Buenos Aires (Argentina).
lobero, ra adj. Del lobo. || — M. Cazador de lobos. || — F. Guarida de lobos.
lobezno m. Lobato.
Lobito, c. y puerto en la costa central de Angola. Exportación del cobre de Katanga.
Lobitos, pobl. y puerto del NO. del Perú, cerca de Talara (Piura). Petróleo.
Lob-nor, lago pantanoso de China (Sinkiang); 2 000 km².
lobo m. Mamífero carnicero de la familia de los cánidos, de pelaje gris amarillento, que vive en los bosques de Europa, Asia y América. || *Fig.* Persona mala, cruel. || *Amer.* Zorro, coyote. || — *Fig. Coger el lobo por las orejas,* estar en una situación muy crítica. | *Del lobo un pelo,* más vale lo que le

ofrecen a uno que nada. | *Estar como boca de lobo,* estar muy oscuro. | *Estar en la boca del lobo,* estar en gran peligro. || *Lobo de mar,* foca: (fig.), marino con mucha experiencia. || *Fig. Meterse en la boca del lobo,* arrostrar un gran peligro. | *Muda el lobo los dientes, y no las mientes,* es muy difícil que una persona cambie su carácter en la vida. | *Ser un lobo con piel de oveja,* esconder la maldad bajo una apariencia de bondad. | *Son lobos de una misma camada,* son gente de la misma índole. | *Un lobo a otro no se muerden,* las personas de la misma condición no se hacen mal entre ellas.

Lobos, cerro de México, en la Sierra Madre del Sur (Guerrero); 2 000 m. — Isla de México (Veracruz). — Isla del Uruguay (Maldonado).

lóbrego, ga adj. Oscuro, tenebroso: *habitación lóbrega.* || *Fig.* Triste, lúgubre, desgraciado: *vida lóbrega.*

* **lobreguecer** v. t. e i. Oscurecer.

lobreguez f. Oscuridad.

lobulado, da y **lobular** adj. *Bot.* y *Zool.* Con forma de lóbulo o que tiene lóbulos: *hoja lobulada.*

lóbulo m. Parte redonda y saliente de una cosa. || Parte redondeada y recortada de ciertos órganos vegetales: *los lóbulos de una hoja.* || Perilla de la oreja. || Porción redondeada y saliente del pulmón, del cerebro, del hígado, etc.

lobuno, na adj. Del lobo.

local adj. Relativo al lugar: *costumbre local.* || De cierta parte determinada: *una enfermedad local.* || Municipal o provincial, por oposición a nacional: *administración local.* || — M. Sitio cerrado y cubierto: *local privado, público.* || Domicilio de una administración o de un organismo.

localidad f. Lugar o población. || Local. || Cada uno de los asientos de un sitio destinado a espectáculos. || Billete de entrada a un espectáculo.

localismo m. Regionalismo. || Carácter local. || Vocablo o locución de uso en determinada población o localidad.

localista adj. De interés local.

localización f. Acción y efecto de localizar.

localizar v. t. Fijar, encerrar en límites determinados: *localizar una epidemia, un incendio.* || Determinar el lugar en que se halla una persona o cosa, encontrar: *no pude localizarte en todo el día.*

Locarno, v. de Suiza (Tesino), en el N. del lago Mayor. Pacto firmado en 1925 para el mantenimiento de la paz.

locatis m. y f. *Fam.* Chiflado.

locativo, va adj. Relativo al arrendamiento. || — M. *Gram.* Caso de declinación que expresa fundamentalmente la relación de lugar en donde se hace u ocurre una cosa.

loción f. Lavadura, acción de lavar. || Agua perfumada de tocador, ligeramente alcoholizada, para el aseo y la higiene del cuero cabelludo.

Locke (John), filósofo inglés (1632-1704), autor de *Ensayo sobre el entendimiento humano.*

lock-out [*lokáut*] m. (pal. ingl.). Cierre de fábricas por los empresarios para replicar a las reivindicaciones hechas por los obreros.

loco, ca adj. Que ha perdido la razón (ú. t. c. s.). || *Fig.* De poco juicio (ú. t. c. s.). | Trastornado: *la discusión que tuvo con su novio le volvió loca.* | Fuera de sí: *loco de dolor.* | Imprudente, desatinado: *decisión loca.* | Muy grande, extraordinario: *precio loco; suerte loca.* || — *A lo loco,* sin reflexionar. || *Brújula loca,* la que por cualquier motivo deja de señalar el Norte. || *Fig. Estar loco de, por* o *con,* estar entusiasmado; estar muy enamorado. || *Fig.* y *fam. Hacerse el loco,* disimular, fingir uno que está distraído. | *Loco de atar* o *de remate,* excesivamente loco. || *Polea loca,* la que gira libremente sobre su eje.

locomoción f. Traslado de un punto a otro.

locomotor, ra adj. Propio para la locomoción. || — F. Máquina de vapor, eléctrica, etc., montada sobre ruedas, que remolca los vagones de ferrocarril.

locomotriz adj. f. Locomotora: *ataxia locomotriz.*

locotractor m. Máquina de tracción de escasa potencia que se usa en ferrocarriles de vías estrecha.

Lócrida, ant. región de Grecia continental, en la costa del mar Egeo.

locro m. *Amer.* Guisado de carne con choclos o zapallos, patatas, ají, etc.

locuacidad f. Propensión a hablar mucho.

locuaz adj. Que habla mucho.

locución f. Expresión, forma particular idiomática. || Conjunto de dos o más palabras que no forman en sí una oración completa: *"en vano" es una locución adverbial.*

locuelo, la adj. y s. *Fam.* Medio loco.

locura f. Demencia, alienación de la razón: *ataque de locura.* || Cualquier enfermedad mental considerada con independencia de su causa (conocida o desconocida) o de sus efectos (delirio, demencia, excitación o abatimiento, perversión, etc.). || Extravagancia, imprudencia: *hacer una locura.* || Conducta poco sensata: *locuras de juventud.* || *Fig. Gastar una locura,* gastar mucho y sin tino.

locutor, ra m. y f. Presentador de una emisión de radio o de televisión.

locutorio m. Departamento dividido generalmente por una reja donde reciben visitas las monjas o los presos. || Cabina telefónica pública.

loch m. Lago o brazo de mar en Escocia.

locha f. Pez teleósteo que vive en lagos y ríos.

lodazal m. Cenagal.

Lodi, c. de Italia en Lombardía (Milán), a orillas del Adda. Obispado.

lodo m. Barro, fango.

Lodz, c. de Polonia, al SO. de Varsovia. Obispado. Textiles.

Loeches, v. de España (Madrid). Aguas medicinales.

loess m. Limo muy fino sin estratificaciones y rico en cal.

Lofoten o **Lofoden,** grupo de islas de Noruega. Pesca.

Logan, pico más alto del Canadá (Yukon); 6 050 m.

loganiáceas f. pl. Familia de plantas dicotiledóneas, como el maracure (ú. t. c. adj.).

logarítmico, ca adj. Referente a los logaritmos.

logaritmo m. *Mat.* Exponente a que es necesario elevar una cantidad positiva para que resulte un número determinado.

loggia f. *Arq.* Galería sin columnas.

logia f. Local donde se reúnen los masones. || Reunión de masones.

lógica f. Ciencia que expone las leyes, modos y formas del conocimiento científico. || Obra que enseña esta ciencia: *un tratado de lógica.* || *Por. ext.* Método en las ideas, razonamiento: *exponer una opinión con lógica.*

Lógica u **Órganon,** obra filosófica de Aristóteles.

logicismo m. Filosofía fundada en el predominio de la lógica.

lógico, ca adj. Conforme a la lógica: *consecuencia, argumentación lógica.* || Normal, aplícase a toda consecuencia natural y legítima: *es lógico que se haya ido.* || — M. y f. Que estudia la lógica.

logística f. *Fil.* Lógica matemática. || *Mil.* Técnica del movimiento de las tropas y de su transporte y avituallamiento.

logógrafo m. Entre los griegos, prosista o historiador u orador que escribía las defensas de las causas ajenas en los tribunales de justicia.

logogrifo m. Enigma en verso en el que se compone, con las letras de una palabra, otras palabras que hay que adivinar, lo mismo que la palabra principal. || *Fig.* Jeroglífico, cosa difícil de comprender.

logomaquia f. Discusión en la que los interlocutores emplean las mismas palabras con sentidos diferentes.

logos m. En la filosofía de Platón, Dios como principio de las ideas. || En teología cristiana, el Verbo de Dios, segunda persona de la Trinidad.

lograr v. t. Llegar a conseguir lo que se intenta o desea: *lograr la victoria* (ú. t. c. pr.).

logrero, ra m. y f. Usurero. || *Fam.* Aprovechón.

logro m. Obtención. || Éxito: *los logros técnicos conseguidos.* || Lucro, ganancia. || Usura: *prestar a logro.*

logroñés, esa adj. y s. De Logroño (España).

Logroño, c. de España en Castilla la Vieja a orillas del Ebro, cap. de la prov. homónima. Vinos; agricultura.

Loir [*luar*], río de Francia, afl. del Sarthe; 311 km. || ~ **-et-Cher,** dep. de Francia, al S. de París; cap. *Blois.*

Loira, en fr. *Loire,* río de Francia que pasa por Orleáns, Tours y Nantes y des. en el Atlántico; 1 012 km. Es el río más largo del país.

Loire, dep. de Francia; cap. *Saint-Etienne.* || ~ **-Atlantique,** dep. de Francia; cap. *Nantes.* Vinos blancos. || ~ **(Haute-).** V. HAUTE-LOIRE.

Loiret [*luaré*], dep. de Francia; cap. *Orléans.* Agricultura, ganadería. Industrias.

loísmo m. Defecto gramatical que consiste en el empleo de *lo* en lugar de *le* en el dativo del pronombre personal *él* (*lo doy* en vez de *le doy*). || Tendencia a emplear *lo* en lugar de *le* en el acusativo (*lo miro* en vez de *le miro*).

loísta adj. y s. *Gram.* Partidario del empleo de *lo* para el acusativo y dativo masculinos del pronombre *él.*

Loja, c. del S. del Ecuador, cap. de la prov. homónima. Obispado. Agricultura; minas. — C. del S. de España (Granada).

lojano, na adj. y s. De Loja (Ecuador).

lojeño, ña adj. y s. De Loja (España).

Lolotique, mun. y pobl. de El Salvador (San Miguel).

Lolland o **Laaland,** isla de Dinamarca en el Báltico; 1 235 km²; 86 500 h.; cap. *Maribo.*

loma f. Altura pequeña: *el castillo estaba situado en lo alto de una loma cercana a la ciudad.*

Loma, macizo montañoso de África, al N. de Sierra Leona. || ~ **de Cabrera,** com. de la Rep. Dominicana (Dajabón). || ~ **Redonda,** pico de la Rep. Dominicana, en la Cord. Central (La Vega); 2 293 m. || ~ **Tina,** pico de la Rep. Dominicana, en la Cord. Central (La Vega); 2 816 m. || ~ **Vieja,** pico de la Rep. Dominicana, en la Cord. Central; 2 082 m.

Lomas || ~ **de Santa María,** lugar de México, cerca de Valladolid (hoy Morelia), donde se libró una batalla de la Independencia (1813) en la que fue derrotado Morelos. || ~ **de Zamora,** pobl. de la Argentina (Buenos Aires).

lombarda f. *Bot.* Col de color morado. || *Mil.* Bombarda.

Lombardía, región del N. de Italia continental, en las faldas de los Alpes; cap. *Milán.*

lombardo, da adj. y s. Dícese

del individuo de un ant. pueblo germánico que habitó entre el Elba y el Oder. (Los *lombardos* o *longobardos* invadieron Italia en el s. VI y se establecieron en el N. de este país.) || De Lombardía.

Lombok, isla de Indonesia y estrecho entre el Océano Índico y el mar de Java.

lombriguera f. Agujero hecho por las lombrices en la tierra.

lombriz f. Gusano anélido que vive enterrado en los sitios húmedos. || — *Lombriz intestinal,* animal parásito en forma de lombriz, que vive en los intestinos del hombre y los animales. || *Lombriz solitaria,* tenia.

Lombroso (Cesare), médico y criminalista italiano (1835-1909).

Lomé, cap. y puerto de la Rep. de Togo, en el golfo de Guinea; 87 000 h. Arzobispado.

lomera f. Correa en el lomo de las caballerías. || Caballete de tejado o tapia.

lomerío m. *Amer.* Conjunto de lomas.

lomigamito adj. *Amer.* Dícese del caballo con vetas de pelo blanco en el lomo.

lomo m. Espalda de un animal. || Carne sacada de este sitio. || Parte posterior de un libro en que suele ir escrito el título. || *Agr.* Caballón. || — *A lomo de,* montado en (caballo, etc.). || *Fig.* y *fam. Pasar la mano por el lomo,* adular.

lona f. Tela fuerte que se emplea para hacer velas, toldos, zapatos de verano, etc.

Lonardi (Eduardo A.), general argentino (1896-1956), jefe del movimiento que derrocó a Perón (1955).

Loncoche, com. del centro de Chile (Cautín).

Loncomilla, dep. del centro de Chile (Linares).

loncha f. Tajada, lonja.

lonchar v. i. *Amer.* Comida ligera durante el trabajo.

lonchería f. *Amer.* Restaurante en que se dan comidas ligeras.

londinense adj. y s. De Londres.

London, n. inglés de *Londres.* — C. del Canadá (Ontario). Obispado. Universidad. Industrias.

London (Jack), novelista norteamericano (1876-1916).

Londonderry, c. y puerto de Irlanda del N. del condado homónimo (Ulster). Obispado. Tb. llamada *Derry.*

Londoño (Víctor Manuel), diplomático y poeta parnasiano colombiano (1876-1936).

Londres, cap. de Gran Bretaña, en el S. de Inglaterra atravesada por el Támesis; 3 205 000 h. (con sus suburbios, más de ocho millones). Palacios (Saint James, Buckingham), museos (British Museum, National Gallery, Tate Gallery). El puerto es uno de los mayores del mundo. Arzobispado. Universidad. Centro económico, financiero e intelectual. En ingl. *London.*

Long || ~ **Beach,** c. y puerto de Estados Unidos, junto a Los Ángeles (California). || ~ **Island,** isla de la costa atlántica de Estados Unidos, en la que se encuentra Brooklyn (Nueva York).

longanimidad f. Magnanimidad, liberalidad.

longánimo, ma adj. Magnánimo: *persona longánima.*

longaniza f. Cierto embutido de carne de cerdo.

Longaví, com. y volcán de Chile (provincia de Linares); 3 230 m.

longevidad f. Larga duración de la vida.

longevo, va adj. Muy viejo, con mucha edad.

Longfellow (Henry Wadsworth), poeta norteamericano (1807-1882), autor de *Evangelina, Voces de la noche, La canción de Hiawatha.*

longilíneo, a adj. Dícese de la persona delgada que tiene los miembros alargados.

longitud f. Dimensión de una cosa de un extremo a otro. || La mayor de las dos dimensiones de una superficie. || *Astr.* Arco de la Eclíptica. || *Geogr.* Distancia de un lugar al primer meridiano. || *Fís. Longitud de onda,* distancia entre dos puntos correspondientes a una misma fase en dos ondas consecutivas.

longitudinal adj. Relativo a la longitud: *sección longitudinal.* || En el sentido de la longitud.

Longo, escritor griego del s. III o IV, autor de la novela pastoril *Dafnis y Cloe.*

longobardo, da adj. y s. Lombardo.

longui m. *Fam. Hacerse el longui,* hacerse el tonto.

lonja f. Tira larga y poco gruesa: *una lonja de jamón.* || Centro de contratación o bolsa de comercio: *la Lonja de Barcelona.* || Atrio a la entrada de un edificio: *la lonja de una iglesia.*

Lönnrot (Elias), poeta finlandés (1802-1884), autor de *Kalevala,* compilación de cantos populares.

Lonquimay, com. y volcán de Chile (Malleco), en la frontera con la Argentina; 2 822 m.

Lons-le-Saunier, c. del E. de Francia, cap. del dep. de Jura.

lontananza f. En un cuadro, los términos más lejanos del principal. || *En lontananza,* a lo lejos.

Lontué, dep. de Chile (Talca).

looping [*lupin*] m. (pal. ingl.). Ejercicio de acrobacia aérea consistente en dar una vuelta de campana.

loor m. Alabanza: *entonaban cánticos en loor suyo.*

Lope || ~ **de Rueda.** V. RUEDA. || ~ **de Stúñiga.** V. STÚÑIGA. || ~ **de Vega.** V. VEGA Y CARPIO.

Lopera, c. de España (Jaén).

López || ~ **de Filipis.** V. MARISCAL ESTIGARRIBIA.

López (Cándido), pintor histórico y militar argentino (1839-1903). || ~ (CARLOS ANTONIO), político paraguayo (1792-1862), cónsul de 1841 a 1844 y tres veces pres. de la Rep. de 1844 a 1862. Promulgó la Constitución de 1844. — Su hijo FRANCISCO SOLANO (1827-1870) fue pres. de 1862 a 1869. Durante su gobierno lanzó al país a la guerra contra la Triple Alianza (Brasil, Argentina y Uruguay, 1864-1870) y m. en la batalla de Cerro Corá. || ~ (ESTANISLAO), general federal argentino (1786-1838), gobernador vitalicio de Santa Fe. || ~ (ISMAEL), poeta parnasiano colombiano (1880-1962). Firmó con el n. de *Cornelio Hispano.* || ~ (JOSÉ HILARIO), general colombiano (1798-1869). Combatió por la Independencia y fue pres. de la Rep. de 1849 a 1853. Abolió la esclavitud. || ~ (LUCIO VICENTE), escritor argentino, n. en Montevideo (1848-1894), hijo de Vicente Fidel. Autor de *La gran aldea,* cuadro de Buenos Aires. || ~ (NARCISO), general español, n. en Venezuela (1798-1851). Luchó a favor de la independencia de Cuba. Fue fusilado por los españoles. || ~ (VICENTE), pintor español (1772-1850), autor de un retrato de Goya. || ~ (VICENTE FIDEL), historiador, jurista y político argentino, n. en Buenos Aires (1815-1903). Se opuso a Rosas. Creó, con Mitre, Lamas y Gutiérrez, la escuela histórica argentina. Autor de *Historia de la República Argentina* y de novelas históricas. Era hijo de Vicente López y Planes. || ~ **Albújar** (ENRIQUE), escritor peruano (1872-1966), autor de *Matalaché* y *Cuentos andinos.* || ~ **Arellano** (OSVALDO), aviador hondureño, n. en 1921, jefe de la Junta Militar en 1963 y pres. de la Rep. de 1965 a 1971. Fue de nuevo pres. en 1972. || ~ **Buchardo** (CARLOS), músico argentino (1881-1948). || ~ **Contreras** (ELEAZAR), general venezolano (1883-1973), pres. de la Rep. de 1935 a 1941. || ~ **de Ayala** (ADELARDO), escritor y político español (1828-1879), autor de obras de teatro en verso (*El tejado de vidrio, El tanto por ciento*). || ~ **de Ayala** (*Canciller* PERO), escritor español, n. en Vitoria (1332-1407), autor de las crónicas de los reinados de Pedro I, Enrique II, Juan I y Enrique III. Se le debe tb. el poema *Rimado de Palacio.* || ~ **de Gomara** (FRANCISCO), cronista y religioso español (¿1512-1572?), capellán y servidor de Hernán Cortés. A pesar de no haber estado nunca en América, escribió *Historia de las Indias y conquista de México* y *Crónica de la Nueva España.* || ~ **de Jerez** (FRANCISCO), historiador y militar español (1504-1539), cronista de Indias y compañero de Pizarro. Autor de *Verdadera relación de la conquista del Perú.* || ~ **de la Romaña** (EDUARDO), político peruano (1847-1912), pres. de la Rep. de 1899 a 1903. || ~ **de Legazpi** (MIGUEL). V. LEGAZPI. || ~ **de Mendoza** (IÑIGO). V. SANTILLANA *(Marqués de).* || ~ **de Mesa** (LUIS), escritor y médico colombiano (1884-1967), autor de *Libros de los Apólogos* y *De cómo se ha formado la nación colombiana.* || ~ **de Santa Anna** (ANTONIO). V. SANTA ANNA (Antonio LÓPEZ DE). || ~ **de Úbeda** (FRANCISCO), médico y escritor toledano de principios del s. XVI, a quien se atribuye *La pícara Justina* (1605). || ~ **de Villalobos** (RUY), navegante español, m. en 1546, que dio a la isla de Leyte el n. de *Filipina* en recuerdo de Felipe II. || ~ **de Zárate** (FRANCISCO), escritor español (1580-1659), autor del poema épico *La invención de la Cruz.* || ~ **García** (BERNARDO), poeta español (1840-1870), autor de la composición *Al Dos de Mayo.* || ~ **Gutiérrez** (RAFAEL), general hondureño (1854-1924), pres. de la Rep. de 1919 a 1924. || ~ **Jordán** (RICARDO), militar argentino (1822-1889). Encabezó la sublevación de Entre Ríos que trajo como consecuencia el asesinato de Urquiza. || ~ **Mateos** (ADOLFO), político mexicano (1910-1969), pres. de la Rep. de 1958 a 1964. || ~ **Mezquita** (JOSÉ MARÍA), pintor retratista español (1883-1954). || ~ **Michelsen** (ALFONSO), político colombiano, hijo de López Pumarejo, n. en 1908, Pres. de la Rep. desde 1974. || ~ **Naguil** (GREGORIO), pintor argentino (1894-1953). || ~ **Pinciano** (ALONSO), médico y humanista español (¿1547-1627?), autor de una *Filosofía antigua poética.* || ~ **Portillo y Rojas** (JOSÉ), novelista mexicano (1850-1923), autor de *La parcela.* || ~ **Pumarejo** (ALFONSO), político colombiano (1886-1959), pres. de la Rep. (1934 a 1938 y 1942 a 1945). Mandó construir la Ciudad Universitaria de Bogotá. || ~ **Rayón** (IGNACIO), militar mexicano (1773-1833), uno de los caudillos del centro del país en la lucha por la Independencia. Se cubrió de gloria en la defensa de Zitácuaro. || ~ **Silva** (JOSÉ), comediógrafo español (1860-1925), autor de sainetes (*La Revoltosa,* etc.). || ~ **Soler** (RAMÓN), novelista romántico español (1806-1836). || ~ **Velarde** (RAMÓN), poeta mexicano (1888-1921), uno de los más notables después del modernismo. || ~ **y Fuentes** (GREGORIO), novelista mexicano (1895-1966), autor de *Campamento, Tierra, Mi general, El indio, Huasteca, Arrieros,* etc. Publicó tb. poemas. || ~ **y Planes** (VICENTE), político y poeta argentino (1785-1856), autor de la letra del himno de su país. Fue gobernador de Buenos Aires (1852). Padre del historiador Vicente Fidel.

lopista com. Especialista en la vida y obras de Lope de Vega.

loquear v. i. Hacer locuras.

loquera f. Jaula de locos.

loquero m. Empleado de un manicomio.

Lora || **~ (La),** comarca del N. de España (Burgos). Explotación petrolífera. || **~ del Río,** v. del S. de España (Sevilla). Minas.

loran m. Procedimiento de radionavegación que permite que un aviador o un navegante fije la posición en que se halla por medio de tres estaciones radioeléctricas.

Lorca, v. de España (Murcia).

lord m. (pal. ingl.). Título de los pares británicos (duques, marqueses, condes, vizcondes y barones) que se pone delante de sus nombres patronímicos. (Pl. *lores.*) || Miembro de la Cámara Alta o Cámara de los Lores. || *Lord mayor,* alcalde de algunas ciudades británicas.

lordosis f. *Med.* Desviación de la columna vertebral lumbar.

Lorena, región del NE. de Francia, ant. prov.; cap. *Nancy.* Forma parte de Francia desde 1766. De 1871 a 1918 la casi totalidad perteneció a Alemania, hecho que volvió a repetirse de 1940 a 1944.

lorenés, esa adj. y s. De Lorena.

Lorenés (Claudio GELLÉE, llamado **el**), pintor paisajista francés (1600-1682).

Lorenzetti (Pietro), pintor italiano (¿1280?-1348), autor de notables frescos.

Lorenzini (Carlo), escritor italiano (1826-1890), autor del personaje *Pinocho.* Firmó con el seudónimo de *Carlo Collodi.*

Lorenzo *(San),* diácono quemado vivo sobre unas parrillas en 258, por orden del emperador romano Valeriano. Fiesta el 10 de agosto.

Lorenzo (Anselmo), anarquista español (1841-1914), fundador de la Internacional obrera en España. Autor de *El proletariado militante.* || **~ Luaces** (JOAQUÍN), poeta y dramaturgo cubano (1826-1867).

Lorenzo Marques. V. LOURENÇO MARQUES.

loretano, na adj. y s. De Loreto (Perú).

Loreto, pobl. del N. de la Argentina (Santiago del Estero), cab. del dep. homónimo. — Pobl. del N. de Bolivia, cap. de la prov. de Marban (Beni). — C. del E. de Italia (Ancona). Obispado. Peregrinación. — Dep. del NE. del Perú; cap. *Iquitos.* Caucho. — Prov. del Perú, en el dep. homónimo; cap. *Nauta.*

Lorica, c. del O. de Colombia (Córdoba).

Lorient, c. y puerto de Francia en el S. de Bretaña (Morbihan).

loriga f. Coraza de mallas. || Armadura del caballo.

loris m. Mamífero nocturno de la India y Ceilán.

loro m. Papagayo. || *Bot.* Lauroceraso. || *Fig.* y *fam.* Mujer fea o vieja.

Lorris (Guillermo de). V. GUILLERMO DE LORRIS.

los, las art. determinado plural de ambos géneros. || Acusativo del pron. personal de tercera persona en número plural.

Los || **~ Álamos,** c. de Estados Unidos (Nuevo México). Centro de investigaciones nucleares. || **~ Ángeles.** V. ÁNGELES *(Los).*

Los de abajo, novela del mexicano Mariano Azuela (1916).

losa f. Piedra plana y de poco grueso: *losa sepulcral.* || Baldosa. || *Fig.* Cosa que constituye una pesadumbre.

Losada (Diego de), conquistador español (¿1511?-1569), fundador de Caracas (1567).

losange m. *Blas.* Rombo más alto que ancho en posición vertical.

loseta f. Losa pequeña.

Lot, río del S. de Francia, 480 km. — Dep. de Francia; cap. *Cahors.* || **~ -et-Garonne,** dep. del S. de Francia; cap. *Agen.*

Lot, sobrino de Abrahán. Su mujer, al infringir la orden divina, fue convertida en estatua de sal por mirar hacia atrás. *(Biblia.)*

lota f. Pez de los ríos y lagos de Europa, de la familia de los gádidos.

Lota, com., c. y puerto de Chile (Concepción). Centro comercial. Importantes minas de carbón.

lote m. Parte en que se divide un todo para su distribución. || Premio de lotería. || Grupo de objetos que se venden juntos.

lotería f. Juego de azar en el que se venden una serie de billetes numerados que, después de verificado el sorteo, resultarán premiados o no: *tocarle a uno el premio gordo en la lotería.* || Juego de azar en el que los participantes poseen uno o varios cartones numerados que cubren a medida que se sacan bolas con los números correspondientes. || *Fig.* y *fam.* Cosa o asunto en manos del azar: *la vida es una lotería.*

lotero, ra m. y f. Persona que posee un despacho de lotería.

Loti (Julien VIAUD, llamado **Pierre**), marino y escritor francés (1850-1923), autor de novelas (*Madame Crisantemo, El pescador de Islandia, Ramuntcho,* etc.).

loto m. Planta acuática, de flores de color blanco azulado. || Su flor o fruto.

Lotti (Antonio), músico veneciano (¿1667?-1740).

Loubet (Emile), político francés (1838-1929), pres. de la Rep. de 1899 a 1906.

Loudet (Osvaldo), psiquiatra y criminólogo argentino, n. en 1890.

Louisville, c. de Estados Unidos (Kentucky). Arzobispado. Centro comercial e industrial.

Lourdes [*lurd*], c. del S. de Francia (Hautes-Pyrénées). Peregrinación.

Lourenço Marques, c. y puerto de Mozambique. Arzobispado. Centro industrial y de comercio.

Louvain, n. fr. de *Lovaina.*

Louverture (Toussaint), político y general haitiano, n. en Santo Domingo (1743-1803), jefe de los rebeldes negros en Santo Domingo. Hecho prisionero, le condujeron a Francia, donde murió.

Louvois (Michel LE TELLIER, *marqués de*), político francés (1641-1691), subsecretario de la Guerra con Luis XIV.

Louvre [*luvr*], palacio de los reyes de Francia, en París, hoy convertido en museo. Se inició su construcción en 1204 y se acabó realmente durante el imperio de Napoleón III.

Louys (Pierre), escritor francés, n. en Gante (1870-1925), autor del poema en prosa (*Las canciones de Bilitis*) y de novelas (*Afrodita, La mujer y el pelele,* etc.).

Lovaina, c. de Bélgica (Brabante), a orillas del Dyle. Universidad. Industrias. En fr. *Louvain.*

lovaniense adj. y s. De Lovaina (Bélgica).

Loveira-Chirino (Carlos), novelista cubano (1882-1928).

Lowell, c. de Estados Unidos (Massachusetts), a orillas del Merrimac. Industrias.

Lowlands *(Tierras Bajas),* región de Gran Bretaña, en el centro de Escocia.

loxodromia f. Curva trazada en una esfera que corta todos los meridianos en un mismo ángulo.

Loyola, pobl. del N. de España (Guipúzcoa), cerca de Azpeitia. Lugar de nacimiento de San Ignacio.

Loyola (Ignacio de). V. IGNACIO *(San).*

loza f. Barro fino cocido y barnizado con que se hacen platos, tazas, jarros, etc. || Conjunto de estos objetos en el ajuar doméstico.

lozanía f. Frondosidad de las plantas. || Vigor, robustez. || Frescura, juventud: *la lozanía de su cutis.* || Altivez, altanería.

lozano, na adj. Con lozanía.

Lozano (Abigaíl), poeta romántico venezolano (1821-1866). || **~** (JORGE TADEO), naturalista, médico y patriota colombiano (1771-1816). M. fusilado. || **~ Díaz** (JULIO), político hondureño (1885-1957), pres. de la Rep. de 1954 a 1956.

Lozère, mont. de Francia, en el dep. homónimo; 1 699 m. — Dep. de Francia en el SE. del Macizo Central; cap. *Mende.*

Lozoya, río del centro de España, afl. del Jarama.

ltd., abreviatura del inglés *limited,* empleada por las compañías de responsabilidad limitada.

Lu, símbolo químico del *lutecio.*

Luaces (Joaquín LORENZO). V. LORENZO.

Lualaba. V. CONGO.

Luanco, v. de España (Oviedo).

Luanda, ant. *Loanda* o *San Pablo de Loanda,* cap. y puerto de Angola, en el Atlántico; 250 000 h.

Luang Prabang, prov. y c. de Laos, a orillas del Alto Mekong. Residencia real y centro religioso.

Luarca, v. y puerto de España (Oviedo).

Lubaantún, ant. centro de la civilización maya en Belice.

Lübeck, c. y puerto, en el Báltico, de Alemanía Occidental (Schlesvig-Holstein). Fundación de la Liga Hanseática (1241).

lubina f. Robalo, pez marino.

Lublin, c. de Polonia, al SO. de Varsovia. Obispado. Universidad.

lubricante adj. y s. m. Lubrificante.

lubricar v. t. Lubrificar.

lubricidad f. Lujuria.

lúbrico, ca adj. Lujurioso.

lubrificación f. Acción y efecto de lubrificar.

lubrificador, ra adj. Que lubrifica.

lubrificante adj. y s. m. Dícese de toda sustancia que lubrifica.

lubrificar v. t. Engrasar, untar con lubrificante una superficie para que se deslice mejor sobre otra.

Lubumbashi, ant. *Elisabethville,* c. de la Rep. Democrática del Congo (Katanga). Minas.

Luca, c. de Italia (Toscana), cap. de la prov. homónima. Arzobispado. Universidad. Catedral románica. Aceite.

Luca (Esteban de), poeta argentino (1786-1824). || **~ de Tena** (JUAN IGNACIO), periodista y comediógrafo español (1897-1975), autor de *¿Quién soy yo?, Don José, Pepe y Pepito, El huésped del Sevillano, ¿Dónde vas, Alfonso XIII.* || **~ de Tena** (TORCUATO, *marqués de*), periodista español (1865-1929), fundador de la revista *Blanco y Negro* y del diario *ABC.* || **~ de Tena** (TORCUATO), escritor español, n. en 1923, destacado periodista, poeta (*Albor*), autor de libros de observaciones (*Mrs. Thompson, su mundo y yo*), novelas (*Edad prohibida, La mujer de otro, Pepa Niebla,* etc.), obras de teatro (*Hay una luz sobre la cama,* etc.) y ensayos históricos sobre el descubrimiento de América. Es nieto e hijo de los dos anteriores.

Lucanas, prov. del Perú (Ayacucho); cap. *Puquio.*

Lucania. V. BASILICATA.

Lucano (Marco Anneo), poeta hispanolatino, n. en Córdoba (39-65), sobrino de Séneca. Autor de la epopeya *Farsalia.* Se suicidó.

Lucas *(San),* uno de los cuatro evangelistas, m. hacia 70. Autor del tercer *Evangelio* y de los *Hechos de los Apóstoles.* Fiesta el 10 de octubre.

Lucas de Leyden, pintor y grabador holandés, n. en Leyden (1489 ó 1494-1533).

Lucayas (ISLAS). V. BAHAMAS.

Lucena, c. del S. de España (Córdoba). — C. de Filipinas, al S. de la isla de Luzón, cap. de la prov. de Quezón. Obispado.

lucense adj. y s. De Lugo.

Lucerna, c. de Suiza, cap. del cantón homónimo, al O. del lago de igual n., tb. llamado de *Cuatro Cantones.*

lucero m. Astro brillante, estrella grande. ‖ El planeta Venus. ‖ Lunar blanco que tienen en la frente algunos animales. ‖ *Fig.* Lustre, esplendor, brillo. ‖ — Pl. *Fig.* Los ojos.

Lucía *(Santa),* virgen y mártir de Siracusa (¿283-304?). Fiesta el 13 de diciembre.

Luciano *(San),* presbítero y mártir griego (¿235?-312). Fiesta el 7 de enero.

Luciano ‖ **~ Bonaparte.** V. BONAPARTE. ‖ **~ de Samosata,** escritor griego (¿125-192?), creador del diálogo satírico.

lucidez f. Clarividencia.

lucido, da adj. Que tiene gracia. ‖ *Fig.* Brillante: *una situación lucida.* | Bien ejecutado: *una faena muy lucida.* | Elegante. | Liberal, generoso.

lúcido, da adj. Claro en el estilo. ‖ Clarividente, capaz de ver las cosas como son. ‖ En estado mental normal: *los que deliran no están lúcidos.* ‖ Que brilla.

luciérnaga f. Insecto coleóptero, cuya hembra, que carece de alas, despide por la noche una luz fosforescente de color verdoso.

lucifer m. Lucífero, Venus. ‖ Demonio. ‖ *Fig.* Hombre perverso.

Lucifer, príncipe de los ángeles rebeldes.

lucífero, ra adj. Brillante. ‖ — M. El lucero del alba, Venus.

lucimiento m. Brillantez. ‖ Gloria: *hacer algo con lucimiento.*

lucio m. Pez de río muy voraz.

* **lucir** v. i. Brillar, resplandecer. ‖ *Fig.* Sobresalir en algo: *lucir en el foro, en literatura* (ú. t. c. pr.). | Ser de provecho: *le luce lo que come.* | Hacer buen efecto: *este reloj chapado de oro luce mucho.* ‖ — V. t. Iluminar (ú. t. c. i.). ‖ *Fig.* Hacer ver, mostrar: *lucir su valor.* | Exhibir: *lucir sus piernas.* | Llevar: *luce una bonita corbata.* ‖ — V. pr. Salir brillante de una empresa, quedar bien. ‖ *Fig.* y *fam.* Quedar mal, hacer mal papel: *¡pues sí que nos hemos lucido!*

Lucknow, c. del N. de la India, cap. de Uttar Pradesh. Obispado. Universidad. Fundiciones; textiles.

lucrar v. t. Lograr. ‖ — V. pr. Aprovecharse. ‖ Enriquecerse.

lucrativo, va adj. Que hace ganar dinero.

Lucrecia Borgia. V. BORGIA.

Lucrecio (Tito Caro), poeta latino (¿98?-55 a. de J. C.), autor de *De la naturaleza de las cosas.*

lucro m. Ganancia, provecho.

luctuoso, sa adj. Triste.

lucubración f. Divagación, imaginación.

lucubrar v. t. Trabajar con ahínco en obras de ingenio. ‖ Divagar, imaginar.

Lúculo, general, pretor y cónsul romano (¿109-57? a. de J. C.). Combatió contra Mitrídates y es célebre por su vida de lujo y placeres.

lucha f. Combate cuerpo a cuerpo entre dos personas: *lucha libre, grecorromana.* ‖ Pelea, contienda. ‖ *Méx. Hacer la lucha,* trabajar por conseguir algo.

luchador, ra m. y f. Persona que lucha.

Luchana, barrio de Bilbao en cuyo puente las fuerzas liberales del general Espartero derrotaron a los carlistas y les obligaron a levantar el asedio de la ciudad (1836).

luchar v. i. Combatir, pelear: *luchar cuerpo a cuerpo.*

Luchon. V. BAGNÈRES-DE-LUCHON.

luchón, ona adj. *Méx.* Que se esfuerza en ganar dinero.

Ludendorff (Erich), general alemán de la primera guerra mundial (1865-1937).

Ludhiana, c. del N. de la India (Pendjab). Textiles; metalurgia.

ludibrio m. Burla, irrisión: *ser el ludibrio del pueblo.* ‖ Desprecio.

lúdicro, cra adj. Del juego.

ludir v. t. Frotar.

Ludovico Pío, n. que se dio a Luis I de Francia.

Ludwig (Emil), biógrafo alemán (1881-1948).

Ludwigsburgo, c. de Alemania Occidental (Baden-Wurtemberg).

Ludwigshafen am Rhein, c. de Alemania Occidental (Renania-Palatinado).

lúe f. Infección sifilítica.

luego adv. Pronto, prontamente: *vuelvo luego.* ‖ Después: *iré luego al cine.* ‖ — Conj. que denota deducción o consecuencia: *pienso, luego existo.* ‖ — *Desde luego,* naturalmente. ‖ *Hasta luego,* expresión de despedida que se emplea con las personas que uno deja por muy poco tiempo. ‖ *Luego de,* después de. ‖ *Luego que,* en seguida que.

luengo, ga adj. Largo: *luengos años, siglos.*

Lugano, c. de Suiza (Tesino), en las márgenes del lago homónimo. Obispado. Estación balnearia.

Lugansk. V. VOROCHILOVGRADO.

lugar m. Parte determinada del espacio: *dos cuerpos no pueden ocupar el mismo lugar.* ‖ Sitio de una persona o cosa: *no está en su lugar habitual.* ‖ Sitio no material que ocupa uno: *ha dejado el lugar que ocupaba en la empresa.* ‖ Localidad, población, pueblo, aldea: *en un lugar de la Mancha de cuyo nombre no quiero acordarme.* ‖ Sitio, tiempo conveniente para decir o hacer algo: *no hay lugar para portarse de tal modo.* ‖ Pasaje de un libro: *lo verás en un lugar de tu texto.* ‖ Puesto: *ocupa un buen lugar en la empresa.* ‖ Motivo, causa, origen: *dar lugar a críticas.* ‖ — *En lugar de,* en vez de. ‖ *En primer lugar,* primeramente. ‖ *Mil. En su lugar ¡descanso!,* voz con la que se ordena de no estar firme. ‖ *En tiempo y lugar oportunos,* en el momento más conveniente. ‖ *Fuera de lugar,* en un momento poco oportuno. ‖ *Lugar común,* tópico. ‖ *Lugar geométrico,* conjunto de puntos que tiene, con exclusión de cualquier otro, una propiedad determinada y característica. ‖ *No ha lugar,* no es el momento. ‖ *Tener lugar,* suceder, ocurrir; tener sitio o cabida; tener tiempo; hacer las veces de, servir de.

lugareño, ña adj. y s. Vecino de un lugar o pueblo. ‖ De un pueblo o aldea.

lugartenencia f. Cargo de lugarteniente.

lugarteniente m. El segundo que puede sustituir al jefe.

lugdunense adj. y s. De Lyon.

Lugo, c. del NO. de España en Galicia, cap. de la prov. homónima. Obispado.

Lugo (Alonso Luis de), adelantado español del Nuevo Reino de Granada (1542). Fundó las ciudades de Mompós y Tocaima. ‖ **~** (AMÉRICO), escritor dominicano (1870-1952).

Lugones (Leopoldo), escritor modernista argentino, n. en Río Seco (Córdoba) [1874-1938]. Autor de poesías (*Himno a la Luna, Odas seculares, El libro fiel, Romancero, Poemas solariegos,* etc.) y de libros en prosa (*La guerra gaucha, El payador* y *El ángel de la sombra*). Se suicidó.

lugre m. *Mar.* Embarcación pequeña de tres palos.

lúgubre adj. Triste, fúnebre: *aspecto, espectáculo lúgubre.*

lugués, esa adj. y s. Lucense.

Luini (Bernardino), pintor italiano de la escuela milanesa (¿1480?-1532), autor de frescos.

luis m. Antigua moneda de oro francesa. ‖ Moneda de oro francesa de veinte francos.

Luis *(San).* V. LUIS IX (de Francia). ‖ **~ Gonzaga** *(San),* jesuita italiano (1568-1591), patrono de la juventud. Fiesta el 21 de junio.

Luis I (1707-1724), rey de España en 1724, hijo de Felipe V.

Luis ‖ **~ I** (778-840), llamado *Ludovico Pío,* emperador francés de Occidente desde 814. Era hijo de Carlomagno. ‖ **~ II** (846-879), rey de Francia desde 877. ‖ **~ III** (¿863?-882), rey de Francia desde 879. ‖ **~ IV,** rey de Francia de 936 a 954. ‖ **~ V** (¿967?-987), rey de Francia desde 986. Fue el último de la dinastía carolingia. ‖ **~ VI** (¿1081?-1137), rey de Francia desde 1108. ‖ **~ VII** (¿1120?-1180), rey de Francia desde 1137. ‖ **~ VIII** (1187-1226), rey de Francia desde 1223. ‖ **~ IX** o **San Luis** (1214-1270), rey de Francia desde 1226. Participó en las dos últimas cruzadas y m. de la peste en Túnez. Fiesta el 25 de agosto. ‖ **~ X** (1289-1316), rey de Navarra desde 1305 y de Francia desde 1314. ‖ **~ XI** (1423-1483), rey de Francia desde 1461. ‖ **~ XII** (1462-1515), rey de Francia desde 1498. ‖ **~ XIII** (1601-1643), rey de Francia desde 1610. Confió el gobierno al cardenal Richelieu. ‖ **~ XIV** (1638-1715), llamado *el Rey Sol,* rey de Francia desde 1643. Restableció el orden interior, aseguró la potencia militar de Francia y se supo rodear de excelentes colaboradores (Colbert, Louvois, Vauban). Por su matrimonio con María Teresa de España participó en la guerra de Sucesión española en ayuda de su nieto Felipe de Anjou. Su reinado marcó el apogeo de la monarquía absoluta y fue el de mayor esplendor de las letras y artes en Francia, por lo que se llama a este período *Siglo de Luis XIV.* ‖ **~ XV** (1710-1774), rey de Francia desde 1715. Su reinado se caracterizó por el desorden financiero y por las guerras exteriores con España, Austria e Inglaterra, que ocasionaron la pérdida de las colonias. Su ministro Choiseul promovió el *Pacto de Familia* (1761), que reunía las cuatro ramas borbónicas. ‖ **~ XVI** (1754-1793), rey de Francia de 1774 a 1793. Suspendido de sus funciones y juzgado por la Convención fue condenado a muerte y guillotinado. ‖ **~ XVII** (1785-1795), hijo del anterior. Murió en la prisión del Temple sin haber reinado. ‖ **~ XVIII** (1755-1824), hermano de Luis XVI, rey de Francia desde 1814. Fue impopular por sus medidas reaccionarias; envió a España una expedición para restablecer el absolutismo (1823). ‖ **~ Felipe I** (1773-1850), rey de los franceses de 1830 a 1848. Fue derrocado por los legitimistas, republicanos y bonapartistas. ‖ **~ Napoleón.** V. NAPOLEÓN III.

Luis ‖ **~** *el Grande,* rey de Hungría (1342-1382) y de Polonia (1370-1382). ‖ **~ II,** rey de Hungría y de Bohemia (1516-1526).

Luis ‖ **~ I,** emperador de Occidente de 814 a 840. Fue rey de Francia con el n. de *Ludovico Pío.* ‖ **~ II,** emperador de Occidente de 855 a 875. ‖ **~ III,** emperador de 901 a 905. ‖ **~ IV,** emperador de Occidente de 1328 a 1346.

Luis I (1838-1889), rey de Portugal desde 1861.

Luis Calvo, prov. en el SE. de Bolivia (Chuquisaca); cap. *Villa Vaca Guzmán.*

Luisa de Marillac *(Santa),* religiosa francesa (1591-1560), fundadora de las Hijas de la Caridad. Fiesta el 15 de marzo.

Luisiana, uno de los Estados Unidos de América del Norte, ribereño del golfo de México; cap. *Baton Rouge.* Su territ. fue cedido por Francia en 1803.

Luján, río de la Argentina (Buenos Aires), afl. del Plata. — C. de la Argentina (Buenos Aires). Santuario de la Virgen. ‖ **~ de Cuyo,** pobl. del O. de la Argentina (Mendoza). Aguas termales.

lujo m. Suntuosidad, fausto, boato. ‖ *Fig.* Abundancia, profusión: *con gran lujo de detalles.* ‖ —

Lujo asiático, el muy grande. || *Permitirse el lujo de,* darse el gusto de.

lujoso, sa adj. Ostentoso, con mucho lujo.

lujuria f. Vicio de los placeres de la carne. || *Fig.* Demasía.

lujuriante adj. Muy frondoso; *naturaleza lujuriante.*

lujurioso, sa adj. Lascivo.

Lule, río del N. de Suecia, que des. en el golfo de Botnia; 450 km. — C. y puerto de Suecia, en el golfo de Botnia, cap. de la prov. homónima. Exportación de hierro.

luliano, na adj. Relativo al lulismo.

Lulio (Beato Raimundo) o **Ramón Llull,** religioso, teólogo y filósofo español, n. en Palma de Mallorca (1235-1315). Autor de *Ars Magna,* libro filosófico, y de obras de carácter novelesco *(Blanquerna),* enciclopédico *(Llibre felix de les meravelles del món)* o caballeresco *(Llibre de l'orde de cavayleria).* Murió mártir en Bugía.

lulismo m. *Fil.* Sistema filosófico de Raimundo Lulio.

lulista adj. y s. Partidario del lulismo.

lulú m. Perro pequeño y lanudo.

Luluaburgo, hoy *Kananga,* c. de la Rep. Democrática del Congo.

Lully o **Lulli** [*luli*] (Jean-Baptiste), compositor francés, n. en Florencia (1632-1687), creador de la ópera en su país.

lumaquela f. Roca calcárea que contiene numerosas conchas de moluscos.

lumbago m. Dolor en la espalda debido a una afección de las articulaciones de las vértebras lumbares a causa de traumatismo (directo o indirecto) o reumatismo (artritis o artrosis).

lumbar adj. *Anat.* Relativo a la parte posterior de la cintura: *punción lumbar.*

lumbre f. Cualquier combustible encendido. || Luz. || Fuego: *dame lumbre para encender mi cigarrillo.* || Pieza de las armas de fuego que hiere el pedernal. || Parte anterior de la herradura de las caballerías. || Ventana, abertura en un edificio. || *Fig.* Brillo, resplandor. || — Pl. Conjunto de eslabón, pedernal y yesca.

lumbrera f. Abertura en un techo. || Claraboya en un barco. || En las máquinas, orificio de entrada o salida del vapor. || Hueco central del cepillo, la garlopa, etc. || *Fig.* Persona muy sabia o inteligente: *una lumbrera de la política.*

lumen m. *Fís.* Unidad de flujo luminoso (símb., *lm*).

Lumière (Louis), químico francés (1864-1948) que, con su hermano AUGUSTE (1862-1954), descubrió el cinematógrafo (1894) y la placa fotográfica en colores.

luminaria f. Luz. || Llama que arde continuamente en las iglesias delante del Santísimo Sacramento. || — Pl. Iluminación.

luminiscencia o **luminescencia** f. Emisión de luz a baja temperatura.

luminiscente o **luminescente** adj. Que emite rayos luminosos sin que haya incandescencia.

luminosidad f. Calidad de luminoso.

luminoso, sa adj. Que despide luz. || *Fig.* Brillante, muy atinado: *idea luminosa.*

luminotecnia f. Técnica del alumbrado.

luminotécnico, ca adj. Relativo o perteneciente a la luminotecnia. || M. y f. Persona que se dedica a la iluminación con propósitos artísticos.

lumitipia f. *Imp.* Máquina de componer por procedimiento fotográfico.

luna f. Cuerpo celeste que gira alrededor de la Tierra y recibe la luz del Sol, que refleja en nuestro planeta. || Esta misma luz. || Cada fase que presenta este cuerpo celeste: *Luna nueva, creciente, llena, menguante.* || Espejo: *armario de luna.* || Cristal: *la luna de un escaparate.* || *Fig.* Capricho, extravagancia, humor caprichoso. || — *Fig. De buena* (o *mala*) *luna,* de buen (o mal) humor. | *Estar en la Luna,* estar en Babia. | *Luna de miel,* primeros tiempos de casado. || *Media luna,* figura de cuarto de Luna creciente o menguante; el Imperio Turco; cuchilla redonda. || *Fig. Pedir la Luna,* solicitar algo imposible de obtener. | *Quedarse a la luna de Valencia,* no lograr lo que se esperaba.

— La *Luna* describe alrededor de la Tierra una órbita elíptica excéntrica en 29 días, 12 horas y 44 minutos, y tiene un movimiento de rotación sobre sí misma. Es cincuenta veces menor que nuestro planeta, del que se encuentra a una distancia de 353 680 km. Su superficie, conocida gracias a las fotografías enviadas por los ingenios espaciales que se han posado en ella, es rugosa y está compuesta de algunas llanuras y montañas más altas que las de la Tierra. La U. R. S. S. fue el primer país que hizo llegar a la Luna un cohete cósmico, llamado *Lunik II* (13 de septiembre de 1959). El 21 de julio de 1969 Estados Unidos, por medio del cohete *Apolo XI,* consiguió que dos hombres, Neil Armstrong y Edwin Aldrin, desembarcasen en el suelo del planeta.

Luna (ISLA DE LA). V. COATI.

Luna (Álvaro de), condestable de Castilla (¿1388?-1453), favorito de Juan II. M. ajusticiado. || ~ (JOSÉ CARLOS DE), poeta español (1890-1964). || ~ (PABLO), músico español (1880-1942), autor de zarzuelas *(Molinos de viento).* || ~ (PEDRO DE). V. BENEDICTO XIII.

lunación f. *Astr.* Tiempo que media entre dos nuevas lunas.

lunar adj. Relativo a la Luna: *ciclo lunar.* || — M. Mancha pequeña y negra o parda en la piel. || Dibujo redondo: *tejido de lunares.* || *Fig.* Defecto o mancha que tiene una persona o cosa.

lunario, ria adj. Relativo a las lunaciones.

lunático, ca adj. y s. Loco. || Que tiene manías.

lunch [*lanch*] m. (pal. ingl.). Almuerzo ligero que se toma de pie.

Lund, c. del S. de Suecia. Arzobispado. Universidad. Catedral (s. XII-XIII).

Luneburgo, c. de Alemania Occidental (Baja Sajonia).

Lünen, c. de Alemania Occidental (Renania-Westfalia), en el Ruhr. Centro minero. Industrias.

lunes m. Segundo día de la semana. || — *Cada lunes y cada martes,* constantemente. || *Fam. Méx. Hacer San Lunes,* holgar el lunes.

luneta f. Cristal de las gafas. || Butaca de patio en los teatros. || *Arq.* Bocateja. || Apoyo intermedio entre las puntas de un torno que se coloca cuando las piezas que hay que tornear son muy largas y de poco diámetro.

lunetario m. *Méx.* Patio de butacas en un teatro.

luneto m. *Arq.* Bovedilla en otra principal.

Luneville [*-vil*], c. del NE. de Francia (Meurthe-et-Moselle).

lunfardismo m. Voz o giro propio del lunfardo.

lunfardo m. Germanía argentina. || *Arg.* Rufián, chulo.

Lunik, n. de los artefactos lanzados por los soviéticos en dirección de la Luna. (El *Lunik II* aterrizó en el mar de la Serenidad el 13 de septiembre de 1959).

lúnula f. Mancha blanca en la raíz de las uñas.

lupa f. Lente de aumento con un mango.

lupanar m. Casa de prostitución, mancebía.

lupercales f. pl. Fiestas que celebraban los romanos el 15 de febrero en honor del dios Pan.

Luperón, com. de la Rep. Dominicana (Puerto Plata).

Luperón (Gregorio), militar y patriota dominicano (1839-1897).

lupia f. *Med.* Lobanillo.

lupulino m. Polvo que cubre el lúpulo.

lúpulo m. Planta trepadora cuyo fruto se emplea para aromatizar la cerveza.

Luque, v. de España (Córdoba). — Pobl. del Paraguay (Central).

Luque (Hernando de), sacerdote español, m. en 1532. Estuvo en la conquista del Perú y fue su primer obispo.

Lurdes. V. LOURDES.

Luribay, pobl. de Bolivia, cap. de la prov. de Loayza (La Paz).

Luristán, región montañosa en el O. del Irán. Petróleo.

Lusacia, región en Alemania Oriental y Checoslovaquia, entre el Elba y el Oder.

Lusaka, cap. de Zambia; 152 000 h. Arzobispado.

Lusiadas *(Los),* poema épico de Camoens (1572), en diez cantos, en que se relatan los descubrimientos de los portugueses en las Indias orientales.

Lusitania, división de la España romana entre el Duero y el Guadiana. Corresponde a Portugal.

lusitanismo m. Giro propio de la lengua portuguesa.

lusitano, na y **luso, sa** adj. y s. De Lusitania. || Portugués.

Lussich (Antonio D.), poeta gauchesco uruguayo (1848-1928), autor de *El matrero Luciano Santos.*

lustrabotas m. inv. *Amer.* Limpiabotas.

lustración f. Pulimento.

lustrar v. t. Dar lustre o brillo. || Limpiar los zapatos. || En Roma, purificar con sacrificios y ceremonias una cosa impura.

lustre m. Brillo. || Betún para el calzado: *dar lustre a los zapatos.* || *Fig.* Gloria, fama: *para mi mayor lustre.*

lustro m. Periodo de cinco años.

lustroso, sa adj. Brillante.

Lutecia, ant. n. de *París.*

lutecio m. Metal del grupo de las tierras raras (símb., Lu), de número atómico 71.

luteína f. Progesterona.

Lutero (Martín), teólogo y reformador alemán, n. y m. en Eisleben (Sajonia) [1483-1546]. Religioso agustino en 1517, se opuso a los predicadores de la Bula de las Indulgencias y en 1520 fue excomulgado por León X. Su doctrina, el *protestantismo,* está resumida en la Confesión de Augsburgo.

luteranismo m. Doctrina y conjunto de los sectarios de Lutero. (V. PROTESTANTISMO.)

luterano, na adj. Relativo a la doctrina de Lutero. || — M. y f. Partidario de la doctrina de Lutero.

luto m. Situación producida por la muerte de un pariente cercano, de un gran personaje, etc.: *un luto oficial de diez días.* || Conjunto de signos exteriores de duelo, en vestidos, adornos, etc.: *vestirse o ponerse de luto.* || Dolor, pena. || — *Aliviar el luto,* llevarlo menos riguroso. || *Medio luto,* el que no es riguroso.

Luton, c. de Gran Bretaña en Inglaterra, al NO. de Londres (Bedford). Industrias.

Lützen, c. de Alemania Oriental (Sajonia). Batalla ganada por Gustavo Adolfo de Suecia, en la que encontró la muerte (1632), y derrota de los rusos y prusianos por Napoleón (1813).

lux m. Unidad de iluminancia (símb., *lx*).

luxación f. Dislocación de un hueso de su articulación.

Luxemburgo (GRAN DUCADO DE), Estado de Europa occidental, entre Francia, Bélgica y Alemania; 2 586 km²; 335 000 h. *(luxemburgueses).* Cap. *Luxemburgo,* 77 500 h.

Luxemburgo (Rosa), socialista alemana (1870-1919). M. asesinada.

luxemburgués, esa adj. y s. De Luxemburgo.

Luxor, pobl. de Egipto en la orilla derecha del Nilo. Fue suburbio de la ant. Tebas. Templo de Amenofis III.

Luya, prov. del N. del Perú (Amazonas); cap. *Lamud.*

luz f. Lo que ilumina los objetos y les hace visibles. (La *luz* está constituida por ondas electromagnéticas y su velocidad de propagación en el vacío es de unos 300 000 km. por segundo). ‖ Cualquier objeto que ilumina: *tráeme una luz.* ‖ Claridad que este objeto da: *apaga la luz.* ‖ Electricidad: *pagar la luz.* ‖ Claridad del día, dada por el Sol: *hoy hay poca luz.* ‖ Faro de un automóvil: *luces muy potentes.* ‖ Destello de una piedra preciosa. ‖ Parte de un cuadro de pintura en la que hay más claridad. ‖ *Fig.* Aclaración, claridad: *esta información no arroja ninguna luz sobre ese lastimoso acontecimiento.* ‖ *Arq.* Ventana o tronera: *casa de muchas luces.* | Tramo, arco de un puente. ‖ — Pl. Cultura, ilustración: *el siglo de las luces.* ‖ Inteligencia: *hombre de pocas luces.* ‖ — *A todas luces,* claramente, evidentemente. ‖ *Dar a luz,* parir la mujer; publicar una obra. ‖ *Entre dos luces,* al amanecer o al anochecer; (fig. y fam.) medio borracho. ‖ *Fig. Hacer la luz,* descubrir algo que estaba oculto. ‖ *Luces de tráfico,* semáforos para regular la circulación. ‖ *Luz cenital,* la que entra por el techo; la que está en el interior del coche. ‖ *Luz de Bengala,* fuego artificial que produce una llama de color. ‖ *Luz de carretera, de cruce,* la de los automóviles cuando están en una carretera y es larga o más baja para no deslumbrar a otro coche que viene en sentido contrario. ‖ *Luz de población,* la utilizada por los automóviles en la ciudad. ‖ *Luz de posición* o *de situación,* las que se colocan en automóviles, barcos y aviones para distinguirlos en la noche. ‖ *Luz negra,* la producida por rayos ultravioleta que proyecta la fluorescencia de ciertos cuerpos. ‖ *Fig. Sacar a luz,* publicar; descubrir. | *Salir a luz,* imprimirse un libro; descubrirse, aparecer lo que estaba oculto. ‖ *Ver la luz,* nacer.

Luz y Caballero (José de la) filósofo y educador cubano (1800-1862).

Luzán (Ignacio), escritor español (1702-1754), autor de *Poética,* preceptiva literaria.

Luzbel, uno de los nombres del *demonio.*

Luzón, isla al N. del archip. de Filipinas, la mayor de todas; 105 700 km²; 14 818 000 h. Cap. *Manila.* Agricultura (arroz, cocos, copra, caña de azúcar, tabaco, cáñamo de Manila). Algunas riquezas mineras (oro, manganeso, hierro).

Luzuriaga (Toribio), general peruano (1782-1842). Participó en la defensa de Buenos Aires contra los ingleses (1806-1807) y en la guerra de la Independencia del Perú con el argentino San Martín.

Lvov, en alem. *Lemberg,* c. de la U. R. S. S. (Ucrania). Universidad. Metalurgia; textiles.

lx, símbolo del *lux.*

Lyautey [*lioté*] (Louis Hubert), mariscal de Francia (1854-1934). Organizó el protectorado de Marruecos.

Lyly (John), escritor inglés (¿1553?-1606), autor de la novela *Euphues* o *Anatomía del ingenio.*

Lynch (Benito), escritor argentino, n. en Buenos Aires (1885-1952), autor de novelas de carácter rural y gauchesco (*Los caranchos de La Florida, Raquela, El inglés de de los güesos* y *El romance de un gaucho*).

Lynch (*Ley de*), procedimiento sumario, usado sobre todo en Estados Unidos, por el cual el supuesto delincuente era ejecutado por la multitud.

Lynn, c. y puerto de los Estados Unidos (Massachusetts). Industrias.

Lyon, c. de Francia, cap. del dep. del Ródano en la confluencia del Ródano y el Saona. Arzobispado. Universidad. Seda natural y artificial; productos químicos.

Lyra (Carmen). V. LIRA.

Lys, río de Francia y de Bélgica, afl. del Escalda; 214 km.

Lytton (Edward BULWER), escritor inglés (1803-1873), autor de *Los últimos días de Pompeya,* novela histórica, de poesías y de obras de teatro. Fue tb. político.

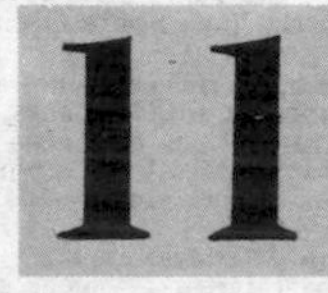

ll f. Decimocuarta letra del alfabeto castellano y undécima de sus consonantes.

llaga f. Úlcera. ‖ *Fig.* Cualquier cosa que causa pesadumbre. ‖ Junta entre dos ladrillos. ‖ *Fig. Poner el dedo en la llaga,* encontrar el punto donde está el mal.

llagar v. t. Hacer llagas.

Llaima, volcán de los Andes, en Chile (Cautín); 3 124 m.

Llallagua, cantón de Bolivia (Potosí).

llama f. Gas incandescente producido por una sustancia en combustión. ‖ Mamífero rumiante doméstico de América del Sur donde se aprovecha la carne y la lana y es utilizado como bestia de carga. ‖ *Fig.* Pasión vehemente. ‖ Suplicio de la hoguera: *condenado a las llamas.* ‖ — Pl. *Las llamas eternas,* las torturas del infierno.

llamada f. Llamamiento. ‖ Invitación urgente para que alguien venga: *se oían llamadas plañideras.* ‖ Excitación, invitación a una acción: *llamada a la sublevación.* ‖ Remisión en un libro: *hay que hacer todas las llamadas.* ‖ Comunicación: *llamada telefónica.* ‖ Acción de traer a la mente: *llamada de atención.* ‖ Oferta de emigración: *recibir una carta de llamada.* ‖ *Mil.* Toque para tomar las armas o formarse: *batir llamada.* ‖ *Fig.* Atracción: *siento en mí la llamada de mi sangre negra.*

llamado m. Llamamiento.

llamador, ra m. y f. Persona que llama. ‖ — M. Aldaba de puerta. ‖ Botón del timbre.

llamamiento m. Acción y efecto de llamar. ‖ Convocatoria. ‖ *Mil.* Acción de llamar a los soldados de una quinta: *llamamiento a filas.*

llamar v. t. Invitar a alguien para que venga o preste atención por medio de una palabra, de un grito o de cualquier otro signo: *llamar a voces.* ‖ Dar un nombre a alguien, a algo: *llamar las cosas con la palabra adecuada.* ‖ Dar un calificativo: *le llamaron ladrón.* ‖ Convocar, citar: *lo llamaron ante los tribunales de justicia.* ‖ Atraer: *eso llama la atención.* ‖ Destinar: *está llamado a desempeñar un gran papel.* ‖ — V. i. Tocar, pulsar: *llamar con el timbre.* ‖ Golpear: *llamó a la puerta con los puños.* ‖ Comunicar: *llamar por teléfono.* ‖ — V. pr. Tener como nombre o apellido: *¿cómo se llama esa ciudad?* ‖ Tener cierto título una obra.

llamarada f. Llama intensa y breve. ‖ *Fig.* Enrojecimiento del rostro, rubor. | Pasión pasajera. | Arrebato del ánimo: *sentir una llamarada de ira.*

llamativo, va adj. Vistoso: *colores llamativos.* ‖ Que llama la atención: *un título llamativo que le llena de orgullo.*

llameante adj. Que llamea.

llamear v. i. Echar llamas.

Llamosas (Lorenzo de las), dramaturgo peruano (¿1665-1706?).

llampo m. Parte menuda de mineral.

llana f. Paleta para extraer la mezcla o argamasa, el yeso. ‖ Plana de un papel. ‖ Llanura.

Llandudno c. de Gran Bretaña en el País de Gales. Estación balnearia.

Llanelly, c. y puerto de Gran Bretaña, en la costa SO. de Gales.

llanero, ra m. y f. Habitante de las llanuras. ‖ Habitante de Los Llanos de Venezuela.

Llanes, c. y puerto de España en Asturias (Oviedo).

llaneza f. *Fig.* Modestia. | Familiaridad: *llaneza en el trato.* | Sencillez: *llaneza en el estilo.*

llanito, ta adj. y s. Gibraltareño: *los llanitos del Peñón.*

Llanitos, cerro de México (Guanajato); 2 881 m.

llano, na adj. Liso, igual, plano: *superficie llana.* ‖ *Fig.* Que no tiene adornos, sencillo. | Claro, que no admite duda. | Simple, afable: *persona llana.* | Que no goza de fuero: *el fiador ha de ser lego, llano y abonado.* ‖ *Gram.* Que caiga el acento en la penúltima sílaba: *palabra llana.* ‖ — *A la llana,* sin ceremonia. ‖ *De llano,* claramente. ‖ *Estado llano,* la clase común.

Llano Estacado, meseta de Estados Unidos, en el S. de Texas. Petróleo.

Llanos (Los), región de sabanas en el centro de Venezuela, entre las cord. de los Andes y la del Caribe, y los ríos Orinoco y Meta. — Com. de la Rep. Dominicana (San Pedro de Macorís).

Llanquihue, lago de Chile; 740 km². — Prov. del S. del centro de Chile; cap. *Puerto Montt.*

llanta f. Cerco de hierro o de goma que rodea las ruedas del coche. ‖ Corona de la rueda sobre la que se aplica el neumático.

llantén m. Planta herbácea.

llantera y **llantina** f. *Fam.* Ataque de llanto.

llanto m. Efusión de lágrimas.

llanura f. Superficie de terreno llano.

llapa f. Yapa.

llapango, ga adj. y s. *Ecuad.* Dícese de la persona que no usa calzado.

llapar v. i. *Min.* Yapar. ‖ *Amer.* Añadir algo gratuitamente al peso de lo que se vende.

llar m. Fogón de las cocinas. ‖ — F. pl. Cadena de hierro pendiente en el cañón de la chimenea para colgar la caldera.

Llaretas (Las), paso de los Andes, en la prov. argentina de San Juan, que atravesó San Martín en la guerra de Independencia.

Llata, c. del Perú, cap. de la prov. de Huamalíes (Huánuco).

llave f. Pieza metálica con la que se abre una cerradura. ‖ Nombre dado a diversas herramientas utilizadas para apretar o aflojar tuercas o tornillos, los muelles de un mecanismo, las cuerdas de un instrumento de música, etc. ‖ Grifo: *llave de paso*. ‖ Tecla móvil de los instrumentos de música de viento. ‖ Pieza con que se le da cuerda a un reloj. ‖ Disparador de arma de fuego. ‖ Interruptor de electricidad. ‖ Corchete en que se encierra una enumeración de puntos. ‖ Presa, manera de agarrar al adversario en la lucha. ‖ *Fig*. Posición, punto estratégico: *Gibraltar era la llave del Mediterráneo*. | Medio de acceder a: *creo poseer las llaves del Paraíso*. ‖ — *Fig. Cerrar con siete llaves*, guardar con gran cuidado. ‖ *Llave maestra*, la que puede abrir todas las cerraduras.

Llave (Ignacio de la), general mexicano (1818-1863), que se distinguió en la defensa de Veracruz contra los norteamericanos (1847).

llavero, ra m. y f. Persona que tiene las llaves. — M. Carcelero. ‖ Anillo de metal o especie de carterita de piel en que se ponen las llaves.

llavín m. Llave pequeña y plana.

llegada f. Acción de llegar; momento preciso en que llega una persona o cosa: *la llegada del presidente, de la primavera*. ‖ Final de una carrera deportiva: *la llegada de los corredores*.

llegar v. i. Alcanzar el sitio adonde se quería ir: *llegó a la ciudad*. ‖ Acercarse: *al llegar la noche*. ‖ Alcanzar su destino: *llegó el correo*. ‖ Alcanzar: *llegar a la vejez*. ‖ Tocar: *le llegó su vez*. ‖ Subir: *el precio no llega a tanto*. ‖ Suceder, ocurrir: *llegó lo que esperaba*. ‖ Conseguir, obtener: *llegó a ser presidente*. ‖ Venir: *ya llegó el verano*. ‖ Alcanzar una cosa a otra: *el abrigo le llega a las rodillas*. ‖ — *Llegar a las manos*, reñir, pelearse. ‖ *Llegar a ser*, convertirse en. ‖ — V. pr. Ir: *llégate a su casa cuanto antes*.

llenado m. Acción de llenar. ‖ Embotellado.

llenar v. t. Ocupar con algo lo que estaba vacío: *llenar un vaso*. ‖ Ejercer, desempeñar: *llenar un cargo*. ‖ Ocupar: *llenar el teatro*. ‖ *Fig*. Colmar: *la noticia me llena de alegría*. ‖ Emplear: *lo hago para llenar el tiempo*. | Satisfacer: *esta persona no me llena*. | Cubrir: *llenar de injurias*. | Poner las indicaciones necesarias, rellenar un formulario. ‖ Fecundar el macho a la hembra. ‖ — V. i. Llegar la Luna al plenilunio. ‖ — V. pr. No dejar sitio libre. ‖ Cubrirse: *llenarse los dedos de tinta*. ‖ *Fam*. Hartarse.

llenazo m. Gran concurrencia en un espectáculo.

lleno, na adj. Ocupado completamente por algo: *una botella llena*. ‖ Que contiene algo en gran cantidad: *con el estómago lleno*. ‖ Que tiene abundancia: *lleno de orgullo*. ‖ Redondo: *mejillas llenas*. ‖ *Fig*. y *fam*. Nada flaco sin llegar a ser realmente gordo. ‖ *Dar de lleno*, dar completamente. ‖ — M. Plenilunio. ‖ Gran concurrencia: *lleno en la plaza de toros*.

Lleó (Vicente), compositor español (1870-1922), autor de zarzuelas (*La corte de Faraón*, etc.).

llepu m. *Chil*. Cesto que se usa a veces como medida.

Lleras ‖ **~ Camargo** (Alberto), político liberal colombiano, n. en 1906, pres. de la Rep. de 1945 a 1946 y de 1958 a 1962. ‖ **~ Restrepo** (Carlos), economista y político colombiano, n. en 1908. Pres. de la Rep. (1966-1970).

Llerena, v. de España (Badajoz). Minas.

lleudar v. t. Leudar.

lleuque m. *Chil*. Árbol maderable, de fruto comestible.

llevadero, ra adj. Soportable, tolerable: *una vida llevadera*. ‖ Que se puede poner: *traje llevadero*.

llevar v. t. Estar cargado de un peso (persona o cosa): *llevar un saco en las espaldas*. ‖ Impulsar: *llevado por su entusiasmo*. ‖ Arrastrar: *el viento lo llevó todo*. ‖ Transportar: *el camión lleva arena; llévame en coche*. ‖ Conducir, dirigir, manejar: *no sabes llevar el coche*. ‖ Traer: *lo llevé a mi opinión*. ‖ Vestir: *llevaba una chaqueta raída*. ‖ Tener de cierta manera: *llevar la cabeza muy alta*. ‖ Producir: *tierra que lleva trigo*. ‖ Coger consigo y depositar en un sitio: *lleva esta carta al buzón*. ‖ Dirigir, mover hacia: *llevó la copa a los labios*. ‖ Introducir, meter: *llevó la mano al bolsillo*. ‖ Tener: *la vida que yo llevaba*. ‖ Poseer, estar caracterizado por: *lleva un nombre ilustre*. ‖ Nombrar, elegir: *lo llevaron al Poder*. ‖ Incitar, impulsar a algo: *esto me lleva a decir*. ‖ Someter a una jurisdicción: *lo llevaron a los tribunales*. ‖ Causar, provocar: *esto te llevará a la ruina*. ‖ Manifestar, presentar: *lleva la crueldad en su rostro*. ‖ Soportar: *llevar sus males con resignación*. ‖ Ir, conducir: *este camino lleva a mi casa*. ‖ Tener: *no llevo ningún dinero*. ‖ Durar: *me llevó un día este artículo*. ‖ Estar desde hace: *lleva un mes en la cama*. ‖ Contener: *este vino lleva mucha agua*. ‖ Pedir, cobrar: *me ha llevado muy caro el sastre*. ‖ Encargarse: *lleva los negocios de la familia*. ‖ Ocuparse: *llevar las relaciones exteriores*. ‖ Anotar: *llevar las cuentas en un libro*. ‖ Presentar, encerrar: *asunto que lleva muchas dificultades*. ‖ Conducir: *¿adónde nos lleva la guerra?* ‖ Acompañar: *llevó a sus hermanitos al cine*. ‖ Retener: *veintitrés, pongo tres y llevo dos*. ‖ Haber: *llevar estudiado*. ‖ Tener de más: *le llevo trece años*. ‖ Tener un adelanto: *su coche me lleva diez kilómetros*. ‖ Arrancar: *la bala le llevó el brazo*. ‖ Tener, gastar: *lleva una barba espesa*. ‖ Acomodarse al carácter de una persona: *sabe llevar muy bien a su marido*. ‖ *Dejarse llevar*, dejarse influir. ‖ — V. pr. Tomar consigo: *se llevó todos mis libros*. ‖ Ganar: *me llevé un premio*. ‖ Obtener, lograr, ganar: *en ese negocio se llevó un millón de pesos*. ‖ Estilarse: *esos sombreros ya no se llevan*. ‖ Tener: *llevarse un susto*. ‖ Recibir: *se llevó un bofetón*. ‖ Entenderse: *estas dos chicas se llevan muy bien*.

Llica, pobl. de Bolivia, cap. de la prov. de Daniel Campos (Potosí).

lliclla f. *Ecuad*. y *Per*. Mantilla de lana que llevan las mujeres indias en los hombros.

Llivia, enclave español en territ. francés (Pyrénées-Orientales), a 4 km. de la frontera (prov. de Gerona); 12 km²; 800 h.

Llobregat, río de España en la prov. de Barcelona; des. en el Mediterráneo; 190 km.

Llona (Numa Pompilio), poeta ecuatoriano (1832-1907), de acento filosófico (*Cantos americanos*).

Lloque Yupanqui, emperador inca del Perú, fundador de Cuzco.

lloraduelos com. *Fig*. y *fam*. Persona quejumbrosa.

llorar v. i. Derramar lágrimas. ‖ *Fig*. Caer un líquido gota a gota. ‖ *El que no llora no mama*, hay que solicitar sin cansarse lo que se quiere obtener. ‖ — V. t. Sentir vivamente la pérdida de alguien. ‖ Sentir mucho: *llorar sus desgracias*.

Llorens Torres (Luis), poeta puertorriqueño (1878-1944).

Llorente (Juan Antonio), canónigo e historiador español (1756-1823), autor de *Historia crítica de la Inquisición*. ‖ **~** (TEODORO), periodista y poeta español (1836-1911).

llorera f. *Fam*. Llanto prolongado y sin motivo.

Lloret de Mar, v. del NE. de España (Gerona). Estación estival.

llorica y **lloricón, ona** adj. y s. Que lloriquea.

lloriquear v. i. Gimotear.

lloriqueo m. Gimoteo.

lloro m. Llanto, lágrimas.

llorón, ona adj. y s. Que llora mucho. ‖ — M. *Mil*. Penacho de plumas. ‖ — F. Plañidera.

lloroso, sa adj. Que parece haber llorado o a punto de llorar. ‖ Triste.

llovedizo, za adj. Que deja pasar la lluvia. ‖ *Agua llovediza*, agua de lluvia.

* **llover** v. impers. Caer agua de las nubes: *llueve a cántaros*. ‖ — V. i. *Fig*. Caer una cosa sobre uno con abundancia. ‖ — *Fig. Como llovido* (o *llovido del cielo*), inesperadamente. | *Llover sobre mojado*, venir una cosa molesta tras otra. ‖ — V. pr. Calarse con las lluvias.

llovizna f. Lluvia menuda.

lloviznar v. impers. Caer llovizna.

lloyd m. Nombre inglés adoptado por diversas compañías marítimas o de seguros.

Lloyd George (David), político inglés (1863-1945), jefe del Partido Liberal y Primer ministro de 1916 a 1922.

llueca adj. f. Clueca.

Llull (Ramón). V. LULIO.

Llullaillaco, cima volcánica de los Andes, entre el N. de Chile (Antofagasta) y Argentina (Catamarca): 6 723 m.

lluvia f. Precipitación de agua de la atmósfera en forma de gotas: *temporada de las lluvias*. ‖ *Fig*. Caída de objetos como si fuesen gotas de lluvia: *lluvia de balas, de serpentinas*. | Gran abundancia o cantidad: *lluvia de injurias, de palos*. ‖ *Amer*. Ducha. ‖ *Lluvia radiactiva*, la que cae después de una explosión nuclear.

lluvioso, sa adj. Abundante en lluvias: *clima lluvioso*.

Molinos de viento

m f. Decimoquinta letra del alfabeto castellano y duodécima de sus consonantes. ‖ — **M,** letra numeral que tiene valor de mil en la numeración romana. ‖ Símbolo del prefijo *mega,* empleado en el sistema de pesos y medidas, que equivale a *un millón de veces.* ‖ Símbolo del *maxwell.* ‖ — **m,** símbolo del *metro,* de *minuto* y del prefijo *mili.*

mA, símbolo del *miliamperio.*

Maastricht. V. MAESTRICHT.

mabí m. Bebida embriagante de las Antillas.

Mabillon (Ylan), benedictino y escritor francés (1632-1707), fundador de la diplomática.

mabinga f. *Cub.* y *Méx.* Estiércol.

Mabuse (Jan GOSSAERT o GOSSART, llamado), pintor flamenco (¿1472-1533?), precursor de la pintura barroca.

maca f. Mancha de la fruta por un golpe u otro motivo. ‖ Pequeño deterioro que tienen algunas cosas. ‖ *Fig.* Defecto moral.

macabeo, a adj. y s. De Macas.

Macabeo (Matatías), sacerdote judío, jefe de la resistencia contra Antíoco IV Epífanes en 165 a. de J. C. — Su hijo JUDAS (¿200?-160 a. de J. C.) combatió contra Demetrio Sotero y le derrotó en Emaús y en Hebrón.

Macabeos, siete hermanos mártires, en unión de su madre, en tiempos de Antíoco IV Epífanes (167 a. de J. C.). Fiesta el 1 de agosto.

macabro, bra adj. Relativo a la muerte: *descubrimiento macabro.* ‖ Tétrico, lúgubre: *broma macabra.* ‖ *Danza macabra,* la de la muerte.

macaco, ca adj. Feo, mal hecho. ‖ — M. Mono de Asia de 50 a 60 cm parecido a los cercopitecos. ‖ *Fig.* y *fam.* Hombre muy feo. ‖ *Méx.* Coco. ‖ — F. Hembra del macaco.

macadam m. Macadán.

MacAdam (John Loudon), ingeniero escocés (1756-1836), inventor de un sistema de revestimientos para carreteras.

macadán m. Pavimento hecho con piedra machacada y arena aglomeradas con una apisonadora.

macagua f. Ave rapaz diurna de América. ‖ Árbol silvestre de Cuba. ‖ Serpiente venenosa de Venezuela.

macal m. *Méx.* Arácea de rizoma comestible. ‖ Ñame.

macana f. *Amer.* Arma contundente, parecida al machete, usada antiguamente por los indios. | Garrote, porra. | Disparate, tontería. | Mentira, bola. ‖ *Fig.* Objeto invendible. | Cosa deteriorada o anticuada. | Chisme, cosa.

macanada f. *Arg.* Disparate, tontería.

macanazo m. *Amer.* Golpe dado con la macana. | *Fam.* Disparate enorme.

macaneador, ra adj. *Arg.* Amigo de macanear, embustero.

macanear v. i. *Amer.* Meter bolas.

macaneo m. *Arg.* Acción de macanear.

macanero, ra adj. *Arg.* Macaneador.

macanudo, da adj. *Fam.* Magnífico, estupendo, formidable, extraordinario: *una película macanuda.*

macao m. Cangrejo de Cuba.

Macao, territ. portugués en la costa S. de China, al O. de Hong Kong; 287 000 h. Puerto.

macaón m. Mariposa diurna de alas amarillas con manchas negras, rojas y azules.

Macapá, c. del N. del Brasil, cap. del territ. de Amapa, cerca del delta del Amazonas.

Macapagal (Diosdado), político filipino, n. en 1910, pres. de la Rep. de 1961 a 1966.

Macará, pobl. y río del Ecuador (Loja).

macareno, na adj. y s. Del barrio de la Macarena, en Sevilla.

macareo m. Brusca elevación del nivel del mar que se produce en algunos estuarios en el momento del flujo y que sube rápidamente río arriba en forma de oleada.

macarrón m. Pastel crujiente redondo de pasta de almendra y azúcar. ‖ *Mar.* Extremo de las cuadernas que sobresale de las bordas del barco. ‖ — Pl. Pasta de harina de trigo, recortada en canutos largos.

macarronea f. Composición burlesca en versos macarrónicos.

macarrónico, ca adj. *Fam.* Aplícase al lenguaje burlesco que se forma poniendo terminaciones latinas a palabras de la lengua vulgar o mezclando voces latinas con términos vulgares.

macarronismo m. *Fam.* Estilo macarrónico.

macarse v. pr. Empezar a pudrirse las frutas por los golpes recibidos.

MacArthur (Douglas), general norteamericano (1880-1964). Derrotó a los japoneses en el Pacífico (1944-1945) y más tarde dirigió las tropas de la O. N. U. en Corea (1950).

Macas, pobl. del Ecuador, cab. del cantón de Morona y cap. de la prov. de Morona-Santiago, en la vertiente oriental de los Andes.

Macasar, c. y puerto de Indonesia en la costa SO. de la isla de Célebes. Estrecho entre Borneo y las Célebes.

Macau, mun. del NE. del Brasil (Rio Grande do Norte). Salinas.

Macaulay (Thomas Babington, *lord*), historiador y político inglés (1800-1859).

macaurel f. Serpiente de Venezuela no venenosa.

macazúchil o **mecaxóchitl** m. *Méx.* Planta piperácea, cuyo fruto se empleaba para perfumar el chocolate.

Macbeth [*-bez*], rey de Escocia desde 1040 tras haber asesinado a su primo Duncan I. M. en 1058.

Macbeth, tragedia de Shakespeare (1605), basada en la historia del rey Macbeth.

macear v. t. Golpear con mazo.

Macedo (Joaquín Manuel de), novelista, poeta y comediógrafo brasileño (1820-1882).

macedón, ona adj. y s. Macedonio.

macedonia f. Ensalada de frutas o de verduras.

Macedonia, región histórica de Europa, en la penins. de los Balcanes. Bajo los reinados de Filipo y Alejandro Magno, Macedonia dominó todo el país de los helenos, mas pasó a ser provincia romana en 146 a. de J. C. Hoy se pueden distinguir: *Macedonia yugoslava,* que forma una de las repúblicas de la Federación, cap. *Skoplje; Macedonia griega,* cap. *Salónica; Macedonia búlgara,* situada en las regiones montañosas del O. del país.

macedonio, nia adj. y s. De Macedonia.

Maceió, c. y puerto del E. del Brasil, cap. del Est. de Alagoas. Arzobispado. Industrias.

maceo m. Golpes dados con un mazo.

Maceo ‖ ~ **Grajales** (Antonio), general cubano, n. en Santiago (1845-1896). Se distinguió en las dos últimas guerras de la Independencia y murió en el combate de San Pedro, cerca de Punta Brava. — Su hermano JOSÉ luchó en las tres guerras de la Independencia y murió también en aras de la patria (1896). || ~ **Osorio** (Francisco), patriota, abogado y escritor cubano (1828-1873). Participó en la revolución de 1868.

maceración f. Operación consistente en dejar remojar cuerpos en un líquido para sacar los productos solubles que contienen o, si se trata de alimentos, para aromatizarlos o conservarlos. || *Fig.* Mortificación.

maceramiento m. Maceración.

macerar v. t. Poner a remojar una cosa en un líquido: *macerar frutas en alcohol.* || — V. pr. Mortificarse el cuerpo por penitencia.

Macerata, c. de Italia central (Marcas), cap. de la prov. homónima. Universidad.

macero m. El que lleva la maza en algunas ceremonias.

maceta f. Tiesto donde se crían plantas. || Pie o vaso donde se ponen flores artificiales. || Mango de herramienta. || Martillo de escultor o de cantero. || Mazo pequeño. || *Bot.* Corimbo.

macetero m. Mueble para poner macetas de flores.

macetón m. Maceta grande.

macfarlán y **macferlán** m. Gabán sin mangas y con esclavina.

Maciá (Francisco), militar y político español (1859-1933), primer presidente de la Generalidad de Cataluña (1931).

Macías || ~ **el Enamorado,** trovador gallego del s. XV, cuyas aventuras han inspirado a varios escritores (Lope de Vega, Bances Candamo, Larra, etc.). || ~ **Picavea** (RICARDO), periodista español (1847-1899), autor de *El problema nacional.* Precursor de la Generación del 98.

Maciel, pobl. del S. del Paraguay (Caazapá), ant. llamada *San Francisco.*

macilento, ta adj. Pálido, descolorido: *rostro macilento.*

macillo m. *Mús.* Pieza del piano que golpea la cuerda.

Macip (Vicente Juan). V. JUAN DE JUANES.

macizo, za adj. Grueso: *mueble macizo.* || Ni chapado ni hueco: *pulsera de oro macizo.* || *Fig.* De peso: *argumentos macizos.* || — M. *Arq.* Lienzo de pared entre dos vanos. || Grupo de alturas generalmente montañosas. || Conjunto de edificios apiñados. || Combinación de plantas que decoran los cuadros de los jardines.

Mackenna (Juan), militar irlandés (1771-1814). Luchó en la guerra de la Independencia chilena.

Mackenzie, río del Canadá, que nace en las montañas Rocosas, con el nombre de *Athabasca,* atraviesa el lago de los Esclavos y des. en el Ártico: 4 100 km.

MacKinley (MONTE), pico culminante de Alaska; 6 187 m. Parque nacional.

MacKinley (William), político norteamericano (1843-1901), pres. de Estados Unidos en 1897. M. asesinado. Declaró la guerra a España, a la que arrebató Filipinas y Puerto Rico, y ocupó Hawai.

macla f. Asociación de dos o más cristales homogéneos en un mismo cuerpo cristalino según leyes geométricas precisas.

Maclaurin (Colin), matemático escocés (1698-1746), discípulo de Newton.

Mac-Mahon (Patrice de), mariscal de Francia (1808-1893). Combatió en las guerras de Crimea, de Italia y franco-prusiana de 1870, y fue pres. de la Rep. de 1873 a 1879. Fue duque de Magenta.

Macmillan (Harold), economista y político conservador inglés, n. en 1894. Primer ministro de 1957 a 1963.

macolla f. *Bot.* Conjunto de tallos que nacen de un mismo pie.

macollar v. i. Echar macollas una planta.

Mâcon, c. del E. de Francia, cap. del dep. de Saône-et Loire, a orillas del Loira. Vinos.

Macorís. V. SAN FRANCISCO Y SAN PEDRO DE MACORÍS.

Macpherson (James), poeta inglés (1736-1796), autor de los *Cantos de Osián.*

macrocefalia f. Alargamiento excesivo y anormal del cráneo.

macrocéfalo, la adj. y s. De cabeza voluminosa.

macrocosmo m. El universo considerado con relación al hombre, que representa el microcosmo.

macrodáctilo adj. De dedos largos.

macrofotografía f. Fotografía de objetos pequeños que es directamente ampliada por el objetivo de la cámara.

macromolécula f. Molécula muy grande, generalmente formada por polimerización.

macromolecular adj. Aplícase a una sustancia química de masa molecular elevada.

macrópodo adj. m. De pies grandes. || — M. Pez muy coloreado de los ríos de Indochina. || — Pl. Suborden de marsupiales al cual pertenecen los canguros.

macroscópico, ca adj. Que se puede ver sin ayuda del microscopio.

macruro, ra adj. Aplícase al crustáceo de abdomen alargado a modo de cola, como el cangrejo de río. || — M. pl. Suborden de estos animales.

macuache m. En México, indio y analfabeto.

macuco, ca y **macucón, ona** adj. *Arg. Chil.* y *Per.* Macanudo. || *Fam. Chil.* Astuto, taimado. || *Arg. Bol.* y *Col.* Grandullón.

Macuilxochiquetzalli, entre los aztecas, diosa de las Aguas.

Macuilxóchitl, entre los aztecas, dios del Baile y de los Juegos.

mácula f. Mancha. || Parte de la retina más sensible a las impresiones luminosas. || *Fig.* Mancilla, cosa que deslustra o empaña.

macular v. t. Manchar.

macuquero m. El que saca sin autorización metales de las minas abandonadas.

macuto m. Mochila.

Mach (Ernst), físico austriaco (1838-1916). Investigó sobre la velocidad del sonido en aerodinámica.

Mach *(Número de),* relación entre la velocidad de un móvil (proyectil, avión) y la del sonido en la atmósfera donde se desplaza éste.

machacador, ra adj. y s. Que machaca o muele. || — F. Máquina trituradora de materias duras.

machacante m. *Fam.* Moneda española de cinco pesetas. || Asistente de suboficiales.

machacar v. t. Quebrantar o reducir a polvo una cosa golpeándola. || *Fig.* Repetir insistentemente. || *Mil.* Bombardear un objetivo con proyectiles de artillería o de aviación hasta destruirlo. || — V. i. *Fig.* Importunar, fastidiar. | Insistir, repetir. | Estudiar con ahínco. || — *Fig. Machacar en hierro frío,* hacer esfuerzos vanos. | *Machacar los oídos,* repetir insistentemente.

machacón, ona adj. y s. Pesado, que repite mucho las cosas.

machaconería f. Insistencia, repetición pesada.

Machachi, pobl. del Ecuador, cab. del cantón de Mejía (Pichincha). Turismo.

machada f. Hato de machos de cabrío. || *Fig.* y *fam.* Necedad, estupidez. | Acción propia de un hombre, hombrada.

Machado || ~ **de Asís** (Joaquim Maria), escritor brasileño (1839-1908), autor de poemas de inspiración parnasiana *(Crisálidas, Americanas)* y de novelas realistas *(Don Casmurro)* || ~ **y Álvarez** (ANTONIO), escritor y folklorista español (1848-1892), padre de los poetas Antonio y Manuel. || ~ **y Morales** (GERARDO), general cubano (1871-1939), pres. de la Rep. (1925-1933). Derrocado en 1933. || ~ **y Ruiz** (ANTONIO), poeta español, n. en Sevilla (1875-1939). Autor de una sobresaliente producción lírica (*Soledades, galerías y otros poemas, Campos de Castilla, Nuevas Canciones,* etc.), de obras de teatro en colaboración con su hermano Manuel (*Juan de Mañara, La duquesa de Benamejí, La Lola se va a los puertos,* etc.) y de libros en prosa *(Juan de Mairena, Abel Martín* y *Los complementarios).* — Su hermano MANUEL (1874-1947) fue tb. poeta lírico (*Alma, Ars moriendi, Cante hondo,* etc.) y comediógrafo.

Machala, c. del S. del Ecuador, cap. de la prov. de El Oro.

machaleño, ña adj. y s. De Machala (Ecuador).

Machalí, com del centro de Chile (O'Higgins).

machamartillo (a) m. adv. Sólidamente. || Firmemente: *creer a machamartillo.* || Insistentemente: *repetir a machamartillo.*

machango, ga adj. *Cub.* Grosero. || — F. *Cub.* Mujer hombruna.

machaquear v. t. Machacar.

machaqueo m. Trituración. || Molido. || *Fig.* Repetición, insistencia molesta. || *Mil.* Bombardeo intenso.

machaquería f. Machaconería.

Machault (Guillermo de). V. GUILLERMO.

machear v. i. Engendrar los animales más machos que hembras. || *Fig.* Dárselas de hombre. || — V. tr. *Bot.* Fecundar las palmeras por el procedimiento de sacudir las inflorescencias masculinas sobre los pies femeninos.

machetazo m. Golpe de machete: *se abría paso a machetazos.*

machete m. Sable bastante corto, de mucho peso y de un solo filo. || Cuchillo grande usado para varios usos.

machetear v. t. Dar machetazos. || Golpear con el machete.

machetero m. Hombre que desmonta con el machete los bosques. || Hombre que corta la caña con el machete. || *Méx.* El que trabaja en la carga y descarga de mercancías.

Machichaco, cabo del N. de España (Vizcaya), cerca de Bermeo.

machiega adj. f. Aplícase a la abeja reina.

machihembrado m. Ensamblaje a caja y espiga o a ranura y lengüeta.

machihembrar v. t. Ensamblar dos piezas de madera a caja y espiga o a ranura y lengüeta.

Machiques, c. en el O. de Venezuela (Zulia), cap. del distrito de Perijá.

macho adj. m. Que pertenece al sexo masculino. || *Fig.* Fuerte, vigoroso. | Varonil, viril. || — M. Animal del sexo masculino: *macho y hembra.* || Mulo. || Parte del corchete que engancha en otra llamada hembra. || Pieza que penetra en otra. || Pilar de fábrica. || Martillo grande de herrero. || Banco del yunque. || Yunque cuadrado. || *Fig.* Hombre necio, borrico. || Borlas en el traje de los toreros. || — *Macho cabrío,* cabrón. || *Macho de aterrajar* o *de roscar,* instrumento que sirve para labrar la rosca de las tuercas.

Macho (Victorio), escultor español (1887-1966).

machón m. *Arq.* Pilar de fábrica.

machorra f. Hembra estéril. || *Fam.* Marimacho.

machota f. Mazo. || Mujer valiente. || *Fam.* Marimacho.

machote adj. *Fam.* Muy hombre, viril. || *Dárselas de machote,* echárselas de hombre.

Machu Picchu, distr. del Perú (Cuzco). Restos de una ant. fortaleza inca y de una ciudad sagrada.

machucadura y **machucamiento** m. Golpe, magulladura.

machucar v. t. Golpear, magullar, dañar: *machucar una fruta.*

Madach (Imre), escritor húngaro (1823-1864), autor del poema dramático *La tragedia del hombre.*

Madagascar, isla del océano Índico, al SE. del continente africano, separada de éste por el canal de Mozambique; 587 000 km²; 6 810 000 h. *(malgaches).* Cap. *Tananarive,* 298 800 h.; c. pr.: *Tamatave,* 49 000 h.; *Majunga,* 42 000. Agricultura (arroz, mandioca), ganadería, riquezas minerales (uranio). Estuvo ocupada por los franceses y fue declarada independiente en 1960 con el n. de *República Malgache.*

Madame ‖ **~ Bovary,** novela de G. Flaubert (1857). ‖ **~ Butterfly** [*baterflai*], ópera en tres actos, música de Puccini (1904).

Madapolam, suburbio de la c. india de Narasapur (Madrás), en la costa de Coromandel. Algodón.

madapolán m. Tela fina y blanca de algodón.

Madariaga (Salvador de), escritor, político liberal y diplomático español, n. en 1886, autor de *Ingleses, franceses y españoles, España, ensayo de historia contemporánea, Memorias de un federalista,* y de estudios biográficos *(Hernán Cortés, Bolívar).*

made, pal ingl. empleada en la expresión *made in,* fabricado en.

Madeira, río del Brasil, afl. der. del Amazonas (Guaporé, Amazonas), formado por la unión de ríos de los Andes peruanos (Madre de Dios) y bolivianos (Beni y Mamoré); 3 240 km.

madeja f. Hilo de seda o de lana recogido en varias vueltas iguales. ‖ *Fig.* Mata de pelo. | Hombre sin vigor.

Madeleine *(Cueva de la),* estación prehistórica del fin del paleolítico superior o edad del reno en Dordoña (Francia).

madera f. Sustancia dura de los árboles debajo de la corteza. ‖ Trozo de esta sustancia labrado: *madera blanca, en rollo.* ‖ Parte dura del casco de las caballerías. ‖ *Fig.* y *fam.* Disposición natural, valor personal: *tener madera de pintor.* ‖ — M. Vino de la isla de Madera.

Madera, isla de Portugal en el Atlántico, al O. de Marruecos; 740 km²; 282 000 h. Cap. *Funchal,* 43 300 h. Vinos. Turismo.

maderable adj. Que da madera útil para construcciones.

maderada f. Conjunto de maderos que se transportan flotando por un río formando armadías.

maderaje f. y **maderamen** m. Conjunto de las piezas de madera que sostienen una construcción.

Maderas, volcán de Nicaragua en la isla de Ometepe; 1 394 m.

maderero, ra adj. De la madera. ‖ — M. Comerciante en maderas. ‖ Hombre que conduce las maderadas. ‖ Carpintero.

madero m. Pieza larga de madera en rollo o escuadrada. ‖ *Fig.* Necio, zoquete.

Madero (Francisco Ignacio), político mexicano (1873-1913), jefe del movimiento que derrocó a Porfirio Díaz, e iniciador de la Revolución Mexicana. Pres. de la Rep. de 1911 a 1913, fue derribado por un golpe militar. M. asesinado.

Madhya Pradesh, Est. de la India central; 444 000 km²; 32 500 000 h. Cap. *Bhopal.*

Madison, c. de Estados Unidos, al O. del lago Michigan, cap. de Wisconsin. Centro agrícola.

Madison (James), político norteamericano (1751-1836), pres. de Estados Unidos (1809-1817).

madona f. Nombre que se da a las representaciones de la Virgen: *las madonas de Fra Angélico.*

Madoz (Pascual), político, escritor y economista español (1806-1870), autor de la ley de Desamortización (1856) y de un *Diccionario geográfico, histórico y estadístico de España.*

Madrás, c. y puerto del SE. de la India, cap. del Estado de Tamilnad. Centro industrial; 1 927 400 h. — El *Estado de Madrás* tomó el nombre de *Tamilnad* en 1967.

madrastra f. Mujer del padre respecto de los hijos que éste tiene de un matrimonio anterior. ‖ *Fig.* Madre mala.

madraza f. *Fam.* Madre que mima mucho a sus hijos.

Madrazo y Kuntz (Federico de), pintor español (1815-1894), notable retratista y autor de cuadros de carácter histórico. — Su hermano Luis (1825-1897) fue tb. pintor.

madre f. Mujer que ha tenido hijos: *madre de familia.* ‖ Hembra de un animal que ha tenido crías: *perra madre.* ‖ Tratamiento que se da a ciertas religiosas: *madre superiora.* ‖ *Fam.* Mujer de edad avanzada. ‖ *Fig.* Cuna, lugar de donde procede una cosa: *Grecia, madre de las artes.* | Causa, origen: *la ociosidad es madre de todos los vicios.* | Matriz. ‖ Cauce de un río: *salir de madre.* ‖ Acequia principal. ‖ Cloaca maestra. ‖ Heces del mosto. ‖ Película formada en la superficie del vinagre. ‖ Zurrapa del café. ‖ Árbol del timón o del cabrestante. ‖ — *Lengua madre,* la de la cual se han derivado otras lenguas. ‖ *Fig. Madre del cordero,* causa principal de algo complicado. ‖ *Madre de leche,* nodriza. ‖ *Madre patria,* país que ha fundado una colonia. ‖ *Madre política,* suegra; madrastra. ‖ *Fig. Sacar de madre,* exasperar, irritar.

Madre ‖ **~** (Sierra). V. Sierra Madre. ‖ **~ de Dios,** río de Bolivia que nace en el Perú, afl. del Beni; 1 448 km. — Archip. de Chile, entre el golfo de Pena y el estrecho de Magallanes (islas Madre de Dios, Guarello y otras menores). — Dep. del E. del Perú, cap. *Puerto Maldonado.* Explotación del caucho.

madrecilla f. Huevera de las aves, entre el ovario y el ano.

madreperla f. Concha bivalva donde se suelen encontrar las perlas: *son pescadores de madreperlas.*

madrépora f. Pólipo de los mares intertropicales que forma un polipero calcáreo y arborescente. ‖ Este polipero, que llega a formar en algunas partes escollos y atolones: *las madréporas del Pacífico.*

madrepórico, ca adj. De la madrépora.

madreporita f. Madrépora fósil.

madrero, ra adj. *Fam.* Que está siempre pegado a su madre.

madreselva f. Planta trepadora caprifoliácea muy olorosa.

Madrid, cap. de España y de la prov. homónima; 3 100 000 h., al pie de la sierra de Guadarrama. Arzobispado. Universidad. Centro de comunicaciones del país. Ricos museos (Prado), hermosos palacios (Oriente. Congreso. Biblioteca Nacional). Ha alcanzado recientemente un notable desarrollo industrial. — Llamado *Magerit* por los árabes, fue tomado por Alfonso VI en 1084 y adquirió el rango de capital en 1561. Teatro de violentas luchas en 1808 y en 1936. Lugar de nacimiento de Lope de Vega, Tirso de Molina, Quevedo, Calderón de la Barca, etc.

Madridejos, v. de España (Toledo). Cereales, vino.

madrigal m. Composición poética corta, delicada y galante.

Madrigal (Alonso de), escritor y teólogo español (¿1400?-1455). Escribió numerosas obras en latín y en castellano, y tradujo a Séneca. Utilizó el seudónimo de *El Tostado.*

Madrigal de las Altas Torres, v. de España (Ávila). Monumentos mudéjares. Lugar de nacimiento de Isabel la Católica.

madrigalesco, ca adj. Del madrigal. ‖ *Fig.* Delicado, fino, elegante.

madriguera f. Guarida de ciertos animales: *la madriguera de la liebre.* ‖ *Fig.* Refugio donde se esconden los maleantes.

madrileñismo m. Carácter madrileño.

madrileñista adj. y s. De carácter madrileño.

madrileñizar v. t. Dar carácter madrileño.

madrileño, ña adj. y s. De Madrid.

madrina f. Mujer que asiste a uno en el sacramento del bautismo, de la confirmación, de la boda, etc. ‖ *Fig.* Protectora, mujer que presenta a una persona en una sociedad. ‖ Puntal de madera, poste. ‖ Correa que enlaza los bocados de las caballerías de un tiro. ‖ Mula que guía la recua, cabestro. ‖ *Madrina de guerra,* la que se ocupa de un soldado en campaña. ‖ *Amer. Madrina de ramo,* la que regala a la novia el ramo de flores que ésta lleva en la ceremonia religiosa.

madrinazgo m. Condición de madrina.

Madriz, dep. del NO. de Nicaragua; cap. *Somoto.* Prod. café, maíz, caucho, cacao.

madroñal m. y **madroñera** f. Terreno plantado de madroños.

madroño m. Arbusto ericáceo, de fruto parecido a una cereza: *Madrid es la villa del oso y del madroño.* ‖ Su fruto. ‖ Borlita redonda.

Madruga, mun. y pobl. de Cuba (La Habana).

madrugada f. Alba, amanecer. ‖ Acción de levantarse temprano.

madrugador, ra adj. y s. Que acostumbra madrugar.

madrugar v. i. Levantarse temprano. ‖ *Fig.* Ganar tiempo. ‖ *No por mucho madrugar amanece más temprano,* significa que las cosas hay que hacerlas en su debido tiempo.

madrugón, ona adj. Madrugador. ‖ — M. *Fam.* Madrugada muy temprana: *darse un madrugón.*

Madura, isla de Indonesia, al N. de Java.

maduración f. Conjunto de fenómenos que se producen hasta que una fruta esté madura.

maduradero m. Lugar donde se ponen a madurar las frutas.

Madurai, c. del SE. de la India (Madrás). Universidad.

madurar v. t. Dar sazón a las frutas: *el sol madura las mieses.* ‖ Reflexionar detenidamente: *madurar un proyecto.* ‖ Acelerar la supuración de los tumores. ‖ *Fig.* Volver experimentado: *la vida le ha madurado.* ‖ — V. i. Ir sazonándose una fruta. ‖ *Cir.* Empezar a supurar un tumor. ‖ Adquirir experiencia y madurez: *maduró con los años.*

madurez f. Sazón de los frutos. ‖ Edad adulta. ‖ Estado del desarrollo completo de una persona o cosa: *la madurez del juicio.* ‖ *Fig.* Juicio, cordura adquirida por la experiencia.

maduro, ra adj. Que está en sazón: *fruta madura.* ‖ *Fig.* Sentado, reflexivo: *juicio maduro.* | Entrado en años, ni joven ni viejo.

Maebashi, c. del Japón en el centro de la isla de Honshu.

Mælar. V. Mälar.

maelstrom m. Gran remolino de agua.

Mælstrom. V. Mälstrom.

Maella (Mariano Salvador de), pintor español (1739-1819).

maese, sa m. y f. (Ant.). Maestro: *maese Pedro.*

maestoso adv. Voz italiana que indica un movimiento musical majestuoso, lento y solemne.

maestra f. Mujer que enseña un arte o ciencia: *maestra de piano.* ‖ Profesora de primera enseñanza: *maestra primaria.* ‖ Esposa del maestro. || Escuela de niñas. || *Fig.* Cosa aleccionadora. || Listón que sirve de guía a los albañiles. || *Abeja maestra*, la reina.

Maestra (SIERRA), cadena de montañas de Cuba (Oriente); alt. máx. 2 040 m (Pico Turquino).

maestrante m. Miembro de una maestranza.

maestranza f. Sociedad de equitación. || *Mil.* Talleres donde se componen y construyen los montajes de las piezas de artillería. | Conjunto de empleados que trabajan en esos talleres.

maestrazgo m. Dignidad de maestre de una orden militar y territorio de su jurisdicción.

Maestrazgo (El), comarca montañosa del NE. de España (Castellón y Teruel).

maestre m. Superior de las órdenes militares. || *Mar.* El que manda en el barco después del capitán.

maestresala m. Criado principal en la mesa de un señor y en los hoteles.

maestrescuela m. Dignatario de algunas iglesias, encargado de enseñar las ciencias eclesiásticas.

maestría f. Arte, destreza: *pintar con maestría.* || Título o dignidad de maestro.

Maestricht o **Maastricht** c. del SE. de Holanda, cap. de la prov. de Limburgo, a orillas del Mosa. Metalurgia.

maestril m. Celdilla donde termina su metamorfosis la abeja reina.

maestro, tra adj. Muy bien hecho, perfecto: *obra maestra.* || Aplícase al animal amaestrado. || — M. Hombre que enseña un arte o ciencia: *maestro de armas, de inglés.* || Profesor de primera enseñanza: *maestro de escuela.* || Artesano de cierto grado: *maestro sastre.* || El que tiene más conocimientos en una materia que la mayoría de la gente: *inspirarse en los maestros.* || El que dirige el personal y las operaciones de un servicio: *maestro de obras.* || Compositor de música. || *Fam.* En algunos sitios, tratamiento familiar dado a personas de respeto o ancianas. || *Mar.* Palo mayor de una arboladura. || *Fig.* Persona muy diestra: *ser maestro consumado en un arte.* || — *Maestro de capilla*, músico que dirige los coros de una iglesia. || *Maestro de ceremonias*, el que dirige el ceremonial de un palacio.

Maestro || **~ de Flemalle.** V. FLEMALLE. || **~ de Moulins.** V. MOULINS.

Maeterlinck (Maurice), escritor belga (1862-1949), autor de los dramas *El pájaro azul* y *Pelleas et Melisande.* (Pr. Nóbel, 1911.)

Maeztu (María de), pedagoga y escritora española (1882-1947). || **~** (RAMIRO DE), ensayista español (1875-1936), de la Generación del 98. Autor de *Defensa de la Hispanidad, La crisis del humanismo* y *Don Quijote, don Juan y la Celestina.*

mafafa f. *Méx.* Nombre dado a algunas variedades de aráceas.

Mafeking, c. de Botswana, en África del Sur, ant. cap. de Bechuanalandia.

mafia f. Asociación u organización secreta de malhechores.

mafioso, sa adj. y s. Relativo o perteneciente a la mafia.

Mafra, c. del O. de Portugal (Lisboa). Monasterio.

Magadan, c. y puerto de la U. R. S. S. (Siberia Oriental). Yacimientos de oro. Astilleros.

Magallanes, estrecho al S. del continente sudamericano, entre el cabo Pilar, en el Pacífico, y la punta Dungeness, en el Atlántico. Descubierto por F. de Magallanes (1520). — Prov. del S. de Chile; cap. *Punta Arenas.* Sus costas, recortadas y bajas, están bordeadas de numerosas islas. Ganado lanar.

Magallanes (Fernando de), marino portugués, n. en Sabrosa (¿1480?-1521). Emprendió el primer viaje alrededor del mundo, al servicio de España (1519), descubrió el estrecho que lleva su nombre (1520) y las islas Marianas, hasta llegar a las Filipinas, donde fue muerto por los indígenas de Mactán (Cebú). Elcano tomó entonces el mando de la expedición. || **~ Moure** (MANUEL), poeta modernista chileno (1878-1924).

magallánico, ca adj. Del estrecho de Magallanes. || De Magallanes, prov. de Chile (ú. t. c. s.).

Magangué, pobl. de Colombia (Bolívar). Puerto en el Magdalena.

Magaña (Sergio), escritor mexicano, n. en 1924, autor de *Los signos del Zodiaco.*

Magariños Cervantes (Alejandro), escritor uruguayo (1825-1893), autor de *Celiar,* leyenda en verso, y *Caramurú,* novela gauchesca.

magaya f. *Amer. C.* Colilla.

magazine m. (pal. ingl.). Revista destinada al gran público.

Magdala, ant. pobl. de Palestina, en las márgenes del lago de Tiberíades. Lugar de nacimiento de María Magdalena.

magdalena f. Bollo pequeño de forma ligeramente ovalada. || *Fig.* Mujer arrepentida.

Magdalena, pobl. de Bolivia, cap. de la prov. de Iténez (Beni). — Laguna de Colombia, donde nace el río homónimo. — Río de Colombia que atraviesa el país de S. a N. y des. en el Atlántico; 1 700 km. Es navegable en gran parte. Fue descubierto por Rodrigo de Bastidas (1501). — Dep. del N. de Colombia: cap. *Santa Marta.* Agricultura, minas.

Magdalena (*Santa* **María**), pecadora convertida por Jesús. Fiesta el 22 de julio.

magdalenense adj. y s. De Magdalena (Colombia).

magdaleniense adj. y s. m. Aplícase al último período del paleolítico (frescos de las cuevas de Altamira y Lascaux).

Magdaleno (Mauricio), escritor mexicano, n. en 1906, autor de novelas y obras de teatro.

Magdeburgo, c. de Alemania Oriental (centro), a orillas del Elba. Puerto fluvial. Catedral. Industrias.

Magenta, c. del NO. de Italia (Milán), donde los franceses derrotaron a los austriacos (1859).

Maggiore. V. MAYOR.

Maghreb, región del N. de África (Marruecos, Argelia, Túnez).

maghrebí, ina o **maghrebino, na** adj. y s. Del Maghreb.

magia f. Ciencia oculta que pretende realizar prodigios. || Atractivo poderoso, encanto: *la magia de las palabras.* || — *Magia blanca,* la que por medio de causas naturales produce efectos que parecen sobrenaturales. || *Magia negra,* la que tenía por objeto la evocación del demonio. || *Por arte de magia,* por encanto, por milagro.

magiar adj. y s. Húngaro. || — M. Pueblo uraloaltaico que se estableció en Hungría en el s. IX.

mágico, ca adj. Relativo a la magia: *poder mágico.* || Que debe producir efectos sobrenaturales: *varita mágica.* || *Fig.* Maravilloso, que sorprende mucho. || — F. Magia. || — M. y f. Hechicero, brujo.

Mágico prodigioso (*El*), drama religioso de Calderón (1637).

magín m. *Fam.* Imaginación: *se lo ha sacado de su magín.* | Buen sentido: *duro de magín.*

magister m. *Fam.* Maestro.

magisterio m. Enseñanza dada por el maestro. || Profesión de maestro. || Título o grado de maestro. || Conjunto de maestros. || *Fig.* Gravedad afectada.

magistrado m. Superior en el orden civil. || Dignidad o empleo de juez. || Miembro de un tribunal de justicia.

magistral adj. Relativo al maestro o al magisterio. || Hecho con maestría: *un discurso magistral.* || Imperioso: *tono magistral.* || Aplícase a los medicamentos que se preparan en la farmacia a petición del cliente (ú. t. c. s. m.). || — M. Fundente que facilita el beneficio de un mineral.

magistratura f. Dignidad o cargo de magistrado. || Tiempo durante el cual se ejerce este cargo. || Corporación de los magistrados. || *Magistratura del Trabajo,* en España, tribunal integrado por representantes de los asalariados y los empresarios, encargado de resolver los litigios de tipo profesional.

Magloire (Paul), militar haitiano, n. en 1907, pres. de la Rep. de 1950 a 1956.

magma m. Masa pastosa espesa y viscosa. || *Geol.* Masa de materias en fusión que, al solidificarse, forma una roca.

Magna Grecia, ant. n. del S. de Italia. Colonizada por los griegos.

magnanimidad f. Grandeza de ánimo, generosidad, nobleza de sentimientos.

magnánimo, ma adj. Generoso, que perdona fácilmente: *mostrarse magnánimo.* || Noble, elevado: *corazón magnánimo.*

magnate m. En Polonia y Hungría, antiguo grande del reino. || Persona importante: *un magnate de la industria.*

magnesia f. Óxido de magnesio, sustancia blanca empleada como antiácido, laxante y purgante.

Magnesia, c. de la Turquía occidental (Lidia), donde fue vencido Antíoco III por Escipión el Asiático (190 a. de J. C.).

magnésico, ca adj. *Quím.* Relativo al magnesio.

magnesio m. Metal blanco sólido (símb., Mg), de número atómico 12, de densidad 1,74, que arde con luz intensa.

magnesita f. Espuma de mar.

magnético, ca adj. Relativo al imán. || De propiedades análogas a las del imán. || Referente al magnetismo animal. || *Fig.* Que tiene un poder de atracción y una influencia misteriosos.

magnetismo m. Fuerza atractiva del imán. || Parte de la física que estudia las propiedades de los imanes. || *Fig.* Poder de atracción que tiene una persona sobre otra. || — *Magnetismo animal,* influencia que puede ejercer una persona sobre otra mediante ciertas prácticas (hipnotismo). || *Magnetismo terrestre,* conjunto de los fenómenos magnéticos que se producen en el globo terráqueo.

magnetita f. *Min.* Óxido natural de hierro magnético.

magnetizable adj. Que puede ser magnetizado.

magnetización f. Acción y efecto de magnetizar.

magnetizador, ra adj. y s. Que magnetiza.

magnetizar v. t. Comunicar a un cuerpo las propiedades del imán. || Comunicar a una persona magnetismo animal. || Hipnotizar. || *Fig.* Ejercer una atracción muy fuerte y misteriosa.

magneto f. Generador eléctrico en el cual la inducción es producida por un imán permanente.

magnetoeléctrico, ca adj. *Fís.* Relativo al magnetismo y a la electricidad: *máquina magnetoeléctrica.*

magnetofónico, ca adj. Relativo al magnetófono: *cinta magnetofónica.*

magnetófono m. Aparato que registra los sonidos por imantación, de un hilo o una cinta magnéticos y que dispone también de circuitos amplificadores para restituirlos.

magnetómetro m. *Fís.* Aparato para comparar la intensidad de los campos y de los momentos magnéticos.

magnicida adj. y s. Que comete magnicidio.

magnicidio m. Muerte dada a una persona que ocupa el Poder.

magnificar v. t. Engrandecer, celebrar.

MA

magnificat m. Cántico en honor a la Virgen, que se entona al final de las vísperas.

magnificencia f. Liberalidad en los gastos. || Esplendor, lujo, suntuosidad.

magnífico, ca adj. Espléndido, muy hermoso: *piso magnífico.* || Excelente: *libro magnífico.* || Título de honor: *rector magnífico.* || Muy generoso.

Magnitogorsk, c. de la U. R. S. S. (Rusia), al pie de los Urales. Yacimientos de hierro. Siderurgia.

magnitud f. Tamaño de un cuerpo. || *Astr.* Cantidad que caracteriza el brillo aparente de las estrellas. || *Fig.* Importancia: *potencia nuclear de primera magnitud.* || *Mat.* Cantidad.

magno, na adj. Grande: *Alejandro Magno; aula magna.* || Grandioso, espléndido, magnífico.

magnolia f. Árbol de la familia de las magnoliáceas, de flores aromáticas, originario de Asia y América. || Flor de este árbol.

magnoliáceas f. pl. Familia de plantas dicotiledóneas angiospermas, como la magnolia (ú. t. c. adj.).

magnolio m. Barbarismo por *magnolia.*

mago, ga adj. y s. Que ejerce la magia. || Aplícase a los tres reyes que adoraron a Jesús recién nacido.

Magón. V. GONZÁLEZ ZELEDÓN.

magosto m. Hoguera para asar castañas. || Castañas asadas en ella.

magra f. Lonja de jamón.

magrear v. t. *Pop.* Sobar a una persona.

Magreb. V. MAGHREB.

magrebí, ina o **magrebino, na** adj. y s. Maghrebí, maghrebino.

magro, gra adj. Delgado, flaco. || — M. Carne sin grasa. || *Fam.* Lomo de cerdo.

magrura f. Delgadez.

Magsaysay (Ramón), político filipino (1907-1957), pres. de la Rep. de 1953 hasta su muerte.

maguer y **magüer** conj. Aunque. || (Ant.). A pesar.

maguey m. Pita, agave.

magüey m. Barb. por *maguey.*

Maguey, sector de la Sierra Madre Oriental de México (San Luis Potosí).

magueyero m. *Méx.* Pájaro de la familia de los fringílidos.

magulladura f. y **magullamiento** m. Contusión o cardenal producido en la piel por un golpe. || Parte dañada de una fruta producida por un choque.

magullar v. t. Producir contusión o cardenal en la piel por un golpe. || Dañar la fruta golpeándola contra algo.

Maguncia, en alem. *Mainz,* c. de Alemania Occidental, cap. de Renania-Palatinado, en la confluencia con el Rin. Obispado. Universidad. Catedral románica (s. XI-XIII). Industrias.

maguntino, na adj. y s. De Maguncia.

magyar adj. y s. Magiar.

Mahabharata, epopeya sánscrita de Viasa (s. XV-XVI a. de J. C.).

maharajá m. Título que significa *gran rey* y se aplica hoy a los príncipes feudatarios de la India. (Su fem. es *maharaní.*)

Maharashtra, Estado del O. de la India (Decán); cap. *Bombay.* Agricultura (algodón).

mahatma m. Personalidad espiritual de gran importancia en la India: *el mahatma Gandhi.*

Mahé, c. del SO. de la India (Kerala), que fue un establecimiento francés hasta 1956.

Mahler (Gustav), compositor y director de orquesta austriaco (1860-1911), autor de nueve sinfonías.

Mahmud || **~ I** (1696-1754), sultán otomano desde 1730. || **~ II** (1784-1839), sultán de los turcos desde 1808.

mahogón m. Caoba. || Cedro, árbol americano.

Mahoma, profeta del Islam n. en La Meca (¿570?-632). Sus adversarios le obligaron a emprender la huida *(hégira)* a Medina en 622, fecha que señala el principio de la era musulmana. Declarada la guerra santa, Mahoma se apoderó de La Meca en 630 y fue proclamado soberano temporal y espiritual del mundo árabe. (V. CORÁN e ISLAMISMO.)

Mahoma || **~ I** (¿1392-1421), sultán otomano desde 1413. || **~ II** (1429-1481), sultán otomano de 1444 a 1446 y de 1451 a su muerte. Se apoderó de Constantinopla (1453) e hizo de ella su capital. || **~ III** (1566-1603), sultán otomano desde 1595. || **~ IV** (1642-1692), sultán otomano en 1648, destronado en 1687. || **~ V** (1844-1918), sultán de Turquía desde 1909. || **~ VI** (1861-1926), sobrino del anterior, sultán de Turquía de 1918 a 1922.

mahometano, na adj. y s. Seguidor de la religión de Mahoma.

mahometismo m. Religión de Mahoma, islamismo.

mahón m. Tela fuerte de algodón: *unos uniformes de mahón.*

Mahón, c. y puerto del E. de España, cap. de la isla de Menorca (Baleares). Base aeronaval.

mahonés, esa adj. y s. De Mahón. || — F. Mayonesa.

Maiakovsky (Vladimir) V. MAYAKOVSKY.

maicena f. Harina fina de maíz.

maicería f. *Amer.* Casa que vende maíz.

maicero, ra adj. *Amer.* Relativo al maíz.

Maidstone, c. de Gran Bretaña al S. de Inglaterra, cap. del condado ed Kent.

Maiduguri, c. del NE. de Nigeria.

Maikop, c. de la U. R. S. S. (Rusia), en el Cáucaso septentrional. Petróleo.

mail-coach [*mel-kotch*] m. (pal. ingl.). Berlina inglesa de cuatro caballos con asientos en la imperial.

maillechort [*maichor*] m. (pal. fr.). Aleación de níquel, cobre y cinc que imita la plata.

Maillol (Aristide), escultor francés (1861-1944). Sus obras conjugan las influencias clásicas y postimpresionistas. Fue también pintor.

maimón m. Mico, mono. || — Pl. Especie de sopa con aceite y trozos de pan que se hace en Andalucía.

Maimónides (Moisés Ben Maimón), médico, escritor y pensador hispanojudío (1135-1204), autor de *Guía de descarriados.*

maimonismo m. Doctrina filosófica de Maimónides.

Main o **Meno,** río de Alemania Occidental, afl. del Rin, que pasa por Francfort y des. cerca de Maguncia; 524 km.

Mainas, prov. del Perú (Loreto): cap. *Iquitos.*

Maine [*men*], ant. prov. del O. de Francia; cap. *Le Mans.* — Uno de los Estados Unidos de América del Norte, al NE. (Nueva Inglaterra); cap. *Augusta.* || **~ -et-Loire,** dep. del O. de Francia; cap. *Angers.*

Maine, acorazado norteamericano que estalló en 1898 en La Habana. Su explosión sirvió de pretexto a Estados Unidos para declarar la guerra a España.

Maine de Biran (François Pierre), filósofo francés (1766-1824) de tendencia espiritualista.

mainel m. *Arq.* Montante vertical u horizontal que divide un vano en varias partes.

Mainland, isla de Gran Bretaña, al N. de Escocia, la mayor de las Shetland, cap. *Lerwick.* Pesca. Llamada también *Pomona.*

Mainz. V. MAGUNCIA.

Maintenon [*mantenón*] (Françoise D'AUBIGNÉ, *marquesa de*), dama francesa (1635-1719). Fue encargada de la educación de los hijos de Luis XIV y, al morir la reina María Teresa, casó secretamente con el rey (1684).

Maipo, llano de Chile, regado por el río homónimo, cerca de Santiago. (Aquí San Martín derrotó al ejército realista de Osorio y afirmó la independencia chilena [5 de abril de 1818], llamada tb. *Batalla de Maipú.*) — Volcán de los Andes, en la frontera de Argentina (Mendoza) y Chile (Santiago); 5 323 m. — Dep. de Chile (Santiago).

Maipú, pobl. de la Argentina (Buenos Aires), cab. de partido. — Pobl. de la Argentina (Mendoza), cab. de dep. — Com. de Chile (Santiago). — V. MAIPO.

Maiquetía, aeropuerto de Caracas, cerca de La Guaira.

Maisí, cabo al E. de Cuba (Oriente).

Maistre [*mestr*] (Joseph de), escritor y filósofo francés (1753-1821), autor de *Las veladas de San Petersburgo.* — Su hermano XAVIER (1763-1852) fue novelista *(Viaje alrededor de mi cuarto).*

Maitín (José Antonio), poeta romántico venezolano (1814-1874), autor de *Canto fúnebre.*

maitines m. pl. Hora canónica que se reza antes del amanecer: *cantar maitines.*

maître [*metr*] m. (pal. fr.). Jefe de comedor de un hotel o un restaurante. || Jefe de los camareros en una sala de fiestas.

maíz m. Cereal de la familia de las gramíneas originario de América, que produce mazorcas de grandes granos amarillos. || Su grano. (Los principales productores de *maíz* son Estados Unidos, Unión Soviética, Brasil, México y Argentina.)

Maíz, n. de dos islas *(Maíz Grande* y *Maíz Chico)* del mar Caribe, en Nicaragua, frente al dep. de Zelaya. Llamadas tb. *Corn.*

maizal m. Campo de maíz.

maja f. Mano de almirez. || Mujer joven y apuesta.

majá m. Serpiente no venenosa de Cuba.

Maja vestida *(La)* y **Maja desnuda** *(La),* cuadros de Goya (museo del Prado).

majada f. Aprisco, lugar donde se recoge de noche el ganado. || Estiércol de los animales.

majadal m. Sitio de pasto para el ganado menor. || Majada.

majaderear v. t. *Amer.* Importunar, molestar (ú. t. c. i.).

majadería f. Necedad, tontería.

majadero, ra adj. y s. Necio. || — M. Maza para moler, mano de almirez.

majado m. Lo que se ha molido o machacado: *un majado de almendras.*

majador, ra adj. y s. Que maja.

majadura f. Machacadura, moledura.

majagua f. Árbol americano de la familia de las malváceas, muy común en Cuba.

majal m. Banco de peces.

majar v. t. Machacar, moler: *majar pimienta.* || *Fig.* y *fam.* Molestar, importunar. | Pegar: *majar a palos.* | Aplastar, destruir: *majar un ejército.*

majareta adj. y s. *Fam.* Loco, chiflado: *majareta por completo.*

Majencio, emperador romano de 306 a 312, vencido en el puente Milvio por Constantino (312).

majería f. Grupo de majos.

majestad f. Título que se da a Dios y a los soberanos. || Suma grandeza: *la majestad de su porte.*

majestuosidad f. Belleza llena de grandeza: *la majestuosidad de los Andes.*

majestuoso, sa adj. De una grandeza admirable: *aspecto majestuoso.*

majeza f. Calidad de majo.

majo, ja adj. Que ostenta elegancia y guapeza propia de la gente del pueblo. Ú. t. c. s.: *los majos fueron representados por Goya.*

|| *Fam.* Compuesto: *ir muy majo.* | Bonito, mono, hermoso: *¡qué majo es este niño!* | Simpático.

majolar m. Plantío de majuelos.

majoleta f. Marjoleta.

majuela f. Cordón para atar los zapatos. || Fruto del majuelo.

majuelo m. Espino blanco. || Viña o cepa nueva.

Majunga, c. y puerto del NO. de Madagascar.

majzén m. En Marruecos, ex gobierno del sultán o autoridad suprema.

Makalu, cima de Asia, al SE. del Everest; 8 515 m.

Makeievka, c. del SO. de la U. R. S. S. (Ucrania). Centro metalúrgico del Donbass.

Makhatchkala o **Majachkala,** c. de la U. R. S. S. (Rusia), cap. de la Rep autónoma de Daguestán. Ref. de petróleos.

maki m. Género de lemúridos de Madagascar, de cola muy larga.

mal adj. Apócope de *malo: mal día; mal humor.* || — M. Lo opuesto al bien o a la moral: *hay que procurar no hacer nunca el mal.* || Daño: *hacer mucho mal a uno.* || Desgracia, calamidad: *los males de la guerra.* || Enfermedad, dolencia: *curó su mal.* || Inconveniente: *la severidad de ciertos reglamentos es un mal necesario.* || — *Echar a mal,* despreciar. || *Llevar a mal,* quejarse, resentirse. || *Mal caduco,* epilepsia. || *Mal de la tierra,* nostalgia de la patria. || *Mal de montaña,* malestar producido por la altitud. || *Mal de ojo,* maleficio. || *Mal de piedra,* dolencia que resulta de la formación de cálculos en las vías urinarias. || *¡Mal haya!,* maldición, imprecación contra uno. || *No hay mal que por bien no venga,* a veces los acontecimientos que nos parecen mal venidos tienen consecuencias afortunadas. || *Tomar a mal,* tomar en mala parte.

mal adv. De manera muy imperfecta: *cantar mal; dormir mal.* || Contrariamente a lo que se esperaba: *el negocio ha salido mal.* || Difícilmente: *mal puede ayudarme.* || — *De mal en peor,* cada vez peor. || *Mal que bien,* ni bien ni mal; de buena o mala gana. || *¡Menos mal!,* afortunadamente.

Mal Lara (Juan de), escritor español (¿1524?-1571), autor de *Filosofía vulgar,* que contiene numerosos refranes.

malabar adj. y s. De la costa de Malabar. || *Juegos malabares,* ejercicios de destreza, agilidad y equilibrio. || — M. Lengua de los malabares.

Malabar (COSTA DE), costa del O. de la India, a orillas del mar de Omán.

malabárico, ca adj. y s. Malabar.

malabarismo m. Juegos malabares. || *Fig.* Habilidad, destreza.

malabarista com. Persona que se dedica a hacer juegos malabares, equilibrista. || *Fig.* Persona muy hábil.

Malaca, c. de Malaysia (Malasia), cap. del Estado homónimo, en el estrecho de igual n., al NO. de Singapur. || ~ (ESTRECHO DE), brazo de mar del SE. de Asia (780 km), entre la penins. homónima y la isla de Sumatra. || ~ (PENÍNSULA DE) o **Península Malaya,** penins. del SE. de Asia, entre el mar de China y el océano Índico.

malacate m. Eje vertical provisto de una o varias palancas en el extremo de las cuales se enganchaban las caballerías: *la noria es un malacate.* || *Hond.* y *Méx.* Huso.

Malacatépetl, pico de México en la sierra del Ajusco (Distrito Federal); 4 094 m.

malacitano, na adj. y s. Malagueño.

malaconsejado, da adj. y s. Que obra desatinadamente, dejándose guiar por malos consejos.

malacopterigio, gia adj. y s. Aplícase a los peces de aletas blandas o flexibles y con el esqueleto óseo, como el salmón, el congrio y el bacalao. || — Pl. Orden de estos peces.

malacostumbrado, da adj. De malas costumbres. || Mal criado. || Muy mimado.

Maladeta, pico de los Pirineos españoles (Huesca) en el macizo homónimo; 3 312 m. — Macizo de los Pirineos españoles que culmina en el pico de *Aneto* (3 404 m). Tb. llamado *Montes Malditos.*

málaga m. Vino dulce de Málaga: *una copa de Málaga.*

Málaga, c. y puerto del S. de España, cap. de la prov. homónima. Obispado. Catedral. Facultad de Ciencias Políticas y Económicas. Alcazaba, teatro romano. Centro de la Costa del Sol. Frutos secos, vinos. Industrias. Lugar de nacimiento de V. Espinel, Cánovas del Castillo, Picasso. — Mun. y pobl. de Colombia (Santander).

Malagón, v. del centro de España (Ciudad Real).

malagueño, ña adj. y s. De Málaga. || — F. Aire popular y baile de la prov. española de Málaga, parecido al fandango.

malambo m. *Riopl.* Baile típico del gaucho.

malandanza f. Mala fortuna.

malandrín, ina adj. y s. Pillo.

Malang, c. de Indonesia al E. de Java. Industrias.

malanga f. *Amer. C.* y *Antill.* Tubérculo comestible.

malangar m. Plantío de malangas.

Malaparte (Curzio), escritor italiano (1898-1957), autor de *Técnica del golpe de Estado, Kaputt,* etc.

malapata com. *Fam.* Persona de mala suerte. || — F. *Fam.* Mala suerte: *tener muy malapata.*

Malaquías, uno de los doce profetas menores.

malaquita f. Carbonato hidratado natural de cobre, de color verde, que se utiliza en joyería.

malar adj. *Anat.* De la mejilla: *hueso malar.* || — M. Pómulo.

Mälar, lago de Suecia central (Estocolmo).

Malaret (Augusto), filólogo puertorriqueño (1878-1967), autor de un notable *Diccionario de americanismos.*

malaria f. *Med.* Paludismo.

malarrabia f. *Antill.* y *Venez.* Dulce de almíbar, plátano, batata, etc.

malasangre adj. Que tiene malas intenciones (ú. t. c. s.).

Malasia, archip. entre Asia y Oceanía, formado por las islas de la Sonda, Sumbaya, Timor, Molucas, Célebes, Borneo y Filipinas. Llamado tb. *Archipiélago Malayo* o *Insulindia.* || ~ (FEDERACIÓN DE). V. MALAYA *(Federación).*

malasio, sia adj. y s. De Malasia.

malasombra com. *Fam.* Persona con poca gracia. || — F. *Fam.* Mala suerte. || Falta de gracia.

Malaspina (Alejandro), navegante y explorador italiano (1754-1810) que estuvo al servicio de España y dirigió de 1789 a 1794 una exploración al Pacífico y al Atlántico Sur.

malatería f. Leprosería.

Malatya, c. del S. de Turquía.

malavenido, da adj. En desacuerdo.

malaventura f. Desventura, desgracia, infortunio.

malaventurado, da adj. Desgraciado, desafortunado.

malaventuranza f. Desgracia.

malawi adj. y s. De Malawi.

Malawi, ant. *Nyassalandia,* rep. del SE. de África, miembro del Commonwealth británico; 127 368 km²; 4 398 000 h. *(malawis).* Cap. *Zomba,* 20 000 h. — Lago de África al O. de Mozambique; 26 000 km². Ant. llamado *Nyassa.*

malaxación f. Amasado.

malaxador, ra adj. y s. Que malaxa. || — M. Amasadora.

malaxar v. t. Amasar una sustancia para ablandarla o una parte del cuerpo.

Malaya (FEDERACIÓN), federación del SE. de Asia que agrupó de 1946 a 1963 los nueve *Estados malayos* (Perak, Selangor, Negri Sembilan, Pahang, Johore, Kedah, Kelantán, Perlis y Trenganu) y los dos antiguos *Establecimiento de los Estrechos* (Penang y Malaca). Llamada tb. *Federación de Malasia.*

malayo, ya adj. y s. De Malasia o Insulindia. || — M. Lengua malaya.

Malaysia (FEDERACIÓN DE), federación del SE. de Asia, constituida en 1963 por la unión de la Federación Malaya y los Estados de Sabah (Borneo del Norte) y Sarawak; 333 676 km²; 10 583 000 h. Cap. *Kuala Lumpur,* 477 000 h. Las principales riquezas son el caucho y el estaño.

malbaratador, ra adj. y s. Malgastador, despilfarrador.

malbaratar v. t. Vender por debajo de su precio real. || *Fig.* Malgastar, despilfarrar: *malbaratar su fortuna.*

malcarado, da adj. De mala cara, hosco.

malcasado, da adj. Que falta a los deberes del matrimonio. || Casado con una persona de clase o condición inferior.

malcasar v. t. Casar a uno con una persona mal escogida o de condición inferior (ú. t. c. pr.).

malcomer v. i. Comer poco y no muy bien.

malcomido, da adj. Poco o mal alimentado.

malconsiderado, da adj. Desconsiderado, despreciado.

malcontentadizo, za adj. Descontentadizo, siempre descontento.

malcontento, ta adj. Descontento, que no está satisfecho: *malcontento con su suerte.*

malcriadeza f. *Amer.* Mala educación.

malcriado, da adj. y s. Grosero, descortés, mal educado.

malcriar v. t. Educar mal. || Mimar.

maldad f. Propensión a obrar mal: *¡hay que ver la maldad de este niño!* || Acción mala: *cometer maldades.* || *Méx.* Travesura.

maldecido, da adj. y s. Malo. || Maldito.

maldecidor, ra adj. y s. Calumniador.

* **maldecir** v. t. Echar maldiciones: *maldijo a su hijo.* || — V. i. Hablar mal, calumniar: *maldecir de uno.*

maldiciente adj. y s. Que habla mal de la gente.

maldición f. Imprecación contra una persona o cosa.

maldispuesto, ta adj. Indispuesto. || Poco dispuesto o sin ánimo para hacer algo.

maldito, ta adj. Muy malo: *¡maldito clima!* || Odioso: *¡maldito embustero!* || Condenado por la justicia divina (ú. t. c. s.). || *Fam.* Ninguno, nada: *no saber maldita la cosa.* || — F. *Fam.* La lengua. || *Méx.* y *Venez.* Llaguita en las piernas o los pies.

Malditos (MONTES). V. MALADETA.

Maldivas (ISLAS), archipiélago y república del océano Índico, al SO. de Ceilán, formado por 220 islas habitadas; 300 km²; 106 000 h. *(maldivos).* Cap. *Male,* 12 000 h. Produce copra.

maldivo, va adj. y s. De las Islas Maldivas.

maldonadense adj. y s. De Maldonado (Uruguay).

Maldonado, pobl. de la Argentina (Buenos Aires). — C. del Uruguay, al E. de Montevideo, cap. del dep. homónimo. Centro turístico. — V. PUERTO MALDONADO.

Maldonado (Francisco), capitán de los comuneros españoles que se sublevó con Padilla y Bravo. Fue derrotado y decapitado en Villalar (1521). ‖ ~ (JUAN), teólogo español (1534-1583), fundador de la exégesis moderna.
Male, cap. del archipiélago de las Maldivas; 12 000 h.
maleabilidad f. Calidad de maleable.
maleable adj. Que puede batirse o aplastarse en láminas sin romperse. ‖ Que se puede modelar o labrar fácilmente: *la cera es muy maleable.* ‖ *Fig.* Dócil, flexible: *carácter maleable.*
maleado, da adj. Viciado, pervertido, corrompido.
maleador, ra adj. y s. Que malea a los otros (ú. t. c. s.).
maleante adj. Que malea. ‖ Perverso, malo. ‖ Maligno. ‖ — M. Malhechor.
malear v. t. Echar a perder (ú. t. c. pr.). ‖ *Fig.* Pervertir, corromper (ú. t. c. pr.).
Malebranche (Nicolas de), sacerdote y filósofo francés (1638-1715), autor de *Investigación de la verdad,* en donde expone su doctrina.
malecón m. Dique, obra de fábrica que protege la entrada de un puerto.
maledicencia f. Acción de mal decir, murmuración, denigración.
malediciente adj. y s. Maldiciente.
maleficiar v. t. Causar daño. ‖ Estropear una cosa. ‖ Hechizar.
maleficio m. Sortilegio por el cual se pretende perjudicar a los hombres, animales, etc.
maléfico, ca adj. Que perjudica con maleficios. ‖ Que tiene una influencia sobrenatural mala: *un poder maléfico.* ‖ — M. y f. Hechicero.
Malegaon, c. del O. de la India (Maharashtra).
malentendido m. Equívoco, quid pro quo, mal entendimiento.
maleolar adj. De los maléolos.
maléolo m. *Anat.* Cada una de las dos protuberancias huesudas que forman el tobillo.
malestar m. Sensación de incomodidad causada por un ligero trastorno fisiológico. ‖ *Fig.* Inquietud moral, desasosiego. | Desazón, molestia: *su llegada causó cierto malestar.*
maleta f. Especie de cofre pequeño y ligero que uno lleva de viaje para transportar ropa u otros enseres. ‖ Portaequipaje de un coche. ‖ — M. *Fam.* El que es muy torpe en la práctica de su profesión. | Hombre despreciable.
maletero m. Fabricante o vendedor de maletas. ‖ Mozo de equipajes. ‖ Portaequipaje de un coche.
maletilla m. *Fam.* Aprendiz de torero.
maletín m. Maleta pequeña: *maletín de médico, de muestras.*
maletón m. Maleta grande.
maletudo, da adj. *Amer.* Jorobado.
malevo, va adj. *Arg.* Malévolo, malvado.
malevolencia f. Mala voluntad.
malévolo, la adj. adj. y s. Inclinado a hacer mal.
maleza f. Abundancia de malas hierbas en los sembrados. ‖ Espesura de arbustos silvestres y de zarzas.
malezal m. *Amer.* Tierra cubierta de maleza.
malformación f. *Med.* Deformación congénita.
malgache adj. y s. De Madagascar: *República Malgache.*
malgastador, ra adj. y s. Que malgasta.
malgastar v. t. Despilfarrar, gastar mal, derrochar: *malgastar sus bienes.* ‖ Desgastar, destruir: *malgastar su salud.*
malgenioso, sa adj. *Amer.* Iracundo.
malhablado, da adj. y s. Grosero, soez en el hablar.
malhadado, da adj. Desdichado, desafortunado.
Malharro (Martín A.), pintor impresionista argentino (1865-1911).
malhaya adj. *Fam.* Maldito: *malhaya el que mal piense.* Ú. t. con el pl.: *malhaya sean tus descendientes.* ‖ — Interj. *Riopl.* ¡Ojalá!
malhechor, ra adj. y s. Que comete un delito.
Malherbe (François de), poeta lírico francés (1555-1628).
* **malherir** v. t. Herir gravemente: *malhirió a su adversario.*
malhumor m. Mal humor, mal genio.
malhumorado, da adj. De mal humor, disgustado, desabrido.
malhumorar v. t. Poner de mal humor.
malí adj. y s. De Malí.
Malí, Est. del África occidental, rep. independiente desde 1960; 1 204 000 km²; 4 745 000 h. *(malíes).* Cap. *Bamako,* 130 800 h.
Malibran (María de la Felicidad GARCÍA, llamada **la**), cantante francesa de origen español (1808-1836).
malicia f. Maldad, inclinación a lo malo: *tener malicia.* ‖ Afición a gastar bromas más o menos pesadas. ‖ Perversidad. ‖ Agudeza, astucia, sutileza: *niño de mucha malicia.* ‖ *Fam.* Sospecha, recelo: *tener malicia de algo.*
maliciable adj. Que puede maliciarse.
maliciar v. t. Sospechar, recelar. Ú. t. c. pr.: *maliciarse de algo.* ‖ Malear, pervertir, corromper (ú. t. c. pr.).
malicioso, sa adj. y s. Que tiene malicia o perversidad. ‖ Astuto, ingenioso. ‖ Que gusta de gastar bromas.
malignidad f. Calidad de maligno.
maligno, na adj. Propenso a lo malo y perverso: *gente maligna.* ‖ Pernicioso: *tumor maligno.* ‖ Galicismo por *malicioso, picaresco.*
malilla f. Segunda carta en valor en ciertos juegos de naipes. ‖ Juego de naipes en que la carta superior es el nueve de cada palo.
Malinal. V. MALINCHE.
Malinalco, pobl. y mun. de México, en el Est. de este n. Ruinas prehispánicas de la cultura matlatzinca.
Malinas, en fr. *Malines,* y en flam. *Mechelen,* c. de Bélgica (Amberes), al N. de Bruselas y a orillas del Dyle. Arzobispado metropolitano. Catedral. Encajes famosos. Industrias (automóviles, muebles).
Malinche, india mexicana, hija de un cacique feudatario. Fue intérprete y concubina de Hernán Cortés, con quien tuvo un hijo. M. hacia 1530. Conocida tb. por el n. de *Malinal, Malintzin* y *Marina.*
Malinche (La), volcán de México, entre los Estados de Tlaxcala y Puebla; 4 461 m. Tb. llamado *Matlalcueyatl.*
malinchismo m. *Méx.* Inclinación favorable a lo extranjero, en particular lo español.
malintencionado, da adj. y s. Que tiene mala intención, malévolo.
Malintzin. V. MALINCHE.
malmandado, da adj. y s. Desobediente.
malmaridada adj. y s. f. Aplícase a la mujer que falta a los deberes conyugales.
malmirado, da adj. Mal considerado. ‖ Descortés, grosero.
Malmö, c. y puerto del S. de Suecia. Centro industrial.
malo, la adj. Que no es bueno: *comida mala; mala acción.* ‖ Inclinado al mal: *ser malo con su familia.* ‖ Perjudicial: *el alcohol es malo para la salud.* ‖ Sin talento o habilidad: *cómico malo; ser malo para las matemáticas.* ‖ Desagradable: *sabor malo; pasar un momento muy malo.* ‖ Difícil: *malo de entender.* ‖ Peligroso: *una carretera muy mala; las malas compañías.* ‖ Enfermo: *estar malo.* ‖ Muy travieso o desobediente: *niños malos.* ‖ Funesto: *hoy ha sido un día muy malo para él.* ‖ Insuficiente: *una mala cosecha.* ‖ — Interj. Denota disgusto. ‖ — *A malas,* enemistado. ‖ *De malas,* que no tiene suerte; de mal humor; de mala intención. ‖ *Lo malo,* la dificultad, el inconveniente. ‖ *Más vale malo conocido que bueno por conocer,* suele ser preferible conservar una cosa medianamente buena que cambiarla por otra desconocida. ‖ — M. *El malo,* el demonio; el malhechor de un relato, de una película, etc.
maloca f. Malón. ‖ *Amer.* Incursión de blancos efectuada en tierra de indios.
malogrado, da adj. Aplícase al escritor, artista, etc., muerto antes de haber dado de sí todo lo que podía esperarse.
malogramiento m. Mal éxito, fracaso.
malograr v. t. No aprovechar, perder: *malograr la oportunidad.* ‖ — V. pr. Frustrarse, fracasar: *se malograron sus deseos.* ‖ No llegar una persona o cosa a su completo desarrollo.
malogro m. Malogramiento.
maloja m. *Amer.* Planta de maíz que sólo sirve para pastos.
maloliente adj. Que huele mal.
Malolos, c. de Filipinas (Luzón), cap. de la prov. de Bulacán. Arroz.
malón m. *Amer.* Correría de indios. ‖ Mala jugada.
Malón de Chaide (Pedro), escritor y religioso agustino español (¿1530-1596?), autor del tratado de inspiración ascética *La conversión de la Magdalena.* Fue discípulo de Fray Luis de León.
malparado, da adj. En mala situación o estado: *salir malparado de un negocio.*
malparar v. t. Maltratar, dejar en mal estado.
malparir v. i. Abortar.
malparto m. Aborto.
malpensado, da adj. y s. Que tiene un espíritu avieso.
Malpighi [*-gui*] (Marcello), médico y biólogo italiano (1628-1694).
malpigia f. Arbusto ornamental de la familia de las malpigiáceas.
malpigiáceo, a adj. y s. Dícese de unas plantas angiospermas dicotiledóneas de los países tropicales. ‖ — F. pl. Familia que forman estas plantas.
malquerencia f. Mala voluntad, malevolencia. ‖ Antipatía.
* **malquerer** v. t. Tener mala voluntad.
malquistar v. t. Enemistar o poner en desacuerdo una persona con otra u otras (ú. t. c. pr.).
malquisto, ta adj. Enemistado, enfadado.
Malraux [*-ró*] (André), escritor y político francés, n. en 1901, autor de novelas (*La condición humana, La esperanza, Antimemorias,* etc. y de obras de estética.
malsano, na adj. Nocivo para la salud. ‖ Enfermizo.
malsonante adj. Que suena mal. ‖ Contrario al decoro y a la decencia: *frases malsonantes.*
Malström, remolino del océano Glacial Ártico, cerca de las islas Lofoden (Noruega).
malsufrido, da adj. Que aguanta poco.
malta f. Cebada germinada para fabricar cerveza, y, a veces, para hacer café.
Malta, isla de Europa meridional, en el Mediterráneo, al S. de Sicilia, que constituye un Estado miembro del Commonwealth; 316 km²; 320 000 h. *(malteses).* Cap. *La Valetta,* 19 100 h.
Malta *(Orden de),* orden hospitalaria fundada en Jerusalén (s. XII), trasladada posteriormente a Rodas (1308), a Malta de 1518

a 1798, de donde su n. actual, y a Roma en 1834. Sus estatutos fueron reformados en 1961.

maltaje m. Transformación de la cebada en malta.

maltasa f. Diastasa del jugo intestinal que convierte la maltosa en glucosa.

malteado, da adj. Mezclado con malta.

maltear v. t. Transformar la cebada en malta.

maltés, esa adj. y s. De Malta.

Malthus (Thomas Robert), economista inglés, n. en Rookery (1766-1834), autor del *Ensayo sobre el principio de la población,* en el que propone la limitación de la natalidad para evitar el empobrecimiento de la población.

maltosa f. *Quím.* Azúcar obtenido por sacarificación incompleta del almidón con malta.

* **maltraer** v. t. Maltratar. ‖ *Llevar* (o *traer*) *a maltraer,* dar mucha guerra.

Maltrata, valle de México (Veracruz). ‖ ~ (CUMBRES DE), montañas que rodean el valle homónimo.

maltratamiento m. Acción y efecto de maltratar.

maltratar v. t. Tratar duramente, con violencia. ‖ Menoscabar, echar a perder.

maltrato m. Maltratamiento.

maltrecho, cha adj. En mal estado, malparado.

maltusianismo m. Limitación voluntaria de la natalidad. ‖ Disminución voluntaria de la producción: *maltusianismo económico.*

maltusiano, na adj. y s. Partidario de las teorías del inglés Malthus. ‖ Que está opuesto a la expansión económica.

Malucas. V. MOLUCAS.

maluco, ca adj. y s. De Las Malucas o Molucas (Oceanía).

malucho, cha adj. *Fam.* Algo enfermo.

Maluenda (Rafael), novelista y dramaturgo chileno (1885-1963).

malva f. Planta de la familia de las malváceas, de flores moradas. ‖ — *Pop. Criar malvas,* estar muerto. ‖ *Malva loca,* la que es más alta que la común y se cultiva en los jardines. ‖ *Fig. Ser como una malva,* ser sumamente dócil y bueno. ‖ — Adj. inv. Violeta pálido. ‖ — M. Color malva.

malváceo, a adj. y s. Dícese de las plantas angiospermas dicotiledóneas, como la malva, el algodonero y la majagua. ‖ — F. pl. Familia que forman estas plantas.

malvado, da adj. y s. Perverso.

malvarrosa f. Malva loca.

malvasía f. Uva muy dulce y vino que se hace con ella.

Malvasia, pobl. del S. de Grecia (Laconia). Vinos.

malvavisco m. Planta malvácea, cuya raíz es un emoliente.

malvender v. t. Vender con pérdida.

malversación f. Utilización fraudulenta de los caudales ajenos que uno tiene a su cargo.

malversador, ra adj. y s. Que malversa.

malversar v. t. Hacer malversaciones.

Malvinas, archip. de la Argentina, al SE. del continente, cuyas dos islas principales son la Gran Malvina y la de la Soledad; 11 718 km²; 2 250 h. Cap. *Puerto Stanley,* en la isla de la Soledad. Forman parte de la prov. de Tierra del Fuego. Llamadas por los ingleses *Falkland.*

malvinero, ra adj. y s. De las islas Malvinas.

malvís m. Tordo de plumaje verde oscuro.

malvivir v. i. Vivir mal.

malla f. Cada uno de los cuadriláteros que forman el tejido de la red. ‖ Red. ‖ Tejido de anillos de hierro o acero con que se hacían las cotas y otras armaduras y cada uno de estos anillos. ‖ *Amer.* Bañador. | Camiseta de deportista.

Mallama, pico de Colombia, en la Cord. Occidental; 4 200 m.

Mallarino (Manuel María), político y escritor colombiano (1808-1872), pres. de la Rep. de 1855 a 1857.

Mallarmé (Stéphane), poeta francés, n. en París (1842-1898), iniciador del simbolismo.

Mallea (Eduardo), novelista y ensayista argentino, n. en 1903, autor de *Cuentos para una inglesa desesperada, Nocturno europeo, Historia de una pasión argentina, La ciudad junto al río inmóvil, Todo verdor perecerá,* etc.

Malleco, prov. del centro de Chile; cap. *Angol.* Cereales, frutas.

mallo m. Mazo. ‖ Juego que se hace en el suelo con bolas de madera. ‖ Sitio destinado a este juego.

Malloa, com. del centro de Chile (O'Higgins).

Mallorca, isla española del Mediterráneo, la mayor de las Baleares, al E. de la Península; 3 625 km²; 363 200 h. Cap. *Palma de Mallorca;* c. pr.: *Inca, Manacor, Pollensa, Sóller.* Agricultura. Centro turístico.

mallorquín, ina adj. y s. De Mallorca. ‖ — M. Dialecto que se habla en las islas Baleares.

mama f. Teta, pecho. ‖ *Fam.* Madre, en lenguaje infantil.

Mama Ocllo, hija del Sol, hermana y esposa de Manco Cápac. *(Mit. incaica.)*

mamá f. *Fam.* Madre.

mamacallos m. *Fig.* y *fam.* Estúpido, cretino.

mamacona f. *Amer.* Virgen anciana que estaba al servicio de los templos incaicos.

mamada f. Acción de mamar. ‖ Cantidad de leche que mama la criatura cada vez que se pone al pecho. ‖ *Fam.* Ganga, ventaja conseguida con poco esfuerzo. ‖ *Arg. Fam.* Borrachera.

mamadera f. Instrumento para descargar los pechos de las mujeres cuando tienen exceso de leche.

mamado, da adj. *Pop.* Ebrio.

mamantear v. t. *Amér. C.* Amamantar, consentir a los niños.

mamar v. t. Chupar con los labios y lengua la leche de los pechos. ‖ *Fam.* Tragar, engullir. ‖ *Fig.* Aprender algo desde la infancia: *mamar la piedad; haber mamado un idioma.* ‖ *Fig.* y *fam.* Conseguir: *mamar un buen empleo.* ‖ — V. pr. *Fam.* Emborracharse. ‖ *Amer. Fam. Mamarse a uno,* matarle; sacarle ventaja engañándole.

mamario, ria adj. De las mamas: *glándulas mamarias.*

mamarrachada f. *Fam.* Conjunto de mamarrachos. | Tontería, despropósito.

mamarracho m. *Fam.* Imbécil, tonto. | Fantoche. | Obra artística sin valor: *esta película es un mamarracho.*

mambí o **mambís, isa** adj. y s. Dícese del cubano que se rebeló contra la dominación española en 1868. (Pl. *mambises.)*

mambiseño, ña adj. De los mambises: *rebelión mambiseña.*

mambo m. Baile cubano.

Mambrú. V. MARLBOROUGH.

mamelón m. Eminencia de forma redondeada. ‖ *Anat.* Pezón. ‖ Pequeña excrecencia carnosa en el tejido cicatrizal de heridas y úlceras, semejante a un pequeño pezón.

mameluco m. Antiguo soldado de una milicia egipcia. ‖ *Fam.* Hombre torpe. ‖ *Amer.* Prenda de vestir de una sola pieza, especialmente de niños.

mamella f. Cada uno de los dos apéndices carnosos y ovalados que cuelgan del cuello de las cabras y otros animales.

mamey m. Árbol gutífero originario de América. ‖ Su fruto.

mamífero adj. y s. m. Dícese de los animales vertebrados cuyas hembras alimentan a sus crías con la leche de sus mamas.

— Los *mamíferos,* entre los que se encuentra el hombre, se pueden clasificar en varios órdenes: primates, insectívoros, quirópteros, carnívoros, ungulados, cetáceos, roedores, desdentaddos, marsupiales, monotremas, etc.

mamiforme adj. Que tiene la forma de mama o teta.

mamila f. *Anat.* Mama o teta de la hembra. | Tetilla del hombre.

mamón, ona adj. y s. Que sigue mamando. ‖ Que mama demasiado. ‖ *Diente mamón,* el de leche. ‖ — M. Chupón, rama estéril de un árbol. ‖ *Amer.* Árbol de la familia de las sapindáceas. | Fruto de este árbol.

Mamoré, río de Bolivia, afl. del Madeira; 1 930 km. — Prov. del N. de Bolivia (Beni); cap. *San Joaquín.*

mamotreto m. Librito de apuntes. ‖ *Fam.* Libro o legajo muy voluminoso. | Cosa que abulta mucho.

mampara f. Tabique movible y plegable que sirve para proteger del frío u ocultar una cosa.

mamparo m. *Mar.* Tabique que divide el interior de un barco: *mamparo estanco.*

mamporro f. *Fam.* Porrazo.

mampostar v. t. Trabajar en obras de mampostería.

mampostería f. Obra hecha de piedras pequeñas unidas con argamasa: *tapia de mampostería.*

mampostero m. Albañil que trabaja en obras de mampostería. ‖ Recaudador de diezmos, rentas, etc.

mampresar v. t. Empezar la doma de un caballo.

mampuesto, ta adj. Dícese de los materiales empleados en mampostería. ‖ — M. Piedra sin labrar utilizada en construcción. ‖ Antepecho.

mamut m. Elefante fósil de la época cuaternaria que vivió en Europa y África. (Tenía grandes colmillos y medía unos 3,50 m de alt.)

Man, isla británica al N. del mar de Irlanda; 570 km²; cap. *Douglas.* Turismo.

mana m. Poder sobrenatural y misterioso en ciertas religiones primitivas.

maná m. Alimento milagroso que envió Dios a los israelitas en el desierto. ‖ *Fig.* Alimento abundante y poco costoso. ‖ Líquido que fluye de algunos árboles y que es ligeramente purgante.

Manabí, prov. del NO. del Ecuador; cap. *Portoviejo.*

manabita adj. y s. De Manabí.

Manacor, v. de España (Baleares), al E. de la isla de Mallorca. Calzados.

manada f. Hato o rebaño. ‖ Bandada de animales: *manada de gallinas.* ‖ Puñado: *una manada de trigo.* ‖ *Fig.* y *fam.* Grupo de personas. ‖ *A manadas,* en tropel; en gran cantidad.

manadero, ra adj. Que mana. ‖ — M. Manantial. ‖ Pastor que conduce una manada.

Manado. V. MENADO.

management m. (pal. ingl.). Técnica de la dirección y gestión de una empresa.

manager [*máneyer*] m. (pal. ingl.). El que dirige una empresa. ‖ El que se ocupa de los intereses de un campeón deportivo profesional: *el manager de un boxeador.*

managua adj. y s. Managüense.

Managua, lago del SO. de Nicaragua; 1 042 km². Llamado tb. *Lago Xolotlán.* — C. de Nicaragua, cap. de la rep. y del dep. homónimo, a orillas del lago de Managua; 317 600 h. Arzobispado. Universidad. Aeropuerto *(Las Mercedes).* La c. fue destruida en gran parte por un terremoto en 1972.

managüense adj. y s. De Managua (Nicaragua).

Manama, cap. del principado de Bahrein; 79 100 h.

manantial adj. Que mana: *agua manantial.* ‖ — M. Sitio donde las aguas salen de la tierra.

Manapiari, río de Venezuela en el Territorio Federal de Amazonas, afl. del Ventuari; 160 km.

Manapire, río de Venezuela Guárico), afl. del Orinoco; 209 km.

manar v. i. Brotar, salir con fuerza un líquido. || *Fig.* Abundar.

Manasés, patriarca judío, primogénito de José.

manatí y **manato** m. Mamífero sirenio herbívoro, de unos tres metros de largo, propio de África y de América tropical. || Tira de piel de este animal usada para hacer látigos.

Manatí. V. AGABAMA.

Manaus, ant. *Manaos,* c. del O. del Brasil, cap. del Est. de Amazonas, a orillas del río Negro. Obispado. Puerto fluvial.

manaza f. Mano grande.

mancamiento m. Lisiadura. || Falta, defecto de una cosa.

mancar v. t. Lisiar, estropear las manos u otros miembros.

manceba f. Concubina.

mancebía f. Prostíbulo.

mancebo m. Chico joven. || Hombre soltero. || Dependiente, empleado en una tienda. || Auxiliar de farmacia.

mancera f. Esteva del arado.

mancilla f. *Fig.* Mancha, desdoro, deshonra.

mancillar v. t. Manchar.

mancipar v. t. Esclavizar.

Mancisidor (José), escritor mexicano (1895-1956), autor de novelas (*La Asonada, Frontera junto al mar,* etc.), de ensayos y de dos antologías de cuentos.

manco, ca adj. y s. Que ha perdido un brazo o una mano o tiene lisiados estos miembros. || *Fig.* Imperfecto, incompleto: *texto manco.* || *Fig.* y *fam. No ser manco,* ser muy hábil.

Manco Cápac, prov. en el O. de Bolivia (La Paz); cap. *Copacabana.*

Manco || ~ **Cápac I,** fundador legendario del Imperio incaico, de la c. de Cuzco y de la dinastía de los Incas (s. XII). || ~ **Cápac II** (¿1500?-1544), hijo legítimo de Huayna Cápac y último soberano inca. M. asesinado.

mancomún (de) adv. De común acuerdo.

mancomunar v. t. Unir: *mancomunar fuerzas, capitales,* etc. || *For.* Obligar a varias personas de mancomún a la ejecución de una cosa. || — V. pr. Asociarse, aliarse: *mancomunarse dos partidos.*

mancomunidad f. Unión, asociación. || Corporación constituida por la agrupación de municipios o provincias. (La *Mancomunidad de Cataluña,* reunió y coordinó los servicios de las cuatro diputaciones provinciales de la región.)

* **mancornar** v. t. Derribar un novillo fijándole los cuernos en tierra. || Atar dos reses por los cuernos. || *Fig.* Unir, emparejar.

mancuerna f. Pareja de reses u objetos mancornados. || Correa con que se mancuernan las reses. || — Pl. *Méx.* Gemelos para los puños.

mancha f. Marca dejada en una cosa por un cuerpo sucio: *tener una mancha de vino en la falda.* || Parte de una cosa de distinto color que el resto de ella: *un animal de pelo negro con manchas blancas.* || *Fig.* Lo que empaña la reputación, desdoro: *hacer una mancha en su honra.* || *Anat* y *Astr.* Mácula. || *Med.* Alteración del color de varias partes de la piel. || Banco de peces.

Mancha. V. MANCHE. || ~ (CANAL DE LA), brazo del mar Atlántico que separa Francia e Inglaterra. || ~ **(La),** comarca del centro de España (prov. de Ciudad Real, Toledo, Cuenca y Albacete). Cereales y vino. Su paisaje ha sido inmortalizado por Cervantes en *El Quijote.* || ~ **Real,** v. de España (Jaén). Cereales, aceite.

manchar v. t. Ensuciar, hacer una o varias manchas en una cosa: *manchar algo de tinta* (ú. t. c. pr.). || *Fig.* Desacreditar, empañar la reputación: *el escándalo ha manchado a su familia.*

Manche, dep. del NO. de Francia (Normandía); cap. *Saint-Lô.*

manchego, ga adj. y s. De La Mancha. || — M. Queso muy apreciado fabricado en La Mancha.

Manchester, c. del NE. de Estados Unidos (New Hampshire). Obispado. Textiles; metalurgia. — C. y puerto fluvial de Gran Bretaña al O. de Inglaterra (Lancashire). Universidad. Textiles.

manchón m. Mancha grande.

manchú, úa adj. y s. De Manchuria.

Manchukuo, n. de *Manchuria* de 1932 a 1945, bajo la dominación japonesa.

Manchuria, ant. n. de una región del N. de China. C. pr. *Chenyang, Pin Kiang.*

manda f. Legado que se hace por testamento o codicilo.

mandadero, ra m. y f. Recadero: *le envío el mandadero.*

mandado m. Orden. || Encargo, mandato. || Compra, recado: *hacer los mandados.*

Mandalay, c. de Birmania, al N. de Rangún. Ciudad religiosa budista. Arzobispado.

mandamás m. inv. *Fam.* Jefe: *ser el mandamás de una rebelión.* | Personaje influyente y poderoso: *el mandamás del pueblo.* | Personaje importante, sobre todo en la esfera intelectual: *es uno de los mandamás de la universidad.*

mandamiento m. Cada uno de los preceptos del Decálogo y de la Iglesia católica. || Orden judicial: *mandamiento de arresto.* || — Pl. *Fig.* y *fam.* Los dedos de la mano: *comer con los cinco mandamientos.*

mandanga f. *Fam.* Pachorra. | Cocaína.

mandante adj. Que manda. || — M. *For.* El que, por un mandato, confía a otro el poder de actuar en su nombre.

mandar v. t. Ordenar: *me mandó que lo limpiase todo.* || Enviar: *mandar una carta.* || Legar por testamento. || Encargar. || Confiar. || *Fam. Mandar a paseo,* o *mandar con viento fresco,* despedir de mala manera. || — V. t. e i. Gobernar, dirigir: *mandar un ejército.* || Ejercer su autoridad: *aquí no manda más que él.* || *Amer. ¡Mande!,* interjección usada para hacer repetir algo que no se ha oído. || — V. pr. Poder valerse uno solo, sin ayuda de otro. || Comunicarse dos habitaciones. || *Amer.* Servirse: *mándese pasar.*

mandarín m. Título que daban los europeos a los altos funcionarios chinos. || *Fig.* Persona muy influyente. | Autoridad intelectual arbitraria e insoportable.

mandarina adj. y f. Dícese de la lengua sabia de China. || — F. Variedad de naranja pequeña y muy dulce.

mandarinato m. Dignidad de mandarín.

mandarino y **mandarinero** m. Árbol que da mandarinas.

mandatario m. *For.* El que tiene mandato o poderes para actuar en nombre de otro. || *Amer.* Gobernante, el que manda.

mandato m. Orden. || *For.* Poderes que da una persona a otra para que actúe en su nombre. || Funciones delegadas por el pueblo o por una clase de ciudadanos: *mandato de diputado.* || Soberanía temporal ejercida por un país en un territorio en nombre de la Sociedad de Naciones y que la O. N. U. ha sustituido por la *tutela.* || Ceremonia consistente en lavar los pies a doce personas el Jueves Santo.

mandíbula f. Cada una de las dos piezas que limitan la boca de los animales vertebrados y en las cuales están los dientes. || Quijada. || Cada una de las dos partes del pico de las aves. || Parte saliente de la boca de los insectos. || *Fam. Reír a mandíbula batiente,* reír a carcajadas.

mandibular adj. De las mandíbulas.

mandil m. Delantal grande que se cuelga del cuello. || Trapo para limpiar el caballo. || Red de mallas muy estrechas. || Insignia de los masones.

mandilar v. t. Limpiar el caballo con el mandil.

mandilete m. Portezuela de la tronera de una batería. || Pieza de la armadura que cubría la mano.

mandinga m. adj. y s. Aplícase al individuo de una raza negra del Sudán occidental. || — M. *Fam.* El diablo. || *Arg.* Encantamiento, hechizo, brujería. || *Venez.* Persona muy inquieta y turbulenta.

mandioca f. Arbusto euforbiáceo de América de cuya raíz se extrae la tapioca. || Tapioca.

mando m. Autoridad, poder: *estar al mando de un superior.* || Empleado de alto rango: *los mandos de un país.* || Dispositivo que sirve para poner en marcha, regular, gobernar y parar un aparato, una máquina, un vehículo, etc. || *Mando a distancia,* accionamiento a distancia de un mecanismo, máquina, vehículo, etc.

mandoble m. Golpe dado esgrimiendo la espada con ambas manos. || Espada grande que se esgrimía con ambas manos. || *Fig.* Reprensión muy severa. | Golpe, porrazo.

mandolina f. *Mús.* Instrumento de cuerdas punteadas, de dorso abombado como el laúd.

mandón, ona adj. y s. Que manda más de lo que le toca, autoritario. || — M. Mandamás.

Mandonio, caudillo español (s. II a. de J. C.) que, en unión de Indíbil, se rebeló contra los romanos. M. crucificado en 205 a. de J.C.

mandrágora f. Planta solanácea cuya raíz se asemeja algo al cuerpo humano, y acerca de la cual corrieron en la Antigüedad muchas fábulas.

mandria adj. y s. Mentecato, tonto. || Cobarde.

mandril m. Mono cinocéfalo muy peligroso de África occidental. || Vástago metálico que se introduce en ciertos instrumentos quirúrgicos huecos. || Dispositivo con que se asegura en una máquina herramienta la pieza que se ha de labrar.

mandriladora f. Máquina de calibrar.

mandrilar v. tr. Calibrar un tubo, un agujero, etc.

manduca f. *Fam.* Comida.

manducación f. *Fam.* Comida, alimento.

manducar v. t. e i. *Fam.* Comer.

manducatoria f. *Fam.* Comida.

manear v. t. Atar las manos de una caballería.

manecilla f. Broche para cerrar libros y otros objetos. || Signo en forma de mano puesto en los escritos para llamar la atención. || Aguja del reloj. || Palanquilla, llave de ciertos mecanismos. || *Bot.* Zarcillo.

manejable adj. Fácil de manejar: *aparato manejable.*

manejado, da adj. Con los adverbios *bien* o *mal,* hecho con soltura o sin ella.

manejar v. t. Manipular, tocar con las manos: *manejar un tejido.* || Servirse de una cosa: *manejar una herramienta.* || Gobernar los caballos. || *Fig.* Dirigir: *manejar una industria; manejar a uno a su antojo.* || *Amer.* Conducir un automóvil. || — V. pr. Moverse. || Saberse conducir. || Arreglárselas.

manejo m. Acción de manejar, de servir de algo. || Arte de gobernar los caballos. || Funcionamiento: *instrucciones de manejo.* || *Fig.* Dirección de un negocio. | Maquinación, intriga. || *Amer.* Conducción de un automóvil.

manera f. Modo particular de ser o de hacer algo. || Porte y modales de una persona. Ú. m. en pl.: *maneras finas, groseras.* || Abertura lateral de las faldas de las mujeres.

|| — *A la manera de,* a imitación de. || *A manera de,* como. || *De manera que,* de modo o de suerte que. || *En gran manera,* mucho. || *Manera de ver,* juicio, parecer, opinión. || *No hay manera,* es imposible. || *Sobre manera,* excesivamente.

manes m. pl. *Mit.* Dioses infernales. || Entre los romanos, almas de los muertos considerados como divinidades. || *Fig.* Sombras o almas de los difuntos.

Manes o **Maniqueo,** sectario persa (215-276), cuya doctrina fue predicada en la India. (V. MANIQUEÍSMO.)

Manet [*-né*] (Edouard), pintor francés (1832-1883), uno de los maestros del naturalismo y del impresionismo (*Fusilamiento de Maximiliano Olympia,* etc.).

maneta f. Galicismo por *manecilla, llave.*

maneto, ta adj. y s. *Amer.* De una o ambas manos deforme. | Patizambo.

manezuela f. Mano pequeña. || Manecilla. || Manija de algunos instrumentos.

manflora y **manflorita** adj. y s. m. *Amer.* Afeminado.

Manfredonia, c. del S. de Italia (Pulla). Arzobispado.

manga f. Parte del vestido que cubre el brazo. || Tubo largo de lona o de cuero que se adapta a las bombas o bocas de riego: *manga de riego.* || Parte del eje del carruaje que entra en el cubo de la rueda. || Pequeña red en forma de bolsa para pescar o cazar. || Adorno cilíndrico de tela que cubre la vara de la cruz parroquial. || Bolsa de fieltro, de forma cónica que sirve para colar. || *Bot.* Variedad del mango y su fruto. || *Mar.* Tubo de ventilación de un barco. | Ancho del buque. || Partida de gente armada. || En los juegos, una de las pruebas que se ha convenido jugar. || Tubo de tela que sirve para indicar la dirección del viento: *manga de aire* o *veleta.* || — *Andar manga por hombro,* haber gran desorden. || *Fig.* y *fam. Hacer mangas y capirotes,* no hacer caso. || *Manga de agua,* turbión. || *Manga de viento,* torbellino. || *Ser de manga ancha* o *tener manga ancha,* ser demasiado indulgente.

Mangalur o **Mangalore,** c. y puerto del SO. de la India (Mysore).

mangana f. *Méx.* Trampa, engaño, celada.

manganato m. *Quím.* Sal del ácido mangánico.

mangancia f. Conducta propia del mangante.

manganesa f. Peróxido de manganeso natural, muy empleado en la industria.

manganeso m. Metal de color gris (Mn), de número atómico 25, duro y quebradizo, oxidable, que se obtiene de la manganesa y se emplea en la fabricación del acero. (Los principales países productores son la India, la Unión Soviética y el Brasil.)

mangangá m. *Amer.* Abejón, abejorro.

manganina f. Aleación de cobre, manganeso y níquel utilizado para la fabricación de resistencias eléctricas.

manganoso adj. y m. *Quím.* Dícese del óxido de manganeso.

mangante adj. y s. *Pop.* Pedigüeño.

manglar m. Terreno poblado de mangles.

mangle m. Arbusto rizoforáceo de América tropical. || Su fruto.

mango m. Asidero de un instrumento o utensilio: *mango de la sartén.* || Árbol anacardiáceo de Asia y América. || Su fruto comestible.

mangonear v. i. *Fam.* Entremeterse uno donde no le llaman. | Mandar.

mangoneo m. *Fam.* Acción y efecto de mangonear.

mangorrero, ra adj. Dícese del cuchillo mal forjado. || *Fam.* Que se usa mucho. | De poco valor.

mangosta f. Mamífero carnívoro de Asia y África, parecido a la civeta, que ataca a los reptiles. (La especie europea es el *icneumón.*)

mangostán m. Especie de anacardo de las Molucas, de la familia de las gutíferas. || Su fruto, de pulpa comestible.

mangote m. *Fam.* Manga ancha. || Manga postiza que usan ciertos oficinistas.

Mangrullo, cuchilla del Uruguay, divisoria de las cuencas de los ríos Yaguarón y Tacuarí.

mangual m. Arma antigua formada de un mango de madera del que colgaban varias bolas de hierro sujetas con cadenas.

manguardia f. *Arq.* Murallón que se pone a cada lado de los últimos estribos del puente.

manguera f. Manga de riego. || *Mar.* Manga de lona alquitranada para sacar el agua de las embarcaciones. || Chimenea de ventilación. || Manga, tromba.

manguero m. El que maneja la manga de una bomba o boca de riego.

mangueta f. Vejiga con pitón para echar ayudas. || Madero que enlaza el par con el tirante en una armadura de tejado. || Palanca. || Tubo de bajada de los retretes inodoros. || Pieza del eje delantero de un automóvil, que permite el cambio de dirección de la rueda y soporta el freno.

manguito m. Rollo de piel para abrigar las manos. || Media manga de punto. || Bizcocho grande. || Mangote de oficinista. || *Tecn.* Tubo hueco para empalmar dos piezas cilíndricas unidas al tope: *manguito roscado, de acoplamiento.* || Manopla para lavarse.

Manhattan, isla de Estados Unidos entre el Hudson, el East River y el río Harlem, parte central de la ciudad de Nueva York.

maní m. Cacahuete.

Maní, ant. centro de la civilización maya, en Yucatán (México).

manía f. Forma de locura, dominada por una idea fija: *lleno de manías.* || Extravagancia, capricho, ridiculez. || Afecto o deseo desordenado: *tener manía por las modas.* || *Fam.* Ojeriza: *tenerle manía a uno.* || *Manía persecutoria,* obsesión de ser objeto de la mala voluntad de los demás.

maniabierto, ta adj. y s. Generoso, dadivoso.

maniaco, ca adj. Enajenado, que padece manía (ú. t. c. s.). || Propio de la manía.

maniatar v. t. Atar de manos.

maniático, ca adj. Que tiene manías (ú. t. c. s.).

manicomio m. Hospital para enfermos mentales. || Casa de locos.

manicorto, ta adj. y s. *Fig.* y *fam.* Mezquino, tacaño.

manicuro, ra m. y f. Persona que se dedica a cuidar las manos, uñas, etc. || — F. Cuidado de las manos, uñas, etc.: *hacerse la manicura.*

manido, da adj. Aplícase a la carne o pescado que empieza a oler: *atún manido.* || *Fig.* Sobado, manoseado: *tema manido.* | Vulgar: *frase manida.*

manierismo m. Forma del arte que se manifestó en Italia en el siglo XVI, caracterizada por su falta de naturalidad y su afectación.

manifestación f. Acción de manifestar o manifestarse: *manifestación de alegría.* || Expresión pública de un sentimiento o de una opinión política: *hacer una manifestación; manifestación republicana.*

manifestador, ra adj. y s. Que manifiesta.

manifestante com. Persona que toma parte en una manifestación: *los manifestantes llevaban carteles injuriosos para el gobierno y para la autoridad pública.*

* **manifestar** v. t. Declarar, dar a conocer: *manifestar su opinión, sus deseos.* || Descubrir, poner a la vista. || Exponer públicamente el Santísimo Sacramento. || — V. i. Hacer una demostración colectiva pública. || — V. pr. Darse a conocer. || Tomar parte en una manifestación.

manifiesto, ta adj. Claro, patente. || — Adj. y s. m. Dícese del Santísimo Sacramento expuesto a la adoración de los fieles. || — M. Escrito dirigido a la opinión pública: *un manifiesto electoral.* || Declaración del cargamento que debe presentar el patrón del buque al administrador de aduanas. || *Poner de manifiesto una cosa,* hacerla evidente.

Manifiesto del Partido Comunista, obra de Karl Marx y Friedrich Engels (1848) en el que se exponía la doctrina socialista.

manigero m. Capataz de los trabajadores agrícolas.

manigua f. *Cub.* Terreno cubierto de malezas. | Selva. || *Fig.* Desorden, confusión.

manigüero, ra adj. *Antill.* Mambí, habitante de la manigua.

manija f. Mango, puño o manubrio. || Maniota, traba. || Abrazadera de metal. || Trenza o cordón para atar el látigo a la muñeca.

Manila, c. y puerto de Filipinas y cap. de la isla de Luzón, en la costa O.; 1 500 000 h. Ant. cap. de la rep., reemplazada en 1948 por Ciudad Quezón, aunque el Gobierno reside todavía en ella. Arzobispado. Universidad. Fundada en 1571 por López de Legazpi.

manilargo, ga adj. De manos largas. || *Fig.* Largo de manos. | Liberal, dadivoso.

manileño, ña adj. y s. De Manila: *el pueblo manileño.*

maniluvio m. Baño de manos.

manilla f. Pulsera o brazalete. || Aro para aprisionar la muñeca. || Manija. || Manecilla de reloj.

manillar m. Barra provista de puños en sus extremos con que se orienta la horquilla para guiar las bicicletas o motocicletas.

maniobra f. Cualquier operación material que se ejecuta con las manos. || *Fig.* Artificio, manejo, intriga. || *Mar.* Arte de gobernar la embarcación. | Conjunto de cabos y aparejos. || *Mil.* Evolución o ejercicio de la tropa: *campo de maniobra.* || — Pl. Operaciones que se hacen en las estaciones para la formación de los trenes. || Operaciones hechas con otros vehículos para cambiar su rumbo.

maniobrar v. i. Ejecutar maniobras.

maniobrero, ra adj. Que maniobra: *tropa maniobrera.*

manioc m. Galicismo por *mandioca.*

maniota f. Cuerda o cadena para atar las manos de un animal.

manipulación f. Acción y efecto de manipular.

manipulado m. Manipulación de mercancías.

manipulador, ora adj. y s. Que manipula. || — M. Aparato empleado en telegrafía para transmitir señales con arreglo al alfabeto Morse.

manipulante adj. y s. Que manipula.

manipular v. t. Operar con las manos. || Manejar mercancías para su empaquetado y transporte. || *Fig.* y *fam.* Manejar un negocio.

manípulo m. Sección de la cohorte romana en la República. || Primitiva insignia de los ejércitos romanos. || Ornamento que ciñe el brazo izquierdo del sacerdote.

Manipur, territ. del NE. de la India, en la frontera con Birmania; 22 000 km². Cap. *Imphal.*

maniqueísmo m. Doctrina de Manes o Maniqueo que admitía dos principios creadores, uno para el bien y el otro para el mal.

maniqueo, a adj. y s. Que profesa la doctrina predicada por Manes o Maniqueo.

Maniqueo. V. MANES.

maniquete m. Mitón.

maniquí m. Figura de madera

articulada, para uso de pintores y escultores. || Armazón de madera o de mimbre que sirve a los sastres y costureras para probar los vestidos. || Mujer que presenta los modelos de una casa de costura. || *Fig.* Hombre sin carácter y sin voluntad.

* **manir** v. t. Dejar ablandarse y sazonarse las carnes antes de guisarlas. || Sobar. || — V. pr. Oler mal la carne o el pescado.

manirroto, ta adj. y s. Muy dadivoso, despilfarrador.

manis m. *Fam. Méx.* Mano, amigo, compañero.

manisero, ra m. y f. Vendedor de maní.

Manises, v. de España (Valencia). Cerámica. Aeropuerto.

manito, ta m. y f. *Méx.* Hermano, amigo. | Tratamiento de confianza. || — F. *Amer.* Manecita.

Manitoba, prov. del O. del Canadá que limita con Estados Unidos; cap. *Winnipeg.* Agricultura.

manitú m. Divinidad de los indios de América del Norte. || *Fig. y fam.* Personaje poderoso y de gran influencia.

manivela f. *Mec.* Palanca acodada que sirve para imprimir un movimiento de rotación continua al árbol giratorio al que se halla fijado. | Órgano mecánico destinado a transformar un movimiento rectilíneo alternativo en movimiento giratorio continuo.

manizaleño, ña adj. y s. De Manizales (Colombia).

Manizales, c. del centro de Colombia, a orillas del Cauca, cap. del dep. de Caldas. Arzobispado. Universidad. Centro comercial.

manjar m. Cualquier comestible. || *Fig.* Recreo, deleite. || *Manjar blanco,* plato de postre que se hace con agua, almendras machacadas, gelatina y azúcar.

Manjón (Andrés), sacerdote español (1846-1923), fundador de las escuelas del Ave María (1889).

Manlleu, v. de España (Barcelona). Textiles.

Mann (Heinrich), escritor alemán (1871-1950), autor de la novela *El profesor Unrat.* — Su hermano THOMAS fue tb. novelista, naturalizado norteamericano (1875-1955), autor de *Los Buddenbrooks, Muerte en Venecia, La montaña mágica,* etc. (Pr. Nóbel, 1929.)

Mannerheim (Carl Gustaf, *barón*), mariscal finlandés (1867-1951), regente en 1918. Combatió a los soviéticos en 1939 y contra los alemanes en 1945. Pres. de la Rep. (1944-1946).

Mannheim, c. del SO. de Alemania Occidental (Baden-Wurtemberg), puerto fluvial en el Rin. Industrias.

mano f. Parte del cuerpo humano que va de la muñeca a la extremidad de los dedos: *mano derecha, izquierda.* || Extremidad de algunos animales de carnicería: *mano de cerdo.* || En los cuadrúpedos, cualquiera de los dos pies delanteros. || Trompa del elefante. || Lado: *a mano derecha, izquierda.* || Manecilla del reloj. || Majadero de almirez. || Rodillo de piedra para quebrantar o moler. || Capa de pintura, barniz, etc. || Conjunto de cinco cuadernillos de papel o vigésima parte de la resma. || En varios juegos, partida o uno de los lances en que se divide: *una mano de cartas.* || *Fig.* Serie: *dar una mano de azotes.* | Reprensión. | Destreza: *tener buena mano.* | Persona que ejecuta una cosa: *faltan manos en la agricultura.* | Ayuda, auxilio: *echar una mano.* || Prioridad, preferencia de paso en la carretera. || *Mús.* Escala. || — Com. En el juego, el primero de los que juegan. || — *Fig. Abrir la mano,* mostrarse más tolerante. | *A mano,* cerca. || *A manos llenas,* con gran abundancia. || *Fig. Atarse las manos,* quitarse la posibilidad de actuar. | *Bajo mano,* ocultamente. | *Caer en manos de uno,* caer en su poder. | *Calentársele a uno las manos,* tener ganas de pegar. | *Cargar la mano,* insistir demasiado; tener rigor; exagerar. | *Con las manos en la masa,* en el momento mismo de hacer una cosa mala. | *Dar de mano,* dejar de trabajar. | *Dar la última mano,* acabar. | *Dejado de la mano de Dios,* totalmente desamparado. | *Dejar de la mano,* abandonar. | *De mano a mano,* directamente, sin intermediario. | *De primera mano,* nuevo: *coche de primera mano;* directamente, sin intermediarios, de la misma fuente: *saber de primera mano.* | *De segunda mano,* usado, de lance; por un intermediario. | *Echar mano de una cosa,* recurrir a ella. | *Estar en mano de uno,* depender enteramente de él: *está en tu mano conseguirlo.* | *Estar mano sobre mano,* no hacer nada. | *Ganar por la mano a uno,* anticiparse ligeramente a él. | *Írsele a uno la mano,* pegar o echar más de la cuenta; exagerar. | *Llevarse las manos a la cabeza,* horrorizarse. || *Mano a mano,* competición entre dos contendientes; entrevista entre dos personas; corrida en la que sólo participan dos matadores. || *Mano de obra,* trabajo manual que se emplea para hacer una obra; conjunto de obreros necesarios para efectuar un trabajo dado. || *Fig. Mano de santo,* remedio muy eficaz. || *Manos muertas,* estado de los bienes inalienables de las comunidades religiosas, hospitales, etc. || *Fig. Meter mano a una cosa,* apropiársela indebidamente. | *Pedir la mano a una mujer,* solicitarla por esposa. | *Sentar la mano a uno,* pegarle. | *Ser la mano derecha de uno,* ser su principal ayuda. | *Si a mano viene,* si se presenta el caso. | *Tener buena o mala mano,* tener o no tener suerte. | *Tener las manos largas,* ser muy propenso a pegar. | *Tener mano en un asunto,* intervenir en él. | *Tener mano izquierda,* saber arreglárselas. | *Tener manos de trapo,* ser muy torpe. | *Traerse entre manos una cosa,* ocuparse de ella. | *Untar la mano,* sobornar. | *Venir a las manos,* reñir dos personas. | *Venir a mano,* venir oportunamente.

mano m. *Amer. Fam.* Amigo, compañero.

manojo m. Conjunto de objetos que se pueden coger con la mano: *manojo de rabanitos.* || — *A manojos,* en abundancia. || *Fig. Estar hecho un manojo de nervios,* ser muy nervioso.

Manolete. V. RODRÍGUEZ (Manuel).

manoletina f. *Taurom.* Pase de muleta, creado por Manolete, de frente y con el engaño situado a la espalda del torero.

manolo, la m. y f. *Fam.* En Madrid, mozo o moza del bajo pueblo.

Manolo (Manuel MARTÍNEZ HUGUÉ, llamado), escultor español (1872-1945).

manómetro m. *Fís.* Instrumento utilizado para medir la presión de un fluido.

manopla f. Guante con una sola separación para el pulgar. || Guante para lavarse: *manopla de felpa.* || Guante que utilizan ciertos obreros, como los zapateros, para protegerse las manos. || Pieza de la armadura que cubría la mano. || Látigo corto. || Arma contundente para dar puñetazos violentos.

manoseador, ra adj. y s. Que manosea.

manosear v. t. Tocar constantemente con la mano, por lo general sin mucho cuidado: *manosear un libro.* || *Tema manoseado,* tema trillado, muy sabido.

manoseo m. Acción y efecto de manosear.

manotada f. y **manotazo** m. Golpe dado con la mano: *de un manotazo le quitó el libro.*

manotear v. t. Pegar con las manos. || — V. i. Mover mucho las manos al hablar.

manoteo m. Acción y efecto de manotear.

manquedad y **manquera** f. Falta de mano o brazo. || Imposibilidad de servirse de cualquiera de estos miembros. || *Fig.* Imperfección, defecto.

Manresa, c. del NE. de España (Barcelona). Centro industrial textil.

manresano, na adj. y s. De Manresa.

Manrique (Gómez), poeta español (¿1412-1490?). — Su sobrino JORGE, n. en Paredes de Nava (¿1440?-1479), fue tb. poeta y autor de las *Coplas por la muerte de su padre.* || ~ (JOSÉ MARÍA), escritor y político venezolano (1846-1907), autor de *Los dos avaros.*

Mans. V. LE MANS.

mansalva (a) m. adv. Sin riesgo, con toda tranquilidad.

mansarda f. Galicismo por *buhardilla.*

Mansart o **Mansard** (François), arquitecto francés (1598-1666). — Su sobrino político JULES, llamado HARDOUIN-MANSART (1646-1708), construyó el palacio de Versalles, el Gran Trianón, y la capilla y la cúpula de los Inválidos en París.

mansedumbre f. Apacibilidad, dulzura. || *Fig.* Suavidad, benignidad: *la mansedumbre del tiempo.*

Mansfield, c. de Gran Bretaña, al E. de Inglaterra (Nottingham). Industria textil.

Mansfield (Kathleen BEAUCHAMP, llamada **Katherine**), escritora neozelandesa (1888-1923), autora de narraciones cortas.

Mansilla (Lucio), general argentino durante la guerra de la Independencia (1786-1871). — Su hijo LUCIO VICTORIO (1831-1913) fue militar y escritor.

mansión f. Morada, sitio donde vive uno: *mansión señorial.*

manso, sa adj. Apacible, muy bueno: *ser manso como un cordero.* || Domesticado, que no es salvaje: *toro manso.* || Tranquilo: *aguas mansas.* || — M. En un rebaño, macho que sirve de guía. || Casa de campo, cortijo.

Manso, río del centro de la Argentina, en la prov. de Río Negro. — Río del Brasil (Mato Grosso); 900 km.

Manso de Velasco (José Antonio), militar y gobernante español (1688-1765), gobernador de Chile de 1736 a 1745 y virrey del Perú de 1745 a 1761. Fundó Copiapó (Chile) en 1744.

Mansura, c. del Bajo Egipto, a orillas del Nilo. Centro comercial.

mansurrón, ona adj. Extremadamente manso.

manta f. Pieza, por lo común de lana o algodón, que sirve de abrigo en la cama: *manta termógena.* || Especie de mantón. || Capa, abrigo. || Cubierta para las caballerías. || *Fam.* Paliza. || *Mil.* Mantelete. || *Méx.* Mantarraya, pez. || — *A manta* o *a manta de Dios,* abundantemente. | *Fig. y fam. Liarse uno la manta a la cabeza,* hacer lo que a uno le da la gana sin hacer caso de las conveniencias. | *Tirar de la manta,* descubrir algo oculto.

Manta, bahía del Ecuador (Manabí), en el Pacífico. — Pobl. y puerto del NO. del Ecuador (Manabí). Estación balnearia.

Mantaro, río del centro del Perú que nace en el lago Junín y, unido al Apurímac, forma el Ene; 450 km.

mantarraya f. Especie de pez de México.

Mante, mun. y c. en el E. de México (Tamaulipas). Industria azucarera.

manteada f. *Méx.* Juego de palotes.

manteador, ra adj. Que mantea (ú. t. c. s.).

manteamiento m. Acción y efecto de mantear.

mantear v. t. Hacer saltar a uno en una manta para mofarse de él o humillarle.

manteca f. Grasa de los animales, especialmente la del cerdo. || Sustancia crasa de la leche. || Mantequilla: *untar manteca en el pan.* || Sustancia crasa vegetal: *manteca de cacao.* || — Pl. *Fam.* Gordura, carnes: *tener buenas mantecas.* || — *Fig. Como manteca,* suave. | *El que asó la manteca,* persona muy tonta, simplona. || *Manteca de vaca,* mantequilla.

mantecada f. Rebanada de pan con manteca y azúcar. || Bollito de harina, azúcar y manteca.

mantecado m. Bollo amasado con manteca de cerdo. || Helado de leche, huevos y azúcar.

Mantecón (José Ignacio), político y escritor español, n. en 1902.

mantecoso, sa adj. Que tiene manteca. || Untuoso como la manteca: *chocolate mantecoso.*

Mantegna [-*ña*] (Andrea), pintor y grabador italiano (1431-1506), uno de los iniciadores del Renacimiento.

manteísta m. Estudiante vestido con sotana y manteo.

mantel m. Paño que se pone encima de la mesa para comer. || Lienzo que cubre el altar.

mantelería f. Conjunto de manteles y servilletas.

manteleta f. Especie de esclavina de mujer, a modo de chal.

mantelete m. Manto corto y sin mangas que llevan los prelados encima del roquete. || *Mil.* Abrigo ligero y móvil para la defensa o el ataque de una plaza fuerte.

mantenedor m. El encargado de mantener un torneo, justa, juegos florales, etc. || Hombre que mantiene a una o varias personas: *mantenedor de familia.*

mantenencia f. Acción y efecto de mantener o de sostener. || Cuidado. || Alimento, sustento.

* **mantener** v. t. Proveer a uno del alimento. || Proveer de todo lo necesario: *mantener a su familia.* || Sostener: *los puntales mantienen el muro.* || Proseguir lo que se está haciendo: *mantener la conversación, el juego.* || Sostener un torneo, justa, juegos florales, etc. || *Fig.* Afirmar, sostener, defender: *mantener una opinión, una tesis.* | Conservar, guardar: *mantener su rango.* || Hacer durar: *mantener la paz.* || Conservar en buen estado. || No renunciar a algo: *mantener su candidatura.* || Tener, celebrar: *mantener un cambio de impresiones, una entrevista.* || *For.* Amparar en la posesión de algo. || *Mantener a distancia* o *a raya,* guardar las distancias, impedir toda confianza. || — V. pr. Alimentarse. || Satisfacer sus necesidades: *se mantiene con su trabajo.* || Perseverar en una opinión. || Permanecer en el mismo estado: *mantenerse derecho.* || Durar: *nuestro trato se mantendrá.* || *Fig.* y *fam. Mantenerse en sus trece,* no renunciar a una idea u opinión.

mantenimiento m. Subsistencia. || Alimento, sustento. || Conservación, cuidado: *el mantenimiento de una carretera.* || Conservación: *el mantenimiento del orden.*

manteo m. Capa larga de los eclesiásticos y en otro tiempo de los estudiantes. || Especie de falda antigua. || Manteamiento.

mantequera f. La que hace o vende mantequilla. || Recipiente en que se hace o sirve la mantequilla. Aparato con el cual se bate la nata de la leche para obtener la mantequilla.

mantequería f. Fábrica de mantequilla. || Tienda donde se vende manteca o mantequilla.

mantequero, ra adj. Relativo a la manteca o mantequilla. || — M. El que hace o vende mantequilla. || Mantequera, recipiente. || *Bot.* Corojo.

mantequilla f. Sustancia grasa y pastosa obtenida de la leche de vaca al batir la nata.

mantequillera f. *Amer.* Mantequera.

mantequillero m. *Amer.* Mantequero.

mantilla f. Prenda de encaje que usan las mujeres para cubrirse la cabeza. || Pieza de lana en que se envuelve al niño. || Manta con que se cubre el lomo de las caballerías. || *Impr.* En las prensas de mano, pedazo de bayeta que se pone sobre el tímpano, debajo del papel, para facilitar la impresión. || — *Fig. En mantillas,* en sus principios. | *Haber salido uno de mantillas,* saber arreglárselas.

mantillo m. Capa superior del terreno, formada por la descomposición de materias orgánicas. || Abono que resulta de la descomposición del estiércol.

Mantinea, ant. c. de Arcadia. Victoria de Epaminondas sobre Esparta (362 a. de J. C.).

Mantiqueira, sierra del SE. del Brasil en los Estados de São Paulo y Minas Gerais; alt. máx. 2 787 m.

mantisa f. *Mat.* Parte decimal siempre positiva de un logaritmo decimal.

manto m. Ropa suelta a modo de capa que llevan las mujeres encima del vestido. || Mantilla grande, chal. || Capa que llevan algunos religiosos. || Ropa talar para ciertas ceremonias. || Revestimiento del frente de una chimenea. || Repliegue cutáneo que envuelve el cuerpo de los moluscos y de algunos gusanos. || *Fig.* Lo que encubre una cosa: *el manto de la indiferencia.* || Veta mineral delgada y horizontal.

mantón m. Pañuelo grande que abriga los hombros y la espalda.

Mantua, c. de Italia (Lombardía), cap. de la prov. homónima. Obispado. Catedral; castillo de los Gonzaga.

mantuano, na adj. y s. De Mantua (Italia).

Manú, río del SE. del Perú, afl. del Madre de Dios. — C. del Perú, cap. de la prov. homónima (Madre de Dios).

manual adj. Que se ejecuta con las manos: *trabajos manuales.* || Manejable. || — M. Libro que contiene las nociones esenciales de un arte o ciencia: *un manual de literatura castellana.* || *Com.* Libro en que se inscriben las operaciones a medida que se van haciendo.

manubrio m. Manivela, especialmente la que se acciona con la mano: *el manubrio de un organillo.* || Empuñadura, mango.

Manucio o **Manuzio** (Aldo), célebre impresor y humanista italiano (1449-1515). — Su hijo PABLO (1512-1574) y su nieto ALDO (1547-1597) fueron tb. eruditos e impresores.

manucodiata f. Ave del Paraíso.

manudo, da adj. *Amer.* De manos grandes y gruesas.

Manuel || ~ **I** *Comneno* (¿1122?-1180), emperador bizantino desde 1143. || ~ **II** *Paleólogo* (1348-1425), emperador bizantino desde 1391.

Manuel || ~ **I** *el Afortunado* (1469-1521), rey de Portugal desde 1495. En su época se efectuaron el viaje de Vasco de Gama y el descubrimiento del Brasil. || ~ **II** (1889-1932), rey de Portugal, hijo y sucesor de Carlos I después de su asesinato, en 1908. Derrocado en 1910, se refugió en Inglaterra.

Manuel Martín, prov. de Bolivia (Potosí); cap. *Villa Salamanca.*

manuela f. En Madrid, coche de alquiler, abierto y tirado por un caballo.

manuelino, na adj. *Arq.* Aplícase al estilo portugués del reinado de Manuel I (1469-1521).

manufactura f. Establecimiento industrial. || Fabricación en gran cantidad de un producto industrial. || Este producto.

manufacturar v. t. Fabricar: *manufacturar telas, sillas,* etc.

manufacturero, ra adj. Relativo a la fabricación: *industria manufacturera.* || Que se dedica a la manufactura.

manumisión f. Liberación legal de un esclavo.

manumiso, sa adj. Libre.

manumisor m. El que manumite, el que liberta al esclavo.

manumitir v. t. Dar libertad a un esclavo.

Manuripi, prov. del N. de Bolivia (Pando); cap. *Puerto Rico.*

manuscribir v. t. Escribir a mano.

manuscrito, ta adj. Escrito a mano. || — M. Cualquiera obra escrita a mano. || Original de un libro: *mandar el manuscrito a la imprenta.*

manutención f. Manipulación de mercancías. || Mantenimiento y cuidado. || Conservación.

manzana f. Fruto del manzano. || Grupo de casas delimitado por calles. || Pomo de espada. || *Amer.* Nuez de la garganta. || — *Fig. Manzana de la discordia,* motivo de discrepancia. || *Fig.* y *fam. Sano como una manzana,* muy sano.

manzanar m. Terreno plantado de manzanos.

Manzanares, río del centro de España, afl. del Jarama, que pasa por Madrid; 85 km. — C. de España (Ciudad Real). Castillo. Mercado agrícola.

manzanilla f. Planta compuesta, cuyas flores amarillas se usan en infusión como estomacal. || Esta infusión. || Fruto del manzanillo. || Vino blanco andaluz. || Especie de aceituna pequeña. || Adorno en forma de manzana o piña. || Barbilla, parte inferior de la barba. || *Manzanilla hedionda* y *manzanilla loca,* plantas compuestas.

manzanillo m. Árbol euforbiáceo de América ecuatorial, cuyo jugo y fruto son venenosos. || Olivo cuyo fruto es la manzanilla.

Manzanillo, bahía septentrional en la Rep. Dominicana (Monte Cristi). — Isla de Panamá, frente al litoral de la prov. de Colón. — C. y puerto del S. de Cuba (Oriente). Ind. azucarera. — C. y puerto de México (Colima).

manzano m. Árbol rosáceo cuyo fruto es la manzana.

Manzano (Virginia), actriz mexicana, n. en 1912. || ~ **Castro** (LUCAS), periodista y escritor venezolano (1884-1913).

Manzoni (Alessandro), escritor romántico italiano (1785-1873), autor de la novela *Los novios,* de poesías líricas y de dos tragedias.

maña f. Destreza, habilidad: *tener mucha maña para arreglar los objetos.* || Artificio o astucia. || Costumbre. || Manojo pequeño. || Resabio del animal. || *Darse uno maña,* ingeniarse.

Mañach (Jorge), ensayista y escritor cubano (1898-1961), autor de *Tiempo muerto* (comedia), *Posada vigente,* etc.

mañana f. Tiempo que media entre el amanecer y el mediodía: *trabajar por la mañana.* || Espacio de tiempo desde la medianoche hasta el mediodía: *a las tres de la mañana.* || — M. Tiempo futuro: *pensar en el mañana.* || — Adv. El día después del de hoy: *mañana será domingo.* || En tiempo futuro: *el mundo de mañana.* || — *De mañana* o *muy de mañana,* muy temprano. || *Pasado mañana,* el día después del de mañana. || — Interj. *Fam.* Nunca.

mañanear v. i. Levantarse muy temprano.

mañanero, ra adj. Madrugador.

mañanica y **mañanita** f. *Fam.* Primeras horas de la mañana.

mañanita f. Prenda de abrigo de punto que se echan las mujeres por los hombros cuando permanecen en la cama. || — Pl. *Méx.* Canciones populares cortas en honor de una persona o un acontecimiento.

Mañara (Miguel de), caballero español (1626-1679). Se cree, pero parece infundado, que fue el modelo que sirvió a su contemporáneo Tirso de Molina para trazar el personaje de Don Juan.

mañear v. i. Actuar con maña.

mañero, ra adj. Sagaz, astuto. || Fácil de ejecutar o manejar.

maño, ña m. y f. *Fam.* Aragonés. || *Amer.* Hermano. | Amigo.

mañoco m. Tapioca. || Harina de maíz que comían los indios de Venezuela.

mañoso, sa adj. Que tiene maña, hábil, diestro. || Astuto.

Mao Tse-tung, político chino, n. en 1893, teórico del marxismo. Tras luchar contra los japoneses, a partir de 1945 se enfrentó a Chang Kai-chek e instauró en 1949 la Rep. Popular de China, de la que fue pres. de 1954 a 1959. Se opone a los soviéticos y dirige la revolución cultural.

maoísmo m. Movimiento marxista inspirado en la doctrina de Mao Tse-tung.

maoísta adj. y s. Partidario de la doctrina de Mao Tse-tung.

maorí adj. y s. Indígena de Nueva Zelanda.

mapa m. Representación convencional de alguna parte de la Tierra o del cielo: *el mapa de Europa, de Venus.* || — *Mapa mudo,* el que no lleva escritos los nombres. || *Fig.* y *fam. No estar en el mapa,* ser desconocido.

mapache y **mapachín** m. Mamífero carnicero de América del Norte y Central parecido al tejón.

mapamundi m. Mapa que representa la superficie entera de la Tierra. || *Fam.* Posaderas, nalgas.

mapanare f. Culebra de Venezuela, muy venenosa.

mapasúchil m. *Méx.* Planta de la familia de las esterculiáceas.

Mapimí (BOLSÓN DE), región esteparia del N. de México (Durango, Chihuahua y Coahuila).

Mapire, pobl. de Venezuela (Anzoátegui); puerto en el Orinoco.

Maples Arce (Manuel), poeta y diplomático mexicano, n. en 1898. Autor de *A la orilla de este río, Soberana juventud,* etc.

Mapocho, río del centro de Chile, afl. del Maipo, que pasa por Santiago; 245 km.

mapuche adj. y s. Araucano.

mapuey m. Ñame, planta.

maque m. Laca. || Charol.

maquear v. t. Dar laca o barniz. || — V. pr. *Fam.* Arreglarse, componerse, vestirse bien.

maqueta f. Representación a escala reducida de una construcción, máquina, decoración de teatro, etc. || Boceto de ilustración y presentación de un libro que permite hacer la compaginación.

maquetista com. Persona que se dedica a hacer maquetas.

maquiavélico, ca adj. Relativo al maquiavelismo. || Maquiavelista.

maquiavelismo m. Doctrina política de Maquiavelo. || *Fig.* Política falta de lealtad. | Perfidia y falta de escrúpulos: *proceder con maquiavelismo.*

maquiavelista adj. y s. Que sigue la doctrina de Maquiavelo.

Maquiavelo (Nicolás), escritor y político italiano, n. en Florencia (1469-1527), autor de *El Príncipe,* exaltación de la razón de Estado, y de obras teatrales (*La Mandrágora*).

maquila f. Porción de grano, harina o aceite que percibe el molinero por cada molienda.

maquillador, ra adj. y s. Que maquilla.

maquillaje m. Acción y efecto de maquillar o maquillarse.

maquillar v. t. Pintar la cara con productos de belleza para hacer resaltar sus cualidades estéticas o tapar sus imperfecciones (ú. t. c. pr.). || *Fig.* Alterar, falsificar.

máquina f. Conjunto de mecanismos combinados para aprovechar, dirigir, regular o transformar una energía o para producir cierto efecto. || Artefacto cualquiera: *máquina fotográfica.* || Cualquier vehículo provisto de un mecanismo, como bicicleta, automóvil y locomotora. || *Fig.* Conjunto de órganos que concurren a un mismo fin: *la máquina del Estado.* | Proyecto, idea. | Edificio grande, palacio. | Hombre que obedece ciegamente a otro: *el esclavo no era más que una máquina.* || *Teatr.* Tramoya. || — *Entrar en máquina,* dicho de una publicación, estar a punto de imprimirse. || *Máquina de calcular,* la que efectúa operaciones aritméticas. || *Máquina de coser,* la que permite hacer mecánicamente la mayoría de los puntos de costura y bordado. || *Máquina de escribir,* la que permite escribir muy rápidamente por medio de un teclado. || *Máquina de vapor,* aquella en que se utiliza la fuerza de expansión del vapor. || *Máquina eléctrica,* la que transforma un trabajo mecánico en energía eléctrica. || *Máquina herramienta,* la que efectúa cualquier trabajo habitualmente manual. || *Máquina hidráulica,* la que es accionada por la fuerza del agua. || *Máquina neumática,* la que produce el vacío en un recipiente.

maquinación f. Intrigas secretas para realizar malos designios: *fue víctima de una maquinación de sus enemigos políticos.*

maquinador, ra adj. y s. Que trama maquinaciones.

maquinal adj. Instintivo, hecho sin intervención de la voluntad: *movimientos maquinales.* || Relativo a la máquina.

maquinar v. t. Preparar en secreto alguna cosa mala.

maquinaria f. Mecanismo que da movimiento a un artefacto: *la maquinaria de un coche.* || Conjunto de máquinas: *maquinaria agrícola.* || *Fig.* Conjunto de órganos destinados a un mismo fin: *la máquina administrativa.*

maquinilla f. Artefacto pequeño: *maquinilla de afeitar.*

maquinismo m. Predominio de las máquinas en la industria.

maquinista m. El que vigila o dirige o conduce una máquina. || El que monta y desmonta los decorados de teatro y cine.

maquinizar v. t. Emplear en la producción máquinas que sustituyen o mejoran el trabajo del hombre.

maquis m. Galicismo por *monte bajo, soto.* || Guerrilla.

mar amb. Gran extensión de agua salada que ocupa la mayor parte de la Tierra. || Porción determinada de esta extensión: *el mar Cantábrico.* || Extensión de agua tierras adentro: *mar Caspio, mar Muerto.* || *Fig.* Gran cantidad de agua o de cualquier líquido: *un mar de sangre.* | Gran extensión: *un mar de arena.* | Lo que sufre fluctuaciones: *el mar de las pasiones.* || — *Alta mar,* parte del mar alejada de la tierra. || *A mares,* en gran abundancia. || *Fig. Arar en el mar,* esforzarse vanamente. || *Brazo de mar,* parte del mar que corre entre dos tierras cercanas una de otra; (fig.) dícese de la persona que va muy bien vestida. || *Hacerse a la mar,* alejarse el barco de la costa. || *La mar,* mucho: *la mar de gente, de trabajo;* muy: *es la mar de simpático.* || *Mar de fondo,* ola grande que se alza súbitamente del fondo del mar; agitación profunda y latente.

— OBSERV. La palabra *mar* se usa en género masculino en el habla corriente (el mar Rojo, el mar Caspio), pero es empleada en género femenino por la gente de mar y en las locuciones como *la alta mar, la mar de cosas,* etc.

Mar || **~ (La),** prov. del Perú (Ayacucho); cap. *San Miguel.* || **~** (SERRA DO), sierra costera del Brasil, desde Salvador (Bahía) hasta Porto Alegre (Rio Grande do Sul. || **~ Chica,** pequeño mar interior de la costa N. de Marruecos (Melilla); 200 km². || **~ Chiquita,** lago salino del centro de la Argentina (Córdoba). — Laguna de la Argentina (Buenos Aires). || **~ de Ajó,** pobl. de la Argentina (Buenos Aires). Playas. || **~ de Paja.** V. PAJA. (*Mar de*). || **~ del Plata,** c. y puerto del E. de la Argentina en el Atlántico (Buenos Aires). Balneario. || **~ Menor,** lago salado del SE. de España (Murcia), separado del Mediterráneo por un cordón de tierra; 150 km². Centro turístico. || **~ Muerto.** V. MUERTO (*Mar*).

Marabios, cordillera en el NO. de Nicaragua.

marabú m. Ave zancuda de África y Asia, con pico fuerte y cuello desnudo. || Plumas de marabú usadas como adorno.

marabunta f. Plaga de hormigas. || *Fig.* Muchedumbre.

marabuto m. Morabito.

maraca f. *Mús.* Instrumento formado por una calabaza hueca con granos o piedrecitas dentro. | Instrumento semejante al anterior, utilizado en las orquestas modernas.

maracaibero, ra adj. y s. De Maracaibo (Venezuela).

Maracaibo, lago del NO. de Venezuela (Zulia), que se une al mar Caribe; 16 360 km². Petróleo. — Golfo de Venezuela en el mar Caribe, llamado tb. *Golfo de Venezuela.* — C. y puerto del NO. de Venezuela, cap. del Estado de Zulia. Obispado. Universidad. Centro industrial. Fundada en 1571 con el n. de *Nueva Zamora.*

Maracay, c. del NO. de Venezuela, cap. del Estado de Aragua. || Obispado. Centro militar.

maracayero, ra adj. y s. De Maracaibo (Venezuela).

maracucho, cha adj. y s. De Maracay (Venezuela) .

maracure m. Bejuco de Venezuela, del cual se extrae el curare.

Maragall (Juan), escritor y poeta español, n. en Barcelona (1860-1911), uno de los mejores líricos catalanes (*La vaca cega*).

maragatería f. Conjunto de maragatos.

Maragatería, comarca del NO. de España (León), cuya c. principal es *Astorga.*

maragato, ta adj. y s. De la Maragatería. || — M. Arriero. || Adorno que llevaban las mujeres en el escote, parecido a la valona de los maragatos.

Marajó, archip. e isla del NE. del Brasil, en la des. del Amazonas.

Marambas, río de la Argentina (Misiones), afl. del Paraná. Se le da tb. el n. de *Uruguaí.*

Maranhão, Estado del NE. del Brasil; cap. *São Luís.* Yac. de oro.

maranta f. Planta marantácea de América del Sur, de cuyo tubérculo se saca el arrurruz.

marantáceo, cea adj. y s. Dícese de la familia de plantas angiospermas monocotiledóneas cuyo tipo es la maranta.

maraña f. Maleza, zarzales. || Coscoja, especie de encina. || *Fig.* Cosa enmarañada: *una maraña de pelo, de hilos.* | Asunto complicado: *¡qué maraña!*

Marañón, río del Perú, que nace en la laguna de Huyhuash y forma el Amazonas al confluir con el Ucayali; 1 280 km. — Prov. del centro del Perú (Huánuco); cap. *Huacrachuco.*

Marañón y Posadillo (Gregorio), médico y escritor español, n. en Madrid (1887-1960), creador de la endocrinología y autor de biografías (*Amiel, Tiberio, Antonio Pérez* y *El Conde Duque de Olivares*) y de ensayos (*Raíz y decoro de España, Elogio y nostalgia de Toledo, Ensayos liberales*).

maraquero, ra adj. y s. *Amer.* Persona que toca las maracas.

maraquito, ta m. y f. *Venez.* Maraco.

marasca f. Cereza amarga con la cual se hace el marrasquino.

marasmo m. *Med.* Extremado enflaquecimiento del cuerpo humano: *marasmo senil.* || *Fig.* Apatía. | Disminución de la actividad económica o comercial que produce un malestar: *estar los negocios en el mayor marasmo.*

Marasso (Arturo), poeta y escritor argentino (1890-1970), autor de *Poemas y coloquios.*

Marat (Jean-Paul), político revolucionario francés, n. en Suiza (1743-1793). Acusado de ser uno de los instigadores de las matanzas de septiembre de 1792, fue asesinado en el baño por Charlotte Corday.

maratón m. Carrera pedestre de los Juegos Olímpicos sobre un recorrido de 42,195 km.

Maratón, aldea de Ática (Grecia). Victoria de Milcíades sobre los persas en 490 a. de J. C.

maravedí m. Antigua moneda española de diferentes valores.

maravilla f. Cosa que suscita la admiración: *este coche es una maravilla.* || Admiración, asombro: *causar maravilla.* || Planta compuesta con flores anaranjadas. || Especie de enredadera de América. || Dondiego de noche. || — *A las mil maravillas* o *de maravilla,* muy bien, maravillosamente. || *Maravilla del mundo,* cada una de las siete obras de arte más famosas de la Antigüedad.

— Las *siete maravillas del mundo* son: las pirámides de Egipto, los jardines colgantes de Semíramis y las murallas de Babilonia, la estatua de Júpiter Olímpico (por Fidias), el coloso de Rodas, el templo de Artemisa en Éfeso, el mausoleo de Halicarnaso y el gran faro de Alejandría.

maravillar v. t. Asombrar, sorprender: *me maravilla su fracaso* || Provocar la admiración: *este cuadro me maravilla.* || — V. pr. Asombrarse. || Admirarse.

maravilloso, sa adj. Sorprendente y admirable: *un paisaje maravilloso.*

Marbella, c. del S. de España (Málaga). Playa en la Costa del Sol.

marbete m. Etiqueta, cédula que se pega a las mercancías para indicar su contenido, precio, marca de fábrica, etc. || Orilla, filete.

Marboré, macizo montañoso de los Pirineos centrales, en la frontera francoespañola, y pico de 3 260 m.

Marburgo. V. MARIBOR. — C. del centro de Alemania Occidental (Hesse). Universidad. Castillo.

marca f. Señal que se pone a una cosa para reconocerla: *marca hecha a una res con un hierro candente.* || Acción de marcar: *la marca del ganado.* || Distintivo de un fabricante o comerciante. || Casa productora: *las grandes marcas de coñac.* || Instrumento para medir la estatura de las personas o la alzada de los caballos. || En deportes, récord y resultado: *vencer una marca.* || *Mar.* Punto fijo de la costa que sirve de orientación para los marinos. || Provincia o distrito fronterizo: *la Marca Hispánica, de Brandeburgo.* || Galicismo por *cicatriz.* || — *De marca,* excelente, sobresaliente. || *Fig.* y *fam. De marca mayor,* muy excelente; muy grande: *una tontería de marca mayor.* || *Marca de agua,* marca transparente que llevan algunos papeles, billetes, acciones, etc. || *Marca de fábrica,* distintivo que el fabricante pone a sus productos. || *Marca registrada,* la reconocida legalmente para su uso exclusivo.

Marca Hispánica, región del NE. de España (Cataluña), conquistada por los francos a principios del s. IX, que la gobernaron a través de condes tributarios hasta 895.

marcado m. Operación consistente en ondular el cabello, después de lavarlo. || Acción y efecto de poner una marca.

marcador, ra adj. Que marca. || — M. *Impr.* Obrero que coloca los pliegos en la máquina. || Tablero para anotar los puntos de un jugador o un equipo. || Tablero para apuntar el número de votos en una elección. || Instrumento que usan los sastres para marcar la ropa. || Contraste de pesos y medidas.

marcaje m. En deportes, acción de marcar.

Marcano (Gaspar), antropólogo y médico venezolano (1850-1916). Investigó sobre la lepra.

marcar v. t. Poner una marca: *marcar la ropa, el ganado.* || *Dep.* Conseguir un gol, un tanto, un ensayo (ú. t. c. pr.). | Contrarrestar un jugador el juego de su contrario por medio de una gran vigilancia (ú. t. c. i.). || *Fig.* Dejar una señal. || *Impr.* Ajustar el pliego a los tacones. || Apuntar, tomar nota: *marcar una dirección.* || Señalar el reloj la hora o indicar cualquier otro aparato un número, precio, peso, etc. || Formar un número de teléfono. || Ondular el cabello. || *Mar.* Determinar el buque su posición por medio de marcaciones.

Marcas, región del centro de Italia (prov. de Macerata, Pesaro y Urbino, Ancona y Ascoli Piceno).

marcasita f. Sulfuro de hierro brillante de color de oro, también llamada *pinta blanca,* empleado en joyería.

Marcel (Etienne), preboste de los mercaderes de París (¿1316?-1358). M. asesinado. || ~ (GABRIEL), filósofo existencialista católico francés (1889-1973).

Marcelo || ~ **I** *(San),* papa de 308 a 309. Fiesta el 16 de enero. || ~ **II** (1501-1555), papa en 1555 durante 21 días.

Marcelo (Marco Claudio), general y cónsul romano que luchó en la segunda guerra púnica. M. en 208 a. de J. C.

marceño, ña adj. Propio del mes de marzo: *viento marceño.*

marcescente adj. *Bot.* Dícese de los cálices y corolas que, ya marchitos, permanecen alrededor del ovario, y de las hojas secas que quedan adheridas a la planta.

marcescible adj. Que se puede marchitar.

marcial adj. Del dios Marte. || Relativo a la guerra: *ley marcial.* || De aspecto bélico o muy varonil: *porte marcial.* || Que contiene hierro: *pirita, medicamento marcial.*

Marcial (Cayo Valerio), poeta hispanolatino, n. en Bílbilis (Calatayud) [¿43?-104], autor de *Epigramas.*

marcialidad f. Aspecto marcial.

marciano, na adj. Del planeta Marte. || — M. y f. Supuesto habitante del planeta Marte.

marco m. Cerco de madera u otro material que rodea algunas cosas: *el marco de un cuadro, de una puerta, ventana,* etc. || Unidad monetaria alemana. || Peso de 230 g. que se usaba para el oro y la plata. || Patrón para las pesas y medidas. || *Fig.* Ámbito: *en el marco de la economía.*

Marco || ~ **Antonio,** general romano (83-30 a. de J. C.), triunviro con Octavio y Lépido (43). Casado con Cleopatra de Egipto, Octavio le declaró la guerra y lo derrotó en Accio (31). Se suicidó en Alejandría. || ~ **Aurelio** (121-180), emperador romano de 161 hasta su muerte. Escribió *Pensamientos,* obra de inspiración estoica. || ~ **Polo.** V. POLO.

marcomano, na adj. y s. Individuo de un ant. pueblo germano establecido en Bohemia.

Marconi (Guglielmo), físico italiano (1874-1937), que realizó las primeras pruebas telegráficas sin hilos. (Pr. Nóbel, 1909.)

marconigrama m. Radiograma.

Marcos *(San),* uno de los cuatro evangelistas, n. en Jerusalén, m. hacia el año 67, martirizado en Egipto. Fiesta el 25 de abril.

Marcos (Fernando E.), político filipino, n. en 1917. Pres. de la Rep. en 1966, reelegido en 1969.

Marcos de Obregón *(Vida del escudero),* novela picaresca de Vicente Martínez Espinel (1618).

Marcuse (Herbert), filósofo y sociólogo alemán, naturalizado norteamericano, n. en 1898, autor de *Eros y Civilización* y *El hombre unidimensional.* En sus obras critica la excesiva tecnocracia moderna, anuladora de toda idea de democracia en los sistemas políticos actuales.

March (Ausias), poeta español de lengua catalana, n. en Valencia (1395-1462), autor de *Cantos de amor,* dedicados a Teresa Bou. De inspiración petrarquista, influyó notablemente en la poesía castellana del s. XVI.

marcha f. Acción de andar. || Movimiento regular de un mecanismo, de un móvil; funcionamiento: *la marcha del reloj; poner en marcha.* || Grado de velocidad media: *la marcha de un motor.* || Salida. || *Fig.* Curso: *la marcha del tiempo, de un negocio.* || *Mil.* Toque de clarín para que marchen los soldados. || *Mús.* Pieza para regularizar el desfile de una tropa o comitiva: *marcha fúnebre.* || Ejercicio atlético. || — *A toda marcha,* rápidamente. || *Marcha forzada,* jornada más larga que las normales. || *Marcha Real,* himno nacional español adoptado en 1870. (Fue compuesto según parece por Federico II el Grande, rey de Prusia, y ofrecido por éste a Carlos III de España en 1770 como marcha militar.) || *Sobre la marcha,* en el acto.

marchador m. Deportista que practica mucho la marcha, andarín.

marchamar v. t. Poner marchamo: *marchamar un género.*

marchamo m. Señal, sello, precinto que los aduaneros ponen en las mercancías. || *Fig.* Marca distintiva: *un marchamo de elegancia.*

marchante, ta m. y f. Vendedor. || *And.* y *Amer.* Cliente de una tienda.

marchapié m. *Mar.* Cabo colgado de ambos extremos de las vergas para sostener a la marinería.

marchar v. i. Caminar, ir de un sitio a otro andando. || Funcionar: *este reloj no marcha bien.* || *Fig.* Progresar: *el negocio marcha regularmente.* | Desenvolverse, desarrollarse. || — V. pr. Irse, dejar un lugar.

Marchena, v. del S. de España (Sevilla). Aceite.

Marchena (Antonio de), sacerdote español del s. XV, protector de Cristóbal Colón. || ~ (JOSÉ), escritor y erudito español, n. en Utrera (1768-1821). Conocido con el n. de *Abate Marchena.*

marchitamiento m. Ajamiento.

marchitar v. t. Ajar, mustiar las plantas. Ú. t. c. pr.: *las flores se marchitan con el sol.* || *Fig.* Hacer perder lozanía (ú. t. c. pr.).

marchito, ta adj. Ajado.

Mare Nostrum, n. que los romanos daban al *mar Mediterráneo.*

marea f. Movimiento periódico y alternativo de ascenso y descenso de las aguas del mar debido a la combinación de las atracciones lunar y solar. || Viento suave del mar. || *Fig.* Cantidad considerable: *marea humana.* || *Marea negra,* llegada a la costa de capas de petróleo procedentes de un navío.

mareamiento m. Mareo.

mareante adj. y s. Navegante.

marear v. t. Gobernar o dirigir una embarcación. || *Fig.* y *fam.* Molestar, fastidiar: *marear a preguntas.* || Causar mareo: *el movimiento de este barco me marea.* || — V. pr. Tener náuseas. || Estropearse las mercancías en el mar.

Marechal (Leopoldo), poeta ultraísta argentino (1900-1970).

marejada f. Agitación de las olas. || *Fig.* Agitación, efervescencia. | Rumor, murmuración.

maremagno o **mare mágnum** m. *Fig.* y *fam.* Gran cantidad confusa de cosas. || Muchedumbre multitud, abundancia de personas.

maremare m. *Venez.* Música y baile de los indígenas del Oeste.

maremoto m. Agitación violenta y brusca del mar provocada por un terremoto o una erupción volcánica submarina.

marengo adj. Aplícase al color gris oscuro.

Marengo, aldea de Italia (Piamonte). Derrota de los austriacos por Napoleón Bonaparte (1800).

mareo m. Turbación de la cabeza y del estómago producida a consecuencia del movimiento de ciertos vehículos, como el barco, el avión, el automóvil, etc. || *Fig.* y *fam.* Molestia, fastidio: *¡qué mareo este niño!*

mareógrafo m. Aparato para registrar la altura de las mareas.

mareomotor, triz adj. Accionado por la fuerza de las mareas: *central eléctrica mareomotriz.*

Mareotis. V. Mariut.

marfil m. Materia dura, rica en sales de calcio, de que están principalmente formados los dientes de los vertebrados, en particular los colmillos de los elefantes. || Objeto esculpido en esta materia. || Suma blancura. || *Marfil vegetal,* corojo.

marfileño, ña adj. De marfil.

marga f. Roca compuesta de carbonato de cal y arcilla.

margal m. Terreno donde abunda la marga.

margar v. t. Abonar con marga.

margárico, ca adj. *Quím.* Aplícase a un ácido orgánico que se saca de la grasa.

margarina f. Sustancia grasa comestible, parecida a la mantequilla, que se fabrica generalmente con aceites vegetales.

margarita f. Planta compuesta de flores blancas con corazón amarillo. || Caracol marino pequeño. || Perla de las conchas.

Margarita, isla de México (Baja California). — Isla de Venezuela en el Caribe; 1 097 km². Cap. *La Asunción.* — Mun. y c. del N. de Colombia (Bolívar).

Margarita *(Santa),* virgen y mártir de Antioquía, m. hacia 275. Fiesta el 20 de julio. || ~ **María de Alacoque** *(Santa),* monja francesa (1647-1690). Propagó la devoción al Sagrado Corazón de Jesús Fiesta el 17 de octubre.

Margarita || ~ **de Angulema o de Navarra** (1492-1549), hermana de Francisco I de Francia y reina de Navarra. Protegió las letras y escribió el *Heptamerón,* colección de cuentos. || ~ **de Austria** (1480-1530), hija del emperador Maximiliano I. Fue gobernadora de los Países Bajos (1507-1530) y se encargó de la educación del futuro Carlos V. Intervino en la Liga de Cambrai (1508) y en la Paz de las Damas (1529). || ~ **de Austria** (1584-1611), reina de España por su matrimonio con Felipe III. || ~ **de Parma** (1522-1586), hija natural del emperador Carlos V y gobernadora de los Países Bajos. || ~ **de Provenza** (¿1221?-1295), esposa de San Luis, rey de Francia. || ~ **de Valdemar** (1353-1412), reina de Noruega, Suecia y Dinamarca, después de la Unión de Calmar. || ~ **de Valois** (1533-1615), esposa del rey de Francia Enrique IV. Escribió *Memorias.*

Margate, c. de Gran Bretaña en el SE. de Inglaterra (Kent). Estación balnearia.

margay m. Felino sudamericano.

margen amb. Linde u orilla: *la margen del río, del campo.* || Espacio blanco que se deja alrededor de un escrito: *el margen de una página.* || Apostilla, nota marginal. || *Com.* Cuantía del beneficio que puede sacarse en un negocio: *margen de ganancias.* || *Fig.* Facilidad, libertad: *margen de movimiento.* || Oportunidad: *dar margen.* || *Al margen,* fuera: *vivir al margen de la sociedad.*

— Observ. El género de este sustantivo suele variar según su significado. Generalmente es masculino cuando designa el espacio en blanco de una página, y femenino cuando se trata de la orilla de un río, de un lago, etc.

Marggraf (Andreas), químico alemán (1709-1782), el primero que obtuvo azúcar de la remolacha en estado sólido.

marginado, da adj. Apartado de la sociedad (ú. t. c. s.).

marginador, ra adj. y s. m. Que sirve para marginar.

marginal adj. Colocado en el margen: *nota marginal.* || Que está al margen: *camino marginal.* || *Fig.* Secundario: *empleo marginal.*

marginalismo m. Teoría económica según la cual el valor de cambio de un producto está determinado por la utilidad de la última unidad disponible de este producto.

marginalista adj. y s. Adepto del marginalismo.

marginar v. t. Dejar márgenes. || Anotar al margen. || Apostillar. || *Fig.* Dejar de lado, apartar.

margoso, sa adj. Que contiene marga: *terreno margoso.*

margrave m. Título de los jefes de las provincias fronterizas en el antiguo Imperio germánico.

margraviato m. Dignidad de margrave y territorio de su jurisdicción.

María, macizo montañoso en el N. de la cord. de Chacó (Colombia). || ~ **Elena,** v. del N. de Chile (Antofagasta). || ~ **Galante,** isla de las Antillas Menores; cap. *Grand-Bourg.* || ~ **Madre,** isla mexicana del arch. de las Marías; 114 km². || ~ **Pinto,** com. en el centro de Chile (Santiago).

María || ~ *(Santa)* o **la Virgen María,** madre de Jesucristo, esposa de San José e hija de San Joaquín y de Santa Ana. Fiesta el 15 de agosto. || ~ **Goretti** *(Santa),* doncella italiana (1890-1902), mártir de la pureza. Fiesta el 6 de julio. || ~ **Magdalena** *(Santa).* V. Magdalena (*Santa* María).

María || ~ **Amalia de Sajonia** (1724-1760), esposa del rey de España Carlos III. || ~ **Antonia de Borbón** (1788-1806), primera esposa de Fernando VII de España. || ~ **Cristina de Borbón** (1806-1878), cuarta esposa de Fernando VII de España y reina gobernadora a la muerte del rey (1833). Espartero la obligó a abdicar (1840) y se expatrió. Era madre de Isabel II. || ~ **Cristina de Habsburgo** (1858-1929), esposa de Alfonso XII de España y regente de su hijo Alfonso XIII (1885-1902). || ~ **de Molina** (¿1265?-1321), esposa de Sancho IV de Castilla, regente durante las minorías de su hijo Fernando IV (1295-1301) y de su nieto Alfonso XI (1312-1321). || ~ **Luisa de Orleáns** (1662-1689), esposa de Carlos II de España. || ~ **Luisa de Parma** (1754-1819), esposa de Carlos IV de España. Tuvo como favorito a Manuel Godoy. || ~ **Luisa Gabriela de Saboya** (1688-1714), esposa de Felipe V y regente de España. Madre de Luis I y de Fernando VI. || ~ **Victoria** (1847-1876), esposa de Amadeo I de España.

María || ~ **I** (1734-1816), reina de Portugal en 1777. Se volvió loca. || ~ **II** o **María de Gloria** (1819-1853), reina de Portugal desde 1826.

María || ~ **Antonieta** (1755-1793), hija del emperador de Austria Francisco I y esposa de Luis XVI de Francia. M. guillotinada durante la Revolución. || ~ **de Médicis** (1573-1642), esposa de Enrique IV de Francia y regente a la muerte de éste (1610). || ~ **Lesczinska** (1703-1768), esposa de Luis XV de Francia. || ~ **Luisa de Habsburgo** (1791-1847), segunda esposa de Napoleón I de Francia, hija del emperador Francisco II de Austria y madre del Rey de Roma. || ~ **Teresa de Austria** (1638-1683), esposa de Luis XIV de Francia, hija de Felipe IV de España.

María || ~ **I Estuardo** (1542-1587), reina de Escocia de 1542 a 1567 y esposa de Francisco II de Francia. Luchó contra la Reforma y contra Isabel I de Inglaterra. Abdicó, huyó a Inglaterra, pero fue encarcelada y ejecutada. || ~ **I Tudor** (1516-1558), hija de Enrique VIII y de Catalina de Aragón, reina de Inglaterra desde 1553. Fue esposa de Felipe II de España. || ~ **II Estuardo** (1662-1694), reina de Inglaterra y esposa de Guillermo III.

María, novela romántica del colombiano Jorge Isaacs (1867).

María Teresa de Austria (1717-1780), reina de Hungría y Bohemia, esposa del emperador germánico Francisco I de Lorena. Durante su reinado participó en la guerra de Sucesión de Austria y en la de los Siete Años.

mariachi m. Música popular procedente del Estado de Jalisco (México) y orquesta que la interpreta.

marial adj. y s. Dícese de los libros que contienen los loores o alabanzas dedicados a la Virgen.

Mariana, c. del SE. del Brasil (Minas Gerais).

Mariana || ~ **de Austria** (1634-1696), esposa de Felipe IV de España, regente durante la minoría de su hijo Carlos II (1665-1677). Tuvo por consejeros al jesuita padre Nitard y a su favorito Fernando de Valenzuela. || ~ **de Baviera Neuburgo** (1667-1740), segunda esposa de Carlos II de España. || ~ **de Jesús de Paredes y Flores** *(Santa).* V. Paredes y Flores.

Mariana (Juan de), jesuita e historiador español (1536-1624), autor de una *Historia de España,* y del tratado *De rege et regis institutione,* en el que admite la soberanía del pueblo.

Marianao, c. en los suburbios de La Habana (Cuba).

Marianas (Islas), archip. al E. de Filipinas; cap. *Saipán.* Descubierto por Magallanes en 1521, fue español hasta 1899, alemán hasta la primera guerra mundial, japonés de 1918 a 1945 y actualmente mandato de Estados Unidos. Llamadas tb. *islas de los Ladrones.*

mariandá m. Baile jíbaro puertorriqueño.

Marianela, novela de B. Pérez Galdós (1878).

Mariani (Roberto), dramaturgo argentino (1893-1946), autor de *En la penumbra.*

Mariánica (Cordillera), ant. n. de *Sierra Morena* (España).

marianismo m. Culto o devoción a la Virgen María.

marianista adj. y s. Aplícase al religioso de la Compañía de María, fundada en 1817 en Burdeos por el padre Guillaume Joseph Chaminade.

mariano, na adj. De la Virgen María: *culto mariano.*

Mariano Roque Alonso, pobl. del Paraguay (Central).

Marianske Lazne, en alem. *Marienbad,* c. del O. de Checoslovaquia (Bohemia).

Marías (Islas), archip. de México, en el Pacífico (Nayarit). || ~ (Las Tres), estrellas del tahalí de Orión.

Marías (Julián), filósofo y ensayista español, n. en 1914, autor de *Historia de la Filosofía.* Fue brillante discípulo de Ortega y Gasset.

Mariátegui (José Carlos), escritor peruano (1895-1930), autor de *Siete ensayos de interpretación de la realidad peruana.*

Maribios (Los), cordillera de Nicaragua, en la que se encuentra la laguna volcánica Asosoca; 1 838 m.

Maribo, c. del S. de Dinamarca, cap. de la isla de Lolland. Catedral.

Maribor, c. del NO. de Yugoslavia (Eslovenia). Catedral.

marica f. Urraca, ave. || — M. *Fig.* y *fam.* Hombre afeminado.

maricastaña f. *En tiempos de Maricastaña,* en tiempos lejanos.

maricón m. *Fam.* Marica.

mariconada f. Acción propia del maricón. || *Fig.* y *fam.* Acción malintencionada, mala pasada.

maridaje m. Unión y conformidad de los casados. || *Fig.* Unión, armonía con que unas cosas se enlazan o corresponden entre sí: *maridaje de dos colores.*

maridar v. i. Casarse. || Hacer vida de matrimonio. || — V. t. *Fig.* Armonizar.

marido m. Hombre unido a una mujer por los lazos del matrimonio.

Mariel, pobl. del O. de Cuba (Pinar del Río). Escuela naval.

Marienbad. V. MARIANSKE LAZNE.

mariguana, marihuana y **marijuana** f. Cáñamo cuyas hojas producen efecto narcótico al que las fuma.

Mariguitar, pobl. y puerto del N. de Venezuela (Sucre).

marimacho m. *Fam.* Mujer de aspecto o modales masculinos.

marimandona f. Mujer autoritaria, que impone su voluntad.

marimba f. Tambor de ciertos negros de África. || *Amer.* Instrumento músico parecido al xilofón || *Arg.* Paliza.

marimorena f. *Fam.* Riña, pelea. | Tumulto.

Marín, c. y puerto del NO. de España (Pontevedra). Escuela naval militar.

Marín (Juan), novelista chileno (1900-1963), autor de *Paralelo 53 Sur.* || ~ **Cañas** (JOSÉ), novelista costarricense, n. en 1904, autor de *Tú, la imposible, Memorias de un hombre triste,* etc.

marina f. Arte de la navegación marítima. || Conjunto de los buques de una nación. || Servicio de los barcos: *entrar en la marina del Estado.* || Conjunto de las personas que sirven en la armada. || Cuadro que representa una vista marítima. || — *Marina de guerra,* fuerzas navales de un Estado, armada. || *Marina mercante,* conjunto de buques de comercio.

Marina. V. MALINCHE.

marinar v. t. Poner en escabeche el pescado. || *Mar.* Tripular.

marine m. Anglicismo por *soldado de infantería de marina.*

marinear v. i. Desempeñar el oficio de marinero.

Marinello (Juan), ensayista, poeta y político cubano, n. en 1898, autor de *Liberación* (poemas), *Martí, escritor americano, Guatemala nuestra, Ensayos Martinianos, Contemporáneas,* etc.

Marineo Sículo (Lucio), humanista siciliano (¿1460-1533?) que vivió en España.

marinera f. Especie de blusa que llevan los marineros y que han imitado las modistas para las mujeres y niños. || En el Perú, Ecuador y Chile, baile popular.

marinería f. Oficio de marinero. || Tripulación de un barco, de una escuadra.

marinero, ra adj. Que navega bien: *barco marinero.* || De la marina y los marineros. || — M. El que se ocupa del servicio de los barcos.

Marinetti (Filippo Tommaso), escritor italiano (1876-1944), creador del movimiento futurista.

Marini o **Marino** (Giambattista), poeta culterano italiano (1569-1625), autor de *El rapto de Europa, Adonis* y *La zampoña.*

Marinilla, mun. y pobl. de Colombia (Antioquia).

marinismo m. Tendencia a la afectación en el estilo a imitación del poeta italiano Marini.

marino, na adj. Relativo o perteneciente al mar: *animal marino; planta marina.* || — M. El que sirve en la marina.

Mariño (Santiago), general venezolano de la Independencia (1788-1854). Primero a las órdenes de Bolívar, posteriormente se sublevó contra él.

Mario (Cayo), general romano (157-86 a. de J. C.). Venció a Yugurta en Numidia, a los teutones en Aix y a los cimbros en Vercelli, lo que le dio gran popularidad en Roma. Fue cónsul y se opuso a Sila.

mariología f. Disciplina que trata de lo referente a la Virgen María.

marioneta f. Títere movido por medio de hilos.

Mariotte [-*ot*] (Abate Edme), físico francés (¿1620?-1684) que enunció la ley de los gases perfectos.

mariposa f. Insecto lepidóptero, diurno o nocturno, provisto de cuatro alas cubiertas de escamas microscópicas. || Pájaro de Cuba. || Llave de cañería. || Lamparilla flotante en un vaso con aceite. || Tuerca para ajustar tornillos. || *Braza mariposa,* estilo de natación en el que los brazos se mueven simultáneamente hacia adelante por encima del agua.

mariposeador, ra adj. y s. Inconstante.

mariposear v. i. *Fig.* Pasar de una cosa o de una persona a otra, ser muy versátil.

mariposeo m. Acción de mariposear.

mariposón m. *Fam.* Hombre muy galanteador e inconstante.

Mariquina, com. del centro de Chile (Valdivia).

mariquita f. Insecto coleóptero pequeño, con élitros de color encarnado punteado de negro. || Insecto hemíptero de cuerpo aplastado, de color encarnado con tres manchitas negras. || Perico, ave trepadora. || *Arg.* Danza popular. || — M. *Fam.* Hombre afeminado.

Mariquita, mun. y pobl. en el O. del centro de Colombia (Tolima).

marisabidilla f. *Fam.* Mujer que se las da de muy sabia o entendida.

mariscador m. Pescador de mariscos.

mariscal m. General francés a quien se le ha concedido la dignidad de este título por sus victorias militares. || *Mariscal de campo,* oficial general llamado hoy general de división.

Mariscal || ~ **Estigarribia,** c. del NO. del Paraguay, cap. del dep. de Boquerón. Ant. *Camacho* y *López de Filipis.* || ~ **Nieto,** prov. del Perú (Moquegua); cap. *Moquegua.*

Mariscal (Federico E.), arquitecto mexicano, n. en 1881. || ~ (IGNACIO), abogado y político mexicano (1829-1910). Fue ministro de B. Juárez. || ~ (JUAN LEÓN), compositor mexicano, n. en 1899, autor de *Fantasía mexicana.*

mariscalía f. Dignidad o cargo de mariscal.

marisco m. Animal marino invertebrado, especialmente el crustáceo y molusco comestible.

marisma f. Terreno bajo anegadizo situado a orillas del mar o de los ríos.

Marismas (Las), tierras pantanosas del SO. de España, en el tramo final del río Guadalquivir (Sevilla, Huelva). Pastizales.

marismeño, ña adj. De las marismas.

marisquero, ra m. y f. Persona que pesca o vende mariscos.

marista m. Religioso de las congregaciones de María. || — Adj. Relativo a estas congregaciones.

— La *congregación de los Hermanos Maristas* fue creada en Francia en 1817 por Marcellin Champagnat. La de los *Padres Maristas* fue fundada en Lyon en 1822 por Jean Claude Colin.

Maritain (Jacques), filósofo francés (1882-1973), paladín del neotomismo.

marital adj. Del marido: *autorización marital.*

marítimo, ma adj. Relativo al mar: *derecho marítimo.* || Que está a orillas del mar: *paseo marítimo.*

maritornes f. *Fig.* y *Fam.* Moza sucia y fea.

Maritornes, criada de la venta donde se hospedó Don Quijote.

Maritza o **Maritsa,** río de la penins. de los Balcanes (Bulgaria, Grecia, Turquía), que des. en el Egeo; 437 km.

Mariupol. V. JDANOV.

Mariut (LAGO), ant. *Mareotis,* laguna del litoral egipcio, separada del mar por una lengua de tierra en la que está asentada Alejandría.

Marivaux [-*vó*] (Pierre CARLET DE CHAMBLAIN DE), escritor francés (1688-1763), autor de obras dramáticas (*Juego del amor y azar, Falsas confidencias*) y de novelas (*La vida de Mariana*).

marjal m. Terreno pantanoso.

marjoleta f. Fruto del marjoleto.

marjoleto m. Espino arbóreo de fruto aovado.

marketing m. (pal. ingl.). Estudio de mercado, comercialización.

Mark Twain (Samuel Langhorne CLEMENS, llamado), escritor norteamericano (1835-1910), autor de relatos humorísticos y de aventuras (*Un yanqui en la corte del rey Artús, Aventuras de Tom Sawyer,* etc.).

Marlborough [-*bro*] (John CHURCHILL, duque de), general inglés (1650-1722). Luchó en la guerra de Sucesión española. Se le conoce con el nombre de *Mambrú.*

Marlowe (Christopher), poeta dramático inglés (1564-1593), autor de *La trágica historia del doctor Fausto.*

Mármara (MAR DE), ant. *Propóntide,* mar interior entre la Turquía europea y la asiática, que comunica con el mar Negro por el Bósforo y con el mar Egeo por los Dardanelos.

Marmato, mun. y pobl. en el O. del centro de Colombia (Caldas).

marmita f. Olla de metal con tapadera.

marmitón m. Pinche de cocina.

mármol m. Piedra caliza metamórfica, de textura compacta y cristalina, susceptible de buen pulimento. || *Fig.* Obra artística de mármol. || *Tecn.* Tabla de fundición rigurosamente plana que sirve para comprobar lo plano de una superficie. | En artes gráficas, mesa de fundición sobre la cual se efectúan el casado de la forma y las correcciones de la misma. || *Fig. De mármol,* frío, insensible: *mujer que tenía un temperamento de mármol.*

Mármol (José), escritor argentino, n. en Buenos Aires (1818-1871), autor de poesías (*Cantos del peregrino*), obras de teatro (*El poeta, El conquistador*), y de la novela *Amalia,* en la que describe Buenos Aires durante el gobierno de Rosas. || ~ (LUIS ENRIQUE), poeta venezolano (1897-1926), autor de *La locura del otro.*

Marmolejo, c. del S. de España (Jaén). Aguas termales.

Marmolejo (Pedro de), poeta mexicano del s. XVII, autor de *Los sacramental de las calles de México* (1635).

marmolería f. Conjunto de mármoles que hay en un edificio. || Taller de marmolista.

marmolillo m. Guardacantón, poste de piedra. || *Fig.* Idiota, tonto. || *Taurom.* Toro poco bravo.

marmolista m. El que labra o vende obras de mármol.

Marmontel (Jean-François), escritor francés (1723-1799).

marmóreo, a adj. De mármol. || *Fig.* Semejante al mármol.

marmota f. Mamífero roedor del tamaño de un gato, que pasa el invierno durmiendo. || *Fig.* Persona que duerme mucho. || *Fam.* Criada.

Marne, río del NE. de Francia, afl. del Sena; 525 km. — Dep. del NE. de Francia; cap. *Chalons.* || **~ (Haute-).** V. HAUTE-MARNE.

maro m. Planta labiada, de olor muy fuerte y sabor amargo.

marojal m. Plantío de marojos.

maroma f. Cuerda gruesa. || *Amer.* Ejercicio acrobático.

maromear v. i. *Amer.* Ejecutar acrobacias en la maroma.

maromero, ra adj. *Amer.* Versátil. || — M. y f. *Amer.* Volatinero, acróbata. || — M. *Amer.* Político astuto que varía de opinión según como sean las circunstancias.

Maroni, río fronterizo entre la Guayana francesa y la holandesa; 680 km.

maronita adj. y s. En el Líbano, católico de rito sirio.

Maros o **Mures,** río de Hungría y Rumania, afl. izq. del Tisza; 900 km.

Marot [-*ró*] (Clément), poeta francés (1496-1544), autor de baladas y epístolas.

marota f. *Méx.* Marimacho.

Maroto (Rafael), general español, n. en Lorca (1783-1847). Luchó en la guerra de la Independencia española, luego en América, donde fue derrotado por San Martín en Chacabuco (1817), y se alistó posteriormente en las filas carlistas. En 1839 firmó el Convenio de Vergara con Espartero, que puso fin a la primera guerra carlista.

marplatense adj. y s. De Mar del Plata.

marquense adj. y s. De San Marcos (Guatemala).

marquesado m. Dignidad de marqués.

Marquesas (ISLAS), archip. francés de Polinesia. Descubierto en 1595 por el español Álvaro de Mendaña.

marquesina f. Cobertizo, generalmente de cristal, que avanza sobre una puerta, escalinata, etc., para resguardar de la lluvia. || Marquesa, sillón.

marquesita f. Marcasita.

marquetería f. Obra de taracea. || Ebanistería.

Márquez (José Arnaldo), poeta peruano (1830-1903). || **~** (JOSÉ IGNACIO), político colombiano (1793-1880), pres. de la Rep. de Nueva Granada de 1837 a 1840. || **~** (LORENZO). V. MARQUES. || **~ Bustillos** (VICTORIANO), político venezolano (1858-1941), pres. de la Rep. de 1915 a 1922. || **~ Miranda** (FERNANDO), arqueólogo argentino (1897-1961).

marquilla f. Tamaño de papel (43,5 × 63).

Marquina (Eduardo), poeta y escritor español (1879-1946), autor de obras de teatro en verso (*En Flandes se ha puesto el Sol, La ermita, la fuente y el río, Doña María la Brava,* etc.)

marquista m. Propietario de una marca de vino que comercia con él sin tener bodega.

marrajo, ja adj. Taimado, malicioso (ú. t. c. s.). || *Fig.* Hipócrita, astuto. || — M. Tiburón.

Marrakech, c. del S. de Marruecos, ant. capital del país.

marramao m. Maullido.

marrana f. Hembra del marrano o cerdo. || *Fig.* y *fam.* Mujer sucia, desaseada e indecente. || Eje de la rueda de la noria.

marranada y **marranería** f. *Fig.* y *fam.* Cochinada, acción indecente o ruin.

marrano m. Puerco, cerdo. || *Fig.* y *fam.* Hombre sucio y desaseado o que se porta mal. || Pieza de madera muy resistente que se usa en ciertos armazones. || Converso que conservaba las prácticas de los judíos de manera disimulada.

marrón adj. De color de castaña. || En deportes, dícese de la persona que, bajo la calificación de aficionado, cobra o lleva una vida de jugador profesional. || — M. Color castaño.

marroquí adj. y s. De Marruecos. (Pl. *marroquíes.*) || — M. Tafilete.

Marroquín (Francisco), obispo español, m. en 1563, primer prelado de Guatemala, donde estableció la primera escuela de América Central (1532). || **~** (JOSÉ MANUEL), político y escritor colombiano (1827-1908), pres. de la Rep. de 1900 a 1904. Fundó la Academia Colombiana de la Lengua.

marroquinería f. Tafiletería.

marroquinero m. Tafiletero.

marrubio m. Planta labiada cuyas flores se usan en medicina como depurativo.

Marruecos, reino de África del Norte, situado entre el Mediterráneo, Argelia, el Sáhara y el Atlántico; 447 000 km²; 15 050 000 h. *(marroquíes).* Cap. *Rabat,* 227 400 h. Otras c.: *Casablanca,* 1 100 000 h.; *Marrakech,* 255 000; *Fez,* 220 000; *Tánger,* 142 000; *Mequínez,* 185 000; *Tetuán,* 105 000.

— GEOGRAFÍA. El territorio marroquí está atravesado por varias cadenas montañosas, como las del *Rif, Atlas Medio* (3 000 m), *Atlas Mayor* (4 165 m) y *Antiatlas,* a continuación de las cuales Marruecos cuenta con una parte del Sáhara. Su población está compuesta de beréberes, árabes y europeos. Parte de los aborígenes llevan todavía una vida seminómada y se dedican al pastoreo. El país es eminentemente agrícola, aunque son tb. abundantes los recursos del subsuelo (hierro, plomo, cinc, fosfatos, petróleo). La industria, actualmente en vías de desarrollo, hace de Marruecos el primer productor de energía eléctrica en África del Norte.

Marques (Lourenço), navegante portugués del s. XVI que exploró Mozambique. || **~ Pereira** (NUNO), escritor popular brasileño de la época colonial (1652-1728).

marqués m. Título nobiliario, intermedio entre los de conde y duque.

marquesa f. Mujer o viuda del marqués, o la que tiene un marquesado. || Marquesina. || Sillón bajo y amplio para dos personas.

marrar v. t. e i. Faltar, errar: *marrar el tiro.* || *Fig.* Desviarse de lo recto.

marras adv. Antaño, en tiempo antiguo. || *De marras,* consabido:

marrasquino m. Licor hecho con cerezas amargas y azúcar.

— HISTORIA. Poblado primitivamente por los beréberes, el país sufrió la influencia cartaginesa para caer posteriormente en la condición de colonia romana (42 a. de J. C.). Los vándalos se apoderaron del territorio en 534, para dejar paso a los visigodos (620), cuyo dominio fue efímero, ya que en 681 hicieron irrupción los árabes. A éstos siguieron los almorávides, almohades y benimerines, y así Marruecos se vio envuelto durante siglos en graves luchas intestinas que lo debilitaron y favorecieron la intervención europea en los s. XIX y XX. De 1912 a 1956, Francia y España ejercieron conjuntamente el protectorado de Marruecos. Tras la independencia de 1956, el país se constituyó en reino.

marrullería f. Astucia con que, halagando a uno, se pretende engañarle.

marrullero, ra adj. y s. Astuto, taimado.

Marsala, c. y puerto del O. de Sicilia. Vinos.

Marsella c. y puerto del S. de Francia, cap. del dep. de Bouches-du-Rhône. Arzobispado. Universidad. Centro industrial. Fundada en 600 a. de J. C. por una colonia focense.

marsellés, esa adj. y s. De Marsella.

Marsellesa *(La)*, himno nacional francés, compuesto en 1792 por Rouget de Lisle.

Marshall, archip. de Micronesia (Oceanía), en el centro del Océano Pacífico, bajo tutela norteamericana desde 1947.

Marshall (George), general norteamericano (1880-1959), autor de un plan de ayuda económica de Estados Unidos a Europa (1948). [Pr. Nóbel de la Paz, 1953.]

marsopa y **marsopla** f. Cetáceo parecido al delfín.

marsupial adj. y s. m. Didelfo.

marta f. Mamífero carnicero, de pelaje espeso y suave muy estimado. || *Marta cebellina,* especie de marta algo menor que la común, de piel muy apreciada.

martajar v. t. *Amér. C.* y *Méx.* Triturar maíz.

Marte, cuarto planeta en magnitud del sistema solar, el más próximo a la Tierra.

Marte, hijo de Júpiter y de Juno, dios romano de la Guerra. Es el Ares de los griegos. Sus sacerdotes llevaban el nombre de *salios.*

Martel (Carlos). V. CARLOS MARTEL. || ~ (JULIÁN). V. MIRÓ (José).

martes m. Tercer día de la semana.

Martí, mun. y pobl. del N. de Cuba (Matanzas).

Martí (José), escritor y patriota cubano, n. en La Habana (1853-1895), apóstol de la Independencia. Después de numerosos viajes a España, donde estuvo desterrado, a México, Guatemala, Venezuela, Nueva York, donde fundó el Partido Revolucionario Cubano (1892), a Santo Domingo, Haití, Jamaica, Costa Rica y Panamá para laborar en pro de la independencia de su país, desembarcó en Playitas y cayó mortalmente herido en el combate de Dos Ríos. Fue uno de los iniciadores del modernismo en poesía *(Ismaelillo, Versos libres, Versos sencillos)* y escribió novelas *(Amistad funesta),* ensayos, crónicas y piezas oratorias.

martiano, na adj. Relativo al patriota cubano José Martí.

martillador, ra adj. y s. Que martilla.

martillar v. t. Dar martillazos: *martillar el hierro.* || *Fig.* Oprimir, atormentar.

martillazo m. Golpe de martillo.

martillear v. t. Martillar.

martilleo m. Acción y efecto de martillear. || *Fig.* Ruido parecido al de los martillazos. | Bombardeo intenso. | Repetición monótona de una asonancia.

martillo m. Herramienta de percusión, compuesta de una cabeza de acero duro templado y un mango: *hincar un clavo con el martillo.* || Utensilio de forma parecida a esta herramienta que usa el presidente de una sesión o el subastador. || Templador de algunos instrumentos de cuerda. || Especie de tiburón de cabeza ensanchada lateralmente. || *Anat.* Primer huesecillo del oído interno. || *Fig.* Establecimiento donde se subastan cosas. || Esfera metálica con un cable de acero y una empuñadura, que lanzan los atletas. || Pieza que da las horas en un reloj. || — *Martillo de fragua,* martinete. || *Martillo neumático,* herramienta de percusión que funciona con aire comprimido. || *Martillo pilón,* máquina que se eleva por medio de aire comprimido, vapor, etc., y golpea las piezas que se han colocado encima del yunque.

martín m. *Martín del río,* martinete, ave zancuda. || *Martín pescador,* ave de plumaje muy brillante que vive a orillas de los ríos.

Martin (Pierre), ingeniero francés (1824-1915), inventor del procedimiento de fabricación de acero llamado *Martin-Siemens.* || ~ **du Gard** (ROGER), escritor francés (1881-1958), autor de la novela cíclica *Los Thibault.* (Pr. Nóbel, 1937.)

Martín *(San)*, prelado francés (¿316?-397), obispo de Tours en 371. Se cuenta de él que repartió su capa con un pobre. Patrón de Buenos Aires. Fiesta el 11 de noviembre. || ~ **I** *(San)* [¿590?-655], papa en 649. Fiesta el 12 de noviembre. || ~ **IV** (¿1210?-1285), papa en 1281. || ~ **V** (1368-1431), papa en 1417. Acabó con el cisma de Occidente. || ~ **de Porres** *(San)*, sacerdote peruano (1563-1639), fundador en Lima del primer asilo de huérfanos. Canonizado en 1962. Fiesta el 5 de noviembre.

Martín I el Humano (1356-1410), rey de Aragón y Cataluña, y de Sicilia, hijo de Pedro IV (v. COMPROMISO DE CASPE).

Martín Díaz. V. EMPECINADO.

Martín Fierro, poema gauchesco de José Hernández, en dos partes (1872-1879), defensa del hombre que vive en la pampa inmensa.

Martín García, isla argentina del río de la Plata en la confluencia del Paraná y del Uruguay. Presidio.

martinete m. Ave zancuda parecida a la garza con un penacho blanco en la cabeza, y este penacho. || Macillo del piano. || Martillo mecánico de potencia inferior a la del martillo pilón. || Cante flamenco acompañado sólo por los golpes de un martillo en un yunque.

Martínez (Alonso), jurisconsulto español (1827-1891). || ~ (EFRAÍN), pintor colombiano (1898-1929). || ~ (JOSÉ MARÍA), político hondureño del s. XIX. Cuando fue pres. de la Rep., Honduras se separó de la Fed. Centroamericana (1839). || ~ (LUIS A.), escritor ecuatoriano (1868-1909), autor de la novela *A la costa.* || ~ (TOMÁS), militar nicaragüense (1812-1873), pres. de la Rep. de 1857 a 1867. || ~ **Alcubilla** (MARCELINO), jurisconsulto español (1820-1900), autor del *Diccionario de la Administración española.* || ~ **Barrio** (DIEGO), político republicano español (1883-1962). || ~ **Campos** (ARSENIO), general español, n. en Segovia (1831-1900). Luchó en las guerras carlistas, dirigió el pronunciamiento de Sagunto que restauró la Monarquía (1874) y venció la sublevación de Cuba, donde negoció la *Paz del Zanjón* (1878). Nombrado después capitán general de la Isla no pudo contener el movimiento insurreccional de 1895 y fue sustituido por Weyler. || ~ **Cubells** (SALVADOR), pintor de cuadros históricos y costumbrista español (1845-1914). || ~ **Cuitiño** (VICENTE), dramaturgo argentino n. en Uruguay (1887-1964). || ~ **de Cala y Jarava** (ANTONIO). V. NEBRIJA. || ~ **de Irala** (DOMINGO), conquistador español (¿1500?-1556), compañero de Pedro de Mendoza en el Río de la Plata, donde fue gobernador de 1539 a 1542 y de 1544 a 1556. Realizó el traslado de los colonos de Buenos Aires a la Asunción (1541). || ~ **de la Rosa** (FRANCISCO), escritor romántico y político español, n. en Granada (1787-1862), autor de obras de teatro (*Aben Humeya, La conjuración de Venecia,* etc.) y de una novela histórica *(Doña Isabel de Solís).* || ~ **de Navarrete** (MANUEL), franciscano y poeta mexicano (1768-1809). || ~ **de Perón** (MARÍA ESTELA), dama argentina, n. en 1931, vicepresidente (1973) y luego pres. de la Rep. en 1974, a la muerte de su esposo Juan D. Perón. || ~ **de Ripalda** (JERÓNIMO), jesuita español (1536-1618), autor de un *Catecismo.* || ~ **de Rozas** (JUAN), patriota chileno (1759-1813). || ~ **de Toledo** (ALFONSO). V. TALAVERA *(Arcipreste de).* || ~ **del Mazo** (JUAN BAUTISTA), pintor español (1612-1667). || ~ **Estrada** (EZEQUIEL), escritor argentino (1895-1964), autor de poesías *(Oro y piedra, Argentina, Humorescas)* y del ensayo *Radiografía de la Pampa.* || ~ **Hugué** (MANUEL). V. MANOLO. || ~ **Luján** (DOMINGO), poeta peruano, n. en 1871, gran sonetista. || ~ **Montañés** (JUAN), escultor español (1568-1648), autor de tallas policromadas (*San Bruno, San Juan Bautista, Cristo de la Buena Muerte,* etc.). || ~ **Montoya** (ANDRÉS), pianista y compositor colombiano (1869-1933). || ~ **Moreno** (CARLOS), escritor uruguayo, n. en 1918, autor de relatos de cuidado estilo. || ~ **Mutis** (AURELIO), poeta colombiano (1884-1954), autor de *La epopeya del cóndor* y *Mármol.* || ~ **Payva** (CLAUDIO), comediógrafo argentino (1887-1970), autor de *Joven, viuda y estanciera* y de *La Isla de Don Quijote.* || ~ **Ruiz** (JOSÉ). V. AZORÍN. || ~ **Sierra** (GREGORIO), escritor español, n. en Madrid (1881-1947), autor de obras de teatro (*Canción de cuna, Primavera en otoño,* etc.), novelas *(Tú eres la paz)* y del texto del ballet de Falla *El amor brujo.* || ~ **Silíceo** (JUAN), humanista español (1486-1557), maestro de Felipe II. || ~ **Sobral** (ENRIQUE), escritor realista guatemalteco (1875-1950). || ~ **Villena** (RUBÉN), escritor y político cubano (1899-1934). || ~ **Zuviría** (GUSTAVO). V. WAST (Hugo).

Martínez de la Torre, c. de México (Veracruz). Caña de azúcar.

martingala f. Lance del juego del monte. || Combinación para ganar en los juegos de azar. || *Fig.* Artimaña, astucia para engañar. || Galicismo por *trabilla.*

martiniano, na adj. Martiano.

Martinica, isla de las Antillas Menores que forma un dep. francés; 1 090 km²; 310 000 h. Cap. *Fort-de-France.* Caña de azúcar, ron, plátanos.

martiniqués, esa adj. y s. De la isla Martinica.

mártir adj. y s. Que prefiere morir que renunciar a su fe. || *Fig.* Que ha padecido grandes sufrimientos e incluso la muerte por defender sus opiniones. | Que sufre mucho.

Mártir de Anglería (Pedro), humanista español de origen italiano (1459-1526).

martirio m. Tormento o muerte padecidos por la fe o un ideal: *el martirio de San Bartolomé, de Caupolicán.* || *Fig.* Sufrimiento muy grande y largo.

martirizador, ra adj. y s. Que martiriza.

martirizar v. t. Hacer sufrir el martirio. || *Fig.* Afligir; hacer padecer grandes sufrimientos.

martirologio m. Lista de mártires. || Lista de víctimas.

Martorell, v. del NE. de España (Barcelona).

Martorell (Bernat), pintor catalán, m. en 1452, llamado tb. *el Mestre de Sant Jordi.* || ~ (JOA-

MA

NOT), escritor catalán (¿1410-1460?), autor del libro de caballerías *Tirant lo Blanch*.

Martos, v. del S. de España (Jaén). Aceite.

Marulanda (Francisco), pedagogo colombiano (1834-1910).

Marx (Karl), filósofo y economista alemán, n. en Tréveris (1818-1883). Redactó, en unión de Engels, el *Manifiesto del Partido Comunista* (1848) y expuso su doctrina en *El capital*.

marxismo m. Conjunto de las teorías socialistas de Karl Marx y sus seguidores fundadas en la doctrina del materialismo dialéctico e histórico. ‖ *Marxismo-leninismo*, doctrina política inspirada en Marx y Lenin, base teórica de los partidos comunistas.

marxista adj. y s. Partidario del marxismo.

Mary, ant. *Merv*, c. de la U. R. S. S. (Turkmenistán). Algodón.

Maryland, uno de los Estados Unidos de América del Norte, al NE., en la costa del Atlántico. Cap. *Annápolis*; c. pr. *Baltimore*. Tabaco.

marzo m. Tercer mes del año.

mas conj. Pero: *mas no irás*.

mas m. Masada.

Mas d'Azil (Le), pobl. del S. de Francia (Ariège). Estación prehistórica.

más adv. Indica superioridad en la calidad, cantidad, distancia y valor: *más simpático; tengo más paciencia que tú; está más cerca; este libro vale más que el otro*. ‖ Mejor: *más vale olvidar todo eso*. ‖ Muy: *¡es más tonto!* ‖ Durante más tiempo: *no te detengas más*. ‖ — M. La mayor cosa: *el más y el menos*. ‖ *Mat.* Signo de la adición (+). ‖ — *A lo más*, como máximo, a lo sumo. ‖ *A más y mejor*, abundante e intensamente. ‖ *En más*, en mayor grado. ‖ *Lo más*, la mayor cantidad, el mayor número. ‖ *Más allá*, galicismo en el sentido de *la otra vida, el otro mundo*. ‖ *Más bien*, mejor dicho. ‖ *Más de*, indica una cantidad ligeramente superior a la expresada. ‖ *Más que*, sino. *Poco más o menos*, aproximadamente. ‖ *Por más que*, a pesar de que. ‖ *Sin más ni más*, simplemente. ‖ *Tener sus más y sus menos*, tener sus buenos y malos momentos.

Más ‖ **~ Afuera,** ant. n. de la isla chilena *Piloto Juan Fernández*. ‖ **~ a Tierra.** V. ROBINSÓN CRUSOE.

masa f. Totalidad de una cosa cuyas partes son de la misma naturaleza: *la masa de la sangre*. ‖ Cuerpo sólido y compacto: *una masa de hierro*. ‖ Conjunto de cosas que forman un todo: *masa de bienes*. ‖ Cantidad de un cuerpo: *una masa de agua*. ‖ Harina u otra sustancia pulverulenta amasada con un líquido. ‖ *Fig.* Gran cantidad de gente: *manifestación en masa*. | Pueblo: *la rebelión de las masas*. ‖ *Mec.* Cociente de la intensidad de una fuerza constante por la aceleración del movimiento que produce cuando se aplica al cuerpo considerado: *la unidad principal de masa es el kilogramo*. ‖ *Electr.* Conjunto de las piezas metálicas que se hallan en comunicación con el suelo. ‖ — *Con las manos en la masa*, en flagrante delito. ‖ *En masa*, galicismo por *en conjunto o todos a la vez*. ‖ *Masa crítica*, cantidad mínima de una sustancia fisible para que una reacción en cadena pueda producirse espontáneamente y mantenerse por sí sola.

Masaccio [-*chio*] (Tommaso DI SER GIOVANNI, llamado), pintor italiano (1401-1429), autor de frescos.

masacoate m. *Méx.* Boa.

masacote m. *Amer.* Mazacote.

masacre f. Galicismo por *matanza*.

masada f. Casa de campo o labor, finca.

masadero m. Vecino de una masada.

masaje m. Fricción del cuerpo, con fines terapéuticos: *dar masajes*.

masajista com. Persona que da masajes.

Masan, c. y puerto del S. de Corea del Sur. Industrias.

Masaniello (Tomaso ANIELLO, llamado), pescador italiano (1620-1647), jefe de los napolitanos sublevados contra Felipe IV de España. M. asesinado.

Masaryk (Tomáš Garrigue), político checoslovaco (1850-1937), primer pres. de la Rep. de Checoslovaquia (1920-1935).

Masatepe, pobl. del SO. de Nicaragua (Masaya). Balneario.

Masaya, volcán del SO. de Nicaragua, en el dep. homónimo; 635 m. — C. de Nicaragua, cap. del dep. del mismo n. al SE. de Managua.

masayense o **masaya** adj. y s. De Masaya.

mascabado, da adj. Aplícase al azúcar de segunda producción.

mascada f. *Méx.* Pañuelo de seda que se lleva al cuello.

mascador, ra adj. y s. Que masca.

mascadura f. Acción de mascar.

Mascagni [-*ñi*] (Pietro), músico italiano (1868-1945), autor de *Caballería rusticana*.

mascar v. t. Desmenuzar los alimentos con los dientes. ‖ Masticar: *mascar tabaco*. ‖ *Fig.* y *fam.* Mascullar.

Mascara, c. de Argelia (Mostaganem), al SE. de Orán. Vinos.

máscara f. Figura de cartón pintado o de otra materia con que se tapa uno el rostro para disfrazarse. ‖ Traje extravagante para disfrazarse. ‖ Careta de protección contra los productos tóxicos: *máscara de gas*. ‖ Aparato de protección que usan los colmeneros, los esgrimidores, los pescadores submarinos, etc. ‖ Mascarilla. ‖ *Fig.* Apariencia engañosa. ‖ *Fig. Quitarse la máscara*, dejar de disimular. ‖ — Com. Persona enmascarada. ‖ — F. pl. Mojiganga, fiesta de personas enmascaradas.

mascarada f. Fiesta de personas enmascaradas. ‖ Comparsa de máscaras. ‖ *Fig.* Cosa falsa.

Mascardi, lago en el centro de la Argentina (Río Negro).

Mascareñas (ISLAS), ant. n. del archip. del océano Índico formado por las islas de la *Reunión* (Francia), *Mauricio* y *Rodríguez*. (Su nombre se debe a *Pedro de Mascareñas*, descubridor de la isla de la Reunión en 1505.)

mascarilla f. Máscara que sólo tapa la parte superior de la cara. ‖ Vaciado de yeso sacado sobre el rostro de una persona o escultura, particularmente de un cadáver. ‖ Producto utilizado para los cuidados estéticos del rostro. ‖ Aparato utilizado por los anestesistas que se aplica sobre la nariz y la boca del paciente.

mascarón m. Máscara grande. ‖ Máscara esculpida de carácter fantástico o grotesco que sirve de adorno en cerraduras, fuentes, muebles, etc. ‖ *Mascarón de proa*, figura de adorno en el tajamar de los barcos.

Mascate, c. y puerto de la penins. arábiga en la costa del golfo de Omán, cap. del sultanato de Omán, llamado ant. de Mascate y Omán.

mascota f. Fetiche, objeto, persona o animal que da suerte.

Mascota, mun. y pobl. del O. de México (Jalisco).

mascujar v. t. Masticar lenta y dificultosamente. ‖ *Fig.* y *fam.* Hablar entre dientes, de manera poco clara. | Refunfuñar.

masculillo m. *Fam.* Porrazo. ‖ Juego de muchachos consistente en coger a uno y darle con el trasero contra el suelo o contra otro.

masculinidad f. Carácter o calidad de masculino.

masculinización f. Aparición en la mujer de algunas características secundarias del varón.

masculinizar v. t. Dar carácter masculino.

masculino, na adj. Perteneciente o relativo al macho: *sexo masculino*. ‖ *Fig.* Viril: *voz masculina*. ‖ Aplícase al género gramatical que corresponde a los varones o a las cosas consideradas como tales (ú. t. c. s. m.).

mascullar v. t. *Fam.* Hablar entre dientes, de manera poco clara.

Masdéu (Juan Francisco), historiador y jesuita español (1744-1817).

Masdjid-i Sulayman, c. de Irán, en la frontera con Irak.

masería f. Masada, cortijo.

Maseru, c. de África austral, cap. de Lesotho; 10 000 h. Arzobispado.

masetero adj. m. y s. m. *Anat.* Aplícase al músculo que sirve para accionar la mandíbula inferior.

Masferrer (Alberto), ensayista y poeta salvadoreño (1867-1932).

masía f. Masada, finca.

masilla f. Mezcla de yeso y aceite de linaza usada para sujetar los cristales en los bastidores de las ventanas o para tapar agujeros.

Masinisa, rey de Numidia, aliado de los romanos (¿238?-138 a. de J. C.).

masita f. Cantidad que se retiene de la paga de los militares para gastos de ropa. ‖ *Amer.* Bizcocho blando.

masivo, va adj. *Med.* Aplícase a la dosis inmediatamente inferior al límite máximo de tolerancia. ‖ Que reúne gran número de personas: *manifestación masiva*. ‖ Que se refiere a gran cantidad de cosas: *producción masiva*.

maslo m. Tronco de la cola y cola misma de los cuadrúpedos. ‖ Tallo de una planta.

masón m. Perteneciente a la masonería: *asamblea de masones*.

masonería f. Asociación secreta cuyos miembros profesan la fraternidad y se reconocen entre ellos por medio de signos y emblemas particulares.

— La *masonería* es una organización secreta extendida por todo el mundo, cuyo origen se encuentra en una cofradía de albañiles (*maçon*, albañil) del s. VIII. Sus emblemas son el *mandil*, el *compás* y la *escuadra*. Sus miembros están reunidos en *talleres* o *logias*. Asociación de ayuda mutua en sus comienzos, desde el s. XVIII tiene unos fines marcadamente políticos que han influido en la historia de Europa y América. La logia más antigua en España es la *Matritense*, fundada en 1728.

masónico, ca adj. De la masonería: *signos masónicos*.

masoquismo m. Perversión sexual del que busca el placer en el dolor.

masoquista adj. Relativo al masoquismo. ‖ Que padece masoquismo (ú. t. c. s.).

masora f. Examen crítico del texto de la Biblia, hecho por los exégetas judíos.

masoreta m. Exégeta judío.

Maspalomas, mun. de España en Las Palmas de Gran Canaria. Estación de seguimiento para vuelos espaciales.

Massa, c. del NO. de Italia (Toscana), cap. de la prov. de Massa e Carrara. Obispado.

Massa (Juan Bautista), músico argentino (1885-1938), autor del poema sinfónico *La muerte del Inca*.

Massachusetts, uno de los Estados Unidos de América del Norte (Nueva Inglaterra), en el NE. del país; cap. *Boston*.

Massena (André), mariscal de Francia (1758-1817).

Massenet [*-né*] (Jules), músico francés (1842-1912), autor de las óperas *Manon, Thais, Werther,* etc.
Massip (Vicente Juan). V. JUAN DE JUANES.
mastaba f. Tumba egipcia de forma trapezoidal.
mastate m. *Méx.* Corteza fibrosa de árbol.
mastelerillo m. *Mar.* Palo menor que se añade para alargar los masteleros.
mastelero m. *Mar.* Palo menor que se coloca sobre cada uno de los palos mayores.
masticación f. Acción de triturar los alimentos sólidos.
masticador, ra adj. Que sirve para la masticación. || — M. Mastigador. || Utensilio para triturar los alimentos.
masticar v. t. Triturar los alimentos sólidos con los dientes. || *Fig.* Pensar profunda y repetidamente una cosa.
masticatorio adj. y s. m. Sustancia que se masca para excitar la secreción de la saliva.
mastigador m. Freno que se pone a la caballería para excitar la salivación.
mástil m. *Mar.* Palo de una embarcación. | Mastelero. || Palo derecho para mantener una cosa. || Astil de la pluma del ave. || Tallo de una planta. || Mango de la guitarra y otros instrumentos de cuerda.
mastín m. Perro grande que se utiliza para guardar los ganados.
mastodonte m. Mamífero paquidermo fósil de fines de la era terciaria y principios de la cuaternaria que tenía cuatro colmillos. || *Fam.* Persona o cosa enorme.
mastoideo, a adj. Relativo a la apófisis mastoides.
mastoides adj. inv. Dícese de la apófisis del hueso temporal de los mamíferos, situada detrás del pabellón de la oreja (ú. t. c. s. m.).
mastoiditis f. inv. *Med.* Inflamación de la apófisis mastoides.
Mastronardi (Carlos), poeta ultraísta y ensayista argentino, n. en 1900, autor de *Tierra amanecida,* etc.
mastuerzo m. Planta crucífera, de sabor picante, que se come en ensalada. || *Fig.* y *fam.* Bobo, majadero, estúpido (ú. t. c. adj. m.).
Masulipatnam y **Masulipatam.** V. BANDAR.
masurio m. *Quím.* Tecnecio.
mata f. Planta perenne de tallo bajo, leñoso y ramificado. || Pie de algunas plantas: *una mata de hierba.* || Campo de árboles frutales de la misma especie: *una mata de olivos.* || Lentisco. || Sustancia metálica sulfurosa, producto de una primera fusión. || — *Fig.* y *fam. A salto de mata,* al día, de manera insegura: *vivir a salto de mata.* || *Mata de pelo,* gran parte o conjunto del cabello de una persona.
Mata (Andrés), poeta venezolano (1870-1931). || ~ (FILOMENO), periodista mexicano (1847-1911). || ~ (PEDRO), novelista español (1875-1946), que gozó de gran popularidad *(Un grito en la noche).*
matacabras, m. inv. Tramontana, viento.
matacán m. *Fort.* Obra voladiza con parapeto y suelo aspillerado. || Veneno para matar perros. || Nuez vómica.
matacandelas m. inv. Pequeño cono metálico para apagar las velas.
mataco m. *Arg.* Armadillo. | Persona terca.
matachín n. Jifero. || *Fig.* y *fam.* Hombre pendenciero, matamoros. || Bufón antiguo.
matadero m. Sitio donde se sacrifica el ganado para el consumo. || *Fig.* y *fam.* Trabajo muy difícil y cansado: *esto es un matadero.*
Matadi, c. y puerto en el O. de la Rep. Democrática del Congo, en el curso inferior del Congo.
matador, ra adj. Que mata (ú. t. c. s.). || *Fig.* y *fam.* Difícil y cansado: *una labor matadora.* | Agotador, muy pesado: *un niño matador.* || — M. *Taurom.* Espada, torero que mata al toro.
matadura f. Llaga que se hacen las bestias con el aparejo.
matafuego m. Extintor de incendios.
Matagalpa, c. del centro de Nicaragua, cap. del dep. del mismo nombre. Obispado. Café.
matagalpino, na adj. y s. De Matagalpa (Nicaragua).
Mataje, río del Ecuador, fronterizo con Colombia.
mátalas callando com. *Fam.* Persona que sabe conseguir lo que se propone sin meter el menor ruido. | Astuto.
matalobos m. *Bot.* Acónito.
matalón, ona adj. y s. m. Aplícase al caballo muy flaco y cubierto de mataduras.
matalotaje m. *Mar.* Provisión de víveres de un barco. || *Fig.* Desorden.
matalote adj. y s. m. Matalón. || — M. *Mar.* Barco anterior y posterior de los que forman una columna: *matalote de proa, de popa.*
matamata f. Tortuga de América del Sur.
matamba f. Palmácea de las selvas tropicales americanas.
matamoros m. inv. Bravucón, perdonavidas.
Matamoros, c. del N. de México (Coahuila). — C. del NE de México (Tamaulipas), a orillas del río Bravo y en la frontera con Estados Unidos. Obispado.
Matamoros (Mariano), sacerdote y caudillo insurgente mexicano (1770-1814), lugarteniente de Morelos. M. fusilado.
matamoscas m. inv. Instrumento para matar moscas. || — Adj. Usado para matar moscas : *papel matamoscas.*
matancero, ra adj. y s. De Matanzas (Cuba).
Matanga, pico de los Andes del Ecuador, en la Cord. Central (Azuay); 4 000 m.
matanza f. Acción de matar a una o varias personas. || Exterminio, hecatombe. || Operación que consiste en matar los cerdos y preparar su carne. || Época en que se hace. || Carne del cerdo preparada de diversas maneras.
Matanzas, c. y puerto del NE. de Cuba, cap. de la prov. homónima. Obispado. Centro turístico. — Centro siderúrgico de Venezuela, cerca del Orinoco.
matapalo m. Árbol americano cauchero de corteza fibrosa que se usa para hacer sacos.
Matapalo, cabo del S. de Costa Rica (Puntarenas), en la penins. de Osa.
Matapán, cabo de Grecia al S. del Peloponeso.
matapolillas m. inv. Producto para destruir la polilla.
mataquintos m. inv. *Fam.* Tabaco de mala calidad.
Mataquito, río de Chile (Centro), que separa las prov. de Curicó y Talca; 230 km. — Dep. de Chile (Curicó), cap. *Licantén.*
matar v. t. Quitar la vida de manera violenta (ú. t. c. pr.). || Provocar la muerte: *el alcoholismo le mató.* || Destruir: *el hielo mata las plantas.* || *Fig.* Apagar: *matar la luz, la sed, el brillo de los metales.* | Echar agua a la cal o al yeso. | Achaflanar, redondear: *matar una arista.* | Poner el matasellos: *matar un sobre.* | Arruinar la salud: *esta vida me mata.* | Echar abajo: *matar un negocio.* | Fastidiar, importunar: *matar a preguntas.* | Cansar mucho física o moralmente: *el ruido me mata.* | Hacer más llevadero, distraer: *matar el tiempo.* | Rebajar un color. | En el juego, echar una carta superior a la del contrario: *matar un as.* || — *Fig. Estar a matar con uno,* estar muy enemistado con él. | *Matarlas callando,* llevar a cabo el propósito perseguido con disimulo, sin el menor ruido. || *Fig.* y *fam ¡No me mates!,* ¡no me fastidies! || — V. i. Hacer la matanza del cerdo. || — V. pr. *Fig.* Fatigarse mucho: *matarse trabajando.* | Desvivirse: *se mata por complacer a sus amigos.*
matarife m. El que por oficio mata las reses.
Mataró, c. y puerto del NE. de España (Barcelona). Textiles. Metalurgia.
matarratas m. inv. Raticida. || *Fam.* Aguardiente muy fuerte o de mala calidad.
matasanos m. inv. *Fig.* Médico malo.
matasellar v. tr. Poner el matasellos.
matasellos m. inv. Marca hecha en los sobres por el servicio de correos para inutilizar los sellos.
matasiete m. *Fig.* y *fam.* Espadachín, valentón, fanfarrón.
matasuegras m. inv. Broma usada en carnaval consistente en un tubo de papel arrollado en espiral que se extiende al soplar por un extremo.
matatena f. *Méx.* Piedra redonda, peladilla.
matazón f. *Amer.* Gran mortandad.
match m. (pal. ingl.). Encuentro deportivo.
mate adj. Que no tiene brillo: *color mate.* || Amortiguado, apagado: *voz mate.* || — M. Lance final del ajedrez. || Smash en el tenis.
mate m. *Amer.* Calabaza que, seca y vaciada, tiene numerosos usos domésticos. | Planta parecida al acebo con cuyas hojas se hace una infusión como la del té. | Infusión de hojas de mate tostadas. (Suele dársele el nombre de *té del Paraguay, té de jesuitas y yerba.*) Vasija en que se bebe esta infusión. | *Fam.* Cabeza.
matear v. i. Ramificarse o macollar las matas de trigo. || Registrar las matas el perro para descubrir la caza. || Tomar una infusión de mate.
Matehuala, c. y mun. en el O. de México (Sinaloa).
matemático, ca adj. Relativo a las matemáticas: *ciencias matemáticas.* || *Fig.* Riguroso, preciso: *exactitud matemática.* || — M. y f. Persona que es especialista en matemáticas. || — F. Ciencia que estudia por razonamiento deductivo las propiedades de los seres abstractos (números, figuras geométricas, etc.) y las relaciones entre sí.
Mateo *(San),* apóstol y evangelista, martirizado hacia el año 70. Fiesta el 21 de septiembre.
Mateo *(El maestro),* escultor español del s. XII, autor del *Pórtico de la Gloria,* de la catedral de Santiago de Compostela.
Mateos (Juan Antonio), escritor romántico mexicano (1831-1913).
Mater et Magistra, encíclica del papa Juan XXII (1961), de carácter social.
Matera, c. del SE. de Italia (Basilicata), cap. de la prov. homónima. Arzobispado. Catedral románica (s. XIII).
materia f. Sustancia extensa, divisible y pesada que puede tomar cualquier forma: *las propiedades de la materia.* || Sustancia con la cual está hecha una cosa: *un cuadro hecho con mucha materia.* || *Med.* Pus. || *Fig.* Tema, punto de que se trata. | Motivo, causa: *esto no debe ser materia a que se enemisten.* || — *En materia de,* tratándose de. || *Entrar en materia,* empezar a tratar un tema. || *Materia gris,* parte del sistema nervioso formado por el cuerpo de las neuronas. || *Materia prima* o *primera materia,* producto natural que tiene que ser transformado antes de ser vendido a los consumidores; principal elemento de una industria: *el petróleo es una materia prima.*
material adj. Formado por materia: *sustancia material.* || Que no

es espiritual: *bienes materiales.* ‖ *Fig.* Grosero, sin ingenio ni agudeza. ‖ Demasiado apegado a las cosas materiales: *espíritu material.* ‖ — M. Conjunto de instrumentos, herramientas o máquinas necesarios para la explotación de una finca, de una industria, etc.: *material agrícola, escolar* (ú. m. en pl.). ‖ Materia con que se hace una cosa: *material de construcción.* ‖ Cuero. ‖ *Material refractario,* conjunto de objetos de arcilla o vidrio resistentes al fuego.

materialidad f. Calidad de material: *la materialidad del cuerpo.* ‖ Apariencia de las cosas. ‖ Realidad.

materialismo m. *Fil.* Doctrina que considera la materia como la única realidad. ‖ Manera de comportarse de los que sólo se preocupan por las satisfacciones corporales.

materialista adj. Del materialismo: *doctrina materialista.* ‖ — Adj. y s. Partidario del materialismo.

materialización f. Acción y efecto de materializar.

materializar v. t. Considerar como material una cosa que no lo es: *materializar el alma.* ‖ Volver material, sensible: *el pintor materializa sus sueños.* ‖ Concretar, dar realidad.

maternidad f. Estado o calidad de madre. ‖ Establecimiento hospitalario donde se efectúan los partos. ‖ Representación artística de una madre con su hijo, especialmente de la Virgen con el Niño Jesús.

materno, na adj. Relativo a la madre o propio de ella: *amor materno; línea materna.* ‖ Nativo: *el castellano es mi lengua materna.*

matero, ra adj. y s. *Amer.* Aficionado a tomar mate.

Mathéu (Domingo), patriota argentino (1766-1831), vocal de la primera Junta de Gobierno (1810).

Mathura, c. del N. de la India (Uttar Pradesh). Centro religioso.

Matías *(San),* discípulo de Jesucristo (m. hacia 61). Fiesta el 24 de febrero.

Matías Corvino. V. CORVINO.

matidez f. Calidad de mate.

Matilde, condesa de Toscana (1046-1115). Legó parte de sus Estados al papa Gregorio VII.

matinal adj. De la mañana: *brisa, luz matinal.*

matinée f. Función que se da por la mañana o a primeras horas de la tarde.

Matis (Francisco Javier), pintor colombiano (1774-1851).

Matisse [*-tís*] (Henri), pintor *fauvista* francés (1869-1954), autor de una serie de *Odaliscas.*

matiz m. Cada una de las gradaciones que puede tomar un color. ‖ *Fig.* Pequeña diferencia que existe entre cosas parecidas: *hay muchos matices en este partido.* | Aspecto: *este texto tiene cierto matiz poético.* | Rasgo: *no hay genio sin un matiz de locura.*

matización f. Acción y efecto de matizar.

matizar v. t. Juntar o casar con armonía diversos colores. ‖ Dar a un color un matiz determinado. ‖ *Fig.* Graduar con cuidado sonidos, expresiones, conceptos, afectos, etc.

Matlacxóchitl, primer soberano tolteca, entronizado en Tula (México) a fines del s. x.

Matlalcueyatl. V. MALINCHE.

matlatzinca adj. y s. Individuo perteneciente a un pueblo establecido en el valle de México en el s. VII.

Mato Grosso, Estado del O. del Brasil; cap. *Cuiabá.*

matojo m. Matorral.

matón m. *Fig.* y *fam.* Pendenciero, bravucón.

matonear v. i. Chulear.

matonería f. Fanfarronería.

matorral m. Campo inculto lleno de matas y maleza. ‖ Grupo de arbustos bajos y ramosos.

Matos Fragoso (Juan de), dramaturgo español de origen portugués (1608-1689).

Matra, cord. al N. de Hungría.

matraca f. Carraca, rueda de tablas con badajos de madera entre las paletas, que se usa en Semana Santa en lugar de campanas. ‖ *Fig.* y *fam.* Burla, chasco. | Molestia, lata: *dar la matraca.*

matraquear v. i. Hacer ruido continuado con la matraca. ‖ *Fig.* y *fam.* Ser pesado, importunar. | Chasquear, burlarse.

matraqueo m. Ruido hecho con la matraca. ‖ *Fig.* y *fam.* Molestia. | Porfía, insistencia.

matraz m. Frasco de cuello largo que se utiliza en los laboratorios de química.

matrería f. Astucia, suspicacia.

matrero, ra adj. Astuto. ‖ *Amer.* Suspicaz, receloso. ‖ *Arg.* Dícese del individuo que anda por los montes huyendo de la justicia.

matriarcado m. Sistema social propio de algunos pueblos basado en la primacía del parentesco por línea materna.

matriarcal adj. Del matriarcado: *sociedad matriarcal.*

matricida com. Asesino de su madre: *Nerón fue un matricida.*

matricidio m. Delito de matar uno a su madre.

matrícula f. Inscripción en algún registro de una persona o cosa con el número que se le atribuye para facilitar su identificación: *la matrícula de un soldado, de un coche.* ‖ Documento o registro en que se acredita esta inscripción. ‖ Inscripción en un centro de enseñanza. ‖ Placa metálica en los vehículos automóviles que indica el número de inscripción. ‖ Este número. ‖ *Mar.* Tripulación. ‖ — *Matrícula de honor,* distinción más alta concedida en un examen u oposición. ‖ *Matrícula de mar,* alistamiento de marineros.

matriculación f. Matrícula.

matricular v. t. Inscribir en algún registro o matrícula. ‖ — V. pr. Inscribirse en la matrícula: *matricularse en la facultad.*

matrimonial adj. De matrimonio: *promesa matrimonial.*

matrimoniar v. i. Casarse.

matrimonio m. Unión legítima de hombre y mujer: *contraer matrimonio.* ‖ Celebración de esta unión: *matrimonio civil, religioso.* ‖ Sacramento indisoluble que establece esta unión. ‖ *Fam.* Marido y mujer: *un matrimonio joven.*

matritense adj. y s. Madrileño, de Madrid.

matriz f. Víscera de los mamíferos en que se desarrollan el embrión y el feto en la madre. ‖ Molde para fundir ciertos objetos: *matriz para caracteres de imprenta, botones,* etc. ‖ Tuerca. ‖ Parte del talonario que queda después de cortar los talones. ‖ *Mat.* Cuadro compuesto por números reales y complejos ordenados en líneas y columnas. ‖ — Adj. *Fig.* Madre, principal: *casa, iglesia matriz.* ‖ Dícese del original de una escritura con el cual se cotejan los traslados.

matrona f. Madre de familia, respetable y de cierta edad. ‖ Partera. ‖ Empleada de las aduanas que registra a las mujeres.

Matsudo, c. del O. del Japón (Honshu).

Matsue, c. del Japón en el SO. de la isla de Honshu.

Matsumoto, c. del O. del Japón (Honshu).

Matsuyama, c. del Japón en el O. de la isla de Sikoku.

Matsuzaka, c. del Japón en la isla de Honshu.

Matta (Guillermo), político y escritor romántico chileno (1829-1899). ‖ ~ **Echaurren** (ROBERTO ANTONIO), pintor surrealista chileno, n. en 1912.

Matterhorn, n. alemán del *monte Cervino.*

Matto de Turner (Clorinda), escritora peruana (1854-1909), autora de las novelas *Aves sin nido, Índole* y *Tradiciones cuzqueñas.*

Matucana, c. del O. del Perú, cap. de la prov. de Huarochirí (Lima).

matul m. *Cub.* Atado de 420 hojas de tabaco.

matulanga f. *Cub.* Envoltorio.

Maturana (José de), poeta y autor de teatro argentino (1884-1917).

maturín, ina adj. y s. De Maturín (Venezuela).

Maturín, c. del NE. de Venezuela, cap. del Estado de Monagas. Ganadería.

maturrango, ga adj. y s. *Amer.* Mal jinete. | Torpe.

matusalén m. Hombre de mucha edad.

Matusalén, personaje bíblico, padre de Lamec y abuelo de Noé. Vivió 969 años.

matute m. Contrabando.

Matute (Ana María), escritora española n. en 1926, autora de las novelas *Los Abel, Los hijos muertos,* etc.

matutear v. i. Contrabandear.

matutero, ra m. y f. Contrabandista.

matutino, na adj. Que aparece por la mañana: *estrella matutina.* ‖ Que ocurre o se hace por la mañana: *la prensa matutina.*

Maubeuge, c. de Francia (Nord). Metalurgia.

Maugham (William Somerset), novelista inglés (1874-1965), autor de *La luna y seis peniques, Servidumbre humana, El filo de la navaja,* etc. Fue tb. autor de teatro.

maula f. Cosa inútil. ‖ Retal. ‖ Engaño. ‖ — Com. *Fam.* Mal pagador. | Persona perezosa. | Persona astuta y tramposa.

Maule, río del centro de Chile que nace en la prov. de Talca; 225 km. — Com. de Chile (Talca). — Prov. de Chile (centro); cap. *Cauquenes.* Vinos.

maulería f. Tienda del maulero. ‖ Astucia, trapacería.

maulero, ra m. y f. Vendedor de retales de tela. ‖ Embustero, trapacero.

maulino, na adj. y s. De Maule (Chile).

maullador, ra adj. Que maúlla mucho.

maullar v. i. Dar maullidos.

maullido m. Voz del gato.

Maullín, río del S. de Chile (Llanquihue); 140 km. — Comuna y dep. del S. de Chile (Llanquihue).

Mauna Loa, volcán de Hawai; 4 168 m.

Maupassant (Guy de), escritor francés (1850-1893), de estilo sobrio, autor de admirables relatos cortos (*Bola de sebo, La casa Taller, Señorita Fifí,* etc.) y de novelas (*Una vida, Bel-Ami*).

Maura (Antonio), jurisconsulto y político español (1853-1925), jefe del Partido Conservador y varias veces pres. del Consejo de ministros. — Su hijo GABRIEL MAURA Y GAMAZO (1879-1963) fue historiador y político. — Su otro hijo HONORIO fue comediógrafo (1886-1936). — Otro hijo, MIGUEL (1887-1971), fue ministro en el primer gob. republicano (1931).

Mauregato, rey de Asturias (783-789), hijo natural de Alfonso I *el Mayor.*

Mauriac [*mo-*] (François), escritor francés (1885-1970), autor de novelas (*Genitrix, Teresa Desqueyroux, Nudo de víboras*), dramas y ensayos. (Pr. Nóbel, 1952.)

Mauricio (ISLA), ant. *Isla de Francia,* isla del océano Índico, al E. de Madagascar; 1 865 km²; 810 000 h. Cap. *Port Louis.* Ant. británica; independiente en 1968.

Mauricio ‖ ~ **de Nassau,** estatúder de los Países Bajos (1567-1625), hijo de Guillermo el Taciturno, que combatió contra los españoles. ‖ ~ **de Sajonia** (1521-

1553), elector de Sajonia en 1547, se alió primero con Carlos V, venció a los luteranos en Mühlberg (1547), para enfrentarse finalmente al Emperador.

Maurier (Daphne DU), novelista inglesa, n. en 1906, autora de *Rebeca* y *Posada Jamaica.*

Mauritania o **Mauretania,** región de África del Norte, ubicada durante la época romana en las actuales Mauritania, Marruecos, Argelia y Túnez.

Mauritania (REPÚBLICA ISLÁMICA DE), Est. de África occidental; 1 200 000 km^2; 1 140 000 h. (*mauritanos*). Cap. *Nuakchott,* 12 500 h.; c. pr. *Port Etienne,* 5 300 h. Yacimientos de hierro y de cobre. Independiente desde 1960.

mauritano, na adj. y s. De Mauritania.

Maurois [*moruá*] (André), escritor francés (1885-1967), autor de novelas (*Climas*), de biografías (*Disraeli, Los Tres Dumas, Lord Byron*), de ensayos y de obras históricas (*Historia de Inglaterra*).

Maurras [*morrá*] (Charles), escritor y político francés (1868-1952), defensor de la Monarquía.

Maurya, dinastía india fundada por Chandragupta hacia 320 a. de J. C., que reinó hasta cerca de 185 a. de J. C.

máuser m. Fusil de repetición inventado por W. Máuser en 1872.

mausoleo m. Sepulcro magnífico y suntuoso.

Mausolo, rey de Caria de 377 a 353 a. de J. C. Su tumba, el *Mausoleo,* era una de las siete maravillas del mundo.

maxilar adj. y s. m. Relativo a la mandíbula: *hueso maxilar; venas, arterias maxilares.*

máxima f. Sentencia o proposición general que sirve de precepto. || Temperatura más alta en un sitio y tiempo determinado: *las máximas del año.*

maximalista adj. y s. Bolchevique.

máxime adv. Principalmente, sobre todo.

Maximiliano || ~ **I** (1459-1519), emperador germánico desde 1493. Casó a su hijo Felipe *el Hermoso* con Doña Juana *la Loca,* hija de los Reyes Católicos. || ~ **II** (1527-1576), emperador germánico desde 1564.

Maximiliano de Habsburgo (Fernando José), archiduque de Austria (1832-1867), emperador de México en 1864, hermano del emperador Francisco José I. Hecho prisionero en Querétaro por los juaristas, fue fusilado.

Maximino || ~ **I** (173-238), emperador romano desde 235. || ~ **II,** emperador romano de 309 a 313, vencido por Constantino I.

máximo, ma adj. Aplícase a lo más grande en su género, mayor: *el círculo máximo de una esfera.* || — M. Límite superior de una cosa. || Valor mayor de una cantidad variable entre ciertos límites. || — *Hacer el máximo,* hacer todo lo posible. || *Máximo común divisor* (m. c. d.), el mayor de los divisores comunes de varios números.

Máximo (Claudio), emperador romano (383-388), n. en España. Reinó en Galia y en España. Vencido por Teodosio I el Grande, m. asesinado.

Máximo Gómez, mun. y pobl. de Cuba (Matanzas).

máximum m. Máximo.

Maxtla, rey de los tecpanecas, vencido por Netzahualcóyotl y ejecutado en 1428.

maxwell o **maxvelio** m. Unidad C. G. S. de flujo magnético (símb., M).

Maxwell (James Clerk), físico escocés (1831-1879), autor de la teoría electromagnética de la luz.

maya f. Planta compuesta, de flores blancas.

maya adj. y s. Individuo de una de las tribus indias que hoy habitan en Yucatán. || — M. Lengua hablada por estos indios.

— El *maya* pertenece a una familia de pueblos indios de América Central y México que desarrolló una de las más importantes culturas aborígenes americanas. Su historia puede dividirse en tres épocas: *Premaya,* hasta el s. IV de la era cristiana; *Antiguo Imperio* (317-987) y *Nuevo Imperio* (987-1697). Entre sus manifestaciones arquitectónicas más notables se encuentran los palacios de piedra (Petén), pirámides y templos (Uaxactún, Uxmal, Chichén Itzá), esculturas (Tikal, Copán, Palenque), pinturas (murales de Palenque, Bonampak).

Maya (Rafael), poeta y crítico colombiano, n. en 1897.

Mayagüez, c. y puerto del O. de Puerto Rico. Universidad.

mayagüezano, na adj. y s. De Mayagüez.

Mayahuel, entre los aztecas, la diosa del Maguey.

Mayakovski (Vladimir), poeta y escritor ruso (1893-1930), paladín del futurismo. Compuso obras de teatro (*La pulga, El baño,* etc.). Se suicidó.

mayal m. Palo del cual tira la caballería en los molinos. || Instrumento para desgranar cereales.

Mayáns y Siscar (Gregorio), historiador español (1699-1781), autor de *Orígenes de la lengua española.*

Mayapán, ant. c. maya al N. de Yucatán. Formó parte, con las c. mayas de Chichén Itzá y Uxmal, de una confederación (*Liga de Mayapán*) constituida hacia 987.

Mayarí, mun. y pobl. del NE. de Cuba (Oriente).

mayate m. Insecto coleóptero mexicano.

Mayenne, dep. del O. de Francia, regado por el río del mismo n.; cap. *Laval.* Ganadería.

mayestático, ca adj. De la majestad.

Mayflower, n. del barco que condujo a los emigrantes ingleses que fundaron la colonia de Nueva Inglaterra en Norteamérica (1620).

mayo m. Quinto mes del año: *el 2 de mayo.* || Árbol que se adorna en el mes de mayo y al pie del cual vienen a bailar los chicos y chicas. || Ramos y flores que ponen los chicos a las puertas de sus novias. || — Adj. f. Dícese de las fiestas conmemorativas de la Independencia de la Argentina.

Mayo, río del SO. de Colombia (Nariño y Cauca), afl. del Patía. — Río del N. de México (Chihuahua), que des. en el golfo de California; 350 km. — Río del Perú, afl. del Huallaga.

mayólica f. Loza cubierta por una capa vidriada metálica.

mayonesa f. Salsa fría y muy trabada hecha con aceite, yema de huevo y sal.

mayor adj. Que excede a una cosa en cantidad o calidad: *esta casa es mayor que la tuya; su inteligencia es mayor que la mía.* || De más edad. Ú. t. c. s.: *el mayor de los hijos.* || Que es mayor de edad: *sus hijos ya son mayores.* || Entrado en años: *una señora mayor.* || Calificativo de ciertos grados y dignidades: *oficial mayor del Congreso.* || — *Al por mayor,* en grandes cantidades. || *Mayor edad,* edad a partir de la cual, según la ley, una persona tiene la plena capacidad de ejercer sus derechos y es considerada responsable de todos sus actos. || — M. Oficial superior o jefe. || *Mat.* Entre dos cantidades, signo (>) que indica que la primera es superior a la segunda. || — Pl. Abuelos y demás progenitores. || Antepasados. || — F. Primera proposición de un silogismo.

Mayor, en ital. *Maggiore,* lago del N. de Italia en la frontera con Suiza; 212 km^2. En él se encuentran las islas Borromeas.

mayoral m. Encargado que cuida de los rebaños o de las manadas de toros. || En las diligencias, el que conducía el tiro de mulas. || Capataz de trabajadores del campo. || (Ant.) Mampostero. || *Amer.* Cobrador de tranvía.

mayorazga f. La que goza y posee un mayorazgo. || Heredera de un mayorazgo. || Mujer del mayorazgo.

mayorazgo m. Institución destinada a perpetuar en una familia la posesión de ciertos bienes transmitiéndolos al hijo mayor. || Estos bienes. || Poseedor de un mayorazgo. || *Fam.* Primogenitura.

mayordoma f. Mujer del mayordomo.

mayordomía f. Empleo y oficina del mayordomo.

mayordomo m. Criado principal en una casa grande. || Oficial de ciertas cofradías. || El encargado de administrar los bienes de una parroquia. || *Mayordomo de palacio,* en Francia, alto dignatario en la corte de los merovingios con influencia política muy grande.

mayoría f. Mayor edad. || La mayor parte: *la mayoría de los asistentes.* || Partido más numeroso de una asamblea: *la mayoría parlamentaria.* || En unas elecciones, número de votos que permite a un candidato vencer a los demás. || Condición de mayor. || Oficina del mayor. || — *Mayoría absoluta,* la mitad más uno de los votos. || *Mayoría relativa,* la del candidato que obtiene mayor número de votos.

mayorista m. Comerciante al por mayor. || Estudiante que estaba en la clase de mayores. || — Adj. Al por mayor.

mayoritario, ria adj. Perteneciente a la mayoría o que se apoya sobre ella.

Mayrán, laguna del N. de México en la que des. el río Nazas (Coahuila).

Mayta Cápac, inca del Perú (1246-1276).

Maytorena (José María), general y político mexicano (1867-1948). Partidario de Madero, se puso al frente del ejército que luchó contra V. Huerta.

mayúsculo, la adj. Dícese de la letra de mayor tamaño que se usa en principio de frase, de nombre propio, en títulos, etc. (ú. t. c. s. f.) [V. *Compendio de gramática,* al final del vol.] *Fam.* Muy grande : *escándalo mayúsculo.*

maza f. Arma contundente antigua. || Insignia de los maceros. || Instrumento para machacar el cáñamo. || Pieza que en el martinete sirve para golpear. || Palillo con una pelota de cuero en una extremidad que sirve para tocar el bombo. || Extremo más grueso del taco, en el juego de billar. || *Fig.* y *fam.* Persona pesada, fastidiosa.

mazacote m. Sosa. || Hormigón. || Mortero, argamasa. || *Fig.* y *fam.* Plato mal guisado, seco y espeso. | Persona pesada. | Obra de arte pesada, poco elegante.

Mazagán. V. JADIDA (*El*).

Mazagón, pobl. del S. de España (Huelva). Estación veraniega.

mazagrán m. Café frío.

mazahua adj. y s. Indígena mexicano perteneciente a una tribu otomí. || — M. Uno de los dialectos de la lengua otomí.

Mazalquivir, en fr. *Mers-el-Kebir,* c. del NO. de Argelia, en el golfo de Orán.

mazamorra f. Gachas de harina de maíz con leche y azúcar o sal. || Potaje de pedazos de bizcocho que se da a los marineros. || *Fig.* Mezcla de cosas dispares.

mazapán m. Pasta de almendra y azúcar cocida al horno.

Mazar-i Charif, c. del N. de Afganistán. Textiles.

Mazarino (Julio MAZARINI, llamado), cardenal y político francés de origen italiano (1602-1661), primer ministro de Luis XIII y de Luis XIV. Terminó la guerra de los Treinta Años con el Tratado de Westfalia (1648) y firmó con España el de los Pirineos (1659).

Mazarrón, v. del SE. de España (Murcia). Plomo.

mazateca adj. y s. Indígena mexicano del NO. del Estado de Oaxaca.

mazateco, ca adj. y s. De Mazatenango (Guatemala).

Mazatenango, c. del SO. de Guatemala, cab. del dep. de Suchitepéquez.

Mazatlán, c. y puerto del O. de México (Sinaloa), en la costa del Pacífico. Obispado. Industria textil y azucarera.

mazazo m. Golpe dado con una maza o mazo.

mazdeísmo m. Religión del antiguo Irán basada en dos principios, el Bien y el Mal, entre los cuales el hombre tiene que escoger.

Mazepa (Ivan Stepanovich), jefe de los cosacos de Ucrania (1644-1709). Luchó, a las órdenes de Carlos XII de Suecia, en Poltava.

mazmorra f. Calabozo subterráneo.

mazo m. Martillo grande de madera. || Manojo, puñado. || Maza para tocar el bombo. || *Fig.* Hombre molesto.

Mazo (Juan Bautista MARTÍNEZ DEL). V. MARTÍNEZ DEL MAZO.

mazonería f. Obra de fábrica.

mazorca f. Panoja del maíz del cacao. || *Fig. Chil.* Grupo de personas que forman un gobierno dictatorial. || Nombre dado en Buenos Aires a la Sociedad Popular Restauradora durante la dictadura de Rosas.

mazorquero m. *Fig. Chil.* Miembro de una mazorca. | Partidario de la violencia.

mazurca f. Baile y música de tres tiempos de origen polaco.

mazut m. Fuel.

Mazza (Raúl), pintor argentino (1888-1948).

Mazzini (Giuseppe), escritor y patriota italiano (1805-1872), fundador de la sociedad secreta *Joven Italia*. En 1848 hizo proclamar la República Romana y fue uno de los triunviros.

mb, símbolo de *milibar*.

Mbabane, pobl. de África del Sur, cap. de Suazilandia; 8 400 h.

Mbandaka, ant. *Coquilhatville*, c. de la Rep. Democrática del Congo, a orillas del Congo.

Mbaracayú, cord. del Paraguay, en la frontera paraguayo-brasileña (Alto Paraná).

Mbocayaty, pobl. del Paraguay (Guairá).

Mbuyapey, pobl. del S. del Paraguay (Paraguarí).

mbuyapeyense adj. y s. De Mbuyapey (Paraguay).

mCi, símbolo de *milicurio*.

me, dativo y acusativo del pronombre personal *yo: me lo prometió; me llevó a mi casa.*

mea culpa, pal. lat. que significa *por culpa mía* (ú. t. s. m.). || *Decir su mea culpa*, arrepentirse, confesar una falta.

Meabe (Tomás), poeta y político español (1890-1915), fundador de las Juventudes Socialistas.

meada f. *Vulg.* Emisión de orina. | Orina evacuada de una vez.

meadero m. *Vulg.* Urinario.

meados m. pl. *Vulg.* Orines.

meandro m. Curva o sinuosidad de un río o camino. || *Arq.* Dibujo formado por líneas o junquillos entrelazados.

Meandro, hoy *Menderes*, río de Turquía que des. en el mar Egeo; 380 km.

mear v. i. *Vulg.* Orinar (ú. t. c. t. y pr.).

meato m. Intersticio entre ciertas células vegetales. || *Anat.* Orificio o conducto: *meato urinario, auditivo.*

Meaux [*mo*], c. del N. de Francia (Seine-et-Marne), a orillas del Marne. Obispado. Catedral.

meca f. V. CECA.

Meca (La), c. santa del Islam y cap. de Arabia Saudita, en el Hedjaz; 200 000 h. Lugar de nacimiento de Mahoma. Mezquita con la Kaaba y la piedra negra. (Los musulmanes tienen obligación de ir a esta ciudad por lo menos una vez en la vida.)

¡mecachis! interj. *Fam.* ¡Caramba!, ¡caray!

mecánica f. Ciencia que estudia las fuerzas y sus acciones. || Obra que trata de esta ciencia. || Estudio de las máquinas, de su construcción y de su funcionamiento. || Combinación de órganos propios para producir un movimiento: *la mecánica de un aparato.* || *Mil.* Faenas interiores del cuartel. || — *Mecánica celeste*, estudio de las leyes que rigen los movimientos de los astros. || *Mecánica ondulatoria*, teoría concebida en 1924 por L. de Broglie, según la cual la materia y la luz contienen corpúsculos que van asociados a unas ondas.

mecanicismo m. Sistema que explica los fenómenos vitales por las leyes de la mecánica.

mecánico, ca adj. De la mecánica: *principios mecánicos.* || Perteneciente a los oficios manuales: *artes mecánicas.* || Efectuado con una máquina: *lavado mecánico.* || Maquinal: *un ademán mecánico.* || Que obra con arreglo a las leyes del movimiento y de las fuerzas, que no tiene efecto químico: *acción mecánica de los vientos.* || — M. y f. Persona que maneja y arregla máquinas. || — M. Conductor de vehículos automóviles.

mecanismo m. Combinación de piezas para producir un movimiento. || *Fig.* Conjunto de varios órganos que concurren a una misma tarea: *mecanismo administrativo.* | Funcionamiento, modo de obrar: *el mecanismo de un razonamiento.*

mecanización f. Utilización de las máquinas para sustituir al hombre: *la mecanización de la agricultura.* || Transformación en una cosa mecánica. || *Mecanización contable*, utilización de máquinas contables para establecer documentos administrativos y comerciales.

mecanizar v. t. Dotar de aparatos mecánicos. || Conferir las características de una máquina: *mecanizar al obrero.* || *Mil.* Dotar una unidad de vehículos para el transporte y combate.

mecanografía f. Arte de escribir con máquina.

mecanografiar v. t. Escribir con máquina.

mecanográfico, ca adj. Referente a la mecanografía.

mecanógrafo, fa m. y f. Persona que escribe con máquina.

mecanoterapia f. Tratamiento de ciertas enfermedades locomotrices por movimientos efectuados con la ayuda de aparatos mecánicos.

mecapal m. *Méx.* Trozo de cuero que se ponen los mozos de cordel en la frente para llevar cargas a cuestas. | Tendón.

mecapalero m. *Méx.* Mozo de cordel.

mecatazo m. *Méx.* Latigazo dado con el mecate. | Trago: *darse un mecatazo.*

mecate m. *Méx.* y *Amer. C.* Cuerda fibrosa, generalmente de pita. || Bramante o cordel. || *Fig.* Persona inculta y tosca.

mecatero m. *Méx.* Persona que hace mecates.

mecatona f. *Fam. Méx.* Comida: *trabajar por la mecatona.*

mecedor, ra adj. Que mece. || — M. Columpio. || Paleta de madera para agitar el vino, el jabón, etc., en las cubas. || — F. Silla de brazos para mecerse.

mecedura f. Balanceo de la cuna de un niño por el cual se procura dormir a éste.

mecenas m. Protector de literatos, científicos y artistas.

Mecenas (Cayo Cilnio), noble romano, consejero de Augusto (69-8 a. de J. C.). Protegió a los poetas y artistas (Virgilio, Horacio y Propercio).

mecenazgo m. Protección dispensada por una persona a un escritor, un científico o un artista.

mecer v. t. Mover, menear, balancear acompasadamente: *mecer a un niño.* || Agitar, remover un líquido. || — V. pr. Balancearse.

mecida f. y **mecimiento** m. Balanceo.

Mecklemburgo, región del N. de Alemania Oriental.

meclascal m. *Méx.* Tortilla hecha con la sustancia blanda del maguey.

meco, ca adj. *Méx.* De color bermejo con mezcla de negro. || — M. y f. *Méx.* Indio salvaje.

meconio m. Jugo que se saca de las cabezas de las adormideras.

mecual m. *Méx.* Raíz del maguey: *el mecual se emplea a veces en lugar de jabón.*

mecha f. Conjunto de hilos torcidos de una lámpara o vela al cual se prende fuego. || Cuerda combustible para prender fuego a cohetes, minas, barrenos, etc. || Tela de algodón para encender cigarros. || Gasa retorcida que se emplea en cirugía para facilitar la salida del exudado de una herida. || Lonjilla de tocino para mechar la carne. || Manojillo de pelo. || *Mar.* Espiga, parte central de un palo de barco. || — *Fam. Aguantar mecha*, sufrir con resignación. | *A toda mecha*, rápidamente.

Méchain (Pierre), astrónomo francés (1744-1804) que, junto con Delambre, midió el arco del meridiano de Dunkerque a Barcelona.

mechar v. t. Poner mechas o lonjillas de tocino en la carne.

Meched o **Mechhed.** V. MESHED.

Mechelen. V. MALINAS.

mechera adj. Dícese de la aguja grande y hueca que sirve para mechar (ú. t. c. s. f.). || — F. *Pop.* Ladrona de tiendas que oculta entre las faldas lo hurtado.

mechero m. Encendedor: *mechero de gas.* || Dispositivo simple en el cual el combustible arde en una mecha o en un manguito: *mechero Auer.* || Cubo de salida del gas del alumbrado. || *Mechero Bunsen*, el de gas de carbón empleado en los laboratorios.

mechinal m. Agujero que se deja en las paredes para colocar los andamios.

mechón m. Mecha grande. || Manojillo de pelos, de lana.

mechoso, sa adj. *Amer.* Harapiento, andrajoso.

medalla f. Pieza de metal, de forma redonda, acuñada con alguna figura o emblema: *medalla milagrosa.* || Pieza de metal que se concede como recompensa en exposiciones y certámenes, por algún mérito, etc. || *Arq.* Motivo decorativo circular o elíptico que suele encerrar un bajorrelieve.

medallista m. Grabador de medallas.

medallón m. Medalla grande. || Joya circular u ovalada en la cual se guardan retratos, rizos u otros recuerdos. || *Arq.* Medalla.

Medan, c. y puerto de Indonesia al NO. de la isla de Sumatra, junto al estrecho de Malaca.

médano m. Duna en las costas. || Banco o montón de arena casi a flor de agua.

Medea, c. de Argelia, cap. del dep. homónimo, al SO. de Argel.

Medea, hija de un rey de Cólquida que ayudó a Jasón en la conquista del vellocino de oro y huyó con él. *(Mit.)*

Medellín, v. del O. de España (Badajoz), donde nació Hernán Cortés. — C. del NO. de Colombia.

cap. del dep. de Antioquia. Arzobispado. Universidad. Centro cafetalero e industrial. Fundada en 1675.

medellinense adj. y s. De Medellín (Colombia).

medersa f. Establecimiento musulmán de enseñanza superior.

media f. Prenda de punto o de mallas que cubre el pie y la pierna. || *Hacer media*, hacer punto.

media f. Cantidad que representa el promedio de varias otras: *media horaria*. || Media hora: *tocar la media*. || En los deportes de equipo, línea de jugadores que ocupa el centro del terreno. || *Media horaria*, la que resulta de la división del espacio recorrido por el tiempo empleado.

Media, ant. reino de Asia; cap. *Ecbatana*.

mediacaña f. Moldura cóncava de perfil semicircular. || Listón de madera con molduras. || Formón de boca arqueada. || Lima de sección semicircular. || Tenacillas de rizar.

mediación f. Intervención destinada a producir un arbitraje o un acuerdo. || *For.* Procedimiento que consiste en proponer a las partes litigantes una solución sin imponérsela

mediado, da adj. Medio lleno: *vasija mediada*. || *A mediados de*, hacia la mitad: *a mediados del mes de diciembre*.

mediador, ra adj. y s. Que media. || Intermediario.

medialuna f. Instrumento para desjarretar toros o vacas. || *Fort* Obra delante de los baluartes, de forma de semicírculo. || Símbolo de los musulmanes, especialmente de los turcos. || Panecillo, de forma semicircular, llamado también "croissant" como en francés.

mediana f. *Geom.* En un triángulo, línea que une un vértice con el punto medio del lado opuesto.

medianería f. Pared común a dos casas o fincas contiguas.

medianero, ra adj. Dícese de la cosa que está en medio de otras dos: *pared medianera*. || — Adj. y s. Intercesor. || — M. El que vive en una casa que tiene medianería con otra o que tiene un campo medianero con otro. || Aparcero, labrador que trabaja a medias con otro en una finca.

medianía f. Término medio entre dos extremos. || Situación económica modesta: *vivir en la medianía*. || *Fig.* Persona corriente, que carece de prendas relevantes.

mediano, na adj. De calidad intermedia: *inteligencia mediana*. || Ni muy grande ni muy pequeño: *mediano de cuerpo*. || Ni bueno ni malo, regular. || Que divide una cosa en dos partes iguales: *línea mediana*.

medianoche f. Hora en que el Sol está en el punto opuesto al de mediodía. || Las doce de la noche. || *Fig.* Emparedado de jamón.

mediante adj. Que media o intercede: *lo conseguiremos Dios mediante*. || — F. *Mús.* Tercer grado de la escala. || — Prep. Gracias a: *mediante esta ayuda*.

mediar v. i. Llegar a la mitad de una cosa concreta o no: *mediar la semana*. || Estar en medio: *entre las dos casas media un jardín*. || Interponerse entre personas que están en desacuerdo. || Interceder: *mediar en favor de uno*. || Transcurrir el tiempo: *entre estos acontecimientos mediaron tres años*.

mediatinta f. Tono medio entre lo claro y lo oscuro.

mediatizar v. t. Reducir un país a la dependencia de otro dejándole sólo la soberanía nominal. || *Fig.* Influir, dominar.

mediato, ta adj. Que se relaciona con una cosa por un intermediario.

mediatriz f. *Geom.* Perpendicular levantada en el punto medio de un segmento de recta.

médica f. Mujer que ejerce la medicina. || Esposa del médico.

medicación f. *Med.* Empleo de medicamentos con fin terapéutico determinado: *la medicación de la gripe*. || Conjunto de medicamentos.

medical adj. Galicismo por *médico* o *medicinal*.

medicamentar v. t. Medicinar.

medicamento m. Sustancia empleada para curar una enfermedad.

medicamentoso, sa adj. Que tiene propiedades análogas a las de un medicamento.

medicar v. t. Dar un medicamento.

Médicas *(Guerras)*, n. dado a las guerras que los griegos sostuvieron contra los reyes persas o medos (s. V a. de J. C.). En la primera, el ateniense Milcíades venció a Darío I en Maratón (490). En la segunda, el ejército persa, conducido por Jerjes, atravesó el Helesponto, invadió Grecia y tomó Atenas, a pesar de la resistencia espartana en el paso de las Termópilas, pero el ateniense Temístocles destruyó la escuadra persa en Salamina (480) y el espartano Pausanias deshizo al ejército adversario en Platea (479). Formada la Confederación de Delos, Cimón, al frente de los atenienses, llevó la guerra a las costas asiáticas y derrotó a los persas en Eurimedonte (468) Tras otro período de guerras, se firmó la paz en 449, por la que los persas renunciaban a sus ambiciones en las costas del mar Egeo.

medicastro m. Médico ignorante. || Curandero.

medicina f. Ciencia que se ocupa de precaver y curar las enfermedades. || Profesión de médico. || Sistema empleado para curar: *la medicina homeopática, alopática*. || Medicamento: *tomar muchas medicinas*. || *Medicina legal* o *forense*, la aplicada a dar informaciones de carácter médico a los tribunales de justicia para ayudarles en su trabajo.

medicinal adj. Que sirve de medicina: *aguas medicinales*. || *Balón medicinal*, el lleno y pesado utilizado para ejercicios gimnásticos.

medicinar v. t. Administrar o dar medicamentos al enfermo. || — V. pr. Tomar medicamentos.

medición f. Determinación de las dimensiones de una cosa.

Médicis, familia de Florencia cuyos miembros más conocidos fueron: LORENZO I *el Magnífico* (1449-1492), protector de las artes y las letras; ALEJANDRO, primer duque de Florencia (1510-1537), y COSME I *el Grande*, primer gran duque de Toscana (1519-1574). [V. tb. LEÓN X, LEÓN XI, CLEMENTE VII, CATALINA y MARÍA DE MÉDICIS.]

médico, ca adj. Relativo a la medicina: *receta médica; reconocimiento médico*. || *Hist.* Medo. || — M. y f. Persona que ejerce la medicina. || — *Médico de apelación, consultor* o *de consulta*, aquel a quien llama un colega para consultarle en los casos graves. || *Médico de cabecera* o *de familia*, el que asiste generalmente a una familia. || *Médico espiritual*, director de conciencia. || *Médico forense*, el encargado de hacer todos los exámenes que necesitan las autoridades administrativas o judiciales.

Médico de su honra *(El)*, drama de Calderón, pintura de los celos y del sentimiento del honor conyugal (1635).

medida f. Evaluación de una magnitud según su relación con otra magnitud de la misma especie adoptada como unidad. || Medición: *medida de las tierras*. || Recipiente empleado para evaluar los volúmenes y cantidad representada por estos volúmenes: *dos medidas de vino*. || Cantidad de sílabas que debe tener un verso. || Proporción: *se paga el jornal a medida del trabajo*. || Disposición, recurso tomado con algún fin: *tomar medidas enérgicas*. || Moderación: *hablar con medida*. || — Pl. Dimensiones de una persona que se evalúan con objeto de hacerle un traje, etc. || — *A la medida*, dícese de la ropa hecha especialmente para una persona tomando sus dimensiones. || *A medida que*, al mismo tiempo que. || *Pasar de la medida*, rebasar los límites.

medidor, ra adj. y s. Que mide. || — M. *Amer.* Contador de gas, de agua o de electricidad.

mediero, ra m. y f. Persona que hace o vende medias. || Persona que va a medias con otra. || Aparcero.

medieval adj. De la Edad Media: *estudios medievales*.

medievalidad f. Carácter medieval.

medievalismo m. Estudio de la Edad Media.

medievalista com. Persona que se dedica al estudio de lo medieval.

medievo m. Edad Media.

medina f. Ciudad árabe.

Medina, c. de Arabia Saudita (Hedjaz). Ciudad santa de los musulmanes. — Pobl. y sierra de la Argentina, al N. de Tucumán. || **~ Azzahara,** ant. c. y palacio edificados por Abderramán III cerca de Córdoba (España). || **~ de Rioseco,** c. de España (Valladolid). || **~ del Campo,** c. de España (Valladolid). Centro ferroviario. Feria de ganados. Castillo de la Mota. || **~ Sidonia,** c. de España (Cádiz).

Medina (Bartolomé), mineralogista español del s. XVI que obtuvo plata por amalgamación en las minas de Pachuca (México). || **~** (FRANCISCO DE), poeta español de la escuela sevillana (1544-1615). || **~** (JOSÉ MARÍA), general hondureño (1826-1878), pres. de la Rep. de 1864 a 1872. M. fusilado. || **~** (JOSÉ TORIBIO), polígrafo chileno (1852-1930). || **~ Angarita** (ISAÍAS), general venezolano (1897-1953), pres. de la Rep. en 1941 Derrocado en 1945. || **~ Sidonia** (ALONSO PÉREZ DE GUZMÁN, *duque de*), almirante español (1550-1615), jefe, después del marqués de Santa Cruz, de la Armada Invencible (1588). || **~ Sidonia** (GASPAR ALONSO, *duque de*), político español, m. en 1664. Intentó convertir Andalucía en reino independiente (1641).

Medinaceli, c. de España (Soria). Archivo histórico. Arco romano. Agricultura.

Medinacelli (Carlos), escritor y crítico boliviano (1899-1949).

medinés, esa adj. y s. De Medina.

Medinet || **~ Abú,** c. del Alto Egipto, cerca de Luxor y a orillas del Nilo. || **~ El-Fayún,** c. del Alto Egipto, a orillas del Nilo.

medio m. Parte que en una cosa equidista de sus extremos, centro. || Mitad. || Procedimiento, lo que sirve para conseguir una cosa: *el fin justifica los medios*. || Medida: *tomar los medios necesarios*. || Elemento físico en que vive un ser: *el medio líquido, atmosférico*. || Ambiente, esfera intelectual, social y moral en que vivimos: *la influencia del medio*. || Grupo social o profesional: *en los medios bien informados*. || Tercer dedo de la mano. || Medium. || *Mat.* Quebrado que tiene por denominador el número 2. || *Biol.* Cualquiera de las sustancias nutritivas artificiales utilizadas para el cultivo de bacterias u otros organismos. || *Dep.* Jugador que ocupa el centro del terreno. || Término de un silogismo que enlaza el término mayor con el menor (se llama tb. *término medio*). || — Pl. Caudal, recursos: *estar corto de medios*. || Elementos: *medios de existencia, de producción*. || *Mat.* Miembros de una proposición situados entre los dos extremos. || *For.* Razones alegadas en un pleito: *medios de descargo*. || *Taurom.* Centro del redondel. || — *De medio a medio*, completamente. || *Echar por en medio*, tomar una resolución enérgica. || *El justo medio*, cosa convenientemente alejada de los extremos. || *En medio*

MA

de, en un lugar igualmente distante de los extremos, entre dos cosas; entre: *vivir en medio de los hombres;* a pesar de: *en medio de eso.* ‖ *Estar de por medio*, estar entre los dos. ‖ *Medios de transporte*, modos de locomoción que permiten desplazarse en una ciudad o en un país. ‖ *Meterse* o *ponerse de por medio*, interponerse en una pelea o un asunto. ‖ *Fig. Poner tierra de por medio*, alejarse, largarse. ‖ *Por medio de*, en medio de; gracias a mediante. ‖ *Fam. Quitar de en medio a uno*, apartarlo de delante alejándolo o matándolo. ‖ *Quitarse de en medio*, irse de un sitio o salirse de un negocio.

medio, dia adj. Exactamente igual a la mitad de una cosa: *medio pan; media naranja.* ‖ Que es tan distante de un extremo como de otro: *un hombre de estatura media.* ‖ Que divide en dos partes iguales: *línea media.* ‖ *Fig.* Mediocre, ni bueno ni malo. | Corriente, de una posición económica, social o intelectual mediana: *el español medio.* ‖ Calculado haciendo un promedio: *temperatura media.* ‖ — Adv. No completamente: *una botella medio llena* (con el inf. va precedido de *a*: *a medio terminar*). ‖ *A medias*, no del todo; *satisfecho a medias;* por mitad: *ir a medias en un negocio.*

mediocre adj. Mediano, ordinario, ni bueno ni malo. ‖ De poco valor: *hombre mediocre.*

mediocridad f. Medianía. ‖ Galicismo por *persona de poca importancia.*

mediodía f. Mitad del día: *vendré al mediodía.* ‖ Sur: *se fue al mediodía de Francia.*

medioeval adj. Medieval.

medioevo m. Medievo.

* **medir** v. t. Determinar la longitud, extensión, volumen o capacidad de una cosa: *medir una casa.* ‖ Tomar las dimensiones de una persona. ‖ Tener cierta dimensión: *su barco mide cinco metros.* ‖ Ver si tienen los versos la medida adecuada. ‖ *Fig.* Comparar una cosa con otra: *medir el ingenio, las fuerzas.* | Examinar detenidamente: *medir las consecuencias de un acto.* ‖ Moderar: *medir las palabras.* ‖ *Fig. Medir sus pasos*, ir con tiento. ‖ — V. pr. Moderarse. ‖ *Fig.* Luchar, pelearse: *medirse con uno.*

meditabundo, da adj. Pensativo. ‖ Que medita en silencio.

meditación f. Reflexión. ‖ Oración mental. ‖ Pequeño escrito de carácter filosófico o religioso.

meditador, ra adj. Que medita.

meditar v. t. Someter a una profunda reflexión: *meditar sobre el pasado.* ‖ Proyectar, planear: *meditar un discurso.*

meditativo, va adj. Que medita: *joven meditativo.*

mediterráneo, a adj. Rodeado de tierras: *mar Mediterráneo.* ‖ Relativo a este mar o a las tierras que baña: *clima mediterráneo.*

Mediterráneo, gran mar interior comprendido entre Europa meridional, África del Norte y Asia occidental. Por el estrecho de Gibraltar comunica con el Atlántico y por el canal de Suez con el mar Rojo; 2 966 000 km²; profundidad máxima de 5 120 m. En él se encuentran algunas islas importantes, como las Baleares, Córcega, Cerdeña, Sicilia, Creta y Chipre. Centro vital de la Antigüedad, el Mediterráneo fue llamado por los romanos *Mare Nostrum.*

medium m. Entre los espiritistas, persona que pretende comunicar con los espíritus.

Mediz Bolio (Antonio), poeta y dramaturgo mexicano (1884-1957), autor de *El Libro de Chilam Balam de Chumayel*, para teatro.

medo, da adj. y s. De Media.

Médoc, región del SO. de Francia (Gironde). Vinos.

medra f. Progreso.

Medrano (Francisco de), poeta español (¿1570-1607?), autor de *Diversas Rimas.*

medrar v. i. Crecer los animales y plantas. ‖ *Fig.* Progresar: *empresa que ha medrado.* | Enriquecerse: *este hombre ha medrado mucho.* ‖ *Fam. ¡Medrados estamos!*, en mala situación nos encontramos.

medroso, sa adj. y s. Miedoso, tímido. ‖ Horroroso.

médula o **medula** f. Sustancia grasa, blanquecina o amarillenta, que se halla dentro de los huesos. ‖ Sustancia esponjosa de los troncos y tallos de diversas plantas: *médula de saúco.* ‖ *Fig.* Sustancia principal de una cosa no material. ‖ — *Médula espinal*, parte del sistema cerebroespinal que ocupa la cavidad de la columna vertebral. ‖ *Médula oblonga*, bulbo raquídeo. ‖ *Fig. Sacarle hasta la médula a uno*, tomarle todo lo que se puede.

medular adj. De la médula.

medusa f. Celentéreo de cuerpo gelatinoso en forma de campana y provisto de tentáculos.

Medusa, una de las tres Gorgonas, de hermosos cabellos, que fueron metamorfoseadas en serpientes por Atenea. Perseo le cortó la cabeza.

Meerut, c. del N. de la India (Uttar Pradesh). Ind. química.

Mefistófeles, n. del diablo en el *Fausto*, de Goethe.

mefistofélico, ca adj. De Mefistófeles. ‖ Diabólico: *risa mefistofélica.*

mefítico, ca adj. Fétido: *emanación mefítica; gas mefítico.*

mefitismo m. Corrupción del aire por emanaciones mefíticas.

megaciclo m. Unidad de frecuencia en ondas de radiodifusión, equivalente a un millón de ciclos.

megacolon m. *Med.* Dilatación anormal del intestino grueso.

megáfono m. Bocina para reforzar la voz.

megalítico, ca adj. Dícese de las construcciones prehistóricas hechas con grandes bloques de piedra: *los dólmenes y los menhires son monumentos megalíticos* (ú. t. c. s. m.).

megalito m. Piedra monumental levantada por los hombres de la edad del cobre o del bronce.

megalocéfalo, la adj. De cabeza muy grande.

megalomanía f. Delirio de grandezas, manía de poder.

megalómano, na adj. y s. Persona que padece megalomanía.

Megalópolis, ant. c. griega de Arcadia (Peloponeso), rival de Lacedemonia.

megáptero m. Cetáceo de largas aletas que se encuentra en casi todos los mares.

Megara, c. de la ant. Grecia (Ática), al O. de Atenas.

megarense adj. De Megara.

megaterio m. Mamífero desdentado fósil que vivía en América del Sur durante la era cuaternaria.

megatón m. *Fís.* Unidad de potencia de los proyectiles y bombas nucleares, equivalente a un millón de toneladas de trinitrotolueno.

Megera, una de las tres Furias, símbolo del odio y de la envidia.

megohmio m. *Electr.* Unidad de resistencia, equivalente a un millón de ohmios (símb., MΩ).

mehala f. En Marruecos, cuerpo de ejército regular.

Mehemet Alí (1769-1849), virrey de Egipto desde 1804. Luchó contra Bonaparte y organizó administrativamente su país.

Mein Kampf *(Mi lucha)*, obra de Hitler, en la que exponía su doctrina (1925).

meiosis f. *Biol.* División celular en la cual las células hijas tienen cada una la mitad del número de cromosomas de la célula madre.

Meireles de Lima (Víctor), pintor brasileño (1832-1902).

Meissen, c. de Alemania Oriental (Dresde), a orillas del Elba.

Meissonier (Ernest), pintor francés (1815-1891).

Mejía, cantón del Ecuador (Pichincha).

Mejía (Epifanio), poeta romántico colombiano (1838-1913). ‖ ~ (ESTANISLAO), músico mexicano, n. en 1882, autor de sinfonías, óperas, ballets, etc. ‖ ~ (IGNACIO), militar y político mexicano (1813-1906). ‖ ~ (LIBORIO), militar y patriota colombiano (1792-1816), pres. de la Rep. en 1816. ‖ ~ (PEDRO). V. MEXÍA. ‖ ~ (TOMÁS), general mexicano (1820-1867), que luchó contra Juárez. M. fusilado. ‖ ~ **Arredondo** (ENRIQUE), músico dominicano, n. en 1901. ‖ ~ **Colindres** (VICENTE), político hondureño, n. en 1878, pres. de la Rep. de 1929 a 1933. ‖ ~ **Lequerica** (JOSÉ MARÍA), político, jurisconsulto y orador ecuatoriano (1775-1813). ‖ ~ **Vallejo** (MANUEL), escritor colombiano, n. en 1923, autor de *El día señalado.*

Mejicana (La), pico del O. de la Argentina (La Rioja); 6 200 m. Cobre.

mejicanismo m. Mexicanismo.

mejicano, na adj. y s. Mexicano.

— OBSERV. En España se escribe esta palabra y sus derivados con *j*. En México se ha preferido conservar la ortografía antigua, pronunciando, sin embargo, la *x* con sonido de *j*.

Mejicanos, pobl. del SO. de El Salvador (San Salvador), suburbio de la capital.

Méjico. V. MÉXICO.

mejido, da adj. Dícese del huevo o de su yema batidos con leche y azúcar.

mejilla f. Cada una de las dos partes laterales que hay en el rostro humano debajo de los ojos.

mejillón m. Molusco acéfalo lamelibranquio, de color negro azulado por fuera, comestible.

Mejillones, com. del N. de Chile (Antofagasta). Salitre. — Bahía de Chile (Antofagasta).

mejor adj. Más bueno. Ú. t. c. s.: *éste es el mejor de todos los hermanos* ‖ — Adv. Más bien: *mejor dicho.* ‖ Antes: *escogería mejor este abrigo.* ‖ — *A lo mejor*, quizá, tal vez. ‖ *Estar mejor*, haber mejorado de salud. ‖ *Mejor que mejor*, mucho mejor. ‖ *Tanto mejor*, mejor todavía.

Mejor alcalde, el Rey *(El)*, drama del escritor español Lope de Vega, escrito en 1635.

mejora f. Cambio hacia algo mejor: *ha habido mejora en mi situación.* ‖ Progreso, adelanto: *las mejoras derivadas de la civilización.* ‖ Aumento: *mejora del sueldo.* ‖ Puja. ‖ *For.* Porción de bienes que puede dejar el testador a uno de sus herederos además de la legítima. ‖ *Agr.* Bonificación de las tierras.

mejoramiento m. Mejora. ‖ Acción de volverse la temperatura más templada.

mejorana f. Planta aromática de la familia de las labiadas.

mejorar v. t. Volver mejor: *mejorar la situación, un terreno.* ‖ Hacer recobrar la salud a un enfermo: *la cura le ha mejorado mucho.* ‖ Aumentar: *mejorar el sueldo.* ‖ Traer ventaja: *la nueva ley mejora a los funcionarios.* ‖ Pujar los licitadores. ‖ *For.* Dejar mejora el testador a uno de sus herederos. ‖ — V. i. Irse reponiendo el enfermo. ‖ Ponerse el tiempo más benigno: *mejorar el día.* ‖ Prosperar. ‖ Volverse mejor: *este niño ha mejorado mucho.*

mejoría f. Cambio favorable, mejora. ‖ Alivio de una enfermedad. ‖ Ventaja.

mejunje m. Medicina generalmente mala que resulta de la mezcla de varios productos. ‖ *Fig.* Bebida mala, bebistrajo.

Mekong, río de Indochina que nace en el Tíbet, pasa por Laos, Viet Nam del Sur y Camboya, y des. por un amplio delta en el mar de China; 4 180 km.

Mela (Pomponio), geógrafo y escritor hispanolatino del s. I de nuestra era.

melado, da adj. De color de miel. ‖ — M. Jarabe espeso hecho con el zumo de la caña dulce.

melancolía f. Tristeza profunda cuyo motivo es impreciso. ‖ Gran depresión moral y física.

melancólico, ca adj. y s. Que padece melancolía: *carácter melancólico.* ‖ — Adj. Que infunde melancolía o está impregnado de ella: *canto melancólico.*

melancolizar v. t. Volver melancólico, entristecer.

Melanchton (Philipp SCHWARZERD, llamado), teólogo alemán (1497-1560), amigo de Lutero. Redactó la *Confesión de Augsburgo.*

Melanesia, parte de Oceanía que comprende Nueva Guinea, archip. de Bismark, islas Salomón, Nuevas Hébridas, Nueva Caledonia, islas Fidji y archipiélago de la Luisiada.

melanesio, sia adj. y s. De Melanesia: *los melanesios son negros.*

melanina f. Pigmento negro que produce la coloración de la piel, del pelo y de la coroides.

melanosis f. Acumulación anormal de melanina en los tejidos orgánicos.

* **melar** v. t. Cocer por segunda vez el zumo de la caña para darle consistencia de miel. ‖ — V. i. Hacer las abejas miel.

melastomáceo, a adj. y s. Dícese de una familia de plantas dicotiledóneas de los países tropicales.

melaza f. Residuo de la cristalización del azúcar.

Melbourne, c. y puerto del SE. de Australia, cap. del Estado de Victoria. Arzobispado. Universidad. Centro industrial.

melcocha f. Miel caliente que se echa en agua fría y adquiere una consistencia muy correosa. ‖ Pasta comestible hecha con esta miel. ‖ *Méx.* Producto del jugo cocido de las tunas.

melcochero m. Vendedor de melcocha.

Melchor, uno de los tres Reyes Magos que adoraron a Jesús en Belén.

melée f. (pal. fr.). Grupo que forman, en ciertos casos, los jugadores de rugby.

melena f. Cabello largo y colgante. ‖ Crin del león. ‖ *Fig.* Cabello muy abundante.

Melena del Sur, mun. y pobl. de Cuba (La Habana).

Meléndez (Carlos), político salvadoreño, n. en San Salvador (1861-1919), pres. de la Rep. de 1913 a 1914 y de 1915 a 1918. ‖ **~** (CONCHA), escritora puertorriqueña, n. en 1904. ‖ **~** (JORGE), político salvadoreño, n. en 1871, pres. de la Rep. de 1919 a 1923. ‖ **~ Valdés** (JUAN), escritor neoclásico español, n. en Rivera del Fresno (Badajoz) [1754-1817], autor de poesías (*A la paloma de Filis, La flor del Zurguén, La mañana de San Juan, Los segadores*).

melense adj. y s. De Melo.

melenudo, da adj. Que tiene cabello muy abundante y largo: *jóvenes desaliñados y melenudos.*

melero, ra m. y f. Persona que vende miel. ‖ — M. Tarro donde se conserva la miel.

Melero (Miguel Ángel), pintor cubano (1887-1925).

melgar m. Campo de mielgas.

Melgar, prov. del Perú (Puno); cap. *Ayaviri.*

Melgar (Agustín). V. NIÑOS *héroes.* ‖ (MARIANO), poeta y patriota peruano (1791-1815). Intervino en la sublevación de Pumacahua y m. fusilado.

Melgarejo (Mariano), general boliviano, n. en Tarata (1820-1871). Se apoderó de la pres. de la Rep. en 1864 y fue derrocado en 1871. M. asesinado.

meliáceas f. pl. Plantas dicotiledóneas tropicales a cuya familia pertenecen la caoba y el cinamomo (ú. t. c. adj.).

Melibea, personaje femenino de *La Celestina.* Se suicidó al conocer la muerte de Calixto.

Méliès (Georges), cineasta francés (1861-1938), uno de los creadores de la cinematografía.

melífero, ra adj. Que produce o lleva miel: *insecto melífero.*

melificación f. Elaboración de la miel por las abejas.

melificar v. t. Hacer las abejas la miel.

melifluidad f. *Fig.* Calidad de melifluo.

melifluo, flua adj. Que tiene o destila miel. ‖ *Fig.* Dulce y tierno en el trato o en el modo de hablar: *voz meliflua.*

Melilla, plaza de soberanía española y puerto franco en la costa N. de Marruecos. Conquistada por España en 1497.

melillense adj. y s. De o relativo a Melilla.

melindre m. Buñuelo de miel. ‖ Pastelito de mazapán bañado en azúcar blanco. ‖ *Fig.* Delicadeza afectada: *hacer* o *gastar melindres.*

melindrear v. t. Hacer melindres, usar de afectada delicadeza.

melindrería f. Afectación, amaneramiento, remilgo.

melindroso, sa adj. y s. De una delicadeza afectada y ridícula.

melinita f. Explosivo a base de ácido pícrico.

Melipilla, com. y dep. del centro de Chile (Santiago).

Melo, c. del E. del Uruguay, cap. del dep. de Cerro Largo. Obispado.

Melo (Francisco Manuel de), escritor portugués (1608-1666), que redactó en castellano, con el n. de *Clemente Libertino,* una *Historia de los movimientos, separación y guerra de Cataluña.* Es autor tb. de poemas en portugués de forma barroca. ‖ **~** (JOSÉ MARÍA), general colombiano (1800-1861), dictador en 1854. ‖ **~ de Portugal y Villena** (PEDRO), militar español (1733-1798). Fue gobernador del Paraguay, donde fundó la pobl. de Rosario, y virrey del Río de la Plata (1795-1797).

melocotón m. Melocotonero. ‖ Su fruto, de sabor agradable y pulpa jugosa.

melocotonar m. Terreno plantado de melocotoneros.

melocotonero m. Árbol rosáceo, variedad del pérsico.

melodía f. Sucesión de sonidos que forman una frase musical. ‖ Composición vocal o instrumental con acompañamiento o sin él. ‖ Sucesión de sonidos que halagan el oído. ‖ Serie de palabras o frases agradables al oído.

melódico, ca adj. Relativo a la melodía: *frase melódica.*

melodioso, sa adj. Dulce y agradable al oído: *verso melodioso; voz melodiosa.*

melodrama m. Drama de carácter popular, de acción complicada con situaciones patéticas. ‖ Drama con acompañamiento de música. ‖ *Fig.* Situación patética.

melodramático, ca adj. Relativo al melodrama. ‖ Enfático y exagerado: *tono melodramático.*

meloja f. Lavaduras de miel.

melojar m. Monte cubierto de melojos.

melojo m. Árbol fagáceo, semejante al roble.

melomanía f. Amor excesivo a la música.

melómano, na adj. y s. Aficionado a la música de una manera a veces exagerada.

melón m. Planta cucurbitácea, de fruto esferoidal u ovalado, de carne dulce y olorosa. ‖ Fruto de esta planta. ‖ *Fig.* y *fam.* Calabaza, tonto. ‖ *Zool.* Meloncillo. ‖ *Melón de agua,* sandía.

melonada f. *Fam.* Sandez.

melonar m. Terreno plantado de melones.

meloncillo m. Melón pequeño. ‖ Mamífero carnicero parecido a la mangosta.

melonero, ra m. y f. Persona que vende o cultiva melones.

melonzapote m. *Amer.* Melón zapote.

melopea f. Melopeya. ‖ *Fam.* Borrachera.

melopeya f. Canto rítmico que acompaña la declamación. ‖ Arte de la melodía.

melosidad f. Dulzura, suavidad.

meloso, sa adj. Dulce como la miel: *voz melosa.* ‖ *Fig.* De una dulzura afectada.

Melozzo da Forli, pintor renacentista italiano (1438-1494), autor de frescos.

Melpómene, musa de la Tragedia.

Melun [*-lan*], c. de Francia, al SE. de París y a orillas del Sena, cap. del dep. de Seine-et-Marne. Industrias.

Melville [*-vil*], bahía en el mar de Baffin, en la costa NO. de Groenlandia. — Penins. de la parte septentrional de Canadá, en el océano Glacial Artico. — Isla del archip. de Parry, al N. del Canadá. — Isla de la costa septentrional de Australia.

Melville (Herman), novelista norteamericano (1819-1891), autor de *Moby Dick o La ballena blanca.*

mella f. Rotura en el filo de un arma, en el borde de un objeto, etc. y hueco que resulta de ella. ‖ Hueco que hay cuando se caen los dientes. ‖ *Fig.* Menoscabo. ‖ *Fam. Hacer mella,* causar efecto, impresionar: *las críticas no hacen mella en él;* perjudicar, mermar: *hacer mella en su fortuna.*

Mella (Julio Antonio), revolucionario cubano (1905-1929), adversario de Machado. M. asesinado. ‖ **~** (RAMÓN), general y patriota dominicano, que en 1844 proclamó la independencia en unión de Duarte y Sánchez. ‖ **~** (RICARDO), ingeniero y escritor anarquista español (1861-1925). ‖ **~** (VÁZQUEZ DE). V. VÁZQUEZ DE MELLA (Juan).

mellado, da adj. Que tiene el borde estropeado: *plato mellado.* ‖ Falto de algún diente: *con la boca mellada* (ú. t. c. s.).

melladura f. Mella.

mellar v. t. Hacer mellas a una cosa: *mellar la espada, el plato.* ‖ *Fig.* Menoscabar: *mellar la fama.* ‖ — V. pr. Perder dientes.

mellizo, za adj. y s. Gemelo: *hermanos mellizos.*

memada f. *Fam.* Memez.

membrana f. Tejido fino y elástico que forma, cubre o tapiza algunos órganos: *membrana mucosa, serosa.* ‖ *Fís.* Lámina delgada: *membrana semipermeable.*

membranoso, sa adj. Compuesto de membranas: *tejido membranoso.* ‖ Parecido a la membrana.

membrete m. Inscripción estampada en la parte superior del papel de escribir que indica el nombre y señas de una persona, oficina, etc. ‖ Nota o apunte.

membrillar m. Terreno plantado de membrillos.

membrillero m. Membrillo.

membrillo m. Arbusto rosáceo de fruto amarillo, de carne áspera y granujienta. ‖ Su fruto. ‖ *Carne de membrillo,* dulce de membrillo.

membrudo, da adj. Robusto, fuerte, corpulento.

Memel. V. KLAIPEDA.

memela f. *Méx.* Tortilla gruesa de maíz.

memento m. Cada una de las dos partes del canon de la misa, en que se hace conmemoración de los fieles y difuntos. ‖ Librito donde uno escribe lo que no quiere olvidar.

memez f. Necedad, idiotez.

Memling (Hans), pintor flamenco (¿1433?-1494), autor de trípticos (*El juicio final, Adoración de los Magos, La Purificación,* etc.)

Memnón, hijo de Titón y de la Aurora, mandado por su padre en socorro de Troya sitiada por los griegos. Fue muerto por Aquiles.

memo, ma adj. y s. Simple, tonto, bobo, necio.

memorable adj. Digno de ser recordado: *suceso memorable.*

memorando y **memorándum** m. Librito de apuntes. ‖ Comunicación diplomática para exponer brevemente la situación de un asunto. ‖ *Com.* Nota de pedido.

memoria f. Facultad de recordar algo vivido o aprendido: *tener mala memoria.* ‖ Recuerdo: *guardar memoria de un acontecimiento.* ‖ Reputación buena o mala que queda de uno después de su muerte. ‖ Lista de gastos, factura. ‖ Disertación científica o literaria. ‖ Estudio breve sobre alguna materia. ‖ Informe de una asamblea. ‖ Órgano esencial de las calculadoras electrónicas capaz de almacenar datos y de restituirlos en el momento oportuno: *memoria de discos.* ‖ — Pl. Relación escrita de ciertos acontecimientos públicos o privados. ‖ Recuerdos, saludo a un ausente por escrito o por tercera persona: *dele memorias a su padre.* ‖ — *De memoria,* conservando una cosa en la memoria. ‖ *Flaco de memoria,* olvidadizo. ‖ *Hacer memoria,* recordar voluntariamente. ‖ *Las Hijas de la Memoria,* las Musas. ‖ *Memoria explicativa,* observaciones hechas antes de la parte resolutiva de un proyecto de ley. ‖ *Traer a la memoria,* recordar: *esto me trae a la memoria otro acontecimiento.*

memorial m. Petición escrita en que se solicita un favor o gracia. ‖ Libro donde se apuntan hechos memorables. ‖ Boletín, publicación.

Memorial de Santa Elena, diario de las conversaciones de Napoleón I con Las Cases, en ocho tomos (1823).

memorialista m. El que escribe memoriales u otros documentos por cuenta ajena.

memorión m. Memoria muy grande. ‖ Persona que lo aprende de todo de memoria o no se fía más que de su memoria.

memorioso, sa y **memorista** adj. y s. Que tiene memoria.

memorización f. Acción de fijar metódicamente algo en la memoria, por medio de repeticiones sistemáticas.

memorizar v. i. Aprender de memoria.

Memphis, c. de Estados Unidos (Tennessee), a orillas del Misisipí. Universidad. Centro industrial y ferroviario.

mena f. Mineral metalífero. ‖ *Mar.* Grueso de un cabo.

Mena (Juan de), poeta y humanista español, n. en Córdoba (1411-1456), autor de *Laberinto de fortuna o Las trescientas,* poema alegórico, y de *La coronación.* ‖ ~ (Pedro de), escultor español, n. en Granada (1628-1688), discípulo de Alonso Cano, de gran realismo *(Dolorosas).*

ménade f. *Mit.* Bacante. ‖ *Fig.* Mujer de vida muy disoluta.

Menado o **Manado,** c. de Indonesia (Célebes).

menaje m. Mobiliario de una casa. ‖ Ajuar. ‖ Utensilios de cocina. ‖ Material pedagógico.

Menam, río de Tailandia, que pasa por Bangkok y des. en el golfo de Siam; 1 200 km.

Menandro, poeta cómico griego (¿342?-292 a. de J. C.).

Mencio. V. Meng-Tse.

mención f. Acción de referir un hecho o de nombrar una persona. ‖ *Mención honorífica,* recompensa inferior al premio y al accésit.

mencionar v. t. Hacer mención, hablar de una cosa o persona: *en su novela menciona a sus padres.*

Menchaca (Ángel), musicólogo paraguayo (1855-1924).

menchevique adj. y s. Que pertenecía a la fracción minoritaria (por oposición a *bolchevique* o *mayoritario*) del partido socialdemócrata ruso.

menda pron. pers. de 1.ª persona. *Pop.* y *fam.* El que habla (úsase con el verbo en 3.ª persona). ‖ *Pop. Mi menda,* yo: *mi menda se levanta a las seis de la mañana.*

Mendaña (Archipiélago de). V. Marquesas *(Islas).*

Mendaña de Neira (Álvaro), navegante y explorador español (1549-1595), descubridor de las islas Salomón (1567), de Santa Cruz (1592) y de las Marquesas (1595).

mendaz adj. y s. Mentiroso.

Mende, c. del S. de Francia, cap. del dep. de Lozère. Obispado Catedral.

Mendel (Johann Gregor), religioso y botánico austriaco (1822-1884), autor de investigaciones sobre las leyes de la herencia en los vegetales.

Mendeleiev o **Mendeleev** (Dimitri Ivanovich), químico ruso (1834-1907), autor de la clasificación periódica de los elementos químicos.

mendelevio m. *Quím.* Elemento transuránico (Mv), de número atómico 101.

mendeliano, na adj. Relativo al mendelismo.

mendelismo m. Concepción de J. G. Mendel sobre la transmisión de ciertos caracteres hereditarios, que condujo a la teoría cromosómica y a la noción de los genes.

Mendelssohn (Felix), músico alemán, n. en Hamburgo (1809-1847), autor de sinfonías, oratorios, oberturas *(El sueño de una noche de verano, La gruta de Fingal)* y de piezas para piano y lieder.

Menderes, n. actual del *Meandro.*

Mendès (Catulle), poeta francés (1841-1909), perteneciente al grupo parnasiano.

Méndez, prov. en el SE. de Bolivia (Tarija); cap. *San Lorenzo.* — Pobl. en el E. del Ecuador, cab. de cantón de Santiago (Morona-Santiago).

Méndez (Gervasio), poeta elegiaco argentino (1848-1898). ‖ ~ (Leopoldo), pintor y grabador mexicano, n. en 1902. ‖ ~ **Calzada** (Enrique), escritor y poeta argentino (1898-1940). ‖ ~ **Montenegro** (Julio César), jurista y político guatemalteco, n. en 1915, pres. de la Rep. en 1966. ‖ ~ **Núñez** (Casto), marino español (1824-1869). Se distinguió en Filipinas y mandó después la flota que bombardeó Valparaíso y El Callao en 1866. ‖ ~ **Pereira** (Octavio), escritor y ensayista panameño (1887-1954).

mendicante adj. y s. Que mendiga. ‖ Aplícase a las órdenes religiosas fundadas o reorganizadas en el s. XIII, que tienen por instituto vivir de limosna.

mendicidad f. Acción de mendigar. ‖ Condición de mendigo.

Mendieta (Jerónimo), franciscano español (¿1525?-1604), que predicó en México.

mendigante adj. y s. Mendicante.

mendigar v. t. Pedir limosna (ú. t. c. i.). ‖ *Fig.* Pedir con insistencia y bajeza: *mendigar aprobaciones.*

mendigo, ga m. y f. Persona que pide limosna. ‖ — M. pl. Patriotas de los Países Bajos sublevados contra la dominación de Felipe II de España en 1566.

Mendigorría, v. de España (Navarra), donde hubo una batalla entre carlistas y liberales (1834).

Mendive (Rafael María), escritor cubano, n. en La Habana (1821-1886), autor de poesías *(Pasionarias)* y de obras de teatro.

Mendizábal (Juan Álvarez), político español (1790-1853), jefe del Gobierno en 1835. Decretó la desamortización de los bienes eclesiásticos.

mendocino, na adj. y s. De Mendoza (Argentina).

Mendoza, río del O. de la Argentina en la prov. homónima; 350 km. ‖ — C. del O. de la Argentina, cap. de la prov. homónima al pie de los Andes. Arzobispado. Residencia de varias facultades de la Universidad de Cuyo. Fundada en 1560. Minas. Agricultura. Vinos.

mendrugo m. Trozo de pan duro. ‖ *Fig. Por un mendrugo de pan,* por muy poco dinero.

menear v. t. Agitar, mover: *menear la mano, el café.* ‖ *Fig.* Manejar, dirigir: *menear un negocio.* ‖ *Fig.* y *fam. Peor es menearlo* o *meneallo,* es preferible no volver a tratar de algo que causó disgustos o desavenencias o que podría causarlos. ‖ — V. pr. Moverse. ‖ *Fig.* y *fam.* Hacer todas las diligencias o esfuerzos necesarios para conseguir algo.

Mendoza (Alonso de), militar español, m. en 1500, fundador de la c. de La Paz (Bolivia) en 1549. ‖ ~ (Antonio de), gobernante español (¿1492?-1552), primer virrey de Nueva España de 1535 a 1550, donde fundó la c. de Valladolid (hoy Morelia). Fue luego virrey del Perú (1551). ‖ ~ (Bernardino de), historiador y diplomático español (¿1541?-1604). ‖ ~ (Daniel), escritor costumbrista venezolano (1823-1867). ‖ ~ (Diego de). V. Hurtado. ‖ ~ (Francisco de), conquistador español, m. en 1548. Llegó al Río de la Plata con Pedro de Mendoza y gobernó Asunción (1547). ‖ ~ (Gonzalo de), conquistador español, m. en 1558, fundador, con Juan de Salazar, de Asunción (1537). Fue gobernador del territorio del Río de la Plata (1556). ‖ ~ (Íñigo de), franciscano español (¿1425-1507?), autor del poema *Vita Christi.* ‖ ~ (Íñigo López de). V. Santillana (*Marqués de*). ‖ ~ (Pedro de), conquistador español, n. en Guadix (Granada) [¿1487?-1537], primer adelantado del Río de la Plata y primer fundador de Buenos Aires (1536). ‖ ~ **y la Cerda** (Ana). V. Éboli. ‖ ~ **y Luna** (Juan de), gobernante español (1571-1628), virrey de Nueva España de 1603 a 1607 y del Perú de 1607 a 1615. Fue marqués de Montesclaros.

menegilda f. *Fam.* Criada.

Menelao, rey aqueo, fundador de Lacedemonia, esposo de Helena y hermano de Agamenón.

Menelik II (1844-1913), emperador de Etiopía de 1889 a 1909. Derrotó a los invasores italianos en Adua (1896).

Menéndez, lago del S. de la Argentina (Chubut).

Menéndez (Andrés Ignacio), general salvadoreño, n. en 1879, pres. de la Rep. de 1934 a 1935 y pres. provisional en 1944. ‖ ~ (Francisco), general salvadoreño (1830-1890), pres. de la Rep. de 1885 a 1890. ‖ ~ (Manuel), político peruano (1793-1847), pres. de la Rep. de 1841 a 1842 y de 1844 a 1845. ‖ ~ (Miguel Ángel), novelista mexicano, n. en 1905. ‖ ~ **de Avilés** (Pedro), militar y marino español (1519-1574). Fue gobernador de Cuba, adelantado de la Florida y fundador de la c. de San Agustín (1565). ‖ ~ **Pidal** (Ramón), maestro de la escuela filológica española, n. en La Coruña (1869-1968), autor de *Los orígenes del español, La España del Cid, Manual de gramática histórica española, El romancero español,* etc. ‖ ~ **y Pelayo** (Marcelino), polígrafo español, n. en Santander (1856-1912), maestro de la historiografía nacional. Autor de *Historia de las ideas estéticas en España, Historia de los heterodoxos españoles, Antología de poetas líricos castellanos, Antología de poetas hispanoamericanos,* etc.

Menenio Agripa, cónsul romano en 503 a. de J. C.

meneo m. Movimiento, agitación. ‖ Contoneo al andar. ‖ *Fig.* y *fam.* Dificultad, obstáculo: *los meneos de la vida.* | Paliza: *darle un meneo a uno.* | Abucheo: *a ese actor le dieron un meneo en su última función.*

Menes, primer faraón de Egipto, supuesto fundador de Menfis.

Meneses (Guillermo), novelista venezolano, n. en 1911. ‖ **~Osorio** (Francisco), pintor español (¿1640-1705?). Era discípulo de Murillo.

menester m. Necesidad de una cosa. ‖ Ocupación, empleo o ministerio: *atender a sus menesteres.* ‖ — Pl. Necesidades corporales. ‖ *Fam.* Instrumentos de trabajo, enseres. ‖ — *Haber menester una cosa,* necesitarla. ‖ *Ser menester una cosa,* ser necesaria.

menesteroso, sa adj. y s. Indigente, que ni siquiera tiene las cosas imprescindibles.

menestra f. Guisado de carne acompañado de varias hortalizas. ‖ Legumbres secas.

menestral m. Artesano, obrero que hace un trabajo manual.

menestralía f. Conjunto de menestrales.

Menfis, c. del antiguo Egipto, a orillas del Nilo, al S. de El Cairo. Ant. capital del país.

menfita adj. y s. De Menfis.

mengano, na m. y f. Nombre indeterminado que se usa después de Fulano y antes de Zutano para designar una persona sin nombrarla.

Mengs (Anton Raphael), pintor neoclásico alemán (1728-1779). Pintor de cámara de Carlos III de España.

Meng-Tse o **Mencio,** filósofo chino (¿372?-289 a. de J. C.), nieto de Confucio y autor de *Tratado de moral.*

mengua f. Reducción, disminución. ‖ Falta. ‖ Pobreza. ‖ Descrédito. ‖ *En mengua de,* en perjuicio de: *en mengua de sus derechos.*

menguado, da adj. y s. Cobarde, tímido, pusilánime. ‖ Estúpido, tonto. ‖ Ruin, avaro. ‖ — Adj Reducido: *obtuvo menguados éxitos* ‖ — M. Cada uno de los puntos que van embebiendo las mujeres al hacer media para reducir la anchura de su labor.

menguante adj. Que mengua. ‖ — F. Disminución del caudal de un río. ‖ Marea saliente. ‖ Última fase de la Luna. ‖ *Fig.* Decadencia.

menguar v. i. Disminuir, bajar: *el calor ha menguado.* ‖ Reducirse la parte visible de la Luna. ‖ Hacer los menguados en una labor de punto. ‖ *Fig.* Decaer, venir a menos. ‖ — V. t. Reducir, disminuir. ‖ Rebajar: *esto no mengua en nada su fama.*

mengue m. *Fam.* Diablo.

menhir m. Megalito formado por una piedra larga fijada en el suelo: *los menhires de Bretaña.*

menina f. Mujer que desde niña servía a la reina o a las infantas.

Meninas *(Las),* cuadro de Velázquez (1658), en el Prado (Madrid), obra maestra del realismo.

meninge f. Cada una de las tres membranas que cubren el encéfalo y la médula espinal, llamadas *duramadre, aracnoides* y *piamadre.*

meníngeo, a adj. De las meninges.

meningitis f. Inflamación de las meninges.

meningococo m. *Med.* Microbio causante de la meningitis y otras enfermedades.

menino m. Caballero que desde niño servía en palacio a la reina o a los infantes.

menipeo, a adj. Parecido a los escritos de Menipo: *sátira menipea.*

Menipo, filósofo cínico griego del s. III a. de J. C. y escritor satírico cuyas obras se han perdido.

menisco m. Lente convexo por una cara y cóncavo por la otra. ‖ *Fís.* Superficie cóncava o convexa del líquido contenido en un tubo estrecho. ‖ Cartílago situado entre los huesos, en algunas articulaciones: *el menisco de la rodilla.*

mennonita o **menonita** m. Miembro de una secta anabaptista fundada en el s. XVI por el holandés Mennon. ‖ *Colonias Mennonitas,* v. Colonias Mennonitas.

Meno. V. Main.

Menocal (Armando), pintor y poeta cubano (1863-1942). ‖ **~** (Mario). V. García Menocal.

menopausia f. Cesación natural y definitiva de la menstruación en la mujer. ‖ Época en que ésta se produce.

menor adj. Más pequeño: *el menor ruido.* ‖ Que no ha llegado a la mayor edad legal. Ú. t. c. s.: *tribunal de menores.* ‖ Más joven: *soy menor que tú* (ú. t. c. s.). ‖ *Mús.* Aplícase a una de las dos escalas predominantes en el sistema de tonos. ‖ Dícese de las cuatro primeras órdenes de la jerarquía eclesiástica, que son: portero, lector, exorcista y acólito. ‖ — *Al por menor,* en pequeñas cantidades. ‖ *Menor que,* signo matemático (<) que, colocado entre dos cantidades, indica ser menor la primera que la segunda. ‖ *Por menor,* por extenso, con todo detalle; al por menor. ‖ — M. Religioso franciscano. ‖ — Pl. En los colegios, clase de los pequeños. ‖ — F. Segunda proposición de un silogismo.

Menorca, isla del E. de España, la más oriental del archip. de las Baleares: 668 km²; 60 000 h. Cap. *Mahón.* Ganadería.

menoría f. Minoría.

menorquín, ina adj. y s. De Menorca.

menorragia f. Menstruación excesiva.

menos adv. Indica inferioridad en la calidad, cantidad, distancia y valor: *menos inteligente; menos dinero; menos lejos; menos caro.* ‖ — *Al menos, a lo menos, lo menos, por lo menos,* tanto o más. ‖ *A menos que,* a no ser que. ‖ *De menos,* indica falta: *tener cien pesetas de menos.* ‖ *Echar de menos,* notar la ausencia de una cosa o persona, generalmente con pesar. ‖ *En menos,* en menor cantidad o grado. ‖ *Menos de,* indica un número ligeramente inferior al expresado: *pueblo de menos de mil habitantes.* ‖ *No ser para menos,* ser bastante importante. ‖ *Poco más o menos,* aproximadamente. ‖ *Ser lo de menos,* no importar. ‖ *Tener en menos,* despreciar. ‖ *Venir a menos,* perder categoría, decaer. ‖ — Prep. Excepto: *fueron todos menos yo.* ‖ — Pron. Una cantidad menor: *hoy vinieron menos.* ‖ — M. *Mat.* Signo de sustracción o resta y de las cantidades negativas (—). ‖ La más mínima cosa: *el más y el menos.*

menoscabar v. t. Disminuir, reducir, mermar. ‖ *Fig.* Desacreditar, desprestigiar, deslustrar.

menoscabo m. Mengua, disminución: *ha sufrido menoscabo en su fortuna.* ‖ Daño, perjuicio: *hacer algo en menoscabo de otra cosa.* ‖ *Fig.* Descrédito.

menospreciable adj. Despreciable, que se puede despreciar.

menospreciador, ra adj. Que desprecia.

menospreciar v. t. Apreciar en menos de lo que realmente vale una cosa o a una persona. ‖ Despreciar, desdeñar.

menospreciativo, va adj. Que implica o revela menosprecio.

menosprecio m. Poco aprecio, poca estimación: *hacer menosprecio de un regalo.* ‖ Desprecio, desdén.

Menotti (Gian Carlo), músico norteamericano, n. en 1911, autor de óperas (*El medium, El cónsul*).

mensaje m. Recado de palabra que envía una persona a otra. ‖ Comunicación oficial entre poderes públicos. ‖ Comunicación importante que se considera como una revelación: *el Evangelio es el mensaje de Cristo.* ‖ Significado o aportación de una obra o de un escritor o artista: *el mensaje de un poeta.* ‖ *Mensaje de la corona,* discurso pronunciado por un soberano sobre la situación de su país.

mensajería f. Servicio de transporte para viajeros y mercancías. ‖ Su oficina. ‖ Transporte rápido de mercaderías por ferrocarril, camiones o mar.

mensajero, ra adj. y s. Que transmite mensajes. ‖ *Paloma mensajera,* la que por volver fácilmente a su nido se emplea para llevar mensajes. ‖ — M. Conductor de un coche de mensajería.

menso, sa adj. y s. *Méx.* Tonto, simple, necio.

menstruación f. Eliminación periódica, con hemorragia, de la mucosa uterina cuando no ha habido fecundación. ‖ Menstruo.

menstrual adj. Relativo al menstruo: *flujo menstrual.*

menstruar v. i. Evacuar o eliminar el menstruo.

menstruo m. Flujo de líquido sangriento que evacuan periódicamente las mujeres.

mensual adj. Que sucede o se repite cada mes: *publicación, sueldo mensual.* ‖ Que dura un mes: *suscripción mensual.*

mensualidad f. Sueldo o salario de un mes. ‖ Cantidad abonada cada mes: *pagar algo en tres mensualidades.*

mensualización f. Pago mensual de los salarios precedentemente pagados por hora.

mensualizar v. t. Efectuar la mensualización de los salarios.

ménsula f. *Arq.* Adorno que sobresale de un plano vertical y sirve de soporte: *ménsula de un tejado, de un balcón.*

mensura f. Medida, medición.

mensurabilidad f. *Geom.* Calidad de un cuerpo que puede ser medido.

mensurable adj. Que se puede medir.

mensuración f. Dimensión. ‖ Determinación del valor de ciertas dimensiones.

mensurar v. t. Medir.

menta f. Hierbabuena: *tomar una infusión de menta.*

mentado, da adj. Famoso, célebre. ‖ Mencionado, del cual se ha hablado.

mental adj. Relativo a la mente: *facultades mentales.* ‖ Que se hace en la mente: *oración mental.* ‖ — *Enajenación mental,* locura, demencia. ‖ *Higiene mental,* conjunto de medidas adecuadas para mantener inalteradas las funciones psíquicas. ‖ *Restricción mental,* reserva tácita, omisión voluntaria.

mentalidad f. Modo de pensar que caracteriza a una persona, un pueblo, una época, etc.

* **mentar** v. t. Mencionar.

mente f. Pensamiento, potencia intelectual: *tener algo en la mente.* ‖ Intención, propósito: *no está en mi mente hacerlo.* ‖ *Traer a la mente,* recordar.

mentecatada, mentecatería y **mentecatez** f. Simpleza, necedad, tontería.

mentecato, ta adj. y s. Necio, simple, tonto.

mentidero m. *Fam.* Lugar donde se reúne la gente ociosa para conversar y criticar: *mentidero político, literario.*

mentido, da adj. Falso, engañoso, falaz.

* **mentir** v. i. Afirmar lo que se sabe que es falso o negar la verdad: *mentir como un sacamuelas.* ‖ *Fig.* Inducir a error, engañar: *las apariencias mienten.*

mentira f. Declaración intencionadamente falsa. ‖ Cuento, historia falsa: *siempre está contando mentiras.* ‖ *Fig.* y *fam.* Manchita blanca en las uñas. ‖ *Parece mentira,* es increíble.

mentirijillas (de) y **de mentirillas** adv. En broma.

mentiroso, sa adj. Que tiene costumbre de mentir (ú. t. c. s.). ‖ Engañoso, falaz: *proposiciones mentirosas.*

mentís m. Negación de lo que otra persona afirma: *el presidente dio un mentís a la prensa.*

mentol m. Alcohol sólido antineurálgico sacado de la esencia de la menta.

mentolado, da adj. Que contiene mentol.

mentón m. Barbilla.

Menton, c. del S. de Francia (Alpes-Maritimes). Estación balnearia. Centro turístico.

mentor m. *Fig.* Persona que otro toma como guía o consejero.

Mentor, amigo de Ulises y preceptor de Telémaco. *(Mit.)*

menú m. (pal. fr.). Minuta.

menudear v. t. Hacer una cosa repetidas veces. ‖ Contar algo detalladamente. ‖ Contar menudencias. ‖ — V. i. Acaecer algo con frecuencia: *menudean las averías.*

menudencia f. Pequeñez. ‖ Esmero, exactitud. ‖ Cosa de poca importancia. ‖ Objeto artístico pequeño que sirve de adorno en las casas. ‖ — Pl. Despojos o menudos de las reses o de las aves.

menudeo m. Acción de menudear, frecuencia. ‖ *Venta al menudeo,* venta al por menor.

menudillo m. En los cuadrúpedos, articulación entre la caña y la cuartilla. ‖ — Pl. Sangre, higadillo, molleja, madrecilla y otras vísceras de las aves.

menudo, da adj. Pequeño, delgado. ‖ Despreciable, de poca importancia. ‖ Aplícase al dinero en monedas pequeñas: *plata o moneda menuda.* ‖ Exacto, minucioso. ‖ Usado irónica y enfáticamente significa enorme, difícil, grave, increíble: *menuda catástrofe; en menudo estado estaba.* ‖ — M. pl. Entrañas y sangre de las reses. ‖ Pescuezo, alones, patas y menudillos de las aves. ‖ — *A menudo,* frecuentemente. ‖ *La gente menuda,* los niños. ‖ *Por menudo,* con detalles, particularmente.

Menzaleh, lago del Bajo Egipto, en la parte oriental del delta del Nilo. Está atravesado por el canal de Suez.

Menzel-Burguiba, ant. *Ferryville,* c. del N. de Túnez, a orillas del lago de Bizerta. Base militar.

meñique adj. Aplícase al dedo quinto y más pequeño de la mano (ú. t. c. s. m.).

meollada f. Sesos de una res.

meollar m. *Mar.* Cabo hecho con varias filásticas torcidas.

meollo m. Seso, masa nerviosa de la capacidad del cráneo. ‖ Médula. ‖ *Fig.* Sustancia, lo principal de una cosa: *el meollo de la cuestión.* | Entendimiento, juicio.

meón, ona adj. y s. *Pop.* Que mea mucho. ‖ — F. *Pop.* Niña.

mequetrefe m. *Fam.* Hombre de poca entidad, muy bullicioso y entrometido.

Mequínez, en fr. *Meknès,* c. del centro de Marruecos. Academia militar. Textiles.

Mera (Juan León), escritor ecuatoriano, n. en Ambato (1832-1894), autor de *Cumandá o un drama entre salvajes,* novela indianista.

Merano, c. del N. de Italia (Bolzano). Catedral, castillo.

merca f. *Fam.* Compra.

mercachifle m. Buhonero. ‖ *Despect.* Comerciante de poco fuste.

mercadear v. i. Comerciar.

mercader m. Comerciante.

Mercader de Venecia *(El),* comedia de Shakespeare (1596).

mercadera f. Mujer que se dedica al comercio. ‖ Mujer del mercader. ‖ *Cub.* Planta de flor amarilla.

mercadería f. Mercancía.

mercado m. Lugar público cubierto o al aire libre donde se venden y compran mercancías: *mercado de pescado.* ‖ Comerciantes que se reúnen en cierto sitio y fecha para vender sus productos: *aquí hay mercado cada domingo.* ‖ Concurrencia de gente en estos sitios: *el mercado se alborotó.* ‖ Salida económica: *el mercado de ultramar.* ‖ Situación de la oferta y la demanda: *mercado en retroceso.* ‖ — *Mercado negro,* comercio ilícito y clandestino a precio elevado de mercancías cuya venta está regulada.

Mercado Común, asociación europea que tiene por objeto la supresión de las barreras arancelarias entre los diferentes países integrantes de la Comunidad Económica Europea, que firmaron el Tratado de Roma en 1957. (V. COMUNIDAD ECONÓMICA EUROPEA).

mercancía f. Todo lo que se vende o compra.

mercante adj. Mercantil: *marina mercante.* ‖ — M. Comerciante.

mercantil adj. Relativo al comercio: *especulación mercantil.* ‖ *Fig.* Que tiene afán de lucro.

mercantilismo m. Espíritu mercantil aplicado a cualquier cosa. ‖ Doctrina económica de los siglos XVI y XVII, según la cual la riqueza de los Estados descansaba en la posesión de metales preciosos.

mercantilista adj. Del mercantilismo. ‖ — M. y f. Partidario del mercantilismo. ‖ Experto en materia de Derecho mercantil.

mercantilizar v. t. Valorar todo en función del dinero que representa. ‖ Comercializar.

mercar v. t. Comprar.

Mercator (Gerhard KREMER, llamado **Gerhard**), matemático y geógrafo flamenco (1512-1594), inventor de un sistema de proyección cartográfica.

Mercé (Antonia), llamada *la Argentina,* bailarina española (1888-1936).

merced f. Favor, gracia. ‖ Voluntad, arbitrio: *estar a la merced de alguien.* ‖ Tratamiento de cortesía: *vuestra merced.* ‖ Orden real y militar instituida por Jaime el Conquistador. (La *orden de la Merced* fue fundada en Barcelona [1218] por San Pedro Nolasco y San Raimundo de Peñafort. Su objeto era el rescate de cautivos cristianos.) ‖ *Merced a,* gracias a.

mercedario, ria adj. y s. De la orden de la Merced: *fraile mercedario.* ‖ De Mercedes (Uruguay).

Mercedario, cima de los Andes argentinos (San Juan); 6 670 m.

Mercedes, c. de la Argentina (Buenos Aires). — Pobl. del NE. de la Argentina (Corrientes). — C. del SO. del Uruguay, cap. del dep. de Soriano. Obispado.

mercenario, ria adj. Que se hace sólo por dinero. ‖ Aplícase al soldado o tropa que presta sus servicios a un gobierno extranjero que le paga (ú. t. c. s. m.). ‖ Codicioso de ganancias. ‖ — M. Jornalero agrícola.

mercería f. Comercio de objetos menudos que se utilizan para la costura y otras labores femeninas, como alfileres, botones, cintas, etc.

mercerización f. y **mercerizado** m. Operación consistente en mercerizar los hilos y tejidos.

mercerizar v. t. Tratar los hilos y tejidos de algodón con sosa cáustica para aumentar en resistencia y darles un aspecto brillante.

mercero, ra m. y f. Persona que comercia en mercería.

mercurial adj. Del mercurio. ‖ Que contiene mercurio: *compuesto mercurial.* ‖ Provocado por el mercurio: *salivación mercurial.* ‖ Del dios o planeta Mercurio. ‖ — F. Planta agreste euforbiácea, utilizada como laxante.

mercurialismo m. *Med.* Intoxicación por el mercurio.

mercúrico, ca adj. Relativo al mercurio: *óxido, cianuro mercúrico.*

mercurio m. Cuerpo metálico de número atómico 80, conocido vulgarmente por *azogue.*
— El *mercurio* (Hg) existe generalmente en la naturaleza en estado de sulfuro o cinabrio. Se encuentra en España (Almadén), en Italia, Yugoslavia, Estados Unidos, México, Perú, Japón. El mercurio es blanco, brillante, su densidad es 13,6 y es el único metal líquido a la temperatura ordinaria. Se solidifica a — 39 °C. y su punto de ebullición es 357 °C. Se emplea en la construcción de aparatos de física (termómetros, barómetros), en el azogado de los espejos y para la extracción de los metales preciosos.

Mercurio, el planeta más próximo al Sol.

Mercurio, dios latino, hijo de Júpiter. Es el *Hermes* griego.

mercurioso, sa adj. *Quím.* Dícese de uno de los óxidos de mercurio y de sus sales.

Merchán (Rafael María), escritor cubano (1844-1905).

merdellón, ona adj. Aplícase a la persona que adopta modos, costumbres o indumentarias propios de una clase social superior, con el vano propósito de aparentarse a ella (ú. t. c. s.).

merecedor, ra adj. Que merece: *merecedor de elogios.*

* **merecer** v. t. Ser o hacerse digno de algo: *merecer un premio; el castillo merece una visita* (ú. t. c. pr.). ‖ Presentar los requisitos necesarios para una cosa: *documento que merece aprobación.* ‖ Tener suficiente importancia: *esta noticia merece ser comprobada.* ‖ — V. i. Ser digno de premio.

merecido m. Castigo que merece uno: *llevó su merecido.*

merecimiento m. Mérito.

Meredith (George), novelista y poeta inglés (1828-1909).

Merejkovski (Dimitri), escritor ruso (1865-1941), autor de poesías simbolistas, de novelas históricas y de ensayos.

* **merendar** v. i. Tomar la merienda: *merendar a las cuatro de la tarde.* ‖ — V. t. Comer en la merienda: *merendar una manzana.* ‖ — V. pr. *Fig.* y *fam. Merendarse una cosa,* lograrla fácilmente.

merendero m. Sitio, establecimiento donde se pueden tomar consumiciones y a veces bailar.

Merendón, sierra de Honduras (Copán y Ocotepeque), fronteriza con Guatemala; 2 500 m.

merendona f. *Fig.* Merienda magnífica.

merengue m. Dulce hecho con claras de huevo y azúcar, y cocido al horno. ‖ *Fig.* Persona enclenque. ‖ Baile típico dominicano.

meretriz f. Prostituta.

mergo m. Cuervo marino.

Mérida, c. del O. de España (Badajoz), a orillas del Guadiana. Teatro, anfiteatro, circo y acueducto romanos. Llamada *Emérita Augusta* por los romanos. ‖ — C. del SE. de México, cap. del Estado de Yucatán. Arzobispado. Universidad. Fundada en 1542. — C. del NO. de Venezuela, cap. del Estado homónimo. Arzobispado. Residencia de la Universidad de los Andes. Fundada en 1558. ‖ ~ (SIERRA DE). V. NEVADA DE MÉRIDA.

meridano, na adj. y s. De Mérida (México).

meridense adj. y s. De Mérida (c. de Venezuela).

merideño, ña adj. y s. De Mérida (España). ‖ De Mérida, estado de Venezuela.

meridiano, na adj. Relativo al mediodía: *exposición meridiana.* ‖ Dícese del plano que, en un lugar dado, contiene la vertical del mismo y el eje de rotación del globo (ú. t. c. s. m.). ‖ Aplícase a los instrumentos que sirven para observar el paso de los astros por el meridiano local. ‖ *Fig.* Luminosísimo, clarísimo: *luz meridiana.* ‖ — *Con claridad meridiana,* bien claro, sin rodeos. || *De una claridad meridiana,* muy comprensible. || — M. Círculo máximo de la esfera celeste que pasa por los polos. || *Geogr.* Cualquier semicírculo de la esfera terrestre que va de polo a polo. || *Astr.* Intersección del plano meridiano y del horizontal en un lugar determinado. || — *Meridiano magnético,* plano vertical que contiene la dirección de equilibrio de la aguja imantada. || *Geogr. Primer meridiano,* aquel desde el cual se miden arbitrariamente los grados de longitud. (El *primer meridiano* internacional pasa por el observatorio de Greenwich, cerca de Londres.) || — F. Especie de sofá o silla larga con respaldo inclinado. || Siesta.

— El *meridiano,* que pasa por los polos del globo y lo divide en dos hemisferios (oriental y occidental), se llama así porque cuando pasa el Sol por él son las doce del día en todos los puntos que atraviesa en el hemisferio iluminado, mientras que en los del otro son las doce de la noche. (V. LATITUD.)

meridiem (ante y post) adv. Antes o después de mediodía. (Se escribe generalmente en abreviatura: *a. m.* y *p. m.*).

meridional adj. Del Sur o Mediodía: *América meridional.*

merienda f. Comida ligera que se toma por la tarde. || Comida fría que se lleva para irse de excursión o de viaje: *llevarse la merienda en el tren.* || — *Fig.* y *fam. Juntar meriendas,* unir intereses. | *Merienda de negros,* confusión grande.

Mérimée (Ernest), hispanista francés (1846-1924). — Su hijo HENRI (1878-1926) fue tb. hispanista. || ~ (PROSPER), escritor francés (1803-1870), autor de narraciones (*Carmen, Colomba,* etc.) y del *Teatro de Clara Gazul.*

Merín o **Mirim,** laguna fronteriza entre el Uruguay y el Brasil. Comunica con la laguna de los Patos por el río San Gonzalo; 2 966 km²

merino, na adj. y s. Dícese de los carneros y ovejas de lana muy fina, corta y rizada. || Tela hecha con la lana de estos animales. || — M. Antiguo juez puesto por el rey: *merino mayor.*

Merino (Ignacio), pintor de cuadros históricos peruano (1817-1876). || ~ (JERÓNIMO), guerrillero español (1769-1844), que luchó en la guerra contra el ejército napoleónico y más tarde en el bando carlista. Llamado *el Cura Merino.*

Meriño (Fernando Arturo), arzobispo dominicano (1833-1906), pres. de la Rep. de 1880 a 1882.

mérito m. Acción que hace al hombre digno de premio o estima: *tratar a cada uno según sus méritos.* || Calidad apreciable de una persona o cosa: *el mérito de una persona; este chico tiene mucho mérito.* || — *De mérito,* de valor. || *Hacer méritos,* esmerarse o dar pruebas de sus aptitudes.

meritorio, ria adj. Digno de elogio, premio o galardón. || — M. Aprendiz de un despacho.

Merleau-Ponty [-*lo*-] (Maurice), filósofo existencialista francés (1908-1961).

merlín m. *Mar.* Cabo delgado de cáñamo alquitranado.

Merlín, llamado *el Encantador,* personaje de las novelas de caballerías del ciclo bretón.

Merlo, c. de la Argentina (Buenos Aires).

merluza f. Pez teleósteo marino de carne blanca muy sabrosa. || *Pop.* Borrachera.

merma f. Disminución. || Pérdida, desgaste.

mermar v. i. Disminuir. || — V. t. Reducir: *mermar la paga, la ración.* || Empezar a gastar: *mermar un capital.* || *Fig.* Rebajar: *mermar la reputación.*

mermelada f. Dulce de fruta triturada, cocida y mezclada con azúcar o miel.

mero, ra adj. Puro, simple, solo: *por una mera casualidad.* || — M. Pez marino acantopterigio, de carne muy apreciada.

merodeador, ra adj. y s. Que merodea, vagabundo.

merodear v. t. Andar por los campos robando frutas y legumbres.

merodeo m. Robo de frutas y legumbres en los campos.

Meroveo, rey franco de 448 a 457. Luchó en los Campos Cataláunicos, donde venció a Atila (451).

merovingio, gia adj. Relativo a Meroveo, rey de Francia. (La dinastía *merovingia,* primera de los reyes de Francia, se extinguió a la muerte de Childerico III en 751.)

Merrimac, río del NE. de Estados Unidos (Massachusetts), que des. en el Atlántico; 280 km.

Merseburgo, c. del SE. de Alemania Oriental (Halle), a orillas del Saale.

Mers el-Kebir. V. MAZALQUIVIR.

Mersey, río de Gran Bretaña (Inglaterra), que des. en el mar de Irlanda, cerca de Liverpool; 113 km.

Mersin, c. y puerto del SE. de Turquía. Ref. de petróleo.

Merthyr Tydfil, c. de la Gran Bretaña (Gales). Hulla.

Merv. V. MARY.

mes m. Cada una de las doce divisiones del año || Espacio de treinta días. || Mensualidad, salario mensual: *cobrar el mes.* || Menstruo de la mujer.

— Los doce *meses* del año son: *enero, febrero, marzo, abril, mayo, junio, julio, agosto, septiembre, octubre, noviembre, diciembre.* Enero, marzo, mayo, julio, agosto, octubre y diciembre tienen 31 días: abril, junio, septiembre y noviembre 30, y febrero 28 (29 el año bisiesto).

mesa f. Mueble compuesto de una tabla lisa sostenida por uno o varios pies y que sirve para comer, escribir, etc. || *Fig.* Utensilios que se ponen en este mueble para comer: *poner la mesa.* | Comida: *mesa suculenta, abundante.* || Conjunto de personas que presiden una asamblea: *la Mesa del Congreso, del Senado.* || *Geogr.* Parte más alta y poco extendida de una llanura elevada. | Meseta. || Descansillo de una escalera. || Parte superior plana de una piedra preciosa labrada. || — *Mesa de altar,* sitio donde se pone la piedra consagrada. || *Mesa de batalla,* en el correo, aquella donde se reúne y ordena la correspondencia. || *Mesa de noche,* mueble pequeño junto a la cama. || *Mesa de operaciones,* aquella articulada sobre la que se acuesta al enfermo para efectuar operaciones quirúrgicas. || *Mesa electoral,* sitio donde votan los electores. || *Mesa redonda,* en las fondas, aquella en que todos comen lo mismo, a hora y precio fijos; reunión de personalidades políticas, diplomáticas, etc., en un plan de igualdad y sin presidente, para intentar ponerse de acuerdo sobre un asunto. || *Mesas de nido,* las que no son del mismo tamaño y por lo tanto pueden ponerse una debajo de otra. || *Sagrada Mesa,* lugar del santuario donde comulgan los fieles. || *Tener mesa franca,* invitar a comer a todos los que quieren.

Mesa (Cristóbal de), poeta español (1561-1633). || ~ (ENRIQUE DE), poeta español (1878-1929). Describió el campo castellano.

Mesa (La), mun. y pobl. del centro de Colombia (Cundinamarca).

Mesabi Range, cadena de colinas de Estados Unidos (Minnesota). Hierro.

mesada f. Mensualidad (paga).

mesadura f. Acción de mesar o mesarse.

mesalina f. *Fig.* Mujer disoluta.

Mesalina, princesa romana (15-48), tercera esposa del emperador Claudio I, madre de Británico y de Octavia. Célebre por su conducta licenciosa.

mesana f. *Mar.* Mástil de popa. | Vela que se coloca en este palo.

mesar v. t. Arrancar o estrujar el cabello o la barba con las manos (ú. t. c. pr.).

Mesas (CERRO DE LAS), lugar arqueológico mexicano (Veracruz). || ~ (SIERRAS DE LAS), sector de la Sierra Madre Oriental de México (Tamaulipas).

mescal m. Mezcal.

mescolanza f. Mezcolanza.

Mesenia, región de Grecia al SO. del Peloponeso; cap. *Mesena.*

mesenio, nia adj. y s. De Mesenia. (Los *mesenios* fueron sometidos por los espartanos en el s. VII a. de J. C., pero Epaminondas les liberó en 362 a. de J. C.)

mesentérico, ca adj. Relativo al mesenterio: *vasos mesentéricos.*

mesenterio m. *Anat.* Pliegue del peritoneo, formado con tejido conjuntivo, que une el intestino delgado con la pared posterior del abdomen.

meseta f. Descansillo de una escalera. || *Geogr.* Llanura extensa en la cumbre de una altura: *la meseta castellana.*

Meshed, c. del NE. de Irán (Jorasán). Tapices.

Mesia, ant. prov. del Imperio Romano ubicada en las actuales Yugoslavia y Bulgaria.

mesiánico, ca adj. Del Mesías o del mesianismo.

mesianismo m. Creencia en la existencia y venida del Mesías. || *Fig.* Esperanza inmotivada en la solución de problemas políticos o sociales por una sola persona.

mesías m. Futuro redentor y libertador de Israel. || Para los cristianos, Cristo. | *Por ext.* Aquel a quien se espera impacientemente para que resuelva todos los males.

Mesías *(El),* oratorio de Haendel (1741).

mesidor m. Décimo mes del calendario republicado francés (20 de junio a 19 de julio).

mesilla f. Mesa pequeña. || Descansillo de escalera. || Piedra superior de un antepecho o baranda. || Mesa de noche.

Mesina, c. y puerto de Italia, al NE. de la isla de Sicilia, en el estrecho homónimo. Arzobispado. Universidad. || ~ (ESTRECHO DE) brazo de mar entre la Italia peninsular y Sicilia, que une el mar Tirreno con el Jónico.

mesinés, esa adj. y s. De Mesina (Italia).

mesiote m. *Méx.* Fina capa exterior del maguey, empleada por los aztecas como papel.

Mesmer (Franz), médico alemán (1734-1815), fundador de la teoría del magnetismo animal, llamada *mesmerismo.*

mesmeriano, na adj. Relativo a Mesmer o al mesmerismo.

mesmerismo m. Doctrina de Mesmer según la cual todos los seres están sometidos a la influencia de un fluido magnético que puede ser aumentado o transmitido. || Empleo del magnetismo para fines curativos.

mesnada f. Antigua compañía de soldados u hombres de armas. || *Fig.* Grupo, junta, congregación.

mesocarpio m. Parte intermedia situada entre la epidermis y el hueso en los frutos carnosos: *el mesocarpio del melocotón.*

mesocéfalo adj. Dícese de la persona cuyo cráneo tiene las proporciones intermedias entre la braquicefalia y la dolicocefalia.

mesocracia f. Gobierno de la clase media. || *Fig.* Burguesía.

mesodermo m. *Anat.* Capa u hoja embrionaria situada entre el endodermo y el ectodermo.

mesolítico adj. Dícese del período comprendido entre el paleolítico y el neolítico (ú. t. c. s. m.).

mesolote m. *Méx.* Especie de maguey doble.

mesón m. Posada, venta, establecimiento donde se da albergue. || Restaurante generalmente decorado a la usanza antigua. ‖ *Fís.* Masa intermedia entre el protón y el electrón, producida por el bombardeo de los rayos cósmicos.

mesonero, ra adj. Relativo al mesón. ‖ — M. y f. Propietario o encargado de un mesón.

Mesonero Romanos (Ramón de), escritor costumbrista español (1803-1882), autor de *Escenas matritenses, Panorama matritense, Memorias de un setentón,* etc. Utilizó el seudónimo de *el Curioso Parlante.*

Mesopotamia, región de Asia entre el Éufrates y el Tigris, donde se encuentran las ruinas de Babilonia y Nínive. ‖ ~ **Argentina,** región del N. de la Argentina, entre los ríos Paraná y Uruguay (Entre Ríos, Corrientes y Misiones). ‖ ~ **Uruguaya,** territ. del dep. de Durazno, entre los ríos Negro y Ti, y el arroyo Cordobés, afl. del Negro.

mesopotámico, ca adj. y s. De Mesopotamia.

mesosfera f. Capa atmosférica superior a la estratosfera.

mesotórax m. Segmento medio del coselete de los insectos.

mesotorio m. *Fís.* Antiguo nombre de dos isótopos, uno del radio y otro del torio.

mesotrón m. *Fís.* Mesón.

mesozoico, ca adj. *Geol.* Aplícase a los terrenos de la época secundaria (ú. t. c. s. m.).

Messager (André), músico francés (1853-1929).

Messía de la Cerda (Pedro), militar español (1700-1783). Fue virrey de Nueva Granada (1761-1773) y expulsó a los jesuitas.

Messiaen (Olivier), compositor francés, n. en 1908, renovador del lenguaje musical.

mesta f. Antigua asociación española de propietarios de ganado transhumante: *la Mesta fue abolida en 1836.*

mester m. (Ant.). Oficio, arte: *mester de clerecía, de juglaría.*

— En la Edad Media, el *mester de clerecía* era un género cultivado por clérigos o por personas doctas (obras de G. de Berceo, *Libro de Alexandre, Poema de Fernán González* y *Libro de Apolonio*). Sus últimos representantes fueron el Arcipreste de Hita y el canciller Pero López de Ayala. En cuanto al de *juglaría,* era la poesía de los cantores populares de la Edad Media, que la recitaban de memoria *(Poema del Cid).*

mestizaje m. Cruce de dos razas. ‖ Conjunto de mestizos.

mestizar v. t. Cruzar dos razas.

mestizo, za adj. y s. Nacido de padres de raza diferente, particularmente de indio y blanco.

Mestre (José Manuel), filósofo y patriota cubano (1832-1886).

mesura f. Gravedad y compostura, en la actitud y semblante. ‖ Moderación, comedimiento. ‖ Respeto, cortesía.

mesurado, da adj. Moderado.

mesurar v. t. Infundir mesura, moderar. ‖ — V. pr. Contenerse, moderarse o comedirse: *mesurarse en sus palabras.*

meta f. Final de una carrera. ‖ En fútbol, portería y guardameta. ‖ *Fig.* Finalidad, objetivo: *llegar a la meta de sus aspiraciones.*

Meta, río de América del Sur (Colombia y Venezuela), afl. del Orinoco; 1 200 km. Descubierto por Diego de Ordás en 1531. — Dep. del centro de Colombia, cap. *Villavicencio.*

metabólico, ca adj. *Biol.* Concerniente al metabolismo.

metabolismo m. *Biol.* Conjunto de transformaciones materiales que se efectúa constantemente en las células del organismo vivo y que se manifiestan en dos fases diferentes: una de carátcer constructor, anabólico, y otra de carácter destructor, catabólico.

metacarpiano adj. m. Dícese de cada uno de los cinco huesos del metacarpo.

metacarpo m. Parte de la mano, comprendida entre el carpo y los dedos.

metafase f. Segunda fase de la división celular por mitosis.

metafísica f. Ciencia de los principios primeros y de las primeras causas: *la metafísica aristotélica.* ‖ Filosofía, teoría general y abstracta: *metafísica del lenguaje.*

metafísico, ca adj. Relativo a la metafísica: *pruebas metafísicas de la existencia divina.* ‖ *Fig.* Demasiado abstracto: *razonamiento metafísico.* ‖ — M. y f. Persona que estudia metafísica.

metáfora f. Traslación del sentido recto de una palabra a otro figurado: *se llama león a un hombre valiente por metáfora.*

metafórico, ca adj. Relativo a la metáfora: *significado metafórico.* ‖ Abundante en metáforas: *lenguaje, estilo metafórico.*

metaforizar v. t. Usar metáforas o alegorías.

metafosfórico adj. Aplícase al ácido derivado del fósforo.

metagoge f. Tropo que consiste en aplicar a cosas inanimadas voces o cualidades que son propias de los sentidos.

metal m. Cuerpo simple sólido a la temperatura ordinaria, a excepción del mercurio, conductor del calor y de la electricidad, y que se distingue de los demás sólidos por su brillo especial. ‖ *Blas.* Oro o plata. ‖ *Fig.* Calidad o condición: *eso es de otro metal.* | Dinero: *el vil metal.* | Timbre de la voz. ‖ Calidad del sonido de una campana. ‖ *Mús.* Término genérico con el que se designan los instrumentos de viento de una orquesta (trompeta, trombones, bugles, trompas). ‖ — *Metal blanco,* aleación de cobre, níquel o cinc. ‖ *Metal de imprenta,* aleación de plomo, antimonio y estaño.

— Los principales *metales* son: el oro, la plata, el hierro, el cobre, el platino, el mercurio, el aluminio, el estaño, el plomo, el cinc. El oro, la plata y el platino llevan el nombre de *metales preciosos;* el litio, sodio, potasio, rubidio y cesio, el de *metales alcalinos;* el berilio, magnesio, calcio, estroncio, bario y radio, el de *metales alcalinotérreos.*

metaldehído m. *Quím.* Cuerpo sólido, blanco, polímero del aldehído acético, usado como combustible.

metalepsis f. Tropo que consiste en tomar el antecedente por el consiguiente, o al contrario, v. gr.: *acuérdate de lo que me ofreciste,* por *cúmplelo.*

metálico, ca adj. De metal o parecido a él: *objeto metálico; ruido metálico.* ‖ Que contiene metal: *sustancia metálica.* ‖ Relativo a las medallas: *historia metálica.* ‖ — M. Dinero en monedas o billetes, por oposición a cheques: *pagar en metálico.*

Metálicos (Montes). V. Erzgebirge.

metalífero, ra adj. Que contiene metal: *yacimiento metalífero.*

metalismo m. Teoría económica según la cual las monedas han de tener un valor determinado por la cantidad de metal que contienen.

metalización f. Acción y efecto de metalizar.

metalizar v. t. Dar un brillo metálico. ‖ Cubrir con una capa de metal o de aleación. ‖ — V. pr. *Fig.* Tener un interés desmesurado por el dinero.

metaloide m. *Quím.* Cuerpo simple, mal conductor del calor y de la electricidad, que combinado con el oxígeno produce compuestos ácidos o neutros.

— Los *metaloides* son: flúor, cloro, bromo, yodo, oxígeno, azufre, selenio, teluro, nitrógeno, fósforo, arsénico, carbono, silicio y boro.

metalurgia f. Arte de extraer, elaborar y tratar los metales.

metalúrgico, ca adj. Relativo a la metalurgia: *la industria metalúrgica de Vizcaya.* ‖ — M. El que se dedica a la metalurgia.

metalurgista m. Metalúrgico.

metamórfico, ca adj. *Geol.* Aplícase al mineral o roca en que ha habido metamorfismo.

metamorfismo m. *Geol.* Profunda transformación física y química que sufre un mineral o una roca bajo la influencia de acciones internas (calor y presión).

metamorfosear v. t. Transformar profundamente.

metamorfosis f. Transformación de un ser en otro. ‖ Mudanza de forma y de modo de vida que experimentan los insectos y otros animales. ‖ *Fig.* Cambio completo en la condición o carácter de una persona, en la forma o aspecto de una cosa.

Metamorfosis *(Las),* poema mitológico de Ovidio en 15 libros y en hexámetros latinos.

Metán, pobl. del NO. de la Argentina (Salta).

metano m. Gas incoloro, de densidad 0,554, producido por la descomposición de ciertos materiales orgánicos.

Metapa. V. Ciudad Darío.

Metapán, distrito y c. en el O. de El Salvador (Santa Ana).

metaplasmo m. Cambio fonético que consiste en la alteración de una palabra por la supresión, adición o transposición de algunas letras.

Metastasio (Pietro), poeta trágico italiano (1698-1782).

metástasis f. Reproducción de un padecimiento por aparición de nuevos focos en una enfermedad.

metatarso m. Parte del pie comprendida entre el tarso y los dedos.

metate m. Piedra cuadrada usada en México para moler el maíz y en España para labrar el chocolate.

metátesis f. *Gram.* Alteración del orden de las letras o sílabas de una palabra, v. gr.: *perlado* por *prelado, dejalde* por *dejadle.*

metatórax m. Parte posterior del tórax de los insectos, situada entre el mesotórax y el abdomen.

Metauro, río de Italia central que des. en el Adriático; 110 km.

metazoo m. Animal constituido por células diferentes.

Metchnikov (Ilya), zoólogo y biólogo ruso (1845-1916). [Pr. Nóbel, 1908.]

meteco m. En la ant. Grecia, extranjero que se establecía en Atenas. ‖ Advenedizo. ‖ Forastero.

metedor m. Pañal que se pone a los niños debajo del principal. ‖ Tablero sobre el cual se apila el papel que se ha de imprimir.

metedura f. *Fam.* Acción de meter algo. ‖ *Fam. Metedura de pata,* dicho o hecho poco adecuado.

Metelo, n. de una ilustre familia romana en la que se distinguieron varios generales y cónsules.

metempsicosis f. Supuesta reencarnación de las almas de un cuerpo a otro.

metense adj. y s. De Meta.

meteórico, ca adj. Perteneciente o relativo a los meteoros.

meteorismo m. Abultamiento del vientre por acumulación de gases en el tubo digestivo.

meteorito m. Fragmento de piedra o metálico que viene de los espacios interplanetarios.

meteorización f. Conjunto de modificaciones causadas en las rocas por los agentes atmosféricos.

meteorizar v. t. Causar meteorismo. ‖ — V. pr. Padecerlo.

meteoro m. Cualquier fenómeno atmosférico: acuoso, como la *lluvia,* la *nieve,* el *granizo;* aéreo, como los *vientos;* luminoso, como el *arco iris,* el *parhelio,* la *paraselene;* eléctrico, como el *rayo,* la *aurora boreal.* ‖ *Fig.* Persona o cosa que brilla con resplandor fugaz.

meteorología f. Estudio de los fenómenos atmosféricos, especialmente para la previsión del tiempo.

meteorológico, ca adj. Perteneciente a la meteorología: *observación meteorológica; parte meteorológico.*

meteorologista com. y **meteorólogo** m. Especialista en meteorología.

meter v. t. Introducir: *meter la llave en la cerradura.* ‖ Encerrar: *meter en la cárcel.* ‖ Hacer entrar: *meter a un niño en el colegio.* ‖ Introducir de contrabando: *meter tabaco.* ‖ Hacer participar a una persona: *meter a uno en un negocio.* ‖ Causar, producir: *meter ruido, escándalo, enredos.* ‖ Embeber tela en una costura. ‖ En el juego o la lotería, poner el dinero que se ha de jugar. ‖ *Fam.* Dar, asestar: *meter un bofetón.* ‖ — *Fig. A todo meter,* a toda velocidad. | *Tener metido en un puño,* dominar. ‖ — V. pr. Introducirse: *meterse en la cama, por una calle.* ‖ Enredarse en una cosa: *meterse en un mal negocio.* ‖ Abrazar una profesión, seguir un oficio o estado: *meterse soldado, a fraile.* ‖ *Fig.* Frecuentar, tratar: *anda siempre metido con unos calaveras.* | Sumirse, abstraerse: *estar metido en un problema.* Empezar: *meterse a escribir.* | Ocuparse: *¡métete en tus cosas y no en las mías!* ‖ — *Fam. Meterse con uno,* fastidiarle, armarle camorra o atacarle. | *Meterse en todo,* inmiscuirse en cualquier asunto.

Metge (Bernat), escritor catalán (¿1350-1413?), autor de *Lo somni, Llibre de fortuna o prudència,* etc.

meticulosidad f. Carácter meticuloso.

meticuloso, sa adj. Minucioso, muy concienzudo, muy escrupuloso. ‖ Miedoso. ‖ Muy delicado, que requiere mucho cuidado.

metido, da adj. Abundante en ciertas cosas: *metido en carnes.* ‖ — M. Empujón. ‖ Puñetazo: *le dio un metido.* ‖ Metedor, pañal. ‖ Tela embebida en una costura. ‖ *Fig.* y *fam.* Reprensión violenta.

metileno m. Radical químico formado por carbono e hidrógeno.

metilense adj. y s. De Medellín (España).

metílico, ca adj. *Quím.* Aplícase a ciertos cuerpos derivados del metano, especialmente al alcohol.

metilo m. *Quím.* Radical monovalente, derivado del metano y que se encuentra en numerosos cuerpos orgánicos. ‖ *Cloruro de metilo,* líquido cuya evaporación produce un frío de 55 grados bajo cero y se emplea en la industria y en medicina.

metimiento m. Introducción de una cosa en otra. ‖ *Fam.* Influencia, ascendiente.

metlapil m. *Méx.* Rodillo para moler el maíz en el metate.

metódico, ca adj. Hecho con método: *Enciclopedia Metódica.* ‖ Que obra con método: *persona metódica.*

metodismo m. Doctrina de la comunidad protestante fundada en 1729 en Oxford por John Wesley, de gran rigidez de principios.

metodista adj. y s. Que profesa el metodismo. ‖ — Adj. Relativo a esta doctrina.

metodizar v. t. Poner método en una cosa, organizar.

método m. Modo de decir o hacer una cosa con orden y según ciertos principios: *obrar con método.* ‖ Modo de obrar: *cambiar de método.* ‖ *Fil.* Procedimiento racional para llegar al conocimiento de la verdad y enseñarla: *método analítico, sintético.* ‖ Obra que reúne según un sistema lógico los principales elementos de un arte o ciencia: *un método de lectura.*

metodología f. Parte de una ciencia que estudia los métodos que ella emplea.

metomentodo com. *Fam.* Persona entremetida.

metonimia m. Procedimiento estilístico que consiste en designar una cosa con el nombre de otra con la cual tiene cierta relación, v. gr.: *el laurel* por *la gloria, las canas* por *la vejez.*

metopa f. *Arq.* Espacio que hay entre los triglifos del friso dórico.

metraje m. Longitud de una cinta cinematográfica: *corto, largo metraje.*

metralla f. Pedazos de hierro y clavos con que se cargaban los cañones. ‖ Fragmento en que se divide un proyectil al estallar.

metrallazo m. Disparo de metralla por una pieza de artillería.

metralleta f. Pistola ametralladora.

métrica f. Ciencia que estudia la estructura de los versos.

métrico, ca adj. Relativo al metro y a las medidas: *sistema métrico.* ‖ Relativo a la medida de los versos: *arte métrica.* ‖ — *Cinta métrica,* la dividida en metros y centímetros que sirve para medir. ‖ *Quintal métrico,* peso de cien kilogramos (símb., q). ‖ *Tonelada métrica,* peso de mil kilogramos (símb., t).

— Antes del establecimiento del *sistema métrico,* las medidas usadas en España, en sus posesiones de ultramar y en toda Europa eran diferentes. La Revolución Francesa puso término a esta diversidad al encargar a la Academia de Ciencias en 1790 la creación de un sistema más racional, basado en una unidad de medida que sirviese de patrón a todas las demás. Con este fin, Mechain y Delambre midieron, entre 1792 y 1799, la longitud de la parte del meridiano comprendida entre Dunkerque y Barcelona. Calculóse la longitud total del meridiano y se dio el nombre de *metro* a la diezmillonésima parte del cuadrante del mismo. Esta longitud sirvió de base para todas las demás medidas del sistema de pesas y medidas que por esta razón recibió el nombre de sistema métrico. El sistema internacional de unidades adoptado en la Conferencia de París de 1960 (v. METRO) es una codificación del sistema métrico que debe servir de base a la legislación de medidas en los países adheridos a este sistema.

metrificación f. Versificación.

metrificar v. i. y t. Versificar.

metritis f. *Med.* Inflamación de la matriz o del útero.

metro m. Verso, con relación a la medida que a cada especie de versos corresponde: *comedia en variedad de metros.* ‖ Unidad de longitud adoptada en casi todos los países y que sirve de base a todo un sistema de pesas y medidas (símb., m). ‖ Objeto de medida que tiene la longitud de un metro. ‖ Grupo determinado de sílabas largas o breves en una composición poética. ‖ Forma rítmica de una obra poética, verso. ‖ — *Metro cuadrado,* unidad de superficie equivalente a la de un cuadrado de un metro de lado (símb., m^2). ‖ *Metro cúbico,* unidad de volumen que equivale al de un cubo de un metro de lado (símb., m^3). ‖ *Metro por segundo,* unidad de velocidad (símb., m/s).

— El *metro* es la longitud a la temperatura de 0 °C. del prototipo internacional de platino e iridio que se conserva en Sèvres (Francia). Esta barra es aproximadamente inferior en 0,2 mm a la diezmillonésima parte del cuadrante del meridiano terrestre.

metro m. *Fam.* Metropolitano.

metrónomo m. Instrumento para medir el tiempo y marcar el compás de las composiciones musicales.

metrópoli f. Ciudad principal, cabeza de provincia o Estado. ‖ Iglesia arzobispal que tiene dependientes otras sufragáneas. ‖ La nación, respecto a sus colonias o territorios exteriores.

metropolitano, na adj. Relativo a la metrópoli. ‖ Arzobispal. ‖ — M. Arzobispo. ‖ Ferrocarril subterráneo o aéreo urbano: *el metropolitano de París.*

Metternich-Winneburg (Klemens, *príncipe de*), político austriaco (1773-1859). A la caída del Imperio napoleónico fue el árbitro de Europa y el alma de la Santa Alianza.

Metz, c. del NE. de Francia, cap. del dep. del Moselle, a orillas del río Mosela. Obispado. Catedral.

Meudon, c. de Francia, al SO. de París (Hauts-de-Seine). Industrias.

Meurthe-et-Moselle, dep. del NE. de Francia, en Lorena; cap. *Nancy.*

Meuse, dep. del NE. de Francia; cap. *Bar-le-Duc.*

Meu-Tan-Kiang, c. del NE. de China (Heilongkiang).

Mexía (Pero), erudito español (¿1499-1551?), autor de *Silva de varia lección,* colección de artículos.

mexica adj. y s. Azteca.

Mexicali, c. del NO. de México, cap. del Est. de Baja California Norte. Centro turístico.

mexicanismo m. Voz o giro propio de los mexicanos.

mexicano, na adj. y s. De México. ‖ — M. Lengua azteca.

Mexicatl Teohuatzin, jefe de los sacerdotes aztecas de Tenochtitlán.

México o **Estados Unidos Mexicanos,** país de América, cuyas tres cuartas partes pertenecen geográficamente a América del Norte y el resto a América Central. Se encuentra entre Estados Unidos, el océano Atlántico, el golfo de México, Guatemala, Belice y el océano Pacífico; 1 069 209 km²; 53 000 000 habit. (*mexicanos*). Cap. *México,* 7 500 000 h. (zona metropolitana incluida). Otras c.: *Ciudad Juárez,* 483 000 h.; *Tijuana,* 215 000; *Mexicali,* 252 000; *Hermosillo,* 106 000; *Chihuahua,* 209 000; *Torreón,* 210 000; *Durango,* 131 200; *Aguascalientes,* 150 000; *Guadalajara,* 1 200 000; *León,* 323 600; *Morelia,* 108 000; *Puebla,* 345 000; *Mérida,* 190 000; *Veracruz,* 175 000; *Tampico,* 150 000; *San Luis Potosí,* 185 000; *Matamoros,* 105 000; *Monterrey,* 1 000 000; *Saltillo,* 120 000, y *Nuevo Laredo,* 128 000. Administrativamente, México se divide en 29 Estados, dos territorios y un distrito federal. La población está constituida por: indígenas, 3,2 p. ciento; mestizo-indios, 5,4 p. ciento; mestizos, 30,6 p. ciento; mestizo-blancos, 60,2 p. ciento; blancos, 0,6 p. ciento. Entre los indígenas están los mayas, totonacas, otomíes, náhuatl, zapotecas y mixtecas. La religión católica es la predominante y la lengua oficial es la castellana o española, hablada por el 96 p. ciento de los hab. La densidad de población es de 23,2 h. por kilómetro cuadrado.

— GEOGRAFÍA. La orografía de México está esquemáticamente constituida por dos cordilleras paralelas a los litorales, que se aproximan en el istmo de Tehuantepec: sobre la costa del Pacífico se encuentra la Sierra Madre Occidental y la Sierra Madre del Sur; frente al golfo de México, la Sierra Madre Oriental y la Sierra Madre de Oaxaca. A partir del istmo de Tehuantepec, y conectándose con las cadenas montañosas centroamericanas, se localizan la Meseta Central de Chiapas, el Valle Central de Chiapas y la Sierra Madre de Chiapas. Transversalmente, casi coincidente con el paralelo 19, se levanta la Cordillera Neovolcánica, en la que se hallan las mayores cimas del país (Pico de Orizaba, 5 747 m, el más alto, Iztaccíhuatl y Popocatépetl). Entre estas cordilleras se encuentra la Altiplanicie Mexicana, dividida por la Sierra de Zacatecas en Altiplanicie Septentrional y Altiplanicie Meridional. Existen también numerosos valles, como el del río Balsas, gran depresión. La península de Baja California está recorrida por la Serranía Bajacaliforniense; en la península de Yucatán no hay elevaciones de importancia. Los ríos mexicanos discurren por dos vertientes: la del Golfo, con corrientes bastante caudalosas (Bravo del Norte o Grande, Pánuco, Papaloapan, Coatzacoalcos, Grijalva, Usumacinta), y la del Pacífico (Colorado, Sonora, Yaqui, Mayo, Fuerte, Sinaloa, Culiacán, San Lorenzo, Santiago, Balsas), ríos cortos y de carácter torrencial. Existen varias lagunas (Pátzcuaro, Zirahuén, Cempoala, Chapala, Montebello), y los lagos de Xochimilco y Texcoco, en la capital, en proceso de extinción, a causa de los trabajos de desagüe ejecutados. Los 8 560 km de costas confieren a México una importancia marítima indiscutible. El litoral del Pacífico es alto y acantilado, mientras que el del Atlántico presenta costas bajas y arenosas, salvo en Yucatán. Algunas islas costeras forman parte del territorio nacional mexicano. México tiene una zona tropical y otra extratropical, lo que, unido a su complicada orografía, proporciona una variedad climática muy grande. Las precipitaciones son abundantes en la vertiente atlántica y escasas en el NO. La parte sur de la vertiente del Pacífico tiene lluvias monzónicas. En las altas montañas, por encima de los 4 000 m, se encuentra el clima alpino. Los recursos económicos de México son abundantes y variados. La agricultura ocupa a más de la mitad de la población activa, y los principales cultivos son: maíz, frijol, trigo, arroz, caña de azúcar, algodón, henequén, patatas y tomates. La cría de ganado vacuno y caballar está muy desarrollada. La minería fue un renglón importante en la economía del país y se está tratando de recuperar: yacimientos de plata (primer productor mundial), azufre, antimonio, mercurio, plomo, cobre.

MÉXICO

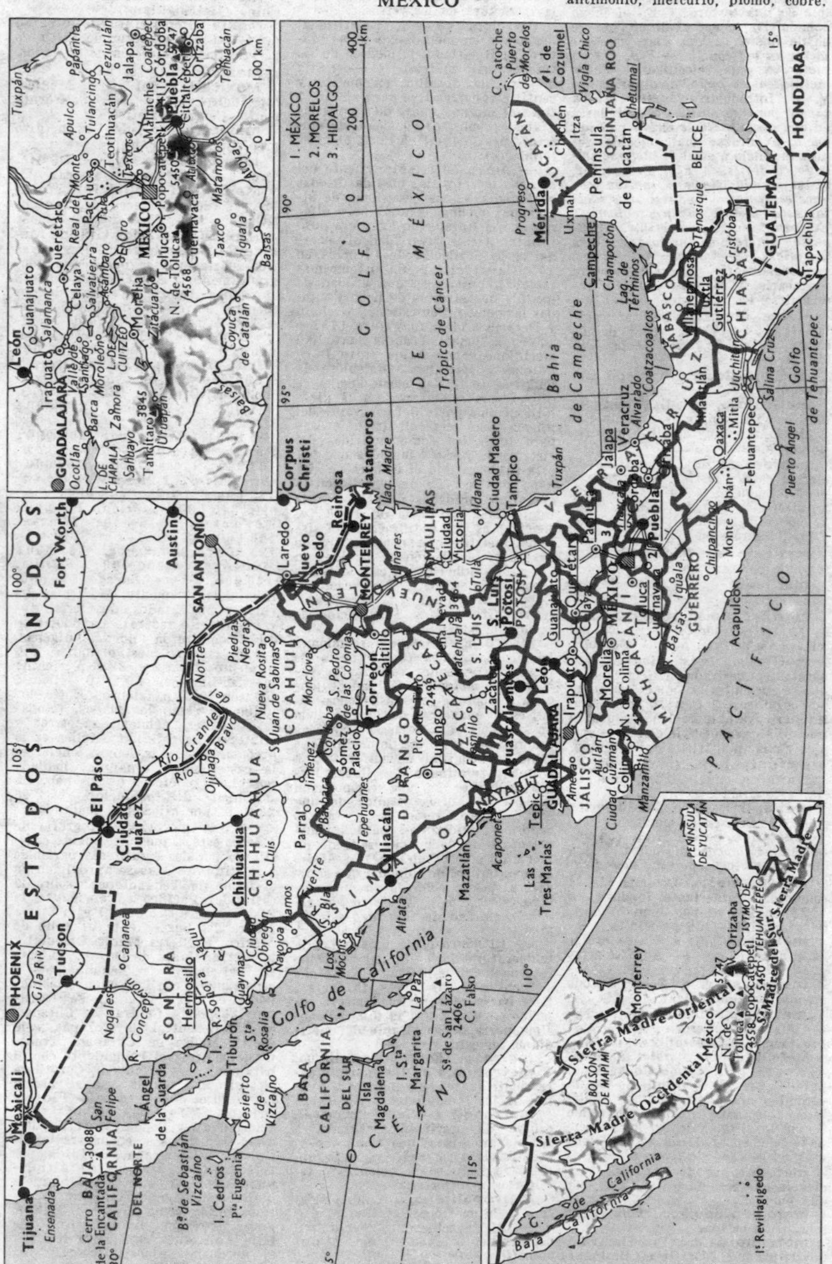

cinc, hierro, uranio, estaño y una considerable extracción petrolífera, localizada en la costa del golfo de México. Las principales industrias son la petroquímica, metalúrgica, química, alimenticia y eléctrica. El turismo es también una excelente fuente de ingresos. Las comunicaciones están servidas por unos 23 600 km de vías férreas, 30 000 km de carreteras pavimentadas y numerosas líneas aéreas (40 aeropuertos principales).

— HISTORIA. Los pobladores más antiguos de México fueron unas tribus nómadas que se establecieron en el centro y sur del país y en las proximidades del lago Texcoco unos ocho mil años a. de J. C. En los primeros siglos de la era cristiana apareció la cultura teotihuacana que alcanzó un alto grado de civilización, a la que contribuyeron sucesivamente los toltecas, que introdujeron el culto a Quetzalcóatl, los chichimecas y los mayas (en Yucatán y Guatemala). Posteriormente los zapotecas, mixtecas y náhuatl. La cultura básica en la que se apoyaron las diferentes civilizaciones a partir del s. X fue la olmeca. En el s. XIV, los aztecas o mexicas, procedentes del NO., iniciaron el éxodo hacia las regiones centrales, fundaron Tenochtitlán (1325), futura Ciudad de México. Ya en el s. XVI, dos expediciones españolas exploraron las costas mexicanas, la de F. Hernández de Córdoba, que tocó en el Yucatán, y la de Juan de Grijalva (1518). Por fin, Hernán Cortés desembarcó con 600 hombres, sometió a algunas tribus mayas, fundó Veracruz (1519), conquistó Cholula y marchó sobre Tenochtitlán, donde el emperador Moctezuma, influido por supersticiones, le recibió amistosamente. El gobernador de Cuba, Diego de Velázquez, envió contra él un ejército al mando de Pánfilo de Narváez, pero Cortés lo derrotó en Cempoala y se atrajo a los soldados vencidos a su bando. La situación en Tenochtitlán se hizo crítica para los españoles, pues los aztecas los tenían sitiados. Cortés ordenó la evacuación de la ciudad, lo que se hizo con enormes pérdidas en la llamada *Noche Triste* (30 junio 1520). Al llegar a la llanura de Otumba, se encontró con un ejército azteca de varias decenas de miles de hombres, pero Cortés tuvo la habilidad de apresar al jefe indígena, y esto provocó la desbandada general. Varios meses después, habiendo logrado la alianza de los tlaxcaltecas y de otros grupos indígenas, gracias a su genio político Cortés se dirigió de nuevo a la capital y, tras 75 días de asedio, la tomó definitivamente el 15 de agosto de 1521. El resto del país fue dominado después de varios años de ruda conquista y hábiles maniobras políticas y así se inició el período colonial. Nombrado Cortés gobernador y capitán general de la Nueva España (1522), la primera Audiencia fue creada en 1527 y la Universidad en 1551. Los religiosos franciscanos, jesuitas y agustinos realizaron una gran labor misionera, y la expansión territorial llegó a su punto máximo a finales del s. XVII, con cuatro millones de kilómetros cuadrados. A principios del s. XIX llegaron también a México los aires de independencia que reinaban en el continente. Tras un intento fallido, como fue la conspiración de 1808, Miguel Hidalgo y Costilla lanzó el *Grito de Dolores* (1810) que inició la lucha por la emancipación de México. Con un ejército improvisado de voluntarios liberó varias ciudades, pero fue vencido por los realistas en Puente de Calderón (1811), y fusilado más tarde en Chihuahua. Análoga suerte corrió José María Morelos y Pavón, quien convocó el Congreso de Chilpancingo (1813), donde se redactó el Acta Primaria de Independencia. La lucha de guerrillas continuaba, destacándose entre los heroicos insurgentes Mina y Guerrero. En 1821, Agustín Iturbide, junto con Vicente Guerrero, proclamó el Plan de Iguala, por el que reconocían las tres garantías esenciales de los mexicanos: religión católica, fraternidad con los españoles e independencia política. Iturbide, elevado al rango de emperador, con el n. de Agustín I (1822), disolvió el Congreso, y fue depuesto por un golpe militar. En 1824, el país se constituyó en República federal, cuyo primer presidente fue Guadalupe Victoria. En 1848, Texas fue anexado por Estados Unidos y, ante la negativa mexicana a aceptar esta usurpación, al año siguiente los norteamericanos invadieron el país, lo que costó a México, según las cláusulas del Tratado de Guadalupe Hidalgo (1848), la pérdida de vastas zonas norteñas (51 p. ciento del territorio). En 1853, A. L. de Santa Anna se hizo nombrar dictador vitalicio pero Juan Álvarez proclamó el Plan de Ayutla (1854), en el que se proponía la reforma del país. Santa Anna fue derribado por el partido liberal encabezado por Álvarez y después por Comonfort, quien inició las reformas militar y eclesiástica, con la oposición de los medios conservadores. En 1857 estalló la llamada *Guerra de Reforma*. Benito Juárez se puso al frente de los defensores de la legalidad republicana, y en 1861 restableció la unidad nacional, tras vencer a los conservadores en Calpulalpan. Previamente había promulgado las leyes de Reforma (1859). Una expedición armada francesa invadió el territorio nacional, ocupó la Ciudad de México (1863) y, junto con el clero y los conservadores, ofreció el país a Maximiliano de Habsburgo, quien gobernó con el título de emperador (1864). Juárez se retiró a Paso del Norte (hoy Ciudad Juárez), y desde allí inició la campaña contra los invasores. Triunfó en San Jacinto y Querétaro, y, apresado Maximiliano, fue condenado a muerte y ejecutado (1867). Porfirio Díaz ocupó el poder en 1876, se reeligió por treinta años y así gobernó hasta 1911. Estableció un régimen duro que favoreció la concentración de la propiedad y la inversión extranjera europea. Fomentó la industria y estimuló la enseñanza, pero no hizo nada por elevar el nivel de las clases populares. Encontró la oposición de Francisco I. Madero, quien se proclamó contrario al principio de la reelección. Maderó llegó a la presidencia y hubo de hacer frente a las insurrecciones de Orozco y Zapata, quienes pretendían reformas radicales, entre ellas la agraria. Venustiano Carranza promulgó la Constitución de 1917, una de las más avanzadas de la época, orientando la política en un sentido revolucionario y anticlerical. Carranza murió durante la rebelión acaudillada por Álvaro Obregón (1920). A éste le sucedió Plutarco Elías Calles (1924), y en 1928 Obregón presentó nuevamente su candidatura Fue elegido, pero lo asesinó un fanático antes de ocupar el cargo. Para sustituirlo fue elegido Pascual Ortiz Rubio. Durante el sexenio 1934-1940, ocupó la presidencia el general Lázaro Cárdenas, quien nacionalizó el petróleo y llevó a cabo una enérgica reforma agraria. El país entró así en un período de regularidad constitucional, en el que los presidentes se suceden al fin de sus respectivos mandatos, lo que ha hecho posible impulsar el desarrollo industrial y la educación popular. Han sido presidentes: Manuel Ávila Camacho (1940-1946); Miguel Alemán (1946-1952); Adolfo Ruiz Cortines (1952-1958); Adolfo López Mateos (1958-1964), y Gustavo Díaz Ordaz (1964-1970). Desde 1970 ocupa la presidencia Luis Echevarría Álvarez.

México, cap. de los Estados Unidos Mexicanos y del Distrito Federal; 3 302 000 h. e incluyendo la zona metropolitana, 7 500 000. Arzobispado. Universidad. Centro de las actividades económicas y de las comunicaciones del país. Hermosos museos (Bellas Artes, Nacional de Historia), edificios notables (Catedral, Palacio Nacional). Lugar donde se celebraron los Juegos Olímpicos en 1968. La ciudad está construida en una meseta de 2 240 m, donde se encontraba en la Antigüedad *Tenochtitlán*, capital de los aztecas, conquistada por los españoles en 1521. — Estado de la Rep. Federal del mismo n.; cap. *Toluca*. Agricultura. Minas. ‖ **~** (DISTRITO FEDERAL DE), distrito de los Estados Unidos Mexicanos, en que se halla la capital de la Rep. ‖ **~** (GOLFO DE), golfo del Atlántico en el S. de Estados Unidos, México y las Antillas. ‖ **~ (Nuevo).** V. NUEVO MÉXICO.

Mexitli, n. que se daba tb. a Huitzilopochtli, dios de la Guerra entre los aztecas.

meya f. Crustáceo marino, parecido a la centolla, pero de caparazón más liso, fuerte y muy convexo, elíptico, y de unos 25 cm de ancho. (Es comestible y abunda en algunas costas de la Península Ibérica.)

Meyerbeer (Jakob BEER, llamado **Giacomo**), músico alemán (1791 1864), autor de óperas (*Los hugonotes, El profeta, Roberto el Diablo, La africana*, etc.).

Meyerhof (Otto Fritz), fisiólogo alemán (1884-1951).

meyolote m. *Méx.* Cogollo fresco del maguey (es palabra azteca).

meyoramiento m. (Ant.). Mejoramiento, mejora.

mezale m. *Méx.* Viruta de maguey raspado.

mezcal m. Variedad de pita. ‖ Aguardiente que se saca de esta planta.

Mezcala. V. BALSAS.

Mezcalapa, río de Guatemala y México, donde se le conoce con el n. de río *Grande de Chiapas*.

mezcalina f. Alcaloide extraído del mezcal, que produce alucinaciones visuales.

mezcalismo m. *Méx.* Hábito de ingerir botones de mezcal (peyote), que producen alucinaciones.

mezcla f. Acción y efecto de mezclar o mezclarse. ‖ Agregación de varias sustancias: *una mezcla de licores.* ‖ Reunión de cosas diversas: *la vida es una mezcla de acontecimientos felices e infelices.* ‖ Reunión de personas muy diferentes. ‖ Tejido hecho con hilos de diferentes clases y colores. ‖ Argamasa. ‖ *Quím.* Asociación de varios cuerpos sin que exista combinación de los mismos. ‖ Grabación simultánea en la cinta sonora cinematográfica de todos los sonidos necesarios (palabras, música, etc.). ‖ — *Método de mezclas,* método calorimétrico consistente en medir la cantidad de calor que actúa durante la evolución de un sistema, basado en la variación de temperatura de un cuerpo calorimétrico, generalmente el agua. ‖ *Mezcla de colores,* reunión que se hace de varios colores para conseguir otro en pintura.

mezclable adj. Que puede ser mezclado o incorporado con cual cualquier otra cosa: *hay muchos cuerpos químicos que no son en modo alguno mezclables con otros.*

mezcladamente adv. Unidamente, de manera conjunta, con mezcla o unión de unas y otras cosas o personas: *estaban agrupadas mezcladamente gentes de diversas categorías profesionales carentes de la menor homogeneidad.*

mezclado, da adj. Dícese de lo que está reunido para formar un conjunto: *en la escuela estaban mezcladas las personas de diferente sexo.* ‖ (Ant.). Epiceno. ‖ —

M. Género de tela o paño que se hacía antiguamente con diferentes mezclas.

mezclador, ra m. y f. Persona que mezcla, une e incorpora una cosa con otra. ‖ (Ant.). *Fig.* Persona chismosa, cuentista, cizañera. ‖ — F. Máquina o aparato que se utiliza para mezclar diferentes cosas. ‖ — M. Horno grande que se emplea como depósito del hierro colado en los altos hornos.

mezclar v. t. Juntar, incorporar una cosa con otra: *mezclar licores, colores.* ‖ Reunir personas o cosas distintas. ‖ Desordenar, revolver: *mezclar papeles.* ‖ — V. pr. Introducirse, meterse uno entre otros. ‖ Intervenir, participar en una cosa: *se mezcló en mis asuntos.*

mezclilla f. Tejido en que hay fibras de varias materias textiles.

mezcolanza f. *Fam.* Mezcla confusa. | Batiburrillo.

Mézières, c. del NE. de Francia, ant. cap. del dep. de las Ardenas, reunida hoy con Charleville y otras para formar el municipio de *Charleville-Mézières.*

mezontete m. *Méx.* Tronco hueco de maguey, raspado y seco.

mezote m. Maguey seco, combustible.

mezquicopal m. *Méx.* Goma del mezquite.

mezquindad f. Calidad de mezquino, avaricia. ‖ Cosa mezquina.

mezquino, na adj. Avaro, tacaño. ‖ Falto de nobleza y de magnanimidad: *procedimiento mezquino.* ‖ Escaso: *sueldo mezquino.*

mezquita f. Edificio religioso musulmán: *la mezquita de Córdoba.*

Mezquital. V. SAN PEDRO MEZQUITAL.

mezquitamal m. Pan de semillas de mezquite molidos, que preparan los indígenas de México.

mezquitatol m. Bebida fermentada que preparan los indígenas de México con semillas de mezquite.

mezquite m. Árbol americano parecido a la acacia.

Meztli, entre los aztecas, la diosa Luna.

mezzo soprano m. Voz de mujer entre soprano y contralto.

mg, abrev. de *miligramo.*

Mg, símbolo químico del *magnesio.*

mi adj. pos. Apócope de *mío, mía: mi casa.* ‖ — M. *Mús.* Tercera nota de la escala musical.

mí, pron. pers. de primera persona: *me lo dijo a mí.*

Miahuatlán, parte de la Sierra Madre del Sur de México (Oaxaca).

miaja f. Migaja.

Miaja (José), general republicano español (1878-1958), defensor de Madrid durante la guerra civil de 1936 a 1939. M. en México.

mialgia f. *Med.* Dolor muscular

Miami, c. del SE. de Estados Unidos (Florida). Célebres playas.

miasma m. Emanación perniciosa de las sustancias pútridas.

Miass, c. en el O. de la U. R. S. S. (Rusia), a orillas del río homónimo.

miastenia f. *Med.* Debilidad muscular.

miau m. Onomatopeya del maullido del gato.

mica f. Mineral hojoso de brillo metálico, compuesto de silicato de aluminio y de potasio, que forma parte integrante de varias rocas y es notable por su resistencia al calor. ‖ Hembra del mico.

micáceo, a adj. Que contiene mica o parecido a ella.

micado m. Emperador del Japón.

micción f. Acción de orinar.

micelio m. Aparato de nutrición de los hongos.

Micenas, antigua c. del S. de Grecia (Argólida). Ruinas.

micenio, nia y **micénico, ca** adj. y s. De Micenas.

micer m. Título honorífico equivalente a señor que se usaba antiguamente en los Estados de la Corona de Aragón: *micer Francisco Imperial fue un poeta del siglo XV.*

Micerino, faraón egipcio de la IV dinastía (hacia 2 500 a. de J. C.). Edificó una de las tres pirámides de Gizeh.

micifuz m. *Fam.* Gato.

Micipsa, hijo de Masinisa, rey de Numidia de 148 a 118 a. de J. C. Tío de Yugurta.

Mickiewicz (Adam), poeta y patriota polaco (1798-1855).

mico f. Mono pequeño de cola larga. ‖ *Fig.* y *fam.* Persona muy fea. | Persona presumida o coqueta. | Mequetrefe. | Hombre pequeño. | Hombre lujurioso. ‖ — *Fig.* y *fam. Dar el mico,* dar el chasco. | *Quedarse hecho un mico,* quedarse confuso, avergonzado. | *Ser el último mico,* ser una persona de la cual no se hace caso alguno. | *Volverse mico para hacer algo,* no saber como hacerlo.

micoate m. *Méx.* Culebra que se lanza desde los árboles sobre su presa.

micología f. Parte de la botánica que trata de los hongos.

micosis f. Enfermedad causada por un hongo.

micra f. Millonésima parte de un metro (símb., μ).

micro m. *Fam.* Apócope de *micrófono* y de *microbús.*

microamperio m. Millonésima parte del amperio (símb., μ A).

microbiano, na adj. Relativo a los microbios: *enfermedad microbiana.*

microbicida adj. y s. m. Aplícase a lo que mata los microbios.

microbio m. Ser unicelular infinitamente pequeño, sólo visible al microscopio.

microbiología f. Ciencia que estudia los microbios.

microbús m. Pequeño autobús.

microcefalia f. Tamaño de la cabeza inferior a lo normal.

microcéfalo, la adj. y s. De cabeza más pequeña que la normal.

micrococo m. Microbio inmóvil de forma esférica.

microcosmo m. *Fil.* El hombre considerado como reflejo y resumen del universo o macrocosmo. ‖ Mundo pequeño.

microfaradio m. Millonésima parte de un faradio (símb., μ F).

microfilm y **microfilme** m. Película constituida por fotografías muy pequeñas para la reproducción de documentos.

microfísica f. Física del átomo y de los electrones.

micrófono m. Aparato eléctrico que recoge y transmite los sonidos aumentando su intensidad.

microfotografía f. Fotografía de las preparaciones microscópicas.

micrografía f. Examen y descripción de objetos vistos con el microscopio.

microhmio m. Millonésima parte del ohmio (símb., $\mu\Omega$).

micrométrico, ca adj. Relativo al micrómetro: *tornillo micrométrico; medición micrométrica.*

micrómetro m. Instrumento para medir cantidades lineales o angulares muy pequeñas.

micrón m. Micra.

Micronesia, parte de Oceanía, al N. de Melanesia (archip. de las Marianas, Carolinas, Palaos, Marshall y Gilbert).

microómnibus m. inv. Autobús de pequeñas dimensiones.

microonda f. Onda electromagnética cuya longitud está situada entre un mm y un m.

microorganismo m. Microbio.

microscópico, ca adj. Hecho con el microscopio: *observaciones, vistas microscópicas.* ‖ Que sólo puede verse con el microscopio: *ser microscópico.* ‖ *Fig.* Muy pequeño.

microscopio m. Instrumento óptico para observar de cerca objetos extremadamente pequeños. ‖ *Microscopio electrónico,* aquel en que los rayos luminosos son sustituidos por un flujo de electrones y que permite un aumento muy grande.

microsegundo m. Millonésima parte de un segundo (símb., Ms).

microsurco m. Ranura muy fina de algunos discos fonográficos que permite una larga audición. ‖ Disco con estas ranuras (ú. t. c. adj.).

microtaxi m. Taxi más pequeño que los ordinarios.

microteléfono m. Dispositivo telefónico que reúne el micrófono y el auricular en un mismo objeto.

microtermia f. Millonésima parte de una termia (símb., μ th).

Mictlan, entre los aztecas, lugar de los muertos o Infierno.

Mictlantecuhtli, en la mitología azteca, dios de los Muertos.

Michel (Louise), escritora y anarquista francesa (1830-1905); participó en la Commune de París.

Michelena (Arturo), pintor histórico venezolano (1863-1898).

Michelet [-*lé*] (Jules), historiador francés (1798-1874), autor de una *Historia de Francia.*

Michelson (Albert), físico norteamericano de origen polaco (1852-1931), autor de trabajos sobre la velocidad de la luz y sobre la óptica. (Pr. Nóbel, 1907.)

Michigan, uno de los cinco grandes lagos de Estados Unidos; 58 000 km² — Uno de los Estados Unidos de América del Norte (Centro-Nordeste); cap. *Lansing.* Ganadería; agricultura. Industrias importantes.

Michoacán, Est. del SO. de México, entre el océano Pacífico y la meseta central; cap. *Morelia.* Agricultura. Ganadería. Minas.

michoacano, na adj. y s. De Michoacán (México).

Michurin (Iván Vladimirovich), agrónomo y biólogo ruso (1855-1935), que estudió la hibridación.

Michurinsk, c. en la parte occidental de la U. R. S. S. (Rusia), al O. de Tambov. Metalurgia.

Midas, rey de Frigia (¿715?-676 a. de J. C.) que, según la leyenda, convertía en oro cuanto tocaba.

Middelburgo, c. del SO. de Holanda, en la isla de Walcheren, cap. de Zelanda.

Middlesbrough, c. y puerto de Gran Bretaña, al NE. de Inglaterra (York). Industrias.

Middlesex, ant. condado de Gran Bretaña (Inglaterra), integrado actualmente en el Gran Londres.

Middleton, c. de la Gran Bretaña (Lancashire), al N. de Manchester. Industria textil.

Middleton (Thomas), dramaturgo inglés (¿1570?-1627), autor de comedias realistas.

Middlewest o **Midwest,** región de Estados Unidos entre los montes Apalaches y las montañas Rocosas.

Mideros (Víctor M.), pintor ecuatoriano, n. en 1888, autor de frescos.

Midi, n. de dos picos de los Pirineos franceses: el del *Midi de Bigorre* (Hautes-Pyrénées); 2 877 m, y el del *Midi d'Ossau* (Pyrénées-Atlantiques); 2 887 m. ‖ ~ (CANAL DEL) canal del S. de Francia que une el océano Atlántico al Mediterráneo por el río Garona; 241 km. Llamado tb. *Canal del Languedoc.*

Midlands, región de Gran Bretaña, en el centro de Inglaterra. Hulla.

Midlothian, condado de Gran Bretaña en el E. de Escocia; cap. *Edimburgo.*

midriasis f. Dilatación anormal y pertinaz de la pupila del ojo.

Midway (ISLAS), archip. de Estados Unidos en el Pacífico, el más septentrional de Indonesia.

mieditis f. *Fam.* Miedo.

miedo m. Sentimiento de gran inquietud suscitado por un peligro real o imaginario: *tener miedo a los fantasmas.* ‖ — *Fam. De miedo,* extraordinario, estupendo. | *De un feo que da miedo,* muy feo. ‖ *Meter miedo,* asustar. ‖ *Miedo cerval,* el muy grande. || *Fig. Morirse de miedo,* padecer gran miedo.

miedoso, sa adj. *Fam.* Que se asusta por todo (ú. t. c. s.).

miel f. Sustancia dulce, perfumada, espesa y viscosa, que preparan ciertos insectos con el néctar de las flores, principalmente las abejas. || Jugo o jarabe de la caña de azúcar. || *Fig.* Dulzura. || — *Fig. Luna de miel,* los primeros tiempos del matrimonio. | *Miel sobre hojuelas,* cosa que viene muy bien después de otra que ya era buena.

mielga f. Planta leguminosa usada como forraje. || Pez selacio parecido a la lija.

mielgo, ga adj. Mellizo.

mielina f. Sustancia que envuelve las fibras nerviosas.

mielitis f. Inflamación de la médula espinal.

miembro m. Cualquiera de las extremidades del hombre y de los animales, articuladas con el tronco: *miembros superiores, inferiores.* || Órgano de la generación en el hombre y algunos animales: *el miembro viril.* || Individuo que forma parte de una comunidad, sociedad o cuerpo: *miembro del Instituto, de la Academia.* || *Arq.* Cada una de las partes principales de un edificio. || *Mat.* Cada una de las dos expresiones de una igualdad o desigualdad. || Cada división de un período o de una frase. || *Estado miembro,* el que forma parte integrante en un imperio, federación, comunidad internacional, etc.

miente f. Pensamiento. || — *Parar mientes,* reflexionar. || *Traer a las mientes,* recordar.

mientras adv. y conj. Durante el tiempo en que: *mientras yo trabajo, él juega.* || — *Mientras más,* cuanto más. || *Mientras tanto,* durante ese tiempo. || *Mientras que,* indica la oposición entre dos cosas.

Mier (Fray Servando Teresa de), dominico, orador y escritor político mexicano, n. en Monterrey (1765-1827); luchó por la independencia de su país. || ~ **y Terán** (MANUEL DE), caudillo de la independencia mexicana (1789-1832). Se suicidó tras su derrota en Tampico.

miércoles m. Cuarto día de la semana || *Miércoles de ceniza,* primer día de cuaresma.

mierda f. *Vulg.* Excremento. || *Fig.* Suciedad. | Cosa sin valor.

Mieres, c. del NO. de España (Oviedo). Carbón y mercurio. Altos hornos.

mies f. Cereal maduro. || Tiempo de la siega y cosecha. || — Pl. Los sembrados.

Mieszko I, m. en 992, rey de Polonia desde 960.

miga f. Migaja, trozo pequeño de una cosa. || Parte más blanda del pan. || *Fig.* Sustancia, enjundia. || Colegio de párvulos: *ir a la miga.* || — Pl. Pan desmenuzado y frito. || — *Fig.* y *fam. Hacer buenas* (o *malas*) *migas,* llevarse bien (o mal) dos o más personas. | *Hacerse migas,* destrozarse. | *Tener miga,* no ser nada fácil.

migaja f. Parte pequeña y menuda del pan que salta al romperlo. || Trozo pequeño de cualquier cosa. || — Pl. Desperdicios, sobras, cosa sin valor.

migajón m. Migaja grande.

migar v. t. Desmenuzar el pan. || Echar migajas de pan en un líquido: *migar la leche.*

Mignard [*miñar*] (Pierre), pintor francés (1612-1695). Cultivó los temas religiosos e históricos.

migración f. Desplazamiento de individuos de un sitio a otro por razones económicas, sociales o políticas: *migraciones internacionales.* || Viaje periódico de ciertos animales, en particular de las aves de paso.

migratorio, ria adj. Relativo a las migraciones: *el movimiento migratorio de las aves.* || Que efectúa migraciones: *aves migratorias.*

Miguel, n. de nueve emperadores bizantinos, entre quienes se distinguió MIGUEL VIII *Paleólogo* (1224-1282), emperador desde 1259 y conquistador de Constantinopla. || ~ **I,** n. en 1921, rey de Rumania de 1927 a 1930 y de 1940 a 1947.

Miguel (Raimundo de), humanista español (1814-1880), autor de un *Diccionario latino-español.* || ~ **Ángel Buonarroti,** pintor, escultor, arquitecto y poeta italiano, n. en Caprese (Toscana), [1475-1564]. Se le deben la cúpula de San Pedro de Roma, la tumba del papa Julio II, las estatuas de Moisés, de David, de Lorenzo de Médicis, la Piedad y los frescos de la Capilla Sixtina.

Miguel Arcángel *(San),* jefe de la milicia celestial, vencedor de Satanás. Fiesta el 29 de septiembre.

migueleño, ña adj. y s. De San Miguel (El Salvador).

miguelete m. Antiguo fusilero de montaña en Cataluña. || Soldado de la milicia foral en Guipúzcoa.

Míguez (Leopoldo), músico brasileño (1850-1902).

mihrab m. Hornacina que en las mezquitas señala el sitio adonde han de mirar los que oran.

Mihura (Miguel), comediógrafo español, n. en 1906, autor de *Tres sombreros de copa, Maribel y la extraña familia,* etc.

Mijangos (Juan), agustino y escritor mexicano del s. XVI que aprendió la lengua del país y escribió en ella un *Santoral.*

Mijares, río del E. de España, que des. en el Mediterráneo (Castellón de la Plana); 105 km.

Mijas, mun. del S. de España (Málaga). Centro turístico.

mijo m. Planta gramínea originaria de la India. || Su semilla.

mikado m. Micado.

mil adj. Diez veces ciento. || Milésimo: *el año mil.* || *Fig.* Gran número: *pasar mil angustias.* || — M. Signo o conjunto de signos con que se representa el número mil || Millar: *gastar miles de pesetas* || *Fig.* y *fam. A las mil y quinientas,* demasiado tarde, a deshora.

Mil Cumbres, sector de la cord. Neovolcánica de México en el Est. de Michoacán.

Mil y una noches (*Las*), colección de cuentos árabes, de origen persa, en los que, bajo el velo del apólogo, aparecen admirablemente pintados los caracteres y costumbres orientales (*Alí Babá, Aladino, Simbad el Marino,* etc.).

Milá y Fontanals (Manuel), erudito español (1818-1884), que estudió el período medieval castellano y catalán. Figura de la *Renaixença* catalana.

milagrería f. Narración de supuestos milagros.

milagrero, ra adj. Que cree que todo es milagro. || *Fam.* Milagroso.

milagro m. Hecho sobrenatural: *los milagros de Jesucristo.* || Cosa extraordinaria que la razón no puede explicar: *todo es milagro en la naturaleza.* || Cosa magnífica: *los milagros de la ciencia.* || Drama religioso de la Edad Media. || — *Fig. La vida y milagros de uno,* todo lo que ha hecho. || *Fig.* y *fam. Vivir* uno *de milagro,* vivir con mucha dificultad; haber escapado de un gran peligro.

Milagro, pobl. en el O. del Ecuador (Guayas). Agricultura.

Milagros de Nuestra Señora, poema de G. de Berceo (s. XIII).

milagroso, sa adj. Debido a un milagro: *curación milagrosa.* || Que hace milagros: *imagen milagrosa.* || *Fig.* Maravilloso.

Milán, en ital. *Milano,* c. del NO. de Italia, cap. de la prov. homónima y de Lombardía, a orillas del río Olona. Arzobispado. Universidad. Catedral gótica (s. XIV-XVI). Biblioteca Ambrosiana. Centro industrial.

Milán (Leonor de). V. GELVES *(Condesa de).*

milanés, esa adj. y s. De Milán.

Milanés y Fuentes (José Jacinto), escritor cubano, n. en Matanzas (1814-1863), autor de poesías *(El beso, Bajo el mango)* y obras de teatro *(El conde Alarcos).*

Milanesado, región del N. de Italia, disputada por Francia y España en el s. XVI. De 1535 a 1706 perteneció a la corona de España.

milano m. Ave rapaz diurna de plumaje rojizo. || Azor. || Pez marino acantopterigio, de aletas dorsales tan desarrolladas que le permiten dar saltos fuera del agua.

Milcíades, general ateniense (540-¿489? a. de J. C.), vencedor de los persas en Maratón (490).

mildiu m. Enfermedad de la vid producida por un hongo microscópico que se desarrolla en las hojas.

milenario, ria adj. Que contiene mil unidades. || Que tiene mil años: *edificio milenario.* || *Fig.* Muy antiguo. || — M. Período de mil años. || Milésimo aniversario.

milenarismo m. Doctrina que sostenía que Cristo reaparecería sobre la Tierra para reinar en ella mil años antes del día del Juicio Final.

milenio m. Período de mil años.

milenrama f. Planta compuesta con cabezuelas de flores blancas, a veces rojizas (utilizadas en medicina) y fruto seco.

milésimo, ma adj. Que ocupa el lugar indicado por el número mil: *el milésimo año* (ú. t. c. s. m.). || — M. Cada una de las mil partes iguales de un todo.

milesio, sia adj. y s. De Mileto. || *Fábula milesia,* cuento licencioso.

Mileto, ant. c. de Asia Menor, puerto en el mar Egeo. Allí se estableció la célebre escuela filosófica jónica (Tales, Anaxímenes, Anaximandro).

Milhaud (Darius), músico francés, n. en 1892.

milhojas m. inv. Pastel de hojaldre y merengue. || Milenrama.

mili f. *Fam.* Servicio militar.

miliamperímetro m. Amperímetro para medir los miliamperios.

miliamperio m. Milésima parte del amperio (símb., mA).

miliar adj. Parecido a un grano de mijo. || Dícese de una fiebre caracterizada por la erupción de vejiguillas semejantes a granos de mijo (ú. t. c. s. f.). || Aplícase a la columna o mojón que se colocaba en las vías romanas para marcar cada mil pasos.

miliárea f. Milésima parte del área o sea 10 cm².

miliario, ria adj. Relativo a la milla. || Miliar: *columna miliaria.*

milibar m. Milésima parte del bar (símb., mb).

milicia f. Gente armada que no forma parte del ejército activo y es una fuerza auxiliar. || Cuerpo de organización militar nacional. || Profesión militar. || Servicio militar. || Grupo de personas que defienden un ideal: *las milicias de la paz.* || *Milicias universitarias,* servicio militar especial hecho en España por los estudiantes.

miliciano, na adj. Relativo a la milicia. || — M. y f. Persona perteneciente a una milicia.

milicurio m. Milésima parte del curio (símb., mCi).

miligramo m. Milésima parte de un gramo (símb., mg).

mililitro m. Milésima parte de un litro (símb., ml).

milimétrico, ca adj. Relativo al milímetro. || Graduado en milímetros.

milímetro m. Milésima parte de un metro (símb., mm).

milimicra f. Milésima parte de la micra (símb., mμ).

militante adj. y s. Que milita, que lucha por el triunfo de una idea o partido: *político militante.* || *Iglesia militante,* reunión de los fieles que viven en la fe católica.

militar adj. Relativo a la milicia, al ejército o a la guerra: *servicio militar; tribunal militar.* || — M. El que forma parte del ejército: *un militar de carrera.*

militar v. i. Servir como soldado. || *Fig.* Tener una actividad política o religiosa: *militar en el partido socialista.* | Obrar a favor o en contra de uno: *esto milita contra usted.*

militarada f. Golpe de Estado llevado a cabo por los militares. || Acción propia de los militares.

militarismo m. Influencia de los militares en el gobierno del Estado. || Doctrina que lo defiende. || Actitud militarista.

militarista adj. Favorable al militarismo: *política militarista.* || — M. y f. Partidario del militarismo.

militarización f. Organización militar. || Sumisión a la disciplina y al espíritu militar.

militarizar v. t. Infundir la disciplina o el espíritu militar. || Dar una organización militar. || Someter a la disciplina a personas o agrupaciones civiles.

militarote m. *Despect.* Militar muy grosero.

militermia f. Milésima parte de la termia.

milivatio m. Milésima parte del vatio (símb., mW).

milivoltio m. Milésima parte del voltio (símb., mV).

Milo, isla griega del mar Egeo, perteneciente a las Cícladas. Allí se encontró en 1820 la *Venus de Milo.*

Miloch Obrenovich (1780-1860), príncipe de Servia de 1817 a 1839 y de 1858 a 1860.

Milón de Crotona, atleta griego del s. VI a. de J. C., hombre de una fuerza extraordinaria.

milonga f. Canción y baile popular de la Argentina.

milonguero, ra m. y f. Persona que canta o baila milongas.

milord m. Tratamiento que se da a los lores. (Pl. *milores.*) || Carruaje ligero y bajo de dos asientos con capota.

milpa f. *Amér. C.* y *Méx.* Tierra en que se cultiva maíz y otras semillas.

Milpa (La), ant. centro de civilización maya, en el Petén (Guatemala).

milpear v. i. *Méx.* Trabajar la tierra.

milpiés m. Cochinilla.

milrayas m. Tejido de rayas.

milreis m. Moneda brasileña.

Milton (John), poeta inglés, n. en Londres (1608-1674), autor de *El Paraíso perdido,* poema épico sobre la creación y la caída del hombre. Era ciego.

Milwaukee [*-uoki*], c. del N. de Estados Unidos (Wisconsin), a orillas del lago Michigan. Industrias (metalurgia).

Mill (James), historiador, filósofo y economista inglés (1773-1836). — Su hijo JOHN STUART (1806-1873) fue tb. filósofo y economista de la escuela empírica.

milla f. Medida itineraria marina (1 852 m). || Medida itineraria inglesa (1 609 m). || Medida itineraria romana (1 375 m).

Milla (José), escritor guatemalteco (1822-1882), autor de novelas históricas. Utilizó el seudónimo de *Salomé Jil.*

Millais (Sir John Everest), pintor inglés de la escuela prerrafaelista (1829-1896).

Millán *(San),* ermitaño español (474-574). Fiesta el 12 de noviembre.

Millán Astray (Pilar), escritora española (1879-1949).

millar m. Conjunto de mil unidades. || *Fig.* Número grande indeterminado: *acudieron millares de personas.*

Mille (Cecil B. DE). V. DE MILLE.

Miller (Arthur), autor de teatro norteamericano, n. en 1916, autor de *La muerte de un viajante, El precio,* etc. || ~ (HENRY), novelista norteamericano, n. en 1891, autor de *Trópico de Cáncer, Trópico de Capricornio, Sexus, Plexus,* etc.

Millerand (Alexandre), político francés (1859-1943), pres. de la Rep. de 1920 a 1924.

Millet [*-milé*] (Jean-François), pintor paisajista francés (1814-1875), autor de *Las espigadoras, El Ángelus,* etc.

millón m. Mil millares. || *Fig.* Número muy grande, indeterminado: *se lo he dicho millones de veces.* | Mucho dinero: *tiene millones.*

millonada f. Cantidad aproximada de un millón. | *Fig.* Cantidad muy grande: *gastó una millonada.*

millonario, ria adj. y s. Muy rico, que posee varios millones.

millonésimo, ma adj. y s. Dícese de cada una del millón de partes iguales en que se divide un todo. || Que ocupa el lugar indicado por el número un millón.

mimar v. t. Tratar con mucho cariño o demasiada indulgencia: *mimar a sus nietos.* || Expresar algo con gestos y ademanes.

mimbre m. Mimbrera, arbusto. || Rama de la mimbrera.

mimbrear v. i. Moverse o agitarse con flexibilidad, como el mimbre (ú. m. c. pr.).

mimbreño, ña adj. De la naturaleza del mimbre.

mimbrera f. Arbusto salicáceo, cuyas ramas largas, delgadas y flexibles se utilizan en cestería.

mimbreral m. Sitio poblado de mimbreras.

Mimenza Castillo (Ricardo), escritor y poeta mexicano, n. en Mérida (Yucatán) [1888-1943], autor de *La leyenda de Uxmal.*

mimeografía f. Reproducción con el mimeógrafo. || Copia así obtenida.

mimeografiar v. t. Reproducir en copias con el mimeógrafo.

mimeógrafo m. Multicopista para reproducir textos o figuras.

mimesis f. Imitación que se hace de alguien para reírse de él.

mimético, ca adj. Relativo al mimetismo.

mimetismo m. Parecido que llegan a tener o que tienen ya algunas especies animales o vegetales con lo que les rodea o con otras especies con las cuales están en contacto. || Reproducción maquinal de gestos o ademanes.

mímico, ca adj. Relativo al mimo o a la mímica. || Que expresa una acción con gestos o ademanes: *lenguaje mímico.* || — F. Arte de imitar o de darse a entender por medio de gestos y ademanes.

mimo m. Entre griegos y romanos, farsante del género bufo y comedia de estilo realista en la que se imitaba la vida y las costumbres de la época. || Representación en la que el actor manifiesta con gestos y ademanes la acción o los sentimientos. || Este actor. || Cariño, demostración excesiva de ternura. || Indulgencia exagerada que se manifiesta a un niño.

mimógrafo m. Autor de mimos.

mimosa f. Planta originaria del Brasil de la familia de las mimosáceas, llamada también *sensitiva.* (La especie del género acacia tiene flores amarillas, muy olorosas.)

mimosáceas f. pl. Familia de plantas leguminosas que comprende la acacia y la mimosa (ú. t. c. adj.).

mimoso, sa adj. Melindroso. || Muy cariñoso: *las niñas suelen ser mimosas.* || Delicado, regalón. || Mimado, consentido.

mina f. Yacimiento de minerales: *una mina de plomo.* || Excavación para extraer un mineral: *mina de carbón.* || Conjunto de las excavaciones e instalaciones que sirven para la explotación de un yacimiento de minerales. || Paso subterráneo artificial para conducción de aguas, alumbrado, etc. || Carga explosiva que se deja a flor de tierra, se entierra o se sumerge y que estalla por presión, choque, magnetismo, etc. || *Fig.* Lo que abunda en cosas útiles o curiosas: *una mina de noticias.* | Empleo o negocio que, sin mucho trabajo, produce grandes ganancias: *este comercio es una mina.* || Moneda que pesaba cien dracmas en Atenas. || *Mina de lápiz,* barrita de grafito mezclado con arcilla.

Mina el Mozo (Francisco Javier), guerrillero español, n. en Idocin (Navarra) [1789-1817], sobrino de Francisco Espoz y Mina. Luchó en la guerra de Independencia española y más tarde en México con los sublevados. M. fusilado.

minador, ra adj. Que mina. || — M. *Mar.* Barco para colocar minas. || Ingeniero que abre minas. || Soldado especializado en la instalación y manejo de minas, también llamado *zapador.*

minar v. t. Cavar lentamente por debajo: *el agua mina las piedras.* || *Fig.* Ir consumiendo poco a poco: *la tuberculosis le minaba el organismo.* || *Mil.* Colocar minas: *minar un puerto.*

minarete m. Galicismo por *alminar.*

Minas, sierra de la Argentina (Catamarca); alt. máx. 5 040 m. — Pico del Ecuador, en la Cord. Occidental; 4 095 m. — Dep. de la Argentina (Córdoba). — C. del SE. del Uruguay, cap. del dep. de Lavalleja. Obispado. Minas. Turismo. || ~ **Gerais,** Est. del interior del SE. del Brasil; cap. *Belo Horizonte.* Agricultura; ganadería. Minas (hierro, manganeso, etc.). Aguas minerales. Industrias.

Minatitlán, pobl. del SE. de México (Veracruz). Ref. de petróleo.

Mincio, río del NO. de Italia, que nace en el lago de Garda, pasa por Mantua y des. en el Po; 194 km.

Mincha, com. en el N. de Chile (Coquimbo).

Mindanao, isla en el SE. de Filipinas; cap. *Zamboanga.* Es la segunda en extensión del archip.; 99 311 km².

Minden, c. en el S. de Alemania Occidental (Rin Septentrional-Westfalia). Catedral.

Mindoro, isla y prov. del archip. de Filipinas, al S. de Luzón; cap. *Calapán;* 9 928 km².

mineral adj. Relativo a los cuerpos inorgánicos: *reino mineral; sustancias minerales.* || — M. Cuerpo inorgánico, sólido a la temperatura normal, que constituye las rocas de la corteza terrestre. || Elemento del terreno que contiene metales o metaloides aprovechables: *mineral de hierro, de plomo.*

Mineral del Monte, c. y mun. de México (Hidalgo). Minas. Llamado ant. REAL *del Monte.*

mineralización f. Transformación de un metal en mineral al combinarse con otro cuerpo. || Estado del agua que contiene sustancias minerales disueltas.

mineralizar v. t. Comunicar a una sustancia las propiedades de mineral: *en este filón el azufre mineraliza el hierro.* || — V. pr. Convertirse en mineral. || Cargarse el agua de sustancias minerales.

mineralogía f. Ciencia que trata de los minerales.

mineralógico, ca adj. Relativo a la mineralogía.

mineralogista m. Especialista en mineralogía.

minería f. Arte de explotar las minas. || Conjunto de individuos que se dedican a este trabajo. || Conjunto de las minas e industria minera de un país.

minero, ra adj. Relativo a las minas: *riqueza, producción minera.* || Referente a la explotación de las minas: *la industria minera.* || — M. El que trabaja en las minas.

Minerva, diosa latina identificada con la griega *Palas Atenea.*

Ming, dinastía china que reinó de 1368 a 1644.

mingitorio m. Urinario.

mingo m. Bola que, al comenzar el juego de billar, se coloca a la ca-

becera de la mesa. || — *Fam. Poner el mingo,* sobresalir, distinguirse; imponerse, ser escandaloso.
Minho [*miño*], prov. del NO. de Portugal, cap. *Braga.* (V. MIÑO).
miniar v. t. Pintar miniaturas
miniatura f. Letra o dibujo de color rojo que encabezaba los manuscritos antiguos. || Pintura de pequeñas dimensiones, por lo común hecha sobre vitela o marfil. || Reproducción de un objeto en tamaño reducido. || *Fig.* Objeto diminuto y frágil. || *En miniatura,* en pequeño.
miniaturista com. Artista que pinta miniaturas.
Minieh, c. en el centro de Egipto, a orillas del Nilo. Algodón.
minifalda f. Falda que llega encima de la rodilla.
minifundio m. Finca rústica de poca extensión.
mínima f. Cosa muy pequeña. || *Mús.* Nota equivalente a la mitad de la semibreve. || Temperatura más baja en un tiempo y lugar dados.
minimizar v. t. Reducir algo al mínimo. || *Fig.* Quitar importancia a algo: *minimizar un incidente.*
mínimo, ma adj. Muy pequeño: *cantidad mínima.* || Minucioso. || Que ha llegado al mínimo: *temperatura mínima.* || — M. Religioso de la orden fundada en Italia por San Francisco de Paula (1435). || Mínimum. || — *Mat. Mínimo común múltiplo* (m. c. m.), el menor de los múltiplos comunes de dos o más números. || *Mínimo vital,* lo imprescindible para la subsistencia de una persona o familia.
mínimum m. Límite inferior de una cosa. || Cantidad más pequeña necesaria para hacer algo: *ser imprescindible un mínimum de gastos.*
minino, na m. y f. Gato, gata.
minio m. Óxido de plomo de color rojo anaranjado, utilizado para proteger el hierro contra el orín.
ministerial adj. Relativo al ministerio o al ministro: *decreto ministerial.*
ministerio m. Misión, función: *el ministerio del sacerdocio, de la justicia.* || Conjunto de los ministros de un gobierno: *ministerio liberal, conservador.* || Empleo de ministro. || Cada uno de los departamentos en que se divide el gobierno de un Estado: *ministerio de la Gobernación, de la Guerra.* || Edificio donde se encuentra la oficina del ministro: *ir al ministerio.* || *Ministerio público,* el fiscal.
Ministra (SIERRA), cadena montañosa del centro de España (Guadalajara, Soria). Forma parte de la cord. Carpetónica.
ministrable adj. Que satisface todos los requisitos para ser nombrado ministro.
ministro m. Hombre de Estado encargado de un ministerio: *ministro de Marina, de Defensa.* || Oficial inferior de justicia. || Pastor en la Iglesia reformada. || — *Ministro de Dios,* sacerdote. || *Ministro plenipotenciario,* agente diplomático inferior al embajador. || *Ministro sin cartera,* el que ayuda al Gobierno en su trabajo sin regentar ningún departamento especial. || *Primer ministro,* jefe del Gobierno.
Minneápolis, c. del N. de Estados Unidos (Minnesota), a orillas del Misisipí. Universidad. Industrias mecánicas y alimenticias.
minnesinger m. Trovador medieval alemán de la época caballeresca y cortesana.
Minnesota, uno de los Estados Unidos de América del Norte (Centro-Norte); cap. *Saint Paul.* Bosques. Minas de hierro. Ganadería.
minoico, ca adj. Cretense.
minoración f. Disminución, reducción.
minorar v. t. Disminuir, reducir a menos una cosa.
minoría f. El número menor en una nación, población o asamblea, en oposición con *mayoría.* || Conjunto de votos dados en contra de lo que opina el mayor número de los votantes. || Condición de una persona que, a causa de su poca edad, no está considerada por la ley como responsable de sus actos o no es plenamente capaz jurídicamente: *minoría de edad.* || Tiempo durante el cual una persona es menor. || Período durante el cual un soberano no puede reinar a causa de su corta edad: *la minoría de Alfonso XIII de España.*
minorista m. Clérigo de menores. || Comerciante al por menor. || — Adj. Al por menor.
minoritario, ria adj. y s. Que pertenece a la minoría: *partido minoritario.* || Que se apoya sobre una minoría: *grupo minoritario.*
Minos, héroe cretense, hijo de Zeus y Europa. Fue rey de Creta. según la leyenda, y se distinguió como sabio legislador.
Minotauro, monstruo con cuerpo de hombre y cabeza de toro, fruto de los amores de Pasifae y de un toro blanco. Fue muerto por Teseo.
Minsk, c. en el NO. de la U. R. S. S., cap. de Bielorrusia. Universidad. Catedral. Industrias.
minuano, na adj. y s. De Lavalleja, dep. del Uruguay, y en particular de su cap. Minas.
minucia f. Menudencia, esmero con que se hace algo. || Pequeño detalle; cosa fútil.
minuciosidad f. Minucia, esmero, primor.
minucioso, sa adj. Que requiere o está hecho con mucho esmero: *trabajo minucioso.* || Que se para en los más pequeños detalles, detallista.
minué m. Baile francés del s. XVII ejecutado por dos personas. || Su música.
minuendo m. *Mat.* En una resta, cantidad de la que ha de sustraerse otra.
minúsculo, la adj. Diminuto, muy pequeño. || — F. Letra ordinaria de menor tamaño que la mayúscula.
minuta f. Lista de los platos de una comida. || Borrador de una escritura, acta, contrato, etc. || Honorarios de un abogado. || Lista, catálogo.
minutario m. Libro de notario para los borradores de las escrituras.
minutería f. Interruptor eléctrico automático.
minutero m. Aguja que señala los minutos en el reloj.
minuto m. Cada una de las sesenta partes iguales en que se divide una hora. || Sexagésima parte de un grado de círculo (símb., m o '). || *Al minuto,* rápidamente.
Miño, río del NO. de España (Galicia) que pasa por Lugo y Orense, forma en parte la frontera entre España y Portugal, y des. en el Atlántico; 340 km. — Nevado andino del N. de Chile (Antofagasta); 5 561 m.
mío, mía adj. y pron. pos. De mí: *este libro es mío.* || — *Fig.* y *fam. Ésta es la mía,* significa que ha llegado el momento de lograr lo que se pretende. || *Los míos,* mi familia.
Mío Cid. V. CANTAR DE MÍO CID.
miocardio m. Parte musculosa del corazón de los vertebrados, situada entre el pericardio y el endocardio.
miocarditis f. Inflamación del miocardio.
mioceno adj. m. *Geol.* Aplícase al período de la era terciaria que sigue al oligoceno (ú. t. c. s. m.).
miodinia f. Dolor muscular.
miografía f. Estudio de la contracción muscular.
miógrafo m. Aparato para registrar las contracciones musculares ampliándolas.
miología f. Parte de la anatomía que trata de los músculos.
miope adj. y s. Corto de vista. || *Fig.* Que no ve las cosas por muy patentes que estén.
miopía f. Defecto de la vista que sólo permite ver los objetos próximos al ojo. || *Fig.* Incapacidad de la inteligencia para ver con perspicacia.
miosis f. *Med.* Contracción permanente de la pupila del ojo.
miosota y **miosotis** f. *Bot.* Raspilla.
miquelete m. Miguelete.
Miquelon, isla francesa del archip. de Saint-Pierre-et-Miquelon, al S. de Terranova; 216 km^2.
mir m. En la ant. Rusia, comunidad rural que tenía la propiedad colectiva de las tierras y las repartía por lotes familiares por un tiempo determinado.
mira f. Pieza de las armas de fuego para asegurar la puntería. || Regla graduada que se coloca verticalmente en los puntos del terreno que se quiere nivelar. || Obra elevada de fortificación que servía de atalaya. || *Fig.* Intención, objetivo: *tener miras altas.* || — *Con miras a,* con la idea de. || *Fig. Poner la mira en una cosa,* hacer la elección de ella o desearla.
Mira, estrella variable de la constelación de la Ballena. — Río de Ecuador y Colombia que des. en el Pacífico; 300 km.
Mira de Amescua (Antonio), escritor y canónigo español, n. en Guadix (Granada) [1574-1644], autor de dramas sacros, autos sacramentales y comedias religiosas o profanas (*El esclavo del demonio, El conde Alarcos, Galán valiente y discreto,* etc.).
Mirabeau [*-bó*] (Victor RIQUETI, *marqués de*), economista francés (1715-1789). — Su hijo HONORÉ GABRIEL (1749-1791) fue orador y defensor de la monarquía constitucional durante la Revolución Francesa.
mirabel m. Planta ornamental quenopodiácea. || Planta de girasol.
mirada f. Acción y manera de mirar, vista: *una mirada aguda.* || Ojos: *tener la mirada azul.* || Ojeada: *echar una mirada a un libro.*
mirado, da adj. Circunspecto, cauto, prudente: *hombre muy mirado.* || Cuidadoso: *ser muy mirado con sus cosas personales.* || Tenido en buena o mala estima: *persona bien (o mal) mirada.*
mirador, ra adj. y s. Que mira. || — M. Lugar desde donde se contempla un paisaje. || Balcón cubierto cerrado con cristales.
Mirador, mun. del Brasil (Maranhão). — Pico del Ecuador, en la Cord. Central; 4 081 m.
Mirador de Próspero *(El),* libro de ensayos de José Enrique Rodó (1913).
Miraflores, monte de Colombia, en la Cord. Oriental (Huila y Caquetá); 2 800 m. — Páramo de Colombia, en la Cord. Central; 3 500 m. — Mun. y c. de Colombia (Boyacá). — Distrito y pobl. del Perú (Lima).
Miraflores *(Cartuja de),* monasterio gótico construido en 1441, cerca de Burgos, por Juan II de Castilla.
Miraflores (*Marqués* de). V. PANDO FERNÁNDEZ DE PINEDO.
miraguano m. Palmera de América y Oceanía cuyo fruto se usa para rellenar almohadas. || *Fig. Parecer una persona, o cosa, de miraguano,* ser muy delicada.
Miralla (José Antonio), poeta argentino (1789-1825).
miramamolín m. Califa. (Se llamó así principalmente a los califas almohades.)
Miramar, pobl. de la Argentina (Buenos Aires). Balneario. — Pobl. de Costa Rica, cab. del cantón de Montes de Oro (Puntarenas).
Miramar, castillo cerca de Trieste, donde Maximiliano de Austria aceptó la corona de México el 10 abril de 1864.
miramiento m. Acción de mirar. || Consideración, circunspección, reparo, prudencia: *proceder con miramiento.* || — Pl. Respeto,

deferencia, consideración: *tener miramientos con las personas de edad.*

Miramón (Miguel), general mexicano, n. en la c. de México (1832-1867), pres. de la Rep de 1859 a 1860. Luchó contra Juárez y fue derrotado en San Miguel de Calpulalpan (1860). M. fusilado, con el emperador Maximiliano y el general Mejía, en Querétaro.

Miranda, río del Brasil (Mato Grosso), afl. del Paraguay; 362 km. — Estado del N. de Venezuela; cap. *Los Teques.* Agricultura; ganadería. Minas. || **~ de Ebro,** c. de España (Burgos). Industrias. Nudo ferroviario.

Miranda (Francisco), general venezolano, n. en Caracas (1750-1816), precursor de la emancipación americana. Sirvió primeramente en el ejército español, participó en la guerra de la Independencia de Estados Unidos y se alistó en Francia en el ejército revolucionario (1792), donde alcanzó el grado de mariscal de campo. Recabó el auxilio de Inglaterra para la causa de la independencia de la América española y, al frente de una expedición, desembarcó en Venezuela (1806) y tomó la c. de Coro, pero tuvo que reembarcarse. En 1810 volvió al continente, en unión de Bolívar, y fue nombrado generalísimo. Mas la suerte le fue adversa, cayó prisionero en La Guaira y fue conducido a España, donde murió en la prisión de Cádiz.

mirandense adj. y s. De Miranda (Venezuela).

mirandés, esa adj. y s. De Miranda de Ebro (España).

Mirandola (Pico de la). V. PICO DE LA MIRANDOLA.

mirar v. t. Fijar atentamente la mirada en: *mirar de cerca, de lejos* (ú. t. c. pr.). || Estar orientado hacia: *la casa mira al Sur.* || Buscar, considerar, interesarse por: *sólo mira a su provecho.* || *Fig.* Juzgar, estimar: *mirar bien a uno.* | Examinar, reflexionar, considerar: *bien mirado todo.* | Cuidar, ocuparse de: *mirar por sus negocios; mire a que no le falte nada.* | Averiguar, inquirir, informarse: *mire usted si ha llegado.* || — *Fig.* y *fam. De mírame y no me toques,* dícese de las personas delicadas de salud o de las cosas frágiles. || *¡Mira!,* interjección que indica la sorpresa o sirve para llamar la atención. || *Mirar de arriba abajo,* hacerlo con aire impertinente y cierto desprecio. || *Mirar por una cosa,* tener cuidado de ella.

mirasol m. *Bot.* Girasol.

Miravalles, cumbre volcánica en el N. de Costa Rica, entre las prov. de Guanacaste y Alajuela; 1 741 m.

Mirbeau (Octave), escritor francés (1848-1917), autor de novelas realistas *(Diario de una doncella)* y de comedias *(Los negocios son los negocios).*

Mireles (Albino), educador mexicano, n. en Zapopan (1854-1939). Editó *El Obrero escolar.*

Mireya, poema provenzal de Federico Mistral (1859).

miríada f. Cantidad muy grande, pero indefinida: *miríada de insectos, de estrellas.*

miriámetro m. Medida de diez mil metros (símb., Mm).

miriápodo m. Animal articulado que tiene uno o dos pares de patas en cada uno de sus numerosos artejos. || — M. pl. Clase de estos animales.

mirífico, ca adj. Que parece demasiado maravilloso para poder realizarse: *proyectos miríficos.*

mirilla f. Abertura muy discreta en una puerta para ver quién llama sin ser visto. || Abertura pequeña que sirve para observar el interior de una caldera, máquina, etc.

Mirim. V. MERÍN.

miriñaque m. Armadura de alambre o ballenas que llevaban las mujeres para ahuecar las faldas.

Miriñay, río en el NE. de la Argentina (Corrientes), afl. del río Uruguay.

mirlo m. Pájaro de plumaje oscuro, parecido al tordo. || *Fig.* y *fam. Ser un mirlo blanco,* ser una persona muy difícil de encontrar por sus cualidades excepcionales.

Miró (Gabriel), escritor español, n. en Alicante (1879-1930), autor de novelas, escritas en un estilo preciosista *(Las cerezas del cementerio, El libro de Sigüenza, Figuras de la pasión del Señor,* etc.). || **~** (JOAN), pintor surrealista español, n. en Barcelona en 1893. || **~** (JOSÉ), novelista argentino, n. en Buenos Aires (1867-1896), autor de *La Bolsa.* Usó el seudónimo *Julián Martel.* || **~** (RICARDO), poeta y escritor panameño (1883-1940), autor de *Caminos silenciosos, Preludios,* etc.

mirobálano m. Árbol de la India. || Su fruto.

mirón, ona adj. Curioso, que mira con curiosidad todo lo que ve: *me molestan los mirones.*

Mirón, escultor griego del s. v a. de J. C., autor del famoso *Discóbolo,* estatua de un joven lanzando el disco.

mirra f. Gomorresina aromática empleada para hacer incienso y fabricar perfumes.

mirtáceas f. pl. Familia de plantas angiospermas dicotiledóneas de las regiones cálidas, como el arrayán, el eucalipto y el clavero (ú. t. c. adj.).

mirto m. Arrayán.

misa f. Ceremonia religiosa en la que el sacerdote católico, ante el altar, ofrece a Dios Padre el sacrificio del cuerpo y la sangre de Jesucristo bajo las especies de pan y vino. || — *Cantar misa,* decirla por vez primera el sacerdote recién ordenado. || *Fig.* y *fam. Como en misa,* con gran silencio y respeto. || *Decir misa,* celebrarla el sacerdote. || *Fig.* y *fam. De misa y olla,* dícese del sacerdote, o de cualquier otra persona, de cortos estudios y escasa autoridad. || *Misa cantada,* la celebrada con canto. || *Misa del gallo,* la celebrada la víspera de Navidad a las doce de la noche. || *Misa de requiem,* la celebrada por los difuntos. || *Misa mayor,* la cantada y solemne. || *Misa negra,* la dicha en honor del diablo. || *Misa rezada,* la ordinaria sin canto. || *Misas gregorianas,* las que se dicen en sufragio de un difunto durante treinta días. || *Fig.* y *fam. No saber de la misa la media,* ignorar todo de un asunto. || *Oír misa,* asistir a ella.

misacantano m. Sacerdote que dice misa por vez primera.

misal m. Devocionario, libro que leen los fieles cuando se celebra la misa. || Libro que lee el sacerdote durante la misa.

Misantla, río de México (Veracruz); 678 km. — C. en el E. de México (Veracruz). Interesantes ruinas totonacas.

misantropía f. Odio a los hombres y a la sociedad.

misantrópico, ca adj. Propio de los misántropos.

misántropo m. Hombre huraño que huye del trato humano.

Misántropo *(El),* comedia de Molière (1666).

miscelánea f. Mezcla de cosas diversas.

miscibilidad f. Capacidad de formar con otro cuerpo una mezcla homogénea.

miscible adj. Que puede formar con otro cuerpo una mezcla homogénea. || Mezclable.

Miseno, cabo del SO. de Italia, en el golfo de Nápoles.

miserable adj. y s. Malvado, infame: *acción miserable.* || Tacaño, mezquino. || — Adj. Pobre, de pocos recursos: *una familia miserable.* || Ínfimo, escaso: *sueldo miserable.* || Mísero: *¡miserable de mí!* || Lastimoso: *estaba en un estado miserable.*

Miserables *(Los),* novela de Victor Hugo (1862).

miserere m. Salmo cincuenta, que empieza por esta palabra cuyo significado es *apiádate.* || Canto compuesto con este salmo. || *Med. Cólico miserere,* el íleo.

miseria f. Desgracia, infortunio: *sufrir muchas miserias.* || Pobreza extremada: *vivir en la miseria.* || Avaricia, mezquindad. || Piojos que cría una persona. || *Fig.* y *fam.* Cosa de muy poco valor: *pagar con una miseria.*

misericordia f. Virtud que nos inclina a ser compasivos. || Perdón: *pedir misericordia.* || Ménsula en los asientos movibles del coro de las iglesias para descansar medio sentado en ella.

Misericordia, novela de Benito Pérez Galdós (1897), en la que describe los bajos fondos de Madrid.

misericordioso, sa adj. y s. Inclinado a la compasión y al perdón: *hombre misericordioso.*

misero, ra adj. *Fam.* Que acude de muy frecuentemente a misa.

mísero, ra adj. y s. Desgraciado. || Tacaño.

misérrimo, ma adj. Muy mísero, muy mezquino.

Mishna *(La),* compilación jurídica, con comentarios bíblicos.

misia o **misiá** f. En algunos sitios, particularmente en América, tratamiento que se da amistosa y familiarmente a las señoras casadas o viudas.

Misia, ant. región al NO. de Asia Menor; c. pr. *Troya, Lampsaco, Pérgamo, Abidos,* etc.

misil m. Cohete, proyectil balístico.

misio, sia adj. y s. De Misia.

misión f. Facultad que se otorga a una persona para que desempeñe algún cometido: *cumplir una misión.* || Comisión temporal otorgada por el Gobierno a un agente especial: *misión diplomática, científica.* || Conjunto de las personas que han recibido este cometido. || Serie de predicaciones para la instrucción de los fieles y la conversión de los pecadores. || Establecimiento de misioneros o región en que predican: *país de misión.* || Labor a que está obligada una persona en razón de su cargo o condición: *la misión del profesor es educar a la juventud.*

— En América, las más célebres fueron las *Misiones del Paraguay,* organización de los jesuitas destinada a catequizar a los indios. Éstos fueron agrupados en *reducciones,* y se establecieron a principios del s. XVII en el S. del actual Paraguay, NE. de la Argentina, S. del Brasil y el Uruguay. Se extinguieron después de la expulsión de sus fundadores en 1767.

misional adj. Relativo a los misioneros o a las misiones: *obra misional.*

misionar v. i. Predicar o dar misiones.

misionero, ra adj. Relativo a la misión evangélica. || — M. y f. Persona que predica la religión cristiana en las misiones. || — Adj. y s. De Misiones (Argentina y Paraguay).

Misiones, prov. del NE. de la Argentina; cap. *Posadas.* Bosques. — Dep. del S. del Paraguay; cap. *San Juan Bautista.*

Misisipí, río de Estados Unidos, que nace en el lago Itasca (Minnesota), pasa por Saint Paul, Minneápolis, San Luis, Memphis, Baton Rouge, Nueva Orleáns, y des. en el golfo de México; 3 780 km. — Uno de los Estados Unidos de Norteamérica (Centro-Sudeste); capital *Jackson.*

misiva f. Carta, mensaje.

Miskolc, c. del N. de Hungría.

mismo, ma adj. Denota identidad, similitud o paridad: *su mismo padre lo ha hecho; del mismo color, de la misma edad.* || Se agrega a los pronombres personales y a algunos adverbios para darles más fuerza: *yo mismo; hoy mismo.* || Hasta, incluso: *sus mismos hermanos le odian.* || — *Ahora mismo,* en el acto. || *Así mismo,* también; de la misma manera. || *Estar en las mismas,* no haber ocurrido ningún cambio. || *Lo mismo,* la misma cosa. || *Lo mismo da,* no importa. || *Por lo mismo,* por esta razón, a causa de ello. || *Volver a las mismas,* caer uno en los mismos errores que antes.

misoginia f. Aversión u odio a las mujeres.

misógino adj. y s. Que rehúye el trato con las mujeres.

Misolonghi, c. y puerto del O. de Grecia, a orillas del mar Jónico. En ella murió Lord Byron.

miss f. (pal. ingl.). Tratamiento que se da en Inglaterra a las señoritas. || Institutriz inglesa. || *Fig.* Reina de belleza. (Pl. *misses.*)

mistela f. Vino muy dulce.

míster m. (pal. ingl.). Tratamiento inglés equivalente a señor.

misterio m. Conjunto de doctrinas y prácticas religiosas que sólo deben conocer los iniciados: *misterio eleusino.* || En la religión cristiana, cosa inaccesible a la razón y que debe ser objeto de fe: *el misterio de la Santísima Trinidad.* || *Fig.* Cosa incomprensible: *el corazón tiene sus misterios.* | Lo que sólo puede ser comprendido por unos pocos iniciados: *los misterios de la poesía.* | Cosa secreta: *andar siempre con misterios.* || Obra teatral de la Edad Media de asunto religioso, que trataba principalmente de la Pasión de Jesucristo. || *Hacer algo con misterio,* hacerlo cautelosamente.

misterioso, sa adj. Que encierra en sí misterio: *crimen misterioso.* || Que anda siempre con misterios: *hombre misterioso.*

Misti, volcán del SE. del Perú, en los Andes occidentales. En sus faldas está la c. de Arequipa; 5 852 m.

mística f. Parte de la teología que trata de la vida espiritual y contemplativa. || Literatura mística.

misticismo m. Estado de la persona que se dedica a la contemplación de Dios o de las cosas espirituales. || *Teol.* Unión inefable, entre el alma y Dios por medio del amor, que puede ir acompañada de éxtasis y revelaciones. || Doctrina filosófica y religiosa, según la cual se puede comunicar directamente con Dios en la visión intuitiva o el éxtasis. || Corriente literaria cuyos principales representantes son San Juan de la Cruz y Santa Teresa de Jesús, caracterizada por la adoración y contemplación de Dios.

místico, ca adj. Que se refiere a los misterios cristianos y a las realidades invisibles: *teología mística.* || Que pertenece al misticismo: *autor místico* (ú. t. c. s.). || De sentido oculto, figurado o alegórico. || *Amer.* Remilgado.

mistificación f. Falseamiento, falsificación.

mistificar v. t. Falsear, falsificar. || Burlarse, engañar.

mistral m. Viento frío y seco que sopla del Norte en las costas del Mediterráneo.

Mistral (Frédéric), escritor francés (1830-1914), autor de *Mireya,* poema escrito en provenzal. (Pr. Nóbel en 1904, compartido con Echegaray.) || ~ (LUCILA GODOY ALCAYAGA, llamada **Gabriela**), poetisa chilena, n. en Vicuña (Coquimbo) [1889-1957]. Fue maestra de escuela y más tarde representante diplomático de su país. Autora de *Desolación, Ternura, Tala, Lagar.* (Pr. Nóbel, 1945.)

Misuri, río de Estados Unidos que nace en las montañas Rocosas y des. en el Misisipí en la c. de San Luis; 4 370 km. — Uno de los Estados Unidos de Norteamérica (Centro-Noroeste); cap. *Jefferson.* C. pr. *Kansas City, Saint Louis.*

mita f. Trabajo pagado al que estaba obligado durante cierto tiempo el indio americano. || Tributo que pagaban los indios del Perú.

— La *mita* era una institución de origen indígena, adoptada por los colonizadores españoles, que regulaba el trabajo de los indígenas de América. Éstos eran contratados por sorteo y eran empleados en las minas y obras públicas.

mitad f. Cada una de las dos partes iguales en que se divide un todo: *un hemisferio es la mitad de una esfera.* || Medio: *llegar a la mitad del camino.* || *Fig.* La mayor parte: *la mitad del tiempo no está en su casa.* || *Fam.* Cónyuge. || — *Mitad y mitad,* a partes iguales. || *Partir por la mitad,* cortar por partes iguales; (fam.) molestar. || *Méx. Fam. Poner a uno en mitad del arroyo,* sacar al que molesta. || — Adv. En parte: *mitad hombre, mitad animal.*

Mitau. V. JELGAVA.

mitayo m. En América, indio sorteado para el trabajo. || Indio que llevaba lo recaudado en la mita.

Mitchell (Margaret), escritora norteamericana (1900-1949), autora de la novela *Lo que el viento se llevó* (1936).

mítico, ca adj. Relativo a los mitos o parecido a ellos: *Rómulo y Remo, reyes míticos de Roma.*

Miticha o **Mitidja,** llanura fértil del N. de Argelia (Argel).

mitigación f. Acción y efecto de mitigar o mitigarse.

mitigador, ra y **mitigante** adj. Que mitiga o modera.

mitigar v. t. Aplacar, disminuir, calmar: *mitigar el hambre, el dolor.* || Suavizar una cosa áspera: *mitigar la acidez de un líquido* (ú. t. c. pr.). || Hacer menos riguroso: *mitigar una pena, una ley.* || Moderar: *mitigar el paro.*

Mitilene. V. LESBOS.

mitimaes m. pl. *Per.* Colonias de indios que mandaban los Incas a las regiones recién conquistadas. || Indios que servían en las filas españolas.

mitin m. Reunión pública de asuntos políticos o sociales: *mitin electoral.* || *Fig.* y *fam. Dar el mitin,* llamar mucho la atención.

Mitla, ant. c. sagrada de los zapotecas en el S. de México (Oaxaca). Ruinas de templos.

mito m. Relato de los tiempos fabulosos y heroicos, de sentido generalmente simbólico: *los mitos griegos.* || Relato alegórico basado en una generalidad histórica, filosófica o física: *el mito solar.* || *Fig.* Cosa que no tiene realidad concreta: *el mito de la Atlántida; en ciertos casos la justicia llega a ser un mito.* | Personaje fabuloso.

Mito, c. del Japón en el E. de la isla Honshu.

mitología f. Historia fabulosa de los dioses, semidioses y héroes de la Antigüedad: *la mitología grecorromana, escandinava.* || Ciencia e interpretación de los mitos.

mitológico, ca adj. Relativo a la mitología.

mitologista y **mitólogo** m. Especialista en mitología.

mitomanía f. Tendencia patológica a mentir o a relatar cosas fabulosas.

mitómano, na adj. y s. Que sufre de mitomanía.

mitón m. Guante de punto o de malla sin dedos.

mitosis f. *Biol.* División de la célula en que el núcleo conserva el mismo número de cromosomas. (Las cuatro fases de la *mitosis* son profase, metafase, anafase y telofase.)

mitote m. *Méx.* Baile de los aztecas. || *Amer.* Fiesta casera. || — *Fig.* Melindre, aspaviento. || Bulla, pendencia, alboroto.

mitotear v. i. *Amer. Fig.* Hacer melindres.

mitotero, ra adj. y s. *Amer. Fig.* Melindroso. | Bullanguero. | Chismoso.

mitra f. Toca puntiaguda de los antiguos persas. || Toca alta y en punta que llevan los prelados en las solemnidades. || *Fig.* Dignidad de arzobispo u obispo: *la mitra de Toledo, de Alcalá.* | Cúmulo de rentas de una diócesis o archidiócesis.

mitrado, da adj. Que usa o puede usar mitra: *abad mitrado.* || — M. Arzobispo u obispo.

mitral adj. En forma de mitra. || *Anat.* Dícese de la válvula que existe entre la aurícula y el ventrículo izquierdos del corazón.

Mitre (Bartolomé), militar, estadista y escritor argentino, n. en Buenos Aires (1821-1906). Abandonó el país durante la tiranía de Rosas y luchó junto a Urquiza en la batalla de Caseros (1852). Opuesto después al propio Urquiza, lo venció en Pavón (1861) y fue proclamado pres. constitucional de la Rep. (1862). Durante su gobierno, Argentina, junto con Brasil y Uruguay derrotó al Paraguay en la guerra de la Triple Alianza (1870). Fundó el periódico *La Nación* y escribió varias obras de carácter histórico. — Su hijo EMILIO MITRE Y VEDIA (1854-1909) fue ingeniero y periodista.

Mitrídates, n. de siete sátrapas o reyes del Ponto, el más célebre de los cuales fue MITRÍDATES VI *el Grande* (132-63 a. de J. C.), rey de 111 a 63. Luchó contra los romanos de 90 a 63. Se hizo matar por un esclavo.

mitridatismo m. *Med.* Inmunización contra ciertos venenos mediante su administración lenta y de forma progresiva.

mitridato m. Antídoto, contraveneno.

Mitú, pobl. del SE. de Colombia, cap. de la comisaría de Vaupés.

mituano, na o **mituense** adj. y s. De Mitú (Colombia).

miura m. Toro de la ganadería de este nombre. || *Fig.* y *fam.* Persona muy mala.

Mixcoac, ant. mun. de México, hoy parte de la c. de México.

mixcoacalli m. Entre los aztecas, escuela de música y baile.

Mixcoatl, jefe guerrero nahua que el año 900 invadió el valle de México y más tarde fue convertido en divinidad de la mitología náhuatl. Personificaba los huracanes.

Mixes, parte de la Sierra Madre de Oaxaca, en el S. de México.

mixiote m. Membrana de la penca del maguey. (Los aztecas la usaron para su escritura.)

Mixlantecuhtli, divinidad guerrera de los cholutecas (México).

mixomatosis f. Enfermedad infecciosa del conejo.

mixomicetos m. pl. Orden de hongos.

mixteca adj. y s. Indígena mexicano, en el S. del país (Oaxaca, Guerrero y Puebla). [Hacia el s. X, los *mixtecas* sometieron a los zapotecas y desarrollaron una brillante cultura. Restos en Monte Albán y Mitla.]

mixti fori loc. adv. *For.* Dícese de las causas que podían ser juzgadas por el tribunal eclesiástico y por el seglar. || *Fig.* Difícil de determinar.

mixtificación f. Mistificación.

mixtificar v. t. Mistificar.

mixto, ta adj. Mezclado e incorporado con una cosa. || Compuesto de elementos de distinta naturaleza: *cuerpo mixto.* || Híbrido, mestizo. || Que sirve de transición entre dos cosas. || Que comprende personas de ambos sexos o pertenecientes a grupos distintos: *escuela mixta.* || *Tren mixto,* el que transporta viajeros y mercancías. || —

M. Fósforo, cerilla. ‖ Sustancia inflamable empleada en la guerra, en pirotecnia, etc. ‖ Fulminante.

mixtura f. Mezcla. ‖ Medicamentos compuesto de diversos ingredientes.

Miyazaki, c. y puerto del Japón, en el SE. de la isla de Kiusiu.

Mizar f. *Astr.* Estrella de la Osa Mayor.

mízcalo m. Hongo comestible, de sabor almizclado.

Mizque, pobl. en el centro de Bolivia, cap. de la prov. homónima (Cochabamba).

ml, abreviatura del *mililitro.*

mm, abreviatura de *milímetro.*

Mm, abreviatura de *miriámetro.*

Mn, símbolo químico del *manganeso.*

mnemónico, ca adj. Mnemotécnico. ‖ — F. Mnemotecnia.

Mnemosina, hija de Urano, diosa de la Memoria. De su unión con Zeus nacieron las nueve musas.

mnemotecnia f. Arte de cultivar la memoria mediante ejercicios apropiados. ‖ Empleo de procedimientos científicos para fijar en la memoria datos difíciles de recordar.

mnemotécnico, ca adj. Relativo a la mnemotecnia: *método mnemotécnico.* ‖ — F. Mnemotecnia.

Mo, símbolo químico del *molibdeno.*

Moa, bahía de Cuba (Oriente).

Moab, hijo de Lot, tronco de los *moabitas,* que habitaban al E. del mar Muerto.

moabita adj. y s. De la región de Moab (Arabia Pétrea).

moaré m. Muaré.

Mobile, c. y puerto del SE. de Estados Unidos (Alabama), en la bahía homónima. Obispado. Industrias.

mobiliario, ria adj. Mueble. ‖ *Com.* Transmisible: *valores mobiliarios.* — M. Conjunto de los muebles de un sitio: *el mobiliario de un piso.*

moblaje m. Mobiliario.

moca m. Café de la ciudad de Moka (Arabia).

Moca, c. del N. de la Rep. Dominicana, cap. de la prov. de Espaillat. Cacao. — V. MOKA.

Mocambo, punta de la costa de Veracruz (México), al S. de esta c. Centro turístico.

mocarrera f. *Fam.* Moco abundante.

mocasín m. Calzado de los indios de América del Norte. ‖ Zapato muy flexible de una sola pieza y pala cerrada.

mocear v. i. *Fam.* Obrar como un mozo. ‖ Desmandarse actuando de una manera deshonesta.

mocedad f. Juventud, edad comprendida entre la niñez y la edad adulta. Ú. t. c. pl.: *"Las mocedades del Cid", de Guillén de Castro.* ‖ Travesura propia de mozos. ‖ Conjunto de los mozos de un lugar: *la mocedad de Santillana.*

mocerío m. Conjunto de mozos y mozas.

mocetón, ona m. y f. Persona joven, alta y fuerte.

Mociño (José Mariano), naturalista mexicano (1758-1820), autor de *Flora mexicana.*

moción f. Proposición que se hace en una asamblea: *presentar una moción de censura.* ‖ Movimiento. ‖ *Fig.* Alteración del ánimo.

mocito, ta adj. *Fam.* Aplícase a una persona joven (ú. t. c. s.).

moco m. Sustancia pegajosa y viscosa segregada por las glándulas mucosas, especialmente la que fluye de las narices. ‖ Extremo del pabilo de una vela encendida. ‖ Escoria que sale al batir el hierro. ‖ *Mar.* Palo corto situado verticalmente debajo del bauprés. ‖ — *Fig.* y *fam. Caérsele el moco a uno,* ser muy estúpido. | *Llorar a moco tendido,* llorar sin parar. ‖ *Moco de pavo,* apéndice carnoso y eréctil que lleva el pavo sobre el pico. ‖ *Fig.* y *fam. No es moco de pavo,* la cosa tiene importancia; la cosa no es nada fácil.

Mocoa, pobl. del SO. de Colombia, cap. de la comisaría de Putumayo. Centro agropecuario.

mocoano, na adj. y s. De Mocoa.

Mocoretá, río de la Argentina (Corrientes y Entre Ríos), afl. del Uruguay; 150 km. — Pobl. de la Argentina (Corrientes).

mocoso, sa adj. Que tiene las narices llenas de mocos. ‖ — Adj. y s. *Fig.* Aplícase a los niños mal educados o demasiado presumidos. | Insignificante, de muy poca importancia.

mocosuelo, la adj. y s. Mocoso.

mocosuena adv. *Fam.* Guiándose por la analogía de sonido: *traducir mocosuena, mocosuene.*

Moctezuma. V. TULA.

Moctezuma ‖ ~ **I** (¿1390?-1469), soberano azteca desde 1440. Extendió sus dominios y embelleció la hoy c. de México. ‖ ~ **II** (1466-1520), emperador azteca que sucedió a su tío Ahuízotl (1502). En 1519 se sometió a los españoles. M. a manos de sus propios súbditos.

mocha f. *Cub.* Machete, instrumento agrícola.

mochales adj. *Fam.* Locamente enamorado. | Loco, chiflado: *está completamente mochales.*

moche m. V. TROCHE.

Moche, pobl. en el O. del Perú (La Libertad). Ruinas preincaicas.

mocheta f. Parte opuesta al corte de ciertas herramientas, como hachas, azadas, etc. ‖ *Arq.* Ángulo diedro entrante. ‖ Telar de una puerta o ventana.

mochete m. Cernícalo, ave.

mochica adj. y s. Individuo de un pueblo indígena de la costa N. del ant. Perú. (El período de esplendor de los *mochicas* se sitúa entre 400 y 1 000.)

mochila f. Morral o bolsa que llevan a la espalda los soldados, los caminantes, los excursionistas, etc.

Mochis (Los), pobl. en el O. de México (Sinaloa). Ind. de conservas (pescado, legumbres, frutas).

mocho, cha adj. Romo, sin punta, sin cuernos, sin coronamiento, sin ramas. ‖ *Méx.* Aplícase al conservador, reaccionario (ú. t. c. s.).

mochuelo m. Ave rapaz nocturna que se alimenta principalmente de roedores y reptiles. ‖ *Fig.* y *fam.* Cualquier cosa difícil o molesta: *le cargaron el mochuelo.* ‖ *Fig. Cada mochuelo a su olivo,* ha llegado el momento de ir a su casa o de ocuparse cada uno de sus asuntos.

moda f. Gusto que predomina en cierta época y determina el uso de vestidos, muebles, etc.: *seguir la moda.* ‖ Manera de vestirse: *la moda parisiense.* ‖ Pasión colectiva: *la moda de las novelas policiacas.* ‖ *De* (o *a la*) *moda,* según el gusto del momento.

modal adj. Que comprende o incluye modo o determinación particular. ‖ *Gram.* Relativo a los modos verbales. ‖ — M. pl. Manera de portarse en sociedad: *persona con modales finos.*

modalidad f. Modo de ser o de manifestarse una cosa. ‖ Categoría.

modelado m. Acción de modelar. ‖ Relieve de las formas en escultura y pintura.

modelador, ra adj. Que modela. ‖ — M. y f. Artista que modela, escultor.

modelar v. t. Formar con barro, cera, etc., una figura o adorno. ‖ Pintar una figura con relieve por medio de claroscuro. ‖ *Fig.* Adaptar: *modelar su conducta.* ‖ — V. pr. *Fig.* Ajustarse a un modelo.

modelista m. y f. Operario encargado de los moldes para el vaciado de piezas de metal, cemento, etc. ‖ Persona que dibuja modelos de costura.

modelo m. Objeto que se reproduce o se imita: *esta casa me ha servido de modelo para la mía.* ‖ Representación de alguna cosa en pequeña escala: *modelo reducido; un modelo de fabricación.* ‖ Persona, animal u objeto que reproduce el pintor o escultor: *un modelo clásico.* ‖ Obra de arte de barro o cera que se reproduce luego en forma de escultura. ‖ Persona o cosa digna de ser imitada: *un modelo de virtudes.* ‖ Vestido original en una colección de alta costura. ‖ *Tecn.* Construcción de una o varias piezas para hacer el molde en el cual se vaciarán los objetos. ‖ — F. Mujer que en las casas de modas exhibe los nuevos modelos de costura: *desfile de modelos.* ‖ — Adj. inv. Perfecto en su género, digno de ser imitado: *una escuela modelo.*

Módena, c. del N. de Italia (Emilia); cap. de la prov. homónima. Arzobispado. Universidad. Catedral (s. XI). Automóviles.

modenés, esa adj. y s. De Módena (Italia).

moderación f. Virtud que consiste en permanecer igualmente alejado de ambos extremos: *ejercer el poder con moderación.* ‖ Cordura, sensatez.

moderado, da adj. Que tiene moderación: *ser moderado en sus ambiciones.* ‖ Que no es excesivo: *precio moderado.* ‖ En política, alejado de los partidos radicales o extremistas (ú. t. c. s.).

moderador, ra adj. y s. Que modera. ‖ Aplícase a la sustancia o al mecanismo que frena, regula o atenúa las acciones demasiado enérgicas: *moderador de grafito.*

moderantismo m. Costumbre de obrar con moderación. ‖ En política, actitud fundada en la moderación.

moderar v. t. Templar, reducir la intensidad: *moderar el calor, la velocidad.* ‖ Contener en unos límites razonables, fuera de todo exceso: *moderar las pasiones.* ‖ — V. pr. Contenerse: *moderarse en los actos.*

moderativo, va adj. Moderador.

moderato adv. *Mús.* Con movimiento moderado.

modernidad f. Modernismo.

modernismo m. Calidad de moderno. ‖ Afición a las cosas modernas, especialmente en literatura, arte y religión. ‖ Movimiento religioso de fines del s. XIX que pretendía adaptar el catolicismo a la vida moderna. ‖ Movimiento literario de renovación que surgió a fines del s. XIX en España e Hispanoamérica y orientó la poesía hacia una estética sincera y refinada. (Sus principales representantes fueron Rubén Darío, Santos Chocano, Leopoldo Lugones y Amado Nervo.)

modernista adj. Relativo al modernismo. ‖ — Adj. y s. Partidario del modernismo.

modernización f. Acción y efecto de modernizar.

modernizar v. t. Dar forma o aspecto moderno a las cosas antiguas (ú. t. c. pr.).

moderno, na adj. Que pertenece a la época actual o existe desde hace poco tiempo: *un descubrimiento moderno.* ‖ Que representa el gusto actual: *muebles modernos.* ‖ *Edad Moderna,* tiempo posterior a la Edad Media, que va desde la toma de Constantinopla (1453) o desde el descubrimiento de América (1492) hasta fines del siglo XVIII. ‖ — M. Lo que es moderno, actual. ‖ Hombre de nuestra época.

modestia f. Virtud por la cual uno no habla ni piensa con orgullo de sí mismo. ‖ Sencillez. ‖ Pudor, recato.

modesto, ta adj. y s. Que da pruebas de modestia.

modicidad f. Calidad de módico o moderado.

módico, ca adj. Limitado, reducido, escaso, de poca importancia: *unas rentas módicas.*

modificación f. Cambio.

modificador, ra adj. y s. Que modifica.

modificar v. t. Cambiar una cosa sin alterar su naturaleza misma: *modificar una propuesta.* ‖ *Gram.* Determinar o cambiar el sentido: *el adverbio se usa para modificar el verbo.* ‖ — V. pr. Cambiar, transformarse.

modificativo, va y **modificatorio, ria** adj. Modificador.

Modigliani (Amedeo), pintor italiano (1884-1920), autor de retratos de figura elegantemente alargada y estilizada.

modillón m. *Arq.* Saliente que adorna por debajo el vuelo de una cornisa.

modismo m. *Gram.* Expresión o giro propio de un idioma.

modista com. Persona que hace prendas de vestir para señoras. ‖ — F. Mujer que tiene una tienda de modas.

modistería f. *Amer.* Tienda de modas.

modistilla f. *Fam.* Oficiala o aprendiza de modista.

modisto m. Barb. por *modista,* sastre para señoras.

modo m. Manera de ser, de manifestarse o de hacer una cosa: *modo de obrar.* ‖ Cada una de las formas del silogismo. ‖ *Gram.* Manera de expresar el estado o la acción el verbo. (Los *modos* del verbo castellano son cinco: *infinitivo, indicativo, imperativo, potencial* y *subjuntivo*). ‖ *Mús.* Disposición de los intervalos de una escala musical: *modo mayor y menor.* ‖ — Pl. Modales: *buenos, malos modos.* ‖ Cortesía, urbanidad. ‖ — *Al* o *a modo de,* como. ‖ *A mi modo,* según mi costumbre. ‖ *De modo que,* de suerte que. ‖ *De todos modos,* sea lo que fuere. ‖ *En cierto modo,* por una parte. ‖ *Modo adverbial,* locución invariable equivalente a un adverbio como *a sabiendas, con todo, en efecto,* etc. ‖ *Modo de ver,* punto de vista, parecer.

modorra f. Sueño pesado, sopor. ‖ Enfermedad parasitaria del ganado lanar.

modorro, rra adj. Adormecido. ‖ Que padece modorra. ‖ Demasiado maduro, pocho: *fruta modorra.* ‖ — Adj. y s. *Fig.* Ignorante. ‖ Intoxicado por el mercurio.

modosidad f. Calidad de modoso. ‖ Recato.

modoso, sa adj. Que tiene buenos modales, formal. ‖ Recatado.

modulación f. Acción de modular la voz o el tono. ‖ Variación en el tiempo de una de las características de una onda (amplitud, frecuencia, fase) con arreglo a una ley determinada.

modulador, ra adj. y s. m. Que modula.

modular v. t. e i. Ejecutar algo por medio de inflexiones diversas de la voz. ‖ *Mús.* Pasar de un tono a otro en una composición. ‖ *Electr.* Modificar la amplitud, frecuencia o fase de una onda portadora.

módulo m. Medida comparativa de las partes del cuerpo humano en los tipos étnicos de cada raza. ‖ *Arq.* Unidad convencional que sirve para determinar las proporciones de una construcción. | Semidiámetro de una columna. ‖ Media anual del caudal de un río o canal. ‖ *Mat.* Cantidad que sirve de comparación para medir otras. ‖ Coeficiente que sirve para caracterizar una propiedad mecánica: *módulo de elasticidad.* ‖ *Mús.* Modulación. ‖ Diámetro de una medalla o moneda.

modus vivendi m. Transacción entre dos partes en litigio sin que haya arreglo verdadero.

Moero o **Mweru,** lago del centro de África, entre la prov. congoleña de Katanga y Zambia.

Moers, c. de Alemania Occidental (Rin Septentrional-Westfalia). Industrias.

mofa f. Burla, befa.

mofador, ra adj. y s. Que se mofa o burla.

mofar v. i. Burlarse, reírse (ú. t. c. pr.).

mofeta f. Gas irrespirable que se desprende de las minas y canteras. ‖ Gas carbónico que emana en las regiones volcánicas después de las erupciones. ‖ Mamífero carnicero de América parecido a la comadreja, que cuando se ve perseguido lanza un líquido hediondo.

moflete m. *Fam.* Carrillo demasiado grueso.

mofletudo, da adj. Que tiene mofletes.

Mogadiscio, c. y puerto de África oriental, cap. de la Rep. de Somalia; 170 000 h. Hoy *Mogadishu.*

Mogador. V. ESAUIRA.

Moghreb. V. MAGHREB.

moghrebino, na adj. y s. Maghrebino.

mogol, la adj. y s. Mongol. ‖ *Gran Mogol,* título de los soberanos de una dinastía mahometana en la India. (V. MONGOL.)

mogólico, ca adj. Mongólico, de Mongolia.

mogollón m. Entremetimiento. ‖ *Fam. De mogollón,* por casualidad, sin méritos, gratuitamente: *lo consiguió de mogollón.*

mogón, ona adj. Dícese de la res vacuna descornada o que tiene un asta rota.

mogote m. Montículo de forma cónica y punta redondeada. ‖ Hacina de forma piramidal. ‖ Cada una de las cuernas poco crecidas de los venados y gamos.

Mogote, parte de la Sierra Madre del Sur de México (Oaxaca).

mogrevino, na adj. y s. Maghrebino.

Mogrovejo (Santo Toribio Alfonso de), prelado español (1538-1606). Fue arzobispo de Lima y fundó el primer seminario de América. Fiesta el 27 de abril.

Moguer, c. del SO. de España (Huelva), próxima a la des. del río Tinto. Vinos.

Moguilev, c. de la U. R. S. S. (Rusia Blanca), al SE de Minsk y a orillas del Dniéper.

Mohacs, c. del SO. de Hungría, a orillas del Danubio. Industrias.

mohair m. Pelo de cabra de Angora. ‖ Tejido hecho con este pelo.

Mohamed, n. de doce reyes nazaritas de Granada entre ellos: MOHAMED I *Alhamar* (1203-1273), fundador de la dinastía nazarita que reinó desde 1231, inició la construcción del palacio de la Alhambra, y MOHAMED XI *Abu Abdalá,* llamado *Boabdil* por los cristianos, último rey moro de Granada. Reinó con interrupciones de 1482 a 1492.

Mohamed ‖ **~ I,** emir independiente de Córdoba de 852 a 886. ‖ **~ II** *Almahdi* (880-1010), califa de Córdoba de 1008 a 1010. ‖ **~ III** *Almostacfi* (988-1025), califa de Córdoba en 1024. M. envenenado.

Mohamed ‖ **~ Alí.** V. MEHEMET ALÍ. ‖ **~ V Ben Yusef** (1909-1961), sultán de Marruecos en 1927, fue derribado en 1953, restablecido en 1955 y proclamado rey en 1957.

Mohamedia, ant. *Fedala,* c. y puerto de Marruecos, al NE. de Casablanca. Pesca.

moharra f. Punta de la lanza.

Mohawk, río en el NE. de Estados Unidos (Nueva York), afl. del Hudson; 257 km.

* **mohecer** v. t. Enmohecer.

moheña f. Ortiga pequeña.

mohicano adj. y s. Dícese del individuo de una tribu india de Estados Unidos (Connecticut).

mohín m. Mueca o gesto de desagrado o mal humor.

mohíno, na adj. Enfadado, de mal humor. ‖ Triste. ‖ Dícese del macho o mulo nacidos de caballo y burra. ‖ Aplícase a las caballerías que tienen el pelo, sobre todo el hocico, de color muy negro. ‖ — F. Enfado, disgusto, enojo.

moho m. Hongo muy pequeño que se cría en la superficie de ciertos cuerpos orgánicos. ‖ Capa de óxido que se forma en la superficie de algunos metales, como el hierro y el cobre.

mohoso, sa adj. Cubierto de moho o herrumbre.

moiré [*muaré*] m. (pal. fr.). Muaré.

moisés m. Cuna de mimbre.

Moisés, gran patriarca y legislador del pueblo de Israel, al que liberó de la servidumbre de Egipto y le guió por el desierto hasta la Tierra de Promisión. Fue salvado de las aguas del Nilo por una hija del faraón después de que éste había ordenado la matanza de todos los hijos varones de los judíos en Egipto. Se le apareció Dios, que le ordenó que sacara a su pueblo de la esclavitud y le entregó en el Monte Sinaí los preceptos del *Decálogo* grabados en dos tablas de piedra. Habiendo puesto en duda la palabra del Señor fue condenado a no penetrar en la Tierra de Promisión.

Moisés, estatua en mármol de Miguel Ángel (Roma).

Moissac [*muasak*], c. del SO. de Francia (Tarn-et-Garonne), a orillas del Tarn.

Moissan [*muasán*] (Henri), químico francés (1852-1907). Aisló el flúor y el silicio. (Pr. Nóbel, 1906.)

Mojácar, pobl. en el SE. de España (Almería). Estación estival.

mojada f. Mojadura.

mojado, da adj. *Gram.* Aplícase al sonido que se pronuncia apoyando el dorso de la lengua contra el paladar. ‖ *Fig. Ser papel mojado,* carecer de valor y eficacia.

mojador, ra adj. Que moja. ‖ — M. Cosa que sirve para mojar. ‖ *Impr.* Depósito en que se mojan las hojas de papel antes de la impresión. ‖ Cepillo o esponja usado para mojar la ropa.

mojadura f. Acción y efecto de mojar o mojarse.

mojama f. Cecina de atún.

Mojanda-Cajas, nudo montañoso del Ecuador, entre las prov. de Imbabura y Pichincha.

mojar v. t. Humedecer una cosa con agua u otro líquido: *mojar la ropa* (ú. t. c. pr.). ‖ *Fig.* y *fam.* Celebrar con vino un acontecimiento feliz: *mojar una victoria.* ‖ — V. i. *Fig.* Introducirse o tener parte en un negocio (ú. t. c. pr.).

mojarra f. Pez marino acantopterigio, pequeño y comestible.

mojasellos m. Utensilio en que se mojan los sellos para pegarlos.

Moji, ant. c. del Japón en el N. de la isla de Kiusiu, actualmente parte de Kita Kiusiu.

Mojica (José), cantante y actor cinematográfico mexicano (1895-1974), que ingresó posteriormente en un convento.

mojicón m. Bizcocho de mazapán bañado. ‖ Bollo para tomar chocolate. ‖ *Fam.* Puñetazo.

mojiganga f. Fiesta pública de máscaras. ‖ Obrilla dramática muy breve parecida a la farsa. ‖ *Fig.* Burla, broma.

mojigatería f. Hipocresía. ‖ Beatería.

mojigato, ta adj. y s. Hipócrita. ‖ Santurrón, beato. ‖ Gazmoño.

mojinete m. Remate triangular de fachada. ‖ Caballete de tejado.

mojo, ja adj. y s. Indio boliviano de la familia de los arawakos. (Los *mojos* viven en el valle medio del Mamoré.)

mojón m. Hito, poste o señal para indicar los límites. ‖ *Por ext.* Señal que sirve de guía en un camino. ‖ Excremento humano.

mojonar v. t. Amojonar.

moka m. Moca.

Moka, c. y puerto del S. de Arabia (Yemen), en el mar Rojo. Café.

mol m. Molécula gramo.

mola f. Harina de cebada tostada y mezclada con sal que usaban los gentiles en sus sacrificios. ‖ Montaña de forma redondeada. ‖ *Med.* Tumor embrionario del útero.

Mola (Emilio), general español (1887-1937), jefe del ejército nacional en el Norte al principio de la guerra civil.

Molango, pobl. en el centro de México (Hidalgo).

molar adj. Relativo a la muela. || *Diente molar,* dícese de cada uno de los dientes posteriores a los caninos. Ú. m. c. s. m.: *el molar; los molares.*

molcajete m. *Méx.* Morterillo de piedra.

molcajetear v. t. *Méx.* Moler o machacar una cosa en el molcajete.

Mold, c. de Gran Bretaña (Gales), cap. del condado de Flint.

moldar v. t. Amoldar. || Moldurar, hacer molduras.

Moldau, Moldava o **Vltava,** río de Checoslovaquia, afl. del Elba, que pasa por Praga; 425 km.

Moldavia, ant. principado del SE. de Europa que formó con Valaquia (1878) el reino de Rumania; cap. *Jassy.* — República soviética en el SO. de la U. R. S. S., constituida por una parte de Moldavia y otra de Besarabia; cap. *Kichinev.* Es una región ondulada y fundamentalmente agrícola.

moldavo, va adj. y s. De Moldavia.

molde m. Pieza en la que se hace en hueco la figura del objeto que se quiere estampar o reproducir. || Instrumento que sirve para dar forma a una cosa: *molde de hacer media, encaje.* || *Fig.* Modelo. || — *De molde,* a propósito, oportunamente; perfectamente. || — *Letra de molde,* la impresa.

moldeable adj. Que se puede moldear.

moldeado m. Operación que consiste en moldear un objeto.

moldeador, ra adj. y s. m. Que moldea o sirve para moldear.

moldear v. t. Sacar el molde de un objeto. || Vaciar en un molde. || *Fig.* Dar cierta forma o carácter: *la vida nos moldea* (ú. t. c. pr.).

moldura f. Parte saliente, de perfil uniforme, que sirve para adornar obras de arquitectura, carpintería, etc.

moldurar v. t. Hacer molduras.

mole adj. Muelle. || — F. Cosa voluminosa y mal delimitada: *apenas se veía la mole de las nuevas construcciones.* || — M. *Méx.* Guiso que se prepara con salsa de chile y de ajonjolí.

molécula f. Partícula formada de átomos que representa la cantidad más pequeña de un cuerpo que pueda existir en estado libre: *una molécula de hidrógeno.* || *Molécula gramo,* masa representada por la fórmula de un cuerpo químico.

molecular adj. Relativo a las moléculas: *agrupación molecular.*

moledor, ra adj. y s. Que muele. || *Fig.* y *fam.* Importuno, pesado. || — M. Cilindro del molino o trapiche en los ingenios de azúcar.

moledura f. Molienda.

molendero, ra m. y f. Molinero, molinera. || — M. Obrero que muele chocolate.

* **moler** v. t. Triturar, reducir un cuerpo a partes menudísimas o a polvo: *moler grano.* || *Fig.* Fatigar, cansar: *moler a uno con el trabajo.* | Maltratar: *moler a palos, a golpes.*

molesquín m. (ingl. *moleskin*). Paño de algodón cubierto de un barniz espeso que se asemeja bastante al cuero.

molestar v. t. Causar molestia, incomodar: *¿le molesta el humo?* || Fastidiar, importunar: *le molesta hacer visitas.* || Ofender, herir: *lo que le dije le molestó.* || Hacer daño: *me molestan estos zapatos.* || — V. pr. Tomarse la molestia de hacer algo: *no se ha molestado en ayudarme.* || Picarse, ofenderse: *se molesta por cualquier cosa.*

molestia f. Contrariedad, disgusto: *su carácter le acarreó muchas molestias.* || Fastidio: *es una molestia ir a este sitio ahora.* || Trabajo: *tomarse la molestia de ir a hacer un recado.* || — Pl. Achaques de salud: *tener molestias en una pierna.*

molesto, ta adj. Que causa molestia: *una pregunta molesta.* || *Fig.* Que la siente, incómodo: *estar molesto en un sillón.* | Enfadado, enojado: *estoy molesto con ellos.*

moleta f. Piedra o guijarro para moler drogas, colores, etc. || Instrumento que sirve para machacar materias duras.

Molfetta, c. y puerto del SE. de Italia (Pulla). Obispado.

molibdenita f. Sulfuro natural de molibdeno.

molibdeno m. Metal muy duro, de color y brillo plomizos y número atómico 42 (símb., Mo).

molicie f. Blandura. || *Fig.* Mucha comodidad, regalo: *vivir con molicie.*

molido, da adj. *Fig.* Muy cansado: *estoy molido de tanto trabajar.* | Maltrecho: *molido a golpes.*

molienda f. Acción de moler. || Cantidad molida de una vez. || Tiempo que dura la acción de moler, especialmente la caña. || *Fig.* y *fam.* Cansancio, fatiga. | Cosa pesada, molestia, lo que fastidia.

Molière (Jean-Baptiste POQUELIN, llamado), comediógrafo francés, n. en París (1622-1673). Dirigió una compañía de comediantes ambulantes hasta que, gozando de la protección de Luis XIV, se estableció en París. En sus obras critica la sociedad de su tiempo, basándose en el simple juicio y buen sentido, con grandes efectos cómicos en los que pone de relieve sus vastos conocimientos de la técnica teatral. Autor de *Las preciosas ridículas, La escuela de las mujeres, El Misántropo, El médico a palos, El Avaro, Tartufo, El burgués gentilhombre, Las mujeres sabias, El enfermo imaginario,* etc.

molimiento m. Molienda.

Molina, c. en el centro de Chile (Talca). || **~ (La),** estación de deportes de invierno en el NE. de España (Gerona). || **~ de Aragón,** c. en el centro de España (Guadalajara). Castillo árabe. || **~ de Segura,** v. en el SE. de España (Murcia). Agricultura; conservas.

Molina (Alonso de), misionero franciscano español en México (1496-1584). || **~** (ANTONIO DE), escritor ascético español (¿1560?-1619). || **~** (ARTURO ARMANDO), militar y político salvadoreño, n. en 1927, pres. de la Rep. a partir de 1972. || **~** (JUAN IGNACIO), naturalista y jesuita chileno (1740-1829). || **~** (JUAN RAMÓN), poeta modernista hondureño (1875-1908). || **~** (LUIS), jesuita y teólogo español, n. en Cuenca (1536-1600), creador de una doctrina (*molinismo*) sobre el libre albedrío. || **~** (MARÍA DE). V. MARÍA DE MOLINA. || **~** (PEDRO), prócer de la Independencia y médico guatemalteco (1777-1854). || **~** (RAFAEL), torero cordobés (1840-1900), rival de Frascuelo. Usó el apodo de *Lagartijo.* || **~** (TIRSO DE). V. TIRSO DE MOLINA. || **~ Barrasa** (ARTURO ARMANDO), coronel salvadoreño, n. en 1926, pres. de la Rep. desde 1972. || **~ Vigil** (MANUEL), poeta romántico hondureño (1853-1883). Se suicidó.

molinar m. Sitio donde están reunidos varios molinos.

Molinari (Ricardo E.), poeta argentino, n. en 1898, autor de *El pez y la manzana, Mundos de la madrugada,* etc.

molinería f. Conjunto de molinos. || Industria que transforma en harina los granos, especialmente el trigo.

molinero, ra adj. Relativo al molino o a la molinería: *industria molinera.* || — M. y f. Persona que tiene un molino o trabaja en él. || — F. Mujer del molinero.

molinete m. Ruedecilla de aspas colocada en las vidrieras para que se renueve el aire. || Juguete de papel u otro material que gira a impulsos del viento. || Figura de baile. || Movimiento circular que se hace con el bastón o espada para defenderse. || *Taurom.* Pase de capa en que el engaño pasa por detrás de la cabeza del torero. || Galicismo por *torniquete.*

molinillo m. Utensilio pequeño para moler: *molinillo de café.* || Palillo para batir el chocolate.

molinismo m. Doctrina teológica del jesuita español Luis Molina que concilia el libre albedrío con la gracia.

molinista adj. y s. Partidario del molinismo.

molino m. Máquina para moler o estrujar: *molino de aceite, de harina.* || Edificio donde está instalada esta máquina: *molino de agua, de viento.* || *Fig.* Persona bulliciosa o muy molesta. || *Fig. Molinos de viento,* enemigos fantásticos o imaginarios.

Molinos, dep. y pobl. en el NO. de la Argentina (Salta).

Molinos (Miguel de), heterodoxo español, n. en Muniesa (Zaragoza) [1628-1696], cuya doctrina, llamada *molinosismo,* sirvió de fundamento al *quietismo.* Autor de *Guía espiritual.*

molinosismo m. Doctrina de Miguel de Molinos.

molinosista adj. y s. Partidario del molinosismo.

Molíns (Mariano ROCA DE TOGORES, *marqués de*), autor de obras de teatro en verso (1812-1889).

Molíns de Rey, c. de España (Barcelona). Agricultura. Industrias.

moloc m. Saurio de Australia cubierto de púas, de unos 20 cm.

Moloc, divinidad de los amonitas, a la que se sacrificaban niños.

Molokai, isla del archip. de las Hawai (Polinesia).

molón, ona adj. *Fam. Méx.* Fastidioso, molesto.

molonquear v. t. *Méx.* Golpear a otro.

molote m. *Méx.* y *Amér. C.* Motín, asonada, alboroto. || *Méx.* Lío, enredo.

Molotov. V. PERM.

Molotov (Viacheslav SKRIABIN, llamado), político soviético, n. en 1890, ministro de Asuntos Exteriores de 1939 a 1949 y de 1953 a 1956.

Moltke (Helmuth, *conde von*), mariscal alemán (1800-1891), general en jefe del ejército prusiano en 1866 y en 1870-1871. — Su sobrino HELMUTH, general alemán (1848-1916), fue jefe del estado mayor alemán de 1906 a 1914.

molto adv. *Mús.* Mucho: *allegro molto.*

molturación f. Molienda, trituración.

molturar v. t. Moler.

Molucas, archip. de Indonesia, entre las Célebes y Nueva Guinea (*Beroe, Halmahera, Ceram* y *Amboina*). Llamado antes *Islas de las Especias.*

moluscos m. pl. Tipo de animales metazoos invertebrados, de cuerpo blando protegido a menudo por una concha, como el caracol, la ostra, el pulpo, la jibia, etc.

molla f. Parte carnosa del cuerpo. || — Pl. Gordura, exceso de carne.

mollar adj. Blando y fácil de partir o quebrantar: *tierra mollar.* || Aplícase a ciertos frutos blandos: *guisante mollar.* || Dícese de la carne sin hueso ni grasa. || Lucrativo, sin exigir mucho trabajo.

mollate m. *Pop.* Vino tinto.

molle m. Nombre vulgar de un árbol terebintáceo de América, llamado también *árbol del Perú.*

molledo m. Molla.

molleja f. Estómago muscular de las aves. || Apéndice carnoso formado las más de las veces por infarto de las glándulas.

mollendino, na adj. y s. De Mollendo (Perú).

Mollendo, c. y puerto del S. del Perú, cap. de la prov. de Islay (Arequipa).

mollera f. *Anat.* Parte más alta del casco de la cabeza. | Fontanela. || *Fig.* Caletre, juicio, seso. || — *Fig. Cerrado de mollera,* de poco entendimiento. | *Duro de mollera,* testarudo; de escasa inteligencia.

mollete m. Panecillo esponjoso de forma ovalada. || Molla del brazo. || Moflete.

Mombacho, cima volcánica de Nicaragua, junto al lago de este nombre; 1 345 m.

Mombasa, c. y puerto de Kenia en la isla homónima. Ref. de petróleo.

momentáneo, a adj. Que sólo dura un momento: *esfuerzo momentáneo.* || Provisional: *solución momentánea.*

momento m. Espacio de tiempo muy corto: *lo haré dentro de un momento.* || Período de tiempo indeterminado: *hemos tenido momentos felices.* || Ocasión, circunstancia: *escoger el momento oportuno.* || Tiempo presente, actualidad: *la moda del momento.* || *Mec.* Producto de la intensidad de una fuerza por la distancia a un punto. || — *A cada momento,* continuamente. || *Al momento,* en seguida. || *A momentos, por momentos,* a veces. || *De un momento a otro,* dentro de muy poco tiempo. || *Momento de inercia,* suma de los productos que resultan de multiplicar el volumen de cada elemento de un cuerpo por el cuadrado de su distancia a una línea fija. || *Tener buenos momentos,* ser a ratos más agradable o más feliz que de costumbre.

momería f. Acción burlesca a base de gestos y figuras.

momia f. Cadáver conservado por medio de sustancias balsámicas. || Cadáver que se deseca sin entrar en putrefacción. || *Fig.* Persona muy seca y delgada.

momificación f. Acción y efecto de momificar o momificarse.

momificar v. t. Convertir en momia un cadáver (ú. m. c. pr.).

momio m. *Fig.* Ganga.

Mommsen (Theodor), historiador alemán (1817-1903), autor de una documentada *Historia de Roma.* (Pr. Nóbel, 1902.)

momo m. Gesto burlesco, figura ridícula, mueca.

Momotombito, volcán de Nicaragua, en una isla del lago de Managua; 389 m.

Momotombo, volcán de Nicaragua (León), al NO. de Managua; 1 258 m.

Mompó de Zayas (Fernando de), V. MOMPOX.

Mompós, mun. y c. de Colombia (Bolívar).

Mompou (Federico), músico español, n. en 1893.

Mompox de Zayas (Fernando de), abogado español, que encabezó la revolución de los comuneros paraguayos en 1731. M. en Brasil.

mona f. Hembra del mono. || Mamífero cuadrumano cinoformo del norte de África y Gibraltar. || *Fig.* y *fam.* Persona que imita a otras. | Borrachera: *coger una mona.* | Persona borracha. || Cierto juego de naipes. || Refuerzo metálico que se ponen los picadores en la pierna derecha. || — *Fig. Aunque la mona se vista de seda, mona se queda,* las personas feas siempre lo son aunque se arreglen mucho. | *Corrido como una mona,* muy avergonzado. || *Fig.* y *fam. Dormir la mona,* dormir después de emborracharse. | *Mandar a freír monas,* mandar a paseo. | *Pintar la mona,* intentar figurar, hacerse ver.

Mona (CANAL DE LA), brazo de mar que separa las islas de Puerto Rico y Haití.

monacal adj. De los monjes.

monacato m. Estado de monje. || Institución monástica.

monacillo m. Monaguillo.

Mónaco, principado de Europa, al SE. de Francia, enclavado en el dep. francés de Alpes-Maritimes; 1,5 km²; 22 300 h. *(monegascos).* Cap. *Mónaco.* Obispado. Turismo.

monacordio m. *Mús.* Instrumento de teclado, parecido a la espineta.

monada f. Cosa o persona pequeña, delicada y muy bonita: *¡qué monada de pulsera!* || Amabilidad. || Gesto o ademán gracioso. || Melindre, carantoña. || Halago.

mónada f. *Fil.* En el sistema de Leibniz, sustancia simple, activa e indivisible de que se componen todos los seres. || *Zool.* Infusorio microscópico.

monadelfos adj. pl. *Bot.* Aplícase a los estambres que están soldados entre sí.

monadismo m. Sistema de Leibniz según el cual el universo está compuesto de mónadas.

monadista adj. y s. Relativo a las mónadas. || Partidario del monadismo.

monadología f. *Fil.* Teoría de las mónadas.

Monagas, Estado del NE. de Venezuela; cap. *Maturín.* Ganadería; agricultura. Petróleo.

Monagas (José Tadeo), general venezolano, n. en Maturín (1784-1868), pres. de la Rep. de 1847 a 1851, reelegido en 1855 y derrocado en 1858. — Su hermano JOSÉ GREGORIO (1795-1858) fue pres. de la Rep. de 1851 a 1855. Abolió la esclavitud (1854). || ~ (JOSÉ RUPERTO), hijo de José Tadeo, pres. de la Rep. de 1868 a 1870.

monago m. Monaguillo.

monaguense adj. y s. De Monagas (Venezuela).

monaguillo m. Niño que ayuda al sacerdote en las ceremonias religiosas.

monarca m. Rey, jefe soberano de un Estado, elegido o hereditario.

monarquía f. Estado regido por un monarca. || Forma de gobierno en que el poder supremo está entre las manos de una sola persona. || Régimen político en que el jefe del Estado es un rey o un emperador hereditario. || *Fig.* Tiempo durante el cual ha perdurado este régimen político en un país. || — *Monarquía obsoluta,* la que sólo está limitada por las leyes fundamentales del país. || *Monarquía constitucional,* aquella en que los poderes del monarca están limitados por una Constitución.

monárquico, ca adj. Del monarca o de la monarquía. || — Adj. y s. Partidario de la monarquía.

monarquismo m. Adhesión a la monarquía.

monasterio m. Convento.

monástico, ca adj. De los monjes o del monasterio.

Monastir. V. BITOLA.

Moncada (Francisco de), historiador español (1586-1653). || ~ (GUILLERMO), general cubano (1838-1895), que luchó por la Independencia. Se le llamó *Guillermón.* || ~ (JOSÉ MARÍA), general y escritor nicaragüense (1867-1945), pres. de la Rep. de 1929 a 1933. Durante su mandato, Estados Unidos ocupó el país.

Moncayo (SIERRA DEL), macizo montañoso del Sistema Ibérico (España), en el límite de las prov. de Zaragoza y Soria; alt. máxima, 2 315 m en el *Pico del Moncayo.*

Monclova, c. de México (Coahuila). Centro siderúrgico.

Moncton, c. en el E. del Canadá (Nuevo Brunswick).

Mönchengladbach, c. de Alemania Occidental (Rin Septentrional - Westfalia). Centro industrial.

monda f. Operación consistente en mondar árboles, frutas o legumbres. || Mondadura, desperdicio: *mondas de patatas.* || Limpia: *la monda de un pozo.* || Exhumación de huesos que de vez en cuando se hace en los cementerios. || *Pop. Ser la monda,* ser el colmo; ser muy divertido.

Mondaca (Carlos R.), poeta chileno (1881-1928).

mondadientes m. Palillo para limpiarse los dientes.

mondadura f. Monda, acción de mondar. || Desperdicio que queda al mondar las frutas y legumbres (ú. m. en pl.).

mondante adj. *Fam.* Muy divertido.

mondaoídos m. Escarbaorejas.

mondapozos m. Pocero, el que monda o limpia pozos.

mondar v. t. Limpiar una cosa quitando lo inútil. || Pelar las frutas y las legumbres: *mondar una naranja, patatas.* || Podar, escamondar los árboles. || Limpiar el cauce de un río o canal o el fondo de un pozo. || Cortar el pelo. || *Fig.* y *fam.* Quitarle a uno lo que tiene: *le mondaron en el juego.* || *Mondar a palos,* pegar muy fuerte. || — V. pr. *Fam. Mondarse de risa,* partirse de risa.

mondarajas f. pl. *Fam.* Mondaduras.

Mondariz, v. en el NO. de España (Pontevedra). Agúas medicinales. Balneario.

Monday, río del Paraguay (Alto Paraná), afl. del Paraná; 170 km.

Mondego, río del centro de Portugal, que des. en el Atlántico; 225 km.

mondo, da adj. Limpio y libre de otras cosas: *el sueldo mondo.* || Pelado: *con la cabeza monda.* || Sin dinero: *estoy mondo después de pagarle.* || *Fam. Mondo y lirondo,* limpio, sin añadidura alguna.

mondongo m. Tripas de las reses, especialmente las del cerdo. || *Fam.* Los intestinos del hombre.

mondonguero, ra m. y f. Persona que vende, compone o guisa mondongos.

Mondoñedo, c. del NO. de España (Lugo). Obispado. Catedral.

Mondovi, c. del NO. de Italia (Piamonte). Obispado. Catedral. Industria siderúrgica.

Mondragón, v. del N. de España (Guipúzcoa). Centro industrial.

Mondragón (Magdalena), periodista y escritora mexicana, n. en 1913.

Mondrian (Piet), pintor abstracto holandés (1872-1944).

monear v. i. *Fam.* Hacer monadas, gestos o melindres.

moneda f. Instrumento legal de los pagos: *moneda de papel.* || Pieza de metal acuñada por cuenta del Estado que facilita las transacciones comerciales. || Billete de banco. || *Fig.* y *fam.* Dinero, caudal. || Casa de la moneda. || — *Moneda corriente,* la legal, usual. || *Moneda divisionaria* o *fraccionaria,* la que equivale a una fracción exacta de la unidad monetaria. || *Moneda fiduciaria,* la que representa un valor que intrínsecamente no tiene || *Moneda imaginaria,* la que no tiene realidad material y sólo se usa en las cuentas. || *Moneda menuda* o *suelta,* piezas de escaso valor. || *Fig.* y *fam. Pagar en la misma moneda,* corresponder a una mala acción con otra semejante. || *Ser moneda corriente,* ser muy frecuente.

monedaje m. Derecho que se pagaba al acuñar moneda.

monedero m. Hombre que acuña moneda. || Bolsa pequeña donde se guardan las monedas.

monegasco, ca adj. y s. De Mónaco.

Monegros (Los), comarca de España (prov. de Zaragoza y Huesca). Cereales, vid.

monería f. Monada.

Monestel (Alejandro), compositor y organista costarricense (1865-1950).

Monet [-*né*] (Claude), pintor impresionista francés (1840-1926), notable paisajista.

monetario, ria adj. Relativo a la moneda: *sistema monetario.*

MO

monetización f. Acción y efecto de monetizar.

monetizar v. t. Dar curso legal a los billetes de banco u otros signos pecuniarios. ‖ Convertir en moneda.

Monferrato, región del NO. de Italia (Piamonte).

Monforte de Lemos, c. del NO. de España (Lugo). Nudo ferroviario.

monga f. *P. Rico.* Catarro fuerte.

Monge (Carlos), biólogo peruano, n. en 1884.

Monge [*monch*] (Gaspard), matemático francés (1746-1818), creador de la geometría descriptiva.

mongol, la adj. y s. De Mongolia. ‖ — M. Lengua hablada por los mongoles.

— Los *mongoles* formaban un conjunto de pueblos nómadas, cuya unificación fue realizada por Gengis Kan, fundador de un vasto imperio (1206-1227), reconstituido más tarde por Tamerlán (1369-1405) y posteriormente por Baber con el nombre de *Imperio del Gran Mogol* (1505-1530). El dominio mongol alcanzó su apogeo con Aurangzeb (1659-1707), pero, tras rápida decadencia, dejó de existir en 1806.

Mongolia, región de Asia central en el desierto de Gobi y rodeada por altos macizos montañosos. ‖ ~ (República Popular de), ant. *Mongolia Exterior,* Estado de Asia central; 1 563 000 km^2; 1 240 000 hab. Cap. *Ulan Bator,* 218 000 h. Agricultura. ‖ ~ **Interior,** región autónoma del norte de China en la parte meridional de Mongolia; 1 177 500 km^2; 9 200 000 h. Cap. *Huhehot;* 200 000 h.

mongólico, ca adj. y s. Mongol. ‖ Que padece mongolismo.

mongolismo m. Enfermedad caracterizada por la deformación congénita del rostro, que suele ser redondo con los ojos hendidos, y por retraso mental.

mongoloide adj. De tipo mongólico.

Mong-Tseu, c. meridional de China (Yunnan).

moni m. *Fam.* Dinero. (Pl. *monises.*)

Mónica *(Santa),* madre de San Agustín (¿331?-387). Fiesta el 4 de mayo.

monigote m. Lego de convento. ‖ *Fig.* Muñeco ridículo. | Pintura o dibujo mal hecho. ‖ *Fam.* Persona despreciable y sin personalidad.

monín, ina y **monino, na** adj. *Fam.* Mono, gracioso.

monipodio m. Reunión de personas que se asocian para fines ilícitos o reprobables.

Moniquirá, mun. y pobl. de Colombia (Boyacá). Cobre.

monismo m. *Fil.* Doctrina que considera que el ser está hecho de una sustancia única.

monista adj. Relativo al monismo. ‖ — M. Partidario de la teoría del monismo.

Monistrol, c. de España (Barcelona), al pie de Montserrat.

monitor m. El que amonesta o avisa. ‖ El que enseña gimnasia y algunos deportes como la esgrima, el esquí, etc. ‖ *Mar.* Buque de guerra con espolón de acero a proa.

Moniz (Antonio C. de Abreu Freire Egas), neurólogo portugués (1874-1955). [Pr. Nóbel, 1949.]

monja f. Mujer que pertenece a una orden religiosa.

Monja Alférez *(La).* V. Erauso (Catalina).

monje m. Fraile. ‖ Solitario o anacoreta. ‖ Paro carbonero, ave.

Monje Ramírez (Jesús), compositor mexicano (1910-1964). Conocido por *Chucho.* Autor de *La feria de las flores.*

monjil adj. Propio de monje o monja. ‖ *Fig.* Muy recatado.

Monk (George), general inglés (1608-1670), lugarteniente de Cromwell. Restableció más tarde a Carlos II en el trono (1660).

Monláu (Pedro Felipe), polígrafo y médico español (1808-1871), autor de un *Diccionario etimológico de la lengua castellana.*

Monleón y Torres (Rafael), pintor marinista español (1853-1900).

Monmouth [*-muz*], condado de la Gran Bretaña (Gales); cap. *Newport.*

Monna Lisa. V. Gioconda.

mono, na adj. *Fig.* y *fam.* Bonito, delicado o gracioso: *un niño muy mono.* ‖ — M. Mamífero del orden de los primates. ‖ *Fig.* Persona que hace gestos parecidos a los de este mamífero. | Persona muy fea. | Dibujo tosco, monigote. | Joven presumido. | Traje de faena, de tela fuerte y por lo común azul. ‖ Comodín en los juegos de naipes. ‖ — *Mono sabio,* el adiestrado que se exhibe en los circos; (fig.) monosabio. ‖ *Fig. Ser el último mono,* ser la persona de menor importancia o consideración.

— Los *monos* forman el suborden de los simios y se distinguen por tener miembros posteriores de pies prensiles, rostro desnudo, sistema dental completo, etc. Existe gran número de especies, de estatura variable, desde los más pequeños hasta los mayores que el hombre y viven hoy sólo en los países tropicales.

monoatómico, ca adj. *Quím.* Que sólo contiene un átomo.

monobase f. Cuerpo que solamente posee una función básica.

monobásico, ca adj. *Quím.* Dícese de los cuerpos que sólo tienen una función básica.

monobloque adj. De una sola pieza o bloque.

monocamerismo m. Sistema parlamentario que tiene sólo una asamblea legislativa.

monocarril adj. Que se desplaza por un solo carril (ú. t. c. s. m.).

monoclamídeo, a adj. Aplícase a las plantas angiospermas dicotiledóneas cuyas flores tienen cáliz, pero carecen de corola, como las urticáceas (ú. t. c. s. f.).

monoclinal adj. *Geol.* Dícese del pliegue cuya curvatura se produce sólo en una dirección.

monoclínico adj. Aplícase al sistema cristalino cuyas formas se caracterizan por tener un eje de simetría binario.

monocorde adj. *Mús.* De una sola cuerda. ‖ Monótono.

monocordio m. *Mús.* Instrumento antiguo de caja armónica, como la guitarra, y una sola cuerda.

monocotiledóneo, a adj. Dícese de las plantas angiospermas de un solo cotiledón (ú. t. c. s. f.).

monocromático, ca adj. *Fís.* Dícese de una radiación compuesta de vibraciones de igual frecuencia.

UNIDADES MONETARIAS ACTUALES

Afganistán	Afgani = 100 puls.
África del Sur	Rand = 100 cents.
Albania	Lek = 100 quintars.
Alemania	Marco = 100 pfennig.
Arabia Saudita	Rial = 20 quruch.
Argelia	Dinar = 100 céntimos.
Argentina	Peso = 100 centavos.
Australia	Dólar austral. = 100 cents.
Austria	Schilling = 100 groschen.
Bélgica	Franco = 100 céntimos.
Bolivia	Boliviano = 100 centavos.
Brasil	Cruzeiro = 100 centavos.
Bulgaria	Lev = 100 stotinki.
Canadá	Dólar = 100 cents.
Colombia	Peso = 100 centavos.
Costa Rica	Colón = 100 céntimos.
Cuba	Peso = 100 centavos.
Checoslovaquia	Corona = 100 haler.
Chile	Escudo = 100 centavos.
China	Yen min piao = 100 fens.
Dinamarca	Corona = 100 öre.
Dominicana	Peso = 100 centavos.
Ecuador	Sucre = 100 centavos.
Egipto	Libra = 100 piastras.
El Salvador	Colón = 100 centavos.
España	Peseta = 100 céntimos.
Estados Unidos	Dólar = 100 cents.
Filipinas	Peso = 100 centavos.
Finlandia	Markka = 100 pennik.
Francia	Franco = 100 céntimos.
Gran Bretaña	Libra = 100 n/peniques.
Grecia	Dracma = 100 lepta.
Guatemala	Quetzal = 100 centavos.
Haití	Gourde = 100 céntimos.
Holanda	Gulden (florín) = 100 cents.
Honduras	Lempira = 100 centavos.
Hungría	Forint = 100 filler.
India	Rupia = 16 naya paise.
Indonesia	Rupia = 100 sen.
Irán	Rial = 100 dinars.
Israel	Libra = 100 agorots.
Italia	Lira = 100 céntimos.
Japón	Yen = 100 sen.
Luxemburgo	Franco = 100 céntimos.
Marruecos	Dirham = 100 francos.
México	Peso = 100 centavos.
Nicaragua	Córdoba = 100 centavos.
Noruega	Corona = 100 öre.
Panamá	Balboa = 100 centavos.
Paquistán	Rupia = 16 paisas.
Paraguay	Guaraní = 100 centavos.
Perú	Sol = 100 centavos.
Polonia	Zloty = 100 groszy.
Portugal	Escudo = 100 centavos.
Rumania	Leu = 100 bani.
Siria	Libra = 100 piastras.
Suecia	Corona = 100 öre.
Suiza	Franco = 100 céntimos.
Tailandia	Baht = 100 satang.
Túnez	Dinar = 1 000 milésimos.
Turquía	Libra = 100 kurus.
U. R. S. S.	Rublo = 100 copecks.
Uruguay	Peso = 100 centésimos.
Venezuela	Bolívar = 100 céntimos.
Yugoslavia	Dinar = 100 paras.

monocromo, ma adj. De sólo un color.
monóculo, la adj. Que tiene un solo ojo. || — M. Lente para un solo ojo.
monocultivo m. *Agr.* Cultivo en un terreno de un solo producto.
monodia f. *Mús.* Canto para una sola voz y sin acompañamiento.
monofásico, ca adj. Aplícase a las tensiones o a las corrientes alternas simples, así como a los aparatos que producen o utilizan estas corrientes.
monofisismo m. Doctrina de Eutiques (s. v) que sólo reconocía en Cristo la naturaleza divina.
monofisista adj. Relativo al monofisismo. || Adepto del monofisismo (ú. t. c. s.).
monogamia f. Calidad de monógamo. || Sistema según el cual una persona solo puede tener un cónyuge legal a la vez.
monógamo, ma adj. Que practica la monogamia. || Que sólo se ha casado una vez.
monogenismo m. Doctrina antropológica según la cual todas las razas humanas descienden de un mismo tipo primitivo.
monografía f. Estudio particular sobre un tema determinado de una ciencia, historia, etc., o acerca de una persona.
monográfico, ca adj. Relativo a la monografía: *descripción monográfica.*
monograma m. Cifra formada con las principales letras de un nombre. || Señal o firma abreviada.
monoico, ca adj. Aplícase a las plantas cuyo pie lleva flores de ambos sexos.
monolingüe adj. Que habla una lengua. || Escrito en un solo idioma.
monolítico, ca adj. Relativo al monolito. || Hecho de un solo bloque: *monumento monolítico.*
monolito m. Monumento de piedra de una sola pieza: *los obeliscos son monolitos.*
monologar v. i. Hablar solo, recitar monólogos.
monólogo m. Escena dramática en que sólo habla un personaje. || Discurso que se hace uno a sí mismo. || En una reunión, discurso de una persona que no deja hablar a las demás.
monomanía f. Trastorno mental en el que una sola idea parece absorber todas las facultades intelectuales.
monomaniaco, ca adj. y s. Que sufre monomanía.
monómero adj. m. y s. m. *Quím.* Dícese del compuesto constituido por moléculas simples.
monometalismo m. Sistema monetario en que rige un patrón metálico único, el oro o la plata.
monometalista adj. Del monometalismo. || — Adj. y s. Partidario del monometalismo.
monomio m. Expresión algébrica que consta de un solo término.
monomotor adj. y s. m. Aplícase al vehículo movido por un solo motor.
monopétalo, la adj. De un solo pétalo: *flor monopétala* (ú. t. c. s.).
monoplano adj. y s. m. Dícese del avión de un solo plano de sustentación.
monoplaza adj. y s. m. Aplícase al vehículo de una sola plaza: *avión monoplaza.*
Monopoli, c. y puerto del SE. de Italia (Pulla). Obispado.
monopolio m. Privilegio exclusivo para la venta, la fabricación o explotación de una cosa: *monopolio de tabacos, de petróleos.* || *Fig.* Posesión exclusiva: *atribuirse el monopolio de la verdad.*
monopolista com. Que ejerce monopolio: *capital monopolista.*
monopolización f. Acción de monopolizar.
monopolizador, ra adj. y s. Que monopoliza.
monopolizar v. t. Adquirir o atribuirse un monopolio. || *Fig.* Acaparar, reservarse: *monopoliza la atención de todos.*
monóptero, ra adj. *Arq.* Aplícase al templo, u otro edificio redondo, que tiene, en vez de muros, un círculo de columnas que sustentan el techo.
monorrimo, ma adj. *Poét.* De una sola rima: *estrofa monorrima.*
monosabio m. Mozo de la plaza de toros encargado de auxiliar al picador.
monosacáridos m. pl. Azúcares como la glucosa, etc.
monosépalo, la adj. De un solo sépalo (ú. t. c. s.).
monosilábico, ca adj. Que sólo consta de una sílaba: *palabra monosilábica.* || Que está constituido sólo por palabras monosílabas.
monosilabismo m. Carácter de las palabras que constan de una sola sílaba y de las lenguas formadas exclusivamente con estas voces. || Manía de hablar con monosílabos.
monosílabo, ba adj. y s. m. Dícese de la palabra que consta de una sola sílaba.
monospermo, ma adj. Aplícase al fruto que sólo contiene una semilla.
monoteísmo m. Doctrina teológica que reconoce a un solo Dios.
monoteísta adj. Relativo al monoteísmo. || Que profesa el monoteísmo (ú. t. c. s.).
monotelismo m. Herejía del siglo VII, que reconocía en Cristo las dos naturalezas, divina y humana, pero sólo una voluntad divina.
monotelita adj. Adepto del monotelismo (ú. t. c. s.). || Relativo a esta herejía.
monotipia f. Procedimiento de composición tipográfica por medio del monotipo.
monotipista com. Persona que compone con el monotipo.
monotipo m. Máquina de componer en imprenta que funde los tipos por separado a medida que son necesarios.
monotonía f. Uniformidad de tono o de entonación. || Falta de variedad.
monótono, na adj. Que está casi siempre en el mismo tono: canción monótona. || Demasiado uniforme: *paisaje monótono.*
monotremas m. pl. Orden de mamíferos ovíparos, con cloaca y boca desprovista de dientes, como los ornitorrincos (ú. t. c. adj.).
monovalente adj. *Quím.* De una sola valencia (ú. t. c. s. m.).
Monóvar, c. del E. de España (Alicante). Lugar de nacimiento de *Azorín.*
Monpó de Zayas (Fernando de). V. MOMPOX.
Monreale, c. de Italia al NO. de Sicilia (Palermo). Arzobispado. Catedral del s. XII.
Monroe (James), político norteamericano (1758-1831), pres. de Estados Unidos de 1817 a 1825. Formuló la doctrina que rechazaba la intervención política europea en el continente americano.
monroísmo m. Doctrina de Monroe que se oponía a la intervención de Europa en los países americanos *(América para los americanos)* y de Estados Unidos en los países europeos.
Monrovia, c. y puerto del NO. de África, cap. de la Rep. de Liberia; 81 000 h.
Mons, en flam. *Bergen,* c. del SO. de Bélgica, cap. del Henao. Hulla. Industria.
monseñor m. Tratamiento que se da en Italia a los prelados y en Francia a los obispos y a otras personas de alta dignidad.
Monseñor Nouel, com. en el centro de la Rep. Dominicana (La Vega).
monserga f. *Fam.* Discurso pesado. | Tostón, pesadez: *no me vengas con monsergas.* | Cuento, mentira: *todo eso no son más que monsergas.*
monstruo m. Ser que presenta una malformación importante. (La ciencia de los monstruos es la teratología.) || Ser fantástico de la mitología o la leyenda. || *Fig.* Persona perversa y cruel. | Persona o cosa muy fea: *casarse con un monstruo.* | Animal u objeto enorme: *los monstruos marinos.* || — Adj. *Fig.* Enorme, colosal, prodigioso: *mitin monstruo.*
monstruosidad f. Calidad de monstruoso. || *Fig.* Acción sumamente cruel: *cometer monstruosidades.* | Fealdad muy grande.
monstruoso, sa adj. Que es contra el orden de la naturaleza: *cabeza monstruosa.* || *Fig.* Extraordinario: *animal monstruoso.* | Excesivo. | Espantoso: *crimen monstruoso.* | Muy feo.
Mont || ~ **-Blanc.** V. BLANCO *(Monte).* || ~ **-de-Marsan,** c. del SO. de Francia, cap. del dep. de Landes. Base aérea. || ~ **-Saint-Michel,** pequeña isla del O. de Francia (Manche) en la bahía homónima. Abadía benedictina (s. XII-XVI). Centro turístico.
monta f. Acción y efecto de montar. || Arte de montar a caballo. || Acaballadero. || Suma, total de varias partidas. || *Mil.* Toque de clarín para ordenar que monte la caballería. || *Fig.* Importancia, valor: *negocio, persona de poca monta.*
montacargas m. Ascensor destinado a elevar bultos o mercancías.
montado, da adj. Que va a caballo: *soldado montado.* || Dícese del caballo dispuesto para poder montarlo. || Puesto, instalado: *montado con gran lujo.*
montador, ra m. y f. Persona que monta. || Operario, operaria que monta máquinas, aparatos, etc. || Especialista en el montaje de películas cinematográficas. || — M. Poyo para montar a caballo.
montadura f. Acción de montar. || Arreos de una caballería. || Engaste de las joyas.
Montaigne (Michel EYQUEM, *señor de*), moralista y filósofo francés (1533-1592), autor de *Ensayos,* en los que, después de exponer las observaciones y experiencias de su vida, afirma la importancia que tiene para el hombre encontrar la verdad y la justicia.
montaje m. Operación que consiste en unir las distintas piezas de un objeto, particularmente de una máquina. || Organización. || Selección y unión en una banda definitiva de las secuencias cinematográficas que se han rodado. || *Mil.* Cureña.
Montalbán c. en el E. de España (Teruel). — C. en el N. de Venezuela (Carabobo).
Montalbán (Juan PÉREZ DE). V. PÉREZ DE MONTALBÁN). || ~ (RICARDO), actor de cine mexicano, n. en 1919.
Montalvo (Garci ORDÓÑEZ o RODRÍGUEZ DE), escritor español de principios del s. XVI, a quien se atribuye el *Amadís de Gaula,* y autor de una continuación de este libro *(Las sergas de Esplandián).* || ~ (JUAN), escritor ecuatoriano, n. en Ambato (1832-1889), adversario del dictador García Moreno. Autor de *Catilinarias, Capítulos que se le olvidaron a Cervantes, El espectador* (ensayos), y *Siete Tratados,* disertaciones. || ~ (LUIS GÁLVEZ). V. GÁLVEZ.
Montana, uno de los Estados Unidos de Norteamérica, al NO. del país. Cap. *Helena.*
Montánchez, sierra del O. de España (Cáceres), perteneciente a la cordillera Oretana. — V. de España (Cáceres). Chacinas.
montanera f. Pasto de bellotas del ganado de cerda. || Tiempo en que este ganado está pastando.
montanismo m. Doctrina de Montano (s. II), que se decía enviado de Dios para perfeccionar la religión y la moral.

montanista adj. y s. Adepto del montanismo.

Montano, heresiarca frigio del s. II, predicador de un riguroso ascetismo, que tuvo muchos adeptos.

montante m. Madero que en los edificios y máquinas se pone verticalmente para servir de apoyo. ‖ Ventana pequeña, fija o no, encima de una puerta o de otra ventana. ‖ *Arq.* Listón que divide el vano de una ventana. ‖ Espadón que se esgrime con ambas manos. ‖ Galicismo por *importe.* ‖ — F. *Mar.* Marea que sube, flujo.

montaña f. Gran elevación natural del terreno: *cadena de montañas.* ‖ *Fig.* Amontonamiento, gran cantidad: *una montaña de papeles, de libros.* ‖ — *Fig. Hacerse una montaña de algo,* preocuparse demasiado por ello. ‖ *Montaña rusa,* en un parque de atracciones, camino ondulado por el cual, gracias al declive, un carrito se desliza sobre rieles.

Montaña (La), región del N. de España correspondiente a la prov. de Santander. — Región oriental del Perú, inmenso llano forestal (Amazonia).

Montaña *(La),* grupo de extrema izquierda en la Convención Francesa (1792-1795).

Montaña mágica *(La),* novela de Thomas Mann (1924).

montañero, ra m. y f. Persona que practica el montañismo.

montañés, esa adj. y s. Natural o habitante de una montaña. ‖ Que ha nacido o vive en la Montaña de Santander.

Montañés (Juan MARTÍNEZ). V. MARTÍNEZ MONTAÑÉS.

montañismo m. Práctica de las ascensiones de montaña.

montañoso, sa adj. Relativo a las montañas: *superficie montañosa.* ‖ Cubierto de montañas: *terreno montañoso.*

montar v. i. Instalarse en un vehículo para viajar en él: *montar en bicicleta, en avión.* ‖ Subir en un caballo o cabalgar en él. Ú. t. c. t.: *montar un alazán.* ‖ Ser de importancia: *este negocio monta poco.* ‖ Importar una cantidad: *la factura monta a mil pesetas.* ‖ — *Montar en cólera,* ponerse furioso. ‖ *Tanto monta,* tanto vale. ‖ — V. t. Armar, efectuar un montaje: *montar una máquina.* ‖ *Fig.* Organizar, instalar: *montar una fábrica.* ‖ Engastar: *montar un rubí en una sortija.* ‖ Armar un arma de fuego. ‖ Acaballar, cubrir. ‖ *Cin.* Realizar el montaje: *montar una película.* ‖ Poner en escena una obra de teatro.

montaraz adj. Que se cría o anda por los montes: *animal montaraz.* ‖ Salvaje.

Montargis, c. del centro de Francia (Loiret).

Montauban [*-tobán*], c. del S. de Francia, cap. del dep. de Tarn-et-Garonne. Obispado.

montazgo m. Tributo pagado por el paso del ganado por un monte.

Montbéliard, c. del E. de Francia (Doubs). Centro industrial.

Montblanch, c. en el E. de España (Tarragona). Cereales, vinos.

monte m. Gran elevación natural de terreno: *los Montes Cantábricos.* ‖ Tierra inculta cubierta de árboles, arbustos o matas. ‖ Cierto juego de naipes, de envite y azar. ‖ Naipes que quedan por robar después del reparto. ‖ — *Monte alto,* el de árboles grandes, como pinos, encinas, etc. ‖ *Monte bajo,* el poblado de arbustos, matas o hierbas. ‖ *Monte de piedad,* establecimiento público que hace préstamos sobre ropa o alhajas. ‖ *Monte de Venus,* pubis de la mujer. ‖ *Monte pío,* montepío. ‖ *Fig. No todo el monte es orégano,* no hay que creer que en la vida todo es tan fácil como parece.

Monte ‖ **~ Albán,** estación arqueológica zapoteco-mixteca, en las proximidades de Oaxaca (México). Templos y pirámides. ‖ **~ Caseros,** pobl. en el NE. de la Argentina (Corrientes). ‖ **~ Cristi,** cordillera de la Rep. Dominicana en la costa N., llamada tb. *cordillera Septentrional.* — C. en el NO. de la Rep. Dominicana, cap. de la prov. del mismo n. — Pobl. en el O. del Ecuador (Manabí). ‖ **~ León,** isla del SE. de la Argentina, en Patagonia (Santa Cruz). Guano. ‖ **~ Lindo,** río del Paraguay, afl. del río Paraguay (Presidente Hayes). ‖ **~ Patria,** com. de Chile (Coquimbo). ‖ **~ Perdido,** V. PERDIDO. ‖ **~ Plata,** com. de la Rep. Dominicana (San Cristóbal). ‖ **~ Sociedad.** V. BENJAMÍN ACEVAL.

Monte (Domingo del), escritor cubano, n. en Venezuela (1804-1854). ‖ **~** (FÉLIX MARÍA DEL), autor de teatro y poeta dominicano (1819-1899). ‖ **~ y Tejada** (ANTONIO DEL), escritor dominicano (1783-1861).

Monteagudo, pobl. en el SE. de Bolivia, cap. de la prov. de Hernando Siles (Chuquisaca).

Monteagudo (Bernardo), prócer de la Independencia y escritor argentino (1787-1825). M. asesinado.

Montealegre (José María), estadista costarricense (1815-1887), pres. de la Rep. de 1859 a 1863.

Montecarlo, barrio del principado de Mónaco. Casino.

Montecassino. V. CASSINO.

Montecatini Terme, estación termal de Italia (Toscana).

Monteforte Toledo (Mario), escritor guatemalteco, n. en 1911, autor de poemas y novelas *(Anaité).*

Montefrío, c. en el S. de España (Granada).

Montejo (Francisco de), conquistador español (¿1479?-1548), adelantado del Yucatán. — Su hijo FRANCISCO, llamado *el Mozo* (1508-1574), fundó Mérida (1542) y ocupó parte de Honduras.

Montejurra, monte de España (Navarra), cerca de Estella. Teatro de violentos combates durante las guerras carlistas.

Montélimar [*-telimar*], c. en el SE. de Francia (Drôme). Turrón.

Montellano, v. del SO. de España (Sevilla). Centro agrícola.

Montemayor, v. en el S. de España (Córdoba).

Montemayor (Jorge de), escritor español de origen portugués (¿1520?-1561), autor de la novela *Los siete libros de la Diana.*

Montemolín *(Conde de).* V. BORBÓN (Carlos de).

Montemorelos, c. y mun. en el NE. de México (Nuevo León). Naranjas.

montenegrino, na adj. y s. De Montenegro.

Montenegro, ant. Est. en los Balcanes, principado en 1878, reino en 1910, parte de Yugoslavia en 1919 y república popular federada de este país desde 1946; 13 812 km²; 503 000 h. *(montenegrinos).* Cap. *Titogrado,* ant. *Cetiña.*

Montenegro Nervo (Roberto), pintor y escritor mexicano, n. en 1887, a quien se deben notables frescos. Fundador del Museo de Artes Populares.

Montengón (Pedro), escritor español (1745-1824), autor de *Eusebio,* novela pedagógica.

Montepin [*-pan*] (Xavier de), escritor francés (1823-1902), autor de folletines y dramas.

montepío m. Establecimiento de socorros mutuos público o privado. ‖ *Amer.* Monte de piedad.

montera f. Tocado, gorro. ‖ Gorro de los toreros. ‖ Cubierta de cristales en un patio. ‖ Parte superior del alambique. ‖ *Fam. Ponerse el mundo por montera,* obrar a su antojo sin preocuparse de nada.

Monterde (Francisco), ensayista, comediógrafo y crítico mexicano, n. en 1894.

montería f. Caza mayor. ‖ Arte de cazar.

Montería, c. del N. de Colombia, cap. del dep. de Córdoba.

monteriano, na adj. y s. De Montería (Colombia).

monterilla m. Alcalde de pueblo. ‖ *Mar.* Vela triangular.

montero m. El que busca, ojea y persigue la caza en el monte.

Montero, pobl. en el E. de Bolivia, cap. de la prov. de Obispo Santiesteban (Santa Cruz).

Montero (Lisardo), marino peruano (1832-1905) que se distinguió en la defensa de El Callao (1866) y en la guerra contra Chile. Pres. de la Rep. de 1881 a 1883. ‖ **~** (LUIS), pintor peruano (1828-1868). ‖ **~ Ríos** (EUGENIO), jurisconsulto y político liberal español (1832-1914).

Monteros, pobl. en el NO. de la Argentina (Tucumán).

Monterrey, c. del NE. de México, cap. del Estado de Nuevo León, en las faldas de la Sierra Madre Oriental. Arzobispado. Universidad. Instituto tecnológico.

Montes (Eugenio), escritor español, n. en 1897. ‖ **~** (FRANCISCO), torero español (1805-1851). Utilizó el seudónimo de *Paquiro.* ‖ **~** (ISMAEL), militar boliviano, n. en La Paz (1861-1933), pres. de la Rep. de 1904 a 1909 y de 1914 a 1917. Puso fin a la guerra del Pacífico con Chile (1904). ‖ **~ de Oca** (FERNANDO), uno de los Niños Héroes de México (1829-1847). Defendió el castillo de Chapultepec contra los norteamericanos.

Montes de Oro, cantón en el NO. de Costa Rica (Puntarenas); cap. *Miramar.*

montés, esa adj. Que anda, vive o se cría en el monte, salvaje: *gato montés.*

Montesa *(Orden de),* orden de caballería española, fundada por Jaime II de Aragón en 1317.

Montesclaros. V. MENDOZA Y LUNA (Juan de).

Montescos. V. CAPULETOS.

montesino, na adj. Montés, salvaje.

Montesino (Ambrosio), poeta y franciscano español (¿1448-1512?).

Montespan (Françoise Athenais DE ROCHECHOUART, *marquesa de*), dama francesa (1640-1707), favorita del rey Luis XIV.

Montesquieu [*-kié*] (Charles DE SECONDAT, *barón de*), escritor y filósofo francés (1689-1755), autor de *Cartas persas* y de *El espíritu de las leyes,* donde plantea el problema de la división de poderes.

Monteverde (Manuel de), botánico dominicano (1793-1871).

Monteverdi (Claudio), músico italiano (1567-1643), autor de óperas *(Orfeo).*

montevideano, na adj. y s. De Montevideo.

Montevideo, c. y puerto del Uruguay, cap. de la Rep. y del dep. homónimo, a la entrada del río de la Plata; 1 300 000 h. Arzobispado. Universidad. Fundada en 1726 por Bruno Mauricio de Zabala.

Montfort (Simon de), noble francés (¿1150-1218), caudillo de la cruzada contra los albigenses. Murió en el sitio de Toulouse. Fue conde de Leicester.

montgolfier m. y **montgolfiera** f. Globo aerostático inflado con aire caliente.

Montgolfier (Joseph), industrial francés (1740-1810), que, en compañía de su hermano ETIENNE (1745-1799), construyó los primeros globos aerostáticos.

Montgomery, c. del SE. de Estados Unidos, cap. del Estado de Alabama. Universidad.

Montgomery of Alamein (Sir Bernard LAW, *vizconde*), mariscal británico, n. en 1887. Venció a Rommel en El Alamein (1942) y mandó las fuerzas terrestres aliadas en los frentes de Normandía (1944).

Montherlant (Henri MILLON DE), escritor francés (1896-1972), autor de novelas *(Los bestiarios)* y obras de teatro *(La reina muerta, El maestre de Santiago, Port-Royal, El cardenal de España,* etc.).

Monti (Vicenzo), poeta neoclásico italiano (1754-1828).

montículo m. Monte pequeño.

Montiel, pueblo en el S. del centro de España (Ciudad Real), donde Pedro I el Cruel fue derrotado por Enrique II (1369).

Montijo, v. de España (Badajoz). — Golfo de Panamá en el Pacífico.

Montijo (Eugenia de). V. EUGENIA DE MONTIJO.

montilla m. Vino de Montilla.

Montilla, v. en el S. de España (Córdoba). Vinos.

montillano, na adj. y s. De Montilla.

Montjuich, fortaleza que domina la c. y puerto de Barcelona (España), hoy museo.

Montluc (Blaise DE LASSERAN-MASSENCOME, *señor de*), mariscal de Francia (1502-1577), que luchó contra Carlos I de España y persiguió a los calvinistas.

Montluçon [*-lusón*], c. del centro de Francia (Allier). Metalurgia. Neumáticos.

Montmartre, barrio del N. de París, en una colina. Basílica del Sagrado Corazón.

monto m. Monta, suma.

montón m. Conjunto de cosas puestas sin orden unas encima de otras: *on su mesa hay un montón de papeles.* ‖ *Fig.* y *fam.* Gran cantidad: *un montón de años, de gente; tener montones de dinero.* ‖ — *Fig.* y *fam. A montones,* con abundancia. | *De* o *en montón,* juntamente. | *Del montón,* corriente, ordinario, vulgar.

montonera f. *Amer.* Tropa de a caballo insurrecta.

montonero m. El que no se atreve a pelear más que cuando está rodeado por sus compañeros. ‖ *Amer.* Guerrillero. ‖ Individuo de una montonera.

Montoro, c. en el S. de España (Córdoba), a orillas del Guadalquivir. Agricultura.

Montoro (Antón de), poeta español (1404-¿1480?). ‖ ~ (RAFAEL), político, orador y escritor cubano (1852-1933).

Montparnasse [*monparnás*], barrio del S. de París.

Montpelier, c. del NE. de Estados Unidos, cap. de Vermont.

Montpellier [*monpelié*], c. del S. de Francia, cap. del dep. del Hérault. Obispado. Universidad.

Montreal [*monreal*], c. y puerto del SE. del Canadá (Quebec), a orillas del San Lorenzo. Arzobispado. Universidad. Centro industrial.

Montreuil-sous-Bois [*-eisuboá*], c. de Francia, al E. de París (Seine-Saint-Denis).

Montreux, c. del SO. de Suiza (Vaud), junto al lago Leman.

Montrouge, pobl. de Francia (Hauts-de-Seine), al S. de París.

Montseny [*-señ*], macizo montañoso del NE. de España en las prov. de Barcelona y Gerona.

Montserrat, montaña en el NE. de España (Barcelona). Santuario y monasterio benedictino. — Isla británica de las Antillas Menores; cap. *Plymouth.*

Montserrat (Joaquín de), militar español (1700-1771), virrey de Nueva España de 1760 a 1766. Fue *marqués de Cruillas.*

Montt (Jorge), marino chileno (1845-1922), pres. de la Rep. de 1891 a 1896. ‖ ~ (MANUEL), político chileno, n. en Petorca (1809-1880), pres. de la Rep. de 1851 a 1861. Realizó obras públicas y promulgó el Código Civil (1855). — Su hijo PEDRO (1849-1910) fue pres. de la Rep. de 1906 a 1910.

montubio, bia m. y f. *Ecuad.* y *Per.* Campesino de la costa.

Montúfar, cantón en el N. del Ecuador (Carchi).

Montúfar (Juan Pío de), marqués de Selva Alegre, prócer ecuatoriano de la Independencia (1759-1818). — Su hijo CARLOS (1780-1816) luchó tb. por la Independencia y m. fusilado.

montuno, na adj. Del monte. ‖ *Amer.* Montaraz.

montuoso, sa adj. De los montes. ‖ Cubierto de montes.

montura f. Cabalgadura. ‖ Conjunto de arreos de una caballería ‖ Silla para montar a caballo. ‖ Montaje de una máquina. ‖ Armadura, soporte: *la montura de las gafas, de una joya.*

Monturiol (Narciso), inventor español, n. en Figueras (1819-1885). Construyó el primer submarino llamado *Ictíneo* (1859).

monumental adj. Relativo al monumento: *plano monumental* ‖ *Fig.* Excelente, extraordinario: *una obra monumental.* | Gigantesco, descomunal: *estatua monumental.* ‖ *Fam.* Enorme. | Estupendo: *una chica monumental.*

monumento m. Obra arquitectónica o escultórica destinada a recordar un acontecimiento o a un personaje ilustre: *un monumento a Bolívar.* ‖ Edificio público considerable: *el Partenón es el monumento más hermoso de Atenas.* ‖ Construcción que cubre una sepultura: *monumento funerario.* ‖ Altar en que se guarda la Eucaristía el Jueves Santo. ‖ *Fig.* Obra digna de perdurar por su gran valor: *el Quijote, monumento de la literatura universal.* ‖ *Fam.* Cosa o persona magnífica: *esta chica es un monumento.*

Monza, c. del NO. de Italia (Lombardía). Catedral. Autódromo.

monzón m. Nombre dado a unos vientos que soplan, sobre todo en la parte sureste de Asia, alternativamente hacia el mar y hacia la tierra durante varios meses.

Monzón, c. en el N. de España (Huesca). Castillo de los Templarios.

moña f. Lazo que las mujeres se ponen en el tocado. ‖ Moño. ‖ Cintas de colores que se colocan en la divisa de los toros o se atan a la guitarra. ‖ Lazo de la coleta de los toreros. ‖ Muñeca, juguete. ‖ *Fig.* y *fam.* Borrachera.

Moñino (José). V. FLORIDABLANCA.

moño m. Pelo recogido de diversas formas detrás o encima de la cabeza. ‖ Lazo de cintas. ‖ Penacho de algunos pájaros. ‖ — *Fig.* y *fam. Agarrarse del moño,* pegarse, sobre todo las mujeres. | *Ponerse moños,* presumir, alardear.

Moock (Armando L.), dramaturgo chileno (1894-1943).

Moore [*mur*] (Henry), escultor inglés, n. en 1898. ‖ ~ (THOMAS), poeta inglés, n. en Dublín (1779-1852).

Mopti, c. de la Rep. del Malí, a orillas del Níger. Centro comercial.

moquear v. i. Echar mocos.

Moquegua, c. del S. del Perú, cap. de la prov. de Mariscal Nieto y del dep. de su n.

moqueguano, na adj. y s. De Moquegua (Perú).

moqueo m. *Fam.* Secreción nasal abundante.

moquero m. Pañuelo.

moqueta f. Tela fuerte aterciopelada de lana o algodón para alfombrar.

moquete m. *Fam.* Coscorrón.

moquillo m. Catarro de los perros y gatos. ‖ Pepita de las aves. ‖ *Fam. Pasar el moquillo,* padecer mucho.

mor de (por) loc. adv. Por culpa de.

Mor de Fuentes (José), escritor español (1762-1848).

mora f. Fruto del moral o de la morera. ‖ Zarzamora. ‖ *For.* Demora, tardanza.

Mora, v. en el centro de España (Toledo). Vinos, aceite. ‖ ~ **de Ebro,** v. en el NE. de España (Tarragona). ‖ ~ **de Rubielos,** v. en el E. de España (Teruel).

Mora (José María Luis), sacerdote, escritor y político mexicano (1794-1850). ‖ ~ **Fernández** (JUAN), patriota costarricense (1784-1854), primer jefe del Estado de 1824 a 1833. ‖ ~ **Porras** (JUAN RAFAEL), político costarricense (1814-1860), pres. de la Rep. de 1849 a 1859. M. fusilado. ‖ ~ **y Aragón** (FABIOLA DE). V. FABIOLA.

morabito m. Ermitaño mahometano. ‖ Ermita donde vive.

moráceas f. pl. Familia de plantas dicotiledóneas de las regiones calientes entre las cuales se encuentran el moral, la morera, la higuera, etc. (ú. t. c. adj.).

morada f. Casa, sitio donde se vive. ‖ Estancia en un lugar.

Moradabad, c. del N. de la India (Uttar Pradesh). Textiles.

Moradas *(Las)* o *El Castillo interior,* obra de Santa Teresa de Jesús (1577).

morado, da adj. De color violeta (ú. t. c. s. m.). ‖ — *Fig.* y *fam. Estar morado,* estar borracho. | *Pasarlas moradas,* pasarlo muy mal, sufrir mucho. | *Ponerse morado,* comer o beber hasta hartarse.

morador, ra adj. y s. Que vive en un sitio: *el morador de una casa, de un lugar.*

Moraes (Francisco de), escritor portugués (¿1500?-1572), a quien se le ha atribuido la novela de caballerías *Palmerín de Inglaterra.*

Morais Barros (Prudente), político brasileño (1841-1902), pres. de la Rep. de 1894 a 1898.

moral adj. Relativo a la moral o a la moralidad: *el progreso moral.* ‖ Conforme con la moral: *vida moral.* ‖ Que tiene buenas costumbres: *hombre moral.* ‖ Propio para favorecer las buenas costumbres: *un libro moral.* ‖ Relativo al espíritu, intelectual: *las ciencias morales; facultades morales.* ‖ — F. Parte de la filosofía que enseña las reglas que deben gobernar la actividad libre del hombre. ‖ Conjunto de las facultades del espíritu. ‖ Estado de ánimo: *levantar la moral de uno, de un pueblo.* ‖ — M. Árbol de la familia de las moráceas, cuyo fruto es la mora.

moraleja f. Enseñanza que se saca de un cuento, fábula, etc.

Morales (Agustín), general boliviano (1808-1872) que derribó a Melgarejo y fue pres. de la Rep. de 1871 a 1872. M. asesinado. ‖ ~ (AMBROSIO DE), humanista español (1513-1591). ‖ ~ (CRISTÓBAL), compositor de música sacra español (¿1500?-1553). ‖ ~ (FRANCISCO TOMÁS), militar español (1781-1844). Derrotó a Bolívar en Aragua (1813) y fue vencido en Carabobo (1821). ‖ ~ (LUIS DE), pintor de asuntos religiosos español (1509-1586). Llamado *el Divino.* ‖ ~ (MELESIO), compositor y crítico musical mexicano (1838-1908). ‖ ~ **Bermúdez** (REMIGIO), militar peruano (1836-1894), pres. de la Rep. de 1890 a 1894. ‖ ~ **Languasco** (CARLOS), general dominicano (1867-1914), pres. de la Rep. en 1903. Se mantuvo por el apoyo norteamericano, pero fue derribado en 1906.

moralidad f. Conformidad con los preceptos de la moral: *la moralidad de una novela.* ‖ Buenas costumbres: *persona de reconocida moralidad.* ‖ Moraleja.

moralismo m. Predominio de la moral en una doctrina.

moralista adj. y s. Filósofo que se dedica a la moral. ‖ Autor de obras que tienden a moralizar.

moralización f. Acción de moralizar.

moralizador, ra adj. y s. Que moraliza.

moralizar v. t. Volver conforme a la moral. ‖ Reformar las malas costumbres enseñando las buenas. || — V. i. Hacer reflexiones morales.

Morán (José), general mexicano (1774-1841), ministro de la Guerra en 1838.

Morand (Paul), escritor francés, n. en 1888, autor de novelas.

morapio m. *Fam.* Vino tinto.

morar v. i. Residir, vivir.

Moratín (Nicolás FERNÁNDEZ DE), poeta español, n. en Madrid (1737-1780), autor de las quintillas *Fiestas de toros en Madrid.* — Su hijo LEANDRO (1760-1828), n. en Madrid, fue tb. poeta (*Carta a Jovellanos*), autor de comedias (*El sí de las niñas, La mojigata, La comedia nueva* o *El café*), y traductor de Molière y de Shakespeare.

moratoria f. *For.* Suspensión de la exigibilidad de los créditos y del curso de las acciones judiciales.

Moratorio (Orosmán), dramaturgo uruguayo (1852-1898).

Morava, río en el S. de Checoslovaquia, afl. del Danubio; 378 km. — Río en el E. de Yugoslavia, afl. del Danubio; 245 km.

Moravia, región central de Checoslovaquia; cap. *Brno* (Brünn).

Moravia (Alberto PINCHERLE, llamado **Alberto**), novelista italiano, n. en 1907, autor de *La romana, Los indiferentes, El conformista,* etc.

moravo, va adj. y s. De Moravia. || Perteneciente a una secta fundada en Bohemia en el s. XV.

Moravska Ostrava, ant. n. de *Ostrava.*

Morazán, dep. del NE. de El Salvador; cap. *San Francisco.* Agricultura.

Morazán (Francisco), militar hondureño, n. en Tegucigalpa (1792-1842), promotor de la unión de los países de América Central. Fue jefe del Estado de Honduras (1827-1828), de la Federación Centroamericana (1830-1840), de El Salvador (1839-1840) y de Costa Rica (1842). M. fusilado.

morazanense adj. y s. De Morazán (El Salvador).

morazaneño, ña adj. y s. De Francisco Morazán (Honduras).

morbidez f. Calidad o estado de mórbido.

morbididad f. Morbilidad.

mórbido, da adj. Relativo a la enfermedad: *estado mórbido.* || Moralmente desequilibrado. || Malsano: *literatura mórbida.* || Blando, suave, delicado.

Morbihan, dep. del NO. de Francia, en Bretaña; cap. *Vannes.*

morbilidad f. Porcentaje de enfermos con relación a la cifra de población. || Calidad de mórbido.

morbo m. *Med.* Enfermedad. || — *Morbo comicial,* epilepsia. || *Morbo gálico,* sífilis. || *Morbo regio,* ictericia.

morbosidad f. Calidad o condición de morboso.

morboso, sa adj. Enfermo, enfermizo. || Mórbido. || Que causa enfermedad.

morcilla f. Embutido de sangre y manteca de cerdo cocidas. || *Fig.* y *fam.* Añadido que hace un actor a su papel. || *Fam. ¡Que te den morcilla!,* ¡vete a paseo!

morcillero, ra m. y f. Persona que hace o vende morcillas. || *Fig.* y *fam.* Actor que mete morcillas en el papel que interpreta.

Morcillo (Diego), obispo español (1642-1730), virrey del Perú de 1720 a 1724.

mordacidad f. Calidad de mordaz: *la mordacidad de sus palabras.*

mordaz adj. Corrosivo. || Áspero, picante al paladar. || *Fig.* Cáustico, sarcástico: *crítica mordaz.*

mordaza f. Pañuelo o cualquier objeto que se aplica a la boca de una persona para que no pueda gritar. || *Mar.* Aparato para detener la cadena del ancla. || *Tecn.* Nombre de diversos aparatos usados para apretar: *mordaza de torno.*

mordedor, ra adj. Que muerde.

mordedura f. Acción de morder. || Herida hecha al morder.

mordente m. Mordiente. *Mús.* Adorno melódico consistente en una doble apoyatura que suele indicarse con este signo (~~). | Quiebro.

* **morder** v. t. Clavar los dientes en una cosa: *morder una manzana, el perro le ha mordido* (ú. t. c. i.). || Coger con la boca: *el pez ha mordido el anzuelo.* || Hacer presa en algo. || Gastar poco a poco: *la lima muerde el acero.* || Someter una plancha grabada a la acción del agua fuerte. || *Fig.* Atacar, criticar mucho. || *Fig.* y *fam. Morder el polvo,* ser vencido en un combate. || — V. i. Atacar una plancha grabada el agua fuerte. || *Méx.* Exigir indebidamente un funcionario dinero para prestar un servicio. || — V. pr. *Fig. Morderse los dedos* o *los puños,* arrepentirse.

mordido, da adj. *Fig.* Menoscabado, desfalcado. || — F. Pez que ha picado al anzuelo. || *Méx.* Cantidad que pide un funcionario para dejarse sobornar.

mordiente adj. Que muerde. || — M. Agua fuerte que usan los grabadores. || Sustancia que en tintorería sirve para fijar los colores. || Barniz que permite fijar en los metales panes de oro.

mordiscar y **mordisquear** v. t. Morder frecuente o ligeramente, sin hacer presa.

mordisco m. Acción de mordiscar. || Mordedura ligera. || Bocado que se saca de una cosa mordiéndola.

mordisqueo m. Acción de mordisquear.

More. V. MORO (Santo Tomás).

Morea. V. PELOPONESO.

Moreas (Jean PAPADIAMANTÓPULOS llamado **Jean**), poeta francés de origen griego (1856-1910).

Moreau [*moró*] (Gustave), pintor francés (1826-1898).

Moreira Pena (Alfonso). V. PENA.

Morel (Carlos), pintor argentino (1813-1894).

Morelia, c. del centro de México, cap. del Estado de Michoacán. Arzobispado. Universidad. Catedral (s. XVI). Fundada en 1541 con el n. de *Valladolid.*

moreliano, na adj. y s. De Morelia (México).

Morelos, Est. del centro de México, al S. del de México; cap. *Cuernavaca.* Agricultura.

Morelos y Pavón (José María), sacerdote y patriota mexicano, n. en Valladolid (1765-1815). Emprendió varias campañas militares en pro de la Independencia y reunió en Chilpancingo el primer Congreso Nacional (1813). Iturbide le derrotó en Valladolid y Puruarán (Michoacán). Hecho prisionero, m. fusilado.

Morella, c. del E. de España (Castellón de la Plana).

morena f. Pez teleósteo parecido a la anguila, muy voraz y de carne estimada. || Hogaza o pan moreno. || Montón de mieses segadas. || *Geol.* Morrena.

Morena (SIERRA), cord. de España, entre la meseta de la Mancha y el valle del Guadalquivir; 1 300 m. de alt. Ant. llamada *Sierra Mariánica.*

moreno, na adj. y s. De color oscuro tirando a negro. || De tez muy tostada por el sol. || De pelo negro o castaño. || De tez muy oscura y pelo negro o castaño. || *Fig.* y *fam.* Negro, mulato. || *Pan moreno,* el que contiene mucho salvado.

Moreno (Francisco P.), naturalista y geógrafo argentino (1852-1919). Fundador del Museo de La Plata. || ~ (GABRIEL RENÉ), historiador boliviano (1834-1909). || ~ (MARIANO), político y jurisconsulto argentino, n. en Buenos Aires (1778-1811), uno de los próceres de la Revolución de Mayo y secretario de la Junta de 1810. || ~ (MARIO), llamado *Cantinflas,* actor cómico mexicano, n. en 1911. || ~ (ZULLY), actriz cinematográfica argentina, n. en 1919. || ~ **Carbonero** (JOSÉ), pintor de cuadros históricos español (1860-1942). Ilustró el *Quijote.* || ~ **Sánchez** (MANUEL), abogado y político mexicano, n. en 1908. Ex presidente de la Cámara de Diputados. || ~ **Torroba** (FEDERICO), músico español, n. en 1891, autor de zarzuelas (*Luisa Fernanda*). || ~ **Villa** (JOSÉ), poeta y pintor español (1887-1955).

morera f. Árbol moráceo, pero distinto al moral por el fruto blanco y cuya hoja sirve de alimento al gusano de seda.

morería f. Barrio moro. || País de moros.

Moret (Segismundo), abogado y político español (1838-1913), jefe del Partido Liberal.

Moreto y Cabaña (Agustín), dramaturgo español, n. en Madrid (1618-1669), autor de *El desdén con el desdén, El lindo Don Diego,* etc. Llamado *el Terencio español.*

Morfeo, dios del Sueño en la mitología griega.

morfina f. Medicamento narcótico y estupefaciente derivado del opio, muy venenoso.

morfinismo m. Estado morboso producido por el abuso de la morfina o del opio.

morfinomanía f. Hábito morboso de tomar morfina u opio para conseguir un estado eufórico.

morfinómano, na adj. y s. Que tiene el hábito de abusar de la morfina o del opio.

morfología f. Parte de la biología que trata de la forma y estructura de los seres orgánicos. || *Gram.* Estudio de las formas de las palabras consideradas aisladamente.

morfológico, ca adj. Relativo a la morfología.

Morgan (Henry), filibustero inglés (¿1635?-1688) que asoló las colonias españolas de las Antillas y saqueó la c. de Panamá (1671).

morganático, ca adj. Dícese del matrimonio de un príncipe con una mujer que no pertenece a la nobleza. || Aplícase al que contrae este matrimonio.

morgue f. (pal. fr.). Voz innecesaria por *depósito de cadáveres.*

moribundo, da adj. y s. Que se está muriendo.

Moricz (Zsigmond), novelista y dramaturgo realista húngaro (1879-1942). Ha descrito la vida de los campesinos.

moriche m. Árbol de la América intertropical de la familia de las palmas. || Pájaro americano parecido al turpial, de canto agradable.

morigeración f. Templanza o moderación en las costumbres.

morigerado, da adj. De buenas costumbres.

morigerar v. t. Templar, refrenar los excesos.

Moriguchi, c. del Japón (Honshu). Industrias.

morilla f. *Bot.* Cagarria.

morillo m. Soporte para poner la leña en el hogar.

Morillo (Pablo), general español n. en Fuentesecas (Zamora) [1778-1837]. Luchó en la guerra de Independencia española y posteriormente (1815) fue a Nueva Granada para reprimir la sublevación de los patriotas americanos. Su represión se caracterizó por la crueldad. Bolívar le derrotó en Boyacá (1819).

Morínigo (Higinio), general paraguayo, n. en 1897, pres. de la Rep. en 1940, derrocado en 1948.

Morioka, c. del Japón en el N. de la isla de Honshu.

* **morir** v. i. Perder la vida: *morir de muerte natural.* || *Fig.* Dejar de existir: *los imperios nacen y mueren; las flores mueren muy pronto* (ú. t. c. pr.). | Desaparecer: *la envidia es algo que no muere.* | Sentir violentamente alguna pasión: *morir de pena, de amor* (ú. t.

c. pr.). | Sufrir mucho: *morir de frío, de hambre* (ú. t. c. pr.). | Hablando del fuego o de la luz, apagarse. || — *Fig. Morir con las botas puestas* o *vestido*, morir violentamente. || *¡Muera!*, interjección para manifestar el deseo de que desaparezca alguna persona o cosa. || — V. pr. Dejar de vivir: *morirse de viejo.* || Querer mucho: *este chico se muere por ti.* || — *Fig. Morirse de miedo*, tener mucho miedo. | *Morirse de risa*, desternillarse de risa.

morisco, ca adj. Aplícase a los moros bautizados que permanecieron en España después de la Reconquista (ú. t. c. s.). || Relativo a ellos. (V. MUDÉJAR.)

morisma f. Conjunto de moros. || Multitud de moros.

Morisot (Berthe), pintora impresionista francesa (1841-1895).

morisqueta f. Mueca. || Ardid.

morlaco, ca adj. y s. Taimado. || — M. *Fam.* Toro de lidia. || *Amer.* Peso, moneda. | Dinero.

mormón, ona m. y f. Persona que profesa el mormonismo.

mormónico, ca adj. De los mormones.

mormonismo m. Secta religiosa fundada en los Estados Unidos por Joseph Smith en 1830, que constituye la "Iglesia de Cristo de los Santos de los últimos días" y profesó la poligamia hasta 1890. || Doctrina de los mormones.

moro, ra adj. y s. De la antigua Mauritania. || *Por ext.* Musulmán. || Dícese de los árabes que invadieron España. || Indígena mahometano de Mindanao y de otras islas de Malasia. || — Adj. Aplícase al que no ha sido bautizado. || Dícese de los caballos negros de patas blancas. || — *Fig. y fam. El Moro Muza*, expr. usada en sentido indeterminado por *cualquiera, alguien: cuéntale eso al moro Muza.* (V. MUZA). | *Haber moros en la costa*, ser necesario obrar con precaución y cautela. | *Haber moros y cristianos*, haber pelea, haber gran pendencia o riña.

Moro (Antonio), pintor y retratista holandés (¿1519? 1576). || ~ (*Santo* TOMÁS), en ingl. *Thomas More*, político y escritor inglés (1478-1535), canciller en tiempos de Enrique VIII. Autor de *Utopía*. M. decapitado. Fiesta el 6 de julio.

morocho, cha adj. *Amer.* Aplícase a una variedad de maíz (ú. t. c. s. m.). | *Fig. y fam.* Tratándose de personas, robusto, fuerte. || *Arg.* Moreno, trigueño.

Moroleón, c. en el centro de México (Guanajuato).

morón m. Montecillo de tierra.

Morón, pobl. de la Argentina, arrabal industrial de Buenos Aires. Aeropuerto. || — Térm. mun. en el centro de Cuba (Camagüey). Azúcar. || ~ **de la Frontera,** c. en el S. de España (Sevilla). Base aérea.

Morona, río del Ecuador (Morona-Santiago) y del Perú (Loreto), afl. del Marañón. — Cantón en el E. del Ecuador (Morona-Santiago). || ~ **-Santiago,** prov. del Ecuador, en la selva oriental; cap. *Macas.*

morondo, da adj. Pelado de hojas: *un árbol morondo.* || Calvo.

Morones Prieto (Ignacio), cirujano y político mexicano, n. en 1900.

moronga f. *Méx.* Morcilla.

morosidad f. Lentitud, dilación, demora. || Falta de puntualidad. || Pereza, desidia, inacción. || Retraso en el pago.

moroso, sa adj. Tardo, lento. || Perezoso. || Que tarda en pagar sus deudas: *moroso en el pago.*

Morosoli (Juan José), novelista y poeta uruguayo (1899-1957).

morra f. Parte superior de la cabeza.

morrada f. Golpe dado con la cabeza o recibido en ella. || *Fig.* Golpe. | Bofetada, puñetazo.

morral m. Saco o talego que usan los cazadores, pastores, soldados y vagabundos. || Saco para el pienso de una caballería que se cuelga del cuello. || *Fig. y fam.* Hombre basto, grosero.

Morral (Mateo), anarquista español (1880-1906). Arrojó una bomba sobre la carroza nupcial de Alfonso XIII, saliendo éste ileso. Se suicidó.

morralla f. Pescado menudo. || *Fig.* Conjunto de personas o cosas de poco valor: *la morralla de la profesión trabaja en esa empresa.* || *Méx.* Dinero menudo.

morrena f. Montón de piedras arrastradas y depositadas por los glaciares.

morrillo m. Porción carnosa que tienen las reses en la parte superior y anterior del cuello. || *Fig.* Cogote muy grueso. || Canto rodado. || Piedra de pequeñas dimensiones utilizada para edificar los muros.

morriña f. *Veter.* Comalia. || *Fig. y fam.* Tristeza, melancolía. | Nostalgia.

morrión m. Casco de bordes levantados usado en el s. XVI. || Gorro militar con visera.

morro m. Extremidad redonda de una cosa. || Montículo redondo. || Extremo de un malecón. || Guijarro redondo. || *Fig.* Hocico de un animal. || *Fam.* Labio abultado de una persona. || Parte anterior de un coche, avión o cohete. || — *Fam. Estar de morros*, estar enfadados. | *Romper los morros*, romper la cara.

morrocotudo, da adj. *Fam.* Imponente. | Muy grande: *llevarse un susto morrocotudo.*

morrocoy y **morrocoyo** m. Galápago grande de Cuba.

morrón adj. Aplícase al pimiento de punta roma. || — M. *Fam.* Morrada.

morrongo, ga m. y f. *Fam.* Gato. || *Méx.* Mozo o criado.

Morropón, prov. en el NO. del Perú (Piura); cap. *Chulucanas.*

Morrosquillo, golfo en la costa atlántica del NO. de Colombia (Bolívar y Córdoba).

morsa f. Mamífero pinnípedo anfibio de los mares árticos, parecido a la foca.

morse m. Sistema telegráfico que utiliza un alfabeto convencional de puntos y rayas. || Este alfabeto.

Morse (Samuel), físico norteamericano (1791-1872) a quien se deben el telégrafo eléctrico y el alfabeto de su nombre. Fue tb. pintor.

mortadela f. Embutido hecho con carne de cerdo, de ternera y tocino.

mortaja f. Sábana o lienzo en que se envuelve el cadáver antes de enterrarlo. || *Tecn.* Muesca, ensambladura.

mortal adj. Que ha de morir: *el hombre es mortal.* || Que puede provocar la muerte: *caída mortal.* || Que hace perder la gracia de Dios: *pecado mortal.* || *Fig.* Que llega hasta desear la muerte, encarnizado: *enemistad, odio mortal.* | Excesivo, penoso: *dolor mortal.* | Aburrido, abrumador: *un trabajo mortal.* || — M. y f. Ser humano: *un mortal feliz.*

mortalidad f. Condición de mortal. || Número proporcional o estadística de defunciones en población o tiempo determinados: *alta* (o *baja*) *mortalidad.*

mortandad f. Gran número de muertes causadas por epidemia, guerra, cataclismo, etc.

mortar v. t. *Méx.* Descascarar granos, esp. de arroz y café.

morteadora f. *Méx.* Máquina de mortar granos.

mortecino, na adj. Dícese del animal muerto naturalmente. || *Fig.* Apagado y sin vigor: *luz, mirada mortecina.* | Que está apagándose: *fuego mortecino.*

morterada f. Porción de carne picada en el mortero. || Proyectiles que se disparan de una vez con el mortero.

morterete m. Mortero pequeño que sirve para hacer salvas.

mortero m. Recipiente que sirve para machacar en él especias, semillas, drogas, etc. || Pieza de artillería de cañón corto, destinado a tirar proyectiles por elevación. || Muela fija de un molino. || Argamasa de yeso, arena y agua.

mortífero, ra adj. Que ocasiona o puede ocasionar la muerte: *epidemia mortífera.*

mortificación f. Acción de mortificar o mortificarse. || *Fig.* Lo que mortifica, humillación.

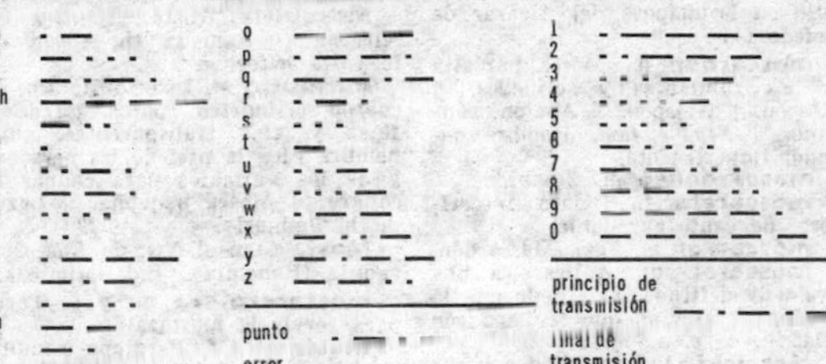

mortificador, ra y **mortificante** adj. Que mortifica.

mortificar v. t. Castigar el cuerpo con ayunos y austeridades (ú. t. c. pr.). || Dominar o reprimir por privaciones voluntarias (ú. t. c. pr.). || *Med.* Privar de vitalidad alguna parte del cuerpo (ú. t. c. pr.). *Fig.* Atormentar, molestar mucho: *siempre me está mortificando.* | Afligir, humillar, causar pesadumbre. || — V. pr. *Méx.* Avergonzarse.

mortinatalidad f. Proporción de niños nacidos muertos.

mortinato, ta adj. Que nació muerto. (ú. t. c. s.).

Morton (James DOUGLAS, *conde de*), noble escocés (¿1525?-1581), regente de Escocia en tiempos de María Estuardo. M. decapitado.

mortuorio, ria adj. Relativo al muerto o a los funerales: *casa mortuoria; cortejo mortuorio.*

morucho, cha adj. *Fam.* Moreno. || — M. Novillo embolado.

morueco m. Carnero padre.

moruno, na adj. Moro.

Mosa, en fr. *Meuse,* río del O. de Europa (Francia, Bélgica y Holanda), que des. en el mar del Norte, junto al Rin; 950 km. — V. MEUSE.

Mosadegh (Mohamed HYDAYAT, llamado), político iraní (1881-1967). Primer ministro de 1950 a 1953, nacionalizó el petróleo.

mosaico, ca adj. De Moisés. || — Adj. y s. m. Aplícase a la obra taraceada de piedras, vidrios, baldosas, generalmente de varios colores.

mosaísmo m. Conjunto de instituciones que Dios transmitió a Israel por medio de Moisés.

mosca f. Nombre dado a varios insectos dípteros, como la *mosca doméstica*, la *mosca de la carne* o *moscarda*, la *mosca verde*, con reflejos metálicos, la *mosca tsé-tsé*, transmisora de la enfermedad del sueño. || Pelo que se deja crecer entre el labio inferior y la barba. || Cebo para pescar que imita a un insecto. || Un indio de Colombia. (V. CHIBCHA.) || *Méx.* Persona que viaja sin pagar. || *Fig.* y *fam.* Dinero. | Persona molesta y pesada. | Desazón, disgusto. || — Pl. Chispas que saltan de la lumbre. || — *Fig.* y *fam.* *Aflojar* o *soltar la mosca,* pagar. | *Cazar* o *papar moscas,* entretenerse en cosas inútiles. | *Estar con* (o *tener*) *la mosca en la oreja* o *estar mosca,* estar receloso. || *Más moscas se cazan con miel que con vinagre,* la dulzura es la mejor manera de atraer a la gente. || *Fig. Mosca muerta,* persona hipócrita que aparenta ser lo que no es en realidad. || *Med. Moscas volantes,* enfermedad de la vista en que se ven pasar delante de los ojos puntitos brillantes o manchas oscuras. || *Fig. No se oye ni mosca,* no hay ningún ruido. | *Patas de mosca,* garabatos. || *Fam. Por si las moscas,* por si acaso. | *¿Qué mosca le picó?,* ¿por qué se enfada?

moscada adj. f. V. NUEZ *moscada.*

moscarda f. Mosca mayor que la común que se alimenta de carne muerta. || Huevecillos de las abejas.

moscardear v. i. Poner la reina de las abejas sus huevos. || *Fig.* y *fam.* Ser curioso.

Moscardó (José), militar español (1878-1956), que se distinguió en la defensa del Alcázar de Toledo (1936).

moscardón m. Mosca parásita de los rumiantes y solípedos. || Moscón. || Avispón. || Abejón, zángano. || *Fig.* y *fam.* Hombre pesado, impertinente.

moscardoneo m. Zumbido.

moscareta f. Pájaro insectívoro, de canto agradable.

moscarrón m. *Fam.* Moscardón.

moscatel adj. Aplícase a una uva muy delicada, al viñedo que la produce y al vino que se hace con ella (ú. t. c. s. m.).

Moscicki (Ignacy), físico y político polaco (1867-1946), pres. de la Rep. de 1926 a 1939.

moscón m. Mosca de la carne, mosca azul. || *Fam.* Hombre pesado.

mosconear v. i. Zumbar como el moscón. || *Fig.* Porfiar, ser obstinado. || — V. t. Molestar con pesadez, importunar.

mosconeo m. Zumbido. || *Fig.* Insistencia, porfía.

Moscova, río de Rusia central, afl. del Oka, que pasa por Moscú; 508 km.

Moscovia, n. dado al Estado ruso (principado de Moscú) hasta el s. XVII.

moscovita adj. y s. De Moscú. || De Moscovia. || Ruso.

moscovítico, va adj. De los moscovitas.

Moscú, cap. de la U. R. S. S. y de la Rep. Federativa de Rusia, a orillas del Moscova y al O. del país; 7 208 000 h. Arzobispado ortodoxo. Universidad. Centro industrial y cultural. En el centro se encuentra el Kremlin, ant. residencia de los zares.

Mosela, en fr. *Moselle,* río de Francia y Alemania, afl. del Rin, que pasa por Toul, Metz y Tréveris; 550 km.

Moselle, dep. del NE. de Francia; cap. *Metz.*

mosén m. Título que se daba a ciertos nobles en Cataluña y Aragón, reservado hoy a los clérigos: *mosén Jacinto Verdaguer.*

Moskova. V. MOSCOVA.

mosqueado, da adj. Sembrado de pintas. || *Fig.* Receloso. | Enfadado.

mosqueador m. Instrumento a modo de abanico para espantar las moscas. || *Fig.* y *fam.* Cola de caballo o de vaca.

mosquear v. t. Espantar las moscas (ú. t. c. pr.). || — V. pr *Fig.* Sospechar. | Resentirse, enfadarse, picarse, enojarse mucho.

mosqueo m. Acción de mosquear || *Fig.* Irritación, despecho.

Mosquera (Joaquín), político colombiano, n. en Popayán (1787-1882), pres. de la Rep. en 1830. Derrocado por una sublevación militar. || — (TOMÁS CIPRIANO), general colombiano, n. en Popayán (1798-1878), pres. de la Rep. de 1845 a 1849, de 1861 a 1864 y de 1866 a 1867.

mosquero m. Mosqueador. || Tira de papel engomado que se cuelga del techo para apresar las moscas.

mosquetazo m. Disparo de mosquete. || Herida que hace.

mosquete m. Arma de fuego portátil antigua, parecida al fusil.

mosquetería f. Tropa de mosqueteros. || Mosqueteros de un teatro.

mosquetero m. Soldado armado de mosquete. || En los antiguos corrales de comedias, espectador que se quedaba de pie en la parte posterior del patio.

mosquetón m. Arma de fuego individual parecida a la carabina, pero más corta. || Anilla que se abre y cierra con un muelle.

mosquita f. Pájaro parecido a la curruca. || *Fig.* y *fam. Mosquita muerta,* persona hipócrita que aparenta ser lo que no es en realidad.

mosquitero m. Cortina de gasa o tul con que se cubre la cama para impedir que entren los mosquitos.

Mosquitia, costa atlántica de Nicaragua, llamada tb. *Costa de los Mosquitos.*

mosquito m. Insecto díptero, de cuerpo cilíndrico, patas largas y finas y alas transparentes, cuya hembra pica la piel de las personas y de los animales para chupar la sangre. || Mosca pequeña. || Larva de la langosta.

Most, c. en el NO. de Checoslovaquia (Bohemia). Ind. químicas.

mostacero, ra m. y f. Tarro para servir la mostaza.

mostacilla f. Perdigón o munición pequeña para la caza menor. || Abalorio de cuentecillas muy menudas.

mostacho m. Bigote. || *Fig.* y *fam.* Mancha en la cara. || *Mar.* Cada uno de los cabos con que se sujeta el bauprés a las dos bandas.

mostachón m. Bollo pequeño de almendras, canela y azúcar.

Mostaganem, c. del N. de Argelia, cap. del dep. homónimo.

mostaza f. Planta crucífera, cuya semilla tiene sabor picante y se emplea como condimento. || Condimento hecho con esta semilla. || Mostacilla, munición. || *Fam. Subírsele a uno la mostaza a las narices,* enfadarse mucho.

mostense adj. y s. *Fam.* Premonstratense.

mostillo m. Mosto cocido con harina y especias. || Salsa hecha con mosto y mostaza.

mosto m. Zumo de la uva antes de fermentar. || Zumo de otros frutos, empleado para la fabricación del alcohol, sidra, etc. || *Fam.* Vino.

Móstoles, pueblo de España a 20 km al SO. de Madrid, cuyo alcalde, Andrés Torrejón, publicó un bando que señaló el principio de la guerra contra el invasor napoleónico (1808).

mostrador, ra adj. y s. Que muestra o enseña alguna cosa. || — M. Mesa larga para presentar los géneros en las tiendas o servir las consumiciones en los bares. || Esfera de reloj.

* **mostrar** v. t. Exponer a la vista, enseñar: *mostrar unas joyas.* || Demostrar: *su contestación muestra que es inteligente.* || Manifestar, dejar ver algo inmaterial: *mostrar valor, liberalidad.* || — V. pr. Portarse de cierta manera: *mostrarse amigo, generoso.* || Exponerse a la vista: *mostrarse en público.*

mostrenco, ca adj. Dícese de los bienes sin propietario conocido. || *Fig.* y *fam.* Aplícase al que no tiene casa ni hogar. | Ignorante, rudo (ú. t. c. s.).

Mosul, c. del N. de Irak, cap. de la prov. homónima, a orillas del río Tigris. Arzobispado. Petróleo.

mota f. Nudillo que se forma en el paño. || Hilacho que se pega a la ropa. || *Fig.* Defecto ligero. || Eminencia de terreno. || *Méx.* Mariguana.

Mota || **~ del Cuervo,** v. en el E. del centro de España (Cuenca). || **~ del Marqués,** v. en el N. del centro de España (Valladolid). Agricultura.

Mota (Félix), poeta dominicano (1822-1861). Comprometido en un movimiento por la Independencia, fue fusilado. Escribió notables composiciones líricas.

Motagua, río de Guatemala que des. en el golfo de Honduras; 547 km.

mote m. Apodo que se da a las personas. || Sentencia breve que necesita explicación. || La que llevaban los caballeros en los torneos como lema.

moteado m. Motas de un tejido.

motear v. t. Dibujar o poner motas.

Moteczuma o **Motecuhzoma.** V. MOCTEZUMA.

motejador, ra adj. y s. Que moteja.

motejar v. t. Acusar, tachar.

motel m. Hotel en la carretera destinado a albergar a los automovilistas de paso.

motete m. Breve composición musical que se suele cantar en las iglesias con o sin acompañamiento: *cantó un motete de Palestrina.*

Motherwell, c. de Gran Bretaña (Escocia), en el condado de Lanark. Metalurgia.

motilidad f. Movilidad.

motilón, ona, adj. y s. *Fam.* Pelón. || — M. *Fig.* y *fam.* Lego de convento. || Indio de Colombia y Venezuela.

Motilones, sierra de Colombia (Magdalena y N. de Santander).

Motilla del Palancar, c. en el E. del centro de España (Cuenca). Aceites.

motín m. Movimiento sedicioso del pueblo o de las tropas.

— Uno de los *motines* famosos, en España, fue el llamado *de Esquilache o de las capas y sombreros* (1766), dirigido contra la política renovadora de Carlos III y que tomó como pretexto la prohibición del uso de la vieja capa larga y el sombrero redondo ordenada por el ministro Esquilache. En 1808 se produjo otro motín significativo, el llamado *de Aranjuez,* dirigido contra Godoy y encabezado por el príncipe de Asturias, que obligó al rey Carlos IV de España a abdicar en favor de su hijo Fernando.

motivación f. Acción y efecto de motivar. || Conjunto de motivos que nos hacen actuar.

motivador, ra adj. Que provoca.

motivar v. t. Dar motivo, provocar. || Explicar la razón o motivo que se ha tenido para actuar de cierta manera.

motivo m. Causa o razón que mueve a actuar de cierta manera. || Tema de una composición musical o pictórica. || Dibujo ornamental repetido: *motivo decorativo.* || — *Dar motivo a,* provocar, ser causa de. || *Sin motivo,* sin razón.

Motivos de Proteo *(Los),* libro de ensayos de J. E. Rodó (1909).

moto f. Apócope de *motocicleta.*

motobomba f. Bomba accionada por un motor: *motobomba de incendios.*

motocarro m. Vehículo de tres ruedas con motor.

motocicleta f. Vehículo de dos ruedas dotado de un motor de explosión de una cilindrada superior a 125 cm^3.

motociclismo m. Afición a la motocicleta y deporte efectuado con este vehículo.

motociclista com. Motorista. || — Adj. Relativo a la motocicleta.
motociclo m. Nombre genérico de los vehículos automóviles de dos ruedas.
motocross m. Carrera de motocicletas en un terreno accidentado.
motocultivador f. y **motocultor** m. Arado pequeño provisto de un motor de arrastre.
motocultivo m. Cultivo con máquinas agrícolas, especialmente las movidas por motores o tractores.
Motolinía (Toribio de), religioso franciscano e historiador español (¿1490?-1569), que ejerció su apostolado en Nueva España.
motón m. *Mar.* Garrucha, polea.
motonáutico, ca adj. Relativo a la motonáutica. || — F. Deporte de la navegación en pequeñas embarcaciones de vapor.
motonave f. Barco de motor.
motonería f. *Mar.* Conjunto de cuadernales y motones.
motopropulsión f. Propulsión por motor.
motor, ra adj. Que produce movimiento o lo transmite: *árbol motor, nervio motor.* || — M. Lo que comunica movimiento, como el viento, el agua, el vapor. || Sistema material que permite transformar cualquier forma de energía en energía mecánica. || *Fig.* Instigador: *ser el motor de una rebelión.* | Causa. || — *Motor de explosión,* el que toma su energía de la explosión de una mezcla gaseosa. || *Motor de reacción,* aquel en el que la acción mecánica está producida por la proyección hacia fuera a gran velocidad de chorros de gases.
motora f. Lancha de motor.
motorismo m. Motociclismo. || Deporte de los aficionados al automóvil.
motorista com. Persona que conduce una motocicleta.
motorización f. Generalización del empleo de vehículos automóviles de transporte en el ejército, industria. || Colocación de un motor en un vehículo.
motorizar v. t. Generalizar el empleo de vehículos automóviles de transporte en el ejército, industria, etc. || Dotar de un motor: *motorizar una lancha.* || — V. pr. *Fig.* y *fam.* Tener un vehículo automóvil.
motorreactor m. Tipo de motor de reacción.
motovelero m. Embarcación de vela con motor auxiliar.
motovolquete m. Dispositivo mecánico para descargar de una sola vez un vagón, etc.
motozintleca adj. y s. Individuo de una tribu de la familia maya.
motricidad f. Conjunto de las funciones desempeñadas por el esqueleto, los músculos y el sistema nervioso que permiten los movimientos y el desplazamiento.
Motrico, c. y puerto del N. de España (Guipúzcoa).
Motril, c. y puerto del S. de España (Granada). Caña de azúcar. Límite oriental de la Costa del Sol.
motrileño, ña adj. y s. De Motril.
motriz adj. f. Motora: *causa, fuerza motriz.*
motu proprio adv. Por propia y libre voluntad.
Motul, mun. de México (Yucatán); cab. *Motul de Felipe Carrillo.* Puerto. Centro comercial.
Moulins [*mulán*], c. del centro de Francia, cap. del dep. del Allier. Obispado.
Moulins *(Maestro de),* célebre pintor francés del s. XV, de quien se desconoce la identidad. Su obra maestra es el tríptico de la catedral de Moulins.
Mount Vernon, pobl. de Estados Unidos (Virginia). Tumba de Washington.
Mountbatten, n. inglés que adoptó en 1917 la familia alemana Battenberg.
movedizo, za adj. Fácil de ser movido. || Inseguro, que no está firme: *arenas movedizas.* || *Fig.* Inconstante, cambiadizo.
movedor, ra adj. y s. Que mueve.
* **mover** v. t. Poner en movimiento: *el émbolo mueve la máquina.* || Cambiar de sitio o de posición: *mueve un poco el sillón.* || Menear, agitar: *mover el brazo.* || *Fig.* Incitar: *mover a la rebelión.* | Excitar, picar: *mover la curiosidad.* | Dar motivo para alguna cosa, causar: *mover a risa, a piedad.* | Provocar, ocasionar: *mover discordia.* | Hacer obrar: *mover las masas, el pueblo.* | Conmover. || — V. i. *Arq.* Arrancar un arco o bóveda. || — V. pr. Ponerse en movimiento: *no te muevas.* || Agitarse: *este niño se mueve mucho en la cama.* || Cambiar de sitio, trasladarse: *el enfermo se mueve con dificultad.* || *Fam.* Hacer todo lo posible para conseguir algo: *en la vida hay que moverse.* | Darse prisa.
movible adj. Que puede moverse. || *Fig.* Variable, poco costante.
movido, da adj. *Fig.* Activo, inquieto: *persona muy movida.* | Agitado: *torneo, debate movido.* || Aplícase a la fotografía muy borrosa o confusa.
móvil adj. Movible. || *Fiesta móvil,* aquella cuyo día de celebración cambia cada año. || — Adj. y s. m. Dícese de los sellos y timbres impresos que se pegan en el papel. || — M. Impulso, causa, motivo: *el móvil de un crimen.* || Cuerpo en movimiento.
movilidad f. Capacidad de moverse. || *Fig.* Variable, inconstante.
movilización f. Conjunto de las disposiciones que ponen a las fuerzas armadas en pie de guerra y adaptan la estructura económica y administrativa del país a las necesidades de la guerra.
movilizar v. t. Efectuar la movilización, poner en pie de guerra: *movilizar reservas.* || *Fig.* Reunir fuerzas: *los sindicatos han movilizado a todos sus afiliados.*
movimiento m. Estado de un cuerpo cuya posición cambia continuamente respecto de un punto fijo: *el movimiento del péndulo.* || Acción o manera de moverse: *tener unos movimientos llenos de gracia.* || Animación, vida: *el movimiento de la calle.* || Corriente de opinión o tendencia artística de una época determinada. || Vivacidad en el estilo. || Variedad de las líneas en una composición pictórica o escultórica. || Variación numérica en las estadísticas, cuentas, precios, etc. || Curso real o aparente de los astros. || *Fig.* Sublevación. | Sentimiento fuerte y pasajero: *un movimiento de cólera.* || *Mús.* Velocidad del compás. | Parte de una composición musical. || — *Movimiento acelerado,* aquel en que la aceleración no es nula. || *Movimiento de rotación,* aquel en que un cuerpo se mueve alrededor de un eje. || *Movimiento de tierras,* excavación. || *Movimiento perpetuo,* el que debería continuarse perpetuamente sin ayuda exterior. || *Movimiento uniforme,* aquel en que la velocidad es constante.
moxo, xa adj. y s. V. MOJO.
Moxos, prov. en el N. de Bolivia (Beni); cap. *San Ignacio de Moxos.*
Moyano (Carlos María), marino y explorador argentino (1854-1910), que descubrió los lagos San Martín y Buenos Aires.
Moyobamba, c. del N. del Perú, cap. de la prov. homónima y del dep. de San Martín. Centro comercial. Industria de sombreros de paja.
moyobambino, na adj. y s. De Moyobamba (Perú).
moyuelo m. Salvado muy fino.
moza f. Muchacha joven. || Soltera. || Criada. || Concubina. || Pala de las lavanderas. || Pieza de las trébedes para asegurar el rabo de la sartén. || Última mano en algunos juegos de naipes. || — *Buena moza,* mujer de buena estatura y presencia. || *Moza del partido,* prostituta. || *Ser una real moza,* ser muy hermosa.
mozalbete m. Muchacho de pocos años.
Mozambique, Estado en la costa SE. de África; 785 000 km²; 7 274 000 h.; cap. *Lourenço Marques.* Minas. Fue portugués hasta 1975. || ~ (CANAL DE), estrecho del océano Índico, entre la costa SE. de África y la isla de Madagascar. Su anchura varía entre 450 y 850 km.
mozambiqueño, na adj. y s. De Mozambique.
mozárabe adj. Cristiano de España que vivía entre los árabes (ú. t. c. s.). || Relativo a los mozárabes, a su arte y literatura (s. X y principios del XI).
Mozart (Wolfgang Amadeus), compositor austriaco, n. en Salzburgo (1756-1791), autor de óperas *(El rapto del serrallo, Così fan tutte, La flauta encantada, Las bodas de Fígaro, Don Juan),* de un *Réquiem,* sinfonías, sonatas para piano y obras de música religiosa y de cámara. Es uno de los genios más grandes de la música universal.
mozo, za adj. y s. Joven. || Soltero. || — M. Criado. || Camarero: *mozo de comedor, de café.* || Joven alistado para el servicio militar. || Maletero en una estación. || Percha para colgar la ropa. || *Agr.* Rodrigón. || Tentemozo de un carro. || — *Buen mozo,* hombre de buena estatura y presencia. || *Mozo de cordel* o *de cuerda,* el que lleva bultos. || *Mozo de estación,* maletero. || *Mozo de estoques,* el que está al servicio de un torero y le da los trastos de matar.
mozuelo, la m. y f. Chico o chica joven.
M. T. S. *(Sistema),* sistema de medidas cuyas tres unidades fundamentales son el *metro* (longitud), la *tonelada* (masa) y el *segundo* (tiempo).

MO

mu m. Mugido.
muaré m. Tejido que forma aguas o visos.
mucamo, ma m. y f. *Amer.* Sirviente, criado.
muceta f. Esclavina de seda abotonada por delante que usan algunos eclesiásticos y los doctores sobre la toga en las solemnidades.
mucilaginoso, sa adj. Que contiene mucílago o tiene algunas de sus propiedades.
mucílago m. Sustancia viscosa que se encuentra en ciertos vegetales y tiene la propiedad de hincharse al entrar en contacto con el agua.
mucosidad f. Humor espeso secretado por las membranas mucosas.
mucoso, sa adj. Parecido al moco. || Relativo a las mucosidades. || Aplícase a las membranas que tapizan algunas cavidades del cuerpo humano y segregan una especie de mucosidad.
múcura o **mucura** m. *Bol. Col.* y *Venez.* Ánfora de barro.
mucus m. Mucosidad, moco.
mucuyita f. *Méx.* Ave parecida a la tórtola.
muchachada f. Acción propia de muchachos. || Grupo o bandada de jóvenes.
muchachear v. i. Actuar como un niño o un joven.
muchachería f. Muchachada.
muchachez f. Niñez o juventud.
muchacho, cha m. y f. Niño o niña. || Joven. || — F. Sirvienta en una casa.
muchedumbre f. Multitud, gran cantidad de gente o cosas.
mucho, cha adj. Abundante, numeroso: *mucho trabajo; mucha gente.* || — Pron. Gran cantidad de personas: *muchos piensan que tienes razón.* || Muchas cosas: *tener mucho que contar.* || — Adv. Con abundancia: *trabaja mucho.* || Con gran intensidad: *divertirse mucho.* || Con un adverbio de comparación

indica una gran diferencia: *llegó mucho más tarde.* || Equivale a veces a *sí, ciertamente.* || Largo tiempo: *hace mucho que no le he visto.* || — *Con mucho,* con gran diferencia: *es con mucho el más simpático.* || *¡Mucho!,* ¡muy bien! || *Ni con mucho* (o *mucho menos*), indica que hay una gran diferencia de una cosa a otra. || *Por mucho que,* por más que. || *Tener en mucho,* estimar.

muda f. Acción de mudar una cosa. || Conjunto de ropa blanca que se muda de una vez. || Época en que mudan las plumas las aves o la piel otros animales. || Nido del ave de rapiña. || Cambio de voz de los muchachos en la pubertad. || Traslado de domicilio, mudanza.

mudable adj. Cambiadizo.

mudanza f. Cambio. || Traslado de domicilio: *estar de mudanza.* || Movimiento del baile. || Variación en los afectos o en las ideas.

mudar v. t. e i. Transformar, cambiar, variar de aspecto o de naturaleza: *mudar el agua en vino.* || Sustituir una cosa por otra: *mudar de casa, de vestido.* || Cambiar los pañales a un niño. || Remover de destino o empleo. || Efectuar la muda los animales. || Estar de muda un muchacho: *mudar la voz.* || *Fig.* Cambiar, variar: *mudar de dictamen, de parecer.* || — V. pr. Cambiarse: *mudarse de ropa interior.* || Cambiarse de domicilio: *me mudé de casa hace ya tiempo.*

mudéjar adj. y s. m. Dícese del mahometano que se quedó en España después de la Reconquista sin cambiar de religión, vasallo de los reyes cristianos. || *Arq.* Aplícase al estilo que floreció desde el siglo XII al XVI, caracterizado por el empleo de elementos del arte cristiano y de la ornamentación árabe.
— La tolerancia con los *mudéjares* fue la norma general hasta que los Reyes Católicos los obligaron a convertirse al cristianismo o a salir del país. Los que quedaron, llamados *moriscos,* hubieron de sufrir algunas medidas severas en tiempo de Carlos I y Felipe II y se rebelaron en diversas ocasiones (Aben Humeya, 1568). Finalmente fueron expulsados por Felipe III en 1609.

mudez f. Imposibilidad física de hablar. || *Fig.* Silencio voluntario, estado del que no quiere expresar su pensamiento.

mudo, da adj. Privado de la facultad de hablar (ú. t. c. s.). || Que no quiere hablar: *se quedó mudo durante toda la reunión.* || Que pierde momentáneamente el uso de la palabra: *el miedo lo dejó mudo.* || Callado, silencioso: *dolor mudo.* || Aplícase a los mapas que no llevan ningún nombre escrito. || Dícese de las películas cinematográficas que no van acompañadas de sonido. || *Gram. Letra muda,* la que no se pronuncia.

mueblaje m. Mobiliario.

mueble adj. Dícese de los bienes que se pueden trasladar. || — M. Cualquier objeto que sirve para la comodidad o el adorno de una casa: *tener muebles de caoba.*

mueblería f. Fábrica o tienda de muebles.

mueblista m. El que fabrica muebles o los vende.

mueca f. Contorsión del rostro, generalmente burlesca o de dolor: *mueca de disgusto.*

muecín m. Almuédano.

muela f. Piedra superior en los molinos con la que se tritura el grano, etc. || Piedra de asperón para afilar. || Diente, particularmente cada uno de los grandes situados detrás de los caninos. || Diente, en sentido general: *tengo dolor de muelas.* || Cerro con la cima plana. || *Bot.* Almorta. || — *Fig.* y *fam. Estar alguien que echa las muelas,* estar furioso. || *Fig. Haberle salido a uno la muela del juicio,* haber alcanzado ya la edad de ser sensato. || *Muela del juicio* o *cordal,* cada una de las cuatro que salen en el fondo de la boca en edad adulta.

muelle adj. Suave, blando, delicado. || Elástico: *un colchón muelle.* || Voluptuoso: *vida muelle.* || — M. Pared de fábrica edificada en la orilla del mar o de un río para consolidarla, permitir el atraque de los barcos y efectuar su carga y descarga. || Andén de ferrocarril. || Pieza elástica capaz de soportar deformaciones muy grandes y que, después de haber sido comprimida, distendida o doblada, tiende a recobrar su forma: *muelle de reloj; los muelles del sofá.*

muera f. Sal.

muérdago m. Planta que vive como parásita en las ramas de los árboles.

muermo m. Enfermedad contagiosa de las caballerías que se caracteriza por la ulceración de la mucosa nasal.

muerte f. Cesación completa de la vida: *muerte repentina.* || Acción de matar. || Pena capital: *condenar a muerte.* || *Fig.* Dolor profundo: *sufrir mil muertes; con la muerte en el alma.* | Desaparición, aniquilamiento: *la muerte de un imperio.* | Causa de ruina: *el monopolio es la muerte de la pequeña industria.* || Esqueleto humano considerado como símbolo de la muerte. || — *A muerte,* hasta la muerte: *duelo a muerte; guerra a muerte.* || *Fam. De mala muerte,* de poco valor. || *Fig. De muerte,* muy grande: *un susto de muerte.* || *En el artículo de la muerte,* a punto de morir. || *Muerte civil,* interdicción civil. || *Fam. Muerte chiquita,* estremecimiento nervioso.

muerto, ta adj. Que está sin vida (ú. t. c. s.). || *Fam.* Matado: *muerto en la guerra.* || *Fig.* Poco activo: *ciudad muerta.* | Apagado, desvaído: *color muerto.* | Que ya no se habla: *lengua muerta.* | Dícese del yeso o de la cal apagados con agua. || — M. En el juego del bridge, el que pone sus cartas boca arriba. || — *Fig.* y *fam. Cargar con el muerto,* tener que cargar con la responsabilidad de un asunto desagradable. | *Echarle a uno el muerto,* echarle toda la responsabilidad o culpa. || *El muerto al hoyo y el vivo al bollo,* a pesar de nuestra pesadumbre ante la muerte de las personas más amadas, volvemos muy pronto a los afanes de la vida. || *Fig. Estar uno muerto,* estar agotado. || *Hacer el muerto,* quedarse inmóvil en la superficie del agua flotando boca arriba. | *Hacerse el muerto,* no manifestarse de manera alguna para pasar inadvertido. | *Más muerto que vivo,* muy asustado. | *No tener donde caerse muerto,* ser muy pobre.

Muerto (MAR), lago salado de Palestina, entre Israel y Jordania, al S. de Siria; 85 km de longitud y 17 de anchura; 1 015 km². Ant. llamado *lago Asfaltites.*

muesca f. Entalladura que hay o se hace en una cosa para que encaje otra. || Corte que se hace al ganado en la oreja como señal.

muestra f. Letrero en la fachada de una tienda que anuncia la naturaleza del comercio o el nombre del comerciante. || Pequeña cantidad de una mercancía o de un producto para darla a conocer o estudiarla. || Exposición de los productos de un comercio. || Modelo: *visitar un piso de muestra.* || *Fig.* Señal: *muestra de cansancio.* | Prueba: *muestra de simpatía, de inteligencia.* | Ejemplo: *nos dio una muestra de su saber.* || *Mil.* Revista: *pasar muestra.* || Parada que hace el perro para levantar la caza. || Esfera del reloj. || En los juegos de naipes, carta que se vuelve para indicar el palo. || — *Feria de muestras,* exposición periódica de productos industriales o agrícolas. || *Hacer muestra,* manifestar, aparentar. || *Para muestra, basta un botón,* basta con un hecho o idea para demostrar lo que se quiere.

muestrario m. Colección de muestras.

muestreo m. Selección de muestras.

mufla f. Hornillo donde se someten los cuerpos a la acción del calor sin que los toque la llama. || Horno para cocer porcelana.

muftí m. Jurisconsulto musulmán, cuyas decisiones tienen fuerza de ley.

mugido m. Voz del toro y de la vaca. || *Fig.* Bramido del viento o de dolor.

mugidor, ra y **mugiente** adj. Que muge.

múgil m. Mújol, pez marino.

mugir v. i. Dar mugidos. || *Fig.* Bramar: *el viento muge.* | Dar gritos de dolor.

mugre m. Suciedad grasienta.

mugriento, ta adj. Lleno de mugre o suciedad.

mugrón m. Tallo de la vid que se entierra parcialmente para que arraigue. || Vástago de otras plantas. || Brote.

muguete m. Planta liliácea, con florecitas blancas globosas, colgantes, de olor suave. || *Med.* Enfermedad de las mucosas, principalmente de la mucosa bucal.

Mühlberg, c. de Alemania Oriental, a orillas del Elba, donde el emperador Carlos V venció a los protestantes de la Liga de Smalcalda (1547).

muisca o **mosca** adj. y s. Otro n. de los indios *chibchas.*

mujer f. Persona del sexo femenino. || La que ha llegado a la edad de la pubertad. || Esposa: *tomar mujer.* || — *Mujer de vida airada, de mal vivir, perdida, pública,* prostituta. || *Mujer de su casa,* la que cuida con eficacia el gobierno de la casa. || *Mujer fatal,* la que tiene un atractivo irresistible.

mujercilla f. *Fam.* Mujer poco estimable. || Mujer pequeña.

Mujeres (ISLA), isla de México, en el mar Caribe y al E. de Yucatán. Ruinas mayas.

mujeriego, ga adj. Mujeril. || Dícese del hombre a quien le gustan mucho las mujeres (ú. t. c. s. m.). || *A mujeriega* o *a mujeriegas,* cabalgando como las mujeres, con las dos piernas del mismo lado del caballo.

mujeril adj. Relativo a la mujer. || Afeminado.

mujerío m. Conjunto de mujeres: *el mujerío del pueblo.*

mujerona f. Mujer corpulenta.

mujerzuela f. Mujercilla.

mujic m. Campesino ruso.

Mujica Láinez (Manuel), escritor argentino, n. en 1910, autor de biografías, ensayos, poesías, libros de cuentos y novelas (*Los ídolos*).

mújol m. Pez marino acantopterigio, de carne muy apreciada.

Mukden. V. CHENYANG.

mula f. Hembra del mulo. || Calzado de los papas. || Zapatilla sin talón. || *Fam.* Bruto, idiota. | Testarudo.

Mula, c. del SE. de España (Murcia). Termas sulfurosas.

mulada f. *Fig.* y *fam.* Tontería, enormidad.

muladar m. Sitio donde se echa el estiércol o las basuras.

muladí adj. y s. Cristiano español que durante la dominación árabe se hacía musulmán.

mular adj. Relativo al mulo.

mulato, ta adj. y s. Nacido de negra y blanco o viceversa. || De color moreno.

Mulatas (Las). V. SAN BLAS.

Mulchén, com. y dep. en el centro de Chile (Bío-Bío).

mulero, ra adj. Mular. || Relativo a la producción de mulos. || — M. Mozo de mulas.

muleta f. Palo con un travesaño en el extremo superior que se coloca debajo del sobaco para apoyarse al andar. || *Fig.* Cosa que sostiene otra. || *Taurom.* Palo del que cuelga un paño encarnado con el cual el matador cansa al toro antes de matarle.

muletear v. t. Torear con la muleta.

muletero m. Mozo o tratante de mulas. || *Taurom.* Matador que torea con la muleta.

muletilla f. Muleta de torero. || Botón de pasamanería. || Bastón que sirve de muleta. || *Fig.* Voz o frase que una persona repite por hábito vicioso en la conversación. | Palabra o fórmula inútil y ajena al asunto de que se trata.

muletón m. Tela gruesa de lana o algodón muy tupida.

muley m. Título que se daba a los sultanes en Marruecos.

Mulhacén (PICO DE), cumbre del S. de España, en la Sierra Nevada (Granada); alt. máx. de la Península; 3 478 m.

Mülheim an der Ruhr, c. de Alemania Occidental (Rin Septentrional-Westfalia), en la cuenca del Ruhr. Centro industrial.

Mulhouse, c. del E. de Francia (Haut-Rhin). Industrias.

mulillas f. pl. Tiro de mulas que arrastran al toro muerto fuera de la plaza.

Mulmein, c. y puerto en el S. de Birmania, en la desembocadura del Saluén.

mulo m. Cuadrúpedo híbrido nacido de burro y yegua o de caballo y burra. || *Fam.* Bruto, animal. | Testarudo. | Idiota. || *Trabajar como un mulo,* trabajar mucho.

multa f. Pena pecuniaria: *poner* (o *echar*) *una multa.*

Multan, c. del Paquistán Occidental (Pendjab). Textiles.

multar v. t. Imponer una multa.

multicaule adj. Aplícase a la planta que echa muchos tallos.

multicelular adj. Formado de varias células.

multicolor adj. De muchos colores: *tela multicolor.*

multicopia f. Reproducción de un escrito.

multicopiar v. t. Reproducir un escrito con la multicopista.

multicopista f. Máquina para sacar varias copias de un escrito.

multiforme adj. Que tiene o puede tomar varias formas.

multilateral adj. Concertado entre varias partes.

multimillonario, ria adj. y s. Que posee muchos millones.

multinacional adj. Relativo a varias naciones.

multípara adj. f. Que tiene varias crías de una vez: *la jabalina es multípara.* || Aplícase a la mujer que ha dado a luz varias veces.

múltiple adj. Vario, que no es simple: *eco, contacto múltiple.* || — Pl. Diversos, muchos, varios.

múltiplex adj. Dícese del dispositivo telegráfico que transmite simultáneamente varios telegramas por la misma línea.

multiplicable adj. Que se puede multiplicar.

multiplicación f. Aumento en número. || *Mat.* Operación que consiste en multiplicar dos cantidades. || *Mec.* Aumento de velocidad de una rueda dentada arrastrada por otra de mayor tamaño. || *Tabla de multiplicación o de Pitágoras,* la atribuida a este matemático griego y que suministra el producto, uno por uno, de los diez primeros números.

multiplicador, ra adj. Que multiplica. || — M. *Mat.* Número o cantidad que multiplica.

multiplicando adj. y s. m. *Mat.* Número o cantidad que se multiplica.

multiplicar v. t. Aumentar en número: *multiplicar los trámites.* || *Mat.* Repetir una cantidad llamada *multiplicando* tantas veces como unidades contiene otra llamada *multiplicador* para obtener una cantidad llamada *producto.* || — V. i. Engendrar. || — V. pr. Afanarse, ser muy activo: *multiplicarse en su trabajo.* || Reproducirse.

multiplicidad f. Variedad, diversidad. || Número considerable.

múltiplo, pla adj. y s. m. *Mat.* Aplícase al número que contiene a otro un número exacto de veces: *quince es un múltiplo de tres y de cinco.*

multipolar adj. De varios polos.

multisecular adj. Muy viejo, de varios siglos.

multitud f. Número considerable de personas o cosas. || *Fig.* Muchedumbre.

multitudinario, ria adj. Relativo a la multitud.

Muluya, río del NE. de Marruecos, que nace en el Atlas y des. en el Mediterráneo, cerca de Melilla; 450 km.

mullido, da adj. Blando y cómodo: *cama mullida.* || Cosa blanda para rellenar colchones, asientos, etc. || — F. Montón de paja para cama del ganado. || Jergón, colchón.

* **mullir** v. t. Batir una cosa para que esté blanda y suave. || Cavar la tierra para que sea más ligera.

Mumio (Lucio), cónsul romano en 146 a. de J. C. Conquistó Grecia.

München Gladbach. V. MÖNCHENGLADBACH.

Münchhausen (Karl Hieronymus, *baron de*), militar alemán (1720-1797). Célebre por las extraordinarias aventuras que contaba.

Munda, ant. c. de la Bética (España), cuya identificación es dudosa. Victoria de César sobre los hijos de Pompeyo (45 a. de J. C.)

mundanal adj. Mundano: *el mundanal ruido.*

mundanear v. i. Llevar una vida muy mundana.

mundanería f. Calidad de mundano. || Acción mundana.

mundano, na adj. Relativo al mundo. || Relativo a la vida de sociedad: *fiesta mundana.* || Muy aficionado a las cosas del mundo. || Que alterna mucho con la alta sociedad. || *Mujer mundana,* prostituta.

mundial adj. Universal, relativo al mundo entero: *política mundial.* || — M. Campeonato mundial.

mundificar v. t. Limpiar y purificar una cosa: *mundificar una herida.*

mundillo m. Arbusto de la familia de las caprifoliáceas con flores blancas agrupadas en forma de globos. || Enjugador. || Almohadilla para hacer encaje. || *Fig.* Mundo, grupo determinado: *el mundillo de la política, del arte.*

mundo m. Universo, todo lo que existe. || Tierra, el planeta en que vivimos: *dar la vuelta al mundo.* || Parte de la Tierra: *el Nuevo Mundo.* || *Fig.* Conjunto de los hombres: *reírse del mundo entero.* | Sociedad humana: *el mundo libre.* | Humanidad: *la evolución del mundo.* | Conjunto de individuos que se dedican a la misma clase de actividades: *el mundo de las letras.* | Conjunto de cosas que forman un todo: *el mundo exterior.* || *Teol.* Uno de los enemigos del alma. || Vida seglar: *dejar el mundo.* || Baúl: *guardar la ropa en un mundo.* || Mundillo, arbusto. || *Fig.* Diferencia muy grande: *hay un mundo entre las dos versiones.* || — *Fig. Al fin del mundo,* muy lejos; dentro de mucho tiempo. | *Andar el mundo al revés,* estar las cosas de manera diferente a lo normal. | *Dar un mundo por,* dar cualquier cosa por obtener algo muy deseado. | *Desde que el mundo es mundo,* desde siempre. | *Echar al mundo,* dar a luz. | *Echarse al mundo,* prostituirse la mujer. | *El gran mundo,* la alta sociedad. || *El Mundo Antiguo,* Asia, Europa y África. || *El Nuevo Mundo,* América y Oceanía. || *Fig. El otro mundo,* la otra vida. | *Entrar en el mundo,* entrar en sociedad. | *Hacerse un mundo de algo,* dar demasiada importancia. | *Hombre* (o *mujer*) *de mundo,* persona que alterna con la alta sociedad. | *Irse al otro mundo,* morir. | *Medio mundo,* haber mucha gente. | *No ser de este mundo,* no preocuparse por las cosas terrenas. | *No ser cosa* o *nada del otro mundo,* no ser difícil o extraordinario. | *Ponerse el mundo por montera,* no importarle a uno la opinión ajena. | *Tener mundo,* tener experiencia y saber desenvolverse entre la gente. | *Todo el mundo,* la mayor parte de la gente. | *Valer un mundo,* valer mucho. | *Venir al mundo,* nacer. | *Ver mundo,* viajar mucho. | *Vivir en el otro mundo,* vivir muy lejos.

Mundo es ancho y ajeno *(El),* novela indianista del peruano Ciro Alegría (1941).

mundología f. Experiencia y conocimiento del mundo y de los hombres. || Reglas mundanas, usos sociales.

mundonuevo m. Cosmorama portátil.

mundovisión f. Desde 1962, transmisión de imágenes de televisión de un continente a otro por medio de estaciones retransmisoras colocadas en satélites que giran alrededor del globo terrestre.

Munguía, c. en el N. de España (Vizcaya)

Munguía (Clemente Jesús), prelado, filósofo y político mexicano (1810-1868). Fue desterrado por B. Juárez.

Muni (Río). V. GUINEA ECUATORIAL.

munición f. *Mil.* Todo lo necesario para el abastecimiento de un ejército o de una plaza fuerte. || Carga de las armas de guerra. || Perdigones, carga para la escopeta de caza.

municionar v. t. *Mil.* Aprovisionar de municiones.

municipal adj. Relativo al municipio: *administración municipal.* || — M. Guardia municipal.

municipalidad f. Municipio, ayuntamiento de una población.

municipalización f. Acción y efecto de municipalizar.

municipalizar v. t. Hacer depender del municipio: *municipalizar los transportes urbanos.*

munícipe m. Habitante de un municipio.

municipio m. División territorial administrada por un alcalde y un concejo. || Conjunto de habitantes de este territorio. || Ayuntamiento, alcaldía. || Concejo. || Entre los romanos, ciudad libre que se gobernaba por sus propias leyes y cuyos vecinos podían obtener los privilegios y derechos de la c. de Roma.

Munich, en alem. *München,* c. del SO. de Alemania Occidental, cap. de Baviera, a orillas del Isar, Arzobispado. Universidad. Pinacoteca. Centro cultural. Industrias (automóviles, químicas, cerveceras). La *Conferencia de Munich* (1938) aceptó la ocupación del territorio de los Sudetes por Alemania. Juegos Olímpicos en 1972.

munificencia f. Generosidad, largueza, liberalidad: *debemos todo a su gran munificiencia.*

munificente o **munífico, ca** adj. Muy liberal o generoso.

muniqués, esa adj. y s. De Munich.

Munk (Kaj), pastor protestante y escritor danés (1898-1944). Murió fusilado por los alemanes.

Munkacsy (Miguel), pintor húngaro (1844-1900).

Munster, prov. del SO. de la Rep. de Irlanda; cap. *Cork.*

Münster, c. de Alemania Occidental (Rin Septentrional-Westfalia). Obispado. Universidad. Centro industrial y de comunicaciones.

Muntaner (Ramón), historiador catalán (1265-1336), autor de la *Crónica* sobre la expedición catalanoaragonesa a Grecia.

Muntenia. V. VALAQUIA.

Munthe (Axel), médico y escritor sueco (1857-1949), autor de *La historia de San Michele,* de carácter autobiográfico.

Münzer o **Müntzer** (Thomas), reformador alemán (¿1489?-1525), fundador del anabaptismo. M. decapitado.

muñeca f. Articulación que une la mano con el antebrazo. ‖ Figurilla que representa una niña o una mujer y sirve de juguete. ‖ Maniquí para vestidos de mujer. ‖ Lío o pelotilla de trapo que se embebe de un líquido para barnizar, estarcir u otros usos. ‖ *Fig.* y *fam.* Muchacha preciosa y delicada. | Chica presumida. ‖ *Arg.* Maqueta.

Muñecas, prov. en el O. de Bolivia (La Paz); chap *Chuma.*

muñeco f. Figurilla de niño que sirve de juguete. ‖ Figurilla humana hecha de pasta, trapo, etc. ‖ *Fig* y *fam.* Joven afeminado. | Persona que se deja llevar por otra. | Dibujo mal hecho.

muñeira f. Baile popular de Galicia. ‖ Su música.

muñequera f. Manilla o correa ancha para apretar la muñeca. ‖ Correa del reloj de pulsera.

muñequilla f. Muñeca para barnizar.

muñidor m. Ordenanza de una cofradía que avisa a los hermanos los ejercicios a que deben asistir.

muñón m. Parte que queda de un miembro amputado. ‖ *Mec.* Espiga o gorrón con que un órgano mecánico se fija en un soporte, conservando la libertad de movimiento de rotación sobre sí mismo: *los dos muñones de la cureña sostienen el cañón.*

muñonera f. Muesca en las gualderas de la cureña donde entra el muñón del cañón.

Muñoz (Fernando), duque de Riánsares (¿1808?-1873), guardia de Corps español que contrajo matrimonio secretamente con la regente María Cristina, viuda de Fernando VII. ‖ ~ (RAFAEL F.), escritor mexicano, n. en 1899, autor de novelas (*Vámonos con Pancho Villa, Se llevaron el cañón para Bachimba,* etc.) y de cuentos. ‖ ~ (SEBASTIÁN), pintor espanol (1654-1690). ‖ ~ **Degrain** (Antonio), pintor español (1841-1924), notable paisajista y autor de cuadros históricos. ‖ ~ **Manzano** (CIPRIANO). V. VIÑAZA. ‖ ~ **Marín** (LUIS), político puertorriqueño, n. en San Juan en 1898, gobernador de 1948 a 1960. ‖ ~ **Rivera** (LUIS), poeta puertorriqueño (1859-1916), autor de *Tropicales.* ‖ ~ **Seca** (PEDRO), autor teatral español (1881-1936), autor de *La venganza de Don Mendo, Los extremeños se tocan, Anacleto se divorcia,* etc.

Muqalla, c. y puerto de Arabia del Sur, en el golfo de Adén.

Mur, río de Austria y Yugoslavia, afl. del Drave; 445 km. Centrales hidroeléctricas.

murajes m. pl. Planta primulácea de flores rojas o azules.

mural adj. Que se aplica o coloca sobre el muro: *mapa mural.* ‖ — M. *Pint.* Fresco: *los murales de Orozco.*

muralla f. Muro muy grueso y elevado que rodea una plaza fuerte para protegerla: *las murallas de la ciudad de Ávila.*

Muralla *(La Gran),* muro levantado entre China y Mongolia (3 000 km), para proteger el imperio chino de las tribus de la estepa.

murar v. t. Rodear con muros.

Murat [*-rá*] (Joachim), mariscal de Francia (1767-1815), cuñado de Napoleón I, que se distinguió en Marengo y Eylau. Fue jefe del ejército francés en España (mayo 1808). Rey de Nápoles de 1808 a 1815. M. fusilado.

Murcia, c. de SE. de España, cap. de la prov. homónima, a orillas del Segura. Obispado. Catedral. Universidad. La *Huerta de Murcia* es riquísima y sus productos se exportan a toda Europa. Industria conservera y textil.

murcianismo m. Palabra o giro propios del castellano hablado en la región de Murcia. ‖ Amor o apego a las cosas de Murcia.

murciano, na adj. y s. De Murcia: *huerta murciana.*

murciélago m. Mamífero nocturno de alas membranosas, cuyo cuerpo es parecido al del ratón.

murek m. Múrice.

murena f. Morena, pez.

Murena (Héctor A.), escritor argentino, n. en 1924, autor de poesías, ensayos, novelas y cuentos.

Mures. V. MAROS.

Muret, c. del S. de Francia (Haute-Garonne). En 1213, Pedro II de Aragón fue derrotado en esta plaza por Simón de Monfort.

murga f. Banda de músicos callejeros. ‖ *Fam.* Lata, cosa pesada: *dar la murga.* | Persona muy pesada (ú. t. c. s. m.).

Murger (Henri), escritor francés (1822-1861), autor de *Escenas de la vida bohemia.*

murguista m. Músico callejero.

múrice m. Molusco gasterópodo marino del que se sacaba la púrpura. ‖ *Poét.* Color de púrpura.

múridos m. pl. Familia de mamíferos que comprende ratas, ratones, etc. (ú. t. c. adj.).

Murillo, prov. en el O. de Bolivia (La Paz); cap *Palca.*

Murillo, (Bartolomé Esteban), pintor español, n. en Sevilla (1617-1682), autor de cuadros religiosos *(La Inmaculada Concepción)* y escenas populares de gran realismo. ‖ ~ (GERARDO), escritor y pintor mexicano (1875-1964). Llamado *Doctor Atl.* ‖ ~ (PEDRO DOMINGO), patriota boliviano ejecutado en 1809. ‖ ~ **Toro** (MANUEL), político colombiano (1816-1880), pres. de la Rep. de 1864 a 1866 y de 1872 a 1874.

Murmansk, c. y puerto del NO. de la U. R. S. S. (Rusia), en la penins. de Kola. Centro industrial.

murmullo m. Ruido sordo que se hace hablando bajo. ‖ Rumor del agua que corre, del viento, etc. ‖ Zumbido.

murmuración f. Conversación en que se critica a un ausente.

murmurador, ra adj. y s. Que murmura, maldiciente.

murmurante adj. Que murmura: *aguas murmurantes.*

murmurar v. i. Hacer un ruido sordo y apacible. ‖ *Fig.* Hablar o quejarse entre dientes (ú. t. c. tr.). ‖ *Fig.* y *fam.* Criticar.

murmurio m. Murmullo. ‖ *Fig.* y *fam.* Crítica.

muro m. Pared o tapia hecha de fábrica, especialmente la que sirve para sostener o soportar cargas. ‖ Muralla. ‖ *Muro del calor,* conjunto de los fenómenos caloríficos que se producen con las grandes velocidades y pueden limitar la rapidez de los vehículos aéreos. ‖ *Muro del sonido,* conjunto de fenómenos aerodinámicos que se producen cuando un cuerpo se mueve en la atmósfera a una velocidad próxima a la del sonido (340 m por segundo) y que dificultan el aumento de esta velocidad.

Muro de las lamentaciones, muralla de piedra situada en el emplazamiento del ant. templo de Herodes en Jerusalén, donde los judíos lloran la ruina de esta ciudad.

Muroran, c. y puerto del Japón en la isla de Hokkaido. Siderurgia.

Muros, c. y puerto en el NO. de España (La Coruña), a orillas de la *ría de Muros y Noya.*

Murray, río del SE. de Australia (Victoria, Australia Meridional); 2 574 km.

murria f. *Fam.* Tristeza, melancolía, morriña: *tener murria.*

murucuyá f. Granadilla.

Mururata, cima de Bolivia (La Paz), en la Cord. Real: 6 180 m.

Murviedro. V. SAGUNTO.

mus m. Juego de naipes.

musa f. *Mit.* Cada una de las nueve deidades que habitaban el Parnaso y presidían las artes liberales y las ciencias. ‖ *Fig.* Numen, inspiración de un poeta: *la musa de Píndaro, de Virgilio.* | Poesía: *la musa latina.* ‖ — Pl. Ciencias y artes liberales, especialmente humanidades o poesía.

— Las *nueve musas* eran *Clío* (Historia), *Euterpe* (Música), *Talía* (Comedia), *Melpómene* (Tragedia), *Terpsícore* (Danza), *Erato* (Elegía), *Polimnia* (Poesía lírica), *Urania* (Astronomía), *Calíope* (Elocuencia).

musáceas f. pl. Familia de plantas monocotiledóneas parecidas a las palmas, a la que pertenecen el plátano y el abacá (ú. t. c. adj.).

musageta adj. m. Conductor de las Musas (sobrenombre de Apolo).

Musala (PICO), ant. *Pico Dimitrov,* punto culminante de Bulgaria y del macizo de Ródope; 2 925 m.

musaraña f. Pequeño mamífero insectívoro, parecido a un ratón, con el hocico puntiagudo. ‖ Bicho, sabandija, animalejo. ‖ — *Fig.* y *fam. Mirar uno a las musarañas,* estar distraído. | *Pensar en las musarañas,* no atender a lo que se hace o dice.

Musashino, c. del Japón en las afueras de Tokio (Honshu).

múscidos m. pl. Familia de insectos dípteros a la que pertenecen las moscas (ú. t. c. adj.).

musculación f. Conjunto de ejercicios para desarrollar los músculos. ‖ *Amer.* Musculatura.

muscular adj. De los músculos: *fibra, fuerza, contracción muscular.*

musculatura f. Conjunto de los músculos. ‖ Desarrollo de los músculos: *tiene una gran musculatura.*

músculo m. Órgano fibroso que al contraerse o distenderse produce los movimientos en un ser vivo.

musculoso, sa adj. Que tiene músculos: *parte musculosa del cuerpo.* ‖ Que tiene músculos abultados, robusto.

Musel (El), puerto del N. de España, en el mar Cantábrico, muy cerca de Gijón.

muselina f. Tejido muy ligero y medio transparente.

museo m. Colección pública de objetos de arte o científicos: *museo de escultura, de historia natural.* ‖ Edificio en que se guardan estas colecciones: *el museo del Prado.* ‖ En la Antigüedad, templo de las Musas. ‖ Pequeña colina de Atenas consagrada a las Musas. ‖ Parte del palacio de Alejandría donde reunió Ptolomeo a los sabios y los filósofos más célebres.

muserola f. Correa de la brida que pasa por encima de la nariz del caballo y sujeta el bocado.

musgaño m. Musaraña.

musgo m. Planta briofita formada por varios tallos menudos y apiñados que crece en lugares sombríos. ‖ — Pl. Familia de estas plantas.

musgoso, sa adj. Cubierto de musgo: *piedra musgosa.*

música f. Arte de combinar los sonidos conforme a las normas de la melodía, armonía y ritmo. ‖ Teoría de este arte: *clases de música.* ‖ Concierto de instrumentos o voces o de ambas cosas a la vez. ‖ Conjunto de músicos, banda: *la música municipal.* ‖ Papeles en que está escrita la música. ‖ — Pl. *Fam.* Monsergas, latas: *déjame de músicas.* ‖ — *Fam. Irse con la música a otra parte,* marcharse. | *Mandar con la música a otra parte,* mandar a paseo. ‖ *Música de cámara,* la escrita para un número pequeño de instrumentos. ‖ *Fig. y fam. Música celestial,* palabras vanas. ‖ *Música instrumental,* la escrita para instrumentos. ‖ *Música ligera,* la melodiosa, fácil y sin pretensiones. ‖ *Música vocal,* la escrita expresamente para ser cantada. ‖ *Música ratonera,* la muy mala o ramplona.

musical adj. Relativo a la música: *arte musical.* ‖ En que se hace música: *velada musical.* ‖ Armonioso.

musicalidad f. Calidad de lo que es musical.

musicastro m. Músico malo.

music-hall [*miúsic jol*] m. (pal. ingl.). Espectáculo de variedades. ‖ Teatro donde se da esta clase de espectáculos.

músico, ca adj. Relativo a la música: *instrumento músico; composición música.* ‖ — M. y f. Persona que compone o ejecuta obras de música. ‖ — M. *Amer.* Ave canora de canto agradable.

musicógrafo, fa m. y f. Persona que escribe sobre música.

musicología f. Estudio científico de la teoría y de la historia de la música.

musicólogo, ga m. y f. Especialista en musicología.

musicomanía f. Afición muy grande por la música, melomanía.

musicómano, na adj. y s. Melómano.

musiquilla f. *Fam.* Música fácil, sin valor artístico.

musitar v. t. e i. Susurrar o hablar entre dientes: *iba y venía musitando palabras incomprensibles.*

muslo m. Parte de la pierna, desde la juntura de la cadera hasta la rodilla. ‖ Parte análoga en los animales.

Musschenbroek (Pieter Van). V. VAN MUSSCHENBROEK.

Musset [*-sé*] (Alfred de), escritor romántico francés, n. en París (1810-1857), autor de poemas líricos (*Las noches*), obras dramáticas (*Lorenzaccio, Con el amor no se juega, Los caprichos de Mariana*, etc.) y de la novela autobiográfica *Confesión de un hijo del siglo.*

Mussolini (Benito), político italiano, n. en Predappio (Romaña) [1883-1945], fundador y jefe (*Duce*) del Partido Fascista en 1919. Ocupó el Poder en 1922, entró en la segunda guerra mundial al lado de Alemania (1940) y fue derrocado en 1943. M. ejecutado.

Mussorgski (Modest Petrovich), compositor ruso (1839-1881), precursor de la música moderna. Autor de óperas, (*Boris Godunov* y *Kovanchina*), de poemas sinfónicos (*Una noche en el Monte Pelado*) y de obras para piano (*Cuadros de una exposición*).

Mustafá Kemal. V. KEMAL BAJÁ ATATURK.

mustango m. Caballo que vive en estado de semilibertad en las pampas de América del Sur.

mustela f. Tiburón muy parecido al cazón, de carne comestible y cuya piel se usa como lija. ‖ Comadreja.

mustélidos m. pl. Familia de mamíferos carniceros como la comadreja, el armiño, la nutria, el visón, etc. (ú. t. c. adj.).

Mustelier (Manuel María), periodista, educador y poeta cubano (1878-1941), autor de hermosos sonetos muy celebrados (*Ausencia, Invocación*, etc.).

musteriense adj Aplícase al período del paleolítico medio, asociado al hombre de Neandertal y caracterizado por el uso del sílex y del hueso (ú. t. c. s. m.).

Musters, lago del S. de la Argentina (Chubut), junto a la sierra de San Bernardo.

mustiarse v. pr. Marchitarse, ajarse.

mustio, tia adj. Melancólico, triste. ‖ Ajado, marchito: *un florero contenía unas rosas mustias.*

musulmán, ana adj. y s. Mahometano.

mutabilidad f. Capacidad de sufrir mutaciones.

mutable adj. Que puede sufrir mutaciones.

mutación f. Cambio. ‖ *Teatr.* Cambio escénico. ‖ Variación atmosférica brusca. ‖ *Biol.* Cambio brusco y hereditario que aparece en el fenotipo de los seres vivos y ocasiona una nueva especie.

mutacionismo m. *Biol.* Teoría de la evolución que considera que las mutaciones tienen un papel esencial en la aparición de especies nuevas.

Mutankiang, c. en el NE. de China (Heilongkiang). Industrias.

mutatis mutandis loc. lat. Haciendo los cambios necesarios.

mutilación f. Corte o supresión de una parte de una cosa: *este soldado sufrió varias mutilaciones.*

mutilado, da adj. y s. Aplícase al que ha sufrido mutilación.

mutilador, ra adj. y s. Que mutila: *mutilador de una obra de arte antiguo, de textos literarios.*

mutilar v. t. Cortar un miembro u otra parte de un cuerpo vivo. ‖ Destruir parcialmente: *mutilar una estatua.* ‖ Cortar parte de una cosa, deformar: *mutilar un texto.*

mutis m. Voz que emplea el apuntador para decir a un actor que se retire de la escena. ‖ Salida de escena. ‖ *Hacer mutis*, marcharse; callar.

Mutis (José Celestino), botánico y astrónomo español, n. en Cádiz (1732-1808). Estudió la flora de Colombia.

mutismo m. Silencio voluntario u obligatorio. ‖ Incapacidad patológica de hablar.

Mutsuhito (1852-1912), emperador del Japón desde 1867. Abrió su país a la civilización occidental y sostuvo guerras contra China y Rusia.

mutual adj. Mutuo, recíproco. ‖ — F. Mutualidad.

mutualidad f. Sistema de prestaciones mutuas que sirve de base a algunas asociaciones del mismo nombre: *mutualidad obrera, escolar.*

mutualismo m. Conjunto de asociaciones basadas en la mutualidad. ‖ Doctrina según la cual la humanidad se considera como una asociación de servicios mutuos.

mutualista adj. Relativo a la mutualidad: *sociedad mutualista.* ‖ — Com. Miembro o socio de una mutualidad.

mutuamente adv. Con recíproca correspondencia: *las dos personas se ayudaron mutuamente.*

mutuo, tua adj. Recíproco: *amor mutuo; ayuda mutua.* ‖ *Seguro mutuo*, sociedad cuyos miembros se aseguran mutuamente. ‖ — F. Mutualidad.

muy adj. En grado sumo: *muy inteligente; muy lejos.*

Muza, caudillo árabe (640-718). Envió a Tarik a España y éste venció al último rey visigodo Don Rodrigo en 711. Él mismo se trasladó a la Península Ibérica al año siguiente e hizo proclamar, en Toledo, al califa de Damasco soberano de las tierras conquistadas.

Muzaffarpur, c. en el NE. de la India (Bihar). Universidad.

muzo m. *Col.* Árbol leguminoso, de madera apreciada.

Muzo, mun. y pobl. del centro de Colombia (Boyacá).

Múzquiz, mun. en el N. de México (Coahuila).

Múzquiz (Melchor), general y político mexicano (1790-1844). Tomó parte en la guerra de Independencia. Pres. interino de la Rep. en 1832.

mV, abreviatura de *milivoltio.*

Mv, símbolo químico del *mendelevio.*

mW, abreviatura de *milivatio.*

Mweru. V. MOERO.

my f. Duodécima letra del alfabeto griego (μ) que corresponde a la *m* castellana.

Mysore, Estado del S. de la India; cap. *Bangalore;* c. pr. *Mysore* o *Maisur.* Minería (oro, hierro, manganeso). Industrias (textiles, alimenticias).

Mytho, c. del Viet Nam del Sur (Cochinchina), junto al brazo norte del delta del Mekong.

Nenúfares

n f. Decimosexta letra del alfabeto castellano y decimotercera de sus consonantes. ‖ Signo con que se nombra a alguien indeterminado. ‖ *Mat.* Exponente de una potencia determinada. ‖ — **N,** símbolo del *nitrógeno* y del *newton.* ‖ — **N.,** abreviatura de *norte.*

na pron. y adv. Apócope de *nada.*

Na, símbolo químico del *sodio.*

Naachtún, ant. centro de la civilización maya, en México (Yucatán).

naba f. Planta crucífera de raíz carnosa parecida al nabo.

nabab m. Gobernador de una provincia en la India. ‖ *Fig.* Hombre muy rico.

nabiforme adj. Aplícase a la raíz en forma de nabo.

nabiza f. Hoja tierna del nabo.

nabo m. Planta crucífera cuya raíz, carnosa y de color blanco, es comestible.

Nabopolasar, fundador del Segundo Imperio Babilónico, rey de 626 a 605 a. de J. C.

naborí com. Criado indio en la América colonial.

naboría f. Repartimiento de indios para el servicio doméstico en la América colonial.

Nabua, c. de Filipinas, en el SE. de la isla de Luzón (Camarines Sur).

Nabuco de Araujo (Joaquim Aurelio), escritor brasileño (1849-1910). Defendió la abolición de la esclavitud.

Nabucodonosor ‖ **~ I** o **Nabucodorosor,** rey de Babilonia (s. XII a. de J. C.). Rechazó a los elamitas. ‖ **~ II** *el Grande,* rey de Babilonia de 605 a 562 a. de J. C. Luchó contra Egipto, destruyó el reino de Judá y extendió sus conquistas en Arabia.

Nacajuca, c. y mun. en el S. de México (Tabasco).

Nacaome, c. del SO. de Honduras, cap. del dep. de Valle, a orillas del *río Nacaome.*

nacaomense adj. y s. De Nacaome (Honduras).

nácar m. Sustancia dura, brillante, irisada, que se forma en la concha de algunos moluscos: *botón de nácar.*

nacarado, da y **nacarino, na,** adj. Que tiene aspecto de nácar. ‖ Adorno de nácar.

nacatamal m. *Méx.* y *Amér. C.* Tamal relleno de carne y salsa de chile.

nacela f. *Arq.* Escocia o moldura cóncava que se pone en la base de la columna.

* **nacer** v. i. Venir al mundo: *Cervantes nació en Alcalá.* ‖ Brotar, salir: *el trigo nace en primavera.* ‖ Empezar su curso, brotar: *el Ebro nace en Fontibre.* ‖ Salir (un astro). ‖ Originarse: *el vicio nace del ocio.* ‖ Descender de una familia o linaje: *Goya nació de familia humilde.* ‖ Tener condiciones innatas, estar destinado a: *Lope de Vega nació (para) escritor.* ‖ *Fig.* Surgir, aparecer: *el tango nació en Buenos Aires.* ‖ — *Fam. Haber nacido de pie,* tener mucha suerte. | *Hoy he vuelto a nacer,* de buena me he librado.

nacianceno, na adj. y s. De Nacianzo (Asia Menor).

Nacianzo, ant. c. de Capadocia (Asia Menor).

nacido, da adj. Connatural y propio de una cosa. ‖ Apto y a propósito para algo. ‖ — Adj. y s. Humano, hombre. ‖ *Bien* (o *mal*) *nacido,* de noble (o bajo) linaje.

naciente adj. Que nace: *sol, día naciente.* ‖ *Fig.* Muy reciente, nuevo: *Estado, república naciente.*

nacimiento m. Acción y efecto de nacer. ‖ Extracción: *de ilustre* (o *humilde*) *nacimiento.* ‖ Principio de una cosa: *el nacimiento de un río.* ‖ Manantial: *un nacimiento de agua.* ‖ Representación por medio de figuras del nacimiento de Jesús, belén. ‖ — *De nacimiento,* desde el nacimiento o antes de él: *mudo de nacimiento.* ‖ *Partida de nacimiento,* documento que indica el día, hora y lugar del nacimiento, el sexo, los nombres y apellidos de una persona, y los de sus padres.

Nacimiento, com. y dep. en el centro de Chile (Bío-Bío).

nación f. Comunidad humana, generalmente establecida en un mismo territorio, unida por lazos históricos, lingüísticos, religiosos, económicos en mayor o menor grado. ‖ Entidad jurídica formada por el conjunto de habitantes de un país, regidos por una misma Constitución y titular de la soberanía. ‖ Territorio de ese mismo país.

Nación *(La),* diario de la c. de Buenos Aires, fundado por Bartolomé Mitre en 1869.

nacional adj. Relativo a la nación o natural de ella: *bandera, lengua nacional.* ‖ — M. pl. Totalidad de los individuos de una nación. ‖ Conciudadanos.

Nacional del Sud *(Universidad),* univ. de la Argentina en Bahía Blanca.

nacionalidad f. Condición y carácter peculiar de los pueblos e individuos de una nación. ‖ Grupo de individuos que tienen idéntico origen o por lo menos historia y tradiciones comunes. ‖ Estado de la persona nacida o naturalizada en una nación: *nacionalidad española.*

nacionalismo m. Apego a la propia nación, a su unidad e independencia: *el nacionalismo irlandés.*

nacionalista adj. y s. Del nacionalismo: *doctrina nacionalista.* ‖ Partidario del nacionalismo.

nacionalización f. Acción y efecto de nacionalizar. ‖ Transferencia a la colectividad de la propiedad de ciertos medios de producción pertenecientes a particulares, ya para servir mejor el interés público, ya para asegurar mejor la independencia del Estado o para castigar la falta de civismo de sus propietarios.

nacionalizar v. t. Dar carácter nacional: *nacionalizar las minas, la banca.* ‖ Naturalizar o dar la ciudadanía: *nacionalizar a ciertos residentes extranjeros* (ú. t. c. pr.).

nacionalsindicalismo m. Doctrina política de Falange Española Tradicionalista y de las J. O. N. S.

nacionalsindicalista adj. y s. Relativo al nacionalsindicalismo o su partidario, falangista.

nacionalsocialismo m. Doctrina política y económica fundada por Hitler en 1923.

nacionalsocialista adj. y s. Relativo al nacionalsocialismo o su partidario.

Naciones Unidas *(Organización de las).* Véase O. N. U.

nacom m. Sacerdote maya vitalicio, encargado de sacar el corazón a los sacrificados.

Nácori, río en el NO. de México (Sonora), afl. del Yaqui.

Nacozari, sector de la Sierra Madre Occidental de México (Sonora).

Nacha Regules, novela del argentino Manuel Gálvez (1918).

Nachán Can, cacique maya, con cuya hija se casó el español Gonzalo Guerrero.

nada f. El no ser o carencia absoluta de todo ser. || Cosa mínima: *por nada se asusta.* || — *Sacar de la nada,* crear. || *Reducir a nada,* anular. || — Pron indef. Ninguna cosa: *no decir nada.* || — Adv. Poco: *no hace nada que salió.* || — *¡Nada!,* ¡no! || *Nada de nada,* absolutamente, ninguna cosa. || *Nada más,* no más: *no quiero nada más;* se usa precediendo a un verbo en infinitivo con la idea de "tan pronto como": *nada más venir se acostó.* || *Como si nada,* como si tal cosa. || *¡De nada!,* ¡no hay de qué! (contestación a "muchas gracias"). || *Esto no es nada,* esto no tiene importancia.

nadador, ra adj. y s. Que nada: *ave nadadora.* || — M. y f. Persona que practica la natación.

Nadal (Eugenio), escritor español (1916-1944). En su memoria se ha instituido en Barcelona el *Premio Nadal* de novela.

nadar v. i. Sostenerse flotando y moverse en el agua: *nadar de espalda.* || Flotar en un líquido cualquiera. || *Fig.* Estar una cosa muy holgada: *nadar en su abrigo.* | Abundar en una cosa: *está nadando en dinero.* || — *Fig. Nadar en la opulencia,* ser muy rico. | *Nadar entre dos aguas,* procurar agradar a dos partidos adversos. | *Nadar y guardar la ropa,* proceder con cautela. || — V. t. Practicar un estilo de natación: *nadar la braza.* || Participar en una prueba de natación: *nadar los 400 metros.*

nadería f. Cosa sin importancia, pequeñez.

nadie pron. indef. Ninguna persona: *no ha venido nadie.* || — M. *Fig.* Persona insignificante, de ninguna importancia. || — *Fam. No ser nadie,* no tener importancia. | *Un don nadie,* una persona insignificante.

nadir m. *Astr.* Punto de la esfera celeste diametralmente opuesto al cenit.

Nadir Sha (1688-1747), rey de Persia desde 1736. Conquistó parte de la India.

nado (a) m. adv. Nadando.

Nador, c. y provincia del N. de Marruecos, cerca de Melilla. Siderurgia. Llamada ant. *Villa Nador.*

nafta f. Carburo de hidrógeno obtenido del petróleo. || *Amer.* Gasolina.

naftaleno f. Hidrocarburo bencénico sólido, blanco, aromático y cristalino, usado en la fabricación de perfumes, colorantes y plásticos.

naftalina f. Preparado comercial de naftaleno.

naftol m. Fenol derivado del naftaleno.

Naga, c. de Filipinas, en el SE. de Luzón, cap. de la prov. de Camarines Sur. Obispado. Llamada por los españoles *Nueva Cáceres.*

Nagaland, Estado del NE. de la India, fronterizo con Birmania; cap. *Kohima.*

Nagano, c. del Japón en el centro de la isla de Honshu.

Nagaoka, c. del Japón en el O. de la isla de Honshu.

Nagasaki, c. y puerto del SO. del Japón (Kiusiu). Arzobispado. Universidad. Astilleros. Lugar de explosión de la segunda bomba atómica (9 agosto de 1945), que causó 40 000 muertos.

Nagercoil, c. en el SO. de la India (Tamilnad).

Nagoya, c. y puerto del Japón (Honshu). Obispado. Universidad.

Nagpur, c. del centro de la India (Maharashtra). Arzobispado. Universidad. Industria metalúrgica.

nagual m. *Méx.* Hechicero. || — F. *Méx.* Mentira.

nagualear, v. i. *Méx.* Contar mentiras.

Naguib o **Neguib** (Mohamed), general egipcio, n. en 1901, que derrocó al rey Faruk (1952), instauró la Rep. (1953) y fue depuesto por Nasser (1954).

Nagykanizsa, c. del SO. de Hungría. Petróleo.

Naha, c. y puerto del Japón, en la isla de Okinawa; cap. del archip. de Riukiu. Tejidos. Cerámica; laca.

nahoa adj. y s. V. NAHUA.

nahua adj. y s. Individuo de un pueblo indio americano que se subdividió en siete grupos: xochimilcas, chalcas, tecpanecas, acolhúas, tlahuicas, tlaxcaltecas y mexicas. (Los *nahuas* procedían del Norte y se establecieron en el Valle de México.)

náhuatl adj. y s. m. Lengua de los indígenas (nahuas) de México.

nahuatlano adj. y s. m. Grupo lingüístico de la familia yutoazteca.

nahuatlismo m. Voz náhuatl introducida en el castellano.

nahuatlista com. Persona especializada en la lengua náhuatl.

Nahuel Huapi o **Huapí,** lago del O. de la Argentina (Neuquen y Río Negro); 715 km². Turismo.

nailon m. Nylon.

naipe m. Cada una de las cartulinas rectangulares que sirven para jugar a las cartas. || — Pl. Baraja. || *Fig.* y *fam. Castillo de naipes,* proyecto quimérico.

Nairobi, cap. de Kenia, en el S. del país; 314 800 h. Arzobispado. Centro comercial.

naja f. Género de serpientes venenosas al que pertenecen la cobra y el áspid.

najarse v. pr. *Pop.* Irse.

Nájera, c. de España (Logroño).

Nakhichevan o **Najichevan,** c. y rep. autónoma en el SO. de la U. R. S. S., dependiente de Azerbaiján; 178 000 h.

Nalé Roxlo (Conrado), poeta y escritor argentino, n. en Buenos Aires (1898-1971), autor de piezas teatrales (*El pacto de Cristina*).

nalga f. Cada una de las dos partes carnosas y posteriores del muslo que constituyen el trasero.

nalgatorio m. *Fam.* Nalgas.

Nalón, río del N. de España (Oviedo).

Nam Dinh, c. de Viet Nam del Norte (Tonkín), al SE. de Hanoi.

Namangan, c. en el SO. de la U. R. S. S. (Uzbekistán). Tejidos.

Namangoza o **Paute,** río del Ecuador que nace en Azuay y, al confluir con el Upano y el Zamora, toma el n. de *Santiago.*

nambimba f. *Méx.* Pozole muy espumoso.

Namibia. V. ÁFRICA DEL SUDOESTE.

Namora (Fernando), novelista portugués, n. en 1919.

Namur, c. del S. de Bélgica, cap. de la prov. homónima, en la confluencia del Mosa y el Sambre. Obispado. Industrias.

nana f. *Fam.* Abuela. || Canción de cuna. || Nodriza. || *Fam. En el año de la nana,* en tiempos de Maricastaña, hace mucho tiempo.

nananché m. Arbusto malpigiáceo. || Su fruto, con el cual se hace chicha.

¡nanay! interj. *Fam.* ¡Naranjas!, ¡ni hablar!, ¡nada de eso!

Nancagua, com. en el centro de Chile (Colchagua).

nance m. Nananché.

Nancy, c. del NE. de Francia, cap. del dep. de Meurthe-et-Moselle. Obispado. Universidad. Centro industrial.

Nanchampapetl, cerro de México, en el Estado de Veracruz; 4 090 m.

Nanchang, c. del SE. de China, cap. de la prov. de Kiangsi. Importante centro industrial.

Nanchong o **Nanchung,** c. en el centro de China (Sechuán).

Nandaime, c. en el SO. de Nicaragua (Granada).

Nanga Parbat, cima del Himalaya (Cachemira); 8 120 m.

nanismo m. *Med.* Enfermedad de los enanos, generalmente de origen endocrino.

Nankín, Nanking o **Nanquín,** c. de China Central, cap. del Kiangsu. Puerto fluvial en el Yang-tse Kiang. Arzobispado. Universidad.

Nanning, c. del SE. de China, cap. de la prov. de Kuangsi. Arzobispado católico.

nanquín m. Tela antigua de algodón, de color amarillento.

Nanquín. V. NANKÍN.

Nansen (Fridtjof), explorador polar y naturalista noruego (1861-1930). [Pr. Nóbel de la Paz, 1922.]

nansú m. Tela de algodón de consistencia sedosa.

Nanterre, c. de Francia, al O. de París, cap. del dep. de Hauts-de-Seine. Obispado. Facultad de letras.

Nantes [*nant*], c. del NO. de Francia, cap. del dep. del Loire-Atlantique. Obispado. Universidad. Puerto fluvial en el Loira.

Nantes (*Edicto de*), edicto promulgado por Enrique IV en 1598 para legalizar la Iglesia reformada.

Nantong o **Nantung,** c. en el E. de China (Kiangsu).

nao f. Nave, barco.

Nao (CABO DE LA), cabo del SE. de España (Alicante).

naonato adj. y s. Aplícase a la persona nacida en un barco.

napalm m. Gasolina gelificada con palmitato de sodio o de aluminio, con la que se cargan las bombas incendiarias: *bomba de napalm.*

napelo m. *Bot.* Anapelo, acónito.

napias f. pl. *Fam.* Narices.

Napier (Juan). V. NEPER.

Naplusa, c. del NO. de Jordania. Mezquita edificada en la ant. basílica de Justiniano.

Napo, río del Ecuador y Perú, afl. del Amazonas; 1 020 km. — Prov. en el E. del Ecuador, cap. *Tena.* || ~ **-Pastaza,** ant. prov. del Ecuador, dividida en 1959 en las de *Napo* y *Pastaza.*

napoleón m. Ant. moneda de oro francesa.

Napoleón I [BONAPARTE], emperador de los franceses, n. en Ajaccio (Córcega) [1769-1821]. Se distinguió primero en el sitio de Toulon (1793), en Italia (1796) y en Egipto (1799), hasta que derribó el Directorio (18 Brumario). Nombrado primer cónsul en 1799, en 1804 el Senado le confirió la dignidad imperial. Restableció la paz interior, reorganizó la justicia y fortaleció la administración centralista. Tras una serie de brillantes victorias en los campos de batalla de Europa (Austerlitz, Jena, Eylau, Friedland, Wagram), su estrella palideció como consecuencia de su intervención en España (1808) y en Rusia (1812). Las naciones europeas coaligadas contra el Imperio obligaron a Napoleón a abdicar en Fontainebleau y a retirarse a la isla de Elba (1814). Fugado diez meses después de aquella isla volvió a París, gobernó durante los llamados *Cien Días,* hasta ser definitivamente vencido en Waterloo por la coalición europea y desterrado a la isla de Santa Elena, donde halló la muerte en 1821. || ~ **II** (FRANCISCO CARLOS JOSÉ) [1811-1832], hijo del anterior, proclamado rey de Roma a su nacimiento; vivió en Viena, junto a su abuelo materno, el emperador de Austria, con el n. de *duque de Reichstadt.* || ~ **III** (CARLOS LUIS NAPOLEÓN BONAPARTE), tercer hijo del rey de Holanda Luis Bonaparte, n. en París (1808-1873). Elegido pres. de la Rep. en 1848, en 1851, mediante un golpe de Estado, disolvió la Asamblea y organizó el plebiscito que le hizo proclamar emperador al año siguiente. Participó en la guerra de Crimea (1854-1856), favoreció la unidad italiana, intervino en México (1862) y capituló en Sedán (1870) ante los prusianos. La Asamblea le destituyó y se retiró a Inglaterra, donde murió. Estuvo casado con la española Eugenia de Montijo.

napoleónico, ca adj. Relativo a Napoleón: *imperio napoleónico.*

Nápoles, c. y puerto del SO. de Italia (Campania), cap. de la prov. homónima, al pie del Vesubio y a orillas del *golfo de Nápoles.* Arzobispado. Universidad. Industrias (siderúrgica, petroquímica).

Nápoles (Reino de), ant. Est. del S. de Italia llamado tb., junto con la isla de Sicilia, *reino de las Dos Sicilias.*

Nápoles Fajardo (Juan Cristóbal), poeta cubano (1829-1862). Popularizó las décimas guajiras. Usó el seudónimo *El Cucalambó.*

napolitano, na adj. y s. De Nápoles.

Nara, c. del Japón en el S. de la isla de Honshu. Fue la capital durante el s. VIII.

Naranco (Sierra del), macizo montañoso del N. de España (Asturias), parte central de los Picos de Europa.

naranja f. Fruto del naranjo: *naranja de Valencia.* ‖ — *Naranja mandarina* o *tangerina,* la aplastada y pequeña. ‖ *Fig.* y *fam. Media naranja,* la esposa. ‖ *Pop. ¡Naranjas!* o *¡naranjas de la China!,* ¡ni hablar!, ¡nada de eso! ‖ — Adj. inv. y s. m. Anaranjado (color).

naranjado, da adj. De color anaranjado. ‖ — F. Zumo de naranja con agua y azúcar.

naranjal m. Sitio plantado de naranjos.

naranjero, ra adj. De la naranja: *exportación naranjera.* ‖ Dícese del arma de fuego de calibre grande y cañón de forma acampanada: *un trabuco naranjero.* ‖ — M. y f. Cultivador o vendedor de naranjas.

naranjilla f. *Amer.* Fruto del naranjillo.

naranjillo m. *Amér. C.* y *Méx.* Nombre de algunas ulmáceas, solanáceas y ramnáceas.

naranjo m. Árbol rutáceo cuyo fruto esférico y azucarado es la naranja. ‖ Madera de este árbol.

Naranjo, ant. centro de civilización maya en El Petén.

Naranjo (Francisco), diplomático y escritor mexicano (1896-1949).

Narayanganj, c. y puerto del Paquistán Oriental (Dacca). Centro industrial.

Narbada, río de la India en la frontera del Indostán y Decán; 1 230 km.

Narbona, c. del S. de Francia (Aude). Antiguo puerto, hoy cegado. Catedral. Mercado vinícola.

Narbonense, parte de la Galia Meridional en tiempos de los romanos; cap. *Narbona.*

narbonense y **narbonés, esa** adj. y s. De Narbona.

narceína f. Alcaloide extraído del opio, empleado como analgésico y sedativo.

narcisismo m. Amor excesivo y patológico de sí mismo o de lo hecho por uno: *un caso de narcisismo literario.*

narcisista adj. Relativo al narcisismo. ‖ — Com. Narciso.

narciso m. Planta amarilidácea ornamental, de flores blancas o amarillas con corona dorada. ‖ *Fig.* Hombre enamorado de sí mismo y que cuida excesivamente su persona.

Narciso, personaje legendario de gran belleza. Se enamoró de su propia imagen al mirarse en las aguas de una fuente, donde se precipitó. *(Mit.)*

Narciso *(San),* obispo y mártir español, m. en 307. Patrón de Gerona. Fiesta el 18 de marzo.

narcoanálisis m. Procedimiento de investigación del subconsciente de una persona mediante la inyección de un narcótico.

narcolepsia f. Tendencia irresistible al sueño.

narcosis f. Sueño producido por un narcótico.

narcótico, ca adj. y s. m. *Med.* Dícese de la droga que produce sueño, como el opio, la belladona, los barbitúricos, etc.

narcotina f. Alcaloide extraído del opio, de acción sedativa.

narcotismo m. Estado de adormecimiento, que procede del uso de los narcóticos. ‖ *Med.* Conjunto de efectos causados en el organismo por los narcóticos.

narcotización f. Adormecimiento mediante la administración de narcóticos.

narcotizador, ra adj. Que narcotiza.

narcotizante adj. y s. m. Que narcotiza.

narcotizar v. t. Adormecer por medio de un narcótico. ‖ Producir narcotismo por el uso excesivo de narcóticos.

nardo m. Planta liliácea de flores blancas aromáticas, dispuestas en espiga.

Narew, río de Polonia y la U. R. S. S., afl. del Bug; 480 km.

narguile m. Pipa oriental formada por un tubo flexible que atraviesa un frasco lleno de agua perfumada.

Naricual, pobl. de Venezuela (Anzoátegui).

narigón, ona adj. y s. Narigudo. ‖ — M. Nariz grande.

narigudo, da adj. De narices muy grandes (ú. t. c. s.). ‖ De figura de nariz.

nariguera f. Pendiente que se cuelgan de la ternilla de la nariz algunos indios.

nariñense adj. y s. De Nariño.

Nariño, dep. del SO. de Colombia; cap. *Pasto.* Agricultura; minas (oro).

Nariño (Antonio), patriota colombiano, n. en Bogotá (1765-1823), precursor de la independencia de su país. Pres. de Cundinamarca en 1811, derrotó a los federales y a los realistas. Bolívar le nombró vicepresidente interino de Colombia en 1822.

nariz f. Órgano saliente de la cara, entre la frente y la boca, con dos orificios que comunican con la membrana pituitaria y el aparato de la respiración (ú. t. en pl.). ‖ Cada uno de los orificios o ventanas de la nariz. ‖ *Fig.* Sentido del olfato. | Perspicacia. | Olor, aroma de un vino. | Extremidad aguda de algunas cosas. | Cuello del alambique o de la retorta. ‖ — *Fig. Dar en la nariz,* sospechar. | *Dar en las narices,* deslumbrar a los demás con algo extraordinario. | *Darse de narices,* tropezar. | *Dejar a uno con un palmo de narices,* dejar a uno burlado. | *Estar hasta las narices,* estar harto. | *Hinchársele a uno las narices,* enfadarse. | *Meter las narices en todo,* curiosear, entrometerse. | *¡Narices!,* ¡nada!, ¡no!, ¡ni hablar! ‖ *Nariz aguileña,* la afilada y algo corva. ‖ *Nariz respingona,* la que tiene la punta dirigida hacia arriba. ‖ *Fig.* y *fam. No ver más allá de sus narices,* no ver más lejos que lo que tiene delante, ser poco perspicaz. | *¡Qué narices!,* ¡qué diablo! | *Romper las narices,* romper la cara. | *Romperse las narices,* caerse.

narizón, ona adj. *Fam.* Narigudo, con mucha nariz.

narizota f. *Fam.* Nariz grande y fea. ‖ — M. *Fam.* Hombre con mucha nariz, narigudo.

narrable adj . Que puede ser narrado o contado.

narración f. Relato, exposición detallada de una serie de hechos.

narrador, ra adj. Que narra. ‖ — M. y f. Persona que narra: *Homero fue un gran narrador.*

narrar v. t. Relatar, referir, contar: *narrar un combate.*

narrativo, va adj. Relativo a la narración: *género, estilo narrativo.* ‖ — F. Habilidad para narrar. ‖ Narración.

narria f. Carrito fuerte y bajo para arrastrar grandes pesos.

nártex m. inv. Sitio reservado a los catecúmenos en las primitivas basílicas cristianas, generalmente en la parte anterior de la nave.

Narva, c. y puerto en el NO. de la U. R. S. S. (Estonia). Catedral, palacio de Pedro el Grande.

Narváez (Pánfilo de), conquistador español, n. en Valladolid (¿1470?-1528). Intervino en la conquista de Cuba y, enfrentado con H. Cortés, fue derrotado por éste en Cempoala (1520). Exploró la Florida y el Misisipí (1528). ‖ ~ (Ramón María de), general español, n. en Loja (Granada) [1800-1868]. Promotor de la caída de Espartero, fue seis veces jefe del Gobierno entre 1844 y 1866. Fue tb. por su política represiva uno de los responsables de la Revolución que costó el trono a Isabel II (1868).

narval m. Cetáceo de los mares árticos.

Narvik, c. y puerto del N. de Noruega. Combates entre fuerzas aliadas y alemanas en 1940.

nasa f. Arte de pesca consistente en una manga de red. ‖ Cesta en que echan los pescadores los peces.

nasal adj. Relativo a la nariz: *huesos nasales.* ‖ — Adj. y s. f. *Gram.* Dícese del sonido modificado por la vibración del aire en las narices: *pronunciación nasal.*

nasalidad f. Calidad de nasal.

nasalización f. Pronunciación nasal de un sonido.

nasalizar v. t. Hacer nasal, o pronunciar de esta manera un sonido o letra.

Nasca, c. del S. del Perú, cap. de la prov. homónima (Ica). Restos preincaicos.

Nash (Thomas), escritor y dramaturgo inglés (¿1567-1601?), de vena satírica.

Nashville [*nachvil*], c. de Estados Unidos, cap. del Estado de Tennessee. Obispado.

násico m. Mono de nariz larga y blanda de Borneo.

Nasik, c. en el O. de la India (Maharashtra).

nasofaringe f. *Anat.* Parte de la faringe situada encima del velo del paladar y detrás de las fosas nasales.

nasofaríngeo, a adj. De la nasofaringe.

Nassau, c. y puerto de las islas Bahamas, cap. del archipiélago; 54 600 h. Obispado.

Nassau, familia establecida en Renania en el s. XII, una de cuyas ramas *(Orange)* se distinguió en el gobierno de las Provincias Unidas. A ella pertenecía Guillermo I de Nassau, príncipe de Orange, llamado el *Taciturno* (1533-1584), estatúder en 1559. Luchó para independizar los Países Bajos de España. M. asesinado. — Su hijo Mauricio le sucedió en el estatuderato. (V. Mauricio de Nassau.) — Su otro hijo Federico Enrique (1584-1647) fue estatúder desde 1625 y combatió a los españoles durante la guerra de Treinta Años. — Su nieto Guillermo II, príncipe de Orange, hijo y sucesor del anterior (1626-1650), estatúder en 1647, hizo reconocer la independencia de las Provincias Unidas en el Tratado de Westfalia. ‖ ~ (Guillermo III de). V. Guillermo III (rey de Inglaterra).

Nasser (Gamal Abdel), coronel egipcio (1918-1970). Intervino en la revolución de 1952 y, al ser derrocado Naguib (1954), ocupó el poder. Nacionalizó el canal de Suez (1956). Creador y presidente de la República Árabe Unida. Tras la derrota del Sinaí (1967) presentó la dimisión, pero el pueblo le ratificó su confianza.

Nasser (Lago), embalse formado en la presa de Asuán.

nata f. Materia grasa de la leche con que se hace la mantequilla. ‖ Nata de leche batida con azúcar. ‖ *Fig.* Lo principal: *la nata de la sociedad.* ‖ *Amer.* Escoria de la copelación. ‖ — Pl. Natillas.

Natá, pobl. en el centro de Panamá (Coclé).

natación f. Acción de nadar considerada como ejercicio: *la natación es un deporte muy completo.*

natal adj. Del nacimiento: *lugar, fiesta natal.*

Natal, c. y puerto del E. del Brasil, cap. del Estado de Rio Grande do Norte. Arzobispado. Base naval. — Prov. del E. de la Rep. de África del Sur; cap. *Pietermaritzburgo.* Caña de azúcar; té.

Natales, com. en el S. de Chile (Magallanes).

natalicio m. Nacimiento. ‖ Cumpleaños.

Natalicio Talavera, pobl. del Paraguay (Guairá).

natalidad f. Relación entre el número de nacimientos y el de habitantes de una región en un momento determinado.

natatorio, ria adj. De la natación. ‖ Que sirve para nadar: *aletas natatorias.*

natillas f. pl. Dulce de huevo, leche y azúcar.

National Gallery *(Galería Nacional),* uno de los más rico museos de pinturas de Europa, en Londres.

natividad f. Fiesta que conmemora el nacimiento de Jesucristo, de la Virgen María o de San Juan Bautista. ‖ Navidad.

Natividad, isla en el O. de México (Baja California).

nativismo m. Innatismo. ‖ *Amer.* Indigenismo.

nativista adj. y s. Relativo al nativismo o su partidario. ‖ *Amer.* Indigenista.

nativo, va adj. Natural, en estado puro: *plata nativa.* ‖ Natal: *país nativo.* ‖ De origen: *profesor nativo; lengua nativa.* ‖ Innato, natural, propio: *cualidades nativas.* ‖ — M. y f. Indígena, natural de un país. ‖ *Nativo de,* natural de, nacido en.

nato, ta adj. Que va anejo a un cargo o persona: *presidente nato de una junta.* ‖ *Fig.* De nacimiento: *español nato.*

N. A. T. O. Véase PACTO DEL ATLÁNTICO NORTE.

natrón m. *Quím.* Carbonato de sodio hidratado natural.

natura f. Naturaleza. ‖ — *A (o Da) natura,* naturalmente. ‖ *Contra natura,* contra el orden natural.

natural adj. Conforme al orden de la naturaleza: *ley natural.* ‖ Que aparece en la naturaleza: *gas natural.* ‖ Fresco: *fruta natural.* ‖ Que se trae al nacer: *simpatía natural.* ‖ Inherente, propio: *el escándalo es natural en él.* ‖ Instintivo: *repulsa natural.* ‖ Conforme con la razón o el uso: *es natural pagar a quien trabaja.* ‖ Que no está cohibido: *estuvo muy natural.* ‖ Que carece de afectación, sencillo: *modales naturales.* ‖ Nativo: *natural de Málaga.* ‖ Nacido fuera del matrimonio, ilegítimo: *hijo natural.* ‖ — *Ciencias naturales,* las derivadas del estudio de la naturaleza (física, química, geología). ‖ *Historia natural,* ciencia que describe y clasifica los seres vivos. ‖ *Muerte natural,* la que no es debida a accidente. ‖ *Tono natural,* en música, el que no está modificado por ningún signo. ‖ — M. Cosa que se toma por modelo en pintura o escultura: *tomado del natural.* ‖ Índole, carácter, condición: *es de un natural agresivo.* ‖ *Taurom.* Pase de muleta dado con la mano izquierda y sin ayuda del estoque. ‖ — Pl. Habitantes originarios de un país. ‖ — Adv. Naturalmente. ‖ *Al natural,* sin artificio; dícese de los frutos en conserva enteros.

naturaleza f. Esencia y propiedad de cada ser: *naturaleza divina, humana.* ‖ Mundo físico: *las maravillas de la naturaleza.* ‖ Orden y disposición de todos los elementos del Universo: *la naturaleza de las aves es volar.* ‖ Clase: *objetos de diferente naturaleza.* ‖ Índole, carácter, condición: *ser de naturaleza fría.* ‖ Privilegio que concede un soberano a un extranjero para que goce de los mismos derechos que los nacionales: *carta de naturaleza.* ‖ *Naturaleza muerta,* bodegón.

naturalidad f. Calidad natural. ‖ Ausencia de afectación, sencillez: *comportarse con naturalidad.* ‖ Conformidad de las cosas con las leyes naturales. ‖ Derecho inherente a los naturales de una nación.

naturalismo m. Sistema de los que atribuyen todo a la naturaleza como primer principio. ‖ Escuela literaria de fines del s. XIX, opuesta al romanticismo: *Zola fue el creador del naturalismo.* ‖ Escuela filosófica que niega la existencia de una causa creadora transcendente y afirma que la naturaleza existe por sí misma.

naturalista adj. Relativo al naturalismo: *escritor, filósofo naturalista.* ‖ — Com. Persona que estudia la historia natural. ‖ Escritor o filósofo adepto al naturalismo.

naturalización f. Acción y efecto de naturalizar o naturalizarse.

naturalizar v. t. Dar a un extranjero los derechos de ciudadanía en una nación que no es la suya. Ú. t. c. pr.: *naturalizarse español.* ‖ Aclimatar animales o vegetales. ‖ Introducir en una lengua voces extranjeras. ‖ Introducir y hacer que arraiguen en un país las costumbres o usos de otro.

naturalmente adv. Probablemente. ‖ De un modo natural. ‖ Por naturaleza. ‖ Con naturalidad. ‖ Fácilmente, sencillamente.

naturismo m. Doctrina higiénica y deportiva que propugna la vida al aire libre. ‖ Desnudismo.

naturista adj. Del naturismo: *revista naturista.* ‖ — M. y f. Partidario del naturismo, que lo practica. ‖ Desnudista.

Naucalpan, mun. de México, en el Est. de este n. ‖ ~ **de Juárez,** pobl. de México, en el Est. de este nombre.

Naucampatépetl. V. COFRE DE PEROTE.

naufragar v. i. Hundirse una embarcación o las personas que van en ella. ‖ *Fig.* Fracasar.

naufragio m. Hundimiento de un barco. ‖ *Fig.* Fracaso.

náufrago, ga adj. y s. Dícese del barco o de las personas que han padecido naufragio.

Nauheim o **Bad Nauheim,** c. de Alemania Occidental (Hesse).

Naumburgo, c. de Alemania Oriental, a orillas del Saale. Catedral del s. XIII.

Naupacto, ant. c. y puerto de Grecia, en el istmo de Corinto, hoy *Lepanto.*

náusea f. Ansia, ganas de vomitar. ‖ — Pl. *Fig.* Repugnancia grande, aversión.

nauseabundo, da adj. Que produce náuseas: *hedor nauseabundo.*

Nausicaa, hija de Alcinoo que acogió a Ulises tras su naufragio.

nauta m. Hombre de mar.

Nauta, c. en el N. del Perú, cap. de la prov. de Loreto.

náutica f. Ciencia o arte de navegar: *escuela de náutica.*

náutico, ca adj. Relativo a la navegación: *arte náutico.*

nautilo m. Argonauta, molusco cefalópodo con concha espiral.

Nautla, río en el E. de México (Veracruz). Llamado tb. *San Rafael.*

nauyaca f. Ofidio venenoso de México, que recibe también el nombre de *cuatro narices.*

nava f. Llanura entre montañas.

Navacerrada, puerto de la sierra de Guadarrama, al N. de Madrid.

Navagero (Andrea), humanista y diplomático italiano (1483-1529), amigo del escritor español Boscán.

navaja f. Cuchillo cuya hoja articulada en el mango se guarda entre dos cachas. ‖ Molusco lamelibranquio, comestible. ‖ Colmillo de los jabalíes. ‖ *Navaja de afeitar,* la de filo agudísimo que sirve para afeitarse.

navajada f o **navajazo** m. Cuchillada con la navaja. ‖ Herida que produce.

navajo adj. y s. Indígena norteamericano de Nuevo México y Arizona.

naval adj. Relativo a las naves y a la navegación: *agregado, arquitecto, ingeniero naval; táctica, combate naval.* ‖ *Escuela naval,* la de formación de los oficiales de la marina militar.

Navalcarnero, v. en el centro de España (Madrid).

Navalmoral de la Mata, mun. y c. del centro de España (Cáceres).

navarca m. Comandante de una flota griega.

Navarino o **Pilos,** c. de Grecia en la costa occidental del Peloponeso (Mesenia).

Navarra, prov. del N. de España; cap. *Pamplona.* El *reino de Navarra,* que se extendía a ambos lados de los Pirineos, perteneció desde el s. X a los reyes de Aragón hasta 1134 en que fue regido por príncipes franceses. Fernando el Católico incorporó en 1512 a su corona la parte española.

Navarrete. V. FERNÁNDEZ DE NAVARRETE. ‖ ~ (DOMINGO HERNÁNDEZ DE), teólogo y misionero español (1610-1698), enviado primero a China, m. en Haití.

navarro, rra adj. y s. De Navarra.

Navarro (Juan Nepomuceno), novelista y político colombiano (1834-1890). ‖ ~ **Tomás** (TOMÁS), filólogo y fonetista español, n. en 1884. ‖ ~ **Villoslada** (FRANCISCO), escritor español (1818-1895), autor de la novela *Amaya o los vascos en el s. VIII* y de *Doña Blanca de Navarra.*

Navas de Tolosa, pobl. de España (Jaén). Derrota de los almohades por los reyes de Castilla, Aragón y Navarra (1212).

nave f. Barco, embarcación: *nave mercante, de guerra.* ‖ *Arq.* Parte de una iglesia comprendida entre dos muros o dos filas de arcadas. ‖ Sala muy grande y ampliamente ventilada: *la nave de una fábrica.* ‖ — *Nave del espacio,* astronave. ‖ *Fig. Quemar las naves,* tomar una determinación extrema y decisiva.

navegable adj. Aplícase al río, lago, canal, etc., donde pueden circular barcos.

navegación f. Viaje en una nave: *navegación marítima, fluvial, aérea.* ‖ Arte del navegante. ‖ — *Navegación costera* o *de cabotaje,* la que se efectúa sin alejarse de la costa. ‖ *Navegación de altura,* la de alta mar.

navegante adj. Que navega: *personal navegante.* ‖ — Com. Persona que navega: *los navegantes genoveses.*

navegar v. i. Viajar en una nave por el mar, los lagos, los ríos o los aires. ‖ Hacer seguir a una nave o a un avión una ruta determinada. ‖ *Fig.* Andar de una parte a otra, transitar, trajinar. ‖ *Navegar en conserva,* ir varios barcos juntos. ‖ — V. tr. *Mar.* Marchar: *el barco navega doce millas por hora.*

naveta f. Nave pequeña. ‖ Vaso para guardar incienso. ‖ Gaveta, cajón. ‖ Cada uno de los monumentos funerarios que se encuentran en la isla de Menorca, en forma de nave.

Navia, río del NO. de España que desemboca en el Cantábrico. — C. y puerto de España (Oviedo).

navicert m. (pal. ingl.). Permiso de navegación concedido a un barco durante un bloqueo.

navidad f. Nacimiento de Jesucristo y día en que se celebra. ‖ Época de esta fiesta (ú. m. en pl.).

Navidad, com. en el centro de Chile (Santiago).

Navidad *(Fuerte de),* fortificación construida por Colón en la isla de Haití con los restos de la carabela *Santa María.* Destruida por los indígenas (1493).

navideño, ña adj. Relativo a la Navidad: *fiestas navideñas.*

naviero, ra adj. Relativo a las naves o a la navegación: *compañía, empresa naviera.* ‖ — M. Propietario de uno o más barcos, armador. ‖ — F. Compañía de navegación.

navío m. Antiguo bajel de guerra, de tres palos, con dos o tres puentes y otras tantas baterías de cañones. || Hoy, buque grande de guerra. || Barco de alta mar.

Naxos, isla griega del mar Egeo, la mayor de las Cícladas; c. pr. *Naxos*.

náyade f. *Mit.* Divinidad que presidía los ríos y fuentes.

Nayarit, Est. del O. de México, entre el Pacífico y la *sierra de Nayarit;* cap. *Tepic.* Agricultura (tabaco, maíz, caña de azúcar). Minería (oro, cobre, plomo, sal).

Nazaré, pobl. del E. del Brasil (Bahía). — C. y puerto en el E. del centro de Portugal (Leiria).

nazareno, na adj. y s. De Nazaret. || Dícese del que entre los hebreos se consagraba al culto de Dios. || *Fig.* Nombre que daban los judíos a los primeros cristianos. || — M. Penitente en las procesiones de Semana Santa. || Árbol ramnáceo americano usado en tintorería. || *El Nazareno,* Jesucristo. || — F. Espuela de rodaje grande que se ponen los gauchos.

Nazaret, c. de Palestina, en Galilea (Estado de Israel). En esta c. vivió Jesús.

nazaritas o **nazarís** adj. y s. Dícese de una dinastía musulmana que reinó en Granada del s. XIII al XV. (El último soberano *nazarita* fue Mahomed XI Abul Abás, llamado por los cristianos *Boabdil.*)

Nazas, río de México (Durango y Cohahuila); 580 km.

Nazca. V. NASCA.

nazi adj. y s. Nacionalsocialista.

nazismo m. Nacionalsocialismo.

n. b., abrev. de *Nota Bene.*

Nb, símbolo químico del *niobio.*

Nd, símbolo químico del *neodimio.*

Ne, símbolo químico del *neón.*

Neagh (LAGO), lago del NE. de Irlanda (Ulster); 396 km².

Neandertal, valle al E. de Dusseldorf (Alemania Occidental), donde fueron hallados restos humanos fósiles del paleolítico medio.

Neápolis. V. KAVALLA.

neblina f. Niebla espesa y baja.

neblinoso, sa adj. Con neblina: *tarde neblinosa.*

Nebrasca, uno de los Estados Unidos de Norteamérica, en el NO. del centro; cap. *Lincoln.*

Nebrija (Antonio MARTÍNEZ DE CALA Y JARAVA, llamado **Elio Antonio de),** humanista y gramático español, n. en Lebrija (Sevilla) [1444-1522]. Fue profesor en las universidades de Salamanca y Alcalá, y publicó la primera *Gramática castellana* (1492).

nebrisense adj. y s. Lebrijano, de Nebrija, hoy Lebrija.

nebulosidad f. Pequeña oscuridad, sombra. || Proporción de nubes en el cielo, nubosidad. || *Fig.* Falta de claridad.

nebuloso, sa adj. Oscurecido por las nubes o la niebla: *cielo, día nebuloso.* || *Fig.* Sombrío. | Difícil de comprender: *doctrina nebulosa.* | Falto de claridad: *estilo nebuloso.* || — F. Materia cósmica que aparece en el firmamento como una nube difusa y luminosa.

necedad f. Calidad de necio. || Tontería, acción o palabra necia: *decir necedades.*

necesario, ria adj. Indispensable, que hace absolutamente falta: *el aire es necesario a la vida.* || Que sucede o ha de suceder inevitablemente: *la consecuencia necesaria de un principio.* || Que no puede dejar de ser: *verdad necesaria.*

neceser m. Estuche o maletín con varios objetos útiles para un fin determinado: *neceser de viaje.*

necesidad f. Calidad de necesario. || Lo que no puede evitarse: *necesidad ineludible.* || Fuerza, obligación: *necesidad de trabajar para vivir.* || Pobreza, carencia: *estar en la necesidad.* || Falta de alimento, inanición. || — Pl. Evacuación del vientre. || *De necesidad* o *por necesidad,* necesariamente.

necesitado, da adj. y s. Pobre, que carece de lo necesario.

necesitar v. t. e i. Haber menester de una persona o cosa: *necesito dinero; necesitamos de usted.*

necio, cia adj. y s. Ignorante. || Tonto.

Neckar, río de Alemania Occidental, afl. del Rin, que pasa por Tubinga, Stuttgart y Heidelberg y des. en Mannheim; 367 km.

Necker (Jacques), banquero y político francés (1732-1804), ministro de Luis XVI. Padre de Madame de Staël.

Necochea, c. de la Argentina (Buenos Aires). Ind. pesquera.

Necochea (Mariano), general argentino (1791-1849). Participó en las batallas de Chacabuco, Maipó y Junín.

necrófago, ga adj. y s. Que se alimenta de cadáveres: *insecto necrófago; larva nefrófaga.*

necróforo m. Género de insectos coleópteros que depositan sus huevos en los cadáveres.

necrología f. Escrito o discurso consagrado a un difunto. || Notificación de las muertes en una sección de un periódico.

necrológico, ca adj. Relativo a la necrología: *nota necrológica.*

necromancia f. Nigromancia.

necrópolis f. Subterráneo donde los antiguos enterraban los muertos. || Cementerio: *la necrópolis de Génova.*

necrosis f. *Med.* Muerte o gangrena de un tejido en una zona anatómica.

néctar m. Bebida de los dioses mitológicos. || *Fig.* Licor delicioso, exquisito. || Líquido azucarado segregado por los nectarios de las flores.

nectáreo, a adj. Que destila néctar o sabe a él.

nectario m. Glándula de las flores de ciertas plantas que segrega néctar.

necuazcual m. Especie de hormiga de México.

Nedjd, Nedjed o **Neyed,** emirato de Arabia Saudita, meseta montañosa de 1 800 m; 4 000 000 de h. Cap. *Er-Riad.*

Nee (Luis), botánico y explorador español del s. XVIII, de origen francés. Acompañó a Malaspina en su expedición científica a América (1789).

neerlandés, esa adj. y s. Holandés. || — M. Lengua germánica hablada en Holanda y el norte de Bélgica.

nefando, da adj. Indigno, execrable, de que no se puede hablar sin repugnancia u horror: *hombre, crimen nefando.*

nefasto, ta adj. Triste, funesto, desgraciado: *nefasto influjo.*

nefelometría f. *Quím.* Análisis hecho con el nefelómetro.

nefelómetro m. *Quím.* Instrumento para determinar la concentración y tamaño de las partículas en suspensión de un fluido.

Nefertiti, reina de Egipto (s. XIV a. de J. C.).

nefrectomía f. Ablación quirúrgica de un riñón.

nefrítico, ca adj. Relativo a los riñones: *absceso nefrítico.* || — Adj. y s. Que padece de nefritis.

nefritis f. *Med.* Inflamación de los riñones.

negable adj. Que se puede negar o desmentir.

negación f. Acción y efecto de negar. || Carencia o falta total de una cosa: *es la negación del arte.* || *Gram.* Partícula o voz que sirve para negar, como *no, ni.*

negado, da adj. y s. Incapaz o inepto para una cosa.

* **negar** v. t. Decir que una cosa no es cierta, desmentir: *negar un hecho.* || Dejar de reconocer una cosa, no admitir su existencia: *negar a Dios.* || Denegar: *negar una gracia.* || Prohibir, vedar: *negar un permiso.* || No confesar una falta, un delito: *negar ante el juez.* || — V. pr. Rehusar a hacer una cosa: *negarse a comer.*

negativo, va adj. Que incluye o supone negación o contradicción: *contestación negativa.* || — *Mat. Cantidad negativa,* la precedida del signo menos (—). || *Electricidad negativa,* una de las dos formas de electricidad estática. || *Prueba negativa,* cliché fotográfico en el que los blancos y negros están invertidos. || — M. Cliché fotográfico. || — F. Respuesta negativa, negación: *contestar con la negativa.* || No concesión de lo que se pide.

negatón m. *Fís.* Electrón negativo.

negligencia f. Abandono, descuido, omisión. || Falta de aplicación o de exactitud.

negligente adj. y s. Descuidado.

negociable adj. Que se puede negociar: *giro negociable.*

negociación f. Acción y efecto de negociar.

negociado m. Cada una de las dependencias en que se divide una oficina: *jefe de negociado.*

negociador, ra adj. y s. Que negocia: *negociador de la paz.*

negociante com. Persona que negocia. || Comerciante. || *Fig.* Interesado. || — M. Hombre de negocios: *un negociante en vinos.*

negociar v. i. Dedicarse a negocios, comerciar: *negociar en granos, en harina, en valores.* || — V. tr. Tratar dos o más personas para la resolución de un asunto. || Tratar de resolver asuntos internacionales: *negociar dos gobiernos la paz.* || Efectuar una operación con un valor bancario o de Bolsa. || Descontar una letra. || Gestionar, tramitar: *está negociando su cambio de empleo.*

negocio m. Establecimiento comercial: *tiene un buen negocio.* || Cualquier cosa de la que se saca ganancia o ventaja: *has hecho un buen negocio.* || Cualquier ocupación, trabajo o empleo, asunto: *no es negocio mío.* || — *Fig. Bonito negocio,* se emplea irónicamente para indicar que se ha sacado poca utilidad de una ocasión. | *Negocio redondo,* el muy ventajoso. | *Negocio sucio,* el que no es muy legal.

negrada f. *Amer.* Multitud de negros.

negrear v. i. Ponerse negro. || Tirar a negro.

* **negrecer** v. i. Ponerse negro.

negrero, ra adj. y s. Que se dedicaba a la trata de negros: *barco negrero.* || — M. *Fig.* Cruel, inhumano, duro con sus subordinados. | Explotador.

Negrete (Jorge), cantante y actor cinematográfico mexicano (1911-1953).

Negri Sembilan, Estado de la Federación de Malaysia, al SE. de la pen. de Malaca; cap. *Seremban.* Agricultura; caucho. Yacimientos.

negrilla f. *Impr.* Letra más gruesa y entintada que la usual. || Especie de congrio (pez). || Hongo microscópico parásito del olivo, naranjo y limonero.

Negrín (Juan), médico y político español (1887-1956), último jefe del Gobierno republicano durante la guerra civil (1936-1939).

negrito m. Individuo de una raza del archipiélago malayo.

negritud f. Condición de las personas de raza negra. || Conjunto de valores culturales de los pueblos negros: *ensalzar la negritud.*

negro, gra adj. De color totalmente oscuro: *cabellos negros.* || Oscuro, sombrío: *cielo negro.* || Bronceado, moreno: *se puso negra en la playa.* || *Fig.* Magullado, lívido: *le puso negro a palos.* | Triste, melancólico: *negro de pena.* | Furioso, indignado: *estar negro por algo.* | Apurado: *verse negro para resolver un problema.* | Desgraciado, infeliz: *tener una suerte negra.* | Borracho, ebrio: *todos en la taber-*

na se pusieron negros. || — Adj. y s. Dícese del individuo perteneciente a la raza negra: *un negro de África; una mujer negra.* || — M. Color negro: *un negro intenso.* || Bronceado: *el negro de la playa.* || *Negro de humo,* pigmento industrial negro formado por partículas finas de carbono. || — F. *Mús.* Nota equivalente a un cuarto de la redonda y que se representa por la cifra 4. || — *Fam. La negra,* la mala suerte: *caerle a uno la negra.* | *Pasarlas negras,* pasarlo muy mal.

Negro, río al S. de la Argentina, en Patagonia, que des. en el Atlántico; 1 013 km. — N. de dos volcanes al NO. de la Argentina (Catamarca y Jujuy); 5 424 y 5 525 m. — Río del Brasil (Rio Grande do Sul) que pasa por el Uruguay, donde se ha levantado la presa de Rincón del Bonete y des. en el río Uruguay; 600 km. — Río en el S. del Brasil (Paraná y Santa Catarina), afl. del Iguazú. — Río en el NO. del Brasil que nace en Colombia y pasa por Venezuela, afl. del Amazonas; 2 200 km. — Río fronterizo entre Nicaragua y Honduras que des. en el golfo de Fonseca. || ~ (MAR), mar interior del Mediterráneo que baña a Rusia, Turquía, Bulgaria y Rumania; 435 000 km². Es el antiguo *Ponto Euxino.*

Negro *(Príncipe).* V. EDUARDO.

negroide com. Propio de la raza negra o que se semeja mucho a ella.

Negroponto. V. EUBEA.

Negros, isla de Filipinas (Bisayas), muy poblada. Agricultura (arroz, tabaco, caña de azúcar).

negrura f. Calidad de negro.

negruzco, ca adj. Que tira a negro.

neguamel m. *Méx.* Cierta especie de maguey.

Neguev o **Negev,** desierto en el S. de Israel; 14 000 km².

Neguib (Mohamed). V. NAGUIB.

neguilla f. Planta cariofilácea. || Semilla de esta planta. || Arañuela, planta ranunculácea. || Mancha negra en la cavidad de los dientes de las caballerías.

negus m. Título dado al emperador de Etiopía.

Nehru (Pandit Jawaharlal), político indio (1889-1964), discípulo de Gandhi. Primer ministro de la India de 1947 a 1964.

Neiba, sierra de la Rep. Dominicana y Haití, junto al lago Enriquillo. — C. en el SO. de la Rep. Dominicana, cap. de la prov. de Baoruco.

Neira, c. de Colombia (Caldas).

Neira (Juan José), militar y patriota colombiano (1793-1840).

Neisse, en polaco *Nysa,* n. de dos ríos de Polonia *(Neisse oriental* y *Neisse occidental),* afl. del Oder; el Neisse occidental forma la frontera germano-polaca.

Neiva, c. del SO. de Colombia, cap. del dep. de Huila.

neivano, na adj. y s. De Neiva (Colombia).

Nejapa, v. de El Salvador (San Salvador).

Nelken (Margarita), escritora y militante socialista española (1898-1968). M. en el destierro.

Nelson, río del centro del Canadá; 650 km.

Nelson (Horatio), almirante inglés (1758-1805), vencedor de la escuadra hispanofrancesa en la batalla de Trafalgar. M. en el combate.

nelumbio m. Género de plantas que comprende el loto sagrado de la India.

Nellore, c. de la India (Andhra Pradesh).

nematelmintos m. pl. Clase de gusanos de cuerpo fusiforme sin apéndices locomotores, como la lombriz intestinal (ú. t. c. adj.).

nematodo adj. m. Dícese de los gusanos nematelmintos provistos de tubo digestivo, casi todos parásitos (ú. t. c. s. m.). || — M. pl. Orden que forman.

Nemea, valle de Grecia en Argólida.

nemeo adj. De Nemea. || — Pl. *Juegos nemeos,* los que se celebraban en Nemea cada dos años en honor de Heracles.

Nemocón, mun. de Colombia (Cundinamarca).

nemoroso, sa adj. *Poét.* Relativo o perteneciente al bosque. | Cubierto de bosques.

nemotecnia f. Mnemotecnia.

nemotécnico, ca adj. Mnemotécnico.

nene, na m. y f. *Fam.* Niño pequeño. | Apelativo de cariño, empleado sobre todo en femenino: *a Victoria sus padres la llaman nena.*

nenias f. pl. Cantos fúnebres de la Antigüedad grecorromana.

nenúfar m. Planta acuática ornamental de la familia de las ninfeáceas, que se cultiva en los estanques de los jardines.

neocatolicismo m. Doctrina politicorreligiosa que pretende restablecer la tradición católica en los gobiernos.

neocatólico, ca adj. y s. Partidario del neocatolicismo.

neocelandés, esa adj. y s. De Nueva Zelanda.

Neocesarea, ant. c. del Ponto (Asia Menor), hoy *Niksar.*

neoclasicismo m. Corriente literaria y artística inspirada en la Antigüedad clásica.

neoclásico, ca adj. y s. Propio del neoclasicismo o su partidario.

neocolonialismo m. Forma moderna de colonialismo cuyo objetivo es dominar económicamente a los países que han accedido a la independencia.

neocolonialista adj. y s. Propio del neocolonialismo o partidario del mismo.

neodarwinismo m. Teoría de la evolución basada en las mutaciones y en la selección natural.

neodimio m. Elemento químico de número atómico 60 (símb., Nd), metal del grupo de las tierras raras.

neoescolasticismo m. Movimiento filosófico del s. XIX, renovador de la escolástica.

neoespartano, na adj. y s. De Nueva Esparta (Venezuela).

neófito, ta m. y f. Persona recién convertida a una religión. || Persona que ha adoptado recientemente una opinión o partido. || *Fig.* Principiante en cualquier actividad: *carrera de neófitos.*

neógeno m. *Geol.* Período final de la era terciaria, subdividido en mioceno y plioceno.

neogongorismo m. Movimiento literario surgido en 1927 en España con motivo del tercer centenario de Góngora, y que se inspiró en este poeta.

neogótico, ca adj. y s. Aplícase a un estilo arquitectónico del s. XIX que se inspiró en el gótico.

neogranadino, na adj. y s. De Nueva Granada, hoy Colombia.

neohegelianismo m. Corriente filosófica del s. XX derivada de ciertos aspectos de la doctrina de Hegel.

neoimpresionismo m. Último período del impresionismo, llamado tb. *puntillismo.*

neokantismo m. Movimiento filosófico derivado del kantismo, nacido a mediados del s. XIX.

neolatino, na adj. Procedente o derivado de los latinos. || Aplícase especialmente a las lenguas derivadas del latín, como el castellano, el catalán, el francés, el portugués, el italiano, el rumano, etc.

neoliberalismo m. Doctrina económica que pretende renovar el liberalismo mediante la intervención limitada del Estado en lo jurídico y en lo económico.

neolítico, ca adj. y s. m. Aplícase al período de la era cuaternaria, que va del año 5000 al 2500 a. de J. C., entre el mesolítico y la edad de los metales.

— Durante el *neolítico,* el hombre pule la piedra, se dedica al trabajo agrícola y construye poblaciones lacustres.

neológico, ca adj. Relativo al neologismo: *expresión neológica.*

neologismo m. Vocablo, acepción o giro nuevo que se introduce en una lengua.

neomaltusianismo m. Teoría derivada de la de Malthus que defiende la utilización de todos los medios anticonceptivos.

neón m. Elemento químico de la familia de los gases raros, de número atómico 10 (símb., Ne), que se emplea en tubos luminosos para el alumbrado.

neopitagorismo m. Movimiento filosófico derivado de la doctrina de Pitágoras, que se desarrolló en Roma durante los dos primeros siglos de nuestra era.

neoplasma m. *Med.* Tumor.

neoplatónico, ca adj. Relativo al neoplatonicismo. || — Adj. y s. Que sigue esta doctrina.

neoplatonicismo m. Escuela filosófica de Alejandría (s. III y IV), cuyo principal representante fue Plotino.

neopositivismo m. Sistema filosófico derivado del de Auguste Comte, que insiste en la crítica de la ciencia y en la búsqueda del análisis lógico.

Neoptolemo. V. PIRRO.

neorrealismo m. Escuela cinematográfica italiana, iniciada en 1945, basada en la presentación descarnada de la realidad cotidiana.

neosegoviano, na adj. y s. De Nueva Segovia (Nicaragua).

neotoma f. Mamífero roedor americano, parecido a la rata de agua.

neotomismo m. Doctrina filosófica moderna cuyo origen está en la de Santo Tomás de Aquino.

Neovolcánica (CORDILLERA), cord. de México que va desde el Pacífico hasta el golfo de México.

neoyorquino, na adj. y s. De Nueva York.

neozelandés, esa adj. y s. Neocelandés.

neozoico, ca adj. *Geol.* Aplícase a la era terciaria (ú. t. c. s. m.).

Nepal, reino de Asia, en el Himalaya, al N. de la India; 140 753 km²; 10 294 000 h. *(nepaleses).* Cap. *Katmandú;* 193 300 h. Agricultura, ganadería.

nepalés, esa, adj. y s. Del Nepal.

Neper o **Napier** (John), matemático escocés (1550-1617), inventor de los logaritmos llamados *neperianos.*

neperiano, na adj. Aplícase a los logaritmos inventados por el matemático John Neper.

Nepomuceno (Alberto), músico brasileño (1864-1920).

nepote m. Pariente y privado del Papa.

Nepote (Cornelio), escritor y filósofo latino del s. I a. de J. C.

nepotismo m. Favor que disfrutaban, con ciertos papas, sus sobrinos y allegados. || *Fig.* Abuso de poder en favor de parientes o amigos: *el nepotismo de un alcalde.*

neptuniano, na o **neptúnico, ca** adj. *Geol.* Aplícase a los terrenos y a las rocas de formación sedimentaria.

neptunio m. Elemento químico transuránico (símb., Np), radiactivo, de número atómico 93, que se obtiene en los reactores nucleares.

neptunismo m. *Geol.* Teoría que atribuye la configuración de la corteza terrestre a la acción exclusiva de las aguas.

Neptuno, dios romano del Mar, hijo de Saturno, hermano de Júpiter y de Plutón. Es el *Poseidón* griego.

Neptuno, planeta situado más allá de Urano, descubierto por Le Verrier en 1846.

nequáquam adv. *Fam.* De ningún modo, ni hablar.

nereida f. *Mit.* Cualquiera de las ninfas del mar que personificaban el movimiento de las olas. (V. DORIS.)

Neri (San Felipe). V. FELIPE NERI.

Nerja, v. del S. de España (Málaga). Cueva arqueológica.

Nernst (Walter), físico y químico alemán (1864-1941), inventor de una lámpara eléctrica y autor de estudios sobre las bajas temperaturas. (Pr. Nóbel, 1920.)

Nerón (37-68), emperador romano desde el año 54. Hijo de Agripina, fue adoptado por Claudio, a quien sucedió, y tuvo por maestro a Séneca. Gobernó con crueldad e hizo matar a su madre, a Octavia, su primera esposa, a su hermanastro Británico y a su favorita y esposa Popea. Persiguió a los cristianos y murió asesinado.

neroniano, na adj. Propio de Nerón. ‖ *Fig.* Cruel, sanguinario.

Neruda (Neftalí Ricardo REYES, llamado **Pablo**), poeta chileno, n. en Parral (Linares) [1904-1973]. Canta en sus versos la América indígena y es autor de poemas de inspiración social y revolucionaria (*Crepusculario, Veinte poemas de amor y una canción desesperada, Residencia en la tierra, España en el corazón, Canto general, Memorial de isla Negra, Odas elementales,* etc.). Después de morir se publicaron sus memorias (*Confieso que he vivido*). [Pr. Nóbel, 1971.]

Nerva, mun. y v. en el SO. de España (Huelva).

Nerva (26-98), emperador romano (96-98). Adoptó a Trajano.

nervadura f. *Arq.* Moldura saliente de una bóveda. ‖ *Bot.* Conjunto de los nervios de una hoja.

Nerval (Gérard de), poeta romántico francés (1808-1855).

nervio m. *Anat.* Cada uno de los cordones fibrosos blanquecinos que, partiendo del cerebro y de la médula espinal u otros centros, se distribuyen por todas las partes del cuerpo, y son los órganos de la sensibilidad y del movimiento. | Aponeurosis, o cualquier tendón o tejido blanco, duro y resistente. ‖ *Arq.* Nervadura. ‖ Cuerda de un instrumento músico. ‖ Filamento en las hojas de las plantas. ‖ Cordón que une los cuadernillos en el lomo de un libro encuadernado. ‖ *Fig.* Fuerza, vigor, energía: *un hombre de mucho nervio.* | Ánimo, brío. | Alma: *es el nervio de la empresa.* ‖ — *Nervio de buey,* vergajo. ‖ *Nervio óptico,* el que desde el ojo transmite al cerebro las impresiones luminosas. ‖ *Fig. Ser un manojo de nervios,* ser muy nervioso. | *Tener los nervios de punta,* estar muy nervioso.

Nervión, río del N. de España que pasa por Bilbao y des. en el mar Cantábrico; 72 km.

nerviosidad f. Inquietud, excitación, falta de calma o aplomo.

nerviosismo m. Nerviosidad. ‖ Debilidad nerviosa, irritabilidad.

nervioso, sa adj. Que tiene nervios: *tejido nervioso.* ‖ Relativo a los nervios: *dolor nervioso.* ‖ De nervios irritables. ‖ Irritado. ‖ *Fig.* Que tiene vivacidad, inquieto: *niño nervioso.* ‖ — *Centros nerviosos,* el encéfalo y la médula. ‖ *Sistema nervioso,* conjunto de nervios, ganglios y centros nerviosos que recogen las excitaciones sensoriales y coordinan los actos vitales.

Nervo (Amado), poeta modernista mexicano, n. en Tepic (Nayarit) [1870-1919], renovador de la métrica y autor de composiciones de gran sensibilidad (*Serenidad, Elevación, La amada inmóvil, El arquero divino,* etc.) y de relatos (*El bachiller*).

nervosidad f. Carácter o estado de la persona nerviosa. ‖ Fuerza y actividad nerviosa. ‖ *Fig.* Fuerza de un razonamiento.

nervudo, da adj. De nervios robustos y bien templados.

nesga f. Pieza triangular que se añade a un vestido para ensancharlo o darle mayor vuelo.

nesgar v. tr. Poner nesgas. ‖ Cortar una tela al bies en la dirección de los hilos.

Neso, centauro matado por Heracles, por haber querido raptar a Deyanira. (*Mit.*)

Nestorio, heresiarca (¿380?-451), patriarca de Constantinopla de 428 a 431. A causa de su doctrina (V. NESTORIANISMO) fue depuesto por el Concilio de Éfeso y condenado al destierro.

nestorianismo m. Herejía de Nestorio, que sostenía la división de la unidad de Jesucristo en dos personas, divina y humana.

nestoriano, na adj. y s. Del nestorianismo.

net m. (pal. ingl.). En tenis o ping pong, dícese de la pelota que, en el saque, toca la red antes de caer en el campo adverso.

neto, ta adj. Claro, sin disfraz: *afirmación neta.* ‖ Dícese de un ingreso del que ya se han hecho los descuentos correspondientes: *sueldo neto.* ‖ Dícese del benefico o ganancia de un comerciante una vez hechos los descuentos en concepto de cargas o gravámenes. ‖ Aplícase al peso de una mercancía después de quitar el de los embalajes, envases o todo lo que no sea la misma mercancía. ‖ — M. Pedestal de la columna.

Nettlau (Max), historiador austriaco (1865-1944). Autor de *Bakunin, la Internacional y la Alianza en España.*

Netzahualcóyotl (1402-1472), rey mexicano coronado en Texcoco en 1428. Fue poeta y legislador.

Netzahualpilli (1465-1516), rey de Texcoco, hijo de Netzahualcóyotl. Fue astrólogo.

Neuchâtel, c. del O. de Suiza, cap. del cantón homónimo, a orillas del *lago de Neuchâtel.* Universidad.

Neuilly-sur-Seine, c. de Francia, al O. de París (Hauts-de-Seine).

neuma m. *Mús.* Signo que se empleaba en la notación del canto llano. ‖ *Ret.* Expresión de un sentimiento por medio de signos o gestos, como mover lateralmente la cabeza para negar

neumático, ca adj. *Fís.* Dícese de la máquina que sirve para extraer el aire de un recipiente: *máquina neumática.* ‖ — M. Cubierta de caucho vulcanizado que se fija a las ruedas de los vehículos y en cuyo interior va una cámara de aire. ‖ — F. Parte de la física que estudia las propiedades mecánicas de los gases.

neumococo m. *Med.* Microbio diplococo que produce la pulmonía y otras infecciones.

neumogástrico, ca adj. y s. m. Dícese del nervio que se extiende por los bronquios, el corazón y el aparato digestivo.

neumonía f. *Med.* Pulmonía.

neumotórax m. *Med.* Enfermedad producida por la entrada del aire en la cavidad de la pleura. ‖ *Neumotórax artificial,* método de tratamiento de la tuberculosis pulmonar mediante la inyección de nitrógeno o aire en la cavidad de la pleura.

Neumünster, c. en el N. de Alemania Occidental (Schlesvig-Holstein). Metalurgia.

Neunkirchen, c. en el O. de Alemania Occidental (Sarre). Siderurgia.

Neuquen o **Neuquén,** río del centro de la Argentina, afl. del Negro; 550 km. — C. en el O. de la Argentina, cap. de la prov. homónima. La prov. dispone de recursos minerales, ganadería, bosques.

neuquino, na adj. y s. De Neuquen (Argentina).

neuralgia f. *Med.* Dolor en un nervio y sus ramificaciones, sin inflamación.

neurálgico, ca adj. Relativo a la neuralgia: *dolor neurálgico.* ‖ *Fig.* Sensible: *punto neurálgico.*

neurastenia f. *Med.* Enfermedad producida por debilidad del sistema nervioso.

neurasténico, ca adj. Relativo a la neurastenia. ‖ — Adj. y s. Que padece neurastenia.

neurisma m. Aneurisma.

neurítico, ca adj. *Med.* Relativo a la neuritis.

neurita f. Fibra nerviosa.

neuritis f. *Med.* Inflamación de un nervio.

neurocirujano m. Cirujano del sistema nervioso y del cerebro.

neurocirugía f. Cirugía del sistema nervioso.

neuroesqueleto m. Esqueleto interno, formado por piezas óseas o cartilaginosas, de los vertebrados.

neurología f. Parte de la anatomía que trata del sistema nervioso.

neurólogo, ga m. y f. Especialista en neurología.

neuroma m. Tumor que se forma en el tejido de los nervios.

neurona f. Célula nerviosa.

neurópata adj. y s. Que padece una enfermedad nerviosa.

neuropatía f. *Med.* Afección nerviosa.

neuropatología f. Ciencia que estudia las enfermedades del sistema nervioso.

neuróptero adj. y s. m. Dícese del orden de insectos que tienen dos pares de alas membranosas y reticulares, como el comején.

neurosis f. *Med.* Enfermedad nerviosa que se manifiesta por trastornos psíquicos, sin que aparezca lesión orgánica.

neurótico, ca adj. Relativo a la neurosis. ‖ — Adj. y s. Que padece neurosis.

neurovegetativo, va adj. Aplícase al sistema nervioso que regula la vida vegetativa.

Neuss, c. en el O. de Alemania Occidental (Rin Septentrional-Westfalia), frente a Dusseldorf. Puerto fluvial.

Neustria, uno de los tres grandes reinos francos situado en la región N. y NO. de Francia. Llamóse tb. *Reino del Oeste.*

neutonio m. *Fís.* Newton.

neutral adj. Que no está a favor de uno ni de otro: *hombre neutral* (ú. t. c. s. m.). ‖ Que no interviene en la guerra promovida por otros: *país neutral.*

neutralidad f. Calidad de neutral. ‖ Situación de un Estado que permanece al margen de un conflicto armado entre dos o más potencias.

neutralismo m. Doctrina que no admite la adhesión a una alianza militar.

neutralista adj. Relativo al neutralismo. ‖ — Adj. y s. Partidario del neutralismo.

neutralización f. Acción y efecto de neutralizar o neutralizarse. ‖ Concesión de un estatuto de no beligerancia a un territorio, una ciudad, etc.

neutralizante adj. y s. m. Que neutraliza.

neutralizar v. t. Hacer neutral. ‖ *Quím.* Hacer neutra una sustancia: *neutralizar un ácido con una base.* ‖ *Fig.* Anular el efecto de una causa mediante una acción contraria: *neutralizar un ataque.* ‖ — V. pr. Anularse, hacer equilibrio.

neutro, tra adj. *Gram.* Relativo al género que no es masculino ni femenino y del vocablo que puede llevar el atributo *lo* (ú. t. c. s. m.). | Dícese del verbo que no puede tener complemento directo: *verbo neutro o intransitivo.* ‖ *Quím.* Aplícase al compuesto que no es básico ni ácido: *sal neutra.* ‖ Relativo a los cuerpos que no presentan ninguna electrización. ‖ Aplícase a los animales que no tienen sexo. ‖ Indiferente en política, neutral.

neutrón m. *Fís.* Partícula eléctricamente neutra que, junto con los protones, constituye uno de los núcleos de los átomos.

Neva, río en el N. de la U. R. S. S. (Rusia), muy caudaloso, que nace en el lago Ladoga, pasa por Leningrado y des. por un amplio delta en el golfo de Finlandia; 74 km.

nevada f. Acción y efecto de nevar. ‖ Nieve caída.

Nevada, uno de los Estados Unidos en el O. de Norteamérica (Montañas Rocosas); cap. *Carson City*. ‖ ~ (SIERRA), cadena montañosa del S. de España en la Cord. Penibética; cumbre máx. en el *pico de Mulhacén;* 3 478 m. — Sierra al O. de Estados Unidos (California); 4 418 m en el *Monte Whitney*. V. SIERRA NEVADA. ‖ **~ de Mérida** (SIERRA), cadena montañosa de los Andes en el O. de Venezuela; alt. máx. 5 002 m. ‖ **~ de Santa Marta** (SIERRA), macizo montañoso en el N. de Colombia (Magdalena); alt. máx. en el *pico Cristóbal Colón;* 5 775 m.

nevado, da adj. Cubierto de nieve. ‖ *Fig.* Blanco como la nieve: *cabeza nevada*. ‖ — M. *Amer.* Alta cumbre cubierta de nieve: *el nevado de Sajama*.

Nevado, cerro del O. de la Argentina (Mendoza); 3 810 m. — Volcán en el NO. de la Argentina (Catamarca); 5 300 m. — Cerro de Colombia (Meta), en la Cord. Oriental; 4 285 m.

* **nevar** v. impers. Caer nieve. ‖ — V. t. *Fig.* Poner blanca una cosa.

nevasca f. Nevada. ‖ Ventisca, borrasca de viento y nieve.

nevatilla f. Aguzanieve.

nevera f. Refrigerador, armario frigorífico. ‖ Sitio donde se guarda nieve. ‖ *Fig.* Habitación muy fría.

nevero m. *Geol.* Ventisquero.

Nevers [-ver], c. del centro de Francia, a orillas del Loira, cap. del dep. de Nièvre. Obispado.

Neves, c. en el E. del Brasil (Río de Janeiro).

Neville (Edgar), comediógrafo, narrador y poeta español (1899-1967).

nevisca f. Nevada ligera.

neviscar v. impers. Nevar poco.

nevoso, sa adj. Que tiene nieve. ‖ Que va a nevar: *tiempo nevoso*.

Nevski (*Orden de Alejandro*). V. ALEJANDRO NEVSKI.

New ‖ **~ Bedford,** c. en el E. de Estados Unidos (Massachusetts). ‖ **~ Britain,** c. en el E. de Estados Unidos (Connecticut). ‖ **~ Hampshire,** uno de los Estados Unidos de Norteamérica, al NE. (Nueva Inglaterra); cap. *Concord*. ‖ **~ Haven,** c. y puerto en el E. de Estados Unidos (Connecticut). Universidad Yale. ‖ **~ Jersey.** V. NUEVA JERSEY. ‖ **~ Neuland.** V. COLONIAS MENNONITAS. ‖ **~ Sarum.** V. SALISBURY. ‖ **~ York.** V. NUEVA YORK.

new deal m. (pal. ingl.). Conjunto de reformas sociales y económicas realizadas en Estados Unidos por el presidente Roosevelt para vencer la crisis por la que atravesaba el país (1933).

Newark, c. y puerto en el E. de Estados Unidos (Nueva Jersey). Centro industrial.

Newbery (Eduardo), ingeniero y aviador argentino, m. en 1908. — Su hermano JORGE (1875-1914) fue tb. un gran impulsor de la aviación en su país.

Newcastle, c. y puerto del SE. de Australia (Nueva Gales del Sur). — C. y puerto de Gran Bretaña al NE. de Inglaterra y a orillas del Tyne, cap. del condado de Northumberland. Universidad. Industrias.

Newfoundland. V. TERRANOVA.

Newhaven, c. y puerto de Gran Bretaña al S. de Inglaterra y a orillas del canal de la Mancha (Sussex).

Newman (John Henry), cardenal y teólogo católico inglés (1801-1890), autor de *Gramática del asentimiento*.

Newmarket, c. de Gran Bretaña, al E. de Inglaterra (Suffolk). Famosas carreras de caballos.

Newport, c. y puerto en el NE. de Estados Unidos (Rhode Island). — C. y puerto de Gran Bretaña al S. de Inglaterra, cap. del condado de Monmouth. ‖ **~ News,** c. y puerto en el E. de Estados Unidos (Virginia).

newton o **neutonio** m. *Fís.* Unidad de fuerza (símb., N), equivalente a la fuerza que comunica a una masa de un kg una aceleración de un m/s por segundo.

Newton (Sir Isaac), matemático, físico, astrónomo y filósofo inglés (1642-1727). Descubrió las leyes de la gravitación universal, de la descomposición de la luz y el cálculo infinitesimal, al mismo tiempo que Leibniz.

newtoniano, na adj. Relativo al sistema de Newton.

nexmel m. *Méx.* Cierta clase de maguey que tiene color de ceniza.

nexo m. Lazo, vínculo, unión. ‖ Relación: *palabras sin nexo*.

Ney [*ne*] (Michel), mariscal de Francia (1769-1815). Participó en las guerras de la Revolución y del Primer Imperio. M. fusilado.

Neyba. V. NEIBA.

Neyed. V. NEDJD.

Nezahualcóyotl. V. NETZAHUALCÓYOTL.

Nganchan o **Anchan,** c. al NE. de China (Liaoning). Metalurgia.

Nganhuei o **Anhué,** prov. de China oriental; cap. *Hofei*. Agricultura. Minas.

Nganking o **Anking,** c. en el E. de China (Nganhuei). Centro agrícola.

Ngantong o **Antong,** c. y puerto en el NE. de China (Liaoning). Industrias.

Nganyang o **Anyang,** c. en el E. de China (Honan).

Nha Trang, c. y puerto en el E. del Vietnam del Sur.

ni conj. Enlaza vocablos u oraciones expresando negación: *ni pobre ni rico*. ‖ Incluso: *ni lo dijo a sus amigos*. ‖ *Ni que*, como si: *ni que fuera tonto*.

Ni, símbolo químico del *níquel*.

Niágara, río de América del Norte, en la frontera entre Canadá y Estados Unidos. Une los lagos Erie y Ontario y forma las célebres *Cataratas del Niágara* (47 m de alt.). Central eléctrica.

Niagara Falls, c. en el NE. de Estados Unidos (Nueva York) a orillas del Niágara. Ind. electrometalúrgica. — C. en el SE. del Canadá (Ontario), junto a las cataratas. Centro turístico.

Niamey, cap. de la Rep. del Níger; 42 000 h. A orillas del río Níger y en el SO. del país.

Nianza, región del SO. de Kenia.

Niasa. V. NYASSA.

nibelungo m. En la mitología germánica, hijo de la Niebla.

Nibelungos (*La Canción de los*), epopeya germánica, escrita hacia 1200.

Nicaragua, lago de Nicaragua que comunica con el mar Caribe por medio del río San Juan; 8 264 km². Tiene varias islas, como la de Ometepe. Recibe tb. el n. de *Gran Lago, Lago Cocibolca* o *Lago de Granada*.

Nicaragua, rep. de América Central que limita al N. con Honduras y al S. con Costa Rica; 148 000 km²; 2 000 000 h. (*nicaragüenses*). Cap. *Managua*, 317 000 h. Otras c.: *Matagalpa*, 61 000 h.; *Chinandega*, 36 000; *León*, 65 000; *Masaya*, 35 000; *Granada*, 41 000, y *Bluefields*, 23 000. Administrativamente, Nicaragua está dividida en 16 departamentos y una comarca (Cabo Gracias a Dios). La población es mestiza en un 77 p. ciento, blanca en un 10 p. ciento, negra en un 9 p. ciento e india en un 4 p. ciento. La mayoría profesa la religión católica, y el vehículo de expresión es el castellano o español, si bien existen algunas lenguas indígenas. La densidad de población es de 12 h/km².

— GEOGRAFÍA. Dos cadenas montañosas atraviesan el país, una en la costa del Pacífico y otra que prolonga los Andes centroamericanos y toma en el N. el nombre de Sierra de la Botija. Se desprenden algunas estribaciones hacia el E., como son las cordilleras de Dipilto, Jalapa e Isabelia (2 000 m). Son también notables los volcanes de la costa del Pacífico, como el Cosigüina (859 m) y el San Cristóbal (1 745 m). Los ríos de la vertiente del Pacífico son cortos y poco caudalosos; en el Atlántico desembocan los ríos Coco o Segovia (fronterizo con Honduras), Cucaloya, Matagalpa, Escondido y San Juan. Existen numerosas lagunas y los lagos de Managua y Nicaragua. El litoral del Pacífico (410 km) es bajo y arenoso, y sus principales accidentes son la península de Cosigüina y el golfo de Fonseca. La costa del Atlántico es más escabrosa y presenta el cabo Gracias a Dios. En el interior, la temperatura es templada, mientras que en las costas es cálida, muy húmeda en la zona del Atlántico. La agricultura es la principal riqueza del país: maíz, café, plátanos, algodón, caucho y explotaciones forestales. La ganadería es importante y la minería, poco explotada, representa una fuente potencial de riqueza. La industria nicaragüense comienza a desarrollarse y se han hecho grandes progresos en la electrificación del país. La carretera Panamericana (384 km) y 400 km de ferrocarril aseguran las comunicaciones, a lo que hay que añadir los transportes aéreos, marítimos y fluviales. Los puertos más importantes son: Corinto, San Juan del Sur, Puerto Somoza y Puerto Morazán, en el Pacífico, y Bluefields, Puerto Cabezas, Prinzapolca, Río Grande, Laguna de Perlas y San Juan del Norte, en el Atlántico. A 12 km de Managua se halla el aeropuerto internacional de Las Mercedes.

— HISTORIA. Antes de la llegada de los españoles, el territorio nicaragüense estaba habitado por varias tribus indígenas: mosquitos, nicaraos y chontales. Cristóbal Colón tocó en el cabo Gracias a Dios durante su cuarto viaje, pero fue Gil González Dávila el primero en internarse por el país. Fue recibido amistosamente por los caciques Nicoya y Nicarao, y descubrió el lago de Nicaragua, mientras que su piloto, Andrés Niño, descubría el golfo de Fonseca. Durante la época colonial, Nicaragua formó parte de la Capitanía General de Guatemala. En el s. XVII sufrió repetidos ataques de los piratas ingleses, los cuales se instalaron el siglo siguiente en la Costa de los Mosquitos. Desde 1811 se hizo patente el movimiento de emancipación, y la independencia del istmo (excepto Panamá) fue proclamada en 1821. El año siguiente, Nicaragua quedó anexada a México, junto con los otros países centroamericanos, que se separaron en 1823 para formar las Provincias Unidas de Centroamérica; pero la federación fue disuelta en 1838; si bien hubo otros intentos fallidos de unión centroamericana en 1842 y 1847. De 1855 a 1857, Nicaragua sufrió el ataque del aventurero William Walker, pero recibió el apoyo y la solidaridad de los otros países americanos para liberarse de este filibustero. La historia de Nicaragua independiente ha estado marcada por la permanente tensión entre los liberales de León y los conservadores de Granada, lo que ha sido causa de una gran inestabilidad política. La capital fue trasladada de León a Managua en 1858, y se promulgó una Constitución que regiría el país durante 35 años. José Santos Zelaya, pres. de 1893 a 1909, expulsó a los ingleses que quedaban en la Costa de los Mosquitos. Las tropas norteamericanas, llamadas por el pres. Díaz, permanecieron en Nicaragua de 1912 a 1933, y el caudillo Augusto César Sandino luchó contra ellas, muriendo asesinado en 1934. Luego ocupó la presidencia el general Anastasio Somoza, a quien sucedió su hijo Luis Somoza Debayle (1956-1963). René Schick triunfó en las elecciones de 1963 y murió durante su mandato (1966), año en que unas nuevas elecciones llevaron a la

en las que abundan las sabanas y las selvas, están habitadas por tribus de carácter primitivo y nómadas. Recursos agrícolas.

niceno, na adj. Natural de Nicea (ú. t. c. s.). ‖ Relativo o perteneciente a esta antigua ciudad de Bitinia (Anatolia). [En los siglos IV y VII se celebraron dos *concilios ecuménicos nicenos*, el primero, en el que se distinguió Osio, obispo de la ciudad española de Córdoba, que combatió el arrianismo, y el segundo discutió sobre el culto rendido a las imágenes y sobre la doctrina que profesaban los iconoclastas.]

nicotinismo o **nicotismo** m. Conjunto de trastornos morbosos causados por el abuso del tabaco.

Nicoya, penins. y golfo del NO. de Costa Rica, en el océano Pacífico.

Nicoya, cacique indio centroamericano de tiempos de la conquista española.

nictagináceas f. pl. Familia de plantas tropicales cuyo tipo es el dondiego (ú. t. c. adj.).

nictálope adj. y s. Que padece nictalopía.

nictalopía f. Anomalía de los ojos por la cual la visión es débil durante el día y aumenta de grado por la noche.

presidencia al general Anastasio Somoza Debayle, hijo también del antiguo presidente. Éste en 1972 dejó el poder a un triunvirato encargado de regir el país hasta las elecciones de 1974, año en que fue reelegido. Un terremoto asoló la capital a finales de 1972.

nicaragüeño, ña o **nicaragüense** adj. Natural de Nicaragua. Ú. t. c. s.: *los nicaragüenses son centroamericanos.* ‖ Perteneciente a esta República.

nicarao adj. y s. Aplícase a una tribu indígena existente en Nicaragua antes de que el país fuese descubierto por los españoles.

Nicarao, cacique indio de Centroamérica (s. XVI), aliado de los españoles, que dio su nombre al actual Nicaragua.

Nice. V. NIZA.

Nicea, c. de Bitinia (Anatolia) en la que se celebraron dos concilios ecuménicos en 325 y 787 (v. NICENO). La ciudad fue de 1204 a 1261 capital del Imperio bizantino, en lugar de Constantinopla. Actualmente su nombre ha sido cambiado por el de *Iznik.*

Nicobar (ISLAS), archip. de la India, cerca de la isla de Sumatra; 1 645 km²; 12 500 h. Las islas,

Nicolaiev. V. NIKOLAIEV.

Nicolás *(San)*, obispo de Mira en Licia (s. IV). Patrón de Rusia. Fiesta el 6 de diciembre.

Nicolás, n. de cuatro papas.

Nicolás ‖ ~ **I** (1796-1855), zar de Rusia desde 1825, hijo de Pablo I. Vencido por Francia e Inglaterra en Crimea (1855). ‖ ~ **II** (1868-1918), zar de Rusia desde 1894, hijo y sucesor de Alejandro III. Durante su reinado estallaron la guerra ruso-japonesa, la primera mundial y las dos revoluciones de 1917. M. asesinado por los bolcheviques.

Nicolás Suárez, prov. de Bolivia (Pando); cap. *Porvenir.*

Nicolau d'Olwer (Luis), historiador y político español (1888-1961). Ministro de la República en 1931. Autor de *Cronistas de las culturas precolombinas.* M. en la c. de México.

Nicomedia. V. IZMIT.

Nicópolis. V. NIKOPOL.

Nicosia, cap. de Chipre, al N. de la isla; 103 000 h.

Nicot (Jean), diplomático francés (¿1530-1600?), que introdujo el tabaco en su país.

nicotina f. *Quím.* Alcaloide del tabaco muy venenoso.

nictebac m. Ciervo o venado de México (Yucatán).

Nicuesa (Diego de), conquistador español del s. XVI, n. en Baeza (Jaén), gobernador de Castilla del Oro (1508). Exploró la costa atlántica de Panamá y parte de la de Costa Rica.

nicho m. Hueco en un muro que al tapiarlo sirve de sepultura. ‖ Concavidad en el espesor de un muro para poner una imagen, estatua, jarrón, etc.

nidada f. Nido. ‖ Conjunto de los huevos o de la cría en el nido.

nidal m. Ponedero de gallinas u otras aves domésticas.

Nidaros. V. TRONDHEIM.

nidificar v. t. Hacer un nido.

nido m. Especie de lecho que forman las aves, ciertos insectos y algunos peces para depositar sus huevos. ‖ Cavidad en que viven ciertos animales: *nido de ratas.* ‖ *Por ext.* Lugar donde procrean otros animales: *nido de abejas.* ‖ *Fig.* Lugar donde se agrupan ciertas cosas: *nido de ametralladoras.* | Lugar originario de ciertas cosas inmateriales: *nido de herejías, de disputas, de difamaciones.* | Casa, patria, morada de uno: *nido patrio.* | Guarida, madriguera: *un nido de mal-*

hechores, de bribones. ‖ — *Fig.* y *fam. Caído de un nido,* aplícase al demasiado crédulo. ‖ *Mesa de nido,* aplícase a aquella debajo de la cual se encajan otras menores.

niebla f. Nube en contacto con la Tierra. ‖ *Fig.* Confusión u oscuridad en las cosas o negocios. ‖ Opacidad en la córnea. ‖ Añublo.

Niederselters, c. de Alemania Occidental (Hesse). Aguas gaseosas.

Niemen, río del NO. de la U. R. S. S. (Rusia Blanca y Lituania) que des. en el mar Báltico; 880 km.

Niemeyer (Óscar), arquitecto brasileño, n. en 1907, que participó en la construcción de Brasília.

Niepce (Nicéphore), físico francés (1765-1833), inventor de la fotografía.

Nieremberg (Juan Eusebio), jesuita y escritor ascético español (¿1595?-1658).

nieto, ta m. y f. Hijo o hija del hijo o de la hija, con relación al abuelo o abuela. ‖ *Por ext.* Descendiente de una línea en las terceras, cuartas y demás generaciones.

Nieto Caballero (Luis Eduardo), escritor colombiano (1888-1957), autor de *Colombia joven.*

Nietzsche (Friedrich), filósofo alemán, n. en Rökken (1844-1900). Sus teorías influyeron en los defensores del racismo germánico. Autor de *Así hablaba Zaratustra.*

nietzscheano, na adj. Relativo a Nietzche o a su doctrina. ‖ Partidario de esta doctrina (ú. t. c. s.).

nieve f. Agua helada que se desprende de las nubes en forma de copos blancos. ‖ *Fig.* Blancura extremada: *blanco como la nieve.* ‖ — Pl. Nevada: *cayeron las primeras nieves.*

Nièvre, dep. del centro de Francia; cap. *Nevers.*

nife m. *Geol.* Núcleo hipotético de la Tierra formado por una materia pesada a base de níquel y hierro.

Níger, río del O. de África que des. en el golfo de Guinea; 4 200 km.

Níger, rep. de África occidental; 1 188 794 km²; 4 000 000 h. (*nigerios*). Cap. *Niamey,* 42 000 h. Ganadería, agricultura. Fue colonia francesa, y accedió a la independencia en 1960.

Nigeria, Estado de África occidental; 924 000 km²; 63 870 000 hab. (*nigerianos*). Cap. *Lagos,* 665 200 h.; c. pr. *Ibadán,* 627 100; *Ogbomoso,* 343 300; *Kano,* 295 400; *Oshogbo,* 209 000; *Ife,* 130 100; *Iwo,* 158 600. Yacimientos de petróleo y de niobio. Nigeria fue protectorado británico desde 1885, obtuvo la independencia en 1960 y proclamó la República en 1963.

nigeriano, na adj. y s. De Nigeria.

nigerio, ria adj. y s. De la Rep. del Níger.

night-club [*naitclab*] m. (pal. ingl.). Cabaret, sala de fiestas, club nocturno.

Nigricia, ant. n. del *Sudán.*

nigromancia f. Adivinación supersticiosa del futuro por medio de la evocación de los muertos. ‖ *Fam.* Magia negra o diabólica.

nigromante m. y f. Persona que ejerce la nigromancia.

Nigromante *(El).* V. RAMÍREZ (Ignacio).

nigromántico, ca adj. Relativo a la nigromancia. ‖ — M. Nigromante.

nigua f. Insecto díptero americano semejante a la pulga. ‖ *Fam. Amer. Pegarse como nigua,* estar uno constantemente con una persona.

niguatero o **nigüero** m. *Amer.* Lugar donde hay niguas.

nihil obstat expr. lat. Fórmula empleada por la censura eclesiástica para dar su aprobación a una publicación por que ésta no contiene nada contra la o la moral.

nihilismo m. *Fil.* Negación de toda creencia o de todo principio político y social.

nihilista adj. y s. Partidario del nihilismo.

Niigata, c. y puerto del Japón en el O. de la isla de Honshu. Refinerías de petróleo.

Niihama, c. y puerto del Japón (Sikuku). Metalurgia.

Nijinski (Vaslav), bailarín ruso de origen polaco (1890-1950).

Nijni ‖ **~ Novgorod.** V. GORKI. ‖ **~ Taguil,** c. de la U. R. S. S. en la región del Ural (Rusia), al E. de Perm. Minas de hierro y cobre. Metalurgia.

Nikolaiev o **Nicolaiev,** c. y puerto de la U. R. S. S. (Ucrania).

Nikopol, c. del N. de Bulgaria, a orillas del Danubio. Llamóse ant. *Nicópolis.* Victoria de Trajano sobre los dacios. — C. de la U. R. S. S. (Ucrania), a orillas del Dnieper. Minas de manganeso.

Niksar. V. NEOCESAREA.

Nilo, río de África que nace en el lago Victoria y atraviesa el Sudán, donde toma el n. de *Nilo Blanco.* Cerca de Jartum se une con el *Nilo Azul* (Bahr el-Azrak), penetra en Egipto y des. en el Mediterráneo por un amplio delta formado por dos brazos; 6 700 y 5 600 km, respectivamente. En su curso se encuentra la presa de Asuán.

nilón m. Nylon.

nimbar v. t. Circuir o rodear con un nimbo.

nimbo m. Aureola, círculo luminoso que se suele poner sobre la cabeza de las imágenes de santos. ‖ Nube baja formada por la aglomeración de cúmulos. ‖ Círculo que rodea a veces un astro.

Nimega, c. del SE. de Holanda (Güeldres). Universidad. Tratado firmado por España en 1679 por el que cedía a Francia el Franco Condado y varias plazas de Flandes.

Nimes, c. del S. de Francia, cap. del dep. del Gard. Obispado. Monumentos romanos.

nimiedad f. Pequeñez, insignificancia, fruslería. ‖ Minuciosidad.

nimio, mia adj. Pequeño, insignificante. ‖ Minucioso.

Nin (Joaquín), pianista y compositor español (1883-1950).

ninfa f. *Mit.* Divinidad femenina que vivía en las fuentes, los bosques, los montes y los ríos. ‖ *Fig.* Joven hermosa. | Prostituta. ‖ Insecto que ha pasado del estado de larva. ‖ *Fig. Ninfa Egeria,* persona que discreta o sigilosamente aconseja a otra.

ninfea f. Nenúfar.

ninfeáceas f. pl. Familia de dicotiledóneas dialipétalas acuáticas a la que pertenecen el nenúfar y el loto (ú. t. c. adj.).

ninfomanía f. Deseo sexual violento en la mujer o en las hembras de los animales.

Ninghsia, región autónoma del NO. de China; cap. *Yinchuan.*

Ning-Po, c. y puerto del E. de China (Chekiang).

ningún adj. Apócope de *ninguno,* empleado delante de los nombres masculinos.

ningunear v. i. *Méx.* Menospreciar.

ninguno, na adj. Ni uno. ‖ Nulo: *no posee interés ninguno.* ‖ — Pron. indef. Ni uno: *no hay ninguno.* ‖ Nadie: *ninguno lo sabrá.*

Nínive, ant. cap. del reino de Asiria, a orillas del Tigris.

ninivita adj. y s. De Nínive.

niña f. Pupila del ojo. ‖ — *Fig.* y *fam. Niña de los ojos,* persona o cosa a la que se le tiene gran cariño.

Niña *(La),* una de las tres carabelas del primer viaje de Colón, mandada por Vicente Yáñez Pinzón.

niñada o **niñería** f. Acción de niños o propia de ellos. ‖ *Fig.* Cosa insignificante, pequeñez.

Niñapari, c. en el SE. del Perú, cap. de la prov. de Tahuamana (Madre de Dios).

niñear v. i. Hacer niñerías.

niñero, ra adj. Que gusta de la compañía de niños. ‖ — F. Criada de niños.

niñez f. Primer período de la vida humana. ‖ *Fig.* Principio de alguna cosa.

niño, ña adj. y s. Que se halla en la niñez: *es muy niño aún; una niña mimada.* ‖ Joven. ‖ *Fig.* Sin experiencia. ‖ — *Fig. Estar como niño con zapatos nuevos,* muy contento. ‖ *Fam. Ni qué niño muerto,* expresión empleada para desmentir o negar rotundamente: *qué caramelo ni qué niño muerto.* ‖ *Niño bonito,* persona mimada. ‖ *Niño de la Bola,* el Niño Jesús. ‖ *Niño gótico,* señorito cursi. ‖ *Niños héroes,* los cadetes mexicanos que defendieron heroicamente el castillo de Chapultepec (Ciudad de México) contra las fuerzas norteamericanas (1847).

Niño (Andrés), navegante español de fines del s. XV y comienzos del XVI. Tras explorar parte del golfo de Panamá y Nicaragua descubrió el golfo de Fonseca. ‖ **~** (PEDRO ALONSO), navegante español (1468-¿1505?), compañero de Colón en el primer y tercer viaje.

nío adj. y s. Dícese del individuo de una tribu mexicana del grupo sonora, hoy extinguida.

niobio m. Metal blanco (Nb), de número atómico 41. (Puro, se emplea en reactores nucleares, pero su principal empleo es en las aleaciones, a las que da mayor resistencia.)

Niort, c. del O. de Francia, cap. del dep. de Deux-Sèvres.

Nipe, bahía de Cuba, en el N. de la prov. de Oriente.

nipón, ona adj. y s. Japonés.

Nipón, n. empleado por los japoneses para designar a su país.

níquel m. Metal (Ni) de color blanco agrisado, brillante y consistencia fibrosa, de número atómico 28. ‖ Moneda de níquel.

— El *níquel* es dúctil, maleable, muy duro. Su densidad es 8,8 y funde a 1 455 °C. Menos magnético que el hierro, el níquel resiste mejor a los agentes químicos. Este metal se usa en la acuñación de moneda, fabricación de aceros, y en galvanoplastia. Puede alearse la mayor parte de los metales.

niquelado m. Acción y efecto de niquelar.

Niquelandia, pobl. en el centro del Brasil (Goiás).

niquelar v. t. Cubrir un metal con un baño de níquel.

Niquero, térm. mun. de Cuba (Oriente).

Niquitao (TETA DE), pico de Venezuela (Trujillo); 4 000 m.

nirvana m. En el budismo, última etapa de la contemplación, caracterizada por la ausencia de dolor y la posesión de la verdad.

Nish, ant. *Nisse,* c. del SE. de Yugoslavia (Servia). Industrias.

Nishinomya, c. y puerto del Japón (Honshu).

níspero m. Árbol de la familia de las rosáceas. ‖ Su fruto.

níspola f. Fruto del níspero.

nistamal m. *Méx.* Nixtamal.

Niterói, c. y puerto del SE. del Brasil, cap. del Estado de Rio de Janeiro, en la bahía de Guanabara. Arzobispado.

Nithard (Juan Everardo), jesuita y cardenal alemán (1607-1681), ministro de Carlos II de España.

nitidez f. Limpieza, claridad: *la nitidez de una foto.*

nítido, da adj. Limpio, claro.

nitración f. Tratamiento químico por el ácido nítrico.

nitral m. Criadero de nitro.

nitratación f. Acción de nitrificar. ‖ Transformación del ácido nitroso en ácido nítrico o de los nitritos en nitratos.

nitrato m. *Quím.* Sal que resulta de la combinación del ácido nítrico con un radical: *nitrato de plata.*

nítrico, ca adj. Relativo al nitro o al nitrógeno. || *Ácido nítrico,* líquido ácido formado por nitrógeno, oxígeno e hidrógeno.

nitrificación f. Conversión del amoniaco y de sus sales en nitratos.

nitrificador, ra adj. Que produce la nitrificación.

nitrificar v. t. Transformar en nitrato. || — V. pr. Cubrirse de nitro.

nitrilo m. *Quím.* Compuesto orgánico que tiene el radical —CN.

nitrito m. Sal de ácido nitroso.

nitro m. Salitre o nitrato de potasio: *yacimientos de nitro.*

nitrobenceno f. *Quím.* Derivado nitrado del benceno.

nitrocelulosa f. *Quím.* Éster nítrico de la celulosa empleado en la fabricación de sustancias explosivas y de materias plásticas.

nitrogenado, da adj. Que tiene nitrógeno: *abonos nitrogenados.*

nitrógeno m. *Quím.* Gas incoloro, insípido e inodoro (símb., N), de número atómico 7, y densidad 0,967. (El *nitrógeno* es uno de los principales elementos de la vida animal y vegetal, y constituye las cuatro quintas partes del aire.)

nitroglicerina f. *Quím.* Cuerpo oleaginoso formado por la acción del ácido nítrico sobre la glicerina. (Es un explosivo muy potente.)

nitroso, sa adj. Que tiene nitro o salitre. || *Quím.* Dícese de los compuestos oxidados del nitrógeno con menos proporción de éste que el ácido nítrico.

nitrotolueno m. *Quím.* Derivado nitrado del tolueno utilizado en la preparación de colorantes sintéticos y de explosivos.

nitruración f. Tratamiento termoquímico para endurecer los metales ferrosos mediante el nitrógeno.

nivel m. Instrumento para averiguar la horizontalidad de un plano o la diferencia de altura entre dos puntos. || Horizontal: *estar al nivel.* || Altura: *al nivel de mis hombros.* || Altura a que llega la superficie de un líquido o gas: *el nivel de la pleamar.* || *Fig.* Igualdad, equivalencia. | Grado: *nivel económico.* || — *Nivel de agua,* instrumento formado por dos tubitos de cristal llenos de agua que comunican entre sí por medio de otro tubo de cobre. || *Nivel de aire* o *de burbuja,* tubo de cristal lleno de un líquido (alcohol o éter) con una burbuja de aire que ocupa el centro del tubo cuando éste está horizontal. || *Nivel de vida,* valoración cuantitativa y objetiva de los medios de existencia de un grupo social. || *Nivel mental,* grado de evolución intelectual.

nivelación f. Acción y efecto de nivelar.

nivelador, ra adj. y s. Que nivela. || — F. Máquina niveladora.

nivelar v. t. Comprobar con el nivel la horizontalidad de una cosa. || Allanar, poner un plano en posición horizontal: *nivelar un camino.* || Hallar la diferencia de altura entre dos puntos de un terreno. || *Fig.* Igualar una cosa con otra material o inmaterial: *nivelar las exportaciones con las importaciones.* | Corregir: *nivelar el desequilibrio de la balanza comercial.*

níveo, a adj. *Poét.* De nieve.

nivoso, sa adj. Níveo. || — M. Cuarto mes del calendario republicano francés (del 21, 22 ó 23 de diciembre al 19, 20 ó 21 de enero).

nixcómil m. *Méx.* Olla en que se prepara el maíz para tortillas.

Nixon (Richard), político norteamericano, n. en 1913, vicepresidente de la Rep. de 1953 a 1961. Pres. de 1969 a 1974. Dimitió.

nixtamal m. *Méx.* Harina de maíz ablandada con agua de cal para hacer tortillas.

Niza, en fr. *Nice,* c. y puerto del SE. de Francia, cap. del dep. de Alpes-Maritimes. Obispado. Estación invernal y veraniega.

Niza (Marco de), misionero franciscano italiano del s. XVI que exploró. Nuevo México. Autor de la leyenda de las *Siete ciudades de Cíbola.* M. en 1558.

Nizao, distr. de la Rep. Dominicana (Peravia).

N'Kongsamba, c. del interior del Camerún. Obispado. Centro turístico y comercial.

Nkrumah (Kwane), político ghaneano (1909-1972), pres. de la República de 1960 a 1966.

no, adv. de negación que se emplea para contestar preguntas: *¿no vienes al cine? No, no voy.* || — *¿A qué no?,* desafío que se dirige a uno. || *¿Cómo no?,* forma amable de contestar afirmativamente. || *No bien,* tan luego como, en seguida que. || *No más,* solamente. || *No ya,* no solamente. || *Pues no, que no* o *eso sí que no,* formas enfáticas para negar algo de plano. || — M. Negación: *contestar con un no.*

— OBSERV. En varios puntos de América *no más* tiene significados diferentes que en Castilla, tales como *pues, nada más, pero, sólo* y, a veces, añade un sentido enfático.

no man's land m. (loc. ingl). *Mil.* Tierra de nadie.

Nóbel (Alfred), químico e industrial sueco (1833-1896), inventor de la dinamita. En su testamento creó cinco premios que se conceden anualmente (literatura, fisiología y medicina, física, química y de la Paz).

nobelio m. *Quím.* Elemento transuránico (No), de número atómico 102, descubierto en 1957, que se obtiene bombardeando curio con átomos de carbono.

Nobeoka, c. del Japón (Kiusiu).

nobiliario, ria adj. Relativo a la nobleza: *título nobiliario.* || — M. Libro que trata de la nobleza de un país.

noble adj. Preclaro, ilustre. || Generoso, magnánimo: *corazón noble.* || Que tiene algún título de nobleza (ú. t. c. s.). || Honroso, estimable: *propósito noble.* || De calidad muy fina: *metal noble.* || Aplícase al estilo armonioso, grave y digno: *construcción noble.* || Dícese de los animales, como el perro y, el caballo, muy amigos del hombre.

nobleza f. Calidad de noble: *la nobleza de una acción.* || Conjunto de los nobles de un país o Estado: *Richelieu abatió a la nobleza.* || Elevación, grandeza: *tener nobleza de miras.*

noblote adj. *Fam.* Muy generoso y franco.

Noboa || ~ **Arredondo** (Ernesto), escritor peruano (1839-1873). || ~ **Caamaño** (Ernesto), poeta ecuatoriano (1891-1927).

Nocedal (Cándido), escritor y político carlista español (1821-1885). — Su hijo RAMÓN (1848-1905) fue tb. político y autor de comedias.

noción f. Conocimiento que se tiene de una cosa. || Conocimiento elemental (ú. m. en pl.): *tener nociones de álgebra.* || Concepto.

nocividad f. Calidad de dañoso o nocivo.

nocivo, va adj. Dañoso, perjudicial: *nocivo para la vista.*

noctambular v. i. Hacer vida nocturna.

noctambulismo m. Cualidad de noctámbulo.

noctámbulo, la adj. y s. Que le gusta andar de noche.

noctiluca f. Luciérnaga. || Infusorio que produce fosforescencia en el agua del mar.

noctívago, ga adj. *Poét.* Que vaga de noche.

nocturnidad f. *For.* Circunstancia agravante que resulta de ejecutarse un delito por la noche.

nocturno, na adj. Relativo a la noche: *horas nocturnas.* || Que se hace o sucede durante la noche: *trabajo nocturno.* || Aplícase a las plantas cuyas flores se abren sólo de noche y a los animales que de día están ocultos. || — M. Cada una de las tres partes del oficio de maitines. || Pieza musical de carácter melancólico: *los nocturnos de Chopin.*

noche f. Tiempo en que falta sobre el horizonte la claridad del Sol. || Tiempo que hace durante la noche: *noche cubierta, despejada, lluviosa.* || Oscuridad que reina durante este tiempo: *es de noche.* || *Fig.* Oscuridad, tristeza: *no he tenido más que noche en mi vida.* || — *A la noche,* al atardecer. || *Ayer noche,* anoche. || *Cerrar la noche,* hacerse completamente de noche. || *De la noche a la mañana,* de pronto, de golpe y porrazo. || *Hacer noche,* dormir en cierto sitio. || *Hacerse de noche,* anochecer. || *Fig. La noche de los tiempos,* en tiempos muy remotos. || *Noche Buena,* nochebuena. || *Fig. Noche toledana,* la pasada sin dormir. || *Noche Triste,* la del 30 de junio de 1520 en que Hernán Cortés, derrotado por los mexicanos, vertió lágrimas de dolor, al pie de un ahuehuete en Popotla, por la muerte de sus compañeros. (Se conservó como reliquia hasta 1969.) || *Noche Vieja,* Nochevieja. || *Fig. Pasar la noche en claro,* pasarla sin dormir. | *Ser la noche y el día,* ser del todo distinto.

nochebuena f. La de la víspera de Navidad (24 de diciembre).

nochecita f. *Amer.* Crepúsculo vespertino.

nocherniego, ga adj. y s. Que anda de noche.

nochero, ra m. y f. *Amer.* Vigilante nocturno, sereno. || *Col.* Mesita de noche.

nochevieja f. La última del año.

nochote m. *Méx.* Bebida hecha con zumo de nopal fermentado.

nodal adj. Relativo al nodo acústico: *línea nodal.*

Nodier [*-dié*] (Charles), escritor romántico francés (1780-1844), que cultivó el cuento.

nodo m. *Astr.* Cada uno de los dos puntos opuestos en que la órbita de un astro corta la eclíptica: *nodo ascendente, descendiente.* || *Fís.* Punto de intersección de dos ondulaciones sonoras u ópticas. || *Med.* Tumor óseo.

No-Do m. Noticiario documental cinematográfico en España.

nodriza f. Ama de cría: *una nodriza pasiega.* || Depósito suplementario para alimentar una caldera o un motor. || *Avión nodriza,* el encargado de abastecer de combustible en vuelo a otros aviones.

nódulo m. Concreción de poco volumen.

Noé, patriarca hebreo. Construyó por mandato de Dios el arca que había de preservarle con su familia del diluvio universal. *(Biblia.)*

Noel (Eugenio), periodista español (1885-1936), que denunció ciertas costumbres de su país.

Noel *(Papá),* personaje legendario, provisto de túnica roja y capuchón, que distribuye los juguetes a los niños, en algunos países, el día de Navidad.

nogal m. Árbol juglandáceo de madera dura y apreciada, cuyo fruto es la nuez. || — Adj. y s. m. Color ocre de la madera de este árbol.

Nogales, c. septentrional de México (Sonora).

nogalina f. Sustancia sacada de la cáscara de la nuez que se usa para barnizar maderas o muebles.

Nogoyá, pobl. en el NE. de la Argentina (Entre Ríos).

noguera f. Nogal.

Noguera || ~ **Pallaresa,** río del NO. de España (Lérida), afl. del Segre; 150 km. Importantes instalaciones hidroeléctricas. || ~ **Ribagorzana,** río del NO de España (Lérida), afl. del Segre; 138 km.

nogueral m. Plantío de nogales.

Nohuichana, entre los zapotecas, diosa creadora de los hombres y de los animales.

Nola, c. en el SO. de Italia (Nápoles).

Nolasco (San Pedro). V. PEDRO NOLASCO.

nolición f. *Fil.* Hecho de no querer.

nómada adj. y s. Que vive errante, sin domicilio fijo.

nomadismo m. Vida de los nómadas.

nomarquía f. División administrativa de la Grecia moderna.

nombradía f. Fama, celebridad, renombre: *la nombradía de un escritor, de un político.*

nombrado, da adj. Célebre, famoso. ‖ Citado.

nombramiento f. Designación. ‖ Cédula, despacho o título en que se designa a uno para algún cargo, empleo u oficio.

nombrar v. t. Decir el nombre de una persona o cosa. ‖ Designar a uno para un cargo. ‖ Poner nombre a algo o alguien, llamar: *el Cid fue nombrado Campeador por los cristianos.*

nombre m. Palabra con la que se designa una persona o cosa: *mi nombre es Alfonso; Nevada es el nombre de esta sierra.* ‖ Título de una cosa: *el nombre de este libro es "Camino".* ‖ Fama, reputación: *hacerse un nombre en la literatura.* ‖ *Gram.* Parte de la oración con la que se designan las personas o cosas. ‖ — *De nombre,* llamado: *se levantó un individuo, de nombre Juan que protestó enérgicamente.* ‖ — *Esto no tiene nombre,* esto es incalificable. ‖ *Nombre colectivo,* el que designa una colección o conjunto de cosas de la misma especie. ‖ *Nombre común,* el que conviene a las personas o cosas de una misma clase. ‖ *Nombre de pila,* el que se recibe en el bautismo. ‖ *Nombre propio,* el que se da a persona o cosa para distinguirla de las demás de su especie.

Nombres de Cristo *(De los),* obra de mística, de Fray Luis de León (1585).

nomenclátor m. Lista de nombres sobre un tema determinado (calles, pueblos, etc.).

nomenclatura f. Conjunto de palabras empleadas en una materia determinada.

nomeolvides m. Flor de la raspilla, miosotis.

nómina f. Lista o catálogo de nombres de personas o cosas. ‖ Relación nominal de empleados que tienen sueldo en una empresa. ‖ Importe de estos pagos: *cobrar la nómina; la nómina de esta empresa pasa del millón de francos mensuales.* ‖ Lista o catálogo de nombres. ‖ *Estar en nómina,* formar parte del personal fijo de una empresa o administración.

nominación f. Nombramiento.

nominal adj. Relativo al nombre: *lista, votación nominal; predicado nominal.* ‖ Que sólo tiene el título de algo: *autoridad nominal.* ‖ *Valor nominal,* el inscrito en una moneda, en un efecto de comercio o en un título, y que no coincide con el real.

nominalismo m. Doctrina filosófica que negaba la existencia objetiva de los términos universales.

nominalista adj. y s. Partidario del nominalismo o relativo al mismo.

nominativo, va adj. *Com.* Aplícase a los títulos o valores bancarios que llevan el nombre de su propietario. ‖ — M. *Gram.* Caso de la declinación que designa el sujeto de la oración.

nominilla f. Nota que se entrega a los que cobran pensiones o haberes pasivos. ‖ Nómina breve añadida a la principal.

nomo m. Poema que se cantaba en honor de Apolo. ‖ División administrativa en Grecia moderna.

nomografía f. Método gráfico para determinar la solución de ciertos cálculos.

non adj. (P. us.). Impar: *jugar a pares y nones.* ‖ No. ‖ — *Andar de nones,* estar ocioso. ‖ *Decir nones,* negar. ‖ *Estar de non,* carecer de pareja.

non plus ultra expr. lat. No más allá. ‖ *Fig. Ser algo* o *alguien el non plus ultra,* ser el colmo, el no va más.

nona f. Cuarta parte del día de los romanos, que empezaba después de la hora novena o sea hacia las tres de la tarde. ‖ Hora canónica cuyas preces preceden a las vísperas. ‖ — Pl. En el calendario romano, los días 7 de marzo, mayo, julio y octubre, y el 5 en los demás meses.

nonada f. Poco o muy poco. ‖ Fruslería, pequeñez: *siempre te enfadas por nonadas.*

nonagenario, ria adj. y s. Que ha cumplido la edad de noventa años.

nonagésimo, ma adj. Que ocupa el lugar noventa. ‖ — M. Cada una de las noventa partes iguales en que se divide un todo.

nonato, ta adj. No nacido naturalmente, sino extraído del claustro materno por operación cesárea. ‖ *Fig.* Aplícase a la cosa que aún no existe.

Nonell (Isidro), pintor impresionista español (1873-1911).

nones adj. pl. V. NON.

noningentésimo, ma adj. Que ocupa el lugar novecientos. ‖ — M. Cada una de las 900 partes iguales en que se divide un todo.

nonio m. Reglilla graduada móvil para medir calibres muy pequeños y exactos.

Nonio (Pedro NUNES, llamado **Petrus**), sabio portugués (1492-1577), inventor del nonio.

nono, na adj. Noveno: *Pío Nono.*

Nonoalco, barrio de la ciudad de México.

nopal m. Planta cactácea, cuyo fruto es el higo chumbo.

Nopaltzin, rey de los chichimecas, m. en 1263. Durante su reinado, los aztecas llegaron al Valle de México.

noquear v. t. En boxeo o lucha, dejar al contrario fuera de combate o k. o. *(knock out).*

Nor ‖ ~ **Cinti,** prov. en el S. de Bolivia (Chuquisaca); cap. *Camargo.* ‖ ~ **Chichas,** prov. en el S. de Bolivia (Potosí); cap. *Cotagaita.* ‖ ~ **Yungas,** prov. en el O. de Bolivia (La Paz); cap. *Coroico.*

norabuena f. Enhorabuena.

noramala adv. Enhoramala.

noray m. Poste para amarrar los barcos situado en los muelles.

Norberto *(San),* prelado alemán (¿1080?-1134), fundador de la orden de los Premonstratenses y amigo de San Bernardo. Fiesta el 6 de junio.

Nord, dep. del N. de Francia; cap. *Lila.* Industrias (textil, siderúrgica, cementos).

Nord (Alejo), político haitiano (1820-1910), pres. de la Rep. de 1902 a 1908.

Nordenskjöl (Barón Erik), explorador sueco (1832-1901). Descubrió el paso del NE. en su viaje ártico de 1878 a 1879.

nordeste m. Punto del horizonte entre el norte y el este. ‖ Viento que sopla de esta parte.

Nordhausen, c. en el O. de Alemania Oriental (Erfurt).

nórdico, ca adj. y s. Del Norte. ‖ Aplícase especialmente a los pueblos escandinavos y a sus lenguas: *los pueblos nórdicos.*

Nördlingen, c. en el SO. de Alemania Occidental (Baviera). Batallas en la guerra de los Treinta Años (1634-1645).

noreste m. Nordeste.

noria f. Máquina para sacar agua de un pozo, formada por una rueda vertical con cangilones y otra horizontal, movida por una caballería, que engrana con aquélla. ‖ Pozo donde se coloca esta máquina. ‖ Recreo de feria que consiste en varias vagonetas colocadas a manera de cangilones que giran sobre un eje horizontal.

Norfolk, c. y puerto en el E. de Estados Unidos (Virginia). — Condado de Gran Bretaña al E. de Inglaterra; cap. *Norwich.*

Noriega Hope (Carlos), novelista y dramaturgo mexicano (1896-1934), autor de *Margarita de Arizona,* y de obras dramáticas.

Norilsk, c. de la U. R. S. S. (Rusia), en el N. de Siberia. Minas. Metalurgia.

norma f. Regla que se debe seguir: *normas de corrección.* ‖ Modelo a que se ajusta un trabajo.

normal adj. Natural: *en su estado normal.* ‖ Aplícase a las escuelas para preparar maestros: *escuela normal* (ú. t. c. s. f.). ‖ *Geom.* Perpendicular (ú. t. c. s. f.).

normalidad f. Calidad o condición de normal: *entrar* (o *volver*) *a la normalidad.*

normalista adj. Relativo a la escuela normal. ‖ — Com. Alumno o alumna de una escuela normal.

normalización f. Acción y efecto de normalizar. ‖ Conjunto de normas técnicas adoptadas por acuerdo entre productores y consumidores cuyo fin es unificar y simplificar el uso de determinados productos y facilitar la fabricación.

normalizar v. t. Hacer normal. ‖ Regularizar, poner en buen orden lo que no lo estaba. ‖ *Tecn.* Estandardizar, aplicar normas internacionalmente o nacionalmente adaptadas a la industria.

Normandas (ISLAS). V. ANGLONORMANDAS *(Islas).*

Normandía, ant. prov. del NO. de Francia. Cap. *Ruán.* En 1944 las tropas aliadas desembarcaron en las playas de esta región.

normando, da adj. y s. De Normandía. ‖ De ciertos pueblos del norte de Europa.

— Los *normandos* eran un pueblo de navegantes escandinavos que realizaron incursiones por la costa francesa al final del reinado de Carlomagno, ocuparon después la actual Normandía (911) y, con Guillermo el Conquistador, se apoderaron de Inglaterra (1066).

normativo, va adj. Que da normas, reglas.

nornordeste m. Punto del horizonte que se halla situado entre el norte y el nordeste. ‖ Viento que sopla de esta parte.

nornoroeste o **nornorueste** m. Punto del horizonte situado entre el norte y el norueste. ‖ Viento que sopla de esta parte.

noroeste m. Punto del horizonte entre el norte y el oeste. ‖ Viento que sopla de esta parte.

Noroeste (PASO DEL), vía marítima del Atlántico al Pacífico, por el N. del continente americano. ‖ ~ (PROVINCIA DEL), prov. del Paquistán; cap. *Peshawar.* ‖ ~ (TERRITORIO DEL), parte septentrional del Canadá, entre la bahía de Hudson y el río Yukon; 379 307 km².

Norrköping, c. y puerto del S. de Suecia, a orillas del Báltico. Centro industrial.

norsantandereano, na adj. y s. De Norte de Santander (Colombia).

norte m. Polo ártico. ‖ Uno de los puntos cardinales hacia donde está la estrella Polar. ‖ Viento que sopla de esta parte. ‖ *Fig.* Objetivo, meta, dirección: *perder el norte.*

Norte, dep. de Haití; cap. *Cabo Haitiano.* ‖ ~ (CABO), cabo del N. de Noruega, que es el punto más septentrional de Europa. ‖ ~ (CANAL DEL), brazo de mar entre Irlanda y Escocia, que comunica el Atlántico con el mar de Irlanda. ‖ ~ (MAR DEL), mar interior del NO. de Europa, formado por el Atlántico, que baña a Francia, Gran Bretaña, Noruega, Dinamarca, Alemania Occidental, Holanda y Bélgica. ‖ ~ **de Santander,** dep. del

N. de Colombia, fronterizo con Venezuela; cap. *Cúcuta*.

Norteamérica. V. AMÉRICA *del Norte*.

norteamericano, na adj. Relativo a América del Norte: *continente norteamericano*. ‖ — Adj. y s. Estadounidense: *las tropas norteamericanas*.

norteño, ña adj. y s. Del Norte: *la flora y fauna de la región norteña*.

nortesantandereano, na y **nortesantanderino, na** adj. y s. Norsantandereano.

Northampton [*norz*], c. de Gran Bretaña en el centro de Inglaterra, cap. del condado homónimo. Obispado.

Northumberland, condado de Gran Bretaña en el N. de Inglaterra; cap. *Newcastle*. Hulla.

Noruega, Estado de Europa septentrional, que ocupa la parte occidental de la península Escandinava; 324 000 km²; 3 820 000 h. (*noruegos*). Cap. *Oslo*, 515 000 h. Otras c.: *Bergen*, 117 300 h., y *Trondheim*, 113 600.

— GEOGRAFÍA. Noruega es un país montañoso, con costas muy recortadas que forman profundos fiordos. La riqueza económica del país está basada en las explotaciones forestales (pasta de papel), la cría de ganado y la pesca.

— HISTORIA. Los primeros noruegos se dedicaron a las expediciones marítimas. El país fue unificado en el s. IX y el cristianismo penetró a fines del X. Por la unión de Calmar (1397), Noruega se ligó a Dinamarca y a Suecia, pero los suecos se separaron de la Unión en 1521. Cedida por Dinamarca a Suecia en 1814, en 1905 se consagró su separación por el tratado de Carlstad, formando desde entonces un reino independiente. Neutral en la primera guerra mundial, Noruega fue invadida en la segunda (1940) por las tropas alemanas y liberada en el año 1945.

NORUEGA

noruego, ga adj. y s. De Noruega. ‖ — M. Lengua noruega.

norvietnamita adj. y s. De Viet Nam del Norte.

Norwich, c. de Gran Bretaña en el E. de Inglaterra, cap. del condado de Norfolk. Catedral. Universidad.

nos, pron. pers. de primera pers. en masculino o femenino y número pl. en dativo y acusativo: *nos da, háblanos*. (Ú. también en ciertos casos en lugar de *nosotros: ruega por nos*. En nominativo se usa el llamado *nos mayestático: Nos os bendecimos*.)

nosotros, tras, pron. pers. de primera persona en número pl.

nostalgia f. Pena de verse ausente de personas o cosas queridas: *nostalgia de la patria, de los amigos*. ‖ Sentimiento de pena causado por el recuerdo de un bien perdido: *la nostalgia del pasado glorioso*.

nostálgico, ca adj. Relativo a la nostalgia. ‖ — Adj. y s. Que padece nostalgia.

Nostradamus (Michel DE NOSTRE-DAME), astrólogo y médico francés (1503-1566).

nota f. Señal, breve indicación que se hace para recordar algo: *tomo nota de lo que ha dicho*. ‖ Comentario breve que se hace en las márgenes de un escrito: *libro lleno de notas manuscritas*. ‖ Calificación, valoración, apreciación: *tener buena nota en matemáticas, en conducta*. ‖ Noticia de periódico: *notas necrológicas*. ‖ Comunicación hecha sin forma de carta: *nota diplomática*. ‖ Detalle: *hay una nota discordante en su proceder*. ‖ Signo de música que representa un sonido y su duración. ‖ — *Fig. Dar la nota*, singularizarse, dar el tono. ‖ *De mala nota*, de mala fama. ‖ *Fig. Forzar la nota*, exagerar, ir demasiado lejos. ‖ *Nota bene*, observación puesta al pie de un escrito (abrev. N. B.).

— Las *notas musicales* son en la actualidad siete: *do, re, mi, fa, sol, la, si*. Estos nombres fueron dados por Guido de Arezzo en el s. X, y proceden de las iniciales de cada verso de un himno dedicado a San Juan Bautista.

notabilidad f. Calidad de notable: *notabilidad del arte*. ‖ Persona ilustre o notable.

notable adj. Digno de nota, reparo, atención o cuidado: *una obra notable*. ‖ Grande, excesivo. ‖ — M. Persona principal: *reunión de notables*. ‖ Calificación de los exámenes, inferior al sobresaliente.

notación f. Acción de indicar por medio de signos convencionales: *notación musical, química*, etc.

notar v. t. Reparar, observar, advertir, darse cuenta: *notar la diferencia*. ‖ Experimentar una sensación: *no noto la fiebre*. ‖ Poner notas a un libro o escrito. ‖ — V. pr. Verse: *se nota el cambio*.

notaría f. Empleo y oficina de notario.

notariado, da adj. Legalizado ante notario. ‖ — M. Carrera, profesión o ejercicio de notario. ‖ Conjunto formado por los notarios.

notarial adj. Relativo al notario: *bufete notarial*. ‖ Autorizado por notario: *tenía un acta notarial*.

notario m. Funcionario público que da fe de los contratos, escrituras de compra y venta, testamentos y otros actos extrajudiciales.

noticia f. Noción, conocimiento elemental. ‖ Anuncio de un suceso reciente: *noticias de la guerra*.

noticiar v. t. Dar noticia o hacer saber una cosa.

noticiario m. Película cinematográfica con noticias de actualidad. ‖ Diario hablado en la radio o televisión. || Sección de un periódico dedicada a una especialidad: *noticiario deportivo.*

noticiero, ra adj. Que da noticias: *diario noticiero.* || — M. y f. Persona que por oficio da noticias o las escribe.

noticioso, sa adj. Conocedor.

notificación f. *For.* Acción y efecto de notificar: *notificación judicial.* || Documento en que consta.

notificar v. t. *For.* Hacer saber oficialmente una resolución. || Dar noticia de algo.

notoriedad f. Calidad de notorio. || Nombradía, fama.

notorio, ria adj. Conocido por todos. || Evidente, patente.

Nottingham, c. de Gran Bretaña en el centro de Inglaterra, a orillas del Trent, cap. del condado homónimo. Obispado. Universidad. Industria.

nóumeno m. *Fil.* Esencia o causa hipotética de los fenómenos.

Nova || **~ Iguaçu,** c. del Brasil, cerca de Río de Janeiro. Obispado. || **~ Lisboa,** c. de Angola, en el centro del país.

novaciano, na adj. y s. Partidario de la herejía de Novato.

novación f. Sustitución de un título de crédito por otro nuevo que anula el anterior.

novador, ra adj. Que innova.

Novalis (Barón Friedrich Leopold von HARDENBERG, llamado), poeta romántico alemán (1772-1801), autor de *Himnos de la noche,* de inspiración mística.

Novara, c. del NO. de Italia (Piamonte), cap. de la prov. homónima. Obispado. Centro comercial e industrial.

Novarro (Ramón), actor cinematográfico mexicano (1899-1968).

novatada f. Broma o vejamen hecho en colegios, academias y cuarteles a los individuos de nuevo ingreso. || Acción propia de un novato. || *Pagar la novatada,* tropezar por inexperiencia.

novato, ta adj. y s. *Fam.* Principiante: *novato en los negocios.*

Novato, heresiarca del s. III y antipapa en 251, cuya doctrina negaba a la Iglesia la facultad de remitir los pecados cometidos después del bautismo.

novecientos, tas adj. Nueve veces ciento || Noningentésimo.

novedad f. Calidad de nuevo. || Cambio inesperado: *hubo una gran novedad.* || Noticia o suceso reciente: *novedades de la guerra.* || — Pl. Géneros de moda: *almacén de novedades.* || *Sin novedad,* normalmente: *el avión, el tren llegó sin novedad.*

novedoso, sa adj. *Amer.* Nuevo.

novel adj. y s. Nuevo, principiante: *escritor novel.*

novela f. Obra literaria extensa, en prosa, en la que se describen y narran acciones fingidas, caracteres, costumbres, etc.: *las novelas de Balzac.* || Género literario constituido por estos relatos: *la novela rusa.* || *Fig.* Ficción, mentira.

novelador, ra m. y f. Novelista.

novelar v. i. Componer o escribir novelas. || *Fig.* Referir cuentos y patrañas. || — V. t. Dar forma de novela: *novelar una revolución.*

Novelas ejemplares, colección de doce relatos cortos de carácter realista, por Miguel de Cervantes (1613). Entre ellas *La Gitanilla, Rinconete y Cortadillo, El coloquio de los perros, La ilustre fregona, El amante liberal,* etc.

Novelda, c. del E. de España (Alicante).

novelería f. Acción o inclinación a novedades. || Afición a las novelas. || Cuentos, chismes, habladurías.

novelero, ra adj. Amigo de ficciones, imaginativo. || Aficionado a leer novelas y cuentos.

novelesco, ca adj. Propio de las novelas: *lance novelesco.* || De pura ficción: *historia novelesca.*

novelista com. Escritor de novelas: *Galdós fue un gran novelista.*

novelístico, ca adj. Relativo a la novela. || — F. Tratado histórico o preceptivo de la novela. || Género de las novelas.

novelón m. Novela extensa, muy dramática y mal escrita.

novena f. Ejercicio devoto que se practica durante nueve días. || Libro donde constan las oraciones de una novena.

novenario m. Espacio de nueve días. || Novena en honor de algún santo, con sermones. || Los nueve primeros días del luto. || Funeral celebrado el noveno día después de la muerte.

Novenas. V. ENNEADAS.

noveno, na adj. Que sigue en orden a lo octavo. || — M. Cada una de las nueve partes iguales en que se divide un todo.

noventa adj. y s. m. Nueve veces diez. || Nonagésimo.

noventavo, va adj. y s. Nonagésimo.

noventayochista adj. y s. Relativo a la generación literaria española del 98: *los escritores noventayochistas.* (V. GENERACIÓN.)

noventón, ona adj. y s. *Fam.* Nonagenario.

Novgorod, c. de la U. R. S. S. (Rusia), a orillas del Volkhov, al SE. de Volgogrado.

Novi || **~ Ligure,** c. del NO. de Italia (Piamonte). Siderurgia. || **~ Sad,** c. del NE. de Yugoslavia, cap. de Voivodina. Puerto en el Danubio. Arzobispado bizantino.

noviazgo m. Estado de novio o novia. || Tiempo que dura: *un noviazgo de dos años.*

noviciado m. Estado de los novicios antes de profesar. || Tiempo que dura este estado. || Casa en que residen los novicios: *el noviciado de los jesuitas.* || *Fig.* Aprendizaje: *el noviciado de la tauromaquia.*

novicio, cia adj. y s. Religioso que aún no ha tomado el hábito. || Principiante en un arte u oficio.

noviembre m. Undécimo mes del año.

novilunio m. Luna nueva.

novillada f. Conjunto de novillos. || Corrida en que sólo se torean novillos: *la novillada de feria.*

novillero m. El que cuida de los novillos. || Torero de novillos. || *Fam.* Muchacho que hace novillos.

novillo, lla m. y f. Res vacuna de dos o tres años. || — Pl. Novillada. || *Fam. Hacer novillos,* faltar sin motivo al colegio.

novio, via m. y f. Persona que tiene relaciones amorosas con propósito de contraer matrimonio. || Contrayente en la ceremonia del matrimonio: *la novia llevaba un traje blanco de tul.* || Recién casado: *viaje de novios.* || *Fam. Compuesta y sin novio,* sin algo que se esperaba.

Novión (Alberto Aurelio), comediógrafo argentino (1881-1937).

Novios (Los), novela histórica y romántica de A. Manzoni (1827).

novísimo, ma adj. Último en orden: *la Novísima Recopilación.* || — M. pl. *Teol.* Cada una de las cuatro postrimerías del hombre.

Novo (Salvador), escritor mexicano (1904-1974), autor de narraciones (*Nueva grandeza mexicana, El joven*), poesías, obras de teatro (*La culta dama*), libros de viaje y ensayos.

novocaína f. Producto derivado de la cocaína, de propiedades analgésicas.

Novocherkassk, c. de la U. R. S. S. (Rusia), al NE. de Rostov. Industrias ferroviarias.

Novokuznetsk, de 1932 a 1961 *Stalinsk,* c. de la U. R. S. S. (Rusia), en el SO. de Siberia. Centro hullero. Metalurgia.

Novomoskovsk, de 1934 a 1961 *Stalinogorsk,* c. de la U. R. S. S. (Rusia), al S. de Moscú. Metalurgia.

Novorosisk, c. y puerto en el O. de la U. R. S. S. (Rusia), a orillas del mar Negro.

Novosibirsk, c. de la U.R.S.S. (Rusia), en Siberia occidental, a orillas del Obi. Industrias.

Nowa Huta, c. de Polonia, al E. de Cracovia, creada después de la segunda guerra mundial. Industria siderúrgica.

Nowy Bytom, c. en el S. de Polonia (Katovice). Centro hullero y metalúrgico.

Noya, pobl. del NO. de España (La Coruña), a orillas de la *ría de Muros y Noya.*

Noyon [*nuayón*], c. del N. de Francia (Oise). Catedral gótica.

Np, símb. químico del *neptunio.*

Nuadibu, ant. *Port-Etienne,* c. y puerto en el O. de Mauritania.

Nuakchott, cap. de la República Islámica de Mauritania, cerca de la costa atlántica; 12 500 h. Creada en 1958.

nubada y **nubarrada** f. Aguacero. || *Fig.* Abundancia de algo.

nubarrón m. Nube grande.

nube f. Masa de vapor acuoso en suspensión en la atmósfera. || Polvareda, humo u otra cosa que enturbia la atmósfera. || Multitud: *una nube de fotógrafos.* || *Fig.* Cosa que oscurece: *no hay una nube en mi felicidad.* || Mancha en las piedras preciosas. || *Med.* Mancha en la córnea del ojo. || — *Fig. Andar por* (o *estar en*) *las nubes,* estar distraído, ser muy ignorante; ser muy caro. | *Caído de las nubes,* de forma imprevista. || *Nube de verano,* tormenta de corta duración; (fig.) disgusto o enfado breve. || *Fig. Poner por las nubes,* elogiar mucho a una persona o cosa.

Nubia, región del NE. de África, en el valle medio del Nilo, parte de Egipto y del Sudán. Importantes vestigios de civilización antigua.

nubiense adj. y s. De Nubia.

núbil adj. Que tiene edad de contraer matrimonio: *mujer núbil.*

nubilidad f. Calidad de núbil.

nublado m. Ocultación del cielo por las nubes. || *Fig.* Multitud, abundancia. | Enfado.

nublar v. t. Anublar. || Ocultar. || — V. pr. Cubrirse el cielo de nubes. || Volverse poco claro: *nublarse la vista.*

nublazón f. *Amer.* Nublado.

nubloso, sa adj. Con nubes: *cielo nubloso.*

nubosidad f. Estado o condición de nuboso.

nuboso, sa adj. Cubierto de nubes. || Nubloso.

nuca f. Parte posterior del cuello en que la columna vertebral se une con la cabeza.

nuclear adj. Relativo al núcleo de los átomos: *física nuclear.*

— La fisión de los elementos pesados (uranio), así como la fusión de los ligeros (hidrógeno), acompañados de una pérdida de masa, desarrollan la llamada *energía nuclear,* aplicable en la producción de electricidad, en los motores marinos, en terapéutica y procedimientos industriales.

núcleo m. Almendra o parte mollar de frutos con cáscara. || Hueso de la fruta. || Parte central del globo terrestre. || *Astr.* Parte más luminosa y más densa de un planeta. || *Biol.* Corpúsculo esencial de la célula. || *Electr.* Pieza magnética sobre la que se devana el hilo de las bobinas. || *Fís.* Parte central del átomo formada por protones y neutrones. || *Fig.* Elemento primordial de una cosa: *el núcleo de una colonia.*

nucléolo m. Cuerpo esférico en el interior del núcleo de la célula.

nucleón m. *Fís.* Corpúsculo que constituye el núcleo de un átomo. (Hay *nucleones positivos* o protones, y *nucleones neutros* o neutrones.)

nucleónico, ca adj. Relativo a los nucleones. || — F. Parte de la física que estudia las trasmutaciones de los núcleos atómicos.

nudillo m. Articulación de los dedos.

nudismo m. Desnudismo.

nudo m. Lazo muy apretado. ||

En los árboles y plantas, parte del tronco de donde salen las ramas. || Lugar donde se cruzan dos o más sistemas montañosos: *nudo de montañas.* || Cruce: *nudo de carreteras, ferroviario.* || *Fig.* Unión, vínculo: *el nudo matrimonial.* | Principal dificultad o duda: *el nudo de la cuestión.* || *Mar.* Unidad de velocidad equivalente a una milla (1 852 m por hora). || En los poemas o en la novela, parte en que está en su punto culminante el interés de la acción y que precede al desenlace. || *Fig. Nudo gordiano,* dificultad insoluble. (V. GORDIO.)

nudosidad f. *Med.* Concreción pequeña que se forma en el cuerpo.

nudoso, sa adj. Que tiene nudos: *juntura nudosa.*

nuececilla f. *Bot.* Cualquier pequeño fruto o semilla semejante a una nuez.

nuera f. Hija política, esposa del hijo propio.

Nuestra Señora de París, catedral de París, joya de la arquitectura gótica (1163-¿1245?). — Novela de Victor Hugo (1831).

nuestro, tra adj. y pron. pos. De nosotros. || *Los nuestros,* los de nuestro partido, profesión, etc.

nueva f. Noticia: *una nueva satisfactoria.* || *Cogerle a uno de nuevas algo,* saberlo inopinadamente, sin esperárselo.

Nueva, isla en el S. de Chile, en el canal de Beagle. || ~ **Andalucía,** ant. n. de la región entre el cabo de la Vela y el golfo de Urabá, al E. de Venezuela. || ~ **Australia,** pobl. del Paraguay (Caaguazú). || ~ **Bretaña,** isla de Melanesia (archip. Bismarck), bajo tutela australiana. Se llamó *Nueva Pomerania.* || ~ **Burdeos.** V. VILLA HAYES. || ~ **Cáceres.** V. NAGA. || ~ **Caledonia,** isla de Francia en Melanesia; cap. *Numea;* 16 117 km²; 117 000 h. Descubierta por Cook en 1774. || ~ **Castilla,** n. que dieron los españoles al *Perú.* || ~ **Colombia,** pobl. del Paraguay (Cordillera). || ~ **Córdoba.** V. CUMANÁ. || ~ **Delhi.** V. DELHI. || ~ **Écija,** prov. de Filipinas, en la isla de Luzón; cap. *Cabanatuán.* || ~ **Escocia,** prov. del SE. del Canadá; cap. *Halifax.* || ~ **España,** n. que dieron los españoles a *México.* || ~ **Esparta,** Estado del N. de Venezuela que comprende las islas Margarita, Cubagua y Coche; cap. *La Asunción.* Pesca, conservas, petróleo. — V. en el E. de El Salvador (La Unión). || ~ **Extremadura,** n. que dieron los españoles a *Chile,* y tb. a *Coahuila* (México). || ~ **Gales del Sur,** Estado del E. de Australia; cap. *Sidney.* || ~ **Galicia,** n. que dieron los españoles a una parte de Nueva España (hoy Est. de Jalisco, Aguascalientes, Durango y parte de Zacatecas). || ~ **Gerona,** pobl. del S. de Cuba (Isla de Pinos). || ~ **Granada,** n. que dieron los españoles a *Colombia.* || ~ **Guinea,** isla de Oceanía, al NE. de Australia, separada de ésta por el estrecho de Torres; 771 900 km², la segunda del globo, después de Groenlandia. Está dividida en *Nueva Guinea bajo tutela australiana* (240 900 km²; 1 695 000 h.; cap. *Rabaul*); territorio de *Papúa* o *Papuasia,* miembro del Commonwealth (234 500 km²; 620 800 h.; cap. *Port Moresby*), y *Nueva Guinea Occidental* (Irian), ant. holandesa y hoy administrada por Indonesia (412 781 km², incluidas las islas; 800 000 h.; cap. *Djajapura.* || ~ **Imperial,** com. en el centro de Chile (Cautín), cab. del dep. de Imperial. || ~ **Inglaterra,** n. que se dio a los Estados norteamericanos de Maine, New Hampshire, Vermont, Massachusetts, Rhode Island y Connecticut. || ~ **Irlanda,** isla del archip. Bismarck (Melanesia); cap. *Kavieng.* Se llamó tb. *Nuevo Mecklemburgo.* || ~ **Jersey,** uno de los Estados Unidos de Norteamérica, en el E. (Atlántico); cap. *Trenton.* || ~ **Ocotepeque,** c. en el SO. de Honduras, cap. del dep. de Ocotepeque. || ~ **Orleáns,** c. del S. de Estados Unidos (Luisiana), a orillas del Misisipí. || ~ **Palmira,** c. del SO. del Uruguay (Colonia). || ~ **Paz,** mun. del NO. de Cuba (La Habana). || ~ **Pomerania.** V. NUEVA BRETAÑA. || ~ **Rosita,** c. en el N. de México (Coahuila). || ~ **San Salvador,** c. de El Salvador, cap. del dep. de La Libertad, llamada tb. *Santa Tecla.* Fue cap. de la Rep. de 1855 a 1859. || ~ **Segovia,** dep. del NO. de Nicaragua, atravesado por el río Coco o Segovia; cap. *Ocotal.* || ~ **Toledo.** V. CUMANÁ. || ~ **Vizcaya,** prov. de Filipinas (Luzón); cap. *Bayombong.* || ~ **York,** uno de los Estados Unidos de Norteamérica, en el NE.; cap. *Albany;* c. pr. *Nueva York.* Industrias. — C. y puerto del NE. de Estados Unidos en la desembocadura del río Hudson, en el Estado homónimo; 7 840 000 h. (con sus suburbios, cerca de 17 millones). Arzobispado. Universidad. Industrias, comercio. Es la mayor ciudad del mundo y su centro financiero. Sede de la O. N. U. || ~ **Zamora.** V. MARACAIBO. || ~ **Zelanda.** V. art. aparte. || ~ **Zembla,** archip. al N. de la U. R. S. S., entre el mar de Kara y el de Barents; 93 240 km². Observatorio astronómico y estación radiotelegráfica.

Nueva Zelanda, archip. de Oceanía, al SE. de Australia; 270 000 km²; 2 777 000 h. *(neozelandeses).* Cap. *Wellington,* 170 000 h.; c. pr. *Auckland,* 515 100 h.; *Dunedin,* 109 300; *Christchurch,* 243 900. Está formada por dos grandes islas, descubiertas por el holandés Tasman en 1642. Miembro del Commonwealth. Industrias; ganadería; minas (oro y hulla).

Nuevas Hébridas, islas volcánicas del Pacífico, situadas entre Nueva Caledonia y las islas Fidji (Oceanía) que constituyeron un condominio francobritánico; 14 761 km²; 65 800 h. Cap. *Port-Vila* (isla Vaté).

nueve adj. Ocho y uno. || Noveno día del mes. || — M. Cifra que representa el número nueve. || Naipe con nueve figuras: *el nueve de espadas.*

Nuevitas, c. y puerto en el N. del centro de Cuba (Camagüey), en la *bahía de Nuevitas.*

nuevo, va adj. Que se ve u oye por primera vez: *un nuevo sistema.* || Que sucede a otra cosa en el orden natural: *el nuevo parlamento.* || Novicio, inexperto: *ser nuevo en natación.* || Recién llegado: *nuevo en esta plaza.* || *Fig.* Poco usado: *un traje nuevo.* || — *Año nuevo,* primer día del año. || *De nuevo,* nuevamente. || *El Nuevo Mundo,* América. || *El Nuevo Testamento,* los libros sagrados posteriores a Jesucristo. || *Fig. Quedar como nuevo,* quedar muy bien, perfectamente.

Nuevo, golfo de la Argentina meridional en la penins. de Valdés (Chubut). — Río de México (Tabasco), que des. en el golfo de Campeche. Llamado tb. *González.* || ~ **Berlín,** prov. en el O. del Uruguay (Río Negro). || ~ **Brunswick,** prov. del E. del Canadá, ribereña del Atlántico; cap. *Fredericton.* || ~ **Laredo,** c. del NE. de México (Tamaulipas), en la frontera con Estados Unidos. || ~ **León,** Estado del NE. de México, fronterizo con Estados Unidos; cap. *Monterrey.* Agricultura, ganadería. Minas. Industrias. || ~ **Mecklemburgo.** V. NUEVA IRLANDA. || ~ **México,** uno de los Estados Unidos de Norteamérica en el S.; cap. *Santa Fe.* Petróleo. Fue mexicano hasta 1848. || ~ **Mundo,** n. que se da a veces al continente americano.

Nuevo Luciano o *El despertador de ingenios,* diálogos satíricos de Eugenio de Santa Cruz y Espejo (1779).

nuez f. Fruto del nogal. || Fruto de otros árboles: *nuez de coco, nuez moscada.* || Prominencia de la laringe en el varón adulto. || *Mús.* Pieza movible en el extremo del arco de algunos instrumentos para tensar las cuerdas. || *Fig. Mucho ruido y pocas nueces,* tener poca importancia algo que aparenta mucho.

Nukualofa, cap. de las islas de Tonga.

nulidad f. Calidad de nulo. || Vicio que anula un acto jurídico. || *Fam.* Persona inútil: *es una nulidad.*

nulo, la adj. Que carece de efecto legal: *fallo nulo.* || Incapaz, inútil, inepto: *hombre nulo.* || *Combate nulo,* tablas, empate.

Numa Pompilio, segundo rey legendario de Roma (¿715 a 672? a. de J. C.), organizador de la vida religiosa. Se decía inspirado por la ninfa Egeria.

Numancia, c. ant. de España, junto a la actual Soria, que opuso heroica resistencia a las fuerzas del general romano Escipión Emiliano (133 a. de J. C.). Sus moradores prefirieron entregarse a las llamas antes que rendirse.

numantino, na adj. y s. De Numancia.

Numazu, c. del Japón en el E. de la isla de Honshu.

Numea, cap. de la isla y territorio francés de Nueva Caledonia; 42 000 h. Puerto.

numen m. Inspiración: *numen poético.* || *Mit.* Divinidad fabulosa de los gentiles.

numeración f. Acción de numerar. || *Mat.* Sistema empleado para expresar todos los números. || — *Numeración arábiga* o *decimal,* la que emplea los diez signos árabes que por su valor absoluto combinado con su posición relativa puede expresar cualquier cantidad. || *Numeración romana,* la que expresa los números por medio de siete letras del alfabeto latino.

Numeración romana

I	1	XII	12	C	100
II	2	XIV	14	CXC	190
III	3	XIX	19	CC	200
IV	4	XX	20	CCC	300
V	5	XXX	30	CD	400
VI	6	XL	40	D	500
VII	7	L	50	DC	600
VIII	8	LX	60	DCC	700
IX	9	LXX	70	DCCC	800
X	10	LXXX	80	CM	900
XI	11	XC	90	M	1 000

numerador m. *Mat.* Término que indica cuántas partes de la unidad contiene un quebrado. || Aparato para numerar correlativamente.

numeradora f. *Impr.* Dispositivo para numerar los ejemplares de un impreso.

numeral adj. Relativo al número: *letra, adjetivo numeral.*

numerar v. t. Contar por el orden de los números. || Poner número a una cosa: *numerar los folios, las páginas.* || Expresar numéricamente la cantidad.

numerario, ria adj. Numeral, relativo al número. || Dícese del valor legal de la moneda. || — M. Dinero efectivo.

numérico, ca adj. Relativo a los números: *valor numérico; ecuación numérica.* || Compuesto de números: *cálculo numérico.*

número m. *Mat.* Expresión de la cantidad computada con relación a una unidad. || Cifra o guarismo: *el número 7.* || Parte del programa de un espectáculo. || Tamaño de ciertas cosas: *¿qué número de zapatos tienes?* || *Gram.* Accidente que expresa si una palabra se refiere a una persona o cosa o a más de una. || *Fig.* Clase: *no está en el número de sus admiradores.* || *Mil.* Soldado sin graduación. || *Mús.* y

Lit. Armonía y cadencia del período. || Billete de lotería. || Cada una de las publicaciones periódicas: *lo leí en un número de ABC.* || — *De número,* titular: *miembro, académico de número.* || *Hacer números,* calcular. || *Número abstracto,* el que no se refiere a unidad de especie determinada. || *Número atómico,* el de un elemento en la clasificación periódica. || *Número concreto,* el que designa cantidad de especie determinada. || *Número de Mach,* relación entre la velocidad de un móvil (proyectil o avión) y la del sonido en la atmósfera en que se mueve. || *Número dígito,* el que se puede expresar en una sola cifra. || *Número entero,* el que consta de un número exacto de unidades. || *Número fraccionario* o *quebrado,* fracción. || *Número impar,* el no divisible por dos. || *Número par,* el divisible por dos. || *Número primo,* el que no admite más divisor exacto que él mismo y la unidad, como 7, 11. || *Fig. Sin número,* en gran cantidad.

Números *(Libro de los),* cuarto libro del Pentateuco, de Moisés.

numeroso, sa adj. Que incluye gran número de cosas: *público numeroso.* || Armonioso: *versos numerosos.* || — Pl. Muchos: *son muy numerosos los que así piensan y los que de este modo obran.*

númida adj. y s. De Numidia.

Numidia, nombre antiguo de una región del norte de África, situada en gran parte en lo que hoy es el Estado de Argelia. Fue reino independiente, se alió con Roma y, después de la derrota de su último rey, Yugurta, se convirtió en prov. romana.

numídico, ca adj. De Numidia.

numismática f. Ciencia que trata de las monedas y medallas.

numismático, ca adj. Relativo a la numismática. || — M. Persona que se dedica a esta ciencia.

Numitor, rey legendario de Alba, padre de Rea Silvia y abuelo de Rómulo y Remo.

numulita o **nummulites** f. Protozoo fósil de la era terciaria, de forma lenticular.

nunca adv. En ningún tiempo: *nunca ocurrió tal cosa.* || Ninguna vez: *nunca volveré allí por mucho que me lo rueges.*

nunciatura f. Cargo de nuncio. || Palacio del nuncio. || Tribunal de la Rota, en España.

nuncio m. Mensajero. || Representante diplomático del Papa: *nuncio apostólico.* || *Fam.* Personaje imaginario a quien se refiere por burla: *aunque lo diga el nuncio no me iré del puesto que ocupo.* || *Fig.* Anuncio o señal: *la cigüeña es nuncio de la primavera.*

nuncupativo adj. *For.* Aplícase al testamento en que el testador declara formalmente que lo testado corresponde exactamente a su última voluntad.

Nunes (Pedro). V. NONIO.

Nunó (Jaime), músico español (1824-1908), autor del himno nacional mexicano cuya letra era del poeta Francisco González Bocanegra.

Núñez (Alvar). V. CABEZA DE VACA. || ~ (RAFAEL), político y escritor colombiano, n. en Cartagena (1825-1894), pres. de la Rep. de 1880 a 1882 y de 1884 a 1888. Promulgó la Constitución de 1886 y convirtió la República federativa en unitaria. || ~ **de Arce** (GASPAR), poeta español (1834-1903), autor de los poemas *Gritos del combate* y *El vértigo.* || ~ **de Balboa** (VASCO). V. BALBOA. || ~ **de Cáceres** (JOSÉ), prócer de la Independencia dominicana (1772-1846). || ~ **de Toledo y Guzmán** (HERNÁN), humanista español (¿1475?-1553), que colaboró en la *Biblia Políglota Complutense.* Llamado *el Pinciano* o *el Comendador griego.* || ~ **Rodríguez** (EMILIO), general de la Independencia cubana (1855-1922). || ~ **Vela** (BLASCO), primer virrey del Perú (1544). Murió decapitado por las huestes del rebelde Gonzalo Pizarro (1546).

Nuño Rasura, juez legendario de Castilla (s. X).

nupcial adj. Relativo a las bodas: *ceremonia nupcial.*

nupcias f. pl. Boda.

Nuremberg o **Nuremberga,** c. de Alemania Occidental (Baviera). Industrias (químicas, eléctricas, automóviles). Proceso contra los criminales de guerra alemanes (1945-1946).

Nuristán o **Kafiristán,** región montañosa del NO. de Afganistán.

nurse f. (pal. ingl.). Niñera. || Enfermera.

nursery f. (pal. ingl.). Habitación o guardería para niños.

nutación f. Oscilación periódica del eje de la Tierra causada principalmente por la atracción lunar.

nutria f. Mamífero carnívoro de la familia de los mustélidos de color pardo rojizo que vive a orillas de los ríos y arroyos. (Su piel es muy apreciada en peletería.)

nutricio, cia adj. Nutritivo. || Que nutre o procura alimento para otra persona.

nutrición f. Conjunto de funciones orgánicas por las que los alimentos son transformados y hechos aptos para el crecimiento y la actividad de un ser viviente, animal o vegetal.

nutrido, da adj. *Fig.* Lleno, abundante: *estudio nutrido de datos.*

nutrimento m. Nutrición. || Sustancia de los alimentos.

nutrir v. t. Alimentar: *la sangre nutre el cuerpo* (ú. t. c. pr.). || *Fig.* Fortalecer, consolidar.

nutritivo, va adj. Que nutre, alimenticio.

ny f. Decimotercera letra del alfabeto griego que equivale a la *n* castellana.

Nyassa. V. MALAWI *(Lago).*

Nyassalandia. V. MALAWI.

Nykøbing, cap. de la isla Falster (Dinamarca).

nylon m. (n. registrado) Fibra textil sintética a base de resina poliamida, que tiene muchas aplicaciones.

Nystad, actualmente *Uusikaupunki,* c. y puerto en el oeste de Finlandia, en el golfo de Botnia.

NU

ñ f. Decimoséptima letra del alfabeto castellano y decimocuarta de sus consonantes.

ña f. *Amer.* Tratamiento que se da a ciertas mujeres.

ñacaniná f. *Arg.* Víbora grande y venenosa.

ñacundá m. *Arg.* Ave nocturna de color pardo.

ñacurutú m. *Amer.* Búho.

ñame m. Planta comestible dioscorácea, parecida a la batata.

ñamera f. *Bot.* Planta del ñame.

ñancu m. *Chil.* Ave falcónida.

ñandú m. Ave corredora de América, semejante al avestruz, de plumaje gris. (Pl. *ñandúes.*)

ñandubay m. Árbol mimosáceo de América, cuya madera, rojiza y dura, se emplea en obras públicas.

ñandutí m. *Riopl.* Encaje muy fino, de origen paraguayo, que dio fama a la c. de Itauguá.

ñango, ga adj. *Amer.* Desgarbado. | Débil, anémico.

ñangotado, da adj. *P. Rico.* Servil, adulador. | Sin ambiciones, alicaído.

ñangotarse v. pr. *P. Rico.* Humillarse. | Perder el ánimo.

ñangué m. *Cub.* Túnica de Cristo. || *Fam. Cub. Lo mismo es ñangá que ñangué,* lo mismo da una cosa que otra, es exactamente igual.

ñáñigo, ga adj. y s. *Cub.* Dícese de los miembros de una sociedad secreta de negros.

ñaño, ña adj. *Col.* Consentido, mimado. || *Per.* Íntimo amigo. || — F. *Arg.* y *Chil.* Hermana mayor. || *Chil.* y *P. Rico. Fam.* Niñera.

ñapa f. *Amer.* Adehala, propina.

ñapango, ga adj. y s. *Col.* Mestizo, mulato.

ñapindá m. *Riopl.* Arbusto, parecido a la acacia, de flores amarillas.

ñapo m. *Chil.* Junco.

Ñaupán, pico del Ecuador, entre las prov. de Cañas y Chimborazo; 4 529 m.

Ñeembucú, dep. del SO. del Paraguay, fronterizo con la Argentina; cap. *Pilar.*

ñeembucuense adj. y s. De Ñeembucú (Paraguay).

Ñemby, pobl. del Paraguay (Central).

ñeque m. *Amer.* Fuerza, vigor. || *Méx.* Bofetada. || — Adj. *Amer.* Fuerte, vigoroso.

ñilbo m. *Chil.* Andrajo.

Ñiquén, com. del centro de Chile (Ñuble).

ñoclo m. Especie de melindre o bizcocho.

ñoñería y **ñoñez** f. Acción o dicho propio de una persona ñoña.

ñoño, ña adj. y s. *Fam.* Apocado, tímido, de poco ingenio, beato. | Melindroso. | Soso, de poca gracia: *estilo ñoño.*

ñoqui m. Plato de pastas dispuestas en masitas irregulares aderezadas de varias maneras.

ñorbo m. *Ecuad.* y *Per.* Planta de adorno. || Su flor.

Ñorquín, dep. en el O. de la Argentina (Neuquen); cab. *El Huecú.*

Ñorquincó, dep. de la Argentina (Río Negro): cap. *Ñorquincó.*

ñu m. Género de antílope del África del Sur.

Ñuble, río de Chile, afl. del Itata. — Prov. del centro de Chile; cap. *Chillán.* Agricultura.

ñublense adj. y s. De Ñuble.

ñuco, ca adj. y s. *Amer.* Dícese de la persona que perdió los dedos o parte de ellos.

ñudo m. (Ant.). Nudo.

ñufla f. *Chil.* Cosa sin valor.

Ñuflo de Chávez, prov. de Bolivia (Santa Cruz).

Ñumí, pobl. del SE del Paraguay (Guairá).

ñutir v. t. *Col.* Refunfuñar.

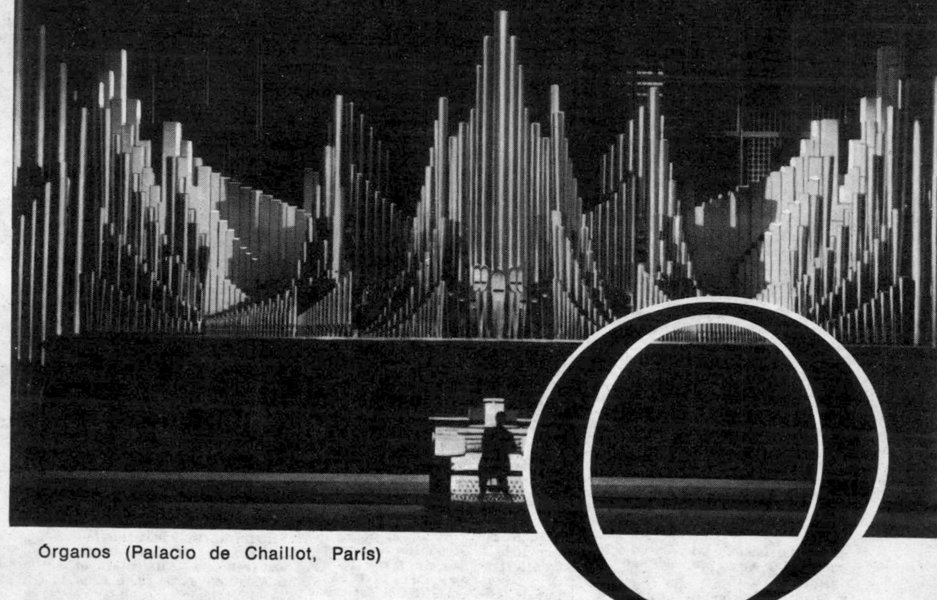

Órganos (Palacio de Chaillot, París)

o f. Decimooctava letra del alfabeto castellano y cuarta de sus vocales ‖ — **O,** símbolo químico del *oxígeno.* ‖ **O.,** abreviatura de *Oeste.*

o conj. Denota alternativa o diferencia: *ir o venir.* ‖ Denota también idea de equivalencia significando *o sea, esto es.*

— OBSERV. Se acentúa *o* cuando está entre dos guarismos para que no pueda confundirse con *cero: vale 50 ó 60 pesos.* En lugar de *o* se pone *u* cuando la palabra siguiente empieza por *o* u *ho: setecientos u ochocientos empleados; Nicaragua u Honduras.*

O', partícula que se coloca delante de los nombres propios irlandeses para indicar la filiación: *O'Higgins* (hijo de Higgins).

O. A. C. I. Ver ORGANIZACIÓN DE LA AVIACIÓN CIVIL INTERNACIONAL.

Oahú, isla del archip. de Hawai; 1 555 km² cap. *Honolulú.*

Oajaca. V. OAXACA.

Oak Ridge, c. en el E. de Estados Unidos (Tennessee). Centro de investigaciones nucleares.

Oakland, c. y puerto del SO. de Estados Unidos (California), en la bahía de San Francisco. Metalurgia.

oasis m. Lugar con vegetación y con agua en medio del desierto. ‖ *Fig.* Sitio de reposo y bienestar en medio de otro agitado. | Situación de alivio.

Oasis, departamento del Sáhara argelino; cap. *Uargla.*

Oaxaca, Estado del S. de México; cap. *Oaxaca.* Agricultura; ganadería. Minas. ‖ — C. de México, cap. del Estado homónimo. Arzobispado. Universidad.

oaxaqueño, ña adj. y s. De Oaxaca (México).

Oaxtepec, v. y mun. de México (Morelos). Turismo.

Ob. V. OBI.

Obaldía (José Domingo de), político panameño (1845-1910), pres. de la Rep. de 1908 a 1910.

Obando, c. en el E. de Colombia, al N. de la Comisaría de Guainía.

Obando (Nicolás de). V. OVANDO (Nicolás de).

obcecación f. y **obcecamiento** m. Ofuscación tenaz.

obcecar v. t. Cegar, ofuscar: *la pasión le obceca* (ú. t. c. pr.).

* **obedecer** v. t. Hacer lo que otro manda: *obedecer a un superior.* ‖ Ejecutar lo que ordenan las leyes. ‖ Ceder con docilidad a la dirección que el hombre da: *el caballo obedece al freno, a la mano.* ‖ Tener un motivo: *mi acción obedece a razones humanitarias.* ‖ *Fig.* Estar sometido a una fuerza, a un impulso: *la embarcación obedece al timón.*

obedecimiento m. Obediencia.

obediencia f. Acción o hábito de obedecer. ‖ Sumisión. ‖ Precepto del superior en las órdenes religiosas. ‖ Permiso que da un superior.

obediente adj. Que obedece, inclinado a obedecer: *hijo obediente.*

Obeid (El), c. del Sudán (Kordofan), al SO. de Jartum.

obelisco m. Monumento cuadrangular en forma de aguja y terminado en pirámide: *el obelisco de Luxor.*

obencadura f. *Mar.* Conjunto de los obenques.

obenque m. *Mar.* Cada uno de los cabos que sujetan la cabeza de los palos.

Oberammergau, c. en el S. de Alemania Occidental (Baviera). Famosa por sus representaciones decenales de la Pasión.

Oberhausen, c. en el O. de Alemania Occidental, en el Ruhr. Hulla. Siderurgia.

Oberland Bernés, macizo montañoso de los Alpes en el SO. de Suiza (Berna). Alturas más importantes, el Finsteraarhorn, la Jungfrau y el Mönch.

Obermaier (Hugo), sacerdote y paleontólogo español, de origen alemán (1877-1946). Estudió las cavernas prehistóricas del N. de España.

obertura f. Trozo de música instrumental con que se da principio a una ópera, oratorio u otra composición.

obesidad f. Calidad de obeso.

obeso, sa adj. y s. Excesivamente grueso: *un hombre obeso.*

Obi u **Ob,** río de la U. R. S. S. (Siberia Occidental) que des. en el mar de Kara y forma el *golfo de Obi;* 4 012 km.

óbice m. Obstáculo, impedimento: *lo cual no es óbice para hacerlo.*

Obidos, c. del N. del Brasil (Pará), a orillas del Amazonas.

Obihiro, c. del Japón en el SE. de la isla de Hokkaido.

obispado m. Dignidad y cargo del obispo. ‖ Diócesis.

obispal adj. Episcopal.

obispo m. Prelado que gobierna una diócesis. ‖ — *Obispo auxiliar,* el ayudante de uno con jurisdicción. ‖ *Obispo in partibus infidelium, de anillo, de título,* el de un país ocupado por los infieles y en el cual no reside. ‖ *Fam. Trabajar para el obispo,* trabajar en vano.

Obispo Santiesteban, prov. de Bolivia (Santa Cruz); cap. *Montero.*

óbito m. Defunción.

obituario m. Libro parroquial donde se registran las defunciones y entierros.

objeción f. Réplica, argumento con que se impugna algo: *levantar objeciones.*

objetante adj. y s. m. Aplícase al que objeta (ú. t. c. s.).

objetar v. t. Impugnar.

objetivación f. Acción de objetivar.

objetivar v. t. Hacer objetivo. ‖ Hacer independiente del sujeto: *objetivar una situación.*

objetividad f. Calidad de objetivo. ‖ Imparcialidad: *objetividad en el juicio.*

objetivismo m. Objetividad. ‖ Creencia en la existencia de una realidad objetiva.

objetivo, va adj. Relativo al objeto en sí y no a nuestro modo de pensar o de sentir. (En este sentido, su contrario es *subjetivo.*) ‖ *Fil.* Aplícase a lo que existe realmente fuera del sujeto que lo conoce. ‖ Desapasionado, imparcial: *explicación objetiva.* ‖ — M. Lente de un aparato de óptica o máquina fotográfica dirigida hacia el objeto que se observa. ‖ Finalidad, meta, designio: *perseguir un objetivo.* ‖ *Mil.* Punto en que se ha de concentrar el fuego. | Lugar que se quiere conquistar con el ataque.

objeto m. Todo lo que puede ser materia de conocimiento intelectual o sensible: *las imágenes de los objetos.* ‖ Propósito, intención: *tener por objeto.* ‖ Asunto, motivo: *ser objeto de admiración.* ‖ *Con objeto de,* a fin de, para.

objetor adj. y s. Que se opone a algo. ‖ *Objetor de conciencia,* el que se niega a hacer el servicio militar por razones de orden político o religioso.

oblación f. Ofrenda hecha a Dios. ‖ Sacrificio.

oblata f. Dinero para los gastos del culto. ‖ La hostia y el cáliz antes de ser consagrados en la misa. ‖ — Adj. y s. f. Religiosa de la congregación española del Santísimo Redentor.

oblato adj. y s. Religioso de las congregaciones fundadas por San Carlos Borromeo en Italia en 1578 o por Eugenio Mazenod en Marsella en 1816.

oblea f. Hoja muy delgada de harina y agua, cocida en un molde, y con la que se hacen las hostias. ‖ Sello para tomar medicinas.

oblicuángulo adj. *Geom.* Dícese del polígono que no tiene recto ninguno de sus ángulos.

oblicuar v. t. Dar a una cosa dirección oblicua.

oblicuidad f. Calidad de oblicuo. ‖ Dirección al sesgo, al través, con inclinación.

oblicuo, cua adj. Sesgado, inclinado al través o desviado de la horizontal. ‖ *Geom.* Dícese del plano o línea que se encuentra con otro u otra y forma con él o ella un ángulo que no es recto. ‖ — M. Nombre de diferentes músculos del hombre y de los animales: *el oblicuo mayor del abdomen.*

obligación f. Imposición o exigencia moral que limita el libre albedrío. ‖ Vínculo que sujeta a hacer o no hacer una cosa. ‖ Gratitud: *tenerle obligación a uno.* ‖ Título negociable de interés fijo, que representa una suma prestada a favor de una sociedad o colectividad pública.

obligacionista m. Poseedor de obligaciones negociables.

Obligado (PUNTA O VUELTA DE), paraje barrancoso del Paraná (Buenos Aires). Las tropas argentinas del general Lucio Mansilla fueron derrotadas aquí por la escuadra anglofrancesa (1845).

Obligado (Rafael), poeta argentino, n. en Buenos Aires (1851-1920), autor del poema gauchesco *Santos Vega.* ‖ ~ (PEDRO MIGUEL), escritor y poeta argentino (1892-1967).

obligar v. t. Hacer que alguien realice algo por la fuerza o autoridad. ‖ Tener fuerza y autoridad para forzar: *la ley obliga a todos.* ‖ Afectar: *norma que afecta a todos los menores de edad.* ‖ Hacer fuerza en una cosa para colocarla de cierta manera. ‖ — V. pr. Comprometerse a cumplir una cosa.

obligatoriedad f. Calidad de obligatorio.

obligatorio, ria adj. Que obliga a su cumplimiento: *servicio militar obligatorio.* ‖ Exigido por las convenciones sociales: *traje de etiqueta obligatorio.*

obliteración f. *Med.* Obstrucción, oclusión.

obliterar v. t. *Med.* Obstruir o cerrar un conducto o cavidad.

oblongo, ga adj. Que es más largo que ancho.

obnubilación f. Ofuscamiento.

oboe m. Instrumento músico de viento semejante a la dulzaina, provisto de doble lengüeta. ‖ Oboísta.

oboísta m. El que toca el oboe.

óbolo m. Contribución pequeña a algo: *dar su óbolo.* ‖ Peso que se usó en la antigua Grecia (0,72 g). ‖ Moneda griega de plata.

obra f. Cosa hecha o producida por un agente. ‖ Producción artística o literaria: *publicar sus obras.* ‖ Conjunto de las obras de un artista: *la obra musical de Wagner.* ‖ Medio, poder: *por obra de la Divina Providencia.* ‖ Acción moral. ‖ Edificio en construcción. ‖ Parte estrecha de un alto horno encima del crisol. ‖ — *De obra,* por medio de actos. ‖ *Obra de caridad,* la que se hace en bien del prójimo. ‖ *Fig. Obra de romanos, obra del Escorial,* cosa extremadamente difícil y muy larga. ‖ *Obra maestra,* la perfecta. ‖ *Obras muertas,* parte del barco que está encima de la línea de flotación. ‖ *Fig. Obras son amores, que no buenas razones,* hay que confirmar con hechos las palabras. ‖ *Obras vivas,* parte del barco que está debajo del agua. ‖ *Poner en obra,* empezar. ‖ *Por obra de,* gracias a.

obrador, ra adj. y s. Que obra. ‖ — M. Taller: *obrador de costura.*

obraje m. Fabricación. ‖ Lugar en que se labran paños y otros materiales. ‖ Prestación de trabajo que se exigía a los indios de América.

obrar v. t. Hacer una cosa: *obrar bien.* ‖ Edificar, construir una obra. ‖ — V. i. Causar efecto: *el remedio comienza a obrar.* ‖ Exonerar el vientre. ‖ Estar en poder de: *obra en mi poder su atenta carta.*

Obregón (Álvaro), general mexicano (1880-1928), pres. de la Rep. de 1920 a 1924. Llevó a cabo una política anticlerical. M. asesinado tras su reelección. ‖ ~ **Santacilia** (CARLOS), arquitecto mexicano (1896-1961), autor del monumento a la Revolución en la c. de México.

obrerismo m. Conjunto de los obreros de un país. ‖ Régimen económico fundado en el predominio de la clase obrera.

obrerista adj. Partidario del obrerismo.

obrero, ra adj. Que trabaja: *abeja obrera, clase obrera.* ‖ — M. y f. Trabajador manual asalariado: *los obreros de la fábrica.*

O'Brien (Juan Thormond), militar irlandés (1786-1861) que fue ayudante de San Martín.

obscenidad f. Calidad de obsceno. ‖ Cosa obscena: *decir, escribir, pintar obscenidades.*

obsceno, na adj Deshonesto, contrario al pudor: *acto obsceno.*

obscuro, ra adj. y s sus derivados. V. OSCURO.

obsecuencia f. Sumisión, afabilidad.

obsecuente adj. Obediente.

obseder v. t. Provocar obsesión.

obsequiador, ra y **obsequiante** adj. y s. Que obsequia.

obsequiar v. t. Agasajar con atenciones o regalos: *obsequiar con un vino de honor.* ‖ Galantear, requebrar.

obsequio m. Agasajo. ‖ Regalo. ‖ Deferencia, afabilidad: *deshacerse en obsequios.*

obsequiosidad f. Atención, cortesía. ‖ Amabilidad excesiva.

obsequioso, sa adj. Cortés, amable, complaciente: *obsequioso con las damas.* ‖ Atento en exceso.

observación f. Acción y efecto de observar. ‖ Atención dada a algo: *la observación de las costumbres.* ‖ Advertencia: *le hice algunas observaciones.* ‖ Objeción. ‖ Nota explicativa en un libro.

observador, ra adj. Que observa o cumple un precepto (ú. t. c. s.): *observador de la ley.* ‖ Que sabe observar: *hombre, espíritu observador.*

observancia f. Cumplimiento de lo mandado o convenido.

observante adj. Que observa o cumple lo mandado. ‖ — M. Religioso de la orden de San Francisco. ‖ Miembro de algunas órdenes religiosas no reformadas.

observar v. t. Examinar con atención: *observar los síntomas de una enfermedad.* ‖ Acatar, cumplir lo que se manda y ordena: *observar una regla, la ley.* ‖ Advertir, darse cuenta, notar: *observar un error.* ‖ Vigilar, espiar: *observar la conducta ajena.* ‖ Contemplar los astros: *observar las estrellas.* ‖ — V. pr. Notarse: *se observa una mejoría.*

observatorio m. Lugar para hacer observaciones, especialmente observaciones astronómicas o meteorológicas: *el observatorio del Ebro, de Monte Palomar.*

obsesión f. Idea fija que se apodera del espíritu: *tener la obsesión de la muerte.* ‖ Prejuicio que ofusca el entendimiento.

obsesionar v. t. Causar obsesión: *le obsesiona la muerte.*

obsesivo, va adj. Que obsesiona.

obseso, sa adj. y s. Dominado por una obsesión.

obsidiana f. Mineral volcánico vítreo, de color negro o verde muy oscuro.

obsoleto, ta adj. Anticuado.

obstaculizar v. t. Poner obstáculos. ‖ Obstruir: *obstaculizar la calle, el camino.*

obstáculo m. Impedimento, estorbo, inconveniente: *asunto lleno de obstáculos.* ‖ Lo que estorba el paso: *saltar un obstáculo.* ‖ Cada una de las vallas en la pista de algunas carreras: *carrera de obstáculos.*

obstante adj. Que obsta. ‖ *No obstante,* sin embargo, sin que estorbe ni perjudique para una cosa.

obstar v. i. Impedir, estorbar. ‖ — V. impers. Oponerse o ser contraria una cosa a otra: *eso no obsta.*

obstetricia f. Parte de la medicina que trata del embarazo, el parto y el puerperio.

obstinación f. Porfía, terquedad, empeño.

obstinado, da adj. Porfiado, testarudo, empeñado.

obstinarse v. pr. Empeñarse, mantenerse uno en su resolución y tema: *obstinarse en negar.*

obstrucción f. Acción de obstruir. ‖ *Med.* Atascamiento de un conducto natural. ‖ En una asamblea, táctica que retarda o impide los acuerdos: *la oposición acordó hacer obstrucción al proyecto del Gobierno.*

obstruccionismo m. Práctica de la obstrucción en una asamblea.

obstruccionista adj. y s. Que practica el obstruccionismo.

* **obstruir** v. t. Estorbar el paso, cerrar un camino o conducto. ‖ *Fig.* Impedir la acción, dificultar, obstaculizar. ‖ — V. pr. Cerrarse, taparse un agujero, caño, etc.: *se obstruyó el lavabo.*

obtemperar v. t. Asentir.

obtención f. Consecución.

* **obtener** v. t. Alcanzar, conseguir, lograr lo que se quiere: *obtener un premio, un cargo.* ‖ Llegar a un resultado.

obturación f. Obstrucción.

obturador, ra adj. Que sirve para obturar. ‖ — M. *Fot.* Aparato que cierra el objetivo y puede abrirse durante un tiempo determinado para dar paso a la luz. ‖ Junta que se pone entre la culata y el cañón de un arma de fuego para evitar el escape de los gases.

obturar v. t. Tapar, cerrar, obstruir una abertura o conducto: *obturar un tubo.*

obtusángulo adj. m. *Geom.* Aplícase al triángulo que tiene un ángulo obtuso.

obtuso, sa adj. Sin punta. ‖ *Fig.* Tardo en comprender, torpe: *obtuso de entendimiento* (ú. t. c. s.). ‖ *Ángulo obtuso,* el mayor o más abierto que el recto.

obús m. Cañón corto adecuado para el tiro vertical o el tiro oblicuo. ‖ Proyectil de artillería.

obvención f. Retribución además del sueldo.

obviar v. t. Sortear, quitar obstáculos: *obviar un inconveniente.*

obvio, via adj. *Fig.* Muy claro, manifiesto, evidente: *su intención era manifiestamente obvia.*

oc, partícula del lat. *hoc,* que significa *esto.* ‖ Afirmación o *sí* en provenzal. (V. LENGUA *de oc.*)

oca f. Ánsar. ‖ Juego que se practica con dos dados y un cartón sobre el cual van pintadas casillas que representan objetos diversos y un ganso u oca cada nueve de ellas. ‖ Planta oxalidácea americana, de tubérculos feculentos comestibles.

Oca (MONTES DE), sierra en el N. de España, perteneciente al Sistema Ibérico (Burgos). — Serranía de Venezuela (Zulia) y Colombia (Guajira) que constituye una prolongación de los Andes.

Ocampo (Florián de), historiador español (¿1495?-1558). ‖ ~ (MELCHOR), político mexicano (1814-1861). Colaborador de B. Juárez y pres. del Congreso Constituyente de 1856. Fue fusilado por la reacción. ‖ ~ (SILVINA), escritora argentina, n. en 1910, autora de cuentos fantásticos. ‖ ~ (VICTORIA), ensayista y crítica argentina, n. en 1891.

Ocantos (Carlos María), novelista argentino (1860-1949), autor de *León Zaldívar, Quilito, Misia Jeromita*, etc.

Ocaña, c. en el NE. de Colombia (Norte de Santander). — C. en el centro de España (Toledo). Penal.

ocarina f. Instrumento músico de viento de forma ovoide, con ocho agujeros.

O'Casey (Sean), dramaturgo irlandés (1883-1964).

ocasión f. Oportunidad: *aprovechar la ocasión.* ‖ Causa, motivo: *ocasión de lamentarse.* ‖ Momento, circunstancia: *en aquella ocasión.* ‖ Peligro, riesgo. ‖ Mercancía de lance. ‖ — *Coger la ocasión por los cabellos,* aprovecharla. ‖ *Dar ocasión,* dar lugar. ‖ *De ocasión,* de lance. ‖ *En cierta ocasión,* una vez. ‖ *En ocasiones,* algunas veces.

ocasionador, ra adj. y s. Que ocasiona.

ocasional adj. Accidental, eventual, fortuito.

ocasionar v. t. Ser causa o motivo para que suceda una cosa: *su decisión ocasionó grandes males.*

ocaso m. Puesta del Sol tras el horizonte. ‖ Occidente. ‖ *Fig.* Decadencia: *el ocaso de un régimen.*

Occam (Guillermo de), franciscano y filósofo escolástico inglés (¿1300?-1349), defensor del nominalismo y precursor del empirismo. Se le llamó el *Doctor Invencible.*

occidental adj. Relativo al Occidente: *cultura occidental.* ‖ *Astr.* Dícese del planeta que se pone después de puesto el Sol. ‖ — Adj. y s. m. Dícese de los pueblos de Occidente, por oposición a los del Este de Europa.

Occidental (CORDILLERA), sector de los Andes que se extiende por Colombia, Ecuador, Perú y Bolivia, donde se encuentran el Chimborazo, el Sajama y el Licáncabur.

occidentalismo m. Calidad de occidental.

occidente m. Punto cardinal por donde se oculta el Sol, oeste. ‖ Parte del hemisferio Norte situada hacia donde se pone el Sol. ‖ Conjunto de los Estados del O. de Europa, por oposición a los del E. y a los de Asia.

Occidente *(Imperio Romano de)*, uno de los imperios que resultaron de la división del Imperio Romano a la muerte de Teodosio I. Duró de 395 a 476. Restablecido por Carlomagno en 800, fue abolido por Napoleón I en 1806. Se le ha llamado tb. *Sacro Imperio Romano Germánico.*

occipital adj. Relativo al occipucio: *hueso, lóbulo occipital.*

occipucio m. Parte de la cabeza en que ésta se une a las vértebras del cuello.

occisión f. Muerte violenta.

occiso, sa adj. y s. Muerto violentamente.

O. C. D. E., siglas de la *Organización de Cooperación y Desarrollo Económico.*

Oceanía, una de las cinco partes del mundo, constituida por Australia y diversos grupos insulares del Pacífico; 8 970 000 km²; 19 millones de h. Se divide en *Melanesia* (Australia, Tasmania, Nueva Guinea, archip. de Bismarck, islas Salomón, Fidji, Nuevas Hébridas y Nueva Caledonia), *Micronesia* (islas Marianas, Carolinas, Palaos, Marshall y Gilbert) y *Polinesia* (Polinesia francesa, Nueva Zelanda, las Samoa, Hawaii, etc.). Políticamente pertenecen al Commonwealth británico: Australia, Nueva Zelanda y otros numerosos archip. Estados Unidos posee Hawaii y Samoa; Portugal, la mitad de Timor; Chile, la isla de Pascua, y Francia, las de Nueva Caledonia, islas de la Sociedad y Marquesas. Las Nuevas Hébridas constituyen un condominio francobritánico.

oceánico, ca adj. Relativo al océano: *clima oceánico.* ‖ De Oceanía: *islas oceánicas.*

Oceánidas, ninfas del mar y de las aguas, hijas del Océano y Tetis. *(Mit.)*

océano m. Masa total de agua que cubre las tres cuartas partes de la Tierra. ‖ Cada una de sus cinco grandes divisiones: *océano Glacial del Norte* o *Ártico; océano Glacial del Sur* o *Antártico; océano Atlántico; océano Pacífico* y *océano Índico.* ‖ *Fig.* Inmensidad, infinitud: *un océano de amargura.*

Océano, dios griego, hijo de Urano y Gea, esposo de Tetis. Personifica el mar.

oceanografía f. Descripción y cartografía de los mares.

oceanográfico, ca adj. Relativo a la oceanografía.

oceanógrafo, fa m. y f. Especialista en oceanografía.

oceanología f. Conjunto de las ciencias que estudian los mares.

ocelado, da adj. Que tiene en la piel manchas en forma de ojos.

ocelo m. Ojo sencillo de los insectos. ‖ Mancha en las alas de las mariposas redonda y de dos colores.

ocelote m. Mamífero felino que vive en la selvas de América del Sur, de piel muy apreciada.

ocio m. Condición del que no trabaja. ‖ Tiempo libre: *en sus momentos de ocio.*

ociosidad f. Estado de una persona ociosa: *vivir en la ociosidad.*

ocioso, sa adj. y s. Que está sin trabajar. ‖ Inactivo. ‖ — Adj. Innecesario, inútil, insubstancial: *palabras ociosas.*

* **ocluir** v. t. Cerrar un conducto u orificio natural: *ocluir un intestino, los párpados.*

oclusión f. Cierre accidental de un conducto natural: *oclusión intestinal.*

oclusivo, va adj. Relativo a la oclusión. ‖ Que la produce. ‖ Aplícase a la consonante que se pronuncia cerrando momentáneamente el canal vocal, como ocurre con las letras *b* y *p* (ú. t. c. s. f.).

Ocná, entre los mayas, fiesta anual en honor de los Chaces. (V. CHAC.)

O'Connell (Daniel), caudillo de la lucha por la independencia de Irlanda (1775-1847).

O'Connor, prov. en el S. de Bolivia (Tarija); cap. *Entre Ríos.*

Ocós, puerto en el SO. de Guatemala (San Marcos).

Ocosito o **Tilapa,** río en el SO. de Guatemala (Retalhuleu).

ocotal m. *Méx.* Lugar plantado de ocotes.

Ocotal, c. del NO. de Nicaragua, cap. del dep. de Nueva Segovia. Centro agrícola y ganadero.

ocotalano, na adj. y s. De Ocotal (Nicaragua).

ocote m. *Méx.* Especie de pino.

ocotepecano, na adj. y s. De Ocotepeque.

Ocotepeque, dep. en el E. de Honduras; cap. *Nueva Ocotepeque.*

ocotlán adj. y s. Dícese del individuo de una tribu zapoteca.

Ocotlán, pobl. y mun. de México (Jalisco). Centro agrícola. Iglesia colonial barroca.

ocozoal m. *Mex.* Serpiente de cascabel.

ocozol m. *Méx.* Árbol cuyo tronco y ramas exudan el liquidámbar.

ocre m. Tierra arcillosa amarilla que contiene un óxido férreo hidratado y se emplea en pintura. ‖ *Ocre rojo,* el almagre. ‖ — Adj. y s. m. Dícese del color amarillo oscuro: *papel ocre.*

octaédrico, ca adj. De forma de octaedro.

octaedro m. *Geom.* Sólido de ocho caras que son triángulos.

octagonal adj. Del octágono.

octágono, na adj. y s. m. *Geom.* Octógono.

octano m. Hidrocarburo saturado que existe en el petróleo. ‖ *Índice de octano,* índice para expresar el poder antidetonante de un carburante.

octante m. *Astr.* y *Mar.* Instrumento de la especie del quintante y del sextante cuyo sector comprende sólo la octava parte del círculo.

octava f. Los ocho días que siguen a ciertas fiestas religiosas. ‖ Último día de estos ocho: *octava de Corpus.* ‖ Combinación métrica de ocho versos. ‖ *Mús.* Intervalo de ocho grados.

Octavia, bahía en el O. de Colombia en el Pacífico (Chocó).

Octavia (42-62), emperatriz romana, hija de Claudio y Mesalina, casada con Nerón, m. asesinada por orden de su marido.

octaviano, na adj. Relativo a Octavio César Augusto. ‖ *Fig.* Aplícase a la paz completa y larga.

octavilla f. Octava parte de un pliego de papel. ‖ Hoja de propaganda. ‖ Estrofa de ocho versos cortos, por lo común octosílabos.

Octavio, n. de *Augusto* antes de su adopción por César.

octavo, va adj. Que sigue en orden a lo séptimo. ‖ — M. Cada una de las ocho partes iguales en que se divide un todo. ‖ *En octavo,* dícese del libro de igual tamaño a la octava parte de un pliego.

octeto m. *Mús.* Composición para ocho instrumentos o voces. ‖ Conjunto de estos instrumentos o voces.

octingentésimo, ma adj. Que ocupa el lugar ochocientos. ‖ — M. Cada una de las 800 partes iguales en que se divide un todo.

octogenario, ria adj. y s. Que ha cumplido la edad de ochenta años y no llega a la de noventa.

octogésimo, ma adj. Que ocupa el lugar ochenta. ‖ — M. Cada una de las 80 partes iguales en que se divide un todo.

octogonal adj. Del octógono.

octógono, na adj. y s. m. *Geom.* Dícese del polígono de ocho lados y ángulos.

octosílabo, ba adj. De ocho sílabas. ‖ — M. Verso de ocho sílabas.

octubre m. Décimo mes del año.

Ocú, pobl. y distr. en el centro de Panamá (Herrera).

ocuilteca adj. y s. Dícese del individuo de una tribu otomí, llamado tb. *manilalca.*

ocular adj. Relativo a los ojos o a la vista. ‖ *Testigo ocular,* el que ha presenciado lo que refiere. ‖ — M. En los aparatos ópticos, lente a que aplica el ojo el observador.

oculista adj. y s. Médico especialista de los ojos.

ocultación f. Acción de ocultar u ocultarse.

ocultador, ra adj. Que oculta. ‖ — M. y f. Encubridor. ‖ — M. *Fot.* Papel negro recortado que permite sacar en él sólo una parte de la fotografía.

ocultar v. t. Impedir que sea vista una persona o cosa. ‖ Esconder: *ocultar el dinero* (ú. t. c. pr.). ‖ Encubrir, disfrazar: *ocultar un delito.* ‖ Callar: *ocultar la verdad.*

ocultis (de) loc. *Fam.* A escondidas, disimuladamente.

ocultismo m. Supuesta ciencia espiritista de lo oculto y misterioso en la naturaleza.

ocultista com. Persona que practica el ocultismo.

oculto, ta adj. Escondido. ‖ Misterioso: *influencia oculta.* ‖ — *Ciencias ocultas,* la alquimia, la magia, la nigromancia, la astrología, la cábala, etc. ‖ *En oculto,* en secreto, sin publicidad.

Ocumare de la Costa, pobl. y puerto de Venezuela (Aragua).

ocume m. Okume.

ocupación f. Acción y efecto de ocupar: *la ocupación de una ciudad.* || Trabajo que impide emplear el tiempo en otra cosa. || Empleo, oficio, dignidad: *dedicarse a sus ocupaciones.* || *Ocupación militar,* permanencia en un territorio del ejército de otro Estado, que interviene y dirige su vida pública.

ocupador, ra adj. y s. Que ocupa o toma una cosa.

ocupante adj. y s. Que ocupa.

ocupar v. t. Tomar posesión, apoderarse de una cosa: *ocupar un país.* || Llenar un espacio: *ocupar un local.* || Habitar: *ocupar un piso.* || Desempeñar un cargo: *ocupar una secretaría, la presidencia.* || Llevar: *su encargo me ocupó el día.* || Dar en qué trabajar: *ocupar a los obreros.* || — V. pr. Emplearse en algo: *ocuparse en el cultivo de la música.*

ocurrencia f. Idea de hacer algo que tiene una persona. || Gracia, agudeza, ingenio.

ocurrente adj. Que ocurre. || Que tiene ocurrencias ingeniosas, chistoso, gracioso.

ocurrir v. i. Acontecer, acaecer, suceder, pasar: *esto ocurre todos los años.* || — V. pr. Venir a la imaginación: *se le ocurrió salir.*

ochavo m. Moneda antigua de cobre, de valor de dos maravedís. || *Fam.* Dinero, cuarto: *no tengo un ochavo.*

ochavón, ona adj. *Cub.* Hijo de cuarterón y blanca o viceversa.

ochenta adj. y s. Ocho veces diez. || Octogésimo.

ochentón, ona adj. y s. *Fam.* Octogenario.

ocho adj. Siete y uno, o dos veces cuatro. || Octavo: *el año ocho.* || — M. Aplícase a los días del mes: *el ocho de marzo.* || La cifra del número ocho.

Ochoa de Albornoz (Severo), médico español, n. en 1905. Pr. Nóbel de Medicina en 1959 por sus trabajos sobre las enzimas.

ochocientos, tas adj. y s. m. Ocho veces ciento. || Octingentésimo. || — M. Conjunto de signos que representan el número ochocientos.

Ochoterena (Isaac), biólogo y naturalista mexicano (1885-1950).

oda f. Entre los antiguos, todo poema destinado a ser cantado: *las odas de Horacio.* || Composición lírica dividida en estrofas iguales.

odalisca f. Esclava dedicada al servicio del harén del sultán. || Mujer del harén.

Odawara, c. del Japón en el SE. de la isla de Honshu.

O. D. E. C. A. Ver ORGANIZACIÓN DE LOS ESTADOS CENTROAMERICANOS.

Ödenburg. V. SOPRON.

Odense, c. y puerto del S. de Dinamarca, cap. de la isla de Fionia. Obispado.

odeón m. (Ant.). Teatro de espectáculos musicales en Atenas. || Nombre de ciertos teatros modernos.

Oder, en polaco *Odra,* río de Polonia que nace en Moravia (Checoslovaquia), pasa por Wroclaw, Francfort y Szczecin, y des. en el Báltico; 848 km. En su curso inferior señala la frontera entre Polonia y Alemania Oriental.

Odesa, c. en el S. de Estados Unidos (Texas). — C. del SO. de la U. R. S. S. (Ucrania). Puerto en el mar Negro. Industrias (alimenticias, químicas, metalúrgicas).

odiar v. t. Sentir odio, aborrecer: *odiar de muerte.*

Odín o **Votán,** dios supremo en la mitología escandinava que representa la Guerra, la Sabiduría y la Poesía.

odio m. Aversión hacia una persona o cosa, cuyo mal se desea: *odio implacable, mortal.*

odiosidad f. Calidad de odioso. || Odio, antipatía.

odioso, sa adj. Digno de odio: *hombre odioso; conducta odiosa.* || Abominable, desagradable: *hace un tiempo odioso.* || *Amer.* Fastidioso.

odisea f. Conjunto de penalidades, trabajos y dificultades que pasa alguien.

Odisea *(La),* poema épico en 24 cantos, atribuido a Homero, que relata los viajes de Ulises después de la toma de Troya y su regreso al reino de Itaca.

Odoacro, jefe de los hérulos (¿434?-493). Destronó a Rómulo Augústulo (476), último emperador de Occidente. M. asesinado.

odómetro m. Podómetro.

O'Donnell (Leopoldo), general y político liberal español (1809-1867). Provocó la caída de Espartero en 1856 y fue presidente del Consejo varias veces. Dirigió brillantemente la campaña de Marruecos (1859), que le valió el título de *duque de Tetuán.*

O'Donojú (Juan), general español (1762-1821), último virrey de Nueva España.

odontalgia f. Dolor de muelas.

odontología f. Estudio y tratamiento de los dientes.

odontólogo m. Especialista en odontología, dentista.

odorífero, ra adj. Que huele bien, oloroso.

odre m. Piel cosida para contener vino, aceite, etc. || *Fam.* Borracho.

Odría (Manuel A.), general peruano (1896-1974), jefe de una Junta gubernativa de 1948 a 1950 y pres. de la Rep. de 1950 a 1956. Ejecutó un plan de obras públicas.

Oduber Quirós (Daniel), abogado y político costarricense, n. en 1921, pres. de la Rep. desde 1974.

O. E. A. Ver ORGANIZACIÓN DE LOS ESTADOS AMERICANOS.

O. E. C. E. Ver ORGANIZACIÓN DE COOPERACIÓN Y DESARROLLO ECONÓMICO.

Œcolampadio. V. ECOLAMPADIO (Juan).

oersted u **oerstedio** m. *Electr.* Unidad de intensidad del campo magnético en el sistema C. G. S.

Œrsted [*ers-*] (Christian), físico danés (1777-1851), a quien se debe el descubrimiento del electromagnetismo.

Œsel u **Osel** [*ésel*], isla de la U. R. S. S. (Estonia), en el Báltico. Llamada tb. *Sarema.*

oeste m. Occidente, poniente. || Viento que sopla de esta parte. || Punto cardinal situado donde se pone el Sol. || *Por ext.* País situado al Oeste. || *Película del Oeste,* la que relata la colonización de América del Norte.

Ofalia (Narciso DE HEREDIA, *conde de*), político español (1777-1843), jefe del Gob. en 1837.

Ofelia, personaje de *Hamlet,* de Shakespeare, que pierde la razón y muere ahogada en un río.

ofender v. t. Injuriar, agraviar a uno. || — V. pr. Picarse o enfadarse por un dicho o hecho. || Reñir: *ofenderse con un amigo.*

ofendido, da adj. y s. Que ha recibido una ofensa.

ofensa f. Palabra o hecho que agravia a uno, injuria.

ofensivo, va adj. Que ofende o puede ofender. || Que sirve para atacar: *arma ofensiva.* || — F. Actitud o estado del que trata de ofender o atacar. || *Pasar a la ofensiva,* atacar al enemigo.

ofensor, ra adj. y s. Que ofende. || Causante de un daño.

oferente adj. y s. Que ofrece.

oferta f. Proposición de un contrato a otra persona: *oferta de empleo.* || Ofrecimiento de un bien o de un servicio que puede ser vendido a un precio determinado: *la ley de la oferta y la demanda.* || La cosa ofrecida: *me hizo una oferta interesante.* || Promesa de regalar o de ejecutar algo.

ofertorio m. Parte de la misa en que el celebrante ofrece a Dios la hostia y el vino. || Oraciones que acompañan esta parte.

Offaly, condado del centro de Irlanda (Leinster); cap. *Tullamore,* ant. *King's County.*

Offenbach [*-baj*], c. de Alemania Occidental (Hesse), a orillas del Main. Industrias.

Offenbach (Jacques), músico francés, de origen alemán (1819-1880), autor de operetas y de la ópera *Cuentos de Hoffmann.*

office [*ofis*] m. (pal. fr.). Antecocina, parte de una casa donde se prepara lo que depende del comedor, oficio.

offset m. (pal. ingl.). *Impr.* Procedimiento de impresión en el cual la plancha entintada imprime un cilindro de caucho que traslada la impresión al papel. || — Adj. y s. Dícese de la máquina que aplica este procedimiento.

offside [*ofsaid*] m. (pal. ingl.). En fútbol, rugby, etc., falta del delantero que se sitúa entre el portero y los defensas contrarios, fuera de juego.

oficial adj. Que proviene de una autoridad: *boletín, diario oficial.* || Formal, serio: *novia oficial.* || — M. Obrero. || Oficinista. || Aquel que en un oficio no es todavía maestro: *oficial de peluquero.* || Militar desde alférez a capitán.

oficiala f. Obrera

oficialidad f. Conjunto de oficiales del ejército o de parte de él. || Calidad de oficial.

oficializar v. t. Hacer oficial

oficiante m. El que oficia en el altar.

oficiar v. t. Celebrar los oficios religiosos. || Comunicar oficialmente por escrito. || Obrar, hacer el papel de: *oficiar de mediador.*

oficina f. Despacho, departamento donde trabajan hombres de negocios, los empleados de una administración o de una empresa, etc. || Establecimiento público: *oficina de Correos.* || Laboratorio de farmacia.

oficinal adj. Dícese de cualquiera planta que se usa como medicina.

oficinesco, ca adj. Propio de las oficinas o de los oficinistas. (Tómase generalmente en mala parte.)

oficinista com. Persona empleada en una oficina.

oficio m. Profesión manual o mecánica. || Función, papel: *desempeñar su oficio.* || Comunicación escrita de carácter oficial. || Función propia de una cosa. || Rezo diario a que están obligados los eclesiásticos. || Conjunto de plegarias y ceremonias litúrgicas: *oficio de difuntos.* || Antecocina, office. || — *Buenos oficios,* diligencias en favor de alguien. || *De oficio,* automáticamente, sin necesidad de una orden especial: *gratificación concedida de oficio a todos los empleados de más de cinco años de servicio.* || *No tener oficio ni beneficio,* no ser hombre de provecho, no tener nada. || *Santo Oficio,* la Inquisición. || *Fig. Tener mucho oficio,* tener mucha práctica o experiencia.

Oficios *(Palacio de los),* palacio de Florencia, construido de 1560 a 1580 por Vasari, que encierra un rico museo de pintura y escultura.

oficiosidad f. Calidad de oficioso.

oficioso, sa adj. Hecho o dicho por una autoridad, pero sin carácter oficial: *comunicación oficiosa; diario oficioso.* || Hacendoso, laborioso. || Diligente, solícito. || Entremetido, importuno.

ofidios m. pl. Orden de reptiles que comprende las culebras y las serpientes (ú. t. c. adj.).

* **ofrecer** v. t. Prometer, asegurar: *ofrecer ayuda.* || Presentar o dar voluntariamente una cosa: *le ofrecí un cigarrillo.* || Tener, mostrar, presentar ventajas: *esto ofrece muchas ventajas.* || Decir lo que uno está dispuesto a pagar por algo. || — V. pr. Proponerse: *ofrecerse para hacer un trabajo.* || Ocurrir: *¿qué se te ofrece?*

ofrecimiento m. Acción y efecto de ofrecer u ofrecerse.
ofrenda f. Don que se ofrece a Dios o a los santos. ‖ Lo que se ofrece para una obra de caridad. ‖ Presente o regalo en muestra de agradecimiento o amor.
ofrendar v. t. Hacer una ofrenda: *ofrendar a Dios o a los santos.* ‖ Sacrificar: *ofrendó su vida por su patria.* ‖ Contribuir con dinero u otros dones a un fin.
oftalmía f. *Med.* Inflamación de los ojos.
oftálmico, ca adj. De los ojos: *arteria oftálmica; ganglio oftálmico.*
oftalmología f. Parte de la medicina que estudia las enfermedades de los ojos.
oftalmológico, ca adj. Relativo a la oftalmología.
oftalmólogo m. Especialista en oftalmología, oculista.
oftalmoscopio m. Instrumento para examinar el interior del ojo.
ofuscación f. y **ofuscamiento** m. Turbación de la vista por deslumbramiento. ‖ *Fig.* Ceguera, oscuridad de la razón.
ofuscar v. t. Deslumbrar, turbar la vista: *el sol me ofusca.* ‖ *Fig.* Obcecar, trastornar el entendimiento: *la pasión le ofusca* (ú. t. c. pr.).
Ogaki, c. del Japón en el S. de la isla de Honshu.
Ogbomoso, c. del O. de Nigeria.
Ogden, c. del SO. de Estados Unidos (Utah).
Ogé (Vicente), patriota dominicano que luchó por la abolición de la esclavitud (1750-1791).
Ogigia, isla legendaria del mar Jónico, donde reinaba Calipso.
Oglio, río del N. de Italia (Lombardía), afl. del Po; 280 km.
O'Gorman (Juan), pintor y arquitecto mexicano, n. en Coyoacán en 1905.
Ogoué, río del Gabón que des. en el Atlántico; 970 km. Navegable hasta Lambaréné.
ogro m. *Mit.* Gigante que devoraba a las personas. ‖ *Fig.* Persona muy cruel o muy fea o muy poco sociable.
¡oh! interj. Indica asombro, admiración, dolor, pena o alegría.
O'Higgins, prov. del centro de Chile; cap. *Rancagua.* Agricultura. Cobre. — Lago en el S. de Chile (Aisén) cuya mitad oriental pertenece a la Argentina con el nombre de *San Martín.* — Penins. de Chile en el territorio Antártico, llamada tb. *Tierra de Graham.*
O'Higgins (Ambrosio), militar y político español, de origen escocés (¿1720?-1801), gobernador de Chile de 1788 a 1796 y luego virrey del Perú. — Su hijo BERNARDO, general y político chileno, n. en Chillán (1776-1842), héroe de la Independencia. Después del revés de Rancagua (1814) emigró a la Argentina, donde colaboró con San Martín en la organización del ejército de los Andes. Tras la victoria de Chacabuco fue nombrado Director Supremo de Chile (1817-1823), proclamó la independencia, afianzada con el triunfo de Maipú, y promulgó la Constitución de 1822. M. en el Perú.
Ohio, río de Estados Unidos (Pensilvania), afl. izq. del Misisipí; 1 580 km. Excelente vía fluvial. — Uno de los Estados Unidos de Norteamérica, al NE.; cap. *Columbus;* c. pr. *Cleveland, Cincinnati.* Petróleo. Industrias (siderurgia, automóviles, caucho).
ohm m. *Fís.* Ohmio.
Ohm (Georg), físico alemán (1789-1854), descubridor de las leyes de las corrientes eléctricas que llevan su nombre.
ohmio m. Unidad de medida de la resistencia eléctrica (símb., Ω).
Ohrid o **Okhrid,** c. del SO. de Yugoslavia (Macedonia). Centro turístico.
Oiapoque. V. OYAPOK.
oíble adj. Que puede oírse.
oída f. Acción y efecto de oír. ‖ *De* (o *por*) *oídas,* por haber oído hablar de una cosa.
oídio m. Hongo microscópico y parásito que ataca la vid.
oído m. Sentido del oír: *tener el oído fino.* ‖ Aparato de la audición, especialmente su parte interna: *me duelen los oídos.* ‖ Agujero de la recámara de algunas armas de fuego. ‖ Orificio del barreno por donde pasa la mecha. ‖ — *Fig. Abrir los oídos,* escuchar con atención. ‖ *Al oído* o *de oído,* sin más auxilio que la memoria auditiva: *tocar el piano de oído.* ‖ *Dar oídos,* dar crédito a lo que se oye. ‖ *Fig. Hacer oídos de mercader* u *oídos sordos,* hacer como quien no oye. ‖ *Ser todo oídos,* escuchar atentamente. ‖ *Tener oído* o *buen oído,* tener disposición para la música.
— Situado en el hueso temporal, el *oído* se compone del *oído externo,* con el pabellón y el conducto auditivo cerrado por el tímpano; del *oído medio,* cavidad del tímpano que comunica con la faringe por la trompa de Eustaquio y en la que una cadena de tres huesecillos (martillo, yunque y estribo) transmite las vibraciones del tímpano a la ventana oval, que las vuelve a transmitir al oído interno, y del *oído interno* o *laberinto,* que contiene el órgano del equilibrio y el aparato auditivo.
oidor, ra adj. y s. Que oye. ‖ — M. Ministro o juez togado que sentenciaba las causas y pleitos.
oidoría f. Cargo de oidor.
oíl adv. Sí. (V. LENGUA *de oíl.*)
* **oír** v. t. Percibir los sonidos: *oir un ruido.* ‖ Acceder a los ruegos de uno: *oir sus súplicas.* ‖ Darse por enterado. ‖ Asistir a misa. ‖ — *Fig.* y *fam. Como quien oye llover,* sin hacer caso. ‖ *Oír, ver y callar,* no entremeterse uno en lo que no le llaman. ‖ *¡Oye!, ¡oiga!, ¡oigan!,* interj. que denota enfado, reprensión o llamada.
Oirotia, región autónoma en el S. de la U. R. S. S. (Altai); cap. *Oirot-Tura.*
Oise [*uas*], río del N. de Francia, afl. del Sena; 302 km. — Dep. del N. de Francia; cap. *Beauvais.* Agricultura; ganadería. Industrias.
O. I. T. Ver ORGANIZACIÓN INTERNACIONAL DEL TRABAJO.
Oita, c. y puerto del Japón en el NE. de la isla de Kiusiu.
ojal m. Abertura en una tela por donde entra un botón. ‖ Agujero en ciertas cosas. ‖ *Pop.* Herida.
¡ojalá! interj. Expresa vivo deseo de que ocurra una cosa.
Ojea (Hernando de), dominico y escritor español (¿1560?-1615) que residió en México. Autor de *La historia religiosa de la provincia de México de la orden de Santo Domingo.*
ojeada f. Mirada rápida: *echar una ojeada a un libro.*
ojeador m. El que ojea la caza.
ojear v. t. Mirar a determinada parte. ‖ Aojar. ‖ Espantar la caza con voces para que vaya al sitio donde están los cazadores. ‖ *Fig.* Espantar, ahuyentar.
Ojeda (Alonso de), conquistador español, n. en Cuenca (¿1466-1515?). Participó en el segundo viaje de Colón, exploró la costa de Venezuela con Juan de La Cosa y Américo Vespucio, y descubrió la isla de Curazao (1499).
ojén m. Aguardiente anisado.
Ojén, v. en el sur de España (Málaga). Aguardientes famosos.
ojeo m. Acción y efecto de ojear la caza.
ojera f. Círculo amoratado que rodea a veces el ojo (ú. m. en pl.).
ojeriza f. Odio, inquina, tirria: *tenerle ojeriza a uno.*
ojeroso, sa adj. Que tiene ojeras: *ojeroso de poco dormir.*
ojete m. Ojal redondo y reforzado por donde pasa un cordón. ‖ Agujero redondo en ciertos bordados. ‖ *Fam.* Ano.
ojetear v. t. Poner ojetes.
ojituerto, ta adj. Bizco.
ojiva f. *Arq.* Figura formada por dos arcos de círculo iguales cruzados en ángulo. | Arco de esta forma. ‖ Parte frontal de los proyectiles de perfil cónico.
ojival adj. Que tiene figura de ojiva: *arco ojival.* ‖ *Arquitectura ojival,* la gótica.
ojizarco, ca adj. *Fam.* De ojos azules.
ojo m. Órgano de la vista: *tener algo ante los ojos.* ‖ Agujero de ciertos objetos: *ojo de la aguja, de la cerradura,* etc. ‖ Aplícase al agujero de las herramientas por donde pasa el mango o a los de las tijeras por donde se meten los dedos. ‖ Dícese de los agujeros del pan, del queso, de las gotas redondas de grasa que hay en el caldo, etc. ‖ Abertura de un arco de puente: *puente de cuatro ojos.* ‖ Mano de jabón cuando se lava: *dar un ojo a la ropa.* ‖ *Fig.* Atención, cuidado: *tenga mucho ojo para no ofenderle.* | Perspicacia, acierto: *tiene mucho ojo en los negocios.* ‖ *Impr.* Grueso de un carácter tipográfico. | Relieve de los tipos. ‖ Palabra que se dice o pone como señal al margen de un escrito para llamar la atención de algo. ‖ — *Fig. Abrir el ojo,* estar sobre aviso. | *A (los) ojos de,* según. | *A ojo,* a bulto, sin medir ni contar. ‖ *Fam. A ojo de buen cubero,* aproximadamente. ‖ *Fig. A ojos cerrados,* sin reflexionar. | *A ojos vistas,* claramente. | *Bailarle a uno los ojos,* ser uno muy alegre y vivo. | *Cerrarle los ojos a uno,* asistirle en la muerte. | *Clavar los ojos en,* mirar fijamente. ‖ *Fam. Comerse con los ojos,* mirar con amor, codicia, etc. ‖ *Fig. Con mucho ojo,* con cuidado. ‖ *Fam. Costar un ojo de la cara,* costar muy caro. ‖ *Dichosos los ojos que te ven,* expresión de sorpresa y alegría cuando se ve a una persona después de mucho tiempo. ‖ *Fig. Echar el ojo a algo,* mirarlo con deseo de tenerlo. | *En un abrir y cerrar de ojos,* con gran rapidez. | *Entrar por el ojo derecho* o *por los ojos,* gustar a uno mucho una cosa. | *Estar ojo alerta* o *avizor,* estar sobre aviso. | *Hablar con los ojos,* tenerlos muy expresivos. | *Írsele los ojos por* o *tras,* desear ardientemente. | *Meter algo por los ojos,* elogiar, celebrar mucho una cosa. | *Mirar con buenos* (o *malos*) *ojos,* mirar con simpatía o enemistad. | *No pegar (el) ojo,* no poder dormir. | *No quitar los ojos de encima,* no apartarlos de una persona o cosa. | *¡Ojo!* o *¡mucho ojo!,* ¡cuidado! ‖ *Fam. Ojo de besugo,* ojo saltón. ‖ *Ojo de buey,* planta de la familia de las compuestas; (fig.) ventana o claraboya circular. ‖ *Ojo de gato,* ágata de diversos colores. ‖ *Ojo de perdiz,* tela con dibujos en forma del ojo de este ave. ‖ *Ojo de pollo* o *de gallo,* callo redondo en los dedos de los pies. ‖ *Fig. Ojos de gato,* los azules o de color incierto. ‖ *Ojos rasgados,* los que tienen muy prolongada la comisura de los párpados. ‖ *Fig. Ojos que no ven corazón que no siente,* aquello que no se ve no causa pena ni disgusto. ‖ *Ojos reventones* o *saltones,* los que tienen los globos muy abultados. ‖ *Fig. Poner los ojos en alguien,* escogerle para algún designio. ‖ *Poner los ojos en blanco,* volverlos dejando ver lo blanco. ‖ *Fig. Saltar a los ojos,* ser evidente. ‖ *Saltar un ojo,* herirlo, cegarlo. ‖ *Fig. Ser el ojo derecho de uno,* ser el de su mayor confianza y el preferido. | *Ser todo ojos,* mirar muy atentamente. | *Tener buen ojo,* ser perspicaz. | *Tener entre ojos a uno,* odiarle.
— El *ojo humano* consta de tres membranas: la *esclerótica,* que le protege y forma delante la *córnea transparente;* la *coroides,* que se

prolonga y forma el *iris*, horadada por la *pupila;* la *retina*, sensible al excitante luminoso, unida al encéfalo por el *nervio óptico*, y sobre la cual se dibujan las imágenes.

ojolote m. *Méx.* Planta de cuya fibra se saca el hilo de este nombre.

Ojos || **~ del Guadiana.** V. GUADIANA. || **~ del Salado,** pico de los Andes en la frontera argentinochilena; 6 100 m.

ojota f. *Amer.* Sandalia hecha de cuero o de filamento vegetal.

Ojotsk u **Okhotsk,** mar formado por el Pacífico, al NE. de Asia. — Pobl. en el E. de la U. R. S. S. (Siberia Oriental), a orillas del mar homónimo.

O.K. [*okey*], expresión familiar norteamericana que significa *bien, de acuerdo.*

Oka, río en el O. de la U. R. S. S. (Rusia), afl. der. del Volga; 1 480 km.

okapí m. Antílope africano que forma la transición entre la jirafa y la cebra.

Okayama, c. del Japón en el O. de la isla de Honshu. Ind. textil.

Okazaki, c. del Japón en el S. de la isla de Honshu.

Okinawa, isla principal del archip. de Riukiu. Fue administrada por Estados Unidos hasta 1972.

Oklahoma, uno de los Estados Unidos de Norteamérica en el centro; cap. *Oklahoma City*. Agricultura. Minería (petróleo, gas natural). Industrias (mecánicas, textiles).

okume m. Árbol africano con cuya madera de color rosa se hacen contrachapados.

ola f. Onda de gran amplitud en la superficie de las aguas. || Fenómeno atmosférico que produce variación repentina de la temperatura de un lugar: *ola de frío, de calor.* || *Fig.* Multitud, oleada: *ola de gente.* || *Fig. La nueva ola,* la joven generación vanguardista.

Olá, pobl. en el centro de Panamá (Coclé).

Olaguíbel (Francisco M. de), poeta y político mexicano (1874-1924).

olanchano, na adj. y s. De Olancho (Honduras).

Olanchito, pobl. del N. de Honduras (Yoro).

Olancho, dep. del centro de Honduras, en los límites con Nicaragua; cap. *Juticalpa.*

Oland, isla de Suecia, en el Báltico (Calmar); c. pr. *Borgholm.* Uranio.

Olañeta (Casimiro), político y legislador boliviano (1796-1860).

Olavarría, c. de la Argentina (Buenos Aires).

Olavarría (José Valentín de), militar y patriota argentino (1801-1845). Se distinguió en Chacabuco y Maipo, y después en Junín y Ayacucho.

Olavide y Jáuregui (Pablo de), político y escritor español, n. en Lima (1725-1804), que organizó la colonización de Sierra Morena (1767). Sus relaciones con los enciclopedistas franceses le valieron la prisión.

Olaya Herrera (Enrique), político colombiano (1880-1937), pres. de la Rep. de 1930 a 1934.

Oldenburgo, c. en el NO. de Alemania Occidental (Baja Sajonia). Castillo de estilo Renacimiento.

Oldham, c. de la Gran Bretaña en el N. de Inglaterra (Lancashire). Industria algodonera.

¡ole! y **¡olé!** interj. Se emplea para animar o aplaudir. || — M. Cierto baile andaluz.

oleáceo, a adj. y s. f. Dícese de las plantas dicotiledóneas a que pertenecen el olivo, el fresno, el jazmín, la lila. || — F. pl. Familia de estas plantas.

oleada f. Ola grande. || Embate, golpe que da la ola. || *Fig.* Movimiento impetuoso de la gente. | Abundancia repentina: *oleada de suicidios.*

oleaginosidad f. Calidad de oleaginoso.

oleaginoso, sa adj. Aceitoso.

oleaje m. Sucesión continuada de olas.

O'Leary (Daniel Florencio), general irlandés (1800-1852), edecán de Bolívar. Autor de *Memorias.*

oleico, ca adj. Derivado del aceite. || *Quím.* Dícese de un ácido producido por hidrólisis de la oleína.

oleícola adj. Relativo a la oleicultura.

oleicultor, ra adj. Dedicado al cultivo del olivo o a la fabricación del aceite.

oleicultura f. Cultivo del olivo o producción de aceite.

oleífero, ra adj. Con aceite.

oleiforme adj. De la consistencia del aceite.

oleína f. Sustancia líquida que se encuentra en las grasas de animales y vegetales.

óleo m. Aceite de oliva. || Por antonomasia, el que usa la Iglesia en los sacramentos y otras ceremonias: *los santos óleos.* || — *Pintura al óleo,* la que se hace con colores disueltos en aceite secante. || *Santo óleo,* el de la extremaunción.

oleoducto m. Tubería para la conducción de petróleo.

* **oler** v. t. Percibir los olores: *oler mal.* || *Fig.* Figurarse, imaginarse, sospechar una cosa. Ú. t. c. pr.: *olerse un peligro.* | Curiosear. || — V. i. Exhalar olor: *oler a tabaco.* || *Fig.* Tener aspecto de una cosa: *eso huele a mentira.* || *Fig.* y *fam. No oler bien una cosa,* ser sospechosa.

olfatear v. t. Oler mucho. || *Fig.* y *fam.* Sospechar. || Ventear los perros.

olfateo m. Acción y efecto de olfatear.

olfativo, va adj. Relativo al sentido del olfato: *nervio olfativo.*

olfato m. Sentido corporal con que se perciben los olores. || *Fig.* Sagacidad, perspicacia: *tener uno mucho olfato.*

Olid (Cristóbal de), conquistador español, n. en Baeza (¿1488?-1524), compañero de Cortés en México, contra quien se rebeló más tarde y se declaró independiente en Honduras. M. decapitado.

oliente adj. Que huele: *bien oliente; mal oliente.*

oligarca m. Cada uno de los individuos de una oligarquía.

oligarquía f. Gobierno en que unas cuantas personas de una misma clase asumen todos los poderes del Estado. || Estado gobernado así. || *Fig.* Conjunto de negociantes poderosos que imponen su monopolio.

oligárquico, ca adj. Relativo a la oligarquía: *gobierno oligárquico.*

oligisto m. Óxido natural de hierro. || *Oligisto rojo,* hematites.

oligoceno adj. y s. m. *Geol.* Dícese del período y del terreno de la era terciaria entre el eoceno y el mioceno.

oligofrenia f. Desarrollo mental defectuoso de origen congénito.

oligopolio m. Mercado en el que hay pocos vendedores y muchos compradores.

Olimbos. V. OLIMPO.

olimpeño, ña adj. y s. De Olimpo (Paraguay).

Olimpia, c. de la ant. Grecia, en el Peloponeso (Élide), donde se celebraban los *Juegos olímpicos.* Ruinas del templo de Zeus.

Olimpia, reina de Macedonia (¿380?-316 a. de J. C.), madre de Alejandro Magno y esposa de Filipo II. M. asesinada.

olimpiada u **olimpíada** f. Entre los griegos, fiesta o juego que se celebraba cada cuatro años en la ciudad de Olimpia. || Período de cuatro años entre estas fiestas. || Juegos olímpicos.

— La *olimpiada* constituía la base del cómputo internacional. La primera data del año 776 a. de J. C.; la última se cuenta de 392 a 396 de nuestra era. El tercer año de la vigesimosexta olimpiada corresponde, pues, al año 103 después de la institución de los Juegos olímpicos.

olímpico, ca adj. Relativo al Olimpo o a Olimpia. || Propio de los Juegos olímpicos. || *Fig.* Altanero, orgulloso: *olímpico desdén.*

— El barón Pierre de Coubertin restauró los *Juegos olímpicos* en 1896 en la ciudad de Atenas con la celebración de unas competiciones deportivas internacionales y desde entonces se verifican cada cuatro años con la participación de atletas aficionados de todos los países. Las celebradas hasta ahora han tenido por escenario las siguientes ciudades: París (1900), San Luis (1904), Atenas (1912), Amberes (1920), París (1924), Amsterdam (1928), Los Ángeles (1932), Berlín (1936), Londres (1948), Helsinki (1952), Melbourne (1956), Roma (1960), Tokio (1964), México (1968), Munich (1972). La próxima tendrá lugar en Montreal.

Olimpio Braga (Domingos), novelista brasileño (1850-1906).

olimpo m. Residencia de los dioses.

Olimpo, monte de Grecia, entre Macedonia y Tesalia, según la mitología residencia de los dioses; 2 911 m. Hoy *Olimbos.* — Dep. del NE. del Paraguay; cap. *Fuerte Olimpo.*

Olinda, c. del NE. del Brasil (Pernambuco). Arzobispado.

Olinto, ant. c. del NE. de Grecia (Calcídica), tomada y destruida por Filipo II en 348 a. de J. C.

oliscar v. t. Olfatear. || — V. i. Empezar a exhalar fetidez: *carne que olisca.*

olisquear v. t. *Fam.* Oliscar. || *Fig.* Indagar, husmear, curiosear.

olisqueo m. Olor. || Curioseo.

Olite, c. en el N. de España (Navarra). Castillo.

oliva f. Aceituna: *aceite de oliva.* || Lechuza.

Oliva, c. de España (Valencia). || **~ de la Frontera,** v. de España (Badajoz); ganadería; cereales.

oliváceo, a adj. Aceitunado.

olivar m. Terreno poblado de olivos.

Olivar, com. en el centro de Chile (O'Higgins).

olivarero, ra adj. Relativo al cultivo y aprovechamiento del olivo: *cultivo olivarero; industria olivarera.* || Que se dedica a este cultivo: *provincia olivarera* (ú. t. c. s.).

olivera f. Olivo.

Olivares (Gaspar DE GUZMÁN, *conde duque de*), estadista español, n. en Roma (1587-1645), ministro de Felipe IV. Su política provocó la sublevación de Cataluña y la separación de Portugal (1640). Fue destituido en 1643.

Olivari (Nicolás), poeta, comediógrafo y novelista argentino (1900-1966).

Oliveira (Alberto de), poeta parnasiano brasileño (1859-1937). || **~ Martins** (JOAQUIM), político e historiador portugués (1845-1894). || **~ Salazar** (ANTONIO DE). V. SALAZAR.

Olivenza, c. del O. de España (Badajoz). Portuguesa hasta 1801.

Oliver Twist o *El hijo de la parroquia,* novela de Dickens (1838), relato sobre la vida de un niño expósito.

Olivete o **de los Olivos** (MONTE), colina al E. de Jerusalén, donde fue a orar Jesús la víspera de su pasión.

olivícola adj. Olivarero.

olivicultor, ra adj. y s. Oleicultor.

olivicultura f. Oleicultura.

olivillo m. Arbusto oláceo.

olivino m. *Min.* Peridoto.

olivo m. Árbol oleáceo propio de la región mediterránea, cuyo fruto es la aceituna. || *Olivo silvestre,* acebuche.

olmeca adj. y s. Individuo de

un pueblo mexicano establecido en los actuales Estados de Veracruz, Tabasco y Oaxaca. (Los *olmecas* alcanzaron un notable grado de civilización entre los años 800 y 100 a. de J. C. [*La Venta*].)

olmeda f. y **olmedo** m. Sitio poblado de olmos.

Olmedo, v. en el NO. de España (Valladolid).

Olmedo (José Joaquín), patriota y poeta neoclásico ecuatoriano, n. en Guayaquil (1780-1847), pres. de la Junta de Gob. de Guayaquil en 1820. Autor de *La victoria de Junín. Canto a Bolívar* y *Al general Flores, vencedor en Miñarica.*

olmo m. Árbol ulmáceo que crece hasta veinte o treinta metros y da excelente madera.

Olmütz. V. OLOMOUC.

ológrafo, fa adj. Aplícase al testamento de puño y letra del testador (ú. t. c. s. m.). ‖ Autógrafo.

olomina f. *Amér. C.* Pez pequeño de río, no comestible.

Olomouc, en alem. *Olmütz,* c. en el centro de Checoslovaquia (Moravia), a orillas del Morava. Arzobispado. Universidad.

olor m. Emanación transmitida por un fluido (aire, agua) y percibida por el olfato. ‖ Sensación producida por esta emanación: *olor agradable.* ‖ — *Fig. Al olor de,* atraído por. ‖ *Morir en olor de santidad,* morir en estado de perfección cristiana.

Oloron-Sainte-Marie, c. del SO. de Francia (Pyrénées-Atlantiques).

oloroso, sa adj. Que despide buen olor.

Olot, c. del NE. de España (Gerona). Industria textil.

olote m. *Méx.* Hueso de la mazorca del maíz. ‖ *Fam. Amer. Ser el olote,* ser uno el hazmerreir.

olotera f. *Amer.* Montón de olotes.

Olózaga (Salustiano), político y orador español (1805-1873), pres. del Consejo de ministros en 1843.

Olsztyn, en alem. *Allenstein,* c. del NE. de Polonia (Mazuria).

Olt, río de Rumania (Valaquia), afl. del Danubio; 600 km.

Oltenia, región de Rumania, en Valaquia, al O. del Olt.

Olvera, mun. y c. en el S. de España (Cádiz).

olvidadizo, za adj. Desmemoriado, que olvida con facilidad. ‖ *Fig.* Ingrato. ‖ *Hacer el olvidadizo,* aparentar no acordarse.

olvidar v. t. Perder el recuerdo de una cosa: *olvidar su nombre* (ú. t. c. pr.). ‖ Dejar por inadvertencia: *olvidar el paraguas* (ú. t. c. pr.). ‖ Dejar el cariño que antes se tenía: *olvidar a su novia.* ‖ No agradecer: *olvidó todos mis favores.* ‖ No pensar en una cosa: *olvidemos el pasado.*

olvido m. Falta de memoria: *el olvido de un hecho.* ‖ Cesación del cariño que se tenía, desapego. ‖ — *Dar* (o *echar*) *al olvido* o *en olvido,* olvidar. ‖ *Fig. Enterrar en el olvido,* olvidar para siempre.

Olympia, c. y puerto del NE. de Estados Unidos, cap. del Estado de Washington.

olla f. Vasija redonda de barro o metal, con dos asas, que sirve para cocer. ‖ Guisado de carne, hortalizas y legumbres secas. ‖ — *Fam. Olla de grillos,* lugar donde hay mucho desorden y confusión. ‖ *Olla de presión* o *exprés,* recipiente hermético para cocer con rapidez los alimentos a más de cien grados. ‖ *Olla podrida,* cocido.

Ollagüe, cima volcánica de los Andes entre Bolivia (Potosí) y Chile (Antofagasta); 5 870 m.

Ollantaitambo, distr. del Perú (Cuzco). Ruinas incaicas.

Ollantay, drama inca anónimo, escrito en quechua. — Drama del peruano Ricardo Rojas (1939).

ollar m. Orificio de la nariz de las caballerías.

Oller (Francisco), pintor impresionista puertorriqueño (1833-1917).

Omaha, c. del centro de Estados Unidos (Nebraska), a orillas del Misuri. Arzobispado. Metalurgia.

Omán, extremo NE. de Arabia, a orillas del mar y el golfo homónimos. ‖ ~ (MAR DE), mar formado por el océano Índico en el SO. de Asia. El *golfo de Omán* está al NO. y comunica con el golfo Pérsico. ‖ ~ (SULTANATO DE), sultanato en el E. de Arabia, a orillas del golfo y del mar de Omán; 212 457 km²; 565 000 h. Se llamó *Sultanato de Mascate y Omán* hasta 1970.

Omar ‖ **~ Ben Hafsum,** caudillo hispano árabe que fundó en la serranía de Ronda un reino independiente musulmán (880-917). ‖ **~ Khayyam,** matemático y poeta persa, m. hacia 1123, autor de *Rubaiyat,* de inspiración escéptica.

Omasuyos, prov. en el O. de Bolivia (La Paz); cap. *Achacachi.*

Omate, c. en el S. del Perú, cap. de la prov. de General Sánchez Cerro (Moquegua).

ombligo m. Cicatriz redonda y arrugada que se forma en el vientre después de secarse el cordón umbilical. ‖ *Fig.* Medio o centro de una cosa: *el ombligo del mundo.* ‖ — *Fig.* y *fam. Encogérsele el ombligo a uno,* amedrentarse.

ombliguero m. Venda que se pone a los recién nacidos para mantener el ombligo.

ombú m. Árbol de la América meridional, de la familia de las fitolacáceas, de madera fofa y corteza blanda y gruesa.

Ome Tochtli, dios azteca del Pulque, que se identifica con Tepoztécatl.

Omecatl, entre los aztecas, dios de los Convites.

Omecihuatl, entre los aztecas, principio creador femenino de los dioses, compañera de Ometecutli.

omega f. Última letra del abecedario griego (ω) correspondiente a la *o larga.* (La mayúscula (Ω) es símbolo del *ohmio* y la minúscula (ω), el de la *velocidad angular.*) ‖ *Alfa y omega,* el principio y el fin.

omento m. Redaño.

Ometecutli, entre los aztecas, principio creador masculino.

Ometepe, isla de Nicaragua, en el SO. del lago de este n. (Rivas); 276 km².

Ometepec, río de México (Oaxaca y Guerrero); des. en el Pacífico; 40 km.

omeya adj. Aplícase a los descendientes del jefe árabe de este nombre. ‖ Relativo a este linaje: *la dinastía omeya.* ‖ — M. Individuo de la dinastía omeya.

— Los *omeyas* u *ommiadas* reinaron en Damasco de 661 a 750. Destronados por los abasidas, pasaron a España y fundaron el emirato de Córdoba (756), elevado a califato de 929 a 1031.

Omeyocán, entre los aztecas, residencia del doble principio creador Ometecutli y Omecihuatl.

ómicron f. O breve del alfabeto griego.

ominoso, sa ajd. Abominable.

omisión f. Abstención de hacer o decir. ‖ Lo omitido: *omisión voluntaria, involuntaria.* ‖ Olvido, descuido: *omisión de una formalidad.*

omiso, sa adj. Flojo y descuidado. ‖ *Hacer caso omiso,* no hacer caso; prescindir.

omitir v. t. Dejar de hacer una cosa. ‖ Pasar en silencio una cosa; excluirla de lo que se habla o escribe: *omitir un párrafo, un detalle.*

Omiya, c. del Japón en el E. de la isla de Honshu.

ómnibus m. Vehículo para el transporte público de viajeros. ‖ *Tren ómnibus,* el que se detiene en todas las estaciones.

omnímodo, da adj. Total, absoluto, que abraza y comprende todo.

omnipotencia f. Poder omnímodo: *la omnipotencia divina.*

omnipotente adj. Todopoderoso. ‖ Cuya autoridad es absoluta: *monarca omnipotente.*

omnipresencia f. Presencia constante. ‖ Ubicuidad.

omnipresente adj. Que está siempre presente en cualquier lugar.

omnisapiente adj. Omnisciente.

omnisciencia f. Conocimiento de todas las cosas.

omnisciente adj. Que todo lo sabe. ‖ Que tiene conocimiento de muchas cosas.

ómnium m. Competición ciclista sobre pista que consta de varias pruebas. ‖ Carrera para todos los caballos. ‖ Compañía comercial o financiera que se dedica a toda clase de operaciones.

omnívoro, ra adj. y s. Aplícase a los animales que se nutren con toda clase de sustancias orgánicas.

Omoa, mun. y cadena montañosa en el NO. de Honduras (Cortés).

omóplato y **omoplato** m. *Anat.* Cada uno de los dos huesos anchos y casi planos y triangulares situados a uno y otro lado de la espalda, donde se articulan los húmeros y las clavículas.

O. M. S. Ver ORGANIZACIÓN MUNDIAL DE LA SALUD.

Omsk, c. en el S. del centro de la U. R. S. S. (Rusia), en Siberia Occidental. Atravesada por el Transiberiano. Ref. de petróleo.

Omuta, c. del Japón en el O. de la isla de Kiusiu. Carbón. Siderurgia.

onagra f. Arbusto de hojas ovaladas, flores rosas, cuya raíz, seca, huele a vino.

onagro m. Asno silvestre.

onanismo m. Masturbación.

once adj. Diez y uno: *once niños.* ‖ Undécimo: *Alfonso XI* (*once*). ‖ — M. Equipo de once jugadores de fútbol. | Cifra que representa el número once.

onceavo, va adj. Undécimo.

oncejo m. Vencejo, pájaro.

onceno, na adj. Undécimo.

Oncken (Wilhelm), historiador alemán (1838-1905), autor de una *Historia Universal.*

onda f. Cada una de las elevaciones producidas en la superficie del agua. ‖ Ola. ‖ Ondulación. ‖ *Fig.* Curva que forma el pelo, una tela, etc. ‖ *Fís.* Modificación de un medio físico que, como consecuencia de una perturbación inicial, se propaga por el mismo en forma de oscilaciones periódicas. ‖ *Méx.* Asiento de cuerda de pita para bajar los mineros a la mina. ‖ — *Onda corta,* en radio, la que tiene una longitud comprendida entre 10 y 50 m. | *Onda de choque,* la que acompaña a los proyectiles más rápidos que el sonido y que al pasar cerca de un observador, producen un chasquido. ‖ *Fís. Onda eléctrica* o *hertziana,* la generada por una corriente oscilatoria. ‖ *Onda larga,* en radio, la de 1 000 m o menos. ‖ *Onda luminosa,* la que se origina de un cuerpo luminoso y que transmite su luz. ‖ *Onda normal,* en radio, la de 200 y 500 m. ‖ *Onda sonora,* la que se origina en un cuerpo elástico y transmite el sonido.

— Existen varias clases de *ondas:* las *ondas materiales,* que se propagan por vibraciones de la materia, gaseosa, líquida o sólida, y las *ondas electromagnéticas,* debidas a la vibración de un campo electromagnético. Entre las materiales figuran las *ondas sonoras,* que son las comprendidas entre 8 y 30 000 frecuencias por segundo (las ultrasonoras tienen frecuencias más elevadas, y las infrasonoras, más bajas). Entre las electromagnéticas se cuentan, según su longitud, los *rayos gamma* (0,005 a 0,25 angstroms), los *rayos X* (hasta 0,001 micras), los *ultravioleta* (de 0,2 a 0,4 micras), la *luz visible* (de 0,4 a 0,8 micras), los *infrarrojos* (de 0,8 a 300 micras) y las *ondas radioeléc-*

tricas (del milímetro a varias decenas de kilómetros). La mecánica ondulatoria, de L. de Broglie, asocia una onda inmaterial a las partículas en movimiento.

Ondárroa, v. y puerto pesquero del N. de España (Vizcaya).

ondeante adj. Que ondea.

ondear v. i. Hacer ondas el agua impelida del aire. || Ondular: *ondear al viento.* || *Fig.* Formar ondas una cosa: *ondear el pelo, el vestido,* etc. || — V. pr. Mecerse en el aire; columpiarse.

ondeo m. Acción de ondear.

ondímetro m. *Fís.* Aparato para medir la longitud de las ondas electromagnéticas.

ondina f. Según las mitologías germánica y escandinava, ninfa de las Aguas.

ondulación f. Movimiento oscilatorio que se produce en un líquido: *las ondulaciones de las olas.* || Cualquier otro movimiento parecido al de las ondas. || Forma sinuosa que se da al pelo.

ondulado, da adj. Que forma ondas pequeñas.

ondulante adj. Que ondula.

ondular v. i. Moverse una cosa formando giros en figura de eses. || — V. t. Hacer ondas en el pelo.

ondulatorio, ria adj. Que se extiende en forma de ondulaciones: *movimiento ondulatorio.*

Onega, río del NO. de la U. R. S. S. (Rusia) que des. en el mar Blanco; 416 km. — Lago de la U. R. S. S., al NO. de Rusia (Carelia), que comunica con el lago Ladoga; 9 900 km².

O'Neill (Eugene), autor dramático norteamericano, n. en Nueva York (1888-1953), cuya obra es una crítica despiadada del mundo moderno. Autor de *El emperador Jones, El mono velludo, A Electra le sienta bien el luto, El deseo bajo los olmos,* etc. (Pr. Nóbel, 1936.)

oneroso, sa adj. Que cuesta dinero, gravoso.

Onetti (Juan Carlos), escritor uruguayo, n. en 1909, autor de novelas realistas (*El pozo, Tierra de nadie, Los adioses, El astillero*).

Onganía (Juan Carlos), militar argentino, n. en 1914, que ocupó la presidencia en 1966 tras el derrocamiento de A. Illía. Depuesto por una Junta Militar en 1970.

ónice f. Ágata veteada que suele emplearse para hacer camafeos.

onírico, ca adj. De los sueños.

onirismo m. Delirio onírico.

oniromancia f. Predicción supersticiosa por interpretación de los sueños.

Onís (Federico de), ensayista y crítico literario español (1885-1966), autor de una *Antología de la poesía española e hispanoamericana, Ensayos sobre el sentido de la cultura española,* etc.

Onitsha, c. en el S. de Nigeria.

ónix f. Ónice.

onomástico, ca adj. Relativo a los nombres propios. || *Día onomástico,* el del santo de uno (ú. t. c. s.). || — F. Estudio de los nombres propios.

onomatopeya f. Palabra que imita el sonido de la cosa: *paf, guagua, runrún, tarará, rechinar,* etc. || Empleo de estas palabras.

onomatopéyico, ca adj. Relativo a la onomatopeya.

Ontario, lago entre Canadá y Estados Unidos que recibe las aguas del lago Erie y comunica con el Atlántico por el río San Lorenzo; 18 800 km². — Prov. del SE. del Canadá; cap. *Toronto.* C. pr. *Hamilton, Ottawa.* Minas.

Onteniente, c. en el E. de España (Valencia).

ontogenia f. *Fisiol.* Formación y desarrollo del individuo mirado con independencia de la especie.

ontología f. Parte de la metafísica que trata del ser en general.

ontológico, ca adj. Relativo a la ontología.

ontologismo m. *Fil.* Razonamiento basado en la ontología.

ontólogo m. El que profesa la ontología.

O. N. U. Ver ORGANIZACIÓN DE LAS NACIONES UNIDAS.

onubense adj. y s. De Huelva.

onza f. Peso que consta de 16 adarmes y equivale a 287 decigramos. || Duodécima parte del as o libra romana. || Cada una de las porciones en que está dividida la tableta de chocolate. || *Onza de oro,* moneda española antigua.

onza f. Mamífero carnicero semejante a la pantera, propio de Asia y África. || *Bol.* y *Bras.* Jaguar.

onzavo, va adj. y s. Undécimo.

Oña (Pedro de), poeta épico chileno (1570-¿1643?), autor de *Arauco domado.*

Oñar, río del NE. de España afl. del Ter, que pasa por Gerona.

Oñate, v. en el N. de España (Guipúzcoa).

Oñate (Cristóbal de), conquistador español del s. XVI que reprimió una sublevación indígena en Nueva Galicia. Fundador de la c. de Guadalajara con el n. de Espíritu Santo.

Oñez de Loyola (Martín GARCÍA), militar español (1549-1598). Gobernador de Chile, fue muerto por los araucanos.

oosfera f. *Bot.* Célula sexual femenina correspondiente en el reino vegetal al óvulo de los animales.

oosporo m. Huevo de las algas y hongos.

op. cit., abreviatura de *opere citato,* en la obra citada.

opacidad f. Calidad de opaco.

opacle m. *Méx.* Hierba que suele usarse en la fermentación del pulque.

opaco, ca adj. No transparente, que no deja pasar la luz. || *Fig.* Poco lucido o brillante.

opal m. Tejido fino de algodón parecido a la batista.

opalescencia f. Brillo del ópalo.

opalescente adj. Parecido al ópalo o irisado como él.

opalino, na adj. Relativo al ópalo. || De color entre blanco y azulado con irisaciones. || — F. Labor de vidrio cuya materia imita la del ópalo verdadero.

ópalo m. Piedra preciosa tornasolada, variedad de sílice hidratada.

Op'Art m. (del inglés *optical art*). Modalidad artística que tiende a producir ilusiones ópticas y a crear una impresión de perspectiva y de relieve por medio del juego de formas geométricas coloreadas.

opata adj. y s. m. Dícese del individuo de una tribu de México del grupo sonora. || Dícese de una lengua indígena de América Central y México.

Opava, antes *Troppau,* c. del N. de Checoslovaquia (Moravia).

opción f. Libertad o facultad para elegir. || Derecho que se tiene: *esto me da opción a hacer lo que me plazca.*

ópera f. Obra teatral cantada. || Su letra. || Su música. || Teatro donde se representan óperas: *la ópera del Liceo de Barcelona.* || — *Ópera bufa,* la de carácter humorístico, parecida a la opereta y muy de moda en el siglo XVIII. || *Ópera cómica,* la que alterna el canto con el diálogo hablado.

operación f. Acción o labor necesarias para hacer una cosa. || *Com.* Negociación o contrato sobre valores o mercaderías: *operación de Bolsa.* || *Mat.* Ejecución de un cálculo determinado sobre una o varias entidades matemáticas con objeto de hallar otra entidad llamada *resultado.* || *Med.* Intervención quirúrgica. || *Mil.* Conjunto de maniobras, combates, etc., en una región determinada encaminada al logro de una finalidad precisa. || *Operación cesárea,* v. CESÁREA.

operacional adj. Relativo a las operaciones militares. || *Investigación operacional,* método de análisis científico cuyo objeto es determinar las decisiones más convenientes para obtener el mejor resultado.

operado, da adj. y s. Aplícase a la persona que ha sufrido una operación quirúrgica.

operador, ra m. y f. Cirujano. || Persona encargada de la parte fotográfica del rodaje de una película.

operante adj. Que produce un efecto.

operar v. t. Someter a una intervención quirúrgica: *operar a un enfermo.* || Efectuar una operación de cálculo, de química. || *Fig.* Producir || — V. i. Obrar, producir su efecto: *el medicamento empieza a operar.* || *Com.* Negociar. || — V. pr. Realizarse, producirse. || Someterse a una operación quirúrgica.

operario, ria m. y f. Obrero, trabajador manual: *operario electricista.*

operatorio, ria adj Relativo a las operaciones quirúrgicas.

opérculo m. Pieza generalmente redonda, que tapa o cierra las celdillas de los panales de miel, la cápsula de varios frutos y algunos musgos, la concha de ciertos moluscos, las agallas de los peces, etc.

opere citato, expr. lat. que significa *en la obra citada.* (Abrev. *Op. cit.*)

opereta f. Obra musical de teatro de carácter frívolo y alegre: *una opereta de Franz Lehar.*

Opico, c. de El Salvador, cab. del distr. de San Juan Opico (La Libertad).

opilación f. *Med.* Obstrucción. | Amenorrea. | Hidropesía.

opilarse v. pr. Contraer las mujeres opilación o amenorrea. || Obstruirse.

opilativo, va adj. Que obstruye.

opimo, ma adj. Abundante.

opinable adj. Que se pueden tener distintas opiniones: *materia opinable.*

opinante adj. y s. Que opina.

opinar v. i. Pensar, formar o tener opinión. || Expresarla: *opinar sobre política.* || Hacer conjeturas.

opinión f. Parecer, concepto, manera de pensar: *dar su opinión.* || Concepto que se forma de una cosa. || Fama en que se tiene a una persona o cosa: *esta chica no me merece buena opinión.* || *Opinión pública,* parecer compartido por la mayoría de la gente.

opio m. Droga narcótica que se obtiene del jugo desecado de las cabezas de adormideras.

— El *opio* se mastica o fuma para provocar una euforia seguida de un sueño onírico, pero su abuso conduce a un estado de postración física e intelectual que hace de esta droga un veneno. Junto con sus alcaloides (morfina, papaverina), la medicina lo utiliza como calmante, somnífero y analgésico.

Opio *(Guerra del),* conflicto armado entre China y la Gran Bretaña (1839) por haber prohibido el Gobierno de Pekín a la Compañía de las Indias la entrada del opio. Concluyó en 1842 con el Tratado de Nankín.

opiomanía f. Afición enfermiza a tomar opio.

opiómano m. El que tiene el hábito de tomar opio.

opíparo, ra adj. Abundante, espléndido, copioso: *cena opípara.*

Opochtli, entre los aztecas, dios de los pescadores.

Opole, en alem. *Oppeln,* c. en el SO. de Polonia (Silesia). Metalurgia. Textiles.

Opón, río del centro de Colombia (Santander), afl. del Magdalena. — Mun. de las Filipinas en la prov. de Cebú (Visayas).

oponente adj. y s. Que se opone.

*** oponer** v. t. Poner una cosa contra otra para estorbarla o impedirle su efecto. || Poner enfrente. || *Fig.* Objetar, opugnar: *oponer buenos argumentos.* || — V. pr.

Ser una cosa contraria a otra. || Estar una cosa enfrente de otra. || Mostrarse contrario: *oponerse a una decisión.*

oponible adj. Que se puede oponer.

oporto m. Vino de color oscuro y algo dulce fabricado en Oporto.

Oporto, en port. *Porto,* c. y puerto del NO. de Portugal, en la desembocadura del Duero. Obispado. Universidad. Vinos.

oportunidad f. Ocasión, casualidad: *aprovechar la oportunidad.* || Conveniencia, calidad de oportuno o apropiado: *la oportunidad de una gestión.*

oportunismo m. Sistema político o económico que atiende más a las circunstancias de tiempo y lugar que a los principios o doctrinas.

oportunista adj. y s. Partidario del oportunismo.

oportuno, na adj. Que se hace o sucede en tiempo a propósito y cuando conviene: *tomar las medidas oportunas.* || Indicado: *sería oportuno decírselo.* || Ocurrente en la conversación, ingenioso.

oposición f. Obstáculo, impedimento. || Contraste. || Disconformidad, desacuerdo. || Concurso para la obtención de ciertos empleos: *oposición a una cátedra, a notario.* || Minoría que en los cuerpos legislativos impugna los actos del Gobierno: *la oposición socialista.*

opositar v. i. Hacer oposiciones para un empleo.

opositor, ra m. y f. El que se opone a otro. || Candidato que toma parte en las oposiciones a un empleo o cargo.

opossum m. Mamífero de América, del orden de los marsupiales, de piel muy estimada.

Oppeln. V. OPOLE.

Oppenheimer (Robert), físico norteamericano (1904-1967), que dirigió la fabricación de la primera bomba nuclear.

opresión f. Acción y efecto de oprimir. || *Fig.* Dominación por abuso de autoridad. || *Opresión de pecho,* dificultad de respirar, ahogo.

opresivo, va adj. Que oprime: *Estado opresivo.*

opresor, ra adj. y s. Que oprime o tiraniza: *gobierno opresor.*

oprimido, da adj. y s. Que sufre opresión: *pueblo oprimido por el tirano dictador.*

oprimir v. t. Ejercer presión sobre una cosa: *oprimir un botón.* || Apretar: *me oprimen los zapatos.* || *Fig.* Sujetar demasiado. || Gobernar tiránicamente a alguno, dominarlo: *oprimir al pueblo.* | Afligir: *la emoción oprimía al espectador.*

oprobio m. Ignominia, infamia, descrédito: *cubierto de oprobio.* || Deshonra: *ser el oprobio de su familia.*

optación f. Deseo vehemente.

optar v. i. Elegir entre varias cosas: *optar por lo más fácil o remunerativo.* || Aspirar a algo: *puede optar a ese cargo.*

optativo, va adj. Que admite opción. || — M. Modo verbal que expresa el deseo. || — F. pl. Oraciones que expresan deseo.

óptico, ca adj. Relativo a la óptica. || — M. Comerciante en instrumentos de óptica. || *Nervio óptico,* el que une el ojo al encéfalo. || — F. Parte de la física que estudia las leyes y los fenómenos de la luz. || Aparato óptico. || Arte de hacer microscopios, lentes e instrumentos de óptica. || Tienda de aparatos de óptica. || *Fig.* Punto de vista, enfoque: *según la óptica con que se mire.*

optimar v. t. Buscar la mejor manera de ejecutar una actividad.

optimismo m. *Fil.* Sistema de Leibniz y otros filósofos que afirma que nuestro mundo es el mejor de los mundos posibles. || Propensión a ver en las cosas el aspecto más favorable.

optimista adj. y s. Que es partidario del optimismo. || Que tiende a ver las cosas bajo el aspecto más favorable.

óptimo, ma adj. Muy bueno: *óptimo porvenir.*

optómetro m. Aparato para graduar la vista.

opuesto, ta adj. Que está colocado enfrente. || Enemigo o contrario: *intereses opuestos.*

opugnación f. Oposición violenta. || Contradicción.

opugnador m. El que opugna.

opugnar v. t. Hacer oposición con fuerza y violencia. || *Fig.* Rebatir, impugnar, contradecir: *opugnar una opinión, una doctrina.*

opulencia f. Gran riqueza: *vivir en la opulencia.* || *Fig.* Gran abundancia: *opulencia oratoria.*

opulento, ta adj. Que vive en la opulencia, muy rico. || Abundante: *opulenta cabellera.*

opus m. *Mús.* Número de cada una de las obras de un compositor.

Opus Dei, movimiento católico seglar fundado en 1928 en Madrid por José María Escrivá, que se ha extendido por todo el mundo.

opúsculo m. Obra de poca extensión, folleto.

oquedad f. Hueco.

oquedal m. Monte de árboles.

Oquendo (Antonio de), marino español (1577-1640) que combatió contra los holandeses en la batalla de las Dunas. || **~ de Amat** (CARLOS), poeta peruano (1905-1936).

ora conj. Aféresis de *ahora: ora sabio ora ignorante.*

oración f. Rezo, plegaria, ruego a Dios o a los santos: *rezar sus oraciones.* || Discurso. || *Gram.* Frase, conjunto de palabras. || — Pl. Toque de campana al anochecer, al amanecer o a mediodía, para que recen los fieles el Avemaría. || — *Oración dominical,* el Padrenuestro. || *Oración fúnebre,* discurso pronunciado en honor de un difunto.

— Las partes de la *oración,* según las diversas funciones gramaticales que tienen, son: sustantivo o nombre, adjetivo, pronombre, artículo, verbo, adverbio, preposición, conjunción e interjección.

oracional adj. *Gram.* Relativo a la oración.

oráculo m. Respuesta que, según creían los paganos, hacían los dioses a las preguntas que les dirigían las pitonisas: *interpretar un oráculo.* || La propia divinidad: *consultar al oráculo.* || *Fig.* Persona considerada como sabia y de gran autoridad: *el oráculo de un partido, de un movimiento político o social.*

Oradea, c. del NO. de Rumania (Transilvania). Obispado. Fue húngara de 1940 a 1945.

orador, ra m. y f. Persona que pronuncia un discurso en público. || *Orador sagrado,* predicador.

oral adj. Expresado verbalmente: *examen, tradición oral.* || — M. Examen o parte de un examen que solamente consta de preguntas de viva voz.

Orán, en ár. *Ouahran,* c. y puerto del NO. de Argelia, cap. del dep. homónimo. Obispado. Universidad. Centro comercial e industrial. Perteneció a España de 1509 a 1708.

Oranesado, n. del actual dep. de Orán, durante la dominación española.

Orange, río de África meridional que des. en el Atlántico; 1 860 km. — C. del SE. de Francia (Vaucluse). Ruinas romanas. — (PROVINCIA DEL ESTADO LIBRE DE), provincia de la rep. de África del Sur; 128 571 km²; cap. *Bloemfontein.* Minas (oro, diamantes; hulla).

orangután m. Mono antropomorfo de Sumatra y Borneo, que llega a unos dos metros de altura y tiene los brazos muy largos. || *Fig.* y *fam.* Hombre feo y peludo.

orante adj. Que ora. || Dícese de la figura en postura de orar: *estatua orante.*

orar v. i. Rezar: *orar por los difuntos.* || — V. t. Rogar, pedir.

orate com. Loco.

oratoria f. Arte de hablar con elocuencia.

oratoriano m. Miembro de la congregación del Oratorio.

oratorio m. Lugar destinado a la oración. || Capilla privada. || Drama musical de tema religioso. || Congregación de sacerdotes que San Felipe Neri fundó en Roma en 1564: *congregación del Oratorio.*

oratorio, ria adj. Relativo a la oratoria o al orador: *estilo oratorio.*

orbe m. Mundo, universo.

orbícola adj. Que se halla en todos los puntos del globo.

Orbegozo (Luis José de), militar peruano (1795-1847), pres. de la Rep. de 1833 a 1835. Formó con Santa Cruz la Confederación Perubolivian a.

orbicular adj. Redondo.

Orbigny (Alcide de), naturalista francés (1802-1857) que realizó exploraciones científicas en América del Sur.

órbita f. Curva elíptica que describe un astro o un satélite o cohete alrededor de un planeta: *la órbita de la Tierra, de la Luna; cohete en órbita.* || Cavidad o cuenca del ojo. || *Fig.* Ámbito, esfera, espacio: *una reducida órbita de relaciones.*

orbital adj. Relativo a la órbita: *curso orbital de un astro; vuelo orbital.*

orca f. Cetáceo de los mares del Norte, muy voraz.

Orcadas, en inglés *Orkney,* archip. de Gran Bretaña al N. de Escocia, cuya isla principal es *Pomona* o *Mainland;* cap. *Kirwall.* || **~ del Sur,** archip. de la Argentina en la Antártida, en el grupo de las Antillas del Sur. Las islas más importantes son *Coronación, Powell* y *Laurie.*

Orcagna [*-ña*] (Andrea DI CIONE ARCANGELO, llamado), pintor de frescos y escultor florentino (¿1308-1368?).

Orczy (*Baronesa de),* novelista inglesa de origen húngaro (1865-1947), autora de *Pimpinela Escarlata,* que tiene por marco la Revolución Francesa.

órdago m. Envite del resto, en el mus. || *De órdago,* excelente, magnífico. Ú. a menudo en sentido irónico: *dio a su hijo una paliza de órdago.*

ordalías f. pl. Juicio de Dios.

Ordás u **Ordaz** (Diego de), conquistador español (¿1480?-1532), compañero de Hernán Cortés en México. Luego buscó el fabuloso Eldorado y fue el primero en remontar el curso del Orinoco (1531).

Ordaz (José), jurista mexicano del s. XVII, defensor de los reos de la Inquisición. Autor de *Alegaciones,* impresas de 1714 a 1727.

orden m. Colocación de las cosas en el lugar que les corresponde: *poner documentos en orden.* || Conjunto de reglas, leyes, estructuras que constituyen una sociedad: *orden público.* || Paz, tranquilidad: *asegurar el orden.* || Clase, categoría: *son problemas de orden financiero.* || Sexto de los siete sacramentos de la Iglesia católica. || *Arq.* Cierta disposición y proporción de los cuerpos principales que componen un edificio. (Hay tres órdenes griegos: *orden dórico, jónico y corintio,* a los cuales los romanos añadieron el *orden compuesto* y el *toscano.*) || *Hist. nat.* División o grupo en la clasificación de las plantas y animales intermedio entre la clase y la familia: *el orden de los coleópteros.* || *Mil.* Disposición de un ejército: *orden de combate.* || — *El orden del día,* lista de asuntos que tratará una asamblea. || *Sin orden ni concierto,* desarregladamente. || — F. Mandato: *obedecer una orden; orden de detención.* || Decisión: *orden ministerial.* || Sociedad religiosa cuyos miembros hacen el voto de seguir una regla: *orden benedictina.* || Instituto civil o militar: *la orden de*

Carlos III. || Endoso de un valor comercial: *billete a la orden.* || — *Orden del día,* la dada diariamente a los cuerpos de un ejército. || *Orden de pago,* documento en el que se dispone que sea pagada una cantidad al portador o nominalmente. || *órdenes mayores,* subdiaconado, diaconado y presbiterado.

ordenación f. Disposición, arreglo. || Ceremonia en que se confieren las sagradas órdenes: *ordenación de presbíteros.* || Mandato, orden: *ordenación de pagos.* || Aprovechamiento de los recursos naturales: *ordenación rural.*

ordenado, da adj. Que tiene orden y método: *persona ordenada.* || Que ha recibido las órdenes sagradas (ú. t. c. s.). || Encaminado, dirigido. || — F. *Geom.* Recta tirada desde un punto perpendicularmente al eje de las abscisas.

ordenador, ra adj. y s. Que ordena. || — M. Calculador electrónico, constituido por un conjunto de máquinas especializadas dependientes de un programa común, que permite, sin intervención del hombre, efectuar complejas operaciones de aritmética y lógicas.

ordenamiento m. Acción y efecto de ordenar. || Ley, ordenanza que da el superior para que se observe una cosa. || Conjunto de leyes dictadas al mismo tiempo o sobre la misma materia: *el Ordenamiento de Alcalá fue hecho en 1348, bajo el reinado de Alfonso XI.*

ordenancista adj. y s. *Mil.* Dícese del jefe que aplica rigurosamente los reglamentos.

ordenando m. El que va a recibir las órdenes sagradas.

ordenanza f. Conjunto de disposiciones referentes a una materia: *ordenanzas municipales.* || Reglamento militar. || — M. *Mil.* Soldado puesto a la disposición de un oficial. || Empleado subalterno en ciertas oficinas.

ordenar v. t. Poner en orden: *ordenar unos papeles, un armario.* || Mandar: *ordenar que venga.* || Destinar y dirigir a un fin. || — *Mat.* Disponer los términos de un polinomio de manera que sus grados vayan decreciendo o aumentando constantemente. || Conferir las sagradas órdenes: *ordenar un presbítero.* || — V. pr. Recibir las órdenes sagradas: *ordenarse de sacerdote.*

ordeñador, ra adj. y s. Que ordeña. || — F. Máquina que ordeña.

ordeñar v. t. Extraer la leche de la ubre de los animales. || Coger la aceituna. || *Fig.* Explotar.

ordeño m. Acción y efecto de ordeñar.

Ordesa, valle del NE. de España (Huesca). Parque nacional.

¡órdiga! exclam. Denota asombro o extrañeza: *¡anda la órdiga!*

ordinal adj. Del orden. || Dícese del adjetivo numeral que expresa orden o sucesión.

ordinariez f. *Fam.* Grosería, vulgaridad.

ordinario, ria adj. Común, corriente, usual. || Basto, vulgar: *gente ordinaria.* || Que no se distingue por ninguna calidad: *de paño ordinario.* || Diario: *gasto ordinario.* || — M. Recadero, cosario. || Obispo que posee la jurisdicción ordinaria en su diócesis. || — *De ordinario,* comúnmente. || *Ordinario de la misa,* oraciones que no cambian con el oficio del día.

ordinariote, ta adj. *Fam.* Muy ordinario.

Ordjonikidze, ant. *Vladikavkaz,* c. en el SO. de la U. R. S. S. (Rusia), en el Cáucaso, cap. de la rep. autónoma de Osetia del Norte. Metalurgia.

ordo m. Libro de rezo de los eclesiásticos.

Ordóñez (Ezequiel), geólogo mexicano (1867-1950). Hizo importantes estudios sobre el volcán Paricutín. || **~ de Montalvo.** V. MONTALVO.

Ordoño || **~ I,** rey de Asturias (850-866). || **~ II,** rey de Galicia y de León (914-924). Derrotó a Aderramán III en San Esteban de Gormaz (917) y fue vencido por éste en Valdejunquera (920). || **~ III,** rey de Asturias, León y Galicia (951-956), hijo de Ramiro II. || **~ IV,** rey de Asturias, León y Galicia (958-960). Se refugió en Córdoba, donde murió en 962.

Orduña (Juan de), director de cine español, n. en 1907, a quien se deben *Locura de amor, Agustina de Aragón, Pequeñeces,* etc.

orear v. t. Ventilar o poner una cosa al aire. || — V. pr. *Fig.* Salir uno a tomar el aire, airearse.

Örebro, c. de Suecia central, al O. de Estocolmo.

orégano m. Planta aromática de la familia de las labiadas.

Oregón, uno de los Estados Unidos de Norteamérica, al NO. del país y a orillas del Pacífico; cap. *Salem.* Minería (plata, cobre, hierro). Ganadería. — V. COLUMBIA.

oreja f. Oído en su parte externa. (V. OÍDO.) || Parte lateral de ciertos objetos. || Apéndice que tienen a veces en la punta las herramientas. || Orejera de la gorra. || Parte del zapato en la que se ponen los cordones. || Saliente, al lado del respaldo, que tienen algunos sillones para apoyar la cabeza. || Asa de una vasija. || — *Aguzar las orejas,* levantarlas las caballerías; (fig.) prestar mucha atención. || *Fig. Apearse por las orejas,* obrar con desacierto. | *Asomar, enseñar o descubrir la oreja,* poner de manifiesto la verdadera naturaleza de uno. | *Bajar las orejas,* darse por vencido humildemente. | *Calentarle a uno las orejas,* reprimir o pegar fuerte; amostazar a uno. | *Con las orejas gachas,* avergonzado o desilusionado. | *Haberle visto las orejas al lobo,* haber escapado de un gran peligro. || *Oreja de abad,* dulce de masa frita; ombligo de Venus. || *Fig. Verle a uno la oreja,* adivinar sus intenciones.

orejear v. i. *Méx.* y *P. Rico.* Desconfiar.

orejera f. Pieza de la gorra que cubre las orejas. || Laterales del respaldo de algunos sillones, oreja. || Cada una de las dos piezas encajadas lateralmente en el dental del arado para ensanchar el surco. || Rodaja llevada por algunos indios en la oreja.

orejón m. Pulpa del melocotón u otra fruta secada al aire. || Tirón de orejas. || Nombre dado a los nobles incas por los españoles por los grandes discos con que adornaban el lóbulo de las orejas. || Nombre que se dio a varias tribus indias de América, entre otras, la del Alto Amazonas, a orillas del Napo. || *Fort.* Cuerpo que sale del flanco de un baluarte. || *Fam.* Persona orejuda. || *Amer.* Orejudo, murciélago.

orejudo, da adj. Que tiene orejas grandes. || — M. Especie de murciélago, caracterizado por sus grandes orejas.

Orekhovo-Zuevo, c. de la U. R. S. S. (Rusia), cerca de Moscú. Centro industrial.

Orel, c. en el O. de la U. R. S. S. (Rusia), a orillas del Oka. Industrias mecánicas.

Orelio Antonio I (Antoine de TOUNENS, llamado), aventurero francés (1820-1878) que se hizo proclamar rey por los araucanos en 1861.

Orellana (Francisco de), explorador español, n. en Trujillo (1511-1546). Participó en la conquista del Perú y descubrió el Amazonas (1542). || **~** (JOSÉ MARÍA), general guatemalteco (1872-1926), pres. de la Rep. de 1921 a 1926.

oremus m. inv. Palabra del sacerdote en la misa para invitar a los fieles a rezar con él.

Orenburgo, de 1938 a 1957 *Chkalov,* c. de la U. R. S. S. (Rusia), a orillas del Ural.

orensano, na adj. y s. de Orense.

orense adj. y s. De El Oro (Ecuador).

Orense, c. del NO. de España (Galicia), cap. de la prov. homónima. Obispado.

oreo m. Soplo ligero de aire. || Ventilación. || Salida a airearse.

Orestes, hijo de Agamenón y Clitemnestra. Para vengar a su padre, con la complicidad de su hermana Electra, mató a su madre y a su amante Egisto.

Orestíada *(La),* trilogía dramática de Esquilo *(Agamenón, Las Coéforas* y *Las Euménides)* [458 a. de J. C.].

Oresund. V. SUND.

Oretana (CORDILLERA), sistema montañoso de España en la meseta de Castilla la Nueva.

Orfa. V. EDESA.

orfanato m. Asilo de huérfanos.

orfandad f. Estado de huérfano. || Pensión que reciben algunos huérfanos. || *Fig.* Desamparo, falta de protección.

orfebre m. El que hace o vende objetos de orfebrería.

orfebrería f. Obra de oro o de plata. || Oficio de orfebre.

orfelinato m. Galicismo por *orfanato.*

Orfeo, hijo de Eagro, rey de Tracia, y de la musa Calíope. Poeta y cantor famoso, los acordes de su cítara dormían a las fieras y detenían el vuelo de las aves.

Orfeó Català, masa coral fundada en Barcelona en 1891 por Luis Millet y Amadeo Vives.

orfeón m. Agrupación coral.

orfeonista m. y f. Miembro de un orfeón.

organdí m. Tejido de algodón ligero y transparente. (Pl. *organdís* u *organdíes.*)

organicismo m. Doctrina médica que atribuye todas las enfermedades a lesión de los órganos.

organicista adj. y s. Que sigue la doctrina del organicismo.

orgánico, ca adj. Relativo a los órganos o a los organismos animales o vegetales: *la vida orgánica.* || Dícese de las sustancias cuyo componente constante es el carbono. || *Fig.* Aplícase a la constitución de las entidades colectivas o a sus funciones: *reglamentos, estatutos orgánicos.* || — *Enfermedad orgánica,* aquella en que la alteración funcional acarrea una lesión de los órganos. || *Funciones orgánicas,* las de la nutrición. || *Ley orgánica,* la destinada a desarrollar los principios expuestos en otra. || *Química orgánica,* parte de la química dedicada al estudio del carbono y sus compuestos.

organigrama m. Gráfico de la estructura de una organización compleja (empresa, administración, servicio, etc.).

organillero, ra m. y f. Persona que toca el organillo.

organillo m. Órgano pequeño que se suele tocar con manubrio.

organismo m. Ser vivo. || Conjunto de órganos y funciones del cuerpo animal o vegetal: *el organismo humano, de las plantas.* || *Fig.* Conjunto de oficinas, dependencias o empleos que forman un cuerpo o institución: *organismo estatal, internacional.*

organista com. Persona que toca el órgano.

organización f. Acción de organizar, preparación: *la organización de un banquete.* || Disposición de los órganos de un cuerpo animal o vegetal. || Orden, arreglo. || Apelación de ciertas instituciones internacionales: *Organización Internacional del Trabajo.*

Organización || **~ de Cooperación y Desarrollo Económico** (O. C. D. E.), organización

OP

creada en París en 1961 por dieciocho Estados europeos, miembros de la antigua O. E. C. E. *(Organización Europea de Cooperación Económico)*, Estados Unidos, Canadá y Japón con objeto de favorecer la expansión económica de los Estados miembros y de los países subdesarrollados. || **~ de la Aviación Civil Internacional** (O. A. C. I.), organismo internacional fundado en 1944 para el estudio de los problemas planteados por el tráfico aéreo, con residencia en Montreal. || **~ de las Naciones Unidas** (O. N. U.), organismo internacional creado en 1945 para sustituir a la Sociedad de Naciones y cuya misión es salvaguardar la paz mundial y fomentar la cooperación económica, social y cultural entre todas las naciones. Tiene su residencia en Nueva York. (V. ASAMBLEA GENERAL, CONSEJO DE SEGURIDAD, CORTE INTERNACIONAL DE JUSTICIA, CONSEJO ECONÓMICO Y SOCIAL, SECRETARÍA DE LAS NACIONES UNIDAS y UNESCO.) || **~ de las Naciones Unidas para la Agricultura y la Alimentación,** en ingl. *Food and Agriculture Organization* (F. A. O.), organismo de las Naciones Unidas, creado en 1945, que estudia los problemas relativos a la alimentación mundial. Reside en Roma. || **~ de los Estados Americanos** (O. E. A.), organización internacional creada en 1948 que agrupa los países del continente americano y tiene su residencia permanente en Washington. || **~ de los Estados Centroamericanos** (O. D. E. C. A.), organismo creado en 1951 y que agrupa los Estados de América Central (excepto Panamá), y cuyos fines son la cooperación económica, cultural y social entre sus miembros. || **~ del Tratado del Atlántico Norte** (O. T. A. N.). V. PACTO DEL ATLÁNTICO. || **~ Internacional del Trabajo** (O. I. T.), organización internacional creada en 1919 y asociada a la O. N. U. en 1947, cuyo objeto es promover la justicia social y mejorar las condiciones del trabajo en el mundo. Reside en Ginebra. Se le concedió en 1969 el Premio Nóbel de la Paz. || **~ Mundial de la Salud** (O. M. S.), organismo especializado de las Naciones Unidas cuyo objetivo es elevar el nivel sanitario de todos los pueblos. Reside en Ginebra.

organizado, da adj. Orgánico, con aptitud para la vida. || Que tiene la estructura y composición de los seres vivos: *ser organizado.* || *Fig.* Que ha recibido una organización: *sociedad bien organizada.* || Constituido, dispuesto.

organizador, ra adj. y s. Que organiza o es apto para organizar.

organizar v. i. Fundar, establecer: *organizar una escuela.* || Preparar: *organizar una fiesta.* || — V. pr. Tomar una forma regular. || Arreglarse: *yo sé organizarme.* || Formarse: *se organizó un desfile.* || *Fig.* Armarse: *se organizó una pelea, una lucha.*

órgano m. *Mús.* Instrumento de viento de grandes dimensiones, con tubos donde se produce el sonido y un teclado, que se emplea sobre todo en las iglesias. || Parte del cuerpo animal o vegetal que ejerce una función: *los órganos de la nutrición, de la reproducción.* || En las máquinas, aparato elemental que transmite o guía un movimiento: *órgano transmisor.* || *Fig.* Medio, conducto. || Periódico portavoz de un grupo: *el órgano del partido republicano.* || *Méx.* Nombre de varias plantas cactáceas.

organografía f. Tratado de los órganos de los animales o vegetales.

Órganon. V. LÓGICA.

Órganos (SIERRA DE LOS), macizo montañoso en el O. de Cuba (Pinar del Río).

orgasmo m. Culminación del placer sexual.

orgía f. Festín en que se come y bebe sin moderación. || *Fig.* Desenfreno en la satisfacción de apetitos y pasiones. | Exceso.

orgiástico, ca adj. De la orgía.

Orgiva, c. del S. de España (Granada).

orgullo m. Exceso de estimación propia, presunción, vanidad. || *Fig.* Sentimiento elevado de la dignidad personal. | Cosa o persona de la cual la gente está muy ufana: *ser el orgullo de la familia, de la localidad.*

orgulloso, sa adj. y s. Que tiene orgullo.

Oria o **Áurea** *(Santa)*, religiosa española (1042-1070). Vivió en el monasterio de San Millán de la Cogolla (Logroño). Gonzalo de Berceo le dedicó un poema. Fiesta el 11 de marzo.

Oribe (Emilio), poeta abstracto y escritor uruguayo, n. en 1893. || **~** (MANUEL), general uruguayo, n. en Montevideo (1792-1857). Fue uno de los *Treinta y Tres Orientales* y pres. de la Rep. de 1835 a 1838. Ayudado por Rosas luchó contra Rivera y puso sitio a Montevideo.

Orico (Oswaldo), escritor brasileño, n. en 1900, autor de *Cuentos y leyendas del Brasil.*

orientación f. Acción de orientar u orientarse. || Situación: *orientación al Sur.* || *Orientación profesional,* sistema que permite ayudar a los niños a que escojan una profesión u oficio.

orientador, ra adj. y s. Que orienta.

oriental adj. De Oriente: *países orientales.* || — Adj. y s. Natural de Oriente. || De Morona-Santiago, Zamora-Chinchipe, Napo y Pastaza (Ecuador); de Oriente (Cuba) o de la República Oriental del Uruguay. || — M. pl. Los pueblos de Oriente.

Oriental (BANDA). V. BANDA ORIENTAL. || **~** (CORDILLERA). Sector andino en Colombia, Ecuador, Perú y Bolivia. La de Bolivia es tb. llamada *cordillera Real.*

orientalismo m. Conocimiento de las civilizaciones y costumbres de los pueblos orientales. || Predilección por las cosas de Oriente. || Carácter oriental.

orientalista com. Especialista en cosas de Oriente.

orientar v. t. Situar una cosa en posición determinada respecto a los puntos cardinales: *orientar un edificio.* || Dirigir: *orientar la salida de un público.* || *Mar.* Disponer las velas de modo que reciban bien el viento. || Informar: *orientar a los turistas.* || — V. pr. Reconocer los puntos cardinales, especialmente el Oriente: *orientarse en el campo, en el mar.* || *Fig.* Estudiar bien las circunstancias: *orientarse en un asunto, en un negocio.* || Dirigirse hacia un lugar.

oriente m. Punto cardinal del horizonte por donde sale el Sol. || Nombre dado a Asia y las regiones inmediatas de África y Europa. || Brillo de las perlas. || Nombre que dan los masones a las logias de provincias. || — *Extremo* o *Lejano Oriente,* los países de Asia Central y Oriental. || *Gran Oriente,* logia central masónica de un país.

Oriente, prov. de Cuba atravesada por la sierra Maestra; cap. *Santiago de Cuba.* Agricultura (tabaco, azúcar, café, etc.); ganadería. Minas. — Ant. prov. del Ecuador, hoy dividida en las de Napo, Pastaza y Morona-Santiago. — Denominación geográfica de la zona situada al E. de Europa. El término de *Cercano* o *Próximo Oriente* se aplica a los países del Mediterráneo oriental; el de *Oriente Medio* designa a Irak, Arabia, Irán y tb. a la India y al Paquistán; el de *Extremo* o *Lejano Oriente* comprende China, Japón, Corea, Estados de Indochina y Siberia oriental.

Oriente (IMPERIO ROMANO DE), uno de los dos imperios formados en 395 a la muerte del emperador Teodosio. Se le llama tb. *Imperio Bizantino* o *de Constantinopla,* o *Bajo Imperio.* Fue destruido por los otomanos en 1453. V. BIZANTINO *(Imperio)*.

Oriente *(Cisma de)*. V. CISMA.

orificio m. Agujero.

oriflama f. Estandarte.

origen m. Principio de una cosa: *el origen del mundo.* || Causa, motivo: *el origen de un mal.* || Procedencia: *el origen de nuestras ideas.* || Ascendencia, clase social de donde procede una persona: *de origen humilde.* || Patria: *de origen español, francés.* || Etimología: *el origen de una palabra.*

Orígenes, exégeta y teólogo, n. en Alejandría (¿185-254?), que cayó en la heterodoxia.

original adj. Relativo al origen. || Que no es copia o imitación: *escritura, cuadro original.* || Que parece haberse producido por primera vez: *una idea original.* || Que escribe o compone de un modo nuevo: *escritor, músico original.* || Singular, extraño, raro: *un hombre muy original* (ú. t. c. s.). || — M. Manuscrito primitivo del que se sacan copias. || Texto primitivo, a diferencia de la traducción. || Manuscrito que se da a la imprenta: *el original de un libro.*

originalidad f. Calidad de original. || Extravagancia, rareza.

originar v. t. Dar origen o lugar, ser causa una cosa. || — V. pr. Traer una cosa su principio u origen de otra.

originario, ria adj. Del comienzo: *forma originaria.* || Que da origen a una persona o cosa. || Que trae su origen de algún lugar, persona o cosa: *originario de América, de Asia.*

Orihuela, c. del SE. de España (Alicante) en la *Huerta de Orihuela,* a orillas del Segura. Obispado. Agricultura.

orilla f. Borde de una superficie. || Parte de la tierra contigua a un río, mar, etc.: *vivir a orillas del mar.* || Acera de las calles. || Orillo. || *Fam. A orilla de,* al lado.

orillar v. t. *Fig.* Arreglar un asunto: *orillar una diferencia.* | Evitar, sortear una dificultad. || Reforzar el borde de una tela con una faja estrecha.

orillo m. Faja estrecha con que se resfuerza el borde de una tela.

orín m. Herrumbre. || — Pl. Orina.

orina f. Secreción de los riñones que se acumula en la vejiga y se expele por la uretra.

orinal m. Recipiente para recoger la orina o los excrementos.

orinar v. i. y t. Expeler naturalmente la orina.

Orinoco, río de Venezuela, que señala parte de la frontera con Colombia y des. en el Atlántico por un amplio delta; 2 400 km. Es navegable en gran parte.

Orio, v. y puerto del N. de España (Guipúzcoa), a orillas de la *ría homónima.*

oriolano, na adj. y s. De Orihuela.

Orión, constelación de la región ecuatorial.

Orisa, Estado del NE. de la India, en el golfo de Bengala; cap. *Bhubaneswar.* Minería (hierro, carbón, manganeso).

oriundez f. Procedencia.

oriundo, da adj. Originario, procedente: *oriundo de España.*

Orive de Alba (Adolfo), ingeniero y político mexicano, n. en 1907. Ex ministro de Recursos Hidráulicos.

Orizaba, volcán del SE. de México (Veracruz y Puebla); 5 747 m. Llamado tb. *Citlaltépetl.* — C. de México (Veracruz). Industrias.

Orkney. V. ORCADAS.

orla f. Franja de adorno de ciertas telas y vestidos. || Adorno que rodea una cosa. || *Blas.* Ornamento a modo de ribete puesto dentro del escudo.

Orlando o **Rolando,** protagonista de los poemas épicos italianos *Orlando enamorado,* de Boyardo, y *Orlando furioso,* de Ariosto.

orlar v. t. Adornar con orla: *retrato orlado.* ‖ Bordear: *orlado con árboles.*

Orleáns, c. del centro de Francia, a orillas del Loira, cap. del dep. del Loiret. Obispado.

Orleáns, n. de cuatro familias de príncipes franceses.

Orleansville. V. ASNAM *(El-).*

Orlich (Francisco J.), militar costarricense, n. en 1908, pres. de la Rep. de 1962 a 1966.

Orly, pobl. de Francia (Val-de-Marne), donde está uno de los aeropuertos de París.

Ormuz, isla de Irán en el golfo Pérsico, en el *estrecho de Ormuz.*

Ormuz u **Ormaz,** en zendo *Ahuramazda,* principio del Bien, dios supremo en la religión mazdea.

ornamentación f. Adorno.

ornamental adj. Relativo a la ornamentación o adorno: *planta ornamental.*

ornamentar v. t. Adornar, engalanar con adornos.

ornamento m. Adorno. ‖ *Arq.* y *Esc.* Conjunto de piezas accesorias que sirven para decorar. ‖ *Fig.* Calidades y prendas morales. ‖ — Pl. Vestiduras sagradas de los sacerdotes y adornos del altar.

ornar v. t. Adornar.

ornato m. Adorno.

Orne, río de Francia (Normandía) que des. en el canal de la Mancha, 152 km. — Dep. en el NO. de Francia; cap. *Alenzón.*

ornitología f. Parte de la zoología que trata de las aves.

ornitólogo m. Especialista en ornitología.

ornitomancia f. Predicción por el vuelo o el canto de las aves.

ornitorrinco m. Mamífero monotrema de Australia, cuya boca parece el pico de un pato.

oro m. Metal precioso de color amarillo brillante. ‖ Moneda de este metal. ‖ Joyas y adornos de esta especie. ‖ Color amarillo. ‖ Cualquiera de los naipes del palo de oros: *echar un oro.* ‖ — Pl. Palo de la baraja española, en cuyos naipes aparecen una o varias monedas de oro. ‖ — *Fig. Apalear oro,* ser muy rico. | *Corazón de oro,* persona buena y generosa. | *Guardar una cosa como oro en paño,* guardarla con sumo cuidado. | *No es oro todo lo que reluce,* no hay que fiarse de las apariencias. | *Pagar a peso de oro,* muy caro. ‖ *Fig.* y *fam. Pedir el oro y el moro,* pedir cosas exageradas. ‖ *Fig. Ser como un oro,* ser muy pulcra una persona. ‖ *Fig.* y *fam. Valer su peso en oro,* valer mucho.

— El *oro* (Au), de número atómico 79, es el más maleable de los metales y puede reducirse a hojas de 1/10 000 de mm. De densidad 19,5 se funde a 1 064 °C. y es buen conductor del calor y de la electricidad. Inatacable por el aire, el agua y los ácidos, el oro se disuelve sólo en una mezcla de ácido clorhídrico y nítrico llamada *agua regia.* Este metal se encuentra principalmente en estado nativo en el seno de la tierra, aunque ciertos ríos arrastran algunas *pepitas.* Las principales minas de oro se hallan en África del Sur, México, Colombia, Unión Soviética, California y Australia.

Oro (El), prov. del S. del Ecuador; cap. *Machala.* Minas (oro, cobre). Agricultura.

Oro (Fray Justo SANTA MARÍA DE), sacerdote y patriota argentino (1772-1836), miembro del Congreso de Tucumán.

orogénesis f. Proceso de formación de las montañas.

orogenia f. Parte de la geología que estudia la formación de las montañas.

orogénico, ca adj. Relativo a la orogenia.

orografía f. Parte de la geografía física que trata de la descripción de las montañas.

orográfico, ca adj. Relativo a la orografía.

orondo, da adj. *Fig.* y *fam.* Lleno de vanidad, engreído, ufano.

Orontes, en árabe *Nahr el-Asi,* río de Siria, Libia y Turquía que des. en el Mediterráneo; 570 km.

oropel m. Lámina de latón que imita el oro. ‖ *Fig.* Cosa de mucha apariencia y escaso valor.

oropéndola f. Pájaro dentirrostro de plumaje amarillo, con alas y cola negras.

Oropesa, v. en el centro de España (Toledo). Célebre castillo.

Oropeza, prov. en el SE. de Bolivia (Chuquisaca), dividida en dos secciones; cap. *Villa Oropeza.*

Orosi, volcán en el N. de Costa Rica (Guanacaste); 1 570 m.

Orosio (Paulo), historiador y teólogo hispanolatino, n. en Tarragona (¿390-418?). Fue discípulo de San Agustín.

Orotava (La), v. de Canarias (Tenerife) al pie del Teide. Agricultura. Turismo.

orotavense adj. y s. De La Orotava.

oroya f. Cesta de cuero utilizada para cruzar algunos ríos de América.

Oroya (La), c. del centro del Perú, cap. de la prov. de Yauli (Junín). Minas. Centro metalúrgico.

Orozco (José Clemente), pintor mexicano, n. en Zapotlán (Jalisco) [1883-1949], autor de frescos y murales. ‖ ~ (PASCUAL), revolucionario mexicano (1882-1916). Luchó en el Norte junto a Pancho Villa y después se sublevó contra Madero. M. asesinado. ‖ ~ **y Berra** (FERNANDO), novelista y poeta romántico mexicano (1822-1851). — Su hermano MANUEL fue arqueólogo e historiador (1816-1881), autor de *Historia del México antiguo.*

orozuz m. Planta papilionácea, de rizomas que contienen un jugo usado como pectoral y emoliente.

orquesta f. Conjunto de músicos que ejecutan una obra instrumental. ‖ En los teatros, espacio entre el escenario y los espectadores, destinado para estos músicos. ‖ *Orquesta de cámara,* la integrada por solamente unos quince instrumentistas (generalmente instrumentos de cuerda y de viento).

orquestación f. Acción y efecto de orquestar.

orquestar v. t. Instrumentar para orquesta: *orquestar una partitura.*

orquestina f. Pequeña orquesta con instrumentos variados que suele ejecutar música de baile.

orquidáceo, a adj. y s. f. Dícese de las plantas monocotiledóneas con hermosas flores de forma y coloración muy raras. ‖ — F. pl. Familia que forman.

orquídea f. Planta de la familia de las orquidáceas. ‖ Su flor.

orquitis f. Inflamación de los testículos.

Orrego (Antenor), poeta y ensayista peruano (1892-1960). ‖ ~ **Luco** (AUGUSTO), médico y político chileno (1848-1933). ‖ ~ **Luco** (LUIS), novelista chileno (1866-1949).

Orrente (Pedro), pintor español (¿1570?-1645). Influido por la escuela veneciana a través de El Greco, fue llamado el *Bassano español.*

Ors (Eugenio d'). V. D'ORS.

Orsay, c. de Francia al S. de París. Facultad de Ciencias.

Orsk, c. de la U. R. S. S., en el Ural (Rusia).

ortega f. Ave gallinácea, algo mayor que la perdiz, de plumaje rojizo.

Ortega, v. en el centro de Colombia (Tolima). Minas.

Ortega (Francisco), político y escritor mexicano (1793-1849). ‖ ~ **Munilla** (JOSÉ), escritor y periodista español, n. en Cuba (1856-1922), padre de Ortega y Gasset. ‖ ~ **y Gasset** (JOSÉ), filósofo y ensayista español, n. en Madrid (1883-1955), creador de la filosofía de la razón vital. Autor de *Meditaciones del Quijote, El espectador, España invertebrada, El tema de nuestro tiempo, La rebelión de las masas,* etc.

Ortegal, cabo del NO. de España (La Coruña).

Orteguaza, río de Colombia (Caquetá), afl. del Caquetá.

ortiga f. Planta urticácea, cuyas hojas segregan un líquido que pica.

ortigal m. Terreno con ortigas.

Ortigueira, v. y puerto del NO. de España (La Coruña).

Ortiz (Adalberto), novelista ecuatoriano, n. en 1914, autor de *Juyungo.* ‖ ~ (JOSÉ JOAQUÍN), escritor y poeta neoclásico colombiano (1814-1892). ‖ ~ (JUAN BUENAVENTURA), escritor y obispo colombiano (1840-1894). ‖ ~ (ROBERTO MARIO), político argentino (1886-1942), pres. de la Rep. de 1938 a 1942. ‖ ~ **de Domínguez** (MARÍA JOSEFA), heroína mexicana de la Independencia (1764-1829). Llamada *la Corregidora de Querétaro.* ‖ ~ **de Montellano** (BERNARDO), poeta y escritor mexicano (1899-1949). ‖ ~ **de Ocampo** (FRANCISCO ANTONIO), militar argentino (1771-1840), jefe de la expedición libertadora del Norte (1810). ‖ ~ **de Rosas.** V. ROSAS. ‖ ~ **de Rozas** (DOMINGO), militar español (¿1680?-1756), gobernador de Buenos Aires de 1741 a 1745 y de Chile de 1746 a 1755). ‖ ~ **de Zárate** (JUAN), militar español (1511-1576), adelantado del Río de la Plata de 1573 a 1575. ‖ ~ **Rubio** (PASCUAL), ingeniero y político mexicano (1877-1963), pres de la Rep. de 1930 a 1932.

orto m. Salida del Sol o de otro astro en el horizonte.

ortocromático, ca adj. *Fot.* Dícese de la placa o película sensible a todos los colores, menos al rojo.

ortodoxia f. Calidad de ortodoxo.

ortodoxo, xa adj. y s. Conforme con el dogma católico. ‖ *Por ext.* Conforme con la doctrina de cualquier religión o escuela. ‖ — Adj. Conforme con cualquier doctrina considerada como la única verdadera: *opinión poco ortodoxa.* ‖ *Iglesia ortodoxa,* nombre de las Iglesias cristianas orientales separadas de Roma desde 1054.

ortoedro m. *Geom.* Paralelepípedo recto rectangular.

ortogénesis f. Serie de variaciones producidas en una dirección dada en el transcurso de la evolución de algunas especies o géneros.

ortognatismo m. Posesión de la mandíbula relativamente retraída.

ortogonal adj. Dícese de lo que está en ángulo recto.

ortografía f. Parte de la gramática que enseña a escribir correctamente.

ortografiar v. t. Escribir una palabra según su ortografía.

ortográfico, ca adj. Relativo a la ortografía: *signo ortográfico.*

ortología f. Arte de pronunciar bien y hablar con propiedad.

Ortón, río en el N. de Bolivia (Pando), afl. del Beni; 547 km.

ortopedia f. Arte de corregir o de evitar las deformaciones del cuerpo humano por medio de ciertos aparatos o de ejercicios corporales.

ortopédico, ca adj. Relativo a la ortopedia: *aparato ortopédico.* ‖ — M. y f. Persona que se dedica a la ortopedia.

ortopedista com. Ortopédico.

ortópteros m. pl. Orden de insectos masticadores como la langosta, et grillo, etc. (ú. t. c. adj.).

ortosa f. Silicato blanco o gris de alúmina y potasa.
oruga f. Larva de los insectos lepidópteros, que se alimenta de vegetales. ‖ Planta crucífera usada como condimento. ‖ Banda sin fin compuesta de placas metálicas articuladas e interpuesta entre el suelo y las ruedas de un vehículo para que éste pueda avanzar por cualquier terreno (ú. t. c. adj.).
orujo m. Residuo de la uva o el aceite una vez exprimidos.
orureño, ña adj. y s. De Oruro.
Oruro, c. en el O. de Bolivia, cap. del dep. homónimo, al N. del lago Poopó. Obispado. Universidad. El dep. posee ricas minas.
orvalle m. Gallocresta.
orvallo m. Llovizna.
Orvieto, c. del centro de Italia (Umbría). Catedral.
orza f. Vasija de barro. ‖ *Mar.* Acción y efecto de orzar. | Especie de quilla retráctil para limitar la deriva de una embarcación.
orzar v. i. *Mar.* Dirigir la proa por donde viene el viento.
orzuelo m. Pequeño divieso en el borde de los párpados.
os, dativo y acusativo del pronombre de segunda persona en ambos géneros y número plural: *os amé; amaos.*
Os, símbolo químico del *osmio.*
osa f. Hembra del oso.
Osa, cantón en el SO. de Costa Rica (Puntarenas). ‖ ~ (MONTE). V. OSSA. ‖ ~ **Mayor** y **Menor,** constelaciones boreales. La Osa Menor contiene la estrella polar.
osadía f. Atrevimiento, valor. ‖ Descaro, desfachatez.
osado, da adj. y s. Atrevido, audaz. ‖ Descarado, insolente.
Osaka, c. y puerto del Japón en el S. de la isla de Honshu. Universidad. Industrias. Exposición universal en 1970.
osamenta f. Esqueleto. ‖ Conjunto de huesos de que se compone el esqueleto.
osar v. i. Atreverse a algo.
osario m. En los cementerios, lugar destinado para enterrar los huesos sacados de las sepulturas.
oscar m. Recompensa cinematográfica anual dada en Hollywood.
oscense adj. y s. De Huesca.
oscilación f. Acción y efecto de oscilar, balanceo. ‖ Espacio recorrido por un cuerpo que oscila entre las dos posiciones extremas.
oscilador m. *Fís.* Aparato para producir oscilaciones eléctricas o mecánicas.
oscilante adj. Que oscila.
oscilar v. i. Moverse alternativamente un cuerpo de un lado a otro. ‖ *Fig.* Variar, vacilar: *los precios oscilan.* | Crecer y disminuir alternativamente la intensidad de algunas manifestaciones o fenómenos. | Vacilar, titubear.
oscilatorio, ria adj. Aplícase al movimiento de oscilación y a las corrientes eléctricas alternas.
oscilógrafo m. Instrumento que registra las variaciones de una corriente en función del tiempo.
oscilograma m. Curva que da la pantalla del oscilógrafo.
oscilómetro m. Oscilógrafo. ‖ Aparato para medir los cambios de la presión arterial.
osco, ca adj. y s. Dícese del individuo y de la lengua de un pueblo de Italia central.
ósculo m. Beso.
oscurantismo m. Oposición a que se difunda la instrucción entre el pueblo.
oscurantista adj. y s. Partidario del oscurantismo.
* **oscurecer** v. t. Privar de luz y claridad. ‖ Debilitar el brillo de una cosa. ‖ *Fig.* Quitar claridad a la mente. ‖ Dar mucha sombra a una parte de una pintura para hacer resaltar el resto. ‖ — V. i. Anochecer. ‖ — V. pr. Nublarse el cielo, la vista.
oscurecimiento m. Acción y efecto de oscurecer u oscurecerse.
oscuridad f. Falta de luz o de claridad. ‖ Sitio sin luz. ‖ *Fig.* Humildad, bajeza en la condición social. | Falta de claridad en lo que se escribe o habla. | Situación triste, pesimista.
oscuro, ra adj. Que no tiene luz o claridad. ‖ De color casi negro: *color oscuro.* ‖ Que carece de brillo. ‖ Nublado: *día oscuro.* ‖ De noche: *llegamos ya oscuro.* ‖ *Fig.* Poco conocido, humilde. | Confuso, incomprensible: *estilo oscuro.* | Turbio: *proyectos oscuros.* ‖ Incierto: *el porvenir es muy oscuro.* ‖ *A oscuras,* sin luz, sin ver; (fig.) sin entender.
Osel. V. OESEL.
óseo, a adj. De hueso. ‖ De la naturaleza del hueso: *materia ósea.*
Oseras (ALTO DE LAS), pico de Colombia, en la Cord. Oriental; 3 830 m.
Osetia del Norte y **del Sur,** repúblicas autónomas de la U. R. S. S., en el Cáucaso, la primera en Rusia (cap. *Ordjonikidze*), y la segunda en Georgia (cap. *Tchkhivali*).
osezno m. Cachorro del oso.
Oshogbo, c. del SO. de Nigeria.
Osián, bardo legendario escocés del s. III, hijo de Fingal, rey de Morven.
osificación f. Acción y efecto de osificarse.
osificarse v. pr. Convertirse en hueso o adquirir la consistencia de tal una materia orgánica : *descubrió restos antiguos completamente osificados.*
Osijek, ant. *Esseg,* c. en el N. de Yugoslavia (Croacia), a orillas del Drave. Fabricación de cerillas.
Osinniki, c. de la U. R. S. S. (Rusia), en Siberia occidental. Metalurgia.
Osio, escritor, orador y teólogo español (¿257?-357), obispo de Córdoba y consejero del emperador Constantino. Asistió al primer Concilio de Nicea.
Osiris, divinidad egipcia, esposo de Isis y padre de Horus.
Oslo, ant. *Cristianía,* puerto y cap. de Noruega, en el SE. del país; 515 000 h. Obispado. Universidad. Centro comercial y de industrias.
Osmán I. V. OTMÁN.
osmanlí adj. y s. Turco.
Osmeña (Sergio), político filipino (1878-1961), pres. de la Rep. de 1944 a 1946.
osmio m. Metal raro (Os), parecido al platino, de número atómico 76.
ósmosis f. *Fís.* Paso recíproco de líquidos de distinta densidad a través de una membrana porosa que los separa.
osmótico, ca adj. Relativo a la ósmosis: *presión osmótica.*
Osnabrück, c. de Alemania Occidental (Baja Sajonia). Obispado. Catedral. Siderurgia; ind. papelera.
oso m. Mamífero carnicero plantígrado, de cuerpo pesado, espeso pelaje, patas recias con grandes uñas ganchudas, que vive en los países fríos. ‖ *Fig.* Hombre peludo y feo. | Hombre poco sociable. ‖ *Fig.* y *fam. Hacer el oso,* hacer el idiota. — Entre las diferentes especies de *osos* que existen se distinguen el *oso blanco,* de las regiones árticas, el mayor de los carniceros; el *oso de América del Norte* o *grizzli,* el *oso negro,* el *oso pardo de Europa,* y el *oso colmenero.* En los Andes se encuentran el *oso negro* y el *oso frontino.* Existen además el *oso hormiguero* u *oso bandera,* cuadrúpedo desdentado muy grande de América del Sur; el *oso palmero* y el *oso melero,* otros dos hormigueros desdentados, también de América.
Osorio (Diego de), gobernador de Venezuela de 1587 a 1597. ‖ ~ (ÓSCAR), militar salvadoreño, n. en 1910, pres de la Rep. de 1950 a 1956. ‖ ~ **Benítez** (MIGUEL ÁNGEL), poeta colombiano (1883-1942), autor de versos de intenso lirismo (*Rosas negras, La canción de la vida profunda, La parábola del retorno*). Usó el seudónimo de *Porfirio Barba Jacob.* ‖ ~ **de Escobar** (DIEGO DE), prelado español, m. en 1673, obispo de Puebla y virrey de Nueva España en 1664. ‖ ~ **Lizarazo** (JOSÉ ANTONIO), novelista naturalista colombiano (1900-1964), autor de *El hombre bajo la tierra.*
osornino, na adj. y s. De Osorno.
Osorno, volcán de Chile (Llanquihue); 2 660 m. — C. del centro de Chile, cap. de la prov. homónima. Obispado. Fundada en 1558.
Osos (GRAN LAGO DE LOS), lago del N. del Canadá; 29 000 km². Minas (radio, uranio).
Ospina (Pedro Nel), general colombiano (1858-1927), pres. de la Rep. de 1922 a 1926. ‖ ~ **Pérez** (MARIANO), político colombiano, n. en 1891, pres. de la Rep. de 1946 a 1950. ‖ ~ **Rodríguez** n. en Guasca (Cundinamarca) [1805-1885], pres. de la Rep. de 1857 a 1861, año en que fue derrotado. Promulgó la Constitución federal de 1858.
Ossa, monte de la Grecia antigua, en Tesalia (1 955 m).
Osservatore Romano, periódico italiano fundado en 1849, diario oficioso del Vaticano.
Ossián. V. OSIÁN.
Ossorio (Ana). V. CHINCHÓN (*Conde de*). ‖ ~ **y Gallardo** (ÁNGEL), jurisconsulto y político español (1873-1946).
Ostade (Adriano VAN). V. VAN OSTADE.
ostealgia f. Dolor de huesos.
osteína f. Oseína.
osteítis f. Inflamación de un hueso.
Ostende, c. y puerto de Bélgica (Flandes Occidental), en el mar del Norte. Estación balnearia.
ostensible adj. Que puede manifestarse. ‖ Manifiesto, visible: hacer algo de *modo ostensible.*
ostensivo, va adj. Que muestra: *antipatía ostensiva.*
ostentación f. Acción de ostentar. ‖ Jactancia y vanagloria: *hacer ostentación de sus riquezas.* ‖ Magnificencia exterior y visible.
ostentador, ra adj. Que ostenta. ‖ — M. y f. Presumido.
ostentar v. i. Mostrar o hacer patente una cosa: *ostentar sus joyas.* ‖ Hacer gala de grandeza, lucimiento y boato. ‖ Manifestar: *ostentar ideas revolucionarias.* ‖ Poseer, tener: *ostenta un título aristocrático.*
ostentoso, sa adj. Magnífico, lujoso: *coche ostentoso.* ‖ Claro, manifiesto, patente: *simpatía ostentosa.*
osteoblasto m. Célula embrionaria del tejido óseo.
osteología f. Parte de la anatomía que trata de los huesos.
osteológico, ca adj. Relativo a la osteología.
osteólogo, ga m. y f. Especialista en enfermedades de los huesos.
osteoma m. *Med.* Tumor de naturaleza ósea.
osteomielitis f. *Med.* Inflamación simultánea del hueso y de la médula ósea.
osteoplastia f. Sustitución de un hueso o parte de él con otro hueso.
osteotomía f. Corte quirúrgico de un hueso.
Ostia, puerto de la Roma antigua, hoy cegado, cerca de la desembocadura del Tíber. Restos arqueológicos. Es la playa de Roma
ostiario m. Clérigo que había obtenido el inferior de los cuatro grados menores.
ostra f. Molusco lamelibranquio comestible que vive adherido a las rocas por una valva de su concha. ‖ *Fig.* y *fam. Aburrirse como una ostra,* aburrirse mucho.
ostracismo m. Destierro polí-

tico. || Apartamiento de alguien de la vida pública.

ostral m. Criadero de ostras.

Ostrava, ant. *Moravska-Ostrava*, en alem. *Ostrav*, c. en el N. de Checoslovaquia (Moravia Septentrional). Hulla, metalurgia.

ostrero, ra adj. Relativo a las ostras. || — M. y f. Persona que vende ostras. || — M. Ostral.

ostrícola adj. De la cría y conservación de las ostras.

ostricultura f. Cría de ostras.

ostrogodo, da adj. y s. De un pueblo de la Gotia oriental.

— Los *ostrogodos* eran un pueblo germánico, establecido a orillas del Danubio, que invadió Italia y fundó con Teodorico (fines del s. V) una monarquía disuelta por Justiniano en 552.

Ostrow Wielkopolski, c. de Polonia (Poznan), al NE. de Wroclaw. Centro industrial.

Osuna, c. en el S. de España (Sevilla). Aceite.

Osuna (*Duque de*). V. TÉLLEZ GIRÓN (Pedro).

osuno, na adj. Del oso.

Osuri, río de Asia, afl. del Amur, entre China y la U. R. S. S. (Siberia); 907 km.

Oswiecim. V. AUSCHWITZ.

otalgia f. Dolor de oído.

O. T. A. N. (*Organización del Tratado del Atlántico Norte*). V. PACTO DEL ATLÁNTICO.

otaria f. Mamífero pinnípedo del Pacífico, parecido a la foca, pero con orejas cortas y miembros más desarrollados.

otario, ria adj. *Arg. Fam.* Tonto, infeliz.

Otaru, c. y puerto del Japón en el O. de la isla de Hokkaido. Pesca.

otate m. *Méx.* Planta gramínea de corpulencia arbórea, cuyos tallos sirven para fabricar bastones.

Otavalo, c. y cantón en el N. del Ecuador (Imbabura).

otear v. t. Dominar desde un lugar alto: *otear el horizonte* (ú. t. c. i.). || *Fig.* Escudriñar, registrar o mirar con cuidado.

Oteiza (Jorge de), escultor español, n. en 1908.

Otelo, tragedia de Shakespeare (1604). Otelo, moro al servicio de Venecia, es la personificación de los celos.

otero m. Cerro aislado.

Otero (Blas de), poeta español n. en 1916. || ~ (JOSÉ PACÍFICO), historiador argentino (1874-1937), autor de *Historia del Libertador don José de San Martín*. || ~ **Silva** (MIGUEL), poeta y novelista venezolano, n. en 1908.

Othón (Manuel José), poeta mexicano, n. en San Luis Potosí (1858-1906). Se inspiró en la naturaleza (*Himno de los bosques, Poemas rústicos, Idilio salvaje*) y escribió tb. dramas y cuentos.

otitis f. Inflamación del oído.

Otmán u **Osmán I,** fundador del Imperio de los turcos otomanos (1259-1326).

otología f. Parte de la medicina que estudia las enfermedades del oído.

otólogo m. Médico de las enfermedades del oído.

otomán m. Tejido de seda que forma cordoncillos horizontales.

otomano, na adj. y s. Turco. || — F. Especie de sofá o canapé.

otomí adj. y s. m. Dícese de una de las lenguas de México, la más importante después del azteca. || — M. Indio de México establecido en los Est. de Querétaro y Guanajuato.

Otón (Marco Salvio) [32-69], emperador romano en el año 69.

Otón || ~ **I** *el Grande* (912-973), rey de Germania desde 936 y emperador romano de Occidente desde 962. Detuvo la invasión de los magiares. || ~ **II** (955-983), hijo del anterior, emperador romano de Occidente desde 973. || ~ **III** (980-1002), hijo de Otón II, emperador germánico desde 983. || ~ **IV** *de Brunswick* (1175 ó 1182-1218), emperador germánico desde 1209. Vencido en Bouvines por el francés Felipe Augusto (1214).

otoñada f. Tiempo de otoño. || Otoño.

otoñal adj. Relativo al otoño: *edad otoñal*.

otoñar v. i. Pasar el otoño. || Brotar la hierba en otoño. || — V. pr. Adquirir la tierra sazón en otoño.

otoño m. Estación del año que dura en Europa del 23 de septiembre al 21 de diciembre. || *Fig.* Edad madura: *el otoño de la vida*.

otorgamiento m. Permiso, concesión, licencia.

otorgante adj. y s. Que otorga.

otorgar v. t. Consentir, conceder una cosa que se pide: *otorgar un indulto*. || Dar, atribuir: *otorgar un premio, poderes*. || *For.* Disponer ante notario: *otorgar una persona testamento*.

otorrinolaringología f. Parte de la medicina que trata de las enfermedades del oído, nariz y laringe.

otorrinolaringólogo m. Médico especialista en otorrinolaringología.

otoscopia f. Exploración o examen del interior del oído.

otoscopio m. Aparato para reconocer el oído.

Otranto, c. del S. de Italia (Lecce). Obispado. || ~ (CANAL DE), estrecho entre Albania e Italia que une el mar Adriático con el mar Jónico.

otro, tra adj. Distinto: *otra máquina*. || Igual, semejante: *es otro Cid*. || Anterior: *otro día, año*. || — *Fam. Ésa es otra*, indica que se oye un nuevo disparate o se presenta una nueva dificultad. || *Por otra parte*, además. || — Pron. Persona distinta: *unos no sabían, otros no querían*.

otrora adv. En otro tiempo.

otrosí adv. Además. || — M. *For.* Cada una de las peticiones que se exponen a continuación de la principal.

Otsu, c. del Japón en el S. de la isla de Honshu.

Ottawa [*-aua*], cap. federal del Canadá (Ontario), a orillas del río homónimo; 345 000 h. Arzobispado. Universidad.

Otumba, c. en el centro de México (México). Derrota de los aztecas por Hernán Cortés (1520).

Otuzco, c. en el O. del Perú, cap. de la prov. homónima. (La Libertad). Minas.

Ouahran, n. árabe de *Orán*.

Oudrid [*udrid*] (Cristóbal), músico español (1825-1877), autor de zarzuelas (*El sitio de Zaragoza, Los polvos de la madre Celestina*, etc.).

Ouessant [*uesán*], isla de Francia en el Atlántico (Finistère).

Ouro || ~ **Fino,** c. en el SE. del Brasil (Minas Gerais). || ~ **Prêto,** c. en el SE. del Brasil (Minas Gerais). Centro turístico y minero (oro, manganeso, bauxita).

Ouse, río de la Gran Bretaña (Yorkshire) que se une con el Trent para formar el Humber; 102 km.

Outes (Félix Faustino), etnólogo argentino (1878-1939).

outrigger [*autrigue*] m. (pal. ingl.). Embarcación de regatas estrecha y ligera.

outsider [*autsaider*] m. (pal. ingl.). Atleta o caballo de carreras que, sin ser el favorito, puede ser el vencedor.

ova f. Alga verde también llamada *lechuga de mar*.

ovación f. Aplauso ruidoso del público.

ovacionar v. t. Aclamar, aplaudir ruidosamente.

oval y **ovalado, da** adj. Con forma de óvalo.

ovalar v. t. Dar a una cosa forma de óvalo.

óvalo m. Curva cerrada convexa y simétrica parecida a la elipse. || Cualquier figura plana, oblonga, y curvilínea. || *Arq.* Ovo.

Ovalle, c., com. y dep. en el N. de Chile (Coquimbo).

Ovalle, (Alonso de), jesuita e historiador chileno (1601-1651).

Ovando (Nicolás de), político español (1460-1518), gobernador de La Española de 1502 a 1509. || ~ **Candía** (ALFREDO), militar boliviano, n. en 1918, pres. de la Rep. en 1969, derrocado en 1070.

ovar v. i. Aovar.

ovario m. Glándula genital femenina en que se forman los óvulos y segregan varias hormonas. || *Arq.* Moldura adornada con óvalos. || *Bot.* Parte inferior del pistilo que contiene el embrión de la semilla.

oveja f. Hembra del carnero. || *Amer.* Llama, mamífero. || — *Fig. Oveja descarriada*, persona que no sigue el buen ejemplo. | *Oveja negra*, persona que en una familia o colectividad desdice de las demás.

Ovejas, c. en el NO. de Colombia (Sucre).

ovejuno, na adj. Relativo a las ovejas: *leche ovejuna*.

Overijsel, prov. oriental de Holanda; cap. *Zwolle*.

overo, ra adj. Dícese del animal de color dorado y en especial del caballo (ú. t. c. s. m.).

ovetense adj. y s. De Oviedo (España) y de Coronel Oviedo (Paraguay).

Ovidio (Publio Ovidio Nasón), poeta latino (43 a. de J. C.-17 de nuestra era), autor de *Arte de amar* y *Metamorfosis*.

óvidos m. pl. Familia de mamíferos rumiantes que comprende los carneros, cabras, etc.

oviducto m. Canal por donde salen los huevos del ovario fuera del cuerpo del animal. || En la especie humana, trompa de Falopio.

Oviedo, c. en el N. de España, cap. de la prov. homónima y del ant. reino de Asturias. Obispado. Universidad. La prov. posee minas importantes (carbón, hierro, plomo, cobre) y no menos importante industria siderúrgica (Avilés, La Felguera, Mieres).

Oviedo (Gonzalo FERNÁNDEZ DE). V. FERNÁNDEZ DE OVIEDO. || ~ **y Baños** (JOSÉ DE), cronista colombiano (1671-1738).

oviforme adj. Que tiene forma de huevo.

ovillar v. t. Hacer ovillos. || — V. pr. *Fig.* Encogerse, hacerse un ovillo.

ovillo m. Bola de hilo que se forma al devanar una fibra textil. || *Fig. y fam. Hacerse uno un ovillo*, encogerse, acurrucarse; embarullarse, confundirse.

ovino, na adj. y s. m. Aplícase al ganado lanar.

ovíparo, ra adj. y s. Aplícase a las especies animales cuyas hembras ponen huevos.

ovo m. *Arq.* Adorno en forma de huevo.

ovoide y **ovoideo, a** adj. y s. m. Oval, aovado.

ovovivíparo adj. y s. Aplícase al animal de generación ovípara cuyos huevos se detienen en el trayecto de las vías uterinas, como la víbora.

ovulación f. Desprendimiento natural de un óvulo en el ovario para que pueda recorrer su camino y ser fecundado.

óvulo m. Célula sexual femenina destinada a ser fecundada. || *Bot.* Pequeño órgano contenido en el ovario, en cuyo interior se encierra la oosfera y que está destinado a convertirse en semilla después de la fecundación.

Owen (Gilberto), poeta y novelista mexicano (1905-1952). || ~ (ROBERT), reformador inglés (1771-1858) a quien se deben las primeras sociedades cooperativas. ||

~ (SIR RICHARD), naturalista inglés (1804-1892).

Ox Multun Tzek, dios maya de la Muerte, llamado tb. *Ox Kokol Tzek.*

oxalato m. *Quím.* Combinación del ácido oxálico y un radical.

oxálico, ca adj. Relativo a las acederas. ‖ *Quím. Ácido oxálico,* ácido orgánico que da a la acedera su gusto particular.

oxalidáceo, a adj. y s. f. Dícese de una familia de plantas dicotiledóneas y herbáceas. ‖ — F. pl. Familia que forman.

Oxapampa, pobl. y prov. en el centro del Perú (Pasco).

oxear v. t. Espantar las gallinas u otras aves de corral.

Oxford, c. de Gran Bretaña en Inglaterra, a orillas del Támesis, cap. del condado homónimo. Universidad. Industrias diversas.

oxhídrico, ca adj. Compuesto de oxígeno e hidrógeno: *soplete oxhídrico.*

Oxhintok, estación arqueológica maya de México, al NO. de Uxmal. Floreciente hacia 475.

oxiacetilénico, ca adj. Relativo a la mezcla de oxígeno y acetileno.

oxidable adj. Que se oxida.

oxidación f. Formación de óxido. ‖ Estado de oxidado.

oxidar v. t. Transformar un cuerpo por la acción del oxígeno o de un oxidante (ú. t. c. pr.). ‖ Poner mohoso (ú. t. c. pr.).

óxido m. Combinación del oxígeno con un radical. ‖ Orín.

oxidrilo m. *Quím.* Hidróxilo.

oxigenación f. Acción y efecto de oxigenar u oxigenarse: *una cura de oxigenación.*

oxigenado, da adj. Que contiene oxígeno: *agua oxigenada.* ‖ Rubio con agua oxigenada: *pelo oxigenado.*

oxigenar v. t. Combinar el oxígeno formando óxidos. ‖ Decolorar el pelo con oxígeno (ú. t. c. pr.). ‖ — V. pr. *Fig.* Airearse, respirar al aire libre.

oxígeno m. Metaloide gaseoso, elemento principal del aire y esencial a la respiración.

— El *oxígeno* (O), que forma la quinta parte del volumen del aire atmosférico, es un gas incoloro, inodoro, sin sabor, de densidad 1,105, que se licua a — 183 °C bajo la presión atmosférica. Se combina con la mayor parte de los cuerpos simples, especialmente con el hidrógeno, con el que forma el agua.

oxigenoterapia f. Tratamiento medicinal mediante inhalaciones de oxígeno.

oxihemoglobina f. Combinación inestable de una molécula de hemoglobina y otra de oxígeno que da el color rojo vivo a la sangre que sale del aparato respiratorio.

oxítono, na adj. *Gram.* Que lleva el acento tónico en la última sílaba (ú. t. c. s. f.).

oxiuro m. Lombriz parásita que habita en la porción terminal del intestino delgado del hombre.

Oxlahuntikú, entre los mayas, cada uno de los trece dioses de los trece ciclos superiores en que dividían el mundo y que eran a la vez un solo dios.

Oxo, ant. n. del río *Amu Daria.*

oxoniense adj. y s. De Oxford.

Oxtaxochitlán. V. JUCHITAN.

¡oxte! interj. Se emplea para echar fuera a uno. ‖ *Sin decir oxte ni moxte,* sin decir una palabra.

oyamel m. *Méx.* Conífera empleada en la industria.

Oyapok u **Oiapoque,** río fronterizo entre la Guayana Francesa y el Brasil; 500 km.

oyente adj. Que oye. ‖ — Adj. y s. Dícese del alumno asistente a una clase sin estar matriculado. ‖ — Pl. Auditores.

Oyo, c. del SO. de Nigeria, al N. de Ibadán.

Oyón (Álvaro de), militar español del s. XVI que estuvo en el Perú con Pizarro. Se sublevó en Nueva Granada y fue ejecutado (1553).

Oyuela (Calixto), poeta y escritor argentino (1857-1935).

Ozama, río de la Rep. Dominicana, que desemboca en la c. de Santo Domingo; 104 km.

Ozanam (Frédéric), escritor francés (1813-1853), fundador de las Conferencias de San Vicente de Paúl.

Ozatlán, v. en el S. de El Salvador (Usulután).

Ozogoche, laguna en el centro del Ecuador (Chimborazo).

ozonar v. t. Ozonizar.

ozonificación f. Ozonización.

ozonización f. Transformación en ozono. ‖ Esterilización de las aguas por el ozono.

ozonizar v. t. Convertir, transformar en ozono.

ozono m. Estado alotrópico del oxígeno.

ozonómetro m. Aparato que gradúa el ozono existente en el aire.

Ozuluama, c. y mun. en el E. de México (Veracruz). Comercio.

Puente (Tancarville, Francia)

p f. Decimonona letra del alfabeto castellano y decimoquinta de sus consonantes. || — **P,** símbolo químico del *fósforo.* || — **P.,** en religión, abrev. de *padre: el P. Superior.*

Pa, símbolo químico del *protactinio.* || Símbolo del *pascal.*

pabellón m. Edificio secundario generalmente aislado del principal. || Edificio construido para un fin determinado: *el pabellón español en la feria de X.* || Vivienda para militares, funcionarios, etc. || Tienda de campaña en forma de cono || Colgadura que cobija y adorna una cama, un trono, altar, etc. || Bandera nacional: *izar el pabellón argentino.* || *Fig.* Nación a la que pertenece un barco mercante: *navegar bajo pabellón chileno.* || Ensanche cónico de algunos instrumentos músicos de viento. || Grupo de fusiles enlazados por las bayonetas en forma piramidal. || Parte exterior y cartilaginosa de la oreja.

Pabianice, c. de Polonia, al SO. de Lodz. Textiles.

pabilo m. Torcida o mecha de una vela o antorcha. || Parte carbonizada de esta mecha.

Pablo *(San)*, llamado *Saulo* y *Apóstol de los Gentiles,* n. en Tarso de Cilicia entre 5 y 15 d. de J. C. y martirizado en Roma en el año 67. Se convirtió en el camino de Damasco. Fue uno de los primeros que difundió la doctrina cristiana por el mundo occidental. Escribió una colección de *Epístolas* que figura en el Nuevo Testamento. Fiesta el 29 de junio. || ~ o **Paulo,** n. de varios papas. V. PAULO.

Pablo || ~ **I** (1754-1801), emperador de Rusia desde 1796. M. asesinado. || ~ **II,** rey de Grecia (1901-1964); sucedió a su hermano Jorge II en 1947.

Pablo (Luis de), músico español, n. en 1930. || ~ **Neruda.** V. NERUDA.

Pablo y Virginia, novela de Bernardin de Saint-Pierre (1788).

pábulo m. Pasto, comida. || *Fig.* Lo que sustenta una cosa inmaterial: *dar pábulo a las críticas.*

paca f. Mamífero roedor americano, del tamaño de una liebre, de carne estimada. || Fardo de lana o algodón en rama.

Pacajes, prov. en el SO. de Bolivia (La Paz); cap. *Corocoro.*

pacana f. Árbol yuglandáceo propio de América del Norte, de madera apreciada. || Su fruto.

Pacaraima, sierra de América del Sur, entre Venezuela y el Brasil.

Pacaritambo, lugar del Perú (Paruro), de donde salieron los fundadores del Imperio Inca.

Pacasmayo, prov. y pobl. en el NO. del Perú (La Libertad); cap. *San Pedro de Lloc.*

pacato, ta adj. y s. De condición pacífica, tranquila y moderada.

Pacaya, volcán de Guatemala, en el límite de la prov. de Escuintla y Guatemala; 2 544 m. — Río del Perú (Loreto), afl. del Ucayali; 160 km.

pacedero, ra adj. De pasto.

Pacem in terris, encíclica de Juan XXIII (1963), sobre la paz mundial y el desarme.

pacense adj. y s. De Beja (Portugal). || De Badajoz (España).

paceño, ña adj. y s. De La Paz (Bolivia, Honduras y El Salvador).

* **pacer** v. i. Comer hierba el ganado en prados o campos. || — V. t. Comer. || Roer, desgastar una cosa. || Dar pasto a los ganados.

paciencia f. Virtud del que sabe sufrir con resignación: *con paciencia se gana el cielo.* || Capacidad para esperar con tranquilidad las cosas: *ten paciencia que ya llegará tu turno.* || Capacidad para soportar cosas pesadas: *no tiene suficiente paciencia para hacer rompecabezas.* || Lentitud, tardanza.

paciente adj. Que tiene paciencia. || Sufrido. || — M. *Fil.* Sujeto que padece la acción del agente. || — Com. Enfermo: *el médico y el paciente.*

pacienzudo, da adj. Que tiene mucha paciencia.

pacificación f. Obtención de la paz. || *Fig.* Apaciguamiento.

pacificador, ra adj. y s. Que pacifica.

pacificar v. t. Apaciguar, obtener la paz: *pacificar los ánimos, el país.* || — V. pr. Sosegarse, calmarse: *los vientos se pacificaron.*

pacífico, ca adj. Quieto, tranquilo, amigo de la paz: *persona pacífica.* || Apacible: *temperamento pacífico.* || Que transcurre en paz: *reinado, período pacífico.*

Pacífico, cord. de Colombia en el litoral occidental. || ~ (OCÉANO), mar entre América, Asia y Australia; 180 millones de km². Descubierto por Núñez de Balboa en 1513, que le dio el n. de *Mar del Sur,* y atravesado por primera vez por Magallanes en 1520.

Pacífico (*Guerra del*), guerra marítima de España contra Perú y Chile (1864-1866). — Conflicto de Chile contra Bolivia y Perú (1879-1883) por la posesión de los salitrales. Acabó con el Tratado de Ancón.

pacifismo m. Doctrina y acción de los que condenan por completo la guerra cualquiera que sea su motivo.

pacifista adj. y s. Partidario del pacifismo.

pack m. (pal. ingl.). En las regiones polares, masa flotante que proviene de un banco de hielo. || En un equipo de rugby, conjunto de delanteros.

paco m. Alpaca, rumiante. || *Fig.* Guerrillero, sobre todo el rifeño. || *Amer.* Mineral de plata de ganga ferruginosa. | Policía.

Pácora, mun. y v. en el centro de Colombia (Caldas).

pacota f. *Méx.* Pacotilla.

pacotilla f. *Mar.* Porción de mercancías que la gente de mar puede embarcar por su cuenta libre de flete. || *Por ext.* Mercancía de poca calidad: *muebles de pacotilla.*

pacotillero m. El que comercia con pacotilla. || *Amer.* Buhonero.

pactar v. t. e i. Acordar, comprometerse a cumplir algo varias partes: *pactar la paz.* || Contemporizar, transigir una autoridad.

pacto m. Convenio o concierto entre dos o más personas o entidades: *concluir, romper un pacto.* || Tratado: *un pacto de no agresión.* || *Fig.* Acuerdo: *pacto con el diablo.*

Pacto || ~ **de Familia,** nombre dado a cada una de las alianzas establecidas entre las distintas ramas borbónicas europeas, principalmente las de España y Francia (1733, 1743 y 1761), contra Inglaterra. || ~ **del Atlántico Norte** (*O. T. A. N.*), pacto militar firmado en 1949 entre Bélgica, Canadá, Estados Unidos, Francia, Gran Bretaña, Holanda, Islandia, Italia, Luxemburgo, Noruega y Portugal. Extendido en 1952 a Grecia y Turquía, y en 1955 a Alemania Occidental. **Francia se retiró** en 1966. || ~ **del Zanjón.** V. ZANJÓN (*Pacto del*).

Pactolo, río de Lidia, afl. del Hermos; llevaba arenas de oro y a él que debía Creso sus riquezas.

pacuache adj. y s. Dícese del individuo de una tribu de México (Coahuila).

Pacuvio (Marco), poeta dramático romano (220-¿132? a. de J. C.).

pachá m. Barb. por *bajá: vivir como un pachá.*

Pachacámac, pobl. en el O. del Perú (Lima). Templo inca.

Pachacámac, dios supremo, hijo del Sol, del ant. Perú, creador del universo y de la vida.

Pachacútec Yupanqui, emperador inca del Perú (1438-1471), hijo de Viracocha. Organizador del Imperio.

pachamanca f. *Amer.* Carne asada entre piedras caldeadas.

pachanga f. *Méx.* Diversión ruidosa. | Desorden, borrachera. | Dícese de todo lo que degenera: *esto ya no es política, es pachanga.* | Cierto baile.

pachón, ona adj. y s. Dícese de un perro de caza parecido al perdiguero. || *Amer.* Peludo.

pachorra f. *Fam.* Flema, cachaza, indolencia.

pachorrudo, da adj. *Fam.* Flemático, cachazudo, indolente: *una persona pachorruda.*

Pacheco (Alonso), conquistador español del s. XVI. Fundó, en 1571, Nueva Zamora, actualmente Maracaibo (Venezuela). || ~ (FRANCISCO), pintor español (1564-1654), maestro y suegro de Velázquez. Escribió un *Arte de la Pintura.* || ~ (GREGORIO), político boliviano (1823-1899), pres. de la Rep. de 1848 a 1888. || ~ (JOSÉ EMILIO), escritor mexicano, n. en 1939, autor de obras poéticas *(Los elementos de la noche, El reposo del fuego)* y de novelas *(Morirás lejos).* || ~ (JUAN), favorito de Enrique IV de Castilla (1419-1474). Fue marqués de Villena. || **~ Areco** (JORGE), periodista y político uruguayo, n. en 1920. Pres. de la Rep. a la muerte de Gestido (1967). Durante su mandato, que duró hasta 1972, hizo frente a un movimiento subversivo interior y a una crisis económica.

pachiche adj. *Méx.* Viejo.

Pachitea, río del Perú (Huánuco), afl. del Ucayali; 321 km. — Prov. del Perú (Huánuco); cap. *Panao.*

Pacho, mun. y pobl. de Colombia (Cundinamarca).

Pachuca de Soto, c. de México, a 98 km al NE. de la c. de México, cap. del Estado de Hidalgo. Minas (plata, cobre, plomo).

pachucho, cha adj. Muy maduro: *fruta pachucha.* || *Fig.* Malucho, ligeramente enfermo.

pachulí m. Planta labiada aromática de Asia y Oceanía. || Su perfume. || *Fam.* Perfume malo.

Padang, c. y puerto de Indonesia, al O. de la isla de Sumatra. Universidad.

Padcaya, pobl. en el SE. de Bolivia, cap. de la prov. de Arce (Tarija).

paddock m. (pal. ingl.). Parque donde se encierran las yeguas con sus potros. || En las carreras de caballos, recinto donde se pasean de la brida los caballos.

* **padecer** v. t. e i. Sentir física y moralmente un daño o dolor: *padecer una enfermedad, una pena, un castigo.* || Ser víctima de una cosa: *padecer la opresión de la tiranía; padeció un grave error.* || Soportar: *padecer penas, injusticias.* || Sufrir: *hay que ver lo que ha padecido en su vida.*

padecimiento m. Acción de padecer o sufrir daño, injuria, enfermedad, etc.

Paderborn, c. en el O. de Alemania Occidental (Rin Septentrional-Westfalia). Arzobispado. Catedral románica.

Paderewski (Ignacy), compositor, pianista y político polaco (1860-1941), pres. del Consejo de la República de 1919 a 1921.

Padilla, pobl. en el SE. de Bolivia, cap. de la prov. de Tomina (Chuquisaca). — Pobl. en el E. de México (Tamaulipas) donde fue fusilado Iturbide.

Padilla (JOSÉ), compositor español (1889-1960), autor de *El relicario, La violetera, Valencia,* etc. || ~ (JUAN DE), noble español (1484-1521), jefe en 1520 de la insurrección de los comuneros de Castilla contra Carlos I. Derrotado en Villalar (1521), fue decapitado, con Bravo y Maldonado. || ~ (MANUEL ASCENSIO), guerrillero boliviano de la Independencia (1775-1816). M. en el combate. || ~ (MARÍA DE), dama española (1337-1361) amante del rey de Castilla Pedro I el Cruel, con quien casó más tarde.

Padornuelo (TÚNEL DE), túnel de 5 900 m, en los montes Galaicos (España).

padrastro m. Marido de la madre respecto de los hijos llevados en matrimonio. || *Fig.* Mal padre. || Pedazo de pellejo que se levanta junto a las uñas.

padrazo m. Padre indulgente.

padre m. El que tiene uno o varios hijos. || Cabeza de una descendencia: *Abrahán, padre de los creyentes.* || *Teol.* Primera persona de la Santísima Trinidad. || Nombre que se da a ciertos religiosos y a los sacerdotes: *el padre Bartolomé de Las Casas.* || Animal macho destinado a la procreación. || *Fig.* Origen, principio: *el ocio es padre de todos los vicios.* | Creador: *Esquilo, el padre de la Tragedia.* || — Pl. El padre y la madre: *mañana iré a ver a mis padres.* || — *Fam. De padre y muy señor mío,* muy grande, extraordinario. || *Nuestros padres,* nuestros antepasados. || *Padre espiritual,* confesor. || *Padre eterno,* Dios. || *Padre de familia,* cabeza de una casa o familia. || *Padre nuestro,* la oración dominical. || *Padre político,* suegro. || *Padres conscriptos,* los senadores romanos. || *Padres de la patria,* los diputados a Cortes. || *Santo padre,* el Soberano Pontífice. || *Santos padres,* los primeros doctores de la Iglesia. || — Adj. *Fam.* Muy grande, extraordinario: *llevarse un susto padre.*

Padre, isla del Uruguay (Artigas), en el río Uruguay. || **~ Fantino,** distr. de la Rep. Dominicana (Sánchez Ramírez). || **~ Las Casas,** com. en el SO. de la Rep. Dominicana (Azua).

padrear v. i. Procrear.

padrenuestro m. Padre nuestro. || *Fig.* y *fam. En un padrenuestro,* en un instante.

padrinazgo m. Acción de asistir como padrino a un bautizo o a una función pública. || Cargo de padrino. || *Fig.* Protección que uno dispensa a otro.

padrino m. Hombre que asiste a otro a quien se administra un sacramento: *padrino de pila, de boda.* || El que presenta y acompaña a otro que recibe algún honor, grado, etc. || El que asiste a otro en un certamen, torneo, desafío, etc. || *Fig.* El que ayuda a otro en la vida, protector. || — Pl. El padrino y la madrina. || *Fig.* Influencias.

padrón m. Lista de vecinos de una población, censo: *padrón de habitantes.* || Patrón, modelo o dechado: *padrón de virtudes.* || *Fig.* Nota pública de infamia: *padrón de ignominia.* || *Amer.* Caballo semental.

Padrón, v. en el NO. de España (Coruña).

Padrón (Julián), novelista venezolano (1910-1954).

padrote m. *Méx.* Alcahuete.

Padua, en ital. *Padova,* c. en el NE. de Italia (Venecia), cap. de la prov. homónima. Obispado. Universidad.

paduano, na adj. y s. De Padua (Italia).

paella f. Plato de arroz con carne y pescado, mariscos, legumbres, etc.: *paella valenciana.*

Paestum. V. PESTO.

Páez, mun. en el SO. de Colombia (Cauca).

Páez (José Antonio), militar venezolano (1790-1873), compañero de armas de Bolívar. Se distinguió al mando de los *llaneros* y luchó en Carabobo. Primer pres. de la Rep. al separarse Venezuela de la Gran Colombia (1830-1835), ocupó el mismo cargo de 1839 a 1843 y de 1861 a 1863.

¡paf!, onomatopeya que imita el ruido que hace una persona o cosa al caer.

Paflagonia, ant. región de Asia Menor, al S. del Ponto Euxino; cap. *Sinope.*

paga f. Acción de pagar: *la paga tiene lugar al final de cada mes.* || Cantidad de dinero que se da en pago del sueldo. || Entre empleados o militares, sueldo de un mes. || *Fig.* Correspondencia al amor, cariño u otro sentimiento. | Expiación de una culpa. | Pena sufrida por esta culpa. || *Hoja de paga,* pieza justificativa del pago del salario o sueldo.

pagable adj. Pagadero.

pagadero, ra adj. Que se ha de pagar en cierta fecha: *letra pagadera a los noventa días.* || Que puede pagarse fácilmente.

pagado, da p. p. de *pagar.* || *Fig. Pagado de sí mismo,* engreído, presumido.

pagador, ra adj. y s. Dícese del que paga.

pagaduría f. Oficina donde se paga: *pagaduría del Estado.*

Paganini (Niccolo), compositor y violinista italiano (1782-1840).

paganismo m. Gentilidad. || Estado de los que no son cristianos.

paganizar v. i. Profesar el paganismo. || — V. t. Volver pagano.

pagano, na adj. y s. Aplícase a los pueblos politeístas antiguos, especialmente a los griegos y romanos, y por ext. a todos los pueblos no cristianos. || *Fam.* Impío. | El que paga. | El que padece daño por culpa ajena.

pagar v. t. e i. Dar uno a otro lo que le debe: *pagar el sueldo a los obreros.* || Dar cierta cantidad por lo que se compra o disfruta: *paga cinco mil pesetas al mes por su piso.* || Satisfacer una deuda, un derecho, impuesto, etc. || Costear: *sus padres no pueden pagarle los estudios.* || *Fig.* Corresponder: *pagar los favores recibidos; pagar una visita; un amor mal pagado.* | Expiar: *pagar un crimen.* || — *Fam. El que la hace la paga,* el que causa daño sufre siempre el castigo correspondiente. | *¡Me las pagarás!,* ya me vengaré del mal que me has hecho. || *Pagar a escote,* pagar cada uno su parte. || *Pagar al contado, a crédito* o *a plazos,* pagar inmediatamente, poco a poco. || *Fam. Pagar el pato* o *los vidrios rotos* o *los platos rotos,* sufrir las consecuencias de un acto ajeno. | *Pagarla* o *pagarlas,* sufrir el castigo merecido o las consecuencias inevitables de una acción. || — V. pr. Comprar. || *Fig.* Estar satisfecho: *pagarse con razones.* | Enorgullecerse.

pagaré m. Obligación escrita de pagar una cantidad en tiempo determinado: *un pagaré a sesenta días.*

pagaya f. Remo corto, de origen filipino, que se maneja sin fijarlo en la borda.

Pagaza (Joaquín Arcadio), obispo y poeta mexicano (1839-1918).

pagel m. Pez marino acantopterigio, de carne blanca comestible.

página f. Cada una de las dos planas de la hoja de un libro o cuaderno: *un libro de quinientas páginas.* || Lo escrito o impreso en cada una de ellas: *una nota al pie de la página.* || *Fig.* Obra literaria o musical: *una página muy inspirada.* | Suceso, lance o episodio en el curso de una vida o de una empresa: *página gloriosa de nuestra juventud.*

paginación f. Numeración de las páginas.

paginar v. t. Numerar páginas.

pago m. Acción de pagar: *pago al contado.* || Cantidad que se da para pagar algo: *un pago de diez mil pesetas.* || *Fig.* Satisfacción, recompensa o lo que uno se merece: *el pago de la gloria.* || Finca o heredad, especialmente de olivares o viñas. || *Amer.* País o pueblo.

Pago-Pago, c. y puerto de Samoa Oriental, en la isla Tutuila. Base naval.

pagoda f. En algunos países de Oriente, templo.

pagro m. Pez parecido al pagel.

Pahang, uno de los Estados de la Federación de Malaysia; cap. *Kuantan.*

Pahlevi (Reza *Sha*), militar de Irán (1878-1944), que se proclamó emperador en 1925 y tuvo que abdicar en 1941. — Su hijo MOHAMED REZA *Sha*, n. en 1919, es emperador de Irán desde 1941.

Pahuac Mayta, guerrero inca, hermano de Viracocha, que dominó hasta Tucumán.

Pahuahtunes, una de las advocaciones del dios maya Chac.

paila f. Vasija redonda y grande de metal a modo de sartén. || *Amer.* Machete para cortar la caña de azúcar.

Paila, cumbre en los Andes del Ecuador (Azuay); 4 480 m.

pailero, ra m. y f. *Amer.* Fabricante o vendedor de pailas. | Persona que trabaja con la paila.

pailebote m. *Mar.* Goleta pequeña sin gavias, muy baja y fina.

Paine, com. en el centro de Chile (Santiago).

Paine o **Payne** [*pen*] (Thomas), escritor y político inglés (1737 1809). Defendió la independencia de las colonias inglesas en Norteamérica.

painel m. Panel.

Painlevé (Paul), matemático y político francés (1863-1933).

Paipa, mun. y pobl. en el centro de Colombia (Boyacá). Balneario. En sus cercanías Bolívar venció a los españoles (batalla del Pantano de Vargas, 1819).

paipai m. Abanico de palma.

pairar v. i. *Mar.* Estar quieta la nave con las velas tendidas y largas las escotas.

pairo m. *Mar.* Acción de pairar. || *Al pairo,* quieta la nave y con las velas tendidas.

país m. Territorio que forma una entidad geográfica o política: *España es su país natal; los países fríos.* || Patria: *abandonar su país.* || Papel, piel o tela del abanico.

paisaje m. Porción de terreno considerada en su aspecto artístico. || Pintura o dibujo que representa el campo, un río, bosque, etc.

paisajista adj. y s. Aplícase al pintor de paisajes.

paisanaje m. Conjunto de paisanos. || Circunstancia de ser de un mismo país.

paisano, na adj. y s. Del mismo país, provincia o lugar que otro. || *Méx.* Español. || — M. y f. *Provinc.* y *Amer.* Campesino. || — M. El que no es militar. || *Traje de paisano,* el que no es un uniforme.

Países Bajos, n. dado a *Bélgica* y *Holanda,* especialmente a la última. En tiempos del emperador Carlos V se llamó así a varias provincias pertenecientes hoy a Bélgica, Holanda y norte de Francia.

Paisiello o **Paesiello** (Giovanni), músico italiano (1740-1816), autor de óperas (*El barbero de Sevilla, El rey Teodoro*).

Paisley [*pesle*], c. de Gran Bretaña en Escocia, al O. de Glasgow, cap. del condado de Renfrew. Metalurgia.

Paita o **Payta,** prov. en el NO. del Perú (Piura); cap. *Puerto de Paita.*

paja f. Caña de las gramíneas después de seca y separada del grano. || Pajilla para sorber líquidos. || *Fig.* Cosa de poca entidad. | Lo inútil y desechable de una cosa: *en su artículo hay mucha paja.* || — *Echar pajas,* sortear algo con pajas de distintos tamaños. || *Fam. En un quítame allá esas pajas,* muy rápidamente, en un instante. || *Paja brava,* planta gramínea sudamericana, apreciada como pasto y como combustible. || *Fam. Por un quítame allá esas pajas,* por un motivo ridículo, por una nadería.

Paja (MAR DE), n. dado al estuario del Tajo, en Lisboa.

pajar m. Almacén de paja.

pájara f. Pájaro, ave pequeña. || Cometa, juguete. || Pajarita de papel. || *Fig.* Mujer astuta o mala.

pajarear v. i. Cazar pájaros. || *Fam.* Holgazanear. || *Amer.* Espantarse una caballería. | Ahuyentar a pedradas los pájaros en los sembrados. | Estar distraído. || *Méx.* Oir con disimulo.

pajarel m. Pardillo.

pajarera f. Jaula de pájaros.

pajarería f. Banda de pájaros. || Tienda donde se venden pájaros.

pajarero, ra adj. Relativo a los pájaros. || *Fam.* Alegre, bromista (ú. t. c. s.). || Dícese de las telas o pinturas de colores mal casados o vistosos. || *Amer.* Dícese de las caballerías asustadizas. || — M. El que caza o vende pájaros.

Pajares (PUERTO), paso de los Pirineos Astúricos, 1 364 m.

pajarilla f. Pájara, cometa. || Bazo del cerdo. || *Fig.* y *fam. Alegrársele a uno las pajarillas,* ponerse muy alegre.

pajarita f. Pájara, cometa. || Figura de papel doblado que representa un pajarito. || — *Corbata de pajarita,* la que tiene forma de mariposa. || *Cuello de pajarita,* el de palomita.

pájaro m. Cualquiera de las aves terrestres, voladoras, de tamaño pequeño, como el tordo, el gorrión y la golondrina. || Esta voz entra en la formación de varios nombres de aves: *pájaro arañero,* ave trepadora; *pájaro bobo,* ave palmípeda del Antártico, semejante al pingüino; *pájaro burro,* el rabihorcado; *pájaro carpintero* o *picamaderos,* ave trepadora que anida en los agujeros que labra en los troncos de los árboles con el pico; *pájaro diablo,* petrel, ave palmípeda muy voladora; *pájaro mosca,* colibrí, especie muy diminuta de América, de plumaje de hermosos colores; *pájaro niño,* palmípeda de los mares polares. || *Fig.* Persona que sobresale o es muy astuta o muy mala. || — *Más vale pájaro en mano que ciento volando,* más vale una cosa pequeña segura que una grande insegura. || *Matar dos pájaros de un tiro,* hacer o lograr dos cosas con una sola diligencia. || *Fig. Pájaro de cuenta* o *de cuidado,* persona muy astuta, capaz de hacer cualquier cosa y que ha de tratarse con cuidado. | *Pájaro gordo,* persona importante. || *Fam. Tener pájaros en la cabeza,* no ser nada sensato; ser distraído.

pajarota o **pajarotada** f. *Fam.* Noticia falsa.

pajarraco m. Pájaro grande y feo. || *Fam.* Pájaro de cuenta.

pajaza f. Desecho de la paja que deja el caballo.

pajazo m. Mancha en la córnea de las caballerías.

paje m. Joven noble que servía a un caballero, un príncipe, etc. || Muchacho que sirve de criado y aprende el oficio de marinero.

pajero, ra m. y f. Vendedor de paja. || — F. Pajar pequeño.

pajilla f. Cigarro liado con hoja de maíz. || Caña de gramínea o tubo artificial utilizado para sorber refrescos.

pajizo, za adj. De paja o de color de paja.

pajolero, ra adj. *Fam.* Maldito, molesto, desagradable: *un pajolero oficio.* | Puntilloso.

pajón m. Paja alta y gruesa de las rastrojeras.

pajonal m. *Amer.* Sitio donde abunda el pajón.

pajoso, sa adj. Que tiene mucha paja. || De paja o semejante a ella.

pajote m. Estera de cañas y paja con que los labradores cubren las plantas.

pajuela f. Paja o varilla, bañada en azufre, que se emplea para encender.

pajurria f. *Cub.* Tabaco de mala calidad.

Pakistán. V. PAQUISTÁN.

pakistaní adj. y s. Paquistaní.

pala f. Instrumento compuesto de una plancha de hierro, más o menos combada, prolongada por un mango. || Contenido de este instrumento. || Hoja metálica de la azada, del azadón, etc. || Tabla con mango para jugar a la pelota vasca, al béisbol. || Raqueta: *pala de ping pong.* || Parte plana del remo. || Parte ancha del timón. || Cada uno de los elementos propulsores de una hélice. || Parte del calzado que abraza el pie por encima. || Parte puntiaguda del cuello de una camisa. || Cuchilla de los curtidores. || Lo ancho y plano de los dientes. || — *Fam. A punta de pala,* en abundancia. || *Pala mecánica,* máquina de gran potencia para excavar y recoger materiales y cascotes.

palabra f. Sonido o conjunto de sonidos que designan una cosa o idea: *una palabra de varias sílabas.* || Representación gráfica de estos sonidos. || Facultad de hablar: *perder la palabra.* || Aptitud oratoria: *político de palabra fácil.* || Promesa: *dar, cumplir su palabra; palabra de matrimonio.* || *Teol.* Verbo: *la palabra divina.* || Derecho para hablar en las asambleas: *hacer uso de la palabra.* || — Pl. Texto de un autor. || — *Fig. Coger la palabra a uno,* valerse de lo que dijo para obligarle a hacer algo. | *Comprender con medias palabras,* captar sin que sea necesaria una explicación larga. | *Decir con medias palabras,* insinuar. | *Dejar a uno con la palabra en la boca,* volverle la espalda sin escucharle. || *De palabra,* verbalmente. || *Fig. Empeñar la palabra,* dar su palabra de honor. | *En cuatro palabras,* muy brevemente. | *Medir las palabras,* hablar con prudencia. | *No tener más que una palabra,* mantener lo dicho. | *No tener palabra,* faltar uno a sus promesas. | *¡Palabra!,* se lo aseguro. || *Palabra de Dios* o *divina,* el Evangelio. || *Palabra de honor,* promesa verbal y formal. || *Palabra por palabra,* literalmente. || *Palabras cruzadas,* crucigrama. || *Palabras encubiertas,* aquellas que no dicen claramente lo que se quiere anunciar. || *Palabras mayores,* las injuriosas. || *Fig. Tener unas palabras con alguien,* pelearse con él. | *Tratar mal de palabra a uno,* injuriarle. | *Última palabra,* lo que está más de moda.

palabreo m. Acción de hablar mucho y en vano: *me molesta su palabreo de hombre de mundo.*

palabrería f. *Fam.* Exceso de palabras, verborrea.

palabrero, ra adj. y s. Que habla mucho. || Que promete mucho y no cumple nada.

palabrita f. Palabra que lleva segunda intención: *le dijo cuatro palabritas al oído.*

palabrota f. Palabra injuriosa o grosera. || Término difícil de entender.

palace m. (pal. ingl.). Gran hotel lujoso

palacete m. Casa particular lujosa. || Pequeño palacio.

palaciego, ga adj. Relativo a palacio: *estilo palaciego; ceremonias palaciegas.* || — Adj. y s. Cortesano.

palacio m. Casa suntuosa, especialmente la que sirve de residencia a los reyes y nobles: *Palacio Real.*

PA

|| Residencia de ciertas asambleas, tribunales, etc.: *palacio de las Cortes, del Senado.*

Palacio Valdés (Armando), escritor español (1853-1938), autor de novelas (*La Hermana San Sulpicio, José, La aldea perdida, Marta y María, La alegría del capitán Ribot, Riverita, Maximina*, etc.).

Palacios (Los), mun. en el O. de Cuba (Pinar del Río). — V. en el S. de España (Sevilla).

Palacios (Eustaquio), escritor colombiano (1830-1898), autor de la novela *El alférez real.* || ~ (FERNANDO), ingeniero y director cinematográfico mexicano (1890-1960). || ~ (JULIO), físico español (1891-1970), autor de numerosos estudios científicos. || ~ (LUCILA), novelista y comediógrafa venezolana, n. en 1907. || ~ (PEDRO BONIFACIO), poeta argentino (1854-1917), autor de *La inmortal, El misionero, Trémolo* y *Cantar de los Cantares.* Utilizó el seudónimo de *Almafuerte.*

palada f. Lo que la pala coge de una vez: *una palada de mortero.* || Golpe dado en el agua con la pala del remo.

paladar m. Parte interior y superior de la boca. || *Fig.* Capacidad para apreciar el sabor de lo que se come: *tener buen paladar.* | Gusto.

paladear v. t. Tomar poco a poco el gusto de una cosa, saborear: *paladear un vino.* || *Fig.* Apreciar mucho una cosa.

paladeo m. Saboreo.

paladial adj. y s. f. Palatal.

paladín m. Caballero distinguido por sus hazañas. || *Fig.* Defensor acérrimo: *paladín de la democracia, de la libertad.*

paladino, na adj. Público, claro y patente. || — M. Paladín.

paladio m. Metal blanco (Pd), de número atómico 46, muy dúctil y duro, de densidad entre 11 y 12 y que funde hacia 1 500°, notable por la propiedad que tiene de absorber el hidrógeno.

paladión m. Estatua de Palas cuya posesión aseguraba la salvación de Troya. || *Fig.* Salvaguardia.

palado, da adj. *Blas.* Aplícase al escudo dividido por seis palos verticales.

palafito m. Vivienda primitiva lacustre, construida sobre zampas.

Palafox || ~ **y Melzi** (JOSÉ DE), general español (1776-1847), defensor de Zaragoza contra las tropas francesas de Napoleón I (1809). || ~ **y Mendoza** (JUAN DE), prelado y escritor español (1600-1659), virrey de México en 1642. Autor del *Libro de las virtudes del indio.*

palafrén m. Caballo manso en que solían montar las damas, los reyes y los príncipes. || Caballo en que monta el criado o lacayo de un jinete.

palafrenero m. Criado que lleva del freno el caballo. || Mozo de caballos.

Palafrugell, v. y puerto en el NE. de España (Gerona).

Palagua, pobl. en el NO. de Colombia (Antioquia). Petróleo.

Palamas (Kostis), escritor griego (1859-1943), autor de poemas, dramas y cuentos.

Palamcottah, c. en el S. de la India (Madrás). Textiles.

Palamedes, héroe griego en el sitio de Troya. Se cree que inventó el ajedrez, el disco, los dados, etc.

Palamós, v. y puerto al NE. de España (Gerona). Estación estival.

palanca f. Barra rígida, móvil alrededor de un punto de apoyo, que sirve para transmitir un movimiento, para levantar grandes pesos. || Pértiga para llevar una carga entre dos. || Plataforma flexible colocada a cierta altura al borde de una piscina, para efectuar saltos. || *Fig.* y *fam.* Apoyo, influencia. || Fortín construido con estacas y tierra. || *Palanca de mando,* barra para manejar un avión.

palangana f. Recipiente ancho y poco profundo usado para lavar o lavarse: *fregar los platos en una palangana.* || *Amer.* Fanfarrón.

palanganero m. Mueble donde se coloca la palangana.

palangre m. Cordel con varios anzuelos para pescar.

palangrero m. Barco de pesca con palangre. || Pescador que usa este aparejo.

palanquera f. Valla de madera.

palanquero m. Operario que movía el fuelle en las herrerías.

palanqueta f. Palanca pequeña. || Barra de hierro para forzar puertas y cerraduras.

palanquín m. En Extremo Oriente, especie de andas o litera, que llevan varios hombres. || *Mar.* Cabo para cargar los puños de las velas mayores.

Palaos (ISLAS), archip. de Micronesia, al O. de las Carolinas y al E. de Filipinas. Administrado por Estados Unidos desde 1947. Fue español hasta 1899. Compuesto de unas 200 islas; la principal de las cuales es *Palaos.*

Palas Atenea. V. ATENEA.

palastro m. Lámina de hierro o acero. || Plancha o chapa en la que está el pestillo de una cerradura.

palatal adj. Del paladar: *bóveda palatal.* || Dícese de las vocales o consonantes cuya articulación se forma en cualquier punto del paladar, como la *i,* la *e,* la *ll,* la *ñ* (ú. t. c. s. f.).

palatalización f. Modificación de un fonema cuya articulación se hace aplicando el dorso de la lengua al paladar duro.

palatalizar v. t. Dar a un fonema sonido palatal.

palatinado m. En Alemania, antigua dignidad de elector palatino. || Territorio de los príncipes palatinos.

Palatinado, región de Alemania Occidental, en la orilla izquierda del Rin, al N. de Alsacia. Desde 1946 forma parte del Estado de *Renania-Palatinado.*

palatino, na adj. Del paladar: *huesos palatinos.* || Perteneciente a palacio: *la etiqueta palatina.* || Que tenía oficio principal entre los príncipes: *guardia palatina* || Del Palatinado: *príncipe, elector palatino.*

Palatino (MONTE), una de las siete colinas de Roma.

Palau (Manuel), compositor español (1893-1967).

Palavicini (Félix Fulgencio), escritor, político y diplomático mexicano (1881-1952).

Palawan o **Paragua,** isla y prov. de Filipinas, al SO. de Mindoro y al NE. de Borneo; cap. *Puerto Princesa.*

palazo m. Golpe con la pala.

Palca, pobl. del O. de Bolivia, cap. de la prov. de Murillo (La Paz).

palco m. En los teatros y plazas de toros, especie de departamento con balcón donde hay varios asientos. || Tabladillo en que se pone la gente para asistir a un espectáculo. || *Palco de platea,* el que está en la planta baja de un teatro.

palear v. t. Apalear, aventar el grano con la pala.

Palembang, c. y puerto de Indonesia, al S. de la isla de Sumatra. Refinería de petróleo.

Palencia, c. y prov. en el NO. del centro de España (Castilla la Vieja). Obispado. Hermosa catedral (s. XIV-XVI).

Palencia y Álvarez (Ceferino), escritor y pintor español (1878-1955). M. en México.

palenque m. Estacada de madera. || Sitio cercado donde se celebra una función pública, torneo, etc. || *Riopl.* Estaca para atar los animales. || *Fig.* Sitio donde se combate: *el palenque político.*

Palenque, v. de México, al S. del Yucatán (Chiapas). Ruinas de una ant. ciudad maya. — Pobl. en el centro de Panamá, cab. del distrito de Santa Isabel (Colón).

palense adj. y s. De Palos de Moguer.

palentino, na adj. y s. De Palencia.

paleogeografía f. Ciencia que se dedica a reconstituir hipotéticamente la distribución de los mares y continentes en el curso de las épocas geológicas.

paleografía f. Arte de leer la escritura y signos de los libros y documentos antiguos.

paleográfico, ca adj. Relativo a la paleografía: *examen paleográfico.*

paleógrafo m. Especialista en paleografía.

paleolítico, ca adj. y s. m. Aplícase al primer período de la edad de piedra, o sea al de la piedra tallada.

paleología f. Ciencia que estudia la historia primitiva del lenguaje.

paleólogo, ga adj. y s. Que conoce las lenguas antiguas.

Paleólogo, familia bizantina, algunos de cuyos miembros fueron emperadores de Oriente desde el año 1261 a 1453.

paleontografía f. Descripción de los seres orgánicos que vivieron en la Tierra y cuyos restos o vestigios se encuentran fósiles.

paleontográfico, ca adj. De la paleontografía.

paleontología f. Tratado de los seres orgánicos cuyos restos o vestigios se encuentran fósiles. (V. ilustr. pág. sgte.)

paleontológico, ca adj. Relativo a la paleontología.

paleontólogo m. Especialista en paleontología.

paleoterio m. Mamífero perisodáctilo fósil, parecido al tapir, que vivió a principios de la era terciaria.

paleozoico adj. y s. m. Aplícase al segundo período de la historia de la Tierra.

palermitano, na adj. y s. Panormitano.

Palermo, c. y prov. de Italia, en el N. de la isla de Sicilia. Arzobispado. Universidad. Puerto.

Palermo o **Parque Tres de Febrero,** parque de la ciudad de Buenos Aires.

palero m. *Amer.* Jugador que, de acuerdo con el banquero, sirve de gancho.

Palés Matos (Luis), poeta puertorriqueño (1899-1959), cultivador de la llamada poesía negra.

Palestina, región de Asia (Cercano Oriente), entre el desierto de Siria, el Líbano y el mar Mediterráneo. Llamada en la Biblia *Tierra de Canaán* o *de Promisión,* y posteriormente *Judea* y *Tierra Santa.* — Los descendientes de Jacob (*israelitas*), establecidos en Egipto, atravesaron el desierto de Sinaí dirigidos por Moisés y sometieron a los diversos pueblos (filisteos, amonitas, moabitas) que ocupaban Palestina. Primeramente gobernaron jueces (Gedeón, Josué, Sansón y Samuel) y luego reyes, como Saúl y David. Éste hizo de Jerusalén su capital y Salomón, su sucesor, construyó el Templo (935 a. de J. C.), momento de apogeo de la civilización israelita. Dividida en dos a la muerte de Salomón, Palestina fue conquistada por el rey de Caldea Nabucodonosor II (587 a. de J. C.), y los israelitas fueron llevados cautivos a Babilonia. Siguieron las dominaciones macedónica, seleúcida y romana. En el año 70 a. de J. C. estalló una rebelión contra Roma, pero fue sofocada y, tras largo asedio, Jerusalén fue tomada por Tito, que destruyó el Templo. Al dividirse el Imperio Romano, Palestina dependió de Bizancio y más tarde de los musulmanes. Los cruzados fundaron el reino de Jerusalén en 1099, que fue conquistado definitivamente por los musulmanes (1291) e incorporado al Imperio

Turco en 1516. Después de la primera guerra mundial, Palestina quedó bajo mandato británico (1916-1948), hasta la creación del Estado de Israel. En 1949, a raíz de las luchas entre árabes y judíos, parte de Palestina pasó a poder de Jordania. En 1967 los israelíes ocuparon la parte de Palestina perteneciente a Jordania.

palestino, na adj. y s. De Palestina.

palestra f. Sitio donde se lidia o lucha. || *Fig. Poét.* Lucha, competición. | Sitio donde se celebran certámenes literarios o reuniones públicas. || *Fig. Salir a la palestra,* entrar en liza.

paléstrico, ca adj. Relativo a la palestra.

Palestrina (Giovanni Pierluigi da), compositor italiano (1525-1594), gran figura de la música polifónica. Autor de misas, motetes, himnos y madrigales.

paleta f. Pala pequeña. || Tabla pequeña con un agujero por donde se introduce el pulgar y en la cual el pintor tiene preparados los colores que usa. || Espátula. || Utensilio de cocina a modo de pala. || Badil para revolver la lumbre. || Llana de albañil. || Raqueta de ping pong. || *Anat.* Paletilla. || Álabe de la rueda hidráulica. || Pala de hélice, ventilador, etc. || *Méx.* Polo helado.

paletada f. Lo que puede recogerse de una vez con la paleta. || Acción propia de paleto, catetada. || *Fam. En dos paletadas,* rápido.

paletazo m. Cornada que da de lado el toro.

paletero, ra m. y f. *Méx.* Vendedor de palos.

paletilla f. *Anat.* Omóplato, hueso del hombre. | Ternilla en que termina el esternón y que corresponde a la región de la boca del estómago.

paleto, ta adj. y s. *Fig.* Palurdo, rústico, cateto.

paletón m. Parte de la llave en que están los dientes y guardas. || Diente grande de la mandíbula superior.

Palghat, c. en el S. de la India (Madrás).

pali m. Lengua sagrada de Ceilán, derivada del sánscrito, en la que predicó Buda su doctrina.

palia f. Lienzo sobre que se extienden los corporales para decir misa. || Cortina que se pone delante del sagrario. || Hijuela con que se cubre el cáliz.

paliacate m. *Méx.* Pañuelo grande, de colores vivos.

paliar v. t. Encubrir, disimular. || Disculpar: *paliar una falta.* || Atenuar la violencia de una enfermedad. || *Fig.* Mitigar, atenuar.

paliativo, va adj. y s. m. Dícese de lo que puede paliar. || *Fig.* Capaz de disimular.

* **palidecer** v. i. Ponerse pálido: *palidecer de emoción.* || *Fig.* Perder una cosa su importancia: *palidecer la fama de un artista, de un héroe.*

palidez f. Amarillez, descaecimiento del color natural.

pálido, da adj. Amarillo, macilento o descaecido de su color natural. || *Fig.* Falto de colorido o expresión: *estilo pálido.*

paliducho, cha adj. *Fam.* Algo pálido: *persona paliducha.*

palier m. En algunos vehículos automóviles, cada una de las dos mitades en que se divide el eje de las ruedas motrices.

palillero, ra m. y f. Persona que hace o vende palillos. || — M. Canuto donde se guardan los mondadientes. || Portaplumas.

palillo m. Varilla en que se encaja la aguja de hacer media. || Mondadientes de madera. || Bolillo para hacer encaje. || Cada una de las dos varitas para tocar el tambor. || Vena gruesa de la hoja del tabaco. || Raspa del racimo de pasas. || *Fig.* Palique, charla. || — Pl. Varitas que usan los asiáticos para comer. || Bolillos que se ponen en ciertas partidas de billar. || Espátulas que usan los escultores. || Castañuelas. || *Fam.* Banderillas de torear.

palimpsesto m. Manuscrito antiguo en que se ven huellas de una escritura anterior.

palíndromo m. Palabra o frase que se lee igual de izquierda a derecha que de derecha a izquierda.

palingenesia f. Regeneración, resurrección de los seres.

palingenésico, ca adj. Relativo a la palingenesia.

palinodia f. Retractación pública de lo que se había dicho: *cantar la palinodia.*

palio m. Amplio manto griego copiado por los romanos. || Faja de lana blanca con cruces negros que llevan el papa y ciertos obispos encima de la casulla. || Dosel portátil: *recibido* o *acompañado bajo palio.* || *Fig. Recibir bajo palio,* recibir con todos los honores.

palique m. *Fam.* Conversación sin importancia: *estar de palique con una amiga.*

paliquear v. i. *Fam.* Charlar.

palisandro m. Madera del guayabo, compacta y de color rojo oscuro, empleada en la fabricación de muebles de lujo.

palito m. Palo pequeño. || *Arg. Pisar el palito,* caer en la trampa.

palitroque m. Palo pequeño. || Palote, en escritura. || Banderilla.

paliza f. Conjunto de golpes: *el padre pegó una paliza a su hijo por haberle insultado.* || *Fig. y fam.* Trabajo o esfuerzo muy cansado. | Derrota: *ha dado una paliza al equipo contrario.*

palizada f. Valla hecha de estacas. || Sitio cercado de estacas.

Palizada, río de México (Campeche) que comunica el Usumacinta con la laguna de Términos.

Palk (ESTRECHO DE), brazo de mar que separa la India de Ceilán.

palma f. Palmera. || Hoja de este árbol. || Datilera. || Palmito. || Parte interna de la mano desde la muñeca hasta los dedos. || Parte inferior del casco de las caballerías. || — Pl. Palmadas, aplausos: *batir las palmas.* || Palmáceas. || — *Fig. Conocer como la palma de la mano,* conocer muy bien. | *La palma del martirio,* muerte sufrida por la fe. | *Llevarse la palma,* sobresalir, ser el mejor en alguna cosa. || *Palma indiana,* cocotero. || *Fig. Traer en palmas a uno,* tratarle con mucho miramiento.

Palma || **~ de Mallorca,** c. y puerto de España, en la bahía homónica, cap. de la prov. de Baleares y de la isla de Mallorca. Obispado. Catedral gótica, Lonja (s. XV), castillo de Bellver. Turismo. || **~ del Río,** c. de España (Córdoba). || **~ Soriano,** c. de Cuba (Oriente). Centro cafetalero. || **~ (La),** pobl. de Colombia (Cundinamarca). — V. de El Salvador (Chalatenango). — Isla española al NO. del archipiélago canario; cap. *Santa Cruz de la Palma;* 728 km². — V. en el S. de España (Huelva). — C. en el E. de Panamá, cap. de la prov. del Darién.

Palma (Athos), músico argentino, n. en 1891, autor de óperas, poemas sinfónicos y ballets. || **~** (JOSÉ JOAQUÍN), poeta cubano (1844-1911). || **~** (RICARDO), escritor peruano, n. en Lima (1833-1919), autor de *Tradiciones peruanas,* famosos relatos sobre la época colonial. Fue también historiador, lexicógrafo, crítico literario y poeta. — Sus hijos CLEMENTE (1872-1946) y ANGÉLICA (1883-1935) fueron también escritores.

Palma el Viejo (Iacopo NIGRETTI, llamado), pintor veneciano (¿1480?-1528), autor de cuadros religiosos. — Su sobrino IACOPO, llamado PALMA *el Joven,* fue pintor y grabador (1544-1628).

palmáceo, a adj. y s. f. Dícese de ciertas plantas monocotiledóneas, de tallo simple, llamado estipe, con grandes hojas en forma de penacho, características de los países tropicales. || — F. pl. Familia que forman.

palmada f. Golpe que se da con la palma de la mano: *le abrazó dándole palmadas en la espalda.* || Ruido que se hace golpeando las manos abiertas: *dar palmadas para aplaudir, para llamar al sereno.*

palmar adj. Relativo a la palma de la mano y a la del casco de las caballerías. || *Fig.* Claro, manifiesto. || — M. Sitio donde se crían palmas. || Cardencha. || *Fam. Más viejo que un palmar,* muy viejo.

palmar v. i. *Fam.* Morir.

palmarés m. (pal. fr.). Historial, hoja de servicios: *el palmarés de un atleta.*

palmario, ria adj. Patente, evidente: *verdad palmaria.*

Palmas, isla de Colombia, en la costa del Pacífico, a la entrada de la bahía de Magdalena. || **~ (Las),** c. y puerto de España en el N. de la isla de Gran Canaria, cap. de la prov. homónima, que comprende las islas de Gran Canaria, Lanzarote, Fuerteventura y seis islotes. Arzobispado.

palmatoria f. Especie de candelero bajo. || Palmeta de los maestros de escuela.

palmeado, da adj. De figura de palma: *hojas palmeadas.* || Dícese de los dedos de aquellos animales que los tienen ligados entre sí por una membrana como el pato, la rana, etc.

palmear v. i. Aplaudir batiendo palmas: *palmear a un cantante.*

palmeño, ña adj. y s. De La Palma (Panamá).

Palmer (PENÍNSULA DE). V. GRAHAM *(Tierra de).*

palmer m. Instrumento de precisión con tornillo micrométrico para medir objetos de poco grueso.

palmera f. Árbol palmáceo cuyo fruto es el dátil. (Llámase también *palmera datilera.*) || Cualquier árbol de la familia de las palmáceas. || Especie de galleta.

palmeral m. Plantío de palmas.

Palmerín (Ricardo), compositor mexicano (1888-1943), autor de numerosas canciones, como la popular *Peregrina.*

Palmerín || **~ de Inglaterra,** libro de caballerías atribuido al portugués Francisco de Moraes (1544). || **~ de Oliva,** novela de caballerías de autor desconocido (1511), fuente de otras obras del mismo género.

Palmerston (Henry TEMPLE, *lord*), político inglés (1784-1865).

palmesano, na adj. y s. De Palma de Mallorca.

palmeta f. Especie de regla con que los maestros de escuela castigaban a los alumnos. || Palmetazo.

palmetazo m. Golpe dado con la palmeta. || Palmada.

palmiche m. Palma real. || Su fruto.

Palmilla, comuna y distrito en el centro de Chile (Colchagua).

palmípedo, da adj. y s. f. Dícese de las aves que tienen las patas palmeadas, como el ganso. || — F. pl. Orden que forman.

Palmira, c. de Colombia (Valle del Cauca). Obispado. Agricultura, industrias. — Term. mun. de Cuba (Las Villas). — Aldea de Siria, hoy *Tadmor.* Fue en otro tiempo ciudad importante.

Palmireno (Juan Lorenzo), humanista español (¿1514?-1580).

palmireño, ña adj. y s. De Palmira (Colombia).

palmista f. *Antill.* Persona que adivina el porvenir.

palmita f. Médula dulce de las palmeras. || *Fam. Llevar* o *traer en palmitas a uno,* tratarle con miramiento.

palmítico adj. m. *Quím.* Aplícase a un ácido orgánico.

PA

palmito m. Planta palmácea con cuyas hojas se hacen escobas y esteras. ‖ Tallo blanco y comestible de esta planta. ‖ *Fig.* y *fam.* Cara bonita o figura esbelta de la mujer: *tener un buen palmito.*

palmo m. Medida de longitud, cuarta parte de la vara (21 cm), equivalente aproximadamente al largo de la mano del hombre extendida. ‖ — *Fig. Conocer algo a palmos,* conocerlo bien. | *Crecer a palmos,* crecer muy rápidamente. ‖ *Fam. Dejar con un palmo de narices,* dejar burlado. ‖ *Fig. Palmo a palmo,* poco a poco; minuciosamente. ‖ *Fam. Quedarse con dos palmos de narices,* no conseguir lo que se esperaba.

palmotear v. i. Aplaudir.

palmoteo m. Acción de palmotear. ‖ Acción de dar o pegar la palmeta.

palo m. Trozo de madera cilíndrico: *en vez de bastón llevaba un palo.* ‖ Golpe dado con este objeto: *matar a palos.* ‖ Madera: *cuchara de palo.* ‖ Estaca, mango: *el palo de la escoba.* ‖ *Taurom.* Banderilla. ‖ *Mar.* Mástil del barco: *embarcación de dos palos.* ‖ Suplicio ejecutado con instrumento de madera, como la horca: *morir en el palo.* ‖ Cada una de las cuatro series de naipes de la baraja: *palo de oros, de bastos, de copas, de espadas.* ‖ Trazo grueso de algunas letras como la *b* y la *d.* ‖ *Blas.* Pieza en forma de faja vertical. ‖ *Bot.* Voz que entra en el nombre de varios vegetales (*palo áloe, palo bañón* o *de bañón, palo brasil* o *del Brasil, palo campeche* o *de Campeche, palo corteza, palo de jabón*). ‖ — *Fam. Amer. A medio palo,* medio borracho. ‖ *Fig. A palo seco,* sin adornos. | *Caérsele a uno los palos del sombrajo,* desanimarse. | *Dar palos de ciego,* dar golpes sin reflexionar; tantear. | *Dar un palo,* criticar; cobrar muy caro. | *De tal palo tal astilla,* de tal padre, tal hijo. ‖ *Palo de las Indias* o *palo santo,* el guayaco. ‖ *Palo de rosa,* madera de un árbol americano de la familia de las borragíneas, compacta y olorosa, muy estimada en ebanistería. ‖ *Palo dulce,* el orozuz.

paloduz m. Orozuz.

paloma f. Ave domesticada que provino de la paloma silvestre, de la que existen infinidad de variedades. ‖ *Fig.* Persona muy bondadosa o pura. ‖ *Fam.* Aguardiente anisado con agua. ‖ *Arg.* Cierto baile popular. ‖ *Méx.* Canción típica del país. ‖ — Pl. Ondas espumosas que se forman en el mar.

— Entre las diferentes castas de *palomas* figuran la *buchona,* la *capuchina,* la *dragona,* la *mensajera,* la *de moño,* la *pavosa,* la *pega,* la *real,* la *torcaz* y la *zurita.*

Paloma, constelación austral.

palomadura f. *Mar.* Atadura con que se sujeta, de trecho en trecho, la relinga a su vela.

palomar m. Edificio donde se crían las palomas.

Palomar (MONTE), monte en el S. de Estados Unidos (California); 1 871 m. Observatorio astronómico.

Palomas (ISLA DE LAS), isla del S. de España, en el Mediterráneo, cerca de Tarifa.

palometa f. Pez comestible, parecido al jurel. ‖ Tuerca que tiene forma de mariposa.

palomilla f. Mariposa pequeña, especialmente la que causa estragos en los graneros. ‖ Fumaria, planta papaverácea. ‖ Onoquiles, planta borraginácea. ‖ Parte anterior de la grupa de un caballo. ‖ Especie de soporte de madera para mantener tablas, estantes, etc. ‖ Chumacera, pieza en que entra el eje de una máquina. ‖ Palometa, tuerca. ‖ *Guat., Méx.* y *Per.* Grupo de personas que se reúnen para divertirse. ‖ *Méx. Palomilla de la ropa,* polilla.

palomina f. Excremento de paloma. ‖ Fumaria.

palomino m. Pollo de paloma. ‖ *Fig.* Joven inexperto, ingenuo. ‖ *Fam.* Mancha de excremento en los calzoncillos.

palomita f. Roseta de maíz tostado. ‖ Anís con agua. ‖ *Cuello de palomita,* cuello de camisa con las puntas vueltas hacia afuera.

palomo m. Macho de la paloma. ‖ *Hueso palomo,* el cóccix.

Palora, río del Ecuador, afl. del Pastaza.

Palos, cabo del SE. de España (Murcia), cerca de Cartagena y del mar Menor. ‖ **~ de Moguer** o **de la Frontera,** pueblo en el SO. de España (Huelva), puerto en la des. del río Tinto. Punto de partida de Colón (3 de agosto de 1492) en su primer viaje. En los alrededores está el monasterio de la Rábida. Lugar de nacimiento de Juan Ramón Jiménez.

palotada f. Golpe dado con el palote o palillo. ‖ *Fam. No dar palotada,* no acertar en lo que se hace o dice; no hacer nada útil.

palotazo m. Varetazo.

palote m. Palo pequeño. ‖ Trazo recto que hacen los niños en el colegio para aprender a escribir. ‖ *Méx.* Horcajo de madera para la caballería de tiro.

palotear v. i. Hacer ruido con palos o palotes entrechocándolos.

palpable adj. Que puede palparse. ‖ *Fig.* Manifiesto, evidente: *hecho, verdad palpable.*

Palpana, cumbre en el N. de los Andes de Chile (Antofagasta); 6 040 m.

palpar v. t. Tocar una cosa con las manos para reconocerla. ‖ *Fig.* Conocer realmente: *palpar los resultados de una reforma.* | Percibir, notar: *palpar el descontento de las masas.* ‖ — V. i. Andar a tientas.

palpitación f. Latido. ‖ Pulsación rápida.

palpitante adj. Que palpita. ‖ *Fig.* y *fam.* Interesante, emocionante: *cuestión palpitante.*

palpitar v. i. Contraerse y dilatarse alternativamente: *el corazón palpita.* ‖ Latir muy rápidamente. ‖ *Fig.* Manifestarse algún sentimiento en las palabras o actos.

pálpito m. Corazonada. ‖ Barb. por *palpitación.*

palpo m. Cada uno de los apéndices articulados y movibles que en forma y número diferentes tienen los artrópodos alrededor de la boca para palpar y sujetar lo que comen.

palqui m. Arbusto americano de la familia de las solanáceas, de uso medicinal.

palta f. *Amer.* Aguacate, fruto.

Paltas, cantón en el S. del Ecuador (Loja); cap. *Catacocha.*

palto m. *Amer.* Aguacate, árbol.

palúdico, ca adj. Relativo a los lagos y pantanos. ‖ Dícese de la fiebre causada por el microbio procedente de los terrenos pantanosos y transmitido por el anofeles. ‖ Que padece paludismo (ú. t. c. s.).

paludismo m. Enfermedad del que padece fiebres palúdicas.

palurdo, da adj. y s. *Fam.* Paleto, cateto.

palustre adj. Relativo a los pantanos. ‖ — M. Paleta o llana de albañil.

palla f. *Amer.* Entre los incas, mujer de sangre real.

Palladio [*pala-*] (Andrea DI PIETRO, llamado), arquitecto italiano (1508-1580).

Pallais (Azarías H.), sacerdote y poeta nicaragüense (1885-1954).

Pallasca, prov. en el O. del Perú (Ancash); cap. *Cabana.*

pallete m. Trenzado de cuerdas y cabos para defender del roce ciertas partes del buque.

Pallière (Jean L.), pintor y litógrafo brasileño (1823-1887), autor de escenas de la vida rioplatense.

pallón m. *Tecn.* Esferilla de metal que resulta de la copela al hacer el ensayo de menas auríferas o argentíferas.

pame adj. y s. Dícese del individuo de una tribu otomí de México, llamado tb. *chichimeca.* ‖ Uno de los dialectos del otomí.

pamela f. Sombrero flexible femenino de ala ancha.

pamema f. *Fam.* Cosa insignificante, tontería, bobada: *déjate de pamemas.* | Melindre. | Atención ridícula e hipócrita.

Pamir, macizo montañoso de Asia Central (U. R. S. S. y Afganistán), cuya cúspide es el pico Comunismo (7 495 m).

pampa f. Llanura extensa de América Meridional desprovista de vegetación arbórea: *la pampa argentina.* ‖ *Chil.* Pradera más o menos llana entre los cerros. ‖ — Adj. y s. *Arg.* Indio de origen araucano de la Pampa. (V. PUELCHE.)

Pampa, gran llanura de la Argentina entre el río Colorado al S., la Sierra de Córdoba al O., el Paraná al E. y el Gran Chaco al N.; 700 000 km². Ganadería. Agricultura. ‖ **~ (La),** prov. de la Argentina; cap. *Santa Rosa.*

pámpana f. Hoja de la vid.

Pampanga, prov. de Filipinas en el centro de la isla de Luzón; cap. *San Fernando.*

pámpano m. Sarmiento tierno o pimpollo de la vid. ‖ Pámpana. ‖ Salpa, pez del Mediterráneo.

Pampas, c. en el O. del Perú, cap. de la prov. de Tayacaja (Huancavelica).

pampeano, na adj. y s. Pampero, relativo a la pampa.

pampear v. i. *Amer.* Recorrer la pampa.

pampeño, ña adj. *Col.* De la pampa.

pamperada f. *Riopl.* Viento pampero que dura mucho.

pampero, ra adj. Relativo a las pampas. ‖ Dícese del habitante de las pampas (ú. t. c. s.). ‖ Aplícase al viento impetuoso y frío que viene de las pampas (ú. t. c. s. m.).

pampino, na adj. y s. *Chil.* Relativo a la pampa. ‖ Habitante de la pampa salitrera.

pampirolada f. Salsa de pan y ajos machacados. ‖ *Fig.* y *fam.* Tontería, sandez.

pamplina f. Álsine, planta cariofilácea. ‖ Planta de la familia de las papaveráceas. ‖ *Fig.* y *fam.* Simpleza, tontería: *eso es una pamplina.* | Cosa sin importancia.

pamplinada f. *Fam.* Pamplina, tontería, bobería.

pamplinero, ra y **pamplinoso, sa** adj. y s. Tonto, necio, bobo.

Pamplona, c. de Colombia (Norte de Santander). Arzobispado. — C. del N. de España situada en la margen izquierda del río Arga y cap. de la prov. de Navarra. Arzobispado. Universidad libre de Navarra. Célebres fiestas de San Fermín (7 de julio).

pamplonés, esa y **pamplonica** adj. y s. De Pamplona.

pamporcino m. Planta herbácea de la familia de las primuláceas cuyo rizoma comen los cerdos y se usa en medicina. ‖ Su fruto.

pan m. Alimento hecho de harina amasada, fermentada y cocida en el horno: *pan blanco, moreno.* ‖ Alimento en general: *ganarse el pan de cada día.* ‖ Masa para pasteles y empanadas. ‖ Masa de otras cosas a las cuales se da una forma en un molde: *pan de higos, de jabón, de sal.* ‖ Trigo: *año de mucho pan.* ‖ Hoja de oro o plata muy batida. ‖ — *Fig. A falta de pan buenas son tortas,* hay que conformarse con lo que se tiene. | *A pan y agua,* con muy poco alimento. | *Con su pan se lo coma,* que se las arregle como pueda. | *Llamar al pan pan y al vino vino,* decir las cosas claramente. ‖ *Pan ázimo,* el que no tiene levadura. ‖ *Pan bendito,* el que suele repartirse en la misa; (fig. y fam.) cosa muy buena. ‖ *Pan candeal,* el hecho con harina de este trigo. ‖ *Fig. Pan comido,* cosa fácil de resolver. ‖ *Pan de azúcar,* montaña de granito a la cual la erosión ha dado una forma cónica. || *Pan de molde,* el que tiene mucha miga y poca corteza. || *Pan de munición,* el que se da a los soldados, penados, presos, etc. || *Pan de yuca,* cazabe. || *Fig.* y *fam. Ser un pedazo de pan* o *más bueno que el pan,* ser muy bondadoso.

Pan, dios de la vida campestre y de los pastores, representado con busto de hombre y cuerpo de macho cabrío. *(Mit.)*

Pan || ~ (Tierra del), comarca de España (Zamora). Trigo. || ~ **de Azúcar,** pico de la Argentina (Jujuy); 4 485 m. — Pico del Brasil a la entrada de la bahía de Rio de Janeiro; 385 m. — Nevado de Colombia, en el límite de los dep. de Huila y Cauca. — Cerro del Perú (Huaylas). En sus cercanías se dio la batalla de Yungay entre las tropas chilenas y las perubolivianas (1839). — Pobl. en el S. del Uruguay (Maldonado).

pana f. Tela de algodón fuerte parecida al terciopelo que suele estar acanalada: *llevaba unos pantalones de pana y una chaqueta de cuero de color pardo.*

pánace f. Planta de las umbelíferas, de que se saca el opopónaco.

panacea f. Medicamento que se creía podía curar todas las enfermedades. || *Panacea universal,* remedio que buscaban los antiguos alquimistas contra todos los males físicos o morales.

panadería f. Establecimiento donde se hace o vende el pan. || Oficio del panadero.

panadero, ra m. y f. Persona que hace o vende pan.

panadizo m. Inflamación aguda del tejido celular de los dedos, principalmente junto a la uña.

panado, da adj. Dícese del líquido hervido con pan tostado.

panafricanismo m. Doctrina encaminada a promover la unión y la solidaridad entre todos los países de África.

panafricano, na adj. Relativo a los países del continente africano.

panal m. Conjunto de celdillas prismáticas hexagonales de cera que forman las abejas para depositar en ellas la miel.

panamá m. Sombrero de paja muy flexible, jipijapa || *Amer.* Negocio fraudulento, generalmente el hecho en perjuicio del Estado.

Panamá, rep. de América Central, situada en el extremo sur del Istmo: 76 906 km² (contando la Zona del Canal); 1 418 000 h. *(panameños)*; cap. *Panamá,* 440 000 h. Otras c.: *Santiago,* 26 000 h.; *David,* 29 000; *Penonomé,* 25 000; y *Colón,* 95 000. Administrativamente, Panamá se divide en nueve provincias. El grueso de la población es de raza mestiza (70 p. ciento), el resto está repartido entre blancos, negros e indios. La religión católica es la de las tres cuartas partes de la población, y el castellano o español es el idioma oficial. La densidad media de población es de 17 h/km². La *Zona del Canal* (1 432 km²), de plena soberanía de Panamá, está constituida por una faja de terreno de 16 km de ancho, donde se sitúa el *canal de Panamá,* que comunica el océano Atlántico (Cristóbal) con el Pacífico (Balboa).

— Geografía. Una prolongación de los Andes colombianos recorre el país longitudinalmente, con alturas notables: volcán Barú o Chiriquí (3 475 m) y cerro Santiago (3 090). Existen numerosos ríos cortos y caudalosos, entre ellos el Chagres, que alimenta el lago artificial de Gatún y contribuye al funcionamiento del Canal. La costa atlántica, algo abrupta, presenta los golfos de Mosquitos y San Blas y los archipiélagos de Bocas del Toro y San Blas; en el litoral del Pacífico se encuentran el golfo de Chiriquí, con la isla de Coiba, y el golfo de Panamá, con el archipiélago de las Perlas. El clima es marítimo con intensas precipitaciones pluviales; el interior y la costa del Pacífico son algo más secos. Económicamente la Zona del Canal ha influido en el sentido de atraer a la población, de modo que la agricultura quedaba postergada. Este hecho tiende a corregirse en los últimos tiempos, y se pueden señalar producciones interesantes (plátanos, cacao y café) y explotaciones ganaderas y forestales. Las comunicaciones panameñas están servidas por un ferrocarril interoceánico, 2 400 km de carreteras y varias líneas aéreas (aeropuertos de Panamá y David).

— Historia. Panamá estuvo poblada en la Antigüedad por pueblos de raza chibcha, caribe y chocoe. A comienzos del s. xvi, R. de Bastidas, junto con V. Núñez de Balboa y Juan de la Cosa, exploraron la costa de San Blas, mientras que Cristóbal Colón en su cuarto viaje avistó la bahía de Portobelo. Pedrarias Dávila, nombrado gobernador del Darién, se enemistó con Balboa, el descubridor del Pacífico, y ordenó su ejecución en 1517. En 1519, el propio Pedrarias fundó la ciudad de Panamá. En 1535 se creó la Real Audiencia de Panamá, que dependió primeramente de la Capitanía General de Guatemala y posteriormente del Virreinato del Perú (1565) y del de Nueva Granada (1718). Los piratas ingleses saquearon repetidamente la colonia, y en 1671 Morgan arrasó completamente la ciudad de Panamá. El almirante inglés Vernon se apoderó de Portobelo en 1739. En 1821, Panamá se declaró independiente y se integró en la Gran Colombia, con el nombre de *Departamento del Istmo.* Contra el centralismo colombiano se levantaron, no obstante, algunas voces, entre ellas la de Justo Arosemena, campeón del federalismo. Una revolución en 1840 estableció la República del Istmo, desgajada del tronco colombiano, pero su vida fue efímera. Por fin, en 1903, se realizó la separación definitiva de Colombia, contando con el apoyo de Estados Unidos, y se proclamó República de Panamá. Acto seguido se concluyó un acuerdo con el Gobierno norteamericano para la creación de la Zona del Canal, mediante el pago de un canon anual, e inmediatamente se reanudaron las obras de la vía interoceánica, que se terminó en 1914 y se inauguró en 1920. La vida de la joven república ha pasado por una serie de revueltas y golpes de Estado que dificultaron su desarrollo normal. A. Arias, presidente en 1949, fue derrocado en 1951. J. A. Remón, elegido en 1952, murió asesinado en 1955. A partir de 1956 gobernaron constitucionalmente E. de la Guardia y Roberto F. Chiari (1960), quien, al final de su mandato, solicitó de Estados Unidos una revisión de los acuerdos relativos al Canal. En 1964 subió a la presidencia Marco Robles. Las elecciones de 1968 dieron el triunfo a Arnulfo Arias Madrid, derrocado a los pocos días por una Junta Militar presidida por el coronel José M. Pinilla y más tarde por el general Omar Torrijos, quien ejercerá el poder ejecutivo incluso después de haber sido elegido pres. de la Rep., en 1969 y en 1972, Demetrio Basilio Lakas. Un acuerdo de 1974 concede a Panamá la completa soberanía del Canal.

PANAMÁ

Panamá, cap. de la Rep. de Panamá, en la costa del golfo homónimo; 440 000 h. Fundada en 1519 por el gobernador Pedrarias Dávila. Arzobispado. Universidad. || ~ (Golfo de), golfo formado por el océano Pacífico en la costa meridional del Istmo de Panamá, entre la Punta Mala al O. y la Punta Garachiné al E. Hay numerosas islas. || ~ (Istmo de), lengua de tierra de América Central, que une las dos masas continentales americanas, entre el mar Caribe y el Pacífico; 250 km de longitud y 70 de anchura. Está atravesado por un canal interoceánico, comenzado por F. de Lesseps (1881) y terminado por Estados Unidos en

PA

1914. El canal, que une Colón (Atlántico) a Balboa (Pacífico), tiene una longitud de 81 km, una anchura entre 91 y 300 m y se eleva a 26 m sobre el nivel del mar. La c. pr. de la *Zona del Canal* es *Balboa.*

Panamá (*Congreso de*), reunión convocada por Bolívar en 1826 con la idea de realizar la solidaridad entre las naciones americanas.

panamaca adj. y s. Dícese de un pueblo indígena centroamericano.

panameño, ña adj. y s. De Panamá (ciudad y país).

Panamericana, carretera comenzada en 1936, que va desde el S. de Estados Unidos hasta Chile. || **~ (Unión).** V. UNIÓN PANAMERICANA.

panamericanismo m. Doctrina que preconiza el desarrollo de las relaciones entre todos los países americanos.

— El punto de arranque del *panamericanismo* es la declaración del presidente norteamericano Monroe: "América para los americanos" (1823). Otras etapas importantes del panamericanismo han sido la presidencia de Woodrow Wilson, con la creación de la Unión Panamericana, la política de "buena vecindad", patrocinada por Franklin D. Roosevelt, y la creación de la O. E. A. (Organización de Estados Americanos) en 1948, con sede en Washington.

panamericanista com. Persona que defiende el panamericanismo. || — Adj. Relativo al panamericanismo.

panamericano, na adj. Relativo a toda América: *Unión Panamericana.*

Panamint, cadena montañosa del O. de Estados Unidos (California); 3 368 m.

panana adj. *Chil.* Pesado, torpe, lento.

Panao, c. del Perú, cap. de la prov. de Pachitea (Huánuco).

Panaón, isla del archipiélago de las Filipinas (Leyte).

panarabismo m. Doctrina que preconiza la unión de todos los países de lengua y civilización árabes.

panarra m. *Fam.* Mentecato, simple, necio.

panartritis f. *Med.* Inflamación conjunta de varias articulaciones.

panatela f. Bizcocho grande y delgado.

panateneas f. pl. Fiestas que se celebraban en Atenas en honor de la diosa Atenea, patrona de la ciudad.

Panateneas, friso esculpido en relieve sobre marmol, ejecutado bajo la dirección de Fidias, que adornaba la parte alta del Partenón.

Panay, isla de las Visayas (Filipinas); cap. *Iloilo;* 12 520 km².

panca f. Barco de pesca filipino. || *Bol.* y *Per.* Hoja que envuelve la mazorca de maíz.

pancarta f. Cartel, letrero.

pancera f. Pieza de la armadura que protegía el vientre.

Pancevo, c. en el N. de Yugoslavia (Voivodina). Ind. químicas.

pancilla f. Carácter de letra redonda usada sobre todo en los libros de coro.

pancista adj. y s. *Fam.* Aplícase a la persona que, por interés propio, procura siempre estar en buenas relaciones con aquellos que mandan o gobiernan para medrar.

pancita f. *Amer.* Un hongo ascomiceto.

panco m. Barco filipino de cabotaje.

Pancorbo, desfiladero de España, en el límite de las prov. de Burgos y Álava, paso natural de la meseta castellana hacia el valle del Ebro.

pancraciasta m. Atleta que se dedicaba al pancracio.

pancracio m. Combate o lucha de origen griego donde se podía emplear cualquier recurso para vencer al adversario.

canal de PANAMÁ

páncreas m. Glándula abdominal localizada detrás del estómago cuyo jugo contribuye a la digestión, y que produce también una secreción hormonal interna (*insulina*).

pancreático, ca adj. Relativo al páncreas: *arteria pancreática; jugo pancreático.*

pancreatitis f. Inflamación del páncreas que produce un gran dolor repentino en el abdomen, vómitos y su resultado es casi siempre mortal.

pancromático, ca adj. Aplícase a las películas o placas fotográficas cuya sensibilidad es casi igual para todos los colores.

pancho, cha adj. *Fam.* Tranquilo, que no se conmueve por nada. || — M. Cría del besugo. || *Fam.* Panza.

panda m. Mamífero parecido al oso, que vive en el Himalaya. || Cada una de las galerías de un claustro. || *Fam.* Pandilla, grupo: *una panda de redomados bribones.*

pandanáceo, a adj. y s. f. Dícese de unas plantas monocotiledóneas, propias de los países tropicales. || — F. pl. Familia que forman.

Pandataria, isla volcánica de Italia, en el mar Tirreno.

pandear v. i. y pr. Torcerse una cosa encorvándose, especialmente por el medio: *pandearse una pared, una viga.*

pandectas f. pl. Recopilación de leyes hecha por orden de Justiniano. || Conjunto del Digesto y del Código. || Cuaderno con abecedario que sirve de repertorio.

pandemia f. *Med.* Enfermedad epidémica que se extiende a varios países.

pandemónium m. Capital imaginaria del Infierno. || *Fig.* Sitio donde hay mucho ruido y agitación.

pandeo m. Alabeo, combadura.

panderada f. Conjunto de panderos. || *Fig.* y *fam.* Necedad, despropósito.

pandereta f. Pandero: *tocar la pandereta.* || — *La España de pandereta,* la considerada solamente desde el punto de vista folklórico. || *Fig.* y *fam. Zumbar la pandereta,* pegar una buena paliza.

panderete m. Tabique hecho con ladrillos puestos de canto.

pandereteár v. i. Tocar el pandero.

pandereteo m. Toque del pandero. || Regocijo.

panderetero m. El que toca el pandero.

pandero m. Instrumento de percusión formado por un redondel de piel sujeto a un aro con sonajas.

pandiculación f. Desperezo.

pandilla f. Conjunto de personas, generalmente jóvenes, que se reúnen para divertirse juntas: *una pandilla de chicos y chicas.* || Unión de varias personas formada generalmente con mala intención.

pandillaje m. Influjo de personas reunidas en pandillas para fines poco lícitos.

pandillista m. El que fomenta una pandilla o forma parte de ella.

pandit m. Título dado en la India a los brahmanes eruditos. || Título de los brahmanes de Cachemira.

pandino, na adj. y s. De Pando o natural de Pando.

Pando, dep. septentrional de Bolivia; cap. *Cobija.* — Pobl. del Uruguay (Canalones).

Pando (José Manuel), general boliviano, n. en La Paz (1848-1917), pres. de la Rep. de 1899 a 1904. || **~ Fernández de Pinedo** (JOSÉ), político español (1792-1872), pres. del Consejo de ministros en 1846 y 1863. Era marqués de Miraflores.

Pandora, la primera mujer, creada por Hefestos y Atenea. Zeus, después de confiarle una caja que contenía todos los bienes y los males de la humanidad, colocó a Pandora sobre la Tierra junto al primer hombre, Epimeteo. Éste abrió la caja y todos los infortunios se esparcieron por el mundo. Sólo quedó en el fondo el bien de la Esperanza.

pandorga f. Estafermo que se ponía en los torneos. || Cometa, juguete. || *Fig.* y *fam.* Mujer gorda y perezosa.

panecillo m. Pan pequeño. || *Venderse como panecillos,* venderse en gran cantidad.

panegírico adj. Hecho en alabanza de una persona: *discurso panegírico.* || — M. Discurso de alabanza: *"Panegírico de Trajano", por Plinio el Joven.* || *Fig.* Grandes elogios.

panegirista m. El que pronuncia el panegírico. || *Fig.* El que hace grandes elogios de una persona.

panegirizar v. t. Hacer el panegírico.

panel m. Cada uno de los compartimientos en que se dividen los lienzos de pared, las hojas de puertas, etc. || Tabla de madera en que se pinta.

panenteísmo m. Krausismo.

panera f. Granero. || Cesta para llevar pan o donde se pone el pan en la mesa. || Nasa.

panero m. Canasta usada en las tahonas para el pan. || Estera pequeña y redonda.

Panero (Juan), poeta español (1908-1937), autor del libro *Cantos del ofrecimiento.* — Su hermano LEOPOLDO (1909-1962) fue también poeta.

paneslavismo m. Sistema político que tiende a la agrupación de todos los pueblos de origen eslavo.

paneslavista adj. y s. Relativo al paneslavismo o su partidario.

panetela f. Especie de sopa espesa con pan rallado. || Cigarro puro largo y delgado.

paneuropeo, a adj. Relativo a toda Europa: *unión paneuropea.*

panfilismo m. Simpleza o bondad extremada.

pánfilo, la adj. y s. Muy calmoso. || Tonto, bobo.

panfletista m. Anglicismo por *libelista.*

panfleto m. Anglicismo por *libelo.*

Pangasinán, prov. de Filipinas al O. de la isla de Luzón; cap. *Lingayen.*

pangelín m. Árbol leguminoso del Brasil.

pangermanismo m. Doctrina que propugna la unión de todos los pueblos de origen germánico.

pangermanista adj. y s. Partidario del pangermanismo o relativo a esta doctrina.

Pangloss *(El doctor),* personaje de *Cándido,* de Voltaire, encarnación del optimismo.

pangolín m. Mamífero desdentado de África y Asia, con piel cubierta de escamas y que se alimenta con insectos.

Pangpu, c. de China oriental (Nganhuei).

Pangua, cantón del Ecuador (Cotopaxi).

Panguipulli, com. en el centro de Chile (Valdivia).

panhelenismo m. Doctrina que propugna la unión de todos los griegos de los Balcanes, del mar Egeo y de Asia Menor en una sola nación.

Pani (Alberto J.), ingeniero y político mexicano (1878-1955).

paniaguado m. *Fam.* El allegado a una persona y favorecido por ella: *los paniaguados del ministro.*

pánico, ca adj. Relativo a Pan: *fiestas pánicas.* || Aplícase al terror grande, sin causa justificada. || — M. Miedo súbito y excesivo: *sembrar el pánico entre la muchedumbre.*

panícula f. Panoja o espiga de las flores.

panículo m. Capa de tejido adiposo situada debajo de la piel de los vertebrados.

panida f. Descendiente de Pan.

paniego, ga adj. Que come mucho pan. || Aplícase al terreno que produce trigo.

panificable adj. Que se puede panificar.

panificación f. Transformación de la harina en pan.

panificadora f. Instalación industrial destinada a la elaboración del pan.

panificar v. t. Transformar harina en pan.

panislamismo m. Doctrina que propugna la unión de todos los pueblos musulmanes.

panizo m. Planta anua, de la familia de las gramíneas, cuyo grano se emplea como alimento para aves. || Maíz.

panjí m. Árbol del Paraíso.

Panjim, c. en el O. de la India, cap. del Territorio de Goa, Damao y Diu.

Pankow, suburbio de Berlín, ant. sede del gobierno de la República Democrática Alemana.

panneau [*panó*] m. (pal. fr.). Panel.

pano m. Individuo de una tribu india de América del Sur, establecida al S. del Amazonas y a orillas del río Ucayali.

panocha f. Panoja del maíz.

panocho, cha adj. y s. De la huerta de Murcia. || — M. El dialecto murciano.

panoja f. Mazorca. || Forma de ciertas espigas con un pedúnculo común. || Conjunto de pescados fritos pegados por la cola.

panoli adj. y s. *Pop.* Majadero, tonto, bobo.

Panonia, región de Europa en la ant. Germania, entre el Danubio al N. e Iliria al S.

panoplia f. Armadura completa. || Colección de armas y tabla donde se colocan.

panorama m. Vista pintada en la superficie de un gran cilindro hueco en cuya parte central se coloca el espectador || *Por ext.* Vista de un horizonte muy extenso. || *Fig.* Estudio rápido, vista de conjunto: *el panorama del estado económico.*

panorámico, ca adj. Relativo al panorama: *vista panorámica.* || — F. Procedimiento cinematográfico que consiste en hacer girar la cámara sobre un eje horizontal o vertical durante la toma de vistas.

Panormita (Antonio BECCADELLI, llamado **el**), humanista italiano, n. en Palermo (1394-1471).

panormitano, na adj. y s. De Palermo.

panqué o **panqueque** m. *Cub.* Especie de bizcocho. || *Amer.* Tortilla hecha con harina y azúcar.

Pantagruel, personaje y título de una obra de Rabelais (1532).

pantagruélico, ca adj. Dícese de las comidas en que hay excesiva abundancia de manjares: *festín pantagruélico.*

pantaletas f. pl. *Amer.* Pantalón interior de mujer.

pantalón m. Prenda de vestir dividida en dos piernas que cubre desde la cintura hasta los tobillos. || Prenda de ropa interior femenina. || *Fam. Llevar los pantalones,* dícese del que manda en un matrimonio.

Pantalón, personaje viejo, gruñón y avaro de la comedia italiana.

pantalonera f. Costurera que hace pantalones. || *Méx.* Pantalón del traje charro.

pantalla f. Lámina de diversas formas que se coloca delante o alrededor de la luz. || Mampara que se pone delante de la lumbre. || Telón blanco sobre el cual se proyectan imágenes cinematográficas o diapositivas, o parte delantera de los televisores donde aparecen las imágenes. || *Por ext.* Cinematógrafo: *actriz de la pantalla.* || *Fig.* Persona que se pone delante de otra tapándola. | Persona que encubre a otra: *servir de pantalla.* || *La pantalla pequeña,* la televisión.

pantanal m. Tierra pantanosa.

pantano m. Hondonada natural donde se acumulan aguas. || Marisma. || Embalse. || *Fig.* Dificultad, situación difícil.

Pantano de Vargas. V. PAITA.

pantanoso, sa adj. Lleno de pantanos. || Cenagoso. || *Fig.* Lleno de dificultades.

panteísmo m. *Fil.* Sistema según el cual Dios se identifica con el mundo: *el panteísmo de Spinoza.*

panteísta adj. y s. Seguidor, partidario de la doctrina del panteísmo. || Panteístico.

panteístico, ca adj. Relativo al panteísmo.

Pantelaria o **Pantelleria,** isla de Italia, entre Túnez y Sicilia; 83 km². Depende de la prov. de Trapani.

panteón m. Templo consagrado antiguamente por los griegos y romanos a todos sus dioses. || Conjunto de los dioses de una religión politeísta: *el panteón azteca.* || Monumento nacional donde se guardan los restos de hombres ilustres. || Monumento funerario donde se entierran varias personas: *el panteón de una familia.*

Panteón, templo en Roma consagrado antiguamente al culto de todos los dioses. — Monumento de París, edificado por Soufflot de 1764 a 1780, que sirve de sepultura a los hombres ilustres de Francia.

pantera f. Leopardo de manchas anilladas de la India. (El *leopardo* africano y el *jaguar* americano son equivalentes a la pantera.)

Panticosa v. del N. de España (Huesca). Balneario.

Pantin, c. de Francia (Seine-Saint-Denis), al NE. de París.

pantógrafo m. Instrumento para la copia, ampliación o reducción de dibujos. || Especie de trole articulado para locomotoras eléctricas.

Pantoja de la Cruz (Juan), pintor retratista español (1551-1608).

pantómetra f. Especie de compás de proporción. || Instrumento de topografía para medir ángulos horizontales.

pantomima f. Arte de expresarse por medio de gestos y movimientos, sin recurrir a la palabra. || Representación teatral sin palabras. || *Arg.* Zanco.

pantomímico, ca adj. Relativo a la pantomima o al pantomimo.

pantomimo m. Cómico mímico.

pantorrilla f. Parte carnosa y abultada de la pierna por debajo de la corva.

pantorrillera f. Especie de polaina. || Refuerzo del pantalón a la altura de las pantorrillas.

pantorrilludo, da adj. Que tiene muy gordas las pantorrillas.

pantufla f. y **pantuflo** m. Calzado casero sin orejas ni talón.

Pánuco, río de México que des. en el golfo de México; 600 km. — Pobl. en el E. de México (Veracruz).

panucho m. *Méx.* Pan formado por dos tortillas rellenas con frijoles y carne picada.

panza f. Barriga. || Parte más saliente y abultada de ciertas vasijas o de otras cosas. || Primera de las cavidades en que se divide el estómago de los rumiantes.

Panza *(Sancho).* V. SANCHO PANZA.

panzada f. y **panzazo** m. Golpe dado con la panza: *al tirarse de cabeza se dio un panzazo en el agua.* || *Fam.* Hartazgo: *una panzada de arroz.* || *Fam. Darse una panzada de reír,* partirse de risa.

panzudo, da adj. Que tiene mucha panza.

pañal m. Trozo de tela de varias formas en que se envuelve a los recién nacidos. || Faldón de la camisa del hombre. || — Pl. Envoltura de los niños pequeños. || *Fig.* Niñez. || Principios de una cosa: *una cultura aún en pañales.* || — *Fam. Dejar en pañales,* dejar muy atrás. | *Estar en pañales,* tener uno poco o ningún conocimiento de una cosa.

pañería f. Comercio o tienda de paños. || Conjunto de estos paños.

pañero, ra adj. De los paños: *la industria pañera.* || — M. y f. Persona que vende paños.

paño m. Tejido de lana muy tupida. || Tela. || Ancho de una tela. || Tapiz o colgadura. || Trapo para limpiar. || Cada una de las divisiones de una mesa de juego. || Mancha oscura en la piel, especialmente del rostro. || Lienzo de pared. || Enlucido. || Impureza que empaña el brillo de una cosa. || *Mar.* Vela. || — Pl. Vestiduras y ropas que caen en pliegues en retratos y estatuas. || Trozos de tela para varios usos médicos. || — *Fig.* y *fam. Conocer el paño,* conocer perfectamente. | *Haber paño que cortar* o *de que cortar,* haber materia abundante. || *Fig. Paño de lágrimas,* confidente y consuelo. || *Paño de manos,* toalla. || *Fam. Paños calientes,* remedios paliativos de poca eficacia. || *Paños menores,* prendas interiores.

pañol m. Cualquiera de los compartimientos del buque donde se guardan víveres, municiones, pertrechos, etc.: *pañol de proa, de popa,* etc.

pañolería f. Fábrica o comercio de pañuelos.

pañolero m. Marinero encargado de uno o más pañoles.

pañoleta f. Pañuelo femenino doblado en triángulo que abriga o adorna el cuello. || Corbata estrecha que llevan los toreros.

pañolón m. Mantón.

pañosa f. *Fam.* Capa de paño. || Muleta de torero.

pañuelo m. Pedazo de tela pequeño y cuadrado para diferentes usos. || El que sirve para limpiarse las narices.

Pao (El), centro minero en el E. de Venezuela (Bolívar), a orillas del río Caroní. Hierro.

Paoki, c. en el N. de China (Chensí).

Paoteu, c. en el N. de China (Mongolia Interior), a orillas del Hoangho. Siderurgia.

Paoting, c. en el N. de China (Hopei). Obispado.

papa m. Sumo pontífice de la Iglesia católica: *el papa Pablo VI.*

papa f. Patata. ‖ *Fam.* Noticia falsa. ‖ — Pl. *Fig.* y *fam.* Cualquier clase de comida. ‖ Sopas, gachas. ‖ *Fig.* y *fam. No saber ni papa,* no saber nada.

papá m. *Fam.* Padre. ‖ — Pl. El padre y la madre. (Pl. *papás.* Dim. *papacito, papaíto, papito.*)

papable adj. Aplícase al cardenal que puede ser elegido papa.

papabuco adj. y s. Dícese del individuo de una tribu zapoteca de México.

papacla f. *Méx.* Hoja ancha del maíz.

papachar v. t. *Méx.* Hacer papachos.

papacho m. *Méx.* Caricia.

papada f. Abultamiento anormal de carne que se desarrolla debajo de la barba. ‖ Pliegue cutáneo del cuello de ciertos animales.

papadilla f. Papada pequeña.

papado m. Pontificado.

papafigo m. Ave de plumaje pardo verdoso, que se alimenta de insectos y de higos. ‖ Oropéndola. ‖ *Mar.* Papahigo, vela.

papagaya f. Hembra del papagayo.

papagayo m. Ave prensora tropical, de plumaje amarillento verde y encarnado, fácilmente domesticable. ‖ Pez marino acantopterigio, que vive en las rocas de la costa. ‖ Planta ornamental amarantácea, originaria de China. ‖ Planta arácea originaria del Brasil. ‖ *Amer.* Cometa, juguete. ‖ *Fig. Hablar como un papagayo,* hablar mucho y sin reflexionar.

Papagayo, río de México (Guerrero), que desemboca en la laguna homónima, no lejos de Acapulco.

Papagos (Alexandros), militar griego (1883-1955). Combatió contra la invasión italiana (1940) y contra los comunistas (1949).

papahígo m. Gorro de paño que cubre parte de la cara. ‖ Papafigo, pájaro. ‖ *Mar.* Excepto la mesana, cualquiera de las velas mayores, cuando se navega con ellas solas.

papaína f. *Quím.* Diastasa del látex del papayo.

papal adj. Relativo al papa: *corte papal.* ‖ — M. *Amer.* Terreno plantado de papas.

papalina f. Gorra que cubre las orejas. ‖ Cofia de mujer. ‖ *Fam.* Borrachera.

Papaloapan, río en el S. de México (Oaxaca), que des. en la laguna de Alvarado; 418 km.

papalote m. *Antill.* y *Méx.* Cometa que se lanza al aire. ‖ *Méx.* Mariposa.

papamoscas m. inv. Pájaro pequeño insectívoro. ‖ *Fig.* y *fam.* Papanatas.

papanatas m. inv. *Fam.* Hombre necio y crédulo. | Mirón.

Papanin (Iván), explorador soviético, n. en 1894. Hizo expediciones al Ártico (1937-1938).

Papantécatl, en el panteón azteca, uno de los 400 dioses del Pulque, hermano de Mayahuel.

Papantla, c. en el E. de México (Veracruz). Obispado. En los alrededores están las ruinas totonacas de El Tajín.

papar v. t. Comer cosas blandas sin masticarlas: *papar sopas.* ‖ *Fig.* y *fam. Papar moscas,* quedarse con la boca abierta, no hacer nada.

páparo m. Individuo de una tribu extinguida de Panamá. ‖ *Fig.* Aldeano, palurdo.

paparrucha f. *Fam.* Noticia falsa, mentira: *contar paparruchas.* | Obra sin valor: *este libro es una paparrucha.*

papaveráceo, a adj. y s. f. Dícese de las plantas dicotiledóneas y herbáceas como la adormidera. ‖ — F. pl. Familia que éstas forman.

papaverina f. Alcaloide del opio, usado como estupefaciente y antiespasmódico.

papaya f. Fruta comestible del papayo.

papayo m. Arbolillo caricáceo propio de las regiones tropicales cuyo fruto es la papaya.

Papáztac, uno de los numerosos dioses aztecas de las cosechas y las fiestas del Pulque.

Papeete, c. y puerto al O. de la isla de Tahití, cap. de la Polinesia francesa (Oceanía); 23 300 h.

papel m. Hoja delgada fabricada con toda clase de sustancias vegetales molidas que sirve para escribir, imprimir, envolver, etc. ‖ Pliego, hoja, escrito o impreso. ‖ Parte de la obra que representa cada actor de cine o teatro: *desempeñar un papel.* ‖ Personaje de la obra dramática: *primero, segundo papel.* ‖ *Fig.* Función, empleo: *tu papel es obedecer.* ‖ *Com.* Dinero en billetes de banco. | Conjunto de valores mobiliarios. ‖ *Fam.* Periódico. ‖ — Pl. Documentación, lo que acredita la identidad de una persona: *tener los papeles en regla.* ‖ — *Papel biblia,* el muy fino. ‖ *Papel carbón,* el usado para sacar copias. ‖ *Papel cebolla,* el de seda muy fino. ‖ *Papel comercial,* el de tamaño holandesa rayado. ‖ *Papel cuché,* el muy satinado y barnizado. ‖ *Papel de barba,* el grueso y no cortado por los bordes. ‖ *Papel de China, de Holanda, del Japón, Whatman,* etc., papeles de lujo que se usan para imprimir. ‖ *Papel de estaño* o *de plata,* laminilla de este metal que se usa para envolver y conservar ciertos productos. ‖ *Papel de estraza,* el moreno muy basto, para envolver. ‖ *Papel de filtro,* el poroso y sin cola. ‖ *Papel de fumar,* el empleado para liar cigarrillos. ‖ *Papel del Estado,* documento de crédito emitido por el Gobierno. ‖ *Papel de lija,* el fuerte con polvos de esmeril, de vidrio, etc., para pulir. ‖ *Papel de marca,* el de tina de 43,5 cm × 51,5. ‖ *Papel de marca mayor,* el de tina de 87 cm × 63. ‖ *Papel de música,* el pautado para escribir música. ‖ *Papel de pagos,* hoja timbrada para hacer pagos al Estado. ‖ *Papel de tina,* el que se hace en el molde, hoja por hoja. ‖ *Fig.* y *fam. Papel mojado,* lo que no tiene valor ni eficacia. ‖ *Papel moneda,* el creado por un gobierno para reemplazar la moneda metálica. ‖ *Papel pergamino,* el que adquiere la propiedad del pergamino en un baño de ácido sulfúrico. ‖ *Papel secante,* el esponjoso y sin cola para secar lo escrito. ‖ *papel sellado,* el sellado con las armas de la nación para los documentos oficiales. ‖ *Papel tela,* el que tiene cierta semejanza con un tejido. ‖ *Papel vegetal,* el sulfurizado transparente usado por los dibujantes.

Papel periódico de Santa Fe de Bogotá, periódico de Nueva Granada, publicado por Manuel del Socorro Rodríguez (1791-1797).

papelear v. i. Revolver papeles: *papelear para hallar un dato.* ‖ *Fig.* y *fam.* Querer aparentar, presumir.

papeleo m. Acción de papelear o revolver papeles. ‖ Gran cantidad de papeles de escrituras inútiles: *el papeleo administrativo.* ‖ Trámites para resolver un asunto.

papelera f. Mueble donde se guardan papeles. ‖ Fábrica de papel. ‖ Cesto para arrojar los papeles: *lo tiró a la papelera.*

papelería f. Conjunto de papeles. ‖ Tienda en que se vende papel y objetos de escritorio.

papelero, ra adj. Relativo al papel: *molino papelero.* ‖ — M. Que fabrica o vende papel. ‖ *Fig.* y *fam.* Ostentoso, farolero.

papeleta f. Cédula: *papeleta del monte, de empeño.* ‖ Cucurucho de papel. ‖ Papel pequeño que lleva algo escrito: *papeleta bibliográfica; papeleta de voto.* ‖ Papel donde se da una calificación: *papeleta de examen.* ‖ Pregunta, sacada por sorteo, a la que el candidato a un examen debe responder. ‖ *Fig.* y *fam.* Asunto difícil: *se me presentó una papeleta difícil de arreglar.* | Cosa molesta, pesada.

papeletear v. i. Reunir datos en papeletas.

papelillo m. Cigarro de papel. ‖ Confeti. ‖ Papel doblado con una dosis de una medicina.

papelista m. Fabricante o vendedor de papel. ‖ Empapelador, el que empapela las habitaciones. ‖ *Arg.* Farsante.

papelón m. Papel inútil. ‖ Cartón delgado. ‖ Cucurucho de papel. ‖ *Amer.* Meladura cuajada en forma cónica que contiene melaza. ‖ *Arg. Fam.* Plancha, metedura de pata. | Papel desairado o ridículo.

papelón, ona adj. y s. Dícese de la persona que siempre quiere lucirse.

papelonear v. i. *Fam.* Presumir, farolear.

papera f. Bocio. ‖ — Pl. Parotiditis. ‖ Escrófulas, lamparones.

papi m. *Fam.* Papá.

papiamento m. Lengua criolla hablada en Curazao.

papila f. Prominencia más o menos saliente de la piel y las membranas mucosas: *las papilas gustativas.* ‖ Prominencia formada por el nervio óptico en el fondo del ojo y desde donde se extiende a la retina. ‖ Prominencia de ciertos órganos vegetales.

papilar adj. De las papilas.

papilionáceo, a adj. Amariposado. ‖ Aplícase a las plantas leguminosas caracterizadas por su corola amariposada (ú. t. c. s. f.). ‖ — F. pl. Familia que forman.

papiloma m. *Med.* Variedad de epitelioma. | Tumor pediculado en forma de botón. | Excrecencia de la piel.

papilla f. Papas que se dan a los niños. ‖ *Fig.* Astucia, cautela. ‖ — *Fig.* y *fam. Echar la primera papilla,* vomitar mucho. | *Hecho papilla,* destrozado; muy cansado.

papillote m. Trozo de papel en que se enrolla el pelo para rizarlo.

Papin (Denis), físico francés (1647-1714). Estudió la aplicación del vapor como fuerza motriz.

Papini (Giovanni), escritor italiano (1881-1956), autor de *Un hombre acabado,* autobiografía, *Vida de Cristo* y libros de ensayos (*Gog, Don Quijote del engaño*).

Papiniano, jurisconsulto romano (142-212). Sus obras fueron utilizadas en las compilaciones de Justiniano. Condenado a muerte por Caracalla.

papiro m. Planta ciperácea de Oriente, cuya médula empleaban los antiguos para escribir. ‖ Hoja de papiro escrita: *un papiro sanscrito.*

pápiro m. *Pop.* Billete de banco.

papirolada f. *Fam.* Pampirolada, necedad.

papirología f. Parte de la historia antigua que se dedica al estudio de los papiros.

papirotazo m. Capirotazo.

papirote m. Capirote, capirotazo. ‖ *Fig.* y *fam.* Tonto, mentecato.

papirusa f. *Arg.* Muchacha hermosa, linda.

papisa f. Voz que significa *mujer papa,* y se usa para designar al personaje fabuloso llamado la *papisa Juana.*

papismo m. Nombre dado por los protestantes y cismáticos a la Iglesia católica.

papista adj. y s. Entre los protestantes y cismáticos, aplícase al católico romano. ‖ *Fam. Ser uno más papista que el papa,* mostrar más celo en un asunto que el mismo interesado.

papo m. Parte abultada del cuello del animal entre la barba y el cuello. ‖ Buche de las aves. ‖ Bocio.

paprika f. Especie de pimentón picante húngaro usado como condimento.

papú adj. invar. y s. De Papuasia. (Pl. *papúes* o *papúas.*) [El *papú*, de raza negra, habita en Nueva Guinea e islas adyacentes y en la parte occidental de Nueva Bretaña.]

Papuasia. V. NUEVA GUINEA.

pápula f. Tumor eruptivo que se forma en la piel.

paquear v. i. Disparar o hacer fuego un "paco".

paquebote m. Transatlántico.

paquete m. Lío o envoltorio: *paquete de cigarrillos.* || Paquebote. || Persona que va en el sidecar de una moto. || *Pop.* Mentira, embuste: *dar un paquete.* | Cosa pesada y fastidiosa: *¡vaya un paquete!* || Trozo de composición tipográfica en que entran unas mil letras. || — *Guat.* y *Méx.* Darse paquete, darse tono. || *Mil.* y *Fam. Meter un paquete,* dar un jabón, reprender. || *Paquete postal,* conjunto de cartas, papeles, etc., cuyo peso no excede de cinco kilos.

paquetería f. Tipo de mercancías que se guardan o venden en paquetes.

paquetero, ra adj. y s. Aplícase a la persona que hace paquetes. || — M. y f. Persona que reparte a los vendedores los paquetes de periódicos. || — M. Matutero, contrabandista.

paquidermia f. *Med.* Espesamiento patológico de la piel por causas diversas, como edemas o inflamaciones crónicas.

paquidermo adj. y s. m. Aplícase a los animales de piel muy gruesa y dura, como el elefante, el rinoceronte y el hipopótamo. || — M. pl. Suborden de estos animales.

Paquiro. V. MONTES (Francisco).

Paquistán, Estado del S. de Asia que agrupó, de 1947 a 1971, los Estados musulmanes del ant. Imperio de las Indias. Las dos partes del país, separadas por 1 700 km, se llamaban *Paquistán Occidental* y *Paquistán Oriental.* El primero tiene una sup. de 802 224 km^2 y 72 565 000 h. Cap. *Islamabad*; c. pr. *Karachi,* 1 912 000 h.; *Lahore,* 1 296 500; *Haidarabab,* 1 252 000; *Rawalpindi,* 404 000; *Multan,* 358 000. Agricultura (trigo, algodón). El segundo, con el apoyo indio, tras un conflicto armado que provocó la secesión, es hoy una república independiente con el nombre de *Bangla Desh* (v. este art.).

paquistaní adj. y s. Del Paquistán.

par adj. Igual, semejante en todo. || *Mat.* Exactamente divisible por dos: *seis es un número par.* || *Anat.* Aplícase al órgano que corresponde simétricamente a otro igual. || — M. Conjunto de dos personas o cosas de la misma clase: *un par de zapatos.* || Objeto compuesto de dos piezas idénticas: *un par de tijeras.* || Título de alta dignidad en ciertos países: *par de Francia de 1515 a 1848; Cámara de los pares en Inglaterra.* || *Arq.* Cada uno de los maderos oblicuos que forman un cuchillo de armadura. || *Fís.* Conjunto de dos elementos heterogéneos que producen una corriente eléctrica. || *Mec.* Conjunto de dos fuerzas iguales, paralelas y de sentido contrario. || Igualdad del cambio de monedas entre dos países. || — F. pl. Placenta. || — *A la par,* a la vez: *cantaba a la par que bailaba;* a la misma altura: *ir a la par de otro.* || *De par en par,* aplícase a la puerta o ventana que tiene las dos hojas abiertas. || *Sin par,* sin igual, único: *artista de nuestro teatro sin par.*

para prep. Indica varias relaciones: Término de un movimiento: *salió para Madrid.* || Término de un transcurso de tiempo: *tendrás tu nuevo traje para Navidad; faltan tres días para mi cumpleaños.* || Duración: *alquilar un coche para una semana.* || Destino o fin de una acción: *este regalo es para tu madre; trabajar para ganarse la vida.* || Aptitud o competencia: *ser capaz para los negocios.* || Comparación o contraposición: *es un buen piso para el alquiler que paga.* || Motivo suficiente: *lo que ha hecho es para pegarle.* || Estado físico o de ánimo: *hoy no estoy para bromas; este pobre anciano ya no está para estos viajes.* || Inminencia de una acción: *estoy para marchar al extranjero.* || Intención: *está para dimitir de su puesto.* || — *Para con,* respecto a. || *Para mí,* a mi parecer. || *Para sí,* para sus adentros.

Pará, una de las ramificaciones del delta del Amazonas, formada por la unión de este río y el Tocantins. — Río del Brasil (Minas Gerais), afl. del San Francisco; 277 km. — Estado del NE. del Brasil; cap. *Belem.*

parabellum m. Pistola automática de gran calibre.

parabién m. Felicitación: *dar el parabién.*

parábola f. Narración de la que se deduce una enseñanza moral: *la parábola del samaritano.* || Línea curva cuyos puntos son todos equidistantes de un punto fijo llamado *foco,* y de una recta igualmente fija llamada *directriz.* || Curva descrita por un proyectil.

parabólico, ca adj. Relativo a la parábola: *movimiento parabólico.* || Que tiene forma de parábola: *faro parabólico.*

parabolizar v. t. Representar con parábolas.

paraboloide m. *Geom.* Superficie engendrada por la revolución de una parábola.

parabrisas m. inv. Cristal que se pone al frente de los automóviles para proteger a los pasajeros del viento.

paraca f. *Amer.* Viento fuerte del Pacífico.

paracaídas f. inv. Saco de tela que se abre automáticamente o por la acción del hombre cuando un cuerpo cae desde gran altura.

paracaidismo m. Arte de lanzarse de un avión en vuelo y de utilizar el paracaídas.

paracaidista com. Persona que se dedica al descenso en paracaídas. || — Adj. y s. m. Aplícase a los soldados que descienden en terreno enemigo en paracaídas.

Paracas, penins. del Perú, en el Pacífico (Ica), donde se han descubierto numerosas necrópolis preincaicas.

Paracelso (Theophrastus BOMBAST VON HOHENHEIN, llamado), alquimista y médico suizo (¿1493?-1541), padre de la medicina experimental.

paracentesis f. Punción en el vientre para evacuar la serosidad acumulada en el peritoneo.

paraclito o **paráclito** m. *Teol.* Nombre que se da al Espíritu Santo.

paracronismo m. Error de cronología que consiste en suponer acaecido un hecho en fecha posterior a la verdadera.

paracumbé m. *Cub.* Baile popular (s. XVII y XVIII).

parachispas m. inv. Dispositivo de protección en las chimeneas.

parachoques m. inv. Artefacto protector contra los choques, que se monta delante y detrás de un vehículo.

parada f. Acción de parar o detenerse. || Sitio donde se para un vehículo para dejar y recoger viajeros: *parada de autobuses.* || Lugar donde se estacionan los taxis. || Sitio donde se cambiaban las caballerías de las diligencias. || Fin del movimiento de una cosa. || *Mús.* Pausa. || Escena burlesca representada a las puertas de un teatro para anunciar una comedia. || Lugar donde se recogen las reses. || Acaballadero. || En los juegos de azar y las subastas, puesta: *hacer una parada.* || *Esgr.* Quite. || *Mil.* Revista de tropas: *parada militar.* || En ciertos deportes, detención del balón por el guardameta.

paradera f. Compuerta para cerrar el caz de un molino. || Red grande de pesca.

paradero m. Lugar de parada. || Morada: *no conozco el paradero de mi amigo.* || *Amer.* Apeadero de ferrocarril. || *Fig.* Fin, término de una cosa.

paradiástole f. Figura que consiste en reunir palabras sinónimas dando a entender que son de significado distinto.

paradigma m. Ejemplo, modelo.

paradisiaco, ca adj. Relativo al Paraíso: *felicidad paradisiaca.*

parado, da adj. Que no se mueve, inmóvil. || Poco activo. || Desocupado, sin empleo (ú. t. c. s. m.). || Confuso, sin saber qué hacer o contestar. || (Ant.). *Amer.* De pie, en pie. || *Provinc.* y *Chil.* Orgulloso. || *Dejar mal parado,* dejar en mal estado.

paradoja f. Idea extraña u opuesta a la opinión común. || Aserción inverosímil o absurda, que se presenta con apariencias de verdadera. || *Fil.* Contradicción a la que llega, en ciertos casos, el razonamiento abstracto: *las paradojas de Zenón de Elea.* || Figura que consiste en emplear expresiones o frases que encierran una contradicción.

paradójico, ca adj. Que incluye paradoja o usa de ella: *razonamiento paradójico; actitudes paradójicas.*

parador, ra adj. Que para o se para. || Aplícase al caballo que se para con facilidad. || — M. Posada, mesón. || Hoy, hotel de lujo, administrado por el Estado y generalmente instalado en un viejo castillo.

paraestatal adj. Aplícase a las entidades que cooperan con el Estado sin formar realmente parte de él: *empresa paraestatal.*

parafernales adj. pl. Aplícase a los bienes de la mujer que no están comprendidos en la dote, y los obtenidos más tarde por herencia o donación.

parafina f. *Quím.* Sustancia sólida, blanca, inodora, insoluble en el agua, resistente a los agentes químicos, que se extrae de los aceites del petróleo.

parafinado m. Acción y efecto de cubrir con parafina.

parafinar v. t. Impregnar de parafina.

parafrasear v. t. Hacer la paráfrasis de un texto o de un escrito.

paráfrasis f. Explicación o interpretación amplia de un texto. || Traducción libre en verso.

parafraste m. Autor de paráfrasis.

parafrástico, ca adj. Relativo a la paráfrasis: *traducción parafrástica.*

paragoge f. *Gram.* Metaplasmo que consiste en añadir una letra al final de un vocablo, como *huéspede* por *huésped.*

paragógico, ca adj. Que se añade por paragoge.

parágrafo m. Párrafo.

paragranizo adj. Que sirve para impedir la formación del granizo: *cohete paragranizo.*

Paragua. V. PALAWAN.

Paraguá, río de Venezuela (Bolívar), afl. del Caroní; 699 km. — Río del NE. de Bolivia (Beni y Santa Cruz), afl. del Guaporé; 370 km. Llamado también *Piragua.*

Paraguaná, penins. de Venezuela en el mar Caribe (Falcón), al NO. del país. Refinerías de petróleo.

Paraguarí, c. del Paraguay, cap. del dep. homónimo. Agricultura. Comercio.

paraguariense adj. y s. De Paraguarí.

paraguas m. inv. Utensilio portátil compuesto de un bastón y un varillaje flexible cubierto de tela para protegerse de la lluvia.

Paraguay, rep. de América del Sur, situada entre Bolivia, Brasil y Argentina; 406 752 km²; 2 380 000 h. *(paraguayos)*. Cap. *Asunción,* 415 000 h. Otras c.: *Concepción,* 29 000 h.; *Pedro Juan Caballero,* 6 000; *San Pedro,* 4 000; *Coronel Oviedo,* 9 000; *Villarrica,* 22 000; *Paraguarí,* 6 000; *San Juan Bautista,* 7 000; *Pilar,* 8 000, y *Encarnación,* 20 000. Administrativamente, el Paraguay se divide en 16 departamentos. La población, formada principalmente por la mezcla de indio guaraní y español, profesa en su mayoría la religión católica y se expresa en las dos lenguas nacionales: castellano o español y guaraní. La densidad media es de 5 h/km².

— GEOGRAFÍA. El río Paraguay divide al país en dos regiones bien diferenciadas: la Occidental o Chaqueña, enorme llanura semiárida y poco habitada, y la Oriental o del Paraná, prolongación de la meseta brasileña, surcada por algunas cadenas montañosas de poca altura (Amambay, Mbaracayú, Caaguazú). En esta zona se concentra la mayor parte de la población paraguaya. El río Paraguay atraviesa el territorio de N. a S. y su curso es navegable para buques de gran calado hasta Asunción; su afluente el Pilcomayo sirve de frontera con Argentina (Formosa), y el río Paraná, que penetra por el NE., constituye la frontera con Brasil y Argentina (Misiones). El clima es tropical (cálido y lluvioso), con temperaturas medias anuales de 23°. Los principales recursos económicos del Paraguay son la agricultura (algodón, caña de azúcar, maíz, tabaco, mandioca, frutas), las explotaciones forestales y la ganadería. El subsuelo está poco explotado y la industria transforma principalmente los productos agrícolas (esencias, aceites vegetales, tanino, yerba, cueros, maderas, azúcar). Las comunicaciones están servidas por las grandes vías fluviales (Paraguay y Paraná), por una red viaria de 2 500 km y por 1 200 km de ferrocarriles.

— HISTORIA. El territorio que actualmente constituye el Paraguay estuvo habitado en la época prehispánica por los indios del grupo tupí-guaraní. Era éste un pueblo guerrero y amante de la libertad, que se regía por un sistema democrático rudimentario, cultivaba la tierra y en religión creía en la inmortalidad del alma. La lengua se ha conservado, y en su modalidad moderna es la que se habla hoy día, junto con el español. Los primeros contactos con los españoles fueron hacia 1525, cuando el navegante Alejo García se adentró en el Chaco, y más tarde (1528) lo hizo Sebastián Caboto. Juan de Salazar y Gonzalo de Mendoza fundaron en 1537 el fuerte de La Asunción, origen de la capital actual, que fue elevada al rango de ciudad en 1541. Martínez de Irala exploró la región del Chaco y organizó los repartimientos de tierras y las encomiendas de indios. Hecho característico de la colonización española fue la llegada de los jesuitas, en el siglo XVII, enviados por la Corona con objeto de convertir e instruir a los indios. Para ello establecieron el sistema de *reducciones,* las cuales consistían en poblados construidos alrededor de una gran plaza y donde a cada indio se le daba una parcela propia para labrar, al mismo tiempo que tenía que trabajar en otras tierras comunes y dedicarse a la cría del ganado. La acción de los jesuitas fue benéfica para los indígenas, ya que estuvo orientada de manera que los defendiera de las ambiciones de los encomenderos, así como de las incursiones de los colonos portugueses del Brasil. Cuando los jesuitas fueron expulsados de todos los territorios españoles por orden del rey Carlos III (1767), las reducciones del Paraguay entraron en decadencia y desaparecieron poco después. El s. XIX entraba bajo el signo de la emancipación de las colonias españolas en América, si bien en el caso del Paraguay es necesario citar como precedente la revuelta de los Comuneros (1717-1735). En 1811 fue proclamada la Independencia, y el país adoptó el régimen republicano en 1813. José Gaspar Rodríguez de Francia ejerció el poder dictatorialmente hasta su muerte en 1840, período durante el que dejó aislado el país. El gobierno de Carlos Antonio López (1844-1862) elaboró una Constitución, fomentó las obras públicas e impulsó el progreso económico del país; Francisco Solano López, hijo del anterior, dirigió el país durante la guerra de la Triple Alianza (1864-1870), y murió en la batalla de Cerro Corá. Esta guerra significó un desastre para el Paraguay, pues perdió más de la mitad de la población y fue la causa de un colapso económico. Lo más saliente en el siglo XX es la guerra del Chaco (1932-1935), motivada por una disputa territorial con Bolivia. La paz se firmó en 1938, y Paraguay conservó las tres cuartas partes del territorio en litigio. En 1940, el presidente Estigarribia promulgó una Constitución de carácter unitario que acentuaba las atribuciones del poder ejecutivo y formulaba una legislación social en armonía con el desarrollo de la

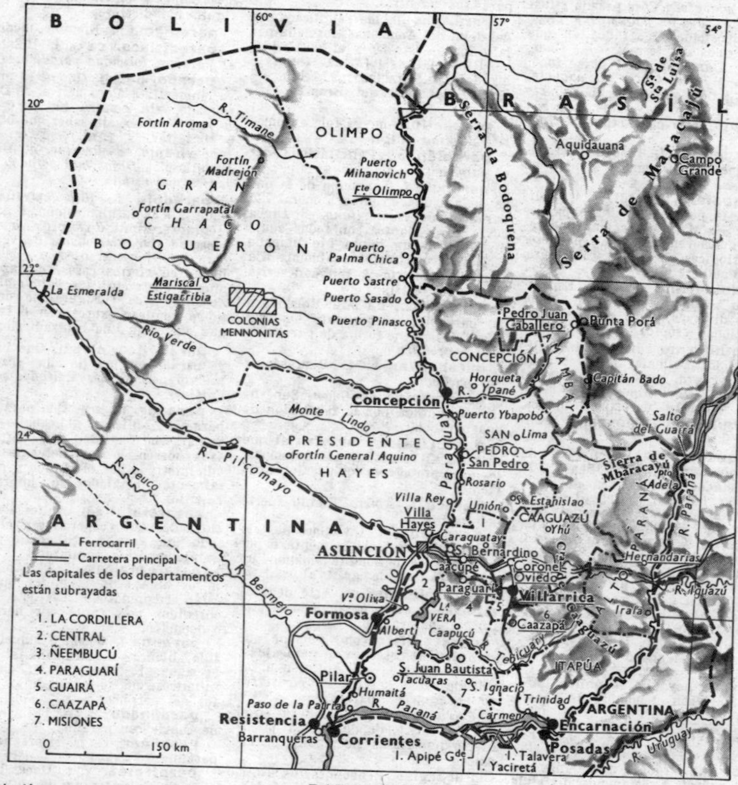

PARAGUAY

nación. En 1954 fue elegido presidente el general Alfredo Stroessner, para completar el período del gobierno anterior. Electo nuevamente en 1958 y reelecto en 1963, 1968 y 1973, bajo su mandato se estabiliza el signo monetario, se obtiene la pacificación política, se intensifica la industrialización y se inauguran vías de comunicación fundamentales que incorporan nuevas regiones a la economía paraguaya.

Paraguay, río de América del Sur, que nace en el Brasil (Mato Grosso), atraviesa y sirve de límite entre Paraguay y la Argentina, donde confluye con el Paraná; 2 500 km. Navegable hasta Asunción (Paraguay).

paraguayano, na adj. y s. Paraguayo.

paraguayo, ya adj. y s. De Paraguay. ‖ — F. Fruta parecida al pérsico.

paragudú m. *Zool.* Ofidio de la India, muy venenoso.

paragüera f. *Amer.* Paragüero, mueble para colocar los paraguas.

paragüería f. Tienda o comercio de paraguas.

paragüero, ra m. y f. Persona que hace o vende paraguas. ‖ — M. Mueble para colocarlos.

paragüey m. *Venez.* Yugo que se pone a los bueyes de labranza.

parahepatitis f. inv. *Med.* Inflamación de los tejidos exteriores del hígado.

parahipnosis f. inv. *Med.* Sueño anormal.

parahormona f. Principio de las glándulas paratiroides, regulador del metabolismo del calcio, que se emplea en terapéutica.

parahúmos m. inv. Dispositivo metálico o de porcelana, de forma cónica, que se coloca en los aparatos de alumbrado por combustión para evitar que el humo ennegrezca las paredes.

parahúso m. Instrumento para taladrar consistente en una barrena cilíndrica movida por dos correas que se arrollan y desenrollan al subir y bajar alternativamente un travesaño al cual están atadas.

Paraíba, Estado del NE. del Brasil; cap. *João Pessoa.* Algodón. Minerales. ‖ ~ **do Norte,** río del Brasil (Paraíba), que des. en el Atlántico; 600 km. ‖ ~ **do Sul,** río del Brasil, que nace en la Serra do Mar (São Paulo); 1 058 km.

paraiseño, ña adj. y s. De El Paraíso (Honduras).

paraíso m. En el Antiguo Testamento, jardín de las delicias donde colocó Dios a Adán y Eva. ‖ En el Nuevo Testamento, cielo. ‖ *Fig.* Lugar sumamente ameno y agradable. ‖ *Teatr.* Localidades del piso más alto. ‖ *Ave del Paraíso,* pájaro de Nueva Guinea, cuyo macho lleva un plumaje de colores vistosos.

Paraíso (El), dep. oriental de Honduras; cap. *Yuscarán.* Riqueza agrícola.

Paraíso perdido *(El),* poema épico de Milton (1667).

paraje m. Lugar, sitio o estancia: *paraje solitario.* ‖ Estado de una cosa: *encontrar en buen o mal paraje.*

paral m. Madero horizontal u oblicuo que sostiene un andamio en un muro.

paralaje f. Diferencia entre las posiciones aparentes de un astro según el punto desde donde se observa.

paralelepípedo m. *Geom.* Sólido de seis caras iguales y paralelas de dos en dos, y cuya base es un paralelogramo.

paralelismo m. Calidad de paralelo.

paralelo, la adj. *Geom.* Aplícase a las líneas o a los planos que se mantienen, cualquiera que sea su prolongación, equidistantes entre sí. ‖ Correspondiente, correlativo, semejante: *acción paralela.* ‖ Aplícase al mercado que, contrariamente a lo legislado, mantiene unos precios más elevados que los oficiales. ‖ — F. Línea paralela a otra: *trazar paralelas.* ‖ — F. pl. En gimnasia, utensilio compuesto de dos barras paralelas: *ejercitarse en las paralelas.* ‖ — M. *Geogr.* Círculo del globo terrestre paralelo al ecuador: *los paralelos de la Tierra.* ‖ Comparación, parangón: *hacer un paralelo entre dos autores.* ‖ *Geom.* Cada una de las secciones de una superficie de revolución al ser ésta cortada por planos perpendiculares a su eje: *paralelos de revolución.*

— En geografía, los *paralelos* se numeran de 0 a 90 al norte y de 0 a 90 al sur del ecuador, y su longitud decrece a medida que se aproximan a los polos. Sirven para determinar la latitud.

paralelogramo m. Cuadrilátero de lados opuestos de paralelos.

Paralipómenos m. pl. Nombre dado a dos libros canónicos del Antiguo Testamento, complemento de los *Libros de los Reyes.*

paralipse f. Figura de retórica por la que se hace resaltar una idea o acción dándole aparentemente poca importancia.

parálisis f. inv. Privación o disminución muy grande del movimiento de una parte del cuerpo: *ataque de parálisis.* ‖ *Fig.* Paralización: *parálisis de trabajo.*

— Entre las causas principales de la *parálisis* figuran los trastornos circulatorios cerebrales (arteritis, espasmo, hemorragia cerebral), las intoxicaciones (plomo, alcohol, etc.), las infecciones causadas por un virus (poliomielitis), etc.

paralítico, ca adj. y s. Enfermo de parálisis.

paralización f. *Fig.* Detención que experimenta una cosa dotada normalmente de movimiento: *la paralización del tráfico.*

paralizador, ra y **paralizante** adj. Que paraliza.

paralizar v. t. Causar parálisis. ‖ *Fig.* Detener, impedir la acción y movimiento de una cosa o persona: *paralizar el comercio; el miedo le paralizó.*

paralogismo m. Razonamiento falso, pero sin intención.

paramagnético, ca adj. *Fís.* Dícese de una sustancia que se imana en el mismo sentido que el hierro, pero que posee mucho menos intensidad.

Paramaribo, cap. y puerto de Surinam, ant. Guayana Holandesa, a orillas del Surinam; 122 600 h. Obispado.

paramento m. Adorno con que se cubre una cosa. ‖ Mantillas o sobrecubiertas del caballo. ‖ Cualquiera de las dos caras de una pared o muro. ‖ Cara de un sillar labrado. ‖ — Pl. Vestiduras sacerdotales y adornos del altar.

paramera f. Región donde abundan los páramos.

parámetro m. *Geom.* Cantidad distinta de la variable a la cual se puede fijar un valor numérico y que entra en la ecuación de algunas curvas, especialmente en la parábola. ‖ *Fig.* Dato que se considera fijo en el estudio de una cuestión.

paramilitar adj. Que imita la organización y la disciplina militar: *formación paramilitar.*

Paramillo, macizo montañoso de los Andes de Colombia (Antioquia), en la Cord. Occidental; 3 800 km.

paramnesia f. Trastorno de la memoria que consiste en tomar por un recuerdo una percepción nueva.

páramo m. Terreno yermo, raso y desabrigado. ‖ *Fig.* Lugar solitario, frío.

Paraná, río que nace en el Brasil, recibe las aguas del Paranaíba, llega a la llanura argentina y se une con el Paraguay en Corrientes; des. en el río de la Plata por un ancho delta; 4 500 km. — C. en el E. de la Argentina, cap. de la prov. de Entre Ríos, a orillas del río del mismo n. Puerto fluvial. Arzobispado. — Estado del Brasil meridional; cap. *Curitiba.* Agricultura, ganadería. — Río del Brasil, afl. del Tocantins; 428 km. ‖ ~ **(Alto).** V. ALTO PARANÁ. ‖ ~ **de Las Palmas,** río de la Argentina, brazo del Paraná, llamado tb. *Baradero.* ‖ ~ **Guazú,** brazo del delta del Paraná, en Entre Ríos (Argentina). ‖ ~ **Ibicuy,** brazo del delta del Paraná, en Entre Ríos (Argentina). ‖ ~ **Miní,** brazo del río Paraná, en Santa Fe (Argentina).

paranaense adj. y s. Del o relativo al Paraná.

Paranaguá, c. y puerto en el SE. del Brasil (Paraná), al pie de la Serra do Mar. Obispado.

Paranaíba, río del Brasil, que nace en el Estado de Minas Gerais y, al unirse con el río Grande, forma el Paraná; 957 km.

Paranapanemá, río del S. del Brasil (São Paulo), afl. del Paraná; 900 km.

Parangaricutiro, pobl. de México (Michoacán), destruida en 1943 por las lavas del volcán Paricutín. Hoy reconstruida.

parangón m. Comparación. ‖ Modelo, dechado.

parangonar v. t. Comparar una cosa con otra. ‖ *Impr.* Justificar en una línea las letras de cuerpos desiguales.

paraninfo m. Padrino de las bodas. ‖ En las universidades, el que hacía el discurso de apertura del año escolar. ‖ Salón de actos académicos en algunas universidades.

paranoia f. Psicosis que se caracteriza por un orgullo exagerado, egoísmo, recelo.

paranoico, ca adj. y s. Relativo a la paranoia. ‖ Que la padece.

paranomasia f. Paronomasia.

parapetarse v. pr. Resguardarse con parapetos. ‖ *Fig.* Precaverse de un riesgo por algún medio de defensa, protegerse.

parapeto m. Barandilla o antepecho: *parapeto de un puente, de una escalera.* ‖ Terraplén para protegerse de los golpes del enemigo.

paraplejía f. Parálisis de la mitad inferior del cuerpo.

parapléjico, ca adj. Relativo a la paraplejía. ‖ — Adj. y s. Afectado de esta enfermedad.

parar v. i. Cesar en el movimiento o en la acción: *parar en medio de la calle; ha parado la lluvia.* ‖ Detenerse un vehículo público en un sitio determinado: *el autobús para cerca de mi casa.* ‖ Acabar, ir a dar: *el camino va a parar en un bosque.* ‖ Recaer una cosa en propiedad de uno: *la herencia vino a parar a sus manos.* ‖ Hospedarse: *parar en un mesón.* ‖ Convertirse una cosa en otra diferente de la que se esperaba. ‖ No trabajar. ‖ Decidir: *paramos en que nos iríamos al día siguiente.* ‖ — *Fam. ¡Dónde va a parar!,* expresión empleada para subrayar la gran diferencia existente entre dos cosas. ‖ *Ir a parar,* llegar. ‖ *No parar,* trabajar mucho. ‖ *Parar de,* cesar o dejar de. ‖ *Sin parar,* sin sosiego, sin descanso. ‖ — V. t. Detener, impedir el movimiento o acción: *parar una máquina, un vehículo.* ‖ Prevenir o precaver. ‖ Apostar dinero: *parar sobre una carta.* ‖ Mostrar el perro la caza deteniéndose ante ella. ‖ En deportes, detener el balón. ‖ *Esgr.* Quitar el golpe del contrario: *parar la estocada.* ‖ *Taurom.* Resistir, sin moverse, una embestida: *parar al toro.* ‖ *Fig.* y *fam. Parar los pies a uno,* detenerle antes de que se propase. ‖ — V. pr. Detenerse. ‖ *Fig.* Reparar: *pararse en tonterías.* ‖ *Amer.* Ponerse de pie. ‖ *Méx.* Levantarse después de dormir.

pararrayos m. inv. Aparato para proteger los edificios o los buques contra el rayo.

parasicología f. Estudio de ciertos fenómenos que van más allá de la psicología empírica.

parasimpático adj. *Anat.* Aplí-

PA

case al sistema nervioso antagónico al simpático (ú. t. c. s. m.).

parasitario, ria adj Relativo a los parásitos. || Provocado por parásitos: *enfermedad parasitaria.*

parasitismo m. Condición de parásito. || *Fig.* Costumbre o vida de los parásitos.

parásito, ta adj. y s. m. Aplícase al animal o planta que se alimenta o crece con sustancias producidas por otro a quien vive asido. || *Fig.* Dícese de la persona que vive a expensas de los demás. || — Pl. *Fís.* Dícese de las interferencias que perturban una transmisión radioeléctrica.

parasitología f. Parte de la biología que trata de los seres parásitos del hombre, los animales y las plantas.

parasol m. Quitasol. || Pantalla para impedir la entrada en la cámara fotográfica de los rayos luminosos cuando caen directamente sobre el objetivo.

parata f. *Agr.* Bancal pequeño en un terreno pendiente.

paratífico, ca adj. Relativo a la paratifoidea. || — Adj. y s. Que padece esta enfermedad.

paratifoidea f. Infección intestinal que ofrece los síntomas de la fiebre tifoidea, pero de carácter menos grave.

paratiroides adj. inv. Dícese de las glándulas de secreción interna situadas alrededor del tiroides, cuya principal función es regular el metabolismo del calcio (ú. t. c. s. f.).

Paravicino y Arteaga (Hortensio Félix), escritor y religioso trinitario español (1580-1633), de estilo culterano.

Parcas, diosas de los Infiernos *(Cloto, Láquesis* y *Átropos),* que hilaban el hilo de la vida de los hombres. *(Mit.)*

parcela f. Superficie pequeña que resulta de la división de un terreno. || En el catastro, nombre de cada una de las tierras de distinto dueño que forman un pago o término. || Partícula, porción pequeña, átomo.

parcelable adj. Que puede parcelarse.

parcelación f. División en parcelas: *parcelación de tierras.*

parcelar v. t. Dividir un terreno en parcelas.

parcelario, ria adj. Relativo a las parcelas del catastro. || V. CONCENTRACIÓN PARCELARIA.

Parcerisa (Francisco José), pintor y dibujante litógrafo español (1803-1875).

parcial adj. Relativo a una parte de un todo. || No completo: *eclipse parcial.* || Que procede o juzga con parcialidad, sin ecuanimidad: *autor parcial.* || Partidario, seguidor (ú. t. c. s.).

parcialidad f. Facción, bando. || Preferencia injusta, falta de ecuanimidad.

parcimonia f. Parsimonia.

parcísimo, ma adj. Muy parco.

parco, ca adj. Sobrio, frugal: *parco en el comer.* || Mezquino, roñoso. || Moderado: *parco en confidencias.* || Muy pequeño: *parca remuneración.*

parchazo m. *Mar.* Golpe de una vela contra el palo o mastelero. || *Fig.* y *fam.* Burla, chasco: *pegar un parchazo a uno.*

parche m. Sustancia medicamentosa pegada a un lienzo que se aplica a la parte enferma. || Pedazo de tela, papel, etc., que se pega sobre una cosa para arreglarla. || Pedazo de goma para componer un neumático que se ha pinchado. || *Fig.* Piel del tambor o el mismo tambor. | Cosa añadida a otra y que desentona. | Retoque mal hecho en pintura. || *Fam. Pegar un parche a uno,* dejarle burlado o engañarle sacándole dinero.

parchís o **parchesi** m. Juego que se hace sobre un tablero dividido en cuatro casillas y varios espacios por donde han de pasar las fichas de los jugadores.

pardal m. Nombre antiguo del *leopardo.* || Gorrión. | Pardillo, pájaro. || *Fam.* Hombre bellaco, astuto. || — Adj. Rústico, campesino.

Pardavé (Joaquín), compositor, actor cómico y director de cine mexicano (1900-1955).

pardear v. i. Sobresalir o distinguirse el color pardo.

¡pardiez! interj. ¡Por Dios!

pardillo, lla adj. y s. Campesino, paleto. || — M. Pájaro de color pardo rojizo, con el pecho y cabeza rojos, granívoro y de canto agradable.

pardo, da adj. De color moreno más o menos oscuro: *oso pardo.* || Dícese del cielo oscuro o nublado. || Aplícase a la voz que no tiene timbre claro. || *Amer.* Mulato.

Pardo (El), v. de España (Madrid). Palacio construido por Carlos I y Carlos III. Residencia actual del jefe del Estado.

Pardo (Manuel), político peruano (1834-1878), pres. de la Rep. de 1872 a 1876. Fue asesinado. || ~ (MIGUEL EDUARDO), novelista venezolano (1868-1905), autor de *Todo un pueblo.* || ~ **Bazán,** (EMILIA), escritora española, n. en La Coruña (1851-1921). Publicó novelas realistas *(El cisne de Vilamorta, Los pazos de Ulloa, La madre Naturaleza, Insolación* y *Morriña),* relatos cortos *(Cuentos de Marineda)* y obras de carácter social o literario. || ~ **de Figueroa** (MARIANO). V. THEBUSSEN *(Doctor).* || ~ **y Aliaga** (FELIPE), escritor peruano (1806-1868), autor de sátiras, comedias y cuadros de costumbres. || ~ **y Barreda** (JOSÉ) político peruano (1864-1947), pres. de la Rep. de 1904 a 1908 y de 1915 a 1919.

Pardubice, c. en el NO. de Checoslovaquia (Bohemia). Petróleo. Metalurgia.

pardusco, ca adj. De color que tira a pardo.

Paré (Ambroise), cirujano francés (¿1509?-1590), el primero en emplear la ligadura de las arterias en las amputaciones.

pareado m. Estrofa consonante compuesta por dos versos que riman entre sí.

parear v. t. Juntar dos cosas iguales. || Formar pares. || *Taurom.* Banderillear.

parecer m. Opinión, juicio, dictamen: *a nuestro parecer.* || Aspecto, facciones: *tener buen parecer.*

* **parecer** v. i. Aparecer, mostrarse: *pareció el Sol.* || Encontrarse lo que estaba perdido: *pareció el libro.* || Suscitar cierta opinión: *¿qué te parece esta novela?* || Tener cierta apariencia: *parece cansado.* || Convenir: *allá iremos si le parece.* || Existir cierta posibilidad: *parece que va a nevar.* || *Al parecer,* según lo que se puede ver o juzgar. || — V. pr. Tener alguna semejanza: *se parece mucho a su madre; parecerse en el carácter.*

parecido, da adj. Algo semejante: *parecido a su padre.* || Que tiene cierto aspecto: *persona bien* (o *mal*) *parecida.* || — M. Semejanza, similitud: *tener parecido con uno, con una cosa.*

pared f. Obra de fábrica levantada a plomo para cerrar un espacio: *las paredes de una habitación.* || Superficie lateral de un cuerpo: *la pared de un vaso.* || — *Fig.* y *fam. Estar pegado a la pared,* estar sin un cuarto. | *Las paredes oyen,* hay que tener cuidado de que alguien oiga lo que se quiere mantener secreto. || *Pared maestra,* cada una de las que mantienen la techumbre. || *Pared por medio,* contiguo. || *Vivir pared por medio,* ser vecinos, habitar en dos pisos que están uno al lado del otro.

paredaño, ña adj. Que está pared por medio.

Paredes (Diego García de), capitán español, n. en Trujillo (1466-1530), compañero de Gonzalo de Córdoba. || ~ (JOSÉ GREGORIO), matemático y astrónomo peruano (1778-1839), autor de almanaques. || ~ (MARIANO), general guatemalteco (1800-1856), pres. de la Rep. de 1849 a 1851. || ~ **y Flores** (MARIANA DE JESÚS DE), religiosa contemplativa ecuatoriana, llamada *la Azucena de Quito* (1618-1645). Canonizada por Pío XII el 9 de julio de 1950. Fiesta el 26 de mayo.

Paredes de Nava, pobl. de España (Palencia).

paredón m. Pared muy grande o muy gruesa. || Pared que queda en pie, en un edificio en ruinas. || *¡Al paredón!,* ¡que lo fusilen!, ¡que lo maten!

paregórico, ca adj. *Elixir paregórico,* tintura de opio alcanforada, usada contra dolores intestinales y la diarrea.

pareja f. Conjunto de dos personas o cosas semejantes: *una pareja de amigos.* || En particular, dos guardias. || Dos animales, macho y hembra: *una pareja de palomas.* || Dos cosas que siempre van juntas: *este guante no hace pareja con ningún otro.* || Compañero o compañera de baile. || Matrimonio o novios. || Compañero en el juego. || — Pl. En los dados y naipes, dos cartas o puntos iguales. || — *Correr parejas,* ser iguales dos cosas. || *Por parejas,* de dos en dos.

Pareja (Juan de), pintor español de temas religiosos (1606-1670). Era hijo de padres indios y estuvo al servicio de Velázquez. || ~ **Díez-Canseco** (ALFREDO), escritor ecuatoriano, n. en 1908, autor de las novelas de *El muelle, La Beldaca, Hombres sin tiempo* y *Las tres ratas.*

parejero, ra adj. *Antill.* Vanidoso, presumido.

parejo, ja adj. Semejante. || Igual, regular. || Llano. || *Por parejo,* por igual.

paremia f. Proverbio, refrán.

paremiología f. Tratado de refranes.

paremiólogo m. El que se dedica a la paremiología.

parénquima m. Tejido celular esponjoso que en los vegetales llena el espacio comprendido entre las partes fibrosas. || *Anat.* Tejido de los órganos glandulares.

parentela f. Conjunto de los parientes.

parentesco m. Vínculo y relación que existen entre los parientes. || Conjunto de los parientes o aliados. || *Fig.* Unión, vínculo, conexión. || *Parentesco espiritual,* el que une a los padrinos con sus ahijados y con los padres de éstos.

paréntesis m. *Gram.* Palabra o frase incidental que se intercala en el período formando sentido por sí sola. | Signo ortográfico ( ) en que suele encerrarse esta oración o frase: *abrir paréntesis.* || *Fig.* Suspensión o interrupción. | Digresión. || *Entre paréntesis,* incidentalmente.

Parentis-en-Born, pobl. del S. de Francia (Landes). Petróleo.

pareo m. Acción y efecto de parear. || Prenda de tela que se usa en Tahití y que cubre desde la cintura hasta las pantorrillas. || Bañador semejante.

Parera (Blas), músico español, n. en 1777, que compuso, con letra de V. Pérez y Planes, el Himno Nacional argentino.

paresa f. Mujer cuyo marido lleva el título de par.

Paret Alcázar (Luis), pintor costumbrista y grabador español (1747-1799).

pargo m. Pagro, pez.

parhelio m. Aparición simultánea de varias imágenes del Sol reflejadas en las nubes.

parhilera f. *Arq.* Viga que forma el lomo de la armadura.

paria com. En la India, individuo que no pertenece a ninguna casta y está excluido de la sociedad. ‖ *Por ext.* Hombre despreciado y rechazado por los demás.

Paria, golfo de la costa del Atlántico, en el E. de Venezuela (Monagas). — Penins. al NE. de Venezuela, en el mar Caribe (Sucre).

parición f. Tiempo y acción de parir el ganado.

Paricutín, volcán de México (Michoacán), cuya primera erupción fue en 1943 y su actividad se prolongó varios años; 2 250 m.

parida adj. y s. Aplícase a la hembra que acaba de parir.

paridad f. Igualdad o semejanza. ‖ Comparación de una cosa con otra por ejemplo o símil. ‖ Relación existente entre una unidad monetaria y su equivalencia en peso de metal.

paridera adj. f. Dícese de la hembra fecunda. ‖ — F. Lugar en que pare el ganado.

pariente, ta m. y f. Persona unida con otra por lazos de consanguinidad o afinidad. ‖ — M. *Fam.* El marido. ‖ — F. *Fam.* La mujer, respecto del marido.

parietal adj. y s. m. Aplícase a cada uno de los dos huesos situados en las partes medias o laterales del cráneo: *huesos parietales.*

parietaria f. Planta urticácea que suele crecer junto a las paredes.

parigual adj. Igual, muy similar o parecido.

parihuelas f. pl. Angarillas, utensilio para transportar, entre dos, pesos o cargas, enfermos, etc.

Parima (Sierra), cordillera de las Guayanas, que sirve de frontera entre Venezuela y el Brasil.

Parinacochas, prov. del Perú (Ayacucho); cap. *Coracora.*

Parini (Giuseppe), poeta lírico italiano (1729-1799).

Pariñas, distr. del Perú (Piura); cap. *Talara.* Petróleo.

paripé (hacer el) loc. *Fam.* Presumir, darse tono. | Simular, fingir algo para cubrir las formas.

parir v. i. y t. En las especies vivíparas, expeler la cría que ha concebido la hembra. ‖ *Fig.* Salir a luz lo que estaba oculto. ‖ V. t. *Fig.* Producir una cosa.

Paris, segundo hijo de Príamo, rey de Troya. Raptó a Helena, provocando la guerra con los griegos.

París, cap. de Francia, a orillas del Sena; 2 590 000 h. (con los suburbios, más de nueve millones). En tiempos de César se llamaba *Lutecia.* Puerto fluvial y primer centro comercial e industrial del país. Arzobispado. Universidad. Museos (Louvre), bibliotecas, monumentos (Nuestra Señora, Sainte-Chapelle, Inválidos, Plaza de la Concordia, Arco de Triunfo de la Estrella, Panteón, Ópera, torre Eiffel, basílica del Sagrado Corazón, palacio de la Unesco). Tratados de 1814-1815 (fin de las guerras napoleónicas); de 1898, entre España y Estados Unidos (por el que la primera perdió Cuba, Puerto Rico y Filipinas) y de 1947 (fin de la segunda guerra mundial).

parisién adj. y s. Galicismo por *parisiense.*

parisiense y **parisino, na** adj. y s. De París.

parisílabo, ba adj. De igual número de sílabas: *verso parisílabo.*

Parismina, río de Costa Rica (Limón), afl. del Reventazón.

paritario, ria adj. Aplícase a los organismos compuestos de igual número de patronos y obreros: *comité paritario.*

parking m. (pal. ingl.). Aparcamiento: *parking para automóviles.*

parlamentar v. i. Conversar unos con otros. ‖ Discutir para ajustar algo. ‖ Negociar el vencido la rendición de una plaza o fuerza militar.

parlamentario, ria adj. Relativo al Parlamento. ‖ *Régimen parlamentario,* régimen político en el que los ministros son responsables ante el Parlamento. ‖ — M. Miembro de un Parlamento.

parlamentarismo m. Doctrina o sistema parlamentario.

parlamento m. En Francia, nombre de ciertas asambleas antiguas provistas de extensos poderes. (Hoy, reunión del Senado y de la Cámara de Diputados). ‖ En Inglaterra, la Cámara de los Lores y la de los Comunes. ‖ *Por ext.* Nombre aplicado a las asambleas que ejercen el Poder legislativo. ‖ Entre actores, relación larga en verso o prosa. ‖ *Fam.* Charla.

parlanchín, ina adj. y s. *Fam.* Hablador.

parlante adj. Que parla o habla. ‖ Dícese de los escudos de armas cuya pieza principal recuerda el nombre de la familia.

parlar v. i. Hablar.

parlería f. Verbosidad. ‖ Chisme, habladuría.

parlotear v. i. *Fam.* Hablar mucho y de cosas sin interés.

parloteo m. Charloteo.

Parma, c. en el N. de Italia (Emilia), ant. cap. del *ducado de Parma y Plasencia,* y actualmente de la prov. de su mismo n. Obispado. Universidad. Catedral del s. XII; museos.

Parménides de Elea, filósofo griego (¿504-450? a. de J. C.).

parmesano, na adj. y s. De Parma. ‖ *Queso parmesano,* queso fabricado cerca de Parma con leche desnatada y azafrán.

Parmesano (Francesco Mazzola, llamado **el**), pintor religioso y retratista italiano, n. en Parma (1503-1540).

Parnaíba, c. del NO. del Brasil (Piauí), cerca de la desembocadura del río del mismo n. Obispado.

parnasianismo m. Movimiento literario de los parnasianos.

parnasiano, na adj. Relativo al Parnaso. ‖ Dícese en Francia de los poetas que, como Théophile Gautier, Leconte de Lisle, Baudelaire y José María de Heredia, reaccionaron desde 1850 contra el lirismo romántico y propugnaron "el arte por el arte", reflejado por la perfección de la forma (ú. t. c. s.).

parnaso m. *Fig.* Reino simbólico de los poetas. | La poesía. | Colección de poesías de diversos autores.

Parnaso, monte de Grecia, al N. del golfo de Corinto y al SE. de Delfos; 2 457 m. Consagrado a Apolo y a las musas.

parné o **parnés** m. *Pop.* Dinero.

paro m. Nombre genérico de varios pájaros, como el *herrerillo* y el *pájaro moscón* ‖ *Paro carbonero,* ave insectívora.

paro m. *Fam.* Suspensión en el trabajo. ‖ Interrupción de un ejercicio o de una explotación industrial o agrícola por parte de los patronos, en contraposición a la huelga de operarios. ‖ *Paro forzoso,* carencia de trabajo por causa ajena a la voluntad del obrero y del patrono. ‖ *Paro laboral,* huelga.

Parodi Torre (Antonio), aviador argentino, n. en 1890, que realizó por primera vez la doble travesía de los Andes.

parodia f. Imitación burlesca de una obra literaria o de cualquier otra cosa. ‖ Representación teatral festiva y satírica en la que se ridiculiza algo serio.

parodiar v. t. Hacer una imitación burlesca.

paródico, ca adj. Relativo a la parodia.

parodista com. Autor o autora de parodias.

paronimia f. Semejanza entre dos palabras de pronunciación o sonido muy parecido.

paronímico, ca adj. Relativo a la paronimia.

parónimo, ma adj. Aplícase a los vocablos que tienen entre sí semejanza por su etimología, su forma o su sonido, como *honda* y *onda* (ú. t. c. s. m.).

paronomasia f. Semejanza fonética entre vocablos que tienen todas las letras iguales, salvo alguna vocal, como *lago* o *lego.* ‖ Conjunto de vocablos que tienen esta semejanza o parecido.

Paropamisos, macizo montañoso en el N. de Afganistán; 3 135 m.

Paros, isla de Grecia en las Cícladas, al S. de Delos.

parótida f. Glándula salival situada debajo del oído y detrás de la mandíbula inferior. ‖ Tumor en esta glándula.

parotiditis f. inv. Inflamación de la parótida, paperas.

paroxismo m. *Med.* Exacerbación o acceso violento de una enfermedad. ‖ *Fig.* Exaltación extrema de las pasiones.

paroxítono, na adj. y s. m. Dícese del vocablo llano o grave que lleva el acento en la penúltima sílaba

parpadear v. t. Abrir y cerrar los párpados muchas veces seguidas: *la luz muy fuerte le hace parpadear.* ‖ *Fig.* Centellear las estrellas. | Vacilar mucho una luz.

parpadeo m. Acción de parpadear. ‖ *Fig.* Centelleo.

párpado m. Cada una de las membranas movibles que sirven para resguardar el ojo.

parque m. Lugar arbolado, de cierta extensión, para caza o para recreo. ‖ Lugar en el que estacionan los vehículos transitoriamente. ‖ *Mil.* Recinto donde se custodian cañones, municiones, automóviles, etc. ‖ Cuadrilátero formado por una barandilla donde se ponen los niños muy pequeños. ‖ — *Parque nacional,* el del Estado para conservar la flora, la fauna y las bellezas naturales de una nación ‖ *Parque zoológico,* parque donde se encuentran reunidos animales salvajes.

parqué o **parquet** m. Entarimado hecho de trozos de madera con forma de figuras geométricas.

parquedad f. Moderación en el uso de algo. ‖ Parsimonia, ahorro.

parquet m. (pal. fr.). Parqué.

parquísimo, ma adj. Barb. por *parcísimo.*

Parr (Catalina). V. Catalina.

parra f. Vid, viña trepadora. ‖ *Fam. Subirse uno a la parra,* encolerizarse, enfadarse; ser exigente.

Parra (Aquileo), político colombiano (1825-1900), pres. de los Estados Unidos de Colombia de 1876 a 1878. ‖ ~ (Manuel Germán), economista y escritor mexicano, n. en 1914. Autor de *La interpretación histórica de México.* ‖ ~ (Teresa de la), novelista venezolana, n. en París (1891-1936), autora de *Ifigenia, Las memorias de Mamá Blanca,* etc. ‖ **~ del Riego** (Juan), poeta peruano (1894-1925), autor de *Polirritmas.*

parrafada f. *Fam.* Conversación detenida y confidencial: *echarse una parrafada.* | Perorata.

parrafear v. i. Hablar sin gran necesidad y confidencialmente.

párrafo m. Cada una de las divisiones de un capítulo o de cualquier escrito. ‖ *Gram.* Signo ortográfico (§) con que se señalan estas divisiones. ‖ *Fam.* Conversación corta: *echar un párrafo.*

parral m. Parra sostenida con un armazón. ‖ Viña sin podar, que arroja muchos vástagos. ‖ Sitio donde hay parras.

Parral, com. y dep. en el centro de Chile (Linares). — C. en el N. de México (Chihuahua), llamada *Hidalgo del Parral.*

parranda f. *Fam.* Jolgorio, juerga, jarana: *andar de parranda.* ‖ Grupo de personas que salen por la noche tocando instrumentos músicos o cantando para divertirse.

parrandear v. i. Andar de parranda.

parrandeo m. Juerga.

parrandista m. Juerguista, jaranero. ‖ Miembro de una parranda.

Parrasio, pintor griego de la escuela jónica (fin del s. V a. de J. C.). Rival de Zeuxis.

parricida com. Persona que mata a su ascendiente, descendiente, cónyuge o a persona considerada como padre o pariente.

parricidio m. Acción criminal del parricida.

parrilla f. Rejilla de horno o fogón. ‖ Sala de restaurante donde se asan carne o pescado delante de los consumidores. ‖ Botija ancha de asiento y estrecha boca. ‖ Útil de cocina de figura de rejilla que sirve para asar o tostar: *bisteo a la parrilla* (ú. t. en pl.).

párroco m. Cura, sacerdote encargado de una feligresía. Ú. t. c. adj.: *cura párroco.*

parroquia f. Territorio que está bajo la jurisdicción espiritual de un cura párroco. ‖ Conjunto de feligreses y clero de dicho territorio. ‖ Su iglesia: *la parroquia madrileña de Atocha.* ‖ Conjunto de los clientes de una persona, tienda o empresa: *la parroquia de una tienda, de un médico.*

parroquial adj. Relativo a la parroquia: *clero, iglesia parroquial.*

parroquiano, na m. y f. Cliente: *una tienda que tiene muchos parroquianos.*

Parry (Sir William Edward), explorador inglés (1790-1855). Hizo varias expediciones a las regiones árticas.

Parsa. V. PERSÉPOLIS.

parsec m. *Astr.* Unidad de distancia correspondiente a 3,26 años de luz, o sea 30,84 billones de kilómetros.

parsi adj. y s. Descendiente de los antiguos persas, de la secta de Zoroastro. ‖ — M. Idioma hablado por los parsis.

Parsifal, drama musical de R. Wagner (1882).

parsimonia f. Moderación extrema en los gastos. ‖ Circunspección, templanza.

parsimonioso, sa adj. Ahorrativo, cicatero.

parsismo m. Mazdeísmo.

parte f. Porción indeterminada de un todo: *una parte de la casa está todavía sin amueblar.* ‖ Lo que toca a uno en el reparto de algo: *parte proporcional.* ‖ Lugar: *vivir en la parte norte de México.* ‖ Cada una de las divisiones de una obra: *la segunda parte del Quijote.* ‖ Cada una de las personas que participan en un negocio o en un pleito: *las partes contratantes de un acuerdo; constituirse parte.* ‖ Lado, partido: *ponerse de parte de los insurrectos.* ‖ Papel representado por el actor en una obra dramática, y este mismo actor. ‖ Rama de una familia: *primos por parte de madre.* ‖ — Pl. Facción o partido. ‖ *Anat.* Órganos de la generación. ‖ — *De parte a parte,* de un lado al otro. ‖ *De parte de,* en nombre de. ‖ *Echar a buena, a mala parte,* interpretar con buen, con mal sentido. ‖ *En parte,* parcialmente. ‖ *Ir a la parte con alguien,* estar asociado con él. ‖ *Gram. Parte de la oración,* cada una de las palabras que tienen diferente oficio en la oración y son nueve: artículo, sustantivo, adjetivo, pronombre, verbo, adverbio, preposición, conjunción e interjección. ‖ *Parte por parte,* sistemáticamente y sin omitir nada. ‖ *Poner de su parte,* hacer lo posible. ‖ *Por mi parte,* por lo que a mí toca. ‖ *Por partes,* progresivamente, tomando una cosa tras otra. ‖ *Salva sea la parte,* expresión con la que se evita mencionar las posaderas. ‖ *Tener* (o *tomar*) *parte en algo,* participar. ‖ *Tomar en mala parte,* tomar a mal.

parte m. Escrito breve que se envía a una persona para informarla de algo. ‖ Comunicación telefónica, telegráfica o radiofónica. ‖ Informe o comunicado breve: *parte meteorológico.* ‖ — *Dar parte,* comunicar, avisar, informar. ‖ *Parte de boda,* tarjeta en la que se comunica un matrimonio. ‖ *Parte de guerra,* boletín oficial sobre las operaciones militares en una jornada. ‖ *Parte facultativo,* informe periódico sobre el estado de salud de un enfermo.

parteluz m. Columnita o mainel que divide en dos el hueco de una ventana.

partenogénesis f. Reproducción de la especie por medio de un óvulo no fecundado, como la de ciertos insectos y de algunos vegetales. (La *partenogénesis* puede ser provocada por medios artificiales en muchos animales.)

partenogenético, ca adj. Dícese de la reproducción por partenogénesis.

Partenón, templo de Atenas, en la Acrópolis, consagrado a la diosa griega Atenea (s. V a. de J. C.).

Parténope, ant. n. de *Nápoles.*

Partenopea (REPÚBLICA), rep. creada por los franceses en Nápoles en 1799.

partenueces m. inv. Cascanueces.

partera f. Mujer que asiste a la parturienta.

partero m. Cirujano especializado en asistir a los partos.

parterre [*parter*] m. (pal. fr.). Cuadro de jardín adornado con flores y césped. ‖ En teatros y cines, patio de butacas.

Partia o **Partiene,** n. ant. de *Korasán,* cuna del imperio parto.

partición f. División. ‖ Reparto. ‖ *Mat.* División.

participación f. Acción de participar y su resultado. ‖ Parte: *participación de boda.* ‖ Aviso, notificación. ‖ Sistema mediante el cual los empleados de una empresa son asociados a sus beneficios y eventualmente a su gestión.

participante adj. y s. Dícese del que participa en algo: *los participantes en un concurso.*

participar v. t. Dar parte, notificar, comunicar: *participar una buena noticia.* ‖ — V. i. Intervenir: *participar en un trabajo.* ‖ Compartir: *participar de la misma opinión.* ‖ Recibir parte de algo: *participar de una herencia.* ‖ Tener algunas de las características de algo: *el mulo participa del burro y del caballo.*

partícipe adj. y s. Que tiene parte o interés en una cosa.

participio m. Forma del verbo que se usa a veces como adjetivo y otras como verbo propiamente dicho.
— Hay dos clases de *participios,* el *activo* o de *presente,* y el *pasivo* o de *pretérito.* Los participios activos regulares acaban en *ante, ente* o *iente.* Los participios pasivos regulares de la primera conjugación terminan en *ado,* y en *ido* los de la segunda y tercera. Algunos verbos tienen un participio pasivo regular y otro irregular, como, por ejemplo, *freír (freido, y frito).*

partícula f. Porción pequeña de algo. ‖ *Fig.* Cada uno de los elementos que constituyen el átomo (electrón, protón, neutrón). ‖ Parte invariable de la oración como los adverbios, sufijos, etc. ‖ *Partícula alfa,* la emitida por los cuerpos radiactivos y que consta de dos protones y un neutrón.

particular m. Propio y privativo de una cosa, característico: *planta particular de un país.* ‖ Individual, opuesto a general: *el interés particular.* ‖ Especial, extraordinario: *tener una habilidad particular.* ‖ Determinado: *en ciertos casos particulares.* ‖ Privado, no público *domicilio particular; correspondencia particular.* ‖ Separado, distinto: *habitación particular.* ‖ *En particular,* especialmente; separadamente. ‖ — M. Individuo que no tiene ningún título especial. ‖ Asunto, cuestión de que se trata: *no sé nada de este particular.*

particularidad f. Carácter particular. ‖ Circunstancia particular.

particularismo m. Preferencia excesiva que se da al interés particular sobre el general. ‖ Individualismo.

particularizar v. t. Expresar una cosa con todas sus circunstancias y detalles. ‖ Caracterizar, dar carácter particular. ‖ Referirse a un caso determinado. ‖ — V. pr. Distinguirse, singularizarse en una cosa: *particularizarse por sus modos.*

partida f. Marcha, salida: *tuvimos que aplazar la partida.* ‖ Asiento en los libros del registro civil o de las parroquias, o su copia certificada: *partida de nacimiento, de matrimonio, de defunción.* ‖ Cada uno de los artículos o cantidades parciales que contiene una cuenta o presupuesto. ‖ Cantidad de mercancía entregada de una vez: *una partida de papel.* ‖ Expedición, excursión: *partida de caza.* ‖ Guerrilla, bando, parcialidad: *partida carlista.* ‖ Grupo de gente armada: *partida facciosa.* ‖ Pandilla: *partida de niños.* ‖ Mano de juego: *una partida de ajedrez.* ‖ — *Fig. Mala partida,* mala jugada. ‖ *Partida serrana,* jugarreta, vileza. ‖ *Partida simple, doble,* métodos de contabilidad. ‖ *Las Siete Partidas,* las leyes compiladas por Alfonso X el Sabio.

partidario, ria adj. y s. Adicto, que sigue o se muestra a favor de un partido, sistema, régimen, persona, etc: *partidario de la República.* ‖ — M. Guerrillero.

partidismo m. Inclinación y celo exagerados a favor de un partido, tendencia u opinión que puede conducir a la parcialidad.

partidista adj. Relativo a un partido político: *luchas partidistas.*

partido, da adj. Dividido. ‖ Dícese del escudo dividido de arriba abajo en dos partes iguales. ‖ — M. Parcialidad, grupo de personas unidas por la misma opinión o los mismos intereses: *un partido político.* ‖ Provecho: *sacar partido.* ‖ Amparo, apoyo, influencia. ‖ Medio, proceder. ‖ Resolución, decisión: *tomar el partido de marcharse.* ‖ Equipo, conjunto de varios jugadores que juegan contra otros tantos: *el partido contrario.* ‖ Prueba deportiva entre dos competidores o dos equipos: *un partido de pelota, de fútbol.* ‖ Distrito de una administración o jurisdicción que tiene por cabeza un pueblo principal: *partido judicial.* ‖ Novio, futuro marido: *un buen partido.*

partidor m. El que divide o reparte una cosa. ‖ El que rompe algo: *partidor de leña.* ‖ Instrumento para romper ciertas cosas: *partidor de nueces.* ‖ *Mat.* Divisor.

partir v. t. Dividir en dos o más partes: *partir una manzana por la mitad; partir leña.* ‖ Romper, cascar: *partir nueces.* ‖ Repartir, fraccionar: *partir un pastel entre cuatro.* ‖ *Mat.* Dividir. ‖ — *Fig. Partir el corazón,* causar gran aflicción. ‖ *Partir la diferencia,* dividir; transigir. ‖ *Fig. Partir por el eje* (o *por en medio* o *por la mitad*) *a uno,* fastidiarle. ‖ — V. i. Empezar a caminar, marcharse: *partir para la India.* ‖ *Fig.* Asentar una cosa para deducir otra: *partiendo de este supuesto.* | Contar desde: *a partir de mañana.* ‖ — V. pr. Irse, marcharse. ‖ Romperse. ‖ Dividirse. ‖ — *Fam. Partirse de risa,* reír mucho. | *Partirse el pecho,* deshacerse por una persona o por conseguir algo.

partitivo, va adj. Que puede dividirse. ‖ Dícese del nombre y del adjetivo numeral que expresan división de un todo en partes, como *mitad, medio, tercia, cuarta* (ú. t. c. s. m.).

partitura f. *Mús.* Texto completo de una obra.

parto m. Acción de parir, alumbramiento. ‖ *Fig.* Obra del ingenio. ‖ *Fig. Es el parto de los montes,* dícese cuando se esperaba una cosa importante y sólo aparece una fútil.

parto, ta adj. De Partia. ‖ — M. Individuo de un ant. pueblo escita, en el S. de Hircania, que creó en 250 a. de J. C. un poderoso imperio que duró hasta 226 de nuestra era, año en que se incorporó al Imperio persa de los Sasánidas.

parturienta adj. y s. f. Dícese de la mujer que está de parto o recién parida.

párulis m. *Med.* Flemón que nace en las encías.

Paruro, c. del Perú, cap. de la prov. homónima (Cuzco).

parva f. Mies tendida en la era para la trilla. ‖ *Fig.* Cantidad grande de una cosa: *parva de chiquillos.* ‖ Desayuno, comida ligera: *la parva de los labradores.*

parvada f. *Agr.* Conjunto de parvas. ‖ *Fig.* Multitud, gran cantidad. ‖ *Amer.* Bandada.

parvedad f. Pequeñez. ‖ Comida ligera.

parvenu m. (pal. fr.). Advenedizo, nuevo rico.

parvo, va adj. Pequeño: *oficio parvo.* ‖ Escaso.

párvulo, la adj. y s. Niño pequeño: *colegio de párvulos.* ‖ *Fig.* Inocente, ingenuo.

Pas ‖ ~ (VALLE DE), comarca de la prov. de Santander (España). ‖ ~ **-de-Calais,** dep. del N. de Francia, cap. *Arrás.*

pasa f. Uva secada al sol. ‖ *Mar.* Canal estrecho entre bajos. ‖ *Fig.* y *fam. Estar* (o *quedarse*) *hecho una pasa,* estar o volverse una persona muy seca.

pasable adj. Galicismo por *pasadero, mediano, aceptable.*

pasacalle m. Marcha popular de compás muy vivo: *la banda ejecutó un alegre pasacalle.* ‖ Danza lenta de tres tiempos.

pasacintas m. Aguja gruesa que sirve para pasar las cintas o los elásticos en los dobladillos.

pasada f. Paso, acción de pasar de una parte a otra. ‖ Cada aplicación de una operación a una cosa. ‖ Congrua suficiente para mantenerse. ‖ Sitio por donde se puede pasar. ‖ — *De pasada,* de paso. ‖ *Fam. Mala pasada,* mal comportamiento, jugarreta.

Pasadena, c. en el SO. de Estados Unidos (California), suburbio residencial de Los Ángeles. Observatorio del Monte Wilson.

pasadero, ra adj. Transitable. ‖ Mediano. ‖ Medianamente bueno de salud. ‖ Aguantable.

pasadizo m. Paso estrecho, pasillo. ‖ Calle estrecha y corta.

pasado, da adj. Aplícase a la fruta y la carne estropeadas por ser ya viejas, del guisado demasiado cocido, etc. ‖ Dícese del tiempo anterior: *el día, el mes, el año pasado.* ‖ Anticuado. ‖ Descolorido. ‖ — M. Tiempo anterior al presente y cosas que sucedieron: *un pasado glorioso.*

pasador m. Barra pequeña de hierro que se corre para cerrar puertas, ventanas, etc. ‖ Varilla de metal que sirve de eje para el movimiento de las bisagras. ‖ Horquilla grande con la cual las mujeres se sujetan el pelo. ‖ Sortija que se pone a ciertas corbatas. ‖ Imperdible para colgar condecoraciones y medallas. ‖ Colador. ‖ Especie de punzón. ‖ — Pl. Gemelos, botones de camisa.

pasaje m. Acción de pasar de una parte a otra. ‖ Derecho que se paga por pasar por un paraje. ‖ Sitio por donde se pasa. ‖ Precio de un viaje marítimo o aéreo. ‖ Totalidad de los viajeros que van en un mismo barco o avión. ‖ Trozo o lugar de un escrito: *un pasaje emocionante.* ‖ Paso entre dos calles: *el barcelonés pasaje del Reloj.* ‖ *Mús.* Paso de un tono a otro. ‖ *Amer.* Billete para un viaje.

pasajero, ra adj. Aplícase al sitio por donde pasa mucha gente: *calle pasajera.* ‖ Que dura poco: *capricho pasajero.* ‖ Que utiliza un medio de transporte, viajero (ú. t. c. s.). ‖ *Ave pasajera,* ave de paso.

Pasajes, v. del N. de España (Guipúzcoa), puerto cerca de San Sebastián. (Hab. *pasaitarras.*)

pasamanería f. Obra, oficio y taller del pasamanero.

pasamanero, ra m. y f. Persona que hace pasamanos o los vende.

pasamano m. Especie de galón o trencilla de oro, seda, etc., que se usa como adorno. ‖ Barandilla: *el pasamano de una escalera.* ‖ *Mar.* En un barco, paso de proa a popa, junto a la borda.

pasamontañas m. inv. Gorra que cubre el cuello y las orejas.

pasante adj. Que pasa. ‖ — M. En los colegios, profesor auxiliar. ‖ El que asiste a un abogado, profesor, etc., para adquirir práctica en la profesión.

pasantía f. Ejercicio de pasante. ‖ Tiempo que dura este ejercicio, aprendizaje.

pasapasa m. Juego de manos.

pasaportar v. t. Dar o expedir pasaporte. ‖ *Fam.* Matar. | Despachar: *pasaportar un trabajo, un expediente.* | Expedir.

pasaporte m. Documento para pasar de un país a otro en que consta la identidad del que lo tiene. ‖ Documento, con indicación de un itinerario, de que se provee a los militares. ‖ *Fig.* Licencia franca o libertad de ejecutar una cosa. ‖ *Fig. Dar pasaporte a uno,* echarle.

pasapuré m. Utensilio usado para hacer puré con las patatas y otras verduras.

pasar v. t. Llevar, conducir, trasladar de un lugar a otro. ‖ Atravesar, cruzar: *pasar un río.* ‖ Enviar, transmitir: *pasar un recado.* ‖ Introducir géneros prohibidos: *pasar contrabando.* ‖ Poner en circulación: *pasar moneda falsa.* ‖ Contagiar una enfermedad: *le he pasado mi gripe.* ‖ Cerner, tamizar. ‖ Colar un líquido ‖ Adelantar: *pasar un coche.* ‖ Aprobar un examen (ú. t. c. i.). ‖ Volver: *pasar las hojas de una revista.* ‖ *Fig.* Rebasar, ir más allá: *pasar los límites.* | Superar, aventajar. ‖ Padecer: *pasar angustias, frío.* | Ocupar el tiempo: *pasé la noche desvelado.* | Omitir, silenciar. ‖ Tolerar, consentir: *no es bueno pasar tantas cosas a los hijos.* ‖ Secar una cosa al sol. ‖ *Taurom.* Dar pases de muleta. ‖ — *Pasar en blanco* (o *en silencio* o *por alto*) *una cosa,* omitirla. ‖ *Pasarlo bien,* divertirse. ‖ *Pasarlo mal,* aburrirse; tener dificultades. ‖ — V. i. Ir: *pasaré por tu casa.* ‖ Entrar: *dígale que pase.* ‖ Moverse una cosa de una parte a otra: *pasó el tren.* ‖ Poder entrar: *este sobre no pasa por debajo de la puerta.* ‖ Transcurrir: *el tiempo pasa muy rápido.* ‖ Ocurrir, suceder: *¿qué pasó?* ‖ Divulgarse, propagarse. ‖ Cesar: *todo pasa.* ‖ Morir: *pasar a mejor vida.* ‖ Volverse: *el joven pasó de pronto a hombre.* ‖ Dejar alguna actividad para comenzar otra: *ahora vamos a pasar al estudio del último punto.* ‖ Ser considerado: *su hermano pasa por ser muy listo.* ‖ Conformarse: *puedo pasar sin coche, pero no sin casa.* ‖ Ser creído: *esta bola conmigo no pasa.* ‖ En algunos juegos, no jugar por no tener naipe o ficha conveniente. ‖ — *Ir pasando,* vivir con estrechez. ‖ *Pasar de largo,* atravesar por un sitio sin detenerse; no reparar en lo que se trata. ‖ *Pasar de moda,* quedarse anticuado. ‖ *Pasar por algo,* sufrirlo; tolerarlo. ‖ *Pasar sin algo,* no necesitarlo. ‖ — V. pr. Cambiar de partido: *pasarse al bando contrario.* ‖ Olvidarse, borrarse de la memoria: *se me ha pasado lo que me dijiste.* ‖ Ser visto: *a este niño no se le pasa nada.* ‖ Acabarse. ‖ Excederse uno: *pasarse de listo.* ‖ Echarse a perder las frutas, carnes, etc. ‖ Marchitarse las flores. ‖ Filtrarse un líquido por los poros de una vasija. ‖ Ir a un sitio por poco tiempo: *me pasaré por tu casa a la salida del trabajo.* ‖ Estar holgada una pieza. ‖ *Fig. Pasarse de la raya,* exagerar, propasarse.

pasarela f. Puente pequeño o provisional. ‖ En los barcos, puentecillo ligero delante de la chimenea. ‖ En los teatros, pequeña prolongación del escenario en forma más o menos circular para mostrarse las artistas, especialmente las bailarinas.

pasarríos m. *Méx.* Reptil saurio iguánido.

pasatiempo m. Distracción, entretenimiento: *los crucigramas son su pasatiempo favorito.*

pasavante m. *Mar.* Salvoconducto que da a un buque el jefe de las fuerzas navales enemigas. ‖ Documento que da un cónsul a un buque mercante adquirido en el extranjero.

pascal m. Unidad de presión (símb., Pa).

Pascal (Blaise), matemático, físico, filósofo y escritor francés, n. en Clermont-Ferrand (1623-1662). Partidario del jansenismo, en 1654 se retiró a la abadía de Port-Royal donde llevó una vida de severo ascetismo. Sus investigaciones científicas le condujeron a enunciar las leyes de la presión atmosférica y del equilibrio de los fluidos, a descubrir el cálculo de probabilidades y a inventar la prensa hidráulica. Fue autor de las célebres *Cartas provinciales* y de una apología de la religión cristiana, que dejó sin acabar y fueron publicadas después de su muerte con el título de *Pensamientos.*

Pasco, dep. y prov. del centro del Perú; cap. *Cerro de Pasco.* Minas.

pascua f. Fiesta más solemne de los hebreos para conmemorar su salida de Egipto. ‖ Fiesta de la Iglesia católica, en memoria de la resurrección de Cristo. ‖ Cualquiera de las fiestas de Navidad, de la Epifanía y de Pentecostés. ‖ — Pl. Tiempo que media entre Navidad y los Reyes inclusive. ‖ — *Dar las pascuas,* felicitar por Año Nuevo. ‖ *De pascuas a Ramos,* de tarde en tarde. ‖ *Fig.* y *fam. Estar como unas pascuas,* estar muy alegre. | *Hacer la pascua,* fastidiar. ‖ *Pascua del Espíritu Santo,* Pentecostés. ‖ *Pascua florida,* la de Resurrección. ‖ *Fam. Y santas pascuas,* se acabó, expresión con que se da a entender que no hay que discutir más del asunto.

Pascua, isla volcánica de Chile (Valparaíso); 118 km². Estatuas megalíticas. Llamada tb. *Rapa Nui* y *Te-pito-Henúa.*

pascual adj. Relativo a la Pascua: *fiestas pascuales.*

Pascual ‖ ~ **I** *(San),* papa de 817 a 824. Fiesta el 14 de mayo. ‖ ~ **II** (¿1050?-1118), papa desde 1099. ‖ ~ **III,** antipapa de 1164 a 1168.

pascuilla f. El primer domingo después del de Pascua.

pase m. Permiso para que se use de un privilegio: *tener un pase para entrar todos los días en el museo.* ‖ Salvaconducto: *pase de favor.* ‖ *Esgr.* Finta. ‖ *Taurom.* Cada uno de los lances en que el matador cita al toro con la muleta y le deja pasar ‖ Movimiento que hace con las manos el hipnotizador. ‖ En ciertos deportes, envío del balón a un jugador. ‖ Acción y efecto de pasar en el juego.

paseante adj. y s. Que pasea o se pasea. ‖ *Fam. Paseante en corte,* ocioso.

pasear v. i. Andar a pie, en coche, etc., por diversión o para tomar el aire. Ú. t. c. pr.: *pasearse por el campo.* ‖ — V. tr. Llevar de una parte a otra, hacer pasear: *pasear a un niño.*

paseíllo m. Desfile de la cuadrilla de los toreros al comenzar la corrida.

paseo m. Acción de pasear o pasearse: *dar un paseo.* ‖ Sitio por donde suele pasearse la gente: *el paseo de la Castellana.* ‖ Distancia corta. ‖ — *Fig. Dar el paseo a uno,* ejecutarle. | *Mandar a paseo a uno,* despedirle con severidad o enfado.

pasero, ra m. y f. Persona que vende pasas. ‖ — F. Sitio donde se desecan las frutas para que se hagan pasas.

pasicorto, ta adj. De paso corto.

pasiego, ga adj. y s. De Pas (Santander). ‖ — F. *Fam.* Nodriza, ama de cría.

Pasífae, mujer de Minos, madre de Androgeo, Ariana, Fedra y el Minotauro.

pasiflora f. *Bot.* Pasionaria.

pasifloráceo, a adj. y s. f. Dícese de ciertas plantas tropicales a las que pertenece la pasionaria. ‖ — F. Pl. Familia que forman.

Pásig, pobl. de Filipinas, cap. de la prov. de Rizal (Luzón), a orillas del río del mismo n.

pasilargo, ga adj. De paso largo.

pasillo m. Corredor, pieza alargada por donde se pasa para ir a las distintas habitaciones de un edificio. ‖ *Teatr.* Paso breve: *la representación de un pasillo.* ‖ *Pasillo rodante,* dispositivo que sirve para transportar las personas y las mercancías.

pasión f. Perturbación o efecto violento y desordenado del ánimo: *dominado por la pasión.* ‖ Inclinación muy viva y su objeto: *su hija es su pasión.* ‖ Afición vehemente y su objeto: *pasión por el canto; su pasión es la lectura.* ‖ Prevención a favor o en contra de una persona o cosa: *hay que juzgar sin pasión.* ‖ *Relig.* En el Evangelio, relato de la condenación, agonía y muerte de Jesucristo: *la Pasión, según San Mateo.*

Pasión, río en el N. de Guatemala (El Petén), afl. del Usumacinta.

pasional adj. Relativo a la pasión, especialmente amorosa.

pasionaria f. Planta pasifloráceа, originaria del Brasil, así llamada por la semejanza que existe entre las distintas partes de la flor y los atributos de la Pasión de Jesucristo. ‖ Granadilla.

Pasionaria. V. IBARRURI.

pasionario m. Libro de coro para cantar la Pasión durante la Semana Santa.

pasito adv. Despacito, con tiento y en voz baja.

pasividad f. Estado del que no reacciona de ninguna manera cuando es objeto de una acción.

pasivo, va adj. Aplícase al que es objeto de una acción: *sujeto pasivo.* ‖ Que permanece inactivo y deja actuar a los demás. ‖ Dícese del haber o pensión que se disfruta por jubilación, viudedad, etc. ‖ *Com.* Importe total de las deudas y cargas de un comerciante (ú. t. c. s. m.). ‖ — *Clases pasivas,* conjunto de las personas que disfrutan pensiones. ‖ *Verbo pasivo,* el que expresa una acción sufrida por el sujeto.

pasmado, da adj. Estupefacto: *pasmado de admiración.* ‖ Atontado. ‖ Aturdido, transido de frío. ‖ Helado.

pasmar v. t. Enfriar mucho o bruscamente. ‖ *Fig.* Asombrar mucho, dejar estupefacto: *tan descarada contestación le pasmó.* ‖ — V. pr. Enfriarse mucho. ‖ *Méx.* Lastimar la silla el lomo del caballo. ‖ *Fig.* Quedarse asombrado o estupefacto. ‖ Helarse las plantas. ‖ Contraer el pasmo o tétanos. ‖ Anublarse los colores de una pintura. ‖ Desmayarse.

pasmarota f. *Fam.* Aspaviento.

pasmarote m. *Fam.* Bobo, tonto.

pasmo m. Efecto de un enfriamiento que se manifiesta por resfriado, dolor de huesos, etc. ‖ *Med.* Tétanos. ‖ *Fig.* Asombro, estupefacción muy grande. | Cosa que lo provoca.

pasmón m. *Méx.* Hinchazón en el lomo del caballo causada por el roce de la silla.

pasmoso, sa adj. *Fig.* Asombroso, que causa pasmo.

paso m. Movimiento de cada uno de los pies para andar: *dar un paso adelante.* ‖ Espacio recorrido al avanzar el pie. ‖ Manera de andar: *avanzar con paso poco seguro.* ‖ Movimiento regular con que camina una caballería: *paso de ambladura.* ‖ Acción de pasar: *el paso del mar Rojo por los judíos.* ‖ Lugar por donde se pasa: *paso protegido.* ‖ Huella impresa al andar: *se veían pasos en la arena.* ‖ Licencia para poder pasar sin estorbo: *dar (el) paso a uno.* ‖ Acontecimiento notable. ‖ Distancia entre dos filetes contiguos de un tornillo. ‖ Situación difícil, apuro: *salir de un mal paso.* ‖ Grupo escultórico que representa una escena de la Pasión de Jesucristo y se saca en procesión por la Semana Santa. ‖ Puntada larga en costura. ‖ Pieza corta dramática: *un paso de Lope de Rueda.* ‖ Cada mudanza que se hace en el baile. ‖ Conducta del hombre. ‖ Gestión, trámite. ‖ Progreso, adelanto: *las negociaciones han dado un paso adelante.* ‖ Estrecho de mar: *el paso de Calais.* ‖ Sitio por donde pasa la caza. ‖ Peldaño. ‖ *Amer.* Vado de un río. ‖ — *A buen paso,* rápidamente. ‖ *A cada paso,* continuamente. ‖ *A dos pasos,* muy cerca. ‖ *A ese paso,* de esta manera; andando con esta velocidad. ‖ *Al paso,* al pasar, sin detenerse, pausadamente. ‖ *Al paso que,* al tiempo que. ‖ *Abrir paso,* abrir camino. ‖ *Ceder el paso,* dejar pasar. ‖ *De paso,* para poco tiempo: *estar sólo de paso en un sitio;* al tratar de otro asunto, incidentalmente. ‖ *Mal paso,* dificultad, apuro. ‖ *Marcar el paso,* figurarlo en su compás. ‖ *Más que a paso,* muy de prisa. ‖ *Paso a nivel,* sitio en que un ferrocarril cruza un camino o una carretera al mismo nivel que él. ‖ *Paso a paso,* poco a poco. ‖ *Paso castellano,* paso largo y sentado de una caballería. ‖ *Mil. Paso de ataque o de carga,* el muy rápido. ‖ *Paso de garganta,* inflexión de la voz, trino. ‖ *Paso doble,* pasodoble. ‖ *Paso en falso,* acción contraproducente. ‖ *Paso largo,* el de 75 cm de largo (5,4 km. por hora). ‖ *Paso ligero,* el rápido de 83 cm de largo (9 km. por hora). ‖ *Paso redoblado,* el ordinario (4,7 km. por hora). ‖ *Fig. Por sus pasos contados,* por su orden natural. | *Salir al paso de,* adelantarse a, en: *salir al paso de las críticas.* ‖ *Salir del paso,* librarse de un compromiso. ‖ *Salirle a uno al paso,* ir a su encuentro; (fig.) adelantarle en una conversación o acción. ‖ *Volver sobre sus pasos,* volver pies atrás, retroceder; (fig.) desdecirse.

paso, sa adj. Dícese de las frutas desecadas: *uvas pasas.*

Paso ‖ **~ de Calais,** estrecho entre Francia e Inglaterra que une el mar del Norte con el canal de la Mancha (31 km de ancho y 185 km de longitud). V. PAS-DE-CALAIS. ‖ **~ de Cortés,** lugar de México, entre los volcanes Iztaccíhuatl y Popocatépetl, por el que entró Hernán Cortés en el Valle. ‖ **~ de los Libres,** dep. y pobl. en el NE. de la Argentina (Corrientes), a orillas del río Uruguay. ‖ **~ de los Toros,** pobl. del Uruguay (Tacuarembó). Empalme ferroviario. ‖ **~ (El),** c. en el S. de Estados Unidos (Texas). Obispado.

Paso (Antonio), escritor español (1870-1958), autor de populares comedias (*El niño judío, La alegría de la huerta, El asombro de Damasco, El orgullo de Albacete,* etc.). — Su hermano MANUEL (1864-1901) escribió dramas líricos y poesías. — Su hijo ALFONSO, n. en 1926, es un comediógrafo de gran fecundidad. ‖ **~** (JUAN JOSÉ), político argentino, n. en Buenos Aires (1758-1828). Fue secretario de la primera Junta (1810), formó parte de los dos primeros triunviratos (1811 a 1812) y estuvo en la Asamblea General Constituyente de 1813. ‖ **~ Troncoso** (FRANCISCO DEL), arqueólogo, lexicógrafo e historiador mexicano (1842-1916).

Pasochoa, pico del Ecuador (Pichincha); 4 188 m.

pasodoble m. Música de marcha de compás 4/4. ‖ Baile de movimiento muy vivo.

Pasos (Joaquín), poeta nicaragüense (1915-1947).

pasqueño, ña adj. y s. De Cerro de Pasco (Perú).

pasquín m. Cartel o escrito anónimo de contenido satírico u ofensivo ‖ Letrero anunciador. ‖ Octavilla, cartel o escrito de propaganda, generalmente política, que se reparte clandestinamente.

pasquinada f. Dicho agudo y satírico.

Passarowitz, hoy *Pozarevac,* c. en el E. de Yugoslavia (Servia), en la unión del Danubio y el Morava. Tratados de 1718 entre Turquía, el emperador germánico y Venecia.

Passau, c. de Alemania Occidental (Baviera), a orillas del Danubio. Obispado.

pássim adv. lat. Aquí y allí, fórmula que indica que se encontrarán en una obra citada referencias en varias partes

pasta f. Masa hecha de una o diversas cosas machacadas: *pasta de anchoas; pasta de papel.* ‖ Masa de harina y manteca o aceite, que se emplea para hacer pasteles, hojaldres, etc. ‖ Cartón cubierto de tela o piel para encuadernar: *encuadernación en pasta.* ‖ *Pop.* Dinero. ‖ — Pl. Masa de harina de trigo y agua que se presenta en forma de fideos, tallarines, etc.: *pastas alimenticias.* ‖ Galletas pequeñas, pastelillos: *tomar el té con pastas.* ‖ — *Media pasta,* encuadernación a la holandesa. ‖ *Pasta de dientes,* dentífrico. ‖ *Fam. Ser de buena pasta,* ser bondadoso.

pastaflora f. Masa muy delicada de harina, azúcar y huevo.

pastal m. *Amer.* Pastizal.

pastar v. t. Llevar el ganado al pasto. ‖ — V. i. Pacer el ganado en el campo.

Pastaza, río que nace en el Ecuador, pasa por el Perú y des. en el Marañón; 643 km. — Prov. del Ecuador (creada en 1959); cap. *El Puyo.* — Distr. en el N. del Perú (Alto Amazonas).

pasteca f. *Mar.* Especie de motón o polea.

pastel m. Masa de harina y manteca en que se envuelve crema o dulce, fruta, carne o pescado, cociéndose después al horno: *pastel de almendras.* ‖ Lápiz compuesto de una materia colorante amasada con agua de goma. ‖ Dibujo hecho con este lápiz. ‖ Trampa. ‖ *Fig.* y *fam.* Convenio secreto. | Lío. ‖ *Impr.* Conjunto de líneas o planas desordenadas. ‖ *Fam. Descubrir el pastel,* adivinar o revelar una cosa secreta u oculta. — Se dio en México el n. de *Guerra de los Pasteles* a la expedición contra San Juan de Ulúa (1838). Entre las reclamaciones francesas figuraba la indemnización a un pastelero.

pastelear v. i. *Fig.* y *fam.* Contemporizar por miras interesadas.

pasteleo m. Adulación.

pastelería f. Establecimiento en que se hacen o venden pasteles. ‖ Arte de fabricar pasteles.

pastelero, ra m. y f. Persona que hace o vende pasteles. ‖ *Fig.* y *fam.* Persona acomodadiza en demasía. | Adulador, cobista.

Pastelero de Madrigal (El), impostor del s. XVI, llamado *Gabriel Espinosa.* Se hizo pasar por el rey Don Sebastián de Portugal. M. en 1595.

pastelista m. Pintor al pastel.

Pastene (Juan Bautista), capitán genovés (1507-¿1582?). Estuvo con Pedro de Valdivia en la conquista de Chile.

pastense adj. y s. De Pasto (Colombia).

pasterización o **pasteurización** f. Operación que consiste en calentar entre 75º y 85º ciertas sustancias alimenticias (leche, cerveza), para destruir los microbios sin alterar el gusto.

pasterizar o **pasteurizar** v. t. Esterilizar los alimentos por pasterización.

Pasternak (Boris), escritor soviético (1890-1960), autor de poemas (*Mi hermana la vida*) y novelas (*El doctor Jivago*, publicada en Italia). [Pr. Nóbel, 1958.]

Pasteur [-*ter*] (Louis), químico y biólogo francés (1822-1895), creador de la microbiología. Estudió las fermentaciones, las enfermedades contagiosas, la asepsia y antisepsia, y descubrió la vacuna contra la rabia.

pastiche m. (pal. fr.). Imitación servil.

pastilla f. Porción pequeña de pasta, generalmente cuadrada o redonda: *pastilla de jabón, de chocolate.* ‖ Trozo pequeño de pasta compuesta de azúcar y alguna sustancia medicinal o meramente agradable: *pastilla de menta; pastillas contra la tos.*

pastizal m. Terreno abundante en pastos.

pasto m. Acción de pastar. ‖ Hierba que pace el ganado. ‖ Prado o campo en que pasta. ‖ *Fig.* Hecho, noticia u ocasión que sirve para fomentar algo: *ser pasto de la crítica.* | Alimento: *su pasto son las novelas.* | Enseñanza espiritual. ‖ — *Fam. A todo pasto*, copiosamente; frecuentemente. ‖ *Ser pasto de las llamas*, ser destruido por un incendio.

Pasto, macizo montañoso de Colombia (Nariño); alt. máx. 4 266 m (*Pico Galeras*). — C. en el SO. de Colombia, cap. del dep. de Nariño, fundada en 1539. Obispado. Universidad.

pastor, ra m. y f. Persona que guarda y apacienta el ganado. ‖ — M. Prelado, sacerdote. ‖ — *El Buen Pastor*, el Salvador. ‖ *Pastor protestante*, sacerdote o ministro de esta Iglesia.

Pastor Díaz (Nicomedes), poeta romántico español (1811-1863), autor de *A la Luna*, *La mariposa negra*, etc.

pastoral adj. Pastoril: *costumbres pastorales.* ‖ De los prelados: *visita pastoral.* ‖ Relativo a la poesía pastoril: *poema pastoral.* ‖ *Carta pastoral*, comunicación de un obispo a su diócesis. ‖ — F. Especie de drama bucólico.

pastorear v. t. Apacentar el ganado. ‖ *Fig.* Cuidar los prelados de sus feligreses.

pastorela f. Música y canto a modo del que usan los pastores. ‖ *Poét.* Especie de égloga o idilio.

pastoreo m. Acción de pastorear el ganado.

pastoría f. Oficio de los pastores. ‖ Conjunto de pastores.

pastoril adj. Propio o característico de los pastores: *música, novela pastoril.*

pastosidad f. Calidad de pastoso o blando.

pastoso, sa adj. Blando, suave y suficientemente espeso: *sustancia pastosa.* ‖ Dícese de la voz de timbre suave: *voz pastosa.* ‖ Dícese de la boca o lengua secas.

Pastrana, v. en el centro de España (Guadalajara). Palacio.

Pastrana Borrero (Misael), político colombiano, n. en 1924. Pres. de la Rep. desde 1970.

pastueño, ña adj. Aplícase al toro de lidia que acude sin recelo al engaño.

pastura f. Pasto.

pastuso, sa adj. y s. De Pasto (Colombia).

pata f. Pie y pierna de los animales. ‖ *Fam.* Pie o pierna del hombre. ‖ Cada una de las piezas que sostienen un mueble. ‖ Hembra del pato. ‖ En las prendas de vestir, cartera, tira de paño. ‖ — *Fam. A cuatro patas*, a gatas. ‖ *A la pata coja*, modo de andar saltando en un solo pie y llevando el otro encogido. ‖ *A la pata la llana*, con sencillez, sin afectación. ‖ *Fam. A pata*, a pie; descalzo. ‖ *Fig.* y *fam. Enseñar la pata*, enseñar la punta de la oreja. | *Estirar la pata*, morir. | *Meter la pata*, intervenir inoportunamente, cometer un desacierto. | *Pata de banco*, despropósito. ‖ *Pata de cabra*, instrumento de zapatero. ‖ *Pata de gallina*, enfermedad de los árboles. ‖ *Pata de gallo*, planta gramínea; tela de textura cruzada que forma cuadros de varios colores; arruga que se forma en el ángulo externo de cada ojo; despropósito. ‖ *Fig.* y *fam. Patas arriba*, en desorden. | *Poner a uno de patas en la calle*, echarle. | *Tener mala pata*, tener mala suerte.

pataca f. Aguaturma y su fruto.

patacón m. Moneda de plata antigua.

patache m. *Mar.* Embarcación de carga para el servicio de los puertos.

patacho m. *Hond.* y *Méx.* Yunta de mulas.

patada f. Golpe dado con la pata o con el pie. ‖ *Fam.* Paso, gestión: *dar muchas patadas para lograr algo.* ‖. — *Fig.* y *fam. A patadas*, con excesiva abundancia; muy mal, sin cuidado. | *Darse (de) patadas*, no ir bien dos cosas juntas. | *En dos patadas*, muy rápidamente.

patagón, ona adj. y s. De Patagonia. (Los conquistadores españoles dieron el n. de *patagones* a los indios *tehuelches* por el tamaño de sus pies cubiertos de pieles.)

Patagonia, región del S. de la Argentina y de Chile, comprendida entre los Andes, el Atlántico y el estrecho de Magallanes. Ganadería; agricultura; bosques. Petróleo. — Ant. prov. de la Argentina creada en 1955 y desaparecida al año siguiente.

patagónico, ca adj. Relativo a la Patagonia o a los patagones.

Patagónides, cadena montañosa de la Argentina en los límites de las prov. de Chubut y Neuquen.

patagua f. Árbol de Chile, de madera ligera usada en carpintería.

patajú m. *Amer.* Planta herbácea cuyas anchas hojas recogen el agua de lluvia.

patalear v. i. Agitar violentamente las piernas: *el niño pataleaba en la cuna.* ‖ Dar patadas en el suelo por enfado o pesar.

pataleo m. Acción de patalear. ‖ Ruido que se hace de esa manera. ‖ *Fig.* y *fam. El derecho de pataleo*, el de quejarse y desahogarse.

pataleta f. *Fam.* Convulsión fingida, ataque de nervios exagerado: *le dio una pataleta.*

Patan, c. en el centro de Nepal, cerca de Katmandú. Universidad.

patán m. *Fam.* Campesino, rústico. | Hombre zafio y grosero.

patanería f. *Fam.* Zafiedad, rustiquez, ignorancia.

¡pataplún! interj. ¡Cataplún!

patarata f. Cosa ridícula y despreciable. ‖ Demostración afectada y ridícula, carantoña.

patata f. Planta solanácea cuyos tubérculos, carnosos y feculentos, son uno de los alimentos más útiles para el hombre. (Originaria de Chile y Perú, la *patata*, *papa* en América, fue introducida en España hacia 1534.) ‖ Cada uno de esos tubérculos. ‖ — *Patata dulce*, batata. ‖ *Patatas fritas a la inglesa*, las que se cortan en rebanadas muy finas.

patatal y **patatar** m. Campo plantado de patatas.

Patate, río en el S. del Ecuador (Tungurahua) que, al unirse con el Chambo, forma el Pastaza.

patatero, ra adj. Relativo a la patata. ‖ — M. y f. Vendedor de patatas. ‖ — M. *Pop.* Oficial que antes fue soldado.

patatín patatán (que) fr. fam. Argucias, disculpas del que no quiere entrar en razones. ‖ Expresión que resume lo que dice o que ha dicho alguien. (Dícese también *que si patatín, que si patatán.*)

patatús m. *Fam.* Desmayo ligero: *sufrió* o *le dio un patatús.*

patay m. *Amer.* Pan de algarroba negra.

Pataz, prov. en el O. del Perú (La Libertad); cap. *Tayabamba.*

pateadura f. y **pateamiento** m. Acción de patear, pataleo. ‖ *Fig.* y *fam.* Reprensión violenta.

patear v. t. *Fam.* Dar golpes con los pies. ‖ *Fig.* y *fam.* Tratar ruda y desconsideradamente. | Abuchear dando patadas. | Reprender. ‖ — V. i. *Fam.* Dar patadas en señal de dolor, cólera, impaciencia. ‖ *Fig.* y *fam.* Andar mucho para conseguir algo. ‖ *Amer.* Cocear el caballo. | Dar culatazo el arma de fuego.

Patecatl, entre los aztecas, el esposo de la diosa Mayahuel.

patena f. Platillo de oro o plata en el cual se pone la hostia en la misa. ‖ *Fig. Limpio como una patena*, muy limpio y aseado.

patentado, da adj. Que tiene una patente.

patentar v. t. Conceder y expedir patentes: *patentar un invento.* ‖ Obtener patentes.

patente adj. Manifiesto, evidente: *una injusticia patente.* ‖ — F. Documento por el cual se confiere un derecho o privilegio. ‖ Documento que acredita haberse satisfecho el impuesto para el ejercicio de algunas profesiones o industrias: *patente industrial, profesional.* ‖ — *Patente de corso*, autorización dada a un barco para hacer el corso contra el enemigo. ‖ *Patente de invención*, certificado por el cual un gobierno da a un autor el derecho exclusivo de explotar industrialmente su invento. ‖ *Mar. Patente de navegación*, certificado que se entrega al barco que sale de un puerto para acreditar su nacionalidad. | *Patente limpia*, la que acredita la salubridad del punto de procedencia. | *Patente sucia*, la que indica haber alguna epidemia en el lugar de procedencia.

patentizar v. t. Hacer patente o manifiesta una cosa.

pateo m. Pataleo.

pátera f. Vaso de poco fondo usado en los sacrificios antiguos.

Patérculo (Veleyo), historiador latino (19 a. de J. C.-32 d. de J. C.). Publicó *Historia romana.*

paterfamilias m. (pal. lat.). En la antigua Roma, el jefe de la familia.

paternal adj. Aplícase al afecto, cariño o solicitud propios de los padres: *amor paternal.* ‖ Como de padre: *cuidados paternales.*

paternalismo m. Carácter paternal. ‖ Doctrina social según la cual las relaciones entre el patrono y sus empleados deben ser parecidas a las que existen entre los miembros de una misma familia.

paternalista adj. Que tiene las características del paternalismo.

paternidad f. Calidad de padre: *los deberes de la paternidad.* ‖ *Fig.* Creación: *la paternidad de un libro.* ‖ Lazo jurídico que une al padre con sus hijos.

— Se llama *paternidad legítima* cuando el hijo nace de padres casados; *paternidad natural*, cuando los padres del niño no lo están; *paternidad adoptiva*, cuando el niño es adoptado.

paterno, na adj. Del padre: *abuelo paterno; casa paterna.*

paternóster m. Padrenuestro.

Paterson, c. en el NE. de Estados Unidos (Nueva Jersey). Obispado. Sedas.

pateta m. *Fam.* El diablo.

patético, ca adj. Que conmueve o impresiona mucho: *descripción patética.*

patetismo m. Cualidad de patético.

Patía, río en el SO. de Colombia (Cauca y Nariño), formado al unirse el Quilcasé y el Timbío; 450 km.

patiabierto, ta adj. *Fam.* De piernas muy abiertas y torcidas.

Patiala, c. en el N. de la India (Pendjab). Metalurgia.

patibulario, ria adj. Que por su aspecto o condición produce horror y recelo, haciendo pensar en los criminales: *cara patibularia.* ‖ Relativo al patíbulo o cadalso: *drama patibulario.*

patíbulo m. Tablado o lugar en que se ejecuta la pena de muerte.

paticojo, ja adj. y s. Cojo.

patidifuso, sa adj. *Fig.* y *fam.* Patitieso, boquiabierto, sorprendido: *quedarse patidifuso.*

patihendido, da adj. Aplícase al animal que tiene las patas hendidas.

patilla f. Porción de barba que se deja crecer delante de las orejas. ‖ Mechón de pelo que las mujeres colocan en ese mismo sitio. ‖ Una de las dos varillas con que se afianzan las gafas detrás de la oreja. ‖ — Pl. *Fam.* El diablo.

patilludo, da adj. De patillas espesas y largas.

patín m. Plancha de metal provista de una cuchilla que se adapta a la suela del zapato para deslizarse sobre el hielo (con ruedas permite patinar sobre pavimento duro). ‖ Aparato con flotadores paralelos para deslizarse sobre el agua. ‖ Parte del tren de aterrizaje de un avión ‖ Ave palmípeda marina. ‖ Calza do de niños pequeños. ‖ Juguete de niño que se compone de una plancha montada sobre dos ruedas y de un manillar.

pátina f. Especie de barniz verdoso que se forma en los objetos antiguos de bronce u otros metales. ‖ Tono sentado y suave que toman con el tiempo las pinturas.

patinadero m. Lugar donde se patina.

patinador, ra adj. y s. Que patina.

patinaje m. Acción de patinar: *patinaje sobre ruedas, sobre hielo.*

patinar v. i. Deslizarse por el hielo o el suelo con patines. ‖ Resbalar las ruedas de un vehículo. ‖ Deslizarse intempestivamente un órgano mecánico. ‖ — V. t. Dar pátina a un objeto.

patinazo m. Acción y efecto de patinar bruscamente la rueda de un coche. ‖ *Fig.* y *fam.* Planchazo, desliz.

patineta f. Patín, juguete.

patinillo m. Patio pequeño.

Patinir o **Patenier** (Joachim), pintor flamenco (¿1480?-1524), uno de los maestros del paisaje de su país.

Patiño, estero de la Argentina (Formosa) y del Paraguay (Presidente Hayes).

Patiño (José), político español (1667-1736), ministro de Felipe V.

patio m. Espacio descubierto en el interior de un edificio: *el patio de la escuela, de un cuartel.* ‖ Piso bajo de teatro: *patio de butacas.*

patitieso, sa adj. Con las piernas tiesas o paralizadas. ‖ *Fig.* Que anda muy erguido y tieso. ‖ *Fig.* y *fam.* Pasmado, muy sorprendido: *se quedó patitieso al ver su saber.*

patituerto, ta adj. Que tiene las piernas torcidas. ‖ *Fig.* y *fam.* Torcido por haber sido mal hecho.

patizambo, ba adj. y s. Aplícase al que tiene las piernas torcidas hacia fuera y muy juntas las rodillas.

Patmos, isla del E. de Grecia en el Dodecaneso (Espóradas del Sur), donde San Juan escribió el *Apocalipsis.*

Patna, c. en el N. de la India, a orillas del Ganges, cap. del Estado de Bihar. Obispado. Universidad.

pato m. Ave acuática palmípeda, de pico ancho en la punta y tarsos muy cortos, que puede ser domesticada. ‖ — *Pop. Pagar el pato,* llevar un castigo injusto. ‖ *Pato de flojel,* ave palmípeda de gran tamaño, llamada también *éider,* con cuyo plumón se fabrican edredones.

patochada f. *Fam.* Disparate, despropósito.

patógeno, na adj. Dícese de lo que causa las enfermedades: *gérmenes patógenos.*

patojo, ja adj. Que tiene las piernas torcidas.

patología f. Parte de la medicina que trata del estudio de las enfermedades. ‖ *Patología vegetal,* parte de la botánica que trata de las enfermedades de las plantas.

patológico, ca adj. Relativo a la patología: *un caso patológico.*

patólogo m. Especialista que se dedica a la patología.

Patos, cumbre de los Andes entre la Argentina (Catamarca) y Chile (Atacama); 5 950 m. Por un desfiladero de este cerro el general San Martín y su ejército libertador atravesó la cordillera en 1816. — Río de la Argentina (San Juan) que, al confluir con el Castaño, forma el San Juan. — Laguna del Brasil (Rio Grande do Sul) que, a través del río San Gonzalo, comunica con la laguna de Merín (Uruguay) y, por el río Grande, con el Atlántico; 280 km. — Laguna de México (Chihuahua).

patoso, sa adj. *Fam.* Rústico, que presume de gracioso sin serlo. | Cargante, latoso.

patraña f. *Fam.* Embuste, mentira, cuento muy enmarañado.

patrañero, ra adj. y s. Aficionado a contar patrañas.

Patrañuelo *(El),* colección de cuentos de Juan de Timoneda.

Patrás, c. y puerto de Grecia en el NO. del Peloponeso, y a orillas del golfo homónimo, formado por el mar Jónico.

patria f. País en que se ha nacido: *defender su patria.* ‖ — *Madre patria,* país de origen. ‖ *Patria celestial,* el cielo o gloria. ‖ *Patria chica,* pueblo o ciudad de nacimiento.

Patria boba, comienzo de la guerra de la Independencia en Colombia (1810-1816), caracterizado por las luchas entre centralistas y federalistas.

patriarca m. En el Antiguo Testamento, nombre de los primeros jefes de familia. ‖ *Fig.* Anciano respetable. ‖ Título de dignidad de algunos prelados sin ejercicio ni jurisdicción: *el patriarca de las Indias.* ‖ Título de ciertos obispos y de los jefes de la Iglesia griega. ‖ Nombre que se da a los fundadores de algunas órdenes religiosas. ‖ *Fig. Llevar una vida de patriarca,* vivir con comodidad y tranquilidad.

patriarcado m. Dignidad de patriarca y territorio de su jurisdicción. ‖ Organización social caracterizada por la supremacía del padre sobre los otros miembros de la tribu.

patriarcal adj. Relativo al patriarca: *iglesia patriarcal.* ‖ *Fig.* Ejercido con sencillez y benevolencia: *gobierno, autoridad patriarcal.* ‖ — F. Iglesia del patriarca. ‖ Patriarcado.

patriciado m. Dignidad o condición de patricio. ‖ En Roma, conjunto o clase de los patricios.

patricio, cia adj. y s. En Roma, descendiente de los primeros senadores instituidos por Rómulo. ‖ Noble. ‖ — Adj. Relativo a los patricios: *dignidad, clase patricia.* ‖ — M. Individuo que descuella por sus virtudes o talento.

Patricio *(San),* apóstol y patrón de Irlanda (¿390-461?). Fiesta el 17 de marzo.

patrimonial adj. Relativo al patrimonio: *bienes patrimoniales.*

patrimonio m. Hacienda que se hereda del padre o de la madre: *patrimonio familiar.* ‖ *Fig.* Bienes propios adquiridos por cualquier motivo. | Lo que es privativo de un grupo de gente: *la vitalidad es el patrimonio de la juventud.* ‖ *Patrimonio nacional,* totalidad de los bienes de una nación.

Patrimonio de San Pedro, conjunto de territorios de los antiguos Estados de la Iglesia, legado a la Santa Sede por la condesa Matilde de Toscana; cap. *Viterbo.*

patrio, tria adj. Relativo a la patria: *el territorio patrio; independencia patria.* ‖ Perteneciente al padre. ‖ *Patria potestad,* autoridad de los padres sobre los hijos menores no emancipados.

patriota adj. y s. Que tiene amor a su patria y procura su bien.

patriotería f. *Fam.* Alarde propio del patriotero.

patriotero, ra adj. y s. *Fam.* Que presume de modo excesivo e inoportuno de patriotismo.

patriótico, ca adj. Relativo al patriota o a la patria: *himno patriótico.*

patriotismo m. Amor a la patria: *de acendrado patriotismo.*

patrística f. Ciencia que tiene por objeto el conocimiento de la doctrina, obras y vidas de los Padres de la Iglesia.

patrístico, ca adj. Relativo a la patrística: *estudio patrístico.*

patrocinador, ra adj. y s. Que patrocina.

patrocinar v. t. Defender, proteger, amparar, favorecer: *patrocinar una empresa, una candidatura.*

patrocinio m. Amparo, protección, auxilio.

Patroclo, héroe griego de Homero, compañero de Aquiles, con quien fue al sitio de Troya. M. por Héctor.

patrología f. Patrística. ‖ Colección de los escritos de los Santos Padres.

patrón, ona m. y f. Dueño de una casa de huéspedes. ‖ Santo titular de una iglesia. ‖ Protector escogido por un pueblo o cofradía. ‖ — M. Jefe de un barco mercante o de pesca. ‖ Modelo: *el patrón de un vestido.* ‖ Planta en la que se hace el injerto. ‖ Metal adoptado como tipo de moneda: *el patrón oro.* ‖ *Fig. Cortado con el mismo patrón,* muy parecido.

Patrón (Pablo), médico, escritor y arqueólogo peruano (1855-1910), autor de *El Perú primitivo.*

patronal adj. Relativo al patrono o al patronato: *sindicatos patronales* (ú. t. c. s. f.).

patronato m. Derecho, poder o facultad que tienen el patrono o patronos. ‖ Corporación que forman los patronos. ‖ Fundación de una obra pía: *patronato parroquial.* ‖ Sociedad. ‖ Centro. ‖ *Patronato real,* derecho que tenía el rey de presentar personas adecuadas para los obispados, etc.

patronazgo m. Patrocinio.

patronímico, ca adj. Entre los griegos y romanos, decíase del nombre derivado del perteneciente al padre o a otro antecesor. ‖ Aplícase al apellido que se daba a los hijos, sacado del nombre de sus padres, como *González* de Gonzalo, *López,* de Lope, etc. ‖ — M. Nombre común a todos los descendientes de una raza, como *merovingio, carolingio,* etc.

patrono, na m. y f. Persona que tiene empleados trabajando por su cuenta. ‖ Santo titular de una iglesia o pueblo. ‖ Patrón, protector de una iglesia o corporación.

patrulla f. *Mil.* Partida de soldados, en corto número, que ronda para mantener el orden y seguridad en las plazas y campamentos. ‖ Escuadrilla de buques o aviones de vigilancia. ‖ *Fig.* Grupo o cuadrilla de personas.

patrullar v. i. Rondar una patrulla. ‖ Hacer servicio de patrulla.

patrullero, ra adj. Que patrulla. ‖ Aplícase al buque o avión destinado a patrullar (ú. t. c. s. m.).

Patti (Adelina), cantante italiana, n. en Madrid (1843-1919).

Patuca, río de Honduras (Olancho y Colón), que des. en el mar Caribe; 483 km. Arenas auríferas.

patulea f. *Fam.* Soldadesca desordenada. | Gente desbandada y maleante. | Grupo de niños.

Pátzcuaro, lago en el centro de México (Michoacán). Turismo. — C. en el centro de México (Michoacán). Turismo.

Pau [*po*], c. del S. de Francia, cap. del dep. de Pyrénées-Atlantiques.

Paucartambo, río del Perú (Cuzco) que, al unirse con el Chanchamayo, forma el Perené. — C. en el SE. del Perú, cap. de la prov. homónima (Cuzco).

paujī o **paujil** m. Ave del Perú, especie de pavo silvestre, de carne parecida a la del faisán.

paúl adj. y s. Aplícase a los clérigos regulares de la congregación fundada por San Vicente de Paúl en 1625 para formar misioneros y predicar el Evangelio entre las clases populares. (Llámanse tb. *sacerdotes de la Misión* o *lazaristas.*)

paúl m. Sitio pantanoso cubierto de hierbas.

paular m. Terreno pantanoso.

paular v. i. *Fam.* Hablar.

paulatino, na adj. Que procede u obra progresivamente.

paulina f. Carta de excomunión expedida en ciertos casos en los tribunales pontificios. ‖ *Fig.* y *fam.* Reprensión áspera. | Carta ofensiva anónima.

Pauling (Linus Carl), químico norteamericano, n. en 1901. (Pr. Nóbel de Química en 1954 y de la Paz en 1962.)

paulinia f. Arbusto brasileño sapindáceo de cuya almendra se obtiene una bebida refrescante.

Paulino Lucero o **Dos gauchos del Río de la Plata,** roman ce gauchesco de Hilario Ascasubi.

paulista adj. y s. De São Paulo. (V. BANDEIRANTE.)

Paulo ‖ **~ III** (*Alejandro Farnesio*), papa de 1534 a 1549. Convocó el Concilio de Trento. ‖ **~ VI** (*Juan Bautista Montini*), n. en 1897, elegido papa en 1963. Prosiguió y clausuró el II Concilio Vaticano y ha hecho varios viajes al extranjero, uno de ellos a Bogotá. Autor de varias encíclicas (*Populorum progressio, Humanae vitae*).

paulonia f. Árbol escrofulariáceo, originario del Japón, de hermosas flores azules y olorosas.

pauperismo m. Fenómeno social caracterizado por la gran pobreza de un país o población. ‖ Existencia de gran número de pobres en un país, en particular cuando procede de causas permanentes.

pauperización f. Empobrecimiento de una población o de una clase social. (Según Marx, el capitalismo provoca la *pauperización* creciente de la clase obrera.)

paupérrimo, ma adj. Muy pobre, escaso de recursos.

pausa f. Breve interrupción. ‖ Tardanza, lentitud. ‖ *Mús.* Breve intervalo en que se deja de cantar o tocar. | Signo que lo indica.

pausado, da adj. Hecho con lentitud: *ser pausado en el hablar.*

Pausanias, príncipe lacedemonio, vencedor en Platea (479 a. de J. C.). M. hacia 470.

pausar v. t. Interrumpir o retardar un movimiento o acción.

pauta f. Cada una de las rayas trazadas en el papel en que se escribe o se hace la notación musical o conjunto de ellas. ‖ Regla para rayar el papel en que aprenden los niños a escribir. ‖ *Fig.* Lo que sirve de regla o norma para hacer una cosa. | Dechado, modelo.

pautar v. t. Rayar papel con la pauta. ‖ *Fig.* Dar reglas para la ejecución de algo. ‖ *Mús.* Trazar en el papel las rayas para escribir las notas.

Paute, pobl. en el SO. del Ecuador (Azuay). — V. NAMANGOZA.

pava f. Hembra del pavo. ‖ *Fig.* y *fam.* Mujer sosa y desgarbada. ‖ *Fig. Pelar la pava,* conversar de noche los chicos con las chicas por la reja o balcón.

pava f. Fuelle grande usado en ciertos hornos metalúrgicos. ‖ *Fam.* Colilla. ‖ *Arg.* Tetera que se emplea para el mate. ‖ *Chil.* Orinal.

pavada f. Manada de pavos. ‖ *Fig.* y *fam.* Sosería.

pavana f. Danza española antigua de sociedad, lenta y grave. ‖ Su música. ‖ Especie de esclavina.

pavero, ra adj. *Fig.* Presumido, vanidoso. ‖ — M. y f. Persona que cría o vende pavos. ‖ — M. *Pop.* Sombrero andaluz de ala ancha.

pavés m. Escudo grande.

pavesa f. Partícula que se desprende de un cuerpo en combustión.

Pavese (Cesare), escritor italiano (1908-1950).

pavía f. Variedad del pérsico. ‖ Fruto de este árbol.

Pavía, c. en el N. de Italia (Lombardía), cap. de la prov. homónima. Obispado. Universidad. Aquí las tropas españolas de Carlos I hicieron prisionero a Francisco I de Francia y derrotaron a su ejército (1525).

Pavía (Manuel), general español (1827-1895). En 1874, al disolver las Cortes republicanas, hizo posible la restauración monárquica.

pavimentación f. Acción de pavimentar. ‖ Pavimento, revestimiento del suelo.

pavimentar v. t. Revestir el suelo con baldosas, adoquines, cemento u otros materiales: *aún no han pavimentado la calle.*

pavimento m. Firme de las carreteras.

pavipollo m. Pollo del pavo. ‖ *Fam.* Que carece de gracia, bobo.

Pavlodar, c. en el SO. de la U. R. S. S. (Kazakstán). Fábrica de alúmina.

Pavlov (Iván), fisiólogo y médico ruso (1849-1936). Premio Nóbel en 1904 por sus estudios de las glándulas digestivas, de los reflejos condicionados, etc.

Pavlova (Anna), bailarina rusa (1882-1931).

pavo m. Ave gallinácea oriunda de América, de plumaje negro verdoso, cabeza desnuda cubierta de carúnculas rojas y cresta eréctil. ‖ *Fig.* y *fam.* Hombre necio e ingenuo. ‖ — *Fam. Comer pavo,* en un baile, quedarse sin bailar una mujer. ‖ *Pavo real,* gallinácea oriunda de Asia, cuyo macho posee una hermosa cola de plumas verdes oceladas que extiende en círculo para hacer la rueda. ‖ *Fam. Subírsele a uno el pavo,* ruborizarse.

pavón m. Pavo real. ‖ Mariposa. ‖ *Tecn.* Color azul con que se cubren objetos de hierro y acero para protegerlos contra la oxidación.

Pavón, arroyo de la Argentina (Santa Fe), en cuyas orillas Mitre, jefe de las fuerzas bonaerenses, derrotó al ejército de la Confederación mandado por Urquiza (17 de septiembre de 1861).

Pavón (José Ignacio), político mexicano (1791-1866), pres. interino de la Rep. durante un día (1860), frente a B. Juárez.

pavonada f. *Fam.* Paseo corto. ‖ *Fig.* Ostentación, presunción.

pavonado, da adj. De color azulado oscuro. ‖ — M. *Tecn.* Pavón.

pavonar v. t. Dar pavón a los objetos de hierro o acero.

pavonear v. i. Hacer ostentación, presumir, vanagloriarse (ú. m. c. pr.). ‖ — V. t. Engañar.

pavoneo m. Ostentación.

pavor m. Temor muy grande: *tan horrenda aparición le llenó de pavor.*

pavoroso, sa adj. Que da pavor.

Pawtucket, c. en el E. de Estados Unidos (Rhode Island). Textiles.

paya f. *Arg.* y *Chil.* Composición poética dialogada que improvisan los payadores.

payacate m. *Méx.* Paliacate.

Payachata, cumbre de los Andes de Chile (Tarapacá); 6 320 m.

payada f. *Amer.* Canto del payador. | Justa poética y musical de dos payadores.

payador m. *Arg.* y *Chil.* Gaucho que canta acompañándose con la guitarra.

payadura f. *Arg.* y *Chil.* Paya.

payaguaes m. pl. Indios aborígenes del Paraguay, establecidos en Asunción.

payanar v. t. *Méx.* Ablandar algo, quebrar el maíz.

payanés, esa adj. y s. Popayanense.

payar v. i. *Arg.* y *Chil.* Cantar payadas.

payasada f. Bufonada, farsa.

payasear v. i. Hacer payasadas.

payaso m. Artista que hace de gracioso en las ferias o circos. ‖ *Fig.* Persona poco seria.

payés, esa m. y f. Aldeano de Cataluña y Baleares.

Payne (Thomas). V. PAINE.

Payno (Manuel), escritor mexicano (1810-1894), autor de la novela *El fistol del diablo* y de los cuadros costumbristas *Los bandidos de Río Frío, El hombre de la situación,* etc.

payo, ya adj. y s. Aldeano, campesino ignorante y rudo. ‖ *Pop.* Tonto, mentecato. ‖ Para los gitanos, aplícase a cualquier persona que no es de su raza.

Payo Obispo. V. CHETUMAL.

Payró (Roberto J.), escritor argentino (1867-1928), autor de novelas de costumbres (*El casamiento de Laucha* y *Divertidas aventuras del nieto de Juan de Moreira*) y obras teatrales (*Marco Severi*).

Paysandú, c. en el NO. de Uruguay, cap. del dep. homónimo; puerto en el río Uruguay. El dep. es ganadero.

paz f. Situación de un país que no sostiene guerra con ningún otro. ‖ Unión, concordia entre los miembros de un grupo o de una familia: *vivir en paz con sus vecinos.* ‖ Convenio o tratado que pone fin a una guerra: *firmar la paz.* ‖ Sosiego, tranquilidad: *la paz de un monasterio.* ‖ Descanso: *dejar dormir en paz.* ‖ Reconciliación. Ú. t. en pl.: *hacer las paces los reñidos.* ‖ Sosiego o tranquilidad del alma: *tener la conciencia en paz.* ‖ Reliquia que besan los fieles. ‖ — *Dar paz,* dar tranquilidad. ‖ *Dejar en paz,* no inquietar ni molestar. ‖ *Fig. Descansar en paz,* estar muerto. | *Estar en paz,* no deberse nada. ‖ *Firmar* o *hacer las paces,* reconciliarse. ‖ *¡Paz!* interj. que se usa para exigir silencio. ‖ *Fig. Paz octaviana,* quietud y sosiego completos como se gozaba en la época de Octavio Augusto.

Paz, río fronterizo entre El Salvador y Guatemala; 56 km.

Paz (La), c. de Bolivia situada a 3 400 m de altitud, cap. del dep. homónimo. Residencia del Gobierno de la Rep. desde 1900; 410 000 h. Arzobispado. Universidad. Comercio. Fundada el año 1548 con el n. de *Pueblo Nuevo de Nuestra Señora de la Paz,* se llama hoy oficialmente *La Paz de Ayacucho.* En la prov., cereales, riquezas minerales. — Dep. de El Salvador; cap. *Zacatecoluca.* — C. en el SO. de Honduras, cap. del dep. homónimo. — C. en el O. de México, cap. del Territ. de Baja California Sur. ‖ **~ Central,** pobl. en el O. de Nicaragua (León). Ant. *Pueblo Nuevo.* ‖ **~ del Río,** pobl. en el N. de Colombia (Boyacá). Hierro; metalurgia.

Paz (Alonso de la), imaginero guatemalteco (1605-1676). ‖ **~** (IRENEO), general, jurista y escritor mexicano (1836-1924). ‖ **~** (JOSÉ CAMILO), político argentino (1842-1912), fundador en 1869 del diario *La Prensa*, de Buenos Aires. || ~ (José María), general argentino (1791-1854). Combatió por la Independencia y contra los federales. Dirigió la defensa de Montevideo contra Oribe (1843). || ~ (Juan Carlos), compositor y musicólogo argentino (1901-1972). || ~ (Octavio), poeta y escritor mexicano, n. en 1914, autor de *Raíz del hombre, Libertad bajo palabra* y *Luna silvestre*. || ~ **Baraona** (Miguel), político hondureño, m. en 1937, pres. de la Rep. de 1925 a 1929. || ~ **Estenssoro** (Víctor), político boliviano, n. en 1907, pres. de la Rep. de 1952 a 1956. Nacionalizó las minas de estaño. Reelegido en 1960 fue destituido en 1964. || ~ **Soldán y Unanue** (Pedro), escritor romántico peruano (1839-1895), autor de poesías satíricas, obras de teatro, etc. Fue llamado *Juan de Arona*. || ~ **y Salgado** (Antonio de), escritor satírico guatemalteco, m. en 1757. Autor de *El mosqueador*.

pazguatería f. Tontería, simpleza, candidez.

pazguato, ta adj. y s. Simple, bobo, mentecato.

pazo m. En Galicia, casa solariega, y especialmente la edificada en el campo.

Pazos de Ulloa *(Los)*, novela de Emilia Pardo Bazán que continúa en *La madre Naturaleza* (1886).

pazote m. Planta americana quenopodiácea cuyas hojas y flores se toman en infusión.

Pb, símbolo químico del *plomo*.

¡pche! o ¡pchs! interj. Denota indiferencia o reserva.

Pd, símbolo químico del *paladio*.

pe f. Nombre de la letra *p*. || *Fig. De pe a pa*, desde el principio hasta el final.

pea f. *Pop.* Borrachera.

peaje m. Derecho de tránsito que se paga en ciertas autopistas, carreteras o puentes.

peán m. Himno en honor de Apolo. || Canto de guerra, de victoria o de fiesta.

peana f. Plataforma o zócalo para colocar encima una estatua u otra cosa. || Tarima delante del altar, arrimada a él.

Pearl Harbor, c. y puerto de las islas Hawai (Oahú). El ataque de la aviación japonesa (7 de diciembre de 1941) contra la escuadra de los Estados Unidos determinó la entrada de éstos en la segunda guerra mundial.

Peary (Robert), explorador norteamericano (1856-1920) que llegó al polo Norte en 1909.

peatón m. El que camina a pie, transeúnte. || Cartero, valijero o correo de a pie.

pebeta f. *Arg.* y *Urug.* Muchacha, chica joven.

pebete m. Pasta hecha con polvos aromáticos que se quema para perfumar las habitaciones. || Varita de materia combustible para encender los fuegos artificiales, cohetes, etc. || *Arg.* y *Urug.* Niño.

pebetero m. Perfumador, recipiente donde se queman perfumes.

pebre com. Salsa de vinagre con pimienta, ajo, perejil. || Pimienta.

peca f. Mancha de color pardo en el cutis, particularmente en el rostro.

pecado m. Hecho, dicho, deseo, pensamiento u omisión contra la ley divina: *pecado venial, mortal.* || Defecto en una cosa. || — *Pecado contra natura* o *nefando*, sodomía o cualquier otro acto contrario a la generación. || *Pecado original*, el de Adán y Eva transmitido a todos los hombres.

pecador, ra adj. y s. Que peca o puede pecar. || — F. *Fam.* Prostituta, ramera.

pecaminoso, sa adj. Relativo al pecado o al pecador: *pensamiento pecaminoso; vida pecaminosa.*

pecar v. i. Incurrir en pecado. || Cometer una falta. || Dejarse llevar de una afición o pasión: *pecar de goloso, de severo.* || Exponerse a un castigo por tener en grado elevado un defecto o incluso una cualidad. || *Pecar de confiado*, ser demasiado confiado.

pecarí o **pécari** m. *Amer.* Saíno, especie de cerdo.

pecblenda f. Óxido natural de uranio, el más importante y rico de los minerales de uranio (del 40 al 90 %), del que también se extrae el radio.

peccata minuta expr. fam. Error, falta poco grave.

pecera f. Recipiente de cristal lleno de agua donde se tienen peces vivos, sobre todo los de colores.

pecio m. Resto de una embarcación que ha naufragado.

peciolado, da adj. Que tiene pecíolo: *hojas pecioladas.*

pecíolo o **peciolo** m. Rabillo de la hoja.

pécora f. Res de ganado lanar. || *Fig.* y *fam. Mala pécora*, mujer astuta y mala.

pecoso, sa adj. Que tiene pecas.

Pecs, c. meridional de Hungría, cerca de la frontera con Yugoslavia. Obispado. Universidad. Centro metalúrgico.

pectina f. *Quím.* Sustancia gelatinosa que se encuentra en el zumo de muchos frutos maduros.

pectoral adj. Relativo al pecho: *cavidad pectoral.* || Bueno para el pecho. Ú. t. c. s. m. *tomar un pectoral.* || — M. Adorno suspendido o fijado en el pecho. | Cruz que llevan sobre el pecho los obispos y prelados. || Ornamento sagrado que llevaba en el pecho el sumo sacerdote judío.

pectosa f. *Quím.* Sustancia sacada de los frutos antes de su maduración.

pecuario, ria adj. Relativo al ganado: *la riqueza pecuaria argentina, uruguaya.*

peculado m. Hurto de caudales públicos cometido por el que los administra.

peculiar adj. Propio o privativo de cada persona o cosa.

peculiaridad f. Condición de peculiar.

peculio m. Bienes que el padre dejaba al hijo para su uso. || *Fig.* Dinero particular de cada uno.

pecunia f. *Fam.* Dinero.

pecuniario, ria adj. Relativo al dinero: *el aspecto pecuniario de un asunto.* || Que consiste en dinero: *pena pecuniaria.*

pechar v. t. Pagar pecho o tributo. || — V. i. *Fam.* Asumir una carga: *él pechó con el trabajo.*

Pechawar. V. Peshawar.

pechblenda f. Pecblenda.

Pechenga. V. Pétsamo.

peche adj. y s. Dícese del individuo de una tribu maya de México (Yucatán).

pechera f. Parte de la camisa que cubre el pecho. || Chorrera de camisa. || Petral de las caballerías de tiro. || *Fam.* Pecho de la mujer.

pechero, ra adj. y s. Que pagaba pecho o tributo. || Plebeyo. || — M. Babero, babador.

pechiblanco, ca adj. De pecho blanco: *caballo pechiblanco.*

pechina f. Venera, concha. || *Arq.* Triángulo curvilíneo que forma el anillo de la cúpula con los arcos torales.

pechirrojo m. Pardillo, pájaro.

pecho m. Parte interna y externa del cuerpo humano que se extiende desde el cuello hasta el vientre. || Parte anterior del tronco de los cuadrúpedos entre el cuello y las patas anteriores. || Cada una de las mamas de la mujer: *dar el pecho al hijo.* || Repecho, cuesta. || *Fig.* Corazón. | Valor, ánimo: *hombre de mucho pecho.* | Calidad o duración de la voz: *voz de pecho; dar el do de pecho.* || — *Fig. Abrir su pecho a alguien*, sincerarse con él, descubrirle algún secreto propio. | *A lo hecho, pecho*, hay que arrostrar las consecuencias de una acción y no pensar más en ella. || *A pecho descubierto*, indefenso. || *Dar el pecho*, dar de mamar; (fig.) afrontar un peligro. || *Fig. De pecho*, aplícase al niño que mama. | *Echarse* o *tomarse algo a pecho*, tomarlo con gran interés; ofenderse por ello. || *Fam. Entre pecho y espalda*, en el estómago. || *Pecho amarillo, pecho colorado*, etc., nombre de diversos pájaros. || *Fig. Pecho arriba*, cuesta arriba. || *Tomar el pecho*, mamar el niño.

pecho m. Tributo que pagaban al señor sus vasallos plebeyos. || *Fig.* Contribución, tributo.

pechón, ona adj. *Méx.* Descarado, gorrón.

Pechora. V. Petchora.

pechuga f. Pecho de las aves: *comer pechugas de pollo.* || *Fig.* y *fam.* Pecho del hombre o de la mujer.

pechugón, ona adj. *Fam.* Que tiene mucho pecho.

pedagogía f. Ciencia de la educación. || Arte de enseñar o educar a los niños. || Método de enseñanza.

pedagógico, ca adj. Relativo a la pedagogía: *método pedagógico.*

pedagogo m. Ayo. || Maestro de escuela. || Educador, perito en pedagogía.

pedal m. Palanca que se mueve con el pie: *los pedales de la bicicleta, del piano, del arpa.* || Cada uno de los juegos del órgano, que se mueven con el pie.

pedalear v. i. Accionar los pedales de una bicicleta o de otras máquinas.

pedaleo m. Acción de pedalear.

pedáneo adj. Aplícase al alcalde o juez de limitada jurisdicción.

pedanía f. *Amer.* Distrito.

pedante adj. y s. Aplícase a la persona que hace alarde de sus conocimientos.

pedantear v. i. Hacerse el pedante. || Hacer alarde de erudición.

pedantería f. Afectación propia del pedante.

pedantesco, ca adj. Relativo a los pedantes o a su estilo.

pedantismo m. Pedantería.

pedazo m. Parte o porción de una cosa separada del todo. || — *A pedazos*, por partes. || *Fig.* y *fam. Caerse a pedazos*, andar de manera muy desgarbada; estar muy cansado físicamente. | *Comprar una cosa por un pedazo de pan*, comprarla muy barato. | *Ganarse un pedazo de pan*, ganar lo imprescindible para vivir. || *Hacer pedazos una cosa*, romperla. || *Fig.* y *fam. Pedazo de alcornoque, de animal, de bruto*, persona torpe o tonta. | *Pedazo del alma o del corazón*, persona muy querida.

pederasta m. El que comete pederastia.

pederastia f. Abuso deshonesto con un niño. || Sodomía.

pedernal m. Variedad de cuarzo de color amarillento, que da chispas al ser golpeado con el eslabón. || *Fig.* Cosa muy dura.

Pederneiras (Mario), poeta brasileño (1868-1915).

Pedernera, dep. de la Argentina (San Luis); cap. *Villa Mercedes.*

Pedernera (Juan Esteban), general argentino (1796-1886). Luchó a las órdenes de San Martín y más tarde contra Rosas.

pedestal m. Cuerpo compuesto de base y cornisa que sostiene una columna, estatua, etc. || *Fig.* Lo que permite encumbrarse, apoyo: *le sirvió de pedestal para entrar en la vida política de su país.*

pedestre adj. Que anda a pie. || Dícese del deporte que consiste en andar o correr: *carrera pedestre.* || *Fig.* Llano, sin relieve. | Vulgar, ramplón, sin valor: *sus versos no pueden ser más pedestres.*

pedestrismo m. Deporte de las carreras a pie.

pediatra m. Médico especialista de las enfermedades infantiles.

pediatría f. Parte de la medicina relativa a las enfermedades infantiles.

pedicular adj. Del piojo.

pedículo m. Pedúnculo.

pediculosis f. Enfermedad cutánea producida por la acumulación de piojos.

pedicuro, ra m. y f. Callista.

pedido m. *Com.* Encargo de géneros hecho a un fabricante o vendedor: *hacer un pedido.* ‖ Petición.

pedidor, ra adj. y s. Dícese de la persona que pide.

pedigrí o **pedigree** m. (pal. ingl.). Genealogía de un animal. ‖ Documento en que consta.

pedigüeño, ña adj. Que pide con frecuencia e importunidad.

pediluvio m. Baño de pies con fin terapéutico.

pedimento m. Petición, demanda. ‖ *For.* Documento que se presenta ante un juez o tribunal reclamando una cosa.

* **pedir** v. t. Rogar a uno que dé o haga una cosa: *pedir protección.* ‖ Por antonomasia, pedir limosna. ‖ Exigir: *pedir reparación, justicia.* ‖ Encargar: *pedir un café.* ‖ Solicitar uno su derecho ante el juez: *pedir en justicia.* ‖ Requerir *las plantas piden agua.* ‖ Fijar precio a una mercancía el que la vende *este sastre pide muy caro.* ‖ Rogar los padres de una mujer para que la concedan en matrimonio: *pedir la mano.* ‖ — *Fig.* y *fam. A pedir de boca,* a medida del deseo. | *Pedir la Luna* o *pedir peras al olmo,* pedir cosas imposibles de conseguir. *Venir a pedir de boca,* ser una cosa la mejor o lo más oportuna que se podía esperar.

pedo m. Ventosidad que se expulsa por el ano. ‖ *Fam.* Pea, borrachera.

pedología f. Ciencia que estudia los caracteres físicos, químicos y biológicos de los terrenos.

pedorrera f. *Fam.* Abundancia de ventosidades expelidas por el ano

pedorreta f. Ruido hecho con la boca, imitando el pedo.

pedrada f. Acción de arrojar una piedra. ‖ Golpe dado con ella y herida producida: *recibió una pedrada en la cabeza.* ‖ *Fig.* Cosa que se dice con intención de molestar. ‖ *Fig.* y *fam. Caer como pedrada en ojo de boticario,* venir una cosa muy oportunamente.

Pedrarias (Pedro Arias Dávila, llamado), militar y conquistador español, n. en Segovia (¿1440?-1531). Gobernador del Darién (1514), ordenó ejecutar a Núñez de Balboa (1517). Fundó la ciudad de Panamá (1519) y dirigió importantes expediciones.

pedrea f. Acción de apedrear. ‖ Lucha a pedradas. ‖ Granizo. ‖ *Fig.* y *fam.* Conjunto de los premios de muy poco valor en la lotería.

pedregal m. Lugar pedregoso.

Pedregal, río en el S. de México (Tabasco) que, al confluir con el de las Playas, forma el Tonalá. — Río en el NO. de Venezuela (Falcón) que des. en el golfo de este n. — F. Pedregal. ‖ Valla o cerca de piedra seca.

pedregoso, sa adj. Lleno de piedras.

Pedrell (Carlos), músico uruguayo (1878-1941). Vivió en París y era sobrino de Felipe Pedrell. ‖ ~ (Felipe), compositor y musicólogo español, n. en Tortosa (1841-1922), creador de la moderna escuela nacional. Autor de cinco óperas (*La Celestina, Los Pirineos,* etc.), de poemas sinfónicos, música para orquesta, etc., y de obras de erudición.

pedrera f. Cantera, lugar de donde se sacan las piedras.

pedrería f. Conjunto de piedras preciosas.

pedrisca f. Granizo.

pedrigal m. Pedregal.

pedrisco m. Granizo grueso que cae en abundancia. ‖ Pedrea, piedras arrojadas en abundancia. ‖ Multitud de piedras sueltas

pedrizo, za adj. Pedregoso. ‖

Pedro ‖ ~ **Betancourt,** térm. mun. de Cuba (Matanzas). ‖ ~ **de Valdivia,** pobl. en el N. de Chile (Antofagasta). ‖ ~ **González,** isla de Panamá, en el archip. de Las Perlas. — Pobl. en el S. del Paraguay (Ñeembucú). ‖ ~ **Juan Caballero,** c. en el NE. del Paraguay, cap. del dep. de Amambay. ‖ ~ **Moncayo,** cantón del Ecuador (Pichincha). ‖ ~ **Santana,** com. en el O. de la Rep. Dominicana (San Rafael).

Pedro ‖ ~ *(San),* jefe de los apóstoles y primero de los papas de la Iglesia católica, n. hacia el año 10 a. de J. C. y martirizado en Roma hacia 64 de nuestra era. Sobre su sepultura se erige la basílica del Vaticano. Fiesta el 29 de junio. ‖ ~ **Armengol** *(San),* religioso mercedario español (1238-1304). Fiesta el 27 de abril. ‖ ~ **Claver** *(San),* jesuita español (1580-1654). Evangelizó en Bogotá a los esclavos africanos, lo que le valió el sobrenombre de *Apóstol de los negros.* Fiesta el 9 de septiembre. ‖ ~ **de Alcántara** *(San),* franciscano español (1499-1562), que reformó la orden en España. Fiesta el 19 de octubre. ‖ ~ **de Arbués** *(San),* religioso español (1441-1485), inquisidor de Aragón. M. asesinado por los judíos. Fiesta el 17 de septiembre. ‖ ~ **de Verona** *(San),* sacerdote e inquisidor italiano (¿1205?-1252). M. asesinado. Fiesta el 29 de abril. ‖ ~ **Nolasco** *(San),* religioso francés (¿1182?-1256), quien, con San Raimundo de Peñafort, fundó la orden de la Merced. Fiesta el 28 de enero. ‖ ~ **Regalado** *(San),* franciscano español (1391-1456). Fiesta el 13 de mayo.

Pedro I el Cruel (1334-1369), rey de Castilla y León, hijo de Alfonso XI y su sucesor en 1350. Tuvo que hacer frente a numerosas guerras civiles. Fue vencido y muerto por su hermano bastardo Enrique de Trastamara en los campos de Montiel.

Pedro ‖ ~ **I** (1074-1104), rey de Navarra y de Aragón desde 1094. Derrotó a los árabes en Alcoraz (Huesca) en 1096. ‖ ~ **II** (1177-1213), rey de Aragón y Cataluña desde 1196, hijo de Alfonso II y padre de Jaime el Conquistador. Luchó en la batalla de las Navas de Tolosa y murió en Muret luchando contra Simón de Monfort. ‖ ~ **III** *el Grande* (1239-1285), rey de Aragón y Valencia desde 1276. Sucesor de su padre Jaime el Conquistador, ocupó Sicilia, después de derrotar a los franceses. Excomulgado por el Papa, cedió sus derechos a Carlos de Valois, pero las victorias navales de Roger de Lauria impidieron la invasión francesa. ‖ ~ **IV** *el Ceremonioso* (1319-1387), rey de Aragón y Cataluña desde 1336. Combatió contra los árabes en la batalla del Salado e incorporó a sus dominios Mallorca, el Rosellón y parte de Cerdeña.

Pedro ‖ ~ **I,** llamado *el Justiciero* (1320-1367), rey de Portugal desde 1357. Amante de Inés de Castro. ‖ ~ **II** (1648-1706), rey de Portugal desde 1683. ‖ ~ **III** (1717-1786), rey de Portugal desde 1777. ‖ ~ **IV.** V. Pedro I del Brasil. ‖ ~ **V** (1837-1861), rey de Portugal desde el año 1853.

Pedro ‖ ~ **I** (1798-1834), emperador del Brasil, hijo de Juan VI. Al morir su padre (1826), fue, durante menos de un año, rey de Portugal con el nombre de *Pedro IV.* Proclamada la independencia brasileña en 1822, se hizo coronar emperador y en 1831 abdicó en favor de su hijo Pedro. ‖ ~ **II,** hijo del anterior (1825-1891), emperador del Brasil de 1831 hasta la proclamación de la República en 1889.

Pedro ‖ ~ **I,** llamado *el Grande* (1672-1725), emperador de Rusia desde 1682. Reformó el ejército, la marina y la administración. Fundó San Petersburgo (1703), venció a Carlos XII de Suecia en Poltava (1799) y, por el Tratado de Nystad (1721), anexó Livonia, Estonia y Finlandia. Le sucedió su esposa Catalina I. ‖ ~ **II** (1715-1730), emperador de Rusia desde 1727. ‖ ~ **III** (1728-1762), emperador de Rusia en 1762, asesinado por orden de su esposa Sofía de Anhalt, futura Catalina II.

Pedro el Ermitaño, monje francés (¿1050?-1115), predicador de la Primera Cruzada, en la cual participó.

Pedro de Roma *(San).* V. San Pedro de Roma.

Pedroches (Los), pico culminante de la Cordillera Bética en el S. de España; 1 600 m.

pedrojuancaballerense adj. y s. De Pedro Juan Caballero (Paraguay).

pedrusco m. *Fam.* Piedra tosca.

pedunculado, da adj. Que tiene pedúnculo: *flores, frutos pedunculados.*

pedúnculo m. Pezón, rabillo en las plantas.

Peel [*pil*] (Sir Robert), político conservador inglés (1788-1850), varias veces primer ministro.

Peene, río del N. de Alemania, que des. en el Báltico en el estuario del Oder (bahía de Greifswald); 180 km.

peer v. i. *Pop.* Echar pedos, ventosear (ú. t. c. pr.).

Peer Gynt, drama de Ibsen, ilustrado musicalmente por Grieg (1867)

Peers (Edgar Allison), hispanista inglés (1888-1953).

pega f. Pegadura. ‖ Baño que se da con la pez a las vasijas, odres, pellejos, etc. ‖ *Fam.* Chasco, engaño: *dar una pega.* | Zurra: *le dio una pega de patadas.* | Pregunta difícil en las exámenes: *poner una pega a un alumno.* ‖ Dificultad: *no me vengas con pegas.* ‖ Urraca, ave. ‖ Rémora, pez. ‖ *Pop. De pega,* falso, fingido, para engañar.

pegada f. En deportes, manera de pegar a la pelota.

pegadizo, za adj. Que se pega fácilmente. ‖ Pegajoso. ‖ *Fig.* Cargante, parásito. | Contagioso: *risa pegadiza.* | Que se retiene fácilmente: *música pegadiza.* ‖ Postizo, falso.

pegado m. Parche, emplasto. ‖ Lo que se pega de un guisado.

pegado, da adj. *Fig.* y *fam.* Sin saber qué decir o qué hacer. | Ignorante: *estar pegado en matemáticas.*

pegador m. El que en las minas y canteras pega fuerte a las mechas de los barrenos. ‖ Boxeador que tiene buena pegada.

pegadura f. Acción de pegar. ‖ Unión de las cosas que se han pegado.

pegajosidad f. Viscosidad.

pegajoso, sa adj. Que se pega con facilidad. ‖ Viscoso: *manos pegajosas.* ‖ Contagioso: *enfermedad pegajosa; vicio pegajoso.* ‖ *Fig.* y *fam.* Meloso, empalagoso. | Cargante, pesado: *amigo pegajoso.*

pegamento m. Producto para pegar.

pegamiento m. Pegadura, encoladura.

pegapega m. *Amer.* Goma para cazar pájaros.

pegar v. t. Adherir, unir dos cosas con cola o producto semejante: *pegar un sello, un sobre.* ‖ Atar, coser: *pegar un botón.* ‖ Fijar, unir una cosa con otra (ú. t. c. pr.). ‖ *Fig.* Comunicar, contagiar: *pegar la escarlatina* (ú. t. c. pr). | Golpear: *pegar a un niño* (ú. t. c. pr.). | Dar: *pegar un bofetón, un puntapié, un tiro, un salto, un susto.* | Lanzar, dar: *pegar un grito.* | Arrimar, acercar mucho: *pegar el piano a la pared* (ú. t. c.

PA

pr.). || *Fam.* Hacer sufrir: *¡menudo rollo nos ha pegado!* || — *Fig. No pegar ojo,* no dormir. | *Pegar fuego,* prender, incendiar algo. || — V. i. Sentar o ir bien: *dos colores que pegan uno con otro.* || Venir a propósito, caer bien. || Estar una cosa contigua a otra. || Dar: *aquí el sol pega muy fuerte.* || — V. pr. Unirse con alguna sustancia glutinosa. || Quemarse y adherirse los guisos a las vasijas en que cuecen: *pegarse el arroz.* || *Fig.* Entrometerse. | Aficionarse mucho a una cosa. | Ser pesado. || — *Fig.* y *fam. Pegársela a uno,* engañarle. | *Pegársele a uno las sábanas,* dormir hasta muy entrada la mañana. | *Pegarse una buena vida,* llevar una vida muy agradable, pasarlo muy bien. || *Fig. Pegarse un tiro,* suicidarse.

pegásides f. pl. Las musas.

pegaso m. Pez del océano Índico, de aletas pectorales muy desarrolladas y en forma de alas.

Pegaso, caballo alado domado por Belerofonte. *(Mit.)*

Pegaso, constelación del hemisferio boreal.

pego (dar el) loc. *Fam.* Engañar, aparentando una cosa o persona ser mejor de lo que es en realidad.

pegollo m. Pilar de piedra de un hórreo asturiano.

pegote m. Emplasto. || *Fig.* y *fam.* Guiso apelmazado por haber sido mal preparado. | Parásito, gorrón. | Cosa que no va con otra a la cual ha sido añadida.

pegual m. *Amer.* Cincha con argolla para sujetar los animales cogidos con lazo. || *Arg.* Sobrecincha.

pegujal m. Peculio, hacienda. || *Fig.* Corta porción de terreno, ganado o caudal.

pegujalero m. Propietario de un pegujal. || Ganadero que tiene poco rebaño.

peguntar v. i. Marcar las reses con pez derretida.

peguntoso, sa adj. Pegajoso: *tener las manos peguntosas.*

Péguy (Charles), escritor francés, precursor del socialismo cristiano (1873-1914). Autor del poema dramático *Misterio de la caridad de Juana de Arco* y de ensayos.

Peichaver. V. PESHAWAR.

Pei-Ho o **Hai-ho** *(Río Blanco),* río del N. de China que pasa cerca de Pekín y por Tientsin; 450 km.

peinado, da adj. *Fam.* Dícese del hombre que se adorna con esmero mujeril. || *Fig.* Aplícase al estilo muy retocado. || — M. Arreglo del pelo: *un peinado complicado.* || Acción de peinar los textiles.

peinador, ra m. y f. Persona que peina: *voy a la peinadora.* || — M. Prenda que usan las mujeres para protegerse los hombros cuando se peinan. || Prenda parecida empleada por los hombres al peinarse o afeitarse. || — F. Máquina para peinar la lana.

peinadura f. Acción de peinar o peinarse.

peinar v. t. Desenredar o componer el cabello (ú. t. c. pr.). || Desenredar o limpiar la lana. || Rozar ligeramente. || *Fig.* y *fam. Peinar canas,* ser ya viejo.

peinazo m. Travesaño horizontal en las puertas y ventanas.

peine m. Utensilio de concha, plástico, hueso, etc., con púas, para desenredar, limpiar o componer el cabello. || Carda para la lana. || Pieza del telar por cuyas púas pasan los hilos de la urdimbre. || *Fig.* y *fam.* Persona astuta: *¡menudo peine eres!* || Enrejado de poleas situado en el telar de los escenarios de teatro en el que se cuelgan las decoraciones.

peinero m. Fabricante o vendedor de peines.

peineta f. Peine de adorno, alto y encorvado, que usan las mujeres: *ir con mantilla y peineta.*

peinetero m. Peinero.

Pei-Ping. V. PEKÍN.

Peipus, lago en el NO. de la U. R. S. S., entre Estonia y Rusia; 3 600 km². Comunica con el golfo de Finlandia por medio del río Narva. Tb. llamado *Chudsk.*

Peixoto, pobl. del Brasil (Minas Gerais), a orillas del río Grande. Importante presa. Central hidroeléctrica.

Peixoto (Júlio Afrânio), médico y escritor brasileño (1876-1947), autor de novelas (*Fruto salvaje, María Bonita,* etc.) y de una *Historia de la Literatura brasileña.* || ~ FLORIANO), militar brasileño (1842-1895), pres. de la Rep. de 1891 a 1894.

peje m. Pez. || *Fig.* y *fam.* Hombre astuto. || — *Peje araña,* pez marino, comestible, de aletas dorsales con espinas venenosas. || *Amer. Peje buey,* manatí.

pejepalo m. Abadejo sin aplastar y curado al humo.

pejerrey m. Pez marino del orden de los acantopterigios. || Pez de agua dulce de la Argentina, cuya carne es muy apreciada.

pejesapo m. Pez marino acantopterigio, comestible, de cabeza muy grande.

pejiguera f. *Fam.* Cosa molesta, engorrosa.

Pekín o **Pequín,** ant. *Pei-Ping,* cap. de la República Popular de China, en la prov. de Hopei; 7 000 000 de h. El municipio depende directamente del gobierno central. Centro administrativo e industrial. Universidad.

pekinés, esa adj. y s. Pequinés.

pela f. Peladura. || *Pop.* Peseta. || *Amer.* Zurra. || *Méx.* Fatiga excesiva.

pelada f. Piel de carnero u oveja, a la cual se arranca la lana después de muerta la res.

peladera f. Enfermedad en que se caen en varios sitios los pelos y el cabello.

peladilla f. Almendra confitada. || Canto rodado pequeño, guijarro. || *Fam.* Bala, proyectil.

peladillo m. Variedad de pérsico. || Fruto de este árbol.

pelado, da adj. Que se ha quedado sin pelo: *hombre de cabeza pelada.* || Que no tiene piel: *fruta pelada.* || Que no tiene carne: *hueso pelado.* || *Fig.* Descubierto, desnudo de vegetación: *monte, campo, peñasco pelado.* | Escueto: *discurso pelado.* || Aplícase al número que tiene decenas, centenas o millares justos: *el veinte pelado.* || *Fam. Estar pelado,* estar sin dinero. || — M. Corte de pelo. || Operación que consiste en pelar las frutas industrialmente.

Pelado || ~ **(El),** cima en el N. de los Andes del Ecuador (Carchi); 4 157 m. || ~ (MONTE), volcán en el NO. de la isla Martinica; 1 397 m.

pelador m. El que pela o descorteza.

peladura f. Acción de pelar frutas o descortezar árboles. || Mondadura: *peladuras de patatas.*

pelafustán m. *Fam.* Perezoso, holgazán.

pelagallos m. inv. *Fam.* Hombre que no tiene oficio.

pelagatos m. inv. *Fig.* y *fam.* Hombre sin posición social ni económica.

pelagianismo m. Doctrina de Pelagio.

pelagiano, na adj. y s. Partidario del pelagianismo.

pelágico, ca adj. Relativo al mar. || Dícese de los animales y plantas que viven en alta mar pero no a grandes profundidades. || *Depósitos pelágicos,* depósitos que cubren el fondo de los océanos.

Pelagio, heresiarca, n. en Inglaterra (¿360-422?), creador de una doctrina que negaba la transmisión del pecado original y la eficacia de la gracia.

pelagoscopio m. Instrumento para observar el fondo del mar.

pelagra f. Enfermedad grave, producida por carencia de vitaminas y caracterizada por lesiones cutáneas y trastornos digestivos y nerviosos.

pelagroso, sa adj. y s. Aquejado de pelagra.

pelaire m. Cardador de paños.

pelaje m. Pelo de un animal. || *Fig.* y *fam.* Trazas, aspecto, apariencia: *persona de mal pelaje.* | Índole, categoría.

pelambrar v. t. Meter los cueros en pelambre.

pelambre m. Porción de pieles que se apelambran. || Mezcla de agua y cal con que se apelambran las pieles. || Conjunto de pelo en todo o parte del cuerpo. || Alopecia. (En el uso corriente esta palabra se emplea frecuentemente en género femenino.)

pelambrera f. Sitio donde se apelambran las pieles. || Porción de pelo o vello espeso y crecido. || Cabellera: *tener una pelambrera abundante.* || Alopecia.

pelamen m. *Fam.* Pelambre, pelo: *hombre de mucho pelamen.*

pelanas m. inv. *Fam.* Persona de muy poca importancia, pelagatos.

pelandusca f. *Pop.* Prostituta.

pelapatatas m. Máquina para pelar las patatas y otras verduras.

pelar v. t. Cortar o quitar el pelo. || Mondar una fruta: *pelar una manzana.* || Desplumar: *pelar un ave.* || Quitar la concha de los mariscos. || *Fig.* y *fam.* Ganar a otro todo el dinero en el juego: *pelarle el sueldo.* | Quitar a uno sus bienes con engaño o violencia: *dejarle pelado.* | Criticar, despellejar a uno. | Quitar parte de la piel el sol o una enfermedad. Ú. t. c. pr.: *no hay que tomar demasiado sol para no pelarse.* || — *Fig.* y *fam. Duro de pelar,* difícil de hacer o de convencer. | *Pelar la pava,* V. PAVA. | *Un frío que pela,* mucho frío. || — V. pr. *Fam.* Hacerse cortar el pelo. || *Amer.* Confundirse. || — *Fam. Pelárselas,* correr mucho. | *Pelárselas por una cosa,* hacer todo lo posible para conseguirla.

pelargonio m. Planta geraniácea de hermosas flores parecidas a las que adornan el geranio común.

pelásgico, ca adj. Relativo a los pelasgos. || *Lenguas pelásgicas,* grupo de idiomas indoeuropeos.

pelasgo, ga adj. y s. Aplícase a un pueblo de oscuro origen que se estableció en Asia Menor, Grecia e Italia.

Pelayo *(Don),* noble visigodo y primer rey de Asturias, m. en 737. Inició la reconquista española con la victoria de Covadonga contra los musulmanes (718).

peldaño m. Cada uno de los travesaños o escalones de una escalera.

pelea f. Combate, batalla, contienda. || Riña de animales: *una pelea de gallos.* || *Fig.* Empeño o fatiga por conseguir una cosa.

peleador, ra adj. Que pelea. || Aficionado a pelear.

peleano, na adj. Relativo al monte y al volcán Pelado.

pelear v. i. Batallar, combatir, contender. || Reñir de palabra. || *Fig.* Combatir entre sí u oponerse las cosas unas a otras. | Luchar para vencer las pasiones y apetitos. | Afanarse: *pelear por conseguir una cosa.* || — V. pr. Reñir dos o más personas: *pelearse a puñetazos.* || *Fig.* Desavenirse, enemistarse.

pelechar v. i. Echar o mudar el pelo o plumas los animales. || *Fig.* y *fam.* Empezar a recobrar la salud: *ya va el enfermo pelechando.*

pelele m. Muñeco de paja y trapos que se mantea en carnaval. || *Fig.* y *fam.* Persona sin carácter que se deja manejar por otra: *ser un pelele en las manos de otro.* || Traje de punto de una pieza que llevan los niños para dormir.

Peleo, rey legendario de Yolcos, esposo de Tetis y padre de Aquiles.

peleón, ona adj. Aficionado a pelear. || *Vino peleón*, el ordinario y barato.

pelerina f. Especie de esclavina. || *Méx.* Capa militar de gala.

peletería f. Oficio y tienda del peletero. || Arte de preparar las pieles. || Conjunto de pieles finas.

peletero m. El que tiene por oficio trabajar en pieles finas o venderlas.

peliagudo, da adj. Dícese del animal de pelo largo y delgado. || *Fig. y fam.* Muy difícil, arduo, intrincado: *asunto peliagudo.*

pelícano o **pelicano** m. Ave acuática palmípeda, de pico muy largo y ancho que lleva en la mandíbula inferior una membrana a modo de bolsa donde deposita los peces de que se alimenta. || Instrumento para sacar muelas.

pelicano, na adj. Canoso.

pelicorto, ta adj. De pelo corto.

película f. Piel muy delgada y delicada. || Hollejo de la uva. || Cinta delgada de acetato de celulosa, revestida de una emulsión sensible de gelatinobromuro de plata que se emplea en fotografía y cinematografía. || Cinta cinematográfica: *película sonora.* || — *Fam. De película*, extraordinario, sensacional. || *Película del Oeste*, la que cuenta las aventuras de los pioneros en los Estados Unidos en el siglo XIX.

pelicular adj. Relativo a la película.

peliculero m. *Fam.* Hombre del cine. | Aficionado al cine. | Cuentista, mentiroso.

peligrar v. i. Estar en peligro: *usted peligra en una región tan apartada.*

peligro m. Riesgo inminente de que suceda algún mal. || *Correr peligro*, estar expuesto a él.

peligrosidad f. Condición de lo que es peligroso.

peligroso, sa adj. Que ofrece peligro: *viaje peligroso.* || *Fig.* Arriesgado, poco seguro: *empresa peligrosa.*

pelilargo, ga adj. De pelo muy largo.

Pelileo, pobl. en el centro del Ecuador (Tungurahua).

pelillo m. *Fig.* y *fam.* Motivo muy leve de disgusto. || — *Fam. Echar pelillos a la mar*, reconciliarse. | *No tener pelillos en la lengua*, hablar sin rodeos. | *Pararse en pelillos*, resentirse por cosas muy leves o insignificantes.

pelinegro, gra adj. De pelo negro.

Pelión, macizo montañoso de Grecia, al SE. de Tesalia; 1 651 m.

pelirrojo, ja adj. De pelo rojo.

pelma y **pelmazo** adj. y s. m. *Fig.* y *fam.* Dícese de una persona muy pesada.

pelo m. Filamento cilíndrico, sutil, de naturaleza córnea, que nace y crece en diversos puntos de la piel del hombre y de los animales. || Filamento parecido que crece en los vegetales: *pelos del maíz.* || Conjunto de estos filamentos. || Cabello: *cortarse el pelo.* || Plumón de las aves. || Hebra delgada de seda, lana, etc. || Color de la piel de los caballos. || Defecto en un diamante o en una pieza. || *Fig.* Cosa de muy poca importancia. || — *A contra pelo*, en dirección contraria a la del pelo. || *Fig. Agarrarse a un pelo*, aprovechar la más mínima oportunidad para conseguir lo que se quiere. || *Al pelo*, según el lado del pelo en las telas; (fig.) muy bien; muy oportunamente. || *Fig.* y *fam. A medios pelos*, medio borracho. || *A pelo*, sin aparejo ni silla; sin sombrero. || *Fig. Con pelos y señales*, con muchos detalles. | *Dar para el pelo*, pegar una buena paliza. | *De medio pelo*, poco fino, de poca categoría. | *Echar pelos a la mar*, olvidar. | *Estar hasta los pelos* o *hasta la punta de los pelos*, estar harto. | *Hombre de pelo en pecho*, el muy valiente. | *Lucirle el pelo*, estar uno gordo y saludable. | *No tener pelo de tonto*, no ser nada tonto. | *No tener pelos en la lengua*, decir sin rodeos lo que uno piensa. | *No verle el pelo a uno*, no verlo. | *Pelo de la dehesa*, tosquedad que queda de lo que uno era anteriormente. | *Ponérsele a uno los pelos de punta*, sentir mucho miedo. | *Por los pelos*, por muy poco. | *Tomar el pelo a uno*, burlarse de él. | *Un pelo*, muy poco: *faltó un pelo para que se cayera.*

pelón, ona adj. y s. Calvo o con poco pelo en la cabeza. || Con el pelo cortado al rape. || *Fig.* y *fam.* De escaso entendimiento. | De mala posición económica. || — F. Alopecia. || *Fam.* La muerte.

Pélope, hijo de Tántalo, rey de Lidia, sacrificado a los dioses por su padre y resucitado por Zeus.

Pelópidas, general tebano, amigo de Epaminondas. M. en 364 en Cinocéfalos (Tesalia).

Peloponeso, península meridional de Grecia, unida al continente por el istmo de Corinto. Llamada tb. *Morea.*

— Reciben el nombre de *Guerras del Peloponeso* las mantenidas entre Esparta y Atenas (431-404 a. de J. C.). Se dividieron en tres períodos y terminaron con la derrota de los atenienses.

pelota f. Bola hecha con distintos materiales, generalmente elástica y redonda, que sirve para jugar. || Juego que se hace con ella. || *Fam.* Balón. || Bola de cualquier materia blanda: *hacer una pelota con un papel.* || *Pop.* Cabeza. || — *Fam. En pelota*, desnudo. || *Pelota vasca*, juego originario del país vasco, en que el jugador (*pelotari*) lanza una pelota contra una pared (*frontón*) con la mano, con una raqueta (*pala*) o con una cesta especial (*chistera*). || *Fig. Rechazar o devolver la pelota*, rebatir lo que otro dice con sus mismos argumentos.

pelotari m. Jugador de pelota vasca.

Pelotas, río del Brasil que nace en la Serra do Mar (Santa Catarina). Al unirse con el Canoas forma el río Uruguay. — C. y puerto en el SE. del Brasil (Rio Grande do Sul). Obispado.

pelote m. Pelo de cabra para relleno de muebles tapizados.

pelotear v. t. Repasar las partidas de una cuenta. || — V. i. Jugar a la pelota por diversión o entrenamiento sin hacer partido: *los dos jugadores de tenis peloteaban.* || *Fig.* Reñir, disputar.

peloteo m. En el tenis, acción de jugar a la pelota sin hacer partido. || *Fig.* Intercambio: *peloteo de notas diplomáticas.*

pelotera f. *Fam.* Pelea: *armar una pelotera.*

pelotero adj. m. Dícese del escarabajo que hace bolas de estiércol: *escarabajo pelotero.*

pelotilla f. *Pop.* Adulación, coba: *hacer la pelotilla a un profesor.*

pelotilleo m. *Pop.* Adulación, coba, lisonja.

pelotillero m. *Pop.* Adulón, cobista, lisonjero.

pelotón m. Conjunto de pelos o hilos enmarañados. || *Mil.* Grupo pequeño de soldados. || *Fig.* Aglomeración de personas. || Grupo de participantes en una carrera. || *Pelotón de ejecución*, grupo de soldados encargados de ejecutar a un condenado.

pelta f. Escudo o adarga de los griegos y romanos.

peluca f. Cabellera postiza: *una peluca rubia.* || *Fig.* y *fam.* Reprensión áspera.

pelucón, ona adj. y s. *Chil.* Aplícase a los miembros del Partido Conservador en el s. XIX.

pelucona f. (Ant.). *Fam.* Onza de oro, moneda española.

peluche f. Felpa.

peludo, da adj. Que tiene mucho pelo. || — M. *Amer.* Armadillo.

peluquería f. Tienda u oficio del peluquero.

peluquero, ra m. y f. Persona que tiene por oficio cortar o arreglar el pelo, hacer pelucas, etc. || Dueño de una peluquería.

peluquín m. Peluca pequeña.

pelusa f. Vello muy fino de las plantas. || Pelo menudo que se desprende de las telas. || *Pop.* Envidia, celos: *este niño tiene pelusa de su hermanita.*

pelusilla f. Vellosilla, planta. || *Fam.* Celos, envidia.

Pelusio, ant. c. de Egipto, cerca de Port Said.

pelvi adj. y s. m. Dícese de una lengua derivada del antiguo persa.

pelviano, na adj. Relativo a la pelvis: *cavidad pelviana.*

pelvis f. Cavidad del cuerpo humano en la parte inferior del tronco, determinada por los dos coxales, el sacro y el cóccix.

pella f. Masa que se une y aprieta, regularmente en forma redonda: *pella de mantequilla.* || Conjunto de los tallitos de la coliflor y otras plantas semejantes antes de florecer. || Manteca del cerdo, tal como se saca del animal. || — *Fig.* y *fam. Hacer pella*, hacer novillos, no asistir a clase. | *Tener una pella de dinero*, tener mucho dinero.

pellada f. Porción de yeso o cal que cabe en la llana del albañil.

Pellegrini (Carlos), político argentino (1846-1906), pres. de la Rep. de 1890 a 1892. Fundador del Banco de la Nación (1891).

pelleja f. Piel de un animal. || *Fam.* Ramera. || *Fig.* y *fam. Salvar la pelleja*, salvar la vida.

pellejería f. Sitio donde se adoban o venden pellejos. || Conjunto de pieles.

pellejero, ra m. y f. Persona que tiene por oficio adobar o vender pieles.

pellejo m. Piel. || Odre: *un pellejo de aceite.* || *Fig.* y *fam.* Persona borracha. | Vida: *jugarse, salvar el pellejo.*

pellejudo, da adj. Que tiene la piel floja.

Pellerano Castro (Arturo), dramaturgo y poeta dominicano (1865-1916).

Pelletier (Joseph), químico francés (1788-1842). Descubrió, en colaboración con Caventou, la quinina.

pellica f. Pelleja. || Manta de pellejos finos. || Zamarra o pellico de pieles finas.

Pellicer (Carlos), poeta mexicano, n. en 1899.

pellico m. Zamarra de pastor.

Pellico (Silvio), escritor italiano (1789-1854), autor de *Mis prisiones*, relato de su cautiverio en la fortaleza de Spielberg, de dramas y de poesías.

pelliza f. Prenda de abrigo hecha o forrada de pieles finas.

pellizcar v. t. Apretar la piel con dos dedos. || Tomar una pequeña cantidad de una cosa: *pellizcar uvas, un pastel.*

pellizco m. Acción de pellizcar y señal en la piel que resulta de ello. || Porción pequeña que se coge de una cosa. || *Fig.* Pena fugaz pero aguda: *pellizco en el corazón.* || *Pellizco de monja*, el dado con las uñas y retorciendo; cierto bocadito hecho con masa y azúcar.

pellón m. En la Antigüedad, vestido talar de pieles. || *Amer.* Pelleja curtida.

Pelloutier (Fernand), sindicalista revolucionario francés (1867-1901).

Pemán (José María), poeta, escritor y orador español, n. en Cádiz en 1898, autor de obras de teatro (*La Santa Virreina* y *El Divino Impaciente*) y de novelas (*Historia del fantasma y doña Juanita*).

Pematang Siantar, c. de Indonesia en el N. de Sumatra.

Pemba, isla del océano Índico (Tanzania), al N. de Zanzíbar. Primer productor mundial de clavo.

Pembroke, c. y puerto de Gran Bretaña, en el SE. de Gales.

Pen Club, asociación internacional de escritores creada en Londres en 1921. (*Pen* son las siglas de *Poetas, Ensayistas y Novelistas.*)

pena f. Castigo impuesto por un delito o falta: *pena correccional.* || Pesadumbre, tristeza, aflicción: *la muerte de su amigo le dio mucha pena.* || Dificultad, trabajo: *lo ha hecho con mucha pena.* || Lástima: *es una pena que no hayas podido venir.* || Cinta que llevaban al cuello las mujeres como adorno. || Pluma mayor del ave. || *Mar.* Extremo superior de la antena. || *Amer.* Timidez. || — *A duras penas,* con mucha dificultad. || *No valer* (o *merecer*) *la pena,* no merecer una cosa el trabajo que cuesta. || *Fig. Pasar la pena negra,* pasar muchas dificultades. || *Pena capital,* la de muerte. || *Pena del talión,* la que era idéntica a la ofensa. || *Sin pena ni gloria,* medianamente.

Pena (Afonso Augusto MOREIRA), político brasileño (1847-1909), pres. de la Rep. de 1906 hasta su muerte.

penacho m. Grupo de plumas que tienen en la parte superior de la cabeza ciertas aves. || Adorno de plumas de un casco, morrión, etc. || *Fig.* Cosa en forma de plumas: *penacho de humo, de vapor.*

penado, da adj. Penoso. || Dícese de una vasija antigua muy estrecha de boca. || — M. y f. Delincuente condenado a una pena.

penal adj. Relativo a la pena o que la incluye: *derecho, código penal.* || — M. Lugar en que los penados cumplen condenas mayores que las del arresto: *penal de Ocaña.*

penalidad f. Trabajo, dificultad: *sufrir penalidades.* || *For.* Sanción impuesta por la ley penal, las ordenanzas, etc. || En deportes, penalización.

penalista m. y f. Especialista en Derecho penal. || Abogado en asuntos que implican delito.

penalización f. Sanción. || En deportes, desventaja que sufre un jugador por haber cometido falta.

penalizar v. t. Infligir penalización.

penalty m. (pal. ingl.). En el fútbol, sanción contra un equipo que ha cometido una falta dentro del área de gol.

Penang, ant. *Príncipe de Gales,* Estado de la Federación de Malaysia en el estrecho de Malaca, formado por la *isla de Penang;* 743 000 h. Cap. *Penang,* ant. *George Town,* 234 900 h. Puerto.

penar v. t. Infligir una pena a uno: *penar a un delincuente.* || — V. i. Padecer, sufrir. || Sufrir las almas del Purgatorio. || *Fig. Penar uno por una cosa,* desearla con ansia.

Penas, golfo en el S. de Chile (Aisén).

penates m. pl. Dioses domésticos de los etruscos y romanos. || *Fig.* Hogar: *volver a los penates.*

penca f. Hoja carnosa de algunas plantas: *penca de nopal.* || Parte carnosa de ciertas hojas: *penca de la hoja de berza.* || Tira de cuero con que se castigaba a los delincuentes. || *Amer.* Racimo de plátanos. || *Arg.* Chumbera.

Pencahue, com. en el centro de Chile (Talca).

pence m. pl. V. PENNY.

penco m. *Fam.* Jamelgo.

Penco, com. en el centro de Chile (Concepción).

pendanga f. En el juego de quínolas, la sota de oros. || *Fam.* Ramera.

pendejo m. Pelo que nace en el pubis y en las ingles. || *Fam.* Hombre cobarde o pusilánime. || *Méx.* Insulto despectivo.

pendencia f. Contienda, disputa, pelea: *armar una pendencia.*

pendenciar v. i. Reñir.

pendenciero, ra adj. y s. Aficionado a pendencias.

pender v. i. Colgar: *las peras penden de las ramas.* || Depender: *esto pende de tu decisión.* || *Fig.* Estar por resolverse un pleito o negocio o asunto.

pendiente adj. Que cuelga. || *Fig.* Que está sin resolver: *problemas pendientes.* | Que depende de algo: *estoy pendiente de sus decisiones.* || *Méx.* Preocupación, aprensión. || *Fig. Estar pendiente de los labios de alguien,* prestar suma atención a lo que dice. || — M. Arete para adornar las orejas, la nariz, etc. || *Min.* Cara superior de un criadero. || — F. Cuesta o declive de un terreno. || Inclinación de un tejado. || *Fig.* Inclinación, tendencia, propensión: *estar en la pendiente del vicio.*

Pendjab, región del S. de Asia, dividida desde 1947 entre la India (Estados de *Pendjab* y *Hariana,* cuya cap. común es *Chandigarh*) y el Paquistán (c. pr. *Lahore*). Grandes obras de irrigación han transformado la región en productora de cereales, arroz y algodón.

pendol m. Operación de inclinar a un lado una embarcación para limpiar o carenar los fondos.

péndola f. Péndulo de los relojes. || Madero de la armadura del tejado que va de la solera a la lima tesa. || Cada una de las varillas verticales que sostienen el piso de un puente colgante u otra obra parecida. || *Poét.* y *fam.* Pluma de escribir.

pendolista com. Persona que escribe con buena letra, calígrafo. || *Fig.* Chupatintas.

pendolón m. Madero vertical del tejado que va de la hilera a la puente.

pendón m. Insignia militar que consistía en una bandera más larga que ancha. || Bandera, estandarte pequeño. || Estandarte de una iglesia o cofradía, usado en las procesiones. || Vástago que sale del tronco principal del árbol. || *Fig.* y *fam.* Persona muy alta, desaseada y de mal aspecto. | Mujer de mala vida, ramera.

pendonear v. i. *Fam.* Vagabundear, callejear.

pendular adj. Del péndulo o relativo a él: *movimiento pendular.*

péndulo, la adj. Pendiente, colgante. || — M. Cuerpo pesado que oscila por la acción de la gravedad alrededor de un punto fijo del cual está suspendido por un hilo o varilla. || *Péndulo eléctrico,* especie de médula de saúco, colgada de un hilo de seda, que se emplea en ciertas experiencias, como la de indicar si un cuerpo está electrizado.

pene m. Miembro viril.

Penélope, esposa de Ulises y madre de Telémaco, modelo de fidelidad conyugal. Durante la larga ausencia de Ulises, se negó a casarse de nuevo hasta que no hubiera acabado de tejer una tela de la que deshacía por la noche todo lo que había hecho durante el día. *(Mit.)*

Penella (Manuel), compositor español (1881-1938), autor de zarzuelas *(El gato montés).*

peneque adj. *Fam.* Borracho. || *Méx.* Tortilla guisada rellena de queso.

penetrabilidad f. Calidad de lo penetrable.

penetrable adj. Que se puede penetrar. || *Fig.* Que puede comprenderse, adivinarse: *misterio penetrable.*

penetración f. Acción de penetrar. || *Fig.* Perspicacia, sagacidad, clarividencia.

penetrador, ra adj. *Fig.* Agudo, perspicaz, sagaz.

penetrante adj. Que penetra: *bala penetrante.* || *Fig.* Profundo, agudo: *inteligencia penetrante.* || Hablando de un sonido, agudo: *voz penetrante.* | Que ve muy bien: *ojos penetrantes.*

penetrar v. t. *Fig.* Causar un dolor profundo: *su quejido me penetra el alma* (ú. t. c. i.). | Llegar a comprender o adivinar. | Llegar más a fondo en el conocimiento de una cuestión: *penetrar una cuestión difícil* (ú t. c. i.). || — V. i. Entrar en un sitio con cierta dificultad: *penetrar en la selva tropical.* || Llegar una cosa a entrar dentro de otra: *hacer penetrar un clavo en un madero; la humedad ha penetrado en la casa* (ú. t. c. t.). || — V. pr. *Fig.* Adivinarse mutuamente las intenciones. | Darse perfecta cuenta: *penetrarse del sentido de un texto.*

Penibética (CORDILLERA), cord. meridional de España en la que se encuentran las sierras de Alhama, Nevada y Carbonera. Alturas máximas en el Mulhacén (3 478 m) y el Veleta (3 431).

penicilina f. *Med.* Sustancia extraída de los cultivos del moho *Penicillium notatum,* cuyas propiedades antibióticas fueron descubiertas en 1929 por Fleming.

penicillium m. Moho verde que se desarrolla en los quesos, frutos agrios y en otros medios nutritivos, una de cuyas especies es el *Penicillium notatum* que produce la penicilina.

penillanura f. Meseta que resulta de la erosión de una región montañosa.

Peninos (MONTES), sistema montañoso de Gran Bretaña, en el N. de Inglaterra. Pico culminante, el *Cross Fell* (881 m).

península f. Tierra rodeada de agua excepto por una parte que comunica con otra tierra de extensión mayor: *la península Ibérica, del Labrador, de Yucatán,* etc.

peninsular adj. Relativo a una península. || Natural o habitante de una península (ú. t. c. s.). || *Amer.* Español.

penique m. Moneda inglesa, duodécima parte del chelín. (A partir de 1971, el *penique* representa la centésima parte de una libra esterlina en vez de la doscientas cuarentava parte.)

penitencia f. Sacramento en el cual, por la absolución del sacerdote, se perdonan los pecados. || Pena impuesta por el confesor al penitente: *dar la penitencia.* || Castigo público que imponía la Inquisición. || Mortificaciones que se impone uno a sí mismo: *hacer penitencia.* || Arrepentimiento por haber ofendido a Dios. || *Fig.* Castigo.

penitenciado, da adj. y s. Castigado por la Inquisición.

penitencial adj. Relativo a la penitencia: *obras penitenciales.*

penitenciar v. t. Imponer una penitencia.

penitenciaría f. Tribunal eclesiástico de la curia romana. || Dignidad, oficio o cargo de penitenciario. || Penal, prisión correccional.

penitenciario, ria adj. Encargado de confesar en una iglesia (ú. t. c. s. m.). || Relativo a las cárceles: *establecimiento penitenciario.* || — M. Cardenal presidente del tribunal de la penitenciaría en Roma: *penitenciario mayor.*

penitente adj. Relativo a la penitencia. || Que hace penitencia (ú. t. c. s.). || — M. y f. Persona que se confiesa. || En las procesiones, persona que viste cierta túnica en señal de penitencia.

Penjab. V. PENDJAB.

Pénjamo, c. en el centro de México (Guanajuato).

Penki, c. del NE. de China.

Penn (William), colonizador y cuáquero inglés (1644-1718), fundador (1682), gobernador y legislador de Pensilvania.

Pennsylvania. V. PENSILVANIA.

penny m. (pal. ingl.). Penique. Pl. *pence.*

penol m. *Mar.* Punta o extremo de las vergas.

Penonomé, c. en el N. de Panamá, cap. de la prov. de Coclé.

penonomeño, ña adj. y s. De Penonomé.

penoso, sa adj. Trabajoso, difícil: *tarea penosa.* || Que causa pena: *una impresión penosa.* || Triste, afligido: *viudo penoso.*

penquisto, ta adj. y s. De Concepción (Chile).

Pensacola, c. y puerto en el SE. de Estados Unidos (Florida), a orillas de la bahía homónima.

pensado, da adj. Con el adverbio *mal,* que tiene tendencia a interpretar en mal sentido las palabras o acciones ajenas.

pensador adj. Que piensa. || Que reflexiona o medita con intensidad. | — M. Hombre dedicado a estudiar y meditar profundamente sobre problemas trascendentales. || *Libre pensador,* librepensador, libre de toda creencia religiosa.

Pensador *(El),* estatua de Miguel Ángel en el sepulcro de Lorenzo de Médicis (Florencia).

Pensador mexicano. V. FERNÁNDEZ DE LIZARDI.

pensamiento m. Facultad de pensar. || Cosa que se piensa: *nunca se pueden conocer los pensamientos ajenos.* || Idea. || Sentencia, máxima: *los "Pensamientos" de Pascal.* || Mente: *una idea extraña le vino al pensamiento.* || Intención: *tenía el pensamiento de salir esta tarde.* || *Fig.* Sospecha, recelo. || *Bot.* Trinitaria.

Pensamientos, colección de máximas estoicas del emperador Marco Aurelio. — Título dado a las notas reunidas por Pascal, con vistas a la redacción de una apología de la religión cristiana. Publicadas póstumamente.

pensante adj. Que piensa.

* **pensar** v. t. e i. Formar conceptos en la mente: *pienso, luego existo.* || Reflexionar: *piensa bien este problema.* || Imaginar: *con sólo pensarlo me entra miedo.* || Tener intención, proyectar: *pienso marcharme para América.* || Creer, juzgar: *pienso que mejor sería no hacerlo.* || Recordar: *pensar en los ausentes; no pensó en avisar nos.*

pensativo, va adj. Absorto, reflexivo, meditabundo.

pensil adj. Pendiente, colgado: *jardín pensil.* || — M. *Fig.* Jardín delicioso.

Pensilvania o **Pennsylvania,** uno de los Estados Unidos de Norteamérica, en el NE. del país, entre el lago Erie y el río Delaware; cap. *Harrisburgo;* c. pr. *Filadelfia, Pittsburgo.* Metalurgia.

pensilvano, na adj y s. De Pensilvania.

pensión f. Cantidad anual o mensual asignada a uno por servicios prestados anteriormente: *pensión civil, militar.* || Dinero percibido por una renta impuesta sobre una finca. || Cantidad que se da a una persona para que realice estudios. || Casa de huéspedes. || Cantidad que se paga por albergarse en ella. || *Fig.* Gravamen. || *Media pensión,* en un hotel, régimen del cliente que paga la habitación, el desayuno y una sola comida; en un colegio, régimen del alumno que come al mediodía.

pensionado, da adj. y s. Que goza de una pensión: *pensionado del Estado.* || — M. Colegio de alumnos internos.

pensionar v. t. Conceder una pensión: *pensionar a un estudiante.* || Imponer una pensión o un gravamen: *pensionar una hacienda.*

pensionista com. Persona que goza de una pensión. || Persona que paga pensión en un colegio, casa de huéspedes, etc. || *Medio pensionista,* alumno que paga media pensión.

pensum m. Plan de estudios. || Lección que hay que aprender de memoria como castigo.

pentacordio m. Lira antigua de cinco cuerdas.

pentadáctilo adj. Que tiene cinco dedos en la mano o en el pie.

pentaedro m. *Geom.* Sólido de cinco caras.

pentagonal adj. *Geom.* Pentágono.

pentágono, na adj. *Geom.* Dícese del polígono de cinco ángulos y cinco lados (ú. t. c. s. m.).

Pentágono, nombre dado al Estado Mayor supremo de las fuerzas armadas norteamericanas, por la forma pentagonal del edificio donde se aloja en Washington.

pentagrama o **pentágrama** m. Rayado de cinco líneas paralelas en las cuales se escribe la música.

pentámero, ra adj. Dícese de un insecto cuyo tarso se divide en cinco partes (ú. t. c. s. m.). || Aplícase a los seres u órganos de simetría radiada en cinco partes o elementos: *la flor de la prímula es pentámera.*

pentámetro m. Verso de cinco pies en la poesía griega y latina. Ú. t. c. adj.: *verso pentámetro.*

pentano m. *Quím.* Hidrocarburo saturado.

pentápolis f. (Ant.). Reunión de cinco ciudades con su territorio: *la Pentápolis de Libia.*

pentarquía f. Gobierno de cinco personas.

pentasílabo, ba adj. De cinco sílabas: *versos pentasílabos.*

Pentateuco, nombre dado al conjunto de los cinco primeros libros de la Biblia. (Atribuido a Moisés, el *Pentateuco* consta del *Génesis,* el *Éxodo* o la *Salida de Egipto,* el *Levítico* o *Libro de las prescripciones religiosas,* los *Números* y el *Deuteronomio*).

pentatlón m. Conjunto de cinco ejercicios atléticos que son actualmente: 200 y 1 500 m lisos, salto de longitud y lanzamientos del disco y jabalina.

Pentecostés m. Fiesta de los judíos que conmemora el día en que entregó Dios a Moisés las Tablas de la Ley en el monte Sinaí. || Fiesta celebrada por la Iglesia católica en memoria de la venida del Espíritu Santo cincuenta días después de la Pascua de Resurrección (entre el 10 de mayo y el 13 de junio).

pentedecágono m. Polígono de quince ángulos y quince lados.

pentélico, ca adj. Relativo al monte Pentélico.

Pentélico, monte de Ática, entre Atenas y Maratón, célebre por sus canteras de mármol blanco.

Pentesilea, reina de las amazonas, hija de Ares. M. en el sitio de Troya.

pentodo m. *Fís.* Válvula electrónica de cinco electrodos.

pentotal m. Hipnótico barbitúrico que impide al paciente darse cuenta de lo que dice.

penúltimo, ma adj. y s. Inmediatamente anterior a lo último.

penumbra f. Falta de luz sin llegar a la completa oscuridad. || *Astr.* En los eclipses, sombra parcial entre los espacios enteramente oscuros y los plenamente iluminados.

penumbroso, sa adj. Sombrío.

penuria f. Escasez.

Penza, c. de la U. R. S. S., al SO. de Moscú (Rusia). Industrias.

peña f. Roca. || Monte o cerro peñascoso. || Grupo, círculo, reunión: *una peña literaria de café.*

Peña || **~ Armada,** pico de Colombia, en la cord. Oriental; 3 600 m. || **~ de Cerredo.** V. CERREDO. || **~ Nevada,** monte en el NE. de México (Nuevo León); 3 664 m.

Peña (David), dramaturgo argentino (1865-1930). || **~ Barrenechea** (RICARDO), poeta peruano (1893-1939). || **~ y Peña** (MANUEL DE LA), jurisconsulto y político mexicano (1789-1850), dos veces pres. interino de la Rep.

Peñafiel, v. de España (Valladolid). Castillo (s. XIV).

Peñaflor, com. en el centro de Chile (Santiago).

Peñalabra, sistema montañoso en el N. de España (Santander).

Peñalara (PICO DE), pico de la sierra de Guadarrama; 2 405 m.

Peñalosa (Francisco de), compositor español (¿1470?-1528).

Peñaloza (Ángel Vicente), militar argentino (1797-1863). Se sublevó contra el Gobierno en 1863. M. fusilado.

peñaranda (en) loc. *Pop.* En el Monte de Piedad.

Peñaranda (Enrique), general boliviano (1892-1969), pres. de la Rep. en 1940, derribado en 1943.

Peñaranda de Bracamonte, c. en el O. de España (Salamanca).

Peñarroya-Pueblonuevo, c. en el S. de España (Córdoba). Minas de plomo y hulla. Industrias.

Peñas, cabo de la Argentina al E. de la Tierra de Fuego. — Cabo de España en la costa cantábrica (Oviedo), entre Avilés y Gijón. — Punta en el N. de Venezuela, en la penins. de Paria.

peñascal m. Lugar donde abundan los peñascos.

peñasco m. Peña grande. || Múrice, molusco del cual se saca la púrpura. || Porción del hueso temporal que encierra el oído interno.

peñascoso, sa adj. Cubierto de peñascos: *monte peñascoso.*

Peñíscola, c. y peñón en el E. de España (Castellón de la Plana). Castillo donde vivió el antipapa Benedicto XIII (Pedro de Luna).

péñola f. Pluma de ave utilizada para escribir.

peñón m. Peña grande: *el peñón de Ifach.* || Monte peñascoso.

Peñón de Vélez de la Gomera. V. VÉLEZ.

Peñuelas, mun. en el S. de Puerto Rico meridional (Mayagüez). Industrias. Central hidroeléctrica.

pea m. *Fam.* Pedo. || Borrachera.

peón m. *Mil.* Soldado de a pie. || Jornalero que ayuda al oficial: *peón de albañil.* || En el ajedrez y en las damas, cada una de las piezas de menos valor. || Árbol de la noria, eje de una máquina, etc. || Colmena. || Peatón. || Peonza, trompo. || *Amer.* El que trabaja en una hacienda bajo las órdenes de un capataz. || — *Peón caminero,* el encargado del cuidado de las carreteras. || *Peón de brega,* torero que ayuda al matador.

Peón y Contreras (José), poeta y autor de teatro mexicano (1843-1907).

peonada f. Trabajo que hace un peón en un día. || Jornal del peón. || *Amer.* Conjunto de peones.

peonaje m. Conjunto de peones.

peonería f. Lo que labra un peón en un día.

peonía f. Porción de tierra que, después de la conquista de un país, se repartía a cada soldado de a pie. || En las Indias occidentales, tierra que se podía labrar en un día. || *Bot.* Saltaojos. || *Amer.* Planta leguminosa medicinal.

peonza f. Juguete de madera de forma cónica, con una púa de hierro que se hace girar con una cuerda, trompo. || *Fig.* y *fam.* Persona pequeña que se agita mucho: *ser una peonza.*

peor adj. Más malo: *le tocó el peor pedazo.* || — Adv. Más mal: *cada día escribe peor.* || *Peor que peor* o *tanto peor,* peor todavía.

peoresnada m. *Amer.* Cosa de poco interés.

peoría f. Empeoramiento, agravación. || Calidad de peor.

Peoria, c. de Estados Unidos (Illinois). Obispado. Industrias.

Pepe Hillo. V. DELGADO (José).

pepena f. *Méx.* Acción de pepenar.

pepenador, ra m. y f. *Méx.* Persona que recoge desperdicios.

pepenar v. t. *Méx.* Recoger. || *Amer.* En las minas, separar el metal del cascajo.

PE

pepinar m. Plantío de pepinos.
pepinazo m. *Fam.* Explosión de un proyectil. | En fútbol, chut, tiro muy fuerte.
pepinillo m. Pepino pequeño que se conserva en vinagre y se come como condimento.
pepino m. Planta cucurbitácea, de fruto comestible cilíndrico y alargado. || *Fam.* Obús. || — *Fig. y fam. No importar un pepino,* no tener ninguna importancia.
Pepirí Guazú, río en el NE. de la Argentina (Misiones), afl. del Uruguay.
pepita f. Simiente de algunas frutas: *pepitas de melón, de pera, de tomate.* || Tumorcillo que se forma en la lengua de las gallinas. || *Min.* Trozo rodado de metal nativo, particularmente de oro. || *Amer.* Almendra de cacao.
Pepita Jiménez, novela de Juan Valera (1877).
pepito m. Pequeño bocadillo de carne. || *Amer.* Lechuguino, pisaverde.
pepitoria f. Guisado de carne de pollo o gallina con salsa a base de yema de huevo. || *Fam.* Conjunto de cosas mezcladas con poco orden.
pepla f. *Fam.* Cosa fastidiosa, molesta: *¡que pepla ir a esa reunión!* | Persona inútil.
peplo m. En Grecia y Roma, túnica de mujer sin mangas, abrochada en el hombro.
pepona f. Muñeca de cartón.
pepónide f. Nombre del fruto carnoso unido al cáliz de las cucurbitáceas: *la pepónide del melón.*
pepsina f. Una de las diastasas del jugo gástrico.
péptico, ca adj. Relativo a la digestión o que ayuda a ella.
peptona f. Sustancia producida por la transformación de los albuminoides mediante la acción de la pepsina del jugo gástrico.
Pepys (Samuel), escritor inglés (1633-1703), autor de un *Diario.*
pequeñez f. Calidad de pequeño. || Infancia, corta edad. || *Fig.* Bajeza, mezquindad. | Cosa insignificante: *no pararse en pequeñeces.*
pequeño, ña adj. De tamaño reducido: *un piso pequeño.* || De corta edad. Ú. t. c. s. m.: *estar en la clase de los pequeños.* || *Fig.* De poca importancia: *una pequeña molestia.* | Bajo, mezquino. || *Fig. Dejar pequeño a uno,* superarle.
Pequín. V. PEKÍN.
pequinés, esa adj. y s. De Pequín. || — M. Perrito de pelo largo y hocico chato.
Per Abbat. V. ABBAT.
per cápita, expresión que se aplica a lo que corresponde a cada persona: *renta per cápita.*
pera f. Fruto del peral, comestible. || *Fig.* Pequeña barba en punta que se deja crecer en la barbilla. | Empleo lucrativo y descansado. || Objeto de forma parecida a este fruto, como ciertos interruptores eléctricos, el dispositivo adaptado a los pulverizadores, etc. || *Fig. y fam. Pedir peras al olmo,* pedir a uno cosas que no puede dar. | *Ponerle a uno las peras a cuarto,* reprenderle.
Perafán de Ribera, conquistador español, gobernador de Costa Rica de 1565 a 1573.
Perak, Estado de la Federación de Malaysia, al E. del estrecho de Malaca; cap. *Ipoh.*
peral m. Árbol rosáceo cuyo fruto es la pera.
Peral (Isaac), marino español, n. en Cartagena (1851-1895), inventor de un barco submarino.
peraleda f. Terreno poblado de perales.
Peralillo, com. en el centro de Chile (Colchagua).
Peralta (Gastón de), gobernante español, m. en 1587, tercer virrey de Nueva España (1566-1568). || ~ **Lagos** (JOSÉ MARÍA), escritor salvadoreño (1873-1944), autor de artículos costumbristas y festivos. || ~ **y Barnuevo** (PEDRO DE), escritor peruano, n. en Lima (1663-1743), autor de obras de astronomía, historia, derecho, matemáticas, ingeniería y del poema épico *Lima fundada.*
peraltar v. t. *Arq.* Levantar la curva de un arco, bóveda o armadura más de lo que corresponde al semicírculo. || Levantar el carril exterior en las curvas de ferrocarriles. || Hacer el peralte en las carreteras: *curva peraltada.*
peralte m. *Arq.* Lo que excede del semicírculo en la altura de un arco, bóveda o armadura. || En las carreteras, vías férreas, etc., elevación de la parte exterior de una curva superior a la interior.
Peravia, prov. del S. de la Rep. Dominicana; cap. *Baní.*
perborato m. Sal que se produce mediante la oxidación del borato.
perca f. Pez acantopterigio de río, de carne comestible.
percal m. Tela corriente de algodón.
percalina f. Percal ligero y aprestado utilizado como forro.
percance m. Gaje eventual sobre el sueldo o salario. || Contratiempo, ligero accidente que sirve de estorbo: *sufrir un percance.*
percatarse v. pr. Advertir, reparar, darse cuenta. || Enterarse.
percebe m. Crustáceo cirrópodo que vive adherido a las rocas y es comestible. || *Fam.* Torpe, ignorante.
percepción f. Acción de percibir el mundo exterior por los sentidos. || Idea. || Recaudación, cobro de dinero.
perceptibilidad f. Cualidad de lo que puede ser percibido.
perceptible adj. Que se puede percibir: *un sonido débil, pero perceptible.* || Que puede ser cobrado o recibido.
perceptivo, va adj. Que tiene virtud de percibir: *facultades perceptivas.*
perceptor, ra adj. y s. Dícese del o de lo que percibe.
Perceval, héroe de las novelas de la Tabla Redonda, libertador del Santo Grial.
percibir v. t. Apreciar la realidad exterior por los sentidos: *percibir un sonido.* || Recibir o cobrar: *percibir el dinero, la renta.*
perclorato m. Sal del ácido perclórico y una base.
perclórico adj. m. Dícese del ácido del cloro que contiene más cantidad de oxígeno.
percloruro m. Cloruro que contiene la cantidad máxima de cloro.
percolador f. Cafetera muy grande de vapor.
percudir v. t. Ensuciar profundamente, manchar. || *Fig.* Ajar.
percusión f. Golpe dado por un cuerpo que choca contra otro. || En medicina, método de examen clínico que permite conocer el estado de un órgano al escuchar el sonido producido por los golpes leves dados en la superficie del cuerpo. || — *Arma de percusión,* la de fuego que emplea percusor y fulminante. || *Instrumentos de percusión,* los que se tocan dándoles golpes (tambor, triángulo, platillos, etc.).
percusor m. En las armas de fuego, pieza que hace estallar el fulminante. || Pieza que golpea en cualquier máquina.
percutiente adj. Que produce percusión.
percutir v. i. Golpear, chocar. || *Med.* Auscultar dando leves golpes en la espalda y el pecho de la persona enferma.
percutor m. Percusor.
percha f. Soporte de forma adecuada, provisto de un gancho, que sirve para colgar trajes. || Perchero. || Utensilio con varios ganchos de los que se cuelgan cosas. || Alcándara de las aves. || Lazo para cazar aves. || Perca, pez.
perchar v. t. Colgar el paño para cardarlo.
Perche, ant. condado de Francia, en la cuenca de París. Caballos (*percherones*).
perchero m. Soporte, con uno o varios brazos que sirve para colgar abrigos, sombreros, etc.
percherón, na adj. Aplícase al caballo y yegua de raza corpulenta y robusta que se emplea para el tiro.
perchista com. Volatinero.
perdedor, ra adj. y s. Aplícase al que pierde.
* **perder** v. t. Verse privado de una cosa que se poseía o de una cualidad física o moral: *perder su empleo; perder el juicio.* || Estar separado por la muerte: *perder a sus padres.* || Extraviar: *perder las llaves* (ú. t. c. pr.). || No poder seguir: *perder las huellas de uno; perder el hilo de un razonamiento.* || Disminuir de peso o dimensiones: *ha perdido cinco kilos en un mes.* || Ser vencido: *perder la batalla* (ú. t. c. i.). || *Fig.* Desaprovechar: *perder una oportunidad.* | Malgastar, desperdiciar: *perder su tiempo* (ú. t. c. pr.). | No poder alcanzar o coger: *perder el tren.* | No poder disfrutar de algo por llegar tarde: *hemos dejado pasar el tiempo y hemos perdido la exposición.* | Faltar a una obligación: *perder el respeto.* | Deslucir, deteriorar, ocasionar un daño. | Arruinar. | Ser perjudicado. Ú. t. c. i.: *en todos los negocios salgo perdiendo.* | Perjudicar: *su excesiva bondad le pierde.* || — *Echar a perder,* estropear, deteriorar. || *Perder de vista,* dejar de ver; (fig) olvidar. || *Perder el aliento,* respirar con ansia. || *Fig. Perder la cabeza,* desatinar; volverse loco. || *Perder pie,* dejar de alcanzar el fondo del agua con los pies. || *Perder terreno,* retroceder. || — V. i. Desinflarse. || Sufrir una desventaja: *hemos perdido mucho con la marcha de este profesor.* || Decaer de la estimación en que se estaba: *para mí ha perdido mucho esta persona después de la grosería que me ha hecho.* || — V. pr. Errar el camino, extraviarse: *perderse en la selva.* || *Fig.* Naufragar, irse a pique. | Estropearse: *este guiso se va a perder.* || No percibirse claramente: *su voz se pierde entre las de sus compañeros.* || *Fig.* Corromperse. | Conturbarse. | Entregarse completamente a los vicios. | Amar con pasión ciega. | No seguir la ilación de un discurso: *perderse en consideraciones.* || — *Hasta perderse de vista,* hasta muy lejos. || *Perdérselo,* no aceptar algo bueno dado por otra persona.
Perdicas, general macedonio, regente del Imperio a la muerte de Alejandro Magno (323 a. de J. C.). M. asesinado en 321.
Perdicas || ~ **I,** rey de Macedonia en el siglo VII a. de J. C. || ~ **II,** rey de Macedonia (¿450-413?). || ~ **III,** rey de Macedonia de 365 a 359.
perdición f. Pérdida. || *Fig.* Ruina: *ir uno a su perdición.* | Lo que perjudica a uno: *esta mujer será su perdición.* | Condenación eterna. | Costumbres desarregladas: *esta ciudad es un lugar de perdición.* | Desdoro, deshonra. | Pérdida de la honradez.
pérdida f. Privación de lo que se poseía. || Lo que se pierde: *tener grandes pérdidas.* || Muerte: *sentir la pérdida de un amigo.* || Menoscabo, daño. || Diferencia desventajosa entre el costo de una operación comercial o financiera y la ganancia: *vender con pérdida.* || Mal empleo: *pérdida de tiempo.* || — Pl. *Mil.* Bajas, conjunto de los militares puestos fuera de combate como consecuencia de una batalla.
perdido, da adj. Extraviado. || *Fam.* Muy sucio: *ponerse perdido de barro.* | Consumado, rematado: *tonto perdido.* | Licencioso (ú. t. c. s. m.). || — *Fig. Estar perdido,* estar en un trance tan difícil que se tienen pocas posibilidades de superarlo. | *Estar perdido por una persona,* estar muy enamorado de ella.

|| — M. *Fam.* Golfo, calavera. || *Impr.* Cantidad de ejemplares que se tiran además de la edición para suplir los echados a perder.

Perdido (MONTE), cumbre en el centro de los Pirineos españoles (Huesca); 3 355 m.

Perdido *(Un)*, novela del chileno Eduardo Barrios (1917).

perdigón m. Pollo de la perdiz. || Perdiz joven. || Perdiz macho que usan los cazadores como reclamo. || Cada uno de los granos de plomo que forman la munición de caza. || *Fam.* Perdedor. | Derrochador. | Partícula de saliva que se despide al hablar.

perdigonada f. Tiro de perdigones. || Herida que provoca.

perdiguero, ra adj. Dícese del animal que caza perdices: *perro perdiguero* (ú. t. c. s. m.). || El que vende caza (ú. t. c. s. m.).

perdis m. *Pop.* Golfo, calavera.

perdiz f. Ave gallinácea, con cuerpo grueso y plumaje ceniciento rojizo, de carne estimada.

Perdomo (Apolinar), poeta dominicano (1882-1918).

perdón m. Remisión de pena o deuda. || Indulgencia, misericordia, remisión de los pecados. || *Con perdón,* con permiso; loc. empleada popularmente cada vez que se nombra al cerdo.

perdonable adj. Que se puede perdonar: *falta perdonable.*

perdonador, ra adj. y s. Que perdona.

perdonar v. t. Remitir una deuda, ofensa, falta, delito, etc.: *perdonar a uno el daño que nos ha hecho.* || Autorizar a uno para que no cumpla una obligación: *perdonar el pago de un arancel, de una carga.* || — *Enfermedad que no perdona,* enfermedad mortal. || *No perdonar alguna cosa,* no omitirla: *no perdonar un detalle; no perdonar medio de enriquecerse.* || *Perdonar la vida a uno,* indultarle.

perdonavidas m. inv. *Fig.* y *fam.* Bravucón.

perdulario, ria adj. y s. Dícese de la persona sumamente descuidada. || Vicioso incorregible.

perdurable adj. Perpetuo o que dura siempre: *una obra perdurable.*

perdurar v. i. Durar mucho, subsistir: *perdurar el buen tiempo.*

perecedero, ra adj. Poco duradero: *productos perecederos.*

* **perecer** v. i. Morir una persona o animal: *en el terremoto pereció la mitad de la población.* || Desaparecer una cosa. || *Fig.* Sufrir grave ruina moral o espiritual. | Padecer mucho. || — V. pr. *Fig.* Desear con ansia: *perecerse por una mujer, por las joyas.*

perecuación f. Reparto equitativo de las cargas entre los que las soportan.

Pereda (Antonio), pintor barroco español (¿1608?-1678), autor de cuadros religiosos, de motivos bélicos y de bodegones. || ~ (JOSÉ MARÍA DE), escritor español, n. en Polanco (Santander) [1833-1906], autor de novelas de tema regional (*La puchera, Sotileza, Peñas arriba, El sabor de la tierruca, Don Gonzalo González de la Gonzalera, El buey suelto, Nubes de estío,* etc.).

Peredo (Manuel), escritor y médico mexicano (1830-1890).

peregrinación f. Viaje por tierras extranjeras: *peregrinación a América.* || Viaje a un santuario: *peregrinación a Montserrat.* || *Fig.* La vida humana considerada como paso para la eterna.

peregrinaje m. Peregrinación.

peregrinar v. i. Ir a un santuario por devoción o por voto. || Andar por tierras extrañas, de pueblo en pueblo. || *Fig.* Estar en esta vida camino de la eterna.

peregrino, na adj. Aplícase a las aves de paso. || Que viaja por tierras extrañas. || *Fig.* Extraño, singular, raro: *una idea peregrina.* | Extraordinario: *peregrina belleza.* || — M. y f. Persona que por devoción visita algún santuario: *peregrinos a Fátima.*

Pereira, c. en el centro de Colombia, cap. del dep. de Risaralda. Obispado. Centro comercial.

Pereira (Gabriel Antonio), político uruguayo (1794-1861), pres. de la Rep. de 1856 a 1860. || ~ (MANUEL), escultor portugués (1588-1683), que trabajó en España. || ~ **de Souza** (WASHINGTON LUÍS), político brasileño (1871-1957), pres. de la Rep. de 1926 a 1930.

pereirano, na adj. y s. De Pereira (Colombia).

perejil m. Planta umbelífera, cuya hoja de color lustrosa se utiliza mucho de condimento.

Perelló (El), pobl. en el E. de España (Valencia). Playas.

perendengue m. Adorno de escaso valor. || Arete, pendiente.

Perené, río en el centro del Perú, afl. del Ene (Junín), formado al unirse el Chanchamayo y el Paucartambo.

perengano, na m. y f. Palabra con que se llama a una persona cuyo nombre se desconoce o no se quiere decir. (Se utiliza sobre todo después de haber empleado *Fulano, Mengano* y *Zutano.*)

perenne adj. Continuo, perpetuo. || Eterno: *su recuerdo será perenne.* || *Bot.* Vivaz, que vive más de dos años: *plantas perennes.*

perennidad f. Perpetuidad.

perentoriedad f. Calidad de perentorio.

perentorio, ria adj. Aplícase al último plazo concedido: *un plazo perentorio de diez días.* || Apremiante, urgente. || Terminante, tajante: *tono perentorio.*

Pereyra (Carlos), historiador mexicano (1871-1943), autor de *La obra de España en América* e *Historia de la América Española.*

Pérez (Antonio), político español (1540-1611), secretario de Felipe II y amigo de la princesa de Éboli. El asesinato de Escobedo, secretario de Don Juan de Austria, motivó su prisión por orden del Rey y, a fin de evitar su cumplimiento, huyó a Zaragoza, para pasar más tarde a Francia y a Inglaterra. Publicó unas *Relaciones* y *Cartas.* || ~ (FELIPE), novelista colombiano de asuntos históricos (1836-1891). || ~ (JOSÉ JOAQUÍN), político chileno (1800-1889), pres. de la Rep. de 1861 a 1871. Durante su gobierno se declaró la guerra a España (1866). || ~ (JOSÉ JOAQUÍN), escritor dominicano (1843-1900), autor de las leyendas poéticas *El voto de Anacaona* y *Quisqueyana.* || ~ (JUAN), prior del monasterio español de La Rábida a finales del s. XV. Prestó ayuda a Colón. || ~ (SANTIAGO), político y escritor colombiano (1830-1900), pres. de la Rep. de 1874 a 1876. || ~ **Barradas** (RAFAEL), pintor uruguayo (1890-1929), creador del *vibracionismo.* || ~ **Bonalde** (ANTONIO), escritor venezolano (1846-1892), autor de poesías precursoras de la tendencia modernista *(Ritmos, El poeta del Niágara).* || ~ **de Ayala** (RAMÓN), novelista español, n. en Oviedo (1881-1962), autor de *Belarmino y Apolonio, Tigre Juan, La pata de la raposa,* etc. Escribió también obras de crítica y poesías. || ~ **de Guzmán** (ALONSO). V. GUZMÁN EL BUENO. || ~ **de Guzmán** (FERNÁN), escritor español (¿1370-1440?), autor de poesías (*Loores a los claros varones de España*) y de obras históricas *(Generaciones y semblanzas, Mar de historias)* || ~ **de Hita** (GINÉS), historiador español (¿1544-1619?), autor de *Las guerras civiles de Granada.* || ~ **de Montalbán** (JUAN), poeta dramático español (1602-1638), autor de *Los amantes de Teruel.* || ~ **del Pulgar** (HERNÁN), cronista y militar español (1451-1531). Recibió por su valor el nombre de *el de las Hazañas.* || ~ **Galdós** (BENITO), escritor español, n. en Las Palmas de Gran Canaria (1843-1920). Admirable observador de la sociedad de su tiempo, creó innumerables tipos y caracteres descritos con gran perfección y realismo. Considerado en su patria como el mejor novelista después de Cervantes. Autor de novelas (*Miau, Doña Perfecta, La de Bringas, Fortunata y Jacinta, Misericordia, Marianela, Gloria, El amigo Manso,* etc.), de los *Episodios Nacionales,* fresco histórico del s. XIX, y de obras de teatro *(Electra, El abuelo, Realidad, Santa Juana de Castilla)* || ~ **Jiménez** (MARCOS), militar venezolano, n. en 1914. Pres. de la Rep. en 1952, fue derribado en 1958. || ~ **Lugín** (ALEJANDRO), escritor español (1870-1926), autor de las populares novelas *La casa de la Troya* y *Currito de la Cruz.* || ~ **Petit** (VÍCTOR), poeta, novelista y dramaturgo uruguayo (1871-1947). || ~ **Rodríguez** (CARLOS ANDRÉS), abogado y político venezolano, n. en 1922, pres. de la Rep. en 1974. || ~ **y González** (FELIPE), escritor español (1846-1910), autor de libretos de zarzuelas. || ~ **y Pérez** (RAFAEL), escritor español, n. en 1891, autor de novelas rosas.

Pérez Zeledón, cantón de Costa Rica (San José), cab. *San Isidro del General.*

pereza f. Repugnancia al trabajo, al esfuerzo, a cumplir las obligaciones del cargo de cada uno. || Flojedad, falta de ánimo para hacer algo. || Lentitud. || *Sacudir la pereza,* vencerla.

perezoso, sa adj. y s. Que tiene pereza: *perezoso para levantarse.* || Que huye de cualquier trabajo o actividad: *es demasiado perezoso para este cargo.* || *Fig.* Tardo, lento. || — M. Mamífero desdentado de América tropical, de movimientos muy lentos.

perfección f. Calidad de perfecto: *aspirar a la perfección.* || Cosa perfecta. || *A la perfección,* perfectamente: *este tenor canta a la perfección.*

perfeccionamiento m. Mejora para intentar alcanzar la perfección.

perfeccionar v. t. Mejorar una cosa tratando de alcanzar la perfección: *perfeccionar una máquina.* || Pulir, refinar, dar los últimos toques: *perfeccionar una obra de arte.*

perfectamente adv. De modo perfecto. || *¡Perfectamente!,* expresión de asentimiento.

perfectible adj. Que puede perfeccionarse.

perfectivo, va adj. Que perfecciona. || *Gram.* Se aplica al aspecto verbal que implica la terminación de una acción.

perfecto, ta adj. Que tiene el mayor grado posible de las cualidades requeridas: *obra perfecta.* || Excelente, muy bueno: *ejecución perfecta.* || *For.* De plena eficacia jurídica: *acuerdo, contrato perfecto.* || — *Gram. Futuro perfecto,* el que indica que una acción futura es anterior a otra también venidera. || *Pretérito perfecto,* aplícase al tiempo que denota que una acción pasada está completamente terminada.

perfidia f. Falta de lealtad.

pérfido, da adj. Desleal, infiel o traidor. || Que implica perfidia: *una propuesta pérfida.*

perfil m. Contorno aparente de una persona o cosa puesta de lado: *retratar a una persona de perfil.* || Silueta, contorno: *el perfil del campanario se destacaba en el cielo.* || *Geol.* Corte que permite conocer la disposición y la naturaleza de las capas de un terreno. || *Geom.* Figura que presenta un cuerpo cortado por un plano vertical. | Corte o sección. || Adorno delicado en el borde de algunas cosas. || Línea delgada de una letra manuscrita. || *Fig.* Retrato moral de una persona. || Barra de acero laminada. || — Pl. *Fig.* Miramientos en el trato social. || — *De perfil,* de lado. ||

Medio perfil, postura del cuerpo en que se ve el perfil y parte de la frente.

perfilado, da adj. Aplícase al rostro delgado y alargado. ‖ Bien proporcionado.

perfilar v. t. *Pint.* Sacar y retocar el perfil de una cosa. ‖ *Fig.* Perfeccionar, rematar con esmero una cosa. ‖ — V. pr. Ponerse de perfil. ‖ *Fam.* Destacarse: *el campanario se perfila en el cielo.* | Empezar a tomar forma: *se perfila el resultado final.*

perfoliado, da adj. Dícese de la hoja de la planta que por su base y nacimiento rodea enteramente el tallo, aunque sin formar tubo.

perforación f. Acción de perforar: *la perforación de un túnel.* ‖ Taladro. ‖ Rotura de las paredes de algunos órganos o partes del cuerpo: *perforación intestinal, del estómago,* etc.

perforado m. Acción de perforar o taladrar.

perforador, ra adj. Que perfora u horada. ‖ — F. Herramienta de barrena rotativa, generalmente accionada por aire comprimido, que sirve para taladrar las rocas. ‖ Instrumento para perforar el papel. ‖ Máquina que, en las tarjetas perforadas, traduce los datos en forma de taladros.

perforante adj. Que perfora: *bala perforante.*

perforar v. t. Horadar, taladrar: *perforar papel, una roca.*

performance [-*mans*] f. (pal. ingl.). Resultado conseguido por un campeón. ‖ *Por ext.* Hazaña.

perfumador m. Recipiente para quemar perfumes. ‖ Pulverizador para perfumes.

perfumar v. t. Impregnar una cosa con materias olorosas (ú. t. c. pr.). ‖ — V. i. Exhalar perfume.

perfume m. Composición química que exhala un olor agradable: *un frasco de perfume.* ‖ Este mismo olor: *el perfume del jazmín.* ‖ *Fig.* Lo que despierta un recuerdo o una idea agradable: *un perfume de dulzura.*

perfumería f. Fábrica o tienda de perfumes.

perfumero, ra m. y f. o **perfumista** com. Persona que fabrica o vende perfumes.

perfusión f. *Med.* Introducción lenta y continua de una sustancia medicamentosa o de sangre en un organismo o un órgano.

pergamino m. Piel de cabra o de carnero preparada especialmente para que se pueda escribir en ella. ‖ Documento escrito en esta piel. ‖ — Pl. *Fig.* y *fam.* Títulos de nobleza. | Diplomas universitarios: *estar orgulloso de sus pergaminos.*

Pergamino, pobl. en el E. de la Argentina, en las márgenes del río homónimo (Buenos Aires).

Pérgamo, c. ant. de Asia Menor, cap. del reino helénico del mismo n. (s. III y II a. de J. C.).

pergeñar v. t. Esbozar: *pergeñar un discurso.*

pergeño m. Aspecto, apariencia.

pérgola f. Galería formada por columnas en las que se apoyan maderos a modo de emparrado.

Pergolese (Gianbatista), compositor italiano (1710-1736), autor de música sinfónica, religiosa y dramática.

Periandro, tirano de Corinto de 627 a 587 a. de J. C.

periantio m. *Bot.* Perigonio.

periarteritis f. Inflamación externa de las arterias.

periartritis f. Inflamación alrededor de una articulación.

periastro m. Punto de la órbita de un astro más próximo de otro alrededor del cual gira.

Peribáñez y el comendador de Ocaña, comedia histórica de Lope de Vega (1614).

pericardio m. Tejido membranoso que envuelve el corazón.

pericarditis f. Inflamación del pericardio.

pericarpio m. Parte exterior del fruto de las plantas, que cubre las semillas.

pericia f. Habilidad en una ciencia o arte adquirida por la experiencia.

pericial adj. Relativo al perito: *juicio, tasación pericial.*

periciclo m. Parte externa del tallo y la raíz de las plantas.

Pericles, estadista ateniense (¿495?-429 a. de J. C.), jefe del partido democrático. Creó la potencia naval y colonial de Atenas, intervino en las guerras del Peloponeso y fomentó las artes y las letras.

periclitar v. i. Decaer, declinar: *periclitar un régimen.* ‖ Peligrar, estar en peligro: *periclitar una civilización.*

perico m. Especie de papagayo de Cuba y la América Meridional, fácilmente domesticable. ‖ *Mar.* Juanete del palo de mesana, y vela que se larga en él. ‖ Tupé postizo antiguo. ‖ *Pop.* Orinal alto. ‖ *Perico ligero,* perezoso, mamífero.

Perico, térm. mun. de Cuba (Matanzas).

Perico, n. pr. dim. de *Pedro.* ‖ *Fam. Perico el de los palotes,* alguno, un individuo cualquiera.

pericón m. Abanico grande. ‖ *Arg.* Baile criollo en cuadrilla.

pericráneo m. Membrana fibrosa que rodea los huesos del cráneo.

peridoto m. Silicato de magnesia y hierro, de color verdoso, que abunda en las rocas eruptivas.

periecos m. pl. Habitantes de la Tierra que viven en un mismo paralelo, pero en puntos diametralmente opuestos.

periferia f. Circunferencia. ‖ Contorno de una figura curvilínea. ‖ *Fig.* Alrededores de una población: *la periferia de Buenos Aires.*

periférico, ca adj. Relativo a la periferia: *paseo periférico.*

periflebitis f. *Med.* Inflamación en la parte externa de una vena.

perifollo m. Planta umbelífera usada como condimento. ‖ — Pl. *Fam.* Adornos femeninos excesivos y generalmente de mal gusto.

perifrasear v. i. Usar perífrasis o circunloquios.

perífrasis f. Circunlocución, circunloquio.

perifrástico, ca adj. Relativo a la perífrasis: *expresión perifrástica.* ‖ Que contiene muchas perífrasis.

perigeo m. Punto de la órbita de la Luna o de un satélite artificial más cerca de la Tierra.

perigonio m. Envoltura de los órganos sexuales de una planta.

Perigord, región en el SO. de Francia, en el actual departamento de Dordogne. Estaciones prehistóricas.

Perigueux, c. en el SO. de Francia, cap. del dep. de Dordogne. Obispado. Ruinas romanas. Catedral.

perihelio m. Punto en que un planeta se halla más cerca del Sol.

Perijá, cadena de montañas entre Venezuela (Zulia) y Colombia (Guajira y Magdalena). Recibe tb. el n. de *Sierra de los Motilones.* — Distr. de Venezuela (Zulia), cap. *Machiques.*

perilla f. Adorno en figura de pera. ‖ Porción de pelo que se deja crecer en la punta de la barba. ‖ Parte inferior no cartilaginosa de la oreja. ‖ Interruptor eléctrico. ‖ *Fam. De perilla,* o *de perillas,* muy bien: *me vino de perillas la propuesta que recibí.*

perillán m. Pícaro, bribón.

Perim, isla en el estrecho de Bab el-Mandeb (Yemen del Sur).

perimétrico, ca adj. Relativo al perímetro.

perímetro m. *Geom.* Línea que limita una figura plana: *la circunferencia es el perímetro del círculo.* ‖ Su dimensión: *calcular el perímetro de un rectángulo.* ‖ Contorno: *el perímetro de una ciudad; perímetro torácico.*

perínclito, ta adj. Heroico, muy ínclito: *soldado perínclito.*

periné o **perineo** m. Parte del cuerpo situada entre el ano y las partes sexuales.

perinola f. Peonza pequeña. ‖ Perilla, adorno en forma de pera.

periodicidad f. Condición de lo que es periódico: *la periodicidad de los cometas.*

periódico, ca adj. Que se repite a intervalos determinados: *movimiento periódico.* ‖ Que se edita en época fija: *publicación periódica* (ú. t. c. s. m.). ‖ *Mat.* Dícese de la función que tiene el mismo valor cada vez que su variable aumenta de una cantidad fija llamada *período* o de un múltiplo de éste. | Aplícase a la fracción decimal en la cual una misma cifra o grupo de cifras se repite indefinidamente. ‖ — M. Diario.

periodicucho m. *Fam.* Periódico malo.

periodismo m. Profesión de periodista. ‖ Conjunto de periodistas. ‖ Prensa periódica.

periodista m. El que tiene por oficio el escribir en periódicos.

periodístico, ca adj. Relativo a periódicos y periodistas: *estilo periodístico.*

período o **periodo** m. Espacio de tiempo después del cual se reproduce alguna cosa. ‖ Tiempo de revolución de un astro: *período lunar.* ‖ Espacio de tiempo, época: *período histórico.* ‖ *Mat.* En las divisiones inexactas, cifras repetidas indefinidamente, después del cociente entero. ‖ Conjunto de oraciones que enlazadas entre sí forman un sentido cabal: *período gramatical.* ‖ Fase de una enfermedad. ‖ Menstruación.

periostio m. Membrana fibrosa adherida a los huesos y que sirve para su nutrición.

periostitis f. *Med.* Inflamación del periostio.

peripatético, ca adj. Que se refiere a o que sigue la filosofía de Aristóteles.

peripatetismo m. Sistema filosófico de Aristóteles.

peripato m. Sistema filosófico de Aristóteles. ‖ Conjunto de sus seguidores.

peripecia f. En el drama o en otras composiciones literarias, mudanza repentina de situación. ‖ *Fig.* Acontecimiento imprevisto en la vida real: *las peripecias de un viaje.*

periplo m. Circunnavegación. ‖ Obra antigua que relata un viaje de circunnavegación. ‖ *Por ext.* Viaje turístico.

períptero, ra adj. y s. m. Aplícase al edificio rodeado de columnas: *palacio, templo períptero.*

peripuesto, ta adj. *Fam.* Ataviado con gran esmero y elegancia.

periquete m. *Fam.* Corto espacio de tiempo, instante: *comer en un periquete.*

Periquillo Sarniento, novela picaresca del escritor mexicano Fernández de Lizardi (1816).

periquito m. Perico, loro.

periscio, cia adj. y s. Aplícase a los habitantes de las regiones polares en torno de los cuales gira su sombra cada veinticuatro horas en la época en que no se pone el Sol.

periscópico, ca adj. Relativo al periscopio.

periscopio m. Aparato óptico instalado en la parte superior de un tubo que usan para ver lo que pasa en el exterior los barcos submarinos y los soldados en las trincheras.

perisístole f. Intervalo que media entre la sístole y la diástole.

perisodáctilos m. pl. Suborden de los mamíferos ungulados imparidígitos, como el caballo y el rinoceronte (ú. t. c. adj.).

peristáltico, ca adj. Aplícase a los movimientos de contracción del tubo digestivo que permiten impulsar los materiales de la digestión.

peristilo m. *Arq.* Galería de columnas aisladas alrededor de un edificio o de un patio. | Conjunto de las columnas de un edificio.

perístole f. Acción peristáltica del conducto intestinal.

peritación y **peritaje** m. Trabajo o informe que hace un perito. || Estudios o carrera de perito.

perito, ta adj. Experimentado, competente en un arte o ciencia. || — M. Persona autorizada legalmente por sus conocimientos para dar su opinión acerca de una materia. || Grado inferior en las carreras técnicas o mercantiles.

peritoneo m. Membrana serosa que cubre la superficie interior del vientre.

peritonitis f. *Med.* Inflamación del peritoneo.

perjudicar v. t. Causar perjuicio moral o material: *a este hombre no le importa perjudicar los intereses de los demás.*

perjudicial adj. Que perjudica.

perjuicio m. Daño material o moral: *causar perjuicio a uno.* || *Sin perjuicio de o que,* sin descartar la posibilidad de.

perjurar v. i. Jurar en falso (ú. t. c. pr.). || No cumplir un juramento (ú. t. c. pr.). || — V. i. Jurar mucho

perjurio m. Juramento en falso.

perjuro, ra adj. y s. Dícese del que jura en falso o no cumple un juramento.

perla f. Concreción esferoidal nacarada, de reflejos brillantes, que suele formarse en el interior de las conchas de diversos moluscos, particularmente de las madreperlas. || Objeto parecido fabricado artificial mente || Carácter de letra de imprenta de cuatro puntos. || *Fig.* Persona o cosa excelente: *esta niña es una perla.* || *De perlas,* muy bien: *hablar de perlas; venir de perlas.*

— La fuente principal de *perlas finas,* empleadas en joyería, fue durante mucho tiempo la ostra perlífera, que se pesca en los océanos Índico y Pacífico. Actualmente se obtienen perlas cultivadas idénticas a las naturales.

Perlas (Las), islas de Panamá en el golfo de Panamá; 1 165 km².

perlaza f. *Méx.* Perla de calidad inferior.

perlero, ra adj. Relativo a la perla: *industria perlera.*

perlesía f. *Med.* Parálisis. | Debilidad muscular con movimientos convulsivos.

Perlis, Estado de la Federación de Malaysia; cap. *Kangar.*

Perm, de 1940 a 1957 *Molotov,* c. de la U. R. S. S. (Rusia), en los Urales y a orillas del río Kama.

* **permanecer** v. i. Estarse cierto tiempo en un mismo sitio, estado o calidad: *permanecer inmóvil; Juan permaneció un año en Málaga.* || Seguir en el mismo estado: *permaneció despierto toda la noche.*

permanencia f. Inmutabilidad, duración constante: *la permanencia de las leyes.* || Estancia en un mismo lugar: *no ha aprovechado su permanencia en el extranjero.* || Perseverancia.

permanente adj. Que permanece. || — F. Ondulación del cabello: *hacerse la permanente.* || — M. *Méx.* Ondulado permanente.

permanganato m. Sal formada por la combinación del ácido derivado del manganeso con una base.

permeabilidad f. Calidad de permeable: *la permeabilidad del terreno.* || *Permeabilidad magnética,* propiedad de un cuerpo que se deja atravesar por un flujo magnético.

permeable adj. Que puede ser atravesado por el agua u otro fluido, las radiaciones, etc. || *Fig.* Influenciable.

permi m. *Fam.* Permiso militar.

pérmico, ca adj. y s. m. *Geol.* Aplícase al último período de la era primaria, que siguió inmediatamente al carbonífero.

permisible adj. Que se puede permitir.

permisivo, va adj. Que incluye la facultad o licencia de hacer una cosa, sin preceptuarla.

permiso m. Autorización: *pedir permiso para salir.* || Licencia, documento: *permiso de conducir, de caza.* || Autorización escrita que se concede a un militar o a otra persona para ausentarse de su cuerpo o empleo por tiempo limitado.

permitido, da adj. Lícito, autorizado.

permitir v. t. Dar su consentimiento a una persona para que haga algo: *no permite a su hija que salga por la noche.* || Tolerar: *¡cómo permite a sus hijos que se porten tan mal?* || Dar cierta posibilidad: *esto permite vivir bien.* || — V. pr. Tomarse la libertad de hacer algo: *me permito dirigirme a usted.*

permuta f. Cambio, trueque. || Cambio entre dos personas de los empleos que tienen.

permutabilidad f. Carácter de lo permutable.

permutable adj. Que se puede permutar.

permutación f. Cambio, trueque. || *Mat.* Transformación que consiste en sustituir el orden de cierto número de objetos por otro, sin que cambien su naturaleza ni su número: *el número de permutaciones posibles de n objetos* (Pn) *es n!* (factorial de n).

permutar v. t. Cambiar una cosa por otra. || — V. i. Cambiar entre sí los empleos: *permutar dos funcionarios públicos.*

pernada f. Golpe dado con la pierna o movimiento violento que se hace con ella.

Pernambuco, Estado del NE. del Brasil; cap. *Recife.*

pernear v. i. Agitar violentamente las piernas.

pernera f. Pernil, parte del pantalón.

perniabierto, ta adj. Que tiene las piernas abiertas.

pernicioso, sa adj. Perjudicial, nocivo, peligroso.

Pernik, de 1949 a 1962 *Dimitrovo,* c. de Bulgaria, al SO. de Sofía. Siderurgia.

pernil m. Anca y muslo de un animal. || Parte del pantalón en que se meten las piernas. || Pata del cerdo preparada para el consumo.

pernio m. Gozne puesto en las puertas y ventanas para que puedan girar las hojas.

* **perniquebrar** v. t. Romper, quebrar una pierna (ú. t. c. pr.).

perno m. Clavo corto con cabeza redonda por un extremo y que por el otro se asegura con una tuerca.

pernoctar v. i. Pasar la noche en un sitio fuera de su casa: *pernoctaremos en Burgos durante nuestro viaje a Madrid.*

pero m. Variedad de manzano. || Su fruto.

pero m. *Fam.* Inconveniente, reparo: *poner peros a todo.* | Defecto. || — Conj. Sirve para indicar la oposición, la restricción, la objeción, etc: *el piso es bonito pero caro; lo haré pero cuando tenga tiempo; pero yo no lo había visto.*

perogrullada f. *Fam.* Verdad de Perogrullo.

perogrullesco, ca adj. Tan evidente como una perogrullada.

Perogrullo n. pr. Se emplea en la loc. *verdad de Perogrullo,* la que es tan evidente que resulta ridículo decirla.

perol m. Vasija semiesférica de metal. || Cacerola.

Perón (Juan Domingo), general y político argentino, n. en Lobos (Buenos Aires) (1895-1974), elegido pres. de la Rep. en 1946, derrocado por la revolución de 16 de septiembre de 1955. (Su esposa, Eva Duarte [1919-1952], colaboró estrechamente con él.) Tras un exilio de 18 años volvió a su país y fue de nuevo elegido pres. el 23 de septiembre de 1973 ocupando el cargo a partir del 12 de octubre.

peroné m. Hueso largo y delgado de la pierna, detrás de la tibia, con la cual se articula.

peroración f. Última parte o conclusión del discurso.

perorar v. i. Pronunciar un discurso. || *Fam.* Hablar en tono oratorio y pomposo.

perorata f. Discurso largo y pesado.

Perosi (Lorenzo), compositor italiano de carácter religioso (1872-1956).

Perote, v. mun. en el E. de México (Veracruz).

peróxido m. En la serie de los óxidos de un cuerpo, el que tiene la mayor cantidad de oxígeno.

perpendicular adj. *Geom.* Aplícase a la línea o el plano que forma ángulo recto con otro. || — F. Línea perpendicular.

Perpenna, general romano, lugarteniente de Mario. En España asesinó a Sertorio en un banquete (72 a. de J. C.). Vencido y muerto por Pompeyo el mismo año.

perpetración f. Cumplimiento, ejecución.

perpetrador, ra adj. y s. Que perpetra: *perpetrador de un crimen.*

perpetrar v. t. Cometer: *perpetrar un acto criminal, un delito.*

perpetua f. Planta amarantácea, cuyas flores se conservan mucho tiempo. || Flor de esta planta.

perpetuación f. Acción de perpetuar o perpetuarse una cosa.

perpetuar v. t. Hacer perpetua o perdurable una cosa: *perpetuar la memoria de un hecho.*

perpetuidad f. Duración sin fin. || *A perpetuidad,* para siempre.

perpetuo, tua adj. Que permanece para siempre: *las nieves perpetuas del Aconcagua.* || Que dura toda la vida: *cadena perpetua.* || Constante: *un sinvivir perpetuo.* || Dícese de ciertos cargos vitalicios: *secretario perpetuo de la Academia Española de la Lengua.*

perpiaño m. Sillar del espesor del muro. || — Adj. *Arco perpiaño,* el que sobresale del intradós de una bóveda de cañón.

Perpiñán, c. en el SE. de Francia, ant. cap. del Rosellón y hoy del dep. de Pyrénées-Orientales. Obispado.

perplejidad f. Irresolución, estado de una persona que no sabe qué partido tomar.

perplejo, ja adj. Vacilante, irresoluto.

perquisición f. Galicismo por *pesquisa.*

perra f. Hembra del perro. || *Fig.* y *fam.* Dinero: *estar sin una perra.* | Rabieta: *coger una perra.* | Obstinación, deseo vehemente. | Borrachera. || *Pop. Perra chica, gorda,* antiguas monedas españolas de cinco o diez céntimos.

perrada f. Conjunto de perros. || *Fig.* y *fam.* Acción ruin, mala jugada.

Perrault [*-ró*] (Charles), escritor francés, n. en París (1628-1703), autor de célebres cuentos (*Caperucita roja, El gato con botas, Barba Azul, La Cenicienta, Pulgarcito, La bella durmiente del bosque,* etc.). — Su hermano Claude (1613-1688) fue arquitecto y construyó la columnata del Louvre.

perrera f. Lugar donde se guardan o encierran los perros. || Coche que recoge los perros errantes. || *Fig.* Empleo trabajoso poco remunerado. || *Fam.* Perra, rabieta, cólera de niño.

perrería f. Conjunto de perros || *Fig.* Grupo de gente malvada. || *Fam.* Mala jugada: *le hizo una perrería.* | Insulto.

perrero m. El que cuida perros de caza. || El que recoge los perros errantes y los lleva a la perrera. || El encargado de echar los perros fuera de las iglesias.

Perricholi o **Perrichola** (Micaela VILLEGAS, llamada **la**), actriz criolla peruana (1739-1819), amante del anciano virrey M. Amat y Junyent.

perrilla f. *Méx.* Orzuelo.

perrillo m. Gatillo de la escopeta. ‖ Pieza de hierro que se pone en los frenos para caballerías duras de boca.

Perrín (Tomás G.), médico mexicano, n. en España (1881-1965), que se distinguió como histólogo.

perritos m. pl. *Méx.* Plantas escrofulariáceas leguminosas y ornamentales.

perro m. Mamífero doméstico carnicero de la familia de los cánidos, de tamaño, forma y pelaje muy diversos, según las razas: *perro de lanas, pachón, podenco.* ‖ *Fig.* Nombre dado antiguamente por afrenta a moros y judíos. ‖ *Pop.* Moneda. ‖ — *Fig. A otro perro con ese hueso,* dícese para indicar que no se cree lo que otra persona acaba de decir. | *Allí no atan los perros con longanizas,* allí la vida no es tan fácil como parece. | *Andar como perros y gatos,* llevarse muy mal varias personas. | *De perros,* muy malo: *hoy hace un tiempo de perros.* | *Estar como los perros una comida,* estar muy salada. | *Humor de perros,* muy mal humor. | *Morir como un perro,* morir abandonado y miserable. ‖ *Perro caliente,* bocadillo de salchichas calientes. ‖ *Fig. Perro ladrador, poco mordedor,* en general, no hay que temer a las personas que más gritan, sino a las otras. | *Ser perro viejo,* haber adquirido astucia por la experiencia. ‖ *Perro marino,* el cazón. ‖ *Perro mexicano pelón,* el de origen desconocido, completamente sin pelo. ‖ *Perro mudo,* mapache. (V. TECHICHI.) ‖ *Fig. Tratar a uno como a un perro,* tratarle muy mal, despreciarle.

perro, rra adj. *Fam.* Muy malo: *¡qué vida más perra llevamos!*

perroquete m. *Mar.* Masteleríllo de juanete.

perruno, na adj. Relativo al perro: *raza perruna.*

persa adj. y s. De o relativo a Persia, hoy Irán.

persecución f. Tormentos, especialmente los que sufrieron los primeros cristianos: *las persecuciones de Nerón.* ‖ Acosamiento: *ir en persecución de uno.*

persecutorio, ria adj. Relativo a la persecución. ‖ *Manía persecutoria,* la que padecen las personas que creen que todo el mundo les quiere hacer daño.

Perséfone o **Core,** diosa griega, hija de Deméter y de Zeus, reina de los Infiernos. Es la *Proserpina* de los romanos.

perseguidor, ra adj. y s. Aplícase al que persigue.

perseguimiento m. Persecución, acoso.

* **perseguir** v. t. Seguir al que huye, intentando alcanzarle: *perseguir al adversario.* ‖ Atormentar con medidas tiránicas y crueles: *perseguir a los cristianos.* ‖ *Fig.* Acosar, estar siempre detrás de una persona: *perseguirle a todas horas, en todas partes.* | Atormentar, no dejar en paz: *el recuerdo de sus faltas le persigue.* | Importunar: *perseguir con sus demandas.* | Intentar porfiadamente conseguir: *perseguir un puesto en el ministerio; perseguir el bienestar del pueblo.* | Ocurrir varias veces seguidas: *le persiguen las desgracias.* ‖ *For.* Proceder judicialmente contra uno: *perseguir al moroso, al delincuente.*

perseidas f. pl. *Astr.* Estrellas fugaces, cuyo punto radiante se encuentra en la costelación de Perseo.

Perseo, héroe griego, hijo de Zeus y de Dánae. Cortó la cabeza de Medusa, casó con Andrómeda, fue rey de Tirinto y fundó Micenas *(Mit.).* — Último soberano de Macedonia (212-166 a. de J. C.). Hijo de Filipo V, reinó de 179 a 168 a. de J. C.

Persépolis, ant. cap. de Persia, al S. de Shiraz.

perseverancia f. Firmeza y constancia en seguir lo que se ha empezado: *perseverancia en el trabajo.* ‖ Firmeza en la fe y las opiniones.

perseverante adj. y s. Que persevera.

perseverar v. i. Mantenerse constante en un propósito o en la prosecución de lo comenzado: *perseverar en el estudio, en el trabajo.*

Pershing (John J.), general norteamericano (1860-1948). Mandó la expedición a México contra Pancho Villa (1915), y fue jefe de las fuerzas de Estados Unidos en la primera guerra mundial.

Persia, actualmente *Irán* (v. este nombre), reino del SO. de Asia, situado entre la U. R. S. S., el mar Caspio, Afganistán, Paquistán, golfo Pérsico, Irak y Turquía.

— HISTORIA. Los medos, que estaban establecidos al N. del golfo Pérsico desde el s. IX a. de J. C., conquistaron la c. de Nínive en 612. Pero en 549, el rey persa Ciro logró deponer al rey medo Astiages, con lo que la supremacía pasó a Persia, cuyo imperio, en tiempos de Darío I (521-486), se extendía hasta la India. En este siglo, los griegos derrotaron sucesivámente a los persas en Maratón (490), Salamina (480), Platea (479) y, en 331, Alejandro Magno acabó con los restos del Imperio. A la muerte del soberano de Macedonia, Persia estuvo gobernada más de un siglo por la dinastía seleúcida. Desde el año 256, arsácidas y sasánidas se sucedieron en el trono hasta que en 652 de nuestra era el país fue conquistado por los árabes, dependiendo al principio del califato de Bagdad. En el s. XIII pasó a poder de los mongoles y, en el XV, bajo las dinastías turcomanas, comenzaron las guerras religiosas entre persas y turcos que habían de prolongarse durante los Sofís (1499-1732). En 1799 subió al trono la dinastía de los Kadyares, que cedió a Rusia bastantes territorios (1832). Inglaterra mostró más tarde interés por la producción petrolífera dando con ello lugar a que la civilización occidental penetrase en el país. En 1925, el general Reza Khan, con el nombre de Pahlevi I, fundó una nueva dinastía, pero en 1941 tuvo que abdicar en favor de su hijo Mohamed Reza, quien instauró un régimen más democrático. El petróleo fue nacionalizado en 1951 y desde entonces Irán ha estrechado sus lazos con Occidente. En 1960, al reconocer Irán al Estado de Israel se atrajo la viva hostilidad de los países de la Liga Árabe.

persiana f. Especie de celosía formada de tablillas movibles por entre las cuales pueden entrar la luz y el aire, pero no el sol.

persicaria f. Duraznillo.

pérsico, ca adj. Persa, de Persia: *el golfo Pérsico.* ‖ — M. Árbol frutal rosáceo. ‖ Su fruto, comestible.

Pérsico (GOLFO), golfo del océano Índico, entre Irán y Arabia. Petróleo.

persignarse v. pr. Santiguarse. ‖ *Fam.* Manifestar uno su asombro santiguándose.

persistencia f. Constancia en un propósito o acción: *persistencia en el error, en los estudios.* ‖ Larga duración de una cosa.

persistente adj. Muy duradero, incesante: *dolor, lluvia persistente.*

persistir v. i. Mantenerse firme o constante: *persistir en sus trabajos.* ‖ Perdurar: *persistir la fiebre.*

persona f. Individuo de la especie humana, hombre o mujer: *su familia se compone de cinco personas.* ‖ Personaje de una obra literaria. ‖ *For.* Entidad física o moral que tiene derechos y obligaciones: *persona jurídica.* ‖ *Gram.* Accidente gramatical que indica quién es el agente o paciente de la oración (*primera persona,* la que habla; *segunda persona,* aquella a quien se habla; *tercera persona,* aquella de quien se habla). ‖ *Teol.* El Padre, el Hijo o el Espíritu Santo. ‖ — *En persona,* personalmente: *vino el ministro en persona;* personificado: *este niño es el demonio en persona.* ‖ *Persona mayor,* adulto. ‖ *Tercera persona,* tercero, persona que media entre otras.

persona grata, expresión latina que significa *persona que agrada,* y designa, en el lenguaje diplomático, que un embajador será bien recibido por el país extranjero cerca del cual se le acredita.

personaje m. Persona notable: *un personaje ilustre.* ‖ Ser humano o simbólico que se representa en una obra literaria: *el personaje principal de una novela.*

personal adj. Propio de una persona: *calidades personales.* ‖ Presenciado o hecho por la persona misma de que se trata: *no le quiso conceder una entrevista personal.* ‖ Subjetivo: *es un juicio muy personal.* ‖ *Pronombres personales,* los que designan a las tres personas del verbo. (V. *Compendio de gramática,* al final del vol., p. 825.) ‖ — M. Conjunto de personas que trabajan en un sitio: *hay mucho personal en esta empresa.* ‖ *Pop.* Gente: *¡qué de personal había en los almacenes!*

personalidad f. Individualidad consciente. ‖ Carácter original que distingue a una persona de las demás: *tener una gran personalidad.* ‖ *Fil.* Conjunto de cualidades que constituyen el supuesto inteligente. ‖ *For.* Aptitud legal: *personalidad jurídica.* ‖ Persona notable por sus funciones o actividad: *en la ceremonia había muchas personalidades.*

personalismo m. Acción de dirigir algo ofensivo a una persona determinada. ‖ Acción de no aplicar el mismo trato a todos. ‖ Sistema filosófico según el cual la persona humana en su totalidad representa el valor supremo. ‖ Exacerbación de la importancia personal: *es un individuo de un personalismo fuera de toda medida que causa la indignación general.*

personalizar v. t. Dar carácter personal a una cosa: *personalizar la virtud, el vicio.* ‖ Dirigir lo expresado particularmente a una persona determinada. ‖ *Gram.* Usar como personal un verbo impersonal.

personarse v. pr. Presentarse personalmente en una parte: *se personó en la oficina.* ‖ Reunirse. ‖ *For.* Comparecer: *se personó ante el juez de instrucción.*

personificación f. Acción y efecto de personificar. ‖ Símbolo, representación viva: *es la personificación de la bondad.*

personificar v. t. Atribuir sentimientos o acciones de personas a los irracionales o a las cosas: *personificar los animales, los elementos.* ‖ Simbolizar, representar perfectamente: *Nerón personifica a la crueldad.* ‖ Aludir a personas determinadas en un escrito o discurso.

perspectiva f. Arte de representar en una superficie los objetos en la forma, tamaño y disposición con que aparecen a la vista. ‖ Conjunto de cosas que se presentan ante la vista en la lejanía: *mirando por aquí se tiene una bonita perspectiva.* ‖ *Fig.* Contingencia previsible: *buenas perspectivas económicas.* | Distancia: *no tenemos suficiente perspectiva para juzgar este acontecimiento.*

perspicacia f. Agudeza y penetración de la vista. ‖ *Fig.* Penetración del entendimiento, sagacidad, clarividencia: *las mujeres suelen tener mucha perspicacia.*

perspicaz adj. Agudo, penetrante: *vista perspicaz.* ‖ *Fig.* Sagaz, clarividente.

perspicuo, cua adj. Claro, transparente. ‖ *Fig.* Claro, inteligible: *estilo, orador perspicuo.*

persuadir v. t. Inducir a uno a creer o hacer algo: *le persuadí de mi sinceridad.* ‖ — V. pr. Convencerse de una cosa.

persuasible adj. Que puede hacerse o creerse.

persuasión f. Acción de persuadir. ‖ Convicción, certeza.

persuasivo, va adj. Que persuade. ‖ — F. Aptitud para persuadir.

persuasor, ra adj. y s. Que sabe persuadir a los demás.

* **pertenecer** v. i. Ser una cosa de la propiedad de uno: *esta hacienda pertenece a mi padre.* ‖ Formar parte de: *estas plantas pertenecen a la familia de las solanáceas.* ‖ Ser una cosa del cargo u obligación de uno: *la facultad de sumariar pertenece al juez.*

pertenencia f. Propiedad: *reivindicar la pertenencia de algo.* ‖ Espacio o territorio que toca a uno por jurisdicción o propiedad. ‖ Cosa accesoria de otra: *las pertenencias de un palacio.* ‖ Concesión minera de una hectárea cuadrada. ‖ Adhesión: *la pertenencia a un partido.*

Perth, c. de Australia, cap. del Estado de Australia Occidental. Arzobispado. Industrias. — C. de Gran Bretaña en el centro de Escocia, cap. del condado homónimo.

Perthus o **Portús,** puerto montañoso de los Pirineos Orientales, en la frontera hispanofrancesa; 290 m de alt.

pértiga f. Vara larga. ‖ *Salto de pértiga,* prueba atlética en la que hay que pasar un listón situado a cierta altura con la ayuda de una pértiga.

pertiguero m. Empleado encargado de las cuestiones materiales de una iglesia.

pertinacia f. Obstinación, tenacidad, terquedad. ‖ *Fig.* Larga duración, persistencia.

Pertinax (126-193), emperador romano en 193, sucesor de Cómodo. M. asesinado por las tropas pretorianas.

pertinaz adj. Obstinado, tenaz: *pertinaz en su opinión, en sus propósitos.* ‖ *Fig.* Persistente, incesante: *enfermedad pertinaz.*

pertinencia f. Condición de pertinente.

pertinente adj. Oportuno, que viene a propósito: *razón, respuesta pertinente.* ‖ Referente, relativo. ‖ *For.* Referente al pleito.

pertrechar v. t. Abastecer de pertrechos o municiones. *pertrechar a una tropa.* ‖ *Fig.* Preparar lo necesario para la ejecución de una cosa (ú. t. c. pr.).

pertrechos m. pl. Municiones, armas y demás cosas necesarias para los soldados o las plazas fuertes: *pertrechos de guerra.* ‖ Utensilios propios para determinada cosa: *pertrechos de labranza, de pescar.*

perturbación f. Desorden: *sembrar la perturbación.* ‖ Disturbio: *perturbaciones sociales.* ‖ Emoción. ‖ — *Mar. Perturbación de la aguja,* desviación que se produce en la dirección de la brújula por la acción combinada del hierro del buque. ‖ *Perturbación mental,* alteración o trastorno del juicio, generalmente de poca duración.

perturbador, ra adj. Que perturba, trastorna, desasosiega. ‖ Conmovedor. ‖ — M. y f. Agitador, amotinador.

perturbar v. t. Trastornar: *perturbar el orden público.* ‖ Quitar el sosiego: *perturbar los ánimos.* ‖ Alterar, modificar: *perturbar el tiempo, los proyectos.*

perú o **pirú** m. *Méx.* Planta anacardiácea peruana aclimatada en México.

Perú, rep. de América del Sur, situada entre Ecuador, Colombia, Brasil, Bolivia, Chile y el océano Pacífico; 1 285 215 km²; 14 121 564 h. *(peruanos).* Cap. *Lima,* 1 716 000 h. Otras c.: *Iquitos,* 80 000 h.; *Piura,* 45 000; *Chiclayo,* 97 000; *Cajamarca,* 25 000; *Trujillo,* 105 000; *Chimbote,* 65 000; *Huacho,* 24 000; *El Callao,* 215 000; *Huancayo,* 67 000; *Pisco,* 24 000; *Ica,* 50 000; *Cuzco,* 83 000; *Arequipa,* 185 000; *Mollendo,* 20 000, y *Tacna,* 30 000.

Administrativamente, el Perú se divide en 23 departamentos y una provincia constitucional (El Callao). La población es india en un 50 p. ciento, blanca en un 15 p. ciento y el resto mestiza. La religión católica es la que cuenta mayor número de adeptos y la lengua castellana o española es la oficial, si bien el quechua y el aimará es hablado por grandes grupos indígenas. La densidad media de población es de 9,3 h/km².

— GEOGRAFÍA. La cordillera de los Andes atraviesa el país en toda su longitud y determina tres zonas bien diferenciadas: la *Costa,* faja litoral de 80 a 150 km de ancho, desértica con oasis muy feraces; la *Sierra,* altiplanicie dominada por los Andes; la *Selva,* entre la anterior y la Amazonia, vasta región forestal y poco habitada. Los Andes penetran por el S. y se unen en el llamado Nudo de Vilcanota, de donde parten tres secciones: la Oriental, la Central y la Occidental, las cuales vuelven a unirse en el Nudo de Pasco, de donde arrancan de nuevo tres cordilleras. Aquí se encuentra la mayor altura, el nevado de Huascarán (6 780 m). En los Andes meridionales se encuentran el Coropuna (6 615 m), el Ampato (6 310) y el volcán Misti (5 852) cerca de Arequipa. Los ríos peruanos pertenecen a tres cuencas hidrográficas: la del Pacífico, cuyos ríos son cortos (Tumbes, Piura, Pisco); la amazónica, la más importante, por donde discurren el Marañón y el Ucayali, los grandes brazos del Amazonas; la cuenca del Titicaca (Suches, Ramis). El Titicaca, verdadero mar interior, compartido con Bolivia, es el lago más alto del mundo (3 815 m). La línea costera peruana es poco accidentada, y en sus 1 800 km de longitud se pueden señalar la península de Paracas, las bahías de Sechura y Pisco, y varias islas guaneras. El clima es muy diferente, según las regiones; en la Costa es seco, en la Sierra oscila entre el templado y el glacial, y en la Selva la temperatura es elevada, con precipitaciones abundantes. La agricultura es la actividad fundamental del país, a pesar de la escasez de tierras cultivables; el algodón y la caña de azúcar se producen en la Costa; la Sierra da cereales, patatas, café, coca y quina, mientras que la Selva es rica en especies maderables, caucho y tagua, si bien las condiciones de explotación no son fáciles. La ganadería está muy desarrollada en la Sierra (llamas, alpacas, vicuñas). El Perú es el primer país mundial por la extracción de pesca, y el primer exportador de harina de pescado. Los recursos mineros son abundantes: vanadio, bismuto, plata, plomo, cobre, cinc, hierro y petróleo (Piura, Puno). Las industrias más desarrolladas son: la siderúrgica, textil, cementos, alimenticia, productos farmacéuticos, neumáticos y automóviles. La red de comunicaciones cuenta con 5 000 km de ferrocarriles, 40 000 km de carreteras y 5 800 km de vías fluviales, además de numerosas líneas aéreas, indispensables en un país tan marcadamente montañoso (más de cuarenta aeropuertos: Lima, Cuzco, Iquitos, Talara, etc.).

— HISTORIA. El territorio peruano fue en la Antigüedad cuna de importantes civilizaciones, como las mochica-chimú y nasca en la Costa, y la de Tiahuanaco en la Sierra. En el s. XII llegaron los incas, procedentes del Este y capitaneados por Manco Cápac, quienes se establecieron en el valle del Cuzco, desde donde extendieron pronto su Imperio que abarcó desde el S. de Colombia hasta el río Maule (Chile). En el s. XV estalló una guerra civil entre los dos hijos de Huayna Cápac: Huáscar, que reinaba en Cuzco, y Atahualpa, en Quito. Este conflicto coincidió con la llegada de los españoles (desembarco de Francisco Pizarro en Tumbes, 1531), y facilitó naturalmente la tarea de los conquistadores. El emperador Atahualpa fue apresado por Pizarro y más tarde ejecutado (1533). Los españoles se dirigieron a la ciudad de Cuzco, donde entraron en noviembre del mismo año. En 1535 fue fundada la Ciudad de los Reyes (Lima), con lo que se abre el período colonial. El Perú se vio envuelto en la guerra civil entre Pizarro y Almagro, para la que fue enviado como pacificador Pedro de La Gasca. En 1551 fue fundada la Universidad de San Marcos, de Lima, y durante el siglo XVII el Perú vivió la mejor época de su esplendor colonial. Organizado en Virreinato, de él dependían las Audiencias de Panamá, Bogotá, Quito, Charcas, Chile y Buenos Aires. Durante el siglo XVIII, el Virreinato perdió importancia al crearse los de Nueva Granada (1739) y Río de la Plata (1776). La rebelión de J. G. Condorcanqui (Túpac Amaru) en 1780 fue precursora del movimiento de emancipación, y le siguieron las de F. A. de Zela en Tacna (1811), la de J. J. Crespo y Castillo en Huánuco (1812) y la de M. García Pumacahua (1814), todas ellas dominadas por las autoridades españolas, que no vacilaron en castigar duramente a sus cabecillas. Finalmente, el general San Martín desembarcó en Pisco (1820), se atrajo a gran parte de las tropas realistas, entró en Lima (1821) y proclamó la Independencia. Gobernó con el título de *Protector* hasta el año siguiente en que, tras la entrevista de Guayaquil, dejó el campo libre a Simón Bolívar. Los españoles se apoderaron nuevamente de Lima, y el Congreso, refugiado en El Callao, otorgó plenos poderes al Libertador, quien condujo triunfalmente la campaña militar y obtuvo las decisivas victorias de Junín y Ayacucho (1824). La independencia estaba asegurada y Bolívar fue proclamado presidente vitalicio (1826), acuerdo que fue anulado por el Congreso al año siguiente. En 1836, el mariscal Andrés de Santa Cruz presidió la Federación Peruboliviana, disuelta en 1839 en Yungay por la victoria militar de Chile. Agustín Gamarra intentó invadir el territorio boliviano, pero sufrió una severa derrota en Ingaví (1841). Durante las presidencias de Ramón Castilla (1845-1851 y 1854-1862), el país conoció una época de prosperidad gracias a la explotación intensiva del guano. Se construyó el primer ferrocarril de Sudamérica y se promulgó la Constitución de 1860, en vigor hasta 1920. En 1865, el Perú, junto a Chile, Ecuador y Bolivia, hubo de sufrir el ataque de una escuadra española. La Guerra del Pacífico (1879-1883), motivada por la posesión de los salitrales de Antofagasta y Tarapacá, terminó con la victoria chilena, perdiendo el Perú los territorios en litigio, parte de los cuales fueron recuperados en 1929. El s. XIX termina bajo el signo del militarismo. En 1919 accedió a la presidencia Augusto B. Leguía, quien promulgó la Constitución de 1924 y gobernó dictatorialmente, hasta que fue derribado en 1930 por una sublevación popular. Apareció entonces una agrupación política nueva, la Alianza Popular Revolucionaria Americana (A. P. R. A.), dirigida por Víctor R. Haya de la Torre, que cristalizó la oposición al presidente Sánchez

Cerro. José Luis Bustamante y Rivero subió a la presidencia en 1945, con el apoyo del A. P. R. A., hasta que por divergencias con este partido cayó derribado en 1948. Una Junta militar ofreció la presidencia en 1948 al general Manuel A. Odría, hasta que en 1956 fue elegido constitucionalmente M. Prado Ugarteche. Las elecciones presidenciales de 1962 no dieron a ningún candidato la mayoría requerida, lo cual provocó otro golpe militar. Convocadas nuevas elecciones en 1963,

peruanismo m. Voz o giro propios del Perú.

peruano, na adj. Natural del Perú (ú. t. c. s.). ‖ Relativo o perteneciente a este país de América.

Peruboliviana (Confederación). Estado federal creado en 1836 por el general Santa Cruz, pres. de Bolivia. Fue disuelto después de la batalla de Yungay (1839).

peruétano m. Peral silvestre de fruto ovoide y sabor amargo. ‖ Fruto de este árbol. ‖ *Fig.* Extremo puntiagudo de algo.

escamas que cubren la yema foliar y el conjunto de todas ellas.

perulero, ra adj. y s. Peruano. ‖ — M. y f. Persona que regresa a España del Perú tras de haber hecho fortuna. ‖ — M. Vasija de barro, ancha de barriga y angosta de boca.

Perún, dios del Trueno y señor de las Cosechas en la mitología eslava.

Perusa, en ital. *Perugia,* c. en el centro de Italia (Umbría), cap. de la prov. homónima. Arzobispado. Universidad. Centro histórico y

PERÚ

salió triunfante Fernando Belaúnde Terry, quien inició su mandato patrocinando varias reformas de tipo social. Ha dado gran impulso a la construcción y ha fomentado el crecimiento de la red vial del país, pero, al final de su mandato, fue derrocado y sustituido por una Junta revolucionaria presidida por el general Juan Velasco Alvarado.

Perú (Alto), n. que durante la época colonial española se dio a Bolivia.

peruétano, na adj. *Col., Cub.* y *Méx.* Mequetrefe.

Perugia. V. Perusa.

Perugia (Giovanni de), pintor italiano (1478-1544), uno de los discípulos de Rafael.

Perugino (Pietro Vannucci, llamado **el**), pintor italiano (1445-1523), maestro de Rafael. Autor de cuadros religiosos.

pérula f. *Bot.* Cada una de las

artístico: catedral, necrópolis y murallas que datan de la época de los etruscos. Centro comercial e industrial (textiles, cerámicas, pastas alimenticias).

perusino, na adj. y s. De Perusa.

peruviano, na adj. y s. Peruano.

Peruzzi (Baltasar), arquitecto y pintor italiano (1481-1536). Trabajó en la iglesia de San Pedro de Roma.

perversidad f. Suma maldad, depravación: *hombre de perversidad diabólica.* || Acción perversa.

perversión f. Corrupción: *perversión de la juventud.* || *Med.* Alteración de una función normal. | Anormalidad que se manifiesta en ciertas tendencias: *el sadismo es una perversión sexual.*

perverso, sa adj. y s. Depravado: *gustos perversos.*

pervertidor, ra adj. y s. Que pervierte: *literatura pervertidora.*

pervertimiento m. Perversión.

* **pervertir** v. t. Viciar con malas doctrinas o ejemplos: *pervertir las costumbres, el gusto.* || Desnaturalizar, alterar: *pervertir un texto literario.* || — V. pr. Corromperse: *pervertirse en el vicio.*

pervibración f. *Tecn.* Vibración muy rápida a la que se somete el hormigón para darle mejores condiciones de cohesión y opacidad.

pervinca f. Planta herbácea de la familia de las apocináceas, de flores malvas o azules.

pervivencia f. Supervivencia.

pervivir v. i. Sobrevivir.

Pervuralsk, c. de la U. R. S. S. (Rusia), en los Urales.

pesa f. Pieza de determinado peso, que sirve para evaluar en una balanza el que tienen las cosas que se pesan. || Pieza de determinado peso que sirve para dar movimiento a ciertos relojes, o de contrapeso para subir y bajar lámparas, etc. || Aparato de teléfono que permite hablar mientras se escucha. || — Pl. Haltera.

pesabebés m. inv. Balanza para pesar niños pequeños.

pesacartas m. inv. Balanza para pesar cartas.

pesada f. Cantidad que se pesa de una vez. || *Arg.* Unidad de peso para cueros en los saladeros (75 libras) y en las barracas de cueros secos (35 a 40 libras).

pesadez f. Peso: *la pesadez de un paquete.* || Gravedad: *la pesadez de los cuerpos.* || *Fig.* Obesidad. | Obstinación, terquedad. | Cachaza, lentitud. | Sensación de peso: *pesadez de estómago, de cabeza.* | Molestia: *¡qué pesadez este trabajo!* | Aburrimiento: *¡qué pesadez de novela!*

pesadilla f. Opresión del corazón y dificultad de respirar durante el sueño. || Ensueño angustioso y tenaz. || Preocupación intensa y continua. || *Fam.* Persona o cosa fastidiosa: *este chico, este trabajo es mi pesadilla.*

pesado, da adj. De mucho peso: *un paquete pesado.* || *Fig.* Obeso. | Intenso, profundo: *sueño pesado.* | Difícil de digerir: *comida pesada.* | Aplícase a los órganos en que se siente pesadez: *tener la cabeza pesada.* | Caluroso y cargado: *tiempo pesado.* | Tardo, lento: *animal pesado.* | Molesto, cargante: *un amigo pesado* (ú. t. c. s.). | Aburrido: *una película pesada.* | Molesto por ser de mal gusto: *broma pesada.*

Pesado (José Joaquín), poeta mexicano (1801-1860), autor de *Los aztecas* y de versiones de los *Salmos* y del *Cantar de los cantares.*

pesador, ra adj. y s. Aplícase al que pesa.

pesadumbre f. Pesadez, calidad de pesado. || *Fig.* Tristeza, pesar, pena: *tener mucha pesadumbre.* | Molestia, disgusto.

pesaje m. Galicismo por *peso.*

pesaleche m. Areómetro para medir la densidad de la leche.

pesalicores m. inv. Areómetro utilizado para líquidos de menor densidad que el agua.

pésame m. Expresión del sentimiento que se tiene por la aflicción de otro: *dar su sentido pésame.*

pesantez f. Gravedad, fuerza que atrae los cuerpos hacia el centro de la Tierra.

pesar m. Sentimiento o dolor interior: *me contó todos sus pesares.* || Arrepentimiento: *tener pesar por haber actuado mal.* || — *A pesar de,* contra la voluntad de: *a pesar mío;* haciendo caso omiso de: *a pesar de los obstáculos existentes.* || *A pesar de que,* aunque.

pesar v. t. Determinar el peso de una cosa o persona por medio de un aparato adecuado. || *Fig.* Examinar cuidadosamente: *pesar el pro y el contra.* || *Fig. Pesar sus palabras,* hablar con circunspección. || — V. i. Tener peso. Ú. t. c. t.: *esta maleta pesa diez kilos.* || Tener mucho peso: *este diccionario pesa.* || Hacer sentir su peso: *este abrigo de pieles me pesa.* || *Fig.* Ser sentido como una carga: *le pesa la educación de sus hijos.* | Recaer: *todas las responsabilidades pesan sobre él.* || Tener influencia: *en su decisión han pesado mis argumentos.* | Causar tristeza o arrepentimiento: *me pesa que no haya venido.* || — *Pese a,* a pesar de. || *Pese a quien pese,* a todo trance, a pesar de todos los obstáculos.

pesario m. Aparato para mantener la matriz en posición normal. || Dispositivo contraceptivo que cierra el cuello de la matriz.

Pesaro, c. en el E. de Italia (Marcas), en las riberas del mar Adriático; cap. de la prov. de Pesaro y Urbino. Obispado.

pesaroso, sa adj. Que se arrepiente de una cosa. || Que tiene pesadumbre, afligido, triste.

pesca f. Arte, acción de pescar: *ir de pesca.* || Lo que se pesca: *aquí hay mucha pesca.* || Lo pescado: *buena pesca.*

pescada f. Merluza, pez.

pescadera f. *Méx.* y *Amér. C.* Pecera.

pescadería f. Establecimiento en que se vende pescado.

pescadero, ra m. y f. Persona que vende pescado al por menor.

pescadilla f. Especie de merluza pequeña.

pescado m. Pez comestible sacado del agua (ú. t. c. s. colectivo). || *Méx Pescado blanco,* el de agua dulce.

pescador, ra adj. y s. Dícese de la persona que pesca. || — M. Pejesapo. || *Per.* Picotijera, ave.

Pescador (Felipe), obrero ferroviario y político mexicano (1879-1929).

Pescadores, archip. chino en el estrecho de Taiwan (Formosa). Tiene unas 48 islas.

pescante m. En algunos carruajes antiguos, asiento del cochero. || Tabla o repisa utilizada para sostener algo en la pared. || En los teatros, tramoya para hacer bajar o subir en el escenario personas o figuras. || En los buques, pieza saliente de madera o hierro para bajar o izar los botes.

pescar v. t. Coger con redes, cañas u otros instrumentos, peces, mariscos, etc.: *pescar gambas.* || *Fig.* y *fam.* Encontrar por suerte: *pesqué un buen puesto.* | Sorprender a alguno o agarrarle: *pescar a un ladronzuelo.* | Coger, pillar: *pescar un resfriado.* | Lograr algo ansiado: *pescar un marido.* | Coger en falta: *estudiante difícil de pescar en geografía.*

Pescara, c. en el E. del centro de Italia (Abruzos), puerto a orillas del Adriático; cap. de la prov. homónima. Obispado.

Pescara. V. ÁVALOS (Fernando Francisco de).

pescocear v. t. *Amer.* Dar pescozones.

pescozón m. Manotazo en el pescuezo o en la cabeza.

pescozudo, da adj. Que tiene muy grueso el pescuezo.

pescuezo m. Parte del cuerpo desde la nuca hasta el tronco. || *Fig.* Altanería, orgullo: *tener pescuezo.* || — *Fam. Apretar, estirar* o *torcer el pescuezo a uno,* matarle estrangulándole. || *Torcer uno el pescuezo* morir.

Peschiera [-*kiera*], c. en el NE. de Italia (Venecia).

pesebre m. Especie de cajón donde se pone la comida para las bestias.

pesebrera f. Disposición de los pesebres en las cuadras.

pesero m. *Méx.* Sistema de taxis a un peso por persona.

peseta f. Unidad monetaria en España: *la peseta fue declarada moneda nacional en 1868.* || *Méx.* Veinticinco centavos. || *Fig.* y *fam. Cambiar la peseta,* vomitar.

pesetero, ra adj. Que cuesta una peseta. || *Cub.* Tacaño. || — M. Coche de caballos de alquiler.

Peshawar o **Pechawar,** c. en el N. del Paquistán occidental, cap. de la prov. homónima. Obispado. Universidad.

pesimismo m. Propensión a ver siempre el lado malo de las cosas.

pesimista adj. y s. Que tiende a ver las cosas con pesimismo.

pésimo, ma adj. Muy malo: *hizo un tiempo pésimo.*

peso m. Efecto de la gravedad sobre las moléculas de un cuerpo. || Su medida tomando como punto de comparación unidades determinadas: *la cama tiene un peso de diez kilos.* || Balanza. || Acción de pesar: *proceder al peso de los boxeadores.* || Unidad monetaria de varios países americanos dividido en cien centavos: *el peso argentino, mexicano, cubano, colombiano, dominicano, uruguayo.* || Unidad monetaria de Filipinas, dividida en centavos. || Nombre de diversas monedas españolas antiguas: *peso duro, peso fuerte, peso sencillo.* || Esfera metálica de 7,257 kg que se lanza con una mano en los juegos atléticos. || *Fig.* Carga: *el peso de los años.* | Importancia o eficacia: *argumento de peso.* || — *Fig. A peso de oro,* muy caro. | *Caerse de su peso,* ser evidente. || *En peso,* en el aire. || *Peso atómico,* el del átomo-gramo de un elemento. || *Peso bruto,* el total sin descontar la tara. || *Peso específico de un cuerpo,* gramos que pesa un cm^3 de este cuerpo. || *Peso molecular,* el de una molécula-gramo de un cuerpo. || *Peso muerto,* carga inútil. || *Peso pluma, gallo, ligero, mosca, semipesado, pesado,* categorías en el boxeo y otros deportes.

Pespire, mun. y pobl. en el S. de Honduras (Choluteca).

pespita f. Ave de México. || *Guat.* Mucoqueta.

pespuntar v. t. Pespuntear.

pespunte m. Cierta costura en la cual se pone la aguja por el sitio mismo por donde se han sacado dos puntadas antes.

pespuntear v. t. Coser con pespuntes.

Pesqueira (Ignacio), general mexicano (1820-1886), colaborador de B. Juárez.

pesquera f. Sitio en que se pesca mucho.

pesquería f. Actividades relacionadas con la pesca. || Sitio donde se pesca en gran cantidad. Ú. t. en pl.: *pesquerías de sardina.*

pesquero, ra adj. Referente a la pesca: *embarcación, industria pesquera.* || — M. Barco de pesca.

pesquis m. *Pop.* Entendimiento, perspicacia.

pesquisa f. Averiguación o indagación: *una pesquisa judicial.*

pesquisidor, ra adj. y s. Dícese de la persona que pesquisa.

Pessõa (Fernando), poeta portugués (1888-1935).

Pest, parte de Budapest, en la orilla izquierda del Danubio. — Dep. del centro de Hungría; cap. *Budapest.*

Pestalozzi (Johann Heinrich), pedagogo suizo (1746-1827).

pestaña f. Cada uno de los pelos del borde de los párpados. || Parte que sobresale al borde de ciertas cosas. || Ceja del libro encuadernado. || Reborde que tienen las ruedas de las locomotoras y de los vagones para que no puedan salirse de los carriles. || — *Fig. No mover* *pestaña*, no pestañear. | *No pegar pestaña*, no poder dormir. | *Quemarse las pestañas*, estudiar mucho, especialmente por la noche. || — Pl. *Bot.* Cilios.

Pestaña (Ángel), sindicalista español (1888-1937).

pestañear v. i. Mover los párpados. || *Sin pestañear*, quedándose impasible.

pestañeo m. Movimiento rápido y repetido de los párpados.

pestañoso, sa adj. Que tiene grandes pestañas.

pestazo m. *Fam.* Hedor, olor fétido, fetidez.

peste f. Enfermedad infecciosa y contagiosa causada por el bacilo de Yersin que transmiten las ratas y las pulgas. || *Fig.* y *fam.* Mal olor, fetidez | Depravación, corrupción. | Persona malvada: *esta niña es una peste.* | Cosa mala. | Plaga, cosa demasiado abundante. || — Pl. Palabras de crítica: *echar pestes contra uno.* || *Fig.* y *fam. Decir o hablar pestes de uno*, hablar muy mal de él.

pestífero, ra adj. Que puede causar peste. || Que tiene muy mal olor. || Enfermo de la peste (ú. t. c. s.).

pestilencia f. Hedor, hediondez, fetidez.

pestilencial adj. Que tiene muy mal olor.

pestilente adj. Pestífero.

pestillo m. Pasador con que se asegura una puerta, corriéndolo a modo de cerrojo. || Pieza prismática de la cerradura que entra en el cerradero.

pestiño m. Especie de buñuelo.

Pesto, ant. c. de Italia, en el golfo de Salerno, a 95 km de Nápoles. Ruinas grecorromanas.

pestorejo m. Cogote.

pestoso, sa adj. Que huele mal.

pesuño m. En los animales de pata hendida, cada uno de los dedos con su uña.

petaca f. Estuche para el tabaco o los cigarrillos. || Arca o baúl. || *Fig. Hacer la petaca*, poner las sábanas de tal manera que no se pueda uno meter en la cama.

petacoate m. *Méx.* Nudo de culebras cuando están en celo.

Petah Tiqva, c. de Israel, cerca de Tel Aviv.

Pétain [*-tán*] (Philippe), mariscal de Francia (1856-1951), vencedor en Verdún (1916). Jefe del Estado, en Vichy, durante la ocupación alemana (1940-1944). Condenado a muerte, su pena fue conmutada por la de detención perpetua.

pétalo m. Cada una de las hojas que componen la corola de la flor.

petanca f. Juego de bolos.

petanque m. Mineral de plata nativa.

petardear v. t. *Mil.* Derribar una puerta con petardos. || *Fig.* Pedir prestado, dar sablazos: *petardear a un incauto.*

petardero m. Soldado que aplica y dispara el petardo. || *Fig.* Petardista.

petardista com. *Fam.* Sablista.

petardo m. Morterete para batir o hacer saltar puertas. || Cohete cargado de pólvora que explota con ruido. || *Fig.* Estafa que consiste en pedir dinero prestado con la intención de no devolverlo: *pegar un petardo.* || *Fig.* y *fam.* Mujer muy fea.

petate m. Estera de palma para dormir. || Lío de la cama y ropa de un marinero, soldado o presidiario. || *Fam.* Equipaje de cualquiera de las personas que van a bordo. | Embustero o estafador. | Hombre insignificante, sin valor. || *Fig.* y *fam. Liar el petate*, marcharse de un sitio: morir.

petatearse v. pr. *Méx.* Morir.

petatillo m. *Amer.* Tejido fino de esparto.

petazol o **petasol** m. *Méx.* Petate gastado.

Petchenga. V. PÉTSAMO.

Petchora, río de la U. R. S. S. (Rusia), que nace en el Ural y des. en el mar de Barents; 1 789 m.

Petén, región de América Central, entre el N. de Guatemala y el S. del Yucatán. Centro de la civilización maya. — Lago de Guatemala; 864 km². Tb. llamado *Petén Itzá.* || ~ **(El),** dep. septentrional de Guatemala; cap. *Flores.*

petenera f. Cante popular andaluz. || *Fam. Salir por peteneras*, decir algo que no tiene nada que ver con la cosa de que se trata.

petenero, ra adj. y s. De El Petén (Guatemala).

Peterborough [*-ro*], c. en el SE. del Canadá (Ontario). — C. de Gran Bretaña en el centro de Inglaterra (Northampton).

Peterborough (Charles MORDAUNT, *conde de*), almirante inglés (¿1658?-1735), jefe del ejército británico en la guerra de Sucesión de España.

Peterhof, hoy *Petrodvorets*, c. de la U. R. S. S. (Rusia), al O. de Leningrado.

Peteroa, volcán de los Andes, entre Argentina (Mendoza) y Chile (Curicó); 4 135 m.

Peterwardein. V. PETROVARADIN.

petición f. Acción de pedir, demanda, ruego: *hacer una petición.* || Solicitud, escrito en que se pide algo a una autoridad: *elevar una petición al Gobierno.* || *For.* Pedimento: *presentar una petición al juez.* || *Lóg. Petición de principio*, razonamiento vicioso que consiste en dar como seguro precisamente lo que se tiene que demostrar.

peticionario, ria adj. y s. Aplícase al que pide oficialmente algo.

petifoque m. *Mar.* Foque menor que el principal.

petigrís m. Piel de la ardilla común: *un abrigo de petigrís.*

petimetre, tra m. y f. Persona joven, presumida y demasiado preocupada por ir siempre vestida a la última moda.

Pétion (Alexandre SABÈS, llamado), militar haitiano (1770-1818), pres. de 1807 a 1818.

Petiot (Henri). V. DANIEL-ROPS.

petirrojo m. Pájaro de color aceitunado cuyo cuello, frente, garganta y pecho son de color rojo.

petisú m. Pastelillo hueco relleno de crema.

petit-grain [*petigran*] m. (pal. fr.). Fruto pequeño y rugoso de una variedad del naranjo. || *Esencia de petit-grain*, aceite volátil empleado en perfumería y fabricación de explosivos.

petitorio, ria adj. De la petición. || — M. *Fam.* Petición repetida e impertinente. || *Farm.* Lista de los medicamentos de que debe haber surtido en las farmacias.

peto m. Armadura del pecho. || Parte superior de un delantal, mono o prenda parecida. || *Taurom.* Protección almohadillada con que se cubre a los caballos de los picadores. || Parte inferior de la coraza de los quelonios: *el peto de la tortuga, del galápago.*

Peto, mun. de México (Yucatán).

Petöfi (Sandor), poeta lírico húngaro (1823-1849), héroe de la revolución de 1848. Se cree que murió en el campo de batalla alistado en el ejército insurgente.

Petorca, com. y dep. de Chile (Aconcagua), atravesado por el río homónimo; 120 km.

petral m. Correa que ciñe el pecho del caballo de silla.

Petrarca (Francesco), poeta italiano, n. en Arezzo (1304-1374), primero de los grandes humanistas del Renacimiento. Autor de poemas y de sonetos (*Cancionero, Triunfos*), en honor de su amada la hermosa Laura de Noves.

petrarquesco, ca adj. Relativo a Petrarca.

petrarquismo m. Estilo poético de Petrarca.

petrarquista m. Admirador o imitador de Petrarca.

petrel m. Ave palmípeda marina de los mares fríos.

pétreo, a adj. De piedra. || Pedregoso: *terreno pétreo.* || De calidad de piedra: *materia pétrea.*

petrificación f. Transformación en piedra.

petrificante adj. Que petrifica.

petrificar v. t. Transformar en piedra. || *Fig.* Dejar inmóvil de sorpresa o asombro: *le petrificó con su desparpajo.*

Petrodvorets. V. PETERHOF.

Petrogrado. V. LENINGRADO.

petrografía f. Estudio de la formación y composición de las rocas.

petróleo m. Líquido oleoso negro, constituido por una mezcla de hidrocarburos y otros compuestos orgánicos que se encuentra nativo en el interior de la Tierra.

— El *petróleo* procede de la descomposición de las sustancias orgánicas por microbios anaerobios. Las grandes zonas de producción se encuentran en los Estados Unidos, Venezuela, Oriente Medio, U. R. S. S., Argelia e Indonesia. También hay petróleo en cantidades menores, pero apreciables, en México, Colombia, Argentina y China. El petróleo bruto ha de ser fraccionado en productos más o menos volátiles y, refinado por destilación, da gasolina, gas-oil, fuel-oil, parafina, etc.

petrolero, ra adj. Relativo al petróleo: *industria, producción petrolera.* || — Adj. y s. m. Dícese del barco dedicado a transportar petróleo. || — M. y f. Vendedor de petróleo al por menor. || Persona que incendia con petróleo.

petrolífero, ra adj. Que contiene petróleo: *terreno petrolífero; zona petrolífera.*

Petronila (1135-1174), reina de Aragón, hija y sucesora de Ramiro II el Monje. Al casarse con Ramón Berenguer IV, conde de Barcelona, realizó la unión entre Aragón y Cataluña. Madre de Alfonso II, el primero de los reyes catalanes.

Petronio (Cayo), escritor latino. (¿20? - 65), autor de *El satiricón.* M. abriéndose las venas.

Petropavlovsk, c. en el centro de la U. R. S. S. (Kazakstán). Industrias. || ~ **-Kamtchatski,** c. y puerto de la U. R. S. S. (Rusia), en la costa SE. de la península de Kamchatka.

Petrópolis, c. del Brasil (Río de Janeiro). Obispado. Estación turística y de veraneo. Palacio imperial.

petroquímico, ca adj. Relativo a la petroquímica. || — F. Ciencia, técnica e industria de los productos derivados del petróleo.

Petrovaradin, ant. *Penterwardein*, c. en el NE. de Yugoslavia, a orillas del Danubio, hoy dentro de Novi Sad.

Petrozavodsk, c. en el NO. de la U. R. S. S., a orillas del lago Onega; cap. de la Rep. de Carelia. Industrias.

Pétsamo, en ruso *Petchenga*, c. y puerto en el NO. de la U. R. S. S. (Laponia). Níquel. Fue finlandesa hasta 1944.

Pettoruti (Emilio), pintor cubista argentino (1894-1971).

petulancia f. Presunción vana.

petulante adj. y s. Vanidoso.

petunia f. Planta solanácea, de hermosas flores olorosas.

peul adj. y s. Individuo de un pueblo de África establecido en la cuenca del Níger. Pl. *fulbe.*

Peumo com. en el centro de Chile (O'Higgins).

Peynado (Jacinto Bienvenido), político dominicano (1878-1940), pres. de la Rep. de 1938 a 1940.

peyorativo, va adj. Despectivo.

peyote m. Planta cactácea de México de la cual se saca una droga tóxica.

Peyrou (Manuel), novelista argentino, n. en 1902, autor de *La espada dormida, La noche repetida*, etc.

pez m. Animal acuático, vertebrado de cuerpo alargado cubierto de escamas, respiración branquial, generación ovípara y con extremidades en forma de aletas aptas para la natación. ‖ Pescado de río. ‖ — Pl. *Astr.* Piscis. ‖ Clase de los peces. ‖ — *Fam. Estar como el pez en el agua,* estar muy a gusto. | *Estar pez,* no saber nada. ‖ *Fig. Pez de cuidado,* persona que no es de fiar. ‖ *Pez espada,* acantopterigio marino, cuya mandíbula superior tiene forma de espada que puede alcanzar un metro. ‖ *Fam. Pez gordo,* persona importante. ‖ *Pez luna,* teleósteo del Mediterráneo. ‖ *Pez martillo,* especie de tiburón de cabeza ensanchada por los lados. ‖ *Pez mujer,* manatí. ‖ *Pez volante,* volador.

pez f. Sustancia pegajosa y resinosa que se saca de pinos y abetos.

Peza (Juan de Dios), poeta romántico mexicano (1852-1910).

Pezet (Juan Antonio), general peruano (1810-1879), pres. de la Rep. en 1863. Derrocado por Prado en 1865.

Pezoa Véliz (Carlos), poeta chileno (1879-1908).

pezón m. Rabillo que sostiene la hoja, la flor o el fruto en las plantas. ‖ Extremidad de la mama o teta. ‖ Extremo: *el pezón de un eje.* ‖ Protuberancia por donde se agarran algunas cosas.

pezonera f. Chaveta que atraviesa la punta del eje de los carruajes. ‖ Pieza de goma que algunas mujeres tienen que ponerse en los pezones cuando crían.

Pezuela (Joaquín de la), general español (1761-1830). Combatió en el Perú, donde fue virrey de 1815 a 1821.

pezuña f. En los animales de pata hendida, conjunto de los pesuños de una misma pata.

Pezza (Miguel). V. FRA DIÁVOLO.

¡pf! interj. Indica desprecio o repugnancia.

Pfandl (Ludwig), hispanista alemán (1881-1942).

pfennig m. Moneda alemana de valor equivalente a la centésima parte del marco.

Pforzheim, c. en el SO. de Alemania Occidental (Baden-Wurtemberg).

ph, símbolo de *foto,* unidad de iluminación.

pH m. *Quím.* Coeficiente que indica el grado de acidez de un medio.

Phan Thiet, c. y puerto en el SE. de Vietnam del Sur.

phi [*fi*] f. Fi, letra griega (φ) correspondiente a la *f* castellana.

Philadelphia. V. FILADELFIA.

Philidor [*fi-*] (François André **Danican-**), compositor francés y célebre ajedrecista (1726-1795).

Philippeville. V. SKIKDA.

Philippi (Rudolf Amand), naturalista alemán (1808-1904). Estudió la flora chilena y fundó el Jardín Botánico de Santiago.

Phnom Penh. V. PNOM PENH.

Phoenix, archipiélago británico de Polinesia, entre las islas Marquesas y las de Marshall. — C. en el SO. de Estados Unidos, cap. de Arizona.

pi f. Letra griega (π) que corresponde a la *p* castellana. ‖ *Mat.* Símbolo que representa la relación constante que existe entre la circunferencia y el diámetro del círculo (aproximadamente 3,1416).

Pi ‖ **~ y Margall** (Francisco), escritor y político español (1824-1901), pres. de la Primera República (1873). Autor de *Las Nacionalidades.* ‖ **~ y Suñer** (Augusto), fisiólogo español (1879-1965), autor de *Fisiología general.*

piada f. Acción de piar.

piadoso, sa adj. Que tiene o muestra piedad, devoto, religioso: *alma piadosa.* ‖ Compasivo, misericordioso. ‖ Que mueve a compasión.

piafar v. i. Golpear violentamente y repetidas veces el caballo el suelo con las manos.

piamadre o **piamáter** f. Membrana serosa intermedia de las tres que envuelven el encéfalo y la médula espinal.

Piamonte, región del NO. de Italia, entre los Alpes, el Tesino y los Apeninos; c. pr. *Turín.*

piamontés, esa adj. y s. Del Piamonte. ‖ — M. Dialecto hablado en el Piamonte.

pianísimo adv. *Mús.* Piano.

pianista com. Persona que se dedica a tocar el piano. ‖ — M. Fabricante de pianos.

pianístico, ca adj. Aplícase a las composiciones musicales escritas para piano.

piano m. Instrumento musical de teclado y cuerdas: *piano recto* o *vertical, de cola, de media cola, diagonal,* etc. ‖ *Piano de manubrio,* organillo. ‖ — Adv. Suavemente: *cantar, tocar piano.* ‖ *Fam.* Despacio, poco a poco: *ir piano piano.*

pianoforte m. (Ant.). Piano.

pianola f. Piano mecánico.

piar v. i. Emitir su voz los pollos y algunas aves. ‖ *Fam.* Llamar o pedir con insistencia: *siempre estaba piando.*

Piar, distr. en el E. de Venezuela (Bolívar). — Distr. en el E. de Venezuela (Monagas).

Piar (Manuel Carlos), militar y patriota venezolano (1782-1817). M. fusilado.

piara f. Manada de cerdos o de otros animales.

piasava f. Palmera americana cuyas fibras se utilizan para fabricar cuerdas, escobas, etc.

piastra f. Unidad monetaria o subdivisión de ella en varios países.

Piatigorsk, c. en el SO. de la U. R. S. S. en el Cáucaso (Rusia).

Piauí, Estado del NE. del Brasil; cap. *Teresina.*

Piave, río en el NE. de Italia (Venecia), que nace en los Alpes y des. en el Adriático; 220 km.

Piaxtla, río en el O. de México (Durango y Sinaloa), que des. en el Pacífico; 310 km.

pibe, ba m. y f. *Riopl. Fam.* Chiquillo, niño.

piberío m. *Arg.* Chiquillos.

pibil adj. *Méx.* Se dice de lo asado en el horno. (Se antepone al nombre: *pibilpollo.*)

pica f. Arma antigua compuesta de una vara larga terminada por una punta de metal. ‖ Soldado que llevaba esta arma. ‖ Garrocha del picador de toros. ‖ Acción y efecto de picar a los toros. ‖ Escoda con puntas para labrar ciertas piedras. ‖ *Fig. y fam. No poner una pica en Flandes,* no hacer nada extraordinario o difícil.

Picabia (Francis), pintor abstracto francés (1879-1953).

picacho m. Cumbre puntiaguda y escarpada de algunos montes: *los picachos pirenaicos, andinos.*

Picacho, pico del nudo Tiopullo, en los Andes del Ecuador; 4 881 m. — Volcán de Panamá; 2 150 m.

picada f. Picotazo. ‖ Picadura, punzada. ‖ Acto de picar el pez. ‖ *Amer.* Camino, trocha.

picadero m. Sitio donde adiestran los picadores los caballos, o las personas aprenden a montar. ‖ Hoyo que hace escarbando el venado. ‖ *Fam.* Cuarto de soltero. ‖ Cada uno de los maderos en que descansa el buque en construcción o en carena.

picadillo m. Guiso de carne cruda picada con tocino, verdura y ajos u otros aderezos. ‖ Lomo de cerdo picado para hacer embutidos. ‖ *Fig. Hacer picadillo,* hacer trizas, destrozar.

picado m. Picadillo, guiso. ‖ Acción y efecto de picar. ‖ *Mús.* Modo de tocar separando muy claramente el sonido de cada nota. ‖ Descenso casi vertical del avión: *descender en picado.* ‖ Martilleo anormal de los pistones de un motor de explosión.

Picado (Teodoro), político y escritor costarricense (1900-1960), pres. de la Rep. de 1944 a 1948.

picador m. Torero de a caballo que hiere al toro con la garrocha. ‖ El que doma caballos. ‖ Minero que arranca el mineral por medio del pico. ‖ Tajo de la cocina.

picadura f. Acción de picar una cosa. ‖ Pinchazo. ‖ Mordedura: *la picadura de una avispa.* ‖ Caries en la dentadura. ‖ Hoyuelo en la piel dejado por la viruela. ‖ Tabaco picado: *picadura al cuadrado.*

picafigo m. Papafigo, ave.

picaflor m. Pájaro mosca, colibrí. ‖ *Amer.* Galanteador inconstante, mariposón.

picamaderos m. inv. Pájaro carpintero, ave trepadora.

picana f. *Amer.* Aguijón o aguijada del boyero.

picante adj. Que pica: *bicho picante.* ‖ *Fig.* Mordaz: *palabras picantes.* | Gracioso: *chiste picante.* ‖ — M. Sabor de lo que pica. ‖ *Fig.* Acrimonia o mordacidad en el decir. ‖ Pimiento. ‖ *Méx.* Chile o salsa hecha con chile.

picapedrero m. Cantero, el que labra las piedras.

picapica f. Planta cuya fruta produce escozor. ‖ Nombre que se da a varias sustancias que producen picazón: *echar polvos de picapica.*

picapleitos m. inv. *Fam.* Pleitista. ‖ Abogado sin pleitos, leguleyo.

picaporte m. Barrita movible que sirve para cerrar de golpe las puertas. ‖ Llave o tirador con que se abre dicha barrita. ‖ Aldaba.

picar v. t. Herir levemente con un instrumento punzante: *picar con un alfiler.* ‖ Morder con el pico o la boca ciertos animales: *picar la araña, una serpiente, los pájaros,* etc. ‖ Herir el picador al toro con la garrocha. ‖ Morder el pez en el anzuelo. ‖ Enardecer el paladar ciertas cosas excitantes como la pimienta, guindilla, etc. (ú. t. c. i.). ‖ Escocer: *esta herida me pica* (ú. t. c. i.). ‖ Cortar en trozos menudos: *picar tabaco.* ‖ Comer cosas una por una: *picar aceitunas.* ‖ Comer las aves. ‖ Espolear o adiestrar el caballo. ‖ Hacer agujeritos en un dibujo para estarcirlo: *picar patrones.* ‖ Hacer un agujero en un billete de metro, etc. ‖ Herir con la punta del taco la bola de billar para que tome determinado movimiento. ‖ Dar con el pie a la pelota para darle efecto: *picar el balón.* ‖ Golpear la piedra con un pico o piqueta. ‖ *Fig.* Irritar, enojar: *le ha picado lo que le dije.* | Herir: *picarle a uno el amor propio.* | Excitar, mover: *picar la curiosidad.* | Estimular, aguijonear: *el aprobado de su amigo le picó.* ‖ *Mar.* Acelerar la boga. ‖ *Mús.* Hacer sonar una nota muy desligada de la siguiente. ‖ — V. i. Lanzarse en vuelo de arriba abajo las aves de rapiña o los aviones para atacar. ‖ Calentar mucho el sol ‖ Llamar a la puerta con el picaporte ‖ Abrir un libro al azar ‖ *Fig. y fam.* Dejarse engañar: *picar en la trampa.* | Dejarse atraer: *está tan bien hecha la propaganda que mucha gente pica.* | Rayar en algo, acercarse a: *picar en poeta, en valiente.* ‖ Registrar las horas de entrada y salida en una fábrica u oficina. ‖ *Fig. Picar muy alto,* tener muchas pretensiones. ‖ — V. pr. Agujerearse algo con la polilla: *picarse una manta.* ‖ Echarse a perder: *picarse el vino, una muela.* ‖ Agitarse la superficie del mar, formando olas pequeñas. ‖ *Fig.* Irritarse, ofenderse, resentirse: *se pica por cualquier cosa.* ‖ *Fig.* Presumir de algo: *picarse de literato, de gracioso.* ‖ *Picarse con uno,* rivalizar con él.

picaraza f. Urraca, ave.

picardear v. t. Corromper, pervertir. ‖ — V. i. Decir o hacer picardías. ‖ — V. pr. Resabiarse, adquirir algún vicio o mala costumbre.

picardía f. Acción baja, ruindad, vileza. || Malicia, astucia. || Travesura. || Acción o palabra atrevida o licenciosa. || Gavilla o reunión de pícaros.

Picardía, ant. provincia del N. de Francia; cap. *Amiens.*

picardo, da adj. y s. De Picardía. || — M. Dialecto de la lengua de oíl.

picaresca f. Pandilla de pícaros. || Vida de pícaro. || Género de la novela española que se desarrolló en el Siglo de Oro y satirizaba violentamente la sociedad de aquel entonces por medio del pícaro. (La obra más típica es *El Lazarillo de Tormes*).

picaresco, ca adj. Relativo a los pícaros: *novela picaresca.*

pícaro, ra adj. y s. Bajo, ruin. || Taimado, astuto. || Bribón. || *Fig.* Sinvergüenza, pillo (tómase en buen sentido). || — M. Individuo vagabundo, travieso, astuto y de mal vivir, pero generalmente simpático, que figura en varias obras de la literatura española: *el pícaro Lazarillo de Tormes.*

picarón, ona adj. *Fam.* Pícaro, pillo (en buen sentido).

Picasso (Pablo RUIZ), pintor español, n. en Málaga (1881-1973). Su obra se puede dividir en varios períodos: época azul (1901-1904), rosa (1905-1907), cubismo (1907), surrealismo y composiciones abstractas (1926-1936), expresionismo (*Guernica,* 1937), etc. Ha tenido gran influencia sobre el arte moderno. Autor tb. de esculturas, aguafuertes y obras de cerámica.

picatoste m. Trozo alargado de pan frito.

picaza f. Urraca, ave.

picazo m. Picotazo. || Pollo de la picaza.

picazón f. Desazón y molestia que causa algo que pica en una parte del cuerpo. || *Fig.* y *fam.* Enojo, enfado producido por una vejación.

picazuroba f. Gallinácea americana parecida a la tórtola.

Piccard (Auguste), físico suizo (1884-1962), explorador de las profundidades submarinas con el batiscafo. Anteriormente fue el primero que ascendió a la estratosfera por medio de un globo especial construido por él.

Piccinni [*-chi-*] (Niccolo), músico italiano (1728-1800), rival de Glück.

Piccolomini (Enea Silvio), erudito italiano (1405-1464), papa con el nombre de *Pío II.* || — (OTTAVIO), general austriaco (1600-1656). Se distinguió en la guerra de los Treinta Años.

picea f. Árbol parecido al abeto, del cual se distingue por tener las hojas totalmente verdes.

Piceno, ant. región de Italia (Samnio), a orillas del Adriático. Comprende hoy las prov. de Ancona, Macerata y Ascoli.

Picio n. pr. m. Se emplea en la loc. *más feo que Picio,* muy feo.

pickpocket m. (pal. ingl.). Ratero, carterista.

pick-up [*pikap*] m. (pal. ingl.). Fonocaptor. || Tocadiscos.

picnic m. Anglicismo por partida de campo y comida campestre.

pícnico adj. m. Aplícase al tipo constitucional humano de cuerpo rechoncho y miembros cortos.

pico m. Punta, parte saliente en la superficie de algunas cosas: *la mesa tiene cuatro picos, sombrero de tres picos.* || En el borde de una falda, parte más larga que el resto. || Zapapico, herramienta de cantero y cavador: *trabajar de pico y pala.* || Parte saliente de la cabeza de las aves, con dos piezas córneas en punta para tomar el alimento. || Parte de algunas vasijas por donde se vierte el líquido. || Punta del candil. || Paño de forma triangular que se pone a los niños entre las piernas. || Cumbre aguda de una montaña: *el pico de la Maladeta.* || Montaña de cumbre puntiaguda: *el pico de Teide.* || Parte pequeña que excede de un número redondo: *dos mil pesetas y pico.* || Extremo del pan. || Panecillo de forma alargada. || *Fam.* Facundia, facilidad en el hablar: *tener buen pico.* || — Pl. Uno de los palos de la baraja francesa. || *Fam. Andar a* (o *de*) *picos pardos,* estar de juerga o andar a la brida. | *Cerrar el pico,* no hablar; acallar. | *Costar un pico,* costar mucho. | *Hincar el pico,* morir. | *Irse del pico,* hablar demasiado, descubrir lo que se debía mantener secreto. || *Pico carpintero,* pájaro carpintero. || *Pico de cigüeña,* geranio. || *Pico de frasco* o *de canoa,* tucán, ave americana. || *Pico de plata,* pajarillo cantor de Venezuela y Perú. || *Pico verde,* ave trepadora de plumaje verdoso. || *Fig. Pico de oro,* persona elocuente.

Pico, cima de Venezuela (Lara); 3 585 m. — Isla de Portugal, al O. de las Azores, donde está el volcán *Pico Alto* (2 284 m). — Río de la Argentina (Chubut).

Pico de la Mirandola (Giovanni), erudito y sabio italiano (1463-1494). M. envenenado.

picón, ona adj. *Fam.* Que se pica u ofende fácilmente (ú. t. c. s.). || — M. Carbón muy menudo para los braseros.

Picón (Jacinto Octavio), novelista español (1852-1924). || ~ **Febres** (GONZALO), novelista, poeta y crítico venezolano (1860-1918), autor de *El sargento Felipe* (novela). || ~ **Salas** (MARIANO), historiador, ensayista y crítico venezolano (1901-1965).

piconero, ra m. y f. Persona que fabrica o vende picón.

picor m. Escozor, picazón. || *Fig.* Enojo, desabrimiento.

Picos de Europa, nudo montañoso de España, entre las prov. de Oviedo, Santander y León. Altura máxima en la *Torre de Cerredo,* 2 648 m. Coto nacional de caza.

picoso, sa adj. *Méx.* Picante. || *Fig.* Vivaracho, mordaz.

picota f. Poste o columna donde se exponían las cabezas de los ajusticiados o los reos a la vergüenza pública. || Juego de muchachos. || *Mar.* Barra ahorquillada donde descansa el perno sobre el cual gira el guimbalete. || Clase de cereza.

picotada f. o **picotazo** m. Golpe dado por las aves con el pico. || Señal que deja.

picotear v. t. Picar o herir con el pico las aves. || *Fig.* Picar: *picotear almendras, avellanas, aceitunas.* || — V. i. Mover la cabeza el caballo de arriba abajo. || *Fig.* y *fam.* Hablar mucho y sin sustancia. || — V. pr. Reñir las mujeres.

picoteo m. Acción de picotear.

picotero, ra adj. y s. *Fam.* Que habla mucho, parlanchín.

pícrico adj. m. Dícese de un ácido obtenido por la acción del ácido nítrico sobre el fenol.

picto, a adj. y s. Dícese del indígena de la ant. Escocia.

pictografía f. Escritura ideográfica: *la pictografía de los códices mexicanos.*

pictográfico, ca adj. Relativo a la pictografía.

Pictón, isla de América del Sur, frente a la costa de la Tierra del Fuego.

pictórico, ca adj. Relativo a la pintura: *ornamentos pictóricos.*

picudilla f. Ave zancuda que vive en los parajes húmedos.

picudo, da adj. En forma de pico. || *Fam.* Dícese de la persona que habla mucho y sin sustancia.

Pichardo (Esteban), lexicógrafo y geógrafo cubano (1799-1879). || ~ (FRANCISCO JAVIER), poeta cubano (1873-1941). || ~ **Moya** (FELIPE), poeta nativista cubano (1892-1957).

piche m. *Amer.* Armadillo. || *Arg.* y *Cub.* Miedo.

pichel m. Jarro pequeño de estaño con tapa.

Pichelemu, c. y com. de Chile (Colchagua).

pichichi m. Pato de los lagos de México.

Pichincha, volcán del Ecuador, al NO. de Quito; 4 787 m. En sus faldas, Sucre derrotó a las tropas realistas de Aymerich (24 de mayo de 1822). — Prov. del Ecuador; cap. *Quito,* Agricultura; tejidos.

pichinchense adj. y s. De Pichincha (Ecuador).

pichón m. Pollo de la paloma.

pichona f. *Fam.* Nombre cariñoso que se da a las mujeres.

Pichpek. V. FRUNZE.

Pichupichu, volcán de la Cordillera Occidental de los Andes del Perú (Arequipa); 5 400 m.

Pidelaserra (Mariano), pintor impresionista español (1877-1946).

pidgin-english m. Inglés corrompido que emplean los chinos en sus relaciones con los europeos.

pidón, ona adj. y s. *Fam.* Pedigüeño, que pide mucho.

pie m. Extremidad de cada una de las piernas del hombre o de las patas del animal que sirve para sostener el cuerpo y andar: *tener los pies planos.* || Pata, cada una de las piezas en que se apoyan los muebles o cosas semejantes: *los pies de la mesa.* || Base, parte inferior: *el pie de la montaña.* || Tronco de los árboles o tallo de las plantas. || Planta: *un pie de clavel.* || Parte de las medias, calcetas, etc., que cubre el pie. || *Geom.* Punto de encuentro de una perpendicular a una recta o plano. || Cada una de las partes en que se divide un verso para su medición. || Metro de la poesía castellana. || Medida de longitud usada en varios países, con distintas dimensiones. || Parte que está al final de un escrito: *pie de página; al pie de la carta.* || Explicación que se pone debajo de una foto, grabado, etc. || *Fig.* Fundamento, origen o base de una cosa. || Modo: *tratar en un pie de igualdad.* || Nombre de varias plantas: *pie de becerro,* aro; *pie de león,* planta rosácea; *pie de liebre,* especie de trébol. || *Chil.* Parte del precio que se paga en el momento de convenir una compra. || — Pl. Parte opuesta a la cabecera: *estar a los pies de la cama.* || *Fig.* Agilidad para andar: *tener buenos pies.* || — *A cuatro pies,* a gatas. || *Fig. Al pie de la letra,* textualmente, exactamente. || *A pie,* andando. || *A pie enjuto,* sin mojarse. || *A pie firme,* sin moverse. || *A pie juntillas,* con los pies juntos: *saltar a pie juntillas;* firmemente, sin la menor duda: *creer algo a pie juntillas.* || *Fig. Buscarle tres pies al gato,* buscar dificultades donde no las hay. | *Con buen pie,* con suerte, bien. | *Con los pies,* muy mal: *hacer algo con los pies.* | *Con pies de plomo,* con mucha prudencia. | *Dar pie,* dar ocasión para algo. || *De a pie,* que no va a caballo ni montado en un vehículo. || *De pies a cabeza,* enteramente, completamente. || *Echar pie en tierra,* descabalgar o bajar de un vehículo. || *Fig. En pie de guerra,* dícese del ejército preparado para entrar en campaña. | *Entrar con buen pie en un negocio,* iniciarlo con acierto. | *Estar en pie un problema,* plantearse. | *Faltarle a uno los pies,* perder el equilibrio. | *Hacer pie,* no estar cubierta por el agua una persona. | *Írsele los pies a uno,* ser muy sensible a la música de baile; resbalar. | *Levantarse con el pie izquierdo,* levantarse de muy mal humor. | *Nacer de pie,* tener buena suerte. | *No dar pie con bola,* hacerlo todo desacertadamente. | *No tener pies ni cabeza,* no tener sentido alguno. | *Pararle los pies a uno,* ponerlo en su sitio, reprenderle. || *Pie de atleta,* infección del pie causada por un hongo. || *Fam. Pie de banco,* despropósito, necedad. || *Pie de cabra,* palanqueta de extremo hendido. || *Pie de imprenta*, indicación, en una obra, del nombre del impresor, de la fecha y lugar de impresión. || *Pie de rey*, instrumento para medir el diámetro o el espesor de diversos objetos. || *Pie prensatelas*, pieza de la máquina de coser que sirve para guiar la tela. || *Pie quebrado*, verso corto que alterna con otros más largos. || *Fig. Poner pies en polvorosa*, huir. | *Saber de qué pie cojea uno*, conocer sus defectos. | *Sacar los pies del plato*, dejar de ser tímido y empezar a tomarse ciertas libertades. | *Tener un pie en el sepulcro*, estar próximo a la muerte. | *Volver pie atrás*, retroceder.

piedad f. Devoción a las cosas santas: *prácticas de piedad*. || Amor respetuoso a los padres: *piedad filial*. || Lástima, compasión: *piedad para el prójimo*. || Representación artística de la Virgen de las Angustias: *la "Piedad", de Miguel Ángel*.

Piedecuesta, mun. y c. de Colombia (Santander).

piedra f. Sustancia mineral, más o menos dura y compacta: *una estatua, un edificio de piedra*. || Pedazo de esta sustancia: *tirar una piedra*. || *Med*. Cálculo, piedrecilla que se forma en la vejiga o en la vesícula biliar. || Granizo: *el mes pasado cayó mucha piedra*. || Pedernal de las armas o de los instrumentos de chispa: *la piedra de un mechero*. || Muela de molino. || Sitio donde se dejaba a los niños expósitos. || — *Fig. Cerrar a piedra y lodo*, cerrar herméticamente. | *Corazón de piedra*, corazón insensible. | *Menos da una piedra*, expresión irónica empleada cuando el resultado obtenido es muy reducido. || *No dejar piedra por mover*, hacer todas las diligencias posibles para conseguir algo. | *No dejar piedra sobre piedra*, destruirlo todo. || *Piedra angular*, sillar que forma esquina; (fig.) base, fundamento. || *Piedra berroqueña*, granito. || *Fig. Piedra de escándalo*, lo que puede provocar escándalo o murmuración. || *Piedra de sillería* o *sillar*, la que, una vez labrada, sirve para la construcción. || *Piedra de toque*, la que usan los ensayadores de oro; (fig.) lo que permite conocer el valor de algo o alguien. || *Piedra filosofal*, v. FILOSOFAL. || *Piedra litográfica*, mármol arcilloso de grano fino, en que se puede grabar. || *Piedra meteórica*, aerolito. || *Piedra pómez*, piedra volcánica, muy ligera y dura, que sirve como abrasivo. || *Piedra preciosa*, la dura, transparente y rara que, tallada, se usa en joyería. || *Fig. Tirar la piedra y esconder la mano*, obrar disimuladamente.

Piedra del Sol, monolito azteca de basalto, que se conoce comúnmente con el n. de *Calendario azteca*. Mide 3,58 m de diámetro y pesa 24 toneladas.

Piedrabuena, ensenada de Argentina (Buenos Aires), donde se encuentra la base militar General Belgrano. — Mun. y v. en el centro de España (Ciudad Real).

Piedrabuena (Luis), marino argentino (1833-1883). Realizó exploraciones por las regiones australes de su país.

Piedrahíta, v. en el centro de España (Ávila).

Piedras || ~ **(Las)**, pobl. en el NO. de Bolivia, cap. de la prov. de Madre de Dios (Pando). — Mun. en el E. de Puerto Rico (Humacao). — Pobl. en el S. del Uruguay (Canelones). Vinos. || ~ **Blancas**, páramo en el O. de Venezuela (Mérida), a 4 762 m. || ~ **Negras**, c. en el NE. de México (Coahuila). Puerto a orillas del río Bravo. — C. maya del valle del Usumacinta (Guatemala). Esculturas.

piel f. Membrana que cubre el cuerpo del hombre y de los animales: *hombre de piel blanca*. || Cuero curtido: *artículos de piel*. || Parte exterior que cubre la pulpa de las frutas y algunas partes de las plantas: *la piel de las ciruelas*. || — Pl. Piel de animal con su pelo para hacer prendas de abrigo. || — *Piel roja*, n. dado al indio de América del N. || *Fig.* y *fam. Ser la piel del diablo*, ser muy agitado y perverso.

piélago m. Parte de los océanos muy distante de la tierra. || *Poét*. Océano, mar.

pielitis f. Inflamación de la membrana mucosa que cubre la pelvis del riñón.

pienso m. Alimento que se da al ganado.

piéride f. Mariposa de alas blancas con varias manchas negras. || — Pl. Las musas.

pierna f. Cada uno de los miembros inferiores del hombre. || Pata de los animales. || Muslo de los cuadrúpedos y aves. || Cada una de las partes de una cosa que giran alrededor de un eje o de un centro: *las piernas de un compás*. || Trazo fuerte, vertical o ligeramente inclinado, de algunas letras: *pierna de la p*. || — *Fig.* y *fam. Cortarle a uno las piernas*, ponerle obstáculos. | *Dormir a pierna suelta*, dormir profundamente y sin preocupación.

Piérola (Nicolás de), político peruano (1839-1913), dictador de 1879 a 1881 y pres. de la Rep. de 1895 a 1899.

Pierrot [*ró*], personaje teatral de las pantomimas francesas, vestido de blanco y con la cara empolvada de harina.

Pietermaritzburgo, c. de la Rep. de África del Sur, cap. de Natal. Universidad.

pietismo m. Doctrina de los luteranos que predican un ascetismo riguroso.

pietista com. Seguidor del pietismo.

pieza f. Cada parte en que se divide una cosa, particularmente una máquina: *las piezas de un motor*. || Moneda: *pieza de cuproníquel*. || Alhaja u obra de arte trabajada con esmero: *una maravillosa pieza de joyería*. || Cada unidad de una serie: *en su colección tiene magníficas piezas*. || Trozo de tela para hacer un remiendo: *poner una pieza a un pantalón*. || Habitación, cuarto: *piso de cuatro piezas*. || Animal de caza o pesca. || Nombre genérico de las fichas o figurillas que se utilizan en ciertos juegos: *piezas de ajedrez*. || Obra dramática: *una pieza en tres actos*. || Composición musical: *pieza para orquesta*. || *Blas*. Figura del escudo que no representa un objeto determinado. || Unidad de presión (símb. *pz*), equivalente a la presión que, aplicada uniformemente en una superficie plana de 1 m³, produce una fuerza total de un estenio. || — *Fig.* y *fam. Buena pieza*, persona maliciosa. || *Pieza de artillería*, arma de fuego no portátil. || *Pieza de recambio* o *de repuesto*, pieza suelta que puede sustituir en un mecanismo otra semejante que ha sido estropeada. || *Fam. Quedarse de una pieza*, quedarse estupefacto. || *Un dos piezas*, traje compuesto de dos partes separadas.

piezoelectricidad f. Conjunto de los fenómenos eléctricos que se manifiestan en un cuerpo sometido a presión o a deformación.

piezoeléctrico, ca adj. Relativo a la piezoelectricidad.

piezómetro m. *Fís*. Instrumento para medir la compresibilidad de los líquidos.

pífano m. Flautín de tono muy agudo. || Persona que lo toca.

Piferrer (Pablo), poeta romántico español (1818-1848).

pifia f. Golpe dado en la bola de billar. || *Fig.* y *fam*. Error, metedura de pata: *cometer una pifia*.

pifiar v. i. Soplar demasiado el que toca la flauta travesera. || — V. t. Hacer una pifia en el billar o en los trucos. || *Fam*. Cometer una pifia, meter la pata.

Pigafetta (Francesco Antonio), navegante italiano (1491-1534), superviviente de la expedición de Magallanes.

pigargo m. Especie de águila de cola blanca: *el pigargo figura en el escudo de los Estados Unidos*

Pigmalión, escultor legendario de Chipre, enamorado de una estatua de marfil que había esculpido. Se casó con ella cuando Afrodita le infundió vida. Esta leyenda sirvió de inspiración a Rameau para componer una partitura musical y a Bernard Shaw para escribir una comedia.

pigmentación f. Formación y acumulación del pigmento en un tejido, especialmente en la piel.

pigmentar v. t. Colorar con un pigmento.

pigmentario, ria adj. Relativo al pigmento.

pigmento m. Materia colorante que se encuentra en el protoplasma de muchas células vegetales y animales. || Sustancia pulverizable con la cual se da color a las pinturas.

pigmeo, a m. y f. Individuo de una raza de pequeña estatura que habita el África central y meridional. || — M. *Fig*. Hombre muy pequeño.

pignoración f. Acción y efecto de pignorar.

pignorar v. t. Empeñar, dar una cosa en prenda: *pignorar alhajas, títulos del Estado*.

pignoraticio, cia adj. Relativo a la pignoración o al empeño: *contrato pignoraticio*.

pijama m. Pantalón bombacho de tela muy ligera que se lleva en la India. || Traje ancho y ligero compuesto de chaqueta y pantalón usado para dormir

Pijé, calendario de los zapotecas. || ~ **Tao,** uno de los n. del dios supremo entre los mixtecas y zapotecas.

pijibay m. *C. Rica y Hond*. Variedad del corojo.

pijije m. *Amer. C*. Ave acuática.

Pijoán (José), crítico español de arte (1880-1963).

pijota f. Merluza pequeña. || *Hacer pijotas*, hacer botar una pequeña piedra plana varias veces seguidas en la superficie del agua.

pijotada f. *Fam*. Pijotería.

pijotería f. *Fam*. Menudencia molesta. | Tontería.

pijotero, ra adj. y s. m. *Fam*. Pesado, maldito: *este pijotero niño*.

pila f. Recipiente donde cae o se echa el agua para varios usos: *la pila de la cocina, de una fuente*. || En las iglesias, sitio donde se administra el sacramento del bautismo. || Recipiente donde se guarda el agua bendita. || Montón, rimero: *una pila de leña*. || *Fam*. Gran cantidad: *tener una pila de niños*. || *Arq*. Machón que sostiene los arcos de un puente. || *Fís*. Generador de electricidad que convierte la energía química en energía eléctrica. || — *Nombre de pila*, el que precede a los apellidos: *su nombre de pila es Carmen*. || *Pila atómica*, reactor nuclear, generador de energía que utiliza la fisión nuclear. || *Sacar de pila*, ser padrino de un niño el día de su bautismo.

pilada f. Pila, montón.

pilapila f. Arbusto malváceo chileno.

pilar m. Elemento vertical macizo que sirve de soporte a una construcción. || Pilón de una fuente. || Hito o mojón. || Pila de puente. || *Fig*. Apoyo. || En el rugby, uno de los delanteros de primera fila que sostiene al talonador en una melée.

pilar v. t. Descascarar los granos en el pilón.

Pilar, pobl. en el NE. de la Argentina (Buenos Aires). — Mun. del Brasil (Paraíba). — C. en el SO. del Paraguay, cap. del dep. de Ñeembucú.

Pilar *(Nuestra Señora del)*, imagen de la Virgen que se venera en la Basílica del Pilar (Zaragoza). Patrona de España. Fiesta el 12 de octubre.

pilarense adj. y s. De Pilar (Paraguay).

pilastra f. Columna cuadrada, generalmente adosada a una pared.

Pilato (Poncio), procurador romano de Judea de 26 a 36. Entregó Jesús a los fariseos a pesar de no creerlo culpable de ningún delito. M. hacia el año 39.

pilatuna f. *Amer.* Jugarreta.

pilca f. *Amer.* Tapia de piedras y barro.

Pilcomayo, río que nace en Bolivia (Oruro), es fronterizo entre el Paraguay y la Argentina, se separa en dos brazos y des. en el Paraguay, cerca de Asunción; 2 500 km. — Dep. en el N. de la Argentina (Formosa); cap. *Clorinda.*

píldora f. Medicamento de forma de bolita: *píldora purgante.* ‖ — *Fig.* y *fam.* *Dorar la píldora,* presentar una mala noticia bajo un aspecto agradable. | *Tragar la píldora,* creer un embuste.

pileta f. Pila o fuente pequeña. ‖ *Amer.* Piscina.

pilgüije adj. *Méx.* Miserable, infeliz.

pilífero, ra adj. Que lleva pelos.

pilocarpo m. Planta rutácea de América del Sur. ‖ Nombre que se da a las hojas del jaborandi.

pilón m. Pila grande. ‖ Receptáculo de piedra o de fábrica que se coloca debajo del caño de una fuente: *el pilón del abrevadero.* ‖ Mortero de madera o metal. ‖ Pan de azúcar cónico. ‖ Pesa móvil de la romana. ‖ *Arq.* Gran portada de cuatro caras en los monumentos del antiguo Egipto. ‖ *Méx.* Propina.

Pilon (Germain), escultor renacentista francés (¿1537?-1590).

piloncillo m. *Méx.* Azúcar morena que se suele vender en panes.

pilongo, ga adj. Flaco. ‖ *Castaña pilonga,* la secada al humo.

pilórico, ca adj. Relativo al píloro: *glándulas pilóricas.*

píloro m. Abertura inferior del estómago por la cual entran los alimentos en los intestinos.

piloso, sa adj. Relativo al pelo: *sistema piloso.*

pilotaje m. Acción de pilotar: *pilotaje sin visibilidad.* ‖ Derecho pagado por los servicios del piloto en los puertos donde se necesitan. ‖ Conjunto de pilotes hincados en tierra: *el pilotaje de los cimientos de una construcción.*

pilotar v. t. Dirigir un buque. ‖ Guiar un automóvil, un avión.

pilote m. Madero puntiagudo que se hinca en tierra para consolidar cimientos, servir de soporte a una construcción, etc.: *casa construida sobre pilotes.*

pilotear v. t. Pilotar.

piloto m. El que dirige un buque o guía un automóvil, un avión, etc. ‖ El segundo de un buque mercante. ‖ *Fig.* Luz roja en la parte posterior de un vehículo: *dejar el piloto encendido al aparcar.* | Pequeña lámpara que sirve para indicar que funciona un aparato. | Llama que sirve para encenderlos: *el piloto del calentador de agua.* ‖ — *Piloto automático,* conjunto de mecanismos (giroscopios, servomotores, etc.) que desempeñan las funciones del piloto en un avión o vehículo espacial. ‖ *Piloto de pruebas,* el que está encargado de comprobar el resultado y la resistencia de un avión nuevo. ‖ — Adj. Aplícase a lo que sirve de modelo: *granja, fábrica piloto.*

Piloto Juan Fernández, ant. *Más Afuera,* isla de Chile, en el archipiélago Juan Fernández.

Pilpay o **Bidpay,** bramán legendario a quien se atribuyen los antiguos apólogos de la India.

Pilsen. V. PLZEN.

Pilsudski (Jozef), mariscal y político polaco (1867-1935), artífice de la independencia de su país después de la primera guerra mundial y jefe del Estado.

piltra f. *Pop.* Cama.

piltrafa f. *Fam.* Trozo de carne que casi no tiene más que pellejo. ‖ *Amer.* Ganga. ‖ — Pl. Residuos, desperdicios.

pilucho, cha adj. CHIL. Desnudo.

pillada f. *Fam.* Pillería.

pillaje m. Robo. ‖ Saqueo que hacen los soldados en país conquistado: *someter a pillaje.*

pillapilla m. Juego de niños.

pillar v. t. Saquear. ‖ *Fig.* y *fam.* Alcanzar, coger: *pillar a un ladrón.* | Atropellar: *cuidado que no te pille un coche.* | Coger: *el engranaje le pilló un dedo.* | Descubrir: *pilló a su hijo fumando.* ‖ Coger, agarrar: *pillar un resfriado.* ‖ *Fig. Pillar de camino,* estar situado en el camino que toma uno.

pillastre m. *Fam.* Pillo.

pillear v. i. *Fam.* Hacer pillerías. | Llevar una vida de pillo.

pillería f. *Fam.* Conjunto de pillos. | Acción propia de pillo.

pillete o **pillín** m. *Fam.* Pilluelo, pícaro.

pillo, lla adj. y s. *Fam.* Pícaro. | Dícese de la persona muy astuta.

pilluelo, la adj. y s. *Fam.* Pícaro. | Dícese de la persona muy astuta.

pimano adj. y s. Dícese del grupo lingüístico de la familia uto-azteca.

pimas adj. y s. m. Dícese de una tribu de indios del SO. de Estados Unidos y N. de México.

pimental m. Plantío de pimientos: *extensos pimentales.*

Pimentel, com. de la Rep. Dominicana (Duarte). — C. y puerto en el NO. del Perú, cerca de Chiclayo (Lambayeque).

Pimentel Coronel (Manuel), poeta venezolano (1863-1907).

pimentero m. Arbusto trepador piperáceo, cuyo fruto es la pimienta. ‖ Recipiente en que se pone la pimienta molida.

pimentón m. Polvo de pimientos secos encarnados. ‖ En algunas partes, pimiento.

pimienta f. Fruto del pimentero, de gusto picante, usado como condimento. ‖ *Fig.* Gracia, agudeza. ‖ *Fig.* y *fam. Ser como una pimienta,* ser muy vivo y agudo.

pimiento m. Planta solanácea cuyo fruto es una baya hueca, generalmente cónica, al principio verde y después roja. ‖ Fruto de esta planta, picante en algunas variedades, muy usado como alimento. ‖ Pimentero. ‖ Pimentón, pimiento molido. ‖ — *Fig.* y *fam. Me importa un pimiento,* me da igual. ‖ *Pimiento morrón,* el más grueso y dulce de todos.

pimpampum m. Juego que hay en las ferias y consiste en derribar a pelotazos muñecos colocados en fila.

pimpante adj. Vestido con elegancia, peripuesto: *iba muy pimpante.*

pimpinela f. Planta rosácea de sabor aromático y flores purpurinas.

pimplar v. t. *Fam.* Beber vino (ú. t. c. pr.).

pimpollar m. Lugar poblado de pimpollos.

pimpollo m. Vástago que echan las plantas. ‖ Árbol nuevo. ‖ Capullo de rosa. ‖ *Fig.* y *fam.* Niño o niña, muchacho o muchacha que se distinguen por su belleza, gallardía y donosura.

Pin Kiang, ant. *Harbin,* c. en NE. de China, cap. de la prov. de Heilongkiang.

pinabete m. Abeto.

pinacate m. *Méx.* Escarabajo de los sitios húmedos.

pinacoteca f. Galería o museo de pintura: *la pinacoteca de Munich.*

pináculo m. Parte más elevada de un edificio monumental o templo. ‖ *Fig.* Cumbre, cima, auge. ‖ Juego de naipes. ‖ *Fig. Poner a uno en el pináculo,* ensalzarlo.

pinar m. Bosque de pinos.

Pinar del Río, c. de Cuba, al pie de la Sierra de los Órganos y al O. de la isla; cap. de la prov. homónima. Obispado. Tabaco.

pinaza f. Barco pequeño de vela y remo usado en otro tiempo en la marina mercante.

Pinazo (Ignacio), pintor costumbrista y de temas históricos español (1849-1916).

pincel m. Instrumento hecho con pelos atados a un mango y con que el pintor asienta los colores. ‖ Instrumento parecido con el cual se untan otras cosas, como el alquitrán. ‖ *Fig.* Estilo de un pintor: *el pincel de Goya, de Picasso.* | Pintor, el que pinta.

pincelada f. Trazo o toque que se da con el pincel. ‖ *Fig.* Expresión concisa de una idea o de un rasgo muy característico. ‖ *Fig. Dar la última pincelada,* perfeccionar o concluir una obra.

pincelar v. t. Pintar.

pincelazo m. Pincelada.

pinciano, na adj. y s. Vallisoletano, de Valladolid.

Pinciano. V. NÚÑEZ DE TOLEDO (Hernán).

pinchadura f. Pinchazo.

pinchar v. t. Picar, punzar con una cosa aguda o punzante: *pinchar con un alfiler* (ú. t. c. pr.). ‖ *Fig.* Irritar, provocar. | Enojar, picar. ‖ — V. i. Perforarse una cámara de aire. ‖ *Fig. Ni pincha ni corta,* no tiene ninguna autoridad en el asunto.

pinchaúvas m. *Fig.* y *fam.* Hombre despreciable, infeliz.

pinchazo m. Punzadura o herida que se hace con un objeto que pincha. ‖ Perforación que provoca la salida del aire de un neumático, balón, etc.

pinche m. Mozo de cocina. ‖ — Adj. y s. *Méx.* De calidad inferior, despreciable.

pincho m. Aguijón, espina, púa de planta o animal. ‖ Varilla con que los consumeros reconocían las cargas. ‖ Nombre que se aplica a los manjares que se sirven en los bares como tapa, ensartados en un mondadientes. ‖ *Pincho moruno,* brocheta de carne de borrego fuertemente sazonada.

pindárico, ca adj. Relativo al poeta griego Píndaro.

Píndaro, poeta lírico griego, n. en Cinocéfalos (518-438 a. de J. C.). Cantó a los atletas en los *Epinicios,* divididos en *Nemeas, Olímpicas, Píticas* e *Ístmicas.*

Pindo, macizo montañoso de Grecia occidental, uno de cuyos montes estaba consagrado a Apolo y a las Musas.

pindonga f. *Fam.* Mujer callejera o azotacalles.

pindonguear v. i. *Fam.* Callejear la mujer.

pineal adj. Dícese de una glándula pequeña, de forma ovalada, situada encima del cerebro medio.

pineda f. Pinar.

Pineda (Antonio), naturalista guatemalteco (1753-1792), compañero de Malaspina. ‖ ~ (MARIANA), heroína española (1804-1831), ajusticiada por haber bordado una bandera con los lemas liberales. Inmortalizada por F. García Lorca en una obra de teatro.

pínfano m. Barb. por *tímpano,* instrumento músico.

pingajo m. *Fam.* Harapo.

pingar v. i. Gotear. ‖ Brincar, saltar. ‖ Pender.

pingo m. *Fam.* Pingajo. ‖ *Pop.* Persona de mala vida. ‖ — Pl. *Fam.* Vestidos de mujer de muy poco valor. ‖ *Fig.* y *fam. Andar de pingo,* callejear las mujeres. ‖ *Méx.* Niño travieso o diablo.

pingorotudo, da adj. *Fam.* Empinado, alto o elevado, erguido. | Encopetado.

ping-pong m. Juego de tenis sobre una mesa.

Pingtong, c. en el S. de la isla de Taiwan (Formosa).

pingüe adj. Grasoso, mantecoso. || Abundante: *pingües ganancias.* || Fértil.

pingüino m. Ave palmípeda blanca y negra, de alas muy cortas.

pinitos m. pl. Primeros pasos del niño. || *Fig.* Principios.

pinnípedo, da adj. Dícese de los mamíferos marinos de patas palmeadas, como la foca, el otario, la morsa (ú. t. c. s.). || — M. pl. Orden formado por estos animales.

pino m. Árbol conífero con tronco de madera resinosa, hojas siempre verdes, y cuyo fruto es la piña y el piñón su semilla. (Existen numerosas especies de *pinos:* el *pino albar,* el *blanco,* el *negro,* el *negral,* el *rodeno* o *marítimo,* el *piñonero,* de piñas aovadas con piñones comestibles, etc.) || — *Fig.* y *fam. En el quinto pino,* muy lejos. || *Fig. Hacer el pino,* mantenerse en postura vertical, apoyándose en las manos y con la cabeza hacia abajo.

pino, na adj. Empinado: *camino muy pino.*

Pino (Joaquín del), militar español (1727-1804), gobernador de Montevideo de 1773 a 1790 y virrey de Río de la Plata de 1801 a 1804. || ~ **Suárez** (JOSÉ MARÍA), abogado, escritor y político mexicano (1869-1913), vicepres. de la Rep. M. asesinado con Madero.

Pinochet (Augusto), general chileno, n. en 1915, jefe de la Junta Militar que derribó a Allende en 1973 y pres. de la Rep. en 1974.

Pinocho, personaje principal de un cuento infantil, escrito por el italiano Collodi.

Pinogana, distr. en el E. de Panamá (Darién), cab. *El Real de Santa María.*

pinol y **pinole** m. *Amer.* Harina de maíz tostado.

pinolate m. *Méx.* Bebida de pinole, azúcar y cacao, con agua.

pinolero, ra adj. y s. *Fam. Amer.* Nicaragüense.

Pinos, isla en el SO. de Cuba; 3 145 km. Descubierta por Colón en 1494. (V. ISLAS DE PINOS.) — C. en el centro de México (Zacatecas). Minas. || ~ **Puente,** v. en el S. de España (Granada).

pinrel m. *Pop.* Pie.

pinsapar m. Plantío poblado de pinsapos.

pinsapo m. Árbol conífero parecido al abeto.

Pinsk, c. en el O. de la U. R. S. S. (Rusia Blanca), a orillas del Pripet. Obispado.

pinta f. Adorno en forma de mancha redonda. || Mancha. || *Fig.* Aspecto: *tiene muy buena pinta.* || Medida de capacidad equivalente a 0,658 litros en Inglaterra y 0,473 en los Estados Unidos. || En ciertos juegos de cartas, triunfo. || Señal que tienen los naipes por un extremo. || *Arg.* Color de los animales. || — M. *Fam.* Golfo, persona poco seria. || *Méx. Fig. Hacer pinta,* faltar los niños a la escuela.

Pinta *(La),* una de las tres carabelas de Colón en el viaje del descubrimiento de América, mandada por Martín Alonso Pinzón.

pintada f. Gallina de Guinea.

Pintada, sierra en el NO. de la Argentina (Catamarca); 4 500 m.

pintado, da adj. Naturalmente matizado de diversos colores. || *Fig.* Exacto: *es su padre pintado.* || — *Fig. El más pintado,* el más listo. | *Venir como pintado,* venir muy bien. || — M. Acción de pintar.

pintamonas com. *Fig.* y *fam.* Mal pintor.

pintar v. t. Representar cosas o seres vivos con líneas y pinturas: *pintar un paisaje.* || Cubrir con pintura: *pintó su coche de rojo.* || *Fam.* Dibujar: *pintar monigotes.* || Escribir: *pintar el acento.* || *Fig.* Describir: *pintar un carácter, una escena.* || *Fig.* y *fam.* Tener importancia o influencia: *tú aquí no pintas nada.* || — V. i. Empezar a tomar color y madurar ciertos frutos. || *Fam.* Mostrarse la calidad de algunas cosas. || — V. pr. Darse colores y cosméticos: *pintarse los labios, las mejillas.* || *Fig.* Manifestarse, dejarse ver: *la felicidad se pintaba en su rostro.*

pintarrajar o **pintarrajear** v. t. *Fam.* Pintorrear.

pintarroja f. Lija, pez selacio.

Pinter (Harold), dramaturgo británico, n. en 1930, autor de *La habitación, El amante, Tea party,* etc.

pintiparado, da adj. Muy parecido: *es su madre pintiparada.* || Muy adecuado u oportuno: *esto me viene pintiparado.* || Adornado, emperejilado: *iba muy pintiparado.*

pintiparar v. t. Comparar una cosa con otra.

pinto, ta adj. Pintado.

Pinto, com. de Chile (Ñuble).

Pinto (Aníbal), político chileno (1825-1884), pres. de la Rep. de 1876 a 1881. En su mandato estalló la guerra del Pacífico (1879). || ~ (FERNÃO MENDES), viajero y cronista portugués (1509-1583), que exploró las Indias orientales, descritas en *Peregrinación.*

pintor, a m. y f. Persona que se dedica a la pintura. || *Pintor de brocha gorda,* el de puertas y ventanas; (fig.) mal pintor.

pintoresco, ca adj. Que atrae la vista por su belleza o particularidad: *un pueblo pintoresco.* || *Fig.* Vivo, muy gráfico y expresivo: *lenguaje, estilo pintoresco.* | Original: *un traje pintoresco.*

pintoresquismo m. Calidad de pintoresco.

pintorrear v. t. Pintar sin arte.

pintura f. Arte de pintar: *pintura al óleo, al fresco, al temple, a la aguada.* || Obra pintada: *una pintura de Fra Angélico.* || Sustancia colorada con que se pinta: *pintura verde.* || *Fig.* Descripción: *hacer la pintura de las costumbres de un pueblo.* | *No poder ver a uno ni en pintura,* no poder aguantarlo.

pinturero, ra adj. y s. *Fam.* Dícese del que presume de bien parecido o elegante: *joven pinturera.*

Pinturicchio [-*kio*] (Bernardino DI BETTO, llamado), pintor religioso italiano (¿1454?-1513).

pínula f. Tablilla metálica con una abertura longitudinal que sirve en los instrumentos topográficos y astronómicos para dirigir visuales.

pin-up [*pinap*] f. (pal. ingl.). Mujer o muchacha muy atractiva.

pinzas f. pl. Instrumento de metal a modo de tenacillas para coger o sujetar cosas pequeñas: *pinzas de relojero, de cirujía.* || Órgano prensil de los crustáceos, insectos y otros animales: *las pinzas del cangrejo, del alacrán.* || Pliegue hecho en el interior de la ropa para estrecharla o como adorno.

pinzón m. Pájaro insectívoro y cantor, del tamaño de un gorrión.

Pinzón, bahía de Guayana, descubierta por Vicente Yáñez Pinzón en 1498.

Pinzón (Martín Alonso), navegante español, n. en Palos de Moguer (1440-1493). Capitán de la carabela *La Pinta* en el viaje de descubrimiento de Colón. — Su hermano VICENTE YÁÑEZ llevaba a su cargo *La Niña.* Posteriormente descubrió el cabo San Agustín (Brasil) y la desembocadura del Amazonas. Formó parte tb. de la expedición de Díaz de Solís al río de la Plata (1516). M. después de 1523.

pinzote m. *Mar.* Palanca encajada en la cabeza de la caña del timón.

piña f. Fruto del pino y otros árboles, de forma aovada. || Ananás. || *Fam.* Puñetazo. || *Fig.* Conjunto de personas o cosas estrechamente unidas.

piñal m. *Amer.* Terreno plantado de piñas o ananás.

Piñas, pobl. en el SO. del Ecuador (El Oro).

piñata f. Olla llena de dulces que en los bailes de máscaras suele colgarse del techo y que se tiene que romper con los ojos vendados.

Piñeyro (Enrique), escritor cubano (1839-1911).

piñón m. Simiente del pino. dulce y comestible en el pino piñonero. || Esta simiente bañada en azúcar. || Último burro de la recua. || Arbusto americano euforbiáceo. || Pieza del disparador de las armas de fuego. || Huesecillo terminal del ala de las aves. || La menor de las dos ruedas dentadas de un engranaje. || *Fig.* y *fam. Estar uno a partir un piñón con otro,* estar los dos en muy buenos términos.

piñonata f. y **piñonate** m. Dulce a base de piñones y azúcar.

piñonero adj. m. Aplícase a una variedad de pino de gran altura y de piñones comestibles. || — M. Pinzón real.

pío m. Voz del pollo de cualquier ave. || *Fig.* y *fam. No decir ni pío,* no decir nada.

pío, a adj. Devoto, inclinado a la piedad. || Compasivo. || Aplícase a la caballería que tiene la piel de varios colores. || *Obra pía,* obra de beneficencia.

Pío || ~ **I** *(San),* papa de 140 a 155. || ~ **II** *(Piccolomini)* [1405-1464], papa de 1458 a 1464. || ~ **III** *(Todeschini-Piccolomini)* [1439-1503], papa en 1503. || ~ **IV** *(Médicis)* [1499-1565], papa de 1559 a 1565. || ~ **V** *(San)* [1504-1572], papa de 1566 a 1572. || ~ **VI** (1717-1799), papa de 1775 a 1799. M. en Francia. || ~ **VII** *(Chiaramonti)* [1742-1823], papa de 1800 a 1823. Firmó el concordato con Francia y coronó a Napoleón I. Estuvo cautivo en Fontainebleau hasta 1814. || ~ **IX** *(Mastai Ferretti)* [1792-1878], papa de 1846 a 1878. Proclamó los dogmas de la Inmaculada Concepción y de la infalibilidad pontificia, publicó el *Syllabus* y durante su reinado la Santa Sede perdió el poder temporal. || ~ **X** *(San)* [*Sarto*], n. en 1835, papa de 1903 a 1914. || ~ **XI** *(Ratti)* [1857-1939], papa de 1922 a 1939. Firmó con Italia los acuerdos de Letrán que devolvían a la Santa Sede su independencia territorial. || ~ **XII** *(Pacelli)* [1876-1958], papa de 1939 a 1958. Proclamó el dogma de la Asunción.

piocha f. Zapapico. || *Méx.* Barba, perilla. || — Adj. *Méx.* Excelente, agradable.

piógeno, na adj. *Med.* Que produce pus.

piojento, ta adj. Relativo a los piojos. || Piojoso.

piojillo m. Insecto parásito de las aves.

piojo m. Género de insectos hemípteros, anopluros, parásitos en el hombre y en los animales. || — *Piojo de mar,* crustáceo parásito de los cetáceos. || *Fam. Piojo pegadizo,* persona molesta. | *Piojo resucitado,* persona de humilde condición que consigue elevarse por malos medios.

piojoso, sa adj. Que tiene muchos piojos. || *Fig.* Mezquino, avaro. | Sucio y harapiento.

piola f. *Mar.* Pequeño cabo formado de dos o tres filásticas. || Juego en el que los jugadores saltan, alternativamente, unos por encima de otros: *jugar a la piola.*

piolet m. Bastón de montañero.

Piombino, c. y puerto en el NO. de Italia (Toscana), frente a la isla de Elba.

Piombo (Sebastiano **del**). V. SEBASTIANO DEL PIOMBO.

pión, ona adj. y s. Que pía mucho.

pionero m. Persona que abre el camino a otras, adelantado.

pionía f. Semilla del bucare.

piorrea f. Flujo de pus, especialmente en las encías.
Piotrkow Tribunalski, c. de Polonia, al SE. de Lodz.
pipa f. Barrica, tonel o cuba. || Utensilio para fumar consistente en un cañón y una cazoleta. || Lengüeta de las chirimías. || Pipiritaña, flautilla. || Espoleta: *la pipa de una bomba.* || Pepita o semilla: *las pipas de la calabaza.* || Semilla del girasol que se come como golosina. || Sapo grande de América.
pipe-line m. Oleoducto.
piperáceo, a adj. y s. f. Aplícase a las plantas dicotiledóneas a que pertenece el pimentero. || — F. pl. Familia que forman.
pipermín m. Bebida alcohólica de menta.
pipeta f. Tubo de cristal ensanchado en su parte media, que sirve para transvasar pequeñas porciones de líquidos: *pipeta de laboratorio.*
pipi m. *Pop.* Tonto, bobo. | Soldado de infantería.
pipí m. Pitpit, pájaro. || *Fam.* Orina, en el lenguaje infantil: *el niño hace pipí.*
pipiar v. i. Piar los pollos.
pipil adj. y s. Individuo de un ant. pueblo nahua de El Salvador y Guatemala.
Pípila, sobrenombre del patriota mexicano *Juan José de los Reyes Martínez,* héroe en la conquista de la Alhóndiga de Granaditas (1810).
pipilol m. *Méx.* Hojuela de harina con azúcar para niños.
Pipino || **~ el Breve** (¿715?-768), rey de los francos en 751, hijo de Carlos Martel, padre de Carlomagno y primer monarca de la dinastía carolingia. || **~ el Joven** o **de Heristal** (¿640?-714), mayordomo de palacio de Austrasia, nieto del anterior y padre de Carlos Martel. || **~ el Viejo** o **de Landen** (¿580?-640), mayordomo de palacio de Austrasia.
pipiolo m. Miembro del Partido Liberal chileno de 1823 a 1820. || *Fam.* Novato, inexperto, principiante. | Niño.
pipirigallo m. Planta papilionácea.
pipirigaña f. Pizpirigaña.
pipirijaina f. Compañía de cómicos de la legua.
pipiritaña f. Flautilla de caña.
pipistrelo m. Especie de murciélago pequeño.
pipo m. Ave trepadora insectívora, de plumaje negro con manchas blancas.
pipudo, da adj. *Fam.* Magnífico, espléndido.
pique m. Resentimiento, enfado. || Sentimiento de emulación o rivalidad. || Amor propio. || *Mar.* Varenga en forma de horquilla. || *Amer.* Nigua, insecto. | Senda estrecha. || — *A pique,* a punto de, próximo a; a plomo, perpendicularmente. || *Echar a pique,* hundir una embarcación; (fig.) destruir una empresa. || *Irse a pique,* hundirse una embarcación; (fig.) fracasar una empresa, arruinarse, gastarse completamente la fortuna.
piqué m. Tela de algodón que forma dibujos en relieve, especialmente en forma de canutillos y se emplea en prendas o ropa de vestir.
piquera f. Agujero de los toneles y alambiques. || En los altos hornos, agujero por donde sale el metal fundido. || Mechero de una lámpara. || Agujero en uno de los dos frentes de las colmenas. || *Cub.* Parada de taxis. || *Méx.* Taberna de inferior calidad.
piquero m. Soldado armado de pica. || *Chil.* y *Per.* Ave palmípeda de la cual procede el guano de las islas Chinchas.
piqueta f. Zapapico. || Herramienta de albañilería con una boca plana y otra puntiaguda. || *Amer.* Bastón de montañero.
piquetazo m. *Amer.* Picotazo, pinchazo.
piquete m. Picadura, pinchazo. || Agujero pequeño que se hace en las ropas u otras cosas. || Jalón pequeño. || Número reducido de soldados empleados para ciertos servicios: *piquete de ejecución.* || *Piquete de huelga,* grupo de huelguistas que se colocan a la entrada de un lugar de trabajo y cuidan de la buena ejecución de las consignas de huelga.
pira f. Hoguera. || *Fig.* y *fam. Ir de pira,* no asistir a clase.
Piracicaba, c. en el SE. del Brasil (São Paulo), a orillas del río homónimo. Obispado.
piragua f. Embarcación larga y estrecha, en general de una pieza, usada en América y Oceanía. || Canoa o kayac: *carrera de piraguas.*
Piragua. V. PARAGUÁ.
piragüero m. El que conduce una piragua.
piramidal adj. De figura de pirámide. || Dícese de cada uno de dos músculos pares que producen la abducción del fémur.
pirámide f. Sólido que tiene por base un polígono y cuyas caras son triángulos que se reúnen en un mismo punto llamado vértice. || Monumento que tiene la forma de este sólido: *las pirámides de Gizeh, de Cholula.* || Montón de objetos que tiene la misma forma. || — *Pirámide regular,* la que tiene como base un polígono regular y como caras triángulos isósceles iguales. || *Pirámide truncada,* la que no tiene vértice y cuya parte superior es paralela a su base.
— Para obtener la superficie lateral de una *pirámide* regular se multiplica el perímetro de la base por la mitad de la apotema; y el volumen, multiplicando el área de la base por el tercio de la altura.
— Las *pirámides* construidas en el ant. Egipto servían de sepulturas reales. Las más famosas son las de Keops, Kefrén y Micerino. En México se conservan tb. pirámides que rematan en una plataforma donde estaba el templo, como las famosas de Xochicalco, El Tajín, Chichén Itzá, Uxmal, Cholula, Tenayuca, Teotihuacán, etc.
Pirámides *(Batalla de las),* victoria de Bonaparte sobre los mamelucos, cerca de las pirámides de Egipto (1798).
piramidión m. Pequeña pirámide cuadrangular que remata los obeliscos.
Pirandello (Luigi), escritor italiano, n. en Agrigento (1867-1936), autor de obras de teatro (*Seis personajes en busca de autor, Así es si así os parece, Enrique IV,* etc.) y novelas (*El difunto Matías Pascal*). [Pr. Nóbel, 1934.]
piraña f. Pez muy voraz, propio de los ríos de Amazonia.
pirarse v. pr. *Fam.* Marcharse, huir. (Dícese tb. *pirárselas.*)
pirata adj. Clandestino: *emisora pirata.* || — M. El que se hace a la mar para asaltar y robar barcos. || *Fig.* Hombre cruel y despiadado. || *Pirata del aire,* persona que, valiéndose de amenazas, desvía un avión en vuelo para hacerlo aterrizar en otro sitio que el señalado como destino.
Piratas (COSTA DE LOS). V. TRUCIAL STATES.
piratear v. i. Apresar y robar embarcaciones. || *Fig.* Robar. | Copiar y atribuirse textos ajenos.
piratería f. Actividad de los piratas. || Acción cometida por los piratas.
pirausta f. Mariposilla que, según los antiguos, vivía en el fuego.
piraya f. *Amer.* Piraña.
pirayense adj. y s. De Pirayú.
Pirayú, pobl. del Paraguay (Paraguarí).
pirenaico, ca adj. Relativo a los Pirineos: *cordillera pirenaica.*
Pirenne (Henri), historiador belga (1862-1835).
Pireo (El), puerto de Atenas (Grecia).
pirético, ca adj. *Med.* Relativo a las fiebres.
piretoterapia f. Terapéutica consistente en aumentar la temperatura del enfermo para combatir un estado patológico.
pirex m. Cristal poco fusible y muy resistente al calor.
pirexia f. *Med.* Estado febril.
Piriápolis, pobl. en el SE. del Uruguay (Maldonado). Balneario y centro turístico.
Piribebuy, pobl. del Paraguay (Cordillera).
piriforme adj. Que tiene forma de pera.
pirinda adj. y s. Indígena mexicano de una tribu otomí.
pirindola f. Perinola.
pirindolo m. Adorno de remate en forma de bola. || *Fig.* y *fam.* Cosa, chisme.
pirineo, a adj. Pirenaico.
Pirineos, cord. entre Francia y España, de unos 400 km de longitud. Existen algunos heleros en el centro de la cadena (Maladeta, Monte Perdido). Los puntos culminantes son: Pico de Aneto (3 404 m), Monte Perdido (3 352 m), Vignemale (3 298 m), Balaitús (3 146 m), Canigó (2 786 m), etc., puertos de Perthús, Canfranc, Roncesvalles, etc., valles de Arán, Baztán y Ansó. || **~ (Altos).**

PIRINEOS

V. HAUTES-PYRÉNÉES. || ~ **Atlánticos.** V. PYRÉNÉES. || ~ **Orientales.** V. PYRÉNÉES.

Pirineos *(Tratado de los)*, tratado concluido entre Francia y España (1659) para terminar las hostilidades que enfrentaban a los dos países. Negociado en la isla de los Faisanes en el río Bidasoa.

piripi adj. *Fam.* Un poco ebrio.

pirita f. *Min.* Sulfuro natural de hierro o de cobre (calcopirita) que se obtiene en forma de cristales con reflejos dorados.

Piritoo, héroe tesalio, hijo de Ixión y rey de los lapitas. *(Mit.)*

Pirmasens, c. de Alemania Occidental (Renania-Palatinado).

piroelectricidad f. Electricidad engendrada en un cuerpo por variaciones de temperatura.

piróforo m. *Quím.* Sustancia que arde al contacto con el aire.

pirofosfato m. *Quím.* Sal del ácido pirofosfórico.

pirofosfórico adj. m. Aplícase a un ácido que se obtiene al calentar el ácido fosfórico.

pirograbado m. Procedimiento de grabar en la madera o el cuero por medio de una punta de platino incandescente.

pirograbar v. t. Adornar con pirograbado.

pirógrafo m. Dispositivo eléctrico utilizado en pirograbado.

piroleñoso, sa adj. *Quím.* Aplícase a una mezcla ácida que resulta de la destilación de la madera.

pirolisis f. *Quím.* Descomposición producida por el calor.

piromancia o **piromancía** f. Adivinación por el color y la forma de la llama.

pirómano, na adj. y s. Que tiene la manía de provocar incendios.

pirómetro m. Instrumento para medir temperaturas muy elevadas.

piropear v. t. *Fam.* Echar piropos: *todos la piropean.*

piropo m. *Fam.* Requiebro, galantería: *decir* o *echar piropos muy graciosos.* || *Min.* Carbúnculo.

piróscafo m. Nombre antiguo de los buques de vapor.

piroscopio m. Termómetro especial para el estudio de la reflexión y de la radiación del calor.

pirosfera f. Masa candente que se suponía que ocupaba el centro de la Tierra.

pirosis f. Sensación de ardor desde el estómago hasta la faringe.

pirotecnia f. Arte de preparar explosivos y fuegos artificiales.

pirotécnico, ca adj. Relativo a la pirotecnia. || — M. El que se dedica a la pirotecnia.

piroxena f. o **piroxeno** m. Silicato de hierro, cal y magnesia, que forma parte de varias rocas volcánicas.

piróxilo m. Producto de la acción del ácido nítrico sobre una materia semejante a la celulosa (madera, algodón, papel).

Pirra, hija de Epimeteo y de Pandora, esposa de Deucalión. (V. DEUCALIÓN.)

pirrarse v. t. *Fam.* Tener mucha afición o ganas: *pirrarse por la música, por ir.*

pirriaque m. *Pop.* Vino malo.

pírrico, ca adj. y s. Aplícase a una danza militar de la antigua Grecia. || *Victoria pírrica,* la que se logra con muchos sacrificios; éxito obtenido con excesivas pérdidas.

pirriquio m. Pie de la poesía grecolatina, compuesto de dos sílabas breves.

Pirris. V. GRANDE DE PIRRIS.

Pirro, rey de Epiro, hijo de Aquiles y esposo de Andrómaca, conocido tb. con el n. de *Neoptolemo.* *(Mit.)* || ~ **II,** (¿318?-272 a. de J. C.), rey de Epiro desde 298 a. de J. C. Venció a los romanos en Heraclea (280) y en Ascoli (279), pero tan caro le costó esta última victoria que respondió a las felicitaciones de sus generales: "Con otra victoria como ésta estoy perdido."

Pirrón, filósofo escéptico griego (¿365-275? a. de J. C.).

pirrónico, ca adj. y s. Escéptico: *escuela pirrónica.*

pirronismo m. Escepticismo, escuela escéptica de Pirrón.

pirú m. *Méx.* Planta anacardiácea.

pirueta f. Voltereta. || Vuelta rápida que da el caballo girando sobre los pies.

piruetear v. i. Dar piruetas.

piruja f. *Pop.* Mujerzuela.

pirul m. *Méx.* Pirú.

pirulero adj. Voz de un juego infantil hispanoamericano: *Juan pirulero.*

pirulí m. Caramelo montado sobre un palito. (Pl. *pirulís.*)

pirulo m. Botijo.

pis m. *Fam.* Pipí, orina.

pisa f. Acción de pisar. || Cantidad de aceituna o uva que se pisa de una vez. || *Fam.* Zurra, paliza.

Pisa, c. en el NO. de Italia (Toscana), a orillas del Arno, cap. de la prov. homónima. Arzobispado. Universidad. Torre inclinada del s. XII; catedral; baptisterio.

Pisac, distrito y pobl. del Perú (Cuzco). Ruinas incaicas.

pisada f. Huella que deja el pie en la tierra. || Ruido que hace una persona al andar: *se oían sus pisadas.* || Aplastamiento. || *Fig. Seguir las pisadas de uno,* imitarle.

pisador, ra adj. Que pisa. || Aplícase al caballo que pisa con fuerza y estrépito. || — M. El que pisa la uva.

pisadura f. Pisada, huella de pasos.

Pisagua, com. y dep. en el N. de Chile (Tarapacá).

Pisanello (Antonio PISANO, llamado **il**), pintor, grabador y medallista italiano (¿1395-1455?).

pisano, na adj. y s. De Pisa.

Pisano (Andrea DA PONTEDERA, llamado), escultor y arquitecto italiano (¿1295?-1349). Realizó la puerta del baptisterio y la decoración del campanilo de Florencia. || ~ (NICOLA), escultor italiano (¿1220?-entre 1278-1287), autor del púlpito del baptisterio de Pisa. — Su hijo GIOVANNI (¿1245-1314?) construyó la fachada de la catedral de Siena y colaboró con él en el baptisterio de Pisa.

pisapapeles m. Objeto pesado que se pone sobre los papeles para que no se muevan.

pisar v. t. Poner el pie sobre algo: *me has pisado el pie.* || Apretar o estrujar con el pie, o con un instrumento: *pisar la uva, los paños, la tierra.* || Entre las aves, cubrir el macho a la hembra: *pisar el palomo la paloma.* || Cubrir una cosa parte de otra. || *Mús.* Pulsar las teclas o cuerdas de un instrumento. || *Fig.* Pisotear: *pisar la Constitución, las leyes.* | Aprovechar una cosa anticipándose a otra persona: *pisarle el puesto a uno.*

pisaverde m. *Fam.* Joven muy presumido y coqueto.

piscator m. Almanaque con pronósticos meteorológicos.

piscatorio, ria adj. Relativo a la pesca o a los pescadores.

piscícola adj. Relativo a la piscicultura.

piscicultor, ra m. y f. Persona dedicada a la piscicultura.

piscicultura f. Arte de criar y fomentar la reproducción de los peces en los ríos y estanques.

piscifactoría f. Establecimiento piscícola.

pisciforme adj. Que tiene forma de pez.

piscina f. Estanque artificial para nadar y bañarse: *una piscina olímpica.* || *Piscina probática,* la de Jerusalén donde se lavaban las víctimas antes de sacrificarlas.

Piscis, constelación del hemisferio boreal. — Signo del Zodiaco (del 19 de febrero al 21 de marzo).

piscívoro, ra adj. Que se nutre de peces: *animal piscívoro.*

piscle m. *Méx.* Caballo malo.

pisco m. *Amer.* Aguardiente de Pisco. | Tinajuela en que se vende. || *Col.* Pavo. || *Venez.* Borracho.

Pisco, c. y puerto del Perú, al S. de El Callao (Ica), cap. de la prov. homónima. Aguardientes.

piscolabis m. *Fam.* Comida o merienda ligera.

pisiforme adj. Que tiene la figura de guisante. || *Anat.* Dícese del cuarto hueso de la primera fila del carpo (ú. t. c. s. m.).

Pisidia, ant. región montañosa de Turquía asiática.

Pisístrato, tirano de Atenas (¿600?-527 a. de J. C.). Consiguió el poder por la fuerza (561), fue expulsado dos veces de Atenas y gobernó de nuevo de 538 a 528. Protegió la industria y las artes.

piso m. Suelo de un edificio, habitación o terreno: *piso de baldosines; el piso de una carretera.* || Cada una de las plantas de una casa: *primer, último piso.* || Vivienda: *un piso de cinco habitaciones.* || *Geol.* Cada una de las capas que se distinguen en un terreno.

pisón m. Instrumento pesado con el cual se golpea el suelo para apretar la tierra o el hormigón para igualar los adoquines, etc.

Pisón, familia romana de la *gens Calpurnia.* || ~ (CAYO CALPURNIO), cónsul en 67 a. de J. C. || ~ (CNEO CALPURNIO), general de Tiberio. M. asesinado en 20 de nuestra era. || ~ (LUCIO CALPURNIO), cónsul en 58 a. de J. C. — Su hija CALPURNIA fue la última esposa de César. || ~ (LUCIO CALPURNIO), emperador (38-69). M. asesinado por los pretorianos.

pisonear v. t. Apisonar.

pisotear v. t. Pisar repetidamente: *este periódico ha sido pisoteado en el suelo.* || *Fig.* Humillar, maltratar de palabra: *pisotear al vencido.* | Hacer caso omiso de, infringir: *pisotear las leyes.*

pisoteo m. Acción de pisotear.

pisotón m. *Fam.* Pisada muy fuerte sobre el pie de otro.

pisqueño, ña adj. y s. De Pisco.

Pissarro (Camille), pintor impresionista francés (1830-1903).

pista f. Rastro o huellas de los animales en la tierra por donde han pasado: *la pista del jabalí.* || Sitio destinado a las carreras y otros ejercicios: *la pista de un hipódromo, de un circo.* || Sitio adecuadamente allanado para ciertas cosas: *pista de baile.* || Terreno destinado al despegue y aterrizaje de los aviones. || Camino carretero provisional: *pista militar.* || *Fig.* Conjunto de indicios que puede conducir a la averiguación de un hecho. || *Tecn.* Parte de la cinta magnética en que se graban los sonidos. || — *Fam. Ponerse a la pista,* procurar descubrir algo por los indicios que se tienen. || *Seguir la pista a uno,* perseguirle.

pistachero m. Alfóncigo, árbol.

pistacho m. Fruto del alfóncigo.

pistilo m. Órgano femenino de la flor, que consta de ovario y estigma, y a veces de estilo.

pisto m. Jugo de carne. || Fritada de pimientos, tomates, cebolla y varias hortalizas más. || *Amér. C.* Dinero. *Fig.* y *fam. Darse pisto,* darse importancia.

pistola f. Arma de fuego pequeña, de cañón corto y que se dispara con una sola mano. || Pulverizador para pintar. || — *Pistola ametralladora,* la de dimensiones mayores que la común y cuyo tiro es automático. || *Pop. Méx. Por pistolas,* a la fuerza.

pistolera f. Estuche de cuero para guardar la pistola.

pistolero m. Bandido armado de pistola. || Asesino al servicio de otra persona.

pistoletazo m. Tiro de pistola. || Herida producida.

pistolete m. Cachorrillo.

pistón m. Émbolo. || Cápsula, mixto para escopeta o para hacer el efecto de explosión en las pistolas de juguete. || *Mús.* Llave en forma de émbolo que tienen ciertos instrumentos: *corneta de pistón.* | Corneta de llaves.

pistonudo, da adj. *Pop.* Excelente, magnífico, estupendo.

Pistoya, c. en el centro de Italia (Toscana), cap. de la prov. homónima. Obispado.

pistují m. *Méx.* Ave de la familia de los tiránidos.

Pisuerga, río de España, afl. del Duero, que pasa por Palencia y Valladolid; 250 km.

pita f. Planta amarilidácea, oriunda de México, de hojas grandes y carnosas, una de cuyas variedades produce un líquido azucarado con el cual se hace el pulque. (V. MAGUEY.) Hilo que se hace con las flores de esta planta. || Canica, bolita. || Acción de pitar, abucheo: *al entrar recibió una pita.*

Pita (María), heroína española en la defensa de La Coruña contra los ingleses capitaneados por Drake (1589). || ~ (SANTIAGO), dramaturgo cubano, m. en 1755, autor de *El Príncipe jardinero y fingido Cloridano.* || ~ **Amor,** n. adoptado por la poetisa mexicana *Guadalupe Amor,* n. en 1920.

pitaco m. Bohordo de la pita.

pitada f. Sonido del pito. || *Fig.* Pita, silbido, abucheo.

Pitágoras, filósofo y matemático griego, n. en la isla de Samos (¿580-500? a. de J. C.). Se le atribuyen el descubrimiento de la tabla de multiplicar, el sistema decimal y el teorema del cuadrado de la hipotenusa.

pitagórico, ca adj. Relativo a Pitágoras, a su filosofía o a su escuela. || *Tabla pitagórica,* la del multiplicar.

pitagorismo m. Doctrina de Pitágoras.

pitahaya f. *Amer.* Planta cactácea trepadora, de hermosas flores.

Pitalito, mun. y pobl. en le S. de Colombia (Huila).

pitancero m. El encargado de repartir la pitanza.

Pitanguí, mun. y pobl. en el E. del Brasil (Minas Gerais).

pitanza f. Reparto diario de alimento en las comunidades. || *Fam.* Alimento cotidiano. | Sueldo.

pitaña f. Legaña.

Pitao || ~ **Cozobi,** dios del Maíz, entre los mixtecas y zapotecas. || ~ **Xoo,** dios de los Temblores de tierra, entre los mixtecas y zapotecas.

pitar v. i. Tocar el pito. || *Fig.* y *fam.* Ir algo a medida de los deseos de uno: *mi negocio pita.* || *Fam. Salir pitando,* irse a todo correr. || — V. t. Manifestar desaprobación o descontento mediante silbidos: *pitar a un torero.* || Distribuir la pitanza. || *Amér. Mer.* Fumar.

pitarra f. Pitaña, legaña.

pitarroso, sa adj. Legañoso.

pitchpín m. Pino resinoso de América del Norte, cuya madera es muy usada en ebanistería.

Pite Älv. río en el NE. de Suecia, que des. en el golfo de Botnia; 370 km.

pitecántropo m. Nombre de un primate fósil con muchos rasgos humanos del cual se encontraron restos en Java.

Piteshti o **Pitesti,** c. y región al S. de Rumania en Muntenia, en las faldas de los Cárpatos. Petróleo.

pitia f. Pitonisa.

Pitias. V. DAMÓN.

pítico, ca adj. Pitio.

pitido m. Silbido.

Pitillas (Jorge). V. HERVÁS (José Gerardo).

pitillera f. Cigarrera que hace pitillos. || Estuche donde se guardan los cigarrillos.

pitillo m. Cigarrillo.

pítima f. *Fam.* Borrachera. || *Med.* Cataplasma.

pitiminí m. Rosal de flor pequeña.

pitio, tia adj. Relativo a Apolo o a Pitia. || *Juegos pitios,* los celebrados en Delfos en honor de Apolo.

pitío m. Silbido. || Pío, voz o grito de algunos pájaros.

pitiriasis f. *Med.* Dermatosis caracterizada por la formación de escamas.

pitirre m. *Cub.* Pajarito insectívoro. || *Fig.* y *fam. Cub. Al canto del pitirre,* muy temprano.

pitirrojo m. Petirrojo.

pito m. Pequeño instrumento parecido al silbato, de sonido agudo. || Dispositivo que silba por acción del vapor o del aire comprimido: *se oía el pito de la locomotora.* || *Fam.* Cigarrillo. || Pico de vasija. || Taba, juego. || Garrapata de América del Sur. || — *Fig. No importar un pito,* no importar nada. | *No tocar pito en un asunto,* no tener nada que ver. | *No valer un pito o tres pitos,* no valer nada. | *Por pitos o flautas,* por una razón o por otra. | *Ser el pito del sereno,* ser una persona de la cual no se hace ningún caso.

pitón m. Cuerno que empieza a salir a ciertos animales: *el pitón del toro, del cordero, del cabrito.* || Pitorro de las vasijas. || *Fig.* Pequeño bulto que sale en la superficie de alguna cosa. || Renuevo del árbol. || Especie de clavo utilizado en montañismo. || Reptil de Asia y África no venenoso, que alcanza hasta diez metros de longitud.

pitonazo m. Cornada.

pitonisa f. Sacerdotisa de Apolo que daba los oráculos en el templo de Delfos. || Encantadora, hechicera: *la pitonisa de Endor.*

pitorra f. Chocha, ave.

pitorrearse v. pr. *Pop.* Guasearse, burlarse, reírse.

pitorreo m. *Pop.* Guasa, burla: *tomarlo todo a pitorreo.*

pitorro m. En los botijos y porrones, tubo para la salida del líquido.

pitpit m. Pájaro insectívoro, de plumaje pardo.

Pitrufquén, dep. y com. en el centro de Chile (Cautín).

Pitt (William), estadista inglés (1708-1778). Dirigió la política británica durante la guerra de los Siete Años. Tenía el título de *lord Chatham.* — Su hijo WILLIAM (1759-1806), implacable adversario de la Revolución Francesa, organizó contra ella tres coaliciones.

Pitti, familia florentina, rival de los Médicis.

Pittsburgh o **Pittsburgo,** c. en el NE. de Estados Unidos (Pensilvania), a orillas del Ohio. Obispado. Metalurgia.

pituita f. Mucosidad que segregan las membranas de la nariz y los bronquios.

pituitario, ria adj. Que segrega pituita. || *Membrana pituitaria,* la mucosa de la nariz.

pituso, sa adj. Dicho de un niño, gracioso, lindo. || — M. y f. *Fam.* Niño.

Piuí, pobl. en el E. del Brasil (Minas Gerais).

Piuquenes, nevado de los Andes en la frontera entre Chile y Argentina; 5 417 m.

Piura, c. del N. del Perú, cap. de la prov. y del dep. homónimos, a orillas del *río Piura.* Fundada en 1532 con el n. de *San Miguel.* Obispado. El dep. produce petróleo y algodón.

piurano, na adj. y s. De Piura.

Pivel Devoto (Juan) historiador uruguayo, n. en 1910, autor de *Historia de los partidos políticos uruguayos.*

pivotante adj. Aplícase a la raíz central de ciertas plantas que profundiza verticalmente en la tierra: *la raíz pivotante del nabo.*

pivote m. *Tecn.* Pieza cilíndrica que gira sobre un soporte. | Soporte en el que puede girar algo. || En baloncesto, delantero centro.

piyama m. Pijama.
— OBSERV. En América se emplea frecuentemente en femenino.

pizarra f. Roca homogénea, de color negro azulado, que se divide fácilmente en hojas planas y delgadas. || Trozo de esta piedra o de otra materia parecida que sirve para escribir o dibujar.

pizarral m. Sitio donde hay pizarras.

pizarreño, ña adj. Relativo a la pizarra o parecido a ella.

pizarrero m. Obrero que labra pizarras.

pizarrín m. Lápiz para escribir en la pizarra.

Pizarro (Francisco), conquistador español, n. en Trujillo (Cáceres) [¿1475?-1541]. Acompañó a Núñez de Balboa en el descubrimiento del mar del Sur (1513). En 1524 realizó dos expediciones desafortunadas al Perú, hasta que en 1531 desembarcó en Tumbes, fundó San Miguel de Piura y apresó al inca Atahualpa en Cajamarca, a quien hizo ejecutar. Entró luego en Cuzco (1533), fundó la Ciudad de los Reyes (Lima) en 1535 y se enemistó con Diego de Almagro, a quien venció y dio muerte (1538). Almagro "El Mozo", en venganza de la muerte de su padre, dirigió una sublevación y asesinó a Pizarro en Lima. — Su hermano GONZALO (¿1502?-1548) intervino tb. en la conquista del Perú, fue gobernador de Quito en 1539, exploró el Oriente ecuatoriano y, a la muerte de su hermano Francisco, se proclamó gobernador del Perú, en oposición a Núñez de Vela. Vencido por el pacificador La Gasca, fue decapitado. — HERNANDO (¿1475-1575?), hermano de los anteriores, participó igualmente en la conquista del Perú y fue gobernador de Cuzco, donde resistió al asedio de Manco Cápac. A las órdenes de Francisco, venció en Salinas a Diego de Almagro (1538). Regresó a España, pero, denunciado por los almagristas, pasó más de veinte años en la prisión de Medina del Campo. — JUAN, hermano de los anteriores (1505-1535), fue gobernador de Cuzco y murió en el sitio de esta ciudad puesto por Manco Cápac.

pizarroso, sa adj. Que contiene pizarra o es parecido a ella.

pizca f. *Fam.* Porción muy pequeña de una cosa: *comer una pizca de pan.* || *Méx.* Recolección de frutos: *la pizca del maíz.* || *Fam. Ni pizca,* nada: *este cuadro no me gusta ni pizca.*

pizcar v. t. *Fam.* Pellizcar. || *Méx.* Cosechar.

pizote m. *Amér. C.* Tejón, coatí.

pizpereta y **pizpireta** adj. f. *Fam.* Aplícase a la mujer vivaracha, alegre y simpática.

pizpirigaña f. Juego de muchachos que consiste en pellizcarse en la palma de la mano.

pizza f. Tarta de origen italiano rellena de tomates, anchoas, aceitunas, etc.

pizzicato m. (pal. ital.). *Mús.* Modo de ejecución en los instrumentos de arco que consiste en pellizcar las cuerdas con los dedos. | Trozo ejecutado de esta manera.

Pl, símbolo del *poiseuille.*

placa f. Lámina, plancha u hoja delgada y rígida. || Lámina de cristal o de metal sensibilizada que sirve para obtener una prueba fotográfica negativa. || Electrodo de un tubo electrónico. || *Med.* Mancha en la piel o en una mucosa provocada por una dolencia. || Insignia de ciertas órdenes y profesiones: *placa de Isabel la Católica, de los policías.* || Rótulo. || *Placa giratoria,* en los ferrocarriles, plataforma circular con carriles que sirve para hacer que cambien de vía los vagones y las locomotoras.

placaje m. En el rugby, detención del adversario abrazándose a la cintura o piernas.

placear v. t. Vender géneros comestibles al por menor. || *Fig.* Ejercitarse el torero en plazas. | Ejercitarse cualquier persona para adquirir experiencia. | Divulgar, hacer público.

pláceme m. Felicitación: *le han dado el pláceme por su libro.*

Placencia, v. en el N. de España (Guipúzcoa). — C. y prov. en el N. de Italia (Emilia), cerca del Po. Obispado. En ital. *Piacenza.*

placenta f. Órgano ovalado y aplastado que une el feto con la superficie del útero. ‖ Parte vascular del fruto de las plantas a la que están unidas las semillas.

placentario, ria adj. Relativo a la placenta. ‖ — M. pl. Mamíferos que están provistos de placenta.

placentero, ra adj. Agradable: *es un jardín placentero.*

placer m. Sentimiento experimentado a causa de algo que agrada: *la música le causa mucho placer.* ‖ Gusto: *le ayudaré con sumo placer.* ‖ Diversión, entretenimiento: *los placeres de la vida.* ‖ Voluntad: *tal es mi placer.* ‖ Banco de arena en el mar. ‖ Yacimiento superficial aurífero. ‖ Pesquería de perlas en América. ‖ *A placer,* a medida de sus deseos; lentamente, poco a poco.

* **placer** v. i. Agradar.

placero, ra adj. Relativo a la plaza. ‖ — Adj. y s. Aplícase a la persona que vende comestibles en la plaza. ‖ *Fig.* Ocioso, callejero.

plácet m. (pal. lat.). Asentimiento de un gobierno al nombramiento de un agente diplomático extranjero.

Placetas, pobl. y térm. mun. de Cuba (Las Villas).

placidez f. Calma, apacibilidad, tranquilidad.

Placidia (Gala), emperatriz de Occidente (¿388?-450), hija de Teodosio, esposa de Ataúlfo y de Constancio II. Gobernó en la minoría de su hijo Valentiniano III.

plácido, da adj. Tranquilo, apacible: *un hombre plácido.* ‖ Sosegado y agradable: *llevar una vida plácida.*

Plácido. V. VALDÉS (Gabriel de la Concepción).

plácito m. Parecer, opinión.

plafón m. *Arq.* Sofito.

plaga f. Calamidad grande que aflige a un pueblo: *las plagas de Egipto.* ‖ *Fig.* Abundancia de una cosa nociva o buena: *plaga de moscas, de frutas.* | Azote que daña la agricultura: *plaga de langosta, de la filoxera.* | Infortunio, desgracia. | Enfermedad.

plagar v. t. Cubrir de algo perjudicial: *plagar de heridas, de pústulas* (ú. t. c. pr.). ‖ Llenar: *texto plagado de errores.* ‖ *Plagado de deudas,* abrumado, lleno de deudas.

plagiar v. t. Copiar o imitar obras ajenas dándolas como propias: *plagiar a Cervantes.*

plagiario, ria adj. y s. Dícese de la persona que plagia.

plagio m. Copia o imitación de una obra ajena.

plagióstomos m. pl. Orden de peces selacios que tienen la boca en la parte inferior de la cabeza, como el tiburón (ú. t. c. adj.).

plan m. Estructura general de una obra: *el plan de una novela.* ‖ Intención, proyecto: *no tengo ningún plan para esta tarde.* ‖ Programa, detalle de las cosas que hay que hacer para la ejecución de un proyecto: *plan de trabajo.* ‖ Conjunto de medidas gubernamentales o intergubernamentales tomadas para organizar y desarrollar la actividad económica: *plan quinquenal.* ‖ Altitud o nivel. ‖ *Mar.* Parte inferior y más ancha de la bodega de un barco. ‖ *Med.* Régimen y tratamiento: *estar a plan.* ‖ *Min.* Piso de una mina. ‖ *Fam.* Chico o chica con quien uno sale: *Pedro tiene un plan estupendo para el domingo.* ‖ *En plan de,* en concepto de.

plana f. Cara de una hoja de papel. ‖ Página de escritura hecha por los niños. ‖ Extensión llana, llanura: *la plana del Ampurdán.* ‖ Llana de albañil. ‖ *Impr.* Página de composición. ‖ *Méx.* Compromiso político de carácter revolucionario: *el Plan de Iguala* (v. este n., y tb. AYALA y AYUTLA). ‖ — *Fig. Enmendar la plana,* encontrar correcciones que hacer en lo que otro ha realizado. ‖ *Plana mayor de un regimiento,* los oficiales y demás personas que no pertenecen a ninguna compañía. ‖ *Titular a toda plana,* en un periódico, titular que ocupa toda la anchura de la página.

planador m. El que aplana piezas de metal. ‖ El que aplana y pule planchas para grabar.

Plancarte y Navarrete (Francisco), prelado y arqueólogo mexicano (1856-1920), investigador de la civilización tarasca. Autor de *Tamoanchán.*

Planck (Max), físico alemán (1858-1947), creador de la teoría de los quanta. (Pr. Nóbel, 1918.)

plancton m. Conjunto de los organismos microscópicos que viven en suspensión en las aguas marinas o dulces.

plancha f. Lámina o placa de metal. ‖ Utensilio consistente en una superficie metálica calentada generalmente por una resistencia eléctrica y un asa que sirve para planchar la ropa. ‖ Conjunto de ropa planchada. ‖ *Impr.* Reproducción estereotípica o galvanoplástica lista para la impresión. ‖ *Mar.* Pasarela que se tiende de una embarcación al muelle. ‖ En el fútbol, calzo. ‖ Modo de nadar, flotando en el agua de espaldas: *hacer la plancha.* ‖ *Fig.* Metedura de pata, equivocación molesta: *tirarse una plancha.*

planchado m. Acción de planchar. ‖ Ropa planchada o que se ha de planchar.

planchador, ra m. y f. Persona cuyo oficio consiste en planchar ropa blanca o vestidos.

planchar v. t. Desarrugar la ropa con la plancha caliente o una máquina especial. ‖ *Fam.* Dejar a uno esperando. ‖ *Amer.* Adular.

planchazo m. Planchado rápido. ‖ En el fútbol, calzo. ‖ *Fam.* Metedura de pata: *tirarse un planchazo.*

plancheta f. Instrumento topográfico para sacar planos.

planeador m. Avión sin motor que vuela aprovechando las corrientes atmosféricas.

planeamiento m. Acción y efecto de planear.

planear v. t. Trazar el plan de una obra. ‖ Proyectar: *planear un viaje, una reforma.* ‖ Preparar, organizar: *planear una conspiración.* ‖ — V. i. Cernerse en el aire como las aves. ‖ Hacer planes o proyectos. ‖ *Vuelo planeado,* el de un avión que vuela sin motor o con el motor parado.

planeo m. Vuelo planeado.

Planes (José), escultor español (1893-1974).

planeta m. Cuerpo celeste opaco que gira alrededor del Sol.

—La Tierra forma parte de un sistema que tiene por centro el Sol, alrededor del cual giran, además del nuestro y en doble movimiento de rotación y traslación, los ocho *planetas* mayores siguientes: Mercurio, Venus, Marte, Júpiter, Saturno, Urano, Neptuno y Plutón. A estos planetas hay que agregar los satélites o *planetas secundarios* que giran alrededor de uno de los principales. Así, la Tierra cuenta con un satélite que es la Luna, mientras que son doce los que giran alrededor de Júpiter, diez los de Saturno y cinco los de Urano. El conjunto de todos estos cuerpos forma el llamado *sistema solar.*

planetario, ria adj. Relativo a los planetas: *sistema planetario.* ‖ Relativo a todo el mundo: *a escala planetaria.* ‖ — M. Aparato mecánico con el cual se imita el movimiento de los planetas. ‖ Planetarium. ‖ En un mecanismo, diferencial, piñón montado directamente en los árboles mandados por los satélites de la corona; *engranaje planetario.*

planetarium m. Dispositivo para reproducir los movimientos de los cuerpos celestes en una bóveda que figura el firmamento.

planicie f. Llanura. ‖ Meseta.

planificación f. Establecimiento de programas detallados para el buen desarrollo de una actividad: *la planificación del trabajo.*

planificador m. El que se ocupa de la planificación.

planificar v. t. Establecer un plan o programa para organizar una actividad: *planificar la economía.*

planilla f. *Amer.* Lista, nómina.

planimetría f. Representación en un plano de una porción de la Tierra.

planímetro m. Instrumento para medir áreas de figuras planas.

planisferio m. Mapa en que están representadas la esfera celeste o la terrestre.

planning m. (pal. ingl.). Plan, planificación.

plano, na adj. Llano, de superficie lisa. ‖ *Geom.* Relativo al plano: *geometría plana.* | Aplícase al ángulo que es igual a dos rectos. ‖ — M. *Geom.* Superficie plana limitada. ‖ Representación gráfica de las diferentes partes de una ciudad, un edificio, una máquina, etc.: *un plano de Barcelona, del museo del Prado.* ‖ Distancia relativa de los objetos representados en un cuadro o fotografía: *plano de fondo.* ‖ Elemento de una película fotografiado en una sola toma de vistas: *primer plano, plano general, medio.* ‖ *Fig.* Esfera, terreno. ‖ — *De plano,* claramente, sin rodeos; cuan largo es uno: *caer de plano,* de lleno. ‖ *Levantar un plano,* representar un terreno reduciendo proporcionalmente sus dimensiones. ‖ *Plano de sustentación,* ala y cola del avión. ‖ *Plano inclinado,* superficie oblicua utilizada para facilitar la elevación de ciertos pesos.

planta f. Nombre genérico de todo lo que vive adherido al suelo por medio de raíces: *planta herbácea, textil, de adorno.* ‖ Plantío. ‖ Parte del pie o de la pata que se apoya en el suelo. ‖ Plano: *la planta de un templo.* ‖ Proyecto, plan. ‖ Piso: *vivir en la primera planta.* ‖ Pie de una perpendicular. ‖ Plantilla de una empresa. ‖ Fábrica, instalación: *planta embotelladora; planta eléctrica.* ‖ *Fam.* Presencia: *tener buena planta.* ‖ *Planta baja,* piso de una casa situado al nivel del suelo.

plantación f. Acción de plantar. ‖ Conjunto de lo plantado. ‖ Explotación agrícola generalmente de un solo cultivo: *plantación de tabaco, naranjera.*

plantador, ra adj. y s. Aplícase al que se dedica a la plantación. ‖ — M. Instrumento para plantar. ‖ — F. Máquina para plantar.

Plantagenêt, dinastía real de Inglaterra desde Enrique II hasta Enrique VII (1154-1485). En el s. XIV, se dividió en dos ramas rivales (*York* y *Lancaster*), causa de la guerra de las Dos Rosas.

plantagináceo, a adj. y s. f. Dícese de las plantas dicotiledóneas a la que pertenece el llantén. ‖ — F. pl. Familia que forman.

plantaina f. Llantén.

plantar adj. De la planta del pie: *músculo plantar.*

plantar v. i. Meter en tierra una planta o un vástago para que arraigue: *plantar vides, patatas.* ‖ *Fig.* Clavar en tierra: *plantar postes.* | Colocar: *plantar su tienda en un campo.* | Establecer, fundar. ‖ *Fig.* y *fam.* Asestar un golpe: *plantar un bofetón.* | Poner con violencia: *le plantaron en la calle, en la cárcel.* | Dejar a uno burlado. | Abandonar: *le plantó la novia.* | Dejar callado; acallar. ‖ *Fam. Dejar plantado,* abandonar. ‖ —

PL

V. pr. *Fig.* Ponerse de pie firme en un sitio: *plantarse ante la puerta.* || *Fig.* y *fam.* Llegar a un sitio sin tardar mucho: *en una hora me plantaré en tu casa.* | Pararse un animal sin querer seguir adelante: *plantarse el caballo.* | Quedarse parado: *se plantó en medio de la calzada.* | En ciertos juegos, no querer un jugador pedir más cartas. | No querer confesar una persona su verdadera edad: *plantarse en los treinta y cinco.*

plante m. Confabulación entre varios que están en la misma situación para rechazar o exigir algo: *un plante de presos, de empleados.*

planteamiento m. Acción de plantear: *el planteamiento de un problema.*

plantear v. t. Proponer, exponer un tema o cuestión para que se examine y discuta: *plantear la cuestión de confianza* (ú. t. c. pr.). || Idear un proyecto, madurarlo. || *Fig.* Establecer, instituir: *plantear un sistema, una reforma.*

plantel m. Criadero, lugar para la cría de plantas. || *Fig.* Establecimiento de enseñanza: *plantel de maestros.* | Conjunto: *un plantel de artistas.*

planteo m. Planteamiento.

plantificación f. Establecimiento.

plantificar v. t. Establecer, implantar. || *Fig.* Meter. | Dejar plantado. || — V. pr. *Fig.* y *fam.* Llegar pronto a un lugar: *plantificarse en dos horas en Málaga.*

plantígrado, da adj. y s. m. Dícese de los cuadrúpedos que al andar apoyan toda la planta de los pies y las manos, como el oso, el tejón, etc.

plantilla f. Suela interior del zapato. || Soleta con que se remiendan las medias y calcetines rotos. || Conjunto de los empleados y trabajadores de una empresa o de un servicio público. || Lista de estos empleados: *estar en plantilla.* || Cartón o chapa recortada que sirve de modelo para reproducir ciertas piezas o dibujos con arreglo a la forma del recorte. || Plano reducido de una obra. || *Méx.* Farsa, fingimiento. || *De plantilla,* fijo, permanente.

Plantino o **Plantin** (Christophe), impresor francés (¿1520?-1589). Publicó en Amberes la *Biblia Políglota Antuerpiense* o *Regia,* dirigida por Arias Montano (1569-1573).

plantío, a adj. Aplícase al terreno plantado o que puede serlo. || — M. Acción de plantar. || Terreno plantado de vegetales: *plantío de alcachofas.*

plantón m. Pimpollo o arbolito nuevo que ha de ser trasplantado. || Estaca o rama plantada para que arraigue. || Soldado que hace guardia en un punto. || Persona que guarda la puerta de una casa u oficina. || — *Fig.* y *fam. Dar un plantón,* no acudir a una cita. | *Estar de* (o *tener*) *plantón,* estar parado en un sitio esperando algo.

plañidera f. Mujer contratada para llorar en los entierros.

plañidero, ra adj. Lloroso: *voz plañidera.*

plañido o **plañimiento** m. Lamento, queja lastimera.

* **plañir** v. i. Gemir y llorar sollozando o quejándose.

plaqué m. Chapa delgada de oro o plata con que se cubre otro metal de menos valor.

plaqueta f. Placa pequeña. || Elemento celular de la sangre.

Plasencia, c. en el O. del centro de España (Cáceres). Obispado.

plasenciano, na adj. y s. De Plasencia.

plasma m. Líquido claro donde están los glóbulos de la sangre y de la linfa.

plasmar v. t. Dar forma: *plasmar un jarrón.* || *Fig.* Dar forma concreta. || — V. pr. *Fig.* Concretarse.

plasta f. Masa blanda. || Cosa aplastada. || *Fig.* y *fam.* Cosa desacertada o mal hecha: *aquel discurso fue una plasta.*

plástica f. Arte de modelar una sustancia blanda, como la arcilla, la cera, etc. || Aspecto de una persona o cosa desde el punto de vista de la estética.

plasticidad f. Calidad de plástico, moldeable.

plástico, ca adj. Relativo a la plástica: *artes plásticas.* || Moldeable: *materia plástica.* || Expresivo: *fuerza plástica.* || — M. Materia sintética, consistente, por lo general, en resina artificial, susceptible de ser modelada o moldeada en caliente o a presión. || Explosivo amasado con plastificantes que tiene la consistencia de la masilla.

plastificación f. y **plastificado** m. Acción y efecto de plastificar.

plastificadora f. Máquina utilizada para plastificar.

plastificante m. Producto que se agrega a una materia para aumentar su plasticidad.

plastificar v. t. Recubrir un papel u otra cosa entre dos capas de plástico: *plastificar una tarjeta.*

plastrón m. Galicismo por *pechera.*

plata f. Metal precioso, de un color blanco brillante, inalterable y muy dúctil (símb., Ag), de número atómico 47. || Vajilla u otros objetos de este metal: *limpiar la plata.* || *Fig.* Moneda o monedas de este metal: *cobrar, pagar en plata.* || *Amer.* Dinero: *tiene mucha plata.*

—La *plata* está casi siempre combinada con azufre o antimonio. Los yacimientos más ricos son los del Perú y México, pero los hay también en los Estados Unidos, Canadá y Unión Soviética. Después del oro, la plata es el más dúctil y maleable de los metales, se funde a 960,5 ºC y su densidad es 10,5. La moneda de plata se fabrica con una aleación de cobre de diferentes proporciones.

Plata, cordón montañoso de la Argentina (Mendoza); alt. media 5 000 m. || ~ **(La),** lago de la Argentina, gemelo del de Fontana (Chubut). — C. de la Argentina, cap. de la prov. de Buenos Aires y al SE. de esta ciudad. Fundada en 1882. Universidad. Arzobispado. Refinería de petróleo. — C. de Bolivia (V. SUCRE). — Mun. y c. en el S. de Colombia (Huila). — Pico en el O. de Estados Unidos (Colorado); 4 373 m. || ~ **(Río de la).** V. RÍO DE LA PLATA.

platabanda f. Porción alargada de terreno en que se plantan flores. || *Arq.* Moldura plana y lisa.

plataforma f. Tablero horizontal más elevado que lo que le rodea. || Parte de un tranvía o de un autobús en la que se viaja de pie. || Vagón descubierto y con bordes de poca altura. || Suelo o azotea de ciertas construcciones. || *Fort.* Obra de tierra donde se coloca una batería. || Conjunto de ideas, programa: *plataforma electoral.* || *Fig.* Lo que sirve para conseguir algún fin: *esto le servirá de plataforma para alcanzar los máximos honores.* || *Plataforma continental,* zona marina que bordea los continentes y alcanza una profundidad generalmente inferior a 200 m.

platanáceo, a adj. y s. f. Dícese de las plantas angiospermas dicotiledóneas, como el plátano. || — F. pl. Familia que forman.

platanal y **platanar** m. Terreno plantado de plátanos.

platanera f. Platanar. || Vendedora de plátanos.

platanero m. Plátano, árbol.

plátano m. Planta musácea, cultivada en los países tropicales cuyos frutos, agrupados en racimos, tienen un sabor dulce y agradable. || Fruto de esta planta. || Árbol de adorno de la familia de las platanáceas cuya corteza se cae en placas irregulares. || — *Plátano falso,* especie de arce. || *Plátano guineo,* planta musácea, originaria de la India y muy cultivada en América Central y Antillas, cuyo fruto es más pequeño y aromático que el normal.

Plátanos (RÍO DE LOS). V. BAYANO.

platea f. Patio del teatro. || *Palco de platea,* V. PALCO.

Platea o **Plateas,** ant. c. de Beocia. Derrota de los persas por los espartanos y atenienses mandados por Pausanias y Arístides en la segunda Guerra Médica (479 a. de J. C.).

plateado, da adj. De color de plata: *bronce plateado.* || — M. Acción de platear.

plateadura f. Plateado.

platear v. t. Cubrir con plata.

plateau [*plató*] m. (pal. fr.). *Cin.* Plató.

platelminto adj. m. Dícese de un grupo de gusanos que tienen el cuerpo en forma de cinta, como la tenia. || — M. pl. Este grupo.

platense adj. y s. *Arg.* Del Plata o de La Plata.

plateresco, ca adj. Aplícase al estilo español de ornamentación de los plateros del s. XVI con elementos clásicos y ojivales. || Dícese del estilo arquitectónico en que se emplean estos adornos.

— El *estilo plateresco* corresponde al primer período del Renacimiento español. Combinado con la elegancia del gótico florido, el nuevo estilo se distinguió por la abundancia de los bajorrelieves. El plateresco fue sobre todo brillante en los retablos de las iglesias y sus manifestaciones más relevantes son el coro de la catedral de Ávila, con una maravillosa sillería, la fachada del convento de San Pablo en Valladolid, la capilla de los Reyes Nuevos, en la catedral de Toledo, el sepulcro de Don Juan II, en Miraflores, etc. También se hicieron en Hispanoamérica, principalmente en México y Perú, obras platerescas, alteradas o reformadas por el genio de los constructores indígenas.

platería f. Oficio y taller del platero o del joyero. || Tienda donde se venden obras de plata u oro.

platero m. El que labra la plata o el oro. || El que vende objetos de oro y plata.

platero, ra adj. Dícese de la caballería de pelaje blanquecino o ligeramente agrisado.

Platero y yo, poema en prosa del escritor español Juan Ramón Jiménez (1914).

plática f. Conversación, charla. || Conferencia o charla sobre un tema religioso.

platicar v. i. Conversar, hablar: *platicamos gustosamente la tarde entera de todo lo divino y humano.* || *Amer.* Decir.

platija f. Pez marino comestible parecido al lenguado pero de escamas más fuertes y de color pardo.

platillo m. Plato pequeño: *comprar una taza con el platillo correspondiente.* || Disco que tienen las balanzas sobre el cual se pone lo que se ha de pesar o las pesas. || *Mús.* Instrumento de percusión (ú. m. en pl.). || *Platillo volante,* nombre que se da a ciertos artefactos que algunos dicen haber visto aparecer y desaparecer en la atmósfera terrestre sin que haya podido probarse su realidad.

platina f. *Fís.* Mesa donde se pone la campana en la máquina neumática. | En el microscopio, sitio donde se coloca el objeto que se observa. || *Impr.* Mesa de hierro utilizada para ajustar las formas. | Superficie plana de la máquina de imprimir donde se coloca la forma.

platinado m. Operación consistente en cubrir metales con una capa de platino.

platinar v. t. Cubrir con una capa de platino. || Dar a una cosa el color del platino.

platino m. Metal precioso de número atómico 78. || — Pl. En los motores de automóvil, bornes de tungsteno que establecen el contacto en el ruptor. || *Pelo rubio platino,* dícese del pelo de un rubio muy claro.

—El *platino* (símb., Pt), que se encuentra mezclado con otros metales (iridio, paladio, etc.) y en las arenas de rocas antiguas, es un metal de color blanco gris, blando, dúctil, maleable, muy tenaz y pesado (densidad 21,4) que no se funde a menos de 1 755 °C. Este metal no se oxida a ninguna temperatura y resiste a la acción de todos los ácidos, excepto el agua regia. Gracias a su difícil fusibilidad y su inalterabilidad, el platino se emplea en la fabricación de aparatos de química y de precisión, y se une con el oro en la fabricación de joyas.

platirrinia f. Anchura exagerada de la nariz.

platirrinos m. pl. División de los monos que tienen la nariz muy aplastada (ú. t. c. adj.).

plato m. Recipiente generalmente redondo donde se echa la comida: *plato llano, sopero.* || Manjar, guiso: *poner carne como plato fuerte.* || Objeto en forma de disco: *plato de la bicicleta.* || Platillo de la balanza. || Objeto circular móvil con que se ejercita la puntería. || *Arq.* Ornato que se pone en el friso dórico sobre la metopa. || *Fig.* Tema de murmuración. || — *Fig. Comer en el mismo plato,* ser muy íntimas dos personas. | *Parece que no ha roto un plato en su vida,* parece que es incapaz de hacer una cosa mala. | *Plato de segunda mesa,* aplícase a una cosa ya conocida o usada. | *Ser plato del gusto de uno,* serle grata una persona o cosa.

plató m. Escenario de un estudio cinematográfico.

platónico, ca adj. Relativo a Platón: *filosofía, escuela platónica.* || Ideal, puramente espiritual: *amor platónico.* || Que carece de efecto: *protesta platónica.*

Platón, filósofo griego, n. en Atenas (428-348 ó 347 a. de J. C.), discípulo de Sócrates y maestro de Aristóteles. Creador de una metafísica idealista. Escribió diálogos (*Critón, Fedón, Fedro, Gorgias, El banquete, La República,* etc.).

platonismo m. Escuela y doctrina filosófica de Platón y sus discípulos. || Calidad de platónico.

Platt (Orville Hitchock), político norteamericano (1827-1905), autor de la *Enmienda Platt,* apéndice de la Constitución cubana de 1901 en el que se reseñaban las condiciones de la intervención de Estados Unidos en los asuntos de Cuba. Fue derogada en 1934.

platudo, da adj. *Amer.* Rico.

Plauen, c. de Alemania Oriental (Karl Marx-Stadt). Industrias.

plausible adj. Que se puede admitir o aprobar: *motivos plausibles.*

Plauto (Tito Maccio), poeta cómico latino (254-184 a. de J. C.), autor de las comedias *El soldado fanfarrón, Aulularia, Menechmos, Anfitrión,* etc.

play back m. (pal. ingl.). Grabación del sonido antes de impresionar la imagen.

playa f. Extensión llana, cubierta de arena o guijarros, a orillas del mar o de un río. || *Amer. Playa de estacionamiento,* aparcamiento.

Playa de Aro, pobl. al NE. de España (Gerona). Playas.

playera f. Camisa ancha de verano que se lleva sin chaqueta. || — Pl. Aire popular andaluz. || Sandalias para la playa.

plaza f. Lugar espacioso rodeado de casas en el interior de un poblado: *la plaza de la Cibeles en Madrid.* || Sitio parecido en un parque, etc. || Mercado: *ir a la plaza a hacer las compras.* || Ciudad fortificada: *plaza fuerte.* || Inscripción en un libro del que quiere ser soldado: *sentar plaza.* || Población donde se hacen operaciones de comercio de cierta importancia: *la Bolsa de la plaza de París.* || Oficio, puesto o empleo: *tener una buena plaza.* || Sitio: *un aparcamiento de quinientas plazas.* || Suelo del horno. || — *Plaza de armas,* aquella donde se hacen ejercicios militares. || *Plaza de toros,* circo donde se verifican las corridas de toros. || *Fig. Sentar plaza de,* ser considerado como.

Plaza (Victoriano de la), jurista argentino (1840-1919), pres. de la Rep. de 1914 a 1916. || ~ **Gutiérrez** (Leónidas), general ecuatoriano (1866-1932), pres. de la Rep. de 1901 a 1905 y de 1912 a 1916. || ~ **Lasso** (Galo), político ecuatoriano, n. en 1906, pres. de la Rep. de 1948 a 1952.

Plaza del Moro Almanzor, pico de la Sierra de Gredos (España); 2 592 m.

plazo m. Tiempo máximo concedido para pagar una suma o hacer una cosa: *en un plazo de un año.* || Vencimiento del término. || Cada parte de una cantidad pagadera en varias veces. || *A plazos,* pagando en dos o más veces y en fechas sucesivas.

plazoleta o **plazuela** f. Plaza pequeña.

pleamar f. *Mar.* Marea alta.

plebe f. En la antigua Roma, la multitud de los ciudadanos, por oposición a los patricios. || Pueblo bajo, populacho.

plebeyez f. Calidad de plebeyo.

plebeyo, ya adj. Propio de la plebe. || Que no es noble ni hidalgo: *hombre plebeyo* (ú. t. c. s.). || || *Fig.* Grosero, ordinario, popular: *gustos plebeyos.*

plebiscitar v. t. Someter a plebiscito: *plebiscitar un régimen político, una ley.* || Ratificar por un plebiscito.

plebiscitario, ria adj. Del plebiscito.

plebiscito m. Ley establecida por la plebe de Roma a propuesta de su tribuno. || Resolución tomada por todos los habitantes de un país a pluralidad de votos: *los plebiscitos de la Confederación helvética.* || Votación de todos los ciudadanos para legitimar algo.

plectognatos m. pl. Orden de peces teleósteos con la mandíbula superior fija, como el orbe y el pez luna (ú. t. c. adj.).

plectro m. Púa con que los antiguos tocaban ciertos instrumentos músicos de cuerda: || *Fig.* Inspiración o estilo del poeta.

plegable adj. Que puede plegarse: *cama plegable.* || Flexible.

plegadera f. Cortapapeles, utensilio para plegar o cortar papel.

plegadizo, za adj. Fácil de plegar o doblar.

plegado m. Acción de plegar. || Tableado de una tela.

plegador, ra adj. y s. Aplícase al que pliega. || — M. Utensilio para plegar. || — F. *Impr.* Máquina para plegar papel.

plegadura f. Plegado.

plegamiento m. *Geol.* Deformación de las capas de la corteza terrestre.

* **plegar** v. t. Hacer pliegues en una cosa: *plegar una falda.* || Doblar especialmente los pliegos: *plegar un libro.* || — V. pr. Cederse, someterse: *plegarse a la voluntad ajena.*

plegaria f. Súplica ferviente, oración. || Toque de campanas a mediodía para llamar a oración.

pleistoceno, na adj. y s. m. *Geol.* Dícese del primer período de la era cuaternaria del que quedan restos humanos y obras del hombre y que corresponde al paleolítico.

pleita f. Trenza de esparto.

pleiteante adj. y s. Que pleitea.

pleitear v. i. Litigar o contender judicialmente sobre una cosa.

pleitesía f. (Ant.). Pacto, convenio. || Muestra de acatamiento: *rendir pleitesía.*

pleito *For.* Contienda, diferencia, litigio judicial entre dos partes: *armar un pleito.* | Proceso: *pleito civil, criminal.* || Contienda o lid que se resuelve por las armas. || Disputa o riña doméstica o privada.

plenamar f. Pleamar.

plenario, ria adj. Completo, en que participan todos los miembros: *asamblea plenaria* (ú. t. c. s. f.). || *Indulgencia plenaria,* remisión total de las penas debidas a los pecados.

Plencia, pobl. en el N. de España (Vizcaya). Playas.

plenilunio m. Luna llena.

plenipotenciario, ria adj. y s. Aplícase a la persona enviada por su gobierno a otro con plenos poderes para tratar.

plenitud f. Totalidad. || Abundancia. || *Fig.* Completo desarrollo.

pleno, na adj. Lleno, completo: *respirar a pleno pulmón.* || — *En pleno verano,* en medio del verano. || *Pleno empleo,* v. EMPLEO. || *Plenos poderes,* delegación temporal del poder legislativo por el Parlamento a un gobierno: capacidad para negociar o concertar un acuerdo. || — M. Reunión plenaria: *el pleno del Congreso, de una corporación.*

pleonasmo m. Repetición de palabras de sentido equivalente, lo cual a veces da más fuerza a la expresión y otras resulta redundante: *entrar adentro, subir arriba, bajar abajo.*

pleonástico, ca adj. Que encierra pleonasmo.

plepa f. *Fam.* Pepla.

plesiosauro m. Reptil marino fósil de la era secundaria.

pletina f. Placa de hierro muy aplastada.

plétora f. *Med.* Abundancia de sangre o humores en el cuerpo. || *Fig.* Superabundancia: *plétora de vino, de trigo.*

pletórico, ca adj. *Med.* Que tiene plétora: *constitución pletórica.* || *Fig.* Lleno, rebosante: *pletórico de felicidad.*

Pleumeur-Bodou, localidad de Francia (Côtes-du-Nord). Centro de telecomunicaciones espaciales.

pleura f. Cada una de las membranas serosas que en ambos lados del pecho cubren las paredes de la cavidad torácica y la superficie de los pulmones.

pleural adj. Pleurítico.

pleuresía f. Inflamación de la pleura, cuyo principal síntoma es el dolor de costado al respirar y toser.

pleurítico, ca adj. y s. *Med.* Que padece pleuresía. | Relativo a la pleura: *derrames pleuríticos.*

pleuritis f. *Med.* Inflamación de la pleura.

pleuronectos m. pl. Género de peces planos que nadan de costado, como la platija (ú. t. c. adj.).

pleuroneumonía f. *Med.* Inflamación simultánea de la pleura y del pulmón.

Pleven, ant. *Plevna,* c. de Bulgaria, en el N. del país.

plexiglás m. Resina sintética transparente, incolora y flexible que se emplea principalmente como vidrio de seguridad.

plexo m. *Anat.* Red de filamentos nerviosos o vasculares entrelazados: *el plexo solar está situado detrás del estómago.*

Pléyadas. V. PLÉYADES.

Pléyade, grupo de poetas griegos del período alejandrino existente en la época de Ptolomeo Filadelfo (Licofrón, Teócrito, Arato, Nicandro, Apolonio, Fílico y Homero de Bizancio). — Grupo de poetas renacentistas franceses, bautizado así por Ronsard en 1556. (Estaba compuesto de siete miembros: P. Ronsard, J. du Bellay, J. A. de Baïf,

Pontus de Tyard, E. Jodelle, R. Belleau y Dorat.)

Pléyades, n. dado a las siete hijas de Atlas y de Pleyone, metamorfoseadas en estrellas. *(Mit.)*

Pléyades (Las), grupo de estrellas en la constelación de Taurus.

Pleyel, familia francesa, originaria de Austria, fabricantes de pianos.

plica f. Sobre cerrado y sellado que no ha de abrirse hasta fecha u ocasión determinada: *las plicas de un concurso.*

pliego m. Papel doblado por la mitad. ‖ *Por ext.* Hoja de papel. ‖ Carta o documento que se manda cerrado. ‖ Parte de una hoja de papel doblada 16 ó 32 veces en los impresos. ‖ Memorial, resumen. ‖ *Pliego de condiciones,* documento en que constan las condiciones que rigen un contrato, servicio, subasta, etc.

pliegue m. Doblez en una cosa normalmente lisa o plana. ‖ Tabla: *los pliegues de una falda.* ‖ *Geol.* Ondulación del terreno: *pliegue anticlinal* (convexo); *pliegue sinclinal* (cóncavo).

Plinio, naturalista latino (23-79), autor de *Historia natural.* Murió en la erupción del Vesubio. Se le dio el n. de *Plinio el Viejo* para distinguirle de su sobrino PLINIO EL JOVEN, escritor latino (62-¿114?), autor de interesantes *Cartas.*

plinto m. *Arq.* Cuadrado sobre el que descansa la columna. | Base cuadrada de poca altura. ‖ Especie de taburete alargado de superficie almohadillada para ejercicios gimnásticos.

plioceno, na adj. y s. m. *Geol.* Aplícase al último período de la era terciaria, que sucede al mioceno.

plisado m. Acción y efecto de plisar.

plisadora f. Máquina de plisar tejidos.

plisar v. t. Hacer pliegues regulares: *plisar una falda.*

Plock, c. de Polonia a orillas del Vístula. Ref. de petróleo.

Ploesti o **Ploiesti,** c. de Rumania, al N. de Bucarest. Petróleo. Industrias.

plomada f. Pesa de plomo colgada de un hilo que sirve para determinar la línea vertical. ‖ *Mar.* Sonda. ‖ Plomos que se ponen en la red de pescar.

plomar v. t. Sellar con plomo un documento o diploma.

plomazo m. Herida de perdigón. ‖ *Méx.* Balazo.

plombagina f. Grafito.

plomería f. Cubierta de plomo de los edificios. ‖ Taller y oficio del plomero.

plomero m. El que trabaja o fabrica cosas de plomo.

plomífero, ra adj. Que contiene plomo: *terreno plomífero.* ‖ *Fig.* Pesado, fastidioso.

plomizo, za adj. Que contiene plomo. ‖ De color de plomo o que se le parece: *cielo plomizo.*

plomo m. Metal pesado de color gris azulado. ‖ Trozo de este metal empleado para dar peso a varias cosas: *los plomos de una red.* ‖ Bala. ‖ Plomada para determinar las líneas verticales. ‖ *Electr.* Fusible. ‖ *Fam.* Supercarburante. ‖ *Fig.* y *fam.* Persona pesada, cargante: *ser un plomo.* ‖ — *A plomo,* verticalmente. ‖ *Fig.* y *fam. Sueño de plomo,* el muy profundo.
— El *plomo* (Pb), de número atómico 82, es un metal blando, maleable, de densidad 11,34, punto de fusión a 327,4 °C, y que hierve hacia 1 500 °C. El plomo se encuentra en la naturaleza, sobre todo en estado de sulfuro *(galena),* o unido con la plata *(plomo argentífero).* Los principales países productores son los Estados Unidos, Austria, México, Canadá y Perú.

Plomo, nevado de los Andes, entre la Argentina (Mendoza) y Chile (Santiago); 6 120 m.

plomoso, sa adj. Plomizo.

Plotino, filósofo neoplatónico griego, n. en Egipto (¿205-270?), autor de las *Enneadas,* publicadas por su discípulo Porfirio.

Plovdiv, ant. *Filipópolis,* c. y dep. en el S. del centro de Bulgaria. Universidad. Industrias.

pluma f. Órgano producido por la epidermis de las aves, formado de una especie de tubo o cañón cubierto de barbillas, que sirve para el vuelo, la protección y al mantenimiento de una temperatura constante. ‖ Conjunto de estas plumas: *colchón de plumas.* ‖ Pluma de ave recortada que servía para escribir. ‖ Chapita de metal con un extremo puntiagudo que se usa para escribir con tinta: *pluma de acero, de oro.* ‖ *Fig.* Estilo o manera de escribir: *escribir con pluma mordaz.* | Escritor. | Oficio de escritor. ‖ *Tecn.* Percha articulada por su extremo inferior al palo de un barco y provista de una polea en el otro extremo que sirve para cargar y descargar mercancías. | Parte de la grúa de donde cuelga la polea para levantar cargas. ‖ — *Fig. Al correr de la pluma* o *a vuela pluma,* muy rápidamente, sin fijarse en el estilo. | *Dejar correr la pluma,* escribir sin mucho cuidado o con demasiada extensión. ‖ *Pluma estilográfica,* la que contiene un depósito para la tinta en el interior del mango.

plumada f. Plumazo.

plumado, da adj. Con plumas.

plumaje m. Conjunto de las plumas del ave. ‖ Penacho de plumas en un casco o sombrero.

plumajería f. Cúmulo o agregado de plumajes de adorno.

plumajero, ra m. y f. Persona que hace o vende plumajes de adorno.

plumaria adj. f. Dícese del arte de bordar representando aves y plumajes o de hacer objetos con plumas.

plumazo m. Colchón o almohada grande llena de pluma. ‖ Trazo de pluma en el papel: *tachar de un plumazo.* ‖ *Fig.* y *fam. De un plumazo,* de modo expeditivo.

plumazón m. Plumajería. ‖ Plumaje.

plumbagina f. Plombagina.

plúmbeo, a adj. De plomo. ‖ *Fig.* Pesado como el plomo. | Pesado, cargante. | Dicho del sueño, el profundo.

plum-cake [*plamkeik*] m. (pal. ingl.). Pastel de bizcocho con pasas y otros ingredientes.

plumeado m. Conjunto de rayas paralelas o cruzadas en un dibujo o pintura para sombrearlos.

plumear v. t. Sombrear con trazos de pluma.

plumería f. Conjunto o abundancia de plumas.

plumero m. Conjunto de plumas reunidas y atadas a un mango que sirve para quitar el polvo. ‖ Estuche para lápices y plumas. ‖ Penacho de plumas. ‖ *Amer.* Pluma, portaplumas. ‖ *Fig.* y *fam. Vérsele a uno el plumero,* adivinársele las intenciones que quiere ocultar.

plumier m. Galicismo por *plumero, estuche.*

plumífero, ra adj. *Poét.* Que tiene plumas. ‖ — M. *Pop.* Escribiente, chupatintas. | Persona que se gana la vida escribiendo.

plumilla f. Pluma, parte de la estilográfica que sirve para escribir.

plumista m. El que tiene por profesión escribir. ‖ Fabricante o vendedor de objetos de pluma.

plumón m. Plumaje muy fino que tienen las aves entre las plumas mayores. ‖ Colchón lleno de este plumaje.

plum-pudding [*plampudin*] m. (pal. ingl.). Pastel que se hace con harina, grasa, pasas, ron, etc.

plural adj. y s. m. *Gram.* Dícese del número que se refiere a dos o más personas o cosas. (V. *Compendio de gramática,* al final del vol., p. 822.)

pluralidad f. Gran número, multitud: *pluralidad de pareceres.* ‖ Hecho de existir más de uno: *la pluralidad de los mundos.* ‖ *A pluralidad de votos,* por mayoría.

pluralismo m. Mutiplicidad. ‖ Sistema político que se basa en la coexistencia de grupos u organismos diferentes e independientes. ‖ Doctrina filosófica que sólo reconoce la existencia de seres múltiples e individuales.

pluralización f. Acción de pluralizar.

pluralizar v. t. *Gram.* Dar el número plural a palabras que ordinariamente no lo tienen, como *los ciros, los héctores.* ‖ Aplicar a varios sujetos lo que sólo es propio de uno: *no hay que pluralizar.*

pluricelular adj. Que está formado por varias células: *animal, planta pluricelular.*

pluriempleado adj. y s. Dícese de las personas que trabajan en más de un empleo.

pluriempleo m. Trabajo de una persona en varios empleos o lugares diferentes.

plus m. Gratificación o sobresueldo: *cobrar un plus.* ‖ *Plus petición,* reclamación excesiva.

plus ultra, loc. lat. que significa *más allá.*

pluscuamperfecto m. *Gram.* Tiempo que expresa una acción pasada anterior a otra también pretérita.

plusmarca f. Récord.

plusmarquista m. y f. Persona que tiene un récord o plusmarca.

plusvalía f. Aumento de valor. ‖ En la ideología marxista, diferencia entre el valor de los bienes producidos y el salario percibido por el trabajador.

Plutarco, escritor griego, n. en Queronea (¿50-125?), autor de *Vidas paralelas,* biografías de hombres célebres griegos y latinos.

plúteo m. Anaquel, estante.

Pluto, dios griego de las Riquezas, hijo de Deméter. *(Mit.)*

plutocracia f. Gobierno en que el poder está en manos de la clase de los ricos.

plutócrata m. Persona que tiene poder o influencia por su riqueza.

plutocrático, ca adj. Relativo a la plutocracia: *gobierno, régimen plutocrático.*

Plutón, planeta del sistema solar situado más allá de Neptuno, descubierto en 1930.

Plutón, rey de los Infiernos y dios de los muertos, hijo de Saturno y de Rea, hermano de Júpiter y de Neptuno y esposo de Proserpina. Corresponde al *Hades* griego. *(Mit.)*

plutónico, ca adj. Relativo al plutonismo.

plutonio m. Metal (Pu), de número atómico 94, obtenido en las pilas de uranio y empleado a veces en las bombas atómicas.

plutonismo m. Teoría que atribuye la formación de la corteza terrestre a la acción del fuego interno, del cual son efecto los volcanes.

pluvial adj. Relativo a la lluvia: *agua, régimen pluvial.* ‖ *Capa pluvial,* ornamento sagrado que usan los prelados y sacerdotes en las procesiones y otros actos religiosos.

pluviometría f. Medición de la cantidad de lluvia caída en un sitio durante cierto período de tiempo.

pluviométrico, ca adj. Relativo a la pluviometría: *régimen pluviométrico.*

pluviómetro m. Aparato para medir la cantidad de lluvia que cae en lugar y tiempo dados.

pluviosidad f. Abundancia de lluvia. ‖ Cantidad de lluvia caída en lugar y tiempo determinados.

pluvioso, sa adj. Lluvioso. ‖ — M. Quinto mes del calendario republicano francés (del 20, 21 ó 22 de enero al 19, 20 ó 21 de febrero).

Plymouth [*-muz*], c. y puerto de Gran Bretaña en el S. de Inglaterra (Devon). Obispado.

Plzen, en alem. *Pilsen,* c. en el O. de Checoslovaquia, cap. de Bohemia occidental. Gran centro industrial.

p. m., abrev. de *Post-meridiem,* que significa *después de mediodía: a las 4 p. m.*

Pm, símbolo químico del *prometeo.*

Pnom Penh, cap. de Camboya y de la prov. de Kandal, a orillas del Mekong; 500 000 h. Puerto fluvial.

Po, símbolo químico del *polonio.* ‖ Símbolo del *poise.*

Po, río de Italia septentrional, que pasa por Turín, Placencia y Cremona; des. en el Adriático; 652 km.

Poás, volcán en el centro de Costa Rica (Cartago), en la sierra de Turrialba: 2 670 m.

Pobieda, pico de la U. R. S. S., en Siberia Occidental; 3 147 m.

Pobiedy, pico culminante del Tianchan, en la frontera entre la U. R. S. S. y China; 7 439 m.

población f. Conjunto de los habitantes de un país, región o ciudad: *Madrid tiene una población de más de tres millones de habitantes.* ‖ Conjunto de los individuos de una misma categoría: *población rural.* ‖ Aglomeración, agrupación de casas que puede llegar a formar un lugar o una ciudad: *vive en la población.* ‖ Acción de poblar.

poblacho m. Pueblo de poca categoría.

poblado, da adj. Habitado: *barrio muy poblado.* ‖ Arbolado: *monte poblado.* ‖ Espeso: *barba poblada.* ‖ — M. Población, aglomeración.

poblador, ra adj. y s. Que puebla, habita: *los pobladores de una isla.* ‖ Aplícase al que funda una colonia.

poblano, na adj. y s. De Puebla (México). ‖ *Amer.* Campesino.

* **poblar** v. t. Establecer hombres, animales o vegetales en un lugar donde no los había: *poblar un río de peces, un monte de árboles.* ‖ Ocupar un sitio y asentarse en él: *los iberos poblaron España.* ‖ — V. pr. Llenarse de hombres, animales, vegetales o cosas. ‖ Crecer, desarrollarse mucho. ‖ Cubrirse los árboles de hojas por la primavera.

Poblet, monasterio cisterciense de España, cerca de Tarragona (s. XII-XIII).

pobre adj. Que no tiene lo necesario para vivir: *hombre, pueblo pobre* (ú. t. c. s.). ‖ *Fig.* Que tiene algo en muy poca cantidad: *pobre en vitaminas.* | Estéril: *un terreno pobre.* | De poco valor o entidad: *libro pobre de contenido.* ‖ Desdichado: *el pobre de tu padre.* ‖ *Más pobre que Carracuca* o *que una rata,* sumamente pobre. ‖ — M. y f. Mendigo: *dar limosna a un pobre.*

pobrete, ta adj. y s. Desgraciado, infeliz.

pobretear v. i. Comportarse como un pobre.

pobretería f. Reunión de pobres. ‖ Pobreza. ‖ Mezquindad.

pobretón, ona adj. y s. Muy pobre.

pobreza f. Condición del que no tiene lo necesario para vivir. ‖ Falta, escasez: *pobreza de medios, de recursos.* ‖ Abandono voluntario de todos los bienes propios: *voto de pobreza.* ‖ *Fig.* Falta de magnanimidad: *pobreza de ánimo, de sentimientos.* | Falta de entidad o de valor: *la pobreza de un tema.* | Esterilidad de un terreno.

Pocaterra (José Rafael), político y novelista venezolano (1888-1955).

pocchile m. *Méx.* Chile seco, ahumado, que se come con tortillas.

pocero m. El que hace o limpia pozos. ‖ Alcantarillero.

pocilga f. Establo para los cerdos. ‖ *Fig. y fam.* Lugar muy sucio.

pocillo m. Tinaja empotrada en el suelo en los lagares. ‖ Jícara.

pócima f. Medicamento preparado para ser bebido. ‖ *Fig.* Bebida de mal sabor.

poción f. Bebida medicinal. ‖ cocimiento de hierbas medicinales.

Pocitos, playa en las proximidades de Montevideo (Uruguay).

poco, ca adj. Limitado en cantidad: *poco pan; pocos árboles.* ‖ *Ser poca cosa,* tener poca importancia. ‖ — M. Cantidad pequeña: *un poco de vino.* ‖ — Adv. En pequeña cantidad: *beber poco.* ‖ Indica también corta duración: *se quedó poco aquí.* ‖ Insuficientemente: *este guiso está poco salado.* ‖ — *A poco,* poco tiempo después. ‖ *De poco más o menos,* de poca entidad, insignificante. ‖ *Dentro de poco,* pronto. ‖ *Poco a poco,* progresivamente, despacio. ‖ *Poco más o menos, aproximadamente.* ‖ *Por poco,* casi. ‖ *Tener en poco,* tener en poca estima, despreciar.

Poços do Caldas, mun. del Brasil (Minas Gerais), al N. de São Paulo. Bauxita.

pochismo m. *Amer.* Calidad de pocho.

pocho, cha adj. Descolorido, pálido. ‖ Pasado, demasiado maduro: *fruta pocha.* ‖ *Fig.* Estropeado. | Pachucho, algo enfermo. ‖ — Adj. y s. *Méx.* Dícese de los estadounidenses de ascendencia mexicana, que entremezclan bárbaramente el inglés y el castellano.

Pocho (CORDÓN DEL), nudo montañoso en el centro de la Argentina (Córdoba).

poda f. Acción y efecto de podar. ‖ Época en que se poda.

podadera f. Instrumento para podar.

podador, ra adj. y s. Que poda.

podagra f. *Med.* Gota en el pie.

podar v. t. Cortar las ramas inútiles de los árboles y arbustos. ‖ *Fig.* Quitar de una cosa lo inútil: *podar el texto de lo innecesario.*

podenco, ca adj. y s. Dícese de una variedad de perros de caza de pelo largo y orejas gachas.

poder m. Autoridad: *tiene el poder de nombrar a los ministros.* ‖ Dominio: *estar bajo el poder de un país extranjero.* ‖ Gobierno de un Estado: *el poder político.* ‖ Fuerzas armadas de un Estado. ‖ Facultad, capacidad: *tiene un gran poder de trabajo.* ‖ Posesión: *la carta llegó a poder del destinatario.* ‖ Documento notarial por el que se da autorización a uno para que haga cierta cosa. ‖ — Pl. *Fig.* Autorización para actuar en nombre de otra persona: *revestir a uno de plenos poderes; casarse por poderes* (ú. t. en sing.). ‖ — *Dar poder,* autorizar. ‖ *De poder a poder,* con las mismas capacidades. ‖ *Hacer un poder,* hacer un esfuerzo muy grande. ‖ *Poder absoluto* o *arbitrario,* autoridad absoluta de un monarca; despotismo. ‖ *Poder disuasivo,* conjunto de las armas más modernas que permiten responder a una agresión. ‖ *Poder ejecutivo,* el que se dedica a hacer ejecutar las leyes. ‖ *Poder judicial,* el que ejerce la administración de la justicia. ‖ *Poder legislativo,* en los gobiernos constitucionales, el que se ocupa de la preparación y modificación de las leyes.

* **poder** v. t. Tener facultad o autoridad para hacer algo: *puedo pagarme el viaje.* ‖ Tener permiso o autorización: *no puedo salir por la noche.* ‖ Tener facilidad o lugar: *con tanta gente en medio no puedo estudiar.* ‖ Ser capaz: *no puedo dejarle solo en tan triste circunstancia.* ‖ Tener cierta probabilidad: puedes encontrártelo a cada paso. ‖ — V. impers. Ser contingente o posible una cosa: *puede que llueva.* ‖ — *A más no poder,* en sumo grado: *avaro a más no poder.* ‖ *Hasta más no poder,* hasta la saciedad. ‖ *No poder con uno,* no conseguir hacerle obedecer o entrar en razón: *no puedo con este niño;* no aguantar. ‖ *No poder más,* estar muy cansado. ‖ *No poder menos,* ser necesario, forzoso. ‖ *Fig. No poder tragar* (o *ver*) *a uno,* tenerle aversión, aborrecerle. ‖ *Poder con,* ser capaz de llevar algo: *ella no puede con toda la casa.* ‖ *¿Se puede?,* frase que se emplea para saber si se puede entrar en un sitio.

poderdante com. Persona que faculta a otra para que lo represente, dándole poderes.

poderhabiente com. Persona que recibe los poderes de otra para representarla.

poderío m. Poder, capacidad de hacer o impedir una cosa. ‖ Dominio. ‖ Hacienda, bienes y riquezas. ‖ *Taurom.* Fuerza y vigor del toro.

poderoso, sa adj. Que tiene mucho poder: *Estado poderoso.* ‖ Muy rico: *un poderoso industrial.* ‖ Influyente: *este ministro es muy poderoso.* ‖ Muy eficaz o activo: *remedio poderoso.* ‖ Muy fuerte: *un argumento poderoso.* ‖ — M. pl. Gente rica o de mucha influencia.

podestá m. En la Edad Media, primer magistrado de algunas ciudades de Italia, hoy alcalde.

Podestá (Jerónimo), actor argentino (1851-1933), miembro de una familia de comediantes en la que se destacaron ANTONIO (1868-1945), JOSÉ (1858-1937) y PABLO (1875-1923). ‖ ~ (MANUEL T.), médico y novelista argentino de tendencia realista (1853-1920).

Podgorica. V. TITOGRADO.

Podgorny (Nicolás), político ruso, n. en 1903, pres. del Soviet Supremo (1965).

podio m. En el circo, sitio donde se ponían los senadores y los principales magistrados romanos. ‖ *Arq.* Pedestal en que descansan varias columnas. ‖ Pequeña plataforma de dos niveles a donde se suben los tres primeros vencedores en una prueba deportiva.

Podolia, región del O. de la U. R. S. S., en Ucrania.

Podolsk, c. de la U. R. S. S. (Rusia), a 50 km de Moscú.

podómetro m. Aparato en forma de reloj de bolsillo para contar los pasos de la persona que lo lleva y medir su velocidad.

podre f. Pus, humor.

podredumbre f. Putrefacción, estado de un cuerpo podrido. ‖ Cosa podrida. ‖ Pus, humor. ‖ *Fig.* Inmoralidad, corrupción. | Desasosiego. ‖ Enfermedad criptogámica de varias plantas.

podredura f. Putrefacción.

podrido, da adj. Echado a perder. ‖ *Fig.* Viciado, corrompido.

podzol m. Terreno característico de las regiones frías y húmedas.

Poe (Edgard Allan), escritor norteamericano, n. en Boston (1809-1849), autor de relatos de misterio y terror (*Narraciones extraordinarias*) y de poesías (*El cuervo* y *Las campanas*).

poema m. Obra en verso de alguna extensión: *poema lírico, épico.* ‖ Obra en prosa de tema poético: *los poemas en prosa de Baudelaire.* ‖ *Mús. Poema sinfónico,* composición para orquesta escrita sobre un tema poético.

Poema del Cid. V. CANTAR DE MÍO CID.

poemario m. Serie de poemas.

poemático, ca adj. Relativo al poema.

poesía f. Arte de componer versos: *dedicarse a la poesía.* ‖ Cada uno de los géneros de este arte: *poesía lírica, épica, dramática.* ‖ Composición en verso, generalmente corta. ‖ Carácter de lo que produce una emoción afectiva o estética: *la poesía de un paisaje.* ‖ Conjunto de las obras poéticas y de sus autores en un tiempo determinado: *la poesía de la Edad Media.*

PL

poeta m. El que compone obras poéticas. (Fem. *poetisa.*)
poetastro m. *Fam.* Mal poeta.
Poética, obra de Aristóteles, estudio de la poesía en general, de la tragedia y de la epopeya. — Obra crítica del escritor español Ignacio de Luzán, de tendencia neoclásica (1737).
poético, ca adj. Relativo a la poesía: *composición poética.* ‖ Propio de la poesía: *lenguaje poético.* ‖ Que podría inspirar a un poeta: *un asunto poético.* ‖ Que produce una emoción afectiva o estética. ‖ — F. Tratado sobre los principios y reglas de la poesía.
poetisa f. Mujer que compone obras poéticas.
poetizar v. t. Dar carácter poético, embellecer.
Poey ‖ ~ **y Aguirre** (ANDRÉS), físico cubano (1826-1914). Dirigió el Observatorio de México durante el Imperio de Maximiliano. ‖ ~ **y Aloy** (FELIPE), naturalista y abogado cubano, padre del anterior (1799-1891), autor de estudios zoológicos de su país.
pogrom m. (pal. rusa). Movimiento dirigido por las autoridades zaristas para la exterminación de los judíos. (Se dice tb. *pogromo.*)
Poincaré [*poan-*] (Henri), matemático francés (1854-1912). ‖ ~ (RAYMOND), primo del anterior, político francés (1860-1934), pres. de la Rep. de 1913 a 1920.
Pointe ‖ ~ **-à-Pitre** [*puantapitr*], c. y puerto de Guadalupe (Antillas Francesas). ‖ ~**-Noire,** c. y puerto de la República del Congo. Obispado.
poise m. Décima parte del poiseuille (símb., Po).
poiseuille m. Unidad de viscosidad dinámica (símb., Pl) en el sistema C. G. S.
Poiseuille (Jean), físico francés (1799-1869).
Poissy, c. de Francia (Yvelines), al N. de París.
Poitiers [*puatié*], c. en el centro O. de Francia, cap. del dep. de Vienne. Obispado. Universidad. Catedral (s. XII-XIII). Derrota de los árabes por Carlos Martel (732).
Poitou [*puatú*], ant. prov. del centro O. de Francia; cap. *Poitiers.*
póker m. Juego de cartas de envite, de origen norteamericano. ‖ Juego de dados. ‖ Conjunto de cuatro cartas o dados del mismo valor: *póker de ases.*
Pola, n. ital. de *Pula.* ‖ ~ **de Gordón,** v. de España (León). ‖ ~ **de Laviana,** c. del N. de España (Oviedo). ‖ ~ **de Lena,** c. del N. de España (Oviedo). Minas. ‖ ~ **de Siero,** c. del N. de España (Oviedo). Hulla.
Pola (Policarpa SALAVARRIETA, llamada **la**), heroína colombiana de la Independencia (1795-1817). M. ajusticiada.
polaco, ca adj. De Polonia. ‖ — M. Lengua eslava hablada por los polacos. ‖ — F. Prenda de vestir militar. | Danza.
polaina f. Prenda que cubre la parte superior del pie y la pierna hasta la rodilla: *polaina de paño, de cuero.*
polar adj. Relativo a los polos: *mar polar; círculos polares.* ‖ *Fís.* Relativo a los polos de un imán o pila eléctrica.
Polar, estrella que indica el N. en el hemisferio septentrional.
Polares (REGIONES), casquetes esféricos limitados por los círculos polares. Tienen una superficie de 43 millones de km², ocupada principalmente por el mar en el Ártico y por la tierra en la Antártida. Las principales tierras polares son: *Groenlandia,* al NE. de América; los archipiélagos de *Svalbard* (Spitzberg), al N. de Escandinavia; *Nueva Zembla, Tierra del Norte* y *Nueva Siberia,* al N. de la U. R. S. S., y *Tierra de Parry,* al N. del Canadá.
polaridad f. *Fís.* Calidad que permite distinguir cada uno de los polos de un imán o de un generador eléctrico.
polarímetro m. *Fís.* Aparato destinado a medir la rotación del plano de polarización de la luz.
polariscopio m. Instrumento que sirve para comprobar si una luz se halla o no polarizada.
polarización f. Propiedad que presenta un rayo luminoso, después de sufrir la reflexión o la refracción, de producir vibraciones localizadas desigualmente alrededor de este rayo. ‖ *Electr.* Establecimiento de una diferencia de potencial entre dos conductores. ‖ *Plano de polarización,* el que pasa por el rayo polarizado y es perpendicular a la vibración luminosa.
polarizador adj. y s. m. Dícese de lo que polariza la luz.
polarizar v. t. *Fís.* Someter al fenómeno de la polarización. ‖ *Fig.* Atraer toda la atención: *polarizaba las miradas de todas las personas presentes* (ú. t. c. pr.).
polaroid m. (marca registr.). Materia plástica transparente que polariza la luz.
Polavieja (Camilo GARCÍA DE), general y político español (1838-1914). Luchó en Cuba (1868), en la tercera guerra carlista y en Filipinas, donde fue capitán general en 1896.
polca f. Danza y música originaria de Bohemia.
pólder m. En Holanda, región recuperada por el hombre en el mar a lo largo de las costas o constituida por terrenos pantanosos desecados.
polea f. Rueda de madera o metal, de canto acanalado, móvil sobre su eje, por la que corre una cuerda. ‖ Rueda de llanta plana por la que pasa una correa.
polemarca m. En la antigua Grecia, el tercer arconte, que era, a la vez, el jefe del ejército.
polémico, ca adj. Relativo a la polémica: *una crítica polémica.* ‖ — F. Controversia, discusión: *polémica política, literaria, teológica.* ‖ *Fam.* Disputa.
polemista com. Persona que sostiene polémicas.
polemizar v. i. Sostener o entablar una polémica.
polen m. Polvillo fecundante de los estambres de las flores.
polenta f. Gachas de harina de maíz.
Polesia, región en el O. de la U. R. S. S. (Rusia blanca), atravesada por el Pripet.
poli m. *Fam.* Agente de policía. ‖ — F. *Fam.* Cuerpo de policía.
poliácido, da adj. y s. m. *Quím.* Dícese del cuerpo que tiene varias veces la función ácido.
polialcohol m. *Quím.* Cuerpo que, como la glicerina, posee varias veces la función alcohol.
poliandra adj. y s. f. Aplícase a la mujer que tiene varios maridos.
poliandria f. Estado de la mujer casada simultáneamente con varios hombres. ‖ Condición de la flor que tiene varios estambres.
poliarquía f. Gobierno ejercido por muchos.
Polibio, historiador griego (¿200-125? a. de J. C.), autor de *Historia general de Roma.*
policía f. Conjunto de las reglas cuya observancia garantiza el mantenimiento del orden y la seguridad de los ciudadanos: *una ordenanza de policía.* ‖ Cuerpo encargado de mantener este orden: *cuerpo de policía.* ‖ Conjunto de los agentes de este cuerpo: *han llamado a la policía.* ‖ Cortesía, urbanidad: *persona de mucha policía.* ‖ Limpieza, aseo. ‖ — *Policía secreta,* aquella cuyos individuos no llevan uniforme. ‖ *Policía urbana,* la encargada de la vía pública dentro del municipio. ‖ — M. Agente de policía.
policiaco, ca y **policíaco, ca** adj. Relativo a la policía: *servicio policiaco; novela policiaca.*
policial adj. Relativo a la policía: *investigación policial.*
Policleto, escultor griego del s. v a. de J. C., autor del *Doríforo,* bella estatua de un joven lancero.
policlínica f. Consultorio donde están reunidas varias especialidades médicas.
Polícrates, tirano de Samos, amigo de Anacreonte. M. en 522 a. de J. C.
policroísmo m. Característica de algunos minerales de presentar diferentes colores según la dirección de la luz.
policromía m. Mezcla de varios colores.
policromo, ma y **polícromo, ma** adj. De varios colores.
polichinela m. Personaje cómico de las farsas italianas y del teatro de marionetas. ‖ *Fig.* Hombre muy cambiadizo.
poliédrico, ca adj. *Geom.* Relativo al poliedro.
poliedro adj. m. *Geom.* Dícese de un sólido de caras planas y de los ángulos formados por estas caras. ‖ — M. Sólido limitado por varias caras planas.
poliéster m. Materia que se obtiene mediante la condensación de poliácidos con polialcoholes o glicoles.
polifacético, ca adj. De varios aspectos. ‖ Aplícase a la persona que tiene aptitudes muy variadas.
polifásico, ca adj. Dícese de la corriente eléctrica alterna constituida por la combinación de varias monofásicas del mismo período, pero cuyas fases no concuerdan.
Polifemo, Cíclope hijo de Poseidón. Ulises le reventó el único ojo que tenía en medio de la frente.
Polifemo y Galatea (*Fábula de*), poema de Góngora (1612).
polifonía f. Conjunto simultáneo de voces o instrumentos musicales independientes sujetos a leyes armónicas.
polifónico, ca adj. Relativo a la polifonía.
poligamia f. Condición del hombre casado simultáneamente con varias mujeres: *la poligamia es un delito en la mayoría de los países del mundo.* ‖ Condición de las plantas polígamas.
polígamo, ma adj. Dícese del hombre casado simultáneamente con varias mujeres (ú. t. c. s. m.). ‖ Aplícase a las plantas que tienen en la misma mata flores masculinas, femeninas y hermafroditas, como la parietaria, el fresno y el almez.
poligenismo m. Doctrina que, en contraposición al monogenismo, admite la multiplicidad de orígenes en la especie humana.
poliglotía f. Conocimiento de varios idiomas.
polígloto, ta adj. Escrito en varias lenguas: *Biblia Políglota.* ‖ Dícese de la persona que conoce y habla varios idiomas (ú. t. c. s.).
Polignoto, pintor griego del s. v a. de J. C., autor de frescos.
poligonáceo, a adj. y s. f. Aplícase a las plantas angiospermas dicotiledóneas, como el alforfón, la sanguinaria mayor, el ruibarbo y la acedera. ‖ — F. pl. Familia que forman estas plantas.
poligonal adj. *Geom.* Relativo al polígono. | Dícese del prisma o pirámide cuyas bases son polígonos.
polígono, na adj. *Geom.* Poligonal. ‖ — M. Figura plana de varios ángulos limitada por líneas rectas o curvas: *un polígono regular.* ‖ Campo de tiro y de maniobras de la artillería. ‖ *Polígono industrial,* zona industrial.
poligrafía f. Ciencia del polígrafo. ‖ Arte de escribir y descifrar los escritos secretos.
poligráfico, ca adj. Relativo a la poligrafía.
polígrafo m. Autor que ha escrito sobre muy diversas materias: *el polígrafo Menéndez y Pelayo.*

polilla f. Mariposa nocturna cuya larva destruye los tejidos. || *Fig.* Lo que destruye progresiva e insensiblemente algo: *la polilla del juego.*

polimería f. Condición o calidad de polímero.

polimerización f. Unión de varias moléculas idénticas para formar otra mayor.

polimerizar v. t. *Quím.* Efectuar la polimerización.

polímero, ra adj. y s. m. Dícese de un cuerpo químico obtenido por polimerización.

polimetría f. Variedad de metros usados en una misma composición poética.

Polimnia, musa de la Poesía lírica y de la Elocuencia.

polimorfismo m. *Quím.* Propiedad de los cuerpos que pueden cambiar de forma sin variar su naturaleza. || Facultad de adquirir diversas formas que tienen algunos organismos o especies.

polimorfo, fa adj. *Quím.* Que puede tener varias formas.

Polinesia, división de Oceanía, que comprende el vasto conjunto de islas escalonadas en el Pacífico, entre Australia y América. Las principales son: *Nueva Zelanda, Samoa, Hawai* (norteamericanas). *Tonga, Cook, Ellice* y *Phoenix* (británicas), *islas de la Sociedad* (con *Tahití*), *Marquesas, Tuamotú* (francesas), *Pascua* (chilena).

polinesio, sia adj. y s. De Polinesia.

Polinices, hijo de Yocasta y de Edipo, hermano de Etéocles.

polinización f. *Bot.* Transporte del polen de un estambre hasta el estigma para fecundar una flor.

polinomio m. Expresión algébrica que consta de varios términos.

polio f. *Fam.* Poliomielitis.

poliomielítico adj. Relativo a la poliomielitis. || — Adj. y s. Que padece poliomielitis.

poliomielitis f. Enfermedad contagiosa del hombre, producida por un virus fijado en los centros nerviosos, en particular en la médula espinal, y que provoca parálisis mortal si alcanza los músculos respiratorios. || *Poliomielitis aguda,* parálisis que ataca a los niños.

poliósido m. Polisacárido.

polipasto m. Aparejo formado por dos o más poleas.

polipero m. Formación calcárea arborescente producida por colonias de pólipos.

pólipo m. Celentéreo. || Pulpo, molusco. || *Med.* Tumor blando, fibroso, debido a la hipertrofia de las membranas mucosas: *pólipo nasal, del útero,* etc.

políptico m. Pintura con más tableros plegables que el tríptico.

REGIONES POLARES

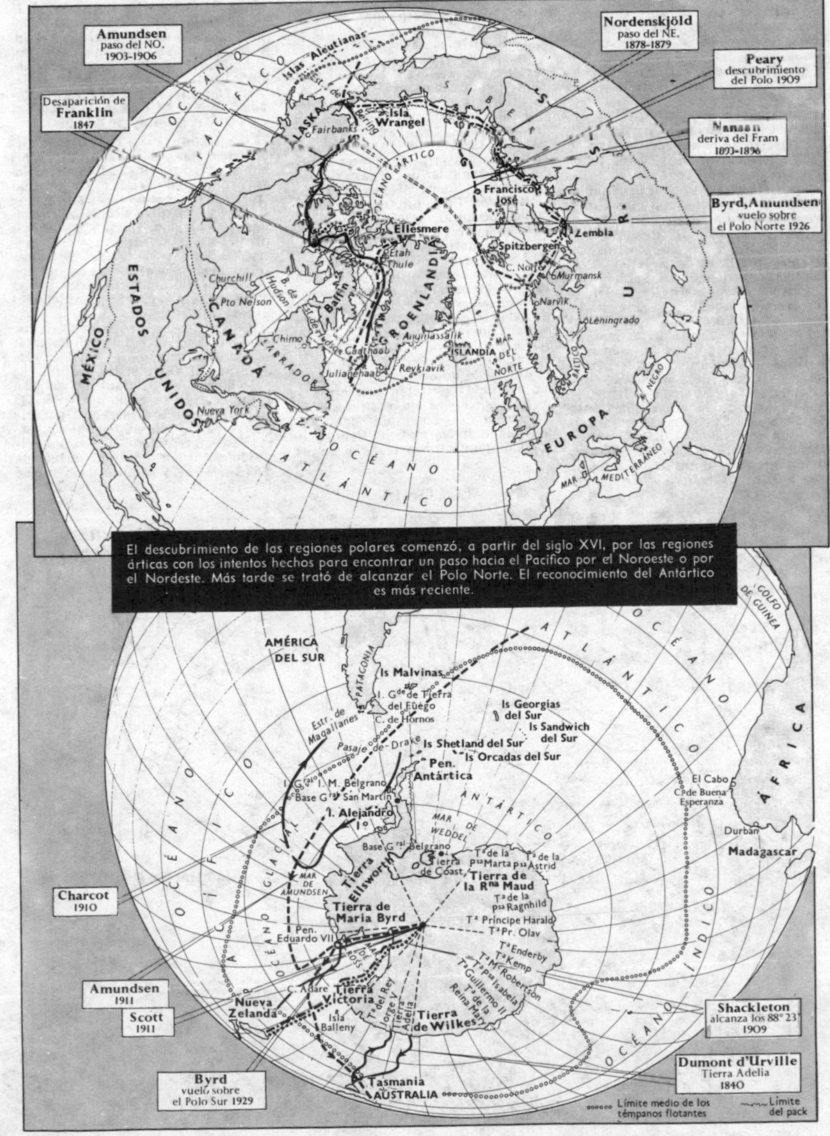

polis f. Ciudad-Estado de la antigua Grecia. ‖ Estado.

polisacárido m. Glúcido formado por la unión de varias moléculas de azúcar, como el almidón, la celulosa, etc.

polisílabo, ba adj. Aplícase a la palabra que tiene varias sílabas: *voz polisílaba* (ú. t. c. s. m.).

polisíndeton m. Figura que consiste en repetir las conjunciones para dar energía a la expresión de los conceptos.

polisintético, ca adj. Dícese del idioma en que se unen diversas partes de la frase formando palabras de muchas sílabas.

polisón m. Miriñaque.

polispasto m. Polipasto.

polista com. Jugador de polo.

polistilo, la adj. *Arq.* Que tiene muchas columnas: *pórtico polistilo.* ‖ *Bot.* De muchos estilos: *flor polistila.*

politburó m. Comisión política del Comité Central del Partido Comunista de la U. R. S. S. (Desde 1952 se llama *presidium.*)

politécnico, ca adj. Que comprende muchas ciencias o artes: *escuela politécnica.* ‖ — M. Alumno de esta escuela.

politeísmo m. Doctrina de los que creen en la existencia de varios dioses.

politeísta adj. Dícese del que adora a muchos dioses (ú. t. c. s.). ‖ Relativo al politeísmo.

Política de Dios, obra filosófica de Quevedo (1626).

politicastro m. Persona que se dedica a la política con miras interesadas o malas artes.

político, ca adj. Relativo a la organización y al gobierno de los asuntos públicos. ‖ Relativo a un concepto particular del gobierno de un país: *credos políticos.* ‖ Dícese de la persona que se ocupa de los asuntos públicos, del gobierno de un Estado (ú. t. c. m.). ‖ Sensato, juicioso: *su actuación ha sido poco política.* ‖ Educado, cortés, urbano. ‖ Dícese del parentesco por afinidad: *tío, hermano político.* ‖ — F. Arte de gobernar que tienen los Estados. ‖ Conjunto de los asuntos que interesan al Estado: *política interior, exterior.* ‖ Manera de dirigir los asuntos de un Estado: *una política liberal.* ‖ *Fig.* Manera de obrar, de llevar un asunto: *llevar una buena política.* | Prudencia, sensatez. ‖ Cortesía, urbanidad.

politiquear v. i. *Fam.* Intervenir en política y bastardear los fines de ésta o envilecer sus modos.

politiqueo m. y **politiquería** f. Intervención en política con propósitos turbios.

politiquero m. *Amer.* Politicastro.

politización f. Acción de dar carácter político.

politizar v. t. Dar carácter u orientación política.

poliuria f. Secreción y excreción excesiva de orina.

polivalente adj. Eficaz en varios casos diferentes: *suero polivalente.* ‖ *Fig.* Polifacético.

póliza f. Documento en que consta un contrato de seguros. ‖ Sello que hay que poner en ciertos documentos, solicitudes, anuncios públicos, etc., para satisfacer un impuesto.

polizón m. El que se embarca clandestinamente en un buque o avión. ‖ El ocioso que anda de corrillo en corrillo.

polizonte m. *Fam.* Policía.

poljé m. (pal. eslava). En las regiones de relieve calcáreo, vasta depresión de forma ovalada debida a la presencia de una fosa tectónica.

Polk (James Knox), político norteamericano (1795-1849), pres. de Estados Unidos en 1845. Durante su mandato estalló la guerra contra México, seguida de la anexión de California, Nuevo México y Texas.

polo m. Cada uno de los dos extremos de un eje imaginario alrededor del cual gira la esfera celeste en veinticuatro horas. ‖ Cada uno de los extremos del eje de la Tierra: *polo Norte, polo Sur.* ‖ Cada uno de los extremos de un generador o receptor eléctrico, utilizado para las conexiones con el circuito exterior. ‖ Cada uno de los extremos de un imán en el que se encuentra la fuerza magnética. ‖ *Fig.* Lo que atrae, centro: *polo de atención.* | Término en completa oposición con otro: *el error y la verdad están en dos polos diferentes.* ‖ Zona de desarrollo agrícola e industrial. ‖ Camisa de sport de punto y con mangas largas. ‖ Juego practicado a caballo y en el que los jinetes impulsan la pelota con una maza. (Tb. existe otro juego de polo, llamado *acuático,* en que participan dos equipos de siete nadadores.) ‖ Bloque de helado que se sostiene con un palo para chuparlo. ‖ Variedad de cante flamenco.

Polo (Gaspar GIL). V. GIL POLO (Gaspar). ‖ ~ (MARCO), viajero veneciano (1254-1324). Atravesó Asia por Mongolia y residió diecisiete años en China a las órdenes del Gran Kan Kubilai. Narró sus expediciones (1271-1295) en *El libro de Marco Polo,* verdadera enciclopedia geográfica del Asia oriental.

Polochic, río de Guatemala (Alta Verapaz), que des. en el lago Izabal; 289 km.

polonesa f. Danza de Polonia. ‖ Composición musical que acompaña a esta danza.

Polonia, Estado de Europa Oriental, entre la Rep. Democrática Alemana al O., la U. R. S. S. al E. y Checoslovaquia al S.; 311 730 km²; 32 807 000 h. *(polacos).* Cap. *Varsovia,* 1 262 000 h. Otras c.: *Gdanks,* 313 000 h.; *Szczecin,* 307 700; *Poznan,* 437 200; *Lodz,* 743 700; *Wroclaw,* 472 600; *Katowice,* 284 000; *Cracovia,* 518 200; *Lublín,* 201 000.

— GEOGRAFÍA. Las principales regiones son: al S., los *Cárpatos* y *región subcarpática;* al Oeste, *Silesia* (zona industrial); en el centro, la *Gran Llanura,* regada por el Oder y el Vístula, y al N., *Pomerania.* Polonia, que había sido un país principalmente agrícola, está sufriendo un proceso intenso de industrialización, para lo cual cuenta con la cuenca hullera de Silesia, minas de cobre, cinc, uranio y explotaciones petrolíferas.

— HISTORIA. Las tribus eslavas, que formaron la primitiva Polonia, se encontraban sobre todo en las cuencas del Oder y del Vístula. El país abrazó el cristianismo en 966 y fue erigido en reino por Otón III en el s. XI. Las sucesivas guerras contra rusos, suecos, teutones y turcos ensangrentaron los siglos siguientes. Juan Sobieski reinó de 1674 a 1696 y expulsó a los turcos de Hungría. Con Estanislao II Po-

POLONIA

niatowski, el país cayó bajo la dominación rusa, que trajo consigo el primer reparto de Polonia entre Austria, Prusia y Rusia (1772), seguido de los repartos de 1793 y 1795 como resultado de sublevaciones polacas. En 1807, Napoleón I creó el ducado de Varsovia, que pasó de nuevo a Rusia en 1815. En 1830 y 1863 fueron brutalmente reprimidas dos nuevas insurrecciones y, finalmente, el Tratado de Versalles reconoció la independencia polaca (1919). En 1939, el país fue de nuevo repartido entre soviéticos y alemanes, y al terminar la segunda guerra mundial hubo de ceder 170 000 km² a la U. R. S. S., aunque en compensación recibió 100 000 km² segregados de Alemania. Constituida en República Popular, su política tiende a ser progresivamente más nacional.

Polonia *(Guerra de Sucesión de)*. V. SUCESIÓN.

polonio m. Metal (Po) radiactivo, de número atómico 84, que acompaña a menudo al radio. (Fue descubierto por los esposos Curie en 1898 en la pecblenda.)

Polotitlán, v. y mun. de México, en el Estado de este n.

Poltava o **Pultava,** c. de la U. R. S. S. (Ucrania). Derrota de Carlos XII de Suecia por Pedro el Grande de Rusia (1709).

poltrón, ona adj. Perezoso. || — F. Silla baja y cómoda, con brazos.

poltronear v. i. Haraganear.

poltronería f. Pereza, haraganería, aversión al trabajo.

polución f. Derrame del semen. || Contaminación: *la polución atmosférica.* (Galicismo innecesario aunque muy difundido y admitido por la Academia Española de la Lengua.)

poluto, ta adj. Manchado.

Pólux. V. CÁSTOR.

polvareda f. Cantidad de polvo que se levanta de la tierra, agitada por el viento o por otra causa. || *Fig.* Perturbación, efecto provocado entre las gentes por dichos o hechos que apasionan: *aquel discurso levantó una polvareda en todos los medios financieros del país.*

polvera f. Caja o estuche de las mujeres para guardar polvos de tocador.

polverío m. *Provinc.* Polvareda.

polvero m. *Amer.* Polvareda. | Pañuelo de bolsillo.

polvo m. Conjunto de partículas de tierra fina que se levanta en el aire: *una nube de polvo.* || Materia dividida en partículas muy pequeñas: *polvo de carbón; polvos dentífricos.* || Cantidad de una sustancia pulverizada que se toma con los dedos: *polvo de rapé.* || *Fig.* Restos del hombre después de su muerte: *eres polvo y en polvo te convertirás.* || — Pl. Mezcla de productos minerales destinados a la protección y al embellecimiento del rostro de las mujeres. || — *Fig. Hacer polvo,* hacer trizas, destrozar. | *Hacer polvo a alguien,* cansarle mucho; fastidiarle enormemente; derrotarle. | *Limpio de polvo y paja,* dícese de una cantidad exenta de cualquier deducción. | *Morder el polvo,* quedar derrotado o humillado. | *Polvos de la madre Celestina,* remedio milagroso. || *Polvos de pica pica,* polvos que producen picazón. || *Fig. y fam. Sacudir el polvo a uno,* darle una paliza.

pólvora f. Sustancia explosiva que se emplea para impulsar un proyectil en las armas de fuego o propulsar un cohete. || Conjunto de fuegos artificiales. || *Fig.* Polvorilla. | Viveza, actividad. || — *Fig. Gastar la pólvora en salvas,* valerse de medios inútiles para un fin. | *No haber inventado la pólvora,* ser poco listo. || *Pólvora negra,* pólvora compuesta de salitre, carbón y azufre. || *Pólvora sin humo,* pólvora a base de nitrocelulosa.

polvoriento, ta adj. Cubierto o lleno de polvo: *senda polvorienta.*

polvorilla com. Persona de genio vivo y pronta.

polvorín m. Almacén de explosivos. || Pólvora fina.

polvorón m. Dulce que se deshace en polvo al comerlo.

polla f. Gallina joven. || Puesta, en algunos juegos de naipes. || Apuesta en carreras. || *Fam.* Mocita. || *Arg.* Carrera de dos o más jinetes en un hipódromo. || *Polla de agua,* ave zancuda que vive en sitios pantanosos. || *Méx.* Ponche frío.

pollada f. Conjunto de pollos que de una vez sacan las aves, especialmente la gallina.

Pollaiolo o **Pollaiuolo** (Antonio BENCI, llamado **del**), pintor, escultor y orfebre italiano (¿1432?-1498), autor de frescos y cuadros de tema religioso y mitológico.

pollarronca f. *Méx.* Pulque curado con zarzamora, capulín, pimienta y azúcar.

pollastre m. *Fam.* Pollastro.

pollastro, tra m. y f. Pollo crecido. *Fam.* Astuto. | Jovenzuelo.

pollazón m. Huevos que las aves empollan de una vez. || Pollada.

pollear v. intr. Empezar los muchachos y muchachas a salir unos con otros.

Pollensa, v. de España en el N. de Mallorca (Baleares). Turismo.

pollera f. Sitio donde se crían pollos. || Andador, cesto de mimbres o de otro material sin fondo donde se pone a los niños para que aprendan a andar. || Falda interior. || *Amer.* Falda exterior del vestido femenino.

pollería f. Sitio donde se venden gallinas, pollos u otras aves comestibles. || *Fam.* Conjunto de jóvenes.

pollerío m. Mocerío.

pollero, ra m. y f. Persona que tiene por oficio criar o vender pollos.

pollerón m. *Arg.* Falda de amazona, para montar a caballo.

pollino, na m. y f. Asno. || *Fig. y fam.* Persona simple, ignorante (ú. t. c. adj.).

pollito, ta m. y f. *Fig. y fam.* Muchacho o muchacha de corta edad. || — M. Pollo chico.

pollo m. Cría de las aves: *pollo gallina, de águila.* || Gallo joven. *Fam.* Muchacho joven. || *Pop.* Esputo. *Fam. Pollo pera,* muchacho presumido y atildado, lechugino, currutaco.

pollona f. *Amer.* Polla que todavía no es gallina.

Poma de Ayala (Felipe HUAMÁN), escritor peruano (¿1526-1613?), autor de *Nueva Corónica* y *Buen Gobierno,* narración de la época incaica y colonial.

Pomabamba, c. del Perú, cap. de la prov. homónima (Ancash).

pomáceo, a adj. y s. Planta rosácea, de fruto en pomo, como el peral y el manzano. || — F. pl. Familia de estas plantas.

pomada f. Producto graso y pastoso que se emplea en medicina para uso externo o como cosmético.

pomar m. Lugar con árboles frutales. || Manzanar.

Pomar (Juan Bautista), escritor mexicano del s. XVI, mestizo, hijo de español y nieto del rey Nezahualpitzintli. N. en Texcoco.

Pombal (Sebastião José de CARVALHO E MELLO, *marqués de*), político portugués (1699-1782), ministro de José I.

Pombo (Lino de), matemático, político y escritor colombiano (1797-1862). || ~ (RAFAEL), ingeniero y poeta colombiano, n. en Bogotá (1833-1912). || ~ **Angulo** (MANUEL), novelista español, n. en 1912, autor de *Hospital General.*

pomelo m. Fruto comestible de sabor ácido, un poco mayor que una naranja y de color amarillo. || Árbol que lo produce.

Pomerania, en polaco *Pomorze,* región del N. de Polonia, a orillas del mar Báltico, dividida por el Oder en Pomerania Occidental y Oriental. Este territ. ha sido objeto de conflictos entre Suecia, Prusia y Polonia. || ~ **(Nueva),** n. alemán de *Nueva Bretaña.*

Pomerelia, región costera del mar Báltico, polaca desde 1945. Llamada tb. *Pequeña Pomerania* o *Pomerania Menor.*

pómez adj. f. *Piedra pómez,* roca volcánica muy porosa y ligera, variedad del feldespato.

pomo m. Fruto con mesocarpio y endocarpio carnosos, como la manzana y la pera. || Remate redondeado de algunas cosas. || Tirador de una puerta, cajón, etc., que sirve para abrirlos. || Frasco de perfume. || Extremo del puño de la espada, de un bastón.

pompa f. Acompañamiento suntuoso y de gran aparato: *función, casamiento, entierro con gran pompa.* || Esplendor, magnificencia: *la pompa real.* || Burbuja de aire que se forma con un líquido: *pompa de jabón.* || — Pl. Vanidades, vanos placeres del mundo: *renunciar a Satanás, a sus pompas y a sus obras.* || *Pompas fúnebres,* ceremonias celebradas en honor de un difunto.

Pompadour [*-dur*] (Antoinette POISSON, *marquesa de*), dama francesa (1721-1764), favorita del rey Luis XV.

Pompeia (Raul de Ávila), novelista realista y poeta brasileño (1863-1895).

Pompeya, c. de Italia en Campania (Nápoles), al pie del Vesubio. Cuando la erupción del año 79 quedó sepultada bajo las cenizas y la lava. Sus ruinas fueron descubiertas en 1748. Célebres pinturas murales.

pompeyano, na adj. y s. De Pompeya (ú. t. c. s.). || Referente a Pompeyo o a sus hijos: *dinastía pompeyana.* || Aplícase al estilo o gusto artístico de los objetos encontrados en las ruinas de Pompcya: *vaso pompeyano.*

Pompeyo (Cneo), llamado *el Magno,* general romano (106-48 a. de J. C.). Procónsul en 76 en España, en 60 formó con César y Craso el primer triunvirato. Rival más tarde de César, fue vencido en Farsalia (48) y asesinado en Egipto. — Su hijo SEXTO (75-35 a. de J. C.) fue derrotado y muerto en Munda (España) por Augusto.

Pompidou (Georges), político francés (1911-1974), pres. de la Rep. de 1969 a 1974.

Pompilio Llona (Numa). V. LLONA.

pompón m. Borla.

pomponearse v. pr. Presumir.

pomposidad f. Calidad de pomposo u ostentoso.

pomposo, sa adj. Con mucha magnificencia, suntuoso, esplendoroso: *fiesta pomposa.* || De una solemnidad excesiva que presupone cierta vanidad: *el aspecto pomposo de su vestimenta.* || Que emplea términos enfáticos y exagerados: *lenguaje pomposo.* || Altisonante: *nombre muy pomposo.*

pómulo m. Hueso de cada una de las mejillas. || Saliente que forma en el rostro este hueso.

Ponce, c. y puerto del S. de Puerto Rico. Arzobispado. Universidad. Importante centro comercial.

Ponce (Manuel M.), compositor mexicano, n. en Fresnillo (Zacatecas) [1886-1948], autor de *Balada mexicana, Estampas nocturnas, Chapultepec, Poema elegiaco, Estrellita,* etc. || ~ **de León** (José María), músico colombiano (1846-1882), autor de óperas y zarzuelas. || ~ **de León** (Juan), conquistador español (¿1460?-1521), que exploró Puerto Rico, fundó la ciudad de San Juan y descubrió la Florida en 1512. || ~ **Enríquez** (Camilo), político ecuatoriano, n. en 1912, pres. de la Rep. de 1956 a 1960.

ponchar v. t. Picar, punzar. || *Cub.* y *Méx.* Pinchar las ruedas de los automóviles.

ponchazo m. *Cub.* y *Méx.* Pinchazo.

ponche m. Bebida hecha con una mezcla de ron u otro licor con agua caliente, limón y azúcar y alguna especia.

ponchera f. Recipiente grande en que se prepara y sirve el ponche.

poncho m. *Amer.* Prenda de lana sin mangas que consiste en una pieza rectangular con abertura en el centro para pasar la cabeza.

Pondal (Eduardo), poeta español (1835-1917), cantor de la tierra galaica.

ponderable adj. Que puede pesarse. ‖ Alabable, elogiable.

ponderación f. Prudencia, moderación, reflexión: *hablar con ponderación.* ‖ Exageración, encarecimiento.

ponderado, da adj. Mesurado, que procede con tacto y prudencia.

ponderador, ra adj. y s. Que pondera.

ponderar v. t. Considerar, examinar detenidamente una cosa. ‖ Celebrar mucho, alabar: *ponderar una obra literaria.*

ponderativo, va adj. Que pondera o encarece una cosa. ‖ Reflexivo: *persona ponderativa.*

Pondichery, c. de la India, en el golfo de Bengala. Obispado. Establecimiento francés hasta 1954.

ponedero, ra adj. Que se puede poner. ‖ — Adj. f. Aplícase a las aves que ya ponen huevos. ‖ — M. Sitio donde las gallinas ponen los huevos.

ponedor, ra adj. f. Ponedera, que pone ya huevos: *gallina ponedora.* ‖ — M. Ponedero de gallinas. ‖ Postor.

ponencia f. Cargo de ponente. ‖ Informe o proyecto presentado por el ponente. ‖ Comisión ponente.

ponente adj. y s. m. Aplícase al magistrado, funcionario o miembro de un cuerpo colegiado o a la comisión designada por éste para que redacte un informe o presente una propuesta o proyecto para que sea discutido.

* **poner** v. t. Colocar en un lugar determinado una persona o cosa: *pon este libro en el estante.* ‖ Adoptar: *poner cara de mal genio.* ‖ Preparar, disponer: *poner la mesa.* ‖ Pensar, suponer: *pongamos que sucedió así.* ‖ Vestir: *no tengo qué ponerle.* ‖ Apostar: *pongo cien pesos a que no lo haces.* ‖ Tardar: *puso dos horas en venir.* ‖ Instalar: *poner un piso, el gas.* ‖ Montar: *puse una tienda.* ‖ Hacer que funcione: *poner la radio.* ‖ Colocar en un empleo: *a Juan le han puesto de secretario.* ‖ Representar: *poner una comedia clásica, una película de miedo.* ‖ Causar un efecto: *el sol pone moreno.* ‖ Exponer: *poner en un peligro.* ‖ Calificar, tratar de: *poner a alguien de mentiroso.* ‖ Asignar, establecer: *poner precio.* ‖ Dar: *poner un nombre.* ‖ Contribuir: *poner en la suscripción mucho dinero.* ‖ Invertir: *poner su capital en el negocio.* ‖ Hacer: *no pone nada de su parte.* ‖ Escribir o enviar: *le pondré dos letras.* ‖ Presentar: *poner por testigo.* ‖ Enunciar: *poner sus condiciones.* ‖ Soltar el huevo las aves. ‖ — *Poner bien a uno,* encomiarle. ‖ *Poner casa,* instalarse. ‖ *Poner ceño,* fruncir el ceño. ‖ *Poner de su parte* o *de su lado,* contribuir personalmente al buen éxito de una empresa. ‖ *Poner en claro* (o *en limpio*) *un asunto,* aclararlo. ‖ *Poner en duda,* dudar. ‖ *Poner mal a uno,* dejarlo en mal lugar o hablar mal de él. ‖ — V. pr. Colocarse, situarse: *ponerse de pie.* ‖ Volver: *ponerse enfermo.* ‖ Vestirse: *ponerse el abrigo.* ‖ Marcharse: *ponerse de grasa hasta los pelos.* ‖ Ocultarse los astros tras el horizonte: *ponerse el sol.* ‖ Posarse las aves. ‖ Llegar a un lugar determinado: *en diez minutos me pongo en tu casa.* ‖ — *Ponerse a,* empezar. ‖ *Ponerse al corriente,* enterarse, informarse. ‖ *Fig. Ponerse colorado,* avergonzarse. ‖ *Amer. Ponérsela,* emborracharse.

poney [*poni*] m. (pal. ingl.). Caballo pequeño y con el pelo largo.

Ponferrada, c. en el N. de España (León). Carbón. Industrias.

Pongal, isla al SE. del Ecuador, en el archip. de Jambelí.

pongo m. Orangután. ‖ *Amer.* Criado o doméstico indio. | Paso estrecho de un río.

poniente m. Occidente, oeste. ‖ Viento procedente del Oeste.

Ponson du Terrail (Pierre Alexis), novelista francés (1829-1871), autor de *Aventuras de Rocambole.*

Ponta ‖ **~ Delgada,** c., puerto del archip. portugués de las Azores, en el S. de la isla de San Miguel. ‖ **~ Grossa,** c. en el S. del Brasil (Paraná). Obispado.

pontazgo m. Peaje que se paga por pasar algunos puentes.

Pontecorvo, c. al SO. de Italia en Campania (Frosinone).

Pontevedra, c. del NO. de España, en Galicia, cap. de la prov. homónima.

pontevedrés, esa adj. y s. De Pontevedra.

Pontiac, c. de Estados Unidos (Michigan), al NO. de Detroit. Automóviles.

Pontianak, c. y puerto de Indonesia, en el O. de Borneo.

póntico, ca adj. Del Ponto Euxino, hoy mar Negro.

pontificado m. Dignidad y ejercicio de pontífice. ‖ Tiempo que dura: *el pontificado de Juan XXIII.*

pontifical adj. Relativo al sumo pontífice: *ornamentos pontificales.* ‖ — M. Ritual del Papa.

pontificar v. i. Ser pontífice u obtener la dignidad pontificia. ‖ *Fam.* Obrar, hablar con solemnidad, enfáticamente.

pontífice m. Papa, jefe supremo de la Iglesia católica romana. ‖ Magistrado sacerdotal que presidía los ritos y ceremonias religiosas en la antigua Roma.

pontificio, cia adj. Relativo al pontífice: *dignidad pontificia.*

Pontificios (ESTADOS), antiguos *Estados de la Iglesia.* (V. este n. y VATICANO.)

Ponto, ant. reino de Asia Menor, muy poderoso en tiempos de Mitrídates VI. Sometido por Roma en 62. ‖ **~ Euxino,** ant. n. del *mar Negro.*

Pontoise [*-uás*], c. de Francia, al NO. de París (Val-d'Oise). Obispado.

pontón m. Barco chato para pasar los ríos o construir puentes. ‖ Puente flotante.

pontonero m. El que construye pontones o el que los conduce.

Pontoppidan (Henrik), escritor danés (1857-1943), autor de novelas naturalistas. (Pr. Nóbel, 1917.)

Pontormo (Iacopo CARRUCCI, llamado **el**), pintor italiano (1494-¿1556?), autor de frescos.

ponzoña f. Veneno. ‖ *Fig.* Lo que es dañino, nocivo.

ponzoñoso, sa adj. Venenoso. ‖ *Fig.* Nocivo, dañino, perjudicial.

Poo (Fernando), navegante portugués que en el golfo de Guinea descubrió en 1472 la isla que lleva su n. (V. FERNANDO POO).

pool [*pul*] m. (pal. ingl.). Agrupación o sindicato de productores. ‖ Organismo internacional encargado de la organización de un mercado común entre los países asociados: *el pool del carbón, del acero.* ‖ Servicio: *el pool mecanográfico.*

Pool Malebo. V. STANLEY POOL.

Poole, c. y puerto de Gran Bretaña en el S. de Inglaterra (Dorset).

Poona, c. en el O. de la India (Maharashtra).

Poopó, lago de Bolivia que comunica con el de Titicaca por el río Desaguadero; 2 800 km². — C. de Bolivia, cap. de la prov. homónima (Oruro).

popa f. Parte posterior de una embarcación. ‖ *Fig.* y *fam.* Trasero, nalgas. ‖ *Fig. De popa a proa,* entera o totalmente.

Pop'Art m. (del inglés *popular art*). Tendencia artística de origen norteamericano que se propone evocar la civilización contemporánea por medio de composiciones de objetos cotidianos, de ilustraciones publicitarias, etc.

Popayán, c. en el SO. de Colombia, cap. del dep. del Cauca. Arzobispado. Universidad. Fundada en 1536 por Benalcázar.

popayanejo, ja y **popayanense** adj. y s. De Popayán.

pope m. Sacerdote de rito oriental entre rusos, serbios y búlgaros.

Pope (Alexander), poeta y pensador inglés (1688-1744), autor de *Ensayo sobre el hombre, Epístola,* etc.

Popea, dama romana, esposa del emperador Nerón, quien le hizo dar muerte en 65.

popelín m. o **popelina** f. Tejido de algodón, seda, etc., hecho con hilos finos, lisos y muy apretados, empleado para camisas, pijamas, vestidos.

Popocatépetl, cumbre volcánica de México, al S. de la Sierra Nevada, a 60 km de la cap.; 5 450 m.

Popol Vuh, libro sagrado de los quichés de Guatemala. Conocido por una versión del s. XVI, recibe tb. el n. de *Libro del Consejo.*

Popolna, c. en el SE. de México (Yucatán).

popoloca adj. y s. Indígena mexicano de una tribu mazateca.

popote m. *Méx.* Paja utilizada para tomar refrescos. ‖ *Fig. Hecho un popote,* muy delgado.

populachería f. Fácil popularidad alcanzada entre el vulgo.

populachero, ra adj. Relativo al populacho: *demostraciones populacheras.* ‖ Propio para halagar al populacho: *discurso populachero.*

populacho m. Lo ínfimo de la plebe o bajo pueblo.

popular adj. Relativo al pueblo: *escuela popular.* ‖ Propio del pueblo: *la voz popular.* ‖ Grato al pueblo: *persona, autor muy popular.* ‖ Muy extendido: *deporte, fiesta popular.*

popularidad f. Aceptación y aplauso que uno tiene en el pueblo. ‖ Fama, renombre: *gozar de popularidad.*

popularización f. Acción y efecto de popularizar.

popularizar v. t. Propagar entre el pueblo, hacer popular: *popularizar una canción.* ‖ Hacer grato al pueblo: *popularizar una obra, una institución, un programa.* ‖ — V. pr. Adquirir popularidad.

populista adj. Relativo al pueblo: *partido populista.*

pópulo m. *Fam.* Pueblo.

populoso, sa adj. Muy poblado: *barrio populoso.*

popurrí m. *Mús.* Sucesión de diversas melodías. ‖ Revoltillo, miscelánea, mesa revuelta.

poquedad f. Escasez, cortedad: *la poquedad de sus recursos.* ‖ Timidez, apocamiento. ‖ Cosa de ningún valor, pequeñez.

póquer m. Póker.

por prep. Indica la causa de una cosa: *trabajar por necesidad.* ‖ A través: *ir por las calles.* ‖ Indica el medio, el instrumento: *avejentado por los sufrimientos.* ‖ Indica el destino: *lo hice por ti, por ayudarte.* ‖ En favor de: *interceder por uno.* ‖ Como: *dar por hecho; tener un tugurio por casa.* ‖ Denota la manera de hacer una cosa: *por señas, por escrito.* ‖ Indica trueque o venta: *lo compré por diez mil pesos.* ‖ En lugar de: *tiene sus padres por maestros.* ‖ Indica multiplicación: *tres por dos son seis.* ‖ Lugar aproximado: *esta calle se encuentra por el centro.* ‖ Tiempo aproximado: *iré por Navidad.* ‖ Durante: *vendré por tres días.* ‖ Porque: *no viene por tener mucho trabajo.* ‖ Para: *se calló por no equivocarse.* ‖ Seguida de infinitivo, indica perspectiva futura o necesidad: *la solución está por encontrar.* || Aunque: *por mucho que te esfuerces, no la conseguirás.* || — *Por donde,* por lo cual, || *Por qué,* por cual razón o motivo: *no sé por qué no nos escribe.* || *Por tanto,* por consiguiente.

porcachón, ona adj. y s. *Fam.* Muy puerco.

porcelana f. Producto cerámico de masa vitrificada muy compacta, blanca y translúcida, por lo general revestida con un esmalte fino, incoloro y transparente. || Objeto hecho con esta loza.

porcentaje m. Tanto por ciento: *porcentaje de natalidad, de mortalidad.* || Índice.

porcentual adj. Calculado en tantos por ciento.

porcino, na adj. Relativo al cerdo: *el ganado porcino.* || — M. Cerdo pequeño.

porción f. Cantidad separada de otra mayor. || Cantidad de un alimento o de otra cosa que corresponde en un reparto: *dar o tocar a uno su porción.* || Parte con la que contribuye alguien a algo. || *Fam. Una porción de,* un gran número de personas o cosas.

porciúncula f. Jubileo con indulgencia plenaria que se gana el 2 de agosto en las iglesias franciscanas.

porcuno, na adj. Relativo al cerdo: *carne porcuna.* || — M. pl. Ganado porcino.

porche m. Soportal, cobertizo: *resguardados en el porche.*

Pordenone (Giovanni DE SACCHIS, llamado **el**), pintor religioso italiano de la escuela veneciana (¿1484?-1539).

pordiosear v. i. Mendigar, pedir limosna. || *Fig.* Pedir una cosa con insistencia.

pordioseo m. o **pordiosería** f. Mendicidad.

pordiosero, ra adj. y s. Mendigo, mendicante: *llevó siempre una vida pordiosera.*

porfía f. Empeño, insistencia: *porfía inútil.* || Disputa insistente. || *A porfía,* con emulación, en competencia.

porfiado, da adj. y s. Obstinado, terco.

porfiar v. i. Disputarse con obstinación. || Insistir mucho para lograr algo. || Empeñarse en hacer una cosa: *porfiar en abrir la puerta.*

pórfido m. Roca compacta y dura, formada por una sustancia amorfa, con grandes cristales de feldespato y cuarzo, a la que se da las mismas aplicaciones decorativas que el mármol.

Porfirio, filósofo de Alejandría (234-¿305?), discípulo de Plotino, de quien publicó las *Enneadas.*

porfirogeneto adj. Aplicábase a los hijos de los emperadores bizantinos durante el reinado de su padre: *príncipe porfirogeneto.*

Pori, en sueco *Björneborg,* c. y puerto al SO. de Finlandia, en el golfo de Botnia.

Porlamar, pobl. y puerto de Venezuela, al E. de la isla Margarita (Nueva Esparta).

pormenor m. Detalle, conjunto de circunstancias menudas: *los pormenores del caso.* || Cosa secundaria en un asunto.

pormenorizar v. t. Detallar.

pornografía f. Obscenidad.

pornográfico, ca adj. Obsceno.

pornógrafo m. Escritor de obras pornográficas.

poro m. Espacio hueco en las moléculas de los cuerpos. || Intersticio entre las partículas de los sólidos. || Cada uno de los orificios que hay en la piel. || *Méx.* Planta comestible de la familia del ajo.

porongo m. *Amer.* Calabacino para contener líquidos.

pororó m. *Riopl.* Rosetas de maíz tostado.

pororoca f. Fenómeno que se presenta en ciertos ríos de América cuando se produce el choque de la marea ascendiente con la corriente del río.

porosidad f. Calidad, naturaleza de un cuerpo poroso.

poroso, sa adj. Que tiene poros: *una piedra porosa.*

poroto m. *Amer.* Judía, alubia, fríjol: *un plato de porotos.*

porque conj. Por la razón de que: *porque es rico no quiere estudiar.* || Para que: *trabajamos porque no nos falte nada.*

porqué m. *Fam.* Causa, motivo: *el porqué de las cosas.*

porquería m. *Fam.* Suciedad, basura: *quita esta porquería de en medio.* || Acción sucia o indecente. || *Fam.* Indecencia: *siempre cuenta porquerías.* || Mala jugada: *me hizo una porquería.* | Cosa insignificante, de poco valor o mala: *este reloj es una porquería.*

porqueriza f. Pocilga.

porquerizo y **porquero** m. El que cuida cerdos.

porra f. Clava, maza, cachiporra. || Martillo grande de herrero. || Especie de churro grande. || *Fig.* y *fam.* Persona pesada. | El último en un juego. || *Méx.* Claque. | Conjunto de partidarios de un equipo deportivo, de un torero, un político, etc. || *Guardia de la porra,* guardia o policía armado con ella. || *Fam. Mandar a la porra,* mandar a paseo.

porrada f. Porrazo; golpe dado con la porra. || *Fig.* y *fam.* Idiotez. || Abundancia, montón de cosas: *una montaña de dinero.*

Porras (Belisario), político y escritor panameño (1856-1942), pres. de la Rep. de 1912 a 1916, de 1918 a 1920 y de 1920 a 1924. || **~ Barrenechea** (Raúl), historiador y político peruano (1897-1960).

porrazo m. Golpe que se da con una porra o con otra cosa. || *Fig.* Golpe que se recibe al caer o tropezar.

Porres (San Martín de). V. MARTÍN DE PORRES *(San).*

porretada f. Porrada, cantidad.

porrillo m. Maza de cantero. || *A porrillo,* en gran cantidad.

porrón, ona adj. *Fam.* Necio, pesado. || — M. Vasija de vidrio con pitón largo para beber vino a chorro: *porrón catalán.*

Porsena, rey etrusco de Clusio en el s. VI a. de J. C., que hizo restaurar en el trono a Tarquino el Soberbio.

Port, puerto en los montes Pirineos franceses (Ariège). || **~ Arthur,** c. y puerto del NE. de China (Liaoning). Esta c. ha sido sucesivamente rusa (1896), japonesa (1905), soviética (1945) y es china desde 1954. || **~-au-Prince,** cap. y puerto de Haití: 250 000 h. Arzobispado. Universidad. || **~ Blair,** cap. del territorio de la India formado por las islas Andamán y Nicobar. || **~-Bou,** v. y puerto del NE. de España (Gerona). || **~ Elizabeth,** c. y puerto de la Rep. de África del Sur (El Cabo). Obispado. || **~-Etienne.** V. NUADIBU. || **~ Louis,** cap. de la isla Mauricio; 137 000 h. || **~-Lyautey.** V. KENITRA. || **~ Moresby,** c. y puerto del SE. de Nueva Guinea; cap. de Papuasia y de la Nueva Guinea bajo tutela australiana; 32 400 h. || **~ Natal.** V. DURBAN. || **~ of Spain,** cap. de la isla Trinidad (Antillas), en la costa N.; 117 000 h. Arzobispado. || **~ Radium,** pobl. del Canadá (Territorio del NO.). Pecblenda. || **~ Said,** c. y puerto de Egipto, a la entrada del canal de Suez. || **~ Sudán,** c. y puerto del Sudán, en el mar Rojo.

porta f. *Mar.* Tronera de batería. || — Adj. f. *Anat. Vena porta,* la que lleva la sangre al hígado.

portaaviones m. inv. Portaviones.

portabandera f. Especie de tahalí con un seno o bolsa en que se encaja el asta de la bandera para llevarla con comodidad.

portacruz m. El que lleva la cruz en las procesiones.

Portachuelo, pobl. de Bolivia, cap. de la prov. de Gutiérrez (Santa Cruz).

portada f. *Arq.* Obra de ornamentación en la puerta de un edificio. || *Fig.* Frontispicio de una cosa. || Primera página de un libro impreso en la cual figura el título de la obra, el nombre del autor, etc.

portadilla f. Anteportada.

portador, ra adj. Dícese de la persona que lleva consigo una cosa o está en posesión de algo (ú. t. c. s.). || Dícese de la persona encargada de entregar una carta, un mensaje. Ú. t. c. s.: *portador de malas noticias.* || — M. Persona en favor de quien se ha suscrito o girado un efecto de comercio: *cheque al portador.* || Persona o cosa que lleva con ella los agentes contagiosos de una infección: *portador de gérmenes.*

portaequipajes m. inv. Parte de un vehículo en que se ponen los equipajes.

portaestandarte m. Persona que lleva la bandera de un regimiento, de una asociación, etc. || *Fig.* Abanderado.

portafolio m. *Amer.* Cartera de documentos.

portafusil m. Correa para llevar colgado el fusil.

portaguión m. *Mil.* Oficial que lleva el guión o estandarte.

portahelicópteros m. inv. Buque de guerra equipado para el transporte de helicópteros.

portaherramientas m. inv. Pieza que sirve para sujetar la herramienta en una máquina.

portal m. Zaguán o vestíbulo a la puerta de entrada de una casa. || Belén, nacimiento: *portal del Niño Jesús.*

portalámparas m. inv. Pieza hueca en la cual penetra el casquillo de las bombillas eléctricas.

portalápiz m. Estuche o tubo de metal para resguardar la punta de los lápices o para cogerlo mejor.

Portalegre, c. del E. de Portugal, cap. de distrito.

Portales (Diego), político chileno, n. en Santiago (1793-1837). Restableció el orden público y el principio de autoridad. M. fusilado.

portalibros m. inv. Correa para llevar los libros y cuadernos. || Estante de libros.

portalón m. Puerta grande. || *Mar.* Abertura a manera de puerta en el costado del buque.

portamaletas m. inv. Maletero de un coche.

portamantas m. inv. Conjunto de dos correas con asa para llevar a mano las mantas de viaje.

portaminas m. inv. Lápiz en que se pueda cambiar la mina.

portamonedas m. inv. Bolsa o cartera en la que se guarda el dinero, monedero.

portante m. Paso de las caballerías que mueven a un tiempo la mano y el pie del mismo lado. || *Fig.* y *fam. Tomar el portante,* marcharse, irse.

portanuevas m. inv. El que trae y lleva noticias.

portañica f. Portañuela.

portañola f. *Mar.* Cañonera, tronera.

portañuela f. Tira de tela que oculta la bragueta de los pantalones. || *Col.* y *Méx.* Puerta de carruaje.

portaobjeto m. Placa de cristal en los microscopios en la que se coloca el objeto que se va a observar.

portaplumas m. inv. Palillero, mango para colocar la pluma.

portar v. t. Traer el perro la pieza de caza cobrada. || — V. pr. Conducirse, obrar: *portarse bien.* || Distinguirse, quedar airoso: *portarse con lucimiento.*

portarretrato m. Marco en que se colocan retratos.

portátil adj. Que se puede transportar: *máquina de escribir portátil.*

portaviandas m. inv. Fiambrera.

portaviones m. inv. Barco de

guerra que transporta aviones, que despegan y aterrizan en su cubierta.

portavoz m. El que representa o lleva la voz de una colectividad: *el portavoz de un gobierno, de un partido.* || Bocina, megáfono.

portazgo m. Derechos pagados por pasar por ciertos caminos.

portazguero m. Cobrador del portazgo.

portazo m. Golpe fuerte dado por la puerta al cerrarse. || Acción de cerrar la puerta para desairar a uno o despreciarle: *dar un portazo a uno.*

porte m. Transporte, traslado: *porte de mercancías.* || Cantidad pagada por el transporte de una cosa de un lugar a otro: *franco de porte.* || Facha, aspecto: *porte distinguido.* || Conducta, modo de proceder: *persona de buen* (o *mal) porte.* || Capacidad de transporte de un buque mercante o de otra cosa. || Dimensión, tamaño.

porteador adj. y s. Transportista, que se dedica a portear.

portear v. t. Transportar.

portento m. Prodigio, persona, cosa o acción extraordinaria: *un portento de inteligencia.*

portentoso, sa adj. Prodigioso, que causa admiración o terror: *talento portentoso; maldad portentosa.*

porteño, ña adj. y s. Del Puerto de Santa María (España), de Cortés (Honduras) y de Valparaíso (Chile). || Bonaerense, de Buenos Aires. || Barrioporteño, de Puerto Barrios (Guatemala).

porteo m. Transporte, porte.

Porter (Cole), músico norteamericano (1883-1964), autor de populares canciones.

portería f. Cuarto en el que está el portero o portera de una casa. || En algunos deportes, como el fútbol, meta, espacio limitado por dos postes provistos de una red por donde hay que hacer pasar el balón.

porteril adj. Relativo al portero o a la portería: *conversaciones porteriles.*

portero, ra m. y f. Persona encargada del cuidado de una casa. || — M. Jugador que defiende la meta o portería.

Portes Gil (Emilio), abogado y político mexicano, n. en 1891. Pres. interino de la Rep. de 1928 a 1930.

Portete, bahía del NE. de Colombia en el mar Caribe (Guajira). || **~ de Tarqui,** montaña andina del Ecuador: 3 488 m.

portezuela f. Puerta de un coche. || Puerta pequeña.

Portezuelo, monte de la Argentina (Jujuy y Salta); 4 500 m.

pórtico m. Lugar cubierto y con columnas que se construye delante de la puerta de un edificio: *el pórtico de una catedral.* || Galería con arcadas o columnas a lo largo de una fachada, patio, etc. || *Doctrina del Pórtico,* v. ESTOICISMO.

portilla f. *Mar.* Cada una de las aberturas pequeñas que sirven de ventanas en los costados del buque.

Portilla (Anselmo de la), escritor español (1816-1879), establecido en México. Fundador de *El Español* y *La Iberia.*

portillo m. Abertura en una pared, muralla o tapia. || Derivación de un río para tomar agua. || Postigo en una puerta o ventana. || Puerta pequeña en ciertas poblaciones amuralladas. || Paso estrecho entre dos alturas. || Mella: *el portillo de una taza, de un diente.* || *Fig.* Resquicio, lugar de entrada.

Portillo, estación de deportes de invierno de Chile (Aconcagua).

Portinari (Beatriz). V. BEATRIZ. || ~ (CÁNDIDO), pintor brasileño (1903-1962), autor de frescos, retratos, etc.

pórtland m. Cierto cemento hidráulico obtenido por calcinación de una mezcla artificial de arcilla y caliza: *piso de pórtland.*

Portland, c. y puerto del NO. de Estados Unidos (Oregón). Arzobispado. — C. y puerto del NE. de Estados Unidos (Maine). Obispado. || ~ (PENÍNSULA DE), penins. de Gran Bretaña al S. de Inglaterra (Dorset). Cemento.

Porto. V. OPORTO. || **~ Alegre,** c. y puerto fluvial del S. del Brasil, cap. del Estado de Rio Grande do Sul. Arzobispado. Universidad. Industrias; centro comercial. || **~ Novo,** cap. del Dahomey, en el golfo de Guinea; 69 500 h. Obispado. || **~ Velho,** c. del O. del Brasil, cap. del territorio de Rondônia y del mun. de su n. Obispado.

portobaquericence adj. y s. De Puerto Baquerizo (Ecuador).

Portobelo, pobl. y puerto del N. del centro de Panamá (Colón).

Portocarrero (René), pintor cubano, n. en 1912.

portón m. Puerta grande.

portorriqueño, ña adj. y s. Puertorriqueño.

portovejense adj. y s. De la ciudad de Portoviejo (Ecuador).

Portoviejo, río del Ecuador (Manabí), que des. en el Pacífico; 100 km. — C. del O. del Ecuador, cap. de la prov. de Manabí. Obispado.

Port-Royal, abadía de monjas, al SO. de París, fundada en 1204. Baluarte del jansenismo en 1636, fue destruida por Luis XIV.

Portsmouth [*-muz*], c. del NE. de Estados Unidos (New Hampshire). — C. de Estados Unidos (Virginia), al SO. de Norfolk. Obispado. Astilleros. — C. de Estados Unidos (Ohio), a orillas del Ohio. Industrias. — C. y puerto de Gran Bretaña, al S. de Inglaterra (Hampshire), enfrente de la isla de Wight.

portuario, ria adj. Referente a los puertos: *obras portuarias.*

portuense adj. y s. De cualquiera de las ciudades llamadas *Puerto: Puerto Cabello, Puerto Montt, Puerto Príncipe, Puerto de Santa María,* etc. || De Ostia (Italia).

Portugal, república del S. de Europa, situada en la zona occidental de la Península Ibérica; 91 721 km²; 9 440 000 h. *(portugueses).* Cap. *Lisboa,* 825 000 h. Otras c.: *Braga,* 41 000 h.; *Oporto,* 311 000; *Coimbra,* 46 300; *Santarem,* 16 400; *Évora,* 31 500; *Setúbal,* 55 000; *Beja,* 16 900.

— GEOGRAFÍA. La zona norte del Tajo es una meseta surcada por la sierra de la Estrella, mientras que al sur se extiende una planicie limitada por las montañas del Algarve. El Duero y el Tajo son sus principales ríos y el Miño y el Guadiana delimitan parte de la frontera con España. Los recursos de Portugal son esencialmente agrícolas (maíz, vid, frutales, cereales), mineros (wolframio, cobre, estaño, hierro), pesqueros e industriales (textiles, productos alimenticios, vinos). De su antiguo imperio colonial, Portugal, desde 1975, apenas conserva nada en África (las Madera y Azores); en Asia, el puerto de Macao, y en Oceanía la mitad de la isla de Timor.

— HISTORIA. La de Portugal se confunde con la de España hasta el año 1095 en que el rey castellano Alfonso VI cedió a su cuñado Enrique de Borgoña los territorios comprendidos entre el Miño y el Mondego. En 1385, los portugueses derrotaron a los castellanos en *Aljubarrota,* lo que determinó el destino independiente del país. Con la dinastía de Avís, los lusitanos establecieron su dominio en África y su imperio colonial en la India. La época de los grandes descubrimientos y viajes hicieron posible la implantación portuguesa en el Nuevo Mundo. De 1580 a 1640, Portugal formó parte de la corona española, hasta que, con el apoyo de Francia, subió al trono la casa de Braganza. A principios del s. XIX, la supeditación económica de Portugal a la Gran Bretaña motivó la intervención napoleónica (1808). En 1910, la Monarquía fue sustituida por la República, hasta que en 1933, con la llegada de Oliveira Salazar, se transformó en Estado unitario y corporativo. En 1961, la India se apoderó de las últimas posesiones portuguesas en dicho país, mientras que en Angola y Mozambique continúa la lucha contra los guerrilleros que reclaman la independencia patria. En 1968, a causa de una grave enfermedad, Salazar hubo de abandonar la presidencia del Gobierno y fue sustituido por Marcelo Caetano, derrocado en 1974 por los militares a causa de dificultades económicas y del descontento provocado por la política de Ultramar. En 1975 se independizaron la casi totalidad de las antiguas colonias de África.

Portugalete, v. del N. de España (Vizcaya), antepuerto de Bilbao.

portuguense adj. y s. De Portuguesa (Venezuela).

portugués, esa adj. y s. De Portugal. || — M. Lengua que se habla en este país.

Portuguesa, río del O. de Venezuela, afl. del Apure; 500 km. — Sierra de Venezuela, en el límite del Estado homónimo y el de Lara. — Estado del O. de Venezuela; cap. *Guanare.*

portuguesada f. *Fig.* Exageración, hipérbole.

portuguesismo m. Lusitanismo.

portulano m. Atlas marítimo.

Portús. V. PERTHUS.

porvenir m. Suceso o tiempo futuro.

Porz Am Rheim, c. de Alemania Occidental (Renania Septentrional-Westfalia).

pos (en) m. adv. Tras, detrás: *ir en pos de algo.*

posada f. Hospedería, fonda. || Hospedaje: *dar posada.* || *Méx.* Fiesta popular que se celebra nueve días antes de Navidad.

Posada (José Guadalupe), grabador mexicano (1851-1913). || **~ Gutiérrez** (JOAQUÍN), escritor colombiano (1797-1881).

Posadas, c. del NE. de la Argentina, cap. de la prov. de Misiones, a orillas del Paraná. Obispado. Museo etnográfico.

Posadas (Gervasio Antonio de), político argentino (1757-1833), primer director supremo de las provincias Unidas del Río de la Plata de 1814 a 1815.

posadeño, ña adj. y s. De Posadas (Argentina).

posaderas f. pl. *Fam.* Trasero, región glútea.

posadero, ra m. y f. Persona que tiene casa de huéspedes.

posar v. t. Colocar, poner: *posó la mano sobre mis hombros.* || Dirigir: *posó su vista en mi automóvil.* || Dejar, poner: *pósalo aquí.* || — V. i. Detenerse los pájaros para descansar (ú. t. c. pr.). || Ponerse una persona delante del pintor o escultor para servirle de modelo. || Colocarse una persona en postura para que sea fotografiada. || Darse tono, presumir (es galicismo). || — V. pr. Depositarse en el fondo las sustancias que están en suspensión en un líquido o en un objeto las partículas que están en el aire. || Aterrizar aeronaves o astronaves.

posbélico, ca adj. Que sigue a la guerra.

poscomunión f. Oración de la misa después de la comunión.

posdata f. Lo que se añade a una carta ya firmada.

pose f. *Fot.* Exposición. || Actitud afectada. || Sesión de un modelo. || *Fig.* Afectación, poca naturalidad. (Esta palabra es galicismo.)

poseedor, ra adj. y s. Que posee.

poseer v. t. Ser propietario: *posee muchos bienes.* || Tener en su poder: *él posee la llave.* || Tener: *posee un carácter endiablado.* ||

Contar con, disponer de: *poseer excelentes comunicaciones.* || Conocer a fondo: *poseo tres idiomas.* || Gozar de los favores de una mujer: *nunca llegó a poseerla.* || Detentar: *poseer un récord.* || — V. pr. Ser dueño de sí mismo.

poseído, da adj. y s. Poseso. || *Fig* Furioso, dominado por la ira. | Engreído, creído de sí mismo: *es una persona muy poseída.*

Poseidón, divinidad marina griega. Es el *Neptuno* romano.

Posen. V. POZNAN.

posesión f. Acto de poseer una cosa, facultad de disponer de un bien. || La cosa poseída. || Colonia de un Estado. || Disfrute de un bien no fundamentado en un título de plena propiedad. || Estado de la persona sobre cuyo espíritu ejerce perniciosa influencia un espíritu malo. || Ayuntamiento carnal con una mujer. || *Amer.* Finca rústica. || — *Dar posesión de un cargo a uno,* conferirle el cargo. || *Tomar uno posesión de un cargo,* empezar a ejercerlo.

posesional adj. Relativo a la posesión.

posesionar v. t. Dar posesión de una cosa. || — V. pr. Tomar posesión de una cosa: *posesionarse de los bienes heredados.*

posesivo, va adj. Que denota posesión. || Posesorio. || — *Gram. Adjetivo posesivo,* el que determina el sustantivo añadiendo una idea de posesión. | *Pronombres posesivos,* los que van en lugar del nombre y denotan posesión o pertenencia (ú. t. c. s. m.). [V. *Compendio de gramática,* al final del vol., p. 11.]

poseso, sa adj. y s. Endemoniado: *poseso del demonio.*

posesor, ra adj. y s. Poseedor.

posesorio, ria adj. *For.* Relativo o perteneciente a la posesión: *acto posesorio.*

posfecha f. Fecha posterior a la verdadera.

posguerra f. Tiempo posterior a la guerra.

posibilidad f. Calidad de posible. || Aptitud, potencia u ocasión para ser o existir las cosas. || Facultad para hacer o no una cosa. || Probabilidad: *calcular las posibilidades de éxito.* || — Pl. Aquello que se puede esperar de alguien o de algo: *contar con posibilidades de ganancia.*

posibilitar v. t. Hacer posible. || Permitir.

posible adj. Que puede ser o suceder; que se puede ejecutar || — M. Posibilidad, facultad. || *Hacer todo lo posible,* no omitir diligencia alguna. || — M. pl. Bienes, rentas, fortuna: *una persona de muchos posibles.*

posiblemente adv. Con gran posibilidad: *posiblemente iré.* || Es posible.

posición f. Lugar preciso en que está colocada una cosa: *la casa de Blanca, dada su posición, tiene una vista magnífica.* || Postura, manera de estar situada una persona: *posición tendida.* || *Mil.* Zona de terreno ocupada por una unidad encargada de su defensa: *posición de combate.* || *Fig.* Situación relativa a un objetivo, a circunstancias particulares: *posición difícil.* | Condición económica o social de una persona: *Álvaro tiene una buena posición.* | Opinión, partido que se adopta en una situación determinada o ante un problema preciso: *la posición de mi primo respecto al régimen imperante es siempre adversa.*

Posidonio, historiador y filósofo estoico griego (¿135-50? a. de J. C.). Enseñó en Rodas.

positivado m. Acción de sacar copias positivas de un negativo.

positivismo m. Calidad de positivista. || Gran aprecio que se tiene por el valor y utilidad prácticos de las cosas. || Teoría filosófica de Auguste Comte que defiende como única fuente de conocimiento la experiencia sacada de los fenómenos.

positivista adj. y s. Realista, que da gran valor a la utilidad práctica de las cosas. || Partidario del positivismo.

positivo, va adj. Que se basa en hechos ciertos, reales: *hecho positivo; mejoría positiva.* || Que se funda en la experiencia: *ciencias positivas.* || Fundado en la afirmación de un hecho: *prueba positiva.* || Que está escrito, prescrito: *derecho positivo.* || Que existe de hecho (por oposición a *negativo*) : *la existencia positiva de obligaciones.* || Aplícase a la prueba fotográfica sacada de un negativo (ú. t. c. m.). || Dícese de la electricidad que se obtiene frotando el vidrio con un paño y que lleva el signo +. || — M. Lo que es real, incontestable. || Lo que no es imaginario: *él solamente ve lo positivo de las cosas.* || *Gram.* Grado de comparación expresado por el adjetivo solo o por el adverbio.

pósito m. Almacén municipal destinado a guardar cereales. || Granero, depósito de trigo. || Cooperativa de auxilio mutuo.

positón y positrón m. Electrón positivo.

posma f. Pesadez, lentitud. || — Adj. y s. Pesado, engorroso.

posmoso, sa adj. y s. *Fam.* Pesado.

Posnania, provincia de Polonia, alemana hasta 1945; cap. *Poznan.*

poso m. Sedimento de un líquido. || *Fig.* Huella, resto.

posología f. Estudio de la dosis en que deben administrarse los medicamentos.

* **posponer** v. t. Colocar una persona o cosa después de otra: *posponer el sujeto al verbo.* || *Fig.* Estimar a una persona o cosa menos que a otra. | Diferir, aplazar.

posposición f. Colocación después. || Acción de posponer.

posromanticismo m. Movimiento literario de transición entre el romanticismo y el realismo.

posromántico, ca adj. y s. Posterior al romanticismo: *escuela posromántica.*

post prep. Pos. || — *Post scriptum,* posdata, postscriptum. || *Post meridiem,* posterior al mediodía, postmeridiano (abrev. *p. m.*).

posta f. Conjunto de caballerías que se apostaban en los caminos a cierta distancia, para mudar los tiros, especialmente de los correos. || Lugar donde estaban las postas. || Distancia de una posta a otra. || Bala pequeña de plomo. || *A posta,* expresamente, adrede.

postal adj. Relativo al correo: *servicio, tren, avión postal.* || — F. Tarjeta postal: *enviar una postal como recuerdo.*

postbalance m. Estado después haber hecho el balance: *venta postbalance.*

postdata f. Posdata.

postdiluviano, na adj. Sucedido después del diluvio universal.

postdorsal adj. Aplícase al sonido que se forma con la parte posterior del dorso de la lengua y a las letras que lo tienen como la *h* (ú. t. c. s. f.).

poste m. Madero, pilar de hierro o de hormigón colocado verticalmente para servir de apoyo o señal: *poste telegráfico, indicador.*

poste restante f. (pal. fr.). *Amer.* Lista de correos.

postema f. Absceso que supura. || *Fig.* Persona pesada, posma.

posteo m. *Méx. Min.* Entibación.

poster m. (pal. ingl.). Cartel.

postergación f. Retraso. || Relegación. || Olvido.

postergar v. t. Hacer sufrir atraso, dejar atrasada una cosa: *postergar un asunto.* || Perjudicar a un empleado dando a otro más moderno el ascenso. || Dejar de lado.

posteridad f. Descendencia de aquellos que tienen un mismo origen. || Conjunto de las generaciones futuras. || Fama póstuma.

posterior adj. Que viene después en orden al tiempo: *acto posterior.* || Que está detrás: *la parte posterior.* || — M. *Fam.* Trasero.

posterioridad f. Estado de una cosa posterior a otra.

postguerra f. Posguerra.

postigo m. Puerta falsa. || Puerta pequeña abierta en otra mayor. || Tablero de madera o de metal con que se cierran las ventanas o puertaventanas. || Puerta de una sola hoja. || Portillo de ciudad.

postilla f. Costra que se cría en las llagas o granos cuando se van secando.

postillón m. Mozo que iba a caballo guiando los que corrían la posta, o montando en uno de los delanteros de una diligencia.

postín m. Presunción: *se da mucho postín.* || Elegancia: *un traje de mucho postín.*

postinero, ra adj. Presumido, que se da postín. || Elegante.

postizo, za adj. Que no es natural, sino agregado, sobre puesto: *diente, moño postizo.* || *Fig.* Falso: *cortesía postiza.* || — M. Pelos artificiales en forma de moño o de mechones que se pueden añadir a la cabellera natural.

postmeridiano adj. Relativo a la tarde.

postmodernismo m. Movimiento literario surgido como una reacción conservadora dentro del modernismo y que aconseja la sencillez lírica.

postónico, ca adj. Situado después del acento: *sílaba postónica.*

postoperatorio, a adj. Que se verifica después de una operación: *tratamiento postoperatorio.*

postor m. Licitador. || *Mejor postor,* el que hace la oferta más ventajosa.

postpalatal adj. Aplícase a la consonante para cuya pronunciación choca la base de la lengua contra el velo del paladar y a las letras que la poseen (ú. t. c. s. f.).

postración f. Abatimiento por enfermedad o aflicción: *hallábase en un grado extremo de postración.*

postrador, ra adj. Que postra.

postrar v. t. Debilitar, abatir, quitar el vigor a uno: *postrado por la calentura, la desgracia* (ú. m. c. pr.). || — V. pr. Hincarse de rodillas: *postrarse al pie del altar.* || Humillarse.

postre m. Fruta o dulce que se toma al fin de la comida. || — *A la postre,* en definitiva. || *Para postre,* para colmo.

postremo, ma adj. Último.

postrer adj. Apócope de *postrero: el postrer aliento.*

postrero, ra adj. y s. Último en orden: *el año postrero del siglo.* | Que está o viene detrás.

postrimería f. Último período o últimos años de la vida. || *Teol.* La muerte o cada una de las tres últimas cosas que esperan al alma del hombre después de muerto *(juicio, infierno* y *gloria).* || — Pl. Final, término: *en las postrimerías del siglo pasado.*

postrimero, ra adj. Postrero.

postromanticismo m. Posromanticismo.

postromántico, ca adj. Posromántico.

postscriptum m. Posdata.

postsincronización f. Grabación del sonido de una película después de la toma de vistas.

postsincronizar v. t. Grabar el sonido de una película cinematográfica después de la toma de vistas.

postulación f. Acción y efecto de postular. || Colecta.

postulado m. Proposición que hay que admitir sin pruebas para establecer una demostración: *el postulado de Euclides.* || Principio muy claro y evidente.

postulador m. Encargado en la curia romana de la beatificación o canonización de alguien.

postulante, ta adj. y s. Que postula, pretendiente. || Que aspira a ingresar en una comunidad religiosa. || Que hace una colecta.

postular v. t. Pretender, pedir. || Encomiar, aconsejar: *postular medidas.* || — V. i. Pedir públicamente para una obra, hacer una colecta.

póstumo, ma adj. Nacido o publicado después de la muerte del padre o del autor: *hija póstuma, composiciones póstumas.*

postura f. Posición, actitud, disposición de una persona, animal o cosa: *una postura incómoda.* || Opinión, comportamiento: *su postura no es muy clara.* || Precio que se pone a una cosa. || Precio ofrecido por el comprador en una subasta. || Puesta, cantidad que se juega en una apuesta. || Función de poner huevos las gallinas. || Planta o arbolillo que se trasplanta. || *Fig.* Condición, situación: *estar en mala postura.* | Actitud, posición: *postura elegante.*

postventa adj. Dícese del servicio comercial que asegura el cuidado de las máquinas vendidas.

potable adj. Que puede beberse. || *Fam.* Admisible, más o menos bueno, regular.

potaje m. Caldo del cocido. || Guiso hecho con legumbres secas y verduras. || El que lleva una especie de bastón que lanza al aire y recoge al frente de la banda en algunos desfiles militares. || La función que realiza y el mismo bastón. || *Fig.* Mezcolanza, batiburrillo.

potasa f. *Quím.* Hidróxido de potasio, denominado también *potasa cáustica,* cuerpo blanco, muy soluble en el agua. | Nombre dado al cloruro de potasio, utilizado como abono, y al carbonato de potasio.

potásico, ca adj. *Quím.* Relativo al potasio: *sales potásicas.*

potasio m. Metal alcalino (K), de número atómico 19, extraído de la potasa, más blando que la cera, fusible y que arde en contacto con el agua.

pote m. Vasija redonda. || Recipiente que se emplea en las farmacias para poner ciertas sustancias. || Cocido de alubias, verdura y tocino que se hace en Galicia y Asturias. || Maceta, tiesto. || *Fig.* y *fam.* Postín, presunción: *darse pote.* | Puchero antes de llorar.

Potemkin (Príncipe Grigori Alexandrovich), mariscal ruso (1739-1791), favorito de Catalina II la Grande.

potencia f. Fuerza capaz de producir un efecto: *la potencia del viento.* || Poder, fuerza de un Estado: *potencia militar.* || Estado soberano: *las grandes potencias.* || Virtud generativa, virilidad. || *Fil.* Posibilidad, virtualidad: *pasar de la potencia al acto.* || *Fís.* Cociente del trabajo hecho por una máquina dividido por el tiempo que ha tardado en efectuarlo. || *Mat.* Cada uno de los productos que resultan de multiplicar una cantidad por sí misma tantas veces como su exponente indica: *elevar un número a la potencia cuatro.* || *Mec.* Lo que produce movimiento. || *Min.* Espesor de una capa o filón de mineral. || — *En potencia,* de modo potencial. || *Potencias del alma,* la memoria, la inteligencia y la voluntad.

potenciación f. *Mat.* Operación que tiene por objeto el cálculo de la potencia de un número.

potencial adj. Que tiene en sí potencia: *energía potencial.* || Posible, que puede suceder o existir: *enemigo potencial.* || *Gram.* Que enuncia la acción como posible: *modo potencial* (ú. t. c. s. m.). || — M. *Electr.* Grado de electrización de un conductor: *la diferencia de potencial engendra una corriente eléctrica.* || *Fig.* Poder, fuerza disponible: *el potencial militar de un país.* || — *Potencial eléctrico,* voltaje. || *Potencial industrial,* capacidad de producción de una industria o país.

potencialidad f. Capacidad de la potencia, independiente del acto. || Potencia, poderío.

potenciar v. t. Dar potencia. || Hacer posible. || Dar más posibilidades, facilitar, fomentar.

potenciómetro m. Instrumento empleado para medir las diferencias de potencial.

potentado m. Príncipe soberano, pero que depende de otro superior. || Persona poderosa o de gran influencia. || Muy rico o acaudalado.

potente adj. Que tiene poder o potencia: *un estado potente; una máquina potente.* || Capaz de engendrar. || *Fam.* Grande, desmesurado: *voz potente.*

potenza f. *Blas.* Palo horizontal que con otro vertical forma con él una figura de *T.*

Potenza, c. del SE. de Italia (Basilicata), cap. de la prov. homónima.

potenzado, da adj. *Blas.* Terminado en potenza: *cruz potenzada.*

poterna f. *Fort.* Puerta menor que la principal y mayor que el portillo.

potestad f. Facultad de mandar, poder, autoridad. || Espíritu celestial del sexto coro de los ángeles. || *Patria potestad,* autoridad que los padres tienen sobre los hijos no emancipados.

potestativo, va adj. Facultativo, que puede hacerse o no.

potingue m. *Fam.* Cualquier preparado de botica o bebida de sabor desagradable.

Potomac, río de Estados Unidos que atraviesa Washington y des. en la bahía de Chesapeake; 640 km.

Potonchán, n. que los conquistadores españoles dieron a la corte del rey indígena en la pobl. mexicana actualmente llamada *Champotón* (Campeche).

Potosi, pico del centro de Estados Unidos (Colorado); 4 197 m. C. del centro de Estados Unidos (Misuri). Minas.

potosí m. *Fig.* Riqueza extraordinaria: *valer un potosí.*

Potosí, c. de Bolivia, en las faldas del *Cerro de Potosí,* cap. del dep. homónimo. Obispado. Universidad. Centro minero (plata, estaño). Fundada en 1545 por Diego de Villarroel con el n. de *Villa Imperial.* — Mun. del S. de Colombia (Nariño). — Mun. del S. de Nicaragua (Rivas).

potosino, na adj. De Potosí (Bolivia) o de San Luis Potosí (México).

potpurrí m. Popurrí.

potra f. Yegua joven. || *Fam.* Hernia. || *Fig.* y *fam.* Suerte, fortuna: *tener potra.*

potrada f. Reunión de potros de una yeguada o de un dueño.

potranca f. Yegua que no pasa de tres años de edad.

potranco m. Potro.

potrear v. t. *Méx.* Domar potros. || *Fam.* Mortificar a una persona.

potrero, ra adj. Relativo a los potros. || — M. El que cuida potros. || Sitio para la cría de ganado caballar. || *Amer.* Dehesa cerrada para la cría de ganado. || *Fam.* Hernista.

potrillo m. Potro de menos de tres años de edad.

potro m. Caballo joven de menos de cuatro años y medio de edad. || Aparato de gimnasia para ejecutar diferentes saltos. || Aparato de madera con el que se daba tormento. || Máquina de madera donde se sujetan los animales para herrarlos o curarlos.

Potro, pico de los Andes, entre Argentina (La Rioja) y Chile (Atacama); 6 380 m. — Monte de los Andes en Chile (Atacama); 5 460 m.

potroso, sa adj. y s. Herniado. || *Fam.* Afortunado, con suerte.

Potsdam, c. de Alemania Oriental, a 20 km al SE. de Berlín. Conferencia en 1945 entre Truman, Churchill y Stalin.

Pott (Percival), médico inglés (1714-1788). Realizó investigaciones sobre las enfermedades de las vértebras. (Se da el nombre de *mal de Pott* a la tuberculosis vertebral.)

Poulenc (Francis), músico francés (1899-1963).

pound [*paund*] f. (pal. ingl.). Libra.

Pound (Ezra), poeta norteamericano (1885-1972).

Poussin (Nicolas), pintor clásico francés (1594-1665), autor de cuadros históricos y mitológicos.

Poveda (José Manuel), poeta cubano (1888-1926). || **~ y Armenteros** (Francisco), poeta cubano (1796-1881), llamado *el Trovador Cubano.*

poyal m. *P. Rico.* Manglar.

poyete y **poyo** m. Banco de piedra contra la pared y junto a las puertas de las casas. || *Fig.* y *fam. Quedarse en el poyete,* no ser invitada a bailar o quedarse soltera una muchacha.

poza f. Charca.

Poza Rica, pobl. y mun. de México (Veracruz). Centro petrolero.

pozal m. Cubo para sacar agua del pozo. || Brocal. || Tinaja empotrada en el suelo.

Pozarevac. V. PASSAROWITZ.

Poznan, en alem. *Posen,* c. del centro de Polonia, cap. de la prov. de Posnania, a orillas del Warta. Arzobispado. Universidad. Industrias.

pozo m. Hoyo profundo, generalmente circular y recubierto de mampostería, abierto en la tierra para llegar a la capa acuífera procedente de manantiales subterráneos. || Sitio en que un río tiene más profundidad. || Hoyo profundo por donde se baja a una mina. || *Mar.* Sentina. || *Fig.* Manantial abundante: *pozo de sabiduría, de maldades.* | Compartimento en que tiene que permanecer un jugador, en el juego de la oca, hasta que caiga otro que lo libere. | Bote en los juegos de naipes. || — *Pozo artesiano,* aquel en el que el agua sube naturalmente hasta la superficie. || *Pozo de petróleo,* el excavado para extraer este mineral. || *Pozo negro,* hoyo en que se recogen las inmundicias en los lugares donde no existe alcantarillado. || *Fig. Pozo sin fondo,* aplícase a la persona o cosa en las que se está siempre gastando dinero y recaban cada vez más.

Pozo || **~ (El),** cerro de la Argentina (Mendoza); 2 985 m. || **~ Almonte,** com. del N. de Chile (Tarapacá).

Pozoblanco, v. del S. de España (Córdoba).

pozole m. *Méx.* Bebida compuesta de masa de nixtamal batida en agua. | Guisado de cabeza de puerco.

pozongo m. *Arg.* y *Méx.* Especie de maraca.

Pozos Dulces (Francisco de FRÍAS Y JACOTT, *conde de*), economista cubano (1809-1877).

Pozuelo, v. de España (Madrid).

Pozzo Toscanelli (Pablo del). V. TOSCANELLI.

Pozzuoli. V. PUZOL.

Pr, símbolo del *praseodimio.*

práctica f. Aplicación, ejecución de las reglas, de los principios de una ciencia, de una técnica, de un arte, etc.: *poner en práctica un método.* || Cumplimiento de un deber moral, social: *la práctica de la caridad.* || Observación de los deberes del culto: *práctica religiosa.* || Experiencia creada por la repetición de actos: *tiene mucha práctica en hacer diccionarios.* || Realización de un ejercicio: *la práctica de un deporte.* || Costumbre, uso: *prácticas funerarias.* || — Pl. Clases en que los alumnos hacen aplicación de los conocimientos adquiridos teóricamente. || — *En la práctica,* en la realidad. || *Llevar a la* o *poner en* *práctica*, ejecutar lo que se tiene pensado. ‖ *Período de prácticas*, tiempo durante el cual una persona adquiere experiencia en el ramo en el que trabajará más tarde.

practicable adj. Que puede ser realizado. ‖ Transitable: *un camino practicable*. ‖ — M. Decorado teatral que consiste en objetos reales y no de imitación.

practicante adj. y s. Que lleva a cabo las obligaciones impuestas por su religión. ‖ Dícese de la persona que hace las curas, pone inyecciones y realiza otras intervenciones de cirugía menor. (En este sentido se emplea a veces el femenino *practicanta*.) ‖ Auxiliar de farmacia.

practicar v. t. Aplicar, ejecutar, poner en práctica: *practica todas las virtudes*. ‖ Ejercer: *practicar la medicina*. ‖ Observar los deberes del culto: *practicar la religión* (ú. t. c. i.). ‖ Ejercitarse: *practicar un idioma*. ‖ Realizar por costumbre: *practica los deportes*. ‖ Abrir, hacer: *practicó una ventana en la pared*.

práctico, ca adj. Relativo a la acción, a la aplicación (por oposición a *teórico*): *medicina práctica*. ‖ Que es adecuado para conseguir un fin; de aplicación o de uso cómodo o fácil: *un horario muy práctico*. ‖ Dícese de la persona que tiene un gran sentido de la realidad. ‖ Diestro, experto en una actividad. ‖ — M. Marino que conoce muy bien los peligros de la navegación en cierto sitio y dirige el rumbo de un barco para entrar en un puerto, costear, etc. ‖ *Práctico facultativo*, médico.

pradera f. Prado extenso. ‖ Sitio que sirve de paseo.

Prades, pueblo del S. de Francia (Pyrénées Orientales).

pradial adj. Relativo a los prados. ‖ — M. Noveno mes del calendario republicano francés (de 20 de mayo al 18 de junio).

Pradilla (Francisco), pintor español (1846-1921), autor de cuadros de temas históricos español.

prado m. Terreno en que se deja crecer hierba para pasto de los ganados.

Prado, río de Colombia (Tolima), afl. del Magdalena; 120 km. — Pobl. de Colombia (Tolima).

Prado *(Museo del)*, museo de Madrid, encargado a Juan de Villanueva por Carlos III. En 1819, Fernando VII hizo de este edificio un museo que encierra una de las más ricas pinacotecas del mundo.

Prado (Mariano), político salvadoreño, jefe de la Junta de Gob. de 1823, vicejefe del Estado en 1824, 1825, de 1826 a 1829 y jefe del Estado de 1832 a 1838. ‖ ~ (MARIANO IGNACIO), general peruano (1826-1901), dictador de 1865 a 1868 y pres. de la Rep. de 1876 a 1879. Declaró la guerra a España en 1866. ‖ ~ (PEDRO), escritor y arquitecto chileno (1886-1952), autor de ensayos, poemas y novelas (*La reina de Rapa Nui, Alsino* y *Un juez rural*). ‖ ~ **y Ugarteche** (Manuel), ingeniero y político peruano (1889-1967), hijo de Mariano Ignacio. Pres. de la Rep. de 1939 a 1945, de nuevo en 1956 y derribado en 1962, poco antes de terminar su mandato.

Prados (Emilio), poeta español (1899-1962), autor de *Memoria del olvido*. M. en el destierro.

Praga, cap. de Checoslovaquia y de Bohemia, a orillas del Moldava en su confluencia con el Elba; 1 030 000 h. Arzobispado. Universidad. Industrias.

pragmático, ca adj. Que está fundado o que funda las teorías en el estudio de los textos: *historia pragmática*. ‖ Referente a la acción (por oposición a especulativo, teórico). ‖ Que utiliza el valor práctico como criterio de veracidad: *una política pragmática*. ‖ — F. Edicto de un soberano que regula definitivamente una materia fundamental del país (sucesión, relaciones de la Iglesia y el Estado, etc.).

pragmatismo m. Empirismo agnóstico que defiende el valor práctico como criterio de la verdad.

pragmatista adj. y s. Relativo al pragmatismo o partidario de él.

Praia, cap. y puerto del archipiélago de Cabo Verde (Sotavento), en la isla de Santiago.

praseodimio m. Metal del grupo de las tierras raras (Pr), de número atómico 59.

Prat Chacón (Arturo), marino chileno (1848-1879), héroe de la guerra del Pacífico.

Prat de Llobregat, v. del NE. de España, aeropuerto de Barcelona.

Prato, c. del N. de Italia en Toscana (Florencia). Obispado. Lana.

Pravdinsk. V. FRIEDLAND.

Pravia, v. de España (Oviedo).

praxis f. inv. En la filosofía marxista, conjunto de actividades que pueden transformar el mundo, el conocimiento o los fenómenos de la producción sobre los que basan las estructuras sociales.

Praxiteles, escultor griego (¿390-330? a. de J. C.), autor de la *Venus de Cnido*, de gran belleza.

preadamita m. Supuesto hombre anteccsor de Adán.

preadamítico, ca adj. Relativo al preadamita. ‖ — M. Tiempo o época de los preadamitas.

preámbulo m. Prefacio, introducción, prólogo: *el preámbulo de un libro*. ‖ Rodeo, digresión: *dímelo sin preámbulos*.

prebenda f. Renta aneja a ciertas dignidades eclesiásticas. ‖ *Fig.* y *fam.* Empleo muy ventajoso, canonjía.

prebendado adj. y s. Aplícase al que disfruta una prebenda.

preboste m. Jefe de una asociación. ‖ *Mil.* Oficial que ejercía la policía y velaba por el cumplimiento de las ordenanzas, etc.: *capitán preboste*.

precámbrico, ca adj. y s. m. Dícese del período geológico más antiguo.

precario, ria adj. De poca estabilidad o duración: *paz, salud precaria*.

precaución f. Prudencia, cautela, prevención: *tomar precauciones*.

precaucionarse v. pr. Precaverse, prevenirse.

precaver v. t. Prevenir un riesgo o evitar un daño o un peligro. ‖ — V. pr. Protegerse: *precaverse contra la miseria*.

precavido, da adj. Que evita o sabe precaver los peligros: *persona precavida*. ‖ Sagaz, astuto.

precedencia f. Anterioridad en el tiempo o en el espacio. ‖ Preferencia, en el lugar o asiento. ‖ Primacía, superioridad.

precedente adj. Que precede: *el día precedente a éste*. ‖ — M. Antecedente: *sentar un precedente*.

preceder v. t. Ir delante en tiempo, orden o lugar: *la banda municipal precedía el desfile*. ‖ *Fig.* Tener una persona o cosa más importancia que otra u otras.

preceptista adj. Que da o enseña preceptos y reglas. ‖ Dícese del profesor de preceptiva literaria (ú. t. c. s.).

preceptivo, va adj. Obligatorio. ‖ Que incluye o encierra en sí preceptos: *la parte preceptiva de la Biblia*. ‖ — F. Conjunto de preceptos aplicables a determinada materia: *la preceptiva literaria trata de los preceptos relativos a retórica y poética*.

precepto m. Disposición, orden, mandato: *los preceptos de la ley constitucional*. ‖ Regla, método. ‖ *De precepto*, dícese del día en que hay que oir misa.

preceptor, ra m. y f. Maestro o maestra; persona que se encarga de la educación de los niños.

preceptuar v. t. Ordenar, prescribir, dar preceptos.

preces f. pl. Oraciones. ‖ Súplicas, ruegos.

precesión f. Reticencia. ‖ *Astr. Precesión de los equinoccios*, adelanto anual del momento de los equinoccios debido al movimiento retrógrado del punto equinoccial.

preciado, da adj. Valioso, de gran estimación, apreciado: *el preciado líquido*.

preciar v. t. Apreciar, estimar. ‖ — V. pr. Presumir, dárselas, estar orgulloso: *preciarse de orador*. ‖ Considerarse, estimarse: *como todo español que se precie*.

precinta f. Tira de cuero que se pone en las esquinas de los baúles para reforzarlos.

precintado m. Colocación de un precinto.

precintaje m. Galicismo por *precintado*.

precintar v. t. Poner un sello de plomo, banda pegada o cualquier otra cosa que se rompen cuando se intenta abrir lo que debía mantenerse cerrado.

precinto m. Plomo sellado, banda pegada o cualquier otra cosa parecida con que se cierran los cajones, baúles, paquetes, puertas, etc., para que no se abran: *precinto de garantía*.

precio m. Valor venal de una cosa respecto a su venta o a su compra; valoración en dinero o en algo similar a éste: *precio de una mercancía*. ‖ *Fig.* Lo que cuesta obtener una ventaja cualquiera: *¡qué precio pagó por su libertad!* | Valor, importancia: *hombre de gran precio*. ‖ — *Fig. Al precio de*, a costa de. | *No tener precio algo*, tener un gran valor. ‖ *Precio alambicado* o *estudiado*, el que se ha establecido cuidadosamente para que no sea muy elevado. ‖ *Precio alzado*, el establecido por el total de un trabajo sin entrar en el coste de los diferentes conceptos. ‖ *Precio de fábrica* o *de coste*, aquel en el que no hay ningún margen de beneficio. ‖ *Precio prohibitivo*, el que es muy elevado. ‖ *Precio tope*, el máximo que se puede poner.

preciosidad f. Condición de precioso. ‖ Cosa preciosa o muy bonita: *esta pulsera es una preciosidad*. ‖ Afectación en el estilo.

preciosismo m. Afectación extremada en el estilo.

preciosista adj. y s. Afectado: *escritor preciosista*.

precioso, sa adj. De mucho valor, valioso: *piedra preciosa*. ‖ Muy bonito: *jardín precioso*. ‖ Guapo: *su hija es preciosa*. ‖ — F. Marisabidilla.

preciosura f. *Fam.* Preciosidad.

precipicio m. Lugar hondo y escarpado: *caer al precipicio*. ‖ *Fig.* Peligro muy grande, abismo: *estar al borde del precipicio*. | Ruina, pérdida total.

precipitación f. Gran prisa, apresuramiento. ‖ Acción química en la cual el cuerpo que se encuentra en una solución se deposita en el fondo. ‖ Cantidad total del agua líquida o sólida que cae de la atmósfera.

precipitado, da adj. Que obra con mucha prisa o que sucede rápidamente. ‖ — M. Sedimento que se deposita en el fondo del recipiente a causa de una reacción química.

precipitar v. t. Hacer caer una cosa desde un lugar elevado. ‖ Hacer caer, tirar: *lo precipitó por tierra*. ‖ *Fig.* Apresurar, acelerar: *precipitar los acontecimientos*. | Llevar: *precipitó el país a la ruina*. ‖ *Quím.* Aislar del líquido en que estaba disuelta una sustancia y hacer que ésta se sedimente en el fondo del recipiente. ‖ — V. pr. Caer impetuosamente desde un lugar elevado. ‖ Evolucionar con rapi-

PO

prefijos de origen griego

prefijos	significado	ejemplos
a-, an-	privación	afonía; analfabeto
ana-	a la inversa	anacronismo; anagrama
anti-	oposición	antibiótico; anticarro; antípoda; antigás
apo-	lejos de	aponeurosis; apóstrofe
archi-, arqui-,	preeminencia,	archiduque; arquitecto;
arz-	superioridad	arzobispado
cata-	hacia abajo, sobre	cataclismo; cataplasma
di-	dos	diptongo
di(a)-	entre, separación	diafragma; diálogo; diacrítico
dis-	con dificultad	dispepsia
ecto-	externo	ectoplasma
en-	dentro	encerrar
end(o)-	dentro	endocrinología

prefijos	significado	ejemplos
epi-	sobre	epidemia; epígrafe
eu-, ev-	bien	euforia; eufemismo; evangelista
exo-	fuera de	exósmosis
hemi-	medio	hemiplejía; hemistiquio
hiper-	exceso, superioridad	hipermetropía; hiperdulia
hipo-	inferioridad	hipodermis; hipocentro
met(a)-	más allá, cambio	metatarso; metamorfosis
pali(m)-	otra vez	palinodia
para-	contra, junto a	paradoja, paratifoides; parafernales
peri-	alrededor	periferia; periscopio
pro-	delante	procesión
si(m), (n)-	con	simetría; sinóptico

palabras griegas empleadas como prefijos o que forman parte de vocablos españoles

prefijos	significado	ejemplos
acant(o)-	espina	acantáceas
acro-	alto	acrópolis; acróbata
actin(o)-	rayo de luz	actinio; actinógrafo
aden(o)-	glándula	adenopatía
aero-	aire	aeronave; aerofagia
agro-	campo	agropecuario
al(o)-	otro	alergia; alopatía
andro-	varón	androceo
anemo-	viento	anemógrafo; anemofilia
anfi-	ambos, alrededor	anfibio; anfibología; anfiteatro
ant(o)-	flor	antera; antología
antra(c)-	carbón	antraceno; ántrax
antropo-	hombre	antropófago; antropometría
aristo-	mejor	aristócrata
aritm(o)-	número	aritmética
arqueo-	antiguo	arqueólogo
arteri(o)-,	arteria	arteriosclerosis; arteriola
artr(o)-	articulación	artritismo; artrópodo
aster(o)-,	estrella	asteroide
astr(o)-		astronomía
atmo-	vapor	atmósfera
auto-	uno mismo	autobiografía; autógeno; autómata
bar(o)-	peso	barógrafo; barisfera; barítono
bati-	profundidad	batíscafo
bibli(o)-	libro	biblioteca; Biblia
bio-	vida	bioquímica; biopsia
bleno-	mucosidad	blenorragia
bradi-	lento	bradicardia
braqui-	corto	braquiópodo
brom(o)-	hedor	bromuro
bronc(o)-,	tráquea	bronconeumonía;
bronqui-		bronquio
butir(o)-	manteca	butiroso
caco-, caq-	malo	cacoquimia; caquexia
calco-	cobre, bronce	calcografía; calcopirita
cali-	hermoso	calígrafo
cardi(o)-	corazón	cardiografía; carditis
cefal(o)-	cabeza	cefálico; cefalotórax
ceno-	vacío	cenotafio
ceno-	común	cenestesia
cian(o)	azul	cianosis
cicl(o)	círculo	cíclico; cicloide; ciclomotor
cinemat(o)-,	movimiento	cinemateca;
cinet(o)-		cinético
cito-	célula	citoplasma
clepto-	robar	cleptomanía
clor(o)-	verde, amarillento	clorosis; cloruro
cosm(o)-	mundo	cosmogonía, cósmico
crio-	frío glacial	crioscopia
cript(o)-	escondido	criptógamo; criptograma
cris(o)-	oro	crisólito; crisantemo
cristal(o)-	cristal	cristalografía; cristalizar
crom(o)-	color	cromolitografía; cromatismo
cron(o)-	tiempo	cronografía; crónica
dactil(o)-	dedo	dactilar; dactilógrafo
deca-	diez	decámetro

prefijos	significado	ejemplos
dem(o)-	pueblo	demagogia; demócrata
derm(a)-	piel	dermatosis; dérmico
dico-	en dos partes	dicotomía
dinam(o)-	fuerza	dinámica; dinamómetro
dodeca-	doce	dodecaedro
dolico-	largo	dolicocefalia
enter(o)-	intestino	enterocolitis
entomo-	insecto	entomólogo
eo-	aurora	eoceno
equino-	erizo	equinodermo, equinococo
erot-	amor	erotismo
escaf(a)-	barco	escafoides
escato-	último	escatología
esfeno-	cuña	esfenoides
esfer(o)-	globo	esfera
esquizo-	hendir	esquizofrenia
estat-	estable	estática; estatorreactor
estereo-	sólido	estereoscopio
esteto-	pecho	estetoscopio
estil(o)-	punzón	estilete; estilográfica
estoma-	boca	estomatitis
etio-	causa	etiología
etn(o)-	raza	etnografía; etnia
fago-	comer	fagocitosis
fanero-	manifiesto	fanerógama
faring-	faringe	faríngeo
farmac(o)-	medicamento	farmacéutico; farmacología
feno-	aparecer	fenómeno
fil(o)-	amigo	filología; filatelista
filo-	hoja	filoxera
fis(io)-	naturaleza	fisiólogo; fisonomía
fito-	vegetal	fitófago
fleb-	vena	flebitis
fon(o)-	sonido	fonética
foto-	luz	fotosíntesis
fren(o)-	inteligencia	frenopatía
galact-,	leche	galactosa;
galax-		galaxia
gam(o)-	unión	gameto; gamopétala
gastero-,	vientre	gasterópodo;
gastr(o)-		gastritis; gastrónomo
gen-	género	genealogía
geo-	tierra	geología
geront(o)-	viejo	gerontólogo
ginec(o)-	mujer	ginecólogo; gineceo
gir(o)-	círculo	giróstato; girasol
glos-	lengua	glosa
gluc-,	dulce	glucósido;
glicer(o)-		glicerina
gonio-	ángulo	goniómetro
graf(o)-	escribir	grafito; grafólogo
hagio-	santo	hagiógrafo
hect(o)-	ciento	hectólitro; hectárea
helio-	sol	heliotropo
hemat(o)-,	sangre	hematitis; hematoma;
hemo-		hemorragia; hemostático
hepat(o)-	hígado	hepatitis
hepta-	siete	heptasílabo
hetero-	otro	heteróclito; heterogeneidad
hexa-	seis	hexámetro; hexasílabo

dez, tender a su fin: *los acontecimientos se precipitan.* ‖ Lanzarse, arrojarse: *precipitarse contra el enemigo.* ‖ Decir o hacer algo con apresuramiento, con irreflexión.

precisar v. t. Determinar, fijar, expresar de modo preciso: *precisar una fecha.* ‖ Obligar, forzar: *verse precisado a irse.* ‖ Necesitar: *preciso un diccionario.* ‖ Aclarar: *precisa tu idea.* ‖ — V. impers. Ser necesario: *precisa que vayas a verle.*

precisión f. Carácter de lo que es claro, preciso. ‖ Exactitud: *tener precisión en el trabajo.* ‖ Limitación estricta de un tema; exactitud grande en la expresión. ‖ Necesidad absoluta de algo: *tengo precisión de tu ayuda.* ‖ *Instrumento de precisión*, el que es muy exacto.

preciso, sa adj. Necesario, indispensable: *es preciso que vengas.* ‖ Fijo, determinado: *órdenes precisas; llegar a una fecha precisa.* ‖ Puntual, exacto: *definición precisa.* ‖ Claro, conciso, que dice lo esencial: *estilo preciso.* ‖ Justo: *un lugar preciso.* ‖ Mismo: *llegaron en aquel preciso momento.*

precitado, da adj. Antedicho.

preclaro, ra adj. Insigne.

preclásico, ca adj. Que antecede a lo clásico en artes o letras.

precocidad f. Condición de precoz.

precognición f. Conocimiento anterior.

precolombino, na adj. Anterior a Cristóbal Colón o a sus descubrimientos en el Nuevo Mundo: *arte precolombino.*

preconcebido, da adj. Pensado o meditado de antemano: *idea preconcebida.*

* **preconcebir** v. t. Establecer previamente y con sus pormenores algún pensamiento o proyecto que ha de ejecutarse: *lo hice con arreglo al plan preconcebido.*

preconización f. Acción y efecto de preconizar.

preconizador, ra adj. y s. Que preconiza.

preconizar v. t. Recomendar, aconsejar: *preconizar una reforma.* ‖ Encomiar, alabar públicamente a una persona o cosa. ‖ En la curia romana, exponer los méritos del que ha sido propuesto para prelado.

precordial adj. Aplícase a la parte del pecho que corresponde al corazón: *región precordial.*

precortesiano, na adj. Relativo a épocas anteriores a la conquista de México por Hernán Cortés.

precoz adj. Dícese del fruto que madura temprano, inmaduro. ‖ *Fig.* Que muestra más talento o habilidad de lo que corresponde a sus

prefijos	significado	ejemplos
hidr(o)-	agua	hidrógeno; hidrato; hidromiel; hidrostático
hier(o)-	sagrado	hierofanta
higro-	húmedo	higrometría
hipno-	sueño	hipnosia
hip(o)-	caballo	hipocampo; hipismo
histo-	tejido	histólogo
holo-	todo	holocausto
homeo-, hom(o)-	parecido	homeopatía; homogeneizar
horo-	hora	horóscopo
icono-	imagen	iconografía
icter-	amarillez	ictericia
ide(o)-	idea	ideograma; ideología
idio-	especial	idiotismo
iso-	igual	isótopo; isobara
kilo-	mil	kilogramo
leuc(o)	blanco	leucemia; leucocito
lexico-	lenguaje	lexicografía
lit(o)-	piedra	litosfera; litografiar
log(o)-	palabra, ciencia	logaritmo; logomaquia
macro-	grande	macromolécula; macrocefalia
mega(lo)-	grande	megalito; megaterio
melan(o)-	negro	melanesio; melanina
mel(o)-	canto, música	melodrama; melómano
meso-	medio	mesocarpio
meteor(o)-	elevado en el aire	meteorología; meteorito
metr(o)-	medida	metrónomo; métrica
micr(o)-	pequeño	microscopio; micra
miel(o)-	médula	mielitis
mio-	músculo	miocarditis
miri(a)-	diez mil	miriada; miriápodos
mis(o)-	odiar	misantropía; misoginia
mit(o)-	leyenda	mitómano; mítico
mnemo-	memoria	mnemotecnia
mon(o)-	único	monarca; monogamia
morfo-	forma	morfología
nau-	nave	náutica
necro-	muerto	necrófago; necrópolis
nefr(o)	riñón	nefrítico; nefrosis
neo-	nuevo	neoclásico
neumat-	aire	neumatico
neumo-	pulmón	neumoconiosis
neur(o)	nervio	neuritis; neurastenia
noso-	enfermedad	nosología
octa-; octo-	ocho	octavilla; octogenario
odont(o)-	diente	odontología
oftalm(o)-	ojo	oftalmía; oftalmología
olig(o)-	poco	oligarca; oligoelemento
onir(o)-	sueño	onirismo; oniromancia
onoma-	nombre	onomástica; onomatopeya
onto-	ser	ontología; ontogénesis
ornito-	pájaro	ornitología; ornitorrinco
oro-	montaña	orografía; orogenia
orto-	recto	ortografía; ortodoxia
oste(o)-	hueso	ostealgia; osteomielitis
ot(o)-	oído	otalgia; otitis
oxi-	ácido	oxígeno
paleo-	antiguo	paleontología
pan-, pant(o)-	todo	panamericano; panteón; pantógrafo
paqui-	espeso	paquidermia
pato-	enfermedad	patógeno
ped-	niño	pedagogo
penta-	cinco	pentaedro
pir(o)-	fuego	piromancia; pirómetro
pitec-	mono	pitecántropo
plast-	formar	plástica
pleur-	costado	pleuresía
pluto-	rico	plutocracia
pod(o)	pie	podología; podio
poli-	mucho	polimería
proto-	primero	protomártir
psic(o)-, psiqui-	alma	psicoanálisis; psicosis; psiquiatra
ptero-	ala	pterópodo
quiro-, cir-	mano	quiróptero; cirugía
rin(o)-	nariz	rinitis
rizo-	raíz	rizópodo
sacar-	azúcar	sacarina
sarco-	carne	sarcoma; sarcófago
sema-	señal, significación	semáforo; semántica
seudo-	falso	seudópodo
sider(o)-	hierro	siderita; siderurgia
somat(o)-	cuerpo	somatología
taqui-	veloz	taquigrafía; taquicardia
tauro-	toro	tauromaquia
tauto-	lo mismo	tautología
taxi-	tasa	taxímetro
tecn(o)-	arte	tecnócrata
tele-	lejos	telegrama; telescopio
teo-	dios	teogonía; teólogo
terapeut-	que cura	terapeuta
term(o)-	calor	termia; termonuclear
tetra-	cuatro	tetrarquía; tetrástrofo
toco-	parto	tocólogo
top(o)-	lugar	topografía
toxico-	veneno	toxicología
urano-	cielo	uranografía
xeno-	extranjero	xenófobo
xero-	seco	xeroftalmia
xilo-	madera	xilófago; xilografía
zoo-	animal	zootecnia

prefijos de origen latino

prefijos	significado	ejemplos
a-, ad-	proximidad	adyacente; abordar
ab-, abs-	separación, privación	abdicación; abstener
ante-	delante	anteayer; antebrazo
bis-, bi-, biz-	dos veces	bisiesto; bilingüe; biznieto
circun-	alrededor	circunloquio
cis-, citer-	de acá	cisalpina; citerior
co-, con-, com-	unión, asociación	coacusado; confraternidad; compenetración
cuadr(i)-, cuatri-, cuadru-	cuatro	cuadrícula; cuadrante; cuatrimotor; cuadruplicar
cuasi-	casi	cuasidelito
de-, des-	negación	demérito; deshacer
deci-	diez	decilitro; decímetro
di-, dis-	separación	difamación; disculpa
e-, es-, ex-	separación, fuera de	emanación; escoger; exportar
	cesación de cargo	ex presidente; ex combatiente
extra-	fuera de	extraterritorial
i-, im-, in-, ir-	privación	ilegible; improcedente; incierto; irracional
infra-	inferioridad	infrahumano
inter-	entre	intercalar; interceder
intra-	adentro	intravenoso
multi-	numeroso	múltiple; multitud
omni-	todo	omnipotente; omnívoro
pen-	casi	penillanura; penúltimo
pos(t)-	después	posponer; postergar
pre-	delante de	preceder; predilección
pro-	en vez de	pronombre; procónsul
quinqu-	cinco	quinquenal; quinquagésima
radi(o)-	rayo	radiodifusión; radiólogo
re-	repetición, encarecimiento, retroceso	reconquista; reconstituir; recargar; rechazar
retro-	hacia atrás	retroceso; retrógado
satis-	bastante	satisfacer
sobre-	superioridad	sobresaliente
sub-	bajo	subsuelo; subdirector
super-, supra-	sobre	supersónico; supranacional
trans-, tras-	más allá	transferir; trashumar
tri-	tres	triángulo; tríodo
ulter-, ultra-	más allá	ulterior; ultratumba
uni-	uno	unigénito
vi(z)-, vice-	en vez de	virreinato; vizconde; vicealmirante
yuxta-	junto a	yuxtaposición

años: *niño precoz.* | Que sucede antes de lo acostumbrado: *invierno precoz.*

precursor, ra adj. y s. Que precede o va delante: *signos precursores de la tormenta.* ‖ *Fig.* Que enseña doctrinas adelantándose a su época: *los precursores del socialismo.* ‖ — M. *El Precursor,* San Juan Bautista.

predecesor, ra m. y f. Antecesor: *mi predecesor en el cargo.*

* **predecir** v. t. Anunciar algo que ha de suceder.

predestinación f. Destinación anterior de algo. ‖ *Teol.* Por antonomasia, ordenación de la voluntad divina con que desde la eternidad tiene elegidos a los que han de lograr la gloria. ‖ Determinación que tendrán los hechos futuros: *predestinación al vicio.*

predestinado, da adj. y s. *Teol.* Destinado por Dios desde la eternidad para lograr la gloria. ‖ Que tiene que acabar en algo ya sabido: *predestinado a ser sacrificado, glorificado,* etc.

predestinar v. t. Destinar anticipadamente para un fin: *estaba predestinado para obispo.* ‖ *Teol.* Destinar y elegir Dios desde la eternidad a los que han de alcanzar la salvación.

predeterminación f. Acción y efecto de predeterminar.

predeterminar v. t. Determinar con anticipación una cosa.

prédica f. Sermón o plática de un sacerdote protestante. ‖ *Fig.* Sermón, palabras con recomendaciones o consejos.

predicable adj. Digno de ser predicado. ‖ — M. Cada una de las clases a que se reducen todas las cosas que se pueden decir o predicar del sujeto en una proposición de lógica. (Son cinco: *género, especie, diferencia, individuo* y *propio.*)

predicación f. Acción de predicar, sermón.

predicaderas f. pl. *Fam.* Dotes para predicar.

predicado m. Lo que se afirma del sujeto en una proposición filosófica. ‖ *Gram.* Aquello que se dice del sujeto en una oración.

predicador, ra adj. y s. Que predica. | — M. Santateresa.

predicamento m. Autoridad, influencia, prestigio: *goza de gran predicamento en el mundo.* ‖ Cada una de las categorías a que se reducen las entidades físicas en lógica. (Son diez: *sustancia, cantidad, cualidad, relación, acción, pasión, lugar, tiempo, situación* y *hábito.*)

predicar v. t. e i. Pronunciar

un sermón. || *Fig.* Reprender agriamente o amonestar. || *Fig. Predicar con el ejemplo,* hacer uno mismo lo que se aconseja a los demás que hagan. || *Predicar en el desierto,* decir algo de lo cual nadie hace el menor caso.

predicativo, va adj. *Gram.* Relativo al predicado o que tiene este carácter.

predicción f. Presagio, pronóstico, conjetura.

predilección f. Preferencia.

predilecto, ta adj. Preferido, favorito: *hijo predilecto.*

predio m. Heredad o finca: *predio rústico.* || Edificio destinado a vivienda: *predio urbano.*

* **predisponer** v. t. Disponer anticipadamente algunas cosas o preparar el ánimo para un fin. || Inclinar a favor o en contra de algo o alguien (ú. t. c. i.).

predisposición f. Inclinación, propensión, aptitud: *predisposiciones para la música.* || Tendencia a adquirir ciertas enfermedades.

predominante adj. Que predomina, que sobresale.

predominar v. t. e i. Prevalecer, dominar, sobresalir, preponderar: *predominan los colores suaves.* || *Fig.* Exceder en altura.

predominio m. Imperio, superioridad, poder, ascendiente, influjo: *el predominio de la ciencia.* || Dominio, preponderancia: *predominio de la tendencia moderada.*

predorsal adj. Situado en la parte anterior de la columna vertebral. || En fonética, dícese del sonido que se articula aplicando contra el paladar la parte anterior del dorso de la lengua.

preeminencia f. Privilegio, prerrogativa: *preeminencias sociales.* || Superioridad, supremacía: *la preeminencia del espíritu.*

preeminente adj. Superior, destacado: *lugar preeminente.*

preestablecido, da adj. Establecido de antemano.

preexistencia f. Existencia anterior.

preexistente adj. Que existe anteriormente.

preexistir v. i. Existir antes.

prefabricación f. Sistema de construcción que permite ejecutar ciertas obras valiéndose de elementos hechos de antemano que se unen entre sí siguiendo un plan establecido; *prefabricación de viviendas.*

prefabricado, da adj. Dícese de un elemento de construcción que no se fabrica en la obra y que se monta después en ella: *bloques de hormigón prefabricados.* || Dícese de una construcción realizada exclusivamente con elementos hechos anteriormente: *casa prefabricada.*

prefacio m. Texto que se pone al principio de un libro para presentarlo a los lectores. || Parte de la misa que precede inmediatamente al canon. || *Fig.* Lo que precede, prepara: *prefacio de las fiestas.* | Lo que es causa de: *el despotismo es el prefacio de las revoluciones.*

prefecto m. Entre los romanos, título de varios jefes militares o civiles. || Nombre de dignidades militares o políticas en diversos países. || Inspector, vigilante: *prefecto de estudios.*

prefectoral adj. Del prefecto o de la prefectura.

prefectura f. Dignidad, cargo, territorio y oficina del prefecto.

preferencia f. Predilección, hecho de ser preferido o de preferir: *tiene preferencia por artículos extranjeros.* || Circunstancia de poseer más derechos: *los inválidos tienen preferencia para ocupar estos cargos o empleos.*

preferente adj. Que establece una preferencia en beneficio de alguien o algo: *tarifa preferente.*

preferible adj. Más ventajoso, mejor: *es preferible que te calles.*

preferido, da adj. y s. Que goza de preferencia: *es el preferido de su padre.*

* **preferir** v. t. Gustar más: *prefiero la playa a la montaña.* || Querer, estimar más: *prefiero al mayor de mis hijos.* || Dar primacía: *preferir a la gente joven para trabajar.*

prefigurar v. t. Dar a conocer anticipadamente algo. || — V. pr. Figurarse

prefijar v. t. Determinar previamente.

prefijo m. Partícula antepuesta a ciertas palabras para modificar su sentido añadiendo una idea secundaria: *"in" en inconsciente es un prefijo que indica « falta de ».* (V. cuadro pág. anterior.)

preglaciar adj. *Geol.* Anterior a la época glaciar.

pregón m. Anuncio que se hace de una mercancía en la calle y a gritos. || Anuncio que se hace todavía en ciertos pueblos, por medio de los pregoneros, de una orden o comunicación del ayuntamiento. || Discurso literario pronunciado por alguien para inaugurar ciertas fiestas: *pregón de Semana Santa.*

pregonar v. t. Anunciar algo por medio de un pregón. || *Fig.* Decir algo para que lo sepa todo el mundo: *pregonar una noticia.* | Poner de manifiesto: *sus actos pregonan su bondad.* || *Fig.* y *fam. Pregonar a alguien,* insultarlo públicamente.

pregonero, ra adj. y s. Divulgador indiscreto de noticias. || — M. Empleado del ayuntamiento que anuncia los pregones. || *Fig.* y *fam. Dar un cuarto al pregonero,* difundir por todas partes.

preguerra f. Período anterior a una guerra.

pregunta f. Proposición que uno formula para que otro la responda: *hacer una pregunta* || Interrogatorio. || *Fig.* y *fam. Andar, estar, quedar a la cuarta pregunta,* estar escaso de dinero.

preguntar v. t. Hacer uno preguntas. || Exponer en forma de interrogación una duda. || Examinar, interrogar: *preguntar a un candidato.* || — V. pr. Dudar de algo.

preguntón, ona adj. y s. Que pregunta mucho: *niño preguntón.*

prehelénico, ca adj. Anterior a la Grecia clásica.

prehispánico, ca adj. Anterior a la conquista, en los países que estuvieron bajo dominio español.

prehistoria f. Parte de la historia de la humanidad que estudia el período anterior a la existencia de documentos escritos.

prehistoriador, ra m. y f. Persona especializada en prehistoria.

prehistórico, ca adj. Anterior a los tiempos históricos: *hombre prehistórico, época prehistórica.*

prehomínidos m. pl. Grupo de primates de principios de la era cuaternaria, intermediarios entre el mono antropoideo y el hombre.

preincaico, ca ad. Anterior a la dominación incaica.

prejuicio m. Actitud discriminatoria hacia personas de otra clase social o de otra raza; *prejuicio racial.* || Opinión preconcebida.

prejuzgar v. t. Juzgar de las cosas antes del tiempo oportuno o sin tener cabal conocimiento de ellas (ú. t. c. i.).

prelacía f. Prelatura.

prelación f. Anterioridad, preferencia: *orden de prelación.*

prelado m. Superior eclesiástico, como abad, obispo, arzobispo, etc. || Superior de un convento.

prelatura f. Dignidad y oficio de prelado.

preliminar adj. Que sirve de antecedente, preámbulo o proemio para tratar una materia: *palabras preliminares.* || — M. pl. En Derecho internacional, artículos generales que sirven de fundamento para un tratado de paz.

preludiar v. i. *Mús.* Ejecutar preludios. || — V. t. *Fig.* Preparar o iniciar algo.

preludio m. Lo que precede o sirve de entrada o preparación a alguna cosa: *preludio de la guerra.* || *Mús.* Composición musical que sirve de introducción a una composición vocal o instrumental. | Pieza independiente, de forma libre: *un preludio de Chopin.*

prematuro, ra adj. Que no está maduro. || *Fig.* Hecho antes de tiempo: *decisión prematura.* | Que concurre antes de tiempo: *lluvia prematura.* || Dícese del niño que nace, viable, antes del término del embarazo (ú. t. c. s. m.).

premeditación f. Acción de premeditar. || *For.* Una de las circunstancias agravantes de la responsabilidad criminal de los delincuentes: *cometer un crimen con premeditación.*

premeditado, da adj. Realizado con premeditación: *crimen premeditado.*

premeditar v. t. Pensar reflexivamente, planear una cosa antes de ejecutarla.

premiado, da adj. y s. Que ha ganado un premio: *premiado en la lotería, en un certamen.*

premiar v. t. Galardonar, recompensar: *premiar a un artista, a un escritor.*

premier m. (pal. ingl.). Primer ministro inglés.

premio m. Recompensa o galardón por algún mérito: *conceder un premio al buen alumno; premio de honor.* || Cantidad que se añade al precio por vía de compensación o de incentivo. || Aumento de valor que se da a algunas monedas. || Lote sorteado en la lotería: *ganar el primer premio.* || *Com.* Bonificación. || *Fam. Premio gordo,* premio mayor de la lotería nacional.

premiosidad f. Molestia, dificultad. || Falta de soltura al hablar o escribir. || Calma, lentitud.

premioso, sa adj. Molesto, incómodo, gravoso. || Que apremia; urgente: *orden premiosa.* || Calmoso, lento. || Que habla o escribe sin soltura.

premisa f. Cada una de las dos primeras proposiciones del silogismo, de donde se saca la conclusión. || *Fig.* Fundamento, base.

premolar adj. y s. m. Dícese de cada uno de los dientes molares situados entre los caninos y los molares en la dentición definitiva.

premonición f. Señal premonitoria, presentimiento.

premonitorio, ria adj. *Med.* Dícese del síntoma precursor de ciertas enfermedades.

premonstratense adj. y s. Canónigo regular de una orden religiosa fundada en Francia por San Norberto en 1120.

premoriente adj. Dícese de la persona que muere antes que otra (ú. t. c. s.).

premura f. Apremio, urgencia: *pedir algo con premura.* || Escasez: *premura de espacio.*

prenatal adj. Antes del nacimiento.

prenda f. Lo que se da en garantía de una obligación. || Cualquiera de las alhajas, muebles o enseres de uso doméstico. || Cualquiera de las partes que componen el vestido y calzado: *prenda interior, de abrigo.* || *Fig.* Cosa que sirve de prueba de una cosa: *en prenda de fidelidad.* | Lo que se ama intensamente, como mujer, hijos, etc. | Cualidad, virtud, perfección moral de una persona: *mujer de muchas prendas.* || — *En prenda,* en fianza, en señal. || *Juego de prendas,* juego casero en que tiene que dar una prenda todo el que se equivoca. || *Fig. No doler prendas,* no escatimar esfuerzos; no escatimar los elogios. | *No soltar prenda,* no decir nada.

prendar v. tr. Enamorar: *estaba muy prendado de sus cualidades* (ú. t. c. pr.).

prendedero m. Broche o alfiler. ‖ Cinta con que se aseguraba el pelo.

prendedor m. Broche. ‖ Prendedero: *prendedor de estilográfica.*

prender v. t. Asir, agarrar, sujetar una cosa. ‖ Apresar a una persona, metiéndola en la cárcel: *prender a un ladrón.* ‖ Enganchar: *prender un clavel en el pelo.* ‖ *Prender fuego,* incendiar. ‖ *Amer.* Encender. ‖ — V. i. Arraigar una planta. ‖ Empezar a arder la lumbre. ‖ Comunicarse el fuego. ‖ Surtir efecto la vacuna. ‖ *Fig.* Propagarse: *doctrina que prendió en la juventud.* ‖ — V. pr. Encenderse, ser presa del fuego.

prendería f. Tienda en que se adquieren y venden alhajas o muebles usados.

prendero, ra m. y f. Dueño de una prendería. ‖ — M. Percha para colgar las faldas.

prendido m. Adorno en el vestido o peinado femeninos. ‖ *P. Rico.* Borracho.

prendimiento m. Prisión, captura: *el prendimiento de Cristo.*

prenoción f. Conocimiento innato, anterior a la reflexión, según algunos filósofos.

prensa f. Máquina que sirve para comprimir, y cuya forma varía según los usos a que se aplica: *prensa para estrujar frutos, estampar, imprimir papel o telas, hidráulica.* ‖ *Fig.* Imprenta. | Conjunto de las publicaciones periódicas, especialmente diarias: *prensa de información; la libertad de prensa.* ‖ — *Dar un libro a la prensa,* imprimirlo. ‖ *Entrar* (o *meter*) *en prensa,* comenzar la tirada de una obra impresa. ‖ *Fig. Tener uno buena* (o *mala*) *prensa,* serle la opinión favorable (o adversa).

Prensa (*La*), periódico argentino de la c. de Buenos Aires, fundado por José Camilo Paz (1869).

prensado m. Acción y efecto de prensar. ‖ Lustre que se da a los tejidos con la prensa.

prensador, ra adj. y s. Que prensa.

prensadura f. Prensado.

prensar v. t. Apretar en la prensa. ‖ Estrujar la uva, las aceitunas, etc.

prensil adj. Que sirve para asir: *cola, trompa prensil.*

prensista m. Oficial que trabaja en la prensa tipográfica.

prensor, ra adj. Aplícase a ciertas aves con pico robusto, el superior encorvado desde la base, como el guacamayo, el loro. ‖ — F. pl. Orden de estas aves.

prenuncio m. Presagio.

prenupcial adj. Anterior al matrimonio.

preñado, da adj. Dícese de la mujer o hembra fecundada (ú. t. c. s. f.). ‖ *Fig.* Aplícase a la pared que forma panza. | Lleno, cargado: *nube preñada de agua; asunto preñado de dificultades.*

preñar v. t. *Fam.* Fecundar a una hembra. | Embarazar a una mujer. ‖ *Fig.* Llenar, henchir.

preñez f. Estado de la mujer o hembra preñada. ‖ *Fig.* Estado de un asunto pendiente de estudio o resolución.

preocupación f. Cuidado, desasosiego, desvelo: *las preocupaciones de una madre.*

preocupado, da adj. Inquieto.

preocupar v. t. *Fig.* Ocupar el ánimo de uno algún temor, sospecha, etc.: *la salud de su hijo le preocupa.* | Dar importancia: *no le preocupa lo que digan los demás.* ‖ — V. pr. Estar prevenido en favor o en contra de una persona o cosa. ‖ Inquietarse: *no preocuparse por nada.* ‖ Tener cuidado, prestar atención: *no me preocupo más del asunto.* ‖ Encargarse: *preocúpese de que cumplan las órdenes.*

preopinante adj. y s. Persona que en una discusión ha dado su opinión antes que otra.

preparación f. Acción de preparar o prepararse. ‖ Cosa preparada. ‖ Conjunto de conocimientos: *tiene una buena preparación científica.* ‖ Aquello que se examina en el microscopio. ‖ Preparado farmacéutico.

preparado m. Medicamento.

preparador, ra adj. y s. Persona que prepara: *asistente preparador.* ‖ — M. y f. Entrenador deportivo.

preparar v. t. Prevenir, disponer algo para un fin: *preparar la cena, un medicamento, una sorpresa.* ‖ Prevenir a uno para una acción: *preparar los ánimos.* ‖ Poner en estado: *preparar un piso.* ‖ Estudiar una materia: *preparar el bachillerato.* ‖ Dar clase: *me preparó para la oposición.* ‖ Tramar, organizar: *preparar un complot.* ‖ *Quím.* Hacer las operaciones necesarias para obtener un producto: *preparar un medicamento.* ‖ — V. pr. Disponerse para ejecutar una cosa: *prepararse para un examen, para un viaje.* ‖ Existir síntomas: *se preprara una tormenta.*

preparativo, va adj. Preparatorio. ‖ — M. Cosa dispuesta y preparada: *preparativos de guerra.*

preparatorio, ria adj. Que prepara o dispone: *escuela preparatoria de ingenieros.* ‖ — M. Curso escolar que existe antes de ingresar en ciertas carreras.

preponderancia f. Importancia mayor de una cosa respecto de otra. ‖ *Fig.* Superioridad: *preponderancia de crédito, de fuerza, de autoridad,* etc.

preponderante adj. Que tiene más importancia, más autoridad, que preponderа: *la católica es la religión preponderante en España.*

preponderar v. i. Predominar, pesar una cosa más que otra. ‖ *Fig.* Prevalecer una opinión: *preponderar la razón, la cordura.* | Ejercer un influjo decisivo o un crédito superior: *preponderar en el ánimo del pueblo.*

preposición f. *Gram.* Parte invariable de la oración que indica la relación entre dos palabras o términos. (V. *Compendio de gramática,* al final del vol., p. 12.)

preposicional adj. Prepositivo. ‖ Que tiene carácter o calidad de preposición o puede usarse como tal: *complemento preposicional.*

prepositivo, va adj. Relativo a la preposición: *partícula, locución prepositiva.*

prepotencia f. Mayor poder.

prepotente adj. Muy poderoso.

prepucio m. *Anat.* Piel móvil que cubre el bálano.

Prerov, c. del centro de Checoslovaquia (Moravia). Siderurgia.

prerrafaelismo m. Arte y estilo pictóricos anteriores a Rafael de Urbino. ‖ Escuela que imita este arte y que surgió en Inglaterra en la segunda mitad del siglo XIX.

prerrafaelista adj. Aplícase al arte y estilo pictórico anteriores a Rafael de Urbino. ‖ — M. Partidario del prerrafaelismo.

prerrogativa f. Privilegio anexo a una dignidad o cargo: *las prerrogativas de la magistratura.*

prerromanticismo m. Movimiento literario de transición entre el neoclasicismo y el romanticismo.

prerromántico, ca adj. Dícese del autor o estilo anteriores al romanticismo (ú. t. c. s.).

presa f. Acción de prender o tomar una cosa. ‖ Cosa apresada, botín: *presa de guerra; presa de caza.* ‖ Muro o dique construido a través de un río con objeto de regular su caudal o embalsar agua para aprovecharla para el riego o la producción de fuerza hidráulica. ‖ Conducto por donde se lleva el agua a los molinos. ‖ — *De presa,* rapaz (ave). ‖ *Fig. Hacer presa,* agarrar. | *Ser presa de la calumnia,* ser víctima de ella. | *Ser presa de las llamas,* ser destruido por ellas.

presagiar v. t. Predecir, prever.

presagio m. Anuncio de un suceso favorable o contrario. ‖ Presentimiento, conjetura.

presagioso, sa adj. Que presagia o contiene presagio.

Presas (Río). V. SAN FERNANDO.

presbicia f. Debilitación del poder de acomodación del cristalino que conduce a una visión confusa de cerca. (La *presbicia* se corrige con lentes convergentes.)

présbita adj. y s. Que adolece de presbicia.

presbiterado m. Sacerdocio.

presbiteral adj. Del presbítero.

presbiterianismo m. Doctrina de los presbiterianos.

presbiteriano, na adj. Dícese del protestante ortodoxo que en Inglaterra, Escocia y América sólo reconoce la autoridad eclesiástica a un sínodo o presbiterio. ‖ Concerniente a esta doctrina.

presbiterio m. Área del altar mayor hasta el pie de las gradas. ‖ Reunión de presbíteros y laicos en la Iglesia presbiteriana.

presbítero m. Sacerdote.

Presburgo. V. BRATISLAVA.

presciencia f. Conocimiento o previsión del futuro.

prescindir v. i. Hacer caso omiso de una persona o cosa; pasarla en silencio, omitirla. ‖ Renunciar a ella, evitarla: *ya no puedo prescindir de su ayuda.* ‖ *Prescindiendo de,* sin tener en cuenta a, independientemente de.

Prescott (William), historiador norteamericano (1796-1859), autor de obras sobre la conquista y colonización españolas de América.

prescribir v. t. Preceptuar, ordenar, mandar una cosa. ‖ Recetar el médico. ‖ *For.* Adquirir la propiedad de una cosa por prescripción. ‖ Caducar un derecho por haber transcurrido el tiempo señalado por la ley.

prescripción f. Acción y efecto de prescribir: *las prescripciones de la ley, de la moral.* ‖ *For.* Modo de adquirir la propiedad de una cosa por haberla poseído durante el tiempo fijado por las leyes. ‖ *Prescripción facultativa,* receta del médico.

prescrito adj. Señalado, ordenado: *prescrito por las ordenanzas.*

preselección f. Selección previa: *preselección de un equipo.*

presencia f. Acción de estar presente. ‖ Asistencia personal: *hacer acto de presencia.* ‖ Aspecto exterior: *persona de buena* (o *mala*) *presencia.* ‖ — *En presencia de,* delante de. ‖ *Presencia de ánimo,* serenidad, entereza.

presencial adj. Relativo a la presencia: *testigos presenciales del hecho delictivo.*

presenciar v. t. Estar presente en un acontecimiento, espectáculo, etc: *presenciar un accidente, una asamblea.*

presentable adj. Que está en condiciones de presentarse o ser presentado: *niño presentable.*

presentación f. Acción de presentar, exhibición. ‖ Aspecto: *su presentación es siempre impecable.* ‖ Acción de trabar conocimiento, por medio de alguien, con otra persona. ‖ Conmemoración del día en que la Virgen fue presentada a Dios en el templo (21 de noviembre). ‖ Arte de representar con propiedad y perfección: *presentación de una comedia, una ópera.* ‖ *Amer.* Demanda, memorial, súplica. ‖ *Carta de presentación,* la de introducción.

presentado, da adj. *P. Rico.* Entremetido.

presentador, ra adj. y s. Dícese de la persona que presenta: *el presentador de un espectáculo.*

presentar v. t. Mostrar, poner algo para que sea visto: *presentar los modelos de la colección.* ‖ Exhibir ante el público: *presentar una* *película.* || Hacer conocer una persona a otra: *le presenté a mi hermana.* || Proponer para un cargo: *presentaron su candidatura.* || Dar: *le presentó sus disculpas.* || Ofrecer a la vista: *presentaba un aspecto poco agradable.* || Explicar, hacer ver: *presenta sus doctrinas de modo hábil.* || *Mil.* Poner las armas para rendir honores. || Tener: *el problema presenta muchas dificultades.* || Tener cierto aspecto: *presenta mal sus deberes escolares; la llaga presentaba pocos síntomas de cicatrización.* || Poner ante alguien: *le presenté una bandeja con diferentes licores.* || Hacer: *presentó una solicitud.* || Librar: *el ejército presentó batalla en el llano.* || — V. pr. Llegar a un lugar: *se presentaron en mi casa.* || Aparecer: *presentarse un obstáculo difícil de salvar.* || Tener cierto aspecto: *el porvenir se presenta amenazador.* || Comparecer: *presentarse ante sus jefes.* || Acudir: *se presentó ante el tribunal de justicia.* || Sufrir: *no se presentó al examen.* || Visitar: *preséntate a él de mi parte.* || *Presentarse en sociedad*, comenzar una joven a hacer vida mundana asistiendo a su primer baile de sociedad.

presente adj. Que se encuentra en persona en un lugar: *presente en una reunión* (ú. t. c. s.). || Actual: *el día presente.* || Que está ante la vista: *la presente carta.* || Que está constantemente en la memoria: *siempre estás presente en mi pensamiento.* || *Gram.* Dícese del tiempo en que la acción del verbo ocurre en el momento actual (ú. t. c. s. m.). || — *Hacer presente*, informar, dar conocimiento. || *¡Presente!*, contestación al pasar lista. || *Tener presente*, acordarse. || — M. Época actual: *pensar en el presente.* || Regalo: *recibir muchos presentes.* || *Mejorando lo presente*, expresión empleada cuando, delante de otras, se elogia a una persona.

presentemente adv. Actualmente, por ahora.

presentimiento m. Presagio.

* **presentir** v. t. Prever por cierto movimiento interior del ánimo lo que ha de suceder.

preservación f. Acción de preservar: *la preservación de las cosechas.*

preservador, ra adj. y s. Que preserva.

preservar v. t. Poner a cubierto anticipadamente a una persona o cosa de algún daño o peligro: *preservar una planta del frío, del calor* (ú. t. c. pr.).

preservativo, va adj. y s. m. Que sirve para preservar.

presidario m. Presidiario.

presidencia f. Dignidad o cargo de presidente: *la presidencia de la República.* || Acción de presidir: *ejercer la presidencia.* || Sitio que ocupa el presidente. || Edificio en que reside el presidente: *la presidencia del Gobierno.* || Tiempo que dura el cargo.

Presidencia || **~ de la Plaza,** pobl. del N. de la Argentina (Chaco). || **~ Roque Sáenz Peña,** pobl. del N. de Argentina (Chaco).

presidenciable adj. Con posibilidades de ser presidente.

presidencial adj. Relativo a la presidencia: *palacio presidencial.*

presidencialismo m. Sistema de gobierno en que el presidente de la República es también jefe del Gobierno o del Poder ejecutivo.

presidencialista adj. Relativo al presidencialismo: *sistema presidencialista.*

presidenta f. La que preside. || Mujer del presidente.

presidente m. El que preside: *el presidente de la asamblea.* || Cabeza o superior de un consejo, tribunal, junta, etc. || En las repúblicas, jefe electivo del Estado.

Presidente || **~ Franco,** pobl. del E. del Paraguay (Alto Paraná). || **~ General Stroessner,** pobl. del E. del Paraguay (Alto Paraná). || **~ Hayes,** dep. del Paraguay, fronterizo con la Argentina, cap. *Villa Hayes.*

presidiario m. Condenado a presidio.

presidio m. Cárcel, prisión, establecimiento penitenciario. || Conjunto de presidiarios. || Pena de prisión. || Guarnición militar en un castillo o plaza fuerte.

Presidio, río del O. de México (Durango y Sinaloa), que des. en el Pacífico; 160 km.

presidir v. t. Ocupar el primer puesto en una junta, asamblea, consejo o tribunal. || Predominar, tener una cosa principal influjo: *la tolerancia preside la conducta del verdadero demócrata.*

presidium m. Presidencia del Consejo Supremo de los Soviets en la U. R. S. S.

presilla f. Cordón que sirve de ojal. || Entre sastres, punto de ojal. || *Amer.* Charretera.

presión f. Acción de apretar o comprimir. || *Fig.* Coacción o violencia que se ejerce sobre una persona. || *Fís.* Cociente de la fuerza ejercida por un fluido sobre determinada superficie y esta misma superficie. || — *Presión atmosférica*, la que el aire ejerce al nivel del suelo y que se mide con el barómetro. || *Presión* o *tensión arterial*, la producida por la sangre en la pared de las arterias.

presionar v. t. Apretar, oprimir: *presione el botón.* || *Fig.* Hacer presión, coaccionar.

preso, sa adj. y s. Aplícase a la persona que está en la cárcel o prisión.

prestación f. Acción de prestar. || Renta o tributo: *prestación por maternidad.* || Servicio exigible por la ley. || Obligación de hacer algo: *prestación de juramento.* || *Prestación personal*, la obligatoria para la utilidad pública.

prestamista com. Persona que presta dinero.

préstamo m. Acto de prestar o tomar prestado. || Lo prestado. || Empréstito.

prestancia f. Compostura distinguida.

prestar v. t. Entregar algo a uno con obligación de restituirlo: *le presté diez mil pesetas.* || Contribuir al logro de una cosa: *prestar ayuda.* || Dar: *prestar alegría.* || — *Prestar atención*, estar muy atento. || *Prestar auxilio* o *socorro*, auxiliar, socorrer. || *Prestar oídos*, escuchar con atención. || *Tomar prestado*, obtener en concepto de préstamo. || — V. pr. Avenirse a algo. || Acceder, consentir. || Dar lugar a: *esto se presta a errores.*

prestatario, ria adj. y s. Que recibe dinero a préstamo.

preste m. Sacerdote que celebra la misa cantada o el que preside el oficio con capa pluvial. || *Preste Juan*, título del emperador de los abisinios.

presteza f. Prontitud.

prestidigitación f. Arte de hacer juego de manos.

prestidigitador, ra m. y f. Persona que hace juegos de manos.

prestigiar v. t. Dar prestigio.

prestigio m. Buena fama, crédito: *marca de prestigio.*

prestigioso, sa adj. Que tiene prestigio: *abogado, tribuno* u *orador prestigioso.*

presto, ta adj. Pronto, diligente: *presto en el trabajo.* || Dispuesto a ejecutar una cosa para un fin: *presto para la lucha.* || — Adv. En seguida, pronto: *ir presto.*

Preston, c. de Gran Bretaña, en el NO. de Inglaterra, cap. de Lancashire. Textiles.

presumible adj. Probable.

presumido, da adj. y s. Que presume.

presumir v. t. Suponer, figurarse algo: *presumí que vendría.* || — V. i. Vanagloriarse, alardear, jactarse: *presumir de enterado, de valiente.* || Ser vanidoso. || Vestir o arreglarse con elegancia exagerada o muy llamativa.

presunción f. Fatuidad, engreimiento, vanagloria. || Suposición. || *For.* Cosa que por ley se tiene como verdad: *presunción de hecho, de derecho.*

presuntivo, va adj. Apoyado en presunciones, supuesto.

presunto, ta adj. Supuesto: *presunto autor de un crimen.* || Aplícase al heredero probable de un trono: *presunto heredero.*

presuntuosidad f. Presunción.

presuntuoso, sa adj. Lleno de presunción y orgullo (ú. t. c. s.). || Pretencioso.

* **presuponer** v. t. Dar por supuesta una cosa antes de tratar de otra. || Suponer. || Hacer el presupuesto.

presuposición f. Suposición.

presupuestar v. t. Hacer un presupuesto.

presupuestario, ria adj. Relativo al presupuesto: *déficit presupuestario.*

presupuesto m. Cálculo anticipado del gasto o del coste de una obra. || Cálculo de los gastos e ingresos de una colectividad o Estado.

presurización f. Acción de presurizar.

presurizar v. t. Mantener una presión normal en el interior de un avión que vuela a mucha altura, en atmósfera rarificada.

presuroso, sa adj. Que tiene prisa. || Ligero, veloz.

pretal m. Petral. || *Méx.* Reata para jinetear que se pone al cuerpo del animal.

prêt-à-porter m. (pal. fr.). Ropa hecha o de confección que se adapta a las medidas del cliente. (Pl. *prêts-à-porter.*)

Prete (Juan del), pintor argentino, n. en 1895.

pretencioso, sa adj. Presumido, presuntuoso (ú. t. c. s.). || Que pretende ser lujoso o elegante.

pretender v. t. Solicitar una cosa: *pretender un cargo.* || Procurar, intentar, tratar de: *pretendía engañarme.* || Asegurar algo que no es demasiado cierto: *pretender haber sido el primero.* || Cortejar a una mujer para casarse con ella: *la pretendí cuatro años.*

pretendido, da adj. Presunto, supuesto: *el pretendido dueño.*

pretendiente adj. y s. Aspirante, persona que pretende o solicita algo: *pretendiente a un cargo.* || Aplícase al hombre que corteja a una mujer con idea de casarse con ella. || Dícese del príncipe que pretende tener algunos derechos para ocupar un trono ya ocupado por otro o que aspira a ocuparlo en un país en el que ya no existe la monarquía.

pretensión f. Reclamación de un derecho, reivindicación. || Precio pedido por un trabajo, por un objeto en venta. || Intención, designio: *no tengo la pretensión de convencerle.* || Afirmación carente de verdad: *tiene la pretensión de haber sido mejor que los otros.* || Aspiración desmedida por algo: *pretensión vana.* || *Tener muchas pretensiones*, aspirar a mucho.

preterición f. Exclusión. || Figura retórica que consiste en decir que se omite una cosa, con lo cual se la menciona. || Omisión del heredero o herederos forzosos en un testamento.

* **preterir** v. t. Prescindir, excluir a una persona o cosa. || Omitir a un heredero forzoso en un testamento.

— OBSERV. Verbo defectivo, se conjuga solamente en los tiempos en que entra la letra *i* en la terminación (*pretería, preterimos*, etc.).

pretérito, ta adj. Pasado: *acontecimiento pretérito.* || — M. *Gram.* Tiempo verbal que indica que una acción se verificó en el pasado. ‖ — *Pretérito anterior,* el que enuncia una acción inmediatamente anterior a otra pasada *(se fue cuando hubo terminado).* ‖ *Pretérito imperfecto,* el que expresa que una acción pasada y no terminada se realiza al mismo tiempo que otra igualmente pasada *(el día que me marché, llovía; te lo hubiera dado si hubieses querido).* ‖ *Pretérito indefinido,* el que indica que la acción enunciada es anterior al momento presente sin precisar si está o no acabada *(ayer recorrí toda la ciudad).* [Es un error bastante corriente añadir una *s* a la terminación de la segunda persona del singular *(amastes, vinistes,* por *amaste, viniste).*] ‖ *Pretérito perfecto,* el que expresa que una acción acaba de verificarse en el momento en que se habla *(no me lo ha dicho; no creo que lo haya visto).* ‖ *Pretérito pluscuamperfecto,* el que indica que una acción ya se había verificado cuando se efectuó otra *(había terminado mi trabajo cuando me llamaste).*

pretexta f. Toga orlada con una tira de púrpura que usaban en Roma los magistrados y los jóvenes de familia noble.

pretextar v. t. Utilizar un pretexto: *pretextar una dolencia, ignorancia, premura,* etc.

pretexto m. Motivo o causa simulada para excusarse de hacer algo: *buscar, hallar un pretexto para no cumplir los compromisos.*

pretil m. Antepecho a los lados de un puente y otros sitios semejantes para impedir que se caigan los transeúntes. ‖ *Amer.* Atrio delante de un templo o monumento.

pretina f. Correa con hebilla para ceñir una prenda a la cintura. ‖ Cintura donde se sujeta la pretina. ‖ *Fig.* y *fam. Meter o poner a uno en pretina,* meterle en cintura.

pretor m. Magistrado que ejercía funciones judiciales en Roma o en las provincias.

Pretoria, cap. del Transvaal, en el centro de la prov. homónima, sede del Gobierno de la Rep. de África del Sur; 422 600 h. Arzobispado. Universidad. Acerías.

pretoría f. Dignidad de pretor.

pretorial adj. Relativo al pretor: *jurisdicción pretorial.*

pretorianismo m. Influencia de los militares en el gobierno.

pretoriano, na adj. Del pretor. ‖ — Adj. y s. Aplícase a los soldados de la guardia de los pretores y después de los emperadores romanos: *cohorte pretoriana.*

pretorio m. Palacio donde habitaban y juzgaban las causas los pretores romanos o los gobernadores de provincias.

pretura f. Pretoría.

preu m. *Fam.* Preuniversitario.

preuniversitario m. Enseñanza preparatoria para ingresar en la Universidad (ú. t. c. adj.). ‖ Examen que sanciona esta enseñanza: *aprobar el preuniversitario.*

* **prevalecer** v. i. Dominar, predominar, triunfar una persona o cosa: *su opinión prevaleció.* ‖ — V. pr. Prevalerse.

* **prevaler** v. i. Prevalecer. ‖ — V. pr. Valerse, tratar de sacar provecho: *prevalerse de su alcurnia.*

prevaricación f. Acción del que falta a las obligaciones de su cargo o empleo.

prevaricador, ra adj. y s. Que prevarica: *funcionario prevaricador.* ‖ Que incita a uno a faltar a su deber.

prevaricar v. i. Faltar a sabiendas y voluntariamente a la obligación de su cargo. ‖ Cometer una infracción en los deberes.

prevaricato m. Prevaricación.

prevención f. Precaución. ‖ Conjunto de medidas tomadas con vistas a evitar accidentes de la circulación o del trabajo. ‖ Desconfianza. ‖ Prejuicio, opinión desfavorable: *tener prevención contra uno.* ‖ Puesto de policía. ‖ Detención de un reo antes del juicio: *cumplir seis meses de prevención.* ‖ *Mil.* Guardia del cuartel. ‖ *Con prevención,* de antemano.

prevenido, da adj. Dispuesto para una cosa. ‖ Advertido, prudente, receloso, cuidadoso: *hombre prevenido vale por dos.*

* **prevenir** v. t. Preparar, disponer con anticipación. ‖ Precaver, evitar: *prevenir una enfermedad.* ‖ Prever, conocer de antemano: *prevenir una objeción, una dificultad.* ‖ Advertir, informar, avisar: *prevenir a la autoridad de un peligro público.* ‖ Predisponer, inclinar el ánimo de alguien a favor o en contra de algo. ‖ *For.* Instruir el juez las primeras diligencias. ‖ — V. pr. Prepararse con lo necesario. ‖ Precaverse, tomar precauciones: *prevenirse contra toda eventualidad.* ‖ Tomar una actitud contraria.

preventivo, va adj. Que previene: *medida preventiva contra cualquier desmán de la multitud.*

preventorio m. Establecimiento hospitalario en el que se cuidan preventivamente ciertas enfermedades, principalmente la tuberculosis.

* **prever** v. t. Pensar de antemano las medidas, las precauciones necesarias para hacer frente a lo que va a ocurrir: *previó todo lo que pudiera suceder.*

Prevert (Jacques), poeta francés, n. en 1900.

previo, via adj. Anticipado: *autorización previa; previo aviso.* ‖ — M. Grabación del sonido antes de tomar la imagen en una película cinematográfica.

previsible adj. Que se puede prever, probable: *paro previsible.*

previsión f. Acción de prever, precaución. ‖ Lo que se prevé. ‖ Calidad de previsor, prudencia, precaución. ‖ Cálculo anticipado: *previsión de gastos.*

previsor, ra adj. y s. Que prevé y sabe tomar precauciones con vistas al porvenir.

previsto, ta adj. Sabido de antemano.

Prevost (Marcel), novelista francés (1862-1941). ‖ ~ **d'Exiles** (Abate ANTOINE FRANÇOIS), escritor y sacerdote francés (1697-1763), autor de novelas costumbristas y de aventuras *(Manon Lescaut).*

prez amb. Honor: *para honra y prez de la familia.*

Príamo, último rey de Troya, hijo y sucesor de Laomedonte, padre de Héctor, Paris y Casandra. Fue matado por Pirro.

Prida (Ramón), abogado y escritor mexicano (1862-1937).

Priego, c. de España (Cuenca). ‖ ~ **de Córdoba,** c. del S. de España (Córdoba). Agricultura.

Priene, c. antigua de Jonia, hoy *Samsún.*

Priestley (John BOYNTON), escritor inglés, n. en 1894, autor de obras de teatro *(Curva peligrosa* y *Ha llamado un inspector)* y de novelas *(Los buenos compañeros).* ‖ ~ (JOSEPH), químico y teólogo inglés (1733-1804). Aisló el oxígeno.

prieto, ta adj. Apretado. ‖ *Amer.* Dícese del color muy oscuro, casi negro.

Prieto (Guillermo), político y poeta romántico mexicano (1818-1897), autor de *El Romancero nacional, Musa callejera* y *Memorias de mis tiempos.* ‖ ~ (INDALECIO), periodista, orador y político socialista español (1883-1962). M. en el destierro. ‖ ~ (JENARO), novelista chileno (1889-1946), autor de *Un muerto de mal criterio* y *El socio.* ‖ ~ (JOAQUÍN), militar chileno (1786-1854), pres. de la Rep. de 1831 a 1841. Promulgó la Constitución de 1833.

Prim y Prats (Juan), general y político español, n. en Reus (1814-1870). Combatió en la guerra de Marruecos (1859), en 1862 se opuso a los designios de Napoleón III en México y se retiró de este país con la expedición que mandaba. En 1868 tomó parte en la Revolución que destronó a Isabel II e influyó decisivamente en el nombramiento de Amadeo, duque de Aosta, para ocupar el trono español. M. asesinado. Fue conde de Reus y marqués de los Castillejos.

prima f. Cantidad pagada por un asegurado a la compañía aseguradora. ‖ Cantidad de dinero pagada a un obrero o empleado, además de su sueldo normal, para reembolsarlo de ciertos gastos o para que participe en los beneficios de la producción. ‖ Subvención dada por el Estado a una persona que construye una vivienda o realiza otra cosa de interés público: *prima de construcción, de exportación.* ‖ Dinero que se da a un jugador deportivo para recompensar un rendimiento excepcional. ‖ Cuerda más aguda de la guitarra o de otros instrumentos. ‖ Primera de las cuatro partes iguales en que dividían el día los romanos. ‖ Primera de las horas canónicas, la primera de las menores, que debe ser rezada al amanecer o sea a las seis de la madrugada. ‖ V. PRIMO.

prima donna f. (pal. ital.). Cantante principal de una ópera.

primacía f. Preeminencia, prioridad, lo que ocupa el primer lugar: *hay que dar primacía a este asunto.* ‖ Dignidad de primado.

primada f. *Fam.* Tontería, idiotez: *hice una primada que me costó muy cara.*

primado, da adj. Dícese del arzobispo u obispo más antiguo o más preeminente de una nación. Ú. t. c. s. m.: *el arzobispo de Toledo es el primado de España.* ‖ Del primado: *sede primada.*

primario, ria adj. Primordial, básico, fundamental: *necesidad primaria.* ‖ Relativo al grado elemental de instrucción: *enseñanza primaria* (ú. t. c. s. f.). ‖ *Fam.* Que tiene poca cultura o conocimientos. ‖ Dícese del sector de actividades económicas de producción de materias primas, principalmente de la agricultura y de las industrias extractoras. ‖ Dícese de la corriente o del circuito inductor de una bobina de inducción. ‖ Aplícase al período, el más largo de la época prehistórica, que se acabó aproximadamente hace unos 200 millones de años (ú. t. c. s. m.).

primate m. Personaje distinguido, prócer. ‖ — Pl. Orden de mamíferos superiores que comprende principalmente a los monos, y al cual algunos autores incluyen el hombre.

Primaticio (Francesco PRIMATICCIO, llamado **el**), pintor, escultor y arquitecto italiano (1505-1570), que decoró el palacio de Fontainebleau (Francia).

primavera f. Estación del año que corresponde en el hemisferio boreal a los meses de marzo, abril y mayo, y en el austral a los de octubre, noviembre y diciembre. ‖ Pájaro de la familia de los túrdidos, común en México. ‖ Planta primulácea de flores amarillas. ‖ *Fig.* Juventud: *la primavera de la vida.* | Año: *tiene 16 primaveras.* ‖ — M. *Fig.* y *fam.* Incauto.

Primavera *(La),* cuadro de Botticelli (Florencia).

primaveral adj. Relativo a la primavera: *día primaveral.*

primer adj. Apócope de *primero,* empleado delante de un nombre masculino: *primer actor, ministro.*

primerizo, za adj. Novicio, principiante (ú. t. c. s.). ‖ Aplícase sobre todo a la mujer que da a luz por primera vez (ú. t. c. s. f.).

primero, ra adj. Que precede a los demás en el tiempo, en el lugar, en el orden: *primera prueba de imprenta* (ú. t. c. s.). [V. PRI-

MER.] ‖ Anterior a los demás en categoría, dignidad, mérito: *los primeros magistrados de la ciudad* (ú. t. c. s.). ‖ Refiriéndose a cosas, que tiene más importancia, más valor: *ganar la primera prueba.* ‖ Que es más esencial, más necesario, más urgente: *las primeras disposiciones.* ‖ Que señala el comienzo: *primeras nociones de una ciencia.* ‖ — M. Piso que está después del entresuelo. ‖ Primer año de estudios. ‖ — F. La menor de las velocidades de un automóvil. ‖ Cierto juego de naipes. ‖ Clase mejor en los ferrocarriles, buques y aviones: *yo viajo casi siempre en primera.* ‖ — Adv. Ante todo, en primer lugar: *le digo primero que no se marche.* ‖ Antes, más bien: *primero morir que vivir en la esclavitud.* ‖ Antes: *llegué primero.* ‖ *De primera,* muy bien, excelentemente.

Primero, río del centro de la Argentina (Córdoba), que vierte sus aguas en la laguna de Mar Chiquita.

primicias f. pl. Primeros frutos de la tierra. ‖ Primeros productos: *las primicias de su ingenio.* ‖ Primera noticia: *tener las primicias de algún acontecimiento.* ‖ Tributo que se daba a la Iglesia.

primigenio, nia adj. Primitivo, originario.

primípara f. Primeriza.

primitivismo m. Calidad de primitivo, de poco evolucionado.

primitivo, va adj. Primero en su línea, o que no tiene ni toma origen de otra cosa. ‖ Antiguo: *armas primitivas.* ‖ Poco civilizado: *costumbres primitivas.* ‖ Dícese del pintor o escultor anterior al Renacimiento (ú. t. c. s. m.). ‖ *Geol.* Dícese del terreno de la primera solidificación de la corteza terrestre: *terrenos primitivos.* ‖ *Gram.* Dícese de la palabra o voz que no deriva de otra: *palabra primitiva.*

primo, ma adj. Primero. ‖ Primoroso, excelente. ‖ — *Materias primas,* productos naturales que no han sido aún labrados o manufacturados. ‖ *Número primo,* el que es sólo divisible por sí mismo y por la unidad. ‖ — M. y f. Hijo o hija del tío o tía. ‖ Tratamiento que daba el rey de España a los grandes del reino. ‖ *Fig.* y *fam.* Tonto, cándido, incauto. ‖ — *Fig.* y *fam. Hacer el primo,* dejarse engañar fácilmente.

Primo ‖ **~ de Rivera** (Fernando), militar y político español (1831-1921). Participó en la tercera guerra carlista, apoyó la proclamación de Alfonso XII (1874) y fue capitán general de Filipinas (1880-1883). Fue el primer marqués de Estella. — Su sobrino MIGUEL, marqués de Estella, general y político español, n. en Jerez de la Frontera (1870-1930), presidente del Directorio militar de 1923 a 1925 y jefe del Gobierno de 1925 a 1929. — JOSÉ ANTONIO, hijo del anterior, abogado y político español, n. en Madrid (1903-1936), fundador de la Falange Española. Fue fusilado en Alicante. ‖ **~ de Verdad** (Francisco). V. VERDAD Y RAMOS.

primogénito, ta adj. y s. Dícese del hijo que nace primero.

primogenitura f. Condición o derecho de primogénito.

primoinfección f. Primer síntoma de infección producido por un germen.

primor m. Cuidado, esmero en hacer una cosa. ‖ Belleza: *esta chica es un primor.*

primordial adj. Principal, fundamental: *esto es primordial.*

primoroso, sa adj. Delicado, hecho con primor: *labor primorosa.* ‖ Encantador, muy lindo: *niño primoroso.* ‖ Diestro, muy hábil o experimentado.

prímula f. *Bot.* Primavera.

primuláceo, a adj. y s. f. Dícese de las plantas herbáceas angiospermas dicotiledóneas, como el pamporcino y la primavera. ‖ — F. pl. Familia que forman.

princeps adj. (pal. lat.). Príncipe, primera edición de una obra.

princesa f. Mujer del príncipe o hija de él o que posee un principado. ‖ En España, la heredera del trono: *la princesa de Asturias.*

Princeton, c. en el E. de los Estados Unidos (Nueva Jersey). Universidad.

principado m. Dignidad de príncipe. ‖ Territorio gobernado por un príncipe: *el principado de Mónaco.* ‖ Primacía, superioridad. ‖ — Pl. Espíritus celestes que forman el séptimo coro de los ángeles.

principal adj. Primero en estimación o importancia: *el personaje principal de una obra.* ‖ Ilustre, esclarecido: *varón muy principal.* ‖ Esencial o fundamental: *asunto, tema principal.* ‖ Aplícase a la planta que se halla entre la planta baja y el primer piso: *piso principal* (ú. t. c. s. m.). ‖ *Gram. Oración principal,* la que no depende de ninguna y de la cual dependen otras. ‖ — M. El capital prestado, sin los réditos. ‖ Jefe de una casa comercial: *el principal del despacho* u *oficina.*

príncipe adj. Aplícase a la primera edición de un libro: *edición príncipe.* ‖ — M. El primero y el superior en una cosa: *el príncipe de los poetas, de las letras.* ‖ Por antonomasia, primogénito del rey, heredero de su corona: *el príncipe de Gales.* ‖ Individuo de familia real o imperial: *príncipe de sangre.* ‖ Soberano de un Estado: *el príncipe de Liechtenstein.* ‖ Título nobiliario que dan los reyes. ‖ — *Príncipe Azul,* personaje de los cuentos de hadas. ‖ *Príncipe de Asturias,* título que Juan I de Castilla otorgó a su hijo Enrique III en 1388 y que desde entonces llevan los herederos al trono español. ‖ *Príncipe de las tinieblas,* el demonio. ‖ *Príncipe de los apóstoles,* San Pedro. ‖ *Príncipes de la Iglesia,* los cardenales. ‖ *Fig. Vivir como un príncipe,* vivir magnífica y espléndidamente.

Príncipe, isla portuguesa en el golfo de Guinea (África); 119 km^2. ‖ **~ de Gales** (TIERRA DEL), isla del N. del Canadá en el océano Glacial Ártico. ‖ **~ Eduardo,** isla y prov. del Canadá, en el S. del golfo de San Lorenzo; cap. *Charlottetown.*

Príncipe ‖ **~ Eugenio.** V. EUGENIO DE SABOYA. ‖ **~ Negro.** V. EDUARDO.

Príncipe *(El),* obra de Maquiavelo (1531), tratado de política y de gobierno.

principesco, ca adj. Propio de príncipes. ‖ *Fig.* Espléndido: *comida principesca.*

principiante, ta adj. y s. Que principia. ‖ Que empieza a estudiar o ejercer un arte u oficio.

principiar v. t. e i. Comenzar.

principio m. Primera parte de una cosa o acción, comienzo: *el principio del mes; el principio de las negociaciones.* ‖ Causa primera, origen. ‖ Base, fundamento: *los principios de la moral.* ‖ Rudimento: *principios de metafísica.* ‖ Regla de conducta, norma de acción: *un hombre sin principios.* ‖ Plato que se sirve entre el cocido y los postres. ‖ *Fís.* Ley general cuyas consecuencias rigen toda una parte de la física: *el principio de Arquímedes.* ‖ *Quím.* Cuerpo que figura en la composición de una mezcla natural. ‖ — *A los principios* o *al principio,* al comenzar una cosa. ‖ *A principios de,* en los primeros días. ‖ *De principios,* sujeto a normas morales. ‖ *En principio,* dícese de lo que se acepta provisionalmente. ‖ *En un principio,* al empezar, al principio. ‖ *Principio de contradicción,* imposibilidad de que una cosa sea y no sea al mismo tiempo.

pringada f. Trozo de pan empapado con pringue. ‖ En el cocido, tocino, chorizo, morcilla y carne.

pringar v. t. Empapar con pringue. ‖ Ensuciar con grasa o pringue (ú. t. c. pr.). ‖ *Fig.* y *fam.* Comprometer, hacer intervenir a alguien en un asunto. ‖ — V. i. *Fam.* Trabajar denodadamente. | Sacar provechos ilícitos en un negocio (ú. t. c. pr.). ‖ *Amer.* Lloviznar. ‖ — V. pr. Ensuciarse, mancharse. ‖ *Fig.* Tomar parte en un asunto poco limpio.

Pringles (Juan Pascual), militar y patriota argentino (1795-1831). M. en lucha contra Quiroga.

pringoso, sa adj. Que tiene pringue, grasiento: *papeles pringosos; ropas pringosas.*

pringue f. Grasa. ‖ *Fig.* Suciedad, porquería.

Prinzapolca, río en el E. de Nicaragua (Zelaya), que des. en el mar Caribe; 193 km. — Mun. en el E. de Nicaragua (Zelaya).

Prío Socarrás (Carlos), político cubano, n. en 1903, pres de la Rep. de 1948 a 1952.

priodonte m. Género de mamíferos desdentados de América del Sur parecidos a un armadillo de gran tamaño.

prior, ra m. y f. Superior de algunas comunidades religiosas. ‖ *Gran prior,* dignidad superior de la orden de los caballeros de San Juan.

prioral adj. Relativo al prior o a la priora.

priorato m. Dignidad o cargo de prior o priora. ‖ Su jurisdicción. ‖ Comunidad religiosa gobernada por un prior. ‖ Convento de los monjes de San Benito. ‖ Vino tinto muy célebre del Priorato (Tarragona).

Priorato (El), comarca del NE. de España (Tarragona). Vinos.

priorazgo m. Priorato.

priori (a) loc. lat. V. A PRIORI.

prioridad f. Preferencia, primacía: *él tiene prioridad.* ‖ Anterioridad.

prioritario, ria adj. Que tiene prioridad.

Pripet o **Pripiat,** río en el O. de la U. R. S. S. (Ucrania), afl. del Dniéper; 775 km.

prisa f. Apresuramiento, prontitud, rapidez: *trabajar con prisa.* ‖ Apremio, precipitación: *estos son los días de más prisa.* ‖ Afluencia: *hay muchas prisas en los trenes en esa época.* ‖ — *A prisa* (o *de*) *prisa,* con prontitud. ‖ *A toda prisa,* con gran rapidez. ‖ *Correr prisa,* ser urgente una cosa. ‖ *Darse prisa,* apresurarse. ‖ *De prisa y corriendo,* con rapidez, atropelladamente. ‖ *Estar de* (o *tener*) *prisa,* tener que hacer algo con urgencia. ‖ *Meter prisa,* mandar hacer las cosas apresuradamente.

priscilianismo m. Doctrina de Prisciliano.

priscilianista adj. y s. Partidario del priscilianismo.

prisciliano, na adj. y s. Priscilianista.

Prisciliano, prelado y teólogo español (¿300?-385), fundador de una doctrina herética *(priscilianismo)* de carácter panteísta y maniqueo. M. decapitado.

prisco m. *Amér. C.* y *Méx.* Durazno pequeño.

prisión f. Cárcel, casa de detención: *estar en prisión.* ‖ Estado del que está preso o prisionero. ‖ Pena de privación de libertad, inferior a la reclusión y superior a la de arresto. ‖ *Fig.* Lugar triste, sombrío, solitario: *esta casa es una verdadera prisión.* | Lo que encierra o retiene algo: *el cuerpo humano es la prisión del alma.* ‖ — Pl. Grillos, cadenas. ‖ — *Prisión mayor,* la de seis años y un día hasta doce. ‖ *Prisión menor,* la de seis meses y un día a seis años.

prisionero, ra adj. y s. Dícese de la persona detenida por cualquier enemigo: *prisionero de guerra.* ‖ *Fig.* Dícese de la persona que no tiene libertad para moverse: *prisionero en su habitación.* | Cautivo de un afecto o pasión: *prisionero de un amor, del vicio.*

Prisiones *(Mis),* relato de Silvio Pellico (1832).

prisma m. Cuerpo geométrico limitado por dos polígonos paralelos e iguales, llamados *bases,* y por tantos paralelogramos como lados tenga cada base. || Sólido triangular de materia transparente que desvía y descompone los rayos luminosos. || *Fig.* Lo que nos deslumbra y nos hace ver las cosas diferentes a lo que son: *contemplar algo a través del prisma de sus intereses.*

prismático, ca adj. De forma de prisma: *cristal prismático.* || — M. pl. Anteojos en cuyo interior los rayos luminosos son desviados por medio de prismas.

Pristina o **Prishtina,** c. en el SE. de Yugoslavia, cap. del territorio autónomo de Kosovo-Metohija o Kosmet.

prístino, na adj. Antiguo, original: *su prístina beldad.* || Puro, limpio, sin par.

privación f. Hecho de ser privado o de privarse de algo: *privación del olfato, de la presencia de los seres queridos, de los derechos de ciudadanía.* || Falta, ausencia, desaparición. || — Pl. Carencia o falta de las cosas necesarias: *pasaron muchas privaciones.*

privado, da adj. Que no es público, relativo a la intimidad de una persona: *correspondencia privada.* || Particular, personal: *mi domicilio privado.* || — M. Hombre que goza de la confianza de un gobernante, favorito: *los privados españoles en la monarquía.* || — F. *Méx.* Calle estrecha, de una manzana, generalmente cerrada.

privanza f. Situación del privado o favorito.

privar v. t. Quitar o rehusar a uno la posesión, el goce de algo: *le privaron de sus bienes.* || Quitar a una cosa todas o parte de sus propiedades características: *privar a mis frases de todo sentido.* || Impedir: *no le prives de ver a sus amigos.* || Gustar mucho: *me privan las películas del Oeste.* || Estar en boga, de moda: *en la colección privan los trajes ajustados.* || — V. pr. Dejar o abandonar voluntariamente algo: *se priva de todo en beneficio de sus hijos.*

Privas, c. del SE. de Francia, cap. del dep. de Ardèche.

privat docent m. En algunas universidades alemanas o suizas, profesor libre.

privativo, va adj. Que causa privación: *disposición privativa.* || Propio, especial, peculiar de una cosa o persona, y no de otras: *son ideas privativas del genio.*

privilegiar v. t. Conceder privilegio.

privilegio m. Ventaja o excepción especial que se concede a uno: *privilegio de fabricación, de importación.* || Documento en que consta. || Derecho, prerrogativa: *gozar de un privilegio.* || *Fig.* Don natural: *la razón es el privilegio del hombre.*

pro m. Provecho. || — *El pro y el contra,* lo favorable y lo adverso. || *En pro,* en favor. || *Hombre de pro,* hombre de bien. || *No estar ni en pro ni en contra,* no tomar partido. || *For. Pro indiviso,* aplícase a los bienes que se poseen en común. || *Pro forma,* dícese de las facturas o recibos hechos para justificar una operación posterior.

Pro (Miguel Agustín), jesuita mexicano (1891-1927). Acusado de haber planeado un atentado contra el pres. Á. Obregón, fue fusilado.

proa f. Parte delantera de la embarcación, con la cual corta las aguas. || Parte delantera del avión. || — *Fig. Poner la proa a uno,* ponerse en contra suya. || *Poner proa a,* dirigirse a.

probabilidad f. Calidad de probable: *hay pocas probabilidades de verlo.* || Verosimilitud. || *Cálculo de probabilidades,* conjunto de las reglas que permiten determinar si un fenómeno ha de producirse, fundando la suposición en el cálculo, las estadísticas o la teoría.

probabilismo m. Sistema filosófico según el cual toda opinión tiene un cierto grado de probabilidad, sin ser jamás ni totalmente falsa ni totalmente cierta. || Doctrina teológica según la cual en la calificación de las acciones humanas se puede seguir lícitamente la opinión probable, en contraposición de la más probable.

probabilista adj. y s. Partidario del probabilismo.

probable adj. Que es fácil que ocurra, verosímil.

probado, da adj. Acreditado por la experiencia: *remedio probado.* || *For.* Acreditado como verdad en los autos: *lo alegado y probado.*

probador, ra adj. y s. Que prueba. || — M. Sala donde los clientes se prueban los trajes.

* **probar** v. t. Demostrar indudablemente la certeza de un hecho o la verdad de una afirmación: *probar lo que se dice.* || Indicar: *eso prueba tu malestar.* || Experimentar las cualidades de una persona, animal o cosa: *probar un método, la resistencia de un puente.* || Poner para ver si tiene la medida o proporción adecuada: *probar un traje.* || Gustar un manjar: *probar la salsa.* || — V. i. Intentar, tratar algo: *probó a levantarse y no pudo* (ú. t. c. tr.). || Ser o no conveniente para un fin: *este régimen me prueba bien.* || — V. pr. Ver si una prenda sienta bien: *probarse un vestido.*

probatorio, ria adj. Que sirve para probar. || — F. *For.* Plazo otorgado por la ley para presentar las pruebas de una cosa.

probeta f. *Quím.* Tubo de cristal cerrado por un extremo y destinado a contener líquidos o cosas: *una probeta graduada.* || Manómetro de mercurio para determinar la presión del gas en la máquina neumática.

probidad f. Honradez, rectitud, integridad: *la probidad del hombre de bien.*

problema m. Cuestión o proposición dudosa que se trata de aclarar: *resolver un problema.* || Cosa difícil de explicar: *un problema complicado.* || Cosa que presenta una dificultad: *los problemas económicos.* || *Mat.* Proposición dirigida a averiguar el modo de obtener un resultado, conociendo ciertos datos.

problemático, ca adj. Dudoso, incierto. || — F. Serie ordenada de problemas que se estudian sobre un asunto.

probo, ba adj. Que tiene probidad, íntegro: *probo empleado.*

Probo (Marco Aurelio), emperador romano de 276 a 282.

proboscidio adj. y s. m. Dícese de los mamíferos ungulados que tienen trompa prensil y cinco dedos en cada una de las cuatro extremidades, como el elefante. || — M. pl. Orden que forman.

procacidad f. Insolencia, desvergüenza, atrevimiento.

procaz adj. Descarado, atrevido, insolente, grosero. || Indecente.

procedencia f. Principio, origen de una cosa. || Punto de salida o escala de un barco, avión, tren o persona. || Conformidad con la moral, la razón y el derecho. || *For.* Fundamento legal de una demanda o recurso.

procedente adj. Que procede, dimana o trae su origen de una persona o cosa. || Que llega de un sitio: *el tren procedente de Burgos.* || Arreglado a la prudencia, a la razón o al fin que se persigue. || *For.* Conforme a derecho, mandato o conveniencia: *demanda, recurso procedente.*

proceder m. Comportamiento, conducta.

proceder v. i. Derivarse, provenir u originarse una cosa de otra: *esta palabra procede del latín.* || Tener su origen: *los que proceden de España.* || Obrar con cierto orden: *proceder con método.* || Conducirse bien o mal una persona: *proceder con corrección.* || Empezar a ejecutar una cosa: *proceder a la elección del presidente.* || Convenir: *procede tomar otro rumbo.* || Ser sensato, pertinente. || *For.* Ser conforme a derecho. || *For. Proceder contra uno,* iniciar procedimiento judicial contra él.

procedimiento m. Manera de hacer o método práctico para hacer algo: *procedimiento muy ingenioso.* || Conducta, modo de obrar o actuar. || Manera de seguir una instancia en justicia: *ley de procedimiento civil.*

proceloso, sa adj. Tempestuoso, agitado: *mar proceloso.*

prócer adj. Ilustre, eminente, elevado. || — M. Personaje de alta distinción, hombre ilustre: *los próceres de la patria.*

procesado, da adj. *For.* Aplícase al escrito y letra empleada en un proceso. || Sometido a un proceso judicial: *procesado por sedición* (ú. t. c. s.).

procesal adj. Relativo al proceso: *derecho procesal; costas procesales.* || — M. Derecho procesal.

procesar v. t. Enjuiciar, someter a proceso judicial.

procesión f. Marcha ordenada de un grupo de personas, generalmente con caráter religioso: *la procesión del Corpus.* || *Fig.* y *fam.* Una o más hileras de personas o animales que van de un sitio a otro: *una procesión de acreedores, de hormigas.* || *Fam. Andar por dentro la procesión,* sentir uno pena o cólera, aparentando serenidad o sin darlo a conocer.

procesional adj. Ordenado en forma de procesión.

procesionaria f. Nombre dado a las orugas de varias mariposas que suelen ir en fila.

procesionario adj. y s. m. Aplícase al libro que contiene las preces que se deben cantar en las procesiones.

proceso m. Progreso, curso del tiempo: *el proceso de los años.* || Conjunto de las fases de un fenómeno en evolución: *proceso de una enfermedad.* || Procedimiento: *proceso de fabricación.* || *For.* Conjunto de los autos y escritos de una causa criminal o civil. | Causa criminal, juicio: *proceso por robo, homicidio, asesinato.* || *Amer. Proceso verbal,* acta.

Prócida, isla y c. de Italia, en el E. del mar Tirreno (Nápoles).

proclama f. Notificación pública. || Alocución política o militar: *proclama al vecindario, a las tropas.* || — Pl. Amonestaciones matrimoniales o sacerdotales: *correr las proclamas.*

proclamación f. Publicación solemne de un decreto, bando o ley: *proclamación de la Constitución.* || Conjunto de ceremonias públicas con que se inaugura un régimen: *proclamación de la República, de la Monarquía.*

proclamar v. t. Publicar en alta voz una cosa para que sea conocida por todos: *proclamar una ley.* || Dar a conocer públicamente por un acto oficial. || Declarar solemnemente el principio de un reinado, república, etc. || Reconocer públicamente: *proclamar los principios democráticos.* || Aclamar: *proclamar un campeón.* || *Fig.* Dar señales de una pasión: *proclamar uno su amor, sus ideas.* | Mostrar: *esto proclama la verdad.* || — V. pr. Declararse uno investido de un cargo, autoridad o mérito: *proclamarse dictador.*

proclisis f. Fenómeno lingüístico que consiste en que ciertas palabras secundarias (proclíticas)

PR

se unen con las siguientes y forman con ellas una unidad fonética.

proclítico, ca adj. Aplícase a las palabras no acentuadas que se apoyan en la palabra que las sigue para formar una unidad fonética. (Es el caso de los artículos, de los pronombres posesivos y de las preposiciones. Las palabras contrarias se llaman *enclíticas.*)

proclive adj. Propenso.

proclividad f. Inclinación, propensión.

procomún f. Utilidad pública.

procomunal adj. De la comunidad. ‖ — M. Procomún.

procónsul m. Gobernador de una provincia entre los romanos.

proconsulado m. Dignidad y cargo de procónsul. ‖ Tiempo de su duración.

proconsular adj. Del procónsul: *autoridad proconsular.*

procordado adj. y s. m. Dícese de los animales cordados que carecen de encéfalo y de esqueleto, respiran por branquias y viven en el mar. ‖ — M. pl. Subtipo que forman.

procreación f. Acción y efecto de procrear.

procreador, ra adj. y s. Que procrea.

procrear v. t. Engendrar, multiplicar una especie, dar vida.

Procuna (Luis), matador de toros mexicano, n. en 1901.

procura f. Procuración, delegación. ‖ Procuraduría.

procuración f. Poder dado a otro para que éste obre en nombre de aquél. ‖ Cargo y oficina del procurador.

procurador, ra adj. y s. Que procura. ‖ — M. Persona que, con habilitación legal, representa en juicio a cada una de las partes: *procurador de los tribunales.* ‖ *Procurador de* (o *a* o *en*) *Cortes,* cada uno de los individuos que designaban las ciudades para asistir a las Cortes y hoy representante en las Cortes de España de los municipios, provincias, sindicatos, etc. ‖ — M. y f. En las comunidades religiosas, persona que tiene la administración de un convento.

procuraduría f. Cargo y oficina del procurador.

procurar v. t. Hacer diligencias y esfuerzos para conseguir lo que se desea, intentar hacer algo. ‖ Proporcionar, facilitar: *le ha procurado un piso muy bueno.* ‖ — V. pr. Conseguir: *procurarse el alimento, medios de vida.*

prodigalidad f. Derroche, gasto excesivo. ‖ Abundancia, profusión, copia.

prodigar v. t. Derrochar, malgastar, disipar: *prodigar el caudal.* ‖ Dar con profusión y abundancia. ‖ *Fig.* Dispensar profusa y repetidamente: *prodigar favores, elogios,* etc. ‖ — V. pr. Excederse en la exhibición personal. ‖ Empeñarse, insistir con tesón.

prodigio m. Suceso extraordinario que excede los límites de lo natural. ‖ Maravilla: *un prodigio del arte.* ‖ Milagro: *su curación fue un prodigio.*

prodigiosa f. *Méx.* Planta compuesta medicinal.

prodigiosidad f. Condición de prodigioso.

prodigioso, sa adj. Maravilloso, extraordinario. ‖ Excelente, exquisito: *cocina prodigiosa.*

pródigo, ga adj. y s. Malgastador, manirroto, despilfarrador. ‖ Generoso, muy dadivoso. ‖ Que dispensa con liberalidad: *pródigo de* (o *con*) *alabanzas.* ‖ *Hijo pródigo,* el que regresa a su familia, después de una larga ausencia y de haber llevado una vida irregular.

proditorio, ria adj. Traicionero. ‖ Que incluye traición.

pródromo m. *Med.* Síntoma de una enfermedad. ‖ *Fig.* Preámbulo de una cosa. ‖ — Pl. *Fig.* Anuncios o principios de algo.

producción f. Acción de producir. ‖ Cosa producida. ‖ Conjunto de los productos del suelo o de la industria: *la producción agrícola, industrial.* ‖ Organismo que facilita el capital para asegurar la realización de una película cinematográfica.

* **producir** v. t. Dar: *árbol que produce muchos frutos.* ‖ Hacer, realizar: *producir obras artísticas.* ‖ Fabricar: *el taller produce pocos muebles por mes.* ‖ Dar interés: *capital que produce poco.* ‖ Hacer ganar, dar beneficio: *su negocio le produce mucho.* ‖ Causar: *producir gran alegría* o *entusiasmo, picor.* ‖ Ocasionar, originar: *la guerra produce grandes males.* ‖ Ser causante: *una mosca produce la enfermedad del sueño.* ‖ Financiar una película cinematográfica. ‖ Generar, dar lugar: *producir un cierto malestar.* ‖ Enseñar pruebas o documentos en un proceso judicial. ‖ — V. pr. Explicarse, expresarse: *producirse en la Asamblea.*

productividad f. Facultad de producir. ‖ Cantidad producida teniendo en cuenta el trabajo efectuado o el capital invertido.

productivo, va adj. Que produce: *tierra productiva.* ‖ Que da beneficios: *negocio productivo.*

producto m. Lo que crea cualquier actividad de la naturaleza, del hombre: *producto de la tierra, industrial.* ‖ Resultado de una operación: *los productos de la destilación del petróleo.* ‖ Riqueza, cosa material a la que el hombre le ha dado valor por medio del trabajo: *producto nacional bruto.* ‖ *Mat.* Resultado de la multiplicación. ‖ Resultado de una operación comercial: *éste ha sido el producto de las ventas.* ‖ Sustancia destinada al cuidado de algo: *producto de limpieza, de belleza, de tocador.* ‖ *Fig.* Creación: *producto clásico de la época moderna.*

productor, ra adj. y s. Dícese de lo que produce o de las personas que producen. ‖ Obrero, trabajador: *las clases productoras.* ‖ — M. y f. Persona que tiene la responsabilidad económica de la realización de una película cinematográfica.

proemio m. Prólogo, exordio.

proeza f. Hazaña.

profanación f. Acción de profanar las cosas sagradas: *la profanación de una iglesia.*

profanador, ra adj. y s. Que profana.

profanar v. t. Tratar sin respeto las cosas sagradas: *profanar un tabernáculo.* ‖ *Fig.* Deshonrar, prostituir: *profanar su talento.*

profano, na adj. Que no es sagrado: *elocuencia profana.* ‖ Contrario al respeto de las cosas sagradas. ‖ — Adj. y s. Dícese de la persona iniciada en un misterio. ‖ Ignorante, que carece de conocimiento en una materia: *profano en música.*

profase f. *Biol.* Primera fase de la división de la célula por mitosis.

profecía f. Predicción de un acontecimiento por inspiración divina. ‖ Cualquier predicción por conjetura.

* **proferir** v. i. Pronunciar, articular, decir palabras con violencia: *proferir insultos, blasfemias.*

profesar v. t. Ejercer o enseñar un arte, ciencia u oficio: *profesar la medicina.* ‖ Hacer votos en una orden religiosa. ‖ Tener un sentimiento o creencia: *profesar un principio, una doctrina.* ‖ *Fig.* Sentir algún afecto, inclinación o interés: *profesar amor, amistad.*

profesión f. Empleo u oficio de una persona: *ejercer la profesión de abogado.* ‖ — *De profesión,* por oficio. ‖ *Hacer profesión de,* vanagloriarse o preciarse. ‖ *Profesión de fe,* declaración pública de su credo religioso o de sus opiniones políticas. ‖ *Profesión liberal,* v. LIBERAL.

profesional adj. Relativo a la profesión: *escuela profesional.* ‖ — Com. Aplícase al que realiza su trabajo mediante retribución: *un profesional del periodismo.*

profesionalismo m. Cultivo de ciertas disciplinas, artes o deportes como medio de lucro.

profeso, sa adj. y s. Que ha profesado en una comunidad religiosa.

profesor, ra m. y f. Persona que enseña una lengua, una ciencia, un arte, etc.: *un profesor de matemáticas; una profesora de música, de costura.*

profesorado m. Cargo de profesor. ‖ Cuerpo de profesores: *el profesorado universitario.*

profesoral adj. Del profesor.

profeta m. Persona que anuncia la palabra divina o el futuro por inspiración sobrenatural. (Los principales *profetas* fueron Isaías, Jeremías, Ezequiel y Daniel.) ‖ *Fig.* Persona que predice un acontecimiento.

profético, ca adj. Relativo a la profecía o al profeta: *espíritu profético; palabras proféticas.*

profetisa f. Mujer con don de profecía: *la profetisa Débora.*

profetizar v. t. Predecir por inspiración divina. ‖ *Fig.* Predecir, conjeturar.

profiláctico, ca adj. Relativo a la profilaxis: *medidas profilácticas.* ‖ — F. Profilaxis.

profilaxis f. *Med.* Conjunto de medidas encaminadas a evitar las enfermedades o su propagación: *profilaxis de las enfermedades contagiosas.*

prófugo, ga adj. Dícese del que huye de la justicia o de la autoridad (ú. t. c. s.). ‖ Dícese del que se ausenta o se oculta para eludir el servicio militar (ú. t. c. s. m.).

profundidad f. Distancia que media entre el fondo y la superficie, hondura: *la profundidad de un río.* ‖ Una de las tres dimensiones de un cuerpo; las otras son *longitud* y *anchura.* ‖ Extensión longitudinal: *tantos metros de ancho y tantos de profundidad.* ‖ *Fig.* Carácter de lo que es profundo, rico de significado y difícil de comprender: *las profundidades del ser humano.*

profundizar v. t. Ahondar una cosa para que esté más profunda. ‖ *Fig.* Examinar atentamente para llegar a su perfecto conocimiento: *profundizar una idea.*

profundo, da adj. Hondo, que tiene el fondo distante del borde o boca de la cavidad: *piscina profunda.* ‖ Que penetra mucho: *corte profundo; raíz profunda.* ‖ *Fig.* Grande, muy vivo, intenso: *pesar profundo.* | Difícil de comprender: *enigma profundo.* | Que dice cosas de gran alcance: *un escritor profundo.* | Grande, extremo: *respeto profundo.* | No superficial: *influencia profunda.* | Esencial: *transformación profunda.* | Intenso: *profunda oscuridad.*

profusión f. Gran abundancia.

profuso, sa adj. Copioso, abundante con exceso.

progenie f. Familia de que desciende una persona. ‖ Conjunto de hijos.

progenitor, ra m. y f. Pariente en línea recta, ascendiente de una persona. ‖ — Pl. Antepasados; padres.

progenitura f. Progenie.

progesterona f. Hormona sexual femenina.

prognatismo m. Condición de prognato.

prognato, ta adj. y s. Dícese de la persona que tiene las mandíbulas salientes.

prognosis f. Conocimiento suele anticipado de algún suceso. (Se aplica a la previsión del tiempo.)

programa m. Escrito que indica los detalles de un espectáculo, de una ceremonia, etc. ‖ Exposición que fija la línea de conducta que ha de seguirse: *el programa de un partido político.* ‖ Proyecto determinado: *seguir un programa.* ‖ Plan detallado de las materias correspondientes a un curso o a un examen. ‖ Conjunto de instrucciones preparadas de modo que una calculadora, máquina herramienta u otro aparato automático puedan efectuar una sucesión de operaciones determinadas.

programación f. Establecimiento de un programa. ‖ Preparación del programa de una calculadora u otro equipo automático.

programador, ra adj. y s. Que establece un programa. ‖ — M. Aparato acoplado a una calculadora, en el cual se inscribe el programa de las operaciones que la máquina ha de resolver para hallar la solución del problema planteado.

programar v. t. Fijar un programa. ‖ Proyectar: *programar una reforma.* ‖ Descomponer los datos de un problema que ha de efectuar una calculadora electrónica en una sucesión de instrucciones codificadas propias para ser interpretadas y ejecutadas por dicha máquina.

progresar v. i. Hacer progresos o adelantos en una materia.

progresión f. Acción de avanzar o de proseguir una cosa. ‖ Serie no interrumpida, movimiento progresivo. ‖ — *Progresión aritmética,* serie de números en que los términos consecutivos difieren en una cantidad constante: *1, 3, 5, 7, 9,* etc. ‖ *Progresión geométrica,* serie de números en que cada uno es igual al anterior multiplicado por una cantidad constante: *1, 3, 9, 27, 81, 243,* etc.

progresismo m. Ideas y doctrinas progresistas.

progresista adj. y s. Aplícase a las personas de ideas políticas y sociales avanzadas.

progresivo, va adj. Que se desarrolla o aumenta gradualmente: *movimiento progresivo.* ‖ Que aumenta en cantidad continuamente: *interés progresivo.*

progreso m. Acción de ir hacia adelante. ‖ Aumento, adelantamiento, perfeccionamiento: *los progresos de la civilización, de la industria, de las artes.*

Progreso, c. y puerto en el SE. de México (Yucatán). ‖ **~ (El),** c. en el centro de Guatemala, cap. del dep. homónimo. Centro comercial. Agricultura. — Pobl. en el NO. de Honduras (Yoro).

prohibición f. Acción de prohibir, interdicción. ‖ En los Estados Unidos, interdicción de fabricar y vender bebidas alcohólicas, entre 1919 y 1933.

prohibicionista adj. y s. Que es partidario de la prohibición de bebidas alcohólicas.

prohibido, da adj. Vedado, que no está permitido: *actividades prohibidas; dirección prohibida.*

prohibir v. t. Vedar o impedir el uso o ejecución de una cosa: *se prohibe la entrada; prohibir el uso de armas.*

prohibitivo, va y **prohibitorio, ria** adj. Que prohibe: *ley prohibitiva.*

prohijamiento m. Adopción.

prohijar v. t. Adoptar como hijo al que no lo es naturalmente. ‖ *Fig.* Admitir como propias ideas de otro.

prohombre m. Hombre eminente, ilustre.

proindivisión f. Estado y situación de los bienes *pro indiviso.*

proís m. *Mar.* Amarra.

prójimo m. Cualquier persona respecto de otra: *respetar, amar al prójimo.* ‖ *Fam.* Individuo, persona. ‖ — F. *Fam.* Mujer. | Esposa. ‖ *Pop.* Fulana.

Prokofiev (Serghei), músico ruso (1891-1953), autor de obras para piano, de seis sinfonías, música de cámara, ballets y óperas.

Prokopievsk, c. de la U. R. S. S. en Siberia Occidental (Rusia). Metalurgia; textiles.

prole f. Descendencia, progenie.

prolegómenos m. pl. Introducción.

prolepsis f. Anticipación, previsión de objeciones.

proletariado m. Clase social de los proletarios.

proletario, ria adj. Relativo a los obreros. ‖ — M. y f. Obrero.

proletarización f. Acción de proletarizar.

proletarizar v. t. Reducir a los productores independientes (agricultores, artesanos, comerciantes, etc.) a la condición de proletarios o trabajadores asalariados.

proliferación f. Multiplicación del huevo fecundado y de sus derivados celulares. ‖ *Fig.* Multiplicación: *proliferación de instalaciones deportivas.*

proliferar v. i. Reproducirse o multiplicarse rápidamente.

prolífero, ra adj. Que se multiplica o reproduce.

prolífico, ca adj. Que tiene virtud de engendrar. ‖ Que se reproduce con rapidez: *los conejos son muy prolíficos.* ‖ *Fig.* Aplícase a un escritor o artista de producción abundante: *autor prolífico.*

prolijidad f. Extensión, dilatación. ‖ Esmero.

prolijo, ja adj. Largo, difuso: *discurso prolijo.* ‖ Que habla o escribe con exceso y superfluidad: *orador prolijo.* ‖ Exhaustivo. ‖ Muy detallado. ‖ Esmerado.

prologar v. t. Redactar un prólogo: *prologar un libro.*

prólogo m. Escrito que antecede a una obra para explicarla o presentarla al público. ‖ *Fig.* Preámbulo, preliminar.

prologuista com. Autor o autora del prólogo.

prolonga f. Cuerda que une el avantrén con la cureña del cañón.

prolongación f. Acción de prolongar o prolongarse. ‖ Tiempo que se añade a la duración normal de una cosa: *la prolongación de un partido de fútbol.*

prolongado, da adj. Alargado.

prolongamiento m. Prolongación, alargamiento.

prolongar v. t. Alargar (ú. t. c. pr.). ‖ Hacer que una cosa dure más de lo debido (ú. t. c. pr.).

promediar v. t. Dividir una cosa en dos partes iguales. ‖ — V. i. Llegar a su mitad un espacio de tiempo determinado: *antes de promediar el mes de junio.*

promedio m. Término medio: *el promedio de las importaciones.*

promesa f. Expresión de la voluntad de dar a uno o hacer por él una cosa. ‖ Ofrecimiento piadoso hecho a Dios o a los santos. ‖ *Fig.* Augurio, señal. | Cosa o persona que promete: *este joven bailarín es la promesa del cuerpo de baile de la Ópera.*

prometedor, ra adj. y s. Que promete, que tiene buenas perspectivas: *futuro prometedor.*

prometeo m. *Quím.* Elemento del grupo de los lantánidos (símb., Pm), de número atómico 61.

Prometeo, dios del Fuego, hijo del titán Yápeto y hermano de Atlas. Considerado como el iniciador de la primera civilización. *(Mit.)*

prometer v. t. Obligarse a hacer, decir o a dar alguna cosa: *prometió escribir.* ‖ Asegurar, afirmar, certificar: *le prometí que iría.* ‖ Augurar, hacer creer: *los viñedos prometen muchas uvas.* ‖ — V. i. Dar muestras de precocidad o aptitud: *este niño promete.* ‖ Tener buenas perspectivas: *negocio que promete.* ‖ — V. pr. Esperar mucho de una cosa: *prometérselas felices.* ‖ Darse formalmente palabra de casamiento.

prometido, da m. y f. Futuro esposo, novio. ‖ — M. Promesa: *cumplir con lo prometido.*

prominencia f. Elevación de una cosa sobre lo que la rodea.

prominente adj. Que sobresale sobre lo que está alrededor. ‖ *Fig.* Destacado, notable.

promiscuidad f. Mezcla, confusión. ‖ Vida conjunta y heterogénea de personas de sexo diferente, de condiciones o de nacionalidades diversas.

promiscuo, cua adj. Mezclado.

promisión f. Promesa. ‖ *Tierra de Promisión,* la prometida por Dios al pueblo de Israel.

promisorio, ria adj. Que encierra en sí promesa: *juramento promisorio.*

promoción f. Acción de elevar a una o varias personas a una dignidad o empleo superior. ‖ Conjunto de personas que efectúan los mismos estudios en el mismo establecimiento y durante el mismo período. ‖ Conjunto de individuos que al mismo tiempo han obtenido un grado, título, empleo. ‖ Accesión a un nivel de vida superior, a la cultura: *promoción social.* ‖ *Dep.* Partido o liguilla entre los equipos de una división y los de otra inferior para determinar el ascenso de estos últimos. ‖ *Promoción de ventas,* técnica propia para acrecentar el volumen de negocios de una empresa por medio de una red de distribución.

promocionar v. t. Acrecentar la venta de un producto. ‖ Elevar a un empleo superior. ‖ *Dep.* Jugar un equipo la liguilla o partido de promoción.

promontorio m. Altura considerable de tierra, especialmente la que avanza dentro del mar.

promotor, ra adj. y s. Que promueve, da impulso a una cosa: *promotor de disputas, de una obra.* ‖ Nombre de algunos magistrados: *promotor fiscal.* ‖ — M. Sustancia que incrementa con su presencia la actividad de un catalizador.

promovedor, ra adj. y s. Promotor.

* **promover** v. t. Iniciar, dar impulso a una cosa: *promover una fundación.* ‖ Ascender a uno a una dignidad o empleo superior: *promover a general, a cardenal.* ‖ Ocasionar: *promovió un escándalo.*

promulgación f. Acción y efecto de promulgar.

promulgador, ra adj. y s. Que promulga.

promulgar v. t. Publicar una cosa solemnemente: *promulgar la Constitución.* ‖ *Fig.* Divulgar una cosa. ‖ *For.* Publicar formalmente una ley para que sea aplicada y cumplida.

pronación f. Movimiento de rotación de la mano hacia dentro.

pronaos m. Parte anterior de un templo antiguo.

prono, na adj. Echado sobre el vientre: *decúbito prono.* ‖ Propenso.

pronombre m. *Gram.* Parte de la oración que sustituye al nombre o lo determina. (Hay *pronombres personales, demostrativos, posesivos, relativos, interrogativos* e *indefinidos.*) [V. *Compendio de gramática,* al final del vol.]

pronominado, da adj. Pronominal.

pronominal adj. *Gram.* Dícese del verbo cuya acción recae en el mismo sujeto que la ejecuta, como *atreverse, quedarse,* etc. | Relativo al pronombre: *forma pronominal.*

pronosticador, ra adj. y s. Que pronostica o presagia.

pronosticar v. t. Conocer o conjeturar por algunos indicios lo futuro: *pronosticar buen tiempo.*

pronóstico m. Señal por la que se conjetura o adivina una cosa futura: *pronóstico del tiempo.* ‖ Calendario en que se incluye el anuncio de los fenómenos astronómicos y meteorológicos. ‖ Juicio

PR

que da el médico respecto de una enfermedad: *pronóstico clínico.* || *Pronóstico reservado,* el que se reserva el médico a causa de las contingencias posibles de una lesión.

prontitud f. Celeridad, presteza en ejecutar una cosa: *prontitud en el trabajo.* || Viveza de ingenio, de imaginación.

pronto, ta adj. Veloz, rápido: *pronto en enfadarse.* || Que se produce rápidamente: *una pronta curación.* || Listo, dispuesto, preparado: *estar pronto para el viaje.* || — M. *Fam.* Arrebato repentino de ánimo o impulso inesperado: *le dio un pronto.* || *Fam. Primer pronto,* primer arranque. || — Adv. Prontamente, en seguida. || Temprano: *iré muy pronto mañana.* || — *Al pronto,* en el primer momento. || *De pronto,* apresuradamente, sin reflexión; de repente. || *Hasta pronto,* hasta ahora. || *Por de* (o *lo*) *pronto,* entre tanto; por ahora.

prontuario m. Resumen sucinto de datos, notas, etc. || Compendio de una ciencia. || Agenda, libro de apuntes.

pronunciable adj. Que se pronuncia fácilmente.

pronunciación f. Acción y efecto de pronunciar o articular fonemas o palabras. || *Pronunciación figurada,* transcripción que indica el modo de pronunciar una palabra, especialmente extranjera.

pronunciado, da adj. Acusado: *pendiente pronunciada.*

pronunciamiento m. Levantamiento militar: *el pronunciamiento de Riego.* || *For.* Cada una de las declaraciones, condenas o mandatos del juzgador: *absuelto con todos los pronunciamientos de la ley.*

pronunciar v. t. Emitir y articular sonidos para hablar: *pronunciar palabras.* || Echar: *pronunciar un discurso.* || Determinar, resolver. || *For.* Publicar la sentencia o auto: *el tribunal pronunció su fallo.* || — V. pr. Sublevarse, rebelarse. || Declarar su preferencia: *se pronunciaron por la negativa.* || Acentuarse, agrandarse.

pronuncio m. Eclesiástico que sustituye al nuncio pontificio.

propagación f. Multiplicación de los seres por vía de reproducción: *la propagación de la especie.* || *Fig.* Difusión: *la propagación de las ideas.* || *Fís.* Modo de transmisión de las ondas sonoras o luminosas.

propagador, ra adj. y s. Que propaga: *propagador de noticias falsas.*

propaganda f. Toda acción organizada para difundir una opinión, una religión, una doctrina, etc. || Publicidad dada a un producto comercial para fomentar su venta. || Prospectos, anuncios, etc., con que se hace esta publicidad.

propagandista adj. y s. Dícese de la persona que hace propaganda: *propagandista político.*

propagandístico, ca adj. Relativo a la propaganda: *trabajo propagandístico.*

propagar v. t. Multiplicar por generación u otra vía de reproducción: *propagar una raza, una especie animal* (ú. t. c. pr.). || *Fig.* Difundir una cosa: *propagar una noticia, la fe, una doctrina* (ú. t. c. pr.). | Extender el conocimiento de una cosa o la afición a ella (ú. t. c. pr.). | Divulgar algo secreto. || — V. pr. Extenderse el fuego, una epidemia, una rebelión.

propalador, ra adj. Que propala o difunde.

propalar v. t. Divulgar, difundir: *propalar un secreto, un rumor.*

propano m. Hidrocarburo saturado gaseoso usado como combustible: *cocina de propano.*

proparoxítono adj. Esdrújulo.

propasar v. t. Rebasar el límite conveniente. || — V. pr. Extralimitarse, excederse uno de lo razonable: *propasarse uno en sus palabras.*

propedéutica f. Instrucción preparatoria para el estudio de una ciencia.

propender v. i. Tener propensión o inclinación a una cosa, por afición u otro motivo.

propensión f. Inclinación, tendencia, afición a una cosa: *sentir propensión por el dibujo, la pintura, por una persona.* || Predisposición a una enfermedad.

propenso, sa adj. Que tiene propensión a algo: *propenso al enojo, a los catarros.*

Propercio (Sexto Aurelio), poeta latino (¿47-15? a. de J. C.), autor de *Elegías.*

propergol m. Sustancia o mezcla de sustancias cuya reacción química produce, sin la intervención del oxígeno atmosférico, gases calientes que mantienen el movimiento de un cohete espacial.

propiciación f. Sacrificio hecho a un dios.

propiciador, ra adj. y s. Que propicia.

propiciar v. t. Aplacar la ira de uno captando su voluntad. || Hacer propicio. || Patrocinar.

propiciatorio, ria adj. Que tiene la virtud de hacer propicio: *sacrificios propiciatorios.*

propicio, cia adj. Benigno, benévolo. || Favorable: *momento propicio.* || Adecuado: *es la persona más propicia para este trabajo.*

propiedad f. Derecho de gozar y disponer de una cosa con exclusión de otra persona. || Cosa en la que recae este derecho, especialmente si son bienes raíces inmuebles: *ha comprado una gran propiedad en Salamanca.* | Característica o cualidad particular: *la propiedad del imán es atraer el hierro.* || Semejanza perfecta, exactitud: *imitación hecha con gran propiedad.* || || *Gram.* Significado exacto de las palabras: *emplear una palabra con propiedad.* || — *Propiedad horizontal,* la que un copropietario goza en su piso, en un edificio de varias plantas. || *Propiedad industrial,* derecho exclusivo de usar de un nombre comercial, de una marca, de una patente, de un dibujo, de un modelo de fabricación, etc. || *Propiedad intelectual,* derecho exclusivo que tiene un artista o escritor (y sus inmediatos sucesores) de sacar una renta de la explotación de su obra.

propietario, ria adj. y s. Que tiene derecho de propiedad sobre una cosa: *propietario de bienes inmuebles.* || Que tiene un empleo o cargo en propiedad. || Dueño de una casa o finca en oposición al inquilino o arrendatario. || *Nudo propietario,* propietario de un bien sobre el cual otra persona ejerce un derecho de usufructo, de uso o de habitación.

propileo m. *Arq.* Pórtico de un templo: *los propileos de la Acrópolis de Atenas.*

propilo m. *Quím.* Radical monovalente del propano.

propina f. Gratificación pequeña dada por un servicio eventual: *dar una propina a un camarero.* || *Fam. De propina,* por añadidura.

propinar v. t. Dar, administrar: *propinar una paliza, un puntapié, una patada.*

propincuidad f. Cercanía.

propincuo, cua adj. Cercano.

propio, pia adj. Que pertenece a uno en propiedad: *su propio hogar.* || Característico, particular, peculiar: *no ser propio de una persona inteligente.* || Conveniente, adecuado, a propósito para un fin: *propio para curar.* || Natural, no postizo: *cabello propio; dentadura propia.* || Mismo: *escrito de su propio puño y letra.* || Dícese del significado original de una palabra: *en su sentido propio y no en el figurado.* || *Fam.* Semejante: *es su imagen propia.* || Aplícase al quebrado cuyo numerador es menor que el denominador. || *Fil.* Dícese del accidente que se sigue naturalmente o es inseparable de la esencia y naturaleza de las cosas. || *Gram.* Dícese del nombre que se da a persona, país, etc.: *nombre propio.* || — M. Hombre que se envía con un mensaje, carta, etc.: *mandar un propio.* || Finca o hacienda que tiene una ciudad o población para satisfacer los gastos públicos (ú. m. en pl.).

propóleos m. Especie de cera con que las abejas revisten las colmenas.

proponedor, ra o **proponente** adj. y s. Que propone.

* **proponer** v. t. Manifestar algo para inducir a un acto: *proponer una solución.* || Tener intención de hacer una cosa. Ú. t. c. pr.: *se propone ir a Madrid.* || Indicar o presentar a uno para un empleo o beneficio: *proponer un candidato.* || Hacer una propuesta.

Propóntide. V. MÁRMARA (*Mar de*).

proporción f. Relación, correspondencia de las partes entre ellas o con el todo: *las proporciones entre las partes de un edificio.* || Tamaño, dimensión: *obra de grandes proporciones.* || Importancia: *no se saben aún las proporciones de las pérdidas.* || *Mat.* Igualdad de dos razones.

proporcionado, da adj. Regular, adecuado, conveniente. || Que tiene las proporciones debidas.

proporcional adj. Relativo a la proporción o que la incluye en sí: *distribución proporcional.* || *Mat.* Dícese de las cantidades que están en proporción con otras cantidades del mismo género.

proporcionalidad f. Proporción. || Relación entre dos series de cantidades proporcionales.

proporcionar v. t. Disponer y ordenar con la debida proporción: *proporcionar sus gastos a sus recursos.* || Facilitar, poner a disposición de uno lo que necesite o le conviene: *proporcionar medios de subsistencia; proporcionar un buen empleo.* || Dar: *esto proporciona animación.* || — V. pr. Conseguir.

proposición f. Acción de proponer o someter a un examen. || Cosa que se propone para la deliberación: *proposiciones de paz.* || Oferta. || *Gram.* Oración: *proposición subordinada.* || *Mat.* Teorema o problema que se ha de demostrar o resolver. || Exposición del asunto que ha de ser objeto de demostración: *proposición universal.*

propósito m. Intención, ánimo, designio de hacer o no hacer una cosa: *propósito de estudiar.* || Objetivo, mira: *su propósito es derrocarlo.* || — *A propósito,* oportunamente; adecuado; a posta. || *De propósito,* de intento; expresamente. || *Fuera de propósito,* inoportunamente, sin venir al caso.

propretor m. Magistrado romano que era reelegido pretor.

propuesta f. Idea, proyecto, proposición que se expone y ofrece para un fin. || Proyecto hecho a un superior para que dé su aprobación. || Indicación de alguien para un empleo o beneficio.

propugnación f. Defensa.

propugnar v. t. Defender.

propulsa f. Repulsa.

propulsar v. t. Impeler, empujar hacia adelante. Impulsar: *propulsar el desarrollo industrial.* || Rechazar.

propulsión f. Acción de impeler o empujar hacia adelante. || *Propulsión a chorro* o *por reacción,* la de un avión, cohete o proyectil para que avance por medio de la reacción.

propulsor, ra adj. y s. m. Que propulsa: *un cohete propulsor; propulsor del comercio.*

prorrata f. Cuota o porción que toca a uno en un reparto. ‖ *A prorrata*, mediante prorrateo, en proporción.
prorratear v. t. Repartir a prorrata o proporcionalmente.
prorrateo m. Repartición de una cantidad entre varias personas, proporcionada a lo que debe tocar a cada una.
prórroga f. Prolongación, duración más larga del tiempo que se había fijado en un principio. ‖ Plazo que se concede a un mozo para terminar sus estudios antes de incorporarse a filas.
prorrogable adj. Que se puede prorrogar.
prorrogación f. Prórroga.
prorrogar v. t. Prolongar el tiempo que se había otorgado o fijado para hacer algo: *prorrogar un pago, un vencimiento.*
prorrumpir v. i. Salir con ímpetu una cosa. ‖ *Fig.* Emitir repentina y bruscamente gritos, voces, risa, suspiros, llanto: *prorrumpir en sollozos.*
prosa f. Forma natural del lenguaje no sometido a la medida y ritmo del verso: *escribir en prosa.* ‖ Lenguaje prosaico en la poesía. ‖ *Fig.* Aspecto vulgar de las cosas: *la prosa de la vida.* ‖ *Fig.* y *fam.* Exceso de palabras para decir cosas poco o nada importantes: *gastar mucha prosa.*
prosador, ra m. y f. Prosista. ‖ *Fig.* Hablador.
prosaico, ca adj. Relativo a la prosa. ‖ Escrito en prosa. ‖ *Fig.* Falto de elevación, vulgar: *vida prosaica.*
prosaísmo m. Falta de armonía poética en los versos. ‖ *Fig.* Vulgaridad, carácter prosaico: *el prosaísmo de ciertas existencias.*
prosapia f. Abolengo, linaje.
Prosas profanas, libro de poemas modernistas de Rubén Darío (1896).
proscenio m. Espacio en el teatro griego y romano entre la escena y la orquesta. ‖ Hoy. parte del escenario más inmediata al público: *palco de proscenio.*
proscribir v. t. Desterrar, expulsar a uno de su patria. ‖ *Fig.* Prohibir.
proscripción f. Destierro, expatriación. ‖ *Fig.* Prohibición.
proscrito, ta adj. y s. Desterrado, que ha sido expulsado de su patria, expatriado.
prosecución f. Continuación. ‖ Seguimiento, persecución: *la prosecución de un fin.*
proseguimiento m. Prosecución, continuación.
* **proseguir** v. t. Seguir, continuar lo empezado: *proseguir una narración, su camino* (ú. t. c. i.).
proselitismo m. Celo de ganar prosélitos.
proselitista adj. Encaminado a ganar prosélitos (ú. t. c. s.).
prosélito m. Recién convertido a una religión. ‖ *Fig.* Adepto, partidario.
prosénquima m. Tejido fibroso de las plantas y de los animales.
Proserpina, diosa romana de la Agricultura y reina de los Infiernos, mujer de Plutón, hija de Júpiter y de Ceres. Es la *Perséfone* griega.
prosificar v. t. Poner en prosa: *prosificar un poema.*
prosimio adj. y s. m. Dícese de los mamíferos primates de Madagascar y de la India, como el lemur y el aye-aye, llamados también lemúridos. ‖ — M. pl. Suborden que forman.
prosista com. Escritor o escritora de obras en prosa.
prosístico, ca adj. Relativo a la prosa literaria.
prosodia f. *Gram.* Tratado de la pronunciación y acentuación de las letras, sílabas y palabras.
prosódico, ca adj. Relativo a la prosodia.
prosopopeya f. Figura de retórica que consiste en personificar los objetos inanimados y los animales. ‖ *Fam.* Engolamiento, exceso afectado de seriedad y pompa: *hablar con mucha prosopopeya.*
prospección f. Exploración de terreno en busca de yacimientos minerales. ‖ Búsqueda de mercados o clientes.
prospectar v. t. Realizar prospecciones.
prospecto m. Folleto en el que se recomienda una obra, espectáculo o mercancía.
prospector m. Que hace prospecciones de terreno.
prosperar v. i. Tener o gozar prosperidad: *prospera la industria, el comercio.* ‖ Mejorar de situación económica. ‖ Ganar partidarios, abrirse camino: *prosperar en la política, en los negocios.*
prosperidad f. Bienestar material. ‖ Buena marcha de los asuntos.
próspero, ra adj. Que se desenvuelve favorablemente: *una industria próspera.*
próstata f. Glándula secretora situada entre la vejiga de la orina y la uretra.
prostático, ca adj. Relativo a la próstata. ‖ Enfermo de la próstata (ú. t. c. s. m.).
prostatitis f. *Med.* Inflamación de la próstata.
Prostejov, c. de Checoslovaquia, en el S. de Moravia. Metalurgia; textiles.
prosternarse v. i. Postrarse.
próstesis f. *Gram.* Prótesis.
prostíbulo m. Mancebía.
próstilo adj. y s. m. Dícese del edificio que tiene columnas en la fachada: *templo próstilo.*
prostitución f. Acción por la que una persona tiene relaciones sexuales con un número indeterminado de otras mediante remuneración. ‖ Existencia de lupanares y de mujeres públicas: *prohibir la prostitución.* ‖ *Fig.* Corrupción, envilecimiento.
* **prostituir** v. t. Entregar a la prostitución: *madre que prostituye a su hija* (ú. t. c. pr.). ‖ *Fig.* Envilecer, hacer uso de algo de manera deshonrosa: *prostituir su talento* (ú. t. c. pr.). | Degradar por un uso indigno: *prostituir la justicia* (ú. t. c. pr.).
prostituta f. Mujer que se entrega por dinero.
protactinio m. Metal radiactivo (Pa), de número atómico 91.
protagonista com. Personaje principal de cualquier obra literaria o dramática, de una película. ‖ *Fig.* Persona que desempeña el papel principal en un suceso: *el protagonista de un crimen.*
protagonizar v. t. Representar el papel de protagonista.
Protágoras de Abdera, filósofo sofista griego (¿485-410? a. de J. C.).
Protasio *(San)*. V. GERVASIO y PROTASIO *(Santos)*.
prótasis f. Oración que en una frase constituye un antecedente de la que sigue. ‖ Exposición de la acción al principio de una obra dramática.
protección f. Acción de proteger. ‖ Lo que protege.
proteccionismo m. Sistema económico que defiende la protección de la producción nacional frente a los productos extranjeros mediante cierto número de medidas (limitación de las importaciones por el pago de derechos de entrada o sistema de licencias, fomento de las exportaciones gracias a la concesión de primas, control de cambios, etc.). ‖ Régimen aduanero basado en esta doctrina.
proteccionista adj. Relativo al proteccionismo: *política proteccionista.* ‖ — M. Partidario de este sistema.
protector, ra o **triz** adj. y s. Que protege. ‖ Encargado de cuidar los intereses de una comunidad. ‖ — M. Aparato que sirve para proteger los dientes de los boxeadores. ‖ Título que tomó en Inglaterra Oliver Cromwell en 1653 y que otorgaron los Estados de Corrientes, Entre Ríos, la Banda Oriental y todos los federales al general uruguayo Artigas en 1815, los peruanos a San Martín en 1821 y el que usó Santa Cruz en la Confederación Peruboliviana en 1834.
protectorado m. Dignidad, cargo y función de protector: *el protectorado de Artigas.* ‖ Nombre dado en Inglaterra al gobierno de Cromwell entre 1653 y 1659. ‖ Parte de soberanía que un Estado ejerce en territorio extranjero puesto bajo su dependencia: *el antiguo protectorado de España y Francia en Marruecos.*
protectoría f. Ejercicio del protectorado.
proteger v. t. Poner al amparo, resguardar, defender: *proteger del sol; proteger una ciudad.* ‖ Ayudar, socorrer: *proteger a los huérfanos.* ‖ Patrocinar, velar por: *proteger un candidato.* ‖ Favorecer, alentar: *protegió las letras.* ‖ Defender, sostener el mercado nacional contra los productos extranjeros. ‖ — V. pr. Ponerse al amparo, defenderse.
protegido, da adj. y s. Que posee un protector: *protegido del ministro.*
proteico, ca adj. Que cambia a menudo de forma, de ideas, etc. ‖ Proteínico.
proteiforme adj. Cambiante.
proteína f. Sustancia orgánica, elemento principal de las células, necesaria en la alimentación: *la clara de huevo contiene proteínas.*
proteínico, ca adj. Relativo a las proteínas.
Proteo, dios griego del Mar, a quien Poseidón, su padre, le otorgó el don de profecía y el poder cambiar de forma cuando lo deseaba. (Se llama *Proteo* al hombre que cambia constantemente de opinión o afecto.)
protervia f. Perversidad.
protervo, va adj. y s. Perverso, malvado.
prótesis f. *Med.* Procedimiento mediante el cual se sustituye artificialmente un órgano o parte de él: *prótesis dental.* | Pieza empleada. ‖ *Gram.* Metaplasmo que consiste en agregar una o más letras al principio de un vocablo.
protesta f. Acción y efecto de protestar. ‖ Promesa: *protesta de amistad.* ‖ *For.* Declaración jurídica para mantener un derecho.
protestante adj. Que protesta. ‖ — Adj. y s. Que profesa el protestantismo.
protestantismo m. Conjunto de las doctrinas religiosas y de las Iglesias originadas en la Reforma. (V. REFORMA.)
— Las principales ramas del *protestantismo*, iniciado por Lutero en el siglo XVI, son *el luteranismo*, que se profesa en Alemania, los países escandinavos, etc.; *el anglicanismo*, en Inglaterra, y *el calvinismo*, en Francia, Suiza, Holanda, Escocia, Estados Unidos, etc. De manera general, las Iglesias protestantes difieren de la católica en lo siguiente: 1.º autoridad soberana de las Escrituras en materia de fe; 2.º justificación por la fe sola; 3.º libre examen, o sea interpretación de la Escritura por los fieles bajo la inspiración del Espíritu Santo y a la luz del Evangelio; 4.º aceptación de sólo dos sacramentos (bautismo y comunión); 5.º culto rendido a Dios solamente (con exclusión del culto a la Virgen, a los santos, a las reliquias); 6.º supresión de la confesión oral, de la jerarquía eclesiástica; no aceptación del celibato sacerdotal

y de los votos monásticos. Al principio de la Reforma se formaron en España algunos núcleos partidarios de la nueva Iglesia, especialmente en Valladolid y Sevilla.

protestar v. t. Declarar a uno su intención. ‖ Confesar públicamente su fe. ‖ *Com.* Hacer el protesto de una letra de cambio. ‖ — V. i. Afirmar con ahínco: *protestar de su inocencia.* ‖ Manifestar oposición o desacuerdo: *protestar contra una injusticia.* ‖ Refunfuñar: *protestar por todo.*

protesto m. Protesta. ‖ *Com.* Diligencia notarial al no ser aceptada una letra de cambio. | Testimonio por escrito del mismo requerimiento.

protocolar y **protocolario, ria** adj. Relativo al protocolo. ‖ Formulario; de cumplido: *visita protocolaria.*

protocolización f. Acción y efecto de protocolizar.

protocolizar v. t. Incorporar al protocolo: *protocolizar una escritura, un documento.*

protocolo m. Serie ordenada de escrituras matrices o de los documentos que un notario autoriza y custodia. ‖ Libro en el que se consignan las actas de un congreso, de un acuerdo diplomático. ‖ Ceremonial, etiqueta: *el protocolo real.* ‖ Expediente que tiene un médico de cada paciente que cuida.

protofita adj. y s. f. Dícese de un tipo de plantas unicelulares reproducidas por escisión.

protohistoria f. Período intermedio entre la prehistoria y la historia propiamente dicha.

protohistórico, ca adj. Relativo a la protohistoria.

protomártir m. El primero de los mártires, San Esteban. ‖ Primer mártir.

protón m. Núcleo del átomo de hidrógeno, corpúsculo cargado de electricidad positiva. (Constituye con el *neutrón* uno de los dos elementos contenidos en los núcleos de todos los átomos.)

protónico, ca adj. Relativo al protón.

protoplasma m. Sustancia que constituye la parte esencial de las células de los animales y de las plantas.

protoplasmático, ca adj. Relativo al protoplasma.

protórax m. El primero de los tres segmentos del tórax de los insectos.

prototipo m. Ejemplo, modelo. ‖ Primer ejemplar que se construye industrialmente de una máquina, vehículo, instalación industrial, etc. y que sirve para experimentar su potencia y rendimiento, con objeto de emprender su fabricación en serie. ‖ *Fig.* Ejemplo más representativo: *eres el prototipo del avaro.*

protóxido m. Primer grado de oxidación de algunos cuerpos.

protozoario, ria o **protozoo** adj. y s. m. Dícese de los animales de cuerpo unicelular y de forma rudimentaria, como los ciliados o infusorios, los flagelados, los rizópodos, el hematozoario del paludismo, etc. ‖ — M. pl. Subreino que forman.

protráctil adj. Aplícase a la lengua de algunos reptiles que puede proyectarse mucho fuera de la boca, como en el camaleón.

protrombina f. Sustancia contenida en la sangre y que interviene en su proceso de coagulación.

protuberancia f. Saliente en forma de bulto en la superficie de un cuerpo: *las protuberancias del cráneo.*

protuberante adj. Saliente.

protutor, ra m. y f. *For.* Persona encargada por la ley de intervenir las funciones de la tutela.

Proudhon [*pru-*] (Pierre Joseph), filósofo francés (1809-1865), uno de los principales teóricos socialistas del s. XIX. Estudió los fundamentos de la propiedad y fundó un sistema mutualista.

Proust (Marcel), escritor francés, n. en París (1871-1922), autor de una serie de novelas agrupadas bajo el título general de *En busca del tiempo perdido* (*Por el camino de Swann, A la sombra de las muchachas en flor, El mundo de los Guermantes, Sodoma y Gomorra, La prisionera, Albertina ha desaparecido* y *El tiempo recobrado*), que ejerció gran influencia.

provecto, ta adj. Avanzado, viejo: *hombre de provecta edad.*

provecho m. Beneficio, fruto, ganancia, utilidad que se saca de algo: *comercio de mucho provecho.* ‖ Aprovechamiento, fruto: *estudiar con provecho.* ‖ Ventaja: *todo lo hace en su provecho.* ‖ *De provecho,* útil.

provechoso, sa adj. Benéfico.

proveedor, ra m. y f. Persona que abastece de lo necesario a un ejército, colectividad, etc.: *proveedor del Estado.*

proveeduría f. Cargo de proveedor. ‖ Casa donde se almacenan las provisiones.

proveer v. t. Abastecer, suministrar lo necesario para un fin: *proveer a uno de ropa, de alimentos* (ú. t. c. pr.). ‖ Subvenir, atender: *ella proveía a sus necesidades.* ‖ Cubrir un cargo o empleo: *proveer una notaría* (ú. t. c. pr.). ‖ Disponer. ‖ *For.* Dictar el juez un fallo. ‖ — V. pr. Aprovisionarse, abastecerse.

proveimiento m. Provisión.

proveniente adj. Procedente.

* **provenir** v. i. Proceder, venir, originarse una cosa de otra.

Provenza, en francés *Provence,* ant. prov. del SE. de Francia; cap. *Aix-en-Provence.*

provenzal adj. y s. De Provenza (Francia). ‖ — M. Lengua hablada por los provenzales.

provenzalismo m. Palabra, expresión o modo de hablar de los provenzales.

provenzalista com. Especialista en lengua y literatura provenzales.

proverbial adj. Relativo al proverbio: *frase proverbial.* ‖ Muy conocido, habitual: *su bondad es proverbial.*

proverbio m. Refrán, máxima o adagio: *libro de proverbios castellanos.* ‖ Obra dramática de teatro cuyo tema principal es un proverbio.

Proverbios (*Los*), uno de los libros de la Sagrada Escritura que contiene las sentencias de Salomón.

Providence, c. en el NE. de Estados Unidos, cap. del Estado de Rhode Island.

providencia f. Disposición, medida para lograr un fin: *tomar las providencias necesarias.* ‖ Suprema Sabiduría de Dios que rige el orden del mundo. (En éste y en el siguiente caso se escribe con mayúscula.) ‖ Dios: *los decretos de la Divina Providencia.* ‖ *Fig.* Persona que cuida de otra: *ser la providencia de los pobres.* ‖ *For.* Resolución del juez.

Providencia, mun. en el NO. de Colombia (San Andrés y Providencia). — Com. en el centro de Chile (Santiago).

providencial adj. Relativo a la Providencia. ‖ *Fig.* Oportuno: *un acontecimiento providencial nos salvó de un posible fracaso.*

providencialismo m. Creencia consistente en la intervención de la Divina Providencia en cualquier hecho humano.

providencialista adj. Partidario del providencialismo.

providenciar v. t. Dictar o tomar disposiciones o medidas.

provídente adj. Próvido.

próvido, da adj. Que da lo necesario. ‖ Prudente, previsor. ‖ Propicio, benévolo.

provincia f. Cada una de las grandes divisiones administrativas de un Estado: *España se divide en 50 provincias, la Argentina en 23.* ‖ En la Antigüedad romana, territorio conquistado fuera de Italia, administrado por un gobernador: *provincias Tarraconense, Galias,* etc. ‖ Conjunto de conventos de una misma orden religiosa en cierto territorio. ‖ — Pl. Todo el país, salvo la capital: *residir, trabajar en provincias.*

provincial adj. Relativo a la provincia: *Diputación, asamblea provincial.* ‖ Dícese del religioso superior general de todos los conventos de una provincia. Ú. t. c. s.: *el provincial de los franciscanos.*

Provinciales (*Las*) o **Cartas a un provincial,** serie de dieciocho cartas de Pascal (1657).

provincialismo m. Predilección por los usos y costumbres de una provincia. ‖ Voz, giro o manera de hablar característico de una provincia.

provincianismo m. Condición de provinciano.

provinciano, na adj. y s. Que vive en una provincia. ‖ *Fig.* Atrasado, poco acostumbrado a la vida de las grandes urbes.

Provincias Unidas, ant. n. de las siete prov. de los Países Bajos, federadas contra Felipe II de España en 1579, independizadas en 1609. Constituyeron un Estado hasta la Revolución Francesa, y posteriormente formaron parte del reino de Holanda. ‖ **~ de Agra y Aud,** ant. prov. de la India, actualmente Estado de Uttar Pradesh. ‖ **~ del Río de la Plata,** n. de la República Argentina antes de su independencia. ‖ **~ de Venezuela,** n. que llevó la República de Venezuela.

Provins, c. de Francia (Seine-et-Marne), al NE. de París.

provisión f. Suministro, abastecimiento. ‖ Acopio de cosas necesarias o útiles: *provisión de víveres, de carbón.* ‖ Disposición, medida. ‖ *Provisión de fondos,* existencia de fondos en poder del pagador para hacer frente a una letra de cambio, cheque, etc.

provisional adj. Que no es definitivo, interino: *gobernador, alcalde provisional.* ‖ Dícese del oficial militar que no ejerce su empleo más que temporalmente, en tiempos de guerra: *alférez provisional.*

provisor, ra m. y f. Proveedor, abastecedor. ‖ — M. Juez eclesiástico en quien el obispo delega su autoridad y jurisdicción. ‖ — F. Administradora de un convento.

provisorio, ria adj. *Amer.* Provisional.

provocación f. Reto, desafío. ‖ Incitación a cometer actos reprensibles.

provocador, ra adj. y s. Que provoca disturbios, alborotador. ‖ *Agente provocador,* el que suscita movimientos sediciosos para justificar las represalias.

provocante adj. Que provoca.

provocar v. t. Incitar o inducir a uno a que haga algo: *provocar a la rebelión.* ‖ Irritar, excitar: *provocar con ademanes.* ‖ Desafiar, retar: *provocar al adversario.* ‖ Mover: *provocar la risa.* ‖ Causar, originar: *le provocó la muerte.* ‖ Ayudar, facilitar: *el opio provoca el sueño.* ‖ Excitar una mujer el deseo de los hombres.

provocativo, va adj. Que irrita, excita o incita: *un vestido provocativo.* ‖ Provocador.

proxeneta com. Alcahuete.

proxenetismo m. Actividad del proxeneta.

próximamente adv. Pronto.

proximidad f. Cercanía.

próximo, ma adj. Que está cerca en el tiempo o en el espacio: *casa próxima a la carretera.* ‖ *El año próximo,* el año que viene.

proyección f. Acción de lanzar un cuerpo pesado, un líquido, un fluido. ‖ *Geom.* Figura que resulta en una superficie al proyectar en ella los puntos de un sólido u otra figura: *proyección de un prisma.* ‖ Imagen que se hace visible, por medio de un foco luminoso, en una superficie plana: *proyección luminosa.* ‖ Acción de proyectar una película: *proyección cinematográfica.* ‖ *Fig.* Influencia, influjo poderoso: *la proyección de la cultura.*

proyectar v. t. Arrojar, lanzar a distancia. ‖ Preparar o trazar un plan, concebir un proyecto: *proyectar una operación militar.* ‖ Hacer los planos de una obra de ingeniería o arquitectura. ‖ Hacer ver una película en la pantalla. ‖ Exhibir una película en un cine. ‖ Trazar la proyección de una figura geométrica sobre un plano.

proyectil m. Todo cuerpo al cual se comunica una velocidad cualquiera y es lanzado en una dirección determinada, como bala, granada, bomba, cohete, etc.

proyectista com. Persona que hace proyectos de ingeniería, etc.

proyecto m. Plan, designio de hacer algo, intención: *proyecto de estudiar.* ‖ Conjunto de planos y documentos explicativos, con indicación de costes que se hace previamente a la construcción de una obra. ‖ Esbozo, bosquejo, esquema: *un proyecto de novela.* ‖ Texto de ley elaborado por el Gobierno y que se somete a la aprobación del Parlamento.

proyector, ra adj. Que sirve para proyectar. ‖ — M. Reflector destinado a lanzar en una dirección determinada un haz de luz muy fuerte. ‖ Aparato para proyectar imágenes sobre una pantalla.

prudencia f. Calidad de la persona que obra con moderación y sensatez para evitar aquello que le puede causar perjuicio. ‖ Una de las cuatro virtudes cardinales.

Prudencia en la mujer *(La)*, comedia histórica de Tirso de Molina sobre la regencia de doña María de Molina (1634).

prudencial adj. De la prudencia. ‖ Prudente: *prórroga prudencial.* ‖ *Fam.* No excesivo: *cantidad prudencial de azúcar.*

Prudencio (Aurelio Clemente), poeta cristiano hispanolatino, n. en Calahorra (348-¿415?).

prudente adj. Que obra con prudencia: *un consejero prudente.* ‖ Razonable: *una hora prudente.*

Prud'hon (Pierre-Paul), pintor francés (1758-1823), precursor del Romanticismo.

prueba f. Razón o argumento con que se demuestra una cosa: *dar una prueba de lo que se afirma.* ‖ Ensayo, experiencia: *pruebas nucleares.* ‖ Una de las partes en que se divide un examen: *prueba de física.* ‖ *Fig.* Señal, testimonio: *prueba de amistad.* ‖ Tratándose de comida o bebida, degustación. ‖ Acción de ponerse un traje que se está haciendo para que el sastre o la costurera compruebe si le va bien al cliente. ‖ Competición deportiva. ‖ *Mat.* Operación mediante la cual se comprueba la exactitud del resultado de un problema o cálculo cualquiera: *la prueba del nueve.* ‖ *For.* Justificación del derecho de las partes: *prueba pericial.* ‖ Primera impresión que se saca para corregir las erratas: *prueba de imprenta.* ‖ *Fot.* Copia positiva. ‖ — Pl. Ejercicios acrobáticos. ‖ — *A prueba,* que se puede probar. ‖ *Fig. A prueba de bomba, de agua,* etc., muy resistente, capaz de resistir las bombas, el agua, etc. ‖ *Poner a prueba,* probar, ensayar. ‖ *Salón de pruebas,* probador.

pruina f. Recubrimiento céreo de las hojas o frutos.

Pruneda (Alfonso), médico y pianista mexicano (1879-1957). Rector de la Universidad Nacional (1924-1928).

prurigo m. Nombre genérico de diversas enfermedades de la piel.

prurito m. *Med.* Comezón, picor. ‖ *Fig.* Afán de hacer algo lo mejor posible: *por prurito de elegancia al escribir.* ‖ Deseo persistente y excesivo: *tener el prurito de interrumpir al que habla.*

Prusa. V. BURSA.

Prusia, ant. reino de Europa cuyo territorio se encontraba en el norte de Alemania; 294 000 km².

— HISTORIA. La casa de Hohenzollern reunió en 1618 el electorado de Brandeburgo y el ducado de Prusia. Federico Guillermo (1640-1688) intervino en la política europea y estableció las bases de la grandeza de su patria. Federico II el Grande (1740-1786) agrandó el territorio a costa de Silesia y de los sucesivos repartos de Polonia. Aunque los prusianos fueron derrotados por los franceses en Valmy (1792) y Jena (1806), triunfaron en Waterloo (1815) y por el Congreso de Viena recuperaron todos los territorios que habían perdido. Una vez dentro de la Confederación Germánica, Prusia fue adquiriendo una importancia cada vez mayor en perjuicio de Austria. La ruptura entre Berlín y Viena dio lugar a la victoria de Sadowa (1866), que motivó que Austria saliese de la Confederación. En 1871, tras haber derrotado a Francia, el rey de Prusia fue proclamado emperador con el nombre de Guillermo I y desde entonces su historia es la de Alemania. Actualmente está dividida entre las dos repúblicas alemanas y sus provincias orientales forman parte de Polonia y la U. R. S. S.

Prusia ‖ **~ Occidental,** ant. prov. alemana, hoy de Polonia; cap. *Danzig.* ‖ **~ Oriental,** ant. prov. del E. de Alemania; cap. *Königsberg.* Desde 1945 está dividida entre Polonia y la U. R. S. S. ‖ **~ Renana** o **Renania,** ant. prov. de Prusia, dividida hoy entre los Estados alemanes de Renania-Palatinado y Rin Septentrional.

prusiano, na adj. y s. De Prusia: *ejército prusiano.*

prusiato m. Sal del ácido prúsico, cianuro.

prúsico, ca adj. *Ácido prúsico* u *óxido cianhídrico,* composición de carbono, nitrógeno e hidrógeno, veneno poderoso.

Pruszkow, c. de Polonia, al SO. de Varsovia. Industrias.

Prut o **Pruth,** río de Europa Oriental, afl. del Danubio. Sirve de frontera entre la U. R. S. S. y Rumania; 950 km.

Przemysl, c. de Polonia (Rzesow), cerca de la frontera con la U. R. S. S. Obispado. Metalurgia.

Psamético ‖ **~ I,** rey de Egipto de 663 a 609 a. de J. C. ‖ **~ II,** rey de Egipto de 594 a 588 a. de J. C. ‖ **~ III,** rey de Egipto de 526 a 525 a. de J. C. Destronado y ejecutado por orden de Cambises, rey de Persia.

pseudo adj. Seudo.

psi f. Vigésima tercera letra del alfabeto griego (Ψ).

psicastenia f. *Med.* Astenia mental o moral.

psico, prefijo griego que entra en la composición de algunas palabras. (Actualmente se autoriza prescindir de la *p* inicial, v. gr.: *sicosis, sicología,* etc.)

psicoanálisis m. Exploración psicológica del pasado moral y mental de un enfermo por el método de Sigmund Freud. ‖ Método de tratamiento de las enfermedades nerviosas de origen psíquico, basado en esta exploración.

psicoanalista m. Especialista en psicoanálisis.

psicocirugía f. Tratamiento de ciertos trastornos mentales por intervenciones quirúrgicas en el cerebro.

psicofisiología f. Estudio científico de las relaciones entre los fenómenos psíquicos y fisiológicos.

psicología f. Ciencia que trata del alma, de sus facultades y operaciones, y particularmente de los fenómenos de la conciencia. ‖ *Fig.* Todo lo que atañe al espíritu. ‖ Carácter, modo de ser: *la psicología del protagonista de una novela.*

psicológico, ca adj. Referente a la psicología: *estado psicológico.* ‖ *Momento psicológico,* momento oportuno para actuar.

psicólogo, ga adj. y s. Especialista en psicología. ‖ Que le gusta analizar el estado del espíritu de otras personas.

psicometría f. Medición de los fenómenos psíquicos.

psicópata com. Enfermo mental.

psicopatía f. *Med.* Enfermedad mental.

psicopático, ca adj. Relativo a la psicopatía o que la padece.

psicopatología f. Patología de las enfermedades mentales.

psicosis f. Nombre genérico de las enfermedades mentales. ‖ Estado anímico colectivo originado por una conmoción de carácter social: *psicosis de pavor.*

psicosomático, ca adj. Relativo al mismo tiempo al estado psíquico y orgánico.

psicotecnia f. Estudio de las reacciones psíquicas y fisiológicas del hombre. (Se utiliza a menudo para la orientación profesional.)

psicotécnico, ca adj. Referente a la psicotecnia: *prueba psicotécnica.*

psicoterapia f. Conjunto de medios psicológicos empleados por los médicos para tratar a los enfermos mentales.

psique y **psiquis** f. El alma, el intelecto.

Psique o **Psiquis,** joven griega de gran belleza, amada y raptada por Eros. *(Mit.)*

psiquiatra m. Médico especialista en psiquiatría.

psiquiatría f. Tratado y estudio de las enfermedades mentales.

psiquiátrico, ca adj. Relativo a la psiquiatría.

psíquico, ca adj. Relativo al alma, al espíritu, a la conciencia.

psiquismo m. Conjunto de los caracteres psicológicos de alguien.

psitácida adj. y s. f. Dícese de las aves prensoras, como el loro, el papagayo. ‖ — F. pl. Familia que forman.

psitacismo m. Método de enseñanza basado en el exclusivo ejercicio de la memoria.

psitacosis f. Enfermedad infecciosa de los loros y papagayos, transmisible al hombre.

Pskov, c. de U. R. S. S. (Rusia), al SO. de Leningrado y a orillas del lago Peipus.

psoriasis f. *Med.* Dermatosis caracterizada por la formación de escamas blanquecinas.

Pt, símbolo químico del *platino.*

pteridofita adj. y s. f. Dícese de las plantas criptógamas fibrovasculares de generación alternante, como los helechos. ‖ — F. pl. Tipo que forman.

pterodáctilo m. Reptil volador de la era secundaria.

pterópodos m. pl. Clase de moluscos gastrópodos que tienen el pie muy ancho y que les sirve de aletas.

ptialina f. Diastasa de la saliva que convierte el almidón en maltosa.

ptialismo m. Salivación muy abundante.

ptolemaico, ca adj. De Ptolomeo: *templo ptolemaico.*

Ptolemais, n. de varias ciudades de la Antigüedad, entre las cuales estaba *San Juan de Acre.*

Ptolomeo o **Tolomeo,** n. de varios soberanos de Egipto, entre ellos PTOLOMEO I *Sotero* o *Sóter* (¿360?-283 a. de J. C.), sátrapa de 323 a 305 y rey de 305 a 285.

Fundó la dinastía de los Lagidas y la Biblioteca de Alejandría. — PTOLOMEO II *Filadelfo* (¿309?-246 a. de J. C.), hijo del anterior, rey desde 283. Protegió las letras y mandó edificar el faro de Alejandría. — PTOLOMEO XIV *Dionisio II* (¿61?-47 a. de J. C.). rey desde 51. Asesinó a Pompeyo tras la derrota de Farsalia. — PTOLOMEO XV *Cesarión* (47-31 a. de J. C.), hijo de César y de Cleopatra, rey de 42 a 30. M. por orden de Octavio, después de la batalla de Accio.

Ptolomeo (Claudio), astrónomo, matemático y geógrafo griego, n. en Egipto (¿90-168?), autor de un sistema que situaba la Tierra en el centro del universo.

ptomaína f. Tomaína.

ptosis f. Caída o prolapso de un órgano como consecuencia de una laxitud de los músculos o ligamentos que lo sujetan.

Pu, símb. químico del *plutonio*.

púa f. Objeto delgado y rígido que termina en punta aguda. || Diente de un peine o de la carda. || Pincho del erizo, del puerco espín, etc. || Chapa triangular de concha para tocar la guitarra o la bandurria. || Hierro del trompo. || || Vástago de un árbol que se injerta en otro. || *Fig.* Causa de padecimiento o pesadumbre. || *Arg.* y *P. Rico.* Espolón de ave.

púber, ra adj. y s. Adolescente, que ha entrado en la pubertad: *muchacho púber.*

pubertad f. Edad en que comienza la función de las glándulas reproductoras y se manifiestan ciertos caracteres sexuales secundarios.

pubescencia f. Pubertad.

pubescente adj. *Bot.* Velloso, cubierto de vello: *hoja pubescente.* || Púber.

pubiano, na adj. Del pubis.

pubis m. Parte inferior del vientre que se cubre de vello en la pubertad. || Hueso que se une al ilion y al isquion para formar el hueso innominado.

publicación f. Acción y efecto de publicar: *la publicación de un libro.* || Obra publicada: *publicación literaria que alcanzó en su época una gran difusión.*

publicador, ra adj. y s. Que publica.

publicano m. Arrendador de los impuestos o rentas públicas y de las minas del Estado entre los romanos.

publicar v. t. Hacer pública una cosa: *publicar un aviso, una ley.* || Imprimir y poner en venta un escrito: *publicar un periódico, un libro.* || Correr las amonestaciones o proclamas para el matrimonio y las órdenes sagradas. || Divulgar lo secreto.

publicidad f. Notoriedad pública: *dar demasiada publicidad a un escándalo.* || Carácter de lo que se hace en presencia del público: *publicidad de una causa criminal.* || Conjunto de medios empleados para dar a conocer una empresa comercial, industrial, etc., para facilitar la venta de los artículos que produce. || Anuncio: *agencia, sección de publicidad.*

publicista com. Persona que escribe artículos, libros, etc. || Persona que escribe de derecho público, de política o de asuntos sociales.

publicitario, ria adj. Referente a la publicidad, a la propaganda.

público, ca adj. Relativo a una colectividad: *interés público.* || Común, que es de todos: *monumento público.* || Relativo al gobierno de un país: *funciones públicas.* || Que puede ser utilizado por todos: *vía pública.* || Que puede asistir cualquiera: *sesión pública.* || Notorio, manifiesto, que no es secreto: *mantener relaciones públicas de amistad.* || Dícese de una parte del Derecho que trata de los intereses generales del Estado. || — M. Todo el mundo en general, el pueblo: *aviso al público.* || Concurrencia de personas reunidas para oír, ver, juzgar: *dirigirse al público de un teatro.* || Conjunto de personas que leen, ven, oyen una obra literaria, dramática, musical, etc.: *este escritor tiene su público.* || — *Fig. Dar al público,* publicar. || *En público,* con asistencia de un gran número de personas.

Pucallpa, c. al E. del centro del Perú, cap. de la prov. de Coronel Portillo (Loreto).

pucallpeño, ña adj. y s. De Pucallpa (Perú).

pucará m. *Amer.* Fortín precolombino en Bolivia y Perú.

Pucará, río en el SE. del Perú (Puno). Forma el Ramis al unirse con el Azángaro y el Huancané.

Puccini (Giacomo), músico italiano, n. en Luca (1858-1924), autor de óperas (*Manon Lescaut, La Bohème, Tosca, Madame Butterfly,* etc.).

Pucón, com. en el centro de Chile (Cautín). Turismo.

puchera f. Puchero, cocido.

pucherazo m. Golpe dado con un puchero. || *Fig.* y *fam.* Fraude electoral.

puchero m. Vasija de barro o hierro para guisar. || Cocido. || *Fig.* y *fam.* Alimento diario: *trabajar por el puchero.* || — Pl. *Fam.* Gesto de los niños al empezar a llorar: *hacer pucheros.*

puches m. pl. Gachas.

Puchkin. V. PUSCHKIN.

pucho m. Colilla de cigarro. || *Amer.* Poco, cantidad insignificante. | Sobra o resto de algo. || *Chil.* Cabo de vela.

puchteco m. *Méx.* Buhonero indígena.

pudding m. (pal. ingl.). Pastel hecho generalmente con harina, pasas de Corinto, etc.

pudelación f. y **pudelado** m. Operación de pudelar.

pudelar v. t. Convertir el hierro colado en acero o en hierro dulce, quemando parte del carbono que tiene en hornos de reverbero.

pudendo, da adj. Que causa pudor. || *Partes pudendas,* las partes genitales.

pudibundez f. Mojigatería.

pudibundo, da adj. Pudoroso. || Gazmoño, mojigato.

pudicicia f. Pudor.

púdico, ca adj. Casto, pudoroso: *mirada púdica.*

pudiente adj. y s. Acomodado, rico, con dinero.

pudín m. V. PUDDING.

pudinga f. Conglomerado formado por cantos rodados o guijarros unidos por un cemento natural.

pudor m. Vergüenza, recato *atentar contra el pudor.*

pudoroso, sa adj. Con pudor.

pudridero m. Vertedero de basuras. || Cámara o sepultura provisional: *el pudridero de El Escorial.*

pudrimiento m. Putrefacción.

pudrir v. t. Corromper una materia orgánica (ú. t. c. pr.). || *Fig.* Consumir, inquietar, irritar (ú. t. c. pr.). || — V. pr. *Fig.* y *fam. Por ahí te pudras,* expresión con la que se manifiesta indiferencia hacia otra persona.

— OBSERV. El participio de este verbo es *podrido.*

puebla f. (Ant.). Población, pueblo.

Puebla, Estado en el centro de México, cap. *Puebla de Zaragoza.* Agricultura. Industrias textiles y azucareras. Yacimientos de yeso, tecali, ónix y mármol. || **~ de Alcocer,** v. en el O. de España (Badajoz). || **~ de Cazalla,** v. en el S. de España (Sevilla). Aguardiente. || **~ de Don Fadrique,** v. en el S. de España (Granada). || **~ de Guzmán,** v. en el SO. de España (Huelva). Minas. || **~ de la Calzada,** v. en el O. de España (Badajoz). || **~ del Maestre,** v. en el O. de España (Badajoz). || **~ de los Infantes, (La),** v. en el S. de España (Sevilla). Hierro. || **~ de Montalbán,** v. en el centro de España (Toledo). || **~ de Sanabria,** v. en el O. de España (Zamora). || **~ de Zaragoza,** c. en el centro de México, cap. del Estado de Puebla. Arzobispado. Catedral. Universidad. Resistió el sitio del ejército expedicionario francés del 20 de marzo al 27 de mayo de 1863. Recibe tb. el n. de *Puebla de los Ángeles.*

pueblada f. *Riopl. Col.* y *Per.* Motín, gentío.

pueblerino, na adj. Lugareño, aldeano. || *Fig.* Propio de los que viven en pueblos: *tener gustos pueblerinos.*

pueblo m. Población, villa, aldea o lugar pequeño: *un pueblo de diez mil habitantes.* || Conjunto de los habitantes de un lugar o país: *el pueblo mexicano.* || Gente común de una población: *el pueblo barcelonés, bonaerense.* || Nación: *el pueblo inca.* || *Pueblo bajo,* plebe.

pueblo adj. y s. Indio del SO. de Estados Unidos y N. de México.

Pueblo, c. en el centro de Estados Unidos (Colorado), a orillas del Arkansas. Obispado. Industrias. || **~ Nuevo,** pobl. en el O. de Nicaragua (Estelí). — Mun. de México (Durango). — V. PAZ CENTRAL.

Puebloviejo, pobl. en el N. de Colombia (Boyacá). — Pobl. en el O. del Ecuador (Los Ríos).

puelche m. *Chil.* Viento que sopla de la cordillera andina. || Indio que vivía en la parte oriental de los Andes, en el S. de la Pampa.

puente m. Obra destinada a poner en comunicación dos puntos separados por un obstáculo o que permite que pasen sin cruzarse al mismo nivel dos corrientes de circulación. || Dispositivo eléctrico que tiene cuatro elementos de circuitos colocados según los cuatro lados de un cuadrilátero cuyas diagonales poseen una fuente de corriente y un aparato de medida: *puente de Wheatstone, de Maxwell.* || Ejercicio de acrobacia que consiste en arquear el cuerpo hacia atrás apoyándose en los dos pies y en las dos manos. || *Mar.* Plataforma elevada desde la cual el oficial de guardia da las órdenes de mando a la tripulación de un barco. | Cubierta en las que están las baterías en un barco de guerra. || Parte de las gafas que cabalga sobre la nariz. || Tablilla que mantiene levantadas las cuerdas de un instrumento músico. || Aparato de prótesis dental que consiste en la inserción de un diente o muela artificial entre dos sanos. || *Fig.* Existencia de dos días de fiesta separados por uno de trabajo y que se aprovecha para declarar de asueto los tres días. || — *Fig. Hacer puente,* considerar como festivo el día intermedio entre dos que lo son. | *Hacer* (o *tender*) *un puente de plata a uno,* allanarle todas las dificultades. | *Puente aéreo,* enlace aéreo con una ciudad cuando las comunicaciones terrestres o marítimas son demasiado lentas o imposibles. || *Puente colgante,* el sostenido por cables o cadenas de hierro. || *Puente de barcas,* el tendido sobre flotadores. || *Fig. Puente de los asnos,* dificultad con la cual sólo tropiezan los ignorantes. || *Puente giratorio,* el que se mueve alrededor de un eje vertical. || *Puente levadizo,* el que hay en un foso de una fortaleza y puede levantarse y bajarse a voluntad. || *Puente trasero,* en un automóvil, conjunto mecánico formado por dos semiejes de las ruedas traseras, el diferencial y el cárter que contiene dichos órganos.

Puente, lugar en el NO. de España (Pontevedra). || **~ Alto,** dep. en el centro de Chile (Santiago). || **~ de Calderón,** localidad en el O. de México, cerca de Guadalajara, en la que Hidalgo fue vencido por las tropas realistas de Calleja del Rey (17 de enero de 1811). || ~ **del Arzobispo** *(El)*, v. en el centro de España (Toledo). || ~ **del Inca,** pobl. en el O. de la Argentina (Mendoza). Estación termal. || ~ **Genil,** v. en el S. de España (Córdoba). Agricultura. Carne de membrillo. || ~ **Nacional,** mun. y pobl. en el N. de Colombia (Santander). Aguas termales.

Puente (Ramón), médico y escritor mexicano (1879-1939), autor de *Villa* y de *La dictadura, la revolución y sus hombres.*

Puenteáreas, v. en el NO. de España (Pontevedra). Estación veraniega.

Puentedeume, v. en el NO. de España (Coruña).

puerco, ca adj. Sucio. || — M. Cerdo. || *Fig.* y *fam.* Hombre sucio y grosero. || *Puerco espín,* mamífero roedor que tiene el cuerpo cubierto de púas. || *Amer. Puerco salvaje,* pecarí. || — F. Hembra del puerco. || Cochinilla (crustáceo). || Escrófula. || *Fig.* y *fam.* Mujer desaliñada, sucia o grosera. || *Fam. Méx. Torcer la puerca el rabo,* demostrar contrariedad.

puercoespín m. Puerco espín.

puericia f. Edad entre la niñez y la adolescencia, es decir, desde los siete a los catorce años.

puericultor, ra m. y f. Médico especialista de niños.

puericultura f. Conjunto de conocimientos médicos e higiénicos, aplicados a procurar el buen desarrollo de los niños.

pueril adj. Del niño. || *Fig.* Frívolo, infantil: *argumento pueril.*

puerilidad f. Condición de pueril. || Acción o dicho infantil. || *Fig.* Cosa insignificante.

puérpera f. Recién parida.

puerperal adj. Propio del puerperio. || *Fiebre puerperal,* la infecciosa que padecen algunas mujeres después del parto.

puerperio m. Estado de una mujer después del parto.

puerro m. Planta liliácea de raíz bulbosa comestible.

puerta f. Abertura que permite el paso a un lugar cerrado o vallado: *la puerta de la casa, de un jardín.* || Armazón de hierro o madera que, sujeto a un marco, sirve para dar o impedir el paso entre dos habitaciones, una casa, a través de una verja o vallado o para cerrar un armario o mueble. || Entrada: *en las puertas de la ciudad.* || *Fig.* Medio de acceso, introducción: *las puertas del saber.* || Espacio comprendido entre dos piquetes que ha de salvar un esquiador en las pruebas de habilidad. || Portería, meta en fútbol. || — *Fig. Abrir la puerta a un abuso,* dar facilidad para que ocurra. | *A las puertas de,* a punto de. | *A puerta cerrada,* en secreto. | *Cerrársele a uno todas las puertas,* faltarle todos los recursos. | *Dar a uno con la puerta en las narices,* desairarle cerrándole la puerta cuando quiere entrar. | *De puerta en puerta,* mendigando. || *Puerta accesoria,* la que sirve en el mismo edificio que tiene otra u otras principales. || *Puerta cochera,* aquella por donde pasan los coches. || *Puerta falsa* (o *excusada*), la que da a paraje excusado. || *Puerta vidriera,* la que tiene vidrios o cristales. || *Fig. Tomar la puerta,* marcharse.

Puerta o **Sublime Puerta,** n. dado antiguamente a *Turquía.*

Puerta del Sol, plaza en el centro de Madrid. — Puerta de Toledo, de estilo mudéjar. — Monolito preincaico en Tiahuanaco (Bolivia).

puertaventana f. Contraventana, postigo.

puerto m. Lugar en la costa defendido de los vientos y dispuesto para seguridad de las naves y para las operaciones de tráfico, carga y descarga y armamento: *puerto natural, artificial.* || Paso estrecho entre montañas: *el puerto de Roncesvalles.* || *Fig.* Asilo, refugio: *puerto de salvación.* || — *Puerto franco* o *libre,* el que goza de franquicia de derechos de aduana.

Puerto, distr. de la com. chilena de Iquique (Tarapacá). || ~ **Acosta,** pobl. en el NO. de Bolivia, cap. de la prov. de Camacho (La Paz). Puerto en el Titicaca. || ~ **Aisén,** c. del S. de Chile, cap. del dep. y la prov. de Aisén. || ~ **Armuelles,** pobl. en el SO. de Panamá, cap. del distr. de Barú (Chiriquí). || ~ **Arrecife,** c. de la isla española de Lanzarote (Canarias). || ~ **Arturo.** V. Port Arthur. || ~ **Ayacucho,** c. en el S. de Venezuela, cap. del Territorio de Amazonas. || ~ **Baquerizo,** c. del Ecuador, cap. del archipiélago de Colón en la costa SO. de la isla de San Cristóbal. || ~ **Barrios,** c. y puerto en el NE. de Guatemala, cap. del dep. de Izabal. || ~ **Belgrano,** pobl. y puerto en el E. de la Argentina (Buenos Aires). || ~ **Berrío,** pobl. en el centro de Colombia (Antioquia), puerto en el río Magdalena. || ~ **Cabello,** c. y puerto en el NO. de Venezuela (Caracas). Astilleros. Industrias. || ~ **Carreño,** c. en el E. de Colombia, cap. de la comisaría de Vichada. || ~ **Casado,** pobl. del Paraguay (Boquerón). Ant. llamado *Ángeles Custodios.* || ~ **Castilla,** c. y puerto en el N. de Honduras (Colón). || ~ **Colombia,** pobl. en el N. de Colombia (Atlántico). || ~ **Cortés,** c. y principal puerto en el NO. de Honduras (Cortés). || ~ **Cumarebo,** pobl. en el NO. de Venezuela (Falcón). || ~ **de España.** V. Port of Spain. || ~ **de la Cruz,** v. de España, en Santa Cruz de Tenerife (Canarias). || ~ **de Santa María** *(El)*, c. del S. de España, en la desembocadura del Guadalete (Cádiz). Agricultura. Vinos. || ~ **Deseado,** pobl. del S. de la Argentina (Santa Cruz). || ~ **Guaqui,** pobl. en el O. de Bolivia, sección de la prov. de Ingaví (La Paz). || ~ **Inírida,** c. en el E. de Colombia, cap. de la comisaría de Guainía. || ~ **La Cruz,** pobl. y puerto en el N. de Venezuela (Anzoátegui). || ~ **Limón.** V. Limón. || ~ **Madryn,** c. en el SE. de la Argentina, puerto en el Golfo Nuevo (Chubut). || ~ **Maldonado,** c. y puerto fluvial en el SE. del Perú, cap. de la prov. de Tambopata y del dep. de Madre de Dios. || ~ **Montt,** c. y puerto en el S. de Chile, cap. de la prov. de Llanquihue. Obispado. || ~ **Natales,** c. y puerto del S. de Chile (Magallanes), cap. del dep. de Última Esperanza. || ~ **Octay,** com. en el centro de Chile (Osorno). || ~ **Ordás,** c. y puerto de Venezuela en el Orinoco (Bolívar). || ~ **Padre,** térm. mun. de Cuba (Oriente). || ~ **Pérez,** puerto boliviano en el lago Titicaca. || ~ **Pinasco,** pobl. y puerto paraguayo en el río Paraguay (Boquerón). || ~ **Plata,** c. septentrional de la Rep. Dominicana, cap. de la prov. homónima. Rica región agrícola. || ~ **Príncipe.** V. Camagüey y Port-au-Prince. || ~ **Real,** v. del S. de España (Cádiz). Salinas. || ~ **Rico.** V. artículo aparte. || ~ **Sastre,** pobl. del Paraguay (Boquerón). || ~ **Stanley,** c. y cap. de las Malvinas, en la isla Soledad. || ~ **Suárez,** c. al E. de Bolivia, puerto en el río Paraguay (Santa Cruz). || ~ **Tejada,** pobl. en el SO. de Colombia (Cauca). || ~ **Vallarta,** pobl. y mun. en el O. de México (Jalisco). || ~ **Varas,** com. y dep. en el S. de Chile, a orillas del lago Llanquihue. || ~ **Wilches,** c. y puerto fluvial en el NO. de Colombia en el río Magdalena (Santander). Petróleo.

Puerto Rico, isla del mar Caribe, al E. de Haití, la más oriental y la menos extensa de las Antillas Mayores, que constituye un *Estado Libre Asociado* de Estados Unidos de Norteamérica; 8 896 km²; 2 723 000 h. *(puertorriqueños).* Cap. *San Juan,* 650 000 h. (con los suburbios). Otras c.: *Arecibo,* 70 000 h. *Aguadilla,* 50 000; *Mayagüez,* 85 000, y *Ponce,* 150 000. Administrativamente, se divide Puerto Rico en ocho distritos representativos. La población es blanca en su mayoría, existiendo también negros y una fuerte proporción de mulatos. La religión católica es la más arraigada y la lengua castellana o española es la oficial y hablada por la pobla-

PT

PUERTO RICO

ción, si bien el inglés está muy extendido. La densidad media de población es de 295 h/km², la más elevada de América.

— GEOGRAFÍA. La isla, llamada *Borinquén* por los indígenas, es de silueta casi rectangular y de estructura montañosa (cordillera Central). Abundan los ríos y su clima es cálido y húmedo. La agricultura es el principal recurso económico del país (caña de azúcar, café, tabaco, arroz, maíz). La ganadería está bastante desarrollada (bovinos, ovinos, caballos) y la industria ha alcanzado últimamente un notable desarrollo. Las comunicaciones están servidas por una red de 6 800 km de carreteras, y por numerosas líneas aéreas interiores y exteriores, que hacen de Puerto Rico el centro del movimiento aéreo en las Antillas.

— HISTORIA. Antes del Descubrimiento, la isla de Puerto Rico estaba habitada por los indios arawacos y caribes. Colón llegó a ella en su segundo viaje (1493) y Juan Ponce de León la exploró en 1508, año en que fundó la ciudad de San Juan de Puerto Rico. Durante el período colonial dependió de la Audiencia de Santo Domingo, y hubo de sufrir numerosos ataques de los piratas, como el de Drake (1595), quien incendió San Juan. A lo largo del s. XVIII, Inglaterra intentó en tres ocasiones apoderarse de la isla y anexarla a Jamaica. Tras varios movimientos independistas durante el s. XIX, Estados Unidos ocupó Puerto Rico, cedido por España en el Tratado de París (1898), que puso fin a la guerra hispano-norteamericana. Primeramente se estableció un gobierno militar; en 1917, los puertorriqueños obtuvieron la nacionalidad estadounidense y en 1948 la elección del gobernador fue sometida a sufragio universal. El primer gobernador elegido, Luis Muñoz Marín, elaboró una nueva Constitución que fue puesta en vigor en 1952, y que definía a Puerto Rico como Estado Libre Asociado. El mandato de Muñoz Marín fue prolongado en 1956 y 1960. En 1964 fue elegido Roberto Sánchez Vilella, en 1968 Luis Ferré y en 1972 Rafael Hernández Colón. Un referéndum ratificó ampliamente el estatuto de Estado Libre Asociado (1967).

puertocarrense adj. y s. De Puerto Carreño (Colombia).

Puertollano, c. en el centro de España (Ciudad Real). Centro minero. Metalurgia.

puertomonttino, na adj. y s. De Puerto Montt (Chile).

puertorriqueñismo m. Vocablo o giro propio del habla de Puerto Rico.

puertorriqueño, ña adj. y s. De Puerto Rico.

Puertoviejo. V. PORTOVIEJO.

pues conj. Denota causa, razón o consecuencia y se usa a veces como condicional, continuativa o ilativa. ‖ Con interrogante equivale a *¿cómo?* ‖ A principio de cláusula encarece lo que en ella se dice.

puesta f. Acción de ponerse u ocultarse un astro: *la puesta del Sol.* ‖ Cantidad que se apuesta en un juego de azar. ‖ Acción de poner: *puesta en órbita, puesta al día,* etc. ‖ Funcionamiento: *la puesta en marcha de un motor.* ‖ Cantidad de huevos que ponen las aves. ‖ — *Puesta de largo,* presentación en sociedad de una chica. ‖ *Puesta en escena,* escenificación de una obra de teatro.

puestear v. i. *Méx.* Poner puesto de venta en la vía pública.

puesto, ta adj. Vestido, arreglado, ataviado: *mujer muy bien puesta.* ‖ — M. Sitio que ocupa una cosa o una persona: *cada cosa en su puesto.* ‖ Lugar ocupado en una clasificación: *tener un buen puesto en el escalafón.* ‖ Tienda ambulante para vender al por menor: *un puesto de periódicos, de flores.* ‖ Cargo, empleo: *un puesto del Estado.* ‖ *Mil.* Lugar donde hay soldados apostados con algún fin: *puesto de guardia.* ‖ Destacamento de la Guardia Civil. ‖ Sitio donde se oculta el cazador para tirar. ‖ — Conj. *Puesto que,* ya que.

Pueyrredón (Juan Martín de), general y político argentino, n. en Buenos Aires (1776-1850). Participó en la reconquista de Buenos Aires contra la invasión inglesa de 1806 y fue director supremo de las Provincias Unidas del Río de la Plata de 1816 a 1819.

puf m. Taburete bajo con asiento acolchado.

¡puf! interj. Denota repugnancia o asco o el sonido de un choque.

Pufendorf (Samuel), jurista e historiador alemán (1632-1694).

pufo m. *Fam.* Engaño. | Deuda sin pagar: *dejar un pufo de quince mil pesetas.*

Puget (Pierre), escultor francés (1620-1694).

Puget Sound, fiordo en el O. de Estados Unidos (Washington).

púgil m. Boxeador. ‖ Luchador que, entre los romanos, se peleaba a puñetazos.

pugilato m. Lucha a puñetazos. ‖ Boxeo. ‖ *Fig.* Disputa reñida.

pugilista m. Púgil.

pugna f. Lucha.

pugnacidad f. Belicosidad.

pugnar v. i. Luchar, batallar, pelear, contender, reñir. ‖ *Fig.* Solicitar con ahínco, porfiar.

Puig Adam (Pedro), matemático e ingeniero español (1900-1960).

Puigcerdá, v. del NE. de España (Gerona).

puja f. Acción y efecto de pujar los licitadores en una subasta. ‖ Cantidad que un licitador ofrece.

pujador, ra m. y f. Licitador, persona que puja en una subasta.

pujamen m. *Mar.* Orilla inferior de las velas.

pujante adj. Que tiene pujanza: *industria pujante.*

pujanza f. Fuerza, vigor: *con gran pujanza.*

pujar v. t. Hacer esfuerzos para pasar adelante o proseguir una acción: *pujé para abrirme paso en la vida.* ‖ Ofrecer un licitador en una subasta más dinero que el anunciado por su predecesor. ‖ — V. i. Experimentar dificultad en expresarse. ‖ Vacilar en algo. ‖ *Fam.* Hacer los gestos propios cuando no se puede contener el llanto.

pujavante m. Herramienta de los herradores para cortar el casco de las caballerías.

pujo m. Dolor que a veces se siente al orinar o evacuar el cuerpo. ‖ *Fig.* Gana irresistible de reír o llorar. ‖ *Fig.* Conato, aspiración: *tenía pujos de ser pintor.* | Deseo grande de una cosa.

Pula, c. y puerto del NO. de Yugoslavia (Croacia), en la costa del NO. de Istria. Fue italiana hasta 1947 con el n. de *Pola.*

Pulacayo, c. en el SO. de Bolivia (Potosí). Minas de plata en Huanchaca.

pulcazo m. *Méx.* Trago grande de pulque.

pulcinella m. Polichinela.

pulcritud f. Esmero en el aseo: *vestir con pulcritud.* ‖ Cuidado: *labor hecha con pulcritud.* ‖ *Fig.* Delicadeza, decoro: *pulcritud en la conducta.*

pulcro, cra adj. Aseado, limpio: *persona pulcra.* ‖ Delicado, fino: *pulcro en el hablar.* ‖ Cuidado, esmerado: *trabajo pulcro.*

pulga f. Insecto díptero que vive parásito en el cuerpo del hombre y de algunos animales chupándoles la sangre. ‖ — *Fam. Buscar las pulgas a uno,* provocarle. | *Cada uno tiene su modo de matar pulgas,* cada uno tiene su modo de proceder particular. | *Sacudirse uno las pulgas,* rechazar las cosas molestas. | *Tener malas pulgas,* tener mal genio, resentirse fácilmente.

pulgada f. Medida que es la duodécima parte del pie, algo más de 23 mm. ‖ Medida de longitud inglesa equivalente a 25,4 mm.

pulgar adj. Dícese del dedo primero y más grueso de la mano (ú. t. c. s. m.).

Pulgar (Hernando del), historiador español (¿1430-1493?), autor de *Crónicas de los Reyes Católicos* y *Claros varones de Castilla,* biografías.

pulgarada f. Papirotazo, golpe dado con el dedo pulgar. ‖ Porción: *una pulgarada de tabaco.*

Pulgarcito, personaje y título de uno de los cuentos de Perrault.

pulgón m. Insecto hemíptero cuyas hembras y larvas viven parásitas en las plantas, apiñadas en las hojas y brotes tiernos.

pulguero m. *Amer.* Lugar donde hay muchas pulgas. ‖ *Fam. Méx.* La cárcel.

pulguillas m. inv. *Fig.* y *fam.* Persona suceptible y pronto a irritarse por cualquier cosa o motivo: *tiene carácter de un pulguillas.*

pulguitas f. pl. *Méx.* Frijolitos rojinegros.

pulidez f. Calidad de pulido.

pulido, da adj. Pulcro, muy cuidado, primoroso. ‖ — M. Pulimento.

pulidor, ra adj. Que pule o da brillo a una cosa. ‖ — M. Instrumento para pulir. ‖ Máquina de pulir.

pulimentar v. t. Pulir.

pulimento m. Acción y efecto de pulir. ‖ Lo que sirve para pulimentar.

pulir v. t. Alisar o dar brillo: *pulir el mármol, el vidrio, un metal.* ‖ Perfeccionar, dar la última mano: *pulir un mueble.* ‖ *Fig.* Corregir, hacer más elegante: *pulir un escrito, el estilo.* | Civilizar, quitar la rudeza a uno: *pulir a un lugareño.* ‖ *Pop.* Vender o empeñar. | Hurtar, robar.

Pulitzer (Joseph), escritor norteamericano (1847-1911), fundador de una escuela de periodismo y creador en 1918 de los doce premios literarios que llevan su nombre, otorgados anualmente por el Consejo de administración de la Universidad de Columbia. (N. York.)

pulmón m. Órgano de la respiración del hombre y de los vertebrados que viven o pueden vivir fuera del agua y que está en la cavidad torácica. ‖ Órgano respiratorio en forma de cámara o saco de algunos arácnidos y moluscos. ‖ — Pl. *Fig.* y *fam.* Voz potente, facultad de gritar mucho. ‖ *Pulmón de acero* o *artificial,* recinto metálico, herméticamente cerrado, donde se provoca la respiración de ciertos enfermos por medio de un aparato neumático.

pulmonado, da adj. Aplícase al animal articulado que tiene pulmones, como la araña, la babosa (u. t. c. s. m.).

pulmonar adj. Referente a los pulmones: *congestión pulmonar.*

pulmonaria f. Planta borraginácea cuyas hojas cocidas se emplean como pectorales. ‖ Liquen de color pardo que vive parásito sobre los troncos de los árboles.

pulmonía f. *Med.* Inflamación del pulmón producida por un microbio específico *(neumococo).*

pulpa f. Tejido parenquimatoso que constituye la casi totalidad de algunos frutos carnosos. ‖ Tejido conjuntivo embrionario contenido en el interior de los dientes. ‖ Tira delgada de remolachas o de cañas de azúcar de las que se han extraído el azúcar. ‖ Médula de las plantas leñosas. ‖ Parte tierna y carnosa de la carne, de las verduras o de las frutas.

pulpejo m. Masa carnosa: *el pulpejo del lóbulo, de los dedos.* || Sitio blando y flexible en los cascos de las caballerías.

pulpería f. *Amer.* Tienda donde se venden comestibles, bebidas y géneros de droguería, etc. || *P. Rico.* Tienda de abarrotes.

pulpero m. *Amer.* El que tiene una pulpería.

pulpitis f. Inflamación de la pulpa dental.

púlpito m. En las iglesias, tribuna desde la cual el predicador se dirige a los fieles. || Actividad de predicador.

Púlpito, sector de la Sierra Madre Occidental de México (Sonora).

pulpo m. Molusco cefalópodo con ocho tentáculos provistos de dos filas de ventosas. || *Fam.* Persona molesta: *es un pulpo.* || Tiras de goma que sirven para fijar los bultos en la baca de un coche.

pulposa, sa adj. Abundante en pulpa.

pulque m. Bebida alcohólica americana, característica de México, hecha con la fermentación de la savia, llamada aguamiel, de varias especies de maguey.

pulquería f. Establecimiento en que se vende pulque.

pulquero, ra m. y f. Vendedor de pulque.

pulquérrimo, ma adj. Superlativo irreg. de *pulcro,* muy limpio.

pulsación f. Cada uno de los latidos de una arteria. || *Fís.* Movimiento vibratorio y periódico en los fluidos elásticos. || Cada uno de los golpes que se da al teclado de una máquina de escribir, de un piano, etc.

pulsador, ra adj. Que pulsa. || — M. Interruptor que mantiene cerrado un circuito mientras se oprime su botón: *el pulsador del timbre eléctrico.*

pulsar v. t. Tocar, tañer: *pulsar una guitarra.* || Presionar: *pulsar un botón eléctrico.* || Tomar el pulso a un enfermo. || *Fig.* Tantear un asunto: *pulsar la opinión pública.* || — V. i. Latir las arterias o el corazón.

pulsátil adj. Que pulsa.

pulsear v. i. Echar un pulso.

pulsera f. Joya que se pone en la muñeca: *pulsera de perlas.* || *Pulsera de pedida,* la que regala el novio a su novia el día que pide su mano.

pulso m. Transmisión de la onda provocada por la contracción cardiaca en un vaso de la circulación, perceptible principalmente en la muñeca por un latido intermitente: *tomar el pulso.* || Parte de la muñeca donde se siente este latido. || *Fig.* Seguridad y destreza en la ejecución de ciertos trabajos de precisión: *hay que tener mucho pulso para dibujar.* | Tacto, discreción, cuidado: *obrar con mucho pulso.* || — *A pulso,* sin apoyar el brazo en ningún sitio; (fig.) a fuerza de esfuerzos, sin ayuda de nadie. || *Echar un pulso,* agarrarse dos personas las manos, apoyadas en los codos, para intentar derribar el brazo del contrincante. || *Pulso arrítmico,* el irregular. || *Fig. Tomar el pulso,* pulsar, tantear un asunto.

pulsorreactor m. Motor de reacción, de funcionamiento intermitente, en el que sólo están en movimiento las válvulas.

Pultava. V. POLTAVA.

pululante adj. Que pulula.

pulular v. i. Multiplicarse rápidamente y en abundancia. || Abundar en un sitio: *aquí pululan los pedigüeños.*

pululo, la adj. *Guat.* Enano, rechoncho.

pulverización f. División de un sólido o de un líquido en corpúsculos o gotas.

pulverizador m. Aparato que se pone en el extremo de un tubo que sirve para proyectar al exterior un líquido en forma de gotas o un sólido en forma de polvo. || Surtidor del carburador de un automóvil.

pulverizar v. t. Reducir a polvo una cosa. || Proyectar un líquido en gotitas. || *Fig.* Hacer añicos: *pulverizar un vaso.* | Aniquilar, destruir: *pulverizó al enemigo.* | Sobrepasar en mucho: *pulverizar un récord.* | Quitar todo su valor: *pulverizar una teoría.* | Despilfarrar, tirar: *pulverizó su fortuna.*

pulverulento, ta adj. Polvoriento. || En forma de polvo.

pulla f. Dicho ocurrente con que se zahiere a uno: *lanzar pullas.*

Pulla, ant. *Apulia,* región del S. de Italia, formada por las prov. de Bari, Brindisi, Foggia, Lecce y Tarento. Agricultura.

pullman m. Coche de lujo en ciertas líneas de ferrocarril.

pull-over [*pulóver*] m. (pal. ingl.). Jersey.

¡pum! interj. Onomatopeya que expresa ruido o golpe.

puma m. Mamífero carnívoro félido de América, semejante al tigre, pero de pelo más suave y leonado.

Pumacahua (Mateo GARCÍA), cacique peruano (¿1736?-1815), jefe de la rebelión del Cuzco en 1814. Condenado a muerte y ejecutado.

¡pumba! interj. Onomatopeya con la que se indica una caída estrepitosa.

puna f. Término empleado en los Andes de Perú, Bolivia, Argentina y Chile para designar la plataforma de tierras frías comprendida entre los 3 000 y 5 000 m, según la latitud. (El frío, la sequía y el viento predominan en estas tierras, constituidas principalmente de extensas superficies llanas.)

Puna, c. de la India (Maharashtra), al SE. de Bombay. Universidad. Obispado.

Puna. V. ATACAMA (*Puna de*) y VILLA TALAVERA.

Puná, isla del Ecuador, en el golfo de Guayaquil y en la costa de la prov. de Guayas; 920 km².

Punaka, cap. de Bután en el N. de la India; 35 000 h.

Punata, pobl. en el O. de Bolivia, cap. de la prov. homónima (Cochabamba).

punción f. Operación quirúrgica que consiste en introducir un instrumento punzante en una cavidad llena de un líquido para vaciarla o extraer cierta cantidad del mismo con fines de diagnóstico. || Punzada, dolor.

puncionar v. t. Hacer punciones en una parte o cavidad.

punch [*ponch*] m. (pal. ingl.). Ponche. || Pegada de un boxeador.

punching ball [*punchingbol*] m. (pal. ingl.). Balón, suspendido por cuerdas elásticas, con que se entrenan los boxeadores para adquirir velocidad y reflejos.

pundonor m. Amor propio.

pundonoroso, sa adj. Que tiene pundonor, caballeroso: *persona pundonorosa.*

puneño, ña adj. y s. De Puno.

punible. Castigable.

punicácea adj. y s. f. Dícese de ciertas plantas angiospermas cuyo tipo es el granado. || — F. pl. Familia que forman.

punición f. Castigo.

púnico, ca adj. Relativo a los cartagineses.

— Reciben el nombre de *Guerras Púnicas* las luchas armadas entre Roma y Cartago durante los s. III y II a. de J. C. La primera (364-241) tuvo por teatro a Sicilia y fue favorable a los romanos. En la segunda (218-201), Aníbal, quien, procedente de España, había atravesado las Galias, los Alpes y penetrado en Italia, derrotó a los romanos en Tesino, Trebia, Trasimeno y Cannas. En respuesta, los romanos mandaron a Escipión a África. Aníbal fue a su encuentro, pero debilitado por su campaña anterior, sufrió la derrota de Zama (202), tras la cual Cartago hubo de aceptar una paz humillante. La tercera fue de breve duración. Con el pretexto de que Cartago había violado sus tratados, las legiones romanas pusieron sitio a la ciudad y la destruyeron en el año 146 a. de nuestra era.

Punilla, dep. de la Argentina (Córdoba).

punir v. t. Castigar.

punitivo, va adj. Relativo al castigo: *expedición punitiva.*

punitorio, ria adj. *Amer.* Aplicado como castigo.

Punjab. V. PENDJAB.

Puno, c. del SE. del Perú, en las márgenes del lago Titicaca, cap. del dep. homónimo. Obispado.

punta f. Extremo puntiagudo de una cosa: *punta de una aguja, de una espada.* || Extremo de una cosa que disminuye de anchura o espesor: *la punta de los pelos, de una torre.* || Pico de una parte de una prenda de vestir: *la punta del cuello.* || Lengua de tierra que penetra en el mar: *la punta de Tarifa.* || Clavo pequeño: *fijar una franja con unas puntas.* || Punzón que emplean los tipógrafos para sacar las letras del molde. || Parte final del cuerno de un toro. || Parte inferior del escudo de armas. || Colilla: *puntas de cigarrillos.* || Gusto agrio del vino que se avinagra. || Porción del ganado que se separa del rebaño. || Multitud, gran número de personas o cosas. || Extremo más delgado de un madero. || Postura de la bailarina que danza sobre el extremo de los dedos de los pies. || Detención del perro de caza cuando se para la pieza perseguida. || *Fig.* Un poco, algo, pequeña cantidad de: *tiene puntas de escritor dramático.* || — *Fam. A punta de pala,* en gran cantidad. || *Bailar de puntas,* dicho de una bailarina, en equilibrio en la punta de sus zapatillas. || *De punta a cabo* (o *a punta*), del principio al fin. || *Fig. De punta en blanco,* muy arreglado en el vestir. | *Hasta la punta de los pelos,* harto. | *Horas (de) punta,* aquellas en que hay mucho tráfico. | *Poner los nervios de punta,* crispar los nervios. | *Ponerse de punta con uno,* estar hostil con él. || *Punta seca,* aguja para grabar al aguafuerte. || *Fig. Sacar punta a alguna cosa,* interpretarla maliciosamente. | *Tener algo en la punta de la lengua,* estar a punto de decirlo; estar a punto de acordarse de algo y no dar con ello.

Punta || **~ Alta,** pobl. de la Argentina (Buenos Aires). || **~ Arenas,** c. y puerto del S. de Chile, cap. del dep. y de la prov. de Magallanes. Obispado. Universidad. || **~ Cardón,** puerto en el NO. de Venezuela (Falcón). Refinería de petróleo. || **~ del Este,** c. en el S. del Uruguay (Maldonado). Turismo. Balneario. Festival cinematográfico. Conferencia Interamericana en 1967. || **~ Galera,** punta de Colombia (Atlántico). || **~ Gallinas,** punta de Colombia, en el Caribe; la más septentrional de América del Sur. || **~ Umbría,** pobl. del S. de España (Huelva). Estación veraniega.

puntada f. Cada uno de los agujeros que hace en la tela la aguja de coser. || *Fig.* Alusión, insinuación hecha en la conversación. || *Méx.* Agudeza, ingenio. || *Fam. No dar una puntada,* no hacer nada.

puntal m. Madero que sirve de sostén o de entibado. || *Fig.* Sostén, apoyo, fundamento. | Elemento principal: *este chico es el puntal del equipo.* || Altura de un barco.

puntano, na adj. De San Luis (Argentina).

puntapié m. Golpe dado con la punta del pie.

Puntarenas, v. y puerto en el SO. de Costa Rica, en el golfo de

PU

Nicoya; cap. de la prov. homónima.

puntarenense adj. y s. De Punta Arenas (Chile) y de Puntarenas (Costa Rica).

puntazo m. Herida hecha con la punta de un arma. || Herida penetrante causada por el toro con la punta del cuerno, y la cornada que la produce. || *Fig.* Pulla, indirecta: *tirar puntazos.*

punteado m. Acción y efecto de puntear la guitarra o de marcar puntos. || Serie de puntos.

puntear v. t. Marcar, señalar puntos en una superficie. || Dibujar con puntos. || Tocar un instrumento hiriendo cada cuerda con un dedo. || Compulsar una cuenta por partidas.

punteo m. Modo de tocar la guitarra u otro instrumento músico semejante hiriendo las cuerdas con un dedo.

puntera f. Remiendo en el calzado, en los calcetines y las medias, etc., por la parte de la punta del pie. || Contrafuerte de cuero en la punta de algunos zapatos. || Contera que se pone en la punta de un lápiz. || Punta del pie. || *Fam.* Puntapié. | Golpe dado al balón con la punta del pie.

puntería f. Operación que consiste en orientar convenientemente un arma de fuego para que el proyectil dé en el objetivo. || Dirección en que se apunta el arma: *rectificar la puntería.* || Destreza del tirador: *tener buena puntería.*

puntero, ra adj. Dícese de la persona que descuella en lo que hace: *abogado puntero en el foro.* || — M. Palo con que se señala una cosa en los carteles, mapas, etc.: *el puntero del maestro de escuela.* || Cincel de picapedrero.

punterola f. Barra de punta acerada utilizada en las minas.

puntiagudo, da adj. En punta.

puntilla f. Encaje fino. || Clavo pequeño. || Cachetero, puñal para matar reses o el empleado para rematar al toro. || Punzón utilizado por los carpinteros para marcar. || — *Fig.* Dar la puntilla, rematar, acabar con una persona. || *De puntillas,* sobre las puntas de los pies: *andar de puntillas para no hacer ningún ruido.*

puntillero m. El que remata al toro con la puntilla.

puntillismo m. Procedimiento de pintura de los neoimpresionistas, consistente en descomponer los tonos por pinceladas separadas. (Los principales representantes del *puntillismo* fueron Georges Seurat, Paul Signac y Camille Pisarro.)

puntillista adj. Relativo al puntillismo: *pintor puntillista.* || — M. Adepto del puntillismo.

puntillo m. Cosa de poca entidad, cosilla. || Pundonor exagerado: *hombre de mucho puntillo.* || Signo de música consistente en un punto colocado a la derecha de una nota, que aumenta su duración en la mitad de su valor.

puntilloso, sa adj. Susceptible, quisquilloso, reparón.

punto m. Señal de pequeña dimensión: *marcar con un punto.* || Pequeño signo ortográfico que se pone sobre la *i* y la *j.* || Signo de puntuación (.) que, empleado sólo, indica el fin de una frase; cuando son dos, situados verticalmente (:), se ponen al final de una frase para anunciar una cita, una palabra, una explicación, una consecuencia. || Signo: *punto de interrogación, de admiración.* || Lugar del espacio sin extensión: *punto geométrico.* || Intersección de dos líneas. || Sitio determinado: *punto de contacto, de reunión.* || Asunto de una materia: *estar de acuerdo en un punto.* || Parte o división de algo: *habló de todos los puntos de interés.* || Aspecto: *punto filosófico.* || Aquello que es esencial, importante, delicado; tema, pregunta: *el punto capital de un asunto.* || Estado, situación: *encontrarse en el mismo punto que antes.* || Momento, instante: *al llegar a este punto se fue.* || Cosa muy pequeña, parte mínima: *esto tiene su punto de acidez.* || Cada unidad de una nota que sirve para estimar la conducta y los conocimientos de un alumno: *obtener muchos puntos en el examen escrito.* || *Arq.* Arco o bóveda de curvatura semicircular: *arco de medio punto.* || Determinación de la posición geográfica de un barco, de un avión. || Parada de coche de alquiler. || Unidad de medida utilizada en tipografía para expresar el tamaño del cuerpo de los caracteres, equivalente a 0,375 mm. || Valor que se atribuye a cada carta de la baraja, variable según los juegos. || Número de puntos que figura en las fichas de dominó o en cada cara de un dado. || As de cada palo en ciertos juegos de naipes. || Unidad de cálculo que sirve para saber los derechos adquiridos en ciertos regímenes basado en el reparto: *puntos de subsidios familiares.* || Unidad, sin especificación de medida o de valor, utilizada en numerosos deportes para designar el vencedor. || Superficie elemental de análisis de la imagen que hay que transmitir o que se recibe en televisión. || Mira de las armas de fuego. || Grado de temperatura en que se produce un fenómeno físico: *punto de fusión.* || Lo que se pone en los labios de una herida para cerrarla: *le echaron diez puntos.* || Puntada al coser o al bordar. || Clase de tejido hecho con mallas entrelazadas formadas con agujas especiales (de jersey, de medias, etc.) y manera de combinar los hilos en este tejido. || Carrera pequeña en las medias: *un punto corrido.* || Agujero o cualquier otra cosa que permite graduar algo: *los puntos que tiene un cinturón.* || Persona que juega contra el banquero en los juegos de azar. || *Fam.* Persona sin muchos escrúpulos, de poca vergüenza: *¡está hecho un buen punto!* || — *Al punto,* inmediatamente, en el acto. || *A punto,* a tiempo, oportunamente; preparado, dispuesto. || *A punto de,* muy cerca de. || *A punto fijo,* con certeza o seguridad. || *Fig. Con puntos y comas,* con todo detalle. | *Dar el punto a algo,* obtener su mayor grado de perfección. || *De todo punto,* enteramente. || *En punto,* exactamente: *llegar a la hora en punto.* || *Fig. En su punto,* de la mejor manera que puede estar. || *Estar a punto de hacer algo,* estar próximo a realizarlo. || *Hasta cierto punto,* en cierto modo. || *Fig.* y *fam. Poner los puntos a una cosa,* pretenderla. | *Poner los puntos sobre las íes,* véase I. *Fig. Poner punto en boca,* callarse. || *Punto álgido,* punto culminante, apogeo. || *Punto cardinal,* el Norte, el Sur, el Este y el Oeste. || *Punto crítico,* momento preciso en que sucede o en el que hay que realizar algo. || *Punto de apoyo,* punto fijo en el cual se apoya una palanca. || *Punto de arranque o de partida,* el que señala el principio de algo. || *Punto de caramelo,* grado de concentración que se da al almíbar. || *Punto de ebullición, de fusión, de liquefacción,* temperatura a la cual empieza a hervir, a fundirse o a licuarse un cuerpo. || *Punto de honra* o *de honor,* pundonor. || *Punto de vista,* punto en que se coloca el observador para examinar algo; (fig.) criterio, modo de ver. || *Fam. Punto filipino,* persona con poca vergüenza. || *Fig. Punto flaco,* debilidad. ü *Punto menos que,* casi. || *Punto muerto,* posición de la palanca del cambio de velocidades cuando el automóvil está parado; (fig.) estado de un asunto o negociación en que no se realizan progresos. || *Punto por punto,* detalladamente. || *Punto y aparte,* signo de puntuación que se pone para separar dos párrafos. || *Fig. Subir de punto una cosa,* crecer en importancia.

puntuación f. Acción y manera de puntuar. || Conjunto de signos gráficos que señalan las separaciones entre los diversos elementos de una oración.

— Los *signos de puntuación* son coma (,), punto (.), punto y coma (;), dos puntos (:), puntos suspensivos (...), de interrogación (¿...?), de admiración (¡...!), paréntesis ( ), corchetes [ ], diéresis o crema (¨), comillas ("..."), guión (-), raya (—), punto y raya (.—) y doble raya (=). [V. *Compendio de gramática,* al final del vol.]

puntual adj. Que llega a la hora debida: *ser puntual.* || Que cumple con sus obligaciones, con sus deberes. || Exacto, preciso, detallado: *hacer un puntual relato.*

puntualidad f. Condición de puntual, de ser exacto. || Precisión, exactitud: *puntualidad en el decir.*

puntualizar v. t. Concretar, precisar, determinar con exactitud: *puntualicemos el lugar de la cena.*

puntuar v. t. Escribir los signos de puntuación. || Sacar puntos en una competición deportiva o en cualquier prueba. || Poner puntos o notas: *profesor que puntúa mal en los exámenes.*

punzada f. Pinchazo. || Dolor agudo e intermitente: *sentir punzadas en las encías.* || *Fig.* Dolor profundo y agudo: *tener punzadas de nostalgia.*

punzante adj. Que pincha. || Que da punzadas. || *Fig.* Mordaz, hiriente.

punzar v. t. Pinchar. || Dar punzadas. || *Fig.* Provocar un sentimiento penoso.

punzón m. Instrumento de acero puntiagudo que sirve para perforar chapas de metal, abrir ojetes, etc. || Buril. || Troquel de la punzonadora para acuñar monedas, medallas, etc. || Pieza cónica que sirve para regular el paso de un líquido por un orificio: *punzón del carburador.* || Pitón, cuerno de un animal joven.

punzonadora f. Máquina de perforar chapa mediante un punzón impulsado mecánicamente.

puñada f. Puñetazo.

puñado m. Porción de cualquier cosa que cabe en el puño: *un puñado de cerezas.* || *Fig. A puñados,* con abundancia, muchos.

puñal m. Arma blanca de corto tamaño y con punta acerada. || *Fig. Poner el puñal en el pecho,* coaccionar por medio de amenazas.

puñalada f. Herida hecha con el puñal: *dar una puñalada.* || *Fig.* Pesadumbre, pena muy grande: *las puñaladas del dolor.* || — *Fig.* y *fam. Coser a puñaladas,* acribillar a puñaladas. | *No ser puñalada de pícaro,* no correr mucha prisa, no ser urgente.

puñetazo m. Golpe dado con el puño: *me dieron un gran puñetazo.*

puño m. Mano cerrada. || Parte de las prendas de vestir que rodea la muñeca: *los puños de la camisa.* || Empuñadura de ciertas cosas: *el puño de la espada, del bastón.* || Mango para agarrar una vasija, etc. || *Mar.* Ángulo inferior de una vela. || *Fig.* Fuerza, esfuerzo. || — *Fig.* y *fam. Como un puño,* muy grande. | *Creer a puño cerrado,* creer firmemente. || *De su puño y letra,* con su propia mano. || *Fig.* y *fam. Hombre de puños,* hombre enérgico, autoritario. | *Meter a uno en un puño,* intimidarlo, dominarlo, confundirlo. | *Por sus puños,* con su propio trabajo o mérito personal.

pupa f. Erupción en los labios, calentura. || Postilla, llaga pequeña. || En el lenguaje infantil, daño, dolor. || *Fig.* y *fam. Hacer pupa,* dar que sentir, causar daño.

pupila f. Abertura del iris del ojo por donde entra la luz. || Huérfana menor de edad respecto de su tutor. || *Fam. Tener pupila,* tener mucha vista, ser muy perspicaz o tener mucha sagacidad.

pupilaje m. Condición de pupilo o de pupila. || Casa de huéspedes y precio que éstos pagan por estar hospedados en ella.

pupilar adj. Relativo al pupilo. || *Anat.* Relativo a la niña del ojo: *movimiento pupilar.*

pupilo m. Huérfano respecto de su tutor. || Individuo que se hospeda en una pensión. || *Fig.* Protegido.

pupitre m. Mueble con tapa en forma de plano inclinado que hay en las escuelas.

pupo m. *Amer.* Ombligo.

puposo, sa adj. Que tiene pupas: *labios puposos.*

puque adj. *Méx.* Podrido.

puquio m. *Amer.* Manantial.

Puquio, c. en el SO. del Perú, cap. de la prov. de Lucanas (Ayacucho).

Puracé, cumbre volcánica en el SO. de Colombia (Cauca), en las proximidades de Popayán; 4 700 m.

purana m. Cada uno de los dieciocho poemas sáncritos, comentario de los Vedas, que contiene la teogonía y la cosmogonía de la India antigua.

Purcell (Henry), compositor inglés (1658-1695), autor de óperas *(Don Quijote),* música religiosa, sonatas y obras para órgano y clavecín.

Purchena, c. en el SE. de España (Almería).

puré m. Alimento que se obtiene moliendo y pasando por un pasapurés legumbres previamente cocidas: *puré de patatas, de lentejas.* || *Fig.* y *fam. Hecho puré,* hecho polvo, hecho trizas.

Purén, com. en el centro de Chile (Malleco).

purépecha adj. *Méx.* Paria, desheredado, pobre entre los indios tarascos.

Purépero, v. y mun. en el S. de México (Michoacán).

pureza f. Condición de puro: *la pureza de la imagen.* || *Fig.* Inocencia.

purga f. Medicamento que sirve para exonerar el vientre. || Residuos de operaciones industriales. || *Tecn.* Acción de purgar, de vaciar el agua, el aire, el gas de un tubo, de un recipiente, etc. || *Fig.* Eliminación de elementos políticamente indeseables: *las purgas nazis.*

purgación f. *Med.* Blenorragia (ú. m. en pl.).

purgador m. Dispositivo para evacuar de una canalización o de una máquina un fluido cuya presencia puede dificultar el funcionamiento normal.

purgante adj. Que purga. || — M. Medicamento que purga: *los calomelanos son purgantes.*

purgar v. t. Administrar un purgante para exonerar el vientre. || Destruir, borrar por medio de la purificación: *purgar sus pecados.* || Sufrir el alma las penas del purgatorio. || Limpiar una cosa de algo dañoso o innecesario. || Expiar, pagar una falta: *purgar una condena en un penal.* || Eliminar de una canalización o de una máquina un fluido cuya presencia puede dificultar el funcionamiento normal. || — V. pr. Tomar una purga: *purgarse con aceite de ricino para evacuar el vientre.*

purgativo, va adj. Que purga.

purgatorio m. Lugar donde las almas de los justos, incompletamente purificadas, acaban de purgar sus culpas antes de ir a la gloria. || Esta penalidad. || *Fig.* Sitio en que se padece mucho: *esta fábrica es un purgatorio para cualquier persona.*

purificación f. Acción y efecto de purificar o purificarse. || Ceremonia de la misa que precede la ablución. || Fiesta que celebra la Iglesia católica en honor de la Virgen María el 2 de febrero. (En este caso se escribe con mayúscula.)

purificador, ra adj. y s. Que purifica. || — M. Paño con que el sacerdote seca el cáliz en la misa y con el que se limpia los dedos después de la Purificación.

purificar v. t. Quitar las impurezas a una cosa: *purificar el aceite, la sangre.* || Purgar: *purificar un metal.* || Acrisolar Dios las almas con aflicciones. || *Fig.* Limpiar de toda mancha moral: *purificar el alma.*

purificatorio, ria adj. Que sirve para purificar.

Puriscal. V. SANTIAGO DE PURISCAL.

Purísima n. pr. f. La Virgen María en el misterio de su inmaculada Concepción.

purismo m. Calidad de purista.

purista adj. y s. Que escribe o habla con pureza: *Azorín fue un purista que manejaba la lengua castellana con gran casticismo.*

puritanismo m. Secta y doctrina de los puritanos: *el puritanismo escocés.* || Calidad de puritano. || *Fig.* Rigorismo excesivo en las costumbres.

puritano, na adj. y s. Aplícase al miembro de una secta de presbiterianos, rigurosos observadores de la letra del Evangelio que, perseguidos por los Estuardos, emigraron en gran número a América. || Dícese del que real o afectadamente profesa gran austeridad de principios.

purítito, ta adj. *Méx.* Completo, entero, todo: *es la purítita verdad.*

puro, ra adj. Que no está mezclado con ninguna otra cosa: *agua pura.* || Que no está alterado con nada: *atmósfera pura.* || Que no está disminuido por ninguna suciedad: *sustancia pura.* || Que es exclusivamente lo que se expresa: *una pura coincidencia.* || Sin mancha moral alguna: *alma pura.* || Casto: *joven pura.* || Conforme a las reglas del lenguaje, castizo: *hablar un castellano muy puro.* || Perfecto, bello: *cara con facciones puras.* || Exclusivamente teórico: *matemáticas puras.* || Íntegro, moral, recto: *conducta pura.* || — M. Cigarro hecho con una hoja de tabaco enrollada.

púrpura f. Molusco gasterópodo marino que segrega un líquido amarillo que, por oxidación, se transforma en rojo, muy usado por los antiguos en tintorería y pintura. || Tinte rojo muy costoso que sacaban los antiguos de este animal. || Tela teñida con este color: *un manto de púrpura.* || Color rojo oscuro algo morado. || *Poét.* Sangre. || *Fig.* Dignidad imperial, consular, cardenalicia, etc. || *Med.* Enfermedad cutánea caracterizada por la aparición de manchas rojas.

purpurado m. Cardenal.

purpurar v. t. Teñir o vestir de púrpura.

purpúreo, a adj. De color de púrpura: *clavel purpúreo.* || Relativo a la púrpura.

purpurina f. Polvo finísimo dorado o plateado usado en pintura.

purpurino, na adj. Purpúreo.

purua m. Ceñidor de lana que usan los indígenas tarahumaras (México).

Puruándiro, c. y mun. en el S. de México (Michoacán). Es de origen precortesiano.

purulencia f. Supuración.

purulento, ta adj. Con pus: *llaga purulenta.*

Purupe Cuxareti, divinidad de los tarascos que vivían en la isla mexicana de Juarácuaro (lago de Pátzcuaro, Michoacán).

Purús, río que nace en el Perú (Loreto), entra en el Brasil y des. en el Amazonas; 3 600 km. — Distr. en el E. del Perú y al S. del dep. de Loreto.

pus m. Humor espeso, amarillento, que se produce en los tejidos inflamados, tumores, llagas, etc. y está formado por leucocitos y microbios muertos.

Pusán. V. FUSÁN.

Puschkin (Aleksandr), escritor romántico ruso, n. en Moscú (1799-1837), autor de poesías *(El prisionero del Cáucaso),* dramas *(Boris Godunov),* novelas *(La hija del capitán* y *Eugenio Onieguin).* M. de consecuencias de un duelo.

pusilánime adj. Apocado, de poco ánimo, cobarde: *tiene un carácter muy pusilánime.*

pusilanimidad f. Falta de valor, cobardía.

pústula f. *Med.* Vesícula inflamatoria de la piel, llena de pus: *las pústulas supuran.*

pustuloso, sa adj. Con pústulas: *erupción pustulosa.*

Puszta, llanura húngara, entre los Cárpatos y el Danubio.

puta f. *Pop.* Ramera, prostituta.

Putaendo, com. en el centro de Chile (Aconcagua).

putativo, va adj. Tenido por padre, hermano, etc., no siéndolo: *padre putativo.*

Putifar, oficial de la corte de Egipto, amo de José.

putrefacción f. Descomposición de las materias orgánicas faltas de vida: *la putrefacción de los cadáveres.*

putrefactivo, va adj. Que causa putrefacción.

putrefacto, ta adj. Podrido.

putrescible adj. Que puede pudrirse o se pudre fácilmente.

putridez f. Estado de pútrido.

pútrido, da adj. Podrido.

putsch m. Alzamiento de un grupo político armado.

putumaense, putumayense y **putumayo, ya** adj. y s. De Putumayo.

Putumayo, río que nace en Colombia, corre en los límites del Ecuador y el Perú, entra en el Brasil y des. en el Amazonas; 1 600 km. — Comisaría en el S. de Colombia, cap. *Mocoa.* Ganadería; bosques.

Puvis de Chavannes (Pierre), pintor francés (1824-1898), autor de frescos.

puy m. (pal. fr.). Cono volcánico extinguido.

Puy || **~-de-Dôme,** macizo volcánico del centro de Francia, en Auvernia; 1 465 m. — Dep. de Francia, en Auvernia; cap. *Clermont-Ferrand.* || **~ (Le),** c. de Francia, cap. del dep. de Haute-Loire. Obispado.

puya f. Punta acerada de las picas de los picadores y de las garrochas de los vaqueros. || Pica del picador. || *Fig.* Pulla.

Puyal (El), monte de los Andes del Ecuador, en la Cord. Occidental; 4 373 m.

puyar v. t. *Amer.* Herir con puya. || *P. Rico* y *Méx.* Molestar, importunar.

puyazo m. Herida hecha con la puya. || *Fig.* Pulla.

puyón m. *Méx.* Púa o punta del trompo.

puyonazo m. *Méx.* Pinchazo.

puzcua f. *Méx.* Maíz cocido con cal, para tortillas o atole.

Puzol, en ital. *Pozzuoli,* c. y puerto de Italia, en el golfo de Nápoles. Obispado.

puzolana f. Roca volcánica silícea de estructura alveolar que se encuentra en Puzol y se emplea para mortero hidráulico.

puzzle m. (pal. ingl.). Rompecabezas.

Pyongyang, cap. de Corea del Norte; 940 000 h. Industrias.

Pyrénées || **~-Atlantiques,** dep. del SO. de Francia, cap. **Pau.** || **~ (Hautes-).** V. HAUTES-PYRÉNÉES. || **~-Orientales,** dep. del S. de Francia, cap. *Perpiñán.*

pz, símbolo de la *pieza* (unidad).

Laboratorio de química

q f. Vigésima letra del alfabeto castellano y decimosexta de sus consonantes. ‖ — **q**, símbolo del *quintal*.

Qatar (Al-). V. KATAR.

Quadros (Janio), político brasileño, n. en 1917, pres. de la Rep. en 1961. Dimitió a los siete meses de su subida al Poder.

Quai d'Orsay [*kedorsé*], muelle del Sena en París y n. que se da al ministerio francés de Asuntos Exteriores por estar situado allí.

quántico, ca adj. Cuántico.

quantum m. *Fís.* Cantidad mínima de energía que puede emitirse, propagarse o ser absorbida. (Pl. *quanta*).

—La *teoría de los quanta*, elaborada por Planck en 1900, afirma que la energía de radiación, al igual que la de la materia, tiene una estructura discontinua. Esta teoría representa la base de toda la física moderna.

Quarai, pobl. en el S. del Brasil (Rio Frande do Sul).

Quasimodo (Salvatore), poeta italiano, n. en Siracusa (1901-1968). (Pr. Nóbel, 1959).

Quasimodo, hombre de cuerpo deforme y alma sublime, protagonista de la novela de Victor Hugo *Nuestra Señora de París*

Quattrocento, movimiento artístico y literario italiano del s. XV.

que pron. rel. Equivale a *el, la* o *lo cual; los* o *las cuales: el libro que estoy leyendo; la casa que veo.* ‖ Puede equivaler a *algo que: dar que pensar.* ‖ — Conj. Sirve para enlazar oraciones: *quiero que vengas.* ‖ Equivale a *porque* o *pues: hable más fuerte que oigo mal.* ‖ Equivale a *o: ¡cállate que te mato!; queramos que no, tendremos que hacerlo.* ‖ Equivale a *si: que no viene, nos arreglamos sin él.* ‖ En oraciones principales o independientes puede expresar deseo, mandato o imprecación: *¡que lo echen!; que me muera si...* ‖ Sirve de correlativo con *tan, más, menos, mejor,* etc ‖ Forma parte de loc. conj. como *antes que, con tal que, hasta que, luego que,* etc. ‖ Puede usarse con sentido de encarecimiento y equivale entonces a *y: corre que corre.* ‖ Puede dar un sentido enfático: *¡que no lo volverá a ver!* ‖ — *A que,* apuesto que. ‖ *El que,* el hecho que: *me extraña el que no haya venido.*

qué pron. interr. Se emplea como adjetivo para preguntar por personas o cosas: *¿qué edad tienes?* ‖ Puede usarse exclamativamente: *¡qué suerte!* ‖ Como neutro equivale a *qué cosa: ¿de qué se trata?* ‖ — *El qué dirán,* la opinión pública. ‖ *¡Pues qué!,* interj. que denota enfado o disgusto. ‖ *Qué de,* cuánto, cuántos: *¡qué de gente!* ‖ *Fam. ¿Qué hay?* o *¿qué tal?,* expresiones que se usan para saludar a alguien y preguntar por su salud. ‖ *¿Qué tal?,* cómo: *¿qué tal le pareció la película?* ‖ *Fam. ¿Y a mí qué?,* me da igual.

Quebec, c. al E. del Canadá, cap. de la provincia homónima, en la confluencia de los ríos San Carlos y San Lorenzo. Arzobispado. Universidad. Industrias. Fundada por los franceses en 1608.

quebracho m. Nombre genérico de varios árboles sudamericanos de madera dura y corteza curtiente.

Quebracho, pobl. en el O. del Uruguay (Paysandú).

quebrada f. Paso estrecho entre montañas. ‖ Depresión en el terreno. ‖ *Amer.* Arroyo o riachuelo.

quebradero m. *Fam. Quebradero de cabeza,* preocupación, problema, dificultad.

quebradizo, za adj. Fácil de quebrarse, frágil: *un objeto de materia quebradiza.* ‖ *Fig.* De salud delicada. | Aplícase a la voz ágil para hacer quiebros en el canto.

quebrado, da adj. Aplícase al que ha hecho bancarrota o quiebra: *banquero quebrado* (ú. t. c. s.). ‖ Que padece una hernia (ú. t. c. s.). ‖ Debilitado: *de salud quebrada.* ‖ Desigual, accidentado: *camino quebrado.* ‖ *Mat.* Dícese del número que expresa una o varias de las partes iguales en que está dividida la unidad. ‖ — M. *Mat.* Fracción.

quebradura f. Hendidura, rotura. ‖ Grieta. ‖ *Med.* Hernia.

quebraja f. Grieta.

quebrajar v. t. Resquebrajar, agrietar.

quebrajoso, sa adj. Quebradizo, frágil. ‖ Lleno de grietas. ‖ Accidentado, desigual: *relieve quebrajoso.*

quebrantable adj. Que se puede quebrar.

quebrantador, ra adj. y s. Que quebranta. ‖ — F. Máquina para quebrantar minerales, raíces, etc.

quebrantahuesos m. inv. Ave rapaz diurna parecida al águila, que vive en las regiones montañosas. ‖ Ave rapaz acuática, pigargo. ‖ *Fig.* y *fam.* Hombre pesado, molesto.

quebrantamiento m. Acción y efecto de quebrantar. ‖ Violación, infracción: *quebrantamiento de la ley.* ‖ *Quebrantamiento de forma,* defecto que origina la nulidad de un acto jurídico cuando no hubo observancia de una de las formas legales.

quebrantaolas m. inv. Barco viejo que se echa a pique en un puerto para quebrantar la marejada y proteger alguna obra.

quebrantapiedras f. inv. Planta cariofilácea que se usaba contra el mal de piedra.

quebrantar v. t. Romper, quebrar o hender una cosa: *quebrantar una tinaja.* ‖ Machacar, moler: *quebrantar avellanas.* ‖ *Fig.* Faltar al cumplimiento de algo: *quebrantar la ley, un compromiso.* | Disminuir, ablandar: *quebrantar el valor.* | Debilitar: *quebrantar la salud; quebrantar una convicción.* | Templar un líquido o un color. | Interrumpir el ayuno. ‖ Abrir algo con violencia: *quebrantar los sellos.* ‖ *Quebrantar el destierro,* volver el desterrado al territorio de donde fue expulsado. ‖ — V. pr. Resentirse de una caída o golpe. ‖ *Fig. Quebrantarse la cabeza* o *los sesos,* reflexionar mucho.

quebranto m. Quebrantamiento. ‖ *Fig.* Debilitamiento de la salud. | Decaimiento del ánimo, desaliento, abatimiento moral. | Gran pérdida. | Aflicción, pena grande.

* **quebrar** v. t. Romper con violencia: *quebrar un vaso.* ‖ Doblar: *quebrar el cuerpo.* ‖ *Fig.* Interrumpir o cambiar la orientación de algo: *la muerte del líder quebró la racha de triunfos de su partido.* | Templar o suavizar: *quebrar el color.* ‖ — V. i. Ceder, disminuir. ‖ Romperse (ú. t. c. pr.). ‖ Declararse insolvente, hacer quiebra: *quebrar un banco, un negocio.* ‖ — V. pr. Formársele a uno una hernia. ‖ — *Fam. No quebrarse,* no hacer muchos esfuerzos. ‖ *Fig. Quebrarse la voz,* volverse casi inaudible.

quebrazón f. *Amer.* Quebradura, rotura.

quecuesque adj. *Méx.* Comezón, picor.

queche m. Buque pequeño de una cubierta, usado en los mares del norte de Europa.

quechemarín m. Barco pequeño de dos palos con velas al tercio.

quechole m. *Méx.* Flamenco, ave de plumaje muy estimado.

quechua o **quichua** adj. y s. Aplícase al pueblo indio que habitaba la región andina del actual Perú y Bolivia, fundador, en el s. XII, del Imperio incaico. (V. INCA.) ‖ — M. Lengua hablada por este pueblo.

— El *quechua*, lengua hablada inicialmente en territorios de las hoy repúblicas del Ecuador, Perú y Bolivia, llegó a extenderse antes del descubrimiento de América por las tierras de las actuales Colombia, norte de Chile y de la Argentina. El quechua ha introducido pocas palabras en las lenguas europeas (*alpaca, coca, cóndor, guano, inca, llama, pampa, quina*) y en el castellano peninsular (*papa* y acaso *chiripa, tanda*), pero bastantes de sus voces se han difundido por casi toda América del Sur, como *cancha, caracha, concho, coto, chacra, charquí, chaucha, china, choclo, guasca, guaso, macana, pisco, poroto, soroche, yuyo* y, con menos extensión, *carpa, chuño, humita, guaca, guagua, locro, ojota, puna, quirquincho, tambo, totora*, etc.

quechuismo m. Voz o giro de origen quechua.

queda f. Acción de recogerse los vecinos de una población a cierta hora señalada de la noche: *tocar a queda en tiempos de guerra.* ‖ Toque de campana que indica el momento de hacerlo.

quedado f. *Méx.* Soltera ya entrada en años.

quedar v. i. Permanecer en un lugar por más o menos tiempo: *quedó en casa* (ú. t. c. pr.). ‖ Subsistir: *me quedan dos francos.* ‖ Cesar, acabar: *ahí quedó la conversación.* ‖ Estar: *queda lejos.* ‖ Llegar a ser, resultar: *su pantalón le quedó corto; quedó decidido el viaje a América.* Ú. t. c. pr.: *quedarse ciego.* ‖ Portarse de cierta manera: *has quedado como una señora; el actor quedó tan mal que lo pitaron.* ‖ Hacer cierto efecto: *tus zapatos quedan muy bien con tu bolso.* ‖ Darse cita: *hemos quedado para el lunes.* ‖ Acordar: *quedamos en salir mañana.* ‖ Frustrarse: *por mí que no quede.* ‖ — *¿En qué quedamos?*, ¿expr. con que se invita a tomar una decisión o aclarar un punto dudoso. ‖ *Quedar en ridículo*, resultarlo, hacer el ridículo. ‖ *Quedar para*, faltar: *queda una hora para la salida del tren.* ‖ *Quedar por*, subsistir, faltar: *queda mucho por hacer;* pasar por: *quedar por cobarde.* ‖ — V. pr. Retener una cosa en vez de devolverla: *se quedó con mi libro.* ‖ Adquirir algo: *me quedo con esta pulsera.* ‖ — *Fig. Quedarse ahí*, morir. | *Quedarse a oscuras* o *in albis*, no comprender nada. | *Fig.* y *fam. Quedarse con una cosa*, preferirla a otra. | *Quedarse con uno*, engañarle, abusar de su credulidad. ‖ *Fig. Quedarse corto*, no calcular bien; hablar de algo o alguien menos de lo que se merece. | *Quedarse helado*, quedarse muy sorprendido, estupefacto. | *Quedarse limpio*, quedarse enteramente sin dinero.

quedo, da adj. Quieto, tranquilo: *el niño está quedo.* ‖ Bajo, suave: *en voz queda.* ‖ Silencioso: *avanzaba con pasos quedos.* ‖ — Adv. En voz tan baja que apenas se oye: *hablar muy quedo.*

Queensland [*kuins-*], Estado del NE. de Australia; cap. *Brisbane.*

Queguay, río del Uruguay (Paysandú), afl. del Uruguay; 250 km.

quehacer m. Trabajo, tarea: *nuestro quehacer cotidiano.* ‖ — Pl. Ocupaciones: *los quehaceres de la casa.*

Queilén, com. en el S. de Chile (Chiloé).

Queipo de Llano (Gonzalo), general español (1875-1951), uno de los jefes principales del alzamiento de 1936. ‖ ~ (JOSÉ MARÍA). V. TORENO *(Conde de).*

Queiroz. V. EÇA DE QUEIROZ (José Maria) ‖ ~ (PEDRO FERNÁNDEZ DE). V. QUIRÓS.

queja f. Manifestación de dolor, pena o sentimiento: *las quejas del enfermo, del desconsolado.* ‖ Resentimiento, motivo de descontento: *tener queja de alguien.* | Acusación hecha ante el juez: *formular una queja.*

quejarse v. pr. Expresar su dolor con voz quejumbrosa: *quejarse de pena.* ‖ Manifestar uno el resentimiento que tiene de otro: *quejarse de su vecino.* ‖ Querellarse: *quejarse ante el juez.* ‖ *Quejarse de vicio*, lamentarse indebidamente.

quejica o **quejicoso, sa** adj. y s. Que se queja mucho y generalmente sin motivo: *mujer muy quejica.*

quejido m. Voz lastimosa, lamento: *el herido daba quejidos de profundo dolor.*

quejigal m. Terreno poblado de quejigos.

quejigo m. Árbol cupulífero muy estimado por sus bellotas parecidas a las del roble. ‖ Roble pequeño.

quejón, ona adj. Quejica.

quejoso, sa adj. Que tiene queja de otro, descontento: *estar quejoso de un hijo, de un amigo.* ‖ — M. *Méx.* Ave de la familia de los tanágridos.

quejumbre f. Queja continua, generalmente sin verdadero motivo.

quejumbroso, sa adj. Que se queja con poco motivo o por hábito. ‖ Lastimero: *voz quejumbrosa.*

quelenquelen m. *Chil.* Planta medicinal.

Quelimane, c. y puerto de Mozambique. Obispado.

quelite m. *Amer.* Nombre genérico de varias plantas comestibles.

Quelite, río del O. de México, en el Estado de Sinaloa.

quelitera f. *Méx.* Verdulera.

quelonios m. pl. Nombre científico de la familia de los reptiles que tienen cuatro extremidades cortas y el cuerpo protegido por un caparazón duro, como la tortuga, el carey y el galápago (ú. t. c. adj.).

Queluz, pobl. de Portugal (Lisboa). Palacio Real (s. XVIII).

quema f. Acción y efecto de quemar: *la quema de los herejes.* ‖ Incendio: *la quema de una casa.* ‖ *Fig.* Liquidación de géneros a bajo precio. ‖ *Fig. Huir de la quema*, apartarse de un peligro.

quemadero, ra adj. Que debe quemarse. ‖ — M. Lugar en que se quemaba a los sentenciados a la pena del fuego. ‖ Sitio para incinerar basuras.

quemado m. Parte de monte consumido por un incendio. ‖ *Fam.* Cosa quemada o que se quema: *oler a quemado.*

Quemado de Güines, térm. mun. de Cuba (Las Villas).

quemador, ra adj. y s. Dícese de lo que quema. ‖ — M. Aparato en el cual se efectúa la combustión del gas de alumbrado, del alcohol, del fuel-oil, etc. ‖ — Amb. *Méx.* Ortiga.

quemadura f. Descomposición de un tejido orgánico producida por el fuego o una sustancia corrosiva: *quemadura de primer, segundo, tercer grado.* ‖ Enfermedad de las plantas ocasionada por cambios grandes y repentinos de temperatura.

quemar v. t. Abrasar o consumir con fuego: *quemar leña; el incendio ha quemado la casa.* ‖ Estropear un guiso por haberlo dejado demasiado tiempo o haber puesto el fuego demasiado fuerte (ú. t. c. pr.). ‖ Destruir algo una sustancia corrosiva: *los ácidos queman la piel.* ‖ Destilar el vino. ‖ Calentar con exceso. Ú. t. c. i.: *el sol quema en el estío.* ‖ Desecar mucho las plantas: *plantío quemado por el frío.* ‖ Causar sensación picante en la boca: *el pimiento me quemó los labios.* ‖ *Fig.* Malbaratar, vender a menos de su justo precio. | Malgastar, derrochar: *quemar su fortuna.* | En deportes, entrenar de una manera excesiva y perjudicial para el estado físico del deportista. | Causar perjuicio a la fama de uno: *la actuación reiterada quema a los actores.* ‖ — *A quema ropa*, refiriéndose a disparos, desde muy cerca; (fig.) de improviso. ‖ *Fig. Quemar etapas*, no pararse en ellas. | *Quemar la sangre*, impacientar, irritar. | *Quemar las naves*, tomar una determinación extrema y decisiva. ‖ — V. i. Estar demasiado caliente una cosa: *esta sopa quema.* ‖ — V. pr. Acercarse al fuego y sufrir sus efectos: *quemarse la mano con una cerilla.* ‖ *Fig.* Sentir mucho calor. | Estar muy cerca de acertar o de hallar una cosa: *¡qué te quemas!* Perjudicar su reputación: *esta actriz actúa poco para no quemarse.* ‖ — *Fig. Quemarse la sangre*, preocuparse mucho. | *Quemarse las cejas*, estudiar con ahínco.

quemarraya f. *Méx.* Acción de prender fuego al cañaveral, después del corte, para facilitar la salida de nuevos retoños.

quemarropa (a) adv. A quema ropa.

quemazón f. Quema, acción de quemar. ‖ Calor excesivo. ‖ *Fig.* Comezón. | Sensación producida por una cosa molesta o hiriente. | Liquidación de géneros a bajo precio. ‖ *Arg.* Espejismo que se produce en la pampa.

quemón m. *Méx.* Chasco: *darse un quemón.*

Quemoy, isla china de Taiwan en el estrecho de Formosa.

Quemú-Quemú, pobl. de la Argentina (La Pampa).

quena f. Flauta generalmente con cinco agujeros que usan los indios del Perú y de Bolivia.

quenopodiáceo, a adj. y s. f. Aplícase a las plantas angiospermas dicotiledóneas, como la espinaca, la remolacha y la barrilla. ‖ — F. pl. Familia que forman.

Quental (Antero Tarquínio de), escritor romántico portugués (1842-1891), autor de *Sonetos* y de ensayos. Se suicidó.

quepis m. inv. Gorra con visera que usan los militares.

Quepos, distrito en el S. de Costa Rica (Puntarenas).

Quequén, río y pobl. de la Argentina (Buenos Aires).

querandí adj. y s. Individuo de un pueblo indio de América del Sur. (Los *querandíes* ocupaban la orilla derecha del río de la Plata.)

queratina f. Sustancia fundamental del tejido cutáneo, piloso, córneo, etc.

queratitis f. Inflamación de la córnea transparente del ojo.

queratoplastia f. *Med.* Injerto de la córnea.

queratosis f. *Med.* Enfermedad caracterizada por un engrosamiento de la capa córnea.

Quercy, región meridional de Francia; c. pr. *Cahors.*

querella f. Queja, lamento. ‖ Acusación presentada ante el juez por el agraviado. ‖ Discordia.

querellante adj. y s. *For.* Aplícase al que presenta una querella.

querellarse v. pr. *For.* Presentar querella contra uno: *querellarse contra un periodista.*

Queremel (Ángel Miguel), poeta modernista venezolano (1899-1939), autor de *Santo y seña.*

querencia f. Inclinación o tendencia del hombre o de ciertos animales a volver al sitio en que se han criado. ‖ Este sitio. ‖ *Fam.* Lugar donde uno vive. ‖ Inclinación, afecto. ‖ *Taurom.* Lugar de la plaza a donde se dirige el toro con más frecuencia.

querencioso, sa adj. Que tiene querencia.

querendón, ona adj. *Amer.* Muy cariñoso. || — M. y f. *Fam.* Amante, querido.

querer m. Cariño, afecto, amor.

* **querer** v. t. Desear o apetecer: *querer fumar, comer; ¿quieres salir conmigo?* || Amar, tener cariño: *querer a sus abuelos.* || Resolver, decidir: *querer terminar sus estudios.* || Intentar, procurar, pretender: *quiere dárselas de listo.* || Necesitar, requerir: *esta planta quiere agua.* || Conformarse al intento, deseo u orden de otro: *¿quieren callarse?* || Pedir cierto precio: *¿cuánto quieres por tu tocadiscos?* || Aceptar el envite en el juego. || — V. impers. Estar a punto de ocurrir algo: *quiere llover.* || — V. pr. Experimentar un cariño recíproco: *quererse como tórtolos.*

queretano, na adj. y s. De Querétaro.

Querétaro, c. del centro de México, cap. del Estado homónimo. Obispado. Universidad. Lugar donde fueron fusilados el emperador Maximiliano y los generales Miramón y Mejía (1867). Sede del Congreso Constituyente del año 1917.

querido, da m. y f. Amante.

querindongo, ga m. y f. *Fam.* Querido, amante.

quermes m. Insecto hemíptero parecido a la cochinilla.

quermese f. V. KERMESSE.

Querol (Vicente Wenceslao), poeta español (1836-1889).

Queronea, c. de Grecia (Beocia). En ella Filipo de Macedonia derrotó a los atenienses y a los tebanos (338 a. de J C), y las tropas romanas de Sila a Mitrídates (86 a. de J. C.).

queroseno m. Líquido amarillento, obtenido a partir de la destilación del petróleo natural.

quersoneso m. Península: *el quersoneso Címbrico.*

Quersoneso, n. griego de cuatro penins.: *Quersoneso de Tracia,* hoy penins. de *Gallípoli; Quersoneso Táurico,* hoy *Crimea; Quersoneso Címbrico,* hoy *Jutlandia,* y *Quersoneso Áureo,* probablemente penins. de *Malaca.*

querubín m. Cada uno de los ángeles del primer coro.

Quesada (Gonzalo JIMÉNEZ DE). V. JIMÉNEZ DE QUESADA. || ~ (VICENTE G.), diplomático e historiador argentino (1830-1913). Utilizó el seudónimo de *Vicente Gálvez.* — Su hijo ERNESTO (1858-1934) fue diplomático, jurista y escritor.

quesadilla f. *Méx., Amér. C.* y *Ecuad.* Empanada de tortilla de maíz y queso.

quesaliste m. *Méx.* Obsidiana.

quesera f. Mujer que hace o vende queso. || Molde donde se fabrica. || Recipiente en que se guarda. || Plato para servirlo.

quesería f. Tienda donde se vende queso.

Quesnay [*kené*] (François), médico y economista francés (1694-1774), fundador de la escuela de los fisiócratas.

queso m. Masa hecha con leche cuajada y privada de suero. || — *Fig.* y *fam. Darle con queso a uno,* engañarle. || *Queso de bola,* el de tipo holandés. || *Queso de cerdo,* manjar hecho con carne de cabeza de cerdo picada y prensada.

quesquémetl m. Prenda típica de México, de forma triangular, que cubre los hombros.

Quetta, c. del Paquistán Occidental (Beluchistán), cap. de la prov. homónima.

quetzal m. Ave trepadora, existente en Chiapas y Guatemala, de pico corto, cresta de plumas verdes; larga cola y con la cabeza, la mitad superior del pecho, el cuello, la parte superior de la cola y la espalda de color verde esmeralda dorado, negro los remos de las alas y rojo desde la mitad inferior de pecho hasta la rabadilla. || Unidad monetaria de Guatemala.

Quetzalcóatl, divinidad precolombina de México, rey de los toltecas y dios del Aire, del Agua y animador de la naturaleza para los aztecas. Enseñó a los hombres la agricultura, el trabajo de los metales, las artes, el calendario, etc. Su n. significa *serpiente emplumada.* || ~ **-Totec,** gran sacerdote, entre los aztecas, representante del dios Quetzalcóatl.

quevedesco, ca adj. Propio o característico de Quevedo. || Parecido a su estilo.

Quevedo, pobl. del Ecuador (Los Ríos). Agricultura.

Quevedo y Villegas (Francisco de), escritor español, n. en Madrid (1580-1645). Encargado de importantes misiones diplomáticas, cayó luego en desgracia. Cultivó diversos géneros literarios, combatió el culteranismo y encarnó lo más puro del conceptismo. Entre sus obras líricas figuran sonetos de inspiración estoica y letrillas satíricas y en prosa publicó *El caballero de la Tenaza, Los sueños* (cinco relatos), *Historia de la vida del Buscón llamado don Pablos,* novela picaresca, y varios escritos de carácter político.

quevedos m. pl. Anteojos que se sujetan en la nariz.

quezalteco, ca adj. y s. De Quezaltenango.

Quezaltenango, c. en el SO. de Guatemala, cab. del dep. homónimo. Obispado.

Quezaltépec. V. SAN SALVADOR.

Quezaltepeque, volcán en el SE. de Guatemala (Chiquimula); 1 907 m. — C. del SO. de El Salvador (La Libertad).

Quezón, prov. de Filipinas en el NE. de la isla de Luzón. || ~ **City.** V. CIUDAD QUEZÓN.

Quezón (Manuel Luis), político filipino (1878-1944), primer pres. constitucional de su país de 1935 hasta su muerte.

¡quia! interj. *Fam.* Expresión de incredulidad o negación.

quianti m. Vino tinto que se elabora en Toscana.

quiasma m. *Anat.* Cruce en forma de X: *el quiasma de los nervios ópticos.*

Quibdó, c. en el O. de Colombia, cap. del dep. de Chocó. Oro. platino.

quibdoano, na o **quibdoenes** adj. y s. De Quibdó.

Quiberon, c. y puerto en el O. de Francia (Morbihan).

quibey m. Planta lobeliácea de las Antillas, de jugo lechoso, acre y cáustico.

Quibián, cacique indígena de Panamá del s. XVI.

quicial m. Madero que asegura al quicio las puertas y ventanas.

quicio m. Parte de la puerta o ventana en que entra el espigón del quicial. || Marco de puerta o ventana. || — *Fig. Fuera de quicio,* fuera del estado normal. | *Sacar de quicio a uno,* hacer que pierda el dominio de sí mismo.

quiché adj. y s. Dícese de un pueblo indígena de Guatemala. (Los *quichés,* establecidos en la península del Yucatán, formaron un reino cuya capital era *Utatlán,* llamada hoy *Santa Cruz del Quiché.*) || — M. Lengua hablada por estos indios.

Quiché (El), región en el O. de Guatemala, entre el río Usumacinta y el océano Pacífico. — Dep. en el O. de Guatemala; cap. *Santa Cruz del Quiché.*

quichelense adj. y s. De El Quiché.

quichua adj. y s. Quechua.

quichuismo m. Quechuismo.

quid m. Razón, punto principal de una cosa: *el quid de la cuestión.* || *Dar con el quid,* acertar.

quid pro quo loc. lat. Error que consiste en tomar a una persona o cosa por otra.

quídam m. *Fam.* Individuo cualquiera. | Sujeto insignificante.

quiebra f. Rotura, abertura. || Hendedura de la tierra: *una quiebra profunda.* || *Com.* Estado del comerciante que no puede satisfacer las deudas que sobre él pesan y cuya buena fe no es reconocida: *declararse en quiebra.* | Procedimiento legal para resolver la situación de este comerciante. | Crac, hundimiento de valores en Bolsa. || *Fig.* Fallo, fracaso: *la quiebra de los valores humanos.*

quiebrahacha m. Jabí, árbol.

quiebro m. Movimiento que se hace con el cuerpo para evitar un golpe. || En fútbol, regate. || *Mús.* Adorno que consiste en acompañar una nota de otras tres o cuatro ligeras. || *Taurom. Al quiebro,* modo de clavar las banderillas esquivando el cuerpo.

quien pron. rel. Se refiere esencialmente a las personas y hace en plural *quienes: el hombre a quien hablo.* || Con el antecedente implícito, equivale a *la persona que: quien te ha dicho esto es un ignorante.* || Puede usarse como pron. interr. o exclamat., en cuyo caso lleva un acento gráfico: *¿quién llama?; ¡quién pudiera!* || — *Como quien dice,* para decirlo así. || *No ser quien para hacer una cosa,* no estar capacitado para hacerla.

quienquiera pron. indet. Cualquier persona: *quienquiera que le vea, que le encuentre.*

quietismo m. Inacción, inercia. || *Teol.* Doctrina concebida por el teólogo español Miguel de Molinos según la cual se puede llegar a la contemplación perfecta de Dios por la más completa inacción y pasividad.

quietista adj. y s. Seguidor del quietismo.

quieto, ta adj. Que no tiene o no hace movimiento. || *Fig.* Tranquilo, sosegado.

quietud f. Carencia de movimiento. || *Fig.* Sosiego, tranquilidad: *lo hizo con la mayor quietud.*

quif m. Kif.

Quiindy, pobl. en el O. del Paraguay (Paraguarí).

quijada f. Cada uno de los dos huesos de la cabeza del animal en que están encajados los dientes y las muelas.

Quijarro, prov. en el SE. de Bolivia (Potosí); cap. *Uyuni.*

quijotada f. Acción propia de un quijote.

quijote m. Pieza de la armadura que protegía el muslo. || Parte superior de las ancas de las caballerías. || *Fig.* Hombre demasiado idealista. | Hombre aficionado a entremeterse en cosas que no le importan en nombre de la justicia.

Quijote de la Mancha *(El ingenioso hidalgo don),* novela de Miguel de Cervantes, obra maestra de la literatura española y mundial. Publicada la primera parte en 1605 y en 1615 la segunda, pronto conoció una difusión universal. El escritor hace una parodia de los libros de caballerías y presenta a Don Quijote de la Mancha. viejo hidalgo ávido de aventuras caballerescas, junto a su fiel escudero Sancho Panza, que encarna el sentido común y la razón positiva. Este rudo contraste ilustra toda la obra, y se ha dicho que cada uno de los personajes interpreta admirablemente los dos principales tipos del alma española. La biblio-

quijotería f. Quijotada. || Quijotismo.

quijotesco, ca adj. Que obra con quijotería.

quijotismo m. Exageración en los sentimientos caballerosos.

quila f. *Amer.* Especie de bambú más fuerte que el malayo.

quilamole m. *Méx.* Planta jabonera.

quilate m. Unidad de peso para las perlas y piedras preciosas (205 mg). ‖ Cantidad de oro fino contenido en una aleación de este metal: *se le asignan al oro puro veinticuatro quilates.* ‖ *Fig.* y *fam. De muchos quilates,* de mucho valor.

Quilcasé, río de Colombia (Cauca). Confluye con el Timbío para formar el Patía.

Quilicura, com. del centro de Chile (Santiago).

quilífero, ra adj. Aplícase a los vasos linfáticos de los intestinos que absorben el quilo.

quilificación f. Elaboración del quilo: *la quilificación del alimento.*

quilificar v. t. Transformar en quilo el alimento (ú. m. c. pr.).

Quilimas o **Cubillín,** pico del Ecuador, en la Cord. Central; 4 711 m.

Quilindaña, cima volcánica del Ecuador, en la Cord. Central (Cotopaxi); 4 919 m.

Quilmes, sierra de los Andes en la Argentina en el límite de las prov. de Catamarca, Tucumán y Salta. — Pobl. de la Argentina, en el área metropolitana de Buenos Aires. Balneario. Cervecerías.

quilmole m. *Méx.* Potaje de hierbas.

quilo m. Líquido blancuzco contenido en el intestino delgado y que resulta de la transformación de los alimentos en la digestión. ‖ *Cub.* Centavo.

quilo m. Kilo, kilogramo.

quilombo m. *Riopl.* Lupanar. ‖ *Venez.* Choza.

Quilon, c. y puerto en el SO. de la India (Kerala). Obispado. Industrias.

Quilón, uno de los siete sabios de Grecia.

Quilpué, c. y com. en el centro de Chile (Valparaíso).

quiltamal m. *Méx.* Tamal de guacamole.

quilla f. Parte inferior del casco de un barco que sostiene toda la armazón. ‖ Parte saliente del esternón de las aves.

Quillabamba, c. en el S. del Perú, cap. de la prov. de La Convención (Cuzco).

quillay m. Árbol rosáceo propio de Argentina y Chile cuya corteza contiene saponina.

Quillota, c. y dep. en el centro de Chile (Valparaíso).

quillotra f. *Fam.* Amante, concubina.

quillotrar v. t. *Fam.* Excitar, estimular. | Galantear, enamorar. | Meditar. | Engalanar. ‖ — V. pr. *Fam.* Quejarse.

quillotro m. *Fam.* Estímulo, incentivo. | Indicio, señal. | Enamoramiento, amorío. | Quebradero de cabeza. | Requiebro, galanteo. | Adorno. | Amigo o favorito.

Quillu-Urcu, cima de los Andes del Ecuador, en la Cord. Occidental; 4 562 m.

quimba f. *Amer.* Contoneo al andar o al bailar. ‖ *Col.* Apuro. ‖ *Col., Ecuad.* y *Venez.* Calzado rústico, ordinario.

quimbaya adj. y s. Dícese de un pueblo indio colombiano establecido en los actuales departamentos de Caldas y Valle del Cauca. (Los *quimbayas* fueron notables orfebres y alfareros.)

quimbo m. *Cub.* Machete.

quimera f. *Fig.* Ficción, imaginación, ilusión: *vivir de quimeras.* | Riña, disputa, pendencia: *buscar quimera.*

Quimera, monstruo fabuloso que tenía cabeza de león, vientre de cabra y cola de dragón. Vomitaba fuego o llamas.

quimérico, ca adj. Fabuloso, fantástico, imaginario. ‖ Ilusorio, sin fundamento: *proyectos quiméricos.* ‖ Que vive de quimeras.

quimerista adj. y s. Soñador, amigo de quimeras. ‖ Pendenciero.

química f. Ciencia que estudia la composición interna y propiedades de los cuerpos simples y sus transformaciones, combinaciones y acciones recíprocas. ‖ — *Química biológica* (o *bioquímica*), la que estudia lo que constituye la materia viviente y sus reacciones. ‖ *Química general,* la que trata de las leyes relativas al conjunto de los cuerpos químicos. ‖ *Química industrial,* la que estudia las operaciones que interesan más particularmente la industria. ‖ *Química inorgánica,* la que estudia los cuerpos simples y compuestos sin carbono. ‖ *Química mineral,* la que estudia los metales, los metaloides y sus combinaciones. ‖ *Química orgánica,* la que estudia los compuestos del carbono.

químico, ca adj. Relativo a la química: *fenómenos químicos; ingeniero químico.* ‖ — M. y f. Persona que se dedica al estudio de la química o la profesa.

quimificación f. Transformación en el estómago de los alimentos en quimo.

quimificar v. t. Transformar en quimo los alimentos por medio de la digestión.

quimil m. *Méx.* Lío de ropas.

quimioterapia f. Tratamiento de las enfermedades con productos químicos.

quimo m. Pasta homogénea formada en el estómago después de la digestión y antes de pasar al intestino delgado.

quimono m. Túnica larga japonesa llevada por mujeres y hombres. ‖ Bata de mujer hecha a su semejanza.

Quimper, c. en el NO. de Francia (Bretaña), cap. del dep. de Finistère. Obispado.

quina f. Corteza del quino que se usa como febrífugo. ‖ — *Fam. Más malo que la quina,* sumamente malo. | *Tragar quina,* aguantar cosas muy desagradables.

quinado, da adj. Preparado con quina: *vino quinado.*

quinaquina f. Quina.

quinario adj. Compuesto de cinco elementos, unidades o guarismos. ‖ Que tiene por base el número cinco. ‖ — M. Moneda romana de plata de cinco ases. ‖ Espacio de cinco días dedicados a la devoción y al culto.

quincalla f. Conjunto de objetos de metal, generalmente de poco valor: *joyas de quincalla.*

quincallería f. Fábrica y tienda de quincalla.

quincallero, ra m. y f. Persona que fabrica o vende quincalla.

quince adj. Diez y cinco: *tener quince años.* ‖ Decimoquinto: *Luis Quince.* ‖ *Pop. Dar quince y raya a uno,* sobrepasarle.

quincena f. Espacio de quince días. ‖ Paga por un trabajo de quince días: *cobrar la quincena.* ‖ *Mús.* Intervalo de quince notas sucesivas, es decir, de dos octavas.

quincenal adj. Que sucede, se hace o sale cada quincena: *periódico quincenal.* ‖ Que dura una quincena.

Quinceo, volcán en el SO. de México (Michoacán); 3 324 m.

Quincey (Thomas de), escritor inglés (1785-1859), autor de *Confesiones de un fumador de opio* y de ensayos.

quincuagenario, ria adj. De cincuenta unidades. ‖ Cincuentón, de cincuenta años. Ú. t. c. s.: *un quincuagenario.*

quincuagésimo, ma adj. Que ocupa el lugar cincuenta. ‖ — M. Cada una de las cincuenta partes iguales en que se divide un todo. ‖ — F. Domínica que precede a la primera de cuaresma.

Quincy, c. y puerto de Estados Unidos, al S. de Boston (Massachusetts), en la bahía homónima. — C. en el E. del centro de Estados Unidos (Illinois).

quincha f. *Amer.* Trama de junco para hacer cercos, armazones, etc.

Quinchao, isla y dep. de Chile en el archip. de Chiloé; c. pr. *Achao.*

quinchoncho m. Arbusto leguminoso, originario de la India, de semilla comestible.

Quindío, páramo de Colombia en la Cord. Central, a 3 485 m. — Nevado de Colombia en la Cord. Central, entre los dep. de Caldas y Tolima; 5 100 m. — Dep. de Colombia, en la Cord. Central; cap. *Armenia.* Café.

Quindy, v. del Paraguay, al SE. de la cap. del país.

Quinet [*kiné*] (Edgar), historiador francés (1803-1875).

quingentésimo, ma adj. Que ocupa el lugar quinientos. ‖ — M. Cada una de las quinientas partes iguales en que se divide un todo.

quingombó m. *Amer.* Planta malvácea que se emplea como textil.

Quinhon, c. y puerto del Viet Nam del Sur.

quinielas f. pl. Juego de apuestas público que consiste en señalar en un boleto los triunfadores de una jornada de partidos de fútbol; el que consigue acertar el máximo de resultados se ve premiado con una parte de lo recaudado con la venta de los boletos. ‖ Este boleto (ú. t. en sing.). ‖ *Arg.* Cierto juego de azar.

quinielista adj. y s. Aplícase a la persona que hace quinielas.

quinientos, tas adj. Cinco veces ciento. ‖ Quingentésimo: *el año quinientos.*

quinina f. Alcaloide vegetal sacado de la corteza de la quina, utilizado en forma de sulfato para combatir la fiebre y el paludismo.

quino m. Árbol americano rubiáceo cuya corteza es la quina. ‖ Zumo de varios vegetales empleado como astringente. ‖ Quina.

quinoa f. Quinua.

quínola f. Lance de un juego de naipes en que hay que reunir cuatro cartas del mismo palo. ‖ *Fam.* Rareza, extravagancia.

quinqué m. Lámpara de petróleo con tubo de cristal.

quinquecahue m. *Amer.* Instrumento músico de los mapuches.

quinquefolio m. Cincoenrama, planta.

quinquenal adj. Que ocurre cada quinquenio: *fenómeno quinquenal.* ‖ Que dura cinco años: *plan quinquenal.*

quinquenio m. Cinco años.

quinqui m. *Fam.* Vendedor de quincalla. ‖ *Pop.* Malhechor.

quinquina f. Quina.

quinta f. Finca de recreo en el campo. ‖ *Mil.* Reclutamiento. | Reemplazo anual para el ejército: *es de la misma quinta que yo.* ‖ *Mús.* Intervalo de tres tonos y un semitono mayor.

quintacolumnista adj. y s. Dícese del que pertenecía a la quinta columna. (V. COLUMNA.)

quintada f. Novatada dada a los soldados de nuevo reemplazo.

quintaesencia f. Lo mejor, el más alto grado, lo más perfecto de una cosa.

quintaesenciar v. t. Refinar, apurar. ‖ Alambicar, sutilizar.

quintal m. Peso de cien libras (en Castilla 46 kg). ‖ *Quintal métrico,* peso de cien kilogramos.

Quintana (Manuel), jurista y político argentino (1834-1906), pres. de la Rep. en 1904. ‖ ~ (MANUEL JOSÉ), poeta lírico y político español, n. en Madrid (1772-1857), autor de *Poesías patrióticas,* de odas, de una tragedia (*Pelayo*) y de la obra histórica *Vidas de españoles célebres.* ‖ **~ Roo** (ANDRÉS), jurista, escritor y patriota mexicano (1787-1851), firmante del Acta de Independencia en Chilpancingo (1813).

Quintana Roo, territ. federal de México, en el Este de la penins. de Yucatán; cap. *Chetumal.*

Quintanar de la Orden, v. de

Q

España (Toledo). Lugar donde se desarrolla parte del *Quijote*.

Quintanilla (Luis), diplomático y escritor mexicano, n. en París en 1900, autor de *Teatro mexicano*.

quintante m. Instrumento astronómico provisto de dos reflectores y un anteojo, utilizado para observaciones marítimas.

quintar v. t. Sacar por sorteo uno de cada cinco. ‖ Sortear los que han de hacer el servicio militar.

quinteo m. Acción de sacar por sorteo uno de cada cinco.

Quintero, c. y com. en el centro de Chile (Valparaíso).

Quintero (José Agustín), poeta y patriota cubano (1829-1885). ‖ ~ (SEBASTIÁN), conquistador español que fundó La Plata (1549), en el Nuevo Reino de Granada. ‖ ~ (SERAFÍN y JOAQUÍN ÁLVAREZ). V. ÁLVAREZ QUINTERO.

quinteto m. Combinación métrica de cinco versos de arte mayor. ‖ Composición musical para cinco voces o instrumentos. ‖ Conjunto musical de cinco músicos o cantantes.

Quintiliano (Marco Fabio), retórico hispanolatino, n. en Calahorra (¿35-96?), autor de *De institutione oratoria*.

quintilla f. Combinación métrica de cinco versos aconsonantados, generalmente octosílabos.

quintillón m. Quinta potencia del millón (10^{30}).

Quintín (San) n. pr. *Armarse la de San Quintín,* haber gran disputa.

quinto, ta adj. y s. Que sigue en orden al o a lo cuarto: *Felipe Quinto.* ‖ — M. Cada una de las cinco partes iguales en que se divide un todo. ‖ Aquel a quien le toca ser soldado, recluta, novato. ‖ Quinta parte de su fortuna que el testador puede dejar a quien desee. ‖ *Chil.* y *Méx.* Moneda de cinco centavos.

Quinto, río del centro de la Argentina (San Luis y Córdoba); 402 km.

Quinto Curcio, historiador latino del s. I de nuestra era.

quintuplicación f. Multiplicación de algo por cinco.

quintuplicar v. t. Multiplicar por cinco: *quintuplicar su fortuna* (ú. t. c. pr.).

quíntuplo, pla adj. y s. m. Dícese de lo que contiene un número cinco veces exactamente o es cinco veces mayor.

quinua f. *Amer.* Planta anual quenopodiácea cuyas hojas son parecidas a las espinacas.

quinzavo, va adj. y s. Dícese de cada una de las quince partes iguales en que se divide un todo.

quiñón m. Porción de tierra cultivable. ‖ Medida agraria filipina (279,5 áreas).

quiñonero m. Propietario de un quiñón.

Quiñones ‖ **~ de Benavente** (LUIS), escritor español (¿1589?-1651), autor de entremeses y pasos teatrales. ‖ **~ de Molina** (ALFONSO), político salvadoreño (1874-1950), pres. de la Rep. de 1914 a 1915, de 1918 a 1919 y de 1923 a 1927.

Quío, isla griega en el SE. del mar Egeo; 853 km²; cap. *Quío.* Vinos famosos.

quiosco m. Pequeño edificio que suele constar de un techo sostenido por columnas y que adorna las azoteas, parques, jardines, etc.: *esta tarde tocará la banda en el quiosco.* ‖ Pabellón pequeño donde se suelen vender periódicos, flores, etc.

quiote m. *Méx.* Bohordo del maguey.

quipe m. *Per.* Lío, atado.

quipos m. pl. Cuerdas de varios colores con que, haciendo diversos nudos, los indios del Perú consignaban informaciones y hacían sus cálculos.

quiquiriquí m. Canto del gallo.

Quirinal (MONTE), una de las siete colinas de Roma, al NO.

Quirinal *(El)*, palacio de Roma, comenzado en 1574 y agrandado en diversas ocasiones. Fue residencia veraniega de los papas, en 1870 residencia de la familia real y, desde 1948, lo es del pres. de la República Italiana.

Quirino (Elpidio), político filipino (1891-1956), pres. de la Rep. de 1948 a 1953.

Quiriquire, pobl. en el NE. de Venezuela (Monagas). Petróleo.

quirófano m. Sala de operaciones quirúrgicas.

quirógrafo, fa adj. Aplícase al documento en que consta un contrato que no está autorizado por notario (ú. t. c. s. m.).

Quiroga (Carlos Buenaventura), escritor y poeta argentino, n. en 1890. ‖ ~ (ELENA), escritora española, n. en 1919, autora de novelas (*La sangre, Viento del Norte,* etc.). ‖ ~ (HORACIO), escritor uruguayo, n. en Salto (1878-1937), autor principalmente de cuentos cortos (*El crimen del otro, Cuentos de la selva, Anaconda, El desierto, Los desterrados,* etc.). Publicó también poesías, novelas y obras de teatro. Vivió largo tiempo en la Argentina. ‖ ~ (JUAN FACUNDO) militar federalista argentino, n. en La Rioja (1793-1835). Sus proezas, descritas por Sarmiento en *Facundo,* le valieron el apodo de *Tigre de los Llanos.* M. asesinado. ‖ ~ (VASCO DE), obispo español (¿1470?-1565), oidor de la Real Audiencia de Nueva España (1531) y primer prelado de Michoacán (1537). Protegió a los indios establecidos en su diócesis.

quiromancia f. Adivinación por las rayas de la mano.

quiromántico, ca adj. y s. Relativo a la quiromancia o que la profesa.

quiróptero adj. y s. m. Dícese de los animales mamíferos adaptados al vuelo, con membranas laterales en forma de alas, que comprende los murciélagos, vampiros, etc. ‖ — M. pl. Orden que forman.

Quirós (Lorenzo), pintor español (1717-1789). ‖ ~ (PEDRO DE), poeta español (¿1590-1667?). ‖ ~ (PEDRO FERNÁNDEZ DE), marino portugués (1565-1615). Descubrió varias islas de Oceanía al servicio de España.

quirquincho m. Mamífero americano, especie de armadillo.

quirúrgico, ca adj. Relativo a la cirugía: *murió a causa de una operación quirúrgica.*

quiscal m. Ave dentirrostra de América, de plumaje negro con reflejos metálicos.

quisco m. *Chil.* Cacto espinoso.

quisicosa f. *Fam.* Enigma, acertijo, adivinanza.

Quisling (Vidkun), político noruego (1887-1945), colaborador de los alemanes y jefe del Gobierno creado por éstos en su país (1940). Fue ejecutado. (En el lenguaje político este n. es sinónimo de *traidor.*)

Quispicacha, cima de los Andes del Ecuador (Cotopaxi), en la Cord. Occidental; 4 578 m.

Quispicanchi, prov. en el SE. del Perú (Cuzco); cap. *Urcos.*

quisque (cada) adv. Cada uno, cada cual: *a cada quisque lo suyo.*

Quisqueya, n. indígena de la isla de *Santo Domingo.*

quisquilla f. *Fam.* Pequeñez, menudencia, cosa insignificante. | Dificultad de poca importancia ‖ Camarón, crustáceo comestible. ‖ — Adj. y s. m. Dícese del color de este animal, salmón claro.

quisquilloso, sa adj. y s. Que se para en quisquillas o pequeñeces. ‖ Demasiado susceptible.

quiste m. Vejiga membranosa, de contenido líquido, que se desarrolla anormalmente en diferentes partes del cuerpo.

quisto, ta p. p. irreg. ant. de *querer.*

quita f. *For.* Remisión de una deuda o parte de ella. ‖ *De quita y pon,* v. QUITAR.

quitación f. Renta, salario. ‖ *For.* Quita.

quitaesmalte m. Líquido a base de alcohol amílico y acetona, que se emplea para disolver el esmalte para uñas.

quitaipón m. Quitapón.

quitamanchas adj. y s. m. inv. Aplícase a las sustancias químicas que sirven para quitar manchas, especialmente en los tejidos.

quitamiento m. Quita (p. us.).

quitanieves m. inv. Aparato móvil para quitar la nieve de las carreteras, vías férreas etc., mediante una especie de reja o una turbina.

quitapesares m. inv. *Fam.* Consuelo.

quitapiedras m. inv. Dispositivo que llevan las locomotoras en su parte delantera para quitar las piedras u otros obstáculos que pudieran haber caído en la vía.

quitapón m. Adorno con borlas que se pone en la testera de las caballerías. ‖ *Fam. De quitapón,* de quita y pon.

quitar v. t. Separar una cosa de otra: *comer la fruta sin quitarle la piel.* ‖ Sacar una cosa del lugar en que estaba: *quitar los platos de la mesa.* ‖ Despojar, suprimir: *me han quitado el pasaporte.* ‖ Robar: *quitar a uno la cartera.* ‖ Hacer que desaparezca: *quitar una mancha* (ú. t. c. pr.). ‖ Impedir, obstar: *esto no quita que sea un holgazán.* ‖ Restar: *quitar dos de tres.* ‖ Privar de algo: *el café quita el sueño.* ‖ Apartar: *quitar a uno la preocupación.* ‖ — *De quita y pon,* que fácilmente se quita y se pone, amovible. ‖ *Fig.* y *fam. En un quítame allá esas pajas,* v. PAJA. ‖ *Quitar a uno de encima o de en medio,* librarse de él; matarle. ‖ *Fig.* y *fam. Quitar el hipo a uno,* dejarle pasmado. | *Quitar la vida,* matar; causar grandes disgustos. ‖ — V. pr. Despojarse de una prenda: *quitarse el abrigo.* ‖ Apartarse de una cosa: *me quité de fumar hace un año.* ‖ — *Quitarse años,* rejuvenecerse.

quitasol m. Especie de paraguas grande que sirve para protegerse contra el sol.

quitasueño m. *Fam.* Preocupación que causa desvelo.

quite m. Movimiento de esgrima que se hace para evitar un tajo o estocada. ‖ Lance con que el torero libra a otro de la acometida del toro: *dar el quite.* ‖ *Estar al quite,* estar siempre dispuesto a salir en defensa de los que están en peligro o en situación apurada.

quiteño, ña adj. y s. De Quito (Ecuador).

quitina f. Sustancia orgánica nitrogenada de la cutícula de los insectos y otros animales articulados, y en muchos hongos y bacterias.

quitinoso, sa adj. Que tiene quitina: *caparazón quitinoso.*

Quito, cap. de la Rep. del Ecuador y de la prov. de Pichincha, situada en la región NO. del país; 500 000 h. Arzobispado. Universidad (1787). Fundada en 1534 por Sebastián de Benalcázar con el nombre de *San Francisco de Quito.*

quiya m. *Riopl.* Mamífero roedor bastante parecido al carpincho.

quizá o **quizás** adv. Indica la posibilidad de una cosa: *quizá vaya a Roma.*

Quizapu, cima volcánica en el centro de Chile (Talca); 3 050 m.

quórum m. Número de miembros presentes requerido para que sea válida una votación en una asamblea.

Quyquyó, pobl. en el S. del Paraguay (Paraguarí).

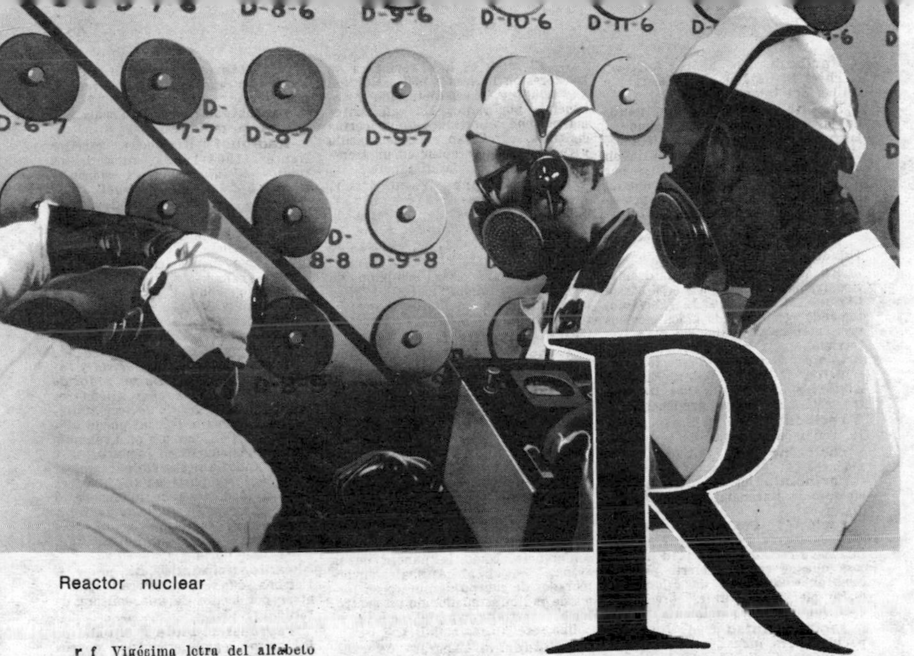

Reactor nuclear

r f. Vigésima letra del alfabeto castellano y decimoséptima de sus consonantes. ‖ — **R,** símbolo del *roentgen* o *röntgen.*

Ra, símbolo químico del *radio.*

Ra o **Re,** dios del Sol en la mitología egipcia, representado con las facciones de un hombre con la cabeza adornada de un disco solar.

Raab. V. GYÖR.

rabada f. Cuarto trasero de las reses para el consumo.

rabadilla f. Extremidad inferior de la columna vertebral. ‖ En las aves, extremidad movible en donde están las plumas de la cola.

rabanal m. Plantío de rábanos.

rabanero, ra adj. Aplícase al vestido demasiado corto. ‖ *Fig.* y *fam.* Desvergonzado, ordinario: *conducta rabanera.* ‖ — M. El que vende rábanos. ‖ — F. Verdulera. ‖ *Fig.* y *fam* Mujer ordinaria y descarada.

rabanillo m. Planta crucífera, muy común en los sembrados. ‖ Rábano pequeño.

rabaniza f. Simiente del rábano. ‖ Planta crucífera que abunda en los terrenos incultos.

rábano m. Planta crucífera, de raíz carnosa comestible. ‖ Esta raíz. ‖ *Fig. Tomar el rábano por las hojas,* interpretar torcidamente una cosa.

rabassa f. (pal. cat.). Parte del tronco del árbol cubierta por la tierra. ‖ *A rabassa morta,* uso foral existente en Cataluña por el que el propietario de un terreno lo cede a un arrendatario para que lo siembre de viña y lo disfrute mientras vivan las primeras cepas: *hizo contrato de "a rabassa morta".*

rabassaire m. (pal. cat.). En Cataluña, el que cultiva un trozo de tierra "a rabassa morta".

rabdomancia f. Procedimiento para hallar aguas o minerales subterráneos por medio de una varita.

rabear v. i. Mover el rabo.

Rabasa (Emilio), escritor y político mexicano (1856-1930), autor de novelas realistas.

Rabat, cap. de Marruecos y de la prov. homónima, puerto a orillas del Atlántico; 227 400 h. Arzobispado. Universidad.

Rabaul, c. en el NE. de la isla de Nueva Bretaña (archip. de Bismarck). Obispado.

Rabelais [*-lé*] (François), religioso benedictino, médico y escritor humanista del Renacimiento francés (¿1494?-1533), autor de *Gargantúa y Pantagruel,* obra en la que el escritor expone su filosofía de la naturaleza y su epicureísmo.

rabera f. Parte posterior de cualquier cosa, sobre todo de un carruaje. ‖ Mango de herramienta.

rabí m. Título que confieren los judíos a los doctores de su ley. ‖ Rabino.

rabia f. Enfermedad infecciosa que se transmite al hombre por mordedura de algunos animales, y caracterizada por fenómenos de excitación, luego por parálisis y muerte. ‖ Enfermedad del garbanzo. ‖ *Fig.* Ira, cólera, furia: *decir algo con rabia.* | Enojo, enfado: *le da rabia trabajar.* ‖ *Fig.* y *fam. Tenerle rabia a uno,* tenerle odio o aversión.

rabiar v. i. Padecer rabia: *el perro rabió.* ‖ *Fig.* Enojarse, encolerizarse: *está que rabia.* | Sufrir intensamente: *está rabiando de dolor.* | Desear mucho: *el niño rabiaba por ir al cine.* ‖ — *Fig. A rabiar,* mucho: *me gusta a rabiar.* | *Estar a rabiar con uno,* estar muy enojado con él. | *Rabiar de hambre, de sed,* tener mucha hambre, mucha sed.

rabiatar v. t. Atar por la cola.

rabicorto, ta adj. De rabo corto: *perro rabicorto.* ‖ *Fig.* Que viste faldas más cortas que lo regular: *una niña rabicorta.*

rabiche f. *Cub.* y *Méx.* Ave de la familia de los colúmbidos.

Rábida *(La),* monasterio franciscano en Palos de la Frontera (Huelva) [España], donde residió Colón (1486).

rabieta f. *Fam.* Berrinche, enojo de poca duración: *le dio una rabieta al niño.*

rabihorcado m. Ave palmípeda de los países tropicales, de alas muy grandes.

rabilargo, ga adj. Que tiene el rabo largo: *mono rabilargo.* ‖ *Fig.* Que trae las vestiduras demasiado largas. ‖ — M. Pájaro de plumaje leonado, negro y azul pálido.

rabillo m. Pecíolo de las hojas de las plantas. ‖ Pedúnculo de las frutas. ‖ Ángulo: *mirar con el rabillo del ojo.*

Rabinal-Achí, drama musical con danzas rituales de los quichés.

Rabindranath Tagore. V. TAGORE.

rabínico, ca adj. Relativo a los rabinos: *el lenguaje rabínico.*

rabinismo m. Doctrina que siguen y enseñan los rabinos.

rabinista com. Seguidor de las doctrinas de los rabinos.

rabino m. Doctor de la ley judía. ‖ Jefe espiritual de una comunidad israelita. ‖ *Fig.* y *fam.* Sabihondo.

rabión m. Corriente impetuosa de un río en sitios estrechos o de mucho declive.

rabioso, sa adj. y s. Que padece rabia: *perro rabioso.* ‖ *Fig.* Muy enojado, furioso: *estoy rabioso contigo.* | Vehemente, excesivo, violento: *ganas rabiosas de irse.* | Chillón: *verde rabioso.* ‖ *Fam.* Muy picante: *sabor rabioso.*

rabisalsera adj. y f. *Fam.* Viva y excesivamente desenvuelta.

rabiza f. Punta de la caña de pescar en que se pone el sedal. ‖ *Mar.* Cabo corto y delgado unido a un objeto para manejarlo: *boya de rabiza.*

rabo m. Cola de un animal: *el rabo del lobo.* ‖ Rabillo, pecíolo o pedúnculo: *el rabo de una hoja, de un fruto.* ‖ Ángulo, rabillo: *el rabo del ojo.* ‖ *Fig.* Cosa que cuelga. ‖ — *Fig. Faltar aún el rabo por desollar,* quedar todavía lo más difícil por hacer. | *Irse* (o *salir*), *con el rabo entre piernas,* irse avergonzado, sin haber conseguido lo que se quería.

rabón, ona adj. *Méx.* Mezquino, ruin.

rabona f. *Amer.* Mujer que suele acompañar a los soldados en las marchas y en campaña. ‖ *Fam. Hacer rabona,* hacer novillos.

rabotada f. y **rabotazo** m. *Fam.* Grosería, ordinariez.

rabotear v. t. Cortar el rabo.

rabudo, da adj. De rabo muy grande: *animal rabudo.*

raca f. Racamenta.

racahut m. Mezcla de féculas alimenticias parecida al chocolate que preparan los árabes.

racamenta f. y **racamento** m. *Mar.* Anillo que sujeta las verjas a sus palos o mástiles.

racer m. (pal. ingl.). Caballo de carreras muy veloz. ‖ Velero muy ligero y rápido.

racial adj. Relativo a la raza.

Raciborz, en alem. *Ratibor,* c. en el S. de Polonia (Silesia), a orillas del Oder. Metalurgia.

racimo m. Conjunto de frutos unidos a un mismo tallo como en las uvas, la grosella, los plátanos, los dátiles, etc. || Inflorescencia en que las flores están insertadas por pedúnculos sobre un eje común. || || *Fig.* Conjunto de cosas o personas apelotonadas: *un racimo de lindas muchachas.*

Racine, c. y puerto en el N. de Estados Unidos (Wisconsin).

Racine (Jean), poeta dramático francés, n. en La Ferté-Milon (Aisne) [1639-1699]. Escribió, tomando como modelo a los clásicos grecolatinos, tragedias de gran patetismo en la acción (*Andrómaca, Británico, Berenice, Bayaceto, Mitrídates, Ifigenia, Fedra, Ester* y *Atalía*) y la comedia *Los litigantes,* sátira de la jurisprudencia.

raciocinación f. Razonamiento, reflexión, facultad de la mente.

raciocinar v. i. Razonar, reflexionar.

raciocinio m. Facultad de raciocinio. || Razonamiento, reflexión, discurso.

ración f. Porción de alimento que se reparte a cada persona: *una ración de cocido.* || Cantidad de una cosa que se vende a cierto precio: *comprar una ración de calamares.* || En ciertas catedrales, prebenda. || *A ración,* con parsimonia.

racionabilidad f. Aptitud, capacidad para juzgar.

racional adj. Dotado de razón: *seres racionales* (ú. t. c. s. m.). || Conforme con la razón: *método racional.* || No empírico, que se deduce por medio de razonamiento: *mecánica racional.* || Aplícase a las expresiones algebraicas que no contienen cantidades irracionales.

racionalismo m. Carácter de lo que se fundamenta sólo en la razón. || *Fil.* Doctrina fundada en la razón y no en la revelación. | Sistema no basado en el empirismo sino sólo en la razón. || Doctrina religiosa según la cual todas las verdades de la fe tienen que estar justificadas por la reflexión personal.

racionalista adj. y s. Relativo al racionalismo o que es partidario de él: *escuela, filósofo de la escuela racionalista.*

racionalización f. Organización sistemática del trabajo para obtener un mejor rendimiento: *racionalización industrial.*

racionalizar v. t. Organizar de una manera razonable y según los cálculos apropiados. || Volver más eficaz y menos costoso un proceso de producción.

racionamiento m. Distribución de cantidades limitadas de bienes que escasean por varias razones: *racionamiento en tiempo de guerra.*

racionar v. t. *Mil.* Distribuir raciones a la tropa. || Someter a racionamiento: *racionar el pan.*

racionista com. Persona que recibe un sueldo o ración para mantenerse. || En el teatro, actor de poca categoría.

racismo m. Teoría que sostiene la superioridad de ciertos grupos raciales frente a los demás.

racista adj. Del racismo. || — Adj. y s. Partidario de esta teoría.

racor m. Pieza metálica que sirve para empalmar dos tubos.

racha f. *Mar.* Ráfaga: *racha de aire.* || *Fig.* Serie: *una racha de triunfos.* || *Fig.* y *fam.* Período breve en que sólo ocurren cosas buenas o al contrario acontecimientos malos: *tener buena o mala racha.*

Rachmaninov (Serghei Vasilievich), pianista y compositor ruso (1873-1943).

rada f. Ensenada que puede servir de puerto natural.

radar m. Dispositivo para detectar aviones, buques, costas, obstáculos, etc., por medio de ondas radioeléctricas.

— El *radar* es la abreviatura de la expresión inglesa *RAdio Detection And Ranging,* o sea detección y telemetría por radio. En este sistema, las ondas hertzianas muy cortas emitidas se reflejan en el obstáculo y vuelven a un receptor en un tiempo que determina la distancia.

Radcliffe (Anne WARD, *Mrs.*), escritora inglesa (1764-1823), autora de novelas de misterio.

Radegunda (*Santa*), reina de Francia (¿520?-587), esposa de Clotario I. Fiesta el 13 de agosto.

radiación f. *Fís.* Emisión de ondas, rayos o partículas. | Elemento de una onda luminosa o electromagnética: *radiación infrarroja.*

radiactividad f. *Fís.* Propiedad que tienen ciertos elementos químicos (radio, uranio, etc.) de transformarse espontáneamente en otros elementos, con emisión de determinadas radiaciones.

radiactivo, va adj. *Fís.* Que tiene radiactividad.

radiado, da adj. Compuesto de rayos divergentes. || Dispuesto en forma de rayos. || Difundido por radio: *noticia radiada.* || Dícese en las plantas compuestas, de la cabezuela formada por flósculos en el centro y por semiflósculos en la circunferencia, como la panoja de la avena. || — M. pl. Animales invertebrados de cuerpo dispuesto en forma de radios alrededor de un centro, como la estrellamar, la medusa, el pólipo, etc. (ú. t. c. adj.).

radiador m. Aparato de calefacción que consta de varios elementos huecos por los que circula agua o aceite caliente, vapor, etc. || *Mec.* Dispositivo para refrigerar el agua en un motor de explosión.

radial adj. *Astr.* Aplícase a la dirección del rayo visual: *movimiento, velocidad radial.* || *Geom.* Relativo al radio: *línea radial.* || Perteneciente o relativo al radio: *nervio radial.*

radián m. *Geom.* Unidad angular que corresponde a un arco de longitud igual al radio.

radiante adj. *Fís.* Que radia: *calor radiante.* || *Fig.* Resplandeciente. | Que denota buena salud, satisfacción: *rostro radiante.* || *Radiante de alegría,* rebosante de gozo, de dicha.

radiar v. t. Irradiar (ú. t. c. i.). || Difundir o emitir por radio: *radiar noticias, música.* || *Med.* Tratar una lesión por medio de los rayos X. || — V. i. *Fís.* Despedir rayos luminosos o térmicos.

radicación f. Arraigamiento. || *Fig.* Establecimiento. || *Mat.* Extracción de raíces.

radical adj. Relativo a la raíz: *tubérculo, hoja, tallo radical.* || *Fig.* Fundamental, básico: *nulidad radical de un documento.* | Muy eficaz: *emplear un medio radical.* | Total, definitivo, absoluto: *curación radical.* || — Adj. y s. En política, partidario de reformas democráticas avanzadas: *el partido radical.* || — M. *Gram.* Parte de una palabra que, contrariamente a la desinencia, queda invariable: *el radical del verbo comer es* COM. || *Mat.* Signo (√) con que se indica la operación de extraer raíces. || *Quím.* Átomo o grupo de átomos que sirve de base para la formación de combinaciones.

radicalismo m. Calidad de radical. || Actitud radical. || Principios o doctrinas políticas de los radicales.

radicando m. *Mat.* Número del cual se ha de extraer la raíz.

radicar v. i. Arraigar (ú. t. c. pr.). || Estar situado de modo fijo: *¿dónde radica este pueblo?* || *Fig.* Estribar, residir, consistir en: *la dificultad radica en esto.* || — V. pr. Establecerse: *radicarse en Rosario.*

radícula f. Rejo, raicilla de una planta.

radiestesia f. Facultad de percibir las radiaciones electromagnéticas.

radiestesista com. Persona que utiliza la radiestesia.

Radiguet (Raymond), escritor francés (1903-1923), autor de los relatos *El diablo en el cuerpo* y *El baile del conde de Orgel.*

radio m. Recta tirada desde el centro del círculo a la circunferencia o desde el centro de la esfera a su superficie. || Cada una de las piezas que unen el cubo de la rueda con la llanta. || Hueso contiguo al cúbito, con el cual forma el antebrazo. || Metal (Ra), de número atómico 88, de gran poder radiactivo, descubierto en 1898 por Pierre y Marie Curie, y G. Bémont. || Apócope de *radiotelegrafista* y *radionavegante.* || — *En un radio de cien kilómetros,* a cien kilómetros a la redonda. || *Radio de acción,* distancia máxima a la cual puede alejarse un avión, barco u otro vehículo sin aprovisionarse en combustible y conservando lo necesario para volver a su punto de partida; (fig.) esfera de actividad, zona de influencia. || — F. Apócope de *radiograma* y *radiodifusión: escuchar un programa de radio.* || Aparato radiorreceptor: *tener una radio muy antigua.*

radioaficionado, da m. y f. Persona que comunica con otra u otras por medio de una emisora de radio privada.

radioastronomía f. Estudio de los astros según la emisión de sus ondas electromagnéticas.

radiobaliza f. Señalización radioeléctrica de una ruta aérea o marítima.

radiocobalto m. Isótopo radiactivo del cobalto.

radiocompás m. Radiogoniómetro de a bordo que permite a un avión o barco conservar su rumbo.

radiocomunicación f. Transmisión radioeléctrica de imágenes, textos, signos y sonidos. || Comunicación mediante ondas electromagnéticas.

radioconductor m. Conductor cuya resistencia varía con la amplitud de las ondas electromagnéticas.

radiodermatitis o **radiodermitis** f. Dermatitis causada por la manipulación de los rayos X o de las sustancias radiactivas.

radiodetección f. Detección por medio de las radiaciones.

radiodiagnosis f. o **radiodiagnóstico** m. Diagnóstico que se hace con la radioscopia o la radiografía.

radiodifundir v. t. Emitir por medio de la radiotelefonía.

radiodifusión m. Transmisión por ondas hertzianas de música, noticias, reportajes y otros programas destinados al público. || *Estación de radiodifusión,* emisora.

radiodifusor, ra adj. Que emite por radio: *estación radiodifusora.*

radioeléctrico, ca adj. Relativo a la radioelectricidad.

radioelectricidad f. Técnica de la transmisión a distancia de sonidos e imágenes por medio de ondas electromagnéticas.

radioelemento m. *Quím.* Elemento radiactivo.

radioemisora f. Emisora radiofónica.

radioescucha com. Radioyente.

radiofaro m. Emisora radioeléctrica que determina la ruta en la navegación marítima o aérea.

radiofonía f. Radiotelefonía.

radiofónico, ca adj. Relativo a la radiofonía: *emisión radiofónica.*

radiofotografía f. Fotografía transmitida por radio.

radiofrecuencia f. Frecuencia utilizada para las ondas radiofónicas, y superior a 10 000 ciclos por segundo.

radiogoniometría f. Método que permite localizar la dirección y posición de un aparato emisor de radio. || Método de navegación que utiliza el radiogoniómetro.

radiogoniómetro m. Aparato que permite a un barco o avión determinar su posición por medio de las ondas radioeléctricas.
radiografía f. Fotografía interna del cuerpo por medio de los rayos X. ‖ Cliché así obtenido: *tener una radiografía del estómago.*
radiografiar v. t. Fotografiar por medio de los rayos X.
radiográfico, ca adj. Relativo a la radiografía.
radiograma m. Despacho transmitido por radiotelegrafía.
radiogramola f. Mueble que contiene una radio y un tocadiscos.
radioisótopo m. *Fig.* Isótopo radiactivo de un elemento natural.
radiola f. *Méx.* Gladiolo (flor).
radiolarios adj. y s. m. Dícese de los protozoos marinos provistos de un esqueleto silíceo con seudópodos filiformes y radiantes. ‖ — M. pl. Clase que forman.
radiolocalización f. Determinación de la posición de un obstáculo mediante ondas electromagnéticas reflejadas por el mismo.
radiología m. Empleo terapéutico de los rayos X.
radiólogo m. Especialista en radiología.
radionavegación f. Navegación que utiliza las propiedades de las ondas radioeléctricas para la dirección y detección de barcos y aviones.
radionavegante m. El que se encarga de mantener los contactos por radio en un barco o avión.
radiorreceptor m. Aparato receptor de las ondas del radiotransmisor.
radioscopia f. Examen de un objeto o de un órgano del ser humano por medio de la imagen que proyectan en una pantalla fluorescente al ser atravesados por los rayos X.
radioseñalización f. Señalización de la ruta de los barcos y aviones por radio.
radiosonda f. Conjunto de aparatos registradores automáticos que transmiten desde un globo informaciones meteorológicas por medios radioléctricos.
radiosondeo m. Exploración de la atmósfera por radiosondas.
radiotecnia o **radiotécnica** f. Técnica de la radioelectricidad.
radiotelefonía f. Telefonía sin hilos.
radiotelefonista com. Persona que trabaja en el servicio de radiotelefonía.
radiotelegrafía f. Telegrafía sin hilos.
radiotelegráfico, ca adj. Relativo a la radiotelegrafía: *un despacho radiotelegráfico.*
radiotelegrafista com. Persona que se ocupa del funcionamiento de los aparatos radiotelegráficos.
radiotelegrama m. Telegrama transmitido por radio.
radiotelescopio m. Aparato receptor utilizado en radioastronomía.
radiotelevisado, da adj. Que es transmitido a la vez por radio y televisión.
radioterapia f. Empleo de los rayos X.
radiotransmisión f. Transmisión o difusión por radio.
radiotransmisor m. Transmisor de radiotelegrafía o telefonía sin hilos.
radiotransmitir v. t. Transmitir por radio.
radioyente com. Persona que escucha las emisiones de radio.
Radjputana, región del NO. de la India en el Estado de Rayastán.
Radom, c. de Polonia, al N. de Kielce. Metalurgia.
radomo m. Cúpula de materia plástica que protege las antenas de los aparatos de radar.
radón m. Elemento químico (Rn) radiactivo, de número atómico 86, llamado en otro tiempo *radioemanación.*

raedera f. Utensilio para raer o raspar. ‖ Azada pequeña de los mineros.
raedor, ra adj. y s. Que rae. ‖ — M. Rasero.
raedura f. Acción de raer. ‖ Parte raída.
* **raer** v. t. Raspar, arrancar lo adherido a la superficie de una cosa con instrumento áspero o cortante: *raer una piel.*
R. A. F. (abrev. de las pal. inglesas *Royal Air Force*), aviación militar de Gran Bretaña.
Rafael *(San)*, arcángel que acompañó a Tobías al país de los medos. Fiesta el 24 de octubre.
Rafael (Rafael SANZIO, llamado), pintor, arquitecto y arqueólogo renacentista italiano, n. en Urbino (1483-1520). Autor de innumerables obras maestras *(La Sagrada Familia, La Bella Jardinera, San Miguel derribando al demonio, La Fornarina, El Pasmo de Sicilia, La Escuela de Atenas)*, de los frescos de las *Cámaras* y de las *Logias* del Vaticano, etc.
Rafaela, c. en el nordeste de la Argentina (Santa Fe). Obispado.
rafaelesco, ca adj. Relativo al pintor Rafael. ‖ Que recuerda lo pintado por este maestro.
ráfaga f. Movimiento violento y rápido del aire: *una ráfaga de aire.* ‖ Golpe de luz vivo y de poca duración. ‖ Serie de disparos sucesivos y rápidos de un arma automática: *una ráfaga de ametralladora.*
rafia f. Palmera de África y América que produce una fibra muy resistente y flexible. ‖ Esta fibra: *mantelito, zapatillas de rafia.*
Ráfols (Beata María), religiosa española (1781-1853), fundadora de las Hermanas de la Caridad de Santa Ana.
raglán m. Gabán de hombre con esclavina. ‖ *Manga raglán,* la que arranca del cuello y no tiene costura en el hombro.
ragua f. Extremo superior de la caña de azúcar.
Ragusa, c. de Italia, en el SE. de Sicilia. Obispado. — C. en el SO. de Yugoslavia. (V. DUBROVNIK.)
raicilla f. Raíz secundaria o más pequeña de las plantas.
raid [*reed*] m. (pal. ingl.). Incursión rápida en terreno enemigo. ‖ Vuelo a larga distancia.
raído, da adj. Muy gastado por el uso: *abrigo raído.*
raigal adj. De la raíz: *pedúnculos raigales.* ‖ — M. Extremo del madero que corresponde a la raíz del árbol.
raigambre f. Conjunto de raíces generalmente entrecruzadas. ‖ *Fig.* Conjunto de antecedentes, tradición, hábitos o afectos, etc., que vinculan una cosa a otra: *costumbre de honda raigambre en Castilla.* (¿1180?-1275), uno de los fundadores de la orden de la Merced (1218). Fiesta el 23 de enero. ‖ **~ Lulio.** V. LULIO.
raigón m. Raíz grande. ‖ Raíz de las muelas y dientes o trozo que queda de ella.
raíl o **rail** m. Riel, carril: *los raíles de las vías férreas.*
Raimondi (Antonio), naturalista y geógrafo italiano (1826-1890), explorador del Perú.
Raimundo ‖ **~** *(San)*, monje cisterciense español, abad de Fitero (1090-1164). Fundador de la orden de Calatrava (1158). Fiesta el 30 de abril. ‖ **~ de Peñafort** *(San)*, religioso dominico español
Rainiero (MONTE), volcán en el NO. de Estados Unidos, cima más elevada de la Cord. de las Cascadas (Washington); 4 391 m. Parque nacional.
Rainiero III, príncipe reinante de Mónaco desde 1950, n. en 1923.
Raipur, c. en el N. de la India (Madhya Pradesh).

raíz f. Parte de los vegetales que está en la tierra, de donde saca las sustancias nutritivas: *las raíces de un árbol.* ‖ Parte de un órgano animal implantado en un tejido: *la raíz de un diente, de un pelo.* ‖ *Fig.* Origen, principio: *la raíz de un mal.* ‖ *Gram.* Elemento de una palabra a partir del cual se derivan todas las que son de la misma familia: CANT *es la raíz de cantar, cantante,* etc. ‖ *Mat.* Cada uno de los valores que puede tener la incógnita de una ecuación. ‖ *Méx. Raíz tatemada,* el camote. ‖ *Med.* Prolongación profunda de ciertos tumores: *la raíz de un lobanillo.* ‖ — *A raíz de,* inmediatamente, después de. ‖ *Fig. Arrancar o cortar de raíz,* eliminar del todo. ‖ *De raíz,* completamente. ‖ *Fig. Echar raíces,* fijarse, instalarse para mucho tiempo en un lugar. ‖ *Mat. Raíz cuadrada,* cantidad que se ha de multiplicar por sí misma una vez para obtener un número determinado. ‖ *Raíz cúbica,* cantidad que se ha de multiplicar por sí misma dos veces para obtener un número determinado. ‖ *Fig. Tener raíces,* estar arraigado: *la virtud tiene raíces profundas en el corazón del hombre bueno.*
raja f. Porción de poco espesor cortada a lo largo de un melón, sandía, salchichón, etc. ‖ Hendidura que se hace en una cosa. ‖ Grieta. ‖ Parte de un leño que resulta al abrirlo con un hacha, una cuña, etc.
rajá m. Antiguo soberano de la India: *el rajá de Kapurtala.*
rajado, da adj. y s. *Fig.* y *fam.* Cobarde, miedoso. ‖ Que no cumple la palabra dada.
rajadura f. Hendidura.
Rajahmundry, c. en el S. de la India (Madrás).
rajar v. t. Partir en rajas: *rajó la sandía.* ‖ Hender, partir, abrir: *rajar un mueble* (ú. t. c. pr.). ‖ — V. i. *Fig.* y *fam.* Jactarse, presumir de valiente. ‖ Hablar mucho. ‖ Refunfuñar. ‖ — V. pr. *Fig.* y *fam.* Retractarse, desistir de una cosa por acobardamiento. ‖ *Amer.* Huir, escapar.
Rajastán. V. RAYASTÁN.
rajatabla (a) adv. De un modo absoluto.
rajeta adj. y s. *Fam.* Rajado.
Rajkot, c. en el NO. de la India (Gujerate). Industrias.
rajo m. *Amér. C.* Desgarrón.
rajón, ona adj. y s. Rajado. ‖ *Amer.* Fanfarrón, ostentoso.
Rakosi (Jenö), escritor húngaro (1842-1929), iniciador de las tendencias neorrománticas en sus obras de teatro.
ralea f. *Despect.* Especie, categoría: *gente de la misma ralea.* ‖ Raza, extirpe, casta: *persona de baja ralea.*
Raleigh [*rali*], c. en el NE. de Estados Unidos, cap. de Carolina del Norte. Obispado. Universidad. Industrias.
Raleigh [*rali*] (Sir Walter), navegante, poeta y político inglés (1552-1618), favorito de la reina Isabel I. Fundó la colonia de Virginia (1585) en América del Norte y dirigió una expedición al Orinoco (1616). M. ejecutado durante el reinado de Jacobo I.
ralentí m. *Cin.* Proyección más lenta que el rodaje: *escena al ralentí.* ‖ *Mec.* La menor velocidad a que puede funcionar un motor de explosión con el mínimo de gases.
ralo, la adj. Poco espeso: *pelo ralo; tela rala.* ‖ Muy separado: *dientes ralos.*
rallado, da adj. Desmenuzado, pulverizado: *queso rallado.* ‖ — M. Acción de rallar.
rallador m. Utensilio de cocina para desmenuzar pan, queso, etc.
ralladura f. Surco que deja el rallador en una cosa. ‖ Trozo desmenuzado que resulta de una cosa rallada: *ralladuras de queso.*
rallar v. t. Desmenuzar una cosa

RA

restregándola con el rallador: *rallar pan, queso.* || *Fam.* Molestar, fastidiar, importunar.

rallo m. Rallador. || Lima de dientes muy gruesos. || Alcarraza, vasija de barro.

rally [*rali*] m. (pal. ingl.). Competición deportiva en la cual los participantes, a pie o motorizados, deben reunirse en un sitio determinado después de haber realizado varias pruebas.

rama f. Cada una de las partes nacidas del tronco o tallo principal de la planta. || *Fig.* Cada una de las familias procedentes de un mismo tronco. || Cada una de las subdivisiones de una cosa: *este camino se divide en dos ramas; las diferentes ramas del saber.* || *Geom.* Parte de una curva que se aleja hasta el infinito. || *Impr.* Cerco de hierro cuadrangular con que se ciñe el molde que se ha de imprimir. || División primaria del reino animal. || — *Fig.* y *fam. Andarse por las ramas,* desviarse del tema de que se trata. || *En rama,* dícese de ciertas materias no manufacturadas: *algodón en rama;* aplícase a los ejemplares de una obra impresa que están todavía sin encuadernar.

Rama. V. ARIMATEA.

Rama, séptima encarnación del dios Visnú en la mitología india y héroe del Ramayana.

ramada f. Ramaje.

Ramada, sierra en el NO. de la Argentina (Jujuy); 5 500 m. — Pobl. en el NO. de la Argentina (Tucumán).

ramadán m. Noveno mes del año lunar musulmán, que está consagrado al ayuno.

ramaje m. Conjunto de ramas o ramos. || Dibujo que representa ramas, flores, etc., en una tela.

ramal m. Cada uno de los cabos de que se compone una cuerda, cable o correa. || Ronzal. || Cada uno de los tramos de una escalera que concurren en el mismo rellano. || Cada una de las subdivisiones de una cosa: *los ramales de una carretera, de una cordillera.*

ramalazo m. Golpe dado con un ramal o ronzal y huella que deja. || Racha violenta de aire. || *Fig.* Ataque pasajero: *tener un ramalazo de loco.*

Ramallo, pobl. en el E. de la Argentina (Buenos Aires). Puerto fluvial en el Paraná.

Ramat Gan, c. de Israel, cerca de Tel Aviv. Universidad.

Ramayana, n. genérico de las epopeyas sagradas de la India cuyo héroe es el dios Rama. Una de las más conocidas es la compuesta en sánscrito por Valmiki (s. v a. de nuestra era).

rambla f. Barranco, cauce natural de aguas pluviales. || En algunas poblaciones, paseo principal: *las Ramblas de Barcelona.* || Armazón en que se ponen los paños para estirarlos.

ramblazo m. Lugar por donde corren las aguas de los turbiones y avenidas.

Rambouillet [*-bullé*], c. de Francia, al SO. de París (Yvelines). Palacio.

rameado, da adj. Aplícase al tejido, papel, etc., con ramos y flores pintados.

Rameau [*-mó*] (Jean-Philippe), músico francés (1683-1764), autor de óperas (*Les Indes galantes, Cástor y Pólux,* etc.), y cantatas. Renovó la ciencia de la armonía y el género dramático.

ramera f. Prostituta.

ramificación f. División de una planta en ramas. || Bifurcación de las arterias, venas o nervios. || *Fig.* Consecuencia derivada de algún hecho. | Subdivisión: *las ramificaciones de una ciencia.*

ramificarse v. pr. Dividirse en ramas. || *Fig.* Subdividirse.

ramillete m. Conjunto de flores o hierbas olorosas: *un ramillete de claveles.* || *Fig.* Plato de dulces que forman un conjunto vistoso. | Centro de mesa. | Colección de cosas selectas: *ramillete de máximas.* | Grupo, reunión: *ramillete de muchachas.*

ramilletero, ra m. y f. Persona que hace o vende ramilletes. || — M. Maceta de flores. || Florero.

ramio m. Planta urticácea, propia de Extremo Oriente, de la cual se sacan fibras textiles.

Ramírez (Francisco), caudillo federal argentino (1786-1821), gobernador de Entre Ríos. || ~ (IGNACIO), político, escritor y poeta mexicano (1818-1897). Usó el seudónimo de *El Nigromante.* || ~ (RAFAEL), educador mexicano (1885-1959), promotor de la escuela rural. || ~ **de Fuenleal** (Sebastián), obispo español, m. en 1547. Fue presidente de la Audiencia de Nueva España (1531-1536).

Ramiro || ~ **I** (1010-1063), primer rey de Aragón desde 1035, hijo de Sancho III el Mayor, rey de Navarra. || ~ **II** *el Monje* (¿1085?-1157), sucesor de su hermano Alfonso I en 1134, abdicó en favor de su yerno Ramón Berenguer IV, conde de Barcelona (1137).

Ramiro || ~ **I** (¿789?-850), rey de Asturias y León desde 842. La leyenda le atribuye la victoria de Clavijo con la ayuda del apóstol Santiago. || ~ **II** (¿900?-951), rey de León en 931, vencedor de Abderramán III en Simancas (939), Osma y Talavera, y conquistador de Madrid. || ~ **III** (961-985), rey de León desde 965.

Ramis, río en el SE. del Perú (Puno), formado al unirse el Azángaro, el Pucará y el Huancané. Des. en el lago de Titicaca. Recibe tb. el n. de *Ayaviri.*

ramiza f. Conjunto de ramas cortadas.

ramnáceo, a adj. y s. f. Aplícase a las plantas dicotiledóneas, como el cambrón y la aladierna. || — F. pl. Familia que forman.

ramno m. Cambrón, planta.

ramo m. Rama pequeña. || Ramillete de flores: *ramo de gladíolos.* || Manojo de hierbas. || Ristra. || *Fig.* Cada una de las subdivisiones de una cosa principal: *ramo del saber.* | Enfermedad incipiente o poco determinada: *ramo de locura.*

ramón m. Ramiza.

Ramón Berenguer || ~ **I** (¿1024?-1076), conde de Barcelona desde 1035. Hizo redactar el código de los *Usatges.* || ~ **II** (¿1053?-1082), conde de Barcelona desde 1076. Llamado *Cap d'Estopa.* || ~ **III** *el Grande* (¿1082?-1131), conde de Barcelona desde 1096. Conquistador de Mallorca. || ~ **IV** (¿1115?-1162), conde de Barcelona desde 1131 y príncipe de Aragón desde 1137. Reunió Aragón y Cataluña.

Ramón Borrell, conde de Barcelona (992-1018). Saqueó la ciudad de Córdoba (1010).

Ramón Nonato *(San),* monje mercedario español (1204-1240). Fiesta el 31 de agosto.

Ramón Santana, com. en el SE. de la Rep. Dominicana (San Pedro de Macorís).

Ramón y Cajal (Santiago), médico y biólogo español, n. en Petilla de Aragón (Navarra) [1852-1934]. Realizó notables estudios de histología plasmados en su obra *El sistema nervioso de los vertebrados.* Publicó tb. libros de máximas y reflexiones, así como unas memorias (*Recuerdos de mi vida*). [Pr. Nóbel de Medicina en 1906.]

ramonear v. t. Podar los árboles. || Pacer los animales las hojas y la punta de las ramas.

ramoneo m. Acción de ramonear. || Tiempo en que se ramonea.

Ramos (José Antonio), diplomático y dramaturgo cubano (1885-1946). || ~ (SAMUEL), filósofo y escritor mexicano (1897-1959). || ~ **Carrión** (MIGUEL), escritor español (¿1851?-1915), autor de libretos de zarzuelas (*El rey que rabió*), y de obras cómicas (*Agua, azucarillos y aguardiente*). || ~ **Millán** (GABRIEL), abogado y político mexicano (1903-1949). Creador de la Comisión Nacional del Maíz.

ramoso, sa adj. Que tiene muchas ramas.

rampa f. Terreno en declive: *subir por la rampa.* || Superficie inclinada. || *Rampa de lanzamiento,* plano inclinado para el lanzamiento de aviones, proyectiles o cohetes de propulsión.

rampante adj. Aplícase al animal heráldico con la mano abierta y las garras en ademán de asir: *león rampante.*

ramplón, ona adj. Aplicábase al calzado tosco. || *Fig.* Vulgar, chabacano: *un tío ramplón.* | Ordinario, falto de originalidad: *versos ramplones.*

ramplonería f. Condición de ramplón, vulgaridad, falta de gusto.

rampollo m. Rama que se corta de un árbol para plantarla.

Rampur, c. en el N. de la India (Uttar Pradesh). Industrias.

Ramsay (Sir William), químico inglés (1852-1916), descubridor del helio y del argón. (Pr. Nóbel, 1904.)

Ramsés || ~ **I,** rey de Egipto (¿1314?-1312 a. de J. C.), fundador de la 19ª dinastía. || ~ **II** *Meyamún,* sucesor de su padre Seti I, reinó de 1301 a 1235 aprox. a. de J. C. Combatió contra Siria y luego se alió con los hititas.

Ramsgate, c. del SE. de Gran Bretaña en Inglaterra (Kent), en la des. del Támesis. Balneario.

Ramus (Pierre DE LA RAMÉE, llamado), humanista, filósofo y gramático francés (1515-1572). Criticó las doctrinas de Aristóteles.

rana f. Batracio saltador, de piel verdosa, perteneciente al orden de los anuros y que vive cerca de las aguas estancadas. || Juego que consiste en arrojar una moneda o un tejo por la boca abierta de una rana de hierro. || — *Fig.* y *fam. Cuando las ranas críen* o *tengan pelos,* nunca. | *No ser rana uno,* ser listo. | *Salir rana,* no salir bien, fracasar.

Rancagua, c. en el centro de Chile, cap. de la prov. de O'Higgins. Obispado. Cobre. Resistencia heroica de O'Higgins a las tropas realistas (1814).

rancagüino, na adj. y s. De Rancagua (Chile).

rancajo m. Astilla que se clava en la carne.

ranciar v. t. Volver rancio (ú. t. c. pr.).

rancidez o **ranciedad** f. Calidad de rancio.

rancio, cia adj. Aplícase al vino y ciertos comestibles grasientos que con el tiempo adquieren sabor y olor fuertes: *tocino rancio.* || *Fig.* Antigua: *de rancia nobleza.* | Anticuado, pasado de moda: *una solterona un poco rancia.* || — M. Olor muy fuerte propio de un comestible rancio. || Suciedad grasienta de los paños.

rancheadero m. Lugar donde se ranchea.

ranchear v. i. Formar ranchos en un sitio, acampar (ú. t. c. pr.).

ranchera f. Canción popular originaria de la Argentina.

ranchería f. Conjunto de ranchos o chozas.

ranchero m. El que guisa el rancho. || Dueño de un rancho o finca. || Campesino que trabaja en un rancho. || *Fig. Méx.* Apocado, ridículo.

Ranchi, c. en el NE. de la India (Bihar).

ranchito m. *Amer.* Chabola.

rancho m. Comida hecha para muchos: *el rancho de la tropa, de los presos.* || Personas que toman esta comida. || *Fam.* Comida o guiso malo. || Campamento: *rancho de gitanos, de pastores.* || En los barcos, sitio donde se aloja la marinería. || Grupo de marineros que se alternan en las faenas. || *Amer.* Choza con techo de ramas o paja: *rancho pampero.* | Finca, granja, hacienda. || *Per.* Quinta, casa de campo. || *Fig.* y *fam. Hacer rancho aparte,* llevar una vida aislada de los demás.

randa f. Encaje grueso, de nudos apretados. || — M. *Fam.* Ratero, ladronzuelo.

randera f. Mujer que se dedica a hacer randas.

Randers, c. y puerto en el NE. de Dinamarca (Jutlandia). Industrias.

Randfontein, c. de la Rep. de África del Sur, al O. de Johannesburgo (Transvaal). Oro.

rangífero m. *Zool.* Reno.

rango m. Clase, categoría, lugar que ocupa una persona en una jerarquía: *mantener su rango.* || Situación social: *persona de alto rango.* || *Amer.* Generosidad, liberalidad.

Rangoon. V. RANGÚN.

rangua f. *Tecn.* Tejuelo donde se apoya un eje vertical.

Rangún o **Rangoon** [*-gún*], cap. y puerto en el S. de Birmania, cerca de la desembocadura del Irauadi; 740 000 h. Arzobispado. Industrias.

ránido adj. y s. m. Dícese de los batracios anuros que comprende la rana común. || — M. pl. Clase que forman.

ranilla f. Parte blanca del casco de las caballerías, entre los dos pulpejos. || Enfermedad del ganado vacuno.

ranina adj. Dícese de una arteria y de una vena de la lengua.

Ranke (Leopold von), historiador alemán (1795-1886).

ránula f. Tumor que se forma debajo de la lengua.

ranunculáceo, a adj. y s. f. Aplícase a las plantas dicotiledóneas que tienen por tipo el acónito, la anémona y la peonía. || — F. pl. Familia que forman.

ranúnculo m. Planta ranunculácea de flores amarillas.

ranura f. Hendidura estrecha hecha en un madero, una pieza metálica, etc. || Pequeña abertura alargada donde se introduce una moneda o una ficha: *la ranura de una máquina tragaperras.*

raña f. Garfio para pescar pulpos. || Terreno de monte bajo.

raño m. Pez marino acantopterigio, de color amarillento.

Rapa Nui. V. PASCUA *(Isla de).*

rapabarbas m. inv. *Fam.* Barbero, rapador.

rapacejo m. Muchacho. || *Méx.* Fleco que adorna el rebozo.

rapacería f. Rapacidad. || Muchachada.

rapacidad f. Avidez grande, codicia de ganancias: *la rapacidad de un usurero.* || Inclinación al robo.

rapador, ra adj. y s. Aplícase al que rapa. || — M. *Fam.* Rapabarbas, barbero.

rapadura f. y **rapamiento** m. Acción y efecto de rapar o raparse.

Rapallo, c. y puerto del NO. de Italia en Liguria (Génova).

rapapiés m. Buscapiés, cohete que corre por el suelo.

rapapolvo m. *Fam.* Reprensión áspera, jabón: *dar un rapapolvo a alguien.*

rapar v. t. Afeitar la barba (ú. t. c. pr.). || Cortar el pelo al rape. || *Fig.* y *fam.* Hurtar, robar.

rapaz adj. Dado al robo, hurto o rapiña. || *Fig.* Ávido de ganancias: *comerciante rapaz.* || Aplícase al ave de rapiña. || — F. pl. Orden de aves carnívoras, de pico corvo, uñas grandes y aceradas, como el águila, el halcón, el buitre, etc. || — M. y f. Muchacho o muchacha de corta edad: *los rapaces de la calle.*

rape m. Afeitado rápido y sin cuidado. || Pejesapo. || — *Al rape,* casi a raíz, muy corto: *cortar el pelo al rape.* || *Fam. Dar un rape a uno,* reprenderle ásperamente.

rapé adj. Aplícase al tabaco en polvo: Ú. m. c. s. m.: *tomar rapé.*

rapidez f. Cualidad de la persona que lo hace todo en poco tiempo o de las cosas que ocurren o se efectúan muy pronto.

rápido, da adj. Veloz, que recorre mucho espacio en poco tiempo: *corriente rápida.* || Que se realiza o ejecuta en un momento: *victoria rápida.* || Que hace las cosas en poco tiempo: *una modista rápida.* || Que se hace con poco cuidado: *lectura rápida de un manuscrito.* || — M. Tren de gran velocidad: *el rápido de Barcelona a Madrid.* || Parte de un río muy impetuosa: *los rápidos del Niágara.*

rapiña f. Robo, expoliación o saqueo hecho con violencia. || *Ave de rapiña,* la carnívora, como el águila y el buitre.

rapiñar v. t. *Fam.* Hurtar o quitar algo de manera violenta.

rapónchigo m. Planta campanulácea de raíz blanca, carnosa y comestible.

raposa f. Zorra, vulpeja. || *Fig.* y *fam.* Persona astuta.

raposear v. i. Usar de engaños o trampas, como la raposa.

raposero, ra adj. Que sirve para la caza de zorros: *perro raposero.* || — F. Zorrera, madriguera de raposas.

raposo m. Zorro.

rapsoda m. En la antigua Grecia, recitador de poemas homéricos u otras poesías épicas.

rapsodia f. Trozo de un poema, especialmente de Homero, que cantaban los rapsodas. || Composición musical, de forma libre o improvisada, integrada por fragmentos de aires populares o de otras obras: *una rapsodia de Liszt.*

raptar v. t. Cometer el delito de rapto: *raptar a una mujer.*

rapto m. Delito que consiste en llevarse de su domicilio por el engaño, la violencia o la seducción a alguien, especialmente a una mujer, a un niño: *rapto de menores.* || *Fig.* Éxtasis, arrobamiento. | Arrebato, ataque rápido y violento: *rapto de locura.* || Impulso. || *Med.* Accidente que priva de sentido, síncope.

raptor, ra adj. y s. Aplícase a la persona que comete el delito de rapto.

raque m. Acto de recoger los objetos dejados en las costas por algún naufragio: *andar, ir al raque.*

Raquel, esposa de Jacob y madre de José y Benjamín. *(Biblia.)*

raquero, ra adj. Dícese de la embarcación pequeña que piratea por las costas: *barco raquero.* || — M. El que anda al raque. || Ratero de puertos.

raqueta f. Aro de madera provisto de una red de cuerdas de tripa y terminado por un mango, que sirve para jugar al tenis, etc. || Especie de pala de madera revestida de corcho o de goma para jugar al tenis de mesa. || Especie de suela con esta forma para andar por la nieve. || Rastrillo para recoger el dinero en las mesas de juego. || *Bot.* Jaramago.

raquialgia f. Dolor en la columna vertebral.

raquianestesia f. *Med.* Anestesia de los miembros inferiores y de los órganos de la pelvis mediante una inyección de procaína en el conducto raquídeo.

raquídeo, a adj. Relativo al raquis: *bulbo raquídeo.*

raquis m. Espinazo, columna vertebral. || *Bot.* Raspa, eje de una espiga.

raquítico, ca adj. Que sufre raquitismo (ú. t. c. s.). || *Fig.* Endeble, poco robusto: *árboles raquíticos.* | Escaso, mezquino: *salario raquítico.*

raquitismo m. Enfermedad infantil caracterizada por la falta de solidez y las deformaciones del sistema óseo, sobre todo de la columna vertebral.

rara avis expr. lat. Persona o cosa única en su género.

rarefacción f. Enrarecimiento: *la rarefacción del aire.*

* **rarefacer** v. t. Enrarecer, disminuir la densidad o la presión de un gas (ú. t. c. pr.).

rareza f. Calidad de raro, escasez. || Cosa rara. || Extravagancia, manía.

rarificar v. t. Enrarecer, rarefacer (ú. t. c. pr.).

raro, ra adj. Poco frecuente: *un fenómeno muy raro.* || Singular, poco corriente: *libro raro.* || Extraño, extravagante, estrafalario: *persona muy rara.* || Extraordinario, poco común: *de raro mérito.* || — *Gases raros,* los que, en pequeña cantidad, forman parte de la atmósfera, como el helio, el neón, el argón, el criptón, el xenón. || *Fig. Sentirse raro,* no encontrarse muy bien de salud.

Rarotonga, isla de Polinesia, en el archip. de Cook (Nueva Zelanda); 81 km².

ras m. Igualdad de nivel. || — *A ras de,* casi tocando. || *Ras con ras,* al mismo nivel; rasando o rozando ligeramente una cosa a otra.

Rasa, isla en el O. de México, en el golfo de California. Guano.

Ras al-Khayma, emirato en la costa E. del golfo Pérsico; cap. *Ras al-Khayma.*

rasante adj. Que rasa. || — *Tiro rasante,* tiro de trayectoria nunca superior en altura a la del objetivo. || *Vuelo rasante,* el que se efectúa casi rasando el suelo || — F. Línea de una calle o camino considerado en relación con el plano horizontal. || *Cambio de rasante,* punto más elevado de la pendiente de una carretera.

rasar v. t. Igualar con el rasero las medidas de los áridos. || Pasar muy cerca: *rasar el suelo.*

rascacielos m. inv. Edificio de muchas plantas.

rascadera f. Rascador. || *Fam.* Almohaza para las caballerías.

rascado, da adj. Atrevido.

rascador m. Utensilio que sirve para rascar: *rascador de metales, pieles,* etc. || Especie de horquilla de adorno para el tocado femenino. || Instrumento de hierro para desgranar el maíz y otros frutos análogos. || Tira rugosa para encender los fósforos y cerillas.

rascadura f. o **rascamiento** m. Acción y efecto de rascar o rascarse. || Señal que queda.

rascar v. t. Refregar o frotar la piel con las uñas (ú. t. c. pr.). || Raspar una superficie para quitarle algo. || Raer con el rascador. || *Fam. Rascar la guitarra,* tocarla mal. || — V. pr. *Amer* Emborracharse. || *Fig. Rascarse los bolsillos,* gastar los últimos céntimos.

rascatripas m. inv. *Fam.* Violinista malo.

rascón, ona adj. Áspero. || — M. Polla de agua, ave zancuda.

rascuache adj. *Méx.* Mezquino, mediocre.

rasero, ra adj. Rasante. || — M. Palo cilíndrico o en forma de rasqueta para rasar las medidas de los áridos. || *Fig. Medir por el mismo rasero a dos personas,* tratarlas con igualdad. || — F. Espumadera para freír.

rasgado, da adj. Muy alargado y con los ángulos algo prolongados: *ojos rasgados.* || — M. Rasgón.

rasgadura f. Acción de rasgar. || Rasgón.

rasgar v. t. Romper, destrozar una cosa tirando de ella en varias direcciones: *rasgar telas, pieles, papel* (ú. t. c. pr.).

rasgo m. Línea trazada, especialmente la de adorno. || *Fig.* Expresión acertada: *rasgo de humor.*

| Acción notable: *un rasgo de heroísmo, de generosidad.* || Característica, peculiaridad: *es un rasgo de su carácter.* || — Pl. Facciones de la cara: *rasgos finos.* || — *A grandes rasgos,* rápidamente, sin pararse en minucias: *explorar algo a grandes rasgos.* || *Rasgo de ingenio,* idea genial, genialidad.

rasgón m. Rotura en una tela.

rasgueado m. Rasgueo.

rasguear v. t. Tocar la guitarra u otro instrumento rozando varias cuerdas a la vez. || — V. i. Hacer rasgos con la pluma.

rasgueo m. Manera de tocar la guitarra rasgueándola con cierta rapidez.

rasguñar v. t. Arañar o rascar con las uñas. || En pintura, hacer un boceto.

rasguño m. Arañazo, señal que queda en una cosa que ha sido rascada. || En pintura, boceto.

rasilla f. Tela de lana muy fina. || Ladrillo delgado y hueco: *tabique de rasilla.*

Rasmussen (Knud), explorador danés (1879-1933), jefe de varias expediciones al Ártico.

raso, sa adj. Llano, liso, despejado: *terreno raso.* || Sin nubes, desencapotado. || Lleno hasta el borde. || Que casi toca el suelo: *vuelo raso.* || Aplícase al asiento sin respaldo: *silla rasa.* || Dícese del que en su empleo no tiene ni título ni categoría especial: *un soldado raso.* || — M. Satén. || *Al raso,* al aire libre, en el campo.

raspa f. Espina de un pescado. || Arista del grano de trigo y otros cereales. || Escobajo de la uva. || Eje o pedúnculo de un racimo o espiga. || Filamento desprendido de algo: *esta pluma tiene raspa.* || *Fig.* y *fam.* Persona desabrida. || *Amer.* Reprimenda. || *Arg.* Ratero. || *Méx.* Baile popular de origen jarocho.

raspado m. Acción y efecto de raspar. || Operación que consiste en quitar con un instrumento quirúrgico cuerpos extraños o productos mórbidos del interior de una cavidad natural (útero) o patológico (absceso óseo).

raspador m. Instrumento para raspar.

raspadura f. Acción y efecto de raspar. || Lo que se raspa de una superficie. || Rallado. || *Amer.* Azúcar moreno que queda adherido a los calderos de los trapiches. || *Méx.* Piloncillo.

raspajo m. Raspa de la uva.

raspamiento m. Raspadura.

raspante adj. Que raspa el paladar: *vino raspante.*

raspar v. t. Raer ligeramente una cosa para quitar la parte superficial. || Hacer la operación quirúrgica del raspado. || Tener sabor áspero un vino u otro licor y picar en el paladar (ú. t. c. i.). || Tener una superficie áspera. Ú. t. c. i.: *su piel raspa con el frío.* || Rasar. || Hurtar, quitar. || *Méx.* Ofender en forma indirecta. || *Fam. raspando,* por poco, por escaso margen.

raspear v. i. Deslizarse con dificultad la pluma y arañar el papel de escribir.

raspilla f. Planta borraginácea de flores azules.

Rasputín (Grigori Iefimovich), aventurero y monje ruso (1872-1916), que tuvo una gran influencia sobre Nicolás II y la zarina. M. asesinado.

rasqueta f. Planchuela de hierro de cantos afilados y con mango, para raer y limpiar los palos, cubiertas y costados de las embarcaciones. || Almohaza.

Rastadt o **Rastatt,** c. en el SO. de Alemania Occidental (Baden-Wurtemberg). Congreso en 1713-1714 para terminar la guerra de Sucesión de España y de 1797 a 1799 para el establecimiento de la paz entre Francia y Alemania.

rastra f. Huella. || *Agr.* Grada. | Rastro, rastrillo. || Carro fuerte para arrastrar grandes pesos. || Sarta de fruta seca. || Cuerda o red que se arrastra por el fondo del agua para recuperar objetos sumergidos. || *Riopl.* Adorno, generalmente de plata, que los gauchos llevan en el cinturón a manera de hebilla. || — *A la rastra* o *a rastras,* arrastrando; (fig.) de mal grado. || *Fig. Ir a rastras de uno,* seguirle siempre. | *Llevar un trabajo a rastras,* tenerlo sin terminar.

rastreador, ra adj. Que rastrea o busca.

rastrear v. t. Buscar una persona, animal o cosa siguiendo su rastro: *el perro rastrea la caza.* || Llevar arrastrando por el fondo del agua un arte de pesca o una rastra. || Vender la carne en el rastro al por mayor. || *Fig.* Averiguar una cosa valiéndose de varios indicios, indagar (ú. m. c. i.). || — V. i. Ir volando casi a ras del suelo: *rastrear un ave.* || *Agr.* Hacer alguna labor con el rastro.

rastreo m. Acción y efecto de rastrear, con el rastrillo, la grada o por el fondo del agua.

rastrera f. Arrastradera, vela.

rastrero, ra adj. Que se va arrastrando: *animal rastrero.* || Dícese del tallo de una planta que, tendido por el suelo, echa raicillas. || *Fig.* Bajo, vil, despreciable: *acción rastrera.* || — M. El que trabaja en el rastro o matadero. || Tratante en ganado.

rastrillada f. Lo que se recoge con el rastrillo. || *Amer.* Huellas.

rastrillado m. Acción y efecto de rastrillar.

rastrillador, ra adj. y s. Aplícase al que rastrilla. || — F. Máquina agrícola consistente en un rastro grande, de dientes corvos, para recoger el heno, la paja, etc.

rastrillar v. t. Limpiar con el rastrillo: *rastrillar el lino, el cáñamo.* || Recoger con el rastrillo: *rastrillar las hierbas.* || Pasar la grada por el suelo labrado.

rastrillo m. Instrumento de jardinería formado de un palo largo cruzado en su extremo inferior por un travesaño con púas que sirve para recoger la broza, paja, etc. || Utensilio parecido usado en las mesas de juego para recoger el dinero apostado. || Especie de carda para limpiar el cáñamo o el lino. || Compuerta formada con una reja levadiza a la entrada de algunas plazas de armas. || Caja del alumbrado superior del escenario. || Pieza de las armas de chispa en que hería el pedernal. || Pieza de la cerradura, guarda.

rastro m. Rastrillo, instrumento de jardinería. || Especie de azada con dientes en vez de pala. || Mugrón. || Lugar donde se vende la carne al por mayor. || Matadero. || Huella, pista: *seguir el rastro de un animal.* || *Fig.* Señal que queda de una cosa, vestigio, indicio: *no dejar rastro.*

Rastro *(El),* plaza de Madrid en donde se encuentra un mercado de objetos de lance.

rastrojar v. t. *Agr.* Arrancar el rastrojo.

rastrojera f. Conjunto de tierras que han quedado en rastrojo. || Temporada en que pastan los ganados los rastrojos.

rastrojo m. Paja de la mies que queda en la tierra después de segar. || El campo después de segada la mies.

Rasura (Nuño). V. NUÑO RASURA.

rasurador m. Maquinilla de afeitar eléctrica.

rasurar v. t. Afeitar.

rata f. Mamífero roedor, de cola larga, muy voraz y perjudicial, originario de Asia. || — *Fig.* y *fam. Más pobre que una rata,* muy pobre. | *No había ni una rata,* no había nadie. || *Rata de agua,* roedor parecido a la rata común, pero de costumbres acuáticas y de cola más corta. || — *Fig.* y *fam. Rata de hotel,* ratero que roba en los hoteles. | *Rata de sacristía,* persona excesivamente devota.

rata parte loc. lat. V. PRORRATA.

rata por cantidad m. adv. A prorrata.

ratafía f. Rosoli de cerezas o guindas.

ratania f. Arbusto del Perú cuya corteza se emplea como astringente.

rataplán m. Voz onomatopéyica con que se imita el sonido del tambor.

ratear v. t. Disminuir a proporción o prorrata. || Repartir proporcionalmente. || Hurtar con destreza cosas pequeñas. || — V. i. Andar arrastrándose.

ratel m. Mamífero carnívoro de la India y África del Sur, parecido al tejón.

rateo m. Prorrateo.

ratería f. Hurto de cosas de poco valor.

raterismo m. *Fam.* Ratería.

ratero, ra adj. Dícese del ladrón que hurta con maña cosas de poco valor (ú. t. c. s.). || *Fig.* Bajo, rastrero, despreciable. || *Ratero de hotel,* rata de hotel.

Ratibor. V. RACIBORZ.

raticida m. Sustancia química para matar ratas y ratones.

ratificación f. Aprobación, confirmación de lo que se ha hecho o prometido. || Documento en que consta.

ratificador, ra adj. y s. Dícese del que ratifica.

ratificar v. t. Aprobar o confirmar lo que se ha hecho o prometido: *ratificar un tratado, un acuerdo* (ú. t. c. pr.).

ratificatorio, ria adj. Que ratifica o denota ratificación.

Ratisbona, en alem. *Regensburg,* c. en el S. de Alemania Occidental (Baviera), a orillas del Danubio. Puerto fluvial. Obispado.

rato adj. m. Dícese del matrimonio celebrado y no consumado.

rato m. Espacio de tiempo, especialmente cuando es de corta duración, momento: *salió hace un rato.* || — *A ratos,* a veces. || *A ratos perdidos,* cuando uno se ve libre de sus ocupaciones habituales || *De rato en rato,* de vez en cuando. || *Fam. Haber para rato,* tardar mucho tiempo. | *Pasar el rato,* entretenerse. | *Un rato,* mucho.

ratón m. Mamífero roedor menor que la rata, dañino por lo que come, roe y destruye. || — *Ratón almizclero,* el desmán. || *Fig.* y *fam. Ratón de biblioteca,* aplícase al erudito de poca categoría que pasa su vida consultando los libros que puede encontrar en las bibliotecas.

ratona f. Hembra del ratón.

ratoncito m. Dim. de *ratón.* || *Fam. El ratoncito Pérez,* personaje infantil que se supone trae regalos a los niños cuando pierden los primeros dientes.

ratonera f. Trampa para cazar ratones o ratas. || Agujero que hace el ratón. || Madriguera de ratones. || *Fig.* Trampa: *caí en la ratonera.* || *Amer.* Cuchitril.

ratonero, ra adj. Ratonesco. || Dícese de la música mala, generalmente cacofónica.

ratonesco, ca y **ratonil** adj. Relativo a los ratones.

R. A. U. Véase ÁRABE UNIDA *(República).*

Raucho, novela del argentino Ricardo Güiraldes (1915).

raudal m. Corriente violenta de agua. || *Fig.* Gran cantidad de cosas que de golpe concurren o se derraman: *raudal de desgracias, de lágrimas.* || *A raudales,* en gran cantidad, en abundancia.

raudo, da adj. Rápido.

raulí m. *Chil.* Árbol fagáceo, que suele alcanzar cincuenta metros de altura.

Ravel (Maurice), compositor francés (1875-1937), uno de los maestros de la armonía y de la orquestación (*Pavana para una infanta difunta, La hora española, Bolero, Dafnis y Cloe,* dos *Conciertos* para piano, etc.).

Ravello, c. en el SO. de Italia en Campania (Salerno), cerca de Nápoles. Monumentos.

Ravena, c. en el NE. de Italia (Emilia), unida por un canal al Adriático. Última cap. del Imperio de Occidente y, después, de un exarcado. Monumentos bizantinos. Tumba de Dante. Arzobispado.

ravenala f. Palmera originaria de Madagascar, notable por la belleza de su follaje y la vistosidad de sus flores.

ravenés, esa adj. Perteneciente a Ravena. ‖ Natural de esta c. (ú. t. c. s.).

ravioles o **raviolis** m. pl. Cuadritos de pasta con carne picada y servidos con salsa y queso rallado.

Rawalpindi, c. en el N. del Paquistán; 404 300 h. Aeródromo, centro estratégico. Ind. textil. Metalurgia.

Rawson, c. en el SE. de la Argentina, cap. de la prov. de Chubut. — N. de dos pobl. en la Argentina (Buenos Aires y San Juan).

raya f. Línea recta: *las cinco rayas del pentagrama.* ‖ Lista: *camisa a rayas.* ‖ Término o límite de una nación, provincia, etc. ‖ Separación de los cabellos hecha con el peine. ‖ Pliegue del pantalón. ‖ Cada una de las estrías en espiral del cañón de un arma de fuego, cuyo objeto es dar al proyectil un movimiento de rotación para estabilizarlo en su trayectoria. ‖ Cierto tipo de vino de Jerez. ‖ Señal larga del alfabeto Morse, equivalente a tres puntos por su duración. ‖ *Gram.* Guión algo más largo que el corriente que separa oraciones incidentales o indica el diálogo. ‖ Pez marino selacio, de cuerpo aplastado y romboidal, y cola larga y delgada. ‖ *Méx.* Sueldo, paga. ‖ — *Fig. A raya,* dentro de los límites adecuados: *mantener a raya a alguien.* | *Dar ciento y raya a uno,* sobrepasarle. | *Pasarse de la raya,* exagerar, propasarse. ‖ *Tres en raya,* rayuela, juego de niños.

rayadillo m. Cierta tela basta de algodón rayada.: *traje* o *vestido de rayadillo.*

rayado, da adj. Que tiene rayas o listas. ‖ *Cañón rayado,* cañón de un arma de fuego que tiene rayas labradas en el ánima. ‖ — M. Conjunto de rayas: *el rayado de una tela, papel,* etc. ‖ Acción de rayar.

rayador m. Ave marina americana, de pico aplanado y parte superior más corta que la inferior.

rayadura f. Acción y efecto de rayar.

rayano, na adj. Que confina o linda con una cosa. ‖ Que está en la raya que divide dos territorios. ‖ *Fig.* Cercano, próximo: *rayano en lo ridículo.*

rayar v. t. Hacer o tirar rayas: *rayar una hoja de papel.* ‖ Subrayar: *rayar una frase.* ‖ Tachar lo escrito o impreso: *rayar las palabras inútiles.* ‖ Suprimir: *lo rayaron de la lista.* ‖ — V. i. Ser colindante o limítrofe: *su casa raya con la mía.* ‖ Despuntar, empezar a salir: *rayar el alba, el día.* ‖ *Fig.* Estar a punto de alcanzar, frisar: *rayar en los cincuenta años.* | Ser casi, aproximarse mucho a: *su conducta raya en lo ridículo.* | Distinguirse, descollar, destacarse: *raya por su inteligencia.* ‖ *Méx.* Pagar a los trabajadores el salario.

Rayastán o **Rajastán.** Est. del NO. de la India; cap. *Jaipur.*

ráyido, a adj. y s. m. Dícese de los peces selacios de cuerpo plano, cola larga y delgada, como el torpedo y la raya.

Rayleigh (John William STRUTT, *lord*), físico inglés (1842-1919), descubridor del argón con Ramsay. (Premio Nóbel, 1904.)

rayo m. Haz de luz que procede de un cuerpo luminoso, especialmente del Sol: *los rayos solares.* ‖ Línea de propagación de la energía: *rayos caloríficos.* ‖ Chispa eléctrica de gran intensidad entre dos nubes o entre una nube y la Tierra: *cayó un rayo en el campanario de la iglesia.* ‖ Radio de una rueda. ‖ *Fig.* Persona muy viva: *este chico es un rayo.* | Cosa o desgracia imprevista: *la noticia cayó como un rayo.* ‖ — *Fig. Con la velocidad de un rayo,* muy rápidamente. | *Echar rayos,* estar muy irritado. | *¡Que le parta un rayo!,* maldición proferida contra alguien con quien se está muy enfadado. ‖ *Rayos alfa* (α), *beta* (β) *y gamma* (γ), los emitidos por los cuerpos radiactivos. ‖ *Rayos cósmicos,* los que proceden del espacio sideral. (V. CÓSMICO.) ‖ *Rayos X* o *de Röntgen,* los que atraviesan fácilmente muchos cuerpos opacos y se utilizan en medicina como medio de investigación y tratamiento. (V. RADIOGRAFÍA Y RADIOSCOPIA.)

rayón m. y **rayona** f. Hilo textil continuo de viscosa. ‖ Tejido hecho con este hilo.

Rayón (Ignacio LÓPEZ). V. LÓPEZ RAYÓN (Ignacio).

rayuela f. Raya pequeña. ‖ Cierto juego que consiste en tirar una moneda o un tejo hacia una raya hecha en el suelo y en acercarse lo más posible de ella.

raza f. Grupo de individuos cuyos caracteres biológicos son constantes y se perpetúan por herencia: *raza blanca, amarilla, negra.* ‖ Conjunto de los ascendientes y descendientes de una familia, de un pueblo: *la raza de David.* ‖ Subdivisión de una especie: *razas humanas.* ‖ Grieta en la parte superior del casco de las caballerías. ‖ *Caballo de raza,* el de buena casta.

Raza ‖ **~ de bronce,** novela indianista del boviliano Alcides Argüedas (1919). ‖ **~ de Caín** *(La),* novela psicológica del uruguayo Carlos Reyles (1921).

razón f. Facultad de pensar, discurrir y juzgar: *el hombre está dotado de razón.* ‖ Facultad intelectual que permite actuar acertadamente o distinguir lo bueno y verdadero de lo malo y falso: *luz de la razón.* ‖ Motivo, causa: *la razón de un acto.* ‖ Recado: *llevar una razón.* ‖ Información: *razón aquí.* ‖ *Mat.* Relación que resulta de la comparación entre dos cantidades. ‖ — *A razón de,* al precio de; según la proporción de. ‖ *Asistirle a uno la razón,* tenerla de su parte. ‖ *Dar la razón a uno,* declarar que tiene razón en lo que dice o hace. ‖ *Dar razón de algo,* informar sobre ello. ‖ *En razón o de,* debido a. ‖ *En razón directa, inversa,* directamente proporcional, inversamente proporcional. ‖ *Meter, poner* o *hacer entrar en razón a uno,* obligarle a actuar razonablemente, convencerle de lo justo y razonable. ‖ *Perder la razón,* enloquecer. ‖ *Ponerse en razón,* mostrarse razonable. ‖ *Quitarle la razón a alguien,* declarar que se equivoca. ‖ *Razón de Estado,* consideraciones basadas en las conveniencias políticas que se invocan para justificar acciones ilegales o injustas. ‖ *Razón social,* denominación con que se da a conocer una sociedad comercial. ‖ *Tener razón uno,* ser verdadero lo que dice o justo lo que pretende.

razonable adj. Sensato: *acuerdo razonable.* ‖ *Fig.* Mediano, justo, ni exagerado ni insuficiente: *precio, sueldo razonable.*

razonado, da adj. Basado en la razón: *discurso, análisis razonado.*

razonador, ra adj. y s. Aficionado a razonar o discurrir.

razonamiento m. Acción o manera de razonar. ‖ Serie de conceptos encaminados a demostrar algo: *razonamiento falso.*

razonar v. i. Exponer las razones en que se funda un juicio, creencia, demostración, etc. ‖ Discurrir: *razonar por inducción, por deducción.* ‖ — V. t. Apoyar con pruebas o documentos una cosa, justificar: *razonar un informe.*

razzia f. Incursión o correría hecha en territorio enemigo para sacar botín. ‖ Saqueo. ‖ *Fig.* Redada de policía.

Rb, símb. químico del *rubidio.*

re m. *Mús.* Segunda nota de la escala musical.

Re. V. RA.

R. D. A., sigla de la *República Democrática Alemana.*

rea m. Mujer acusada de un delito. (V. REO.).

Rea, uno de los nombres de la diosa romana *Cibeles. (Mit.)* ‖ **~ Silvia,** hija de Numitor, rey legendario de Alba, y madre de Rómulo y Remo.

reabsorber v. i. Volver a absorber (ú. t. c. pr.).

reabsorción f. Nueva absorción. ‖ *Med.* Absorción interna, penetración de sustancias en los tejidos.

reacción f. Acción provocada por otra y de sentido contrario: *todo exceso suscita una reacción.* | En política, acción de un partido opuesto a todas las innovaciones políticas o sociales y empeñado en resucitar las instituciones del pasado; partido que tiene estas opiniones: *acabar con la reacción* ‖ En psicología, comportamiento de un ser vivo en presencia de un estímulo externo o interno. ‖ *Fís.* Expansión progresiva de un fluido (agua, vapor, gas). ‖ *Fisiol.* Acción orgánica que tiende a producir un efecto contrario al del agente que la provoca. ‖ *Quím.* Fenómeno por el cual, del contacto de dos o más cuerpos, resulta la formación de cuerpos diferentes. ‖ — *Avión de reacción,* el propulsado por un motor de reacción. ‖ *Motor de reacción,* el que eyecta unos chorros de gases a gran velocidad y, en virtud del principio de la acción y de la reacción, hace avanzar un vehículo en sentido opuesto al de la eyección. ‖ *Reacción en cadena,* reacción química o nuclear en la cual unos átomos liberan una energía suficiente para desencadenar la misma reación entre los átomos vecinos.

reaccionar v. i. Producirse una reacción, especialmente entre dos cuerpos químicos o en repuesta a un estímulo. ‖ *Fig.* Oponerse, resistir: *reaccionar contra el odio.*

reaccionario, ria adj. y s. Aplícase al o a lo que es opuesto a las innovaciones y propenso a restablecer lo abolido: *política reaccionaria.*

reacio, cia adj. Que se resiste con tenacidad a hacer una cosa: *mostrarse reacio a* (o *en*) *admitir un argumento.* ‖ Indócil, indomable: *un caballo reacio.*

reactancia f. *Electr.* Cantidad que, sumada a la resistencia de un circuito de corriente alterna, permite determinar su impedancia.

reactivación f. Acción de reactivar: *la reactivación de un suero, de la economía.*

reactivar v. t. Regenerar, dar nuevo impulso o fuerza: *reactivar la economía.*

reactivo, va adj. Que reacciona o produce reacción. ‖ — M. *Quím.* Sustancia empleada para determinar la naturaleza de los cuerpos por las reacciones que produce en ellos.

reactor m. Propulsor aéreo que utiliza el aire ambiente como carburante y funciona por reacción directa sin ayuda de hélice. ‖ Instalación industrial donde se efectúa una reacción química en presencia de un catalizador. ‖ Avión de reacción. ‖ *Reactor nuclear,* fuente de energía que utiliza la fisión.

— En el transcurso de la fisión de un núcleo de uranio o de plutonio se desprende una gran cantidad de energía; varios neutrones son emitidos al mismo tiempo provocando fisiones. El *reactor*, para evitar que las reacciones en cadena se produzcan con rapidez excesiva, contiene elementos que la controlan, v. gr. barras de cadmio que absorben los neutrones en la medida deseable.

readaptación f. Acción de readaptar o readaptarse: *readaptación muscular.*

readaptar v. t. Adaptar de nuevo, especialmente los músculos a su antigua función, después de un accidente (ú. t. c. pr.). || — V. pr. Adaptarse de nuevo a una actividad interrumpida.

Reading [*riding*], c. en el E. de Estados Unidos (Pensilvania). Industrias. — C. en el S. de Gran Bretaña (Inglaterra), a orillas del Támesis; cap. del condado de Berk. Universidad.

readmisión f. Nueva admisión después de una expulsión.

readmitir v. t. Volver a admitir: *readmitir a un empleado.*

reafirmar v. t. Afirmar de nuevo (ú. t. c. pr.).

reagravación f. Acción y efecto de reagravar o reagravarse.

reagravar v. t. Volver a agravar, empeorar. || — V. pr. Agravarse de nuevo, ponerse peor: *reagravarse el enfermo.*

reagrupación f. Nueva agrupación.

reagrupar v. t. Agrupar de nuevo.

reajustar v. t. Volver a ajustar.

reajuste m. Acción de reajustar: *reajuste de sueldos con arreglo a la subida de los precios.*

real adj. Que tiene existencia verdadera y efectiva: *afecto real.* || Del rey o de la realeza: *corona, casa, familia real.* || Aplícase a algunos animales y cosas superiores en su clase: *tigre real, pavo real, malva real, octava real.* || *Fig.* Regio, suntuoso. | Hermoso: *un real mozo.* || — *Camino real*, carretera de primer orden. || *Derechos reales*, impuesto que grava toda transferencia de propiedad. || — M. Campamento de un ejército: *alzar (o levantar) el real* (ú. t. en pl.). || Campo de una feria, ferial. || Moneda española equivalente a la cuarta parte de la peseta. || Moneda de diversos países de América que equivale, en general, a 10 centavos de peso. || — *Fam. No valer un real*, no valer nada. || *Méx. Real de minas*, pueblo donde hay minas de plata. || *Fig. Sentar sus reales*, fijarse, establecerse, instalarse en un lugar.

Real (CORDILLERA). V. ORIENTAL (*Cord.*). || **~ del Monte.** V. MINERAL DEL MONTE.

realce m. Adorno, labor de relieve: *bordar de realce.* || *Fig.* Lustre, esplendor: *dar realce a una fiesta.* | Relieve: *poner de realce.* || Parte más iluminada de una pintura.

realengo, ga adj. Aplícase a los pueblos que no eran de señorío ni de las órdenes. || Dícese de los terrenos propiedad del Estado: *bienes de realengo.*

realeza f. Dignidad o soberanía real. || Magnificencia.

realidad f. Existencia efectiva de una cosa: *la realidad del mundo físico.* || Cosa concreta: *nuestros deseos se han convertido en realidades.* || Mundo real: *vivir fuera de la realidad.* || Verdad: *la realidad de un hecho.* || *En realidad*, verdaderamente, efectivamente, de hecho, sin duda.

realismo m. Doctrina filosófica que afirma la realidad de las ideas (realismo espiritualista) o que considera que el mundo, tal y como lo vemos, es la única realidad (realismo materialista). || Doctrina literaria y artística basada en la descripción precisa y objetiva de los seres y de las cosas. || Doctrina política favorable a la monarquía.

realista adj. y s. Partidario del realismo: *escritor, pintor, político realista.*

realizable adj. Que puede realizarse, hacedero.

realización f. Acción de realizar: *la realización de un proyecto, de una película, de un programa televisado.* || Cosa realizada: *las realizaciones sociales.*

realizador m. Director de cine o de una emisión radiofónica o televisada.

realizar v. t. Hacer real: *realizar sus aspiraciones* (ú. t. c. pr.). || Efectuar, llevar a cabo: *realizar un viaje.* || Ejecutar: *realizar una hazaña.* || Dirigir la preparación y la ejecución de una película o de una emisión radiofónica o televisada. || Vender, convertir en dinero mercaderías lo más pronto posible, incluso con depredación. || — V. pr. Tener lugar.

realquilar v. t. Subarrendar: *realquilar una habitación, un terreno.*

realzar v. t. Enaltecer: *realzar el mérito de una persona.* || Dar realce, poner de relieve: *este peinado realza su belleza.* || Destacar un objeto en una pintura.

reanimar v. t. Dar vigor, restablecer las fuerzas: *esta medicina le ha reanimado.* || Restablecer las funciones vitales: *reanimar al desmayado.* || *Fig.* Levantar el ánimo. | Reanudar, reavivar: *reanimar la conversación.*

reanudación f. Continuación de algo interrumpido: *reanudación de las relaciones diplomáticas entre los dos países.*

reanudar v. t. Continuar lo interrumpido: *reanudar el trato, una conversación.* || Proseguir un trabajo, volver a sus labores después de las vacaciones o de una ausencia: *reanudar las clases.* || Restablecer: *reanudar un servicio de autobuses.*

* **reaparecer** v. i. Volver a aparecer: *reaparecer una revista.* || Volver a escena un actor o a ocupar un puesto público un hombre político.

reaparición f. Vuelta a aparecer: *la reaparición de un periódico.*

reapertura f. Nueva apertura: *reapertura de un teatro.* || Reanudación: *reapertura del curso escolar.*

* **reargüir** v. t. Redargüir.

rearmar v. t. Dotar de un armamento nuevo, más moderno o importante.

rearme m. Acción de rearmar: *el rearme de un país.*

reasegurar v. t. Hacer un reaseguro.

reaseguro m. Contrato por el cual un asegurador toma a su cargo, completamente o en parte, un riesgo ya cubierto por otro asegurador.

reasentamiento m. Acción de fijar una nueva residencia: *reasentamiento de los refugiados.*

reasumir v. t. Volver a encargarse de algo que se había dejado: *reasumir un cargo.*

reasunción f. Acción y efecto de reasumir.

reata f. Cuerda que sujeta dos o más caballerías de manera que vayan una detrás de otra. || Hilera de caballerías atadas de este modo. || Mula que se añade al carro, delante del tiro principal. || *Fig. Méx. Ser muy reata*, ser valiente y arriesgado.

reatar v. t. Volver a atar. || Atar más fuerte. || Atar las caballerías para que vayan en reata.

Réaumur [*reo-*] (René-Antoine FERCHAULT DE), físico francés (1683-1757), inventor del termómetro de alcohol que lleva su nombre, cuya escala es de 0 a 80 grados. Fue tb. naturalista.

reavivar v. t. Volver a avivar.

rebaba f. Resalto formado de materia sobrante en los bordes de un objeto o en el filo de una cuchilla amolada.

rebaja f. Descuento, disminución del precio: *vender con rebaja.*

rebajado, da adj. Aplícase al arco o bóveda cuya altura es inferior a la mitad de su anchura. (V. ARCO.) || — M. Soldado dispensado de algún servicio.

rebajador m. Baño que se usa para rebajar la intensidad de las fotografías.

rebajamiento m. Acción de rebajar. || *Fig.* Humillación.

rebajar v. t. Volver algo más bajo de lo que era. || Disminuir, reducir: *rebajar el precio, el sueldo.* || Dar a un arco o bóveda una forma rebajada. || Oscurecer o disminuir la intensidad de un color en pintura o fotografía. || *Fig.* Abatir, hacer que disminuya: *rebajar la soberbia.* | Humillar. || *Rebajar de rancho*, entregar el rebaje de rancho a un soldado. || — V. pr. *Fig.* Humillarse. || Quedar dispensado un militar de una obligación: *rebajarse de la faena de cocina.* || Darse de baja por enfermo.

rebaje m. *Mil.* Dispensa de alguna obligación. || *Rebaje de rancho*, dinero que se da al soldado que no come en el cuartel.

rebajo m. Parte del canto de un madero u otra cosa donde se ha disminuido el espesor por medio de un corte.

rebalsar v. t. Detener el agua formando balsa (ú. t. c. i. y pr.).

rebalse m. Presa.

rebanada f. Porción delgada, ancha y larga, que se saca de alguna cosa: *rebanada de pan.*

rebanar v. t. Hacer rebanadas. || Cortar: *la cuchilla le rebanó un dedo de la mano derecha.*

rebañadera f. Instrumento provisto de ganchos para sacar los objetos caídos en un pozo.

rebañador, ra adj. y s. Que rebaña.

rebañadura f. Lo que queda en el fondo de una cacerola o de un plato (ú. m. en pl.).

rebañar v. t. Recoger los residuos de alguna cosa comestible hasta apurarla: *rebañar un plato de carne, de pescado.*

rebaño m. Hato de ganado, especialmente lanar: *rebaño de ovejas.* || *Fig.* Congregación de los fieles respecto de sus pastores espirituales: *el rebaño de la parroquia.*

rebasar v. t. Pasar de cierto límite: *rebasar una cantidad.* || *Fig.* Ir más allá de lo previsto, superar, exceder: *el éxito rebasó nuestros pronósticos.*

rebatible adj. Refutable, impugnable.

rebatimiento m. Refutación, impugnación.

rebatiña f. Arrebatiña, pelea por coger o conseguir algo.

rebatir v. t. Refutar, impugnar, contradecir con argumentos lo que otro afirma: *rebatir una teoría.* || Rebajar una cantidad de una suma.

rebato m. Toque de alarma dado por medio de campana u otra señal cuando sobreviene un peligro o un incendio: *tocar a rebato.* || *Mil.* Ataque repentino.

rebautizar v. t. Volver a bautizar.

rebeca f. Especie de jersey de mangas largas que suele abrocharse por delante.

Rebeca, esposa de Isaac, madre de Esaú y Jacob. (*Biblia.*)

rebeco m. Gamuza de los Pirineos.

rebelarse v. pr. Alzarse contra la autoridad, sublevarse: *rebelarse contra una dictadura.* || *Fig.* Negarse a obedecer: *rebelarse contra sus padres.* | Protestar, oponer resistencia: *rebelarse contra una injusticia.*

rebelde adj. y s. Que se rebela. || Que se niega a obedecer a la autoridad legítima: *las tropas rebeldes.* || Que no comparece ante el tribunal para ser juzgado. || *Fig.* Indócil, recalcitrante: *un niño rebelde.* || *Fig. Enfermedad rebelde,* la que es muy difícil de tratar o curar.

rebeldía f. Calidad de rebelde. || Insubordinación, indisciplina. || *For.* Oposición del reo a comparecer ante el tribunal: *condenado en rebeldía.*

rebelión f. Resistencia violenta contra la autoridad: *reo de rebelión contra el Estado.*

Rebelión de las masas *(La)*, obra sociológica de Ortega y Gasset (1930).

rebencazo m. Golpe dado con el rebenque.

rebenque m. Látigo de cuero embreado con que se castigaba a los galeotes. || *Amer.* Látigo corto de jinete con una tira de cuero ancha. || *Mar.* Cuerda o cabo corto.

rebenquear v. t. *Amer.* Azotar con el rebenque.

rebina f. Segunda bina o tercera cava que se da a las viñas.

rebinar v. t. Cavar una viña por tercera vez.

* **reblandecer** v. t. Ablandar (ú. t. c. pr.).

reblandecimiento m. Acción de reblandecer. || Estado de una cosa reblandecida. || Alteración de los tejidos orgánicos, caracterizada por la disminución de su consistencia: *reblandecimiento cerebral.*

rebociño m. Mantilla pequeña usada por las mujeres para rebozarse.

rebollar o **rebolledo** m. Lugar poblado de rebollos.

Rebolledo (Efrén), poeta modernista mexicano (1877-1929), autor de *Joyeles.* Escribió también narraciones y novelas.

rebollo m. Árbol cupulífero, de gran altura.

rebombar v. i. Retumbar.

reborde m. Faja estrecha y saliente que se hace a lo largo del borde de alguna cosa. || Borde doblado de una chapa.

rebordear v. t. Hacer un reborde. || Doblar el borde de una chapa para reforzarlo o evitar que sea cortante.

rebosadero m. Sitio por donde sale el líquido que rebosa.

rebosadura f. y **rebosamiento** m. Salida de un líquido que rebosa.

rebosante adj. Que rebosa. || *Fig.* Lleno: *rebosante de alegría, de salud.*

rebosar v. i. Derramarse un líquido por encima de los bordes de un recipiente en que no cabe. || *Fig.* Tener algo en abundancia: *rebosar de riquezas, de alegría.* || *Fig. Rebosar de salud,* gozar de excelente salud.

rebotar v. i. Botar repetidamente un cuerpo, ya sobre el suelo, ya chocando con otros cuerpos: *rebotar una pelota.* || — V. t. Remachar o doblar la punta de un clavo. || Rechazar, hacer retroceder. || *Fam.* Irritar, enfadar, poner fuera de sí (ú. t. c. pr.). || — V. pr. *Fam.* Turbarse.

rebote m. Acción de rebotar: *el rebote de la pelota, de una bala.* || *Fig. De rebote,* de rechazo, por carambola.

rebotica f. Trastienda de una farmacia.

rebozar v. t. Cubrir casi todo el rostro con la capa, el manto u otra prenda (ú. t. c. pr.). || Bañar una cosa comestible en huevo, harina, etc.: *rebozar el pescado.*

rebozo m. Modo de cubrirse casi todo el rostro con la capa o manto. || Embozo, parte de la prenda con que se reboza uno. || Rebociño. || *Fig.* Pretexto. || *Amer.* Pañolón, típico de México, que usan las mujeres. (Son famosos los de Santa María del Río [San Luis Potosí].) || *Fig. Sin rebozo,* francamente.

rebrotar v. i. Retoñar.

rebrote m. Retoño.

Rébsamen (Enrique), pedagogo mexicano, de origen suizo (1857-1904). Autor del *Método Rébsamen,* para la formación de maestros.

rebueno, na adj. *Fam.* Sumamente bueno.

rebujar v. t. Arrebujar.

rebujina o **rebujiña** f. *Fam.* Bullicio, alboroto producido por una muchedumbre. || Mezcla desordenada.

rebujo m. Embozo. || Envoltorio, paquete mal hecho. || Conjunto de cosas apretadas.

Rebull (Santiago), pintor mexicano (1827-1902), que decoró el castillo de Chapultepec.

rebullicio m. Gran bullicio.

* **rebullir** v. i. Empezar a moverse lo que estaba quieto. || — V. pr. Moverse, agitarse.

rebusca f. Acción de rebuscar. || Restos de frutos que quedan después de verificada la cosecha: *la rebusca de las viñas.* || *Fig.* Desecho, recogida.

rebuscado, da adj. Afectado: *estilo rebuscado.*

rebuscamiento m. Afectación: *rebuscamiento en el lenguaje, en el estilo.*

rebuscar v. t. Escudriñar o buscar con cuidado: *rebuscar documentos entre un montón de papeles.* || Recoger el fruto que queda después de alzadas las cosechas: *rebuscar por entre la viña.*

rebusco m. Rebusca.

rebuznar v. i. Dar rebuznos: *rebuznar el asno.*

rebuzno m. Voz del asno.

recabar v. t. Conseguir con insistencia o súplicas lo que se desea: *recabar fondos.* || Pedir: *recabar ayuda.*

recadero, ra m. y f. Persona encargada de hacer recados.

recado m. Mensaje verbal: *le di recado que no iría.* || Mensaje escrito. || Encargo, comisión, mandado: *hacer varios recados en la ciudad.* || Conjunto de utensilios necesarios para cierto fin: *recado de escribir.* || Documento que justifica las partidas de una cuenta. || *Amer.* Conjunto de las piezas que constituyen la montura.

* **recaer** v. i. Caer nuevamente enferma. || *Fig.* Ser atribuido: *la culpa recayó sobre él.* | Dirigirse: *la sospecha recayó sobre él.* | Volver: *la conversación recae siempre sobre el mismo tema.* | Caer en suerte: *el premio recaerá en el más digno.* | Reincidir: *recaer en los mismos vicios.*

recaída f. Reaparición de una enfermedad que no había sido completamente curada: *tener una recaída.* || Reincidencia, acción de volver a incurrir en los mismos vicios o defectos.

recalada f. Llegada del barco a un punto de la costa.

recalar v. t. Penetrar poco a poco un líquido por los poros de un cuerpo empapándolo. || — V. i. *Mar.* Llegar un barco a un punto de la costa. || Bucear, nadar bajo el agua.

recalcar v. t. Apretar mucho una cosa con o sobre otra. || *Fig.* Destacar mucho las palabras al pronunciarlas: *recalcó sus frases.* | Repetir, machacar: *siempre está recalcando lo mismo.* | Subrayar: *recalcar la importancia de una cuestión.* || — V. i. *Mar.* Aumentar el buque su inclinación o escora sobre la que tenía.

recalcificación f. Procedimiento para mejorar la fijación del calcio en el organismo.

recalcificar v. t. Aumentar la cantidad de calcio en el organismo.

recalcitrante adj. Obstinado en el error, terco. || Reacio.

recalcitrar v. i. Retroceder, dar un paso atrás. || *Fig.* Resistirse tenazmente a obedecer.

recalentador m. Aparato que sirve para elevar la temperatura de una cosa ya caliente. || En los generadores de vapor, sistema para desecar el vapor y aumentar su temperatura.

recalentamiento m. Acción de recalentar. || Condición inestable de un cuerpo cuya temperatura rebasa la del equilibrio que corresponde a dicho estado. || Estado de un líquido cuya temperatura es superior a su punto de ebullición. || Calentamiento excesivo de un metal.

* **recalentar** v. t. Volver a calentar. || Calentar un líquido a temperatura superior a su punto de ebullición sin que se convierta en vapor. || Calentar un metal a temperatura excesiva hasta el extremo de alterar sus características mecánicas. || *Fig.* Excitar (ú. t. c. pr.). | Poner en celo (ú. t. c. pr.).

recalmón m. Súbita disminución de la fuerza del viento en el mar.

recalzar v. t. Poner tierra alrededor de las plantas o árboles.

recamado m. Bordado hecho de realce.

recamar v. t. Bordar de realce.

recámara f. Aposento después de la cámara donde se guardan los vestidos. || Parte de la culata de las armas de fuego donde se coloca el cartucho. || Sitio donde se ponen los explosivos en el fondo de una mina. || Hornillo de mina. || *Fig. y fam.* Cautela, segunda intención: *tener mucha recámara.* || *Méx.* Dormitorio.

recamarera f. *Méx.* Doncella o criada.

recambiable adj. Dícese de la pieza que puede ser cambiada por otra en caso de avería o desgaste.

recambiar v. t. Cambiar de nuevo. || Girar la letra de resaca.

recambio m. Acción de recambiar. || Pieza que puede sustituir a otra semejante: *tener una rueda de recambio.*

Récamier (Jeanne Françoise BERNARD, *Madame*), dama francesa (1777-1849), célebre por su salón literario.

recancanilla f. *Fam.* Modo de andar los niños como cojeando. || *Fig. y fam.* Manera de recalcar las palabras: *hablar con recancanilla.*

recantón m. Guardacantón.

recapacitar v. t. e i. Reflexionar, pensar. || Rememorar.

recapitulación f. Repetición sumaria, resumen.

recapitular v. r. Resumir, recordar sumariamente.

recapitulativo, va adj. Que recapitula: *cuadro recapitulativo.*

Recaredo I (516-601), rey de los visigodos de España desde 586, hijo de Leovigildo. Abjuró del arrianismo y reunió el III Concilio de Toledo en el que su reino fue declarado oficialmente católico.

recarga f. Pieza de recambio: *la recarga de un bolígrafo.*

recargar v. t. Volver a cargar o aumentar excesivamente la carga. || Adornar excesivamente: *estilo recargado.* || Aumentar la cantidad que hay que pagar: *recargar los impuestos.* || Agravar la pena de un reo. || *Fig.* Cargar excesivamente: *recargar su memoria.* || *Fig. Recargar el cuadro* o *las tintas,* exagerar.

recargo m. Nueva carga o aumento de carga. || Aumento en los impuestos o precios. || Sobretasa. || Agravación de una pena. || *Med.* Aumento de calentura. || *Mil.* Tiempo de servicio suplementario.

recatado, da adj. Circunspecto, prudente. || Modesto. || Honesto.

recatar v. t. Encubrir lo que no se quiere que se sepa (ú. t. c. pr.). || — V. pr. Mostrar temor o recelo: *recatarse de la gente.*

recato m. Honestidad, modestia, pudor. || Cautela, reserva, circunspección.

recauchutado m. Acción y efecto de recauchutar.

recauchutar o **recauchar** v. t. Revestir un neumático gastado con una disolución de caucho.

recaudación f. Acción de cobrar contribuciones, tasas, impuestos. ‖ Oficina donde se recaudan caudales públicos: *la recaudación de impuestos.* ‖ Cantidad recaudada: *la recaudación de un teatro.*

recaudador m. Encargado de la cobranza de caudales públicos: *recaudador de contribuciones.* ‖ Cobrador en un banco.

recaudamiento m. Recaudación, recaudo.

recaudar v. t. Cobrar o percibir caudales públicos o efectos. ‖ Recibir cantidades de dinero por varios conceptos: *recaudar donativos para los huérfanos.* ‖ Guardar, poner en custodia.

recaudatorio, ria adj. Relativo a la recaudación.

recaudo m. Precaución, cuidado. ‖ *For.* Caución, fianza. ‖ Recaudación. ‖ *Poner a buen recaudo,* poner en lugar seguro.

recazo m. Guarnición de la espada. ‖ Parte del cuchillo opuesto al filo.

recelar v. t. Sospechar. ‖ Temer: *recelo que le suceda alguna desgracia.* ‖ — V. i. Desconfiar: *recela de todo.*

recelo m. Suspicacia. ‖ Desconfianza. ‖ Miedo, temor.

receloso, sa adj. Suspicaz, desconfiado: *receloso con sus amigos.* ‖ Temeroso.

recensión f. Reseña de una obra en un período o revista.

recental adj. y s. Aplícase a ciertos animales de leche: *cordero, ternero recental.*

recepción f. Acción de recibir: *recepción de un paquete.* ‖ Admisión en una asamblea o corporación acompañada de una ceremonia: *recepción de un nuevo miembro.* ‖ Ceremonia oficial en que un alto personaje acoge a los diplomáticos, miembros del gobierno, etc. ‖ Gran fiesta en una casa particular. ‖ Sitio donde se recibe a los clientes en un hotel. ‖ *For.* Examen de testigos. ‖ *Rad.* Acción de captar una emisión de ondas hertzianas.

recepcionista com. Persona encargada de la recepción en un hotel, congreso, oficina, etc.

receptáculo m. Cavidad que puede contener o que contiene cualquier cosa. ‖ Extremo del pedúnculo donde se insertan los verticilos de la flor o de las mismas flores. ‖ *Fig.* Acogida, refugio.

receptividad f. *Med.* Predisposición a contraer una enfermedad. ‖ Aptitud para recibir impresiones: *la receptividad del público.* ‖ Cualidad de un radiorreceptor capaz de captar ondas de longitudes muy distintas.

receptivo, va adj. De gran receptividad, dícese del que recibe o es capaz de recibir.

receptor, ra adj. Que recibe. ‖ — M. Aparato que recibe las señales eléctricas, telegráficas, telefónicas, radiotelefónicas o televisadas: *un receptor de televisión.* ‖ Órgano de una máquina que, bajo la acción de una energía cualquiera, produce otro efecto energético. ‖ Elemento sensorial, como las células visuales de la retina. ‖ Persona que por medio de una transfusión recibe parte de la sangre de un donante. ‖ *Receptor universal,* sujeto perteneciente a un grupo sanguíneo (AB) que le permite recibir la sangre de cualquier tipo de grupo.

receptoría f. Oficio y oficina del recaudador.

recesión f. Retroceso, disminución de una actividad: *recesión económica.*

receso m. (P. us.). Separación. ‖ *Amer.* Vacación, suspensión. ‖ *Amer. Estar en receso,* haber suspendido sus sesiones una asamblea.

Recesvinto, rey visigodo de España (649-672). Compiló las leyes godas y romanas en el *Fuero Juzgo* (654).

receta f. Prescripción médica y nota escrita en que consta. ‖ Nota que indica los componentes de un plato de cocina y la manera de hacerlo: *tener una buena receta para hacer la paella.* ‖ *Fig.* y *fam.* Fórmula: *una receta para hacer fortuna.* ‖ Entre contadores, relación de partidas que se transmite de una contaduría a otra.

recetar v. t. Prescribir el médico un medicamento, indicando su dosis, preparación y uso. ‖ *Fig.* Aconsejar.

recetario m. Receta del médico. ‖ Registro donde se apuntan las recetas de medicamentos y otras cosas. ‖ Farmacopea.

reciamente adv. Con vigor y violencia, fuertemente.

recibí m. Fórmula en un documento para indicar que se ha recibido lo que se consigna: *poner el recibí en una factura.*

recibidor, ra adj. y s. Aplícase al que recibe. ‖ — M. Recibimiento, antesala donde se reciben las visitas. ‖ — F. *Amer.* Mujer que ayuda a una parturienta sin ser comadrona.

recibimiento m. Acogida: *recibimiento apoteósico.* ‖ Recepción, fiesta. ‖ Entrada, vestíbulo. ‖ Salón. ‖ Antesala.

recibir v. t. Aceptar o tener entre las manos lo dado o enviado: *recibir un regalo, la pelota.* ‖ Percibir o cobrar una cantidad: *recibir las cuotas de los miembros de una asociación.* ‖ Ser objeto de algo: *recibir una pedrada, felicitaciones, insultos.* ‖ Tomar, acoger: *recibieron con gran entusiasmo su propuesta.* ‖ Aceptar: *reciba mi sincera enhorabuena.* ‖ Admitir, acoger en una asamblea o corporación. ‖ Admitir visitas una persona. Ú. t. c. i.: *a esta mujer no le gusta recibir.* ‖ Salir al encuentro del que llega: *recibir con gran pompa a uno.* ‖ Acoger: *me han recibido con los brazos abiertos.* ‖ Esperar al que acomete para resistirle. ‖ *Taurom.* Aguantar el matador la embestida del toro sin mover los pies al dar la estocada a un pase. ‖ — V. pr. Tomar el título necesario para ejercer una profesión: *se recibió de doctor en medicina.*

recibo m. Recepción, acción de tener en su poder algo que se ha mandado: *acusar recibo.* ‖ Recibimiento, cuarto de una casa. ‖ Resguardo en que se declara haber recibido una cosa o haber sido pagada una suma: *haber perdido el recibo de la electricidad.* ‖ *Ser de recibo,* ser admisible, procedente.

recidiva f. Reaparición de una enfermedad después de haber transcurrido un período más o menos largo de salud completa.

reciedumbre f. Fuerza, vigor.

recién adv. Recientemente. Úsase antepuesto a participios pasivos: *recién fallecido.*)

— OBSERV. No debe emplearse *recién* sin el participio pasado, aunque este uso es muy corriente en Hispanoamérica: *me lo dijo recién; recién lo vi.*

reciente adj. Que acaba de suceder o hacerse: *de fecha reciente; un descubrimiento reciente.*

Recife, ant. *Pernambuco,* c. y puerto del NO. del Brasil, cap. del Est. de Pernambuco. Arzobispado. Universidad.

recinto m. Espacio encerrado entre ciertos límites: *el recinto de la ciudad.*

recio, cia adj. Fuerte, robusto, vigoroso: *hombre recio.* ‖ Grueso. ‖ Riguroso, difícil de soportar: *invierno recio; temperatura recia.* ‖ Fuerte, riguroso: *lluvia recia.* ‖ Veloz, impetuoso: *tempestad recia.* ‖ — Adv. Fuerte, alto: *gritar recio.* ‖ Con ímpetu: *llover recio.* ‖ *De recio,* fuertemente, reciamente.

recipiendario m. El que es recibido solemnemente en una corporación, academia, etc., para formar parte de ella.

recipiente adj. Que recibe. ‖ — M. Receptáculo, vaso u otro utensilio propio para recibir o contener fluidos, objetos, etc. ‖ Campana de cristal de la máquina neumática.

reciprocarse v. pr. Corresponderse una cosa con otra.

reciprocidad f. Correspondencia mutua de una persona o cosa con otra. ‖ Retorsión, represalia: *medidas de reciprocidad.*

recíproco, ca adj. Mutuo: *amor recíproco.* ‖ — *Teorema recíproco de otro,* aquel en que la conclusión del otro le sirve de hipótesis. ‖ *Verbo recíproco,* el que expresa la acción de varios sujetos unos sobre otros. ‖ — F. Acción semejante o equivalente a la que se hizo.

recitación f. Acción y efecto de recitar.

recitado m. Forma intermedia entre la declamación y el canto.

recitador, ra adj. y s. Aplícase a la persona que recita, particularmente la que comenta la acción escénica en un teatro o cine.

recital m. Función dada por un solo artista con un solo instrumento: *recital de piano.* ‖ *Por ext.* Cualquier función artística en que sólo interviene un actor.

recitar v. t. Decir de memoria y en voz alta: *recitar un poema.*

recitativo m. *Mús.* Recitado.

Recklinghausen, c. en el NO. de Alemania Occidental (Renania-Westfalia), en el Ruhr. Siderurgia. Industria química.

reclamación f. Acción de reclamar, petición, solicitud. ‖ Impugnación, oposición o contradicción.

reclamador, ra o **reclamante** adj. y s. Aplícase al que reclama.

reclamar v. t. Pedir o exigir con derecho o con instancia una cosa: *reclamar un pago, atención, respeto.* ‖ Reivindicar: *reclamó su parte.* ‖ Llamar a las aves con el reclamo. ‖ — V. i. Clamar contra una cosa, protestar: *reclamar contra un fallo, contra una injusticia.* ‖ *Poét.* Resonar.

reclamo m. Ave amaestrada que se lleva a la caza para que llame y atraiga a las de las misma especie. ‖ Voz con que un ave llama a otra. ‖ Especie de pito para imitar esta voz. ‖ Sonido de este pito. ‖ Voz con que se llama a uno, llamada. ‖ Publicidad, propaganda. ‖ *Fig.* Cosa destinada a atraer a la gente. ‖ *For.* Reclamación contra lo que es injusto. ‖ *Impr.* Palabra o sílaba que se ponía al pie de cada página y era la que encabezaba la página siguiente. ‖ *Artículo de reclamo,* artículo vendido por debajo del precio normal con fines de publicidad.

reclinación f. Acción de reclinar o reclinarse.

reclinar v. t. Inclinar el cuerpo o parte de él apoyándolo sobre algo. Ú. t. c. pr.: *reclinarse en* (o *sobre*) *la mesa.* ‖ Inclinar una cosa apoyándola sobre otra.

reclinatorio m. Silla baja para arrodillarse y rezar.

* **recluir** v. t. Encerrar (ú. t. c. pr.). ‖ Encarcelar.

reclusión f. Pena de carácter aflictivo que consiste en la privación de libertad y somete a prisión al penado. ‖ Prisión, cárcel. ‖ Estado de una persona que vive solitaria y sitio en que está reclusa.

recluso, sa adj. y s. Preso. ‖ Aplícase al que vive solitario y retirado del mundo.

recluta f. Reclutamiento. ‖ — M. Mozo que hace el servicio militar. ‖ Mozo que se alista voluntariamente en el ejército.

reclutador, ra adj. y s. Aplícase al que recluta.

reclutamiento m. Acción de reclutar, alistamiento. ‖ Conjunto de los reclutas de un año.

reclutar v. t. Alistar reclutas o soldados. ‖ Reunir gente para cierta labor o empresa.

recobrar v. t. Volver a tener lo que antes se tenía y se había perdido: *recobrar las alhajas, la salud, el aliento, la alegría.* || *Recobrar el sentido,* volver al estado normal después de haber perdido el conocimiento. || — V. pr. Desquitarse de un daño o de una pérdida. || Recuperarse físicamente.

* **recocer** v. t. Cocer de nuevo. || Cocer mucho. || Aumentar las cualidades de un metal mediante la operación del recocido. || Disminuir la fragilidad del vidrio por medio del recocido. || — V. pr. Consumirse por una pasión.

recocido m. Acción y efecto de cocer de nuevo. || Tratamiento térmico que consiste en calentar un producto metalúrgico a una temperatura suficiente para asegurar su equilibrio físico-químico y estructural, y en efectuar luego una refrigeración lenta.

recochinearse v. pr. *Pop.* Regodearse. | Burlarse con regodeo.

recochineo m. *Pop.* Regodeo. | Burla acompañada de regodeo.

recodar v. i. Descansar sobre el codo. Ú. t. c. pr.: *recodarse en el brazo de un sillón.* || Formar recodo un río, un camino, etc.

recodo m. Ángulo, vuelta: *los recodos de un camino, de un río.* || Esquina, ángulo: *casa con muchos recodos.*

recogeabuelos m. inv. Pasador para el pelo.

recogedor, ra adj. Aplícase al que recoge. || — M. Instrumento de labranza para recoger la parva en la era. || Cogedor, especie de pala para recoger las basuras.

recogemigas m. inv. Utensilio para recoger las migas que quedan sobre la mesa o mantel.

recogepelotas m. inv. Chiquillo que recoge las pelotas en un partido de tenis.

recoger v. t. Volver a coger o levantar una cosa caída: *recogió del suelo el pañuelo.* || Juntar cosas dispersas: *recoger documentos.* || Ir juntando: *todavía no he recogido suficiente dinero para el viaje.* || Cosechar: *recoger las mieses.* || Arremangar: *recoger la falda.* || Encoger, ceñir, estrechar. || Guardar: *recoge esta plata.* || Coger y retener: *esta casa recoge todo el polvo.* || Dar asilo, acoger: *recoger a los menesterosos.* || Ir a buscar: *le recogeré a las ocho.* || Retirar de la circulación, confiscar: *recoger un periódico.* || *Fig.* Obtener: *por ahora sólo ha recogido disgustos.* | Captar, enterarse y, eventualmente, valerse de algo: *los niños recogen todo lo que se dice.* || — V. pr. Refugiarse, acogerse a una parte. || Retirarse a dormir o descansar: *yo me recojo tarde.* || *Fig.* Ensimismarse, abstraerse el espíritu de lo que pueda impedir la meditación o contemplación: *recogerse en sí mismo.*

recogido, da adj. Que vive retirado de la gente. || Aplícase al animal de tronco corto. || — F. Acción de recoger: *la recogida de la basura, de las cosechas.* || Confiscación de un periódico. || Acción de recoger las cartas de un buzón.

recogimiento m. Acción y efecto de recoger o recogerse. || Concentración del espíritu.

Recognoverunt Proceres, conjunto de leyes de Barcelona (España), promulgadas por Pedro II de Aragón (1283).

recolección f. Recopilación, resumen: *recolección de datos.* || Cosecha: *la recolección de la aceituna.* || Cobranza, recaudación. || Observancia muy estricta de la regla en ciertos conventos. || Recogimiento dedicado a la meditación.

recolectar v. t. Cosechar: *recolectar la naranja.* || Recaudar fondos: *recolectar impuestos.*

recolector m. Recaudador.

recoleto, ta adj. Dícese del religioso que guarda recolección (ú. t. c. s.). || Aplícase al convento donde vive. || *Fig.* Que vive retirado del mundo. | Tranquilo, poco animado: *plaza recoleta.*

recomendable adj. Digno de ser recomendado, estimable. || Conveniente, aconsejable.

recomendación f. Acción de recomendar, especialmente con elogios hecha de una persona a otra para que se ocupe de ella: *valerse de la recomendación de uno; carta de recomendación.* || Escrito en que constan estos elogios. || Alabanza, elogio: *obra digna de recomendación.* || Consejo: *recomendación paterna.*

recomendado, da m. y f. Persona que goza de una recomendación.

* **recomendar** v. t. Aconsejar: *le recomiendo llevarse el paraguas.* || Encargar, encomendar: *le recomendé que cuidara bien a mi hija.* || Hablar en favor de uno: *recomendé a mi amigo.*

recomendatorio, ria adj. Que recomienda.

* **recomenzar** v. t. Comenzar de nuevo.

recompensa f. Favor o premio que se otorga a uno para agradecerle los servicios prestados, una buena acción, etc.: *dar una recompensa a un niño por haber sido bueno.* || Premio que se da al vencedor de una competición.

recompensable adj. Digno de recompensa.

recompensar v. t. Otorgar una recompensa: *recompensar a un alumno.*

* **recomponer** v. t. Volver a componer, arreglar: *recomponer un reloj.* || *Impr.* Componer de nuevo.

recomposición f. Acción de recomponer, arreglo.

reconcentración f. y **reconcentramiento** m. Concentración muy grande.

reconcentrar v. t. Concentrar, reunir: *reconcentrar las fuerzas del país en un sitio.* || Centrar algo en una cosa o persona excluyendo a las demás: *reconcentrar su interés en un tema.* || *Fig.* Disimular, contener un sentimiento (ú. t. c. pr.). || — V. pr. Ensimismarse, abstraerse.

reconciliable adj. Que se puede reconciliar.

reconciliación f. Acción y efecto de reconciliar o reconciliarse. || Nueva bendición de una iglesia que ha sido violada.

reconciliador, ra adj. y s. Dícese de la persona o cosa que reconcilia.

reconciliar v. t. Volver a las amistades, acordar los ánimos desunidos: *reconciliar a los adversarios.* || — V. pr. Volver a trabar amistad con uno.

reconcomerse v. pr. *Fig.* Concomerse mucho, consumirse: *reconcomerse de impaciencia.*

reconcomio m. *Fig.* Estado del que se reconcome. | Recelo, sospecha. | Rencor. | Remordimiento.

recondenado, da adj. *Fam.* Maldito: *¡recondenada vida!*

reconditez f. Carácter de recóndito. || Cosa recóndita.

recóndito, ta adj. Muy escondido, oculto: *lo más recóndito de un asunto.* || Profundo, íntimo: *lo más recóndito del alma.*

reconducción f. *For.* Prórroga.

* **reconducir** v. t. *For* Prorrogar tácita o expresamente un contrato de arrendamiento.

reconfortante adj. y s. m. Aplícase a lo que reconforta.

reconfortar v. t. Dar nuevas fuerzas físicas. || Dar ánimo, consolar, reanimar.

reconocedor, ra adj. y s. Aplícase a la persona que reconoce.

* **reconocer** v. t. Ver que una persona o cosa es cierta, determinada: *después de tantos años de ausencia no reconoció a su hermano; entre tantos paraguas no pudo reconocer el suyo.* || Confesar, admitir como cierto: *reconocer sus errores.* || Admitir la legalidad o existencia de algo: *reconocer un gobierno.* || Examinar detenidamente: *reconocer un médico a sus pacientes; reconocer el terreno.* || Declarar oficialmente la legitimidad de alguien o de algo: *reconocer un heredero, su firma.* || Agradecer: *saber reconocer los favores recibidos.* || — V. pr. Dejarse conocer fácilmente una cosa. || Confesarse: *reconocerse culpable.*

reconocible adj. Fácil de reconocer.

reconocido, da adj. Agradecido: *le estoy muy reconocido.*

reconocimiento m. Acción de reconocer o admitir como cierto: *reconocimiento de un error.* || Confesión: *reconocimiento de una culpa.* || Gratitud, agradecimiento: *en reconocimiento a un servicio prestado.* || Acto de admitir como propio: *reconocimiento de un niño.* || Examen detallado, registro, inspección. || *Mil.* Operación encaminada a obtener informaciones sobre el enemigo en una zona determinada: *avión, patrulla de reconocimiento.* || *Reconocimiento médico,* examen facultativo.

reconquista f. Acción de reconquistar.

— Llámase *Reconquista* por antonomasia a la conquista por los cristianos de España, ocupada entonces por los árabes, iniciada por la batalla de Covadonga (718) y cerrada con la toma de Granada (1492).

Reconquista, c. del NE. de la Argentina (Santa Fe). Obispado.

reconquistar v. t. Recuperar, volver a conquistar: *reconquistar una posición.* || *Fig.* Recobrar lo perdido: *reconquistar un afecto, una amistad.*

reconstitución f. Acción y efecto de reconstituir.

* **reconstituir** v. t. Volver a formar: *reconstituir un partido.* || *Med.* Volver un organismo cansado a su estado normal (ú. t. c. pr.). || Volver a dar su forma inicial a algo: *reconstituir un texto.* || Reproducir un suceso a partir de los datos que se tienen: *reconstituir un crimen, un accidente.*

reconstituyente adj. Que reconstituye. || Aplícase especialmente al remedio que reconstituye el organismo (ú. t. c. s. m.).

reconstrucción f. Reedificación de las construcciones ruinosas o destruidas.

reconstructivo, va adj. Relativo a la reconstrucción.

* **reconstruir** v. t. Volver a construir: *reconstruir una ciudad después de la guerra.* || Reconstituir.

* **recontar** v. t. Volver a contar o calcular. || Referir de nuevo.

recontento, ta adj. Muy contento. || — M. Alegría muy grande.

reconvención f. Cargo, reproche, censura. || *For.* Demanda que al contestar entabla el demandado contra el promotor del juicio.

* **reconvenir** v. t. Hacer cargo o reproche a uno de algo. || *For.* Ejercitar el demandado acción contra el promovedor del juicio.

reconversión f. Adaptación de la producción de guerra a la producción de paz, y, por ext., de una producción antigua a una nueva: *reconversión de una empresa.* || Nueva formación de una persona para que pueda adaptarse a otra actividad.

* **reconvertir** v. t. Proceder a una reconversión.

recopilación f. Reunión de varios escritos, a veces resumidos.

— En España se da el nombre de *Recopilación* a la compilación de leyes ordenada por Felipe II en 1567. Se conoce con el nombre de *Nueva Recopilación* su novena edición (1775) y con el de *Novísima Recopilación,* su suplemento de 1805.

recopilador m. El que recopila o reúne.

recopilar v. t. Juntar, recoger

o unir diversas cosas a veces resumidas: *recopilar escritos literarios, leyes,* etc.

récord m. (pal. ingl.). En deporte, resultado que supera a todos los alcanzados hasta la fecha, plusmarca, marca: *establecer un récord.* || *Por ext.* Resultado excepcional: *récord de fabricación.* || *Fam. En un tiempo récord,* en muy poco tiempo.

recordable adj. Que se puede recordar.

recordación f. Recuerdo.

* **recordar** v. t. Acordarse: *no consigo recordar nada de lo ocurrido.* || Traer a la mente: *esto recuerda mi juventud.* || Mover a uno a que tenga presente una cosa: *recordar una obligación.* || Parecerse, hacer pensar: *esta muchacha recuerda a su madre.* || — V. i. (Ant.). Despertar el dormido: *recuerde el alma dormida, avive el seso y despierte.*

recordativo, va adj. Que hace o puede hacer recordar.

recordatorio m. Aviso, advertencia para hacer recordar alguna cosa. || Estampa de primera comunión, primera misa, en recuerdo de los difuntos, etc.

recordman m. (pal. ingl.). El que ha conseguido realizar un récord deportivo, plusmarquista. (Pl. *recordmen.*) [El fem. es *recordwoman,* que hace en pl. *recordwomen.*]

recorrer v. t. Andar cierta distancia: *recorrer muchos kilómetros en poco tiempo.* || Transitar por un espacio, atravesarlo de un extremo a otro: *recorrer una ciudad.* || Leer rápidamente: *recorrer un escrito.* || Registrar. || *Impr.* Ajustar la composición pasando letras de una línea a otra.

recorrido m. Espacio que recorre una persona o cosa, trayecto: *recorrido del autobús.* || *Fam.* Paliza. || *Impr.* Disposición de un texto tipográfico al lado de una ilustración. || Carrera, distancia que recorre un órgano mecánico animado por un movimiento de vaivén: *el recorrido del émbolo.*

recortado m. Figura que se recorta en el papel.

recortadura f. Recorte.

recortar v. t. Cortar lo que sobra de una cosa: *recortar el borde de una pieza.* || Cortar el papel u otro material en varias figuras. || En pintura, señalar los perfiles de algo. || — V. pr. Destacarse, perfilarse: *la torre de la iglesia se recortaba en el cielo.*

recorte m. Acción de recortar y fragmento cortado. || Cartulina donde están dibujadas figuras para que se entretengan los niños en recortarlas. || *Taurom.* Esquiva que se hace al pasar el toro. || Trozo cortado de un escrito en que hay algo interesante: *recorte de prensa.* || — Pl. Residuos de cualquier material recortado.

recordwoman f. V. RECORDMAN.

* **recostar** v. t. Reclinar la parte superior del cuerpo el que está de pie o sentado. Ú. t. c. pr.: *recostarse en un sillón.* || Inclinar una cosa apoyándola en otra.

recova f. Compra de huevos, gallinas, etc., para revenderlos. || Mercado en que se venden gallinas. || Jauría.

recoveco m. Vuelta y revuelta de un camino, pasillo, arroyo, etc. || *Fig.* Rodeo: *andarse con recovecos.* | Lo más oculto: *los recovecos del corazón.*

recovero, ra m. y f. Persona que se dedica a la recova.

recreación f. Recreo.

recrear v. t. Entretener, divertir, alegrar, deleitar. Ú. t. c. pr.: *recrearse en leer, con un hermoso espectáculo.* || Provocar una sensación agradable: *recrear la vista.* || Crear de nuevo.

recreativo, va adj. Que recrea o entretiene: *velada recreativa.*

* **recrecer** v. i. Aumentar, acrecentar. || — V. pr. Reanimarse, cobrar bríos.

recreo m. Diversión, distracción, entretenimiento: *viaje de recreo.* || Tiempo que tienen los niños para jugar en el colegio: *la hora del recreo.* || Cosa amena: *esto es un recreo para la vista.* || *Amer.* Merendero.

recría f. Acción de recriar.

recriador m. El que recría.

recriar v. t. Engordar animales, generalmente procedentes de otra región.

recriminación f. Acción de recriminar, reproche.

recriminador, ra adj. y s. Que recrimina.

recriminar v. t. Reprochar, reconvenir: *recriminar a uno su conducta.* || — V. pr. Criticarse dos o más personas, hacerse cargos mutuamente.

recriminatorio, ria adj. Que supone recriminación.

* **recrudecer** v. i. Incrementar algo malo o molesto: *recrudecer la criminalidad; el frío recrudece.*

recrudecimiento m. o **recrudescencia** f. Acción de recrudecer, agravación, empeoramiento: *recrudecimiento de una epidemia.*

rectal adj. Relativo al recto.

rectangular adj. *Geom.* Que tiene la forma de un rectángulo: *cara rectangular de un poliedro.* || Que tiene uno o más ángulos rectos: *tetraedro rectangular.*

rectángulo adj. m. *Geom.* Rectangular. | Aplícase principalmente al triángulo y al paralelepípedo. (V. TRIÁNGULO.) || — M. Paralelogramo que tiene los cuatro ángulos rectos y los lados contiguos desiguales.

rectificación f. Corrección de una cosa inexacta: *la rectificación de una cuenta.* || *Electr.* Transformación de una corriente alterna en corriente continua. || *Mec.* Operación consistente en afinar por amoladura la superficie de piezas ya labradas. || *Quím.* Destilación de un líquido para repasar sus constituyentes o purificarlo.

rectificador, ra adj. Que rectifica. || — M. Aparato que transforma una corriente eléctrica alterna en continua. || Alambique para rectificar. || — F. *Mec.* Máquina herramienta que sirve para rectificar.

rectificar v. t. Corregir una cosa inexacta: *rectificar una cuenta, un error.* || *Fig.* Contradecir a alguien por haber formulado un juicio erróneo. || Volver recto o plano: *rectificar el trazado de un camino.* || Transformar una corriente eléctrica alterna en otra de dirección constante. || *Mec.* Efectuar la rectificación de una pieza. || *Quím.* Purificar por una nueva destilación: *rectificar aguardiente.*

rectificativo, va adj. Que rectifica o corrige. || — M. Documento en que consta una rectificación.

rectilíneo, a adj. Compuesto de líneas rectas: *figura rectilínea.*

rectitud f. Distancia más breve entre dos puntos. || *Fig.* Calidad de recto o justo, honradez, probidad. | Conformidad con la razón.

recto, ta adj. Derecho: *camino recto.* || *Fig.* Justo, íntegro: *persona recta.* | Dícese del sentido propio de una palabra, por oposición a *figurado.* || *Geom. Ángulo recto,* aquel cuyos lados son perpendiculares. || — M. Última porción del intestino grueso, que termina en el ano. || *Impr.* Folio o plana de un libro que, abierto, cae a la derecha del que lee, por oposición a *verso* o *vuelto.* || — F. Línea más corta de un punto a otro. || — Adv. Derecho, todo seguido: *siga recto.*

rector, ra adj. Que rige o gobierna: *principio rector; fuerza rectora.* || — M. Superior de un colegio, comunidad, etc. || Superior de una universidad. || Párroco. || *Fig.* Dirigente.

rectorado m. Cargo y oficina del rector.

rectoral adj. Relativo al rector. || — F. Casa del párroco.

rectoría f. Oficio y oficina del rector. || Casa del cura.

recua f. Conjunto de caballerías: *recua de mulos.* || *Fig.* y *fam.* Multitud de personas o cosas que van unas detrás de otras.

recuadrar v. t. Cuadrar o cuadricular.

recuadro m. Filete cuadrado o rectangular que enmarca un texto o dibujo. || Pequeña reseña en un periódico.

Recuay, c. del N. del Perú, cap. de la prov. homónima (Ancash). Centro de una civilización (de 400 a 1000 d. de J. C.) de la que nos queda algunos objetos de cerámica. Terremoto en 1970.

recubrir v. t. Volver a cubrir. || Cubrir completamente.

recuelo m. Lejía muy fuerte. || *Café de recuelo,* café malo y poco fuerte por haber sido colado más de una vez.

recuento m. Segunda cuenta que se hace de una cosa. || Enumeración, cálculo: *recuento de votos.* || *Recuento globular,* determinación de la cantidad total de glóbulos rojos y blancos en la sangre.

recuerdo m. Impresión que se queda en la memoria de un suceso: *tengo un recuerdo muy vivo de aquel accidente.* || Regalo hecho en memoria de una persona o suceso. || Objeto que se vende a los turistas en los lugares muy concurridos: *tienda de recuerdos.* || — Pl. Saludos: *da recuerdos a tu madre.* || *Med. Dosis de recuerdo,* revacunación.

reculada f. Retroceso. || *Fig.* Acción de ceder.

recular v. i. Retroceder: *recular un paso.* || *Fig.* Transigir, ceder uno de su opinión o dictamen.

reculones (a) adv. *Fam.* Andando hacia atrás.

recuperable adj. Que puede ser recuperado.

recuperación f. Acción y efecto de recuperar o recuperarse.

recuperador, ra adj. y s. Que recupera. || — M. Aparato que sirve para recuperar calor o energía.

recuperar v. t. Recobrar: *recuperar lo perdido, la vista.* || Recoger materiales para aprovecharlos: *recuperar chatarra.* || *Recuperar una hora de trabajo,* trabajar durante una hora en sustitución de la que se ha perdido por una causa cualquiera. || — V. pr. Restablecerse, reponerse después de una enfermedad o emoción. || Reactivarse los negocios.

recuperativo, va adj. Que permite recuperar.

recurrencia f. Reaparición de las manifestaciones de una enfermedad después de un período de calma.

recurrente adj. *For.* Dícese de la persona que entabla un recurso (ú. t. c. s.). || Que vuelve atrás: *nervios recurrentes.* || Dícese de la enfermedad que experimenta recurrencias periódicas.

recurrir v. i. Acudir a uno para obtener alguna cosa: *recurrir a un especialista.* || Utilizar un medio: *recurrir a la adulación.* || *For.* Acudir a un juez o autoridad con una demanda.

recurso m. Acción de recurrir a alguien o algo. || Medio, expediente que se utiliza para salir de apuro: *no me queda otro recurso.* || *For.* Acción que concede la ley al condenado en juicio para que pueda recurrir a otro tribunal: *recurso de casación.* || — Pl. Medios económicos: *faltarle a uno recursos.* || Elementos que representan la riqueza o la potencia de una nación: *los recursos industriales de España.*

recusable adj. Que se puede recusar.

recusación f. Acción y efecto de recusar.

recusar v. t. *For.* Poner tacha legítima a la competencia de un tribunal, juez, perito, etc. ‖ No querer admitir o aceptar una cosa.

rechazamiento m. Acción de rechazar, repulsa, negativa: *rechazamiento de una oferta, de una petición.*

rechazar v. t. Obligar a retroceder: *rechazar al enemigo.* ‖ Resistir victoriosamente: *rechazar un asalto.* ‖ *Fig.* No ceder a, apartar: *rechazar los malos pensamientos.* | Rehusar, no aceptar: *rechazar una propuesta, un regalo.* | No atender: *rechazar una petición.* | Despedir, desairar: *rechazar a un pretendiente.* | Refutar, denegar. | Negar: *rechazar una acusación.*

rechazo m. Retroceso de un cuerpo al chocar con otro. ‖ *Fig.* Rechazamiento, negativa. ‖ *Med.* No aceptación de un injerto por un organismo. ‖ *De rechazo*, por haber chocado antes con otra cosa; (fig.) en consecuencia.

rechifla f. Acción de rechiflar. ‖ *Fig.* Burla. | Abucheo.

rechiflar v. t. Silbar con insistencia. ‖ — V. pr. Burlarse, mofarse de uno.

rechinador, ra adj. Que rechina o cruje.

rechinamiento m. Acción y efecto de rechinar.

rechinar v. i. Producir un ruido desapacible al rozar una cosa con otra: *los engranajes rechinaban.* ‖ *Fig.* Gruñir, hacer algo a disgusto. ‖ *Rechinar los dientes*, entrechocarse los dientes por dolor o rabia. ‖ — V. pr. *Amer.* Requemarse o tostarse.

rechistar v. i. Chistar. ‖ *Sin rechistar*, sin contestar; sin protestar.

rechoncho, cha adj. *Fam.* Gordo y de poca altura.

Recht, c. en el N. de Irán, cerca del Caspio. Centro comercial.

rechupete (de) loc. adv. *Fam.* Magnífico, muy bien.

red f. Aparejo para pescar o cazar hecho con hilos entrelazados en forma de mallas. ‖ Cualquier labor de mallas, como la que se tiende en medio de un campo de tenis, detrás de los postes de la portería de fútbol, etc. ‖ Redecilla para sujetar el pelo. ‖ *Fig.* Engaño, trampa: *caer en la red.* | Conjunto de vías de comunicación, líneas telegráficas, cañerías para el abastecimiento de agua, etc.: *red ferroviaria, de carreteras.* | Conjunto de calles que se entrelazan en un punto: *la red de San Luis en Madrid.* | Conjunto de personas o cosas estrechamente relacionadas entre sí para algún fin: *red de espionaje.* ‖ *Red vascular*, trama de vasos sanguíneos.

redacción f. Acción y efecto de redactar: *la redacción de un artículo.* ‖ Oficina donde se redacta: *la redacción de la Editorial Larousse.* ‖ Conjunto de los redactores: *la redacción de un periódico.*

redactar v. t. Poner algo por escrito, escribir: *redactar un artículo, unos estatutos.*

redactor, ra adj. y s. Dícese de la persona que redacta: *redactor de prensa; redactor jefe.*

redada f. Lance de red. ‖ Conjunto de animales cogidos en la red. ‖ *Fig.* y *fam.* Conjunto de personas o cosas cogidas de una vez: *redada de malhechores.* ‖ *Redada de policía*, operación en que la policía detiene a varias personas a la vez.

redaño m. Prolongación del peritoneo.

* **redargüir** v. t. Utilizar un argumento contra su propio autor. ‖ *For.* Impugnar una cosa por el vicio que contiene: *redargüir un fallo.*

redecilla f. Labor de malla en que se recoge el pelo. ‖ En los vehículos, red para colocar el equipaje. ‖ Bolsa de mallas para la compra. ‖ Segunda cavidad del estómago de los rumiantes.

* **redecir** v. t. Repetir.

rededor m. (Ant.). Contorno. ‖ *Al* o *en rededor*, alrededor.

redención f. Rescate: *la redención de los cautivos.* ‖ Por antonomasia, la del género humano por Jesucristo con su pasión y muerte: *el misterio de la Redención.* ‖ *Fig.* Remedio.

redentor, ra adj. y s. Aplícase al que redime. ‖ *El Redentor*, Jesucristo, quien rescató a la humanidad con su muerte.

redentorista adj. y s. Miembro de la orden religiosa fundada cerca de Nápoles por San Alfonso María de Ligorio en 1731. (La *Orden de los Redentoristas* o *del Santísimo Redentor* tuvo como objeto realizar misiones entre la población rural.)

redescuento m. *Com.* Nuevo descuento: *redescuento de valores.*

redhibición f. Anulación de una venta por parte del comprador cuando la cosa vendida está tachada de vicio.

redhibir v. t. Deshacer el comprador la venta por haber ocultado el vendedor algún vicio o gravamen de la mercancía.

redhibitorio, ria adj. *For.* Que da derecho a la anulación de una venta: *vicio redhibitorio.*

redicho, cha adj. *Fam.* Dícese de la persona que pronuncia las palabras con tono afectado. ‖ Pedante.

redlente m. Corte, rebajo.

redil m. Aprisco cercado con estacas para el ganado. ‖ *Fig. Volver al redil*, volver al buen camino.

redimible adj. Que puede ser redimido.

redimir v. t. Rescatar o sacar de esclavitud: *redimir a un cautivo.* ‖ Hablando de Jesucristo, salvar al género humano. ‖ Librar de una obligación: *redimir del servicio militar.* ‖ Dejar libre una cosa hipotecada o empeñada. ‖ *Fig.* Sacar de una mala situación (ú. t. c. pr.).

redingote m. Gabán a modo de levita, con las mangas ajustadas.

rédito m. Interés, beneficio que da un capital: *colocar, prestar dinero a rédito.*

redituable adj. Que produce rédito.

redituar v. t. Dar rédito o beneficio.

redivivo, va adj. Que parece haber resucitado. ‖ *Fig.* Que se parece mucho a una persona muerta.

redoblamiento m. Acción de redoblar o redoblarse.

redoblar v. t. Reiterar, repetir aumentando: *redoblar sus esfuerzos.* ‖ Repetir: *redoblar una consonante.* ‖ Remachar un clavo doblándolo por completo. ‖ En el bridge, confirmar una declaración doblada por un adversario. ‖ — V. i. Tocar redobles en el tambor.

redoble m. Redoblamiento. ‖ Toque de tambor vivo y sostenido. ‖ En el bridge, acción de redoblar.

redolada f. Comarca, conjunto de varios pueblos con cierta unidad geográfica o con intereses comunes.

redoma f. Vasija de vidrio ancha de asiento y que se estrecha hacia la boca, utilizada en laboratorios.

redomado, da adj. Astuto: *bribón redomado.* ‖ *Por ext.* Consumado: *embustero redomado.*

redomón, ona adj. *Amer.* Dícese de la caballería no domada por completo (ú. t. c. s. m.). ‖ *Fig. Méx.* Dícese del rústico que no se habitúa a la ciudad.

Redon (Odilon), pintor simbolista francés (1840-1916).

redonda f. Comarca, región. ‖ Dehesa o coto de pasto. ‖ Letra redondilla. ‖ *Mar.* Vela que se larga en el trinquete. ‖ *Mús.* Semibreve. ‖ *A la redonda*, alrededor: *diez kilómetros a la redonda.*

redondeado, da adj. De forma casi redonda.

redondear v. t. Poner redonda una cosa. ‖ Igualar la altura de la parte inferior de una prenda de vestir: *redondear una falda.* ‖ *Fig.* Convertir una cantidad en un número completo de unidades: *redondear una suma.* | Sanear los bienes liberándolos de deudas. ‖ — V. pr. *Fig.* Enriquecerse.

redondel m. Espacio donde se lidian los toros en las plazas. ‖ Círculo o circunferencia. ‖ Capa sin esclavina y redonda por la parte inferior.

Redondela, v. en el NO. de España (Pontevedra), en la bahía de Vigo. Conservas.

redondez f. Forma, estado de lo que es redondo: *la redondez de la Tierra.* ‖ Superficie de un cuerpo redondo.

redondilla f. Estrofa de cuatro versos octosílabos. ‖ Letra de mano o imprenta que es derecha y circular (ú. t. c. adj. f.).

redondo, da adj. De forma circular o esférica: *plato redondo, pelota redonda.* ‖ *Fig.* Noble por los cuatro costados. | Claro, sin rodeo. | Total, rotundo: *éxito redondo.* ‖ — M. Cosa de forma circular o esférica. ‖ — *Fig. Caerse redondo*, caer sin movimiento. ‖ *En redondo*, dando una vuelta completa; rotundamente, categóricamente: *negarse en redondo.* ‖ *Fam. Negocio redondo*, negocio magnífico. ‖ *Número redondo*, el aproximado que sólo expresa unidades completas. ‖ *Fig. Virar en redondo*, cambiar completamente de orientación o dirección.

Redondo (Onésimo), político español (1905-1936), uno de los fundadores de las J. O. N. S. M. al comienzo de la guerra civil.

redopelo m. Acción de pasar la mano a contrapelo.

redorar v. t. Volver a dorar. ‖ *Fam. Redorar su blasón o escudo*, dicho de un noble pobre, casarse con una rica plebeya.

redrojo m. Racimo pequeño que dejan los vendimiadores en la cepa. ‖ Fruto o flor tardía que no llega a madurar completamente. ‖ *Fig.* y *fam.* Muchacho endeble.

redruejo m. Redrojo.

reducción f. Disminución, aminoración: *reducción de la pensión.* ‖ Sometimiento, represión: *la reducción de una sublevación.* ‖ Durante la *colonización de América, pueblos de indios convertidos al cristianismo. (Las *reducciones* más célebres fueron las de las Misiones Jesuíticas del Paraguay.) ‖ Copia reducida: *la reducción de una escultura.* ‖ *Mat.* Disminución del tamaño de una figura: *compás de reducción.* | Conversión de una cantidad en otra equivalente, pero más sencilla: *reducción de fracciones a un común denominador.* ‖ *Quím.* Operación mediante la cual se quita el oxígeno a un cuerpo que lo contiene: *reducción de un óxido a metal.* ‖ Compostura de los huesos rotos: *reducción de una fractura.*

reducible adj. Que puede ser reducido o convertido en una forma más simple.

reducido, da adj. Pequeño, limitado: *un rendimiento reducido.*

* **reducir** v. t. Disminuir: *reducir el tren de vida; reducir el número de empleados.* ‖ Disminuir las dimensiones, la intensidad o la importancia. ‖ Cambiar una cosa en otra: *reducir a polvo.* ‖ Concentrar por medio de ebullición: *reducir una solución.* ‖ Copiar o reproducir disminuyendo: *reducir un dibujo, una foto.* ‖ Resumir, compendiar: *han reducido la película a media hora de proyección.* ‖ Cambiar unas monedas por otras: *reducir pesetas a francos.* ‖ *Mat.* Convertir una cantidad en otra equivalente: *reducir litros a hectolitros; reducir varios quebrados a un común denomina-*

dor. || Componer los huesos rotos o descompuestos: *reducir una fractura.* || *Quím.* Separar de un cuerpo el oxígeno: *reducir un óxido.* || *Fig.* Someter, vencer: *reducir una sublevación.* | Sujetar, obligar: *reducir al silencio.* || — V. pr. Resumirse, equivaler: *todo esto se reduce a nada.* || Limitarse: *reducirse a lo más preciso.*

reductible adj. Reducible.

reducto m. Obra de fortificación cerrada.

reductor, ra adj. Que reduce o sirve para reducir. || — Adj. y s. m. *Quím.* Dícese de los cuerpos que tienen la propiedad de desoxidar: *el carbón es un reductor.* || *Mec.* Aplícase a un mecanismo que disminuye la velocidad de rotación de un árbol: *reductor de velocidad.*

redundancia f. Empleo de palabras inútiles.

redundante adj. Que demuestra redundancia: *estilo redundante y ampuloso.*

redundar v. i. Resultar una cosa beneficiosa o nociva: *esto redunda en contra mía, en provecho de usted.*

reduplicación f. Acción de reduplicar.

reduplicar v. t. Redoblar.

reedición f. Nueva edición: *reedición de un diccionario.*

reedificación f. Reconstrucción.

reedificar v. t. Construir o edificar de nuevo.

reeditar v. t. Volver a editar: *reeditar un libro.*

reeducación f. Método que permite a algunos convalecientes recobrar el uso de sus miembros o de sus facultades: *reeducación muscular, psíquica.* || *Reeducación profesional,* readaptación de algunos incapacitados a una actividad profesional.

reeducar v. t. Aplicar la reeducación. || — V. pr. Hacer la reeducación.

reelección f. Nueva elección.

reelegible adj. Que puede ser reelegido.

* **reelegir** v. t. Volver a elegir: *reelegir a un diputado.*

reembarcar v. t. Embarcar de nuevo (ú. t. c. pr.).

reembarque m. Acción y efecto de reembarcar.

reembolsable adj. Que puede o debe ser reembolsado.

reembolsar v. t. Devolver una cantidad desembolsada. || — V. pr. Recuperar lo desembolsado.

reembolso m. Acción de reembolsar: *el reembolso de una deuda.* || *Envío contra reembolso,* envío por correo de una mercancía cuyo importe debe pagar el destinatario para que se la entregue.

reemplazar v. t. Sustituir una cosa por otra: *reemplazar el azúcar con la sacarina.* || Poner una cosa en lugar de otra: *reemplazar un neumático desgastado.* || Ocupar el puesto de otro, desempeñando sus funciones: *reemplazar a un profesor enfermo.*

reemplazo m. Acción de reemplazar una cosa por otra o a una persona en un empleo. || *Mil.* Renovación parcial y periódica del contingente activo del ejército. | Quinta. | Hombre que sirve en lugar de otro en la milicia. || *Mil. De reemplazo,* aplícase al jefe u oficial que no tiene plaza efectiva, pero sí opción a ella.

reencarnación f. Nueva encarnación, metempsícosis.

reencarnar v. t. Volver a encarnar (ú. t. c. pr.).

reencauchar v. t. *Col.* Recauchutar.

reencauche m. *Col.* Recauchutado: *reencauche de neumáticos.*

reencuentro m. Encuentro o choque de una cosa con otra. || *Mil.* Choque o combate de dos fuerzas.

reenganchamiento m. Reenganche.

reenganchar v. t. *Mil.* Volver a enganchar un soldado. || — V. pr *Mil.* Engancharse o alistarse de nuevo un soldado.

reenganche m. *Mil.* Acción de reenganchar o reengancharse. | Dinero que se da al soldado que se reengancha.

reensayo m. Nuevo ensayo de una máquina. || Segundo ensayo de una obra de teatro: *el reensayo de una comedia.*

reenviar v. t. Volver a enviar, reexpedir: *reenviar la mercancía recibida por defectuosa.*

reenvidar v. t. Envidar sobre lo envidado.

reenvío m. Reexpedición.

reenvite m. Envite que se hace sobre otro.

reestrenar v. t. Proyectar una película en un cine de reestreno.

reestreno m. Pase de una película al segundo circuito de exhibición: *cine de reestreno.*

reestructuración f. Acción de dar una nueva estructura u organización.

reestructurar v. t. Dar una nueva estructura o reorganizar.

reexaminar v. t. Volver a examinar: *reexaminar un proyecto.*

reexpedición f. Envío de una cosa que se ha recibido: *reexpedición de una carta.*

* **reexpedir** v. t. Expedir al remitente o a otro algo que se ha recibido: *reexpedir una carta a alguien que ha cambiado de domicilio* o *está de viaje.*

reexportación f. Acción de reexportar.

reexportar v. t. Exportar lo que se ha importado: *reexportar mercancías, géneros.*

refacción f. Alimento ligero para recuperar las fuerzas, colación. || Refección, compostura. || Lo que en una venta se da por añadidura. || Gratificación. || *Amer.* Pieza de un aparato mecánico que sustituye a la vieja y gastada, recambio.

refaccionar v. t. *Amer.* Recomponer, reparar.

refaccionaria adj. f. *Amer.* Tienda que vende refacciones o recambios.

refajo m. Saya interior que usan las mujeres de los pueblos para abrigo. || Falda corta.

refección f. Compostura, reparación, restauración: *la refección de una carretera.* || Colación.

refectorio m. Comedor de una comunidad o colegio.

referencia f. Relación, narración. || Relación, dependencia, semejanza de una cosa respecto de otra. || Remisión de un escrito a otro. || Indicación en el encabezamiento de una carta a la cual hay que referirse en la contestación. || Informe que acerca de la probidad u otras cualidades de tercero da una persona a otra: *referencia comercial, profesional,* etc. (ú. m. en pl.). || — *Hacer referencia a,* aludir a. || *Punto de referencia,* señal o indicio que permite orientarse en un asunto.

referendario m. Refrendario.

referéndum m. Votación directa de los ciudadanos de un país sobre cuestiones importantes de interés general. || Despacho que manda un diplomático a su gobierno para que le dé nuevas instrucciones.

referente adj. Que se refiere a una cosa, relativo a ella.

* **referir** v. t. Dar a conocer, relatar o narrar un hecho: *referir el resultado de una investigación.* || Relacionar una cosa con otra. || Dirigir, guiar hacia cierto fin. || — V. pr. Tener cierta relación: *esto se refiere a lo que dije ayer.* || Aludir: *no me refiero a usted.* || *Gram.* Concordar, relacionarse.

refilón (de) m. adv. De soslayo. || Oblicuamente, lateralmente: *chocar de refilón contra un coche.* || *Fig.* De pasada.

refinación f. Refinado.

refinado, da adj. *Fig.* Distinguido, muy fino y delicado. || — M. Operación que consiste en volver más fino o puro el azúcar, el petróleo, los metales, el alcohol, etc.

refinador, ra adj. y s. Aplícase a la persona que refina, especialmente licores o metales.

refinadura f. Refinado.

refinamiento m. Esmero. || Buen gusto, distinción: *portarse con refinamiento.* || Ensañamiento: *refinamiento en la crueldad.*

refinar v. t. Hacer más fina o más pura una cosa: *refinar el oro.* || *Fig.* Volver más perfecto: *refinar el gusto, el estilo.* || — V. pr. Educarse, perder su tosquedad: *refinarse una persona en su comportamiento.*

refinería f. Fábrica donde se refinan determinados productos: *refinería de petróleo, de azúcar.*

refino, na adj. Muy fino o acendrado. || — M. Refinado, refinación: *el refino del oro.*

refistolero, ra adj. y s. *Méx., Ecuad.* y *P. Rico.* Presumido, jactancioso.

reflectante adj. Que reflecta o refleja: *superficie reflectante* (ú. t. c. s. m.)

reflectar v. t. Reflejar: *reflectar la luz, el calor.*

reflector, ra adj. Que refleja. || — M. *Fís.* Aparato par reflejar los rayos luminosos, el calor u otra radiación.

reflejar v. t. Hacer retroceder o cambiar de dirección los rayos luminosos, caloríficos, acústicos, etc., oponiéndoles una superficie lisa: *el espejo refleja los rayos luminosos* (ú. t. c. pr.). || *Fig.* Expresar, manifestar: *una cara que refleja la bondad.* || — V. pr. *Fig.* Dejarse ver una cosa en otra: *se refleja su temperamento en sus obras.* || Repercutirse.

reflejo, ja adj. Que ha sido reflejado: *rayo reflejo.* || Dícese de un movimiento involuntario. || Reflexivo: *verbo reflejo.* || — M. Luz reflejada: *reflejos en el agua.* || *Fig.* Representación, imagen. || Conjunto de una excitación sensorial transmitida a un centro por vía nerviosa y de la respuesta motriz o glandular, siempre involuntaria, que aquélla provoca. || Reacción rápida y automática ante un hecho repentino o imprevisto: *tener buenos reflejos.* || *Reflejo condicionado,* aquel en el cual se ha sustituido experimentalmente el excitante normal por otro.

reflexión f. Cambio de dirección de las ondas luminosas, caloríficas o sonoras que inciden sobre una superficie reflectante: *reflexión de la luz.* || Acción de reflexionar, actividad mental en que el pensamiento se vuelve sobre sí mismo: *obrar sin reflexión.* || Juicio, advertencia o consejo que resulta de ello: *reflexión moral; expresar unas reflexiones muy acertadas* || Manera de ejercerse la acción del verbo reflexivo. || *Ángulo de reflexión,* el que hace el rayo incidente con la normal en el punto de incidencia.

reflexionar v. i. Meditar, considerar detenidamente una cosa: *reflexionar sobre* (o *en*) *un tema.*

reflexivo, va adj. Que refleja. || Que obra con reflexión: *un niño reflexivo* || Hecho con reflexión. || *Verbo reflexivo,* el que indica que el sujeto de la proposición sufre la acción.

* **reflorecer** v. i. Volver a florecer, florecer de nuevo.

reflorecimiento m. Acción y efecto de reflorecer. || *Fig.* Nuevo esplendor, nuevo brillo.

* **refluir** v. i. Volver hacia atrás.

reflujo m. Movimiento descendente de la marea. || *Fig.* Retroceso.

refocilación f. Alegría, diversión, recreo, regodeo.

refocilar v. t. Recrear, alegrar, divertir de manera poco fina, deleitar (ú. t. c. pr.).

refocilo m. Refocilación.

reforma f. Cambio en vista de una mejora: *reforma agraria.* || En una orden religiosa, vuelta a su primitiva observancia. || Enmienda, perfeccionamiento. || Religión reformada, protestantismo.

— Se conoce históricamente con el n. de *Reforma* el movimiento religioso iniciado en la primera mitad del s. XVI que sustrajo a la obediencia de los papas una gran parte de Europa. Los partidarios de Martín Lutero, monje alemán condenado por el Concilio de Trento, sólo consiguieron el reconocimiento legal del *luteranismo* después de la Paz de Augsburgo (1555). La Reforma fue propagada y aceptada en Suecia por el rey Gustavo I Vasa, en Suiza por Zwinglio, en Francia y en Ginebra por Calvino (*calvinismo*), en Inglaterra por el rey Enrique VIII, su hijo Eduardo VI y su hija Isabel I. También ganó adeptos en los Países Bajos a pesar de las persecuciones de Felipe II de España. Para luchar contra las ideas reformadoras surgió, en la segunda mitad del s. XVI, un movimiento católico, llamado *Contrarreforma*, cuyos más fieles servidores fueron los miembros de la orden de los jesuitas, fundada por San Ignacio de Loyola.

En México se ha llamado *Guerra de la Reforma* a la contienda civil que, de 1858 a 1861, enfrentó a los conservadores contra los liberales, acaudillados por B. Juárez, al fin victorioso. Se llaman *Leyes de Reforma* las que establecen la separación entre la Iglesia y el Estado.

reformable adj. Que puede o debe reformarse.

reformación f. Reforma.

reformado, da adj. Aplícase a la religión protestante y a los que la siguen (ú. t. c. s.).

reformador, ra adj. y s. Aplícase a la persona que reforma.

reformar v. t. Dar una nueva forma, modificar, enmendar: *reformar las leyes.* || Transformar: *vamos a reformar la cocina.* || Restituir a su primitiva observancia: *reformar una orden religiosa.* || Extinguir, deshacer un instituto o cuerpo: *reformar la gendarmería.* || Dar de baja en un empleo, destituir: *reformar a un funcionario.* || — V. pr. Enmendarse, corregirse.

reformativo, va adj. Reformatorio: *disposición reformativa.*

reformatorio, ria adj. Que reforma. || — M. Establecimiento en el que se trata de corregir las inclinaciones perversas de ciertos jóvenes.

reformismo m. Sistema político según el cual la transformación de la sociedad, con miras a una mayor justicia social, puede efectuarse dentro de las instituciones existentes, mediante sucesivas reformas legislativas (por oposición a *revolución*).

reformista adj. y s. Partidario de reformas o del reformismo.

reforzado, da adj. Que tiene refuerzo. || — M. Cinta o galón muy resistente.

reforzador m. *Fot.* Baño para reforzar las imágenes.

* **reforzar** v. t. Dar mayor solidez, consolidar: *reforzar una cañería, una pared.* || *Fig.* Animar, estimular, dar aliento: *reforzar el ánimo a uno.*

refracción f. Cambio de dirección de la luz al pasar de un medio a otro. || *Doble refracción,* propiedad que presentan ciertos cristales de duplicar las imágenes de los objetos.

— Las leyes de la *refracción* son dos: 1ª el rayo incidente, el rayo refractado y la normal están en el mismo plano, llamado *plano de incidencia;* 2ª la relación entre el seno del ángulo de refracción y el del ángulo de incidencia es constante para dos medios determinados. Esta constante se llama *índice de refracción.*

refractar v. t. Hacer que cambie de dirección el rayo de luz que pasa oblicuamente de un medio a otro de diferente densidad.

refractario, ria adj. Que rehusa cumplir una promesa o deber: *refractario al cumplimiento de la ley.* || Opuesto a admitir una cosa: *refractario a toda reforma.* || Aplícase al cuerpo que resiste la acción de agentes químicos o físicos y, especialmente, altas temperaturas sin descomponerse: *arcilla, materia refractaria.*

refractómetro m. Aparato para medir el índice de refracción.

refrán m. Proverbio, dicho sentencioso. || *Fig. Tener refranes para todo,* tener siempre respuesta.

refranero m. Colección de refranes: *el refranero español.*

refranesco, ca adj. Dícese de la frase o concepto que se expresa a manera de refrán.

refrangibilidad f. Calidad de refrangible.

refrangible adj. Capaz de refracción.

refranista com. Persona que con frecuencia cita refranes.

refregadura f. Señal que queda de haber o haberse refregado una cosa.

refregamiento m. Acción de refregar o refregarse.

* **refregar** v. t. Estregar una cosa con otra. || *Fig.* y *fam.* Echar en cara a uno una cosa: *siempre me está refregando lo que hizo por mí.*

refregón m. *Fam.* Refregadura.

* **refreír** v. t. Volver a freír. || Freír mucho una cosa.

refrenable adj. Contenible.

refrenamiento m. Contención.

refrenar v. t. Sujetar y reducir un caballo con el freno. || *Fig.* Contener, reprimir, corregir: *refrenar un vicio, una pasión.*

refrendación f. Refrendo.

refrendar v. t. Legalizar un documento: *refrendar un pasaporte.* || Aprobar: *refrendar una ley.*

refrendario m. El que refrenda o firma un documento después del superior.

refrendata f. Firma del refrendario.

refrendo m. Firma que da autenticidad a un documento. || Aprobación: *ley sometida al refrendo popular.*

refrescante adj. Que refresca: *bebida refrescante.*

refrescar v. t. Hacer bajar el calor: *refrescar vino.* || *Fig.* Reavivar, renovar: *refrescar recuerdos.* || *Refrescar la memoria,* recordar a uno. || — V. i. Disminuir el calor: *el tiempo refresca.* || — V. pr. Beber algo refrescante. || Tomar el fresco.

refresco m. Bebida fría. || Agasajo, refrigerio. || *De refresco,* de nuevo: *tropas de refresco.*

refriega f. Combate de poca importancia. || Riña.

refrigeración f. Acción de hacer bajar artificialmente la temperatura. || Refrigerio.

refrigerador, ra adj. Dícese de lo que refrigera. || — M. Nevera, frigorífico.

refrigerante adj. Que refrigera. || — M. Aparato o instalación para refrigerar. || Cambiador de calor utilizado para hacer bajar la temperatura de un líquido o de un gas por medio de un fluido más frío: *refrigerante atmosférico.*

refrigerar v. t. Someter a refrigeración: *carne refrigerada.* || Enfriar: *refrigerar un motor.* || *Fig.* Reparar las fuerzas.

refrigerio m. Alimento ligero, colación: *servir un refrigerio.* || *Fig.* Alivio, consuelo: *refrigerio eterno.*

refringencia f. Propiedad de los cuerpos que refractan la luz.

refringente adj. Que refringe.

refringir v. t. Refractar.

refrito, ta adj. Muy frito, frito de nuevo. || — M. *Fig.* Cosa rehecha o aderezada de nuevo: *sus últimos libros son refritos de sus obras anteriores.*

refucilo m. Relámpago.

refuerzo m. Mayor grueso que se da a una pieza para aumentar su resistencia. || Pieza con que se fortalece algo: *echar un refuerzo a los zapatos.* || Acción de reforzar un cliché fotográfico demasiado claro. || Socorro, ayuda: *un refuerzo de tropas, de policía.*

refugiado, da adj. y s. Dícese de la persona que, a causa de una guerra o convulsión política, halla asilo en país extranjero: *los refugiados españoles en Francia.*

refugiar v. t. Acoger, dar asilo: *refugiar a un perseguido político.* || — V. pr. Acogerse a asilo: *refugiarse en un monasterio.* || Guarecerse, cubrirse: *refugiarse en una cueva, bajo un árbol.*

refugio m. Asilo, amparo, acogida: *buscar, hallar refugio.* || Asilo para pobres, viajeros, etc. || Edificio construido en las montañas para alojar a los alpinistas. || Instalación, generalmente subterránea, para protegerse de los bombardeos: *refugio antiatómico.*

refulgencia f. Resplandor que emite un cuerpo luminoso.

refulgente adj. Resplandeciente, que emite resplandor.

refulgir v. i. Resplandecer: *piedras que refulgen.*

refundición f. Nueva fundición de los metales. || Obra literaria que adopta nueva forma.

refundidor, ra m. y f. Persona que refunde.

refundir v. t. Volver a fundir o liquidar los metales: *refundir un cañón.* || *Fig.* Dar nueva forma a una obra literaria: *refundir un libro.* | Comprender, incluir: *una ley que refunde las anteriores.*

refunfuñador, ra adj. Que refunfuña.

refunfuñadura f. Gruñido de enojo o desagrado.

refunfuñar v. i. Hablar entre dientes y gruñir en señal de enojo o desagrado.

refunfuño m. Refunfuñadura.

refunfuñón, ona adj. *Fam.* Refunfuñador.

refutable adj. Que se puede refutar.

refutación f. Acción de refutar. || Prueba o argumento para impugnar las razones del contrario. || *Ret.* Parte del discurso en que se responde a las objeciones.

refutar v. t. Contradecir, impugnar con argumentos o razones lo que otro asegura: *refutar una tesis, un discurso.*

Rega Molina (Horacio), poeta y ensayista argentino (1899-1956).

regadera f. Utensilio para regar a mano. || Reguera. || — *Fig.* y *fam. Estar como una regadera,* estar tocado, loco.

regadío, a adj. Aplícase al terreno que se puede regar o irrigar. || — M. Terreno que se fertiliza con el riego: *terreno, campo de regadío.*

regadizo, za adj. Regadío, que se puede regar o irrigar.

regador, ra adj. y s. Que riega.

regalado, da adj. Delicado, suave. || Placentero, deleitoso: *existencia regalada.* || *Fam.* Muy barato, como si fuera de regalo: *precio regalado.*

Regalado (Tomás), general y político salvadoreño (1860-1906), pres. de la Rep. de 1899 a 1903. M. en la batalla de Jícaro durante la guerra contra Guatemala.

regalamiento m. Acción de regalar o regalarse.

regalar v. t. Dar una cosa en muestra de afecto: *regalar un re-*

loj. || Festejar, agasajar: *le regalaron con fiestas y banquetes.* || Recrear, deleitar: *regalar la vista.* || *Fig. Regalar el oído*, deleitarse, dicho de música; halagar: *cumplidos que regalan el oído.* || — V. pr. Tratarse bien.

regalía f. Prerrogativa regia: *las regalías de la Corona.* || Privilegio, excepción. || Sobresueldo que cobran algunos empleados. || *Amer.* Regalo, obsequio.

regaliz m. Planta leguminosa de raíz dulce y aromática. || Pasta elaborada con el extracto de estas raíces: *una barrita de regaliz.*

regalo m. Dádiva, obsequio. || Placer: *esta música es un regalo para el oído.* || Comida exquisita. || Comodidad o buen trato: *gustar del regalo.*

regalón, ona adj. *Fam.* Que se trata bien, comodón. | Placentero: *vida regalona.*

regante m. El que tiene derecho de regar con agua comprada o repartida: *comunidad de regantes.*

regañadientes (a) m. adv. *Fam.* Con desgana.

regañar v. i. Gruñir el perro sin ladrar y enseñando los dientes. || Abrirse ciertas frutas cuando maduran. || Dar muestras de enfado o enojo. || — V. t. *Fam.* Reñir: *regañar a los hijos.*

regañina f. *Fam.* Regaño.

regaño m. Reprensión, reprimenda, reconvención.

regañón, ona adj. y s. Que regaña sin motivo y a menudo.

* **regar** v. t. Echar agua por el suelo para limpiarlo o refrescarlo: *regar la calle.* || Dar agua a las plantas: *regar el huerto.* || Atravesar un río o canal, una comarca o territorio: *el Ebro riega a Zaragoza.* || *Fig.* Desparramar, esparcir: *regar una carta con lágrimas.* | Acompañar una comida con vino, rociar: *regado todo con clarete.*

regata f. *Mar.* Competición entre varias lanchas o embarcaciones ligeras: *las regatas de San Sebastián.* || Reguera pequeña.

regate m. Movimiento pronto y rápido que se hace burlando el cuerpo. || En fútbol, acción de regatear, quiebro. || *Fig.* y *fam.* Evasiva, pretexto: *a la pregunta indiscreta respondió con un hábil regate.*

regateador, ra adj. y s. *Fam.* Que regatea mucho.

regatear v. t. Debatir el comprador y el vendedor el precio de una cosa puesta en venta. || *Fam.* Poner dificultades para hacer algo: *no regatea el apoyo a una empresa.* || — V. i. Hacer regates o fintas. || En fútbol, burlar al adversario, llevando la pelota en rápidos pases sucesivos, driblar. || *Mar.* Echar una carrera varias embarcaciones.

regateo m. Debate o discusión sobre el precio de algo.

regato m. Charco. || Arroyo.

regatón m. Contera, virola de lanza o bastón.

regatón, ona adj. y s. Regateador.

regatonear v. t. Comprar al por mayor para vender al por menor más tarde.

regatonería f. Venta por menor.

regazo m. Parte del cuerpo de una persona sentada que va desde la cintura a la rodilla: *la madre tenía el niño en su regazo.* || *Fig.* Amparo, cobijo, refugio.

regencia f. Gobierno de un Estado durante la menor edad del soberano. || Tiempo que dura. || Cargo de regente.

— En España ha habido las *regencias* de María de Molina, regente primero de Fernando IV y luego de Alfonso XI; la de María Cristina de Borbón, regente de Isabel II de 1833 a 1840; la de Espartero, regente de 1841 a 1843; la de Serrano, regente de 1869 a 1870; la de María Cristina de Habsburgo, regente de Alfonso XIII de 1885 a 1902.

regeneración f. Reconstitución de un órgano destruido o perdido, o de un tejido lesionado. || Tratamiento para volver utilizable determinadas materias usadas. || Recuperación moral.

regenerador, ra adj. y s. Que regenera.

regenerar v. t. Restablecer, reconstituir una cosa que degeneró: *regenerar un tejido orgánico lesionado.* || *Fig.* Renovar moralmente: *regenerar una nación.* || Tratar materias usadas para que puedan servir de nuevo: *regenerar caucho, pieles.*

Regensburg. V. RATISBONA.

regenta f. Mujer del regente. || Profesora en algunos colegios.

Regenta *(La)*, novela realista de Leopoldo Alas "Clarín" (1884).

regentar v. t. Dirigir: *regentar un Estado.* || Administrar, estar encargado de.

regente adj. y s. Que rige o gobierna: *reina regente.* || — M. y f. Jefe del Estado durante la menor edad del soberano: *la regente María Cristina de Habsburgo.* || — M. Director de los estudios en ciertas órdenes religiosas. || Catedrático de ciertas universidades. || Persona que dirige el trabajo en una imprenta, farmacia, etc.

Reggio || **~ de Calabria,** c. en el S. de Italia (Calabria), en el estrecho de Mesina. Cap. de la prov. homónima. Arzobispado. || **~ de Emilia,** c. en el N. de Italia (Emilia), cap. de la prov. homónima. Obispado.

regicida adj. Dícese del que mata o intenta asesinar a un rey o reina (ú. t. c. s.).

regicidio m. Asesinato de un rey o reina: *cometer un regicidio.*

regidor, ra adj. y s. Que rige o gobierna. || — M. Miembro de un ayuntamiento o concejo, concejal. || Administrador. || En el cine, director de producción adjunto.

regidora f. Mujer del regidor. || Mujer que forma parte de un ayuntamiento o concejo.

regiduría f. Oficio de regidor.

régimen m. Conjunto de reglas observadas en la manera de vivir, especialmente en lo que se refiere a alimentos y bebidas: *estar a régimen.* || Forma de gobierno de un Estado: *régimen parlamentario.* || Administración de ciertos establecimientos. || Conjunto de leyes o reglas, sistema: *el régimen de seguros sociales.* || Conjunto de variaciones que experimenta el caudal de un río: *régimen torrencial.* || Racimo: *régimen de plátanos.* || Ritmo de funcionamiento de una máquina en condiciones normales. || Velocidad de rotación de un motor. (Pl. *regímenes.*)

* **regimentar** v. t. *Mil.* Agrupar en regimientos.

regimiento m. *Mil.* Cuerpo de varios batallones, escuadrones o baterías al mando de un coronel: *un regimiento de infantería.*

Regina, c. en el S. de Canadá, cap. del Saskatchewan. Arzobispado. Industrias; refinerías de petróleo.

regio, gia adj. Relativo al rey. || *Fig.* Magnífico, fantástico: *una comida regia.* || *Quím. Agua regia*, combinación de ácido nítrico y clorhídrico, capaz de disolver el oro.

regiomontano, na adj. y s. De Monterrey (México).

Regiomontano (Johann MÜLLER, llamado), astrónomo y matemático alemán (1436-1476).

región f. Parte de un territorio que debe su unidad a causas de orden geográfico (clima, vegetación, relieve) o humano (población, economía, administración, etc.). || Circunscripción territorial militar, aérea o naval. || Espacio determinado de la superficie del cuerpo: *la región pectoral.*

regional adj. Relativo a la región: *exposición regional.*

regionalismo m. Doctrina política que propugna la concesión de la autonomía a las regiones de un Estado: *los regionalismos catalán y vasco del siglo XIX.* || Amor a determinada región. || Giro o vocablo propio de una región: *"saudade" es un regionalismo gallego.* || Carácter de la obra de un escritor regionalista.

regionalista adj. Relativo al regionalismo: *literatura regionalista.* || — Adj. y s. Partidario del regionalismo. || Dícese del escritor cuyas obras se localizan en una región determinada.

regionalización f. Acción y efecto de regionalizar.

regionalizar v. t. Adaptar a las necesidades de una región. || Asentar en regiones diferentes. || Aumentar los poderes de las regiones administrativas.

* **regir** v. t. Gobernar o mandar: *regir un país.* || Dirigir, administrar: *regir una imprenta.* || *Gram.* Tener una palabra a otra bajo su dependencia. | Pedir un verbo tal o cual preposición. || — V. i. Estar vigente: *aún rige esta ley.* || Funcionar o moverse bien un artefacto. || *Mar.* Obedecer la nave al timón. || *Fig.* y *fam. No regir*, desatinar, desvariar. || — V. pr. *Fig.* Fiarse de algo, confiar en algo: *se rige por su buen sentido.*

registrador, ra adj. y s. Dícese de un aparato que anota automáticamente medidas, cifras, fenómenos físicos: *caja registradora; barómetro registrador.* || Que registra o inspecciona. || — M. Funcionario encargado de un registro: *registrador público.*

registrar v. t. Examinar o buscar una cosa con cuidado. || Cachear a una persona: *registrar a un ladrón.* || Inspeccionar, reconocer minuciosamente: *la policía registró todo el barrio.* || Inscribir en los libros de registro: *registrar un nacimiento, una patente.* || Matricular. || Llevar la cuenta de algo: *registrar la entrada y salida de mercancías.* || Anotar, apuntar: *se ha registrado un aumento de la criminalidad.* || — V. i. Buscar algo con empeño, rebuscar: *registrar en el armario.* || — V. pr. Matricularse. || Ocurrir.

registro m. Libro en que se anotan determinados datos: *registro mercantil.* || Oficina donde se registra. || Acción de registrar o inscribir, transcripción. || Investigación policiaca. || Acción de cachear a uno. || Cinta para señalar las páginas de un libro. || Correspondencia entre las dos caras de una hoja impresa. || En un reloj, pieza para acelerar o moderar el movimiento. || Trampilla o abertura con su tapa para examinar el interior de una cañería, alcantarilla, chimenea, etc. || Dispositivo para regular la circulación de un fluido. || *Mús.* Extensión de la escala vocal. | Mecanismo del órgano que modifica el timbre de los sonidos. | Pedal para reforzar o apagar los sonidos del piano, clave, etc. || — *Registro civil*, oficina en que se hacen constar los hechos relativos al estado civil de la persona, como nacimiento, matrimonio, etc. || *Registro parroquial*, libro que sirve para registrar bautismos, confirmaciones, etc. || *Fig. Tocar todos los registros*, intentarlo todo; llamar a la sensibilidad de otro.

regla f. Listón largo, de sección rectangular o cuadrada, para trazar líneas rectas. || *Fig.* Principio, base, precepto que se ha de seguir: *las reglas de la gramática.* || Norma: *regla de conducta.* || Pauta, modelo: *servir de regla.* || Disciplina: *restablecer la regla en un convento.* || Estatutos de una orden religiosa: *la regla de San Benito.* || Operación de aritmética: *las cuatro reglas (suma, resta, multiplicación, división).* || — Pl. Menstruación. || — *En regla*, en la forma debida, como se debe. || *Por regla general,* como sucede ordinariamente, en la mayoría de los casos. || *Regla de cálculo,* instrumento que permite efectuar ciertos cálculos aritméticos con rapidez mediante el deslizamiento de una regla graduada movible sobre otra fija. || *Mat. Regla de tres,* v. TRES. || *Fig. Salirse de la regla,* propasarse, excederse.

reglaje m. Reajuste de las piezas de un mecanismo: *un reglaje de carburador.* || Corrección de la puntería de un arma de fuego.

reglamentación f. Acción de reglamentar. || Conjunto de reglas o medidas legales que rigen una cuestión.

reglamentar v. t. Sujetar a reglamento: *reglamentar un instituto, una materia.*

reglamentario, ria adj. Que sigue el reglamento.

reglamento m. Colección ordenada de reglas o preceptos: *reglamento de policía.* || Conjunto de prescripciones dictadas para la conducta de los militares, ordenanzas. || Conjunto de reglas que rigen un juego o competición: *reglamento de fútbol, de tenis.*

reglar v. t. Tirar líneas con la regla: *reglar papel.* || Sujetar a reglas: *reglar una comunidad.* || Ajustar un mecanismo. || — V. pr. Moderarse: *reglarse en comer y beber.*

regleta f. *Impr.* Planchuela para regletear.

regletear v. t. *Impr.* Poner regletas entre los renglones, interlinear: *regletear la composición.*

Régnier (Henri de), poeta y novelista francés (1864-1936). || ~ (MATHURIN), poeta y sacerdote francés (1573-1613).

regocijado, da adj. Que muestra regocijo o alegría. || Alegre, contento.

regocijador, ra adj. y s. Que regocija.

regocijar v. t. Alegrar, dar gusto o placer. || — V. pr. Recrearse, divertirse mucho.

regocijo m. Júbilo, alegría, gran contento.

regodearse v. pr. Deleitarse: *regodearse con una lectura.* || Recrearse, alegrarse: *regodearse con la desgracia ajena.* || *Pop.* Complacerse en mirar un espectáculo licencioso.

regodeo m. Acción y efecto de regodearse, regocijo. || Deleite, gran placer: *comerse una perdiz con regodeo.*

regoldana adj. f. Dícese de la castaña silvestre.

* **regoldar** v. i. *Pop.* Eructar.

regoldo m. Castaño silvestre.

regordete, ta adj. *Fam.* Pequeño y grueso, rechoncho: *un hombre regordete.*

Regoyos (Darío de), pintor impresionista español (1857-1916).

regresar v. i. Volver al punto de partida: *regresar a casa.* || — V. t. *Méx.* Devolver, restituir.

regresión f. Retroceso, disminución: *la regresión de una epidemia, de las exportaciones.* || *Biol.* Vuelta de un tejido, órgano o individuo a un estado anterior. || *Geol.* Retirada del mar de una zona sumergida.

regresivo, va adj. Que hace volver hacia atrás: *movimiento, impulso regresivo.*

regreso m. Vuelta, retorno.

regüeldo m. *Pop.* Eructo.

reguera f. Atarjea o canal para el riego.

reguero m. Corriente líquida y señal que deja: *reguero de sangre.* || Reguera, canal de riego. || *Fig. Propagarse una noticia como un reguero de pólvora,* extenderse muy rápidamente.

regulación f. Acción de regular, ordenar o controlar: *la regulación del mercado.* || Acción de regular la marcha de un mecanismo, reglaje. || *Fisiol.* Conjunto de mecanismos que permiten mantener constante una función: *regulación térmica, glucémica.* || *Geogr.* Alisamiento progresivo de las irregularidades del relieve. || Conjunto de obras que tienen por objeto dar a un curso de agua un cauce único y bien delimitado.

regulado, da adj. Regular o conforme a regla.

regulador, ra adj. Que regula: *sistema regulador.* || — M. Mecanismo para regular automáticamente el funcionamiento de una máquina o mantener constante la tensión de un circuito eléctrico, etc.

regular adj. Conforme a las reglas, a las leyes naturales: *movimiento regular.* || De frecuencia e itinerario establecidos: *línea aérea regular.* || Razonable, moderado en las acciones y modo de vivir: *persona de vida regular.* || Mediano, mediocre, ni bueno ni malo: *un alumno regular.* || Así así, ni mucho ni poco: *el agua está regular de fría.* || — *Clero regular,* el sometido a regla, por oposición a *secular.* || *Por lo regular,* en general, comúnmente. || *Verbos regulares,* los que siguen la conjugación ordinaria.

regular v. t. Poner en orden, arreglar: *regular la circulación.* || Someter a reglas: *regular las actividades turísticas.* || Computar, controlar: *regular los precios.* || Ajustar un mecanismo, poner a punto su funcionamiento. || Efectuar la regulación de un curso de agua.

regularidad f. Calidad de regular. || Exacta observancia de la regla de un instituto religioso.

regularización f. Acción y efecto de regularizar.

regularizador, ra adj. y s. m. Que regulariza.

regularizar v. t. Regular, ajustar, poner en orden: *regularizar una situación, una cuenta.*

regulativo, va adj. Que regula, dirige o concierta.

Regules (Elías), médico, poeta y dramaturgo uruguayo (1860-1929). || ~ (NICOLÁS), general mexicano, de origen español (1826-1893). Luchó en las guerras de Reforma y contra la intervención francesa.

régulo m. Reyezuelo. || Basilisco, animal. || Reyezuelo, ave.

Régulo, estrella de la constelación de Leo, que por estar en el centro de ésta suele dársele el n. de *Corazón del León.*

Régulo (Marco Atilio), militar y cónsul romano en 256 a. de J. C. Prisionero de los cartagineses, prefirió morir en el cautiverio antes que aceptar las proposiciones que le hacía Cartago en perjuicio de su patria.

regurgitación f. Reflujo en la boca, sin esfuerzo de vómito, de lo contenido en el esófago o en el estómago.

regurgitar v. i. Expeler por la boca y sin esfuerzo el alimento que está en el estómago.

regusto m. *Fam.* Dejo, sabor: *me quedó un mal regusto.*

rehabilitación f. Acción y efecto de rehabilitar: *la rehabilitación de un condenado.* || *Med.* Reeducación: *tratamiento de rehabilitación para paralíticos.*

rehabilitar v. t. Restablecer a una persona en sus derechos, capacidad, situación jurídica de los que fue desposeída: *rehabilitar a un militar degradado.* || *Fig.* Devolver la estimación pública: *rehabilitar la estima del calumniado.* || *Med.* Reeducar.

* **rehacer** v. t. Volver a hacer. || Reponer, reparar, restablecer: *rehacer un muro caído.* || — V. pr. Reforzarse, fortalecerse. || *Fig.* Serenarse, aplacarse: *rehacerse del enojo.* | Dominarse.

rehecho, cha adj. Hecho de nuevo. || Robusto, de estatura mediana, grueso.

rehén m. Persona que queda como prenda en poder de un adversario: *rehén de guerra.*

* **rehenchir** v. t. Rellenar. || Volver a henchir o hinchar.

* **rehervir** v. i. Volver a hervir. || *Fig.* Encenderse por una pasión.

rehilandera f. Molinete, juguete infantil.

rehilar v. t. Hilar torciendo demasiado una hebra.

rehilete m. Flechilla de papel con púa para tirar al blanco. || Banderilla que se clava al toro. || Volante de plumas para jugar con una raqueta. || *Fig.* Pulla, dicho malicioso.

rehiletero m. Banderillero.

rehogar v. t. Cocinar a fuego lento en manteca o aceite: *rehogar patatas, carne.*

rehuida f. Acción de rehuir.

* **rehuir** v. t. Tratar de eludir, de soslayar: *rehuir un compromiso.* || Evitar una cosa por temor o repugnancia: *rehuía pasar por esos barrios; rehuía su compañía.* || Rehusar, negarse: *rehuyó hacer este trabajo.* || — V. pr. Apartarse de algo, evitarlo.

* **rehumedecer** v. t. Humedecer de nuevo (ú. t. c. pr.).

rehusar v. t. No aceptar una cosa ofrecida: *rehusar un favor.* || Negarse a hacer algo: *rehusar trabajar.* || No conceder lo que se pide: *rehusar una autorización.*

reich m. (pal. alem.). Imperio. (El *III Reich* alemán, instaurado en 1933, desencadenó la segunda guerra mundial y duró hasta 1945.)

reichsmark m. (pal. alem.). Unidad monetaria alemana de 1924 a 1945, hoy llamada *deutsche mark,* en la República Federal.

Reichstadt, en checo *Zakupy,* pobl. en el O. de Checoslovaquia (Bohemia).

Reichstadt (*Duque de*), título del hijo de Napoleón I y la emperatriz María Luisa, después de 1814.

reichstag m. (pal. alem.). En Alemania, Cámara de diputados del Imperio (1871-1945).

Reid (Thomas), filósofo escocés (1710-1796). || ~ (THOMAS MAYNE), novelista inglés (1818-1883), autor de relatos de aventuras.

reidor, ra adj. y s. Que se ríe.

Reigate, c. de Gran Bretaña en Inglaterra (Surrey), al S. de Londres. Ind. químicas y mecánicas.

Reikiavik o **Reykiavik,** puerto y cap. de Islandia, en la costa occidental; 80 000 h.

reimportación f. Importación de lo que ya se había exportado.

reimportar v. t. Importar en un país lo que se había exportado de él: *reimportar lo no vendido.*

reimpresión f. Nueva impresión. || Obra reimpresa.

reimprimir v. t. Imprimir de nuevo: *reimprimir un libro.*

Reims [*rans*], c. en el N. de Francia (Marne). Arzobispado. Catedral gótica. Centro de la industria del champaña.

reina f. Esposa del rey: *la reina Fabiola de Bélgica.* || La que ejerce la potestad real por derecho propio: *la reina de Inglaterra, de Holanda.* || Pieza del juego de ajedrez, la más importante después del rey. || Hembra fértil de cualquier sociedad de insectos (abejas, hormigas, comejenes). || *Fig.* Mujer que sobresale entre las demás: *reina de belleza.* || — *Reina claudia,* variedad de ciruela muy apreciada. || *Reina del cielo, de los ángeles,* la Santísima Virgen. || *Reina de los prados,* planta rosácea de flores blancas.

Reina || ~ **Adelaida,** archip. de Chile, entre el golfo de Pena y el estrecho de Magallanes. || ~ **Carlota,** archip. del Canadá en el Pacífico (Colombia Británica).

Reina (Manuel), poeta español (1856-1905), autor de *El jardín de los poetas.* || ~ **Barrios** (JOSÉ MARÍA), general guatemalteco (1853-1898). M. asesinado.

reinado m. Tiempo en que gobierna un rey o reina: *el reinado de Luis XIV en Francia.* || *Fig.* Predominio, influencia.

reinante adj. Que reina: *el monarca reinante.*

reinar v. i. Regir un rey o príncipe un Estado: *cuando reinaba Carlos III.* || *Fig.* Predominar, prevalecer: *esta costumbre reina en el país.* || Existir, imperar, persistir: *el silencio reinaba en la asamblea.* || Hacer estragos una enfermedad, una calamidad, etc.

reincidencia f. Reiteración de una misma culpa o delito. || *For.* Situación de una persona que, condenada anteriormente por un delito, comete otro.

reincidente adj. y s. *For.* Que reincide, que comete un delito análogo al que ocasionó su condena anterior.

reincidir v. i. Incurrir de nuevo en un error, falta o delito: *reincidir en el mismo vicio.* || Recaer en una enfermedad o dolencia.

reincorporación f. Nueva incorporación.

reincorporar v. t. Volver a incorporar: *reincorporar tropas, oficiales de reserva* (ú. t. c. pr.).

reineta f. Cierta clase de manzanas de mesa.

reingresar v. i. Volver a ingresar: *reingresar en el ejército.*

reingreso m. Acción y efecto de reingresar.

reino m. Territorio sujeto a un rey: *el reino de Marruecos.* || Cada uno de los tres grandes grupos en que se dividen los seres naturales: *reino animal, vegetal, mineral.* || *El reino de los cielos,* el paraíso.

Reino Unido de Gran Bretaña e Irlanda del Norte. V. GRAN BRETAÑA.

Reinosa, c. en el N. de España (Santander). Siderurgia. — C. en el E. de México (Tamaulipas). Petróleo. Aduana. || ~ (MONTAÑAS DE), montañas del N. de España, ramal de los montes Cantábricos, donde nace el Ebro.

Reinoso (Félix José), sacerdote y poeta neoclásico español (1772-1841).

reinstalación f. Nueva instalación.

reinstalar v. t. Volver a instalar (ú. t. c. pr.).

reintegrable adj. Que se puede o se debe reintegrar.

reintegración f. Acción y efecto de reintegrar o reintegrarse.

reintegrar v. t. Restituir o devolver íntegramente una cosa: *reintegrar una suma a uno.* || Volver a ocupar: *reintegrar a uno en su cargo* (ú. t. c. pr.). || Poner en un documento las pólizas que señala la ley. || — V. pr. Recobrarse enteramente de lo perdido o gastado.

reintegro m. Reintegración. || Pago de dinero. || Premio de la lotería que consiste en la devolución de dinero que se había jugado: *cobrar el reintegro.* || Pólizas que, según la ley, deben ponerse en un documento.

* **reír** v. i. Mostrar alegría o regocijo mediante ciertos movimientos de la boca acompañados de expiraciones más o menos ruidosas: *reír a carcajadas* (ú. t. c. pr.). || Manifestar alegría: *sus ojos ríen.* || *Fig.* Hacer burla, mofarse. | Ofrecer una cosa un aspecto placentero y risueño: *una fuente que ríe.* || *Dar que reír,* ser motivo de risa o de burla. || — V. t. Celebrar con risa una cosa: *reír una gracia.* || — V. pr. Burlarse: *reírse de uno.* || *Reírse de uno en su casa* o *en sus barbas,* burlarse de él descaradamente.

reis m. pl. Moneda fraccionaria portuguesa y brasileña.

reiteración f. Acción y efecto de reiterar. || *For.* Reincidencia.

reiterar v. t. Volver a decir o ejecutar, repetir (ú. t. c. pr.).

reiterativo, va adj. Que tiene la propiedad de reiterarse. || Que denota reiteración.

reitre m. En la Edad Media, soldado alemán de caballería.

reivindicable adj. Que se puede reivindicar.

reivindicación f. Acción y efecto de reivindicar: *reivindicaciones sociales.*

reivindicar v. t. Reclamar uno lo que le pertenece o aquello a que tiene derecho: *reivindicar una herencia, el honor de ser el descubridor.* || *For.* Recuperar uno lo que, de derecho, le pertenece.

reivindicatorio, ria adj. Relativo a la reivindicación.

reja f. Pieza del arado que abre el surco y remueve la tierra. || Conjunto de barras de hierro que se ponen en las ventanas para su defensa o adorno. || Labor o vuelta que se da a la tierra con el arado. || *Méx.* Zurcido en la ropa. || *Fam. Entre rejas,* en la cárcel.

rejal m. Pila de ladrillos colocados de canto y cruzados.

Rejano (Juan), poeta y escritor español, n. en 1903, residente en México. Autor de *La esfinge mestiza, Víspera heroica,* etc.

rejería f. Conjunto de rejas. || Arte de fabricar rejas o verjas.

rejilla f. Enrejado, red de alambre, celosía o tela metálica que se pone en una abertura. || Ventanilla de confesionario. || Trama hecha con tiritas de mimbre u otros tallos vegetales flexibles con que se forman asientos de sillas: *silla de rejilla.* || Parte de las hornillas y hornos que sostiene el combustible. || Redecilla donde se coloca el equipaje en los vagones de ferrocarril. || En una lámpara de radio, electrodo, en forma de pantalla, para regular el flujo electrónico. || *Autom. Rejilla del radiador,* parrilla que, como adorno, se pone delante del radiador y deja pasar el aire.

rejo m. Punta o aguijón de hierro. || Clavo grande. || *Bot.* Raicilla del embrión de la planta. || *Zool.* Aguijón de la abeja. || *Amer.* Látigo.

rejón m. Barra de hierro que remata en punta. || *Taurom.* Palo con una punta de hierro empleada para rejonear. || Especie de puñal. || Púa del trompo.

rejonazo m. Golpe de rejón.

rejoncillo m. *Taurom.* Rejón.

rejoneador m. Torero que rejonea a caballo.

rejonear v. t. En la lidia a caballo, herir al toro con el rejón. || — V. i. Torear a caballo.

rejoneo m. Acción de rejonear.

rejuego m. *Méx.* Algazara.

rejuela f. Reja pequeña. || Braserillo o estufilla para calentar los pies.

rejuvenecedor, ra adj. Que rejuvenece.

* **rejuvenecer** v. t. Remozar, dar a uno la fuerza y vigor de la juventud: *los aires del campo le han rejuvenecido* (ú. t. c. i. y pr.). || *Fig.* Renovar, modernizar: *rejuvenecer un estilo, una obra.* || — V. pr. Quitarse años.

rejuvenecimiento m. Acción de rejuvenecer o rejuvenecerse.

relación f. Conexión de una cosa con otra: *relación entre la causa y el efecto.* || Correspondencia, trato entre personas por razones de amistad o de interés: *relaciones amistosas, comerciales.* || Narración, relato. || Lista, catálogo: *relación de gastos, relación de víctimas.* || Informe. || *Gram.* Enlace entre dos términos de una oración. || *Mat.* Razón, cociente de dos cantidades. || — Pl. Personas conocidas, amistades: *tener muchas relaciones.* || Noviazgo: *estar en relaciones.* || — *Con relación a,* respecto a, en comparación con. || *Relaciones públicas,* método empleado para la información del público y departamento de un organismo o persona encargado de aplicarlo. || *Sacar a relación,* referir.

relacionar v. t. Hacer relación de un hecho: *relacionar un suceso.* || Poner en relación dos o más personas o cosas (ú. t. c. pr.). || — V. pr. Tener conexión o enlace. || Referirse.

relais m. (pal. fr.). Repetidor.

relajación f. Aflojamiento, disminución del ardor, de la severidad, etc. || Disminución de la tensión de los músculos, del ánimo. || *Med.* Estado de laxitud: *relajación del útero.* | Soltura del vientre. | Distensión de los músculos para obtener descanso: *ejercicio de relajación.* || *Fig.* Depravación.

relajador, ra adj. Que relaja. || *Fig.* Divertido.

relajamiento m. Relajación.

relajar v. t. Aflojar, laxar, ablandar: *relajar los músculos* (ú. t. c. pr.). || *Fig.* Esparcir, divertir el ánimo con algún descanso: *este espectáculo relaja.* || Hacer menos riguroso: *relajar la severidad* (ú. t. c. pr.). || *For.* Relevar de un voto o juramento. | Aliviar la pena o castigo. || (Ant.). Entregar el juez eclesiástico un reo de muerte al poder civil. || — V. pr. Aflojarse. || *Fig.* Viciarse, depravarse: *relajarse en las costumbres.* || Distender uno los músculos para obtener un descanso completo: *relajarse tumbado en una hamaca.*

relajo m. *Amer.* Desorden.

relamer v. t. Lamer algo con insistencia. || — V. pr. Lamerse los labios una o muchas veces. || *Fig.* Arreglarse, componerse demasiado el rostro. | Mostrar grandemente: *relamerse de alegría.*

relamido, da adj. Afectado, demasiadamente pulcro: *un hombre relamido.*

relámpago m. Resplandor vivísimo e instantáneo producido en las nubes por una descarga eléctrica. || *Fig.* Resplandor repentino. || — *Amer. Cierre relámpago,* cremallera de prendas de vestir. || *Fot. Luz relámpago,* flash. || *Fig. Pasar como un relámpago,* pasar muy rápidamente. || — Adj. Muy rápido o corto: *guerra relámpago.*

relampagueante adj. Que relampaguea.

relampaguear v. i. Haber relámpagos. || *Fig.* Brillar mucho y con intermisiones, especialmente los ojos iracundos.

relampagueo m. Acción de relampaguear.

relapso, sa adj. y s. Que comete de nuevo un pecado o herejía.

relatador, ra adj. y s. Dícese de la persona que relata. || Narrador.

relatar v. t. Referir, dar a conocer: *relatar hechos interesantes.* || Narrar, contar: *relatar una historia.* || Hacer relación de un proceso o pleito.

relatividad f. Calidad de relativo. || *Fís.* Teoría de Einstein según la cual la duración del tiempo no es la misma para dos observadores que se mueven uno con respecto al otro.

relativismo m. Doctrina filosófica según la cual el conocimiento humano no puede llegar nunca a lo absoluto.

relativista adj. Partidario del relativismo (ú. t. c. s.). || Relativo a la teoría de la relatividad.

relativo, va adj. Que hace relación a una persona o cosa: *en lo relativo a su conducta.* || Que no es absoluto: *todo es relativo.* || *Pronombres relativos,* los que se refieren a personas o cosas de las que ya se hizo mención.

relato m. Narración, historia, cuento. || Informe.

relator, ra adj. y s. Que relata una cosa. || — M. *For.* Letrado que hace relación de los autos en los tribunales superiores.

relatoría f. Empleo u oficina del relator.

relax adj. (pal. ingl.). Relajado, tranquilo.

relé m. Repetidor.

releer v. t. Volver a leer.

relegación f. Destierro, confinamiento, acción de relegar.

relegar v. t. Desterrar, echar a uno por justicia. || *Fig.* Apartar, posponer: *relegar al olvido aquellos momentos felices.*

relente m. Humedad de la atmósfera en las noches serenas: *tomar el relente.*

relevación f. Acción de relevar. || Alivio de carga u obligación. || *For.* Exención de una obligación o un requisito: *relevación de prueba.*

relevador m. Repetidor.

relevante adj. Sobresaliente, eximio, excelente: *una figura relevante de las ciencias*

relevar v. t. Eximir, liberar de una carga o gravamen: *relevar a uno de una obligación.* || *Mil.* Mudar una guardia. || Sustituir, reemplazar a una persona en un empleo u obligación. || Destituir de un cargo. || Dar aspecto de relieve a una pintura. || — V. pr. Reemplazarse mutuamente, turnarse, trabajar alternativamente.

relevo m. *Mil.* Acción de relevar: *el relevo de la guardia.* | Soldado o cuerpo que releva. || En los deportes por equipos, sustituir un atleta o grupo de atletas por otro en el curso de la prueba: *carrera de relevos.*

relicario m. Estuche o medallón, generalmente de metal precioso, para custodiar reliquias o un recuerdo.

relicto adj. *For.* Dícese de los bienes que quedaron de una persona a su fallecimiento.

relieve m. Lo que resalta sobre el plano: *bordados en relieve.* || Conjunto de desigualdades en la superficie de un país: *el relieve de España.* || Escultura tallada en una sola parte de la superficie. || Apariencia de bulto en una pintura. || — Pl. Sobras de una comida. || — *Alto relieve,* aquel en que las figuras salen del plano más de la mitad de su bulto. || *Bajo relieve,* V. BAJORRELIEVE. || *Fig. Dar relieve a algo,* darle importancia. | *De relieve,* importante: *un personaje de relieve.* || *Medio relieve,* aquel en que las figuras salen del plano la mitad de su grueso. || *Fig. Poner de relieve,* hacer resaltar.

religión f. Conjunto de creencias o dogmas acerca de la divinidad: *religión cristiana.* || Doctrina religiosa. || Fe, piedad, devoción. || Obligación de conciencia, cumplimiento de un deber. || Orden religiosa. || — *Entrar en religión,* tomar el hábito. || *Religión natural,* la fundada únicamente en nuestra razón. || *Religión reformada,* el protestantismo.

— Se ha dado históricamente el n. de *Guerras de Religión* a las luchas que sostuvieron en Francia los católicos y los protestantes a raíz de la Reforma (1562 a 1598).

religiosidad f. Fiel observancia de las obligaciones religiosas. || *Fig.* Puntualidad, exactitud en hacer, observar o cumplir una cosa: *pagar con religiosidad a todo el mundo las deudas contraídas.*

religioso, sa adj. Relativo a la religión || Piadoso, que practica la religión, creyente: *persona religiosa.* || *Fig.* Exacto, puntual: *religioso en sus citas.* || — M. y f. Persona que ha tomado hábito en una orden religiosa regular.

relimpio, pia adj. *Fam.* Muy limpio.

relinchador, ra adj. Que relincha con frecuencia.

relinchar v. i. Emitir con fuerza su voz el caballo.

relincho m. Voz del caballo.

relindo, da adj. *Fam.* Muy lindo o hermoso.

relinga f. *Mar.* Cabo con que se refuerzan las orillas de una vela, de una red barredera, etc.

relingar v. t. *Mar.* Coser o pegar la relinga a la vela o a una red. || — *Mar.* V. i. Moverse la relinga con el viento.

reliquia f. Parte del cuerpo de un santo o lo que por haberle tocado es digno de veneración: *las reliquias de Santa Genoveva.* || *Fig.* Huella, restos, vestigio de cosas pasadas: *una reliquia de la civilización incaica.* | Dolor o achaque que queda de una enfermedad o accidente: *las reliquias de una pleuresía.* || *Guardar como una reliquia,* guardar muy cuidadosamente.

reloj m. Máquina dotada de movimiento uniforme, que sirve para medir el tiempo en horas, minutos y segundos. || — *Carrera contra reloj,* aquella en que los corredores no compiten en línea, sino que vence el que emplea menos tiempo. || *Fig. Funcionar como un reloj,* marchar muy bien. || *Reloj de arena,* el compuesto de dos ampolletas unidas por el cuello y que mide la duración del tiempo por el paso de una determinada cantidad de arena de una a otra. || *Reloj de pulsera,* el que se lleva en la muñeca. || *Reloj de sol* o *solar,* artificio para saber la hora diurna, basado en la proyección de la sombra de un vástago. || *Reloj parlante,* el que lleva la hora grabada en una cinta magnetofónica y la transmite telefónicamente.

relojería f. Arte y comercio del relojero. || Taller o tienda del relojero. || *Mecanismo de relojería,* el que pone en funcionamiento un dispositivo a una hora determinada.

relojero m. Persona que hace, compone o vende relojes.

Reloncaví, golfo en el S. de Chile (Llanquihue).

reluciente adj. Que reluce, brillante: *perla reluciente.*

* **relucir** v. i. Despedir luz una cosa resplandeciente: *el sol reluce.* || Lucir, resplandecer, brillar. || *Fig.* Sobresalir, destacarse. || — *Fam. Sacar a relucir,* citar, mentar: *siempre saca a relucir todos los favores que me hizo;* poner de relieve. | *Salir a relucir,* aparecer.

reluctancia f. Resistencia, oposición. || Resistencia de un circuito eléctrico al paso del flujo magnético.

relumbrante adj. Que relumbra o resplandece.

relumbrar v. i. Dar viva luz, resplandecer mucho.

relumbrón m. Golpe de luz vivo y pasajero, chispazo. || Oropel: *vestirse de relumbrón.* de mejor apariencia que calidad.

rellano m. Descansillo de la escalera. || Llano que interrumpe la pendiente de un terreno.

rellena f. *Col.* y *Méx.* Embutido de cerdo, morcilla.

rellenar v. t. Volver a llenar. || Escribir un impreso: *rellenar un formulario.* || Llenar de carne picada u otro manjar: *rellenar una empanada.* || Llenar con una materia más o menos comprensible: *rellenar un sillón.* || Colmar un hueco o una brecha. || Terraplenar.

relleno, na adj. Muy lleno o lleno de algún manjar: *aceitunas rellenas.* || — M. Picadillo sazonado para rellenar aves, pescados, etc. || Acción de rellenar. || Materias que se usan para rellenar, como borra para los asientos, escombros para las brechas, etc. || *Fig.* Parte superflua que alarga una oración o un escrito.

rema f. Puntal que sostiene el decorado en el escenario de un teatro.

remachar v. t. Machacar la punta o cabeza de un clavo para darle mayor firmeza. || *Fig.* Recalcar, subrayar, afianzar: *remachar sus palabras.*

remache m. Acción y efecto de remachar. || Roblón, especie de clavo remachado. || *Fig.* Coronamiento, colofón, fin, colmo.

remador, ra m. y f. Remero.

remallar v. t. Componer las mallas rotas: *remallar medias, redes.*

remanencia f. Propiedad de los cuerpos ferromagnéticos de conservar cierta imantación después de la supresión del campo magnético.

remanente m. Resto: *remanente de beneficios.*

remangar v. t. Arremangar (ú. t. c. pr.).

remansarse v. pr. Detenerse la corriente del agua u otro líquido.

remanso m. Detención de la corriente del agua u otro líquido. || *Fig.* Sitio tranquilo: *tu casa es un remanso de paz.*

remar v. i. Mover los remos para que ande la embarcación. || *Fig.* Trabajar con gran afán.

Remarque (Erich Maria), novelista alemán (1898-1970), autor de *Sin novedad en el frente, Arco de triunfo,* etc.

rematado, da adj. Dícese de la persona que se halla en tan mal estado que no tiene remedio: *loca rematada,* || *For.* Condenado por fallo ejecutorio a una pena.

rematador m. Persona que remata en una subasta pública, || En fútbol, jugador que remata bien o frecuentemente.

rematamiento m. Remate.

rematante m. Persona a quien se adjudica la cosa subastada.

rematar v. t. Finalizar una cosa: *rematar una traducción.* || Poner fin a la vida de la persona o animal que está agonizando: *rematar un toro.* || Afianzar la última puntada de una costura. || Hacer remate: *rematar una venta, un arrendamiento.* || *Fig.* y *fam.* *¡Ahora sí que lo has rematado!,* has metido la pata aún más. || — V. i. Terminar o fenecer. || En fútbol, tirar a gol.

remate m. Fin. || Conclusión de una cosa. || Coronamiento de la parte superior de un edificio. || Postura última en una subasta. || *Fig.* Lo que termina una cosa, acabamiento, final, colofón: *el remate de su carrera.* || En deportes, tiro a gol. || *For.* Adjudicación en subasta. || — *De remate,* absolutamente: *era un loco de remate.*

rembolsar v. t. Reembolsar.

rembolso m. Reembolso.

Rembrandt (Harmenszoon VAN RIJN, llamado), pintor holandés, n. en Leyden (1606-1669), uno de los más grandes artistas de todas las épocas. Obras principales: *Tobías y su familia, El samaritano, Los peregrinos de Emaús, Ronda nocturna, Lección de anatomía,* autorretratos, etc.

remedador, ra adj. y s. Imitador: *remedador de textos clásicos.*

remedar v. t. Imitar, contrahacer una cosa. || Hacer uno, por burla, los gestos o pronunciar las palabras de otro: *remedar al profesor, al jefe.*

remediable adj. Que puede remediarse.

remediador, ra adj. Que remedia (ú. t. c. s.).

remediar v. t. Poner remedio al daño o perjuicio. || Socorrer una necesidad. || Evitar, impedir que se ejecute algo de que se sigue daño: *no poder remediarlo.* || Enmendar, subsanar, arreglar: *remedió la situación.*

remediavagos m. inv. Prontuario, compendio.

remedio m. Cualquier sustancia que sirve para prevenir o combatir una enfermedad: *remedio eficaz, empírico, casero.* || *Fig.* Medio que se toma para reparar o prevenir cualquier daño. | Enmienda, corrección. | Recurso, auxilio o refugio. | Lo que sirve para calmar un padecimiento moral: *poner remedio a la tristeza.* || — *No haber remedio* (o *más remedio*), ser forzosa o inevitable una cosa. || *Fam. No tener para un remedio,* no tener nada. || *Remedio heroico,* el muy enérgico que se aplica en casos extremos; (fig.) medida extraordinaria adoptada en circunstancias graves. || *Sin remedio,* inevitable.

Remedios, cerro de Venezuela (Lara-Falcón), en la sierra de Agua Grande; 1 000 m. — Pobl. de Colombia (Antioquia). — Part. jud. de Cuba (Las Villas). Tabaco. — Pobl. de Panamá (Chiriquí). Ganadería.

remedo m. Imitación, copia imperfecta de algo. ‖ Imitación burlesca de los gestos o palabras de alguien.

remellado, da adj. Que tiene mella. ‖ Que tiene la boca o los ojos rasgados.

remellar v. t. Raer el pelo de las pieles.

remembranza f. Recuerdo.

remembrar v. t. Rememorar.

rememoración f. Recuerdo, evocación.

rememorar v. t. Recordar, traer a la memoria.

rememorativo, va adj. Recordatorio, que hace recordar.

remendado, da adj. Con remiendos: *pantalones remendados.* ‖ Que tiene manchas en la piel.

* **remendar** v. t. Reforzar con remiendo lo viejo o roto: *remendar unos zapatos.* ‖ *Fig.* Corregir, enmendar.

remendón, ona adj. y s. Aplícase al que remienda o compone por oficio: *sastre, zapatero remendón.*

Remensa *(Payeses de)*, siervos catalanes de la gleba que podían liberarse de su señor mediante precio de redención *(remença)*.

remero, ra m. y f. Persona que rema: *los remeros de una lancha.* ‖ — F. Cada una de las plumas largas que terminan las alas de las aves.

remesa f. Envío que se hace de una cosa de una parte a otra. ‖ Lo enviado.

remesar v. t. Remitir.

remeter v. t. Volver a meter o meter más adentro: *remeter los faldones de la camisa.* ‖ *Remeter las sábanas*, doblarlas y meterlas debajo del colchón.

remezón m. *Amer.* Terremoto ligero.

remiendo m. Pedazo de tela que se cose a lo viejo o roto: *echar un remiendo.* ‖ Compostura de una cosa deteriorada. ‖ Mancha en la piel de los animales. ‖ *Fig.* Enmienda o añadidura que se introduce en una cosa. ‖ *Fig. No hay mejor remiendo que el del mismo paño*, frase que enseña que todo aquello que uno puede hacer por sí mismo no debe encargárselo a otro.

rémige adj. Remera, pluma.

remilgado, da adj. Que afecta suma compostura, delicadeza. ‖ *Hacer el remilgado*, ser exigente o melindroso.

remilgarse v. pr. Hacer ademanes y gestos afectados.

remilgo m. Gesto y ademán afectado. ‖ Melindre: *andar con remilgos.*

remilgoso, sa adj. *Méx.* Delicado en las comidas.

remilitarizar v. t. Guarnecer nuevamente con tropas una zona desmilitarizada; dar de nuevo carácter militar: *remilitarizar una zona fronteriza.*

remineralizar v. t. Restituir al organismo las sales necesarias a la vida de los tejidos.

remington m. Fusil inventado por el ingeniero norteamericano Philo Remington (1816-1889).

reminiscencia f. Recuerdo inconsciente, vago. ‖ Lo que se parece o es igual a lo escrito por otro autor: *una reminiscencia de Virgilio, de Mozart.*

remirado, da adj. Muy escrupuloso, mojigato. ‖ Prudente.

remirar v. t. Volver a mirar una cosa o examinarla con atención. ‖ — V. pr. Esmerarse mucho en una cosa.

remise f. (pal. fr.). *Arg.* Automóvil de alquiler.

remisible adj. Que puede perdonarse: *pena remisible.*

remisión f. Envío, expedición: *la remisión de un paquete.* ‖ Perdón: *la remisión de los pecados.* ‖ En un libro, indicación para que el lector acuda a otro párrafo o página: *este diccioanrio está lleno de remisiones.* ‖ *Med.* Atenuación momentánea de los síntomas de una enfermedad. ‖ *Sin remisión*, de manera implacable.

remisivo, va adj. Que remite.

remiso, sa adj. Poco entusiasta, reacio, reticente. ‖ Irresoluto. ‖ *No ser remiso en*, estar completamente dispuesto a.

remisor, ra adj. Remitente.

remisorias f. pl. *For.* Despacho con que el juez remite la causa o el preso a otro tribunal.

remisorio, ria adj. Absolutorio; que remite o perdona.

remite m. Indicación con el nombre y dirección del que escribe que se pone en la parte posterior del sobre. ‖ Remitente.

remitente adj. y s. Que remite o perdona. ‖ *Fiebre remitente*, la que tiene alternativas de aumento y disminución en su intensidad. ‖ — M. y f. Persona que envía algo por correo: *el remitente de una carta.*

remitido m. Suelto pagado en un periódico.

remitir v. t. Enviar: *remitir un giro postal.* ‖ Perdonar: *remitir los pecados.* ‖ Condonar una pena o liberar de una obligación: *remitir un castigo, un servicio, un deber.* ‖ Aplazar, diferir, suspender: *remitir una resolución.* ‖ Entregar: *remitir un pedido.* ‖ Confiar al juicio de otro una resolución: *remitir una cosa a la discreción de alguien.* ‖ Indicar en un escrito otro pasaje relacionado con el que se estudia (ú. t. c. i. y pr.). ‖ — V. i. Perder una cosa parte de su intensidad: *el temporal, la fiebre ha remitido.* ‖ — V. pr. Atenerse a lo dicho o hecho, referirse: *remitirse a la decisión de alguien.* ‖ Confiar en: *remitirse a la Providencia.*

remo m. Instrumento en forma de pala larga y estrecha que sirve para mover las embarcaciones haciendo fuerza en el agua. ‖ Deporte acuático que se practica en embarcaciones ligeras. ‖ Brazo o pierna, en el hombre y en los cuadrúpedos, o ala de las aves (ú. m. en pl.). ‖ Castigo antiguo consistente en remar en las galeras.

Remo, primer rey de Roma. Fue muerto por su hermano Rómulo.

remoción f. Acción y efecto de remover. ‖ Cambio. ‖ Excavación de tierras.

remojar v. t. Empapar, mojar algo de modo que el líquido lo penetre: *remojar pan en la sopa, garbanzos en agua para que se ablanden, la ropa antes de lavarla* (ú. t. c. pr.). ‖ *Fig.* Convidar a beber a los amigos para celebrar algo: *remojar un éxito.* ‖ *Amer.* Dar propina.

remojo m. Acción de remojar o empapar una cosa. ‖ *Amer.* Propina. ‖ — *Fig. Darse un remojo*, bañarse. ‖ *Echar* (o *poner*) a (o *en*) *remojo*, remojar; (fig.) diferir, no tratar un asunto hasta que esté maduro o en mejor disposición.

remojón m. *Fam.* Ducha de agua de lluvia.

remolacha f. Planta quenopodiácea de raíz grande y carnosa de la que existen varias variedades: la *remolacha azucarera*, rica en sacarosa; la *remolacha forrajera*, para alimento del ganado, y otra comestible, de color encarnado.

remolachero, ra adj. Concerniente a la remolacha. ‖ — M. Que cultiva remolacha.

remolcador, ra adj. Que remolca. ‖ — M. Embarcación provista de motores potentes, que se emplea para remolcar otras embarcaciones.

remolcar v. t. Arrastrar una embarcación a otra por medio de un cabo o cadena. ‖ Por semejanza, llevar por tierra un vehículo a otro. ‖ *Fig.* Incitar a alguien a hacer lo que no quiere. | Llevar tras sí.

remoldeado m. Nuevo moldeado.

remoler v. t. *Guat.* y *Per.* Fastidiar.

remolido m. Mineral menudo no lavado.

remolinar v. i. Formar remolinos una cosa. ‖ — V. pr. Arremolinarse. ‖ *Fig.* Amontonarse.

remolinear v. t. Mover algo en forma de remolino. ‖ — V. i. Remolinar.

remolino m. Movimiento giratorio y rápido del aire, agua, polvo, humo, etc. ‖ Retorcimiento del pelo en redondo. ‖ *Fig.* Apiñamiento de gente: *los remolinos de la muchedumbre.*

remolón, ona adj. y s. Flojo, perezoso, que elude maliciosamente el trabajo: *hacerse el remolón.* ‖ — M. Colmillo de la mandíbula superior del jabalí.

remolonear v. i. *Fam.* Mostrarse remolón, holgazanear.

remolque m. Acción de remolcar. ‖ Cabo con que se remolca una embarcación. ‖ Vehículo remolcado: *remolque habitable* o *de turismo.* ‖ *Fig. Ir a remolque de alguien*, seguirle por la fuerza de las circunstancias.

Remón Cantera (José Antonio), militar panameño (1908-1955), pres. de la Rep. de 1952 a 1955. M. asesinado.

remonta f. Depósito caballar de sementales.

remontar v. t. Proveer de caballos nuevos a la tropa. ‖ Poner nuevas suelas al calzado. ‖ *Fig.* Encumbrar, enaltecer. ‖ — V. pr. Subir o volar muy alto las aves o aviones: *remontarse el águila hasta perderse de vista.* ‖ *Fig.* Elevarse hasta el origen de una cosa: *remontarse hasta los tiempos prehistóricos.* ‖ Refugiarse en los montes los esclavos.

remontista m. Militar empleado en un establecimiento de remonta.

remoquete m. Apodo, sobrenombre. ‖ Golpe, puñada. ‖ *Fig.* Dicho agudo, satírico.

rémora f. Pez marino acantopterigio cuya cabeza está provista de un disco cartilaginoso que le permite adherirse fuertemente a los objetos flotantes. ‖ *Fig.* y *fam.* Cualquier cosa que detiene o dificulta algo: *una rémora para el progreso.*

* **remorder** v. t. Volver a morder o morderse uno a otro. ‖ *Fig.* Desasosegar una cosa, causar remordimiento: *el recuerdo de su crimen le remuerde la conciencia.*

remordimiento m. Inquietud, pesar interno que queda después de ejecutar una mala acción: *estar torturado por el remordimiento.*

remosquearse v. pr. *Fam.* Mostrarse receloso. ‖ *Impr.* Borrarse el pliego recién tirado.

remotividad f. *Amér. C.* Lejanía, lugar remoto.

remoto, ta adj. Distante, apartado, alejado: *lugar remoto.* ‖ Lejano en el tiempo: *en la más remota antigüedad.* ‖ *Fig.* Inverosímil, poco probable: *ni la más remota posibilidad.*

* **remover** v. t. Trasladar una cosa de un lugar a otro. ‖ Agitar, mover un líquido. ‖ Quitar, apartar, obviar: *remover un obstáculo.* ‖ Deponer de su empleo: *remover a un funcionario.* ‖ *Fig.* Traer a la mente: *remover recuerdos.* ‖ — V. pr. Agitarse.

remozamiento m. Rejuvenecimiento.

remozar v. t. Rejuvenecer (ú. t. c. pr.). ‖ *Fig.* Poner como nuevo. | Revigorizar.

remplazar v. t. Reemplazar.

remplazo m. Reemplazo.

Remscheid, c. del O. de Alemania Occidental (Rin Septentrional-Westfalia). Metalurgia. Industrias químicas.

remuda f. Muda de ropa.

* **remullir** v. t. Hacer mullido.

remunerable adj. Pagable.

remuneración f. Precio o pago de un trabajo, de un servicio.

remunerador, ra adj. Que proporciona un beneficio (ú. t. c. s.).

remunerar v. t. Retribuir, pagar: *remunerar en especie.* || Recompensar, premiar, galardonar.

remunerativo, va adj. Remunerador.

remuneratorio, ria adj. Que hace las veces de recompensa.

remusgo m. Barrunto, sospecha. || Vientecillo frío y penetrante.

renacentista adj. inv. Relativo al Renacimiento: *estilo renacentista.* || Dícese de la persona de la época del Renacimiento (ú. t. c. s.).

* **renacer** v. i. Nacer de nuevo. || *Fig.* Recobrar lo perdido: *renacer la alegría, la esperanza.* | Reaparecer: *el día renace.*

renacimiento m. Acción de renacer. || Renovación; vuelta; reaparición. || Recuperación, resurgimiento de un país. || Movimiento literario, artístico y científico que se produjo en Europa en los siglos XV y XVI. || — Adj. Relativo a la época o al estilo renacentista: *muebles renacimiento.*

— El *Renacimiento* se caracterizó por el estudio de la antigüedad clásica grecolatina en los países de Europa. En Italia se distinguieron, por ejemplo, Ariosto, Maquiavelo, Bembo, el Tasso, de Brunelleschi, Donatello, Lucca della Robbia, Fra Angélico, Leonardo de Vinci, Rafael, Miguel Ángel, Bramante, etc. En Francia se construyeron los castillos del Loira y en las artes sobresalieron Lescot, Delorme, Goujon, Jean Cousin, Germain Pilon, los Clouet, y en las letras Rabelais, Ronsard, Du Bellay y la "Pléyade", Montaigne. En España, las primeras muestras de la arquitectura renacentista originaron el *plateresco* para después manifestarse con toda su pureza en el Palacio de Carlos V en Granada, catedral de Jaén, la fachada de la Universidd de Salamanca y el monasterio de El Escorial. En la pintura española hay que citar a Juan de Juanes, Pedro Berruguete, Alejo Fernández y Luis de Morales, y en la escultura a Diego de Siloé, Damián Forment y Alonso Berruguete. Escritores del Renacimiento español fueron Garcilaso de la Vega y Fray Luis de León.

renacuajo m. Larva de los batracios, especialmente de la rana mientras que tiene cola y respira por branquias. || *Fig.* y *fam.* Hombrecillo, mequetrefe.

Renaixença, movimiento cultural y político de Cataluña iniciado en 1833, que tendía al renacimiento de la lengua y tradiciones catalanas.

renal adj. Relativo a los riñones: *glándulas renales.*

Renan (Ernest), escritor, filólogo e historiador francés (1823-1892), autor de *El porvenir de la ciencia, Historia de los orígenes del cristianismo, Vida de Jesús,* etc.

Renania, región del O. de Alemania Occidental, a orillas del Rin, desde la frontera francesa hasta Holanda. || **~ -Palatinado,** en alem. *Rheinland-Pfalz,* Estado del O. de Alemania Occidental; cap. *Maguncia.* || **~ Septentrional-Westfalia.** V. RIN SEPTENTRIONAL-WESTFALIA.

renano, na adj. y s. Relativo a los territorios bañados por el Rin: *provincias renanas.*

Renato de Anjou [-*yú*] (1409-1480), duque de Anjou, conde de Provenza, rey de Sicilia en 1417, y de Nápoles en 1434. Sitiado en Nápoles por Alfonso V de Aragón tuvo que regresar a Francia (1471).

Renaudot [-*nodó*] (Théophraste), médico e historiógrafo francés (1586-1653), cuyo nombre lleva un premio literario anual de novelas, creado en diciembre del año 1925.

Renca, valle y pobl. de Argentina (San Luis). — Com. de Chile (Santiago). Centro de veraneo.

rencilla f. Rencor, resentimiento. || Riña de la que queda rencor.

rencilloso, sa adj. Rencoroso. || Peleón.

renco, ca adj. Cojo por lesión de las caderas.

rencor m. Resentimiento.

rencoroso, sa adj. Que guarda rencor (ú. t. c. s.).

rendibú m. Muestra de cortesía: *hacer mucho rendibú a alguien.*

rendición f. Acción y efecto de rendirse o hacer acto de sumisión al vencedor: *la rendición de una plaza, de un ejército.*

Rendición de Breda *(La)* o cuadro de *Las Lanzas,* obra maestra de Velázquez (Prado), que representa el epílogo de la batalla de Breda.

rendido, da adj. Sumiso, obsequioso: *rendido servidor.* || Muy cansado, agotado: *rendido de trabajar.* || *Rendido de amor,* muy enamorado.

rendija f. Hendidura natural en un cuerpo sólido: *la rendija de una pared, de una tabla.*

rendimiento m. Agotamiento, cansancio. || Sumisión, humildad. || Obsequiosidad, respeto. || Producción o utilidad de una cosa: *el rendimiento de la tierra.* || Utilidad que da un trabajador manual o intelectual. || Relación entre el trabajo útil que se obtiene y la cantidad de energía que se suministra: *el rendimiento de una máquina, de un motor.*

* **rendir** v. t. Vencer al enemigo y obligarle a entregarse. || Someter al dominio de uno: *rendir una plaza* (ú. t. c. pr.). || Dar o devolver a uno lo que le corresponde: *rendir honores.* || Dar fruto o utilidad una cosa: *rendir interés* (ú. t. c. i.). || Cansar, fatigar, agotar: *este paseo me ha rendido* (ú. t. c. pr.). || Presentar: *rendir cuentas.* || Vomitar, devolver. || *Mil.* Pasar una cosa a la vigilancia de otro: *rendir la guardia.* || — *Rendir gracias,* agradecer. || *Rendir las armas,* entregarse, capitular. || — V. pr. *Mar.* Romperse un palo, mastelero o verga.

Rendón (Serapio), abogado y político mexicano (1867-1913), adversario de V. Huerta. M. asesinado.

renegado, da adj. y s. Que renuncia la religión cristiana o la fe política para abrazar otra.

renegador, ra adj. y s. Que reniega.

* **renegar** v. t. Volver a negar: *todo lo niega y reniega.* || — V. i. Cometer apostasía, abjurar: *renegar de su fe.* || Negarse a reconocer como tal, abandonar: *renegar de su familia.* || Decir injurias, blasfemar.

renegrido, da adj. Negruzco.

Renfrewshire, condado de Gran Bretaña, en el O. de Escocia; cap. *Paisley.*

rengífero m. Rangífero.

Rengifo (Manuel), político chileno (1793-1845), reorganizador del sistema de contribuciones.

renglón m. Línea escrita o impresa. || Partida de una cuenta. || Parte en un gasto, capítulo: *su mantenimiento es un renglón grande en mi presupuesto.* || — Pl. *Fig.* y *fam.* Cualquier escrito o impreso: *¿qué le parecen estos renglones?* || — *A renglón seguido,* a continuación, inmediatamente después. || *Fig. Dejar entre renglones una cosa,* no acordarse de ella. | *Leer entre renglones,* penetrar la intención oculta de un escrito.

renglonadura f. Conjunto de líneas horizontales señaladas en el papel de escribir.

rengo, ga adj. Renco.

renguear v. i. *Amer.* Renquear.

Reni (Guido). V. GUIDO *(El).*

reniego m. Blasfemia, juramento. || Dicho injurioso.

reniforme adj. Con forma de riñón.

renio m. Metal blanco (Re), de número atómico 75, análogo al manganeso.

Rennes [*ren*], c. en el O. de Francia, cap. del dep. de Ille-et-Vilaine. Arzobispado. Universidad.

reno m. Mamífero rumiante, de la familia de los cérvidos, que vive en Siberia, Escandinavia, Groenlandia y Canadá.

Reno, c. del O. de Estados Unidos (Nevada). Centro turístico.

Renoir (Auguste), pintor impresionista francés (1841-1919), autor de *El Molino de la Galette, El palco,* etc.

renombrado, da adj. Célebre.

renombre m. Fama, celebridad: *ciudad de mucho renombre.* || Sobrenombre.

renovable adj. Que se puede prolongar.

renovación f. Acción y efecto de renovar: *renovación de un pasaporte.* || Prórroga: *renovación de un arrendamiento.* || Reemplazo. || Transformación. || Renacimiento.

renovador, ra adj. y s. Que renueva.

* **renovar** v. t. Hacer como de nuevo una cosa o volverla a su primer estado: *renovar un local.* || Sustituir lo viejo por lo nuevo: *renovar un mobiliario.* || Reemplazar, cambiar: *renovar el personal de una empresa.* || Reanudar, restablecer: *renovar una alianza.* || Reiterar, repetir: *le renuevo mi petición.* || Volver a poner de moda: *renovar una costumbre antigua.*

renquear v. i. Andar cojeando, cojear. || *Fig.* y *fam.* Ir tirando, marchar a duras penas: *este negocio empieza a renquear.*

renqueo m. Cojera.

renta f. Utilidad, beneficio, ingreso anual: *las rentas del trabajo.* || Lo que paga en dinero o frutos un arrendatario: *renta de una casa.* || Deuda pública o títulos que lo representan. || *Fam.* Pensión, gasto periódico: *sus estudios son una renta para nosotros.* | Persona o cosa de la que se saca un beneficio. || — *A renta,* en arrendamiento. || *Renta nacional,* conjunto de las rentas públicas y privadas de un país. || *Renta pública,* cantidades que cobra el Estado, sea de los impuestos, sea de sus propiedades. || *Renta vitalicia,* pensión pagada mientras vive el beneficiario.

rentabilidad f. Carácter de lo que produce un beneficio.

rentabilizar v. t. Hacer que produzca un beneficio.

rentable adj. Que produce ganancias o beneficios, productivo: *negocio rentable.*

rentar v. t. Producir renta (ú. t. c. i.). || *Méx.* Alquilar, arrendar.

Rentería, v. del N. de España (Guipúzcoa).

rentero, ra adj. Tributario. || — M. y f. Arrendatario de finca.

rentista com. Persona que tiene rentas o que vive de ellas: *era un lugar de recreo para los rentistas.*

rentístico, ca adj. Financiero.

renuevo m. Vástago de un árbol. || *Fig.* Renovación.

renuncia f. Acto por el cual una persona hace abandono de una cosa, un derecho, un cargo, una función. || Documento en que consta.

renunciable adj. Que puede renunciarse.

renunciación f. y **renunciamiento** m. Renuncia.

renunciante adj. Que renuncia (ú. t. c. s.).

renunciar v. t. Hacer dejación voluntaria de una cosa: *renunciar a un proyecto, a un título, a una herencia.* || Dejar de pretender: *renunciar a los honores.* || Abandonar: *renunciar a la lucha.* || En algunos juegos de naipes, no servir el palo que se juega teniendo cartas de él.

renunciatorio, ria m. y f. Persona en cuyo beneficio se hace una renuncia.

renuncio m. Acción de no servir en una partida de naipes el palo que se juega. || *Fig.* y *fam.* Mentira, contradicción flagrante.

renvalsar v. t. Hacer un renvalso: *renvalsar una puerta.*

renvalso m. Rebajo del canto de las hojas de puertas y ventanas para que encajen en el marco o unas con otras.

reñidero m. Lugar donde se verifican las riñas de gallos.

reñido, da adj. Enemistado con otro: *estar reñido con un amigo.* || Encarnizado, porfiado: *la lucha va a ser muy reñida.* || Opuesto, incompatible: *lo útil no está reñido con lo bello.*

reñidor, ra adj. Pendenciero.

* **reñir** v. i. Disputarse, contender de obra o de palabra: *reñir con un amigo.* || Desavenirse, enfadarse: *reñir con la novia.* || — V. t. Reprender, regañar: *reñir a un hijo.* || Efectuar una batalla o desafío.

reo com. Acusado, persona culpable de un delito. || El demandado en juicio. || *Reo de Estado,* el que ha cometido un delito contra la seguridad del Estado.

— OBSERV. El femenino de *el reo* es *la reo* y no *la rea.*

reoca f. *Fam. Ser la reoca,* ser el colmo; ser muy gracioso.

reojo m. *Mirar de reojo,* mirar disimuladamente, por encima del hombro; (fig. y fam.) mirar con enfado, desprecio o desdén.

reómetro m. Instrumento para medir las corrientes eléctricas. || Aparato con que se determina la velocidad de las corrientes de agua.

reordenación f. Nueva ordenación: *reordenación de pagos.*

reorganización f. Acción y efecto de reorganizar. || Cambio: *reorganización de un gobierno.*

reorganizador, ra adj. Que organiza de nuevo (ú. t. c. s.).

reorganizar v. t. Volver a organizar: *reorganizar el ejército* (ú. t. c. pr.). || Cambiar algunos miembros de un gobierno.

reóstato o **reostato** m. Resistencia variable que permite hacer variar la intensidad de una corriente en un circuito eléctrico.

repanchigarse v. pr. Repantigarse: *se repanchigó en el sillón.*

repanocha f. *Fam. Ser la repanocha,* ser la reoca.

repantigarse v. pr. Arrellanarse en el asiento, y extenderse para mayor comodidad.

reparable adj. Que puede repararse. || Digno de atención.

reparación f. Acción y efecto de reparar, componer o enmendar. || Desagravio: *la reparación de una ofensa o agravio.*

reparada f. Movimiento brusco del caballo.

reparador, ra adj. Que repara o mejora una cosa: *justicia reparadora* (ú. t. c. s.). || Que restablece las fuerzas: *descanso reparador.* || — M. y f. Persona que compone o arregla algo roto.

reparar v. t. Componer una cosa: *reparar una máquina.* || *Fig.* Advertir, ver: *reparar un error.* | Enmendar, corregir: *reparar una falta.* | Desagraviar: *reparar el honor ofendido.* | Restablecer las fuerzas: *reparar la fatiga.* || — V. i. Hacer caso, atender, ver: *nadie reparó en él.* || Mirar cuidadosamente: *reparar en un detalle.* || Advertir, notar: *reparar en un error.* || *Sin reparar en gastos,* sin tener en cuenta los gastos.

reparativo, va adj. Que repara.

reparo m. Advertencia, observación. || Crítica, objeción: *siempre pones reparos a todo.* || Reticencia, dificultad, reserva: *aprobar algo con cierto reparo.* || Restauración o remedio. || Obra que se hace para restaurar un edificio. || En esgrima, parada o quite. || — *Fig. No andar* (o *andarse*) *con reparos,* no vacilar, no considerar los inconvenientes. | *Sin reparos,* sin escrúpulos.

reparón, ona adj. *Fam.* Que se fija en los defectos o faltas más nimios, criticón (ú. t. c. s.).

repartible adj. Divisible.

repartición f. Reparto.

repartidor, ra adj. Que reparte. || — M. y f. Empleado que lleva a domicilio las mercancías.

repartimiento m. Reparto.

— Durante la colonización española de América recibieron el nombre de *repartimientos* las concesiones de indios hechas a favor de los conquistadores, quienes, en contrapartida a los derechos adquiridos, contraían la obligación de proteger e instruir a aquellos que estaban sometidos a su jurisdicción. (V. ENCOMIENDA.)

repartir v. t. Distribuir entre varios una cosa dividiéndola en partes: *repartir un patrimonio.* || Distribuir, entregar a domicilio: *repartir el correo, la leche.* || Dividir una contribución o gravamen por partes: *repartir un impuesto.* || *Fam.* Dar, administrar: *repartir golpes, sablazos.*

reparto m. Distribución: *reparto de premios.* || Entrega a domicilio: *reparto del correo, de la leche.* || División: *el reparto de Polonia.* || Distribución de papeles entre los actores de una obra teatral o cinematográfica. || *Cub.* Terreno urbanizado (se dice especialmente de la c. de La Habana). | Barrio.

repasar v. t. Volver a pasar: *repasar por una calle.* || Examinar de nuevo. || Revisar lo estudiado: *repasar la lección.* || Mirar superficialmente un escrito. || Recoser la ropa, zurcirla si hace falta. || Examinar y corregir una obra ya terminada.

repasata f. *Fam.* Reprimenda: *dar una repasata a uno.*

repaso m. Acción y efecto de repasar. || Lectura rápida de lo que ya se ha aprendido de memoria: *dar un repaso a la lección.* || Examen o reconocimiento de una cosa después de hecha. || *Fam.* Repasata, reprimenda.

repatriación f. Acción y efecto de repatriar o repatriarse: *repatriación de emigrados.*

repatriado, da adj. y s. Que vuelve a su patria.

repatriar v. t. Hacer que uno regrese a su patria: *repatriar emigrados, tropas expedicionarias.* || — V. pr. Volver a su patria: *repatriarse un perseguido político.*

repechar v. t. Subir por un repecho, escalar.

repecho m. Cuesta bastante pendiente y no larga. || *Méx.* Entre los arrieros, parada de descanso. || *A repecho,* cuesta arriba.

repeinar v. t. Volver a peinar. || — V. pr. Peinarse cuidadosamente, con esmero.

repelar v. t. *Méx.* Refunfuñar.

repelente adj. Que repele o rechaza. || *Fig.* Repulsivo, repugnante: *conducta repelente.* | Muy feo. || *Amer.* Impertinente.

* **repeler** v. t. Rechazar. || Arrojar, echar: *repeler a intrusos de su domicilio.* || Contradecir, objetar: *repeler un argumento.* || *Fig.* Disgustar. | Repugnar, asquear: *las arañas me repelen.*

repelón m. Tirón que se da al pelo. || En las medias, hebra que encoge los puntos. || Carrera impetuosa del caballo. || *Méx.* Un gran regaño. || *A repelones,* a disgusto.

repeluco y **repeluzno** m. Escalofrío.

repellar v. t. Cubrir de yeso o cal la pared.

repello m. Acción de repellar.

repente m. *Fam.* Movimiento súbito. | Arrebato: *un repente de ira.* | Presentimiento brusco. || *De repente,* de pronto, súbitamente.

repentino, na adj. Pronto, súbitamente, imprevisto: *muerte repentina.*

repentizar v. i. Ejecutar una pieza musical a la primera lectura.

repercusión f. Acción de repercutir. || *Fig.* Consecuencia: *acontecimiento que puede tener graves repercusiones.* | Alcance, eco: *su discurso ha tenido mucha repercusión.*

repercusivo, va adj. Que repercute.

repercutir v. i. Retroceder o rebotar un cuerpo al chocar con otro. || Producir eco el sonido: *el estallido repercutió en la pared.* || *Fig.* Trascender, causar efecto una cosa en otra: *medida que ha repercutido en los precios.* || *Méx.* Exhalar mal olor.

repertorio m. Índice, registro, en que las materias están ordenadas de forma que puedan encontrarse fácilmente: *repertorio alfabético.* || Colección de obras de una misma clase: *repertorio de autores clásicos.* || Conjunto de las obras que representa una compañía de teatro o una orquesta o un músico. || *Fig.* Conjunto de conocimientos: *todo el repertorio de mis recuerdos.*

repetición f. Acción de repetir varias veces la misma idea o la misma palabra. || Reproducción de la misma acción. || Mecanismo de ciertos relojes que les permite dar la hora al apoyar en un botón: *reloj de repetición.* || *Arma de repetición,* arma de fuego que puede hacer varios disparos sin recargarse.

repetidor, ra adj. y s. Que repite. || Que vuelve al mismo curso de estudios por no haber aprobado: *alumno repetidor.* || — M. El que repasa a otro la lección. || Amplificador telefónico para comunicaciones muy lejanas. || Estación de radio o televisión que retransmite por ondas hertzianas las señales recibidas de una estación principal.

* **repetir** v. t. Volver a hacer o decir lo que se había hecho o dicho: *repetir una palabra, una acusación, una operación.* || Volver al mismo curso escolar por no haber aprobado: *repetir curso* (ú. t. c. i.). || Tomar de nuevo de un plato de comida. || *For.* Reclamar contra tercero. || *Teatr.* Reestrenar. || — V. i. Venir a la boca el sabor de lo que se ha comido o bebido: *el ajo repite* (ú. t. c. pr.). || — V. pr. Usar siempre las mismas palabras, formas, etc. || Volver a suceder un acontecimiento.

repicar v. t. Picar mucho una cosa, reducirla a partes muy menudas. || Tañer rápidamente y a compás las campanas en señal de fiesta (ú. t. c. i.). || — V. i. Tocar el tambor con golpes ligeros y rápidos. || *Fig. No se puede repicar y andar en la procesión,* no se pueden hacer dos cosas al mismo tiempo.

Répide (Pedro de), poeta, novelista y periodista español (1882-1948). Cronista oficial de Madrid.

repintar v. t. Pintar de nuevo. || — V. pr. Maquillarse cuidadosamente: *repintarse el rostro.* || *Impr.* Señalarse la letra de una página en otra por estar reciente la impresión.

repipi adj. *Fam.* Dícese del niño que afecta modales de adulto o viste como tal. | Redicho.

repique m. Toque de campanas.

repiquetear v. i. Repicar con mucha viveza las campanas, el tambor u otro instrumento sonoro. || *Fig.* Golpear del mismo modo: *la lluvia repiqueteaba en los cristales.*

repiqueteo m. Acción y efecto de repiquetear: *el repiqueteo de las campanas, del tambor.* || Ruido producido por los disparos de una ametralladora.

repisa f. Ménsula de más longitud que vuelo, en la cual se asienta un balcón, o propia para sostener un objeto de adorno. || Estante, anaquel.

replantar v. t. Volver a plantar. || Trasplantar.

replanteamiento m. Acción y efecto de replantear.

replantear v. t. *Arq.* Trazar en el terreno la planta de una obra ya proyectada. || Plantear de nuevo: *replantear una táctica.*

repleción f. Condición de repleto, saciedad, hartura.

replegamiento m. *Mil.* Retirada en buen orden.

* **replegar** v. t. Plegar o doblar muchas veces. || Ocultar, hacer desaparecer un órgano mecánico saliente: *replegar el tren de aterrizaje de un avión.* || — V. pr. *Mil.* Retirarse en buen orden las tropas avanzadas.

repleto, ta adj. Muy lleno: *calle repleta de gente; bolsa repleta.* || Rechoncho. || Ahíto.

réplica f. Respuesta, argumento o discurso con que se replica: *dar un réplica adecuada.* || Copia exacta de una obra artística: *una réplica de la Venus Capitolina.*

replicar v. i. Responder. || Poner objeciones a lo que se dice o manda (ú. t. c. t.).

replicón, ona adj. y s. *Fam.* Respondón, que siempre replica: *un niño replicón.*

repliegue m. Pliegue doble. || *Fig.* Recoveco, profundidad: *los repliegues del alma.* || *Mil.* Retirada de las tropas.

repoblación f. Acción y efecto de repoblar. || *Repoblación forestal,* plantación sistemática de árboles en una zona o región.

* **repoblar** v. t. Volver a poblar con personas un país, con alevines un estanque o un río, con árboles una zona.

repollar v. i. Formar repollo las plantas.

repollo m. Especie de col de hojas firmes y apretadas. || Grumo o cabeza orbicular que forman algunas plantas apretando sus hojas.

repolludo, da adj. Que forma repollo. || De figura de repollo. || *Fig.* Rechoncho.

* **reponer** v. t. Volver a poner: *reponer a un funcionario en su puesto.* || Volver a representar una obra dramática: *reponer una comedia.* || Replicar, responder. || Completar lo que falta de una cosa: *reponer un mueble.* || Hacer recobrar la salud. || — V. pr. Recobrar la salud o la hacienda. || Recuperarse, volver a tener tranquilidad. *reponerse de un susto.*

reportaje m. Artículo periodístico basado en las informaciones suministradas por uno o más reporteros: *reportaje gráfico, radiofónico.*

reportar v. t. Alcanzar, lograr: *reportar un triunfo.* || *Impr.* Pasar una prueba litográfica a otra piedra o a una plancha metálica para proceder a la tirada. || *Amér. C.* y *Méx.* Acusar, denunciar (es anglicismo). || — V. pr. Reprimirse, contenerse. || Serenarse, calmarse.

reporte m. *Impr.* Acción de reportar. | Prueba litográfica que se pasa a otra piedra o a una plancha metálica para proceder a la tirada.

repórter m. Reportero.

reporteril adj. Relativo al reportero.

reporterismo m. Periodismo.

reportero, ra adj. Que hace reportajes. || — M. Periodista que recoge informaciones orales o gráficas para su publicación en un periódico o revista, o para difundirlas por radio o televisión.

reportista m. Litógrafo que hace reportes.

reposadero m. En los hornos, pileta que recoge el metal fundido.

reposado, da adj. Sosegado, tranquilo. || Descansado.

reposapiés m. inv. Soporte donde el pasajero de una moto coloca los pies.

reposar v. i. Descansar de la fatiga o trabajo, durmiendo o no: *después de la comida suele reposar un rato* (ú. t. c. t. y pr.). || Estar sepultado, yacer: *aquí reposa su cuerpo.* || — V. pr. Posarse un líquido (ú. t. c. i.).

reposición f. Restablecimiento. || *Com.* Renovación, acción y efecto de reemplazar lo viejo por lo nuevo: *reposición de existencias.* || Representación de una obra teatral o cinematográfica ya antigua.

reposo m. Suspensión del movimiento, inmovilidad. || Descanso, tranquilidad, quietud: *gozar de un bien merecido reposo.* || *Tierra en reposo,* tierra en barbecho.

repostar v. i. Reponer provisiones, combustibles, carburante, pertrechos, etc.: *barco, avión que reposta* (ú. t. c. pr.).

repostería f. Establecimiento donde se fabrican y venden dulces y fiambres. || Oficio de repostero.

repostero m. Persona que fabrica pastas, dulces, fiambres, etc. || Bandera o lienzo cuadrado con escudo de armas bordado, que suele colgarse en los balcones. || Ordenanza de marina.

repotente adj. f. *Fam.* Enorme, muy grande: *por su repotente voluntad.*

reprender v. t. Amonestar a uno, regañarle: *reprender a un alumno.* || Censurar, criticar: *le reprendió su mala conducta.*

reprensible adj. Que merece reprensión: *acto reprensible.*

reprensión f. Acción de reprender, reproche que se hace a uno por una falta que ha cometido.

reprensivo, va adj. Digno de reprensión: *en tono reprensivo.*

reprensor, ra adj. y s. Que reprende.

represa f. Estancamiento del agua corriente. || Embalse, presa.

represalia f. Derecho que se arroga un combatiente de causar al enemigo igual o mayor daño que el recibido. Ú. m. en pl.: *tomar, ejercer represalias.*

represar v. t. Detener o estancar el agua corriente.

representable adj. Que puede representarse o hacer visible: *comedia representable.*

representación f. Acción de representar una obra teatral, función: *la representación de una comedia.* || Idea que nos formamos del mundo exterior o de un objeto determinado. || Expresión artística de la realidad. || Conjunto de personas que representan una colectividad: *había una representación del Ayuntamiento.* || *For.* Derecho de una persona a ocupar, para la sucesión de una herencia, el lugar de otra difunta. || Acción de negociar por cuenta de una casa comercial. || *Hombre de representación,* el que goza de cierta autoridad.

representador, ra adj. Que representa.

representante adj. Que representa. || — Com. Persona que representa a un ausente o a un cuerpo o colectividad: *enviar un representante a un entierro.* || Agente comercial encargado de la venta de un producto en una plaza o zona. || Actor de teatro. || *Amer.* Diputado, en algunos países.

representar v. t. Hacer presente algo en la imaginación por medio de palabras o figuras, figurar: *este dibujo representa una casa.* || Ejecutar en público una obra teatral: *representar un drama.* || Desempeñar un papel. || Sustituir a uno o hacer sus veces: *representar al presidente.* || Ser imagen o símbolo de una cosa: *Pérez Galdós representa el realismo en España.* || Aparentar, parecer: *representa menos edad que la que tiene.* || Equivaler: *esta obra representa diez años de trabajo.* || — V. pr. Volver a presentar. || Darse cuenta, imaginarse: *no me represento su asombro.* || Imaginarse: *no me represento a Juan con sotana.*

representativo, va adj. Que representa otra cosa. || *Fig.* Importante: *persona representativa.* | Singular: *ejemplar muy representativo de la fauna polar.* || *Gobierno representativo,* aquel en que la nación delega al Parlamento el ejercicio del poder legislativo.

represión f. Acción de reprimir: *la represión de los delitos.* || Relegación al subconsciente de ciertas tendencias consideradas como condenables.

represivo, va adj. Que reprime: *leyes represivas.*

represor, ra adj. y s. Que reprime o domina.

reprimenda f. Reprensión severa, corrección.

reprimir v. t. Contener, detener el efecto o progreso de algo: *reprimir una sublevación, la ira.*

reprise f. (pal. fr.). Capacidad de aceleración de un vehículo: *un coche con mucha reprise.* || Reposición teatral.

reprobable adj. Censurable.

reprobación f. Censura, crítica muy severa. || Juicio de Dios que excluye al pecador de la felicidad eterna.

reprobador, ra adj. Que censura o condena.

* **reprobar** v. t. No aprobar, recriminar, censurar, condenar: *reprobar una conducta, un procedimiento.* || Condenar a las penas eternas.

reprobatorio, ria adj. Reprobador, que reprueba.

réprobo, ba adj. y s. Condenado a las penas del infierno.

reprochable adj. Que merece reproche.

reprochador, ra m. y f. Persona que reprocha.

reprochar v. t. Criticar, echar en cara, censurar: *reprochar a uno sus vicios* (ú. t. c. pr.).

reproche m. Lo que se dice a una persona para expresarle su descontento o avergonzarle: *aguantar reproches injustos.*

reproducción f. Proceso biológico por el que dos seres vivos perpetúan la especie. (La *reproducción* puede ser *sexual,* por unión de dos gametos, o *asexual* o *vegetativa,* sin intervención de gametos.) || Copia o imitación de una obra literaria o artística: *reproducción de un cuadro de Goya.* || *Fot.* Negativo tirado a partir de una copia positiva. || *Derecho de reproducción,* el del autor o propietario de una obra literaria o artística para autorizar su difusión y obtener un beneficio de ella.

reproducible adj. Que puede reproducirse.

* **reproducir** v. t. Volver a producir (ú. t. c. pr.). || Imitar, copiar: *reproducir un cuadro.* || Volver a hacer presente: *reproducir los mismos argumentos.* || *Fot.* Sacar un negativo a partir de una copia positiva. || — V. pr. Perpetuarse por medio de la generación.

reproductivo, va adj. Que favorece una nueva producción.

reproductor, ra adj. Que sirve a la reproducción. || — M. y f. Animal empleado para la reproducción y destinado a mejorar la raza.

reprografía f. Conjunto de técnicas para reproducir documentos.

reps m. Tejido que presenta un acanalado a canutillo en sentido de la urdimbre, usado en tapicería.

reptación f. Acción de reptar.

reptante f. Que repta.

reptar v. i. Andar arrastrándose como los reptiles.

reptil adj. y s. m. Aplícase a los animales vertebrados que caminan rozando la tierra con el vientre.

— Los *reptiles* son animales de sangre fría, generalmente carnívoros y ovíparos, de respiración pulmonar, y viven generalmente en tierra, aunque a veces, como es el caso de los cocodrilos, pueden permanecer más o menos tiempo dentro del agua. Algunos tienen en la piel láminas dérmicas muy resistentes (conchas de las tortugas, de los caimanes, etc.). Los reptiles se dividen en órdenes.: *saurios* (lagartos), *ofidios* (serpientes), *quelonios* (tortugas) y *cocodriloideos*.

república f. Forma de gobierno representativo en el que el poder reside en el pueblo, personificado éste por un presidente elegido por la nación o sus representantes: *la República Francesa.* ‖ Gobierno del Estado, cosa pública: *la prosperidad de la república.* ‖ *La república de las letras,* conjunto de los escritores.

— La *República* ha sido establecida en España en dos ocasiones: la *Primera República,* proclamada el 11 de febrero de 1873, duró hasta el 3 de enero de 1874, fecha en que el general Pavía disolvió el Congreso; la *Segunda República,* proclamada el 14 de abril de 1931, se malogró por las rivalidades entre los extremistas de izquierda y de derecha, y fue el preludio de la guerra civil de 1936 a 1939. El gobierno republicano ha sido el normal en todos los países americanos desde la accesión a la independencia, con la excepción del Brasil (Imperio hasta 1889) y algunos conatos en otros países: México (1822 y 1864) y Haití (1804 y 1849).

República ‖ **~ Árabe Unida.** V. ÁRABE y EGIPTO. ‖ **~ Dominicana.** V. DOMINICANA. ‖ **~ Entrerriana,** n. que tomaron en 1819 las prov. argentinas de Entre Ríos y Santa Fe.

republicanismo m. Condición de republicano. ‖ Afecto a la forma de gobierno republicana.

republicanizar v. t. Dar carácter republicano (ú. t. c. pr.).

republicano, na adj. Relativo a la república: *sistema, régimen republicano.* ‖ Partidario de la república: *partido, diario republicano* (ú. t. c. s.).

repúblico m. Estadista. ‖ Patriota, buen patricio.

repudiable adj. Que merece ser repudiado.

repudiación f. Acción y efecto de repudiar.

repudiar v. t. Rechazar legalmente a la propia esposa ‖ Renunciar voluntariamente: *repudiar una sucesión.* ‖ *Fig.* Condenar, rechazar: *repudiar los métodos violentos.*

repudio m. Repudiación.

repudrir v. t. Pudrir mucho (ú. t. c. pr.). ‖ — V. pr. *Fig.* y *fam.* Consumirse interiormente.

repuesto, ta adj. Puesto de nuevo. ‖ Restablecido en un cargo. ‖ Recuperado de salud. ‖ — M. Provisión de víveres o de otras cosas. ‖ Pieza de recambio. ‖ *De repuesto,* de reserva; de recambio: *rueda de repuesto.*

repugnancia f. Oposición, contradicción: *existe una repugnancia intrínseca entre el odio y la caridad.* ‖ Aversión, repulsión, antipatía: *sentir repugnancia hacia los sapos.*

repugnante adj. Que repugna o causa asco.

repugnar v. i. Causar asco o disgusto una cosa: *las arañas me repugnan.*

repujado m. Labrado de chapas metálicas en frío, o de cuero por martilleo, de modo que resulten figuras en relieve en una de sus caras. ‖ Obra repujada.

repujar v. t. Labrar de relieve, a martillo, un objeto metálico o de cuero: *plata repujada.*

repulido, da adj. Acicalado. ‖ — M. Nuevo pulimento.

repulir v. t. Volver a pulir. ‖ Acicalar con afectación.

repulsa f. Rechazamiento, negativa. ‖ *Med.* Rechazo.

repulsar v. t. Desechar, repeler una cosa. ‖ Negar lo que se pide, rehusar: *repulsar una solicitud, una instancia.*

repulsión f. Repulsa. ‖ Repugnancia, aversión.

repulsivo, va adj. Que causa repulsión, repelente.

repullo m. Movimiento de sorpresa, sobresalto provocado por el miedo: *dar un repullo.* ‖ Rehilete.

repunta f. Punta, cabo de tierra saliente. ‖ *Fig.* Indicio.

repuntar v. i. *Mar.* Empezar la marea. ‖ *Amer.* Empezar a manifestarse una cosa. ‖ — V. t. *Amer.* Reunir el ganado que está disperso. ‖ — V. pr. Empezar a picarse el vino. ‖ *Fig* y *fam.* Enfadarse: *repuntarse con el vecino.*

repunte m. *Mar.* Comienzo de la marea. ‖ *Amer.* Reunión del ganado disperso.

reputación f. Fama, opinión común sobre algo: *tener buena reputación.*

reputado, da adj. Célebre, famoso: *los reputados vinos de Jerez.*

reputar v. t. Considerar, formar juicio. ‖ Apreciar, estimar: *reputo en mucho su inteligencia.*

* **requebrar** v. t. Volver a quebrar. ‖ *Fig.* Galantear, piropear. ‖ Adular, lisonjear.

requemado, da adj. Tostado, de color oscuro.

requemar v. t. Volver a quemar. ‖ Tostar mucho: *requemar la tez.* ‖ Privar el calor de jugo a las plantas, secarlas. ‖ Resquemar, causar picor en la boca algunas sustancias. ‖ *Fig.* Encender de modo excesivo la sangre. ‖ — V. pr. Quemarse o tostarse mucho: *requemarse las plantas.* ‖ *Fig.* Consumirse interiormente y sin darlo a conocer: *requemarse de pena.*

Requena, c. del E. de España (Valencia). — C. del NO. del Perú, cap. de la prov. homónima (Loreto).

Requena Legarreta (Pedro), poeta mexicano (1893-1918).

requeridor, ra o **requiriente** adj. y s. Que requiere.

requerimiento m. Acto judicial por el que se intima que se haga o se deje de hacer algo. ‖ Demanda, solicitación.

* **requerir** v. t. Intimar, avisar a la autoridad pública. ‖ Necesitar, tener precisión de algo: *este enfermo requiere muchos cuidados.* ‖ Exigir, precisar: *las circunstancias lo requieren.* ‖ *Requerir de amores a una mujer,* cortejarla. ‖ — V. pr. Exigirse: *para poder optar al cargo se requiere la nacionalidad española.*

Requesens (Luis de ZÚÑIGA y), general español (1528-1576). Lugarteniente de Don Juan de Austria, asistió en 1571 a la batalla de Lepanto. En 1573 sucedió al duque de Alba en el gobierno de los Países Bajos.

requesón m. Queso hecho con leche cuajada sin el suero. ‖ Cuajada, después de hecho el queso.

requeté m. En España, cuerpo de voluntarios que defienden la tradición carlista: *el Requeté de Cantabria.* ‖ Individuo de este cuerpo: *los requetés navarros.*

requetebién adv. *Fam.* Muy bien: *me parece requetebién.*

requetelleno, na adj. *Fam.* Atestado, muy lleno.

requiebro m. Piropo: *decir requiebros a una joven.* ‖ Mineral ya fragmentado que se vuelve a quebrantar.

réquiem m. Oración que reza la Iglesia católica por los difuntos: *misa de réquiem.* ‖ Su música: *el réquiem de Mozart, de Palestrina, de Brahms.*

Réquila, rey de los suevos de España en 441. M. en 448.

Requínoa, com. del centro de Chile (O'Higgins).

requintar v. t. *Amér. C.* y *Méx.* Apretar mucho.

requinto m. *Mús.* Clarinete pequeño de tono agudo. ‖ Especie de guitarrillo. ‖ Tributo que se impuso a los indios del Perú.

requirente adj. y s. *For.* Demandante en justicia.

requisa f. Examen, inspección. ‖ Requisición.

requisar v. t. Hacer una requisición: *requisar vehículos.*

requisición f. Acción de la autoridad que exige de una persona o de una entidad la prestación de una actividad o el goce de un bien (vehículo, fábrica, edificio, etc.).

requisito m. Circunstancia, condición: *para votar es requisito indispensable ser mayor de edad.* ‖ Formalidad: *cumplir con todos los requisitos.*

requisitorio, ria adj. Dícese del despacho en que un juez requiere a otro para que ejecute un mandamiento del requirente (ú. t. c. s. f. y a veces como m.).

res f. Cualquier animal cuadrúpedo de ciertas especies domésticas, como el ganado vacuno, lanar, porcino, etc., o de algunas salvajes, como el venado, jabalí, etc. ‖ *Amer.* Buey o vaca: *carne de res.*

resabiado, da adj. Que tiene resabios: *un caballo resabiado.*

resabiar v. t. Hacer tomar un vicio o adquirir mala costumbre (ú. t. c. pr.). ‖ — V. pr. Disgustarse o desazonarse.

resabido, da adj. *Fam.* Que se las da de muy sabio y enterado. ‖ Sabido de todos.

resabio m. Vicio o mala costumbre que queda: *los resabios de un caballo.* ‖ Sabor desagradable que deja una cosa.

resaca f. Movimiento de retroceso de las olas del mar al llegar a la orilla. ‖ *Com.* Letra que el tenedor de otra protestada gira a cargo del librador o de uno de los endosantes. ‖ *Fig.* y *fam.* Malestar padecido al día siguiente de la borrachera: *tener resaca.* ‖ *Amér. C.* y *Méx.* Aguardiente de la mejor calidad.

resacar v. t. *Mar.* Halar, tirar de un cable.

resalado, da adj. *Fig.* y *fam.* Encantador, muy simpático: *una niña muy resalada.*

resaltar v. i. Rebotar. ‖ Destacarse, hacer contraste: *el negro resalta sobre el blanco.* ‖ Sobresalir de una superficie: *los balcones resaltan en la fachada del edificio.* ‖ *Fig.* Distinguirse, descollar: *resaltar uno por su mérito.*

resalte m. Resalto en una pared.

resalto m. Parte que sobresale de la superficie de una casa: *los resaltos de una fachada.*

resalvo m. Vástago que se deja en cada mata para formar un árbol nuevo.

resanar v. t. Cubrir con oro las partes defectuosas de un dorado. ‖ Restaurar cualquier cosa dañada.

resarcible adj. Indemnizable.

resarcimiento m. Indemnización, compensación de daños y perjuicios.

resarcir v. t. Indemnizar, reparar, compensar: *resarcir de un daño* o *agravio* (ú. t. c. pr.).

resbalada f. *Amer.* Resbalón.

resbaladero, ra adj. Resbaladizo. ‖ — M. Lugar resbaladizo.

resbaladizo, za adj. Dícese de lo que resbala o escurre fácilmente: *terreno resbaladizo.* ‖ *Fig.* Delicado, comprometido: *un asunto muy resbaladizo.*

resbalador, ra adj. Que resbala o se desliza.

resbaladura f. Huella que queda de haber resbalado.

resbalamiento m. Resbalón.

resbalar v. i. Escurrirse, deslizarse: *resbalar en el hielo.* ‖ Dicho de las ruedas de un coche, una bicicleta, etc., deslizarse lateralmente por falta de adherencia, patinar. ‖ *Fig.* Incurrir en un desliz, falta o culpa.

resbalón m. Acción de resbalar: *dar un resbalón.* ‖ *Fig.* Desliz, falta, caída.

resbaloso, sa adj. Resbaladizo: *camino resbaloso.* ‖ *Méx.* Atrevido, insinuante con las personas de otro sexo. ‖ *Méx.* Revender.

rescacio m. Pez marino acantopterigio cuya cabeza lleva espinas agudas y que suele esconderse en la arena.

rescatador, ra adj. y s. Que rescata.

rescatar v. t. Recobrar mediante pago, redimir: *rescatar a un cautivo.* || Libertar. || Salvar, recuperar: *rescatar a un náufrago.* || *Fig.* Librar, aliviar: *rescatar a uno de la desesperación.* | Sacar: *rescatar del olvido.*

rescate m. Acción y efecto de rescatar. || Dinero con que se rescata: *imponer rescate.*

rescindible adj. Que se puede rescindir.

rescindir v. t. Dejar sin efecto un contrato, obligación, etc.

rescisión f. Anulación de un contrato.

rescisorio, ria adj. Que rescinde o anula.

rescoldo m. Brasa menuda envuelta en la ceniza. || *Fig.* Lo que queda de algo, resto: *un rescoldo de esperanza.*

rescripto m. Carta del Papa (*breve* o *bula*) o de un soberano sobre un asunto particular.

resecar v. t. Secar mucho (ú. t. c. pr.). || Efectuar la resección de un órgano.

resección f. Operación quirúrgica que consiste en separar o cortar parte de un órgano.

reseco, ca adj. Muy seco. || *Fig.* Muy flaco. || — M. Parte seca de un árbol. || Sensación de sequedad en la boca.

reseda f. Planta resedácea de flores amarillentas muy olorosas.

resedácea adj. f. Dícese de las plantas dicotiledóneas con flores en espiga y fruto en cápsula que tienen por tipo la reseda (ú. t. c. f.). || — F. pl. Familia que forman.

resellar v. t. Sellar de nuevo.

* **resembrar** v. t. Sembrar de nuevo: *resembrar un huerto.*

Resende (García de), poeta y cronista portugués (1470-1536), autor de *Cancionero General.*

resentido, da adj. y s. Que tiene resentimiento, rencoroso.

resentimiento m. Animosidad contra uno a consecuencia de una ofensa sufrida, rencor.

* **resentir** v. t. Sentir. || — V. pr. Sentir los efectos de un mal, de una enfermedad: *resentirse de una herida.* || *Fig.* Tener los caracteres de: *se resentía de falta de unidad.* | Ofenderse, sentir pesar por una cosa: *resentirse por un engaño, una burla.* | Experimentar resentimiento contra alguien.

reseña f. Relato, narración sucinta, artículo: *reseña biográfica, de una corrida de toros.* || Descripción del aspecto exterior de una persona para conocerla fácilmente.

reseñar v. t. Hacer una reseña.

reserva f. Acción de reservar; cosa reservada. || En los museos y bibliotecas, parte de las colecciones que no pueden ser utilizadas por el público. || Guarda, custodia de algo: *tener provisiones en reserva.* || Acción de reservar un asiento en un vehículo de transporte público, una habitación en un hotel, localidad para un espectáculo, etc. || *Fig.* Limitación, restricción: *hablar sin reservas.* | Salvedad que se hace o condición que se pone a algo: *prometer su ayuda pero con muchas reservas.* | Discreción, comedimiento: *obrar con reserva.* | Cautela, circunspección: *acoger una noticia con mucha reserva.* || Terreno reservado para la repoblación: *reserva zoológica.* || Territorio reservado a los indígenas en ciertos países: *las reservas de indios en Canadá y Estados Unidos.* || Parte del ejército que no está en servicio activo y puede ser movilizada, y situación de los que pertenecen a ella. || Acción de reservar el Santísimo Sacramento. || Reservado, eucaristía. || *For.* Fondo creado por las empresas mercantiles constituido por parte de los beneficios. || — Pl. *Fisiol.* Sustancias almacenadas en los órganos o tejidos para su utilización ulterior. || — *De reserva,* guardado para caso de necesidad. || *For. Reserva legal,* legítima. || *Reserva mental,* salvedad que se hace mentalmente al prometer o afirmar algo. || *Sin reserva,* con toda franqueza, abiertamente: sin restricción. || — Com. En deportes, jugador que sustituye en un equipo a un titular: *alinearon a muchos reservas.*

reservable adj. Susceptible de ser reservado.

reservación f. Acción de reservar, reserva.

reservado, da adj. Discreto, comedido, callado, poco comunicativo. || No seguro: *pronóstico reservado.* || — M. Sacramento de la Eucaristía que se conserva en el sagrario. || Departamento en algún sitio como restaurante, vagón de ferrocarril, etc., destinado a personas que quieren mantenerse apartadas de las demás.

reservar v. t. Guardar una cosa para disponer de ella más adelante: *reservar caudal para la vejez.* || Retener una habitación en un hotel, un asiento en un barco, avión, una localidad en un espectáculo, etc. || Callar una cosa: *reservo mi opinión.* || Dejar: *reservar una salida.* || Encubrir el Santísimo Sacramento en el sagrario. || — V. pr. Esperar, conservarse para mejor ocasión: *me reservo para mañana.* || Cuidarse. || *Reservarse su juicio acerca de algo,* hacer reservas o salvedades antes de asentir a algo.

reservista adj. Dícese del militar perteneciente a la reserva. Ú. t. c. s.: *llamar a los reservistas ante el peligro de guerra.*

reservón, ona adj. *Fam.* Muy reservado: *un niño reservón.* || *Taurom.* Dícese del toro poco codicioso o de embestida poco franca.

resfriadera f. *Cub.* Especie de artesa metálica en la que se deja enfriar el guarapo. | Fresquera.

resfriado, da adj. Acatarrado. || — M. *Med.* Indisposición causada por el frío, enfriamiento.

resfriamiento m. Enfriamiento.

resfriante m. Corbato, baño del serpentín del alambique.

resfriar v. t. Enfriar. || Causar un resfriado: *esta corriente me resfría.* || — V. pr. Acatarrarse, coger un resfriado.

resguardar v. t. Defender, proteger, abrigar: *una mampara que resguarda del viento.* || *Fig.* Defender, amparar. || — V. pr. Precaverse contra un daño: *resguardarse del frío.* || Obrar con cautela.

resguardo m. Defensa, custodia, amparo. || Documento que acredita la entrega a una persona de una suma, un objeto, etc.: *resguardo de una entrega hecha en el banco.* || Talón: *resguardo de un recibo.* || Vale. || Guardia, custodia de un paraje o frontera para evitar el contrabando.

residencia f. Acción de residir. || Lugar en que se reside: *tener su residencia en Buenos Aires.* || Espacio de tiempo que debe residir un eclesiástico en el lugar de su beneficio. || Edificio donde vive una autoridad: *la residencia del gobernador.* || Establecimiento donde, sometidas a ciertas reglas, viven personas unidas por afinidades: *residencia de estudiantes, de oficiales.* || Hotel, casa de huéspedes. || Casa donde viven algunos jesuitas, sin llegar a constituir un convento. || Proceso seguido a una persona residenciada.

residencial adj. Aplícase al cargo o empleo que requiere residencia personal. || Dícese del barrio reservado a viviendas, especialmente cuando son de lujo: *barrio residencial.*

residenciar v. t. Investigar un juez la conducta de un funcionario o de otro juez. || Pedir cuentas a alguien en cualquier otra materia.

residente adj. y s. Que reside. || Que vive en el sitio donde tiene su cargo: *médico residente.* || — Com. Extranjero que vive fijo en un país: *un residente español en París, en Francia.*

residir v. i. Morar, tener el domicilio en un lugar: *residir en París.* || *Fig.* Radicar en un punto lo esencial de una cuestión: *ahí reside el problema.* || *Residir en,* corresponder a: *el poder legislativo reside en el Parlamento.*

residual adj. Que queda como residuo: *producto residual.* || *Aguas residuales,* las que arrastran residuos o detritos.

residuo m. Parte que queda de un todo. || Lo que resulta de la descomposición, combustión o destrucción de una cosa. || *Mat.* Resultado de la operación de restar.

resignación f. Renuncia a un derecho, a un cargo, en favor de alguien. || *Fig.* Conformidad, acción de soportar algo sin protestar.

resignar v. t. Renunciar un cargo a favor de alguien. || Entregar una autoridad el gobierno a otra: *resignar el mando.* || — V. pr. Conformarse con lo irremediable, someterse: *resignarse con la suerte que le toca a cada cual.*

resiliencia f. *Fís.* Resistencia de un material al choque.

resina f. Sustancia viscosa insoluble en el agua, soluble en el alcohol, inflamable, que fluye de ciertas plantas (coníferas, terebintáceas). || *Resina sintética,* producto artificial de propiedades análogas a las de la resina.

resinar v. t. Extraer resina de ciertos árboles.

resinero, ra adj. Relativo a la resina: *industria resinera.* || — M. El que tiene por oficio resinar.

resinífero, ra adj. Que produce resina. || Resinoso.

resinoso, sa adj. Que tiene o destila resina: *los pinos son árboles resinosos.*

resistencia f. Propiedad que tiene un cuerpo de reaccionar contra la acción de otro cuerpo. || Fuerza que se opone al movimiento. || Fuerza que permite sufrir el cansancio, el hambre, etc.: *resistencia física.* || Capacidad de defensa del organismo contra la agresión microbiana. || Defensa contra un ataque: *oponer resistencia al enemigo.* || Oposición, repugnancia a obedecer: *encontrar resistencia entre la gente.* || *Por ext.* Durante la segunda guerra mundial, conjunto de las organizaciones o movimientos que combatieron al invasor alemán: *la Resistencia francesa.* || Obstrucción que hace un conductor al paso de la corriente eléctrica. || Conductor que se emplea para aprovechar dicha resistencia con algún fin: *la resistencia de una plancha.* || — *Resistencia del aire,* fuerza que el aire, incluso inmóvil, opone al avance de un cuerpo, especialmente de un proyectil. || *Resistencia de materiales,* ciencia que tiene por objeto determinar las dimensiones de los distintos elementos de una construcción para que puedan soportar los esfuerzos a que se han de hallar sometidos. || *Resistencia pasiva,* la que consiste en oponerse al adversario mediante la desobediencia o la no cooperación.

Resistencia, c. del N. de la Argentina, cap. de la prov. del Chaco. Obispado. Centro ferroviario e industrial.

resistente adj. Que resiste al cansancio, al dolor, etc. || Que tiene resistencia o solidez: *madera resistente.* || — Com. Patriota miembro de la Resistencia en la segunda guerra mundial.

resistir v. i. Hablando de personas, oponer la fuerza a la fuerza, defenderse: *resistir al enemigo.* || Soportar físicamente: *resiste bien* *al cansancio.* || Mostrarse firme no aceptando algo que atrae: *resistir a las pasiones* (ú. t. c. pr.). || — V. t. Sufrir, soportar: *resistir el calor.* || Aguantar, tolerar: *no puedo resistir a esa persona.* || Desafiar, rivalizar: *precio que resiste toda competencia.* || — V. pr. Debatirse, forcejear. || Rehusar: *se resiste a morir.* || No estar dispuesto a hacer una cosa, no consentir: *me resisto a creerlo.*

resistividad f. Producto que da la multiplicación de la resistencia de un conductor eléctrico por el cociente que resulta de dividir la sección del cable por su longitud.

Resita o **Reshita,** c. del SO. de Rumania (Banato). Metalurgia.

resma f. Paquete de veinte manos de papel, o sea quinientas hojas.

resmilla f. Paquete de veinte cuadernillos de papel.

resobado, da adj. Muy trillado, muy sabido: *un tema de conversación resobado.*

resobar v. t. Manosear.

resol m. Reverberación solar.

resolano, na adj. Aplícase al sitio resguardado del viento donde se toma el sol (ú. t. c. s. f.).

resoluble adj. Que se puede resolver: *problema resoluble.*

resolución f. Acción de resolverse. || Decisión, determinación: *tomar una resolución.* || Calidad de resuelto, arresto, valor, ánimo. || Texto votado por una Asamblea. || Cosa resuelta por una autoridad: *resolución judicial.* || *For.* Extinción de un contrato por la voluntad de las partes. || *Med.* Vuelta al estado normal de los tejidos enfermos. || — *En resolución,* en fin de cuentas. || *Resolución de una ecuación,* determinación del valor de la incógnita.

resolutivo, va adj. Dícese del método en que se procede analíticamente o por resolución. || *Med.* Que tiene virtud para resolver un tumor o inflamación: *cataplasma resolutiva* (ú. t. c. s. m.).

resoluto, ta adj. Resuelto.

resolutorio, ria adj. Que extingue un contrato.

* **resolver** v. t. Decidir, tomar una determinación: *resolvió marcharse.* || Encontrar la solución: *resolver un problema.* || Fallar en una diferencia o disputa. || Descomponer un cuerpo en sus distintos constituyentes. || *Med.* Hacer desaparecer poco a poco: *resolver un tumor.* || — *Resolver una ecuación,* calcular sus raíces. || *Resolver un triángulo,* calcular todos sus elementos a partir de los que ya se conocen. || — V. pr. Deshacerse, disgregarse: *el agua se resuelve en vapor.* || Tomar una decisión: *resolverse a intervenir.* || *Med.* Desaparecer una inflamación o tumor.

* **resollar** v. i. Respirar con ruido. || *Fig.* y *fam.* Ponerse de manifiesto, dar noticia de sí: *al fin resolló mi oyente.*

resonador adj. Que resuena. || — M. Aparato o dispositivo que entra en vibración por resonancia: *resonador acústico.*

resonancia f. Propiedad de aumentar la duración o la intensidad de un sonido: *la resonancia de una sala.* || Modo de transmisión de las ondas sonoras por un cuerpo. || *Fís.* Gran aumento de la amplitud de una oscilación bajo la influencia de impulsiones regulares de la misma frecuencia. || *Fig.* Repercusión, importancia, divulgación: *discurso que ha tenido gran resonancia en todo el mundo diplomático.*

resonante adj. Que resuena. || *Fig.* Importante: *triunfo resonante.*

* **resonar** v. i. Reflejar el sonido aumentando su intensidad: *resonaba la sala vacía.* || Sonar mucho, ser muy sonoro: *resonar las campanas.* || *Fig.* Tener repercusiones un hecho.

resoplar v. i. Dar resoplidos.

resoplido m. Resuello fuerte: *dar un resoplido.*

resorber v. t. V. REABSORBER.

resorción f. V. REABSORCIÓN.

resorte m. Muelle. || Relajación de un miembro tenso. || *Fig.* Medio material o inmaterial de que se vale uno para lograr un fin: *todavía me quedan muchos resortes por tocar.*

respaldar m. Respaldo.

respaldar v. t. Escribir algo en el respaldo de un escrito. || *Fig.* Proteger, amparar: *sus amigos le respaldan.* | Servir de garantía. || — V. pr. Apoyarse con las espaldas: *respaldarse contra un árbol.*

respaldo m. Parte del asiento en que se apoyan las espaldas. || Vuelta, verso del escrito en que se anota algo. || Lo que allí se escribe. || *Fig.* Protección, amparo. | Garantía: *tiene el respaldo del banco.*

respectar v. defectivo Tocar, corresponder, atañer: *por lo que respecta a mí.*

respectivamente adv. Correspondientemente: *las capitales de Francia y España son París y Madrid, respectivamente.*

respectivo, va adj. Que atañe a persona o cosa determinada: *los alumnos iban acompañados de sus respectivos padres.*

respecto m. Relación. || *Al respecto* (o *a este*) *respecto,* en relación con la cosa de que se trata. || *Con respecto a* (o *respecto a* o *de*), en relación con.

résped o **réspede** m. Lengua de la serpiente. || Aguijón de la abeja o de la avispa.

respetabilidad f. Condición de respetable, dignidad.

respetable adj. Que merece respeto: *persona respetable.* || *Fig.* Muy grande, enorme: *hallarse a respetable distancia.* || — M. *Fam.* Público de un espectáculo (toros, circo, etc.): *los aplausos del respetable.*

respetar v. t. Tener respeto por alguien: *respetar a las autoridades.* || Cumplir, acatar: *respetar las leyes.* || Tomar en consideración: *respeto tu punto de vista.* || No ir contra: *respetar el bien ajeno, la palabra dada.* || Tener cuidado con, tratar cuidadosamente, tener en cuenta: *no respetan el carácter sagrado del lugar.* || No molestar, no perturbar: *respetar el sueño de alguien.* || Conservar, no destruir: *respetaron las antiguas murallas.*

respeto m. Sentimiento que induce a tratar a alguien con deferencia, a causa de su edad, superioridad o mérito: *respeto a los mayores.* || Sentimiento de veneración que se debe a lo que es sagrado: *respeto al recuerdo de un muerto.* || Actitud que consiste en no ir en contra de algo: *respeto de los bienes ajenos.* || Acatamiento, cumplimiento: *respeto de las leyes.* || Miramiento, consideración, atención: *faltarle el respeto a uno.* || Cosa que se tiene de repuesto: *caja de respeto de un fusil.* || — Pl. Manifestaciones de cortesía, de urbanidad: *preséntele mis respetos.* || — *Fig.* y *fam.* *Campar por sus respetos,* obrar a su antojo. || *De respeto,* grande, enorme, considerable.

respetuosidad f. Deferencia, respeto.

respetuoso, sa adj. Que respeta: *respetuoso con sus padres, de los derechos del hombre.* || Conveniente, adecuado: *a una distancia respetuosa.* || Considerado, atento: *saludos respetuosos.*

réspice m. *Fam.* Reprimenda: *echar un réspice.* | Contestación brusca.

Respighi [*-gui*] (Ottorino), músico italiano (1879-1936), autor de poemas sinfónicos (*Las fuentes de Roma*) y obras líricas.

respingar v. i. Sacudirse la bestia y gruñir. || Elevarse indebidamente el borde de la falda o de la chaqueta (ú. t. c. pr.). || *Fig.* y *fam.* Resistir, hacer gruñendo una cosa: *respingar por lo que se manda u ordena.*

respingo m. Salto o sacudida violenta del cuerpo: *dar un respingo.* || *Fig.* y *fam.* Movimiento o expresión de enfado con que uno muestra su repugnancia a cumplir una orden.

respingona adj. *Fam.* Aplícase a la nariz de punta ligeramente levantada.

respirable adj. Que se puede respirar.

respiración f. Función común a toda célula viviente que consiste en un intercambio gaseoso (absorción de oxígeno y expulsión de gas carbónico). || Aliento: *perder la respiración.* || Ventilación de una aposento o lugar cerrado. || *Respiración artificial,* tratamiento de la asfixia o de las parálisis respiratorias mediante la provocación manual o mecánica de las contracciones de la caja torácica, de modo que se restablezca la circulación del aire en los pulmones.

— Los modos de *respiración* de los animales son cuatro: la *respiración pulmonar* (mamíferos, aves y reptiles); la *branquial* (peces anélidos, crustáceos, moluscos); la *traqueal,* (insectos y arácnidos) y la que se efectúa a través de la piel o *cutánea* (lombrices, ranas). En el hombre, el aparato respiratorio comprende esencialmente la nariz y la boca, por donde se efectúan la *inspiración* y *la espiración* del aire; la laringe y la tráquea y, por último, el pulmón, órgano doble situado en el tórax, y por el que circula el aire por medio de los canales infinitamente ramificados de los bronquios, prolongaciones de la tráquea.

respiradero m. Abertura por donde entra y sale el aire: *los respiraderos del sótano.* || Orificio de aeración practicado en una canalización o en un molde. || *Fig.* Respiro o descanso.

respirador, ra adj. Que respira. || Aplícase a los músculos que sirven para la respiración (ú. t. c. m.).

respirar v. i. Aspirar y expeler el aire para renovar el oxígeno del organismo. || *Fig.* Vivir: *lo sé desde que respiro.* | Recuperar el aliento, tener un poco de tranquilidad: *déjame respirar.* || — *Fig.* y *fam.* *No dejar respirar a uno,* no dejarlo un solo momento, no darle descanso. | *No respirar,* no decir nada. | *Sin respirar,* sin descanso. || — V. t. Aspirar por las vías respiratorias: *respirar aire puro.* || *Fig.* Expresar, reflejar, ser testimonio de: *su cara respira una gran felicidad después del matrimonio.*

respiratorio, ria adj. Relativo a la respiración: *órganos respiratorios, funciones respiratorias.*

respiro m. Respiración. || *Fig.* Descanso, pausa, reposo. | Alivio en una preocupación o angustia. | Tregua. || Prolongación del plazo de un pago que se le da a un deudor.

* **resplandecer** v. t. Brillar: *un objeto metálico resplandecía a lo lejos.* || *Fig.* Mostrar, rebosar, despedir: *su rostro resplandece de felicidad.* | Sobresalir, descollar.

resplandeciente adj. Que resplandece. || *Fig.* Radiante, rebosante: *resplandece de salud, de belleza.*

resplandecimiento m. Resplandor.

resplandor m. Luz muy intensa o brillo que despide el Sol u otro cuerpo luminoso. || *Fig.* Brillo, esplendor, destello.

responder v. t. Dar a conocer alguien, después de una pregunta, su pensamiento por medio de la voz o de un escrito. || Afirmar, asegurar: *le respondo que es así.* || — V. i. Dar una respuesta: *no responde nadie.* || Replicar en lugar de obedecer: *no respondas a tus padres.* || Enviar una carta en correspondencia a otra. || Decir la opinión de uno, replicar: *argumento difícil de responder.* || Contestar a la llamada de alguien: *toqué el timbre y nadie respondió.* || Presentarse, personarse alguien cuando ha sido requerido: *responder a un llamamiento militar.* || Deberse: *¿a qué responde tanta insistencia?* || *Fig.* Salir fiador, garantizar: *responde de su solvencia.* | Corresponder, devolver: *responder a los favores recibidos.* | No frustrar, no defraudar: *responder a las esperanzas depositadas en él.* | Obrar de cierta forma: *responder a la fuerza con la fuerza.* | Asumir la responsabilidad, ser responsable de: *no respondo de lo que puedo hacer en tal caso.*

respondón, ona adj. Dícese de la persona que replica a todo lo que se le dice (ú. t. c. s.).

responsabilidad f. Obligación de responder de los actos que alguien ejecuta o que otros hacen: *cargar con la responsabilidad.* || *Responsabilidad civil,* obligación impuesta por la ley de reparar los daños y perjuicios causados a otro por el incumplimiento de un contrato o por un acto delictuoso.

responsabilizarse v. pr. Asumir la responsabilidad.

responsable adj. Que es responsable de los actos que ejecuta uno u otra persona (ú. t. c. s.).

responsiva f. *Méx.* Fianza. || *Méx. Responsiva médica,* responsabilidad que un médico contrae ante las autoridades sobre el paciente que tenga a su cuidado.

responso m. Rezo o canto litúrgico en honor de los difuntos.

responsorio m. Conjunto del oficio litúrgico de noche (maitines).

respuesta f. Palabra o escrito dirigidos en correspondencia a lo que se ha dicho, escrito o preguntado: *respuesta categórica.* || Carta escrita para responder a otra: *mi respuesta sólo tenía diez líneas.* || *Fig.* Contestación: *la indiferencia es la mejor respuesta a sus groserías.* | Reacción: *la respuesta de los agredidos no se hizo esperar.* || *Fig. Dar la callada por respuesta,* no dignarse contestar.

resquebradura f. Grieta.

resquebrajadizo, za adj. Que se agrieta fácilmente.

resquebrajadura f. o **resquebrajamiento** m. Grieta.

resquebrajar v. t. Hender ligera o superficialmente algunos cuerpos duros, como la loza, la madera (ú. t. c. pr.). || Grietear la pintura (ú. t. c. pr.).

resquebrajoso, sa adj. Resquebradizo.

* **resquebrar** v. t. Resquebrajar.

resquemar v. t. Causar ardor en la lengua y el paladar, picar (ú. t. c. i.). || Requemar, quemar un poco. || *Fig.* Escocer, producir desazón o disgusto.

resquemor m. Escozor. || Desazón, inquietud, desasosiego. || Enfado, disgusto. || Remordimiento.

resquicio m. Abertura estrecha entre el quicio y la puerta. || *Por ext.* Cualquier abertura estrecha. || *Fig.* Posibilidad: *un resquicio de esperanza.*

resta f. Sustracción, operación de restar. || Su resultado.

* **restablecer** v. t. Volver a poner en el primer estado: *restablecer las comunicaciones* (ú. t. c. pr.). || Recuperar la salud: *restablecido de su enfermedad.* || Volver a colocar a alguien en su puesto, categoría, clase, empleo. || Hacer renacer, instaurar: *restablecer el orden, la paz, la justicia* (ú. t. c. pr.). || — V. pr. Recobrar la salud: *se restableció de la enfermedad en el campo.*

restablecimiento m. Acción y efecto de restablecer o restablecerse.

restallar v. i. Chasquear, producir un ruido seco: *el látigo restallaba; restallar la lengua.*

restante adj. Que resta o queda: *el único restante de la familia.* || *Lo restante,* el resto.

restañadero m. Estuario.

restañadura f. y **restañamiento** m. Acción de volver a estanar. || Detención de la salida de la sangre de una herida.

restañar v. t. Volver a estañar. || Detener la salida de la sangre de una herida (ú. t. c. pr.). || *Fig.* Reparar, curar: *restañar las heridas de la guerra.*

restaño m. Restañadura.

restar v. t. Sustraer, hallar la diferencia entre dos cantidades: *restar cinco de diez.* || Quedar: *nos resta algo de vino.* || *Fig.* Quitar: *restar importancia, autoridad.* || En el tenis, devolver la pelota. || — V. i. Quedar o faltar: *en lo que resta del año.*

restauración f. Acción y efecto de restaurar: *la restauración de un cuadro.* || Restablecimiento de un régimen político en un país: *la restauración de la Monarquía.*

— Se ha dado el n. de *Restauración,* en España, al restablecimiento de los Borbones en el trono: 1.º Cuando Napoleón, por el Tratado de Valençay (1813), devolvió la corona a Fernando VII; 2.º Después del pronunciamiento de Martínez Campos, en Sagunto (1874), quien proclamó rey a Alfonso XII.

Restauración, com. del NO. de la Rep. Dominicana (Dajabón). — Distrito del O. del Perú, en la prov. de Huarás (Ancash).

restaurador, ra adj. Dícese de la persona que restaura, especialmente obras de arte y objetos antiguos (ú. t. c. s.).

restaurant [*-toran*] m. (pal. fr.). Restaurante.

restaurante m. Establecimiento público donde se sirven comidas. || *Coche* o *vagón restaurante,* coche de ferrocarril dispuesto como comedor.

restaurar v. t. Restablecer en el trono: *restaurar a los Estuardos.* || Reparar, arreglar, poner nuevamente en su primitivo aspecto: *restaurar un edificio, una obra de arte antigua.*

restinga f. Lengua de tierra, arenosa o de rocas, que penetra en el mar a poca profundidad.

restitución f. Devolución de una cosa a quien la poseía.

restituible adj. Que se debe restituir.

restituidor, ra adj. Que restituye o devuelve (ú. t. c. s.).

* **restituir** v. t. Devolver lo que ha sido tomado o que se posee indebidamente. || Poner de nuevo una cosa en el estado que ya estuvo. || — V. pr. Volverse al lugar, empezar de nuevo la actividad, etc., después de una ausencia.

restitutorio, ria adj. Relativo a la restitución.

resto m. Aquello que queda, que subsiste de un conjunto del que se ha quitado una o varias partes. || Lo que hay además de algo: *sé una parte y sabré pronto el resto.* || Resultado de una sustracción. || En la división, diferencia entre el dividendo y el producto del divisor por el cociente. || Jugador que en el tenis devuelve la pelota lanzada por el que saca. || Envite en que se juega toda la cantidad de dinero que se arriesga en una partida de cartas. || *Fig.* Lo que queda en poca cantidad: *aún hay un resto de esperanza.* || — Pl. Ruinas, vestigios de un monumento. || Cuerpo humano después de muerto: *los restos mortales.* || Desperdicios, desechos, sobras: *restos de comida.* || *Fig.* Huella. || *Echar el resto,* poner un jugador todo el dinero que le queda en una jugada; (fig. y fam.) realizar el máximo esfuerzo para obtener algo.

restojo m. Rastrojo.

restorán m. Restaurante.

restregadura f. Acción de restregar o restregarse. || Señal que queda. || Refregadura.

* **restregar** v. t. Frotar con fuerza una cosa con otra: *restregar el suelo con un cepillo, la ropa.* || *Fig.* y *fam.* Echar en cara repetidamente los favores que se han hecho: *siempre me está restregando su ayuda económica.*

restregón m. Restregadura.

Restrepo, pobl. de Colombia (Meta), al S. de Bogotá. — Pobl. de Colombia (Valle del Cauca).

Restrepo (Antonio José), escritor, orador y diplomático colombiano (1855-1933). || ~ (CARLOS E.), político colombiano (1867-1937), pres. de la Rep. de 1910 a 1914. || ~ (EDGAR POE), poeta colombiano (1919-1941). || ~ (FÉLIX), sacerdote, escritor y lingüista colombiano (1887-1965). || ~ (JOSÉ FÉLIX), educador, jurisconsulto y político colombiano (1760-1832), maestro de F. J. de Caldas. || ~ (JOSÉ MANUEL), político y escritor colombiano (1781-1863) que luchó por la Independencia. || ~ (JUAN DE DIOS), escritor de cuadros costumbristas colombiano (1827-1894), que utilizó el seudónimo de *Emiro Kastos.* || ~ **Jaramillo** (JOSÉ), novelista colombiano (1896-1945).

restricción f. Limitación: *restricción de la libertad.* || Disminución de los gastos. || *Restricción mental,* negación que se hace mentalmente para no cumplir lo que se dice. || — Pl. Medidas de racionamiento decretadas en época de escasez: *restricciones eléctricas.*

restrictivo, va y **restringente** adj. Que restringe: *cláusula restrictiva.*

restringir v. t. Disminuir, limitar, reducir a menores límites: *restringir los privilegios.* || Reducir los gastos (ú. t. c. pr.).

* **restriñir** v. t. Astringir.

resucitado, da adj. Que vuelve a la vida (ú. t. c. s.).

resucitador, ra adj. y s. Que hace resucitar.

resucitar v. t. Hacer que un muerto vuelva a la vida: *Cristo resucitó a Lázaro.* || *Med.* Reanimar a un muerto aparente. || *Fig.* Restablecer, hacer revivir, renovar: *resucitar una vieja costumbre.* | Reanimar: *este vinillo resucita a un muerto.* || — V. i. Volver a la vida, revivir: *Cristo resucitó al tercer día.*

resudar v. i. Sudar ligeramente. || Rezumar (ú. t. c. pr.).

resuelto, ta adj. Audaz, decidido: *un hombre muy resuelto.* || Firme: *tono resuelto.*

resuello m. Aliento o respiración, especialmente la violenta. || *Fig.* y *fam. Meterle a uno el resuello en el cuerpo,* intimidarle.

resulta f. Efecto, consecuencia. || *De resultas de,* a causa de, a consecuencia de.

resultado m. Lo que resulta de una acción, de un hecho, de un cálculo: *el resultado de un examen, de una división.*

resultando m. *For.* Cada uno de los párrafos que enuncian los fundamentos de hecho en que se basan las decisiones o sentencias judiciales: *los resultandos de un fallo, de una sentencia.*

resultante adj. Que resulta. || — F. *Fís.* Fuerza o vector que resulta de la composición de otras.

resultar v. i. Nacer, originarse o venir una cosa de otra: *los males que resultan de la guerra.* || Salir, venir a ser: *el plan resultó un fracaso.* || Dar un resultado acorde con lo que se esperaba: *la fiesta no ha resultado.* || Salir, venir a costar: *el vino resulta a doce pesetas el litro.* || Obtenerse, dar como resultado: *ahora resulta que él fue el responsable.* || Producir efecto bueno o malo: *este collar resulta muy bien con este vestido.* || Convenir, agradar: *eso no me resulta.*

resumen m. Exposición breve de una cosa: *un resumen histórico, el resumen de un discurso.* || *En resumen,* en pocas palabras, brevemente.

resumir v. t. Abreviar, reducir a términos breves y precisos: *resumir un discurso, un libro.* || — V. pr. Reducirse, resultar de menos importancia que lo previsto: *el* *mitin se resumió en una simple reunión de amigos.*

resurgencia f. Reaparición a la superficie de un curso de agua.

resurgimiento m. Acción de resurgir. || Renacimiento, regeneración: *el resurgimiento de la economía nacional.*

resurgir v. i. Surgir de nuevo, volver a aparecer. || *Fig.* Resucitar: *una moda que resurge.*

resurrección f. Acción de resucitar. || Por antonomasia, la de Jesucristo. || *Teol.* La de todos los muertos en el día del Juicio final: *la resurrección de la carne.*

retablo m. Elemento arquitectónico que se coloca encima de un altar y que sirve para su decoración. || Conjunto de figuras pintadas o de talla que representan en serie una historia. || Representación teatral de un pasaje de la historia sagrada.

retacar v. t. En el billar, dar dos veces a la bola con el taco. || Apretar algo para que quepa más en un recipiente.

retaco m. Escopeta corta muy reforzada en la recámara. || En el billar, taco más corto que los demás. || *Fam.* Hombre rechoncho.

retador, ra adj. Que desafía (ú. t. c. s.).

retaguardia f. Espacio que se extiende detrás de una formación militar en guerra. || Parte de la zona de los ejércitos, entre la zona de vanguardia y la del interior del país, en la que están los almacenes, establecimientos y servicios de las tropas en campaña. || Parte rezagada de una formación militar que atiende a cualquier necesidad de las unidades que están en la línea del frente.

retahíla f. Serie de cosas que están, suceden o se mencionan por su orden: *una retahíla de triunfos, de desgracias.*

retal m. Pedazo que sobra de una tela, piel, chapa, etc.: *venta de retales.*

Retalhuleu, c. del SO. de Guatemala, cab. del dep. homónimo.

retalteco, ca adj. y s. De Retalhuleu (Guatemala).

retama f. Arbusto papilionáceo, de pequeñas flores amarillas. || *Retama negra o de escobas,* planta leguminosa que abunda en España y con la que se hacen escobas.

retamal y **retamar** m. Sitio poblado de retama.

retar v. t. Provocar, desafiar a duelo o contienda. || Acusar de alevosía: *retar de conjurado.*

retardar v. t. Diferir, retrasar, hacer que una cosa ocurra más tarde: *retardar la salida de un tren.* || Frenar, obstaculizar: *retardar el avance del enemigo.* || *Bomba de efecto retardado,* la que está provista de un dispositivo para que la explosión se produzca cierto tiempo después de que se encienda.

retardatario, ria adj. Que tiende a producir retraso.

retardatriz adj. f. Que retarda o retrasa: *fuerza retardatriz.*

retardo m. Retraso, demora.

retartalillas f. pl. Retahíla de palabras, charlatanería.

retasar v. t. Tasar nuevamente. || Rebajar el precio de las cosas puestas en subasta.

retazo m. Retal o pedazo de una tela. || *Fig.* Fragmento de un escrito o discurso.

retejar v. t. Reparar un tejado reemplazando las tejas que faltan.

retejer v. t. Tejer muy tupido.

* **retemblar** v. i. Temblar, vibrar: *el piso retiembla.*

retén m. Grupo de hombres o tropa acuertelados con objeto de prestar un servicio colectivo en caso de necesidad: *retén de bomberos.* || *Tecn.* Pieza que sirve para inmovilizar a otra. || Repuesto, provisión: *tener azúcar de retén.*

retención f. Conservación de algo en la memoria. || Acción de retener o retenerse. || Parte que se retiene de un sueldo o salario. || *Med.* Conservación de un líquido, que debe normalmente ser expulsado, en una cavidad del cuerpo: *retención de orina.*

* **retener** v. t. Impedir que uno se vaya, obligar a que alguien permanezca en un lugar: *quiso emigrar, pero su familia le retuvo.* || Guardar uno lo que es de otro: *retener los bienes ajenos.* || No dejar pasar, conservar: *este montículo retiene el agua.* || Deducir, descontar: *retener una cantidad en un sueldo.* || Detener, parar, aguantar: *retén a este caballo antes de que se escape.* || Impedir la manifestación de algo, contener. || No dejar obrar: *le retuvo el miedo.* || Conservar en la memoria: *retener un nombre, una dirección.* || Contener: *retener el aliento.* || — V. pr. Moderarse, contenerse.

retentivo, va adj. y s. Capaz de retener. || — F. Facultad de acordarse, memoria.

Retia, prov. romana, entre los Alpes y el Danubio, incorporada al Imperio por Augusto.

reticencia f. Omisión voluntaria de lo que se debería o pudiera decir, con intención malévola.

reticente adj. Que usa reticencias o contiene reticencia. || Reacio.

rético, ca adj. y s. De la ant. Retia. || — M. Lengua románica hablada en Suiza oriental (ant. Retia), el Tirol y Friul.

retícula f. Retículo. || En artes gráficas, trama.

reticulado, da adj. Reticular.

reticular adj. De forma de red.

retículo m. Tejido de forma de red. || *Fís.* Anillo provisto de hilos finísimos que se cruzan perpendicularmente y que, montado en un instrumento óptico, permite precisar la visual. || En los rumiantes, segunda de las cuatro cavidades del estómago.

retina f. Membrana interna del ojo formada por la expansión del nervio óptico, en la que se reciben las impresiones luminosas.

— La *retina* contiene dos tipos de células visuales fotosensibles: los *conos,* utilizados en intensidades luminosas fuertes y sensibles a las radiaciones cromáticas, y los *bastoncillos,* que sólo funcionan en intensidades luminosas débiles.

retiniano, na adj. Relativo a la retina.

retinitis f. Inflamación de la retina que provoca trastornos visuales.

retintín m. Sonido prolongado que la vibración de un cuerpo sonoro deja en los oídos. || *Fig.* y *fam.* Tonillo irónico con que se recalca una expresión mordaz: *me lo preguntó con retintín.*

retinto, ta adj. De color castaño muy oscuro: *caballo retinto.*

retira f. *Impr.* Retiración.

retiración f. Acción de retirar. || *Impr.* Forma o molde para imprimir por la segunda cara el papel ya impreso por la primera. || *Prensa de retiración,* la que imprime sucesivamente las dos caras del mismo pliego.

retirado, da adj. Apartado, alejado, poco frecuentado: *barrio retirado.* || Solitario: *vida retirada.* || — Adj. y s. Dícese de los militares o empleados que han dejado ya de prestar servicio activo. || — F. Retroceso de un ejército. || Retreta, toque militar: *tocar retirada.* || Acción de retirar: *la retirada de una moneda.* || Estado de lo que vuelve atrás: *la retirada del mar.* || Acto por el cual se da fin a una actividad: *la retirada de un actor, de un torero.* || Abandono en una competición: *la retirada de un equipo.* || Paso de danza. || — *Batirse en retirada,* retroceder ante el enemigo. || *Cubrir la retirada,* proteger la retirada de un ejército; (fig) tomar precauciones por si sale mal un asunto.

retiramiento m. Retiro.

retirar v. t. Apartar, quitar: *retirar los platos de la mesa.* || Sacar: *retirar dinero del banco.* || Quitar de la circulación: *retirar una moneda.* || Jubilar: *retirar anticipadamente a un empleado.* || *Fig.* Desdecirse, retractarse: *retiro lo dicho.* | Dejar de otorgar: *retirar la confianza a uno.* || *Impr.* Estampar por el revés el pliego que ya lo está por la otra cara. || — V. pr. Dejar el trato con la gente: *retirarse en un convento.* || Cesar un funcionario o empleado sus actividades, jubilarse: *retirarse del ejército.* || Abandonar una competición: *se retiró del campeonato.* || Recogerse, irse: *retirarse a dormir.*

retiro m. Acción de abandonar un empleo, los negocios, el servicio activo. || Situación del militar o del funcionario retirado: *llegar a la edad del retiro.* || Pensión que se cobra en este caso. || Lugar apartado donde uno se retira. || Alejamiento de las cosas profanas durante un cierto período de tiempo para dedicarse a ejercicios piadosos y a la meditación.

reto m. Desafío, invitación a otro para la lucha.

retobado, da adj. *Amer.* Respondón. | Obstinado.

retocado m. Retoque.

retocador, ra adj. y s. Que retoca fotografías.

retocar v. t. Dar la última mano a una cosa, perfeccionarla, hacer correcciones o modificaciones: *retocar un texto.* || Corregir en una pintura, un grabado, una fotografía las pequeñas imperfecciones. || Tocar de nuevo o insistentemente. || Rectificar una prenda de vestir para adaptarla mejor al comprador.

retoñar y * **retoñecer** v. i. Echar nuevos brotes una planta.

retoño m. Vástago o tallo que echa de nuevo la planta, brote. || *Fig.* Hijo de poca edad.

retoque m. Modificación hecha para mejorar: *retoque de fotografías.* || Rectificación de un traje de confección hecha después de que se lo ha probado el comprador. || Pincelada de corrección que hace el pintor en un cuadro propio o en otro que restaura.

retor m. Tejido de algodón.

retorcedura f. Retorcimiento.

* **retorcer** v. t. Torcer mucho una cosa dándole vueltas: *retorcer un alambre.* || *Fig.* Volver un argumento contra aquel que lo emplea. | Tergiversar, dar un significado falso a lo afirmado por otro. || — V. pr. Doblarse, enrollarse: *el cordón se retorció.* || — *Fig. Retorcerse de dolor,* manifestar visiblemente un dolor muy violento. | *Retorcerse de risa,* reír mucho.

retorcido, da adj. *Fig.* Tortuoso, maligno, perverso: *tenía una mentalidad muy retorcida.* | Rebuscado, afectado: *lenguaje retorcido.*

retoricismo m. Uso exagerado de las reglas de retórica.

retórico, ca adj. De la oratoria o de la retórica. || *Fig.* Afectado, amanerado, atildado. || Dícese de la persona especialista en retórica (ú. t. c. s.). || — F. Conjunto de reglas y principios referentes al arte de hablar o escribir de manera elegante. || *Fig.* Grandilocuencia afectada. | Palabrería: *todo eso es retórica.*

— En las *figuras de retórica* se distinguen las que cambian el sentido de las palabras (*elipsis, silepsis, inversión, pleonasmo, metáfora, alegoría, catacresis, sinécdoque, metonimia, eufemismo, antonomasia, antífrasis,* etc.) y las que modifican sólo el de la frase (*antítesis, exclamación, epifonema, interrogación, gradación, reticencia, interrupción, perífrasis, hipérbole, litote, preterición, prosopopeya,* etc.).

retornar v. t. Devolver, restituir: *retornar lo prestado.* || — V. i. Volver al lugar o a la situación en que se estuvo: *retornar a sus hogares, a su empleo.*

retornelo m. *Mús.* Repetición de la primera copla o aria.

retorno m. Acción de retornar, vuelta. ‖ Devolución. ‖ Pago, recompensa del servicio recibido. ‖ Cambio, trueque.

retorrománico, ca y **retorromano, na** adj. y s. m. Rético.

retorsión f. Acción de volver un argumento contra el que lo emplea. ‖ Represalia: *medidas de retorsión.*

retorta f. Vasija de laboratorio con cuello largo y encorvado.

retortero m. Vuelta. ‖ — *Fam. Andar al retortero,* tener demasiadas cosas a que atender al mismo tiempo. | *Traer a uno al retortero,* hacerle ir de un lado para otro.

retortijón m. Retorcimiento de una cosa. ‖ *Retortijones de tripas,* dolor intestinal breve y agudo.

retostado, da adj. Oscuro.

* **retostar** v. t. Volver a tostar o tostar mucho una cosa. ‖ Broncear la piel.

retozador, ra adj. Retozón.

retozar v. i. Saltar y brincar alegremente. ‖ Travesear, juguetear: *retozar los niños, los cachorros.* ‖ Coquetear: *retozar con las mujeres.*

retozo m. Acción de retozar.

retozón, ona adj. Inclinado a retozar, juguetón: *niño retozón.*

retracción f. *Med.* Reducción del volumen de ciertos tejidos u órganos.

retractable adj. Que se puede o debe retractar.

retractación f. Acción de desdecirse de lo dicho o hecho.

retractar v. t. Retirar lo dicho o hecho, desdecirse de ello. Ú. m. c. pr.: *retractarse de una opinión.* ‖ Ejercitar el derecho de retracto.

retráctil adj. Contráctil, que puede retirarse y quedar oculto: *las uñas retráctiles de los félidos.* ‖ Dícese de un órgano mecánico saliente que se puede hacer desaparecer u ocultar cuando no funciona: *tren de aterrizaje retráctil.*

retractilidad f. Condición de retráctil.

retracto m. Derecho que tienen ciertas personas de adquirir, por el tanto de su precio, la cosa vendida a otro.

* **retraducir** v. t. Traducir de nuevo o traducir al idioma del que se tradujo antes.

* **retraer** v. t. Volver a traer. ‖ Retirar contrayendo, encoger: *el caracol retrae los cuernos* (ú. t. c. pr.). ‖ Ejercitar el derecho de retracto. ‖ — V. pr. Acogerse, ampararse, refugiarse: *retraerse a sagrado.* ‖ Hacer vida retirada, aislarse. ‖ Apartarse temporalmente: *retraerse de sus funciones políticas.*

retraído, da adj. Decíase de la persona refugiada en lugar sagrado. ‖ *Fig.* Que gusta de la soledad, solitario. ‖ Poco comunicativo, corto, tímido.

retraimiento m. Acción de retraerse. ‖ *Fig.* Cortedad, reserva.

retranca f. Especie de ataharre para las caballerías de tiro. ‖ *Fig. Tener mucha retranca,* ser de mucho cuidado. ‖ *Méx. Echar retranca a un negocio,* detenerlo.

retranquear v. t. Bornear.

retransmisión f. Acción y efecto de retransmitir.

retransmitir v. t. Volver a transmitir: *retransmitir un mensaje.* ‖ Difundir directamente un concierto, un espectáculo, por radio o por televisión.

retrasado, da adj. Que llega con retraso (ú. t. c. s.). ‖ Que está más atrás de lo que en realidad se debe: *retrasado en estudios, en mi trabajo.* ‖ Dícese del reloj que señala una hora anterior a la que realmente es. ‖ Inadecuado a la época actual: *costumbres retrasadas.* ‖ Poco desarrollado o culto: *naciones retrasadas.* ‖ Que ha quedado de días anteriores: *pan retrasado.* ‖ Que ha pasado ya el momento en que se debía hacer algo: *estoy retrasado en el pago del alquiler.* ‖ — *Retrasado de noticias,* dícese del que no está al tanto de las nuevas actuales. ‖ *Retrasado mental,* débil mental.

retrasar v. t. Diferir, aplazar, dejar para más tarde: *retrasar la marcha.* ‖ Hacer llegar más tarde de lo que se debe: *la huelga de transportes ha retrasado a los obreros.* ‖ Hacer obrar más lentamente que lo que se debía: *esto retrasa mi trabajo.* ‖ Poner las agujas de un reloj a una hora inferior a la que realmente es. ‖ — V. i. Funcionar un reloj a un ritmo inferior al del paso del tiempo. ‖ Ir en sentido contrario al del progreso: *este país retrasa.* ‖ Rezagarse: *retrasar en los estudios.* ‖ — V. pr. Llegar más tarde: *retrasarse a causa de la circulación dificultosa.* ‖ Demorarse: *retrasarse el fin.* ‖ Atrasarse, coger retraso: *el avión se retrasó.*

retraso m. Acción hecho de llegar demasiado tarde, de hacer algo más tarde que lo que se debía. ‖ Demora: *el retraso del avión.* Atraso, condición de los pueblos poco desarrollados. ‖ Tiempo que retrasa un reloj. ‖ Lo que está aún sin hacer y debía haberse hecho: *pagar los retrasos.* ‖ Debilidad: *retraso mental.*

retratar v. t. Pintar, dibujar o fotografiar la figura de alguna persona o cosa. ‖ *Fig.* Describir con exactitud a una persona o cosa: *retratar las costumbres gauchas.* ‖ — V. pr. Reflejarse. ‖ Sacarse una fotografía. ‖ *Pop.* Pagar, soltar dinero, la mosca.

retratería f. *Amer.* Estudio de fotógrafo.

retratista com. Persona que hace retratos.

retrato m. Representación de la figura de una persona, animal o cosa hecha en dibujo, pintura o fotografía. ‖ *Fig.* Descripción, física o moral, de una persona o de una cosa. | Lo que se parece mucho: *es el vivo retrato de su madre.*

retrechería f. *Fam.* Encanto, gracia, atractivo, simpatía. | Picardía con que se elude una obligación o promesa.

retrechero, ra adj. *Fam.* Encantador, simpático, que tiene un gran atractivo: *cara retrechera.* | Mañoso para no hacer algo.

retrepado, da adj. Inclinado o echado hacia atrás.

retreparse v. t. Echar hacia atrás la parte superior del cuerpo: *retreparse en la butaca.*

retreta f. Toque militar para anunciar la retirada y para que la tropa se recoja por la noche en el cuartel. ‖ Fiesta nocturna militar. ‖ *Amer.* Serie, retahíla.

retrete m. Habitación y receptáculo destinados a la evacuación de los excrementos.

retribución f. Paga, remuneración por algún trabajo o servicio.

* **retribuir** v. t. Pagar, dar dinero u otra cosa a uno por un trabajo o servicio recibido. ‖ *Amer.* Corresponder a un favor.

retributivo, va y **retribuyente** adj. Que retribuye.

retro. V. RETROVENTA.

retroacción f. Retroactividad. ‖ Retroceso.

retroactividad f. Aplicación a tiempo pasado de los efectos de una ley, de una sentencia, de un acto jurídico.

retroactivo, va adj. Que obra o tiene fuerza sobre lo pasado: *ley retroactiva.*

retrocarga (de) m. adv. Aplícase a las armas de fuego que se cargan por detrás y no por el cañón.

retroceder v. i. Volver hacia atrás. ‖ *Fig.* Ceder, desistir. Remontarse: *retroceder al siglo pasado.* ‖ Ceder, retirarse ante el enemigo. ‖ *Autom.* Pasar a una velocidad inferior. ‖ Tener retroceso un arma de fuego.

retrocesión f. Retroceso. ‖ Acción de ceder y efecto de ceder a uno el derecho o cosa que él había cedido.

retrocesivo adj. Que supone retrocesión.

retroceso m. Acción y efecto de retroceder. ‖ Movimiento hacia atrás que hace un arma de fuego al dispararla. ‖ *Fig.* Regresión. ‖ *Med.* Recrudescencia de una enfermedad. ‖ Lance del juego de billar consistente en picar la bola de manera que vuelva al punto de partida.

retrocohete m. Cohete que frena a otro cohete en astronáutica.

retogradación f. Retroceso de los planetas en su órbita.

retrogradar v. i. Retroceder, volver atrás. ‖ Retroceder aparentemente los planetas en su órbita, vistos desde la Tierra.

retrógrado, da adj. Que va hacia atrás: *movimiento retrógrado de un planeta.* ‖ *Fig.* Reaccionario, opuesto al progreso: *hombre retrógrado* (ú. t. c. s.). ‖ *Astr.* y *Mec.* Dícese de un movimiento en el mismo sentido que el de las agujas de un reloj.

retrogresión f. Retroceso

retropropulsión f. Frenado, mediante un cohete, de un vehículo espacial.

retrospección f. Mirada o examen retrospectivo.

retrospectivo, va adj. Que se refiere a un tiempo pasado: *una exposición retrospectiva.*

* **retrotraer** v. t. *For.* Considerar una cosa como sucedida antes del tiempo en que realmente ocurrió. ‖ Retroceder a un tiempo o hecho anterior para explicar algo.

retrovender v. t. Devolver el comprador una cosa al mismo de quien la compró, devolviéndole éste el precio.

retroventa f. Acción de retrovender.

retroversión f. Desviación hacia atrás de algún órgano del cuerpo: *retroversión de la matriz.*

retrovisor m. Espejo, colocado en la parte superior del interior de un parabrisas o en un guardabarros, que permite al conductor de un vehículo ver lo que hay detrás.

retrucar v. i. En los juegos del billar y de trucos, volver la bola impelida al chocar con la banda o con otra bola. ‖ Refutar. ‖ *Méx.* Reflejar sobre uno las consecuencias de un hecho ajeno.

retruécano m. Figura de retórica que consiste en poner una frase al revés, repitiendo las palabras de que se compone con orden y régimen inversos, lo que trae consigo que el sentido cambie completamente: *ni son todos los que están, ni están todos los que son.* ‖ Juego de palabras que se hace con el empleo de vocablos parónimos, pero con distintos significados.

retumbante adj. Que retumba. ‖ *Fig.* Aparatoso, ostentoso.

retumbar v. i. Resonar: *la sala retumbaba con los aplausos.* ‖ Hacer gran ruido: *retumbó el trueno, el cañón.*

Retz (Paul DE GONDI, *cardenal de*), político y escritor francés (1613-1679), uno de los jefes de la Fronda. Autor de *Memorias.*

reucliniano, na adj. y s. Partidario de la pronunciación griega de Johannes Reuchlin, humanista alemán (1455-1522), fundada en el uso de los griegos modernos.

reúma o **reuma** m. Reumatismo: *aquejado de reúma.*

reumático, ca adj. Que padece reumatismo (ú. t. c. s.). ‖ Relativo a esta enfermedad: *enfermedad reumática de carácter grave.*

reumatismo m. Enfermedad caracterizada por dolores en las articulaciones, los músculos, las vísceras, etc.: *reumatismo articular.*

reunificación f. Acción y efecto de reunificar.

reunificar v. t. Volver a unir.

reunión f. Acción de reunir o reunirse. || Conjunto de personas reunidas: *reunión sindical, política, cultural.*

Reunión (ISLA DE LA), ant. *Isla Borbón,* isla del océano Índico, al E. de África. Territorio francés desde 1642 y dep. desde 1946; 2 511 km; 450 000 h.; cap. *Saint-Denis,* 86 000 h.

reunir v. t. Volver a unir: *reunir los fragmentos de una vasija rota.* || Hacer de dos o más cosas una sola: *reunir dos pisos.* || Juntar, congregar: *reunir a los asociados.* || Tener ciertas condiciones: *los que reúnan estos requisitos pueden venir.* || Recoger, coleccionar: *reunir sellos.* || Concentrar, coordinar: *reunir sus fuerzas.* || — V. pr. Juntarse.

Reus, c. del E. de España (Tarragona). Industrias textiles. Vinos.

Reuss, río de Suiza que forma el lago de los Cuatro Cantones y des. en el Aar; 160 km. — N. de dos antiguos principados de Alemania del Norte. Desde 1919 forman parte de Turingia.

Reutlingen, c. del SO. de Alemania Occidental (Baden-Wurtemberg).

revacunación f. Acción y efecto de revacunar.

revacunar v. t. Vacunar al que ya está vacunado.

Reval, n. alem. de *Tallinn.*

reválida f. Examen final para obtener un grado universitario.

revalidación f. Acción y efecto de revalidar.

revalidar v. t. Ratificar, dar nuevo valor y firmeza a una cosa: *revalidar un título académico.* || — V. pr. Recibirse o aprobarse en una facultad: *revalidarse en medicina, en farmacia.*

revalorización f. Acción de dar a una moneda devaluada todo o parte del valor que tenía. || Acción de paliar los efectos de una devaluación monetaria en los ingresos fijos.

revalorizar v. t. Hacer una revalorización.

revancha f. Desquite.

revanchista adj. y s. Que tiene grandes deseos de tomarse la revancha.

reveillon m. (pal. fr.). Cena de Nochebuena y de Nochevieja.

revejido, da adj. y s. Envejecido antes de tiempo.

revelación f. Acción de revelar aquello que era secreto u oculto y cosa revelada. || Aquello que una vez conocido hace descubrir otras cosas. || Persona que pone de manifiesto en un momento determinado sus excelentes cualidades para algo: *fue la revelación de la temporada.* || Por antonomasia, acción de Dios que manifiesta a los hombres verdades inasequibles a la sola razón. || La religión revelada.

revelado m. Operación de revelar una película fotográfica.

revelador, ra adj. Que pone de manifiesto: *carta reveladora.* || Dícese de la persona que revela algo (ú. t. c. s.). || — M. Baño que permite transformar la imagen latente de una película fotográfica en imagen visible.

revelar v. t. Dar a conocer lo que estaba secreto, oculto o desconocido. || Divulgar. || Ser señal o indicio de: *su cara revelaba terror.* || Dar a conocer por revelación divina. || Mostrar, poner de manifiesto: *estos dibujos revelan su estilo vanguardista.* || Hacer visible, con ayuda de un revelador, la imagen latente obtenida en una película fotográfica. || — V. pr. Manifestarse: *se reveló un gran artista.*

revellín m. Obra exterior que protege la cortina de un fuerte.

revendedor, ra adj. y s. Dícese de la persona que vende con lucro lo que ha comprado.

revender v. t. Vender lo que se ha comprado con fines de lucro.

reventa f. Venta, con fines de lucro, de lo que se ha comprado.

reventadero m. Trabajo muy cansado o agotador.

reventado, da adj. Agotado.

reventador, ra m. y f. Persona que va al teatro o a otro espectáculo para mostrar su desagrado ruidosamente.

Reventador, volcán del Ecuador, en la cord. Central; 3 485 m.

* **reventar** v. i. Estallar, romperse una cosa a causa de una fuerza interior: *reventar un globo, un neumático* (ú. t. c. pr.). || Deshacerse en espuma las olas en los peñascos. || *Fig.* y *fam.* Desear anhelosamente: *está que revienta por ir al cine.* | Estallar, prorrumpir: *reventar de risa.* | Estar lleno de: *reventar de orgullo.* | Morir. || *Reventado de cansancio,* cansadísimo. || — V. t. Romper una cosa aplastándola. || *Fig.* y *fam.* Fatigar, cansar en exceso. | Molestar, fastidiar. || — V. pr. *Fig.* y *fam.* Fatigarse mucho: *mi padre se revienta trabajando.*

reventazón f. Acción de reventar. || *Arg.* Contrafuerte de una cordillera.

Reventazón, río de Costa Rica (Limón), que confluye con el Parismina; 125 km.

reventón adj. *Clavel reventón,* clavel doble. || — M. Acción de reventar, pinchazo de un neumático. || *Fig.* Fatiga grande. | Trabajo intenso. | Muerte. || *Amer.* Afloramiento de un filón. || *Darse un reventón de trabajar,* trabajar mucho, matarse trabajando.

reverberación f. Reflexión de la luz o del calor. || Persistencia de las sensaciones auditivas en un local después de la emisión de un sonido.

reverberar v. i. Reflejarse la luz en un objeto brillante. || — V. t. Reflejar, proyectar la luz, el calor. || — V. pr. Reflejarse: *el sol se reverberaba en las casas blancas.*

reverbero m. Espejo reflector, generalmente de metal, que se adapta a una lámpara para hacer converger la luz en un punto. || Farol de cristal para iluminar. || *Amer.* Infiernillo, cocinilla. || *Horno de reverbero,* horno en que la carga se calienta indirectamente por medio de una bóveda o techo a gran temperatura.

* **reverdecer** v. i. Ponerse verdes otra vez las plantas, los campos. || *Fig.* Renovarse, tomar nuevo vigor: *reverdecían las nuevas doctrinas totalitarias.* || — V. t. Hacer que cobre nueva importancia: *allí reverdeció sus antiguas glorias.*

Reverdy (Pierre), poeta francés (1889-1960), precursor del surrealismo.

reverencia f. Profundo respeto. || Movimiento del cuerpo que se hace para saludar ya sea inclinándose, ya sea doblando las rodillas. || Título honorífico que se daba a los religiosos que eran sacerdotes. (En este caso hay que escribirlo con mayúscula: *Su Reverencia.*)

reverencial adj. Que supone reverencia: *respeto reverencial.*

reverenciar v. t. Honrar, respetar, venerar, tratar con reverencia.

reverendísimo, ma adj. Tratamiento que se da a los cardenales, arzobispos y algunas otras altas dignidades eclesiásticas.

reverendo, da adj. y s. Tratamiento que se da a las dignidades eclesiásticas. || — Adj. *Fam.* Descomunal, tremendo, enorme: *una reverenda porquería.*

reverente adj. Respetuoso. || Que es demasiado ceremonioso.

reversibilidad f. Condición de reversible.

reversible adj. Dícese de los bienes que, en ciertos casos, deben volver al propietario que dispuso de ellos. || Aplícase a una renta o pensión que ha de beneficiar a otra persona después de la muerte del titular. || Dícese de un traje que está hecho para que pueda ser llevado tanto al derecho como al revés: *abrigo reversible.* || Aplícase a cualquier transformación mecánica, física o química que puede en un momento dado cambiar de sentido a causa de una modificación en las condiciones del fenómeno. || *Por ext.* Dícese de un fenómeno en el que el efecto y la causa pueden ser invertidos.

reversión f. Derecho que tiene el donante de recuperar los bienes de que se había desposeído.

reverso m. Lado opuesto al principal, revés: *el reverso de un tapiz, de una moneda.* || *Fig. El reverso de la medalla,* persona o cosa de cualidades opuestas a las de otra.

* **revertir** v. i. Volver una cosa al estado que antes tenía. || Volver una cosa a la propiedad del dueño que antes tuvo. || Resultar, resolverse en.

revés m. Lado opuesto al principal: *el revés de un tejido, de la mano.* || Golpe dado con la parte contraria a la palma de la mano. || En tenis, golpe dado con la raqueta de izquierda a derecha. || *Fig.* Contratiempo, hecho desafortunado: *los reveses de la vida.* || Derrota: *revés militar.* || — *Al revés,* en sentido contrario al normal: *ponerse la camisa al revés;* de forma opuesta: *hazlo al revés y te saldrá mejor;* en sentido inverso: *todo lo entiendes al revés.* || *Al revés de,* al contrario de. || *Del revés,* con lo de arriba abajo, con lo que debe ir al interior al exterior, etc.

revestimiento m. Capa con la que se recubre algo. || Parte que se ve de una calzada, acera, etc.

* **revestir** v. t. Cubrir con una capa. || Ponerse un traje (ú. t. c. pr.). || *Fig.* Cubrir, dar un aspecto. || — V. pr. *Fig.* Armarse, ponerse en disposición de ánimo para conseguir un fin: *revestirse de paciencia.*

revejo, ja adj. y s. Muy viejo.

revientabuey m. Bupresto, insecto.

revigorar y **revigorizar** v. t. Dar nuevo vigor.

Revillagigedo, archip. de México (Colima), en el océano Pacífico, formado por las islas de *San Benedicto, Socorro, Clarión, Roca Partida,* etc. (Está a 800 km de la costa continental.)

Revillagigedo (*Conde de*). V. GÜEMES PACHECO.

revisable adj. Que se puede revisar.

revisar v. t. Volver a ver, someter una cosa a nuevo examen para corregirla: *revisar un texto.* || Examinar con objeto de arreglar, de hacer que funcione bien: *hacer revisar el coche.* || Controlar: *revisar los pasaportes.*

revisión f. Control de los billetes en un transporte público. || Verificación: *revisión de cuentas.* || Inspección: *revisión de armamento.* || Examen para ver el estado de funcionamiento de algo: *revisión del coche.* || Modificación de un texto jurídico para adaptarlo a una situación nueva: *revisión de la Constitución.*

revisionismo m. Actitud de los que discuten las bases de una doctrina.

revisionista adj. Relativo al revisionismo. || Partidario de él (ú. t. c. s.).

revisor, ra adj. Que revisa o inspecciona. || — M. Empleado que comprueba que los viajeros tienen billete.

revista f. Examen detallado de algo, enumeración: *pasar revista a sus errores.* || Publicación periódica sobre una o varias materias: *revista cinematográfica.* || Sección en un periódico encargada de hacer una reseña de carácter crítico. || Inspección de los efectivos, armas y materiales de una tropa: *pasar* *revista a un regimiento.* || Formación de un cuerpo de ejército para que sea inspeccionado. || Espectáculo teatral de carácter frívolo compuesto de cuadros sueltos.

revistar v. t. Pasar revista.

revistero, ra m. y f. Persona que escribe revistas en un periódico: *revistero taurino, teatral, cinematográfico.*

revitalizar v. t. Dar nueva vida.

revivificación f. Reanimación.

revivificar v. t. Reavivar, reanimar, dar nueva vida.

revivir v. i. Resucitar. || Volver en sí el que parecía muerto. || Renovarse o reproducirse una cosa: *revivió la lucha.* || — V. tr. Evocar, recordar, vivir de nuevo: *no quisiera revivir aquellos apuros.*

revocabilidad f. Condición de revocable.

revocable adj. Que puede ser revocado.

revocación f. Medida disciplinaria tomada contra un funcionario por la que éste se ve desposeído de su función en la administración pública. || Anulación de una disposición de una autoridad por otra distinta. || Acto jurídico con el que una persona anula los efectos de una medida tomada por ella anteriormente: *revocación de un testamento.*

revocador, ra adj. y s. Que revoca. || — M. Albañil que revoca las paredes.

revocadura f. Revoque.

revocar v. t. Anular, declarar nulo: *revocar un testamento, una orden.* || Poner fin a las funciones por medida disciplinaria: *revocar a un funcionario.* || Enlucir y pintar de nuevo las paredes exteriores de un edificio.

revoco m. Revoque.

revolcadero m. Lugar donde suelen revolcarse los animales.

* **revolcar** v. t. Derribar por tierra, echar al suelo. || *Fig.* Apabullar en una discusión. | Ser infinitamente superior en una contienda. | Suspender en un examen. || — V. pr. Tirarse o echarse en el suelo y dar vueltas sobre sí mismo: *revolcarse en el barro.* || *Fig.* y *fam. Revolcarse de risa,* reír mucho.

revolcón m. Revuelco. || Caída: *sufrir un revolcón sin consecuencias.* || Acción de tirar al suelo el toro al torero. || *Fig.* y *fam. Dar un revolcón a uno,* darle una lección, apabullarlo en una discusión.

revolotear v. i. Volar alrededor de algo: *los pájaros revoloteaban de flor en flor.* || Ir dando vueltas por el aire una cosa: *el viento hacía revolotear las hojas secas.*

revoloteo m. Vuelo alrededor de algo. || *Fig.* Revuelo, agitación.

revoltijo y **revoltillo** m. Mezcolanza de cosas revueltas. || Confusión: *estoy hecho un revoltillo.*

revoltoso, sa adj. y s. Travieso, turbulento: *niño revoltoso.* || Promotor de sediciones, rebelde.

revoltura f. *Méx.* Mezcla de fundentes que se agrega a los minerales de plata para facilitar su fusión.

revolución f. Movimiento circular por el que un móvil vuelve a su posición inicial: *la revolución de la Tierra alrededor del Sol.* || Movimiento de una figura alrededor de su eje. || Vuelta: *motor de muchas revoluciones.* || Cambio violento en las estructuras políticas, sociales o económicas de un Estado: *la Revolución Francesa.* || *Fig.* Cambio completo: *revolución en el arte, en la vida de alguien.*

— Entre las *revoluciones* más importantes de los tiempos modernos merecen mencionarse: 1.º La de *Inglaterra* de 1648 que, después de la ejecución de Carlos I, proclamó la República de 1649, bajo el protectorado de Cromwell. En 1688 hubo otra revolución que derribó a los Estuardos. — 2.º Las de *Francia,* donde ha habido cuatro principales, a saber: *a*) la de 1789, iniciada con la toma de la Bastilla el 14 de julio; *b*) la de 1830, que derribó a la rama primogénita de los Borbones y la sustituyó por la segunda (Luis Felipe); *c*) la de 1848, que fundó la Segunda República, y *d*) la de 1870, que acabó con el Segundo Imperio y restableció la República. — 3.º En *España,* entre otras: *a*) la de 1868, que obligó a dejar el trono a Isabel II y dio nacimiento a la Primera República; *b*) la de diciembre de 1930, que preparó la implantación de la Segunda República, y *c*) la de octubre de 1934, de gran significación social, especialmente en Asturias. — 4.º En *Rusia,* la que en febrero de 1917 puso fin al régimen zarista, seguida de la socialista en octubre. — 5.º En *Alemania,* la de 1918, que depuso a los Hohenzollern y demás casas reinantes. — 6.º En *América,* las revoluciones iniciadas en nuestro siglo han obedecido siempre a causas de origen social o a reivindicaciones campesinas. Conviene citar, entre otras, las de México en 1910 y la de Cuba, en 1959. — 7.º En *China,* la de 1949.

revolucionar v. t. Provocar un cambio con la introducción de principios revolucionarios. || Causar entre la gente agitación, turbación o una viva emoción: *su llegada revolucionó a toda la chiquillería.* || Cambiar, transformar totalmente: *los grandes almacenes han revolucionado el comercio al por menor.*

revolucionario, ria adj. Relativo a las revoluciones políticas. || Originado por ellas: *gobierno revolucionario.* || Que favorece o provoca una revolución, un cambio completo: *teoría revolucionaria.* || Dícese de la persona que es partidaria o que participa en una revolución. Ú. t. c. s.: *los revolucionarios rusos.*

* **revolver** v. t. Remover, mover lo que estaba junto: *revolver papeles.* || Crear el desorden en algo que estaba ordenado: *revolver el cajón.* || Pensar, reflexionar: *lo revolvía en la cabeza.* || Confundir, mezclar sin orden ni concierto: *tiene una serie de conocimientos revueltos.* || Alterar, turbar: *revolver los ánimos.* || Irritar, indignar: *esta noticia me revolvió.* || Causar trastornos: *esto me revuelve el estómago.* || *Fig. Revolver Roma con Santiago,* no dejar piedra sin mover, hacer todo lo posible. || — V. pr. Agitarse, moverse: *revolverse en la cama.* || Encararse, hacer frente: *el toro se revolvió con bravura.* || Revolcarse: *revolverse en la hierba.* || Estropearse, ponerse tempestuoso el tiempo.

revólver m. Pistola cuya recámara está formada por un tambor detrás del cañón que contiene varias balas.

revoque m. Acción de revocar las paredes. || Mezcla de cal y arena u otro material con que se revoca.

revuelco m. Acción de revolcar o revolcarse.

revuelo m. Segundo vuelo de las aves. || *Fig.* Turbación, agitación, emoción: *la noticia produjo gran revuelo en los ánimos.* || *Amer.* Golpe que da el gallo de pelea con el espolón.

Revueltas (José), escritor mexicano, n. en 1914, autor de novelas (*Los muros de agua, El luto humano, En un valle de lágrimas*), de cuentos (*Dios en la tierra*) y de ensayos. || ~ (Silvestre), compositor mexicano (1899-1940).

revuelto, ta adj. En desorden: *pelo revuelto.* || Revoltoso, excitado, turbulento: *los niños están revueltos.* || Mezclado: *viven revueltos unos con otros.* || Turbio, poco claro: *líquido revuelto.* || Trastornado: *tiempo revuelto.* || Agitado: *mar revuelto.* || Levantisco, alborotado: *el pueblo está revuelto con esas medidas.* || Dícese de los huevos que, batidos, se cuajan ligeramente en la sartén. || — F. Vuelta: *daba vueltas y revueltas por el mismo sitio.* || Cambio de dirección de un camino, carretera, calle. || Motín, alteración del orden público. || Altercado, disputa.

revulsión f. Irritación local provocada para hacer cesar la congestión o inflamación de una parte del cuerpo o para estimular el sistema nervioso.

revulsivo, va adj. y s. m. Aplícase al medicamento que produce revulsión. || — M. *Fig.* Reacción, cosa que hace reaccionar.

rey m. Monarca o príncipe soberano de un Estado: *rey constitucional.* || *Fig.* El que sobresale entre los demás de su clase: *el león es el rey de los animales.* | El que tiene la supremacía en un campo de actividad: *el rey del petróleo.* || Pieza principal en el juego del ajedrez. || Carta duodécima de un palo de la baraja española: *el rey de copas.* || — *Fig. A cuerpo de rey,* muy bien: *tratado a cuerpo de rey.* || *Día de Reyes,* la Epifanía. || *Fig. Del tiempo del rey que rabió,* en tiempo de Maricastaña, desde época muy remota. || *Libro de los Reyes,* cada uno de los cuatro libros canónicos del Antiguo Testamento que relatan la historia de los reyes judíos. || *Fig. Ni quito ni pongo rey,* no tomo partido por nadie. | *No temer ni rey ni roque,* no tener miedo de nadie. || *Rey de armas,* especialista en heráldica. || *Rey de la creación,* el hombre. || *Rey de las codornices,* ave zancuda que acompaña a las codornices en sus migraciones. || *Rey de los gallinazos,* una especie de buitre. || *Rey de reyes,* el Negus, emperador de Abisinia. || *Rey de Roma,* título del hijo de Napoleón I. || *Servir al rey,* hacer el servicio militar. || *Fig. Vivir a cuerpo de rey,* vivir con toda comodidad y lujo.

Rey (Isla del). V. Chafarinas. || ~ **(El),** isla del S. de Panamá, en el archip. de las Perlas. Tb. llamada *Tererequí.* || ~ **Guillermo** (Tierra del), una de las tierras árticas, al N. de América, perteneciente al Canadá.

Rey Lear *(El),* tragedia de Shakespeare (1606).

Rey (Florián), director de cine español (1897-1962), que realizó *Morena Clara* y *La hermana San Sulpicio.* || ~ **Pastor** (Julio), matemático español (1888-1962).

reyecito m. Pajarillo negro de México.

reyerta f. Riña, pelea.

Reyes, pobl. del NO. de la Argentina (Jujuy). — Pobl. del N. de Bolivia, cap. de la prov. de General José Ballivián (Beni). Obispado.

Reyes (Alfonso), escritor mexicano, n. en Monterrey (1889-1959). Poeta de un conceptismo refinado, alcanza la celebridad en sus obras en prosa, en las que utiliza como fuente la inspiración nacional y la civilización azteca. Influyó poderosamente en la orientación intelectual de su país y de toda la América de lengua española. Autor de *Cuestiones estéticas, Visión de Anáhuac, Simpatías y diferencias, El deslinde, La experiencia literaria,* etc. || ~ (José Trinidad), presbítero y poeta hondureño (1797-1855). || ~ (Neftalí Ricardo). V. Neruda (Pablo). || ~ (Rafael), general colombiano (1849-1921), pres. de la Rep. en 1904, derrocado en 1909. Reformó la Constitución. || ~ (Salvador), poeta y novelista chileno (1899-1970). || ~ **Martínez** (Juan José de los). V. Pípila.

Reyes || ~ **Católicos,** título concedido por el papa Alejandro VI a Isabel I de Castilla y a Fernando II de Aragón (1494), artífices y primeros soberanos de la nación española. Su matrimonio en 1469 significó la reunión de los dos grandes reinos peninsulares (1479). (V. Isabel y Fernando.) || ~

Magos, sobrenombre de tres sabios astrólogos orientales llamados Melchor, Gaspar y Baltasar, que fueron a adorar al niño Jesús en Belén y le ofrecieron oro, incienso y mirra. Fiesta el 6 de enero.

reyezuelo f. Pájaro cantor, de alas cortas y plumaje vistoso. ‖ Rey de un pequeño Estado.

Reykiavik. V. REIKIAVIK.

Reyles (Carlos), escritor uruguayo, n. en Montevideo (1868-1938), autor de las novelas *Beba, La raza de Caín, El embrujo de Sevilla* y *El gaucho Florido.*

Reynolds (Gregorio), poeta parnasiano boliviano (1882-1948), autor de sonetos y de libros de poesías. ‖ ~ (SIR JOSHUA), pintor retratista inglés (1723-1792).

Reynosa. V. REINOSA.

Reza. V. PAHLEVI.

rezagado, da adj. y s. Que se queda atrás.

rezagar v. t. Dejar atrás. ‖ Aplazar, diferir por algún tiempo la ejecución de una cosa. ‖ — V. pr. Quedarse atrás, retrasarse.

rezar v. t. Dirigir a la divinidad alabanzas o súplicas: *rezar a Dios.* ‖ Recitar una oración. ‖ Decir la misa sin cantarla. ‖ *Fam.* Decir, anunciar: *el calendario reza buen tiempo.* ‖ — V. i. Ser aplicable: *esta ley no reza para los agricultores.* ‖ *Esto no reza conmigo,* esto no me concierne.

Rezaye, ant. *Urmia,* c. al NO. de Irán, a orillas del lago homónimo.

rezno m. Larva de un insecto díptero que vive parásito en el buey, el caballo u otros mamíferos.

rezo m. Acción de rezar, oración. ‖ Oficio eclesiástico que se reza diariamente.

rezoca f. *Méx.* Retoño después del segundo corte de la caña de azúcar.

rezón m. *Mar.* Ancla pequeña, de cuatro uñas y sin cepo.

rezongador, ra adj. y s. *Fam.* Que rezonga o refunfuña mucho.

rezongar v. i. *Fam.* Gruñir, refunfuñar. ‖ — V. t. *Amer. C.* Regañar, reprender a uno.

rezongón, ona adj. y s. *Fam.* Rezongador.

rezumadero m. Sitio por donde se rezuma algo. ‖ Lo rezumado.

rezumar v. t. Dejar pasar un cuerpo por sus poros pequeñas gotas de un líquido: *la pared rezuma* humedad. Ú. t. c. pr.: *el cántaro se rezuma.* ‖ *Fig.* Manifestar, desprender: *canción que rezuma tristeza* o *nostalgia.*

R. F. A., sigla de la *República Federal de Alemania.*

rH, índice análogo al pH, que representa cuantitativamente el valor del poder oxidante o reductor de un medio.

Rh, símbolo químico del *rodio* y abreviatura del *Factor Rhesus.*

Rhein. V. RIN.

Rheinhausen, c. del O. de Alemania Occidental (Rin Septentrional-Westfalia). Siderurgia.

rhesus m. V. FACTOR *Rhesus.*

Rheydt, c. de Alemania Occidental (Rin Septentrional Westfalia), parte de Mönchengladbach.

Rhin. V. RIN.

rho f. Decimoséptima letra del alfabeto griego (ρ), equivalente a la *r* castellana.

Rhode Island, uno de los Estados Unidos de Norteamérica, en el norte del país (Nueva Inglaterra); cap. *Providence.*

Rhodes [*rod*] (Cecil), colonizador inglés (1853-1902), paladín de la política imperialista de su país en África del Sur.

Rhodesia. V. RODESIA.

Rhondda, ant. *Ystradyfodwg,* c. del SO. de Gran Bretaña (Gales). Minas de hulla.

Rhône. V. RÓDANO.

ría f. Parte inferior de un valle fluvial invadido por el mar: *las rías de Galicia.* ‖ Obstáculo artificial consistente en un charco, en una carrera de caballos.

riacho y **riachuelo** m. Río pequeño y que tiene poco caudal.

Riachuelo, río de la Argentina, afl. del río de la Plata (Buenos Aires). — Pobl. del NO. de la Argentina (Corrientes).

Riad (Er-), cap. de Arabia Saudita, en el centro del país; 300 000 h.

riada f. Avenida, inundación, crecida del río. ‖ *Fig.* Multitud, cantidad grande: *riada de gente.*

Riancho (Agustín), pintor paisajista español (1841-1930).

Riánsares (*Duque de*). V. MUÑOZ (Fernando).

Rías ‖ ~ **Altas,** región del NO. de España en Galicia formada por las rías de Ribadeo, Vivero, Ortigueira, Cedeira, El Ferrol, Betanzos, La Coruña, Camariñas y Corcubión. ‖ ~ **Bajas,** comarca en el NO. de España en la se encuentran las rías de Muros y Noya, Arosa, Pontevedra y Vigo.

Riazán, c. de U. R. S. S. (Rusia), al SE. de Moscú. Metalurgia.

Riba (Carles), poeta y humanista catalán (1893-1959).

Ribadeneyra (Pedro de), escritor ascético español (1526-1611).

ribadense adj. y s. De Ribadeo.

Ribadeo, c. y puerto del NO. de España (Lugo). Hierro.

Ribadesella, c. y puerto del N. de España (Oviedo).

ribadesellense adj. y s. De Ribadesella.

Ribagorza, región del N. de España, en la prov. de Huesca, que, con Sobrarbe, formó ant. un condado

Ribalta (Francisco de), pintor español (¿1555?-1628), de la escuela realista. — Su hijo JUAN DE RIBALTA (1597-1628) fue tb. artista de mérito.

Ribas (José Félix), caudillo de la Independencia venezolana (1775-1815). M. ejecutado.

Ribatejo, ant. prov. central en el distrito de *Santarem.*

ribazo m. Porción de tierra con alguna elevación y declive.

Ribeirão Preto, c. del SE. del Brasil (São Paulo). Café. Arzobispado. Facultad de Medicina.

Ribeiro (Aquilino), novelista portugués (1885-1963), autor de *El hombre que mató al diablo, María Benigna,* etc. ‖ ~ (BERNARDIM), poeta portugués (1482-1552), autor de *Menina e moça,* novela pastoril.

ribera f. Orilla, borde o margen del mar, de un lago, de un río. ‖ Tierra que se riega con el agua de un río.

Ribera (José de), pintor realista español, n. en Játiva (Valencia) [1588-1652], llamado *el Españoleto.* Fue discípulo de Francisco de Ribalta, de Miguel Ángel y del Corregio. Entre sus obras sobresalen *El martirio de San Bartolomé, San Juan Bautista, San Andrés,* etc. ‖ ~ (PEDRO DE), arquitecto español (1683-1742). Fue discípulo de Alberto Churriguera.

Ribera del Fresno, v. del O. de España (Badajoz).

Riberalta, pobl. del N. de Bolivia, cap. de la prov. de Vaca Díez (Beni), a orillas del río Beni.

ribereño, ña y **riberano, na** adj. Relativo a la ribera de un río, de un lago, de un mar: *predio ribereño.* ‖ Habitante de la ribera (ú. t. c. s.).

ribero m. Vallado de estacas a la orilla de una presa para que no se salga el agua.

ribete m. Cinta que se pone a la orilla del vestido, calzado, etc., como adorno o refuerzo. ‖ *Fig.* Adorno con que una persona ameniza lo que cuenta. ‖ — Pl. *Fig.* y *fam.* Visos, asomos, atisbos, indicios: *tiene ribetes de abogado.*

ribeteado, da adj. Guarnecido con un ribete. ‖ *Ojos ribeteados de rojo,* con el borde de los párpados rojo. ‖ — M. Conjunto de ribetes.

ribetear v. t. Poner ribetes. ‖ *Fig.* Orlar, orillar.

ricacho, cha y **ricachón, ona** adj. y s. *Fam.* y *despect.* Persona muy rica.

ricadueña, ricahembra o **ricafembra** f. (Ant.). Hija o mujer del ricohombre, de un noble.

ricahombría f. (Ant.). Condición y título de ricohombre.

ricamente adv. Con riqueza. ‖ Muy bien, muy a gusto, de maravilla, con toda comodidad: *estaba viviendo muy ricamente.*

Ricardo (David), economista inglés (1772-1823).

Ricardo ‖ ~ **I** *Corazón de León* (1157-1199), rey de Inglaterra desde 1189. Luchó en la Tercera Cruzada. ‖ ~ **II** (1367-1400), rey de Inglaterra de 1377 a 1399, hijo del Príncipe Negro. ‖ ~ **III** (1452-1485), rey de Inglaterra desde 1483, tras hacer asesinar a los hijos de su hermano Eduardo IV. Derrotado y muerto en Bosworth por Enrique Tudor (fin de la guerra de las Dos Rosas).

Ricardos y Carrillo (Antonio), general español (1727-1794). Al mando del Ejército de Cataluña derrotó a los franceses en 1793.

Ricaurte (Antonio), patriota colombiano (1786-1814).

ricazo, za m. y f. Ricacho.

ricial adj. Aplícase a la tierra que vuelve a retoñar. ‖ Aplícase a la tierra sembrada de verde para pasto del ganado.

ricino m. Planta euforbiácea de cuyas semillas se extrae un aceite purgante o lubricante.

rico, ca adj. Que tiene mucho dinero o bienes: *rico propietario.* ‖ Que posee en sí algo abundantemente: *persona rica de virtudes; mineral rico en plata.* ‖ Fértil: *tierras ricas.* ‖ Abundante: *viaje rico en aventuras.* ‖ De mucho precio: *adornado con ricos bordados.* ‖ Exquisito, delicioso: *pastel muy rico.* ‖ Mono, agradable, lindo: *¡qué niño más rico!* ‖ Empléase como expresión de cariño: *come, rico.* ‖ — M. y f. Persona que posee muchos bienes. ‖ *Nuevo rico,* persona que ha conseguido hace poco una gran fortuna y que conserva aún sus antiguos modales poco distinguidos y se vanagloria siempre de su bienestar material.

ricohombre y **ricohome** m. (Ant.). Hombre de la alta nobleza.

rictus m. Contracción espamódica de los músculos de la cara que da a ésta la apariencia de la risa, del dolor, de la amargura, etc.

ricura f. Condición de bueno de sabor o de bonito, lindo.

Richardson (Sir Owen), físico inglés (1879-1959), descubridor de las leyes de la emisión termoelectrónica. (Pr. Nóbel, 1928.) ‖ ~ (SAMUEL), novelista inglés (1689-1761), autor de *Pamela o la virtud recompensada, Clarissa Harlowe,* etc.

Richelieu [*-lié*] (Armand Jean DU PLESSIS, *cardenal de*), político francés, n. en París (1585-1642), ministro de Luis XIII desde 1624 hasta su muerte. Fue uno de los más grandes estadistas europeos y fundó la Academia Francesa.

Richmond, c. del NE. de Estados Unidos, cap. de Virginia. Fue cap. de los sudistas en la guerra de Secesión. — C. del NE. (Indiana) y del SO. (California) de los Estados Unidos. — Barriada en el O. de Londres (Inglaterra).

Richter (Benjamin), químico alemán (1762-1807). Descubrió la ley de los números proporcionales. ‖ ~ (JOHANN PAUL FRIEDRICH). V. JEAN-PAUL.

ridiculez f. Cosa que provoca la risa o la burla. ‖ Cosa muy pequeña, sin ninguna importancia.

ridiculizar v. t. Poner en ridículo, mover a risa o burla. ‖ — V. pr. Hacer el ridículo.

ridículo, la adj. Digno de risa, de burla: *decir cosas ridículas.* ‖ Escaso, parco: *una ganancia ridícula.* ‖ — M. Ridiculez, acto o dicho ridículo. || *Hacer el ridículo,* conducirse de una manera que provoca la risa o la burla.

Ridruejo (Dionisio), poeta y político español, n. en 1912, autor de *Hasta la fecha, Dentro del tiempo, Escrito en España,* etc.

riego m. Acción y efecto de regar: *riego por aspersión.* || *Riego sanguíneo,* cantidad de sangre que nutre los órganos y los tejidos del cuerpo.

Riego y Núñez (Rafael del), general español (1785-1823), jefe de la sublevación liberal de Cabezas de San Juan (1820). M. ejecutado.

riel m. Lingote de metal en bruto. || Carril de una vía férrea. || Varilla metálica sobre la cual corre una cortina.

rielar v. i. Brillar con luz trémula: *la Luna en el mar riela.*

rielera f. Molde para hacer rieles.

rielero m. *Méx.* Ferroviario.

Riemann (Bernhard), matemático alemán (1826-1866).

rienda f. Correa fijada en el bocado de una caballería que sirve para que el jinete pueda conducir su montura. || — Pl. *Fig.* Dirección: *las riendas del gobierno.* || — *Fig. A rienda suelta,* sin freno. | *Aflojar las riendas,* disminuir la severidad o el cuidado. | *Dar rienda suelta a,* dar libre curso a, no contener. | *Empuñar las riendas,* tomar la dirección. | *Llevar las riendas,* ser el que manda. | *Tirar de la rienda,* reprimir, contener, sujetar; reducir.

riente adj. Que ríe. || *Fig.* Alegre: *riente jardín.*

Riesco (Germán), político chileno (1854-1916), pres. de la Rep. de 1901 a 1906.

Riesengebirge. V. GIGANTES *(Montes de los).*

riesgo m. Peligro, contratiempo posible: *correr riesgo; exponerse a un riesgo.* || Daño, siniestro eventual garantizado por las compañías de seguros mediante pago de una prima: *seguro a todo riesgo.* || *A riesgo de,* exponiéndose a.

riesgoso, sa adj. *Amer.* Arriesgado, peligroso.

Rieti, c. del centro de Italia (Lacio), cap. de la prov. homónima. Obispado.

Rif, cadena de montañas del Marruecos Septentrional.

rifa f. Sorteo de una cosa entre varios por medio de papeletas numeradas.

rifar v. t. Sortear en una rifa. || — V. pr. *Mar.* Romperse una vela. || *Fig.* y *fam.* Ser objeto de disputa: *esta joven se rifa entre todos los hombres.*

rifeño, ña adj. Del Rif.

rifirrafe m. *Fam.* Riña, gresca.

rifle m. Fusil en el que el interior del cañón tiene estrías.

Rig Veda, el primero de los cuatro libros sagrados de la India (*Vedas*), escrito en sánscrito.

Riga, c. y puerto del O. de la U. R. S. S., en el golfo homónimo; cap. de Letonia. Industrias.

rigidez f. Condición de rígido: *la rigidez de una barra de hierro.* || *Fig.* Gran severidad, austeridad: *la rigidez de los jefes.*

rígido, da adj. Inflexible, falto de elasticidad, difícil de doblar. || *Fig.* Riguroso, severo: *padre muy rígido.* || Inexpresivo: *rostro rígido.*

Rigoletto, ópera de Verdi en cuatro actos (1851).

rigodón m. Danza en la que las parejas hacen todas las mismas figuras.

rigor m. Severidad, dureza, inflexibilidad: *el rigor de un juez.* || Gran exactitud: *el rigor de una demostración; rigor mental.* || Intensidad, inclemencia, crudeza: *el rigor del clima polar.* || — *De rigor,* indispensable, obligatorio; consabido. || *En rigor,* en realidad. || *Fig. Ser el rigor de las desdichas,* ser muy desgraciado.

rigorismo m. Exceso de rigor o severidad: *el rigorismo de los puritanos.*

rigorista adj. y s. Extremadamente severo.

rigüe m. *Hond.* Tortilla de elote.

rigurosidad f. Rigor.

riguroso, sa adj. Muy severo, inflexible, cruel: *gobernante riguroso.* || Estricto: *aplicación rigurosa de la ley.* || Duro, difícil de soportar: *pena rigurosa.* || Austero, rígido: *moral rigurosa.* || Rudo, extremado: *invierno riguroso.* || Exacto, preciso: *en un sentido riguroso.* || Indiscutible, sin réplica: *principios rigurosos.* || Completo: *luto riguroso.*

rija f. Fístula que se forma algunas veces debajo del lagrimal. || Pendencia.

Rijeka, ant. *Fiume,* c. y puerto de Yugoslavia (Croacia). Obispado.

rijo m. Lujuria.

rijosidad f. Condición de rijoso.

rijoso, sa adj. Pendenciero, camorrista. || Susceptible. || Alborotado a vista de la hembra: *caballo rijoso.* || Lujurioso, sensual.

Rijswijk. V. RYSWICK.

Rilke (Rainer Maria), escritor austriaco, n. en Praga (1875-1926), autor de poesías *(Elegías del Duino)* y de obras en prosa *(Canción de amor y muerte del alférez Cristóbal Rilke, Los cuadernos de Malta Laurids Brigge,* etc.).

rima f. Identidad de sonido en las terminaciones de dos o más versos. || Composición en verso: *las rimas de Góngora, de Lope.*

Rímac, río del Perú, que pasa por Lima y des. cerca de El Callao. — C. del Perú, suburbio de Lima.

rimado adj. (Ant.). Dícese de una crónica rimada (ú. t. c. s. m.).

Rimado de Palacio *(El)*, poema del canciller Pero López de Ayala (1398-1404).

rimador, ra adj. y s. Poeta que se distingue por su rima.

rimar v. i. Componer en verso. || Ser una voz asonante o consonante de otra: ASTRO *rima con* CASTRO. || *Fam.* Pegar, ir bien junto: *una cosa no rima con la otra.* | Venir: *¿a esto a qué rima?* || — V. t. Hacer rimar una palabra con otra: *rimar* HEBRAICA *con* JUDAICA.

Rimas, colección de poemas de Gustavo Adolfo Bécquer. || ~ **(Las),** n. dado a la colección de los obras de Petrarca, inspiradas por Laura de Noves.

Rimbaud [*rambó*] (Arthur), poeta francés (1854-1891), autor *El barco ebrio, Las iluminaciones, Una temporada en el Infierno.* Precursor de los simbolistas influyó grandemente en la poesía universal.

rimbombancia f. Condición de rimbombante.

rimbombante adj. Enfático, aparatoso, grandilocuente: *estilo rimbombante.* || Llamativo, ostentoso: *vestido rimbombante.*

rímel m. Cosmético que usan las mujeres para embellecer las pestañas.

rimero m. Conjunto de cosas puestas unas sobre otras, montón: *rimero de libros.*

Rímini, c. del NE. de Italia (Emilia). Arzobispado.

Rímini (Francesca de), dama italiana del s. XII, cuyos amores con su cuñado Paolo Malatesta inmortalizó Dante en el *Infierno.*

rimmel m. Rímel.

Rimski-Korsakov (Nikolai), músico ruso (1844-1908), autor de óperas *(El gallo de oro)* y poemas sinfónicos *(Scherezade, Capricho español, La gran Pascua rusa).*

Rin, en alem. *Rhein,* y en fr. *Rhin,* río de Europa Occidental, que nace en los Alpes suizos (San Gotardo), pasa por el lago de Constanza, Basilea, Estrasburgo, Espira, Bonn, Maguncia, Colonia y, después de atravesar Holanda des. en el mar del Norte por tres brazos principales; 1 298 km. Navegable en la mayor parte de su curso. || ~ **(Alto).** V. HAUT-RHIN. || ~ **(Bajo).** V. BAS-RHIN. || ~ **Septentrional-Westfalia,** Estado de Alemania Occidental; cap. *Düsseldorf.* Región industrial del Ruhr.

rincón m. Angulo entrante que se forma en el encuentro de dos superficies o dos paredes. || Lugar apartado: *retirarse en un rincón de Castilla.*

Rincón, cerro de los Andes, en la frontera de Chile (Antofagasta) y Argentina (Salta); 5 594 m. — N. de una zona de la costa E. argentina en la que está el golfo de Bahía Blanca. || ~ **de la Victoria,** mun. del S. de España (Málaga), en el E. de la Costa del Sol. || ~ **del Bonete,** lugar del centro del Uruguay (Tacuarembó). Central hidroeléctrica construida en el río Negro.

Rincón (Antonio del), jesuita mexicano, descendiente de los reyes de Texcoco (1556-1601). Se consagró a la enseñanza de los indios. || ~ **Gallardo** (CARLOS), escritor mexicano (1874-1950). Fue duque de Regla y marqués de Guadalu.

rinconada f. Ángulo entrante en la unión de dos casas, paredes, calles, etc.

rinconera f. Mesita, armario o estante que se pone en un rincón. || Parte de una pared entre una esquina y el hueco más próximo.

Rinconete y Cortadillo, una de las novelas ejemplares de Cervantes.

ring m. (pal. ingl.). Cuadrilátero en el que se disputan los combates de boxeo y lucha.

ringlera f. Fila o línea de cosas puestas unas tras otras.

ringlero m. Cada una de las rayas o líneas del papel pautado utilizado para aprender a escribir.

ringorrango m. *Fam.* Trazo de pluma: *escribir con muchos ringorrangos.* | Adorno exagerado y completamente superfluo (ú. m. en pl.).

rinitis f. Inflamación de las mucosas de las fosas nasales.

rinoceronte m. Mamífero paquidermo con uno o dos cuernos cortos y encorvados en la línea media de la nariz según pertenezca a la especie asiática o africana, respectivamente. (El *rinoceronte* vive unos cincuenta años y su gestación es de 530 días.)

rinofaringe f. Parte superior de la faringe que comunica con las fosas nasales.

rinofaringitis f. Inflamación de la rinofaringe.

rinología f. Parte de la medicina que estudia las enfermedades de las fosas nasales.

rinólogo m. Médico especialista en rinología.

rinopiteco m. Mono cercopiteco de Asia.

rinoplastia f. Operación quirúrgica para restaurar la nariz.

rinoscopia f. Examen de las fosas nasales.

riña f. Pelea, disputa.

riñón m. Cada uno de los dos órganos glandulares secretorios de la orina, situados en la región lumbar, uno a cada lado de la columna vertebral. || Este mismo órgano en los animales, con el que se hace un plato culinario: *riñones al jerez.* || *Fig.* Interior, centro: *el riñón de España.* | Fondo, lo principal: *el riñón del asunto.* || Trozo redondeado de mineral. || — Pl. Región lumbar: *dolor de riñones.* || — *Fig.* y *fam. Costar un riñón,* ser muy caro. | *Cubrirse el riñón,* ganar mucho dinero en un negocio. | *Pegarse al riñón,* ser muy nutritivo un alimento | *Tener el riñón bien cubierto,* ser rico. | *Tener riñones,* ser enérgico.

riñonada f. Tejido adiposo que envuelve los riñones. || Lugar del cuerpo en que están los riñones. ||

Guisado de riñones. ‖ *Fig.* y *fam.* *Costar una riñonada,* costar mucho.

río m. Corriente de agua continua y más o menos caudalosa que va a desembocar en otra o en el mar: *el Nilo y el Amazonas son los ríos más largos del globo.* ‖ *Fig.* Gran abundancia de una cosa: *río de sangre, de palabras, de oro.* ‖ — *Fig. A río revuelto, ganancia de pescadores,* censura a los que saben aprovechar los desórdenes para sacar provecho. | *Cuando el río suena, agua lleva,* todo rumor tiene su fundamento. | *Pescar en río revuelto,* aprovechar el desorden en beneficio suyo.

Río, mun. español del NO. de España (Orense). ‖ ~ **Bueno,** com. y dep. del centro de Chile (Valdivia). ‖ ~ **Caribe,** puerto del N. de Venezuela (Sucre). ‖ ~ **Cuarto,** c. de la Argentina (Córdoba), en las riberas del río homónimo. Obispado. ‖ ~ **de la Plata,** estuario formado por los ríos Paraná y Uruguay (36 000 km^2). Se da tb. este n. a los territorios situados alrededor del estuario y al virreinato de la América Española, fundado en 1776, que abarcaba lo que hoy son Argentina, Bolivia, Paraguay, Uruguay y el Estado brasileño de Rio Grande do Sul. ‖ ~ **de Oro,** prov. autónoma española en el O. de África; cap. *El Aaiún.* Recibe tb. el n. de *Sáhara Español.* ‖ ~ **Gallegos,** c. y puerto del S. de la Argentina, cap. de la prov. de Santa Cruz. Petróleo. Obispado. ‖ ~ **Hondo,** pobl. del N. de la Argentina (Santiago del Estero). Aguas termales. ‖ ~ **Muni,** parte continental de la Guinea Ecuatorial, cap. *Bata;* 26 017 km^2. ‖ ~ **Negro,** com. y dep. del centro de Chile (Osorno). — Dep. del O. del Uruguay; cap. *Fray Bentos.* Agricultura; ganadería. — Prov. del centro de la Argentina, regada por el *río Negro;* cap. *Viedma.* Agricultura; ganadería. ‖ ~ **Piedras,** pobl. del N. de Puerto Rico (San Juan). Universidad. ‖ ~ **Rojo.** V. Song Koi. ‖ ~ **San Juan,** dep. del SE. de Nicaragua; cap. *San Carlos.* — Distr. del NE. de la Rep. Dominicana (Samaná). ‖ ~ **Tinto,** pobl. del SO. de España (Huelva), a orillas del río homónimo. Célebres minas de cobre, hoy casi agotadas.

Río (Andrés Manuel del), naturalista español (1765-1849). Descubrió en México el vanadio. ‖ ~ (Ángel del), crítico y profesor español (1900-1962). ‖ ~ (Dolores del), actriz cinematográfica mexicana, n. en 1905. ‖ ~ **de la Loza** (Leopoldo), químico mexicano (1807-1873).

Rio ‖ ~ **Branco.** V. Roraima. — C. del O. del Brasil, cap. del Estado de Acre. ‖ ~ **de Janeiro,** c. y puerto del SO. del Brasil, cap. del Estado de Guanabara. Arzobispado. Universidad. Industrias. Fue cap. de la nación hasta 1960. (En esta c. se firmó en 1947 un Tratado interamericano de asistencia mutua.) Existe tb. un Estado de este nombre cuya capital es *Niterói.* ‖ ~ **Grande do Norte,** Estado del N. del Brasil; cap. *Natal.* ‖ ~ **Grande do Sul,** Estado del S. del Brasil; cap. *Porto Alegre.*

Riobamba, c. del centro del Ecuador, cap. de la prov. de Chimborazo. Obispado.

riobambeño, ña adj. y s. De Riobamba.

Riofrío, mun. de Colombia (Valle del Cauca). — Mun. de España (Ávila). Palacio.

Riohacha, c. del N. de Colombia, cap. de la intendencia de La Guajira.

riohachero, ra adj. y s. De Riohacha.

rioja m. Vino de La Rioja.

Rioja, c. del Perú, cap. de la prov. homónima (San Martín). ‖ ~ **(La),** c. del NO. de la Argentina, cap. de la prov. homónima. Fundada en 1591. Obispado. Minería. — Región del N. de España (Logroño). Agricultura. Vinos renombrados.

Rioja (Enrique), naturalista y biólogo español (1895-1963). M. en el destierro. ‖ ~ (Francisco de), poeta español de la escuela sevillana (1583-1659), autor de silvas (*Al clavel, Al jazmín, A la rosa*) y de hermosos sonetos.

riojano, na adj. y s. De La Rioja (Argentina o España).

rionegrense adj. y s. De Río Negro (Uruguay).

rionegrino, na adj. y s. De Río Negro (Argentina).

Rionegro, c. del NO. de Colombia (Antioquia).

rioplatense adj y s. Del Río de la Plata.

Ríos (Los), prov. del O. del Ecuador; cap. *Babahoyo.*

Ríos (Blanca de los), erudita española (1862-1956). Estudió a Tirso de Molina. ‖ ~ (Fernando de los), político socialista y escritor español (1879-1949). ‖ ~ **Morales** (Juan Antonio), político chileno (1888-1946), pres. de la Rep. de 1942 a 1946. ‖ ~ **y Rosas** (Antonio de), político español (1812-1873).

riostra f. *Arq.* Pieza o barra que asegura la invariabilidad de forma de una armazón.

Riotinto. V. Río Tinto.

Ripalda. V. Martínez de Ripalda.

ripia f. Tabla delgada, desigual y sin pulir. ‖ Costero tosco del madero aserrado.

ripiar v. t. Llenar de grava.

ripio m. Cascote, cascajo, escombros de albañilería para rellenar huecos. ‖ Residuo que queda de una cosa. ‖ Palabra superflua que se emplea para completar el verso o conseguir una rima. ‖ Hojarasca, conjunto de palabras inútiles en un discurso o escrito: *meter ripio.* ‖ *Fig. No perder ripio,* estar muy atento a lo que se oye.

ripioso, sa adj. Que abunda en ripios: *versos ripiosos.* ‖ *Cub.* y *Dom.* Andrajoso.

Ripoll, v. del NE. de España (Gerona). Monasterio románico de los benedictinos. Ind. textil.

Ripperdá (Juan Guillermo, *barón de*), diplomático holandés (1690-1737), privado de Isabel de Farnesio, esposa de Felipe V de España.

riqueza f. Abundancia de bienes, prosperidad. ‖ Fecundidad, fertilidad: *la riqueza de la tierra.* ‖ Condición de una materia que da un rendimiento abundante: *la riqueza de un mineral.* ‖ Carácter que da valor a algo: *la riqueza de una joya.* ‖ Lujo, esplendor: *la riqueza del decorado.* ‖ Abundancia de términos y locuciones en una lengua: *la riqueza del castellano.* ‖ — Pl. Bienes de gran valor, especialmente en dinero o en valores: *amontonar riquezas.* ‖ Objetos de gran valor: *el museo tiene inestimables riquezas.* ‖ Productos de la actividad económica de un país; sus recursos naturales.

risa f. Manifestación de un sentimiento de alegría que se produce al contraer ciertos músculos del rostro y que va acompañada por una expiración espasmódica y ruidosa: *se oyeron risas de contento.* ‖ Irrisión, objeto de burla: *ser la risa de todo el mundo.* ‖ — *Caerse, desternillarse, morirse de risa,* reír mucho y ruidosamente. ‖ *Risa de conejo,* la fingida para disimular una contrariedad. ‖ *Risa nerviosa,* la incontenible. ‖ *Ser algo cosa de risa* o *ser de risa,* ser divertido. ‖

Risaralda, dep. del O. de Colombia, en la Cord. Central; cap. *Pereira.* Café. Oro, plata.

risaraldense o **risaraldeño, ña** adj. y s. De Risaralda.

riscal m. Lugar peñascoso.

risco m. Peñasco, roca escarpada.

riscoso, sa adj. Peñascoso.

risibilidad f. Condición de risible, facultad de reír.

risible adj. Que provoca risa, cómico, ridículo: *postura risible.*

risión f. *Fam.* Burla, irrisión. | Persona o cosa de que uno se burla.

Risorgimento, pal. ital. que sign. *Renacimiento* y se aplica al movimiento ideológico y político del s. XIX cuya meta era la formación de la unidad italiana.

risorio, ria adj. Dícese de un músculo que contrae las comisuras labiales y ayuda a la risa. Ú. t. c. s. m.: *el risorio.*

risotada f. Carcajada: *soltar una risotada.*

ríspido, da adj. Áspero.

Risso (Romildo), poeta gauchesco uruguayo (1883-1946). Vivió en la Argentina.

ristra f. Trenza de ajos o cebollas. ‖ *Fig.* y *fam.* Conjunto de cosas encadenadas, serie: *una ristra de necedades, de mentiras.*

ristre m. Hierro del peto de la armadura donde se afianzaba el cabo de la lanza: *lanza en ristre.*

ristrel m. Listón grueso de madera que sirve para sujetar un revestimiento.

risueño, ña adj. Sonriente: *cara risueña.* ‖ Que es propenso a reírse: *persona risueña.* ‖ *Fig.* De aspecto alegre: *fuente risueña.* | Prometedor, halagüeño, favorable: *porvenir risueño.*

Rita n. pr. f. *Fam.* Personaje simbólico que aparece en frases como: *¡cuéntaselo a Rita!,* no me lo creo; *que lo haga Rita,* yo no lo hago, etc.

ritmar v. t. Acompasar con ritmo.

rítmico, ca adj. Relativo al ritmo o sujeto a ritmo o a compás: *gimnasia rítmica.*

ritmo m. Distribución simétrica y sucesión periódica de los tiempos fuertes y débiles en un verso, una frase musical, etc.: *ritmo poético.* ‖ Frecuencia periódica de un fenómeno fisiológico: *ritmo cardiaco.* ‖ *Fig.* Cadencia, orden regular: *el ritmo de las estaciones, el ritmo de la producción.*

rito m. Conjunto de reglas establecidas para el culto y ceremonias de una religión: *rito griego.* ‖ Ceremonia o costumbre: *los ritos de la vida familiar* ‖ En etnología, acto mágico destinado a orientar una fuerza oculta hacia una acción determinada.

ritornelo m. *Mús.* Retornelo.

ritual adj. Relativo al rito: *sacrificios rituales.* ‖ — M. Libro que enseña los ritos de un culto. ‖ *Fig.* Ceremonial, conjunto de reglas que se siguen: *hay que observar el ritual clásico.* ‖ *Ser de ritual,* ser de costumbre.

ritualidad f. Observancia del rito acostumbrado para hacer algo.

ritualismo m. Tendencia de los que quieren aumentar la importancia de las ceremonias del culto. ‖ Movimiento surgido en el seno de la Iglesia anglicana con el propósito de restaurar el ceremonial católico. ‖ *Fig.* Exageración en el cumplimiento de las normas y trámites prescritos.

ritualista adj. y s. Seguidor del ritualismo.

Riukiu, archip. japonés, entre Kiusiu y Formosa; cap. *Naha* (en la isla de Okinawa).

Riva (Romualdo de la), político boliviano (1816-1886). ‖ ~ **Agüero** (José Mariano de la), general peruano, n. en Lima (1783-1858), prócer de la Independencia y primer pres. de la Rep. en 1823. ‖ ~ **Palacio** (Vicente), novelista histórico mexicano (1832-1896). Combatió la intervención francesa y el Imperio.

Rivadavia, lago del S. de la Argentina (Chubut). — Pobl. del E. de la Argentina (Buenos Aires). — N. de otras pobl. de la Argentina que están en las prov. de Salta, San Juan, Mendoza y Santa Fe.

Rivadavia (Bernardino), político argentino, n. en Buenos Aires (1780-1845). Luchó en defensa de la capital contra los invasores ingleses y fue secretario en el primer Triunvirato (1811). Primer pres. de la Rep. en 1826, se vio obligado a dimitir y vivió expatriado. M. en Cádiz.

Rivadeneyra (Manuel), impresor español (1805-1872), editor de la *Biblioteca de Autores españoles*.

rival adj. y s. Competidor, que aspira a las mismas ventajas que otro: *como pintor es superior a sus rivales; países rivales.*

rivalidad f. Competencia entre dos o más personas que aspiran a obtener una misma cosa. ‖ Oposición, antagonismo.

rivalizar v. i. Competir: *rivalizar en méritos.*

Rivas c. y puerto en el O. de Nicaragua, cap. del dep. homónimo. Agricultura; ganadería.

Rivas (Ángel SAAVEDRA, *duque de*), poeta y dramaturgo romántico español, n en Córdoba (1791-1865), autor del drama *Don Álvaro* o *La fuerza del sino* y del poema *El moro expósito.* ‖ **~ Groot** (JOSÉ MARÍA), político, historiador y poeta colombiano (1863-1923).

rivense adj. y s. De Rivas.

rivera f. Arroyo.

Rivera, c. del N. del Uruguay, cap. del dep. homónimo. Ganadería.

Rivera (Diego), pintor mexicano (1886-1957), autor de numerosas pinturas murales, óleos y retratos de marcado carácter social. ‖ **~** (FRUCTUOSO), general uruguayo (1788-1854), que luchó por la Independencia. Primer pres. de la Rep. de 1830 a 1834; reelegido de 1839 a 1843, declaró la guerra a Rosas y combatió a Oribe. Fue triunviro de 1853 a 1854. ‖ **~** (JOSÉ EUSTASIO), escritor colombiano, n. en Neiva (1889-1928), autor de *Tierra de promisión,* conjunto de sonetos, y de la célebre novela *La vorágine.* ‖ **~** (JULIO A.), estadista salvadoreño, pres. de la Rep. de 1962 a 1966. ‖ **~ Indarte** (JOSÉ), poeta y escritor político argentino (1814-1844), adversario de Rosas. ‖ **~ Paz** (MARIANO), político guatemalteco (1804-1849), promotor de la autonomía de Guatemala y jefe del Estado de 1839 a 1844.

riverense adj. y s. De Rivera (Uruguay).

Rivero (Mariano Eduardo de), matemático y químico peruano (1789-1857). Descubrió la magnesia silicatada y la oxalita. Dio a conocer en Europa el nitrato de sodio.

Rivet (Paul), antropólogo y etnólogo francés (1876-1958), que realizó estudios antropológicos en América ecuatorial.

Riviera (La), litoral del N. de Italia entre Niza y La Spezia.

Rívoli, pueblo de Italia, donde Napoleón Bonaparte derrotó a los austriacos en 1797.

Riza o **Reza.** V. PAHLEVI.

rizado, da adj. Ensortijado, que forma rizos: *pelo rizado.* ‖ Dícese del mar movido, con ondas. ‖ — M. Acción y efecto de rizar o rizarse.

rizal adj. Ricial.

Rizal, prov. de Filipinas, en el O. de la isla de Luzón; cap. *Pásig* o *Rizal.*

Rizal y Alonso (José Protasio), médico, escritor y héroe nacional filipino, n. en Calamba (Laguna) [1861-1896], autor de novelas (*Noli me tangere* y *El filibusterismo*) y de poesías (*Mi último adiós*). Murió fusilado en Manila.

rizar v. t. Formar rizos o bucles en el cabello. ‖ Mover el viento la mar, formando olas pequeñas. ‖ Hacer dobleces menudos: *rizar telas, papel,* etc. ‖ — V. pr. Ensortijarse el cabello naturalmente.

Rizi (Juan Andrés), pintor realista y religioso español (1600-1681). — Su hermano FRANCISCO (1608-1684) fue pintor de cámara de Felipe IV.

rizicultura f. Cultivo del arroz.

rizo, za adj. Rizado. ‖ — Adj. y s. m. Dícese del terciopelo que forma cordoncillo ‖ — M. Mechón de pelo ensortijado: *un rizo rubio.* ‖ Looping, acrobacia aérea que consiste en dar una vuelta completa sobre un plano vertical: *rizar el rizo.* ‖ *Mar.* Cada uno de los cabos para acortar las velas cuando arrecia el viento.

rizófago, ga adj. Aplícase al animal que se alimenta de raíces (ú. t. c. s. m.).

rizófera f. *Bot.* Mangle.

rizoforáceo, a adj. y s. f. Dícese de las plantas dicotiledóneas que tienen por tipo el mangle. ‖ — F. pl. Familia que forman.

rizoma m. Tallo subterráneo, generalmente horizontal, como el del lirio común.

rizópodo adj. m. Dícese de los cuatro grandes grupos de los protozoos, susceptibles de emitir pseudópodos. ‖ — M. pl. Clase que forman.

Rn, símbolo químico del *radón.*

ro, voz que se usa, repetida, para arrullar a los niños.

roa f. *Mar.* Roda.

Roa, v. del N. de España (Burgos). Lugar donde murió el cardenal Cisneros (1517).

Roa Bárcena (José María) poeta y cuentista mexicano (1827-1908). Se inspiró en las leyendas indígenas.

roanés, esa adj. y s. De Ruán.

Roanne, c. del centro de Francia (Loire), a orillas del Loira. Textiles.

roano, na adj. Aplícase al caballo de pelo mezclado de blanco, gris y bayo.

roast-beef m. V ROSBIF.

Roatán, isla de Honduras y c., cap. del dep. de Islas de la Bahía.

roatenense adj. y s. De Roatán (Honduras).

robadera f. *Agr.* Traílla para arrastrar tierra.

robaliza f. Hembra del róbalo.

róbalo o **robalo** m. Pez marino acantopterigio, con dos aletas en el lomo, de carne muy apreciada.

robar v. t. Tomar para sí con violencia lo ajeno. ‖ Hurtar de cualquier modo que sea. ‖ Raptar a una mujer o a un niño. ‖ Llevarse los ríos las tierras de las márgenes. ‖ En ciertos juegos de naipes y de dominó, tomar algunas cartas o fichas de las que quedan sin repartir. ‖ *Fig.* Causar preocupación, quitar: *robar el sueño.* | Cobrar muy caro: *en esa tienda te roban.* | Conquistar, embelesar: *robar el alma, el corazón.*

Robbia (Luca DELLA), escultor florentino (1400-1482). Tomó parte en la decoración de la catedral de Florencia. — Su sobrino ANDREA (1435-1528), fue tb. escultor.

robellón m. V. RUVELLÓN.

Roberto ‖ **~ I,** rey de Escocia (v. BRUCE). ‖ **~ II** *Estuardo* (1316-1390), rey de Escocia desde 1371. ‖ **~ III** (¿1340?-1406), rey de Escocia desde 1390.

Roberto de Courtenay, emperador latino de Oriente (1221-1228). Fue débil e irresoluto.

Roberts (Cecil), escritor inglés, n. en 1894, autor de la novela *Estación Victoria a las 4,30.* | **~** (*Lord* FREDERICK SLEIGH), mariscal inglés (1832-1914). Luchó en Afganistán (1880) y en Transvaal (1899).

Robertson (William), escritor escocés (1721-1793), autor de *Historia de Escocia, Historia de América,* etc.

Roberval (Gilles PERSONNE o PERSONIER DE), matemático francés (1602-1675), inventor de un tipo de balanza.

Robespierre [*-pier*] (Maximilien DE), abogado y político francés (1758-1794), alma del Comité de Salvación Pública. Dirigió el período del Terror. Derribado el 9 de termidor del año II (27 de julio de 1794). M. guillotinado.

robezo m. Gamuza.

robín m. Orín.

Robín de los Bosques o **Robin Hood** [*jud*], héroe legendario inglés en tiempos de Ricardo Corazón de León.

robinsón m. *Fig.* Hombre que vive solo y sin ayuda ajena.

Robinson (Sir Robert), químico inglés, n. en 1886, que realizó la síntesis de la penicilina. (Pr. Nobel, 1947.)

Robinsón Crusoe, isla de Chile en el archip. Juan Fernández. Ant. llamada *Más a Tierra.*

Robinsón Crusoe, novela de Daniel Defoe (1719).

robladura f. Remache.

roblar v. t. Doblar o remachar una pieza de hierro para que esté más firme: *roblar un perno.*

roble m. Árbol de la familia de las fagáceas, de hojas lobuladas y madera muy dura, cuyo fruto es la bellota, y que puede alcanzar hasta 40 m de altura. ‖ *Fig.* Persona o cosa muy resistente. ‖ *Fig. Más fuerte que un roble,* muy fuerte, muy resistente.

robleda f., **robledal** m. y **robledo** m Sitio poblado de robles.

Robledo (Jorge), conquistador español del s. XVI. Fundó, en Nueva Granada, la población de Santa Ana de los Caballeros (hoy *Anserma*). Se opuso a Benalcázar y, hecho prisionero, fue ajusticiado en 1546.

Robledo de Chavela, mun. en el centro de España (Madrid), Estación de seguimiento para vuelos espaciales.

Robles (Francisco), marino y político ecuatoriano (1811-1892), pres. de la Rep. de 1856 a 1859. ‖ **~** (MARCO A.), político panameño, n. en 1906. Pres. de la Rep. de 1964 a 1968. ‖ **~ Soler** (Antonio), escritor español, n. en 1897, conocido por *Antoniorrobles.* Reside en México.

Robleto (Hernán), escritor nicaragüense, n. en 1895, autor de la novela *Sangre en el trópico,* poesías, comedias.

roblón m. Clavo de hierro cuya punta se remacha. ‖ Lomo que forman las tejas ya colocadas por su parte convexa.

robo m. Delito cometido por el que se apropia indebidamente del bien ajeno: *cometer un robo.* ‖ Producto del robo. ‖ Acción de vender muy caro. ‖ En ciertos juegos de naipes o de dominó, cartas o fichas que se toman del monte.

roborar v. t. Fortificar. ‖ *Fig.* Corroborar, reforzar con razones o argumentos.

robot m. (pal. checa). Aparato capaz de realizar de manera automática diversas operaciones. ‖ *Fig.* Persona que obra de manera automática, muñeco. ‖ — Pl. *robots.* ‖ *Retrato robot,* el dibujado siguiendo las indicaciones dadas por los testigos que han visto al autor de un delito.

robustecimiento m. Acción de robustecer. ‖ Fortalecimiento, consolidación.

* **robustecer** v. t. Dar robustez (ú. t. c. pr.).

robustez f. Fuerza, vigor.

robusto, ta adj. Fuerte, vigoroso, recio: *complexión robusta.* ‖ Que tiene fuertes miembros y firme salud: *niño robusto.* ‖ Gordo.

roca f. Cualquier masa mineral que forma parte de la corteza terrestre: *roca sedimentaria, cristalina, metamórfica.* ‖ Peñasco que se levanta en la tierra o en el mar. | *Fig.* Cosa muy dura o muy firme: *corazón de roca o inconmovible.*

Roca, cabo de la Rep. Dominicana, llamado tb. *Tutinfierno* y al que Colón dio primeramente el n. de *cabo Redondo.* || ~ **Partida,** isla del O. de México, en el archip. de Revillagigedo.

Roca *(Inca),* inca peruano del s. XIV, hijo de Cápac Yupanqui. || ~ (JULIO ARGENTINO), general argentino, n. en Tucumán (1843-1914). Luchó en la campaña del Paraguay y conquistó más tarde Patagonia (1879). Pres. de la Rep. de 1880 a 1886 y de 1898 a 1904. || ~ (VICENTE RAMÓN), político ecuatoriano (1792-1858), pres. de la Rep. de 1845 a 1849. || ~ **de Togores** (MARIANO). V. MOLÍNS.

rocadero m. Armazón en la parte superior de la rueca, en la que se pone el copo que se hila.

Rocafuerte, c. del O. del Ecuador (Manabí).

Rocafuerte (Vicente), político ecuatoriano (1783-1847), pres. de la Rep. de 1835 a 1839. Fue autor de ensayos y de obras históricas.

rocalla f. Conjunto de trozos desprendidos de la roca al tallarla.

Rocallosas (MONTAÑAS). V. ROCOSAS.

roce m. Acción y efecto de tocar suavemente la superficie de una cosa. || *Fig.* Trato frecuente: *hay que evitar el roce con la mala gente.* | Choque, desavenencia: *roces entre dos naciones vecinas.*

rociada f. Acción y efecto de rociar con un líquido. || Rocío. || *Fig.* Conjunto de cosas que se esparcen al arrojarlas: *una rociada de perdigones.* | Reprensión áspera: *echar una rociada a uno.* | Serie, sarta: *una rociada de insultos.*

rociado, da adj. Mojado por el rocío. || Mojado con agua.

rociadura f. y **rociamiento** m. Rociada.

rociar v. i. Caer sobre la tierra el rocío o la lluvia menuda. || — V. t. Esparcir un líquido en gotas menudas. || Regar en forma de lluvia: *rociar las flores.* || *Fig.* Acompañar una comida con alguna bebida: *una comida rociada con una botella de clarete.* | Arrojar cosas de modo que se dispersen al caer.

rocín m. Penco, caballo malo. || *Fig.* y *fam.* Hombre tosco, ignorante y grosero.

rocinante m. *Fig.* Rocín matalón, caballo flaco.

Rocinante, n. del caballo de Don Quijote.

rocío m. Conjunto de gotitas menudas, formadas al condensarse el vapor de agua atmosférico, que se depositan de noche sobre la tierra o las plantas. || Llovizna.

rocket m. (pal. ingl.). Cohete.

Rockefeller (John Davison), industrial y filántropo norteamericano (1839-1937), fundador de centros de investigaciones científicas y de carácter social.

Rockford, c. de Estados Unidos (Illinois), en la parte este del centro del país. Obispado. Metalurgia; construcción de automóviles.

Rockhampton, c. del NE. de Australia (Queensland). Obispado.

rococó m. Estilo decorativo muy recargado derivado del barroco, que floreció en el s. XVIII en Europa y especialmente en Alemania. || — Adj. Que tiene ese estilo.

Rocosas o **Rocallosas** (MONTAÑAS), sistema montañoso en el O. de América del Norte, que se extiende de Alaska a México; 6 187 m en el monte MacKinley.

rocoso, sa adj. Roqueño, abundante en rocas: *paraje rocoso.*

rocote m. *Amer.* Variedad de ají grande.

Rocroi [-*croá*], c. en el N. de Francia (Ardenas). Batalla en la que Condé derrotó a los tercios de infantería española (1643).

rocha f. Roza, tierra rozada.

Rocha, laguna del Uruguay, en el dep. homónimo, cerca del litoral atlántico. — C. del E. del Uruguay, cap. del dep. homónimo.

Rocha (Dardo), jurisconsulto, político y escritor argentino (1838-1921), fundador de la ciudad de La Plata (1882).

Rochambeau [-*bó*] (Jean-Baptiste DE VIMEUR, *conde de*), mariscal de Francia (1725-1807). Luchó en la guerra de Independencia de Norteamérica.

Rochdale, c. de Gran Bretaña, al NO. de Inglaterra (Lancashire). Textiles.

Rochefort, c. y puerto del O. de Francia (Charente-Maritime), a orillas del Charente.

Rochefoucauld (La). V. LA ROCHEFOUCAULD.

Rochela (La), en fr. *La Rochelle,* c. y puerto del O. de Francia, cap. del dep. de Charente-Maritime. Obispado.

rochense adj. y s. De Rocha.

Rochester, c. del NE. de Estados Unidos (Nueva York), a orillas del río Genesee. Obispado. Industrias. || — C. de Gran Bretaña, al SE. de Inglaterra (Kent). Catedral (s. XII-XIV).

Roche-sur-Yon (La), c. del O. de Francia, cap. del dep. de la Vendée.

roda f. Pieza encima de la quilla que forma la proa de la embarcación.

Roda (La), v. del SE. del centro de España (Albacete). Canteras de yeso.

rodaballo m. Pez marino de cuerpo aplanado, cuya carne es muy estimada. || *Fam.* Hombre taimado.

rodado, da adj. Aplícase a la caballería que tiene en el pelaje manchas redondas más oscuras que el color general. || Aplícase a las piedras redondeadas a fuerza de rodar: *canto rodado.* || *Fig.* Experimentado. || *Tránsito rodado,* tráfico de vehículos. || — M. *Arg.* y *Chil.* Cualquier vehículo de ruedas. || — F. Señal que deja la rueda en el suelo. || *Arg.* Acción de rodar o caer el caballo.

rodador m. Mosquito de América que cae al suelo y rueda al chupar la sangre.

rodaja f. Disco plano de madera, metal u otra materia. || Tajada circular de ciertas frutas, pescados, embutidos: *rodaja de limón, de merluza, de salchichón.* || Estrellita de la espuela. || Ruedecilla.

rodaje m. Conjunto de ruedas: *el rodaje de un reloj.* || Acción de filmar una película. || Período en el cual las piezas de un motor nuevo no han de soportar grandes esfuerzos hasta que por frotamiento se realice su ajuste.

rodal m. Espacio pequeño que se distingue de lo que lo rodea.

rodamiento m. Cojinete formado por dos cilindros entre los que se intercala un juego de bolas o de rodillos de acero que pueden girar libremente.

Ródano, en fr. *Rhône,* río de Suiza y Francia, que nace en Suiza, atraviesa el lago Leman, pasa por Lyon, Aviñón, Arles y des. en el Mediterráneo por un delta; 812 km (522 en Francia). — Dep. del E. de Francia; cap. *Lyon.* || ~ (BOCAS DEL). V. BOUCHES-DU-RHÔNE.

rodante adj. Que rueda.

rodapelo m. Redopelo.

rodapié m. Cenefa, zócalo de una pared. || Tabla o celosía que se pone en la parte inferior del balcón. || Paramento con que se cubren los pies de las camas, mesas y otros muebles.

rodaplancha f. En una llave, abertura que divide el paletón hasta la tija.

* **rodar** v. i. Avanzar girando sobre sí mismo: *la pelota rueda.* || Moverse por medio de ruedas. || Funcionar de cierto modo, avanzar a cierta velocidad: *coche que rueda bien; rodaba a cien kilómetros por hora.* || Caer dando vueltas: *rodar escaleras abajo.* || *Fig.* Llevar una vida aventurera: *mujer que ha rodado mucho.* | Ir de un lado para otro, vagar: *rodar por las calles.* | Recorrer: *rodar mundo.* | Existir: *aún ruedan por el mundo modelos tan viejos.* | Tener en la mente: *mil proyectos rodaban en su cabeza.* || *Arg.* Caer hacia adelante el caballo. || — *Andar rodando una cosa,* estar en cualquier sitio y no ordenada. || *Fig. Echarlo todo a rodar,* echar todo a perder por falta de paciencia o por una imprudencia. | *¡Ruede la bola!,* que sigan las cosas como dispone el destino sin hacer nada por cambiarlas. || — V. t. Impresionar una película cinematográfica: *cinta rodada en Madrid.* || Hacer marchar un vehículo o funcionar una máquina para que se ajusten sus piezas: *rodar un automóvil nuevo.*

Rodas, isla de Grecia, en el SE. del mar Egeo (Dodecaneso); cap. *Rodas.* Vinos. — V. APPENZELL.

Rodas *(Coloso de),* una de las siete maravillas del mundo consistente en una gran estatua de Apolo, en bronce, colocada a la entrada del puerto de Rodas. Derribada por un terremoto.

rodear v. t. Poner alrededor, ceñir: *rodear un huerto con* (o *de*) *tapias, la cabeza con una venda.* || Cercar: *las fuerzas del orden rodearon la guarida de los malhechores.* || Dar la vuelta: *la carretera rodea la montaña.* || Tratar con mucho miramiento: *rodear de cuidados.* || *Amer.* Reunir el ganado en un sitio por medio de caballos que lo acorralan. || — V. pr. Llegar a tener en torno a sí: *se rodeó de toda clase de comodidades, de gente afecta.* || *Rodearse de precauciones,* obrar con prudencia.

rodela f. Escudo redondo. || *Chil.* y *Méx.* Rosca, rodete.

rodeno, na adj. Dícese de una clase de pino de hojas muy largas.

rodeo m. Camino más largo que el directo: *dar un rodeo.* || Reunión que se hace del ganado mayor para recontarlo y reconocerlo. || Sitio donde se efectúa. || Corral de forma circular donde charros y rancheros compiten en los ejercicios propios de los ganaderos, y fiesta que se celebra con este motivo en algunas partes de América. || *Fig.* Manera indirecta de decir una cosa, circunloquio, perífrasis: *hablar sin rodeos.* || En Texas, jaripeo. || *Andar* (o *ir*) *con rodeos,* no obrar o no hablar clara y directamente.

rodera f. Carril, rodada.

rodericense adj. y s. De Ciudad Rodrigo.

Rodesia o **Rhodesia,** región de África oriental, en la cuenca del Zambeze. Constituyó dos territorios del Commonwealth, integrados en una Federación con Nyassalandia hasta 1963. Hoy *Rodesia del Norte* es independiente con el nombre de *Zambia,* y Nyassalandia forma el Estado de *Malawi. Rodesia del Sur* se llama hoy simplemente *Rodesia,* Estado de África oriental; 389 362 km²; 5 270 000 h.; cap. *Salisbury,* 400 200 h. Sus principales recursos son las minas (carbón, cromo, oro y amianto), el cultivo del tabaco y la ganadería. Fue colonia británica desde 1923, pero el Estado, dirigido por una minoría blanca, se declaró independiente en 1965, provocando un serio conflicto con la antigua metrópoli. En 1970 se proclamó la República.

rodete m. Rosca del peinado femenino. || Rosca de tela, esparto u otra cosa que se pone en la cabeza. || Guarda de una cerradura. || Rueda de álabes de una turbina o bomba centrífuga que sirve de órgano de transmisión.

Rodez, c. del SO. de Francia, cap. del dep. del Aveyron. Obispado. Catedral gótica.

rodezno m. Rueda hidráulica horizontal con paletas curvas. || Rueda dentada que mueve la muela de molino.

Rodil (José Ramón), general

español (1789-1853), que después de distinguirse en el Perú, especialmente en la defensa de El Callao (1825), participó en la primera guerra carlista.

rodilla f. Parte del cuerpo donde se une el muslo con la pierna. ‖ En los cuadrúpedos, articulación del antebrazo con la caña. ‖ — *De rodillas*, con las rodillas dobladas y apoyadas en el suelo. ‖ *Fig. Doblar* (o *hincar*) *la rodilla*, humillarse a otro.

rodillazo m. Golpe dado con la rodilla. ‖ *Taurom.* Pase de muleta que se efectúa de rodillas.

rodillera f. Lo que se pone por comodidad, defensa o adorno en la rodilla: *las rodilleras de un guardameta.* ‖ Remiendo en las rodillas de un pantalón. ‖ Bolsa que forma el pantalón viejo en las rodillas.

rodillo m. Cilindro macizo que sirve para diversos usos. ‖ Cilindro de caucho duro que soporta el golpe de las teclas de las máquinas de escribir, máquinas contables, calculadoras y tabuladoras. ‖ Cilindro de caucho que sirve para dar masajes. ‖ Cilindro que se utiliza para el entintado de las formas en las máquinas de imprimir: *rodillos entintadores.* ‖ Instrumento para allanar o apisonar la tierra: *pasar el rodillo en un campo de tenis.* ‖ Objeto de forma cilíndrica que se utiliza en vez de la brocha para pintar. ‖ Cilindro de madera de un telar. ‖ Cilindro utilizado para extender y laminar en la fabricación de cristales. ‖ Cilindro de madera que se emplea en repostería para alisar la masa. ‖ Cilindro de madera que se emplea para transportar algo poniéndolo encima de él. ‖ *Rodillo apisonador*, apisonadora.

Rodin (Auguste), escultor francés, n. en París (1840-1917). Su extensa producción está impregnada de gran realismo (*Los burgueses de Calais, El beso, El pensador, La puerta del infierno*, etc.).

rodio m. Metal (Rh), de número atómico 45, de color plateado, semejante al cromo y al cobalto, de densidad 12,4 y punto de fusión de unos 2 000 ºC. (Se encuentra mezclado a los minerales de oro y de plata.)

rodio, dia adj. y s. De Rodas.

Rodó (José Enrique), escritor y ensayista uruguayo, n. en Montevideo (1871-1917), autor de *Ariel, Los motivos de Proteo, El mirador de Próspero* y *Hombres de América.* Fue uno de los más grandes prosistas del modernismo y maestro de la intelectualidad hispanoamericana.

rododendro m. Arbolillo ericáceo de hermosas flores purpúreas.

rodofíceo, a adj. y s. f. Dícese de ciertas algas marinas que contienen un pigmento de color rojo vivo. ‖ — F. pl. Clase de estas algas.

Rodolfo, lago de África oriental, al N. de Kenia; 8 600 km².

Rodolfo ‖ ~ **I** *de Habsburgo* (1218-1291), emperador germánico desde 1273. Fundador de la Casa de Austria. ‖ ~ **II** (1552-1612), emperador germánico de 1576 a 1612 y rey de Hungría (1572-1608) y de Bohemia (1575-1611).

rodomiel m. Preparado hecho con miel y agua de rosas.

rodonita f. Mineral de manganeso, que se encuentra en el Est. de Puebla (México).

Ródope, en turco *Despoto-Dagh*, cadena montañosa de Bulgaria y de Grecia; 2 925 m en el *Pico Musala.*

rodrigar v. t. Poner rodrigones o tutores a las plantas.

Rodrigo (Don) último rey visigodo de España, derrotado por los musulmanes al mando de Tarik en la batalla del Guadalete (711).

Rodrigo (Joaquín), músico español, n. en 1902, autor de *Concierto de Aranjuez*, para guitarra, y de *Concierto andaluz.* ‖ ~ **Díaz de Vivar.** V. CID CAMPEADOR.

rodrigón m. Palo o caña que se pone al pie de una planta para sujetarla. ‖ *Fig.* y *fam.* Criado anciano que acompañaba a las damas.

Rodrigues ‖ ~ **Alves** (FRANCISCO DE PAULA), político brasileño (1848-1919), pres. de la Rep. de 1902 a 1906. ‖ ~ **Lobo** (FRANCISCO), escritor portugués (1580-1622), autor de relatos pastoriles (*La corte en la aldea*) y de poemas.

Rodríguez (Abelardo), general mexicano (1889-1967), pres. de la Rep. de 1932 a 1934. ‖ ~ (CAYETANO), religioso franciscano y político argentino (1761-1823). Colaboró en la redacción del Acta de Independencia en el Congreso de Tucumán (1816). ‖ ~ (JOSÉ JOAQUÍN), político costarricense (1838-1917), pres. de la Rep. de 1890 a 1894. ‖ ~ (LUIS FELIPE), escritor cubano (1888-1947), autor de novelas y cuentos. ‖ ~ (MANUEL), llamado *Manolete*, torero español, n. en Córdoba (1917-1947). M. en la plaza de Linares. ‖ ~ (MANUEL DEL SOCORRO), polígrafo cubano (1758-1819). ‖ ~ (SIMÓN), pedagogo venezolano (1771-1854), maestro de Bolívar. ‖ ~ (VENTURA), arquitecto neoclásico español (1717-1785), autor de la fuente de *La Cibeles* (Madrid). ‖ ~ **de Francia** (JOSÉ GASPAR). V. FRANCIA. ‖ ~ **de la Cámara** (JUAN), escritor español (¿1395-1440?), autor de la novela *El siervo libre de amor.* Llamado tb. *Rodríguez del Padrón.* ‖ ~ **de Montalvo.** V. MONTALVO (Garci *Ordóñez*). ‖ ~ **Galván** (IGNACIO), poeta y dramaturgo romántico mexicano (1816-1842). ‖ ~ **Lara** (GUILLERMO), general ecuatoriano, n. en 1923, pres. de la Rep. desde 1972. ‖ ~ **Larreta** (ENRIQUE). V. LARRETA. ‖ ~ **Marín** (FRANCISCO), erudito español (1855-1943), comentarista de Cervantes y autor de una obra sobre los refranes castellanos. ‖ ~ **Suárez** (JUAN), conquistador español del s. XVI, fundador de la ciudad de Santiago de los Caballeros (actualmente *Mérida*), en Venezuela (1588). ‖ ~ **Torices** (MANUEL), patriota y jurista colombiano (1788-1816). M. fusilado.

Rodríguez de Mendoza, prov. del NO. del Perú (Amazonas); cap. *San Nicolás de Mendoza.*

roedor, ra adj. Que roe. ‖ *Fig.* Que conmueve o agita el ánimo: *una pasión roedora.* ‖ Dícese de un orden de mamíferos con dos incisivos en cada mandíbula, cuyo crecimiento es continuo y sirven para roer, como la ardilla, el ratón, el castor, el conejo, el conejillo de Indias, la marmota, etc. (ú. t. c. s. m.). ‖ — M. pl. Este orden de animales.

roedura f. Acción de roer. ‖ Señal que queda en la parte que ha sido roída.

roel m. Pieza redonda en los escudos de armas.

roela f. Cospel, disco de oro o de plata en bruto para acuñar.

roentgen m. V. RÖNTGEN.

roentgenio m. V. RÖNTGEN.

* **roer** v. t. Cortar y desmenuzar con los dientes: *roer una galleta.* ‖ Raspar con los dientes: *el perro roe un hueso.* ‖ *Fig.* Concomer, atormentar, desazonar: *el remordimiento le roe.* | Ir gastando poco a poco: *roer su fortuna.* ‖ — *Fig.* y *fam. Dar que roer a uno*, costarle trabajo. | *Duro de roer*, difícil, arduo.

rogación f. Acción de rogar. ‖ — Pl. Letanías que se hacen en procesiones públicas.

* **rogar** v. t. Pedir, suplicar como favor o gracia: *le ruego que venga.* ‖ Instar con súplicas: *se lo ruego.* ‖ *Hacerse (de) rogar*, resistirse a las súplicas.

Rogatis (Pascual de), músico argentino, n. en 1881, autor de óperas y de poemas sinfónicos.

rogativa f. Oración pública que se hace para conseguir de Dios o de un santo el remedio de alguna grave necesidad (ú. m. en pl.).

rogatorio, ria adj. Que implica ruego. ‖ *Comisión rogatoria*, comisión que un tribunal dirige a otro para que haga, dentro de su jurisdicción, un acto de procedimiento o instrucción que él mismo no puede hacer. (Se dice tb. del *auto* que da un juez a un oficial de policía para verificar algunos actos de la instrucción.)

Roger ‖ ~ **de Flor** (1266-1307), jefe de la expedición de los almogávares catalanoaragoneses que lucharon en favor del emperador bizantino Andrónico II. M. asesinado. ‖ ~ **de Lauria,** marino italiano (1250-1305). Sirvió a Pedro III y Jaime II de Aragón.

Roig (Gonzalo), compositor y director de orquesta cubano, n. en 1890, autor de zarzuelas (*Cecilia Valdés, La hija del Sol, Clarín*) y de la canción *Quiéreme mucho.*

Rojas (Fernando de), escritor español (¿1465?-1541). Se le atribuye una parte de *La Celestina.* ‖ ~ (JORGE), poeta colombiano, n. en 1911, autor de *La ciudad sumergida.* ‖ ~ (RICARDO), escritor argentino (1882-1957), autor de cuentos, novelas, poesías, dramas (*Ollantay*), ensayos y de una *Historia de la literatura argentina* (8 volúmenes). ‖ ~ **González** (FRANCISCO), escritor mexicano (1903-1951), autor de novelas (*Lola Casanova, La negra angustia*, etc.) y de cuentos (*El diosero*). ‖ ~ **Paúl** (JUAN PABLO), político venezolano (1829-1905), pres. de la Rep. de 1888 a 1890. ‖ ~ **Pinilla** (GUSTAVO), general colombiano (1900-1975), pres. de la Rep. en 1953, derrocado en 1957. ‖ ~ **Zorrilla** (FRANCISCO DE), escritor español, n. en Toledo (1607-1648), autor de dramas (*Del rey abajo ninguno o El labrador más honrado, García del Castañar*) y de comedias (*Entre bobos anda el juego, Casarse por vengarse*, etc.). Fue el creador de la *comedia de figurón.*

rojear v. i. Tirar a rojo. ‖ Enrojecer.

rojete m. Colorete.

rojez f. Condición de rojo.

rojizo, za adj. Que tira a rojo.

rojo, ja adj. Encarnado muy vivo, del color de la sangre. ‖ Aplícase al pelo de un rubio casi colorado. ‖ En política, dícese de la persona de ideas muy izquierdistas (ú. t. c. s.). ‖ *Ponerse rojo de ira*, encolerizarse mucho. ‖ — M. Uno de los colores fundamentales de la luz, el menos refrangible. ‖ Temperatura a partir de la cual los cuerpos entran en incandescencia y emiten este color: *poner un metal al rojo.* ‖ Color característico de las señales de peligro o detención: *el disco está en rojo.* ‖ Cosmético de color rojo: *rojo de labios.* ‖ *Al rojo vivo*, en estado de incandescencia; (fig.) en estado de gran excitación en un período crítico: *la situación está al rojo vivo.*

Rojo (MAR), ant. *golfo Arábigo* o *mar Eritreo*, golfo del océano Índico, entre Arabia y África, unido al Mediterráneo por el canal de Suez.

Rojo y Negro, novela de Stendhal (1830).

rojura f. Rojez.

rol m. Lista de nombres. ‖ *Mar.* Licencia que lleva el capitán y donde consta la lista de la tripulación. ‖ *Amer.* Galicismo por *papel* de un actor, *intervención* en un asunto.

Rolando o **Roldán,** héroe legendario del ciclo de Carlomagno. — V. ORLANDO.

rolar v. i. *Amer.* Abordar un tema. | Tener trato. | Conversar.

Roldán (Amadeo), compositor y director de orquesta cubano (1900-

1939). ‖ (BELISARIO), escritor argentino (1873-1922), autor de comedias en verso y de poemas.

roldana f. Canalón por donde corre la cuerda de una polea.

rolo m. *Col.* y *Venez.* Rodillo.

Rolón (José), músico mexicano (1883-1945), autor de obras sinfónicas.

Rolland (Romain), escritor francés (1866-1944), autor de novelas *(Juan Cristóbal)*, obras de teatro, biografías, relatos. (Pr. Nóbel, 1915.)

rollizo, za adj. Redondo, cilíndrico. ‖ Robusto y gordo: *moza rolliza.* ‖ — M. Madero en rollo.

rollo m. Objeto cilíndrico formado por una cosa arrollada: *rollo de papel.* ‖ Carrete de película. ‖ Envoltijo de cuerda, alambre, cable, etc. ‖ Cilindro de madera, rulo, rodillo: *rollo de pastelero.* ‖ Manuscrito enrollado antiguo. ‖ Madero redondo sin labrar: *madero en rollo.* ‖ *Fam.* Carne grasa alrededor de un miembro del cuerpo. ‖ Persona o cosa pesada: *ese tío es un rollo; la conferencia fue un rollo.* ‖ *Fig.* y *fam. Soltar el rollo,* pronunciar un discurso o alegato largo y pesado.

rollona f. *Fam.* Niñera.

Roma, cap. de Italia, en la parte oeste del centro del país, a orillas del río Tíber; 2 635 500 h. Es residencia del Papa. Universidad. Centro administrativo, industrial y comercial. Posee innumerables riquezas artísticas de la Antigüedad (templos, palacios, basílicas, arcos de triunfo, Foro, circos, termas, acueductos, etc.), de la Edad Media, del Renacimiento y de la época moderna.

— HISTORIA. Roma, después de haber sido gobernada por siete reyes hasta 510 a. de J. C., adoptó un gobierno republicano en el que el poder estaba dividido entre dos cónsules y el Senado. Efectuada la conquista del resto de Italia, la República se enfrentó con Cartago (victorias de las Guerras Púnicas), intervino en Oriente y convirtió a Grecia en provincia romana. Las rivalidades interiores disminuyeron la autoridad de los diferentes gobiernos (Mario y Sila, Pompeyo y Julio César, Octavio y Marco An-

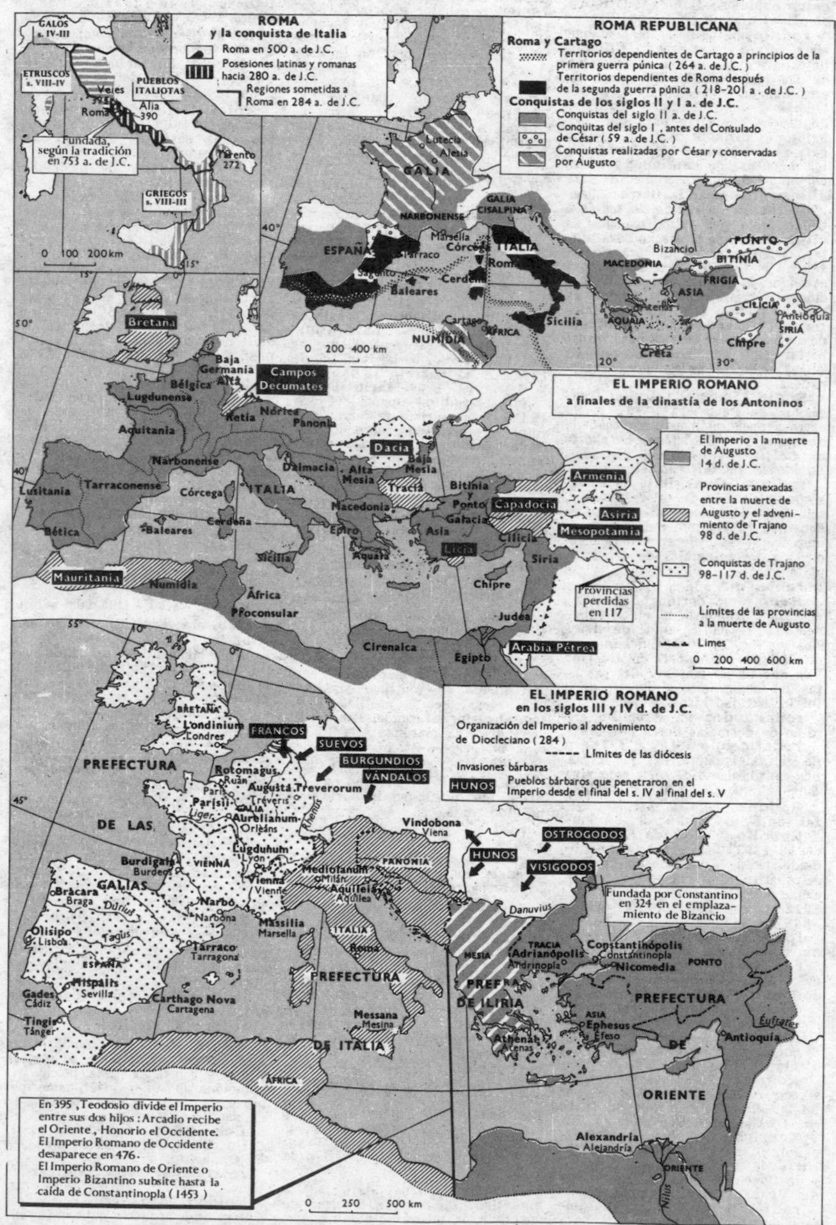

tonio). César se apoderó de las Galias y de España y su sobrino Octavio, con el nombre de *Augusto*, se proclamó emperador (27 a. de J. C.-14 d. de J. C.). A la dinastía fundada por Augusto sucedieron la de los Flavios y la de los Antoninos. Después del Alto Imperio (31 a. de J. C. a 233 d. de J. C.), era de seguridad y de expansión, el Bajo Imperio (235-476) reformó el Estado en sentido autocrático y oriental con Diocleciano (284-305) y Constantino (306-337), emperador que concedió la igualdad de derechos políticos a los cristianos. Más tarde, en 395, a la muerte de Teodosio I, el Imperio se dividió en dos: *Imperio de Occidente*, derribado por la invasión de los bárbaros en 746, e *Imperio de Oriente*, que duró hasta 1453. Roma dejó de ser en tiempos del Bajo Imperio la capital del Estado; al principio de la Edad Media fue objeto de disputas entre bárbaros y bizantinos. Convertida en centro del mundo cristiano y residencia de los papas, Roma fue la capital de los Estados Pontificios hasta la entrada de las tropas italianas en 1870. Desde entonces es capital de Italia, pero en 1929, en virtud del Tratado de Letrán, se creó el nuevo Estado de Ciudad del Vaticano, residencia del Papa.

romadizo m. Catarro nasal.

Romains (Jules), escritor francés (1885-1972), autor de la comedia *Knock* y de la novela cíclica *Los hombres de buena voluntad.*

Romainville, c. de Francia al E. de París (Seine-Saint-Denis).

Roman || **~ de Renart,** colección de 27 poemas franceses, en forma de relatos, escrito por diferentes autores (s. XII y XIII). || **~ de la Rose** *(Le)*, poema alegórico y didáctico francés dividido en dos partes: la primera escrita por Guillaume de Lorris (hacia 1236) y la segunda por Jean de Meung (entre 1275 y 1280).

Román y Reyes (Víctor), político nicaragüense (1877-1950), pres. de la Rep. de 1948 a 1950.

romana f. Instrumento para pesar, compuesto de una barra de brazos desiguales, con el fiel sobre el punto de apoyo, y un pilón que corre por el brazo mayor, donde se halla trazada la escala de los pesos.

Romana (La), c. y puerto en la costa S. de la Rep. Dominicana, cap. de la prov. homónima. Factoría azucarera. La prov. se llamó ant. *Altagracia.*

romance adj. y s. m. Dícese de cada una de las lenguas modernas derivadas del latín, como el castellano, el catalán, el francés, el portugués, el italiano, el rumano, el provenzal, etc. || — M. Idioma castellano: *hablar o escribir en romance.* || Novela de caballerías. || Composición poética que consiste en repetir al fin de todos los versos pares una asonancia y en no dar a los impares rima de ninguna especie. || — Pl. *Fig.* y *fam.* Habladurías. | Excusas, disculpas. || *Fig.* y *fam. Hablar en romance*, explicarse con claridad.

romancero, ra m. y f. Persona que canta romances. || — M. Colección de romances poéticos.

— Con el n. genérico de *Romancero* se conocen las compilaciones de romances de la literatura castellana que agrupan los poemas de una misma época, los relativos a la misma leyenda o los hechos por un mismo poeta o por un grupo determinado de ellos. Los romanceros más antiguos datan de la segunda mitad del s. XV. Anteriormente se transmitían oralmente, y son generalmente anónimos (ciclos morisco, fronterizo, caballeresco, lírico, de gesta, etc.). En el s. XVII se pretende publicar todos los romances aparecidos hasta entonces con el título de *Romancero general* (1602 y 1604) y reunir los poemas que tratan del mismo tema (romanceros del Cid, de los Infantes de Lara, etc.). Del s. XVII hasta nuestros días, el Romancero no ha sido olvidado, como lo prueban las obras de Juan de la Cueva, Guillén de Castro, Lope de Vega, Góngora, Quevedo, Meléndez Valdés, Duque de Rivas, Zorrilla, Antonio Machado y García Lorca, quien, en su *Romancero gitano* (1928), demuestra la permanencia de una forma poética que no tiene ningún equivalente en cualquier otra literatura europea.

romancista com. Persona que escribía en romance por contraposición a la que lo hacía en latín.

romanche m. Idioma rético.

romanesco, ca adj. Romano.

románico, ca adj. Aplícase al arte que predominó en los países latinos en los s. XI y XII (ú. t. c. s. m.). || Neolatino: *lenguas románicas.*

— La *arquitectura románica* está principalmente representada por edificios de carácter religioso que tienen en común la planta rectangular latina, los espesos muros, hechos de piedras aparejadas sostenidos por sólidos contrafuertes, y las bóvedas de cañón o arista, apoyadas en grandes pilares ornados con capiteles de diferentes formas. El ábside está rodeado de capillas semicirculares. La *escultura románica* decora las fachadas, pórticos, tímpanos, arquivoltas y capiteles de columnas. La *pintura* se distinguió en la realización de frescos y en la miniatura o ilustración de manuscritos. Las construcciones románicas más importantes se encuentran en el norte de Italia, Francia, parte de Inglaterra y Alemania (Renania), y, en España, en Cataluña, Aragón, Castilla y León.

romanilla adj. *Letra romanilla*, la redonda.

romanismo m. Conjunto de la civilización romana.

romanista adj. y s. Aplícase al filólogo especialista en lenguas romances. || Dícese del tratadista de Derecho romano.

romanización f. Difusión de la civilización romana.

romanizar v. t. Difundir la civilización, leyes y costumbres romanas, o la lengua latina. || — V. pr. Ser influido por la civilización romana.

romano, na adj. De la antigua Roma: *el Imperio romano.* || De la Roma actual (ú. t. c. s.). || Dícese de la Iglesia católica. || *Números romanos*, las letras numerales I, V, X, L, C, D y M. (V. NUMERACIÓN.) || *Fig. Obra de romanos*, cualquier trabajo muy difícil.

Romanones (Álvaro de FIGUEROA, *conde de)*, político y escritor español (1863-1951), varias veces jefe del Gobierno.

Romanov, dinastía rusa que reinó de 1613 a 1917.

romanticismo m. Escuela literaria y artística de la primera mitad del s. XIX. || Ensueño poético: *sus ideas son de un romanticismo completamente trasnochado.*

— Se conoce por *romanticismo* el movimiento literario y artístico que a comienzos del s. XIX rompió con la disciplina y reglas del clasicismo y del academicismo. Extremadamente individualista, se inició en literatura en Alemania (Schiller, Goethe, Tieck, Heine) y Gran Bretaña (Wordsworth, Southey, Coleridge, Scott, Byron, Shelley, Keats), y se propagó por Francia —donde Rousseau había sido un precursor— gracias a Madame de Staël, Chateaubriand, Lamartine, V. Hugo, A. de Vigny y Musset; por Italia, con Manzoni y Leopardi; por España, con Martínez de la Rosa, el Duque de Rivas, Espronceda, Zorrilla y Bécquer; por Portugal, con Almeida Garret y Castelo Branco; por Rusia, con Puschkin; por los Estados Unidos, con Emerson y Melville, y por Hispanoamérica —donde se dejó sentir hacia 1830—, con el argentino Echeverría y el mexicano Rodríguez Galván, entre otros. En pintura, el romanticismo está representado en Francia por Gros, Géricault y Delacroix. En música, los principales autores románticos son Mendelssohn, Schubert, Chopin, Liszt, Schumann y Berlioz.

romántico, ca adj. Relativo al romanticismo: *literatura romántica.* || Dícese de los escritores y artistas que, a principios del s. XIX, dieron a sus obras el carácter del romanticismo (ú. t. c. s.). || Sentimental, apasionado.

romanticón, ona adj. Muy sentimental.

romantizar v. t. Dar carácter romántico.

romanza f. *Mús.* Composición, generalmente cantada y acompañada con el piano, de carácter sencillo y tierno.

Romaña, ant. prov. de Italia, cap. *Ravena.* Forma actualmente parte de la prov. de Emilia.

Romaña (Eduardo LÓPEZ DE LA). V. LÓPEZ DE LA ROMAÑA.

Romay (Tomás), médico y escritor cubano (1764-1849), introductor de la vacuna en su país.

rombal adj. De figura de rombo.

rombo m. Paralelogramo que tiene los lados iguales y dos de sus ángulos mayores que los otros dos.

romboedro m. Prisma cuyas bases y caras son rombos.

romboidal adj. De forma de romboide.

romboide m. Paralelogramo cuyos lados son paralelos e iguales cada uno con el opuesto.

romeo, a adj. y s. *Fig.* Persona muy enamorada.

Romeo y Julieta, tragedia de Shakespeare (1594) que trata del amor de dos jóvenes cuyas familias se hallaban enfrentadas por la rivalidad política.

romeral m. Terreno poblado de romeros.

Romeral, com. del centro de Chile (Curicó).

romería f. Viaje o peregrinación que se hace por devoción a un santuario: *romería a Montserrat.* || Fiesta popular con motivo de una peregrinación: *la romería de San Isidro en Madrid.* || *Fig.* Serie continuada y abundante de personas a un sitio.

romerillo m. Planta silvestre, buena para pasto.

romerito m. *Amer.* Romerillo.

romero, ra adj. y s. Peregrino. || — M. Planta labiada, aromática y de flores con propiedades estimulantes.

Romero (Emilio), escritor y periodista español, n. en 1917, autor de *La paz empieza nunca*, *Cartas a un príncipe*, *Cartas al pueblo soberano*, etc. Ha escrito también obras de teatro. || **~** (FERNANDO), cuentista regionalista peruano, n. en 1908. || **~** (FRANCISCO), filósofo argentino (1891-1962), autor de *Filosofía de la persona*, *El hombre y la cultura*, *Teoría del hombre*, etc. || **~** (JOSÉ RUBÉN), novelista mexicano (1890-1952), autor de *Desbandada*, *El pueblo inocente*, *La vida inútil de Pito Pérez*, *Mi caballo, mi perro y mi rifle*, *Anticipación a la muerte*, *Una vez fui rico*, etc. || **~** (LUIS), escritor español, n. en 1917, autor de las novelas *La noria*, *El cacique*, *Tres días de julio*, etc. || **~** (PEDRO), torero español, n. en Ronda (1754-1839). || **~** (SILVIO), cuentista, crítico literario y ensayista brasileño (1851-1914). || **~ Bosque** (Pío), político salvadoreño, n. en 1892, pres. de la Rep. de 1927 a 1931. || **~ de Torres** (JULIO), pintor español (1880-1930), autor de tipos y escenas andaluzas *(Musa gitana)*. || **~ García** (MANUEL VICENTE), novelista venezolano (1865-1917).

Romford, suburbio de Londres.

Rommel (Erwin), mariscal alemán (1891-1944), que se distinguió en la segunda guerra mundial. Se suicidó.

romo, ma adj. Sin filo: *punta roma.* ‖ De nariz pequeña y poco puntiaguda.

rompecabezas m. inv. Juego de paciencia que consiste en reconstituir un dibujo recortado caprichosamente. ‖ *Fam.* Problema, cosa de difícil resolución o comprensión.

rompedor, ra adj. y s. Que rompe o destroza mucho.

rompehielos m. inv. Barco con proa reforzada, acondicionado para romper el hielo y abrirse paso.

rompehuelgas m. Esquirol.

rompenueces m. Cascanueces.

rompeolas m. Dique en la parte exterior de un puerto o rada para protegerlos contra el oleaje.

rompeplatos m. Campánula, flor común en México.

romper v. t. Separar con violencia las partes de un todo: *romper una silla.* ‖ Hacer pedazos, quebrar una cosa: *romper la vajilla* (ú. t. c. pr.). ‖ Rasgar: *romper un papel.* ‖ Gastar, destrozar: *romper el calzado.* ‖ Roturar: *romper un terreno.* ‖ *Fig.* Interrumpir: *romper la monotonía, el hilo del discurso.* | Abrir, iniciar: *romper las hostilidades.* | Surcar: *el velero rompe las aguas.* | Quebrantar: *romper el ayuno, un contrato.* ‖ — *Mil. ¡Rompan filas!*, voz de mando empleada para que se disuelvan las tropas. | *Romper el fuego,* empezar a disparar. ‖ *Romper el saque,* en el tenis, ganarle el juego al jugador que tiene el servicio del saque. ‖ *Fig.* y *fam. Romper la cara* o *las narices* o *la crisma a uno,* pegarle muy fuerte. ‖ — V. i. Estrellarse, deshacerse en espuma las olas. ‖ Dejar de ser amigos, novios, etc.: *Juan y Pilar han roto.* ‖ Quitar toda relación: *romper con el pasado.* ‖ Empezar bruscamente: *rompió a hablar.* ‖ Prorrumpir: *romper en llanto.* ‖ Brotar, abrirse las flores. ‖ — *Al romper el alba* o *el día,* al amanecer. ‖ *Fig. De rompe y rasga,* dícese de la persona muy decidida, resuelta. ‖ *Romper con uno,* disgustarse con él. ‖ — V. pr. No funcionar, tener una avería: *se me rompió el coche.* ‖ *Fig.* y *fam. Romperse las narices,* encontrar mucha dificultad o fracasar. | *Romperse los cascos* o *la cabeza,* reflexionar mucho.

rompible adj. Que puede romperse.

rompiente m. Bajo, escollo en que rompen las olas del mar o la corriente de un río.

rompimiento m. Ruptura.

rompope y **rompopo** m. *Méx.* y *Amer. C.* Bebida tonificante a base de leche, aguardiente, huevos, azúcar y algunas especias.

Rómulo, hermano de Remo y, con él, legendario fundador de Roma, donde reinó, según la tradición, de 753 a 715 a. de J. C. ‖ ~ **Augústulo,** último emperador romano de Occidente, en 475, destronado en 476 por Odoacro.

ron m. Bebida alcohólica que se saca por destilación de una mezcla fermentada de melazas y zumo de caña de azúcar.

ronca f. Bramido del ciervo.

roncador, ra adj. y s. Que ronca. ‖ — M. Pez marino teleósteo. ‖ En las minas de Almadén, capataz. ‖ — F. *Amer.* Espuela de rodaja muy grande.

Roncal, valle del N. de España, en los Pirineos navarros. Sus habitantes están considerados como los descendientes más puros de los antiguos vascones.

Roncal (Simeón), compositor boliviano (1870-1953), autor de canciones folklóricas.

roncar v. i. Respirar haciendo con la garganta y las narices un ruido sordo mientras se duerme. ‖ Llamar el ciervo a la hembra cuando está en celo. ‖ *Fig.* Producir un sonido sordo e intenso, mugir: *roncar el mar, el viento.*

roncear v. i. Remolonear. ‖ *Fam.* Adular para obtener algo. ‖ *Mar.* Ir el barco muy lentamente. ‖ *Amer.* Espiar, acechar.

roncería f. *Mar.* Movimiento lento de un barco. ‖ Acción de remolonear. ‖ *Fam.* Halago interesado.

roncero, ra adj. Remolón. ‖ Regañón. ‖ Marrullero. ‖ *Mar.* Dícese del barco pesado y lento. ‖ *Amer.* Que espía.

Roncesvalles, desfiladero del N. de España, en los Pirineos navarros, donde en 778 los vascones derrotaron la retaguardia de Carlomagno.

ronco, ca adj. Que tiene o padece ronquera, afónico: *estar ronco.* ‖ Bronco, áspero: *ruido ronco.*

roncón m. Tubo de la gaita gallega que produce el sonido bajo del instrumento.

roncha f. Bultillo enrojecido que se levanta sobre la piel después de una picadura.

ronda f. Vuelta dada para vigilar. ‖ Patrulla que ronda. ‖ Grupo de jóvenes que andan rondando por la noche. ‖ Estudiantina, tuna, conjunto musical de estudiantes. ‖ Trayecto que efectúa el cartero repartiendo el correo. ‖ Mano en el juego de cartas. ‖ Giro, vuelta. ‖ Espacio entre la parte interior de la muralla y las casas de una ciudad fortificada. ‖ Camino de circunvalación en una población. ‖ *Fam.* Invitación de bebida o tabaco a varias personas: *pagar una ronda.* ‖ Juego del corro.

Ronda, c. del S. de España (Málaga). Agricultura. Turismo. ‖ ~ (Serranía de), cadena montañosa del Sistema Penibético (prov. de Málaga).

rondador, ra adj. y s. Que hace una ronda. ‖ — M. *Ecuad.* Especie de zampoña.

rondalla f. Grupo de músicos con instrumentos de cuerda que suele tocar por las calles y plazas: *rondalla estudiantil.* ‖ Invención, patraña.

rondar v. i. Recorrer de noche una población para vigilar. ‖ Pasear de noche los mozos por las calles donde viven las mozas a quienes galantean. ‖ — V. t. *Fig.* Dar vueltas alrededor de una cosa. ‖ *Fig.* Amagar, empezar a manifestarse: *el sueño, la gripe le está rondando.* | Rayar en: *rondar la cincuentena.* | Andar en pos de uno solicitando algo. | Cortejar, galantear. ‖ *Rondar la calle,* ir y venir.

Rondeau (José), militar argentino (1773-1845). Venció a los realistas en el Cerrito (1812), pero fue luego derrotado en Sipe Sipe (1815). Director supremo de las Provincias Unidas del Río de la Plata en 1815 y de 1819 a 1820, ocupó después el cargo de gobernador provisional de la Rep. del Uruguay (1828-1830).

rondeño, ña adj. y s. De Ronda. ‖ — F. Aire popular de Ronda, semejante al fandango.

rondó m. Cierta composición musical cuyo tema se repite varias veces.

rondón (de) m. adv. Sin avisar, sin previo aviso: *entró de rondón.*

Rondônia, territ. federal del O. del Brasil, en Amazonia, fronterizo con Bolivia; cap. *Porto Velho.*

ronquear v. i. Estar ronco.

ronquedad f. Aspereza o bronquedad de la voz o del sonido.

ronquera f. Afección de la laringe que cambia el timbre de la voz, haciéndolo bronco.

ronquido m. Ruido que se hace roncando. ‖ *Fig.* Sonido ronco: *el ronquido del viento.*

Ronquillo (Rodrigo), llamado el *Alcalde Ronquillo,* alcalde de Zamora, m. en 1545, tristemente famoso por su crueldad en la represión contra los comuneros de Castilla.

ronronear v. i. Producir el gato cierto ronquido en demostración de satisfacción. ‖ *Fig.* Dar vueltas en la cabeza: *pensamiento que me ronronea hace tiempo.*

ronroneo m. Sonido que produce el gato al ronronear.

Ronsard (Pierre de), poeta francés (1524-1585), renovador de la lírica de su país. Jefe del movimiento literario de la Pléyade.

röntgen o **roentgen** o **roentgenio** m. Unidad de cantidad de radiación X o γ (símb., R).

Röntgen (Wilhelm Conrad), físico alemán (1845-1923), descubridor de los rayos X. (Pr. Nóbel de Física en 1901.)

röntgenterapia f. Radioterapia.

ronza f. *Mar. Ir a la ronza,* ir a sotavento una embarcación por tener mucho abatimiento.

ronzal m. Cuerda que se ata al cuello o a la cabeza de las caballerías.

ronzar v. t. Mascar cosas duras con algún ruido. ‖ *Mar.* Mover una cosa con una palanca.

roña f. Sarna del ganado lanar. ‖ Suciedad, mugre. ‖ Moho de los metales. ‖ *Fig.* y *fam.* Roñosería. ‖ — M. *Fam.* Persona tacaña. ‖ *Méx.* Cierto juego infantil.

roñería f. *Fam.* Roñosería.

roñica adj. y s. *Fam.* Tacaño.

roñosería f. *Fam.* Tacañería.

roñoso, sa adj. Que tiene roña: *carnero roñoso.* ‖ Sucio, mugriento. ‖ Oxidado, mohoso. ‖ *Fig.* y *fam.* Avaro, cicatero, miserable, tacaño (ú. t. c. s.). ‖ *Méx.* y *P. Rico.* Rencoroso.

Roodepoort, c. de la Rep. de África del Sur en Witwatersrand (Transvaal). Oro.

Rooke [*ruk*] (George), almirante inglés (1650-1709), conquistador de Gibraltar en 1704.

Roosevelt (Franklin Delano), político norteamericano (1882-1945), pres. de Estados Unidos en 1933, reelegido en 1936, 1940 y 1944. Fue uno de los artífices de la victoria de los Aliados en la segunda guerra mundial. ‖ ~ (Theodore), político norteamericano (1858-1919), pres. de Estados Unidos de 1901 a 1909. (Pr. Nóbel de la Paz en 1906).

ropa f. Todo género de tela para uso o adorno de personas o cosas. ‖ Prenda de vestir: *quitarse la ropa.* ‖ — *A quema ropa,* refiriéndose a disparos, desde muy cerca; (fig.) de improviso. ‖ *Fig. Hay ropa tendida,* hay que ser prudente al hablar por temor de ser oído. | *Nadar y guardar la ropa,* sacar beneficio de algo sin arriesgarse demasiado. | *Tentarse la ropa,* pensarlo bien antes de tomar una decisión. ‖ *Ropa blanca,* la de hilo, algodón, etc. para uso doméstico o la llamada *interior.* ‖ *Ropa de cama,* conjunto de sábanas, mantas, etc. para la cama. ‖ *Ropa hecha,* prendas que se compran ya confeccionadas. ‖ *Ropa interior,* conjunto de prendas que se llevan debajo del vestido o traje. ‖ *Fig. Ropa vieja,* cierto guisado de carne.

ropaje m. Vestidura larga y vistosa. ‖ Conjunto de ropas. ‖ *Fig.* Apariencia, pretexto: *traicionar a uno bajo el ropaje de la amistad.*

ropavejería f. Tienda de ropavejero, prendería.

ropavejero, ra m. y f. Persona que vende ropas viejas y baratijas usadas, prendero.

ropería f. Tienda de ropa hecha. ‖ *Ropería de viejo,* ropavejería.

ropero, ra m. y f. Persona que vende ropa hecha. ‖ Persona que cuida de la ropa de una comunidad. ‖ — M. Armario o cuarto para guardar ropa (ú. t. c. adj.). ‖ Asociación destinada a distribuir ropa entre los necesitados.

ropilla f. Vestidura que se llevaba sobre el jubón.

roque m. Torre del ajedrez. ‖

Blas. Torre figurada en un blasón. ‖ *Fig.* y *fam. Estar roque,* estar dormido. | *Quedarse roque,* dormirse profundamente.

Roque ‖ ~ *(San),* confesor francés, n. en Montpellier (1295-1327). Fiesta el 16 de agosto. ‖ ~ **González de Santa Cruz** *(Beato),* jesuita paraguayo (1576-1628), martirizado por los indígenas.

Roque González de Santa Cruz, pobl. del S. del Paraguay (Paraguarí). Ant. llamada *Tabapy.*

roqueda f. y **roquedal** m. Lugar donde hay muchas rocas.

roquefort m. Queso francés hecho con leche de ovejas y pan.

Roquefort-sur-Soulzon, pobl. del S. de Francia (Aveyron). Quesos muy famosos.

Roqueñas o **Roquizas** (MONTAÑAS). V. ROCOSAS.

roqueño, ña adj. Rocoso.

roquero, ra adj. De las rocas o construido sobre ellas.

Roquetas de Mar, pobl. y puerto en el SE. de España (Almería). Playas.

roquete m. Sobrepelliz cerrada que tiene las mangas bastante cortas.

Roraima, pico del macizo de las Guayanas; 2 835 m. — Territ. federal del N. del Brasil; cap. *Boa Vista.*

rorcual m. Especie de ballena con aleta dorsal y pecho estriado, propio de los mares árticos.

rorro m. Niño que aún mama. ‖ *Méx.* Muñeca.

ros m. Gorro militar con visera más alto en la parte anterior que en la posterior.

rosa f. Flor del rosal: *ramo de rosas.* ‖ Mancha de color rosa en el cuerpo. ‖ Adorno que tiene forma de rosa. ‖ *Arq.* Rosetón. ‖ — *Fig. Estar como las propias rosas,* encontrarse muy a gusto. | *La vida no es senda de rosas,* la vida tiene muchos momentos amargos. | *No hay rosa sin espinas,* todo placer exige un sacrificio. | *Pintar las cosas color de rosa,* describirlas de manera muy optimista. ‖ *Rosa de Jericó,* planta crucífera, con flores blancas, propia de los desiertos de Oriente. ‖ *Rosa de los vientos* o *náutica,* círculo en forma de estrella dividido en treinta y dos partes iguales cuyas puntas señalan las direcciones del horizonte. ‖ *Rosa de té,* la de color amarillo rojizo. ‖ *Rosa del azafrán,* su flor. ‖ *Fig. Verlo todo de color de rosa,* ver siempre las cosas de manera muy optimista. | *Vivir en un lecho de rosas,* vivir placenteramente. ‖ — M. Color de la rosa: *el rosa es más claro que el rojo.* ‖ — Adj. Que tiene un color rojo claro: *traje rosa.* ‖ *Fig. Novela rosa,* la que narra aventuras amorosas siempre felices. — OBSERV. Usado como adj., *rosa* es siempre invariable en género y frecuentemente en número.

Rosa (MONTE), macizo de los Alpes Peninos entre Suiza e Italia.

Rosa de Lima *(Santa),* religiosa dominica peruana, n. en Lima (1586-1617), canonizada en 1671. Patrona de Lima, América y Filipinas. Su nombre en el siglo fue el de *Isabel Floret.* Fiesta el 30 de agosto.

rosáceo, a adj. De color semejante al de la rosa. ‖ Aplícase a las plantas dicotiledóneas a que pertenecen el rosal, el almendro, la fresa, el escaramujo y el peral (ú. t. c. s. f.). ‖ — F. pl. Familia que forman.

rosado, da adj. De color de rosa. ‖ Preparado con rosas: *miel rosada.* ‖ Escarchado. ‖ Clarete, vino (ú. t. c. s. m.). ‖ *Amer.* Rubicán.

rosal m. Arbusto rosáceo cultivado por sus magníficas flores olorosas *(rosas),* de las cuales se conocen millares de variedades. ‖ *Amer.* Plantío de rosales.

rosaleda f. Sitio plantado de rosales.

Rosales (Eduardo), pintor romántico español (1836-1873), autor de *El testamento de Isabel la Católica.* ‖ ~ (LUIS), escritor español, n. en 1910, autor de poesías *(Abril, Segundo abril, Rimas, La casa encendida)* e investigador de los clásicos *(Cervantes y la libertad).*

rosarino, na adj. y s. De Rosario (Argentina, Paraguay, Uruguay).

rosario m. Rezo en que se conmemoran los quince misterios de la Virgen. ‖ Rezo abreviado de éste en que sólo se celebran cinco misterios de la Virgen. ‖ Sarta de cuentas separadas de diez en diez por otras más gruesas que se usa para este rezo. ‖ *Fig.* Sarta, serie: *un rosario de desdichas.* ‖ *Fam.* Columna vertebral. ‖ — *Fig. Acabar como el rosario de la aurora,* dicho de una reunión, deshacerse bruscamente. ‖ *Rosario hidráulico,* cangilones de una noria.

Rosario, dep. y c. del NE. de la Argentina (Santa Fe). Puerto. Obispado. Residencia de varias facultades de la Universidad del Litoral. Fundada en 1752. — Com. del centro de Chile (Colchagua). — Pobl. del N. de Colombia (Norte de Santander), donde se reunió el primer Congreso de la Gran Colombia, llamado *Congreso de Cúcuta* (1821). —Sierra del O. de Cuba, que forma parte de la cord. de Guaniguanico. — Sierra del O. de Venezuela, ramal de los Andes. — V. del E. de El Salvador (Morazán). — Pobl. del centro del Paraguay (San Pedro). — Cerro del O. del Perú (Huancavelica); 5 148 m. — Pobl. del SE. del Uruguay (Colonia). ‖ ~ **de la Frontera,** pobl. del NO. de la Argentina (Salta). Termas famosas. ‖ ~ **Tala,** pobl. del E. de la Argentina (Entre Ríos).

Rosas (BAHÍA DE), bahía del NE. de España, cerca del cabo Creus (Gerona). En su litoral hay un poblado de pescadores del mismo n. Lugar de veraneo.

Rosas (Juan Manuel de), general argentino, n. en Buenos Aires (1793-1877), jefe del Partido Federal a la muerte de Dorrego. Gobernador de la Provincia de Buenos Aires de 1829 a 1832 y de 1835 a 1852, se mantuvo en el poder hasta su derrota por Urquiza en Caseros. ‖ ~ (JUVENTINO), compositor mexicano (1868-1894). ‖ ~ **Moreno** (JOSÉ), escritor mexicano (1838-1883); cultivó la fábula literaria y el teatro infantil.

Rosas *(Guerra de las* DOS), guerra dinástica en Inglaterra (1455-1485) entre la familia de York y la de Lancaster, en la que triunfó ésta en la persona de Enrique VII Tudor al vencer a Ricardo III en Bosworth.

rosbif m. Trozo de carne de vaca asada.

rosca f. Resalto helicoidal de un tornillo, o estría helicoidal de una tuerca. ‖ Pan, bollo o torta de forma circular con un espacio vacío en medio. ‖ Carnosidad de las personas gruesas alrededor de cualquier parte del cuerpo. ‖ Círculo que hace el humo en el aire. ‖ Rodete. ‖ — *Fig. Hacer la rosca a uno,* adularle, darle la coba. | *Hacerse una rosca,* hacerse un ovillo. | *Pasarse de rosca,* no entrar bien un tornillo en su rosca; (fig.) pasarse de los límites, excederse, exagerar. ‖ *Rosca de Arquímedes,* aparato para elevar el agua.

roscado, da adj. En forma de rosca. ‖ — M. Aterrajado, operación que consiste en labrar roscas.

roscar v. i. Labrar roscas.

Roscio (Juan Germán), político y escritor venezolano (1769-1821).

rosco m. Roscón. ‖ Rosca de pan. ‖ Rosca de carne. ‖ Flotador que se ponen alrededor del cuerpo los que no saben nadar: *Isabel y Alejandro sólo se atrevían a nadar con el rosco.*

roscón m. Bollo en forma de rosca. ‖ *Roscón de Reyes,* el que tradicionalmente se come el día de Reyes y en cuya masa se halla una haba como sorpresa.

Rosellón, en fr. *Roussillon,* ant. prov. del S. de Francia; cap. *Perpiñán.* Perteneció a la corona de Aragón hasta el Tratado de los Pirineos (1659).

Rosemblat (Ángel), filólogo argentino, n. en Polonia en 1902.

Rosenblueth (Arturo), fisiólogo mexicano, n. en 1900.

róseo, a adj. Rosa.

roséola f. Erupción cutánea de manchas rosáceas.

roseta f. Rosa pequeña. ‖ Chapeta. ‖ *Arg.* Rodaja de espuela. ‖ — Pl. Granos de maíz tostado y abiertos en forma de flor, palomitas.

Roseta, en árabe *Rechid,* c. de Egipto, a orillas del Nilo. La piedra descubierta allí en 1799 permitió a Champollion descifrar la escritura jeroglífica.

rosetón m. Roseta grande. ‖ *Arq.* Ventana redonda y calada con adornos, frecuente en las iglesias góticas. | Adorno circular que se coloca en el centro de los techos. ‖ Mancha roja en la cara.

rosicler m. Color rosado del cielo en la aurora. ‖ Plata roja.

rosillo, lla adj. Roano.

rosita f. Roseta de maíz. ‖ *Fig.* y *fam. De rositas,* sin esfuerzos; de balde.

Roskilde, puerto de Dinamarca, en el NE. de la isla de Seeland, ant. cap. del país (del s. X hasta 1445). Catedral gótica.

Rosmini (Antonio), filósofo y sacerdote italiano (1797-1855), defensor del ontologismo.

rosoli m. Licor compuesto de aguardiente mezclado con azúcar, canela, anís, etc.

rosolí m. Planta droserácea.

rosón m. Rezno, insecto.

rosqueado, da adj. En forma de rosca.

rosquilla f. Bollo en forma de rosca. ‖ Larva de insecto que se enrosca con facilidad al verse en peligro. ‖ *Fig.* y *fam. Venderse como rosquillas,* venderse mucho.

Ross (BARRERA DE), acantilados de hielo en la Antártida, en el litoral del *mar de Ross,* donde se encuentra la *isla de Ross,* próxima a la costa de Tierra Victoria.

Ross (Sir John), navegante inglés (1777-1856), explorador de las regiones árticas. Fijó la posición del polo magnético de la Tierra. — Su sobrino sir JAMES CLARKE (1800-1862) descubrió la Tierra Victoria y la isla y el mar que llevan su nombre.

Rossetti (Dante Gabriel), pintor y poeta inglés (1828-1882), uno de los promotores del movimiento prerrafaelista.

RO

Rossi (Luigi), músico italiano (¿1598?-1653).

Rossini (Gioacchino), músico italiano (1792-1868), autor de las óperas *El Barbero de Sevilla, Otelo, Guillermo Tell,* un *Stabat Máter* y una *Misa.*

Rosso (Giovanni Battista DI IACOPO DE ROSSI, llamado **el**), pintor italiano (1494-1540).

Rostand (Edmond), escritor francés (1868-1918), autor de las comedias en verso *Cyrano de Bergerac, El Aguilucho, Chantecler,* etc. — Su hijo JEAN, biólogo, n. en 1894, es autor de importantes estudios sobre la partenogénesis experimental.

Rostock, c. y distrito del N. de Alemania Oriental, puerto en el Báltico (Warnemünde). Universidad.

Rostov del Don, c. del O. de la U. R. S. S. (Rusia), a orillas del Don, cerca del mar de Azov. Puerto fluvial y centro industrial.

rostrado, da o **rostral** adj. Que acaba en punta semejante al pico del pájaro o al espolón de la nave. || *Columna rostrada,* la que se adornaba con espolones de barco.

rostro m. Cara, semblante: *un rostro alegre, risueño.* || Pico del ave. || *Por ext.* Cosa en punta parecida a él. || *Mar.* Espolón antiguo de la nave. || *Fig.* y *fam. Tener rostro,* ser muy atrevido. | *Torcer el rostro,* poner mala cara. | *Salvar el rostro,* salvar la cara.

rota f. Derrota. || Palma de la India y de Malasia cuyos tallos sirven para hacer bastones, labores de cestería, etc.

rota f. Tribunal del Vaticano formado por diez auditores en el que se deciden en apelación las causas eclesiásticas de todo el orbe católico.

Rota, v. del S. de España (Cádiz). Base aeronaval. Punto de partida de un oleoducto.

rotación f. Movimiento de un cuerpo alrededor de un eje real o imaginario: *la rotación de la Tierra.* || Empleo metódico y sucesivo de material, de mercancías, de procedimientos, etc. || Frecuencia de los viajes de un barco, avión, etc., en una línea regular. || *Rotación de cultivos,* sistema de cultivo en que se alternan las especies vegetales que se siembran.

rotario adj. y s. Miembro del *Rotary Club,* asociación fundada en Chicago en 1905 y difundida en todo el mundo, cuya meta es defender la moral profesional y fomentar la paz y la fraternidad universales.

rotativo, va adj. Que da vueltas. || Dícese de la máquina tipográfica formada por dos cilindros cubiertos por una plancha estereotipada y entintada entre los que se desliza el papel que se va a imprimir (ú. t. c. s. f.). || — M. *Por ext.* Periódico impreso en estas máquinas.

rotatorio, ria adj. Que gira.

roten m. Rota, palma. || Bastón de rota.

rotería f. *Chil.* Plebe.

Rotherham, c. de Gran Bretaña, en el NO. de Inglaterra (Yorkshire). Industria.

rotífero adj. y s. m. Dícese de los animalillos microscópicos que viven en el agua y están provistos de dos coronas de cilios vibrátiles alrededor de la boca. || — M. pl. Clase que forman.

roto, ta adj. Que ha sufrido rotura. || *Fig.* Destrozado, deshecho: *una vida rota por el destino.* || *Chil.* Dícese de la persona de muy baja condición social (ú. t. c. s.). || *Pop. Arg.* Chileno (ú. t. c. s.). || *Méx.* Petimetre del pueblo. || — M. Rotura, desgarrón. || *Fig. Nunca falta un roto para un descosido,* la gente pobre o desgraciada siempre encuentra a alguien que sufre las mismas desventuras.

Roto *(El),* novela realista del chileno Joaquín Edwards Bello.

rotograbado m. Huecograbado.

rotonda f. Edificio circular con una cúpula. || Plaza circular.

rotor m. Parte móvil en un motor, generador eléctrico, turbina, etc. || Sistema de palas giratorias de un helicóptero que sirve para sustentarlo.

rotoso, sa adj. *Méx.* Roto, desharrapado.

Rotterdam, c. y puerto de Holanda (Holanda Meridional), a orillas de una rama del delta del Rin. Obispado. Industrias. Primer puerto comercial del mundo.

rótula f. Hueso plano situado en la parte anterior de la rodilla. || *Méc.* Articulación de forma esférica: *cojinete de rótula.*

rotulación y **rotulado** m. Composición de un letrero.

rotulador, ra adj. y s. Que dibuja rótulos.

rotular adj. Perteneciente o relativo a la rótula.

rotular v. t. Poner un rótulo.

rótulo m. Inscripción que se pone a una cosa indicando lo que es. || Cartel, letrero, anuncio público: *rótulo luminoso.*

rotundidad f. Redondez, esfericidad: *la rotundidad de la Tierra.* || *Fig.* Sonoridad del lenguaje. | Carácter categórico, terminante.

rotundo, da adj. Redondo. || *Fig.* Expresivo, lleno y sonoro: *lenguaje rotundo.* | Terminante, categórico: *afirmación rotunda; negativa rotunda.* | Completo, patente: *éxito rotundo.*

rotura f. Ruptura, acción de romperse. || Quiebra. || Desgarradura en un tejido orgánico. || Fractura de un hueso.

roturación f. Primer arado de una tierra.

roturador, ra adj. y s. Que rotura. || — F. Máquina para roturar la tierra.

roturar v. t. Arar por primera vez una tierra inculta para ponerla en cultivo.

Rouault [*ruó*] (Georges), pintor expresionista francés, n. en París (1871-1958), autor de *Miserere.*

Roubaix [*rubé*], c. del N. de Francia (Nord). Textiles.

Rouen. V. RUÁN.

Rouget de Lisle [*-lil*] (Claude), oficial de Ingenieros francés (1760-1836), autor de *La Marsellesa,* himno nacional francés.

round m. (pal. ingl.). Asalto en un combate de boxeo o lucha.

Rousseau [*rusó*] (Henri, llamado **el Aduanero**), pintor francés (1844-1910), representante del arte ingenuo. || ~ (JEAN-JACQUES), escritor de lengua francesa, n. en Ginebra (1712-1778), autor de *Julia o la Nueva Eloísa, El contrato social, Emilio,* las *Confesiones* y *Reflexiones de un paseante solitario* (póstumas). Sus teorías ejercieron una poderosa influencia entre los revolucionarios franceses. Su amor a la naturaleza y sentimentalismo son precursores del romanticismo en Francia. || ~ (THÉODORE), pintor paisajista francés (1812-1867), principal representante de la escuela de Barbizon.

Roussel (Albert), músico francés (1869-1937), autor de ballets y de música de cámara.

Roussillon. V. ROSELLÓN.

Roussin (André), comediógrafo francés, n. en 1911.

Rovigo, c. del N. de Italia (Venecia), cap. de la prov. homónima.

Roxana, esposa de Alejandro Magno, ejecutada por orden de Casandro hacia 310 a. de J. C.

Roxlo (Carlos), escritor uruguayo (1861-1926).

roya f. Honguillo parásito de varios cereales y otras plantas que produce manchas rojizas en los tallos y las hojas: *roya del trigo.*

royalty f. (pal. ingl.). Derecho que se paga al propietario de una patente, a un escritor, a un editor o al propietario de un terreno donde se explotan minas o pozos de petróleo o por el que pasa un oleoducto.

rozadura f. Rasguño superficial, raspadura: *la bala le hizo una rozadura en el casco.* || Erosión superficial de la piel: *rozadura en el talón.*

rozagante adj. Vistoso, de mucha apariencia. || *Fig.* Despabilado, despierto: *estaba rozagante hasta altas horas de la noche.* | Espléndido, magnífico: *tiene una salud rozagante.* | Peripuesto. | Presumido. | Orgulloso.

rozamiento m. Roce. || Fricción, resistencia al movimiento de un cuerpo o de una pieza mecánica debida al frotamiento. || *Fig.* Enfado, disgusto leve. | Roce, trato.

rozar v. t. Pasar una cosa tocando ligeramente la superficie de otra. Ú. t. c. i.: *la rueda rozó con el bordillo de la acera* (ú. t. c. pr.). || Pasar muy cerca: *rozaba las paredes.* || Raspar, tocar o arañar levemente. || Limpiar una tierra de matas y hierbas para cultivarla. || Cortar los animales con los dientes la hierba para comerla. || *Fig.* Rayar en: *rozaba la cuarentena.* | Escapar por poco, estar muy cerca: *rozó el accidente.* | Tener cierta relación con: *su actitud roza el descaro* (ú. t. c. i.). || — V. pr. Sufrir una rozadura: *se rozó con un alambre.* || Desgastarse por el roce: *los bajos del pantalón se rozan.* || Herirse un pie con otro las caballerías. || *Fam.* Tener trato, tratarse: *no me rozo más que con gente de importancia.*

Rozas. V. MARTÍNEZ DE ROZAS.

Ru, símbolo químico del *rutenio.*

rúa f. Calle.

Ruán, en fr. *Rouen,* c. y puerto del NO. de Francia, ant. cap. de Normandía, cap. del dep. de Seine-Maritime, a orillas del Sena. Arzobispado. Catedral gótica (s. XII y XIII). Centro industrial.

Ruanda o **Rwanda,** república de África Central; 26 338 km²; 3 306 000 h. Cap. *Kigali,* 15 000 h. || ~ **Urundi,** ant. territ. de África Oriental alemana, primero bajo mandato y después tutela belga en 1919, con *Usumbura* por cap. Dividido en 1961 entre la Rep. de *Ruanda* y el reino de *Burundi* o *Urundi.*

ruanés, esa adj. y s. De Ruán.

ruano, na adj. y s. Roano.

Rubalcava (Manuel Justo de), poeta cubano (1769-1805), autor de inspiradas silvas y sonetos.

rubefacción f. Mancha roja en la piel producida por un medicamento irritante o por alteraciones de la circulación de la sangre.

Rubén, hijo mayor de Jacob. Dio su nombre a una de las tribus de Israel. || ~ **Darío.** V. DARÍO.

Rubens (Petrus Paulus), pintor flamenco, n. en Siegen (1577-1640), que se caracteriza por la maestría de su técnica y del colorido. Autor de *El descendimiento de la Cruz, El juicio de Paris, Las Tres Gracias, La adoración de los Reyes, Felipe III a caballo,* etc.

rubéola y **rubeola** f. Enfermedad eruptiva, contagiosa y epidémica, parecida al sarampión.

rubescente adj. Rojizo.

rubí m. Piedra preciosa transparente, variedad del corindón (alúmina cristalizada), de color rojo y brillo intenso. (Pl. *rubíes.*)

rubia f. Planta rubiácea cuya raíz contiene una sustancia colorante roja usada en tintorería. || Pez teleósteo de agua dulce. || *Fam.* Furgoneta automóvil, de carrocería de madera. || *Pop.* Peseta.

rubiáceo, a adj. y s. f. Dícese de las plantas dicotiledóneas a que pertenecen la rubia, el café, etc. || — F. pl. Familia que forman.

rubial adj. Que tira a color rubio. || — M. Campo de rubias.

rubiales com. pl. *Fam.* Persona rubia: *joven rubiales.*

rubicán, ana adj. Dícese del caballo con el pelo mezclado de blanco y rojo.

Rubicón, riachuelo que separaba Italia de la Galia Cisalpina. César lo atravesó con sus tropas (49 a. de J. C.) infringiendo la orden del Senado romano. Al cruzarlo pronunció la frase *Alea jacta est* (la suerte está echada), exclamación que se recuerda cuando uno toma una determinación arriesgada y decisiva. (Se dice asimismo *pasar el Rubicón,* en el sentido de dar un paso decisivo.)

rubicundez f. Condición de rubicundo. || *Med.* Color rojo de origen morboso en la piel y en las membranas mucosas.

rubicundo, da adj. Rubio que tira a rojo. || Aplícase a la persona de cara de color rojo encendido. || *Fig.* Rebosante de salud.

rubidio m. Metal alcalino (Rb), parecido al potasio, de número atómico 37, densidad 1,52 y punto de fusión a 39 °C.

rubio, bia adj. De color rojo claro parecido al del oro: *cabello* *rubio.* || — M. y f. Persona que tiene el pelo rubio. || — M. Este color. || Pez marino acantopterigio, de hocico prominente.

Rubio, pobl. del O. de Venezuela (Táchira).

Rubio (Ángel), músico español (1850-1906), autor de zarzuelas. || ~ (ANTONIO), teólogo, filósofo y jesuita español (1548-1615), que residió en México.

Rubió y Ors (Joaquín), crítico literario español (1818-1899), iniciador del movimiento literario y político de la *Renaixença catalana.* — Su hijo ANTONIO RUBIÓ Y LLUCH (1856-1937) fue historiador y crítico, lo mismo que su nieto JORGE RUBIÓ Y BALAGUER, n. en 1887.

rublo m. Unidad monetaria rusa, dividida en 100 copecs.

rubor m. Color rojo muy encendido. || Color que la vergüenza saca al rostro, y que lo pone encendido. || *Fig.* Bochorno, vergüenza.

ruborizar v. t. Causar rubor o vergüenza a alguien. || — V. pr. *Fig.* Sentir vergüenza, avergonzarse, ponerse colorado.

ruboroso, sa adj. Vergonzoso.

rúbrica f. Rasgo o rasgos que suele poner cada cual después de su nombre al firmar. || *Fig.* Firma, nombre: *escrito bajo su rúbrica.* || Título, epígrafe de un capítulo o sección en un periódico, revista, etc. || Abreviatura que se pone delante de algo que se escribe para anunciar de lo que se trata. || Regla de las ceremonias y ritos de la Iglesia. || *Fig.* y *fam. Ser de rúbrica,* ser una cosa conforme a lo prescrito.

rubricado, da adj. Firmado.

rubricar v. t. Poner uno su rúbrica después de la firma. || Firmar y sellar un documento. || *Fig.* Dar testimonio de algo. | Concluir, coronar: *rubricó su carrera con el doctorado.* | Firmar, dar por suyo: *rubricar un documento.*

rubro, bra adj. Encarnado, rojo. || — M. *Amer.* Rúbrica, título, epígrafe. | Asiento, partida de comercio. | Sección de un comercio.

rucio, cia adj. De color gris o pardo claro: *caballo rucio.* || *Fam.* Entrecano, gris: *persona rucia.* || — M. Asno. (Se dice especialmente del de Sancho Panza.)

Rückert (Friedrich), poeta y orientalista alemán (1788-1866).

ruco, ca adj. Caballo viejo.

Rucu Pichincha, cumbre del Ecuador, en la cord. Occidental; 4 698 m.

ruche adj. *Fam. Estar* o *quedarse ruche,* sin dinero, sin un cuarto.

rucho m. Pollino, borrico.

ruda f. Planta rutácea medicinal de flores amarillas. || *Fam. Ser más conocido que la ruda,* ser muy conocido.

Ruda Slaska, c. del S. de Polonia, en Alta Silesia (Katowice). Industrias.

Rudbeck (Olof), médico sueco (1630-1702), que descubrió los vasos linfáticos.

Rude (François), escultor francés (1784-1855).

rudeza f. Aspereza, brusquedad. || Grosería, falta de educación.

rudimentario, ria adj. Elemental, poco desarrollado.

rudimento m. Estado primero de un órgano. || — Pl. Nociones elementales de una ciencia o profesión: *rudimentos de astronomía.* || Libro en que están.

rudo, da adj. Tosco, sin pulimento, basto. || Duro, difícil, penoso: *trabajo rudo.* || Brusco, sin artificio: *franqueza ruda.* || Fuerte, severo: *los rudos golpes de la vida.*

rueca f. Instrumento utilizado antiguamente para hilar que consistía en una varilla en cuya parte superior se coloca el copo.

rueda f. Órgano plano de forma circular destinado a girar alrededor de su centro y que permite que un vehículo se mueva o que, en una máquina, transmite el movimiento mediante los dientes que rodean su contorno. || Corro: *rueda de personas.* || Abanico que forma el pavo real cuando extiende la cola. || Tajada: *rueda de merluza.* || Rodaja: *rueda de salchichón.* || Suplicio antiguo. || Tambor que contiene los números en un sorteo de lotería: *rueda de la fortuna.* || Pez marino plectognato, de forma casi circular, no comestible. || — *Fig.* y *fam. Comulgar con ruedas de molino,* creer uno las cosas más inverosímiles. || *Hacer la rueda,* hacer un semicírculo el palomo en celo delante de la hembra; extender la cola en forma de abanico el pavo; (fig.) cortejar, rondar a alguien. || *Fig. Ir como sobre ruedas,* no encontrar ningún obstáculo. | *La rueda de la fortuna* o *del destino,* las vicisitudes humanas. || *Rueda catalina,* la de dientes agudos y oblicuos que hace mover el volante de ciertos relojes. || *Rueda de molino,* muela. || *Rueda de prensa,* reunión de varios periodistas para interrogar a una persona. || *Rueda hidráulica,* la provista de paletas movidas por el agua y que acciona un molino o cualquier otra máquina. || *Rueda libre,* dispositivo que permite a un órgano motor arrastrar un mecanismo sin ser arrastrado por él.

Rueda (Lope de), dramaturgo y actor español, n. en Sevilla (¿1510?-1565), autor de célebres pasos y entremeses (*El convidado, La tierra de Jauja, Pagar y no pagar, Las aceitunas, El rufián cobarde y Cornudo y contento*) y comedias (*Armelina, Los engañados Medora y Eufemia*). || ~ (SALVADOR), poeta español (1857-1933), precursor del modernismo.

ruedo m. Parte inferior o contorno de una cosa redonda: *el ruedo de un vestido.* || Esterilla redonda que se pone delante de las puertas para limpiarse los pies, felpudo. || Redondel, espacio de las plazas de toros para lidiar. || *Fig. Echarse al ruedo,* entrar en liza, intervenir.

ruego m. Súplica, petición: *a ruego mío.* || *Ruegos y preguntas,* en una reunión, final de ella en que los asistentes interpelan a su presidente.

Rueil-Malmaison, c. de Francia, al O. de París (Hauts-de-Seine). Palacio y museo napoleónico.

Ruelas (Julio), pintor y dibujante mexicano (1871-1907).

rufián m. El que comercia con la prostitución. || *Fig.* Hombre sin honor y despreciable, sinvergüenza.

rufianesco, ca adj. Característico de los rufianes. || — F. Hampa, mundo de los rufianes.

Rufina (*Santa*). V. JUSTA Y RUFINA.

Rufo (Juan), poeta español (¿1547-1620?), autor de *La Austriada,* poema épico en honor de Don Juan de Austria.

rugby m. Especie de fútbol practicado con las manos y pies, en el cual dos equipos de 15 ó 13 jugadores se disputan un balón de forma oval.

Rugby, c. de Gran Bretaña, en el centro de Inglaterra (Warwick).

Rugeles (Manuel F.), poeta nativista venezolano (1904-1959).

Rügen, isla de Alemania Oriental en el mar Báltico (Rostock); 926 km².

rugido m. Grito del león. || *Fig.* Grito fuerte y desagradable de reprobación. | Bramido, ruido del viento, de la tempestad. | Borborigmo, ruido de las tripas.

rugiente adj. Que ruge.

rugir v. i. Dar rugidos el león, el tigre y otras fieras. || *Fig.* Bramar, producir un ruido fuerte y ronco el viento, la tempestad. | Dar gritos muy fuertes una persona: *rugir de cólera, de dolor.*

rugosidad f. Condición de rugoso. || Arruga.

rugoso, sa adj. Que tiene arrugas o asperezas.

Ruhmkorff (Heinrich Daniel), físico alemán (1803-1877), inventor del carrete de inducción que lleva su nombre. Vivió en Francia.

Ruhr, río del O. de Alemania, afl. del Rin; 232 km. Atraviesa una rica cuenca hullera y próspera región industrial.

ruibarbo m. Planta poligonácea originaria de Asia Central cuya raíz se emplea como purgante.

ruido m. Conjunto de sonidos inarticulados y confusos: *el ruido de la calle.* || *Fig.* Escándalo, jaleo: *esta noticia va a armar mucho ruido.* || — *Fig. Hacer* o *meter ruido una cosa,* dar lugar a que se hable mucho de ella. | *Mucho ruido y pocas nueces,* dícese de una cosa que aparenta más de lo que es. || *Ruido de fondo,* cualquier acción parásita que acompaña a uno que se reproduce en discos, en el teléfono, o emisión de radio, etc.

ruidoso, sa adj. Aplícase a lo que hace o donde hay mucho ruido. || *Fig.* Que da mucho que hablar: *publicidad ruidosa.*

ruin adj. Vil, abyecto, despreciable, bajo: *una traición ruin.* || De mala presentación: *persona de ruin aspecto.* || Malo, malvado: *hombre ruin.* || Mezquino y avariento, tacaño: *sueldo ruin.* || Dícese del animal vicioso.

ruina f. Destrucción, natural o no, de una construcción. Ú. m. c. pl.: *caer en ruinas.* || *Fig.* Pérdida de la fortuna, de la prosperidad, del honor: *vamos a la ruina.* | Pérdida: *labrar su ruina.* | Decadencia moral. | Caída, derrumbamiento: *la ruina del régimen político establecido.* | Persona en estado de gran decadencia física o moral: *lo encontré hecho una ruina.* || — Pl. Restos de una o más construcciones hundidas: *ruinas de Sagunto.*

Ruinas de Itálica (*Canción a las*), poesía española atribuida anteriormente a F. de Rioja y actualmente a Rodrigo Caro.

ruindad f. Vileza, abyección, bajeza. || Maldad. || Tacañería.

ruinoso, sa adj. Que provoca la ruina: *gastos ruinosos.* || Que amenaza ruina: *castillo ruinoso.*

ruiponce m. *Bot.* Rapónchigo.

ruipóntico m. Planta poligonácea de hojas comestibles y raíz purgante, análoga al ruibarbo.

ruiseñor m. Pájaro insectívoro, de la familia de los túrdidos, de plumaje pardo rojizo y canto muy melodioso.

Ruiz, nevado central de Colombia (Caldas y Tolima); 5 400 m.

Ruiz (Antonio). V. FALUCHO. || ~ (BARTOLOMÉ), navegante español, m. en 1534. Fue con Pizarro a Perú y descubrió la costa del Ecuador (1526). || ~ (JUAN). V. HITA (*Arcipreste de*). || ~ **Aguilera** (VENTURA), poeta español (1820-1881). || ~ **Cortines** (ADOLFO), político mexicano (1892-1973), pres. de la Rep. de 1952 a 1958. || ~ **de Alarcón y Mendoza** (JUAN), dramaturgo mexicano, n. en el Real de Minas de Taxco (Est. de Guerrero) [¿1581?-1639], autor de las comedias *La verdad sospechosa, Ganar amigos, Las paredes oyen, Mudarse por mejorarse, El tejedor de Segovia, No hay mal que por bien no venga, El examen de maridos,* etc. Vivió casi siempre en España. || ~ **de Apodaca** (JUAN), marino y gobernante español (1754-1835), capitán general de Cuba de 1812 a 1816 y virrey de Nueva España de 1816 a 1821. || ~ **Funes** (MARIANO), jurisconsulto, político y escritor español (1889-1953). M. en el destierro. || ~ **Huidobro** (PASCUAL), marino español (1752-1812). Siendo gobernador de Montevideo, organizó su defensa contra los ingleses (1807). ||

~ Irlarte (VÍCTOR), comediógrafo español, n. en 1912, autor de *El landó de seis caballos.* || **~ y Mendoza** (JACINTO), oficial de artillería español (1779-1809). Se ilustró en Madrid, con Daoiz y Velarde, el 2 de mayo de 1808. || **~ Zorrilla** (MANUEL), político republicano español (1833-1895).

ruleta f. Juego de azar en que se usa una rueda horizontal giratoria dividida en 36 casillas radiales numeradas y pintadas alternativamente de negro y rojo.

ruletero m. *Méx.* Taxista.

Rulfo (Juan), novelista y cuentista mexicano, n. en 1918, autor de *El llano en llamas* y *Pedro Páramo.*

rulo m. Rodillo para allanar la tierra o para triturar. || Pequeño cilindro de plástico que emplean las mujeres para rizar el pelo.

Rumania, rep. socialista de Europa Oriental; 237 500 km²; 20 010 000 h. *(rumanos).* Cap. *Bucarest,* 1 372 100 h. Otras c.: *Cluj,* 167 900 h.; *Timishoara,* 170 200; *Brashov,* 160 300; *Ploesti,* 136 800; *Jassi,* 126 900; *Arad,* 125 600; *Braila,* 138 600; *Constantza,* 134 100; *Craiova,* 129 000; *Galatz,* 112 800; *Targu Muresh,* 85 188, y *Satu Mare,* 64 100.

— GEOGRAFÍA. La cord. de los Cárpatos, en el centro, forma una vasta medialuna alrededor de las colinas de Transilvania, separadas de la planicie húngara por el macizo de Bihar. Al E. y al S. de los Cárpatos se extienden las planicies de Moldavia y Valaquia. Rumania es un país agrícola (cereales, viñas) y gran productor de petróleo, gas natural, lignito, y hierro. Industrias. La explotación del petróleo, el hierro y la bauxita incrementan actualmente la industrialización.

— HISTORIA. Rumania, llamada en la Antigüedad *Dacia,* fue conquistada por Trajano a principios del s. II y poblada por colonos romanos. Invadida por los bárbaros, formó, a partir del s. XIV, los principados de Moldavia y Valaquia, vasallos de Turquía. El Tratado de París de 1856 reconoció la independencia de estos dos territorios y al unirse ambos formaron el principado de Rumania, convertido en reino en 1881. Este Estado se opuso a los imperios centrales en la guerra de 1914, pero se alió con Alemania en la de 1939. Ocupada sucesivamente por los alemanes y por la Unión Soviética, al acabar la segunda guerra mundial Rumania adoptó como forma de gobierno la de República Popular.

rumano, na adj. y s. De Rumania. || — M. Lengua neolatina que hablan los rumanos.

rumba f. Cierto baile popular cubano y música que lo acompaña. || *Antill.* Diversión, jolgorio.

rumbear v. i. *Arg.* Orientarse, tomar el rumbo. || *Cub.* Andar de juerga o parranda. || — V. pr. Bailar la rumba.

rumbo m. Cada una de las 32 partes iguales en que se divide la rosa náutica. || Dirección del barco o del avión: *navegar rumbo a Montevideo.* || *Fig.* Camino que uno se propone seguir: *tomar otro rumbo.* | Pompa, boato, ostentación: *celebrar una boda con mucho rumbo.* | Generosidad, liberalidad, esplendidez. || — *Abatir el rumbo,* cambiarlo el barco hacia sotavento. || *Hacer rumbo a un sitio,* dirigirse a él. || *Fig. Perder el rumbo,* desorientarse. | *Sin rumbo fijo,* al azar.

rumboso, sa adj. Dadivoso, generoso. || Espléndido, magnífico.

Rumelia Oriental, ant. prov. turca, perteneciente desde 1885 a Bulgaria; cap. *Plovdiv.*

Rumford (Sir Benjamin THOMPSON, *conde de*), físico norteamericano (1753-1814), autor de estudios sobre el calor y la luz.

RUMANIA

rumí m. Cristiano, entre los moros.

rumiante adj. Que rumia. || Dícese de los mamíferos ungulados que carecen de dientes incisivos en la mandíbula superior, y tienen cuatro cavidades en el estómago, como el buey, el camello, el ciervo, el carnero, etc. (ú. t. c. s.). || — M. pl. Suborden que forman.

rumiar v. t. Hablando de los rumiantes, masticar por segunda vez los alimentos que ya estuvieron en el estómago volviéndolos a la boca (ú. t. c. i.). || *Fig.* y *fam.* Reflexionar con mucha detención una cosa: *rumiar una venganza.* | Refunfuñar, rezongar: *siempre estás rumiando palabras extrañas.*

Rumiñahui, cima del Ecuador; 4 722 m. — Cantón en el N. del Ecuador (Pichincha).

Rumiñahui, cacique indio, n. en Quito y m. en 1534. Fue consejero y general de Atahualpa y a la muerte de éste se hizo proclamar soberano. Luchó porfiadamente contra los conquistadores y murió ejecutado por éstos.

rumor m. Ruido confuso de voces: *el rumor del público.* || Noticia vaga que corre entre la gente: *rumores contradictorios.* || Ruido sordo y confuso: *el rumor de las aguas.* || *Rumor público* o *general,* opinión de toda la gente.

rumorear v. t. e i. Hablar de, hacer crítica de. || — V. pr. Correr un rumor entre la gente: *se rumorea que va a haber una revolución.*

rumoroso, sa adj. Que produce rumor o ruido: *las límpidas y rumorosas aguas del arroyo.*

runas f. pl. Caracteres de los antiguos alfabetos germánico y escandinavo.

rúnico, ca adj. Relativo a las runas o escrito en ellas: *poesía rúnica; caracteres rúnicos.*

runrún m. *Fam.* Rumor, ruido, zumbido. | Ruido confuso de voces. | Hablilla, rumor noticia vaga: *corre el runrún.* || *Arg.* y *Chil.* Bramadera.

runrunear v. t. e i. Correr el runrún, rumorear (ú. t. c. pr.).

runruneo m. Runrún, rumor.

rupachical m. *Amer.* Lugar de rupachicos u ortigas.

rupachico m. *Amer.* Ortiga.

rupestre adj. Relativo a las rocas: *planta rupestre.* || Dícese de los dibujos y pinturas de la época prehistórica existentes en algunas rocas y cavernas: *el arte rupestre.*

rupia f. Unidad monetaria de la India dividida en 100 naye paise.

rupicabra y **rupicapra** f. Gamuza.

ruptor m. *Electr.* Interruptor de una bobina de inducción como el que se emplea en los automóviles para obtener la chispa en las bujías.

ruptura f. Rompimiento, desavenencia: *ruptura conyugal.* || Suspensión, anulación: *ruptura de un contrato, de la paz.* || Separación, discontinuidad, oposición de las cosas: *la mentalidad de hoy está en ruptura con la del pasado.* || *Mil.* Operación que da como resultado la apertura de una brecha en el dispositivo defensivo del adversario: *ruptura del frente enemigo.* || *Med.* Rotura, fractura.

rural adj. Relativo al campo: *problemas rurales.* || Que vive en poblaciones del campo: *médico, cura rural.* || De tierra cultivable: *propietario rural.* || *Amer.* Rústico, campesino (ú. t. c. s.).

ruralismo m. Condición de rural. || *Fig.* Incultura.

Rurik, jefe de los varegos y fundador del principado de Novgorod (Rusia). M. en 879.

Ruse, ant. *Rustchuk,* c. en el NE. de Bulgaria, a orillas del Danubio; cap. del distrito homónimo. Puerto fluvial. Ref. de petróleo.

Rusia n. que se daba ant. al imperio euroasiático que se extendía del Báltico al Pacífico y que designa hoy exclusivamente a la República Socialista Federativa Soviética (R. S. F. S. R.), núcleo principal de la U. R. S. S. (v. este nombre); sup.: 17 075 400 km²; 135 000 000 de h. *(rusos).* Cap. *Moscú;* otras c.: *Leningrado, Gorki, Novosibirsk, Kuibichev, Sverdlovsk, Cheliabinsk, Perm.* Los eslavos que poblaban las estepas de la Europa Oriental fueron reducidos por los varegos escandinavos, que formaron un Estado (s. IX). El nacimiento del principado de Kiev fue el núcleo de Moscovia, cuyos príncipes tomaron el nombre de zares (s. XVI). Iván el Terrible amplió sus dominios más allá de los Urales. Pedro el Grande (1682-1725) derrotó a los turcos en Poltava (1709) y se proclamó emperador de Rusia. Catalina II (1762-1792) consolidó su poder al derrotar a los turcos y los polacos y apoderándose de las regiones ribereñas del mar Negro. La victoria de Alejandro I contra Napoleón alentó las ambiciones zaristas en Europa, principalmente en los Balcanes, pero los ejércitos francobritánicos detuvieron en 1855 el avance ruso en Crimea. Más tarde, sin embargo, por el Tratado de Berlín (1878), Rusia se apoderó de una parte del territorio balcánico de Turquía. En 1904, sus ambiciones la llevaron a una guerra desgraciada contra el Japón. En la primera guerra mundial, Rusia luchó contra Alemania. En 1917, al estallar la revolución bolchevique, el zar y su familia fueron asesinados e instaurado el régimen comunista en todo el vasto imperio ruso. (V. la continuación de su historia en el artículo U. R. S. S.) || **~ Blanca** o

Bielorrusia, rep. federada de la U. R. S. S., fronteriza con Polonia; 208 000 km²; cap. *Minsk*. Agricultura importante.

rusificación f. Carácter ruso.

rusificar v. t. Hacer o dar carácter ruso.

Rusilla (La), pico de la Rep. Dominicana, al S. de la prov. de Santiago; 3 029 m.

Rusiñol (Santiago), pintor y escritor español, n. en Barcelona (1861-1931), autor de los paisajes *Jardines de España* y de obras de teatro.

Ruskin (John), crítico de arte, sociólogo y escritor inglés (1819-1900), defensor del prerrafaelismo.

ruso, sa adj. y s. Natural de Rusia o relativo a ella (ú. t. c. s.). ‖ Dícese de la ensalada de diferentes verduras y patatas cortadas en trocitos cuadrados y con mayonesa. ‖ — M. Lengua eslava que se habla en Rusia. ‖ Albornoz de paño grueso.

rusófilo, la adj. y s. Que ama lo ruso.

Russelsheim, c. en el O. de Alemania Occidental (Hesse). Automóviles.

Russell (Lord Bertrand), filósofo, sociólogo y matemático inglés (1872-1970), uno de los fundadores de la logística y autor de numerosos ensayos. (Pr. Nóbel, 1950.)

Rustchuk. V. Ruse.

Rustenburgo, c. de la Rep. de África del Sur, al NO. de Johannesburgo. Platino.

rusticano, na adj. Rústico, rural: *caballería rusticana*.

rusticidad f. Condición de rústico, carácter basto.

rústico, ca adj. Relativo al campo: *fincas rústicas*. ‖ Campesino (ú. t. c. s.). ‖ *Fig.* Tosco, grosero, basto, poco refinado: *costumbres rústicas*. ‖ *En (o a la) rústica*, encuadernado con tapas de papel o cartulina.

ruta f. Camino e itinerario de un viaje: *la ruta del canal de Panamá*. ‖ *Mar.* Rumbo. ‖ *Fig* Medio para llegar a un fin, derrotero. ‖ Galicismo por *carretera, camino*.

rutáceo, a adj. Dícese de las plantas dicotiledóneas como el naranjo, el limonero (ú. t. c. s.). ‖ — F. pl. Familia que forman.

Rute, v. del S. de España (Córdoba). Agricultura; aguardiente.

Rutenia, ant. región oriental de Checoslovaquia. (V. Ucrania Subcarpática.)

rutenio m. Metal (Ru) perteneciente al grupo del platino, de número atómico 44, densidad 12,3 y punto de fusión hacia 2 500 °C.

ruteno, na adj. y s. De Rutenia.

Ruth o **Rut,** esposa de Booz según la Biblia.

Rutherford of Nelson (Ernest), físico inglés, n. en Nueva Zelanda (1871-1937), realizador de la primera transmutación del átomo en 1919. (Pr. Nóbel. 1908.)

rutilante adj. Brillante.

rutilar v. i. Brillar mucho, resplandecer.

rutilo m. Óxido natural de titanio.

rutina f. Costumbre de hacer las cosas por mera práctica y sin razonarlas.

rutinario, ria adj. Que se hace por rutina: *procedimiento rutinario*. ‖ Que obra siguiendo la rutina (ú. t. c. s.).

rutinero, ra adj. y s. Rutinario.

rútulo, la adj. y s. De un ant. pueblo del Lacio, de origen etrusco.

Ruwanda. V. Ruanda.

Ruwenzori, macizo volcánico de África, entre el Congo-Kinshasa y Uganda; 5 119 m.

Ruyra (Joaquín), escritor español en lengua catalana (1858-1939).

Ruysdael (Jacob van), pintor paisajista holandés (1629-1682). — Su tío Salomón (1600-1670) fue tb. paisajista.

ruzafa f. Jardín de recreo.

Rybinsk, de 1946 a 1957 *Chtcherbakov*, c. de la U. R. S. S. (Rusia), a orillas del Alto Volga. Central hidroeléctrica.

Ryswick, hoy *Rijswijk*, c. de Holanda (Holanda Meridional). Tratado de 1697, que puso fin a la guerra entre Francia y la Liga de Augsburgo.

Ryukyu. V. Riukiu.

Rzesow, c. de Polonia, en el SE. del país (Galitzia).

Salto de pértiga

S

s f. Vigesimosegunda letra del alfabeto castellano y decimoctava de sus consonantes. ‖ — **s,** símbolo del *segundo,* unidad de tiempo. ‖ — **S,** símbolo químico del *azufre.* ‖ — **S.**, abreviatura de *Sur.*

Sá (Estácio de), militar portugués del s. XVI, que fundó, en unión de su tío MEM DE SÁ (1500-1572), la c. de Rio de Janeiro (1567). ‖ ~ **de Miranda** (FRANCISCO), poeta renacentista portugués (1495-1558), que introdujo en su país la métrica italiana (*Églogas, Fábula de Mondego,* etc.). Escribió también en castellano.

Saadi o **Sadi** (Mucharrif ed-Din), poeta persa (¿1184-1290), autor de *Jardín de las rosas* y *Libro del consejo.*

Saale, río de Alemania, afl. del Elba; 427 km.

Saalfeld, c. de Alemania Oriental, a orillas del Saale. Industrias.

Saarbrücken. V. SARREBRUCK.

Saavedra (Ángel). V. RIVAS (*Duque de*). ‖ ~ (JUAN BAUTISTA), político y jurista boliviano (1870-1939), pres. de la Rep. de 1920 a 1925. ‖ ~(CORNELIO DE), militar argentino, n. en Potosí (1759-1829). Luchó en la defensa de Buenos Aires contra los ingleses y fue pres. de la Junta Gubernativa (1810). ‖ ~ **Fajardo** (DIEGO DE), diplomático y escritor español (1584-1648), autor de *Corona gótica, castellana y austriaca, Empresas políticas* o *Idea de un príncipe cristiano, República literaria,* etc. ‖ ~ **Guzmán** (ANTONIO DE), escritor mexicano de fines del s. XVI, autor del poema histórico *El peregrino indiano,* compuesto en octavas reales. ‖ ~ **Lamas** (CARLOS), jurista y político argentino, n. en Buenos Aires (1878-1959), pacificador del conflicto del Chaco. Premio Nóbel de la Paz en 1936.

Saba, ant. Est. antiislámico en el SE. de Arabia (Yemen), cuya reina, llamada Balkis o Makeda, fue a Jerusalén a visitar a Salomón. — Isla de las Antillas menores, en el grupo de Barlovento. Pertenece a Holanda.

Sabadell, c. del NE. de España (Barcelona). Textiles.

sabadellense adj. y s. De Sabadell.

sábado m. Séptimo y último día de la semana. ‖ Día de descanso según la ley judía. ‖ Reunión nocturna de brujas y hechiceros bajo la presidencia del diablo, generalmente el último día de la semana. ‖ — *Sábado de Gloria,* sábado santo. ‖ *Sábado inglés,* sábado en que únicamente se trabaja por la mañana.

Sabah, ant. *Borneo del Norte* o *Septentrional,* territorio de la Federación de Malaysia, colonia británica de 1877 a 1963; 80 500 km²; 588 000 h. Cap. *Jesselton.* Reivindicado por las Filipinas.

sabalar m. Red para pescar sábalos.

sábalo m. Pez teleósteo marino que desova en la desembocadura de los ríos.

sabana f. *Amer.* Llanura de gran extensión, sin vegetación arbórea, aunque cubierta de hierba.

Sabana, archip. de Cuba, en la costa N. de la prov. de Las Villas. ‖ ~ **Camagüey,** archip. septentrional de Cuba compuesto de unos 40 cayos e islas. Recibe tb. el n. de *Jardines del Rey.*

sábana f. Cada una de las dos piezas de lienzo que se ponen en la cama: *sábana bajera, encimera.* ‖ Manto de los hebreos y algunos pueblos orientales, como el hindú. ‖ Sabanilla de altar. ‖ *Fig.* y *fam. Pegársele a uno las sábanas,* quedarse uno dormido por la mañana más de lo debido o acostumbrado.

Sabanalarga, c. del N. de Colombia (Atlántico). — Mun. del O. de Colombia (Antioquia). Cobre.

sabandija f. Bicho generalmente asqueroso, como ciertos reptiles e insectos: *esta caja vieja está llena de sabandijas.* ‖ *Fig.* Persona despreciable.

sabanear v. i. *Amer.* Recorrer la sabana para reunir el ganado o vigilarlo.

sabanero, ra adj. Aplícase a la persona que vive en la sabana (ú. t. c. s.). ‖ Relativo a la sabana.

Sabaneta, ant. n. de *Santiago Rodríguez.*

sabanilla f. Lienzo con que se cubre el altar. ‖ Lienzo pequeño. ‖ *Amer.* Sabana pequeña.

Sabanilla, distr. de Costa Rica (Alajuela). — Pobl. y mun. de México (Chiapas).

sabañón m. Lesión inflamatoria de los pies, manos y orejas, provocada por el frío y caracterizada por ardor y picazón. ‖ *Fam. Comer como un sabañón,* comer muy abundantemente.

sabático, ca adj. Relativo al sábado: *descanso sabático.* ‖ Aplícase al séptimo año, en que los hebreos dejaban descansar las tierras, las viñas y los olivares.

sabatina f. Oficio religioso del sábado.

Sabatini (Francisco), arquitecto y general español (1722-1795), autor de diferentes obras en Madrid (*Puerta de Alcalá,* etc.). ‖ ~ (RAFAEL), novelista inglés (1875-1950), autor de numerosos relatos de aventuras (*El capitán Blood, Scaramouche,* etc.).

sabatino, na adj. Del sábado.

Sabaya, prov. del SO. de Bolivia (Oruro); cap. *Huachacalla.*

sabedor, ra adj. Enterado.

sabeísmo m. Religión de los sabeos, que adoraban el Sol, la Luna y las estrellas.

sabelianismo m. Doctrina de Sabelio.

sabeliano, na adj. Relativo al sabelianismo. ‖ Partidario de esta doctrina (ú. t. c. s.).

sabelio, a adj. y s. Aplícase a un grupo de pueblos de la Italia antigua (Apenino Central).

Sabelio, heresiarca del s. III, cuya doctrina refutaba el dogma de la Santísima Trinidad.

sabelotodo com. *Fam.* Sabidillo, sabihondo.

sabeo, a adj. y s. De Saba (Arabia antigua).

saber m. Sabiduría: *hombre de profundo saber.*

* **saber** v. t. Conocer una cosa o tener noticia de ella: *supe que había venido.* ‖ Ser docto en una materia: *saber griego.* ‖ Haber aprendido de memoria: *saber su lección* (ú. t. c. pr.). ‖ Tener habilidad: *saber dibujar.* ‖ Ser capaz: *saber contentarse con poco.* ‖ — *Hacer saber,* comunicar. ‖ *Fig. No saber uno dónde meterse,* estar avergonzado. | *No saber uno por dónde se anda,* no tener ni idea de lo que se hace. ‖ *Fam. Saber cuántas son cinco,* estar muy enterado. | *Saber latín,* ser muy astuto. | *Se las sabe todas,* está muy al tanto; tiene experiencia. ‖ *Un no sé qué,* algo inexplicable. ‖ — V. i. Ser muy sagaz y advertido: *sabe más que la zorra.* ‖ Tener sabor una cosa: *esto sabe a miel.* ‖ Parecer: *los consuelos le saben a injurias.* ‖ — *A saber,* es decir. ‖ *Que yo sepa,*

según mis conocimientos. || *¡Quién sabe!*, quizá, tal vez. || *Saber de*, tener noticias de: *hace un mes que no sé de él;* entender en: *sabe de mecánica.* || *Saber mal*, tener mal sabor; (fig.) disgustar. || *Fam. ¡Vete a saber!*, nadie sabe.

sabicú m. Árbol leguminoso cubano de flores blancas olorosas, parecida a la acacia.

sabichoso, sa adj. *Cub.* Sabihondo, sabidillo.

sabidillo, lla adj. y s. Dícese de la persona que presume de entendida y docta sin serlo o sin venir a cuento.

sabido, da adj. Conocido: *como es sabido.* || *Fam.* Que sabe mucho o presume de saber: *hombre sabido.*

sabiduría f. Conocimientos profundos en ciencias, letras o artes. || Prudencia. || *La Sabiduría eterna*, el Verbo divino.

sabiendas (a) adv. Con conocimiento de lo que se hace y de lo que puede acarrear.

sabihondez f. *Fam.* Pedantería.

sabihondo, da adj. y s. *Fam.* Que presume de sabio sin serlo.

Sabin (Albert B.), biólogo y pediatra norteamericano, n. en 1906, inventor de la vacuna oral contra la poliomielitis.

sabino, na adj. y s. De un ant. pueblo latino que habitaba cerca de Roma. (Las esposas e hijas de los *sabinos* fueron raptadas en una fiesta por orden de Rómulo, lo que provocó la guerra, terminada por la mediación de las propias *sabinas.*) || Aplícase a las caballerías roanas.

Sabiñánigo, v. del NE. de España (Huesca). Industrias (carburo, aluminio, plásticos, celulosa).

sabio, bia adj. y s. Aplícase a la persona que tiene conocimientos científicos profundos y que suele dedicarse a la investigación: *un sabio ruso.* || Sensato, prudente: *una sabia medida.* || — Adj. Que instruye: *sabia lectura.* || Habilidoso, amaestrado: *un perro sabio.* — Se ha dado el nombre de los *Siete sabios de Grecia* a un grupo constituido por otros tantos filósofos y políticos de la antigua Grecia (Tales de Mileto, Pítaco, Bias, Cleóbulo, Misón, Quilón y Solón). Algunos autores sustituyen a dos de éstos por Periandro y Anacarsis.

sabiondo, da adj. y s. Sabihondo.

sablazo m. Golpe dado con el sable. || Herida que produce. || *Fig.* y *fam.* Acción de sacar dinero prestado con habilidad: *dar un sablazo a un amigo.*

sable m. Arma blanca parecida a la espada, pero de un solo corte: *sable de caballería.*

sableador, ra m. y f. *Fam.* Sablista.

sablear v. i. *Fig.* y *fam.* Dar sablazos.

sablista adj. y s. *Fam.* Que acostumbra sablear a los demás.

Sables-d'Olonne (Les), c. del O. de Francia, a orillas del Atlántico (Vendée). Pesca. Turismo.

saboga f. Sábalo, pez.

Sabogal (José), pintor indigenista peruano (1888-1956).

saboneta f. Reloj de bolsillo de tapa articulada.

sabor m. Sensación que ciertos cuerpos producen en el órgano del gusto: *sabor a limón.* || *Fig.* Impresión que una cosa produce en el ánimo: *dejar mal sabor.* | Carácter, estilo: *poema de sabor clásico.* || — Pl. Cuentas de acero que se ponen en el bocado del caballo para refrescar la boca del animal.

saboreamiento m. Saboreo.

saborear v. t. Disfrutar detenidamente y con deleite el sabor de una cosa: *saborear café* (ú. t. c. pr.). || *Fig.* Deleitarse con algo: *saborear el triunfo* (ú. t. c. pr.). || Dar sabor a algo.

saboreo m. Acción de saborear.

sabotaje m. Daño o deterioro que para perjudicar a los patronos hacen los obreros en la maquinaria, productos, etc. || Daño que se hace como procedimiento de lucha contra las autoridades, las fuerzas de ocupación o en conflictos sociales o políticos. || *Fig.* Entorpecimiento de la buena marcha de una actividad.

saboteador, ra adj. y s. Aplícase a la persona que sabotea.

sabotear v. t. Cometer actos de sabotaje.

saboteo m. Sabotaje.

Saboya, en fr. *Savoie*, región del SE. de Francia, fronteriza con Italia y Suiza; cap. *Chambery.* Forma hoy los dos dep. franceses de *Savoie* y *Haute-Savoie.*

Saboya (CASA DE), familia cuyos miembros fueron condes o duques de Saboya y reyes de Cerdeña (de 1720 a 1861) y de Italia (de 1861 a 1946).

saboyano, na adj. y s. De Saboya. || — F. Prenda femenina, especie de basquiña.

Sabrosa, pobl. del N. de Portugal (Vila Real). Lugar de nacimiento de Hernando de Magallanes.

sabroso, sa adj. De sabor agradable: *un plato muy sabroso.* || *Fig.* Delicioso, deleitable. | Lleno de enjundia: *diálogo sabroso.* | Gracioso: *un chiste muy sabroso.* || *Méx.* Fanfarrón.

sabucal m. Terreno plantado de sabucos.

sabuco o **sabugo** m. Saúco.

Sabuco (Miguel), escritor español (¿1529?-1588).

sabueso adj. Dícese de una variedad de perro podenco de olfato muy desarrollado (ú. t. c. s. m.). || — M. *Fig.* Investigador, policía.

Sabunde (Raimundo), filósofo español, m. en 1432, autor de *Theologia naturalis sive Liber creaturarum*, apología del cristianismo.

saburra f. *Med.* Secreción mucosa que se acumula en las paredes del estómago. | Capa blanquecina que cubre la lengua por efecto de esa secreción.

saburral adj. *Med.* Relativo a la saburra.

saburroso, sa adj. *Med.* Que denota la existencia de saburra: *lengua saburrosa.*

Sac Xib Chac, uno de los cuatro componentes del dios maya de la Lluvia (signif. *hombre blanco*).

saca f. Acción y efecto de sacar. || *Com.* Exportación de géneros de un país a otro. || Copia autorizada de un documento notarial. || Acción de sacar los estanqueros los efectos que después venden al público. || Costal grande para transportar la correspondencia. || *Fig.* Conjunto de rehenes que se ejecutan en concepto de represalias.

Sacaba, pobl. en el O. del centro de Bolivia, cap. de la prov. de Chapare (Cochabamba).

sacabala f. Especie de pinzas que usaban los cirujanos para sacar las balas de las heridas.

sacabocados m. inv. Instrumento para hacer taladros.

sacabotas m. inv. Tabla con una hendedura en un extremo para quitarse las botas.

sacabuche m. Especie de trompeta que se alarga y acorta para producir los sonidos. || Músico que toca este instrumento. || *Méx.* Cuchillo de punta.

Sacaca, pobl. del S. de Bolivia, cap. de la prov. de Alonso Ibáñez (Potosí).

sacaclavos m. inv. Instrumento para quitar clavos.

sacacorchos m. inv. Utensilio formado por una hélice metálica terminada en punta para quitar los tapones de las botellas. || *Fig. Sacar a alguien las cosas con sacacorchos*, hacerle hablar a fuerza de habilidad.

sacacuartos, sacadineros y **sacadinero** com. *Fam.* Cosa de poco valor, pero muy atractiva. | El que tiene arte para sacar dinero.

sacador, ra adj. y s. Dícese del o de lo que saca o extrae. || — M. Jugador que saca. || *Impr.* En las máquinas de imprimir, tablero en el cual se van apilando los pliegos impresos. | Obrero que vigila esta operación.

sacafaltas com. inv. *Fam.* Criticón, que todo lo censura.

sacáis m. pl. *Pop.* Ojos.

sacaleche m. Aparato para extraer leche del pecho de la mujer.

sacaliña f. Garrocha, vara. || *Fig.* Socaliña.

sacamanchas m. inv. Quitamanchas.

sacamantecas m. inv. *Fam.* Criminal que despanzurra a sus víctimas, destripador.

sacamiento m. Acción de sacar una cosa de un sitio.

sacamuelas m. inv. *Fam.* Dentista. || *Fig.* Charlatán, hablador.

sacaperras com. inv. Sacadineros, sacacuartos.

sacapuntas m. inv. Utensilio para afilar los lápices. || *Amer.* Muchacho ayudante de carpintero.

sacar v. t. Poner una cosa fuera del sitio donde estaba: *sacar dinero de la cartera; sacar una muela.* || Llevar fuera: *sacar al perro.* || Salir con una persona para que se entretenga: *este chico saca mucho a su hermana.* || Quitar o apartar a una persona o cosa de un sitio: *sacar al niño de la escuela.* || Quitar: *sacar una mancha.* || Soltar una costura o dobladillo. || Extraer: *sacar azúcar de la caña; un refrán sacado de una obra.* || Derivar: *palabra sacada del latín; sacar una película de una novela.* || Comprar: *sacar un billete.* || Hacer las gestiones necesarias para la obtención de algo: *sacar el pasaporte en la oficina correspondiente.* || Librar: *sacar de la pobreza.* || Solucionar, resolver: *sacar un problema.* || Descubrir por indicios: *saqué su nombre por un amigo.* || Deducir: *de nuestra conversación saqué que no llegaríamos nunca a un acuerdo.* || Encontrar: *sacarle muchas faltas a un alumno.* || Conseguir, obtener, lograr: *sacar la mayoría en las elecciones; ha sacado mucho dinero de su finca.* || Hacer confesar a uno lo que quería ocultar: *por fin le saqué la verdad.* || Poner hacia fuera: *sacar el pecho al andar.* || Enseñar, mostrar: *sacar los dientes, el documento de identidad.* || Inventar, crear: *sacar un nuevo modelo, una moda.* || Citar, traer a la conversación: *siempre nos saca la historia de su vida.* || Hacer aparecer: *sacaron a su hija en los periódicos.* || Hacer perder el juicio: *sacar de sí.* || Apuntar, copiar: *sacar datos.* || Obtener cierto número en un sorteo: *sacar un buen número en una rifa.* || Ganar en la lotería: *sacar el gordo.* || Aventajar: *le sacó un largo de piscina.* || *Dep.* Lanzar la pelota para iniciar el juego o volverla a poner cuando ha salido. || *Mat.* Extraer: *sacar una raíz cuadrada.* || — *Sacar a bailar*, pedir el hombre a la mujer que baile con él. || *Fig. Sacar adelante*, dicho de personas, cuidar de su educación; aplicado a negocios, llevarlos a buen término. | *Sacar a luz*, publicar, descubrir. | *Sacar a relucir*, v. RELUCIR. | *Sacar de pila*, ser padrino o madrina en un bautismo. | *Sacar de quicio o de sus casillas a uno*, hacer que pierda el dominio de sí mismo. | *Sacar en claro* o *en limpio un asunto*, dilucidarlo. || *Fig.* y *fam. Sacar los pies del plato*, perder el recato o la timidez. || *Sacar partido* o *provecho*, aprovechar. || *Sacar una foto*, hacerla, fotografiar || *Sacar un mote a uno*, atribuírselo.

sacárido m. *Quím.* Glúcido.

sacarífero, ra adj. Que produce o contiene azúcar.

sacarificación f. Conversión en azúcar.

sacarificar v. t. Convertir en azúcar: *sacarificar almidón.*

sacarígeno, na adj. Aplícase a lo que puede convertirse en azúcar por hidratación, como las féculas y la celulosa.
sacarimetría f. Procedimiento para medir la cantidad de azúcar disuelta en un líquido.
sacarímetro m. Instrumento con que se determina la proporción de azúcar en un líquido.
sacarino, na adj. Que tiene azúcar o se le asemeja. || — F. Sustancia blanca derivada del tolueno, de sabor azucarado, utilizada por los diabéticos. (La *sacarina* endulza como 300 veces su peso en azúcar.)
sacaroideo, a adj. De aspecto parecido al del azúcar: *mármol sacaroideo.*
sacaromicetos m. pl. Levadura que produce la fermentación alcohólica de los zumos azucarados y que interviene en la elaboración del vino, cerveza, sidra, etc.
sacarosa f. *Quím.* Glúcido que por hidrólisis se transforma en glucosa y fructosa.
Sacasa (Juan Bautista), político nicaragüense (1874-1946), pres. de la Rep. de 1933 a 1936. Depuesto por Anastasio Somoza.
sacatacos o **sacatrapos** m. inv. Instrumento para sacar los tacos del cañón de las armas.
sacatapón m. Sacacorchos.
Sacatepéquez, dep. del S. de Guatemala; cap. *La Antigua.* Región muy poblada y rica (agricultura, ganadería).
sacatepesano, na adj. y s. De Sacatepéquez.
Sacchetti [*-ke-*] (Giovanni Battista), arquitecto italiano, m. en 1764, discípulo de Juvara. Acabó la construcción del Palacio Real de Madrid (1738-1764) y construyó parte del de La Granja.
Sacchini [*-ki-*] (Antonio Gaspare), músico italiano autor de óperas (1730-1786).
Sacedón, v. del centro de España (Guadalajara), a orillas de los pantanos de Entrepeñas y Buendía.
sacerdocio m. Dignidad, estado y funciones del sacerdote. || Conjunto de sacerdotes. || *Fig.* Función o profesión noble que requiere una dedicación entera, como la enseñanza, la medicina, etc.
sacerdotal adj. Relativo al sacerdote o al sacerdocio.
sacerdote m. Ministro de un culto religioso: *un sacerdote católico, ortodoxo.*
sacerdotisa f. Mujer dedicada al culto de una deidad.
saciable adj. Que puede ser saciado.
saciar v. t. Satisfacer completamente: *saciar el hambre, su venganza* (ú. t. c. pr.).
saciedad f. Hartura o satisfacción completa. || *Repetir algo hasta la saciedad,* repetirlo muchas veces.
Sackville (Thomas), político y poeta inglés (¿1530?-1608), autor de *Gorboduc,* primera tragedia clásica publicada en su país. Fue conde de Dorset.
Saclay, pobl. de Francia (Essonne), cerca de Versalles. Centro de investigaciones nucleares.
saco m. Receptáculo a modo de bolsa que se abre por arriba: *un saco de yute.* || Su contenido: *un saco de cemento.* || Vestidura tosca. || *Fig.* Cosa que incluye en sí otras varias: *un saco de embustes.* | Persona gorda: *esta mujer es un saco.* || Saqueo: *el saco de Roma.* || *Anat.* Cavidad orgánica cerrada por un extremo: *saco sinovial.* || *Mar.* Ensenada de boca estrecha. || *Amer.* Chaqueta. | Bolso de mujer. || — *Entrar a saco,* saquear. || *Fig. No echar algo en saco roto,* tenerlo muy en cuenta. || *Saco de viaje,* bolsa alargada y con asa que se utiliza como maleta. || *Saco de dormir,* especie de edredón cerrado con cremallera en el cual se introduce uno para dormir. || *Fig. Saco roto,* manirroto, persona que gasta el dinero con facilidad. || *Saco terrero,* el que se rellena de tierra o arena y sirve para protección contra las balas. || *Traje saco,* vestido de mujer que cae ampliamente y no va ceñido.
Saco (José Antonio), precursor del movimiento separatista cubano (1797-1879).
sacramental adj. Relativo a los sacramentos: *sigilo sacramental.* || Dícese de los remedios con los cuales la Iglesia perdona los pecados veniales, como el agua bendita, las indulgencias y jubileos (ú. t. c. s. m.). || *Fig.* Consagrado por la ley o el uso: *palabras sacramentales.* || — F. Cementerio en Madrid para los miembros de una cofradía.
sacramentar v. t. Convertir el pan en el cuerpo de Nuestro Señor Jesucristo. || Administrar a un enfermo el viático y la extremaunción.
sacramentario, ria adj. y s. Aplícase a la secta luterana que negaba la presencia real de Jesucristo en la Eucaristía, y a sus partidarios.
sacramento m. Acto de la Iglesia católica por el cual se santifica o recibe la gracia divina una persona. (Los siete *sacramentos* son: bautismo, confirmación, eucaristía, penitencia, extremaunción, orden y matrimonio.) || — *El Santísimo Sacramento,* Jesucristo Sacramentado. || *Recibir los* (o *los últimos*) *sacramentos,* recibir el enfermo los de penitencia, eucaristía y extremaunción. || *Sacramento del altar,* la Eucaristía.
Sacramento, colonia fundada en el Uruguay por los portugueses en 1680 y disputada con los españoles hasta 1726. — Río de Estados Unidos (Alta California), que des. en la bahía de San Francisco; 620 km. — C. del S. de Estados Unidos, cap. del Est. de California. Obispado. Agricultura. Industrias. Metalurgia. Base de proyectiles teledirigidos.
sacratísimo, ma adj. Superlativo de *sagrado.*
sacrificador, ra adj. y s. Aplícase a la persona que sacrificaba a las víctimas.
sacrificar v. t. Ofrecer en sacrificio: *sacrificar una víctima a los dioses.* || Degollar, matar reses para el consumo. || *Fig.* Abandonar algo en beneficio de otra cosa o persona: *sacrificar sus amigos a su ambición.* || — V. pr. Ofrecerse a Dios. || *Fig.* Dedicarse enteramente: *sacrificarse por un ideal.* | Privarse de algo, sujetarse con resignación a una cosa violenta o repugnante para agradar a otra persona.
sacrificio m. Muerte de una víctima en ofrenda de una deidad: *en las religiones primitivas solían existir sacrificios.* || Esfuerzo hecho o pena sufrida voluntariamente en expiación de una falta o para conseguir la intercesión divina: *sacrificio expiatorio, propiciatorio.* || *Fig.* Privación que sufre o se impone una persona: *para criar a sus hijos tuvo que hacer muchos sacrificios.* || *El sacrificio del altar,* la santa misa.
Sacrificios, islote del golfo de México, frente a Veracruz. Templos indígenas.
sacrilegio m. Lesión o profanación de cosa, persona o lugar sagrado: *cometer un sacrilegio.* || *Fig.* Falta de respeto hacia algo o alguien digno de la mayor consideración.
sacrílego, ga adj. Que comete sacrilegio (ú. t. c. s.). || Que implica sacrilegio: *palabra sacrílega.* || Que sirve para cometer sacrilegio: *manos sacrílegas.*
sacrismoche y **sacrismocho** m. *Fam.* Persona que va vestida de negro.
sacristán m. Persona encargada del cuidado de la sacristía y de la iglesia misma.
sacristanía f. Cargo u oficio de sacristán.
sacristía f. Lugar donde se revisten los sacerdotes y donde guardan los ornamentos del culto.
sacro, cra adj. Sagrado: *historia sacra.* || *Anat.* Aplícase al hueso situado en la extremidad inferior de la columna vertebral y a todo lo referente a esta región: *vértebras sacras* (ú. t. c. s. m.).
Sacro (MONTE), colina cerca de Roma, donde se retiraron los plebeyos en 494 a. de J. C. para librarse de la tiranía patricia.
Sacro Monte, santuario de México, en las cercanías de Amecameca de Juárez.
sacrosanto, ta adj. Sagrado y santo: *el sacrosanto cuerpo de Jesucristo.*
sacrovertebral adj. Relativo al hueso sacro y a las vértebras: *articulación sacrovertebral.*
Sacsahuamán, fortaleza y arsenal inca en un cerro al N. del Cuzco (Perú). Se conservan algunos restos.
sacudida f. Movimiento brusco de algo. || Oscilación del suelo en un terremoto. || *Fig.* Conmoción provocada por alguna sorpresa. || *Sacudida eléctrica,* descarga eléctrica.
sacudido, da adj. *Fig.* Huraño, arisco. | Desenfadado, resuelto.
sacudidor, ra adj. Que sacude. || — M. Instrumento con que se sacude y limpia, zorros.
sacudidura f. y **sacudimiento** m. Acción de sacudir una cosa: *sacudidura del polvo.*
sacudir v. t. Mover violentamente una cosa a una y otra parte: *sacudir un árbol.* || Golpear con violencia una cosa para quitarle el polvo: *sacudir una alfombra.* || *Fig.* Emocionar, conmover: *la noticia sacudió al país.* || *Fig.* y *fam.* Dar, asestar: *sacudir una bofetada.* | Pegar a uno. || — *Fig. Sacudir el polvo,* pegar una paliza. | *Sacudir el yugo,* librarse de la opresión. || — V. pr. Librarse, deshacerse de una persona o cosa molesta.
sachadura f. Escarda.
sachar v. t. Escardar la tierra sembrada: *sachar un campo.*
sachem m. Miembro del consejo de la nación, entre los indios de Norteamérica.
sacho m. Azadilla para sachar.
Sachs (Hans), poeta, dramaturgo y cuentista alemán (1494-1576).
Sadat (Anwar **al-**), militar y político egipcio, n. en 1918. Sucedió a Nasser en la pres. (1970).
Sadd al-Alí. V. ASUÁN.
Sade (Donatien Alphonse François, *marqués de*), novelista francés, n. en París (1740-1814), cuyos personajes viven obsesionados por el placer morboso de hacer sufrir a criaturas inocentes (*sadismo*).
sádico, ca adj. Relativo al sadismo. || Que se complace en hacer sufrir (ú. t. c. s.).
sadismo m. Placer perverso que se experimenta ante el sufrimiento de otra persona. || *Fig.* Crueldad refinada.
Sadoc, judío del s. III a. de J. C., fundador de la secta de los saduceos.
Sadowa o **Sadova,** pobl. de Checoslovaquia (Bohemia oriental). Victoria de los prusianos ante los austriacos (1866).
saduceísmo m. Doctrina de los saduceos que negaba la inmortalidad del alma y la resurrección del cuerpo humano.
saduceo, a adj. Perteneciente o relativo al saduceísmo. || Partidario de esta doctrina (ú. t. c. s.).
Sáenz (Aarón), abogado, político e industrial mexicano, n en 1891. || ~ (ANTONIO), sacerdote y patriota argentino (1780-1825), primer rector de la Universidad de Buenos Aires en 1821. || ~ (MANUELA), patriota quiteña (1793-

1859), que salvó la vida a Bolívar en 1828. || ~ **de Heredia** (José Luis), director cinematográfico español, n. en 1911, realizador de *Raza*, *El escándalo*, *Los ojos dejan huellas*. || ~ — **Hayes** (Ricardo), escritor argentino, n. en 1888, autor de ensayos. || ~ **Morales** (Ramón), poeta nicaragüense (1875-1937). || ~ **Peña** (Luis), político y abogado argentino (1822-1907), pres. de la Rep. de 1892 a 1895. — Su hijo Roque (1851-1914) fue pres. de la Rep. de 1910 a 1914.

saeta f. Flecha, arma arrojadiza. || Manecilla del reloj. || Brújula. || Copla breve y desgarrada que se canta principalmente en Andalucía ante los pasos de la Semana Santa.

saetada f. y **saetazo** m. Acción de disparar una saeta. || Herida hecha con ella.

saetear v. t. Asaetear.

saetera f. Aspillera para disparar saetas. || *Fig.* Ventanilla estrecha.

saetín m. En los molinos, canal por donde se precipita el agua desde la presa hasta la rueda hidráulica para hacerla andar. || Clavito delgado y sin cabeza.

safado, da adj. *Amer.* Zafado.

safari m. En África, expedición de caza mayor.

safárida adj. y s. De la dinastía persa que reinó de 863 a 903.

safena f. *Anat.* Cada una de las dos venas principales que van a lo largo de la pierna.

Safí c. y puerto del O. de Marruecos (Marrakech). Explotación de fosfatos.

sáfico, ca adj. Aplícase a un verso endecasílabo grecolatino.

safismo m. Inversión sexual en la mujer.

Safo, poetisa griega, n. en Lesbos (¿625?-580 a. de J. C.).

saga f. Cada una de las leyendas mitológicas de la antigua Escandinavia contenidas en los Eddas: *las sagas se redactaron principalmente en Islandia en los siglos XII y XIV.* || Hechicera.

Saga, c. del Japón (Honshu).

sagacidad f. Perspicacia.

Sagamihara, c. del Japón (Honshu).

Sagan (Françoise), escritora francesa, n. en 1935, autora de novelas y de comedias.

Sagar o **Saugor,** c. en el N. del centro de la India (Madhya Pradesh). Universidad.

Sagárnaga (Manuel), general boliviano de la guerra de la Independencia (1800-1866).

S'Agaró, pobl. en el NE. de España (Gerona). Lugar de veraneo.

Sagarra (José María de), poeta, novelista y dramaturgo catalán (1894-1961).

Sagasta (Práxedes Mateo), político liberal español (1825-1903), varias veces pres. del Consejo de ministros en tiempos de Alfonso XII y María Cristina de Habsburgo.

Sagatoa, monte de los Andes del Ecuador, en el nudo de Tiopullo; 4 153 m.

sagaz adj. Perspicaz, prudente, precavido: *un político muy sagaz.*

Saginaw, c. del N. de Estados Unidos (Michigan). Obispado. Metalurgia.

sagita f. *Geom.* Parte del radio situada entre el punto medio de un arco de círculo y el de su cuerda.

sagital adj. De forma de saeta.

sagitaria f. Planta alismácea.

Sagitario, constelación del hemisferio austral y noveno signo del Zodiaco (del 22 de noviembre al 22 de diciembre).

sagrado, da adj. Consagrado a Dios y al culto divino: *libros sagrados.* || *Fig.* Digno de veneración. | Inviolable: *un secreto es una cosa sagrada.* || *Fig. Fuego sagrado,* dícese de ciertos sentimientos nobles y apasionados o del ardor en el trabajo. || — M. Asilo donde se refugiaban los delincuentes.

sagrario m. Parte interior de una iglesia donde se guardan las cosas sagradas. || Tabernáculo donde se guardan las hostias consagradas. || En algunas iglesias catedrales, capilla que sirve de parroquia.

sagú m. *Bot.* Palmera de la India y Malasia. || Fécula muy nutritiva que se obtiene del tronco de esta palmera.

Sagua || ~ **de Tánamo,** mun. del E. de Cuba (Oriente), a orillas del río homónimo. || ~ **la Chica,** río de Cuba (Las Villas); 105 km. || ~ **la Grande,** río de Cuba (Las Villas); 148 km. — C. del centro de Cuba (Las Villas). Industrias químicas.

saguaipé m. *Arg.* Gusano parásito hermafrodita que vive en el hígado de los carneros. | Enfermedad que produce.

Saguia el-Hamra o **Sekia el-Hamra,** territorio del N. en el Sáhara Español; 82 000 km²; 18 500 h. Cap. *El Aaiún.* Fosfatos.

saguntino, na adj. y s. De Sagunto.

Sagunto, c. del E. de España (Valencia). Teatro, acueducto y templo romanos. Célebre por la heroica resistencia que opusieron a Aníbal sus habitantes (219 a. de J. C.). En sus alrededores, el general Martínez Campos se pronunció en 1874 por la restauración de la monarquía en favor de Alfonso XII. Hasta 1877 se llamó *Murviedro.*

Sahagún, v. del NO. de España (León). Abadía benedictina en ruinas; iglesias mudéjares. || ~ **(Ciudad),** c. de México (Hidalgo). Combinado industrial (material ferroviario, automóviles).

Sahagún (Fray Bernardino de), religioso franciscano e historiador español (¿1499?-1590). Vivió en México y escribió en lengua náhuatl *Historia general de las cosas de Nueva España.*

Sáhara, mejor que **Sahara,** gran desierto de África, el mayor del mundo, de 4 000 km de extensión del Atlántico al mar Rojo y 1 000 de las vertientes meridionales de las cadenas montañosas del Atlas y del litoral del Mediterráneo oriental a una línea que une Saint-Louis a Jartum. Dividido entre Marruecos, Argelia, Túnez, Libia, Egipto, Sudán, Chad, Níger, Malí, Mauritania y Sáhara Español. Riquezas naturales (hierro en Mauritania, gas natural y especialmente petróleo en Libia y Argelia). || ~ **Español,** territorios del Río de Oro y Saguia el-Hamra, que forman una provincia española; cap. *El Aaiún.* Fosfatos.

Saharanpur, c. del N. de la India (Uttar Pradesh). Metalurgia.

sahariana f. Chaqueta holgada y fresca.

Sahuaripa, c. y río del NO. de México (Sonora), afl. del Yaqui.

sahuaté m. *Méx.* Enfermedad del ganado ocasionada por la larva de solitaria.

Sahuayo, v. y mun. en el SO. de México (Michoacán). Turismo.

sahumado, da adj. *Amer.* Achispado, algo borracho.

sahumador m. Perfumador, recipiente para quemar perfumes. || Secador para la ropa.

sahumadura f. Sahumerio.

sahumar v. t. Dar humo aromático a una cosa para que huela bien (ú. t. c. pr.).

sahumerio m. Acción y efecto de sahumar o sahumarse. || Humo aromático. || Sustancia aromática.

Saián o **Sayansk,** cadena montañosa en el E. de Asia, entre Siberia y Mongolia; 3 491 m.

Saida, ant. *Sidón,* c. y puerto en el O. del Líbano. — C. del E. de Argelia, cap. del dep. homónimo.

saiga m. Antílope que vive en las estepas situadas entre el mar Caspio y el Ural, de nariz muy abombada que recuerda la trompa del tapir.

Saigón, cap. de Viet Nam del Sur, en el S. del país; 1 500 000 h. Puerto.

Sailler (Jerónimo), comerciante alemán del s. XVI, que estuvo en Venezuela al servicio de los Welser.

saimirí m. Mono pequeño de América Central y del Sur, de cola larga y prensil.

saín m. Gordura de un animal. || Aceite extraído de la gordura de ciertos peces y cetáceos. || Mugre en los vestidos.

sainar v. t. Cebar los animales.

sainete m. Obra teatral corta, de asunto jocoso y carácter popular: *los sainetes de Lope de Rueda.*

sainetero o **sainetista** m. Autor de sainetes.

sainetesco, ca adj. Relativo al sainete, cómico, jocoso.

saíno m. Mamífero paquidermo de América del Sur, parecido al jabato, sin cola, con cerdas largas y una glándula en lo alto del lomo por donde segrega un humor fétido.

Saint || ~ **Albans,** c. de la Gran Bretaña en el N. de Londres (Hertford). Catedral. || ~ **Andrews,** c. del N. de Gran Bretaña en Escocia. Universidad. Turismo. || ~**-Brieuc,** c. del O. de Francia, a orillas de la Mancha, cap. del dep. de Côtes-du-Nord. Obispado. || ~**-Cloud,** pobl. de Francia (Hauts-de-Seine), cerca de París. Hipódromo. || ~ **- Cyr-l'Ecole,** pobl. de Francia (Yvelines), cerca de Versalles. Academia militar de 1808 a 1940. || ~ **- Denis,** c. de Francia (Seine-Saint-Denis), al N. de París. Obispado. Catedral con los sepulcros de los reyes de Francia. Centro industrial. || ~ **- Denis-de-la-Reunión,** cap. de la isla francesa de la Reunión, en la parte septentrional del país: 86 000 h. Puerto. || ~**-Dié,** c. del E. de Francia (Vosges), a orillas del Meurthe. Obispado. || ~ **- Emilion,** pobl. del SO. de Francia (Gironde). Vinos. || ~ **- Etienne,** c. en el SE. del centro de Francia, cap. del dep. del Loira. Cuenca hullera. Centro metalúrgico y textil. || ~ **- Flour,** c. en el centro de Francia (Cantal). Obispado. || ~ **- Gall,** c. en el SE. de Suiza, cap. del cantón homónimo. Obispado. Abadía benedictina. || ~ **- Germain-en-Laye,** c. de Francia (Yvelines), en el NO. de París. Palacio. || ~ **- Gobain,** pobl. del N. de Francia (Aisne). Manufactura de espejos y cristales. || ~ **Helens,** c. de Gran Bretaña al E. de Inglaterra (Lancashire). || ~ **- Jean,** c. y puerto del Canadá, cap. de Terranova, al E. de esta isla. || ~ **John,** c. y puerto al E. del Canadá (Nueva Brunswick). Obispado. Universidad. || ~ **- Lô,** c. del NO. de Francia, cap. del dep. de la Manche. || ~ **- Louis,** c. en el centro de Estados Unidos (Misuri), a orillas del Misisipí. Industrias. || ~ **- Louis,** c. y puerto en el NO. del Senegal. || ~ **- Malo,** c. y puerto del NO. de Francia (Ille-et-Vilaine). || ~ **- Moritz,** estación de deportes de invierno al E. de Suiza (Grisones), a orillas del lago homónimo. || ~ || ~ **- Nazaire,** c. al O. de Francia (Loire-Atlantique), en la desembocadura del Loira. Industrias. || ~ **- Nicolas,** c. de Bélgica (Flandes Oriental). || ~ **Ouen,** c. de Francia (Seine-Saint-Denis), al NO. de París y a orillas del Sena. Central térmica. || ~ **Paul,** c. en el NO. del centro de Estados Unidos, cap. de Minnesota, a orillas del Misisipí. Arzobispado. || ~**-Pierre-et-Miquelon,** archip. de Terranova; pertenece a Francia desde 1536; 242 km². Cap. *Saint-Pierre.* || ~**-Quentin.** V. San Quintín. || ~**-Raphaël,** pobl. del SE. de Francia, a orillas del Mediterráneo (Var). || ~**-Tropez,** estación balnearia en el SE. de Francia (Var). || ~**-Vincent,** isla de las Antillas Menores; cap. *Kingstown.*

Saint || ~ **- Exupéry** (ANTOINE DE), aviador y escritor francés (1900-1944), autor de *Vuelo nocturno, Piloto de guerra, Tierra de hombres* y del relato poético *El principito.* || ~ **-Pierre** (BERNARDIN DE). V. BERNARDIN DE SAINT-PIERRE. || ~ **-Saëns** (CAMILLE), músico francés (1835-1921), autor de óperas (*Sansón y Dalila, Enrique VIII*), de poemas sinfónicos, conciertos, etc. || ~**-Simon** (LOUIS DE ROUVROY, *duque de*), escritor francés (1675-1755), autor de *Memorias*, relato de la vida en el reinado de Luis XIV. || ~ **-Simon** (CLAUDE HENRI, *conde de*), filósofo y economista francés (1760-1825), jefe de una escuela precursora del socialismo moderno.

Sainte-Beuve (Charles-Augustin), escritor francés (1804-1869), autor de poesías románticas y de obras de crítica o de historia literaria (*Charlas del lunes, Port-Royal,* etc.).

Saintes, c. en el O. del centro de Francia (Charente-Maritime). || ~ **(Les),** islas francesas de las Antillas; cap. *Terre-de-Haut.*

Sainz de Baranda (Pedro de), marino mexicano (1787-1845). Intervino en la batalla de Trafalgar y fue diputado en las Cortes españolas de 1820.

Saipan, isla del Pacífico en las Marianas; 185 km². Fideicomiso de los Estados Unidos. Fue española hasta el año 1899.

saja y **sajadura** f. Corte, incisión en la carne.

Sajalín o **Sakhalín,** isla montañosa entre el mar de Ojotsk y el del Japón; 87 100 km². Hulla, petróleo. Pertenece a la U. R. S. S. desde 1945. — V. AMUR.

Sajama, pico al SO. de Bolivia, en la cord. Occidental cerca de la frontera chilena; 6 520 m. — Prov. del O. de Bolivia (Oruro); cap. *Curahuara de Carangas.*

sajar v. t. Hacer cortes en la carne: *le sajaron el tumor.*

Sájara. V. SÁHARA.

sajón, ona adj. y s. De Sajonia. || Aplícase a los individuos de un pueblo germánico que vivía en la desembocadura del Elba y parte del cual se trasladó a Inglaterra en el siglo V. || — Adj. y s. m. Dícese del antiguo y bajo idioma alemán.

Sajonia, región de Alemania Oriental, en la cuenca media del Elba. C. pr.: *Dresde, Leipzig, Karl-Marx-Stadt, Zwickau.* Ducado desde el siglo IX, Sajonia se unió a Polonia en el XVIII, formó un reino de 1806 a 1918 y luego una república. || ~ **Anhalt,** ant. Est. de Alemania Oriental, suprimido en 1952. Cap. *Halle.* || ~ **(Baja),** Est. de Alemania Occidental, formado en 1946 con la ant. prov. de Hannover, Brunswick, Oldenburgo, etc. Cap. *Hannover.* || ~ **Coburgo Gotha,** ant. principado de Alemania repartido entre Baviera y Turingia. || ~ **Weimar Eisenach** (GRAN DUCADO DE), ant. Est. de Alemania, incorporado hoy a Turingia.

Sajonia (Mauricio, *elector de*), príncipe protestante (1521-1553), que sirvió primero en los ejércitos de Carlos V y luego contra él. || — (MAURICIO, *conde de*) [1696-1750], hijo natural de Augusto II, elector de Sajonia y rey de Polonia. Mariscal de Francia.

sajú m. Mono capuchino.

Sakai, c. y puerto del Japón en el SE. de la isla de Honshu. Centro industrial; textiles.

Sakhalín. V. SAJALÍN.

sakí m. Aguardiente de arroz fabricado en el Japón. || Mono de América del Sur.

Sakuntala o *El anillo del destino,* drama sánscrito de Kalidasa (s. I a. de J. C.).

sal f. Sustancia cristalina de gusto acre, soluble en el agua, que se emplea como condimento y para conservar la carne o el pescado. || *Quím.* Compuesto que resulta de la acción de un ácido o de un óxido ácido sobre una base, o de la acción de un ácido sobre un metal. || *Fig.* Agudeza, gracia: *sátira escrita con mucha sal.* | Garbo, salero: *una mujer con mucha sal.* || — Pl. Sales volátiles, generalmente amoniacales, que se dan a respirar con objeto de reanimar. || Sustancias cristaloides, perfumadas, que se mezclan con el agua del baño. || — *Sal amoniaco,* clorhidrato de amoniaco.

— La *sal* o *cloruro de sodio* abunda en el interior de la tierra, en masas sólidas (*sal gema*), mezclada con arcillas, o disuelta en el agua del mar (*sal marina*).

sala f. Pieza principal de una casa: *sala de recibir, de estar.* || Local para reuniones, fiestas, espectáculos, etc.: *sala de espera, de cine.* || Dormitorio en un hospital: *sala de infecciosos.* || Sitio donde se constituye un tribunal de justicia: *Sala de lo criminal.* || Conjunto de magistrados o jueces que entienden sobre determinadas materias. || — *Sala de armas,* la destinada al aprendizaje de la esgrima. || *Sala de batalla,* en las oficinas de Correos, local donde se hace el apartado. || *Sala de fiestas,* establecimiento público donde se puede bailar y donde suelen presentarse espectáculos de variedades.

Sala (Emilio), pintor histórico y costumbrista español, n. en Alcoy (1850-1910).

salacidad f. Inclinación a la lujuria.

salacot m. Sombrero en forma de casco fabricado con tejido de tiras de cañas de uso en países tropicales.

saladar m. Lagunajo en que se cuaja la sal en las marismas. || Terreno esterilizado por abundar en él las sales.

saladería f. *Arg.* Industria de salar carnes.

saladero m. Lugar destinado para las carnes o pescados. || *Riopl.* Matadero grande.

saladilla f. Planta común de los litorales mexicanos.

saladillo adj. m. Aplícase al tocino fresco poco salado.

Saladillo, pobl. de la Argentina (Córdoba).

Saladino I (1138-1193), sultán de Egipto desde 1171 y de Siria desde 1174. Derrotó a los cristianos de la Tercera Cruzada y conquistó Jerusalén (1187).

salado, da adj. Que tiene sal: *mantequilla salada.* || Aplícase a los alimentos que tienen sal en exceso: *la sopa está salada.* || Dícese del terreno estéril por ser demasiado salitroso. || *Fig.* Gracioso: *un niño muy salado.* || *Amer.* Desgraciado. || *Fig.* y *fam. ¡Qué salado!,* ¡qué gracioso! (irónico). || — M. *Bot.* Caramillo.

Salado, río en el NO. de la Argentina que en su nacimiento (Puna de Atacama) recibe el n. de *Calchaquí* y después el de *Guachipas* y *Pasajes.* Des. en el Paraná; 2 000 km. Llamado tb. *Salado del Norte* y *Juramento.* — Río de la Argentina en la prov. de Buenos Aires, que des. en la bahía de Samborombón; 700 km. — Río de la Argentina, afl. del Colorado, que limita las provincias de Mendoza y San Luis; 2 000 km. — Río del O. de México (Taumalipas y Coahuila), afl. del Bravo; 590 km. — Riachuelo del S. de España (Cádiz), en cuyas orillas Alfonso XI venció a los benimerines (1340). || ~ **(Gran Lago),** marismas en el O. del centro de Estados Unidos (Utah); 4 690 km².

Salado Álvarez (Victoriano), escritor y diplomático mexicano (1867-1931), autor de trabajos históricos y filológicos.

salador, ra adj. y s. Aplícase a la persona que sala. || — M. Saladero: *salador de carnes.*

Salamá, c. en el centro de Guatemala, cap. del dep. de Baja Verapaz. Agricultura.

salamanca f. *Arg.* Salamandra de cabeza chata.

Salamanca, isla en el N. de Colombia en la des. del río Magdalena. — C. de Chile (Coquimbo). — C. de España al NO. de Madrid, cap. de la prov. homónima (León), a orillas del Tormes. Obispado. Universidad (fundada hacia 1220). Puente romano; catedrales (románica y gótica); plaza Mayor. La prov. es rica zona ganadera y agrícola. — C. de México (Guanajuato). Refinería de petróleo.

Salamanca (Daniel), político boliviano (1863-1935), pres. de la Rep. de 1931 a 1934. En su mandato estalló la guerra del Chaco (1932). || ~ (JOSÉ DE), banquero y político español, n. en Málaga (1811-1883). Construyó las principales líneas de ferrocarriles en su país y un barrio residencial en Madrid. Fue marqués de Salamanca.

salamandra f. Batracio urodelo que vive en los sitios oscuros y húmedos y se alimenta principalmente de insectos. || *Mit.* Ser fantástico considerado como espíritu elemental del fuego. || Estufa de combustión lenta para calefacción doméstica. || *Salamandra acuática,* batracio acuático de Europa.

salamanquesa f. Saurio terrestre parecido a la lagartija.

salamanquino, na adj. y s. Salmantino. || — F. *Chil.* Lagartija.

salamateco, ca adj. y s. De Salamá (Guatemala).

Salamina, isla y c. de Grecia al O. del Pireo (Ática). Victoria naval de los griegos contra los persas en 480 a. de J. C. — Mun. de Colombia (Caldas). Mercurio.

salangana f. Pájaro de Asia y Oceanía cuyos nidos, hechos con algas aglomeradas, son comestibles.

salar m. *Arg.* Salina, saladar.

salar v. t. Echar en sal: *salar tocino.* || Poner sal: *salar la comida.* || *Amer.* Echar a perder, estropear. | Deshonrar.

salariado m. Modo de remuneración del trabajador por medio del salario exclusivamente.

salarial adj. Del salario.

salariar v. t. Asalariar.

salario m. Remuneración de la persona que trabaja por cuenta ajena en virtud de un contrato laboral: *un salario insuficiente.* || — *Salario base* o *básico,* cantidad mensual utilizada para calcular las prestaciones familiares y sociales. || *Salario mínimo,* el menor que se puede pagar a un trabajador según la ley.

Salarrué. V. SALAZAR ARRUÉ.

Salas (José Perfecto de), jurisconsulto y erudito chileno, n. en Buenos Aires (1714-1778). — Su hijo MANUEL (1753-1841) contribuyó a la independencia de Chile y a su desarrollo cultural. || ~ **Barbadillo** (ALONSO JERÓNIMO DE), escritor español (1581-1635), autor de novelas picarescas y de algunos entremeses. || ~ **Barraza** (JESÚS), revolucionario y militar mexicano (1888-1951). Peleó contra Villa en Chihuahua.

Salavarrieta (Policarpa), heroína colombiana. V. POLA (*La*).

Salaverría (José María), novelista, ensayista y periodista español (1873-1940).

Salaverry (Carlos Augusto), poeta y dramaturgo romántico peruano (1830-1891). || ~ (FELIPE SANTIAGO DE), general peruano (1806-1836), padre del anterior. Fue pres. de la Rep. en 1835. M. fusilado.

salaz adj. Lujurioso.

Salazar, c. en el NE. de Colombia (Santander).

Salazar (Adolfo), musicógrafo y compositor español (1890-1958). || ~ (ANTONIO DE OLIVEIRA), político portugués (1889-1970). Presidente del Consejo en 1932, estableció un régimen de carácter corporativo. En 1968, una grave enfermedad le obligó a abandonar el Poder. || ~ **Arrué** (SALVADOR), cuentista y novelista salvadoreño, n. en 1889, autor de *El Cristo negro, El señor de la burbuja, O'Yar Kandal, Cuentos de barro*, etc. Utiliza el seudónimo de *Salarrué*. || ~ **Bondy** (SEBASTIÁN), poeta y escritor peruano (1924-1965). || ~ **de Espinoza** (JUAN DE), conquistador español (1508-1560), que fundó, con Gonzalo de Mendoza, Asunción del Paraguay (1537). || ~ **y Torres** (AGUSTÍN de), poeta gongorista mexicano, n. en España (1642-1675). || ~ **y Viniegra** (LEOPOLDO), médico psiquiatra mexicano (1898-1957).

salazón f. Acción y efecto de salar o curar con sal carnes, pescados, etc. || Carnes o pescados salados. || Industria y comercio que se hace con ellos.

Salcantay, cerro nevado del Perú (Cuzco); 6 264 m.

salceda f. Lugar plantado de sauces.

Salcedo, c. del N. de la Rep. Dominicana, cap. de la prov. homónima. — Cantón en el centro del Ecuador (Cotopaxi).

salcochar v. t. Cocer un alimento sólo con agua y sal.

salcocho m. *Amer.* Preparación de un alimento cociéndolo sólo con agua y sal.

salchicha f. Embutido, en tripa delgada, de carne de cerdo bien picada y sazonada. || Fajina alargada empleada en fortificaciones. || Cartucho alargado de lienzo para hacer explotar las minas.

salchichería f. Tienda en que se venden salchichas y otros productos sacados del cerdo.

salchichero, ra m. y f. Persona que hace o vende productos sacados del cerdo.

salchichón m. Embutido de jamón, tocino y pimiento en grano, prensado y curado, que se come crudo.

Saldaña, v. de España (Palencia), al SE. de Burgos.

saldar v. t. Liquidar enteramente una cuenta, unas deudas: *saldar una factura.* || Vender a bajo precio una mercancía: *saldar los géneros de fin de temporada.* || *Fig.* Liquidar, acabar con.

saldista com. Persona que compra y vende saldos.

saldo m. Liquidación de una deuda. || Diferencia entre el debe y el haber de una cuenta: *saldo deudor.* || Mercancías que saldan los comerciantes para deshacerse de ellas. || *Fig.* Resultado. | Cosa de poco valor.

Sálduba, ant. n. de *Zaragoza.*

saldubense adj. y s. De la antigua Sálduba (Zaragoza).

Salé, c. en el O. de Marruecos (Rabat), en la costa del Atlántico.

saledizo adj. Saliente, que sobresale. || — M. *Arq.* Salidizo.

salegar m. Sitio en que se da la sal a los ganados.

Salem, c. en el NO. de Estados Unidos, cap. del Estado de Oregón. — C. del NE. de Estados Unidos (Massachusetts). — C. en el S. de la India (Madrás). Industrias. Obispado.

salernitano, na adj. y s. De Salerno (Italia).

Salerno, c. de Italia (Campania), cap. de la prov. del mismo n., a orillas del golfo homónimo. Escuela de Medicina célebre en la Edad Media. Catedral (s. XI). Arzobispado. Industrias.

salero m. Recipiente en que se pone la sal en la mesa. || Almacén donde se guarda sal. || *Fig.* y *fam.* Gracia, donaire: *muchacha de mucho salero.*

saleroso, sa adj. *Fig.* y *fam.* Que tiene salero o gracia: *una malagueña salerosa.* | Divertido.

salesa f. Religiosa de la Visitación.

salesiano, na adj. y s. Aplícase a los religiosos de la sociedad de San Francisco de Sales. (La *congregación de los Salesianos* fue fundada por San Juan Bosco, en Turín, el año 1859.)

saleta f. Sala de apelación en los tribunales. || Antecámara regia.

Salford, c. de Gran Bretaña en Inglaterra (Lancashire), al NE. de Manchester. Obispado. Universidad. Industrias.

salgar v. t. Dar sal al ganado.

Salgar, mun. de Colombia (Antioquia). Cobre.

Salgar (Eustorgio), general colombiano (1831-1885), pres. de la Rep. de 1870 a 1872.

Salgari (Emilio), escritor italiano (1863-1911), autor de novelas de aventuras.

Salí o **Dulce,** río de la Argentina, que nace en la sierra de Aconquija y con el n. de *Hondo* penetra en Santiago del Estero; des. en Mar Chiquita (Córdoba).

salicáceo, a adj. y s. f. Dícese de árboles y arbustos angiospermos y dicotiledóneos, como el sauce, el álamo y el chopo. || — F. pl. Familia que forman.

salicato m. *Quím.* Sal o éster del ácido salicílico. (Algunos *salicilatos* son empleados contra el reúma.

salicílico, ca adj. Dícese de un ácido que se saca de la salicina.

salicina f. Glucósido que se extrae de la corteza del sauce.

salicíneo, a adj. y s. f. *Bot.* Salicáceo.

sálico, ca adj. Relativo a los salios o francos. || *Ley sálica,* la que excluía a las hembras de la sucesión a la tierra y a la corona. (La *ley sálica* fue introducida en España por Felipe V. Su abolición por Fernando VII fue una de las causas de las guerras carlistas.)

salida f. Acción de salir: *presenciar un accidente a la salida del trabajo; la salida del sol.* || Parte por donde se sale de un sitio. *salida de emergencia.* || *Com.* Despacho o venta de los géneros: *dar salida a una mercancía.* | Posibilidad de venta: *buscar salida a los productos.* || Publicación, aparición: *la salida de un periódico.* || *Fig.* Posibilidad abierta a la actividad de alguien: *las carreras técnicas tienen muchas salidas.* | Escapatoria, evasiva. | Solución: *no veo salida a este asunto.* || *Fig.* y *fam.* Ocurrencia: *tener una buena salida.* || Dinero sacado de una cuenta para pagar las deudas contraídas. || Campo contiguo a las puertas de una población. || Parte que sobresale algo. || *Mil.* Acometida violenta de los sitiados contra los sitiadores. | Misión de combate efectuada por un avión. || — *Salida de baño,* especie de albornoz || *Fig.* y *fam. Salida de pie de banco,* despropósito, tontería. | *Salida de tono,* inconveniencia.

salidero, ra adj. Aficionado a salir de paseo, andariego. || — M. Espacio para salir.

salidizo m. *Arq.* Parte de una construcción que sobresale de la pared maestra, como balcón, tejadillo, etc.

salido, da adj. Saliente, que sobresale. || Dícese de las hembras de los mamíferos cuando están en celo o propenden al coito.

saliente adj. Que sale: *ángulo saliente.* || — M. Parte que sobresale en la superficie de algo. || Voladizo.

Salieri (Antonio), músico italiano (1750-1825), autor de óperas y de misas.

salificación f. Conversión de una sustancia en sal.

salificar v. t. *Quím.* Convertir en sal una sustancia.

Salillas (Rafael), médico y criminalista español (1854-1923).

salina f. Yacimiento de sal gema. || Sitio donde se evapora el agua del mar para obtener sal.

Salina Cruz, c. y puerto en el S. de México (Oaxaca). Término de un oleoducto.

Salinas, río del N. de Guatemala, afl. del Usumacinta, tb. llamado *Chixoy.* — Pobl. y puerto al O. del Ecuador (Guayas). Centro petrolero. — C. en el centro de México (San Luis Potosí). — Mun. de Puerto Rico (Guayama). Aeropuerto. || ~ **de Garci-Mendoza,** pobl. del O. de Bolivia, cap. de la prov. de Ladislao Cabrera (Oruro). || ~ **Grandes,** salar de la Argentina, entre las prov. de Santiago del Estero, Córdoba, Catamarca y La Rioja. 20 000 km^2.

Salinas (Francisco de), compositor y organista español (1512-1590), autor de un tratado de música. || ~ (PEDRO), escritor español (1892-1951), autor de poesías líricas (*La voz a ti debida*), novelas (*El desnudo impecable*), obras de teatro (*Los santos de palo, La estratosfera*), estudios de historia literaria y ensayos. || ~ **Lozano** (RAÚL), economista y político mexicano, n. en 1917.

salinero m. Persona que fabrica, extrae, vende o transporta sal.

salinidad f. Calidad de salino. || Proporción de sales en el agua del mar.

salino, na adj. Que contiene sal: *agua salina.*

salio, lia adj. y s. Dícese de los individuos de un ant. pueblo franco de Germania. (Los *salios* se establecieron a orillas del Yssel.) || Relativo a los sacerdotes de Marte. || — M. Sacerdote de Marte en la Roma antigua.

* **salir** v. i. Pasar de la parte de adentro a la de afuera: *salir al jardín.* || Abandonar un sitio donde se había estado cierto tiempo: *salir del hospital.* || Marcharse: *salimos para Barcelona.* || Dejar cierto estado: *salir de la niñez.* || Escapar, librarse: *salir de apuros.* || Haberse ido fuera de su casa: *la señora ha salido.* || Ir de paseo: *salir con los amigos.* || Dentro de un mismo recinto, ir a otro sitio para efectuar cierta actividad: *salir a batirse, a escena.* || Verse con frecuencia un chico y una chica, generalmente como etapa previa al noviazgo: *Conchita sale ahora mucho con Ricardo.* || Franquear cierto límite: *salir del tema.* || Aparecer: *ha salido el sol.* || Brotar, nacer: *ya ha salido el maíz.* || Quitarse, desaparecer una mancha. || Sobresalir, resaltar: *esta cornisa sale mucho.* || Resultar: *el arroz ha salido muy bueno; este niño ha salido muy estudioso.* || Proceder: *salir de la nobleza.* || Presentarse: *me salió una buena oportunidad.* || Deshacerse de una cosa: *ya he salido de esta mercancía.* || Mostrarse en público: *mañana saldré en la televisión.* || Costar: *cada ejemplar me sale a veinte pesetas.* || Iniciar un juego. || Encontrar la solución: *este problema no me sale.* || Presentarse al público, aparecer: *ha salido un nuevo periódico.* || Hablar u obrar de una manera inesperada: *¿ahora sales con eso?* || Deducirse: *de esta verdad salen tres consecuencias.* || Tener buen o mal éxito algo: *salir bien en un concurso.* || Dar cierto resultado un cálculo: *esta operación me ha salido exacta.* || Parecerse una persona a otra: *este niño ha salido a su padre.* || Ser elegido por suerte o votación: *Rodríguez salió diputado.* || Ser sacado en un sorteo: *mi billete de lotería no ha salido.* || Dar, desembocar: *este callejón sale cerca de su casa.* || Manifestar: *el descontento le sale a la cara.* || — *A lo que salga* o *salga lo que salga,* sin preocuparse de lo que pueda resultar. || *Salir adelante,* vencer las dificultades. || *Salir a relucir,* surgir en la conversación. || *Salir con,* conseguir: *ha salido con lo que quería.* || *Salir del paso,* cumplir

una obligación como se puede. || *Salir ganando en algo,* ser beneficiado. || *Salir mal con uno,* enfadarse con él. || *Fam. Salir pitando,* irse muy rápidamente. || *Salir por,* defender a alguien; reunir dinero de varias procedencias: *entre las clases y las traducciones salgo por cuarenta mil pesetas.* || — V. pr. Irse un fluido del sitio donde está contenido, por filtración o rotura: *el gas se sale.* || Dejar escaparse el fluido que contenía un recipiente: *esta botella se sale.* || Rebosar un líquido al hervir: *la leche se salió.* || Dejar de pertenecer: *Ricardo se salió del Partido Socialista.* || — *Salirse con la suya,* conseguir lo que uno deseaba. || *Salirse de la vía,* descarrilar. || *Salirse de lo normal,* ser extraordinario, desbordarse. || *Salirse por la tangente,* soslayar una pregunta difícil.

Salisbury, cap. de Rodesia; 400 200 h. Arzobispado. Metalurgia. || ~ C. de Gran Bretaña al S. de Inglaterra, cap. del condado de Wilts. Llamada tb. *New Sarum.*

Salisbury (Juan de). V. JUAN DE SALISBURY. || ~ (ROBERT CECIL, *marqués de*), político inglés (1830-1903), jefe del Partido Conservador y primer ministro (1885-1892, 1895-1902). Combatió el nacionalismo irlandés.

salitrado, da adj. Compuesto o mezclado con salitre.

salitral adj. Salitroso. || — M. Yacimiento de salitre.

salitre m. Nitro.

salitrería f. Fábrica de salitre.

salitrero, ra adj. Relativo al salitre. || — M. Obrero que fabrica salitre. || — F. Salitral.

salitroso, sa adj. Que contiene salitre.

saliva f. Líquido claro, alcalino y algo viscoso, que segregan ciertas glándulas y va a verterse en la boca. || — *Fig.* y *fam. Gastar saliva en balde,* hablar para nada. | *Tragar saliva,* tener que guardar silencio uno ante algo que le molesta u ofende.

salivación f. Acción de salivar. || Secreción abundante de saliva.

salivadera f. *Amer.* Escupidera.

salivajo m. *Fam.* Escupitajo.

salival y **salivar** adj. Relativo a la saliva. || Que la segrega: *glándulas salivales.*

salivar v. i. Segregar saliva.

salivazo m. *Fam.* Escupitajo.

salivera f. *Amer.* Escupidera.

salivoso, sa adj. Que segrega mucha saliva.

Salk (Jonas Edward), bacteriólogo norteamericano, n. en 1914, uno de los descubridores de la vacuna contra la poliomielitis (1955).

Salmanasar, n. de cinco reyes de Asiria.

salmanticense y **salmantino, na** adj. y s. De Salamanca.

Salmerón y Alonso (Nicolás), político y filósofo español (1837-1908), presidente de la Primera República española en 1873.

salmista m. Compositor de salmos. || El que los canta.

salmo m. Canto o cántico sagrado de los hebreos y de los cristianos que contiene alabanzas a Dios. (Los *salmos* atribuidos a David comprenden 150 cantos y forman un libro de la Biblia.)

salmodia f. Manera particular de cantar los salmos. || *Fig.* y *fam.* Canto monótono.

salmodiar v. t. e i. Rezar o cantar salmos. || — V. t. Cantar de manera monótona y monocorde.

salmón m. Pez fluvial y marino teleósteo, parecido a la trucha, de carne rosa pálido muy estimada. || — Adj. Del color del salmón, asalmonado: *el torero iba vestido con un traje salmón y oro.*

— El *salmón* puede alcanzar hasta 2 m de largo; pasa el invierno en el mar y penetra en primavera y verano en los ríos, donde desova en otoño. Las crías viven dos años en los ríos y luego emigran al mar.

salmonado, da adj. Asalmonado, de color salmón.

salmonete f. Pez marino teleósteo rojizo de carne muy sabrosa.

salmónido adj. y s. m. Aplícase a los peces acantopterigios del mismo tipo que el salmón, la trucha, etc. || — M. pl. Familia que forman.

salmuera f. Agua que contiene mucha sal. || Líquido salado en el cual se conservan carnes y pescados.

Salnave (Silvano), político y militar haitiano (1827-1870). Promovió una guerra civil, y, aprehendido, fue fusilado.

salobral adj. Dícese del terreno que contiene sal.

salobre adj. Que contiene sal o tiene sabor de sal: *agua salobre.*

Salobreña, v. y puerto del S. de España (Granada). Ind. azucarera. Castillo.

salobreño, ña adj. Salobre.

salobridad f. Calidad de salobre: *la salobridad del agua del mar.*

Salomé, princesa judía, hija de Herodes Filipo. Hizo cortar la cabeza a San Juan Bautista.

Salomé Jil. V. MILLA (José).

salomón m. *Fig.* Hombre de gran sabiduría.

Salomón (ISLAS), archipiélago de Melanesia. Administrado por Gran Bretaña y Australia; cap. *Honiara.*

Salomón, rey de Israel de 970 a 931 a. de J. C., hijo y sucesor de David. Construyó el templo de Jerusalén y se le atribuye el *Libro de los Proverbios, El Cantar de los Cantares* y *El Eclesiastés.*

salomónico, ca adj. Relativo a Salomón. || *Arq. Columna salomónica,* la de fuste contorneado en espiral.

salón m. Sala grande: *salón de actos.* || En una casa, cuarto donde se reciben las visitas. || Nombre dado a ciertos establecimientos: *salón de té, de peluquería.* || Exposición: *salón del automóvil.* || *Salón literario,* tertulia de escritores, filósofos, políticos, etc., que se celebra en el domicilio de alguna persona conocida.

Salona. V. ANFISA.

saloncillo m. Salón de descanso en un teatro.

Salónica. V. TESALÓNICA.

Salop (CONDADO DE). V. SHROPSHIRE.

Salou, barrio de la pobl. de Vilaseca, en el NE. de España (Tarragona). Estación balnearia.

salpicadero m. Tablero en el automóvil, delante del conductor, donde se encuentran situados algunos mandos y testigos de control.

salpicadura f. Acción y efecto de salpicar. || Mancha producida.

salpicar v. t. Rociar, esparcir gotas menudas. || Manchar con gotas de una materia líquida: *salpicar el vestido con el café.* || *Fig.* Esparcir, diseminar: *valle salpicado de caseríos.* | Amenizar una conversación o texto con datos diversos: *el orador salpicó su conferencia con divertidas anécdotas.*

salpicón m. Guiso de carne picada aderezado con pimiento, sal, vinagre y cebolla. || Salpicadura.

* **salpimentar** v. t. Aderezar con sal y pimienta: *salpimentar carne.* || *Fig.* Amenizar, volver más sabroso: *salpimentar su conversación con anécdotas.*

salpimienta f. Mezcla de sal y pimienta.

salpresar v. t. Meter la carne o pescado con sal apretada para su conservación.

salpullido m. Sarpullido.

* **salpullir** v. t. Sarpullir.

salsa f. Mezcla de varias sustancias desleídas que se hacen para aderezar los guisos: *salsa verde.* || *Fig.* Cosa que ameniza otra. || *Fam.* Salero. || *Fig.* y *fam. En su propia salsa,* en su ambiente.

salsera f. Recipiente para servir la salsa en la mesa.

salserilla o **salseruela** f. Tacita muy chata en que el pintor mezcla y deslíe los colores.

salsero adj. Bueno para condimento: *tomillo salsero.*

salsifí m. Planta compuesta de raíz fusiforme, blanca y comestible.

Salsipuedes, canal de México, en la costa oriental de Baja California.

salsoláceo, a adj. y s. f. Dícese de las plantas quenopodiáceas cuyo tipo es la acelga. || — F. pl. Grupo que forman.

Salt Lake City, c. en el O. del centro de Estados Unidos, cap. de Utah, a orillas del Gran Lago Salado. Obispado. Industrias.

Salta, c. septentrional de la Argentina, cap. de la prov. homónima. Arzobispado. Catedral colonial. La prov. es rica en petróleo y agricultura (caña de azúcar, tabaco, viñedos, etc.).

saltabanco m. Charlatán. || Saltimbanqui, titiritero.

saltabardales y **saltabarrancos** com. inv. *Fig.* y *fam.* Persona alocada.

saltable adj. Que se puede saltar, franqueable.

saltadero m. Sitio a propósito para saltar. || Surtidor de agua.

saltadizo, za adj. Propenso a saltar o quebrarse por excesiva tirantez.

saltador, ra adj. Que salta. || — M. y f. Persona que salta: *saltador de altura.* || — M. Comba, cuerda para saltar.

saltamontes m. Insecto ortóptero de color verde y con las patas posteriores muy desarrolladas.

saltaojos m. Planta ranunculácea, de hermosas flores rosadas.

saltaperico m. *Amer.* Cohete rastrero y estrepitoso.

saltar v. i. Levantarse del suelo con impulso y ligereza o lanzarse de un lugar a otro: *saltar de alegría; saltar desde el trampolín.* || Botar una pelota. || Levantarse rápidamente: *al oír eso saltó de la cama.* || Moverse ciertas cosas con gran rapidez: *una chispa saltó de la chimenea.* || Brotar un líquido con violencia: *saltó el champán.* || Estallar, explotar: *el polvorín saltó.* || Desprenderse algo de donde estaba sujeto: *saltó un botón de la americana.* || Romperse, resquebrajarse: *el vaso saltó al echarle agua caliente.* || Salir con ímpetu: *el equipo de fútbol saltó al terreno.* || *Fig.* Pasar bruscamente de una cosa a otra: *el conferenciante saltaba de un tema a otro.* | Pasar de un sitio a otro sin seguir el orden establecido: *el alumno saltó de cuarto a sexto.* | Decir algo inesperado o inadecuado: *saltó con una impertinencia.* | Reaccionar vigorosamente ante alguna acción o palabra: *saltó al oír semejantes insultos.* | Salir despedido o expulsado: *el ministro ha saltado.* || — *Fam. Estar a la que salta,* estar preparado para aprovechar la ocasión. | *Hacer saltar,* lograr expulsar a alguien de un puesto; enfadar a uno. || *Fig. Saltar a la vista,* ser muy evidente. || — V. t. Franquear de un salto: *saltar una valla.* || Hacer explotar: *saltar un puente.* || Hacer desprenderse algo del sitio donde estaba alojado: *le saltó un ojo.* || Cubrir el macho a la hembra. || *Fig.* Omitir algo al leer o escribir: *saltar un renglón* (ú. t. c. pr.). || — *Fig. Saltar la tapa de los sesos a uno,* pegarle un tiro en la cabeza. | *Saltarse algo a la torera,* hacer caso omiso de alguna prohibición. || *Saltársele a uno las lágrimas,* empezar a llorar.

saltarín, ina adj. y s. Propenso a danzar o saltar. || *Fig.* Atolondrado.

saltarregla f. Falsa escuadra.

salteado m. Alimento sofrito a fuego vivo: *un salteado de ternera.*

salteador m. Persona que saltea y roba en los caminos o despoblados: *comarca deshabitada llena de salteadores.*

salteamiento m. Acción de saltear.

saltear v. t. Robar en despoblado a los viajeros. || Hacer algo de una forma discontinua. || Sofreír un manjar a fuego vivo: *saltear patatas.*

salteño, ña adj. y s. De Salta (Argentina). || De Salto (Uruguay).

salterio m. Colección de los salmos de la Biblia. || *Mús.* Instrumento antiguo de forma triangular y cuerdas metálicas, parecido a la cítara.

Saltillo, c. de México, cap. en el SE. del Estado de Coahuila. Obispado. Universidad. Agricultura, ganadería; industrias.

saltimbanco y **saltimbanqui** m. *Fam.* Titiritero.

salto m. Movimiento brusco producido por la flexión y súbita extensión de los músculos de las piernas por el cual se eleva el cuerpo: *los canguros avanzan a saltos.* || Espacio que se salta: *un salto de dos metros.* || Desnivel grande en el terreno. || Despeñadero profundo. || Cascada de agua. || Lanzamiento al agua del nadador: *el salto de la carpa.* || En atletismo, prueba que consiste en salvar una altura o un espacio: *salto de altura, de longitud, de pértiga.* || — *Fig. A salto de mata,* huyendo y escondiéndose; a lo loco. | *A saltos,* sin continuidad. | *En un salto,* muy rápidamente. || *Salto de agua,* instalación hidroeléctrica movida por el agua que cae de un desnivel. || *Salto de cama,* bata ligera y amplia que se pone la mujer al levantarse. || *Salto de carnero,* el que da él caballo encorvándose para desmontar al jinete. || *Salto mortal,* aquel en que el cuerpo da la vuelta completa en el aire. || *Triple salto,* prueba de atletismo en que hay que franquear la mayor distancia posible en tres saltos.

Salto, c. de la Argentina (Buenos Aires). — C. y puerto fluvial en el NO. del Uruguay, cap. del dep. homónimo. Obispado. Central hidroeléctrica.

saltón, ona adj. Que anda a saltos. || *Ojos saltones,* los abultados y salientes. || — M. Saltamontes.

salubérrimo, ma adj. Muy salubre.

salubre adj. Saludable.

salubridad f. Calidad de salubre: *salubridad del aire.*

Saluces, en ital. *Saluzzo,* c. del NO. de Italia, prov. de Coni (Piamonte). Obispado.

salud f. Buen estado físico: *gozar de buena salud.* || Estado del organismo: *tener buena salud.* || Estar de gracia espiritual: *la salud del alma.* || Salvación: *la salud eterna.* || — *Beber a la salud de uno,* brindar por él. || *Fig. Curarse en salud,* precaverse. | *Gastar salud,* gozarla. || *Pop. ¡Por la salud de mi madre!,* expresión de juramento para asegurar algo. || *Fig.* y *fam. Vender salud,* ser robusto.

saluda m. Esquela que se redacta en tercera persona y sin firma en la que figura impresa la palabra *saluda.*

saludable adj. Bueno para la salud corporal: *clima muy saludable.* || Provechoso para un fin.

saludar v. t. Dar una muestra exterior de cortesía o respeto a una persona que se encuentra o de quien se despide uno: *saludar a un superior.* || Enviar saludos. || Curar por arte de magia. || *Fig.* Aclamar: *saludar el advenimiento de la República.* || *Fam.* Mirar: *el alumno no había saludado la lección.* || *Mar.* Arriar los barcos por breve tiempo sus banderas en señal de bienvenida o buen viaje. || *Mil.* Dar señales de saludo con descargas, toques de instrumentos, etc.

saludo m. Acción o manera de saludar.

Saluén, río de Asia central y del SE., que nace en el Tíbet y separa Birmania de Tailandia, antes de desembocar en el océano Indico; 2 500 km.

Salustio (Cayo Crispo), historiador latino (86-35 a. de J. C.).

salutación f. Saludo. || *Salutación angélica,* avemaría.

salutífero, ra adj. Bueno para la salud.

Saluzzo. V. SALUCES.

salva f. Saludo hecho con armas de fuego: *una salva de artillería.* || Prueba que se hacía de la comida y bebida de los reyes. || Salvilla, bandeja. || — *Fig. Gastar la pólvora en salvas,* emplear los medios en cosas inútiles. | *Una salva de aplausos,* aplausos repetidos y unánimes.

salvabarros m. inv. Guardabarros.

salvación f. Acción y efecto de salvar o salvarse. || Gloria eterna: *la salvación del alma.* || *Fig. No tener salvación,* no tener remedio. — La asociación religiosa llamada *Ejército de Salvación* fue fundada en Londres por William Booth en 1864.

salvado m. Cascarilla que envuelve el trigo.

salvador, ra adj. y s. Dícese de la persona que salva: *el salvador de un país.* || — M. Por antonomasia, Jesucristo.

Salvador, ant. *Bahía,* c. y puerto en el E. del Brasil, cap. del Estado de Bahía. Arzobispado. Industrias. Centro turístico. || ~ **(El).** V. EL SALVADOR.

salvadoreñismo m. Palabra o giro propio de El Salvador.

salvadoreño, na adj. y s. De El Salvador.

salvaguarda f. Salvaguardia.

salvaguardar v. t. Defender, servir de salvaguardia: *la O. N. U. salvaguarda la paz.*

salvaguardia f. Salvoconducto que se da a uno para que no sea molestado o detenido. || *Fig.* Protección, defensa, garantía: *salvaguardia de la paz.*

salvajada f. Hecho o dicho propio de salvaje. || Crueldad, atrocidad: *las salvajadas de la guerra.*

salvaje adj. Aplícase a las plantas no cultivadas, silvestres. || Dícese del animal no domesticado: *un potro salvaje.* || Áspero, inculto: *tierra salvaje.* || — Adj. y s. Natural de un país todavía en estado primitivo: *tribu salvaje.* || *Fig.* Sumamente bruto.

salvajino, na adj. Dícese de la carne de los animales salvajes. || — F. Conjunto de animales salvajes. || Carne o piel de estos animales.

salvajismo m. Modo de ser o de obrar propio de los salvajes.

salvamanteles m. inv. Objeto que se pone en la mesa debajo de las fuentes, botellas, vasos, etc., para proteger el mantel.

salvamento m. Acción y efecto de salvar o salvarse. || Liberación de un peligro: *organizar el salvamento de los náufragos.* || Lugar en que uno se asegura de un peligro.

salvamiento m. Salvamento.

salvar v. t. Librar de un peligro: *salvar a un náufrago.* || Sacar de una desgracia: *salvar de la miseria.* || Poner en seguro: *salvar una obra de arte.* || Dar la salvación eterna: *salvar el alma.* || Evitar, soslayar: *salvar una dificultad.* || Recorrer la distancia que separa dos puntos. || Franquear: *salvar un charco.* || *Fig.* Conservar intacto: *salvar su honra.* || Exceptuar, excluir. || Poner una nota al pie de un documento para que valga lo enmendado o añadido. || — V. pr. Librarse de un peligro. || Alcanzar la gloria eterna. || *Sálvese quien pueda,* grito con que se indica en momentos de gran peligro que cada uno puede emplear el medio que quiera para ponerse a salvo.

Salvatierra, c. de México (Guanajuato).

salvavidas adj. y m. inv. *Mar.* Dícese de la boya, chaleco o bote utilizados en caso de naufragio. || Dispositivo de seguridad colocado en las ruedas delanteras de los tranvías para evitar las consecuencias de un atropello.

salve interj. Se emplea en poesía como saludo. || — F. Oración de salutación a la Virgen.

salvedad f. Advertencia que excusa o limita el alcance de lo que se va a decir. || Excepción: *un reglamento sin salvedad.* || Nota para salvar una enmienda en un documento.

salvia f. Planta labiada aromática, usada como estomacal.

salvilla f. Bandeja que tiene huecos donde se encajan las copas o tazas que se ponen en ella: *una salvilla de plata.*

salvo, va adj. Salvado de un peligro: *sano y salvo.* || — Adv. Excepto: *haré todo, salvo irme.* || — *A salvo,* en seguridad: *poner a salvo;* sin daño o menoscabo. || *Salvo que,* a no ser que: *iré a la playa, salvo que llueva.*

salvoconducto m. Documento expedido para que uno pueda transitar por cierto sitio sin riesgo.

Salvochea (Fermín), revolucionario español (1842-1907).

Salzburgo, c. en el O. de Austria, cap. de la prov. homónima. Arzobispado. Universidad. Industrias. Lugar de nacimiento de Mozart.

Salzgitter, c. de Alemania Occidental (Baja Sajonia). Metalurgia.

Salzillo y Alcaraz (Francisco), escultor español, n. en Murcia (1707-1783), autor de tallas de las escenas de la Pasión y de nacimientos.

Sallent, v. del NE. de España (Barcelona).

Sam *(Tío),* en ingl. *Uncle Sam,* personaje imaginario que simboliza al Gobierno y a los ciudadanos de los Estados Unidos.

Sama de Langreo. V. LANGREO.

Samacá, mun. y pobl. de Colombia (Boyacá).

Samaipata, pobl. en el E. de Bolivia, cap. de la prov. de Florida (Santa Cruz). Petróleo.

samán m. Árbol mimosáceo americano parecido al cedro.

Samaná, bahía y prov. en el NE. de la Rep. Dominicana; cap. *Santa Bárbara de Samaná.* Ganado.

samandoca f. *Méx.* Especie de planta liliácea.

samanés, esa adj. y s. De Samaná (Rep. Dominicana).

Samaniego (Félix María), escritor y fabulista español (1745-1801), autor de *Fábulas morales* entre las que se encuentran *La cigarra y la hormiga, La lechera, Las moscas, La zorra y el busto,* etc.

Sámano (Juan), gobernante español (1754-1820), último virrey de Nueva Granada.

Sámar, isla de Filipinas en el archip. de las Visayas; cap. *Catbalogán;* 13 130 km².

SA

Samara. V. KUIBICHEV.

sámara f. Fruto seco de pericarpio prolongado en forma de ala: *la sámara del fresno.*

Samarang. V. SEMERANG.

Samarcanda, c. en el S. de la U. R. S. S. (Uzbekistán). Industrias. Centro agrícola.

Samaria, ant. región de Palestina, entre Galilea y Judea, y c. que fue cap. del reino de Israel.

samario m. Metal (símb., Sm) del grupo de las tierras raras, de número atómico 62.

samario, ria adj. y s. De Santa Marta (Colombia).

samaritano, na adj. y s. De Samaria: *la parábola del Buen Samaritano.*

Samarra, c. de Irak, al N. de Bagdad. Presa en el Tigris.

samba f. Baile popular brasileño de dos tiempos.

sambenito m. Capotillo o escapulario que se ponía a los penitentes por la Inquisición cuando volvían al seno de la Iglesia. ‖ Anuncio que se colocaba en las iglesias con el nombre y castigo de los condenados por la Inquisición. ‖ *Fig.* Nota infamante, descrédito: *colgar a uno el sambenito de embustero.*

sambeque m. *Cub.* Barullo.

Samborombón, golfo en la prov. de Buenos Aires (Argentina).

Sambre, río de Francia y Bélgica, que des. en el Mosa en Namur; 190 km.

sambuca f. Instrumento músico antiguo de cuerda. ‖ Máquina antigua de guerra usada para el asalto de las fortalezas.

sambumbia f. *Cub.* y *P. Rico.* Refresco de miel de caña. ‖ En el SO. de México, refresco de piña.

samio, mia adj. y s. De Samos.

Sammartini (Giovanni Battista), compositor italiano (1698-1775), autor de obras de música religiosa y lírica.

Samnio, región central y montañosa de la ant. Italia, al E. del Lacio y de la Campania, y al O. del Adriático.

samnita adj. y s. De Samnio.

Samoa, archip. de Oceanía, dividido entre el Estado de *Samoa Occidental* (122 000 h.; cap. *Apia*, 21 700 h.) y *Samoa Oriental*, bajo soberanía de Estados Unidos desde 1900 (23 000 h.); cap. *Fagatogo.*

Samos, isla griega de las Espóradas, en el mar Egeo (Grecia); cap. *Bathy;* 502 km²; lugar de nacimiento de Pitágoras.

Samosata, c. septentrional de la antigua Siria.

Samotracia, isla griega en la parte septentrional del mar Egeo donde se descubrió en 1863 la célebre *Victoria*, estatua de mujer alada (Louvre).

samovar m. Especie de tetera de cobre con hornillo y chimenea interior usada en Rusia para calentar el agua.

samoyedo, da adj. y s. Aplícase a un pueblo de Rusia de las costas del mar Blanco y norte de Siberia.

sampa f. *Arg.* Arbusto ramoso y copudo que crece en terrenos salitrosos.

sampán m. Pequeña embarcación china o japonesa movida por pagaya y utilizada a veces como vivienda.

sampedrano, na adj. y s. De Villa de San Pedro (Paraguay). ‖ De San Pedro Sula (Honduras).

Samper (José María), político y escritor colombiano (1831-1888), autor de obras de teatro, novelas y poesías.

Samsún, ant. *Priene*, c. y puerto al N. de Turquía y a orillas del mar Negro, cap. de la prov. homónima.

Samuel, profeta y último juez de Israel (s. IX a. de J. C.). Salvó a su pueblo del dominio de los filisteos.

samurai m. En la sociedad feudal japonesa, guerrero, militar.

san adj. Apócope de *santo.*
— *Santo* pierde la última sílaba delante de un nombre propio, excepto en los casos de Tomás o Tomé, Toribio y Domingo. En plural no hay apócope.

San ‖ **~ Agustín,** mun. y c. del S. de Colombia (Huila). Ruinas precolombinas. — Mun. y c. del SE. de El Salvador (Usulután). ‖ **~ Andrés,** isla en el mar Caribe y c. de Colombia, cap. de la intendencia de San Andrés y Providencia. — Cerro en el SO. de México (Michoacán); 2 282 m. — Laguna en el E. de México (Tamaulipas). ‖ **~ Andrés Tuxla,** c. al E. de México (Veracruz). Obispado. ‖ **~ Andrés y Providencia,** intendencia en el N. de Colombia formado por tres islas en el mar Caribe (*San Andrés, Providencia* y *Santa Catalina*); cap. *San Andrés.* ‖ **~ Antonio,** cabo de la Argentina (Buenos Aires). — Río fronterizo entre la Argentina y el Brasil, afl. del Iguazú. — Cima en el S. de Bolivia (Potosí); 5 280 m. — Cabo del O. de Cuba (Pinar del Río). — C., com. y dep. de Chile (Santiago). — C. del S. de Estados Unidos (Texas). Arzobispado. Petróleo; industrias. — Pobl. del Paraguay (Central). Puerto fluvial. — C. en el O. de Venezuela (Táchira). ‖ **~ Antonio Abad,** c. en el O. de Ibiza. Playas. ‖ **~ Antonio de Cabezas,** térm. mun. de Cuba (Matanzas). ‖ **~ Antonio de las Vegas,** térm. mun. de Cuba (La Habana). ‖ **~ Antonio de las Vueltas,** térm. mun. en el centro de Cuba (Las Villas). ‖ **~ Antonio de los Baños,** térm. mun. de Cuba (La Habana). ‖ **~ Antonio de los Cobres,** pobl. en el NO. de la Argentina (Salta). ‖ **~ Antonio del Oeste,** pobl. de la Argentina (Río Negro). ‖ **~ Bernardino,** estrecho que separa las islas de Sámar y de Luzón, en las Filipinas. — C. en el SO. de Estados Unidos (California). ‖ **~ Bernardo,** pico de la Argentina (Chubut); 1 300 m. — C., com. y dep. de Chile (Santiago). ‖ **~ Bernardo (Gran),** paso de los Alpes entre Suiza e Italia; 2 472 m. ‖ **~ Bernardo (Pequeño),** paso de los Alpes franceses (Saboya); 2 188 m. ‖ **~ Blas,** bahía de la Argentina (Buenos Aires). — Archipiélago de Panamá en el Caribe. Llamado tb. de *Las Mulatas.* ‖ **~ Carlos,** n. de dos pobl. y dep. de la Argentina (Mendoza y Salta). — Río en el N. de Costa Rica (Alajuela), afl. del San Juan. — C. y dep. en el centro de Chile (Ñuble). — Pobl. de las Filipinas en la isla de Luzón (Pangasinán). — C. de las Filipinas en la isla de Negros. — C. del S. de Nicaragua, cap. del dep. de Río San Juan. — Pobl. en el SE. del Uruguay (Maldonado). — Pobl. de Venezuela al SO. de Caracas, cap. del Estado de Cojedes. ‖ **~ Carlos de Bariloche,** pobl. de la Argentina en las márgenes del lago Nahuel Huapi y al O. de la prov. de Río Negro. Turismo. ‖ **~ Carlos de la Rápita,** v. y puerto en el NE. de España (Tarragona). ‖ **~ Carlos de la Unión,** c. y puerto al SE. de El Salvador, cap. del dep. de La Unión. ‖ **~ Clemente,** pico de los Andes en el S. de Chile (Aisén); 4 058 m. ‖ **~ Cosme,** pobl. en el SE. del Paraguay (Itapúa). ‖ **~ Cristóbal,** isla de Gran Bretaña, en las Antillas Menores. — C. en el S. de la Rep. Dominicana, cap. de la prov. homónima. Sede del primer Congreso constituyente (1844). Obispado. — Isla del Ecuador, al E. del archip. Colón; 480 km²; cap. *Puerto Baquerizo.* — Volcán en el O. de Nicaragua (Chinandega); 1 745 m. Tb. llamado *Viejo.* — C. al O. de Venezuela, fronteriza con Colombia, cap. del Estado de Táchira. Obispado. ‖ **~ Cristóbal de Las Casas,** c. al SE. de México (Chiapas). ‖ **~ Cugat del Vallés,** v. en el NE. de España (Barcelona). Monasterio benedictino. ‖ **~ Diego,** cabo en el S. de la Argentina (Tierra del Fuego). — Bahía, c. y puerto en el SO. de Estados Unidos (California). Base aeronaval. Obispado. ‖ **~ Diego del Valle,** térm. mun. en el centro de Cuba (Las Villas). ‖ **~ Estanislao,** pobl. en el NO. de Colombia (Bolívar). — Pobl. en el centro del Paraguay (San Pedro). ‖ **~ Esteban,** com. de Chile (Aconcagua). — Cima volcánica en el centro de México (Durango). ‖ **~ Esteban de Gormaz,** v. de España (Soria). Iglesias románicas. ‖ **~ Felipe,** pico de Bolivia (Potosí) 5 000 m. — V. de Colombia, en la comisaría de Guainía. — C. de Chile cap. de la prov. de Aconcagua. Obispado. — C. en el NO. de Venezuela, cap. del Estado de Yaracuy. ‖ **~ Felipe de Puerto Plata,** c. en el N. de la Rep. Dominicana, cap. de la prov. de Puerto Plata. ‖ **~ Felíu de Guíxols,** v. y puerto en el NE. de España (Gerona). Playas. ‖ **~ Felíu de Llobregat,** v. en el NE. de España (Barcelona). Textiles. ‖ **~ Fernando,** suburbio del NO. de Buenos Aires (Argentina). — C. central de Chile, cap. de la prov. de Colchagua. — V. en el S. de España (Cádiz). Astilleros. Salinas. Llamada tb. *Isla de León.* — N. de dos c. de las Filipinas (Luzón), cap. de las prov. de Pampanga y La Unión. — Río de México (Nueva León) que des. en el golfo de México; 352 km. Llamado tb. *Presas.* — C. al O. de Venezuela, cap. del Estado de Apure. ‖ **~ Fernando de Camarones,** térm. mun. en el centro de Cuba (Las Villas). ‖ **~ Fernando de Monte Cristi,** c. y puerto en el NO. de la Rep. Dominicana, cap. de la prov. de Monte Cristi. ‖ **~ Francisco,** paso de los Andes, entre Argentina (Catamarca) y Chile (Atacama); 4 726 m. — C. al N. del centro de la Argentina (Córdoba). Obispado. — Río del E. del Brasil que nace en el Est. de Minas Gerais y des. en el Atlántico; 3 161 km. — C. en el E. de El Salvador, cap. del dep. de Morazán. — C. y puerto en el SO. de Estados Unidos (California), en la bahía homónima, en el Pacífico. Industrias. Centro comercial del SO. Lugar donde se firmó la Carta de las Naciones Unidas (1945) y el tratado de paz entre los Aliados y el Japón (1951). Arzobispado. ‖ **~ Francisco de Macorís,** c. en el N. del centro de la Rep. Dominicana, cap. de la prov. de Duarte. ‖ **~ Francisco Javier,** pobl. en el E. del Perú (Loreto). ‖ **~ Gabriel,** pobl. en el N. del Ecuador (Carchi). — Isla del Uruguay, en el río de la Plata. ‖ **~ Germán,** c. en el O. de Puerto Rico (Mayagüez). ‖ **~ Gil,** c. en el E. de Colombia (Santander). ‖ **~ Gimignano,** c. de Italia (Siena). ‖ **~ Gotardo,** macizo de los Alpes donde nacen los ríos Rin, Ródano, Aar, Reuss y Tesino. ‖ **~ Ignacio,** pobl. en el NE. de la Argentina (Misiones). — Com. en el centro de Chile (Ñuble). — Pobl. en el S. del Paraguay (Misiones). ‖ **~ Ildefonso** o **La Granja,** v. en el centro de España (Segovia). Palacio de la Granja. ‖ **~ Isidro,** pobl. de la Argentina, suburbio N. de Buenos Aires. Obispado. ‖ **~ Isidro del General,** c. de Costa Rica, cab. del cantón Pérez Zeledón (San José). ‖ **~ Javier,** dep. de la Argentina (Córdoba); cap. *Villa Dolores.* — Dep. en el O. de la Argentina (Santa Fe). — Pobl. de Bolivia (Bolívar). — V. en el E. de España (Murcia). Academia General del Aire. ‖ **~ Jerónimo,** dep. de la Argentina (Santa Fe); cap. *Coronda.* — Macizo montañoso en el NO. de Colombia (Córdoba). ‖ **~ Joaquín,** pobl. en el NE. de Bolivia, cap. de la prov. de Mamoré (Beni). ‖ **~ Jorge,** golfo en el SE. de la Argentina (Chubut y Santa Cruz). Petróleo. — Canal que separa Gran Bretaña e Irlanda. ‖ **~ José,** volcán de los Andes, entre Argentina (Mendoza) y Chile (Santiago); 6 070 m. — Pobl. en el O. de la Argentina (Mendoza). — C. de Costa Rica, cap. de la prov homónima y de la República; 185 000 h. Arzobispado. Universidad. Gran centro comercial. Industrias. — Mun. y puerto en el S. del centro de Guatemala (Escuintla). — Isla en el O. de México en el golfo de California. — Pobl. en el centro del Paraguay (Caaguazú). — Dep. en el S. del Uruguay; cap. *San José de Mayo.* (Hab. *maragatos.*) — Río del Uruguay, afl. del de la Plata. ‖ **~ José de Acatempa,** pobl. en el SE. de Guatemala (Jutiapa). ‖ ~

José de Buenavista, c. y puerto de las Filipinas en la isla de Panay. || **~ José de Cúcuta.** V. CÚCUTA. || **~ José de las Lajas,** térm. mun. de Cuba (La Habana). || **~ José de las Matas,** com. en el O. de la Rep. Dominicana. (Santiago). || **~ José de Maipo,** com. de Chile (Santiago). || **~ José de Mayo,** c. del Uruguay al NO. de Montevideo, cap. del dep. de San José. Obispado. || **~ José de Ocoa,** com. de la Rep. Dominicana (Peravia). || **~ José del Cabo,** pobl. y puerto en el O. de México (Baja California Sur). || **~ Juan,** río en el E. de la Argentina, unión del Castaño y el de los Patos; 257 km. — C. en el E. de la Argentina, en las faldas de los Andes, cap. de la prov. homónima. Fundada en 1562. Arzobispado. Universidad. Vinos. — Cerro en el S. de Bolivia (Potosí); 4 500 m. — Río en el O. del centro de Colombia (Caldas y Chocó); des. en el Pacífico; 380 km. — Río en el S. de Colombia, fronterizo con el Ecuador; afl. del Mira. — Río en el S. de Estados Unidos, afl. del Colorado; 579 km. — Río fronterizo entre Nicaragua y Costa Rica; 198 km. — Río en el E. de México (Nuevo León y Taumalipas) que des. en el Bravo; 377 km. — Río en el E. de México (Veracruz), afl. del Papaloapan; 270 km. || **~ Juan Bautista,** c. en el O. del Paraguay, cap. del dep. de Misiones. Obispado. || **~ Juan de Acre.** V. ACRE. || **~ Juan de la Maguana,** c. en el O. de la Rep. Dominicana, cap. de la prov. homónima. Fundada en 1504. Entre 1930 y 1961 se llamó *Benefactor.* || **~ Juan de los Lagos,** c. en el O. de México (Jalisco). || **~ Juan de los Morros,** c. en el N. del centro de Venezuela, cap. del Est. de Guárico. Gas natural. Turismo. || **~ Juan de los Remedios,** térm. mun. del centro de Cuba (Las Villas). || **~ Juan de los Yeras,** térm. mun. en el centro de Cuba (Las Villas). || **~ Juan de Luz,** c. en el SO. de Francia, cerca de Bayona y de la frontera francoespañola. || **~ Juan de Puerto Rico,** puerto y cap. en el N. de la isla de Puerto Rico; 650 000 h. (con los suburbios). Arzobispado. Universidad de Río Piedras. Fundada por Ponce de León en 1508. || **~ Juan de Ulúa,** fortaleza a la entrada del puerto de la ciudad de Veracruz (México). || **~ Juan del Norte,** ant. *Greytown,* pobl. en el S. de Nicaragua (Río San Juan), a orillas del Caribe. || **~ Juan Nepomuceno,** pobl. de Colombia (Bolívar). — Pobl. en el S. del Paraguay (Caazapá). || **~ Juan Nonualco,** c. en el S. del centro de El Salvador (La Paz). || **~ Juan Teotihuacán.** V. TEOTIHUACÁN DE ARISTA. || **~ Juan y Martínez,** térm. mun. en el O. de Cuba (Pinar del Río). || **~ Julián,** pobl. y puerto en el SE. de la Argentina (Santa Cruz). — V. en el SO. de El Salvador (Sonsonate). || **~ Justo,** pobl. de Argentina, al SO. de Buenos Aires. || **~ Lorenzo,** río del Canadá que nace en el lago Superior, pasa por Montreal y Quebec, y des. en el Atlántico; 3 800 km. — Dep. de la Argentina (Santa Fe). — Pobl. de Bolivia, cap. de la prov. de Méndez (Tarija). — Mun. de Puerto Rico (Humacao). — Distr. del Paraguay (Central). || **~ Lorenzo del Escorial,** c. en el centro de España (Madrid). Monasterio. || **~ Lucas,** isla de Costa Rica (Puntarenas), en el golfo de Nicoya. — Cabo de México, al S. de la Baja California. || **~ Luis,** c. en el O. del centro de la Argentina, cap. de la prov. y del dep. homónimos. (Hab. *puntanos.*) Fundada en 1594. Obispado. — Térm. mun. de Cuba (en Oriente y en Pinar del Río). || **~ Luis Chiquin Chaque.** V. CHIQUIN CHAQUE. || **~ Luis Potosí,** c. en el centro de México, cap. del Estado homónimo. Fundada en 1576. Universidad. Obispado. El Est. es rico en minerales. || **~ Marcos,** c. en el O. de Guatemala, cab. del dep. homónimo. Obispado. — Isla del O. de México, en el golfo de California. || **~ Marcos de Colón,** pobl. en el S. de Honduras (Choluteca). || **~ Marino,** pequeña república independiente en territorio italiano, al E. de Florencia; 61 km²; 17 000 h. Cap. *San Marino.* || **~ Martín,** n. de tres pobl. en la Argentina (Corrientes, San Juan y Mendoza). — Pobl. en el centro de Colombia (Meta). — Isla de Francia y Holanda en las Antillas. V. GRAHAM (*Tierra de*). — Dep. del Perú, cap. *Moyobamba.* — Prov. en el NE. del Perú (San Martín), cap. *Tarapoto.* || **~ Martín de Valdeiglesias,** v. del centro de España (Madrid). Castillo. || **~ Martín Texmelucan,** pobl. en el SE. de México (Puebla). || **~ Matías,** golfo en el E. de la Argentina (Río Negro y Chubut). — Pobl. en el E. de Bolivia, cap. de la prov. de Ángel Sandoval (Santa Cruz). || **~ Miguel,** pobl. de la Argentina (Buenos Aires). — Río de Bolivia (Santa Cruz y Beni); des. en el Guaporé; 764 km. — Com. de Chile (Santiago). — Cantón en el centro del Ecuador (Bolívar). — C. del E. de El Salvador, cap. del dep. homónimo. La c. está en las faldas del volcán de igual n. Obispado. — Pobl. en el S. del Paraguay (Misiones). — Isla de Portugal en las Azores, cap. *Ponta Delgada.* || **~ Miguel de Allende,** c. en el centro de México (Guanajuato). Turismo. || **~ Miguel de Calpulalpan.** V. CALPULALPAN. || **~ Miguel de Piura.** V. PIURA. || **~ de Tucumán.** V. TUCUMÁN. || **~ Nicolás,** pobl. de la Argentina (Buenos Aires). Obispado. — Térm. mun. de Cuba (La Habana). — Península del NO. de Haití. || **~ Pablo.** V. SÃO PAULO. || **~ Pablo de Luanda.** V. LUANDA. || **~ Pedro,** nevado en el NO. de la Argentina (Jujuy); 5 750 m. — Cima volcánica en el N. de Chile (Antofagasta); 5 970 m. — Río en el NO. de México, que nace en Sonora y entra en Estados Unidos; 160 km. — Río de México (Chihuahua). — C. en el centro del Paraguay, cap. del dep. homónimo. Llamábase ant. *Ycuamandy-Yú.* || **~ Pedro de las Colonias,** pobl. en el N. del centro de México (Coahuila). || **~ Pedro de Macorís,** c. meridional y puerto de la Rep. Dominicana, cap. de la prov. homónima. Caña de azúcar. || **~ Pedro del Paraná,** pobl. en el SE. del Paraguay (Itapúa). || **~ Pedro Mezquital,** río en el O. de México (Nayarit), que des. en el Pacífico; 700 km. || **~ Pedro Sula,** c. del NO. de Honduras, cap. del dep. de Cortés. || **~ Petersburgo.** V. LENINGRADO. || **~ Quintín,** c. en el N. de Francia (Aisne). Conquistada por los españoles en 1557. || **~ Rafael,** pobl. en el O. del centro de la Argentina (Mendoza). Obispado. — Prov. del O. de la Rep. Dominicana; cap. *Elías Piña.* — V. SAINT-RAPHAËL y NAUTLA. — Pico más alto del Paraguay; 850 m. || **~ Ramón de la Nueva Orán,** pobl. en el NO. de la Argentina (Salta). Petróleo. || **~ Remo,** c. y puerto en el NO. de Italia en Liguria (Imperia). Estación invernal. || **~ Román,** prov. en el SE. del Perú (Puno); cap. *Juliaca.* || **~ Roque,** c. en el S. de España (Cádiz). || **~ Salvador,** isla del archip. de las Bahamas, donde se cree que llegó Colón en su viaje de descubrimiento de América; 155 km². Conocida tb. por *Guanahaní,* actualmente posesión británica con el n. de *Watling.* — V. BAHÍA. — C. de El Salvador, cap. del dep. homónimo y de la Rep., situada en las faldas del volcán de igual n., llamado tb. *Quezaltépec* (1 950 m); 250 000 h. Fundada por Diego de Alvarado en 1525. Arzobispado. Universidad. || **~ Salvador (Nueva).** V. NUEVA SAN SALVADOR. || **~ de Jujuy.** V. JUJUY. || **~ Sebastián,** c. y puerto del N. de España, cap. de la prov. de Guipúzcoa, atravesada por el río Urumea. Industrias. || **~ Stefano.** V. YESILKÖY. || **~ Vicente,** isla en el O. de Costa Rica, en el golfo de Nicoya. — Com. y dep. en el centro de Chile (O'Higgins). — C. en el O. del centro de El Salvador, cap. del dep. homónimo. Obispado. Volcán de El Salvador, llamado tb. *Chichontepec* (2 174 m). — Isla de las Antillas de Barlovento; 388 km². Cap. *Kingstown.* Agricultura. — Cabo en el O. de México en la costa meridional de la península de California. — Pobl. en el SO. de México (Michoacán). — Cabo en la costa SO. de Portugal (Algarve). || **~ Vicente de la Barquera,** pobl. en el N. de España (Santander). Playas.

San Bartolomé (*Noche de*), noche del 24 de agosto de 1572 en la que Carlos IX de Francia, aconsejado por Catalina de Médicis y los Guisa, ordenó la matanza de los protestantes que se encontraban en París.

San Martín (José de), general y estadista argentino, n. en Yapeyú (Corrientes) [1778-1850], libertador de Chile y Perú. Sirvió primeramente en el ejército español e intervino en la guerra contra Napoleón I. De regreso a Buenos Aires en 1812, organizó el regimiento de Granaderos a caballo. Nombrado jefe del ejército del Norte, concibió el plan de liberar Chile y Perú, para lo cual creó el ejército de los Andes. Tras derrotar a los españoles en Chacabuco (1817) y en Maipú (1818), con lo que coronó la independencia de Chile, organizó la expedición al Perú (1820) y, con la ayuda de O'Higgins y del almirante Cochrane, desembarcó en Pisco y entró en Lima, donde proclamó la independencia peruana (1821). Nombrado Protector, mandó refuerzos a Bolívar y a Sucre, y contribuyó a la victoria de Pichincha (1822). Poco después, a raíz de la entrevista de Guayaquil con Bolívar, renunció a su cargo de Protector y se retiró a Francia, para morir en Boulogne-sur-Mer el 17 de agosto de 1850.

San || **~ Miguel** (Evaristo), general y político español (1785-1862). Participó en el levantamiento de Riego (1820). || **~ Pedro** (DIEGO FERNÁNDEZ DE), escritor español del s. XV, autor del relato *Cárcel de amor.* || **~ Román** (MIGUEL DE), militar peruano (1802-1863), pres. de la Rep. de 1862 a 1863. Creó el *sol,* unidad monetaria de país.

San || **~ Marcos** (*Universidad de*), universidad de Lima, fundada en 1551. || **~ Pedro de Roma,** iglesia cerca del palacio del Vaticano, llamada tb. *Basílica Vaticana.* Fue construida por Constantino en 326 y edificada de nuevo a partir de 1506 con la participación de Bramante, Rafael, Miguel Ángel y Bernini.

Sana, c. de Arabia, cap. de la Rep. del Yemen, en el centro del país; 80 000 h.

sanable adj. Que puede ser sanado.

sanador, ra adj. y s. Dícese del que o de lo que sana.

sanalotodo m. Cierto emplasto de color negro. || *Fig.* Panacea, remedio que se cree útil para todo.

sanandresano, na adj. y s. De San Andrés (Colombia).

sanar v. t. Restituir a uno la salud perdida: *sanar a un enfermo.* || — V. i. Recobrar la salud, curarse: *el enfermo sanó rápidamente.*

Sanare, pobl. y río en el NO. de Venezuela, afl. del Cojedes (Lara).

sanatorio m. Establecimiento destinado al tratamiento de enfermedades nerviosas, cardiacas, pulmonares, etc., en que residen los enfermos.

sanción f. Acto solemne por el que un jefe de Estado confirma una ley o estatuto. || Autorización, aprobación: *la sanción de un acto.* || Pena o castigo que la ley establece para el que la infringe. || *Fig.* Medida de represión aplicada por una autoridad: *sanciones tomadas contra los huelguistas.*

sancionable adj. Que merece sanción o castigo.

sancionado, da adj. y s. Aplícase a la persona que ha sufrido sanción.

sancionador, ra adj. y s. Dícese del que o de lo que sanciona.

sancionar v. t. Dar la sanción a algo: *el Rey sancionó la Constitución.* || Autorizar, aprobar: *palabra sancionada por el uso.* || Aplicar una sanción, castigar: *sancionar un delito.*

Sanclemente (Manuel Antonio), político colombiano (1814-1902), pres. de la Rep. de 1898 a 1900.

sancochar v. t. Cocer algo ligeramente y sin sazonarlo.

sancocho m. Plato americano de yuca, carne, plátano, etc., a modo de cocido. || *Fig. Méx.* y *P. Rico.* Embrollo, lío.

sancta m. Parte anterior del tabernáculo de los judíos en el desierto, y del templo de Jerusalén, separada por un velo de la interior o sanctasanctórum.

sanctasanctórum m. Parte interior y más sagrada del tabernáculo de los judíos, y del templo de Jerusalén, separada del sancta por un velo. || *Fig.* Lo que una persona tiene en mayor aprecio. | Lo que está muy reservado en un sitio.

sanctus m. Parte de la misa después del prefacio y antes del canon: *tocar a sanctus.*

sanchac o **sanchaque** m. *Méx.* Cocido de carne y verduras con sal y sin condimentos.

Sánchez, com. y puerto del NE. de la Rep. Dominicana (Samaná). || **~ Ramírez,** prov. en el centro de la Rep. Dominicana; cap. *Cotuí.*

Sánchez (Florencio), dramaturgo uruguayo, n. en Montevideo (1875-1910). En sus obras describe de modo magistral el mundo rural rioplatense (*M' hijo el dotor, La Gringa, Barranca abajo, Nuestros hijos,* etc.). || **~** (FRANCISCO DEL ROSARIO), general dominicano, m. en 1861. Acaudilló, en unión de Mella y Duarte, la sublevación de 1844. Posteriormente se rebeló contra Santana y fue ejecutado. || **~** (LUIS ALBERTO), crítico, historiador y ensayista peruano, n. en 1900. || **~** (SALVADOR), torero español (1844-1898), conocido con el n. de *Frascuelo.* || **~** (SERAFÍN), militar y patriota cubano, m. en 1896. || **~ Albornoz** (CLAUDIO), historiador y político español, n. en 1893, autor de *España, enigma histórico* y *España y el Islam* y otras notables obras. || **~ Cerro** (LUIS MIGUEL), general peruano (1894-1933), pres. de la Rep. de 1930 a 1933. M. asesinado. || **~ Coello** (ALONSO). V. COELLO. || **~ de Badajoz** (GARCI), poeta español (¿1460-1526?). || **~ de Bustamante** (ANTONIO), jurista y orador cubano (1865-1951). || **~ de Fuentes** (EDUARDO), músico cubano (1874-1944). || **~ de las Brozas** (FRANCISCO), humanista español (1523-1601). Recibió el n. de *el Brocense.* || **~ de Tagle** (FRANCISCO MANUEL), poeta y político mexicano (1782-1847). Redactó el Acta de Independencia. || **~ de Toca** (JOAQUÍN), político español (1852-1942). || **~ Gardel** (JULIO), dramaturgo argentino (1879-1937). || **~ Guerra** (JOSÉ), político español (1859-1934). || **~ Hernández** (FIDEL), militar y político salvadoreño, n. en 1917, pres. de la Rep. en 1967. || **~ Mármol** (MANUEL), novelista mexicano (1839-1912). || **~ Mazas** (RAFAEL), novelista español (1894-1966), autor de *La vida nueva de Pedrito Andía.* — Su hijo RAFAEL SÁNCHEZ FERLOSIO, n. en 1927, ha publicado el relato *El Jarama.* || **~ Pastor** (EMILIO), autor de libretos de zarzuelas (1853-1935). || **~ Ramírez** (JUAN), militar dominicano, m. en 1811. Restableció la soberanía española en la isla al derrotar a los franceses (1808). || **~ Vilella** (ROBERTO), ingeniero y político puertorriqueño, n. en 1913, gobernador de Puerto Rico de 1965 a 1969.

Sanchi, pobl. en el centro de la India (Madhya Pradesh). Lugar arqueológico del budismo.

Sancho || **~ I** *el Craso,* rey de León de 956 a 966. || **~ II** *el Fuerte* (¿1037?-1072), rey de Castilla y León, después de destronar a sus hermanos Alfonso y García, desde 1065. || **~ III** (¿1133?-1158), rey de Castilla desde 1157. || **~ IV** *el Bravo* (1257-1295), rey de Castilla desde 1284. Se apoderó de Tarifa (1292).

Sancho || **~ I** *Garcés,* rey de Navarra de 905 a 925. || **~ II** *Abarca,* rey de Navarra de 970 a 995. || **~ III** *el Mayor* (¿965?-1035), rey de Navarra desde 1000. Se apoderó de los reinos de Castilla y León. || **~ IV** *el de Peñalén* (¿1038?-1076), rey de Navarra desde 1054. M. asesinado por su hermano Ramiro. || **~ V** *Ramírez,* rey de Aragón desde 1063 y de Navarra desde 1076. M. en 1094. || **~ VI** *el Sabio,* rey de Navarra de 1150 a 1194. || **~ VII** *el Fuerte* (1154-1234), rey de Navarra desde 1194. Participó en la batalla de las Navas de Tolosa (1212).

Sancho || **~ Dávila.** V. ÁVILA (Sancho de). || **~ de la Hoz** (PERO), conquistador español que rivalizó con Valdivia en la exploración de Chile. M. ejecutado en 1548.

Sancho Panza, escudero de Don Quijote, imagen del servidor fiel y de persona de sentido común.

sanchopancesco, ca adj. Propio de Sancho Panza. || Prosaico.

Sand (Aurore DUPIN, llamada **George**), escritora francesa, n. en París (1804-1876), autora de novelas (*Indiana, Consuelo, La charca del diablo, La pequeña Fadette,* etc.). Mantuvo relaciones amorosas con Musset y con Chopin.

sandalia f. Calzado consistente en una suela de cuero sostenida por correas.

sándalo m. Planta labiada que se cultiva en los jardines. || Árbol santoláceo de madera aromática. || Esta misma madera.

sandáraca f. Resina del enebro y de otras coníferas.

Sandburg (Carl), poeta norteamericano (1878-1967).

Sandeau (Jules), novelista francés (1811-1883).

sandez f. Necedad, tontería.

Sandhurst, c. de Gran Bretaña en el centro de Inglaterra (Berkshire). Academia militar de 1802 a 1947.

Sandi (Luis), músico mexicano, director de coros, n. en 1905.

sandía f. Planta cucurbitácea de fruto comestible. || Fruto de esta planta, de forma casi esférica y pulpa encarnada dulce y refrescante.

sandiego m. *Méx.* Planta enredadera de flores purpúreas.

sandillita f. *C. Rica.* y *Méx.* Planta cucurbitácea.

Sandino (Augusto César), general nicaragüense (1895-1934), caudillo de la resistencia contra la ocupación de Estados Unidos (1927-1933). M. asesinado.

sandio, dia adj. y s. Necio, simple, tonto.

Sandoval y Rojas (Cristóbal de), político español, m. en 1624, favorito de Felipe III. Fue hijo del duque de Lerma y tuvo el título de *duque de Uceda.* (V. LERMA.)

Sandrini (Luis), actor teatral y cinematográfico argentino, n. en 1905, de vena cómica.

sanducero, ra adj. y s. De Paysandú (Uruguay).

sandunga f. *Fam.* Gracia, donaire, salero. || *Chil. Méx.* y *Per.* Parranda, jolgorio. || *Méx.* Cierto baile de Tehuantepec.

sandunguero, ra adj. *Fam.* Que tiene sandunga, saleroso.

sándwich [*-duich*] m. (pal. ingl.). Bocadillo, emparedado. (Pl. *sándwiches.*)

Sandwich [*-duich*] (ISLAS). V. HAWAI. || **~ del Sur,** islas de Argentina en las Antillas del Sur.

saneado, da adj. Aplícase a los bienes libres de cargas. || *Fig.* Dícese del beneficio obtenido en limpio: *ingresos muy saneados.*

saneamiento m. Dotación de condiciones de salubridad a los terrenos o edificios desprovistos de ellas: *hay que efectuar el saneamiento de las regiones tropicales.*

sanear v. t. Hacer desaparecer las condiciones de insalubridad en un sitio: *sanear una región pantanosa.* || Desecar un terreno. || Equilibrar, estabilizar: *sanear la moneda.* || Hacer que las rentas o bienes estén libres de gravámenes.

sanedrín m. Consejo supremo de los judíos en el que se trataban y decidían los asuntos de Estado y de religión.

sanfasón m. (fr. *sans-façon*). *Amer.* Desfachatez, descaro. || *Amer. A la sanfasón,* al descuido.

sanfelipeño, ña adj. y s. De San Felipe (Chile).

sanfernandino, na adj. y s. De San Fernando (Chile).

Sanfuentes (Juan Luis), político chileno (1858-1930), pres. de la Rep. de 1915 a 1920. — Su hermano, SALVADOR, fue escritor y político chileno (1817-1860), autor de la leyenda poética *El campanario.*

Sanga o **Sangha,** río de la Rep. Democrática del Congo, afl. del río Congo; 1 700 km.

Sangay, cima volcánica en el centro del Ecuador (Chimborazo); 5 230 m.

Sangli, c. de la India en el SO. del Est. de Maharashtra.

Sangolquí, c. del Ecuador, cab. del cantón de Rumiñahui (Pichincha).

sangradera f. Lanceta. || Vasija para recoger la sangre. || *Fig.* Acequia derivada de otra principal. | Compuerta o portillo por donde se da salida al agua sobrante de un caz o canal.

sangrador m. El que sangra por oficio. || *Fig.* Abertura para dar salida al líquido de un depósito, de la presa de un río, etc.

sangradura f. Sangría, parte del brazo opuesto al codo. || Cisura de la vena para sangrar. || *Fig.* Salida artificial que se da a las aguas de un río, un canal o un terreno encharcado.

sangrante adj. Que sangra: *herida sangrante.*

sangrar v. t. Abrir una vena y dejar salir determinada cantidad de sangre: *sangrar a un enfermo.* || *Fig.* Dar salida a un líquido abriendo conducto por donde corra: *sangrar un caz.* || *Fig.* y *fam.* Robar parte de algo sin que se note: *sangrar un saco de trigo.* || *Impr.* Empezar un renglón más adentro que los otros de la plana. || Sacar resina: *sangrar un pino.* || — V. i. Arrojar sangre: *sangrar por la nariz.* || — V. pr. Hacerse una sangría.

sangre f. Líquido rojo que circula por las venas y las arterias de los vertebrados, irriga el corazón, transporta los elementos nutritivos y arrastra los productos de desecho: *sangre arterial, venosa.* || *Fig.* Linaje, parentesco, raza. | Vida: *dar su sangre por la patria.* || — *A sangre fría,* con tranquilidad. || *Fig.* y *fam. Bullirle a uno la sangre,* tener mucha energía, exaltarse. || *Caballo pura sangre,* el que es de raza pura. || *Fig. Chuparle a uno la sangre,* llegar a arruinarle. | *De sangre,* tirado o movido por animales. | *Encenderle* (o *freírle* o *quemarle*) *a uno la sangre,* exasperarle. | *Hacer sangre,* herir. | *Lavar una afrenta con sangre,* matar o herir al ofensor para vengarse. | *Llevar una cosa en la sangre,* ser esta cosa innata o hereditaria. | *No llegar la sangre al río,* no tener una cosa consecuencias graves. | *Sangre azul,* linaje noble. | *Sangre fría,* serenidad, tranquilidad de ánimo. || *Fig. Amer. Sangre ligera,* persona simpática. | *Sangre pesada,* persona antipática, pesada. || *Fam. Sudar sangre,* hacer muchos esfuerzos. | *Tener la sangre gorda,* ser muy lento o parsimonioso. || *Fig. Tener mala sangre,* ser malo y vengativo. | *Tener sangre de horchata,* ser muy flemático o calmoso; no tener energía.

sangría f. Acción y efecto de sangrar a un enfermo. || Parte de la articulación del brazo opuesta al codo. || Incisión que se hace en un árbol para que fluya la resina. || *Fig.* Sangradura, salida que se da a las aguas: *la sangría de un río, canal.* | Salida continua de dinero. | Hurto que se hace poco a poco: *sangría en el caudal.* || Bebida refrescante compuesta de agua, vino, azúcar y limón. || *Impr.* Acción y efecto de sangrar. || *Tecn.* Chorro de metal fundido que sale del horno.

sangriento, ta adj. Que echa sangre o que está bañado en sangre: *rostro sangriento.* || Que causa efusión de sangre: *batalla sangrienta.* || *Fig.* Que ofende gravemente: *ultraje sangriento.* || Sanguinario: *animal, hombre sangriento.* || *Poét.* De color de sangre.

sangrón, ona adj. *Cub.* y *Méx.* Odioso, antipático.

sanguaza f. Sangre corrompida. || *Fig.* Líquido rojizo de ciertas legumbres y frutas.

sangüesa f. Frambuesa.

Sangüesa, c. en el N. de España (Navarra).

sanguificación f. Oxidación de la hemoglobina, por la que la sangre venenosa se convierte en sangre arterial.

sanguijuela f. Gusano anélido de boca chupadora, que vive en las lagunas y arroyos, y que se utilizaba en medicina para hacer sangrías. || *Fig.* y *fam.* Persona que saca hábilmente dinero a otra.

Sanguily (Julio), militar cubano (1846-1906), que combatió en la guerra de los Diez Años. — Su hermano MANUEL (1848-1925) participó tb. en la guerra de la Independencia, y fue un insigne orador.

sanguina f. Lápiz rojo fabricado con hematites. || Dibujo hecho con este lápiz. || Fruto de carne más o menos roja: *naranja sanguina* (ú. t. c. adj. f.).

sanguinaria f. Especie de ágata, de color rojo. || — *Bot. Sanguinaria mayor,* centinodia. | *Sanguinaria menor,* nevadilla.

sanguinario, ria adj. Feroz, cruel: *espíritu sanguinario.*

sanguíneo, a adj. Relativo a la sangre: *grupo sanguíneo.* || De color de sangre: *rojo sanguíneo.* || Dícese de la complexión caracterizada por la riqueza de sangre y la dilatación de los vasos capilares que da un color rojo a la piel. || *Vasos sanguíneos,* las arterias y las venas.

sanguino, na adj. Sanguíneo, de color de sangre. || — M. *Bot.* Aladierna. | Cornejo.

sanguinolencia f. Estado de sanguinolento.

sanguinolento, ta adj. Sangriento, mezclado o teñido de sangre: *llaga sanguinolenta; ojos sanguinolentos.*

sanidad f. Calidad de sano. || Salubridad: *medidas de sanidad.* || Conjunto de servicios administrativos encargados de velar por la salud pública.

Sanín Cano (Baldomero), escritor y humanista colombiano, n. en Rionegro (Antioquia) [1861-1957], autor de *La civilización manual y otros ensayos, Crítica y arte,* etc.

sanitario, ria adj. Relativo a la sanidad: *medidas sanitarias.* || — M. Miembro del cuerpo de Sanidad. || *Méx.* Excusado.

sanjosense o **sanjosino, na** adj. y s. De San José (Uruguay).

sanjosiano adj. y s. De San José (Paraguay).

sanjuanada f. Fiesta celebrada el día de san Juan.

sanjuaneño, ña adj. y s. De Río San Juan (Nicaragua).

sanjuanero, ra adj. Dícese de ciertas frutas que maduran por san Juan. || — Adj. y s. De San Juan (Cuba).

sanjuanino, na adj. y s. De San Juan (Argentina). || De San Juan Bautista (Paraguay).

sanjuanista adj. y s. Aplícase a los miembros pertenecientes a la orden de San Juan de Jerusalén.

Sanjurjo (José), general español, n. en Pamplona (1872-1936). Se sublevó contra la República en 1932. M. en un accidente de aviación en Lisboa.

Sankt Pölten, c. del E. de Austria. Metalurgia. Textiles.

Sanlúcar de Barrameda, c. y puerto del S. de España (Cádiz). Punto de partida del tercer viaje de Colón (1498) y de la expedición de Magallanes (1519). Vinos. || ~ **la Mayor,** c. en el S. de España (Sevilla). Agricultura.

sanluiseño, ña y **sanluisero, ra** adj. y s. De San Luis (Argentina).

sanluqueño, ña adj. y s. De Sanlúcar.

sanmartinada f. Época de la matanza del cerdo, hacia el día de San Martín (11 de noviembre).

sanmartinense adj. y s. De San Martín (Perú).

sanmartiniano, na adj. Relativo a José de San Martín.

Sannar. V. SENAR.

Sannazzaro (Iacopo), poeta italiano (¿1456?-1530), autor de la novela pastoril *La Arcadia,* escrita en prosa y en verso.

sano, na adj. Que goza de salud: *persona sana.* || Saludable: *alimentación sana; aire sano.* || *Fig.* En buen estado, sin daño: *fruto sano; madera sana.* | Libre de error o de vicio: *principios sanos.* | Sensato, justo: *estar en su sano juicio.* | Entero, no roto ni estropeado: *toda la vajilla está sana.* | Saneado: *un negocio muy sano.* || — *Fig. Cortar por lo sano,* emplear el medio más expeditivo para conseguir algo o zanjar una cuestión. || *Sano y salvo,* sin lesión ni menoscabo.

Sano (Seki), director teatral japonés (1896-1966). Residió y trabajó en México desde 1939.

sánscrito, ta adj. Aplícase a la antigua lengua de los bramanes y a los libros escritos en ella. || — M. Lengua sánscrita.

sans-culotte m. (pal. fr.). Durante la Revolución francesa, nombre con que los aristócratas designaban a los patriotas que sustituyeron el calzón corto por el pantalón.

sanseacabó loc. *Fam.* Ya está.

sansimoniano, na adj. Relativo al sansimonismo. || Partidario de esta doctrina (ú. t. c. s.).

sansimonismo m. Doctrina socialista de Saint-Simon y de sus discípulos.

— El *sansimonismo,* tras criticar la propiedad privada porque consagra "la explotación del hombre por el hombre", preconiza el colectivismo, según el cual cada uno debe ser clasificado según su capacidad y remunerado de acuerdo con el trabajo realizado.

sansón m. *Fig.* Hombre muy fuerte.

Sansón, juez de los hebreos (s. XII a. de J. C.), famoso por su fuerza, que perdió cuando Dalila le cortó la cabellera.

Sansovino (Andrea CONTUCCI, llamado **el**), escultor florentino (1460-1529). — Su hijo adoptivo Iacopo TATTI *el Sansovino* (1486-1570) fue escultor y arquitecto.

Santa, prov. del N. del Perú (Ancash), cruzada por el río homónimo; cap. *Chimbote.* Terremoto en 1970. || ~ **Ana,** c. del O. de El Salvador, cap. del dep. del mismo n. Obispado. El dep. prod. café y en él se encuentra el volcán homónimo, llamado tb. *Lamatepec;* 2 385 m. || ~ **Bárbara,** c. de Estados Unidos (California), al NO. de Los Ángeles. || ~ **Bárbara,** mun. del centro de Colombia (Antioquia). — C. del O. de Honduras, cap. del dep. homónimo. — C. del N. de México (Chihuahua). Minas. || ~ **Bárbara de Samaná,** c. y puerto al NE. de la Rep. Dominicana, cap. de la prov. de Samaná. || ~ **Catalina,** isla en el N. de Colombia (San Andrés y Providencia). — Isla del O. de México en la Baja California Sur. || ~ **Catarina,** Estado del S. del Brasil, cap. *Florianópolis.* || ~ **Clara,** bahía de Cuba (Matanzas). — C. del centro de Cuba, cap. de la prov. de Las Villas. Universidad. — V. ITURBE. || ~ **Cruz,** estero en el S. de la Argentina, en la desembocadura del río homónimo y el Chico de Santa Cruz. — Prov. del S. de la Argentina (Patagonia); cap. *Río Gallegos.* Petróleo. Gas natural. — Pobl. y puerto al SE. de la Argentina, en la prov. homónima. — C. del E. de Bolivia, cap. del dep. homónimo. Obispado. Universidad. Petróleo. — Isla de Estados Unidos en el archip. de las Vírgenes, al SE. de Puerto Rico (Antillas Menores); cap. *Christiansted.* — Islas de Gran Bretaña, al N. de las Nuevas Hébridas (Melanesia). — C. al NO. del Perú, cap. de la prov. homónima (Cajamarca). || ~ **Cruz de la Palma,** c. y puerto de Canarias, cap. de la isla de La Palma, al E. de la misma (Santa Cruz de Tenerife). || ~ **Cruz de Mar Pequeña,** n. ant. de *Ifni.* || ~ **Cruz de Tenerife,** prov., c. y puerto de España (Canarias), al NE. de la isla de Tenerife. || ~ **Cruz del Norte,** térm. mun. del NO. de Cuba (La Habana). || ~ **Cruz del Quiché,** c. en el O. del centro de Guatemala, cap. del dep. de El Quiché. || ~ **Cruz del Seibo,** c. del E. de la Rep. Dominicana, cap. de la prov. de El Seibo. || ~ **Cruz del Sur,** térm. mun. de Cuba (Camagüey). || ~ **Elena,** paso de los Andes argentinos (Mendoza); 3 839 m. — Bahía, cabo y c. del Ecuador en la costa de Guayas. — Isla de Gran Bretaña, al O. de África; 122 km²; cap. *Jamestown.* Prisión de Napoleón I. || ~ **Eulalia,** c. de Ibiza. Turismo. || ~ **Fe,** c. en el N. del centro de la Argentina, cap. de la prov. y del dep. homónimos. Fundada en 1573. Arzobispado. Facultades de la Universidad del Litoral. — V. del S. de España, a la entrada de Granada, en la que se firmaron las capitulaciones entre Colón y los Reyes Católicos (1492). — C. del SO. de los Estados Unidos, cap. del Estado de Nuevo México.

SA

Arzobispado. ‖ ~ **Fe de Bogotá**. V. BOGOTÁ. ‖ ~ **Gadea del Cid**, v. del N. de España (Burgos). En ella el rey Alfonso VI prestó juramento al Cid de que no había participado en el asesinato de su hermano Sancho II. ‖ ~ **Inés**, grupo de cayos de Cuba, al N. de Pinar del Río. Conocido tb. por el n. de *Guaniguanico*. ‖ ~ **Isabel**, volcán de Colombia, entre los dep. de Caldas y Tolima; 5 100 m. — Cap. de Guinea Ecuatorial, en el N. de la isla de Fernando Poo; 40 000 h. Agricultura (cacao, café). ‖ ~ **Isabel de Las Lajas**, térm. mun. del centro de Cuba (Las Villas). ‖ ~ **Lucía**, dep. en el O. de la Argentina (San Juan). — Isla en las Antillas de Barlovento, al S. de la Martinica; 603 km². Cap. *Port Castries*. — Pobl. del S. de Uruguay (Canelones). ‖ ~ **Margarita**, isla del O. de México, en la costa de la Baja California Sur; 220 km². ‖ ~ **María**, pobl. en el NO. de la Argentina (Catamarca). — Dep. central de la Argentina (Córdoba), cap. *Alta Gracia*. — Com. en el centro de Chile (Aconcagua). — Isla del Ecuador, en el archip. de Colón. Recibe tb. el n. de *Floreana*. — Cima volcánica al SO. de Guatemala (Quezaltenango); 3 768 m. ‖ ~ **de Garoña**, pobl. de España (Burgos). Central de energía nuclear. ‖ ~ **María del Rosario**, térm. mun. al N. de Cuba (La Habana). ‖ ~ **Marta**, c. y puerto del N. de Colombia, en las faldas de la *Sierra Nevada de Santa Marta* y en la costa de la *bahía de Santa Marta*, cap. del dep. de Magdalena. Obispado. (Hab. *samarios*.) Fundada por Rodrigo de Bastidas en 1525. ‖ ~ **Mónica**, c. del O. de Estados Unidos (California). Aeronáutica. ‖ ~ **Pola**, v. del E. de España (Alicante). ‖ ~ **Rosa**, c. del centro de la Argentina, cap. de la prov. de La Pampa. Obispado. — Pobl. en el N. de Bolivia, cap. de la prov. de Abuná (Pando). — Isla al NO. del Ecuador (Esmeraldas). — Pobl. en el SO. del Ecuador (El Oro). — C. del E. de El Salvador (La Unión). — Dep. del SE. de Guatemala, cap. *Cuilapa*. — Pobl. en el S. del Paraguay (Misiones). — Pobl. en el S. del Uruguay (Canelones). — ‖ ~ **Rosa de Cabal**, c. de Colombia (Risaralda). ‖ ~ **Rosa de Copán**, c. del O. de Honduras, cap. del dep. de Copán. Obispado. Minas. ‖ ~ **Rosa de los Osos**, c. de Colombia (Antioquia). Obispado. ‖ ~ **Rosa de Viterbo**, c. en el centro de Colombia (Boyacá). ‖ ~ **Rosalía**, pobl. en el O. de México (Baja California). ‖ ~ **Sede**. V. VATICANO. ‖ ~ **Tecla**. V. NUEVA SAN SALVADOR. ‖ ~ **Teresa**, pobl. en el O. de Nicaragua (Carazo).

Santa ‖ ~ **Anna** (Antonio LÓPEZ DE), general mexicano, n. en Jalapa (1791-1876), pres. de la Rep. en 1833, de 1834 a 1835, en 1839, de 1841 a 1842, en 1844 y en 1847. Jefe del ejército mexicano en la guerra con Estados Unidos, al firmarse el Tratado de Guadalupe Hidalgo (1848), se trasladó a Jamaica. A su regreso gobernó dictatorialmente (1853-1855). Desterrado por Juárez en 1867. ‖ ~ **Cruz** (ANDRÉS DE), militar boliviano, n. en La Paz (1792-1865), pres. de Bolivia de 1829 a 1836. Creador de la Confederación Peruboliviana, se declaró Protector de 1836 a 1839. Fue vencido en la batalla de Yungay (1839). ‖ ~ **Cruz** (MARQUÉS DE). V. BAZÁN. ‖ ~ **Cruz y Espejo** (FRANCISCO EUGENIO DE), enciclopedista, médico y patriota ecuatoriano, n. en Quito (1747-1795), autor de *El Nuevo Luciano* o *Despertador de ingenios*. Era indio. M. en la cárcel. ‖ ~ **María** (DOMINGO), político liberal chileno (1825-1889, pres. de la Rep. de 1881 a 1886). ‖ ~ **Rita Durão** (Fray JOSÉ DE). V. DURAO (Fray José de SANTA RITA).

Santa ‖ ~ **Hermandad**, tribunal y milicia creada por los Reyes Católicos para proteger a la población rural (1476). ‖ ~ **María**, carabela que condujo a Colón a América en el viaje del descubrimiento. Era propiedad de Juan de la Cosa. ‖ ~ **Sofía** (*Iglesia de*). V. SOFÍA.

santabárbara f. *Mar.* Pañol en las embarcaciones destinado a almacenar la pólvora.

santabarbarense adj. y s. De Santa Bárbara (Honduras).

Santacilia (Pedro), patriota y escritor cubano (1826-1910). Vivió desterrado en México y fue colaborador de Juárez.

santacruceño, ña adj. y s. De Santa Cruz (Argentina).

santacruzano, na adj. y s. De Santa Cruz del Quiché (Guatemala).

santafecino, na o **santafesino, na** adj. y s. De Santa Fe (Argentina).

santafereño, ña adj. y s. De Santa Fe (Colombia).

santaláceo, a adj. y s. f. Aplícase a las plantas dicotiledóneas de flores pequeñas, apétalas, como el guardalobo y el sándalo de la India. ‖ — F. pl. Familia que forman.

santalucense adj. y s. De Santa Lucía (Uruguay).

Santamaría (Francisco), lexicógrafo mexicano (1889-1963), autor de un *Diccionario general de americanismos*, en tres tomos.

Santana (Pedro), general dominicano, n. en Hincha (1801-1864). Dirigió la lucha contra la dominación haitiana (1844) y fue pres. de la Rep. de 1844 a 1848, de 1853 a 1856 y de 1859 a 1862. En 1861 decretó la nueva anexión del país a España, que duró hasta 1865.

Santander, c. en el O. de Colombia (Cauca). — Dep. de Colombia, fronterizo con Venezuela; cap. *Bucaramanga*. Café. — C. y puerto en el N. de España, cap. de la prov. homónima (Castilla la Vieja). Obispado. ‖ ~ **(Norte de.)** V. NORTE DE SANTANDER.

Santander (Francisco de Paula), general y político colombiano, n. en Rosario de Cúcuta (1792-1840). Partidario del federalismo, se opuso a Nariño. Se incorporó al ejército de Bolívar y obtuvo las victorias de Paya, Pantano de Vargas y Boyacá. Vicepresidente de Cundinamarca de 1819 a 1826, participó en una rebelión contra Bolívar, por lo que fue condenado a muerte, pena que se conmutó por la de destierro. Ocupó la presidencia de Nueva Granada de 1832 a 1837 y su gobierno se distinguió por el impulso dado a la enseñanza y por su carácter cívico.

satandereano, na adj. y s. De Santander (Colombia).

santanderiense o **santanderino, na** adj. y s. De Santander (España).

santanderismo m. Palabra o giro propios del castellano hablado en la región de Santander. ‖ Amor o apego a las cosas de Santander.

santaneco, ca adj. y s. De Santa Ana (El Salvador).

santanica f. *Cub.* y *Méx.* Hormiga de color pardo.

Santarem, c. en el N. del Brasil (Pará). — C. de Portugal, al NE. de Lisboa, cap. del distrito homónimo (Ribatejo). Vinos.

santarroseño, ña adj. y s. De Santa Rosa (Guatemala y El Salvador).

Santas Creus, pobl. en el E. de España (Tarragona). Monasterio cisterciense.

santateresa f. Insecto ortóptero con patas delanteras prensoras.

Santayana (Jorge RUIZ DE), filósofo norteamericano, de origen español, n. en Madrid (1863-1952), de tendencia aristotélica, materialista y escéptica. Autor de *El sentido de la belleza*, *El último puritano* (novela), etc.

santeño, ña adj. y s. de Los Santos (Panamá).

santero, ra adj. Que dedica a los santos un culto exagerado. ‖ — M. y f. Persona que cuida de un santuario o ermita o pide limosna para ellos.

¡santiago! interj. Grito con que los españoles invocaban a su santo patrón al romper la batalla.

Santiago, c. y puerto en el SE. de Cuba, cap. de la prov. de Oriente. Fundada por Diego Velázquez en 1514. Arzobispado. Universidad. Llamada tb. *Santiago de Cuba*. — C. en el centro de Chile, cap. de la prov. homónima y de la Rep., a orillas del río Mapocho; 2 597 000 h. Arzobispado. Universidad. Fundada por Pedro de Valdivia en 1541, fue residencia de la Capitanía General de Chile. — Prov. en el NO. de la Rep. Dominicana, al NO. del país; cap. *Santiago de los Caballeros*. Agricultura. — Río en el NO. del Ecuador (Imbabura y Esmeraldas); 138 km. — Río en el S. del Ecuador y en el N. del Perú, formado por la unión del Namangoza y el Zamora, que des. en el Marañón; 209 km. — Cantón en el E. del Ecuador (Morona-Santiago). — Río en el O. de México que tiene su origen en el lago de Chapala y des. en el Pacífico; 412 km. Llamado tb. *Grande de Santiago*. — V. en el E. de México (Nuevo León). — C. en el centro de Panamá, cap. de la prov. de Veraguas. — Pobl. en el S. del Paraguay (Misiones). — Isla atlántica en el archipiélago de Cabo Verde (Sotavento); cap. *Praia*. ‖ ~ **de Compostela**, c. en el NO. de España (La Coruña). Arzobispado. Universidad. Catedral románica. Lugar de peregrinación. ‖ ~ **de Chuco**, c. en el O. del Perú, cap. de la prov. homónima (La Libertad). Terremoto en 1970. ‖ ~ **de la Vega**. V. SPANISH TOWN. ‖ ~ **de las Vegas**, térm. mun. de Cuba (La Habana). ‖ ~ **de los Caballeros**, c. en el NO. de la Rep. Dominicana, cap. de la prov. de Santiago. Fundada en 1524. Obispado. ‖ ~ **de María**, c. en el S. de El Salvador (Usulután). Obispado. ‖ ~ **de Puriscal**, pobl. de Costa Rica (San José). ‖ ~ **del Estero**, c. de la Argentina, cap. de la prov. homónima en el N. del país. Obispado. Industrias. Fundada en 1553. La prov. es rica en agricultura. ‖ ~ **Ixcuintla**, pobl. en el O. de México (Nayarit). ‖ ~ **Rodríguez**, c. occidental de la Rep. Dominicana, cap. de la prov. homónima. ‖ ~ **Vázquez**, pobl. del Uruguay (Montevideo).

Santiago ‖ ~ **el Mayor**, apóstol de Jesucristo, hermano de San Juan Evangelista. Mártir en el año 44. Predicó en España. Patrón de España y Chile. Fiesta el 25 de julio. ‖ ~ **el Menor**, apóstol de Jesús martirizado en 62. Fiesta el 3 de mayo.

Santiago (*Orden de*), orden religiosa y militar española creada por el rey Fernando II de León en 1158.

santiagueño, ña adj. y s. De Santiago (Panamá y Paraguay). ‖ De Santiago del Estero (Argentina).

santiaguero, ra adj. y s. De Santiago de Cuba.

santiagués, esa adj. y s. De Santiago de Compostela.

santiaguino, na adj. y s. De Santiago de Chile.

santiaguista adj. y s. Aplícase a los miembros de la orden militar de Santiago.

santiamén m. *Fam.* *En un santiamén*, en un instante, rápidamente.

santidad f. Estado de santo. ‖ *Su Santidad*, tratamiento honorífico que se da al Papa: *Su Santidad Juan XXIII*.

santificación f. Acción y efecto de santificar.

santificador, ra adj. y s. Aplícase al que o a lo que santifica.

santificante adj. Que santifica: *la gracia santificante.*

santificar v. t. Hacer a uno santo: *la gracia santifica al hombre.* || Consagrar a Dios una cosa. || Venerar como santo: *santificar el nombre de Dios.* || Guardar el descanso dominical y el de los días de fiesta o precepto.

santiguamiento m. Acción y efecto de santiguar o santiguarse.

santiguar v. t. Hacer con la mano derecha la señal de la cruz desde la frente al pecho y desde el hombro izquierdo al derecho. || Hacer cruces sobre uno supersticiosamente. || *Fig.* y *fam.* Pegar, abofetear. || — V. pr. Persignarse. || *Fig.* y *fam.* Persignarse en señal de asombro.

Santillana (Íñigo López de Mendoza, *marqués de),* poeta español (1398-1458), autor de composiciones pastoriles o serranillas muy célebres, de poemas alegóricos (*La comedieta de Ponza, El infierno de los enamorados)* y del *Diálogo de Bías contra Fortuna.*

Santillana del Mar, v. en el N. de España (Santander). En sus proximidades se hallan las cuevas de Altamira.

santísimo, ma adj. Muy santo: *la Santísima Virgen* || Tratamiento honorífico que se da al Papa: *Santísimo Padre.* || — M. *El Santísimo,* Cristo en la Eucaristía.

santo, ta adj. Divino; dícese de todo lo que se refiere a Dios. *el Espíritu Santo.* || Aplícase a las personas canonizadas por la Iglesia católica (úsase la forma apocopada *san* antes de los nombres, salvo en los casos de *Domingo, Tomás, Tomé* y *Toribio): San Juan Bosco, Santo Tomás de Aquino* (ú. t. c. s.). || Conforme con la moral religiosa: *llevar una vida santa.* || Aplícase a la semana que empieza el domingo de Ramos y termina el domingo de Resurrección: *Semana Santa; Viernes Santo.* || Inviolable, sagrado: *lugar santo.* || *Fig.* Dícese de la persona muy buena o virtuosa (ú. t. c. s.): *este hombre es un santo.* | Que tiene un efecto muy bueno: *remedio santo; hierba santa.* || *Fig.* y *fam.* Antepuesto a ciertos sustantivos, refuerza el significado de éstos, con el sentido de real, mismísimo, gran: *hizo su santa voluntad; el maestro tiene una santa paciencia.* || — M. Imagen de un santo: *un santo de madera.* || Día del santo cuyo nombre se lleva y fiesta con que se celebra: *mi santo cae el 30 de mayo.* || Ilustración, grabado con motivo religioso. || — *Fig. Adorar el santo por la peana,* halagar indirectamente a una persona a través de sus familiares próximos. | *Alzarse con el santo y la limosna,* llevárselo todo. | *¿A santo de qué?,* ¿por qué razón o motivo? | *Desnudar a un santo para vestir a otro,* quitarle algo a uno para dárselo a otro. | *Írsele a uno el santo al cielo,* olvidar lo que se iba a hacer o decir. | *Llegar y besar el santo,* obtener algo rápidamente y sin dificultad. | *No ser santo de su devoción,* no caer en gracia una persona a otra. | *Quedarse para vestir santos,* quedarse soltera. || *Santo Oficio,* tribunal de la Iglesia católica derivado de la Inquisición. (En 1965, el *Santo Oficio* cambió su n. por el de *Congregación para la Doctrina de la Fe.*) || *Santo Sepulcro,* v. sepulcro. || *Mil. Santo y seña,* contraseña que hay que dar a requerimiento del centinela. || *Fig. Tener el santo de espaldas,* tener mala suerte y no salirle a uno nada bien. || *Tierra Santa,* Palestina; tierra bendita donde se da sepultura a los fieles.

Santo || ~ **André,** c. en el E. del Brasil, suburbio de São Paulo. Obispado. Metalurgia. || ~ **Domingo,** c. y puerto en el S. del centro de la Rep. Dominicana, cap. del país; 430 000 h. Fundada por Bartolomé Colón en 1496. Arzobispado. Universidad. Innumerables monumentos. Tuvo el nombre de *Ciudad Trujillo* de 1930 a 1961. || ~ **Domingo de la Calzada,** c. en el N. de España (Logroño). || ~ **Domingo de Silos,** v. de España (Burgos). Monasterio benedictino románico (s. XI). El museo arqueológico que encerraba se incendió en 1970. || ~ **Domingo de Soriano,** c. en el SO. del Uruguay (Soriano). || ~ **Tomás,** isla de las Antillas, en el archip. de las Vírgenes; 86 km². Pertenece a Estados Unidos. — C. de El Salvador (San Salvador). — Cima volcánica en el O. de Guatemala (Quezaltenango); 3 505 m. — C. y puerto de Guatemala, a orillas del mar Caribe. — C. en el E. del Perú, cap. de la prov. de Chumbivilcas (Cuzco). — C. en el NE. de Venezuela, en la confluencia del Orinoco y el Caroní. Industrias. || ~ **Tomé,** n. de dos pobl. en la Argentina (Corriente y Santa Fe). — V. São Tomé.

santomadero m. *Méx.* Tina de madera en la que se prepara el pulque curado.

santón m. Asceta mahometano. || *Fig.* y *fam.* Santurrón, hipócrita. | Persona influyente y exageradamente respetada en una colectividad: *un santón de la política.*

santónico m. Planta compuesta de cabezuelas medicinales. || Cada una de estas cabezuelas.

santonina f. Vermífugo que se extrae del santónico.

Santoña, c. y puerto del N. de España (Santander). Penitenciaría.

santoral m. Libro que contiene vidas de santos. || Libro de coro que contiene los introitos y antífonas de los oficios de los santos. || Lista de los santos que se celebran cada día.

Santorín, isla y archip. griego, en el S. de las Cícladas.

Santos, c. y puerto en el E. del Brasil (São Paulo). Obispado. Café. Siderurgia. || ~ **(Los),** pobl. y distr. en el S. de Panamá, en la prov. homónima. — Prov. en el S. de Panamá; cap. *Las Tablas.* Agricultura, ganadería, minas.

Santos (Eduardo), político colombiano (1888-1974), pres. de la Rep. de 1938 a 1942. Firmó un concordato con la Santa Sede. || ~ (Máximo), general uruguayo (1847-1889), pres. de la Rep. de 1882 a 1886. || ~ **Álvarez** (Miguel de los). V. Álvarez. || ~ **Chocano.** V. Chocano. || ~ **Dumont** (Alberto), aeronauta brasileño (1873-1932), precursor de la aviación. || ~ **Zelaya** (José). V. Zelaya.

Santos Vega, payador legendario argentino que ha servido de tema a Mitre, Ascasubi, Obligado y E. Gutiérrez.

santuario m. Templo donde se venera la imagen o reliquia de un santo. || Sancta del Templo de Jerusalén. || Ermita lejos de una población.

Santuario, mun. y pobl. en el O. del centro de Colombia (Caldas).

Santurbán, nudo de los Andes de Colombia en la Cord. Oriental.

Santurce, v. y puerto de pesca del N. de España (Vizcaya), en los alrededores de Bilbao.

santurrón, ona m. y f. Beato.

santurronería f. Beatería.

Sanz del Río (Julián), filósofo español (1814-1869). Introdujo en su país la doctrina de Krause.

Sanzio (Rafael). V. Rafael.

saña f. Furor ciego. || Ensañamiento: *perseguir a uno con saña.*

sañoso, sa o **sañudo, da** adj. Enfurecido. || Ensañado o propenso a la saña, encarnizado.

São || ~ **Caetano do Sul,** c. en el E. del Brasil (São Paulo). Siderurgia. || ~ **Carlos,** c. del S. del Brasil (São Paulo). Obispado. || ~ **Félix,** pobl. en el E. del Brasil (Bahía). Tabaco. || ~ **Francisco,** río en el E. del Brasil en Minas Gerais; 3 161 km. || ~ **João da Boa Vista,** c. del Brasil (São Paulo). Obispado. || ~ **João dei Rei,** c. en el E. del Brasil (Minas Gerais). Obispado. Ganadería. Agricultura. Industrias. || ~ **João de Meriti,** c. en el E. del Brasil (Rio de Janeiro). || ~ **José do Norte,** c. en el SE. del Brasil (Rio Grande do Sul). || ~ **José do Rio Pardo,** c. en el E. del Brasil (São Paulo). || ~ **José do Rio Preto,** c. en el E. del Brasil (São Paulo). || ~ **Leopoldo,** c. en el SE. del Brasil (Rio Grande do Sul). || ~ **Luis,** c. y puerto del NO. del Brasil, cap. del Estado de Maranhão. Arzobispado. || ~ **Miguel.** V. San Miguel (de las Azores). || ~ **Paulo,** c. y puerto del S. del Brasil, cap. del Estado homónimo. Fundada en 1554. Arzobispado. Universidad. Industrias. || ~ **Paulo de Loanda.** V. Luanda. || ~ **Sebastião,** isla en el E. del Brasil (São Paulo). || ~ **Sebastião do Paraiso,** pobl. en el E. del Brasil (Minas Gerais). || ~ **Tomé,** isla de Portugal en el golfo de Guinea, cap. *São Tomé.* || ~ **Vicente,** isla volcánica del archipiélago de Cabo Verde.

Saona, en fr. *Saône,* río del E. de Francia que nace en los Vosgos; afl. del Ródano; 480 km.

Saône || ~ **(Haute-).** V. Haute-Saône. || ~ **-et-Loire,** dep. en el E. del centro de Francia; cap. *Macon.* Vinos.

sapaiú m. *Amer.* Saimirí, mono.

sapidez f. Condición de sápido.

sápido, da adj. Que tiene algún sabor: *fruta, bebida sápida.*

sapiencia f. Sabiduría. || Libro de la Sabiduría, de Salomón.

sapiencial adj. Relativo a la sabiduría: *libro sapiencial.*

sapiente adj. y s. Sabio.

sapillo m. Afta, tumorcillo lingual en los niños de pecho.

sapindáceo, a adj. y s. f. Aplícase a las plantas dicotiledóneas con flores en espiga, pedunculadas, y fruto capsular, como el farolillo y el jaboncillo. || — F. pl. Familia que forman.

sapino m. Abeto.

sapo m. Batracio anuro insectívoro, parecido a la rana, de piel gruesa y verrugosa. || *Fig.* Persona con torpeza física. || *Fig.* y *fam. Echar sapos y culebras,* jurar, blasfemar, renegar.

saponáceo, a adj. Jabonoso.

saponaria f. Planta cariofilácea con flores rosas cuyas raíces contienen saponina.

saponificable adj. Que se puede convertir en jabón.

saponificación f. Conversión de materias grasas en jabón.

saponificar v. t. Transformar en jabón materias grasas.

saponina f. Sustancia contenida en la saponaria, el palo de Panamá, etc., que se disuelve en el agua volviéndola jabonosa y puede emulsionar materias insolubles.

Saposoa, c. en el NE. del Perú, cap. de la prov. de Huallaga (San Martín).

sapotáceo, a adj. y s. f. Aplícase a las plantas dicotiledóneas gamopétalas que tienen por tipo el zapote. || — F. pl. Familia que forman.

sapote m. Zapote.

Sapporo, c. del Japón, en el O. de la isla de Hokkaido. Obispado. Universidad. Textiles.

saprofito, ta adj. y s. m. Dícese de los vegetales que se alimentan de materias orgánicas en descomposición.

saque m. *Dep.* En los juegos de pelota, lanzamiento de la pelota

SA

al iniciarse el partido. | Acción de volver a poner la pelota en juego cuando ésta ha salido. || — *Línea de saque,* raya desde donde se saca la pelota. || *Saque de esquina,* acción de volver a poner la pelota en juego desde uno de los ángulos dirigiendo el tiro hacia la portería. || *Fig.* y *fam. Tener buen saque,* ser comilón.

saqueamiento m. Saqueo.

saquear v. t. Apoderarse los soldados de lo que encuentran en país enemigo. || *Fig.* y *fam.* Llevarse todo lo que hay en un sitio: *los alumnos saquearon la biblioteca.*

saqueo m. Acción y efecto de saquear, robo.

saquería f. Fábrica o tienda de sacos. || Conjunto de sacos.

saquero, ra m. y f. Fabricante o vendedor de sacos.

saquete m. Saco pequeño.

Sara, madre de Isaac, esposa de Abrahán.

Sarabia Tinoco (Francisco), célebre aviador mexicano (1900-1939). M. en un accidente.

saraguate m. *Guat.* y *Nicar.* o **saraguato** m. *Méx.* Mono velludo.

Sarajevo, c. en el centro de Yugoslavia, cap. de Bosnia y Herzegovina. Arzobispado. Universidad. El asesinato del heredero de la corona austriaca en esta c. (28 de junio de 1914) provocó la primera guerra mundial.

sarampión m. Fiebre eruptiva, contagiosa, que se manifiesta por manchas rojas y afecta sobre todo a los niños.

sarandí m. *Arg* Arbusto euforbiáceo, de ramas largas y flexibles.

Sarandí del Yi, c. en el centro del Uruguay (Durazno).

sarandisal m. *Arg.* Terreno plantado de sarandíes.

Saransk, c. en el centro de la U. R. S. S. (Rusia europea).

sarao m. Reunión o fiesta nocturna con baile y música.

sarape m. *Méx.* Capote de monte, de lana o colcha de algodón de vivos colores con una abertura en el centro para pasar la cabeza.

sarapia f. Árbol leguminoso de América del Sur, de semilla aromática, cuya madera se emplea en carpintería.

sarapico m. Zarapito.

Sarapiquí, río de Costa Rica (Heredia). Des. en el de San Juan.

Sarapis, dios griego. V. SERAPIS.

Sarare, río de Colombia que penetra en Venezuela, donde se une al Uribante para formar el Apure.

sarasa m. *Fam.* Marica.

Sarasara, cumbre volcánica en la Cord. Occidental de los Andes del Perú (Ayacucho); 5 947 m.

Sarasate (Pablo), compositor y violinista español (1844-1908), autor de *Jota aragonesa, Zapateado, Habanera,* etc.

Saratoga Springs, c. en el NE. de Estados Unidos (Nueva York). Derrota de los ingleses en 1777 que aseguró la independencia de lo que es hoy Estados Unidos.

Saratov, c. de la U. R. S. S. (Rusia), puerto en el Volga. Universidad. Central hidroeléctrica.

Sara-Urcu, pico de los Andes del Ecuador en la Cord. Central; 4 676 m.

Saravia (Aparicio), general y político uruguayo (1855-1904). Jefe de las revoluciones nacionalistas de 1897 y 1904.

Sarawak, territ. del NO. de Borneo, miembro de Malaysia; cap. *Kuching.* Bauxita; petróleo.

sarazo adj. *Col., Cub.* y *Méx.* Maíz que empieza a madurar.

sarcasmo m. Mofa acerba, escarnio. || Ironía amarga.

sarcástico, ca adj. Que denota sarcasmo: *reflexión sarcástica.* || Que emplea sarcasmos: *autor sarcástico.*

Sarcelles, c. de Francia, al N. de París (Val-d'Oise).

sarcocele m. Tumor duro y crónico del testículo.

sarcófago m. Sepulcro: *sarcófago egipcio.*

sarcolema f. Membrana muy fina que rodea cada fibra muscular.

sarcoma m. Tumor maligno del tejido conjuntivo.

sarcomatoso, sa adj. Relativo al sarcoma: *tumor sarcomatoso.*

sarcopto m. Arador de la sarna.

sarda f. Caballa, pez.

sardana f. Danza popular catalana que se baila en corro.

sardanapalesco, ca adj. *Fam.* Propio de Sardanápalo, disoluto.

Sardanápalo, rey legendario de Asiria, célebre por su vida disoluta.

sardanés, esa adj. y s. De Cerdaña (Cataluña).

Sardes, ant. c. de Asia Menor (Lidia), célebre por sus riquezas.

sardina f. Pez teleósteo marino parecido al arenque, pero de menor tamaño, de consumo muy extendido. || *Pop.* Caballo en la plaza de toros. || *Fig.* y *fam. Como sardinas en banasta* o *en lata,* muy apretados.

sardinal m. Red para la pesca de la sardina.

sardinel m. *Arq.* Obra hecha de ladrillos sentados de canto y tocándose por las caras.

sardinero, ra adj. Relativo a las sardinas: *barca sardinera.* || — M. y f. Persona que vende sardinas.

sardineta f. *Mil.* Galón de suboficial, rematado en punta.

sardo, da adj. Dícese de la res vacuna de pelaje negro, blanco y colorado. || — Adj. y s. De Cerdeña (Italia). || — M. Lengua hablada en esta isla.

sardonia f. Planta cuyo jugo venenoso, aplicado a la cara, produce una convulsión y contracción parecida a la risa.

sardónice f. Ágata de color amarillo con fajas oscuras.

sardónico, ca adj. Aplícase a la risa provocada por la contracción convulsiva de ciertos músculos de la cara. || *Fig.* Irónico, sarcástico: *risa sardónica.*

Sardou [*-du*] (Victorien), dramaturgo francés (1831-1908), autor de *Madame Sans-Gêne, La Tosca,* etc.

Sarema. V. OESEL.

sarga f. Tela de seda. || Tela para decorar o adornar paredes. || Arbusto salicáceo que crece en las orillas de los ríos.

sargadilla f. Planta quenopodiácea de flores carnosas y terminadas por un pelo blanquecino.

sargado, da adj. Que está tejido al modo de la sarga.

sargazo m. Alga marina flotante de color oscuro.

Sargazos (MAR DE LOS), parte del Atlántico Norte, entre las Azores y las Antillas, cubierta de algas y fucos.

sargenta f. Mujer del sargento. || *Fig.* Mujer hombruna y autoritaria, sargentona. || Alabarda que usaba el sargento.

sargentear v. i. Ejercer el oficio de sargento. || *Fig.* y *fam.* Mandonear, mandar con imperio.

sargentía f. Empleo de sargento.

sargento m. *Mil.* Suboficial que manda un pelotón y que depende directamente de un teniente o alférez. (Los *sargentos* suelen tener por misión la disciplina de la clase de tropa.) || *Méx.* Especie de pato que abunda en los lagos del interior del país.

sargentona f. *Fam.* Mujerona.

sargo m. Pez teleósteo marino de color plateado y rayas negras.

Sargodha, c. en el N. del Paquistán Occidental.

Sargón, rey y fundador de la dinastía semítica de Akkad, hacia 2600 a. de J. C. — N. de dos reyes de Asiria.

sari m. Traje nacional femenino de la India consistente en una tela de algodón o seda drapeada y sin costura, que cubre hasta los pies.

Sarmacia, región de Europa oriental habitada ant. por los sármatas.

sármata adj. y s. De Sarmacia. (Los *sármatas,* nómadas de Asia Central, se mezclaron con los germanos.)

* **sarmentar** v. i. Recoger los sarmientos podados.

sarmentera f. Lugar donde se almacenan los sarmientos.

sarmentoso, sa adj. Parecido al sarmiento: *planta sarmentosa.*

sarmiento m. Vástago nudoso de la vid.

Sarmiento (Domingo Faustino), político y escritor argentino, n. en San Juan (1811-1888). Vivió en Chile durante la dictadura de Rosas y, a su regreso, se incorporó a las filas de Urquiza, para expatriarse de nuevo de 1852 a 1855. En 1868 sucedió a Mitre en la pres. de la Rep. y durante su mandato finalizó la guerra con el Paraguay. Fundador del Observatorio Astronómico de Córdoba y de las escuelas Militar y Naval, fomentó además las obras públicas. Abandonó el poder en 1874. Su obra maestra es *Facundo* o *Civilización y barbarie.* || **~ de Gamboa** (PEDRO), navegante y escritor español (¿1530-1592?), autor de *Historia de los Incas.*

sarna f. Enfermedad contagiosa de la piel, que se manifiesta por la aparición de vesículas y pústulas que causan picazón intensa y cuyo agente es el *ácaro* u *arador.* || *Sarna con gusto no pica, pero mortifica,* las incomodidades que se han aceptado de grado no producen disgusto, si bien son causa de cierta inquietud.

Sarnia, c. en el SE. del Canadá (Ontario).

sarnoso, sa adj. y s. Que tiene sarna: *gato sarnoso.*

Saroyan (William), novelista y dramaturgo norteamericano, n. en 1908, autor de *Mi nombre es Aram.*

sarpullido m. Erupción cutánea consistente en granitos y manchas.

* **sarpullir** v. t. Levantar sarpullido. || — V. pr. Llenarse de sarpullido.

sarraceno, na adj. y s. Musulmán, especialmente los que invadieron España en 711. || *Trigo sarraceno,* alforfón.

Sarrailh (Jean), hispanista francés (1891-1964).

Sarratea (Manuel de), político y diplomático argentino (1774-1849), miembro del primer Triunvirato (1811), jefe del ejército en la Banda Oriental (1812) y gobernador de Buenos Aires en 1820.

Sarre, en alem. *Saar,* río de Francia y Alemania Occidental, afl. del Mosela; 240 km. Su valle medio, en el que existe una rica cuenca hullera y una potente industria metalúrgica, forma, desde 1957, un Est. en el SO. de Alemania Occidental; 2 567 km²; 1 131 500 h.; cap. *Sarrebruck* (133 400 h.).

Sarrebruck, en alem. *Saarbrücken,* c. del SO. de Alemania Occidental, cap. del Sarre. Universidad. Centro industrial.

Sarreluis, en alem. *Saarlouis,* c. de Alemania Occidental (Sarre). Metalurgia.

Sarriá (Luis). V. GRANADA (Luis de).

sarro m. Sedimento que se adhiere en las paredes de un conducto de líquido o en el fondo de una vasija. || Sustancia calcárea que se pega al esmalte de los dientes. || Capa amarillenta que cubre la parte superior de la lengua provocada por trastornos gástricos. || Roya de los cereales.

sarroso, sa adj. Con sarro.

Sarstum o **Sarstoon,** río del NE. de Guatemala (Alta Verapaz e Izabal), que des. en la bahía de Amatique; 112 km.

sarta f. Serie de cosas metidas por orden en un hilo, cuerda, etc. || *Fig.* Porción de gentes o de cosas que van unas tras otras. || Serie de sucesos o cosas no materiales semejantes, retahíla: *sarta de desdichas, de disparates.*

sartén f. Utensilio de cocina para freír, de forma circular, más ancho que hondo, y provisto de un mango largo. ‖ Lo que cabe en él. ‖ *Fig.* Horno, lugar muy caluroso. ‖ *Fig.* y *fam.* *Tener la sartén por el mango*, tener en las manos la dirección de un asunto, mandar.

sartenada f. Lo que se fríe de una vez en la sartén: *una sartenada de boquerones.*

sartenazo m. Golpe dado con la sartén. ‖ *Fig.* y *fam.* Golpe recio dado con una cosa.

Sarthe, dep. occidental de Francia regado por el río homónimo (285 km); cap. *Le Mans.*

Sarto (Andrea ANGELI o AGNOLO, llamado **del**), pintor florentino (1486-1531).

sartorio adj. y s. m. Dícese del músculo del muslo que se extiende oblicuamente a lo largo de sus caras anterior e interna: *músculo sartorio.*

Sartorio (José Manuel), sacerdote, poeta y fabulista mexicano (1748-1829).

Sartre (Jean-Paul), escritor francés, n. en 1905, teórico de la filosofía existencialista (*El ser y la nada*). Autor de novelas (*La náusea, Los caminos de la libertad*), dramas (*Las manos sucias, A puerta cerrada, La... respetuosa*), cuentos (*El muro*) y ensayos. (Pr. Nóbel, en 1964, que rehusó.)

Sas (Andrés), compositor peruano (1900-1967).

sasafrás m. Árbol lauráceo americano con cuya corteza se hace una infusión empleada como sudorífico.

sasánida adj. y s. De una dinastía que gobernó en Persia de 226 a 651.

sascab m. (voz de origen maya). *Méx.* Tierra blanca y caliza empleada en la construcción. (El *sacab* forma el subsuelo de la penins. de Yucatán.)

sascabera f. Cantera de sascab.

Sasebo, c. y puerto del Japón en el NO. de la isla de Kiusiu. Base naval.

Saskatchewan, prov. en el centro del Canadá, regada por el río homónimo; cap. *Regina.* Petróleo; potasio.

Saskatoon, c. en el centro del Canadá (Saskatchewan). Industrias. Universidad.

Sassari, c. de Italia en Cerdeña, cap. de la prov. homónima. Arzobispado. Universidad.

Sasso (GRAN), macizo montañoso de los Apeninos, en el centro de Italia (2 914 m).

Sassone (Felipe), escritor peruano (1884-1959). Residió en España.

sastra f. Mujer del sastre. ‖ Mujer que confecciona o arregla trajes de hombre.

sastre m. El que tiene por oficio cortar y coser trajes. ‖ Traje femenino compuesto de chaqueta y falda (dícese tb. *traje sastre*). ‖ — *Fig.* y *fam.* *Entre sastres no se paga la hechura*, los colegas no se cobran los servicios. | *Tendido de los sastres*, paraje desde el que se domina una plaza de toros o estadio y cuyo acceso es gratuito.

Sastre (Alfonso), autor dramático español, n. en 1926, autor de *La mordaza*, etc. ‖ **~** (MARCOS), escritor uruguayo (1809-1887), autor de *Tempe argentino.*

sastrería f. Oficio de sastre. ‖ Taller de sastre.

Satanás o **Satán,** jefe de los demonios, espíritu del mal.

satánico, ca adj. Propio de Satanás o del demonio. ‖ *Fig.* Muy malo o perverso: *soberbia satánica.*

satanismo m. Perversidad satánica.

satélite m. *Astr.* Planeta secundario que gira alrededor de otro principal y le acompaña en su revolución alrededor del Sol: *los cuatro satélites de Júpiter.* ‖ *Fig.* Persona dependiente de otra a quien acompaña constantemente. ‖ *Mec.* Rueda dentada de un engranaje que gira libremente sobre un eje para transmitir el movimiento de otra rueda también dentada. ‖ — Adj. y s. m. Que depende de otro política, administrativa o económicamente: *ciudad, país satélite.* ‖ *Satélite artificial*, astronave lanzada por un cohete que la coloca en una órbita elíptica alrededor de un planeta.

— Los *satélites artificiales* se lanzan por medio de un cohete de varios cuerpos. La fuerza propulsora debe cesar en el momento de traspasar el límite de la atmósfera densa, pues de lo contrario el artefacto se desintegraría a causa del calentamiento cinético. Al entrar en órbita, la propulsión ha de efectuarse horizontalmente, es decir, perpendicularmente al eje formado por la Tierra y el satélite. El primer satélite artificial, cuyo peso era de 80 kg, fue lanzado en octubre de 1957 por la Unión Soviética, y llevaba el nombre de *Sputnik.*

satén y **satín** m. Tejido de algodón o seda parecido al raso.

satín m. Madera americana parecida al nogal.

satinado, da adj. De aspecto análogo al satén: *papel satinado.* ‖ Sedoso, brillante. ‖ — M. Acción y efecto de satinar.

satinar v. t. Dar a un papel o tela el aspecto del satén.

sátira f. Composición poética, escrito o dicho en que se censura o ridiculiza a personas o cosas.

satiriasis f. Exaltación sexual morbosa en el hombre.

satírico, ca adj. Perteneciente a la sátira: *discurso satírico.* ‖ Dícese del escritor que cultiva la sátira. Ú. t. c. s. m.: *los satíricos griegos.* ‖ Burlón, mordaz. ‖ Propio del sátiro.

Satiricón, obra satírica de Petronio (s. I), que presenta un cuadro realista de la vida licenciosa en Roma.

satirio m. Roedor semejante a la rata, que vive en las proximidades del agua.

satirión m. Planta orquidácea de flores blancas y de cuyas raíces se extrae una fécula comestible.

satirizante adj. Que satiriza.

satirizar v. i. Escribir sátiras, utilizar la sátira. ‖ — V. t. Ridiculizar, hacer a alguien o algo objeto de sátira.

sátiro m. Semidiós mitológico que tiene orejas puntiagudas, cuernos y la parte inferior del cuerpo de macho cabrío. ‖ *Fig.* Individuo dado a las manifestaciones eróticas sin respeto al pudor.

satisfacción f. Estado que resulta de la realización de lo que se pedía o deseaba: *la satisfacción del deber cumplido, de un gusto.* ‖ Reparación de un agravio o daño. ‖ Presunción, vanagloria: *tener satisfacción de sí mismo.* ‖ Gusto, placer: *es una satisfacción para mí poder ayudarte.* ‖ Cumplimiento de la penitencia impuesta por el confesor. ‖ — *A mi entera satisfacción*, cumpliendo mis exigencias: *este empleado ha trabajado dos años a mi entera satisfacción.* ‖ *Fig.* y *fam.* *Reventar de satisfacción*, estar muy contento.

* **satisfacer** v. t. Conseguir lo que se deseaba: *satisfacer un capricho.* ‖ Dar a alguien lo que esperaba: *satisfacer a sus profesores.* ‖ Pagar lo que se debe: *satisfacer una deuda.* ‖ Saciar: *satisfacer el hambre.* ‖ Colmar: *satisfacer la curiosidad, una pasión.* ‖ Cumplir la pena impuesta por un delito: *satisfacer una pena.* ‖ Llenar, cumplir: *satisfacer ciertas condiciones.* ‖ Bastar: *esta explicación no me satisface.* ‖ Gustar: *ese trabajo no me satisfizo.* ‖ Reparar un agravio u ofensa: *satisfacer la honra.* ‖ *Mat.* Cumplir las condiciones de un problema o una ecuación. ‖ — V. pr. Vengarse de un agravio. ‖ Contentarse: *me satisfago con poco.*

satisfactorio, ria adj. Que satisface, conveniente. ‖ Que puede satisfacer una duda o deshacer un agravio: *explicación satisfactoria.* ‖ Grato, próspero: *situación satisfactoria.*

satisfecho, cha adj. Contento, complacido: *darse por satisfecho.* ‖ Pagado de sí mismo.

Satledj. V. SUTLEJ.

sátrapa m. En la antigua Persia, gobernador de una provincia. ‖ *Fig.* y *fam.* Persona que vive de un modo fastuoso o que gobierna despóticamente.

satrapía f. Dignidad de sátrapa. ‖ Territorio gobernado por el sátrapa.

Satu Mare, en húng. *Szatmarnemeti*, c. septentrional de Rumania. Obispado. Industrias. Agricultura.

saturable adj. Que puede saturarse.

saturación f. Acción y efecto de saturar o saturarse.

saturado, da adj. Aplícase a una solución que no puede disolver más cantidad del elemento disuelto. ‖ *Fig.* Harto, saciado: *estoy saturado de novelas policíacas.* | Colmado, lleno.

saturar v. t. *Quím.* Combinar dos o más cuerpos en las proporciones atómicas máximas en que pueden unirse: *saturar un ácido con un álcali.* ‖ *Fig.* Colmar, saciar, hartar (ú. t. c. pr.). | Llenar, ser superior la oferta a la demanda: *saturar el mercado de bienes de consumo.*

saturnal adj. Referente a Saturno. ‖ — F. pl. Fiestas en honor del dios Saturno. ‖ *Fig.* Orgía desenfrenada.

saturnino, na adj. Del plomo. ‖ *Med.* Dícese de la enfermedad por intoxicación debida a sales de plomo.

saturnismo m. Intoxicación crónica causada por las sales de plomo.

saturno m. Nombre que los alquimistas daban al *plomo.*

Saturno, planeta del sistema solar, rodeado por un anillo y diez satélites.

Saturno, divinidad itálica y romana, identificada con el *Cronos* de los griegos. Expulsado del cielo por Júpiter se estableció en el Lacio donde hizo florecer la paz y la abundancia y enseñó a los hombres la agricultura.

sauce m. Árbol salicáceo que suele crecer en las márgenes de los ríos. ‖ *Sauce llorón*, el de ramas que cuelgan hasta el suelo.

Sauce, dep. y pobl. en el NE. de la Argentina (Corrientes).

sauceda f., **saucedal** m. y **saucera** f. Salceda, plantío de sauces.

saúco m. Arbusto caprifoliáceo de flores blancas aromáticas y frutos negruzcos. ‖ Segunda tapa del casco de las caballerías.

saudade f. Añoranza, nostalgia.

saudí y **saudita** adj. y s. De Arabia Saudita.

saudoso, sa adj. Nostálgico.

Saugor. V. SAGAR.

Saúl, primer rey de los israelitas, de la tribu de Benjamín (¿1035-1015? a. de J. C.).

Saulo, n. de *San Pablo* antes de convertirse al cristianismo.

Saumur [*so-*], c. en el O. de Francia (Maine-et-Loire), a orillas del Loira. Academia de caballería.

sauna f. Baño de calor seco.

— La *sauna*, corriente en los países escandinavos, se toma en una cabina en la cual hay una fuente de calor cubierta con piedras. Para dar algo de humedad se echa agua sobre estas piedras para producir vapor. Se termina la sesión con una ducha fría y un reposo de veinte minutos.

sauquillo m. *Bot.* Mundillo.

saurio adj. m. y s. m. Dícese de los reptiles con cuatro extremidades cortas y piel escamosa con tubérculos, que comprende los lagartos, cocodrilos, etc. || — M. pl. Orden que forman.

sausier m. Jefe de comedor del palacio real.

Saussure [*sosur*] (Ferdinand de), filólogo suizo de gran influencia en la lingüística moderna (1857-1913). || ~ (HORACE BÉNÉDICT DE), naturalista suizo (1740-1799), bisabuelo del anterior, inventor del higrómetro de cabello y otros aparatos de física.

Sauternes [*sotern*], pobl. en el SO. de Francia (Gironde). Vinos blancos.

sauzal m. Salceda.

sauzgatillo m. Arbusto verbenáceo con flores azules.

Savaii, la mayor de las islas de Samoa Occidental.

Savannah, c. y puerto del E. de Estados Unidos (Georgia), a orillas del río homónimo (770 km). Obispado.

Save, río de Yugoslavia, que nace en los Alpes Orientales, pasa por Belgrado y afluye al Danubio; 940 km.

savia f. Líquido nutritivo de los vegetales que corre por los vasos y fibras de las plantas. || *Fig.* Lo que da fuerza, energía o impulso: *la savia de la juventud.*

Saviñón (Altagracia), poetisa dominicana (1886-1942).

Savoie, dep. del E. de Francia; cap. *Chambery.* || ~ **(Haute-).** V. HAUTE-SAVOIE.

savoir-faire [*savoar fer*], expr. fr. que significa *desenvoltura en la vida, habilidad.*

savoir-vivre [*savoar vivre*], expr. fr. que significa *saber vivir o tener mundología.*

Savona, c. y puerto del NO. de Italia (Liguria), cap. de la prov. homónima. Siderurgia; industrias químicas. Obispado.

Savonarola (Girolamo), predicador dominico italiano (1452-1498). Quiso promulgar en Florencia una Constitución entre teocrática y democrática, y fue condenado a la hoguera como hereje.

saxífraga f. Planta saxigragácea, de flores grandes, que crece en los sitios frescos.

saxifragáceo, a adj. y s. f. Dícese de las plantas angiospermas dicotiledóneas, como la saxígrafa y la hortensia. || — F. pl. Familia que forman.

saxófono o **saxofón** m. Instrumento músico de viento y metal, con boquilla de madera y caña, y varias llaves, como el oboe; su sonido es análogo al del clarinete. (El *saxófono* es muy empleado en la música de jazz.)

saya f. Falda que usan las mujeres. || Vestidura talar antigua, especie de túnica.

sayal m. Tela muy basta de lana.

Sayansk. V. SAIÁN.

Sayda. V. SAIDA.

Sayler (Jerónimo). V. SAILLER.

sayo m. Casaca hueca, larga y sin botones. || *Fam.* Cualquier vestido. || — *Fig. Cortar a uno un sayo,* criticarlo. | *Decir para su sayo,* decir para sus adentros, para sí.

sayuela f. Camisa de estameña, de uso en algunas órdenes religiosas. || *Cub.* Camisa de mujer.

sayula adj. y s. Individuo de un pueblo indígena mexicano.

Sayula, laguna de México (Jalisco), 1 156 km². — C. en el O. de México (Jalisco).

sazón f. Punto o madurez de las cosas: *fruta en sazón.* || *Fig.* Ocasión, oportunidad, coyuntura. || Gusto y sabor que se percibe en los alimentos. || — *A la sazón,* entonces, en aquella ocasión. || *En sazón,* oportunamente, a tiempo. || *Fuera de sazón,* inoportunamente. || — Adj. *Amer.* Maduro. || — M. *Amer.* Buen gusto; buen modo de cocinar.

sazonado, da adj. Bien condimentado o aderezado. || *Fig.* Aplícase al dicho o estilo sustancioso y expresivo.

sazonar v. t. Condimentar, aderezar, dar sazón a un guiso. || *Fig.* Poner las cosas en el punto y madurez que deben tener. | Adornar, amenizar, ornar: *su carta estaba sazonada con unos versos.* || — V. pr. Madurarse. || Estar en sazón la tierra.

Sb, símbolo del *antimonio.*

Sc, símbolo del *escandio.*

Scaliger (Giulio Cesare). V. ESCALÍGERO.

Scanderbeg (Jorge CASTRIOTA, llamado), patriota albanés (¿1403?-1468), que luchó contra los turcos por la independencia de su país en 1443.

Scarborough [*-boró*], c. de Gran Bretaña en Inglaterra (Yorkshire), puerto en el mar del Norte. — Cap. de la isla de Tobago, en la costa del S. (Antillas Menores).

Scarlatti (Alessandro), músico italiano, n. en Palermo (1660-1725), autor de óperas, cantatas, oratorios, etc. — Su hijo DOMENICO (1685-1757), clavecinista y compositor, residió en la corte de Madrid. Autor de óperas y sonatas.

Scarron (Paul), escritor francés (1610-1660), autor de poesías satíricas, de la *Novela cómica* y de comedias.

Sceaux, c. de Francia en el SO. de París (Hauts-de-Seine). Palacio.

Scilly. V. SORLINGAS *(Islas).*

scooter [*scúter*] m. (pal. ingl.). Especie de motocicleta carenada.

Scopas. V. ESCOPAS.

score m. (pal. ingl.). Tanteo.

Scot Erígena. V. ESCOTO ERÍGENA.

Scotland Yard, edificio Londres donde se encuentra la dirección central de la policía británica y nombre con que ésta es conocida.

Scott (Robert Falcon), explorador inglés (1868-1912), que realizó dos expediciones a la Antártida (1901-1904 y 1910-1912) y alcanzó el polo Sur, donde murió. || ~ (WALTER), escritor escocés n. en Edimburgo (1771-1832), autor de novelas históricas *(Waverley, Guy Mannering, El Anticuario, Rob Roy, Lucía de Lammermoor, Ivanhoe, Quintín Durward,* etc.). Publicó tb. poesías *(La dama del lago).*

scout m. (pal. ingl.). Explorador.

Scranton, c. septentrional de Estados Unidos (Pensilvania). Obispado. Universidad. Metalurgia.

Scribe (Eugène), autor de teatro francés (1791-1861). Escribió comedias de costumbres y libretos de ópera y de ópera cómica.

script girl [- *guerl*] f. (pal. ingl). Secretaria de rodaje, ayudante del director cinematográfico, encargada de anotar los detalles de cada escena, anotadora.

Scyros. V. SKIROS.

Schaerbeek, pobl. de Bélgica, en los arrabales de Bruselas. Industrias.

Schaerer (Eduardo), político paraguayo (1873-1941), pres. de la Rep. de 1912 a 1916.

Scheele (Carl Wilhelm), químico y farmacéutico sueco (1742-1786). Aisló el hidrógeno y descubrió el oxígeno, el cloro, el ácido fluorhídrico, el manganeso y la glicerina.

Schelling (Friedrich Wilhelm Joseph VON), filósofo idealista alemán (1775-1854), autor de *Del yo como principio de la Filosofía.*

Schenectady, c. de Estados Unidos (Nueva York). Metalurgia. Centro de investigación nuclear.

Scheveningen, barrio de La Haya (Holanda). Playas.

scherzo [*skerso*] m. (pal. ital.). *Mús.* Trozo vivo y alegre.

Schick (René), político nicaragüense (1910-1966), pres. de la Rep. desde 1963 hasta su muerte.

Schiedam, c. y puerto de Holanda (Holanda Meridional).

Schiller (Friedrich VON), escritor alemán (1759-1805), autor de dramas históricos *(Los bandidos, La conjuración de Fiesco, Don Carlos, Wallenstein, María Estuardo, Guillermo Tell),* de una *Historia de la guerra de los Treinta Años,* de poesías líricas *(Baladas, La canción de la campaña)* y de ensayos de estética.

Schlegel (August Wilhelm VON), escritor alemán (1767-1845), autor de *Curso de literatura dramática* en el que critica la tragedia clásica. — Su hermano FRIEDRICH (1772-1829) fue escritor romántico, filólogo y filósofo.

Schleswig. V. SLESVIG.

Schmidt (Helmut), político socialdemócrata alemán, n. en 1918, canciller de la Rep. Federal Alemana desde 1974.

Schönberg (Arnold), compositor austriaco (1874-1951), creador de la música atonal.

Schönbrunn, palacio imperial de los Habsburgo en Viena del s. XVIII. Hermoso parque.

Schönebeck, c. de Alemania Oriental, a orillas del Elba.

Schopenhauer (Arthur), filósofo, n. en Dantzig (1788-1860), representante del pesimismo en su obra *El mundo como voluntad y como representación.*

Schrödinger (Erwin), físico austriaco, n. en Viena (1887-1961), creador de la mecánica ondulatoria. (Pr. Nóbel, 1933.)

Schubert (Franz), músico austriaco, n. en Lichtenthal (1797-1828). Maestro del lieder y autor de ocho sinfonías *(Incompleta),* óperas *(Rosamunda)* y composiciones de cámara.

Schumann (Robert), músico alemán, n. en Zwickau (Sajonia), [1810-1856], autor de melodías, obras para piano *(Carnaval, Estudios sinfónicos),* sinfonías, música de cámara, un concierto para piano, etc.

Schwäbisch-Gmünd, c. en el SO. de Alemania Occidental (Baden-Wurtemberg).

Schwarzwald, n. alemán de la *Selva Negra.*

Schweinfurt, c. de Alemania Occidental (Baviera). Industrias.

Schweitzer (Albert), teólogo, pastor protestante, médico y musicólogo francés (1875-1965), fundador del hospital de Lambaréné (Gabón), donde falleció. [Pr. Nóbel de la Paz en 1952.]

Schwenningen, c. de Alemania Occidental (Baden-Wurtemberg).

Schwerin, c. y distrito en el N. de Alemania Oriental, ant. cap. del ducado de Mecklemburgo. Industrias.

Schwyz, c. de Suiza, cap. del cantón homónimo.

se pron. pers. reflexivo de la tercera persona en ambos géneros y números: *se enamoró perdidamente de ella.*

— Este pronombre se usa en acusativo *(se fue a su casa),* en dativo cuando va combinado con el acusativo *(se lo dije)* y en ningún caso admite preposición. Sirve además para formar oraciones impersonales *(se habla de una reforma)* y en voz pasiva *(el tabaco se cultiva en Cuba).* Es enclítico cuando es complemento de un verbo en infinitivo *(mostrarse),* en gerundio *(diciéndose),* en imperativo *(cállense)* y, a veces, al principio de una oración *(úsase también en sentido figurado).*

Se, símbolo químico del *selenio.*

Seattle, [*siatel*], c. y puerto en el NO. de Estados Unidos (Washington), en la bahía Elliott. Arzobispado. Universidad. Centro financiero, industrial y comercial.

sebáceo, a adj. Que tiene la naturaleza del sebo: *glándulas sebáceas.*

Sebastián *(Don)* [1554-1578], rey de Portugal desde 1557. M. en combate contra los moros en Alcazarquivir (Marruecos).

Sebastián *(San)*, mártir cristiano, asaeteado en Roma en 288. Fiesta el 20 de enero.

Sebastián Vizcaíno, bahía en el O. de México (Baja California).

Sebastiano del Piombo (Sebastiani LUCIANI, llamado), pintor italiano, n. en Venecia (¿1485?-1547), maravilloso colorista.

Sebastopol, c. y puerto de la U. R. S. S. (Ucrania), en Crimea. Astilleros.

Sebha, c. y oasis del SO. de Libia, cap. del Fezzán.

sebo m. Grasa sólida y dura que se saca de los animales herbívoros: *jabón, vela de sebo.* ‖ Grasa, gordura. ‖ *Pop.* Borrachera. ‖ *Fam. Arg. Hacer sebo,* holgazanear.

sebón, ona adj. *Arg.* Holgazán.

seborrea f. Aumento patológico de la secreción de las glándulas sebáceas de la piel.

seborucal m. *Cub.* Lugar cubierto de seborucos.

seboruco m. *Cub.* Piedra muy porosa. ‖ *Méx.* Lugar de rocas ásperas y puntiagudas.

seboso, sa adj. Grasiento. ‖ Untado con sebo o grasa.

sebucán m. Colador cilíndrico con que se separa el yare del almidón de la yuca en Venezuela.

seca f. Infarto, hinchazón de una glándula.

secadal m. Secano, tierra no regada.

secadero, ra adj. Apto para conservarse seco. ‖ — M. Lugar y utensilio en que se secan las cosas: *secadero de frutas, de la ropa.*

secadillo m. Dulce de almendras, azúcar y huevo.

secado m. Operación cuyo fin es eliminar de un cuerpo, en su totalidad o en parte, el agua que se encuentra en él.

secador m. Aparato para secar el pelo después de lavado. ‖ Dispositivo para secar la ropa. ‖ Aparato para secar las pruebas fotográficas. ‖ *Arg.* y *Chil.* Sahumador, enjugador de ropa.

secadora f. Máquina para secar.

secamiento m. Secado.

secano m. Tierra de labor no irrigada: *cultivo de secano.*

secante adj. y s. m. Que seca: *aceite, papel, pintura secante.* ‖ — M. *Dep.* Jugador encargado de vigilar estrechamente a un adversario. ‖ — Adj. y s. f. *Mat.* Dícese de las líneas o superficies que cortan a otras líneas o superficies.

secar v. t. Extraer la humedad de un cuerpo: *secar la ropa de la colada.* ‖ Ir consumiendo el jugo en los cuerpos: *el sol seca las plantas.* ‖ Enjugar: *secar las lágrimas* (ú. t. c. pr.). ‖ — V. pr. Evaporarse la humedad de algo: *la toalla se ha secado.* ‖ Quedar sin agua: *secarse una fuente, un río, un pozo.* ‖ Perder una planta su verdor o lozanía. ‖ Curarse y cerrarse una llaga o pústula. ‖ Enflaquecer y extenuarse: *secarse una persona, un animal.* ‖ *Fig.* Tener mucha sed. | Hacerse insensible: *secarse el corazón, los buenos sentimientos.*

secativo, va adj. Secante: *tinta secativa.*

sección f. En cirugía, corte, cortadura: *la sección de un tendón.* ‖ Cada una de las partes en que se divide un todo continuo o un conjunto de cosas. ‖ Cada una de las partes en que se divide un conjunto de personas: *sección administrativa, de fabricación, de ventas.* ‖ Dibujo de perfil: *sección de un terreno, de un edificio, de una máquina,* etc. ‖ División hecha de una obra escrita: *libro dividido en tres secciones principales.* ‖ Categoría introducida en cualquier clasificación. ‖ *Geom.* Figura que resulta de la intersección de una superficie o de un sólido con otra superficie: *sección cónica.* ‖ *Mil.* Parte de una compañía o escuadrón, mandada por un oficial. ‖ *Mat. Sección áurea,* razón cuyo valor numérico es 1,618, existente entre dos dimensiones tales que la mayor es a la menor como la suma de ambas es a la mayor. (Esta relación es una norma de proporción en las artes.)

seccionar v. t. Fraccionar, dividir en partes o secciones.

secesión f. Acto de separarse de un Estado parte de su pueblo y territorio, y tb. el de un Estado o un grupo de Estados que se separa de una federación o de una confederación. (Se dice en cambio *escisión* cuando una parte de los miembros de una asociación la abandona colectivamente para constituir otra.)

— Se conoce históricamente con el n. de *Guerra de Secesión* la lucha civil que estalló en Estados Unidos con el pretexto de abolir la esclavitud (1861-1865) y en la que los Estados del Norte, defensores del abolicionismo, derrotaron a los del Sur.

secesionismo m. Tendencia que defiende la secesión política.

secesionista adj. Relativo a la secesión: *campaña secesionista.* ‖ Partidario de ella (ú. t. c. s.).

seco, ca adj. Que no tiene humedad: *aire seco, clima seco.* ‖ Carente de agua: *pozo, río seco.* ‖ Sin caldo: *guiso seco.* ‖ Sin lluvia: *tiempo seco.* ‖ Que ya no está verde: *ramas, hojas secas.* ‖ Muerto: *árbol seco.* ‖ Que se ha quitado la humedad para conservar: *higos secos.* ‖ Que no está mojado o húmedo: *el campo está seco.* ‖ Flaco, descarnado: *persona seca.* ‖ Desprovisto de secreciones humorales: *piel seca.* ‖ *Fig.* Desabrido, adusto, poco sensible: *carácter seco.* | Estricto, que no tiene sentimientos: *respuesta, verdad, justicia seca.* | Tajante, categórico: *un no seco.* | Sin nada más: *a pan seco.* | Escueto: *una explicación seca de lo ocurrido.* | Aplícase a los vinos y aguardientes sin azúcar: *jerez, anís seco.* | Ronco, áspero: *tos, voz seca.* | Aplícase al golpe o ruido brusco y corto: *porrazo seco.* | Que está solo. | Árido, falto de amenidad: *prosa seca.* ‖ — *A palo seco,* sin acompañamiento. ‖ *A secas,* solamente. ‖ *Fig. Dejar a uno seco,* dejarle muerto en el acto.

secoya f. Árbol cupresáceo que puede alcanzar 150 m de alto y 10 m de diámetro. (Existen *secoyas gigantes* en California, algunas de las cuales tienen 2 000 años.)

secreción f. Sustancia segregada: *la secreción de la saliva, de la orina,* etc. ‖ *Secreción interna,* conjunto de hormonas elaboradas en las glándulas endocrinas.

secreta f. Examen que se sufría antiguamente en las universidades para obtener el título de licenciado. ‖ Cada una de las oraciones que se dicen en la misa después del ofertorio y antes del prefacio. ‖ *Pop.* Cuerpo de policía cuyos agentes visten de paisano: *inspector de la secreta.*

secretar v. t. Elaborar y expulsar las glándulas, membranas y células una sustancia.

secretaría f. Cargo y oficina del secretario. ‖ Oficina donde se encuentran los servicios administrativos de una entidad. ‖ *Amer.* Ministerio: *la Secretaría de Agricultura.*

secretariado m. Conjunto de personas que desempeñan el cargo de secretario. ‖ Función del secretario. ‖ Secretaría, oficina administrativa.

secretario, ria m. y f. Persona encargada de redactar la correspondencia por cuenta de otro, extender las actas de una oficina o asamblea, dar fe de los acuerdos de una corporación, etc. ‖ Amanuense. ‖ *Secretario de Estado,* en los Estados Unidos y en el Vaticano, ministro de Asuntos Exteriores; en México y algunos otros países de América, ministro.

secretear v. i. *Fam.* Cuchichear, hablar en secreto.

secreteo m. *Fam.* Cuchicheo.

secreter m. Escritorio, mueble con tablero para escribir, generalmente con cajones.

secretina f. Hormona segregada por la mucosa del duodeno.

secreto, ta adj. Puesto de tal modo que no puede verse: *puerta secreta.* ‖ Que se mantiene oculto: *matrimonio secreto.* ‖ Dícese de lo que no es manifiesto o aparente: *encanto secreto.* ‖ Que esconde o disimula sus sentimientos: *enemistad secreta.* ‖ — M. Lo que hay más escondido, lo que no es visible, lo más íntimo: *los secretos de la naturaleza; revelar un secreto; secreto de alcoba.* ‖ Lo que es más difícil y que exige una iniciación especial: *los secretos del arte de escribir.* ‖ Sentido, significado oculto: *descubrir el secreto de sus palabras.* ‖ Medio que no se revela para alcanzar un fin: *secreto de fabricación.* ‖ Lo que no se debe decir a nadie: *secreto de confesión, profesional.* ‖ Mecanismo oculto que poseen algunas cerraduras. ‖ — *Secreto a voces,* el conocido por muchos. ‖ *Secreto de Estado,* aquel cuya divulgación perjudicaría los intereses del país.

secretor, ra y **secretorio, ria** adj. Que segrega o secreta.

secta f. Reunión de personas que profesan una misma doctrina, especialmente aquella que se aparta de la tradicional.

sectario, ria adj. Que sigue una secta (ú. t. c. s.). ‖ Intolerante, fanático: *espíritu sectario.*

sectarismo m. Carácter de una persona o de tendencias sectarias.

sector m. *Geom.* Porción de círculo comprendida entre un arco y los dos radios que pasan por sus extremidades. | Parte de esfera comprendida entre un casquete y la superficie cónica formada por los radios que terminan en su borde. ‖ *Mil.* Zona de acción de una unidad: *sector de operaciones.* ‖ *Fig.* Parte, grupo: *un sector de la opinión pública.* | Zona, área: *la luz fue cortada en varios sectores de la capital.* ‖ División de las actividades económicas: *el sector primario comprende las minas y la agricultura, el secundario la industria, y el terciario el comercio, el transporte y los servicios de administración.*

sectorial adj. Relativo a un sector, a una categoría profesional.

secuaz adj. y s. Partidario, que sigue el partido, doctrina u opinión de otro.

secuela f. Consecuencia: *las secuelas de la guerra.*

secuencia f. Serie de cosas que van unas tras otras. ‖ Serie de imágenes o de escenas de una película cinematográfica que constituyen un conjunto. ‖ Himno que se canta en ciertas misas después del gradual.

secuestración f. Secuestro.

secuestrador, ra adj. y s. Que secuestra.

secuestrar v. t. Depositar judicial o gubernativamente una cosa en poder de un tercero hasta que se decida a quién pertenece. ‖ Embargar una cosa por medio de un mandato judicial. ‖ Prender indebidamente, raptar a una persona para exigir dinero por su rescate. ‖ Recoger la tirada de un periódico o publicación por orden superior.

secuestro m. Acción y efecto de secuestrar. ‖ Bienes secuestrados. ‖ Recogida de un periódico.

secular adj. Seglar, que no es eclesiástico: *justicia secular.* ‖ Que dura uno o más siglos: *encina secular.* ‖ Muy viejo: *costumbres seculares.* ‖ Dícese del clero o sacerdote que vive en el siglo y no reside en un convento, por oposición a *regular* (ú. t. c. s.) ‖ Laico, no eclesiástico.

secularización f. Conversión en secular de lo que era eclesiástico: *secularización de la enseñanza.*

secularizar v. t. Convertir en secular lo que era eclesiástico: *secularizar el cementerio* (ú. t. c. pr.).

secundar v. t. Ayudar, apoyar, auxiliar, asistir.

secundario, ria adj. Que viene en segundo lugar en una serie: *enseñanza secundaria.* ‖ *Fig.* Derivado, accesorio: *efecto secundario.* ‖ Dícese de la corriente eléctrica inducida y del circuito por donde pasa (ú. t. c. s. m.). ‖ *Geol.* Aplícase a los terrenos triásicos, jurásicos o cretáceos (ú. t. c. s. m.). Dícese de los fenómenos patológicos subordinados a otros: *fiebre secundaria.* ‖ — *Era secundaria,* tercer período geológico, en el que aparecen los mamíferos. ‖ *Sector secundario,* actividades económicas tendentes a la transformación de materias primas en bienes productivos o de consumo.

secundinas f. pl. *Anat.* Placenta y membranas que envuelven el feto.

Sechuán, c. y prov. central de China, bañada por el río Yang tse Kiang. Cap. *Chengtu.*

sed f. Gana y necesidad de beber: *tener sed.* ‖ *Fig.* Apetito, anhelo, deseo inmoderado de una cosa: *sed de riquezas, de honores,* etc.

seda f. Secreción que tienen unas glándulas especiales con la que forman los capullos ciertos gusanos o arañas. ‖ Hilo formado con varias de estas hebras. ‖ Tejido formado por estos hilos. ‖ Cerda de algunos animales: *la seda del jabalí.* ‖ — *Fig. y fam. Como una seda,* muy suave al tacto; fácilmente; dócil y sumiso. ‖ *Seda artificial,* tejido hecho con celulosa, rayona.

sedal m. Hilo de la caña de pescar. ‖ Hilo que se pasa por debajo de la piel para provocar una evacuación de pus cuando hay un absceso.

Sedán, c. del N. de Francia (Ardennes), a orillas del Mosa. Derrota de Napoleón III por el ejército prusiano (1870).

sedante adj. y s. m. Sedativo.

sedar v. t. Calmar.

sedativo, va adj. y s. m. Aplícase a aquello que tiene virtud de calmar o sosegar la excitación nerviosa: *agua sedativa* (ú. t. c. s. m.).

sede f. Asiento o trono de un prelado que ejerce jurisdicción: *sede obispal, arzobispal.* ‖ Capital de una diócesis. ‖ Diócesis. ‖ Jurisdicción y potestad del Sumo Pontífice: *Santa Sede.* ‖ Residencia, domicilio: *sede social.*

sedentario, ria adj. Que se hace sentado o con poco movimiento: *labor sedentaria.* ‖ Aplícase al oficio o vida de poco movimiento. ‖ Que le gusta poco salir: *persona sedentaria.* ‖ Dícese de los animales que carecen de órganos de locomoción o los han perdido en el estado adulto: *ciertos pólipos son sedentarios.*

sedente adj. Sentado: *imagen sedente de la Virgen.*

sedería f. Comercio de la seda. ‖ Tienda donde se venden géneros de seda. ‖ Mercería.

sedero, ra adj. De la seda: *industria sedera.* ‖ — M. y f. Persona que trabaja en la seda o comercia con ella. ‖ Mercero.

sedicente adj. Pretendido, supuesto: *el sedicente marqués.*

— OBSERV. Aunque sea incorrecta se encuentra tb. la grafía *sediciente.*

sedición f. Sublevación, rebelión, insurrección, levantamiento.

sedicioso, sa adj. Que promueve una sedición o toma parte en ella: *grupo sedicioso* (ú. t. c. s.). ‖ Dícese de los actos o dichos de la persona sediciosa: *discurso, movimiento sedicioso.*

sediente adj. *For.* Dícese de los bienes raíces.

sediento, ta adj. Que tiene sed (ú. t. c. s.). ‖ *Fig.* Aplícase al campo que necesita riego: *terreno sediento.* | Ávido: *persona sedienta de poder* (ú. t. c. s.).

sedimentación f. Formación de sedimentos: *terreno de sedimentación.*

sedimentar v. t. Depositar sedimento un líquido (ú. t. c. pr.). ‖ — V. pr. *Fig.* Aquietarse, estabilizarse: *sus conocimientos se han sedimentado.*

sedimentario, ria adj. De la naturaleza del sedimento: *depósito sedimentario.*

sedimento m. Materia que, habiendo estado suspensa en un líquido, se posa en el fondo. ‖ Depósito natural dejado por el agua o viento: *sedimento marino, fluvial.* ‖ *Fig.* Lo que queda de algo: *un sedimento de nostalgia.*

sedoso, sa adj. Que tiene el aspecto o el tacto de la seda.

seducción f. Acción de seducir. ‖ Atractivo, encanto.

* **seducir** v. t. Engañar con maña; persuadir a hacer mal. ‖ Conseguir un hombre los favores de una mujer. ‖ Sobornar, corromper: *seducir a un funcionario.* ‖ Cautivar con algún atractivo: *seducir con su palabra, con su belleza.*

seductivo, va adj. Que seduce.

seductor, ra adj. y s. Que seduce: *mujer seductora.*

Seeland, Seelandia o **Selandia,** la mayor y más poblada isla de Dinamarca en el Báltico; cap. *Copenhague.*

sefardí o **sefardita** adj. Dícese de los judíos de origen español (ú. t. c. s.).

— Los *sefardíes* o *sefarditas,* expulsados de España en 1492, se asentaron en los Balcanes, África del Norte y otros puntos. Actualmente un número considerable ha fijado su residencia en el Estado de Israel. Conservan el habla castellana del s. XV.

Seferis (Giorgios SEFERIADES, llamado), poeta y diplomático griego (1900-1971). [Pr. Nóbel, 1963.]

segable adj. Que está en sazón para la siega: *campo segable.*

segadero, ra adj. Segable. ‖ — F. Hoz para segar.

segador, ra m. y f. Persona que siega o corta las mieses. ‖ — M. Arácnido pequeño, de patas muy largas. ‖ — F. Máquina que siega. Ú. t. c. adj.: *máquina segadora.*

Segall (Lasar), pintor cubista y expresionista brasileño, de origen lituano (1885-1957).

* **segar** v. t. Cortar mieses o hierba con la hoz, la guadaña o una máquina: *segar un campo de trigo.* ‖ Cortar la parte superior de una cosa: *segar la cabeza, el cuello.* ‖ *Fig.* Impedir bruscamente el desarrollo de algo: *segar las ilusiones.*

Segismundo, personaje principal de *La vida es sueño,* de Calderón.

seglar adj. Relativo a la vida, estado o costumbre del siglo o mundo: *clero seglar.* ‖ Laico, sin órdenes clericales (ú. t. c. s. m.).

segmentación f. División en segmentos. ‖ Conjunto de las divisiones de la célula huevo que constituyen la primera fase del embrión.

segmento m. Parte cortada de una cosa. ‖ *Geom.* Parte del círculo comprendida entre un arco y su cuerda. | Parte de la esfera cortada por un plano que no pasa por el centro: *segmento esférico.* ‖ Aro metálico que asegura el cierre hermético de un émbolo del motor. ‖ Cada una de las partes que forman el cuerpo de los gusanos y artrópodos.

Segni [-*ñi*] (Antonio), político italiano (1891-1972), pres. de la Rep. de 1962 a 1964.

Segorbe, c. del E. de España (Castellón de la Plana). Obispado. Monumentos antiguos.

Segovia, mun. de Colombia (Antioquia). — C. del centro de España, cap. de la prov. homónima, en las faldas de la sierra de Guadarrama. Obispado. Monumentos (acueducto romano; alcázar; catedral del s. XVI; iglesias románicas). — V. COCO (río).

Segovia (Andrés), guitarrista español, n. en 1894.

Segoviana o **Dariense,** sierra del NO. de Nicaragua.

segoviano, na adj. y s. De Segovia.

Segre, río del NE. de España que nace en Francia y pasa por Lérida, afl. del Ebro. Centrales hidroeléctricas.

segregación f. Secreción: *la segregación de la saliva.* ‖ Separación de las personas de origen, raza o religión diferentes practicada en un país: *segregación racial.*

segregacionismo m. Política o doctrina de segregación racial.

segregacionista adj. Relativo a la segregación racial o partidario de la misma (ú. t. c. s.).

segregar v. t. Separar o apartar una cosa de otra u otras: *segregar un municipio.* ‖ Secretar, expulsar: *segregar saliva.*

segregativo, va adj. Secretor.

Segú, c. del centro de Malí. Obispado.

segualca f. *Méx.* Calabaza.

seguamil m. *Méx.* Milpa sembrada.

segueta f. Sierra pequeña.

seguetear v. i. Serrar con segueta.

Seguí (Antonio), pintor neofigurativo argentino, n. en 1934. ‖ ~ (SALVADOR), sindicalista español (1886-1923). M. asesinado.

seguida f. Acción y efecto de seguir. ‖ Serie, orden, continuación. ‖ *De seguida* o *en seguida,* inmediatamente.

seguidilla f. Composición poética de cuatro o siete versos usada en cantos populares o festivos. ‖ Danza popular española y música que la acompaña (ú. m. en pl.).

seguido adv. En línea recta.

seguido, da adj. Continuo, sucesivo, consecutivo: *dos números seguidos.* ‖ Muy cerca unos de otros: *tiene tres niños seguidos.* ‖ Sin interrupción: *ataques muy seguidos.* ‖ Que está en línea recta: *carretera seguida.* ‖ *Acto seguido,* inmediatamente después.

seguidor, ra adj. y s. Que sigue. ‖ Partidario: *un seguidor del Real Madrid.* ‖ Discípulo, secuaz: *los seguidores de Kant.*

seguimiento m. Prosecución.

* **seguir** v. t. Ir después o detrás de uno (ú. t. c. i.). ‖ Ir en busca de una persona o cosa: *seguir su rastro.* ‖ Ir en compañía de uno: *seguirle siempre.* ‖ Continuar: *sigue haciendo frío.* ‖ Perseguir, acosar: *seguir un animal.* ‖ Espiar: *seguir su conducta.* ‖ Caminar, ir: *seguir el mismo camino.* ‖ Observar: *seguir el curso de una enfermedad.* ‖ Ser partidario o adepto: *seguir un partido.* ‖ Prestar atención: *seguir a un orador.* ‖ Obrar, conducirse de acuerdo a: *sigues lo que dicta tu propia conciencia.* ‖ Suceder: *la primavera sigue al invierno.* ‖ Cursar: *seguir la carrera de medicina.* ‖ Reanudar, proseguir: *cuando escampe seguiremos la marcha.* ‖ *Fam. El que la sigue la mata,* perseverando se obtiene todo. ‖ — V. i. Ir derecho, sin apartarse: *siga por este camino y llegará.* ‖ Estar aún: *sigue en París.* ‖ — V. pr. Deducirse una cosa de otra. ‖ Suceder una cosa a otra. ‖ Derivarse: *de este conflicto se siguieron consecuencias inesperadas.*

seguiriya f. Seguidilla flamenca.

según prep. Conforme, con arreglo a: *según el Evangelio.* || — Adv. Como, con arreglo a: *según te portes irás o no al cine.* || A medida que, conforme: *según venían los trenes, iban llenándose de viajeros.* || Quizá, depende: — *¿Lo vas a hacer?* — *Según.* || — *Según como* o *según y como,* depende de: — *¿Aceptas este cargo?* — *Según y como;* tal como: *dejé el piso según y como me lo entregaron.*

segunda f. En las cerraduras y llaves, vuelta doble. || Segunda intención: *hablar con segundas.* || Segunda velocidad en un automóvil: *bajé la pendiente en segunda.* || Segunda clase en ferrocarril.

segundero m. Aguja que señala los segundos en un reloj.

segundilla f. Campanilla de un convento.

segundo, da adj. Que sigue inmediatamente en orden al o a lo primero: *Felipe Segundo; capítulo segundo.* || Otro: *para mí ha sido un segundo padre.* || De segundo grado: *tío segundo.* || — M. Sexagésima parte del minuto (símb., *s*). || *Fig.* Instante: *préstame un segundo tu pluma.* || Unidad de medida angular (símb., ″). || El que sigue en importancia al principal: *segundo de la empresa, de a bordo.* || Piso más arriba del primero en una casa: *habitamos en el segundo.* || Asistente de un boxeador en un combate.

Segundo Sombra *(Don),* novela de Ricardo Güiraldes, descripción de la vida en la Pampa (1926).

segundogénito, ta adj. Dícese del hijo nacido después del primogénito (ú. t. c. s.).

segundogenitura f. Estado o derecho del segundogénito.

segundón m. Hijo segundo de una familia. || *Fig.* Cualquier hijo que no sea el primogénito.

seguntino, na adj. y s. De Sigüenza.

segur f. Hacha grande que formaba parte de los lictores romanos. || Hoz.

Segur (Sophie ROSTOPCHIN, *condesa de*), escritora francesa (1799-1874), autora de cuentos infantiles.

Segura, río del SE. de España, que nace en la sierra homónima y pasa por Murcia y Orihuela; 340 km. Centrales hidroeléctricas.

Segura de Astorga (Juan Lorenzo), poeta español del s. XIII, a quien se atribuye el *Libro de Alexandre.*

seguramente adv. Probablemente, acaso.

seguridad f. Calidad de seguro: *la seguridad de un avión.* || Certidumbre en la realización de algo: *tiene seguridad en la victoria.* || Confianza, situación de lo que está a cubierto de un riesgo: *el dinero está guardado con toda seguridad.* || Aplomo: *hablar con mucha seguridad.* || Confianza: *seguridad en sí mismo.* || Fianza que se da como garantía de algo. || — *Con seguridad,* seguramente. || *De seguridad,* aplícase a los dispositivos destinados a evitar accidentes: *lámpara de seguridad;* relativo al orden público: *guardia de Seguridad; Dirección General de Seguridad.* || *Seguridad Social,* conjunto de leyes y de los organismos que las aplican, que tienen por objeto proteger a la sociedad contra determinados riesgos (accidentes, enfermedad, paro, vejez, etc.).

seguro, ra adj. Libre y exento de todo daño o riesgo: *un procedimiento muy seguro; un escondite seguro.* || Cierto: *un negocio seguro; la fecha es segura.* || Firme, sólido: *el clavo está seguro.* || Confiado: *persona muy segura de sí misma.* || Fiel: *su seguro servidor.* || Que ha de realizarse, infalible: *así tendrás un enemigo seguro.* || — M. Contrato por el cual una persona o sociedad *(asegurador)* se compromete a indemnizar a otra *(asegurado)* de un daño o perjuicio que pueda sufrir ésta mediante el pago de una cantidad de dinero *(prima): seguro contra incendios, a todo riesgo, contra accidentes, contra tercera persona, de vida.* || Dispositivo destinado a evitar accidentes en las máquinas o armas de fuego. || — *A buen seguro,* ciertamente. || *En seguro,* a salvo. || *Sobre seguro,* sin arriesgarse. || — Adv. Con certeza: *seguro que mañana llueve.*

seibo m. *Riopl.* Árbol de flores rojas.

Seibo (El), prov. oriental de la Rep. Dominicana; cap. *Santa Cruz del Seibo.*

seibón m. Ceibón.

Seilun. V. SILO.

Seine, ant. dep. de Francia que incluía París y sus alrededores. Hoy se ha dividido en cuatro nuevos dep. (Hauts-de-Seine, París, Seine-Saint-Denis y Val-de-Marne). — V. SENA (río). || **~ -et-Marne,** dep. de Francia, en la cuenca de París; cap. *Melun.* || **~ -et-Oise,** ant. dep. de Francia, dividido en 1964 en tres partes (Essonne, Val-d'Oise e Yvelines). || **~-Maritime,** dep. de Francia, en Normandía; cap. *Ruán.* || **~ -Saint-Denis,** dep. de Francia, al NE. de París; cap. *Bobigny.*

seis adj. Cinco y uno: *un niño de seis años.* || Sexto: *año seis.* || — M. Signo que representa el número seis. || El sexto día de un mes: *el seis de agosto.* || Naipe de seis puntos: *el seis de oros.* || *P. Rico.* Baile popular zapateado. || — F. pl. La hora seis de la mañana o de la tarde.

seisavo, va adj. y s. Sexto.

seiscientos, tas adj. Seis veces ciento: *seiscientas cabezas de vacunos.* || Sexcentésimo: *el número seiscientos.* || — M. Número que lo representa.

seise m. Cada uno de los monaguillos que en ciertas solemnidades bailan y cantan en la catedral de Sevilla.

seisillo m. *Mús.* Grupo de seis notas de igual valor que se ejecutan en el tiempo correspondiente a cuatro de ellas.

seísmo m. Terremoto, movimiento brusco de la corteza terrestre producido por causas internas.

Seissenhoffer (Hans), llamado *Juan el Alemán,* explorador alemán del s. XVI. Fue gobernador de Venezuela.

Seistán, región de Irán y Afganistán, casi despoblada.

seje m. *Amer.* Árbol de la familia de las palmas, semejante al coco.

selacio adj. y s. m. Dícese de los peces cartilaginosos con el cuerpo fusiforme y deprimido, como el tiburón, la tintorera y la raya. || — M. pl. Orden que forman.

Selandia. V. SEELAND.

Selangor, Estado de la Federación de Malaysia, en la costa O., cap. *Kuala Lumpur.*

selección f. Elección de una persona o cosa entre otras: *selección de personal.* || Conjunto de cosas o personas elegidas: *la selección nacional de fútbol.* || Colección de obras escogidas de un autor, antología.

seleccionado, da adj. y s. Dícese del jugador deportivo o de la persona escogida para representar a una colectividad. || — M. *Amer.* Selección.

seleccionador, ra adj. y s. Dícese de la persona encargada de formar una selección.

seleccionar v. t. Elegir, escoger: *seleccionó a los mejores.*

selectividad f. Calidad de un aparato selectivo.

selectivo, va adj. Que supone una selección. || Aplícase al aparato de radio capaz de captar una emisión evitando las inteferencias procedentes de ondas vecinas. || — M. Curso que precede a una carrera especial técnica.

selecto, ta adj. Que es o se reputa por mejor entre otras cosas de su especie: *un círculo de gente selecta.* || Exquisito, superior, excelente: *música selecta.* || Distinguido: *público selecto.*

selector m. Dispositivo de selección: *el selector de un cambio de velocidades.*

Selene, divinidad griega identificada con la *Luna.*

selenio m. Metaloide (Se) de número atómico 34, sólido, de densidad 4,8, que funde a 217 °C, semejante al azufre y dotado de propiedades fotoeléctricas.

selenita f. Yeso cristalizado en láminas. || — Com. Habitante imaginario de la Luna.

seleniuro m. *Quím.* Combinación del selenio con un cuerpo simple.

selenografía f. *Astr.* Descripción de la Luna.

selenosis f. Mancha blanca en las uñas, mentira.

Seleucia, c. ant. de Asia, a orillas del Tigris y cerca de Bagdad, cap. de los seleúcidas y luego de los partos.

seleúcida adj. y s. Dícese de una dinastía helenística que reinó en Asia Menor de 305 a 64 a. de J. C.

Seleuco I Nicátor, general de Macedonia (¿355?-280 a. de J. C.), lugarteniente de Alejandro Magno. Fundó en 305 la dinastía seleúcida en Asia.

self adj. y s. f. Palabra inglesa cuyo significado es *auto* y que entra como primer elemento de numerosas voces compuestas, algunas de las cuales son empleadas con frecuencia dentro del área hispánica: *self-control,* dominio de sí mismo; *self government,* autogobierno; *self-induction,* autoinducción; *self-service,* autoservicio; *self-made man,* persona que por sus propios medios se ha elevado a una alta posición social o económica, autodidacto.

Selim, n. de tres sultanes turcos.

Selkirk, c. de Gran Bretaña al SE. de Escocia, cap. del Selkirkshire.

Selkirks (MONTES), cadena montañosa en el O. de Canadá (Colombia Británica).

Selkirkshire, condado de Gran Bretaña en el SE. de Escocia; cap. *Selkirk.*

Seltz n. pr. *Agua de Seltz,* agua natural o artificial cargada de gas carbónico.

selva f. Terreno extenso, inculto y muy poblado de árboles: *las selvas del Brasil.* || *Fig.* Abundancia desordenada de algo. | Cuestión intrincada. || *Selva virgen,* la que no ha sido aún explorada.

Selva (Salomón de la), poeta nicaragüense (1893-1959). Compuso su obra en inglés y en castellano (buena parte de ella la realizó en México), como *El soldado desconocido, La ilustre familia,* etc. || **~ Alegre** *(Marqués de).* V. MONTÚFAR (Juan Pío de).

SE

Selva Negra, en alem. *Schwarzwald,* macizo montañoso en el S. de Alemania Occidental; 1 493 m.

selvático, ca adj. Relativo a la selva. || *Fig.* Salvaje, rústico.

selyúcida o **selyúkida,** adj. y s. Dícese de una dinastía turcomana que dominó en Asia Occidental del s. XI al XIII.

sellado, da adj. Revestido de un sello: *carta sellada.* || — M. Acción de sellar.

sellador, ra adj. y s. Que sella. || — F. Máquina de sellar.

selladura f. Sellado.

sellar v. i. Imprimir el sello: *sellar un documento.* || *Fig.* Estampar una cosa en otra. | Concluir una cosa: *sellar una amistad.* | Cerrar, tapar.

sello m. Plancha de metal o de caucho usada para estampar armas, divisas, letras, etc., grabadas en él. || Señal que deja esta plancha.

|| *Fig.* Carácter distintivo de algo: *un sello de nobleza.* || Disco de plomo o cera, con un símbolo estampado, que se unía por medio de hilos a ciertos documentos. || Tira que a modo de precinto cierra un sobre o caja. || Viñeta de papel que se usa como señal del pago de algún derecho: *sello postal, fiscal, móvil.* || Sortija con escudo o iniciales. || *Med.* Conjunto de dos obleas entre las que se pone un polvo medicamentoso para evitar así el sabor desagradable.

Sem, hijo de Noé, padre de los pueblos semitas. Vivió seiscientos años. || **~ Tob.** V. TOB (Sem).

semáforo m. Telégrafo óptico establecido en las costas para comunicarse con los buques. || Aparato de señales en las líneas férreas. || Poste indicador con luces verde, naranja y roja que regula la circulación en calles y carreteras.

semana f. Serie de siete días naturales consecutivos: *el año tiene 52 semanas.* || *Fig.* Remuneración pagada por una semana de trabajo: *semana de un obrero.* || — *Estar de semana,* estar de servicio durante la semana. || *Fin de semana,* de sábado a lunes; maletín. || *Semana inglesa,* descanso laboral desde el final de la mañana del sábado hasta el lunes. || *Semana Santa,* la que va desde el domingo de Ramos al de Resurrección.

Semana trágica, insurrección producida en Barcelona y en otras c. catalanas como protesta contra el envío de tropas a Marruecos (26-31 de julio de 1909).

semanal adj. Que ocurre cada semana o dura una semana.

semanario, ria adj. Semanal. || — M. Publicación que aparece semanalmente: *editar un semanario; semanario político, deportivo.* || Pulsera compuesta de siete aros.

semanero, ra adj. y s. Aplícase al que ejerce un empleo sólo por semanas: *trabajador semanero.*

semanilla f. Libro de coro en el que está el rezo propio de Semana Santa.

semántico, ca adj. Relativo a la significación de las palabras: *valor semántico de una voz.* || — F. Estudio del significado de las palabras y sus variaciones.

Semarang, c. y puerto de Indonesia, en la costa N. de Java. Arzobispado. Industrias.

semasiología f. Semántica.

semblante m. Rostro, cara: *semblante gozoso.* || *Fig.* Aspecto, apariencia.

semblanza f. Reseña biográfica, retrato.

sembradera f. Sembradora.

sembradío, a adj. Cultivable.

sembrado m. Terreno sembrado.

sembrador, ra adj. Aplícase a la persona que siembra (ú. t. c. s.). || — F. Máquina para sembrar.

sembradura f. Siembra.

* **sembrar** v. t. Echar las semillas en la tierra para que germinen: *sembramos trigo, maíz, patatas.* || *Fig.* Derramar, distribuir: *sembrar dinero.* | Propagar: *sembrar el odio, la discordia.* | Difundir: *sembrar a los cuatro vientos.* | Publicar una especie para que se divulgue: *sembrar noticias.* | Hacer algo que posteriormente pueda producir un fruto: *el que siembra, recoge.* | Echar por el suelo: *sembrar el camino de flores.* | Poner, estar lleno: *senda sembrada de dificultades.* || *Fig.* y *fam. Estar sembrado,* tener mucha gracia.

sembrío m. *Amer.* Sembrado.

semeja f. Parecido.

semejante adj. Análogo, igual, que semeja a una persona o cosa: *me ocurrió un caso semejante al tuyo.* || Úsase en sentido de comparación o ponderación: *no es lícito valerse de semejantes medios.* || Tal: *no he visto a semejante persona.* || — M. Hombre o animal en relación con los demás: *amar a sus semejantes.*

semejanza f. Parecido, analogía, similitud: *la semejanza de dos situaciones.*

semejar v. i. Parecer. Ú. t. c. pr: *semejarse una persona a otra.*

semen m. Sustancia segregada por las glándulas genitales masculinas que contiene los espermatozoos, esperma.

semental adj. y s. m. Animal macho destinado a padrear.

sementera f. Siembra. || Tierra sembrada. || Grano sembrado. || Tiempo en que se hace la siembra. || *Fig.* Origen, fuente, germen, semillero.

semestral adj. Que ocurre o se repite cada semestre. || Que dura seis meses.

semestre m. Período de seis meses. || Renta que se cobra o paga cada semestre.

semiárido adj. Dícese del clima propio de las regiones próximas a un desierto.

semiautomático, ca adj. Parcialmente automático: *fusil semiautomático; lavadora, trilladora semiautomática.*

semibreve f. *Mús.* Nota que vale un compasillo entero, redonda.

semicilíndrico, ca adj. Relativo al semicilindro. || De figura de semicilindro.

semicilindro m. Cada una de las dos mitades de un cilindro separadas por un plano que pasa por el eje.

semicircular adj. Relativo al semicírculo. || De figura de semicírculo.

semicírculo m. *Geom.* Cada una de las dos mitades del círculo separadas por un diámetro. || *Semicírculo graduado,* transportador de dibujante.

semicircunferencia f. *Geom.* Cada una de las dos mitades de la circunferencia.

semicoma m. *Med.* Coma leve.

semiconductor m. Cuerpo no metálico que conduce imperfectamente la electricidad y cuya resistividad disminuye al aumentar la temperatura.

semiconsonante adj. y f. *Gram.* Aplícase a las vocales *i, u* en principio de diptongo o triptongo, como en *hielo, piedra, diablo, huerto, averiguáis,* etc.

semicoque m. Producto de la destilación de hulla a baja temperatura (550 °C), de aspecto poroso.

semicorchea f. Nota musical equivalente a media corchea.

semidestilación f. Destilación de la hulla a baja temperatura (entre 500 y 600 °C), para producir alquitrán, semicoque y gas del alumbrado.

semidiámetro m. *Geom.* Cada una de las dos mitades de un diámetro separadas por el centro.

semidiesel adj. y s. m. Dícese del motor diesel que necesita un sistema eléctrico de encendido.

semidifunto, ta adj. Casi difunto, medio muerto.

semidiós, osa m. y f. Héroe mitológico a quien los antiguos griegos y romanos colocaban entre sus deidades: *los semidioses Cástor y Pólux.* || *Fig.* Persona muy admirada por el pueblo.

semidirecto adj. m. y s. m. Dícese del tren directo que en una sección se transforma en ómnibus.

semidormido, da adj. Casi dormido.

semieje m. *Geom.* Cada una de las dos mitades del eje separadas por el centro. || *Autom.* Cada uno de los dos árboles que transmiten el movimiento del diferencial a las ruedas motrices.

semiesfera f. Hemisferio, media esfera.

semiesférico adj. En forma de semiesfera.

semifallo m. En el juego del bridge, carta de un color en poder de un jugador al comienzo de la partida.

semifinal f. *Dep.* Prueba que precede a la final.

semifinalista adj. y s. *Dep.* Que toma parte en una semifinal.

semifusa f. Nota musical equivalente a la mitad de una fusa.

semilunar adj. Que tiene forma de media luna.

semilla f. Cada uno de los cuerpos que forman parte del fruto que da origen a una nueva planta. || *Fig.* Germen, origen: *semilla de discordia.* || *Méx. Semilla brincadora,* judía saltadora. || — Pl. Granos que se siembran, exceptuados el trigo y la cebada.

semillero m. Sitio donde se siembran los vegetales que después han de trasplantarse. || Lugar donde se guardan las semillas. || *Fig.* Origen, fuente, germen, causa de algunas cosas: *semillero de pleitos, de vicios.* | Cantera: *semillero de hombres ilustres.*

semimanufacturado, da adj. Dícese de los productos no terminados, de la materia prima parcialmente transformada.

seminal adj. De la semilla o del semen.

seminario m. Casa destinada a la educación de los jóvenes que se dedican al estado eclesiástico. || Curso práctico de investigación en las universidades, anejo a la cátedra: *Seminario de Derecho comparado, de Filosofía.*

seminarista m. Alumno de un seminario.

seminífero, ra adj. Que contiene o lleva semen: *glándula seminífera.*

semínima m. Nota musical que vale la mitad de una mínima.

seminómada adj. y s. Dícese de los pueblos que alternan la ganadería nómada con una agricultura ocasional.

semioculto, ta adj. Oculto en parte o parcialmente.

semioficial adj. Que no es completamente oficial.

semiología y **semiótica** f. Parte de la medicina que trata de los síntomas de las enfermedades.

semioruga adj. Dícese de los vehículos automóviles provistos a la vez de ruedas y orugas.

Semipalatinsk, región y c. en el S. de la U. R. S. S. (Kazakstán), a orillas del Irtich. Industrias.

semiperíodo m. *Electr.* Medio período entre dos pasos de una corriente bifásica.

semipesado adj. Dícese de una de las categorías de boxeadores cuyo límite es de 79,378 kg. Ú.t.c.s.m.: *combate de semipesados.*

semiproducto m. Producto semimanufacturado.

Semíramis, legendaria fundadora del Imperio de Asiria. Construyó Babilonia y los jardines colgantes de la ciudad.

semirrecta f. *Geom.* Segmento de recta entre un punto y el infinito.

semirrecto adj. *Geom.* Dícese del ángulo de 45 grados.

semirremolque m. Remolque que carece de ruedas delanteras y se articula en el vehículo tractor.

semirrígido, da adj. Dícese de una estructura rígida con una cubierta flexible: *dirigible semirrígido.*

semisuma f. Suma total dividida por dos.

semita adj. Descendiente de Sem; dícese de los árabes, hebreos, sirios y otros pueblos (ú. t. c. s.). || Semítico.

— Los *semitas* o *hijos de Sem* hablan o hablaron el arameo, el siriaco, el caldeo, el asirio, el hebreo, el árabe y el himiarita.

semítico, ca adj. Relativo a los semitas: *pueblos semíticos.* || Dícese de un grupo de lenguas habladas en el SE. de Asia y en el N. de África.

semitismo m. Conjunto de las doctrinas, instituciones y costumbres de los pueblos semíticos. || Giro o vocablo propio de las lenguas semíticas. || Sionismo.

semitono m. *Mús.* Cada una de las dos partes desiguales en que se divide el intervalo de un tono.

semitransparente adj. Translúcido.

semivocal adj. y s. f. *Gram.* Dícese de las vocales *i* o *u* al final de un diptongo: *aire, aceite, feudo.* | Aplícase a la consonante que puede pronunciarse sin que se perciba el sonido de una vocal, como la *efe.*

Semivuelta, región en el oeste de Cuba. Plantaciones de tabaco.

semnopiteco m. Género de monos de la India, que viven en grupos o manadas.

sémola f. Pasta de harina de flor reducida a granos muy menudos y que se usa para hacer sopa. ‖ Trigo candeal desnudo de su corteza.

semoviente adj. *For. Bienes semovientes,* el ganado.

sempiterno, na adj. Eterno. ‖ — F. Perpetua, siempreviva, flor.

sen m. Arbusto papilionáceo, semejante a la casia, cuyas hojas se emplean como infusión. ‖ División de la unidad monetaria en Japón, Indonesia y Camboya.

Sena, en fr. *Seine,* río de Francia que atraviesa París y des. en el canal de la Mancha por un gran estuario; 776 km. — V. SEINE.

senado m. Asamblea de patricios que formaba el Consejo Supremo de la antigua Roma. ‖ En los Estados modernos de régimen parlamentario bicameral, la asamblea formada de personalidades designadas o elegidas por su notabilidad. ‖ Edificio en el que se reúne la asamblea de los senadores.

senadoconsulto m. Decreto o determinación del antiguo Senado romano.

senador m. Miembro del Senado.

senaduría f. Función de senador.

Senaquerib, rey de Asiria de 705 a 681 a. de J. C., creador de los jardines de Nínive. M. asesinado.

Senar, Sennar o **Sannar,** c. en el E. del Sudán, a orillas del Nilo Azul. Presa.

senatorial o **senatorio, ria** adj. Del Senado o del senador.

sencillez f. Calidad de sencillo. ‖ Poca dificultad: *mecanismo de gran sencillez.* ‖ *Fig.* Ingenuidad.

sencillo, lla adj. De un solo elemento: *una hoja sencilla.* ‖ Simple, fácil: *operación sencilla.* ‖ Poco complicado: *mecanismo sencillo.* ‖ Que carece de adornos: *traje sencillo.* ‖ De menos cuerpo que otra cosa de su especie: *tafetán sencillo.* ‖ *Fig.* Franco en el trato, llano: *hombre sencillo.* | Carente de refinamiento o artificio: *una comida sencilla.*

sencillote adj. *Fam.* Campechano, de trato sencillo: *era persona de carácter sencillote.*

senda f. Camino más estrecho que la vereda. ‖ *Fig.* Camino, vía o medio para hacer algo: *tomar la senda del bien.*

Sendai, c. del Japón al N. de la isla de Honshu. Obispado. Universidad.

sendecho m. *Méx.* Bebida hecha con maíz cocido, azúcar y licor.

Sender (Ramón J.), novelista español, n. en 1901, autor de *Siete domingos rojos, Mister Witt en el Cantón, Novelas ejemplares de Cíbola, En la vida de Ignacio Morel, Tánit,* etc.

sendero m. Senda.

sendos, as adj. pl. Uno o una para cada cual de dos o más personas o cosas: *los soldados llevaban sendos fusiles.*

séneca m. *Fig.* Hombre de mucha sabiduría.

Séneca (Marco Anneo), escritor hispanolatino, n. en Córdoba (¿55 a. de J. C.-39? d. de J. C.), autor de obras de retórica (*Suasorias, Controversias,* etc.). — Su hijo LUCIO ANNEO, n. en Córdoba (¿4?-65), fue preceptor de Nerón y cónsul. Autor de tratados de filosofía moral (*De vita beata, Consolatio ad Martiam, De Clementia*), de las *Epístolas a Lucilio* y de tragedias (*Medea, Las troyanas, Agamenón*). Se suicidó.

senectud f. Vejez.

Senegal, río del África Occidental, nacido en el Futa Yalón, que des. en el Atlántico; 1 700 km.

Senegal (REPÚBLICA DEL), Estado del O. de África, a orillas del Atlántico, entre Mauritania, Malí, Guinea y Guinea Portuguesa; 197 161 km²; 3 900 000 (*senegaleses*). Cap. *Dakar,* 374 700 h. Otras c.: *Saint-Louis,* 62 500 h. País de lengua francesa. Agricultura. Independiente en 1958.

senegalés, esa adj. y s. Del Senegal.

Senegambia, n. dado a la región de África Occidental compuesta del Senegal y de Gambia.

senequismo m. Doctrina moral y filosófica de Séneca y su aplicación a la conducta de las personas.

senescal m. En algunos países, mayordomo de la casa real. ‖ Jefe o cabeza principal de la nobleza.

senescalado m. o **senescalía** f. Dignidad de senescal.

senescencia f. Edad senil.

senescente adj. Que empieza a envejecer.

Senghor (Léopold Sédar), escritor y político senegalés, n. en 1906. Pres. de la Rep. desde 1960.

senil adj. Propio de los viejos o de la vejez: *debilidad senil.*

senior m. Mayor, de más edad. (Se aplica para distinguir al padre del hijo con el mismo nombre: *Mr John Mill, senior.*) ‖ En deportes, participante que ha pasado la edad de los juniors (unos 20 años), o que sin haberla pasado ha obtenido ciertos títulos.

Senlis, c. de Francia (Oise), al N. de París. Iglesia gótica (1155).

Sennar. V. SENAR.

seno m. Concavidad, cavidad. ‖ *Anat.* Cavidad existente en el espesor de un hueso: *el seno frontal,* maxilar. | Matriz, útero, claustro materno. | Pecho de mujer, mama. ‖ Hueco que queda entre el pecho y el vestido. | Cualquiera cavidad interior del cuerpo del animal. ‖ *Fig.* Parte interna de una cosa: *el seno de una sociedad.* ‖ *Geogr.* Golfo: *un seno de la costa.* ‖ *Geom.* Perpendicular tirada de uno de los extremos del arco al radio que pasa por el otro extremo: *el seno del arco AM es MP.* ‖ — *Fig. En el seno de la Iglesia,* dentro de la Iglesia. | *Seno de Abrahán,* el limbo.

Sens [*sans*], c. de Francia (Yonne), al SE. de París. Arzobispado. Catedral.

sensación f. Impresión que recibimos por medio de los sentidos: *sensación visual, auditiva, olfativa, táctil.* ‖ Emoción causada en el ánimo: *su libro produjo sensación.*

sensacional adj. Impresionante, que causa sensación o emoción: *noticia sensacional.* ‖ *Fig.* y *fam.* Extraordinario, muy bueno.

sensacionalismo m. Carácter sensacional o sensacionalista.

sensacionalista adj. De carácter sensacional o emotivo: *libro sensacionalista.*

sensatez f. Buen sentido, cordura: *hombre lleno de sensatez.*

sensato, ta adj. Acertado, juicioso, cuerdo, razonable: *un joven muy sensato.*

sensibilidad f. Facultad de sentir, privativa de los seres animados. ‖ Propensión del hombre a dejarse llevar por los afectos de compasión y ternura: *la sensibilidad humana.* ‖ Carácter de una cosa que recibe fácilmente las impresiones exteriores: *la sensibilidad de un termómetro.* ‖ Receptividad para determinados efectos: *la sensibilidad de la placa fotográfica.* ‖ Capacidad para sentir emociones: *sensibilidad artística.*

sensibilización f. Acción de sensibilizar. ‖ Acción de volver impresionable una película fotográfica.

sensibilizador, ra adj. Que hace sensible a la acción de la luz o de cualquier otro agente. Ú. t. c. s. m.: *sensibilizador fotográfico.*

sensibilizar v. t. Hacer sensible una película fotográfica.

sensible adj. Capaz de sentir física y moralmente: *corazón sensible.* ‖ Fácil de conmover, sentimental: *persona sensible.* ‖ Que puede ser conocido por medio de los sentidos: *el mundo sensible.* ‖ Perceptible, manifiesto, patente al entendimiento: *adelanto sensible.* ‖ Que causa pena o dolor: *una pérdida sensible.* ‖ Lamentable: *es muy sensible perder esta oportunidad.* ‖ *Fís.* Capaz de señalar o registrar muy leves diferencias: *termómetro sensible.* ‖ Dícese de las placas o películas fotográficas que se ennegrecen por la acción de la luz.

sensiblería f. Sentimentalismo exagerado, trivial o fingido.

sensiblero, ra adj. Exageradamente sentimental.

sensitivo, va adj. Relativo a los sentidos corporales: *tacto, dolor sensitivo.* ‖ Capaz de sensibilidad. ‖ Que excita la sensibilidad. ‖ — F. Género de plantas mimosáceas de América Central cuyas hojuelas se marchitan o se caen al tocarlas.

sensorial adj. Relativo a la sensibilidad: *aparato sensorial.*

sensorio, ria adj. Sensorial. ‖ — M. Parte del cerebro que se supone centro de las sensaciones.

sensual adj. Sensitivo, relativo a los sentidos. ‖ Aplícase a los gustos y deleites de los sentidos, a las cosas que los incitan o satisfacen y a las personas sensibles a ellos: *mujer sensual; placeres sensuales.* ‖ Carnal: *apetito sensual.*

sensualidad f. Propensión, apego a los placeres de los sentidos.

sensualismo m. Sistema filosófico que defiende que la única fuente de los conocimientos son las sensaciones exteriores: *el sensualismo de Condillac.* ‖ Sensualidad.

sensualista m. adj. y s. Relativo al sensualismo o partidario del mismo.

Sensuntepeque, c. del centro de El Salvador, cap. del dep. de Cabañas.

sensuntepequense adj. y s. De Sensuntepeque (El Salvador).

Senta. V. ZENTA.

sentada f. Tiempo en el que se permanece sentado. ‖ *De una sentada,* sin interrupción.

sentado, da adj. Juicioso, sesudo, quieto: *un hombre muy sentado.* ‖ Aplícase al pan correoso. ‖ Aplícase a las hojas, flores y demás partes de la planta que carecen de pedúnculo. ‖ *Dar algo por sentado,* considerar algo como cierto o definitivo.

* **sentar** v. t. Poner en un asiento: *sentar al niño en su silla.* ‖ Establecer: *sentar una verdad.* ‖ — V. i. *Fig.* Caer bien, ir una prenda de vestir: *el gabán le sentaba perfectamente.* | Cuadrar, convenir: *su modestia le sienta bien.* | Caer bien o mal un alimento o bebida en el estómago: *sentar bien la comida.* | Hacer provecho: *le sentó bien la ducha.* | Gustar, agradar una cosa: *le sentó bien tu consejo.* ‖ — V. pr. Ponerse en un asiento: *sentarse en el sofá.* ‖ Depositarse, sedimentarse: *la zurrapa del café se ha sentado.* ‖ Estabilizarse: *el tiempo se ha sentado.* ‖ Asentarse una obra de albañilería por el peso de los materiales.

sentencia f. Dicho grave y sucinto que encierra doctrina o moralidad: *una sentencia de Marco Aurelio.* ‖ Resolución del tribunal, juez o árbitro: *sentencia benigna.* ‖ Decisión cualquiera: *las sentencias del vulgo.* ‖ — *Sentencia en rebeldía,* la pronunciada sin que el reo esté presente. ‖ *Visto para sentencia,* fórmula judicial para indicar que está terminado un juicio, pendiente sólo de sentencia.

sentenciador, ra adj. Que sentencia (ú. t. c. s.).

sentenciar v. t. Dar o pronunciar sentencia. ‖ Condenar: *sentenciaron al acusado a cadena perpetua.*

sentencioso, sa adj. Aplícase al dicho o escrito que contiene una sentencia o máxima. ‖ Dícese de la persona que habla con afectada gravedad: *un viejo sentencioso.*

sentido, da adj. Sincero: *dolor muy sentido.* ‖ Que es muy sensible o se ofende fácilmente: *un niño muy sentido.* ‖ Dolido, resentido: *estoy muy sentido por su falta de consideración.* ‖ Emotivo: *un sentido recuerdo.* ‖ — M. Cada una de las facultades que tiene el hombre y cualquier animal de recibir por medio de determinados órganos corporales la impresión de los objetos externos: *el sentido de la vista, del oído, del olfato, del gusto y del tacto.* ‖ Entendimiento, razón: *un hombre sin sentido.* ‖ Conocimiento, discernimiento: *tiene un sentido muy agudo.* ‖ Modo de entender algo: *tiene un sentido peculiar del deber.* ‖ Conocimiento: *perdió el sentido al recibir el golpe.* ‖ Significado: *el sentido de un giro de la lengua.* ‖ Interpretación: *no has comprendido el sentido de la moraleja.* ‖ Finalidad, objeto: *tu gestión no tiene sentido.* ‖ Capacidad o aptitud para algo: *tener sentido del equilibrio, de la orientación; sentido del humor.* ‖ Dirección: *van los dos en sentido opuesto.* ‖ *Amer.* Sien. ‖ — *Abundar en un sentido,* ser muy partidario de él. ‖ *Fig.* y *fam. Con todos (o con) sus cinco sentidos,* con la máxima atención y cuidado. | *Costar un sentido,* ser muy cara una cosa. ‖ *En buen sentido,* en buena parte. ‖ *No estar alguien en sus cinco sentidos,* tener en mal estado sus facultades mentales. ‖ *Perder el sentido,* desmayarse. ‖ *Fig.* y *fam. Quitar el sentido,* ser algo extraordinario en su género: *esta paella valenciana quita el sentido.* ‖ *Sentido común,* sensatez, cordura, juicio apropiado.

sentimental adj. Que pone de manifiesto sentimientos tiernos: *música sentimental.* ‖ Dícese de la persona inclinada a experimentar muchos sentimientos afectivos: *persona muy sentimental* (ú. t. c. s.).

sentimentalismo m. Estado de una persona embargada por lo sentimental.

sentimiento m. Conocimiento: *el sentimiento de la realidad.* ‖ Estado afectivo: *sentimiento de tristeza, de satisfacción.* ‖ Inclinación buena o mala: *tener sentimientos nobles, perversos.* ‖ Pena, aflicción: *le acompaño en el sentimiento.*

Sentimiento trágico de la vida *(Del),* libro de ensayos de Miguel de Unamuno (1915).

sentina m. Parte inferior de un buque en la que se almacena agua y suciedad. ‖ *Fig.* Sitio lleno de inmundicias. | Ambiente corrompido, foco de inmoralidad.

sentir m. Sentimiento: *el sentir unánime de la nación.* ‖ Parecer, opinión: *en mi sentir.*

* **sentir** v. t. Experimentar una impresión física: *sentir un dolor violento, una sacudida.* ‖ Tener una impresión moral: *siento una inmensa alegría.* ‖ Experimentar cierto sentimiento: *siento un gran amor por ella.* ‖ Darse cuenta: *sentir el descontento del pueblo.* ‖ Ser sensible a: *no siente la dulzura de esos momentos.* ‖ Pensar: *se lo dije como lo sentía.* ‖ Lamentar: *todos sentimos su muerte.* ‖ Oir: *sentía ruidos extraños.* ‖ Apreciar: *sentir la poesía.* ‖ Prever, presentir: *sintió el mal tiempo.* ‖ — *Lo siento* (o *lo siento*) *mucho,* fórmula de disculpa: *lo siento, pero usted no puede estar aquí.* ‖ *Sin sentir,* sin darse cuenta. ‖ — V. pr. Encontrarse, hallarse: *me siento muy feliz.* ‖ Considerarse: *me siento forzado a hacerlo.*

sentón m. *Amer.* Sofrenada al caballo, sentándolo sobre los cuartos traseros. ‖ *Méx.* Lance propio de charros.

seña f. Nota o indicio para dar a entender una cosa: *hacer señas.* ‖ Cosa que conciertan dos personas para entenderse: *convenir una seña.* ‖ Signo usado para acordarse de algo. ‖ *Mil.* Palabra que suele acompañar al santo para los reconocimientos o rondas. ‖ — Pl. Detalles del aspecto de una persona o cosa que se dan para reconocerla. ‖ Domicilio, dirección: *dar sus señas.* ‖ Signos, manifestaciones: *daban señas de contento.* ‖ — *Dar señas,* manifestar algo: *dar señas de cansancio.* ‖ *Hablar por señas,* hablar por medio de gestos. ‖ *Por más señas,* para mayor precisión. ‖ *Señas personales,* datos referentes a una persona.

señal f. Marca o nota que se pone en algo para distinguirlo: *poner una señal en un naipe.* ‖ Indicio, signo: *lo que me dices es buena señal.* ‖ Gesto: *hacer una señal con la mano.* ‖ Prueba: *señal de prosperidad.* ‖ Hito, mojón para marcar un lindero. ‖ Signo para recordar una cosa: *una señal en la página de un libro.* ‖ Placa rotulada con símbolos que se pone en las vías de comunicación para regular o dirigir la circulación: *respetar las señales.* ‖ Zumbido de diferente naturaleza que se oye en el teléfono al obtener la línea, al entrar en comunicación o al encontrar ocupada la línea de un abonado. ‖ Vestigio o impresión que queda de una cosa. ‖ Cicatriz: *la señal de una herida.* ‖ Dinero que se da como anticipo y garantía de un pago: *dejar una señal.* ‖ — *En señal,* en prueba o prenda de una cosa. ‖ *No dejar ni señal,* no dejar ni rastro. ‖ *Señal de alarma,* dispositivo de seguridad en los vehículos públicos para ordenar la detención de los mismos en caso de emergencia. ‖ *Señal de la Cruz,* la que se hace con los dedos, en figura de cruz, sobre diferentes partes del cuerpo.

señalado, da adj. Famoso, célebre, notable. ‖ Muy conocido: *un señalado ladrón.*

señalamiento m. Señalización.

señalar v. t. Poner una marca o señal en alguna cosa: *señalar un texto.* ‖ Ser seña de: *los achaques que tiene señalan el principio de la vejez.* ‖ Mostrar: *señaló con el bastón.* ‖ Hacer observar: *ya lo señalé anteriormente.* ‖ Determinar, fijar: *señalaron la fecha de la asamblea.* ‖ Indicar: *el reloj señalaba las cinco.* ‖ Fijar: *señalar el precio.* ‖ Hacer una herida que deje cicatriz: *le señaló la cara de un latigazo.* ‖ Hacer una señal para indicar algo: *el vigía señaló un barco enemigo.* ‖ Designar: *el soldado fue señalado para esta misión.* ‖ Ser la señal de algo, marcar: *el Tratado de Utrecht señaló el comienzo de la decadencia española.* ‖ — V. pr. Distinguirse, hacerse muy conocido: *señalarse en la política.* ‖ Perfilarse: *se señala como el único jefe.*

señalización f. Conjunto de señales indicadoras en calles, carreteras, vías férreas, aeródromos, puertos, etc. ‖ Colocación de señales indicadoras.

señalizar v. t. Poner señales indicadoras: *señalizar las carreteras, las vías férreas.*

señero, ra adj. Unico, distinguido: *figura señera de la pintura actual.*

señor, ra adj. Noble, distinguido, señorial: *un gesto muy señor.* ‖ *Fam.* Grande, hermoso, Ú. antepuesto al sustantivo: *tiene una señora fortuna.* ‖ — M. y f. Dueño, amo, propietario: *el señor de la casa; un señor feudal.* ‖ Título nobiliario correspondiente al que posee un señorío: *el señor de Bembibre.* ‖ *Fig.* Persona distinguida, noble: *con este sombrero está hecho un gran señor.* ‖ Hombre, mujer, cuando se habla de persona desconocida: *una señora nos recibió amablemente.* ‖ Tratamiento que actualmente se antepone al apellido de toda persona o al cargo que desempeña: *el señor Martínez; la señora de Martínez; el señor ministro.* (Generalmente se utilizan las abreviaturas *Sr.* y *Sra.* Es popular, y se aconseja evitarlo, el uso de *señor* antepuesto al nombre de pila: *el señor Antonio; la señora Rita.)* ‖ Tratamiento que, seguido de *don,* o *doña,* se antepone al nombre y apellido de una persona: *Sr. D. Ricardo García López.* ‖ — F. *Pop.* Esposa, mujer: *dé recuerdos a su señora.* ‖ — *A lo gran señor,* por todo lo grande. ‖ *A tal señor, tal honor,* según es la persona, así debemos honrarla. ‖ *Fam. De padre y muy señor mío,* enorme: *se está comiendo un bocadillo de padre y muy señor mío.* ‖ *Muy Sr. mío,* encabezamiento habitual de las cartas comerciales. ‖ *¡No, señor!, ¡sí, señor!,* fórmulas para negar o afirmar enérgicamente. ‖ *Nuestra Señora,* la Virgen María. ‖ *Nuestro Señor,* Jesucristo. ‖ *Señora de compañía,* la que acompañaba a las señoritas en sus paseos, la que acompaña a otra mayor para ayudarle. ‖ *Ser señor de sus actos,* dominarse, ser dueño de sí mismo.

Señor Presidente *(El),* novela del escritor guatemalteco Miguel Angel Asturias (1946).

señorear v. t. Dominar, mandar en una cosa como dueño de ella: *el barón que señoreaba en aquel feudo.* ‖ Apoderarse de una cosa, sujetarla a su dominio y mando: *señorear por derecho de conquista.* ‖ *Fig.* Sujetar a la razón: *señorear la virtud sobre el vicio.* | Dominar, estar una cosa a mayor altura que otra: *la ermita señorea el valle.*

señoría f. Tratamiento de cortesía que se da a las personas de cierta dignidad: *Vuestra Señoría.* ‖ Señorío, dominio: *la señoría de un conde.* ‖ Soberanía de ciertos Estados que se gobernaban como repúblicas: *la Señoría de Venecia.*

señorial adj. Relativo al señorío: *dominio señorial.* ‖ Noble, distinguido: *parte señorial.*

señoril adj. Concerniente al señor o al señorío: *tierras señoriles.*

señorío m. Dominio o mando sobre algo. ‖ Antiguo territorio del dominio de un señor: *el señorío de Vizcaya.* ‖ Dignidad de señor. ‖ *Fig.* Caballerosidad, dignidad: *conducirse con señorío.* | Dominio de las pasiones. | Conjunto de señores, personas de distinción: *el señorío del pueblo.*

señorita f. Tratamiento que dan los criados a las jóvenes a quienes sirven, y a veces a la señora. ‖ Término de cortesía aplicado a la mujer soltera: *la señorita Carmen.* ‖ Mujer soltera y joven: *colegio de señoritas.*

señoritingo, ga m. y f. *Despect.* Señorito.

señoritismo m. *Fam.* Condición de señorito. ‖ Conducta propia del señorito.

señorito m. Tratamiento que dan los criados a los jóvenes a quienes sirven: *el señorito Federico.* ‖ *Despect.* Joven acomodado y ocioso: *los señoritos del lugar.*

señorón, ona adj. y s. Muy señor. ‖ Que afecta grandeza: *vive como un señorón.*

señuelo m. Cualquier cosa que sirve para atraer las aves. ‖ Cimbel, figura de ave para atraer a otras. ‖ *Fig.* Trampa, engaño: *caer en el señuelo.* | Cebo, espejuelo: *tras el señuelo de hacerse con una fortuna.* ‖ *Arg.* Cabestro para conducir el ganado.

seo f. Iglesia catedral: *la seo de Zaragoza.*

Seo de Urgel, v. del E. de España (Lérida). Su obispo es, con el presidente de la República Francesa, copríncipe de Andorra.

Seoane (Luis), pintor abstracto argentino, n. en 1910.

sépalo m. Cada una de las hojas del cáliz de la flor.

separación f. Acción y efecto de separar o separarse. || Espacio que media entre dos cosas distantes. || Lo que sirve a dividir, a separar. || *For.* Interrupción de la vida conyugal sin llegar a romper el lazo matrimonial.

separador, ra adj. y s. Que separa.

separar v. t. Poner a una persona o cosa fuera del contacto o proximidad de otra: *separar lo bueno de lo malo.* || Desunir lo que estaba junto: *separar un sello de un sobre.* || Apartar a dos o más personas que luchan entre sí. || Considerar aparte: *separar varios significados de un vocablo.* || Dividir: *el canal de Panamá separa América en dos.* || Destituir de un empleo: *separar a un funcionario.* || — V. pr. Retirarse, apartarse: *separarse de la política.* || Alejarse: *se separaba más del fin buscado.* || Dejar de cohabitar los esposos por decisión judicial, sin romper el vínculo matrimonial.

separata f. Tirada aparte.

separatismo m. Opinión de los separatistas. || Partido separatista: *el separatismo irlandés.*

separatista adj. y s. Dícese de la tendencia o de la persona que labora por separar un territorio o colonia de un Estado: *un separatista irlandés; doctrina separatista.*

sepelio m. Ceremonias religiosas propias de un entierro.

sepia f. *Zool.* Jibia || Materia colorante negruzca extraída de la jibia. || Color terroso, ocre: *una vieja fotografía de color sepia* (ú. t. c. s. m.).

septembrino, na adj. De septiembre: *una soleada mañana, tarde septembrina.*

septembrista adj. y s. Aplícase a los conjurados que intentaron asesinar a Bolívar en la noche del 25 de septiembre de 1828.

septenado m. Septenio.

septenario, ria adj. Aplícase al número compuesto de siete unidades o que se escribe con siete guarismos. || — M. Tiempo de siete días dedicados a un culto: *el septenario de la Virgen de la Merced.*

septenio m. Período de tiempo de siete años.

septentrión m. Norte, punto cardinal. || *Astr.* Osa Mayor.

septentrional adj. Al o del Norte: *regiones septentrionales.*

Septentrional (CORDILLERA), cord. de la Rep. Dominicana, en la costa norte de la isla. Llamada tb. *Sierra de Monte Cristi.*

septenviro m. Magistrado de la Roma antigua que formaba parte de un colegio de siete miembros.

septeto m. *Mús.* Composición para siete instrumentos o voces. | Orquesta de siete instrumentos o coro de siete voces.

septicemia f. *Med.* Infección de la sangre, causada por la presencia de gérmenes patógenos.

septicémico, ca adj. De la septicemia. || — M. y f. Persona que la padece.

séptico, ca adj. Portador de gérmenes patógenos.

septiembre m. Noveno mes, de treinta días, del año actual. (Es frecuente en América y también en España la grafía *setiembre*).

Septimania, parte SO. de las Galias románicas en el litoral mediterráneo.

Septimio Severo (146-211), emperador romano desde 193.

séptimo, ma adj. Que sigue inmediatamente en orden a lo sexto. || — M. Cada una de las siete partes en que se divide un todo. || — F. Intervalo musical de siete grados. || Una de las posiciones en esgrima.

septingentésimo, ma adj. Que ocupa el lugar setecientos. || — M. Cada una de las setecientas partes iguales en que se divide un todo.

septuagenario, ria adj. y s. Que ha cumplido setenta años sin llegar a los ochenta.

septuagésimo, ma adj. Que ocupa el lugar setenta. || — Cada una de las setenta partes iguales en que se divide un todo. || — F. Domínica que celebra la Iglesia católica tres semanas antes del primer domingo de cuaresma.

septuplicación f. Multiplicación por siete.

septuplicar v. t. Multiplicar por siete una cantidad (ú. t. c. pr.).

séptuplo, pla adj. y s. m. Dícese de la cantidad que incluye en sí siete veces a otra.

sepulcral adj. Relativo al sepulcro: *inscripción sepulcral.* || *Fig.* Lúgubre: *voz sepulcral.*

sepulcro m. Obra que se construye para la sepultura de uno o varios cuerpos. || — *Fig. Bajar al sepulcro,* morir. || *Santo Sepulcro,* el de Jesús. (Se da el n. de *Santo Sepulcro* a una basílica de Jerusalén, construida en el s. V.) || || *Fig. Sepulcro blanqueado,* lo que es bello exteriormente, pero lleno de podredumbre en el interior. | *Ser un sepulcro,* ser poco amigo de hablar por discreción. | *Tener un pie en el sepulcro,* estar medio muerto.

sepultar v. t. Poner en la sepultura: *sepultar a los muertos.* || *Fig.* Enterrar: *los cascotes sepultaron a los obreros.* || — V. pr. *Fig.* Sumergirse, abismarme: *sepultarse en su triste melancolía.*

sepultura f. Entierro, inhumación de un cadáver: *dar sepultura a los muertos.* || Fosa donde se entierra el cadáver. || — *Dar sepultura,* sepultar, enterrar. || *Fig. Estar con un pie aquí y otro en la sepultura,* estar medio muerto. | *Genio y figura hasta la sepultura,* el carácter y modo de ser no se cambian en toda la vida.

sepulturero m. Enterrador, el que entierra a los muertos.

Sepúlveda, v. del centro de España (Segovia).

Sepúlveda (Juan Ginés de), historiador y teólogo español (¿1490?-1573), comentador de los problemas jurídicos del descubrimiento y la colonización de América. || ~ **Leyton** (CARLOS), novelista chileno (1900-1941).

sequedad f. Calidad de seco: *la sequedad del clima.* || *Fig.* Carácter de la persona poco amable. | Aridez: *la sequedad del estilo.*

sequía f. Falta de lluvia, tiempo seco de larga duración. || *Amer.* Sed.

sequío m. Secano, tierra sin irrigar.

séquito m. Grupo de personas que acompaña a otra principal en sus viajes: *el séquito del rey.* || *Fig.* Secuela, acompañamiento: *la guerra y su séquito de horrores.*

sequoia f. Secoya.

ser m. Esencia o naturaleza: *ser orgánico.* || Ente, lo que es o existe: *el ser humano.* || Hombre, persona, individuo: *todos formaban un ser único.* || Modo de existir o de vivir. || Naturaleza íntima de una persona: *todo su ser sintió una gran repugnancia.* || *El Ser Supremo,* Dios.

* **ser** v. sustantivo que afirma del sujeto lo que significa el atributo: *la nieve es blanca.* || — V. auxiliar que sirve para la conjugación de todos los verbos en la voz pasiva: *yo seré juzgado.* || — V. i. Haber o existir. || Pertenecer: *este diccionario es de mi hijo.* || Servir, tener utilidad: *este traje es para el invierno.* || Suceder: *la cosa fue bien.* || Valer, costar: *¿a cómo son los calamares?* || Corresponder, tocar: *este asunto no es de mi incumbencia.* || Formar parte de un cuerpo o asociación: *este funcionario es del ayuntamiento.* || Tener principio, origen o naturaleza: *yo soy de Jerez; esta copa es de plata.* || — *A no ser que,* salvo: *mañana vendré, a no ser que llueva.* || *¡Cómo es eso!,* expresión de disgusto. || *Como sea,* de cualquier modo. || *Es más,* incluso: *no me gusta el bacalao; es más, lo detesto.* || *No es nada,* no tiene importancia. || *No ser quién* (o *nadie*) *para algo,* carecer de conocimiento o autoridad para algo: *Felipe no es quién para informar a la prensa.* || *Por si fuera poco,* para colmo: *por si fuera poco, nos quedamos sin gasolina.* || *Puede ser,* quizá, tal vez. || *Sea... sea,* expresión disyuntiva equivalente a ya... ya, ora... ora. || *Ser alguien,* ser persona importante. || *Ser alguien de lo que no hay,* ser muy especial o extraordinario. || *Ser muy de,* ser muy propio o característico de: *esa gracia es muy de Juan;* ser muy adepto de: *esta señora es muy de la Acción Católica.* || *Ser muy suyo,* ser muy egoísta o muy independiente. || *Si es que,* si: *iré a tu casa si es que me invitas.* || *Un si es no es,* un poco, una cantidad pequeña.

sera f. Espuerta grande sin asas.

Serafí Pitarra. V. SOLER (Francisco).

seráfico, ca adj. Relativo o parecido al serafín: *ardor seráfico.* || Angelical. || Epíteto que suele darse a San Francisco de Asís y a su Orden: *el santo seráfico; la orden seráfica.* || *Fig.* y *fam.* Pobre, humilde. | Bondadoso: *sonrisa seráfica.* || *El Doctor Seráfico,* San Buenaventura.

serafín m. Cada uno de los espíritus bienaventurados que forman el segundo coro de los ángeles. || *Fig.* Persona muy bella.

Serapis o **Sarapis,** n. de un dios griego introducido en Egipto en la época de los Ptolomeos. Los romanos lo identificaron con *Zeus.*

Serbia, ant. reino de Europa a orillas del Danubio, hoy República Socialista Federativa de Yugoslavia; 55 968 km²; 4 945 000 h. Cap. *Belgrado.*

serbio, bia adj. y s. De Serbia. || — M. Idioma serbio.

serbocroata adj. Relativo a serbios y croatas. || — M. Lengua eslava hablada en Serbia y Croacia.

Serdán (Aquiles), revolucionario mexicano (1876-1910), partidario de Madero. Se le considera primer mártir de la Revolución.

Seremban, c. de Malaysia, cap. de Negri Sembilan. Comercio.

serena f. Composición poética o musical de los trovadores, que se cantaba de noche.

Serena (La), c. del N. de Chile, cap. de la prov. de Coquimbo. Arzobispado. Turismo. — Comarca del O. de España, en la prov. de Badajoz.

serenar v. t. Apaciguar, sosegar, tranquilizar una cosa: *serenar el viento* (ú. t. c. i. y pr.). || *Fig.* Aquietar, apaciguar: *serenar los ánimos.* || Templar o moderar: *serenar la ira, una pasión.*

serenata f. Música o canciones que se ejecutan por la noche, al aire libre o debajo de la ventana de alguien para rendirle homenaje. || Composición poética que se canta de noche. || *Fig.* y *fam.* Lata, fastidio: *dar la serenata.*

serenense adj. y s. De la Serena (Chile).

serenero m. *Amer.* En algunos sitios, sereno. | Pañuelo de cabeza.

serenidad f. Quietud, calidad de sereno: *la serenidad de la noche.* || Sangre fría, calma, tranquilidad: *mostrar serenidad.* ||

Título de honor de algunos príncipes: *Su Serenidad.*

serenísimo, ma adj. Muy sereno. || Título de honor que se da a ciertos príncipes y a algunos Estados: *Su Alteza Serenísima el Príncipe de Mónaco.*

sereno, na adj. Aplícase al cielo despejado, sin nubes: *cielo sereno.* || *Fig.* Sosegado, tranquilo, apacible. || — M. Humedad de la atmósfera por la noche. || Vigilante que en ciertas poblaciones ronda las calles durante la noche: *los serenos de Madrid.* || *Al sereno,* al aire libre por la noche.

Seret. V. SIRET.

serete m. Sera pequeña.

sergas f. pl. Hechos, proezas, hazañas (únicamente empleado en el título de un célebre libro de caballerías, *Las sergas de Esplandián,* escrito por Garci Rodríguez de Montalvo en 1510).

Sergio, patriarca de Constantinopla de 610 a 638. || **~ I,** papa de 687 ó 688 a 701. Es santo. || **~ II,** papa de 844 a 847. || **~ III,** papa de 904 a 911. || **~ IV,** papa de 1009 a 1012.

Sergipe, Est. oriental del Brasil, en el litoral Atlántico; cap. *Aracajú.* Agricultura; ganadería.

seri adj. y s. Familia indígena mexicana que pobló la parte occidental del actual Est. de Sonora.

serial m. Novela radiofónica o televisada que se da por episodios.

seriar v. t. Clasificar por series, formar series.

sericícola adj. De la sericicultura: *industria sericícola.*

sericicultor, ra o **sericultor, ra** m. y f. Persona que se dedica a la cría de gusanos de seda.

sericicultura o **sericultura** f. Industria de la cría de gusanos de seda para la fabricación de tejidos.

serie f. Conjunto de cosas relacionadas entre sí y que se suceden unas a otras: *una serie de hechos.* || *Mat.* Sucesión de cantidades que se derivan de otras: *la serie de los números enteros.* || *Bot.* y *Zool.* Disposición de los seres en el orden natural de sus afinidades: *serie zoológica, vegetal.* || *Quím.* Grupos de cuerpos enlazados entre sí. || Sucesión ininterrumpida de carambolas en el juego de billar. || Prueba preliminar deportiva para poder participar a una gran competición. || — *Electr. En serie,* dícese del montaje en el que toda la electricidad pasa por el circuito. || *Fabricación en serie,* ejecución de un trabajo por un procedimiento mecánico que permite obtener un gran número de unidades por un precio mínimo. || *Fuera de serie,* dícese del artículo comercial que queda sin vender de una serie y suele venderse a precio rebajado; dícese también de las personas o cosas extraordinarias: *un torero fuera de serie.*

seriedad f. Gravedad, formalidad: *me habló con toda seriedad.*

serigrafía f. Procedimiento de impresión basado en una pantalla de seda, sobre la que se dibuja el motivo, que luego es reportado sobre la superficie que se quiere decorar.

serijo o **serillo** m. Sera o espuerta pequeña.

seringa f. *Amer.* Siringa.

serio, ria adj. Que tiene carácter grave, sentado: *persona seria.* || Severo en el semblante, en el modo de mirar o hablar. || Real, sincero: *promesas serias.* || Grave, importante: *un serio accidente; enfermedad seria.* || *En serio,* seriamente, con seriedad.

sermón m. Discurso religioso pronunciado en el púlpito por un sacerdote. || *Fig.* Discurso moral, reprensión: *echar un sermón.*

sermonear v. t. *Fam.* Reprender. | Aconsejar moralmente.

sermoneo m. *Fam.* Reprensión.

Serna e Hinojosa (José de **La**), militar y gobernante español (1770-1832), último virrey del Perú de 1821 a 1824. Sucre venció a sus tropas en Ayacucho.

serodiagnóstico m. *Med.* Diagnóstico precoz basado en las reacciones de la sangre del enfermo en contacto con un cultivo del microbio correspondiente.

serología f. Estudio de los sueros y de sus propiedades y aplicaciones.

serón m. Sera grande.

serosidad f. Líquido análogo al suero sanguíneo que segregan ciertas membranas del cuerpo. || Humor que se acumula en las ampollas de la epidermis formadas por quemaduras, cáusticos o ventosas.

seroso, sa adj. Relativo al suero o a la serosidad: *líquido seroso.* || — F. *Anat.* Membrana fina que cubre ciertos órganos o cavidades del cuerpo y segrega un líquido.

seroterapia f. *Med.* Sueroterapia, tratamiento con sueros.

Serov, c. de la U. R. S. S. (Rusia).

serpentaria f. *Bot.* Dragontea.

serpentario m. Ave rapaz de África que se alimenta de serpientes y otros reptiles. || Lugar donde se exhiben o conservan serpientes.

serpenteado, da adj. Ondulado.

serpentear v. i. Moverse o extenderse dando vueltas. || Tener curso muy sinuoso: *río que serpentea a través del valle.*

serpenteo m. Movimiento sinuoso, zigzag.

serpentín m. Tubo de forma espiral del alambique en el que se condensan los productos de la destilación. || Pieza antigua de artillería.

serpentina f. Tira de papel arrollada que se arroja en ciertas fiestas. || Género de rocas de color verdoso formado por silicatos hidratados de magnesio amorfos o cristalizados. || Serpentín de arcabuz o mosquete. || Venablo antiguo.

serpiente f. Cualquier reptil ofidio, generalmente de gran tamaño. || Culebra. || El demonio. || *Fig.* Persona pérfida y mala. || — *Serpiente de cascabel,* crótalo. || *Serpiente pitón,* la de gran tamaño con cabeza cubierta de escamas, propia de Asia y África. || *Fig. Serpiente de verano,* noticia sensacional y falsa que suele aparecer en los periódicos en verano, cuando la actualidad es casi nula.

Serpiente (BOCA DE), estrecho que separa la isla de Trinidad del territ. de Venezuela.

Serpiente emplumada. V. QUETZALCÓATL.

serpol m. Especie de tomillo.

serpollar v. i. Retoñar.

serpollo m. Renuevo, retoño.

Serpujov, c. de la U. R. S. S. (Rusia), al S. de Moscú. Industrias.

sérpula f. Gusano anélido marino que vive dentro de un tubo calizo.

Serra (Eudaldo), escultor y ceramista español, en 1911. || **~** (Fray JUNÍPERO), religioso franciscano español (1713-1784), apóstol de California.

serrador, ra adj. y s. m. Aserrador. || — F. Aserradora.

serraduras f. pl. Serrín.

serrallo m. Harén, parte de la casa donde los mahometanos tienen sus mujeres.

serrana f. Composición parecida a la serranilla.

serranía f. Espacio de terreno cruzado por montañas y sierras: *la Serranía de Ronda.*

serraniego, ga adj. Serrano.

serranilla f. Composición poética de asunto rústico, escrita en metros cortos: *las serranillas del Arcipestre de Hita.*

serrano, na adj. De la sierra (ú. t. c. s.). || *Jamón serrano,* el curado al aire de la montaña. || — M. y f. *Fam.* Úsase como término cariñoso.

Serrano (José), compositor español (1873-1941), autor de zarzuelas (*Moros y cristianos, Alma de Dios, La Dolorosa*). || **~** (PABLO), escultor español, n. en 1919. || **~ y Domínguez** (FRANCISCO), general y político español (1810-1885), jefe del Partido Liberal (1865). En 1868 cortó el paso a las tropas de Isabel II en el puente de Alcolea y en 1869 ocupó la regencia de España hasta la llegada de Amadeo I en 1871, quien le mandó formar Gobierno. Fue duque de la Torre.

* **serrar** v. t. Aserrar, cortar con la sierra.

serrátil adj. Dícese de la juntura que tiene forma de dientes de sierra. || Aplícase al pulso desigual.

serrato adj. m. Aplícase al músculo que tiene forma de dientes de sierra (ú. t. c. s. m.).

Serrato (José), político y economista uruguayo (1868-1962), pres. de la Rep. de 1923 a 1927.

serrería f. Aserradero.

serrín m. Partículas finas de madera que se desprenden al serrarla.

serrote m. Serrucho.

serruchar v. t. *Amer.* Aserrar con serrucho.

serrucho m. Sierra de hoja ancha y con un mango. || *Cub.* Pez con rostro en forma de sierra.

Sert (José María), pintor español (1876-1945), autor de murales (catedral de Vich, etc.).

sertão m. (pal. port.). Zona semiárida del Nordeste brasileño, poco poblada y dedicada a la cría extensiva del ganado.

Sertorio (Quinto), general romano (¿123?-72 a. de J. C.). Sublevado contra Roma se hizo independiente en España, donde venció a Metelo y Pompeyo. M. asesinado por su lugarteniente Perpenna.

serval m. Gato salvaje africano de piel estimada.

serventesio m. Cuarteto endecasílabo con rima consonante entre los versos primero y tercero, segundo y cuarto.

Servet (Miguel), médico y teólogo español (1511-1553), que descubrió, antes que Harvey, al circulación pulmonar de la sangre. Intervino en las luchas religiosas de la Reforma y en Ginebra Calvino le hizo morir en la hoguera.

Servia. V. SERBIA.

servible adj. Que puede servir.

servicial adj. Que sirve con cuidado y diligencia: *muchacho servicial.* || Pronto a complacer y servir a otros.

servicio m. Acción y efecto de servir. || Manera de servir o atender: *en este hotel el servicio es muy malo.* || Estado de sirviente: *muchacha de servicio.* || Servidumbre: *ahora es difícil encontrar servicio.* || Mérito que se hace sirviendo al Estado: *hoja de servicio.* || Culto: *servicio que se debe a Dios.* || Utilidad que se saca de una cosa: *este coche me presta buen servicio.* || Turno: *el jueves estoy de servicio.* || Disposición: *estar al servicio de alguien.* || Conjunto de la vajilla o de la mantelería: *servicio de mesa.* || Lavativa, ayuda. || Organismo que forma parte de un conjunto en una administración o en una actividad económica: *servicio de publicidad, de correos.* || En un hotel, restaurante o bar, porcentaje que se añade a la cuenta en concepto de la prestación hecha por los mozos o camareros: *allí el servicio es de un 15 %.* || En el tenis, saque de la pelota. || — Pl. Parte de un alojamiento dedicada a la servidumbre. || Lavabo, aseo. || Producto de la actividad del hombre que no se presenta en forma material (transportes, espectáculos, etc.). || — *Escalera de servicio,* la que utiliza la servidumbre en una casa. || *Hacer un flaco servicio,* perjudicar. || *Servicio militar,* el que tienen que prestar los ciudadanos durante un cierto tiempo para contribuir a la defensa del país. ‖ *Servicio secreto*, el de seguridad del Estado. contraespionaje. ‖ *Servicio social*, en España, período de tiempo durante el cual las jóvenes están obligadas a seguir ciertos cursos de tipo político, religioso, social, folklórico, etc.

servidor, ra m. y f. Persona que sirve a otra. ‖ Término de cortesía: *su seguro servidor*. ‖ *Mil.* Soldado que sirve una pieza de artillería. ‖ — *¡Servidor!*, ¡presente!, contestación que se hace cuando pasan lista. ‖ *Un servidor*, en lenguaje respetuoso equivale a *yo* y concuerda con el verbo en tercera persona: *un servidor no sabe nada*.

servidumbre f. Conjunto de criados: *la servidumbre de palacio*. ‖ Estado o condición de siervo: *vivir en la servidumbre*. ‖ *Fig.* Obligación o dependencia pesada. | Dominación del hombre por las pasiones. ‖ *For.* Derecho que tiene una casa o heredad sobre otra: *servidumbre de vistas*.

servil adj. Relativo a los siervos y criados. ‖ Vil, rastrero: *hombre servil*. ‖ Que sigue demasiado de cerca un modelo: *traducción servil*. ‖ En España, apodo que daban los liberales del primer tercio del siglo XIX a los absolutistas (ú. m. c. s.).

servilismo m. Sumisión ciega.

servilón, ona adj. y s. Servil, partidario de la monarquía absoluta (en la España del s. XIX).

servilleta f. Pieza de tela o papel usada por los comensales para limpiarse la boca.

servilletero m. Aro para enrollar la servilleta.

servio, via adj. y s. Serbio.

Servio Tulio, sexto rey de Roma (¿578?-535 a. de J. C.).

serviola f. *Mar.* Pescante que soporta las anclas. ‖ Marinero que lo guarda.

* **servir** v. i. y t. Desempeñar ciertas funciones o cumplir con unos deberes para con una persona o colectividad: *servir como doméstico, a la República*. ‖ Vender, suministrar mercancías: *servir un pedido*. ‖ Ser útil: *este aparato no sirve para nada*. ‖ Ser uno apto para algo: *yo no sirvo para periodista*. ‖ Ser soldado en activo: *servir en filas*. ‖ Asistir con naipe del mismo palo: *servir una carta*. ‖ Poder utilizarse: *servir de instrumento*. ‖ En tenis, hacer el saque. ‖ Poner en la mesa: *servir el almuerzo*. ‖ Presentar o dar parte de un manjar a un convidado. Ú. t. c. pr.: *sírvase más paella*. ‖ Ser favorable: *esta reforma sirve sus intereses*. ‖ *Mil.* Estar encargado del manejo de una pieza de artillería. ‖ Dar culto: *servir a Dios*. ‖ Obrar en favor de otra persona: *servir de introductor*. ‖ *Fig. No se puede servir a Dios y al diablo*, no se puede complacer al mismo tiempo a dos personas antagónicas. ‖ — V. pr. Valerse de una cosa: *servirse de las manos*. ‖ Tener a bien: *sírvase venir conmigo*. ‖ Beneficiarse de: *servirse de sus amistades*.

servita adj. y s. Dícese del miembro de la orden tercera fundada en Italia en 1333.

servocroata adj. y s. Serbocroata.

servodirección f. Servomando que facilita el esfuerzo para hacer girar las ruedas motrices de un automóvil.

servofreno m. Servomando que facilita el funcionamiento del freno de un automóvil.

servomando m. *Tecn.* Mecanismo auxiliar que amplifica una fuerza débil para hacer funcionar una máquina o un dispositivo cualquiera.

servomecanismo m. *Tecn.* Mecanismo que, provisto de un programa, funciona automáticamente y corrige por sí mismo los errores.

servomotor m. *Tecn.* Servomando a distancia, como el de los timones de los buques.

sesada f. Sesos de un animal. ‖ Fritada de sesos.

sésamo m. Planta herbácea de flores blancas de cuyas semillas se saca aceite. ‖ *Ábrete sésamo*, se aplica a un recurso infalible para vencer todos los obstáculos.

sesear v. i. Pronunciar la *ce* o la *zeda* como *ese*: *los andaluces e hispanoamericanos suelen sesear*.

sesenta adj. Seis veces diez. ‖ Sexagésimo: *número, año sesenta*. ‖ — M. Número equivalente a seis veces diez.

sesentavo, va adj. y s. m. Dícese de cada una de las sesenta partes iguales en que se divide un todo.

sesentón, ona adj. y s. *Fam.* Sexagenario: *un hombre sesentón*.

seseo m. Pronunciación de la *ce* o la *zeda* como *ese*. (El *seseo* existe en casi toda Andalucía, Extremadura, Murcia, Alicante y Canarias, así como en los países hispanoamericanos.)

sesera f. Parte de la cabeza del animal en que están los sesos. ‖ *Fig.* y *fam.* Inteligencia.

sesgadura f. Corte al sesgo.

sesgar v. t. Cortar el sesgo. ‖ *Méx.* Desviar.

sesgo, ga adj. Oblicuo. ‖ — M. Oblicuidad. ‖ *Fig.* Rumbo, camino: *este asunto ha tomado mal sesgo*. ‖ *Al sesgo*, oblicuamente: *clavar banderillas al* (o *en*) *sesgo*.

sésil adj. Carente de pecíolo: *hoja sésil*.

sesión f. Cada una de las reuniones de un cuerpo deliberante: *las sesiones de Cortes*. ‖ Función de teatro o cine: *sesión de tarde, de noche*. ‖ *Abrir, levantar la sesión*, iniciar, terminar la reunión.

sesionar v. i. *Amer.* Celebrar sesión.

seso m. Cerebro. ‖ *Fig.* Sensatez, juicio: *hombre de mucho seso*. ‖ — *Fig. Devanarse los sesos*, pensar mucho para resolver un asunto. | *Perder el seso*, volverse loco. | *Sorber los sesos a uno*, ocuparle enteramente la mente.

Sesostris o **Senosrit,** n. de tres faraones de Egipto de la XII dinastía (s. XX-XIX a. de J. C.).

sesquicentenario m. Celebración del ciento cincuenta aniversario: *el sesquicentenario de un acontecimiento histórico*.

sesquióxido m. *Quím.* Óxido que contiene la mitad más de oxígeno que el protóxido.

Sestao, pobl. del N. de España (Vizcaya), cerca de Bilbao. Altos hornos.

sesteadero m. Lugar donde sestea el ganado.

sestear v. i. Dormir la siesta. ‖ Recogerse el ganado a la sombra. ‖ *Fig.* No hacer nada.

sesteo m. Acción de sestear.

sestercio m. Moneda de plata romana que valía dos ases y medio.

sestil m. Sesteadero.

Sesto San Giovanni, c. en el NE. de Italia, cerca de Milán.

Sestos, c. ant. de Tracia, enfrente de Abidos en el Helesponto.

sesudo, da adj. Que tiene seso o inteligencia. ‖ Prudente, sensato: *varón sesudo*.

set m. (pal. ingl.). En el tenis, conjunto de seis juegos o más, hasta obtener un jugador una diferencia de dos. ‖ Plató de cine. (Pl. *sets*.)

Set, patriarca bíblico, tercer hijo de Adán y Eva.

seta f. Hongo de sombrerillo.

Sete ‖ **~ Lagoas,** mun. y pobl. del Brasil (Minas Gerais). ‖ **~ Quedas.** V. GUAIRA.

Sète, c. y puerto del SE. de Francia (Hérault).

setecientos, tas adj. Siete veces ciento. ‖ Septingentésimo: *número, año setecientos*. ‖ — M. Número equivalente a siete veces ciento.

Setegantí. V. TUIRA.

setena f. Conjunto de siete unidades.

setenta adj. Siete veces diez. ‖ Septuagésimo: *número, año setenta*. ‖ — M. Número equivalente a siete veces diez.

Setenta *(Versión de los)*, traducción griega del Antiguo Testamento, realizada por setenta y dos judíos de Egipto por orden de Ptolomeo Filadelfo (283 ó 282 a. de J. C.). Es la versión más antigua.

setentavo, va adj. y s. m. Septuagésima parte de un todo.

setentón, ona adj. y s. *Fam.* Septuagenario: *una mujer setentona*.

Seti, n. de dos reyes egipcios de la XIX.ª dinastía (s. XIV y XIII a. de J. C.).

setiembre m. Septiembre.

Setif, c. oriental de Argelia, cap. del dep. homónimo.

sétimo, ma adj. y s. Séptimo.

seto m. Cercado, valla. ‖ *Seto vivo*, el hecho con plantas vivas.

setter m. Perro de caza de raza inglesa, de pelo largo.

Setúbal, c. y puerto de Portugal, al S. de Lisboa, cap. de distrito. Conservas de pescado.

seudónimo m. Nombre adoptado por un autor o artista en vez del suyo: *"Fígaro" fue el seudónimo de Larra*.

seudópodo m. Prolongación protoplasmática emitida por algunos seres unicelulares y que sirve para la ejecución de movimientos y para la prensión de partículas orgánicas: *los seudópodos de las amebas*.

Seúl o **Kyöngsong,** cap. de Corea del Sur, en el NO. del país; 3 805 000 h. Universidad.

s. e. u o., sigla de *salvo error u omisión*.

Seurat (Georges), pintor puntillista francés (1859-1891).

Sevan (LAGO DE), lago de la U. R. S. S. en Armenia; 1 400 km².

severidad f. Rigor en el trato o en el castigo: *la severidad de una pena*. ‖ Exactitud en la observancia de una ley. ‖ Seriedad, austeridad.

Severn, río de Gran Bretaña (Inglaterra) que des. en el canal de Bristol (Atlántico); 338 km.

Severnaia Zemlia, archip. ártico de la U. R. S. S., entre el mar de Kara y el mar de Laptev.

severo, ra adj. Riguroso: *castigo severo*. ‖ Que no tiene indulgencia: *maestro severo*. ‖ Que muestra rigor: *mirada severa*. ‖ Grave, serio, austero: *vida severa*. ‖ Sin adornos excesivos: *estilo severo*. ‖ Destemplado, duro, riguroso: *invierno muy severo*. ‖ Grave, fuerte: *infligir severa derrota*. ‖ Exacto, puntual en el cumplimiento de la ley.

sevicia f. Crueldad excesiva. ‖ Malos tratos.

seviche m. *Méx.* Pescado crudo aderezado con limón y especias.

Sevigné (Marie DE RABUTIN-CHANTAL, *marquesa de*), escritora francesa (1626-1696), cuyas cartas a su hija relatan las costumbres de la Francia de Luis XIV.

SE

Sevilla, mun. y pobl. del O. de Colombia (Valle del Cauca). — C. del S. de España, cap. de la prov. homónima, a orillas del Guadalquivir; puerto fluvial. Arzobispado. Capitanía general. Universidad. Escuela de Ingenieros industriales. Es la *Hispalis* romana. En sus alrededores se encuentran las ruinas de Itálica. Monumentos (Catedral, la Giralda, el Alcázar, la Torre del Oro, el Archivo de Indias). Biblioteca Colombina. Son célebres su Semana Santa y sus ferias de abril. La prov. es agrícola y ganadera.

sevillano, na adj. y s. De Sevilla. ‖ — F. pl. Danza y música que la acompaña propias de la provincia de Sevilla.

Sèvres [sevr], c. de Francia (Hauts-de-Seine), al O. de París y a orillas del Sena. Fábrica nacional de porcelanas. ‖ **~ (Deux-).** V. DEUX-SÈVRES.

sexagenario, ria adj. y s. Dícese de la persona que ha cumplido sesenta años y tiene menos de setenta: *un empleado sexagenario.*
sexagésima f. Domínica segunda antes de cuaresma.
sexagesimal adj. Aplícase al sistema de contar o de subdividir de sesenta en sesenta.
sexagésimo, ma adj. Que ocupa el lugar sesenta. ‖ — M. Cada una de las sesenta partes iguales en que se divide un todo.
sex-appeal [*-apil*] m. (pal. ingl.). Atractivo.
sexcentésimo, ma adj. Que ocupa el lugar seiscientos. ‖ — M. Cada una de las seiscientas partes iguales en que se divide un todo.
sexenal adj. Que ocurre o se repite cada seis años.
sexenio m. Espacio de tiempo de seis años.
sexo m. En los animales y las plantas, condición orgánica que distingue el macho de la hembra. ‖ Órgano de la generación. ‖ Circunstancia de ser macho o hembra: *ser del sexo femenino.* ‖ *Bello sexo* o *sexo débil,* las mujeres.
sexología f. Estudio científico de la sexualidad y de los problemas psicológicos que implica.
sexólogo m. Especialista en sexología.
sexta f. En el rezo eclesiástico, una de las horas menores que se dice después de la tercia. ‖ En el juego de los cientos, reunión de seis cartas correlativas. ‖ *Mús.* Intervalo que separa una nota de la sexta ascendiente o descendiente en la escala.
sextante m. Instrumento astronómico formado por un sector de 60 grados, que se utiliza para determinar la latitud de los astros.
sexteto m. *Mús.* Composición para seis instrumentos o seis voces. | Orquesta de seis instrumentos o coro de seis voces.
sextil adj. Aplícase a la distancia angular de 60° entre dos astros.
sextilla f. Estrofa de seis versos aconsonantados de arte menor.
sextina f. Estrofa de seis versos endecasílabos que riman como un serventesio más un pareado. ‖ Composición poética formada por seis estrofas, como la descrita, y rematada por una estrofa de tres versos.
sexto, ta adj. y s. Que sigue inmediatamente al o a lo quinto. ‖ — M. Cada una de las seis partes iguales en que se divide un todo. ‖ *Fam.* Sexto mandamiento.
Sexto Empírico, filósofo escéptico, astrónomo y médico griego del s. III.
sextuplicación f. Multiplicación por seis.
sextuplicar v. t. Multiplicar por seis una cantidad. ‖ Hacer seis veces mayor una cosa.
séxtuplo, pla adj. Que incluye en sí seis veces una cantidad. ‖ — M. Número seis veces mayor que otro: *el séxtuplo de 5 es 30.*
sexuado, da adj. Que tiene diferenciación fisiológica de sexo: *flor sexuada.*
sexual adj. Relativo al sexo.
sexualidad f. Conjunto de condiciones anatómicas y fisiológicas que caracterizan a cada sexo.
Seychelles (ISLAS), archip. británico del océano Índico, a 1 100 km al NE. de Madagascar. Cap. *Victoria.*
Seymour (Juana). V. JUANA SEYMOUR.
Sfax, c. y puerto de Túnez, en el N. del golfo de Gabes. Exportación de fosfatos.
Sforza, familia italiana que reinó en Milán del s. XIV al XVI.
s'Gravenhage. V. HAYA *(La).*
sha m. Título llevado por los soberanos de Irán.
Shaba. V. KATANGA.
Shackleton (Sir Ernest), explorador británico de las regiones antárticas (1874-1922). N. en Irlanda y m. en la Antártida.
Shaftesbury (Anthony ASHLEY COOPER, *conde de*), político inglés (1621-1638). Obtuvo del Parlamento la votación del bill del *Habeas corpus.*
Shahjahanpur, c. del N. de la India (Uttar Pradesh).
shaker [*cheika*] m. (pal. ingl.). Coctelera.
Shakespeare (William), poeta dramático inglés, n. en Stratford-upon-Avon (1564-1616), uno de los escritores más geniales de la humanidad. Describió en sus dramas el amor *(Romeo y Julieta),* la piedad filial *(El rey Lear),* la ambición *(Macbeth),* los celos *(Otelo),* la duda *(Hamlet),* mostró en sus comedias su poder de creación *(La tempestad, El sueño de una noche de verano, Las alegres comadres de Windsor, El mercader de Venecia, La fierecilla domada,* etc.), se distinguió en obras de teatro de carácter histórico *(Antonio y Cleopatra, Julio César, Coriolano)* o inspiradas en crónicas inglesas *(Ricardo II, Enrique V, Ricardo III)* y compuso admirables *Sonetos.*
shakesperiano, na adj. Relativo a Shakespeare.
shakó m. (pal. húngara). Chacó.
Shangai. V. CHANGAI.
Shannon, río de Irlanda, que des. en el océano Atlántico; 368 km.
Shansi. V. CHANSI.
shantung m. (pal. ingl.). Cierto tejido de seda. ‖ Tejido de algodón de trama gruesa.
Shaw (George Bernard), escritor irlandés n. en Dublín (1856-1950), autor de relatos, ensayos y obras de teatro ingeniosas y satíricas *(Cándida, Pigmalión, César y Cleopatra, Santa Juana, Hombre y superhombre, La profesión de la señora Warren, El héroe y el soldado,* etc.). [Pr. Nóbel, 1925.]
Sheffield [*chefild*], c. de Gran Bretaña en el centro de Inglaterra (Yorkshire). Metalurgia. Universidad.
Shehuen. V. CHALIA.
Shekiashuang. V. CHEKIACHANG.
Shelley (Percy Bysshe), poeta romántico inglés (1792-1822), autor de poemas armoniosos y melancólicos *(Alastor, Oda al viento del Oeste, La reina Mab, Adonais, La alondra,* etc.), dramas *(Los Cenci)* y ensayos. Se ahogó en Italia. — Su mujer MARY WOLLSTONECRAFT (1797-1851) escribió la novela de terror *Frankenstein.*
Shensi. V. CHENSI.
Shenyang. V. CHENYANG.
Sherbrooke, c. en el O. del Canadá (Quebec). Arzobispado. Universidad.
Sheridan (Philip Henry), militar norteamericano (1831-1888), general nordista en la guerra de Secesión. ‖ ~ (RICHARD BRINSLEY BUTLER), escritor y político inglés, n. en Dublín (1751-1816), autor de la comedia *La escuela de la maledicencia.*
sheriff [*cherif*] m. (pal. ingl.). En los Estados Unidos, oficial de administración elegido por un distrito, con cierto poder judicial.
Sherlock Holmes, detective aficionado inglés, protagonista de las novelas de Conan Doyle.
Sherman (William), militar norteamericano (1820-1891), general nordista en la guerra de Secesión (1861-1865).
sherpa adj. y s. Dícese de un pueblo del Himalaya (Nepal) cuyos miembros son excelentes montañeros.
sherry m. (pal. ingl.). Nombre dado por los ingleses al vino. Vino de Jerez.
Shetland, archip. y condado de Gran Bretaña, al N. de Escocia; cap. *Lerwick.* ‖ **~ del Sur,** archip. de la Argentina, situado en las Antillas del Sur.
shilling [*chílin*] m. (pal. ingl). Chelín.
Shillong, c. en el NE. de la India, cap. del Est. de Asam.
Shimizu, c. del Japón, en el SE. de la isla de Honshu.
shimmy m. (pal. ingl.). *Autom.* Oscilación de las ruedas directrices al alcanzar cierta velocidad.
Shimonoseki o **Simonoseki,** c. y puerto del Japón, en el SO. de la isla Honshu. Industrias.
Shiraz. V. CHIRAZ.
Shirley (James), autor dramático inglés (1596-1666).
Shizuoka o **Sizuoka,** c. del Japón en el SE. de la isla de Honshu.
Shkodër o **Shkodra.** V. ESCUTARI.
shock [*chok*] (pal. ingl.). *Med.* Choque fuerte, depresión física y psíquica producida por una intensa conmoción.
shogún [*chogún*] m. Taicún.
Sholapur, c. de la India, en el S. del Est. de Maharashtra.
Shólojov (Mijail). V. CHOLOJOV (Mijail).
short [*chort*] m. (pal. ingl.). Pantalón corto.
show m. (pal. ingl.) Exhibición, espectáculo.
Shreveport, c. del S. de Estados Unidos (Luisiana). Petróleo.
Shrewsbury, c. de Gran Bretaña en el O. de Inglaterra, cap. del Shropshire.
Shropshire o **Salop,** condado de Gran Bretaña (Inglaterra), fronterizo con el País de Gales; cap. *Shrewsbury.*
shullo m. *Per.* Gorro con orejeras usado por los indios.
shunt [*chunt*] m. (pal. ingl.). Derivación que se hace en un circuito eléctrico para que sólo pase parte de la corriente.
si conj. Implica o denota condición o hipótesis: *si lloviera iría en coche.* ‖ A principio de cláusula da énfasis a las expresiones de duda, deseo o aseveración: *si ayer lo negaste, ¿cómo te atreves a afirmarlo hoy?* ‖ Precedida de *como* o de *que* se emplea en conceptos comparativos. ‖ En lenguaje indirecto sirve para expresar la afirmación: *dime si quieres ir al cine.* ‖ En expresiones ponderativas equivale a *cuanto: ¡mira si sabe este niño!* ‖ Se emplea en exclamaciones de sorpresa: *¡si será posible!*
si m. *Mús.* Séptima nota de la escala.
Si, símbolo químico del *silicio.*
sí pron. Forma reflexiva del pron. pers. de tercera persona empleada siempre con preposición: *de sí; por sí; para sí.* ‖ — *Dar de sí,* alargarse, estirarse. ‖ *De por sí* o *de sí,* por la naturaleza misma de la cosa o persona de que se trata. ‖ *Para sí,* mentalmente. ‖ *Volver en sí,* recobrar el sentido.
sí adv. Se emplea para responder afirmativamente: *¿tienes dinero suficiente? — Sí.* ‖ — *Claro que sí,* manera de afirmar rotundamente. ‖ *Fam. Eso sí que no,* manera de negar rotundamente. ‖ *Porque sí,* respuesta afirmativa a algo sin querer dar la razón: *¿por qué insistes tanto? — Porque sí.* ‖ *¡Pues sí...!,* ¡vaya!, estamos listos: *ya no hay más dinero. — ¡Pues sí...!*
sí m. Consentimiento: *dar el sí.* (Pl. *síes.*)
Sí de las niñas *(El),* comedia costumbrista de Leandro Fernández de Moratín (1806).
sial m. Parte superficial y sólida de la corteza terrestre, de 10 a 15 km de espesor, y de densidad de 2,7 a 3, formada por rocas cristalinas, principalmente silicatos alumínicos.
sialismo m. *Med.* Salivación.
Sialkot, c. en el N. del Paquistán Occidental (Lahore). Industrias.
Siam. V. TAILANDIA. ‖ ~ (GOLFO DE), golfo de China formado por el mar de China Meridional, al S. de Indochina.

siamés, esa adj. y s. De Siam. || *Hermanos siameses*, nombre dado a los mellizos que nacen unidos por cualquier parte del cuerpo.

Sian o **Singan,** c. de China, cap. de la prov. de Chensí. Textiles.

Siangtan, c. meridional de China (Hunan).

Siapa, río en el S. de Venezuela, afl. del Casiquiare (Amazonas); 320 km.

Síbaris, ant. c. de Italia (Lucania), colonia aquea, Célebre por la molicie de sus habitantes.

sibarita adj. y s. De Síbaris. || *Fig.* Aficionado a los placeres y regalos exquisitos.

sibarítico, ca adj. Relativo a la ciudad de Síbaris. || *Fig.* Sensual.

sibaritismo m. Vida regalada y sensual.

Sibelius (Jean), músico finlandés (1865-1957), autor de *Finlandia, Vals triste,* sinfonías, concierto para violín y orquesta, piezas para piano, óperas, etc.

Siberia, gran región en el N. de Asia, perteneciente a la Rep. Federativa de Rusia (U. R. S. S.), que se extiende desde el mar Caspio hasta el estrecho de Bering; más de 11 millones de km^2. Minas. Centrales hidráulicas. Metalurgia.

siberiano, na adj. y s. De Siberia.

sibila f. Entre los antiguos, mujer a la que se atribuía espíritu profético. || *Fig.* Adivina.

sibilante adj. Que se pronuncia a modo de silbo. || — Adj. y s. f. Dícese de la letra que se pronuncia de esta manera, como la *s*.

sibilino, na adj. De las sibilas: *oráculo sibilino.* || *Fig.* Profético: *frase sibilina.* | De sentido misterioso u oculto: *expresión sibilina.*

Sibiu, c. en el centro de Rumania (Transilvania). Industrias.

[illegible] V. [illegible].

sic adv. lat. Así. (Se usa entre paréntesis para indicar que se cita textualmente.)

sicalipsis f. Pornografía.

sicalíptico, ca adj. Pornográfico, erótico.

sicamor m. *Bot.* Ciclamor.

sicario m. Asesino asalariado.

Sicasica, c. de Bolivia, cap. de la prov. de Aroma (La Paz).

sicigia f. *Astr.* Conjunción u oposición de la Luna con el Sol.

Sicilia, isla del Mediterráneo perteneciente a Italia, al SO. de esta península; 25 708 km^2; cap. *Palermo.* Agricultura.

siciliano, na adj. y s. De Sicilia.

Sicilias (REINO DE LAS DOS), ant. reino de Italia formado por Alfonso V de Aragón en Nápoles y Sicilia de 1442 a 1458. Reconstituido en 1816, fue incorporado al reino de Italia en 1861.

siclo m. Moneda y peso de Israel.

sicoanálisis m. Psicoanálisis.

sicodélico, ca adj. Dícese del estado causado por la absorción de ciertos alucinógenos.

sicodelismo m. Estado de sueño provocado por el uso de alucinógenos.

sicofanta o **sicofante** m. Calumniador.

sicofísica f. Psicofísica.

sicología f. Psicología.

sicológico, ca adj. Psicológico.

sicólogo m. Psicólogo.

sicómoro o **sicomoro** m. Especie de higuera de Egipto, de madera incorruptible que los antiguos usaban para las cajas de sus momias. || Plátano falso.

sicópata com. Psicópata.

sicopatía f. Psicopatía.

sicosis f. Psicosis.

sicoterapia f. Psicoterapia.

Sicuani, c. al SE. del Perú, cap. de la prov. de Canchis (Cuzco).

sidecar [*saidcar*] m. (pal. ingl.). Vehículo de una sola rueda unido a una motocicleta. (Pl. *sidecares.*)

Sider (El), puerto petrolero de Libia, en Tripolitania.

sideral y **sidéreo, a** adj. Relativo a los astros: *espacio sideral.*

siderita f. Planta labiada de flores amarillas. || *Min.* Siderosa.

siderosa f. *Min.* Carbonato ferroso de color pardo amarillento.

siderosis f. Intoxicación producida por la absorción de polvo de los minerales de hierro.

siderurgia f. Arte de extraer el hierro, de fundirlo y de elaborar acero.

siderúrgico, ca adj. Relativo a la siderurgia: *producción, industria siderúrgica.*

Sidi || **~ Bel Abbés,** c. al E. de Argelia (Orán). || **~ Ifni,** c. en la costa SO. de Marruecos, cap. de Ifni. Perteneció a España hasta 1969. || **~ Kacem,** c. del N. de Marruecos. Refinería de petróleo.

Sidney (Sir Philip), escritor inglés (1554-1586), autor de la novela pastoril *La Arcadia* y de sonetos.

Sidón, hoy *Saída,* c. ant. de Fenicia. Necrópolis.

Sidonio Apolinar *(San),* obispo y poeta latino, n. en Lyon (¿430-487?). Fiesta el 23 de agosto.

sidra f. Bebida alcohólica obtenida por la fermentación del zumo de las manzanas.

sidrería f. Tienda donde se vende sidra.

siega f. Corte de las mieses. || Temporada en que se cortan las mieses. || Mieses cortadas.

siembra f. Acción de sembrar y tiempo en que se hace. || Sembrado, terreno.

Siemens (Werner VON), ingeniero alemán (1816-1892), célebre investigador en materia de electricidad. — Su hermano Sir WILLIAM (1823-1883), naturalizado británico, inventó el horno para la fabricación de acero Martin-Siemens.

Siemianowice Slaskie, c. de Polonia, al N. de Katovice. Hulla, metalurgia.

siempre adv. En todo o cualquier tiempo: *yo siempre me acuesto a las 11; siempre han ocurrido desgracias.* || En todo caso: *este título siempre te servirá.* || Naturalmente: *siempre es más agradable ir en coche que andando.* || *Amér. C., Col.* y *Méx.* Con seguridad. || *Siempre que* o *siempre y cuando,* con tal que, si.

siempretieso m. Dominguillo.

siempreviva f. *Bot.* Perpetua.

sien f. Cada una de las dos partes laterales de la cabeza, comprendidas entre la frente, la oreja y la mejilla.

Siena, c. y prov. en el centro de Italia (Toscana), al S. de Florencia. Arzobispado. Catedral; palacio. Turismo.

Sienkiewicz (Henryk), escritor polaco (1846-1916), autor de la novela *Quo Vadis?* (1895). [Pr. Nóbel, 1905.]

Siero, c. en el NO. de España (Oviedo). Ganadería.

sierpe f. Serpiente: *la calle de las Sierpes en Sevilla.* || *Fig.* Persona muy mala o fea. | Cosa que se mueve con ondulaciones como si fuese una serpiente. || Vástago que brota de las raíces leñosas.

sierra f. Herramienta consistente en una banda de acero con dientes que sirve para cortar madera, piedra, etc.: *sierra de mano, mecánica.* || Cordillera de montes: *la Sierra Nevada, la Sierra Madre.* || Nombre de diversos peces del golfo de México.

Sierra, cabo al E. de la Argentina, en el golfo de San Matías (Río Negro y Chubut). || **~ Chica,** sierra de la Argentina (Córdoba), parte central del Cordón Oriental || **~ de Monte Cristi.** V. SEPTENTRIONAL *(Cordillera).* || **~ Gorda,** parte de la Sierra Madre Oriental de México (Taumalipas). — Com. de Chile (Antofagasta). || **~ Grande,** sierra de la Argentina (Córdoba). Hierro. || **~ Leona.** V. artículo siguiente. || **~ Madre,** macizo montañoso de Guatemala, en la altiplanicie central; 380 km. || **~ Madre de Chiapas,** sistema montañoso del SE. de México que se extiende por el Estado de Chiapas. || **~ Madre del Sur,** cord. de México, desde el cabo Corrientes al istmo de Tehuantepec. || **~ Madre de Oaxaca,** sierra del S. de México (Oaxaca); 300 km. || **~ Madre Occidental,** cord. al O. de México; 1 250 km. || **~ Madre Oriental,** sierra al E. de México; 1 300 km. || **~ Mariánica.** V. MORENA. || **~ Morena.** V. MORENA. || **~ Nevada,** parte de la cord. Neovolcánica, entre el Est. de México y el de Puebla. V. NEVADA. || **~ Nevada de Chita,** sistema montañoso de Colombia, en la Cordillera Oriental; 5 943 m. Recibe tb. el n. de *Cocuy* o *Güicán.*

Sierra Leona, república en el O. de África, entre Guinea y Liberia; 72 323 km^2; 2 600 000 h. *(sierraleoneses).* Cap. *Freetown,* 128 000 h. Agricultura. Minas (diamantes, hierro, cromo, titanio).

Sierra (Terencio), general hondureño (1849-1907), pres. de la Rep. de 1900 a 1903. || **~ Méndez** (JUSTO), escritor, poeta romántico y pedagogo mexicano, n. en Campeche (1848-1912). — Su padre JUSTO SIERRA O'REILLY (1814-1861) fue historiador y jurisconsulto.

siervo, va m. y f. Esclavo. || Persona que profesa en algunas órdenes religiosas: *siervo de Dios.* || *Siervo de la gleba,* en el régimen feudal, el ligado a la tierra y que se traspasaba con la heredad.

Siervo libre de amor, novela de caballerías de Rodríguez del Padrón ([illegible]).

sieso m. Parte inferior y terminal del intestino recto acabada por el ano.

siesta f. Tiempo de la tarde en que aprieta mucho el calor. || Sueño durante este tiempo. || *La siesta del carnero,* pequeño sueño antes de la comida.

siete adj. Seis más uno. || Séptimo: *el día siete.* || — M. Número equivalente a seis más uno. || Carta o naipe de siete puntos *siete de copas.* || *Fam.* Desgarradura en forma de ángulo: *un siete en el pantalón.* || *Fig. Amer.* Ano. || *Fig. Más que siete,* mucho: *habla más que siete.*

Siete || **~ Partidas,** recopilación jurídica redactada por orden de Alfonso X el Sabio (1252-1284). || **~ Tratados,** ensayos del ecuatoriano Juan Montalvo (1873).

sietecolores f. inv. *Méx.* Especie de planta ornamental.

sietecueros m. inv. *Amer.* Flemón en la palma de la mano o en la planta de los pies.

sietemesino, na adj. y s. Dícese del niño nacido a los siete meses de engendrado. || *Fig.* y *fam.* Aplícase a la persona enclenque.

sieteñal adj. De siete años.

Sieyès (Emmanuel Joseph), sacerdote y político francés (1748-1836), uno de los fundadores del Club de los Jacobinos.

sífilis f. Enfermedad venérea contagiosa provocada por un treponema que se transmite generalmente por vía sexual y que se manifiesta por un chancro cutáneo y por afecciones viscerales.

sifilítico, ca adj. Relativo a la sífilis: *chancro sifilítico.* || Enfermo de sífilis (ú. t. c. s.).

sifilografía f. Parte de la medicina que estudia la sífilis.

sifón m. Tubo en el que se hace el vacío y sirve para trasegar líquidos de un recipiente a otro. || Dispositivo consistente en un tubo acodado, que siempre contiene agua, y sirve para aislar de los malos olores en las cañerías de fregaderos, retretes, etc. || Botella de agua gaseosa provista de un tubo acodado y de una espita para vaciarla. || *Fam.* Agua de ácido carbónico: *échame un poco de sifón.*

Sigeberto, n. de tres reyes de Austrasia (s. VI y VII).

Sigfrido, drama musical de R. Wagner (1876), tercera parte de la tetralogía *El anillo de los Nibelungos.*

sigilar v. t. Sellar, imprimir con sello. || Callar, ocultar o encubrir una cosa.

sigilo m. Secreto, silencio, discreción: *actuar, obrar con sigilo.* || (P. us.). Sello. || *Sigilo sacramental,* secreto al que están obligados los confesores.

sigilografía f. Ciencia que estudia los sellos.

sigiloso, sa adj. Que guarda sigilo, discreto.

sigla f. Letra inicial usada como abreviatura: *O. N. U. son las siglas de la Organización de las Naciones Unidas.*

siglo m. Período de cien años: *empresa que tiene un siglo de existencia.* || Dícese en particular de los períodos de cien años contados a partir del nacimiento de Jesucristo: *siglo XX.* || Época en que vive uno: *nuestro siglo.* || *Fig.* Mucho tiempo: *hace un siglo que no te veo.* || El mundo, en oposición al claustro: *abandonar el siglo.* || — *Por los siglos de los siglos,* eternamente. || *Siglo de Oro,* época de mayor esplendor en las artes, las letras, etc.

sigma f. Decimoctava letra del alfabeto griego (σ, ς) equivalente a la *s* castellana.

Sigmaringen, c. del S. de Alemania Occidental (Baden-Wurtemberg). Castillo.

sigmoideo, a y **sigmoides** adj. De forma de signo: *cavidades sigmoides del cúbito.*

Signac (Paul), pintor puntillista francés (1863-1935).

signar v. t. Hacer la señal de la cruz (ú. t. c. m.). || Firmar.

signatario, ria adj. y s. Firmante, que firma.

signatura f. Señal. || *Impr.* Número que se pone al pie de la primera página de cada pliego para facilitar la encuadernación. || Señal que se pone a un libro para clasificarlo en una biblioteca.

significación f. Significado. || Importancia: *persona de mucha significación.* || Tendencia política *persona de significación socialista.*

significado, da adj. Conocido, importante, reputado: *hombre significado.* || — M. Sentido: *el significado de un término.*

significador, ra adj. Aplícase al que o a lo que significa algo.

significar v. t. Ser una cosa representación o indicio de otra: *la bandera blanca significa la rendición.* || Representar una palabra, una idea o una cosa material: *rezar significa rogar a Dios.* || Equivaler: *esto significaría la derrota.* || Hacer saber, indicar: *significar a uno sus intenciones.* || — V. i. Representar, tener importancia: *esto no significa nada para mí.* || — V. pr. Hacerse notar, distinguirse: *significarse por su probidad.*

significativo, va adj. Que tiene significado claro: *un hecho muy significativo.* || Que tiene importancia: *persona muy significativa en el mundillo político.*

signo m. Representación material de una cosa, dibujo, figura o sonido que tiene un carácter convencional: *signos de puntuación, algebricos.* || *Mat.* Señal que se usa en los cálculos para indicar las diversas operaciones: *el signo +.* || Indicio, señal: *hay signos de tormenta.* || Figura o rúbrica que los notarios añaden a su firma. || Señal de bendición. || *Fig.* Tendencia: *un movimiento de signo derechista.* || Cada una de las doce divisiones del Zodiaco. || Hado, destino: *tener buen signo.* || *Signos exteriores de riqueza,* elementos del tren de vida de un individuo por los cuales la hacienda puede controlar la veracidad de una declaración de impuestos.

Siguatepeque, distrito y pobl. en el S. del centro de Honduras (Comayagua).

siguemepollo m. Cinta de adorno que llevaban las mujeres en el vestido colgando sobre la espalda. || Cinta usada en el cuello por las mujeres de edad para ocultar las arrugas.

Sigüenza, c. del centro de España (Guadalajara). Obispado. Catedral. Monumentos románicos y árabes.

Sigüenza y Góngora (Carlos de), sacerdote, polígrafo y escritor gongorista mexicano (1645-1700).

siguiente adj. Que sigue, posterior: *se fue al día siguiente* (ú. t. c. s.).

Sikiang, río del S. de China, que des. en el golfo de Cantón; 2 100 km.

Sikkim, protectorado de la India en el Himalaya, al E. de Nepal; 7 300 km²; 200 000 h. Cap. *Gangtok.*

Sikoku, isla más pequeña de las cuatro grandes que forman el Japón, al S. de la de Honshu; 11 766 km². C. pr. *Matsuyama, Kochi, Tokushima, Takamatsu.*

Sil, afl. izq. del Miño (España), en las prov. de León, Orense y Lugo; 229 km.

Sila (Lucio Cornelio), estadista romano (138 - 78 a. de J. C.), rival de Mario y cónsul en 88 a. de J. C. Derrotó a Mitrídates VI y se proclamó dictador perpetuo. Abdicó en 79.

sílaba f. Sonido articulado que se emite de una sola vez: *la voz "casa" tiene dos sílabas.*

silabar v. i. Silabear.

silabario m. Libro o cartel con sílabas para enseñar a leer.

silabear v. i. Ir pronunciando por separado cada sílaba. Ú. t. c. t.: *silabear un vocablo.*

silabeo m. Pronunciación de las sílabas por separado.

silábico, ca adj. Relativo a las sílabas: *acento silábico.*

silampa f. *Amer. C.* Llovizna.

silanga f. *Filip.* Canal que separa dos islas.

Silao, c. y mun. de México (Guanajuato). Centro comercial. Fundada en 1553.

silba f. Pita, acción de silbar en señal de desaprobación: *el torero se ganó una silba.*

silbador, ra adj. y s. Aplícase a la persona que silba.

silbante adj. Que silba: *respiración silbante.* || Sibilante, aplícase al sonido de la letra *s.*

silbar v. i. Producir el aire un sonido agudo al pasar por un espacio estrecho: *las ventanas silbaban con el viento.* || Producir este sonido una persona con la boca o un silbato. || Agitar el aire produciendo un ruido parecido al silbido: *las balas silbaban.* || Pitar: *la locomotora silba antes de arrancar.* || Tararear una canción por medio de silbidos: *yo silbo al afeitarme* (ú. t. c. t.). || *Fig.* Manifestar su desaprobación con silbidos. Ú. t. c. t.: *silbar a un actor.*

silbatina f. *Arg., Chil.* y *Per.* Silba, rechifla.

silbato m. Instrumento pequeño y hueco que produce un silbido cuando se sopla en él.

silbido o **silbo** m. Sonido agudo que hace el aire al pasar por un sitio estrecho. || Acción de silbar. || Ruido hecho al silbar.

silbón m. Ave palmípeda parecida a la cerceta, que emite un sonido agudo.

silenciador m. Dispositivo para amortiguar el ruido de un motor de explosión o en un arma de fuego.

silenciar v. t. Callar, omitir, no mencionar voluntariamente: *silenciar un hecho.*

silenciario, ria adj. Que guarda continuo silencio.

silencio m. Abstención de hablar: *permanecer en silencio.* || Ausencia de ruido: *el silencio de la noche.* || Acción de no mencionar algo: *el silencio de los historiadores sobre ciertos acontecimientos.* || *Mús.* Pausa. || — *Fig. En silencio,* sin quejarse, sin protestar. | *Entregar una cosa al silencio,* dejarla en olvido. || *Pasar en silencio una cosa,* omitirla, no mencionarla. || *Reducir al silencio,* hacer callar.

silencioso, sa adj. Que calla o habla muy poco: *hombre silencioso.* || Que no hace ruido: *mecanismo silencioso.* || Donde no se oye ruido: *bosque silencioso.*

silepsis f. *Gram.* Figura de construcción que consiste en quebrantar las leyes de la concordancia para atender más al sentido que al género o número de una palabra (*la mayoría han votado en contra*). || Empleo de una palabra a la vez en sentido recto y figurado, como en la expr. *poner a uno más suave que un guante.*

silería f. Lugar donde están los silos.

silero m. Silo.

Siles || ~ **Reyes** (Hernando), político boliviano (1881-1942), pres. de la Rep. de 1926 a 1930. Fue derribado. || ~ **Suazo** (HERNÁN), político boliviano, n. en 1913, promotor del movimiento revolucionario de 1952 y pres. de la Rep. de 1956 a 1960.

Silesia, región del SO. de Polonia, bañada por el río Oder, alemana hasta 1945. Dividida en los departamentos polacos de *Katovice* (Alta Silesia) y *Wroclaw* (Baja Silesia), y perteneciente en una pequeña parte a Checoslovaquia (*Moravika-Ostrava*). Industrias (siderúrgica, metalúrgica).

silesio, sia adj. y s. De Silesia (Polonia).

sílex m. Pedernal, sílice: *instrumento de sílex.*

sílfide f. Ninfa, espíritu elemental del aire femenino. || *Fig.* Mujer guapa y esbelta.

silfo m. Espíritu elemental del aire masculino.

silicato m. Sal compuesta de ácido silícico y una base.

sílice f. *Quím.* Óxido de silicio. (Si es anhidra forma el *cuarzo,* y si es hidratada, el *ópalo.*)

silíceo, a adj. Que contiene sílice o tiene la misma naturaleza: *tierra, roca silícea.*

silícico, ca adj. Relativo a la sílice: *ácido silícico.*

silicio m. Metaloide (Si), análogo al carbono, que se extrae de la sílice, de número atómico 14, densidad 2,4, de color pardo en estado amorfo, y gris plomizo en el cristalizado.

silicona f. Nombre genérico de sustancias análogas a los cuerpos orgánicos, en las que el silicio reemplaza el carbono.

silicosis f. *Med.* Neumoconiosis producida por el polvo de sílice.

Silio Itálico, poeta latino (¿25?-101), autor de una epopeya histórica en la que describe la segunda guerra púnica.

silo m. Lugar subterráneo y seco donde se guarda el trigo u otros granos o forrajes. || Edificio que sirve para almacén de granos.

Silo, hoy *Seilun,* ant. c. de Palestina, al N. de Jerusalén.

Silo, sexto rey de Asturias y León (774-783).

Siloé (Gil de), escultor y arquitecto español del s. XV. Autor de obras escultóricas en la Cartuja de Miraflores (Burgos), dirigió la construcción de la catedral de Granada. — Su hijo DIEGO (¿1495?-1563) fue escultor y arquitecto renacentista español, autor del *Ecce Homo* de la catedral de Granada, obra en cuya dirección sucedió a su padre.

silogismo m. Argumento de lógica que consta de tres proposiciones, la última de las cuales (*conclusión*) se deduce de las otras dos (*premisas*).

silogístico, ca adj. Relativo al silogismo: *razonamiento silogístico.*

Silone (Secundo TRANQUILLI, llamado **Ignazio**), escritor italiano, n. en 1900, autor de novelas realistas.

silueta f. Dibujo sacado siguiendo los contornos de la sombra de un objeto. ‖ Figura, líneas generales del cuerpo: *silueta esbelta.* ‖ Imagen de un objeto de color uniforme cuyo contorno se dibuja claramente sobre el fondo: *la silueta de la iglesia se dibujaba en el horizonte.*

siluetear v. t. Dibujar una silueta.

silúrico, ca o **siluriano, na** adj. Aplícase a un terreno sedimentario antiguo comprendido entre el cambriano y el devoniano (ú. t. c. s. m.).

siluro m. Pez malacopterigio de agua dulce, parecido a la anguila.

silva f. Colección de varias materias o especies, escritas sin método ni orden. ‖ Combinación métrica muy libre, en la que alternan los versos endecasílabos y heptasílabos.

Silva (José Asunción), escritor colombiano, n. en Bogotá (1865-1896), iniciador en su país del movimiento poético modernista. Autor de *Nocturnos*, dedicados a la muerte de su hermana, de una novela, de cuentos y de ensayos. Se suicidó. ‖ ~ (JOSÉ BONIFACIO DE ANDRADA E). V. ANDRADA E SILVA. ‖ ~ (MEDARDO ÁNGEL), poeta ecuatoriano (1898-1920), autor de *El árbol del bien y del mal.* Puso fin a su vida. ‖ ~ **Herzog** (JESÚS), economista y político mexicano, n. en 1892.

Silva a la agricultura de la zona tórrida, composición poética de A. Bello en la que canta las riquezas y bellezas de la tierra americana (1827).

Silvano, entre los latinos, dios de las Selvas y de los Campos. Es el *Pan* griego.

Silvela (Francisco), político español (1845-1905), jefe del Partido Conservador y del Gobierno de 1899 a 1902.

silvestre adj. Que se cría o crece sin cultivo en selvas o campos: *fruta silvestre.* ‖ *Fig.* Rústico.

Silvestre ‖ ~ **I** (*San*), papa de 314 a 335. Fiesta el 31 de diciembre. ‖ ~ **II** (*Gerbert*), papa de 999 a 1003. Célebre por su erudición. ‖ ~ **III,** papa en 1045.

silvicultor m. El que se dedica a la silvicultura.

silvicultura f. Ciencia que se ocupa del cultivo y de la conservación de los bosques.

silla f. Asiento individual con respaldo y por lo general cuatro patas: *silla de rejilla.* ‖ Aparejo para montar a caballo: *silla inglesa.* ‖ Sede de un prelado: *la silla de Toledo.* ‖ Dignidad de papa y otras eclesiásticas: *la silla pontificia.* ‖ — *Silla de la reina,* asiento que forman dos personas cogiéndose cada una las muñecas con las manos. ‖ *Silla de manos,* antiguo vehículo de lujo montado en angarillas llevadas por dos hombres. ‖ *Silla de tijera,* la que es plegable y tiene patas cruzadas en forma de aspa. ‖ *Silla eléctrica,* asiento donde se ejecuta a los condenados a muerte por medio de la electrocución. ‖ *Silla gestatoria,* la portátil que usa el Papa en ciertas ceremonias.

Sillanpää (Frans Eemil), escritor finlandés (1888-1964), autor de novelas que describen la vida campesina (*El Sol y la vida, Silja, Breve destino, Santa Miseria,* etc.). [Pr. Nóbel, 1939.]

sillar m. Piedra grande labrada usada en construcción. ‖ Parte del lomo de la caballería donde se pone la silla, albarda, etc.

Silleiro, cabo del NO. de España (Pontevedra), cerca de la ría de Vigo.

sillería f. Conjunto de sillas o demás asientos de una misma clase: *la sillería de una habitación.* ‖ Conjunto de asientos, generalmente unidos, del coro de una iglesia. ‖ Taller y tienda de sillas. ‖ Construcción hecha con sillares.

sillero, ra m. y f. Persona que hace, vende o arregla sillas.

silleta f. Silla pequeña. ‖ *Amer.* Silla.

silletazo m. Golpe dado con una silla.

silletero m. Cada uno de los portadores de la silla de manos. ‖ *Amer.* Sillero.

sillín m. Asiento estrecho y alargado de bicicleta y vehículos parecidos. ‖ Silla de montar más ligera que la común. ‖ Silla muy pequeña de la caballería de varas.

sillón m. Silla de brazos, mayor y más cómoda que la ordinaria: *sillón de orejeras.* ‖ Silla de montar en que la mujer puede ir sentada como en una silla común.

sillonero, ra adj. *Amer.* Aplícase al caballo que acepta fácilmente la silla de montar.

sima f. Abismo, cavidad muy profunda en la tierra. ‖ Zona intermedia de la corteza terrestre, entre el *nife* y el *sial,* en que se supone predominan los silicatos ferromagnésicos.

Simancas, v. del centro de España (Valladolid). Castillo en el que se encuentra el Archivo General del Reino.

simaruba f. Árbol de hojas alternas compuestas. ‖ *Simaruba amara,* cuasia.

simarubáceo, a adj. y s. f. Aplícase a las plantas dicotiledóneas, como la cuasia, propia de países cálidos. ‖ — F. pl. Familia que forman.

Simbirsk. V. ULIANOVSK.

simbiosis f. Asociación de dos seres de diferentes especies que se favorecen mutuamente en su desarrollo. ‖ *Fig.* Asociación entre personas u organismos de la que se deriva mutuo beneficio.

simbiótico, ca adj. Relativo a la simbiosis: *asociación simbiótica.*

simbol m. Gramínea de tallos largos y flexibles con la que se hacen cestos.

simbólico, ca adj. Relativo al símbolo o expresado por medio de él: *lenguaje simbólico.* ‖ Que sólo tiene apariencia y no realidad: *entrega simbólica.*

simbolismo m. Sistema de símbolos con que se representa alguna cosa: *el simbolismo de las religiones.* ‖ Movimiento poético, literario y artístico francés de fines del s. XIX, que fue una reacción contra el naturalismo.

— El *simbolismo* trata de sugerir los matices más sutiles de las impresiones y de los estados anímicos por medio del valor musical y simbólico de las palabras. Emparentándose con Verlaine y Rimbaud, los simbolistas se agruparon en torno a Mallarmé. El poeta simbolista de lengua castellana más representativo fue Rubén Darío.

simbolista adj. Partidario del simbolismo (ú. t. c. s.). ‖ Relativo al simbolismo: *poeta simbolista.*

simbolización f. Representación de una idea por un símbolo.

simbolizar v. t. Representar una idea por medio de un símbolo: *la bandera simboliza la patria.*

símbolo m. Cosa que se toma convencionalmente como representación de un concepto: *el laurel es el símbolo de la victoria.* ‖ *Quím.* Letra o letras adoptadas para designar los cuerpos simples: *« Pt » es el símbolo del platino.* ‖ *Teol.* Fórmula que contiene los principales artículos de la fe: *el Símbolo de los Apóstoles.*

simbombo adj. *Cub.* Tonto, lelo.

Simenon (Georges), novelista belga, n. en 1903, autor de numerosos relatos policiacos que han alcanzado gran celebridad.

Simeón, hijo de Jacob. (*Biblia.*)

Simeón ‖ ~ **I,** zar de Bulgaria (893-927), fundador del imperio búlgaro. ‖ ~ **II,** rey de Bulgaria, n. en 1937, que reinó de 1943 a 1946, asistido por un Consejo de Regencia.

Simeón Estilita (*San*), asceta sirio (¿390-459?) que pasó cuarenta años en lo alto de una columna (en gr. *stylos*), en Antioquía. Fiesta el 5 de enero.

simetría f. Correspondencia de posición, forma y medida con relación a un eje, entre los elementos de un conjunto: *la simetría de un edificio; simetría de una figura geométrica.*

simétrico, ca adj. Que tiene simetría: *figuras simétricas.*

Simferopol, ant. *Akmetchet,* c. en el O. de la U. R. S. S. (Ucrania), en Crimea. Metalurgia.

simiente f. *Bot.* Semilla. ‖ *Biol.* Semen.

simiesco, ca adj. Que se parece al simio: *rostro simiesco.* ‖ Propio del simio: *gesto simiesco.*

símil m. Comparación: *establecer un símil.*

similar adj. Semejante, análogo, parecido: *dos procedimientos similares.*

similicadencia f. Figura que consiste en emplear al fin de dos o más cláusulas palabras de terminación o de sonido semejante.

similigrabado m. Procedimiento de obtención de clichés tomados a partir de originales en tintas planas.

similitud f. Semejanza, analogía, parecido.

simio, mia m. y f. Mono.

Simla, c. del N. de la India, cap. del terr. de Himachal Pradesh. Obispado.

simón m. En Madrid, antiguo coche de punto tirado por caballos.

Simón ‖ ~ (*San*), uno de los doce apóstoles. Predicó en Egipto y Persia. Fue llamado *el Cananeo.* Fiesta el 28 de octubre. ‖ ~ **Cirineo,** judío de Cirene que ayudó a Jesús a llevar la Cruz hasta el Calvario. ‖ ~ **Mago,** uno de los fundadores de la filosofía gnóstica. Intentó comprar a San Pedro el don de conferir el Espíritu Santo.

Simón Bolívar, cumbre de Colombia (Magdalena), en la Sierra Nevada de Santa Marta; 5 775 m.

simonía f. Comercio con las cosas espirituales.

simoniaco, ca y **simoniático, ca** adj. Relativo a la simonía. ‖ — Que es culpable de simonía (ú. t. c. s.).

Simónides de Ceos, poeta lírico griego (¿556?-467 a. de J. C.).

simonillo m. Planta de México, usada por los indígenas como vomitivo.

Simonoseki. V. SHIMONOSEKI.

simpatía f. Inclinación natural por la cual dos personas se sienten mutuamente atraídas: *tener simpatía por alguien.* ‖ Amabilidad, manera de ser de una persona grata y atractiva para las demás: *joven de mucha simpatía.* ‖ *Med.* Relación de comportamiento fisiológico y patológico que existe entre algunos órganos.

simpático, ca adj. Que inspira simpatía: *una persona simpática.* ‖ Animado por la simpatía, agradable: *una reunión simpática.* ‖ *Mús.* Dícese de la cuerda que resuena por sí sola cuando se hace sonar otra. ‖ *Tinta simpática,* la que resulta invisible al escribir y aparece bajo la influencia de un reactivo. ‖ — M. *Anat. Gran simpático,* parte del sistema nervioso que regula la vida vegetativa.

simpatizante adj. y s. Dícese de la persona que tiene simpatías por una doctrina, un partido, etc., sin llegar por eso hasta la adhesión completa.

simpatizar v. i. Sentir simpatía hacia alguien o algo: *simpatizar con una teoría.*

simple adj. Que no está compuesto de varias partes: *un cuerpo simple.* || Sencillo, único, sin duplicar: *una simple capa de yeso.* || Fácil, que no presenta dificultad: *un trabajo simple.* || Que basta por sí solo: *le calló con una simple palabra.* || Sin adornos superfluos: *estilo simple.* || Que rehúye la afectación: *carácter simple.* || *Gram.* Dícese de la palabra que no se compone de otras varias: *voz, tiempo simple.* || *Esto es un simple trámite,* esto es únicamente un trámite. || — Adj. y s. Aplícase a la persona falta de inteligencia o astucia: *este hombre es un simple.* || Tonto, necio: *simple de espíritu.* || — M. Partido simple de tenis entre dos adversarios. || Materia orgánica o inorgánica de uso en medicina.

simpleza f. Tontería, necedad: *decir simplezas.*

simplicidad f. Sencillez. || Candor, falta de inteligencia o de astucia.

simplificable adj. Que admite la simplificación.

simplificación f. Acción y efecto de simplificar.

simplificador, ra adj. Aplícase al que o a lo que simplifica.

simplificar v. t. Hacer más sencilla o menos complicada una cosa. || *Mat.* Reducir en igual proporción los términos de una fracción, de lo que resulta otra equivalente.

simplismo m. Condición de simplista.

simplista adj. Aplícase al razonamiento, acto o teoría carente de base lógica y que pretende resolver fácilmente lo que de suyo es complicado: *la venta de los cuadros famosos, con objeto de aliviar el hambre en el mundo, es una solución simplista.* || Dícese de la persona que tiende a ver soluciones fáciles en todo (ú. t. c. s.).

simplón, ona y **simplote** adj. y s. *Fam.* Muy simple, ingenuo, incauto, bobo.

Simplón, paso de los Alpes entre las fronteras de Suiza e Italia; 2 009 m. Atravesado por una carretera y dos túneles ferroviarios.

simposio o **simposium** m. Conjunto de trabajos o estudios sobre determinada materia realizados por distintas personas. || Reunión de especialistas diversos para estudiar a fondo algún asunto: *un simposio de cirugía estética.*

simulación f. Acción de simular o fingir.

simulacro m. Acción por la que se aparenta algo: *un simulacro de conversión al cristianismo; un simulacro de ataque.* || Visión, ilusión.

simulado, da adj. Fingido.

simulador, ra adj. y s. Aplícase al que o a lo que simula algo.

simular v. t. Dar la apariencia de algo que no es: *simular una enfermedad, un combate.*

simultanear v. t. Realizar en el mismo espacio de tiempo dos o más cosas: *simultanear varios trabajos.* || Cursar al mismo tiempo dos o más asignaturas de distintos años o diferentes facultades. || — V. pr. Realizarse al mismo tiempo varias cosas.

simultaneidad f. Existencia simultánea de varias cosas.

simultáneo, a adj. Dícese de lo que se hace u ocurre al mismo tiempo que otra cosa: *las dos explosiones fueron casi simultáneas.*

simún m. Viento abrasador que suele soplar en los desiertos del Sáhara y de Arabia.

sin prep. Denota carencia o falta: *estaba sin un céntimo.* || Fuera de, dejando aparte: *llevaba dos millones, sin las alhajas.* || *Sin embargo,* no obstante.

sinagoga f. Lugar donde se reúnen los judíos para ejercer su culto. || Reunión religiosa de los judíos.

Sinaí, península montañosa y desértica de Egipto, entre los golfos de Suez y de Akaba. En ella se encuentra el *monte Sinaí,* donde Moisés recibió las Tablas de la Ley, según relatan las Sagradas Escrituras. Ocupada por los israelíes en 1967.

sinalagmático, ca adj. Bilateral, que liga por igual las dos partes: *pacto sinalagmático.*

sinalefa f. Enlace de la última sílaba de un vocablo y de la primera del siguiente cuando aquél acaba y éste empieza por vocal.

sinaloa adj. y s. Indígena mexicano establecido en los Est. de Sonora y Sinaloa.

Sinaloa, río de México, que des. en el golfo de California. — Estado del O. de México; cap. *Culiacán.*

Sinán (Bernardo DOMÍNGUEZ ALBA, llamado **Rogelio**), poeta y novelista panameño, n. en 1904.

sinapismo m. Cataplasma hecha con polvo de mostaza. || *Fig.* y *fam.* Persona o cosa pesada.

sinartrosis f. Articulación, como la de los huesos del cráneo, que no es móvil.

sincelejano, na adj. y s. De Sincelejo.

Sincelejo, c. en el NO. de Colombia, cap. del dep. de Sucre. Agricultura, ganadería.

sincerar v. t. Justificar la no culpabilidad de uno (ú. m. c. pr.).

sinceridad f. Cualidad de sincero: *lo dijo con gran sinceridad.*

sincero, ra adj. Dícese de quien habla o actúa sin doblez o disimulo: *un hombre sincero.*

Sinclair (Upton), escritor norteamericano (1878-1968), autor de novelas sociales (*La jungla, Petróleo, El fin de un mundo, No pasarán,* etc.)

sinclinal m. Parte hundida de un pliegue simple del terreno.

sincolote m. *Méx.* Cesto grande.

síncopa f. Supresión de un sonido o de una sílaba en el interior de una palabra: *hidalgo es la síncopa de hijodalgo.* || *Mús.* Nota emitida en el tiempo débil del compás, y continuada en el fuerte.

sincopado, da adj. *Mús.* Aplícase a la nota que se halla entre otras que juntas tienen el mismo valor que ella. | Dícese del ritmo o canto que tiene esta clase de notas.

sincopar v. t. Hacer síncopa. || *Fig.* Abreviar.

síncope m. Síncopa de una palabra. || *Med.* Suspensión momentánea o disminución de los latidos del corazón por falta de presión sanguínea que causa la pérdida del conocimiento y de la respiración.

sincrético, ca adj. Relativo al sincretismo.

sincretismo m. Sistema que trata de conciliar doctrinas diferentes u opuestas.

sincrociclotrón m. Aparato acelerador de partículas electrizadas análogo al ciclotrón pero que permite alcanzar energías mayores.

sincronía f. Coincidencia de época de varios acontecimientos.

sincrónico, ca adj. Dícese de las cosas que suceden al mismo tiempo: *dos sucesos sincrónicos.* || Dícese de dos o más mecanismos que funcionan al mismo tiempo: *relojes sincrónicos.*

sincronismo m. Circunstancia de ocurrir varias cosas al mismo tiempo: *el sincronismo de dos sucesos, de dos acontecimientos.*

sincronización f. Acción de sincronizar. || Concordancia entre las imágenes y el sonido de una película cinematográfica.

sincronizar v. t. Hacer que coincidan en el tiempo varios movimientos o fenómenos. || *Cin.* Hacer coincidir la imagen con el sonido.

sincrotrón m. Acelerador de partículas electrizadas parecido a la vez al ciclotrón y al betatrón.

Sinchi Roca, inca del Perú, hijo y sucesor de Manco Cápac. Dividió el reino en cuatro partes.

Sincholagua, pico en los Andes del Ecuador (Pichincha), en la Cord. Central; 4 900 m.

Sinchu, c. de Taiwan, en el NO. de la isla de Formosa

Sind, región al SE. del Paquistán Occidental; c. pr. *Hyderabad, Karachi.* — V. INDO.

sindáctilo adj. m. y s. m. *Zool.* Aplícase a los pájaros que tienen el dedo extremo pegado al medio. || — M. pl. Suborden que forman.

sindéresis f. Capacidad natural para juzgar rectamente.

sindicación f. Adhesión a un sindicato.

sindicado, da adj. Que pertenece a un sindicato: *trabajador sindicado.* || — M. Junta de síndicos.

sindical adj. Relativo al síndico o al sindicato: *centro sindical.*

sindicalismo m. Sistema de organización laboral por medio de sindicatos: *el sindicalismo francés.* || Doctrina que considera los sindicatos como el centro de la vida orgánica de una nación.

sindicalista adj. Propio del sindicalismo: *acción sindicalista.* || Partidario del sindicalismo o miembro de un sindicato: *militante sindicalista* (ú. t. c. s.).

sindicar v. t. Organizar en sindicato a las personas de una misma profesión. || — V. pr. Afiliarse a un sindicato.

sindicato m. Agrupación formada por personas de la misma profesión para la defensa de intereses económicos comunes: *Sindicato del Metal.*

síndico m. Persona que representa y defiende los intereses de una comunidad. || Liquidador de una quiebra.

síndrome m. Conjunto de síntomas característicos de una enfermedad: *síndrome biológico, clínico.*

sine die loc. lat. Sin fijar fecha.

sine qua non loc. lat. Indispensable: *una condición sine qua non.*

sinécdoque f. Procedimiento que consiste en tomar una parte por el todo o el todo por una parte, o la materia de una cosa por la cosa misma, como *el pan,* por *toda clase de alimento; cuarenta velas,* por *cuarenta naves.*

sinecura f. Empleo bien retribuido y de poco trabajo.

sinéresis f. Reducción a una sílaba de dos vocales contiguas o separadas por h, como *aho-ra,* por *a-ho-ra.*

sinergia f. Asociación de varios órganos para realizar una función.

sinfín m. Infinidad, gran cantidad: *un sinfín de mentiras.*

sínfisis f. Conjunto de tejidos que unen dos superficies óseas: *la sínfisis del pubis.* || *Med.* Adherencia de dos órganos o tejidos debida a una inflamación.

sinfonía f. *Mús.* Conjunto de voces, instrumentos, o ambas cosas, que suenan a la vez. | Sonata para orquesta caracterizada por la multiplicidad de músicos y la variedad de timbres de los instrumentos: *la Séptima sinfonía de Beethoven.* || *Fig.* Acorde de varias cosas que producen una sensación agradable. *una sinfonía de luces y colores.*

sinfónico, ca adj. Relativo a la sinfonía: *poema sinfónico.*

sinfonista m. Compositor de sinfonías. || Músico que las ejecuta.

Singan, c. de China. (V. SIAN.)

Singapur, isla, Estado, c. y puerto del SE. de Asia y al S. de la península de Malaca. Centro estratégico y comercial. El Estado, que formaba parte hasta 1946 de los

Straits Settlements, pertenece hoy a la Federación de Malaysia y es miembro del Commonwealth (581 km²; 2 150 000 h.).

singladura f. Distancia recorrida por una nave en veinticuatro horas. || *Fig.* Rumbo.

singlar v. i. Navegar un barco con rumbo determinado.

single m. (pal. ingl.). Partida simple de tenis entre dos adversarios, individual. || Compartimento individual en un coche cama.

singracia adj. inv. Muy soso: *muchacha muy singracia.*

singular adj. Único, solo, sin par: *un singular monumento gótico.* || *Fig.* Fuera de lo común, excepcional, raro: *un hecho singular.* || *Gram.* Aplícase al número de una palabra que se atribuye a una sola persona o cosa o a un conjunto de personas o cosas (ú. t. c. s. m.). | *Fig. En singular,* en particular.

singularidad f. Condición de singular. || Particularidad.

singularizar v. t. Distinguir o particularizar una cosa entre otras. || Poner en singular una palabra que normalmente se emplea en plural, como el *rehén.* || — V. pr. Distinguirse: *singularizarse en una reunión.*

Sinhailien, c. en el E. de China (Kiangsu).

Sinhiang, c. en el E. de China (Honan).

sinhueso f. *Fam.* Lengua, como órgano de la palabra: *soltar la sinhueso.*

siniestrado, da adj. y s. Dícese de la persona o cosa víctima de un siniestro: *siniestrados de guerra.*

siniestro, tra adj. Izquierdo: *lado siniestro.* || *Fig.* Avieso, mal intencionado: *hombre siniestro.* | Infeliz, funesto: *año siniestro.* || — M. Catástrofe que acarrea grandes pérdidas materiales y hace entrar en acción la garantía del asegurador: *siniestro de incendio, de naufragio,* etc. || — F. La mano izquierda.

Sining, c. al O. de China, cap. de la prov. de Tsinghai.

sinistrórsum adj. A izquierda.

Sinkiang, ant. *Turquestán Chino,* región autónoma en China Occidental; 1 646 800 km²; 5 640 000 hab. Cap. *Tihwa* o *Urumtsi.* Yacimientos minerales.

Sinn Fein (irlandés *nosotros mismos*), n. del movimiento nacionalista y republicano que consiguió la independencia de Irlanda.

sinn feiner m. y f. Partidario del Sinn Fein.

sinnúmero m. Número incalculable, sinfín: *hubo un sinnúmero de accidentes.*

sino m. Destino, hado, suerte: *su sino estaba marcado.*

sino conj. Sirve para contraponer a un concepto afirmativo otro negativo: *no lo hizo Fernando, sino Ramón.* || Implica a veces una idea de excepción: *nadie le conoce sino Pedro.*

sinodal adj. Del sínodo: *asamblea sinodal.* || *Méx.* Vocal de un tribunal académico.

sinódico, ca adj. Relativo al sínodo: *período sinódico.*

sínodo m. Reunión de eclesiásticos celebrada para estudiar los asuntos de una diócesis o de la Iglesia Universal. || Asamblea de pastores protestantes. || *El Santo Sínodo,* asamblea suprema de la Iglesia rusa instituida por Pedro I el Grande.

sinojaponés, esa adj. Relativo a China y Japón: *las relaciones sinojaponesas.*

sinología f. Estudio de la lengua, y cultura chinas.

sinólogo, ga adj. y s. Especialista en sinología.

sinonimia f. Circunstancia de ser sinónimos dos o más vocablos. || *Ret.* Figura consistente en emplear voces sinónimas para dar amplitud o energía a la expresión.

sinónimo, ma adj. Aplícase a los vocablos que tienen una significación completamente idéntica o muy parecida: *"gusto" y "placer" son palabras sinónimas* (ú. t. c. s. m.).

sinopsis f. Compendio de una ciencia expuesto en forma sinóptica.

sinóptico, ca adj. Dícese de lo que permite apreciar a primera vista las diversas partes de un todo: *tabla sinóptica.*

sinovia f. Humor viscoso que lubrica las articulaciones óseas.

sinovial adj. Relativo a la sinovia: *cápsula, derrame sinovial.*

sinovitis f. Inflamación de la membrana sinovial.

sinrazón f. Acción hecha contra justicia, abuso de poder.

sinsabor m. Pesar, disgusto, molestia, pesadumbre: *la enemistad le produjo amargos sinsabores.*

sinsonte m. Pájaro americano parecido al mirlo, de plumaje pardo y canto melodioso.

sinsustancia com. *Fam.* Persona insustancial, necia.

sintáctico, ca adj. Relativo a la sintaxis: *análisis sintáctico.*

sintaxis f. Parte de la gramática que estudia la coordinación de las palabras en las oraciones.

sinterización f. Acción y efecto de sinterizar.

sinterizar v. t. Soldar o conglomerar metales pulverulentos sin alcanzar la temperatura de fusión.

síntesis f. Razonamiento que va de lo simple a lo compuesto. || Exposición que reúne los distintos elementos de un conjunto: *hacer la síntesis de unas discusiones.* || Composición de un cuerpo o de un conjunto a partir de sus elementos separados. || *Quím.* Formación artificial de un cuerpo compuesto mediante la combinación de sus elementos.

sintético, ca adj. Relativo a la síntesis: *método sintético.* || Obtenido por síntesis: *caucho sintético; gasolina sintética.*

sintetizable adj. Que puede ser sintetizado.

sintetizar v. t. Preparar por síntesis: *sintetizar una materia.* || Resumir, compendiar: *sintetizar un relato, un discurso.*

sintoísmo m. Religión del Japón, anterior al budismo, que honra la memoria de los antepasados y rinde culto a las fuerzas de la naturaleza.

sintoísta adj. y s. Partidario del sintoísmo.

síntoma m. Fenómeno revelador de una enfermedad: *los síntomas del paludismo.* || *Fig.* Indicio, señal: *síntomas de descontento .*

sintomático, ca adj. Relativo al síntoma. || *Fig.* Que revela algo.

sintomatología f. Parte de la medicina que estudia los síntomas de las enfermedades para el diagnóstico y el tratamiento.

sintonía f. Vibración de dos circuitos eléctricos al tener la misma frecuencia. || Adaptación de un aparato receptor de radio o televisión a la longitud de onda de la emisora. || Música característica que anuncia el comienzo de una emisión radiofónica o televisada.

sintonización f. Pulsación de los mandos adecuados para poner un receptor en sintonía.

sintonizador m. Dispositivo de mando en un receptor que permite sintonizar con las diversas emisoras de radio o televisión.

sintonizar v. t. Hacer vibrar dos circuitos eléctricos por tener la misma frecuencia. || Poner el receptor de radio o de televisión en sintonía con la estación emisora.

Sintra. V. CINTRA.

Sinú, río en el NO. de Colombia (Antioquia y Bolívar), que des. en el mar Caribe; 460 km.

Sinuiju, c. de Corea del Norte, en la frontera con China.

sinuosidad f. Calidad de sinuoso. || Seno, concavidad. || *Fig.* Rodeo: *las sinuosidades de la diplomacia.*

sinuoso, sa adj. Que tiene senos, ondulaciones o recodos: *camino sinuoso.* || *Fig.* Tortuoso, poco claro: *una manera sinuosa de actuar.*

sinusitis f. *Med.* Inflamación de la mucosa de los senos del cráneo.

sinusoidal adj. Relativo o parecido a la sinusoide.

sinusoide f. Curva plana que representa las variaciones del seno cuando varía el arco.

sinvergonzón, ona adj. y s. *Fam.* Sinvergüenza, pícaro.

sinvergüencería f. *Fam.* Desvergüenza. | Acción propia de un sinvergüenza.

sinvergüenza adj. y s. *Fam.* Bribón, pícaro. | Pillo, granuja, tunante. | Desvergonzado, descarado.

Sion, en alem. *Sitten,* c. en el NO. de Suiza, cap. del cantón de Valais. Obispado.

Sión, una de las colinas de Jerusalén.

sionismo m. Movimiento que propugnaba el establecimiento de un Estado judío autónomo en Palestina.

sionista adj. Relativo al sionismo. || Adepto a este movimiento (ú. t. c. s.).

Sipe Sipe, lugar en el centro de Bolivia, en las proximidades de Cochabamba. Derrota de Rondeau por Pezuela (1815).

sipehui m. Planta euforbiácea de México.

Siqueiros (David ALFARO), pintor mexicano (1898-1974), autor de inspirados murales de tema social *(Historia de la humanidad).*

siquíatra o **siquiatra** m. Psiquíatra.

siquiatría f. Psiquiatría.

síquico, ca adj. Psíquico.

siquiera conj. Equivale a *bien que, aunque.* || — Adv. Por lo menos: *déjame siquiera un poco.* || *Ni siquiera,* ni: *ni siquiera se dignaron a hablarme.*

sir [*ser*] m. (pal. ingl.). Título honorífico que se antepone al nombre y apellido de personas pertenecientes a ciertos grados de la nobleza británica: *Sir Winston Churchill.*

Sir Daria, ant. *Yaxartes,* río de la U. R. S. S. en Asia (Kirghizia), que des. en el mar de Aral; 2 860 km.

Siracusa, prov. c. y puerto en el E. de Sicilia. Restos antiguos. Arzobispado.

Sirahuén, laguna en el O. de México (Michoacán). [Su n. en tarasco significa *espejo.*]

Sirarigua, cerro culminante de la Sierra de Baragua en el NO. de Venezuela (Lara); 1 450 m.

sirca f. *Amer.* Terreno o roca que resiste la erosión.

sire [*sir*] m. (pal. fr.). Tratamiento que se aplicaba en Francia a los reyes.

sirena f. *Mit.* Ser fabuloso con busto de mujer y cuerpo de pez que atraía a los navegantes con su canto melodioso. || *Fig.* Mujer seductora. || Señal acústica que emite un sonido intenso y se utiliza para avisar la entrada y salida en las fábricas, para anunciar una alarma aérea, en los coches de bombero y ambulancias, etc. || Aparato para contar el número de vibraciones correspondiente a cada sonido.

siriénido o **sirenio** adj. y s. m. Aplícase a los mamíferos pisciformes sin extremidades abdominales y con las torácicas en forma de aletas, como el manatí o vaca marina. || — M. pl. Orden que forman.

Siret, río de Rumania, nacido en Bucovina; atraviesa Moldavia y des. en el Danubio; 726 km.

sirga f. *Mar.* Cable o maroma para halar barcos, redes, etc., especialmente en la navegación fluvial.

sirgar v. t. Halar con la sirga.

Siria, ant. región de Asia occidental, bañada al O. por el Mediterráneo, y limitada al Norte por las cadenas del Tauro, al E. por el Éufrates y al SE. y al S. por Arabia. Correspondía al *Aram* de la Biblia.

Siria (REPÚBLICA DE). Estado de Asia occidental en el litoral mediterráneo, entre Turquía al N., Irak al E., Jordania al S. e Israel y Líbano al SO.; 184 500 km²; 6 098 000 h. *(sirios)*. Cap. *Damasco*, 618 500 h.; otras c.: *Alepo*, 547 000 h.; *Homs*, 293 643; *Hama*, 172 988; *Lattaquié*, 75 400, y *Deir-ez-Zor*, 59 800. Agricultura; ganadería. Paso de varios oleoductos de petróleo. La independencia del país fue proclamada en 1941, pero el mandato francés acabó oficialmente en 1944 y las tropas francoinglesas no se retiraron hasta 1945-1946. Formó parte, junto con Egipto, de 1958 a 1961, de la República Árabe Unida y a partir de 1971 de la Unión de Repúblicas Árabes. En octubre de 1973 sostuvo una guerra contra Israel.

siriaco, ca adj. y s. De Siria.

sirimba f. *Cub.* Desmayo.

sirimiri m. Llovizna, calabobos.

siringa f. Árbol del caucho. ‖ *Mús.* Zampoña.

siringuero m. Peón que practica incisiones en las siringas para recoger el látex.

sirio, ria adj. y s. De Siria.

Sirio, estrella perteneciente a la constelación del Can Mayor. (Es la más brillante del cielo.)

sirle m. Excremento del ganado lanar y cabrío.

siroco m. Viento caluroso y muy seco que sopla del desierto hacia el litoral en toda la cuenca del Mediterráneo.

sirte f. Banco o bajo de arena.

Sirte, n. de dos golfos del Mediterráneo en la costa septentrional de África. Al E., la *Gran Sirte* se extendía en el litoral de Cirenaica y de Tripolitania, y, al O., la *Pequeña Sirte* es actualmente el *golfo de Gabes* (Túnez).

sirvienta f. Criada.

sirviente adj. Que sirve a otra persona: *personal sirviente.* ‖ — M. Servidor, criado. ‖ Servidor de una pieza de artillería.

sisa f. Parte que se hurta en la compra diaria o en otras cosas menudas. ‖ Sesgadura hecha en algunas prendas de vestir para que ajusten bien al cuerpo: *la sisa de la manga.* ‖ Bermellón mezclado con aceite de linaza utilizado por los doradores para fijar los panes de oro. ‖ Antiguo tributo que se cobraba sobre géneros comestibles.

sisador, ra adj. y s. Aplícase a la persona que sisa.

sisal m. Variedad de agave de México, con cuyas fibras se hacen cuerdas, sacos, etc. ‖ Fibra de esta planta.

Sisal, puerto en el SE. de México (Yucatán).

sisar v. t. Hurtar algo, principalmente al comprar por cuenta ajena. ‖ Hacer sisas en las prendas de vestir. ‖ Preparar con la sisa lo que se ha de dorar.

sisear v. t. e i. Pronunciar repetidamente el sonido inarticulado de *s* y *ch* para mostrar desagrado o para llamar la atención: *sisearon al actor.*

Sisebuto, rey visigodo de España de 612 a 621.

Sisenando, rey visigodo de España de 631 a 636.

siseo m. Acción de sisear.

Sísifo, hijo de Eolo y rey de Corinto, condenado a subir eternamente una enorme piedra a la cima de una montaña, de donde volvía a caer sin cesar. *(Mit.)*

sisimbrio m. *Bot.* Jaramago.

sisique m. *Méx.* Alcohol preparado con aguamiel del maguey silvestre.

Sisley (Alfred), pintor impresionista francés (1839-1899).

sísmico, ca adj. Relativo al terremoto: *movimientos sísmicos.*

sismo m. Seísmo.

sismógrafo f. Aparato para registrar los movimientos sísmicos durante un terremoto.

sismograma m. Gráfico obtenido con el sismógrafo.

sismología f. Ciencia y tratado de los terremotos.

sismológico, ca adj. Relativo a la sismología.

sisón m. Ave zancuda de Europa, común en España.

sisón, ona adj. *Fam.* Que acostumbra sisar: *una criada sisona.*

sistema m. Conjunto de principios coordinados para formar un todo científico o un cuerpo de doctrina: *sistema astronómico, filosófico.* ‖ Combinación de varias partes reunidas para conseguir cierto resultado o formar un conjunto: *sistema nervioso, solar.* ‖ Combinación de procedimientos destinados a producir cierto resultado: *sistema de educación, de defensa.* ‖ Conjunto de cosas ordenadas de algún modo: *un sistema de montañas, de regadío.* ‖ Manera de estar dispuesto un mecanismo: *un sistema de alumbrado.* ‖ Modo de gobierno, de administración o de organización social: *sistema monárquico.* ‖ Manera ordenada de hacer las cosas: *hacer un trabajo con sistema.* ‖ Conjunto de unidades fijadas para poder expresar las medidas principales de modo racional: *sistema decimal.* ‖ — *Por sistema,* de un modo sistemático, por rutina: *criticar al gobierno por sistema.* ‖ *Sistema C. G. S.,* véase C. G. S. ‖ *Sistema métrico,* v. MÉTRICO. ‖ *Quím. Sistema periódico de los elementos,* tabla de clasificación de los elementos químicos según el número atómico.

sistemático, ca adj. Relativo a un sistema o hecho según un sistema: *conocimiento sistemático.* ‖ Establecido como sistema: *duda sistemática.* ‖ Que actúa con método: *persona sistemática.* ‖ — F. Ciencia de la clasificación.

sistematización f. Acción y efecto de sistematizar.

sistematizar v. t. Organizar con sistema: *sistematizar un trabajo, los estudios.*

sistémico, ca adj. Relativo a la totalidad de un sistema, general. ‖ *Med.* Perteneciente o relativo a la circulación general de la sangre.

sístilo adj. m. *Arq.* Aplícase al edificio cuyo intercolumnio tiene cuatro módulos.

sístole f. Período de contracción del músculo cardiaco que provoca la circulación de la sangre. ‖ Licencia poética que consiste en usar como *breve* una sílaba *larga.*

sistro m. *Mús.* Instrumento de metal, en forma de aro o de herradura y atravesado por varillas, que usaban los antiguos egipcios.

Sitges, v. en el NE. de España (Barcelona). Playas.

sitiado, da adj. y s. Aplícase al que o a lo que está cercado: *los sitiados carecían de agua.*

sitiador, ra adj. y s. Aplícase al que sitia una plaza o fortaleza.

sitial m. Asiento para una gran dignidad en ciertas ceremonias.

sitiar v. t. Cercar una plaza o fortaleza. ‖ *Fig.* Acorralar: *sitiar a un bandido.*

sitio m. Lugar, espacio que ocupa una persona o cosa: *dejar algo en un sitio visible; vivir en un sitio bonito.* ‖ Casa campestre: *el real sitio de La Granja.* ‖ *Méx.* Lugar de estacionamiento de taxis. ‖ Cerco: *el sitio de Buenos Aires por los ingleses.* ‖ *Cub.* Estancia pequeña para la cría de animales domésticos. ‖ *Arg.* y *Chil.* Solar. ‖ *Col.* Poblado. ‖ — *Fig. Dejar en el sitio,* dejar muerto en el acto. ‖ *Hacer sitio a alguien,* apretarse para dejarle un hueco. ‖ *Fig. Poner a alguien en su sitio,* hacerle ver lo impropio de su familiaridad o lo infundado de su superioridad. ‖ *Poner sitio,* sitiar. ‖ *Fig. Quedar en el sitio,* morir en el acto.

sito, ta adj. Situado: *casa sita en el n.º 5 de la calle Ancha.*

Sitten. V. SION.

situación f. Posición: *la situación de una casa.* ‖ Postura: *situación embarazosa.* ‖ Condición: *una situación próspera.* ‖ Estado de los asuntos políticos, diplomáticos, económicos, etc.: *la situación política internacional.* ‖ Estado característico de los personajes de una obra de ficción: *situación dramática.* ‖ — *Fig. No estar en situación de,* no tener la posibilidad de. ‖ *Amer. Precios de situación,* precios muy reducidos. ‖ *Situación activa,* la del funcionario que presta servicio. ‖ *Situación pasiva,* la del funcionario que ha cesado por retiro u otra causa.

situado m. Renta sobre algunos bienes productivos.

situar v. t. Poner, colocar una persona o cosa en determinado sitio o situación: *situar una ciudad antigua en un lugar equivocado.* ‖ Poner a una persona en cierta posición: *este concierto le sitúa entre los mejores compositores.* ‖ Colocar dinero en algún sitio: *situar algún dinero en Suiza.* ‖ — V. pr. Ponerse: *situarse a la cabeza de la clasificación.* ‖ Abrirse camino en la vida: *luchar duramente hasta situarse.*

Siuanhua, c. en el N. de China (Hopei).

Siucheu, c. en el E. de China (Kiangsu).

Siut. V. ASIUT.

siútico, ca adj. *Chil. Fam.* Cursi, que afecta finura.

siutiquería y **siutiquez** f. *Fam. Chil.* Cursilería.

siux adj. y s. Dícese de los individuos de una tribu india de los Estados Unidos establecida en el Estado de Iowa.

Siux City, c. en el centro de Estados Unidos (Iowa).

Siva, tercera persona de la trinidad hindú, dios destructor y fecundador.

Sivas, ant. *Sebasto,* c. en el centro de Turquía, cap. de la prov. homónima. Arzobispado.

Sívori (Eduardo), pintor argentino (1847-1918).

Siwalik, montañas de la India y Nepal, pertenecientes a la cadena del Himalaya.

Sixaola, río fronterizo entre Costa Rica y Panamá, que des. en el mar Caribe; 125 km.

Sixtina *(Capilla),* capilla del Vaticano edificada por Sixto IV (1473) y decorada con frescos de Miguel Ángel, Botticelli, Ghirlandaio, el Perugino.

Sixto ‖ **~ I** *(San),* papa de 115 a 125. Fiesta el 6 de abril. ‖ **~ II** *(San),* papa de 257 a 258. Fiesta el 6 de agosto. ‖ **~ III** *(San),* papa de 432 a 440. Fiesta el 28 de marzo. ‖ **~ IV** *(Francesco della Rovere),* papa de 1471 a 1484. Edificó la Capilla Sixtina. ‖ **~ V** *(Felice Peretti),* papa de 1585 a 1590.

Sizuoka. V. SHIZUOKA.

Skagerrak o **Skager-rak,** estrecho de Europa septentrional en el mar del Norte, entre la costa sur de Noruega y el norte de la Jutlandia danesa.

Skanderbeg. V. SCANDERBEG.

skating [*skéting*] m. (pal. ingl.). Patinaje sobre ruedas.

sketch m. (pal. ingl.). Obra corta, generalmente dialogada, de teatro o cine.

skiff m. (pal. ingl.). Esquife.

Skikda, ant. *Philippeville,* c. y puerto del NE. de Argelia (Constantina). Olivares; viñedos.

Skiros o **Scyros,** isla griega de las Espóradas, en el mar Egeo; cap. *Skiros.*

Skoplje, ant. *Usküb,* c. en el SE. de Yugoslavia, cap. de Macedonia. Obispado. Universidad. Siderurgia. Terremoto en 1963.

S. L. o **Ltd.,** abrev. de *sociedad de responsabilidad limitada.*

slalom m. (pal. noruega). Descenso en esquíes por un camino sinuoso. ‖ Prueba de habilidad que hacen los esquiadores sobre un recorrido en pendiente jalonado de banderas que hay que franquear en zigzag.

slang m. (pal. ingl.). Germanía, en inglés.

Slaviansk, c. en el SO. de la U. R. S. S. (Ucrania). Ind. químicas.

Slavkov. V. AUSTERLITZ.

sleeping-car [*slipin-*] m. (pal. ingl.). Coche cama.

Slesvig o **Schleswig,** c. y puerto en el N. de Alemania Occidental (Schlesvig-Holstein). ‖ **~ -Holstein,** Est. en el N. de Alemania Occidental, en la parte meridional de la penins. de Jutlandia, formado por los antiguos ducados de *Schlesvig* y de *Holstein;* cap. *Kiel.* Pertenecientes los dos ducados al rey de Dinamarca desde 1460, en 1867 pasan a ser gobernados por el Estado de Prusia, pero en 1920 un plebiscito devuelve el Schlesvig septentrional a Dinamarca y el Sur, junto con Holstein, forma una prov. prusiana. En 1940, Alemania se apodera del N. de Schlesvig y la situación de 1920 se restablece al final de la segunda guerra mundial. En 1946, la Rep. de Alemania Occidental crea el Estado de Schlesvig-Holstein.

Sligo, c. y puerto en el O. de la Rep. de Irlanda (Connacht), cap. del condado homónimo. Obispado. Centro turístico.

slip m. (pal. ingl.). Prenda interior masculina usada en lugar de calzoncillos, de los que se diferencia por su brevedad.

Sliven, c. del E. de Bulgaria.

slogan m. (pal. ingl.). Fórmula breve y elocuente usada en publicidad o en propaganda política.

Slough, c. de Gran Bretaña en Inglaterra, al O. de Londres (Buckigham).

Slupsk, c. del N. de Polonia.

Sm, símbolo del elemento químico *samario.*

Smalandia, ant. prov. del S. de Suecia (Gotia).

Smalcalda o **Smalkalda,** c. de Alemania Oriental. Los protestantes formaron aquí, con el apoyo de Francia, una famosa Liga contra el emperador Carlos V (1531).

smash m. (pal. ingl.). Mate, en tenis.

Smetana (Bedrich), pianista y compositor checo (1824-1884).

Smith, isla de la Argentina, en el archip. de las Shetland del Sur.

Smith (Adam), economista escocés, n. en Kirkcaldy (1723-1790), partidario de la doctrina del libre cambio. ‖ **~** (JOSEPH), jefe religioso norteamericano (1805-1844), fundador de la secta de los mormones.

smoking m. (pal. ingl.). Prenda de vestir de ceremonia a modo de frac sin faldones y con solapas de raso utilizada por los hombres.

Smolensko, c. en el NO. de la U. R. S. S. (Rusia). Reñidas batallas en 1812, 1941 y 1943.

Smollet (Tobias George), escritor escocés (1721-1771), autor de novelas *(Las aventuras de Roderick Random)* y de comedias.

Smuts (Jan Christiaan), mariscal y político sudafricano (1870-1950), primer ministro de África de Sur (1919-1924 y 1939-1948).

Sn, símbolo químico del *estaño.*

snack-bar m. (pal. ingl.). Cafetería.

Snake River, río en el O. de Estados Unidos, afl. del Columbia; 1 450 km.

snob adj. y s. (pal. ingl.). Aplícase a la persona que da pruebas de snobismo.

snobismo m. (pal. ingl.). Admiración infundada por todas las cosas que están de moda, especialmente por las que vienen del extranjero.

Snowdon, cadena montañosa de Gran Breaña, en el NO. de Gales; alt. máx. 1 085 m.

so m. *Fam.* Se usa solamente seguido de adjetivos despectivos para reforzar su sentido: so *tonto,* so *bruto.*

so prep. Bajo. Ú. en las frases: *so capa de, so calor de, so pena de,* etc.

¡so! interj. Empleada por los carreteros para que se detengan las caballerías.

soasar v. t. Medio asar o asar ligeramente.

Soatá, mun. y c. en el centro de Colombia (Boyacá).

soba f. Manoseo repetido o prolongado. ‖ Acción de sobar algo para amasarlo o ablandarlo. ‖ *Fig.* Zurra, paliza.

sobaco m. Concavidad que forma el arranque del brazo con el cuerpo. ‖ *Bot.* Axila de una rama.

sobadero, ra adj. Que puede ser sobado. ‖ — M. Sitio para sobar las pieles.

sobado, da adj. Rozado, gastado: *cuello de camisa muy sobado.* ‖ *Fig.* Manido, trillado: *argumento muy sobado.* ‖ — M. Soba.

sobador m. Utensilio para sobar las pieles.

sobadura f. Soba.

sobajar v. t. *Amer.* Humillar, abatir.

sobajear v. t. *Amer.* Manosear.

sobandero m. *Amer.* Curandero de huesos.

sobaquera f. Abertura del vestido en el sobaco. ‖ Pieza de refuerzo que se pone al vestido en el sobaco. ‖ Pieza con que se protegen los vestidos del sudor en la parte del sobaco. ‖ Pieza de la armadura que cubría el sobaco.

sobaquillo m. *Taurom. De sobaquillo,* manera de banderillear en la que el rehiletero da un cuarto de giro delante del toro antes de clavar los garapullos.

sobaquina f. Sudor de los sobacos, de olor desagradable.

sobar v. t. Manejar, manosear una cosa repetidamente. ‖ Manejar algo para amasarlo o ablandarlo: *sobar las pieles.* ‖ *Fig.* Dar una paliza. | Manosear, palpar a una persona. ‖ *Fig.* y *fam.* Molestar, fastidiar. ‖ *Amer.* Componer un hueso dislocado.

sobarba f. Muserola del caballo. ‖ Papada, sotabarba.

sobarbada f. Sofrenada. ‖ *Fig.* Reprensión áspera y violenta.

sobarbo m. Álabe de una rueda de batán.

sobeo m. Correa con que se ata al yugo la lanza del carro o el timón del arado.

soberanía f. Calidad de soberano, autoridad suprema: *la soberanía de la nación.* ‖ Territorio de un príncipe soberano o de un país: *plazas de soberanía.* ‖ Poder supremo del Estado. ‖ Poder político de una nación o de un organismo que no está sometido al control de otro Estado u organismo. ‖ *Soberanía nacional,* en régimen democrático, la del pueblo, de quien emanan todos los poderes públicos.

soberano, na adj. Que ejerce o posee la autoridad suprema: *príncipe soberano* (ú. t. c. s.). ‖ Que se ejerce sin control, que ejerce un poder supremo: *potencia soberana.* ‖ *Fig.* Extremo, muy grande: *una soberana lección.* | Excelente, no superado: *una superioridad soberana.* ‖ — M. Moneda de oro inglesa, libra esterlina. ‖ Jefe de un Estado monárquico: *el soberano belga, noruego.*

soberbia f. Orgullo y amor propio desmedidos: *la soberbia de un príncipe.* ‖ Magnificencia extrema. ‖ Demostración de ira o enojo.

soberbio, bia adj. Que muestra soberbia, orgulloso, altivo, arrogante: *persona soberbia.* ‖ *Fig.* Grandioso, magnífico: *soberbia catedral.* | Colérico, iracundo: *un niño muy soberbio.* ‖ Fogoso: *caballo soberbio.*

Sobieski (Juan III), héroe nacional de Polonia (1629-1696), rey en 1674.

sobo m. Soba.

sobón, ona adj. y s. *Fam.* Que se hace fastidioso por sus excesivas caricias.

sobordo m. *Mar.* Confrontación de la carga de un buque con la documentación. | Relación del cargamento de un barco.

sobornable adj. Que se puede sobornar.

sobornación f. Soborno.

sobornador, ra adj. y s. Que soborna.

sobornal m. Exceso sobre la carga regular.

sobornar v. t. Inducir a uno a obrar mal valiéndose de dádivas: *sobornar a un guardián, a un funcionario.*

soborno m. Corrupción de alguien por medio de dádivas o regalos para inducirlo a obrar mal. ‖ Dádiva con que se soborna. ‖ *Amer. De soborno,* de suplemento.

sobra f. Resto, demasía y exceso en cualquier cosa. ‖ Demasía, injuria, agravio. ‖ — Pl. Lo que queda de la comida al levantar la mesa. ‖ Desperdicios, desechos. ‖ Dinero que queda al soldado una vez pagado el rancho. ‖ *De sobra,* más que lo necesario, con exceso: *con 100 pesetas tengo de sobra para comer;* perfectamente: *sé de sobra su capacidad.*

sobradillo m. Tejadillo de un balcón o de una ventana.

sobrado, da adj. Demasiado, suficiente, bastante, que sobra: *tener sobrados motivos de queja; con sobrada razón.* ‖ — M. Desván. ‖ *Arg.* Vasar. ‖ — Adv. De sobra, demasiado.

sobrante adj. Que sobra. ‖ — M. Resto, restante, exceso.

sobrar v. i. Estar una cosa de más: *lo que dices sobra.* ‖ Haber más de lo que se necesita: *sobraron gentes.* ‖ Quedar, restar: *sobró mucho pescado.*

Sobrarbe, región y ant. condado del NE. de España (Huesca), núcleo del ant. reino de Aragón.

sobrasada f. Sobreasada.

sobre m. Cubierta de papel que encierra una carta. ‖ Bolsa de papel, de materia plástica o de papel de estaño, que contiene una materia en polvo: *un sobre de sopa.*

sobre prep. Encima: *sobre la mesa.* ‖ Acerca de: *discutir sobre política.* ‖ Aproximadamente: *tendrá sobre 25 hectáreas.* ‖ Además de, por encima de: *pagó un 20 % sobre lo estipulado.* ‖ Expresar reiteración: *decir tonterías sobre tonterías.* ‖ Por encima de: *cinco grados sobre cero.* ‖ — *Ir sobre seguro,* no arriesgar. ‖ *Sobre todo,* principalmente: *Alemania es sobre todo un país industrial.*

— OBSERV. Es galicismo decir: *ciudad sobre un río,* por *a orillas de; ganar terreno sobre el contrario,* por *al contrario; hizo efecto sobre él* por *en él.*

sobreabundancia f. Abundancia excesiva.

sobreabundante adj. Excesivo.

sobreabundar v. i. Abundar mucho.

sobrealimentación f. Método terapéutico consistente en aumentar anormalmente la cantidad de alimento que se da a un enfermo.

sobrealimentar v. t. Dar a alguien (niño o enfermo) una ración alimenticia superior a la normal (ú. t. c. pr.).

sobreañadir v. t. Añadir más.

sobreasada f. Embutido grueso de carne de cerdo picada y sazonada con sal y pimiento molido: *sobreasada mallorquina.*

sobrebota f. *Amer.* Polaina.
sobrecama f. Colcha.
sobrecaña f. Tumor óseo formado en las patas delanteras de las caballerías.
sobrecarda f. *Méx.* Abrir surcos en la milpa del maíz, cuando ya tiene medio metro, para permitir el desagüe.
sobrecarga f. Carga excesiva. ‖ Cuerda para amarrar la carga sobre las bestias. ‖ Impresión suplementaria sobre un sello de correos para alterar su valor o modificar su uso.
sobrecargar v. t. Cargar con exceso.
sobrecargo m. Oficial de a bordo que defiende los intereses de la compañía naviera o de aviación en lo que concierne al cargamento.
sobreceja f. Parte de la frente inmediata a las cejas.
sobrecejo m. Sobreceño.
sobreceño m. Ceño.
sobrecielo m. Dosel. ‖ Toldo.
sobrecincha f. Faja para sujetar el aparejo del caballo.
sobrecogedor adj. Que sobrecoge: *espectáculo sobrecogedor.*
sobrecoger v. t. Coger de repente y desprevenido. ‖ Asustar, aterrar, causar miedo (ú. t. c. pr.).
sobrecomprimir v. tr. Mantener una presión normal en la cabina de un avión que vuela a gran altura.
sobrecubierta f. Segunda cubierta de una cosa. ‖ Cubierta de papel que protege un libro.
sobrecuello m. Cuello postizo. ‖ Alzacuello de un hábito.
sobredicho, cha adj. Susodicho, dicho antes, antes citado.
sobredorado, da adj. Recubierto de una capa de oro: *plata sobredorada.*
sobredorar v. tr. Recubrir con una capa de oro.
sobreedificar v. t. Construir sobre otra construcción.
* **sobreentender** v. t. Sobrentender (ú. t. c. pr.).
sobreentendido, da adj. Que se sobreentiende, implícito.
sobreentrenamiento m. Entrenamiento excesivo.
sobreentrenar v. t. Entrenar con exceso a un deportista (ú. t. c. i. y pr.).
sobreesdrújulo, la adj. y s. Sobresdújulo.
sobreestadía f. Sobrestadía.
sobreexceder v. t. Sobrexceder.
sobreexcitación f. Sobrexcitación, excitación excesiva.
sobreexcitar v. t. Sobrexcitar.
sobreexponer v. tr. Exponer más tiempo de lo debido una placa fotográfica.
sobreexposición f. Exposición excesiva de una placa fotográfica.
sobrefalda f. Falda pequeña que se pone sobre otra.
sobrefaz f. Superficie exterior.
sobrefusión f. Fenómeno físico por el que un cuerpo permanece en estado líquido a temperatura inferior a la de la solidificación.
sobrehilado m. Puntadas en la orilla de una tela para que no se deshilache.
sobrehilar v. t. Dar puntadas en la orilla de una tela cortada para que no se deshilache.
sobrehílo m. Sobrehilado.
sobrehueso m. Tumor duro que está sobre un hueso.
sobrehumano, na adj. Que es superior a lo humano: *esfuerzo sobrehumano.*
sobreimpresión f. Fotografía de dos o más escenas sobre una misma vista con objeto de producir efectos especiales.
sobrejuanete m. *Mar.* Verga que se pone cruzada sobre el juanete. ‖ Vela que lleva.
sobrelecho m. *Arq.* Cara inferior de la piedra que descansa sobre el lecho superior de la que está debajo.
sobrellenar v. t. Llenar demasiado o en abundancia.
sobrellevar v. t. Llevar uno una carga para aliviar a otro. ‖ *Fig.* Soportar resignadamente: *sobrellevar las molestias de la vida.*
sobremanera adv. Sobre manera, mucho: *la película es sobremanera aburrida.*
sobremano f. Tumor óseo en la corona del casco delantero de las caballerías.
sobremesa f. Tapete que se pone sobre la mesa. ‖ Tiempo que los comensales siguen reunidos después de haber comido. ‖ *De sobremesa,* en el tiempo que sigue a la comida: *programa de sobremesa.*
sobremesana f. *Mar.* Gavia del palo mesana.
Sobremonte (Rafael de), militar y gobernante español (1745-1827), virrey del Río de la Plata en 1804. Durante su mando se registró la primera invasión inglesa (1806) de Buenos Aires.
sobrenadar v. i. Flotar.
sobrenatural adj. Dícese de lo que no sucede según las leyes de la naturaleza. ‖ Relativo a la religión: *vida sobrenatural.*
sobrenombre m. Nombre añadido al apellido.
* **sobrentender** v. t. Entender una cosa que no está expresa, pero que se deduce (ú t. c. pr.).
sobrepaga f. Suplemento a la paga, ventaja en ella.
sobrepaño m. Paño que se pone encima de otro.
sobreparto m. Tiempo que sigue inmediatamente al parto. ‖ Estado delicado de salud que suele ser consiguiente al parto.
sobrepasar v. t. e i. Exceder, superar, aventajar: *los gastos sobrepasan los ingresos.* ‖ Adelantar. ‖ Rebasar un límite.
sobrepelo m. *Arg.* Sudadero del caballo.
sobrepelliz f. Vestidura blanca de lienzo que se pone el sacerdote sobre la sotana.
sobrepeso m. Sobrecarga, exceso de carga.
* **sobreponer** v. t. Poner una cosa encima de otra. ‖ *Fig.* Anteponer: *sobreponer la educación a cualquier otra actividad.* ‖ — V. pr. Dominar, ser superior a los obstáculos y adversidades: *sobreponerse al dolor.*
sobreporte m. Sobretasa postal.
sobreprecio m. Aumento del precio ordinario por algún motivo.
sobreprima f. En seguros, prima adicional.
sobreproducción f. Superproducción.
sobrepuerta f. Pieza de madera que se pone en la parte superior de una puerta para tapar el arranque de las cortinas.
sobrepuesto, ta adj. Colocado encima. ‖ *Méx.* Parche, remiendo.
sobrepujar v. t. Aventajar, superar, exceder.
sobrequilla f. *Mar.* Madero colocado de popa a proa por encima de la quilla para consolidar la unión de las costillas.
sobrero, ra adj. Sobrante. ‖ Dícese del toro que se tiene de reserva en las corridas por si se inutiliza uno de los que han de ser lidiados (ú. t. c. s. m.).
sobresalienta f. *Teatr.* Sobresaliente, que suple a otra.
sobresaliente adj. Que sobresale. ‖ — M. Calificación máxima en los exámenes: *obtener un sobresaliente.* ‖ — M. y f. *Fig.* Persona destinada a suplir la falta de otra, como un comediante, un torero.
* **sobresalir** v. i. Exceder una persona o cosa a otras en figura, tamaño, etc.: *el niño sobresalía por su estatura.* ‖ Ser más saliente, resaltar: *la cornisa sobresalía medio metro.* ‖ *Fig.* Destacarse o distinguirse por algo: *Castelar sobresalió por su elocuencia.*
sobresaltar v. t. Asustar, dar miedo, acongojar, sobrecoger a uno repentinamente (ú. t. c. pr). ‖ — V. i. Resaltar, destacarse, venirse una cosa a los ojos.
sobresalto m. Sensación que proviene de un acontecimiento repentino: *tener un sobresalto.* ‖ Temor, susto repentino.
sobresaturación f. Obtención de una disolución más concentrada que la que corresponde al punto de saturación.
sobresaturar v. tr. Producir la sobresaturación (ú. t. c. pr.).
sobresdrújulo, la adj. y s. *Gram.* Aplícase a las voces que llevan un acento en la sílaba anterior a la antepenúltima: *haBIÉNdoseme.*
sobreseer v. i. Desistir de la pretensión que se tenía. ‖ Cesar en el cumplimiento de una obligación. ‖ — V. tr. *For.* Suspender un procedimiento: *sobreseer una causa por carencia de datos.*
sobreseimiento m. Interrupción, suspensión, cesación: *el sobreseimiento de una causa civil, criminal.*
sobresello m. Segundo sello.
sobrestadía f. Cada uno de los días de prórroga después del plazo fijado para cargar o descargar un buque. ‖ Cantidad que cuesta esta demora.
sobrestante m. Técnico a cuyas órdenes trabaja un grupo de obreros y que a su vez realiza otro trabajo dirigido por un técnico superior.
sobrestimación f. Estimación por encima del valor real.
sobrestimar v. t. Estimar mucho más que su valor.
sobresueldo m. Cantidad de dinero que se paga además del sueldo fijo.
sobretasa f. Suplemento de precio por un servicio más rápido o mejor: *sobretasa aérea postal.*
sobretensión f. *Electr.* Aumento anormal de la tensión en un circuito eléctrico.
sobretodo m. Prenda de vestir ancha y larga a modo de gabán.
sobrevenida f. Venida de improviso.
* **sobrevenir** v. i. Ocurrir una cosa además o después de otra. ‖ Suceder de improviso: *sobrevenir una desgracia.*
sobrevidriera f. Tela metálica para proteger una vidriera. ‖ Segunda vidriera.
sobrevienta f. y **sobreviento** m. Brusco golpe de viento.
sobreviviente adj. y s. Superviviente.
sobrevivir v. i. Vivir uno más que otro o después de un determi nado suceso o plazo.
* **sobrevolar** v. t. Volar por encima de: *sobrevolar el territorio español, argentino, mexicano.*
sobrexceder v. t. Exceder, aventajar a otro.
sobrexcitación f. Excitación excesiva.
sobrexcitar v. t. Excitar más de lo normal: *sobrexcitar los nervios* (ú. t. c. pr.).
sobriedad f. Moderación.
sobrino, na m. y f. Hijo o hija del hermano o hermana (sobrinos carnales) o del primo o la prima (sobrinos segundos).
sobrio, bria adj. Templado, moderado en comer y beber: *un hombre sobrio.* ‖ *Fig.* Moderado: *sobrio de palabras.* | Despejado de adornos superfluos: *estilo sobrio.*
socaire m. *Mar.* Abrigo o defensa que ofrece una cosa en su lado opuesto a aquel de donde sopla el viento. ‖ *Al socaire de,* al abrigo de: *estaba al socaire del peligro.*
socaliña f. Ardid o maña para sacar a uno lo que no está obligado a dar.
socaliñar v. t. Sacar a uno con socaliña una cosa.
socapa f. *Fam.* Pretexto, cautela. ‖ *A socapa* o *so capa,* con el pretexto, con cautela.
socapar v. t. *Méx.* Encubrir.

socar v. t. *Cub., Méx.* y *P. Rico.* Apretar una amarra.

socarrar v. t. Chamuscar, tostar superficialmente algo (ú. t. c. pr.).

socarrón, ona adj. y s. Burlón, malicioso: *una sonrisa socarrona.* || Taimado, astuto.

socarronería f. Malicia, burla. || Astucia.

socava f. Excavación. || Hoyo al pie de un árbol para facilitar el riego.

socavación f. Excavación.

socavar v. t. Excavar, cavar. || Hacer un hueco por debajo de un terreno o dejándole en falso: *el agua socavó los cimientos.* || *Fig.* Minar, debilitar: *socavar los principios democráticos.*

socavón m. Excavación, hoyo en la ladera de un cerro o monte. || Hundimiento del suelo: *los socavones de las calles.*

sociabilidad f. Condición de sociable.

sociable adj. Que gusta y busca la compañía de sus semejantes: *el hombre es un ser sociable.* || De trato amable: *persona muy sociable.* || Fácil de tratar con él: *hombre muy sociable.*

social adj. Relativo a la sociedad: *la vida social.* || Relativo a una compañía mercantil o sociedad: *capital social; sede social.*

— Se ha dado históricamente el n. de *Guerra Social* a la insurrección de Italia contra la dominación romana (91-88 a. de J. C.), aplastada por Mario y Sila.

socialdemocracia f. En algunos países, movimiento o partido socialista de tendencia moderada o reformista.

socialdemócrata adj. Relativo a la socialdemocracia. || Partidario de ella (ú. t. c. s.).

socialismo m. Nombre genérico de las diversas tendencias socioeconómicas y políticas que preconizan una distribución más equitativa de la riqueza, basada en el principio de la colectivización de los medios de producción y de intercambio, que llevaría a la desaparición de las clases sociales.

— De Platón a Babeuf, el fundamento moral del *socialismo* reside en la denuncia de las desigualdades sociales. A esta denuncia han seguido las explicaciones técnicas de estas desigualdades y después las proposiciones de Sismondi y Saint-Simon. En esta línea apareció a finales del siglo XIX el *socialismo de Estado* y ya en el XX el intervencionismo y la planificación. Los *sansimonianos* (Enfantin, Bazard) y los *asociacionistas* (Fourier y Louis Blanc en Francia, Owen en Inglaterra) proponían la sustitución del régimen de propiedad privada por la socialización estatal o bien la federación de las asociaciones de productores. Este movimiento se manifestó en las *cooperativas de consumo* y con menos éxito en *las cooperativas de producción*.. Marx y Engels sentaron las bases del *socialismo científico* (V. MARXISMO), que declara que la transformación de las estructuras sociales es ineluctable y que ello es la consecuencia fatal de las contradicciones internas del régimen capitalista.

socialista adj. y s. Partidario del socialismo o relativo a él: *militante, partido socialista.*

socialización f. Colectivización de los medios de producción y de intercambio, de las fuentes de riqueza, etc.

socializar v. t. Poner al servicio del conjunto de la sociedad determinados medios de producción o de intercambio, desposeyendo a los propietarios mediante adquisición o expropiación por parte del Estado.

sociedad f. Reunión de hombres o de animales sometidos a leyes comunes: *las sociedades primitivas.* || Medio humano en el que está integrada una persona: *deberes para con la sociedad.* || Asociación de personas sometidas a un reglamento común, o dirigidas por convenciones tendentes a una actividad común o en defensa de sus intereses: *sociedad literaria, deportiva.* || Reunión de personas formada por el conjunto de los seres humanos con quienes se convive: *huir de la sociedad por misantropía.* || Conjunto de personas más distinguidas, afortunadas y de alta categoría social: *pertenecer a la alta sociedad.* || Contrato por el que dos o más personas ponen en común ya sea capitales ya sea capacidades industriales con objeto de alcanzar unos beneficios que se repartirán más tarde entre ellas. || Persona moral o entidad creada por este contrato. || — *Entrar* o *presentarse en sociedad,* iniciar una muchacha su vida social asistiendo a un baile de gala. || *Sociedad anónima,* la constituida por acciones transferibles y en las que la responsabilidad económica se limita al valor de dichas acciones (abrev. S. A.). || *Sociedad colectiva,* la mercantil en la que los socios responden con el valor de las acciones y con su fortuna personal. || *Sociedad comanditaria* o *en comandita,* forma intermedia entre la anónima y la colectiva en que hay dos clases de socios, unos que poseen los mismos derechos y obligaciones que los de una sociedad colectiva y otros, denominados comanditarios, que tienen limitados los beneficios y la responsabilidad. || *Sociedad comercial* o *mercantil,* la formada con el fin de explotar un negocio. || *Sociedad conyugal,* la constituida por el marido y la esposa. || *Sociedad de responsabilidad limitada,* sociedad comanditaria.

Sociedad (ISLAS DE LA), principal archip. francés en Polinesia (Oceanía); 1 647 km²; cap. *Papeete* (Tahití). Turismo.

Sociedad de Naciones, órgano creado en 1920, después del Tratado de Versalles de 1919, para el desarrollo y cooperación de las naciones y para garantizar la paz. (Sustituida en 1946 por la O. N. U.)

socinianismo m. Herejía de Socino, que negaba la Trinidad y la divinidad de Jesucristo.

sociniano, na adj. Relativo al socinianismo. || Partidario de esta doctrina (ú. t. c. s.)

Socino (Lelio SOZZINI o SOCINI, llamado), protestante italiano 1525-1562), fundador de una doctrina antitrinitaria *(socianismo).*

socio, cia m. y f. Miembro de una sociedad, de un club: *socio capitalista, industrial, de una asociación deportiva.* || *Fam.* Individuo, persona: *¡vaya un socio!*

socioeconómico, ca adj. Que se refiere a la sociedad considerada en términos económicos.

sociología f. Ciencia que trata de la constitución y desarrollo de las sociedades humanas.

sociológico, ca adj. Relativo a la sociología.

sociólogo, ga m. y f. Especialista en sociología.

Socke. V. YARKAND.

socolor m. Pretexto, aspecto.

Socompa, cumbre volcánica de los Andes en el NE. de Chile (Antofagasta), fronteriza con la Argentina; 6 031 m.

soconusco m. Chocolate muy fino aromatizado con vainilla.

Soconusco, región limítrofe de México con Guatemala (Chiapas).

socoro m. En las iglesias, sitio debajo del coro.

socorredor, ra adj. y s. Que socorre.

socorrer v. t. Ayudar a uno en un momento de peligro o necesidad: *socorrer a los desvalidos.*

socorrido, da adj. Dispuesto a socorrer al prójimo. || *Fam.* Común y trillado: *argumento socorrido.* | Práctico: *un traje muy socorrido.*

socorrismo m. Método para prestar los primeros auxilios en caso de accidente: *curso de socorrismo.*

socorrista m. y f. Miembro de una sociedad de socorrismo o diplomado en socorrismo.

socorro m. Ayuda, auxilio, asistencia prestada en un peligro, en caso de necesidad. || Lo que se da para ayudar o asistir. || Medio o métodos empleados para ayudar o asistir a una víctima o persona en peligro. || *Mil.* Refuerzo. — *Agua de socorro,* V. AGUA. || *Casa de socorro,* clínica de urgencia donde se prestan los primeros cuidados. || *¡Socorro!,* ¡auxilio!, exclamación para pedir ayuda.

Socorro, c. de Colombia (Santander). — Isla de México (Revillagigedo), al O. del país.

Socotora, isla del océano Índico perteneciente a la Rep. del Yemen Democrático: 3 626 km².

socoyote, ta m. y f. *Méx.* Benjamín, hijo menor.

Sócrates, filósofo griego, n. en Atenas (¿470?-399 a. de J. C.). Acusado de ofender a los dioses y de corromper a la juventud, fue condenado a beber la cicuta. Sus doctrinas, aunque no escribió ningún libro, las conocemos a través de los *Diálogos* de Platón.

socrático, ca adj. Relativo a Sócrates: *filosofía socrática.* || Que sigue las doctrinas de Sócrates: *filósofo socrático* (ú. t. c. s.).

socratismo m. Conjunto de las doctrinas de Sócrates.

Socuéllamos, v. de España (Ciudad Real), en Castilla la Nueva. Industrias.

sochantre m. Director del coro en los oficios divinos.

sochimecate m. Cuerda de flores que forma parte de un baile tradicional mexicano.

soda f. *Quím.* Sosa. || Bebida de agua gaseosa que contiene ácido carbónico en disolución. || *Amer. Fuente de soda,* establecimiento donde se sirven bebidas no alcohólicas, cafetería.

Soddy (Sir Frederick), físico inglés (1877-1956), descubridor de la isotopía. (Pr. Nóbel, 1921.)

sódico, ca adj. De sodio: *cloruro sódico; sales sódicas.*

sodio m. Metal alcalino (Na) abundante en la naturaleza, de número atómico 11, densidad 0,97, punto de fusión 98 ºC., de brillo plateado y blando como la cera.

Sodoma, ant. c. de Palestina, cerca del mar Muerto, destruida por la cólera divina a causa de su depravación.

Sodoma (El). V. BAZZI.

sodomía f. Relación sexual entre personas del mismo sexo.

sodomita adj. y s. De Sodoma. || Homosexual.

Soekarno (Ahmed). V. SUKARNO (Ahmed).

soez adj. Indecente, bajo, grosero: *un gesto soez.*

sofá m. Asiento con respaldo y brazos para dos o más personas. || *Sofá cama,* el que, llegado el momento, puede convertirse en cama.

Soffia (José Antonio), poeta lírico chileno (1843-1886).

sofí m. Título de dignidad de los antiguos soberanos persas.

Sofía, cap. de Bulgaria y del distrito homónimo en el O. del país. 801 000 h. Ind. mecánicas y textiles. Centro administrativo.

Sofía *(Santa),* iglesia bizantina de Constantinopla, construida por Justiniano I (532-537). Hoy convertida en museo.

sofión m. Bufido, demostración de enojo. || Trabuco de boca ancha.

sofisma m. Razonamiento con que se quiere defender lo que es falso: *valerse de sofismas.*

sofismo m. Sufismo, doctrina de ciertos mahometanos de Persia.

sofista adj. y s. Que utiliza sofismas. || — M. En la Grecia antigua, todo el que se dedicaba a la filosofía. (Los más famosos *sofistas* fueron Protágoras y Gorgias.)

sofistería f. Uso de sofismas o razonamientos falsos.

sofisticación f. Afectación excesiva, falta de naturalidad.

sofisticado, da adj. Desprovisto de naturalidad, artificioso, afectado: *una muchacha muy sofisticada.*

sofisticar v. t. Adulterar, falsificar con sofismas. ‖ Quitar naturalidad a una persona a base de artificio.

sofístico, ca adj. Aparente, engañoso. ‖ — F. Escuela de los sofistas.

sofito m. *Arq.* Cara inferior de una cornisa o de cualquier otro cuerpo voladizo.

soflama f. Llama tenue o reverberación del fuego. ‖ Bochorno, rubor en el rostro. ‖ *Fig.* Engaño. | Discurso, perorata, alocución: *dirigir una soflama a los sublevados.*

soflamar v. t. Engañar a uno. ‖ *Fig.* Avergonzar, ruborizar, abochornar. ‖ Socarrar (ú. t. c. pr.).

sofocación f. Sentimiento ansioso de opresión que molesta la respiración. ‖ *Fig.* Enojo grande.

sofocante adj. Que sofoca.

sofocar v. t. Ahogar, impedir la respiración: *un calor que sofoca* (ú. t. c. pr.). ‖ Apagar, dominar, extinguir: *sofocar un incendio.* ‖ *Fig.* Avergonzar, abochornar: *les sofocó con sus groserías* (ú. t. c. pr.). | Acosar, importunar demasiado a uno. | Dominar, reducir: *sofocar una rebelión.* ‖ — V. pr. Acalorarse, irritarse: *se sofoca fácilmente.*

Sófocles, poeta griego, n. en Colona (entre 496 y 494-406 a. de J. C.). De su obra sólo han llegado hasta nosotros siete tragedias (*Antígona, Electra, Las Traquinias, Edipo Rey, Ayax, Filoctetes* y *Edipo en Colona*).

sofoco m. Sofocación. ‖ Sensación de ahogo. ‖ *Fig.* Vergüenza, rubor. | Grave disgusto: *dar, recibir un sofoco.*

sofocón m. o **sofoquina** f. *Fam.* Disgusto grande.

* **sofreír** v. t. Freír ligeramente, rehogar: *sofreír unos tomates.*

sofrenada f. Tirón de las riendas para que se pare el caballo. ‖ *Fig.* Bronca.

sofrenar v. t. Reprimir el jinete a la caballería tirando violentamente de las riendas. ‖ *Fig.* Regañar enérgicamente. | Reprimir, refrenar una pasión.

sofrito m. Manjar sofrito.

software m. (pal. ingl.). Conjunto de actividades que tiene por objeto la concepción y el empleo de los ordenadores electrónicos.

soga f. Cuerda gruesa y trenzada de esparto. ‖ *Arq.* Parte de un sillar o ladrillo que queda al descubierto en el paramento de la fábrica. ‖ — *Dar soga a uno,* burlarse de él; hacerle hablar, darle cuerda. ‖ *Fig. Estar con la soga al cuello,* estar en situación apurada o amenazado de peligro. ‖ *No hay que mentar la soga en casa del ahorcado,* no hay que hablar de cosas que evocan en los otros recuerdos desagradables.

Sogamoso, río de Colombia, afl. del Magdalena; 224 km. Conocido tb. por el n. de *Chicamocha.* — Mun. y c. de Colombia (Boyacá), al NE. de Bogotá. Acerías de Paz del Río.

Sogdiana, ant. región de Asia, parte de Persia; c. pr. *Samarcanda.*

Sognefjord, fiordo de Noruega al N. de Bergen.

soguero m. Vendedor de sogas.

soguilla f. Trenza delgada hecha con el pelo. ‖ Soga delgada.

soirée [*suaré*] f. (pal. fr.). Velada, fiesta nocturna.

Soissons [*suasón*], c. de Francia, al NE. de París (Aisne). Obispado. Catedral (s. XIII).

soja f. Planta papilionácea de Asia, de fruto semejante al de la judía, del que se extrae un aceite comestible.

sojuzgador, ra adj. Que sojuzga (ú. t. c. s.).

sojuzgar v. t. Avasallar, dominar, mandar con violencia: *sojuzgar a un pueblo, a una clase.*

Sokoto, c. del NO. de Nigeria.

sol m. Astro central, luminoso, del planeta en que vivimos y alrededor del cual giran los otros planetas. (En este sentido debe escribirse con mayúscula.) ‖ Astro considerado como el centro de un sistema planetario. ‖ Imagen simbólica del Sol. ‖ Luz, calor del Sol. ‖ Día. ‖ Unidad monetaria del Perú. ‖ *Fig.* Encanto: *¡qué sol de niño!* | Persona a quien se quiere mucho: *ella es el sol de mi vida.* ‖ Parte de las plazas de toros en que da el sol y donde están las localidades más baratas. ‖ — *Fig. Arrimarse al sol que más calienta,* v. ARRIMAR. ‖ *De sol a sol,* de la mañana a la noche. ‖ *El Imperio del Sol Naciente,* Japón. ‖ *El Rey Sol,* Luis XIV de Francia. ‖ *Fig. Nada nuevo bajo el Sol,* todo lo que hay existía ya desde siempre. | *No dejar a uno ni a sol ni a sombra,* seguir sus pasos para conseguir lo que se pretende. | *Más hermoso que un sol,* muy bello. | *Salga el sol por Antequera o por donde quiera,* sea lo que Dios quiera. ‖ *Sol de justicia,* el muy fuerte. ‖ *Sol de las Indias,* girasol. ‖ *Sol naciente, poniente,* el astro cuando sale en el horizonte o cuando desaparece en él. ‖ *Sol y sombra,* localidades expuestas a los rayos del sol solamente durante una parte de la corrida de toros.
— El *Sol* es una estrella cuya energía proviene de los fenómenos termonucleares de transformación del hidrógeno en helio. La temperatura superficial es de unos 5 750 ºC. La superficie luminosa, o *fotosfera,* tiene el aspecto de una red de mallas irregulares, formada por una gran abundancia de puntos brillantes que se reflejan en un fondo relativamente oscuro. El radio del globo solar mide 695 000 km aproximadamente y su masa es 33 000 veces mayor que la de nuestro planeta. La distancia media de la Tierra al Sol es del orden de 149,5 millones de kilómetros y los rayos solares tardan ocho minutos y 18 segundos para alcanzar la superficie terrestre.

sol m. Quinta nota de la escala musical. ‖ Signo que la representa.

Sol (ISLA DEL). V. TITICACA.

solado m. Solería.

solador m. Persona que tiene por oficio enlosar o entarimar pisos.

soladura f. Solería.

solamente adv. m. Únicamente, y no más: *me duele solamente la cabeza.*

solana f. Lugar en el que da el sol. ‖ Galería para tomar el sol. ‖ Sol fuerte: *ahora hay mucha solana.*

Solana (JOSÉ GUTIÉRREZ). V. GUTIÉRREZ SOLANA.

solanáceo, a adj. y s. f. Dícese de las plantas con flores acampanadas y fruto en baya, como la tomatera, la patata, la berenjena, el pimiento y el tabaco. ‖ — F. pl. Familia que forman.

solanera f. Quemadura de sol. ‖ Solana.

solano m. Viento que sopla de donde nace el sol. ‖ Hierba mora, planta solanácea.

Solano (San Francisco). V. FRANCISCO SOLANO. ‖ ~ **López** (FRANCISCO). V. LÓPEZ.

solapa f. Parte de la chaqueta o abrigo, junto al cuello, que se dobla hacia fuera. ‖ Parte del sobre de carta que sirve para cerrarla. ‖ Prolongación lateral de la sobrecubierta de un libro que se dobla hacia dentro. ‖ Carterilla de un bolsillo. ‖ *Fig.* Disimulo.

solapado, da adj. Hipócrita, taimado: *un enemigo solapado.*

solapar v. t. Poner solapas a un traje. ‖ *Fig.* Cubrir una cosa a otra. ‖ — V. i. Caer una parte del vestido o de cualquier cosa de manera que cubra a otra.

solar adj. Relativo al Sol: *día, sistema solar.* ‖ Dícese del centro neurovegetativo situado en el abdomen, entre el estómago y la columna vertebral: *plexo solar.* ‖ — M. Terreno donde se edifica. ‖ Suelo: *el solar patrio.* ‖ Casa más antigua y noble de una familia. | Linaje de una familia.

* **solar** v. t. Revestir el suelo con entarimado, ladrillos, losas u otro material: *solar un piso.* ‖ Echar suelas al calzado.

Solar (Alberto del), escritor chileno (1860-1921), autor de la novela *Huincahual,* dramas y poemas. ‖ ~ (ENRIQUE DEL), poeta y novelista chileno (1844-1891).

solariego, ga adj. Del patrimonio familiar: *casa solariega.*

solarium o **solario** m. Lugar habilitado para tomar el sol.

solaz m. Recreo, esparcimiento, distracción: *construir un parque para solaz del público.*

solazar v. t. Dar solaz, distraer, recrear: *solazar a alguien con su compañía* (ú. t. c. pr.).

solazo m. *Fam.* Sol fuerte.

solcuate m. Serpiente venenosa de México.

soldada f. Sueldo, especialmente el haber del soldado.

soldadesco, ca adj. De los soldados. ‖ — F. *Mil.* Ejercicio y profesión de soldado. | Conjunto de soldados, especialmente los que cometen desmanes.

soldadito m. Juguete de plomo que representa un soldado.

soldado m. Persona que sirve en el ejército, militar. ‖ Militar sin graduación: *soldado voluntario, bisoño.* ‖ *Fig.* Partidario, defensor, servidor: *soldado de la Compañía de Jesús.* ‖ *Soldado de Pavía,* pedazo de pescado rebozado y frito.

soldador m. Obrero que suelda. ‖ Instrumento para soldar: *soldador eléctrico.*

soldadura f. Modo de unión permanente de dos piezas metálicas o de determinados productos sintéticos ejecutado por medios térmicos: *soldadura autógena.* ‖ Aleación fusible a baja temperatura, a base de estaño, utilizado para realizar la unión de dos metales. ‖ Juntura de dos piezas soldadas.

* **soldar** v. t. Unir por medio de una soldadura. ‖ — V. pr. Pegarse, unirse: *soldarse dos huesos rotos.*

Soldi (Raúl), pintor y decorador argentino, n. en 1905.

soleá f. Copla y danza populares andaluzas de carácter melancólico. (Pl. *soleares.*)

solear v. t. Poner al sol.

solecismo m. Vicio de dicción consistente en una falta de sintaxis o en el empleo incorrecto de una palabra o expresión.

soledad f. Vida solitaria; estado de una persona retirada del mundo o momentáneamente sola. ‖ Lugar en que se vive alejado del trato de los hombres. ‖ Sitio solitario, desierto. Ú. m. en pl.: *en las soledades de la Pampa.* ‖ *Fig.* Estado de aislamiento: *soledad moral.* | Pesadumbre y nostalgia por la ausencia, pérdida o muerte de alguien o algo queridos.

Soledad, isla de la Argentina en el archip. de las Malvinas, donde se encuentra *Puerto Stanley.* — Mun. y c. del NO. de Colombia (Atlántico). — Mont. en el N. de México (Chihuahua); 2 560 m. — Mun. y puerto fluvial al NE. de Venezuela (Anzoátegui).

Soledades, poema culterano de Góngora (1613). — Libro de poemas de Antonio Machado (1902).

solemne adj. Celebrado públicamente con pompa o ceremonia: *sesión solemne.* ‖ Acompañado de actos públicos o por formalidades importantes: *compromiso solemne.* ‖ Enfático, grave, majestuoso: *tono solemne.* ‖ *Fig.* Enorme, descomunal: *ha dicho un solemne disparate.*

solemnidad f. Carácter solemne. ‖ Acto solemne: *celebrar una fiesta con solemnidad.* ‖ Cada una de las formalidades de un acto solemne: *solemnidad de un pacto.* ‖ Gravedad: *la solemnidad del momento.* ‖ Énfasis, majestuosidad. ‖ *Pobre de solemnidad,* extremadamente pobre.

solemnizar v. t. Celebrar de una manera solemne un suceso: *solemnizar el nacimiento del primer hijo.* ‖ Engrandecer, encarecer, aplaudir una cosa.

solenoide m. *Fís.* Circuito eléctrico consistente en un alambre arrollado en forma de hélice sobre un cilindro, uno de cuyos extremos vuelve hacia atrás en línea recta paralela al eje de la hélice.

sóleo m. Músculo de la pantorrilla unido a los gemelos por su parte inferior para formar el tendón de Aquiles.

* **soler** v. i. Acostumbrar (seres vivos). ‖ Ser frecuente (hechos o cosas): *suele llover en primavera.*
— OBSERV. Verbo defectivo, se conjuga sólo en los tiempos presente, pret. imperfecto, pret. indefinido y pret. perfecto del indicativo, así como en presente del subjuntivo.

Soler (Antonio), religioso y músico español (1729-1783), autor de obras religiosas y de sonatas. ‖ ~ (BARTOLOMÉ), escritor español, n. en 1894. Autor de novelas y obras de teatro. ‖ ~ (DOMINGO), actor mexicano (1902-1961). ‖ ~ (FEDERICO), escritor español (1839-1895), autor de comedias, sainetes y parodias en lengua catalana. Utilizó el seudónimo de *Serafí Pitarra.* ‖ ~ (MIGUEL ESTANISLAO), general argentino (1783-1849). Combatió en la guerra de Independencia y fue gobernador de la Banda Oriental (1814) y de la Provincia de Buenos Aires (1820).

solera f. Viga. ‖ Piedra plana que sirve de asiento. ‖ Muela fija del molino que está fijada debajo de la volandera. ‖ Suelo del horno. ‖ Reserva, madre o lía del vino. ‖ *Fig.* Tradición familiar: *un torero de solera.* ‖ *Méx.* Ladrillo. ‖ *Una marca de solera,* una marca prestigiosa.

solería f. Material para solar. ‖ Conjunto de baldosas que cubren el suelo de una casa: *solería de terrazo.*

Solesmes [*-lem*], pobl. de Francia (Sarthe), al SO. de París. Abadía benedictina.

soleta f. Pieza que se pone en la planta del pie de la media. ‖ *Méx.* Bizcocho alargado y suave. ‖ — *Fig.* y *fam. Dar soleta a uno,* echarle. | *Picar* (o *tomar*) *soleta,* largarse, irse.

Soleure. V. SOLOTHURN.

solevantar v. t. Levantar.

solfa f. Solfeo. ‖ *Fam.* Paliza: *le dio una solfa monumental.* ‖ — *Fam. Echar una solfa,* echar una bronca. | *Poner en solfa,* ridiculizar, burlarse. | *Tomar a solfa,* tomar poco en serio.

solfatara f. En los terrenos volcánicos, abertura por la que se escapan vapores sulfurosos.

solfear v. t. *Mús.* Cantar marcando el compás y pronunciando el nombre de las notas. ‖ *Fam.* Dar una paliza.

solfeo m. Disciplina que constituye la base principal de la enseñanza de la música. ‖ *Fig.* y *fam.* Paliza.

Solferino, pobl. del N. de Italia en Lombardía (Mantua).

solicitación f. Ruego insistente. ‖ Tentación. ‖ *Solicitación de fondos,* petición de capitales.

solicitador, ra y **solicitante** adj. y s. Que solicita.

solicitar v. t. Pedir una cosa con diligencia: *solicitar un favor, una plaza.* ‖ Hacer una solicitud para algo. ‖ Requerir: *está muy solicitado.* ‖ Cortejar a una mujer. ‖ Llamar la atención, atraer. ‖ *Fís.* Atraer una o más fuerzas a un cuerpo.

solícito, ta adj. Cuidadoso, diligente: *una madre muy solícita.* ‖ Atento: *mostrarse solícito con él.*

solicitud f. Diligencia o instancia cuidadosa. ‖ Petición. ‖ Escrito en que se solicita alguna cosa, instancia: *una solicitud de gracia, de autorización,* etc.

solidaridad f. Circunstancia de ser solidario de un compromiso. ‖ Adhesión circunstancial a la causa o empresa de otros: *solidaridad con los perseguidos injustamente.* ‖ Responsabilidad mutua.

solidario, ria adj. Aplícase a las obligaciones contraídas por varias personas de modo que deban cumplirse enteramente por cada una de ellas: *compromiso solidario.* ‖ Aplícase a la persona que ha adquirido este compromiso con relación a otra u otras: *el marido y la mujer son solidarios.* ‖ Adherido a la causa, empresa u opinión de otro: *solidario de una acción política.* ‖ Dícese de una pieza de un mecanismo unida a otra de manera rígida.

Solidaritat catalana, movimiento catalanista (1906-1909).

solidarizar v. t. Hacer solidario. ‖ — V. pr. Unirse solidariamente con otros o con una actitud: *solidarizarse con los huelguistas.*

solideo m. Casquete que usan los eclesiásticos para cubrirse la corona.

solidez f. Calidad de sólido.

solidificación f. Paso del estado líquido o gaseoso al sólido: *solidificación del agua.*

solidificar v. t. Hacer pasar al estado sólido: *solidificar un líquido, un gas* (ú. t. c. pr.).

sólido, da adj. Firme, macizo, denso: *cuerpos sólidos.* ‖ Aplícase al cuerpo cuyas moléculas tienen entre sí mayor cohesión que la de los líquidos: *el fósforo es un cuerpo sólido* (ú. t. c. s. m.). ‖ *Fig.* Asentado, establecido con razones fundamentales: *un argumento sólido.* | Fuerte, resistente: *muro sólido.* | Firme, estable: *terreno sólido.* | Inalterable, que no destiñe: *colores sólidos.* | Vasto, grande: *una sólida formación.* ‖ — M. *Geom.* Espacio limitado por superficies.

soliloquiar v. i. Monologar.

soliloquio m. Monólogo.

Solimán ‖ ~ **I,** sultán turco de 1403 a 1411. ‖ ~ **II** *el Magnífico* (1494-1566), sultán turco desde 1520. Fue mortal enemigo del emperador Carlos V. ‖ ~ **III** (1642-1691), sultán turco desde 1687.

Solimana, pico de los Andes del Perú (Arequipa); 6 318 m.

Solingen, c. en el O. de Alemania Occidental (Rin Septentrional-Westfalia). Cuchillería. Metalurgia; materias plásticas.

solio m. Trono con dosel propio de un soberano o príncipe o papa: *el solio real, papal.* ‖ *Solio pontificio,* papado.

solípedo, da adj. Dícese de los mamíferos ungulados que tienen el pie con un solo dedo o pezuña, como el caballo (ú. t. c. s. m.). ‖ — M. pl. Orden de estos animales.

Solís (Juan DÍAZ DE), navegante español, m. en 1516. Descubrió con Vicente Yáñez Pinzón Yucatán y el Amazonas (1508) y exploró el río de la Plata (1516). ‖ ~ **y Ribadeneyra** (ANTONIO DE), escritor y sacerdote español, n. en Alcalá de Henares (1610-1686), autor de *Historia de la conquista de México,* de comedias (*La gitanilla de Madrid, El amor al uso*) y de poesías.

solista adj. y s. com. *Mús.* Dícese de la persona que ejecuta un solo: *solista de un concierto.*

solitaria f. *Zool.* Tenia.

solitario, ria adj. Desamparado, desierto: *paraje solitario.* ‖ Que vive solo o sin compañía: *vida solitaria.* ‖ — M. Anacoreta: *el solitario San Antón.* ‖ Diamante montado aisladamente: *un solitario engastado en una sortija.* ‖ Juego de naipes que sólo necesita un jugador: *hacer un solitario.*

soliviantar v. t. Excitar el ánimo de una persona para inducirle a rebeldía. ‖ Exasperar, indignar.

Soljenitsyn (Alejandro), novelista soviético, n. en 1918. Su obra denuncia el régimen de Stalin. (Pr. Nóbel, 1970.)

solo, la adj. Que no tiene compañía, aislado: *estoy solo en mi casa.* ‖ Que no tiene quien le ampare o consuele: *solo en el mundo.* ‖ Único en su especie: *un solo ejemplar.* ‖ Que toca únicamente: *violín solo.* ‖ — M. Paso de danza ejecutado sin pareja. ‖ *Mús.* Composición para una sola voz o un solo instrumento: *un solo para violín.*

sólo adv. Solamente: *sólo vendré por las tardes.*

Solo. V. SURAKARTA.

Sologne, región de Francia, al S. de la cuenca de París.

Sololá, c. de Guatemala, en un promontorio del lago de Atitlán; cab. del dep. homónimo. Obispado.

sololateco, ca adj. y s. De Sololá (Guatemala).

solomillo m. En los animales de consumo, carne que se extiende por entre las costillas y el lomo.

Solomos (Dionysios, *conde*), poeta griego (1798-1857), autor de *Himno a la libertad.*

Solón, legislador de Atenas (¿640-558? a. de J. C.), uno de los Siete Sabios de Grecia.

Solórzano Pereyra (Juan de), jurista español (1575-1655). Intervino en la recopilación de las leyes de Indias, promulgada en 1680.

Solothurn, en francés *Soleure,* c. en el NO. de Suiza, cap. del cantón homónimo.

Solsona, c. del NE. de España (Lérida). Obispado.

solsticio m. Época en que el Sol se halla en uno de los dos trópicos: *solsticio de invierno.*

* **soltar** v. t. Desatar, desceñir: *soltar el cinturón* (ú. t. c. pr.). ‖ Dejar en libertad: *soltar a un prisionero.* ‖ Desasir lo que estaba sujeto: *soltar la espada.* ‖ Desprender: *esta camisa ha soltado mucha mugre.* ‖ Dar salida a lo que estaba detenido: *soltar la barca.* ‖ Ablandar, laxar: *soltar el vientre.* ‖ Iniciar, romper: *soltó el llanto, la risa.* ‖ Descifrar, resolver: *soltar una dificultad.* ‖ *Fam.* Decir: *soltar un juramento, un disparate.* | Asestar, propinar: *le solté una bofetada.* ‖ — *No soltar prenda,* no decir nada. ‖ *Pop. Soltar la mosca,* pagar. | *¡Suelta!,* ¡habla!, ¡confiesa!. ‖ — V. pr. Adquirir soltura en hacer algo: *el niño se está soltando en andar.* ‖ Empezar a hablar: *me he soltado en inglés.* ‖ Despacharse, hacer algo sin ninguna retención: *se soltó a su gusto.* ‖ — *Fam. Soltarse el pelo,* desmelenarse, mostrar todo lo que uno es capaz de hacer; independizarse, hacer su santa voluntad: *esta niña se ha soltado el pelo;* animarse, quitarse los complejos: *el tímido Juanito se soltó el pelo aquel día.*

soltería f. Condición de soltero.

soltero, ra adj. Dícese de la persona que no se ha casado (ú. t. c. s.).

solterón, ona adj. Soltero ya entrado en años: *mujer solterona* (ú. t. c. s.).

soltura f. Acción de soltar. ‖ Agilidad, desenvoltura, prontitud: *moverse con soltura.* ‖ *Fig.* Descaro, desvergüenza. | Facilidad y claridad de dicción: *soltura en el hablar.*

solubilidad f. Condición de soluble.

solubilizar v. t. Hacer soluble.

soluble adj. Que se puede disolver o desleir: *sustancia soluble.* || *Fig.* Que se puede resolver: *problema soluble.*

solución f. Operación por la que un cuerpo se disuelve en un líquido, disolución: *solución de ácido sulfúrico.* || Líquido que contiene un cuerpo disuelto. || Modo de resolver una dificultad: *no sé qué solución darle a este lío.* || Desenlace, conclusión: *la solución de un drama, de un proceso, de un asunto.* || *Mat.* Valor de las incógnitas en una ecuación. | Indicación de las operaciones que hay que efectuar sirviéndose de los datos de un problema para resolverlo. | Conjunto de estas operaciones. || *Solución de continuidad,* interrupción.

solucionar v. t. Hallar la solución, resolver: *solucionar un conflicto, un pleito, un problema.*

solutrense adj. Dícese de una época del paleolítico superior: *industria solutrense* (ú. t. c. s. m.).

Solutré-Pouilly, pobl. de Francia en el O. del centro del país (Saône-et-Loire). Estación prehistórica *(solutrense).*

Solvay (Ernest), industrial belga (1838-1922), inventor de una técnica para la fabricación de carbonato sódico.

solvencia f. Pago de una deuda. || Capacidad para pagar las deudas contraídas. || Capacidad para cumplir un compromiso moral.

solventar v. t. Resolver, dar solución. || Liquidar, pagar una cuenta o deuda.

solvente adj. Sin deudas. || Que puede pagar las deudas contraídas. || Capaz de cumplir cualquier compromiso. || — M. *Quím.* Disolvente.

solla f. Pez parecido al lenguado.

sollado m. Uno de los pisos o cubiertas inferiores del buque.

sollastre m. Pinche de cocina. || *Fig.* Pícaro redomado.

Sóller, c. de España (Baleares), en el O. de la isla de Mallorca. Turismo.

sollerense adj. y s. De Sóller.

sollo m. Esturión, pez. || *Fig.* y *fam. Estar como un sollo,* estar muy gordo.

sollozar v. i. Emitir sollozos.

sollozo m. Contracción del diafragma con emisión ruidosa de aire, que se produce al llorar: *romper en sollozos.*

soma m. Cuerpo, por oposición a *espíritu* o *psique.*

somalí adj. y s. De Somalia.

Somalia, rep. del E. de África, formada en 1960 por la fusión de las antiguas Somalias Británica e Italiana; 637 660 km^2; 2 745 000 h. *(somalíes).* Cap. *Mogadiscio;* 170 000 h. C. pr.: *Berbera,* 30 000; *Hargeisa,* 28 000. || ~ **Francesa** o *Costa Francesa de los Somalíes.* V. AFARS E ISSAS.

somanta f. *Fam.* Paliza, zurra.

somatén m. En Cataluña, milicia o cuerpo rural de gente armada que se reunía al toque de rebato: *llamar, tocar a somatén.* || *¡Somatén!,* grito de guerra de las antiguas milicias catalanas.

somatenista m. Individuo del somatén.

somático, ca adj. Perteneciente al cuerpo: *células somáticas.*

somatología f. Estudio comparativo de la estructura y desarrollo del cuerpo humano.

sombra f. Oscuridad, falta de luz: *las sombras de la noche.* || Proyección oscura que produce un cuerpo al interceptar la luz: *la sombra de un ciprés.* || Apariencia, espectro: *la sombra de los difuntos.* | *Fig.* Oscuridad, falta de claridad intelectual: *las sombras de la ignorancia.* | Protección, asilo: *cobijarse a la sombra de la Iglesia.* | Imagen, apariencia, semejanza: *no es ya ni sombra de lo que fue.* | Motivo de inquietud, de tristeza: *no hay más que sombras en torno mío.* | Mancha, imperfección: *hay una sombra en su historial.* | Indicio, señal: *no hay ni sombra de duda.* || *Taurom.* Localidad preferente en las plazas de toros, protegida de los rayos solares. || Falsa regla, falsilla. || Denominación de ciertos colores oscuros en pintura. || — *Fig. Buena o mala sombra,* gracia o poca gracia: *este chiste tiene muy mala sombra;* suerte o mala suerte. | *Burlarse hasta de su sombra,* reírse de todo. | *Hacer sombra a alguien,* hacer que una persona pierda en estima por la comparación con otra. || *Pop. Meter a la sombra,* meter en chirona (prisión). || *Fig. Ni por sombra,* ni por asomo. || *Sombras chinescas,* proyección en una pantalla de las sombras producidas por unas siluetas o por las manos.

sombrajo m. Techo rudimentario para hacer sombra. || *Fam. Caérsele a uno los palos del sombrajo,* desanimarse.

sombreado m. Gradación del color en pintura.

sombreador, ra adj. Que sombrea o da sombra.

sombrear v. t. Dar o producir sombra: *sombrear el patio de la casa.* || Poner sombra: *sombrear un dibujo, una pintura.*

sombrerada f. Lo que cabe en un sombrero. || *Fam.* Sombrerazo.

sombrerazo m. Saludo consistente en quitarse el sombrero.

sombrerería f. Fábrica de sombreros. || Tienda en la que se venden. || Oficio de hacer somberos.

sombrerero, ra m. y f. Persona que hace sombreros o los vende. || — F. Caja donde se guarda el sombrero.

sombrerete m. Sombrero pequeño. || Caperuza de algunos hongos. || Parte superior de una chimenea.

sombrerillo m. Parte superior de ciertos hongos. || Ombligo de Venus, planta crasulácea.

sombrero m. Prenda para cubrir la cabeza, compuesta de copa y ala. || Tejadillo que cubre el púlpito de la iglesia. || *Bot.* Sombrerillo de los hongos. || Privilegio que tenían los grandes de España de guardar puesto el sombrero ante el Rey. || *Mar.* Parte superior del cabrestante formada por una pieza circular de madera. || Parte superior de ciertas piezas mecánicas. || — *Fig.* y *fam. Quitarse el sombrero,* demostrar admiración. || *Sombrero calañés,* el de ala estrecha y vuelta hacia arriba. || *Sombrero cordobés,* el ancho de ala y bajo de copa. || *Sombrero chambergo,* el de ala ancha y levantada por un lado. || *Sombrero de catite,* el calañés con copa alta. || *Sombrero de copa,* el de ala estrecha y copa alta casi cilíndrica usado en ceremonias solemnes. || *Sombrero de jipijapa,* el hecho con paja. || *Sombrero de teja,* el de los sacerdotes. || *Sombrero de tres picos,* tricornio. || *Sombrero flexible,* el de fieltro usado corrientemente. || *Sombrero hongo,* el de copa redonda de fieltro duro. || *Méx. Sombrero jarano,* el de fieltro blanco, ala ancha y copa baja. || *Sombrero jíbaro,* en las Antillas, el usado por la gente del campo.

Sombrero de tres picos *(El),* novela de Alarcón (1874), argumento de un ballet de Falla.

sombrilla f. Objeto análogo al paraguas, destinado a protegerse de los rayos solares, quitasol.

sombrío, a adj. Aplícase al sitio poco iluminado: *un lugar sombrío.* || *Fig.* Melancólico, triste: *aspecto sombrío.*

somero, ra adj. A poca profundidad. || *Fig.* Poco detallado o profundo, superficial: *un estudio somero del problema.*

Somerset, condado de Gran Bretaña, al SO. de Inglaterra; cap. *Taunton.* Agricultura; ganadería.

Somerset Maugham. V. MAUGHAM (William Somerset).

Somerville, c. de Estados Unidos (Massachussetts), suburbio al N. de Boston. Industrias.

Somes o **Szamos,** río de Rumania y Hungría, afl. del Tizza; 411 km.

someter v. t. Reducir a la obediencia, sojuzgar: *Roma sometió a medio mundo.* || Proponer la elección, hacer enjuiciar a: *someter un proyecto a alguien.* || Hacer que alguien o algo reciba cierta acción: *someter a alguien a tratamiento médico, un metal a la acción de un ácido.* || — V. pr. Rendirse en un combate. || Ceder, conformarse: *someterse a la decisión tomada.* || Recibir alguien determinada acción: *someterse a una intervención quirúrgica.*

sometimiento m. Sumisión.

Somiedo, v. en el NO. de España (Oviedo), y puerto en la Cord. Cantábrica (1 486 m). Coto de caza.

somier m. Bastidor metálico elástico para sostener el colchón de la cama.

Somme [*som*], río de Francia, que des. en el canal de la Mancha. — Dep. del N. de Francia; cap. *Amiens.*

sommelier m. (pal. fr.). Encargado de servicio del vino en un restaurante. || Sumiller, bodeguero.

somnambulismo m. Sonambulismo.

somnámbulo, la adj. y s. Sonámbulo.

somnífero, ra adj. Que causa sueño. Ú. t. c. s. m.: *abusar de los somníferos.* || *Fig.* Muy aburrido.

somnolencia f. Pesadez, torpeza de los sentidos producida por el sueño. || *Fig.* Amodorramiento, torpeza, falta de actividad.

somnoliento, ta adj. Soñoliento.

Somodevilla (Zenón de). V. ENSENADA *(Marqués de la).*

Somondoco, mun. de Colombia (Boyacá). Esmeraldas.

somontano, na adj. Del Alto Aragón, en las vertientes de los Pirineos (ú. t. c. s.).

somorgujar v. t. Sumergir (ú. t. c. pr). || — V. i. Bucear.

somorgujo m. Ave palmípeda que mantiene la cabeza largo tiempo bajo el agua.

Somosierra, puerto montañoso en la sierra de Guadarrama, al NO. de Madrid, que une las dos Castillas; 1 430 m.

somoteño, ña adj. y s. De Somoto (Nicaragua).

Somoto, c. al NO. de Nicaragua, cap. del dep. de Madriz.

Somoza (Anastasio), general nicaragüense (1896-1956), pres. de la Rep. de 1937 a 1947 y de 1951 a 1956. M. asesinado. — Su hijo ANASTASIO SOMOZA DEBAYLE, n. en 1925, militar y político, pres. de la Rep. de 1967 a 1972. Fue reelegido en 1974. — Su otro hijo LUIS SOMOZA DEBAYLE (1922-1967), pres. de la Rep. de 1956 a 1963.

Somport, puerto montañoso de los Pirineos (Huesca), atravesado por un túnel (7 824 m) que une las líneas ferroviarias de España y Francia; 1 640 m.

son m. Sonido agradable: *el son del violín.* || *Fig.* Rumor de una cosa: *el son de la voz pública.* | Tenor o manera: *a este* (o *aquel*) *son.* | Motivo, pretexto: *con este son.* | Tono, atmósfera: *en este mismo son transcurrió la fiesta.* || — *Fig.* y *fam. Bailar uno al son que le tocan,* adaptarse a cualquier circunstancia. || *En son de,* en actitud de: *en son de guerra.* || *Sin ton ni son,* sin ningún motivo.

sonado, da adj. Famoso, célebre, renombrado: *sonada victoria.* || Divulgado, de que se habla mucho: *noticia sonada.*

sonador, ra adj. Que suena o hace ruido. || — M. Pañuelo.

sonaja f. Par de chapas metálicas que, atravesadas por un alambre, se ponen en algunos juguetes o instrumentos músicos. || Sonajero.

sonajero m. o **sonajera** f. Aro con mango provisto de sonajas o cascabeles utilizado para distraer a los niños.

sonambulismo m. Estado histérico en el cual la persona anda a pesar de estar dormida natural o artificialmente.

sonámbulo, la adj. Dícese de la persona que, estando dormida, anda y ejecuta actos propios de una persona despierta (ú. t. c. s.).

sonante adj. Sonoro, que suena. || *Dinero sonante*, metálico, dinero en monedas de metal.

sonar m. Aparato de detección submarino por medio de ondas ultrasonoras.

* **sonar** v. i. Causar un sonido: *instrumento músico que suena bien* (o *mal*). || Pronunciarse, tener una letra valor fónico: *la* H *no suena.* || Mencionarse, citarse: *su nombre suena en los medios literarios.* || Tener cierto aspecto, causar determinado efecto: *todo eso suena a una vulgar estafa.* || Llegar, suceder: *cuando sonará el momento de la libertad.* || *Fam.* Recordarse vagamente, decir algo, ser familiar: *no me suena ese apellido, esa cara.* || Dar: *sonar las horas.* || *Como suena*, literalmente, así: *este hombre es un ladrón, como suena.* || — V. t. Tocar un instrumento o hacer que suene una cosa: *sonar las campanas.* || Limpiar de mocos las narices (ú. t. c. pr.).

sonata f. Composición de música de tres o cuatro movimientos para uno o dos instrumentos.

Sonatas, cuatro novelas de Valle-Inclán (*Primavera, Estío, Otoño, Invierno*).

sonatina f. Sonata corta.

sonda f. Instrumento utilizado para medir las profundidades del agua en un lugar determinado y que da al mismo tiempo indicaciones de la naturaleza del fondo: *sonda ultrasónica.* || Instrumento médico que se introduce en cualquier vía orgánica para evacuar el líquido que contiene, inyectar una sustancia medicamentosa o simplemente para explorar la región que se estudia. || Aparato de meteorología utilizado para la exploración vertical de la atmósfera. || Aparato con una gran barra metálica que se emplea para perforar a mucha profundidad en el suelo: *con la sonda se inyecta lodo en las perforaciones petrolíferas.*

Sonda (ARCHIPIÉLAGO DE LA), islas de Insulindia. Las más importantes son *Sumatra, Java* (separadas por el *estrecho de la Sonda*), *Bali, Sumbava, Flores* y *Timor.*

sondable adj. Que se puede sondar.

sondaleza f. Sonda para reconocer la profundidad del mar.

sondar v. t. Echar el escandallo o sonda al agua para averiguar la profundidad y explorar el fondo. || Averiguar la naturaleza del subsuelo. || *Med.* Introducir en el cuerpo sondas o instrumentos para diversos fines.

sondear v. t. Sondar, explorar la profundidad del agua o del terreno. || *Fig.* Tratar de conocer el pensamiento ajeno. | Tantear, estudiar las posibilidades: *sondear un mercado.*

sondeo m. Acción de sondear el agua, el aire o el terreno. || *Fig.* Procedimiento utilizado para conocer la opinión pública, las posibilidades de un mercado, etc.

Sondrio c. del N. de Italia, en Lombardía, cap. de la prov. homónima, a orillas del Adda.

sonetista com. Autor de sonetos.

soneto m. Conposición poética de catorce versos endecasílabos distribuidos en dos cuartetos y dos tercetos.

Song, XIX.ª dinastía china, que reinó de 960 a 1280 y contó con dieciocho emperadores.

Song Koi o **Río Rojo,** río del Viet Nam del Norte, nacido en China, que des. en el delta de Tonquín por donde se encuentra la ciudad de Hanoi; 1 200 km.

songhai o **sonrhai** adj. y s. Individuo de un pueblo africano que habitaba en las orillas del Níger, hoy territ. del Malí.

songo, ga adj. *Col.* y *Méx.* Tonto, taimado. || — F. *Amer.* Ironía, burla. || *Méx.* Chocarrería.

songuero, ra m. y f. *Méx.* Amigo de songas.

songuita f. *Amer.* Dim. de *songa.* (Es despectivo.)

sonido m. Sensación auditiva originada por una onda acústica. || Vibración acústica capaz de engendrar una sensación auditiva. || Cualquier emisión de voz, simple o articulada.

soniquete m. Sonsonete.

sonómetro m. *Mús.* Especie de diapasón.

sonora adj. y s. Individuo de un pueblo que ocupaba el NO. de México y el hoy SO. de Estados Unidos.

Sonora, río del NO. de México (Sonora), que des. en el golfo de California; 482 km. — Est. del NO. de México; cap. *Hermosillo.* Minas. Agricultura.

sonoridad f. Calidad de lo que es sonoro. || Propiedad que tienen ciertos cuerpos u objetos de producir sonidos intensos o de amplificar los sonidos.

sonórido adj. y s. Uno de los grupos en que suelen dividirse los indígenas pobladores de Sonora (México).

sonorización f. Aumento de la potencia de los sonidos para mejorar su difusión. || Acción de poner sonido a una película cinematográfica. || Fenómeno fonético consistente en el paso de una consonante a una sonora.

sonorizar v. t. Instalar un equipo amplificador de sonidos. || Poner el sonido: *sonorizar una película.* || Convertir una consonante sorda en sonora.

sonoro, ra adj. Que produce un sonido: *instrumento sonoro.* || Que causa un sonido: *golpes sonoros.* || Que tiene un sonido intenso: *voz sonora.* || Que resuena: *iglesia sonora.* || Dícese de cualquier fonema que hace vibrar las cuerdas vocales para articularlo (ú. t. c. s. f.). || — *Banda sonora*, zona de la cinta cinematográfica en la que va grabado el sonido. || *Cine sonoro*, el hablado, posible gracias al montaje de una banda sonora.

* **sonreír** v. i. Reírse levemente y sin ruido (ú. t. c. pr.): *sonreír irónicamente.* || *Fig.* Tener aspecto agradable y atractivo. | Favorecer: *si la fortuna me sonríe.*

sonrhai adj. y s. Songhai.

sonriente adj. Que sonríe.

sonrisa f. Esbozo de risa, acción de sonreírse: *una sonrisa de satisfacción.*

sonrojar v. t. Ruborizar, hacer salir los colores al rostro: *sonrojar de vergüenza* (ú. t. c. pr.).

sonrojo m. Vergüenza, rubor. || Afrenta, palabra ofensiva.

sonrosado, da adj. De color rosado: *rostro sonrosado.*

sonsacador, ra adj. Dícese de la persona que sonsaca (ú. t. c. s.).

sonsacar v. t. Lograr de alguien algo con cierta insistencia: *le sonsacó todo lo que quería.* || Hacer que alguien diga o haga lo que uno quiere: *me sonsacó la verdad completa.* || Atraer a un empleado o servidor de otra persona para hacer lo que uno quiere.

Sonsón, c. de Colombia (Antioquia). Obispado.

Sonsonate, c. del O. de El Salvador, cap. del dep. homónimo.

sonsonateco, ca adj. y s. De Sonsonate.

sonsonete m. Sonido de golpecitos repetidos con ritmo. || *Fig.* Sonido desapacible y continuado. | Tonillo de desprecio o burla: *su voz tiene un cierto sonsonete desagradable.* | Tonillo monótono al leer o hablar. | Estribillo, cantinela.

soñador, ra adj. y s. Que sueña mucho. || *Fig.* y *fam.* Que cuenta mentiras o las cree fácilmente. || *Fig.* Que imagina cosas fantásticas reñidas con la realidad.

* **soñar** v. t. Ver en sueño: *soñé que habías venido.* || Imaginar, figurarse: *nunca dije tal cosa, usted la soñó.* || — V. i. Pensar cosas cuando se duerme: *soñé que me casaba.* || *Fig.* Estar distraído, dejar vagar la imaginación: *siempre está soñando durante las clases.* | Pensar, reflexionar con tranquilidad: *en la vida hay que dejar un cierto tiempo para soñar.* | Decir cosas poco juiciosas, extravagantes: *usted sueña cuando habla de paz universal.* | Desear con ardor: *soñar con un futuro mejor.* || — *¡Ni lo sueñe!*, ¡ni pensarlo! || *Fig. Soñar con los angelitos*, dormir plácidamente. | *Soñar despierto*, imaginar como existente lo que en realidad es irreal.

soñarrera f. *Fam.* Ganas de dormir. | Sueño pesado.

soñolencia f. Somnolencia.

soñoliento, ta adj. Presa del sueño o que dormita. || Que causa sueño o adormece. || *Fig.* Lento o perezoso.

sopa f. Pedazo de pan empapado en cualquier líquido. || Guiso consistente en un caldo alimenticio en el que figuran trozos de pan o arroz, fideos, féculas, pastas, etc. || Comida que se da a los mendigos en los conventos, cuarteles y colegios. || — Pl. Trozos o rebanadas de pan que se echan en la sopa. || — *Fig. Comer la sopa boba*, comer gratis, de gorra; vivir sin trabajar y a costa de otro. | *Encontrarse a uno hasta en la sopa*, verlo en todas partes. | *Estar como una sopa*, estar muy mojado. || *Sopa de ajo*, la hecha con pan mojado y frito y sazonada con ajo, sal y pimienta. || *Sopa juliana* o *de hierbas*, la que se cocina cociendo varias clases de verduras en un caldo.

sopapina f. *Fam.* Paliza.

sopapo m. Golpe dado con el dorso de la mano debajo de la papada. || *Fam.* Bofetón, cachete.

sopar y **sopear** v. t. Echar trozos de pan en la leche, caldo, etc.

sopera f. Recipiente para servir la sopa.

sopero adj. y s. Hondo: *plato sopero.*

sopesar v. t. Levantar una cosa para calcular su peso. || *Fig.* Valorar, calcular las dificultades: *sopesar el pro y el contra.*

sopetear v. t. Mojar repetidamente el pan en el caldo o salsa.

sopetón m. Pan tostado y mojado en aceite. || Golpe fuerte dado con la mano. || *De sopetón*, repentinamente, de pronto, bruscamente.

Sopetrán, mun. y v. de Colombia (Antioquia).

sopicaldo m. Caldo claro.

sopitipando m. *Fam.* Soponcio, desmayo.

soplado, da adj. *Fig.* y *fam.* Demasiado compuesto o pulido. | Engreído, estirado. | Borracho. || — M. Operación de soplar el vidrio. || *Min.* Cavidad profunda del terreno.

soplador, ra adj. Que sopla. || — M. Soplillo. || Operario que sopla el vidrio.

soplamocos m. *Fig.* y *fam.* Golpe dado en las narices, bofetada.

soplar v. i. Echar el aire por la boca o por un fuelle con cierta fuerza. || Correr: *el viento sopla.* || *Fam.* *¡Cómo sopla!*, ¡cómo come o bebe! || — V. t. Dirigir el soplo hacia una cosa para activar, apagar, llenar de aire: *soplar el* *fuego, una vela, una cámara de balón.* || Apartar con el soplo: *soplar el polvo.* || Dar forma al vidrio mediante el aire expelido por la boca. || *Fig.* Inspirar: *soplado por las musas.* | Apuntar: *soplar a los compañeros lo que tienen que decir.* | Dar: *le sopló un par de bofetadas.* | Comerse una pieza del contrario en las damas cuando ésta no hizo lo propio con una que tenía a su alcance. || *Fig.* y *fam.* Hurtar, birlar, quitar: *le sopló la cartera.* | Denunciar, acusar: *soplar el nombre del criminal a la policía.* || — V. pr. Comer o beber en abundancia: *me soplé un pollo, una garrafa de vino, de agua.*

soplete m. Aparato que produce una llama al hacer pasar una mezcla de aire o de oxígeno y un gas inflamable por un tubo: *soplete oxhídrico.*

soplido m. Soplo.

soplillo m. Instrumento que sirve para remover o echar aire. || *Fig.* y *fam. Orejas de soplillo,* las muy grandes y separadas del rostro.

soplo m. Viento que se produce al echar aire por la boca. || Movimiento del aire. || Sonido mecánico u orgánico parecido al producido por la respiración o por un fuelle: *soplo del corazón.* || *Fig.* Inspiración: *los soplos de la Providencia.* | Momento, instante: *llegó en un soplo.* | Denuncia, delación. || *Dar el soplo,* delatar.

soplón, ona adj. *Fam.* Que acusa en secreto: *un niño soplón.* || — M. y f. *Fam.* Delator. || — M. *Méx.* Gendarme.

soplonear v. i. *Fam.* Delatar.

soponcio f. *Fam.* Desmayo: *le dio un soponcio.*

sopor m. Adormecimiento, somnolencia: *un profundo sopor.*

soporífero, ra y **soporífico, ca** adj. Que incita al sueño o lo causa. || *Fig. y fam.* Pesado, aburrido: *película soporífica.* || — M. Somnífero, medicamento que hace dormir.

soportable adj. Tolerable.

soportal m. Pórtico en la entrada de algunas casas. || — Pl. Arcadas, espacio cubierto en una calle o plaza a lo largo de las fachadas de los edificios: *los soportales de la Plaza Mayor de Madrid.*

soportar v. t. Sostener por debajo, llevar la carga de: *pilares que soportan un edificio.* || *Fig.* Tener a su cargo: *soportar una responsabilidad.* | Sobrellevar, resistir, sufrir: *soportó valientemente su desgracia.* | Resistir, aguantar: *soportar el frío, el ataque del enemigo.* | Tolerar, admitir: *no soporto este olor nauseabundo.* || — V. pr. Tolerarse: *se soportan mutuamente.*

soporte m. Apoyo que sostiene por debajo. || Pieza, en un aparato mecánico, destinada a sostener un órgano en la posición de trabajo. || *Fig.* Lo que sirve para dar una realidad concreta: *estos son los soportes de su doctrina.*

Sopot, c. del N. de Polonia, cerca de Gdansk. Estación balnearia.

soprano m. Voz más aguda entre los humanos que corresponde a la más alta de las mujeres o niños. || — Com. Cantante que tiene esta voz: *soprano lírica.*

Sopron, en alemán *Ödenburg,* c. al O. de Hungría, en la frontera con Austria. Iglesias góticas.

sor f. Hermana religiosa (úsase sólo como tratamiento): *sor Juana Inés de la Cruz.*

Sor (Fernando), músico español (1778-1839), autor de obras para guitarra.

Sorata, cima andina de Bolivia (La Paz); 6 650 m. Llamada tb. *Illampu.* — Pobl. al O. de Bolivia, cap. de la prov. de Larecaja (La Paz). Plata.

sorber v. t. Beber aspirando: *sorber huevos.* || Aspirar con la nariz. || Absorber, chupar. || *Fig.* y *fam. Sorber el seso a uno,* tenerlo muy enamorado.

sorbete m. Helado. || *Méx.* Chistera. || *Fig. Como un sorbete,* muerto de frío.

sorbo m. Líquido que se bebe de una vez: *un sorbo de café.* || Cantidad pequeña de líquido.

Sorbona *(La),* en fr. *La Sorbonne,* n. con que se conoce parte de la Universidad de París, derivado de *Robert de Sorbon* (1201-1274), fundador de un colegio para estudiantes pobres (1257).

sorche o **sorchi** m. *Fam.* Soldado, recluta.

sorda f. Agachadiza.

Sordelli (Alfredo), bacteriólogo argentino, n. en 1891.

sordera f. Privación o disminución del sentido del oído: *sordera parcial.*

sordidez f. Miseria, suciedad. || Tacañería, avaricia.

sórdido, da adj. Miserable y sucio, repugnante: *vivienda sórdida.* || *Fig.* Vil, bajo, mezquino: *egoísmo sórdido.*

sordina f. Nombre dado a determinados recursos mecánicos de diferentes tipos que sirven para amortiguar el sonido de un instrumento. || *Fig. Poner sordina a,* hacer que algo no haga demasiado ruido o que no tenga demasiada resonancia.

sordo, da adj. Que tiene el sentido del oído más o menos atrofiado (ú. t. c. s.). || Que no quiere comprender: *¿está usted sordo?* || Dícese de aquello cuyo sonido está apagado: *ruido, voz, golpe sordo.* || *Fig.* Que no quiere hacer caso, insensible a: *sordos a nuestras súplicas.* | Que se verifica secretamente, sin manifestaciones exteriores: *guerra sorda entre los dos clanes.* || Dícese de un fonema cuya emisión no hace vibrar las cuerdas vocales: *las consonantes sordas son p, z, s, ch, k, c, q y j* (ú. t. c. s. f.). || — *Fig. Hacerse el sordo,* no querer escuchar ni comprender. | *Más sordo que una tapia,* muy sordo. | *No hay peor sordo que el que no quiere oír,* es mucho más difícil hacerse comprender por una persona que no quiere mantener ninguna clase de diálogo que por uno que sea verdaderamente sordo.

sordomudez f. Calidad de sordomudo.

sordomudo, da adj. y s. El mudo por ser sordo de nacimiento.

Sorel (Georges), escritor y político francés (1847-1922), uno de los teóricos del sindicalismo revolucionario.

Sörensen (Sören Peter), químico danés (1868-1939). Definió el pH o índice de acidez.

sorgo m. Gramínácea parecida al maíz.

Soria, c. de España, cap. de la prov. homónima (Castilla la Vieja). Monumentos románicos.

sorianense adj. y s. De Soriano (Uruguay).

soriano, na adj. y s. De Soria.

Soriano, dep. en el SO. del Uruguay; cap. *Mercedes.*

Sorlingas (Islas), en ingl. *Scilly Islands,* pequeño archipiélago británico, entre el comienzo del canal de la Mancha y el de Bristol; cap. *Hugh Town.*

sorna f. Tono burlón al hablar.

Soro (Enrique), compositor chileno (1884-1954).

Sorocaba, pobl. en el E. del Brasil (São Paulo). Obispado.

sorocharse v. pr. *Amer.* Tener soroche. || *Chil.* Ruborizarse.

soroche m. *Amer.* Dificultad de respirar producida por la rarefacción del aire en ciertos lugares elevados: *el soroche de los Andes.* || *Chil.* Rubor. || *Bol.* y *Chil.* Galena, piedra.

Sorolla (Joaquín), pintor español, n. en Valencia (1863-1923), autor de escenas marítimas y de retratos.

Sorozábal (Pablo), músico español, n. en 1897, autor de zarzuelas (*Katiuska, La tabernera del puerto, La del manojo de rosas,* etc.).

sorprendente adj. Asombroso.

sorprender v. t. Coger en el momento de verificar un hecho: *sorprender a un atracador.* || Ocurrir inesperadamente: *le sorprendió la noche mientras viajaba.* || Asombrar: *todo me sorprende en este mundo* (ú. t. c. pr.). || Descubrir inopinadamente o por artificio: *sorprender un secreto.*

sorprendido, da adj. Cogido de improviso.

sorpresa f. Impresión producida por algo que no se esperaba. || Asombro, sentimiento experimentado al ser sorprendido: *pasados los momentos de sorpresa.* || Gusto inesperado que se le da a alguien: *le voy a dar una gran sorpresa.* || Operación de guerra que coge al enemigo desprevenido. || Haba que se pone en el roscón de Reyes.

sorpresivo, va adj. *Amer.* Sorprendente, imprevisto.

sorrascar v. t. *Méx.* Asar carne a medias sobre brasas.

Sorrento, c. del S. de Italia (Campania), en el golfo de Nápoles. Arzobispado.

Sorsogón, c. de Filipinas (Luzón), cap. de prov. Obispado.

Sort, v. del NE. de España (Lérida).

sortear v. t. Hacer un sorteo: *sortearon los premios.* || *Fig.* Evitar, esquivar: *sortear las dificultades.* || Driblar, regatear en deportes. || *Taurom.* Torear, esquivar las acometidas del toro.

sorteo m. Acción de sacar los números en una lotería. || Procedimiento utilizado antiguamente para designar los quintos que habían de hacer el servicio militar.

sortija f. Aro de metal, generalmente precioso, que se pone como adorno en cualquier dedo. || Ejercicio de destreza que consiste en ensartar en una vara, corriendo a caballo, una sortija pendiente de una cinta: *correr sortija.*

sortilegio m. Adivinación de los hechiceros. || *Fig.* Magia, hechicería. | Atractivo, seducción, embrujo: *el sortilegio de sus ojos.*

S. O. S. m. Señal de auxilio transmitida telegráficamente por los buques o aviones en peligro. (Corresponde a las siglas de la expresión inglesa *save our souls,* salvad nuestras almas.)

Sos del Rey Católico, v. de España (Zaragoza). Lugar de nacimiento de Fernando el Católico.

sosa f. Barrilla, planta quenopodiácea, de la que se obtiene sosa. || *Quím.* Óxido de sodio. || *Sosa cáustica,* hidróxido sódico, sustancia blanca transparente de numerosas aplicaciones industriales (jabones, papel, vidrio, etc.).

sosaina com. *Fam.* Soso.

sosegado, da adj. Tranquilo.

* **sosegar** v. t. Aplacar, pacificar: *sosegar los ánimos.* || *Fig.* Aquietar el espíritu (ú. t. c. pr.). || — V. i. Descansar, reposar.

sosera y **sosería** f. Cosa que no tiene gracia, insulsa.

sosia o **sosias** m. Persona muy parecida a otra.

sosiego m. Quietud, tranquilidad, serenidad, calma.

soslayar v. t. Poner una cosa de soslayo. || Esquivar, pasar por alto: *soslayar una pregunta indiscreta, intempestiva.*

soslayo (al o **de)** adv. Oblicuamente, de lado: *mirar de soslayo.*

Sosneado, pobl. y cerro de los Andes en el O. de la Argentina (Mendoza); 5 189 m.

Sosnoviec, c. de Polonia, al NE. de Katovice. Metalurgia.

soso, sa adj. Falto de sal: *la sopa está sosa.* || *Fig.* Carente de gracia. | Insípido, insulso, poco expresivo: *estilo muy soso.* | Falto de agudeza: *chiste soso.*

sospecha f. Opinión poco favorable respecto a una persona: *conducta exenta de sospechas.* || Simple conjetura, idea vaga, indicio: *tener sospechas de sus actividades ilícitas.*

sospechar v. t. Tener la creencia de que alguien sea el autor de un delito. Ú. t. c. i.: *todo el vecindario sospechaba de él.* || Creer, tener indicios: *sospecho que Pedro miente.* || Imaginar: *no sospechaba su gran iniquidad.*

sospechoso, sa adj. Que da lugar a sospechas (ú. t. c. s.). || Que no es de fiar.

sosquil m. *Méx.* Fibra del henequén.

sostén m. Lo que sostiene o sirve de apoyo: *sostén del emparrado.* || Persona que asegura la subsistencia de la familia. || *Fig.* Apoyo: *el sostén de una organización.* || Prenda interior femenina que sirve para sostener los pechos.

sostenedor, ra adj. y s. Que sostiene. || Defensor: *sostenedor de la fe, de un ideal.*

* **sostener** v. t. Servir de base, de apoyo, de fundamento. || Impedir que se caiga: *sostener un herido.* || *Fig.* Apoyar, ayudar: *sostener un partido.* | Dar fuerzas: *sostener al enfermo a base de medicamentos.* | Mantener: *sostener una gran familia.* | Alimentar: *sostener la conversación.* | Soportar, tolerar: *sostener una situación desagradable.* | Defender: *sostener sus convicciones.* | Sufrir: *sostener los embates de la vida.* | Resistir a: *doctrina que no puede sostener un análisis profundo.* | Exponer y responder a las preguntas u objeciones hechas: *sostener una tesis.* | Tener: *sostuvo una correspondencia conmigo; sostener buenas relaciones.* | Afirmar, asegurar: *sostenía la esfericidad de la Tierra.* | Costear: *sostiene un colegio de huérfanos.* | Continuar, seguir: *sostuvieron el combate largo tiempo.* | Poder resistir: *sostuvo su mirada.* || Alimentar, nutrir: *la carne sostiene más que las verduras.* || Mantener a flote: *el agua del mar sostiene más que el agua dulce.* || — V. pr. Mantenerse sin caerse. || Seguir en vida, en funciones: *sostenerse en el poder.* || Mantenerse. || Ayudarse: *se sostuvieron mutuamente en aquellos casos.*

sostenido, da adj. Que no decae: *esfuerzo sostenido.* || Aplícase a las notas musicales que tienen un semitono más que las corrientes: *fa sostenido.* || — M. Signo que aumenta las notas musicales en un semitono.

sostenimiento m. Sostén. || Mantenimiento: *sostenimiento de precios, de las relaciones, de una opinión, de una tesis.* || Alimentación, manutención.

sota f. Décima carta de la baraja española que tiene la figura de un paje.

sotabanco m. Alojamiento que se encuentra encima de la cornisa general de la casa. || Serie de ladrillos encima de la cornisa para levantar los arranques de un arco o bóveda.

sotabarba f. Papada. || Barba por debajo del mentón.

sotacola f. Ataharre.

sotacoro m. Socoro, parte de la iglesia bajo el coro.

sotana f. Vestidura de los eclesiásticos. || *Fam.* Zurra.

sótano m. Parte subterránea de un edificio, entre los cimientos.

Sotará, cima volcánica de los Andes, en el O. de Colombia (Cauca); 4 800 m.

sotavento m. *Mar.* Costado de la nave opuesto al barlovento, es decir, en la parte opuesta al lado de donde viene el viento.

Sotavento (Islas de), islas de las Antillas Menores, cerca de las costas de Venezuela, pertenecientes a Holanda (Curazao, Aruba y Bonaire) y a Venezuela (Nueva Esparta). Los ingleses llaman *Leeward Islands* (Islas de Sotavento) a unas islas en el N. de las Antillas Menores (Barbuda, Islas Vírgenes, Montserrat).

Sotchi, c. de la U. R. S. S. (Rusia), a orillas del mar Negro.

sotechado m. Cobertizo.

soterraño, ña y **soterrado, da** adj. Oculto, enterrado: *un recuerdo soterrado.*

* **soterrar** v. t. Enterrar, poner debajo de tierra. || *Fig.* Esconder, ocultar una cosa.

sotileza f. (Ant.). Sutileza. || Cuerda muy fina. || Parte más fina del aparejo de pescar.

soto m. Arboleda en las orillas de un río. || Terreno lleno de matas y árboles, monte bajo.

Soto (Domingo de), dominico y teólogo español (1494-1570). Estuvo en el Concilio de Trento. || ~ (Hernando de), navegante español (¿1500?-1542). Nombrado gobernador de Cuba, exploró el SE. de los actuales Estados Unidos y descubrió el Misisipí. || ~ (Marco Aurelio), político hondureño (1846-1908), pres. de la Rep. de 1874 a 1875 y de 1877 a 1883. || ~ **Alfaro** (Bernardo), político costarricense (1854-1931), pres. de la Rep. de 1885 a 1889. || ~ **Hall** (Máximo), escritor y diplomático guatemalteco (1871-1944), autor de novelas, poesías y dramas. || ~ **Rangel** (Arturo), actor cinematográfico mexicano (1882-1965).

Soto la Marina, río en el E. de México, en Nueva León y Tamaulipas; 257 km. — C. y puerto en el E. de México (Tamaulipas).

sotol m. *Méx.* Nombre de varias especies de plantas liliáceas.

sotole m. *Méx.* Palma gruesa que se emplea para fabricar chozas.

sotreta m. *Riopl.* Rocín, matalón. | Individuo inútil.

sotto voce [*soto voche*] expr. ital. En voz baja.

sotuer m. Pieza del escudo consistente en una banda y barra cruzadas en forma de aspa.

Sotuta, ant. centro de la civilización maya, al SE. de Mayapán (Yucatán, México).

Soublette (Carlos), general venezolano (1789-1870). Luchó en la guerra de la Independencia y fue pres. de la Rep. de 1843 a 1847.

soufflé [*suflé*] adj. (pal. fr.). Dícese de un plato de consistencia esponjosa preparado en el horno (ú. t. c. s. m.).

Soulouque (Faustino), político haitiano (1782-1867), antiguo esclavo negro. Se proclamó emperador con el n. de *Faustino I* (1849-1859). Gobernó despóticamente.

Soult [*sult*] (Jean de Dieu), mariscal de Francia (1769-1851). Intervino en España durante la invasión napoleónica.

Sousa (Martim Afonso de), navegante portugués, m. en 1564. Jefe de la primera expedición al Brasil (1530), fundó la población de San Vicente (1532). || ~ (Tomé de), político portugués del s. XVI, primer gobernador del Brasil (1549-1553) y fundador de la c. de Salvador (Bahía). M. en 1573. || ~ **Caldas** (Antonio Pereira de), religioso y poeta lírico brasileño (1762-1814).

souteneur [*sutener*] m. (pal. fr.). Rufián.

South || ~ **Bend,** c. de Estados Unidos (Indiana). Industrias. || ~ **Dum Dum,** c. en el NE. de la India (Bengala Occidental). || ~ **Shields,** c. y puerto de Gran Bretaña, en el N. de Inglaterra (Durham). Astilleros.

Southampton, c. y puerto de Gran Bretaña, en el S. de Inglaterra (Hampshire). Industrias naval y aeronáutica.

Southend-on-Sea, c. de Gran Bretaña, al E. de Inglaterra (Essex). Estación balnearia.

Southey (Robert), escritor inglés (1774-1843), autor de poesías y de biografías.

Southport, c. de Gran Bretaña, en el O. de Inglaterra (Lancashire).

Soutine (Chaim), pintor expresionista francés, n. en Lituania (1894-1943).

Souza (Washington Luis Pereira de). V. Pereira.

soviet m. Consejo de los delegados de obreros, campesinos y soldados en la U. R. S. S.

— Desde 1917, el *soviet* constituye en la U. R. S. S. la célula de la sociedad marxista. La Constitución revolucionaria de 1918 organizó la administración política basándose en la jerarquía de los consejos de obreros, campesinos y soldados, y los diversos Estados que integran la Unión adoptaron el nombre de "repúblicas socialistas soviéticas".

soviético, ca adj. Del soviet. || Relativo a la U. R. S. S. || — M. y f. Ciudadano de la U. R. S. S.

sovietización f. Acción y efecto de sovietizar.

sovietizar v. t. Dar carácter soviético.

Sovietsk, ant. *Tilsit,* c. de la U. R. S. S. (Rusia), a orillas del Niemen. Metalurgia.

sovjoz m. (pal. rusa). En la U. R. S. S., extensa granja modelo del Estado.

Spaak (Paul Henri), político belga (1899-1972).

spaghetti [*espagueti*] m. (pal. ital.). Pasta alimenticia deshidratada en forma de fideos largos.

Spalato. V. Split.

Spallanzani (Lazzaro), naturalista y fisiólogo italiano (1729-1799), autor de estudios sobre la circulación de la sangre y de microbiología.

Spandau, c. de Alemania, barrio de Berlín. En su prisión cumplieron su pena los criminales de guerra alemanes (1946-1966).

Spanish Town o **Santiago de la Vega,** c. al O. de Kingston, cap. de Jamaica hasta 1870.

sparring-partner m. (pal. ingl.). Púgil que boxea contra otro para entrenarle.

speaker [*spíker*] m. (pal ingl.). En la Gran Bretaña, presidente de la Cámara de los Comunes, y de la Cámara de Representantes en los Estados Unidos. || (P. us.). Locutor de radio.

Spelucín (Alcides), poeta modernista peruano, n. en 1897.

Spencer (Herbert), filósofo inglés (1820-1903), padre de la filosofía evolucionista.

Spengler (Oswald), filósofo alemán (1880-1936), autor de *La decadencia de Occidente.*

Spenser (Edmund), poeta inglés (1552-1599).

Speyer. V. Espira.

Spezia (La), c. y puerto al NO. de Italia en Liguria, cap. de la prov. homónima. Obispado.

Spilimbergo (Lino E.), pintor y grabador argentino (1896-1964).

Spínola. V. Espínola.

Spinoza (Baruch de), filósofo holandés (1632-1677), cuyo racionalismo le conduce a una visión panteísta del universo.

Spira. V. Espira.

Spira (Jorge de), conquistador alemán, m. en 1540, gobernador de Venezuela de 1533 a 1538.

spiritual m. (pal. ingl.). Canto religioso que entonan los negros norteamericanos.

Spitteler (Carl), poeta y escritor suizo de expresión alemana (1845-1924). [Pr. Nóbel, 1919.]

Spitzberg. V. Svalbard.

spleen [*splín*] m. (pal. ingl.). Esplín.

Split, en ital. *Spalato,* c. y puerto en el O. de Yugoslavia (Croacia). Obispado.

Spokane, c. en el NO. de Estados Unidos (Washington). Obispado.

Spoleto. V. Espoleto.

sport m. (pal. ingl.). Deporte. || *De sport,* de hechura cómoda: *chaqueta de sport.*

sportsman m. y **sportswoman** f. (pal. ingl.). Deportista. (Pl. *sportsmen* y *sportswomen.*)

spot m. (pal. ingl.). Proyector. || Anuncio breve en la televisión.

spray m. (pal. ingl.). Pulverizador.

Sprege, río de Alemania, que pasa por Berlín; afl. del Havel; 403 km.

Springfield, c. del NE. de Estados Unidos (Massachusetts). Obispado. Importante museo de pintura. — C. en el NE. del centro de Estados Unidos (Ohio). — C. en el NE. de Estados Unidos, cap. del Estado de Illinois. Obispado. — C. de Estados Unidos (Misuri).

Springs, c. en el N. de la Rep. de África del Sur, cerca de Johannesburgo. Oro.

sprint m. (pal. ingl.). Aceleración del atleta al llegar a la meta.

sprinter m. (pal. ingl.). En deportes, velocista.

Sputnik m. (pal. rusa). Satélite artificial lanzado por la U. R. S. S. en 1957.

Sr, símbolo del *estroncio.*

Sr., abreviatura de *señor.*

Sri Lanka. V. CEILÁN.

Srinagar, c. en el N. de la India, cap. (con Jammu) del Estado de Jammu y Cachemira.

St, símbolo del *stokes.*

stábat m. Himno y canto musical dedicados a los dolores de la Virgen María al pie de la Cruz.

staccato adj. (pal. ital.). Forma especial de ejecutar ciertos trozos musicales sin ligar las notas y articulándolas separadamente.

stádium m. Estadio.

Staël [*stal*] (Madame **de**), escritora francesa, n. en París (1766-1817), hija de Necker. Autora de novelas *(Delfina, Corinna).*

Stafford, c. de Gran Bretaña en Inglaterra, al NO. de Birmingham, cap. del condado homónimo.

Stahl (Agustín), médico y naturalista puertorriqueño (1842-1917). || ~ (GEORG), médico y químico alemán (1660-1734).

Stajanov (Alexei), minero soviético, n. en 1906, cuyo esfuerzo sirvió de modelo para aumentar la producción.

stajanovismo m. En la U. R. S. S. y otros países, aplicación colectiva del sistema de Stajanov para aumentar la producción.

stajanovista adj. y s. Relativo al stajanovismo. || — Com. Partidario del stajanovismo o que aplica sus métodos.

Stalin (PICO). V. COMUNISMO.

Stalin (José Visarionovich CHUGACHVILI, llamado), político soviético, n. en Gori (Georgia) [1879-1953]. Sucesor de Lenin en 1924, dirigió desde entonces la política de la Unión Soviética hasta su muerte. Fue comandante general en la guerra contra Alemania. Su régimen autoritario provocó una viva reacción después de su muerte.

Stalinabad. V. DUCHAMBE.

Stalingrado. V. VOLGOGRADO.

Staliniri. V. TCHKHIVALI.

stalinismo m. Conjunto de teorías y métodos de Stalin.

stalinista adj. y s. Relativo al stalinismo.

Stalino. V. DONETSK.

Stalinogrod. V. KATOVICE.

Stalinsk. V. NOVOKUZNETSK.

Stalinstadt. V. EISENHÜTTENSTADT.

Stamford, c. y puerto de Estados Unidos (Connecticut), en los suburbios de Nueva York. Obispado.

stand m. (pal. ingl.). En una exposición, feria, etc., sitio reservado a los expositores.

standard m. (pal. ingl.). Tipo, modelo. || *Standard de vida,* nivel de vida. || — Adj. De serie: *producción standard.*

standardización f. Normalización de modelos de fabricación.

standardizar v. tr. Normalizar, fabricar con arreglo a unas normas definidas.

standing m. (pal. ingl.). Equilibrio hecho con una bicicleta parada o rodando muy lentamente.

Stankovic (Borisav), escritor servio (1876-1927), autor de novelas y dramas.

Stanley (John ROWLANDS, llamado **Henry Morton**), explorador británico de África Central (1841-1904). Fue al encuentro de Livingstone.

Stanley Pool [*-pul*], hoy **Pool Malebo,** lago de África, en el río Congo, en cuyas orillas se encuentran Kinshasa y Brazzaville; 450 km².

Stanleyville. V. KISANGANI.

star f. (pal. ingl.). Estrella de cine: *las stars de Hollywood.*

Stara Zagora, c. y distrito en el centro de Bulgaria.

starter m. (pal. ingl.). El que en las carreras da la señal de partida. || Dispositivo auxiliar del carburador de los automóviles cuyo funcionamiento permite un arranque rápido a causa de enviar al motor una mezcla de carburante más rica que la normal.

statu quo m. (pal. lat.). Estado actual de una situación.

Stavanger, c. y puerto del SE. de Noruega. Metalurgia.

Stavropol, de 1935 a 1943 *Vorochilovsk,* c. de la U. R. S. S. (Rusia). Gas natural. Metalurgia.

Stavros. V. ESTAGIRA.

stayer m. (pal. ingl.). Ciclista de medio fondo tras moto.

steeple-chase m. (pal. ingl.). Carrera de obstáculos a caballo o a pie.

Stein (Gertrude), escritora norteamericana (1874-1946), autora de ensayos. Influyó en la novelística de su país.

Steinbeck (John), escritor norteamericano, n. en Salinas (California) [1902-1968], autor de novelas *(La fuerza bruta, Las uvas de la ira, Tortilla Flat, Al Este del Edén,* etc.). [Pr. Nóbel, 1962.]

sténcil m. (pal. ingl.). Cliché de multicopista.

Stendhal (Henri BEYLE, llamado), escritor francés, n. en Grenoble (1783-1842), autor de novelas *(Armancia, Rojo y Negro, La cartuja de Parma, Lucien Leuwen, Lamiel,* etc.).

Stephenson (George), ingeniero inglés (1781-1848), inventor de la tracción de vapor en las vías de ferrocarril.

sterling adj. (pal. ingl). Esterlina: *libra sterling.*

Sterlitamak, c. de la U. R. S. S. (Rusia), en la Rep. autónoma de Bachkiria. Petróleo.

Sterne (Laurence), novelista inglés (1713-1768), autor de *Tristán Shandy* y *Viaje sentimental.*

Stettin. V. SZCZECIN.

Stevenson (Robert Louis BALFOUR), escritor británico, n. en Edimburgo (1850-1894), autor de novelas de aventuras *(La isla del tesoro* y *El extraño caso del Dr. Jekyll y de Mr. Hyde).*

steward m. (pal. ingl.). Auxiliar de vuelo en los aviones de línea.

stick m. (pal. ingl). Palo con que los jugadores de hockey golpean la pelota.

Stiernhielm (Georg), escritor sueco (1598-1672), llamado *Padre de la poesía sueca.*

Stirling, c. de Gran Bretaña en el centro de Escocia, cap. del condado homónimo. Universidad.

stock m. (pal. ingl). Existencias, cantidad de mercancías en depósito. || *Stock exchange,* la Bolsa inglesa.

Stockport, c. de Gran Bretaña en Inglaterra, al SE. de Manchester (Cheshire). Textiles.

Stockton, c. y puerto del S. de Estados Unidos (California). Obispado. || ~ **-on-Tees,** c. de Gran Bretaña, en el N. de Inglaterra (Durham), a orillas del Tees. Metalurgia.

Stoke-on-Trent, c. de Gran Bretaña, en Inglaterra (Stafford).

stokes m. Unidad de medida de viscosidad cinemática en el sistema C. G. S. (símb., St.).

Stolypin (Piotr Arkadievich), político ruso (1862-1911), que reprimió el movimiento revolucionario (1906). M. asesinado.

stop m. (pal. ingl.). En las carreteras, señal que obliga a los vehículos a marcar un tiempo de parada. || En los telegramas, término para separar las frases, punto. || — Interj. Se usa para ordenar pararse.

Storni (Alfonsina), poetisa lírica argentina, n. en Suiza (1892-1938), autora de *El dulce daño, Ocre, El mundo de siete pozos, Mascarilla y trébol,* etc. Se suicidó.

Stowe (Harriet BEECHER). V. BEECHER STOWE.

stradivarius m. Violín fabricado por Stradivarius.

Stradivarius (Antonio), fabricante de violines italiano, n. en Cremona (¿1644?-1737).

Strafford (Thomas WENTWORTH, *conde de*), político inglés (1593-1641), partidario de la política de Carlos I. Fue ajusticiado.

Straits Settlements o **Establecimientos de los Estrechos,** ant. colonias británicas en la penins. de Malaca.

Stralsund, c. y puerto en el mar Báltico de Alemania Oriental.

strass m. (del inventor Strass). Imitación del diamante, consistente en un cristal muy refringente.

Stratford-upon-Avon, c. de Gran Bretaña, en el centro de Inglaterra (Warwick). Lugar de nacimiento de William Shakespeare.

Strauss (Johann), músico austriaco (1825-1899), autor de valses *(El Danubio azul, Voces de Primavera, Cuentos de los bosques de Viena,* etc.) y de operetas *(El murciélago).* || ~ (RICHARD), músico alemán (1864-1949), autor de óperas *(El Caballero de la rosa)* y de poemas sinfónicos *(Don Juan, Muerte y transfiguración, Till Eulenspiegel).*

Stravinski (Igor), compositor ruso, naturalizado norteamericano (1882-1971), autor de poemas sinfónicos *(La consagración de la Primavera),* ballets *(El pájaro de fuego, Petruchka),* sonatas y conciertos. Su influencia ha sido considerable en la música contemporánea.

Stresa, v. al NO. de Italia en Piamonte (Novara), a orillas del lago Mayor.

Stretford, c. de Gran Bretaña en el E. de Inglaterra (Lancashire). Forma parte del gran Manchester.

stretto m. (pal. ital.). *Mús.* Parte final de una fuga donde las entradas del tema se registran más estrechamente unidas en el tiempo.

Strindberg (August), escritor sueco (1849-1912), autor de novelas, dramas *(La señorita Julia)* y obras de teatro históricas y realistas.

strip-tease [*striptis*] m. (pal. ingl.). Espectáculo que consiste en desnudarse en público con acompañamiento de música o de danza.

Stroessner (Alfredo), general paraguayo, n. en 1912, pres. de la Rep. en 1954, reelegido en 1958, 1963, 1968 y 1973. Ha estabilizado la economía.

Stuart. V. ESTUARDO. || ~ **Mill** (John). V. MILL.

stud-book m. (pal. ingl.). Libro genealógico de los caballos.

stuka m. (abrev. alemana). Durante la segunda guerra mundial, nombre del Junkers 87, bombardero alemán de ataque en picado.

Stúñiga (Lope de), poeta español (¿1415?-1465), autor de numerosas composiciones y de una compilación de poesías de los poetas de la corte de Alfonso V de Aragón, llamada *Cancionero de Stúñiga.*

stupa m. Monumento funerario de origen indio.

Sturm und Drang *(Tempestad e Impulso),* movimiento literario alemán que ejerció gran influencia entre 1770 y 1790. Fue una reacción contra el racionalismo y el primer indicio romántico.

Stuttgart, c. en el SO. de Alemania Occidental, cap. de Baden-Wurtemberg. Puerto fluvial.

Su Che o **Su Tong-Po,** escritor chino (1036-1101).

su, sus, adj. pos. de 3.ª pers. en gén. m. y f. y ambos núms.: *su padre, sus amigos.* (Esta forma es apócope de *suyo, suyos* y se emplea sólo cuando precede al nombre.)

— OBSERV. A veces este adjetivo entraña ambigüedad, puesto que se puede referir tanto a la segunda persona de cortesía como a la tercera persona del singular o del plural. Por eso, muchas veces hay que precisar quién es el poseedor o cambiar el orden de la frase.

Suabia o **Suevia,** ant. ducado de Alemania, hoy división administrativa del SE. de Baviera y Baden-Wurtemberg; cap. *Augsburgo.*

suampo m. *Amér. C.* Ciénaga.

Suances, pobl. del N. de España (Santander). Playas.

Suárez (Francisco), teólogo, filósofo y jesuita español, n. en Granada (1548-1617), autor de *Disputationes metaphysicae, Jus gentium* y *Defensio fidei.* Se le dio el n. de *Doctor Eximius.* ‖ ~ (JOAQUÍN), político y patriota uruguayo (1781-1868), pres. interino de la Rep. de 1843 a 1852 y defensor de Montevideo, sitiado por Oribe. ‖ ~ (MARCO FIDEL), escritor y político colombiano (1855-1927), pres. de la Rep. de 1918 a 1921. Autor de *Sueños de Luciano Pulgar,* compilación de su obra. ‖ **~ de Figueroa** (CRISTÓBAL), escritor español (1571-1645), autor del cuadro de costumbres *El pasajero* y de la novela pastoril *La constante Amarilis.* ‖ **~ de Peralta** (JUAN), cronista mexicano (1537-¿1590?), autor de *Tratado del descubrimiento de las Indias y su conquista.* ‖ **~ Rendón** (GONZALO), conquistador español del s. XVI, fundador de Tunja (1539). ‖ **~ y Romero** (ANSELMO), novelista romántico cubano (1818-1878, autor de *Francisco,* relato antiesclavista.

suarismo m. Doctrina teológica del jesuita español F. Suárez.

suasorio, ria adj. Que persuade, propio para persuadir.

suato, ta adj. *Méx.* Tonto.

suave adj. Dulce: *luz, voz suave.* ‖ Liso y blando al tacto: *piel suave.* ‖ *Fig.* Tranquilo: *carácter suave.* | Que no implica gran esfuerzo: *pendiente suave.* | Leve: *brisa suave.* | Que no es violento: *colores suaves.* ‖ Dócil, apacible. ‖ *Fig.* y *fam. Ser más suave que un guante,* ser muy dócil, manejable.

suavidad f. Condición de suave.

suavizador, ra adj. Que suaviza. ‖ — M. Cuero con que se suaviza el filo de las navajas y cuchillas de afeitar.

suavizar v. t. Hacer suave (ú. t. c. pr.). ‖ *Fig.* Templar el carácter áspero.

Suazilandia, territ. enclavado en el NE. de la Rep. de África del Sur; 17 363 km²; 410 000 h. Cap. *Mbabane,* 8 400 h. Hierro. Amianto. Reino independiente en 1815, fue protectorado de Transvaal a partir de 1903 y en 1907 de Gran Bretaña. Es independiente desde 1968.

subafluente m. Corriente de agua que desemboca en un afluente.

subalpino, na adj. En las faldas de los Alpes: *lagos subalpinos.*

subalterno, na adj. Inferior, subordinado, que depende de otro: *personal subalterno* (ú. t. c. s.). ‖ Secundario: *cuestión subalterna.* ‖ *Mil.* De servicios auxiliares.

subarrendador, ra m. y f. Persona que subarrienda algo.

subarrendamiento m. Subarriendo.

* **subarrendar** v. t. Dar o tomar en arriendo una cosa de manos de otro arrendatario de ella, realquilar: *subarrendar un comercio, una finca, un piso amueblado.*

subarrendatario, ria m. y f. Persona que toma algo en subarriendo.

subarriendo m. Contrato por el que se subarrienda algo. ‖ Precio en que se hace.

subasta f. Procedimiento de venta pública en la que el adjudicatario es el mejor postor: *sacar a pública subasta.* ‖ Contrata pública ofrecida al candidato que haga la oferta más ventajosa.

subastar v. t. Vender u ofrecer una contrata en pública subasta.

subclase f. Cualquiera de los grupos taxonómicos en que se dividen las clases de plantas y animales.

subclavio, via adj. *Anat.* Dícese de lo que está debajo de la clavícula: *vena subclavia.*

subcomisión f. Grupo de individuos de una comisión con cometido especial: *una subcomisión parlamentaria.*

subconsciencia f. Actividad mental que escapa a la introspección del sujeto.

subconsciente adj. Que no llega a ser consciente. ‖ — M. La subconsciencia.

subcostal adj. Que está debajo de las costillas: *músculo subcostal.*

subcutáneo, a adj. Que está, vive o se introduce debajo de la piel: *parásito subcutáneo.* ‖ Hipodérmico: *inyección subcutánea.*

subdelegación f. Distrito, oficina y empleo del subdelegado: *subdelegación de Hacienda.*

subdelegado, da adj. y s. Que sirve inmediatamente a las órdenes del delegado o lo sustituye.

subdelegar v. t. *For.* Trasladar o dar el delegado su jurisdicción a otro.

subdesarrollado, da adj. Dícese del país o de la región caracterizado por el bajo nivel de vida originado por la escasa explotación de los recursos naturales y la insuficiencia de las industrias y del transporte.

subdesarrollo m. Estado de un país en el que el capital es insuficiente en relación con la población y con los recursos naturales existentes y explotados.

subdiaconado m. En la jerarquía católica, primer grado de las órdenes mayores.

subdiácono m. Clérigo que ha llegado al subdiaconado.

subdirector m. El que sigue en jerarquía al director.

súbdito, ta adj. y s. Sujeto a una autoridad soberana con obligación de obedecerla: *los súbditos de un rey.* ‖ — M. y f. Natural o ciudadano de un país: *súbdito español, argentino.*

subdividir v. t. Dividir lo ya dividido.

subdivisión f. Acción y efecto de subdividir o subdividirse. ‖ Cada parte que resulta.

subdominante f. *Mús.* La cuarta nota de la escala diatónica.

súber m. Corteza del alcornoque, corcho. ‖ Corteza de cualquier árbol.

Subercaseaux (Benjamín), escritor chileno (1902-1973), autor de *Chile o una loca geografía* y *Jemmy Button.*

suberificarse v. pr. Transformarse en súber.

suberoso, sa adj. Que tiene la textura del corcho.

subestimar v. t. Estimar menos de lo debido.

subfebril adj. *Med.* Con temperatura algo superior a la normal.

subgénero m. Cada uno de los grupos taxonómicos en que se dividen los géneros de plantas y animales.

Subiaco, c. de Italia (Roma).

subibaja m. Columpio consistente en una tabla móvil apoyada por el centro en un punto fijo.

subida f. Ascensión: *la subida de una montaña.* ‖ Camino que va subiendo, cuesta. ‖ *Fig.* Alza: *subida de precios, de valores.*

subido, da adj. *Fig.* Muy vivo: *rojo subido.* | Muy fuerte: *olor subido.* | Muy elevado: *precio subido.* ‖ — *Fig. Subido de color,* verde, licencioso. | *Subido de tono,* impertinente, atrevido: *respuesta subida de tono.*

subíndice m. *Mat.* Letra o número que, colocado bajo un símbolo, lo completa.

subinspector m. Jefe inmediato después del inspector: *subinspector de la Guardia civil.*

subintendente m. El que sirve inmediatamente al intendente o le sustituye.

subintrar v. i. Entrar uno después o en lugar de otro. ‖ *Med.* Colocarse un hueso o un fragmento debajo de otro. | Comenzar un acceso febril antes de terminar el anterior.

subir v. t. Recorrer de abajo arriba: *subir una escalera, una cuesta* (ú. t. c. pr.). ‖ Llevar a un lugar más alto: *subir una maleta al desván* (ú. t. c. pr.). ‖ Poner un poco más arriba: *subir en la pared un cuadro.* Ú. t. c. pr.: *súbete los calcetines.* ‖ Poner más alto: *subir el sonido de la radio.* ‖ Dar más fuerza o vigor: *subir los colores.* ‖ Aumentar: *la empresa subió los salarios.* ‖ Levantar: *subir los hombros.* ‖ Aumentar la altura de un líquido: *subir el termómetro agitándolo.* ‖ — V. i. Ascender, ir de un lugar a otro más alto: *subir al quinto piso, a un árbol, en una silla* (ú. t. c. pr.). ‖ Montar en un vehículo, en un animal: *subir en un avión, en un caballo* (ú. t. c. pr.). ‖ *Fig.* Ascender, alcanzar una categoría más alta: *subir en el escalafón.* ‖ Elevarse: *avión que sube muy alto.* ‖ Ser superior de nivel: *el río sube; la fiebre sube.* ‖ Incrementarse, acrecentarse: *la curiosidad de todo el mundo subía.* ‖ Aumentar: *han subido los precios, el sueldo.* ‖ Alcanzar, importar, elevarse: *la cuenta subió más de lo que creía.* ‖ — *Fig. Subir a las tablas,* actuar en un teatro. | *Subir al trono,* empezar a reinar. | *Subir de categoría,* tener más prestigio. ‖ *Subir de tono,* empezar a gritar.

súbito, ta adj. Inesperado, imprevisto, repentino: *ataque súbito.* ‖ Impulsivo: *carácter súbito.*

subjefe m. Segundo jefe.

subjetividad f. Individualidad, carácter específico de una persona.

subjetivismo m. Doctrina o actitud filosófica que defiende que la realidad es creada en la mente del individuo.

subjetivo, va adj. Que se refiere al sujeto que piensa, por oposición a *objetivo.* ‖ Propio de una persona determinada, individual, personal: *impresión subjetiva.*

subjuntivo, va adj. Dícese del modo verbal empleado para expresar que una acción está concebida como subordinada a otra, como un simple deseo del sujeto o como una hipótesis. ‖ — M. Este modo verbal.

sublevación f. y **sublevamiento** m. Desacato violento de la ley o contra la autoridad constituida.

sublevar v. t. Alzar en sedición o motín: *sublevar a las tropas, al pueblo.* ‖ *Fig.* Excitar indignación o protesta: *esta injusticia me subleva.* ‖ — V. pr. Alzarse en rebelión: *las tropas se sublevaron.*

SP

sublimación f. Acción y efecto de sublimar: *sublimación química.*
sublimado m. Producto químico obtenido por sublimación. || *Sublimado corrosivo,* combinación de cloro y de mercurio, en forma de polvo blanco, muy venenoso, usado como desinfectante.
sublimar v. t. Engrandecer, exaltar, ensalzar o poner en alto: *sublimar el amor a la patria.* || En química, volatilizar un cuerpo sólido, sin pasar por el estado líquido, o viceversa: *sublimar arsénico, alcanfor.*
sublimatorio, ria adj. *Quím.* Relativo a la sublimación.
sublime adj. Excelso, eminente, de elevación extraordinaria: *acción, inspiración sublime.*
sublimidad f. Condición de sublime.
sublingual adj. Debajo de la lengua: *glándula sublingual.*
sublunar adj. Que está debajo de la Luna: *mundo sublunar.*
submarino, na adj. Que está o se desarrolla debajo de la superficie del mar: *fauna, flora submarina.* || — M. Embarcación capaz de navegar bajo el agua: *el submarino de Monturiol se llamaba « el Ictíneo ».*
submarinista m. Tripulante de un submarino.
submaxilar adj. Bajo la mandíbula inferior: *glanglio submaxilar.*
submúltiplo, pla adj. Aplícase al número contenido exactamente en otro dos o más veces: *4 es submúltiplo de 28* (ú. t. c. s. m.).
subnormal adj. Dícese del niño cuyo desarrollo intelectual es deficiente (ú. t. c. s.).
suboficial m. Categoría militar entre la de oficial y cabo.
suborden m. Cada uno de los grupos taxonómicos en que se dividen los órdenes de plantas y animales.
subordinación f. Sujeción, dependencia, sumisión. || *Gram.* Relación entre la oración subordinada y la principal.
subordinado, da adj. Sujeto a otro o dependiente de otra cosa. Ú. t. c. s.: *tratar con deferencia a los subordinados.* || *Oración subordinada,* oración gramatical que completa el sentido de otra, llamada principal.
subordinar v. t. Hacer que personas o cosas dependan de otras: *subordinar las diversiones a los deberes* (ú. t. c. pr.). || Considerar como inferior: *subordinar el deporte al arte.*
Subótica, c. de Yugoslavia (Voivodina), fronteriza con Rumania.
subprefecto m. Jerarquía inmediatamente inferior al prefecto.
subprefectura f. Cargo, oficina y jurisdicción del subprefecto.
subproducción f. Producción inferior al promedio normal.
subproducto m. Cuerpo obtenido de modo accesorio en la preparación química industrial o como residuo de una extracción: *los subproductos del petróleo.*
subranquial adj. Bajo las branquias: *aletas subranquiales.*
subrayado, da adj. Dícese de la letra, palabra o frase con una línea debajo para llamar la atención. || — M. Acción de subrayar.
subrayar v. t. Poner una raya bajo una letra, palabra o frase para llamar la atención. || *Fig.* Insistir, recalcar, hacer hincapié. (Debe pronunciarse *sub-*RAYAR.)
subreino m. Cada uno de los dos grupos (metazoos y protozoos) en que se divide el reino animal.
subrepción f. Acción oculta. || *For.* Ocultación.
subrepticio, cia adj. Dícese de lo que se hace a escondidas.
subrigadier m. *Mil.* Sargento.
subrogación f. Sustitución.
subrogar v. t. Sustituir (ú. t. c. pr.). [Debe pronunciarse *sub-*ROGAR.]
subsanable adj. Disculpable. || Remediable, corregible.
subsanar v. t. Remediar un defecto o falta: *subsanar un error.* || Corregir. || Resolver: *subsanó todas las dificultades y pudo continuar sus estudios.*
subscribir *y sus derivados.* V. SUSCRIBIR y sus derivados.
subsecretaría f. Cargo y oficina del subsecretario.
subsecretario, ria m. y f. Ayudante de un secretario. || Persona que desempeña las funciones de secretario general de un ministro.
* **subseguir** v. i. Seguir una cosa a otra (ú. t. c. pr.) || — V. pr. Deducirse, inferirse.
subsidiario, ria adj. Que se da en socorro o subsidio de uno: *indemnización subsidiaria.* || *For.* Aplícase a la acción que suple a otra principal: *razón subsidiaria.*
subsidio m. Socorro o auxilio extraordinario: *subsidio de paro forzoso.* || Prestación efectuada por un organismo para completar los ingresos de un individuo o familia: *subsidios familiares.*
subsiguiente adj. Que se subsigue. || Después del siguiente.
subsistencia f. El hecho de subsistir: *la subsistencia de la nación.* || Estabilidad y conservación de las cosas: *la subsistencia de ciertas leyes.* || Conjunto de medios necesarios para vivir: *las subsistencias de un pueblo.*
subsistente adj. Que subsiste: *una costumbre aún subsistente.*
subsistir v. i. Permanecer, durar, conservarse: *subsistir una constitución política.* || Vivir: *subsistir un pueblo.* || Estar en vigor: *subsistir un reglamento.*
subsónico, ca adj. De velocidad inferior a la del sonido: *aviones subsónicos.*
substancia f. V. SUSTANCIA.
substantivo *y sus derivados.* V. SUSTANTIVO y sus derivados.
substituir *y sus derivados.* V. SUSTITUIR y sus derivados.
substraer *y sus derivados.* V. SUSTRAER y sus derivados.
substrato m. *Fil.* Esencia, sustancia de una cosa. || *Geol.* Terreno que queda bajo una capa superpuesta. || *Fig.* Origen profundo: *el substrato ibérico de la población.*
subsuelo m. Terreno que está debajo de una capa de tierra laborable: *subsuelo calcáreo.* || Parte profunda del terreno ajena a la propiedad del dueño de la superficie.
subte m. *Arg. Fam.* Metropolitano.
subterfugio m. Pretexto, evasiva, escapatoria: *buscar un subterfugio.*
subterráneo, a adj. Que está debajo de tierra: *aguas subterráneas.* || — M. Cualquier lugar o espacio que está debajo de tierra: *el subterráneo de una casa.* || *Arg.* Metropolitano.
subtiaba adj. y s. Indígena centroamericano, cuyas tribus dispersas viven en México y Guatemala.
subtipo m. Cada uno de los grupos taxonómicos en que se dividen los tipos de plantas y animales.
subtitular v. t. Poner subtítulo: *subtitular un libro.*
subtítulo m. Título secundario puesto después del principal: *los subtítulos de un trabajo literario.* || Traducción resumida de una película cinematográfica en versión original situada debajo de la imagen.
subtropical adj. Situado bajo los trópicos: *región subtropical.*
suburbano, na adj. Que está muy cerca de la ciudad: *barrio suburbano.* || Relativo al suburbio: *comunicaciones suburbanas.* || — M. Habitante de un suburbio. || En algunas ciudades, tren subterráneo que une el suburbio con la ciudad: *tomar el suburbano.*
suburbio m. Barrio, arrabal o población muy próxima a una ciudad: *los suburbios de París.*
subvalorar v. t. Valorar en menos.
subvención f. Cantidad dada por el Estado o por una colectividad, etc. a una sociedad, empresa o individuo: *subvención teatral.* || Cantidad de dinero dada por el Estado a los productores o vendedores de determinados bienes o servicios de los sectores público o privado para obtener artificialmente una disminución del precio de venta o de coste.
subvencionar v. t. Favorecer con una subvención: *subvencionar una fundación.*
* **subvenir** v. i. Venir en auxilio, ayuda o socorro: *subvenir a los gastos de una expedición.*
subversión f. Acto de destruir o echar por tierra lo constituido: *la subversión del orden público.*
subversivo, va adj. Capaz de subvertir o que tiende a ello: *gritos subversivos.*
* **subvertir** v. t. Trastornar.
subyacente adj. Que está debajo, oculto: *músculos subyacentes.*
subyugación f. Avasallamiento, dominación: *subyugación económica, política.*
subyugador, ra adj. y s. Que subyuga: *Roma, subyugadora de Cartago.*
subyugar v. t. Avasallar, dominar: *subyugar a un pueblo.* || *Fig.* Dominar: *subyugar las pasiones, los vicios.*
succínico adj. *Quím.* Aplícase al ácido que se extrae del succino.
succino m. Ámbar amarillo.
succión f. Acción de chupar.
succionar v. t. Chupar.
sucedáneo, a adj. Aplícase a cualquier sustancia con la que se sustituye otra. || — M. Producto con el que se sustituye otro: *los sucedáneos del café son innumerables.*
suceder v. i. Venir después de, a continuación de, en lugar de: *un gran desencanto sucedió a todas las ilusiones.* || Ser heredero: *sucedió a su abuelo en el cargo.* || Estar una cosa a continuación de otra: *a las pequeñas lomas sucedía una inmensa cordillera.* || — V. impers. Ocurrir, pasar, verificarse, resultar, realizarse, producirse: *sucedió lo que tenía que suceder.* || — V. pr. Ocurrir una cosa después de otra, formar una serie continua.
sucedido m. Suceso.
sucesión f. Serie de personas o de cosas que se siguen sin interrupción o con poco intervalo: *una sucesión de desgracias.* || Transmisión del patrimonio de una persona fallecida a una o varias personas. || Descendencia, conjunto de hijos o herederos: *falleció sin sucesión.*
— Se ha dado históricamente el nombre de *Guerra de Sucesión* a tres grandes conflictos de sucesión dinástica. — 1.º La *Guerra de Sucesión de España* (1700-1714), encendida después del fallecimiento de Carlos II, último monarca español de la dinastía austriaca. Luis XIV de Francia apoyaba la candidatura de su nieto Felipe de Anjou (Felipe V) y se enfrentó a Austria, Inglaterra, Holanda y Portugal, que sostenían al archiduque Carlos; Felipe V salió victorioso en Villaviciosa, Brihuega, Almansa y Barcelona. Pusieron fin al conflicto los tratados de Utrecht, Rastadt y Baden. — 2.º La *Guerra de Sucesión de Polonia* (1733-1738), que estalló al morir el rey Augusto II y terminó por la paz de Viena que reconoció a Augusto III en detrimento de Estanislao Leczinski. — 3.º La *Guerra de Sucesión de Austria* (1740-1748), al morir el emperador Carlos IV y terminada por la Paz de Aquisgrán.

sucesivo, va adj. Que sucede o se sigue: *en días sucesivos.* ‖ *En lo sucesivo,* desde ahora.

suceso m. Cosa que sucede, acontecimiento: *suceso feliz, infausto.* ‖ Transcurso del tiempo. ‖ Resultado, conclusión. ‖ Galicismo por *éxito, triunfo.*

sucesor, ra adj. y s. Que sucede a uno o sobreviene en su lugar: *Felipe V fue el sucesor de Carlos II.*

sucesorio, ria adj. Relativo a la sucesión: *conflicto sucesorio.*

suciedad f. Calidad de sucio: *la suciedad de la playa.* ‖ Porquería: *hay un poco de suciedad en el carburador.* ‖ *Fig.* Dicho o hecho sucio: *escribir suciedades.*

sucinto adj. Breve, lacónico, compendioso: *relato sucinto.* ‖ *Fig.* Pequeño, breve: *un traje de baño muy sucinto.*

sucio, cia adj. Que tiene manchas o impurezas: *un vestido sucio.* ‖ Que ensucia fácilmente: *un producto sucio.* ‖ *Fig.* Dícese del color turbio: *un blanco sucio.* | Vil, innoble: *conducta sucia.* | Que tiene alguna impureza. ‖ — Adv. *Fig.* Sin las debidas reglas o leyes: *jugar sucio.*

sucre m. Unidad monetaria del Ecuador dividida en 100 centavos.

Sucre, c. de Bolivia, en el S. del centro, cap. del dep. de Chuquisaca y residencia del poder judicial de la Rep.; 73 000 h. Arzobispado. Universidad. Fundada en 1538, ha tenido tb. sucesivamente los n. de *Charcas, La Plata* y *Chuquisaca.* En ella se proclamó la independencia del Alto Perú (1825). — Dep. de Colombia en las llanuras del Norte; cap. *Sincelejo.* Agricultura, ganadería. — Pobl. en el O. del Ecuador, cab. del cantón de 24 de Mayo (Manabí). — Estado del NE. de Venezuela; cap. *Cumaná.*

Sucre (Antonio José de), prócer de la Independencia americana, n. en Cumaná (Venezuela) [1795-1830], lugarteniente de Bolívar. Proclamó la libertad del Ecuador con la victoria de Pichincha (1822) y la del Perú con la de Ayacucho (1824). Pres. de la Rep. de Bolivia de 1826 a 1828. M. asesinado.

sucrense adj. y s. De Sucre (Venezuela). ‖ Sucreño.

sucreño, ña adj. y s. De Sucre (Bolivia).

suculencia f. Condición de suculento.

suculento adj. Muy nutritivo, sabroso: *comida suculenta.*

sucumbir v. i. Ceder, rendirse, someterse: *sucumbir ante la fuerza.* ‖ Morir, perecer. ‖ *Fig.* No resistir: *sucumbió a sus pasiones.*

sucursal adj. y s. f. Establecimiento comercial dependiente de uno central.

Suches, río que nace en el S. del Perú, se adentra en Bolivia y des. en el lago Titicaca.

Suchet (Louis), mariscal de Francia (1772-1826). Luchó en Austerlitz (Bohemia) y Sagunto (España). Fue duque de Albufera.

Suchiate, río de Guatemala y México que des. en el Pacífico.

suchicopal m. *Méx.* Árbol del copal o incienso.

suchil m. Nombre que se aplica a algunas flores de México. ‖ Culebra venenosa en tierra caliente de México.

Suchitán, cima volcánica en el S. de Guatemala (Jutiapa); 2 047 m. Recibe tb. el n. de *Mita.*

suchitepesano, na adj. y s. De Suchitepéquez (Guatemala).

Suchitepéquez, dep. de Guatemala en la llanura costera del Pacífico; cap. *Mazatenango.*

Suchitoto, distrito, mun. y c. del centro de El Salvador (Cuscatlán).

sud, forma prefija de *sur: Sudáfrica, sudoeste, sudamericano.* ‖ — M. *Amer.* Sur.

sudación f. Producción de sudor.

sudadero m. Manta que se pone a los caballos debajo de la silla. ‖ En ciertos baños, sala destinada para sudar.

Sudafricana (UNIÓN). V. ÁFRICA DEL SUR.

sudafricano, na adj. y s. De África del Sur.

Sudamérica. V. AMÉRICA *del Sur.*

sudamericano, na adj. y s. De América del Sur.

Sudán (REPÚBLICA DEL), Est. de África oriental, en la región del Alto Nilo; 2 506 000 km²; 15 695 000 h. *(sudaneses).* Cap. *Jartum,* 312 500 h. Otras c.: *Omdurmán,* 171 000 h.; *El Obeid,* 70 000, y *Puerto Sudán,* 61 000. Los habitantes son árabes, en el Norte, y negros, en el Sur. Agricultura. Ganadería. Los egipcios conquistaron el país en 1820 y los ingleses en 1898. Al año siguiente se formó un condominio angloegipcio. La República fue proclamada en 1956. El Sudán francés era lo que actualmente es el Malí.

sudanés, esa adj. y s. Del Sudán.

sudar v. i. Transpirar, eliminar el sudor. ‖ *Fig.* Destilar jugo ciertas plantas. | Rezumar humedad: *sudar un cántaro, una pared.* ‖ *Fig.* y *fam.* Trabajar con gran esfuerzo y desvelo: *sudamos a todo sudar para acabar este diccionario.* ‖ — V. t. Empapar en sudor: *sudar una camisa.* ‖ *Fig.* Lograr con un gran esfuerzo: *he sudado el aprobado en los exámenes.* ‖ *Fig. Sudar la gota gorda* o *el quilo* o *tinta,* sudar mucho; costar algo gran trabajo.

sudario m. Lienzo en que se envuelven los cadáveres. ‖ *El Santo Sudario,* aquel en el que se envolvió el cuerpo de Cristo.

sudestada f. *Arg.* Viento con lluvia del Sudeste.

sudeste m. Punto del horizonte entre el Sur y el Este, y viento que sopla de esta parte.

Sudetes (MONTES DE LOS), reborde noreste de Bohemia (Checoslovaquia); altura máxima en los Montes de los Gigantes. La región fue anexada por Alemania de 1938 a 1945.

sudista m. Partidario de la esclavitud en los Estados del Sur durante la Guerra de Secesión de los Estados Unidos (1861-1865).

sudoeste m. Punto del horizonte entre el Sur y el Oeste, y viento que sopla de esta parte.

Sudoeste Africano. V. ÁFRICA DEL SUDOESTE.

sudor m. Humor acuoso que segregan las glándulas sudoríparas de la piel de los mamíferos. ‖ *Fig.* Jugo o goma que destilan las plantas: *el sudor de los árboles.* | Gotas que salen de lo que contiene humedad: *el sudor de un botijo.* | Trabajo y fatiga: *ganar el pan con sudor.* ‖ — *Con el sudor de su frente,* con gran trabajo. ‖ *Fam. Esto me ha costado sudores,* me ha costado mucho trabajo o dificultad.

sudorífero, ra y **sudorífico, ca** adj. y s. m. Aplícase al medicamento que hace sudar.

sudoríparo, ra adj. Que secreta el sudor: *glándulas sudoríparas.*

sudoroso, sa adj. Que suda mucho. ‖ Muy propenso a sudar.

sudras m. pl. Casta religiosa de la India formada por los obreros y campesinos.

sudsudeste m. Punto del horizonte entre el Sur y el Sudeste, y viento que sopla de esta parte.

sudsudoeste m. Punto del horizonte entre el Sur y el Sudoeste, y viento que sopla de esta parte.

Sue (Eugène), novelista francés (1804-1857), autor de *Los misterios de París, El judío errante,* etc.

Sueca, c. del E. de España (Valencia). Agricultura (arroz).

Suecia, Estado monárquico de Europa del Norte, en la parte oriental de la Península Escandinava; 449 750 km²; 8 046 000 h. *(suecos).* Cap. *Estocolmo,* 808 500 h. Otras c.: *Upsala,* 84 300 h.; *Västeras,* 89 000; *Örebro,* 81 800; *Norrköping,* 93 800; *Göteborg,* 445 400; *Hälsingborg,* 78 500 y *Malmö,* 245 800.

SUECIA

sufijos para formar sustantivos

sufijos	significado	ejemplos
-ada	contenido	cucharada; tonelada
-ada, -aje, -al, -ar	colectivo	bandada; cortinaje; naranjal; palomar
-ada, -ata	acción verbal	fanfarronada; perorata
-ado, -ato	profesión	letrado; prelado; decanato
-azgo, -ante, -ario	dignidad	almirantazgo; comerciante; comisario; funcionario
-aje,	acción,	hospedaje; viaje
-azo	golpe	balazo; manotazo
-ancia, -anza, -encia	cualidad, efecto	fragancia; labranza; preeminencia; paciencia
-ario	lugar	armario; seminario
-ción, -sión, -tión	acción verbal	repetición; remisión; indigestión
-dad, -tad	cualidad defecto	seriedad; deslealtad
-dor, -tor, -sor	agente profesión	gobernador; consultor; agresor; impresor
-dura, -tura, -sura	acción, efecto	hendidura; lectura; tiesura
-eda, -edo, -ena	colectivo	arboleda; viñedo; docena; veintena
-ente, -iente	cargo, oficio	presidente; lugarteniente; regente
-ero, -era	recipiente, profesión, lugar	puchero; cafetera portero; enfermera; desaguadero; carbonera
-ez, -eza	cualidad, defecto	madurez; fetidez; torpeza; entereza
-ia, -ía, -ie	cualidad, defecto	pericia; cortesía avaricia; altanería; barbarie
-ía	función	abogacía; secretaría
-ía, -ica, -ina	voces técnicas	psicología; física; penicilina
-ido, -ida, -io	acción verbal	estallido; herida; servicio
-ismo	sistema	platonismo; protestantismo
-ista	profesión partidario	periodista; dentista; socialista; anarquista
-iza	lugar	caballeriza; porqueriza
-men, -mento. -miento	acción, efecto	examen; impedimento; acompañamiento
-monia	cualidad, defecto	parsimonia; acrimonia
-or	cualidad, lugar	amargor; frescor; comedor; mirador
-orio	lugar	consultorio
-ría	lugar, establecimiento	relojería; panadería; factoría; confitería
-ud, -tud, -ura	cualidad, defecto	salud; quietud; curvatura; frescura
-umbre, -ura	cualidad, estado	pesadumbre; cordura

sufijos para formar adjetivos

sufijos	significado	ejemplos
-áceo, -ado	semejanza	violáceo; azulado
-aco, -án, -ano	gentilicio	austriaco; catalán; colombiano; valenciano
-ado, -al, -ario, -ante	cualidad	afeminado; artificial; ordinario; extravagante
-al, -ar	propensión	trivial; familiar
-áneo, -ano	referencia	instantáneo; ciudadano
-ando, -endo	digno de	examinando; horrendo
-avo	numerales fraccionarios	dozavo
-bil, -ble	posibilidad, capacidad	núbil; combustible; responsable
-dor, -tor, -sor	agente	cobrador; desertor; escritor; asesor
-ego, -eno, -ense, -eño, -eo, -ero, -és	gentilicio	manchego; chileno; bonaerense; malagueño galileo; habanero; barcelonés
-el, -eño, -ero	cualidad, defecto	novel; aguileño; sincero
-eno, -ero,	ordinales	noveno; tercero;
-ésimo		trigésimo; sexagésimo
-érrimo	superlativo	paupérrimo
-estre	relación	campestre; ecuestre
-í	gentilicio	iraquí; paquistaní; ceutí
-icio, -iego, -il, -ino, -io, -izo	pertenencia, relación, cualidad	patricio; palaciego; estudiantil; marino; partidario; pajizo
-icio, -iento, -ido	cualidad, defecto	alimenticio; calenturiento; dolorido
-ino	gentilicio	argentino; alicantino
-ísimo	superlativo	contentísimo
-ivo	capacidad	nutritivo; reflexivo
-izo	disposición	enfermizo
-olento, -oso	plenitud	violento; gracioso
-orio	posibilidad, aptitud	contradictorio; meritorio; absolutorio
-undo	intensidad	fecundo; meditabundo
-uno	referencia	ovejuno; caballuno
-uo	cualidad	continuo; superfluo

— GEOGRAFÍA. Suecia puede dividirse en tres regiones: el Norte, zona montañosa que desciende en terrazas hacia el golfo de Botnia; el Centro, vasto conjunto de lagos, donde se encuentra Estocolmo, que comprende sectores agrícolas e industriales, y el Sur, región agrícola. Las explotaciones forestales, los minerales y la pesca son los recursos naturales del país, a los que hay que añadir una industria de primer orden, facilitada por la abundancia de hulla blanca.

— HISTORIA. Durante la Edad Media, Suecia, dividida en varios Estados, fue unificándose progresivamente entre los s. VI y VII, y cristianizada durante el IX. Por la *Unión de Calmar* (1397), Suecia formó parte de la Confederación Escandinava, con Noruega y Dinamarca, pero se retiró en 1521. Gustavo I Vasa, proclamado rey, restableció la monarquía hereditaria y convirtió el país al protestantismo. En el s. XVII, con Gustavo II Adolfo y Carlos XII, Suecia llegó a ser el Estado más poderoso del norte de Europa, cuyas costas dominó. Mas, agotada por las guerras en que intervino, Suecia acabó perdiendo sus provincias exteriores. En 1818 subió al trono la dinastía Bernadotte, y Noruega, que lo estaba ya desde 1814, continuó unida a la corona sueca hasta 1905. La evolución democrática y la neutralidad sueca en las dos guerras mundiales han facilitado el gran desarrollo económico y social del país.

sueco, ca adj. y s. De Suecia. ‖ *Fam. Hacerse el sueco,* hacerse el sordo. ‖ — M. Idioma sueco.

suegro, ga m. y f. Padre o madre de uno de los esposos respecto del otro. ‖ — F. En Canarias, rodete que sirve para llevar un peso en la cabeza.

suela f. Parte de los zapatos que toca el suelo: *suelas de cuero.* ‖ Cuero que se pone en la punta de los tacos de billar. ‖ — *Fig.* y *fam. De siete suelas,* redomado, de la peor especie: *un granuja de siete suelas.* | *Estar como una suela,* dícese de la carne muy dura. | *No llegarle a uno a la suela del zapato,* serle muy inferior.

suelazo m. *Amer.* Batacazo, caída por el suelo.

suelda f. Nombre de algunas plantas rubiáceas y rosáceas de México.

sueldo m. Retribución de un empleado, un militar, un funcionario, etc., que se da a cambio de un trabajo regular: *el sueldo del mes.* ‖ Nombre de distintas monedas antiguas. ‖ *A sueldo,* pagado: *asesino a sueldo.*

suelo m. Superficie en la que se ponen los pies para andar: *el suelo está resbaladizo.* ‖ Tierra, campo, terreno: *suelo árido, fértil.* ‖ País: *el suelo patrio.* ‖ Piso de una casa: *tiene el suelo embaldosado.* ‖ Fondo de un recipiente. ‖ — *Fig. Arrastrar a uno por los suelos,* hablar muy mal de él. | *Arrastrarse por el suelo,* humillarse. | *Besar el suelo,* caer de bruces. | *Echar por el suelo un plan,* desbaratarlo, malograrlo. | *Estar una cosa por los suelos,* ser muy poco estimada; ser muy barata. | *Medir el suelo* o *dar consigo en el suelo,* caer por tierra. | *Poner* o *tirar por los suelos,* hablar mal. | *Venirse al suelo,* hundirse, frustrarse.

suelto, ta adj. No sujeto, libre: *los perros estaban sueltos en el jardín.* ‖ Desabrochado: *el botón está suelto.* ‖ Desatado: *con los cordones del calzado sueltos.* ‖ Sin recoger: *con el pelo suelto.* ‖ Separado del conjunto de que forma parte: *trozos sueltos de una obra literaria.* ‖ Que no hace juego: *calcetines sueltos.* ‖ Poco ajustado, holgado: *llevaba un traje suelto.* ‖ Libre, atrevido: *empleaba un lenguaje muy suelto.* ‖ Desenvuelto: *estuvo muy suelto hablando con sus superiores.* ‖ Fácil, natural, ágil: *un estilo suelto.* ‖ Poco compacto, que no está pegado: *arroz suelto.* ‖ Esponjoso, sin apelmazar: *una pasta muy suelta.* ‖ Que no está empaquetado: *comprar legumbres secas sueltas.* ‖ Por unidades: *vender cigarrillos sueltos.* ‖ Dícese del dinero en moneda fraccionaria. ‖ Aislado: *estos no son más que hechos sueltos.* ‖ Que hace deposiciones blandas: *tener el vientre suelto.* ‖ — *Estar suelto en algo,* dominarlo: *ya está muy suelto en inglés.* ‖ *Fig. Tener la lengua muy suelta,* hablar sin ninguna retención. ‖ — M. Moneda fraccionaria: *no tengo suelto.* ‖ Reseña periodística de poca extensión: *ha publicado un suelto en el diario.* ‖ — F. Acción de lanzar: *suelta de palomas.*

sueño m. Tiempo en el que la sensibilidad y la actividad se encuentran en un estado de aletargamiento caracterizado en el hombre por la pérdida de la conciencia del mundo exterior, la desaparición más o menos completa de las funciones de los centros nerviosos y la disminución relativa de las funciones de la vida orgánica. ‖ Representación en la mente de una serie

palabras griegas empleadas como sufijos

sufijos	significado	ejemplos
-algia	dolor	neuralgia
-arca, -arquía	el que manda, mando	monarca; monarquía
-atra, -atría	el que cura, curación	pediatra; pediatría
-bara	presión	isobara
-bolo	el que lanza	discóbolo
-carpio	fruto	endocarpio; pericarpio
-céfalo	cabeza	megalocéfalo
-ciclo	círculo	biciclo; triciclo
-cosmo	mundo	macrocosmo
-cracia, -crata	poder, que tiene el poder	plutocracia; plutócrata; autócrata
-dáctilo	dedo	pterodáctilo
-doja	opinión	paradoja
-dromo	carrera	autódromo; velódromo
-edro	base, cara	pentaedro; diedro
-fago	comer	esófago
-fano	manifiesto	diáfano; quirófano
-filia	amistad por	francofilia
-filo	amigo de	francófilo; hispanófilo
-fobia	aversión	claustrofobia
-fobo	enemigo de	claustrófobo; hidrófobo
-fonía, -fono	sonido	telefonía; magnetófono
-foro	que lleva	semáforo
-frasis	expresión	antífrasis; paráfrasis
-gamia	unión	poligamia; endogamia
-geno	que engendra	gasógeno; endógeno
-geo	tierra	apogeo; perigeo
-gono	ángulo	octógono; hexágono
-grafía	arte de escribir	ortografía; fotografía
-grama	letra	cardiograma
-hidro	agua	anhidrosis
-itis	inflamación	laringitis; artritis

sufijos	significado	ejemplos
-latría	adoración	idolatría; egolatría
-lito	piedra	megalito
-logía	ciencia	zoología; geología
-logo	que estudia	zoólogo; geólogo
-mancia	adivinación	cartomancia
-manía	pasión	megalomanía
-mano	aficionado	megalómano
-metro	medida	decímetro; hectómetro
-nauta	navegante	cosmonauta
-onimia	nombre	sinonimia; homonimia
-osis	dolencia crónica	neurosis; dermatosis
-patía	dolor, afección	homeopatía; antipatía
-pedia	educación	ortopedia
-podo	pie	miriápodo
-poli, -polis	ciudad	metrópoli; necrópolis
-ptero	ala	neuróptero; áptero
-ragia	brotar	hemorragia
-scopio	visión	telescopio; higroscopio
-sofía	sabiduría	filosofía
-stico	verso	anapéstico; dístico
-tafio	tumba	cenotafio; epitafio
-teca	caja, archivo	hemeroteca; discoteca
-tecnia	arte, ciencia	electrotecnia
-teo	dios	ateo
-terapia	curación, que cura	hidroterapia; radioterapia
-terma	calor	isoterma
-tesis	colocación	hipótesis; síntesis
-tipia	impresión;	linotipia
-tipo	impresión carácter	arquetipo; teletipo; prototipo
-tomía	división	anatomía
-trofia	alimentación	hipertrofia; atrofia
-tropo	que se vuelve	heliotropo

palabras latinas empleadas como sufijos

sufijos	significado	ejemplos
-cida	que mata	regicida; suicida
-cola	relativo al cultivo	agrícola; vinícola terrícola
-cultura	arte de cultivar	agricultura
-ducción	que conduce	deducción; aducción
-fero	que lleva	petrolífero
-forme	que tiene la forma de	cruciforme; filiforme cuadriforme

sufijos	significado	ejemplos
-fuga, -fugo	que huye o hace huir	tránsfuga; hidrófugo febrífugo
-paro	que engendra	vivíparo; ovíparo
-pedo	con pies	cuadrúpedo; bípedo
-peto	que se dirige hacia	centrípeto
-sono	sonido	unísono
-voro	que se alimenta de	carnívoro; herbívoro; piscívoro; insectívoro

de imágenes mientras se duerme: *tener sueños fantásticos.* || *Fig.* Idea quimérica, imaginación sin fundamento, ilusión. | Deseo, esperanza: *sueños de gloria.* || Estado de insensibilidad o de inercia, letargo. || Deseos de dormir: *caerse de sueño.* || *Fig.* y *fam.* Cosa preciosa, muy bonita: *su coche deportivo es un sueño.* || — *Coger el sueño,* dormirse. || *Fig. Descabezar un sueño,* dormirse un momento. || *En sueños,* soñando. || *Enfermedad del sueño,* enfermedad contagiosa, endémica en África ecuatorial y occidental, provocada por un tripanosoma inoculado por la mosca tse-tsé. || *Fig.* y *fam. Ni por* (o *en*) *sueños,* jamás en la vida. || *Fig. Sueño dorado,* la mayor ilusión. | *Sueño de los justos,* período en que están en el paraíso hasta el día del Juicio Final las personas que se han salvado. | *Sueño eterno,* la muerte.

Sueño de una noche de verano *(El),* comedia de Shakespeare (1595).

Sueños *(Los),* colección de cuentos satíricos de Quevedo *(El alguacil alguacilado, Sueño de las calaveras, Las zahurdas de Plutón, El mundo por de dentro, La visita de los chistes, El entremetido, la dueña y el soplón* y *La hora de todos).*

suero m. Parte líquida que se separa de la sangre o de la leche después de coagularse. || Líquido extraído de la sangre de un animal, generalmente del caballo, que se emplea para vacunar contra una enfermedad microbiana o contra una sustancia tóxica. || *Suero artificial* o *fisiológico,* solución salina que se inyecta para alimentar los tejidos orgánicos.

sueroterapia f. Método terapéutico consistente en la inyección de sueros para combatir las infecciones y las intoxicaciones o para prevenirlas.

suerte f. Causa hipotética o predeterminación de los sucesos: *los caprichos de la suerte.* || Estado que resulta de los acontecimientos afortunados o no que le ocurren a una persona: *nadie está satisfecho con su suerte.* || Azar, fortuna: *buena, mala suerte.* || Resultado afortunado, fortuna: *tener suerte en el juego.* || Condición, estado: *mejorar la suerte del pueblo.* || Sorteo, elección: *me tocó por suerte.* || Clase, género: *tuvo toda suerte de calamidades.* || Manera, modo: *no hay que hacerlo de esta suerte.* || Juego de manos del prestidigitador. || Ejercicio del equilibrista. || Tercio, cada una de las tres partes en que se divide la lidia de un toro: *suerte de banderillas.* || *Amer.* Billete de lotería. || — *De suerte que,* de tal modo que. || *Echar (a) suertes,* sortear. || *Entrar en suerte,* participar en un sorteo. || *La suerte está echada,* todo está decidido. || *Poner en suerte,* colocar el toro en posición adecuada para lidiarlo. || *Por suerte,* afortunadamente.

suertero, ra adj. *Amer.* Afortunado, dichoso.

sueste m. Sudeste. || *Mar.* Sombrero impermeable de los marinos.

suéter m. Jersey de lana. (Pl. *suéteres.*)

Suetonio (Cayo), historiador latino (¿69-126?), autor de *Vida de los doce Césares.*

Suevia. V. SUABIA.

suevo, va adj. y s. Individuo de un pueblo germánico establecido en el s. III entre el Rin, Suabia y el Danubio. (Los *suevos* pasaron a España en 409 y permanecieron en ella hasta la época del rey visigodo Leovigildo [585].)

Suez, c. y puerto de Egipto, en la costa del golfo homónimo del mar Rojo, punto terminal del canal. || **~ (Istmo de),** istmo atravesado por un canal que une el mar Rojo con el Mediterráneo; 161 km de Port Said a la c. de Suez, ant. *Arsinoe.* Construido por Ferdinand de Lesseps e inaugurado en 1869, fue nacionalizado en 1956 por Nasser y se ha cerrado el tráfico desde 1967, con motivo del conflicto entre los Estados Árabes e Israel.

Suffern (Carlos), musicólogo y compositor argentino, n. en 1905.

Suffolk, condado del SE. de Gran Bretaña, en Inglaterra, a orillas del mar del Norte. Dividido en *Suffolk Oriental* (cap. *Ipswich*) y *Suffolk Occidental* (cap. *Bury Saint Edmunds*). Agricultura; ganadería lanar. Industrias de la pesca.

suficiencia f. Capacidad, aptitud para alguna cosa: *dar pruebas de suficiencia.* || Presunción insolente: *su aire de suficiencia me molesta profundamente.*

suficiente adj. Bastante: *tener suficiente para vivir.* || Apto o idóneo, que sirve para una cosa. || *Fig.* Pedante, presuntuoso: *un alumno muy suficiente.*

sufijo, ja adj. y s. m. Dícese de las partículas inseparables que se añaden a los radicales de algunas palabras cuyo significado varía dándole una idea secundaria: *hay sufijos que se ponen detrás de un* *sustantivo, de un adjetivo, de un verbo y de un adverbio.*

sufragáneo, a adj. Que depende de la jurisdicción de otro: *obispo sufragáneo.*

sufragar v. t. Costear, satisfacer: *sufragar los gastos de un proceso.* ‖ Ayudar o favorecer: *sufragar un proyecto.* ‖ — V. i. *Amer.* Dar su voto a un candidato.

sufragio m. Voto: *emitir un sufragio.* ‖ Sistema electoral para la provisión de cargos: *sufragio directo.* ‖ Ayuda, auxilio. ‖ Obra pía: *misa en sufragio de las almas del purgatorio.*

sufragismo m. Movimiento político que preconizaba el derecho de voto a la mujer.

sufragista com. Persona partidaria del voto femenino.

sufrido, da adj. Que sufre con resignación. ‖ *Fig.* Dícese del marido consentido. | Aplícase al color que disimula lo sucio. | Sólido, resistente: *pantalones muy sufridos.*

sufridor, ra adj. Que sufre.

sufrimiento m. Paciencia, tolerancia. ‖ Padecimiento, dolor, pena: *los sufrimientos de la guerra.*

sufrir v. t. Padecer, sentir: *sufrir una enfermedad.* ‖ Recibir con resignación un daño físico o moral: *sufrir injusticias; sufrir un desengaño.* ‖ Sostener, soportar: *sufrir cansancio.* ‖ Aguantar, tolerar: *sufrir a una persona.* ‖ Tener: *sufrir un accidente.* ‖ — *Sufrir un examen,* examinarse. ‖ — V. i. Padecer: *sufrir de reúma.* ‖ *Fam. Hacer sufrir,* hacer rabiar.

sugerencia f. Sugestión, proposición, idea que se sugiere: *sugerencias en la asamblea general.*

sugerente y **sugeridor, ra** adj. Que sugiere.

* **sugerir** v. t. Hacer entrar en el ánimo de uno una idea o especie: *sugerir a alguien una resolución.*

sugestión f. Insinuación, instigación. ‖ Especie sugerida: *las sugestiones del diablo.* ‖ Acción y efecto de sugestionar: *la sugestión hipnótica.*

sugestionable adj. Fácil de sugestionar. ‖ Que se deja influir por otro: *persona sugestionable.*

sugestionar v. t. Inspirar a una persona hipnotizada. ‖ Captar o dominar la voluntad ajena.

sugestivo, va adj. Que sugiere o sugestiona. ‖ *Fig.* Atractivo, cautivante: *espectáculo sugestivo.*

sui generis loc. lat. Denota que una cosa es de un género o especie peculiar, excepcional: *un carácter "sui generis".*

suicida com. Persona que se mata a sí misma. ‖ — Adj. Dícese de lo que daña o destruye al propio agente: *empresa suicida.*

suicidarse v. pr. Quitarse la vida.

suicidio m. Muerte voluntaria.

Suintila, rey visigodo de España, de 621 a 631, destronado por Sisenando.

Suipacha, pobl. de la Argentina (Buenos Aires). — Cantón en el O. de Bolivia (Potosí). El general argentino González Balcarce derrotó aquí a las tropas del virrey del Perú (1810).

Suita, c. del Japón en el S. de la isla Honshu.

suite f. (pal. fr.). Serie de piezas de música instrumental escritas en el mismo tono. ‖ Apartamento en un hotel: *alquilar una suite.*

Suite Iberia, doce composiciones de piano de I. Albéniz, inspiradas en ciudades de España.

Suiza o **Confederación Suiza,** Est. de Europa central, que forma una rep. federal, limitada por Francia, Italia, Austria y Alemania; 41 295 km²; 6 300 000 h. (*suizos*). Cap. *Berna,* 168 900 h. Otras c.: *Saint-Gall,* 77 400 h.; *Winterthur,* 99 400; *Zurich* 438 800; *Basilea,* 212 700; *Lucerna,* 73 000; *Lausana,* 135 000, y *Ginebra,* 175 900.

— GEOGRAFÍA. Los *Alpes suizos,* situados al Sur, cubren más de la mitad del territorio, mientras que la *Planicie suiza,* entre los lagos Leman y de Constanza, es una zona agrícola e industrial (textiles, productos alimenticios, maquinaria de precisión). El turismo constituye una saneada fuente de ingresos y se apoya en una excelente organización hotelera. En el país se hablan cuatro idiomas: alemán (73 p. ciento), francés (21 p. ciento), italiano (5 p. ciento) y retorrománico (1 p. ciento). Se practican las religiones católica y protestante.

— *Historia.* Suiza estuvo primitivamente habitada por los *helvecios* y, hasta integrarse en el Imperio (1218), pasó sucesivamente por la dominación romana, borgoñona y franca. En 1291 se formó una liga de cantones para oponerse a los excesos del Imperio, primer núcleo de la Confederación Helvética. El tratado de Westfalia (1648) reconoció a Suiza como Estado soberano. En 1798 fue proclamada la república, que es federativa desde 1803. Suiza mantuvo la neutralidad durante los dos grandes conflictos mundiales del s. XX, y es sede de varios organismos internacionales.

suizo, za adj. y s. De Suiza. ‖ — M. Bollo esponjoso de forma ligeramente ovalada (ú. t. c. adj.).

sujeción f. Ligadura, unión firme: *la sujeción de algo en un fardo o paquete.* ‖ *Fig.* Dependencia, acatamiento: *con sujeción a las leyes.* ‖ Figura retórica que consiste en hacer el orador o escritor preguntas a las que él mismo responde.

sujetador, ra adj. y s. Que sujeta. ‖ — M. Sostén de mujeres.

sujetalibros m. inv. Accesorio para sostener los libros.

sujetapapeles m. inv. Pinzas u otro objeto para sujetar papeles.

sujetar v. t. Afirmar o contener por la fuerza: *sujetar con cuerdas un objeto.* ‖ Fijar: *el cuadro está sujeto por un clavo.* ‖ Agarrar: *sujetar a uno por el brazo.* ‖ Inmovilizar, retener: *sujetar a dos contendientes.* ‖ — *Fig.* Someter al dominio o mando de alguien: *sujetar a un pueblo.* ‖ — V. pr. Acatar, someterse, obedecer: *sujetarse a la Constitución.* ‖ Agarrarse: *sujetarse a una rama.*

sujeto, ta adj. Expuesto o propenso a una cosa: *país sujeto a epidemias.* ‖ — M. Persona innominada: *un buen sujeto.* ‖ Asunto, materia: *el sujeto de discusión.* ‖ *Fil.* El espíritu humano considerado en oposición al mundo externo. | En lógica, ser del cual se enuncia alguna cosa. ‖ *Gram.* Sustantivo o pronombre que indican aquello de lo cual el verbo afirma algo.

Sujumi, c. en el O. de la U. R. S. S. (Georgia), cap. de la Rep. autónoma de Abjasia.

Sukarno (Achmed), político indonesio (1901-1970), pres. de la Rep. de 1945 a 1967.

Sukarnopura. V. DJAJAPURA.

Sukkur, c. del Paquistán Occidental (Sind), a orillas del Indo.

Sulaco, c. y sierra de Honduras (Yoro). — Río de Honduras, afl. del Comayagua.

Sulawesi. V. CÉLEBES.

sulfamida f. Conjunto de compuestos de acción antibacteriana empleados en el tratamiento de las enfermedades infecciosas.

sulfatación f. Sulfatado.

sulfatado m. Operación consistente en pulverizar con sulfato de

SUIZA

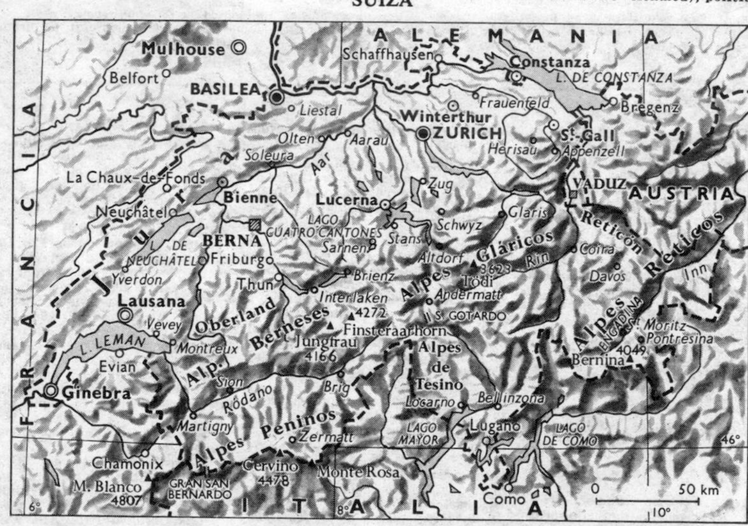

cobre o de hierro las plantas para combatir ciertas enfermedades.

sulfatador, ra adj. Que sulfata (ú. t. c. s.). ‖ — M. o f. Máquina que sirve para pulverizar el sulfato.

sulfato m. Sal o éster del ácido sulfúrico.

sulfhidrato m. *Quím.* Sal del ácido sulfhídrico.

sulfhídrico, ca adj. *Quím.* Aplícase a un ácido, compuesto de azufre e hidrógeno, incoloro, de olor a huevos podridos y soluble en el agua.

sulfito m. *Quím.* Sal formada por el ácido sulfuroso.

sulfocarbonato m. *Quím.* Compuesto obtenido a partir del sulfuro de carbono en presencia de álcalis.

sulfonado, da adj. *Quím.* Aplícase a los derivados obtenidos por la acción del ácido sulfúrico sobre los compuestos bencénicos.

sulfonal m. Sustancia que se emplea como medicamento hipnótico.

sulfurado, da adj. *Quím.* En estado de sulfuro. ‖ *Fig.* Enojado, irritado: *estar uno sulfurado.*

sulfurar v. t. *Quím.* Combinar un cuerpo con el azufre. ‖ *Fig.* Encolerizar. ‖ — V. pr. Irritarse, enojarse: *sulfurarse por poco.*

sulfúrico, ca adj. *Quím.* Dícese de un ácido oxigenado derivado del azufre, que constituye un corrosivo muy fuerte.

— El *ácido sulfúrico,* llamado *vitriolo* en el comercio, tiene numerosas aplicaciones industriales (fabricación de explosivos y colorantes, obtención de otros ácidos, alumbres, sulfatos, superfosfatos y glucosa).

sulfuro m. *Quím.* Combinación del azufre con un cuerpo. ‖ Sal del ácido sulfhídrico. ‖ *Sulfuro de carbono,* ácido utilizado en la vulcanización del caucho, como insecticida, para la extracción del perfume de las plantas, etc. ‖ *Sulfuro de plomo,* galena.

sulfuroso, sa adj. Que contiene azufre: *agua sulfurosa.* ‖ *Quím. Anhídrido sulfuroso,* compuesto oxigenado derivado del azufre, que se emplea como decolorante y desinfectante.

sulky m. (pal. ingl.). Coche ligero de dos ruedas, sin caja, utilizado en las carreras al trote.

sultán m. Emperador turco. ‖ Príncipe o gobernador mahometano. ‖ (Ant.). Título del soberano de Marruecos.

sultana f. Mujer del sultán. ‖ (Ant.). *Mar.* Navío de guerra turco. ‖ (Ant.). Embarcación de guerra turca.

sultanado m. Sultanato.

Sultanabad. V. ARAK.

sultanato m. o **sultanía** f. Territorio donde ejerce su mando un sultán.

Sultepec, mun. mexicano del Estado de México.

Sulú (ISLAS). V. JOLÓ.

Sullana, c. que se encuentra en el norte del Perú (Piura), cap. del distrito y de la provincia homónimos.

sullanense adj. y s. De Sullana (Perú).

Sully (Maximilien DE BÉTHUNE, *duque de*) [1560-1641], ministro de Hacienda de Enrique IV de Francia. ‖ ~ **Prudhomme** (RENÉ ARMAND PRUDHOMME, llamado), poeta parnasiano francés (1839-1907), autor de *Soledades* (Pr. Nóbel, 1901).

suma f. *Mat.* Adición. ‖ Resultado de una adición. ‖ Determinada cantidad de dinero o de cualquier cosa. ‖ Conjunto, reunión de ciertas cosas: *una suma de conocimientos.* ‖ Título de algunas obras que estudian abreviadamente el conjunto de una ciencia, de una doctrina: *la "Suma Teológica" de Santo Tomás de Aquino.* ‖ *En suma,* en resumen.

sumaca f. *Amer.* Embarcación pequeña de cabotaje.

Sumaco, volcán en los Andes del Ecuador; 3 900 m.

sumador, ra adj. Que suma.

sumando m. Cada una de las cantidades parciales que se suman.

Sumapaz, páramo en el centro de Colombia, entre el dep. de Cundinamarca y la intendencia de Meta; 4 300 m. — Río de Colombia (Cundinamarca y Tolima) que des. en el río Magdalena.

sumar v. t. Reunir en un solo número las unidades o fracciones contenidas en varias otras. ‖ Hacer un total de: *los participantes sumaban más de un centenar.* ‖ Elevarse, ascender a: *suma millones de dólares.* ‖ *Suma y sigue,* frase que se pone al final de una página para indicar que la suma de la cuenta continúa en la siguiente. ‖ — V. pr. *Fig.* Agregarse: *sumarse a una conversación.* | Adherirse.

sumarial adj. Del sumario.

sumariar v. t. Instruir un sumario judicial.

sumario, ria adj. Abreviado, resumido: *un discurso sumario.* ‖ Aplícase a los procesos civiles de justicia en los que se prescinden de algunas formalidades para que sean más rápidos. ‖ — M. Resumen, compendio, análisis abreviado. ‖ Epígrafe que se pone al principio de una revista o de un capítulo con la relación de los puntos que se tratan o estudian. ‖ Conjunto de actuaciones judiciales que estudian todos los datos que van a ser dirimidos en un proceso. ‖ F. Proceso escrito. ‖ Sumario en un proceso militar.

sumarísimo, ma adj. *For.* Dícese de ciertos juicios que por su gravedad se tramitan con un procedimiento muy breve.

Sumatra, isla del archip. de la Sonda (Indonesia), al S. de la penins. de Malaca; 473 606 km²; 15 739 000 h. C. pr.: *Medan, Palembang.* Petróleo. Caucho. Plantaciones de café y tabaco.

Sumbava, isla de la Sonda (Indonesia), al S. de las Célebes.

sumergible adj. Que puede sumergirse. ‖ — M. Submarino.

sumergir v. t. Meter una cosa debajo del agua o de otro líquido (ú. t. c. pr.). ‖ *Fig.* Abismar, hundir (ú. t. c. pr.).

Sumeria, región de la Baja Mesopotamia, que estuvo poblada por los *sumerios,* creadores de una floreciente civilización (hacia el s. v a. de J. C.).

sumerio, ria adj. De Sumeria (ú. t. c. s.).

sumersión f. Inmersión.

Sumi, c. y región de la U. R. S. S. (Ucrania).

Sumida Gava, río del Japón en la isla de Honshu.

sumidero m. Alcantarilla. ‖ Pozo negro.

sumiller m. Jefe en ciertas oficinas de palacio. ‖ Sommelier, persona encargada de los vinos y licores en un establecimiento público.

suministrador, ra adj. y s. Que suministra.

suministrar v. t. Abastecer, surtir, proveer a uno de algo necesario: *suministrar alimentos, datos de información.*

suministro m. Abastecimiento: *suministro de víveres.* ‖ — Pl. *Mil.* Víveres y utensilios para la tropa: *suministros de vituallas y pertrechos durante la guerra.*

sumir v. t. Hundir o meter debajo de la tierra o del agua. ‖ Consumir el sacerdote en la misa. ‖ *Fig.* Sumergir, abismar: *sumir a alguien en la duda, en la pobreza.* ‖ — V. pr. Desaparecer las aguas de lluvia o residuales por algún hueco o conducto. ‖ Hundirse los carrillos por cualquier motivo, adelgazar mucho. ‖ *Fig.* Abismarse: *se sumió en el desconsuelo.* | Abstraerse: *sumirse en el estudio.* ‖ *Méx.* Quedarse callado, acobardarse.

sumisión f. Sometimiento. ‖ Rendimiento: *la sumisión del enemigo fue total.*

sumiso, sa adj. Obediente, subordinado: *sumiso a los superiores.* ‖ Rendido.

summa f. (pal. lat.). Suma.

súmmum m. (pal. lat.). El grado sumo, el colmo: *el súmmum de la elegancia.*

sumo, ma adj. Supremo, altísimo, que no tiene superior: *el Sumo Pontífice.* ‖ *Fig.* Muy grande: *ignorancia suma.* ‖ — *A lo sumo,* a lo más, cuando más, si acaso. ‖ *En sumo grado,* en el más alto grado.

Sumy, c. de la U. R. S. S. (Ucrania).

Sun Yat-sen, político chino (1866-1925), fundador y primer pres. de la Rep. China de 1911 a 1912. Se exilió, volvió en 1918, formó un gobierno separatista en Cantón y entró en Pekín en 1925.

suncho m. Zuncho, abrazadera de hierro. ‖ *Amer.* Arbusto compuesto de flores amarillas.

Sund u **Oresund,** estrecho entre Suecia y la isla danesa de Seeland. Une el mar del Norte con el Báltico.

Sunderland, c. y puerto de Gran Bretaña, en el N. de Inglaterra (Durham). Hulla. Siderurgia. Astilleros.

Sungari, afl. del río Amur, al NE. de China; 1 800 km.

sunlight [*sanláit*] m. (pal. ingl.). Foco luminoso muy potente que se emplea en las tomas de vistas cinematográficas.

sunna f. Colección de preceptos obligatorios entre los mahometanos. ‖ Ortodoxia musulmana.

sunnita m. Musulmán ortodoxo.

sunsún m. *Antill.* Colibrí.

sunsunlar v. t. *Méx.* Zurrar, pegar.

suntuario, ria adj. Relativo al lujo o fausto: *gastos suntuarios.*

suntuosidad f. Grandiosidad, magnificencia, lujo.

suntuoso, sa adj. De gran magnificencia, lujoso, espléndido, magnífico: *casa suntuosa.*

Sunyer (Joaquín), pintor español (1875-1956), excelente colorista en sus composiciones.

Suomi. V. FINLANDIA.

supeditación f. Subordinación, dependencia.

supeditar v. t. Someter, subordinar, hacer depender una cosa de otra: *mi viaje está supeditado al resultado de los exámenes.* ‖ — V. pr. Someterse: *yo no tengo por qué supeditarme a su interés.*

súper adj. *Fam.* Superior. ‖ *Gasolina súper* o *súper,* gasolina superior con un índice de octano próximo a 100, supercarburante.

super ego m. *Fil.* Entidad superior al *yo.*

superable adj. Que puede superarse.

superabundancia f. Gran abundancia, copiosidad excesiva.

superabundante adj. Que abunda mucho, de abundancia extraordinaria.

superabundar v. i. Ser muy abundante.

superación f. Exceso. ‖ Resolución: *superación de las dificultades.* ‖ Circunstancia de hacer mejor las cosas.

superalimentación f. Sobrealimentación.

superalimentar v. t. Sobrealimentar.

superar v. t. Sobrepujar, aventajar, ser mayor, exceder: *superar una marca deportiva.* ‖ Pasar, dejar atrás, salvar: *la época del colonialismo está superada.* ‖ Vencer, resolver: *superar una dificultad.* ‖ — *Estar superado algo,* estar fuera de uso por haberse encontrado algo mejor: *esta técnica está superada.* ‖ — V. pr. Hacer algo mejor que lo acostumbrado: *el artista se superó en su trabajo.*

superávit m. Exceso del haber sobre el debe de una cuenta. ‖ Diferencia existente entre los ingresos y los gastos en un negocio. (Pl. *superávit* o *superávits.*)

supercapitalización f. Valor dado a una empresa superior al valor del capital que realmente tiene. || Diferencia existente entre estos dos valores.

supercarburante m. Gasolina superior de un índice de octano próximo a 100.

supercemento m. Cemento portland artificial de gran resistencia.

superciliar adj. Que está por encima de las cejas: *arco superciliar.*

supercompresión f. Aumento de la compresión.

supercostal adj. Aplícase a un músculo que está entre dos costillas (ú. t. c. s. m.).

superchería f. Engaño, fraude: *el atraco fue una superchería.*

superdirecta f. En ciertas cajas de cambio de automóviles, combinación que proporciona al árbol de transmisión una velocidad de rotación superior a la del árbol motor.

superdominante f. *Mús.* Sexta nota de la escala diatónica.

supereminencia f. Superioridad, máxima elevación.

supereminente adj. Muy superior, muy eminente.

supererogación f. Prestación gratuita.

superestructura f. Conjunto de instituciones, ideas o cultura de una sociedad (por oposición a *infraestructura* o base material y económica de esta misma sociedad). || Conjunto de construcciones hechas encima de otras.

superfetación f. Fecundación de una hembra que está ya en estado de preñez.

superficial adj. Referente a la superficie: *medidas superficiales.* || Poco profundo: *herida superficial.* || Falto de fondo: *examen, noción superficial.* || *Fig.* Frívolo, fútil: *hombre demasiado superficial.*

superficialidad f. Carencia de profundidad. || Futilidad, frivolidad.

superficie f. Extensión, medida de un espacio limitado por una línea: *la superficie de un triángulo.* || Parte superior de una masa líquida: *la superficie de un estanque.* || Cualquier parte superior de algo: *superficie de tierra, del globo terrestre, de un alojamiento.* || *Fig.* Apariencia, aspecto externo.

superfino, na adj. Muy fino.

superfluidad f. Condición de superfluo. || Cosa superflua.

superfluo, a adj. No necesario, que está de más, inútil: *adorno superfluo.*

superfortaleza f. Avión bombardero pesado.

superfosfato m. *Quím.* Fosfato ácido de cal, usado como abono.

superheterodino adj. Dícese de un radiorreceptor en el que las oscilaciones eléctricas engendradas en la antena son amplificadas y filtradas muy fácilmente por un oscilador local (ú. t. c. s. m.).

superhombre m. Nombre dado por Nietzsche a un tipo de hombre muy superior por la voluntad. || *Fig.* Hombre excepcional.

superhumeral m. Banda con que el sacerdote coge la custodia, la patena y las reliquias.

superintendencia f. Suprema administración en un ramo. || Empleo y oficina del superintendente.

superintendente com. Persona encargada de la dirección suprema de algo.

superior adj. Que está colocado en un espacio más alto que otra cosa: *mandíbula superior.* || Que tiene una graduación más alta: *temperatura superior a la corriente.* || Dícese de los miembros del cuerpo situados más arriba del tórax. || Aplícase a los estudios hechos después de los de la enseñanza secundaria o media en una universidad o escuela especial. || Que se encuentra más próximo del nacimiento de un río: *Renania Superior.* || *Fig.* Que supera a los otros, que pertenece a una clase o categoría más elevada: *grados superiores.* || Mayor o mejor que otra cosa: *producto de calidad superior.* || Dícese de la persona dotada de cualidades morales e intelectuales en grado extraordinario: *hombre superior.* || Dícese de la persona que tiene autoridad sobre las otras en el orden jerárquico: *padre superior* (ú. t. c. s.).

Superior (LAGO), el mayor lago de agua dulce del mundo, en la frontera de Estados Unidos y Canadá. Se une con el lago Huron a través del río Santa María; 82 380 km². || ~ (LAGUNA), albufera de México (Oaxaca), que comunica con el golfo de Tehuantepec.

superioridad f. Condición de lo que es superior. || Autoridad oficial: *por orden de la superioridad.* || Ventaja: *de clara superioridad.*

superlativo, va adj. Muy grande y excelente en su línea. || — M. *Gram.* Grado superior de significación del adjetivo y el adverbio. (V. *Compendio de gramática,* al final del vol., p. 11.)

supermercado m. Establecimiento comercial en régimen de autoservicio.

supernumerario, ria adj. Que excede o está fuera del número señalado: *funcionario supernumerario.* || Dícese de los militares en situación análoga a la de excedencia. || — M. y f. Persona que trabaja en una oficina sin figurar en la plantilla: *los supernumerarios de un ministerio.*

súpero, ra adj. *Bot.* Dícese del ovario situado por encima del plano de inserción aparente de las piezas del periantio.

superovariado, da o **superovárico, ca** adj. *Bot.* Dícese de la planta cuya flor tiene el ovario súpero.

superpoblación f. Población excesiva.

superpoblado, da adj. Muy poblado.

* **superponer** v. t. Poner encima, sobreponer (ú. t. c. pr.).

superponible adj. Que se puede superponer.

superposición f. Acción y efecto de superponer o superponerse.

superproducción f. Exceso de producción. || Película cinematográfica en la que se han hecho elevadas inversiones.

superpuesto, ta adj. Puesto uno encima de otro: *varias capas superpuestas.*

superrealismo m. Surrealismo.

supersaturar v. t. *Quím.* Saturar un líquido en exceso.

supersónico, ca adj. De velocidad superior a la del sonido: *avión supersónico.*

superstición f. Desviación de la creencia religiosa fundada en el temor o la ignorancia y que confiere a ciertas circunstancias carácter sagrado. || Presagio infundado originado sólo por sucesos fortuitos.

supersticioso, sa adj. Relativo a la superstición: *prácticas supersticiosas.* || Que cree en ella: *un pueblo supersticioso* (ú. t. c. s.).

supérstite adj. Superviviente.

supervaloración f. Valoración excesiva.

supervalorar v. t. Valorar en más (ú. t. c. pr.).

* **supervenir** v. i. Sobrevenir.

Supervielle (Jules), poeta, dramaturgo y novelista francés, n. en Montevideo (1884-1960).

supervisar v. t. Revisar un trabajo. || Hacer la inspección general de algo.

supervisión f. Revisión. || Inspección general.

supervisor, ra adj. y s. Que supervisa.

supervivencia f. Acción y efecto de sobrevivir.

superviviente adj. y s. Que sobrevive: *los supervivientes de un accidente.*

supervivir v. i. Sobrevivir.

supinación f. Posición horizontal de una persona tendida sobre el dorso, o de la mano con la palma para arriba.

supinador adj. Dícese de un músculo de la mano (ú. t. c. s. m.).

supino, na adj. Tendido sobre el dorso: *posición decúbito supino.* || Aplícase a la falta absoluta de conocimientos que se deberían tener: *ignorancia supina.* || — M. Una de las formas nominales del verbo en latín.

suplantación f. Sustitución.

suplantar v. t. Ocupar el lugar de otro: *suplantar a un rival.*

suplefaltas com. inv. Sustituto.

suplementario, ria adj. Que sirve de suplemento, que se añade: *crédito, tren suplementario.* || *Ángulos suplementarios,* los que suman dos rectos.

suplemento m. Lo que sirve para completar algo, para hacer desaparecer la insuficiencia o carencia de algo: *suplemento de información.* || Cantidad que se da de más en un teatro, tren, avión, hotel, etc., para tener más comodidad o velocidad: *suplemento de lujo.* || Lo que se añade a un libro para completarlo. || Páginas independientes añadidas a una publicación periódica para tratar de un asunto especial: *suplemento deportivo, económico.* || Publicación que completa otra: *suplemento del "Gran Larousse Enciclopédico".* || *Geom.* Ángulo que falta a otro para llegar a constituir dos rectos. | Arco de este ángulo.

suplencia f. Sustitución temporal o permanente.

suplente adj. y s. Que suple, sustituto: *suplente de un equipo.*

supletorio, ria adj. Que sirve de suplemento: *camas supletorias.*

súplica f. Petición, ruego. || Oración religiosa. || Escrito o instancia en que se suplica: *elevar una súplica al Gobierno.* || *For.* Cláusula final de un escrito.

suplicación f. Petición. || *For.* Apelación de una sentencia.

suplicado, da adj. Dícese de la carta que se envía a una persona para que a su vez la remita a otra.

suplicante adj. Que suplica.

suplicar v. t. Rogar, pedir con instancia y humildad: *suplicar a Dios, a una autoridad.* || *For.* Recurrir contra el auto o sentencia de vista del tribunal superior ante el mismo.

suplicatoria f. y **suplicatorio** m. Comunicación que pasa un tribunal a otro superior.

suplicio m. Pena corporal acordada por decisión de la justicia: *suplicio de la pena de muerte.* || *Fig.* Dolor físico violento. | Sufrimiento moral muy penoso: *oír esa música moderna es para él un suplicio.* || *Último suplicio,* la pena capital o de muerte.

suplir v. t. Completar lo que falta, añadir. || Sustituir: *suplir a un profesor.* || Compensar: *suplir el desconocimiento con la experiencia.* || Poner en el mismo lugar: *súplanse los puntos suspensivos con las letras que faltan.*

suponer m. Suposición: *esto es un suponer.*

* **suponer** v. t. Admitir por hipótesis: *supongamos que es verdad lo que se dice* (ú. t. c. pr.). || Creer, presumir, imaginar: *puedes suponer lo que quieras* (ú. t. c. pr.). || Confiar: *suponía su buena fe.* || Implicar, llevar consigo: *esta obra supone mucho trabajo.* || Costar: *el alquiler me supone un porcentaje grande de mi sueldo.* || Significar, representar: *esta molestia no me supone nada.* || Tener importancia, significar: *su colaboración supone mucho en nuestra labor.* || Demostrar, indicar: *su actitud supone que tiene poco interés en el proyecto.* || *Esto es de suponer,* esto es probable.

suposición f. Conjetura, hipótesis: *hacer suposiciones.* || — *Su-*

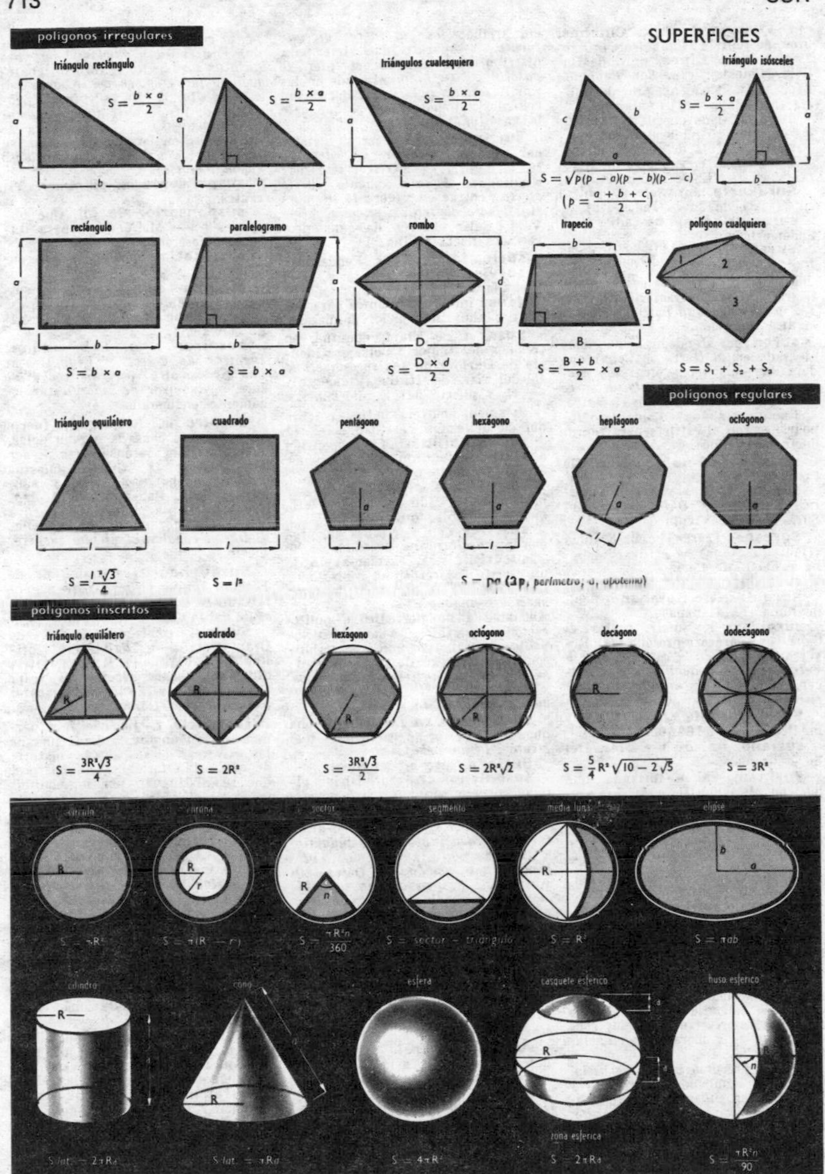

SU

posición de parto, de infante, engaño consistente en hacer creer que un hijo es de otras personas y no de sus verdaderos padres. ‖ *Suposición gratuita,* la que carece de base o fundamento.

supositorio m. *Med.* Preparado farmacéutico sólido, de forma cónica u ovoide, que se administra por vía rectal.

supranacional adj. Que está por encima de los gobiernos de cada país: *la O. N. U. es un organismo supranacional.*

suprarrealismo m. Surrealismo.

suprarrenal adj. Que está por encima de los riñones: *cápsula suprarrenal.*

suprasensible adj. Muy sensible. ‖ Poco asequible a los sentidos.

supremacía f. Superioridad, preeminencia: *supremacía militar.*

supremo, ma adj. Que está por encima de todos y de todo: *jefe supremo del Estado.* ‖ Último: *la hora suprema.* ‖ Decisivo: *instante supremo.* ‖ Imposible de sobrepasar: *momento supremo de felicidad.* ‖ *El Ser Supremo,* Dios. ‖ — M. El Tribunal Supremo: *recurrir al Supremo.*

supresión f. Eliminación, desaparición: *la supresión de un artículo.* ‖ Omisión.

suprimir v. t. Poner fin a una cosa, anular, abolir: *suprimir la libertad de prensa.* ‖ Omitir: *suprimir los detalles.* ‖ Quitar: *suprimir el racionamiento.* ‖ *Fam.* Quitar de en medio a alguien matándole: *suprimir a un traidor.*

supuesto, ta adj. Fingido, falso: *un supuesto periodista.* ‖ — M. Suposición, hipótesis: *en el supuesto de que venga.* ‖ Dato: *carecemos de los más elementales supuestos.* ‖ — *Dar algo por supuesto,* considerarlo cierto y admitido. ‖ *Por supuesto,* sin ninguna duda, claro que sí. ‖ *Supuesto táctico,* grandes maniobras militares.

supuración f. Proceso inflamatorio que conduce a la formación de pus.

supurante adj. Que supura o hace supurar.

supurar v. i. Formar o echar pus: *la llaga supura.*

supurativo, va adj. y s. Que hace supurar: *pomada supurativa.*

sur m. Punto cardinal del horizonte opuesto al Polo Norte. ‖ Parte de un país que está más cerca del Polo Sur que las otras: *el sur de Argentina.* ‖ — Adj. Situado al Sur: *parte sur de México.* ‖ Que viene del Sur: *viento sur.*

Sur. V. Tiro. ‖ **~ Cinti,** prov. de Bolivia (Chuquisaca);

cap. *Villa Abecia.* ‖ ~ **Chichas**, prov. de Bolivia (Chuquisaca); cap. *Tupiza.* ‖ ~ **Lípez**, prov. de Bolivia (Potosí); cap. *San Pablo de Lípez.* ‖ ~ **Yungas**, prov de Bolivia (La Paz); cap. *Chulumani.*

sura m. Cada uno de los capítulos en que se divide el Corán.

surá m. Tela de seda fina.

Surabaya, c. y puerto de Indonesia, en el NE. de la isla de Java.

Surakarta, ant. *Solo,* c. central en la isla de Java (Indonesia).

suramericano, na adj. y s. Sudamericano.

Surat, c. y puerto del NO. de la India (Gujerate).

surcar v. t. Hacer surcos en la tierra. ‖ Hacer rayas en una cosa. ‖ *Fig.* Navegar un barco. | Cruzar el aire un avión.

surco m. Hendedura que hace el arado en la tierra. ‖ Señal que deja una cosa sobre otra: *las ruedas del carro han formado un surco en la tierra.* ‖ Arruga en el rostro. ‖ Ranura grabada en un disco fonográfico con el estilete para reproducir los sonidos.

surcoreano, na adj. y s. De Corea del Sur.

surero, ra *Bol.* y *Arg.* y **sureño, ña** adj. y s. *Chil.* Natural del Sur. ‖ — M. Viento del Sur.

Suresnes [*surén*], c. de Francia (Hauts-de-Seine), a orillas del Sena y al O. de París.

surgidero m. *Mar.* Fondeadero.

Surgidero de Batabanó, pobl. de Cuba (La Habana).

surgir v. i. Surtir, brotar el agua. ‖ Aparecer, presentarse, llevarse: *la mole de la catedral surgía entre las casas pequeñas.* ‖ *Fig.* Nacer, manifestarse: *surgir un conflicto.* ‖ *Mar.* Dar fondo la nave.

Surí y Águila (José), poeta y médico cubano (1696-1762).

suriano, na adj. y s. *Méx.* Del Sur, sureño.

Surinam, río de Guayana, que des. en el Atlántico; 350 km. — N. oficial de la *Guayana Holandesa.*

suripanta f. *Fam.* Figurante o corista de teatro. | *Fam.* Mujer de vida alegre.

surmenaje m. (fr. *surmenage*). Agotamiento producido por un exceso de trabajo intelectual.

suroeste m. Sudoeste.

surrealismo m. Movimiento poético, literario y artístico, definido por André Breton en un manifiesto de 1924, que, por medio del automatismo o dictado del inconsciente, defendía la renovación de todos los valores, inclusive los concernientes a la moral, las ciencias y la filosofía.

— Los precursores del *surrealismo* fueron Rimbaud, Apollinaire y Kafka, y han cultivado esta tendencia, de modo continuo o pasajero, poetas y escritores (Breton, Eluard, Aragon, García Lorca, Alberti, Aleixandre), pintores (Max Ernst, Picasso, Dalí, Joan Miró) y cineastas (Luis Buñuel).

surrealista adj. Relativo al surrealismo. ‖ Partidario del mismo (ú. t. c. s.).

Surrey, condado de Gran Bretaña, en Inglaterra, al S. de Londres; cap. *Guildford.*

súrsum corda o **sursuncorda** m. *Fam.* Autoridad imaginaria, personaje supuesto: *no lo haré aunque lo ordene el sursuncorda.*

surtidero m. Desagüe de un estanque. ‖ Surtidor, chorro.

surtido, da adj. Que tiene abundancia y variedad, aprovisionado: *tienda bien surtida.* ‖ Que tiene diferentes clases o variedades de un mismo artículo: *caramelos surtidos.* ‖ — M. Conjunto de cosas variadas del artículo de que se habla: *tenemos un gran surtido de trajes de baño.*

surtidor, ra adj. Abastecedor, que surte (ú. t. c. s.). ‖ — M. Chorro de agua que sale despedido hacia arriba: *los surtidores de una fuente.* ‖ Aparato que sirve para distribuir un líquido: *surtidor de gasolina.* ‖ Orificio calibrado en las canalizaciones del carburador de un vehículo automóvil por el que sale la gasolina pulverizada.

surtir v. t. Abastecer, aprovisionar, proveer: *surtir un mercado* (ú. t. c. pr.). ‖ *Surtir efecto,* dar resultado: *el medicamento surtió efecto;* entrar en vigor: *la ley surtirá efecto dentro de un mes.* ‖ — V. i. Salir chorros de agua proyectados hacia arriba.

surto, ta adj. *Mar.* Fondeado.

survietnamita adj. y s. Del Viet Nam del Sur.

¡sus! interj. Se emplea para excitar o ahuyentar a los animales.

Susa, c. de Elam, que fue, en tiempos del Imperio persa, residencia de Darío y de sus sucesores. — C. del NO. de Italia (Piamonte). — C. y puerto del E. de Túnez.

Susana, mujer judía, célebre por su belleza y castidad.

susceptibilidad f. Propensión a sentirse ofendido por la menor ofensa al amor propio.

susceptible adj. Que puede ser modificado. ‖ Que se ofende fácilmente, sensible, quisquilloso.

suscitar v. t. Ser causa de, promover: *suscitar una protesta.*

suscribir v. t. Firmar al fin de un escrito: *suscribir un contrato.* ‖ Convenir con el dictamen de uno: *suscribir una opinión.* ‖ — V. pr. Abonarse a un periódico o publicación: *suscribirse a una enciclopedia.* ‖ Obligarse uno a contribuir con otros al pago de una cantidad: *suscribirse por mil pesetas anuales.*

suscripción f. Abono: *suscripción a una revista.*

suscriptor, ra m. y f. Persona que suscribe o se suscribe: *suscriptor de un periódico.*

Susiana, otro n. del *Elam.*

susodicho, cha adj. Dicho, citado, mencionado antes: *el susodicho agente detuvo al atracador.*

suspender v. t. Colgar en alto: *suspender una tabla en un andamio.* ‖ Detener por algún tiempo: *suspender una sesión.* ‖ Dejar sin aplicación: *suspender una prohibición, las garantías constitucionales.* ‖ Privar a uno temporalmente de su empleo o cargo: *suspender a un funcionario.* ‖ Declarar a alguien no apto en un examen: *suspender a un alumno.* ‖ *Fig.* Producir gran admiración, enajenar el ánimo: *suspender al auditorio.* ‖ — V. pr. Alzarse el caballo con los brazos en el aire.

suspense m. (pal. ingl.). Calidad de una novela o película en la que se produce una fuerte tensión emocional antes del desenlace: *Hitchcock está considerado como el rey del suspense cinematográfico.*

suspensión f. Acción y efecto de suspender: *suspensión de empleo, de garantías políticas, de un diario, de las sesiones.* ‖ Dispositivo para reunir la caja del automóvil al chasis y para amortiguar las sacudidas en marcha: *suspensión helicoidal.* ‖ *Quím.* Estado de un cuerpo dividido en partículas muy finas y mezclado con un fluido sin disolverse en él. ‖ *Fig.* Estado de emoción provocado por algo que suspende el ánimo. ‖ — *En suspensión,* dícese de las partículas de un cuerpo que no llegan a disolverse dentro de un fluido: *polvo y humo en suspensión.* ‖ *Suspensión de pagos,* situación jurídica del comerciante que no puede atender temporalmente al pago de sus obligaciones.

suspensivo, va adj. Que suspende. ‖ *Puntos suspensivos,* signo gráfico (...) que se pone al final de una frase incompleta.

suspenso, sa adj. Suspendido, colgado: *suspenso de un cable.* ‖ No aprobado, no apto: *estar suspenso en latín.* ‖ *Fig.* Desconcertado, sorprendido: *quedarse suspenso ante un accidente.* | Absorto, enajenado: *quedarse suspenso ante un espectáculo.* ‖ *En suspenso,* pendiente de resolución: *dejar un asunto en suspenso.* ‖ — M. Nota de un escolar en la que se declara su ineptitud: *he tenido un suspenso en matemáticas.*

suspensores m. pl. *Amer.* Tirantes.

suspensorio, ria adj. Que suspende. ‖ — M. Vendaje para sostener el escroto.

suspicacia f. Recelo, desconfianza.

suspicaz adj. Propenso a sospechar, receloso: *hombre suspicaz.*

suspirado, da adj. *Fig.* Deseado con ansia.

suspirar v. i. Dar suspiros: *suspirar de dolor.* ‖ *Fig.* Desear mucho: *suspira por un coche de lujo.* ‖ *Suspirar de amor,* estar locamente enamorado.

suspiro m. Respiración fuerte y prolongada causada por un dolor, una emoción intensa, etc.: *dar un suspiro.* ‖ Cierta golosina hecha con harina, huevo y azúcar. ‖ *Mús.* Pausa breve. ‖ *Arg.* y *Chil.* Planta convolvulácea cuya flor tiene forma de campanilla. ‖ *Dar* o *exhalar el último suspiro,* morir.

Susquehanna, río del E. de Estados Unidos (Nueva York y Pensilvania), que des. en el Atlántico en la bahía de Chesapeake; 750 km.

Sussex, condado del SO. de Gran Bretaña en Inglaterra, a orillas del canal de la Mancha. Dividido en *Sussex Occidental* (cap. *Chichester*) y *Sussex Oriental* (cap. *Lewes*). Ganadería. Bosques.

sustancia f. Lo que hay permanente en un ser. ‖ Cada una de las diversas clases de la materia de que están formados los cuerpos, que se distinguen por un conjunto de propiedades: *sustancia mineral, vegetal,* etc. ‖ Parte esencial de una cosa: *la sustancia de la carne.* ‖ Jugo: *la sustancia de la fruta.* ‖ Hacienda, caudal. ‖ *Fig.* Juicio, madurez: *un libro de mucha sustancia.* ‖ — *En sustancia,* en compendio. ‖ *Sustancia gris,* materia gris.

sustanciación f. Acción y efecto de sustanciar.

sustancial adj. Relativo a la sustancia. ‖ Sustancioso, nutritivo: *alimento sustancial.* ‖ Lo más esencial e importante de una cosa: *lo sustancial de un discurso.*

sustanciar v. t. Compendiar, extractar. ‖ *For.* Conducir un juicio por la vía procesal hasta ponerlo en estado de sentencia.

sustancioso, sa adj. Que tiene sustancia: *alimento sustancioso.*

sustantivar v. t. *Gram.* Dar a una palabra valor de sustantivo: *sustantivar un verbo.*

sustantividad f. Condición de sustantivo.

sustantivo, va adj. Que tiene existencia real, independiente, individual. ‖ *Gram. Verbo sustantivo,* el verbo *ser.* ‖ — M. *Gram.* Cualquier palabra que designa un ser o un objeto: *sustantivo común, propio.*

sustentación f. y **sustentamiento** m. Acción y efecto de sustentar o sustentarse. ‖ Sustentáculo, apoyo. ‖ *Plano de sustentación,* ala del avión.

sustentáculo m. Apoyo, sostén.

sustentador, ra adj. Que sustenta (ú. t. c. s. m.).

sustentar v. t. Mantener o sostener algo: *la columna sustenta el techo.* ‖ Alimentar: *sustentar a la familia.* ‖ *Fig.* Mantener, alimentar: *sustentar la esperanza de los sitiados.* ‖ — V. pr. Alimentarse.

sustento m. Lo que sirve para sustentar, alimento: *el sustento del hombre.* ‖ *Ganarse el sustento,* ganar para vivir.

sustitución f. Reemplazo, cambio: *la sustitución de un empleado.* ‖ *For.* Nombramiento de heredero en reemplazo de otro.

sustituible adj. Que puede sustituirse.

sustituidor, ra adj. y s. Que sustituye.

* **sustituir** v. t. Poner a una persona o cosa en lugar de otra: *sustituir a un ministro; sustituir un mecanismo por otro.*

sustitutivo, va adj. Dícese de la sustancia que puede reemplazar a otra en el uso (ú. t. c. s. m.).

sustituto, ta m. y f. Suplente, persona que hace las veces de otra en un empleo o servicio: *buscar un sustituto.*

susto m. Impresión repentina de miedo causado por algo inesperado: *el ruido del trueno me dio un susto.* ‖ *Fig.* y *fam. Dar un susto al miedo,* ser muy feo.

sustracción f. Robo, hurto: *la sustracción de una cartera.* ‖ *Mat.* Resta.

sustraendo m. *Mat.* Cantidad que se resta.

* **sustraer** v. t. Separar, apartar, extraer. ‖ Quitar, hurtar, robar: *sustraer una joya.* ‖ *Mat.* Restar. ‖ — V. pr. Eludir, evitar, evadir: *sustraerse a* (o *de*) *una obligación.*

susurrador, ra adj. y **susurrante** adj. inv. Que susurra.

susurrar v. i. Hablar bajo, musitar, murmurar. ‖ Empezar a divulgar una cosa secreta: *se susurra que fue asesinado.* ‖ *Fig.* Producir un ruido suave: *el agua susurraba en el arroyo.*

susurro m. Murmullo, ruido suave que resulta de hablar bajo. ‖ *Fig.* Ruido suave de algo: *el susurro del viento.*

Sutherland, condado de Gran Bretaña, en el NO. de Escocia; cap. *Golspie.*

sutil adj. Delgado, delicado, tenue: *tejido sutil.* ‖ *Fig.* Suave y penetrante: *viento, aroma sutil.* | Agudo, perspicaz: *espíritu sutil.*

sutileza y **sutilidad** f. Condición de sutil: *la sutileza de un aroma.* ‖ *Fig.* Agudeza, perspicacia.

sutilizador, ra adj. y s. Que sutiliza.

sutilizar v. t. Adelgazar. ‖ *Fig.* Pulir y perfeccionar. | Discurrir con agudeza.

Sutlej, río del NO. de la India y del Paquistán Occidental, en el Pendjab, que des. en el Indo; 1 600 km.

sutura f. Costura de los bordes de una herida: *dar unos puntos de sutura.* ‖ Articulación dentada de dos huesos: *las suturas del cráneo.* ‖ *Bot.* Línea de unión entre las ventallas de un fruto.

suturar v. t. Hacer una sutura.

Suva, cap. y puerto de las islas Fidji, en el SE. de la de Viti Levu; 55 000 h. Arzobispado.

Suwon, c. meridional de Corea del Sur.

suyo, ya, suyos, yas adj. y pron. pos. de 3.ª pers. m. y f. en ambos números: *tu coche es más reciente que el suyo; una hermana suya.* ‖ — *De suyo,* de por sí: *de suyo no es mala persona.* ‖ *Hacer de las suyas,* hacer algo bueno (o malo), pero de acuerdo con el carácter de la persona de quien se trata. ‖ *Hacer suyo,* adoptar: *hizo suya la idea de levantar un monumento.* ‖ *Los suyos,* su familia; sus partidarios. ‖ *Fig.* y *fam. Salirse con la suya,* conseguir lo que uno quiere.

suyuntu m. *Amer.* Zopilote.

Svalbard, posesión noruega en el océano Ártico, al NO. de Groenlandia, en la que se encuentra el archip. de Spitzberg; 62 420 km²; cap. *Longyearbyen.*

svástica f. Símbolo religioso de la India en forma de cruz con brazos iguales, cuyas extremidades están dobladas como la letra gamma. — La *svástica,* usada ant. como diagrama místico de buen agüero, fue adoptada por el Partido Nacionalsocialista alemán.

Svendborg, c. y puerto de Dinamarca, en el S. de la isla de Fionia.

Sverdlovsk, ant. *Iekaterinburgo,* c. de la U. R. S. S. (Rusia). Industrias. Minas. En ella fueron ejecutados el zar Nicolás II y su familia el 16 de julio de 1918.

Swan, n. de dos islas pequeñas del mar Caribe, al N. de Honduras. Pertenecen a Estados Unidos.

Swansea, c. y puerto de Gran Bretaña, al S. de Gales (Glamorganshire). Metalurgia.

Swatow. V. CHANTEU.

Swazilandia. V. SUAZILANDIA.

sweater [*suéter*] m. (pal. ingl.). Suéter.

Swietochlowice, c. en el O. de Polonia, en la Alta Silesia.

Swift (Jonathan), escritor irlandés, n. en Dublín (1667-1745), autor de *Viajes de Gulliver,* sátira de la sociedad inglesa.

Swinburne (Algernon Charles), poeta inglés (1837-1909), autor de *Poemas y Baladas.*

Swindon, c. del S. de Gran Bretaña, en Inglaterra (Wilts).

swing [*suin*] m. (pal. ingl.). Golpe dado balanceando lateralmente el brazo. ‖ Movimiento del jugador de golf al ir a golpear la pelota.

Sydney, c. y puerto del SE. de Australia, cap. de Nueva Gales del Sur. Arzobispado. Universidad. Industrias. — C. y puerto del E. del Canadá (Nueva Escocia).

Syktyvkar, c. de la U. R. S. S.; cap. de la Rep. autónoma de los zirianes, al S. de la República federativa de Rusia.

syllabus m. Lista de errores en materia de fe condenados por el Papa. (Se dice del *Syllabus* de Pío IX [1864] y de Pío X [1907].)

Synge (John Millington), dramaturgo irlandés (1871-1909).

Syracuse, c. de Estados Unidos (Nueva York). Universidad.

Syzran, c. de la U. R. S. S. (Rusia), a orillas del Volga.

Szczecin, en alem. *Stettin,* c. y puerto en el O. de Polonia, a orillas del Oder. Siderurgia.

Szeged, c. en el S. de Hungría, en la confluencia del Tisza y el Maros. Universidad.

Szekesfehervar, ant. *Alba Real,* c. de Hungría, al SO. de Budapest y al NE. del lago Balatón. Aluminio. Arzobispado.

Szolnok, c. en el centro de Hungría, a orillas del Tisza. Universidad. Comercio.

Szombathely, c. del O. de Hungría. Comercio. Vinos.

Szopienice, c. del S. de Polonia, al E. de Katovice. Siderurgia.

Tigre real

t f. Vigésima tercera letra del alfabeto castellano y decimonona de sus consonantes. ‖ — **T,** símbolo de *tera.* ‖ Símbolo de *tesla.* ‖ — **t,** símbolo de *tonelada.*

Ta, símbolo del *tantalio.*

taba f. Astrágalo, hueso del pie. ‖ Juego de muchachos que se hace con tabas de carnero. ‖ *Méx.* Charla: *dar taba.* (En la Argentina se dice *menear taba.*)

tabacal m. Terreno plantado de tabaco.

tabacalero, ra adj. Del tabaco: *industria tabacalera.* ‖ Dícese de la persona que cultiva o vende tabaco (ú. t. c. s.). ‖ — F. En España, nombre del organismo estatal que tiene el monopolio de la venta del tabaco.

tabaco m. Planta originaria de la isla de Tobago, en las Antillas, cuyas hojas, preparadas de varias maneras, se fuman, se mascan o se aspiran en polvo: *tabaco negro, rubio, rapé.* ‖ Cigarro puro. ‖ Cigarrillo. ‖ Enfermedad de los árboles. ‖ — Adj. De un color parecido al de las hojas de tabaco.

— El *tabaco* es una planta solanácea que puede alcanzar 2 m de altura, y cuyas lanceoladas y glutinosas hojas miden hasta 60 ó 70 cm de largo. Importado a Europa por los españoles, el tabaco se cultiva especialmente en el Brasil, Cuba, México, Estados Unidos, islas Canarias, Java, Sumatra, Turquía y Asia Menor.

Tabaco, mun. y c. de Filipinas (Albay), en el SE. de la isla de Luzón.

tabacón m. *Méx.* Marihuana.

Tabacundo, c. del centro del Ecuador, cab. del cantón de Pedro Moncayo (Pichincha).

tabalear v. t. Menear, mecer. ‖ — V. i. Tamborilear con los dedos en una tabla.

tabaleo m. Tamborileo.

tabanazo m. *Fam.* Tortazo.

tabanco m. Puesto ambulante para la venta de comestibles.

tabanera f. Lugar en el que hay muchos tábanos.

tábano m. Insecto díptero, parecido a la mosca, que molesta con sus picaduras, especialmente a las caballerías.

Tabapy. V. Roque González de Santa Cruz.

tabaqueada adj. *Méx.* Riña entre varias personas.

tabaquera f. Caja para meter tabaco en polvo. ‖ Parte de la pipa donde se pone el tabaco. ‖ *Amer.* Petaca.

tabaquería f. Estanco, tienda donde se despacha tabaco. ‖ *Amer.* Fábrica de tabaco.

tabaquero, ra adj. Dícese de la persona que prepara el tabaco o lo vende (ú. t. c. s.). ‖ — M. *Amer.* Pañuelo.

tabaquismo m. Intoxicación provocada por el abuso de tabaco.

tabardillo m. Fiebre tifoidea. ‖ *Fam.* Insolación. ‖ *Fig.* y *fam.* Engorro, pesadez. | Persona pesada.

tabardo m. Abrigo parecido al capote y de tejido basto.

Tabaré, poema de Zorrilla de San Martín (1886).

tabarra f. *Fam.* Pesadez, molestia, lata: *dar la tabarra.*

tabarrera f. Avispero, nido de avispas. ‖ *Fam.* Tabarra.

tabarro m. Tábano. ‖ Avispa.

Tabasco, Estado de México, entre Guatemala y el golfo de México; cap. *Villahermosa.* Agricultura; ganadería; pesca. Explotación de petróleo y de gas natural.

tabasqueño, ña adj. y s. De Tabasco (México).

Tabatinga, mun. del E. del Brasil (São Paulo).

tabelión m. (Ant.). Escribano.

taberna f. Sitio donde se venden y consumen vinos y licores.

tabernáculo m. Entre los hebreos, tienda en que se colocaba el arca del Testamento. ‖ Sagrario. ‖ Tienda en que habitaban los antiguos hebreos.

tabernario, ria adj. Propio de la taberna o del que la frecuenta. ‖ *Fig.* Bajo, grosero: *lenguaje, tipo tabernario.*

Tabernas, v. del SE. de España (Almería).

tabernero, ra m. y f. Persona que tiene o está encargada de una taberna.

tabes f. *Med.* Enfermedad caracterizada por una supresión progresiva de la coordinación de los movimientos.

tabicar v. t. Cerrar con tabique. ‖ Tapiar: *tabicar una puerta.* ‖ *Fig.* Tapar. Ú. t. c. pr.: *tabicarse las narices.*

tabique m. Pared delgada hecha de cascote, ladrillo, adobes o madera: *separar dos habitaciones por un tabique.* ‖ Separación delgada: *el tabique de las fosas nasales.*

tabla f. Pieza de madera, plana, larga y poco ancha. ‖ Pieza plana, rígida y de poco espesor de cualquier materia: *tabla de hierro colado.* ‖ Cara más ancha de un madero. ‖ Dimensión mayor de una escuadría. ‖ Anaquel, estante. ‖ Pliegue ancho de la ropa: *falda con tablas.* ‖ Índice de un libro: *tabla de materias.* ‖ Lista, catálogo: *tablas astronómicas, cronológicas.* ‖ Cuadro en que se inscriben los números en un orden metódico para facilitar los cálculos: *tabla de logaritmos, de multiplicar.* ‖ Parte algo plana de ciertas partes del cuerpo: *la tabla del pecho.* ‖ Cuadro de tierra en que se cultivan verduras: *una tabla de ensaladas.* ‖ Bancal de un huerto. ‖ Mostrador de carnicería. ‖ Superficie plana de madera que utilizan los dibujantes para trabajar. ‖ Pintura hecha en piezas planas de madera. ‖ Parte muy mansa de un río. ‖ Tablón de anuncios. ‖ — Pl. En el juego de ajedrez y en el de damas, estado en que nadie puede ganar la partida. ‖ *Fig.* Empate: *quedar en tablas.* | Escenario del teatro: *salir a las tablas.* ‖ *Taurom.* Barrera de la plaza de toros. | Tercio del ruedo inmediato a la barrera o vallas. ‖ — *Fig.* y *fam. A raja tabla,* cueste lo que cueste. ‖ *Hacer tabla rasa,* dar al olvido algo pasado, prescindir de ello. ‖ — *Fig. Pisar bien las tablas,* actuar un artista con mucha naturalidad. | *Salvarse por tablas,* salvarse por muy poco. ‖ *Tablas Alfonsinas,* tablas astronómicas compuestas por orden de Alfonso X el Sabio (1252). ‖ *Tabla de lavar,* la de madera donde se frota la ropa al enjabonarla. ‖ *Fig. Tabla de salvación,* último recurso para salir de un apuro. ‖ *Tabla finlandesa,* cuadro que indica los puntos que hay que atribuir a cada ejercicio en una competición atlética. ‖ *Tabla redonda,* en los libros de caballerías, la de los caballeros que tenían asiento en la mesa del rey Arturo. (Se llama *Ciclo de la Tabla Redonda* al conjunto de poemas y relatos [s. XII-XIV] sobre Bretaña. Son sus héroes el rey Arturo o Artús, Lanzarote, Parsifal, el mago Merlín, etc.) ‖ *Tablas* *de la Ley*, piedras en que se escribió el Decálogo.

Tablacacha. V. CHUQUICARA.

tablacho m. Compuerta para detener el agua.

tablada f. *Arg.* Lugar donde se reúne y reconoce el ganado que se destina al matadero.

Tablada (José Juan), poeta mexicano (1871-1945).

tablado m. Suelo de tablas. ‖ Escenario de un teatro: *sacar al tablado.* ‖ Tarima sobre la que se baila: *tablado flamenco* (también se dice *tablao*). ‖ Tribuna. ‖ Conjunto de tablas de la cama sobre el que se tiende el colchón. ‖ Patíbulo, cadalso.

tablajería f. Carnicería.

tablajero m. Carnicero.

tablao m. Tablado.

tablar m. Cuadro de una huerta.

Tablarumi, monte de los Andes del Ecuador, en la Cord. Central; 4 622 m.

Tablas, isla en el centro de Filipinas, separada de la de Mindoro por el *estrecho de Tablas.* ‖ **~ (Las),** c. del S. de Panamá, cap. de la prov. de Los Santos.

tablazo m. Golpe dado con una tabla. ‖ Parte de mar o de río ancho y poco profundo.

tablazón f. Conjunto de tablas. ‖ Tablas que forman la cubierta de una embarcación.

tableado, da adj. Con pliegues o tablas: *vestido tableado.* ‖ — M. Conjunto de tablas o pliegues que se hacen en una tela.

tablear v. t. Dividir en tablas. ‖ Hacer tablas en la ropa.

tableño, ña adj. y s. De Las Tablas (Panamá).

tablero adj. Dícese del madero adecuado para dividirlo en tablas. ‖ — M. Superficie plana formada por tablas reunidas para evitar que se combe. ‖ Tabla, pieza plana. ‖ Cartelera para fijar anuncios. ‖ En un coche o avión, conjunto de los órganos que permiten al conductor vigilar la marcha de su vehículo. ‖ Cureña de la ballesta. ‖ Tabla escaqueada para jugar a las damas, al ajedrez, y a otros juegos similares. ‖ Plataforma de un puente. ‖ Encerado en las escuelas. ‖ Mostrador de tienda. ‖ Especie de bandeja en que exponen sus mercancías los vendedores ambulantes. ‖ *Arq.* Plano resaltado con molduras o liso. ‖ Cuadro de una puerta. ‖ *Fig.* Campo: *en el tablero político.*

tablestaca f. Tabla estrecha de madera o metálica que se clava en el suelo para formar junto con otras una pantalla de impermeabilización, un muro de contención, etc.

tablestacado m. Pantalla de tablestacas.

tableta f. Tabla pequeña. ‖ Pastilla: *tabletas para el dolor de cabeza; tabletas de chocolate.* ‖ — Pl. Tablillas de San Lázaro.

tableteado m. Ruido producido al tabletear.

tabletear v. i. Producir ruido haciendo chocar tabletas. ‖ *Fig.* Hacer ruido continuo los disparos de un arma de fuego: *tableteaban las ametralladoras.*

tableteo m. Ruido del choque de tabletas. ‖ *Fig.* Ruido de un arma automática: *el tableteo del fusil ametrallador.*

tablilla f. Tabla pequeña. ‖ Trozo de baranda de la mesa de billar entre dos troneras. ‖ Plancha de madera para fijar anuncios, etc. ‖ Pieza de madera para sujetar los huesos fracturados. ‖ *Tablillas de San Lázaro,* las de madera que hacían sonar los mendicantes lazaristas.

tablón m. Tabla grande o gruesa. ‖ Tablilla de anuncios. ‖ Trampolín. ‖ *Fam.* Borrachera.

Taboga, isla de Panamá, en la bahía de Panamá. Faro.

tabor m. Cuerpo militar indígena compuesto de tres compañías que existía en el antiguo Protectorado español de Marruecos.

Tabor (MONTE), hoy *Gebel-el-Tuz,* elevación de Israel, al SE. de Nazaret (588 m), donde tuvo lugar la Transfiguración de Cristo.

Tabriz, ant. *Tauris,* c. del NO. de Irán (Azerbaidjan). Sedas, tapices. Centro comercial.

tabú m. Carácter de los objetos, seres o actos que hay que evitar por ser considerados como sagrados. ‖ Estos mismos objetos, seres y actos. ‖ *Por ext.* Cosa prohibida. ‖ — Adj. Considerado como sagrado o intocable: *tema tabú.* (Pl. *tabúes.*)

tabuco m. Cuartucho, cuchitril.

tabulador m. En las máquinas de escribir, dispositivo que facilita la disposición de cuadros, columnas, cantidades o palabras.

tabuladora f. Máquina que transcribe las informaciones de las cartas perforadas.

tabular adj. De forma de tabla.

taburete m. Asiento sin brazos ni respaldo. ‖ Silla de respaldo muy estrecho. ‖ Banquillo.

tac, onomatopeya de un ruido seco. Ú. m. repetido: *el tac tac del corazón.*

taca f. Mancha. ‖ Cada una de las placas de hierro que constituyen el crisol de una forja, de un alto horno, etc.

tacada f. Golpe dado con el taco a la bola de billar. ‖ Serie de carambolas seguidas. ‖ *Mar.* Conjunto de tacos de madera que se utilizan para ciertas operaciones.

Tacal o **Taxcall,** uno de los jefes mercenarios que ayudaron a Unac Ceel contra Chichén Itzá.

tacalate m. *Méx.* Planta y fruto del tacalote.

tacalote m. Leguminosa medicinal de México.

tacamaca f. Árbol de la familia de las burseráceas de cuya corteza los indios hacen canoas.

tacamadún m. Pez del golfo de México.

Tacámbaro, río de México, en el O. del centro, afl. del Balsas. — Mun. de México (Michoacán), cap. *Tacámbaro de Codallos.* Obispado.

tacana f. Mineral de plata negruzco. ‖ *Bol.* Escalón cultivado en las laderas de los Andes.

Tacaná, volcán de América Central, en la frontera de México con Guatemala; 4 160 m.

tacañear v. i. *Fam.* Obrar como un tacaño, cicatear.

tacañería f. Ruindad, mezquindad, avaricia.

tacaño, ña adj. y s. Mezquino, avaro, cicatero. ‖ Astuto, bellaco.

Tacarigua (LAGUNA DE). V. VALENCIA.

tacataca y **tacatá** m. Sillita de tela, montada en una armazón con ruedas, con dos agujeros para que pasen las piernas los niños que aprenden a andar.

tacazo m. Golpe dado con el taco en el juego del billar. ‖ *Fig.* y *fam.* Taco.

tácito, ta adj. Sobrentendido, no expresado formalmente: *acuerdo tácito.* ‖ *Tácita reconducción,* renovación automática de un contrato cuando no ha sido rescindido en tiempo oportuno.

Tácito (Cornelio), historiador latino (¿55-120?), autor de *Los Anales.*

taciturnidad f. Condición de taciturno. ‖ Actitud taciturna.

taciturno, na adj. Callado, no aficionado a hablar: *persona taciturna.* ‖ Triste, apesadumbrado, melancólico: *carácter taciturno.*

taclobo m. Molusco bivalvo de gran tamaño: *el taclobo abunda en Filipinas e islas del Pacífico.*

Tacna, c. del S. del Perú, cap. de la prov. y del dep. homónimos. Obispado. Centro minero. La c., lo mismo que Arica, pertenecía al Perú, pero la Guerra del Pacífico y el Tratado de Ancón (1883) decidieron su incorporación a Chile. El Tratado de Lima (1929) dispuso la vuelta de Tacna al Perú y atribuyó Arica a Chile.

tacneño, ña adj. y s. De Tacna (Perú).

taco m. Tarugo de madera u otra materia con que se tapa un hueco: *encajar un taco.* ‖ Cuña. ‖ Pelotilla de trapo, papel o estopa que se ponía en las armas de fuego entre el proyectil y la pólvora. ‖ Cilindro de estopa, trapo o arena para apretar la pólvora del barreno. ‖ Baqueta para las armas de fuego. ‖ Palo con que se impulsan las bolas en el billar. ‖ Cilindro de cuero u otro material que se fija en la suela de las botas de fútbol para no resbalar. ‖ Canuto de madera con que los muchachos lanzan bolitas de trapo o papel por medio del aire comprimido. ‖ Parte principal del arco del violín. ‖ *Impr.* Botador. ‖ Conjunto de las hojas del calendario de pared. ‖ Conjunto de billetes de transporte que se venden juntos: *un taco de billetes de metro.* ‖ Conjunto de billetes: *tiene un taco de billetes en el bolsillo.* ‖ *Fig.* y *fam.* ‖ Bocado ligero: *tomar tacos de queso con el aperitivo.* | Trago de vino: *tomar un taco.* | Juramento, palabrota: *soltó un taco.* | Lío, confusión: *se hizo un taco.* | Año: *tengo cuarenta tacos.* ‖ *Amer.* Tacón. ‖ *Méx.* Tortilla de maíz enrollada, que contiene diversas viandas.

Tacoma, c. y puerto del E. de Estados Unidos (Washington). Metalurgia.

tacómetro m. Taquímetro.

tacón m. Pieza fijada debajo de la suela del zapato, en la parte correspondiente al talón: *zapatos de tacón alto.*

Tacón (Miguel de), militar y gobernante español (1775-1854). Fue capitán general de Cuba de 1834 a 1838 y *vizconde de Bayamo.*

taconazo m. Golpe con el tacón.

taconear v. i. Hacer ruido con los tacones al andar o al bailar.

taconeo m. Ruido producido al taconear.

tacopatle m. *Méx.* Nombre de varias plantas enredaderas.

Tacora, volcán de los Andes en los confines del Perú (Tacna) y Chile (Tarapacá); 5 980 m.

tacotal m. *Méx.* Plantío de tacotes.

tacote m. *Méx.* Marihuana o tabacón.

táctica f. Arte de dirigir una batalla combinando la acción de los medios de combate para alcanzar algún objetivo. ‖ *Fig.* Medios empleados para lograr un fin: *no seguir una buena táctica.*

táctico, ca adj. Relativo a la táctica: *unidad táctica de infantería.* ‖ — M. Experto en ella: *táctico naval.*

táctil adj. Relativo al tacto: *nervios táctiles.*

tactismo m. Movimiento de atracción (*tactismo positivo*) o de repulsión (*tactismo negativo*) experimentado por un ser viviente bajo la influencia de ciertas sustancias químicas o ciertas formas de la energía (luz, calor, electricidad).

tacto m. Uno de los cinco sentidos que permite, por contacto directo, conocer la forma y el estado exterior de las cosas. ‖ Acción de tocar. ‖ *Fig.* Tiento, delicadeza: *contestar con mucho tacto.* ‖ *Mil. Tacto de codos,* posición de los soldados en formación correcta.

tacuacín m. *Amer.* Zarigüeya.

tacuache m. *Cub.* y *Méx.* Mamífero insectívoro nocturno.

tacuara f. *Arg.* Caña resistente, especie de bambú.

Tacuarembó, río en el N. del Uruguay (Rivera), afl. del Río Negro; 200 km. — C. en el N. del Uruguay, cap. del dep. homónimo. Obispado.

tacuarembonense adj. y s. De Tacuarembó (Uruguay).

Tacuarí, río del SE. del Paraguay (Itapúa), afl. del Paraná. —

Río del E. del Uruguay (Cerro Largo y Treinta y Tres), que des. en la laguna Merín; 114 km.

Tacuba, pobl. y volcán del O. de El Salvador en la sierra de Apaneca (Ahuachapán); 1 425 m. — Delegación urbana de la c. de México, D. F. Ant. *Tlacopan.*

Tacubaya, barrio residencial en la ciudad de México.

tacuche m. *Méx.* Envoltorio, tambache.

tacurú m. *Riopl.* Especie de hormiga pequeña. | Montículo procedente de hormigueros en los terrenos anegadizos.

tacha f. Falta, imperfección, defecto: *una vida sin tacha.* || Clavo algo mayor que la tachuela. || *Amer.* Tacho, vasija de metal. || *El Caballero sin Miedo y sin Tacha,* Bayardo.

tachadura f. Raya o borradura que se hace sobre una palabra para suprimirla. || *Fig.* Censura.

tachar v. t. Borrar o rayar lo escrito: *tachar algunos párrafos.* || *Fig.* Censurar: *tachar el proceder de uno.* | Atribuirle a uno algún defecto: *tachar de avaricia.* || *For.* Alegar una incapacidad legal.

tachero m. *Amer.* Operario que maneja los tachos en los ingenios de azúcar.

tachigual m. *Méx.* Cierto tejido de algodón.

Táchira, río en el O. de Venezuela, afl. del Zulia, en Colombia. — Estado del O. de Venezuela, fronterizo con Colombia; cap. *San Cristóbal.* Agricultura. Minas. Petróleo.

tachirense adj. y s. De Táchira (Venezuela).

Tachkent. V. TASHKENT.

tacho m. *Amer.* Vasija grande de metal, de fondo redondo. | Paila grande para cocer el melado en las fábricas de azúcar. | Hoja de lata. || *Chil.* Cacerola de metal o barro. || *Irse al tacho,* fracasar, irse abajo.

tachón m. Tachadura muy grande. || Tachuela grande, dorada o plateada, con que se adornan cofres, muebles, etc.

tachonar v. t. Adornar con tachones. || *Fig.* Salpicar: *cielo tachonado de estrellas.*

tachuela f. Clavo pequeño de cabeza grande que usan los tapiceros.

Tadjikistán, la más pequeña de las rep. federadas de la U. R. S. S., en la frontera de China y Afganistán; cap. *Duchambe.* Región montañosa. Agricultura (algodón).

Taegu, c. del E. de Corea del Sur. Textiles.

Taejon, c. del centro de Corea del Sur.

tael m. Antigua moneda china.

Taf m. Tren rápido español formado por tres unidades, dos de las cuales son motoras.

Tafalla, c. de España (Navarra).

tafetán m. Tela de seda muy tupida y tejida como el lienzo. || — Pl. *Fig.* Banderas. || *Tafetán inglés,* el engomado por una de sus caras que se usa para cubrir y juntar los bordes de las heridas.

Tafí, dep. y pobl. del N. de la Argentina (Tucumán).

tafia f. Aguardiente de caña.

tafilete m. Piel de cabra fina, pulida y lustrosa.

Tafilete, región del Sáhara en Marruecos meridional, al S. del Atlas Mayor.

tafiletear v. t. Adornar o cubrir con tafilete.

tafiletería f. Arte de curtir el tafilete. || Tienda donde se vende esta piel.

Taft (William Howard), político norteamericano (1857-1930). Fue sucesivamente gobernador de Filipinas (1901-1904), de Cuba (1906) y pres. republicano de Estados Unidos (1909 a 1913).

Tafur (Juan), conquistador español del s. XVI. Tras recorrer Panamá fue a la isla del Gallo para recoger a los soldados que habían dejado a Francisco Pizarro. || ~ (PEDRO), escritor español (¿1410-1487?), autor del relato *Las andanzas e viajes de Pero Tafur por diversas partes del mundo.*

tagalo, la adj. y s. Dícese de los miembros de la población indígena de Filipinas. — M. Lengua oficial de los filipinos.

Taganrog, c. y puerto de la U. R. S. S. (Rusia), en la costa norte del mar de Azov. Industrias.

Tagant, circunscripción del S. de Mauritania, cap. *Tidjikja.*

tagarnina f. Cardillo. || *Fam.* Puro, cigarrillo o tabaco de mala calidad. || *Amer.* Borrachera.

tagarote m. Halcón. || *Fig.* Escribiente de notario o escribano. || *Fam.* Hidalgo pobre. | Hombre alto y desgarbado. || *Amer. C.* Hombre de bien.

Tagbilaran, c. y puerto de las Filipinas, en la isla y en el estrecho de Bohol. Obispado.

Tagle (Protasio), abogado y político mexicano (1839-1903). || ~ **y Portocarrero** (JOSÉ BERNARDO DE), militar y político peruano (1779-1825), primer pres. de la Rep. de su país, cuya independencia había proclamado en Trujillo (1820).

Tagliamento, río del NE. de Italia en Venecia Julia que des. en el Adriático; 170 km.

Tagore (Rabindranath THAKUR, llamado), poeta indio, n. en Calcuta (1861-1941), autor de poesías de inspiración mística y patriótica *(Luna nueva, El jardinero),* de novelas y dramas. (Pr. Nóbel, 1913.)

tagua f. Corozo o marfil vegetal. || Especie de fúlica.

taguán m. *Filip.* Guiguí.

tahalí m. Tira de cuero u otra materia que va del hombro derecho al costado izquierdo y de la cual pende la espada. || *Por ext.* Pieza de cuero que sostiene el machete, la bayoneta, etc. || Caja de cuero en que se solían llevar reliquias. (Pl. *tahalíes.*)

Tahití, isla principal del archip. de la Sociedad (Polinesia francesa); cap. *Papeete;* 1 042 km²; 45 400 h.

tahitiano, na adj. y s. De Tahití. || — M. Lengua de Polinesia de la familia malaya.

tahona f. Molino de harina movido por caballería. || Panadería.

tahonero, ra m. y f. Persona propietaria de una tahona o que está encargada de ella.

Tahuamanu, prov. y distrito del E. del Perú (Madre de Dios); cap. *Iñapari.*

Tahuantinsuyo, n. del ant. Imperio incaico, dividido en cuatro provincias o regiones (Antisuyo, Collasuyo, Contisuyo y Chinchasuyo); cap. *Cuzco.*

tahúlla f. Medida agraria de Murcia, Almería y Granada (11 áreas y 18 centiáreas).

tahúr m. Jugador empedernido, especialmente el fullero.

tahurería f. Garito. || Afición exagerada al juego. || Fullería.

Taichú, c. del E. de China (Kiangsu).

taifa f. Bandería, facción: *reino de taifa.* || *Fig.* y *fam.* Reunión de gente de mala vida: *una taifa de ladrones.*

taiga f. Selva del norte de Eurasia y América, de subsuelo helado, formada principalmente por coníferas, abedules y arces. (En Rusia y Siberia está limitada al S., por la estepa y, al N., por la tundra.)

tailandés, esa adj. y s. De Tailandia.

Tailandia, Estado monárquico de Asia del SE., limitado al E. por Camboya, al E. y al N. por Laos, al N. y al O. por Birmania y al S. por Malaysia; 514 000 km²; 35 810 000 h. *(tailandeses).* Cap. *Bangkok,* 1 773 000 h. Tuvo el n. de *Siam* hasta 1939 y de 1945 a 1949. Agricultura (arroz); ganadería. Caucho. Estaño.

taimado, da adj. y s. Astuto y disimulado: *persona taimada.*

taimería f. Astucia, disimulación, picardía.

Tainán, c. y puerto al SE. de la isla de Taiwan (Formosa). Obispado. Fue capital de la isla.

Taine (Hippolyte), filósofo, crítico e historiador francés (1828-1893), autor *De la inteligencia, Filosofía del arte, Orígenes de la Francia contemporánea,* etc.

taino, na adj. y s. Dícese del indígena de una población arauca que vivía en Puerto Rico, Haití y al E. de Cuba. (Fueron diezmados por los conquistadores españoles.) || — M. Dialecto que hablaban.

Taipei o **Taipeh,** c. en el N. de la isla de Taiwan (Formosa), cap. de la isla y de la China nacionalista; 1 158 400 h. Obispado. Universidad.

Taira, c. del Japón en el E. de la isla de Honshu.

tairona adj. y s. Decíase de una población indígena del N. de Colombia.

taita m. Nombre cariñoso con que el niño designa a sus padres o a quien le cuida. || *Arg.* y *Chil.* Nombre dado a las personas de respeto: *taita cura.* || *Arg.* Entre los gauchos, matón.

Taitao, penins. en el S. de Chile (Aisén).

Tais, cortesana griega del s. IV a. de J. C., concubina de Alejandro Magno y de Ptolomeo I.

Taitchong, c. de Taiwan (Formosa), al O. de la isla.

Taitong, c. del SE. de la isla de Taiwan (Formosa).

Taiwan o **Formosa,** isla del océano Pacífico a lo largo de China meridional, de la cual está separada por el estrecho de Formosa; 36 000 km²; 14 800 000 h.; cap. *Taipei,* 1 168 400 h. Formosa perteneció al Japón de 1895 a 1945 y hoy es la residencia del Gobierno nacionalista chino. Agricultura (caña de azúcar, arroz). Pequeña industria.

Taiyuán, ant. *Yangku,* c. del E. de China; cap. de Chansi. Arzobispado. Siderurgia.

tajada f. Porción que se corta de una cosa: *una tajada de melón.* || *Pop.* Curda, borrachera. || *Fig.* y *fam. Sacar tajada,* sacar provecho, aprovecharse.

tajadera f. Cuchilla de figura de media luna. || Cortafrío de herreros.

tajadero m. Tajo de carnicero.

tajado, da adj. Cortado verticalmente: *roca, peña tajada.* || Dícese del escudo heráldico partido diagonalmente. || *Fam.* Borracho, embriagado.

tajador, a adj. Que taja. || — M. Tajo para cortar la carne.

tajadura f. Corte.

tajamar m. Tablón curvo ensamblado a la parte exterior de la roda de un barco. || Espolón de puente. || *Chil.* Malecón, dique. || *Arg.* Presa, depósito para las aguas llovedizas.

tajante adj. Cortante. || *Fig.* Completo, sin término medio: *diferencia tajante.* | Categórico, definitivo: *contestación tajante.* | Perentorio, terminante: *tono tajante.* || — M. Carnicero.

tajaplumas m. inv. Cortaplumas, objeto de escritorio.

tajar v. t. Cortar: *tajar carne.* || — V. pr. *Fam.* Embriagarse.

tajea f. Atarjea. || Alcantarilla para el paso del agua debajo de los caminos.

Tajes (Máximo), general uruguayo (1852-1912), pres. de la Rep. de 1886 a 1890.

Tajín (El), ant. cap. de los totonacas, al N. de Veracruz y cerca de Papantla (México). Estación arqueológica (pirámides).

tajo m. Corte profundo. || Filo de un instrumento cortante. || Tarea, faena y lugar donde trabaja una cuadrilla de trabajadores: *los peones van al tajo.* || Corte profundo en el terreno: *el tajo de Roncesvalles.* || Trozo de madera donde se pica o corta la carne. || Trozo de madera sobre el cual se decapitaba a los condenados. || Corte que se da con la espada o el sable: *tirar tajos y estocadas.* || *Col.* y *Venez.* Camino de herradura: *las caballerías suben por el tajo.*

Tajo, río de la Península Ibérica, que nace en la sierra de Albarracín (Teruel), pasa por Aranjuez, Toledo y Talavera de la Reina, penetra en Portugal y forma, en su desembocadura, el estuario del *mar de Paja;* 1 008 km (910 en España). Presas.

tajón m. Tajo para cortar la carne: *el tajón del carnicero.* || *Fam.* Borrachera, tajada.

Tajumulco, volcán en el SO. de Guatemala (San Marcos), punto culminante de América Central; 4 210 m.

Tajuña, río del centro de España, afl. del Jarama; 116 km.

Takamatsu, c. y puerto del Japón en el N. de la isla de Sikoku.

Takao, c. y puerto de la isla de Taiwan (Formosa).

Takaoka, c. del Japón en el O. del centro de la isla de Honshu.

Takasaki, c. del Japón, al NO. de Tokio (Honshu).

Takawa, c. del Japón, al N. de la isla de Kiusiu. Centro minero.

Takoradi, c. y puerto en el S. de Ghana.

tal adj. Semejante: *nunca se ha visto tal cinismo.* || Así: *tal es su opinión.* || Tan grande: *tal es su fuerza que todos lo temen.* || Este, esta: *no me gusta hacer tal cosa.* || Calificativo que se aplica a una persona o cosa de nombre desconocido u olvidado: *Fulana de Tal; en la calle tal.* || — Pron. Tal cosa: *no dije tal.* || Alguno: *tal habrá que lo sienta así.* || — Adv. Así: *tal estaba de emocionado que no me vio.* || De este modo: *cual el Sol ilumina la Tierra, tal ilumina las estrellas.* || — *Con tal de* o *que,* con la condición que; siempre que. || *¿Qué tal?,* ¿cómo está usted?; ¿cómo va la cosa?; ¿qué le parece? || *Tal cual,* sin cambio; regular, ni bien ni mal; alguno que otro. || *Tal vez,* quizás. || *Y tal y cual,* etcétera.

tala f. Corte de un árbol por el pie. || Poda. || Destrucción, estrago. || Juego de niños que se hace con un palito de madera. || Defensa hecha con árboles cortados. || *Arg.* Árbol espinoso de madera empleada en carpintería y en ebanistería.

talabarte m. Cinturón del que cuelgan la espada o el sable.

talabartería f. Taller o tienda de talabartero.

talabartero m. Guarnicionero.

talabricense adj. y s. De Talavera de la Reina.

talacha f. y **talacho** m. *Méx.* Zapapico, azada útil de labranza.

talador, ra adj. y s. Que tala.

taladrador, ra adj. y s. Que taladra. || — F. Máquina de taladrar o perforar metales.

taladrar v. t. Agujerear con el taladro. || *Fig.* Herir los oídos un sonido agudo.

taladro m. Barrena u otro instrumento con que se perfora u horada una cosa. || Agujero hecho con estos instrumentos.

Talagante, com. y dep. en el centro de Chile (Santiago).

Talamanca, cadena montañosa del SE. de Costa Rica; alt. máx. en el Chirripó Grande (3 832 m).

tálamo m. Cama conyugal: *tálamo nupcial.* || Receptáculo de una flor. || *Anat.* Parte del encéfalo situada en la base del cerebro. (Llámase también *tálamos ópticos.*)

talán m. Sonido de la campana: *el talán talán de la campana.*

talanquera f. Valla o pared que sirve de defensa.

talante m. Humor, disposición de ánimo: *estar de buen* (o *mal*) *talante.* || Voluntad, grado: *hacer algo de buen talante.*

talar adj. Dícese de la vestidura que llega a los talones: *traje talar.* || *Arg.* Monte de talas. || — Adj. y s. m. pl. *Mit.* Dícese del calzado alado de Mercurio.

talar v. t. Cortar por el pie: *talar árboles.* || Podar, cortar las ramas inútiles. || Destruir, arrasar: *talar campos, edificios,* etc.

Talara, prov., c. y puerto en el S. del Perú (Piura). Centro petrolero.

talareño, ña adj. y s. De Talara (Perú).

talasocracia f. Dominio de una nación en los mares.

talasoterapia f. Uso terapéutico de los baños o del aire de mar.

talavera m. Porcelana de Talavera.

Talavera || ~ (ALFONSO MARTÍNEZ DE TOLEDO, *arcipreste de*), escritor español, n. en Toledo (1398-1470), autor del relato *Corbacho o Reprobación del amor mundano,* tratado moral en forma satírica dirigido contra los vicios de las mujeres, y de la obra histórica *Atalaya de las crónicas.* || ~ (HERNANDO DE), escritor ascético español (1428-1507), consejero espiritual de Isabel la Católica y primer arzobispo de Granada. || ~ (MARIO), compositor mexicano de canciones populares (1885-1960).

Talavera de la Reina, c. del centro de España (Toledo), a orillas del Tajo. Cerámica y azulejos.

talaverano, na adj. y s. De Talavera.

talayot y **talayote** m. Monumento megalítico de las Baleares parecido a una torre de poca altura.

Talca, c. central de Chile, cap. de la prov. y del dep. homónimos. Obispado. Industrias. Agricultura.

Talcahuano, c., com. y dep. del centro de Chile (Concepción). Puerto militar.

talco m. Silicato natural de magnesio, de textura hojosa, suave al tacto, que se usa en farmacia reducido a polvo.

talcoso, sa adj. De talco.

taled m. Pieza de lana con que se cubren los judíos la cabeza y el cuello en las ceremonias religiosas.

talega f. Saco de tela fuerte para envasar o transportar cosas: *talega de pan.* || Su contenido: *una talega de arroz.* || Bolsa de tafetán usada antes por las mujeres para preservar el peinado. || *Fig.* y *fam.* Caudal, dinero. | Pecados que se confiesan. | Saco, persona rechoncha.

talegada f. Contenido de una talega. || Talegazo.

talegazo m. Golpe dado con una talega. || *Fam.* Caída.

talego m. Talega.

taleguilla f. Talega pequeña. || Calzón de torero: *el matador iba con la taleguilla rota.*

talento m. Moneda imaginaria de los griegos y romanos. || Aptitud natural para hacer una cosa determinada: *pintor de gran talento.* || Entendimiento, inteligencia: *hace falta mucho talento para hacerlo.*

talentoso, sa o **talentudo, da** adj. Que tiene talento: *pianista talentoso.*

talero m. *Arg.* y *Chil.* Fusta.

tálero m. Antigua moneda de plata de los países germánicos.

Tales de Mileto, matemático y filósofo griego de la escuela jónica (¿640-547?), autor de un *teorema de geometría.*

Talgo m. Tren articulado de invención española.

Talía, musa de la Comedia y del Idilio. Una de las Tres Gracias.

Talién, ant. *Dairen,* en ruso *Dainy,* c. y puerto del NE. de China (Liaoning). Siderurgia. Astilleros. Fue rusa hasta 1905 y japonesa hasta 1945.

talio m. Metal blanco (Tl) parecido al plomo, existente en las piritas, de número atómico 81, que fue descubierto en 1861.

talión m. Castigo idéntico a la ofensa causada: *ley del talión.*

talismán m. Objeto que tiene la virtud de proteger al que lo lleva o de darle algún poder mágico. || *Fig.* Lo que tiene un poder irresistible y efectos maravillosos.

talma f. Esclavina.

Talmud, colección de tradiciones judaicas que interpreta la ley de Moisés.

talmúdico, ca adj. Del Talmud.

talmudista m. y f. Persona que sigue la doctrina del Talmud o que la estudia.

talo m. Órgano vegetativo de las plantas en las que no se diferencian la raíz, el tallo y las hojas.

talofitas f. pl. Tipo de plantas que comprende las algas, los hongos y los líquenes.

talón m. Parte posterior del pie. || Parte del zapato o calcetín que la cubre. || Pulpejo del casco de las caballerías. || Parte del arco de un instrumento músico de cuerda inmediata al mango: *el talón de un arco de violín.* || Moldura cóncava por abajo y convexa por arriba. || Cada uno de los bordes reforzados de la cubierta del neumático. || Parte que se arranca de cada hoja de un talonario. || Patrón monetario: *el talón oro.* || Extremo posterior de la quilla del barco. || *Fig.* y *fam. Pisarle a uno los talones,* seguirle de muy cerca; estar a punto de igualarlo.

talonario m. Cuaderno que consta de varias hojas que se dividen en dos partes: una llamada *talón,* que se entrega, y otra denominada *matriz,* que se conserva como justificante: *un talonario de cheques* (ú. t. c. adj.).

talonazo m. Golpe con el talón.

talonera f. Refuerzo que se pone en el talón de las medias o calcetines o en la parte baja de los pantalones.

talque m. Tierra refractaria con la que se suelen fabricar crisoles.

talquera f. Recipiente donde se guardan los polvos de talco.

talquino, na adj. y s. De Talca.

talquita f. Roca pizarrosa formada sobre todo de talco.

Taltal, c., com. y dep. del N. de Chile (Antofagasta). Puerto.

talud m. Inclinación del paramento de un muro o de un terreno: *el talud de una vía férrea.*

talla f. Obra esculpida, especialmente en madera: *una talla del s. XIV.* || Estatura: *hombre de buena talla.* || Instrumento para medir a las personas. || *Fig.* Capacidad: *tiene talla para ocupar este cargo.* || Operación consistente en labrar las piedras preciosas: *la talla del diamante.* || Operación para extraer los cálculos de la vejiga. || Tributo antiguo. || Premio ofrecido por la captura de un delincuente o el rescate de un cautivo. || Mano, en el juego de la banca y otros. || *Fig. De talla,* de importancia.

tallado, da adj. Con los adv. *bien* o *mal,* de buen o mal aspecto. || — M. Acción y efecto de tallar el diamante, la madera, el metal, etc.: *el tallado de piedras preciosas.*

tallador m. Grabador en hueco o de medallas. || *Mil.* El que talla a los reclutas. || *Arg.* Banquero de una casa de juego.

talladura f. Entalladura.

Tallahassee, c. del S. de Estados Unidos, cap. de la Florida. Universidad.

tallar adj. Que puede ser talado o cortado: *leña tallar.* || — M. Bosque en que se puede hacer la primera corta.

tallar v. t. Esculpir: *tallar una imagen.* || Labrar piedras preciosas: *tallar diamantes.* || Grabar metales. || Cargar de tallas o tributos. || Tasar, valuar. || Medir con la talla: *tallar quintos.* || Llevar la banca en los juegos de azar.

tallarín m. Cinta estrecha de pasta de macarrones.

talle m. Figura, disposición del cuerpo: *talle esbelto.* ‖ Cintura: *la cogió por el talle.* ‖ Parte del vestido que corresponde a esta parte del cuerpo: *falda alta de talle.* ‖ Medida que se toma del cuello a la cintura.

taller m. Lugar en el que se hace un trabajo manual: *taller de sastre, de pintura y carrocería.*

Talleyrand-Périgord [*talerán-*] (Charles Maurice de), político francés (1754-1838). Primero obispo de Autun, fue después ministro durante el Directorio, el Consulado, el Imperio y la Restauración. Ambicioso e inteligente, traicionó todos los regímenes.

Tallinn o **Tallin,** en alem. *Reval,* c. y puerto en el N. de la U. R. S. S., en el golfo de Finlandia, cap. de la rep. de Estonia.

tallista com. Persona que talla en madera. ‖ Persona que graba metales.

tallo m. *Bot.* Órgano del vegetal que lleva las hojas, las flores y los frutos. | Renuevo, brote. | Germen. | Tallo de los líquenes.

talludo, da adj. De tallo grande. ‖ *Fig.* Muy crecido, alto para su edad. | Dícese de la persona que ya ha dejado de ser joven.

tamal m. *Amer.* Empanada de masa de harina de maíz, envuelta en hojas de plátano o de maíz y rellena de diferentes condimentos. ‖ *Chil.* Bulto grande. ‖ *Fam. Amer.* Lío, intriga: *amasar un tamal.*

tamalada f. *Amer.* Comida a base de tamales.

tamalería f. Tienda donde se venden tamales.

tamanduá m. Mamífero desdentado parecido al oso hormiguero, aunque más pequeño.

tamañito, ta adj. *Fig.* y *fam. Dejar a uno tamañito con algo,* dejarlo confuso, achicado.

tamaño, ña adj. Tal, tan grande o tan pequeño: *no me vengas con tamaña historia.* ‖ — M. Dimensiones o volumen: *el tamaño de un libro.*

támara f. Palmera de Canarias. ‖ Terreno poblado de estas palmeras. ‖ — Pl. Dátiles en racimo. ‖ Leña menuda.

Támara o **Tamarón,** lugar de España al SO. de Burgos (Palencia). Fernando I de Castilla derrotó a Bermudo III de León (1037).

tamarao m. Especie de búfalo de Filipinas.

tamaricáceo, a adj. y s. Dícese de unas plantas dicotiledóneas abundantes en los países mediterráneos y en Asia Central. ‖ — F. pl. Familia que forman.

tamarindo m. Árbol papilionáceo de flores amarillas cuyo fruto, de sabor agradable, se usa como laxante. ‖ Su fruto.

tamariscíneo, a adj. y s. *Bot.* Tamaricáceo.

tamarisco y **tamariz** m. Taray.

tamarugal m. *Chil.* Terreno plantado de tamarugos.

tamarugo m. *Chil.* Especie de algarrobo que hay en la pampa.

Tamatave, ciudad y puerto del E. de Madagascar, cap. de la prov. homónima. Obispado.

Tamaulipas, Estado de México septentrional en el golfo de México y en la frontera con Estados Unidos; cap. *Ciudad Victoria.* Ganadería. Pesca. Minas. Petróleo en Tampico.

tamaulipeco, ca adj. y s. De Tamaulipas (México).

Tamayo (Franz), político, poeta y escritor boliviano, n. en La Paz (1880-1956). ‖ ~ (JOSÉ LUIS), político ecuatoriano (1859-1947), pres. de la Rep. de 1920 a 1924. ‖ ~ (RUFINO), pintor mexicano, n. en 1899, autor de pinturas murales. ‖ **~ y Baus** (MANUEL), dramaturgo español, n. en Madrid (1829-1898), autor de *Lo positivo, Locura de amor, La bola de nieve* y *Un drama nuevo.*

tamba f. *Ecuad.* Chiripá usado por los indios.

tambache m. *Méx.* Envoltorio de ropa, hato.

tambaleante adj. Vacilante, titubeante. ‖ Inestable. ‖ *Fig.* Poco firme: *instituciones tambaleantes.*

tambalear v. i. Moverse a uno y otro lado como si se fuese a caer. Ú. m. c. pr.: *tambalearse al andar.* ‖ Ser inestable. Ú. m. c. pr.: *mueble que se tambalea.* ‖ *Fig.* Perder su firmeza. Ú. m. c. pr.: *las estructuras de esta organización se han tambaleado.*

tambaleo m. Falta de estabilidad. ‖ Titubeo.

tambarria f. *Amer.* Parranda.

tambero m. *Amer.* Dueño de un tambo. ‖ — Adj. *Amer.* Del tambo. ‖ *Arg.* Manso: *ganado tambero.* ‖ *Arg.* y *Chil.* Que posee vacas lecheras.

también adv. Igualmente: *a mí también me gusta el teatro.*

tambo m. *Amer.* Posada, venta, parador. ‖ *Arg.* Vaquería, lechería.

Tambo, río del S. del Perú (Moquegua y Arequipa), que al confluir con el Urubamba da nacimiento al Ucayali; 150 km.

Tambopata, río en el SE. del Perú, que nace en el dep. de Puno y afluye al Madre de Dios. — Prov. del E. del Perú (Madre de Dios); cap. *Puerto Maldonado.*

tambor m. Instrumento músico de percusión, de forma cilíndrica, hueco, cerrado por dos pieles tensas y que se toca con dos palillos. ‖ El que lo toca: *los tambores de una banda de música.* ‖ Cilindro hueco, de metal, para diversos usos: *tambor para tostar café, de una máquina de lavar.* ‖ Depósito cilíndrico con una manivela que lo hace girar y que sirve para meter las bolas de una rifa o lotería. ‖ Cilindro en que se enrolla un cable. ‖ Aro de madera en que se extiende la tela que se borda. ‖ Cilindro giratorio donde se ponen las balas de un revólver. ‖ Tamiz del pastelero para cernir el azúcar. ‖ Tímpano del oído. ‖ *Arq.* Recinto hecho con tabiques dentro de otro. | Muro cilíndrico que sirve de base a una cúpula. | Cada uno de los bloques cilíndricos que forman el fuste de una columna. ‖ *Mar.* Cabrestante del timón. ‖ *Mec.* Rueda de canto liso, de más espesor que la polea. | Pieza circular de acero, solidaria de la rueda, en cuyo interior actúan las zapatas del freno. ‖ *Amer.* Bote o barrilete que sirve de envase. ‖ *Méx.* Colchón de muelles. ‖ — *A tambor batiente,* triunfalmente. ‖ *Tambor mayor,* maestro de una banda de tambores.

tambora f. *Amer.* Grupo de músicos con instrumentos de percusión.

tamborear v. i. Tamborilear.

tamboreo m. Tamborileo.

tamboril m. Tambor más largo y estrecho que el corriente, y que se toca con un solo palillo.

tamborilada f. y **tamborilazo** m. *Fig.* y *fam.* Golpe que se da al caer en el suelo. | Manotazo dado en la cabeza o en las espaldas.

tamborilear v. i. Tocar el tambor o el tamboril. ‖ Imitar el ruido del tambor, repiquetear: *tamborilear en la mesa con los dedos.* ‖ — V. t. Celebrar, alabar, ponderar. ‖ *Impr.* Igualar las letras del molde con el tamborilete.

tamborileo m. Acción de tocar el tambor o tamboril y ruido producido.

tamborilero m. El que toca el tambor o el tamboril.

tamborilete m. *Impr.* Tablita cuadrada para nivelar las letras de un molde.

Tambov, c. de la U. R. S. S. (Rusia), al NE. de Moscú.

tameme m. *Chil, Méx.* y *Per.* Mozo de cuerda indio.

Tamerlán o **Timur Lenk,** conquistador tártaro (1336-1405), fundador del Segundo Imperio mogol. Conquistó Turquestán, Persia, Asia Menor y parte de la India.

Tamesí, río del NE. de México (Tamaulipas), afl. del Pánuco; 400 km.

Támesis, río de Gran Bretaña en Inglaterra, que pasa por Oxford, atraviesa Londres y des. en el mar del Norte; 336 km. — C. en el O. de Colombia (Antioquia).

tamil o **tamul** adj. inv. y s. Dícese de un grupo étnico del S. de la India (Madrás y Ceilán).

Tamilnad, ant. *Estado de Madrás,* Est. de la India; 36 857 000 h. Cap. *Madrás.*

tamiz m. Cedazo muy tupido: *tamiz vibratorio.* ‖ *Fig. Pasar por el tamiz,* examinar una cosa con mucho cuidado.

tamizar v. t. Pasar por el tamiz, cerner: *tamizar harina.* ‖ Dejar pasar parcialmente: *luz tamizada.*

Tammerfors. V. TAMPERE.

tamo m. Pelusa del lino, algodón o lana. ‖ Polvo mezclado con paja menuda que queda en la era después de la trilla. ‖ Pelusa o polvo que se apelmaza debajo de los muebles por falta de limpieza.

Tampa, c. y puerto del S. de Estados Unidos (Florida), en el golfo de México.

Tampere, en sueco *Tammerfors,* c. de Finlandia, al O. de la región de los lagos. Industrias.

Tampico, c. y puerto al E. de México (Tamaulipas). Obispado. Refinería de petróleo.

tampiqueño, ña adj. y s. De Tampico (México).

tampoco adv. Sirve para expresar una segunda negación: *tampoco te lo daré.*

tampón m. Almohadilla para entintar sellos.

tam-tam m. *Mús.* Tantán.

tamujal m. Terreno poblado de tamujos.

tamujo m. Planta euforbiácea existente en las orillas de los ríos.

tamul adj. y s. Tamil. ‖ — M. Lengua hablada por los tamiles.

tan m. Ruido producido al tocar el tambor u otro instrumento parecido. ‖ Corteza de encina. ‖ — Adv. Apócope de *tanto.* ‖ Expresa también la comparación: *es tan alto como su hermano; ¡no seas tan presumido!* ‖ Muy: *¡es tan tonto!* ‖ *Tan siquiera,* siquiera.

tanaceto m. Planta vermífuga.

tanagra f. Pequeño pájaro cantor de la América tropical. ‖ Estatuita de terracota que se fabricaba en Tanagra (Beocia).

Tanagra, c. de la ant. Grecia (Beocia), famosa por las estatuillas de barro cocido.

Tananarive, c., prov. y cap. de Madagascar, en la meseta central; 321 700 h. Arzobispado. Universidad. Centro comercial.

Tanaro, río del N. de Italia en Piamonte, afl. del Po; 276 km.

tanate m. *Hond.* y *Méx.* Mochila, zurrón. ‖ *Fig. Amer. C. Cargar con los tanates,* marcharse.

Tancítaro, volcán de México, al O. de la capital (Michoacán); 3 845 m.

Tancochapa, río en el E. de México (Veracruz y Tabasco).

tancolote m. *Méx.* Cesto.

tanda f. Turno: *ésta es su tanda.* ‖ Tarea. ‖ Capa de varias cosas superpuestas. ‖ Grupo de personas o de bestias que se turnan en un trabajo: *la primera, la última tanda.* ‖ Serie: *tanda de carambolas.* ‖ Gran cantidad: *tanda de azotes.* ‖ Partida de algún juego, especialmente del billar. ‖ Período de trabajo o descanso en las minas. ‖ *Amer.* Sesión de una representación teatral: *teatro por tandas.*

tándem m. Bicicleta para dos personas sentadas una tras otra. ‖ Tiro de dos caballos que están enganchados uno delante del otro. ‖

Fig. Asociación de dos personas o grupos. (Pl. *tándemes.*)

tandeo m. Distribución del agua de riego por tandas.

Tandil, sierra del E. de la Argentina (Buenos Aires); punto culminante a 502 m en el cerro Tandileofú. — C. en el E. de la Argentina (Buenos Aires).

tandilense adj. y s. De Tandil.

Tandjungkarang - Telukbetung, c. y puerto de Indonesia, al S. de la isla de Sumatra.

Tang, decimotercera dinastía china, que reinó de 618 a 907.

Tangancícuaro, v. y mun. en el O. de México (Michoacán).

tanganero, ra adj. y s. *Méx.* Holgazán.

Tanganica o **Tangañica,** gran lago de África oriental entre el Congo y el ant. Tanganica. Desagua en el río Congo por medio del Lukuga; 31 900 km². — Ant. territorio bajo tutela británica (1920) o de la O. N. U. (1946), después Estado del África oriental (1961) y actualmente parte principal de Tanzania.

tanganillas (en) adv. Muy poco seguro; en equilibrio inestable.

tanganillo m. Objeto para sostener una cosa que va a caerse.

tángano, na adj. *Méx.* Persona de baja estatura.

Tangchán, c. de China (Hopei), al E. de Pekín.

tangencia f. Estado de lo que es tangente: *la tangencia de dos círculos.* || *Punto de tangencia,* punto único en que dos líneas o superficies se tocan.

tangencial adj. Relativo a la tangente: *fuerza tangencial.* || Tangente: *línea tangencial.*

tangente adj. Aplícase a las líneas y superficies que se tocan en un solo punto sin cortarse: *dos circunferencias tangentes.* || — F. Recta que toca en un solo punto a una curva o a una superficie. | Relación entre el seno y el coseno de un ángulo (símb., *tg.*). || *Fig. y fam. Irse* (o *salir*) *por la tangente,* salir hábilmente de un apuro; contestar con evasivas a una pregunta embarazosa.

Tánger, c. y puerto franco del N. de Marruecos, enfrente del estrecho de Gibraltar, cap. de la prov. homónima. Arzobispado.

tangerino, na adj. y s. De Tánger: *el comercio tangerino.*

tangible adj. Que se puede tocar. || *Fig.* Sensible, real: *progresos tangibles.*

tango m. Baile de origen argentino. || Música y letra que lo acompaña. || *Cub.* Baile de negros. || *Hond.* Especie de tambor indígena.

tanguillo m. Baile y canción andaluza.

tanguista com. Persona que canta o baila en un cabaret. || *Fig.* Persona de vida alegre y libertina.

tánico, ca adj. Que contiene tanino: *ácido tánico.*

tanino m. Sustancia astringente que hay en la nuez de agallas, en la corteza de la encina y otros árboles, empleada para curtir las pieles.

Tanizaki (Junichiro), escritor japonés (1886-1965), autor de novelas (*Nieve blanca*).

Tanjore o **Tanjur,** c. del SE. de la India (Madrás). Obispado.

Tannhäuser, ópera de Wagner (1845).

tanque m. *Mil.* Carro de combate. || Vehículo cisterna; barco cisterna: *tanque petrolero.* || Depósito, cisterna para ciertos líquidos. || Aljibe: *tanque para almacenar agua.* || Propóleos de las abejas.

tanrec m. Mamífero insectívoro de Madagascar.

Tanta o **Tantah,** c. de Egipto, en el centro del delta del Nilo. Algodón.

tantalio m. Metal blanco plateado (Ta) de número atómico 73, muy duro y de aspecto semejante al del acero.

tántalo m. Ave zancuda tropical, de plumaje blanco con las remeras negras, semejante a la cigüeña. || Tantalio.

Tántalo, rey mítico de Lidia que descuartizó a su hijo Pélope para dárselo a comer a los dioses en un banquete que les ofreció. Zeus, en castigo, le precipitó en el Tártaro y le condenó a ser presa de hambre y sed insaciables.

tantán m. En África, especie de tambor que se toca con las manos. || Batintín, gong.

tantarantán m. Sonido producido al tocar el tambor.

tanteada f. *Méx.* Doblez, mala pasada.

tanteador m. El que tantea en el juego. || Marcador en que se apuntan los tantos de los contendientes en un encuentro deportivo o juego de naipes.

tantear v. t. Apuntar los tantos en el juego (ú. t. c. i.). || Ver si una cosa ajusta bien con otra. || *For.* Dar por una cosa, en virtud de cierto derecho, el precio en que se adjudicó a otro en pública subasta. || *Fig.* Examinar una cosa detenidamente antes de decidirse: *tantear un asunto.* | Probar: *tantear el terreno.* | Explorar la intención de uno: *tantear a una persona.* || *Amer.* Calcular aproximadamente. || — V. i. Andar a tientas. || — V. pr. *For.* Pagar la cantidad en que una cosa está arrendada o rematada. || Someterse a prueba.

tanteo m. Ensayo, prueba. || Número de tantos que se apuntan los jugadores o competidores. || Cálculo aproximado de algo. || Derecho que tiene alguien para comprar una cosa por el mismo precio en que fue vendida al que la acaba de adquirir.

tanto, ta adj. Dícese de una cantidad imprecisa y se emplea como correlativa de *cuanto: cuanto más trabajo, tanto más ingresos.* || Tal cantidad: *no quiero tanto café.* || Tal número: *¡tengo tantas amigas!; ¡había tanto pájaro en aquel jardín!* || — Adv. De tal modo: *no grites tanto.* || Muy largo tiempo: *para venir aquí no tardará tanto.* || — *A tanto,* hasta tal punto. || *Al tanto,* al corriente: *estar al tanto de todo lo que pasa.* || *Algún tanto,* un poco. || *Con tanto que,* con tal que. || *En tanto* (o *entre*) *tanto,* mientras. || *No ser para tanto,* no ser tan grave ni tan importante. || *Otro tanto,* lo mismo. || *Por lo tanto,* por consiguiente. || *Por tanto,* por eso, por lo que. || *Tanto como,* lo mismo que. || *Tanto mejor,* expresión que denota satisfacción. || *Tanto peor,* expresión que denota la resignación ante un hecho desafortunado. || *¡Y tanto!,* expresión usada para reforzar un asentimiento: *Creo que te gustó mucho la película. — ¡Y tanto!* || — M. Número que se apunta en cada jugada: *jugar una partida a cien tantos.* || En algunos deportes, gol: *el Atlético se apuntó cuatro tantos.* || Ficha que representa los puntos en ciertos juegos. || Porcentaje: *me darás un tanto de la ganancia.* || — Pl. Número indeterminado: *en la clase hay veinte y tantos niños; el año mil novecientos sesenta y tantos.* || — *A tanto alzado,* a destajo. || *Uno de tantos,* uno cualquiera. || *Un tanto,* algo, un poco: *es un tanto parlanchina;* muy: *un acontecimiento un tanto extraordinario.* || *Un tanto por ciento,* porcentaje. || — F. pl. *Fam. Las tantas,* hora muy tardía: *llega al trabajo a las tantas; regresó a su casa a las tantas.*

Tantoyuca, c. y mun. en el E. de México (Veracruz).

tántum ergo m. Estrofa quinta del himno *Pange lingua* que se canta antes de la bendición del Santísimo Sacramento.

tanza f. Sedal o hilo de la caña de pescar.

Tanzania, república federal de África oriental, miembro del Commonwealth, formado en 1964 por Tanganica, Zanzíbar e isla de Pemba; 942 000 km²; 13 270 000 h. Cap. *Dar es-Salam,* 273 000 h. Minas (oro). Agricultura (café, algodón, sisal). Ganadería.

tañedor, ra m. y f. Persona que tañe un instrumento músico: *tañedor de guitarra.*

* **tañer** v. t. Tocar un instrumento músico, como la guitarra, la flauta, etc. || — V. i. Repicar las campanas: *tañer a muerto.* || Tabalear.

tañido m. Sonido de cualquier instrumento que se tañe: *el tañido del harpa.*

tao m. Insignia en forma de T usada por los comendadores de la orden de San Antonio Abad y por los miembros de la de San Juan.

taoísmo m. Antigua religión china, mezcla del culto de los espíritus de la naturaleza y de los antepasados, de la doctrina de Lao-Tse y de otras creencias.

taoísta adj. y s. Que profesa el taoísmo.

Taormina, c. italiana de Sicilia (Mesina), al pie del Etna.

Taoyuán, c. del N. de la isla de Taiwan (Formosa).

tapa f. Pieza que cubre o cierra una caja, vasija, etc: *la tapa de un cofre.* || Cada una de las dos cubiertas de un libro encuadernado. || Capa de suela en el tacón del calzado. || Bocado ligero que se suele tomar con las bebidas: *una tapa de mariscos.* || Carne del medio de la pata trasera. || — *Fam. La tapa de los sesos,* el cráneo. | *Levantarse* (o *saltarse*) *la tapa de los sesos,* suicidarse de un tiro en la cabeza.

tapabalazo m. Estopa que se ponía en los barcos para cerrar los agujeros abiertos por las balas.

tapaboca m. Golpe dado en la boca. || Bufanda. || *Fig.* y *fam.* Palabras con las cuales uno obliga a callar a otra persona.

tapabocas m. inv. Tapaboca, bufanda. || Taco para cerrar el cañón de las piezas de artillería.

Tapacarí, pobl. del centro de Bolivia, cap. de la prov. homónima (Cochabamba).

tapacubos m. inv. Tapa metálica para cubrir el buje de la rueda.

tapaculo m. Escaramujo. || Pez parecido al lenguado.

tapaculteca adj. y s. Indígena mexicano que vivió en la región de Tapachula.

Tapachula, c. de México (Chiapas), cerca de la frontera con Guatemala. Obispado.

tapachulteco, ca adj. y s. De Tapachula (México).

tapada f. Mujer que se tapa parte de la cara con el manto. || *Amer.* Mentís.

tapadera f. Tapa de una vasija: *la tapadera de un cazo.* || Pieza con que se tapa un agujero. || *Fig.* Persona que encubre a alguien o disimula algo.

tapadillo m. Acción de taparse el rostro las mujeres con el manto. || *Mús.* Registro del órgano. || *Fam.* Asunto del cual se habla secretamente. || *De tapadillo,* a escondidas.

tapado adj. y s. *Arg.* Dícese de la caballería sin mancha en su capa. || *Col.* Comida de carne preparada en barbacoa. || *Amer.* Entierro, tesoro oculto. | Abrigo de mujer o niño. || *Méx.* Presunto candidato, especialmente en elecciones presidenciales, cuyo nombre se guarda en secreto hasta última hora.

tapador, ra adj. y s. Dícese de lo que tapa. || — M. Tapadera.

tapadura f. y **tapamiento** m. Acción y efecto de tapar o taparse.

tapagujeros m. inv. *Fig.* y *fam.* Albañil malo. | Persona que sirve para sustituir a otra en cualquier circunstancia.

Tapajós o **Tapajoz,** río del N. del Brasil (Pará), afl. del Amazonas; 1 980 km.

TA

tapajuntas m. inv. Listón de madera con que se tapan las juntas de puertas, ventanas o cualquier otra cosa que sirve para lo mismo.
tápalo m. *Méx.* Chal o mantón.
Tapalpa, sierra en el O. de México (Jalisco).
tapanco m. *Méx.* Desván.
tapar v. t. Cubrir o cerrar: *tapar una cacerola, un agujero.* || Abrigar: *tapar al niño en la cuna.* || Ocultar: *sol tapado por las nubes.* || *Fig.* Encubrir a alguien, ocultar alguna falta suya. || *Chil.* Empastar las muelas. || — V. pr. Cubrirse: *taparse la cabeza con un pañuelo de seda.*
tapara f. Fruto del taparo.
Taparelli (Massimo). V. Azeglio.
taparo m. *Amer.* Árbol parecido a la güira.
taparrabo m. Pedazo de tela con que se tapan ciertos salvajes la parte inferior del vientre y los muslos. || Calzón corto, usado generalmente como bañador, que cubre sólo el bajo vientre.
tapatío, tía adj. y s. *Méx.* De Guadalajara (México).
tapayaxín m. *Méx.* Reptil de la familia de los iguánidos; sapo cornudo.
tape m. *Arg.* Indio guaraní.
tapera f. En América, ruinas de un pueblo. | Vivienda ruinosa y abandonada.
taperujarse v. pr. *Fam.* Taparse, embozarse las mujeres con el manto.
tapete m. Alfombra pequeña. || Paño que se pone por adorno o protección encima de un mueble. || — *Fig. Estar una cosa sobre el tapete,* estar en discusión o en estudio. || *Tapete verde,* mesa de juego.
tapetí m. Lepórido de Argentina y Brasil.
tapia f. Pared de tierra amasada y apisonada en un molde. || Cerca: *saltar la tapia.* || *Fig.* y *fam. Más sordo que una tapia,* muy sordo.
tapial m. Molde de tablas para la fabricación de tapias. || Tapia.
tapiar v. t. Cercar con tapias: *tapiar el jardín.* || *Fig.* Tapar con mampostería: *tapar una ventana.*
tapicería f. Conjunto de tapices. || Lugar donde se guardan tapices: *la Tapicería nacional.* || Arte del tapicero. || Su tienda. || Tela con que se cubren los sillones, los asientos de un coche, etc.
tapicero, ra m. y f. Persona que teje tapices. || Persona cuyo oficio consiste en tapizar muebles y paredes, poner cortinajes, etc.
Tapies (Antonio), pintor español, n. en 1923.
tapioca f. Fécula blanca que se saca de la raíz de la mandioca y sirve para sopa. || Sopa hecha con esta fécula.
tapir m. Mamífero perisodáctilo de Asia y América del Sur, parecido al jabalí.
tapisca f. *Amér. C.* y *Méx.* Cosecha del maíz.
tapiscar v. t. *Amér. C.* y *Méx.* Cosechar el maíz.
tapiz m. Paño tejido de lana o seda, con dibujos de varios colores, con que se adornan las paredes: *tapiz de los Gobelinos.* || Alfombra.
tapizar v. t. Cubrir las paredes con tapices. || *Fig.* Forrar cualquier superficie, las paredes, el suelo o los sillones con tela. | Cubrir, alfombrar.
tapón m. Objeto de corcho, plástico o de cristal usado para tapar las botellas, frascos y otros recipientes de abertura. || Masa de hilas o algodón que se usa para limpiar una herida u obstruir un conducto. || *Fig.* Cosa que obstruye algo: *un tapón de cerumen en el oído.* | Aglomeración de vehículos que impide la circulación fluida. || *Fig.* y *fam.* Persona baja y rechoncha. (Se dice tb. *tapón de alberca.*)
taponamiento m. Obstrucción de una herida con tapones. || Tapón de circulación.
taponar v. t. Cerrar con tapón un orificio: *taponar una botella.* || Obstruir con tapones una herida o los orificios del oído. || *Fig.* Obstruir: *taponar una brecha.*
taponazo m. Golpe o estampido que da el tapón de una botella al destaparse bruscamente.
taponería f. Fábrica o tienda de tapones. || Industria taponera.
taponero, ra adj. Relativo a los tapones: *industria taponera.* || — M. y f. Persona que fabrica o vende tapones.
tapsia f. Planta umbelífera cuya raíz se emplea como revulsivo.
Tapso, ant. c. de África. En sus proximidades, César acabó con los restos del partido de Pompeyo (46 a. de J. C.).
tapujo m. Embozo, disfraz que disimula una parte de la cara. || *Fig.* y *fam.* Rodeo, disimulo. | Secreto: *andar siempre con tapujos.*
tapuya adj. y s. Aplícase a los indios que ocupaban casi la totalidad del Brasil.
taqué m. Vástago que transmite la acción del árbol de levas a las válvulas de un motor.
taquera f. Estante donde se guardan los tacos de billar.
taquería f. *Méx.* Lugar donde se venden tacos para comer.
taquero, ra m. y f. *Méx.* Vendedor de tacos.
taquia f. *Bol.* Excrementos de llama usados en las mesetas andinas como combustible.
taquicardia f. Ritmo demasiado rápido de las contracciones cardiacas.
taquigrafía f. Escritura formada por signos convencionales que permite escribir a la velocidad de la palabra.
taquigrafiar v. t. Escribir taquigráficamente.
taquigráfico, ca adj. Relativo a la taquigrafía: *texto taquigráfico.*
taquígrafo, fa m. y f. Persona capaz de utilizar la taquigrafía: *trabaja de taquígrafo.*
taquilla f. Armario o casillero donde se guardan papeles, fichas, ropa, etc. || Casillero para billetes de ferrocarril, de teatro, etc. || Sitio donde se despachan los billetes y entradas. || *Fig.* Dinero recaudado por la venta de las entradas: *esta obra de teatro ha hecho taquilla.*
taquillero, ra m. y f. Persona encargada de vender los billetes en la taquilla del ferrocarril o de un espectáculo. || — Adj. *Fig.* Aplícase al artista o espectáculo que atrae mucho público.
taquimeca f. *Fam.* Taquimecanógrafa.
taquimecanógrafo, fa m. y f. Persona que escribe utilizando la taquigrafía y la mecanografía.
taquimetría f. Arte de levantar planos con el taquímetro.
taquímetro m. Instrumento parecido al teodolito que sirve para medir a un tiempo ángulos y distancias. || Contador de velocidad, velocímetro.
tara f. Peso del embalaje, vehículo transportador, etc., que se tiene que rebajar del de la mercancía. || Tarja para ajustar cuentas. || Defecto: *tara hereditaria.*
tarabilla f. Cítola del molino. || Taruguillo de madera para cerrar las puertas y ventanas. || Listón que mantiene tenso el cordel de la sierra. || *Fig.* y *fam.* Persona que habla mucho, sin reflexión ni orden. | Retahíla de palabras desordenadas. || *Amer.* Bramadera.
tarabita f. Clavillo de la hebilla que aprieta la cincha. || *Amer.* Andarivel, cuerda por la que corre la oroya.
taracea f. Obra de incrustaciones sobre madera.
taracear v. t. Adornar con taraceas: *caja de caoba taraceada con marfil.*
tarado, da adj. Defectuoso, estropeado.
tarahumara adj. y s. Indígena mexicano de una tribu que vive en la sierra de Sonora.
Tarahumara (Sierra de), n. que toma la Sierra Madre Occidental de México entre los Est. de Chihuahua, Sonora y Sinaloa.
tarajallo adj. m. y s. m. Grandullón.
taraje m. Taray, árbol.
tarambana adj. y s. com. *Fam.* Aplícase a la persona alocada, de poco juicio.
Taranak, prov. de Nueva Zelanda en el E. de la isla del Norte; cap. *New Plymouth.*
Tarancón, c. de España, al SE. de Madrid (Cuenca).
taranta f. Fandango flamenco de Almería. || *Amer.* Repente, arrebato, locura pasajera. | Desmayo.
tarantela f. Baile del sur de Italia, de movimiento muy vivo. || Su música.
tarántula f. Araña muy grande, de picadura venenosa.
Tarapacá, la prov más septentrional de Chile; cap. *Iquique.* Yacimientos de salitre natural.
tarapaqueño, ña adj. y s. De Tarapacá (Chile).
Tarapoto, c. del NO. del Perú, cap. de la prov. de San Martín, en el dep. homónimo.
Tarapur, c. de la India, al N. de Bombay. Central nuclear.
tarar v. t. Determinar el peso de la tara: *tarar un género, una mercancía.*
tarará m. Toque de trompeta.
tararear v. t. Canturrear, cantar en voz baja y sin pronunciar las palabras de la letra.
tarareo m. Acción de tararear.
tarasca f. Figura de monstruo en forma de dragón que se sacaba en algunos sitios en la procesión del Corpus. || *Fig.* y *fam.* Mujer fea y perversa. || *Arg.* Cometa cuadrangular, juguete.
tarascada f. Mordisco. || Rasguño hecho con las uñas. || *Fig.* y *fam.* Respuesta áspera y grosera.
tarasco, ca adj. y s. Dícese de un ant. pueblo indio del NO. de México (Michoacán, Guanajuato y Querétaro), cuya civilización estuvo en su apogeo en el s. XV cerca del lago de Pátzcuaro.
tarascón m. Tarasca. || *Arg.* Tarascada, mordisco.
Tarata, pobl. del centro de Bolivia, cap. de la prov. de Esteban Arze (Cochabamba). — C. meridional del Perú, cap. de la prov. homónima (Tacna).
taray m. Arbusto tamaricáceo común en las orillas de los ríos.
tarayal m. Terreno poblado de tarayes.
tarazana f. y **tarazanal** m. Atarazana.
Tarazona, c. del N. de España (Zaragoza). Obispado. Catedral.
Tarbes, c. del S. de Francia, cap. del dep. de Hautes-Pyrénées. Obispado.
tarco m. *Arg.* Árbol saxifragáceo, de madera utilizada en la fabricación de muebles.
tardador, ra adj. y s. Aplícase al que tarda.
tardanza f. Dilación, demora, retraso. || Lentitud.
tardar v. i. Emplear cierto tiempo en efectuar algo: *tardaré una hora en acabar este libro.* || Emplear mucho tiempo: *el tren tarda en llegar.* || Dejar transcurrir cierto tiempo antes de hacer algo: *¡cuánto has tardado antes de venir a verme!*
tarde f. Tiempo entre el mediodía y el anochecer: *las cuatro de la tarde.* || — Adv. A una hora avanzada del día o de la noche: *terminar tarde.* || Después de la hora o del momento normal o con-

veniente: *ha llegado tarde; ya es tarde para marcharse.* || — *Buenas tardes,* saludo que se emplea por la tarde. || *De tarde en tarde,* de vez en cuando, raras veces.

tardecer v. t. Atardecer.

tardígrado, da adj. y s. m. Aplícase a los animales que caminan con lentitud.

tardío, a adj. Que madura tarde: *trigo tardío.* || Que llega u ocurre tarde: *gloria tardía; hija tardía.* || Que se da más tarde de lo conveniente: *consejo tardío.* || Que tarda mucho en hacer las cosas, lento: *tardío en decidirse.*

tardísimo adv. Muy tarde.

tardo, da adj. Lento: *¡qué tardo es vistiéndose!* || Tardío. || Torpe: *tardo en comprender.*

tardón, ona adj. y s. Tardo.

tarea f. Labor, obra, trabajo: *una tarea difícil.* || Trabajo en un tiempo limitado. || Deberes de un colegial. || *Fig. Tarea le mando,* tendrá que hacer un gran esfuerzo.

tarentino, na adj. y s. De Tarento (Italia).

Tarento, c. y puerto del S. de Italia (Pulla), en el *golfo de Tarento,* cap. de la prov. homónima. Arzobispado. Siderurgia.

Tarfaya, c. del S. de Marruecos, en el Sáhara y cerca del cabo Juby, cap. de la prov. homónima.

Targu Muresh. V. TIRGU MURES.

targui adj. y s. V. TUAREG

tárgum m. Libro de los judíos que contiene las glosas caldeas de la Sagrada Escritura.

Tariácuri, jefe y sacerdote tarasco, fundador del reino de Michoacán (México), que luchó victoriosamente contra los aztecas.

tarifa f. Escala de precios, derechos o impuestos: *tarifas arancelarias.*

Tarifa, c. del S. de España (Cádiz). Heroica defensa de Guzmán el Bueno contra los benimerines (1294). Ind. conservera.

tarifar v. t. Aplicar una tarifa. || — V. i. *Fam.* Enfadarse dos personas. || *Fam. Salir tarifando,* largarse, irse.

tarifeño, ña adj. y s. De la ciudad de Tarifa.

Tarija, río de Bolivia y Argentina, que tras señalar una parte de la frontera entre los dos países, se une con el Bermejo; 241 km. — C. del S. de Bolivia, cap. de la prov. de Cercado y del dep. homónimo, en el extremo meridional del país. Obispado. Petróleo.

tarijeño, ña adj. y s. De Tarija (Bolivia).

Tarik, caudillo árabe que invadió España en 711. Venció al rey visigodo Don Rodrigo y dio su nombre a Gibraltar (*Gebel-Tarik,* montaña de Tarik).

Tarim, río del NO. de China (Sinkiang); 2 000 km.

tarima f. Plataforma movible de poca altura: *la mesa del orador estaba sobre una tarima.* || Banquillo para los pies.

tarja f. Escudo grande que cubría todo el cuerpo. || Antigua moneda de vellón. || Chapa de contraseña. || Caña o palo en que se marcaba con una muesca lo que se vendía fiado. || *Fam.* Golpe. || *Arg.* y *Chil.* Tarjeta.

tarjar v. t. Marcar en la tarja lo que se vende fiado. || *Chil.* Tachar lo escrito.

tarjeta f. Cartulina rectangular con el nombre de una persona y generalmente con su actividad y dirección: *tarjeta de visita.* || Cartulina que lleva impreso o escrito un aviso, permiso, invitación, etc.: *tarjeta comercial, de invitación.* || Membrete de los mapas. || Adorno arquitectónico que suele llevar inscripciones o emblemas. || — *Tarjeta perforada,* ficha de cartulina rectangular en que se registran informaciones numéricas o alfabéticas. || *Tarjeta postal,* cartulina generalmente ilustrada por una cara que se suele mandar sin sobre.

tarjeteo m. Intercambio frecuente de tarjetas.

tarjetero m. Cartera en que se llevan tarjetas, billetero.

tarjetón m. Tarjeta grande.

tarlatana f. Tela de algodón muy ligera y poco tupida. || Tela de algodón muy ligera y engomada formada por hilos entrecruzados ampliamente espaciados.

Tarma, c. del centro del Perú, cap. de la prov. homónima (Junín). Obispado.

tarmeño, ña adj. y s. De Tarma (Perú).

Tarn, río de Francia, afl. del Garona; 375 km. — Dep. del SO. de Francia; cap. *Albi.* || **~ -et-Garonne,** dep. del S. de Francia; cap. *Montauban.*

Tarnovo. V. VELIKI TARNOVO.

Tarnow, c. del S. de Polonia (Cracovia). Industrias. Obispado.

Tarnowskie Gory, en alem. *Tarnowitz,* c. de Polonia (Katovice).

taropé m. Especie de nenúfar de hojas grandes.

Tarpeya (*Roca*). V. CAPITOLIO.

tarquín m. Légamo, cieno que depositan las aguas estancadas.

tarquino, na adj. y s. *Arg.* Aplícase al animal vacuno de raza fina: *vacas tarquinas.*

Tarquino || **~ el Antiguo** o **Prisco,** quinto rey de Roma, de 616 a 579 a. de J. C. Murió a manos de los hijos de Anco Marcio. || **~ el Soberbio,** séptimo y último rey de Roma, de 534 a 509 a. de J. C. Fue derrocado por Bruto y Tarquino Colatino cuando su hijo SEXTO (m. en 496) ultrajó a Lucrecia.

tarraconense adj. y s. De Tarragona. || De la provincia romana del mismo nombre.

Tarraconense, prov. de la España romana, al NO. de la Península; cap. *Tarraco* (Tarragona).

tárraga f. Baile español del s. XVII.

Tarragona, c. y puerto del E. de España, cap. de la prov. homónima. Arzobispado. Universidad Laboral. Facultad de Ciencias y Letras. Monumentos (murallas ciclópeas; acueducto, circo y anfiteatro romanos; necrópolis cristiana; catedral gótica). Vinos.

tarraja f. *Mec.* Terraja.

tarramenta f. *Cub.* y *Méx.* Cornamenta.

Tarrasa, c. en el NE. de España (Barcelona). Textiles.

Tárrega, c. en el NE. de España (Lérida).

Tárrega (Francisco Agustín), autor dramático español (1554-1602). || **~** (FRANCISCO), guitarrista y compositor español (1854-1909), autor de música para guitarra (*Preludios*).

tarreña f. Castañuela de barro cocido.

tarro m. Vasija cilíndrica de barro o vidrio: *un tarro de mermelada.* || *Arg.* Vasija de lata. || *Antill., Méx.* y *Urug.* Cuerno.

tarsana f. *Per.* Corteza de quillay que contiene saponina.

Társida. V. TARTESOS.

Tarsis. V. THARSIS.

tarso m. Parte posterior del pie que contiene siete huesos y se articula con la pierna. || Parte de las patas de las aves que corresponde al tarso humano. || Corvejón de los cuadrúpedos.

Tarso, ant. c. de Asia Menor, hoy en Turquía. Lugar de nacimiento de San Pablo.

Tarsus, río de la ant. Cilicia, en Turquía asiática, al SE. de Anatolia.

tarta f. Pastel compuesto de una masa plana y fina cubierta de nata, frutas cocidas, mermelada, etc.

Tartagal, pobl. en el NO. de la Argentina (Salta). Petróleo.

tártago m. Planta euforbiácea utilizada como purgante y emético. || *Fig.* y *fam.* Acontecimiento desgraciado. | Broma pesada.

tartajear v. i. Articular impropiamente las palabras por algún defecto o por mera torpeza.

tartajeo m. Mala articulación al hablar.

tartajoso, sa adj. Dícese de la persona que tartajea (ú. t. c. s.).

tartamudear v. i. Hablar con pronunciación entrecortada, repitiendo las sílabas.

tartamudeo m. Pronunciación entrecortada de las palabras con repetición de las sílabas.

tartamudez f. Defecto del tartamudo.

tartamudo, da adj. Persona que tartamudea (ú. t. c. s.).

tartán m. Tela escocesa de lana con cuadros de varios colores.

tartán m. (n. registrado) Conglomerado de amianto, caucho y materias plásticas inalterable a la acción del agua, con el que se revisten las pistas de atletismo.

tartana f. Pequeña embarcación empleada para la pesca y el cabotaje en el Mediterráneo. || Carro de dos ruedas cubierto por un toldo y con asientos laterales.

tartáreo, a adj. *Poét.* Infernal.

Tartaria, ant. n. de una gran parte de Asia que correspondía a Mongolia, Manchuria, Turquestán, Afganistán y Siberia.

tartárico, ca adj. Tártrico.

tártaro m. Tartrato de potasio impuro que forma una costra en las vasijas. || Sarro en los dientes.

tártaro, ra adj. y s. De Tartaria. (Tb. se dice *tátaro.*)

Tártaro (El), el Infierno.

tartera f. Fiambrera. || Cazuela de barro.

tartesio, sia adj. y s. De Tartesos.

Tartesos o **Tartessos** o **Társida,** ant. región ibérica, junto a la des. del Guadalquivir.

Tartini (Giuseppe), músico y violinista italiano (1692-1770).

tartrato m. *Quím.* Sal del ácido tártrico.

tártrico, ca adj. Dícese del ácido que se saca del tártaro.

Tartu, ant. *Dorpat,* c. en el NO. de la U. R. S. S. (Estonia). Universidad.

Tartufo, comedia de Molière (1669). El personaje principal, Tartufo, es el tipo de la hipocresía.

taruga f. Especie de ciervo de América del Sur, del mismo género que la vicuña.

tarugada f. *Méx.* Jugada, diablura.

tarugo m. Pedazo de madera grueso y corto. || Clavija gruesa de madera. || Trozo prismático de madera para solar. || Adoquín de madera con que pavimentaban las calles. || *Fig.* y *fam.* Zoquete, necio.

tarumá m. *Riopl.* Árbol verbenáceo de fruto oleaginoso.

tarumba adj. *Fam.* Aturdido, atolondrado. | Loco: *esta chica le ha vuelto tarumba.*

Tarzán, personaje imaginario, creado por Edgar Rice Burroughs, protagonista de aventuras en la selva africana.

tas m. Yunque pequeño.

tasa f. Tasación. || Documento en que se indica esta tasación. || Precio fijado oficialmente para ciertas mercancías: *tasa de importación.* || Medida, norma: *obrar sin tasa.* || Índice: *tasa de natalidad.*

tasación f. Justiprecio, estimación del precio de algo.

tasador, ra adj. Dícese de la persona que tasa (ú. t. c. s.).

tasajo m. Cecina.

tasar v. t. Poner precio a una cosa: *tasar el pan.* || Valorar, estimar el valor de una cosa. || *Fig.* Restringir algo por prudencia o avaricia: *tasar la comida al enfermo; en ese despacho tasan el papel.*

tasca f. Taberna. || Garito.

tascar v. t. Espadar: *tascar el cáñamo, el lino.* || *Fig.* Mascar ruidosamente la hierba las bestias al pacer. || *Fig. Tascar el freno,* aguantar con impaciencia contenida una sujeción.

Tashkent, c. en el SO. de la U. R. S. S., cap. del Uzbekistán, en Asia central. Universidad.

Tasman (Abel Janszoon), marino holandés (1603-1659), descubridor de Tasmania y Nueva Zelanda (1642).

Tasmania, de 1642 a 1855 *Tierra de Van Diemen,* isla al SE. de Australia, de la que está separada por el estrecho de Bass; 68 332 km^2; 366 000 h. Cap. *Hobart,* 123 000 h.

tasmanio, ia adj. y s. De Tasmania.

Tasos, isla de Grecia, al N. del mar Egeo, separada del continente por el estrecho homónimo. C. pr. *Tasos.*

Tassara (Gabriel GARCÍA). V. GARCÍA TASSARA (Gabriel).

Tassis Peralta (Juan de), noble español (1582-1622), poeta culterano (*De Faetón, Apolo y Dafne,* etc.). Fue *conde de Villamediana.*

Tasso (Torcuato), poeta renacentista italiano (1544-1595), autor del poema épico *La Jerusalén libertada* y del drama pastoril *Aminta.*

Tassoni (Alessandro), poeta italiano (1565-1635), autor del poema heroico burlesco *El cubo robado.*

tasugo m. Tejón.

tata f. Nombre que dan los niños a la niñera. || — M. *Fam. Amer.* Papá.

Tatabanya, c. de Hungría, al E. de Budapest. Lignito.

tatarabuelo, la m. y f. Padre o madre del bisabuelo o de la bisabuela.

tataranieto, ta m. y f. Hijo o hija del biznieto o de la biznieta.

tataré m. Árbol del Paraguay, de excelente madera amarilla.

tátaro, ra o **tártaro, ra** adj. y s. De Tartaria. || De la actual Tataria o rep. de los Tátaros.

Tátaros (REPÚBLICA AUTÓNOMA DE LOS) o **Tataria,** rep. de la U. R. S. S. (Rusia); cap. *Kazán.*

tatas f. pl. *Fam. Andar a tatas,* empezar a andar un niño; andar a gatas.

¡tate! interj. ¡Cuidado! || ¡Poco a poco!, ¡despacio! || ¡Ya caigo! ¡ya he caído en la cuenta!

tatito m. *Fam. Amer.* Tata, papá.

tato m. *Fam.* Hermano mayor.

tatole m. *Fam. Méx.* Acuerdo, convenio. | Conspiración.

Tatong, c. en el N. de China (Hopei). Hulla. Metalurgia.

Tatra, cord. de los Cárpatos en la frontera de Polonia y Checoslovaquia; 2 663 m.

tatú m. Mamífero desdentado de América tropical que tiene el cuerpo cubierto de placas córneas y que se enrolla en bola. || *Arg.* Nombre dado a varias especies de armadillo.

tatuaje m. Impresión de dibujos en la piel humana.

tatuar v. t. Imprimir en la piel humana, bajo la epidermis, dibujos indelebles hechos con una aguja y una materia colorante o quemados con pólvora.

tatusa f. *Arg.* Mujerzuela.

tau f. Decimonovena letra del alfabeto griego (τ), que corresponde a la *t* castellana. || Tao, insignia de ciertas órdenes.

Taubaté, c. en el E. del Brasil (São Paulo). Obispado. Industrias.

Tauern, cadena montañosa de los Alpes austriacos; alt. máx. en el Grossglockner; 3 796 m.

taujía f. Ataujía.

taula f. Monumento megalítico de Baleares consistente en una gran losa apoyada en otra.

Taulebé. V. YOJOA.

Taulero (Juan), dominico y místico alemán (¿1300?-1361).

taumaturgia f. Facultad de hacer prodigios.

taumaturgo, ga m. y f. Persona capaz de hacer milagros o cosas prodigiosas.

Taunay (Alfredo DE ESCRAGNOLLE, *vizconde de*), historiador y novelista realista brasileño (1843-1899), autor de *Inocencia.*

Taunus, región del SE. del macizo renano (Alemania Occidental), al N. de Francfort; 880 m.

Táuride, ant. gobierno de Rusia que comprendía Crimea y el litoral del mar Negro y de Azov.

taurino, na adj. Relativo a las corridas de toros: *fiestas taurinas.*

Tauris, ant. nombre de *Tabriz.*

Tauro, constelación del hemisferio boreal. — Signo del Zodiaco (del 20 de abril al 20 de mayo).

Tauro, cord. de Turquía, que domina el Mediterráneo, entre Cilicia y Capadocia; 3 734 m en el *Ala Dag.*

taurófilo, la adj. y s. Aficionado a las corridas de toros.

taurómaco, ca adj. Tauromáquico. || Entendido en tauromaquia (ú. t. c. s.).

tauromaquia f. Arte de lidiar los toros, toreo.

tauromáquico, ca adj. De la tauromaquia.

tautología f. Pleonasmo, repetición inútil de una idea por varias palabras que no añaden nada al sentido.

tautológico, ca adj. Pleonástico, de repetición viciosa.

Tavera (Juan PARDO DE), prelado y cardenal español (1472-1545), fundador en Toledo del Hospital de San Juan de Afuera (1541).

Távora (Franklin), escritor brasileño (1842-1888), autor de novelas, dramas y obras históricas.

taxáceo, a adj. y s. f. Aplícase a las plantas coníferas que son de la familia del tejo. || — F. pl. Familia que forman.

taxativo, va adj. Limitado al sentido preciso de un término o a una de sus acepciones.

Taxcal o **Taxcatl,** uno de los jefes mercenarios que lucharon contra Chichén Itzá.

Taxco, c. del S. de México (Guerrero). Minas (plata, cobre, cinc y plomo). Centro turístico. Lugar de nacimiento de Juan Ruiz de Alarcón.

taxi m. Automóvil de alquiler provisto de un taxímetro.

taxidermia f. Disecación de animales.

taxidermista com. Disecador.

taxífono m. Aparato telefónico que funciona con la introducción de una ficha o moneda.

taxímetro m. Contador que en los automóviles de alquiler marca la distancia recorrida y el importe del servicio. || Taxi.

taxista com. Conductor de taxi.

taxonomía f. Parte de la historia natural que trata de la clasificación de los seres.

Tay, río de Gran Bretaña, en Escocia; des. en el mar del Norte por un amplio estuario; 193 km.

Tayabamba, c. en el NO. del Perú, cap. de la prov. de Pataz (La Libertad).

Tayabas, mun. de las Filipinas en la prov. de Quezón (Luzón).

Tayacaja, prov. en el centro del Perú (Huancavelica); cap. *Pampas.*

Tayasal. V. FLORES.

Taylor (Frederick Winslow), ingeniero y economista norteamericano (1856-1915), autor de un método de organización racional del trabajo (*taylorismo*).

taylorismo m. o **taylorización** f. Organización racional del trabajo siguiendo los principios establecidos por Taylor con vistas a incrementar el rendimiento.

tayuyá f. *Arg.* Planta cucurbitácea medicinal.

taz a taz adv. Dícese del cambio hecho una cosa por otra sin añadir precio alguno.

taza f. Vasija pequeña con asa que sirve para beber: *una taza de porcelana.* || Pila, recipiente de las fuentes. || Recipiente de un retrete. || Pieza cóncava del puño de la espada. || *Chil.* Palangana, jofaina.

Taza, c. de Marruecos, al E. de Fez, cap. de la prov. homónima.

taze adj. y s. Individuo de una tribu del pueblo maya.

tazol m. *Amér. C.* Tlazol del maíz.

tazón m. Taza grande, generalmente sin asa.

Tb, símbolo químico del *terbio.*

Tbilisi, ant. *Tiflis,* c. en el SO. de la U. R. S. S., cap. de Georgia. Universidad. Industrias.

Tc, símbolo del elemento químico *tecnecio.*

Tch, búsquense en la letra *ch* aquellos nombres geográficos, especialmente rusos y chinos, cuya transcripción se ha hecho a veces mediante el grupo *tch.*

Tchaikovski (Piotr Ilich), músico ruso (1840-1893), autor de óperas (*Eugenio Oneguín*), sinfonías (*Patética*), ballets (*Cascanueces, El lago de los cisnes*), y conciertos para violín y piano.

Tcheboksary, c. en el O. de la U. R. S. S. (Rusia), cap. de Chuvaquia. Ind. química.

tcherkeso, sa o **cherqueso, sa** adj. y s. Dícese de un pueblo del S. del Cáucaso.

Tchernigov, c. en el O. de la U. R. S. S. (Ucrania).

Tchernovtsy, en rumano *Cernauti,* en alem. *Czernowitz,* c. en el O. de la U. R. S. S. (Ucrania), a orillas del Prut.

Tchimkent, c. de la U. R. S. S. (Kazakstán). Industrias.

Tchita. V. CHITA.

Tchkhivali, de 1934 a 1961 *Staliniri,* c. en el SO. de la U. R. S. S. (Georgia), cap. de la Rep. de Osetia del Sur.

te f. Nombre de la letra *t.* || Instrumento de dibujo para trazar líneas rectas paralelas.

te, dativo o acusativo del pron. pers. de 2.ª pers. en ambos gén. y núm. sing.: *te digo que vengas; te llevaré allí; apártate de mí.*

té m. Arbusto teáceo de Asia, originario de China, con cuyas hojas se hace una infusión en agua hirviente. || Hoja sacada de este arbusto. || Infusión hecha con estas hojas. || Reunión por la tarde en la que se suele servir té, galletas, etc.: *convidar a alguien para el té.* || — *Fam. Dar el té,* importunar. || *Té de México,* pazote. || *Té de los jesuitas* o *del Paraguay,* mate.

— Los principales países productores de *té* son la India, China, Ceilán, Japón, Indonesia, Paquistán, Formosa.

Te, símbolo químico del *telurio.*

tea f. Pedazo de madera resinosa que sirve para encender el fuego o como antorcha.

teacapa o **Teocapán,** laguna de México (Nayarit).

teáceo, a adj. y s. f. Aplícase a las plantas angiospermas dicotiledóneas, siempre verdes, como el té y la camelia. || — F. pl. Familia que forman.

team [*tim*] m. (pal. ingl.). Equipo.

Teapa, río meridional de México, en los Estados de Chiapas y Tabasco.

teatino, na adj. y s. Dícese de lo referente a una congregación religiosa y a sus miembros. (La orden de los *teatinos* fue fundada en Roma por Pedro Carafa, futuro papa con el n. de Paulo IV, y San Cayetano en 1524 para predicar la reforma de la moral religiosa relajada.)

teatral adj. Relativo al teatro: *revista teatral.* || Exagerado, que quiere impresionar, efectista: *tono teatral.*

teatralidad f. Calidad de teatral: *su teatralidad me indigna.*

teatro m. Edificio destinado a la representación de obras dramáticas y a otros espectáculos. || Profesión de actor: *persona dedicada al teatro.* || Literatura dramática: *el arte del teatro.* || Conjunto de obras dramáticas: *el teatro de Lope; el teatro griego.* || Lugar de un suceso, escenario: *el teatro de la batalla.* || — *Teatro de operaciones,* zona donde se desarrollan las operaciones militares. || *Fig.* y *fam.* *Tener* (o *hacer* o *echar*) *mucho teatro,* tener cuento, simular o exagerar las cosas, ser muy comediante.

Teatro Crítico Universal, enciclopedia del benedictino español Benito Feijoo.

Teba, c. en el S. de España (Málaga).

tebaico, ca adj. y s. De Tebas, ciudad de Egipto.

tebaida f. Soledad, retiro.

Tebaida, desierto del Alto Egipto donde se retiraron los primeros ermitaños cristianos.

tebano, na adj. y s. De Tebas, ciudad de Grecia.

Tebas, c. del ant. Egipto. Importantes ruinas (Karnak, Luxor). — C. de Grecia, hoy *Thivai,* ant. cap. de Beocia.

tebeo m. Nombre dado a las revistas infantiles con historietas ilustradas.

Tebessa, c. en el NE. de Argelia (Annaba), al N. de los montes del mismo nombre.

Tebicuary, río en el SO. del Paraguay (Ñeembucú), afluente del río Paraguay; 402 km.

teca f. Árbol verbenáceo cuya madera se usa para construir naves. || Célula en cuyo interior se forman las esporas de ciertos hongos. || *Chil.* Cereal desconocido que cultivaban los indios mapuches.

tecali m. *Méx.* Alabastro de colores vivos procedente de la población de Tecali (Puebla).

Tecamachalco, c. de México (Puebla).

Tecapa, cima volcánica en el SE. de El Salvador (Usulután), en la sierra de Chinameca; 1 636 m.

Tecate, pobl. de México (Baja California Norte).

Teccistecatl, dios de la Luna entre los aztecas, de iguales atributos que Tezcatlipoca.

tecla f. Cada una de las piezas que se pulsan con los dedos para accionar las palancas que hacen sonar un instrumento músico o hacen funcionar otros aparatos: *tecla de órgano, de piano, de máquina de escribir, de linotipia.* || *Fig.* Cuestión que hay que tratar con mucho tacto: *negocio de muchas teclas.* | Recurso: *sólo le queda una tecla por tocar.* || — *Fig.* y *fam. Dar en la tecla,* dar en el blanco, acertar.

teclado m. Conjunto de las teclas de un instrumento o aparato: *teclado del piano, de la máquina de escribir.*

tecle m. *Mar.* Polea con sólo una garrucha.

tecleado m. Acción de teclear en un instrumento o máquina.

teclear v. i. Pulsar las teclas: *teclear en el piano.* || *Fig.* y *fam.* Golpear ligeramente algo con los dedos como si se estuvieran tocando teclas, tamborilear. || — V. t. *Fig.* y *fam.* Sondear, tantear, intentar conseguir un fin por varios medios: *teclear un asunto.*

tecleño, ña adj. y s. De Santa Tecla (El Salvador).

tecleo m. Acción de teclear. || Manera de teclear. || Ruido producido al teclear.

tecnecio m. Elemento químico (Tc) de número atómico 43, aislado entre los productos de fisión del uranio.

técnica f. Conjunto de procedimientos propios de un arte, ciencia u oficio: *la técnica del agua fuerte.* || Habilidad con que se utilizan esos procedimientos: *pintor con mucha técnica.* || *Fig.* Método, habilidad, táctica: *conoce muy bien la técnica para hacerle cambiar de proceder.*

tecnicidad f. Carácter técnico: *la tecnicidad de una palabra.*

tecnicismo m. Carácter técnico. || Palabra técnica propia de un arte, ciencia u oficio: *el idioma se ve invadido cada día más de tecnicismos.*

técnico, ca adj. Relativo a las aplicaciones prácticas de las ciencias y las artes: *instituto técnico.* || Propio del lenguaje de un arte, ciencia u oficio: *vocabulario técnico.* || — M. Especialista que conoce perfectamente la técnica de una ciencia, arte u oficio: *los técnicos de la industria textil.*

tecnicolor m. Nombre comercial de un procedimiento de cinematografía en color.

tecnocracia f. Sistema político en que predomina la influencia de los técnicos en la administración y en la economía: *el gobierno de la tecnocracia.*

tecnócrata m. y f. Partidario de la tecnocracia. || Especialista en una materia.

tecnología f. Conjunto de los instrumentos, procedimientos y métodos empleados en las distintas ramas industriales. || Conjunto de los términos técnicos propios de un arte, ciencia u oficio.

tecnológico, ca adj. Relativo a la tecnología.

tecnólogo, ga m. y f. Técnico.

Tecoh, v. y mun. en el SE. de México (Yucatán); ant. c. maya, cap. de los cheles.

tecol m. *Méx.* Gusano que se cría en el maguey.

tecolines m. pl. *Fam. Méx.* Cuartos, dinero.

tecolote m. *Hond.* y *Méx.* Búho.

Tecoluca, mun. y c. en el S. del centro de El Salvador (San Vicente).

Tecolutla, río (95 km), mun. y pobl. en el E. de México. Centro de turismo. Playas famosas.

tecomate m. *Amer. C.* Vasija hecha en una calabaza o en otro fruto parecido.

teconete m. Reptil de México.

Tecpan, c. y río en el SO. de México (Guerrero), que des. en el Pacífico; 75 km.

Tecpán Guatemala, mun. y c. de Guatemala (Chimaltenango).

tecpaneca adj. y s. Decíase de un pueblo indio del valle de México, anterior a los aztecas, y fundador de Azcapotzalco.

tectónico, ca adj. Relativo a la estructura de la corteza terrestre: *mapa tectónico.* || — F. Parte de la geología que trata de dicha estructura.

Tecuilhuitontli, una de las fiestas de los ant. mexicas en honor de Xoxhipilli.

techado m. Tejado. || *Bajo techado,* a cubierto de la intemperie.

techador m. El que se dedica a techar o a arreglar los tejados.

techar v. t. Poner a un edificio un techo o tejado.

techcatl m. Entre los aztecas, piedra de los sacrificios humanos.

techichi m. *Méx.* Especie de perro que no ladraba y que los indígenas lo utilizaban como alimento antes de la Conquista.

technicolor m. Tecnicolor.

techo m. Parte interior y superior de un edificio, de un aposento o de un vehículo: *techo artesonado; el techo corredizo de un coche.* || Tejado: *techo de pizarras.* || *Fig.* Casa, domicilio, hogar: *el techo familiar.* | Altura máxima, tope: *avión con un techo de 10 000 metros.*

techumbre f. Cubierta de un edificio.

tedéum m. Cántico católico de acción de gracias.

tedio m. Aversión, repugnancia. || Aburrimiento, fastidio, hastío.

tedioso, sa adj. Fastidioso, enojoso, aburrido.

tegenaria f. Araña de patas largas, común en las casas.

Teglatfalasar, n. de tres reyes de Asiria (s. XII y VIII a. de J. C.).

Tegucigalpa, cap. del dep. de Francisco Morazán y de la Rep. de Honduras, en el S. del centro del país y a orillas del río Choluteca; 190 000 h. Arzobispado. Universidad. Fundada la c. antes de la llegada de los conquistadores, los españoles empezaron a poblarla en 1578.

tegucigalpense adj. y s. De Tegucigalpa (Honduras).

tegumentario, ria adj. Del tegumento: *lesión tegumentaria.*

tegumento m. Membrana que envuelve algunas partes de los vegetales. || Tejido que cubre el cuerpo del animal (piel, plumas, escamas, etc.) o alguna de sus partes internas.

Teherán, cap. de Irán, en el N. del país; 2 719 700 h. Mezquita. Metalurgia; textiles.

Tehuacán, c. de México (Puebla). Centro agrícola y minero. Aguas termales.

Tehuantepec, golfo en el O. de México, en el océano Pacífico. — Istmo de México en América Central, entre los océanos Atlántico (golfo de Campeche) y Pacífico (golfo de Tehuantepec), en el E. de los Estados de Veracruz y Oaxaca. Zona petrolífera. — Río en el SO. de México (Oaxaca), que des. en el océano Pacífico. — C. en el S. de México (Oaxaca). Obispado.

tehuelche adj. y s. Dícese de un indio nómada y cazador de Patagonia llamado tb. *patagón.*

tehuistle m. Planta de México que se utiliza en medicina y en la industria.

Teide (PICO DEL), volcán de España en Tenerife (Canarias); 3 716 m.

Teilhard de Chardin (Padre Pierre), jesuita, paleontólogo y filósofo francés (1881-1955). Descubrió el sinántropo y elaboró un sistema filosófico sobre los orígenes del hombre.

teína f. Alcaloide del té.

teísmo m. Doctrina filosófica que afirma la existencia personal de Dios y su acción en el mundo.

teísta adj. y s. Partidario del teísmo.

Teixeira Pinto (Bento), poeta brasileño (¿1540?-1618).

teja f. Pieza de barro cocido o de cualquier otro material en forma de canal con que se cubren los tejados. || Cada una de las dos hojas de acero que envuelven el alma de la espada. || *Fam.* Sombrero de los eclesiásticos. || *Mar.* Hueco hecho en un palo para empalmarlo con otro. || Peineta muy grande. || — *Fig.* y *fam. A toca teja,* al contado. | *De tejas abajo,* en este mundo. | *De tejas arriba,* en el mundo sobrenatural.

Teja Zabre (Alfonso), jurista e historiador mexicano (1888-1962).

Tejada Sorzano (José Luis), político boliviano (1884-1938), pres. de la Rep. en 1934, derribado en 1936.

tejadillo m. Tejado pequeño: *el tejadillo de una puerta.*

tejado m. Parte superior y exterior de un edificio cubierta comúnmente por tejas. || — *Fig. Empezar la casa por el tejado,* emprender las cosas por donde deben acabarse. | *Estar aún la pelota en el tejado,* estar la decisión todavía sin tomar. | *Hasta el tejado,* muy lleno.

TA

tejamaní y **tejamanil** m. *Cub.* y *Méx.* Tabla delgada que se usa como tejo para fabricar techos.

tejano, na adj. y s. De Tejas.

tejar m. Fábrica de tejas y ladrillos.

tejar v. t. Poner tejas.

Tejas. V. TEXAS.

tejate m. Bebida refrescante, que se hace con maíz molido y cacao, típica de Oaxaca (México).

tejavana f. Cobertizo.

Tejeda (Luis de), poeta gongorista argentino (1604-1680).

tejedera f. Tejedora. || Tejedor, insecto.

tejedor, ra adj. Que teje o sirve para tejer. || — M. y f. Persona que teje por oficio: *los tejedores de Sabadell.* || *Fam. Amer.* Intrigante. || — M. Insecto hemíptero acuático, de cuerpo alargado y de patas traseras muy largas. || Pájaro de América Central.

Tejedor (Carlos), jurista y político argentino (1817-1903, autor del primer Código Penal del país.

Tejedor de Segovia *(El)*, drama en dos partes de Juan Ruiz de Alarcón (1634).

tejedura f. Tejido.

tejeduría f. Arte de tejer. || Taller donde trabajan los tejedores y donde están los telares.

tejemaneje m. *Fam.* Afán con que se hace una cosa. | Chanchullo, enredo, lío, intriga: *no sé que tejemanejes se traen entre manos.*

tejer v. t. Entrelazar regularmente hilos para formar un tejido, trencillas, esteras, etc. || Formar su tela la araña, el gusano de seda, etcétera. || *Fig.* Preparar cuidadosamente, tramar: *tejer una trampa.* | Construir poco a poco, labrar: *él mismo tejió su ruina.* || *Amer.* Intrigar.

Tejera (Felipe), historiador y poeta venezolano (1846-1924), autor de los poemas épicos *La Colombiada* y *La Boliviada.*

tejería f. Tejar.

tejeringo m. Churro.

tejero m. Fabricante de tejas y ladrillos.

tejido m. Acción de tejer. || Textura de una tela: *un tejido muy apretado.* || Cosa tejida, tela: *tejido de punto.* || Cualquiera de los diversos agregados de elementos anatómicos de la misma estructura y función: *tejido conjuntivo.* || *Fig.* Serie, retahíla: *un tejido de embustes.*

tejo m. Trozo redondo de varias materias que sirve para jugar. || Chito, juego. || Juego de niñas que se hace dibujando unas rayas en el suelo. || Disco de metal para monedas. || Árbol taxáceo siempre verde. || *Mec.* Tejuelo donde encaja el gorrón de un árbol.

tejocote m. *Méx.* Planta rosácea de fruta semejante a la ciruela.

tejolote m. *Méx.* Mano de piedra del almirez.

tejón m. Mamífero carnicero plantígrado, de la familia de los mustélidos, común en Europa. || *Amer.* Mapache o coendú.

tejotlale m. Tierra azul empleada en México para decorar platos y jícaras.

tejuelo m. Tejo pequeño. || Trozo rectangular de papel que se pega en el lomo de un libro y donde se inscribe el rótulo. || *Méc.* Pieza en que se apoya el gorrón de un árbol.

Tekax, mun. en el S. de México (Yucatán).

Tekeli, centro minero en el S. de la U. R. S. S. (Kazakstán). Metalurgia.

Tel Aviv, c. en el O. de Israel, en el litoral Mediterráneo, antes arrabal de Jaffa. Industrias.

tela f. Tejido de muchos hilos entrecruzados: *tela de lino.* || Membrana: *las telas del cerebro.* || Película que se forma en la superficie de un líquido como la leche. || Piel interior del fruto: *las telas de la cebolla.* || Especie de red que forman algunos animales con los filamentos que elaboran: *tela de araña.* || Nube del ojo. || *Fig.* Materia: *hay tela para rato.* || *Fam.* Dinero, cuartos. || Galicismo por *lienzo, cuadro.* || — *Tela de juicio,* discusión o examen de una cosa sobre la cual existe una duda: *poner en tela de juicio la seriedad de alguien.* || *Tela metálica,* malla de alambre.

Tela, c. y puerto en el NO. de Honduras (Atlántida).

telamón m. *Arq.* Atlante, estatua.

telar m. Máquina para tejer: *telar automático.* || Fábrica de tejidos (ú. m. en pl.). || Parte superior del escenario de un teatro. || Parte del vano de una puerta más cercana al paramento exterior de la pared. || Aparato en que cosen los libros los encuadernadores.

telaraña f. Tela que teje la araña. || *Fig.* Cosa de poca importancia. || *Fig.* y *fam. Tener telarañas en los ojos,* no ser capaz de ver las cosas más evidentes.

telarañoso, sa adj. Cubierto de telarañas.

tele f. *Fam.* Televisión.

telecabina f. Teleférico monocable.

telecinematógrafo m. Dispositivo para transmitir películas cinematográficas por televisión.

telecomunicación f. Emisión, transmisión o recepción de signos, señales, imágenes, sonidos o informaciones de todas clases por hilo, radioelectricidad, medios ópticos, etcétera (ú. m. en pl).

telediario m. Diario televisado.

teledifusión f. Radiodifusión.

teledinámico, ca adj. Que transmite a distancia una fuerza o potencia. || — F. Transmisión de una fuerza mecánica a distancia.

teledirección f. Telemando.

teledirigido, da adj. Dirigido a distancia: *proyectil teledirigido.*

teledirigir v. t. Dirigir un vehículo a distancia, generalmente por medio de servomotores instalados a bordo que, impulsados por ondas hertzianas, actúan sobre los órganos de dirección.

teleférico m. Medio de transporte de personas o mercancías constituido por una cabina y uno o varios cables aéreos por donde se desliza la misma.

telefilme m. Película proyectada por la televisión.

telefonazo m. *Fam.* Llamada telefónica.

telefonear v. i. Llamar por teléfono: *telefonéame por la mañana.* || — V. t. Decir algo por teléfono: *te telefonearé los resultados.*

telefonema m. Despacho telefónico.

telefonía f. Sistema de telecomunicaciones para la transmisión de la palabra. || *Telefonía inalámbrica* o *sin hilos,* transmisión de la palabra utilizando las propiedades de las ondas electromagnéticas.

telefónico, ca adj. Relativo al teléfono o a la telefonía: *comunicación telefónica.* || — F. Compañía Telefónica y edificio donde está.

telefonista com. Persona encargada de las conexiones telefónicas. || Persona encargada de una centralita de teléfonos.

teléfono m. Instrumento que permite a dos personas, separadas por cierta distancia, mantener una conversación.

— La transmisión de la voz fue realizada por primera vez en 1876 por Graham Bell, cuyo aparato fue perfeccionado principalmente por Hughes, Bert y d'Arsonval. El *teléfono* consta esencialmente de un micrófono de carbón y un auricular, que constituyen el microteléfono, un disco selector, un conmutador y un timbre.

telefoto m. Telefotografía.

telefotografía f. Transmisión a distancia de imágenes por corrientes eléctricas. || Fotografía a distancia por medio de teleobjetivos.

telegrafía f. Sistema de telecomunicación para la transmisión de mensajes escritos o documentos por medio de un código de señales o por otros medios adecuados. || *Telegrafía sin hilos* (T. S. H.), transmisión de mensajes por medio de ondas electromagnéticas.

telegrafiar v. t. Transmitir por medio del telégrafo: *telegrafiar una noticia.* || — V. i. Mandar un telegrama: *te telegrafiaré a mi llegada a Buenos Aires.*

telegráfico, ca adj. Relativo al telégrafo o a la telegrafía: *giro telegráfico.*

telegrafista com. Persona encargada de la transmisión manual y de la recepción de telegramas.

telégrafo m. Dispositivo para la transmisión rápida a distancia de las noticias, despachos, etc.

telegrama m. Despacho transmitido por telégrafo.

teleguiar v. t. Teledirigir: *teleguiar un cohete.*

teleimpresor m. Teletipo.

telele m. *Méx.* Soponcio.

Telémaco, hijo de Ulises y de Penélope.

telemando m. Dirección a distancia de una maniobra mecánica. || Sistema que permite efectuarla. || Aparato o mecanismo utilizado para el mando automático a distancia.

telemecánico, ca adj. Relativo a la telemecánica. || — F. Dirección o accionamiento a distancia de órganos mecánicos.

telemetría f. Medida de las distancias con el telémetro.

telémetro m. Instrumento óptico que permite medir la distancia que separa un punto de otro alejado del primero.

telenovela f. Novela filmada para retransmitir por televisión.

teleobjetivo m. Objetivo para fotografiar objetos lejanos.

teleología f. Doctrina filosófica de las causas finales.

teleósteo adj. y s. m. Aplícase a los peces que tienen esqueleto óseo, opérculos que protegen las branquias y escamas delgadas, como la carpa, la trucha, la sardina, el atún, el lenguado, etc. || — M. pl. Orden que forman.

telepatía f. Transmisión directa del pensamiento entre dos personas cuyo alejamiento recíproco no permite ninguna comunicación normal.

telepático, ca adj. Relativo a la telepatía: *fenómeno telepático.*

telera f. Travesaño que sujeta el dental al timón del arado y gradúa el ángulo formado por ambas piezas. || Redil formado con pies derechos y tablas. || Cada uno de los maderos paralelos de las escaleras de mano, las prensas de carpintero, encuadernadores, etc. || Cada una de las tablas que unen las gualderas de la cureña de los cañones. || *Mar.* Palo con agujeros por donde pasan los cabos que sujetan el toldo. || *Amer.* Una clase de panecillo de harina de trigo.

telerradar m. Empleo combinado del radar y la televisión.

telerradiografía f. Radiografía obtenida cuando se sitúa la pantalla de rayos X lejos del sujeto (2 a 3 m) evitando así la deformación cónica de la imagen.

telescópico, ca adj. Que sólo se ve con la ayuda del telescopio: *estrella telescópica.* || Hecho con el telescopio: *observaciones telescópicas.* || Aplícase al objeto cuyos elementos encajan o empalman unos en otros: *antena telescópica.*

telescopio m. Anteojo para observar los astros.

teleseñalización f. Señales transmitidas desde lejos.

Telesforo *(San)*, papa de 125 a 136. Fiesta el 5 de enero.

telesilla m. Teleférico que consta de sillas suspendidas a un cable aéreo único.

telespectador, ra m. y f. Persona que mira un espectáculo televisado.

telesquí m. Dispositivo teleférico que permite a los esquiadores subir a un sitio elevado con los esquís puestos.

telestesia f. Telepatía.

teletipia f. Sistema de telecomunicación telegráfica o radiotelegráfica que permite transmitir un texto mecanografiado.

teletipiadora f. Teleimpresor.

teletipo m. Aparato telegráfico en el que los textos pulsados en un teclado aparecen automática y simultáneamente escritos en el otro extremo de la línea. ‖ Texto así transmitido.

televidente m. y f. Telespectador, espectador de la televisión.

televisado, da adj. Transmitido por televisión.

televisar v. t. Transmitir por televisión.

televisión f. Transformación a distancia de la imagen por medio de ondas hertzianas.

televisivo, va o **televisual** adj. Propio a la televisión.

televisor m. Aparato receptor de televisión.

telex m. Sistema de comunicación por teletipo. ‖ Despacho así transmitido.

Telica, volcán de Nicaragua, en el macizo de los Marabios; 1 070 m. — Pobl. de Nicaragua (León).

telilla f. Tela ligera o de poco cuerpo. ‖ Tejido de lana muy poco espeso. ‖ Capa delgada en la superficie de los líquidos.

telofase f. Última fase de la mitosis celular.

Teloloapan, río en el SO. de México, afl. del de las Balsas. — Mun. y c. en el SO. de México (Guerrero). Minas. Agricultura.

telón m. Lienzo grande pintado que se pone en el escenario de un teatro de modo que pueda subirse o bajarse para ocultar el escenario al público *(telón de boca)* o para constituir un decorado *(telón de fondo)*. ‖ — *Fig. Telón de acero,* frontera que separa las democracias populares orientales de los países de Europa Occidental. ‖ *Telón metálico,* el que se pone delante del escenario para proteger al público en caso de incendio; el que protege algunas tiendas contra el robo.

telonero, ra adj. Dícese del artista que empieza la función (ú. t. c. s.). ‖ Aplícase al partido deportivo o combate que precede a otro más importante.

Telpochcalli, n. de las escuelas populares de la ant. Tenochtitlán, donde se educaba a los jóvenes para la guerra.

telsón m. Último segmento del cuerpo de los artrópodos.

Telstar, satélite artificial norteamericano (1962), el primero que permitió el enlace directo de televisión entre Estados Unidos y los países europeos.

telúrico, ca adj. Relativo a la Tierra: *sacudida telúrica.* ‖ Del telurismo.

telurio m. Cuerpo simple sólido y quebradizo (Te), de número atómico 52, de color blanco azulado, densidad 6,2 y que funde a 452 °C.

telurismo m. Influencia del suelo de una región sobre sus habitantes.

teluro m. Telurio.

Tell, región montañosa en el N. de Túnez. Hierro. Fosfatos.

Tell (Guillermo). V. GUILLERMO TELL.

Tellería (Juan), músico español (1895-1949), autor de himnos patrióticos y religiosos.

Téllez (Fray Gabriel). V. TIRSO DE MOLINA. ‖ **~ Girón** (Pedro), general y político español, n. en Valladolid (1579-1624), virrey de Sicilia y de Nápoles. Fue duque de Osuna.

telliz m. Cubierta que se pone a los caballos.

telliza f. Colcha, sobrecama.

Tello. V. LAGASH.

Tello (Julio C.), arqueólogo peruano (1880-1947). Estudió las civilizaciones precolombinas. ‖ **~** (MANUEL), político y diplomático mexicano, n. en 1899. ‖ **~** (RAFAEL), compositor mexicano (1872-1962).

tema m. Asunto o materia sobre el cual se habla, se escribe o se realiza una obra artística: *el tema de una conversación, de una tesis, de un cuadro.* ‖ *Gram.* Forma fundamental que sirve de base a una declinación o conjugación. ‖ *Mús.* Motivo melódico que sirve de base para una composición. ‖ Traducción inversa. ‖ Idea fija, manía.

Tema, c. y puerto en el SE. de Ghana. Centro industrial.

temario m. Programa, lista de temas: *el temario de una reunión.*

temático, ca adj. Relativo al tema. ‖ Porfiado, obstinado. ‖ — F. Conjunto de temas. ‖ Doctrina, ideología, filosofía.

temazcal m. Baños de vapor que los ant. mexicanos se daban arrojando vasijas de agua sobre las paredes de un recinto caldeado.

tembetá m. *Arg.* Palillo que se ensartan algunos indios en el labio inferior.

tembladal m. Tremedal.

tembladera f. Tembleque, temblor: *le dio una tembladera.* ‖ Vasija de dos asas tan delgada que parece que tiembla. ‖ Tembleque, joya. ‖ Torpedo, pez. ‖ Planta gramínea. ‖ *Amer.* Tremedal. ‖ *Arg.* Enfermedad que ataca a los animales en los Andes.

tembladeral m. *Arg.* Tremedal.

temblador, ra adj. y s. Que tiembla. ‖ — M. y f. Cuáquero.

* **temblar** v. i. Estremecerse, agitarse involuntariamente con pequeños movimientos convulsivos frecuentes: *temblar de frío.* ‖ Estar agitado de pequeñas oscilaciones: *el suelo tiembla.* ‖ Vacilar: *temblar la voz.* ‖ *Fig.* Tener mucho miedo de algo o de alguien: *temblar como un azogado.*

tembleque m. Temblor intenso: *me dio un tembleque.* ‖ Persona o cosa que tiembla mucho. ‖ Joya montada en alambre y que tiembla al moverse la persona que la lleva.

Tembleque, isla del Ecuador en el archip. de Jambelí. Conocida tb. por el n. de *Costa Rica.* — V. en el centro de España (Toledo).

temblequear v. i. Temblar.

temblequeteo m. *Fam.* Temblor frecuente.

tembletear v. i. Temblar.

temblón, ona adj. y s. Que tiembla. ‖ *Álamo temblón,* especie de chopo, cuyas hojas tiemblan al menor soplo de aire.

temblor m. Movimiento del o de lo que tiembla: *temblor de manos.* ‖ *Temblor de tierra,* terremoto. (En América se dice sencillamente *temblor.*)

tembloroso, sa adj. Que tiembla mucho. ‖ Entrecortado: *voz temblorosa.*

temedor, ra adj. y s. Que teme, temeroso.

temer v. t. Tener miedo: *temer a sus padres.* ‖ Respetar: *temer a Dios.* ‖ Sospechar con cierta inquietud. Ú. t. c. pr.: *me temo que venga.* ‖ Recelar un daño: *temer el frío.* ‖ — V. i. Sentir temor.

temerario, ria adj. Que actúa con temeridad: *joven temerario.* ‖ Inspirado por la temeridad: *acto temerario.* ‖ *Juicio temerario,* el que se hace o expresa contra uno sin pruebas suficientes.

temeridad f. Atrevimiento que raya en la imprudencia. ‖ Acción temeraria. ‖ Juicio temerario.

temeroso, sa adj. Que inspira temor. ‖ Medroso, cobarde: *un niño temeroso.* ‖ Que recela un daño.

Temesvar. V. TIMISHOARA.

temible adj. Digno de ser temido, peligroso: *arma temible.*

Temir Tau, c. en el S. de la U. R. S. S. (Kazakstán). Metalurgia. Ganadería.

Temis, diosa de la Justicia, hija de Urano y de Gea. *(Mit.)*

Temístocles, general y político ateniense (¿525-460? a. de J. C.). Venció a los persas en la batalla naval de Salamina (480). Desterrado de su patria en 471.

temolote m. *Méx.* Piedra para moler los ingredientes del guiso del chilmole.

temor m. Aprensión ante lo que se considera peligroso o molesto: *el temor a la guerra.* ‖ Recelo de un daño futuro.

témpano m. Pedazo plano de cualquier cosa dura: *témpano de hielo.* ‖ *Mús.* Timbal. ‖ Lonja de tocino. ‖ Piel del pandero, del tambor. ‖ Tapa de cuba o tonel. ‖ Corcho que sirve de tapa a las colmenas. ‖ *Fig. Ser un témpano,* ser muy fría una persona.

Tempelhof, suburbio en el SO. de Berlín. Aeropuerto.

temperamental adj. Del temperamento. ‖ Dícese de la persona de reacciones intensas y que cambia a menudo de estado de ánimo.

temperamento m. Estado fisiológico de un individuo que condiciona sus reacciones psicológicas y fisiológicas: *temperamento linfático.* ‖ *Fig.* Manera de ser, carácter: *temperamento tranquilo; hombre de mucho temperamento.* ‖ Sistema músico que divide la octava en cierto número de notas. ‖ Temperie.

temperancia f. Templanza.

temperante adj. y s. Que tempera: *carácter temperante.*

temperar v. t. Volver más templado: *temperar el agua del baño.* ‖ Moderar: *temperar el rigor de la justicia.* ‖ Calmar, disminuir: *temperar la excitación nerviosa.*

temperatura f. Grado de calor en los cuerpos: *aumentar la temperatura.* ‖ Grado de calor del cuerpo humano: *tomar la temperatura.* ‖ Fiebre, calentura. ‖ Grado de calor de la atmósfera. ‖ — *Temperatura absoluta,* la prácticamente igual a la temperatura centesimal aumentada de 273,15 grados. ‖ *Temperatura máxima,* el mayor grado de calor durante cierto período de observación. ‖ *Temperatura mínima,* el menor grado de calor durante cierto período de observación.

temperie f. Estado de la atmósfera o del tiempo.

tempero m. *Agr.* Sazón y buena disposición de la tierra para la siembra.

tempeschitle m. *Méx.* Planta que se utiliza en la industria y como alimento.

tempestad f. Gran perturbación de la atmósfera caracterizada por lluvia, granizo, truenos, descargas eléctricas, etc.: *el tiempo amenaza tempestad.* ‖ Perturbación de las aguas del mar, causada por la violencia de los vientos: *la tempestad nos cogió en el golfo de Valencia.* ‖ *Fig.* Turbación del alma. | Explosión repentina, profusión: *tempestad de injurias.* | Agitación, disturbio: *tempestad revolucionaria.*

tempestivo, va adj. Oportuno.

tempestuoso, sa adj. Que causa tempestades o está expuesto a ellas: *tiempo tempestuoso.*

tempilole m. Piedrecilla que usaban los aztecas colgada del labio inferior.

tempisque m. Planta de México, de fruto comestible.

Tempisque, río en el O. de Costa Rica (Puntarenas), que des. en el golfo de Nicoya; 125 km.

templa f. Líquido para desleír los colores de la pintura al temple.

templado, da adj. Moderado en sus apetitos: *persona templada.* ‖ Ni frío ni caliente: *clima templado.* ‖ Dícese del estilo que no es elevado ni vulgar. ‖ Hablando de un instrumento, afinado. ‖ *Fig.* Firme: *un carácter templado.*

templador, ra adj. Que templa. ‖ — M. Afinador, llave con que se templan ciertos instrumentos de cuerda. ‖ Aquel cuyo oficio es templar esos instrumentos.

templadura f. Afinado de ciertos instrumentos. ‖ Temple de los metales, del cristal, etc.

templanza f. Virtud cardinal que consiste en moderar los apetitos, pasiones, etc. ‖ Sobriedad, moderación en el comer y el beber. ‖ Benignidad del clima. ‖ En pintura, armonía de los colores.

templar v. t. Moderar: *templar las pasiones.* ‖ Moderar la temperatura de una cosa, en particular la de un líquido: *templar el agua de una bañera.* ‖ Suavizar la luz, el color. ‖ Endurecer los metales o el cristal sumergiéndolos en un baño frío: *acero templado.* ‖ Dar la debida tensión a una cosa: *templar una cuerda.* ‖ *Fig.* Mezclar una cosa con otra para disminuir su fuerza. | Aplacar: *templar la ira, la violencia.* ‖ Afinar un instrumento músico: *templar un violín.* ‖ En pintura, disponer armoniosamente los colores. ‖ — V. i. Suavizarse: *ha templado el tiempo.* ‖ — V. pr. Moderarse.

templario m. Miembro de una orden militar y religiosa fundada en 1119 y suprimida en 1312 por Felipe IV el Hermoso de Francia. (Los *templarios* o *caballeros del Temple*, tuvieron su primer asiento junto al templo de Salomón.)

temple m. Temperatura. ‖ Endurecimiento de los metales y del vidrio por enfriamiento rápido. ‖ *Fig.* Humor: *estar de buen temple.* | Firmeza, energía. | Término medio entre dos cosas. ‖ Armonía entre varios instrumentos músicos. ‖ *Pintura al temple*, la hecha con colores desleídos en clara o yema de huevo, miel o cola.

Temple, ant. monasterio de los templarios en París, construido en el s. XII y mandado arrasar en 1811. En él estuvieron encarcelados Luis XVI y su familia en 1792.

templete m. Armazón pequeña en figura de templo. ‖ Pabellón o quiosco. ‖ Templo pequeño.

templo m. Edificio público destinado a un culto: *un templo católico, protestante, judío.* ‖ Edificio religioso elevado por Salomón: *el templo de Jerusalén.* ‖ *Fig.* Sitio real o imaginario en que se rinde culto al saber, la bondad, la justicia, etc.: *templo a la ciencia.* ‖ *Fam. Como un templo,* muy grande; fantástico.

tempo m. (pal. ital.). Voz empleada para señalar los diferentes movimientos en que está escrita una obra de música.

temporada f. Espacio de tiempo de cierta duración: *hace una temporada que no trabaja.* ‖ Estancia en un sitio: *pasar una temporada en el extranjero.* ‖ Época: *temporada teatral; la buena temporada.* ‖ Momento del año en que hay más turistas: *tarifa de fuera de temporada.*

temporal adj. Que no es eterno: *la vida temporal del hombre.* ‖ Relativo a las cosas materiales: *los bienes temporales.* ‖ Que no es duradero: *empleo temporal.* ‖ *Anat.* De las sienes: *músculos, arterias temporales.* | Dícese de cada uno de los dos huesos del cráneo correspondientes a las sienes (ú. t. c. s. m.). ‖ — M. Tempestad. ‖ Tiempo de lluvia persistente. ‖ Obrero temporero.

temporalidad f. Calidad de temporal. ‖ *Fil.* Carácter de lo que existe en el tiempo. ‖ — Pl. Frutos que sacan los eclesiásticos de sus beneficios.

temporalizar v. t. Hacer que lo eterno sea temporal.

temporáneo, a y **temporario, ria** adj. Temporal.

témporas f. pl. Tiempo de ayuno prescrito por la Iglesia católica en las cuatro estaciones.

temporero, ra adj. y s. Que desempeña temporalmente un oficio o cargo o que sólo trabaja en ciertas temporadas.

temporización f. Acción y efecto de temporizar.

temporizar v. i. Contemporizar. ‖ Ocuparse en algo por simple pasatiempo.

tempranero, ra adj. Temprano, adelantado.

tempranilla adj. y s. f. Aplícase a la uva temprana.

temprano, na adj. Adelantado, anticipado al tiempo ordinario: *frutas, verduras tempranas.* ‖ — Adv. Antes de lo previsto: *venir muy temprano.* ‖ En las primeras horas del día o de la noche: *acostarse temprano.* ‖ En tiempo anterior al acostumbrado: *hoy he almorzado temprano.*

temu m. *Chil.* Árbol de la familia de las mirtáceas.

Temuco, c. del centro de Chile, cap. del dep. homónimo y de la prov. de Cautín. Obispado.

temuquense adj. y s. De Temuco (Chile).

ten con ten m. *Fam.* Tiento, moderación, prudencia: *tener mucho ten con ten.*

Tena, c. del Ecuador, cap. de la prov. de Napo. — Valle en el N. de España (Huesca).

tenacidad f. Calidad de tenaz. ‖ Propiedad de los cuerpos que resisten al alargamiento por tracción. ‖ *Fig.* Firmeza. | Perseverancia, obstinación.

tenacillas f. pl. Tenazas pequeñas: *tenacillas de rizar.* ‖ Pinzas.

tenamaste m. *Méx.* Fogón rudimentario de tres piedras.

Tenancingo, mun. y c. en el centro de El Salvador (Cuscatlán). ‖ **~ de Degollado,** c. del centro de México, en el Estado de México.

Tenango de Arista, c. del centro de México (Estado de México).

tenante m. Cada una de las figuras que sostienen un escudo heráldico.

tenar m. Eminencia del lado exterior de la palma de la mano hacia el pulgar.

Tenares, com. en el N. de la Rep. Dominicana (Salcedo).

Tenayo, monte del centro de México, en la sierra de Guadalupe (Distr. Federal); 2 481 m.

Tenayuca, pobl. del centro de México, en el Estado de México, ant. cap. de los chichimecas. Centro arqueológico (pirámide).

tenaz adj. Que adhiere mucho: *la pez es muy tenaz.* ‖ Que resiste a la ruptura o a la deformación: *metal tenaz.* ‖ Difícil de extirpar o suprimir: *prejuicios tenaces.* ‖ *Fig.* Firme. | Perseverante, obstinado: *persona tenaz.*

tenaza f. Instrumento de metal compuesto de dos brazos articulados en un eje para asir o apretar. ‖ Utensilio de metal utilizado para coger la leña o el carbón en las chimeneas (ú. m. en pl.). ‖ Cada una de las dos partes de la boca de un torno. ‖ Despabiladeras. ‖ Obra exterior situada delante de la cortina de una fortificación. ‖ Extremidad de las dos patas mayores de los cangrejos, langostas, etc.

tenazada f. Acción de agarrar con la tenaza o pinza. ‖ *Fig.* Mordedura fuerte.

tenazón (a o de) adv. Sin fijar la puntería.

tenca f. Pez teleósteo de agua dulce, comestible.

tencolote m. *Méx.* Jaula en la que se encierran aves.

tencua adj. *Méx.* Aplícase a la persona con labio leporino.

tendajo o **tendajón** m. *Fam.* Tienda pequeña o mal construida.

tendal m. Toldo. ‖ Lienzo en que se recogen las aceitunas. ‖ Tendedero, sitio donde se tiende una cosa. ‖ *Arg.* Lugar cubierto donde se esquila el ganado.

tendedero m. Lugar donde se tienden algunas cosas: *tendedero de ropa, de pieles.*

tendel m. Cuerda tendida horizontalmente para colocar los ladrillos. ‖ Capa de mortero que se echa sobre cada hilada.

tendencia f. Fuerza que dirige un cuerpo hacia un punto. ‖ Fuerza que orienta la actividad del hombre hacia un fin determinado: *tendencia al bien.* ‖ *Fig.* Dirección, orientación de un movimiento: *tendencias impresionistas.* | Parte organizada de un grupo sindical o político: *tendencia conservadora.*

tendencioso, sa adj. Que tiende hacia un fin determinado (tómase en mala parte): *noticia tendenciosa; argumento tendencioso.*

* **tender** v. t. Desdoblar, desplegar. ‖ Alargar, extender: *tender la mano.* ‖ Echar y extender algo por el suelo. ‖ Colgar o extender la ropa mojada para que se seque. ‖ Echar: *tender las redes.* ‖ Disponer algo para coger una presa: *tender un lazo, una emboscada.* ‖ Instalar: *tender una vía, un puente.* ‖ Revestir con una capa de cal, de yeso o de mortero. ‖ — V. i. Encaminarse a un fin determinado: *tender a la acción.* ‖ — V. pr. Tumbarse, acostarse. ‖ Encamarse las mieses. ‖ En las carreras, correr el caballo aproximando el vientre al suelo. ‖ Poner el jugador todas sus cartas boca arriba en ciertos lances del juego.

ténder m. Vagón que sigue la locomotora y lleva el combustible y el agua necesarios.

tenderete m. *Fam.* Tenducha. ‖ Puesto de venta al aire libre: *tenderete ambulante.* ‖ Cierto juego de naipes.

tendero, ra m. y f. Comerciante que vende al por menor. ‖ — M. El que fabrica tiendas de campaña o cuida de ellas.

tendido, da adj. Extendido. ‖ Aplícase al galope del caballo cuando éste se tiende. ‖ — M. Instalación: *el tendido de un puente, de un cable.* ‖ En las plazas de toros, gradería próxima a la barrera: *tendido de sombra, de sol.* ‖ Parte del tejado entre el caballete y el alero. | Capa de cal, yeso o mortero. ‖ *Amer.* Ropa de cama.

tendinoso, sa adj. Que tiene tendones: *carne tendinosa.* ‖ Relativo a los tendones: *membrana tendinosa.*

tendón m. Haz de fibras conjuntivas que une los músculos a los huesos. ‖ *Tendón de Aquiles,* el grueso y fuerte que, en la parte posterior e inferior de la pierna, une el talón con la pantorrilla.

tenducha f. y **tenducho** m. Tienda de mal aspecto y pobre.

Tène (La), pobl. prehistórica al O. del lago Neuchâtel (Suiza), que ha dado su nombre a un período de la edad del hierro que abarca desde el s. V a. de J. C. hasta la conquista romana.

tenebrario m. Candelabro triangular con quince velas que se enciende en los oficios de tinieblas de Semana Santa.

tenebrio m. Insecto coleóptero que vive en la harina.

tenebrismo m. Tendencia de la pintura barroca que acentuaba los contrastes de luz y sombra.

tenebrosidad f. Calidad de tenebroso.

tenebroso, sa adj. Cubierto de tinieblas: *calabozo tenebroso.* ‖ Sombrío, negro. ‖ *Fig.* Secreto y pérfido: *tenebrosos proyectos.* | Oscuro, difícil de comprender.

tenedor m. El que tiene o posee una cosa: *tenedor de una letra de cambio.* ‖ Utensilio de mesa con varios dientes para coger los alimentos. ‖ *Tenedor de libros,* el encargado de los libros de contabilidad en una casa de comercio.

teneduría f. Cargo y oficina del tenedor de libros. ‖ *Teneduría de libros,* arte de llevar los libros de contabilidad.

tenencia f. Posesión de una cosa. ‖ Cargo u oficio de teniente. ‖ Oficina en que lo ejerce: *tenencia de alcaldía.*

teneño, ña adj. y s. De Tena (Ecuador).

* **tener** v. t. Poseer: *tener dinero; tener buenas cualidades.* ‖ Sentir: *tener miedo, hambre.* ‖ Mantener

asido: *tener el sombrero en la mano.* || Contener o comprender en sí: *México tiene varios millones de habitantes.* || Ser de cierto tamaño: *tener dos metros de largo.* || Mantener: *el ruido me ha tenido despierto toda la noche.* || Pasar: *tener muy buen día.* || Celebrar: *tener junta, una asamblea.* || Ocuparse de algo: *tener los libros, la caja.* || Considerar: *tener a uno por inteligente; tener en mucho.* || Como auxiliar y seguido de la preposición *de* o la conjunción *que,* más el infinitivo de otro verbo, indica estar obligado a: *tengo que salir.* || — *Fig.* y *fam. No tenerlas todas consigo,* tener miedo o recelo. | *No tener donde caerse muerto,* ser sumamente pobre. || *Fig. Quien más tiene más quiere,* los hombres nunca se quedan satisfechos. || *Tener a bien,* juzgar conveniente; tener la amabilidad de. || *Tener a menos,* desdeñar, despreciar. || *Tener en cuenta,* tomar en consideración. || *Tener para sí,* tener cierta opinión sobre una materia. || *Tener parte en,* participar en. || *Tener presente una cosa,* recordarla. || *Tener que ver,* existir alguna relación o semejanza entre las personas o cosas. || — V. i. Ser rico, adinerado. || — V. pr. Mantenerse: *tenerse en pie; tenerse tranquilo.* || Considerarse: *tenerse por muy simpático.* || Detenerse: *¡tente!* || *Fam. Tenérselas tiesas con uno,* mantenerse firme, no ceder.

— OBSERV. Son galicismos: *tener mucho de uno,* por *parecerse a él; tener una cosa de otra persona,* por *saberla de ella; tener a una cosa,* por *ser aficionado a ella; tener lugar,* por *suceder.*

tenería f. Curtiduría.

Tenerife, isla mayor del archip. de las Canarias; 2 057 km²; cap. *Santa Cruz de Tenerife.* De formación volcánica. Viñas, plátanos, naranjas, tabaco.

tenescle m. *Méx.* Piedra quemada y hecha cenizas.

tenesmo m. *Med.* Pujo.

Tengri Khan. V. KHAN TENGRI.

tenguerengue (en) adv. En equilibrio inestable.

tenia f. Gusano platelminto, parásito del intestino delgado de los mamíferos, que puede alcanzar varios metros de largo. || *Arq.* Filete, moldura.

tenida f. Sesión, reunión, en especial la de los masones.

tenienta f. Mujer del teniente.

tenientazgo m. Tenencia, cargo de teniente.

teniente adj. Que tiene o posee. || Dícese de la fruta verde. || *Fam.* Algo sordo. | *Fig.* Miserable, avaro, tacaño. || — M. El que actúa como sustituto. || *Mil.* Oficial de grado inmediatamente inferior al de capitán. || — *Segundo teniente,* alférez. || *Teniente coronel,* oficial inmediatamente inferior al coronel. || *Teniente de alcalde,* concejal que sustituye al alcalde cuando es preciso y ejerce ciertas funciones de alcaldía. || *Teniente general,* oficial de grado inmediatamente inferior al de capitán general.

Teniente (El), distr. en el centro de Chile (O'Higgins). Cobre.

Teniers (David), pintor flamenco, llamado *el Viejo* (1582-1649), para distinguirlo de su hijo DAVID, denominado *el Joven* (1610-1690), autores de cuadros de costumbres populares de su país.

tenífugo, ga adj. Aplícase al medicamento eficaz para la expulsión de la tenia (ú. t. c. s. m.).

tenis m. Deporte en que los adversarios, provistos de una raqueta y separados por una red, se lanzan la pelota de un campo a otro. || Espacio dispuesto para este deporte. || *Tenis de mesa* (o *ping-pong*), juego parecido al tenis y practicado en una mesa.

tenista com. Persona que juega al tenis.

Tennessee, río del E. de Estados Unidos, afl. del Ohio; 1 600 km. Presas. — Estado de Norteamérica en el SE. del centro; cap. *Nashville;* c. pr. *Menphis.*

Tennyson (Lord Alfred), poeta victoriano inglés (1809-1892).

Tenoch, sacerdote y caudillo mexicano del s. XIV, fundador de Tenochtitlán (1325).

tenocha adj. y s. Indígena azteca. (Los *tenochas* fueron los fundadores de Tenochtitlán.)

Tenochtitlán, cap. de los aztecas, hoy ciudad de *México.* Fundada en 1325 y destruida por los españoles en 1521.

tenor m. Constitución de una cosa. || Texto literal de un escrito. || *Mús.* Voz media entre contralto y barítono, y hombre que tiene esta voz. || *A tenor,* por el estilo.

tenorino m. Tenor muy ligero que canta en falsete.

tenorio m. *Fam.* Galanteador, seductor, Don Juan.

Tenorio, volcán en el N. de Costa Rica, entre las prov. de Alajuela y de Guanacaste; 1 413 m.

Tenorio (Pedro), prelado español, m. en 1399, arzobispo de Toledo.

Tenorio. V. DON JUAN.

Tenosique, c. y mun. en el S. de México (Tabasco).

tensar v. t. Poner tenso.

tensión f. Estado de un cuerpo estirado: *la tensión de un muelle.* || Presión de un gas. || *Electr.* Diferencia de potencial. || *Fig.* Tirantez, situación que puede llevar a una ruptura o a un conflicto: *tensión entre dos Estados.* || — *Tensión arterial,* presión de la sangre en las arterias. || *Tensión de espíritu,* aplicación intensa y larga.

tenso, sa adj. En estado de tensión: *cuerda tensa.*

tensor, ra adj. Que produce la tensión. || Dícese de los músculos que tienen esta capacidad (ú. t. c. s. m.). || — M. Dispositivo para tensar cables.

tentación f. Sentimiento de atracción hacia una cosa prohibida: *hay que evitar las tentaciones.* || Deseo: *tentación de hacer una cosa.* || *Fig.* Sujeto que induce o persuade: *eres mi tentación.*

tentaculado, da adj. Que tiene tentáculos.

tentacular adj. Relativo a los tentáculos: *apéndices tentaculares.*

tentáculo m. Cada uno de los apéndices móviles y blandos que tienen muchos moluscos, crustáceos, zoófitos, etc., y que les sirven como órganos táctiles o de prensión: *los tentáculos del pulpo.*

tentadero m. Sitio o corral cerrado donde se hace la tienta de toros. || Tienta de toros o becerros.

tentador, ra adj. Que tienta. || Que puede hacer caer en la tentación: *proposición tentadora.* || — M. El Diablo.

* **tentar** v. t. Palpar o tocar, examinar una cosa por medio del tacto. || Instigar, atraer: *tentar a una persona.* || Intentar, tratar de realizar. || Examinar, probar a uno. || Reconocer con la tienta la cavidad de una herida. || *Fig. Tentar a Dios,* emprender algo que sobrepasa las fuerzas del hombre.

tentativa f. Intento: *tentativa infructuosa.* || *For.* Principio de ejecución de un delito que no se lleva a cabo: *tentativa de robo.* || Tanteo.

tentativo, va adj. Que sirve para tantear.

tentemozo m. Puntal. || Palo que impide que el carro caiga hacia adelante. || Dominguillo, juguete.

tentempié m. Refrigerio, comida ligera. || Tentemozo, dominguillo.

tentenelaire com. Hijo de cuarterón y mulata o de mulato y cuarterona. || *Amer.* Hijo de jíbaro y albarazada o de albarazado y jíbara. || — M. *Arg.* Colibrí.

tentetieso m. Tentemozo, dominguillo.

tenue adj. Delicado, muy delgado: *los hilos tenues del gusano de seda.* || De poca importancia. || Débil: *luz tenue.* || Sencillo: *estilo tenue.*

tenuidad f. Calidad de tenue. || Cosa de poca entidad.

tenuirrostro adj. Dícese del pájaro de pico alargado, recto y siempre sin dientes. || — M. pl. Suborden de estos animales, como la abubilla y los pájaros moscas.

tenuta f. *For.* Posesión interina de una renta que se gozaba entre los litigantes hasta la decisión judicial.

teñido m. y **teñidura** f. Operación consistente en impregnar algo de materia tintórea.

* **teñir** v. t. Cambiar el color de una cosa o dar color a lo que no lo tiene: *teñir el pelo* (ú. t. c. pr.). || Rebajar un color con otro. || *Fig. Estar teñido de,* estar impregnado: *un discurso teñido de demagogia.* || — V. pr. Cambiar el color del pelo: *teñirse de rubio.*

teobromina f. Alcaloide contenido en el cacao y el té.

teocali m. Templo antiguo mexicano: *el teocali de Tenochtitlán.*

Teocaltiche, mun. y c. en el centro de México (Jalisco).

teocote m. Planta de México cuya raíz empleaban los aztecas como incienso en sus ceremonias religiosas.

teocracia f. Gobierno en que el poder supremo está entre las manos del clero.

teocrático, ca adj. Relativo a la teocracia: *gobierno teocrático.*

Teócrito, poeta bucólico griego, n. en Siracusa (¿315-250? a. de J. C.), autor de *Idilios.*

Teodato, rey de los ostrogodos de Italia (534-536), sobrino de Teodorico y segundo esposo de Amalasunta. M. asesinado.

teodicea f. Conocimiento de Dios por la teología natural: *la teodicea de Leibniz.*

teodolito m. Instrumento de geodesia para medir ángulos en sus planos respectivos.

Teodora, emperatriz de Bizancio de 527 a 548, esposa de Justiniano I.

Teodoredo, rey de los visigodos de España de 418 a 451, sucesor de Walia. Llamado tb. *Teodorico.*

Teodorico, rey de los visigodos de España de 453 a 466. M. asesinado por su hermano Eurico.

Teodorico el Grande (¿454?-526), rey de los ostrogodos desde 493. Fundador de una monarquía en Italia.

Teodoro || ~ **I,** papa de 642 a 649. || ~ **II,** papa en 897.

Teodosiano *(Código),* código compilado, entre 435 y 438, por orden de Teodosio II.

Teodosio || ~ **I,** *el Grande,* emperador romano, n. en Coca (Segovia) [¿347?-395]. Ocupó el trono desde el año 379. Defendió el cristianismo, venció en diferentes ocasiones a los bárbaros y dividió el Imperio entre sus hijos Arcadio y Honorio. || ~ **II** (401-450), emperador de Oriente desde 408. Mandó compilar el *Código Teodosiano.* || ~ **III,** emperador romano de Oriente de 715 a 716. M. en 722 retirado en un monasterio.

Teófilo *(San),* obispo de Antioquía y Padre de la Iglesia. M. hacia 180. Fiesta el 13 de octubre.

Teofrasto, filósofo griego discípulo de Aristóteles (¿372-287? a. de J. C.), autor de *Caracteres* y de *Historia de las plantas.*

Teognis de Megara, poeta griego (finales del s. VI a. de J. C.), autor de elegías.

teogonía f. Genealogía de los dioses del paganismo. || Conjunto de las divinidades de un pueblo politeísta.

Teogonía, poema de Hesíodo (s. VIII a. de J. C.) sobre la genealogía de los dioses.

teogónico, ca adj. Relativo a la teogonía: *doctrina teogónica.*

teologal adj. Relativo a la teología. || *Virtudes teologales,* fe, esperanza y caridad.

teología f. Ciencia que estudia la religión y las cosas divinas: *la teología católica.* || Doctrina teológica: *teología dogmática, moral, natural.* || Obra teológica.

teológico, ca adj. Relativo a la teología: *discusión teológica.*

teologismo m. Abuso de las discusiones teológicas.

teologizar v. i. Discurrir sobre cuestiones teológicas.

teólogo, ga adj. Teologal. || — M. y f. Persona que se dedica a la teología: *el teólogo Santo Tomás de Aquino.* || Estudiante de teología.

teomel m. *Méx.* Especie de maguey que produce pulque fino.

teopacle m. *Méx.* Ungüento sagrado de los sacerdotes aztecas.

teorema m. Proposición científica que puede ser demostrada: *teorema de Pitágoras.*

teorético, ca adj. Relativo al teorema. || Contemplativo, especulativo, intelectual.

teoría f. Conocimiento especulativo puramente racional, opuesto a *práctica.* || Conjunto de las reglas y leyes organizadas sistemáticamente que sirven de base a una ciencia y explican cierto orden de hechos: *teoría de la combustión.* || Conjunto sistematizado de ideas sobre una materia: *teoría económica.* || En la antigua Grecia, procesión religiosa. || *Fig.* Serie: *una larga teoría de conceptos.*

teórico, ca adj. Relativo a la teoría: *conocimientos teóricos.* || — M. y f. Persona que conoce los principios o la teoría de un arte o ciencia: *un teórico del socialismo.* || — F. Teoría.

teorizante adj. Que teoriza (ú. t. c. s.).

teorizar v. t. Tratar una materia sólo teóricamente: *teorizar sobre música.*

Teos, c. y puerto en el E. de Grecia (Jonia).

teosofía f. Doctrina religiosa que tiene por objeto el conocimiento de Dios por la naturaleza y la elevación del espíritu hasta la unión con la Divinidad.

teósofo m. El que profesa la teosofía.

Teotepeque, c. de El Salvador (La Libertad).

Teotihuacán, mun. en el NE. de México, en el Estado de este n. En su término se encuentra una gran metrópoli religiosa que dio su nombre a una civilización anterior a la de los toltecas. Monumentos (templo de Quetzalcóatl o Ciudadela, pirámide del Sol, pirámide de la Luna), restos arqueológicos (esculturas, cerámicas, máscaras funerarias, pinturas murales). La cap. del mun. es *Teotihuacán de Arista.* || **~ de Arista,** antes *San Juan Teotihuacán,* v. de México, en el Est. de México, cap. del mun. de Teotihuacán. Agricultura.

tepache m. *Méx.* Bebida fermentada hecha con jugo de caña o piña, a veces pulque, y azúcar morena. (Antes se hacía con maíz.)

tepalcate m. *Méx.* Tiesto o vasija de barro.

Tepalcatepec, río en el O. de México (Jalisco y Michoacán), afl. del de las Balsas. — Mun. y pobl. de México (Michoacán).

tepalcatero m. *Méx.* Alfarero.

tepalcuana f. *Fig. Méx.* Persona que come con voracidad.

tepaneca adj. y s. Tecpaneca.

tepantechuatzin m. Sacerdote azteca, encargado de vigilar la enseñanza en las escuelas.

tepe m. Trozo cuadrado de tierra con césped empleado en la construcción de paredes y malecones.

Tepeaca, c. de México (Puebla).

Tepehuanes, n. de la Sierra Madre Occidental de México, entre Durango y Sinaloa.

tepehuano, na adj. y s. Indígena de México. (Los *tepehuanos* viven en Durango y Nayarit.)

tepeizcuinte m. *C. Rica* y *Méx.* Paca, roedor.

tepetate m. *Méx.* Roca que se emplea en la construcción.

Tepexpam, lugar de México, en el Estado de este n., donde, en 1947, fueron hallados restos humanos cuya antigüedad se calcula entre 10 000 y 12 000 años.

Tepeyac, cerro de México (D. F.), donde, según la tradición, se apareció la Virgen a un indio y le indicó la construcción de la Basílica de Guadalupe, que hoy se halla en su ladera.

Tepic, c. en el O. de México, cap. del Estado de Nayarit (hab. *tepiqueños*). Obispado.

Te-pito-Henúa (Isla). V. Pascua *(Isla de).*

Teplice, c. en el NO. de Checoslovaquia (Bohemia Septentrional). Estación termal.

teponascle m. *Méx.* Árbol burseráceo empleado para la construcción. | Instrumento de percusión de madera.

Tepotzotlán, mun. y v. central de México (Est. de México). Iglesia barroca de un ant. colegio de jesuitas.

Tepoztécatl, entre los aztecas, divinidad del Pulque.

Tepoztlán, v. y mun. de México (Morelos). Ruinas de ant. templos.

tequense adj. y s. De los Teques (Venezuela).

Teques (Los), c. en el N. de Venezuela, cap. del Estado de Miranda.

Tequesquitengo, laguna de México (Morelos). Turismo.

tequila m. y f. *Méx.* Aguardiente semejante a la ginebra, que se destila con una especie de maguey.

Tequila, volcán de México (Jalisco); 3 000 m. — Pobl. en el O. de México (Jalisco). Elaboración del licor del mismo nombre.

Ter, río del NE. de España (Gerona), que nace en los Pirineos; 174 km.

tera, prefijo que indica una multiplicación por un millón de millones (10^{12}).

Teramo, c. del centro de Italia en los Abruzos, cap. de la prov. homónima. Obispado. Lugar de nacimiento de Tácito.

terapeuta adj. y s. Dícese de los miembros de una secta judía extendida por Egipto y cuyas doctrinas recuerdan la de los esenios. || — Com. Médico que estudia particularmente la terapéutica, que experimenta los medicamentos y los tratamientos.

terapéutica f. Parte de la medicina que estudia el tratamiento de las enfermedades.

terapéutico, ca adj. Relativo al tratamiento de las enfermedades: *agentes terapéuticos.*

teratología f. Parte de la historia natural y de la biología que trata de las anomalías y las monstruosidades del organismo animal o vegetal.

terbio m. Metal del grupo de las tierras raras (Tb), de número atómico 65.

Terborch o **Terburg** (Gerard), pintor de género holandés (1617-1681). Trabajó en la corte de Felipe IV de España.

Terceira, isla volcánica en la parte central del archip. portugués de las Azores; cap. *Angra do Heroísmo.*

tercelete adj. *Arq.* Dícese del arco que en las bóvedas de crucería sube por un lado del arco diagonal hasta la línea media.

tercena f. Almacén donde se venden al por mayor tabaco y efectos estancados.

tercer adj. Apócope de *tercero,* sólo empleado antes del sustantivo: *tercer mes; el tercer piso.*

tercera f. Reunión, en ciertos juegos, de tres cartas seguidas del mismo palo. || Alcahueta, celestina. || *Mús.* Consonancia que comprende un intervalo de dos tonos y medio. | Dítono.

tercería f. Oficio de tercero. || *For.* Derecho que deduce un tercero entre dos o más litigantes.

tercerilla f. Composición métrica de tres versos de arte menor.

tercero, ra adj. y s. Que sigue en orden al segundo: *Víctor es el tercero de la clase.* || Que sirve de mediador: *servir de tercero en un pleito.* || — M. Alcahuete. || El que profesa la regla de la tercera orden de San Francisco, Santo Domingo o del Carmelo. || Persona ajena a un asunto: *causar daño a un tercero.* || El tercer piso: *vivo en el tercero.* || El tercer curso de un colegio, liceo o academia. || *Geom.* Cada una de las 60 partes en que se divide el segundo de círculo.

Tercero. V. Carcarañá.

tercerola f. Arma de fuego un tercio más corta que la carabina. || Barril de mediana cabida. || Flauta más pequeña que la ordinaria. || *Fam.* En los trenes, coche de tercera clase.

tercerón m. Hijo de blanco y mulata o viceversa.

terceto m. Combinación métrica de tres versos endecasílabos. || Tercerilla. || *Mús.* Composición para tres voces o instrumentos. | Conjunto de tres cantantes o tres músicos, trío.

tercia f. Tercera parte de la vara. || Tercio. || Segunda de las cuatro partes iguales en que los romanos dividían el día. || En el oficio divino, hora inmediata después de prima.

terciado, da adj. Aplícase a la azúcar morena. || Aplícase al toro de mediana estatura. || — M. Espada corta de hoja ancha. || Cinta más estrecha que el listón.

terciador, ra adj. y s. Mediador, que tercia.

tercianas f. pl. Fiebre intermitente que repite al tercer día.

terciar v. t. Poner una cosa atravesada diagonalmente: *terciar la capa, el fusil.* || Dividir en tres partes. || Equilibrar la carga sobre la acémila. || Dar la tercera labor a las tierras. || *Amer.* Aguar: *terciar un líquido.* || — V. i. Mediar en una discusión, ajuste, etc.: *terciar en una contienda.* || Participar en una cosa. || Completar el número de personas necesario para una cosa. || Llegar la Luna a su tercer día. || — V. pr. Ocurrir: *terciarse la oportunidad.*

terciario, ria adj. Tercero. || *Arq.* Aplícase a un arco de las bóvedas formadas con cruceros. || Aplícase a la era inmediatamente anterior a la cuaternaria, caracterizada por grandes movimientos tectónicos (ú. t. c. s. m.). || — M. y f. Miembro de una de las terceras órdenes.

terciero, ra adj. y s. *Méx.* Aparcero al tercio.

tercio, cia adj. Tercero. || — M. Tercera parte. || Cada uno de los dos fardos que lleva la acémila. || *Mil.* Nombre de los regimientos españoles de infantería de los s. XVI y XVII: *los tercios de Flandes.* | Legión: *Tercio de extranjeros.* | Cada una de las divisiones de la Guardia civil española. || *Mar.* Asociación de los armadores y pescadores de un puerto. || *Taurom.* Cada una de las tres partes concéntricas en que se divide el ruedo. | Cada una de las tres partes de la lidia: *tercio de varas, de banderillas, de muerte.*

terciopelado, da adj. Aterciopelado.

terciopelo m. Tela de seda o algodón velluda por una de sus dos caras.

terco, ca adj. Obstinado, aferrado a sus ideas e insensible a las razones de los demás.

terebenteno m. Hidrocarburo de la esencia de trementina.

terebintáceas f. pl. *Bot.* Anacardiáceas (ú. t. c. adj.).

terebinto m. Arbusto anacardiáceo que produce una trementina blanca muy olorosa.

Terek, río en el SO. de la U. R. S. S. (Georgia); atraviesa el Cáucaso y des. en el mar Caspio por un amplio delta; 600 km.

Terencio, escritor latino, n. en Cartago (¿190?-159 a. de J. C.), autor de comedias en verso (*El heautontimorúmenos, Andria, Hecyra, El eunuco, Adelfos, Formio*).

Tererequí (Isla). V. Rey (*Isla del*).

Teresa ‖ **~ de Jesús** (Teresa de Cepeda y Ahumada, *santa*), escritora mística española, n. en Ávila (1515-1582). Profesó en la Orden del Carmelo y sus fundaciones o reformas le valieron ser procesada por la Inquisición. Autora en prosa del *Libro de su vida, Las Moradas* o *Castillo interior, El libro de las fundaciones, Camino de perfección, Conceptos del amor de Dios* y un copiosísimo *Epistolario,* y de poesías. Fiesta el 15 de octubre. Proclamada Doctora de la Iglesia en 1970. ‖ **~ del Niño Jesús** [Teresita] (*Santa*), carmelita francesa de Lisieux (1873-1897), canonizada en 1925. Su n. en el siglo fue *Thérèse Martin.* Fiesta el 3 de octubre.

teresiano, na adj. Relativo a Santa Teresa de Jesús. ‖ Afiliado a la devoción de esta santa.

Teresina o **Terezina,** c. en el NE. del Brasil a orillas del Parnaíba, cap. del Estado do Piauí. Arzobispado.

tergal m. Nombre comercial de un hilo, fibra o tejido de poliéster: *camisa de tergal.*

tergiversable adj. Que puede ser tergiversado.

tergiversación f. Falsa interpretación.

tergiversador, ra adj. y s. Que interpreta las cosas de una manera errónea.

tergiversar v. t. Deformar la realidad o el sentido de algo: *tergiversar una doctrina, un hecho.*

termal adj. Relativo a las termas o caldas: *estación termal.*

termas f. pl. Caldas, baños calientes de aguas medicinales. ‖ Baños públicos de los ant. romanos.

termes m. Comején.

termia f. Cantidad de calor necesaria para elevar de un 1 ºC. la temperatura de una tonelada de agua tomada a 14,5 ºC. bajo la presión atmosférica normal (símb., th): *una termia equivale a un millón de calorías.*

térmico, ca adj. Relativo al calor: *energía térmica.*

termidor m. Undécimo mes del calendario republicano francés (del 20 de julio al 18 de agosto).

terminación f. Final, completa ejecución. ‖ Parte final: *la terminación de una obra literaria.* ‖ *Gram.* Parte variable de una palabra: *"ar" es una terminación de infinitivo.* ‖ Última fase de una enfermedad.

terminacho m. *Fam.* Palabra poco culta o indecente. | Término bárbaro o mal empleado.

terminal adj. Final, último, que pone término. ‖ Que está en el extremo de cualquier parte de la planta: *yema terminal.* ‖ *Electr.* Extremo de un conductor que facilita las conexiones. ‖ — M. y f. En el casco urbano, sitio a donde llegan y de donde salen los autocares que hacen el empalme entre la ciudad y el aeropuerto.

terminante adj. Que termina. ‖ Claro, tajante. ‖ Concluyente.

terminar v. t. Poner fin: *terminar una conferencia.* ‖ Poner al final: *terminó su carta con una frase muy amable.* ‖ Llevar a su término: *terminar la obra empezada.* ‖ — V. i. Llegar a su fin: *la función termina a medianoche.* ‖ Reñir: *estos novios han terminado.* ‖ *Med.* Entrar una enfermedad en su última fase. ‖ — V. pr. Encaminarse a su fin.

término m. Punto en que acaba algo: *término de un viaje.* ‖ Objetivo, fin. ‖ Expresión, palabra: *términos groseros.* ‖ Mojón, límite: *cruz de término.* ‖ Territorio contiguo a una población: *término municipal.* ‖ Línea que separa los Estados, provincias, distritos, etc. ‖ Lugar señalado para algo. ‖ Plazo determinado: *en el término de un mes.* ‖ Estado en que se encuentra una persona o cosa. ‖ Cada una de las partes de una proposición o silogismo. ‖ *Mat.* Cada una de las cantidades que componen una relación, una suma o una expresión algébrica: *los términos de la fracción son el numerador y el denominador.* ‖ Plano en un cuadro, foto o escenario. ‖ Términus, fin de línea de transporte. ‖ — Pl. Relaciones: *está en malos términos con sus padres.* ‖ — *En propios términos,* con las palabras adecuadas. ‖ *Medios términos,* rodeos, tergiversaciones. ‖ *Poner término a,* acabar. ‖ *Término medio,* término igualmente alejado de varios términos extremos.

terminología f. Conjunto de términos propios de una profesión, ciencia o materia.

Términos (Laguna de), albufera en el E. de México, en el golfo de Campeche; 3 850 km².

términus m. (pal. lat.). Punto final de una línea de transportes: *términus de una línea de autobús.*

termita m. Comején. ‖ Mezcla pulverulenta de aluminio y de óxido de hierro.

termitero m. Nido de termes.

termo m. Vasija aislante donde se conservan los líquidos a la temperatura en que son introducidos. ‖ *Fam.* Termosifón.

termocauterio m. Cauterio que se mantiene candente por una corriente de aire carburado.

termodinámica f. Parte de la física que trata de las relaciones entre los fenómenos mecánicos y caloríficos.

Termodonte, río del Ponto (Asia Menor) en cuyas orillas vivían las legendarias Amazonas.

termoelectricidad f. Energía eléctrica producida por la conversión del calor. ‖ Parte de la física que estudia esta energía.

termoeléctrico, ca adj. Relativo a la termoelectricidad: *par termoeléctrico.* ‖ Aplícase al aparato en que se produce electricidad por la acción del calor.

termógeno, na adj. Que produce calor.

termógrafo m. Instrumento que registra las variaciones de las temperaturas.

termometría f. Medida de la temperatura.

termométrico, ca adj. Del termómetro: *escala termométrica.*

termómetro m. Instrumento para medir la temperatura. ‖ — *Termómetro centígrado,* el que comprende 100 divisiones entre el 0, correspondiente a la temperatura del hielo en fusión, y el 100, que corresponde a la temperatura del vapor de agua hirviendo. ‖ *Termómetro clínico,* el dividido en décimas de grados entre 32 ºC y 44 ºC para tomar la temperatura a los enfermos. ‖ *Termómetro de máxima y mínima,* el que registra las temperaturas extremas en un determinado período de tiempo.

termonuclear adj. Aplícase a las reacciones nucleares, entre elementos ligeros, realizadas gracias al empleo de temperaturas de millones de grados. ‖ *Bomba termonuclear, bomba de hidrógeno* o *bomba H,* la atómica fabricada entre 1950 y 1954 realizada por la fusión del núcleo de los átomos ligeros, tales como el hidrógeno, cuyo efecto es mil millones de veces mayor que el de la bomba A de 1945. (Su potencia se mide en megatones.)

Termópilas, desfiladero de Tesalia, donde Leónidas, con trescientos espartanos, intentó parar el ejército de Jerjes (480 a. de J. C.).

termoplástico, ca adj. Aplícase a las sustancias que se ablandan cuando son calentadas.

termopropulsión f. Propulsión de un móvil por la sola energía calorífica sin previa transformación mecánica.

termoquímica f. Parte de la química que trata de los fenómenos térmicos que se producen en las reacciones.

termorregulador m. Aparato para regular y mantener una temperatura constante en el interior de un recinto.

termoscopio m. Termómetro de aire que indica las diferencias y variaciones de temperatura sin precisar su magnitud.

termosifón m. Dispositivo usado para la calefacción en el cual el agua circula por las variaciones de temperatura. ‖ Calentador de agua que distribuye el líquido caliente en las pilas de una cocina, bañera, lavabo, etc.

termostato m. Aparato que mantiene constante una temperatura en el interior de un recinto. ‖ Sistema automático en que cada maniobra es función de la temperatura.

termoterapia f. Tratamiento terapéutico por el calor.

terna f. Conjunto de tres personas propuestas para un cargo.

ternario, ria adj. Compuesto de tres elementos: *compuesto ternario.* ‖ *Mat.* Dícese del sistema de numeración que tiene el número tres como base. ‖ *Mús.* Dícese del compás compuesto de tres tiempos o de un múltiplo de tres. ‖ — M. Espacio de tres días dedicados a una devoción.

ternera f. Cría hembra de la vaca. ‖ Carne de ternera o ternero: *filete de ternera.*

ternero m. Cría macho de la vaca. ‖ *Ternero recental,* el de leche.

terneza f. Ternura. ‖ *Fam.* Requiebro, amabilidad.

Terni, c. en el centro de Italia (Umbría), cap. de la prov. homónima. Siderurgia. Obispado.

ternilla f. Tejido cartilaginoso de los animales vertebrados: *la ternilla de la nariz.*

ternísimo, ma adj. Muy tierno.

terno m. Conjunto de tres cosas de una misma especie. ‖ Pantalón, chaleco y chaqueta hechos de la misma tela: *un terno azul.* ‖ Suerte de tres números en la lotería primitiva. ‖ Voto, juramento: *echar ternos.* ‖ *Impr.* Conjunto de tres pliegos impresos.

ternura f. Sentimiento de amor, cariño o profunda amistad. ‖ Muestra de cariño, requiebro. ‖ Blandura, especialmente de la carne.

tero m. *Arg.* Terutero.

terpeno m. Nombre genérico de los hidrocarburos cuyo tipo es el terebenteno.

terpina f. Hidrato de trementina, usado como expectorante.

terpinol m. Compuesto extraído de la terpina.

Terpsícore, musa de la Danza y de la Poesía lírica. (*Mit.*)

terquedad f. Obstinación, porfía, testarudez. ‖ *Ecuad.* Despego.

Terra (Gabriel), político y jurisconsulto uruguayo (1873-1942), pres. de la Rep. de 1931 a 1938. Ejerció la dictadura en 1933 y reformó la Constitución en 1934.

Térraba. V. Terti.

Terracina, ant. *Anxur,* c. y puerto de Italia, en el Lacio (Latina), en el golfo de Gaeta. Obispado. Ruinas romanas.

terracota f. Escultura de barro cocido.

Terradas e Illa (Esteban), matemático español (1883-1950), autor de estudios de mecánica, física matemática y aeronáutica.

terrado m. Azotea.

terraja f. Tabla recortada para hacer molduras de yeso. ‖ Instrumento para labrar las roscas de los tornillos.

terraje m. Terrazgo.

terrajero m. Terrazguero.

terral adj. y s. m. Aplícase al viento que procede del interior de la tierra: *el terral de Málaga.*

terramicina f. Antibiótico poderoso que se saca de un hongo.

terranova m. Perro de pelo oscuro y patas palmeadas, originario de Terranova.

Terranova, en ingl. *Newfoundland,* prov. del E. del Canadá, formada por la isla homónima (110 677 km²; 476 000 h.) y, en el continente, el NE. de la península de Labrador, separadas por el estrecho de Belle-Isle; 402 346 km²; 500 000 h.; cap. *Saint-Jean* o *Saint John's;* 78 000 h. Pesca. Minas.

terraplén m. Macizo de tierra con que se rellena un hueco o que se levanta para hacer una plataforma que servirá de asiento a una carretera, vía de ferrocarril, construcción, etc.

terraplenar v. t. Llenar de tierra un vacío o hueco. ‖ Amontonar tierra para levantar un terraplén.

terráqueo, a adj. Compuesto de tierra y agua: *el globo terráqueo.*

terrateniente com. Propietario de tierras o fincas rurales de gran extensión.

terraza f. Terrado, azotea. ‖ Parte de la acera a lo largo de un café donde se colocan mesas y sillas. ‖ Bancal, terreno cultivado en forma de grada retenida por un pequeño muro.

Terrazas (Francisco de), escritor mexicano (¿1525-1600?), autor de sonetos y del poema épico *Nuevo Mundo y conquista,* conservado fragmentariamente.

terrazo m. Losa grande de barro: *embaldosado con terrazo.*

terrazgo m. Pedazo de tierra para sembrar. ‖ Renta que se paga al propietario de una tierra.

terrear v. i. Dejarse ver la tierra en los sembrados.

terregal m. *Méx.* Tierra suelta y abundante que produce tolvaneras.

terremoto m. Movimiento brusco o sacudida de la corteza terrestre: *los terremotos del Perú.*

terrenal adj. Relativo a la Tierra, en contraposición a *celestial: bienes terrenales.* ‖ *Paraíso terrenal,* lugar placentero en donde Dios puso a Adán después que lo crió.

terreno, na adj. Terrestre: *la vida terrena.* ‖ — M. Porción más o menos grande de la corteza terrestre de cierta época, cierta naturaleza o cierto origen: *terreno aurífero, jurásico, de acarreo.* ‖ Espacio de tierra: *terreno para edificar.* ‖ Lugar donde se disputa un partido: *terreno de deportes.* ‖ *Fig.* Campo, sector: *en el terreno político.* ‖ — *Ganar terreno,* ir avanzando poco a poco. ‖ *Fig. Minarle a uno el terreno,* actuar solapadamente para desbaratar a uno sus planes. | *Reconocer* (o *tantear) el terreno,* procurar descubrir el estado de las cosas o de los ánimos. ‖ *Sobre el terreno,* en el lugar mismo donde está ocurriendo algo. ‖ *Vehículo todo terreno,* el capaz de circular por carretera y por diferentes terrenos, jeep, campero.

térreo, a adj. De tierra. ‖ Parecido a ella.

terrero, ra adj. Relativo a la tierra: *neblina terrera.* ‖ De tierra: *saco terrero.* ‖ Aplícase al vuelo rastrero de algunas aves. ‖ Relativo al caballo que levanta poco las patas al caminar. ‖ *Fig.* Bajo, de humilde condición. ‖ Que sirve para llevar tierra: *espuerta terrera* (ú. t. c. s. f.). ‖ — M. Montón de tierra. ‖ Terrado, azotea. ‖ Montón de broza o escombros. ‖ Tierra de aluvión. ‖ — F. Terreno escarpado. ‖ Alondra, ave.

terrestre adj. Relativo a la Tierra: *la esfera terrestre.* ‖ Que vive, sobre la parte sólida del globo terráqueo: *animales terrestres.*

terrible adj. Que causa terror, espantoso: *visión terrible.* ‖ *Fig.* Violento, fuerte: *tempestad terrible.* ‖ En sentido peyorativo, desmesurado, extraordinario: *un terrible comilón.*

terrícola com. Habitante de la Tierra. ‖ — Adj. Que vive en la tierra: *la lombriz es un animal terrícola.*

terrier m. Raza de perros de caza cuyo tipo es el fox-terrier.

terrífico, ca adj. Terrible, espantoso.

terrígeno, na adj. Procedente de la tierra: *lodos terrígenos.*

territorial adj. Relativo al territorio: *límites territoriales.*

territorialidad f. Condición de lo que está dentro del territorio de un Estado: la *territorialidad* de *España.* ‖ Ficción jurídica en virtud de la cual los buques y las residencias de los representantes diplomáticos se consideran como parte del territorio de la nación a que pertenecen.

territorio m. Extensión de tierra que depende de un Estado, una ciudad, una jurisdicción, etc.: *el territorio de un municipio; territorio militar, judicial.* ‖ *Arg.* Demarcación sujeta al mando de un gobernador designado por el jefe del Estado: *el territorio de la Tierra del Fuego.*

Territorio Vázquez, mun. en el centro de Colombia (Boyacá). Petróleo.

terrizo, za adj. Hecho de tierra. ‖ — M. y f. Barreño, lebrillo.

terrón m. Masa pequeña de tierra compacta: *destripar terrones.* ‖ Masa pequeña y suelta de otras sustancias: *terrón de azúcar, de sal.* ‖ Orujo que queda en los capachos de los molinos de aceite.

terror m. Miedo grande, pavor de algo que se teme. ‖ Persona o cosa que infunde este sentimiento: *el terror de un país.* ‖ Violencias y crímenes ejercidos contra un grupo para infundirle miedo: *gobernar por el terror.*

— Se llamó *Terror* al período de la Revolución Francesa que se extiende desde el 5 de septiembre de 1793 hasta el 9 de Termidor (27 de julio de 1794) en el que imperó una gran represión en contra de aquellos que amenazaban las nuevas instituciones. También ha recibido en Colombia este mismo nombre el espacio de tiempo que media entre 1816 y 1819 durante el cual los gobiernos de Morillo y Sámano, dependientes de la metrópoli, intentaron sofocar con rigor extremado los deseos independistas.

terrorífico, ca adj. Que infunde terror.

terrorismo m. Intento de dominación por el terror: *el terrorismo hitleriano.* ‖ Conjunto de actos de violencia cometidos por grupos revolucionarios. ‖ Régimen de violencia instituido por un gobierno.

terrorista adj. Relativo al terrorismo. ‖ — Com. Partidario o participante en actos de terrorismo.

terrosidad f. Calidad de terroso.

terroso, sa adj. Parecido a la tierra: *cara terrosa.* ‖ Que contiene tierra.

terruño m. País o comarca natal: *la nostalgia del terruño.* ‖ Terrón o porción de tierra.

terso, sa adj. Limpio, claro. ‖ Resplandeciente, bruñido. ‖ Liso, sin arrugas: *piel tersa.* ‖ *Fig.* Aplícase al lenguaje o estilo, etc., muy puro, fluido.

tersura f. Resplandor, bruñido. ‖ Lisura: *la tersura del cutis.* ‖ *Fig.* Pureza del lenguaje o estilo.

Tertl o **Térraba,** punta del NO. de Panamá en la ensenada de Bocas del Toro.

tertulia f. Reunión de personas para hablar, discutir de un tema o jugar: *tertulia de café, política, literaria.* ‖ Sala trasera de un bar donde están los billares y demás juegos. ‖ Corredor que había en la parte alta de los teatros antiguos.

Tertuliano, apologista y teólogo cristiano, n. en Cartago (¿155-220?). Compartió la herejía de Montano.

tertulio, lia adj. Que asiste a una tertulia (ú. t. c. s.).

Teruel, c. del E. de España, cap. de la prov. homónima. Obispado. Catedral. Industria textil.

terutero o **teruteru** m. *Arg.* Ave zancuda de color blanco.

Tesalia, región en el N. de Grecia, a orillas del Egeo. C. pr. *Volo, Larissa* y, ant., *Farsalia.*

tesaliense y **tesalio, lia** adj. y s. De Tesalia.

Tesalónica o **Salónica,** c. y puerto en el N. de Grecia (Macedonia), en el golfo homónimo del mar Egeo. Industrias.

tesalonicense adj. y s. De tesalónica.

tesar v. t. *Mar.* Atirantar, poner tirante: *tesar los cabos, las velas.* ‖ — V. i. Andar hacia atrás los bueyes uncidos.

tescal m. *Méx.* Terreno cubierto de basalto.

Tescoac Ayopechtli, divinidad azteca del Alumbramiento.

Teschen. V. CIESZYN.

Teseo, héroe griego, hijo de Egeo y rey de Atenas. Combatió y mató al Minotauro. *(Mit.)*

Teshin. V. CIESZYN.

Tesifonte. V. CTESIFONTE.

tesina f. Tesis de menos importancia que la doctoral que se presenta para obtener la licenciatura.

Tesino, río de Suiza e Italia, afl. del Po; 248 km. Aníbal derrotó en sus orillas a Publio Escipión (218 a. de J. C.). — Cantón suizo, en el S. del país; cap. *Bellinzona.* En él se habla italiano.

tesis f. Proposición que se apoya con razonamientos: *no consiguió defender su tesis.* ‖ Disertación escrita sobre una materia para doctorarse: *presentar una tesis en la Universidad de Madrid.* ‖ *Fil.* Primer término de un sistema dialéctico (los otros son la antítesis y la síntesis). ‖ *Teatro* o *novela de tesis,* obras destinadas a demostrar lo bien fundado de una teoría.

tesitura f. *Mús.* Altura propia de cada voz o de cada instrumento: *tesitura grave, aguda.* ‖ *Fig.* Estado de ánimo. | Circunstancia: *en esta tesitura.*

tesla m. Unidad de inducción magnética (símb., T).

Tesla (Nikola), ingeniero yugoslavo (1857-1943), autor de varios inventos en electrotécnica.

tesón m. Firmeza, inflexibilidad: *sostener sus convicciones con tesón.* ‖ Tenacidad, perseverancia: *trabajar con tesón.*

tesonería f. Perseverancia.

tesonero, ra adj. Tenaz, perseverante: *trabajo tesonero.* ‖ Obstinado, terco.

tesorería f. Empleo y oficina del tesorero.

tesorero, ra m. y f. Persona encargada de recaudar y distribuir los capitales de una persona o entidad: *el tesorero de un banco, de una asociación.* ‖ — M. Canónigo que custodia el tesoro de una catedral, colegiata, etc.

tesoro m. Conjunto de dinero, alhajas u otras cosas de valor que se guarda en un sitio seguro: *el tesoro de un banco.* ‖ Sitio donde se guarda. ‖ Cosas de valor que han sido escondidas y que uno encuentra por casualidad. ‖ En una iglesia, sitio donde se guardan las reliquias y otros objetos preciosos:

el tesoro de la catedral de Toledo. || Erario público. || *Fig.* Persona o cosa que se quiere mucho o que es de gran utilidad: *esta chica es un tesoro; juventud, divino tesoro.*

Tesoro de la lengua castellana o española, diccionario de la lengua española, compuesto en 1611 por Sebastián de Covarrubias.

tespíades f. pl. Las musas.

Tespis, poeta griego (s. VI a. de J. C.), creador de la tragedia en su país.

tesqui adj. y s. *Méx.* India semisalvaje.

test m. Prueba, especialmente la destinada a conocer las aptitudes o la personalidad de alguien.

testa f. *Fam.* Cabeza. || Frente o parte anterior de algunas cosas. || *Testa coronada,* monarca, soberano.

testáceo, a adj. y s. m. Dícese del animal que tiene concha.

testado, da adj. Aplícase a la persona que ha muerto habiendo hecho testamento. || Dícese de la herencia establecida por un testamento.

testador, ra m. y f. Persona que hace un testamento.

testaferro m. *Fam.* El que presta su nombre para el negocio de alguien que no quiere hacer constar el suyo.

testal f. *Méx.* Porción de masa de maíz con que se hace cada tortilla.

testamentaría f. Ejecución de lo dispuesto en un testamento. || Bienes de una herencia. || Junta de los testamentarios. || Conjunto de los documentos necesarios para el cumplimiento de lo dispuesto en un testamento.

testamentario, ria adj. Relativo al testamento: *ejecutor testamentario.* || — M. y f. Albacea, persona encargada del cumplimiento de lo dispuesto en un testamento por el testador.

testamentería f. *Amer.* Testamentaría.

testamento m. Declaración escrita en la que uno expresa su última voluntad y dispone de sus bienes para después de la muerte: *morir habiendo hecho testamento.* || *Fig.* Resumen de las ideas o de la doctrina que un escritor, artista, científico o político quiere transmitir a su fallecimiento: *testamento literario, político.* || — *Antiguo* o *Viejo Testamento,* conjunto de los libros sagrados anteriores a la venida de Jesucristo. || *Nuevo Testamento,* conjunto de los libros sagrados que, como los Evangelios, son posteriores al nacimiento de Cristo. || *Testamento abierto* o *auténtico* o *público,* el dictado ante notario en presencia de testigos. || *Testamento cerrado,* el hecho por escrito, entregado en un sobre sellado al notario en presencia de testigos, que no debe abrirse hasta la muerte del testador. || *Testamento ológrafo,* el escrito, fechado y firmado por el propio testador.

testar v. i. Hacer testamento.

testarada f. Golpe dado con la cabeza. || *Fam.* Terquedad, inflexibilidad.

testarazo m. Cabezazo.

testarudez f. Obstinación, terquedad.

testarudo, da adj. y s. Obstinado, terco.

testera f. Frente o parte delantera de una cosa. || Asiento en que se va de frente en un coche. || Adorno para la frente de las caballerías. || Parte anterior y superior de la cabeza del animal. || Pared del horno de fundición.

testero m. Testera, frente: *el testero de la cama.* || Lienzo de pared. || Macizo de mineral con dos caras descubiertas.

testicular adj. Relativo a los testículos.

testículo m. *Anat.* Cada una de las dos glándulas genitales masculinas que producen los espermatozoides.

testificación f. Testimonio. || Atestación.

testifical adj. *For.* De los testigos: *prueba testifical.*

testificante adj. Que testifica.

testificar v. t. Afirmar o probar de oficio, presentando testigos o testimonios. || Atestiguar algo un testigo. || *Fig.* Demostrar, probar. || — V. i. Declarar como testigo: *testificar ante el juez lo que vio el día de autos.*

testigo com. Persona que, por haber presenciado un hecho, puede dar testimonio de ello: *ser testigo de un accidente.* || Persona que da testimonio de algo ante la justicia: *testigo de cargo, de descargo.* || Persona que asiste a otra en ciertos actos: *testigo matrimonial.* || — M. Prueba material: *estos restos son testigos de nuestra civilización.* || Hito que se deja en una excavación para evaluar la cantidad de tierra extraída. || Individuo, animal, planta u objeto utilizado como término de comparación con otros de la misma clase sometidos a ciertas experiencias. || En una carrera de relevos, objeto en forma de palo que se transmiten los corredores. || — *Poner* (o *tomar*) *por testigo a uno,* citarle para que pueda dar testimonio de lo que uno dice. || *Testigo abonado,* el que no tiene tacha legal. || — Adj. Que indica el buen funcionamiento de una cosa: lámpara testigo. || *Testigos de Jehová,* v. JEHOVÁ.

Testigos, archip. de Venezuela (*Testigo Grande, Iguana*), en el mar Caribe; dependencia federal.

testimonial adj. Que sirve de testimonio: *prueba testimonial.*

testimoniar v. t. Testificar.

testimonio m. Declaración hecha por una persona de lo que ha visto u oído: *dar testimonio de un suceso.* || Instrumento legalizado en que se da fe de un hecho: *testimonio hecho por escribano.* || Prueba: *testimonio de gratitud, de amistad.* || *Falso testimonio,* deposición falsa para culpar a una persona que uno sabe ser inocente.

testón m. Moneda antigua de plata de varios países y de diversos valores.

testosterona f. Hormona sexual masculina.

testudo m. Tortuga. || Cubierta que formaban antiguamente los soldados protegiéndose con sus escudos alzados encima de la cabeza.

testuz m. En algunos animales, la frente, y en otros, la nuca.

tesura f. Tiesura.

Tet (*Fiestas del*), ritos celebrados en Vietnam el primer día del año del calendario lunar (entre el 20 de enero y el 19 de febrero).

teta f. Cada uno de los órganos glandulosos que segregan la leche en las hembras de los mamíferos. || Mama. || Pezón. || — Pl. Par de colinas de aspecto mamiforme.

Teta de Niquitao. V. NIQUITAO.

tetania f. Enfermedad producida por insuficiencia de la secreción de las glándulas paratiroides, caracterizada por contracciones musculares espasmódicas.

tetánico, ca adj. *Med.* Relativo al tétanos.

tetanismo m. Tetania.

tétano m. Tétanos.

tétanos m. inv. *Med.* Rigidez y tensión convulsiva de los músculos. | Enfermedad infecciosa muy grave producida por un bacilo anaerobio que se introduce en una herida y ataca los centros nerviosos.

Tetecala, c. y mun. de México (Morelos).

tetelque adj. *Amer. C.* y *Méx.* Desabrido, de sabor desagradable.

tetepón, ona adj y s. *Méx.* Persona gruesa y de baja estatura.

tetera f. Recipiente para hacer y servir el té.

tetero m. *Amer.* Biberón.

tetilla f. Órgano de los mamíferos machos situado en el lugar correspondiente al de las mamas de las hembras. || Especie de pezón de goma que se pone en el biberón para que el niño pueda chupar.

Tetis, diosa del Mar, madre de Aquiles e hija de Nereo. (*Mit.*)

tetlachihue m. Hechicero, brujo, entre los aztecas, que todavía practica sus tradiciones.

Tetlepanquétzal, señor de Tlacopan, ejecutado por los españoles, con Cuauhtémoc, en 1525.

tetón m. Trozo de la rama podada que queda unido al tronco.

tetona adj. f. *Fam.* Tetuda.

tetraciclina f. Medicamento antibiótico.

tetracordio m. *Mús.* Serie de cuatro sonidos en que, entre el primero y el último, hay un intervalo de cuarta.

tetracromía f. Reproducción de imágenes coloreadas por superposición de tres imágenes en tres colores primarios y otra en negro.

tetradáctilo, la adj. De cuatro dedos.

tetraédrico, ca adj. *Geom.* Relativo al tetraedro. | De figura de tetraedro.

tetraedro m. *Geom.* Sólido limitado por cuatro planos triangulares.

tetragonal adj. Perteneciente o relativo al tetrágono. || Cuadrangular, con forma de tetrágono.

tetrágono m. *Geom.* Cuadrilátero. || — Adj. y s. m. Aplícase al polígono de cuatro ángulos.

tetragrama m. *Mús.* Renglonadura de cuatro rayas usada en la escritura del canto gregoriano.

tetragrámaton m. Nombre o palabra de cuatro letras.

tetralogía f. Conjunto de cuatro obras dramáticas que presentaban los antiguos poetas griegos en los concursos públicos. || *Mús.* Conjunto de cuatro óperas.

tetrámero, ra adj. Dividido en cuatro partes: *verticilo, insecto tetrámero.*

tetramotor adj. y s. m. Cuatrimotor.

tetrao m. *Zool.* Urogallo.

tetráptero, ra adj. Que tiene cuatro alas: *insectos tetrápteros.*

tetrarca m. Gobernador de una tetrarquía.

tetrarquía f. Dignidad de tetrarca. || En el Imperio Romano, territorio que resultaba de la división de otro mayor o de un reino, y especialmente el dividido por Diocleciano entre cuatro emperadores.

tetrasílabo, ba adj. De cuatro sílabas, cuatrisílabo: *palabra tetrasílaba.* || Aplícase al verso cuatrisílabo (ú. t. c. s. m.).

tetrástrofo, fa adj. y s. m. Aplícase a la composición poética que tiene cuatro estrofas: *tetrástrofo monorrimo.*

tetravalente adj. y s. m. Dícese del elemento químico que tiene cuatro de valencia.

tétrico, ca adj. Triste, lúgubre, sombrío: *lugar tétrico.* || Melancólico: *humor tétrico.*

tetrodo m. Válvula electrónica de cuatro electrodos.

Tetuán, c. del N. de Marruecos, ant. cap. del Protectorado español y hoy de la prov. homónima. Victoria española en 1860.

Tetuán (*Duque de*). V. O'DONNELL (Leopoldo).

tetuaní adj. y s. De Tetuán.

tetuda adj. De tetas o mamas muy grandes.

Tetzcatsóncatl, uno de los dioses mexicanos del Pulque, y hermano de Mayahuel.

Tetzel (Johannes), dominico alemán (¿1465?-1519). Sus predicaciones sobre las indulgencias motivaron la protesta de Lutero.

teucali m. Teocali.

Teurbe y Tolón (Miguel), escritor cubano (1820-1858), autor de cuadros de costumbres y poemas.

teúrgia f. Magia fundada en la comunicación con las divinidades.

Teutberg (SELVA DE) o **Teutoburger Wald,** cadena de colinas arboladas de Alemania (Hannover y Westfalia).

teutón, ona adj. Relativo a la antigua Germania. ‖ Habitante de este país (ú. t. c. s.). ‖ *Fam.* Alemán (ú. t. c. s.). ‖ — M. Nombre dado a la lengua germánica en la Alta Edad Media.

— Los *teutones* eran un pueblo germánico, de origen desconocido, que se establecieron en el s. II a. de J. C. a orillas del Báltico. Hacia 113 a. de J. C., unidos con los cimbrios, invadieron las Galias pero fueron exterminados por Mario en Aix (102).

teutónico, ca adj. De los teutones: *lenguas teutónicas.* ‖ *Orden teutónica,* orden religiosa y militar fundada en Tierra Santa por peregrinos alemanes (1199). ‖ — M. Lengua de los teutones.

Texas, uno de los Estados Unidos de Norteamérica, al S., fronterizo con México; cap. *Austin.* C. pr. *Houston, Dallas, San Antonio.* Petróleo, gas. Independiente de México en 1836, fue anexionado por Estados Unidos en 1848.

Texcoco de Mora, c. del centro de México (Estado de México), a la orilla oriental del *lago de Texcoco.* Obispado. Fue cap. del reino de los chichimecas.

Texistepeque, c. de El Salvador (Santa Ana).

textil adj. Que puede ser tejido: *fibras textiles.* ‖ Relativo a la fabricación de tejidos: *producción textil.* ‖ — M. Materia textil: *los textiles artificiales.*

texto m. Lo dicho o escrito inicialmente por un autor: *texto claro; añadir comentarios a un texto.* ‖ Contenido exacto de una ley u ordenanza: *atenerse al texto legal.* ‖ Escrito: *corregir un texto.* ‖ Trozo sacado de una obra literaria: *leer un texto.* ‖ Sentencia de la Sagrada Escritura: *texto bíblico.* ‖ *Impr.* Grado de letra de catorce puntos. ‖ *Libro de texto,* el que escoge un maestro para su clase y hace comprar a sus alumnos.

textual adj. Conforme con el texto. ‖ Exacto: *ésta fue su contestación textual.*

textura f. Manera de entrelazarse los hilos en una tela. ‖ Operación de tejer. ‖ *Fig.* Disposición de las distintas partes que forman un todo, estructura: *la textura de una comedia, de un cuerpo.*

teyú m. *Rioplat.* Iguana.

tez f. Piel del rostro humano, sobre todo desde el punto de vista de su color: *tez cetrina.*

tezado, da adj. Atezado.

Tezcatlipoca, divinidad principal de los aztecas. Era el dios de la Guerra y padre del Fuego.

Tezel (Juan). V. TETZEL.

Teziutlán, pobl. en el centro de México (Puebla). Cobre, plata.

tezontle m. *Méx.* Piedra volcánica usada en la construcción.

Tezozómoc, señor de Azcapotzalco (1363-1427), prototipo del tirano que sometió a servidumbre al pueblo mexicano. ‖ ~ (HERNANDO DE ALVARADO), historiador mexicano (¿1519-1598?), autor de *Crónica Mexicana.*

th, símbolo de la *termia.*

Th, símbolo químico del *torio.*

Thackeray (William MAKEPEACE), novelista inglés, n. en Calcuta (1811-1863), autor de *La feria de las vanidades,* etc.

Thailandia. V. TAILANDIA.

thalweg m. (pal. alem.). *Geogr.* Vaguada. ‖ Línea más profunda de un río.

Tharsis, c. en el SO. de España (Huelva). Minas de cobre explotadas por fenicios y romanos.

Thebussem (Mariano PARDO DE FIGUEROA, llamado **el Doctor**), escritor español (1828-1918), autor de historias humorísticas.

Theiss. V. TISZA.

Theotocópuli (Domenico). V. GRECO.

Therezina. V. TERESINA.

theta f. Octava letra del alfabeto griego (θ), que en latín y otras lenguas modernas se representa con *th,* y en castellano sólo con *t: terme, tesoro, taumaturgo.*

Thierry, n. de dos reyes de Austrasia en el s. VI y de dos de Neustria en los VII y VIII.

Thiers, c. en el centro de Francia (Puy-de-Dôme). Cuchillos.

Thiers (Adolphe), político e historiador francés (1797-1877). Primer pres. de la Tercera República en 1871, fue derribado en 1873 por la oposición.

Thionville, c. del NE. de Francia, en Lorena (Moselle).

Thomar. V. TOMAR.

Thomson (Augusto GOEMINE), novelista chileno (1880-1950), autor de *Juana Lucero, Pasión y muerte del cura Deusto,* etc. Utilizó el nombre de *Augusto D'Halmar.* ‖ ~ (SIR JOSEPH JOHN), físico inglés (1856-1940). Estudió la estructura de la materia y de los electrones. (Pr. Nóbel, 1906). — Su hijo SIR GEORGE PAGET, n. en 1892, descubrió la difracción de los electrones. (Pr. Nóbel, 1937.) ‖ ~ (SIR WILLIAM), físico inglés (1824-1907). Autor de estudios sobre la energía solar, la electricidad y el magnetismo. Fue lord Kelvin.

Thor. V. TOR.

Thora. V. TORA.

Thoreau (Henry David), escritor norteamericano (1817-1862), autor de *Walden o la vida en los bosques* y *Un yanki en el Canadá.*

Thorn. V. TORUN.

Thorshavn, cap. de las islas Feroe.

Thorvaldsen (Bertel), escultor danés (1770-1844).

Thot o **Thoth.** V. TOT.

Thule. V. TULE.

ti pron. pers. de 2.ª pers. sing. (ú. siempre con prep.): *a ti, para ti, de ti.* ‖ Con la prep. *con* forma una sola palabra (*contigo*).

Ti, símbolo químico del *titanio.*

tía f. Respecto de una persona, hermana o prima del padre o de la madre. ‖ En los pueblos, tratamiento que se da a las mujeres casadas o de edad: *la tía Gertrudis.* ‖ *Fam.* Tratamiento despectivo dado a una mujer cualquiera. ‖ *Pop.* Prostituta. ‖ — *Fig.* y *fam. Cuéntaselo a tu tía,* expresión que denota incredulidad de uno frente a lo que otro dice. | *No hay tu tía,* no hay medio de lograr lo que uno espera.

Tiahuanaco, pobl. en el O. de Bolivia, sección de la prov. de Ingaví (La Paz), al S. del lago Titicaca. Ruinas de una civilización preincaica (1000-1300), extendida después por Bolivia, Perú, Argentina y Chile.

tialina f. Ptialina.

tiamina f. Vitamina B_1.

Tianchan o **Tienchan** o **Montes Celestes,** macizo montañoso de China (Sinkiang), y de la U. R. S. S. (Kirghizia). Alt. máx. en el pico Pobiedy (7 439 m).

tianguero, ra adj. *Méx.* Vendedor en un tianguis.

tianguis m. *Méx.* Mercado. | Mercado que se celebra algunos días de la semana.

tiara f. Entre los antiguos persas, tocado de los soberanos. ‖ Mitra de tres coronas superpuestas que lleva el Papa en las solemnidades. ‖ Dignidad pontificia.

Tibaná, c. en el centro de Colombia (Boyacá).

Tíber, río en el centro de Italia que atraviesa Roma y des. en el mar Tirreno; 396 km.

Tiberíades o **Genesaret** (LAGO DE), lago de Palestina, hoy de Israel, atravesado por el Jordán. — C. del Estado de Israel, en árabe *Tabarich,* en la orilla O. del lago.

tiberino, na adj. Del río Tíber.

tiberio m. *Fam.* Jaleo, ruido.

Tiberio (¿42- a. de J. C.-37 d. de J. C.), emperador romano desde el año 14, hijo de Livia, adoptado por Augusto.

Tibesti o **Tao,** cordillera del Sáhara, al N. del Chad (3 415 m).

Tíbet, región autónoma de Asia central, al O. de China; 1 221 600 km²; 1 270 000 h.; cap. *Lhassa,* 70 000 h. Estaba gobernado por un dalai lama. Ganadería.

tibetano, na adj. y s. Del Tíbet. ‖ — M. Lengua de los tibetanos.

tibia f. Hueso principal y anterior de la pierna.

tibico m. *Méx.* Levadura.

Tibidabo, monte de España al NO. de Barcelona; 532 m.

tibieza f. Calor templado. ‖ *Fig.* Falta de entusiasmo.

tibio, bia adj. Templado, ni caliente ni frío: *baño tibio.* ‖ *Fig.* Poco fervoroso, falto de entusiasmo: *tibio recibimiento.* | Poco afectuoso: *relaciones tibias.* | Flojo, descuidado. | Tirante.

Tibú, pobl. en el NE. de Colombia (Norte de Santander). Refinería de petróleo.

Tibulo (Aulo Albio), poeta latino (¿50-18? a. de J. C.), autor de *Elegías.*

Tíbur, c. de la ant. Italia, hoy *Tívoli.*

tiburón m. Nombre dado a los peces selacios de cuerpo fusiforme y aletas pectorales grandes cuya boca, en la parte inferior de la cabeza, tiene forma de media luna y está provista de varias filas de dientes cortantes. (Los *tiburones,* llamados también *escualos,* viven en el mar. Algunas de sus especies son muy voraces pero otras son inofensivas y se alimentan de plancton. Alcanzan a veces la longitud de 15 m.)

Tiburón, cabo del O. de Colombia, en cuyo extremo comienza la frontera con Panamá. — Penins. de Haití, en el dep. del Sur; 221 km de longitud. — Isla del O. de México, en el golfo de California; 1 208 km².

tic m. Contracción convulsiva habitual e involuntaria de ciertos músculos, principalmente del rostro. ‖ *Fig.* Manía, acción que uno hace frecuentemente sin darse siquiera cuenta.

ticazo m. *Méx.* Bebida fermentada hecha de maíz y algo semejante a la chicha.

Ticiano. V. TIZIANO.

ticket m. (pal. ingl.). Úsase como sinónimo de *billete, entrada, boleto, cupón, bono,* etc. (En España se ha intentado castellanizar esta palabra por *tíquet* y *tiquete.*)

Ticknor (George), hispanista norteamericano (1791-1871). Publicó *Historia de la Literatura española.*

tico, ca adj. y s. *Fam. Amér. C.* Costarricense.

tictac m. Ruido acompasado producido por ciertos mecanismos: *el tictac del reloj.*

Ticul, pobl. del Estado de Yucatán (México).

Tidjikja, c. en el centro de Mauritania; cap. de la circunscripción de Tagant.

Tieck (Ludwig), escritor alemán (1773-1853), traductor del *Quijote.*

tiempo m. Duración determinada por la sucesión de los acontecimientos, y particularmente de los días, las noches y las estaciones: *el tiempo transcurre muy rápido.* ‖ Parte de esta duración: *este trabajo me ha tomado mucho tiempo.* ‖ Época. Ú. t. en pl.: *en los tiempos de Bolívar.* ‖ Período muy largo: *hace tiempo que no le veo.* ‖ Momento libre: *si tengo tiempo lo haré; no me ha dado tiempo verlo.* ‖ Momento oportuno, ocasión propicia: *es preciso hacer las cosas en su tiempo.* ‖ Estación del año: *fruta del tiempo.* ‖ Edad: *¿qué tiempo tiene su hijo?* ‖ Estado de la atmósfera: *tiempo espléndido.* || Cada una de las divisiones de una acción compleja: *motor de cuatro tiempos.* || En deporte, división de un partido: *un partido de fútbol consta de dos tiempos.* || *Mús.* División del compás. || *Gram.* Cada una de las formas verbales que indican el momento en que se verificó la acción: *tiempos simples, compuestos.* || Temporal en el mar: *aguantar la nave un tiempo.* || — *A mal tiempo buena cara,* hay que saber aguantar con valor las desgracias o dificultades que nos depara la fortuna. || *A tiempo,* antes de que sea demasiado tarde: *llegó a tiempo para salvarle;* en el momento oportuno. || *A un tiempo,* a la vez, juntamente. || *Andando el tiempo,* más tarde. || *Con tiempo,* sin tener que darse prisa; con antelación: *hay que sacar las entradas con tiempo.* || *Fig. Darse buen tiempo,* darse buena vida. | *Dar tiempo al tiempo,* no ser demasiado impaciente. || *De tiempo en tiempo,* a intervalos. || *Dejar algo al tiempo,* confiar en que con el tiempo todo se arreglará. || *En tiempos del rey que rabió* o *de Maricastaña,* en una época muy lejana. || *Engañar* (o *matar*) *el tiempo,* entretenerse en cosas poco interesantes para no quedar desocupado. || *Estar a tiempo de,* tener todavía la posibilidad de. || *Fuera de tiempo,* inoportunamente. || *Ganar tiempo,* adelantar en lo que uno está haciendo; aplazar alguna acción complicada esperando que con el tiempo se le va a encontrar solución. || *Hacer tiempo,* entretenerse esperando la hora de hacer algo. || *Perder el tiempo,* no aprovecharlo; permanecer ocioso. || *Astr. Tiempo medio,* el que se mide por la velocidad media de la Tierra. | *Tiempo verdadero,* el que se mide por el movimiento real de la Tierra. || *Y, si no, al tiempo,* frase que indica que, aunque no se lo crean los demás, lo que prevé uno acabará por verificarse.

Tienchan. V. TIANCHAN.

tienda f. Armazón de palos hincados en tierra y cubiertos con tela, lona o piel sujeta con cuerdas, que se arma en el campo para alojarse: *madre e hija estaban en la puerta de la tienda de campaña.* || Toldo que protege del sol. || Establecimiento comercial donde se vende cualquier mercancía: *tienda de artículos fotográficos.* || Establecimiento donde se venden comestibles. || *Amer.* Tienda de tejidos al por menor, prendas de vestir, etc. || *Med. Tienda de oxígeno,* dispositivo destinado a aislar al enfermo del medio ambiente y suministrarle oxígeno puro.

tienta f. Instrumento para explorar cavidades, heridas, etc. || Operación para probar la bravura del ganado destinado a la lidia: *tienta de becerros.* || *Fig.* Habilidad, sagacidad. || *A tientas,* guiándose por el tacto; (fig.) con incertidumbre.

tiento m. Ejercicio del sentido del tacto. || Bastón de ciego. || Balancín o contrapeso de volatinero. || Pulso, seguridad en la mano: *tener tiento.* || *Fig.* Prudencia, tacto: *andar con tiento.* || *Fig. y fam.* Golpe, porrazo. | Trago, bocado: *dar un tiento a la botella, al jamón.* || Floreo que se hace antes de empezar a tocar un instrumento músico para ver si está afinado. || Palillo en que el pintor apoya la mano. || *Zool.* Tentáculo. || — Pl. Cante y baile andaluz. || *A tiento,* a tientas.

Tientsin, c. y puerto en el NE. de China, cap. de la prov. de Hopei, a orillas del Pei-ho. Centro industrial y comercial.

Tiépolo (Giambattista), pintor y grabador italiano, n. en Venecia (1696-1770), autor de frescos. Trabajó y murió en Madrid.

tierno, na adj. Blando, fácil de cortar: *carne tierna.* || Reciente: *pan tierno.* || Claro, delicado: *color tierno.* || *Fig.* Sensible, propenso al cariño o al amor: *corazón tierno.* | Cariñoso: *miradas tiernas.* | Joven. | Propenso al llanto: *ojos tiernos.* || *Amer.* Que no está maduro: *fruta tierna.* || *Tierna edad,* los primeros años de la juventud.

tierra f. Planeta que habitamos. (En este sentido esta palabra debe escribirse con mayúscula.) || Parte sólida de la superficie de este planeta: *la tierra no ocupa tanta extensión como el mar en el globo.* || Capa superficial del globo que constituye el suelo natural. || Suelo: *echar por tierra.* || Terreno cultivable: *tierra de labor, de secano.* || Patria: *mi tierra.* || País, región, comarca: *la tierra andaluza.* || Contacto entre un circuito eléctrico y la tierra: *toma de tierra.* || — *Fig. y fam. Besar la tierra,* caerse. || *Dar en tierra,* dejar caer; caerse. || *Fig. Echar por tierra,* derrumbar; aniquilar, frustrar: *esto echa por tierra todos mis proyectos;* destruir, reducir a nada: *objeción que echa por tierra un razonamiento.* | *Echarse por tierra,* humillarse. | *Echar tierra a un asunto,* silenciarlo, echarlo en olvido. | *En tierra de ciegos, el tuerto es rey,* por poco que se valga, uno puede siempre destacarse entre los que valgan menos. | *En toda tierra de garbanzos,* por todas partes. || *Fig. y fam. Estar comiendo* (o *mascando*) *tierra,* estar muerto y enterrado. || *La tierra de María Santísima,* Andalucía. || *Fig. Poner tierra por medio,* marcharse, alejarse. || *Tierra adentro,* lejos de la costa. || *Tierra de batán,* greda. || *Tierra de nadie,* territorio no ocupado entre las primeras líneas de dos beligerantes. || *Tierra de Promisión,* la que Dios prometió al pueblo de Israel; (fig.) la muy fértil. || *Tierra firme,* continente. || *Tierra rara,* óxido de ciertos metales que existe en muy pocas cantidades y tiene propiedades semejantes a las del aluminio. || *Tierra Santa,* lugares de Palestina donde Jesucristo pasó su vida. || *Tierra vegetal,* parte del suelo impregnada de humus y propia para el cultivo. || *Tomar tierra,* arribar una nave, aterrizar un avión. || *Fig. Venir* (o *venirse*) *a tierra,* fracasar.

— La *Tierra* ocupa el tercer lugar entre los planetas del sistema solar en orden creciente de las distancias al Sol. Se encuentra entre Venus y Marte. Gira sobre sí misma, con un movimiento casi uniforme, alrededor de un eje que pasa por su centro de gravedad al mismo tiempo que gira alrededor del Sol en una órbita elíptica. El movimiento de traslación alrededor del Sol determina la duración del año y el de rotación sobre su eje la del día. La Tierra tiene la forma de una esfera achatada por los polos cuyos diámetros ecuatorial y polar miden poco más o menos 12 756 y 12 713 km, respectivamente. Posee una superficie de 510 101 000 km², un volumen de 1 083 320 000 000 km³ y una masa de 6 por 10^{21} toneladas. La densidad es de 5,52. El estudio de algunos fenómenos de radiactividad natural ha permitido calcular en 4 500 millones de años aproximadamente la existencia de nuestro planeta.

Tierra || ~ **de Campos.** V. CAMPOS *(Tierra de).* || ~ **del Fuego,** archip. de América del Sur, en el extremo meridional del continente, del que está separado por el estrecho de Magallanes. Se compone de la isla de Tierra del Fuego, la mayor del grupo, y las de la Desolación, Santa Inés, etc. La parte occidental es chilena y constituye un departamento de la provincia de Magallanes. La parte oriental, perteneciente a la Argentina, forma parte del territorio de *Tierra del Fuego, Antártida e Islas del Atlántico Sur.* || ~ **del Fuego, Antártida e Islas del Atlántico Sur,** territorio de la Argentina que comprende, además de la parte oriental de la Tierra del Fuego, las islas de los Estados, Malvinas, Georgia del Sur, Sandwich del Sur, la Antártida Argentina y otras islas menores; 1 268 195 km²; cap. *Ushuaia.* || ~ **del Pan.** V. PAN *(Tierra del).* || ~ **Firme,** n. dado por los descubridores españoles a las costas de Colombia y Venezuela. || ~ **Santa.** V. PALESTINA.

Tierra (La). V. GEA.

tierrafría com. *Col.* Habitante del altiplano.

tierruca f. Dim. de *tierra.* || Terruño. || *Fam.* La Montaña de Santander.

tieso, sa adj. Erguido, firme. Rígido: *pierna tiesa.* || Tenso. || *Fig.* Estirado, afectadamente grave. | Terco. || *Pop.* Sin dinero: *dejarle a uno tieso.* || *Fig. y fam. Tenérselas tiesas,* no ceder nada.

tiesto m. Maceta donde se crían plantas: *un tiesto de geranios.* || Pedazo de una vasija de barro.

tiesura f. Rigidez. || *Fig.* Gravedad exagerada y afectada.

Tiétar, río de España, en las prov. de Ávila y Cáceres, afl. del Tajo; 165 km.

tifáceo, a adj. y s. f. Dícese de las plantas monocotiledóneas acuáticas a que pertenece la espadaña. || — F. pl. Familia que forman.

tífico, ca adj. Del tifus. || Que padece tifus (ú. t. c. s.).

Tiflis. V. TBILISI.

tiflitis f. Inflamación del intestino ciego.

tifobacilosis f. Tuberculosis aguda cuyos síntomas generales se parecen a los de la fiebre tifoidea.

tifoideo, a adj. Relativo al tifus o a la fiebre tifoidea. || Dícese de una fiebre infecciosa provocada por la ingestión de alimentos que tienen bacilos de Eberth (ú. t. c. s. f.).

tifón m. Ciclón tropical del Pacífico occidental y del mar de China.

tifus o **tifo** m. Enfermedad febril, epidémica y contagiosa debida a un microbio transmitido por un piojo y que se caracteriza por manchas rojas en la piel llamadas *exantemas.* (Se llama también *tifus exantemático.*) || *Fig. y fam.* Conjunto de personas que asisten gratuitamente a un espectáculo.

tigra f. *Amer.* Jaguar hembra.

Tigranes el Grande (¿121-54? a. de J. C.), rey de Armenia (95-54), conquistador de Siria, Mesopotamia y parte de Asia Menor.

tigre m. Mamífero carnicero del género félido y de piel de color amarillo anaranjado rayado de negro que vive en el continente asiático, Sumatra y Java. (Tiene una longitud de dos m, un peso de 200 kg y una longevidad de unos 25 años.) || *Fig.* Persona cruel y sanguinaria. || *Amer.* Jaguar.

Tigre, río de América del Sur, afluente del Marañón, que nace en el Ecuador y penetra en el Perú; 563 km. — Isla en el centro de la Argentina, en el lago Nahuel Huapi. — Pico del O. de la Argentina, en la sierra homónima (San Juan); 4 700 m. — Isla del S. de Honduras, en el golfo de Fonseca. — Río en el centro de México (Guanajuato), afl. del Lerma. Llamado también *Coroneo.* — Isla del S. del Uruguay, en la boca del río Santa Lucía. — Meseta en el N. de Venezuela (Anzoátegui). — Pico del N. de Venezuela, en la sierra de Aroa; 1 780 m. — Río de Venezuela, afl. del Orinoco. — Pobl. y lugar de recreo de la Argentina, al N. de Buenos Aires y a orillas del río Luján. || ~ **(El),** pobl. en el N. de Venezuela (Anzoátegui).

Tigré, prov. en el N. de Etiopía; cap. *Adua.*

tigrero m. *Amer.* Cazador de jaguares.

tigresa f. Galicismo por *tigre hembra.*

tigrillo m. *Ecuad* y *Venez.* Mamífero carnicero americano del género félido más pequeño que el tigre.

Tigris, río de Turquía e Irak, que pasa por Mosul y Bagdad y forma, con el Éufrates, el Chatt el-Arab; 1 950 km.

tigüilote m. *Amer. C.* Árbol cuya madera se emplea en tintorería.

Tihua y **Tihwa.** V. URUMTSI.

tija f. Astil de la llave entre el ojo y el paletón.

tijera f. Instrumento para cortar, compuesto de dos piezas de acero articuladas en un eje. Ú. más en pl.: *tijeras para las uñas.* ‖ *Fig.* Nombre que califica diferentes objetos formados por dos piezas articuladas: *catre, asiento, escalera de tijera.* ‖ Zanja para desecar las tierras húmedas. ‖ Aspa en que se apoya el madero para aserrarlo o labrarlo. ‖ Pluma primera de las alas del halcón. ‖ En deportes, llave en la lucha y tb. manera de saltar. ‖ *Fig.* y *fam.* Persona muy murmuradora: *buena tijera está hecha esta mujer.*

tijereta f. Tijera pequeña. ‖ Zarcillo de las vides. ‖ Cortapicos, insecto. ‖ Ave palmípeda de América del Sur. ‖ Manera de saltar haciendo un movimiento con las dos piernas parecido al hecho cuando se manejan unas tijeras.

tijeretada f. y **tijeretazo** m. Cortes hecho de una vez con las tijeras.

tijeretear v. t. Dar tijeretazos. ‖ *Fig.* y *fam.* Entremeterse en negocios ajenos y disponer en ellos.

tijereteo m. Acción de tijeretear. ‖ Ruido hecho por las tijeras al cerrarse.

tijerilla y **tijeruela** f. Tijereta de la vid.

Tijuana, río de Estados Unidos y México que des. en el Pacífico. — C. en el O. de México (Baja California Norte), fronteriza con Estados Unidos. Vicariato Apostólico. Centro comercial y turístico.

Tikal, ant. c. maya en el N. de Guatemala (El Petén). Pirámides y templos.

tila f. Flor del tilo. ‖ Infusión hecha con esta flor: *una taza de tila.* ‖ Tilo.

Tilapa. V. OCOSITO.

Tilarán, pobl. en el NO. de Costa Rica (Guanacaste). Obispado. Minas.

Tilburgo, c. en el S. de Holanda (Brabante Septentrional). Industrias mecánicas y de tejidos.

tílburi m. Carruaje ligero y descubierto de dos plazas.

Tílcara, pobl. en el NO. de la Argentina (Jujuy).

tilcoate m. Culebra de México, especie de boa acuática.

tildar v. t. Poner tilde a una letra. ‖ Tachar algo escrito. ‖ *Fig.* Acusar a uno de algún defecto: *tildar de avaro.*

tilde f. Signo que se pone sobre la letra *ñ* y algunas abreviaturas. ‖ Acento. ‖ *Fig.* Cosa insignificante. | Nota denigrativa.

tildío m. Ave migratoria propia de México.

tiliáceo, a adj. y s. f. Dícese de las plantas dicotiledóneas cuyo tipo es el tilo. ‖ — Fl pl. Familia que forman.

tilico, ca adj. *Fam. Méx.* Flacucho, delgaducho.

tiliche m. *Amer.* Baratija (ú. m. en pl.).

tilín m. Sonido de la campanilla. ‖ — *Fig.* y *fam. Col. Chil.* y *Venez. En un tilín,* en un tris. ‖ *Fam. Hacer tilín,* gustar.

tilma f. *Méx.* Manta de algodón o lana que llevan los campesinos trabada por una abertura a la cabeza.

tilo m. Árbol tiliáceo de flores blanquecinas y medicinales.

Tilsit. V. SOVIETSK.

Tiltil, com. en el centro de Chile (Santiago).

tilla f. Entablado que sólo cubre parte de una embarcación menor.

tillado m. Entarimado.

tillandsia f. Planta americana de la familia de las bromeliáceas.

Tilly (Jean T'SERCLAES, *conde de*), general alemán (1559-1632), jefe de la Liga católica en la guerra de los Treinta Años.

timador, ra m. y f. Estafador.

tímalo m. Pez malacopterigio parecido al salmón.

Timaná, c. en el SO. de Colombia (Huila).

timanejo, ja adj. De Timaná.

timar v. t. *Fam.* Estafar: *le timaron 1 000 pesetas.* | Engañar, hacer concebir esperanzas que no serán colmadas. ‖ — V. pr. *Fam.* Hacerse señas o cambiar miradas galanteadoras un hombre con una mujer.

timba f. *Fam.* Partida de juego de azar. | Casa de juego.

timbal m. Tambor con caja de cobre semiesférica. ‖ Atabal, tambor pequeño. ‖ Empanada rellena de carne u otras viandas.

timbalero m. Músico que toca el timbal.

timbeque m. *Cub.* Baile ruidoso de negros.

Timbío, río en el SO. de Colombia (Cauca) que al unirse con el Quilcasé forma el Patía. — Mun. en el SO. de Colombia (Cauca); cap. la pobl. homónima.

timbiriche m. *Méx.* Árbol rubiáceo mexicano de fruto comestible. | Tendejón de bebidas alcohólicas del mismo nombre.

timbó m. *Arg.* y *Parag.* Árbol leguminoso de madera muy sólida. ‖ *Hond.* Animal fantástico que figura en leyendas autóctonas.

timbrado, da adj. Aplícase al papel con un sello que se utiliza para extender documentos oficiales. ‖ Dícese del papel con membrete de una persona o entidad.

timbrar v. t. Estampar un timbre, sello o membrete en un documento. ‖ Poner timbre en el escudo de armas.

timbrazo m. Toque fuerte del timbre.

timbre m. Sello para estampar especialmente en seco: *timbre en relieve.* ‖ Sello que indica el pago de derechos fiscales en algunos documentos oficiales: *timbre fiscal, móvil.* ‖ Aparato de llamada: *timbre eléctrico.* ‖ Sonido característico de una voz o instrumento: *timbre metálico.* ‖ *Blas.* Insignia en la parte superior del escudo de armas: *timbre de nobleza, heráldico.* ‖ *Fig.* Acción que ennoblece a la persona que la hace: *timbre de gloria, de lealtad.*

timbú adj. y s. m. Dícese del individuo de una tribu india que vivía en la orilla oeste del Paraná. (Pl. *timbúes.*)

timeleáceo, a adj. y s. f. Dícese de las plantas dicotiledóneas que tienen por tipo el torvisco. ‖ — F. pl. Familia que forman.

Timeo, historiador griego de mediados del s. III a. de J. C., autor de *Historia de Sicilia.*

Timgad, c. romana de África del Norte, fundada en el año 100 de nuestra era en territorio del actual dep. argelino de Batna. Ruinas.

timidez f. Falta de seguridad en sí mismo, vergüenza de hablar o actuar en presencia de personas poco conocidas.

tímido, da adj. Que se encuentra cohibido en presencia de personas con quienes no tiene confianza: *esta niña es muy tímida.*

Timishoara o **Timisoara,** en húngaro *Temesvar,* c. en el SO. de Rumania (Banato). Universidad.

timo m. Glándula endocrina de los vertebrados situada delante de la tráquea. ‖ Tímalo, pez. ‖ Estafa. ‖ *Fam.* Engaño que se da a los incautos: *el timo del sobre, de la estampita.*

timocracia f. Gobierno en el cual los derechos políticos están reservados a la clase acomodada.

timocrático, ca adj. De la timocracia.

timol m. Sustancia sacada del tomillo usada como desinfectante.

Timoleón, general y político griego (¿410-336? a. de J. C.), liberador de Siracusa.

timón m. Pieza móvil colocada verticalmente en el codaste de la embarcación para gobernarla. ‖ Dispositivo para la dirección de un avión, cohete, etc.: *timón de dirección, de profundidad.* ‖ Palo derecho del arado, que va de la cama al yugo y en el que se fija el tiro. ‖ Varilla del cohete. ‖ *Fig.* Dirección, gobierno: *manejar el timón de un negocio.* ‖ *Mar. Caña del timón,* palanca que permite gobernar el timón.

timonear v. i. Manejar el timón.

Timoneda (Juan de), escritor español (¿1490-1583?), autor de comedias (*Turiana, Filomena, Rosalina* y *Aurelia*), de un libro de cuentos escritos a imitación de los de Italia (*El patrañuelo*) y de poesías (*Rosa de romances*).

timonel m. *Mar.* Hombre que maneja el timón.

timonera adj. y f. Aplícase a las plumas grandes de la cola de las aves. ‖ — F. En una nave, sitio donde estaba el pinzote o barra del timonel.

timonero adj. Aplícase al arado de timón. ‖ — M. Timonel.

Timor, isla de la Sonda, al E. de la de Flores, dividida entre Indonesia (parte O., 19 000 km²; 500 000 h.; cap. *Kupang*) y Portugal (parte E., 14 925 km²; 560 000 h.; cap. *Dili*). — (MAR DE), parte del océano Índico, entre la isla de Timor y Australia.

timorato, ta adj. Que tiene el temor de Dios. ‖ Tímido. ‖ Que no se atreve a actuar por demasiado escrupuloso.

timote adj. y s. Dícese de un indio de la región andina de Venezuela.

Timoteo (*San*), obispo de Éfeso (¿35?-97), discípulo de San Pablo. Murió mártir. Fiesta el 24 de enero.

timpánico, ca adj. Relativo al tímpano del oído.

timpanismo m., **timpanitis** o **timpanización** f. Abultamiento del vientre por acumulación de gases en el tubo intestinal.

timpanizarse v. pr. Abultarse el vientre por la acumulación de gases.

tímpano m. *Mús.* Atabal, tamboril. | Instrumento formado por varias tiras de vidrio o cuerdas que se golpean con un macillo de corcho. ‖ Membrana del oído que separa el conducto auditivo del oído medio. ‖ *Arq.* Espacio triangular comprendido entre las dos cornisas inclinadas de un frontón y la horizontal de su base. ‖ *Impr.* Bastidor de las prensas antiguas, sobre el cual descansaba el papel que se había de imprimir. ‖ Tapa de un tonel.

Timur Lenk. V. TAMERLÁN.

timúridas adj. y s. pl. Dícese de los descendientes de Tamerlán o Timur Lenk que reinaron en Persia y en Transoxiana (Turquestán) de 1447 a 1517.

tina f. Tinaja. ‖ Recipiente grande de madera u otro material que sirve para diversos usos: *tina de fotógrafo, de tintorero.* ‖ Baño, bañera

Tina. V. LOMA TINA.

tinaco m. *Méx.* Tinaja grande para depositar aguas en la azotea de las casas.

Tinaco, distrito de Venezuela (Cojedes); cap. la pobl. homónima.

tinaja f. Vasija grande de barro donde se guarda el agua, el aceite u otros líquidos. ‖ Su contenido: *una* *tinaja de olivas.* || *Filip.* Medida de capacidad para líquidos (48 litros y cuatro centilitros).

tinajero m. Fabricante o vendedor de tinajas. || Lugar en que se colocan las tijeras.

tinamú m. Ave gallinácea de América del Sur.

tincar v. t. *Amer.* Lanzar con la uña del pulgar la bolita o canica. | Dar papirotazos.

tincazo m. *Amer.* Papirotazo.

tíndalo m. *Filip.* Árbol leguminoso, de madera roja, muy apreciada en ebanistería.

Tíndaro, rey legendario de Esparta, esposo de Leda, padre de cuatro hijos (Cástor, Polux, Helena y Clitemnestra).

tínea f. Polilla.

Tineh. V. PELUSIO.

tinerfeño, ña adj. y s. De Tenerife.

tinge m. Búho mayor que el común.

Tingitana, parte de la Mauritania romana cuya cap. era *Tingis,* hoy *Tánger.*

tingitano, na adj. y s. Tangerino. || De Tánger.

tinglado m. Cobertizo. || Tablado, puesto hecho de madera o lona. || *Fig.* Artificio, intriga. | Lío, embrollo: *¡menudo tinglado se ha formado!* || *Méx.* Laúd, tortuga marina.

tingle f. Utensilio de vidriero para encajar los vidrios en las tiras de plomo.

Tinguiririca, cumbre volcánica de Chile (Colchagua); 4 300 m.

tinieblas f. pl. Oscuridad: *las tinieblas de la noche.* || *Fig.* Ignorancia, incertidumbre, confusión. || *Ángel* o *espíritu de las tinieblas,* el demonio.

tino m. Puntería con un arma: *tener mucho tino.* || *Fig.* Acierto, habilidad. | Juicio y cordura: *razonar con tino.* | Moderación: *comer con tino.* || Tina. || Lagar. || — *A tino,* a tientas. || *Fig. Perder el tino,* perder el juicio. | *Sacar de tino,* sacar de quicio; exasperar. | *Sin tino,* sin moderación; de manera insensata.

Tinoco (Federico), general y político costarricense (1870-1931), pres. de la Rep. de 1917 a 1919.

Tinogasta, pobl. y dep. en el NO. de la Argentina (Catamarca).

Tinquipaya, pobl. en el SO. de Bolivia, cap. de la prov. de Cercado o Frías (Potosí).

tinta f. Color con que se tiñe. || Tinte. || Líquido empleado para escribir con pluma. || Líquido que los cefalópodos vierten para ocultarse de sus perseguidores: *tinta de calamar.* || — Pl. Colores para pintar. || Matices: *pintar el porvenir con tintas negras.* || — *Media tinta,* color que une los claros con los oscuros. || *Fig.* y *fam. Medias tintas,* dícese de lo impreciso, vago. | *Recargar las tintas,* exagerar. | *Saber de buena tinta,* estar informado por fuentes fidedignas. | *Sudar tinta,* hacer algo con mucho esfuerzo. || *Tinta china,* la hecha con negro de humo y que sirve para los dibujos a la aguada. || *Tinta de imprenta,* composición grasa y espesa que sirve para imprimir. || *Tinta simpática,* la que no es visible sino mediante cierto tratamiento físico o químico.

tinte m. Operación de teñir. || Colorante con que se tiñe: *tinte muy oscuro.* || Establecimiento donde se tiñen y limpian en seco las telas y la ropa: *llevar un vestido al tinte.* || *Fig.* Tendencia, matiz: *tener un tinte político.* | Barniz: *un ligero tinte de cultura.*

tinterillo m. *Fig.* y *fam.* Chupatintas. || *Amer.* Picapleitos, abogado malo.

tintero m. Recipiente en que se pone la tinta de escribir. || Mancha negra en los dientes del caballo. || *Impr.* Depósito donde se impregnan de tinta los cilindros giratorios: *el tintero de una rotativa.* || *Fig.* y *fam. Dejarse o quedársele a uno en el tintero una cosa,* olvidarla u omitirla al escribir.

tintillo adj. y s. m. Aplícase al vino tinto claro.

tintín m. Sonido del timbre, del cristal, de una campanilla, de la esquila, etc.: *se oía el alegre tintineo de los vasos.*

tintinar o **tintinear** v. i. Sonar la campanilla u otro objeto que produce un ruido semejante.

tintineo m. Tintín.

tinto, ta adj. Teñido: *tinto en sangre.* || Aplícase a la uva de color negro y al vino que se obtiene con ella. Ú. t. c. s. m.: *una botella de tinto.*

Tinto (Río), río del SO. de España que des. en el Atlántico; 100 km.

tintóreo, a adj. Aplícase a las plantas y a las sustancias usadas para teñir.

tintorería f. Oficio, taller y tienda del tintorero.

tintorero, ra m. y f. Persona que tiene por oficio teñir o limpiar en seco las telas y la ropa. || — F. Tiburón parecido al cazón. || *Amer.* Hembra del tiburón.

Tintoreto (Iacopo ROBUSTI, llamado **el**), pintor italiano, n. en Venecia (1518-1594), autor de obras de tema religioso o histórico, notables por su vivacidad y colorido (*La gloria de Venecia, La gloria del Paraíso, Judit y Holofernes,* etc.).

tintorro m. *Fam.* Vino tinto bastante malo.

tintura f. Tinte, sustancia colorante que sirve para teñir. || *Fig.* Conocimientos superficiales: *tener una tintura de historia literaria.* || Producto farmacéutico que resulta de la disolución de una sustancia en alcohol o éter: *tintura de yodo.*

tiña f. Arañuelo que daña las colmenas. || Enfermedad producida por diversos parásitos en la piel y el cuero cabelludo que provoca la caída del pelo. || *Fam.* Suciedad, porquería. | Mezquindad, tacañería.

tiñería f. *Fam.* Tiña, tacañería.

tiñoso, sa adj. y s. Que padece tiña. || *Fig.* y *fam.* Tacaño, mezquino. | Sucio, puerco.

tío m. Respecto de una persona, hermano o primo del padre o de la madre. || *Fam.* Hombre casado o de cierta edad: *el tío Juan.* | Persona digna de admiración: *¡qué tío!* | Individuo despreciable: *tío ladrón.* || — *Fig.* y *fam. El tío del saco,* el coco, el bu. | *Tío Sam,* v. SAM. || *Tío vivo,* tiovivo.

Tiocajas, nudo y cima en el centro de los Andes del Ecuador (Chimborazo); 4 211 m.

tiónico, ca adj. Dícese de una serie de ácidos oxigenados del azufre.

Tiopullo, nudo de los Andes del Ecuador (Cotopaxi y Pichincha); 4 722 m.

tiorba f. Especie de laúd.

tiovivo m. Diversión infantil en la que una plataforma giratoria arrastra caballitos de madera u otras figuras en los que se montan los niños.

tipa f. Árbol leguminoso americano cuya madera se utiliza en ebanistería. || *Fig.* Mujer despreciable.

tiparraco, ca y **tipejo, ja** m. y f. Persona ridícula o despreciable.

típico, ca adj. Propio de un sitio, persona o cosa: *lo típico del país.* || Que corresponde a un tipo determinado: *un español típico.*

tipificación f. Clasificación. || Standardización, normalización.

tipificar v. t. Standardizar, normalizar.

Tipillas || ~ **de Cerrillos,** nevado en el NO. de la Argentina (Catamarca); 5 400 m. || ~ **del Arenal,** nevado en el NO. de la Argentina (Catamarca); 5 200 m.

tipismo m. Carácter típico.

Tipitapa, río de Nicaragua que une el lago de Nicaragua con el de Managua; 30 km. — Pobl. en el SO. de Nicaragua (Managua).

tiple m. La más aguda de las voces humanas. || Guitarra muy pequeña de sonidos muy agudos. || — Com. Cantante con voz de tiple.

tipo m. Modelo, cosa o persona representativa: *Otelo es el tipo del celoso.* || Conjunto de los rasgos característicos de las personas o cosas de la misma naturaleza: *tipo deportivo.* || Figura, facha: *tener buen tipo.* || *Fam.* Persona, individuo: *un tipo vigilaba la puerta; es un tipo curioso.* || Clase, género: *una comedia musical de tipo americano.* || Ejemplar individual en el que se basa la descripción de una nueva especie o género biológico: *tipo ario, de los plantígrados.* || Conjunto de las características que tiene. || Pieza rectangular de metal en cuya parte superior está grabado cualquiera de los caracteres usados para la impresión tipográfica. || Porcentaje: *tipo de interés, de descuento.* || Índice: *tipo de cambio.* || *Fam. Jugarse uno el tipo,* arriesgar la vida.

tipografía f. Procedimiento de impresión con formas en relieve (caracteres móviles, grabados, clichés). || Parte de una imprenta en la que se hace la composición y la compaginación.

tipográfico, ca adj. Relativo a la tipografía: *carácter tipográfico.*

tipógrafo, fa m. y f. Persona que compone con tipos móviles lo que se ha de imprimir.

tipología f. Estudio de los caracteres morfológicos del hombre comunes a las distintas razas.

tipometría f. Medición de los puntos tipográficos.

tipómetro m. Regla para medir los puntos tipográficos.

tipoy m. Túnica suelta y sin mangas de las indias y campesinas del Río de la Plata.

típula f. Insecto díptero semejante al mosquito, que se alimenta del jugo de las flores.

tique m. Árbol euforbiáceo de Chile.

tíquet y **tiquete** m. Ticket.

Tiquina, estrecho que separa los lagos Titicaca y Uniamamarca. — Cantón en el O. de Bolivia (La Paz).

tiquismiquis m. pl. *Fam.* Reparos nimios. | Cortesías ridículas o afectadas, remilgos. | Discusiones por motivos ridículos.

tiquismo m. *Amer. C.* Costarriqueñismo.

tira f. Trozo largo y estrecho de tela, papel, cuero u otro material delgado: *las tiras de cuero de un flagelo, de los zapatos.* || En un periódico, serie de dibujos en los cuales se cuenta una historia o parte de ella.

tirabala m. Taco, juguete.

tirabeque m. Guisante mollar.

tirabotas m. inv. Gancho para ponerse las botas.

tirabuzón m. Sacacorchos. || *Fig.* Rizo de cabello retorcido como un sacacorchos. || Salto de trampolín en el que el cuerpo del atleta se retuerce como un tirabuzón. || Acrobacia aérea consistente en bajar rápidamente el avión describiendo una curva como si fuera una hélice. || *Fig.* y *fam. Sacar con tirabuzón,* sacar con mucha dificultad.

tirada f. Distancia bastante grande en el espacio o el tiempo: *de mi casa al trabajo hay una tirada.* || Serie de cosas que se escriben o dicen de una sola vez: *tirada de versos.* || Impresión de una obra y número de ejemplares que se tiran a la vez: *segunda tirada; una tirada de veinte mil ejemplares.* || Lo que se imprime en una jornada de trabajo: *la tirada diaria.* || Galicismo por *trozo, pasaje.* || *De* (o *en*) *una tirada,* de una vez; seguido.

Tiradentes (Joaquim José de SILVA XAVIER, llamado), prócer de la independencia brasileña (1748-1792), jefe de la conspiración de 1789 en el Estado de Minas Gerais. M. ajusticiado.

tiradera f. Flecha muy larga de los indios de América.

tiradero m. Puesto donde el cazador espera la caza.

tirado, da adj. Aplícase a las cosas muy baratas o que abundan: *este reloj está tirado.* || Muy fácil: *esta lección está tirada.* || Aplícase a la letra escrita con soltura. || Dícese del buque de mucha eslora y poca altura de casco.

tirador, ra m. y f. Persona que tira con un arma: *un tirador de arco excelente.* || Persona que estira los metales. || — M. Asidero para abrir los cajones o las puertas. | Cordón o cadenilla para tirar de una campanilla. || *Impr.* Prensista. || Tiragomas. || *Tecn.* Máquina con la cual se estiran los metales. || *Arg.* Cinturón de cuero del gaucho en el cual lleva dinero, tabaco, el facón, etc.

tirafondo m. Instrumento para sacar de las heridas los cuerpos extraños. || Tornillo largo usado para sujetar los rieles o carriles en las traviesas.

tiragomas m. inv. Juguete para tirar pequeños objetos, tales como piedrecillas, etc.

tiralíneas m. inv. Instrumento de metal, a modo de pinzas, cuya separación se gradúa con un tornillo, que sirve par trazar líneas más o menos gruesas según esta separación.

tiramollar v. i. *Mar.* Tirar de un cabo para soltar lo que sujetaba.

tirana f. Canción popular española antigua.

Tirana, cap. de Albania, en el centro del país; 161 300 h. Universidad.

tiranía f. Gobierno ejercido por un tirano: *la tiranía de Pisístrato.* || *Fig.* Abuso de autoridad. | Dominio excesivo que tienen ciertas cosas sobre los hombres: *la tiranía del amor.*

tiranicida adj. Que mata a un tirano (ú. t. c. s.).

tiranicidio m. Muerte dada a un tirano.

tiránico, ca adj. Que tiene el carácter de una tiranía: *poder, gobierno tiránico.* || *Fig.* Que ejerce una influencia irresistible, fuerte: *el poder tiránico de la belleza.*

tiranizar v. t. Gobernar como un tirano: *tiranizar al pueblo.* || *Por ext.* Oprimir, ejercer una autoridad tiránica: *tiranizar a su esposa.*

tirano, na adj. y s. Aplícase al que tenía el poder absoluto en la antigua Grecia, generalmente por usurpación. || Dícese del soberano despótico, injusto y cruel. || *Fig.* Dícese del que abusa de su autoridad: *ser un tirano para su familia.* | Dícese de lo que domina el ánimo. || — M. Pájaro de América del Sur.

Tirant lo Blanch, novela de caballerías en catalán, escrita su primera parte por Joanot Martorell y continuada por Martí Joan de Galba (1490).

tirante adj. Tenso. || *Fig.* Que puede conducir a una ruptura: *situación tirante.* || *Fig. Estar tirante con uno,* tener relaciones tensas con él. || — M. Correa que sirve para tirar de un carruaje. || Cada una de las dos tiras elásticas con las cuales se sujetan los pantalones. || Cada una de las dos tiras que sujetan las prendas interiores femeninas. || *Arq.* Pieza de la armadura de un tejado que impide que se separen los pares. | Riostra, pieza de madera o metal que sirve para reunir otras dos y evitar que se separen.

tirantez f. Tensión: *la tirantez de una cuerda.* || *Arq.* Dirección de los planos de hilada de un arco o de una bóveda. || *Fig.* Desacuerdo, situación que puede conducir a un conflicto: *tirantez entre dos países.*

tirapié m. Correa con que se sujeta el zapato para coserlo.

tirar v. t. Soltar algo de la mano: *tirar un libro al suelo.* || Echar: *tirar agua en la mesa.* || Echar, deshacerse: *tirar viejos objetos; tirar un periódico a la basura.* || Arrojar, lanzar en dirección determinada: *tirar el disco.* || Derribar, echar abajo: *tirar un árbol.* || Traer hacia sí: *tirar la puerta.* || Estirar o extender: *tirar una cuerda.* || Trazar: *tirar curvas, una perpendicular.* || Dar: *tirar un pellizco.* || Disipar, malgastar: *tirar dinero.* || Imprimir: *tirar cinco mil ejemplares de un libro.* || Reproducir en positivo un cliché fotográfico. || Sacar una foto. || *Fam.* Hablar mal: *este chico siempre me está tirando.* | Vender barato. || *Dep.* Chutar el balón: *tirar un saque de esquina.* || — V. i. Atraer: *el imán tira del hierro.* || Arrastrar: *el caballo tira del coche.* || Disparar un arma: *tirar con la ametralladora.* || Producir aspiración de aire caliente: *esta chimenea tira mal.* || *Fam.* Andar, funcionar: *este motor tira muy bien.* || *Fig.* Atraer: *la sangre siempre tira.* | Torcer: *tirar a la izquierda.* | Coger: *si tiráramos por este camino, llegaríamos antes.* | Durar o conservarse una cosa: *el abrigo tirará todo este invierno.* | Mantenerse: *tira con tres mil pesetas al mes.* | Tender, tener propensión: *tirar por una persona.* | Parecerse: *este color tira a rojo.* || — *Fig. A todo tirar* o *tirando por alto,* a lo sumo. | *Dejar tirado a uno,* dejarle plantado; superarle; dejarle pasmado. | *Ir tirando,* vivir modestamente; estar regular, no ir ni bien ni mal. | *Tirando a,* acercándose a. | *Tirando por bajo,* por lo menos. | *Tirar a matar,* criticar violentamente. | *Tira y afloja,* sucesión del rigor por la suavidad. || — V. pr. Abalanzarse: *se tiró sobre él.* || Arrojarse, precipitarse: *se tiró al río.* || Tumbarse: *tirarse en la cama.* || *Fig.* Pasar: *se tiró todo el día corrigiendo.* | Tener que aguantar: *tirarse un año de cárcel.* | Hacer: *tirarse un planchazo.* || *Dep.* Abalanzarse el portero sobre el balón. || *Fig. Tirarse a matar,* estar muy enemistados y hablar muy mal una persona de otra.

Tiraspol, c. en el NO. de la U. R. S. S. (Moldavia), a orillas del Dniéster. Obispado. Agricultura.

tiratacos m. inv. Taco, juguete.

tiratrón m. Tubo de gas, de cátodo caliente, que se emplea como rectificador o como regulador de la corriente.

Tirgu Mures, c. en el centro de Rumania (Transilvania).

tirilla f. Tira pequeña. || Tira de lienzo que se pone en el cuello de las camisas para sujetarlo.

tirio, ria adj. y s. De Tiro. || *Fig. Tirios y troyanos;* partidarios de opiniones contrarias.

Tiripani-Ecuarencha, divinidad de los tarascos.

tiritaña f. Tela endeble de seda. || *Fig.* Cosa insignificante.

tiritar v. i. Temblar por efecto del frío o de la fiebre.

tiritera f. Tiritona.

tirito m. Pez de los lagos de Michoacán (México).

tiritón m. Escalofrío producido por el frío o la fiebre.

tiritona f. Temblor causado por el frío o la fiebre: *tener una tiritona en todo el cuerpo.*

Tirnovo. V. VELIKI TARNOVO.

tiro m. Acción o arte consistente en disparar un arma: *tiro al blanco, al pichón.* || Disparo: *tiro de pistola.* || Estampido producido al disparar: *se oían tiros.* || Huella o herida dejada por una bala: *se veían en la pared muchos tiros.* || Carga de un arma de fuego: *fusil de cinco tiros.* || Manera de disparar: *tiro oblicuo.* || Pieza o cañón de artillería. || Alcance de un arma arrojadiza: *a tiro de ballesta.* || Medida de distancia: *a un tiro de piedra.* || Sitio donde se tira al blanco: *línea de tiro.* || Longitud de una pieza de tejido. || Anchura del traje por delante y de hombro a hombro. || Holgura entre las perneras del pantalón. || Tramo: *tiro de escalera.* || Aspiración de aire caliente que se produce en un conducto, especialmente en una chimenea. || Tronco: *tiro de caballos.* || Tirante del coche. || Cuerda para subir algo con garrucha. || *Fam.* En fútbol, chut: *hizo gol de un soberbio tiro.* || *Fig.* Chasco, burla. | Robo. || *Min.* Pozo abierto en el suelo de una galería. | Profundidad de un pozo. || *Veter.* Vicio de algunas caballerías que chocan los dientes con el pesebre. || — Pl. Correas de que cuelga la espada. || — *A tiro hecho,* con seguridad; apuntando bien; adrede, con propósito deliberado. || *A tiro limpio,* por la fuerza de las armas. || *Fig.* y *fam. De tiros largos,* muy bien vestido. | *Ni a tiros,* de ninguna manera. | *Ponerse a tiro,* ponerse al alcance. | *Salirle a uno el tiro por la culata,* obtener un resultado completamente opuesto al que se esperaba. || *Tiro de gracia,* el que se da al gravemente herido para rematarle.

Tiro, hoy *Sur,* c. del Líbano, al S. de Beirut. Antiguo fuerte fenicio. Arzobispado.

tiroidectomía f. Ablación total o parcial de la glándula tiroides.

tiroideo, a adj. Relativo a la glándula tiroides.

tiroides adj. y s. f. *Anat.* Glándula endocrina en la región faríngea que produce una hormona, la tiroxina, que interviene en el crecimiento y el metabolismo.

tiroidina f. Extracto de tiroides.

tiroiditis f. Inflamación de la glándula tiroides.

Tirol, región de los Alpes, repartida entre Austria (12 648 km²; 500 000 h.; cap. *Innsbruck*), e Italia (13 602 km²; 800 000 h.; cap. *Trento*).

tirolés, esa adj. y s. Del Tirol. || — F. Aire popular del Tirol.

tirón m. Sacudida. || Estirón. || Agarrotamiento de un músculo. || *Fig.* y *fam.* Atracción vaga por algo o alguien de que uno está separado: *el tirón de la patria chica, de la familia.* | Distancia grande: *hay un tirón de aquí a tu casa.* || — *A tirones,* por intermitencia. || *De un tirón,* sin interrupción: *leer una novela de un tirón.*

tirosina f. Aminoácido contenido en muchas proteínas.

tirotear v. t. Disparar tiros: *fue tiroteado por los ladrones en plena calle* (ú. t. c. pr.).

tiroteo m. Acción de tirotear, descarga de armas de fuego.

tirotricina f. Antibiótico de uso externo, empleado contra varias clases de bacterias.

tiroxina f. Hormona segregada por la glándula tiroides.

Tirreno (MAR), parte del Mediterráneo occidental entre Italia, Córcega, Cerdeña y Sicilia.

tirria f. *Fam.* Antipatía injustificada, ojeriza: *tener tirria a uno.*

Tirso de Molina (Fray Gabriel TÉLLEZ, llamado), monje mercedario y dramaturgo español, n. en Madrid (¿1571?-1648), creador del personaje de Don Juan en su drama *El burlador de Sevilla y convidado de piedra.* Compuso numerosas comedias (*El condenado por desconfiado, La prudencia de la mujer, Don Gil de las calzas verdes, Marta la piadosa, El vergonzoso en palacio,* etc.) y libros en prosa (*La historia de la Orden de la Merced, Los cigarrales de Toledo* y *Deleitar aprovechando*). Es una de las figuras más importantes del teatro de su país.

Tiruchirapalli, c. del S. de la

India (Madrás), llamada antes *Trichinopoli.*

tiruta f. *Méx.* Cobija tarahumara impermeable.

tisana f. Bebida que se obtiene por infusión de hierbas medicinales.

tisanuro adj. y s. m. Aplícase a los insectos que carecen de alas y tienen varios apéndices en el abdomen, como la lepisma. || — M. pl. Orden que forman.

Tisi (Benvenuto, llamado **el Garofalo**), pintor italiano n. en Ferrara (1481-1559).

tísico, ca adj. Aplícase a la persona que padece tisis (ú. t. c. s.).

Tisífone, una de las tres Furias o Erinias. *(Mit.)*

tisiología f. Estudio de la tisis.

tisis f. Tuberculosis pulmonar.

tisú m. Tela de seda con hilos de oro o de plata. (Pl. *tisúes* o *tisús.*)

Tisza, en checo *Tisa,* en alem. *Theiss,* río de Europa central que nace en Ucrania Subcarpática, sirve de frontera entre Rumania y la U. R. S. S., pasa por Hungría y se une al Danubio en Yugoslavia; 1 300 km.

tita f. *Fam.* Tía.

titán m. *Mit.* Gigante. || *Fig.* Persona de mucha fuerza o de mucha grandeza.

— Los *titanes* eran hijos de Urano y de Gea. Rebelados contra los dioses, intentaron llegar al cielo amontonando las montañas unas sobre otras, pero fueron precipitados en el Tártaro por Zeus.

titánico, ca adj. Relativo a los titanes. || *Fig.* Desmesurado, muy grande, enorme: *trabajo titánico.*

titanio m. Metal (Ti), de color blanco, muy duro, densidad 4,5, temperatura de fusión 1 800 °C y de características parecidas a las del silicio y el estaño.

títere m. Figurilla de madera o cartón a la que se mueve con cuerdas o con la mano: *teatro de títeres.* || *Fig.* y *fam.* Persona sin carácter que se deja dominar por otra. | Persona informal o necia. || *Fig. No quedar títere con cabeza,* quedar todo destrozado.

tití m. Mono arborícola de América del Sur, muy pequeño y con una cola larga.

Titicaca, isla interior de Bolivia, en el lago homónimo; 77 km². Llamada tb. *Isla del Sol.* — Lago en la altiplanicie de los Andes, dividido entre Perú y Bolivia; 3 815 m de altura; 8 300 km². Es navegable y cuenta con numerosas islas.

titilación f. Acción de titilar, ligero temblor. || Parpadeo de luz, centelleo.

titilador, ra o **titilante** adj. Que titila.

titilar v. i. Temblar ligeramente ciertas partes del cuerpo. || Centellear un cuerpo luminoso: *titilan las estrellas.*

titilear v. i. Titilar.

titileo m. Titilación, centelleo.

Titiribí, pobl. en el NO. de Colombia (Antioquia).

titirimundi m. Tutilimundi.

titiritaina f. *Fam.* Ruido confuso de instrumentos músicos de viento. | Bulla, algazara.

titiritar v. i. Tiritar.

titiritero, ra m. y f. Persona que maneja los títeres. || Volatinero, saltimbanqui.

tito m. *Bot.* Almorta. || *Fam.* Tío: *tito Fernando.*

Tito (Josip BROZ, llamado), mariscal y político yugoslavo n. en 1892. Pres. de la República Socialista Federativa de Yugoslavia desde 1945. || ~ (TITO FLAVIO VESPASIANO, llamado) [39-81], emperador romano desde el año 79, hijo de Vespasiano. Durante el reinado de su padre conquistó y destruyó Jerusalén (70) y al principio de su gobierno tuvo lugar la erupción del Vesubio (79). || ~ **Livio,** historiador latino (65 ó 59 a. de J. C. - 17 a. de J. C.), autor de una historia romana (desde los orígenes hasta el año 9 a. de J. C.), en 142 libros.

Titogrado, ant. *Podgorica,* c. en el SO. de Yugoslavia, cap. de Montenegro.

titubeante adj. Que titubea u oscila: *paso titubeante.* || Que farfulla. || *Fig.* Que duda.

titubear v. i. Tambalearse: *anda titubeando.* || Farfullar. || *Fig.* Dudar en lo que se va a hacer o decir: *titubea en venir.*

titubeo m. Acción de titubear, vacilación. || *Fig.* Indeterminación, duda, indecisión.

titulado, da adj. y s. Aplícase a la persona que tiene un título académico: *titulado en Medicina.* || *Amer.* Supuesto: *el titulado doctor en Letras.*

titular adj. y s. Aplícase al que posee cualquier título. || Dícese del que ejerce un cargo para el que tiene el correspondiente título: *profesor, obispo titular.* || Aplícase al jugador de un equipo deportivo que no es suplente. || — M. pl. Letras mayúsculas usadas en títulos y encabezamiento que se hace con ellas: *los titulares de un periódico.*

titular v. t. Poner un título: *titular una obra, un artículo.* || — V. i. Conseguir un título nobiliario. || — V. pr. Llamarse, darse el nombre, tener por título.

titularización f. Acción y efecto de titularizar.

titularizar v. t. Hacer titular de un cargo: *titularizar a un funcionario temporero.*

titulillo m. *Impr.* Renglón en lo alto de la páginas que indica la materia de que se trata.

título m. Palabra o frase que se pone al frente de un libro, de un capítulo, etc., para indicar el asunto de que trata o para calificarlo. || Dignidad nobiliaria: *título de marqués.* || Persona que la posee: *un rancio título de la nobleza.* || Escritura auténtica que establece un derecho: *título de propiedad.* || Fundamento jurídico de un derecho. || Atestado representativo de un valor mobiliario, que puede ser nominativo o al portador: *título de renta.* || División principal de un texto legal: *título primero, segundo.* || Nombre que expresa un grado, una profesión: *título de doctor en Letras.* || Diploma, documento en que viene acreditado: *título de bachiller.* || Calificación de una relación social: *el título de amigo.* || Calidad, capacidad, mérito. || — *A título de,* en calidad de. || *¿Con qué título?,* ¿con qué motivo?

Tiumen, c. de la U. R. S. S. en Siberia (Rusia).

Tívoli, ant. *Tíbur,* c. del centro de Italia (Roma).

tixotropía f. Licuación por ligera agitación de ciertos geles muy viscosos, que vuelven al estado viscoso al ser dejados en reposo.

Tixtla de Guerrero, c. en el S. de México (Guerrero).

tiza f. Arcilla blanca que se usa para escribir en los encerados. || Compuesto de yeso y greda con que se unta la suela de los tacos de billar.

tizate m. *Amer. C.* y *Méx.* Tiza.

tizaxóchitl o **tizasúchil** m. Planta ornamental de México.

Tizi Uzu, c. de Argelia, cap. del dep. de Gran Kabilia.

Tiziano (Tiziano VECELLIO, llamado), pintor italiano (¿1490?-1576), principal representante del Renacimiento veneciano. Estuvo al servicio de Francisco I de Francia, y de Carlos I y Felipe II de España. Autor de *Amor sacro y profano, Paulo III, Carlos I de España, El emperador Carlos V, Felipe II, Asunción de la Virgen,* etc.

Tizimín, pobl. y mun. en el SE. de México (Yucatán).

tizna f. Cualquier cosa que puede tiznar.

tiznado, da adj. y s. *Amer. C.* y *Arg.* Ebrio.

tiznadura f. Acción de tiznar. || Tiznón.

tiznar v. t. Manchar con tizne, hollín o cualquier cosa: *tiznar una pared.* || *Fig.* Deslumbrar, manchar: *tiznar la fama.* || — V. pr. *Amer.* Emborracharse.

tizne amb. Hollín, humo que se adhiere a las vasijas que se ponen al fuego.

tiznón m. Mancha de tizne u otra cosa parecida.

Tizoc, rey de los aztecas de 1481 a 1486. M. envenenado.

tizón m. Palo a medio quemar. || Honguillo parásito de los cereales. || *Arq.* Parte del sillar que entra en la fábrica. || *Fig.* Mancha en la reputación, desdoro. || — *A tizón,* aplícase a la manera de colocar los ladrillos y las piedras en un muro, cuando su parte más larga es perpendicular al paramento. || *Negro como un tizón,* muy negro.

tizona f. *Fig* y *fam.* Espada o sable. (Era el nombre de la espada del Cid.)

tizonada f. y **tizonazo** m. Golpe dado con un tizón.

tizonear v. i. Atizar el fuego.

Tjirebon, c. y puerto de Indonesia, en la isla de Java.

Tl, símbolo químico del *talio.*

Tlacatecuhtli, jefe supremo de las milicias aztecas y aliadas de México, y tb. juez supremo.

tlaco m. *Méx.* (Ant.). Moneda que valía la octava parte del real columnario.

tlacocol m. *Bot. Méx.* Jalapa.

tlacopacle m. *Méx.* Aristoloquia, planta.

tlacoyo m. *Méx.* Tortilla grande de fríjoles.

tlacuache m. *Méx.* Zarigüeya.

tlachique m. *Méx.* Pulque sin fermentar.

Tlacolula de Matamoros, c. de México (Oaxaca).

Tlacopan, ant. señorío del reino tepaneca que formó parte de la triple alianza (México-Texcoco-Tlacopan), concertada por Netzahualcóyotl. Hoy *Tacuba.*

Tlalnepantla, pobl. y mun. de México, en el Estado de este n.

Tláloc, divinidad de la Lluvia entre los antiguos mexicanos.

Tlalpan, c. de México (Distrito Federal), al lado de la capital del Estado; forma una de las delegaciones de la c. de México.

tlapalería f. *Méx.* Tienda donde se venden colores, pinturas, etc.

tlapsi m. Carraspique, planta.

Tlatelolco, ant. n. de una islita próxima de la de Tenochtitlán, que ocuparon los aztecas disidentes. Célebre por su mercado. Hoy forma parte de la c. de México.

Tlaxcala, c. de México, cap. del Estado homónimo, al E. de la cap. federal. Obispado. Agricultura. Textiles. Monumentos coloniales.

tlaxcalteca adj. y s. De Tlaxcala (México).

tlazol m. *Méx.* Extremo de la caña de maíz y de azúcar.

Tlemcen, en esp. **Tremecén,** c. del NO. de Argelia, cap. del dep. homónimo. Centro religioso.

Tm, símbolo químico del *tulio.*

T. N. T., abreviatura de *trinitrotolueno.*

toa f. *Amer.* Maroma para atoar.

Toa, río de Cuba (Oriente), que des. en la bahía de Baracoa; 106 km. || ~ **Baja,** mun. y c. de Puerto Rico (San Juan).

toabajeño, ña adj. y s. De Toa Baja (Puerto Rico).

Toachi, río en el NO. del Ecuador (Pichincha), afl. del Blanco.

toalla f. Paño para secarse después de lavarse: *toalla de felpa.*

toallero m. Soporte para colgar las toallas.

toar v. t. *Mar.* Atoar.

toast m. [*toust*] (pal. ingl.). Brindis.

Tob (Sem), rabino español del s. XIV, autor de *Proverbios morales al rey Don Pedro,* en verso.

toba f. Piedra caliza o de origen volcánico muy porosa y ligera. ‖ Sarro que se forma en los dientes.

Tobago, isla de las Antillas Menores. Forma con la isla de Trinidad un Estado del Commonwealth. Cap. *Scarborough.*

tobar m. Cantera de toba.

Tobar (Carlos R.), escritor, gramático y político ecuatoriano (1854-1920).

Tobata, ant. c. del Japón (Kiusiu), actualmente parte de Kita Kiusiu.

tobera f. *Tecn.* Abertura por donde se inyecta el aire en un horno metalúrgico. | Parte posterior de un motor de reacción donde se efectúa la expansión del gas de combustión.

Tobías, patriarca de la tribu israelita de Neftalí, famoso por su piedad. *(Biblia.)*

tobillera adj. y s. f. Aplicábase a la jovencita que todavía no se había puesto de largo.

tobillo m. Protuberancia formada por las apófisis inferiores o maléolo, de la tibia y el peroné a cada lado de la garganta del pie. ‖ *Fig. No llegarle a uno al tobillo,* serle muy inferior.

tobogán m. Deslizadero en declive por el que los niños se lanzan como diversión: *Isabel, Mariví y Alejandro van a tirarse por el tobogán que hay en el jardín.* ‖ Dispositivo semejante al borde de las piscinas para lanzarse al agua. ‖ Trineo bajo sobre patines para deslizarse por pendientes de nieve. ‖ Pista utilizada para los descensos en la nieve. ‖ Rampa de madera, rectilínea o helicoidal, utilizada para el descenso de las mercancías.

Tobolsk, c. del centro de la U. R. S. S. (Rusia), en Siberia occidental.

toboseño, ña adj. y s. De El Toboso (Castilla la Nueva).

Toboso (El), pobl. en el centro de España (Toledo), cerca de Quintanar de la Orden, donde habitaba Dulcinea, la dama de los pensamientos de Don Quijote.

Tobruk, c. y puerto en el NE. de Libia (Cirenaica), teatro de duros combates entre británicos y alemanes e italianos (1941-1942).

toca f. Prenda femenina para cubrirse la cabeza. ‖ Prenda de lienzo blanco con que se cubren la cabeza algunas monjas. ‖ Tela ligera con que se suelen hacer éstas.

tocable adj. Que se puede tocar.

tocadiscos m. Aparato empleado para reproducir los sonidos grabados en un disco.

tocado, da adj. *Fam.* Chiflado. ‖ — M. Peinado o adorno de la cabeza femenina. ‖ Prenda con que se cubre la cabeza.

tocador, ra adj. y s. Dícese del que toca un instrumento músico: *tocador de arpa.* ‖ — M. Mueble con un espejo para el aseo o peinado de la mujer. ‖ Cuarto destinado a este fin. ‖ Neceser.

tocadura f. Tocado, prenda que cubre la cabeza. ‖ *Fam.* Locura, chifladura.

Tocaima, c. en el centro de Colombia (Cundinamarca).

tocamiento m. Toque.

tocante adj. Que toca, contiguo. ‖ *Tocante a,* referente a.

Tocantins, río del Brasil que nace en el Estado de Goias y des. en el delta del Amazonas con el nombre de *Pará;* 2 700 km.

tocar v. t. Estar o entrar en contacto con una cosa: *tocar un objeto caliente con la mano; la quilla del barco tocó el fondo* (ú. t. c. pr.). ‖ Remover: *yo no he tocado tus cosas.* ‖ Estar próximo a, contiguo: *su jardín toca el mío.* ‖ Hacer sonar un instrumento músico: *tocar el piano.* ‖ Anunciar por un toque de trompeta: *tocar retreta.* ‖ Hacer sonar un timbre, una campana, etc. ‖ Poner un disco para escucharlo. ‖ En esgrima, alcanzar al adversario. ‖ Ensayar con la piedra de toque. ‖ Arribar de paso a un lugar: *el barco tocará los siguientes puertos* (ú. t. c. i.). ‖ *Fig.* Abordar o tratar superficialmente: *tocar un asunto arduo.* | Impresionar: *supo tocarle el corazón.* ‖ — *A toca teja,* al contado. ‖ *Tocar a rebato,* dar la señal de alarma. ‖ — V. i. Llamar: *tocar a la puerta.* ‖ Sonar una campana. ‖ Pertenecer, por algún derecho o título: *no le toca a usted hacer esto.* ‖ Corresponder parte de una cosa que se distribuye entre varios: *tocar algo en un reparto.* ‖ Caer en suerte: *me tocó el gordo en la lotería.* ‖ Llegar el turno: *a ti te toca jugar.* ‖ Llegar el momento oportuno: *ahora toca pagar.* ‖ Ser pariente de uno: *¿qué te toca Vicente?* ‖ — *Por lo que a mí me toca,* por lo que se refiere a mí. ‖ *Tocar a su fin,* estar a punto de acabar o de morir. ‖ — V. pr. Cubrirse la cabeza con un sombrero, pañuelo, etc. ‖ Peinarse.

tocata f. *Mús.* Pieza breve dedicada generalmente a instrumentos de teclado: *una tocata de Bach.* ‖ *Fig.* y *fam.* Felpa, palizón.

tocateja (a). V. TOCAR.

tocatoca m. *Méx.* Muchacho travieso.

tocayo, ya m. y f. Persona que tiene el mismo nombre que otra: *dos hombres llamados Ramón son tocayos.*

tocinería f. Tienda donde se despacha tocino y otros productos del cerdo.

tocinero, ra m. y f. Persona encargada o dueña de una tocinería.

tocino m. Carne gorda del cerdo. ‖ En el juego de la comba, saltos muy rápidos. ‖ — *Tocino del cielo,* dulce de huevo y almíbar. ‖ *Tocino entreverado,* el que tiene algo de magro. ‖ *Tocino saladillo,* tocino fresco con algo de sal.

toco m. *Per.* Hornacina. ‖ Nicho.

Toco, com. en el N. de Chile (Antofagasta).

tocología f. Obstetricia.

tocólogo m. Médico que ejerce la obstetricia.

tocomate m. Tecomate.

tocón m. Parte del tronco de un árbol cortado que queda unida a la raíz. ‖ Muñón de un miembro amputado.

toconal m. Paraje donde quedan muchos tocones. ‖ Olivar formado por renuevos de tocones.

Tocopilla, c., com. y dep. del N. de Chile (Antofagasta). Puerto exportador de salitre. Cobre.

tocororo m. *Cub.* Ave trepadora.

Tocorpuri, pico de los Andes en la frontera de Chile con Bolivia (Antofagasta); 6 754 m.

Tocqueville (Charles Alexis CLÉREL DE), historiador francés (1805-1859), autor de *La democracia en América.*

tocuyo m. *Amer.* Tela ordinaria de algodón.

Tocuyo, río en el O. de Venezuela (Lara y Falcón), que des. en el mar Caribe: 321 km. — V. BARBACOAS. ‖ ~ **(El),** c. en el NO. de Venezuela (Lara), en el valle homónimo. Centro agrícola, ganadero y comercial.

tochimbo m. *Per.* Horno de fundición.

tocho, cha adj. Tosco. ‖ Necio. ‖ — M. Lingote de hierro.

todabuena f. Planta gutífera cuya infusión se usa en medicina como vulneraria.

todavía adv. Aún, desde un tiempo anterior hasta el momento actual: *duerme todavía.* ‖ *Todavía más,* en mayor grado.

Todi, c. del centro de Italia en Umbría (Perusa). Obispado.

todito, ta adj. *Fam.* Encarece el sentido de todo: *ha llorado todita la noche.*

todo, da adj. Expresa lo que se toma entero sin excluir nada: *todas las casas estaban cerradas; se comió todo el pan.* ‖ Cada: *el alquiler es de cien francos todos los meses.* ‖ Empleado hiperbólicamente, indica la abundancia de lo expresado por el complemento: *la calle era toda baches.* ‖ Real, cabal: *es todo un mozo.* ‖ — *A toda velocidad* (o *marcha*), muy de prisa. ‖ *A todo esto,* mientras tanto; hablando de esto. ‖ *Ante todo,* principalmente. ‖ *Así y todo,* a pesar de eso. ‖ *Con todo* (o *con todo y con eso*), sin embargo, a pesar de todo. ‖ *Del todo,* enteramente. ‖ *En todo y por todo,* completamente, absolutamente. ‖ *Ser todo ojos, todo oídos,* mirar, escuchar con suma atención. ‖ *Sobre todo,* especialmente. ‖ *Todo lo más,* como máximo. ‖ *Fam. Todo quisque,* todo el mundo. ‖ *Y todo,* aunque: *cansado y todo, iré;* incluso: *perdió su perro fiel y todo.* ‖ — Pron. Todas las personas mencionadas: *todos vinieron.* ‖ — M. Cosa entera: *esto forma un todo.* ‖ En las charadas, voz que reúne todas las sílabas anteriormente enunciadas. ‖ — *Jugarse el todo por el todo,* arriesgarse a perderlo todo intentando ganarlo todo. ‖ *Fig. Ser el todo,* ser la persona o cosa más importante.

todopoderoso, sa adj. Omnipotente, que todo lo puede. ‖ *El Todopoderoso,* Dios, el Creador.

Todos los Santos, bahía del Brasil donde se encuentra la c. de Salvador (Bahía). — Lago en el centro de Chile (Llanquihue); 130 km². Turismo. ‖ ~ **Santos,** isla en el O. de México (Baja California).

toesa f. Antigua medida francesa de longitud equivalente aproximadamente a dos metros.

tofana adj. f. *Agua tofana,* veneno muy conocido en la Italia de los s. XVI y XVII. (Se supone era una disolución de ácido arsenioso.)

toffee [*tofi*] m. (pal. ingl.). Pastilla de café con leche.

Tofiño (Vicente), marino y matemático español (1732-1795), autor de estudios de astronomía.

tofo m. Nodo, depósito de urato de sodio y de calcio que se forma en las articulaciones y en los cartílagos de la oreja de los enfermos de gota.

Tofo (El), distr. en el centro de Chile, cerca de la Serena (Coquimbo). Centro metalúrgico.

toga f. Prenda que los antiguos romanos llevaban sobre la túnica. ‖ Vestidura talar de ceremonia que usan los magistrados y catedráticos.

togado, da adj. y s. Aplícase a la persona que viste toga, especialmente a los magistrados superiores.

Togo, región de África occidental, entre Dahomey y Ghana, Colonia alemana desde 1885, fue ocupada por los Aliados en 1914 y, dividida en dos partes en 1922, fue sometida a un régimen de tutela de Francia y Gran Bretaña. El ant. *Togo bajo tutela británica* forma desde 1956 parte de Ghana; el *Togo bajo tutela francesa* es Rep. independiente desde 1960 (56 600 km²; 1 857 000 h.; cap. *Lomé,* 87 000 h.).

Togo (Heihachiro), almirante japonés (1847-1934). Derrotó a los rusos en Puerto Arturo y Tsushima (1905).

toilette f. [*tualet*] (pal. fr.). Galicismo por *tocado* y, más generalmente, por *vestido, traje: una toilette muy elegante.* ‖ Tocador, lavabo.

toisón de oro m. Insignia de una orden de caballería.

— La *Orden del Toisón de Oro,* destinada a la propagación de la fe católica, fue fundada en Brujas por Felipe el Bueno, duque de Borgoña, en 1429. Pasó a la Casa de Austria después de la muerte de

Carlos el Temerario y a España con Carlos I.

tojal m. Sitio cubierto de tojos.

tojo m. Planta papilionácea, de hojas espinosas y flores amarillas.

tojosa f. *Cub.* Paloma silvestre.

tokai m. Vino licoroso de Hungría, de color blanco.

Tokai, c. en el NE. de Hungría, a orillas del Tisza. Vinos.

Tokio, ant. *Yedo,* cap. y puerto del Japón, en el E. del centro de la isla de Honshu; 10 869 000 h. con los suburbios. Centro administrativo, comercial e industrial. Universidades. Palacio imperial.

Tokuchima o **Tokusima,** c. del Japón en el N. de la isla de Sikoku. Textiles.

Tokugawa, dinastía japonesa de shogunes que reinó desde el año 1603 hasta 1867.

tolachini m. *Méx.* Escorpión.

tolanos m. pl. Inflamación que padecen los animales en las encías. ‖ *Fam.* Pelos cortos que crecen en la nuca.

toldar v. t. Entoldar, cubrir con un toldo.

toldería f. *Arg., Bol., Chil.* y *Per.* Campamento indio.

toldilla f. Cubierta parcial que tienen algunos buques en la parte de popa a la altura de la borda.

toldillo m. Silla de manos cubierta. ‖ *Amer.* Mosquitero.

toldo m. Cubierta de tela que se tiende en un patio o una calle, sobre un escaparate, etc., para darle sombra. ‖ Cubierta de lona o hule sostenida sobre un carro o camión mediante unos arcos, que sirve para resguardar del sol y de la lluvia el contenido del vehículo. ‖ *Arg.* Choza que hacen los indios con pieles y ramas.

tole m. *Fig.* Griterío, vocerío: *se oía mucho tole.* | Desaprobación general: *se armó un tole.* ‖ *Fam. Tomar el tole,* irse.

toledano, na adj. y s. De Toledo. ‖ *Fig.* y *fam. Noche toledana,* la que pasa uno sin dormir.

Toledo, c. del centro de España, cap. de la prov. homónima, rodeada por el río Tajo. Arzobispado primado de España. Academia de Infantería. Cap. de la España visigoda y residencia real española hasta 1560. Monumentos (puente romano de Alcántara; catedral gótica; iglesias de Santo Tomé, de San Juan de los Reyes y de Santa María la Blanca; sinagoga del Tránsito; hospital de Santa Cruz; casa del Greco). Fábricas de armas; joyería, mazapanes. (Se da el n. de *Concilio de Toledo* a cada una de las 18 reuniones eclesiásticas y civiles celebradas entre 400 y 702 en esta c. española para la creación del derecho y legislación nacionales.) — C. de Estados Unidos (Ohio), puerto fluvial en el SE. del lago Erie. Universidad. Obispado. Industrias. Famoso museo. — Pobl. en el centro del Uruguay (Canelones). ‖ ~ (MONTES DE), sistema montañoso del centro de España, en la divisoria de aguas entre el Tajo y el Guadiana.

Toledo (ÁLVAREZ DE). V. ALBA *(Duque de).* ‖ ~ (ANTONIO SEBASTIÁN DE), virrey de Nueva España de 1664 a 1673. ‖ ~ (FRANCISCO DE), virrey del Perú de 1569 a 1581. Mandó ejecutar a Túpac Amaru. ‖ ~ (JUAN BAUTISTA DE), arquitecto español, m. en 1567. Después de trabajar en Roma con Miguel Ángel ejecutó los planos y empezó la construcción del monasterio de El Escorial.

tolemaico, ca adj. Del astrónomo Ptolomeo: *sistema tolemaico.*

tolerable adj. Que puede tolerarse, aguantable.

tolerancia f. Respeto hacia las opiniones o prácticas de los demás aunque sean contrarias a las nuestras: *la tolerancia es el signo del hombre civilizado.* ‖ Indulgencia: *tolerancia hacia sus hijos.* ‖ Capacidad del organismo de soportar sin perjuicio ciertos remedios. ‖ Margen de imprecisión consentido en el peso o las dimensiones de una cosa fabricada. ‖ *Tolerancia religiosa,* respeto de la libertad de conciencia y hecho de dejar libre a cada uno para que practique la religión que profesa.

tolerante adj. Propenso a la tolerancia.

tolerantismo m. Opinión de los que son partidarios de la tolerancia religiosa.

tolerar v. t. Consentir, no prohibir terminantemente: *tolerar los abusos.* ‖ Soportar, aguantar: *tolerar el estómago bebidas fuertes.*

tolete m. *Mar.* Escálamo. ‖ *Amer.* Garrote corto.

toletole m. *Fam.* Jaleo.

Tolima, nevado de Colombia (Tolima), en la Cord. Central; 5 620 m. — Dep. en el O. del centro de Colombia; cap. *Ibagué.* Agricultura; ganadería; yac. de oro, cobre, hierro, petróleo.

tolimense adj. y s. De Tolima.

tolita f. Explosivo obtenido por nitración del tolueno.

tolmo m. Peñasco elevado y aislado.

toloache m. Planta de México, de tallos ramosos y grandes flores blancas.

tololoche m. Entre los indígenas mexicanos, el contrabajo.

Tolomeo. V. PTOLOMEO.

Tolón, en fr. *Toulon,* c. y puerto en el S. de Francia (Var), a orillas del Mediterráneo. Obispado. Arsenal.

tolondro, dra adj. y s. Aturdido, alocado. ‖ — M. Chichón.

tolondrón m. Tolondro, chichón. ‖ *Fig. A tolondrones,* a ratos.

tolonés, esa adj. y s. De Tolón (Francia).

Tolosa, c. en el N. de España (Guipúzcoa). Fabricación de papel. — C. de Francia. (V. TOULOUSE.)

tolosano, na adj. y s. De Tolosa.

Tolstoi (Alexei), escritor soviético (1883-1945), autor de *El oro negro, Pedro el Grande, Iván el Terrible,* etc. ‖ ~ (LEV, en esp. LEÓN, *conde*), escritor ruso, n. en Iasnaia Poliana (Tula) [1828-1910], autor de *Guerra y Paz, Ana Karenina, Resurrección, La sonata a Kreutzer,* etc.

tolteca adj. Relativo a un pueblo mexicano de antes de la Conquista. ‖ — Adj. y s. Perteneciente a este pueblo.

— Los *toltecas,* pueblo semilegendario a quien los aztecas atribuían la introducción de la civilización en México, eran gobernados por Mixcoatl a mediados del s. X. Topiltzin establece la capital en Tula y ésta es conquistada (1168) por los chichimecas. La civilización tolteca ha dejado grandes monumentos (pirámides, templos), figuras esculpidas, cerámica, etc.

Toltecatl, dios del Pulque, entre los aztecas; uno de los hermanos de Mayahuel.

Toltén, río de Chile (Cautín); 250 km. — Com. en el centro de Chile (Cautín).

tolú m. Bálsamo originario de Tolú (Colombia).

Tolú, c. en el NO. de Colombia (Bolívar), en el mar Caribe.

Toluca de Lerdo, c. mexicana, cap. del Estado de México, al pie del *nevado de Toluca,* llamado tb. *Xinantécatl* (4 558 m). Obispado. Museo arqueológico.

tolueno m. Hidrocarburo líquido análogo al benceno, empleado como disolvente y en la preparación de colorantes, medicamentos y del T. N. T.

toluqueño, ña adj. y s. De Toluca (México).

tolva f. En los molinos, recipiente en forma de cono invertido por donde se echa el grano. ‖ Depósito en forma de tronco de pirámide invertido para almacenar minerales, mortero, etc. ‖ Abertura de un cepillo, de una urna.

tolvanera f. Polvareda.

tollina f. *Fam.* Zurra, paliza.

tollo m. Cazón, pez selacio. ‖ Hoyo o enramada donde se ocultan los cazadores. ‖ Sitio pantanoso.

Tom, río en el centro de la U. R. S. S. (Rusia), en Siberia, afl. del Obi; 843 km.

toma f. Conquista: *la toma de una ciudad.* ‖ Cantidad de una cosa que se toma de una vez: *una toma de rapé, de quinina.* ‖ Desviación, lugar por donde se deriva una parte de la masa de un fluido: *toma de aire, de agua, de corriente.* ‖ Porción de una cosa que se toma para examinarla o analizarla: *toma de muestras.* ‖ — *Toma de conciencia,* hecho de llegar uno a ser consciente de su papel, de su personalidad, etc. ‖ *Toma de hábito,* ceremonia durante la cual toma el hábito religioso una persona. ‖ *Toma de posesión,* acto por el cual una persona empieza a ejercer un cargo importante. ‖ *Toma de sangre,* pequeña sangría destinada a un análisis o una transfusión. ‖ *Toma de sonido, de vistas,* grabación fonográfica, cinematográfica. ‖ *Toma de tierra,* conexión conductora entre un aparato eléctrico y el suelo; aterrizaje de un avión o llegada al suelo de un paracaidista.

tomadero m. Agarradero, asidero. ‖ Toma de agua.

tomado, da adj. Aplícase a la voz un poco ronca. ‖ *Pop.* Borracho.

tomador, ra adj. y s. Aplícase a la persona que toma. ‖ *Amer.* Bebedor. ‖ — M. *Com.* El que recibe una letra de cambio. ‖ *Mar.* Cajeta con que se aferran las velas.

tomadura f. Toma, acción de tomar. ‖ *Fam. Tomadura de pelo,* burla, chasco.

tomahawk m. Hacha de guerra de los indios de Norteamérica.

tomaína f. Alcaloide sumamente venenoso resultante de la putrefacción de las materias orgánicas.

tomar v. t. Coger o asir con la mano: *tomar un libro de la estantería.* ‖ Coger aunque no sea con la mano: *tomar un pastel en la fuente.* ‖ Recibir o aceptar: *toma este regalo que te he traído.* ‖ Conquistar, apoderarse: *tomar una fortaleza.* ‖ Comer, beber, ingerir: *tomar el desayuno, una medicina* (ú. t. c. pr.). ‖ Adoptar: *tomar decisiones.* ‖ Adquirir, contraer: *tomar un vicio, una costumbre.* ‖ Empezar a tener: *tomar forma.* ‖ Contratar: *tomar un obrero.* ‖ Alquilar: *tomar un coche para una semana.* ‖ Adquirir un negocio: *tomar una panadería.* ‖ Comprar: *tomar las entradas.* ‖ Recibir: *tomar lecciones de francés.* ‖ Sacar: *tomar una cita de un autor.* ‖ Interpretar: *tomar a bien, a mal, en serio.* ‖ Escoger: *tomar el mejor camino.* ‖ Imitar: *tomar los modales de uno.* ‖ Recobrar: *tomar aliento, fuerzas.* ‖ Hacer uso de: *tomar la pluma, la palabra.* ‖ Emplear un vehículo: *tomar el autobús.* ‖ Montarse en él: *tomó el tren a las ocho.* ‖ Requerir: *tomar mucho tiempo.* ‖ — *Más vale un toma que dos te daré,* más vale una cosa mediana segura que una mucho mejor pero sólo probable. ‖ *¡Toma!,* exclamación de sorpresa, de incredulidad o que expresa que uno lleva su merecido. ‖ *Tomar afecto a uno,* encariñarse con él. ‖ *Tomar conciencia de algo,* darse cuenta de su existencia. ‖ *Tomar el pecho,* mamar una criatura. ‖ *Tomar el pelo a uno,* burlarse de él. ‖ *Tomar en serio una cosa,* darle la importancia debida. ‖ *Tomar estado,* casarse; ingresar en una orden religiosa. ‖ *Tomar frío,* resfriarse. ‖ *Tomarla (o tomarlas) con uno,* meterse con él; criticarle. ‖ *Tomar las lecciones,* decir a un niño que las recite. ‖ *Tomar parte,* participar. ‖ *Tomar por,* confundir, equivocarse: *tomar a una persona por otra;* juzgar equivocadamente: *¿por quién me tomas?* || *Tomar sobre sí una cosa,* cargar con las responsabilidades que implica. || *Tomar tierra,* aterrizar. || *Tomar una fotografía,* sacarla. || *Fam. ¡Tómate, esa!* expr. que suele usarse cuando a uno se le da un golpe o se le dice algo considerado como bien merecido. || *Toma y daca,* expr. que se emplea cuando hay reciprocidad de servicios o favores; trueque. || — V. i. Encaminarse, dirigirse: *tome a la derecha.* || — V. pr. Cubrirse de moho los metales. || Cargarse de nubes la atmósfera. || — *Fig. Tomarse con uno,* disputarse con él. | *Tomarse la libertad,* permitirse.

Tomar o **Thomar,** c. de Portugal, al NE. de Lisboa (Santarem). Ruinas del castillo de los templarios (s. XII) y convento del Cristo, de estilo manuelino. Lugar de la reunión de las Cortes para elegir a Felipe II de España rey de Portugal (1581).

Tomás || **~** *(Santo),* uno de los doce apóstoles, célebre por su duda sobre la resurrección de Jesucristo. Fiesta el 21 de diciembre. || **~ Becket** *(Santo),* arzobispo de Cantorbery (1118-1170), asesinado al pie del altar por los cortesanos de Enrique II. Fiesta el 29 de diciembre. || **~ de Aquino** *(Santo),* teólogo italiano (1225-1274), doctor de la Iglesia, autor de *Summa contra gentiles* y *Summa Theologica,* obras fundamentales de la filosofía escolástica. Fiesta el 7 de marzo. || **~ de Villanueva** *(Santo),* escritor ascético y anacoreta agustino español (1488-1555), arzobispo de Valencia. Fiesta el 22 de septiembre. || **~ Moro** *(Santo).* V. MORO.

tomatada f. Fritada de tomate.

tomatal m. Plantío de tomates.

tomatazo m. Golpe dado lanzando un tomate: *le dio un tomatazo.*

tomate m. Fruto comestible, encarnado y jugoso, de la tomatera. || Tomatera. || *Fam.* Agujero que se forma en el talón de los calcetines. || *Fam. Tener tomate una cosa,* ser difícil o resultar molesta.

tomatera f. Planta solanácea, originaria de América, cuyo fruto es el tomate. || *Fam.* Engreimiento, orgullo: *tener tomatera.*

tomatero, ra m. y f. Persona que vende tomates. || — Adj. m. Aplícase a un pollo pequeño.

tomavistas m. inv. Cámara fotográfica con que se impresionan las películas cinematográficas.

tómbola f. Rifa pública en la que no se gana dinero sino objetos: *tómbola benéfica.*

tómbolo m. Franja de arena que une una isla a la costa.

Tombuctú, c. al NE. de la Rep. del Malí, cerca del Níger.

Tomé, c. y puerto en el centro de Chile (Concepción), cab. de la com. y del departamento homónimos.

Tomé (Narciso), escultor español del s. XVIII, autor del *Transparente* de la catedral de Toledo, obra maestra de estilo churrigueresco.

Tomelloso, c. en el S. del centro de España (Ciudad Real). Vinos.

tomento m. Vello suave que cubre algunas partes de ciertos vegetales. || Estopa basta del lino o cáñamo.

Tomiauhtecuhtli, entre los aztecas, uno de los dioses de las Montañas

tomillar m. Lugar plantado de tomillo.

tomillo m. Planta labiada aromática: *el tomillo salsero se emplea como condimento.*

Tomina, prov. en el S. de Bolivia (Chuquisaca); cap. *Padilla.*

tomineja f. o **tominejo** m. Pájaro mosca.

tomismo m. Conjunto de las doctrinas teológicas y filosóficas de Santo Tomás de Aquino.

tomista adj. Relativo al tomismo. || — Adj. y s. Seguidor del tomismo.

tomístico, ca adj. Propio de Santo Tomás de Aquino.

tomiza f. Soga de esparto.

tomo m. División de una obra que forma generalmente un volumen completo: *un Larousse en dos tomos.* || Barb. por *volumen.* || *Fig.* y *fam. De tomo y lomo,* muy grande, notable: *un sinvergüenza de tomo y lomo.*

Tomo, río de Colombia (Meta y Vichada), que des. en el Orinoco; 418 km.

tompeate m. *Méx.* Canasta tejida con palma por los indígenas.

Tomsk, c. de la U. R. S. S. (Rusia) en Siberia. Universidad.

ton m. Apócope de *tono.* || *Sin ton ni son,* sin motivo.

Tonacacíhuatl, entre los aztecas, principio creador femenino, alimentadora de la humanidad.

Tonacatecuhtli, entre los aztecas, principio creador masculino, el señor de nuestra carne, compañero de Tonacacíhuatl.

tonada f. Composición métrica hecha para ser cantada, y música que la acompaña. || *Amer.* Tonillo, acento, dejo.

tonadilla f. Canción corta, cuplé. || Especie de entremés con música muy en boga en España en el siglo XVIII.

tonadillero, ra m. y f. Persona que compone o canta tonadillas.

tonal adj. *Mús.* Relativo al tono o la tonalidad: *sistemas tonales.*

Tonalá, río en el E. de México, entre los Estados de Tabasco y Veracruz, que des. en el golfo de Campeche por la barra de su n.; 144 km. — C. y mun. en el S. de México (Chiapas).

tonalidad f. Tono determinado en el cual está basada una composición musical. || Tinte, matiz. || Calidad de un receptor radioeléctrico que reproduce perfectamente los tonos graves y agudos.

tonante adj. *Poét.* Que truena: *Júpiter tonante.*

tonar v. i. *Poét.* Tronar.

Tonatiuh, divinidad azteca del Fuego y del Sol.

tonca adj. f. V. HABA.

tondino m. *Arq.* Astrágalo.

tondo m. Adorno circular en una pared.

tondoi m. Instrumento músico de los indios peruanos formado por un tronco que se golpea.

tonel m. Recipiente de madera, compuesto de duelas aseguradas con aros y dos bases circulares llanas. || Su contenido: *un tonel de vino.* || Medida antigua para el arqueo de las naves, equivalente a cinco sextos de tonelada.

tonelada f. Unidad de peso equivalente a 1 000 kg (símb., t): *tonelada métrica.* || Medida para el arqueo de las naves, igual a 2,83 m³ o 100 pies cúbicos en el sistema inglés: *tonelada de arqueo.* || Derecho que pagaban las embarcaciones. || Tonelería, conjunto de toneles.

tonelaje m. *Mar.* Capacidad de un buque expresada en toneladas de arqueo. || *Mar.* Derecho que pagaban las embarcaciones.

tonelería f. Arte y taller del tonelero. || Conjunto o provisión de toneles.

tonelero m. Fabricante o vendedor de toneles. || — Adj. Relativo a los toneles.

tonelete m. Tonel pequeño. || Falda corta que usaban los niños. || Parte de la armadura antigua que tenía esta forma. || Faldilla de bailarina.

Tong Hua, c. del NE. de China (Kirin). Minas.

tonga f. Tongada. || *Cub.* Pila.

Tonga o **Islas de los Amigos,** archip. de Polinesia, 81 000 h.; cap. *Nukualofa.* Reino independiente protegido por Gran Bretaña.

tongada f. Capa de una cosa: *tongada de ladrillos.*

tongo m. En las carreras de caballos, partidos de pelota, etc., hecho de aceptar dinero uno de los participantes para dejarse vencer. || *Chil.* y *Per.* Sombrero hongo.

tonicidad f. Propiedad que tienen los músculos del cuerpo vivo de poseer tono.

tónico, ca adj. Que se pronuncia acentuado: *vocal tónica.* || Dícese de un medicamento que fortalece o estimula la actividad de los órganos. Ú. t. c. s. m.: *un tónico cardiaco.* || *Mús.* Aplícase a la primera nota de una escala (ú. t. c. s. f.). || *Acento tónico,* la mayor intensidad con que se pronuncia una de las sílabas de una palabra. || — F. *Fig.* Tendencia general, tono: *marcar la tónica.* || Firmeza de los valores en la Bolsa.

tonificación f. Acción y efecto de tonificar.

tonificador, ra y **tonificante** adj. Que tonifica: *régimen tonificador o tonificante* (ú. t. c. s. m.).

tonificar v. t. Fortificar, dar vigor al organismo.

tonillo m. Tono monótono. || Dejo, acento. || Entonación enfática al hablar.

tonina f. Atún fresco. || Delfín, cetáceo.

Tonkín o **Tonquín,** región del Viet Nam del Norte, limitada al N. por China, al O. por Laos, al S. por la parte septentrional de Annam y al E. por el mar de China; 115 700 km². C. pr. *Hanoi.* || **~** (GOLFO DE), golfo formado por el mar de China, entre Viet Nam y China.

Tonlé Sap, lago en el centro de Camboya; 3 000 km². Pesca.

tono m. Grado de elevación de la voz o del sonido de un instrumento músico: *tono grave, agudo.* || Inflexión de la voz: *tono arrogante.* || Grado de intensidad de los colores. || Contracción parcial y permanente de un músculo. || *Fam.* Vigor, energía. || *Mús.* Intervalo entre dos notas de la escala que se siguen. | Escala de un trozo: *tono mayor, menor.* | Pieza que se muda en ciertos instrumentos para cambiar el tono. || *Fig.* Carácter, tendencia: *reunión de tono netamente anarquista.* || — *A este tono,* en este caso, de este modo. || *Fig. Bajar el tono,* comedirse, moderarse. || *Fam. Darse tono,* engreírse. || *De buen* (o *mal*) *tono,* propio (o no) de personas distinguidas. || *Fig. Estar a tono,* corresponder una cosa o persona con otra, no desentonar. | *Mudar el tono,* moderarse al hablar. | *Ponerse a tono con alguien,* adoptar la misma manera de pensar o de obrar. || *Salida de tono,* despropósito, inconveniencia. || *Fig. Subir* (o *subirse*) *de tono,* insolentarse, adoptar un tono arrogante.

tonquinés, esa adj. y s. De Tonkín o Tonquín.

tonsila f. Amígdala.

tonsura f. Ceremonia de la Iglesia católica en que se corta al aspirante a sacerdote un poco de cabello en la coronilla al conferirle el primer grado del sacerdocio. || Parte del pelo así cortada.

tonsurado adj. m. y s. m. Aplícase al que ha recibido el grado de tonsura.

tonsurar v. t. Hacer la tonsura eclesiástica. || Conferir el primer grado del sacerdocio. || Cortar el pelo o la lana.

tontada f. Tontería.

tontaina, tontainas y **tontarrón, ona** adj. y s. Dícese de la persona muy tonta.

tontear v. i. Hacer o decir tonterías. || *Fam.* Flirtear.

tontedad y **tontera** f. Falta de inteligencia.

tontería f. Falta de inteligencia, de juicio. || Acción o palabra tonta, necedad: *este chico no dice* *más que tonterías.* ‖ *Fig.* Cosa sin importancia, nadería: *enfadarse por tonterías; gastarse el dinero en tonterías.*

tontillo m. Faldellín emballenado que llevaban las mujeres para ahuecar las faldas.

tontina f. Asociación mutua en la que cada miembro pone cierta cantidad para constituir un fondo que ha de repartirse en una fecha dada entre todos los supervivientes. ‖ *Fam.* Diminutivo de *tonta.*

tonto, ta adj. Falto de juicio y de entendimiento: *una acción, una persona tonta* (ú. t. c. s.). ‖ Estúpido: *un accidente tonto.* ‖ Aplícase a los débiles mentales (ú. t. c. s.). ‖ — M. *Pop.* Payaso de los circos. ‖ — *A tontas y a locas,* sin orden ni concierto. ‖ *Hacer el tonto,* tontear. ‖ *Hacerse el tonto,* hacerse el distraído. ‖ *Ponerse tonto,* mostrar vanidad, presumir; exagerar. ‖ *Tonto de capirote* o *de remate,* sumamente tonto.

Tonto, río en el S. de México (Oaxaca), afluente del Papaloapan.

tontucio, cia adj. Medio tonto.

toña f. Tala, juego de muchachos. ‖ *Fam.* Golpe. | Borrachera.

Toowoomba, c. del O. de Australia (Queensland), cerca de Brisbane. Centro comercial.

¡top! interj. *Mar.* Voz con la que se manda parar una maniobra.

topacio m. Piedra preciosa de color amarillo, muy dura y transparente, que es un silicato de aluminio fluorado.

topada f. Topetada.

topar v. t. e i. Chocar una cosa con otra: *topar dos vehículos.* ‖ Encontrar casualmente algo o a alguien: *topar con un amigo* (ú. t. c. pr.). ‖ *Mar.* Unir al tope. ‖ *Amer.* Echar a pelear dos gallos para probarlos. ‖ — V. i. Topetear los carneros. ‖ *Fig.* Radicar, consistir: *la dificultad topa en eso.* | Tropezar: *topar con una dificultad* (ú. t. c. pr.). | Acertar, salir bien: *lo pediré por si topa.*

tope m. Parte por donde pueden topar las cosas. ‖ Pieza que impide la acción o el movimiento de un mecanismo. ‖ Pieza metálica circular colocada en los extremos de los vagones de tren o al final de una línea férrea para amortiguar los choques. ‖ *Fig.* Freno, obstáculo, límite: *poner tope a sus ambiciones* | Límite, máximo: *precio tope; fecha tope.* | Riña, reyerta. ‖ *Mar.* Extremo superior de un palo: *el tope del mastelero.* | Canto de un madero o tablón. ‖ Lateral izquierdo de un escenario de teatro. ‖ — *A tope,* enteramente. ‖ *Al tope,* aplícase a las cosas unidas por los extremos. ‖ *Estar hasta los topes,* ir un vehículo muy cargado; (fig.) estar harta de algo una persona.

Topeka, c. en el centro de Estados Unidos; cap. de Kansas, a orillas del río *Kansas.* Metalurgia.

Topelius (Zacharias o Zachris), poeta romántico finlandés (1818-1898). Autor también de novelas.

topera f. Madriguera del topo.

topetada f. Golpe que dan con la cabeza los animales cornudos: *las cabras se dan topetadas.* ‖ Golpe dado con la cabeza.

topetar v. i. Topetear.

topetazo m. Golpe dado con la cabeza o con un tope.

Topete y Carballo (Juan Bautista), marino y político español (1821-1885), uno de los promotores de la Revolución de Septiembre que destronó a Isabel II (1868). Luchó también contra los carlistas.

topetear v. i. Dar topetadas los animales cornudos. ‖ *Fam.* Toparse.

topetón m. Choque de dos cosas. ‖ Topetada.

tópico, ca adj. y s. m. Dícese de los medicamentos que se aplican sobre la piel y, a veces, sobre las mucosas. ‖ — M. Lugar común: *discurso lleno de tópicos.*

Topiltzin, último rey de los toltecas (1042-¿1116?); con él terminó la grandeza de Tula.

topinambur o **topinambo** m. *Arg.* y *Bol.* Aguaturma.

topinera f. Topera.

topo m. Pequeño mamífero insectívoro de pelo negro, de ojos casi invisibles, de patas anteriores muy fuertes, que abre galerías subterráneas donde se alimenta de gusanos y larvas. ‖ *Fig.* y *fam.* Persona que ve poco o es muy torpe.

topografía f. Arte de representar en un plano las formas del terreno y los principales detalles naturales o artificiales del mismo. ‖ Conjunto de particularidades que presenta la superficie de un terreno.

topográfico, a adj. Relativo a la topografía: *plano topográfico.*

topógrafo m. El que se dedica a la topografía.

topología f. Parte de la geometría relativa a las propiedades de las superficies que, mediante las necesarias deformaciones, pueden transformarse unas en otras.

topometría f. Conjunto de las operaciones efectuadas en un terreno para la determinación métrica de los elementos de un mapa.

toponimia f. Estudio lingüístico o histórico de los nombres de lugar de un país.

toponímico, ca adj. Relativo a la toponimia: *nomenclatura toponímica.*

topónimo m. Nombre propio de un lugar.

toque m. Acción de tocar leve y momentáneamente. ‖ Golpecito. ‖ Sonido de las campanas o de ciertos instrumentos músicos con que se anuncia algo: *toque de corneta.* ‖ Pincelada ligera. ‖ Ensayo que se hace para apreciar la ley de un objeto de oro o plata. ‖ Aplicación ligera de una sustancia medicamentosa en un punto determinado: *dar unos toques en la garganta.* ‖ — *Fig. Dar el último toque a una cosa,* hacer las últimas operaciones para que quede terminada una cosa. | *Darse un toque una mujer,* maquillarse someramente. | *Dar un toque a uno,* avisarle; llamarle la atención; sondear lo que piensa. ‖ *Toque de atención,* advertencia que se hace a uno. ‖ *Toque de balón,* manera de golpearlo. ‖ *Toque de difuntos,* toque de campanas que anuncia la muerte de alguien. ‖ *Toque de queda,* señal que indica que hay que recogerse en su casa y apagar las luces.

toquetear v. t. e i. Tocar repetidamente.

toqueteo m. Toques repetidos.

toqui m. *Chil.* Entre los araucanos, jefe de Estado en tiempos de guerra.

toquilla f. Pañuelo triangular, generalmente de punto, que llevan las mujeres en la cabeza o el cuello. ‖ *Amer.* Palmera con cuyas hojas se hacen los sombreros de jipijapa.

Toquilla, páramo de Colombia en la Cord. Oriental; a 4 000 m.

Tor o **Thor,** dios del Trueno y del Rayo en la mitología escandinava, hijo de Odín.

tora f. Cierto tributo que pagaban los judíos por familias. ‖ Nombre dado por los judíos a la ley mosaica y al Pentateuco que la contiene.

toracentesis f. Punción efectuada en el tórax.

torácico, ca adj. Relativo al tórax. ‖ — *Caja torácica,* cavidad formada por las vértebras, las costillas y el esternón, limitadas en su parte inferior por el diafragma, y que encierra los órganos del tórax. ‖ *Canal torácico,* vaso linfático que se extiende a lo largo de la columna vertebral hasta la vena subclavia izquierda.

toracocentesis f. Toracentesis.

toracoplastia f. Operación que consiste en modificar la estructura de la caja torácica mediante escisión de una o varias costillas.

torada f. Manada de toros.

toral adj. Principal. ‖ *Arco toral,* cada uno de los cuatro en que estriba la media naranja de un edificio. ‖ — M. *Tecn.* Molde para vaciar barras de cobre. ‖ Barra así obtenida.

tórax m. inv. Cavidad de los vertebrados limitada por las costillas y el diafragma, y que contiene los pulmones y el corazón. ‖ Región intermedia del cuerpo de los arácnidos y crustáceos entre la cabeza y el abdomen.

torbellino m. Remolino de viento. ‖ Movimiento circular rápido del agua. ‖ Cualquier cosa arrastrada en movimiento giratorio: *torbellino de nieve.* ‖ *Fig.* Lo que arrastra irresistiblemente a los hombres: *el torbellino de las pasiones.* | Abundancia de acontecimientos que ocurren a un mismo tiempo: *un torbellino de desgracias.* ‖ *Fig.* y *fam.* Persona muy viva, bulliciosa e inquieta: *este muchacho es un torbellino.*

torca f. Hondonada entre rocas y peñas.

torcal m. Terreno donde hay torcas.

torcaz adj. y s. Dícese de una variedad de paloma silvestre que lleva una especie de collar blanco.

torcecuello m. Ave trepadora de cuello muy movible.

torcedero, ra adj. Torcido, desviado de lo recto. ‖ — M. Utensilio para torcer.

torcedor, ra adj. y s. Dícese de lo que tuerce. ‖ — M. Huso para torcer la hilaza. ‖ *Fig.* Cosa que provoca disgusto o pena. ‖ *Antill.* Operario que tuerce el tabaco.

torcedura f. Acción de torcer. ‖ Desviación, encorvamiento: *la torcedura de una línea.* ‖ Distensión de las partes blandas que rodean las articulaciones de los huesos. ‖ Desviación de un miembro u órgano de su colocación normal.

* **torcer** v. t. Dar vueltas a un cuerpo por sus dos extremidades en sentido inverso: *torcer cuerdas, hilos.* ‖ Doblar, encorvar: *torcer el cuerpo.* ‖ Intentar desviar violentamente un miembro de su posición natural: *torcer el brazo.* ‖ Desviar: *torcer la mirada; torcer el curso de un razonamiento.* ‖ Doblar: *le vi al torcer la esquina.* ‖ *Fig.* Interpretar mal: *torcer las intenciones de uno.* | Sobornar, hacer que una autoridad no obre con rectitud. ‖ *Antill.* Enrollar el tabaco. ‖ *Torcer el gesto, el semblante,* dar muestras de desagrado. ‖ — V. i. Cambiar de dirección: *torcer a la izquierda.* ‖ — V. pr. Sufrir la torcedura de un miembro: *me torcí un pie.* ‖ Agriarse el vino. ‖ Cortarse la leche. ‖ Ladearse o combarse una superficie. ‖ *Fig.* Desviarse del buen camino, pervertirse: *este muchacho se ha torcido.* | Frustrarse: *se han torcido mis esperanzas.* | Cambiar en mal: *se me ha torcido la suerte.*

torcida f. Mecha de lámparas, velones, candiles, etc. ‖ Hinchada.

torcido, da adj. Que no es recto: *piernas torcidas.* ‖ Oblicuo, inclinado. ‖ *Fig.* Que no obra con rectitud, hipócrita. ‖ — M. Rollo de pasta de frutas en dulce. ‖ Aguapié. ‖ Hebra muy gruesa de seda torcida.

torcijón m. Retortijón.

torcimiento m. Torcedura.

torculado, da adj. De figura de tornillo.

tórculo m. Prensa manual que se usa para estampar grabados.

Tordesillas, v. de España, al NO. de Madrid (Valladolid). En 1494, Tratado firmado por España y Portugal que trazó la línea de polo a polo y a 370 leguas al oeste de Cabo Verde que servía de demarcación de las tierras descubiertas por ambos países. Monasterio.

tordillo, lla adj. y s. Aplicado a una caballería, torda.

tordo, da adj. y s. Dícese de la caballería que tiene el pelo mezclado de color negro y blanco. || — M. Pájaro de Europa, de lomo gris aceitunado y vientre blanco con manchas pardas, que se alimenta de insectos y frutos. || *Amer. C., Arg.* y *Chil.* Estornino. || *Tordo alirrojo,* malvís.

toreador m. Torero.

torear v. i. y t. Lidiar los toros en la plaza: *toreaba con gran valor.* || — V. t. *Fig.* Entretener a uno engañándole en sus esperanzas. | Burlarse de uno con disimulo. | Llevar como se quiere a una persona o un asunto particularmente difícil.

Torelli (Giuseppe), violinista y compositor italiano (1658-1709).

Toreno (José María QUEIPO DE LLANO, *conde de*), político e historiador español (1786-1843), jefe del Gob. en 1835.

toreo m. Acción y arte de torear. || *Fig.* Burla.

torería f. Gremio o conjunto de los toreros. || *Fam.* Travesura.

torero, ra adj. Relativo al toreo o a los toreros: *llevar sangre torera.* || — M. El que se dedica a torear. || — F. Chaquetilla corta y ceñida. || *Fig.* y *fam. Saltarse algo a la torera,* no hacer ningún caso de ello.

torés m. *Arq.* Toro que descansa sobre el plinto de la base de la columna.

toresano, na adj. y s. De Toro (España).

torete m. Toro pequeño, novillo. || *Fam.* Dificultad.

Torgau, c. de Alemania Oriental, a orillas del Elba.

Toribio || ~ *(Santo),* religioso español del s. v. Fiesta el 16 de abril. || ~ **Alfonso Mogrovejo** *(Santo),* religioso español (1538-1606), arzobispo de Lima. Canonizado en 1726. Fiesta el 23 de marzo. || ~ **de Benavente** o **de Paredes** *(Fray),* religioso franciscano español, m. en 1569. Su generosidad con los indios mexicanos le valió el sobrenombre de *Motolinia* (*"pobre"*).

toril m. En la plaza de toros, sitio en que se encierran los toros que han de lidiarse.

Toriñana (CABO), cabo de la costa de Galicia (España), cerca del de Finisterre.

torio m. Metal radiactivo (Th), de color blanco, número atómico 90, densidad 12,1 y punto de fusión a unos 1 700 °C.

torita f. Silicato hidratado natural de torio.

torito m. *Amer.* Plato de criadillas de toro. || *Antill.* Pez cofre.

tormenta f. Tempestad en el mar. || Agitación violenta del aire acompañada de lluvia, truenos, relámpagos. || *Fig.* Adversidad, desgracia: *las tormentas de la vida.* | Agitación o alteración del ánimo: *la tormenta de las pasiones.*

Tormentas (CABO DE LAS). V. BUENA ESPERANZA *(Cabo).*

tormentila f. Planta rosácea, de flores amarillas, cuyo rizoma se emplea en medicina como astringente.

tormento m. Dolor físico muy intenso. || Tortura a que se sometía al reo para obligarle a confesar o como castigo: *dar tormento.* || Antigua máquina de guerra para disparar proyectiles. || *Fig.* Congoja, desazón, preocupación constante. | Persona o cosa que la ocasiona: *este niño enfermo es mi tormento.*

tormentoso, sa adj. Que amenaza tormenta: *tiempo tormentoso.*

Tormes, río de España, en las prov. de Ávila, Salamanca y Zamora, afl. del Duero; 390 km.

torna f. Regreso. || Abertura hecha en las huertas para llevar el agua desde las regueras a las eras. || — *Volverle a uno las tornas,* corresponder uno al proceder de otro. || *Volverse las tornas,* cambiar la suerte o la situación.

tornaboda f. Día que sigue a la boda.

tornachile m. Pimiento gordo.

tornada f. Regreso. || Vuelta, repetición de un viaje. || Enfermedad del carnero producida por el desarrollo de un cisticerco en el encéfalo del animal.

tornadizo, za adj. Que cambia fácilmente de opinión: *carácter tornadizo.*

tornado m. Huracán.

tornapunta f. Madero ensamblado oblicuamente en uno horizontal para afianzar otro vertical o inclinado. || Puntal, sostén.

tornar v. t. Devolver, restituir. || Volver, transformar: *tornar a uno alegre.* || — V. i. Regresar: *tornar a su patria.* || Hacer otra vez, repetir: *tornar a hablar.* || — V. pr. Volverse, convertirse, hacerse: *tornarse loco; su duda se había tornado en admiración.*

tornasol m. Girasol, planta compuesta. || Reflejo o viso: *los tornasoles de una tela.* || Materia colorante vegetal azul violácea que se torna roja con los ácidos y sirve de reactivo químico.

tornasolado, da adj. Que tiene o hace visos o tornasoles: *tela tornasolada.*

tornasolar v. i. Hacer tornasoles una cosa (ú. t. c. pr.).

tornátil adj. Hecho a torno. || *Poét.* Que gira fácilmente. || *Fig.* Tornadizo, cambiadizo.

tornatrás adj. y s. Descendiente de personas de distinta raza y con caracteres propios de una sola de ellas.

tornavía f. Placa giratoria en los ferrocarriles.

tornavoz m. Dispositivo, como el techo de encima del púlpito, destinado a recoger y reflejar los sonidos para que se oigan mejor.

Torne, río de Laponia que sirve de frontera entre Suecia y Finlandia; 400 km.

torneado, da adj. Labrado con el torno. || *Fig.* De curvas suaves: *brazos torneados.* || — M. *Tecn.* Acción de labrar al torno.

torneador m. Tornero. || Luchador en un torneo.

torneadura f. Viruta de un objeto torneado. || *Tecn.* Torneado.

tornear v. t. Labrar algo con el torno: *tornear una pata de silla.* || — V. i. Dar vueltas alrededor de algo. || Combatir en un torneo.

torneo m. Fiesta en que combatían caballeros armados. || Certamen, encuentro amistoso entre dos o más equipos. || Modorra, enfermedad del ganado lanar.

tornera f. Monja encargada del torno.

tornería f. Oficio del tornero. || Taller y tienda del tornero.

tornero m. El que labra objetos al torno. || Recadero de las monjas.

tornillazo m. Media vuelta que da el caballo.

tornillo m. Objeto cilíndrico de metal o madera con resalto helicoidal, que se introduce en la tuerca. || Clavo con resalte helicoidal. || *Fig.* y *fam.* Deserción: *hacer tornillo un soldado.* || — *Fig. Apretarle a uno los tornillos,* tratarle con severidad y obligarle a obrar en determinado sentido. || *Fig.* y *fam. Faltarle a uno un tornillo* o *tener flojos los tornillos,* estar medio loco. || *Tornillo de Arquímedes,* artificio para elevar un líquido, consistente en un cilindro inclinado de forma helicoidal movido por un eje. || *Tornillo de banco,* torno que se fija al banco del carpintero o del herrador. || *Tornillo micrométrico,* palmer. || *Tornillo sin fin,* engranaje compuesto de una rueda dentada y un cilindro con resalto helicoidal.

torniquete m. Cruz que gira sobre un eje vertical y se coloca en las entradas por donde sólo han de pasar una a una las personas. || Instrumento para comprimir las arterias y contener las hemorragias.

torniscón m. *Fam.* Golpe dado en el rostro o en la cabeza con el revés de la mano.

torno m. Cilindro horizontal móvil alrededor del cual se arrolla una cuerda y sirve para levantar pesos. || Armario giratorio empotrado en una pared en los conventos, las casas de expósitos, los comedores, y que sirve para pasar objetos de una habitación a otra sin verse las personas. || Máquina herramienta que sirve para labrar piezas animadas de un movimiento rotativo, arrancando de ellas virutas. || Instrumento compuesto de dos mordazas que se acercan mediante un tornillo para sujetar las piezas que hay que labrar. || Máquina provista de una rueda que se usaba para hilar. || Recodo de un río. || Movimiento circular. || — *En torno a,* alrededor de. || *Torno de alfarero,* mesita montada en un eje vertical que se hace girar con los pies y se emplea para modelar objetos de barro o cerámica.

Tornquist (Ernesto), financiero argentino (1842-1908).

toro m. Mamífero rumiante, armado de cuernos, que es el macho de la vaca: *el toro castrado es el buey.* || *Fig.* Hombre fuerte y robusto. | Hombre corpulento. || *Arq.* Bocel. || *Geom.* Sólido engendrado por una circunferencia que gira alrededor de un eje situado en su mismo plano pero que no pasa por el centro. || — Pl. Corrida de toros. || — *Fig. Coger al toro por los cuernos,* arrostrar resueltamente una dificultad. | *Echarle* (o *soltarle) a uno el toro,* reprenderle severamente. | *Estar hecho un toro,* estar furioso. | *Haber toros y cañas,* haber jaleo. | *Ir al toro,* ir al grano. | *¡Otro toro!,* pasemos a otro asunto. | *Toro corrido,* persona difícil de engañar por su mucha experiencia. || *Toro de fuego,* armazón de fuegos artificiales. || *Toro de lidia,* el destinado a las corridas de toros. || *Fig. Ver los toros desde la barrera,* presenciar un acontecimiento sin tomar parte en él.

Toro, pico de los Andes, en la frontera de Argentina (San Juan) y Chile (Atacama); 6 380 m. — C. en el O. de España (Zamora). Colegiata románica; iglesias mudéjares. — Punta de Panamá, frente a la c. de Colón. — Pico en el O. de Venezuela, en la Sierra Nevada de Mérida; 4 758 m. — V. TAURO.

Toro (Alfonso), escritor e historiador mexicano (1873-1952). || ~ (FERMÍN), político y escritor venezolano (1807-1865). || ~ **y Gómez** (MIGUEL DE), lexicógrafo español (1851-1922). — Su hijo MIGUEL DE TORO Y GISBERT fue lexicógrafo e hispanista francés (1880-1966). || ~ **y Zambrano** (MATEO DE), político chileno, n. en Santiago (1724-1811), último gobernador de Chile y presidente de la primera Junta de Gobierno (1810). Fue conde de la Conquista.

toronja f. Especie de cidra de forma parecida a la naranja pero de sabor semejante más bien al del limón.

toronjil m. Planta labiada antiespasmódica y digestiva, común en España.

toronjo m. Árbol cuyo fruto es la toronja.

Toronto, c. en el SE. de Canadá, cap. de la prov. de Ontario, a orillas del lago de este n. Arzobispado. Universidad. Industrias.

torote m. Nombre de varias plantas de México, resinosas y ricas en tanino.

torozón m. Cólico de las caballerías.

torpe adj. Que se mueve con dificultad. ‖ Falto de habilidad y destreza: *ser torpe para dibujar.* ‖ Necio, tardo en comprender.

torpedeamiento m. Torpedeo.

torpedear v. t. Lanzar torpedos: *torpedear un barco.* ‖ *Fig.* Poner obstáculos, hacer fracasar: *torpedear un proyecto.*

torpedeo m. Acción y efecto de torpedear.

torpedero m. Barco de guerra, pequeño y rápido, destinado a lanzar torpedos (ú. t. c. adj. m.).

torpedo m. Pez marino selacio carnívoro, de cuerpo aplanado y provisto, cerca de la cabeza, de un órgano eléctrico con el cual puede producir una conmoción a la persona o animal que lo toca. ‖ Proyectil automotor submarino, cargado de explosivos, utilizado contra objetivos marítimos por barcos o aeronaves. ‖ Automóvil descubierto que se podía cerrar con una capota y dos cortinas laterales.

torpeza f. Falta de destreza. ‖ Pesadez. ‖ Necedad, falta de inteligencia. ‖ Bajeza. ‖ Palabra desacertada.

tórpido, da adj. *Med.* Que reacciona o funciona con dificultad. ‖ Dícese de una lesión o afección que evoluciona con lentitud sin empeorar ni mejorarse: *neumonía tórpida.*

torpor m. *Med.* Entorpecimiento profundo.

Torquemada (Juan), religioso e historiador español, m. en 1624. Residió en México y fue autor de *Monarquía Indiana.* ‖ ~ (Tomás de), dominico e inquisidor español, n. en Valladolid (1420-1498), famoso por su rigor contra los acusados de herejía.

torques f. Collar usado por los antiguos romanos.

torrado m. Garbanzo tostado.

torrar v. t. Tostar.

Torrance, c. del S. de Estados Unidos (California).

torre f. Edificio alto y estrecho que sirve de defensa en los castillos, de adorno en algunas casas y donde están las campanas de las iglesias. ‖ Casa muy alta, rascacielos. ‖ En algunas partes, casa de campo, quinta. ‖ En los buques de guerra, reducto acorazado que se levanta sobre la cubierta y en donde están las piezas de artillería. ‖ Pieza del juego del ajedrez. ‖ — *Torre de control,* edificio que domina las pistas de un aeropuerto y de donde proceden las órdenes de despegue, de vuelo y de aterrizaje. ‖ *Torre del homenaje,* la más importante de un castillo. ‖ *Torre de perforación,* armazón metálica que sostiene la sonda de perforación de un pozo de petróleo. ‖ *Fig. Vivir en una torre de marfil,* aislarse una persona, ocupada en perfeccionar su obra, y mostrarse indiferente a los problemas actuales y a los demás.

Torre ‖ ~ **Annunziata,** c. de Italia (Campania), en el golfo de Nápoles. ‖ ~ **de Cerredo.** V. CERREDO. ‖ ~ **del Greco,** c. y puerto de Italia (Campania), en el golfo de Nápoles y al pie del Vesubio. ‖ ~ **del Mar,** pobl. del S. de España (Málaga). Playas.

Torre (Guillermo de), escritor y poeta español (1900-1971). Fue el teórico del movimiento poético ultraísta. Ha publicado innumerables ensayos. ‖ ~ **León** (LEÓN), escritor mexicano (1834-1895). ‖ ~ **y Huerta** (CARLOS DE LA), zoólogo cubano (1858-1950).

Torredonjimeno, c. en el S. de España (Jaén). Olivos.

torrefacción f. Tostadura.

torrefactar v. t. Tostar el café.

torrefacto, ta adj. Tostado, aplicado particularmente al café.

Torrejón (Andrés). V. MÓSTOLES *(Alcalde de).*

Torrejón de Ardoz, c. en el centro de España (Madrid). Base aérea.

Torrelaguna, v. en el centro de España (Madrid).

Torrelavega, c. del N. de España (Santander). Industrias químicas. Textiles.

Torrelodones, pobl. en el centro de España. (Madrid).

Torremolinos, pobl. del S. de España, barriada de Málaga, en la *Costa del Sol.* Centro turístico estival y de invierno.

torrencial adj. Perteneciente a los torrentes: *aguas torrenciales.* ‖ Tumultuoso como un torrente: *río torrencial.* ‖ Que cae a torrentes: *lluvias torrenciales.*

torrente m. Curso de agua rápido, de régimen irregular y dotado de una gran fuerza de erosión, propio de los terrenos montañosos. ‖ Curso de la sangre en el aparato circulatorio. ‖ *Fig.* Abundancia, copia: *torrente de lágrimas, de injurias.* ‖ *Fig. A torrentes,* en abundancia.

Torrente, v. en el E. de España (Valencia).

torrentera f. Cauce de un torrente.

torrentoso, sa adj. Que tiene la fuerza de un torrente.

torreón m. Torre grande de los castillos o fortalezas.

Torreón, c. en el N. de México Coahuila). Obispado. Industrias. Minas. Centro algodonero.

torrero m. Encargado de una atalaya o un faro. ‖ Granjero, el que se ocupa de una torre.

Torres ‖ ~ (ESTRECHO DE), paso marítimo entre Australia y Nueva Guinea; 170 km de ancho. ‖ ~ **Vedras,** c. de Portugal (Extremadura), al N. de Lisboa. Aguas minerales sulfurosas.

Torres (Camilo), patriota y político colombiano, n. en Popayán (1766-1816), primer pres. de las provincias Unidas (1812-1814). Reelegido en 1815, fue hecho prisionero por Morillo y fusilado. ‖ ~ (CARLOS ARTURO), poeta y ensayista colombiano (1867-1911). ‖ ~ (JOSÉ ANTONIO), escritor chileno (1828-1884), autor de la novela *Los misterios de Santiago.* ‖ ~ (JUAN JOSÉ), militar boliviano, n. en 1922. Pres. de la Rep. en 1970, derrocado en 1971. ‖ ~ (LUIS VÁEZ DE), marino español del s. XVII. Descubrió en 1606 el estrecho que lleva su nombre. ‖ ~ **Bodet** (JAIME), poeta, escritor y político mexicano (1902-1974). ‖ ~ **Caicedo** (JOSÉ MARÍA), escritor y diplomático colombiano (1827-1889). ‖ ~ **de Vera y Aragón** (JUAN DE), político español del s. XVI, último adelantado del Río de la Plata (1587-1592) y fundador de la c. de Corrientes (1588). ‖ ~ **García** (JOAQUÍN), pintor uruguayo (1874-1949), maestro de una generación de artistas. ‖ ~ **Naharro** (BARTOLOMÉ DE), escritor y dramaturgo español (¿1476-1531?), uno de los padres del teatro castellano en verso. Reunió su obra en la *Propaladia,* colección de comedias. ‖ ~ **Quevedo** (LEONARDO), ingeniero y matemático español n. en Santander (1852-1936), inventor de un dirigible, de una máquina de calcular y del *telekino* para dirigir a distancia el mando de una máquina. ‖ ~ **Rioseco** (ARTURO), crítico y profesor chileno, n. en 1897, autor de una documentada *Nueva Historia de la Gran Literatura Iberoamericana.* ‖ ~ **Villarroel** (DIEGO DE), escritor español, n. en Salamanca (1693-1770), autor de las más extrañas aventuras, descritas en su curiosa autobiografía *(Vida).* Se le deben tb. pronósticos, calendarios y escritos satíricos *(Sueños morales).*

torreta f. Torre pequeña. ‖ Reducto blindado, generalmente orientable, en la que se colocan las piezas de artillería de una fortaleza, barco o avión de guerra o carro de combate.

Torrevieja, pobl. en el E. de España (Alicante). Estación estival.

torrezno m. Pedazo de tocino frito: *pan con torreznos.*

Torricelli [*-cheli*] (Evangelista), físico y geómetra italiano (1608-1647), discípulo de Galileo. Inventor del barómetro, demostró los efectos de la presión atmosférica.

Torrico (Andrés María), jurisconsulto boliviano (1795-1875).

tórrido, da adj. Muy caluroso: *clima tórrido.* ‖ *Zona tórrida,* parte de la Tierra situada entre los dos trópicos.

Torriente (Cosme de la), escritor, diplomático y patriota cubano (1872-1956).

torrija f. Rebanada de pan mojada en vino o leche, rebozada en huevo, frita y bañada después en azúcar, en miel o en almíbar.

Torrijos (José María), general español (1791-1831). M. fusilado después de desembarcar cerca de Málaga para derrocar el régimen absolutista. ‖ ~ (OMAR), militar panameño, n. en 1930, jefe del Gobierno desde 1968.

Torroja (Eduardo), arquitecto español (1899-1963).

Torrox, pobl. en el S. de España (Málaga).

tórsalo m. *Amér. C.* Larva parásita del hombre y de algunos animales.

torsión f. Acción y efecto de torcer o torcerse en sentido helicoidal: *la torsión de un cable.* ‖ Deformación que sufre un cuerpo sometido a dos pares de fuerzas que actúan en direcciones opuestas y en planos paralelos. ‖ *Barra de torsión,* tipo de resorte basado en la torsión de una barra elástica.

torso m. Tronco del cuerpo humano. ‖ Obra de arte que representa el tronco sin la cabeza ni los miembros.

torta f. Pastel de forma circular y aplastada, hecho generalmente con harina, huevos, mantequilla y cocido al horno. ‖ *Fig.* Cualquier cosa de forma de torta. ‖ *Impr.* Paquete de caracteres tipográficos. | Plana de composición que carece de cuadrados. ‖ *Fig.* y *fam.* Bofetada: *pegar una torta.* | Borrachera. ‖ *Fig. Ser torta y pan pintado,* no presentar dificultad.

tortada f. Torta grande rellena de carne o dulce.

tortazo m. *Fam.* Bofetada. ‖ *Fig.* y *fam. Pegarse un tortazo,* caerse; chocar.

tortedad f. Condición de tuerto.

tortera f. Cazuela de barro donde se suelen hacer tortadas.

tortero m. Vendedor de tortas.

tortícolis f. Dolor reumático en los músculos del cuello que impide mover la cabeza (p. us. en género masculino).

tortilla f. Huevos batidos, generalmente con cualquier otro manjar, y cocidos en una sartén: *tortilla de patatas.* ‖ *Amer.* Torta de harina de maíz. ‖ — *Fig.* y *fam. Hacer tortilla a una persona o cosa,* aplastarla, reventarla. ‖ *Tortilla a la francesa,* la que se hace con huevos solamente. ‖ *Fig. Volverse la tortilla,* cambiar la suerte que era antes favorable; suceder las cosas al contrario de lo que se esperaba.

tórtola f. Ave del género de la paloma, pero más pequeña.

Tórtolas (CERRO DE LAS), monte en el centro de los Andes de Chile (Coquimbo); 6 323 m.

tórtolo m. Macho de la tórtola. ‖ — Pl. *Fig.* y *fam.* Pareja muy enamorada.

Tortona, c. en el N. de Italia, en Piamonte (Alejandría). Obispado. Textiles.

tortor m. *Mar.* Vuelta dada a la trinca de cabo que liga dos objetos.

Tortosa, c. en el NE. de España (Tarragona), a orillas del Ebro. Obispado. Catedral gótica.

tortosino, na adj. y s. Perteneciente a Tortosa. ‖ Natural de esta ciudad (ú. t. c. s.).

tortuga f. Nombre común de todos los reptiles quelonios de cuerpo corto encerrado en un caparazón óseo. (La *tortuga* no tiene dientes sino un pico córneo. Su carne es comestible. Existen tortugas terrestres, fluviales y marinas.) ‖ *Mil.* Testudo, defensa antigua. ‖ *Fig. A paso de tortuga,* muy despacio.

Tortuga, isla del Ecuador, en el archip. de Colón. — Isla de Venezuela, en el mar Caribe, al O. de la isla Margarita. Dependencia federal — Isla del NO. de Haití, refugio de piratas en el s. XVII.

Tortugas. V. BUENAVENTURA.

Tortuguero, río en el NE. de Costa Rica (Limón).

tortuosidad f. Estado de lo que es tortuoso.

tortuoso, sa adj. Que da vueltas y rodeos: *senda tortuosa.* ‖ *Fig.* Solapado, que carece de franqueza: *conducta tortuosa.*

tortura f. Tormento: *someter un reo a la tortura.* ‖ *Fig.* Dolor, angustia o sufrimiento profundo.

torturar v. t. Atormentar, dar tortura (ú. t. c. pr.).

Torun, en alem. *Thorn,* c. en el centro de Polonia, a orillas del Vístula. Universidad. Industrias químicas.

toruna adj. *Amer.* Vaca brava.

torvisco m. Planta timeleácea, de aproximadamente un metro de altura, de flores blancas, olorosas.

torvo, va adj. Inquietante, amenazador: *mirada torva.* ‖ — F. Remolino de nieve o lluvia.

tory adj. y s. m. Aplícase a los miembros del Partido Conservador inglés. (Pl. *tories.*)

torzadillo m. Torzal delgado.

torzal m. Cordoncillo torcido de seda que se usa para coser y bordar. ‖ *Fig.* Conjunto de cosas torcidas o trenzadas entre sí. ‖ *Arg.* y *Chil.* Lazo hecho con una trenza de cuero.

torzón m. *Veter.* Torozón.

tos f. Expulsión violenta y ruidosa del aire contenido en los pulmones, producida por la irritación de las vías respiratorias. ‖ *Tos ferina,* enfermedad infantil contagiosa, caracterizada por accesos de tos sofocantes.

tosca f. Toba, piedra porosa.

Toscana, región de Italia peninsular, situada entre los Apeninos, el lago Trasimeno y el lago Bolsena y el mar Tirreno; 23 000 km². Está dividida en nueve provincias. C. pr. *Florencia.*

Toscanelli (Paolo DAL POZO), astrónomo y físico italiano, n. en Florencia (1397-1482).

toscano, na adj. De Toscana (ú. t. c. s.). ‖ Dícese de un orden arquitectónico romano, imitado del dórico griego. ‖ — M. Lengua hablada en Toscana, el italiano.

tosco, ca adj. Grosero, sin pulimento, hecho con poco cuidado o con cosas de poco valor: *una silla tosca.* ‖ *Fig.* Inculto, falto de educación o de instrucción.

toser v. i. Tener o padecer tos. ‖ *Fig.* y *fam. No toserle nadie a uno,* no poder competir con él; no dejarse reprender por nadie.

tosferina f. Tos ferina.

tósigo m. Ponzoña, veneno. ‖ *Fig.* Angustia grande.

tosigoso, sa adj. Ponzoñoso, envenenado. ‖ Que padece tos y opresión (ú. t. c. s.).

tosquedad f. Calidad de basto. ‖ *Fig.* Ignorancia. | Incultura.

Tossa de Mar, v. en el NE. de España (Gerona). Estación veraniega. Notables ruinas.

tostada f. Rebanada de pan tostada con mantequilla, mermelada, etc. ‖ — *Fig.* y *fam. Dar o pegar a uno la tostada,* darle el pego, engañarle. | *Olerse la tostada,* presentir algo.

tostadero m. Sitio donde se tuesta: *tostadero de café.*

tostado, da adj. Aplícase al color ocre oscuro. ‖ Bronceado: *tez tostada.* ‖ — M. Acción y efecto de tostar. ‖ *Amer.* Alazán oscuro.

Tostado (El). V. MADRIGAL (Alonso de).

tostador, ra adj. y s. Aplícase a la persona que tuesta. ‖ — M. Instrumento para tostar café, almendras, etc. ‖ Pequeño utensilio de cocina, provisto de una resistencia eléctrica, para tostar pan.

tostadura f. Tostado.

* **tostar** v. t. Someter una cosa a la acción del fuego hasta que tome color dorado y se deseque sin quemarse: *tostar almendras.* ‖ *Fig.* Calentar demasiado. | Curtir, broncear la piel (ú. m. c. pr.). | Zurrar.

tostón m. Garbanzo tostado. ‖ Tostada mojada en aceite. ‖ Cosa demasiado tostada. ‖ Cochinillo asado. ‖ Moneda portuguesa de cien reis. ‖ *Fam.* Cosa fastidiosa, pesada, rollo: *esta película es un tostón.* | Persona pesada. ‖ Moneda mexicana de plata de 50 centavos. ‖ *Fam. Dar el tostón,* fastidiar, ser pesado.

Tot, divinidad egipcia representada como un hombre con cabeza de ibis o con forma de cinocéfalo.

Tota, c. y laguna de Colombia (Boyacá); 84 km².

total adj. Completo: *triunfo total.* ‖ — M. Conjunto de varias partes que forman un todo. ‖ Suma, resultado de la operación de sumar. ‖ — Adv. En conclusión, en resumen, finalmente: *total, que me marché.* ‖ *En total,* en conjunto.

totalidad f. Todo, conjunto: *la totalidad de la población.*

totalitario, ria adj. Aplícase a los regímenes políticos en los cuales todos los poderes del Estado están concentrados en el gobierno de un partido único o pequeño grupo de dirigentes, y los derechos individuales son abolidos.

totalitarismo m. Régimen, sistema totalitario: *el totalitarismo nazi, fascista.*

totalizador, ra adj. Que totaliza. ‖ — M. Aparato que da mecánicamente el total de una serie de operaciones.

totalizar v. t. Sumar.

Totana, c. en el E. de España (Murcia).

totay m. Especie de palmera americana.

tótem m. En ciertas tribus primitivas, animal considerado como antepasado de la raza o protector de la tribu. ‖ Representación de este animal. (Pl. *tótemes* o *tótems.*)

totémico, ca adj. Relativo al tótem. ‖ *Clan totémico,* clan o tribu basados en la creencia en el tótem.

totemismo m. Creencia en los tótemes.

totilimundi m. Tutilimundi, mundonuevo.

Totochtin, una de las divinidades de Pulque, entre los aztecas.

totoloque m. Juego de los antiguos mexicanos, que recuerda el del tejo.

totonaca y **totoneca** y **totonaco, ca** adj. Dícese de un indio mexicano (ú. t. c. s.). ‖ Relativo a él o a su cultura. ‖ — M. Lengua hablada por él.

— Los *tononacas* eran un ant. pueblo de la región del golfo de México que existieron desde el s. V hasta el XIII. Tuvieron una civilización adelantada: monumentos (pirámide de El Tajín), esculturas, cerámicas, etc.

totonicapa, totonicapanés, esa o **totonicapense** adj. y s. De Totonicapán (Guatemala).

Totonicapán, c. de Guatemala al NO. del lago Atitlán, cab. del dep. homónimo.

totora f. *Amer.* Especie de anea que se cría en terrenos húmedos. (Los indígenas de las riberas del lago Titicaca la utilizan para hacer sus embarcaciones.)

Totora, pobl. en el centro de Bolivia, cap. de la prov. de Carrasco (Cochabamba).

totoral m. Sitio cubierto de totoras.

totovía f. Cogujada.

Tottenham, c. de Gran Bretaña en Inglaterra (Middlesex), suburbio industrial del N. de Londres.

Tottori, c. del Japón en el SO. de la isla de Honshu.

Totul Xiu, cacique maya convertido al catolicismo en 1542, que ayudó a Montejo el Mozo a dominar el O. de Yucatán.

totuma f. y **totumo** m. *Amer.* Calabaza, güira.

Toul [*tul*] o **Tul,** c. en el NE. de Francia (Meurthe-et-Moselle). Catedral.

Toulon [tulón]. V. TOLÓN.

Toulouse [*tulús*], en esp. *Tolosa,* c. en el S. de Francia, ant. cap. del Languedoc, cap. del dep. de Haute-Garonne, a orillas del río Garona. Arzobispado. Universidad. Industrias.

Toulouse-Lautrec (Henri de), pintor francés (1864-1901). Se inspiró en la vida de los cabarets de Montmartre (París).

Tounens (Antonio de). V. ORELIO ANTONIO I.

tour de force [*turdefors*] expr. fr. Realización magnífica que representa un esfuerzo extraordinario.

Tourcoing [*turkuán*], c. de Francia (Nord). Textiles.

Tourmalet [*turmalé*], puerto de los Pirineos franceses, cerca de Lourdes; 2 115 m.

Tournai [*turné*], c. en el S. de Bélgica, a orillas del Escalda. Catedral (s. XI-XIV). Industrias.

tournée [*turné*] f. (pal. fr.). Gira teatral.

Tournefort (Joseph PITTON DE), botánico francés (1565-1708), autor de una clasificación del reino vegetal.

Tours [*tur*], c. en el centro de Francia, ant. cap. de Turena y cap. del dep. de Indre-et-Loire. Arzobispado. Facultad de Medicina y de Letras. Catedral gótica (s. XIII-XV). Ind. mecánicas y químicas.

Toussaint Louverture. V. LOUVERTURE.

Tovar, sierra en el O. de Venezuela, en los Estados de Táchira y Mérida. — Pobl. en el O. de Venezuela (Mérida).

Tovar (Antonio), humanista español, n. en 1911, autor de notables estudios de filología. ‖ ~ (JUAN DE), jesuita e historiador mexicano (¿1540?-1626), autor de una *Historia de los chichimecas.* ‖ **~ Cano** (ANTONIO), escritor indígena mexicano del s. XVII, que antes de ser bautizado se llamaba *Moctezuma Ixtlixóchitl.*

Townsville, c. y puerto en el NE. de Australia (Queensland).

toxemia f. Conjunto de accidentes patológicos determinados por la presencia de toxinas en la sangre.

toxicidad f. Calidad de tóxico. ‖ Grado de virulencia de un tóxico.

tóxico, ca adj. Venenoso: *sustancia tóxica.* ‖ — M. Veneno, tósigo: *ingerir un tóxico.*

toxicología f. Rama de la medicina que trata de los venenos y de sus modos de acción.

toxicológico, ca adj. Relativo a la toxicología.

toxicólogo m. Especialista en toxicología.

toxicomanía f. Hábito morboso de tomar sustancias tóxicas o estupefacientes como el éter, la morfina, la cocaína, el opio, etc.

toxicómano, na adj. y s. Aplícase a la persona que padece toxicomanía.

toxicosis f. Enfermedad de los lactantes causada por la acción de toxinas segregadas por microbios y caracterizada por una alteración profunda del estado general.

toxina f. Sustancia proteínica elaborada por bacterias, hongos, parásitos, capaz de producir en el organismo efectos tóxicos.

Toxiuhmolpilli, fiesta del Fuego nuevo, celebrada por los ant. mexicanos cada 52 años en honor de Tonatiuh.

Toyama, c. y puerto del Japón en el O. de la isla de Honshu. Centro de la industria farmacéutica.

Toynbee (Arnold Joseph), historiador británico, n. en 1889, autor de una teoría cíclica de las civilizaciones.

Toyohashi, c. del Japón en el S. de la isla de Honshu.

Toyonaka, c. del Japón (Honshu), suburbio de Osaka.

Toyota, c. del Japón (Honshu).

tozudez f. Obstinación, testarudez, empeño, terquedad.

tozudo, da adj. y s. Obstinado, terco, testarudo, cabezón.

traba f. Unión, lazo. ‖ Ligadura con que se atan las manos y los pies de las caballerías para dificultar su marcha. ‖ *Fig.* Estorbo, impedimento: *poner trabas a una negociación.* ‖ *For.* Embargo de bienes.

trabacuenta f. Equivocación en una cuenta. ‖ *Fig.* Discusión, controversia o disputa.

trabadera m. Cuartilla de las caballerías.

trabado, da adj. Dícese de la caballería que tiene blancas las dos manos o una mano y un pie situados de distinto lado.

trabadura f. Traba, ligadura, unión.

trabajado, da adj. Cansado, molido del trabajo. ‖ Hecho con mucho trabajo y esmero: *prosa muy trabajada.*

trabajador, ra adj. Que trabaja. ‖ Inclinado a trabajar. ‖ — M. y f. Obrero, operario.

trabajar v. i. Desarrollar una actividad: *ser demasiado joven para trabajar.* ‖ Realizar o participar en la realización de algo: *trabajar en una obra.* ‖ Ejercer un oficio: *trabajar de sastre.* ‖ Esforzarse: *trabajar en imitar a su maestro.* ‖ *Fam.* Actuar en el teatro o el cine. ‖ *Fig.* Funcionar activamente: *imaginación que trabaja.* | Producir un efecto: *el tiempo trabaja a nuestro favor.* | Torcerse, alabearse: *tabla de madera que trabaja.* ‖ *Fam. Trabajar para el obispo,* trabajar sin recompensa. ‖ — V. t. Labrar: *trabajar el hierro, la piedra, la tierra.* ‖ Hacer algo con mucho esmero: *trabajar el estilo de una obra.* ‖ *Fig.* Molestar, inquietar. ‖ Amaestrar un caballo. ‖ — V. pr. Ocuparse y estudiar algo con cuidado: *me estoy trabajando este asunto.* ‖ *Fig.* Atraerse la simpatía o el favor de alguien.

trabajo m. Esfuerzo, actividad: *trabajo manual, intelectual.* ‖ Ocupación retribuida: *abandonar su trabajo.* ‖ Obra hecha o por hacer: *distribuir el trabajo entre varias personas.* ‖ Manera de interpretar su papel un actor. ‖ En economía política, uno de los factores de la producción. ‖ Estudio, obra escrita sobre un tema: *un trabajo bien documentado.* ‖ Fenómenos que se producen en una sustancia y cambian su naturaleza o su forma: *trabajo de descomposición.* ‖ Producto de la intensidad de una fuerza por la distancia que recorre su punto de aplicación. ‖ Efecto aprovechable de una máquina. ‖ *Fig.* Dificultad, esfuerzo: *hacer algo con mucho trabajo; costar mucho trabajo conseguir un buen puesto.* ‖ — Pl. Penas, miserias: *pasar trabajos.* ‖ — *Accidente del trabajo,* el ocurrido durante las horas de labor o durante el trayecto desde el domicilio al lugar de trabajo. ‖ *Darle duro al trabajo,* trabajar mucho. ‖ *Darse* o *tomarse el trabajo de,* hacer un esfuerzo para; tomarse la molestia de. ‖ *Trabajos forzados* o *forzosos,* pena a que se somete a los presidiarios. ‖ *Fig. Trabajo te* (o *le*) *mando,* expres. con que se da a entender que el trabajo que se ha emprendido será muy difícil de ejecutar.

trabajosamente adv. Con dificultad o esfuerzo.

trabajoso, sa adj. Que cuesta trabajo, difícil: *trabajoso de hacer.* ‖ Molesto, penoso. ‖ Falto de espontaneidad, complicado.

trabalenguas m. inv. Palabra o frase difícil de pronunciar.

trabamiento m. Trabazón.

trabanco m. Trangallo que se cuelga al cuello de algunos perros.

trabar v. t. Juntar o ensamblar una cosa con otra: *trabar dos maderos.* ‖ Atar, ligar. ‖ Poner trabas a un animal. ‖ Espesar, dar consistencia u homogeneidad: *trabar una salsa.* ‖ *Fig.* Empezar, emprender: *trabar una discusión.* | Entablar: *trabar amistad con uno.* ‖ — V. pr. Enredarse los pies, las piernas. ‖ Tomar consistencia u homogeneidad una salsa, etc. ‖ *Se le ha trabado la lengua,* ha empleado una palabra por otra, tiene dificultad para hablar.

trabazón f. Unión existente entre varias cosas. ‖ Ensambladura. ‖ Homogeneidad o consistencia dada a una salsa, masa, etc. ‖ *Fig.* Enlace entre las cosas.

trabilla f. Tira de tela o cuero que sujeta los bordes del pantalón por debajo del pie. ‖ Tira que se pone detrás en la cintura de los abrigos, chaquetas, etc.

trabuca f. Cohete que estalla al apagarse.

trabucación f. Inversión, alteración. ‖ *Fig.* Confusión.

trabucaire m. Faccioso catalán.

trabucante adj. Que trabuca. ‖ *Moneda trabucante,* la que tiene algo más del peso legal.

trabucar v. t. Trastornar, desordenar: *ha trabucado todos mis planes.* ‖ Trastornar el entendimiento (ú. t. c. pr.). ‖ Confundir, trastocar: *siempre trabuca nuestros nombres* (ú. t. c. pr.). ‖ Al hablar, no poner las letras o palabras en el sitio que les corresponde.

trabucazo m. Disparo de trabuco. ‖ Tiro dado con él.

trabuco m. Antigua máquina de guerra usada para lanzar piedras contra las murallas. ‖ Arma de fuego más corta y de mayor calibre que la escopeta ordinaria. ‖ *Trabuco naranjero,* el de boca acampanada.

traca f. Petardos colocados en una cuerda que estallan sucesivamente. ‖ *Mar.* Hilada de tablones o de planchas de cobre del costado o cubierta de un buque.

trácala f. *Amer.* Trampa, ardid.

tracalada f. *Amer.* Muchedumbre, multitud, cáfila.

tracción f. Acción de tirar, de mover un cuerpo arrastrándolo hacia adelante: *tracción animal, de vapor.* ‖ Fuerza que obra axialmente en un cuerpo y tiende a alargarlo. ‖ *Tracción delantera,* automóvil con las ruedas delanteras motrices.

Tracia, región de Europa oriental, dividida en 1919 y 1923 entre Grecia (*Tracia Occidental*), Turquía (*Tracia Oriental*) y Bulgaria (*Tracia del Norte* o Rumelia Oriental); 41 833 km² en total.

tracio, cia adj. y s. De Tracia.

tracoma f. *Med.* Conjuntivitis granulosa, endémica en ciertos países cálidos.

tractivo, va adj. Que tira.

tracto m. Espacio de tiempo, lapso. ‖ Versículos que se cantan o rezan, en la misa, antes del Evangelio. ‖ Serie de fibras u órganos que forman un conjunto alargado: *tracto genital.*

tractor m. Vehículo automotor utilizado, sobre todo en la agricultura, para arrastrar otros. ‖ *Tractor oruga,* el provisto de cadenas sin fin.

tractorista m. y f. Persona que conduce un tractor.

trade mark [*treidmark*] f. (pal. ingl.). Marca registrada.

trade union m. (pal. ingl.). En Gran Bretaña y algunos países del Commonwealth, sindicato obrero. (Pl. *trade unions.*)

tradición f. Transmisión de doctrinas, leyendas, costumbres, etc., durante largo tiempo, por la palabra o el ejemplo. ‖ Costumbre transmitida de generación en generación: *las tradiciones de una provincia.* ‖ Transmisión oral o escrita de los hechos o doctrinas que se relacionan con la religión. ‖ *For.* Entrega.

tradicional adj. Basado en la tradición: *fiesta tradicional.* ‖ Que ha pasado a ser una costumbre.

tradicionalismo m. Apego a la tradición. ‖ Sistema político fundado en la tradición. ‖ En España, carlismo. ‖ Opinión filosófica o teológica que, en el conocimiento de la verdad, da más importancia a la revelación que a la razón.

tradicionalista adj. y s. Partidario del tradicionalismo. ‖ En España, carlista: *partido tradicionalista.*

Tradiciones peruanas, relatos en once volúmenes o series del peruano Ricardo Palma sobre la vida colonial. Aparecieron entre 1872 y 1918.

tradicionista m. Escritor o compilador de tradiciones.

traducción f. Acción de traducir, de verter a otro idioma: *la traducción de un discurso.* ‖ Obra traducida: *leer una traducción de Sófocles.* ‖ Interpretación: *la traducción del pensamiento de una persona.* ‖ — *Traducción automática,* traducción de un texto mediante máquinas electrónicas. ‖ *Traducción directa,* la realizada del idioma extraño al propio. ‖ *Traducción inversa,* la realizada del idioma propio al extraño.

traducible adj. Que se puede traducir.

* **traducir** v. t. Expresar en una lengua lo escrito o expresado en otra: *traducir del castellano, del francés.* ‖ *Fig.* Expresar: *no saber traducir un estado de ánimo.* | Interpretar: *tradujo mal lo que le dije.*

traductor, ra adj. y s. Aplícase a la persona que se dedica a traducir: *traductor jurado.*

traedizo, za adj. Que se puede traer.

traedor, ra adj. y s. Dícese de la persona o de lo que trae algo.

* **traer** v. t. Trasladar una cosa al sitio en que se encuentra una persona: *traer una carta* (ú. t. c. pr.). ‖ Llevar: *hoy trae un abrigo nuevo.* ‖ Transportar consigo de vuelta de un viaje: *ha traído cigarros puros de La Habana.* ‖ Acarrear: *eso le trajo muchos disgustos; traer mala suerte.* ‖ Atraer. ‖ Tener: *el mes de junio trae treinta días.* ‖ Contener: *el periódico trae hoy una gran noticia.* ‖ — *Fam. Me trae sin cuidado,* me da igual, no me importa. ‖ *Traer a las mentes,* recordar. ‖ *Traer a mal traer a una persona,* maltratarla; molestarla. ‖ *Traer aparejado* (o *consigo*), ocasionar forzosamente. ‖ *Fig.* y *fam. Traer cola,* tener consecuencias. | *Traer de cabeza a uno,* causarle muchas preocupaciones. | *Traer frito a uno,* molestarle mucho. | *Traer y llevar,* chismear. ‖ — V. pr. *Traerse algo entre manos,* ocuparse de ello, estar planeándolo, intrigar. ‖ *Fig.* y *fam. Traérselas,* ser muy difícil o fuera de lo corriente: *es una persona, un trabajo que se las trae.*

trafagar v. i. Traficar.

tráfago m. Tráfico. ‖ Negocios, trajín, ocupaciones, faenas.

Trafalgar, cabo del S. de España, entre Cádiz y Tarifa. Una escuadra francoespañola fue derrotada por la flota inglesa mandada por Nelson (1805).

traficante adj. y s. Aplícase a la persona que trafica, muchas veces en negocios poco recomendables.

traficar v. i. Negociar, realizar operaciones comerciales, generalmente ilícitas y clandestinas: *traficar en drogas.* || *Fig.* Hacer indebidamente uso de algo: *traficar con su crédito.* | Viajar, errar por países, correr mundo.

tráfico m. Comercio ilegal y clandestino: *tráfico de divisas, de negros.* || Tránsito, circulación de vehículos: *calle de mucho tráfico.* || *Tráfico rodado,* circulación de vehículos por calles o carreteras.

tragabolas m. Juego que consiste en una cabeza grande de cartón, de boca grande y abierta, por la cual los jugadores procuran meter bolas.

tragacanto m. Arbusto papilionáceo, cuyo tronco produce una goma usada en farmacia, confitería, etc.

tragaderas f. pl. *Fam.* Esófago, faringe. || *Fig.* y *fam. Tener buenas tragaderas,* ser crédulo; tener pocos escrúpulos; comer o beber mucho.

tragadero m. *Fam.* Tragaderas. | Agujero.

tragador, ra adj. y s. Tragón.

tragahombres m. inv. *Fam.* Perdonavidas, bravucón.

trágala m. Canción con que los liberales españoles se burlaban de los absolutistas hacia 1820. || *Fig.* y *fam. Cantarle a uno el trágala,* burlarse del que no tiene más remedio que aceptar lo que antes rechazaba.

tragaldabas com. inv. *Fam.* Persona muy tragona.

tragaleguas com. inv. *Fig.* y *fam.* Persona que anda mucho y de prisa.

tragaluz m. Ventana pequeña abierta en un tejado o en lo alto de una pared.

tragamillas com. inv. *Fam.* Persona que anda mucho.

tragante adj. Que traga. || — M. Abertura en la parte superior de los hornos de cuba y los altos hornos.

tragantona f. *Fam.* Comilona. || *Darse una tragantona,* comer mucho.

tragaperras adj. inv. Dícese de una máquina distribuidora automática que funciona al introducir una moneda en una ranura.

tragar v. t. Hacer que una cosa pase de la boca al esófago. Ú. t. c. i.: *no poder tragar.* || Comer mucho o con voracidad. Ú. t. c. pr.: *¡hay que ver lo que traga este chico!* || Absorber: *suelo que traga rápidamente el agua.* || *Fig.* Hacer desaparecer en su interior: *barco tragado por el mar* (ú. t. c. pr.). | Creer fácil y neciamente. Ú. t. c. pr.: *se traga cuanto le dicen.* | Soportar algo vejatorio. Ú. t. c. pr.: *tragarse un insulto.* || — *Fig.* y *fam. No poder tragar a uno,* sentir por él profunda aversión. | *Tenerse tragado una cosa,* presentir que ha de suceder algo desagradable. | *Tragar el anzuelo,* dejarse engañar. | *Tragar la píldora* o *tragársela,* creer un embuste; soportar alguna cosa desagradable.

tragasantos m. y f. inv. *Fam.* Persona excesivamente beata.

tragavenado f. Serpiente no venenosa de Venezuela y Colombia parecida a la boa.

tragedia f. Obra dramática en la que intervienen personajes ilustres, capaz de infundir lástima o terror por su desenlace generalmente funesto. || Género formado por esta clase de obras. || *Fig.* Suceso fatal, catástrofe: *la muerte de su padre fue una tragedia que cambió el curso de su vida.*

trágico, ca adj. Relativo a la tragedia: *poesía trágica.* || *Fig.* Terrible, desastroso: *desenlace trágico.* || *Ponerse trágico,* dicho de una situación, tomar un aspecto grave; aplicado a una persona, adoptar una actitud exagerademente patética. || — M. Autor o actor de tragedias. || *Tomar por lo trágico una cosa,* considerarla más grave de lo que es en realidad.

tragicomedia f. Obra dramática en que se mezclan los géneros trágico y cómico. || Obra jocoseria escrita en forma de diálogo pero no destinada a ser representada: *la tragicomedia de Calixto y Melibea.* || *Fig.* Suceso que provoca a la vez risa y compasión.

tragicómico, ca adj. Relativo a la tragicomedia. || A la vez serio y cómico.

trago m. Cantidad de líquido que se bebe de una vez: *echar un trago de vino.* || *Fam.* Bebida: *aficionado al trago.* || *Fig.* y *fam.* Disgusto, contratiempo: *un mal trago.* || *Anat.* Prominencia triangular de la oreja, delante del conducto auditivo. || — *A tragos,* poco a poco, con intermitencias. || *Fig. Trago amargo,* trance penoso.

tragón, ona adj. y s. *Fam.* Comilón, dícese del que come mucho.

tragonería f. *Fam.* Glotonería, vicio del tragón.

traición f. Violación de la fidelidad debida, deslealtad: *hacer traición a la fe jurada.* || Delito que se comete sirviendo al enemigo. || *Alta traición,* delito cometido contra la seguridad del Estado. || *A traición,* alevosamente, faltando a la lealtad o confianza.

traicionar v. t. Hacer traición: *traicionar al país, al amigo.* || *Fig.* Descubrir, revelar: *su gesto traiciona sus intenciones.* | Deformar, desvirtuar: *traicionar el pensamiento de un autor.* | Fallar: *le traicionó el corazón.*

traicionero, ra adj. Que traiciona o ataca alevosamente (ú. t. c. s.). || Hecho a traición: *golpe traicionero.*

traída f. Acción de traer. || *Traída de aguas,* derivación de las aguas de un sitio hacia otro.

traído, da adj. Aplícase principalmente a la ropa gastada: *abrigo muy traído.* || — *Fam. Bien traído,* oportuno: *chiste bien traído.* | *Traído por los pelos,* poco natural, demasiado rebuscado. | *Traído y llevado,* manoseado.

traidor, ra adj. Aplícase a la persona que comete traición (ú. t. c. s.). || Pérfido, que hace daño pareciendo inofensivo.

Traiguén, isla de Chile (Aisén), en el archip. de los Chonos. — C. en el centro de Chile (Malleco).

trailer m. (pal. ingl.). Avance de una película cinematográfica.

traílla f. Cuerda o correa con que se lleva atado el perro a la caza. || Par o conjunto de pares de perros que se llevan de esta manera. || Tralla, látigo. || Apero de labranza para allanar terrenos.

traillar v. t. Allanar el terreno con la traílla.

traína f. Nombre de varias redes de fondo, particularmente para la pesca de las sardinas.

trainera f. Barca que pesca con traína.

traíña f. Red de grandes dimensiones que se cala rodeando un banco de sardinas para llevarlas a la costa.

Trajana *(Columna),* monumento de Roma, elevado en 112.

trajano, na adj. Relativo al emperador Trajano: *vía trajana.*

Trajano (Marco Ulpio), emperador romano, n. en Itálica (España) [53-117]. Reinó desde el año 98 y conquistó Dacia, Arabia, Armenia, Mesopotamia, Asiria y venció a los partos.

traje m. Vestido, manera de vestirse propia de cierta clase de personas, de cierto país, de cierta época, etc. || Vestimenta completa de una persona. || Conjunto de chaqueta, chaleco y pantalón. || Vestido de mujer, de una sola pieza: *traje camisero.* || — *Baile de trajes,* aquel en que va uno disfrazado. || *Fig.* y *fam. Cortar un traje a uno,* criticarle mucho. || *Traje de casa,* bata, vestido de mujer largo y cómodo para estar en casa. || *Traje de ceremonia* o *de gala,* el empleado para actos solemnes. || *Traje de chaqueta,* el de mujer, compuesto de chaqueta y falda. || *Traje de etiqueta,* el de ceremonia de hombre. || *Traje de luces,* el que visten los toreros. || *Traje regional,* el típico de una región o país.

trajeado, da adj. *Fam. Bien* (o *mal*) *trajeado,* bien (o mal) vestido.

trajear v. t. Proveer de trajes.

trajín m. Tráfico. || Actividad, trabajo, quehaceres: *el trajín de la casa; tener mucho trajín.* || *Fam.* Ajetreo, idas y venidas. | Amiguita, querida.

trajinante adj. y s. Aplícase a la persona que trajina o lleva mercancías de un lugar a otro.

trajinar v. t. Llevar mercancías de un lugar a otro. || — V. i. *Fam.* Andar de un sitio a otro, con cualquier ocupación, ajetrearse. | Trabajar: *siempre está trajinando.* || *Chil.* Registrar.

tralla f. Cuerda, soga. || Trencilla de cuero colocada en la punta del látigo para que restalle.

trallazo m. Golpe dado con la tralla. || Restallido de la tralla.

trama f. Conjunto de hilos que, cruzados con los de la urdimbre, forman un tejido. || *Fig.* Intriga, enredo: *la trama de una comedia, de una novela.* || Florecimiento del olivo. || Filtro finamente cuadriculado o reticulado que se dispone ante la emulsión sensible en los procedimientos de similigrabado.

tramador, ra m. y f. Persona que trama la tela.

tramar v. t. Cruzar los hilos de la trama con los de la urdimbre. || *Fig.* y *fam.* Preparar en secreto: *tramar un complot.*

tramilla f. Bramante, guita.

tramitación f. Acción de tramitar: *la tramitación de un proceso.* || Serie de trámites necesarios para resolver un asunto.

tramitar v. t. Efectuar los trámites necesarios para resolver un asunto, obtener un documento, etc.: *tramitar su pasaporte.* || Facilitar: *respuesta tramitada a través del embajador.*

trámite m. Cada una de las diligencias necesarias para la resolución de un ausnto: *trámites para obtener una autorización.* || Requisito, formalidad: *cumplir con los trámites necesarios.* || Paso de una cosa a otra.

tramo m. Terreno separado de los contiguos por una línea divisoria o una señal. || Parte de una escalera entre dos rellanos. || Parte de un canal, camino, etc., entre dos puntos determinados.

tramojo m. En la siega, lazo hecho con mies para atar las haces.

tramontana f. Norte. || En el Mediterráneo, viento del Norte. || *Fig.* Vanidad, orgullo. || *Fig.* y *fam. Perder uno la tramontana,* perder la cabeza, desatinar.

tramontano, na adj. Del otro lado de los montes.

tramontar v. i. Aplicado especialmente al Sol en su ocaso, pasar al otro lado de los montes.

tramoya f. Máquina o conjunto de máquinas con que se efectúan los cambios de decoración en los teatros. || *Fig.* y *fam.* Enredo, trama, intriga. || Pompa, aparato: *una fiesta con mucha tramoya.*

tramoyista m. El que construye, coloca o hace funcionar las tramoyas del teatro. || *Fig.* Tramposo, el que usa de engaños.

trampa f. Artificio para cazar, consistente en una excavación disimulada por una tabla u otra cosa que puede hundirse bajo el peso de un animal. || Puerta abierta en el suelo para poner en comunicación dos pisos: *trampa que comunica con la bodega.* || Tablero horizontal y levadizo en los mostradores de las tiendas. || Portañuela del pantalón. || *Fig.* Ardid, estratagema con que se engaña a una persona: *era una trampa para saber si me diría la verdad.* | Fullería, engaño en el juego. || En prestidigitación, truco, procedimiento misterioso que permite realizar cosas prodigiosas. || Deuda: *estar lleno de trampas.* || — *Fig. Caer en la trampa,* dejarse engañar. | *Hacer trampas,* cometer fraude: engañar en el juego. | *Sin trampa ni cartón,* sin truco de ninguna clase.

trampeador, ra adj. y s. *Fam.* Aplícase a la persona que trampea.

trampear v. i. *Fam.* Pedir prestado o fiado con la intención de no pagar. | Ir tirando: *va trampeando.* || — V. t. *Fam.* Usar de artificios para engañar a otro.

trampería f. Trampa, ardid.

trampero, ra adj. y s. *Méx.* Tramposo. || — M. El que caza poniendo trampas.

trampilla f. Abertura en el suelo de una habitación. || Portezuela del fogón de cocina. || Portañuela del pantalón.

trampista adj. y s. Tramposo.

trampolín m. Plano inclinado y generalmente elástico en que toma impulso el gimnasta, el nadador o el esquiador para saltar. || *Fig.* Lo que sirve para obtener un resultado.

tramposo, sa adj. y s. Embustero. || Mal pagador, que contrae deudas que no puede pagar. || Dícese del que suele hacer trampas, particularmente en el juego.

tranca f. Palo grueso y fuerte que se usa como bastón o con que se asegura una puerta o ventana cerradas, poniéndolo cruzado detrás de ellas. || *Fam.* Borrachera. || *A trancas y barrancas,* mal que bien, pasando como se puede todos los obstáculos.

trancada f. Tranco, paso largo. || *En dos trancadas,* en dos trancos.

trancanil m. En un buque, serie de maderos que ligan, desde la proa a la popa, los baos a las cuadernas y al forro exterior.

trancar v. t. Atrancar.

trancazo m. Golpe dado con una tranca. || *Fig.* y *fam.* Gripe.

trance m. Momento crítico: *un trance desagradable.* || Situación apurada, mal paso: *sacar a uno de un trance.* || Estado hipnótico del médium. || *For.* Apremio judicial, embargo. || — *A todo trance,* a toda costa, resueltamente. || *El postrer* (o *último* o *mortal*) *trance,* los últimos momentos de la vida. || *En trance de muerte,* a punto de morir. || *Trance de armas,* combate o duelo.

tranco m. Paso largo, salto: *avanzar a trancos.* || Umbral: *el tranco de la puerta.* || — *Fig. A trancos,* de prisa y corriendo. | *En dos trancos,* en un momento.

tranchete m. Chaira.

trangallo m. Durante la cría de la caza, palo que se cuelga del collar de los perros para que no puedan bajar la cabeza.

Trani, c. y puerto del S. de Italia en Pulla (Bari). Arzobispado. Catedral románica.

tranquear v. i. Dar trancos. || *Fig.* Ir tirando.

tranquera f. Estacada, empalizada. || *Amer.* Puerta rústica en un cercado.

tranquero m. Piedra con que se forman jambas y dinteles.

tranquil m. *Arq.* Línea vertical. || *Arq. Arco por tranquil,* aquel cuyos arranques están a distinta altura.

tranquilidad f. Quietud, sosiego, estado de tranquilo: *la tranquilidad del mar, de los ánimos.* || *Para mayor tranquilidad,* en descargo. de conciencia.

tranquilizante m. Sedante, medicamento para el tratamiento de la ansiedad y del nerviosismo, calmante (ú. t. c. adj.).

tranquilizar v. t. Poner tranquilo, calmar, sosegar: *tranquilizar los ánimos.*

tranquilo, la adj. Quieto, no agitado: *mar tranquilo.* || Apacible, sosegado, sin preocupación: *vida tranquila.* || Sin remordimiento: *conciencia tranquila.* || — *Quedarse tan tranquilo,* guardar toda la calma. || *Fam. Tú, tranquilo,* no te preocupes.

tranquillo m. *Fam.* Procedimiento que permite hacer una cosa con más facilidad, truco: *coger* o *dar con el tranquillo.*

transacción f. Operación comercial o bursátil. || Acuerdo basado en concesiones recíprocas.

transaccional adj. Relativo a la transacción.

Transalai, parte más elevada en el N. de la cordillera del Pamir (Asia Central).

transalpino, na adj. Del otro lado de los Alpes: *regiones transalpinas.*

transandino, na adj. Del otro lado de los Andes: *zona transandina.* || Que atraviesa los Andes. — Se da el n. de *Transandino* al ferrocarril que une la Argentina y Chile pasando por los Andes. Inaugurado en 1910.

transatlántico, ca adj. Situado del otro lado del Atlántico. || Que cruza el Atlántico. || — M. Buque de grandes dimensiones que hace la travesía del Atlántico o simplemente viajes muy largos.

transbordador, ra adj. Que sirve para transbordar. || — M. Barco grande preparado para transportar vehículos de una orilla a otra. (V. FERRY BOAT.) || — *Puente transbordador,* plataforma colgada de un tablero elevado para transporte de personas o mercancías de una orilla a otra de un río o una bahía. || *Transbordador funicular,* funicular.

transbordar v. t. Trasladar personas o mercancías de un barco o vehículo a otro. || — V. i. Cambiar de tren o de tren metropolitano en un sitio determinado.

transbordo m. Acción y efecto de transbordar: *hacer transbordo en el metro.*

Transcaucasia, término con el que se designa a veces la parte de la U. R. S. S. al S. del Cáucaso.

transcendencia f. Trascendencia.

transcendental adj. Trascendental. || *Fil.* Que traspasa los límites de la ciencia experimental.

transcendentalismo m. Escuela filosófica norteamericana, representada por Emerson, que se caracteriza por un misticismo panteísta.

transcendente adj. Trascendente.

* **transcender** v. t. Trascender.

transcontinental adj. Que atraviesa un continente: *carretera transcontinental.*

transcribir v. t. Copiar un escrito. || *Por ext.* Poner por escrito una cosa que se oye. || Escribir con las letras de determinado alfabeto lo que está escrito con las de otro. || *Mús.* Arreglar para un instrumento lo escrito para otro u otros. || *Fig.* Expresar por escrito un sentimiento o impresión.

transcripción f. Acción de transcribir un escrito o una obra musical. || Cosa transcrita.

transcriptor m. El que transcribe. || Aparato para transcribir.

transculturación f. Proceso de difusión o de influencia de la cultura de una sociedad al entrar en contacto con otra que está menos evolucionada.

transcurrir v. i. Pasar el tiempo: *transcurrieron dos años; la ceremonia transcurrió sin incidente.*

transcurso m. Paso del tiempo: *en el transcurso de los años.* || Espacio de tiempo: *en el transcurso del mes.*

transepto m. *Arq.* Crucero de un templo.

transeúnte com. Persona que transita o pasa por un lugar. || Persona que está de paso, que no reside sino transitoriamente en un lugar. Ú. t. c. adj.: *residente transeúnte.*

transferencia f. Acción de transferir un derecho de una persona a otra. || Operación bancaria consistente en transferir una cantidad de una cuenta a otra. || Documento en que consta.

transferible adj. Que puede ser transferido.

transferidor, ra adj. y s. Aplícase al que transfiere.

* **transferir** v. t. Trasladar una cosa de un lugar a otro: *transferir la dirección de Sevilla a Madrid.* || Ceder o traspasar un derecho a otra persona: *transferir un título de propiedad.*

transfiguración f. Cambio de figura. || Estado glorioso en que se manifestó Jesús a tres de sus discípulos en el monte Tabor. || Fiesta católica que conmemora este hecho (6 de agosto). [En estos dos últimos significados debe escribirse con mayúscula.]

transfigurar v. t. Hacer cambiar de figura o de aspecto: *la alegría le transfiguraba* (ú. t. c. pr.).

transfixión f. Acción de herir atravesando de parte a parte con un arma puntiaguda (Ú. particularmente con referencia a los dolores de la Virgen.)

transformable adj. Que se puede transformar.

transformación f. Cambio de forma o de aspecto. || En rugby, acción de enviar el balón por encima de la barra transversal, después de un ensayo.

transformador, ra adj. y s. Aplícase al o a lo que transforma. || — M. Aparato que obra por inducción electromagnética y sirve para transformar un sistema de corrientes variables en uno o varios sistemas de corrientes variables de la misma frecuencia, pero de intensidad o de tensión generalmente diferentes.

transformar v. t. Dar a una persona o cosa una forma distinta de la que tenía antes: *Circe transformó los compañeros de Ulises en cerdos; transformar un producto.* || Convertir: *transformar vino en vinagre.* || Cambiar, mejorando: *su viaje le ha transformado.* || En rugby, convertir en tanto un ensayo. || *Mat.* Transformar una ecuación, cambiarla en otra equivalente pero de forma distinta. || — V. pr. Sufrir un cambio, una metamorfosis. || Cambiar de costumbres, de carácter, etc., una persona.

transformativo, va adj. Que produce una transformación.

transformismo m. Doctrina biológica, de Lamark y Darwin, que sostiene que las especies animales y vegetales se van transformando en otras en el transcurso de los tiempos.

transformista adj. Relativo al transformismo: *teoría transformista.* || — Adj. y s. Seguidor de esta doctrina. || — Com. Artista de circo que hace rapidísimas mutaciones en trajes y tipos: *el transformista Frégoli.*

tránsfuga com. Persona que pasa de un partido a otro.

transfundir v. t. Trasvasar un líquido de un recipiente a otro. || *Fig.* Propagar, difundir noticias, etc. (ú. t. c. pr.).

transfusión f. Operación consistente en hacer pasar cierta cantidad de sangre de las venas de un individuo a las de otro: *la trans-*

fusión se hace entre personas que tienen el mismo grupo sanguíneo.

transfusor, ra adj. Aplícase a lo que sirve para hacer una transfusión sanguínea: *aparato transfusor* (ú. t. c. s. m.).

* **transgredir** v. t. Infrigir, quebrantar, violar: *transgredir un precepto.*

transgresión f. Violación, infracción, quebrantamiento: *la transgresión de las leyes.*

transgresor, ra adj. Dícese de la persona que comete una transgresión (ú. t. c. s.).

transiberiano, na adj. Que atraviesa Siberia. || Aplícase a la gran línea férrea, hoy electrificada, construida de 1895 a 1904 en la U. R. S. S. que pone en comunicación las ciudades de Cheliabinsk y Vladivostok (ú. t. c. s. m.).

transición f. Cambio de un estado a otro: *transición lenta, brusca.* || Estado o fase intermedio: *período de transición.* || Paso progresivo de una idea o razonamiento a otro.

transido, da adj. Entorpecido, aterido: *transido de frío.* || Afligido, conmovido: *transido de dolor.*

transigir v. i. Llegar a un acuerdo mediante concesiones recíprocas: *da mejor resultado transigir que discutir.* || Tolerar.

Transilvania, en húngaro *Ardeal,* región de Rumania situada al interior del arco formado por los Cárpatos. C. pr. *Brashov, Cluj.*

transilvano, na adj. y s. De Transilvania.

transistor m. Dispositivo basado en el uso de los semiconductores que, del mismo modo que un tubo electrónico, puede ampliar corrientes eléctricas, provocar oscilaciones y ejercer a la vez las funciones de modulación y de detección. || Aparato receptor de radio provisto de estos dispositivos.

transistorizado, da adj. Dícese de un aparato en el cual se han sustituido los tubos electrónicos por transistores.

transitable adj. Dícese del sitio por donde se puede transitar: *camino transitable.*

transitar v. i. Pasar por una vía pública: *transitar por la calle.*

transitivo, va adj. Aplícase al verbo o forma verbal que expresa una acción que se realiza directamente del sujeto en el complemento.

tránsito m. Acción de transitar, paso: *el tránsito de los peatones.* || Circulación, de vehículos y gente: *calle de mucho tránsito.* || Acción de pasar por un sitio para ir a otro: *viajeros, mercancías de tránsito.* || Sitio de parada en un viaje. || Muerte, con referencia a la Virgen o a los santos. || Fiesta en honor de la muerte de la Virgen (15 de agosto). [En estas dos últimas acepciones debe escribirse con mayúscula.] || — *De tránsito,* de paso. || *Tránsito rodado,* tráfico de vehículos por calles o carreteras.

transitoriedad f. Condición de transitorio.

transitorio, ria adj. Pasajero, temporal: *las cosas de este mundo son transitorias.* || Que sirve de transición: *régimen transitorio.*

Transjordania, ant. Estado del Cercano Oriente, hoy *Jordania.*

Transkei, territorio autónomo en el SE. de la República de África del Sur, habitado por los bantús; 41 400 km²; 2 000 000 h. Cap. *Umtata;* 10 000 h.

translación f. Traslación.

translaticio, cia adj. Traslaticio.

translativo, va adj. Traslativo.

Transleitania. V. CISLETANIA.

translimitar v. t. Pasar los límites de algo: *translimitar lo que la ley dispone.* || Pasar inadvertidamente o con autorización al Estado vecino, en una operación militar, sin violar por esto su territorio: *translimitar la frontera.*

transliteración f. Representación de los sonidos de una lengua con los signos alfabéticos de otra.

translucidez f. Condición de traslúcido.

translúcido, da adj. Dícese del cuerpo que deja pasar la luz pero no permite ver lo que hay detrás.

* **translucirse** v. pr. Traslucirse.

transmediterráneo, a adj. Que atraviesa el Mediterráneo.

transmigración f. Traslado de un pueblo a otro país. || Según ciertos filósofos, como Pitágoras, paso del alma a otro cuerpo.

transmigrar v. i. Abandonar su país para ir a vivir en otro: *el pueblo hebreo transmigró a Egipto.* || Según ciertas creencias, pasar el alma de un cuerpo a otro.

transmisible adj. Que se puede transmitir: *enfermedad transmisible.*

transmisión f. Cesión, paso de una persona a otra: *transmisión de bienes.* || Tratándose de herencia, comunicación de ciertos caracteres de padres a hijos. || Paso de una enfermedad de un individuo enfermo a otro sano. || Propagación: *transmisión del calor.* || Comunicación de un mensaje telegráfico o telefónico. || Comunicación del movimiento de un órgano a otro. || Órgano que transmite el movimiento. || Conjunto de órganos que, en un automóvil, sirven para comunicar el movimiento del motor a las ruedas motrices. || — Pl. Servicio encargado de los enlaces (teléfono, radio, etc.) en un ejército. || — *Transmisión del pensamiento,* telepatía. || *Transmisión de poderes,* operación por la cual los poderes de una persona que ejerce cierta autoridad pasan a su sucesor.

transmisor, ra adj. Que transmite. || — M. Dispositivo para transmitir las señales eléctricas, telegráficas o telefónicas.

transmitir v. t. Hacer llegar a alguien, comunicarle: *transmitir una noticia.* || Difundir por radio. || Traspasar, dejar a otro: *transmitir un derecho, un título.* || Comunicar a otro una enfermedad, una calidad o un defecto. || Comunicar: *correa que transmite el movimiento a la rueda; transmitir un mensaje por teléfono.* || — V. pr. Propagarse: *el sonido se transmite por vibración de la materia.*

transmutación f. Cambio de una cosa en otra.

transmutar v. t. Transformar una cosa en otra.

transmutativo, va y **transmutatorio, ria** adj. Que tiene el poder de transmutar.

transoceánico, ca adj. Al otro lado del océano: *tierras transoceánicas.* || Que atraviesa el océano: *navegación transoceánica.*

transónico, ca adj. Dícese de las velocidades inmediatamente inferiores y superiores a las que tiene el sonido.

Transoxiana, ant. país de Asia (Turquestán).

transpacífico, ca adj. Del otro lado del Pacífico. || Que atraviesa el Pacífico: *buque transpacífico.*

transpadano, na adj. y s. Aplícase al que vive del otro lado del Po.

transparencia f. Propiedad de lo transparente. || Diapositiva.

transparentarse v. pr. Pasar la luz u otra cosa a través de un cuerpo transparente. || Ser transparente: *este vestido se transparenta.* || *Fig.* Dejarse adivinar: *transparentarse la verdad.*

transparente adj. Que se deja atravesar fácilmente por la luz y permite ver distintamente los objetos a través de su masa: *el agua es un cuerpo transparente.* || Translúcido. || *Fig.* Cuyo sentido oculto se deja adivinar fácilmente: *una alusión muy transparente.* || — M. Tela o papel que se coloca delante de una ventana para mitigar la luz. || Cortina que deja pasar la luz atenuándola.

Transparente *(El),* composición escultórica de Narciso Tomé que se halla en la catedral de Toledo, joya del arte churrigueresco.

transpiración f. Salida del sudor por los poros de la piel. || *Bot.* Expulsión de vapor de agua, principalmente por las hojas.

transpirar v. i. Echar sudor por los poros de la piel. || Expeler vapor de agua las plantas.

transpirenaico, ca adj. Del otro lado de los Pirineos. || Que atraviesa los Pirineos.

transplantar v. t. Trasplantar.

transplante m. Trasplante.

* **transponer** v. t. Cambiar de sitio: *transponer una palabra dentro de una frase.* || Desaparecer detrás de algo: *el Sol transpuso la montaña.* || — V. pr. Ocultarse a la vista, pasando al otro lado de un obstáculo. || Ponerse el Sol detrás del horizonte. || Quedarse algo dormido.

transportable adj. Que puede ser transportado.

transportador, ra adj. Que transporta o sirve para transportar: *cinta transportadora.* || — M. Semicírculo graduado empleado para medir o trazar ángulos. || Instalación para el transporte mecánico aéreo. || *Transportador de cinta,* cinta flexible sin fin para transportar materias a granel o paquetes.

transportar v. t. Llevar de un sitio a otro: *transportar viajeros, mercancías.* || *Mús.* Pasar una composición de un tono a otro. || — V. pr. Extasiarse, enajenarse, estar muy conmovido: *transportarse de alegría.*

transporte m. Acción de llevar de un sitio a otro, acarreo: *transporte de mercancías.* || Barco de guerra destinado a transportar tropas, pertrechos o víveres. || *Fig.* Arrebato, entusiasmo, emoción muy viva. || *Mús.* Cambio del tono de una composición. || — Pl. Conjunto de los diversos medios para trasladar personas, mercancías, etc.: *transportes urbanos, colectivos.*

transportista m. Persona que se dedica a hacer transportes.

transposición f. Acción de transponer una cosa. || Puesta de un astro. || Alteración del orden natural de las palabras en la oración. || Cambio de posición, dentro de una palabra, de uno solo de sus sonidos. || *Mat.* Operación consistente en hacer pasar un término de un miembro a otro de la ecuación o de la desigualdad. || *Mús.* Reproducción de una composición en un tono diferente.

transpositivo, va adj. Relativo a la transposición. || Que puede transponerse.

transtiberino, na adj. Del otro lado del Tíber, con relación a Roma.

transubstanciación f. En la Eucaristía, cambio del pan y del vino en el cuerpo y sangre de Jesucristo.

transubstanciar v. t. Transformar completamente una sustancia en otra (ú. t. c. pr.).

transuránico adj. y s. m. Aplícase a los elementos químicos de número atómico superior al del uranio (92), que se obtienen artificialmente ya que no existen en la naturaleza.

Transvaal, prov. en el N. de la Rep. de África del Sur; 286 053 km²; 6 273 000 hab. *(boers).* Cap. *Pretoria.* Región minera (oro, carbón, hierro, diamantes, etc.). Ganadería.

transvasar v. t. Trasegar: *transvasar vino.*

transverberación f. Transfixión: *la "Transverberación de Santa Teresa", por Bernini.*

transversal adj. Que está dispuesto de través: *tejido con listas transversales.* || Perpendicular a una dirección principal: *cordillera transversal.* || — F. Recta que corta una figura geométrica, especialmente un triángulo. || Calle perpendicular a otra.

transverso, sa adj. Transversal, colocado al través.

tranvía m. Ferrocarril urbano de tracción eléctrica que circula por rieles especiales empotrados en el pavimento de las calles.

tranviario, ria y **tranviero, ra** adj. Relativo a los tranvías: *líneas tranviarias.* || — M. Empleado en el servicio de tranvías. || Conductor de tranvía.

trapa f. *Mar.* Cabo para recoger una vela cuando hay mucho viento. || — Pl. Trincas para sujetar la lancha dentro del buque.

Trapa *(La)*, abadía de la orden del Císter, fundada en 1140 en Soligny (Orne, Francia) y reformada por el abad Rancé en 1664. Es la casa matriz de los trapenses.

trapacear v. i. Usar de trapacerías.

trapacería f. Engaño, embuste, trampa. || Fraude. || Astucia, pillería.

trapacero, ra o **trapacista** adj. y s. Dícese de la persona que usa de trapacerías.

trapajoso, sa adj. Harapiento, andrajoso. || *Fig. Tener la lengua trapajosa,* pronunciar difícilmente.

trápala f. Ruido, alboroto. || Ruido acompasado del trote o galope de un caballo. || *Fam.* Embuste, engaño. || M. *Fam.* Flujo de palabras insustanciales. || — Com. *Fig.* y *fam.* Charlatán, hablador. || Embustero, trapacero.

trapalear v. i. Hacer ruido con los pies al andar. || *Fam.* Mentir, decir embustes. | Parlotear, hablar mucho y de cosas insustanciales.

trapalero, ra adj. *Amer.* Tramposo.

trapalón, ona adj. y s. *Fam.* Embustero.

Trápani, ant. *Drépano,* c. y puerto del NO. de Sicilia. Salinas.

trapatiesta f. *Fam.* Alboroto, jaleo, confusión: *armar una trapatiesta.* | Riña, pelea.

trapaza f. Trapacería.

trapeador m. *Méx.* Trapo para limpiar el suelo.

trapear v. t. *Amer.* Limpiar con un trapo.

trapecio m. Aparato de gimnasia formado por dos cuerdas verticales que cuelgan de un pórtico y están reunidas por una barra horizontal. || Músculo plano situado en la parte posterior del cuello y superior de la espalda. || Hueso de la segunda fila del carpo. || *Geom.* Cuadrilátero que tiene dos lados desiguales y paralelos llamados *bases.* || — *Trapecio isósceles,* aquel cuyos lados no paralelos son iguales. || *Trapecio rectángulo,* aquel en que uno de los lados no paralelos es perpendicular a las bases. || — Adj. inv. Que tiene la forma de esta figura geométrica: *vestido trapecio.*

trapecista com. Gimnasta o acróbata que trabaja en el trapecio.

trapense adj. y s. Aplícase a los religiosos de la orden del Císter reformada o de la Trapa.

trapería f. Conjunto de trapos viejos. || Tienda donde se venden. || Oficio de trapero.

trapero, ra m. y f. Persona que recoge trapos viejos para venderlos. || Basurero. || — Adj. f. *Puñalada trapera,* la traidora.

trapezoidal adj. *Geom.* Relativo al trapezoide. || Que tiene su forma.

trapezoide m. *Geom.* Cuadrilátero cuyos lados opuestos no son paralelos. || *Anat.* Hueso del carpo situado al lado del trapecio.

trapiche m. Molino de aceituna o caña de azúcar. || *Amer.* Ingenio de azúcar. | Molino para pulverizar los minerales.

Trapiche. V. BOLÍVAR.

trapichear v. i. *Fam.* Ingeniarse más o menos lícitamente para lograr algo. | Comerciar al menudeo.

trapicheo m. *Fam.* Tejemanejes, enredos, actividades sospechosas: *andar con trapicheos.* | Maniobras turbias, intrigas: *trapicheos electorales.*

trapillo m. *Fig.* y *fam.* Galán de baja categoría. | Caudal pequeño. || *De trapillo,* con traje de casa; mal vestido: *no se puede ir a esta fiesta vestido de trapillo.*

trapío m. *Fig.* y *fam.* Garbo de una mujer. | Gallardía y buena planta de un toro.

trapisonda f. *Fam.* Bulla, jaleo o riña. | Lío, enredo.

trapisondear v. i. *Fam.* Armar trapisondas.

trapisondista com. Amigo de trapisondas, alborotador. || Lioso.

trapito m. Trapo pequeño. || *Fam.* Ropa femenina: *cuida mucho sus trapitos.* || *Fam. Los trapitos de cristianar,* los vestidos mejores y más elegantes que uno posee.

trapo m. Pedazo de tela viejo y roto. || Trozo de tela que se emplea para quitar el polvo, secar los platos, etc. || *Mar.* Velamen. || *Taurom.* Muleta o capote. || — Pl. *Fam.* Vestidos de mujer: *hablar de trapos.* || — *A todo trapo,* a toda vela; (fig.) con mucha rapidez. || *Fig. Los trapos sucios se lavan en casa,* las cosas íntimas no deben exhibirse. | *Poner a uno como un trapo,* insultarle o desacreditarle. | *Soltar el trapo,* echarse a llorar o a reir estrepitosamente.

tráquea f. En el hombre y los vertebrados de respiración aérea, conducto formado por anillos cartilaginosos que empieza en la laringe y lleva el aire a los bronquios y pulmones. || *Bot.* Vaso leñoso con relieve en forma de espiral. || En los insectos y los arácnidos, tubo que conduce el aire de los estigmas a los órganos.

traqueal adj. Relativo a la tráquea: *la respiración traqueal de los insectos.*

traquearteria f. Tráquea, conducto cartilaginoso.

traqueítis f. *Med.* Inflamación de la tráquea.

traqueo m. Traqueteo.

traqueotomía f. Operación quirúrgica que consiste en practicar una incisión en la tráquea para impedir la asfixia de ciertos enfermos.

traquetear v. i. Hacer ruido como un cohete. || Dar tumbos acompañados de ruido: *coche que traquetea.* || — V. t. Mover, agitar, sacudir: *traquetear una botella.* || *Fig.* y *fam.* Manosear una cosa.

traqueteo m. Ruido del disparo de los cohetes. || Serie de sacudidas o tumbos acompañados de ruido: *el traqueteo de una diligencia.*

traquido m. Ruido producido por un disparo. || Chasquido.

traquita f. Roca volcánica de color grisáceo.

tras prep. Detrás de: *tras la puerta.* || Después de: *tras una larga ausencia.* || Más allá: *tras los Pirineos.* || En pos de: *corrieron tras el ladrón.* || Además: *tras ser malo, es caro.*

trasalcoba f. Habitación detrás de la alcoba.

trasalpino, na adj. Transalpino.

trasandino, na adj. Transandino.

trasatlántico, ca adj. Transatlántico.

trasbordador, ra adj. y s. m. Transbordador.

trasbordar v. t. Transbordar.

trasbordo m. Transbordo.

trascantón m. Guardacantón. || Mozo de cordel, esportillero.

trascendencia f. Calidad de trascendente. || *Fig.* Importancia, alcance: *asunto de trascendencia.*

trascendental adj. Que se extiende a otras cosas. || *Fig.* De suma importancia: *acontecimiento trascendental.* || Elevado: *principio trascendental.*

trascendente adj. Que trasciende de, superior en su género. || Fuera de la acción o del conocimiento: *filosofía trascendente.* || *Mat.* Aplícase a cualquier número que no es la raíz de una ecuación algébrica de coeficientes enteros: *π es un número trascendente.* || *Fig.* Sumamente importante.

* **trascender** v. i. Despedir olor muy subido y penetrante: *el jardín trasciende a jazmín.* || Empezar a ser conocida una cosa, divulgarse: *trascendió la noticia.* || Extenderse, comunicarse los efectos de unas cosas a otras: *la huelga ha trascendido a todas las ramas de la industria.* || *Fil.* Traspasar los límites de la ciencia experimental.

trascocina f. Habitación detrás de la cocina.

* **trascolar** v. t. Colar un líquido a través de un filtro. || *Fig.* Pasar de un lado a otro, atravesar.

trasconejarse v. pr. Quedarse oculta la caza después del paso de los perros que la persiguen. || *Fig.* y *fam.* Extraviarse una cosa: *se me trasconejó un papel importante.*

* **trascordarse** v. pr. Olvidar.

trascoro m. Espacio situado detrás del coro en las iglesias.

trascribir v. i. Transcribir.

trascripción f. Transcripción.

trascurrir v. i. Transcurrir.

trascurso v. i. Transcurso.

trasdós m. *Arq.* Superficie exterior de un arco o bóveda. | Pilastra que está inmediatamente detrás de una columna.

trasegadura f. Trasiego.

* **trasegar** v. t. Revolver, trastornar. || Mudar una cosa de sitio, y particularmente cambiar un líquido de recipiente: *trasegar vino, aceite.*

trasero, ra adj. Situado detrás: *parte trasera de una casa; rueda trasera de un coche.* || — M. Parte posterior e inferior del animal o persona. || — F. Parte posterior de una cosa. || — Pl. Antepasados, abuelos.

trasferencia, trasfiguración, trasformar, trasfusión, trasgredir y sus derivados. V. TRANSFERENCIA, TRANSFIGURACIÓN, TRANSFORMAR, TRANSFUSIÓN, TRANSGREDIR y sus derivados.

trasfondo m. Lo que se encuentra más allá del fondo visible o de la apariencia o intención de una acción.

trásfuga com. Tránsfuga.

trasgo m. Duendecillo.

trashoguero, ra adj. y s. Holgazán, que se queda en casa cuando los demás van a trabajar. || — M. Losa colocada detrás del hogar. || Leño grueso que se arrima a la pared del hogar para mantener el fuego.

trashojar v. t. Hojear.

trashumancia f. Sistema de explotación ganadera que consiste en trasladar los rebaños de un sitio a otro para que aprovechen los pastos de invierno y los estivales.

trashumante adj. Que trashuma o cambia de pastos: *ganado trashumante.*

trashumar v. i. Pasar el ganado en verano a las montañas o a pastos distintos de los de invierno.

trasiego m. Acción de trasegar líquidos. || *Fig.* Traslado: *trasiego de funcionarios.*

trasigar v. t. *Ecuad.* Trasegar.

Trasimeno (LAGO), lago en el centro de Italia (Umbría); 129 km². Aníbal venció aquí al cónsul romano Flaminio (217 a. de J. C.).

traslación f. Acción de mudar de sitio a una persona o cosa, traslado. || Traducción. || *Gram.* Empleo de un tiempo verbal por otro. || Metáfora. || *Mat.* Movimiento de un sólido cuyas partes conservan una dirección constante. || *Movimiento de traslación,* el que sigue un astro al recorrer su órbita.

trasladador, ra adj. y s. Dícese de la persona que traslada.

trasladante adj. Que traslada.

trasladar v. t. Llevar de un lugar a otro a una persona o cosa: *trasladar viajeros, muebles.* || Cambiar de oficina o cargo: *trasladar a un funcionario, a una autoridad.* || Aplazar el día de una reunión, de una función, etc. || Traducir: *trasladar del catalán al castellano.* || Copiar: *trasladar un escrito.* || — V. pr. Cambiar de sitio: *esta organización se traslada a otra ciudad más importante.*

traslado m. Copia: *traslado de un escrito.* || Traslación: *traslado de un preso.* || Cambio de destino: *traslado de un funcionario.* || Mudanza: *el traslado de los muebles.* || *For.* Copia mandada a uno de los litigantes de las pretensiones o alegatos del otro.

traslaticio, cia adj. Aplícase al sentido figurado de una palabra.

traslativo, va adj. Que transfiere: *título traslativo de propiedad.*

traslimitar v. t. Translimitar.

traslucidez f. Translucidez.

traslúcido, da adj. Translúcido.

* **traslucirse** v. pr. Ser traslúcido un cuerpo: *la porcelana se trasluce.* || *Fig.* Transparentarse, adivinarse: *en su tono de voz se trasluce su emoción.*

trasluz m. Luz que pasa a través de un cuerpo translúcido. || Luz reflejada oblicuamente. || *Al trasluz*, por transpariencia: *mirar los huevos al trasluz.*

trasmallo m. Arte de pesca formada de varias redes superpuestas.

trasmano (a) loc. adv. Fuera de alcance. || Fuera de camino: *su casa me coge a trasmano.*

trasmigración, trasmisión y sus derivados. V. TRANSMIGRACIÓN, TRANSMISIÓN y sus derivados.

trasmocho, cha adj. Dícese del árbol cortado a cierta altura de su tronco para que produzca brotes (ú. t. c. s. m.).

trasmutación f. Transmutación.

trasnochado, da adj. Estropeado por ser del día anterior: *comida trasnochada.* || *Fig.* Macilento, desmedrado. | Sin novedad, viejo: *chiste trasnochado.*

trasnochador, ra adj. y s. Dícese de la persona que acostumbra trasnochar.

trasnochar v. i. Pasar una noche en vela. || Pernoctar. || Acostarse tarde.

* **trasoñar** v. t. Soñar, forjarse ilusiones.

Tras-os-Montes e Alto Douro, prov. del N. de Portugal; cap. *Vila Real.*

traspadano, na adj. y s. Transpadano.

traspapelar v. t. Extraviar un papel entre otros (ú. t. c. pr.).

trasparencia f. Transparencia.

trasparentarse v. pr. Transparentarse.

trasparente adj. Transparente.

traspasable adj. Susceptible de ser traspasado.

traspasar v. t. Atravesar de parte a parte: *la bala le traspasó el brazo; la lluvia traspasó su abrigo.* || Pasar hacia otra parte: *traspasar el río.* || Vender o ceder a otro una cosa: *traspasar un piso.* || Transgredir una ley o reglamento. || Rebasar, pasar de ciertos límites. || Transferir un jugador profesional a otro equipo. || *Fig.* Producir un dolor físico o moral sumamente violento. || *Fig. Traspasar el corazón*, causar viva aflicción.

traspaso m. Cesión, trasferencia de un local o negocio. || Cantidad pagada por esta cesión. || Local traspasado. || Transferencia de un jugador profesional a otro equipo.

traspatio m. Patio situado detrás del principal.

traspié m. Resbalón, tropezón. || Zancadilla.

traspiración f. Transpiración.

traspirar v. i. Transpirar.

traspirenaico, ca adj. Transpirenaico, ca.

Trasplantados *(Los)*, novela del chileno A. Blest Gana (1904).

trasplantar v. t. Mudar un vegetal de un terreno a otro: *trasplantar un árbol.* || *Med.* Hacer un trasplante. || — V. pr. *Fig.* Abandonar una persona su país de origen.

trasplante m. Acción y efecto de trasplantar o trasplantarse. || *Med.* Injerto de tejido humano o animal o de un órgano completo: *trasplante de córnea, del corazón.*

trasponer v. t. Transponer.

traspontín y trasportín m. Traspuntín.

trasportable adj. Transportable.

trasportador, ra adj. y s. m. Transportador.

trasportar v. t. Transportar.

trasporte m. Transporte.

trasportista m. Transportista.

trasposición f. Transposición.

traspositivo, va adj. Transpositivo.

traspunte m. El que avisa a cada actor de teatro cuando ha de salir a escena y le apunta las primeras palabras.

traspuntín m. Asiento supletorio y plegable de ciertos coches grandes y de las salas de espectáculos.

trasquila f. Trasquiladura.

trasquilado, da adj. *Fig. Salir trasquilado*, salir malparado. || — M. *Fam.* Tonsurado.

trasquilador m. El que trasquila.

trasquiladura f. Acción y efecto de trasquilar.

trasquilar v. t. Cortar mal el pelo. || Esquilar: *trasquilar ovejas.* || *Fig.* y *fam.* Mermar.

trasquilón m. *Fam.* Trasquiladura. | Corte desigual en el pelo. || *Fig.* y *fam.* Dinero que se le saca a uno con maña. || *A trasquilones*, aplicado al pelo, muy mal cortado; (fig.) sin orden ni concierto.

trastada f. *Fam.* Jugarreta, mala pasada: *hacer una trastada.* | Travesura.

Trastamara. V. ENRIQUE II *de Castilla.*

trastazo m. *Fam.* Porrazo, golpe fuerte: *pegarse un trastazo.*

traste m. Cada uno de los filetes de metal o hueso colocados en el mástil de la guitarra y otros instrumentos parecidos para modificar la longitud libre de las cuerdas. || Recipiente en que prueban el vino los catadores. || *Fam. Can.* y *Amer.* Trasero. || *Fam. Dar al traste con una cosa*, romperla, estropearla; aplicado a proyectos, planes, etc., hacerlos fracasar; acabar con algo.

trasteado m. Conjunto de los trastes de la guitarra u otro instrumento músico parecido.

trasteador, ra adj. y s. *Fam.* Alborotador.

trastear v. t. Mover o revolver cosas (ú. t. c. i.). || *Taurom.* Dar el matador pases de muleta. || *Fig.* y *fam.* Manejar hábilmente a una persona. || Pisar las cuerdas de la guitarra con habilidad.

trasteo m. Acción de trastear al toro o a una persona.

trastería f. Montón de trastos viejos o inútiles. || *Fig.* y *fam.* Trastada, jugarreta.

trastero, ra adj. Aplícase al cuarto donde se guardan trastos viejos o inútiles (ú. t. c. m.). || — F. *Méx.* Alacena de aparador donde se guardan los trastos de uso diario.

trastiberino, na adj. Transtiberino.

trastienda f. Local situado detrás de la tienda. || *Fig.* y *fam.* Cautela, astucia: *hombre de mucha trastienda.*

trasto m. Mueble o utensilio, generalmente inútil. || Cada uno de los bastidores de las decoraciones del escenario. || *Fig.* y *fam.* Persona inútil: *es un trasto viejo.* | Persona informal. || — Pl. Espada, daga y otras armas. || Útiles, instrumentos, utensilios de un arte: *trastos de poscar.* || *Fig.* y *fam. Tirarse los trastos a la cabeza*, pelearse, reñir.

* **trastocar** v. t. Trastornar, desordenar, revolver. || — V. pr. Perturbarse, volverse loco.

trastornador, ra adj. Que trastorna, bullicioso. || Emocionante. || — M. y f. Agitador, perturbador.

trastornadura f. y **trastornamiento** m. Trastorno.

trastornar v. t. Revolver las cosas desordenadas: *ha trastornado todos los papeles.* || *Fig.* Perturbar los sentidos: *trastornar la razón.* | Impresionar, emocionar: *este espectáculo le ha trastornado.* | Inspirar una pasión viva: *esta mujer trastorna a todos los hombres.* | Alterar la salud. | Hacer fracasar un proyecto, plan, etc. | Hacer cambiar de opinión. || — V. pr. Turbarse. || Estar conmovido. || *Fig.* Volverse loco.

trastorno m. Desorden, confusión. || Cambio profundo. || Disturbio: *trastornos políticos.* || *Fig.* Turbación, perturbación. || Anomalía en el funcionamiento de un órgano, sistema: *trastornos digestivos, mentales.*

trastrabillar v. i. Titubear.

trastrocamiento m. Confusión. || Transformación.

* **trastrocar** v. t. Invertir el orden, intercambiar, confundir. || Transformar.

trastrueque m. Trastrocamiento.

trastumbar v. t. *Méx.* Trasponer: *el sol trastumba la montaña.*

trasudación f. Acto de trasudar.

trasudar v. t. e i. Sudar ligeramente. || Pasar un líquido a través de los poros de un cuerpo.

trasudor m. Sudor ligero.

trasuntar v. t. Copiar un escrito. || Compendiar, hacer un resumen. || *Fig.* Reflejar, mostrar, dejar adivinar.

trasunto m. Copia o traslado. || Imagen exacta de una cosa.

trasvasar v. t. Transvasar.

trasvase m. Trasiego. || Acción de llevar las aguas de un río a otro para su mayor aprovechamiento.

trasvenarse v. pr. Extravenarse. || *Fig.* Esparcirse, derramarse.

trasverberación f. Transverberación.

trasversal adj. Transversal.

trasverso, sa adj. Transverso.

* **trasverter** v. i. Rebosar.

trata f. Antiguo comercio que se hacía con los negros que se vendían como esclavos. || *Trata de blancas*, tráfico de mujeres que consiste en atraerlas a los centros de prostitución para especular con ellas.

tratable adj. Que se puede o deja tratar. || Amable, de trato agradable.

tratadista m. Autor de tratados sobre una materia determinada.

tratado m. Convenio escrito y concluido entre dos gobiernos: *tratado de amistad, de no agresión.* || Obra que trata de un tema artístico o científico: *tratado de álgebra.*

— Se dio el n. de *Tratado Cuadrilátero* al pacto firmado el 25 de enero de 1822 entre Buenos Aires, Santa Fe y Entre Ríos, y más tarde Corrientes, base de la Confederación argentina en 1831.

tratamiento m. Trato: *buenos tratamientos* || Título de cortesía: *tratamiento de señoría.* || Conjunto de medios empleados para la curación de una enfermedad: *tratamiento hidroterapéutico.* || Conjunto de operaciones a que se someten las materias primas: *tratamiento químico.* || *Fig. Apear el tratamiento*, suprimir el que corresponde a una persona al dirigirse a ella.

tratante m. Persona que comercia generalmente con animales o productos naturales: *tratante en ganado de cerda.*

tratar v. t. e i. Conducirse de cierta manera con uno: *tratar a los vencidos con humanidad.* || Manejar: *tratar muy mal sus cosas.* ||

Atender y dar de comer: *nos trató opíparamente.* || Tener trato social, alternar con uno: *no trato a* (o *con*) *esta gente* (ú. t. c. pr.). || Aplicar un tratamiento terapéutico. || Someter a la acción de un agente físico o químico: *tratar un mineral con ácido.* || Estudiar y discutir: *mañana trataremos este problema.* || — *Tratar de,* dar uno un título de cortesía: *tratar de excelencia, de usted;* calificar, llamar: *tratar a uno de ladrón;* tener como tema, ser relativo a: *¿de qué trata este libro?* || *Tratar de* o *sobre una cuestión,* hablar o escribir sobre ella. || — V. i. *Tratar de,* intentar, procurar: *tratar de salir de un apuro.* || *Tratar en,* comerciar: *tratar en vinos.* || — V. pr. Cuidarse. || Ser cuestión, constituir el objeto de algo: *¿de qué se trata?*

trato m. Manera de portarse con uno: *un trato inhumano.* || Relación, frecuentación: *tengo trato con ellos.* || Modales, comportamiento: *un trato muy agradable.* || Acuerdo, contrato: *cerrar un trato.* || — Pl. Negociaciones. || — *Trato de gentes,* experiencia y habilidad en las relaciones con los demás. || *Trato hecho,* fórmula con que se da por definitivo un acuerdo.

trauma m. Traumatismo. || *Trauma psíquico,* choque emocional que deja una impresión duradera en el subconsciente.

traumático, ca adj. Relativo al traumatismo: *hemorragia traumática.*

traumatismo m. Lesión de los tejidos producida por un agente mecánico, en general externo. || *Fig.* Trauma psíquico.

traumatología f. Parte de la cirugía que se dedica a la cura de heridas o llagas.

Travancore, ant. Estado del SE. de la India, al S. de Kerala.

travelín m. Travelling.

traveller's check f. (pal. ingl.). Cheque de viaje.

travelling m. (pal. ingl.). Carro que soporta la cámara cinematográfica y permite su desplazamiento para la toma de vistas sucesivas. || Esta misma operación.

traversa f. Madero que atraviesa los carros para fortalecer el brancal. || *Mar.* Estay.

través m. Inclinación o torcimiento. || *Fig.* Revés, contratiempo, suceso adverso. || *Arq.* Pieza en que se sujeta el segundo pendolón del edificio. || *Fort.* Parapeto de tierra para defenderse de los fuegos de rebote. || *Mar.* Dirección perpendicular a la quilla. || — *A través* o *al través,* de un lado a otro: *un árbol tumbado a través de la carretera;* por entre: *a través de una celosía;* mediante: *reembolsar un empréstito a través de un banco.* || *De través,* oblicua, o transversalmente. || *Mirar de través,* mirar sin volver la cabeza; bizquear.

travesaño m. En una armazón, pieza horizontal que atraviesa de una parte a otra. || Almohada cilíndrica y alargada para la cama.

travesear v. i. Cometer travesuras.

travesero, ra adj. Colocado de través. || — M. Travesaño, almohada.

travesía f. Viaje por mar: *la travesía del Pacífico.* || Calleja que atraviesa entre calles principales. || Camino transversal. || Parte de una carretera que atraviesa una población. || Distancia entre dos puntos de tierra o de mar. || Conjunto de traveses de una fortificación. || *Mar.* Viento perpendicular a la costa. || *Arg.* Llanura extensa y árida entre dos sierras.

* **travestir** v. t. Vestir una persona con la ropa del sexo opuesto (ú. t. c. pr.).

travesura f. Acción reprensible verificada con picardía para divertirse, diablura: *travesura de niño.* || Calidad de travieso.

Traviata *(La),* ópera de Giuseppe Verdi (1853).

traviesa f. Madero colocado perpendicularmente a la vía férrea en que se asientan los rieles. || *Arq.* Cada uno de los cuchillos de armadura que sostienen un tejado. || Pared maestra que no está en fachada ni medianería. || *Min.* Galería transversal.

travieso, sa adj. Atravesado o puesto de través. || *Fig.* Turbulento, bullicioso, que hace travesuras: *niño travieso.*

Trawsfynydd, localidad del O. de Gran Bretaña, en Gales. Central nuclear.

trayecto m. Espacio que hay que recorrer para ir de un sitio a otro. || Acción de recorrerlo.

trayectoria f. Línea descrita en el espacio por un punto u objeto móvil: *la trayectoria de un planeta.* || Recorrido que sigue un proyectil disparado: *la trayectoria de una bala.* || *Fig.* Tendencia, orientación.

traza f. Proyecto, plano o diseño de una obra: *la traza de un edificio.* || *Fig.* Recurso utilizado para conseguir un fin. | Aspecto, apariencia: *hombre de buena traza.* || Huella, señal, rastro. || *Geom.* Intersección de una línea o superficie con cualquiera de los planos de proyección. || — *Fig.* y *fam. Darse trazas,* ingeniarse. || *Llevar trazas de,* parecer.

trazado m. Acción de trazar. || Representación por medio de líneas de un plano, dibujo, etc.: *el trazado de una figura.* || Recorrido de una carretera, canal, etc.

trazador, ra adj. y s. Aplícase a la persona que traza. || *Bala trazadora,* bala llena de una mezcla iluminante que marca su trayectoria de un modo que la hace visible en la oscuridad.

trazar v. t. Tirar las líneas de un plano, dibujo, etc. || Escribir: *trazar letras.* || *Fig.* Describir, pintar: *trazar una semblanza.* | Indicar: *ha trazado las grandes líneas del programa.* || *Trazar planes,* hacer proyectos.

trazo m. Línea: *trazo rectilíneo, seguro.* || Parte de la letra manuscrita. || — *Al trazo,* aplícase al dibujo hecho sólo con líneas. || *Trazo magistral,* el grueso que forma la parte principal de una letra.

trazumarse v. pr. Rezumarse.

trébedes f. pl. Utensilio de hierro con tres pies para poner vasijas al fuego del hogar.

trebejo m. Trasto o utensilio: *los trebejos de la cocina.* || Pieza del ajedrez. || *Taurom. Los trebejos de matar,* el estoque y la muleta.

Trebia, río del NO. de Italia, afl. del Po; 115 km. Aníbal derrotó en sus orillas al cónsul romano Sempronio en 218 a. de J. C.

Trebisonda, en turco *Trabzon,* c. y puerto del NE. de Turquía, a orillas del mar Negro.

trébol m. Planta herbácea papilionácea, de flores blancas, rojas o moradas que se cultiva para forraje. || Uno de los palos de la baraja francesa. || *Arq.* Adorno geométrico que se compone de tres lóbulos. || En una autopista, cruce a distintos niveles que tiene forma de trébol de cuatro hojas.

trebolar m. *Amer.* Terreno cubierto de trébol.

trece adj. Diez y tres: *el día trece.* || Decimotercero: *León XIII* (trece). || — M. Número equivalente a diez y tres. || (Ant.). Cada uno de los trece caballeros de Santiago, diputados al capítulo general. | Cada uno de los trece regidores que había en ciertos municipios. || *Fig.* y *fam. Mantenerse en sus trece,* aferrarse obstinadamente a una idea o empeño.

— Se dio el n. de *los Trece de la Fama* a los trece hombres que en la isla del Gallo pasaron la raya trazada por Pizarro en el suelo y decidieron seguirle en la conquista del Imperio Incaico, en el Perú (1531).

trecha f. Voltereta.

trecho m. Espacio de tiempo: *esperar largo trecho.* || Distancia. || Tramo, trozo de un camino, carretera, etc.: *un trecho peligroso.* || — *A trechos,* a intervalos, de modo discontinuo. || *De trecho a trecho* o *en trecho,* con intervalos de tiempo o de distancia.

trefilado m. Acción de trefilar.

trefilador m. Obrero que trefila.

trefilar v. t. Reducir un metal a alambre o hilo, pasándolo por una hilera.

trefilería f. Fábrica o taller de trefilado.

tregua f. Suspensión temporal de hostilidades entre los beligerantes: *acordar una tregua para Año Nuevo.* || *Fig.* Intermisión, descanso temporal: *su trabajo no le da tregua.* || *Tregua de Dios,* ley eclesiástica promulgada en 1041, que prohibía toda hostilidad desde el miércoles por la noche hasta el lunes por la mañana.

Trehouart [*treuar*] (François-Thomas), marino francés (1798-1873) que derrotó a las tropas de Rosas en Vuelta de Obligado (1843).

treinta adj. Tres veces diez: *tiene treinta años.* || Trigésimo.

— Se conoce históricamente con el n. de *guerra de los Treinta Años* el conjunto de guerras sostenidas en Europa por motivos religiosos y políticos (1618-1648), a la que puso fin el Tratado de Westfalia. Se divide en cuatro períodos: *palatino* (1618-1624), *danés* (1624-1629), *sueco* (1630-1635) y *francés* (1635-1648).

— Son llamados *los Treinta Tiranos* los treinta jefes impuestos por los espartanos a los atenienses (404 a. de J. C.). Tras largo tiempo de despotismo fueron depuestos por Trasíbulo.

Treinta y Tres, c. en el E. de Uruguay, cap. del dep. homónimo.

Treinta y Tres Orientales *(Los),* n. de los 33 patriotas uruguayos que al mando de Lavalleja desembarcaron en la playa de la Agraciada (1825) para sacudir el yugo brasileño.

treintaitresino, na adj. y s. De la c. y del dep. de Treinta y Tres (Uruguay).

treintavo, va adj. y s. Trigésimo.

treintena f. Conjunto de treinta unidades. || Treintava parte de un todo.

treinteno, na adj. Trigésimo.

Treitschke (Heinrich VON), historiador alemán (1834-1896).

Trejo y Sanabria (Hernando de), religioso paraguayo (1554-1614), hermano de Hernandarias. Defensor de los indios, fue obispo de Tucumán (Argentina).

Trejos (José Joaquín), político costarricense, n. en 1916. Pres. de la Rep. de 1966 a 1970.

Trelew, pobl. de la Argentina en el E. de la prov. de Chubut.

Trelles (Carlos M.), erudito y patriota cubano (1866-1951). || **~** (JOSÉ ALONSO Y). V. ALONSO.

tremadal m. Tremedal.

trematodo da adj. y s. m. Aplícase a los gusanos de cuerpo plano, que viven parásitos en el cuerpo de los vertebrados. || — M. pl. Orden que forman.

tremebundo, da adj. Terrible, espantoso, que hace temblar.

Tremecén. V. TLEMECEN.

tremedal m. Terreno pantanoso.

tremendo, da adj. Terrible, espantoso, capaz de aterrorizar: *un espectáculo tremendo.* || *Fig.* y *fam.* Muy grande, extraordinario: *llevarse un desengaño tremendo.* || *Fam. Tomarlo por la tremenda,* tomar una cosa por el lado más violento o desagradable.

trementina f. Resina semilíquida que se extrae de los pinos, alerces y terebintos. || *Esencia de trementina,* la que resulta de la destilación de estas resinas, y se emplea para fabricar barnices, desleir colores, disolver cuerpos grasos, etc.

tremés o **tremesino, na** adj. De tres meses: *corderito tremesino.*

tremielga f. Pez torpedo.

tremolar v. t. Enarbolar y agitar en el aire: *tremolar una bandera, un pendón.* ‖ — V. i. Ondear. ‖ *Sonidos tremolados,* los que varían rápidamente de intensidad.

tremolina f. Movimiento ruidoso del aire. ‖ *Fig.* y *fam.* Bulla, griterío, alboroto, gran jaleo: *armar la tremolina.*

trémolo m. *Mús.* Sucesión rápida de notas cortas iguales.

tremor m. Temblor.

trémulo, la adj. Tembloroso, que tiembla: *voz trémula.*

Tremp, c. del NE. de España (Lérida). Central hidroeléctrica.

tren m. Sucesión de vehículos remolcados o en fila: *tren de camiones.* ‖ Conjunto formado por los vagones de un convoy y la o las locomotoras que los arrastran. ‖ *Tecn.* Conjunto de órganos mecánicos semejantes acoplados con algún fin: *tren de laminar.* ‖ *Méx.* Tranvía. ‖ *Mil.* Conjunto de material que un ejército lleva consigo en campaña. ‖ *Fig.* Paso, marcha: *ir a buen tren.* ‖ — *Fam. Tren botijo,* el que se habilitaba en verano por poco dinero con motivo de alguna fiesta o viaje. | *Tren carreta,* el muy lento. ‖ *Tren correo,* el que lleva la correspondencia. ‖ *Tren de aterrizaje,* dispositivo de aterrizaje de un avión. ‖ *Tren de laminación,* conjunto de los diversos rodillos de un laminador. ‖ *Tren delantero, trasero,* conjunto de elementos que reemplazan el eje en los vehículos modernos. ‖ *Tren de ondas,* grupo de ondas sucesivas. ‖ *Fig. Tren de vida,* manera de vivir en cuanto a comodidades, etc. ‖ *Tren directo* o *expreso,* el muy rápido que no se para más que en las estaciones principales. ‖ *Tren mixto,* el que lleva viajeros y mercancías. ‖ *Tren ómnibus,* el que se para en todas las estaciones. ‖ *Tren rápido,* el que tiene mayor velocidad que el expreso. ‖ *Fig.* y *fam. Vivir a todo tren,* vivir con mucho lujo, espléndidamente, muy bien.

trena f. *Fam.* Cárcel. ‖ Banda que llevaban los soldados como cinturón.

trenado, da adj. En forma de redecilla, enrejado o trenza.

trenca f. Cada uno de los palos atravesados en la colmena para sostener los panales. ‖ Raíz principal de una cepa. ‖ Abrigo corto impermeable, con capucha.

trencilla f. Galoncillo de algodón, seda o lana.

trencillar v. t. Adornar con trencilla.

trencillo m. Trencilla.

Trend (John Broder), hispanista inglés (1887-1959), autor de *Historia de la civilización española* y de traducciones de autores españoles.

Trenel, pobl. en el centro de la Argentina (La Pampa).

Trenganu, uno de los Estados de la Federación de Malaysia; cap. *Kuala Trenganu.*

trenista m. *Méx.* Ferroviario.

treno m. Canto fúnebre, lamento: *los trenos de Jeremías.*

Trenque Lauquen, pobl. de la Argentina (Buenos Aires).

Trent, río de Gran Bretaña en Inglaterra que, al confluir con el Ouse, forma el Humber; 270 km.

Trentino, región del N. de la Italia continental, en la actual provincia de Trento. Forma con el Alto Adigio (prov. de Bolzano) la región histórica de *Venecia Tridentina,* que goza de autonomía.

Trento, c. del N. de Italia, en el Trentino, cap. de la prov. homónima. Arzobispado. Un concilio ecuménico, reunido en la c. entre 1545 y 1563, llevó a cabo la Reforma católica después de la protestante y restauró la disciplina en la Iglesia de Roma.

Trenton, c. del NE. de Estados Unidos, cap. de Nueva Jersey. Industrias (textiles).

trenza f. Entrelazamiento de tres o más fibras, hebras, etc.: *trenza de esparto.* ‖ Entrelazamiento hecho con el pelo largo dividido en varias partes.

trenzado m. Trenza. ‖ En ciertos bailes, salto ligero cruzando los pies en el aire. ‖ Paso que da el caballo piafando.

trenzar v. t. Hacer una trenza. ‖ — V. i. Hacer trenzadas el caballo o el que baila.

treo m. Vela cuadrada o redonda con que las embarcaciones latinas navegan en popa con vientos fuertes.

trepa f. Subida, ascensión. ‖ Acción de agujererar o taladrar. ‖ Hilo con que se adornaba el borde de algunos vestidos. ‖ Ondulaciones que aparecen en la madera. ‖ *Fam.* Trecha, voltereta. | Astucia, ardid, engaño.

trepado m. Línea de puntos taladrados a máquina en un documento para poder separar fácilmente sus distintas partes: *el trepado de un sello, de un talonario de cheques.*

trepador, ra adj. y s. Que trepa. ‖ Dícese de ciertas plantas de tallo largo, como la hiedra, que trepan por las paredes, las rocas, etc. ‖ Aplícase a las aves que pueden trepar a los árboles, como el papagayo, el pico carpintero, etc. ‖ — F. pl. Orden que forman estas aves. ‖ — M. Cada uno de los garfios con dientes que se sujetan con correas a cada pie y se utilizan para subir a los postes telegráficos o a cualquier otra cosa.

trepanación f. Operación quirúrgica que consiste en la perforación de un hueso, especialmente de la cabeza, para tener acceso a una cavidad craneana, con objeto de extirpar un tumor o disminuir la tensión existente en la misma.

trepanar v. t. Horadar el cráneo u otro hueso con fin terapéutico: *trepanar a un herido.*

trépano m. Instrumento quirúrgico propio para trepanar. ‖ Aparato de sondeo que ataca el terreno en toda la superficie del agujero hecho por la perforadora.

trepar v. i. Subir a un lugar elevado valiéndose de los pies y las manos: *trepar a los árboles.* ‖ Crecer una planta agarrándose a otra, a una pared, etc. ‖ — V. t. Taladrar, horadar, ‖ Guarnecer con trepa.

trepidación f. Temblor, estremecimiento: *la trepidación de un coche en una calle mal pavimentada.*

trepidante adj. Que trepida.

trepidar v. i. Temblar, moverse con sacudidas pequeñas y rápidas, estremecerse.

treponema m. Espiroqueta de la sífilis. ‖ Microbio en forma de espiral.

Tréport (Le), pobl. del NO. de Francia (Seine-Maritime).

tres adj. Dos y uno: *tiene tres hermanos.* ‖ Tercero. ‖ — M. Número equivalente a dos más uno. ‖ Naipe que tiene tres figuras: *el tres de oros.* ‖ — F. pl. Tercera hora después del mediodía o de la medianoche: *las tres de la madrugada.* ‖ — *Fig.* y *fam. Como tres y dos son cinco,* seguro, evidente, incontestable. | *Dar tres y raya,* superar, aventajar en mucho. | *De tres al cuarto,* de poco valor. ‖ *Fig.* y *fam. Ni a las tres,* de ninguna manera, por nada del mundo. | *No ver tres en un burro,* ser muy miope. ‖ *Regla de tres,* cálculo de una cantidad desconocida a partir de tres otras conocidas de las cuales dos varían en proporción directa o inversa. ‖ *Tres cuartos,* abrigo corto; en rugby, jugador de la línea de ataque. ‖ *Tres en raya,* rayuela, juego de niños.

Tres ‖ **~ Arroyos,** pobl. de la Argentina (Buenos Aires). Centro agrícola y ganadero. ‖ **~ Cruces,** monte en el O. de la Argentina, puerto de acceso a la Puna de Atacama; 3 700 m. — Nevado de los Andes en el NE. de Chile (Atacama), en la frontera con la Argentina; 6 356 m. — Paso andino en el centro del Ecuador (Chimborazo); 3 810 m. — Pico al O. del Ecuador en el nudo de Azuay; 4 472 m. ‖ **~ Marías,** archip. de México, en el océano Pacífico (Nayarit). ‖ **~ Morros,** cerro de Colombia (Antioquia), en la Cord. Occidental (Nudo de Paramillo); 3 400 m. Llamado tb. *Socorro.* ‖ **~ Obispados,** región en el NE. de la ant. Francia, constituida por las ciudades de Metz, Toul y Verdún, con sus dependencias. ‖ **~ Puntas,** cabo en el SE. de la Argentina, en la costa patagónica (Santa Cruz). — Cerro en el O. de la Argentina (Mendoza); 5 130 m. ‖ **~ Zapotes,** estación arqueológica de México (Veracruz).

Tres Mosqueteros *(Los),* novela de Alexandre Dumas (padre).

tresañal y **tresañelo** adj. De tres años: *vaca tresañal.*

tresbolillo (a o **al)** m. adv. Aplícase a la colocación de las plantas puestas en filas paralelas cruzadas en diagonal.

Trescientas *(Las).* V. LABERINTO DE FORTUNA.

trescientos, tas adj. Tres veces ciento. ‖ Tricentésimo. ‖ — M. Guarismo que representa el número equivalente a tres veces ciento.

Tresguerras (Francisco Eduardo), arquitecto mexicano, n. en Celaya (1759-1833).

tresillista com. Jugador de tresillo.

tresillo m. Juego de cartas entre tres personas y en el cual gana el que hace mayor número de bazas. ‖ Conjunto de un sofá y dos sillones que hacen juego. ‖ Sortija con tres piedras que hacen juego. ‖ Conjunto de tres notas musicales iguales ejecutadas en el mismo tiempo que dos o cuatro de idéntico valor.

tresnal m. Montón de haces de mies en forma de pirámide.

treta f. Artificio, ardid empleado para lograr una cosa. ‖ Finta, golpe fingido en esgrima para engañar al adversario.

Tréveris, c. y distrito en el O. de Alemania Occidental (Renania-Palatinado), a orillas del Mosela. Obispado. Ruinas romanas (Porta Nigra); catedral (s. IV-XI).

Treviño, v. en el N. de España (Burgos), en el condado homónimo, territorio castellano enclavado en la prov. de Álava.

Treviso, c. en el NE. de Italia (Venecia), cap. de la prov. homónima. Porcelanas.

trezavo, va adj. Dícese de cada una de las trece partes iguales en que se divide un todo (ú. t. c. s. m.).

tría f. Acción y efecto de triar.

triaca f. Antiguo preparado farmacéutico hecho con varios ingredientes y principalmente con opio. ‖ *Fig.* Remedio de un mal.

triácido m. Cuerpo químico que tiene tres funciones ácidas.

tríada f. Conjunto de tres unidades, de tres personas, etc.

Triana (José Jerónimo), naturalista colombiano (1826-1890). ‖ **~** (RODRIGO DE), marinero español del s. XV. Enrolado en el primer viaje de Colón, se dice que fue el primero que vio tierra americana.

trianero, ra adj. y s. Vecino del barrio de Triana, en Sevilla.

triangulación f. Operación que consiste en dividir una superficie terrestre en una red de triángulos para medir una línea geodésica o levantar el plano de un territorio.

triangulado, da adj. De forma triangular.

triangular adj. De figura de triángulo: *pirámide, músculo triangular.* || Cuya base es un triángulo: *prisma triangular.*
triangular v. t. Efectuar la triangulación de un territorio. ||
triángulo m. *Geom.* Figura delimitada por tres líneas que se cortan mutuamente. || *Mús.* Instrumento de percusión que tiene la forma de esta figura y se golpea con una varilla. || — *Triángulo equilátero,* el que tiene sus tres lados iguales. || *Triángulo escaleno,* el que tiene los tres lados desiguales. || *Triángulo rectángulo,* el que tiene un ángulo recto.
Trianón *(Gran* y *Pequeño),* n. de dos palacios edificados en el parque de Versalles (Francia).
triar v. t. Escoger, entresacar: *triar los mejores frutos.* || — V. pr. Clarearse una tela.
trias m. *Geol.* Triásico.
triásico, ca adj. *Geol.* Aplícase al primer período de la era secundaria (ú. t. c. s. m.).
— De una duración aproximada de 45 millones de años, el *triásico* se compone de tres órdenes de rocas: areniscas rojas, calizas y margas abigarradas.
triatómico, ca adj. *Fís.* Aplícase a los cuerpos cuya molécula contiene tres átomos.
tribal adj. Relativo a la tribu: *luchas tribales.*
tribásico, ca adj. *Quím.* Aplícase al cuerpo que posee tres funciones básicas.
Triboniano, jurisconsulto bizantino, m. hacia 545. Presidió la redacción del *Código de Justiniano,* del *Digesto* y de las *Institutas.*
tribu f. Cada una de las agrupaciones en que se dividían ciertos pueblos antiguos: *las doce tribus de Israel.* || Conjunto de familias que están bajo la autoridad de un mismo jefe: *tribu gitana.* || En historia natural, subdivisión de la familia.
tribual adj. Tribal.
tribulación f. Adversidad, pena, aflicción.
tríbulo m. Nombre dado a varias plantas espinosas.
tribuna f. Plataforma elevada desde donde hablan los oradores. || Galería o especie de balcón que hay en ciertas iglesias y grandes salas públicas. || Espacio generalmente cubierto y provisto de gradas, desde donde se asiste a manifestaciones deportivas, carreras de caballos, etc. || *Fig.* Oratoria.
tribunado m. Dignidad de tribuno, en Roma. || Tiempo que duraba. || Cuerpo legislativo en el régimen consular francés.
tribunal m. Lugar donde se administra justicia: *tribunal militar.* || Magistrados que administran justicia: *el tribunal ha fallado.* || Conjunto de personas capacitadas para juzgar a los candidatos de unos exámenes, oposiciones, etc.: *un tribunal compuesto de cinco profesores.* || — *Tribunal de Casación,* el que sólo conoce de los recursos de casación. || *Tribunal de Dios,* juicio divino después de la muerte. || *Tribunal de las Aguas,* jurado de regantes, formado en Valencia, para dirimir las diferencias o pleitos entre los usuarios de las aguas de riego. || *Tribunal de penitencia,* confesionario. || *Tribunal de los Tumultos,* el creado en los Países Bajos por el duque de Alba para juzgar los delitos políticos (1567). || *Tribunal Internacional de Justicia,* v. CORTE INTERNACIONAL DE JUSTICIA. || *Tribunal Supremo,* el más alto de la justicia ordinaria. || *Tribunal tutelar de menores,* el que con fines educativos resuelve acerca de la infancia delincuente o desamparada.
tribunicio, cia o **tribúnico, ca** adj. Relativo al tribuno: *veto tribunicio.*
tribuno m. Magistrado romano encargado de defender los derechos de la plebe y con facultad de poner el veto a las resoluciones del Senado. (Los *tribunos de la plebe* fueron instituidos en 493 a. de J. C.) || *Fig.* Orador político muy elocuente.
tributable adj. Que puede tributar.
tributación f. Tributo. || Sistema tributario.
tributante adj. y s. Contribuyente, que tributa.
tributar v. t. Pagar tributo. || *Fig.* Manifestar, profesar: *tributar respeto, gratitud, homenaje.*
tributario, ria adj. Relativo al tributo: *sistema tributario.* || Que paga tributo. || *Fig.* Dícese de un curso de agua con respecto al río o al mar en el cual desemboca: *el Jalón es tributario del Ebro.*
tributo m. Lo que un Estado paga a otro en señal de dependencia. || Lo que se paga para contribuir a los gastos públicos, impuesto: *tributo municipal.* || Censo: *tributo enfitéutico.* || *Fig.* Lo que se da por merecido o debido: *tributo de respeto a la ancianidad.*
tricéfalo, la adj. Que tiene tres cabezas: *un monstruo tricéfalo.*
tricenal adj. Que dura treinta años o se celebra cada treinta años.
tricentenario m. Espacio de tiempo de trescientos años. || Fecha en que se cumplen trescientos años de un suceso famoso, como el nacimiento o muerte de algún personaje. || Fiestas que se celebran con este motivo.
tricentésimo, ma adj. Que ocupa el lugar trescientos. || — M. Cada una de las trescientas partes iguales en que se divide un todo.
tríceps adj. y s. m. Dícese del músculo que tiene tres porciones o cabezas: *tríceps braquial, femoral, sural.*
triceratops m. Reptil fósil del cretáceo de los Estados Unidos cuya cabeza llevaba tres cuernos.
triciclo m. Vehículo de tres ruedas: *regalar un triciclo a un niño.* || *Triciclo de reparto,* el que tiene una caja para llevar mercancías.
tricípite adj. De tres cabezas.
triclínico, ca adj. Dícese de los cristales cuyo único elemento de simetría es el centro.
triclinio m. Comedor de los antiguos romanos, que contenía tres camas alrededor de una mesa. || Cada una de estas tres camas.
tricocéfalo m. Parásito filiforme que vive en el tubo digestivo del hombre y de algunos animales.
tricolor adj. De tres colores: *la bandera tricolor francesa.*
tricorne adj. Con tres cuernos.
tricornio adj. Tricorne. || Dícese del sombrero cuyos bordes replegados forman tres picos. Ú. t. c. s. m.: *el tricornio de los guardias civiles.*
tricot m. (pal. fr.). Tejido de género de punto.
tricota f. *Arg.* Jersey de punto.
tricotar v. t. Hacer un tejido de género de punto con agujas o máquinas especiales.
tricotomía f. *Bot.* División en tres partes: *tricotomía de un tallo, de una rama.* || En lógica, clasificación en que las divisiones y subdivisiones tienen tres partes.
tricótomo, ma adj. Dividido en tres partes.
tricotosa m. Máquina con la que se hacen géneros de punto.
tricromía f. Impresión tipográfica con tres colores fundamentales.
Trichinópoli. V. TIRUCHIRAPALLI.
tridacna f. Molusco lamelibranquio de los mares tropicales, cuyas conchas pueden alcanzar dimensiones gigantescas.
tridáctilo, la adj. De tres dedos.
tridente adj. De tres dientes. || — M. Horca de tres puntas o dientes. || Cetro en forma de arpón de tres dientes del dios Neptuno.
tridentino, na adj. De Trento (Tirol) [ú. t. c. s.]. || Relativo al concilio ecuménico celebrado en esta ciudad a partir de 1545.
tridimensional adj. Que tiene tres dimensiones.
triduo m. Serie de ejercicios religiosos que dura tres días.
triedro, dra adj. y s. m. *Geom.* Dícese del ángulo formado por tres planos o caras que concurren en un punto del ángulo.
trienal adj. Que dura tres años. || Que sucede cada tres años.
trienio m. Espacio de tiempo de tres años.
Trieste, c. y puerto del NE. de Italia, a orillas del Adriático (Venecia Julia). Fue territorio libre de 1947 a 1954.
triestino, na adj. y s. De Trieste (Italia).
trifásico, ca adj. Aplícase a un sistema de corrientes eléctricas polifásicas constituido por tres corrientes monofásicas que tienen una diferencia de fase de un tercio de período.
trifolio m. *Bot.* Trébol.
triforio m. *Arq.* Galería que rodea el interior de una iglesia sobre los arcos de las naves laterales y da a la nave principal.
triforme adj. De tres formas.
trifulca f. Aparato para accionar los fuelles en los hornos metalúrgicos. || *Fig.* y *fam.* Disputa, riña o pelea: *armaron una trifulca.*
trifurcarse v. pr. Dividirse una cosa en tres ramales, brazos o puntas: *trifurcarse la rama de un árbol.*
trigal m. Plantío de trigo.
trigarante adj. Que incluye tres garantías.
— Se dio en México el n. de *Ejército Trigarante* al formado por Iturbide cuando se proclamó el Plan de Iguala (1821). Este mismo convenio es llamado *Plan Trigarante,* por garantizar la independencia, la religión católica y la igualdad de razas.
trigémino, na adj. Dícese de cada uno de los tres nacidos en el mismo parto. || — Adj. m. y s. m. Dícese del nervio del quinto par craneal que se divide en tres ramas que son el nervio oftálmico y los nervios maxilares inferior y superior.
trigésimo, ma adj. Que ocupa el lugar treinta. || — M. Cada una de las treinta partes iguales en que se divide un todo.
triglifo o **tríglifo** m. *Arq.* Ornamento del friso dórico en forma de rectángulo saliente surcado por tres canales verticales, que alterna con las metopas.
trigo m. Planta gramínea anual con espigas de cuyos granos molidos se saca la harina. || — *Fig.* y *fam.* *No ser trigo limpio,* ser dudoso o sospechoso un asunto o una persona. || *Trigo candeal,* el que da una harina muy blanca. || *Trigo chamorro* o *mocho,* el que tiene la espiga pequeña y achatada y da poco salvado. || *Trigo sarraceno,* alforfón.
Trigo (Felipe), escritor español (1864-1916), autor de novelas de carácter erótico y realista.
trígono, na adj. Que tiene tres ángulos. || — M. Triángulo.
trigonocéfalo m. Serpiente muy venenosa de Asia y América.
trigonometría f. Parte de las matemáticas que trata del estudio de las relaciones numéricas entre los elementos de los triángulos.
trigonométrico, ca adj. Relativo a la trigonometría: *líneas trigonométricas.*
trigueño, ña adj. De color del trigo: *tez trigueña.*
triguero, ra adj. Relativo al trigo: *producción triguera.* || Que crece o anda entre el trigo: *pájaro triguero.* || Aplícase al terreno en que se cultiva muy bien el trigo: *tierra triguera.* || — M. Criba para el trigo. || El que comercia en trigo. || — F. Planta gramínea parecida al alpiste. || — M. Ave de México.

trilateral o **trilátero, ra** adj. De tres lados.
trilingüe adj. Que tiene tres lenguas: *país trilingüe.* || Que habla tres lenguas. || Escrito en tres lenguas.
trilita f. Trinitrotolueno.
trilito m. Dolmen compuesto de dos piedras verticales que sostienen otra horizontal.
trilobites m. inv. Artrópodo marino fósil propio de la era primaria.
trilobulado, da adj. *Arq.* Que tiene tres lóbulos: *arco trilobulado.*
trilocular adj. Dividido en tres compartimentos o celdillas.
trilogía f. En Grecia, conjunto de tres tragedias que debían presentar cada uno de los autores que participaban en los concursos dramáticos. || Conjunto de tres obras dramáticas o novelísticas que tienen entre sí cierto enlace.
trilla f. *Arg.* Acción de trillar y temporada en que se efectúa. | Salmonete, pez. || *Amer.* Paliza.
trillado, da adj. *Fig.* Que no presenta ninguna originalidad, muy conocido: *asunto trillado.*
trillador, ra adj. y s. Aplícase al que trilla. || — F. Máquina para trillar. || *Trilladora segadora,* máquina que al mismo tiempo siega y trilla.
trilladura f. Trilla.
trillar v. t. Quebrantar la mies con el trillo o la trilladora para separar el grano de la paja. || — *Fig.* y *fam.* Maltratar, dejar malparado.
trillizo, za m. y f. Cada uno de los tres hermanos o hermanas nacidos en un mismo parto.
trillo m. Utensilio para trillar, compuesto de un tablón armado poi debajo con trozos de pedernal o cuchillas de acero. || *Antill.* y *Amér. C.* Senda, vereda.
Trillo y Figueroa (Francisco de), poeta español (¿1615-1665?).
trillón m. Un millón de billones, que se expresa por la unidad seguida de dieciocho ceros.
trímero, ra adj. y s. m. Dícese de los insectos coleópteros cuyos tarsos constan de tres articulaciones. || — M. pl. Suborden que forman.
trimestral adj. Que se vuelve a hacer cada trimestre: *publicación trimestral.*
trimestre m. Espacio de tiempo de tres meses. || Cantidad que se cobra o se paga cada tres meses. || Conjunto de los números de un periódico o revista publicados durante tres meses seguidos.
trimielga f. Torpedo, pez.
trimorfo, fa adj. Aplícase a una sustancia capaz de cristalizar en tres formas distintas.
trimotor adj. Aplícase al avión provisto de tres motores (ú. t. c. s. m.).
Trimurti, n. de la trinidad india compuesta por *Brahma,* dios creador, *Visnú,* dios conservador, y *Siva,* dios destructor, que representan las tres energías eternas de la naturaleza.
trinado m. *Mús.* Trino. || Gorjeo de las aves.
trinar v. i. *Mús.* Hacer trinos. || Gorjear las aves. || *Fam.* Rabiar, estar muy enfadado o furioso: *está que trina.*
trinca f. Reunión de tres personas o cosas. || Grupo de tres candidatos en una oposición. || *Mar.* Ligadura. | Cabo utilizado para trincar. || *Cub., Méx.* y *P. Rico.* Borrachera.
Trincado (Joaquín), filósofo y pedagogo español (1866-1935).
trincadura f. *Mar.* Lancha grande de dos palos con velas al tercio.
trincar v. t. Quebrantar, romper, desmenuzar. || *Mar.* Atar fuertemente con trincas o cabos. || Inmovilizar a alguien con los brazos o las manos. || *Fig.* y *fam.* Comer. | Beber. | Coger, tomar. | Hurtar, robar. || *Amer.* Apretar, oprimir.
trinchador, ra adj. Aplícase a la persona que trincha (ú. t. c. s.). || — M. *Méx.* Trinchero.
trinchante adj. Que trincha. || — M. Criado de palacio que cortaba las viandas en la mesa. || Tenedor con que se sujeta lo que se ha de trinchar. || Escoda.
trinchar v. t. Cortar en trozos una vianda para servirla.
trinchera f. Zanja que permite a los soldados circular y disparar a cubierto. || Excavación hecha en el terreno para hacer pasar un camino, con taludes a ambos lados. || Abrigo impermeable.
trinchero adj. m. Aplícase al plato grande en que se trinchan los manjares. || — M. Mueble de comedor sobre el cual se suelen trinchar las viandas.
trineo m. Vehículo provisto de patines para desplazarse sobre la nieve o el hielo: *pista para carreras de velocidad en trineo.*
trinidad f. Conjunto de tres divinidades que tienen entre sí cierta unión. || Por antonomasia, en la religión cristiana, unión del Padre, Hijo y Espíritu Santo: *la Santísima Trinidad.* || Fiesta católica en honor de este misterio, celebrada el primer domingo después de Pentecostés.
— La orden religiosa de la *Trinidad* fue fundada por San Juan de Mata y San Félix de Valois en 1198 para el rescate de cautivos cristianos entre los berberiscos. Lleva el mismo n. una orden religiosa de mujeres fundada en España en 1201.
Trinidad, isla de las Antillas; 4 828 km²; 1 millón de hab. Cap. *Port of Spain,* 117 000 h. Ant. posesión británica, alcanzó la independencia en 1962 y formó una federación con Tobago dentro del Commonwealth. — C. en el E. de Bolivia, cap. de la prov. de Cercado y del dep. de Beni. — Térm. mun. y c. de Cuba (Las Villas). — C. de Uruguay, cap. del dep. de Flores. Ganadería.
Trinitaria *(La),* sociedad secreta fundada en Santo Domingo por Juan Pablo Duarte (1838) para luchar por la independencia del país.
trinitario, ria adj. y s. Dícese de los religiosos de la orden de la Trinidad. || De Trinidad (Bolivia y Uruguay). || — F. Planta violácea, de hermosas flores, llamada vulgarmente *pensamiento.*
trinitrotolueno m. Derivado del tolueno obtenido por nitrificación, que constituye un explosivo muy poderoso llamado *tolita.* (Abrev. T.N.T.)
trino, na adj. Que contiene en sí tres cosas distintas. Ú. para designar la trinidad de las personas divinas: *Dios es uno en esencia y trino en persona.* || — M. *Mús.* Adorno que consiste en la sucesión rápida y alternada de dos notas de igual duración.
trinomio m. Expresión algebraica compuesta de tres términos.
trinquete m. Verga mayor del palo de proa y vela que se pone en ella. || Palo inmediato a la proa. || Juego de pelota cerrado y cubierto. || Garfio que resbala sobre los dientes oblicuos de una rueda dentada para impedir que ésta pueda retroceder. || *Méx.* Fraude, estafa.
trinquis m. *Fam.* Trago de vino o licor: *echar un trinquis.* || *Gustarle a uno el trinquis,* ser aficionado a las bebidas alcohólicas.
trío m. *Mús.* Terceto, composición para tres instrumentos o voces. | Conjunto de tres músicos o cantantes. || Grupo de tres personas o tres cosas: *trío de ases.*
tríodo, da adj. y s. m. Aplícase al tubo electrónico de tres electrodos.
Triones, n. de las siete estrellas que forman la Osa Mayor.
trionix m. Tortuga carnicera de río en las regiones cálidas (Ganges, Congo, Senegal, Nilo), muy feroz.
trióxido m. Cuerpo químico que resulta de la combinación de un radical con tres átomos de oxígeno.
tripa f. Intestino. || *Fam.* Vientre: *dolor de tripa.* | Barriga: *ya tienes mucha tripa.* || Panza, parte abultada de un objeto. || Relleno del cigarro puro. || Cuerda hecha con los intestinos de ciertos animales: *raquetas fabricadas con tripas de gato.* || — Pl. Partes interiores de ciertos frutos. || *Fig.* Lo interior de un mecanismo, de un aparato complicado, etc.: *le gusta verle las tripas a todo.* || — *Fig.* y *fam. Echar tripa,* engordar. | *Echar uno las tripas,* vomitar mucho. | *Hacer de tripas corazón,* esforzarse por aguantar o en hacer de buen grado una cosa desagradable. | *Revolverle la tripa a uno,* causarle repugnancia, náuseas.
tripajal m. *Méx.* Conjunto de tripas salidas de un animal.
tripanosoma m. Protozoo parásito de la sangre que produce, entre otras enfermedades, la del sueño.
tripanosomiasis m. Enfermedad causada por el tripanosoma.
tripartición f. División de una cosa en tres partes.
tripartismo m. Gobierno formado por la asociación de tres partidos políticos.
tripartito, ta adj. Dividido en tres partes. || Formado por la asociación de tres partidos: *coalición tripartita.* || Realizado entre tres: *acuerdo, pacto tripartito.* || *Comisión tripartita,* la que está integrada por los representantes del Estado, los patronos y los trabajadores o bien por los productores, los consumidores y los representantes del Estado.
tripería f. Tienda donde se venden tripas. || Conjunto de tripas.
tripero, ra m. y f. Persona que vende tripas o tripicallos. || — M. *Fam.* Faja que se pone para abrigo del vientre.
tripicallero, ra m. y f. Persona que vende tripicallos.
tripicallos m. pl. Callos, trozos de tripas de res guisados.
triplano m. Avión cuyas alas están formadas de tres planos.
triplaza adj. De tres plazas.
triple adj. Que contiene tres veces una cosa. || Dícese del número que contiene a otro tres veces. Ú. t. c. s. m.: *el triple de cuatro es doce.* || *Triple salto,* prueba de salto de longitud en la que un atleta debe salvar la mayor distancia posible en tres saltos seguidos.
— Es conocida por *guerra de la Triple Alianza* la lucha que opuso el pueblo paraguayo a los ejércitos unidos de la Argentina Brasil y Uruguay (1864-1870).
tripleta f. Bicicleta de tres asientos. || Conjunto de tres personas o cosas.
triplete m. *Fot.* Objetivo de tres lentes que permite corregir las aberraciones.
triplex m. Vidrio de seguridad constituido por una hoja de acetato de celulosa colocada entre dos hojas de cristal.
triplicación f. Acción de triplicar.
triplicado m. Segunda copia o tercer ejemplar de un acta, manuscrito, etc. || *Por triplicado,* en tres ejemplares.
triplicar v. t. Multiplicar por tres. Ú. t. c. pr.: *la población de esta ciudad se ha triplicado.* || Hacer tres veces una misma cosa.
tríplice adj. Triple (ú. t. c. s.). || *La Tríplice,* antigua alianza de Alemania, Austria-Hungría e Italia (de 1879 a 1915).
triplicidad f. Calidad de triple.
triplo, pla adj. y s. m. Triple.
trípode adj. De tres pies: *mesa, asiento trípode.* || Dícese de un mástil metálico, asegurado por otros

dos palos inclinados, en ciertos barcos modernos. || — M. Banquillo de tres pies, particularmente aquel en que la pitonisa de Delfos daba los oráculos. || Armazón de tres pies para sostener un cuadro, ciertos instrumentos fotográficos, geodésicos, etc.

trípoli m. Roca silícea para pulir, usada también como absorbente de la nitroglicerina.

Trípoli, c. y puerto en el NO. de Libia, a orillas del Mediterráneo, cap. del país; 212 600 h. — C. y puerto del N. del Líbano. Refinerías de petróleo.

Tripolis o *Tripolitza,* c. en el S. de Grecia (Peloponeso), cap. de Arcadia.

Tripolitania, ant. prov. del NO. de Libia; cap. *Trípoli.*

tripolitano, na adj. y s. De Trípoli.

tripón, ona adj. y s. *Fam.* Tripudo, barrigón.

tripsina f. Enzima del jugo pancreático.

tríptico m. Pintura, grabado o relieve en tres hojas de las cuales las dos laterales se doblan sobre la del centro. || Obra literaria o tratado dividido en tres partes. || Documento de tres hojas que permite a un automovilista pasar una frontera con su coche, sin tener que pagar derechos de aduana.

triptongar v. t. *Gram.* Formar o pronunciar un triptongo.

triptongo m. *Gram.* Conjunto de tres vocales que forman una sílaba, como *uai, uei.*

tripudo, da adj. y s. De tripa abultada.

tripulación f. Personal dedicado a la maniobra y servicio de una embarcación o avión.

tripulante m. Miembro de la tripulación.

tripular v. t. Prestar la tripulación su servicio en un barco o avión. || Conducir.

Tripura, territorio montañoso del NE. de la India; cap. *Agartala.* Agricultura (arroz, té, etc.).

trique m. Estallido, chasquido. || *Méx.* Cacharro, vasija (ú. más en pl.). || Adj. y s. *Méx.* Indígena de una tribu mazateca. || *A cada trique,* a cada momento.

triquina f. Gusano parásito que vive adulto en el intestino del hombre y del cerdo, y, en estado larvario, en sus músculos.

triquinosis f. Enfermedad causada por las triquinas.

triquiñuela f. *Fam.* Treta, artimaña, truco: *las triquiñuelas del oficio.* | Subterfugio, evasiva.

triquis m. *Méx.* Trique.

triquitraque m. Ruido como de golpes desordenados y repetidos. || Estos golpes. || Tira de papel con pólvora que se quema como cohete.

trirrectángulo adj. m. Que tiene tres ángulos rectos: *triedro trirrectángulo.*

trirreme m. Galera antigua con tres órdenes de remos.

tris m. *Fig.* y *fam.* Poca cosa, casi nada. || *Fig.* y *fam. Estar en un tris de* o *que,* estar a punto o a pique de.

trisagio m. Himno en honor de la Santísima Trinidad.

trisca f. Ruido que se hace rompiendo con los pies algo. || *Por ext.* Jaleo, alboroto.

triscador, ra adj. y s. Bullicioso, alborotador. || — M. Utensilio para triscar los dientes de las sierras.

triscar v. t. Mezclar una cosa con otra. || *Fig.* Torcer alternativamente los dientes de una sierra hacia uno y otro lado para que corte fácilmente. || — V. i. Hacer ruido con los pies. || *Fig.* Retozar, travesear.

trisecar v. t. *Geom.* Dividir en tres partes iguales, particularmente un ángulo.

trisección f. División en tres partes iguales: *la trisección de un ángulo únicamente con la regla y el compás es un problema insoluble.*

trisector, ra adj. *Geom.* Que triseca.

trisemanal adj. Que se repite tres veces por semana o cada tres semanas.

trisílabo, ba adj. y s. m. Dícese de la palabra o término que consta de tres sílabas.

trismegisto adj. Tres veces grande. (Nombre que daban los griegos a *Hermes* o al dios egipcio *Tot.*)

Tristán da Cunha (ISLAS), archip. británico del océano Atlántico S. — Isla británica en el archipiélago homónimo.

Tristán e Iseo (o **Isolda**), leyenda de la Edad Media, una de las más hermosas páginas de amor.

triste adj. Afligido, apesadumbrado: *triste por la muerte de un ser querido.* || Melancólico: *de carácter triste.* || Que expresa o inspira tristeza: *ojos tristes; tiempo triste.* || Falto de alegría: *calle triste.* || Que aflige: *triste recuerdo.* || Lamentable, deplorable: *fin triste; es triste no poder ayudar a uno.* || *Fig.* Insignificante, insuficiente: *un triste sueldo.* | Simple: *ni siquiera un triste vaso de agua.* || — M. Canción popular de tono melancólico y amoroso de la Argentina, Perú y otros países sudamericanos, que se canta con acompañamiento de guitarra.

Triste, golfo del NO. de Venezuela, en el mar Caribe (Falcón y Carabobo).

tristeza f. Estado natural o accidental de pesadumbre, melancolía: *esta noticia le llenó de tristeza.* || Impresión melancólica o poco agradable producida por una cosa: *la tristeza de un paisaje.*

tristón, ona adj. Algo triste.

tristura f. Tristeza.

trisulco, ca adj. De tres puntas o púas. || De tres surcos.

tritio m. Isótopo radiactivo del hidrógeno, de número de masa 3.

tritón m. Batracio de cola aplastada que vive en los estanques.

Tritón, uno de los dioses griegos del Mar, hijo de Poseidón y Anfitrite. (*Mit.*)

trituración f. Quebrantamiento, desmenuzamiento: *la trituración de las piedras.*

triturador, ra adj. Que tritura. || — F. Máquina para triturar rocas, minerales, etc. || — M. Máquina para triturar desperdicios, papeles, etc.: *poner un triturador en la pila de la cocina.*

triturar v. t. Moler, desmenuzar, quebrar una cosa dura o fibrosa: *triturar rocas, caña de azúcar.* || Desmenuzar una cosa, mascándola: *triturar los alimentos.* || *Fig.* Maltratar, dejar maltrecho: *triturar a palos.* | Criticar severamente: *triturar un texto.*

triunfador, ra adj. y s. Dícese de la persona que triunfa: *el triunfador de un campeonato.*

triunfal adj. Relativo al triunfo: *arco, marcha triunfal.*

triunfante adj. Que triunfa o supone triunfo.

triunfar v. i. Ser victorioso: *triunfar sobre el enemigo.* || *Fig.* Ganar: *triunfar en un certamen.* | Tener éxito: *triunfar en la vida.* || En algunos juegos, jugar del palo del triunfo. || En la Roma antigua, entrar el vencedor con gran pompa y acompañamiento.

triunfo m. Victoria, éxito militar: *los triunfos de Bolívar.* || *Fig.* Gran éxito: *triunfo teatral; el triunfo de una política.* | Trofeo, despojo. || Carta del palo considerado de más valor en algunos juegos: *triunfo mayor.* || Entrada solemne de un general romano victorioso. || *Arg.* y *Per.* Cierta danza popular. || *En triunfo,* entre las aclamaciones del público.

triunviral adj. Perteneciente o relativo a los triunviros.

triunvirato m. Dignidad y función de triunviro. || Tiempo que duraba. || Gobierno de los triunviros. || *Fig.* Unión de tres personas en una empresa.

— Se llamó *triunvirato* la asociación política de César, Pompeyo y Craso para tomar el poder (año 60 a. de J. C.) y, a la muerte de César, el gobierno de Marco Antonio, Octavio y Lépido (45 a. de J. C.).

triunviro m. Cada uno de los tres magistrados romanos que, en ciertas ocasiones, compartieron el poder.

trivalencia f. Calidad de trivalente.

trivalente adj. *Quím.* Que posee la valencia 3.

trivalvo, va adj. Aplícase a los moluscos que poseen tres valvas.

Trivandrum, c. en el SO. de la India, cap. del Estado de Kerala, a orillas del mar de Omán. Universidad. Textiles.

trivial adj. Vulgar, común, sabido de todos, que carece de novedad. || Ligero, insustancial, superficial: *conversación trivial.*

trivialidad f. Calidad de trivial. || Cosa trivial o insustancial.

trivio o **trivium** m. En la Edad Media, conjunto de las tres artes liberales (gramática, retórica y dialéctica). || División de un camino en tres ramales.

triza f. Pedazo muy pequeño: *hacer trizas un cacharro.* || *Mar.* Driza. || *Fig. Hacer trizas a una persona,* dejarla malparada o herida.

trizar v. t. Hacer trizas.

Tróada o **Tróade,** ant. región del NO. de Asia Menor; cap. *Troya.*

Trocadero, fuerte de la bahía de Cádiz (España), tomado por los franceses en 1823.

trocaico, ca adj. Relativo al troqueo: *verso trocaico.*

trocamiento m. Trueque.

trocánter m. Nombre de dos apófisis del fémur, donde se insertan los músculos que mueven el muslo. || La segunda de las cinco piezas de las patas de un insecto.

trocar m. Instrumento quirúrgico a modo de punzón contenido en una cánula que sirve para hacer punciones.

* **trocar** v. t. Cambiar una cosa por otra: *trocar un caballo por un par de mulas.* || Mudar, transformar, convertir: *trocar una piedra en oro.* || *Fig.* Tomar o decir una cosa por otra, confundir: *trocar las palabras.* || — V. pr. Transformarse. || Cambiarse, mudarse: *trocarse la fortuna, la suerte.*

trocear v. t. Dividir en trozos.

troceo m. División en trozos.

trocla o **trócola** f. Polea.

trocha f. Vereda muy estrecha, sendero. || Atajo. || *Amer.* Vía del ferrocarril.

trochemoche (a) o **a troche y moche** m. adv. *Fam.* A tontas y a locas, de manera disparatada.

trofeo m. Despojo del enemigo vencido. || Representación de armas como motivo decorativo. || Monumento, insignia, etc., que conmemora una victoria: *ganó múltiples trofeos en competiciones deportivas.*

trófico, ca adj. Relativo a la alimentación.

troglodita adj. y s. Aplícase a la persona que vive en cavernas. || *Fig.* Dícese del hombre bárbaro y tosco. | Aplícase a un hombre muy comilón. || — M. Pajarillo que anida en agujeros de árboles y paredes.

troglodítico, ca adj. Relativo a los trogloditas. || Subterráneo.

trogo m. Ave de México, de vistoso plumaje.

troica f. Trineo o carro ruso muy grande tirado por tres caballos.

troj f. Granero, lugar para almacenar cereales.

troje f. Troj.

trola f. *Fam.* Mentira, embuste.

trole m. Pértiga articulada por donde los trenes o tranvías eléctricos y trolebuses toman la corriente del cable conductor. || *Fig. Méx. Estar trole,* estar borracho.

trolebús m. Vehículo eléctrico de transporte urbano montado sobre neumáticos y que toma la corriente de un cable aéreo por medio de un trole.

trolero, ra adj. y s. *Fam.* Embustero, mentiroso.

Trollope (Anthony), novelista inglés (1815-1882), autor de *Dr. Thorne* y *Las torres de Barchester.*

tromba f. Columna de agua o vapor que se eleva desde el mar con movimiento giratorio muy rápido por efecto de un torbellino de aire. || *Fig. En tromba,* de manera violenta e imprevista.

trombina f. Enzima de la sangre que actúa en la coagulación, cambiando el fibrinógeno en fibrina.

trombo m. Coágulo de sangre que se forma en un vaso sanguíneo o en el interior de una de las cavidades del corazón.

trombocito m. Plaqueta sanguínea.

trombón m. Instrumento músico de viento. || Músico que lo toca. || — *Trombón de pistones,* aquel en que la variación de notas se obtiene accionando las tres llaves o pistones. || *Trombón de varas,* aquel en que la variación de sonidos se consigue modificando la longitud por medio de un tubo móvil.

trombosis f. Formación de coágulos en los vasos sanguíneos. || Oclusión de un vaso por un coágulo.

Tromen, lago en el E. del centro de la Argentina (Neuquen), a 964 m de alt. — Cumbre volcánica de la Argentina (Neuquen) ; 3 800 m.

trompa f. Instrumento músico de viento que consta de un tubo enroscado y de tres pistones: *trompa de caza.* || Prolongación muscular tubular larga y flexible de la nariz de ciertos animales: *la trompa del elefante, del tapir.* || Aparato chupador de algunos insectos: *la trompa de la mariposa.* || Prolongación de la parte anterior del cuerpo de muchos gusanos. || Trompo, peonza, juguete. || Trompo de metal hueco que suena al girar. || *Arq.* Porción de bóveda que sale en el ángulo de un edificio y sostiene una parte construida en desplome. || Ventilador hidráulico para las forjas. || Bohordo de cebolla. || *Fam.* Borrachera: *coger una trompa.* | Trompazo, puñetazo. | Hocico. || — *Fam. Estar trompa,* estar borracho. || *Trompa de Eustaquio,* canal que comunica la faringe con el tímpano. || *Trompa de Falopio,* cada uno de los conductos, situados al lado del útero, destinados a conducir los óvulos desde el ovario a la matriz. || — M. Músico que toca la trompa.

trompada f. Trompazo.

trompazo m. Golpe fuerte, porrazo. || *Fam.* Puñetazo. || — *Fam. Andar a trompazo limpio* o *darse de trompazos,* pelearse a puñetazos. | *Darse un trompazo,* chocar; caerse.

trompear v. i. Jugar al trompo. || — V. t. *Amer.* Golpear.

trompe-l'oeil m. inv. (pal. fr.). Pintura que de lejos da la ilusión de no ser la representación de un objeto sino el objeto mismo.

trompeta f. Instrumento músico de viento, metálico, con pistones o sin ellos, de sonido muy fuerte. || — M. El que toca este instrumento. || — Adj. *Arg.* Aplícase al animal vacuno que ha perdido un cuerno.

trompetada f. *Fam.* Sandez, necedad.

trompetazo m. Sonido muy fuerte producido con la trompeta o con cualquier instrumento análogo. || Golpe dado con la trompeta. || *Fig.* y *fam.* Trompetada, sandez. | Grito violento de reprimenda.

trompetear v. i. *Fam.* Tocar la trompeta.

trompeteo m. Toque dado con la trompeta.

trompetería f. Conjunto de trompetas. || Conjunto de registros del órgano constituido por trompetas de metal.

trompetero m. El que toca la trompeta. || El que hace trompetas. || Pez marino acantopterigio, de hocico largo en forma de tubo.

trompetilla f. Aparato en forma de trompeta que suelen emplear los sordos para mejorar la audición. || Cigarro filipino, de forma cónica.

trompetista m. y f. Persona que toca la trompeta.

trompeto, ta adj. y s. *Méx.* Borracho, ebrio.

trompicar v. t. Hacer tropezar. || — V. i. Tropezar: *trompiqué al subir la escalera.*

trompicón m. Tropezón. || *Fam.* Mojicón. || *A trompicones,* con intermitencias, sin continuidad.

trompillar v. t. e i. Trompicar.

trompillo m. Arbusto de la América tropical, cuya madera se usa en carpintería.

trompillón m. *Arq.* Dovela que sirve de clave en una trompa o una cúpula.

trompo m. Peón o peonza, juguete de madera. || Molusco gasterópodo marino, de concha cónica. || *Fig.* Torpe, ignorante. || *Fig.* y *fam. Ponerse como un trompo* o *hecho un trompo,* comer o beber hasta hartarse.

Tromsö o **Tromsoe,** c. y puerto de Noruega septentrional. Pesquerías. Astilleros.

trona f. Carbonato de sosa cristalizado que forma incrustaciones en las orillas de algunos lagos y grandes ríos.

tronado, da adj. *Fam.* Deteriorado por el uso. | Sin dinero.

tronador, ra adj. Que truena: *cohete tronador.* || — F. *Méx.* Begonia, flor.

tronante adj. Que truena.

* **tronar** v. impers. Haber o sonar truenos: *tronó toda la noche.* || — V. i. Causar gran ruido parecido al del trueno: *el cañón truena.* *Fig.* Hablar o escribir criticando violentamente a alguien o algo: *tronó contra el Gobierno.* || — *Fam. ¡Está que truena!,* ¡está furioso! | *Por lo que pueda tronar,* por si acaso. || — V. t. *Méx.* Pasar por las armas, fusilar; reprobar (en exámenes).

tronazón f. *Amer.* Tempestad de truenos.

troncar v. t. Truncar.

tronco m. Parte de un árbol desde el arranque de las raíces hasta el de las ramas: *el tronco del pino es muy recto.* || El cuerpo humano, o el de cualquier animal, prescindiendo de la cabeza y de los miembros superiores e inferiores. || Fragmento del fuste de una columna. || Conjunto de caballerías que tiran de un carruaje. || *Fig.* Origen de una familia. | Persona estúpida o inútil, zoquete. || — *Fig.* y *fam. Dormir como un tronco* o *estar hecho un tronco,* dormir profundamente. || *Tronco de cono, de pirámide,* porción del volumen de un cono, de una pirámide, comprendida entre la base y un plano paralelo a dicha base. || *Tronco de prisma,* porción del volumen de un prisma comprendida entre dos secciones planas no paralelas entre sí que cortan todas las aristas laterales.

troncocónico, ca adj. En forma de tronco de cono.

Troncoso de la Concha (Manuel de Jesús), político dominicano (1878-1955), pres. de la Rep. de 1940 a 1942.

troncha f. *Amer.* Lonja, tajada. | *Fig.* Destino interesante, sinecura.

tronchado adj. *Blas.* Aplícase al escudo partido en dos por una diagonal.

tronchar v. t. Partir, romper algo doblándolo con violencia: *tronchar una planta.* || — V. pr. *Fig.* y *fam. Troncharse de risa,* partirse de risa.

troncho m. Tallo de las hortalizas, como las lechugas, coles, etc.

Trondheim, ant. *Nidaros,* c. y puerto en el centro de Noruega, en el fiordo homónimo. Catedral (s. XII). Planta hidroeléctrica.

tronera f. Abertura en el costado de un barco o en el parapeto de una muralla para disparar. || Ventana muy pequeña. || Agujero de una mesa de billar por donde pueden entrar las bolas. || — Com. *Fam.* Calavera, persona de vida desarreglada.

tronido m. Estampido, ruido del trueno.

tronío m. *Fam.* Rumbo, aparato: *una boda de mucho tronío.* | Belleza, porte magnífico: *una mujer de tronío.*

trono m. Sitial con gradas y dosel, usado por los soberanos y altos dignatarios en los actos solemnes: *el trono real, pontificio.* || Tabernáculo donde se expone el Santísimo Sacramento. || Lugar donde se coloca la efigie de un santo para honrarle con mayor solemnidad. || *Fig.* Dignidad del rey o soberano: *ocupar el trono de Inglaterra.* || — Pl. Espíritus bienaventurados del tercer coro de los ángeles.

tronzador m. Sierra de tronzar con un mango en cada extremo.

tronzar v. t. Dividir, partir en trozos la madera, barras de metal, etc. || Quebrar. || Hacer pliegues muy finos en las faldas de los trajes. || *Fig.* Cansar mucho, agotar: *tronzar a uno con el trabajo.*

tronzo, za adj. Aplícase a la caballería que tiene una o ambas orejas cortadas.

tropa f. Reunión de gente. || Grupo de militares: *las tropas enemigas.* || Conjunto de todos los militares que no son oficiales ni suboficiales: *hombre de tropa.* || Toque para que los militares tomen las armas y formen. || *Amer.* Recua de ganado.

tropear v. t. *Arg.* Preparar el ganado en rebaño para su traslado.

tropel m. Muchedumbre desordenada. || Prisa, precipitación, atropellamiento. || Montón de cosas mal ordenadas. || *En tropel,* yendo muchos juntos y con precipitación.

tropelía f. Prisa confusa y desordenada. || Atropello, abuso de la fuerza o de la autoridad, violencia: *actos de tropelía.*

tropeoláceo, a adj. y s. f. Aplícase a las plantas de raíz tuberculosa y abundante gluten, como la capuchina. || — F. pl. Familia que forman.

tropero m. *Arg.* Guía de ganado.

tropezadura f. Tropiezo.

* **tropezar** v. i. Dar involuntariamente con los pies en un obstáculo: *tropezar con* o *contra una piedra.* || *Fig.* Encontrar un obstáculo: *tropezar con una dificultad.* | Encontrar por casualidad: *tropezar con un amigo* (ú. t. c. pr.). || Cometer una falta. || — V. pr. Rozarse las bestias una pata con otra.

tropezón, ona adj. *Fam.* Que tropieza: *caballería tropezona.* — M. Paso en falso, traspiés. || — *Fig.* Tropiezo, desliz, desacierto: *dar un tropezón.* || — Pl. Trozos pequeños de jamón o de otra carne que se pone en las sopas o legumbres. || *A tropezones,* con intermitencias, sin continuidad.

tropical adj. Relativo a los trópicos: *fauna, flora tropical.*

trópico, ca adj. *Ret.* Relativo al tropo, figurado. || Concerniente a la posición exacta del equinoccio. || — M. Cada uno de los dos círculos menores de la esfera celeste paralelos al ecuador, y entre los cuales se efectúa el movimiento anual aparente del Sol alrededor de la Tierra. || — *Trópico de Cáncer* el del hemisferio norte por donde pasa el Sol al cenit el día del solsticio de verano. (El *trópico de Cáncer* es el paralelo de latitud 23° 27'N.) || *Trópico de Capricornio.*

el del hemisferio sur por donde pasa el Sol al cenit el día del solsticio de invierno. (El *trópico de Capricornio* es el paralelo de latitud 23º 27'S.)

tropiezo m. Cosa en que se tropieza, estorbo. || *Fig.* Desliz, equivocación, falta: *dar un tropiezo.* | Impedimento, dificultad. | Contratiempo: *llegó sin tropiezo.*

tropilla f. *Arg.* Manada de caballos guiados por una madrina.

tropillo m. *Amer.* Aura, ave.

tropismo m. Movimiento de un organismo en una dirección determinada por el estímulo de agentes físicos o químicos (luz, calor, humedad, etc.).

tropo m. Figura retórica que consiste en emplear una palabra en sentido figurado.

tropología f. Lenguaje figurado o alegórico. || Sentido figurado o alegórico.

troposfera f. Zona de la atmósfera inmediata a la Tierra, de un espesor de unos cinco km en los polos y dieciocho en el ecuador.

Troppau. V. OPAVA.

troquel m. Molde que sirve para acuñar monedas y medallas o estampar sellos, etc.

troquelar v. t. Acuñar, estampar con troquel.

troqueo m. Pie de la poesía griega y latina, compuesto de dos sílabas, la primera larga y la segunda breve. || En la poesía castellana, pie compuesto de una sílaba tónica y otra átona, como *prado.*

troquilo m. *Arq.* Mediacaña.

troquiter m. La tuberosidad mayor del húmero.

trotacalles com. inv. *Fam.* Azotacalles.

trotaconventos f. inv. *Fam.* Alcahueta.

Trotaconventos, personaje del *Libro de buen amor* del Arcipreste de Hita, vieja alcahueta precursora de la Celestina.

trotada f. Carrera, trayecto.

trotador, ra adj. Que trota bien o mucho: *yegua trotadora.*

trotamundos com. inv. Persona aficionada a viajar y recorrer países.

trotar v. i. Andar el caballo al trote. || Cabalgar sobre un caballo que anda de esta manera. || *Fig.* y *fam.* Andar mucho dirigiéndose a varios sitios una persona.

trote m. Modo de andar una caballería, intermedio entre el paso y el galope, levantando a la vez la mano y el pie opuestos. || *Fam.* Actividad muy grande y cansada: *ya no estoy para estos trotes.* | Asunto complicado, enredo: *no quiero meterme en esos trotes.* || — *Al trote,* trotando; (fig.) muy de prisa. || *Fig. De* o *para todo trote,* aplicado a un vestido, que se usa a diario.

trotón, ona adj. Aplícase al caballo que acostumbra andar al trote. || *Fig.* De uso diario. || — M. Caballo.

trotskista adj. y s. Partidario o discípulo de Trostky.

Trotsky (Lev Davidovich BRONSTEIN, llamado), político soviético (1879-1940), colaborador de Lenin, comisario del pueblo y teórico de la revolución permanente. Desterrado por Stalin (1929), m. asesinado en México.

troupe [*trup*] f. (pal. fr.). Compañía de comediantes.

trousseau [*trusó*] m. (pal. fr.). Ajuar o equipo de novia.

trova f. Verso. || Poesía, composición métrica escrita generalmente para ser cantada. || Canción o poesía amorosa de los trovadores.

trovador, ra adj. Que trova o hace versos. || — M. y f. Poeta, poetisa. || — M. Poeta provenzal de la Edad Media, que trovaba en lengua de oc.

trovadoresco, ca adj. Relativo a los trovadores.

trovar v. i. Componer versos y trovas.

trovero m. Poeta francés de la Edad Media que componía versos en lengua de oíl.

Troy, c. en el NE. de Estados Unidos (Nueva York). Industrias.

Troya o **Ilión,** c. de Asia Menor, que sostuvo contra los griegos un sitio de diez años, inmortalizado en *La Ilíada,* de Homero.

— Se suele emplear la expr. *Allí* o *aquí fue Troya* para indicar que algo fue una catástrofe, un desastre, un alboroto, y la expr. *Arda Troya* para señalar el propósito de hacer algo sin reparar en las consecuencias.

troyano, na adj. y s. De Troya.

Troyes [*trud*], c. de Francia, al SE. de París; cap. del dep. del Aube. Obispado.

Troyo (Rafael Ángel), poeta y escritor costarricense (1875-1910).

trozo m. Pedazo de una cosa separado del resto: *un trozo de papel.* || Parte, fragmento de una obra literaria o musical: *un libro de trozos escogidos.* || *Mar.* Cada uno de los grupos de hombres de mar. || *Mil.* Cada una de las dos divisiones de una columna.

Trubia, pobl. de España (Oviedo). Fábrica de armas.

trucaje m. Artificio cinematográfico que consiste en emplear trucos.

trucar v. i. Hacer el primer envite en el juego del truque. || Hacer trucos en el juego de billar o en el del truque.

Trucial States, ant. *Costa de los Piratas.* V. ÁRABES UNIDOS (*Estado de los Emiratos*).

trucidar v. t. Despedazar. || Matar.

truco m. Cierta suerte del juego de trucos. || Truque, juego de naipes. || Maña, habilidad. || Procedimiento ingenioso, artimaña, ardid: *andarse con trucos.* || Artificio cinematográfico para dar apariencia de realidad a secuencias que es imposible obtener directamente al rodar la película. || — Pl. Juego antiguo parecido al billar.

truculencia f. Aspecto terrible o espantoso.

truculento, ta adj. Terrible, espantoso, atroz: *relato truculento.*

trucha f. Pez salmónido de agua dulce, de carne muy estimada. || — *Trucha asalmonada,* la que tiene la carne roja como el salmón. || *Trucha de mar,* raño.

truche adj. *Col.* Currutaco, elegante.

truchero m. Pescador o vendedor de truchas. || — Adj. Donde hay truchas: *río truchero.*

truchimán, ana m. y f. *Fam.* Trujamán.

truchuela f. Trucha pequeña. || Bacalao curado más delgado que el común.

trudgeon m. Modo de nadar consistente en una tracción alternativa de los brazos y un movimiento de tijera de las piernas.

Trueba (Antonio de), escritor español (1819-1889), autor de *El libro de los cantares.* || ~ **y Cossío** (TELESFORO DE), escritor y diplomático español (1799-1835), autor de obras teatrales. Exiliado, escribió también en inglés.

trueno m. Estampido que acompaña al relámpago. || Ruido fuerte del tiro de un arma o cohete. || *Fam.* Muchacho atolondrado, calavera. || — *Fig. Gente del trueno,* gente de vida licenciosa. || *Trueno gordo,* estampido final y fuerte de los fuegos artificiales.

trueque m. Acción de trocar, cambio. || *A trueque de,* a cambio de.

trufa f. Hongo ascomiceto subterráneo muy apreciado por su sabor aromático, con aspecto de tubérculo. || *Fig.* Mentira.

trufar v. t. Rellenar de trufas: *trufar un pavo.* || — V. i. Mentir, decir trufas. || Engañar.

truhán, ana adj. y s. Granuja, bribón, tunante. || *Fam.* Bufón, gracioso.

truhanada f. Truhanería, bufonería.

truhanear v. i. Engañar. || *Fam.* Decir bufonadas propias de los truhanes.

truhanería f. Acción propia de un truhán. || Conjunto de truhanes, hampa.

truhanesco, ca adj. Propio de un truhán.

truismo m. Verdad tan evidente que no merecería siquiera ser enunciada.

trujamán, ana m. y f. Intérprete. || — M. El que, por su experiencia, da consejos a otras personas en ciertos tratos o negocios.

trujamanear v. i. Hacer oficio de trujamán. || Trocar géneros.

Trujano (Valerio), guerrillero insurgente en la guerra de Independencia de México (1760-1812).

trujillano, na adj. y s. De Trujillo (España, Honduras, Perú y Estado de Venezuela).

trujillense adj. y s. De Trujillo (c. de Venezuela).

Trujillo, c. en el O. de España (Cáceres). Cuna de Pizarro. — C. y puerto en el N. de Honduras, a orillas del Caribe; cap. del dep. de Colón. — C. septentrional del Perú, cap. de la prov. homónima y del dep. de La Libertad. Arzobispado. Universidad. Terremoto en 1970. — C. en el O. de Venezuela, cap. del Estado homónimo. Obispado. Centro agrícola. El Estado prod. maíz, caña de azúcar, trigo; petróleo. || ~ (CIUDAD). V. SANTO DOMINGO. || ~ (PICO). V. DUARTE (*Pico*).

Trujillo (Julián), general y político colombiano (1828-1883), pres. de la Rep. de 1878 a 1880. || ~ **Molina** (HÉCTOR BIENVENIDO), general y político dominicano, n. en 1908. Elegido pres. de la Rep. en 1952, dimitió de su cargo en 1960. — Su hermano RAFAEL LEÓNIDAS (1891-1961) fue pres. dictatorial de la Rep. de 1930 a 1938 y de 1942 a 1952. M. asesinado.

trulla f. Bulla, turba.

Truman (Harry S.), político norteamericano (1884-1972), vicepresidente de Estados Unidos, ocupó constitucionalmente la presidencia a la muerte de Roosevelt (1945) y fue luego elegido para el período 1949-1953.

truncado, da adj. Aplícase a las cosas a las que se ha quitado alguna parte esencial: *obra truncada.* || *Geom. Cono truncado, pirámide truncada,* cono o pirámide a los que les falta el vértice.

truncamiento m. Acción y efecto de truncar.

truncar v. t. Quitar alguna parte esencial: *truncar una estatua, un libro.* || *Fig.* Romper, cortar: *truncar las ilusiones de uno.* | Interrumpir: *este accidente ha truncado su vida.*

trunco, ca adj. Truncado. || *Amer.* Incompleto.

trupial m. Turpial, pájaro.

trust m. (pal. ingl.). Unión de grandes empresas con objeto de reducir los gastos de producción, evitar la competencia y acaparar el mercado de ciertos productos. || En la U. R. S. S., conjunto industrial bajo una dirección única.

Tselinograd, c. en el SO. de la U. R. R. S. S. (Kazakstán).

tse-tsé f. Nombre indígena de una mosca africana cuya picadura transmite la enfermedad del sueño.

Tseu-hi (1834-1908), emperatriz y regente de China (1881-1908).

Tseu ~ || **- Kong,** c. en el centro de China (Sechuán). Petróleo; gas natural. || ~ **- Po,** c. en el E. de China (Chatung). Hulla.

T. S. H., abreviatura de *telegrafía* o *telefonía sin hilos.*

Tshikapa, c. del Congo. Diamantes.

Tsinan, c. en el E. de China, cap. de la prov. de Chantung. Arzobispado. Universidad. Industrias.

Tsing, dinastía manchú, que reinó en China de 1644 a 1912.

Tsinghai, prov. occidental de China; cap. *Sining.*

Tsingkiang, c. en el E. de China (Kiangsu).

Tsingtao, c. y puerto en el E. de China (Chantung). Industrias.

Tsinhuangtao, c. y puerto en el N. de China (Hopei).

Tsitsihar, c. del NE. de China (Heilongkiang).

Tsiuancheu, c. y puerto en el S. de China (Fukien).

tsompantle m. Nombre de varias leguminosas ornamentales de México.

Tsu, c. del Japón (Honshu).

Tsugaru, estrecho que separa las islas japonesas de Honshu y Hokkaido.

Tsushima, archip. japonés, entre Corea y Japón. Derrota naval de los rusos por los japoneses en 1905.

tu, tus pron. poses. de 2.ª pers. en sing. usado como adjetivo antes de un sustantivo.

tú pron. pers. de 2.ª pers. en sing. || — *Fig. Estar de tú a tú con uno,* tener trato de confianza con él. || *Fam. Más lo eres tú,* frase con que se aplica una calificación injuriosa a la persona misma que fue la primera en emplearla. || *Tratar de tú,* tutear. || *Tú y yo,* servicio de café para dos personas.

Tuamotu, archip. de la Polinesia francesa, al E. de Tahití, compuesto de más de 80 islas; 880 km².

tuareg m. pl. Pueblo nómada del Sáhara, de raza beréber. (Sing. *targui.*)

tuatúa f. Árbol euforbiáceo americano cuyas hojas y semillas se usan como purgantes.

tuba f. Licor alcohólico filipino que se saca de la nipa, el coco, el burí y otras palmeras. || Instrumento músico de viento, de tubo cónico con cilindros o pistones, cuyo tono corresponde al del contrabajo.

tuberáceo, a adj. y s. f. Aplícase a los hongos ascomicetos completamente subterráneos, como la trufa y la criadilla de tierra. || — F. pl. Familia que forman.

tuberculina f. Extracto glicerinado de cultivos de bacilos de Koch, usado en el diagnóstico de las enfermedades tuberculosas.

tuberculinodiagnóstico m. Procedimiento de diagnóstico de la infección tuberculosa mediante el empleo de tuberculina.

tuberculinoterapia f. Empleo de la tuberculina en el tratamiento de la tuberculosis.

tuberculización f. Infección de un organismo u órgano por la tuberculosis.

tuberculizar v. t. Producir tubérculos.

tubérculo m. Excrecencia feculenta en cualquier parte de una planta, particularmente en la parte subterránea del tallo, como la patata, la batata, etc. || Tumorcillo que se forma en el interior de los tejidos y es característico de la tuberculosis. || Protuberancia en las partes duras del dermoesqueleto de algunos animales.

tuberculosis f. Enfermedad infecciosa y contagiosa del hombre y de los animales, causada por el bacilo de Koch y caracterizada por la formación de tubérculos en los órganos: *tuberculosis pulmonar,* ósea, renal.

tuberculoso, sa adj. Relativo al tubérculo. || Que tiene tubérculos: *raíz tuberculosa.* || *Med.* Relativo a la tuberculosis: *virus tuberculoso.* || Aplícase a la persona que padece tuberculosis (ú. t. c. s.).

tubería f. Conjunto de tubos o conductos utilizados para el transporte de un fluido, cañería: *tubería de agua.* || Fábrica, taller o comercio de tubos.

tuberiforme adj. Que tiene forma o aspecto de tubérculo.

tuberización f. Transformación en tubérculos de la parte inferior del tallo de ciertas plantas.

tuberosidad f. Tumor, abultamiento. || Protuberancia de un hueso donde se sujetan músculos y ligamentos.

tuberoso, sa adj. Que tiene tuberosidades. || — F. Nardo, planta.

Tubinga, en alem. *Tübingen,* c. en el S. de Alemania Occidental (Baden-Wurtemberg), a orillas del Neckar. Universidad.

tubo m. Pieza cilíndrica hueca: *el tubo del agua.* || *Anat.* Conducto natural: *tubo digestivo, intestinal.* || Parte inferior de los cálices o de las corolas gamopétalas: *tubo polínico.* || Recipiente alargado, metálico o de cristal, de forma más o menos cilíndrica, destinado a contener pintura, pasta dentrífica, píldoras, etc. || Chimenea de cristal de las lámparas. || En radioelectricidad, lámpara: *tubo catódico.* || — *Tubo de escape,* tubo de evacuación de los gases quemados en un motor. || *Tubo de ensayo,* el de cristal, cerrado por uno de sus extremos, usado para los análisis químicos. || *Tubo de Geissler,* aquel que contiene un gas enrarecido y sirve para estudiar los efectos luminosos producidos por una descarga eléctrica. || *Tubo lanzallamas,* arma de combate con que se lanzan gases o líquidos inflamados. || *Tubo lanzatorpedos,* el metálico que sirve para lanzar un torpedo dándole la orientación deseada.

tubulado, da adj. En forma de tubo: *flores tubuladas.*

tubuladura f. Abertura de ciertas vasijas destinadas para recibir un tubo.

tubular adj. Que tiene forma de tubo o está hecho con tubos: *corola tubular.* || — *Caldera tubular,* aquella en que la circulación del fluido caliente se efectúa en tubos que proporcionan una amplia superficie para los intercambios de calor. || *Puente tubular,* el constituido por una serie de tubos metálicos ajustados por sus extremos. || — M. Neumático para bicicletas formado por una cámara de aire delgada envuelta en una cubierta de goma y tela completamentte cerrada por una costura.

tubuloso, sa adj. De forma de tubo, tubular.

Tucacas, grupo de cayos al NO. de Venezuela (Falcón).

tucán m. Ave trepadora americana, de pico grueso muy largo.

tucano, na adj. y s. Dícese de los miembros de una tribu indígena que vive en la zona fronteriza situada entre Perú, Colombia y Brasil.

Tucapel, com. en el centro de Chile (Ñuble).

Tucapel, fuerte español edificado en Arauco (Chile). Batalla entre los indígenas mandados por Lautaro y los españoles. En ella murió Valdivia (1554).

Tucídides, historiador griego (¿465-395? a. de J. C.), autor de una *Historia de la guerra del Peloponeso.*

tuco m. *Arg.* Cocuyo, coleóptero luminoso. || — M. y f. *Amer.* Manco.

Tucson, c. del S. de Estados Unidos (Arizona). Obispado. Universidad.

Tucumán, c. del NO. de la Argentina, al pie de los Andes, cap. de la prov. homónima. Arzobispado. Universidad. En ella se celebró el Congreso General Constituyente que, el 9 de julio de 1816, proclamó la independencia de las Provincias Unidas en la América del Sur.

tucumano, na adj. y s. De Tucumán (Argentina).

tucupita adj. y s. De Tucupita.

Tucupita, c. en el NE. de Venezuela, cap. del Territ. federal del Delta del Amacuro. Petróleo.

tucúquere m. *Chil.* Especie de búho de gran tamaño.

Tucuragua, río de Venezuela (Yaracuy y Cojedes), afl. del Cojedes.

tucutuco m. *Arg.* y *Bol.* Mamífero roedor semejante al topo.

tucutuzal m. *Arg.* Terreno socavado por los tucutucos.

tucho, cha m. y f. *Méx.* Mono araña | Persona fea.

Tudela, c. al N. de España en Navarra (Pamplona), a orillas del Ebro.

tudelano, na adj. y s. De Tudela.

tudense adj. y s. De Túy.

tudesco, ca adj. y s. Alemán. || *Fig.* y *fam. Beber, comer como un tudesco,* beber, comer mucho. || — M. Capote alemán.

Tudor, familia inglesa del país de Gales que, de 1485 a 1603, dio cinco soberanos a Inglaterra (Enrique VII, Enrique VIII, Eduardo VI, Maria e Isabel I).

Tuen Huang, c. septentrional de China (Kansu).

tuera f. *Bot.* Coloquíntida.

tuerca f. Pieza con un orificio labrado en espiral en que encaja la rosca de un tornillo: *tuerca de mariposa.*

tuerto, ta adj. Torcido. || Aplícase a la persona que no tiene vista en un ojo: *dejar, quedarse tuerto* (ú. t. c. s.). || — M. Agravio, ofensa. || — Pl. Entuertos, dolores de la recién parida.

tueste m. Tostadura.

tuétano m. Médula. || *Fig.* Sustancia, lo más importante o interesante de una cosa. || *Fig.* y *fam. Hasta los tuétanos,* hasta lo más íntimo o profundo de una persona; muy profundamente: *calado hasta los tuétanos.*

tufarada f. Racha de olor o calor repentina y poco duradera: *tufarada de vino, de calor.*

tufillo m. Olor ligero.

tufo m. Emanación gaseosa que se desprende de ciertas cosas. || Mal olor: *tufo de alcantarilla.* || Mechón de pelo que se peina o riza delante de las orejas. || Toba, piedra caliza. || — Pl. *Fig.* Soberbia, presunción, vanidad: *¡este chico tiene unos tufos!*

Tuguegarao, c. de las Filipinas, al NE. de la isla Luzón; cap. de la provincia de Cagayán.

tugurio m. Choza de pastores. || *Fig.* Habitación o casa miserable: *vivir en un tugurio.*

tui m. *Arg.* Loro pequeño.

tuición f. *For.* Defensa.

Tuira, río en el E. de Panamá (Darién). Llamado *Seteganti* en su curso inferior.

tuitivo, va adj. *For.* Que defiende o protege.

Tuito, una de las prov. del ant. reino de Colima (México).

tul m. Tejido fino, ligero y transparente de algodón o seda que forma una red de mallas redondas y poligonales.

Tula, río de México (Hidalgo), que recibe después el n. de *Moctezuma.* — Ant. c. de México, cap. del reino de los toltecas, fundada en 677 y destruida en 1116. Sus ruinas están cerca de *Tula de Allende.* — V. en el E. de México (Tamaulipas). Obispado. — C. y región de la U. R. S. S. (Rusia), al S. de Moscú. Metalurgia. || **~ de Allende,** v. de México, al N. de la capital del país (Hidalgo). En sus cercanías, ruinas de la ant. *Tula.*

Tulancingo, c. de México (Hidalgo). Obispado. Agricultura.

Tulcán, c. en el N. del Ecuador, cerca de la frontera colombiana y cap. de la prov. de Carchi.

tulcaneño, ña adj. y s. De Tulcán (Ecuador).

Tule, n. dado por los romanos a una isla del océano Atlántico, al

N. de Gran Bretaña, probablemente en las islas Shetland.

tulé m. *Méx.* Junco.

tulio m. Elemento químico (Tm) de número atómico 69, del grupo de las tierras raras.

tulipa f. Pantalla de cristal de forma parecida a la del tulipán.

tulipán m. Planta liliácea de raíz bulbosa y hermosas flores ornamentales. || Su flor.

tulipanero o **tulipero** m. Árbol ornamental de la familia de las magnoliáceas, oriundo de América.

Tulo Hostilio, tercer rey de Roma que reinó aproximadamente de 672 a 641 a. de J. C.

tulpa f. *Amer.* Piedra de fogón campestre.

Tulsa, c. en el S. del centro de los Estados Unidos (Oklahoma), a orillas del Arkansas. Petróleo.

Tuluá, c. en el O. de Colombia (Valle del Cauca). Agricultura.

Tulle, c. en el S. del centro de Francia, cap. del dep. de Corrèze. Obispado.

* **tullecer** v. t. Tullir, lisiar. || — V. i. Quedarse tullido.

Tullerías, ant. palacio de los reyes de Francia en París, incendiado en 1871. Actualmente hay jardines y de la antigua construcción sólo queda el pabellón de Flora.

tullidez f. Tullimiento.

tullido, da adj. Baldado, imposibilitado que no puede mover algún miembro (ú. t. c. s.). || *Fig.* Muy cansado.

tullimiento m. Estado de tullido, parálisis.

* **tullir** v. t. Dejar tullido, lisiar. || *Fig.* Cansar mucho. || — V. pr. Quedarse imposibilitado o tullido. || Paralizarse un miembro.

Tumaco, c. y puerto en el SO. de Colombia (Nariño) en la isla homónima, a la entrada del golfo igualmente llamado así.

tumba f. Sepultura, sitio donde está enterrado un cadáver. || Ataúd que se coloca para la celebración de las honras fúnebres. || Cubierta arqueada de ciertos coches.

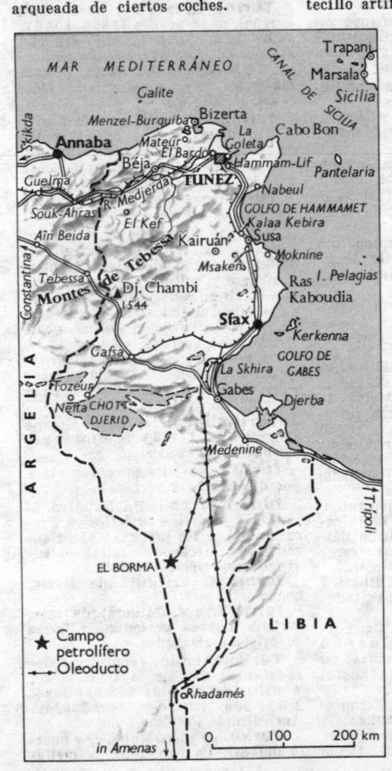

TÚNEZ

tumbaga f. Aleación de cobre y cinc. || Sortija hecha de esta materia y, por extensión, de cualquier metal.

tumbal adj. Relativo a la tumba: *piedra, inscripción tumbal.*

tumbar v. t. Hacer caer, derribar: *tumbar a uno al suelo.* || Inclinar mucho: *el viento ha tumbado las mieses.* || *Fig.* y *fam.* Suspender en un examen: *le tumbaron en latín.* | Pasmar: *lo dejó tumbado de asombro.* || — V. i. Caer al suelo, desplomarse. || Dar de quilla un barco. || — V. pr. Echarse: *tumbarse en la cama.* || Repantigarse: *tumbarse en un sillón.*

Tumbes o **Túmbez,** c. septentrional del Perú, cap. de la prov. y del dep. homónimos. Tabaco.

tumbesino, na adj. y s. De Tumbes (Perú).

tumbo m. Vaivén violento, sacudida de algo que va andando o rodando: *el coche daba tumbos por el camino mal empedrado.*

tumbona f. Especie de hamaca o silla de tijera que sirve para tumbarse.

tumefacción f. Hinchazón.

tumefacto, ta adj. Hinchado: *cara tumefacta.*

tumescencia f. Tumefacción, hinchazón.

tumescente adj. Que se hincha.

túmido, da adj. Hinchado. || Dícese del arco o bóveda más ancho hacia la mitad que en los arranques.

tumor m. *Med.* Multiplicación anormal de las células que produce un desarrollo patológico de los tejidos.

— Hay que distinguir entre *tumores benignos* (verrugas, fibromas, etc.), que están localizados en una parte del cuerpo y no contaminan los tejidos próximos, y *tumores malignos* o *cáncer,* que se difunden en el organismo.

tumoroso, sa adj. Que tiene uno o varios tumores.

tumulario, ria adj. Relativo al túmulo: *inscripción tumularia.*

túmulo m. Sepulcro levantado encima del nivel del suelo. || Montecillo artificial con que se cubrían las sepulturas. || Catafalco, armazón cubierta de paños negros sobre la que se coloca un ataúd.

tumulto m. Motín, disturbio, alboroto. || *Fig.* Agitación, confusión ruidosa.

tumultuario, ria adj. Tumultuoso.

tumultuoso, sa adj. Que promueve tumultos, alborotado, agitado: *una asamblea tumultuosa.* || Acompañado de tumulto: *protestas tumultuosas.*

tuna f. *Bot.* Nopal. | Su fruto, higo chumbo. || Vida vagabunda y pícara: *correr la tuna.* || Orquestina formada por estudiantes, estudiantina. || Estudiante de la tuna.

tunal m. Nopal. || Sitio poblado de tunas.

Tunal, cima del macizo de Azuay, en los Andes del Ecuador; 4 329 m.

tunantada f. Granujada, bribonada.

tunante, ta adj. y s. Pícaro, granuja, bribón.

tunantear v. i. Bribonear.

tunantería f. Picardía, granujada, acción propia de un tunante. || Conjunto de tunantes.

tunantesco, ca adj. Propio de los tunantes.

Tunas, río en el NE. de la Argentina (Corrientes y Entre Ríos), afl. del Mocoretá.

tunda f. Acción y efecto de tundir los paños. || *Fam.* Paliza, soba: *dar una tunda.*

tundición f. o **tundido** m. Tunda de los paños.

tundidor m. El que tunde.

tundidora adj. f. Aplícase a la máquina que sirve para tundir paños (ú. t. c. s. f.). || — F. La que tunde.

tundidura f. Acción de tundir.

tundir v. t. Cortar e igualar con tijera el pelo de los paños. || *Fam.* Pegar, golpear, dar una tunda.

tundizno m. Borra que sale de los paños al tundirlos.

tundra f. En las regiones polares, particularmente en Siberia y Alaska, formación vegetal consistente en musgos, líquenes, árboles enanos.

tunear v. i. Llevar una vida de tuno o hacer tunanterías. || — V. t. *Méx.* Cosechar tunas.

tunecí y **tunecino, na** adj. y s. De Túnez.

túnel m. Galería subterránea abierta para dar paso a una vía de comunicación. || *Túnel aerodinámico,* instalación para determinar las características aerodinámicas de una maqueta de avión, automóvil, etc., sometiéndola a una corriente de aire a gran velocidad.

tunería f. Calidad o manera de portarse del tunante.

Túnez, c. y puerto del N. de África, en el golfo homónimo, cap. de la República de Túnez, 695 000 h.

Túnez (REPÚBLICA DE), Estado situado en el extremo NE. de África del Norte, a orillas del Mediterráneo y al E. de Argelia; 155 830 km^2; 5 137 000 h. (*tunecinos*). Cap. *Túnez,* 695 000 h.; c. pr.: *Sfax,* 65 000 h.; *Susa,* 48 172; *Bizerta,* 46 700; *Kairuan,* 40 000; *Menzel-Burguiba* (ant. *Ferryville*), 34 700. — Túnez fue colonizado por los fenicios, engrandecido por Cartago, vencido por Roma y conquistado por los turcos. Protectorado francés de 1881 a 1956, es república independiente desde 1957.

tungsteno m. *Quím.* Volframio.

Tungurahua, volcán de los Andes del Ecuador, en la cordillera Central; 5 005 m. — Prov. en el centro del Ecuador; cap. *Ambato.*

tungurahuense adj. y s. De Tungurahua (Ecuador).

Tunguska, n. de tres ríos de la U. R. S. S., en Siberia occidental, afl. del Yenisei: *Tunguska Inferior* (2 640 km), *Tunguska Medio* (1 550) y *Tunguska Superior* o *Angara* (2 848).

túnica f. Prenda interior a modo de camisa amplia sin mangas que llevaban los antiguos. ‖ Cualquier vestidura amplia y larga. ‖ *Anat.* Membrana fibrosa que envuelve algunos órganos: *túnicas vasculares.* ‖ *Bot.* Envoltura, particularmente de un bulbo: *la túnica de la cebolla.*

tunicado, da adj. Envuelto por una o varias túnicas: *bulbo tunicado.* ‖ — M. pl. Clase de protocordados que comprende animales marinos con cuerpo cubierto por una túnica de forma de saco.

tunicela f. Vestidura litúrgica que se pone el obispo después de la estola.

Tunja, c. en el centro de Colombia, cap. del dep. de Boyacá. Obispado. Nudo de comunicación.

tunjano, na adj. y s. De Tunja.

tuno, na adj. y s. Tunante, bribón. ‖ — M. Estudiante perteneciente a una tuna.

tuntún (al o **al buen)** m. adv. *Fam.* Sin reflexión, a la buena de Dios, sin datos seguros: *decir algo al buen tuntún.*

Túpac ‖ ~ **Amaru,** inca peruano, que se alzó contra el dominio español y fue ejecutado por orden del virrey Toledo (1579). ‖ ~ **Amaru** (JOSÉ GABRIEL CONDORCANQUI, llamado), cacique peruano (¿1740?-1781), descendiente de los incas, que se rebeló contra los españoles (1780). Derrotado por las fuerzas del virrey Jáuregui, fue ajusticiado. ‖ ~ **Catari.** V. APASA (Julián). ‖ ~ **Yupanqui,** inca del Perú de 1471 a 1493, hijo y sucesor de Pachacútec Yupanqui.

tupaya f. Género de mamíferos insectívoros de Asia.

tupé m. Copete. ‖ *Fig.* y *fam.* Desfachatez, caradura.

tupido, da adj. Apretado, espeso: *paño tupido.* ‖ Denso: *niebla tupida.* ‖ *Fig.* Torpe, corto de entendimiento.

Tupiecha, sacerdote del dios del Mar, entre los tarascos.

tupí-guaraní adj. y s. Dícese de una familia lingüística y cultural india de América del Sur y de sus miembros, que efectuaron grandes migraciones desde la zona comprendida entre los ríos Paraná y Paraguay hasta el Amazonas y llegaron a los Andes bolivianos y al Chaco occidental. ‖ — M. Idioma hablado por estos indios en Brasil. (El *guaraní* se extendió en el Sur y en Paraguay.)

tupinambá adj. y s. Dícese de un pueblo indígena de la familia tupí establecido en el litoral atlántico del Bajo Amazonas.

tupinambo m. *Bot.* Aguaturma.

tupir v. t. Apretar mucho: *tupir un tejido.*

Tupiza, pobl. en el S. de Bolivia. cap. de la prov. de Sur Chichas (Potosí). Minas.

Tupungatito, cima volcánica de los Andes entre Chile (Santiago) y Argentina (Mendoza); 5 640 m.

Tupungato, cima volcánica de los Andes entre Chile (Santiago) y Argentina (Mendoza); 6 800 m. — Dep. y pobl. en el O. de la Argentina (Mendoza). Petróleo.

Túquerres, altiplanicie andina en el SO. de Colombia (Nariño); 3 100 m.

Turane. V. DA NANG.

turanio, nia adj. y s. m. Aplícase a un grupo hipotético de lenguas constituido principalmente por el turco y el mongol.

turba f. Combustible fósil que resulta de materias vegetales más o menos carbonizadas. (La *turba* contiene 60 % de carbono y es un combustible de poco poder calorífico que desprende mucho humo y deja cenizas al quemarse.) ‖ Estiércol mezclado con carbón vegetal. ‖ Muchedumbre generalmente bulliciosa.

turbación f. Confusión, desasosiego, perplejidad. ‖ Desorden.

Turbaco, mun. y c. en el NO. de Colombia (Bolívar).

turbador, ra adj. Que turba. ‖ — M. y f. Que provoca disturbios o desórdenes.

turbal m. Turbera.

turbamiento m. Turbación.

turbamulta f. *Fam.* Muchedumbre confusa y desordenada.

turbante m. Tocado de los orientales consistente en una faja larga de tela arrollada alrededor de la cabeza. ‖ *Por ext.* Cualquier tocado parecido.

turbar v. t. Enturbiar, alterar la transparencia natural: *turbar el agua.* ‖ *Fig.* Causar desorden, perturbar: *turbar la paz pública.* | Desconcertar, confundir: *esta pregunta le turbó visiblemente.* | Trastornar: *turbar la razón.* | Interrumpir: *turbar el silencio.* ‖ — V. pr. *Fig.* Perder la serenidad, el aplomo.

turbelario adj. Dícese de los gusanos de cuerpo aplanado, que viven en aguas marinas o dulces o sobre la tierra húmeda. ‖ — M. pl. Clase que forman.

turbera f. Yacimiento de turba.

turbidez f. Calidad de túrbido o turbio.

túrbido, da adj. Turbio.

turbiedad f. Estado de un líquido turbio. ‖ Opacidad. ‖ Ofuscamiento.

turbina f. Motor constituido por una rueda móvil de álabes sobre la cual actúa la fuerza viva de un fluido (agua, vapor, gas, etc.): *las turbinas de vapor reemplazan cada vez más las antiguas máquinas de émbolo.* ‖ Aparato para separar por centrifugación los cristales de azúcar de otros componentes que hay en la melaza.

turbinto m. Árbol anacardiáceo de América Meridional.

turbio, bia adj. Que ha perdido su transparencia natural: *líquido turbio.* ‖ *Fig.* Equívoco, poco claro: *negocio turbio.* | Agitado: *período turbio.* | Falto de claridad: *estilo turbio; vista turbia.*

turbión m. Aguacero con viento fuerte, chaparrón. ‖ *Fig.* Multitud, alud de cosas o sucesos.

turbit m. Planta convolvulácea de Asia, de raíces purgantes.

turboalternador m. Grupo generador de electricidad, constituido por una turbina y un alternador acoplados en un mismo eje.

turbobomba f. Bomba centrífuga acoplada a una turbina.

turbocompresor m. Compresor rotativo centrífugo que tiene alta presión.

turbodinamo m. Acoplamiento hecho con una turbina y una dinamo.

turbogenerador m. Turbina de vapor directamente acoplada a un generador eléctrico.

turbohélice m. Turbopropulsor.

turbomotor m. Turbina accionada por el aire comprimido que funciona como motor.

turbonada f. Aguacero, chaparrón. ‖ *Arg.* Vendaval.

turbopropulsor m. Propulsor constituido por una turbina de gas acoplada a una o varias hélices por medio de un reductor de velocidad.

turborreactor m. Motor de reacción constituido por una turbina de gas cuya expansión a través de una o varias toberas produce un efecto de propulsión por reacción.

turboventilador m. Ventilador accionado por una turbina.

turbulencia f. Agitación ruidosa, alboroto, bullicio: *la turbulencia de los niños.* ‖ Agitación desordenada de un fluido que corre: *la turbulencia del agua del mar.*

turbulento, ta adj. Turbio. ‖ *Fig.* Bullicioso, alborotado, agitado: *alumnos turbulentos.*

Turcios (Froilán), político, diplomático y escritor hondureño (1875-1943), autor de obras en prosa (*Cuentos crueles* y *Annabel Lee*) y poesías.

turco, ca adj. y s. De Turquía. ‖ *Cabeza de turco,* v. CABEZA. ‖ *Cama turca,* la que no tiene cabecera ni pies. ‖ *Gran Turco,* título que daban los cristianos a los sultanes turcos. ‖ *Anat. Silla turca,* cavidad del esfenoides donde está la hipófisis. ‖ — M. Lengua turca. ‖ — F. *Fig.* y *fam.* Borrachera.

turcomano, na adj. y s. Aplícase a un pueblo uraloaltaico de raza turca, establecido en el Turkmenistán, Uzbekistán, Afganistán e Irán.

turdetano, na adj. y s. Dícese de un ant. pueblo del bajo valle del Guadalquivir (España).

túrdiga f. Tira o correa de piel.

Turena, región y ant. prov. al SE. de París (Francia), en el valle del Loira; cap. *Tours.*

Turenne o **Turena** (Henri de LA TOUR D'AUVERGNE, *vizconde de*), mariscal de Francia (1611-1675). Luchó en la guerra de los Treinta Años. Autor de *Memorias.*

turf m. (pal. ingl.). Sitio donde se verifican las carreras de caballos, hipódromo. ‖ Deporte hípico.

turgencia f. *Med.* Aumento patológico del volumen de un órgano.

turgente adj. Hinchado.

túrgido, da adj. Turgente.

Turgot (Anne Robert Jacques), economista francés (1727-1781), ministro de Hacienda de Luis XVI. Fue barón de l'Aulne.

Turgueniev (Iván), escritor ruso (1818-1883), autor de novelas y narraciones (*Relatos de un cazador, Aguas primaverales, Padres e hijos, Humo, Tierras vírgenes, Nido de hidalgos*) y obras de teatro.

Turia, río de España que nace en la Muela de San Juan, pasa por la prov. de Teruel y Cuenca y des. en Valencia; 243 km. En su alto curso se llama *Guadalaviar.*

turibulario m. Turiferario.

turíbulo m. Incensario.

turiferario m. El que lleva el incensario. ‖ *Fig.* Adulador.

Turín, en ital. *Torino,* c. en el NO. de Italia, cap. del Piamonte y de la prov. homónima, a orillas del Po. Arzobispado. Universidad. Centro industrial (automóviles) y comercial.

Turina (Joaquín), compositor español, n. en Sevilla (1882-1949), autor de obras para orquesta (*La oración del torero, Sinfonía sevillana, La procesión del Rocío, Danzas fantásticas,* etc.) y para piano (*Rincones sevillanos*).

turinés, esa adj. y s. De Turín.

Turingia, región en el centro de Alemania Oriental. Fue un Estado de la Rep. Democrática de 1946 a 1952, cuya cap. era *Erfurt.*

Turipemencha, n. de cuatro divinidades tarascas.

turismo m. Acción de viajar por distracción y recreo. ‖ Organización, desde el punto de vista técnico, financiero y cultural, de los medios que facilitan estos viajes: *Oficina de turismo.* ‖ Industria que se ocupa de la satisfacción de las necesidades del turista: *el turismo es buen proveedor de divisas extranjeras.* ‖ Automóvil de uso privado y no comercial o taxi que no lleva marcado su carácter público.

Turismundo, rey de la España visigótica (451-453). Asesinado por su hermano Teodorico.

turista com. Persona que viaja por distracción y recreo.

turístico, ca adj. Relativo al turismo: *excursión turística.* ‖ Frecuentado por los turistas: *playa turística.* ‖ Hecho con miras al turismo: *espectáculo turístico.*

turma f. Criadilla de tierra, hongo.

turmalina f. Mineral de color variable que se presenta en forma de prismas alargados.

Turkmenistán, república federada en el SO. de la U. R. S. S., a orillas del Caspio; 488 100 km²; 1 971 000 h.; cap. *Achkhabad.* Agricultura. Petróleo.

Turku, en sueco *Aabo,* c. y puerto del SO. de Finlandia, a orillas del Báltico; cap. de la prov. de *Turku Pori.* Universidad.

túrmix f. (n. registrado). Batidora. (Aunque el sustantivo *túrmix* es femenino, algunos lo hacen masculino.)

turnar v. i. Alternar o establecer un turno con otras personas. Ú. t. c. pr.: *turnarse para cuidar a un enfermo.*

Turner (William), pintor inglés (1775-1851), precursor del impresionismo.

turnio, nia adj. Bizco.

turno m. Orden establecido entre varias personas para la ejecución de una cosa: *turno de día, de noche; hablar en su turno.* ‖ Cuadrilla, equipo a quien toca trabajar. ‖ — *De turno,* dícese de la persona a quien corresponde actuar. ‖ *Farmacia de turno,* la encargada del servicio de guardia.

turolense adj. y s. De Teruel.

turón m. Mamífero carnicero mustélido de olor fétido.

turonense adj. y s. De Tours (Francia).

turpial m. Pájaro americano parecido a la oropéndola.

turquesa f. Piedra preciosa, de color azul verdoso.

turquesco, ca adj. Turco.

subsuelo son variados pero poco importantes, lo que no facilita la industrialización.

— HISTORIA. En 1025, los selyúcidas, dinastía turcomana instalada en Persia, fundaron un sultanato en Anatolia Central. A la caída de los selyúcidas (1300), Osmán fundó la dinastía otomana que, de 1354 a 1453, ocupó la península balcánica (conquista de Constantinopla en 1453). El reinado de Solimán el Magnífico (1520-1566) señaló el apogeo de la potencia otomana, y su muerte la decadencia. Perdió el dominio de Hungría (1687), el de Belgrado, Albania, Dalmacia y Herzegovina (1718) y abandonó a Rusia el dominio del mar Negro en 1774. La independencia de Grecia fue reconocida en 1829, la de Rumania después de la guerra de Crimea (1856) y la de Servia y Bulgaria en el Tratado de Berlín (1878). Sometida a un régimen constitucional desde 1908, Turquía perdió Tripolitania a raíz de la guerra con Italia (1911-1912), y la mayor parte de sus territorios europeos en las guerras balcánicas (1912-1913). Vencida

facto, pasmado. | Atolondrado por un golpe.

turullo m. Cuerno con que los pastores llaman y reúnen el ganado.

tururú m. En algunos juegos, reunión por un jugador de tres cartas del mismo valor.

tus interj. Voz para llamar a los perros. ‖ *Fig.* y *fam. Sin decir tus ni mus,* sin rechistar, sin hablar una sola palabra.

tusa f. *Amer.* Carozo, raspa del maíz. ‖ *Cub.* y *Amér. C.* Espata del maíz. ‖ *And.* y *Amer.* Pajilla, cigarro envuelto en la hoja del maíz. ‖ *Chil.* y *Amér. C.* Barbas del maíz. ‖ *Chil.* Crin de caballo atusado. ‖ *Amér. C.* y *Cub.* Mujer de vida alegre.

tusar v. t. *Amer. Fam.* Atusar, cortar el pelo.

Túsculo o **Tusculum,** c. de la ant. Italia (Lacio).

tusílago m. Fárfara, planta herbácea compuesta, empleada como pectoral.

tuso interj. *Fam.* Voz empleada para llamar a los perros.

tusor m. Tela fina de seda.

Tutankamón o **Tutankamen,** faraón egipcio de la XVIII dinastía (¿1354-1346? a. de J. C.), que restauró en Tebas el culto de Amón.

TURQUÍA

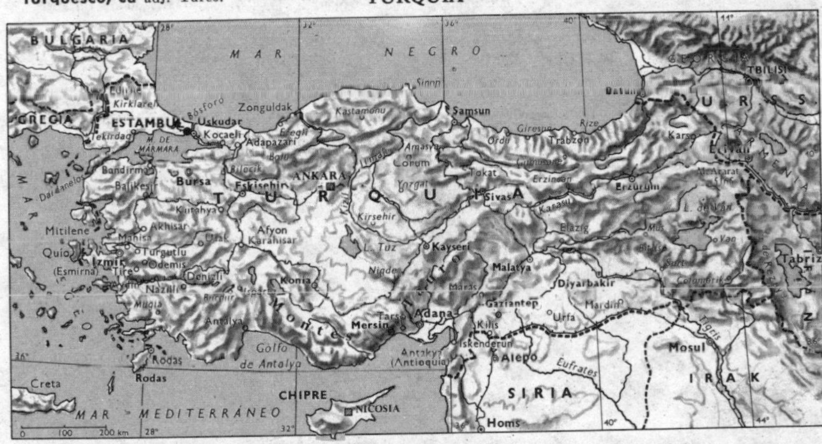

Turquestán o **Turkestán,** ant. denominación administrativa del Imperio ruso en la actual Asia Central o Asia Media soviética, dividida en cinco repúblicas federadas de la U. R. S. S. (Kazakstán, Kirghizia, Uzbekistán, Tadjikistán y Turkmenistán). Una parte pertenece a China y constituye la prov. de Sinkiang.

turquí o **turquino, na** adj. Aplícase al azul muy oscuro.

Turquía, Estado de Asia Occidental y de Europa, limitado por el Mediterráneo y el Egeo al SO., el mar Negro al N., la U. R. S. S. al NE., Irán al E., Irak y Siria al SE.; 780 000 km²; 35 230 000 h. *(turcos).* Cap. *Ankara,* 902 200 h. C. pr. *Estambul,* 1 750 600 h.; *Esmirna,* 417 400; *Adana,* 290 500; *Bursa,* 218 000; *Eskisehir,* 174 500; *Gaziantep,* 158 400; *Konia,* 122 700; *Kayseri,* 102 800; *Sivas,* 109 200; *Erzerum,* 106 300; *Malatya,* 105 200; *Diyarbakir,* 102 600; *Samsún,* 106 900; *Mersina,* 87 300.

— GEOGRAFÍA. El Imperio Turco era antiguamente un vasto Estado, con posesiones en Europa, Asia y África. Desde 1918, la *Turquía europea* no conserva más que una parte de Tracia; la *Turquía asiática* comprende el conjunto de Asia Menor y una parte del macizo armenio. Entre las cordilleras del Ponto y el Tauro se extiende la gran *planicie de Anatolia.* Turquía es todavía un país esencialmente agrícola y ganadero. Los recursos del

con sus aliados (Alemania, Autria-Hungría y Bulgaria) en la primera guerra mundial, pudo asegurar su existencia nacional gracias a sus victorias sobre Grecia en 1922 (Paz de Lausana, 1923). Convertida en república ese mismo año, Turquía fue gobernada por Mustafá Kemal Ataturk, que abolió el Califato y emprendió una serie de profundas reformas, continuadas por Inönü (1938). Durante la segunda guerra mundial se mantuvo neutral. Actualmente es miembro del Pacto del Atlántico (1952) y asociada al Mercado Común europeo (1964).

Turquino, pico del SE. de Cuba (Oriente) en la Sierra Maestra, 2 040 alt. máx. de la isla.

turrar v. t. Tostar.

Turrialba, cima volcánica de Costa Rica (Cartago); 3 300 m. — Pobl. en el centro de Costa Rica (Cartago).

Turriano (Juanelo), arquitecto italiano (1501-1575). Construyó un artificio para abastecer de agua a Toledo (España).

turrón m. Dulce hecho de almendras, avellanas o nueces, tostadas y mezcladas con miel u otros ingredientes: *turrón de Jijona, de Alicante.* ‖ *Fig.* y *fam.* Cargo público o pensión que se obtiene del Estado.

turronería f. Tienda donde se venden turrones.

turronero, ra m. y f. Persona que hace o vende turrón.

turulato, ta adj. *Fam.* Estupefacto, pasmado. | Atolondrado por un golpe.

tute m. Juego de naipes en el cual hay que reunir los cuatro reyes o caballos. ‖ Reunión de estos naipes. ‖ *Pop.* Paliza. ‖ *Fig.* y *fam. Darse un tute,* trabajar en algo durante poco tiempo, pero muy intensamente; darse un hartazgo.

tuteamiento m. Tuteo.

tutear v. t. Dirigirse a una persona hablándole de tú (ú. t. c. pr.).

tutela f. Autoridad conferida por la ley para cuidar de la persona y bienes de un menor. ‖ Función de tutor. ‖ *Fig.* Protección, defensa, salvaguardia: *estar bajo tutela.* ‖ *Territorio bajo tutela,* aquel cuya administración está confiada por la O. N. U. a un Gobierno determinado.

tutelar adj. Protector: *divinidad tutelar.* ‖ Que ejerce tutela: *Gobierno tutelar.*

tuteo m. Acción de tutear o tutearse.

tutía f. Oxido de cinc.

Tuticorin, c. y puerto en el S. de la India (Tamilnad). Obispado.

tutilimundi m. Mundonuevo.

Tutinfierno (CABO). V. ROCA.

tutiplén (a) m. adv. *Fam.* En abundancia, con exceso, sin medida.

tutor, ra m. y f. Persona encargada de la tutela de un menor o de un incapacitado. ‖ — M. *Agr.* Rodrigón.

tutoría f. Cargo de tutor.

tutriz f. Tutora.

tutti frutti m. (pal. ital.). Helado que se hace con varias frutas.

tutú m. *Arg.* Ave de rapiña de plumaje verde y azul.

Tutuila, isla de Samoa Oriental, cap. *Pago-Pago.* Base naval.

tutul-xiu adj. y s. Indio tolteca. (Los *tutul-xius* se desplazaron hacia el NE. de Yucatán en el s. x.)

Tutupaca, volcán de los Andes del Perú, en el SO. del país (Moquegua), en la Cord. Occidental; 5 780 m.

Tuva, ant. *Tannu-Tuva,* región de Siberia central, república autónoma de la U. R. S. S. (Rusia); cap. *Kyzil.*

tuxapa m. Junco de los lagos de Michoacán (México).

tuxpacle m. *Méx.* Planta morácea medicinal.

Tuxpan, río de México (Veracruz) que des. en el golfo de México; 180 km. — C. y puerto en el E. de México (Veracruz). — Pobl. en el O. de México (Jalisco). — V. en el O. de México (Nayarit). Agricultura.

Tuxtepac, monte de México, limítrofe entre el D. F. y el Estado de México; 3 098 m.

Tuxtla. V. San Andrés Tuxtla. ‖ **~ Gutiérrez,** c. en el S. de México, cap. del Estado de Chiapas. Obispado.

Tuxtlas (Los), región montañosa en el E. de México (Veracruz).

Tuy, río en el N. de Venezuela, que nace en el Estado de Aragua y des. en el Caribe; 145 km.

Túy, c. del NO. de España (Pontevedra). Obispado.

Túy (Lucas de), obispo e historiador español, m. hacia 1249. Autor de *Coronica de Spaña por don Luchas de Tui.*

tuya f. Árbol conífero de América que se cultiva en parques y jardines.

tuyo, ya pron. pos. de 2.ª pers. en ambos géneros. ‖ — *Fig.* y *fam. Ésta es la tuya,* ahora te toca actuar y demostrar lo que vales. | *Hiciste de las tuyas,* hiciste una cosa muy propia de ti. ‖ *Los tuyos,* tu familia. ‖ *Lo tuyo,* lo que te pertenece o corresponde.

tuyo m. *Chil.* Ñandú.

tuyuyú m. *Arg.* Especie de cigüeña.

tuza f. *Méx.* Pequeño mamífero roedor que vive en galerías subterráneas.

tuzteco, ca adj. y s. Indígena de México, en el Estado de Guerrero.

TV, abreviatura de *televisión.*

Tver. V. Kalinin.

Twain. V. Marck Twain.

tweed m. (pal. ingl.). Tejido de lana, generalmente de dos colores, utilizado para la confección de trajes de sport.

Tweed, río de Gran Bretaña, fronterizo entre Inglaterra y Escocia; des. en el mar del Norte; 165 km.

twist m. (pal. ingl.). Danza moderna aparecida en 1961-1962.

Tyndall [*-dal*] (John), físico irlandés (1820-1893), que realizó investigaciones sobre el calor radiante y sobre los glaciares.

Tyne, río de Gran Bretaña, en el N. de Inglaterra, que atraviesa Newcastle y des. en el mar del Norte; 128 km.

Tynemouth [*tainmuz*], c. y puerto de Gran Bretaña en el N. de Inglaterra (Northumberland).

Tzara (Tristán), poeta francés de origen rumano (1896-1963), uno de los fundadores del dadaísmo.

tzeltal adj. y s. Indígena de México, en el Estado de Chiapas.

Tzimín Kax, lugar arqueológico maya, en Belice.

tzinapu m. *Méx.* Obsidiana.

Tzitzipandácuare, soberano tarasco que derrotó al emperador azteca Axayácatl.

tzotzil adj. y s. Indígena mexicano, en el Estado de Chiapas.

Universidad de México

U

u f. Vigesimocuarta letra del alfabeto castellano y última de las vocales: *la "u", si no lleva diéresis, es muda cuando va precedida de "g" y después de "q".* ‖ — *U consonante*, la v. ‖ *U valona*, nombre antiguo de la *v doble*. ‖ — Conj. Se emplea en vez de *o* delante de palabras que empiezan por *o* o por *ho*: *oriente u occidente; patíbulo u horca.* ‖ — **U**, símbolo químico del uranio.

Uadai, región del Chad, fronteriza con el Sáhara y al E. del lago Chad.

Uagadugú, cap. de la Rep. del Alto Volta, en el centro del país; 63 000 h. Arzobispado.

uahabita adj. y s. Wahabita.

Uargla, oasis y pobl. del Sáhara argelino.

Uaxactún, ant. c. maya del N. de Guatemala (El Petén).

ubajay m. Árbol mirtáceo de fruto ácido comestible de color amarillo y piel vellosa. ‖ Su fruto.

Ubangui, río de África ecuatorial, afl. der. del Congo; 1 160 km. ‖ **~ Chari.** V. CENTROAFRICANA *(República)*.

Ubaté, valle de Colombia, en la Cord. Oriental, a 2 590 m. — C. en el centro de Colombia (Cundinamarca).

Ube, c. y puerto del Japón, en el SO. de la isla de Honshu.

Úbeda, c. del S. de España (Jaén). Agricultura; ganadería. Industrias.

Uberada, c. del Brasil (Minas Gerais). Arzobispado.

ubérrimo, ma adj. Muy fértil: *tierra ubérrima; vegetación ubérrima.*

ubetense adj. y s. De Úbeda.

ubicación f. Posición, situación: *la ubicación de una casa.*

ubicar v. i. Estar situado: *el museo ubica en tal plaza* (ú. t. c. pr.). ‖ — V. t. *Amer.* Situar, colocar. | Estacionar un automóvil. ‖ — V. pr. *Arg.* Colocarse en un empleo.

Ubico (Jorge), general guatemalteco (1878-1946), pres. de la Rep. en 1931. Derrocado en 1944 por un movimiento popular.

ubicuidad f. Capacidad de estar en varios sitios al mismo tiempo: *tener el don de la ubicuidad.*

ubicuo, cua adj. Que está presente al mismo tiempo en todas partes. ‖ *Fig.* Muy activo, que quiere estar presente en todas partes.

Ubinas, cima volcánica del Perú (Moquegua), en el S. de la Cordillera Occidental; 5 560 m. Llamado tb. *Candarave.*

ubre f. Cada una de las tetas de las hembras de los mamíferos.

Ubrique, v. en el S. de España (Cádiz). Objetos de cuero.

Ucanal, lugar arqueológico maya, en El Petén.

ucase m. Decreto del zar. ‖ *Fig.* Orden autoritaria.

Ucayali, río del Perú (Loreto). Se une con el Marañón para formar el Amazonas; 2 000 km. — Prov. del Perú (Loreto); cap. *Contamana.*

Uccello (Paolo DI DONO, llamado), pintor florentino (1397-1475).

Uccle, c. de Bélgica (Brabante), suburbio en el S. de Bruselas. Metalurgia; textiles.

Uceda *(Duque de)*. V. SANDOVAL Y ROJAS (Cristóbal de).

Uclés, v. en el SE. de España (Cuenca). Victoria de los almorávides sobre los castellanos (1108).

Ucrania, una de las Rep. federadas de la U. R. S. S., limitada al S. por el mar Negro y el de Azov, y al SO. por el Dniéster; 601 000 km²; 45 100 000 h; cap. *Kiev.* C. pr. *Odesa, Jarkov.* Es una de las regiones más ricas de la U. R. S. S. Agricultura. Industrias, gracias a la hulla del Donbass, el hierro de Krivoi-Rog y a las minas de grafito, bauxita y manganeso. ‖ **~ Subcarpática** o *Rutenia,* ant. región oriental de Checoslovaquia, anexionada por Hungría en 1939 y perteneciente desde 1945 a la U. R. S. S. (Ucrania).

ucraniano, na o **ucranio,** adj. y s. De Ucrania.

ucumari m. Cierto oso del Perú.

Uchire, río en el N. de Venezuela entre los Estados de Anzoátegui y Miranda; des. en el Caribe; 125 km.

uchú m. Guindilla.

Ud., abreviatura de *usted.* (Tb. se escribe Vd.)

Udaipur, c. del O. de la India (Rayastán). Monumentos.

Udine, c. del NE. de Italia (Venecia), cap. de la prov. homónima.

Udine (Giovanni RICAMATORE, llamado **Juan de**), pintor italiano (1499-1564).

Udmurtia, Rep. autónoma de la U. R. S. S., en el O. de los Urales (R. S. F. S. de Rusia); 42 400 km²; 1 330 000 h.; cap. *Ijevsk.*

udmurtio, tia adj. y s. De la Rep. autónoma de Udmurtia.

ued m. Corriente de agua en el desierto.

Uelé, río en el centro de África, afl. izq. del Ubangui; 1 300 km.

Uezzán o **Ouezzane,** c. del NO. de Marruecos (Rabat).

¡uf! interj. Indica cansancio, fastidio o repugnancia.

Ufa, c. de la U. R. S. S. (Rusia), en la parte meridional de los Urales, cap. de la Rep. autónoma de Bachkiria. Metalurgia.

ufanarse v. pr. Engreírse, vanagloriarse, jactarse: *ufanarse con* (o *de*) *sus riquezas.*

ufanía f. Orgullo.

ufano, na adj. Orgulloso: *estar ufano con un título.* ‖ Soberbio.

Uganda, Estado de África oriental, entre el Sudán y el lago Victoria; 234 410 km²; 9 764 000 h. *(ugandeses).* Miembro del Commonwealth británico. Cap. *Kampala,* 46 700 h.; otras c.: *Entebe,* 11 000 h.; *Jinja,* 38 200.

ugandés, esa adj. y s. De Uganda.

Ugarte (Manuel), escritor y diplomático argentino (1878-1951).

ugetista adj. y s. De la Unión General de Trabajadores.

ugrio, a adj. y s. Dícese de un grupo de la familia uraloaltaica.

ugrofinés, esa adj. Dícese de los finlandeses o de otros pueblos de lengua parecida (ú. t. c. s.). ‖ Aplícase a un grupo de lenguas uraloaltaicas como el estoniano, el finlandés, el húngaro (ú. t. c. s. m.).

U. G. T., siglas de la *Unión General de Trabajadores.*

uguate m. *Méx.* Caña verde del maíz.

Uhland (Ludwig), poeta alemán (1787-1862), autor de composiciones patrióticas y populares, inspiradas en leyendas suabas.

Uhrbach (Carlos Pío), poeta cubano (1872-1897) que publicó, con su hermano FEDERICO (1873-1932), un libro de poesías titulado *Gemelas.*

Uhuru (PICO). V. KILIMANJARO.

uistití m. *Méx.* Tití, mono.

Ujda. V. UXDA.

ujier m. Ordenanza de algunos tribunales y administraciones.

Ujjain, c. santa en el centro de la India (Madhya Pradesh). Universidad.

ukase m. Ucase.

ulala f. *Bol.* Especie de cacto.

Ulan || **~ Bator,** ant. *Urga,* cap. de la Rep. Popular de Mongolia; 218 000 h. Industrias. || **~ Udé,** c. en el S. de la U. R. S. S. (Rusia), en Siberia central, cap. de la República autónoma de los buriato-mongoles; 174 000 h.

ulano m. En los antiguos ejércitos austriaco, alemán y ruso, soldado de caballería armado de lanza.

Ulate Blanco (Otilio), político costarricense (1892-1973), pres. de la Rep. de 1949 a 1953. Promulgó una Constitución en 1949.

úlcera f. *Med.* Pérdida de sustancia de la piel o de las mucosas a consecuencia de un proceso patológico de destrucción molecular o de una gangrena: *úlcera del estómago, varicosa.* || Lesión de los tejidos vegetales.

ulceración f. Formación de una úlcera: *ulceración de las varices.*

ulcerante adj. Que ulcera. || *Fig.* Ofensivo.

ulcerar v. t. Causar úlcera: *ulcerar una llaga.* || *Fig.* Ofender, herir: *crítica que ulcera.* || — V. pr. Convertirse en úlcera: *ulcerarse una llaga.*

ulcerativo, va adj. Que ulcera.

ulceroso, sa adj. Que tiene úlceras. || De la naturaleza de la úlcera: *llaga ulcerosa.*

ulcoate m. Serpiente venenosa de México.

Uleaborg o **Ulu,** c. y puerto al O. de Finlandia, en el golfo de Botnia, cap. de la prov. homónima.

ulema m. Doctor de la ley y teólogo musulmán.

Ulfilas, obispo arriano de los visigodos (¿311-383?), traductor de la Biblia.

Ulhasnagar, c. de la India (Maharashtra).

Ulianovsk, ant. *Simbirsk,* c. de la U. R. S. S. (Rusia), a orillas del Volga. Lugar de nacimiento de Lenin.

Ulises, en griego *Odiseo,* rey de Itaca, hijo de Laertes, padre de Telémaco y esposo de Penélope, uno de los principales héroes del sitio de Troya. El regreso de Ulises a su patria está relatado en *La Odisea.* Es también personaje de *La Ilíada.*

Ulises, novela del irlandés James Joyce (1922).

Ulm, c. en el S. de Alemania Occidental (Baden-Wurtemberg), a orillas del Danubio. Catedral gótica (s. XIV). Industrias.

ulmáceo, a adj. y s. f. Dícese de las plantas dicotiledóneas, como el olmo. || — F. pl. Familia que forman.

ulmaria f. Reina de los prados.

ulmén m. *Chil.* Entre los araucanos, hombre rico e influyente.

ulmo m. *Chil.* Árbol corpulento, de flores blancas, cuya corteza se utiliza para curtir.

Ulpiano, jurisconsulto romano (170-228). Sus obras forman la tercera parte del *Digesto* de Justiniano.

ulpo m. *Chil.* y *Per.* Cierta bebida hecha con harina tostada.

Ulster, región del norte de Irlanda, entre la bahía de Donegal y el mar de Irlanda. La mayor parte pertenece actualmente a la Irlanda del Norte, británica, y sus habitantes son casi todos protestantes. El resto forma una prov. de la República de Irlanda; 8 007 km².

ulterior adj. Que está en la parte de allá, en oposición con *citerior.* || Que ocurre después de otra cosa, en oposición con *anterior: medidas ulteriores.*

Última Esperanza, dep. en el S. de Chile (Magallanes); cap. *Puerto Natales.*

ultima ratio, expr. latina que significa *recurso extremo.*

ultimación f. Fin, terminación.

ultimar v. t. Acabar, finalizar, terminar, concluir: *ultimar un trabajo.* || Concertar: *ultimaron el tratado.* || *Amer.* Matar, rematar.

ultimátum m. En el lenguaje diplomático, resolución terminante comunicada por escrito. || *Fam.* Decisión definitiva. (Pl. *ultimátums.*)

último, ma adj. Aplícase a lo que, en una serie, no tiene otra cosa después de sí: *diciembre es el último mes del año.* || Dícese de lo más reciente: *las últimas noticias.* || Relativo a lo más remoto, retirado o escondido: *vive en el último rincón de Argentina.* || Peor: *el último de los hombres.* || Extremo: *recurriré a él en último caso.* || Más bajo: *éste es mi último precio.* || — *A la última,* a la última moda. || *Fam. Estar en las últimas,* estar muriéndose, en el fin de su vida. || *Por último,* después de todo, finalmente. || *Quedarse con la última palabra,* vencer en una discusión, un conflicto. || *Última palabra,* última concesión que uno hace a otro.

ultra m. Persona que profesa opiniones extremas: *los ultras de la política.*

ultracentrifugadora f. Aparato de centrifugación que tiene un régimen de rotación muy elevado (más de 60 000 revoluciones por minuto).

ultracorto, ta adj. Dícese de la onda cuya longitud es inferior a un metro.

ultrafiltración f. Filtración que se obtiene haciendo pasar a presión una disolución por los poros de una membrana.

ultraísmo m. Movimiento literario creado en 1919 por poetas españoles e hispanoamericanos, que proponía una renovación total del espíritu y de la técnica poética: *cultivaron el ultraísmo Guillermo de Torre, Jorge Luis Borges, Gerardo Diego, Eugenio Montes, Juan Larrea, Oliverio Girondo.*

ultraísta adj. Relativo al ultraísmo: *poema ultraísta.* || — Adj. y s. Partidario del ultraísmo.

ultrajador, ra adj. y s. y **ultrajante** adj. Que ultraja.

ultrajar v. i. Injuriar gravemente de obra o de palabra: *ultrajar a un superior.* || Despreciar, humillar.

ultraje m. Afrenta, ofensa, injuria grave: *vengar un ultraje.* || *Ultraje a las buenas costumbres,* delito que consiste en atentar contra la moralidad pública por medio de escritos, dibujos, fotografías o palabras.

ultramar m. País que está en el otro lado del mar. || *Azul de ultramar,* el lapislázuli.

ultramarino, na adj. Que está del otro lado del mar. || — M. pl. Comestibles traídos de otros continentes. || Tienda o comercio de comestibles.

ultramicroscópico, ca adj. Infinitamente pequeño.

ultramicroscopio m. Instrumento óptico más potente que el microscopio común, gracias a un sistema de iluminación lateral que hace que los objetos aparezcan como puntos brillantes sobre un fondo negro.

ultramoderno, na adj. Muy moderno.

ultramontanismo m. Conjunto de doctrinas teológicas partidarias de una mayor amplitud de los poderes del Papa.

ultramontano, na adj. Que está más allá o de la otra parte de los montes. || Relativo al ultramontanismo. || — Adj. y s. Dícese del partidario del ultramontanismo. || *Fig.* Reaccionario, muy conservador.

ultranza (a) m. adv. A muerte: *lucha a ultranza.* || Resueltamente, sin detenerse ante los obstáculos, con decisión. || Sin concesiones.

ultrapresión f. Presión muy elevada, que puede alcanzar miles de atmósferas.

ultrarrápido, da adj. Muy rápido.

ultrarrealista adj. y s. Monárquico acérrimo.

ultrarrojo, ja adj. Infrarrojo.

ultrasensible adj. De gran sensibilidad.

ultrasonido m. *Fís.* Vibración del mismo carácter que el sonido, pero de frecuencia muy elevada que le hace imperceptible para el oído.

ultratumba adv. Más allá de la tumba, de la muerte.

ultraviolado adj. Ultravioleta.

ultravioleta adj. y s. m. Aplícase a las radiaciones invisibles del espectro situadas más allá del color violado.

ultravirus m. Virus muy pequeño que atraviesa los filtros de porcelana: *ultravirus de la rabia, de la poliomielitis,* etc.

Ulu. V. ULEABORG.

ulúa f. Pez de las costas occidentales de México.

Ulúa, río en el O. de Honduras que nace en el dep. de Santa Bárbara y des. en el mar Caribe; 257 km.

úlula f. Autillo, ave.

ulular v. i. Aullar, dar aullidos, clamar. || *Fig.* Aullar el viento.

ulva f. Alga verde lameliforme.

Ulloa (Antonio de), marino español, n. en Sevilla (1716-1795). Formó parte con Jorge Juan en la comisión de La Condamine para medir en el Ecuador un grado del meridiano terrestre.

umbela f. Inflorescencia en la que los pedúnculos nacen en un mismo punto del tallo y se elevan a igual altura.

umbelífero, ra adj. y s. f. Dícese de las plantas dicotiledóneas de flores dispuestas en umbelas, como el hinojo, el perejil, el apio, el comino, la zanahoria, etc. || — F. pl. Familia que forman.

umbilicado, da adj. Que tiene la forma de ombligo.

umbilical adj. Del ombligo: *cordón umbilical.*

umbral m. Parte inferior del vano de la puerta, contrapuesta al dintel: *estaba en el umbral de su casa.* || *Fig.* Principio, origen: *en el umbral de la vida.* || En fisiología y psicología, valor mínimo de un estímulo para producir una reacción: *umbral de audibilidad, de excitación.* || *Fig. Pisar los umbrales de un edificio,* entrar en él.

Umbría, región de Italia central, atravesada por el Tíber, formada de las prov. de Perusa y Terni.

umbrio, a adj. y s. De Umbría.

umbrío, a adj. Sombrío. || — F. Lugar que, por su orientación, está siempre en la sombra.

umbroso, sa adj. Sombrío. || Que da sombra.

Ume Älv, río en el N. de Suecia (460 km), que des. en el golfo de Botnia, junto a la c. y puerto de *Umea.*

Umtata, cap. del territ. autónomo de Transkei en el SE. de la Rep. de África del Sur; 10 000 h.

un adj. Apócope de *uno* delante de un sustantivo masculino o de *una* delante de un nombre femenino que empieza por *a* o *ha* acentuado. (V. UNO.)

Unac Ceel, miembro de los Cocom, jefe de Mayapán, que conquistó Chichén Itzá en 1194 con ayuda de mercenarios mexicanos.

Unamuno (Miguel de), escritor español de la Generación del 98, n. en Bilbao (1864-1936). Fue catedrático de griego y rector de la Universidad de Salamanca. De carácter apasionado, mostró en sus obras su preocupación espiritual, su curiosidad intelectual y su original visión de los problemas. Escribió poesías (*El Cristo de Velázquez, Rosario de Sonetos líricos,* etc.), obras de teatro (*Sombras de sueño, Fedra, El otro*), novelas (*Amor y pedagogía, Paz en la guerra, Niebla, Tres novelas ejemplares y un prólogo, La tía Tula* y *Abel Sánchez*), y ensayos (*En torno al casticismo, Del sentimiento trágico de la vida, La agonía del cristianismo, Vida de Don Quijote y Sancho,* etc.).

unánime adj. Conforme, que coinciden en la misma opinión o sentimiento: *todos estaban unáni-*

mes en marcharse. || General, sin excepción: *acuerdo unánime.*

unanimidad f. Conformidad entre varios pareceres. || *Por unanimidad,* de manera unánime: *decisión tomada por unanimidad.*

Unanue Pavón (José Hipólito), político, escritor, matemático, médico y orador peruano, n. en Arica (1755-1833), que fundó la primera escuela de medicina e introdujo la vacuna en su país.

Unare, río de Venezuela (Guárico y Anzoátegui), que vierte sus aguas en el Caribe; 193 km.

unáu m. Perezoso, mono.

Uncía, pobl. en el SO. de Bolivia, cap. de la prov. de Bustillo (Potosí).

unciforme adj. Dícese de uno de los huesos de la segunda fila del carpo (ú. t. c. s. m.).

unción f. Ceremonia consistente en aplicar a una persona óleo sagrado. || Extremaunción, sacramento de la Iglesia católica. || Devoción, gran fervor de una persona.

uncir v. t. Sujetar al yugo bueyes, mulas u otros animales.

undécimo, ma adj. Que ocupa el lugar once. || — M. Cada una de las once partes iguales en que se divide un todo.

Undset (Sigrid), escritora noruega, n. en Dinamarca (1882-1949), autora de novelas (*Kristin Lavransdatter, Olav Audunson,* etc.). [Pr. Nóbel, 1928.]

undulación f. Ondulación.

undulante adj. Ondulante.

undular v. i. Ondular.

Unesco, organismo internacional, dependiente de la O. N. U., creado en 1946 para la protección de las libertades humanas y el desarrollo de la cultura. Su residencia está en París.

Ungaretti (Giuseppe), poeta italiano (1888-1970), principal representante de la escuela hermetista.

Ungava, bahía en la costa NE. de la penins. del Labrador (Canadá).

ungido m. Rey o sacerdote a quien se ha aplicado óleo sagrado.

ungimiento m. Unción.

ungir v. t. Frotar con aceite u otra materia grasa: *ungir con bálsamo.* || Signar a una persona con óleo sagrado: *ungir a un sacerdote por obispo.*

ungüento m. Antiguamente, droga aromática, perfume: *ungüento para embalsamar cadáveres.* || Cualquier medicamento con que se unta el cuerpo. || *Fig.* Remedio con el que se pretende suavizar y ablandar el ánimo para conseguir lo que uno desea.

unguiculado, da adj. y s. m. Se dice de los mamíferos que tienen los dedos terminados por uñas: *los carniceros, roedores y primates son animales unguiculados.*

unguis m. Huesecillo de la parte anterior e interna de cada una de las órbitas que contribuye a formar los conductos lagrimal y nasal.

ungulado, da adj. y s. m. Aplícase a los mamíferos que tienen casco o pezuña. || — M. pl. Grupo de estos mamíferos, herbívoros, que comprende los proboscidios (elefante), los perisodáctilos (caballo, rinoceronte) y los artiodáctilos (porcinos y rumiantes).

ungular adj. De la uña.

Uniamarca, lago del Perú y Bolivia, cerca del de Titicaca, del que le separa el estrecho de Tiquina.

uniato adj. y s. m. Cristiano griego que reconoce la supremacía del Papa.

unicameral adj. Que tiene una sola cámara: *sistema parlamentario unicameral.*

unicaule adj. De un solo tallo: *planta unicaule.*

unicelular adj. De una sola célula: *organismo unicelular.*

unicidad f. Condición de único.

único, ca adj. Solo en su especie: *es mi única preocupación.* Ú. t. c. s.: *es el único que tengo.* || Solo entre varios: *el único culpable.* || *Fig.* Extraño, extraordinario: *caso único; único en su género.*

unicolor adj. De un solo color.

unicornio m. Animal fabuloso de cuerpo de caballo con un cuerno en mitad de la frente. || Rinoceronte. || *Unicornio marino,* narval.

Unicornio, constelación boreal entre Pegaso y el Águila.

unidad f. Magnitud tomada como término de comparación con otras magnitudes de la misma especie. (V. tabla de *unidades,* pag. sgte.) || Calidad de lo que es uno (por oposición a *pluralidad*): *haber unidad de poder.* || Calidad de las cosas entre cuyas partes hay coordinación: *unidad en sus proyectos.* || Calidad de la obra artística o literaria en que sólo hay un tema o pensamiento principal o central: *unidad de acción, de lugar, de tiempo.* || Cada uno de los barcos o aviones que componen una flota. || Cada uno de los coches que forman un tren. || Conjunto de militares al mando de un jefe. || *Unidad monetaria,* moneda legal que sirve de base al sistema monetario de un país.

unificación f. Acción y efecto de unificar o unificarse.

unificador, ra adj. y s. Que unifica: *decreto unificador.*

unificar v. t. Reunir varias cosas en una. || Uniformar: *unificar los precios.*

unifoliado, da adj. Con sólo una hoja.

uniformador, ra adj. Que uniforma (ú. t. c. s.).

uniformar v. t. Hacer uniformes dos o más cosas entre sí. || Dar traje igual a las personas de una colectividad: *uniformar a los alumnos de un colegio.* || — V. pr. Ponerse un uniforme.

uniforme adj. Que posee la misma forma, el mismo aspecto, que no presenta variedades: *colores uniformes.* || Siempre parecido, igual: *movimiento uniforme.* || Que no tiene ninguna variedad: *su estilo es uniforme.* || Que no cambia, regular: *vida uniforme.* || — M. Traje igual y reglamentario para todas las personas de un mismo cuerpo o institución: *uniforme de colegiala.* || Traje de los militares. || *Uniforme de gala,* el de mayor lujo, usado en las ceremonias.

uniformidad f. Carácter de lo que es semejante en todas partes, semejanza.

uniformizar v. t. Hacer uniforme.

unigénito, ta adj. Dícese del hijo único. || — M. El Verbo Eterno, el Hijo de Dios.

Unigenitus (*Bula*), constitución apostólica del papa Clemente XI en la que se condena el jansenismo (1713).

unilateral adj. Dícese de lo que se refiere a una parte o aspecto de una cosa: *decisión unilateral.* || Situado en sólo una parte: *estacionamiento unilateral.* || *Bot.* Que está colocado solamente a un lado: *panojas unilaterales.* || *For.* Que compromete sólo a una de las partes: *pactos unilaterales.*

unilateralidad f. Carácter unilateral.

uninominal adj. Que sólo contiene o indica un nombre.

unión f. Reunión, asociación de dos o varias cosas en una sola: *la unión del alma y del cuerpo.* || Asociación, conjución, enlace entre dos o más cosas: *¡qué difícil es la unión de tantas cualidades dispares!* || Asociación de personas, de sociedades o colectividades con objeto de conseguir un fin común: *unión de productores.* || Conformidad de sentimientos y de ideas: *unión de corazones.* || Casamiento, matrimonio: *unión conyugal.* || Acto que une bajo un solo gobierno varias provincias o Estados. || Provincias o Estados así reunidos: *la Unión Americana.* || Asociación por la que dos o varios Estados vecinos suprimen la aduana en las fronteras que le son comunes: *unión arancelaria.* || *Med.* Restablecimiento de la continuidad de los tejidos lesionados: *unión de los labios de una herida.* || *Tecn.* Cierta clase de juntas, empalmes, manguitos, etc. || *En unión de,* en compañía de.

Unión || **~ de Repúblicas Árabes,** federación formada en 1971 por Egipto, Libia y Siria. Cap. *El Cairo.* || **~ de Repúblicas Socialistas Soviéticas.** V. U. R. S. S. || **~ Sudafricana.** V. ÁFRICA DEL SUR (*República de*).

Unión (La), isla de las Antillas, en el archip. de las Granadinas; 10 km^2 — Pobl. en el centro de la Argentina (San Luis). — C. en el SO. de Colombia (Nariño). Ant. *La Venta.* — C. en el centro de Chile, cab. de la com. y del dep. homónimo (Valdivia). — C. y puerto oriental de El Salvador, fronteriza con Honduras y cap. de la prov. homónima. — C. en el E. de España (Murcia). Metalurgia. Minas. — Prov. de las Filipinas en el O. de la isla de Luzón; cap. *San Fernando.* — Pobl. del Paraguay (San Pedro). — C. del Perú, cap. de la prov. de Dos de Mayo (Huánaco). — Prov. del Perú (Arequipa); cap. *Cotahuasi.*

Unión || **~ Cívica Radical,** movimiento político argentino creado en 1882. || **~ General de Trabajadores,** central sindical obrera española fundada en 1888. || **~ Patriótica,** partido político español creado por el general Primo de Rivera.

Unión Panamericana, organización de los Estados de América, creada en Washington (14 de abril de 1890). Actualmente es el órgano central y permanente, así como la Secretaría de la Organización de los Estados Americanos.

unionense adj. y s. De La Unión (España y El Salvador).

unionismo m. Doctrina de los unionistas.

unionista adj. y s. Partidario de cualquier idea de unión.

unipersonal adj. Que consta de una sola persona: *gobierno unipersonal.* || Individual, de una sola persona: *propiedad unipersonal.* || Aplícase a los verbos que únicamente se emplean en la tercera persona y en el infinitivo, pero, a diferencia de los impersonales, tienen sujeto expreso: *acaecieron graves disturbios en la ciudad.*

unir v. t. Juntar dos o varias cosas: *unió los dos pisos.* || Asociar: *unir dos empresas, dos Estados.* || Establecer un vínculo de afecto, de cariño, de amistad: *tantos pesares compartidos me unía mucho a ella.* || Hacer que se verifique un acercamiento: *las desgracias de la guerra unieron a los dos Estados.* || Casar: *los unió el arzobispo* (ú. t. c. pr.). || Mezclar, trabar: *unir una salsa* (ú t. c. i.). || *Med.* Juntar los labios de una herida. || — V. pr. Asociarse, juntarse.

unisexual adj. Dícese de las flores que tienen sólo estambres o sólo pistilos y, a veces, de animales de un solo sexo.

unisón adj. Unísono.

unisonancia f. *Mús.* Concurrencia de dos o más voces o instrumentos de un mismo tono.

unísono, na adj. Que tiene el mismo tono o sonido que otra cosa. || — M. Unisonancia. || *Al unísono,* en el mismo tono; (fig.) al mismo tiempo, de acuerdo, armónicamente.

unitario, ria adj. Compuesto de una sola unidad: *Estado unitario.* || — Adj. y s. m. Partidario de la unidad y de la centralización política: *los unitarios argentinos defendían la Constitución centralizadora del país de 1819 y se oponían a los federalistas.* || Hereje que sólo reconocía una persona en Dios, como los socinianos.

TABLA DE UNIDADES DE MEDIDA LEGALES

Las unidades principales del sistema SI van en **MAYÚSCULAS NEGRILLAS.**
Las unidades secundarias del sistema SI van en **minúsculas negrillas.**
Los múltiplos y submúltiplos de las unidades del sistema SI van en minúsculas.
Las unidades del sistema C. G. S. van en *itálica.*
Las unidades no pertenecientes a un sistema van en VERSALITAS.

MÚLTIPLOS Y SUBMÚLTIPLOS

			unidades
tera	T		1 000 000 000 000
giga	G		1 000 000 000
mega	M		1 000 000
kilo	k		1 000
hecto	h		100
deca	da		10
unidad		1	unidad
deci	d	0,1	—
centi	c	0,01	—
mili	m	0,001	—
micro	μ	0,000 001	—
nano	n	0,000 000 001	—
pico	p	0,000 000 000 001	—
femto	f	0,000 000 000 000 001	—
atto	a	0,000 000 000 000 000 001	—

UNIDADES GEOMÉTRICAS

longitud

METRO	m		
centímetro	cm	0,01	m
micra	μ	0,000 001	—
MILLA		1 852	—

área o superficie

metro cuadrado	m²		
área	a	100	m²
centímetro cuadrado	cm²	0,000 1	—

volumen

metro cúbico	m³		
estéreo	st	1	m³
litro	l	0,001	—
centímetro cúbico	cm³	0,000 001	—

ángulo plano

radián	rd	
GRADO CENTESIMAL	gr	$\pi/200$
GRADO SEXAGESIMAL	º	$\pi/180$
MINUTO	′	$\pi/10\ 800$
SEGUNDO	″	$\pi/648\ 000$

($\pi = 3{,}14159$)

ángulo sólido

estereorradiante	sr

UNIDADES DE MASA

KILOGRAMO	kg		
tonelada	t	1 000	kg
QUINTAL	Qm	100	—
gramo	g	0,001	—

UNIDADES DE TIEMPO

SEGUNDO	s		
MINUTO	mn	60	s
HORA	h	3 600	—
DÍA	d	86 400	—

frecuencia

hertzio	Hz

UNIDADES CALORÍFICAS

temperatura

GRADO KELVIN	ºK
GRADO CELSIO	ºC

UNIDADES MECÁNICAS

velocidad

metro por segundo	m/s		
centímetro por segundo	cm/s	0,01	m/s
NUDO		1 852	m/h

aceleración

metro por segundo cada segundo	m/s²		
gal	cm/s²	0,01	m/s²

fuerza

newton	N		
dina	dyn	0,000 01	N

energía, trabajo o cantidad de calor

julio	J		
ergio		0,000 000 1	J
VATIO-HORA	Wh	3 600	—
ELECTRÓN-VOLTIO	eV	$1{,}60 . 10^{-19}$	—
CALORÍA	cal	4,185 5	—
TERMIA	th	$4{,}185\ 5 . 10^{6}$	—
FRIGORÍA	fg	$4{,}185\ 5 . 10^{3}$	—

potencia

vatio	W		
ergio por segundo		0,000 000 1	W

tensión y presión

pascal	Pa		
bar		100 000	Pa
baria	dyn/cm²	0,1	—

viscosidad

poiseuille	Pl		
poise	Po	0,1	Pl
unidad S I	m²/s		
stokes	*St*	0,000 1	unidad S I

UNIDADES ELÉCTRICAS

intensidad de corriente eléctrica

AMPERIO	A

fuerza electromotriz y diferencia de potencial (o tensión)

voltio	V

resistencia eléctrica

ohmio	Ω

cantidad de electricidad

culombio			C
AMPERIO-HORA	Ah	3 600	C

capacidad eléctrica

faradio	F

inductancia eléctrica

henrio	H

flujo magnético

weber	Wb		
maxwell	M	0,000 000 01	Wb

inducción magnética

tesla	T		
gauss	G	0,000 1	T

UNIDADES ÓPTICAS

intensidad luminosa

CANDELA	cd

flujo luminoso

lumen	lm

iluminación

lux	lx		
fot	ph	10 000	lx

luminancia

candela por metro cuadrado	cd/m²

vergencia de los sistemas ópticos

dioptría	δ

UNIDADES DE RADIACTIVIDAD

actividad nuclear

CURIE	Ci

cantidad de radiación X o γ

RÖNTGEN	R

UNIDADES ANGLOSAJONAS

(inglesas: G. B.; norteamericanas: U. S.)

longitud

pulgada	in o ″	25,4	mm
pie	ft o ′	0,304 8	m
yarda	yd	0,914 4	m
braza	fm	1,828 8	m
milla terrestre		1,609 3	km
milla marina G. B.	m o mile	1,853 1	km
milla marina U. S.		1,852	km

masa (comercio)

onza	oz	28,349	g
libra	lb	453,592	g

capacidad

pinta U. S.	U. S. pt	0,473	l
pinta G. B.	pt	0,568	l
galón U. S.	U. S. gal	3,785	l
galón G. B.	imp. gal	4,546	l
U. S. bushel	U. S. bn	35,238	l
bushel	bn	36,368	l
barril	U. S. bbl	158,98	l

fuerza

poundal	pdl	0,138 2	N

potencia

horse power. HP 0,745 7 kW equivale a (caballo-vapor británico) 1,013 cv

calor, energía, trabajo

british termal unit	B.T.U.	1055,06	J

temperatura

grado Fahrenheit (ºF)

una temperatura de t grados Fahrenheit corresponde a: $\frac{5}{9}(t - 32)$ grados Celsio

212 ºF corresponden a 100 ºC
32 ºF corresponden a 0 ºC

---

unitarismo m. Doctrina profesada por los unitarios.

univalvo, va adj. Aplícase al molusco de una sola valva. ‖ Dícese del fruto cuya cáscara no tiene más que una sutura.

universal adj. Que pertenece o se extiende a todo el mundo y a todos los tiempos: *Iglesia, historia, exposición universal.* ‖ Que procede de todos: *aprobación universal.* ‖ Aplícase a la persona versada en muchas ciencias. ‖ Válido de una manera total e imperativa: *principios, leyes universales.* ‖ — M. pl. En la filosofía escolástica, los conceptos, las ideas generales.

Universales (MONTES), cordillera del Sistema Ibérico (España), en las prov. de Teruel y Cuenca.

universalidad f. Carácter de lo que es general, universal, mundial. ‖ Carácter de una proposición lógica universal. ‖ *For.* Conjunto formado por los bienes, derechos, acciones y obligaciones del difunto en una herencia.

universalismo m. Opinión que no admite más autoridad que la emanada del consentimiento universal.

universalista adj. y s. Partidario del universalismo.

universalización f. Acción y efecto de universalizar.

universalizar v. t. Hacer universal, generalizar.

universidad f. Institución de enseñanza superior constituida por varios centros docentes, llamados, según los países, facultades o colegios en los que se confieren los grados académicos. ‖ Edificio donde reside.

— En el s. XI se creó en Salerno (Italia) la primera universidad de Europa. Posteriormente, las más antiguas fueron las de Bolonia (1119), París (1150), Oxford (1168), Palencia (1208), Salamanca (1220), Cambridge (1224), Heidelberg (1385), Alcalá de Henares (1508). Entre las americanas, la primera fundada fue la de Santo Domingo (1538), y otras importantes son las de San Marcos de Lima (1551), México (1551), Córdoba (1621), Javierana de Bogotá (1622), Charcas (1624), Harvard (1636), Cuzco (1696), Yale (1701), Caracas (1721), La Habana (1728), Popayán (1827), La Paz (1831), Cochabamba (1832), Montevideo (1849), La Plata (1890), etc.

universitario, ria adj. Relativo a la universidad: *título universitario.* || — M. y f. Estudiante en la Universidad o persona que ha obtenido en ella un grado o título.

universo m. Mundo, conjunto de todo lo existente. || La Tierra y sus habitantes. || La totalidad de los hombres: *denigrado por todo el Universo.* || Medio en el que uno vive: *el pueblo en que vive constituye todo su universo.* || *Fig.* Mundo material, intelectual o moral: *un universo activo y social.*

unívoco, ca adj. Dícese de lo que tiene el mismo significado para todas las cosas a las cuales se aplica.

uno, na adj. Que no se puede dividir: *la patria es una.* || Idéntico, semejante. || Dícese de la persona o cosa profundamente unida con otra: *estas dos personas no son más que una.* || — Adj. num. Que corresponde a la unidad: *este trabajo duró un día.* || — M. El primero de todos los números: *el uno.* || Unidad: *uno y tres son cuatro; tiene dos hermanos y yo uno.* || — Pron. indef. Dícese de una persona indeterminada o cuyo nombre se ignora: *uno me lo afirmó esta tarde rotundamente.* || Úsase también contrapuesto a otro: *uno tocaba y el otro cantaba.* || — Art. indef. Alguno, cualquier individuo: *un escritor.* || — Pl. Algunos: *unos amigos.* || Un par de: *unos guantes.* || Aproximadamente: *unos cien kilómetros.* || — *A una,* simultáneamente, a la vez. || *Cada uno,* cada persona considerada separadamente. || *De uno en uno, uno a uno, uno por uno,* uno tras otro. || *En uno,* reunidos en uno solo. || *La una,* la primera hora después de mediodía o medianoche. || *Una de dos,* dícese para contraponer dos ideas: *una de dos: o tú te vas o yo me voy.* || *Uno a otro,* recíprocamente. || *Uno de tantos,* una persona o cosa cualquiera. || *Uno que otro,* algunos. || *Unos cuantos,* algunos, no muchos.

untadura f. y **untamiento** m. Untura. || Cosa con que se unta.

untar v. t. Cubrir con una materia grasa o pastosa: *untar con aceite una máquina.* || *Fig.* y *fam.* Sobornar a uno con dádivas. || *Fig.* y *fam. Untar la mano a uno,* sobornarle. || — V. pr. Mancharse con una materia untuosa. || *Fig.* y *fam.* Sacar provecho ilícito de las cosas que se manejan.

Unterwalden, cantón de la Confederación Suiza, al S. del lago de los Cuatro Cantones, dividido en dos partes: *Obwalden* (cap. *Sarnen*) y *Nidwalden* (cap. *Stans*).

unto m. Materia grasienta con que se unta. || Ungüento. || Grasa o gordura del animal. || *Chil.* Betún para el calzado. || *Fig.* y *fam. Méx. Unto de México* o *de rana,* dinero empleado para sobornar.

untuosidad f. Estado de lo que es untuoso.

untuoso, sa adj. Grasiento.

untura f. Acción de untar. || Ungüento, unto.

uña f. Parte dura, de naturaleza córnea, que crece en el extremo de los dedos: *las uñas de las manos.* || Garra de ciertos animales: *las uñas del gato.* || Casco o pezuña de otros animales: *las uñas del caballo.* || Gancho de la cola del alacrán. || Dátil, molusco. || Hendidura en ciertos objetos como los cajones para empujarlos o cogerlos con las uñas. || Punta o garfio de ciertas herramientas. || Cada una de las puntas triangulares que terminan los brazos de un ancla. || — *Fig. A uña de caballo,* muy rápidamente. | *De uñas,* enemistados. | *Enseñar* o *mostrar alguien las uñas,* amenazar. | *Largo de uñas,* inclinado a robar. | *Ser uña y carne dos personas,* ser muy amigas o encariñadas. || *Uña de gato,* planta leguminosa de América Central.

uñera f. *Méx.* Mancha de pelo blanco de los caballos en la región de los arneses.

uñero m. Inflamación alrededor de la uña. || Uña que crece mal, introduciéndose en la carne, especialmente en los dedos de los pies. || Corte semicircular que se hace en las hojas de algunos libros y que permite encontrar fácilmente lo que se quiere consultar: *un diccionario con uñeros.*

uñeta f. Uña pequeña. || Cincel pequeño de cantero. || Arrancaclavos de calafate. || Juego de muchachos ejecutado con una moneda.

uñoso, sa adj. De uñas muy largas.

U. P., siglas de la *Unión Patriótica.*

¡upa! interj. ¡Aúpa!

upar v. t. Aupar.

upas m. Vegetal de látex venenoso que los javaneses utilizan para untar sus armas. || Este látex.

Upata, mun. y pobl. en el E. de Venezuela (Bolívar).

uppercut m. (pal. ingl.). En boxeo, gancho al mentón.

Upsala, c. en el centro de Suecia, cap. de la prov. homónima. Arzobispado protestante. Universidad. Catedral gótica.

Ur, ant. c. de Mesopotamia. Lugar de nacimiento de Abrahán.

ura f. *Arg.* Larva de una mosca que se mete bajo la piel de los animales.

Urabá, golfo al NO. de Colombia, en el mar Caribe (Antioquia).

Ural, río de la U. R. S. S. que nace en los montes Urales y des. en el mar Caspio; 2 534 km.

uralaltaico, ca adj. Aplícase a un grupo de lenguas que comprende el mogol, el turco y el ugrofinés, que parecen pertenecer a una misma familia.

Urales (MONTES), cordillera de la U. R. S. S. que se extiende unos 2 400 km., desde el océano Ártico hasta el mar Caspio, separando a Europa de Asia: alt. máxima 1 894 m. (*La región de los Urales* es uno de los grandes centros industriales del país.)

uralita f. Silicato natural de ciertas rocas básicas. || Nombre comercial de un material análogo al fibrocemento y utilizado en la construcción.

uraloaltaico, ca adj. Dícese de una familia etnográfica que comprende los búlgaros, húngaros, etc. || Uralaltaico.

Uralsk, c. en el O. de la U. R. S. S. (Rusia) Metalurgia.

uranato m. Sal del ácido uránico: *uranato sódico.*

Urania, musa de la Astronomía y de la Geometría representada con un compás y una esfera en la mano.

uranífero, ra adj. Con uranio.

uranio m. Metal (U) de número atómico 92, de densidad 18,7 que se saca del urano. (El átomo del *uranio,* poco radiactivo, es fisible y desprende grandes cantidades de energía, cuando es bombardeado por neutrones.)

uranio, nia adj. De los astros o del cielo.

uranita f. Fosfato hidratado natural de uranio.

urano m. Óxido de uranio.

Urano, el séptimo de los planetas que gravitan alrededor del Sol. Su órbita está entre las de Saturno y Neptuno.

Urano, dios griego del Cielo.

uranografía f. Cosmografía.

uranógrafo m. Cosmógrafo.

urato m. Sal del ácido úrico.

Urawa, c. del Japón en el E. de la isla de Honshu.

Urbaneja Achelpohl (Luis Manuel), cuentista y novelista venezolano (1874-1937).

urbanidad f. Cortesía, buenos modales, buena educación.

urbanismo m. Conjunto de medidas de planificación, administrativas, económicas y sociales referentes al desarrollo armónico, racional y humano de las poblaciones.

urbanista adj. Urbanístico. || — M. Arquitecto que se dedica al urbanismo.

urbanístico, ca adj. Relativo al urbanismo: *plan urbanístico.*

urbanización f. Acción de urbanizar una porción de terreno. || Centro de población. || Fenómeno demográfico consistente en el aumento de la población urbana.

urbanizador, ra adj. y s. Dícese de la persona o empresa que urbaniza.

urbanizar v. t. Hacer urbano y sociable a uno: *urbanizar a un palurdo.* || Hacer que un terreno pase a ser población abriendo calles y dotándolo de luz, alcantarillado y otros servicios municipales: *urbanizar los alrededores de una ciudad.*

urbano, na adj. De la ciudad, en contraposición a *rural: propiedad urbana.* || Cortés, de buena educación: *persona urbana.*

Urbano || ~ **I** *(San),* papa de 222 a 230. Fiesta el 25 de mayo. || ~ **II,** papa de 1088 a 1099, promotor de la primera Cruzada. || ~ **III,** papa de 1185 a 1187. || ~ **IV,** papa de 1261 a 1264. || ~ **V,** papa de 1362 a 1370. || ~ **VI,** papa de 1378 a 1389. Su elección señaló el principio del gran cisma. || ~ **VII,** papa en 1590. || ~ **VIII,** papa de 1623 a 1644.

urbe f. Ciudad grande.

urbi et orbi, expr. latina que significa *por todas partes, al mundo entero* y que emplea el Papa cuando procede a una bendición dirigida a todos.

Urbina (José María), general ecuatoriano (1808-1891), pres. de la Rep. de 1851 a 1856. Abolló la esclavitud. || ~ (LUIS G.), poeta romántico mexicano (1867-1934).

Urbino, c. en el E. de Italia (Pesaro y Urbino). Arzobispado. Lugar de nacimiento de Rafael.

Urbión (PICOS DE), sierra del Sistema Ibérico en las prov. de Soria, Logroño y Burgos.

urca f. Barco grande de transporte. || Orca, cetáceo.

urco m. *Amer.* Macho de la llama.

Urcos, c. del Perú, cap. de la prov. de Quispicanchi (Cuzco).

urchilla f. Liquen que vive en las rocas del litoral mediterráneo. || Color violeta que se extrae de esta planta, usado en tintorería.

Urdaeta, cantón en el O. del Ecuador (Los Ríos).

Urdaneta (Andrés de), navegante y misionero agustino español (1498-1568), que participó con Legazpi en la expedición a Filipinas (1564). || ~ (RAFAEL) general venezolano (1789-1845), pres. dictatorial en Colombia de 1830 a 1831. || ~ **Arbeláez** (ROBERTO), político colombiano (1890-1972), pres. provisional de la Rep. de 1950 a 1953.

urdidera f. Especie de devanadera utilizada para la urdimbre.

urdidor, ra adj. y s. Que urde: *es un gran urdidor de intrigas palaciegas.* || — M. Urdidera.

urdimbre f. Conjunto de hilos paralelos colocado en el telar entre los que pasa la trama para formar el tejido. || Estambre urdido para tejerlo. || *Fig.* Maquinación, intriga, trama.

urdir v. t. Preparar los hilos de la urdimbre para ponerlos en el telar. || *Fig.* Maquinar, preparar, tramar: *urdir un pronunciamiento.*

urea f. Sustancia nitrogenada derivada del ácido carbónico que existe en la sangre y orina de los carnívoros.

uremia f. Conjunto de síntomas provocados por la acumulación en la sangre de principios tóxicos que normalmente deberían ser eliminados por el riñón.

urémico, ca adj. Relativo a la uremia.

UN

Ureña de Henríquez (Salomé), pedagoga y poetisa dominicana (1850-1897), autora de *La leyenda de Anacaona.*

Ureta (Alberto J.), poeta peruano (1885-1953).

uréter m. Cada uno de los dos conductos por los que la orina va de los riñones a la vejiga.

urétera f. Uretra.

uretra f. Conducto por el que se expulsa la orina de la vejiga.

uretral adj. De la uretra.

uretritis f. Inflamación de la membrana mucosa de la uretra.

Urey (Harold Clayton), químico norteamericano, n. en 1893, descubridor del deuterio y del agua pesada. (Pr. Nóbel, 1934.)

Urfa, c. de Turquía en la frontera con Siria.

Urga. V. ULAN BATOR.

Urgel, comarca del NE. de España (Lérida), irrigada por el *canal de Urgel* (145 km.).

urgencia f. Carácter de lo que es urgente. || Necesidad apremiante. || Obligación de cumplir las leyes o preceptos. || *Cura de urgencia,* primeros auxilios prestados a un herido o enfermo.

urgente adj. Que urge, apremiante: *labor urgente.* || Que se cursa con rapidez: *correo urgente.*

urgir v. i. Exigir una cosa su pronta ejecución, correr prisa: *el asunto urge.* Ú. t. c. impers.: *urge terminar estas obras.* || Ser inmediatamente necesario: *me urge mucho.* || — V. t. Compeler, apremiar: *los delegados urgieron al Congreso para tomar estas medidas.*

Uri, cantón en el centro de Suiza, bañado por el Reus; cap. *Altdorf.*

Uribante, río en el SO. de Venezuela (Táchira), que, al unirse con el Sarare, forma el Apure. — Sierra andina en el SO. de Venezuela (Táchira).

Uribe || ~ **Holguín** (GUILLERMO), músico colombiano, n. en 1880. || ~ **Piedrahita** (CÉSAR), escritor colombiano (1897-1953), autor de novelas (*Mancha de aceite, Toá,* etc.). || ~ **Uribe** (RAFAEL), militar y político liberal colombiano (1859-1914).

Uribía, pobl. en el N. de Colombia (La Guajira). Petróleo.

uribiense adj. y s. De Uribía.

Uriburu (José Evaristo), político argentino (1831-1914), pres. de la Rep. de 1895 a 1898. || ~ (JOSÉ FÉLIX), general argentino (1868-1933), jefe de la revolución que derrocó a Hipólito Yrigoyen y pres. de la Rep. de 1930 a 1932.

úrico, ca adj. De la orina o del ácido úrico. || *Ácido úrico,* compuesto orgánico que hay en la orina y, en menor dosis, en la sangre, cuya acumulación produce el reumatismo y la gota.

urinario, ria adj. De la orina: *conducto urinario.* || — M. Lugar destinado para orinar en sitios públicos, como calles, salas de espectáculos, etc.

urinífero, ra adj. Que conduce orina: *tubos uriníferos del riñón.*

Uritorco, monte de la Argentina en la Sierra Chica de Córdoba; 1 900 m.

Urmia. V. REZAYE.

urna f. Vasija de forma y tamaño variable donde los antiguos guardaban dinero, las cenizas de los muertos, etc., o con que sacaban el agua. || En sorteos y votaciones, caja donde se depositan las papeletas: *urna electoral.* || Caja de cristales donde se guardan cosas preciosas, como las reliquias, para que puedan ser vistas sin estropearse. || *Ir a las urnas,* votar.

uro m. Especie de toro salvaje común en Europa en la Edad Media y desaparecido desde el s. XVII.

urobilina f. Pigmento biliar que colorea la orina.

urodelo adj. m. y s. m. Aplícase a los batracios de cuerpo largo, miembros cortos y cola larga, como la salamanquesa y el tritón. || — M. pl. Género que forman.

urogallo m. Ave gallinácea de plumaje pardo negruzco, que vive en los bosques de Europa.

urogenital adj. Relativo a los órganos genitourinarios.

urografía f. Radiografía de las vías urinarias y de los riñones, tomada después de la inyección intravenosa de un producto yodado opaco a los rayos X.

urología f. Parte de la medicina que estudia particularmente el aparato urinario.

urólogo m. Especialista en urología: *médico urólogo.*

uroscopia f. Examen químico de la orina.

Urquiza (Justo José de), general y político argentino (1801-1870), vencedor de Rosas en Caseros (1852). Fue director de la Confederación (1852-1854) y luego pres. (1854-1860). Derrotado por Mitre en Pavón (1861). Siendo gobernador de Entre Ríos, fue asesinado.

urraca f. Pájaro domesticable, de plumaje blanco y negro y larga cola, que remeda palabras y sonidos musicales. || *Fig.* y *fam.* Persona aficionada a hablar, cotorra.

Urraca (1081-1126), reina de Castilla y de León (1109-1122), hija de Alfonso VI y esposa primero de Raimundo de Borgoña y luego de Alfonso I el Batallador, rey de Aragón. Las desavenencias con éste amargaron su reinado. Le sucedió Alfonso VII, hijo de su primer matrimonio.

Urrao, mun. y pobl. de Colombia (Antioquia).

Urriolagoitia (Mamerto), político boliviano, n. en 1895, pres. de la Rep. de 1949 a 1951.

Urrutia (Carlos de), general y gobernante español (1750-1825), capitán general de Guatemala (1818-1821).

Ursáiz Rodríguez (Eduardo), educador y médico, n. en La Habana (1876-1955); pasó toda su vida en Mérida (Yucatán).

Ursinos (Marie Anne de la TREMOILLE, *princesa de los*), dama francesa (1642-1722). Tuvo gran influencia en la Corte del rey Felipe V de España.

U. R. S. S. (*Unión de Repúblicas Socialistas Soviéticas*), en ruso S. S. S. R. (*Sojuz Sovietskich Socialisticheskich Respublik*), Estado de Europa y Asia, el de mayor superficie del mundo (22 403 000 km²) y tercero, después de China y la India, en población (242 millones de hab.). La Unión Soviética es un Estado federal y socialista, compuesto de quince repúblicas federadas (Rusia, Ucrania, Bielorrusia o Rusia Blanca, Armenia, Azerbaidján, Georgia, Turkmenistán, Uzbekistán, Kazakstán, Kirguizia, Tadzhikia, Estonia, Lituania, Letonia y Moldavia) y 28 repúblicas o territorios autónomos. Cap. *Moscú,* 7 208 000 h. Otras c.: *Leningrado,* 3 641 000 h.; *Kiev,* 1 348 000; *Bakú,* 1 147 000; *Tashkent,* 1 106 000; *Gorki,* 1 085 000; *Jarkov,* 1 070 000; *Novosibirsk,* 1 029 000; *Kuibichev,* 948 000; *Sverdlovsk,* 919 000; *Tbilisi,* 812 000; *Donetsk,* 809 000; *Cheliabinsk,* 805 000; *Dniepropetrovsk,* 774 000; *Perm,* 764 000; *Kazán,* 762 000; *Odesa,* 735 000; *Rostov,* 722 000; *Omsk,* 721 000; *Minsk,* 717 000; *Volgogrado,* 700 000; *Saratov,* 683 000; *Ufa,* 665 000; *Riga,* 658 000; *Eriván,* 633 000.

— GEOGRAFÍA. La U. R. S. S. forma, de Polonia al océano Pacífico y del océano Ártico a Pamir, un inmenso territorio que se extiende en Europa y Asia y en el que se pueden distinguir cuatro conjuntos. 1.º las *regiones europeas,* que ocupan una vasta planicie, con los montes *Urales* al este y las montañas de Crimea y la gran cordillera del *Cáucaso* al sur. En la planicie corren grandes ríos (Don, Dniéper, Volga). 2.º *Siberia,* cuya superficie es como vez y media Europa, de clima riguroso. 3.º el *Cáucaso,* gran cadena montañosa, que culmina a 5 633 m (Elbruz); al norte, la *Ciscaucasia* prolonga la gran planicie rusa; al sur se encuentra la *Transcaucasia.* 4.º *Asia central soviética,* gran depresión de terreno ocupada en parte por el mar Caspio, el mar de Aral y el lago Baljash, con grandes regiones desérticas y extensas zonas algodoneras; el subsuelo produce hulla, cobre, plomo, cinc.

La población de la U. R. S. S. es muy heterogénea, si bien el elemento eslavo forma el 75 por ciento del total. Existen otros pueblos (georgianos, armenios, etc.) que tratan de conservar y desarrollar su propia cultura. A partir de la Revolución, la U. R. S. S. ha socializado los medios de producción y ha organizado el desarrollo económico (planes quinquenales). Sus fuentes de energía son muy abundantes: hulla en el Donetz, el Ural y Karaganda; petróleo en Azerbaiján y el Caspio. Los ríos alimentan poderosas centrales eléctricas. La extracción de mineral de hierro es importante, así como la de manganeso, que permite la fabricación de aceros especiales. La metalurgia pesada y la electrónica han hecho grandes progresos. El sistema de granjas del Estado y de cooperativas de producción junto al esfuerzo de modernización y al perfeccionamiento de los métodos de cultivo han hecho que la U. R. S. S. sea uno de los mayores productores de cereales (trigo, cebada, avena, centeno), así como de arroz, té, algodón, frutas, verduras, tabaco, etc. La ganadería es también importante.

— HISTORIA. Tras la Revolución de 1917 (v. RUSIA), los bolcheviques constituyeron un gobierno presidido por Lenin, que proclamó la *dictadura del proletariado* y firmó con Alemania el Tratado de Brest-Litovsk (1918). Lenin y Trotsky organizaron el nuevo Estado, fundamentándolo en la reunión de los consejos o *soviets* y en la aplicación de los principios marxistas. A la muerte de Lenin (1924) se estableció una lucha por el poder entre Trotsky y Stalin que se resolvió finalmente en favor de este último (1927). Stalin se consagró al desarrollo económico del país, para lo cual puso en marcha los llamados *planes quinquenales.* En 1939, la U. R. S. S. pactó con la Alemania hitleriana el reparto de Polonia, lo que no impidió que, a su vez, el territorio ruso se viera invadido por las tropas alemanas en el verano de 1941. La ofensiva germana se dirigió hacia Moscú y hacia las regiones petrolíferas del Cáucaso, y, tras el fulgurante éxito inicial, fue detenida en Stalingrado (hoy Volgogrado) en 1943. A partir de este momento cambia el signo de la guerra, los soviéticos se lanzan a la contraofensiva, y ya no se detienen hasta su entrada en Berlín, que marca el fin de la segunda guerra mundial (1945). En la conferencia de Yalta (1945), Stalin, junto a Churchill y Roosevelt, trataron de fijar la organización del mundo de la posguerra, lo que significó para la U. R. S. S. la extensión de su influencia a los países vecinos (Polonia, Rumania, Bulgaria, Hungría, Checoslovaquia, Yugoslavia y Albania), los cuales se constituyeron en repúblicas populares. Las relaciones con las potencias occidentales entraron en un período de tensión, llamado de la "guerra fría". Stalin murió en 1953, y, tras una crisis interior, Nikita Kruschef ocupó la presidencia del Consejo de 1958 a 1964, año en que la cedió a Kosyguin y Brejnef. Durante los últimos tiempos, la Unión

Soviética se ha erigido en una potencia industrial de primer orden, y sus éxitos en la investigación espacial le han dado gran prestigio en el aspecto científico. Una cierta liberación del régimen ha contribuido a elevar el nivel de vida de los ciudadanos, mientras que en el campo internacional la guerra fría ha dado paso a un período de coexistencia pacífica, cuyo punto culminante está en 1963, año en que se firmó el Tratado de Moscú sobre la prohibición de los ensayos nucleares en la atmósfera. Como contrapartida, hay que señalar el conflicto ideológico con la República Popular de China, que ha dividido en dos al mundo socialista, y su intervención en Checoslovaquia (1968) para impedir la liberalización del régimen de este país.

ursulina f. Monja de una orden agustiniana, fundada en 1537 por santa Ángela Merici (ú. t. c. adj. f.).

urticáceo, a adj. y s. f. Aplícase a las plantas dicotiledóneas, como la ortiga. ‖ — F. pl. Familia que forman.

urticante adj. Aplícase a los animales y vegetales cuyo contacto produce un picor semejante al causado por las ortigas.

urticaria f. Erupción caracterizada por la aparición en la piel de placas o ronchas pruriginosas acompañadas de un fuerte picor, y debida generalmente a una reacción alérgica al ingerir ciertos alimentos, como fresas, huevos.

Uruapan del Progreso, c. de México, cab. de mun. de Uruapan (Michoacán).

Urubamba, río del Perú (Cuzco y Loreto), llamado *Vilcanota* en parte de su curso y que luego, unido al Tambo, toma el n. de *Ucayali*; 724 km. — C. en el S. del Perú, cap. de la prov. homónima (Cuzco).

U.R.S.S.

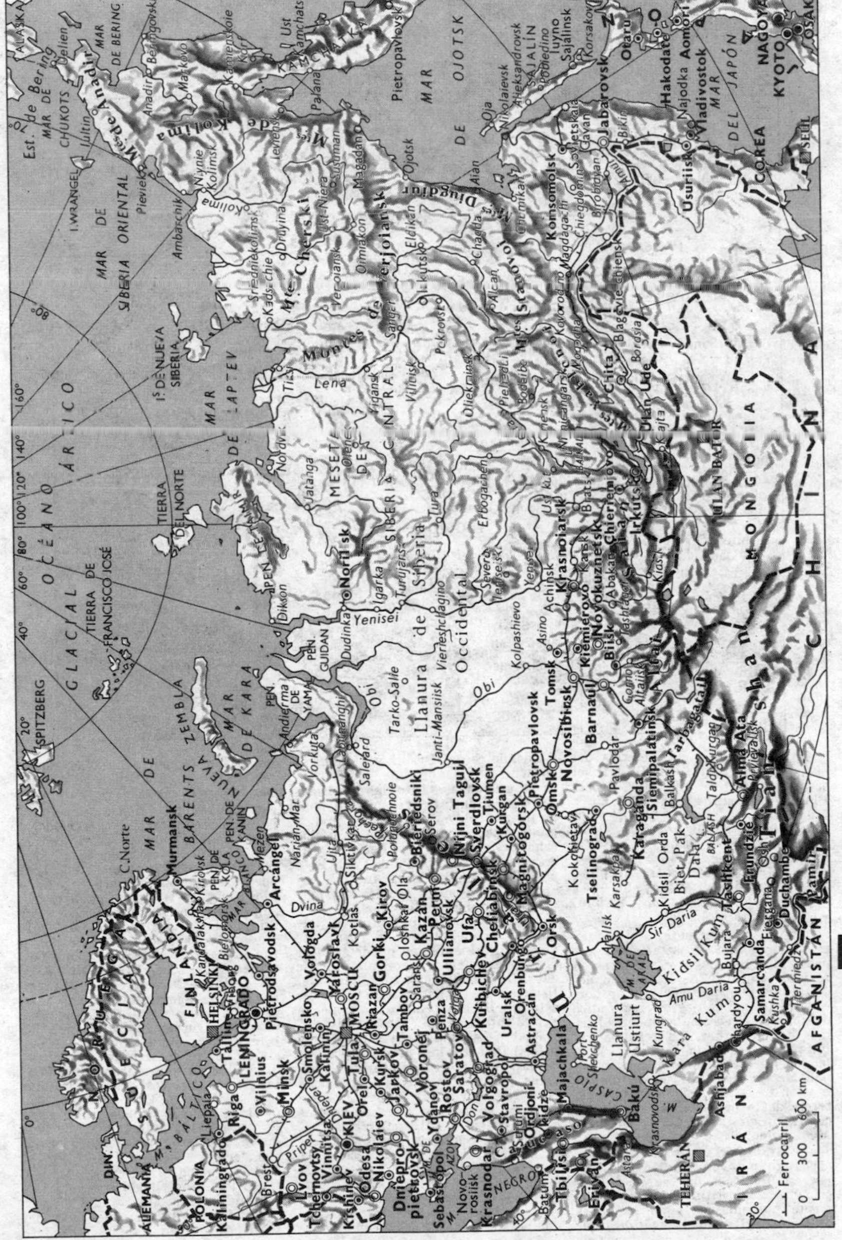

urubú m. Ave rapaz diurna de América del Sur, parecida al buitre.

Uruchurchu (Ernesto P.), abogado y político mexicano, n. en 1906.

Uruguaí. V. MARAMBAS.

Uruguaiana, c. en el S. del Brasil (Rio Grande do Sul), en la orilla derecha del río Uruguay.

Uruguay, río de América del Sur que nace en Brasil al confluir el Canoas y el Pelotas, señala parte de la frontera entre el Brasil y la Argentina y entre la Argentina y el Uruguay; 1 612 km. Des. en el estuario del Plata.

no pasan de los 500 m (cuchillas Grande, de Haedo, Negra, Santa Ana). El río más importante es el Uruguay, fronterizo con la Argentina, navegable para buques de gran calado hasta Fray Bentos, y en ciertas épocas hasta Paysandú. Su afluente principal es el Negro, que a su vez recibe al Tacuarembó y al Yi. En el curso del Negro se encuentra la importante represa y central eléctrica de Rincón del Bonete.

rreteras. El aeropuerto de Montevideo enlaza con las principales ciudades del globo, y la red aérea interior es considerable.

— HISTORIA. Entre los pueblos primitivos que poblaron el Uruguay, los charrúas fueron sin duda los más característicos, y se distinguieron por su fuerte sentido de la independencia, que les llevó a oponer tenaz resistencia a los conquistadores españoles. Juan Díaz de Solís fue el primer español que llegó a las costas del Plata (1516), y murió a manos de los indígenas.

URUGUAY

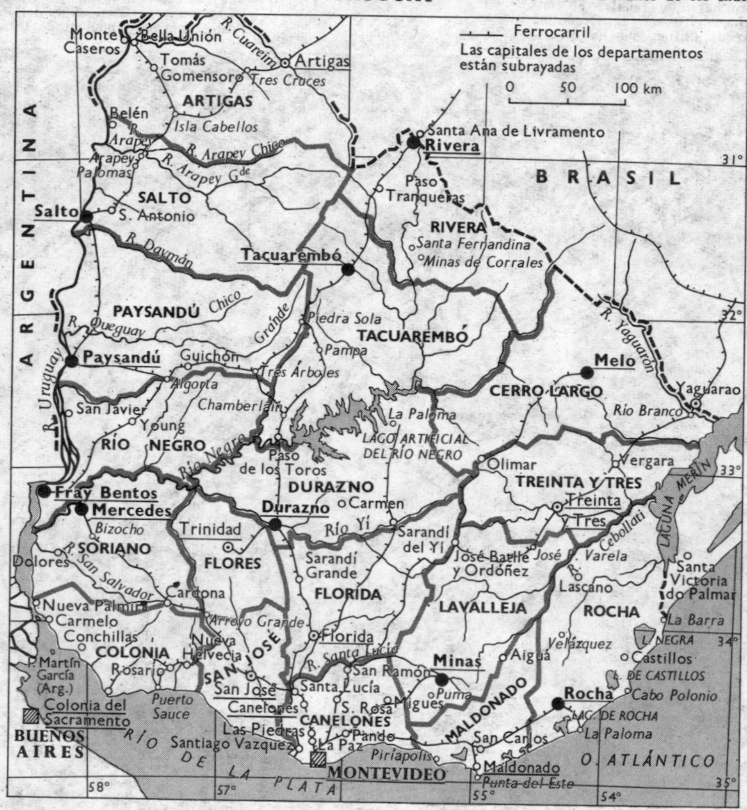

Uruguay, rep. de América del Sur, situada entre el Brasil, el océano Atlántico, el Río de la Plata y Argentina; 186 926 km^2; 3 035 000 h. *(uruguayos)*. Cap. *Montevideo*, 1 300 000 h. Otras c.: *Las Piedras*, 70 000 h.; *Salto*, 60 000; *Paysandú*, 60 000; *Mercedes*, 40 000; *Florida*, 30 000; *Minas*, 30 000; *Rocha*, 30 000; *Melo*, 35 000; *Tacuarembó*, 30 000, y *Rivera*, 40 000.

Administrativamente, el Uruguay se divide en 19 departamentos. La población uruguaya es blanca en casi su totalidad, de origen español e italiano principalmente, y un porcentaje ínfimo de negros. Los indios desaparecieron completamente hace más de cien años. La religión católica es la de la mayoría, y la lengua oficial es la castellana o española. La densidad media de población es de 18 h/km^2, si bien un tercio de la población se halla concentrado en el departamento de Montevideo.

— GEOGRAFÍA. Orográficamente, el Uruguay es una prolongación de las estribaciones del sur del Brasil, y está constituido fundamentalmente por una serie de pequeñas elevaciones llamadas *cuchillas*, que

Lindando con el Brasil y al SE., se encuentra la laguna de Merín. La costa uruguaya, tanto la del Plata como la atlántica, presenta alternativamente playas de arena fina y puntas pedregosas. Entre aquéllas cabe destacar las de Pocitos, Carrasco, Piriápolis, Punta del Este y La Paloma, de gran interés turístico. El clima es templado y marítimo, con una media anual de 17°. Las lluvias son abundantes en primavera y en otoño, y entre los vientos dominantes se puede señalar el pampero, frío y seco, que procede del SO. La principal riqueza del Uruguay es la ganadería (vacunos, ovinos, caballos, cerdos). Sigue la agricultura (trigo, maíz, girasol, frutas). La industria transforma principalmente los productos agropecuarios (frigoríficos, tejidos, cervezas, harinas, cueros), productos químicos, industrias ligeras, y dispone de abundante energía gracias a las centrales hidroeléctricas de Rincón del Bonete y Baigorria. Capítulo de interés en la economía uruguaya es el turismo, que proporciona saneados ingresos. Las comunicaciones están servidas por una red de 3 000 km de ferrocarriles del Estado y por 8 000 km de ca-

Sebastián Caboto exploró el estuario del Plata en 1527, y se adentró por los ríos Paraná y Paraguay. Los gobernantes del Río de la Plata no prestaron particular atención a la llamada *Banda Oriental*, con lo que la colonización de esta zona se retardó considerablemente. Algunos intentos realizáronse a principios del s. XVII, pero fueron rechazados por los fieros charrúas. Por fin pudieron establecerse unas misiones de franciscanos y jesuitas, y fue fundada la ciudad de Santo Domingo de Soriano (1624). En 1680, los portugueses crearon la Villa de Colonia de Sacramento, lo que provocó la reacción de los españoles, quienes a su vez fundaron en 1726 la ciudad de Montevideo, donde pusieron a un gobernador, independiente de Buenos Aires. En 1776, la Banda Oriental pasó a formar parte del nuevo Virreinato del Río de la Plata, y conoció un período de prosperidad y desarrollo. Se fundaron varias ciudades (Florida, Canelones, Mercedes, etc.), y al mismo tiempo el puerto de Montevideo fue adquiriendo creciente importancia. A comienzos del s. XIX se produjo la invasión de parte del territorio por los ingleses y durante siete meses del año 1807 la ciudad de Montevideo estuvo ocupada. En 1808, al conocerse los sucesos de España, una Junta declaró la soberanía del pueblo, y este movimiento se extendió a todo el Virreinato del Río de la Plata, culminando con la Revolución de Mayo de 1810 en Buenos Aires. José Gervasio Artigas, paladín de las ideas republicanas y democráticas en el Río de la Plata, venció a los españoles en la batalla de Las Piedras (1811), pero sus principios federalistas encontraron fuerte oposición en el gobierno central de Buenos Aires. Llegó a ser reconocido como Jefe y "Protector de los Pueblos Libres" en seis provincias, pero tuvo que refugiarse en el Paraguay al verse atacado en dos frentes por los centralistas y por los portugueses (1817). Artigas es el fundador de la nacionalidad uruguaya. La dominación portuguesa, seguida de la brasileña, terminó en 1825, gracias a la expedición libertadora de los *Treinta y Tres*, mandados por J. A. Lavalleja. La Banda Oriental proclamó su independencia y su unión a las Provincias Unidas del Río de la Plata, hasta que en 1828 se instauró el Estado Oriental del Uruguay, como república soberana, siendo su primer presidente constitucional el general Fructuoso Rivera. Manuel Oribe, presidente en 1835, encontró la oposición de Rivera, y así estalló la llamada Guerra Grande (1839-1852). En 1865, el presidente Venancio Flores intervino en la guerra de la Triple Alianza contra el Paraguay. De 1876 a 1890 se sucedieron varios gobiernos militaristas, para dar paso más adelante a otros de carácter civilista, como fueron los de J. Idiarte Borda y J. Lindolfo Cuesta, que impulsaron la economía y aceptaron la intervención de los partidos en el gobierno. Ya en el S. XX, el país avanzó resueltamente por el camino de la renovación de las estructuras, la legislación social y la nacionalización de empresas, lo cual quedó plasmado en la Constitución de 1919. Otras constituciones fueron promulgadas en 1934, 1945 y 1952. En esta última, el poder ejecutivo quedó colegializado, representado por un Consejo Nacional de Gobierno, que estaba constituido por nueve miembros, ejerciéndose la presidencia por rotación. Este Consejo Nacional fue renovado constitucionalmente en 1955, 1959 y 1963. Sin embargo, en 1966, después de celebrarse elecciones, se proclamó una nueva Constitución, que hizo desaparecer el Consejo de Gobierno, y el ejecutivo volvió a recaer en un presidente de la República, cargo para el que fue elegido el general Óscar Gestido. A la muerte de éste en 1967 le sustituyó el vicepresidente Jorge Pacheco Areco, que hizo frente a un movimiento subversivo interior y a una crisis económica. Le sustituyó, en 1972, Juan María Bordaberry. Éste disuelve, en junio de 1973, el Parlamento y crea un Consejo de Estado que controlará el poder ejecutivo.

uruguayismo m. Palabra o giro propio del Uruguay.

uruguayo, ya adj. y s. Del Uruguay.

Urumea, río del N. de España (Navarra y Guipúzcoa), que des. en el Cantábrico por San Sebastián.

Urumtsi o **Tihwa** o **Tihua,** c. del NO. de China, cap. de Sinkiang. Metalurgia. Centro comercial activo.

Urundel, pobl. de la Argentina en el dep. de Orán (Salta).

urundey o **urunday** m. *Riopl.* Árbol terebintáceo cuya madera se emplea en la construcción.

urundi adj. y s. Dícese de una raza de África central (Burundi).

Urundi. V. BURUNDI.

urutaú m. *Arg.* Pájaro nocturno de plumaje pardo oscuro, que lanza un grito característico parecido a una carcajada.

urutí m. *Arg.* Pajarito cuyo plumaje es de colores variados.

U. S. A., siglas de *United States of America* (Estados Unidos).

usado, da adj. Gastado por el uso: *un traje usado.* || Empleado, utilizado.

usagre m. Erupción pustulosa que aparece en el rostro de ciertos niños durante la primera dentición.

Usandizaga (José María), músico español, n. en San Sebastián (1887-1915), autor de la zarzuela *Las golondrinas*, así como de piezas para piano y órgano, composiciones sinfónicas y vocales.

usanza f. Uso, costumbre, moda: *a la antigua usanza.*

usapuca f. *Arg.* Ácaro de color rojizo que se fija en la piel humana y produce una fuerte picazón. Es llamado también *piojo colorado.*

usar v. t. Utilizar, emplear habitualmente: *uso tinta negra para escribir.* || Tener costumbre de llevar: *usar gafas.* || — V. i. Hacer uso de: *usar de su derecho.* || Acostumbrar. || — V. pr. Emplearse: *esta palabra ya no se usa.* || Llevarse habitualmente: *ya no se usan miriñaques.*

usarcé com. Apócope utilizado en lugar de *usarced.*

usarced com. Contracción de *vuestra merced.*

Usatges, código consuetudinario catalán (1058), promulgado por Ramón Berenguer I.

usbego, ga adj. y s. Dícese de los miembros de un pueblo mogol que viven en el Turquestán y en la zona comprendida entre los ríos Amu Daria y Sir Daria. Constituye el principal núcleo de población de la rep. soviética de Uzbekistán.

Usbekistán. V. UZBEKISTÁN.

usencia com. Contracción de *vuestra reverencia.*

useñoría com. Contracción de *vuestra señoría.*

Ushuaia, c. meridional de la Argentina, cap. del terr. de Tierra del Fuego, Antártida e Islas del Atlántico Sur.

ushuaiense adj. y s. De Ushuaia (Argentina).

usía com. Contracción de *useñoría.*

Usigli (Rodolfo), escritor mexicano, n. en 1905, autor de poesías, ensayos, críticas, relatos y, principalmente, obras de teatro (*Corona de sombra, El gesticulador, Medio tono, Otra primavera*, etc.).

usina f. Galicismo por *fábrica*, especialmente la que produce gas o electricidad, empleado frecuentemente en Uruguay y Argentina.

Usküb. V. SKOPLJE.

Uslar Pietri (Arturo), novelista y político venezolano, n. en 1905, autor de *Las lanzas coloradas, Barrabás y otros relatos*, etc.

uso m. Acción de utilizar o valerse de algo: *el buen uso de las riquezas; hacer uso de la fuerza.* || Aplicación: *este aparato tiene muchos usos.* || Costumbre, práctica consagrada: *es el uso del país.* || Moda: *el uso de la capa.* || Acción de llevar: *uso indebido de condecoraciones.* || — *Al uso*, que se estila, de moda; a usanza de: *al uso aragonés.* || *En buen uso*, en buen estado. || *En uso de*, valiéndose de. || *Fuera de uso*, que ya no se utiliza. || *Ser de uso*, emplearse; llevarse. || *Tener uso de razón*, haber pasado de la infancia y ser capaz de discernimiento.

Uspallata, paso de los Andes, en la frontera de Argentina y Chile, utilizado por el Ejército Libertador, al mando de Las Heras, para llegar a Chile (1817); 3 900 m. Llamado tb. *La Cumbre.*

usted com. Contracción de *vuestra merced*, que se usa como pronombre personal de segunda persona "de respeto".
— OBSERV. *Usted* tiene que ir seguido del verbo en tercera persona, pero es una falta muy corriente en Andalucía y en Hispanoamérica el hacer concordar *ustedes* con la segunda persona del plural del verbo como si se tratara de *vosotros.*

Uster, pobl. en el N. de Suiza (Zurich). Construcciones eléctricas.

Ustíd nad Labem, en alem. *Aussig*, c. en el NO. de Checoslovaquia, cap. de Bohemia Septentrional. Industrias.

Ust-Kamenogorsk, c. en el SO. de la U. R. S. S. (Kazakstán). Metalurgia.

ustorio adj m. Aplícase al espejo de superficie cóncava que sirve para concentrar los rayos del Sol en un mismo punto.

usual adj. Que es de uso o se hace habitualmente: *términos, fórmulas usuales.*

usuario, ria adj. y s. Aplícase a la persona que emplea cierto servicio: *los usuarios del gas, de la carretera.* || *For.* Aplícase a la persona que disfruta del uso de algo.

usucapión f. *For.* Adquisición de una cosa por haberla poseído durante cierto tiempo determinado por la ley sin que la reclame su legítimo dueño.

usucapir v. t. *For.* Adquirir una cosa por usucapión.
— OBSERV. Este verbo sólo se usa en infinitivo.

usufructo m. Derecho de disfrutar de algo cuya propiedad directa pertenece a otro.

usufructuar v. t. Tener o gozar el usufructo de una cosa.

usufructuario, ria adj. y s. Aplícase a la persona que tiene o goza el usufructo de una cosa.

Usulután, c. en el S. de El Salvador, en la falda del volcán homónimo (1453 m); cap. del dep. del mismo n.

usuluteco, ca adj. y s. De Usulután.

Usumacinta, río de América Central que nace en Guatemala, sirve de frontera entre este Estado y México, circula por la planicie costera de Tabasco y des. en el golfo de Campeche; 825 m.

Usumbura. V. BUJUMBURA.

usura f. Interés que se cobra por un préstamo. || Interés superior al legalmente establecido, que se pide por la cantidad prestada. || Préstamo con un interés excesivo. || *Fig. Con usura*, con exceso, más de lo recibido.

usurario, ria adj. Que implica usura: *préstamo usurario.*

usurero, ra m. y f. Persona que presta con usura (ú. t. c. adj.).

Usurinks, de 1935 a 1959 *Vorochilov*, c. en el SE. de la U. R. S. S. (Rusia), en Extremo Oriente.

usurpación f. Acción de usurpar: *usurpación de poderes.* || Cosa usurpada. || *For.* Delito que se comete apoderándose con violencia o intimidación de una propiedad o derecho ajeno.

usurpador, ra adj. y s. Aplícase a la persona que usurpa bienes o derechos ajenos.

usurpar v. t. Apoderarse o disfrutar indebidamente de un bien o derecho ajeno: *usurpar el poder.*

usuta f. *Amer.* Ojota, especie de sandalia.

ut m. (Ant.). Do, nota musical.

uta m. Saurio de la familia de los iguánidos que se encuentra desde Nuevo México a Baja California.

Utah, Estado del O. de los Estados Unidos; cap. *Salt Lake City.*

Utamaro (Kitagawa), pintor y grabador japonés (1753-1806).

Utatlán, ant. cap. del reino quiché (Guatemala). Fue completamente destruida en 1524.

utensilio m. Objeto de uso manual destinado a realizar ciertas operaciones: *las cacerolas y cucharones son utensilios de cocina.*

uterino, na adj. Relativo al útero: *arteria uterina.* || *Hermano uterino,* el que lo es sólo de madre.

útero m. *Anat.* Matriz.

Utica, ant. c. de África, al NO. de Cartago. — C. de Estados Unidos (Nueva York).

Utiel, c. en el E. de España (Valencia). Agricultura. Industrias.

útil adj. Que es de provecho: *obras útiles.* || Eficiente, que puede prestar muchos servicios: *una persona muy útil.* || *For.* Hábil: *plazo útil.* || — M. pl. Utensilios: *útiles de labranza.*

utilidad f. Servicio prestado por una persona o cosa: *la utilidad de una organización.* || Provecho que se saca de una cosa: *la utilidad de los estudios.* || — Pl. Ingresos procedentes del trabajo personal, del capital, etc., que suelen gravarse con un impuesto.

utilitario, ria adj. Que antepone a todo la utilidad y el interés: *persona utilitaria.* || Aplícase al automóvil pequeño y no de lujo (ú. t. c. s. m.).

utilitarismo m Sistema ético que valora las acciones por la utilidad que tienen: *el utilitarismo de Stuart Mill.*

utilitarista adj. Relativo al utilitarismo. || Adepto del utilitarismo (ú. t. c. s.).

utilizable adj. Que puede utilizarse.

utilización f. Uso.

utilizador, ra adj. Aplícase a la persona que utiliza o se sirve de algo (ú. t. c. s.).

utilizar v. t. Emplear, servirse de: *utilizar las herramientas apropiadas.*

utillaje m. Conjunto de herramientas, instrumentos o máquinas utilizado en una industria.

uto-azteca adj. y s. Dícese de una familia de indios americanos que habitaba desde las Montañas Rocosas hasta Panamá. (Llamada tb. *yuto-azteca.*)

utopía f. Concepción imaginaria de un gobierno ideal. || Proyecto cuya realización es imposible.

Utopía, novela política y social de Tomás Moro (1516).

utópico, ca adj. Relativo a la utopía: *ideas utópicas.* || *Socialismo utópico,* doctrina socialista fundada en un ideal sentimentalista y reformador, como en el caso del furierismo, por oposición a *socialismo científico.*

utopista m. y f. Persona inclinada a imaginar utopías o a creer en ellas.

utraquista adj. y s. Husita de Bohemia. (Los *utraquistas* comulgaban bajo las dos especies.)

Utrecht, c. de Holanda, cap. de la prov. homónima, al S. del Zuyderzee. Arzobispado. Universidad. Catedral gótica. Industrias metalúrgicas, textiles y alimenticias. Aquí se firmó un tratado en 1713 por España, Francia, Inglaterra y Holanda, que puso fin a la guerra de Sucesión de España.

Utrecht (Adriano de). V. ADRIANO VI.

Utrera, c. en el S. de España (Sevilla). Agricultura; ganadería.

utrero, ra m. y f. Novillo o novilla que tienen entre dos y tres años de edad.

utrículo m. Cavidad del oído interno. || Saquito, bolsa de algunos vegetales.

Utrillo (Maurice), pintor francés (1883-1955), que se inspiró en el paisaje de Montmartre.

Utsunomiya, c. del Japón en el centro de la isla de Honshu.

Uttar Pradesh, Estado del N. de la India, en el valle del Ganges, cap. *Lucknow.*

uturunco m. *Arg.* Jaguar.

utzupec m. Planta mexicana de latex blanco. || Jazmín de perro.

Uusikaupunki. V. NYSTAD.

uva f. Fruto de la vid consistente en bayas blancas o moradas que forman un racimo. || Cada una de estas bayas. || Fruto del agracejo. || — *Fig.* y *fam. Estar de mala uva,* estar de mal humor. | *Meter uvas con agraces,* mezclar cosas inconexas. || *Uva de América,* planta herbácea de cuyas semillas se extrae una laca roja; hierba carmín. || *Uva de playa,* fruto del uvero, muy dulce y del tamaño de una cereza grande. || *Uva moscatel,* la de sabor dulce y de grano redondo y liso. || *Uva pasa,* la secada al sol.

uve f. Nombre de la letra *v.* || *Uve doble,* nombre de la letra *w.*

Uvea, la mayor de las islas Wallis.

úvea f. Capa pigmentaria del iris del ojo.

uveítis f. Inflamación de la úvea.

uveral m. *Amer.* Terreno plantado de uveros.

uvero, ra adj. Relativo a las uvas: *producción uvera.* || — M. Árbol poligonáceo de las Antillas y América Central, cuyo fruto es la uva de playa. || — M. y f. Persona que vende uvas.

úvula f. Apéndice carnoso y móvil que cuelga de la parte posterior del velo palatino. (Llámase tb. *campanilla* o *galillo.*)

uvular adj. Relativo a la úvula. || Aplícase al sonido articulado en la úvula.

Uxda o **Ujda,** en francés *Oujda,* c. del NE. de Marruecos, cerca de la frontera argelina.

Uxmal, c. de México al N. de la península del Yucatán. Ruinas arqueológicas mayas.

uxoricida m. Asesino de su esposa.

uxoricidio m. Asesinato de la esposa.

Uxul, lugar arqueológico maya, en El Petén.

¡uy! interj. Denota sorpresa o dolor.

Uyuni, salar de Bolivia, al O. del dep. de Potosí.

Uzbekistán, república federada en el SO. de la U. R. S. S. entre Turkmenistán y Kazakstán; 409 000 km²; 10 130 000 h.; cap. *Tashkent.*

Volcán (Fusi Yama)

v f. Vigésima quinta letra del alfabeto castellano y vigésima de sus consonantes. (Se dice *uve* o *ve* y su sonido es casi igual que el de la *b.*) || — **V,** cifra romana que vale cinco. || Símbolo químico del *vanadio.* || *Electr.* Símbolo del *voltio.* || Símbolo de *velocidad* y *volumen.* || *V doble,* la w.

V1, V2 f. Bombas autopropulsadas de gran radio de acción, empleadas por los alemanes en 1944 y 1945. (La V2 es la precursora de los cohetes teledirigidos.)

Va, símbolo del *voltio-amperio.*

Vaal, río de África austral, afl. del Orange; 1 200 km.

Vaasa, c. y puerto en el O. de Finlandia, a orillas del golfo de Botnia; cap. de la prov. homónima.

vaca f. Hembra del toro: *vaca lechera.* || Carne de res vacuna que sirve de alimento: *estofado de vaca.* || Cuero de vaca o buey después de curtido: *un cinturón de vaca.* || *Pop.* Asociación de varias personas para jugar dinero en común, por ej. en la lotería. (Tb. se dice *vaquita.*) || — *Vaca de montaña* o *de anta,* el tapir. || *Vaca de San Antón,* mariquita, insecto. || *Vaca marina,* el manatí. || *Fig. Vacas flacas, vacas gordas,* expresiones que se emplean para aludir a épocas de escasez o de abundancia, respectivamente.

Vaca || **~ de Castro** (Cristóbal). V. CASTRO (Cristóbal Vaca de). || **~ de Guzmán** (JOSÉ MARÍA), poeta español (1745-1801), autor de la epopeya *Las naves de Cortés destruidas.*

Vaca Díez, prov. en el N. de Bolivia (Beni); cap. *Riberalta.*

vacabuey m. *Cub.* Árbol de fruto comestible y de madera empleada en construcción.

vacaciones f. pl. Período de descanso: *vacaciones retribuidas* o *pagadas.* || Período en que se suspenden las clases: *vacaciones de verano.* || Suspensión legal anual de las audiencias en un tribunal.

vacada f. Manada de ganado vacuno.

vacancia f. Vacante.

vacante adj. Aplícase al cargo o empleo sin proveer: *sede vacante.* || Sin ocupar: *piso vacante.* || — F. Plaza o empleo no ocupado por nadie: *cubrir las vacantes en una administración.*

vacar v. i. Quedar un cargo o empleo sin persona que lo desempeñe: *en la universidad vacan dos cátedras.* || Cesar uno por algún tiempo en sus habituales negocios o estudios. || Carecer: *no vacó de misterio, de preocupaciones.*

vacaray m. *Arg.* Ternero nonato.

Vacaretá, sector de la cord. Caaguazú (Paraguay).

vacarí adj. Recubierto de cuero de vaca.

Vacas Heladas, paso de los Andes en la Argentina (San Juan); 4 955 m.

vacatura f. Tiempo que está vacante un empleo o cargo.

vacceo, a adj. y s. De una región de la España Tarraconense (Zamora, Palencia, Valladolid). [Los *vacceos,* pueblo celtíbero que habitaba a ambos lados del Duero, fueron sometidos por Roma en el año 178 a. de J. C.]

vaccinela f. Erupción vaccínea ligera.

vaccíneo, a adj. Relativo a la vacuna.

vaccínide f. Erupción generalizada, producida por la acción de la vacuna.

vaciadero m. Sitio donde se vacía una cosa. || Conducto por donde se vacía.

vaciado m. Acción de vaciar en un molde un objeto de metal, yeso, etc.: *el vaciado de una estatua.* || Figura o adorno formado en un molde: *vaciado de yeso.* || Acción de vaciar algún depósito. || Formación de un hueco. || Afilado de un cuchillo.

vaciador m. Operario que vacía. || Instrumento para vaciar.

vaciar v. t. Dejar vacía una cosa: *vaciar una botella, una bolsa.* || Verter, arrojar: *vaciar escombros, agua en el patio.* || Beber: *vaciar el contenido de un vaso.* || Hacer evacuar: *vaciar una sala pública.* || Formar objetos, echando en un molde yeso o metal derretido: *vaciar una estatua en bronce.* || Dejar hueco una cosa, ahuecar: *vaciar un tronco para que flote mejor.* || Sacar filo: *vaciar una cuchilla.* || *Fig.* y *fam. Vaciar el saco uno,* decir sin reparo lo que debía callar, desahogarse. || — V. i. Desaguar, desembocar: *el Ebro vacía en el Mediterráneo.* || — V. pr. *Fig.* y *fam.* Decir uno abiertamente lo que debía callar.

vaciedad f. Cosa vana, frivolidad. || Sandez.

vacilación f. Balanceo, vaivén. || *Fig.* Perplejidad, irresolución, duda, indecisión.

vacilante adj. Que vacila: *paso vacilante.*

vacilar v. i. Moverse por falta de estabilidad, tambalearse, titubear. || Temblar levemente: *luz que vacila.* || *Fig.* Tener poca estabilidad o firmeza: *vacilar las instituciones del régimen.* | Dudar, titubear, estar uno perplejo o indeciso: *vacilar en sus resoluciones.* || *Memoria que vacila,* memoria poco segura. || — V. t. *Méx.* Hacer bromas a alguien.

vacío, a adj. Falto de contenido: *saco vacío.* || Que contiene sólo aire: *botella vacía.* || Que no tiene aire: *neumático vacío.* || Que está sin habitantes o sin gente: *ciudad vacía.* || Sin muebles: *habitación vacía.* || Se aplica a la hembra que no tiene cría. || *Fig.* Insustancial, superficial: *espíritu vacío.* | Presuntuoso, vano. | — *Fig. Cabeza vacía,* sin ideas. | *Volver con las manos vacías* o *de vacío,* volver sin haber conseguido lo que se pretendía. || — M. *Fís.* Espacio que no contiene materia alguna: *hacer el vacío.* || Espacio en el cual las partículas materiales se hallan muy enrarecidas. || Hueco en un cuerpo cualquiera. || Ijada. || *Fig.* Vacante, empleo sin proveer: *llenar los vacíos de la oficina.* | Sentimiento penoso de ausencia, de privación: *su muerte dejó un gran vacío.* | Vanidad, vacuidad, nada. || — *Fig. Caer en el vacío una cosa,* no hacerle el menor caso. || *De vacío,* sin carga: *el autobús volvió de vacío.* || *Fig. Hacer el vacío a uno,* dejarlo aislado. | *Tener un vacío en el estómago,* tener hambre.

vacuidad f. Estado de una cosa o de un órgano vacíos.

vacuna f. Enfermedad de la vaca o del caballo, caracterizada por una erupción pustulosa, transmisible al hombre, a quien le hace inmune contra la viruela. || Preparación microbiana atenuada en su virulencia que, inoculada a una persona o a un animal, le inmuniza contra una enfermedad determinada: *vacuna antidiftérica, antirrábica.*

vacunación f. Inmunización

contra alguna enfermedad por medio de una vacuna: *la vacunación fue descubierta por Jenner.*

vacunar v. t. Poner una vacuna a una persona para inmunizarla de una enfermedad: *vacunar contra las viruelas.* || *Fig.* y *fam.* Inmunizar contra un mal, preparar para afrontar cualquier dificultad.

vacuno, na adj. Relativo a los bueyes y vacas: *ganado vacuno.* || — M. Res vacuna.

vacunoterapia f. Conjunto de métodos terapéuticos fundado en la aplicación de vacunas.

vacuo, a adj. Insustancial, sin interés, frívolo. || Vacío. || Vacante.

vacuola f. Cavidad llena de líquido que hay en el citoplasma de una célula.

Vache, isla de Haití, al S. de la penins. de Tiburón.

vade m. Cartapacio, carpeta con documentos o papeles.

¡vade retro!, expr. latina empleada para rechazar algo.

vadeable adj. Que se puede vadear: *río vadeable.* || *Fig.* Que puede resolverse o superarse.

vadear v. t. Atravesar un río por el vado. || *Fig.* Vencer, superar, esquivar una dificultad. | Tantear las disposiciones de uno. || — V. pr. Manejarse.

vademécum m. Libro en el que se hallan los datos o las nociones de una materia empleados más frecuentemente. || Cartapacio, carpeta en que llevan los estudiantes sus libros y papeles.

Vadillo (Basilio), educador y político mexicano (1885-1935).

Vadja (Ladislao), director de cine español, de origen húngaro (1907-1965), realizador de *Marcelino pan y vino,* y *Tarde de toros.*

vado m. Lugar de un río en donde hay poca profundidad y que se puede pasar sin perder pie. || Rebajamiento del bordillo de una acera de una calle para facilitar el acceso de un vehículo a una finca urbana. || *Fig.* Recurso, solución en un asunto

Vaduz, cap. del principado de Liechtenstein; 3 800 h.

Váez de Torres (Luis). V. TORRES (Luis VÁEZ DE).

vagabundaje m. Galicismo por *vagancia.*

vagabundear v. i. Llevar vida de vagabundo.

vagabundeo m. Acción de vagabundear, vagancia. || Vida de vagabundo.

vagabundo, da adj. Que va sin dirección fija, que anda errante de una parte a otra: *vida vagabunda.* || *Fig.* Desordenado, sin orden: *imaginación vagabunda.* || — M. Persona que no tiene domicilio determinado ni medios regulares de subsistencia.

vagancia f. Estado del que no tiene domicilio ni medios de subsistencia lícitos: *la vagancia es un delito.* || Ociosidad, pereza.

vagar v. i. Andar errante, sin rumbo: *vagar por el pueblo.* || Andar ocioso. || Estar sin oficio y no tener domicilio legal.

vagido m. Gemido o grito débil del niño recién nacido.

vagina f. Conducto que en las hembras de los mamíferos se extiende desde la vulva hasta la matriz. || En ciertas plantas, vaina ensanchada y envolvente de algunas hojas.

vaginal adj. Relativo a la vagina: *mucosa vaginal.*

vaginismo m. Contracción espasmódica y dolorosa de los músculos de las paredes de la vagina causada por trastornos neuróticos.

vaginitis f. Inflamación de la mucosa de la vagina.

vagneriano, na adj. Wagneriano.

vago, ga adj. Ocioso, perezoso: *un alumno muy vago.* Ú. t. c. s.: *la ciudad estaba llena de vagos.* || Indeterminado, confuso, indeciso: *tener una vaga idea.* || Impreciso, falto de nitidez: *trazos vagos.* || *Nervio vago,* décimo nervio craneal o cerebral que sale del sistema nervioso central por orificios existentes en la base del cráneo, desciende por las partes laterales del cuello, penetra en las cavidades del pecho y el vientre, y termina en el estómago y el plexo solar.

vagón m. Coche de ferrocarril para el transporte de viajeros o de mercancías: *vagón de primera clase, vagón cisterna.* || Carro grande de mudanzas: *vagón capitoné.*

vagoneta f. Vagón pequeño y descubierto usado para transporte de tierras, carbón, etc.

vagotonía f. Excitación anormal de nervio vago.

vaguada f. Fondo de un valle.

vaguear v. i. Vagar.

vaguedad f. Calidad de vago: *la vaguedad de sus palabras.* || Expresión poco precisa: *perderse en vaguedades.*

vaguemaestre m. *Mil.* Oficial encargado de la conducción de los equipajes.

vaguido m. Vahído.

Vah, en alem. *Waag,* río al O. de Checoslovaquia, afl. izq. del Danubio; 433 km. Centrales hidroeléctricas.

vahído m. Pérdida del conocimiento, desmayo: *darle a uno un vahído.*

vaho m. Vapor tenue que despide un cuerpo. || Aliento.

vaina f. Estuche o funda de ciertas armas o instrumentos: *la vaina de la espada, de un bisturí, de un punzón.* || *Bot.* Envoltura alargada y tierna de las semillas de las plantas leguminosas: *la vaina de las judías, de las habas.* | Ensanchamiento del pecíolo de ciertas hojas que envuelve el tallo. || *Mar.* Dobladillo con que se refuerza la orilla de una vela. || Casquillo de los cartuchos de las armas de fuego. || *Fam. Amer.* Molestia, contratiempo. || *Fam. Col.* Chiripa, suerte. || — Com. *Fam.* Botarate, majadero, tontaina.

vainazas m. *Fam.* Persona desarreglada. | Vago, perezoso.

vainica f. Deshilado menudo que hacen por adorno las costureras en la tela.

vainilla f. Planta trepadora orquidácea oriunda de México, cuyo fruto se emplea en pastelería para aromatizar. || Fruto de esta planta, en forma de judía, de unos 25 centímetros de largo. || Heliotropo de América.

vainillina f. Principio aromático de la vainilla, utilizado en perfumería y pastelería, que se obtiene por síntesis.

vaivén m. Balanceo, movimiento de un objeto que oscila: *el vaivén del péndulo del reloj de pared.* || *Fig.* Alternativa, variedad de las cosas: *los vaivenes políticos, de la suerte.* || *Mar.* Cabo delgado formado de tres cordones empleado en forrar otros cabos más gruesos.

vaivoda m. Título que se daba a los príncipes de Moldavia, Valaquia y Transilvania.

vajilla f. Conjunto de vasos, tazas, platos, fuentes, etc., para el servicio de la mesa.

val m. Apócope de *valle.*

Val || **~-d'Oise,** dep. de Francia, al N. de París; cap. *Cergy.* || **~-de-Marne,** dép. de Francia, al SE. de París; cap. *Créteil.* || **~-d'Isère,** pobl. en el E. de Francia (Savoie). Estación de alpinismo.

valaco, ca adj. y s. De Valaquia. || — M. Lengua hablada por los habitantes de Valaquia.

Valadon (Suzanne), pintora francesa (1867-1938), madre de Maurice Utrillo.

Valais [-lé], cantón en el SO. de Suiza, en el valle superior del Ródano; cap. *Sion.*

Valaquia, ant. principado danubiano vasallo de Turquía desde 1396 e independiente en 1856. En 1859 constituyó, junto con Moldavia, el reino de Rumania. Se puede dividir en *Muntenia,* al E., y *Oltenia,* al O.

Valbuena (Bernardo de). V. BALBUENA. || **~ Prat** (ÁNGEL), escritor español, n. en 1900, autor de una *Historia de la literatura española.*

Valcárcel (Teodoro), músico peruano (1900-1942), autor de *Cantos del Alma Vernacular.*

Valdai, meseta de la U. R. S. S., al NO. de Rusia donde nacen el Dniéper y el Volga; alt. 321 m.

Valdejunquera, valle del N. de España, entre Pamplona y Estella, en el que Abderramán III derrotó a Sancho Garcés I de Navarra y a Ordoño II de León (920).

Valdelomar (Abraham), poeta y escritor peruano (1888-1919).

Valdemar, n. de cuatro reyes de Dinamarca (s. XII-XIV).

valdense adj. y s. Partidario de una sociedad religiosa que, creada por el heresiarca Pedro de Valdo (1179), pretendía devolver a la Iglesia su pobreza apostólica.

valdepeñas m. Vino tinto de Valdepeñas (España).

Valdepeñas, c. de España al SE. de Madrid (Ciudad Real). Vinos. Nudo de comunicaciones.

Valdés, penins. de la Argentina en el E. de la prov. de Chubut. Llamada tb. *Valdez.*

Valdés (Alfonso de), escritor renacentista español, n. en Cuenca (¿1490?-1532), autor de los diálogos *De Mercurio y Carón* y *De Lactancio y un arcediano.* — Su hermano JUAN (¿1501?-1541) fue también escritor de tendencia erasmista, autor de *Diálogo de la lengua,* modelo de prosa castellana. || **~** GABRIEL DE LA CONCEPCIÓN), poeta cubano, n. en La Habana (1809-1844), autor de composiciones (*Plegaria a Dios, La fatalidad, Despedida a mi madre, Adiós a mi lira*), de leyendas y de romances. Fue condenado a muerte y ejecutado por conspirador. Firmaba con el seudónimo de *Plácido.* || **~** (RAMÓN M.), político panameño, m. en 1918, pres. de la Rep. de 1916 hasta su muerte. || **~ Leal** (JUAN de), pintor español, n. en Sevilla (1622-1690), autor de *Finis gloriae mundi, In ictu oculi,* llamados de las postrimerías, *Los dos cadáveres,* etc., cuadros en los que pone de manifiesto su carácter naturalista.

Valdez, pobl. en el NO. del Ecuador, cab. del cantón de Eloy Alfaro (Esmeraldas). Centro agrícola y comercial. — V. VALDÉS.

Valdivia, río de Chile, en la prov. homónima; des. en el Pacífico; 250 km. — C. y puerto en el S. del centro de Chile, cap. de la prov. homónima. Obispado. Universidad Austral. Fundada por Pedro de Valdivia en 1552. La prov. es una de las más ricas del país (agricultura, madera, industrias). || **~ de Lontué,** com. en el centro de Chile (Talca).

Valdivia (Luis de), jesuita español (1561-1642), evangelizador de los indios de Chile. || **~** (PEDRO DE), conquistador español, n. en Valle de La Serena (Badajoz) [¿1500?-1554]. Al mando de 150 españoles conquistó Chile y fundó las c. de Santiago (1541), La Imperial (1550), Valdivia (1552), Confines (1553), etc. M. en Tucapel en lucha con los araucanos dirigidos por Lautaro.

valdiviano, na adj. y s. De Valdivia (Chile).

Valdivielso (José de), poeta español (¿1560?-1638), autor de *Romancero espiritual del Santísimo Sacramento* y de numerosos autos sacramentales. Se ordenó sacerdote.

Valdo (Pedro de), heresiarca francés (¿1140-1217?), fundador de la secta de los valdenses.

Valdovinos (Mucio), sacerdote, político y escritor mexicano (1808-1854).

vale m. Papel o documento que se puede cambiar por otra cosa. || Documento por el que se reconoce una deuda, pagaré: *un vale por mil pesetas.* || Nota o papel que se da al repartidor de algo a domicilio para que acredite la entrega y cobre el importe. || Contraseña que permite a la persona que la tiene, asistir gratuitamente a un espectáculo. || *Amer.* Valedor, amigo.

valedero, ra adj. Válido, con capacidad para producir su efecto.

valedor, ra m. y f. Protector. || *Amer.* Camarada, amigo.

Valençay, c. en el centro de Francia (Indre). Residencia de Fernando VII de España de 1808 hasta 1814, después de la firma del *Tratado de Valençay* (1813) entre Napoleón I y el monarca español.

Valence, c. del SE. de Francia, cap. del dep. del Drôme, a orillas del Ródano. Obispado. Catedral románica (s. XI).

valencia f. *Quím.* Número máximo de átomos de hidrógeno que pueden combinarse con un átomo de cuerpo simple.

Valencia (REINO DE), ant. reino que comprendía las actuales provincias españolas de Valencia, Castellón y Alicante.

Valencia, c. del E. de España, cap. de la prov. homónima, a orillas del río Guadalaviar o Turia. Arzobispado. Universidad. Monumentos (catedral y torre del *Micalet,* palacio barroco del marqués de Dos Aguas, desde 1954 Museo Nacional de Cerámica). Centro agrícola, industrial y comercial. Puerto de *El Grao.* Su nombre oficial es *Valencia del Cid.* — Lago en el N. de Venezuela en los Estados de Carabobo y Aragua; 441 km², ant. llamado *Laguna de Tacarigua.* — C. en el N. de Venezuela, cap. del Estado de Carabobo. Universidad. Obispado. Industrias. || ~ (ALBUFERA DE). V. ALBUFERA. || ~ (GOLFO DE), parte del Mediterráneo entre el cabo de la Nao (Alicante) y la desembocadura del Ebro (Tortosa). || **~ de Alcántara,** v. en el O. de España (Cáceres). Centro agrícola. || **~ de Don Juan,** v. del N. de España (León). Ganadería; agricultura.

Valencia (Guillermo), poeta, político, orador y diplomático colombiano, n. en Popayán (1873-1943), autor de *Ritos, Tríptico, Alma Mater,* etc. — Su hijo GUILLERMO LEÓN, político (1908-1971), pres. de la Rep. de 1962 a 1966. || ~ (MANUEL MARÍA), político, poeta y sacerdote dominicano (1810-1870). Fundó el periódico *El Dominicano* (1845).

valencianismo m. Vocablo o expresión propio de Valencia (España).

valenciano, na adj. y s. De Valencia (España y Venezuela). || — M. Dialecto del catalán, hablado en la mayor parte del antiguo reino de Valencia.

Valenciennes, c. de Francia (Nord), a orillas del Escalda. Metalurgia. Textiles.

Valente (¿328?-378), emperador romano de Oriente desde 364, hermano de Valentiniano I, con quien gobernó. Desapareció después de una batalla contra los visigodos.

Valentia, isla al O. de Irlanda. Estación meteorológica.

valentía f. Valor, brío para arrostrar peligros: *la valentía de un soldado.* || Hecho realizado con valor. || Jactancia, arrogancia: *la valentía del perdonavidas.* || Gallardía, vigor: *pintor que maneja el pincel con valentía.*

Valentín *(San),* sacerdote italiano, mártir en 1270. El día de San Valentín (14 de febrero) es la fiesta de los enamorados.

Valentiniano I (321-375), emperador romano desde 364. Reinó con su hermano Valente. || **~ II** (¿371?-392), emperador romano desde 375. || **~ III** (419-455), emperador romano de Occidente desde 425.

valentón, ona adj. y s. Bravucón, que se las da de valiente.

valentonada f. Demostración o prueba de valor.

Valenzuela, pobl. del Paraguay (Las Cordilleras). Centro ganadero.

Valenzuela (Fernando de), político español, n. en Nápoles (1636-1692), favorito de Carlos II. || (JESÚS E.), poeta mexicano (1856-1911); impulsó el modernismo. || **~ Llanos** (ALBERTO), pintor impresionista chileno (1869-1925).

valer m. Valor, mérito.

* **valer** v. t. Procurar, dar: *sus estudios le valieron una gran consideración.* || Ser causa de: *su pereza le valió un suspenso en el examen.* || — *Valer la pena una cosa,* merecer el trabajo que en ella se emplea. || *Fig. Valer uno* o *una cosa lo que pesa en oro* o *tanto oro como pesa,* valer mucho. || *¡Válgame Dios!,* exclamación de sorpresa, susto, compasión, etc. || *Válgame la frase,* permítame emplearla. || — V. i. e impers. Tener una cosa un precio determinado: *esta casa vale mucho dinero.* || Equivaler, tener el mismo significado: *en música, una blanca vale dos negras.* || Servir: *esta astucia no le valió.* || Ser válido, tener efectividad: *sus argumentos no valen.* || Ser conveniente o capaz: *este chico no vale para este cargo.* || Tener curso legal una moneda. || — *Hacer valer sus derechos,* hacerlos reconocer. || *No valer para nada una persona o cosa,* ser inútil. || *Vale,* está bien, conforme; basta. || *Valer por,* tener el mismo valor: *este hombre vale por tres.* || — V. pr. Servirse de una cosa: *valerse de un bastón para andar.* || Recurrir, acogerse a: *valerse de sus relaciones.* || *No poder valerse,* estar imposibilitado por la edad o los achaques para hacerse sus propias cosas.

Valera, distrito y c. en el O. de Venezuela (Trujillo).

Valera (Eamon de), político irlandés, n. en 1882. Se distinguió en la lucha por la independencia de su país y fue jefe del gobierno revolucionario (1918). Pres. del Consejo Ejecutivo del Estado libre (1932-1937), primer ministro (1937-1948, 1951-1954 y en 1957), y pres. de la Rep. (1959-1973). || **~ y Alcalá Galiano** (Juan), diplomático y escritor español, n. en Cabra (1824-1905), autor de novelas (*Pepita Jiménez,* su obra maestra, *Las ilusiones del doctor Faustino, Juanita la Larga, El comendador Mendoza, Doña Luz, Genio y figura,* etc.), cuentos y ensayos literarios.

valeriana f. Planta valerianácea, de flores rosas, blancas o amarillentas, que se usa como antiespasmódico.

valerianáceo, a adj. y s. f. Dícese de unas plantas dicotiledóneas y gamopétales que tienen por tipo la valeriana. || — F. pl. Familia que forman.

valerianato m. Sal del ácido valeriánico usada como calmante.

valeriánico adj. Se aplica al ácido que hay en la raíz de la valeriana.

Valeriano, emperador romano de 253 a 260. || ~ (ANTONIO), latinista mexicano del s. XVI (m. en 1605), autor de *Catón cristiano,* en lengua mexicana.

valeroso, sa adj. Valiente, que tiene valor o coraje: *un soldado valeroso.*

Valéry (Paul), escritor francés n. en Sète (1871-1945), autor de ensayos en prosa y de poemas *(La joven parca, El cementerio marino, Cármenes).*

valet m. Sota o jota en la baraja francesa.

Valetta (La), cap. y puerto en el E. de la isla de Malta, 19 100 h. Obispado.

valetudinario, ria adj. y s. Enfermizo, de salud achacosa.

valí m. En un Estado musulmán, gobernador de una provincia.

valía f. Valor, estimación: *orador de gran valía.* || *Fig.* Privanza o valimiento.

valiato m. Gobierno y territorio de un valí.

valichú m. *Riopl.* Gualichú, espíritu maligno entre los indios.

validación f. Acción de validar: *la validación de una elección.*

validar v. t. Hacer válida una cosa, certificarla, ratificarla: *validar un acta.*

validez f. Calidad de válido: *la validez de un argumento.* || Tiempo en que un documento es válido: *la validez del pasaporte.*

valido, da adj. Que goza de valimiento. || — M. Favorito, el que goza de la gracia de un poderoso, privado.

válido, da adj. Robusto, sano: *hombre válido.* || *Fig.* Que satisface los requisitos legales para producir efecto: *contrato válido.*

valiente adj. Valeroso, que está dispuesto a arrostrar los peligros, esforzado: *un soldado muy valiente* (ú. t. c. s.). || Valentón, bravucón, baladrón (ú. t. c. s.). || *Fig.* Grande: *¡valiente frío!* || Úsase irónicamente con el significado de menudo: *¡valiente amigo tienes!*

valija f. Maleta. || Saco de cuero en que el cartero lleva la correspondencia. || *Valija diplomática,* conjunto de paquetes transportados por correo diplomático y que están dispensados del registro en las aduanas.

valijero m. El que conduce la correspondencia de una caja principal de correos a los pueblos de travesía. || El que lleva la valija diplomática.

valimiento m. Privanza, favor de que disfruta una persona por parte de otra: *favorito que tiene valimiento con el rey.*

valioso, sa adj. De mucho valor: *una joya valiosa.* || Estimado, muy apreciado: *un asesoramiento valioso.*

vallisoletano, na adj. y s. Vallisoletano.

Valkiria. V. WALKIRIA.

Valmaseda, v. en el N. de España (Vizcaya). Centro agrícola y ganadero. Fundiciones. Papel.

Valmaseda (Blas VILLATE, *conde de*), político español del siglo XIX. Gobernador y capitán general de Cuba.

Valmiki, poeta indio del s. V a. de J. C., a quien se atribuye el poema épico *Ramayana.*

Valois [*-luá*], región del N. de la ant. Francia, hoy en los dep. del Oise y del Aisne.

Valois, casa real francesa, rama de los Capetos, que ocuparon el trono de 1328, con Felipe VI, hasta la muerte de Enrique III en 1589.

valón, ona adj. y s. De Valonia. || — M. Lengua hablada en Valonia y en el N. de Francia. || — Pl. Zaragüelles, pantalones.

Valona, n. italiano de *Vlorë.*

Valonia, parte S. y SE. de Bélgica en la que se habla francés y otros dialectos neolatinos, como el valón.

valor m. Lo que vale una persona o cosa: *un artista de valor, una obra de mucho valor.* || Precio elevado: *una joya de valor.* || *Fig.* Importancia: *no doy valor a sus palabras.* | Interés: *su informe ya no tiene ningún valor para mí.* || Calidad de valiente, decisión, coraje: *el valor de un soldado; armarse de valor.* || *Fam.* Osadía, desvergüenza, descaro: *¿tienes el valor de solicitarme tamaña acción?* || *Mat.* Una de las determinaciones posibles de una magnitud o cantidad variables. || *Mús.* Duración de una nota. || *Pint.* Relación entre lo claro y lo oscuro en los tonos. || — Pl. Títulos de renta, acciones, obligaciones, etc., que representan cierta suma de dinero: *mercado de valores.* || — *Valor adquisitivo,* el de una moneda con relación al poder de compra de mercancías. || *Valores declarados,* monedas o billetes que se envían por correo en sobre cerrado y previa declaración en la administración: *carta de valores declarados.* || *Valores fiduciarios,* billetes de banco.

Válor (Fernando DE CÓRDOBA Y). V. ABEN HUMEYA.

valoración f. Acción de valorar, evaluación.

valorar v. t. Determinar el valor de una cosa, ponerle precio, evaluar. || Dar mayor o menor valor a algo o a alguien. || — V. pr. Estimar el valor de algo o alguien.

valorización f. Acción de valorizar.

valorizador, ra adj. Que valoriza.

valorizar v. t. Valorar, evaluar. || Acrecentar el valor de una cosa.

Valparaíso, c. y puerto del centro de Chile, cap. del dep. y de la prov. homónimos, a orillas del Pacífico. (Hab. *porteños.*) Obispado. Universidad. Escuela Naval. Comercio. Industrias. — Mun. y pobl. de Colombia (Antioquia).

vals m. Baile de compás de tres por cuatro, que ejecutan las parejas con movimiento giratorio. || Música de este baile: *los conocidos valses de Strauss.*

valsador, ra m. y f. Persona que baila el vals.

valsar v. i. Bailar el vals.

Valtelina, valle de los Alpes en el N. de Italia, entre el lago de Como y el río Adda.

valuación f. Valoración.

valuar v. t. Valorar.

valva f. Cada una de las dos piezas que constituyen la concha de los moluscos bivalvos. || Ventalla de los frutos de ciertas plantas.

Valverde, com. en el NO. de la Rep. Dominicana (Santiago). — V. de España (Tenerife). || ~ **del Camino,** c. en el SO. de España (Huelva). Piritas de hierro y cobre.

Valverde (Joaquín), compositor español (1844-1910), autor de zarzuelas con Chueca (*Agua, azucarillos y aguardiente, La Gran Vía, El año pasado por agua,* etc.).

válvula f. Dispositivo empleado para regular el flujo de un líquido, un gas, una corriente, etc., de modo que sólo pueda ir en un sentido. || Mecanismo que se pone en una tubería para regular, interrumpir o restablecer el paso de un líquido. || Obturador colocado en un cilindro de un motor de modo que el orificio por el que se aspira la mezcla del carburador se halle abierto mientras baja el émbolo en el cilindro y cerrado cuando se verifica la combustión. || Obturador para dejar pasar el aire en un neumático cuando se infla con una bomba. || Lámpara de radio: *válvula de rejilla.* || *Anat.* Repliegue membranoso de la capa interna del corazón o de un vaso que impide el retroceso de la sangre o de la linfa: *válvula mitral, auriculoventricular.* || — *Fig.* y *fam. Válvula de escape,* recurso que queda para salir de un apuro. || *Válvula de seguridad,* la que tiene la caldera para permitir que escape el vapor cuando la presión es muy fuerte; (fig.) aquella que se tiene para asegurar su propia seguridad.

valvulina f. Lubrificante hecho con residuos del petróleo.

Vall de Uxó, c. del E. de España (Castellón). Calzado.

valla f. Cerca que se pone alrededor de algo para defensa o protección o para establecer una separación. || Obstáculo artificial puesto en algunas carreras o pruebas deportivas: *100 metros vallas.* || *Fig.* Obstáculo, estorbo, impedimento.

valladar m. Valla, obstáculo.

vallado m. Valla.

Valladolid, c. al NO. de España (Castilla la Vieja), cap. de la prov. homónima, junto a la confluencia de los ríos Pisuerga y Esgueva. Arzobispado. Universidad. Monumentos (Catedral, Palacio de los Reyes, Colegio de San Gregorio, actualmente museo de esculturas, etc.). Fabricación de automóviles. Residencia de Carlos I y de Felipe III desde 1600 hasta 1606. — Ant. n. de *Morelia,* c. de México. En ésta se celebró la primera reunión secreta llamada la *Conspiración de Valladolid,* [1809]), para luchar por la independencia del país.

vallar v. t. Cercar un sitio con una valla: *vallar un terreno con alambres de púas.*

Vallarta (Ignacio Luis), jurista y político mexicano (1830-1893).

Vallauris, v. del SE. de Francia (Alpes-Maritimes). Cerámica.

Valldemosa, v. de Baleares, al O. de la isla de Mallorca. Cartuja.

valle m. Llanura entre dos montañas o cordilleras: *un valle suizo, andino.* || Cuenca de un río. || *Fig. Valle de lágrimas,* este mundo.

Valle, dep. en el S. de Honduras, limítrofe con El Salvador, bañado por los ríos Nacaome y Goascorán; cap. *Nacaome.* || ~ **de Bravo,** pobl. de México en el Estado de México. || ~ **del Cauca,** dep. en el O. de Colombia, cap. *Cali.* Agricultura, ganadería. Minas (carbón, oro, platino). || ~ **Fértil,** sierra en el O. de la Argentina y al N. de la sierra de la Huerta (San Juan). || ~ **Grande,** pobl. de Bolivia, al NE. de Sucre, cap. de la provincia homónima (Santa Cruz).

Valle (Adriano del), poeta español (1895-1957). || ~ (ARISTÓBULO DEL), político argentino (1847-1896), uno de los jefes de la Revolución de 1890 contra Juárez Celman. || ~ (GILBERTO CONCHA, llamado JUVENCIO), poeta chileno, n. en 1900. || ~ (JOSÉ CECILIO DEL), escritor y político hondureño, n. en Choluteca (1780-1834), prócer de la independencia centroamericana y autor del Acta que la proclamó (1821). || ~ (RAFAEL HELIODORO), escritor hondureño, n. en Tegucigalpa (1891-1959), autor de versos (*Ánfora sedienta*) y obras de erudición. || ~ (ROSAMEL DEL), poeta chileno, (1901-1965), de tendencia ultramodernista. || ~ **Arizpe** (ARTEMIO DE), escritor, abogado e historiador mexicano (1888-1961), cronista de la c. de México. || ~ **Caviedes** (JUAN DEL), poeta conceptista peruano, n. en Andalucía (¿1654-1692?), autor del poema satírico *Diente del Parnaso.* || ~ **-Inclán** (RAMÓN MARÍA DEL), escritor español, n. en Villanueva de Arosa (Pontevedra) [¿1869?-1936]. Autor de poesías (*La pipa de Kif, Aromas de Leyenda*), de obras de teatro (*Voces de gesta, Divinas palabras*) y excelente novelista (*Sonatas de otoño, de estío, de primavera y de invierno, Los cruzados de la causa. Gerifaltes de antaño, Tirano Banderas,* etc.).

Valle de los Caídos, basílica y necrópolis, cerca de Cuelgamuros (Madrid), construidas en 1959 en homenaje a las víctimas de la guerra civil española (1936-1939).

Vallecas, arrabal al SE. de Madrid.

vallecaucano, na adj. y s. De Valle del Cauca (Colombia).

Valledupar, c. en el N. de Colombia, cap. del dep. de Cesar.

Vallejo (César), escritor peruano, n. en Santiago de Chuco (La Libertad) [1892-1938], uno de los poetas más representativos de la literatura hispánica y universal. Viajó por toda Europa y es autor de poesías (*Poemas humanos, España, aparta de mí este cáliz*) y de una novela político-social (*El Tungsteno*). || ~ (JOSÉ JOAQUÍN), escritor costumbrista chileno, n. en Vallenar (1811-1858). Utilizó el seudónimo de *Jotabeche.*

Vallenar, com. de Chile (Atacama). Centro minero. Vinos.

Vallés (El), comarca en el E. de España (Barcelona). Centro industrial (Tarrasa, Sabadell y Granollers).

Vallés (Francisco), médico español (1524-1592). Atendió a Felipe II y su gran sabiduría le valió el nombre de *el Galeno español.*

Vallès (Jules), escritor francés (1832-1885). Fue miembro de la Commune.

vallisoletano, na adj. y s. De Valladolid.

Valls, c. en el E. de España (Tarragona).

valluno, na adj. *Col.* Natural de los valles. | Vallecaucano.

vamp f. (pal. ingl.). Vampiresa, mujer fatal.

vampiresa f. Estrella cinematográfica que desempeña papeles de mujer fatal. || Mujer liviana.

vampirismo m. Creencia en los vampiros. || *Fig.* Codicia de los que se enriquecen con bienes ajenos.

vampiro m. Espectro que, según creencia popular de ciertos países, salía por la noche de las tumbas para chupar la sangre a los vivos. || Mamífero quiróptero de la América tropical, parecido al murciélago, que se alimenta con insectos y chupa la sangre de los mamíferos dormidos. || *Fig.* Persona codiciosa que se enriquece con el trabajo ajeno.

Van || ~ **de Velde,** n. de tres pintores holandeses del s. XVII. El más conocido fue WILLEM *el Joven* (1663-1707), autor de marinas. || ~ **de Woestijne** (KAREL), escritor belga de lengua flamenca (1878-1929), autor de poemas y relatos. || ~ **den Vondel** (JOOST), poeta holandés (1587-1679), autor de tragedias. || ~ **der Goes** (HUGO), pintor flamenco (¿1440?-1482), autor del tríptico *La adoración de los pastores.* || ~ **der Helst** (BARTHOLOMEUS), pintor holandés (1613-1670), autor de retratos. || ~ **der Meer.** V. VERMEER. || ~ **der Meulen** (ADAM FRANS), pintor flamenco (1632-1690). || ~ **der Waals** (JOHANNES), físico holandés (1837-1923). Estudió las fuerzas de atracción moleculares. (Pr. Nóbel, 1910.) || ~ **der Weyden** (ROGIER DE LA PASTURE, llamado), pintor flamenco (¿1399?-1464), autor de cuadros religiosos de gran realismo. || ~ **Diemen** (ANTHONY), administrador y gobernante holandés (1593-1645). || ~ **Dongen** (CORNELIS KEES), pintor francés de origen holandés (1877-1968), perteneciente a la escuela del *fauvismo.* || ~ **Dyck** (ANTOON), pintor flamenco (1599-1641), colaborador de Rubens de 1617 a 1621. Posteriormente vivió en la corte de Carlos I de Inglaterra. Autor de retratos. || ~ **Eyck** (HUBERT), pintor flamenco (¿1370-1426?). — Su hermano JAN (¿1390?-1441) está considerado como uno de los creadores del arte flamenco y autor del cuadro *El cordero místico.* || ~ **Gogh** (VINCENT), pintor holandés (1853-1890). Sus cuadros, de gran cromatismo, han ejercido una influencia considerable en la pintura moderna. Autor de retratos, paisajes, composiciones. Internado en un manicomio, se suicidó. || ~ **Goyen** (JAN), pintor holandés (1596-1656), autor de paisajes y marinas. || ~ **Laar** (PIETER). V. BAMBOCHE. || ~ **Loo,** familia de pintores franceses cuyos principales miembros fueron JEAN-BAPTISTE (1684-1745) y su hermano CHARLES ANDRÉ (1705-1765), llamado CARLE. || **~ Musschenbroek** (PETRUS), físico holandés (1692-1761), inventor de la *botella de Leyden*. || **~ Ostade** (ADRIAEN), pintor de escenas interiores holandés (1610-1684). — Su hermano ISAAC (1621-1649) fue tb. pintor. || **~ Schendel** (ARTHUR), novelista holandés (1874-1946). || **~ 'T Hoff** (JACOBUS HENRICUS), físico holandés (1852-1911), autor de una teoría de las disoluciones. (Pr. Nóbel, 1901.) || **~ Veen** o **Vaenius** (OTTO), pintor holandés (1556-1634). Estuvo en la corte de España. Rubens fue discípulo suyo. || **~ Zeeland** (PAUL), político contemporáneo belga, n. en 1893.

vanádico, ca adj. Aplícase a un ácido derivado del vanadio.

vanadio m. Metal de color y brillo semejantes a los de la plata (V), de número atómico 23 y densidad 5,7 que funde a 1 750 °C.

vanagloria f. Alabanza de sí mismo, presunción, envanecimiento

vanagloriarse v. pr. Jactarse, presumir, mostrarse orgulloso: *se pasaba la vida vanagloriándose de sus conocimientos.*

Vancouver, c. y puerto en el O. del Canadá, en el estrecho de Georgia (Colombia Británica), frente a la isla homónima (40 000 km²). Arzobispado. Universidad. Importante centro industrial. — C. y puerto en el E. de Estados Unidos (Washington).

Vancouver (George), navegante inglés (¿1757?-1798), que dobló el cabo de Hornos y exploró el oeste del Canadá.

vandalaje m. *Amer.* Vandalismo. | Bandidaje.

vandálico, ca adj. Propio de los vándalos o del vandalismo: *los invasores cometieron actos vandálicos contra la población.*

vandalismo m. *Fig.* Espíritu de destrucción, barbarie.

vándalo, la adj. y s. Dícese del individuo de un ant. pueblo germánico que invadió las Galias. España y África en los siglos V y VI. || — M. *Fig.* Bárbaro, persona que destruye con placer las obras de arte, etc. | Persona desconsiderada, de mala educación.

Vandea, en fr. *Vendée,* region del O. de Francia. Sus habitantes se rebelaron contra la Constitución revolucionaria (1793-1795).

vandeano, na adj. y s. De Vandea o del actual dep. francés de Vendée. || — M. y f. Durante la Revolución francesa, rebelde de las provincias del Oeste alzado en favor de la monarquía.

Vänern. V. VENER.

vanguardia f. *Mil.* Parte de una fuerza armada que va delante del cuerpo principal. || *Fig.* Lo que tiene carácter precursor o renovador: *pintura de vanguardia.*

vanguardismo m. Doctrina artística de tendencia renovadora que reacciona contra lo tradicional: *el vanguardismo de los cubistas, ultraístas,* etc.

vanguardista adj. y s. Relativo al vanguardismo o su partidario: *una película vanguardista.*

vanidad f. Calidad de vano, inútil: *todo es vanidad.* || Orgullo fútil, inmodestia, presunción: *persona cargada de vanidad.* || Palabra inútil o vana.

vanidoso, sa adj. y s. Presumido, fatuo, jactancioso, que tiene vanidad.

Vanikoro, isla británica del archip. de Salomón (Melanesia). Es montañosa y volcánica.

vanilocuencia f. Locuacidad, palabrería presuntuosa, insustancial.

vanílocuo, a adj. y s. Hablador presuntuoso.

vaniloquio m. Vanilocuencia.

Vanini (Giulio Cesare Lucilio), filósofo italiano (1585-1619). Culpado de ateísmo en Francia, fue condenado a la hoguera.

Vannes [*van*], c. y puerto del O. de Francia, cap. del dep. de Morbihan. Obispado.

vano, na adj. Falto de realidad, infundado: *ilusiones vanas.* || Hueco, vacío, falto de solidez: *argumento vano.* || Sin efecto, sin resultado: *proyecto vano.* || Infructuoso, inútil, ineficaz: *trabajo vano.* || Vanidoso, frívolo, presuntuoso: *persona vana.* || — M. Hueco de un muro que sirve de puerta o ventana o espacio entre dos elementos arquitectónicos. || *En vano,* inútilmente.

Vanves, pobl. de Francia (Hauts-de-Seine), al S. de París. Industrias diversas.

vapor m. Gas que resulta del cambio de estado físico de un líquido o de un sólido: *vapor de agua.* || Energía obtenida por la máquina de vapor. || Cuerpo gaseoso que desprenden las cosas húmedas por efecto del calor. || Buque de vapor: *el vapor atracó en el muelle.* || — Pl. Accesos histéricos. || Desmayo, vértigo. || Gases de los eructos. || — *Fig. A todo vapor,* muy rápidamente. || *Al vapor,* dícese de las legumbres cocidas mediante el vapor, en una olla de presión: *patatas al vapor.* || *Máquina, barco de vapor,* máquina, barco que funcionan con ayuda de la energía suministrada por el vapor de agua.

Vapor Cué, localidad del Paraguay (Las Cordilleras), junto al Yháguih, cerca de la cual fue derrotada la flotilla paraguaya en la guerra de la Triple Allanza (1870).

vaporización f. Conversión de un líquido en vapor o gas.

vaporizador m. Aparato para vaporizar. || Pulverizador de un líquido, un perfume, etc.

vaporizar v. t. Hacer pasar del estado líquido al estado gaseoso.

vaporoso, sa adj. Que contiene vapores: *cielo vaporoso.* || Dícese de aquello cuyo resplandor o brillo es menor a causa del vapor: *luz vaporosa.* || *Fig.* Muy fino, transparente, ligero: *vestido vaporoso.* | Nebuloso, oscuro, poco preciso: *estilo vaporoso.*

vapulación f. y **vapulamiento** m. Vapuleo.

vapulear v. t. Azotar, golpear, dar una paliza: *vapulear a un niño* (ú. t. c. pr.). || *Fig.* Criticar severamente.

vapuleo m. Paliza. || *Fig.* Crítica severa.

vaquear v. i. *Arg.* Buscar el ganado cimarrón.

vaqueira f. Antigua composición poética gallega o provenzal.

vaquería f. Establo de vacas. || Establecimiento para la cría de vacas y la producción lechera. || Vacada, rebaño de vacas. || Baile popular de vaqueros en el SE. de México.

vaquerillo m. *Méx.* Parte trasera de la silla de montar.

vaquerizo, za adj. Relativo al ganado bovino. || — M. y f. Vaquero. || — F. Establo de bovinos.

vaquero, ra adj. Relativo a los pastores de ganado bovino. || *Pantalón vaquero,* pantalón ceñido, de tela gruesa. || — M. y f. Pastor o pastora de reses vacunas: *película de vaqueros.*

vaqueta f. Piel de ternera curtida y adobada.

vaquetón, ona adj. y s. *Méx.* Calmado, tranquilo.

vaquilla f. Toro o vaca jóvenes toreados por aficionados. || *Arg.* y *Chil.* Ternera de año y medio a dos años de edad.

vaquita f. Dinero jugado en las cartas, dados, etc. || *Vaquita de San Antón,* vaca de San Antón, insecto.

Var, río meridional de Francia, que des. en el Mediterráneo; 120 km. — Dep. del SE. de Francia, en Provenza; cap. *Draguignan.*

vara f. Rama delgada y limpia de hojas. || Palo largo y delgado: *derribar nueces con una vara.* || Bastón de mando: *vara de alcalde.* || *Fig.* Jurisdicción de que es insignia la vara. || Medida de longitud de 0,835 m en Castilla, pero que variaba de una a otra provincia. (En México, equivalía a 0,838 m.) || Listón con esta medida. || Puya del picador. || Pica con que se castiga al toro: *suerte de varas.* || Tallo que sostiene las flores de algunas plantas: *vara de azucena.* || Barra para mantener en alto un palio. || Cada uno de los dos palos en la parte delantera del coche entre los cuales se enganchan las caballerías. || *Mús.* En el trombón, parte móvil del tubo. || — *Poner varas,* picar al toro. || *Fig. Temer como una vara verde a uno,* tener mucho miedo de él. | *Tener vara alta,* tener autoridad, influencia o ascendiente. || *Tomar varas,* acudir el toro al picador para recibir los puyazos.

varada f. *Mar.* Encalladura. || Conjunto de trabajadores agrícolas temporeros bajo las órdenes de un capataz.

varadera f. Maroma, palo o tabla puestos para defensa del costado de una embarcación.

varadero m. Lugar donde varan los barcos para carenarlos.

varadura f. *Mar.* Encalladura.

varal m. Vara muy larga. || Cada uno de los palos en que encajan los travesaños de los costados del carro. || Artificio en los teatros para poner las luces. || *Arg.* Armazón de palos para secar la carne.

varamiento m. Encallamiento.

Varanasi. V. BENARÉS.

varano m. Reptil lacértido carnívoro de África, Asia y Australia que tiene de 2 a 3 m de largo.

varapalo m. Palo largo. || Paliza. || *Fig.* Rapapolvo, reprimenda. | Contratiempo, disgusto.

varar v. i. Encallar una embarcación: *el falucho varó en un banco de arena.* || Anclar. || *Fig.* Estancarse un asunto. || — V. t. Botar el buque al agua. || Sacar a la playa y poner en seco una embarcación.

varazo m. Golpe dado con la vara. || Pica puesta al toro.

Varazze (Iacopo da). V. VORAGINE (Jacobo de).

Vardar, río de Yugoslavia y Grecia que des. en el golfo de Salónica; 388 km.

várdulo, la adj. y s. De Vardulia, pueblo de la España Tarraconense, establecido en lo que hoy son Provincias Vascongadas.

vareado m. Vareo.

vareador m. El que varea.

varear v. t. Derribar los frutos del árbol con una vara: *varear las nueces.* || Golpear, sacudir con vara o palo: *varear la lana.* || Picar a los toros. || Medir o vender por varas: *varear paño.* || *Arg.* Preparar al caballo para la carrera.

varec m. Alga abundante en las costas atlánticas de Europa que se utiliza para extraer yodo.

varego, ga adj. y s. Vikingo escandinavo. (Los *varegos* entraron en Rusia a fines del s. IX y sometieron a los fineses y a los eslavos.)

Varela (Juan Cruz), poeta neoclásico argentino, n. en Buenos Aires (1794-1839), autor de dos tragedias *(Dido* y *Argia), poemas (Elvira)* y composiciones patrióticas. Desempeñó cargos políticos durante la pres. de Rivadavia. Se expatrió a Montevideo. || **~** (PEDRO), político uruguayo (1837-1906), pres. de la Rep. de 1875 a 1876. || **~ y Morales** (FÉLIX), sacerdote, filósofo y patriota cubano (1787-1853). Abogó por la autonomía de su patria. || **~ Zequeira** (JOSÉ), poeta, médico y ensayista cubano (1859-1940).

varenga f. *Mar.* Brazal. | Pieza curva atravesada sobre la quilla para formar la base de la cuaderna.

Varennes-en-Argonne, pobl. en el NE. de Francia, cerca de Verdún. Aquí fue detenido Luis XVI cuando huía al extranjero (22 de junio de 1791).

vareo m. Acción de varear los árboles: *el vareo de las nueces.*

Vares o **Bares** (ESTACA DE), cabo en el N. de España (Lugo).

Varese, c. y lago en el N. de Italia (Lombardía), cap. de la prov. homónima.

vareta f. Vara pequeña. ‖ Palito untado con liga para cazar pájaros. ‖ Lista de color en un tejido. ‖ *Fig. Irse de vareta,* tener uno cólico.

varetazo m. Cornada de lado que da el toro, paletazo.

varga f. Parte más pendiente de una cuesta. ‖ Especie de congrio en las islas Baleares.

Vargas n. pr. *Averígüelo Vargas,* frase utilizada cuando algo es difícil de saber o poner en claro.

Vargas (Getúlio), político brasileño (1883-1954), pres. de la Rep. de 1930 a 1945 y de 1951 a 1954. Puso fin a su vida. ‖ ~ (JOSÉ MARÍA), médico y político venezolano (1786-1854), pres. de la Rep. de 1835 a 1837. ‖ ~ **Llosa** (MARIO), escritor peruano, n. en 1936, autor de *La ciudad y los perros, La casa verde, Los cachorros, Conversaciones en la catedral,* etc. ‖ ~ **Osorio** (TOMÁS), poeta colombiano (1908-1941). ‖ ~ **Tejada** (LUIS), poeta y dramaturgo colombiano (1802-1829). ‖ ~ **Vila** (JOSÉ MARÍA), escritor colombiano, n. en Bogotá (1860-1933), autor de novelas (*Ante los bárbaros, Aura o las violetas, Flor de fango, La muerte del cóndor, Las rosas de la tarde,* etc.), de ensayos y de obras de crítica.

vargueño m. Bargueño.

varí m. *Amer.* Especie de halcón.

variabilidad f. Disposición a cambiar.

variable adj. Que varía o puede variar, mudable: *tiempo variable; precios variables.* ‖ *Gram.* Dícese de la palabra cuya terminación varía. ‖ — F. *Mat.* Magnitud indeterminada que, en una relación o función, puede ser sustituida por diversos términos o valores numéricos (constantes).

variación f. Cambio, acción y efecto de variar: *las variaciones de la atmósfera.* ‖ Imitación melódica de un tema musical. ‖ Cambio de valor de una cantidad o de una magnitud. ‖ *Mar. Variación magnética,* declinación de la aguja.

variado, da adj. Diverso, que tiene variedad: *cocina variada.*

variante adj. Variable, que varía. ‖ — F. Forma diferente: *las infinitas variantes del mismo tema.* ‖ Texto de un libro que difiere del escrito por el autor o de otra edición: *las variantes de las ediciones clásicas.*

variar v. t. Modificar, transformar, hacer que una cosa sea diferente de lo que antes era: *variar el régimen de alimentación.* ‖ Dar variedad: *variar el programa de un espectáculo.* ‖ — V. i. Cambiar, mudar una cosa: *sus respuestas varían; variar de opinión.* ‖ Ser diferente: *las costumbres varían de un país a otro.* ‖ Mudar de dirección: *el viento ha variado.* ‖ *Mat.* Cambiar de valor.

varice o **várice** o **variz** f. Dilatación o hinchazón permanente de una vena provocada por la acumulación de la sangre en ella a causa de un defecto de la circulación. (Se produce generalmente en las piernas.)

varicela f. Enfermedad eruptiva y contagiosa de carácter leve, frecuente en la infancia, parecida a la viruela benigna. (La *varicela* se caracteriza por una erupción de manchas rojas que se transforman en vesículas para desaparecer al cabo aproximadamente de diez días.)

varicocele m. Tumor formado por la dilatación varicosa de las venas del escroto y del cordón espermático en el hombre y de las venas de los ovarios en la mujer.

varicoso, sa adj. De las varices. ‖ Que padece varices (ú. t. c. s.).

variedad f. Serie de cambios: *la variedad de sus ocupaciones.* ‖ Diferencia entre cosas que tienen características comunes: *una gran variedad de tejidos.* ‖ Diversidad, carácter de las cosas que no se parecen: *variedad de pareceres.* ‖ Subdivisión de la especie en historia natural. ‖ — Pl. Espectáculo teatral compuesto de diferentes números sin que exista relación alguna entre ellos (canciones, bailes, prestidigitación, malabarismo, etc.).

varietés f. pl. (pal. fr.). Variedades.

varilarguero m. *Taurom.* Picador de toros.

varilla f. Vara larga y delgada. ‖ Cada una de las piezas metálicas que forman la armazón del paraguas o de madera o marfil en un abanico, un quitasol, etc. ‖ *Fam.* Cada uno de los dos huesos que forman la mandíbula. ‖ Barra delgada de metal: *varilla de cortina.* ‖ Barra para posarse los pájaros en las jaulas. ‖ *Varilla de la virtud, de las virtudes* o *mágica,* varita mágica.

varillaje m. Conjunto de las varillas de un abanico o paraguas.

vario, ria adj. Diverso, diferente, variado: *de varias telas.* ‖ Inconstante, cambiadizo. ‖ — Pl. Algunos, unos cuantos: *varios niños.* ‖ — Pron. indef. pl. Algunas personas: *varios piensan que.*

Vario Rufo (Lucio), poeta latino (74-14 a. de J. C.), contemporáneo de Horacio y de Virgilio.

variolación y **variolización** f. Antes de la vacuna de Jenner, método terapéutico consistente en la inoculación de gérmenes de viruela para provocar la enfermedad en forma benigna e inmunizar así al paciente.

varioloide f. Viruela ligera.

varioloso, sa adj. y s. Atacado de viruelas.

varita f. Vara pequeña. ‖ *Varita de la virtud, de las virtudes* o *mágica,* la que tienen las hadas y los magos, y los prestidigitadores para efectuar cosas prodigiosas.

Varna, c. y puerto en el E. de Bulgaria a orillas del mar Negro; cap. de distrito.

Varo, general romano y primo del emperador Augusto (¿50 a. de J. C.?-3), vencido y muerto por Arminio, jefe de los germanos.

varón m. Hombre, persona del sexo masculino: *la familia se compone de una hija y tres varones.* ‖ Hombre de edad viril. ‖ Hombre de respeto, de autoridad: *ilustre varón.* ‖ *Fam. Santo varón,* hombre de gran bondad.

Varona (Enrique José), filósofo y político cubano, n. en Camagüey (1849-1933), vicepresidente de la Rep. (1913-1917). Escribió ensayos filosóficos, sociológicos y políticos. Personalidad de relieve continental.

varonía f. Descendencia por línea de varón.

varonil adj. Relativo al varón, al sexo masculino, viril. ‖ Esforzado, valeroso, digno de un varón: *carácter varonil.* ‖ Como de hombre: *mujer algo varonil.*

Varrón (Marco Terencio), poeta y polígrafo latino (116-27 a. de J. C.).

Varsovia, c. en el E. de Polonia, a orillas del Vístula, cap. del país; 1 262 000 h. Arzobispado. Universidad. Centro industrial y comercial.

varsoviano, na adj. y s. De Varsovia. ‖ — F. Danza polaca, variante de la mazurca. ‖ Su música.

Varvarco, río en el O. de la Argentina (Neuquen), desaguadero del *lago Varvarco Campos.*

Vasa. V. GUSTAVO I VASA.

vasallaje m. Condición de vasallo. ‖ Tributo pagado por el vasallo: *pagar vasallaje.* ‖ Estado de servilismo, de sujeción, sumisión.

vasallo, lla adj. y s. Dícese de la persona que estaba sujeta a un señor por juramento de fidelidad o del país que dependía de otro: *Estados vasallos.* ‖ Súbdito: *los vasallos del Rey.*

vasar m. Estante en las cocinas y despensas donde se ponen fuentes, vasos, platos, etc.

Vasari (Giorgio), pintor, arquitecto e historiador de arte italiano (1511-1574).

vasco, ca adj. y s. Vascongado. ‖ Natural del dep. francés de Basses-Pyrénées. ‖ — M. Vascuence.

Vasco (PAÍS) o **Vasconia,** territ. habitado por un ant. pueblo ibero y que comprende las actuales Provincias Vascongadas, Navarra y el dep. francés de Basses-Pyrénées. (Llamado tb. *Euzkadi.*)

Vasco de Gama. V. GAMA.

vascófilo, la m. y f. Amigo o especialista de la lengua, cultura o costumbres vascas (ú. t. c. adj.).

vascón, ona adj. y s. De Vasconia o País Vasco.

Vasconcelos (Doroteo), político salvadoreño, pres. de la Rep. de 1848 a 1851. ‖ ~ (JOSÉ), escritor y político mexicano, n. en Oaxaca (1881-1959), autor de obras filosóficas (*Tratado de metafísica, Manual de filosofía,* etc.), de ensayos de estética, de étnica (*Raza cósmica*), de libros de historia (*Breve historia de México*), de relatos (*Prometeo vencedor, Ulises criollo, El fusilado,* etc.) y de *Memorias.*

Vascongadas (PROVINCIAS), n. de las tres prov. españolas de Álava, Guipúzcoa y Vizcaya.

vascongado, da adj. y s. Natural de alguna de las Provincias Vascongadas o relativo a ellas. ‖ — M. Vascuence.

Vasconia. V. VASCO (*País*).

vascónico, ca adj. Vascón.

vascuence m. Lengua de los vascongados, navarros y de los habitantes del territ. vasco francés. (El *vascuence* parece proceder de la evolución de una de las primitivas lenguas de la Península Ibérica.)

vascular adj. Relativo a los vasos sanguíneos: *sistema vascular.* ‖ Que tiene vasos: *planta vascular.*

vascularización f. Disposición de los vasos en un órgano: *vascularización del hígado, de una planta.*

vasectomía f. Corte de los vasos deferentes en la ingle para esterilizar a un hombre.

vaselina f. Sustancia grasa translúcida que se obtiene del aceite mineral y se usa en farmacia y en perfumería.

vasija f. Cualquier recipiente para contener líquidos o materias alimenticias.

vaso m. Recipiente, generalmente de vidrio, que sirve para beber. ‖ Cantidad de líquido que cabe en él: *un vaso de vino.* ‖ Jarrón para contener flores, etc.: *un vaso de porcelana.* ‖ Cada uno de los conductos por donde circula la sangre o la linfa del organismo (hay tres tipos de vasos: *las arterias,* las *venas* y los *capilares*). ‖ Conducto por el que circula en el vegetal la savia o el látex. ‖ *Vasos comunicantes,* vasos que se comunican entre ellos por medio de tubos o aberturas, en los que el contenido líquido alcanza el mismo nivel al estar sometido a la presión atmosférica.

vasoconstrictor adj. Que contrae los vasos sanguíneos.

vasodilatador adj. Que dilata los vasos sanguíneos.

vasomotor, ra adj. Aplícase a los nervios que producen la contracción o la dilatación de los vasos sanguíneos.

Vasseur (Álvaro Armando), poeta uruguayo, n. en 1878.

vástago m. Renuevo, brote tallo nuevo que brota en un árbol o planta. ‖ *Fig.* Hijo, descendiente: *el último vástago de una ilustre familia.* ‖ *Mec.* Varilla o barra que transmite el movimiento: *vástago del émbolo.* ‖ *Vástago de perforación,* varilla o elemento roscado de una sonda para pozos petrolíferos.

vastedad f. Inmensidad, amplitud.

Västeras o **Vesteras,** c. de Suecia, al N. del lago Mälar.

vasto, ta adj. De gran extensión, grande: *una vasta región.*

vate m. Poeta.

Vaté, isla de las Nuevas Hébridas, cap. *Vila.*

vaticanista adj. Perteneciente al Vaticano. ‖ Partidario de la política seguida por el Vaticano.

vaticano, na adj. Relativo al Vaticano: *sede vaticana, política vaticana.* ‖ — M. Corte pontificia. ‖ — F. Biblioteca vaticana.

Vaticano, palacio de los papas en Roma. Museos y bibliotecas muy ricos. Grandes tesoros artísticos (la capilla Sixtina, las Logias y las Cámaras de Rafael, etc.). ‖ ~ **(Ciudad del),** Estado temporal de los papas en Roma, reconocido por el Tratado de Letrán (1929). En sus 44 hectáreas se encuentran la plaza y la basílica de San Pedro, el palacio del Vaticano y sus jardines; 1 000 h. ‖ ~ **(Concilio),** el ecuménico (1869-1870), reunido por Pío IX en el que se proclamó el dogma de la infalibilidad pontificia. Un segundo concilio del mismo n. empezó en 1962 convocado por el papa Juan XXIII y acabó en el pontificado de Paulo VI (1965).

vaticinador adj. Que vaticina (ú. t. c. s.).

vaticinar v. t. Pronosticar, presagiar, predecir algo que ocurrirá.

vaticinio m. Predicción.

vatímetro m. Aparato que sirve para medir la potencia en vatios de un circuito eléctrico.

vatio m. Unidad de potencia eléctrica (símb., W), equivalente a un julio o a 10^7 ergios por segundo.

vatio-hora m. Unidad de energía eléctrica (símb., Wh) equivalente al trabajo realizado por un vatio en una hora.

Vättern. V. VETTER.

Vauban [*vobán*] (Sébastien LE PRESTRE DE), mariscal de Francia (1633-1707). Perfeccionó el arte de la fortificación.

Vaucluse, dep. del S. de Francia, cap. *Aviñón.*

Vaud, cantón en el O. de Suiza, de lengua francesa; cap. *Lausana.*

vaudeville [*vodevil*] m. (pal. fr.). Comedia alegre y ligera.

Vaughan Williams (Ralph), músico inglés (1872-1958), autor de *London Symphony,* óperas, ballets, conciertos, etc.

vaupense adj. y s. De Vaupés.

Vaupés, río de Colombia, compuesto de la unión del Unilla y el Itilla, que, al pasar al Brasil, confluye en el río Negro; 1 126 km. — Comisaría en el E. de Colombia; cap. *Mitú.*

Vauvenargues (Luc DE CLAPIERS, *marqués de*), moralista francés (1715-1747), autor de *Máximas,* escritas con gran pulcritud.

Vaux-le-Vicomte, palacio edificado al SE. de París, cerca de Melun, por Le Vau; una de las más suntuosas residencias de estilo Luis XIV.

vaya f. *Fam.* Broma: *dar vaya.*

Vaz Ferreira (Carlos), pensador uruguayo, n. en Montevideo (1873-1958), autor de ensayos *(Fermentario, Moral para intelectuales, Lógica viva).* — Su hermana MARÍA EUGENIA (1875-1924) fue autora de *La isla de los cánticos,* serie de poemas, y de dos obras dramáticas *(La piedra filosofal* y *Los peregrinos).*

Vázquez (Horacio), general dominicano (1860-1936), pres. de la Rep. de 1902 a 1903 y de 1924 a 1930. ‖ ~ **Cárdenas,** (JOAQUÍN), mineralogista colombiano (1752-1786). ‖ ~ **de Coronado** (FRANCISCO), conquistador español (¿1510-1549?), gobernador de Nueva Galicia (México) y organizador de una expedición a Cibola (1540). — Su hijo JUAN (¿1532?-1565) fundó la ciudad de Cartagena (Costa Rica) en 1564 y fue el primer adelantado en este país. ‖ ~ **de Arce y Ceballos** (GREGORIO), pintor colombiano (1638-1711), autor de cuadros religiosos. ‖ ~ **de Mella** (JUAN), escritor y orador político español (1861-1928), fundador del Partido Tradicionalista. ‖ ~ **Díaz** (DANIEL), pintor español (1882-1969), autor de retratos y de pinturas murales sobre el descubrimiento de América que se encuentran en el monasterio de La Rábida (Huelva). ‖ ~ **Vela** (GONZALO), abogado y político mexicano (1893-1963).

Vd., abreviatura de *usted.*

ve f. Uve, nombre de la letra *v.*

vecero, ra adj. Aplícase al que tiene que ejercer un cargo por turno. ‖ Dícese de los vegetales que un año dan mucho fruto y poco o nada en otros. ‖ — M. y f. Cliente de una tienda.

vecinal adj. Relativo al vecindario, a los vecinos. ‖ Municipal: *impuestos vecinales.* ‖ *Camino vecinal,* carretera secundaria que pone en comunicación pequeñas poblaciones.

vecindad f. Condición de vecino de un sitio. ‖ Proximidad de las personas que viven o están colocadas cerca unas de otras. ‖ Conjunto de relaciones entre vecinos; carácter y comportamiento de los vecinos: *política de buena vecindad.* ‖ Conjunto de personas que viven en una ciudad, barrio o casa. ‖ Cercanías, alrededores: *vive en la vecindad.*

vecindario m. Población, habitantes de una ciudad: *el vecindario de Madrid.* ‖ Conjunto de personas que viven en la misma casa o en el mismo barrio: *acudió todo el vecindario.*

vecindona f. *Fam.* Mujer chismosa, amiga de comadrear.

vecino, na adj. Que está próximo o cerca de: *los pueblos vecinos de Lima.* ‖ Semejante, parecido: *nuestros problemas son vecinos.* ‖ Dícese de las personas que viven en una misma población, en el mismo barrio o en la misma casa. Ú. t. c. s.: *ruego a los vecinos de la ciudad; era vecino mío en la misma planta de la casa.* ‖ *Fam. Cualquier hijo de vecino,* todo el mundo.

vector adj. m. Que es origen de algo: *radio vector.* ‖ — M. Segmento rectilíneo de longitud definida trazado desde un punto dado y que sirve para representar ciertas magnitudes geométricas o magnitudes físicas.

vectorial adj. De los vectores: *cálculo, análisis vectorial.*

veda f. Prohibición de cazar o pescar en cierto sitio o en una época determinada. ‖ Tiempo que dura.

vedado adj. Prohibido, no permitido. ‖ Dícese del campo o sitio acotado por ley, ordenanza o mandato: *coto, vedado.* Ú. t. c. s. m.: *vedado de caza, de pesca.*

vedar v. t. Prohibir: *vedar la entrada en un sitio.*

Vedas, nombre de cuatro libros sagrados primitivos de la India en lengua sáncrita y revelados por Brahma.

vedette [*vedet*] f. (pal. fr.). Artista de fama, estrella.

védico, ca adj. De los Vedas.

Vedia (Leonidas), escritor argentino, n. en 1901, autor de estudios literarios y de obras históricas. ‖ ~ **y Mitre** (MARIANO DE), escritor, historiador y político argentino (1881-1958).

vedismo m. Forma primitiva de la religión india contenida en los Vedas.

Vedruna (Joaquina), religiosa española (1783-1854), fundadora de las Carmelitas de la Caridad (1826). Beatificada en 1940.

veedor m. Inspector encargado de examinar ciertas cosas: *veedor de caminos.* ‖ Cargo antiguo de palacio: *veedor de vianda.*

veeduría f. Cargo del veedor. ‖ Oficina del veedor.

vega f. Huerta, parte de tierra baja, en la parte inferior de un río, llana y fértil: *la vega granadina.* ‖ *Cub.* Plantación de tabaco. ‖ *Chil.* Terreno muy húmedo.

Vega (La), prov. del centro de la Rep. Dominicana; cap. *Concepción de la Vega.* ‖ ~ **Real,** fértil valle del centro de la Rep. Dominicana, llamado tb. *Valle del Cibao.*

Vega (Bernardo de la), escritor español del s. XVI, autor de la novela pastoril *El pastor de Iberia.* ‖ ~ (FLORENTINO), naturalista colombiano (1833-1890). ‖ ~ (GARCILASO DE LA). V. GARCILASO DE LA VEGA. ‖ ~ (RICARDO DE LA), sainetero español (1839-1910), autor de *La verbena de la Paloma, Despacho de huevos frescos, Pepa la Frescachona, El año pasado por agua,* etc. ‖ ~ (SANTIAGO RICARDO DE LA), periodista y político mexicano (1885-1950). ‖ ~ (VENTURA DE LA), escritor español, n. en Buenos Aires (1807-1865), padre del anterior, autor de la comedia *El hombre de mundo,* del drama *Don Fernando de Antequera* y de la tragedia *La muerte de César.* ‖ ~ **Matus** (ALEJANDRO), músico nicaragüense (1875-1937), autor de valses, marchas, etcétera. ‖ ~ **y Carpio** (Félix **Lope de**), poeta y comediógrafo español, n. y m. en Madrid (1562-1635). Después de una existencia agitada entró en religión en 1614. Cultivó todos los géneros, pero sobresalió principalmente en el teatro, para el que compuso más de mil quinientas comedias *(El caballero de Olmedo, Fuenteovejuna, Peribáñez y el Comendador de Ocaña, El mejor alcalde, el Rey, El perro del hortelano, La dama boba, La discreta enamorada, El acero de Madrid, El villano en su rincón, Lo cierto por lo dudoso).* En poesía escribió *Rimas divinas y humanas,* un poema dedicado al patrón de Madrid *(El Isidro),* una epopeya burlesca *(La gatomaquia)* y otras epopeyas inspiradas en Ariosto *(La hermosura de Angélica)* y en Tasso *(La Jerusalén libertada).* Expuso en *Arte nuevo de hacer comedias* sus ideas sobre el teatro y publicó también novelas *(La Arcadia, Los pastores de Belén, La Dorotea).* Se le llama el *Fénix de los Ingenios.*

vegetación f. Conjunto de plantas: *campo de gran vegetación.* ‖ Conjunto de vegetales de una región o terreno determinado: *la vegetación de los trópicos.* ‖ En medicina, excrecencia morbosa que se desarrolla en una parte del cuerpo. ‖ *Vegetaciones adenoideas,* hipertrofia del tejido linfático de la faringe, que obstruye las fosas nasales y constituye una enfermedad propia de la infancia.

VA

vegetal adj. Relativo a las plantas: *el reino vegetal.* ‖ — *Carbón vegetal,* el de leña. ‖ *Tierra vegetal,* la impregnada de gran cantidad de elementos orgánicos. ‖ — M. Ser orgánico que crece y vive incapaz de sensibilidad y movimientos voluntarios.

vegetalina f. Manteca de coco.

vegetalismo m. Régimen de alimentación de las personas que no toman carnes ni cualquier producto de origen animal, como huevos, leche, mantequilla, etc.

vegetalista adj. Relativo al vegetalismo. || Dícese de la persona que sigue las normas dictadas por el vegetalismo (ú. t. c. s.).

vegetante adj. Que vegeta.

vegetar v. i. Germinar y desarrollarse las plantas. || *Fig.* Vivir una persona con vida muy precaria, oscura o disminuida: *vegetar en un cargo subalterno.*

vegetarianismo m. Régimen alimenticio en el que está prohibido el consumo de la carne o los derivados inmediatos de ésta y que sólo acepta las sustancias vegetales.

vegetariano, na adj. Relativo al vegetarianismo: *cocina vegetariana.* || Dícese de la persona que sigue las normas aconsejadas por el vegetarianismo (ú. t. c. s.).

vegetativo, va adj. Que concurre a las funciones vitales comunes a plantas y animales (nutrición, desarrollo, etc.), independientemente de las actividades psíquicas voluntarias. || *Fig.* Disminuido, que se reduce a la satisfacción de las necesidades esenciales: *vida vegetativa.* || — *Reproducción vegetativa,* en las plantas, la asexuada. || *Sistema nervioso vegetativo,* conjunto de los sistemas nerviosos simpático y parasimpático, que gobiernan el funcionamiento de los órganos.

vegoso, sa adj. *Amer.* Dícese del terreno que se conserva húmedo como el de las vegas.

veguer m. Magistrado antiguo de Aragón, Cataluña y Mallorca cuyas funciones eran las mismas que las del corregidor en Castilla. || En Andorra, cada uno de los dos delegados de los países protectores.

veguería f. y **veguerío** m. Territorio de la jurisdicción propia del veguer.

veguero, ra adj. De la vega. || — M. Cultivador de una vega. || Cigarro puro hecho de una sola hoja.

vehemencia f. Movimiento impetuoso y violento: *hablar con vehemencia.*

vehemente adj. Que obra o se mueve con ímpetu y violencia: *persona vehemente.* || Que se expresa con pasión y entusiasmo: *orador, escritor vehemente.* || Fundado, fuerte: *sospechas vehementes.*

vehículo m. Cualquier medio de locomoción: *vehículo espacial.* || Lo que sirve para transportar algo: *vehículo de contagio.* || Lo que sirve para transmitir: *el aire es el vehículo del sonido.* || *Fig.* Medio de comunicación: *la imprenta es el vehículo del pensamiento.*

veintavo, va adj. y s. Vigésimo: *la veintava parte.*

veinte adj. Dos veces diez. || Vigésimo: *la página veinte.* || — M. Cantidad de dos decenas de unidades. || Número veinte: *jugar el veinte.* || Casa que tiene el número veinte. || Día vigésimo del mes: *llegaré aproximadamente el día veinte de julio.* || *Pop. Méx.* Moneda de veinte centavos.

Veinte de Noviembre, n. que llevan trece pobl. de distintos Estados de México.

veintena f. m. Conjunto de veinte unidades. || Conjunto aproximado de veinte cosas o personas: *una veintena de años.*

veinteno, na adj. y s. Vigésimo: *fue el veinteno de la clase.*

veinteñal adj. Que tiene una duración de veinte años.

veinticinco adj. Veinte y cinco. || Vigésimo quinto. || — M. Conjunto de signos con que se representa el número veinticinco.

Veinticinco de Mayo, c. de la Argentina (Buenos Aires).

Veinticinco de Mayo, día del año 1810, en que empezó a gobernar el virreinato del Río de la Plata la Segunda Junta de Buenos Aires, presidida por Cornelio de Saavedra.

veinticuatro adj. Veinte y cuatro (ú. t. c. s. m.). || Vigésimo cuarto. || — M. Regidor de ayuntamiento en algunas ciudades de Andalucía.

Veinticuatro de Mayo, cantón en el O. del Ecuador (Manabí).

veintidós adj. Veinte y dos (ú. t. c. s. m.). || Vigésimo segundo.

Veintimilla (Ignacio de), general ecuatoriano (1828-1908), pres. de la Rep. de 1876 a 1883.

veintinueve adj. Veinte y nueve (ú. t. c. s. m.). || Vigésimo nono.

veintiocho adj. Veinte y ocho (ú. t. c. s. m.). || Vigésimo octavo.

veintiséis adj. Veinte y seis (ú. t. c. s. m.). || Vigésimo sexto.

veintisiete adj. Veinte y siete (ú. t. c. s. m.). || Vigésimo séptimo.

veintitantos, tas adj. Más de veinte y menos de treinta: *estábamos a veintitantos de junio; veintitantas personas.*

veintitrés adj. Veinte y tres (ú. t. c. s. m.). || Vigésimo tercio.

veintiún adj. Apócope de *veintiuno* delante de los sustantivos: *veintiún casos graves.*

veintiuno, na adj. Veinte y uno (ú. t. c. s. m.). || Vigésimo primero. || — F. Juego de naipes o de dados.

vejación f. Acción de herir la susceptibilidad de alguien.

vejador, ra adj. y s. Que veja.

vejamen m. Vejación.

vejancón, ona adj. y s. *Fam.* Muy viejo.

vejar v. t. Maltratar, ofender, humillar: *vejar a uno con reprensiones injustificadas.*

vejarrón, ona adj. y s. Viejo.

vejatorio, ria adj. Dícese de lo que veja o puede vejar: *condiciones, medidas vejatorias.*

Vejer de la Frontera, c. en el S. de España (Cádiz).

vejestorio m. Persona o cosa muy vieja: *esa mujer* (o *ese hombre*) *es un vejestorio.*

vejete adj. m. y s. m. *Fam.* Viejo. || *Teatr.* Viejo ridículo.

vejez f. Último período de la vida. || Condición de viejo: *la vejez mejora el vino.* || *Fig.* *¡A la vejez viruelas!,* expr. que se aplica a los que ocurren cosas que no corresponden a su edad.

vejiga f. Bolsa membranosa abdominal que recibe y retiene la orina segregada por los riñones. || Ampolla en la epidermis. || Vejiga de un animal, seca y llena de aire. || — *Vejiga de la bilis* o *de la hiel,* bolsita situada en la pared inferior del hígado (lado derecho) en que este órgano va depositando la bilis. || *Vejiga natatoria,* bolsa llena de aire que tienen muchos peces en el abdomen.

vejigatorio, ria adj. y s. m. Dícese de un emplasto irritante que se aplica en la piel para levantar vejigas.

vejigazo m. Golpe dado con una vejiga llena de aire. || *Fam.* *Darse un vejigazo,* darse un golpe al caer, darse un porrazo.

vejiguilla f. Vejiga pequeña. || Ampolla pequeña en la piel.

vela f. Acción de permanecer despierto para estudiar, asistir de noche a un enfermo, etc. || Tiempo que se vela. || Asistencia por turno delante del Santísimo Sacramento. || Cilindro de cera, estearina, etc., con una mecha en el interior, utilizado para alumbrar: *leer a la luz de una vela.* || Pieza de lona o de cualquier tejido que, puesta en los palos de una embarcación, al recibir el soplo del viento, hace que ésta se mueva sobre las aguas: *vela cangreja, de abanico, tarquina, de estay, latina, mayor.* || Barco de vela: *se veía una vela en el horizonte.* || — Pl. *Fam.* Moco colgante. || — *Fig.* y *fam.* *A dos velas,* sin un céntimo. || *Mar.* *A toda vela* o *a velas desplegadas* o *tendidas,* navegando con mucho viento y gran rapidez. | *Alzar velas* o *dar la vela* o *hacerse a la vela,* zarpar. || *Fig.* y *fam.* *Derecho como una vela,* muy erguido. || *En vela,* sin dormir. || *Fig.* *Encender una vela a Dios y otra al diablo,* procurar contentar a todos, aunque sean personas o partidos opuestos. | *Entre dos velas,* algo borracho. | *No darle a uno vela en un entierro,* no permitirle que intervenga en un asunto. | *Recoger velas,* contenerse, moderarse, atenuar lo dicho, desistir de un propósito. || *Tender velas,* o *las velas,* aprovecharse del tiempo favorable en la navegación; (*fig.*) utilizar una ocasión propicia.

Vela (CABO DE LA), cabo en el N. de Colombia, en la penins. de Guajira (Atlántico).

velación f. Vela: *la velación de un cadáver, del Santísimo Sacramento.* || Ceremonia del casamiento católico consistente en poner en una misa un velo a los contrayentes después de verificarse el enlace nupcial (ú. m. en pl.).

velado, da adj. Tapado por un velo. || Dícese de la voz sorda, sin timbre. || Aplícase a la imagen fotográfica borrosa o confusa por la acción indebida de la luz. || — F. Vela, acción de velar. || Reunión nocturna de varias personas con intención de divertirse o instruirse: *velada musical, literaria, de boxeo, de lucha libre.*

velador, ra adj. y s. Que vela. || — M. Mesita ovalada o con un solo pie: *compró en un anticuario un velador de caoba.* || *Arg., Per.* y *Venez.* Mesilla de noche. || — F. *Méx.* Vela gruesa y corta.

velamen m. Conjunto de las velas de una embarcación.

velar adj. Dícese de las letras cuyo punto de articulación está situado en el velo del paladar como la *c* (delante de las vocales a, o, u), *k, q, j, g, o* y *u.*

velar v. i. No dormirse: *veló toda la noche.* || Trabajar, estudiar durante el tiempo destinado al sueño: *tuve que velar para acabar mi artículo.* || Hacer guardia, vigilar. || Prestar cuidado, vigilar: *velar por los bienes propios.* || Tomar medidas de precaución, de defensa: *velaban por conservar sus situaciones privilegiadas.* || Cuidar por el cumplimiento de: *velar por la observancia de las leyes.* || — V. t. Pasar la noche al lado de: *velar a un enfermo, a un muerto.* || Cubrir algo con un velo. || Ocultar, esconder una cosa. || Disimular, cubrir: *velar un secreto.* || Celebrar las velaciones matrimoniales. || *Velar las armas,* hacer guardia una noche para meditar el que iba a ser armado caballero. || — V. pr. Inutilizarse un cliché o placa fotográfica por la acción indebida de la luz: *se le veló todo el carrete.*

Velarde (Fernando), poeta romántico español (1821-1880), autor de *Cánticos del Nuevo Mundo, Melodías, románticas,* etc. || ~ (PEDRO), capitán de artillería español (1779-1808), quien, con Daoiz y Ruiz, se sublevó contra los franceses en Madrid el 2 de mayo del año 1808.

Velasco, prov. en el E. de Bolivia (Santa Cruz); cap. *San Ignacio de Velasco.*

Velasco (José María), pintor mexicano (1840-1912), notable paisajista. || ~ (JOSÉ MIGUEL DE), general boliviano (1795-1859), pres. de la Rep. en 1828, 1839 y 1848. || ~ (LUIS DE), segundo virrey de Nueva España, de 1550 a 1564. Fundó la Universidad de México (1551). — Su hijo LUIS fue virrey de Nueva España de 1590 a 1595 y de 1607 a 1611 y del Perú de 1596 a 1604. || ~ **Alvarado** (JUAN), general peruano, n. en 1909, jefe de la Junta Revolucionaria tras el derrocamiento del pres. F. Belaúnde (1968). || ~ **Ibarra** (JOSÉ MARÍA), político ecuatoriano, n. en 1893, pres. de la Rep. de 1934 a 1935, de 1944 a 1947, de 1952 a 1956 y de 1960 a 1961. Nuevamente elegido en 1968, fue derrocado en 1972.

velatorio m. Vela de un difunto.

velazqueño, ña adj. Propio del pintor Velázquez.

Velázquez (Diego RODRÍGUEZ DE SILVA Y), pintor español, n. en Sevilla (1599-1660), autor de obras realizadas, con tal perfección técnica, que le convierten en el máximo representante de la pintura en su país (*Los Borrachos, Las Hilanderas, Las Meninas, La Rendición de Breda, La Fragua de Vulcano, La Venus del espejo,* retratos de *Felipe IV,* de las *Infantas,* de *Inocencio X,* etc.). || **~ de Cuéllar** (DIEGO DE), militar y colonizador español (1465-1524). Empezó la conquista de Cuba (1511), fundó La Habana y Santiago y fue gobernador de la isla. Organizó cuatro expediciones a México. || **~ y Cárdenas de León** (JOAQUÍN), astrónomo y matemático mexicano (1732-1786).

velay interj. *Pop.* He aquí, mire. | Claro, por supuesto.

Velde (VAN DE). V. VAN DE VELDE.

veleidad f. Voluntad no realizada, deseo vano. || Inconstancia, ligereza, versatilidad.

veleidoso, sa adj. Inconstante, versátil, voluble.

velero, ra adj. Aplícase a la embarcación que navega mucho: *barco velero.* || — M. Barco de vela: *un velero de dos palos.* || El que hace velas de buques. || El que hace y vende velas para alumbrar.

veleta f. Pieza metálica giratoria colocada en la cumbre de una construcción para indicar la dirección del viento. || Plumilla en el corcho de las cañas de pescar que indica el tirón dado por el pez al picar. || — Com. *Fig.* y *fam.* Persona inconstante, cambiadiza.

Veleta (El), monte del S. de España en Sierra Nevada (prov. de Granada); 3 431 m.

velete m. Velo delgado usado por las mujeres como tocado.

Vélez, mun. y c. de Colombia (Santander). || **~ de la Gomera** *(Peñón de),* islote español en el Mediterráneo, frente a la costa marroquí. || **~ Málaga,** c. del S. de España (Málaga). || **~ Rubio,** c. del S. de España (Almería).

Vélez || **~ de Guevara** (LUIS), escritor español, n. en Écija (1579-1644), autor de comedias en verso (*La luna de la sierra, Reinar después de morir, La niña de Gómez Arias*) y de *El diablo cojuelo,* sátira costumbrista en prosa de la España de su tiempo. || **~ Sársfield** (DALMACIO), jurisconsulto y político argentino (1801-1875), autor del Código Civil de su país. || **~ y Herrera** (RAMÓN), poeta cubano (1809-1886).

Veliki Tarnovo, ant. *Tarnovo* o *Tirnovo,* c. de la Bulgaria septentrional. Fue cap. del segundo reino búlgaro (1136-1393).

velillo m. Velo ligero.

velís m. *Méx.* Maleta de mano.

velo m. Tela fina y transparente con que se cubre una cosa. || Prenda de tul, gasa o encaje con que las mujeres se cubren la cabeza, a veces el rostro, en determinadas circunstancias: *ponerse un velo para ir a la iglesia.* || Especie de manto que las monjas y novicias llevan en la cabeza. || Banda de tela que cubre la cabeza de la mujer y los hombros del hombre en la ceremonia de las velaciones después de contraer matrimonio. || *Fig.* Todo aquello que oculta o impide la visión. | Lo que encubre el conocimiento de algo: *levantar el velo que nos oculta los misterios de la naturaleza.* | Apariencia, medio de que uno se sirve para encubrir la realidad: *los velos púdicos de la censura.* | Cualquier cosa ligera que oculta algo. | Aquello que impide que alguien pueda comprender con claridad algo. || — *Fig.* y *fam. Correr* (o *echar*) *un velo* (o *un tupido velo*) *sobre una cosa,* callarla, omitirla. | *Descubrir el velo,* enseñar la realidad, dejar ver. || *Tomar el velo,* tomar los hábitos una monja. || *Velo del paladar,* membrana que separa las fosas nasales de la boca.

velocidad f. Rapidez con que un cuerpo se mueve de un punto a otro: *correr a gran velocidad.* || Relación de la distancia recorrida por un móvil en la unidad de tiempo. || Rapidez, celeridad en la acción: *velocidad de ejecución.* || Cada una de las combinaciones que tienen los engranajes en el motor de un automóvil: *caja de velocidades; motor una velocidad.* || — *Carrera de velocidad,* carrera en pista, generalmente de poca distancia. || *Gran, pequeña velocidad,* servicio rápido o más lento en el transporte de las mercancías en los vagones de ferrocarril. || *Velocidad media,* relación entre el espacio recorrido y el tiempo empleado.

velocímetro m. Dispositivo que indica en un vehículo móvil la velocidad a que se mueve.

velocipedismo m. Ciclismo.

velocípedo m. Vehículo con ruedas que se hacían girar por un mecanismo movido por los pies.

velocista com. Atleta especializado en las carreras de velocidad.

velódromo m. Pista cubierta o al aire libre para carreras de bicicletas.

velomotor m. Motocicleta ligera o bicicleta provista de un motor de 50 a 125 cm³ de cilindrada.

velón m. Lámpara de aceite con uno o varios mecheros y un eje por el que puede girar, subir y bajar.

velonero m. Fabricante o vendedor de velones.

velorio m. Velatorio. (En América, el *velorio* consiste en una ceremonia mixta de rezos y tertulia, con comilona.) || *Amer.* Fiesta poco concurrida.

veloz adj. Rápido, ligero: *automóvil veloz.* || Ágil y pronto en discurrir o hacer algo: *veloz como el rayo.* || — Adv. Rápidamente: *corre muy veloz.*

Velsen, c. de Holanda (Holanda Septentrional). Siderurgia.

veludillo m. Velludillo.

Velletri, c. de Italia en el Lacio (Roma). Opispado.

vellido, da adj. Velloso.

vello m. Pelo corto y fino que hay en algunas partes del cuerpo. || Pelusilla de algunas frutas o plantas.

vellocino m. Vellón, lana o piel de carnero.

Vellocino de oro, vellón del carnero que transportó a Hele y Frixos en la travesía del Helesponto. Custodiado por un dragón, fue robado por Jasón y los Argonautas.

vellón m. Toda la lana del carnero u oveja que sale junta al esquilarla. || Zalea. || Vedija de lana. || Moneda de cobre. || Aleación de plata y cobre con que se labraba moneda.

vellosidad f. Vello. || Abundancia de vello.

vellosilla f. Planta compuesta de flores amarillas, llamada también *oreja de ratón, pelosilla* y *pelusilla.*

velloso, sa adj. Que está cubierto de vellos. || Parecido al vello.

velludillo m. Terciopelo de algodón de pelo muy corto.

velludo, da adj. Muy velloso. || — M. Felpa, terciopelo.

vembérecua f. *Méx.* Planta anacardiácea.

vena f. Cualquiera de los vasos que conduce la sangre al corazón después de haber bañado los tejidos orgánicos: *vena cava, safena, porta.* || Filamento de fibras en el envés de las hojas de las plantas. || Filón, veta en un yacimiento mineral: *vena aurífera, carbonífera.* || Porción de distinto color o clase, larga y estrecha, en la superficie de la madera o piedras duras: *las venas de la caoba, del mármol.* || Corriente subterránea natural de agua. || *Fig.* Estado de ánimo, impulso, arrebato: *trabajar por venas.* | Madera, pasta, conjunto de disposiciones: *tiene vena de orador.* | Inspiración: *vena poética.* || — *Fig.* y *fam. Darle a uno la vena de hacer cierta cosa,* sentirse repentinamente dispuesto a hacerla. | *Estar en vena,* estar en un estado de ánimo propicio para hacer algo; estar inspirado. | *Vena de loco,* ramalazo de locura, algo de locura.

venablo m. Arma arrojadiza, especie de dardo o jabalina. || *Fig.* y *fam. Echar venablos,* prorrumpir en injurias.

venado m. Ciervo. || Nombre de algunos cérvidos de América. || *Danza del venado,* danza típica de México, especialmente entre los indígenas del Estado de Sonora.

venal adj. De las venas, venoso. || Que se adquiere por medio de dinero: *amor venal.* || Sobornable, que se puede corromper por el interés: *autoridad venal.*

venalidad f. Carácter de aquello que se vende o se deja sobornar.

venatorio, ria adj. Cinegético, referente a la caza.

vencedero, ra adj. Que vence o expira después de cierto plazo.

vencedor, ra adj. y s. Triunfador, ganador, que vence.

vencejo m. Pájaro insectívoro semejante a la golondrina. || Atadura de las mieses.

vencer v. t. Aventajar al enemigo o al contrincante, derrotar, triunfar: *vencer a los contrarios.* Ú. t. c. i.: *vencer o morir.* || Tener más que otra persona: *vencer a alguien en generosidad.* || Dominar: *le vence el sueño.* || *Fig.* Acabar con, reprimir, refrenar: *vencer la cólera.* | Superar, salvar: *vencer los obstáculos.* | Imponerse: *venció sus últimos escrúpulos.* | Doblegar: *venció la resistencia de sus padres.* | Ser superior a: *vence a todos en elegancia.* || Hacer ceder: *el mucho peso venció las vigas del techo.* || Coronar, llegar a la cumbre: *vencer una cuesta muy pendiente.* || Salvar: *vencer una distancia.* || — V. i. Llegar a su término un plazo, un contrato, una obligación, etc. || *Fig.* Dominar: *el orgullo venció en él.* || — V. pr. *Fig.* Reprimirse, dominarse: *vencerse a sí mismo.* || Ceder algo por el peso.

vencetósigo m. Planta asclepiadácea de raíz medicinal.

vencible adj. Que puede ser vencido. || Superable.

vencido, da adj. Que ha sido derrotado. Ú. t. c. s.: *¡ay de los vencidos!* || Aplícase a los intereses o pagos que hay que liquidar por haber ya pasado el plazo señalado. || Atrasado, acabado un período: *pagar por meses vencidos.* || *Darse por vencido,* desistir de un intento, rendirse. || — F. Vencimiento. || — *Fig. A la tercera va la vencida,* con paciencia se llega a obtener todo lo que se desea. | *Ir de vencida,* haber disminuido la intensidad o violencia.

vencimiento m. Término, expiración de un plazo, contrato, obligación. || Victoria, triunfo. || Derrota. || Torsión, acción de ceder por efecto de un peso. || *Fig.* Paso, acción de salvar un obstáculo.

venda f. Banda de gasa con la que se cubre una herida o de tela para sujetar un miembro o hueso roto. || — *Fig. Caérsele a uno la venda de los ojos,* desaparecer lo que impedía ver la realidad de las cosas. | *Tener una venda en los ojos,* desconocer la verdad por ofuscación del entendimiento.

vendaje m. Conjunto de la venda y de la cura o apósito fijado o sujeto por ésta.

vendar v. t. Poner una venda. ‖ *Fig.* Cegar el entendimiento: *la pasión le venda los ojos.*

vendaval m. Viento fuerte. ‖ *Fig.* Huracán: *el vendaval de las pasiones.*

vendedor, ra adj. y s. Que vende: *se oían por la calle los gritos de los vendedores de periódicos.*

Vendée, dep. del O. de Francia; cap. *La Roche-sur-Yon.* (V. VANDEA.)

vendehúmos com. inv. Persona que presume de tener influencia.

vendeja f. Venta pública como en feria. ‖ Venta de ciertos frutos que se hace en el tiempo de la cosecha.

vender v. t. Traspasar a otro la propiedad de una cosa por algún precio: *vender una casa.* ‖ Exponer al público las mercancías para el que las quiere comprar: *vender naranjas.* ‖ *Fig.* Sacrificar por dinero cosas que no tienen valor material: *vender su conciencia.* | Traicionar, delatar por interés: *vender al amigo.* ‖ — *Fig. Vender cara una cosa,* hacer que cueste mucho trabajo conseguirla. | *Vender salud,* gozar de muy buena salud. ‖ — V. pr. Ser vendido: *el terreno se vende hoy caro.* ‖ Dejarse sobornar: *venderse al enemigo.* ‖ Descubrir lo oculto, traicionarse. ‖ *Fig. Venderse caro uno,* escatimar su amistad, su compañía, etc., por orgullo.

vendetta f. (pal. ital.). Enemistad causada por una ofensa y que en Córcega se transmite a todos los parientes de la víctima.

vendí m. Certificado de venta en que se acredita la procedencia y el precio de lo comprado.

vendimia f. Cosecha de la uva. ‖ Tiempo en que se hace.

vendimiador, ra m. y f. Persona que vendimia.

vendimiar v. t. Recoger la uva de las viñas. ‖ *Fig.* Sacar provecho o disfrutar de algo.

vendimiario m. Primer mes del calendario republicano francés (del 21, 22 ó 23 de septiembre al 22 ó 23 de octubre).

Vendôme, c. en el centro de Francia (Loir-et-Cher).

Vendôme (Louis Joseph DE BOURBON, *duque de*), general francés (1654-1712). Combatió, a favor de Felipe V, en la guerra de Sucesión española.

Vendrell, v. del NE. de España (Tarragona).

venduta f. *Arg.* y *Cub.* Subasta.

Venecia, región del noreste de Italia, ant. territorio de la república de Venecia, cedido a Austria en 1797 y parte de Italia desde 1866. Se puede distinguir la *Venecia Eugenia* o *Véneto* (prov. de Belluno, Padua, Rovigo, Treviso, Venecia, Verona y Vicenza; 18 377 km²; 3 978 800 h.) y la *Venecia Julia* (prov. de Trieste y de Gorizia; 684 km²; 447 800 h.). Ésta forma con la prov. de Udine la región autónoma de *Friul-Venecia Julia.* — C. del NE. de Italia, edificada en un grupo de islotes que se encuentran en la *laguna de Venecia* (dependiente del *golfo de Venecia*). Arzobispado. Monumentos (plaza y basílica de San Marcos, el campanile, palacio de los dux, innumerables iglesias, museos, puentes, etc.). Orfebrería. Metalurgia e industrias químicas. Festival cinematográfico anual. La ciudad fue desde el s. X el centro de una próspera república aristocrática que duró hasta su supresión por Napoleón Bonaparte en 1797. ‖ ~ (GOLFO DE), golfo formado en el extremo norte del mar Adriático, de Ravena a Pula. Baña las costas de Venecia y el litoral occidental de Istria.

Venecia (*Conspiración de*), conjuración tramada por el duque de Osuna y el virrey de Milán para apoderarse de Venecia (hacia 1618).

veneciano, na adj. y s. De Venecia.

Venegas (Francisco Javier), gobernante español (¿1760-1838?), virrey de México de 1810 a 1813.

venencia f. Utensilio compuesto de un recipiente cilíndrico y de una varilla terminada en gancho, que se usa para probar los vinos en Jerez de la Frontera.

venenillo m. *Méx.* Nombre de varias plantas de México, algunas de ellas medicinales.

veneno m. Cualquier sustancia que, introducida en el organismo, ocasiona la muerte o graves trastornos funcionales. ‖ En particular, líquido tóxico segregado por ciertos animales, que se comunica por picadura o mordedura: *veneno de víbora.* ‖ *Fig.* Cualquier cosa nociva a la salud: *el tabaco es un veneno.* | Lo que puede producir un daño moral: *el veneno de la envidia.* | Maldad en lo que se dice: *sus palabras destilan veneno.*

venenosidad f. Condición de venenoso.

venenoso, sa adj. Que contiene veneno y es capaz de envenenar: *hongo venenoso; serpiente venenosa.* ‖ *Fig.* Malo, malintencionado: *crítica venenosa.*

Vener, en sueco *Vänern,* lago del SO. de Suecia que des. en el Skagerrak; 5 546 km².

venera f. Concha semicircular de dos valvas de cierto molusco comestible que llevaban cosida en la capa los peregrinos que volvían de Santiago. ‖ Insignia que llevan colgada del pecho los caballeros de ciertas órdenes: *la venera de Santiago.* ‖ Venero, manantial. ‖ *Venera de Santiago,* planta amarilidácea industrial de México.

venerable adj. Que merece veneración, respeto: *un venerable anciano.* ‖ — M. Presidente de una logia masónica. ‖ — M. y f. Primer grado en el proceso de canonización de la Iglesia católica.

veneración f. Respeto profundo que se siente por ciertas personas o por las cosas sagradas. ‖ Amor profundo.

venerar v. t. Tener gran respeto y devoción por una persona: *venerar a sus padres.* ‖ Dar culto a Dios, a los santos o a las cosas sagradas: *venerar reliquias.*

venéreo, a adj. Relativo a la cópula carnal. ‖ Aplícase a las enfermedades contraídas por contacto sexual.

venero m. Manantial de agua. ‖ *Fig.* Origen. ‖ Fuente abundante, mina de una cosa: *venero de noticias.* ‖ Filón, yacimiento, criadero de mineral.

Venero de Leiva (Andrés DÍAZ), gobernante español, m. en 1578, primer pres. de Nueva Granada (1564-1574).

véneto, ta adj. y s. Veneciano.

Véneto, n. dado a la *Venecia Eugenia.*

venezolanismo m. Palabra o expresión propias de Venezuela.

venezolano, na adj. y s. De Venezuela.

Venezuela, república federal de América del Sur, que se encuentra entre el océano Atlántico, Guyana, Brasil y Colombia; 912 050 km²; 10 399 000 h. (*venezolanos*). Cap. *Caracas,* 2 264 000 h. Otras c.: *Maracaibo,* 621 100 h.; *San Cristóbal,* 100 000; *Mérida,* 46 000; *Coro,* 45 000; *Barquisimeto,* 250 000; *Puerto Cabello,* 50 000; *Valencia,* 200 000; *Maracay,* 178 800; *Los Teques,* 44 000, *La Guaira,* 25 000; *Barcelona,* 42 000; *Puerto La Cruz,* 54 000; *Cumaná,* 76 000; *Maturín* 54 000; *Ciudad Bolívar,* 98 000, y *Ciudad Guayana,* 100 000. A la superficie señalada hay que añadir 150 000 km² reclamados a la ant. Guayana británica, hoy Guyana.

Administrativamente, Venezuela se divide en un distrito federal, veinte Estados, dos territorios federales y varias dependencias federales. La población es mestiza en un 65 por 100, blanca en un 20 por 100, y el resto a partes iguales entre indios y negros. La religión católica es profesada por la mayoría de la población y la lengua castellana o española es la oficial. La densidad media de población es de 9 h/km², y está concentrada sobre todo en la costa y en las regiones montañosas.

— GEOGRAFÍA. El relieve de Venezuela está constituido esencialmente por una cadena montañosa, la sierra de Mérida, prolongación de los Andes colombianos, al E. del país, donde se encuentra el pico Bolívar (5 002 m). Otra cadena, la cordillera del Norte, corre paralela a la costa. El resto del país comprende los Llanos Centrales, con vegetación de sabana, y el macizo de Guayana, inmensa zona de mesetas, que ocupa más de la mitad del territorio venezolano, y en cuyo límite meridional se levantan las sierras de Pacaraima y Parima. Esta región está apenas explorada. El río principal es el Orinoco, que en sus 2 400 km de curso recibe las aguas de muchos otros ríos (Casiquiare, Meta y Apure, por la izquierda, y el Ventuari, Caura y Caroní, por la derecha) y en su desembocadura forma un amplio delta. Entre los lagos se encuentran el de Maracaibo, que comunica con el mar por el golfo del mismo nombre, y el de Valencia. La costa venezolana tiene una longitud de unos 2 816 km y es bastante accidentada: golfo de Maracaibo, península de Paraguaná, península y golfo de Paria. Frente a ella hay varias islas de soberanía nacional: las del archipiélago de Los Roques y las de Tortuga, Margarita y Coche, que forman el Estado de Nueva Esparta. El clima es cálido a menos de 1 000 metros de altitud, templado entre 1 000 y 2 000, y frío a partir de 2 000. Las precipitaciones son abundantes, sobre todo en el invierno. Venezuela produce café, cacao, caña de azúcar, algodón, trigo, etc., si bien solamente se cultivan la zona costera y la del NO. Desde 1960 está en pleno desarrollo una reforma agraria. La selva del interior encierra enormes riquezas forestales, pero están apenas explotadas. La ganadería se halla extendida por los Llanos y en la región de Maracaibo. Sin embargo, la riqueza fundamental del país reside en el petróleo, que se extrae en la cuenca de Maracaibo y en la zona oriental (Anzoátegui, Monagas, Delta Amacuro). Por su producción global, Venezuela es el tercer productor mundial del preciado oro negro. El subsuelo venezolano proporciona también hierro, cobre, níquel, carbón y oro. La industria está en pleno desarrollo: siderúrgica (El Pao y Cerro Bolívar), alimenticia, textil, azucarera; cemento, caucho, petroquímica. El río Caroní proporciona abundante energía hidroeléctrica. En la confluencia del Orinoco y el Caroní se encuentra Ciudad Guayana, fundada en 1960, capital industrial del país. Los transportes cuentan con 4 500 km de ferrocarriles, 3 000 de carreteras, una importante red fluvial, especialmente en lo que se refiere al Orinoco, y una intensa navegación de cabotaje. Las líneas aéreas interiores y exteriores son abundantes, y existen más de 100 aeropuertos en el país.

— HISTORIA. Antes del Descubrimiento, Venezuela estuvo habitada por los indios de las familias caribe y arawaka, en la costa y en los Llanos, y por los cuicas y timotes en las regiones andinas. Cristóbal Colón desembarcó durante su tercer viaje en la península de Paria (1498), y descubrió también la isla Margarita. En 1499, Alonso de Ojeda y Américo Vespucio exploraron toda la costa. El emperador Carlos V concedió en 1528 parte de estas tierras a los Welser, banqueros alemanes con quienes había contraído deudas. Éstos establecieron la capital en Coro, pero no hicieron avanzar la colonización. La gobernación alemana terminó en 1556 y, ya bajo dominio español, Diego de Losada fundó la ciudad de Caracas (1567). Dividida en varias gobernaciones que dependían de Santo Domingo, la colonia inició la explotación de la ganadería y el cultivo del algodón y del tabaco, viéndose atacada con frecuencia por los piratas extranjeros. El s. XVIII fue pródigo en reformas administrativas, como, por ejemplo, la erección del Virreinato de Nueva Granada (1718), del cual pasaron a depender las gobernaciones venezolanas, la creación de la Capitanía General de Venezuela (1777) y de la Audiencia de Caracas (1786). La Universidad de Caracas fue fundada en 1721, y esta ciudad logró un notable progreso, hasta alcanzar los 40 000 h. a finales de siglo. Tres hombres de dimensión universal nacieron en ella: Francisco de Miranda, el Precursor de la Independencia, Simón Bolívar, el Libertador, y Andrés Bello, filólogo y legislador, autor de la célebre *Gramática* para uso de americanos. En 1797, una insurrección dirigida por J. M. España y M. Gual fue ahogada en su origen, a la cual siguió la de Francisco Miranda, quien desembarcó en Coro (1806) al mando de una expedición libertadora, pero fracasó por falta de apoyo en la población. En 1810 fue destituido el capitán general, y una Junta tomó el gobierno en nombre del rey. La Independencia fue proclamada el 5 de julio de 1811, y se instaló un gobierno republicano. Pero al año siguiente los españoles reconquistaron gran parte del país, y esta República fue disuelta. Simón Bolívar realizó en 1813 una campaña que le llevó hasta Caracas, pero fue finalmente derrotado por J. T. Boves y sus llaneros. Tras una fracasada expedición bolivariana desde Haití (1816), el Libertador inició una nueva campaña en 1817, en la que liberó la Nueva Granada (1819) y creó la República de la Gran Colombia (Venezuela, Cundinamarca, Quito). En 1821, con la victoria de Carabobo, terminó el dominio español en Venezuela. Bolívar, nombrado presidente de la Gran Colombia, vio como, por culpa de los nacionalistas exacerbados, se deshacía su inmensa obra, pues, en efecto, la federación fue disuelta en 1830. J. A. Páez fue el primer presidente de Venezuela, y ejerció además una influencia grande sobre los gobiernos que le siguieron, hasta la llegada al poder del general José Tadeo Monagas (1847), quien gobernó autoritariamente hasta 1858, si bien de 1851 a 1855 el presidente fue su hermano José Gregorio. Este período ha sido llamado *Oligarquía Liberal*. En 1858 se promulgó una constitución de tipo federal, y el país se vio envuelto en una guerra civil, de la que salió con Antonio Guzmán Blanco (1870-1877), quien reorganizó la economía venezolana y reprimió el militarismo. Fue de nuevo presidente en 1879 y en 1886, pero el militarismo seguía latente. Cipriano Castro llegó al poder tras una sublevación militar (1899), y su gobierno dictatorial y mala administración provocaron una serie de levantamientos, en uno de los cuales fue expulsado de la presidencia por el general Juan Vicente Gómez (1908). Gómez gobernó prácticamente hasta su muerte en 1935. Su gobierno dictatorial tuvo algunos aspectos positivos, como fueron la liquidación de la deuda exterior y el impulso dado a la explotación del petróleo, que llegó a cambiar profundamente las estructuras del país. Durante el s. XIX y el primer tercio del XX el país se agotó en una serie de guerras civiles que diezmaron a la población e impidieron el normal desarrollo. Puede decirse que la Venezuela moderna nace en 1936, tras la muerte del dictador Gómez. Unos gobiernos militares de poco relieve siguieron, hasta las presidencias de Rómulo Betancourt (1945) y Rómulo Gallegos (1948), derribado ese mismo año por un golpe militar. Marcos Pérez Jiménez ejerció el poder dictatorialmente de 1952 a 1958, año en que fue derrocado por un movimiento cívico-militar. Convocadas elecciones, resultó elegido de nuevo Rómulo Betancourt, fundador del partido de Acción Democrática, quien impulsó la reforma agraria y el desarrollo industrial, y tuvo que hacer frente a varios movimientos extremistas. En 1963 resultó electo por sufragio directo el doctor Raúl Leoni, también de Acción Democrática, quien ha seguido en líneas generales la política de su predecesor. En las elecciones de 1968 salió triunfante Rafael Caldera, de tendencia democristiana, que gobernó de 1969 a 1974. Llevó a cabo una política exterior flexible, fomentó la industrialización del país (petroquímica, siderurgia), dio los primeros pasos para la recuperación de las riquezas petroleras y continuó la reforma agraria. Le sucedió en 1974 Carlos Andrés Pérez Rodríguez, dirigente del partido de Acción Democrática.

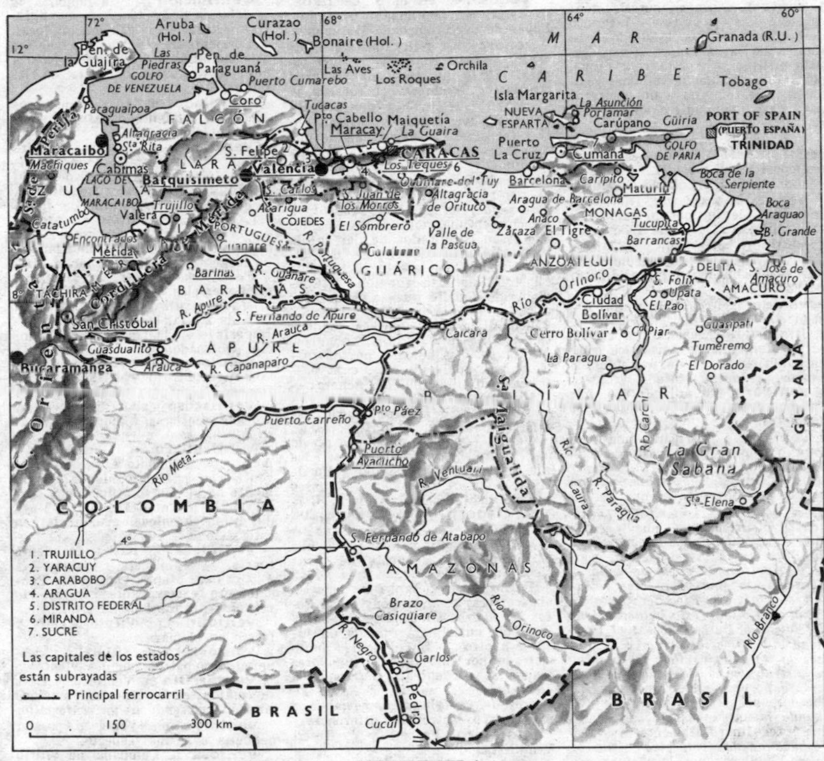

VENEZUELA

Venezuela (GOLFO DE). V. MARACAIBO.

venga adj. y s. Dícese de los individuos de un pueblo de raza negra que habita la Guinea Ecuatorial e islas de Corisco y Elobey.

vengador, ra adj. Que venga o

se venga (ú. t. c. s.): *un hombre vengador.*

venganza f Satisfacción que se toma del agravio o daño recibidos: *tomar, gritar venganza contra alguien.*

— Recibe el nombre de *Venganza catalana* el conjunto de represalias que tomaron los almogávares catalanes en la expedición a Oriente al ser asesinado su jefe Roger de Flor (1307).

vengar v. t. Obtener por la fuerza reparación de un agravio o daño: *vengar una ofensa; vengarse de una afrenta* (ú. t. c. pr.).

vengativo, va adj. Predispuesto a vengarse: *un hombre de espíritu vengativo* (ú. t. c. s.).

Veni Creator Spíritus, himno en honor del Espíritu Santo.

venia f. Permiso, autorización: *con la venia del profesor.* ‖ Perdón de la ofensa o culpa. ‖ Saludo hecho inclinando la cabeza. ‖ *Amer.* Saludo militar. ‖ *For.* Licencia que, por indicación de un tribunal competente, se concedía a un menor de edad para que pudiera administrar su hacienda.

venial adj. Sin gravedad: *culpa venial.* ‖ *Pecado venial,* pecado leve (en oposición a *mortal*).

venialidad f. Calidad de venial.

venicnio, a adj. y s. Dícese del individuo de un pueblo celta que se estableció al NO. de Irlanda.

venicón, ona adj. y s. Dícese del individuo de un pueblo celta que se estableció en la región SE. de Escocia.

venida f. Acción de venir, llegada: *la venida de la primavera.* ‖ Regreso. ‖ Acometida o ataque en esgrima que se hacen los combatientes, después de presentar la espada. ‖ *Idas y venidas,* v. IDAS.

venidero, ra adj. Futuro, que ha de venir: *los años, los siglos venideros.*

* **venir** v. i. Dirigirse una persona o moverse una cosa de allá hacia acá: *su marido va a venir* (ú. t. c. pr.). ‖ Llegar una persona o cosa a donde está el que habla: *¡ven aquí!* Ú. t. c. pr.: *¡vente aquí!* ‖ Presentarse una persona ante otra: *vino a verme apenas llegó de Bruselas.* ‖ Ajustarse, ir, sentar: *este traje le viene pequeño.* ‖ Convenir, ir: *me viene bien retrasar el viaje.* ‖ Proceder: *este té viene de Ceilán; esta palabra viene del latín.* ‖ Darse, crecer: *el trigo viene bien en este campo.* ‖ Resultar: *la ignorancia viene de la falta de instrucción.* ‖ Conformarse: *terminará por venir a lo propuesto.* ‖ Suceder, acaecer: *la muerte viene cuando menos se espera.* ‖ Seguir una cosa inmediatamente a otra: *después de la tempestad viene la calma.* ‖ Pasar por la mente: *me vino la idea de marcharme.* ‖ Acometer: *le vinieron deseos de comer.* ‖ Estar, hallarse: *su foto viene en la primera página; el texto viene en inglés.* ‖ Ser, resultar: *el piso nos viene ancho.* ‖ — *¿A qué viene esto?,* ¿para qué dice o hace esto? ‖ *En lo por venir,* de aquí en adelante; en lo futuro. ‖ *Venga lo que viniere,* expr. con que uno muestra la determinación de emprender una cosa sin reparar en sus consecuencias. ‖ *Venir a las manos,* pelearse. ‖ *Venir al caso,* tener que ver. ‖ *Venir al mundo,* nacer. ‖ *Fam. Venir al pelo* (o *a punto*), ser muy oportuno. ‖ *Fig. Venir a menos,* decaer, empeorar. | *Venir ancha una cosa a uno,* ser superior a la capacidad o méritos de uno. | *Venir a parar,* llegar a cierta consecuencia: *la inflación vino a parar en una catástrofe.* ‖ *Venir a ser,* equivaler. ‖ *Venir a un acuerdo,* llegar finalmente a él. ‖ *Venir con,* acompañar: *venga con él.* ‖ *Fig.* y *fam. Venir de perillas* (o *de perlas,* o *de primera*) *una cosa,* resultar muy conveniente u oportuna. ‖ *Venir en,* resolver, acordar: *venir en decretar.* ‖ *Venir en conocimiento de uno,* llegar a ser sabido. ‖ *Fig. Venirle a la cabeza* (o *a la memoria*) *de uno,* acordarse. ‖ *Fig.* y *fam. Venir rodado algo,* suceder, sin haberlo pensado, algo que resulta conveniente. | *Verle venir a uno,* adivinar sus intenciones. ‖ — V. pr. Volver, regresar. ‖ *Venirse abajo* (o *al suelo* o *a tierra*) *una cosa,* caerse, hundirse; (fig.) frustrarse, malograrse: *todos sus proyectos se han venido abajo.*

Venizelos (Eleutherios), político griego (1864-1936), primer ministro en varias ocasiones. — Su hijo SÓFOCLES (1894-1964) fue cinco veces jefe del Gobierno.

Venlo, c. en el SE. de Holanda (Limburgo). Mercado agrícola.

Venosa, c. en el S. de Italia, en Basilicata (Potenza). Obispado. Lugar de nacimiento de Horacio.

venoso, sa adj. Compuesto de venas: *sistema venoso.* ‖ *Sangre venosa,* sangre que las venas de gran circulación conducen al corazón.

venta f. Convenio por el cual una parte (vendedor) se compromete a transferir la propiedad de una cosa o de un derecho a otra persona (comprador) que ha de pagar el precio ajustado: *la venta puede ser al contado, a crédito, a plazos* o *por cuotas, en pública subasta.* ‖ Función en una empresa de aquellos que están encargados de dar salida a los productos fabricados o comprados para este efecto. ‖ Servicio comercial de esta función. ‖ Condición de aquello que se vende bien o mal: *artículo de fácil venta.* ‖ Cantidad de cosas que se venden: *en invierno la venta de bañadores disminuye.* ‖ Albergue, posada fuera de una población. ‖ *Venta posbalance,* liquidación de géneros.

Venta ‖ **~ (La).** V. UNIÓN (*La*). ‖ **~ de Baños,** v. de España (Palencia). Nudo ferroviario.

Venta (*Cultura de* LA), n. de la cultura desarrollada por los olmecas en la costa S. del golfo de México, en los Estados de Tabasco y Veracruz (800-100 a. de J. C.).

Ventadorn. V. BERNAT DE VENTADORN.

ventaja f. Superioridad de una persona o cosa respecto de otra: *tiene la ventaja de ser más hábil.* ‖ Hecho de ir delante de otro en una carrera, competición, etc.: *llevar 20 metros de ventaja a uno.* ‖ Ganancia anticipada que da un jugador a otro. ‖ En el tenis, punto marcado por uno de los jugadores cuando se encuentran empatados a 40: *ventaja al saque.* ‖ *Sacar 10 metros de ventaja a uno,* ganar a uno por 10 metros de diferencia.

ventajero, ra m. y f. *Amer.* Ventajista.

ventajista adj. Dícese de la persona que trata de sacar provecho de todo (ú. t. c. s.).

ventajoso, sa adj. Que ofrece muy buenas condiciones, conveniente: *un ocasión muy ventajosa.*

ventalla f. *Bot.* Cada una de las dos o más partes de la cáscara o vaina de un fruto reunidas por una sutura.

ventalle m. Pieza del casco, que en unión de la visera, cerraba la parte delantera.

ventana f. Abertura que se deja en una pared para dar paso al aire y a la luz. ‖ Armazón con que se cierra. ‖ Ventanilla de la nariz. ‖ *Fig. Tirar una cosa por la ventana,* desperdiciarla, derrocharla.

Ventana, cerro de México (Sinaloa); 2 474 m. — Bahía y punta de México, en la costa oriental del territ. de Baja California.

ventanal m. Ventana grande.

ventanilla f. Ventana pequeña. ‖ Ventana en los coches, trenes, aviones, barcos, etc. ‖ Taquilla de las oficinas, de despacho de billetes. ‖ Abertura tapada con papel transparente que tienen los sobres para que pueda verse la dirección escrita en la misma carta. ‖ Cada uno de los orificios de la nariz.

ventanillo m. Postigo pequeño. ‖ Mirilla de una puerta. ‖ Tragaluz en el techo. ‖ Ventanilla de los barcos, aviones.

ventano m. Ventana pequeña.

ventarrón m. Viento fuerte: *un ventarrón tiró la chimenea.*

ventear v. impers. Soplar el viento o hacer aire fuerte. ‖ — V. t. Olfatear los animales el viento para orientarse con el olfato. ‖ Poner al viento, airear: *ventear la ropa de la cama.* ‖ *Fig.* Olerse, sospechar.

ventero, ra adj. Que ventea o toma el viento: *perro ventero.* ‖ — M. y f. Dueño o encargado de una venta, albergue o posada.

ventilación f. Aeración: *la ventilación de un túnel, de una sala.* ‖ Abertura para ventilar un local. ‖ Corriente de aire que se establece al ventilarlo. ‖ *Ventilación pulmonar,* movimientos del aire en los pulmones.

ventilador m. Aparato que produce una corriente de aire y sirve para ventilar.

ventilar v. t. Renovar el aire de un recinto: *ventilar una habitación* (ú. t. c. pr.). ‖ Exponer al viento, airear: *ventilar las sábanas.* ‖ *Fig.* Examinar, tratar de resolver, dilucidar: *ventilar un problema* (ú. t. c. pr.). | Hacer que algo secreto trascienda al conocimiento de la gente. | Salir a tomar el aire. ‖ *Fam. Ventilárselas,* arreglárselas, componérselas muy bien.

Ventimiglia, c. y puerto en el NO. de Italia, en Liguria (prov. de Imperia), en la frontera con Francia. Obispado.

ventisca f. Borrasca de nieve.

ventiscar o **ventisquear** v. impers. Nevar con viento fuerte.

ventiscoso, sa adj. Que hay muchas ventiscas o borrascas: *paraje ventiscoso.*

ventisquero m. Ventisca. ‖ Altura de un monte expuesta a las ventiscas. ‖ Helero, lugar de un monte en el que se acumulan y conservan la nieve y el hielo. ‖ Masa de hielo o nieve acumulada en este sitio.

ventolera f. Racha de viento fuerte. ‖ Molinete, juguete. ‖ *Fig.* y *fam.* Manía, capricho. | Pensamiento extravagante: *le dio la ventolera de cambiar de oficio.*

ventolina f. Viento ligero y fresco en el mar.

ventorrero m. Sitio alto y despejado combatido por los vientos.

ventorrillo m. Ventorro. ‖ Casa de comidas en las afueras de una población: *merendé en un ventorrillo.*

ventorro m. Venta o posada pequeña o de mal aspecto.

ventosa f. Campana de vidrio en cuyo interior se hace el vacío y que produce una aflujo de sangre en el lugar donde se aplica sobre la piel. ‖ Abertura hecha para dar ventilación. ‖ Órgano con el que algunos animales se adhieren a la superficie de los cuerpos sólidos: *las ventosas de los tentáculos del pulpo.*

ventosear v. i. Expulsar gases intestinales por el ano.

ventosidad f. Gases intestinales expelidos por medio del ano.

ventoso, sa adj. Que hace viento: *día ventoso.* ‖ — M. Sexto mes del calendario republicano francés (del 19, 20 ó 21 de febrero al 21 ó 22 de marzo).

ventrada f. *Arg.* Ventregada.

ventral adj. Del vientre.

ventregada f. Conjunto de animalillos que han nacido en un parto.

ventrera f. Faja para abrigar o ceñir el vientre. ‖ Armadura que cubría el vientre. ‖ Cincha del caballo.

ventricular adj. Del ventrículo.

ventrículo m. Cada una de las dos cavidades inferiores del corazón, de donde parten las arterias aorta y pulmonar. ‖ Cada una de las cuatro cavidades del encéfalo en que se encuentra el líquido cefalorraquídeo.

ventriculografía f. Radiografía de los ventrículos cerebrales mediante una inyección de aire previa trepanación.

ventrílocuo, a adj. Dícese de la persona que puede hablar de tal modo que la voz no parece venir de su boca ni de su persona (ú. t. c. s.).

ventriloquia f. Facultad de hablar como los ventrílocuos.

ventrudo, da adj. De vientre abultado.

Ventuari, río de Venezuela (Amazonas y Bolívar), afl. del Orinoco; 563 km.

ventura f. Felicidad, dicha, suerte: *deseos de ventura.* || Fortuna, suerte, casualidad: *la ventura quiso que me encontrara con él.* || Riesgo, peligro. || — *A la ventura* o *a la buena ventura,* al azar. || *Buena ventura,* buenaventura. || *Por ventura,* por casualidad; afortunadamente. || *Probar ventura,* tentar la suerte.

venturina f. Cuarzo amarillento que tiene en la masa laminitas de mica dorada.

venturoso, sa adj. Afortunado, que tiene suerte.

venus f. *Fig.* Mujer muy bella. || Género de moluscos lamelibranquios marinos.

Venus, segundo de los planetas del sistema solar cuya órbita se encuentra entre las de Mercurio y la Tierra.

Venus, divinidad romana del Amor. Es la *Afrodita* griega.

venustez y **venustidad** f. Belleza, hermosura perfecta.

Venustiano Carranza, c. y mun. en el S. de México (Chiapas). — Nombre dado tb. a varias pobl. de distintos Estados de México.

venusto, ta adj. Bello.

ver m. Sentido de la vista. || Aspecto, apariencia: *cosa de buen ver.* || Parecer, opinión: *a mi, tu, su, nuestro ver carecen de razones.*

* **ver** v. t. e i. Percibir con la vista: *he visto el nuevo edificio.* || Percibir con otro sentido: *los ciegos ven con los dedos.* || Examinar, mirar con atención: *ve si esto te conviene.* || Visitar: *fue a ver a su amigo.* || Recibir: *los lunes veo a los representantes.* || Encontrarse: *ayer lo vi en el parque.* || Consultar: *ver al médico.* || Informarse, enterarse: *voy a ver si ha venido ya.* || Saber: *no veo la decisión que he de tomar.* || Prever: *no veo el fin de nuestros cuidados.* || Conocer, adivinar: *vi sus intenciones perversas.* || Comprender, concebir: *no veo por qué trabaja tanto.* || Entender: *ahora lo veo muy claro.* || Comprobar: *veo que no te has conducido muy bien.* || Sospechar, figurarse: *veo lo que me vas a decir.* || Ser escena de: *¡imagínese lo que habrán visto estas paredes!* || Juzgar: *cada cual tiene su manera de ver las cosas* (ú. t. c. pr.). || Tener en cuenta: *sólo ve lo que le interesa.* || Darse cuenta: *no ves lo difícil que es hacerlo.* || Ser juez en una causa. || —*A más ver* (o *hasta más ver*), fórmula de despedida. || *A ver,* expr. empleada para pedir algo que se quiere examinar o para manifestar sorpresa o incredulidad. || *Darse a ver,* mostrarse. || *Esto está por ver* (o *habrá que verlo*), esto hay que comprobarlo. || *Ni visto ni oído,* rápida y repentinamente. || *Fig.* y *fam. No poder ver a uno ni en pintura* (o *ni pintado*), detestarlo. || *Fig. No tener nada que ver con,* no tener ninguna relación con. || *Fig.* y *fam. No ver ni jota* (o *no ver tres en un burro*), ser muy miope. || *Por lo visto* (o *por lo que se ve*), al parecer, según las apariencias. || *Fam. Que no veo* (*ves,* etc.), mucho: *tengo un hambre que no veo.* || *Ser de ver una cosa,* ser digna de atención. || *Fig. Te veo venir,* adivino tus intenciones. || *Ver de,* intentar, procurar: *ya veremos de satisfacerle.* || *Fig. Veremos,* expr. que se usa para diferir la ejecución de una cosa. || *Ver mundo,* viajar mucho. || — V. pr. Mirarse, contemplarse: *verse en el espejo.* || Ser perceptible: *el colorido no se ve.* || Encontrarse en cierta situación: *verse apurado.* || Tratarse: *nos vemos a menudo.* || Encontrarse, entrevistarse. || Ocurrir, suceder: *esto se ve en todos los países.* || *Fig.* y *fam. Vérselas y deseárselas,* pasarlo muy mal; darse un trabajo loco. | *Verse negro,* encontrarse en gran apuro.

vera f. Orilla: *a la vera de la senda.* || Lado: *estaba a mi vera.* || Árbol cigofiláceo americano, de madera rojiza muy dura.

Vera, c. y dep. en el E. de la Argentina (Corrientes). — V. en el SE. de España (Almería). || ~ **(La),** comarca en el O. de España (Extremadura). Agricultura.

Vera y Aragón (Juan TORRE DE). V. TORRE DE VERA.

veracidad f. Realidad : *la veracidad de un hecho.*

Veracruz, c. y puerto al E. de México, en el Estado homónimo, a orillas del golfo de México. Arzobispado. Universidad. Escuela Naval. Industrias. Ingenio azucarero. — Estado en el E. de México; cap. *Jalapa Enríquez.* Agricultura. Ganadería. Minas. Petróleo.

Veracruz (Alonso de la), religioso agustino español del s. XVI; vivió en México desde 1501 hasta su muerte, y realizó una gran labor cultural.

Veragua *(Duque de),* título otorgado por Carlos I al nieto de Cristóbal Colón y que aún conservan sus sucesores.

Veraguas, n. dado por Colón a la costa panameña, entre la península Valiente y la punta Toro. — Río de Panamá, que des. en el mar Caribe. — Prov. de Panamá al O. de la península de Azuero; cap. *Santiago de Veraguas.* Café, cacao. Ganadería. Minas (oro, cobre; sal).

veragüense adj. y s. De Veraguas (Panamá).

veranada f. Entre los ganaderos, temporada del verano.

veranadero m. Lugar donde los ganados pastan en verano.

veranda f. Galería o balcón que corre a lo largo de las casas de la India y del Extremo Oriente. || Balcón cubierto con cierre de cristales, mirador.

veraneante com. Persona que pasa el verano en un sitio.

veranear v. i. Pasar las vacaciones de verano en cierto sitio: *solía veranear todos los años en Torremolinos, cerca de Málaga.*

veraneo m. Acción de veranear: *ir de veraneo.* || Vacaciones de verano: *organizar el veraneo.*

veraniego, ga adj. Relativo al verano: *temporada veraniega.* || *Fig.* Ligero, que se lleva en verano: *traje veraniego.*

veranillo m. Tiempo breve en que suele hacer calor a finales de septiembre: *el veranillo de San Miguel, del membrillo* (España), *de San Juan* (América).

verano m. Estío, estación más calurosa del año.

— En el hemisferio septentrional, el *verano* comprende los meses de junio, julio y agosto. En el hemisferio austral, los meses de diciembre, enero y febrero. En el Ecuador, la temporada de sequía, que dura unos seis meses.

verapacense adj. y s. De Verapaz.

Verapaz (Alta y **Baja),** departamentos del centro de Guatemala; cap. *Cobán* y *Salamá.* Agricultura; ganadería.

veras f. pl. Realidad, verdad en las cosas que se dicen o hacen. || *De veras,* realmente, de verdad. *enfermo, feo de veras;* en serio, no en broma: *lo digo de veras.*

veratrina f. Alcaloide tóxico existente en la cebadilla.

veraz adj. Que dice siempre la verdad: *historiador veraz.*

verbal adj. Que se hace de palabra y no por escrito: *promesa verbal.* || Relativo al verbo: *formas verbales.* || Aplícase a las palabras que se derivan del verbo.

verbalismo m. Propensión a dar más importancia a las palabras que a los conceptos.

verbalista adj. Relativo al verbalismo.

verbasco m. *Bot.* Gordolobo.

verbena f. Planta verbenácea de hermosas flores usadas en farmacia. || Feria y fiesta popular nocturna: *la verbena de San Juan.*

verbenáceo, a adj. y s. f. Dícese de las plantas dicotiledóneas como la verbena, la hierba luisa y el sauzgatillo. || — F. pl. Familia que forman.

verbenero, ra adj. Referente a la verbena: *noche verbenera.*

verbigracia y **verbi gratia** expr. lat. Por ejemplo.

verbo m. Segunda persona de la Santísima Trinidad, encarnada en Jesús: *el Verbo divino.* || Lenguaje, palabra. || *Gram.* Palabra que, en una oración, expresa la acción o el estado del sujeto. (V. *Compendio de gramática,* p. 12 y sgtes.)

verborrea y **verbosidad** f. Abundancia de palabras inútiles: *me molesta su verborrea.*

Vercelli c. del NO. de Italia en el Piamonte, cap. de la prov. homónima. Arzobispado. Textiles. Los cimbros fueron derrotados aquí por Mario (101 a. de J. C.).

Vercingetórix, caudillo galo (¿72?-46 a. de J. C.), defensor de Gergovia y sitiado en Alesia por César. M. decapitado en Roma.

verdad f. Condición de lo que es verdadero: *la verdad es que no pueda hacerlo.* || Conformidad de lo que se dice con lo que se siente o se piensa: *decir la verdad.* || Cosa cierta: *esto es verdad.* || Veracidad, autenticidad, certeza: *verdad histórica, científica, filosófica.* || Sinceridad, buena fe: *un acento de verdad.* || — *Bien es verdad que* (o *verdad es que*), expr. que se usan para explicar o atenuar. || *Fam. Cantarle* (o *decirle*) *a uno cuatro verdades* (o *las verdades del barquero*), criticarle crudamente o con franqueza. || *De verdad,* de veras, realmente; verdadero, auténtico: *un torero de verdad;* en serio, no en broma: *¿lo dices de verdad?* || *En verdad,* por cierto, verdaderamente. || *Fig.* y *fam. Una verdad como un puño* (o *como un templo*), una verdad evidente. || *¿Verdad?,* ¿es cierto? || *Verdad de Perogrullo,* perogrullada, cosa sabida por todos y que es ocioso repetir.

Verdad sospechosa *(La),* comedia de Ruiz de Alarcón (1630).

Verdad y Ramos (Francisco Primo de), protomártir de la independencia mexicana (1760-1808).

verdadero, ra adj. Conforme a la verdad, a la realidad: *nada hay de verdadero en lo que afirma.* || Auténtico, que tiene los caracteres esenciales de su naturaleza: *un topacio verdadero; el Dios Verdadero; un verdadero bandido.* || Real, principal: *el verdadero motivo de su acción.* || Conveniente, adecuado: *éste es su verdadero sitio.*

Verdaguer y Santaló (Mosén Jacinto), poeta español de lengua catalana (1845-1902), autor de las epopeyas *La Atlántida* y *Canigó.*

verdal adj. Aplícase a algunas frutas que conservan el color verde aun después de maduras: *aceitunas verdales.*

verdasca f. Vara verde.

verde adj. De color semejante al de la hierba fresca, la esmeralda, etc., y que resulta de una mezcla de azul y amarillo. || Que tiene savia y no está seco: *leña verde.* || Fresco: *hortalizas verdes.* || Que aún no está maduro: *uvas verdes.* || *Fig.* Inmaduro, en sus comienzos: *el negocio está aún verde.* | Libre, escabroso, licencioso: *chiste verde.* | Que tiene inclinaciones galantes a pesar de su edad: *viejo verde.* || *Fig.* y *fam. Poner verde a uno,* insultarle o desacreditarle. || — M. Color verde: *no me gusta el verde.* || Verdor de la planta. || Conjunto de hierbas del campo. || Follaje. || *Fig.* Carácter escabroso: *lo verde de sus palabras.* || *Riopl.* Mate, infusión. || *Fig.* y *fam. Darse un verde,* hartarse, hincharse. || *Méx. Verde montero,* colibrí.

Verde, penins. de la Argentina, al S. de la prov. de Buenos Aires. — Río del Brasil (Mato Grosso), afl. del Paraná; 320 km. — Río que señala una parte de la frontera del Brasil con Bolivia, afl. del Guaporé. — Río en el O. de México (Zacatecas y Jalisco), afl. del río Grande de Santiago; 260 km. — Río del Paraguay, afl. del río Paraguay. || **~ (Cabo).** V. CABO VERDE.

verdear v. i. Volverse una cosa de color verde. || Tirar a verde. || Empezar a cubrirse de plantas: *verdeaban los campos.* || — V. t. Coger la aceituna.

verdeceledón m. Color verde claro de ciertas telas.

* **verdecer** v. i. Cubrirse de verde los campos o los árboles.

verdel m. Pez parecido a la caballa.

verdemar adj. Dícese del color verdoso parecido al del mar (ú. t. c. s. m.).

verdeo m. Recolección de la aceituna.

verdeoscuro, ra adj. Verde de color oscuro.

verderón m. Ave canora parecida del gorrión, con plumaje verde y amarillo. || Berberecho.

verdete m. Verdín.

Verdi (Giuseppe), músico italiano (1813-1901), autor de óperas (*La Traviata, El Trovador, Don Carlos, Rigoletto, Aida, Otelo,* etc.) y de un *Réquiem.*

verdiales m. pl. Ciertos cantes y bailes propios de los montes de Málaga.

verdín m. Algas verdes o mohos que se crían en un lugar húmedo o cubierto de agua. || Cardenillo. || Color verde claro.

verdinegro, gra adj. De color verde muy oscuro.

verdiondo, da adj. *Méx.* Se aplica al fruto poco maduro.

verdolaga f. Planta cariofilácea cuyas hojas se comen en ensalada.

verdón m. Verderón, pájaro.

verdor m. Color verde. || Color verde vivo de las plantas. || *Fig.* Vigor, lozanía, juventud.

verdoso, sa adj. Que tira a verde. || Muy pálido: *tenía la tez verdosa y era muy delgado.*

verdugada f. *Arq.* Verdugo.

verdugado m. Prenda que las mujeres usaban debajo de la falda para ahuecarla.

verdugazo m. Latigazo, azote.

verdugo m. Ministro de la justicia que ejecuta las penas de muerte. || Brote, vástago de árbol. || Vara flexible para azotar. || Verdugón o señal en la piel. || Prenda de punto para abrigar que cubre la cabeza a modo de capucha. || Alcaudón. || *Arq.* Serie horizontal de ladrillos en una construcción de tierra o de mampostería. || *Fig.* Persona muy cruel; que castiga sin piedad: *este maestro es un verdugo.* | Cosa que mortifica mucho. || *Taurom.* Verduguillo. || *Méx.* Pájaro arriero.

verdugón m. Señal o roncha, coloreada o hinchada, que deja en el cuerpo un latigazo o un golpe: *su piel estaba cubierta de verdugones.* || Verdugo de árbol.

verduguillo m. Ronchita que se levanta en las hojas de algunas plantas. || Navaja pequeña de afeitar. || *Taurom.* Espada para descabellar.

verdulería f. Tienda donde se venden verduras. || *Fam.* Palabra o acción escabrosa, verde. | Obscenidad.

verdulero, ra m. y f. Persona que vende verduras. || *Fig.* Persona verde o escabrosa. || — F. *Fig.* y *fam.* Mujer ordinaria y vulgar: *habla y se conduce como si fuese una verdulera.*

Verdún, c. en el NE. de Francia (Meuse) a orillas del Mosa. Obispado. En 1916, el ejército francés derrotó a las fuerzas alemanas en la primera guerra mundial.

verdura f. Hortaliza, legumbre verde. || Verdor, color verde.

verdusco, ca adj. Verdoso.

verecundia f. Vergüenza.

verecundo, da adj. Vergonzoso, que se avergüenza fácilmente.

vereda f. Senda, camino estrecho. || *Amer.* Acera de las calles. || *Fig. Hacer entrar* (o *meter*) *a uno en vereda,* hacerle seguir una vida muy seria cumpliendo con sus deberes.

veredicto m. *For.* Declaración en la que un jurado responde a las preguntas hechas por el presidente del tribunal: *veredicto de culpabilidad.* || Juicio, parecer dado sobre cualquier asunto: *el veredicto de la opinión pública.*

Vereeniging, c. en el N. de la Rep. de África del Sur (Transvaal). Metalurgia.

verga f. Miembro genital de los mamíferos. || Arco de acero de la ballesta. || *Mar.* Palo colocado horizontalmente en un mástil para sostener la vela.

Verga (Giovanni), escritor italiano (1840-1922), autor de novelas naturalistas (*Caballería rusticana, Maestro don Gesualdo,* etc.).

vergajazo m. Golpe dado con un vergazo o con una vara.

vergajo m. Verga del toro que, seca y retorcida, sirve de látigo.

Vergara, v. en el N. de España (Guipúzcoa). Aquí tuvo lugar en 1839 la reconciliación entre carlistas y liberales, conocida con el n. de *Abrazo de Vergara.*

Vergara, familia de escultores valencianos. El más conocido fue FRANCISCO (1713-1761), decorador de la catedral de Cuenca. || **~** (JOSÉ IGNACIO), matemático, ingeniero y político chileno (1837-1889). || — **y Vergara** (JOSÉ MARÍA), poeta, costumbrista y crítico colombiano, n. en Bogotá (1831-1872).

vergé adj. Dícese del papel que lleva una filigrana de rayado muy fino cruzado por otras rayas bastante separadas.

vergel m. Huerto con variedad de flores y árboles frutales.

vergeteado, da adj. Dícese del escudo heráldico dividido por diez o más palos.

vergonzante adj. Que tiene o que produce vergüenza: *pobre vergonzante.*

vergonzoso, sa adj. Que es motivo de vergüenza: *hecho vergonzoso.* || Que se avergüenza fácilmente: *niña vergonzosa* (ú. t. c. s.). || — M. Animal parecido al armadillo.

Vergonzoso en Palacio *(El)*, comedia de Tirso de Molina (1621).

vergoña f. (Ant.). Vergüenza.

vergüenza f. Turbación del ánimo causada por alguna ofensa recibida, por una falta cometida, por temor a la deshonra, al ridículo, etc.: *pasar vergüenza; morir de vergüenza.* || Timidez, apocamiento: *tener vergüenza.* || Estimación de la dignidad: *si tiene vergüenza hará lo que debe hacer.* || Honor, pundonor: *hombre de vergüenza.* || Oprobio: *ser la vergüenza de la familia.* || Cosa que indigna, escándalo: *¡es una vergüenza!* || Pena o castigo infamante que consistía en exponer al reo en público. || — Pl. Partes pudendas. || — *Fig. Caérsele a uno la cara de vergüenza,* tener mucha vergüenza. | *Dar vergüenza,* ser motivo de vergüenza. | *Perder la vergüenza,* descararse, insolentarse. | *Señalar a uno a la vergüenza pública,* hacer públicas sus faltas.

Verhaeren (Emile), poeta belga, de lengua francesa (1855-1916). Escribió también cuentos, obras de teatro y crítica literaria.

vericueto m. Caminillo estrecho, tortuoso y escarpado por donde se anda con dificultad. || *Fig.* Complicación, lío, enredo.

verídico, ca adj. Conforme con la verdad: *historia verídica; lo que digo es verídico.*

verificación f. Comprobación, acción de asegurarse de la exactitud de algo.

verificador, ra adj. Encargado de verificar, de controlar algo (ú. t. c. s.). || — M. Aparato que sirve para verificar.

verificar v. t. Comprobar la verdad o exactitud de una cosa: *verificar la declaración de un testigo; el resultado de una operación.* || Realizar, ejecutar, efectuar: *verificar un sondeo.* || — V. pr. Efectuarse: *el acto se verificó hace tiempo.* || Resultar cierto y verdadero lo que se dijo o pronosticó: *se verificó su predicción.*

verificativo, va adj. Que pone de manifiesto la certeza de algo.

verijón, ona adj. *Méx.* Perezoso, flojo, vago.

Verín, v. en el NO. de España (Orense).

verismo m. Veracidad, realismo. || Nombre dado en Italia a una escuela literaria y musical que procura llevar el realismo al extremo.

Veríssimo (Erico Lopes), escritor brasileño, n. en 1905, autor de relatos (*Saga, Caminos cruzados,* etc.) y de la obra *Literatura brasileña.*

verista adj. y s. Relativo al verismo o su partidario.

verja f. Enrejado metálico utilizado para cerrar una casa, un parque, etc.

Verjoiansk o **Verkhoiansk,** c. de la U. R. S. S. (Rusia), en Siberia oriental. Es uno de los puntos más frío del globo.

verjurado, da adj. Vergé.

Verlaine [*verlén*] (Paul), poeta francés, n. en Metz (1844-1896). Influyó poderosamente en la escuela simbolista y en la moderna lírica castellana (Antonio Machado) e hispanoamericana (Rubén Darío). Autor de *Poemas saturnianos, Fiestas galantes, La buena canción, Romanzas sin palabras,* etc.

Vermeer de Delft (Johannes), llamado también *Van der Meer,* pintor holandés, n. en Delft (1632-1675), autor de paisajes (*Vista de Delft*), interiores y de retratos (*La encajera, El geógrafo*).

vermicida adj. y s. m. *Med.* Vermífugo.

vermiculado, da adj. *Arq.* Dícese de los adornos irregulares de un paramento semejantes a las roeduras de gusanos.

vermicular adj. Que tiene o cría gusanos. || Que posee forma de gusano.

vermiforme adj. Con forma de gusano.

vermífugo, ga adj. y s. m. Que mata las lombrices intestinales: *administrar un vermífugo.*

Vermont, Estado del NE. de Norteamérica, en Nueva Inglaterra; cap. *Montpelier.*

vermut o **vermú** m. Licor aperitivo hecho con vino blanco y varias sustancias amargas o tónicas. || Función de cine o teatro por la tarde. (Pl. *vermuts.*)

vernáculo, la adj. Propio del país de quien se habla: *idioma vernáculo.*

vernal adj. De la primavera.

Verne (Jules), escritor francés, n. en Nantes (1828-1905), autor de novelas de aventuras y de anticipación científica (*Viaje al centro de la Tierra, Los hijos del capitán Grant, Veinte mil leguas de viaje* *submarino, La vuelta al mundo en 80 días, Miguel Strogoff, Cinco semanas en globo,* etc.).

Vernet (Carle), pintor y litógrafo francés (1758-1836). — Su hijo HORACE (1789-1863) fue pintor de temas militares.

vernier m. *Tecn.* Nonio.

Vernon (Edward), almirante inglés (1684-1757). Saqueó Portobelo en 1739, pero fue vencido por Blas de Lezo en Cartagena de Indias (1741).

vero m. Mofeta. ‖ — Pl. *Blas.* Esmaltes que cubren el escudo heráldico representando campanillas, unas de plata y otras de azur, que tienen las bocas opuestas.

Vero (Lucio) [130-169], emperador romano, hijo adoptivo de Antonino Pío y asociado al Imperio por Marco Aurelio desde 130.

Verona, c. en el N. de Italia en Venecia, a orillas del Adigio, cap. de la prov. homónima. Obispado. Monumentos medievales y renacentistas. Centro comercial.

veronal m. Analgésico derivado del ácido barbitúrico.

veronés, esa adj. y s. Relativo a Verona.

Veronés (Paolo CALIARI, llamado), pintor italiano de la escuela veneciana (1528-1588), autor de *La tentación de San Antonio, Las bodas de Caná, El triunfo de Venecia, Los discípulos de Emaús, El rapto de Europa, Moisés salvado de las aguas del Nilo,* etc.

verónica f. Planta escrofulariácea de flores azules en espigas. ‖ *Taurom.* Lance que consiste en pasar al toro con la capa extendida con ambas manos. ‖ *Verónica de los jardines,* planta ornamental mexicana.

Verónica *(Santa),* mujer judía que, según la leyenda, vio a Jesús camino del Calvario y le enjugó el rostro con un lienzo en el que quedó impresa la divina faz. Fiesta el 12 de julio.

verosímil adj. Que parece verdadero y puede creerse.

verosimilitud f. Lo que parece verdad. ‖ Probabilidad.

verraco m. Cerdo padre. ‖ *Amer.* Cerdo de monte o pécari. ‖ *Fam. Gritar como un verraco,* gritar muy fuerte.

verraquear v. i. *Fam.* Gruñir como el cerdo. ‖ *Fig.* y *fam.* Berrear, llorar los niños con rabia.

verraquera f. *Fam.* Llorera rabiosa de los niños.

Verrazano (Giovanni da), explorador italiano (1485-1528) que, enviado por Francisco I de Francia, bordeó las costas atlánticas de América del Norte, estuvo en el estuario del Hudson y llegó hasta Terranova. M. en otra expedición al Brasil.

Verres (Cayo Licinio), procónsul romano (¿119?-43 a. de J. C.), famoso por sus depredaciones y atropellos. Cicerón pronunció una serie de discursos en contra de él *(Las Verrinas).*

verriondo, da adj. Dícese del cerdo y otros animales cuando están en celo. ‖ Aplícase a las verduras mal cocidas.

Verrocchio (Andrea DI CIONE, llamado **Del**), escultor, pintor y orfebre italiano (1435-1488), autor de la estatua ecuestre de *Colleoni* (Venecia).

verrón m. Verraco que se echa a las puercas para cubrirlas.

verruga f. Excrecencia cutánea pequeña formada por hipertrofia de las papilas dérmicas.

verrugata f. *Méx.* Nombre de algunos peces de la costa del Pacífico.

verrugoso, sa adj. Con verrugas: *manos verrugosas.*

versado, da adj. Entendido, enterado, instruido: *versado en sociología.*

versal adj. y s. f. *Impr.* Mayúscula: *letra versal.*

versalilla o **versalita** adj. y s. f. *Impr.* Mayúscula pequeña.

Versalles, c. de Francia, a 23 km al SO. de París, cap. del dep. de Yvelines. Obispado. Palacio edificado por Luis XIV. — En 1783 se firmó en *Versalles* el Tratado que proclamó la independencia de los Estados Unidos de Norteamérica. En 1789 fue lugar de la reunión de la Asamblea de los Estados Generales, preludio de la Revolución Francesa, y aquí se firmó en 1919 el Tratado que puso fin a la primera guerra mundial entre los Aliados y Alemania.

versallesco, ca adj. Relativo a Versalles, y sobre todo a la corte allí establecida cuyo apogeo tuvo lugar en el siglo XVIII. ‖ *Fam.* Muy afectado o refinado: *modos versallescos.*

versar v. i. Dar vueltas, girar alrededor de una cosa. ‖ *Versar sobre,* tratar de, referirse a: *conversación, libro que versa sobre música.*

versátil adj. Que se puede volver fácilmente. ‖ *Fig.* Inconstante, cambiadizo: *político versátil.* ‖ *Méx.* Artista que destaca en diversos aspectos.

versatilidad f. Carácter de versátil: *su versatilidad me indigna.*

versícula f. Sitio donde se ponen los libros de coro.

versiculario m. El que canta los versículos. ‖ El que cuida los libros de coro.

versículo m. Cada una de las pequeñas divisiones de los capítulos de ciertos libros, particularmente de la Biblia. ‖ Parte del responsorio que se reza en las horas canónicas.

versificación f. Arte de versificar. ‖ Manera en que está versificada una obra.

versificador, ra adj. y s. Que hace o compone versos.

versificante adj. Que versifica.

versificar v. i. Hacer o componer versos. ‖ — V. t. Poner en verso: *versificar una fábula.*

versión f. Traducción: *versión castellana de "La Odisea".* ‖ Modo que tiene cada uno de referir o interpretar un mismo suceso. ‖ *Med.* Operación para cambiar la postura del feto que no se presenta bien para el parto. ‖ *En versión original,* aplícase a una película de cine no doblada.

versista com. Versificador.

verso m. Reunión de palabras combinadas con arreglo a la cantidad de las sílabas (versos griegos o latinos), al número de sílabas, a su acentuación y a su rima (versos castellanos, alemanes, ingleses) o sólo al número de sílabas y a su rima (versos franceses). ‖ Reverso de una hoja. ‖ — *Verso blanco* o *suelto,* el que no rima con otros. ‖ *Verso libre,* el que no está sujeto a rima ni a metro fijo.

versolari m. Improvisador de versos en las provincias Vascas.

versta f. Medida itineraria rusa, equivalente a 1 067 m.

vértebra f. Cada uno de los huesos cortos que, enlazados entre sí, forman la columna vertebral.

vertebrado, da adj. y s. m. Aplícase a los animales que tienen vértebras. ‖ — M. pl. División o tipo del reino animal que forman estos animales y comprende los *peces,* los *reptiles,* los *batracios,* las *aves* y los *mamíferos.*

vertebral adj. Relativo a las vértebras: *columna vertebral.*

vertedera f. Orejera del arado que voltea la tierra levantada por la reja.

vertedero m. Sitio por donde se vierte o echa algo: *vertedero de basuras.* ‖ Desaguadero o aliviadero de un pantano.

vertedor, ra adj. y s. Que vierte. ‖ — M. Canal o tubo por donde se vierte o evacua cualquier líquido: *vertedor de aguas residuales.* ‖ *Mar.* Achicador de agua.

* **verter** v. t. Derramar, dejar caer líquidos o sustancias pulverulentas: *verter cerveza en el mantel.* ‖ Echar una cosa de un recipiente a otro. ‖ Traducir: *verter un texto inglés al castellano.* ‖ *Fig.* Tratándose de máximas, conceptos, etc., decirlos. ‖ — V. i. Correr un líquido por una cosa inclinada (ú. t. c. pr.).

vertical adj. Que tiene la dirección de la plomada. ‖ *Geom.* Aplícase a la recta o plano perpendicular al horizonte (ú. t. c. s. f.). ‖ — M. Cualquiera de los círculos máximos que se consideran en la esfera celeste perpendiculares al horizonte.

verticalidad f. Estado o calidad de lo vertical.

vértice m. *Geom.* Punto en que concurren los dos lados de un ángulo. | Punto donde se unen tres o más planos. | Cúspide de un cono o pirámide. ‖ *Fig.* Parte más elevada de la cabeza humana.

verticidad f. Capacidad de moverse a varias partes o de girar.

verticilado, da adj. Dispuesto en verticilo: *hojas verticiladas.*

verticilo m. Conjunto de hojas, flores o ramas situados a la misma altura alrededor de un tallo.

vertiente adj. Que vierte. ‖ — F. Cada una de las pendientes de una montaña: *la vertiente norte de los Andes.* ‖ Cada una de las partes inclinadas de un tejado. ‖ *Fig.* Aspecto, lado: *examinar una cuestión por vertientes opuestas.*

vertiginosidad f. Calidad de vertiginoso.

vertiginoso, sa adj. Que causa vértigo: *altura vertiginosa.* ‖ Relativo al vértigo. ‖ Aplicado a velocidad, muy grande.

vértigo m. Sensación de pérdida del equilibrio, vahído, mareo: *padecer vértigo.* ‖ *Fig.* Ataque de locura momentáneo. | Apresuramiento o actividad anormalmente intensos. ‖ *Veter.* Enfermedad de los caballos que se traduce por trastornos en los movimientos.

vertimiento m. Derrame.

Vértiz (José María), médico mexicano (1812-1876). ‖ **~ y Salcedo** (JUAN JOSÉ DE), político español, n. en México (1719-1799), gobernador y virrey del Río de la Plata (1778-1784).

Verviers, c. en el SE. de Bélgica (Lieja). Centro textil.

Vervins [*-van*], c. en el N. de Francia (Aisne). Tratado de Paz entre Felipe II y Enrique IV que terminó con la guerra hispano-francesa (1598).

Vesaas (Tarjei), novelista, poeta y dramaturgo noruego (1897-1970).

Vesalio (Andrés), anatomista flamenco (1514-1564), médico de Carlos I y Felipe II de España.

vesania f. Locura, furia.

vesánico, ca adj. y s. Dícese de la persona que padece vesania.

vesical adj. Relativo a la vejiga: *órganos vesicales.*

vesicante adj. y s. m. Dícese de la sustancia que produce ampollas en la piel.

vesicatorio, ria adj. y s. m. Vejigatorio.

vesícula f. Vejiguilla, ampolla en la epidermis, generalmente llena de líquido seroso. ‖ Bolsa membranosa parecida a una vejiga: *la vesícula biliar.* ‖ Ampolla llena de aire que tienen ciertas plantas acuáticas.

vesicular adj. De forma de vesícula.

vesiculoso, sa adj. Que tiene vesículas o forma parecida a ellas.

Vesinet (Le), c. de Francia (Yvelines), al NO. de París.

Vesoul [*-sul*], c. del E. de Francia, cap. del dep. de Haute-Saône. Metalurgia.

Vespasiano (Tito Flavio) [9-79], emperador romano desde 69.

Pacificó Judea, reformó el Senado y construyó el Coliseo. Fue padre de Tito y de Domiciniano.

vesperal adj. De la tarde, vespertino: *luz vesperal.* || — M. Libro de canto llano que contiene el de vísperas.

véspero m. Lucero de la tarde, el planeta Venus.

vespertino, na adj. De la tarde: *crepúsculo vespertino.*

Vespucio (Américo), navegante italiano, n. en Florencia (1454-1512). Se cree que efectuó cuatro viajes al Nuevo Mundo al servicio de España o de Portugal y fue el primero en afirmar que éste era otro continente. El cosmógrafo alemán Waldseemüller propuso dar en su honor el nombre de *América* al nuevo continente, denominación que apareció por primera vez en 1507.

Vesta, diosa romana del Fuego y del Hogar. Es la *Hestia* griega.

vestal f. Cada una de las sacerdotisas consagradas al culto de la diosa Vesta.

Vesteras. V. VÄSTERAS.

vestíbulo m. Sala o pieza que da entrada a un edificio o casa y generalmente a sus distintas habitaciones. || En los grandes hoteles, sala muy grande situada cerca de la entrada del edificio. || Cavidad irregular del laberinto óseo del oído interno que comunica con la caja del tímpano por las ventanas oval y redonda.

vestido m. Prenda usada para cubrir el cuerpo humano: *los hombres primitivos hacían sus vestidos con la piel de los animales.* || Estas prendas consideradas como género: *historia del vestido.* || Prenda de vestir de mujer compuesta de cuerpo y falda montados en una sola pieza. || *Fig.* y *fam. Cortarle un vestido a uno,* criticarle.

vestidura f. Vestido. || — Pl. Ornamentos eclesiásticos usados para el culto divino.

vestigio m. Huella, señal, resto: *los vestigios de una civilización.*

vestimenta f. Conjunto de las prendas de vestir llevadas por una persona: *una vestimenta ridícula y estrafalaria.*

* **vestir** v. t. Cubrir el cuerpo con vestidos: *vestir a su hermano* (ú. t. c. pr.). || Proveer de vestidos: *vestir a sus hijos* (ú. t. c. pr.). || Hacer la ropa para alguien: *este sastre viste a toda la familia.* || Cubrir: *vestir un sillón de cuero; las hojas nuevas visten ya los árboles.* || *Fig.* Dar mayor consistencia y elegancia a un discurso o escrito. | Disimular, encubrir una cosa con otra. | Adoptar cierto gesto: *vestir su rostro de maldad.* || — *Fig.* y *fam. Quedarse una mujer para vestir imágenes* o *santos,* quedarse soltera. || *Fig. Vísteme despacio que tengo prisa,* no conviene obrar atropelladamente. || — V. i. Ir vestido: *vestir bien* o *mal.* || Ser elegante, ser apropiado para una fiesta o solemnidad: *la seda viste mucho; un traje de vestir.* || *Fig.* y *fam.* Dar categoría: *tener un coche deportivo viste mucho.* || — V. pr. Cubrirse: *el cielo se vistió de nubarrones.* || — *Vestirse de largo una joven,* presentarse en sociedad. || *Fam. Vestirse de tiros largos,* vestirse con suma elegancia.

vestuario m. Conjunto de los trajes de una persona. || Conjunto de trajes para una representación teatral o cinematográfica. || Sitio del teatro donde se visten los actores. || *Mil.* Uniforme de la tropa.

vesubiano, na adj. Relativo al Vesubio.

Vesubio, volcán de Italia meridional, a ocho km al SE. de Nápoles; 1 270 m. La erupción del año 79 a. de J. C. sepultó a Herculano y Pompeya.

veta f. Filón, yacimiento de mineral de forma alargada. || Vena de ciertas piedras y maderas.

vetado, da adj. Veteado.

vetar v. t. Poner el veto: *vetar una proposición.*

veteado, da adj. Que tiene vetas: *mármol veteado.*

vetear v. t. Pintar vetas.

veteranía f. Antigüedad.

veterano, na adj. y s. m. Entre los romanos, soldado que obtenía su licencia. || Aplícase al hombre que ha desempeñado mucho tiempo el mismo empleo: *periodista veterano.* || Dícese del soldado que lleva muchos años de servicio.

veterinario, ria adj. Referente a la veterinaria. || — M. El que se dedica a la veterinaria. || — F. Arte de curar las enfermedades de los animales.

vetiver m. Planta gramínea de la India y de las Antillas, de cuyas raíces se extrae un perfume.

veto m. Derecho que tienen algunos jefes de Estado de oponerse a la promulgación de una ley y algunas grandes potencias de declararse en contra de la adopción de una resolución que ha sido aprobada por la mayoría de los votantes en ciertas organizaciones internacionales. || Oposición, denegación: *padre que pone el veto a un proyecto de casamiento.*

vetón adj. y s. m. Individuo de un pueblo de España en tiempos de los romanos, que vivía entre el Duero y el Tajo.

Vetter, en sueco *Vättern,* lago en el centro de Suecia, que vierte sus aguas en el Báltico; 1 900 km^2.

vetustez f. Estado de deterioro causado por el tiempo: *la vetustez de un edificio.*

vetusto, ta adj. Muy viejo, desgastado por el tiempo: *casa vetusta.*

Vevey, c. en el SO. de Suiza (Vaud), al N. del lago Leman.

Veytia (Mariano), historiador mexicano (1718-1779).

vez f. Usado con un numeral, indica cada realización de un hecho o acción, o el grado de intensidad de una cosa: *he visto esta película dos veces; esta lámpara alumbra tres veces más que la otra.* || Ocasión: *una vez se comió un pollo entero.* || Tiempo en que le toca a uno actuar, turno: *le tocó su vez.* || — *A la vez,* simultáneamente. || *A su vez,* por su turno. || *Algunas veces* o *a veces,* no siempre, en ciertas circunstancias. || *De una vez,* de un un golpe, en una sola acción. || *De una vez para siempre,* definitivamente. || *De vez en cuando,* de cuando en cuando, en ocasiones. || *En vez de,* en sustitución de. || *Érase una vez,* fórmula con que empiezan muchos cuentos infantiles. || *Hacer las veces de,* servir de. || *Muchas veces,* con mucha frecuencia. || *Rara vez,* raramente. || *Tal vez,* quizá, acaso. || *Una* (o *alguna*) *que otra vez,* en pocas ocasiones.

Vézelay [*-lé*], pobl. de Francia (Yonne). Iglesia románica.

vía f. Camino: *vía pública.* || Todo lo que conduce de un sitio a otro: *vía terrestre, marítima, aérea.* || Doble línea de rieles paralelos, afianzados sobre traviesas, que sirven de camino de rodadura a los trenes: *vía férrea.* || Canal, conducto: *vías respiratorias, digestivas, urinarias.* || *Tecn.* Espacio entre las ruedas del mismo eje de un coche. || Entre los ascéticos, orden de vida espiritual: *vía purgativa.* || *For.* Ordenamiento procesal: *vía ordinaria, sumarísima, ejecutiva.* || Cada una de las divisiones longitudinales de una autopista. || — *Estar en vías de,* estar en curso de. || *Las vías del Señor,* sus mandatos y leyes, incomprensibles para los hombres. || *Por vía de,* a modo de. || *Vía de agua,* agujero, grieta en el casco del barco por donde penetra el agua. || *Vía de comunicación,* cualquier camino terrestre, línea marítima o aérea que permite la circulación de personas y objetos. || *Vía férrea,* ferrocarril. || *Vía húmeda,* en química, método de análisis en que se opera con disolventes || *Vía muerta,* vía férrea sin salida. || *For. Vías de hecho,* malos tratos que no constituyen violencias sino más bien afrenta. || *Vía seca,* en química, procedimiento analítico en que se recurre al calor. || — Prep. Pasando por: *Madrid-Londres vía París.*

vía crucis o **viacrucis** m. inv. Conjunto de catorce cuadros o bajorrelieves que representan la Pasión de Jesucristo y que los fieles recorren rezando el Viernes Santo. || *Fig.* Largo padecimiento moral, tormento.

Vía láctea. V. LÁCTEA (*Vía*).

viabilidad f. Calidad de viable.

viable adj. Que puede vivir: *una criatura viable.* || *Fig.* Dícese de lo que reúne las condiciones necesarias para realizarse o llevarse a cabo: *no hemos encontrado ningún proyecto viable.*

Viacha, c. de Bolivia, al S. de La Paz; cap. de la prov. de Ingaví. Centro ferroviario.

viaducto m. Puente construido sobre una hondonada para el paso de una carretera o del ferrocarril.

viajador, ra m. y f. Viajero.

viajante adj. y s. Dícese de la persona que viaja. || — M. Empleado comercial que viaja para vender mercancías en varias plazas.

viajar v. i. Efectuar uno o varios viajes: *no le gusta viajar en avión; viajar por España.*

viaje m. Ida de un sitio a otro bastante alejado: *hacer un viaje a América.* || Ida y venida: *mudas todo el piso en tres viajes.* || Cantidad de una cosa que se transporta de una vez. || Relato hecho por un viajero. || *Fam.* Ataque con arma blanca: *tirar viajes.* || *Taurom.* Cornada. || *Fig.* y *fam.* ¡*Para ese viaje no se precisan alforjas!,* eso no arregla nada, eso es insuficiente.

viajero, ra adj. Que viaja. || — M. y f. Persona que viaja.

vial adj. Relativo a la vía. || — M. Calle bordeada de árboles.

vialidad f. Conjunto de servicios relacionados con las vías públicas.

Viana, mun. del Brasil (Maranhão). — C. en el N. de España (Navarra). || ~ **do Castelo,** c. y puerto del Portugal septentrional, cap. del distrito homónimo.

Viana (Javier de), escritor uruguayo (1868-1926), autor de novelas en las que describe la vida rural (*Yugos, Leña seca, Guri, Mocachines* y *Gaucha*) y de obras de teatro. || ~ (*Príncipe de*). V. CARLOS DE VIANA.

vianda f. Cualquier clase de alimento preparado para las personas.

viandante com. Persona que va de viaje. || Caminante, vagabundo.

Vianney (Juan Bautista María). V. JUAN BAUTISTA MARÍA VIANNEY (*San*).

Viareggio, c. de Italia en Toscana (prov. de Lucca), a orillas del mar Tirreno. Balneario.

Viasa o **Vyasa,** supuesto compilador legendario de los *Vedas* y autor de la epopeya india *Mahabharata.* (V. este n.)

viaticar v. t. Administrar el viático: *viaticar a un moribundo.*

viático m. Dinero o provisiones que se dan a la persona que va de viaje, dieta. || Sacramento de la Eucaristía administrado a un enfermo en peligro de muerte.

Viatka. V. KIROV.

Viau [*vió*] (Teophile de), poeta francés (1590-1626).

víbora f. Serpiente venenosa, de cabeza triangular, que vive en los lugares pedregosos y soleados. || *Fig.* Persona maldiciente, que murmura o habla mal de los demás.

viborezno m. Víbora pequeña.

Viborg, c. de Dinamarca, en el centro de la penins. de Jutlandia. Catedral del s. XII. — V. VYBORG.

vibración f. Rápido movimiento oscilatorio. || Movimiento de vaivén y periódico de un cuerpo alrededor de su posición de equilibrio. ‖ Tratamiento que se aplica al hormigón recién vaciado y que consiste en someterlo a vibraciones para hacerlo más compacto.

vibrado adj. m. Dícese del hormigón sometido a la vibración. ‖ — M. Vibración del hormigón.

vibrador, ra adj. Que vibra. ‖ — M. Aparato que transmite las vibraciones eléctricas. ‖ Aparato para efectuar la vibración del hormigón.

vibrar v. t. Dar un movimiento rápido de vaivén a alguna cosa larga, delgada y elástica. ‖ — V. i. Hallarse un cuerpo sujeto a vibraciones. ‖ *Fig.* Conmoverse.

vibrátil adj. Que puede vibrar. ‖ *Pestaña vibrátil,* filamento protoplasmático de las células y protozoos que les permite trasladarse en un medio líquido.

vibrato m. *Mús.* En los instrumentos de cuerda, leve vibración de tono producida por un movimiento de oscilación del arco.

vibratorio, ria adj. Que vibra.

vibrión m. Bacteria en forma de coma: *el vibrión del cólera.*

viburno m. Arbusto caprifoliáceo de flores blanquecinas olorosas y bayas negras.

vicaria f. En los conventos de monjas, religiosa inmediatamente inferior a la superiora.

vicaría f. Dignidad de vicario. ‖ Territorio de su jurisdicción. ‖ Oficina o residencia del vicario.

vicarial adj. De la vicaría.

vicariato m. Vicaría y tiempo que dura. ‖ *Vicariato apostólico,* circunscripción eclesiástica regida por un vicario apostólico.

vicario m. Cura párroco. ‖ El que sustituye a otro. ‖ — *Vicario apostólico,* obispo encargado de la administración de un territorio de misión en el que no está establecida la jerarquía eclesiástica. ‖ *Vicario de Jesucristo,* el Papa. ‖ *Vicario general,* suplente de un obispo.

Vicario (Leona), heroína mexicana (1787-1842); luchó por la independencia de su patria. Era esposa de Quintana Roo.

Vicario de Wakefield *(El),* novela de Goldsmith (1766).

vicealmirantazgo m. Dignidad de vicealmirante.

vicealmirante m. Oficial general de marina, inferior al almirante. (Equivale a teniente general en el ejército de tierra.)

vicecanciller m. Cardenal de la curia romana que preside el despacho de bulas y breves. ‖ El que hace las veces de canciller.

vicecancillería f. Cargo de vicecanciller. ‖ Su oficina.

vicecónsul m. Funcionario inmediatamente inferior al cónsul.

viceconsulado m. Cargo de vicecónsul. ‖ Su oficina.

vicegobernador m. El que hace las veces de gobernador.

vicejefe m. El que sustituye o reemplaza al jefe.

Vicente n. pr. *¿Dónde va Vicente?, donde va la gente,* frase que se aplica a los que se limitan a seguir el dictamen de la mayoría.

Vicente ‖ ~ **Guerrero,** mun. de México (Puebla). — N. de 25 pobl. de diferentes Estados de México. ‖ ~ **López,** pobl. de la Argentina, en el NO. del Gran Buenos Aires. Industrias.

Vicente ‖ ~ **de Paúl** *(San),* sacerdote francés (1581-1660). Fundó la congregación de las *Hermanas de la Caridad* y la de los *Sacerdotes de la Misión,* llamados más tarde *lazaristas* o *paúles.* Fiesta el 19 de julio. ‖ ~ **Ferrer** *(San),* predicador dominico español (¿1350?-1419). Representó al reino de Valencia en el *Compromiso de Caspe.* Fiesta el 5 de abril.

Vicente (Eduardo), pintor español (1908-1968). ‖ ~ (GIL), autor dramático portugués (¿1470-1536?) que escribió en castellano, autor de *Auto de la Sibila Casandra, Trilogía de las Barcas, Don Duardos,* etc.

vicentino, na adj. y s. De San Vicente (El Salvador).

Vicenza, c. del NE. de Italia en Venecia, cap. de la prov. homónima. Catedral gótica. Metalurgia.

vicepresidencia f. Cargo de vicepresidente o vicepresidenta.

vicepresidente, ta m. y f. Persona que suple al presidente o a la presidenta.

vicerrector, ra m. y f. Funcionario que suple al rector o a la rectora: *vicerrector de la Universidad.*

vicesecretaría f. Cargo de vicesecretario. ‖ Su oficina.

vicesecretario, ria m. y f. Persona que suple al secretario o a la secretaria.

vicetiple f. Corista.

viceversa adv. Recíprocamente, inversamente.

viciar v. t. Corromper física o moralmente: *viciar el aire, las costumbres.* ‖ Adulterar los géneros: *viciar la leche.* ‖ Falsificar: *viciar un escrito.* ‖ Quitar validez a un acto: *viciar un contrato.* ‖ *Fig.* Deformar (ú. t. c. pr.). ‖ — V. pr. Entregarse a los vicios. ‖ Enviciarse.

vicio m. Defecto, imperfección grave: *vicio de conformación.* ‖ Mala costumbre: *fumar puede llegar a ser un vicio.* ‖ Inclinación al mal: *el vicio se opone a la virtud.* ‖ Licencia, libertinaje: *entregarse al vicio.* ‖ Mimo, exceso de condescendencia con que se trata a un niño. ‖ Deformación. ‖ — *Fig. Llorar, quejarse de vicio,* llorar, quejarse sin motivo. ‖ *Vicio oculto,* defecto de una cosa vendida que el comprador desconoce.

vicioso, sa adj. Que tiene algún vicio o imperfección: *locución viciosa.* ‖ Entregado a los vicios, al libertinaje: *hombre vicioso* (ú. t. c. s.). ‖ *Fam.* Mimado. ‖ *Círculo vicioso,* v. CÍRCULO.

vicisitud f. Sucesión de cosas opuestas. ‖ — Pl. Sucesión de acontecimientos felices o desgraciados: *las vicisitudes de la fortuna, de la vida.*

Vico (Giambattista), filósofo italiano (1668-1744), autor de *Principios de la Filosofía de la Historia.*

víctima f. Persona o animal sacrificado a los dioses: *víctima propiciatoria.* ‖ *Fig.* Persona que se sacrifica voluntariamente: *víctima del deber.* | Persona que padece por culpa ajena o suya: *fue víctima de una estafa.* | Persona dañada por algún suceso: *ser víctima de un accidente.*

victimario m. El que preparaba las víctimas y las sujetaba durante el sacrificio. ‖ Barb. por *asesino.*

¡víctor! interj. ¡Vítor!, ¡bravo!

Víctor ‖ ~ **I** *(San),* papa de 189 a 199. Fiesta el 28 de julio. ‖ ~ **II,** papa de 1055 a 1057. ‖ ~ **III,** papa de 1086 a 1087.

Víctor Fajardo, prov. del Perú (Ayacucho); cap. *Huancapi.*

Víctor Manuel ‖ ~ **I** (1759-1821), rey de Cerdeña desde 1802. ‖ ~ **II** (1820-1878), rey de Cerdeña de 1849 a 1861 y de Italia desde 1861 hasta su muerte. Fue, con Cavour, el creador de la unidad italiana. ‖ ~ **III** (1869-1947), rey de Italia en 1900, hijo de Humberto I. Apoyó el régimen fascista y abdicó en favor de su hijo Humberto II en 1946.

victorear v. t. Vitorear.

victoria f. Ventaja sobre el contrario en la guerra o cualquier contienda: *la victoria de un ejército, de un equipo.* ‖ *Fig.* Dominio de los vicios o pasiones. ‖ Coche de caballos descubierto, de cuatro ruedas. ‖ Género de plantas ninfeáceas. ‖ — *Cantar uno victoria,* jactarse del triunfo. ‖ *Victoria pírrica,* la obtenida con muchas pérdidas. ‖ *Victoria regia,* planta acuática ninfeácea de hojas muy grandes, propia de la Amazonia.

Victoria, isla interior en el centro de la Argentina, en el lago de Nahuel Huapi; 15 km². Vivero y parque zoológico. — Sierra en el NE. de la Argentina (Misiones). — Dep. y c. de la Argentina (Entre Ríos), a orillas del Paraná. — Estado de Australia al SE. del país; cap. *Melbourne.* — C. en el E. del Brasil (Espíritu Santo). — C. y puerto de la colonia británica de Hong-Kong, cap. de la isla; 675 000 h. — C. y puerto del Canadá, cap. de Colombia Británica, en el SE. de la isla de Vancouver. — Isla de Chile, en el archip. de los Chonos (Aisén). — Com. y dep. en el centro de Chile (Malleco) — Mun. y v. en el N. de El Salvador (Cabañas). — Sierra en el O. de México (Baja California) — Mun. en el E. de México (Tamaulipas). ‖ ~ (LAGO), ant. *Victoria Nyanza,* lago de África ecuatorial, el mayor de todo el continente, dividido entre Uganda, Tanzania y Kenia; 68 100 km². En él nace el Nilo. ‖ ~ (TIERRA DE), región de la Antártida, entre el mar de Ross y la Tierra de Wilkes. ‖ ~ **de Durango** o **Durango,** c. de México, cap. del Estado de Durango. Arzobispado. Hierro. ‖ ~ **de las Tunas,** c. de Cuba (Oriente).

Victoria ‖ ~ **I** (1819-1901), reina de Gran Bretaña e Irlanda desde 1837 y emperatriz de la India desde 1876. Aconsejada por lord Melbourne y por Disraeli gobernó en bien del país. ‖ ~**Eugenia de Battenberg,** princesa inglesa (1887-1969), reina de España (1906-1931), por su matrimonio con Alfonso XIII. M. en Suiza.

Victoria (Manuel Félix FERNÁNDEZ, llamado **Guadalupe**), militar y político mexicano (1786-1843). Combatió en las guerras de la Independencia, ayudó a Iturbide y luego contribuyó a su derrocamiento. Fue el primer pres. federalista (1824-1829). ‖ ~ (TOMÁS LUIS DE), compositor español, n. en Ávila (¿1540?-1611). Discípulo de Palestrina, fue autor de abundante música religiosa (motetes, misas, salmos, oficios).

Victoria de Junín o *Canto a Bolívar,* poema de José Joaquín Olmedo (1825).

victorioso, sa adj. Que ha conseguido una victoria: *ejército, equipo victorioso.* ‖ Que ha conducido a la victoria: *la batalla de Stalingrado fue victoriosa para los rusos.*

vicuña f. Mamífero rumiante de los Andes, parecido a la llama y cubierto de pelo largo y fino. ‖ Tejido hecho con su pelo.

Vicuña, c. y com. de Chile (Coquimbo). Frutas. ‖ ~ **Mackenna,** sierra de Chile, parte de la Cord. de la Costa.

Vicuña ‖ ~ **Cifuentes** (Julio), poeta y erudito chileno (1865-1936). ‖ ~ **Mackenna** (BENJAMÍN), historiador y político chileno (1831-1886). ‖ ~ **Subercaseaux** (BENJAMÍN), escritor chileno (1876-1911).

Vich, c. en el NE. de España (Barcelona). Obispado. Catedral románica. Museo de arte religioso catalán. Centro agrícola e industrial.

Vichada, río en el E. de Colombia, afl. izq. del Orinoco; 720 km. — Comisaría de Colombia; cap. *Puerto Carreño.* Agricultura; pesca.

vichadense o **vichaense** adj. y s. De Vichada (Colombia).

viche m. Nombre de varias leguminosas de México.

vichear v. i. *Riopl.* Espiar, acechar.

vichy m. (pal. fr). Cierta tela de algodón de cuadritos o rayas.

Vichy, c. en el centro de Francia (Allier), a orillas del Allier. Estación termal. Residencia del Gobierno de Pétain (1940-1944).

vid f. Planta vitácea trepadora, de tronco retorcido, vástagos muy largos, nudosos y flexibles, hojas grandes alternas, cuyo fruto es la uva.

vida f. Conjunto de los fenómenos que concurren al desarrollo y la conservación de los seres orgánicos: *el principio de la vida de un ser.* || Espacio de tiempo que transcurre desde el nacimiento hasta la muerte: *larga vida.* || Lo que ocurre durante este tiempo: *le encanta contar su vida.* || Actividad: *la vida intelectual de un país.* || Sustento, alimento necesario para vivir: *ganarse bien la vida.* || Modo de vivir: *vida de lujo.* || Costo de la subsistencia: *la vida no deja de subir.* || Biografía: *las "Vidas" de Plutarco.* || Profesión: *abrazar la vida religiosa.* || Duración de las cosas: *la vida de un régimen político.* || *Fig.* Viveza, expresión: *mirada llena de vida.* || Actividad, vitalidad: *persona llena de vida.* || Palo del triunfo en algunos juegos. || — *Buscarse la vida,* tratar de conseguir los medios necesarios para vivir. || *Dar mala vida a alguien,* maltratarlo, molestarle constantemente. || *Darse buena vida,* llevar una vida muy agradable y fácil. || *De por vida,* para siempre. || *De toda la vida,* de siempre. || *Fam. Echarse a la vida* o *ser una mujer de la vida,* dedicarse a la prostitución. || *En la vida,* nunca. || *Entre la vida y la muerte,* en gran peligro de muerte. || *Escapar con vida,* librarse de un gran peligro. || *Fam. Hacer uno por la vida,* comer. || *Pasar a mejor vida,* morir en gracia de Dios. || *Fig.* y *fam. Tener la vida pendiente de un hilo,* estar en peligro de muerte. | *Tener siete vidas como los gatos,* ser muy resistente. || *Fig. Vender cara su vida,* defenderse porfiadamente, hasta la muerte. || *Méx. Vida capulina,* vida regalada. || *Vida de canónigo,* la muy cómoda. | *Vida de perros,* la muy dura y miserable. || *Vida eterna,* la del alma de los elegidos después de la muerte. || *Vida futura,* la del alma después de la muerte. || *Vida y milagros de uno,* su modo de vivir, su conducta, sus hechos.

Vida || **~ de los hombres ilustres** o *Vidas paralelas,* relatos biográficos de personajes griegos y romanos por Plutarco. || **~ es sueño** *(La),* drama filosófico en verso de Calderón de la Barca (1635).

Vidal (Francisco Antonio), médico uruguayo (1827-1889), pres. interino de la Rep. en 1865, 1870 y de 1880 a 1882, y pres. constitucional en 1886.

vidalita f. *Riopl.* Canción popular melancólica acompañada con la guitarra.

vide, voz que se usa para remitir de un sitio a otro en un escrito. (Abrev., V.)

vidente adj. y s. Que ve. || Aplícase a la persona que pretende ver lo pasado y lo futuro.

video adj. Dícese del sistema que permite el envío de imágenes televisadas.

vidorra f. *Fam.* Vida comodona.

vidriado, da adj. Vidrioso, quebradizo. || Barnizado. || — M. Revestimiento vítreo con que se cubren las piezas de alfarería para hacerlas impermeables y mejorar su aspecto. || Loza cubierta con este barniz vítreo.

vidriar v. t. Cubrir la loza con barniz vítreo. || — V. pr. *Fig.* Ponerse vidriosa una cosa.

vidriera f. Bastidor con vidrios con que se cierran puertas y ventanas. Ú. t. c. adj.: *puerta vidriera.* Ventana grande cerrada por esta clase de bastidor con vidrios generalmente de colores: *las vidrieras de una catedral.* || *Amer.* Escaparate de una tienda.

vidriería f. Taller donde se fabrican el vidrio y los cristales.

vidriero m. El que fabrica vidrios. || El que coloca o arregla cristales. || *Amer.* Dueño de un escaparate.

vidrio m. Sustancia dura, frágil y transparente que proviene de la fusión de la sílice con potasa o sosa: *fibra de vidrio.* || Objeto hecho con esta sustancia. || *Arg.* Cristal de ventana. || *Fig.* y *fam. Pagar uno los vidrios rotos,* ser el único en sufrir injustamente las consecuencias de un acto cometido con o por otras personas.

vidriosidad f. Calidad de vidrioso.

vidrioso, sa adj. Quebradizo como el vidrio. || *Fig.* Resbaladizo. | Delicado, difícil de tratar, espinoso: *tema vidrioso.* | Susceptible, que se ofende fácilmente. | Dícese de los ojos que ya no brillan, que no tienen transparencia.

viudal adj. Perteneciente o relativo a la viudez.

Viedma, lago en el S. de la Argentina (Santa Cruz), a 250 m de altura; 1 088 km². — C. en el E. de la Argentina, cap. de la prov. de Río Negro en la desembocadura del río de este n. Obispado.

vieira f. Molusco comestible muy común en Galicia, cuya concha es la venera. || Esta concha.

vieja f. Pez del Pacífico, de unos 10 centímetros de largo, de cabeza grande y tentáculos cortos sobre las cejas. || Nombre de algunos peces del golfo de México.

Vieja (CERRO DE LA), monte de México, en el límite de los Estados de Tamaulipas y San Luis Potosí; 2 566 m.

viejito, ta adj. y s. Dim. de *viejo.* || *Danza de los viejitos,* baile mexicano, típico del Estado de Michoacán.

viejo, ja adj. De mucha edad: *mujer vieja.* || Que existe desde hace tiempo: *pueblo viejo; chiste viejo.* || Deslucido, estropeado por el uso: *coche viejo.* || Que ejerce una profesión desde mucho tiempo: *un viejo profesor.* || — *Hacerse viejo,* envejecer. || *Más viejo que andar a gatas* (o *a pie*), muy antiguo. || — M. y f. Persona de mucha edad. || *And.* y *Amer.* Voz de cariño aplicada a los padres, cónyuges, etc.: *¡buenos días, viejo!* || *Un viejo verde,* viejo que quiere adoptar modales de mozo, especialmente en galanteos.

Viejo || **~** (VOLCÁN). V. SAN CRISTÓBAL. || **~ (El),** pobl. en el SO. de Nicaragua (Chinandega).

Viejo Pancho. V. ALONSO TRELLES (José).

Viella, v. en el E. de España (Lérida), en el valle de Arán.

Viena, en alem. *Wien,* cap. de la Rep. Federal de Austria, puerto fluvial a orillas del Danubio; 2 000 000 h. Arzobispado. Universidad. Gran centro cultural, artístico, bancario e industrial del país.

vienés, esa adj. y s. De Viena.

Vienne, río de Francia, afl. del Loira; 372 km. — C. en el E. de Francia (Isère), a orillas del Ródano. Tejidos, metalurgia. Monumentos románicos. — Dep. en el centro de Francia; cap. *Poitiers.* || **~ (Haute-).** V. HAUTE-VIENNE.

Vientiane, cap. administrativa de Laos; 105 000 h. Puerto fluvial. Centro comercial.

viento m. Corriente de aire que se desplaza horizontalmente: *vientos alisios.* || Olor que deja la caza. || Olfato de ciertos animales. || *Mar.* Rumbo. || *Fam.* Ventosidad. — *Fig. Beber los vientos por una persona* o *cosa,* desvivirse por ella. | *Contra viento y marea,* a pesar de todos los obstáculos. | *Como el viento,* muy de prisa. | *Correr malos vientos,* ser las circunstancias adversas. || *Fam. Despedir* o *echar a uno con viento fresco,* echarle de un sitio violentamente. || *Gritar algo a los cuatro vientos,* decirlo para que se entere todo el mundo. || *Instrumento de viento,* el que se hace sonar impeliendo aire dentro de él. || *Fig. Lleno de viento,* vacío; vanidoso. | *Quien siembra vientos recoge tempestades,* el que suscita discordias acaba por ser víctima de ellas. | *Sembrar a los cuatro vientos,* divulgar por todas partes. || *Tomar el viento,* rastrear la caza los perros. || *Fig. Viento en popa,* con buena suerte, sin obstáculos.

vientre m. Cavidad del cuerpo donde están los intestinos. || Región donde está situada esta cavidad: *dar una puñalada en el vientre.* || Conjunto de las vísceras contenidas en esta cavidad. || *Fig.* Estómago: *tener el vientre vacío.* || Panza que tiene una vasija. || *Fís.* Parte más ancha de una onda estacionaria. || — *Bajo vientre,* hipogastrio. || *De vientre,* dícese de la hembra destinada a la reproducción. || *Evacuar, exonerar, hacer de* o *del vientre,* expeler el excremento.

Vieques, isla de las Antillas, al E. de Puerto Rico, de cuyo Estado constituye una municipalidad.

Viera (Feliciano), político uruguayo (1872-1927), pres. de la Rep. de 1915 a 1919.

viernes m. Sexto día de la semana. || — *Fig.* y *fam. Cara de viernes,* la macilenta y triste. || *Comer de viernes,* comer de vigilia. || *Fam. ¿Te lo has aprendido en viernes?,* siempre repites la misma cosa. || *Viernes Santo,* día aniversario de la muerte de Jesucristo.

Viernyi. V. ALMA ATA.

vierteaguas m. inv. Superficie inclinada en la parte baja de puertas y ventanas para que por ella escurra el agua de la lluvia.

Vierzon, c. en el centro de Francia (Cher).

Viesca, laguna y pobl. en el N. de México (Coahuila).

Viet Minh, frente político vietnamita, formado en 1941 por la unión del Partido Comunista de Indochina y los elementos nacionalistas. Su jefe, Ho Chi Minh, logró imponerse en Viet Nam del Norte.

Viet Nam, región del SE. de Asia, al E. de la penins. de Indochina, limitada al N. por China, al O. por Laos y Camboya, al E. por el mar de China y al S. por el golfo de Siam y dividida tradicionalmente en tres partes (Tonquín, Annam y Cochinchina). || **~ del Norte** o *República democrática del Viet Nam,* Estado del SE. de Asia, situado al N. de Hué, a partir aproximadamente del paralelo 17; 164 000 km²; 21 340 000 h. *(norvietnamitas).* Cap. *Hanoi,* 1 073 400 h. Otras c.: *Haifong,* 367 300 h.; *Nam Dinh,* 90 000. Arroz. El Estado, nacido en 1954, bajo la dirección de Ho Chi Minh, es de tipo socialista y hasta 1973 estuvo en lucha con el Viet Nam del Sur, ayudado por Estados Unidos. || **~ del Sur** o *República del Viet Nam,* Estado del SE. de Asia en la parte meridional de la región del Viet Nam, aproximadamente debajo del paralelo 17; 170 230 km²; 18 330 000 h. *(survietnamitas).* Cap. *Saigón,* 1 600 000 h. Otras c.: *Hué,* 113 000 h.; *Da Nang,* 148 000. Arroz. La república del Viet Nam, proclamada en 1955, está regida por un régimen autoritario, apoyado por Estados Unidos y sostuvo una guerra con Vietnam del Norte hasta 1973.

Vietcong, en Viet Nam del Sur, Frente Nacional de Liberación. (Se suele emplear abusivamente como nombre común para designar a los miembros de este movimiento.)

vietnamita adj. y s. Del Viet Nam: *política vietnamita.*

Vieytes (Hipólito), patriota y economista argentino (1762-1815).

Vifredo. V. WIFREDO.

viga f. Pieza larga de madera, metal o cemento que se utiliza para sostener techos o pisos en las construcciones. ‖ Pieza arqueada que en algunos coches enlazaba el juego delantero con el trasero. ‖ Madero para prensar en los molinos de aceite y las fábricas de paños. ‖ — *Viga de aire,* la que sólo está sostenida en sus extremos. ‖ *Viga maestra,* la que soporta el peso de otras vigas o de los cuerpos superiores de un edificio.

Vigarny (Felipe), arquitecto y escultor francés, m. en 1543. Realizó toda su obra en España (Burgos). Conocido por el n. de *Felipe de Borgoña.*

Vigée-Lebrun (Elisabeth VIGÉE, **Madame**), pintora francesa (1755-1842), excelente retratista.

vigencia f. Calidad de vigente: *la vigencia de una constitución.*

vigente adj. Que se usa o es válido en el momento de que se trata: *leyes, ordenanzas, costumbres vigentes.*

vigesimal adj. Que tiene como base el número veinte.

vigésimo, ma adj. Que ocupa el lugar veinte. ‖ — M. Cada una de las veinte partes iguales en que se divide un todo: *vigésimo de lotería.*

Vigevano, c. del N. de Italia (Lombardía). Obispado. Industrias.

vigía f. Atalaya. ‖ Acción de vigiar. ‖ *Mar.* Escollo que sobresale en el mar. ‖ — M. Centinela en la arboladura de un barco. ‖ Hombre dedicado a vigiar o atalayar el mar o la campiña.

Vigil (Constancio C.), escritor uruguayo (1876-1954), autor de libros infantiles. ‖ ∼ (DIEGO), político hondureño (1799-1845), jefe del Estado de 1828 a 1829 y de El Salvador de 1836 a 1838. ‖ ∼ (JOSÉ MARÍA), escritor mexicano (1829-1909).

vigilancia f. Cuidado y atención extremados en lo que está a cargo de uno. ‖ Servicio encargado de vigilar.

vigilante adj. Que vigila. ‖ Que vela o está despierto. ‖ — Com. Persona encargada de velar por la seguridad de algo: *el vigilante nocturno de una calle, de una fábrica.* ‖ — M. Agente de policía, guardia.

vigilar v. i. y t. Velar con mucho cuidado por una persona o cosa procurando que no ocurra nada perjudicial: *vigilar un trabajo, a los presos.*

vigilia f. Estado del que está despierto o en vela. ‖ Privación voluntaria o no de sueño durante la noche. ‖ Víspera de una festividad religiosa importante. ‖ Oficio que se reza en esos días. ‖ Oficio de difuntos que se canta o reza en la iglesia. ‖ Comida con abstinencia por precepto de la Iglesia. ‖ — *Comer de vigilia* o *hacer vigilia,* no comer carne. ‖ *Día de vigilia,* día en que no se puede comer carne.

vigitano, na adj. y s. De Vich (Barcelona).

Vignemale [*viñmal*], punto culminante de los Pirineos franceses; 3 298 m.

Vigny (Alfred de), escritor francés, n. en Loches (1797-1863), autor de poemas líricos *(Poemas antiguos y modernos),* de novelas *(Cinq-Mars, Stello, Servidumbre y grandeza militares),* de dramas *(La mariscala de Ancre, Chatterton).*

Vigo, c. y puerto del NO. de España (Pontevedra), a orillas de la ría homónima. Fabricación de automóviles.

vigor m. Fuerza física: *joven de mucho vigor.* ‖ Vitalidad de las plantas. ‖ Energía: *actuar con vigor.* ‖ *Fig.* Fuerza de expresión: *estilo lleno de vigor.* ‖ *Estar en vigor,* estar vigente, en estado de surtir efecto.

vigorizar v. t. Dar vigor.

vigorosidad f. Vigor, fuerza.

vigoroso, sa adj. Que tiene vigor: *un anciano vigoroso.* ‖ Hecho con vigor: *defensa vigorosa.*

vigota f. *Mar.* Especie de motón sin roldana.

viguería f. Conjunto de vigas de una construcción.

vigués, esa adj. y s. De Vigo.

vigueta f. Viga pequeña.

vihuela f. Instrumento músico de cuerda parecido a la guitarra, muy en boga durante el siglo XVI.

vihuelista com. Persona que toca la vihuela.

Viipuri. V. VYBORG.

Vijayavada. V. BEZWADA.

vikingo m. Pirata escandinavo que, del s. XI al s. XII, hizo incursiones por Europa. (Dícese que los *vikingos* fueron los primeros en llegar a América.)

vil adj. Bajo, despreciable: *conducta vil.* ‖ Indigno, infame: *hombre vil.*

Vila, cap. de las Nuevas Hébridas, en la isla Vaté. Llamada tb. *Puerto Vila.* ‖ ∼ **Real,** c. del N. de Portugal, cap. de la prov. de Tras-os-Montes e Alto Douro. Obispado. Construcciones antiguas.

Viladomat (Antonio), pintor español (1678-1755).

vilano m. Apéndice de filamentos que rodea las semillas de algunas plantas compuestas y les sirve para ser transportadas por el viento. ‖ Flor del cardo.

Vilanova (Arnau de). V. ARNAU DE VILANOVA. ‖ ∼ (EMILIO), escritor catalán (1840-1905), autor de cuadros de costumbres.

Vilaseca, pobl. del NE. de España (Tarragona).

vilayeto m. División administrativa turca.

Vilcanota, nevado del Perú, entre los dep. de Puno y Cuzco y punto de unión de las cord. Occidental y Central; 5 486 m. — V. URUBAMBA.

vileza f. Bajeza, ruindad. ‖ Acción vil, indigna.

vilipendiador, ra adj. y s. Que vilipendia.

vilipendiar v. t. Tratar con vilipendio.

vilipendio m. Desprecio, denigración de una persona o cosa

vilipendioso, sa adj. Que causa o implica vilipendio.

Vilnius, ant. *Vilna,* c. en el NO. de la U. R. S. S., cap. de la Rep. de Lituania. Arzobispado. Universidad. Industrias. Perteneció a Polonia de 1920 a 1939.

vilo (en) m. adv. Suspendido, sin el fundamento o apoyo necesario, inestable: *mantener en vilo.* ‖ *Fig.* Inquieto por saber lo que va a pasar: *este relato nos tiene en vilo.*

vilorta f. Aro de madera flexible. ‖ Cada una de las abrazaderas que unen el timón a la cama del arado. ‖ Arandela. ‖ Juego que consiste en lanzar una bola de madera con el vilorto, según ciertas reglas. ‖ Vilorto.

vilorto m. Especie de clemátide. ‖ Vilorta. ‖ Palo terminado por una especie de aro encordelado con que se juega a la vilorta.

villa f. Población pequeña, menor que la ciudad y mayor que la aldea. ‖ Casa de recreo, en el campo. ‖ *La Villa del Oso y el Madroño* o *la Villa y Corte,* Madrid.

Villa ‖ ∼ **Acuña,** v. y mun. en el N. de México (Coahuila). ‖ ∼ **Alegre,** com. en el centro de Chile (Linares). ‖ ∼ **Alemana,** com. en el centro de Chile (Valparaíso). ‖ ∼ **Azurduy,** v. de Bolivia, cap. de la prov. de Azurduy (Chuquisaca). ‖ ∼ **Bella.** V. BELLA VISTA. ‖ ∼ **Cisneros,** c. y puerto del Sáhara Español, ant. cap. de Río de Oro. ‖ ∼ **Constitución,** pobl. de la Argentina, puerto fluvial en el Paraná (Santa Fe). ‖ ∼ **del Rosario,** pobl. de la Argentina (Córdoba). ‖ ∼ **Hayes,** c. del Paraguay, cap. del dep. de Presidente Hayes. Se llamó *Nueva Burdeos.* ‖ ∼ **Hermosa,** n. ant. de *Arequipa* (Perú) y de *Alajuela* (Costa Rica). ‖ ∼ **Isabel,** com. en el NO. de la Rep. Dominicana (Monte Cristi). ‖ ∼ **María,** c. de la Argentina (Córdoba), a orillas del río Tercero. Obispado. ‖ ∼ **Nador.** V. NADOR. ‖ ∼ **Obregón,** arrabal de la ciudad de México. ‖ ∼ **Oropeza,** ant. *Yotala,* pobl. de Bolivia, cap. de la prov. de Oropeza (Chuquisaca). ‖ ∼ **Pucarini,** c. en el O. de Bolivia, cap. de la prov. de Los Andes (La Paz). ‖ ∼ **Salamanca,** pobl. de Bolivia, cap. de la prov. de Manuel Martín (Potosí). ‖ ∼ **Sanjurjo.** V. ALHUCEMAS. ‖ ∼ **Talavera** o **Puna,** pobl. de Bolivia, cap. de la prov. de Linares (Potosí). ‖ ∼ **Uriondo,** ant. *Villa Concepción,* pobl. en el S. de Bolivia, de la prov. de Avilés (Tarija). ‖ ∼ **Vaca Guzmán,** pobl. de Bolivia, cap. de la prov. de Luis Calvo (Chuquisaca). ‖ ∼ **Victoria,** v. y mun. de México, en el Estado de este nombre.

Villa (Doroteo ARANGO, llamado **Pancho**), revolucionario mexicano (1878-1923). Apoyó a Madero contra Porfirio Díaz (1910) y a Carranza contra Huerta. Después mantuvo la rebeldía contra Carranza hasta 1920. Es la figura más popular de la Revolución Mexicana. M. asesinado.

Villacarrillo, c. en el S. de España (Jaén). Agricultura.

Villada (Manuel), médico y botánico mexicano (1841-1924).

Villadiego, v. en el N. de España (Burgos). (Se suele emplear la expr. fam. *coger* o *tomar las de Villadiego,* que significa irse, marcharse.)

Villaespesa (Francisco), escritor español, n. en Laujar (Almería) [1877-1936], autor de dramas históricos en verso *(La leona de Castilla, Doña María de Padilla, El alcázar de las perlas* y *El Rey Galaor),* de obras líricas *(Intimidades, Flores de almendro, Las horas que pasan,* etc.) y de novelas *(Las palmeras del oasis, Resurrección).*

Villafranca, c. en el N. de Italia (Verona), a orillas del Po. ‖ ∼ **de los Barros,** c. en el O. de España (Badajoz). ‖ ∼ **del Bierzo,** v. en el N. de España (León). Castillo feudal. ‖ ∼ **del Panadés,** v. en el NE. de España (Barcelona). Vinos.

Villagarcía de Arosa, v. y puerto del NO. de España (Pontevedra). Industria conservera.

Villagra (Francisco de), conquistador español (¿1512?-1563), Participó en la expedición de Valdivia a Chile y le sucedió en el cargo de gobernador.

Villagrán, mun. y v. en el centro de México (Guanajuato).

Villahermosa, mun. y c. en el O. de Colombia (Tolima). — C. en el S. de México, a orillas del río Grijalva, cap. del Estado de Tabasco. Obispado.

Villajoyosa, c. y puerto del E. de España (Alicante).

Villalar de los Comuneros, v. de España (Valladolid). Derrota de los Comuneros de Castilla al mando de Padilla, Bravo y Maldonado, en 1521.

Villalobos (Antonio), abogado y político mexicano (1891-1964). ‖ ∼ (ROSENDO), político, poeta y escritor boliviano (1859-1940).

Villa-Lobos (Heitor), músico brasileño, n. en Río de Janeiro (1887-1959). Inspirado en el folklore de su país, cultivó todos los géneros. Autor de *Coros, Amazonas, Suite Sugestiva,* etc.

Villalón (Cristóbal de), escritor español (¿1510?-1558), autor de la sátira social *El crotalón.* ‖ ∼ (FERNANDO), poeta español (1881-1930), de inspiración popular andaluza.

Villalpando, v. en el O. de España (Zamora).

Villalpando (Juan), heterodoxo español del s. XVI que, en unión de Catalina de Jesús, creó la secta de los iluminados.

Villamediana *(Conde de)*. V. TASSIS PERALTA (Juan de).

villanada f. Vileza.

villanaje m. Gente del estado llano. ‖ Condición de villano.

villancico m. Composición poética popular con estribillo, de asunto religioso, que se suele cantar por Navidad. ‖ Forma de poesía tradicional castellana parecida al zéjel.

villanería f. Villanía. ‖ Villanaje, estado de villano.

villanesco, ca adj. Relativo a los villanos: *vestido, estilo villanesco*. ‖ — F. Cancioncilla y danza rústicas antiguas.

villanía f. Condición de villano. ‖ *Fig.* Vileza, acción ruin. | Expresión indecente.

villano, na adj. y s. Que es vecino de una villa o aldea, y pertenece al estado llano (ú. t. c. s.). ‖ *Fig.* Rústico, grosero. ‖ Ruin.

Villanueva, c. en el centro de México (Zacatecas). ‖ **~ de la Serena,** c. en el O. de España (Badajoz). ‖ **~ del Duque,** v. en el S. de España (Córdoba. ‖ **~ del Rey,** v. en el S. de España (Córdoba). ‖ **~ y Geltrú,** v. en el NE. de España (Barcelona), a orillas del Mediterráneo.

Villanueva (Felipe), músico mexicano (1862-1893), autor de obras para piano. ‖ **~** (JUAN DE), arquitecto neoclásico español (1731-1811). Construyó el museo del Prado, en Madrid. ‖ **~** (LAUREANO), historiador, médico y político venezolano (1840-1920).

Villarino, mun. de España (Salamanca). Central hidroeléctrica.

Villarreal, v. en el E. de España (Castellón de la Plana). Naranjas.

Villarreal (Antonio I.), general y político mexicano (1879-1944). ‖ **~** (CONCHA DE), poetisa mexicana (1908-1956).

Villarrica, cima volcánica de los Andes de Chile (Cautín y Valdivia); 2 840 m. — Com. y dep. en el centro de Chile (Cautín). — C. del Paraguay, cap. del dep. de Guairá. Obispado. ‖ **~ de Oropeza.** V. HUANCAVELICA.

villarriqueño, ña adj. y s. De Villarrica (Paraguay).

Villarrobledo, v. de España (Albacete). Vinos.

Villarroel (Diego de), conquistador español del s. XVI, fundador de las ciudades de Potosí (1545) y San Miguel de Tucumán (1565). ‖ **~** (GUALBERTO), militar boliviano (1908-1946), pres. de la Rep. de 1943 a 1946. M. asesinado.

Villarrubia de los Ojos, v. de España (Ciudad Real). En sus cercanías están los *Ojos del Guadiana,* parte en la que este río deja de estar a flor de tierra.

Villas (Las), prov. central de Cuba; cap. *Santa Clara.* Azúcar.

Villasandino (Alonso ÁLVAREZ DE). V. ÁLVAREZ DE VILLASANDINO (Alonso).

Villaseñor (Víctor Manuel), abogado y escritor mexicano, n. en 1904.

Villate (Blas). V. VALSAMEDA *(Conde de)*.

Villaurrutia (Xavier), escritor mexicano (1903-1950), autor de poemas (*Reflejos, Nocturnos, Nostalgia de la muerte,* etc.), de novelas *(Dama de corazones)* y de obras de teatro (*La hiedra, Autos profanos, Invitación a la muerte,* etc.).

Villaverde, pobl. de España en la zona suburbana al S. de Madrid. Centro industrial; automóviles.

Villaverde (Cirilo), novelista romántico cubano (1812-1894), autor de *Cecilia Valdés* o *La loma del Ángel, Dos amores, El penitente,* etc.

Villavicencio, c. de Colombia al SE. de Bogotá; cap. del dep. del Meta. Centro ganadero y agrícola.

villavicense o **villavicenciuno, na** adj. y s. De Villavicencio (Colombia).

Villaviciosa, pobl. en el centro de España (Guadalajara). Derrota de los aliados por los franceses en la guerra de Sucesión de España (1710). — V. y puerto en el N. de España (Oviedo).

Villaviciosa (José de), sacerdote y escritor español (1598-1658), autor del poema burlesco *La mosquea.*

Villazón (Eliodoro), político boliviano (1848-1939), pres. de la Rep. de 1910 a 1913.

Villeda Morales (Ramón), político hondureño, pres. de la Rep. en 1957. Fue derrocado en 1963.

Villegas (Esteban Manuel de), poeta español (1598-1669), autor de *Eróticas* o *Amatorias.* ‖ **~** (MICAELA). V. PERRICHOLI. ‖ **~ Coras** (JOSÉ ANTONIO), escultor barroco mexicano del s. XVIII, autor de obras de carácter religioso.

Villehardouin (Geoffroi de), cronista francés (¿1150-1213?).

Villena, c. del E. de España (Alicante). Castillo (s. XV).

Villena (Enrique DE ARAGÓN, mal llamado *marqués de*), escritor español (1384-1434), autor de *Arte cisoria,* del *Libro de astrología* y de *Los doce trabajos de Hércules.*

Villeneuve [*vilnev*] Pierre Charles de), marino francés (1763-1806), almirante de la escuadra hispanofrancesa vencida por Nelson en Trafalgar (1805). Puso fin a su vida.

Villeta, mun. y c. en el centro de Colombia (Cundinamarca). — Pobl. del Paraguay (Central).

Villeurbanne, c. del E. de Francia (Ródano), en los arrabales de Lyon. Industrias.

Villiers de L'Isle-Adam (Auguste, *conde de*), escritor francés (1838-1889), autor de cuentos, novelas, poesías y dramas.

Villon (François), poeta francés, n. en París (1431-¿1465?), autor de una obra de gran lirismo (*Pequeño Testamento* o *Layes, Gran Testamento, Balada de los ahorcados,* etc.).

Villonaco, cumbre de los Andes del Ecuador, en la Cord. Occidental; 2 946 m.

villorrio m. Aldehuela, pueblo pequeño o falto de comodidad.

Villuercas (Las), comarca en el O. de España (Cáceres), en las sierras de Guadalupe y Altamira. Riqueza ganadera.

vinagre m. Producto que resulta de la fermentación acética del vino y que se emplea como condimento. ‖ *Fig.* y *fam.* Persona de mal genio. ‖ *Fam. Cara de vinagre,* cara de pocos amigos.

vinagrera f. Vasija para el vinagre. ‖ Acedera. ‖ *Amer.* Acedía de estómago. ‖ — Pl. Angarillas en que se ponen el aceite y vinagre en la mesa.

vinagrero, ra m. y f. Persona que hace o vende vinagre.

vinagreta f. Salsa de aceite, cebolla y vinagre.

vinagrillo m. Dim. de *vinagre.* ‖ *Méx.* Arácnido de cuerpo prolongado en un apéndice postabdominal.

vinajera f. Cada uno de los dos jarrillos en que se sirven en la misa el vino y el agua. ‖ — Pl. Conjunto de estos dos jarrillos y de la bandeja donde se colocan.

Vinaroz, c. y puerto en el E. de España (Castellón de la Plana).

Vinasco, río en el E. de México (Veracruz). Forma el Tuxpan al confluir con el Panteque.

vinatería f. Tienda de vinos. ‖ Comercio de vinos.

vinatero, ra adj. Relativo al vino: *industria vinatera.* ‖ — M. Comerciante en vinos.

vinaza f. Vino inferior que se saca de las heces.

vinazo m. *Fam.* Vino espeso de sabor fuerte. | Vino malo.

vinca f. *Arg.* Nopal.

vincapervinca f. Planta apocinácea de flores azules, llamada tb. *hierba doncella.*

Vincennes [*vansén*], c. de Francia (Val-de-Marne), al E. de París. Castillo (s. XIV).

Vinces, río del Ecuador (Pichincha, Los Ríos y Guayas), afl. del Babahoyo; 275 km. — C. del Ecuador (Los Ríos).

Vinci (Leonardo de), pintor escultor, arquitecto, físico, ingeniero, escritor y músico italiano, n. en Vinci, cerca de Florencia, m. en Francia (1452-1519). Se le conoce principalmente como pintor de la escuela florentina (*La Gioconda, La última Cena, La Virgen de las Rocas,* etc.). Fue rival de Miguel Ángel y de Rafael.

vinculable adj. Que se puede vincular.

vinculación f. Acción de vincular. ‖ Lo que vincula. ‖ *For.* Sujeción de una propiedad a vínculo.

vincular v. t. Unir, ligar: *dos familias vinculadas entre sí.* ‖ *Fig.* Supeditar, hacer depender: *vincular uno sus esperanzas en su suerte.* ‖ *For.* Sujetar ciertos bienes a vínculo, generalmente en un testamento, para perpetuarlos en una familia.

vínculo m. Lazo, atadura. | *Fig.* Unión de una persona con otra: *el vínculo conyugal.* | Nexo, lo que une: *España sirve de vínculo entre Francia y África.* ‖ *For.* Hecho de ser obligatoriamente transmitidos los bienes a determinados herederos por la voluntad de su dueño.

vincha f. *Amer.* Pañuelo o cinta con que se ciñe la frente para sujetar el pelo.

Vinchina, altiplanicie de la Argentina (La Rioja), en las sierras pampeanas; 1 970 m. — N. que toma el río Bermejo (Argentina) al bajar de la puna de Catamarca.

vinchuca f. *Amer.* Especie de chinche con alas. ‖ *Méx.* Chinche hocicona.

Vindhya, cordillera de la India en el N. de Decán; 850 m.

vindicación f. Venganza.

vindicador, ra adj. y s. Dícese de la persona que vindica, vengador.

vindicar v. t. Vengar. ‖ Defender, generalmente por escrito, al que ha sido calumniado. ‖ *For.* Reivindicar.

vindicativo, va adj. Vengativo, predispuesto a vengarse. ‖ Que vindica: *discurso vindicativo.*

vindicatorio, ria adj. Que sirve para vindicar.

vindicta f. Venganza. ‖ *Vindicta pública,* castigo de los delitos para ejemplo del pueblo.

vinería f. *Amer.* Despacho de vinos.

Vinh, c. del Viet Nam del Norte, al S. de Hanoi. ‖ **~ Long,** c. del Viet Nam del Sur, cap. de la prov. homónima, al SO. de Saigón. Obispado. Puerto fluvial.

vínico, ca adj. Que se saca del vino: *alcohol vínico.*

vinícola adj. Relativo al cultivo de la vid y a la fabricación del vino: *industria vinícola.* ‖ — M. Viticultor.

vinicultor, ra m. y f. Persona que se dedica a la vinicultura.

vinicultura f. Elaboración de vinos.

Viniegra (Salvador), pintor de temas históricos y de género español (1862-1915). Vivió en Roma.

vinífero, ra adj. Que produce vino: *región vinífera.*

vinificación f. Transformación del mosto de la uva en vino por fermentación.

vinílico, ca adj. Aplícase a una clase de resinas sintéticas obtenidas a partir del acetileno.

vinillo m. *Fam.* Vino muy flojo. | Vino que uno considera muy bueno.

Vinnitsa, c. en el O. de la U. R. S. S. (Ucrania), a orillas del río Bug. Industrias diversas.

vino m. Bebida alcohólica que se obtiene por fermentación del zumo de las uvas: *vino tinto.* || Zumo sacado de otras plantas. || Preparación medicinal en la que el vino sirve de excitante. || — *Fig.* y *fam. Dormir el vino,* dormir después de emborracharse. | *Tener mal vino,* ser agresivo en la embriaguez. || *Vino blanco,* el de color dorado, obtenido por fermentación del mosto sin el hollejo de la uva. || *Vino de campanilla,* vino pobre del maguey que se obtiene en América. || *Vino de dos, tres hojas,* el de dos, tres años. || *Vino de honor,* el ofrecido a un personaje importante o para celebrar algo. || *Vino de lágrima,* el que destila de la uva sin exprimir el racimo. || *Vino de mesa, de pasto,* el corriente y poco fuerte que se suele beber durante las comidas. || *Vino de postre, vino generoso,* el más fuerte y añejo que el común. || *Vino de solera,* el más añejo que se mezcla al nuevo para darle sabor. || *Vino de yema,* el que está en medio del tonel. || *Vino peleón,* el más ordinario. || *Vino seco,* el que no tiene sabor dulce. || *Vino tinto,* el de color rojo oscuro, que se obtiene dejando el hollejo de la uva en contacto con el líquido durante la fermentación.

vinosidad f. Carácter de las sustancias vinosas.

vinoso, sa adj. Que tiene las propiedades o apariencias del vino: *color vinoso.*

vinote m. Líquido que queda en la caldera del alambique después de hecho el aguardiente.

Vinson (MONTE), cumbre en el O. de la Antártida; 5 139 m.

vintén m. Nombre de monedas de níquel uruguayas de uno y dos céntimos de peso.

viña f. Sitio plantado de vides. || — *Fig. De todo hay en la viña del Señor,* en todo hay cosas buenas y malas.

Viña || ~ **(La),** presa de la Argentina (Córdoba), en el río Sauces. Es una de las más altas de América; 103 m. || ~ **del Mar,** c. y com. de Chile, en las cercanías de Valparaíso. Estación balnearia. Industrias. Refinerías de petróleo.

viñador m. Cultivador de viñas.

viñal m. *Arg.* Viñedo.

Viñales, térm. mun. y sierra en el oeste de Cuba (Pinar del Río).

viñamarino, na adj. y s. De Viña del Mar.

viñatero m. *Amer.* Viñador.

Viñaza (Cipriano MUÑOZ MANZANO, *conde de la*), filólogo español (1862-1933).

viñedo m. Terreno extenso plantado de vides.

viñeta f. Dibujo o estampita puesto como adorno al principio o al final de un libro o capítulo, o en las márgenes de las páginas.

viola f. Instrumento músico de cuerda parecido al violín, aunque algo mayor, equivalente al contralto. || — Com. Persona que toca este instrumento.

violáceo, a adj. Violado. || Aplícase a las plantas angiospermas dicotiledóneas, como la violeta (ú. t. c. s. f.). || — F. pl. Familia que forman.

violación f. Penetración en un lugar en contra de la religión, la ley o la moral: *la violación de una iglesia.* || Quebrantamiento de la ley social o moral. || Delito que consiste en abusar de una mujer o menor de edad mediante violencia. || *Violación del secreto epistolar,* delito consistente en abrir o sustraer la correspondencia privada.

violado, da adj. De color de violeta.

violador, ra adj. y s. Dícese de la persona que viola: *violador de los derechos más sagrados.*

violar v. t. Infringir, quebrantar: *violar la ley.* || Abusar de una mujer o menor de edad por violencia o por astucia. || Entrar en un sitio prohibido o sagrado: *la fuerza pública violó su domicilio.*

violencia f. Fuerza extremada: *la violencia del viento.* || Intensidad: *la violencia de las pasiones.* || Abuso de la fuerza. || Violación de una mujer. || *Fig.* Molestia, embarazo. || *For.* Fuerza ejercida sobre una persona para obligarla a hacer lo que no quiere. | Hecho de actuar sin el consentimiento de una persona.

violentar v. t. Vencer por la fuerza la resistencia de una persona o cosa: *violentar la voluntad, la conciencia.* || *Fig.* Entrar en un lugar o abrir algo contra la voluntad de su dueño. | Deformar, desvirtuar: *violentar un texto.* || — V. pr. *Fig.* Obligarse uno mismo a hacer algo que le molesta o le repugna.

violento, ta adj. De mucha fuerza o intensidad: *tormenta violenta; dolor violento.* || Propenso a encolerizarse, iracundo: *hombre violento.* || Cohibido, avergonzado: *se sentía muy violento en su presencia.* || Molesto, que va en contra de la inclinación natural de uno: *me es violento decírselo.* || *Muerte violenta,* la que ocurre de repente y en circunstancias trágicas.

violeta f. Planta violácea de flores de color morado muy perfumadas. || Flor de esta planta. || — Adj. inv. y s. m. De color de estas flores (mezcla de azul y rojo).

violetera f. Vendedora de violetas por la calle.

violetero m. Florero para poner violetas.

violín m. Instrumento músico derivado de la viola, de cuatro cuerdas templadas de quinta en quinta (sol, re, la, mi), que se toca con un arco. || Violinista. || *Fig. Violín de Ingres,* ocupación secundaria y predilecta para la cual uno tiene mucho talento.

violinista com. Persona que toca el violín.

violón m. Contrabajo, instrumento músico de cuatro cuerdas, parecido al violín, pero de mayor tamaño y tono más grave. || Persona que lo toca. || *Fig.* y *fam. Tocar el violón,* hablar u obrar fuera de propósito.

violoncelista y **violonchelista** com. Persona que toca el violoncelo, instrumento músico.

violoncelo y **violonchelo** m. Instrumento músico de cuatro cuerdas, parecido al violón, aunque más pequeño, que equivale al barítono. || Violoncelista.

Viollet-le-Duc [*violeleduk*] (Eugène), arquitecto y escritor francés (1814-1879), restaurador de monumentos de la Edad Media (Nuestra Señora de París).

viperino, na adj. Relativo a la víbora o que se le parece. || *Fig. Lengua viperina,* persona muy maldiciente. || — F. *Méx.* Planta leguminosa medicinal.

vira f. Flecha delgada y aguda. || Banda de tela o badana cosida entre la suela y la pala del zapato.

viracocha m. Nombre dado por los antiguos peruanos y chilenos a los conquistadores españoles.

Viracocha, dios inca de la Lluvia, que residía en el lago Titicaca, creador del mundo y de los hombres. — Octavo inca del Perú.

virada f. *Mar.* Acción de virar.

virador m. *Mar.* Cabo grueso utilizado para varias faenas. || Líquido empleado en fotografía para virar pruebas.

virago f. Mujer varonil.

viraje m. Cambio de dirección de un vehículo. || Curva en una carretera. || *Fig.* Cambio completo de orientación, de conducta: *ciertos acontecimientos marcaron un viraje en la historia.* || *Fot.* Operación que consiste en modificar el tono de las pruebas haciéndolas pasar por diversos baños (sales de oro, de platino, etc.).

virar v. t. En fotografía, someter las pruebas a la acción de ciertas sustancias químicas para variar su color. || Cambiar la nave de rumbo o de bordada (ú. t. c. i.). || — V. i. Cambiar de dirección un vehículo: *virar a derecha, a izquierda.* || *Fig. Virar en redondo,* cambiar completamente de ideas.

virgen adj. Dícese de la persona que no ha tenido contacto sexual: *una mujer virgen* (ú. t. c. s. f.). || *Fig.* Intacto, íntegro: *nieve virgen.* || — *Aceite virgen,* el que se saca de las aceitunas sin presión. || *Cera virgen,* la no fundida ni trabajada. || *Film virgen,* el no impresionado. || *Selva virgen,* la que está sin explorar. || *Tierra virgen,* la que nunca ha sido cultivada. || — F. Cada uno de los dos pies derechos que guían la viga en los lagares y los alfarjes. || *Fam. Un viva la Virgen,* un hombre informal y despreocupado.

Virgen f. La madre de Cristo. || Pintura o escultura que la representa: *una Virgen de Murillo.*

Virgen María. V. MARÍA.

Vírgenes, cabo del S. de la Argentina, a la entrada del estrecho de Magallanes. || ~ (ISLAS), archip. de las Antillas Menores, al E. de Puerto Rico, dividido entre Gran Bretaña *(Leeward Islands)* y Estados Unidos *(Santa Cruz, Santo Tomás y Saint John).*

virgiliano, na adj. Propio de Virgilio.

Virgilio Marón (Publio), poeta latino (70-19 a. de J. C.), autor de *Las Bucólicas,* diez églogas de inspiración pastoril, de *Las Geórgicas,* poema en cuatro libros para cantar las excelencias de la vida campestre, y de *La Eneida,* epopeya inacabada en la que glorifica la historia y la grandeza del Imperio Romano.

virginal adj. Relativo a una virgen. || Propio de una virgen: *candor virginal.* || *Fig.* Puro.

virgíneo, a adj. Virginal.

Virginia, Estado del E. de América del Norte, a orillas del Atlántico; cap. *Richmond.* Tabaco, algodón y maíz. Hulla. Industrias. || ~ **Occidental,** Estado en el E. del centro de América del Norte, a orillas del Atlántico; cap. *Charleston.* Agricultura. Minas.

virginiano, na adj. y s. De Virginia (Estados Unidos).

virginidad f. Entereza corporal de la persona que no ha tenido contacto sexual. || *Fig.* Pureza, candor.

virgo m. Virginidad. || Himen.

Virgo, constelación situada casi en el ecuador y que se extiende algo hacia el S. — Signo del Zodiaco que va del 22 de agosto al 21 de septiembre.

vírgula f. Varilla. || Rayita o línea muy delgada. || *Med.* Bacilo que provoca el cólera.

virgulilla f. Signo ortográfico como la coma, el apóstrofo, la cedilla y la tilde. || Rayita muy delgada.

Viriato, jefe de los lusitanos rebeldes contra la dominación romana. Sostuvo una guerra durante ocho años y fue asesinado mientras dormía (140 a. de J. C.).

viril adj. Varonil. || — M. Custodia pequeña colocada dentro de la grande. || Vidrio o campana con que se protegen algunas cosas.

virilidad f. Calidad de viril, fuerza o energía propia de hombre. || Aspecto viril. || Edad viril o adulta. || Capacidad de engendrar.

virilismo m. Afección de las hembras, caracterizada por la aparición de los caracteres sexuales masculinos (trastornos genitales, voz grave, etc.).

Viroflay, c. de Francia (Yvelines), al S. de París.

virola f. Casquillo, abrazadera de metal que se ajusta en el extremo de algunos instrumentos, como navajas, etc. || Anillo en la punta de la garrocha para evitar que penetre demasiado. || *Arg.* y *Méx.* Rodaja de plata con que se adornan los arreos de las caballerías.

virolento, ta adj. y s. Aplícase a la persona que tiene viruelas.

viroleño, ña adj. y s. De Zacatecoluca (El Salvador).

virología f. Tratado de los virus.

virosis f. Nombre genérico de las enfermedades causadas por virus.

virote m. Flecha gruesa provista de un casquillo. || Hierro que se colgaba del cuello a los esclavos que solían fugarse. || *Amer.* Tonto, zoquete.

virotillo m. *Arq.* Madero vertical que se apoya en otro y sostiene uno horizontal o inclinado.

virreina f. Mujer del virrey. || La que desempeña las funciones del virrey.

virreinal adj. Del virrey, de la virreina o del virreinato.

virreinato m. Cargo y dignidad de virrey. || Territorio gobernado por él. || Instituciones que encarnaban al poder de la Corona española en las colonias de América.

— Hubo cuatro *virreinatos* en América: *Nueva España* (1535); *Perú* (1544); *Nueva Granada* (1717), suspendido en 1723 y restablecido en 1739, y *Río de la Plata* (1776).

virreino m. Virreinato.

virrey m. El que gobierna un territorio en nombre y con autoridad del rey.

virtual adj. Posible, que no tiene efecto actual: *todos tenemos la capacidad virtual de ser buenos.* || *Fís.* Que tiene existencia aparente pero no real: *imagen, objeto virtual.*

virtualidad f. Posibilidad.

virtud f. Capacidad para producir cierto efecto: *la virtud de un medicamento.* || Disposición constante a obrar bien: *persona de gran virtud.* || Cualidad que se estima como buena en las personas: *la lealtad es una virtud.* || Castidad en las mujeres. || — Pl. Espíritus celestiales que tienen fuerza para cumplir las operaciones divinas. || — *En virtud de,* como consecuencia de. || *Virtud cardinal,* cada una de las cuatro (prudencia, justicia, fortaleza y templanza) que son principio de otras. || *Virtud teologal,* cada una de las tres (fe, esperanza y caridad) cuyo objeto directo es Dios.

virtuosidad f. y **virtuosismo** m. Gran habilidad técnica en un arte: *la virtuosidad de un pianista.*

virtuoso, sa adj. Que tiene virtud: *hombre virtuoso.* || Inspirado por la virtud: *conducta virtuosa.* || — M. y f. Artista, particularmente músico ejecutante, que domina la técnica de su arte.

Virú, distr. en el O. del Perú en la prov. de La Libertad (Trujillo). Estaciones arqueológicas preincaicas.

viruela f. Enfermedad infecciosa, contagiosa y epidémica caracterizada por una erupción de manchas rojizas que se convierten en vesículas y luego en pústulas, las cuales dejan, al secarse, cicatrices permanentes en la piel (ú. t. en pl.). || Cada una de estas pústulas. || — *Picado de viruelas,* con la piel marcada por cicatrices debidas a esta enfermedad. || *Viruelas locas,* varicela.

Virués (Cristóbal de), escritor español (¿1550-1609?), autor de *El Monserrate,* poema religioso, y de tragedias.

virulé (a la) loc. adv. *Fam.* *Ojo a la virulé,* ojo rodeado de una equimosis, a la funerala.

virulencia f. Estado de lo que es virulento: *la virulencia de un microbio.* || *Fig.* Mordacidad, saña: *crítica llena de virulencia.*

virulento, ta adj. Ocasionado por un virus: *enfermedad virulenta.* || Cuyo poder de multiplicación es máximo: *microbio virulento.* || *Fig.* Violento, ensañado: *invectiva virulenta.*

virus m. *Med.* Microbio invisible con el microscopio ordinario, responsable de las enfermedades contagiosas: *el virus del cólera, de la tifoidea.* (Llámase tb. *virus filtrable.*) || *Fig.* Fuente de contagio moral: *el virus de la holgazanería.*

viruta f. Laminilla de madera o metal que salta al cepillar un objeto o al someterlo a una operación semejante.

Viry-Châtillon, pobl. de Francia (Essonne), al SO. de París.

vis f. Fuerza: *vis cómica.*

visado, da adj. Que ha sido visado. || — M. Visto bueno o autorización que se hace constar en ciertos documentos, especialmente pasaportes, para darles validez.

visaje m. Gesto, mueca.

Visakhapatnam. V. VISHAKHAPATNAM.

visar v. t. Examinar un documento, poniéndole el visto bueno para darle validez: *visar un pasaporte.* || Dirigir la puntería o visual: *los artilleros visaron la torre de la iglesia.*

Visayas o **Bisayas** (ISLAS), archipiélago de las Filipinas al que pertenecen las islas de Cebú, Leyte, Sámar, Masbate, Panay y Negros.

visayo, ya o **bisayo, ya** adj. y s. De las Visayas.

víscera f. Cualquiera de los órganos situados en las principales cavidades del cuerpo como el estómago, el corazón, los pulmones, el hígado, etc.

visceral adj. De las vísceras: *cavidad visceral.*

visco m. Liga para coger pájaros. || Nombre de varias plantas parásitas de México.

Visconti, familia de Italia que reinó en Milán de 1277 a 1447.

viscosa f. Celulosa sódica empleada en la fabricación de rayón, fibrana y películas fotográficas.

viscosidad f. Propiedad que tiene un fluido de resistir a un movimiento uniforme de su masa.

viscosímetro m. Aparato empleado en la industria para medir la viscosidad de los líquidos.

viscoso, sa adj. Pegajoso, peguntoso: *una piel viscosa.* || Que tiene viscosidad.

visera f. Parte del yelmo, generalmente movible, que cubría el rostro, parcial o totalmente. || Parte delantera de la gorra, del quepis, etc., para proteger los ojos. || Trozo de cartón o plástico de forma parecida empleada para el mismo uso: *Amadeo siempre trabaja con la visera puesta.*

Viseu o **Viseo,** c. y distrito de Portugal (Beira Alta). Obispado. Catedral (s. XII). Vinos.

Vishakhapatnam, ant. *Vizagapatnam,* c. en el E. de la India (Andhra Pradesh), en el golfo de Bengala. Obispado. Astilleros.

visibilidad f. Calidad visible. || Posibilidad de ver a cierta distancia. || En meteorología, grado de transparencia del aire.

visible adj. Perceptible con la vista: *estrella visible.* || *Fig.* Evidente, manifiesto: *enojo visible.* || *Fam.* En disposición de recibir, presentable: *no estar visible.*

visigodo, da adj. y s. Dícese del individuo de una parte del pueblo godo que fundó un reino en España. || Visigótico.

— Los *visigodos* o *godos de Occidente* invadieron primero la Galia y luego España (412), donde permanecieron hasta la derrota, a orillas del Guadalete, del rey Don Rodrigo por los árabes (711).

visigótico, ca adj. Relativo a los visigodos: *reino visigótico.*

visillo m. Cortinilla transparente que se pone detrás de los cristales de las ventanas.

visión f. Percepción por medio del órgano de la vista: *visión de cerca, de lejos; binocular.* || Vista: *perdió la visión de un ojo.* || Percepción imaginaria de objetos irreales: *tener visiones.* || *Fig.* y *fam.* Esperpento, persona fea. || *Teol.* Cosas que permite Dios ver a algunas personas. || — *Fig.* y *fam. Quedarse uno como quien ve visiones,* quedarse uno muy asombrado. | *Ver visiones,* dejarse llevar mucho por la imaginación.

visionadora f. *Fot.* Aparato de óptica que sirve para ampliar y examinar clichés fotográficos de formato reducido.

visionario, ria adj. y s. Que ve visiones. || *Fig.* Que tiene ideas quiméricas.

visionero, ra adj. y s. *Méx.* Persona extravagante en el vestir.

visir m. Ministro de un príncipe musulmán. || *Gran visir,* primer ministro del antiguo sultán de Turquía.

visita f. Acción de ir a visitar a alguien: *visita de cumplido, de pésame.* || Acción de ir a ver con interés alguna cosa: *la visita de un museo.* || Persona que visita: *recibir visitas.* || Acción de ir a ver el médico a un enfermo. || Reconocimiento médico. || Cualquier clase de inspección: *visita de aduana, de hospitales, de cárceles.* || — *Derecho de visita,* autorización de ir a ver a sus hijos los cónyuges separados; derecho que tienen los buques de guerra a hacer una visita de inspección a los mercantes. || *Fig.* y *fam. No me hagas la visita,* no andes con cumplidos. | *Visita de médico,* la muy corta. || *Visita pastoral,* la realizada por un obispo a las parroquias de su diócesis.

visitación f. Visita de la Virgen Santísima a su prima Santa Isabel y fiesta con que la Iglesia la celebra el 2 de julio.

— La orden religiosa de la *Visitación* fue fundada por San Francisco de Sales y Santa Juana de Chantal en 1610.

visitador, ra adj. y s. Dícese de la persona que hace o es aficionada a hacer visitas. || — M. Funcionario encargado de hacer visitas de inspección. || — M. y f. Religioso o religiosa que inspecciona los conventos de su orden.

visitandina adj. Aplícase a la religiosa perteneciente a la orden de la Visitación (ú. t. c. s.).

visitante adj y s. Que visita.

visitar v. t. Ir a ver a uno en su casa. || Recorrer para ver: *visitar un museo, una exposición.* || Ir a ver como turista: *visitar Galicia.* || Ir a un templo o santuario por devoción. || Ir el médico a casa del enfermo para reconocerle. || Inspeccionar. || Registrar en las aduanas, etc.

visiteo m. El hecho de hacer o recibir muchas visitas.

vislumbrar v. t. Ver un objeto confusamente (ú. t. c. pr.). || *Fig.* Tener indicios de algo (ú. t. c. pr.).

vislumbre f. Reflejo o tenue resplandor de una luz lejana. || Indicio.

Visnú, segundo término de la trinidad bramánica o *Trimurti,* conservadora del mundo.

viso m. Reflejo cambiante y en forma de ondas que aparece en la superficie de algunas cosas lisas: *tela de seda azul con visos morados.* || Reflejo. || Forro de color que llevan las mujeres debajo de un vestido transparente. || Capa o toque ligero de color. || Altura o eminencia desde donde se descubre mucho terreno. || *Fig.* Apariencia: *visos de verdad.* | Tendencia. || *De viso,* de importancia, de categoría: *persona de viso.*

visón m. Mamífero carnívoro parecido a la nutria. Muy apreciado por su piel.

visor m. Dispositivo óptico que

sirve para enfocar con máquinas fotográficas o cinematográficas o para apuntar con armas de fuego, etc.

víspera f. Día inmediatamente anterior a otro: *el lunes es la víspera del martes.* || — Pl. Una de las divisiones del día romano, que correspondía al crepúsculo. || Una de las horas del oficio canónico. || *En vísperas,* cerca de, próximo a. — Se da el n. de *Vísperas sicilianas* a la matanza de los franceses en Sicilia el lunes de Pascua del año 1282, bajo el gobierno de Carlos de Anjou, hermano de San Luis.

vista f. Facultad de ver, de percibir la luz, los colores, el aspecto de las cosas: *vista aguda.* || Los ojos, órgano de la visión: *tener buena vista.* || Mirada: *dirigir la vista a.* || Aspecto, apariencia. || Extensión de terreno que se ve desde algún sitio, paisaje, panorama: *esta habitación tiene una vista espléndida.* || Cuadro, fotografía de un lugar, monumento, etc.: *una vista de París.* || Vistazo. || *Fig.* Ojo, sagacidad: *tiene mucha vista en los negocios.* || *For.* Conjunto de actuaciones llevadas a cabo en una causa, audiencia. || — Pl. Ventanas u otras aberturas de un edificio. || — *A la vista,* a su presentación: *pagadero a la vista.* || *A la vista de,* en vista de. || *A primera* (o *simple*) *vista,* sin examen. || *A vista de,* en presencia de. || *A vista de pájaro,* desde un punto elevado, desde el aire. || *Fig. Aguzar la vista,* mirar con mucha atención. || *Apartar la vista de algo,* dejar de mirarlo o procurar no verlo. || *Fig. y fam. Comerse con la vista,* mirar a uno con ansia. || *Con vistas a,* con el propósito de. || *Conocer a una persona de vista,* conocerla sólo por haberla visto alguna vez. || *En vista de,* en consideración a, dado: *en vista de las circunstancias.* || *Estar a la vista,* ser evidente; fácil de ver, visible; (fig.) ocupar una situación de primer plano. || *Fig. Hacer la vista gorda,* fingir uno que no se da cuenta de una cosa. || *Hasta la vista,* hasta pronto, fórmula de despedida. || *Hasta perderse de vista,* muy lejos. || *Fig. Írsele a uno la vista tras algo,* tener muchos deseos de algo. || *No perder de vista,* tener siempre en cuenta; vigilar mucho a una persona o cosa. || *Perder de vista,* dejar de ver. || *Fig. Punto de vista,* criterio, modo de ver. || *Fig. Saltar una cosa a la vista,* ser muy visible o evidente. || *Segunda o doble vista,* facultad de ver por medio de la imaginación. || *Ser corto de vista,* ser miope; (fig.) ser poco perspicaz. || *Fig. Ser largo de vista,* ser muy clarividente, perspicaz. | *Tener a la vista,* tener en perspectiva: *tengo un viaje a la vista;* vigilar; ver. | *Tener vista una persona,* ser muy sagaz o perspicaz. || *Fig. y fam. Tragarse con la vista,* comerse con la vista. || *Fam. Uno de la vista baja,* un cerdo. || *Vista cansada,* la del présbita. || *Vista corta* o *baja,* la del miope. || *Fig. Vista de águila* o *de lince,* la muy penetrante. | *Volver la vista atrás,* pensar en el pasado.

vista m. Empleado que se encarga de registrar en las aduanas.

vistazo m. Mirada rápida o superficial: *dar* o *echar un vistazo.*

visto, ta p. p. irreg. de *ver.* || *For.* Juzgado, fórmula con que se da por concluida la vista pública de una causa: *visto para sentencia.* || Muy conocido: *esta clase de espectáculos están muy vistos.* || — *Bien* (o *mal*) *visto,* considerado bien (o mal). || *Está visto,* expr. con que se da una cosa por cierta y segura. || *Ni visto ni oído,* con suma rapidez. || *No visto* o *nunca visto,* raro, extraordinario. || *Por lo visto,* por lo que se ve; según parece, aparentemente. || *Visto bueno* (o *visto y conforme*), fórmula que se pone, generalmente abreviada (V.º B.º), al pie de ciertos documentos para autorizarlos. || *Visto que,* pues que, una vez que. || — M. *Visto bueno,* aprobación: *dar el visto bueno a.*

vistosidad f. Apariencia alegre y llamativa.

vistoso, sa adj. Que atrae mucho la atención, llamativo: *vestido vistoso.* || Que agrada a la vista.

Vístula, río de Polonia, que nace en los Cárpatos occidentales, atraviesa Cracovia y Varsovia y des. en el Báltico en el golfo de Gdansk; 1 090 km.

visu (de) loc. lat. Después de haber visto como testigo ocular.

visual adj. Relativo a la visión: *imagen visual.* || — F. Línea recta que se considera tirada desde el ojo del espectador hasta el objetivo. || *Memoria visual,* la que conserva recuerdo de lo que se ha visto (por oposición a *memoria auditiva*).

visualidad f. Vistosidad.

visualización f. Acción y efecto de visualizar.

visualizar v. t. Imaginar con rasgos visibles algo que no se ve. || Formar en la mente una imagen visual de algo abstracto. || Representar con imágenes ópticas fenómenos de otro carácter.

vitácea adj. y s. f. Dícese de las plantas angiospermas dicotiledóneas, de tallos nudosos como la vid. || — F. Familia que forman.

vital adj. Perteneciente o relativo a la vida: *funciones vitales.* || Fundamental, esencial, de suma importancia: *problema vital.* || *Fil. Impulso vital,* según Bergson, impulso original de la vida a través de la materia y creador de las diversas formas de organización.

Vital (*San*), mártir en Ravena en 52, padre de San Gervasio y San Protasio. La iglesia que le está consagrada en Ravena es uno de los monumentos más ricos del arte bizantino (s. VI; mosaicos). Fiesta el 20 de abril.

Vitali (Giovanni Battista), compositor italiano (1611-1692).

vitalicio, cia adj. Que dura toda la vida: *cargo vitalicio.* || Dícese de la persona que disfruta de un cargo de esa clase: *senador vitalicio.* || Aplícase a la renta que se paga mientras vive el beneficiario (ú. t. c. s. m.).

vitalidad f. Actividad o eficacia de las facultades vitales; energía, dinamismo. || Importancia fundamental.

vitalismo m. Doctrina fisiológica que explica los fenómenos orgánicos por la acción de las fuerzas vitales.

vitalista adj. Del vitalismo. Dícese del partidario del vitalismo o que sigue sus doctrinas (ú. t. c. s.).

vitalizar v. t. Dar los caracteres de la vida a, hacer vital.

vitamina f. Cada una de las sustancias químicas orgánicas existentes en los alimentos en cantidades muy pequeñas y necesaria al metabolismo animal. (Hay numerosas vitaminas: A, B_1, B_2, B_6, B_{12}, C, D, E, K, P, PP, etc. La carencia o insuficiencia, llamada *avitaminosis,* ocasiona graves trastornos.)

vitaminado, da adj. Que tiene una o varias vitaminas.

vitamínico, ca adj. Relativo a las vitaminas: *pastilla vitamínica.*

vitaminización f. Preparación de una vitamina.

vitando, da adj. Que debe ser evitado. || Execrable.

Vitebsk, c. en el NO. de la U. R. S. S. (Bielorrusia), a orillas del Duina.

vitela f. Pergamino muy fino y liso en el que se pinta o escribe.

vitelina adj. Dícese de la membrana espesa, transparente, que envuelve el óvulo, o gameto hembra de los animales.

Vitelio (15-69), emperador romano que gobernó ocho meses en el año 69. M. asesinado.

vitelo m. Materia nutritiva no viva contenida en un huevo.

Viterbo, c. en el centro de Italia (Lacio), cap. de la prov. homónima. Obispado. Murallas. Catedral gótica.

Viterico, rey visigodo de España de 603 a 610. M. asesinado.

Viti. V. FIDJI. || ~ **Levu,** la mayor de las islas Fidji; cap. *Suva.* Caña de azúcar.

vitícola adj. Relativo al cultivo de la vid. || — Com. Viticultor.

viticultor, ra m. y f. Persona dedicada a la viticultura.

viticultura f. Cultivo de la vid.

Vitier (Medardo), escritor cubano (1886-1960).

Vitiges, rey de los ostrogodos de Italia de 536 a 540. Fue derrotado por Belisario. Murió en 542.

Vitigudino, v. en el O. de España (Salamanca).

vitiligo m. Enfermedad cutánea caracterizada por manchas blancas debidas a una despigmentación de la piel.

vitivinícola adj. Relativo a la vitivinicultura. || — Com. Vitivinicultor.

vitivinicultor, ra m. y f. Persona dedicada a la vitivinicultura.

vitivinicultura f. Arte de cultivar las vides y elaborar el vino.

Vitiza. V. WITIZA.

vito m. Baile andaluz de movimientos muy rápidos. || Su música. || V. BAILE.

vitola f. Anillo de papel con dibujos que rodea al cigarro puro. || Plantilla para calibrar balas de cañón o de fusil. || Regla metálica para medir las vasijas en las bodegas. || *Fig.* Facha o traza de una persona. | Aspecto.

vítor m. Grito de aclamación o aplauso: *dar vítores a un héroe.* || — Interj. Expresa alegría o aclamación.

vitorear v. t. Aplaudir, dar vivas, aclamar con vítores: *vitorear a un campeón.*

Vitoria, c. del N. de España, cap. de la prov. de Álava, a orillas del Zadorra, afl. del Ebro. Obispado. Industrias.

Vitoria (Francisco de), religioso dominico, jurista y teólogo español, n. en Vitoria (Álava) [1486-1546], fundador del derecho internacional. Autor de *Relectiones* (*De indis,* en la que condena el aspecto belicoso de la conquista de América, y *De Jure belli* en la que defiende la guerra justa).

Vitória, c. y puerto del Brasil en la isla homónima, al N. de Río de Janeiro; cap. del Estado de Espírito Santo. Obispado. Industrias.

vitoriano, na adj. y s. De Vitoria.

vitral m. Vidriera.

vítreo, a adj. De vidrio o semejante a él: *roca vítrea.* || *Humor vítreo,* líquido intraocular detrás del cristalino y antes de la retina.

vitrificable adj. Que se puede convertir en vidrio.

vitrificación f. o **vitrificado** m. Acción y efecto de vitrificar.

vitrificar v. t. Convertir, mediante fusión, una sustancia en materia vítrea. || Dar a los entarimados una capa de materia plástica que los protege. || Dar a algo aspecto de vidrio. || — V. pr. Convertirse en vidrio.

vitrina f. Armario o caja con puertas de cristales en que se exponen objetos de arte.

vitriólico, ca adj. Relativo al vitriolo o que posee las características propias a él.

vitriolo m. Nombre dado antiguamente a todos los sulfatos. || — *Aceite de vitriolo* o *vitriolo,* ácido sulfúrico. || *Vitriolo azul,* sulfato de cobre hidratado.

Vittel, pobl. en el NE. de Francia (Vosges). Aguas minerales.

Vittoria, c. de Italia en el S. de Sicilia (Ragusa). Agricultura; vinos afamados.

Vittorio Véneto, c. en el NE. de Italia en Venecia (prov. de Treviso). Obispado. Aguas termales. Textiles (lana).

vituallas f. pl. Víveres.
vituperable adj. Censurable, reprochable.
vituperación f. Censura, reproche.
vituperador, ra adj. y s. Que vitupera.
vituperante adj. Que vitupera.
vituperar v. t. Censurar, reprender duramente a una persona, desacreditarla.
vituperio m. Censura, reproche. || Vergüenza, baldón, oprobio.
viudal adj. Del viudo o viuda.
viudedad f. Viudez. || Pensión que cobran las viudas.
viudez f. Condición de viudo.
viudito, ta adj. y s. Dim. de *viudo*. || — F. Monito de América. || *Arg.* y *Chil.* Ave insectívora, parecida al loro, con plumaje blanco y cola de color negro. || *Méx.* Ave zancuda acuática de color pardo.
viudo, da adj. Dícese de la persona cuyo cónyuge ha muerto y que no ha vuelto a casarse (ú. t. c. s.). || — F. Planta dipsacácea de flores de color morado y fruto capsular. || *Méx. Viuda negra,* la araña capulina.
viva m. Grito de aclamación: *dar vivas a la patria.* || *Un viva la Virgen,* v. VIRGEN. || — Interj. Expresa aclamación.
Viva México, colonia agrícola de México, en Tapachula (Chiapas).
vivace adj. o adv. (pal. ital.). *Mús.* Vivo, rápido, animado: *allegro vivace.*
vivacidad f. Rapidez en obrar, en comprender, viveza.
Vivaldi (Antonio), violinista y músico italiano, n. en Venecia (1678-1741), autor de música religiosa, óperas, sonatas y sinfonías.
vivales com. inv. *Fam.* Fresco, tuno: *estoy harto de tratar con un vivales como tú.*
Vivanco (Manuel Ignacio de), general peruano (1806-1873), supremo director de la Rep. de 1843 a 1844. Se sublevó más tarde y sin éxito contra Ramón Castilla (1856).
vivandero, ra m. y f. Persona que vende víveres a las tropas.
vivaque m. Campamento de campaña militar.
vivaquear v. i. Acampar la tropa al aire libre.
vivar m. Lugar donde viven los conejos de campo. || Vivero de peces.
vivaracho, cha adj. *Fam.* Muy vivo y alegre: *joven vivaracha.*
vivario m. Lugar donde se conservan pequeños animales vivos para su estudio o exhibición.
vivaz adj. Que vive o dura mucho tiempo: *alegría vivaz.* || Vigoroso. || Agudo, de pronta comprensión. || Aplícase a la planta que vive más de dos años.
vivencia f. Hecho vivido, experiencia.
víveres m. pl. Comestibles.
vivero m. Terreno a que se trasladan las plantas desde la almáciga para recriarlas. || Lugar donde se crían o guardan vivos dentro del agua peces, moluscos, etc. || *Fig.* Semillero, cantera: *un vivero de artistas.* | Manantial, fuente: *vivero de disgustos.*
Vivero, c. y puerto del NO. de España (Lugo).
Vives (Amadeo), músico español (1871-1932), autor de óperas *(Maruxa)* y zarzuelas *(Doña Francisquita).* || ~ (JUAN LUIS), humanista español, n. en Valencia (1492-1540), preceptor de la hija de Enrique VIII de Inglaterra y catedrático en Oxford. En su obra *(Diálogos, De anima et vita, De causis corruptarum artium, Introductio ad veram Sapientiam,* etc.) se revela como un precursor de la moderna psicología.
viveza f. Prontitud en las acciones o agilidad en la ejecución: *la viveza de los niños.* || Perspicacia. sagacidad, agudeza: *la viveza del ingenio.* || Realismo, carácter expresivo. || Brillo vivo, intensidad: *la viveza de un color.* || Expresión en la mirada: *ojos llenos de viveza.*
vivido, da adj. Dícese de lo que es producto de la inmediata experiencia del sujeto: *historia vivida.*
vívido, da adj. Expresivo, vivaz.
vividor, ra adj. Que vive (ú. t. c. s.). || Vivaz. || Muy trabajador. || — M. y f. Aprovechón, persona que vive a costa de los demás o a quien le gusta vivir bien, cómodamente.
vivienda f. Lugar donde habitan una o varias personas, morada. || Acción de alojarse: *crisis de la vivienda.* || Casa: *bloque de viviendas lujosas.*
viviente adj. Dotado de vida: *los seres vivientes* (ú. t. c. s.).
vivificación f. Acción de vivificar o vivificarse.
vivificador, ra y **vivificante** adj. Que vivifica o da vida.
vivificar v. t. Dar fuerzas o energía, animar: *el Sol vivifica la naturaleza.*
viviparidad f. Reproducción de los animales vivíparos.
vivíparo, ra adj. Aplícase a los animales que paren los hijos ya desarrollados y sin envoltura, en oposición a los ovíparos, como los mamíferos (ú. t. c. s.).
vivir v. t. Estar presente: *viví en México horas inolvidables.* || Participar, tomar parte: *los que vivimos una juventud dorada.* || Pasar: *vivimos tantas horas felices.* || — V. i. Estar vivo: *quien sabe si mañana vivirá.* || Gozar, disfrutar los placeres de la vida: *vivió agradablemente.* || Estar tranquilo, sosegado: *vivir con pocas preocupaciones.* || Durar, subsistir: *sus hazañas vivirán siempre en el recuerdo de todos.* || Habitar, residir: *vivo en París.* || Mantenerse: *gana para poder vivir; vivir de esperanzas.* || Conducirse, portarse: *vivir austeramente.* || Llevar cierto género de vida: *vivir como un santo.* || Tratar: *hay que vivir con todo el mundo.* || Cohabitar: *vivo con mi hermana.* || Aceptar y adoptar las costumbres sociales: *allí aprendí a vivir.* || — *Ir viviendo,* vivir con estrechez. || *No dejar vivir a uno,* molestarle, no dejarle tranquilo. || *¿Quién vive?*, voz de alarma del centinela cuando se acerca alguien. || *Saber vivir,* saber tratar con la gente, conocer las reglas mundanas. || *Vivir al día,* vivir con lo que se gana o se tiene cada día, sin preocuparse del porvenir.
vivisección f. Disección de los animales vivos para el estudio de los fenómenos fisiológicos.
vivisector m. El que hace vivisecciones.
vivismo m. Sistema filosófico del español Luis Vives.
vivista adj. Relativo al filósofo español Luis Vives. || — Com. Partidario del vivismo.
vivito, ta adj. *Fam.* Que está muy vivo. || *Fam. Vivito y coleando,* muy vivo; vivaracho; dicho de asunto, de actualidad, vigente.
vivo, va adj. Que está en vida, que vive: *los seres vivos.* Ú. t. c. s.: *los vivos y los muertos.* || Fuerte, intenso: *dolor muy vivo.* || Agudo: *olor vivo.* || Brillante: *luz viva; colores vivos.* || Rápido, ágil en sus movimientos. || *Fig.* Que concibe pronto: *ingenio vivo.* | Rápido en enfadarse. | Despabilado, despierto, listo: *un niño muy vivo.* | Astuto, hábil. U. t. c. s.: *eres un vivo.* || Expresivo, realista, que da la impresión de la vida: *ojos vivos; una descripción viva.* || Grande: *tenía una viva curiosidad en verle.* || Duradero, que sobrevive, que no ha desaparecido: *un recuerdo vivo.* || Dícese de la arista, filo o ángulo muy agudos. || Dícese de las lenguas que se hablan todavía. || — *Fig. Como de lo vivo a lo pintado,* muy diferente. || *En carne viva,* dícese de la carne de un ser vivo que no está cubierta por la piel a causa de una herida, etc. || *En vivo,* aplícase a una res antes de ser matada. || *Lo vivo,* la parte más sensible, el punto más delicado: *tocar en lo vivo.* || *Obra viva,* parte del barco sumergida en el agua. || *¡Vivo!*, rápidamente.
vixit pal. lat. Fórmula con la que los romanos anunciaban la muerte de alguien.
Vixtocíhuatl, diosa de la Sal, entre los ant. mexicanos.
Vizagapatnam. V. VISHAKHAPATNAM.
Vizapur. V. BIJAPUR.
Vizarrón (Juan Antonio de), arzobispo de México (1731-1747) y virrey de Nueva España (1734 a 1740). M. en 1747.
vizcacha f. Mamífero roedor semejante a la liebre, de cola larga, que vive en el Perú, Bolivia, Chile y Argentina.
vizcachera f. Madriguera de la vizcacha. || *Arg.* Cuarto de los trastos viejos.
vizcainada f. Hecho o expresión propios de vizcaínos.
vizcaíno, na adj. De Vizcaya (ú. t. c. s.). || — *Fig. A la vizcaína,* al modo de los vizcaínos. || *Bacalao a la vizcaína,* bacalao aderezado con tomates. || — M. Uno de los ocho dialectos del vascuence.
Vizcaíno (Sebastián), navegante español, m. en 1606, que exploró California y las costas mexicanas.
vizcaitarra adj. Relativo o partidario de la autonomía o independencia del País Vasco (ú. t. c. s.).
Vizcaya, prov. en el N. de España, una de las Vascongadas; cap. *Bilbao.* Minas de hierro. Siderurgia. || ~ (GOLFO DE), parte más profunda del mar Cantábrico, entre Francia y España. Recibe tb. el n. de *Golfo de Gascuña.*
vizcondado m. Título, dignidad y territorio de vizconde.
vizconde m. Título nobiliario inferior al de conde.
vizcondesa f. Mujer del vizconde. || La que tiene este título.
Vlaardingen, c. y puerto en el O. de Holanda, a orillas del Mosa y cerca de Rotterdam. Ref. de petróleo.
Vladikavkaz o **Vladicáucaso.** V. ORDJONIKIDZE.
Vladimir, c. de U. R. S. S. (Rusia), al NO. de Moscú.
Vladivostok, c. y puerto de la U. R. S. S. (Rusia), en Extremo Oriente y a orillas del mar del Japón. Universidad. Industrias.
Vlaminck (Maurice de), pintor fauvista francés (1876-1958), autor de retratos y paisajista.
Vlorë, en ital. *Valona,* c. y puerto al S. de Albania. Base naval.
Vltava. V. MOLDAU.
vocablo m. Palabra.
vocabulario m. Conjunto de palabras utilizadas en una lengua, en el lenguaje de una colectividad: *vocabulario castellano.* || Conjunto de palabras empleado por una persona, por un escritor. || Conjunto de términos propios de una ciencia, de una técnica. || Diccionario abreviado que sólo tiene cierta clase de palabras (usuales, técnicas, etc.).
vocación f. Destino natural del hombre: *la vocación de cualquier persona es la de ser útil a sus semejantes.* || Inclinación, tendencia que se siente por cierta clase de vida, por una profesión: *tener vocación para el teatro.* || Inclinación a la vida sacerdotal o religiosa.
vocacional adj. Relativo a la vocación.
vocal adj. Relativo a la voz: *cuerdas vocales.* || — F. Sonido del lenguaje producido por la vibración de la laringe mediante una simple aspiración. || Letra que representa un sonido vocálico: *el alfabeto castellano tiene cinco vocales* (a, e, i o, u), *a las que se puede añadir en determinados casos la* y. || — Com. Miembro de una junta, consejo, etc., que no tiene asignado un cargo o función especial en el organismo a que pertenece.

vocálico, ca adj. Dícese de cualquier emisión de voz o de elemento fónico sonoro. ‖ Relativo a las vocales.

vocalismo m. Naturaleza de los elementos vocálicos en el sistema de vocales de una lengua.

vocalista com. Artista que canta en una orquesta.

vocalización f. Transformación de una consonante en vocal. ‖ Acción de vocalizar. ‖ Pieza de música compuesta para enseñar a vocalizar.

vocalizador, ra adj. y s. Que vocaliza.

vocalizar v. i. Hacer ejercicios de canto sin decir las notas ni las palabras, pronunciando sólo una misma vocal, que es casi siempre la *a*. ‖ Transformarse en vocal una consonante (ú. t. c. pr.).

vocativo m. *Gram.* Forma que toma una palabra cuando se utiliza para llamar a una persona o cosa personificada. ‖ Caso que tiene esta palabra en las lenguas que poseen una declinación.

voceador, ra adj. y s. Que grita muchísimo. ‖ — M. Pregonero.

vocear v. i. Dar voces o gritos, vociferar. ‖ — V. t. Pregonar los vendedores. ‖ Llamar a uno a voces. ‖ Aclamar con voces. ‖ *Fig.* y *fam.* Manifestar, hacer patente. | Publicar, pregonar jactanciosamente una cosa: *le gusta vocear los favores que nos hizo.*

voceo m. Acción y efecto de vocear, gritos.

voceras m. inv. *Fam.* Boceras.

vocería f. y **vocerío** m. Gritería, griterío.

vocero m. Portavoz.

vociferación f. Palabras dichas gritando y de forma colérica.

vociferador, ra adj. y s. Que vocifera.

vociferante adj. Que vocifera.

vociferar v. t. e i. Decir gritando: *vociferar injurias.*

vocinglería f. Ruido de muchas voces, gritería. ‖ Clamor.

vocinglero, ra adj. y s. Que habla muy fuerte. ‖ Que suele hablar mucho y muy vana y superficialmente.

vodevil m. Vaudeville.

vodka m. Aguardiente de centeno muy común en la U. R. S. S. y Polonia.

— La palabra *vodka,* aunque la Academia la da como femenina, se usa más corrientemente en género masculino.

Vogelweide. V. WALTHER VON DER VOGELWEIDE.

Vogt (Karl), naturalista y antropólogo alemán (1817-1895), doctrinario del materialismo científico.

voivoda m. En los países balcánicos y en Polonia, alto dignatario civil o militar. ‖ En Polonia y Yugoslavia, capital de una región administrativa.

Voivodina, territorio autónomo en el NE. de la Rep. federativa de Servia (Yugoslavia); cap. *Novi Sad.*

voladizo, za adj. *Arq.* Dícese de la parte de un edificio que sobresale de la pared: *cornisa voladiza* (ú. t. c. s. m.).

volado, da adj. Aplícase a los tipos pequeños de imprenta que se ponen más alto que los otros, como en: 1.º, 2.º, 3.º. ‖ — *Fig.* y *fam. Estar volado,* estar muy avergonzado. | *Hacer algo volado,* hacerlo con mucha rapidez. ‖ — M. *Méx.* Juego de cara y cruz, con una moneda que se lanza. ‖ — F. Vuelo corto.

volador, ra adj. Que vuela: *artefacto volador; pez volador.* ‖ — M. Árbol lauráceo de la América tropical cuya madera se emplea en construcciones navales. ‖ Cohete. ‖ Pez marino acantopterigio, cuyas aletas pectorales son tan largas que sirven al animal para saltar a alguna distancia sobre el agua. ‖ Calamar de mayor tamaño y carne menos fina. ‖ Juego de los indios mexicanos consistente en un palo alrededor del cual giran varios hombres colgados de una cuerda a gran distancia del suelo. ‖ — F. *Guat.* Bofetada.

voladura f. Acción de volar una cosa con un explosivo: *la voladura de un puente.* ‖ Explosión: *la voladura de una caldera.*

volandas (en) m. adv. Por el aire, sin que toquen los pies el suelo: *lo llevaban en volandas.* ‖ *Fig.* y *fam.* En seguida: *iré en volandas a hacer lo que me mandan.*

volandero, ra adj. Dícese de las cosas que no están fijas, móvil. ‖ Aplícase a la hoja impresa o de escritura que no está unida a otra y que corre de mano en mano: *octavillas volanderas.* ‖ Accidental, casual. ‖ Que no se establece en ningún lugar, inestable. ‖ — F. En los molinos de aceite, muela vertical que gira sobre la solera.

volandillas (en) m. adv. En volandas.

volando adj. *Fam.* Rápidamente: *ir, llegar volando.*

volante adj. Que vuela, que tiene la facultad de moverse en el aire como los pájaros. ‖ No fijo o sujeto: *cuerda volante.* ‖ Móvil, que se puede trasladar fácilmente: *equipo volante de cirugía.* ‖ Itinerante: *embajador volante.* ‖ Que cambia de sitio, sin asiento fijo: *campo volante.* ‖ *Medio volante,* medio ala en fútbol. ‖ — M. Órgano, generalmente circular, que sirve para dirigir los movimientos de las ruedas de un vehículo por medio de un engranaje o una transmisión. ‖ Rueda parecida empleada para regularizar los movimientos de cualquier máquina. ‖ *Fig.* Automovilista: *los ases del volante.* ‖ Parte libre que se puede separar de cada hoja de un talonario. ‖ Tira de tela fruncida que se pone en un vestido femenino o en la ropa de algunos muebles: *falda con un volante.* ‖ Aro en los relojes, movido por la espiral, que regulariza los movimientos de la rueda de escape. ‖ Hoja de papel alargada que se utiliza para hacer una comunicación. ‖ Esfera de corcho con un penacho de plumas que sirve para lanzársela los jugadores por medio de raquetas. ‖ Juego así realizado. (Se le llama también *juego del volante* o *badminton.*)

volantín m. Cordel con varios anzuelos para pescar. ‖ *Amer.* Cometa, juguete.

volantón, ona adj. y s. Aplícase al ave que comienza a volar. ‖ *Fig.* Que cambia constantemente de sitio o lugar.

volapié m. *Taurom.* Manera consistente en herir el espada al toro cuando está parado pasando a un lado: *mató muy bien a volapié.*

volapuk m. Lengua universal inventada y difundida en 1880 por el sacerdote alemán Johann Martin Schleyer (1831-1912).

* **volar** v. i. Moverse, sostenerse en el aire ya sea por medio de alas o valiéndose de cualquier otra cosa: *pájaro, avión que vuela.* ‖ Hacer un vuelo en avión: *volar encima de la ciudad.* ‖ Ir, correr a gran velocidad: *volé en socorro de los heridos.* ‖ Hacer con gran rapidez: *trabajando no corro sino que vuelo.* ‖ Propagarse rápidamente: *sus hazañas vuelan de boca en boca.* ‖ *Fig.* Pasar muy de prisa: *el tiempo vuela.* | Elevarse en el aire y moverse en él: *las hojas secas vuelan.* | Arrojar con violencia: *las sillas volaban durante la pelea.* | Desaparecer alguien: *voló el ladrón.* | Gastarse: *el dinero vuela en ciudades tan caras.* | Sobresalir fuera de la fachada de un edificio. ‖ Estar uno muy enojado o muy confuso: *el jefe está que vuela; estoy volado de vergüenza.* ‖ — V. t. Hacer saltar o explotar con un explosivo: *volar un puente, un buque.* ‖ Poner una letra o signo impresos a una altura superior a las demás. ‖ — V. pr. Emprender el vuelo. ‖ Elevarse en el aire. ‖ *Amer.* Irritarse, encolerizarse. ‖ *Méx.* Enamorar por diversión.

volatería f. Cetrería.

volátil adj. Que se volatiliza o se evapora: *alcohol volátil.* ‖ *Fig.* Que vuela o es capaz de volar (ú. t. c. s. m.). ‖ *Fig.* Inconstante, cambiadizo, mudable (ú. t. c. s.).

volatilidad f. Condición de volátil: *la volatilidad del éter.*

volatilizable adj. Que se volatiliza: *mineral volatilizable.*

volatilización f. Evaporación.

volatilizar v. t. Transformar un cuerpo sólido o líquido en gaseoso (ú. t. c. pr.).

volatín m. Acrobacia.

volatinero, ra m. y f. Acróbata.

vol-au-vent [*volován*] m. (pal. fr.). Pastel de hojaldre relleno de carne o pescado con salsa, setas, trufas, aceitunas, etc.

volavérunt voz lat. Se usa familiarmente para señalar que desapareció algo con que se contaba.

volcán m. Montaña formada por lavas y otras materias procedentes del interior del Globo y expulsadas por una o varias aberturas del suelo. ‖ *Fig.* Persona de carácter ardiente, fogoso, apasionado. | Pasión ardiente. | Cosa muy agitada: *mi cabeza era un volcán.* | Situación tranquila en apariencia, pero que encierra un peligro: *estamos sobre un volcán.*

volcancito m. *Amer.* Volcán pequeño que arroja lodo caliente.

Volcánica (CADENA), cord. de Nicaragua, paralela al Pacífico.

volcanicidad f. Volcanismo.

volcánico, ca adj. Relativo al volcán: *relieve volcánico.* ‖ *Fig.* Agitado, ardiente, fogoso: *pasión volcánica.* ‖ *Fig.* Muy ardiente.

volcanismo m. Conjunto de los fenómenos volcánicos y de las teorías que explican sus causas.

volcanización f. Formación de rocas volcánicas o eruptivas. ‖ Vulcanismo.

* **volcar** v. t. Inclinar o invertir un objeto, de modo que caiga su contenido: *volcar un vaso.* ‖ Tumbar, derribar: *volcar a un adversario.* ‖ Turbar la cabeza un olor muy fuerte. ‖ *Fig.* Hacer mudar de parecer: *le volcó con sus argumentos.* ‖ — V. i. Caer hacia un lado un vehículo: *el camión volcó* (ú. t. c. pr.). ‖ — V. pr. *Fig.* Poner uno el máximo interés y esfuerzo para algún fin: *se volcó para conseguir el cargo.* | Extremar, hacer el máximo de: *se volcó en atenciones.*

volea f. Voleo, trayectoria parabólica de la pelota.

volear v. t. Dar a una cosa en el aire para impulsarla. ‖ Sembrar a voleo. ‖ — V. i. Hacer voleas con la pelota.

voleibol m. *Amer.* Balonvolea.

voleo m. Golpe que se da a una cosa en el aire antes de que caiga: *cogió la pelota a voleo.* ‖ Cierto movimiento de la danza española. ‖ Guantazo: *dar un boleo.* ‖ — *A* o *al voleo,* esparciendo al aire la semilla: *sembrar al voleo;* (fig.) al buen tuntún, de modo arbitrario. ‖ *Fig. Del primer* (o *de un*) *voleo,* bruscamente; rápidamente.

volframio m. Metal (símb., W) de densidad 19,2 que funde a 3 660 ºC, de un color gris casi negro, utilizado para fabricar los filamentos de las lámparas de incandescencia. (Llámase tb. *tungsteno.*)

Volga, río en el O. de la U. R. S. S., el más largo de Europa; des. en el Caspio; 3 700 km. Navegable. Presas.

Volgogrado, c. en el S. de la U. R. S. S. (Rusia) a orillas del Volga. Centro industrial (maquinaria, camiones). Centrales hidroeléctricas. De 1925 a 1961 llamóse *Stalingrado.*

volición f. Acto de voluntad.

Volinia, en polaco *Wolyn,* región de la U. R. S. S., al NO. de Ucrania.

volitivo, va adj. De la voluntad.

Völklingen, c. en el S. de Alemania Occidental (Sarre). Acerías.

Volo, c. de Grecia, a orillas del golfo homónimo. Ant. *Yolos.*

Vologda, c. de la U. R. S. S., al NO. de Moscú (Rusia). Nudo ferroviario. Textiles.

volován m. Vol-au-vent.

Volpone o **El zorro,** comedia en cinco actos y en verso, de Ben Jonson (1606).

volquetazo m. *Fam.* Vuelco.

volquete m. Vehículo utilizado para el transporte de materiales que se descarga haciendo girar sobre el eje la caja que sostiene el bastidor.

volsco, ca adj. Dícese de los miembros y de lo relativo a un pueblo del Lacio, sometido a Roma en 338 a. de J. C. (ú. t. c. s.).

volt m. *Fís.* Voltio en la nomenclatura internacional.

Volta, río de Ghana, formado al confluir el *Volta Negro,* el *Volta Blanco* y el *Volta Rojo,* nacidos en el Alto Volta; 1 600 km. Presa. ‖ ~ **(Alto).** V. ALTO VOLTA. ‖ ~ **Redonda,** c. en el E. del Brasil (Rio de Janeiro). Gran centro siderúrgico.

Volta (Alessandro, *conde de*), físico italiano (1745-1827), inventor de la pila eléctrica que lleva su nombre.

voltaico, ca adj. *Fís.* Aplícase a la pila eléctrica de Volta y a los efectos que produce. ‖ *Arco voltaico,* v. ARCO.

Voltaire (François Marie AROUET, llamado), escritor francés, n. en París (1694-1778), autor de epopeyas *(La Henriada),* tragedias *(Zaira, La muerte de César, Mérope),* poemas *(Discursos sobre el hombre),* relatos *(Zadig, Micromegas, Cándido).* Espíritu práctico, hostil a toda metafísica, Voltaire funda su moral natural en la tolerancia y la razón.

voltaje m. Cantidad de voltios de un aparato o sistema eléctrico. ‖ Fuerza electromotriz de una corriente o diferencia de potencial en los terminales de un conductor o circuito.

voltámetro m. Aparato utilizado para medir una corriente basándose en la cantidad de metal o gas depositado por un electrólito al paso de la electricidad. ‖ Cualquier aparato donde se produce una electrólisis.

voltamperio m. Unidad de potencia aparente (símb., VA) de las corrientes alternas, equivalente a la potencia de una corriente de un amperio cuya tensión alterna es de un voltio.

volteada f. *Arg.* Operación que consiste en separar una parte del ganado acorralándolo los jinetes.

volteado m. *Méx.* Sodomita, afeminado, invertido.

volteador, ra adj. Que voltea. ‖ — M. y f. Acróbata.

voltear v. t. Dar vueltas a una persona o cosa. ‖ Poner una cosa al revés de como estaba: *voltear el heno.* ‖ Hacer dar vueltas a las campanas para que suenen. ‖ *Fig.* Trastocar, mudar. | Derribar, derrocar: *voltear un gobierno.* ‖ *Fam.* Suspender en un examen. ‖ *Amer.* Volcar, derramar. ‖ — V. i. Dar vueltas una persona o cosa. ‖ Repicar, echar a vuelo las campanas. ‖ — V. pr. *Amer.* Cambiar de ideas políticas o de partido.

voltejear v. i. *Mar.* Navegar de bolina virando de vez en cuando para ganar el barlovento.

volteo m. Toque repetido de campanas. ‖ Ejercicio de equitación que consiste en saltar de diversas maneras sobre un caballo en marcha o parado.

voltereta f. Trecha, vuelta dada con el cuerpo en el aire, apoyando las manos en el suelo: *dar volteretas.* ‖ *Fig.* Cambio repentino, pirueta.

volterianismo m. Filosofía de Voltaire y de sus discípulos. ‖ Espíritu de incredulidad.

volteriano, na adj. Relativo a Voltaire, a sus ideas, a su filosofía. ‖ Dícese del partidario de Voltaire o de su filosofía (ú. t. c. s.). ‖ *Fig.* Que denota impiedad.

Volterra, c. en el O. de Italia en Toscana (prov. de Pisa). Obispado. Restos etruscos, romanos y de la Edad Media.

voltímetro m. Instrumento para medir la diferencia de potencial eléctrico entre dos puntos.

voltio m. Unidad de fuerza electromotriz y de diferencia de potencial o tensión (símb., V), equivalente a la diferencia de potencial existente entre dos puntos de un conductor por el cual pasa una corriente de un amperio cuando la potencia perdida entre los mismos es de un vatio.

Volturno, río del S. de Italia que atraviesa la ciudad de Capua y des. en el mar Tirreno; 185 km.

volubilidad f. Versatilidad, inconstancia.

volúbilis m. *Bot.* Enredadera ornamental.

voluble adj. Versátil, cambiante, tornadizo: *su mayor defecto era su carácter voluble.*

volumen m. Libro: *enciclopedia en tres volúmenes.* ‖ Extensión del espacio de tres dimensiones ocupado por un cuerpo: *el volumen de un paralelepípedo.* ‖ Espacio ocupado por un cuerpo: *un paquete de gran volumen.* ‖ Masa de agua que lleva un río o que sale de una fuente. ‖ Intensidad: *voz de mucho volumen.* ‖ Cantidad de dinero empleada o que sirve para realizar las operaciones comerciales: *volumen de ventas, del capital invertido.* ‖ Importancia: *volumen de negocios.*

volumetría f. Ciencia que trata de la medida de los volúmenes.

voluminoso, sa adj. De mucho volumen, de gran tamaño, grande: *paquete voluminoso.*

voluntad f. Facultad o potencia que mueve a hacer o no una cosa: *carece de voluntad.* ‖ Energía mayor o menor con la que se ejerce esta facultad: *ésta es mi voluntad.* ‖ Intención firme de realizar algo: *dar a conocer su voluntad.* ‖ Deseo: *ésa no fue mi voluntad.* ‖ Capricho, antojo: *siempre hacía su santa voluntad.* ‖ Libertad para obrar: *hizo aquellos actos por su propia voluntad.* ‖ Afecto, cariño: *le tienes poca voluntad a tus profesores.* ‖ — *A voluntad,* si se quiere o cuando se quiere. ‖ *Buena voluntad,* intención de hacer bien las cosas. ‖ *Ganar la voluntad de uno,* lograr su cariño o convencerle de lo que se quiere o desea. ‖ *Mala voluntad,* deseo contrario a que se haga cierta cosa; antipatía hacia alguien. ‖ *Última voluntad,* testamento, deseos de una persona expresados antes de su muerte. ‖ *Fig. Zurcir voluntades,* entremeterse entre varias personas para arreglar sus disgustos.

voluntariado m. Alistamiento voluntario para efectuar el servicio militar.

voluntariedad f. Libertad, espontaneidad de una decisión. ‖ Carácter facultativo de una cosa.

voluntario, ria adj. Que nace de la propia voluntad: *acto voluntario.* ‖ Hecho por la propia voluntad: *movimiento voluntario.* ‖ Voluntarioso. ‖ Dícese de la persona que realiza voluntariamente un acto: *soldado voluntario* (ú. t. c. s.).

voluntarioso, sa adj. Lleno de buena voluntad, de buenos deseos. ‖ Que sólo quiere hacer su voluntad, obstinado.

voluptuosidad f. Placer de los sentidos, goce intenso: *gozaba de aquellos momentos íntimos con gran voluptuosidad.*

voluptuoso, sa adj. Que inspira la voluptuosidad o la hace sentir: *vida voluptuosa.* ‖ Dado a los placeres sensuales (ú. t. c. s.).

voluta f. Adorno en forma de espiral o caracol que decora los capiteles de orden jónico. ‖ Que tiene forma de espiral: *voluta de humo.* ‖ Molusco gasterópodo univalvo que tiene concha espiral.

* **volver** v. t. Cambiar de posición o de dirección mediante un movimiento de rotación: *volver la cabeza.* ‖ Dirigir: *volver los ojos hacia uno.* ‖ Dar vuelta: *volver una tortilla.* ‖ Pasar: *volver las páginas de un libro.* ‖ Poner al revés: *volver un vestido.* ‖ Hacer girar una puerta o ventana para cerrarla o entornarla. ‖ *Fig.* Convertir: *volver el vino en vinagre.* | Tornar, hacer que una persona o cosa cambie de estado: *el éxito le ha vuelto presumido.* | Retornar: *han vuelto contra él sus propios argumentos.* ‖ Devolver una cosa a su estado anterior: *producto que vuelve el pelo a su color.* ‖ Poner: *volver una frase en la forma pasiva.* ‖ *Fig. Volver loco a uno,* trastornarle la razón. ‖ — V. i. Regresar, retornar: *volver a casa.* ‖ Ir de nuevo: *este año volveremos al mar.* ‖ Torcer de camino: *volver a la derecha.* ‖ Reanudar, proseguir: *volvamos a nuestro tema.* ‖ Reaparecer: *el tiempo pasado no vuelve.* ‖ Repetir, reiterar, reincidir (con la prep. *a* y verbo en infinitivo): *volver a llover; volvió a decir lo mismo.* ‖ — *Fig. Volver a la carga* o *al ataque,* solicitar algo con insistencia. ‖ *Volver en sí,* recobrar el conocimiento después de un desmayo. ‖ — V. pr. Mirar hacia atrás, tornarse: *me volví para verlo mejor.* ‖ Regresar: *vuélvete pronto.* ‖ Cambiar, tornarse, trocarse: *el tiempo se ha vuelto lluvioso.* ‖ Ponerse: *volverse triste.* ‖ — *Volverse atrás,* retroceder (fig.) desdecirse. ‖ *Volverse contra alguien* (o *en contra de alguien*), enfadarse con él.

vólvulo m. Íleo, obstrucción intestinal aguda por torsión de un asa del intestino.

volley-ball m. (pal. ingl.). Balonvolea.

vómer m. Hueso fino en la parte superior del tabique de la nariz.

vómico, ca adj. Vomitivo, que hace vomitar. ‖ *Nuez vómica,* semilla de la que se extrae la estricnina. (Empleada en dosis pequeñas estimula el sistema nervioso.)

vomipurgante adj. Aplícase al medicamento vomitivo y purgante (ú. t. c. s. m.).

vomitar v. t. Arrojar violentamente por la boca lo contenido en el estómago: *vomitar la comida.* ‖ *Fig.* Arrojar de sí una cosa algo que tiene dentro: *los volcanes vomitan lava.* ‖ *Fig.* y *fam.* Decir de modo violento: *vomitar insultos.* | Confesar, revelar lo que se mantenía callado. | Devolver, restituir.

vomitivo, va adj. Aplícase a un medicamento que hace vomitar (ú. t. c. s. m.).

vómito m Acción de devolver o arrojar por la boca lo que se tenía en el estómago ‖ Sustancias vomitadas. ‖ — *Vómito de sangre,* hemoptisis. ‖ *Vómito negro,* fiebre amarilla.

vomitón, ona adj. *Fam.* Que vomita frecuentemente. ‖ — F. *Fam.* Vómito muy abundante.

vomitorio, ria adj. y s. m. Vomitivo. ‖ — M. En los circos o teatros romanos, y actualmente en los estadios o plazas de toros, puerta de acceso y de salida en los graderíos.

Voorburg, c. del N. de Holanda.

voracidad f. Gran avidez para comer: *la voracidad del lobo.* ‖ *Fig.* Avidez, ansia.

Voragine (Jacobo de), hagiógrafo italiano (¿1228?-1298), autor de *La leyenda de oro.* Arzobispo de Génova. En ital. su nombre es *Iacopo da Varazze.*

vorágine f. Remolino impetuoso que forma el agua.

Vorágine (*La*), novela del escritor colombiano José Eustasio Rivera, descripción de la naturaleza tropical (1925).

voraginoso, sa adj. Aplícase al lugar donde hay vorágines.

Vorarlberg, prov. en el O. de Austria, al pie de los Alpes homónimos; c. pr. *Bregenz.*

voraz adj. Que devora o come con avidez: *persona voraz.* ‖ *Fig.* Destructor: *un voraz incendio.*

Vorkuta, c. en el N. de la U. R. S. S. (Rusia). Hulla.

Vorochilov. V. USURINSK.

Vorochilov (Kliment Iefremovich), mariscal soviético (1881-1969), comisario del pueblo para la Defensa (1925-1940) y pres. del Consejo Supremo de la U. R. S. S. (1953-1960).

Vorochilovgrado, c. de la U. R. S. S. (Ucrania), en el Donbass. Metalurgia. Llamada *Lugansk* antes de 1935 y de 1958 a 1970.

Vorochilovsk. V. STAVROPOL.

Voronej, c. en el O. de la U. R. S. S. (Rusia), a orillas del río del mismo n. Central atómica.

Voronov (Sergio), fisiólogo ruso (1861-1951). Sus experimentos de rejuvenecimiento, basados en el transplante de las glándulas genitales de los monos al cuerpo humano, tuvieron poca eficacia.

vórtice m. Torbellino, remolino. ‖ Centro de un ciclón. ‖ Huracán.

vorticela f. Protozoo ciliado de agua dulce que se adhiere a las plantas sumergidas por medio de un pedúnculo contráctil.

vos pron. de la 2.ª persona del s. y del pl. Usted. ‖ *Amer.* Tú.
— Se emplea *vos* en lugar de usted en estilo poético u oratorio para dirigirse a Dios *(Señor, Vos sois nuestra Providencia)*, a los santos o a una persona de gran respeto, generalmente en este caso con tono enfático. Vos concuerda siempre con el verbo como vosotros. En el castellano clásico este tratamiento correspondía a una forma intermedia entre el tuteo y Vuestra Merced. Actualmente el empleo de vos o *voseo* es general en Argentina, Uruguay, Paraguay, Guatemala, El Salvador, Honduras y Nicaragua; se aplica indiferentemente con el tuteo en Chile, Ecuador, Colombia, Venezuela y Costa Rica y se desconoce en México, Perú, Bolivia y en las costas colombiana, ecuatoriana y venezolana. Cuando se usa sustituye a tú en el presente y en el pretérito de indicativo con la forma de la segunda persona del plural *(vos estás, vos tenés, vos dijistes)* y con el verbo en tercera persona del plural. El complemento *te*, a pesar de esto, continúa al mismo tiempo que vos en la frase, constituyendo una repetición inútil *(a vos te parece bien; vos te comeréis o te comerás este pastel)*.

vosear v. t. Hablar de usted. ‖ *Amer.* Tutear. (V. VOS.)

voseo m. Acción de hablar de usted. ‖ *Amer.* Tuteo. (V. VOS.)

Vosges, dep. del NE. de Francia, cap. *Epinal.* Bosques. Industrias.

Vosgos, cord. al NE. de Francia, entre las regiones de Alsacia y Lorena. — V. VOSGES.

Vosgos [des Vosges] *(Plaza de los)*, hermosa plaza cuadrada de París empezada a construir en el reinado de Enrique IV (1605).

vosotros, tras pron. de 2.ª pers. de ambos, gén. y núm. pl.: *vosotros lo haréis.*

Vossler (Karl), filólogo e hispanista alemán (1872-1949).

votación f. Acción de votar: *modo de votación.* ‖ Operación consistente en expresar cada uno su opinión en una asamblea: *votación a mano alzada.* ‖ Conjunto de votos emitidos.

votador, ra adj. y s. Votante.

Votán, personaje mitológico de América Central que, según la tradición, fundó un imperio en el actual territorio de Chiapas (México).

Votán o **Wotán,** otro n. con que se conoce el dios escandinavo *Odín.*

votante adj. Dícese del que vota (ú. t. c. s.).

votar v. i. Dar uno su voto en una deliberación o elección: *votar puestos en pie, con papeletas.* ‖ Echar votos o juramentos, blasfemar. ‖ — V. t. Decidir o pedir por un voto: *votar la candidatura de uno.* ‖ Sancionar por una votación: *votar la ley agraria.*

votiako, ka adj. y s. Dícese del individuo de un pueblo de la U. R. S. S., natural de la República autónoma de Udmurtia.

votivo, va adj. Ofrecido por voto: *altar votivo.*

voto m. Promesa hecha a Dios, a la Virgen o a los santos por devoción o para obtener determinada gracia. ‖ Cada una de las tres

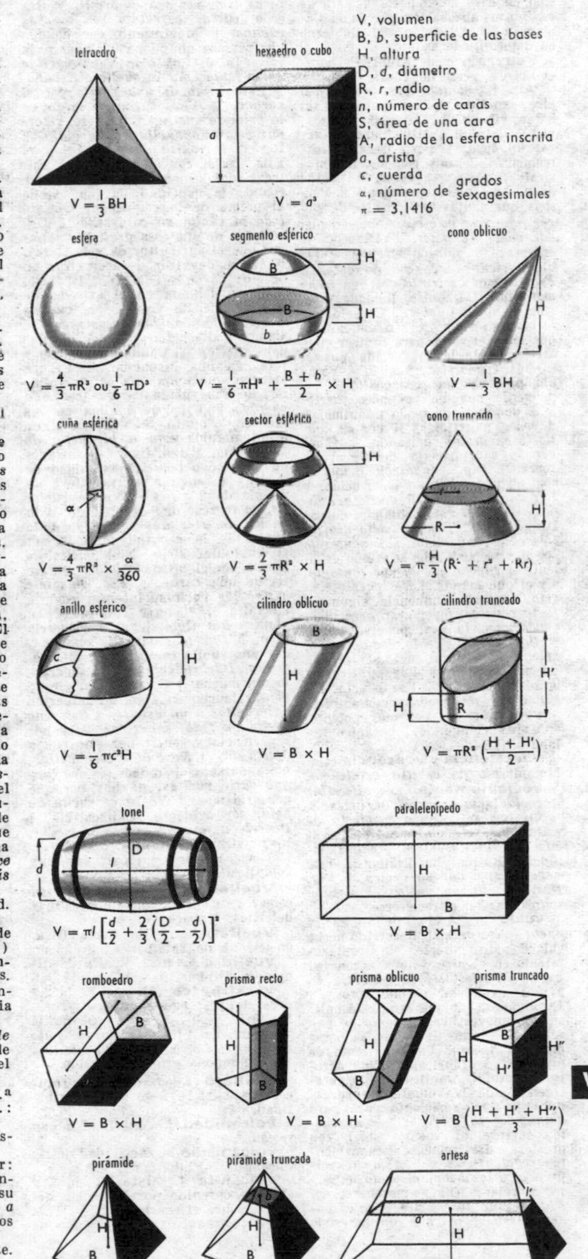

VOLÚMENES

promesas de renunciamiento (pobreza, castidad y obediencia) que se pronuncian al tomar el hábito religioso. || Opinión emitida por cada una de las personas que votan, sufragio: *diez votos a favor y tres en contra.* || Derecho a votar: *tener uno voz y voto.* || Votante, persona que da su voto. || Deseo ardiente: *formular un voto; votos de felicidad.* || Juramento, reniego, blasfemia: *echar votos.* || — *Voto de calidad,* el que, por ser de persona de mayor autoridad, decide la cuestión en caso de empate. || *Voto de confianza,* aprobación que da la Cámara a la actuación del Gobierno en determinado asunto.

Vouvray, c. de Francia (Indre-et-Loire), cerca de Tours. Vinos.

voz f. Sonido que produce el aire expelido de los pulmones al hacer vibrar las cuerdas vocales: *voz chillona.* || Aptitud para cantar: *voz de bajo.* || Parte vocal o instrumental de una composición musical: *fuga a tres voces.* || Sonido de un instrumento musical. || Persona que canta. || Grito: *le di una voz para que volviese.* Ú. t. en pl.: *dar voces de dolor.* || Derecho de expresar su opinión en una asamblea: *tiene voz, pero no voto.* || *Fig.* Rumor: *corre la voz que se ha marchado.* | Impulso, llamada interior: *la voz del deber.* | Consejo: *oír la voz de un amigo.* || *Gram.* Forma que toma el verbo para indicar si la acción es hecha o sufrida por el sujeto: *voz activa, pasiva.* | Vocablo, palabra: *una voz oculta.* || — *A media voz,* en voz poco fuerte. || *A una voz,* de modo unánime. || *A voces,* a gritos. || *A voz en cuello* (o *en grito*), gritando. || *Ahuecar la voz,* hacerla más grave o ronca. || *Fig. Anudársele a uno la voz,* no poder hablar de emoción. || *Dar una voz a uno,* llamarle gritando. || *De viva voz,* hablando, de palabra. || *Fig. Donde Cristo dio las tres voces,* muy lejos. | *Levantar la voz a uno,* hablarle con tono insolente. | *Llevar uno la voz cantante,* ser el que manda. | *No tener voz ni voto,* no tener influencia alguna. | *Pedir a voces,* tener gran necesidad. || *Tomarse la voz,* ponerse ronca. || *Fig. Voz del pueblo, voz del cielo,* la opinión general suele ser prueba de una verdad. || *Voz pública,* la opinión general. || *Voz y voto,* facultad de votar en una asamblea.

vozarrón m. Voz muy potente.

Vries (Hugo de), botánico holandés (1848-1935).

vuecelencia y **vuecencia** com. Metaplasmo de *vuestra excelencia.*

vuelapluma (a) adv. *Escribir a vuelapluma,* hacerlo de prisa.

vuelco m. Acción y efecto de volcar un vehículo, una embarcación. || Caída. || Mareo. || *Fig.* Cambio. | Ruina, hundimiento: *este negocio va a dar un vuelco.* || *Fig. Darle a uno un vuelco el corazón* sobresaltarse, estremecerse.

vuelo m. Acción de volar: *el vuelo de las aves.* || Recorrido hecho volando sin posarse. || Desplazamiento en el aire de una aeronave: *vuelo sin visibilidad.* || Viaje en avión: *vuelo de varias horas.* || Envergadura de un ave. || Amplitud de un vestido: *el vuelo de una falda.* || Adorno ligero en las bocamangas. || *Arq.* Parte saliente de una obra de fábrica. || *Fig.* Arrojo, ímpetu. | Amplitud de la inteligencia, de la voluntad, envergadura: *no tener suficiente vuelo para emprender tal obra.* || — *Al vuelo,* durante el vuelo; (fig.) con presteza, diestramente; sagazmente: *coger al vuelo.* || *Alzar* (o *emprender* o *levantar*) *el vuelo,* echarse a volar; (fig.) marcharse. || *Fig. Cortar los vuelos a uno,* ponerle trabas, privarle de hacer lo que se le antoja. | *De mucho vuelo,* de mucha importancia o amplitud. | *De* (o *en*) *un vuelo,* con mucha rapidez. || *Tocar a vuelo las campanas,* tocarlas al mismo tiempo. || *Fig. Tomar vuelo una cosa,* desarrollarse, tomar importancia.

vuelta f. Movimiento de un cuerpo que gira sobre sí mismo o que describe un círculo: *la vuelta de la Tierra alrededor de su eje.* || Movimiento con el que se coloca una cosa en la posición opuesta a la que estaba: *el camión dio una vuelta al tropezar con el pretil.* || Recodo, curva: *carretera con muchas vueltas.* || Movimiento con el que una persona abandona un lugar para volver a él: *el león daba vueltas en su jaula; dar la vuelta a España.* || Paseo: *me di una vuelta por el parque.* || Vez, turno: *elegido en la primera vuelta.* || Regreso, retorno: *estar de vuelta de un viaje.* || Revés: *la vuelta de una página.* || Fila: *collar con tres vueltas.* || Entrega del dinero que se devuelve cuando la cantidad pagada excede al precio de lo comprado: *me dio toda la vuelta en calderilla.* || Devolución de una cosa prestada. || Labor que el agricultor da a la tierra. || Acción de girar o hacer girar un objeto: *dar dos vueltas a la llave.* || Parte doblada en el extremo de una prenda de vestir: *las vueltas del pantalón, de las bocamangas.* || Cambio, alteración: *la vida da muchas vueltas.* || Cambio repentino y total en una situación. || Figura circular que toma una cosa arrollada: *le dio varias vueltas con una cuerda.* || Fila de mallas en las labores de punto. || Parte que sigue a un ángulo: *está a la vuelta de la esquina.* || *Arq.* Curva de intradós de un arco o bóveda. || Unidad de medida de ángulo equivalente a un ángulo de 2π. || — *A la vuelta de,* de regreso de; después de: *a la vuelta de diez años.* || *Fig. A la vuelta de la esquina,* muy cerca; en cualquier sitio. || *A vuelta de correo,* en el mismo día en que se recibe una carta. || *Fig. Buscarle a uno las vueltas,* intentar cogerle en falta. | *Cogerle las vueltas a alguien o a algo,* llegar a conocerlo bien. || *Dar la vuelta de campana,* dar una vuelta completa en el aire. || *Fig. Darle cien vueltas,* superarlo con mucho. | *Dar vueltas,* girar; pensar mucho en algo, examinarlo: *dar vueltas a un asunto.* | *Estar de vuelta de todo,* saber las cosas por experiencia y sentir por esto cierto desengaño. | *No andar con vueltas,* no andarse con rodeos. | *No hay que darle vueltas,* no hay por qué pensarlo más. | *No tener vuelta de hoja,* ser evidente, indiscutible. | *Ponerle a uno de vuelta y media,* insultarle; hablar muy mal de él. | *Tener muchas vueltas,* ser muy complicado.

Vueltabajo o **Vuelta Abajo,** comarca en el O. de Cuba (Pinar del Río). Tabaco.

Vueltas, cerro de Costa Rica, en la cord. de Talamanca; 3 033 m.

vuelto m. *Amer.* Vuelta de dinero, cambio.

vuestro, tra adj. pos. de la 2.ª pers. del pl.: *vuestros hijos y vuestra hija.* || — Pron. pos. de la 2.ª pers. del pl.: *mis amigos y los vuestros.* || *Los vuestros,* su familia; los del mismo grupo o partido.

Vuillard (Edouard), pintor francés (1868-1940), de gran sensibilidad.

vulcanidad f. Actividad de un volcán.

vulcanismo m. Actividad de los volcanes. || Plutonismo.

vulcanita f. Material duro y aislante obtenido por la acción del azufre sobre el caucho.

vulcanización f. Operación de añadir azufre al caucho para darle mayor elasticidad, impermeabilidad y duración.

vulcanizado, da adj. Que ha sido tratado por vulcanización: *caucho vulcanizado.*

vulcanizador m. Aparato para vulcanizar.

vulcanizar v. t. Combinar azufre con el caucho para que éste tenga mayor elasticidad, impermeabilidad y duración.

Vulcano, dios romano del Fuego y del Metal, hijo de Júpiter y de Juno y esposo de Venus. Corresponde al *Hefestos* de los griegos.

vulcanología f. Parte de la geología que estudia los volcanes.

vulgar adj. Característico del vulgo. || Que carece de educación, de distinción: *hombre vulgar.* || Poco distinguido: *gusto muy vulgar.* || Corriente, ordinario: *llevar una vida vulgar.* || Que no es especial o técnico: *niña del ojo es el nombre vulgar de pupila.* || Dícese de la lengua hablada por el pueblo, por oposición a la lengua literaria: *latín vulgar.*

vulgaridad f. Carácter del que o de lo que carece de distinción: *la vulgaridad de su conducta.* || Cosa vulgar: *decir vulgaridades.*

vulgarismo m. Término o giro empleado por gente poco educada.

vulgarización f. Acción de dar a conocer a gentes sin gran cultura nociones difíciles o complejas: *revista de vulgarización.* || Acción de dar un carácter vulgar, de mal gusto.

vulgarizador, ra adj. y s. Que expone de un modo simple los conocimientos complejos de algo: *vulgarizador científico.*

vulgarizar v. t. Poner al alcance de todo el mundo, divulgar: *vulgarizar un método.* || Hacer perder a algo su carácter distinguido: *vulgarizar las costumbres folklóricas de un pueblo.* || — V. pr. Hacerse vulgar u ordinaria una cosa.

Vulgata, versión latina de la Biblia (384-405), usada por la Iglesia católica y hecha en su mayor parte por San Jerónimo.

vulgo m. La mayoría de los hombres, la masa, el pueblo. || Conjunto de personas que desconoce la materia de que se trata.

vulnerabilidad f. Carácter vulnerable.

vulnerable adj. Que puede ser herido. || Que puede ser atacado. || Defectuoso, que puede ser perjudicado.

vulneración f. Violación: *la vulneración de un tratado.* || Herida.

vulnerar v. t. Herir. || *Fig.* Dañar, perjudicar. | Violar, infringir una ley, un contrato. | Lesionar: *vulnerar un derecho.*

vulnerario adj. y s. m. Que cura las llagas y heridas. || — F. Planta papilionácea de flores amarillas que se emplea para curar heridas.

vulpeja f. Zorra, mamífero.

Vulpian (Alfred), médico y fisiólogo francés (1826-1887), autor de estudios sobre el sistema nervioso.

vulpino, na adj. De la zorra. || *Fig.* Astuto como una zorra.

vultúrido, ra adj. y s. m. Dícese de las aves rapaces diurnas como el buitre, cóndor, urubú, etc. || — M. pl. Familia que forman.

vulva f. Órgano genital externo de la mujer.

vulvario, ria adj. De la vulva.

vulvitis f. Inflamación producida en la vulva.

Vyasa. V. VIASA.

Vyborg o **Viborg,** en finés *Viipuri,* c. y puerto del NO. de la U. R. S. S. (Rusia), en el golfo de Finlandia. Fue cedida por Finlandia en 1940. Industria metalúrgica.

Yachting

w f. Letra de las lenguas nórdicas que no figura propiamente en el alfabeto castellano. ‖ — **W,** símbolo químico del *volframio.* ‖ Símbolo del *vatio.*

— Se da a la *w* el nombre de *uve doble.* Úsase únicamente en las palabras tomadas de ciertas lenguas extranjeras sin cambiar su ortografía. Tiene el sonido de la *v* ordinaria en los nombres alemanes (*Wagram* se dice *vagram*) y el de la *u* en los ingleses y holandeses (*Wellington* se pronuncia *uelington*). Equivale excepcionalmente a *v* en la palabra *wagon.*

Waal, brazo meridional del delta del Rin que atraviesa Nimega y afluye al Mosa.

Wabasch, río del centro de Estados Unidos, afl. del Ohio; 960 km.

Wace, poeta anglonormando (¿1100?-1175), autor de poemas históricos (*Roman de Rou*).

Wackenroder (Wihelm Heinrich), poeta romántico alemán (1773-1798).

Waco, c. del S. de Estados Unidos (Texas).

Wad Ras (*Batalla de*), combate en que los españoles, al mando de O'Donell, derrotaron a los marroquíes en 1860. El *Tratado de Wad Ras* puso término a la guerra de África.

Wageningen, c. del centro de Holanda (Güeldres). Universidad agronómica.

Wagner [*vagner*] (Max Leopoldo), filólogo hispanista alemán, n. en 1880. ‖ ~ (RICHARD), músico alemán, n. en Leipzig (1813-1883), autor de *El buque fantasma, Tannhäuser, Lohengrin, Los maestros cantores de Nuromberg, El anillo de los Nibelungos, Tristán e Isolda, Parsifal.* Escribió él mismo los libretos de sus óperas, sacadas generalmente de las leyendas nacionales de Germania.

wagneriano, na [*vag-*] adj. Relativo a Wagner: *tema wagneriano* ‖ — M. Partidario de la música de Wagner.

wagon-lit [*vagon-li*] m. Coche cama.

Wagram [*va-*] pobl. de Austria, al NE. de Viena. Victoria de Napoleón en 1809.

wahabita o **uahabita** adj. y s. Miembro de una secta islámica fundada en Arabia (Nedjd), al final del s. XVIII, por Mohamed Abdul Wahab. (La secta de los *wahabitas* luchó contra Mehemet Alí de 1815 a 1818 y predomina actualmente en la Arabia central después de la toma del Poder por la familia de Ibn Saud en 1902.)

Wakamatsu [*ua-*], ant. c. del Japón en el N. de la isla de Kiusiu, actualmente parte de Kita Kiusiu.

Wakayama [*ua-*] c. y puerto del Japón en el S. de la isla de Honshu. Textiles.

Wake [*ueic*], atolón de Estados Unidos en el Pacífico, entre Hawai y Guam. Base aérea comercial.

Wakefield [*uekfild*], c. de Gran Bretaña en el N. de Inglaterra (York). Obispado. Hulla; textiles. Construcción de maquinarias.

Waksman [*ua-*] (Selman Abraham), microbiólogo ruso, naturalizado norteamericano, n. cerca de Kiev (1888-1973). Descubrió la estreptomicina. (Pr. Nóbel, 1952.)

Walbrzych, en alemán *Waldenburg,* c. en el SE. de Polonia (Baja Silesia). Hulla; metalurgia.

Walcheren, ant. isla de Holanda en el mar del Norte (Zelanda), hoy unida al continente.

Waldeck, ant. principado de Alemania, que desde 1945 forma parte de Hesse.

Waldenburg. V. WALBRZYCH.

Waldseemüller (Martin), geógrafo y cartógrafo alemán (¿1475-1521?). Propuso que se diera el nombre de *América* a las Indias Occidentales en honor de Américo Vespucio, por haber sido él el primero en afirmar que se trataba de un mundo nuevo.

Wales [*uels*], n. inglés del *País de Gales.*

Walewska (María) condesa polaca (1789-1817), amante de Napoleón Bonaparte.

Walfish Bay. V. WALVIS BAY.

Walhalla, morada de los héroes muertos en los combates en la mitología escandinava.

Walia, cuarto rey de los visigodos en España (415-418), sucesor de Sigerico. Derrotó a suevos, vándalos y alanos.

Walidi, califa de Dasmasco en cuyo reinado los árabes invadieron España. M. en 715.

Walker [*uoka*] (William), aventurero norteamericano (1824-1860). En 1855 desembarcó en Nicaragua y se apoderó del Poder. Fue derrotado por la acción conjunta de los Estados centroamericanos en Rivas (1857). Volvió en 1860 y, hecho prisionero, fue condenado a muerte en Honduras. ‖ ~ **Martínez** (CARLOS), político, historiador y autor de teatro chileno (1842-1905).

Walkiria o **Valquiria,** divinidad escandinava del Destino de los guerreros, mensajera de Odín.

Walkiria (*La*), drama musical en tres actos de R. Wagner (1870).

walk-over [*uokóva*] m. (pal. ingl.). Carrera en la que toma parte un solo caballo que debe terminar su recorrido en un tiempo determinado previamente. ‖ Abandono, victoria de un participante en un torneo cuyo contrincante ha abandonado o ha sido eliminado.

walón, ona [*ua-*] adj. y s. Valón, de Valonia.

Walpole [*ualpol*] (Hugh Seymour), novelista inglés (1884-1941). ‖ ~ (ROBERT), político inglés (1675-1745), jefe del Partido Liberal y primer ministro. — Su hijo HORACE (1717-1797) escribió novelas (*El castillo de Otranto*).

Walsall [*uolsol*], c. de Gran Bretaña en el O. del centro de Inglaterra (Stafford).

Walsum, c. de Alemania Occidental (Rin Septentrional-Westfalia).

Waltari (Mika), escritor finlandés, n. en 1908, autor de novelas (*Sinué el egipcio*, etc.).

Walther von der Vogelweide, poeta alemán (¿1170-1230?), uno de los minnesinger. Autor de composiciones líricas y de carácter patriótico.

Walvis Bay o **Walfish Bay,** enclave en la prov. de El Cabo (República de África del Sur), administrado por África del Sudoeste desde 1922. Cap. *Walvis Bay*.

Wall Street [*uol strit*], calle de Nueva York, centro del mundo financiero.

Wallace [*uoles*] (Edgar), escritor inglés (1875-1932), autor de novelas policiacas. ‖ ~ (LEWIS), escritor norteamericano (1827-1905), autor de la novela de evocación romana *Ben Hur*. ‖ ~ (Sir RICHARD), filántropo inglés (1818-1890). Legó a Inglaterra su colección de cuadros. ‖ ~ (Sir WILLIAM), héroe de la Independencia escocesa (1270-1305). Combatió contra Eduardo I y, hecho prisionero, fue decapitado.

Wallasey [*uolasi*], c. y puerto de Gran Bretaña en el NO. de Inglaterra (Chester), a orillas del Mersey. Industrias.

Wallenstein [*valenstain*] (Albrecht Eusebius WENZEL VON), militar alemán (1583-1634). Se distinguió en la guerra de Treinta Años al servicio del emperador Fernando II. Derrotado por Gustavo Adolfo de Suecia en Lutzen (1632), fue asesinado por sus oficiales.

Wallenstein, trilogía dramática de Schiller (1792-1799).

Wallis [*ualis*], archip. francés de Polinesia, al NE. de las islas Fidji.

Wallsend [*uol-*], c. de Gran Bretaña en el N. de Inglaterra (Northumberland).

Wamba, rey visigodo de España (672-680), sucesor de Recesvinto y antecesor de Ervigio. Se retiró a un convento.

Wan Hien, c. en el O. de China (Sechuán).

Wanne-Eickel, c. de Alemania Occidental (Rin Septentrional-Westfalia). Metalurgia.

wapití [*ua-*] m. (pal. ingl.). Ciervo grande de América del Norte y de Siberia.

Warangal, c. de la India (Andhra Pradesh).

Waregem, pobl. en el O. de Bélgica (Flandes Occidental). Textiles. Hulla. Industrias alimenticias.

Warnes, pobl. de Bolivia, cap. de la prov. homónima (Santa Cruz).

Warnes (Ignacio), militar argentino (1770-1816), que se distinguió en la defensa de Buenos Aires contra los ingleses (1807) y en las campañas del Alto Perú. M. en la batalla del Pari (Santa Cruz).

warrant [*uorant*] m. (pal. ingl.). *Com.* Recibo que ampara una mercancía depositada en los docks o almacenes especiales, y negociable como una letra de cambio.

Warren, c. del N. de Estados Unidos (Michigan).

Warrington [*uo-*], c. de Gran Bretaña, en Inglaterra (Lancashire), a orillas del Mersey. Metalurgia.

Warta, río de Polonia, principal afl. del Oder; 762 km.

Wartburg (Walther VON), filólogo romanista suizo (1888-1971).

Wartburgo, castillo de Sajonia-Weimar, cerca de Eisenach, donde Lutero (1521) tradujo el Nuevo Testamento al alemán.

Warwick [*uorec*], condado de Gran Bretaña, en el centro de Inglaterra; cap. *Warwick*.

Warwick [*uorec*] (Richard NEVILLE, *conde de*), general inglés en la guerra de las Dos Rosas (1428-1471), llamado el *Hacedor de reyes*. M. en la batalla de Barnet.

Wasatch, cordillera del O. de los Estados Unidos (Utah); 3 750 m.

Wash [*uoch*], golfo de la costa oriental de Gran Bretaña (Inglaterra).

Washington [*uochington*], cap. federal de Estados Unidos de Norteamérica, en el distrito federal de Columbia, a orillas del Potomac; 811 000 h. Centro administrativo. Universidad. Capitolio. Residencia del pres. de la Rep. (*Casa Blanca*). — Uno de los Estados Unidos de Norteamérica, en el NO. a orillas del Pacífico; cap. *Olympia*. Minería, bosques. Ind. aeronáutica.

Washington (George), general y político norteamericano, n. en Virginia (1732-1799). Derrotó a los ingleses en Yorktown (1781) e hizo votar (1787) la Constitución federal todavía vigente. Fue elegido dos veces pres. de su país (1789-1797) y rehusó un tercer mandato.

Wassermann (August VON), médico alemán (1866-1925), inventor de una reacción para diagnosticar la sífilis. ‖ ~ (JAKOB), escritor alemán (1873-1934), autor de novelas (*El hombrecillo de los gansos* y *El caso Maurizius*) y de una biografía (*Cristóbal Colón*).

Wast (Gustavo MARTÍNEZ ZUVIRÍA, llamado **Hugo**), escritor argentino, n. en Córdoba (1883-1962), autor de numerosas y célebres novelas (*Flor de Durazno, La casa de los cuervos, Desierto de piedra, Las espigas de Ruth, Oro, Don Bosco y su tiempo*, etc.).

Wartebury [*uotaberi*], c. de Estados Unidos (Connecticut). Hidroelectricidad.

wat [*uat*] m. *Fís.* Nombre del *vatio* en la nomenclatura internacional.

waterballast [uaterbalast] m. Compartimiento situado en la parte inferior de un barco para el transporte de agua dulce, de petróleo o, a veces, de agua de mar que sirve de lastre. ‖ Depósito que, al llenarse, permite a un submarino sumergirse.

watercloset o **water** [*váter*] m. (pal. ingl.). Retrete.

Waterford [*uotaford*], c. puerto del S. de Irlanda (Munster), cap. de condado.

watergang m. Acequia o canal a orillas de un polder, en los Países Bajos.

Waterloo [*uaterlo*], pobl. de Bélgica (Brabante), al S. de Bruselas. Los ingleses y los prusianos vencieron a Napoleón en 1815. — C. de Canadá (Ontario). — C. del centro de Estados Unidos (Iowa).

water-polo [*uater-*] m. Polo acuático.

waterproof [*uaterpruf*] m. (pal. ingl.). Especie de abrigo impermeable.

Watling, n. con el que se conoce hoy la isla de Guanahaní o San Salvador.

Watson-Watt [*uotson-uot*] (Sir Alexander), físico escocés, n. en 1892, inventor del radar.

watt [*uat*] m. Vatio.

Watt [*uat*] (James), ingeniero escocés (1736-1819). Perfeccionó el sistema de las máquinas de vapor.

Watteau [*vató*] (Antoine), pintor francés (1684-1721), autor de obras de asunto campestre o de la vida mundana.

Wattenscheid, c. de Alemania Occidental (Rin Septentrional-Westfalia). Industrias siderúrgicas.

Wattrelos, c. de Francia (Nord).

wau [*uau*] f. Nombre dado en lingüística a la *u* cuando se la considera como semiconsonante explosiva, agrupada con la consonante anterior (*guarda*), o como semivocal implosiva agrupada con la vocal precedente (*auto*).

Waugh [*uo*] (Evelyn), escritor inglés (1903-1966), autor de la trilogía novelística titulada *Hombres en armas*.

Waziristán, región montañosa del Paquistán occidental.

Wb, símbolo del *weber*.

w. c., abreviatura de *watercloset*.

wéber [*veber*] m. (pal. alem.). Unidad de flujo magnético (símb., Wb), equivalente al flujo magnético que, al atravesar un circuito de una sola espira, produce una fuerza electromotriz de un voltio si se reduce a cero en un segundo por medio de una disminución uniforme.

Weber (Carl Maria VON), músico romántico alemán (1786-1826), autor de óperas (*Freischütz, Oberón*, etc.) y de obras para piano. ‖ ~ (MAX), sociólogo y economista alemán (1864-1920).

weberio m. Wéber.

Weddell [*uedel*] (MAR DE), mar de la Antártida, en el interior del circuito polar. Fue descubierto por el navegante inglés James Weddell (1787-1834) en 1823.

Wedekind (Frank), dramaturgo alemán (1864-1918), autor de *Despertar de primavera* y *La caja de Pandora*.

Wednesbury [*uendensberi*], c. de Gran Bretaña en el centro de Inglaterra (Stafford). Hulla.

week-end [*uiken*] m. (pal. ingl.). Fin de semana.

Weenix o **Weeninx** (Jean-Baptist), pintor holandés (1621-1663), autor de paisajes y marinas.

Wegener (Alfred), geofísico y meteorólogo alemán (1880-1930), autor de la teoría de la traslación de los continentes (*Orogénesis*).

Wehrmacht [*vermajt*], ejército de tierra, mar y aire alemán de 1935 a 1945.

Weiden, c. en el S. de Alemania Occidental (Baviera).

Weifang, c. en el E. de China (Chantung).

Weihai, c. y puerto de China, en el N. de Chantung. Textiles.

Weimar [*vaimar*], c. de Alemania Oriental en Turingia, al SO. de Leipzig (Erfurt). Aquí fue redactada la primera Constitución republicana de Alemania (1919).

Weipa, c. y puerto de Australia en el N. del Queensland. Bauxita.

Weiss (Peter Ulrich), escritor sueco de origen alemán, n. en 1916, autor de obras de teatro (*Marat-Sade*) y de novelas.

Weissenfels, c. de Alemania Oriental, a orillas del río Saale.

Weizmann [*vaisman*] (Chaim), químico y político israelita (1874-1952), primer pres. del Estado de Israel (1949-1952).

Welhaven (Johan Sebastian), poeta romántico noruego (1807-1873), que canta a su país.

Welser, familia de banqueros alemanes de Augsburgo del s. XIV. La sociedad fundada por sus miembros se estableció en Canarias (1509) y más tarde en Santo Domingo. Carlos V le concedió autorización para explotar las minas de cobre de la isla y el derecho de colonizar una parte de Tierra Firme (Venezuela) en 1528. Esta concesión cesó en 1556.

welter [*uuelter*] m. (pal. ingl.). En boxeo, semimedio.

Wellington, archip. de Chile compuesto de las islas de Wellington, Prat, Serrano y Campana, entre el golfo de Penas y el estrecho de Magallanes. — Prov., cap. y puerto de Nueva Zelanda, en el S. de la isla del Norte; 170 000 h. Arzobispado. Universidad.

Wellington [*uelington*] (Arthur WELLESLEY, *duque de*), general y político británico (1769-1852). Derrotó a las tropas francesas en Portugal y en España (1808-1814) y en 1815 a Napoleón en Waterloo. Recibió el sobrenombre de *el Duque de Hierro*.

wellingtonia f. Secoya.

Wells, c. de Gran Bretaña en el S. de Inglaterra (Somerset). Catedral (s. XII-XIII).

Wells [*uels*] (Herbert George), novelista inglés (1866-1946), autor de relatos de costumbres (*El amor y Mr. Levisham*) y de imaginación científica (*La máquina del tiempo, El hombre invisible, La guerra de los mundos,* etc.).

Wembley [*uembli*], c. de Gran Bretaña en Inglaterra, en el barrio NO. de Londres. Estadio olímpico.

Wenceslao, n. de varios reyes de Bohemia y Hungría.

Wencheu, c. y puerto en el E. de China (Chekiang).

Werfel (Franz), poeta, novelista y dramaturgo austriaco, n. en Praga (1890-1945).

Wergeland (Henrik), escritor noruego (1808-1845).

Werner (Zacharias), dramaturgo alemán (1768-1823).

Werra, río en el centro de Alemania que se une al Fulda para formar el Weser; 292 km.

Werther (*Las cuitas del joven*), novela epistolar de Goethe (1774).

Weser, río de Alemania, formado por la confluencia del Werra y del Fulda; que des. en el mar del Norte; 480 km.

Wesley [*uesle*] (John), predicador y reformador protestante inglés (1703-1791), fundador de la secta religiosa de los *metodistas.*

Wesex [*uesex*], reino anglosajón que, fundado hacia 495, permitió a sus soberanos conseguir la unidad del país.

West ‖ ~ **Bromwich,** c. de Gran Bretaña en el centro de Inglaterra (Stafford). Metalurgia. ‖ ~ **End,** barrio en el O. de Londres. ‖ ~ **Ham,** c. de Gran Bretaña en Inglaterra, suburbio de Londres. ‖ ~ **Hartlepool,** c. y puerto de Gran Bretaña en el N. de Inglaterra (Durham). Metalurgia. ‖ ~ **Point,** campo militar en el NE. de Estados Unidos (Nueva York). Academia militar.

western [*uestern*] m. (pal. ingl.). Película de cowboys o vaqueros del Oeste norteamericano.

Westfalia [*ves-*], ant. prov. del O. de Alemania; cap. *Münster.* Desde 1946 forma parte del Estado de Rin Septentrional-Westfalia.

Westfalia (*Tratados de*), tratados concertados en 1648 en Münster y Osnabrück entre el emperador germánico y Francia y Suecia, para poner fin a la guerra de los Treinta Años. Francia obtuvo Alsacia y se crearon Holanda y Suiza.

Westminster [*ues-*], ant. abadía e iglesia de Londres (s. XIII) en la que se entierran los reyes y los hombres ilustres de Inglaterra. — El *Palacio de Westminster,* construido en Londres en 1840 a orillas del Támesis, es de estilo neogótico, y en él se encuentra el Parlamento.

Westmorland [*ues-*], condado de Gran Bretaña, al N. de Inglaterra; cap. *Kendal.*

Wetterhorn, monte del Oberland Bernés (Suiza); 3 703 m.

Wetzlar, c. de Alemania Occidental (Hesse). Metalurgia.

Weyden. V. VAN DER WEYDEN.

Weyler (Valeriano), general español (1838-1930). Fue capitán general de Cuba en 1896 y después gobernador.

Wh, símbolo del *vatio-hora.*

wharf [*uorf*] m. (pal. ingl.). Muelle donde atracan los barcos.

Wharton [*uoton*] (Edith NEWBOLD JONES, *Mrs.*), novelista norteamericana (1862-1937).

Wheatstone [*uitston*] (Sir Charles), físico inglés 1802-1875), constructor de un telégrafo eléctrico.

Wheeling [*úiling*], c. en el E. de Estados Unidos (Virginia Occidental). Obispado. Siderurgia.

whig [*uig*] m. En Inglaterra, miembro del Partido Liberal (ú. c. c. adj.).

whisky [*uíski*] m. Bebida alcohólica fabricada con granos de cereales, principalmente cebada, hecha en Escocia, Irlanda, Canadá y Estados Unidos.

whist [*uist*] m. (pal. ingl.). Juego de naipes en que participan cuatro personas, dos contra dos.

Whistler [*uisler*] (James), pintor norteamericano (1834-1903), autor de paisajes y retratos.

White (Patrick), novelista australiano, n. en 1912. (Pr. Nóbel, 1973).

Whitehorse [*uaitors*], cap. del territorio de Yukon en el NO. de Canadá.

Whitelocke [*uaitloc*] (John), general inglés (1757-1835), jefe de la expedición británica a Buenos Aires (1807). Venció a Liniers, pero se rindió ante la acción de Martín de Alzaga.

Whitman [*uitman*] (Walt), poeta lírico norteamericano (1819-1892), autor de *Hojas de hierba.*

Whitney [*uitni*], cumbre más alta en los Estados Unidos (sin contar Alaska) en Sierra Nevada (California); 4 418 m.

wicket [*uiket*] m. (pal. ingl.). En el juego del cricket, aparato formado por tres estacas sobre las cuales se cruzan dos palitos que hay que derribar con la pelota.

Wickham, monte del SE. de la Argentina, en la isla Oriental de las Malvinas; 605 m.

Wiclef (John), teólogo y reformador religioso inglés (¿1320?-1384), precursor de la Reforma.

Wichita [*uichita*], c. en el centro de Estados Unidos (Kansas). Obispado. Construcciones aeronáuticas. ‖ ~ **Falls,** c. en el S. de Estados Unidos (Texas).

Widnes [*uidnes*], c. de Gran Bretaña en el NO. de Inglaterra (Lancashire). Metalurgia.

Wieland (Christoph Martin), escritor alemán (1733-1813), autor del poema caballesco *Oberón* y de relatos.

Wieliczka, c. del S. de Polonia en Galitzia (Cracovia). Importantes minas de sal.

Wiener (Norbert), científico norteamericano (1894-1964), inventor de la cibernética.

Wiertz (Antoine Joseph), pintor belga (1806-1865).

Wiesbaden, c. de Alemania Occidental, cap. del Estado de Hesse. Estación termal. Industrias.

Wifredo el Velloso, primer conde independiente de Barcelona de 874 a 898.

Wigan [*uigan*], c. de Gran Bretaña en Inglaterra (Lancashire), al NE. de Liverpool.

Wight [*uait*] (ISLA DE), isla de Gran Bretaña en el canal de la Mancha; 381 km². Cap. *Newport.*

wigwam [*uiguam*] m. (pal. ingl.). En Norteamérica, aldea o choza de indios.

Wilde (Eduardo), escritor, médico y político argentino (1844-1913), autor de *Prometeo y Cía., Aguas abajo,* etc. ‖ ~ [*uaild*] (OSCAR), escritor inglés, n. en Dublín (1854-1900), autor de comedias (*El abanico de lady Windermere, Una mujer sin importancia, La importancia de llamarse Ernesto, Un marido ideal,* etc.), poemas (*Balada de la cárcel de Reading*), una novela (*El retrato de Dorian Gray*) y cuentos.

Wilder [*uailda*] (Thornton Niven), escritor norteamericano, n. en 1897, autor de novelas (*El puente de San Luis Rey*) y obras de teatro (*Nuestra ciudad*).

Wilhelmshaven, c. y puerto de Alemania Occidental en el mar del Norte (Baja Sajonia). Centro industrial. Estación balnearia.

Wilkes [*uilcs*] (Charles), marino y explorador norteamericano (1798-1877). Descubrió las costas de la Antártida llamadas en su honor *Tierra de Wilkes.*

Wilkes Barre, c. en el E. de Estados Unidos (Pensilvania). Metalurgia.

Wilmington [*uil-*], c. y puerto en el E. de Estados Unidos (Delaware). Ind. química. — C. y puerto en el E. de Estados Unidos (Carolina del Norte). Metalurgia.

Wilson [*uilson*] (MONTE), pico de las Montañas Rocosas en el O. de Estados Unidos (California); 1 731 m. Observatorio.

Wilson (Harold), político laborista inglés, n. en 1916, primer ministro de 1964 a 1970 y desde 1974. ‖ ~ (THOMAS WOODROW), político norteamericano (1856-1924), pres. del país de 1913 a 1920. En su mandato los Estados Unidos entraron en la primera guerra mundial y en 1918 expuso al Congreso los "catorce puntos", bases de la Sociedad de Naciones. (Pr. Nóbel de la Paz en 1919.)

Wiltshire [*uiltcha*], condado del S. de la Gran Bretaña en Inglaterra; cap. *Salisbury.*

Willemstad, c. y puerto en el SO. de la isla de Curazao, cap. de las Antillas Holandesas; 40 000 h.

Willesden [*uilsdon*], suburbio NO. de Londres.

Williams [*uiliams*] (Alberto), compositor y crítico musical argentino (1862-1952), autor de nueve sinfonías y numerosas piezas musicales. ‖ ~ (THOMAS LANIER, llamado **Tennessee**), escritor norteamericano, n. en 1914, autor de obras de teatro (*La rosa tatuada, El zoo de cristal, Un tranvía llamado Deseo, La noche de la iguana, La gata sobre un tejado de cinc, Verano y humo,* etc.).

Willimam (Claudio), político uruguayo (1863-1934), pres. de la Rep. de 1907 a 1911.

Wimbledon [*uimbeldon*], c. de Gran Bretaña (Surrey), suburbio de Londres. Célebres campeonatos anuales de tenis.

Winckelmann (Johann Joachin), arqueólogo alemán (1717-1768), M. asesinado.

winchester [*uin-*] m. (pal. ingl.). Fusil de repetición de origen norteamericano.

Winchester [*uin-*], c. del S. de Gran Bretaña en Inglaterra, cap. del condado de Hampshire. Catedral gótica.

Windhoek, cap. de África del Sudoeste; 35 900 h.

Windsor [*uindso*], c. de Canadá (Ontario), puerto en el río Detroit. Automóviles. — C. de Gran Bretaña en Inglaterra (Berkshire) a orillas del Támesis y al O. de Londres. Castillo real.

Windsor (CASA DE), n. que tomó en 1917 la familia real británica (Hannover-Sajonia-Coburgo-Gota). ‖ ~ (DUQUE DE). V. EDUARDO VIII.

Windward Islands. V. BARLOVENTO.

Winnipeg [*uini-*], lago en el S. del Canadá (Manitoba) que vierte sus aguas por el río Nelson en la bahía de Hudson; 24 600 km². — C. de Canadá, cap. de Manitoba. Arzobispado. Universidad. Centro comercial e industrial.

Winnipegosis, lago del Canadá (Manitoba), al O. del lago de Winnipeg; 5 430 km².

Winston-Salem [*uin-*], c. en el E. de Estados Unidos (Carolina del Norte). Tabaco.

wintergreen [*uintergrín*] m. (pal. ingl.). *Esencia de wintergreen,* salicilato de metilo, muy empleado en perfumería.

Winterhalter (Franz Xaver), pintor alemán (1805-1873), retratista de la emperatriz Eugenia de Montijo y de su corte.

Winterthur, c. en el N. de Suiza (Zurich). Industrias.

Wiracocha. V. VIRACOCHA.

Wisconsin [*uis-*], río de Estados Unidos, afl. izq. del Misisipí; 1 000 km. — Estado en el centro noreste de Norteamérica; cap. *Madison.*

Wiseman [*uaiseman*] (Nicholas Patrick), cardenal y escritor inglés, n. en Sevilla (1802-1865), autor de la novela histórica *Fabiola.*

Wismar, c. y puerto del N. de Alemania Oriental en el Báltico.

Witerico. V. VITERICO.

Witiza, rey visigodo español

(701-710), hijo de Egica y predecesor de Don Rodrigo.

Witt (Cornelis de), político holandés (1623-1672) y su hermano JOHAN (1625-1672) fueron adversarios de la casa de Orange y ambos perecieron en un motín popular.

Witten, c. de Alemania Occidental (Rin Septentrional-Westfalia). Industrias.

Wittenberg, c. de Alemania Oriental, a orillas del Elba. Lutero, en la puerta de la iglesia del castillo, fijó sus proposiciones contra las indulgencias (1517).

Witwatersrand, región aurífera del Transvaal (Rep. de África del Sur). Otros ricos yacimientos.

w. o. m. Abrev. de *walk-over.*

Wodehouse [*uudjaus*] (Pelham Grenville), escritor humorista inglés (1881-1975).

Wöhler (Friedrich), químico alemán (1800-1882), que realizó la síntesis de la urea.

Wolf (Friedrich August), filólogo y erudito alemán (1759-1824). ‖ ~ (FERDINAND), romanista austriaco (1796-1866), autor de estudios sobre la literatura española.

Wolfe [*uolf*] (James), general británico (1727-1759). Venció a Montcalm en Quebec, muriendo ambos en la batalla. ‖ ~ (THOMAS CLAYTON), novelista norteamericano (1900-1938), autor de *Mira hacia atrás, Ángel.*

wolfram o **wolframio** [*vol-*] m. Volframio.

Wolfram von Eschenbach, poeta alemán (¿1170-1220?), autor de poemas épicos y líricos.

Wolfsburg, c. de Alemania Occidental (Baja Sajonia). Gran centro de construcción de automóviles.

Wolverhampton [*uulveramp-ton*], c. de Gran Bretaña en Inglaterra (Stafford). Metalurgia. Neumáticos. Industria aeronáutica.

Wollongong, ant. *Greater Wollongong,* c. de Australia (Nueva Gales del Sur). Siderurgia.

Wollstonecraft [*uol-*] (Mary). V. SHELLEY.

Wonsan, c. y puerto de Corea del Norte, en el mar del Japón.

Wood [*uud*] (Leonard), general norteamericano (1860-1927), gobernador militar de Cuba (1899-1902) y de Filipinas (1921-1927).

Woolf [*uulf*] (Virginia), novelista inglesa (1882-1941), autora de *Mrs. Dalloway, Olas, Orlando, Las habitaciones de Jacob, Lunes o martes,* etc. Escribió tb. ensayos y obras de crítica. Se suicidó.

Woolwich [*uulich*], c. de Gran Bretaña, en Inglaterra, en el suburbio E. de Londres.

Worcester [*uusta*], c. en el E de Estados Unidos (Massachusetts). Obispado. — C. del S. de Gran Bretaña, en Inglaterra, cap. de condado homónimo.

Wordsworth [*uodsuoz*] (William), poeta inglés de la escuela lakista (1770-1850).

wormiano adj. m. Dícese de cada uno de los huesecillos irregulares entre las suturas del cráneo.

Worms [*vorms*], c. de Alemania Occidental (Renania-Palatinado), a orillas del Rin. Catedral románica y gótica. En la ciudad se firmó un concordato entre el papa Calixto II y el emperador Enrique V que solucionó la querella de las Investiduras (1122), y se reunió en 1521 una dieta que desterró a Lutero del Imperio.

Worthing [*uorcing*], c. de Gran Bretaña en el S. de Inglaterra (Essex). Playas.

Woss y Gil (Alejandro), general dominicano, pres. de la Rep. de 1885 a 1887 y en 1903.

Wotán. V. ODÍN.

Wouwerman (Philips), pintor holandés (1619-1668), autor de marinas y de escenas de caza.

Wrangel (Carl Gustaf), general sueco (1613-1676). Combatió en la guerra de los Treinta Años. ‖ ~ (PIOTR NIKOLAIEVICH, *barón de*), general ruso (1878-1928). Al mando del ejército blanco luchó contra los bolcheviques en Ucrania y Crimea.

Wren [*ren*] (Sir Christopher), arquitecto inglés (1632-1723), constructor de la catedral de San Pablo (Londres).

Wright [*rait*] (Frank Lloyd), arquitecto norteamericano (1869-1959). ‖ ~ (RICHARD), escritor norteamericano (1908-1960), autor de novelas (*Native Son, Blak Boy,* etc.). ‖ ~ (WILBUR), [1867-1912] y su hermano ORVILLE (1871-1948), aviadores norteamericanos que fueron los primeros en volar con un aparato más pesado que el aire (1903).

Wroclaw, en alem. *Breslau,* c. en el SO. de Polonia (Silesia). Obispado. Universidad. Industrias.

Wuchan, c. de la China central (Hupé), en Wuhan. Obispado.

Wuhan, concentración urbana de la China central formada por la unión de Hankeu, Hanyan y Wuchan; cap. de la prov. de Hupé. Siderurgia.

Wuhu, c. de la China oriental (Nganhuei), a orillas del río Yang tse Kiang.

Wuppertal, c. de Alemania Occidental (Rin Septentrional-Westfalia), en el Ruhr. Formada por la reunión de las ciudades de *Barmen* y *Elberfeld.* Centro industrial.

wurmiense adj. Relativo a la última glaciación cuaternaria.

Wurtemberg, ant. Estado de Alemania del SO., hoy unido a Baden (*Baden-Wurtemberg*); cap. *Stuttgart.*

wurtemburgués, esa adj. y s. De Wurtemberg.

Wurtz (Adolphe), químico francés (1817-1884), uno de los creadores de la teoría atómica. Descubrió las aminas y el glicol.

Wurtzburgo, en alem. *Würzburg,* c. de Alemania Occidental (Baviera). Obispado. Universidad. Industrias.

Wusi, c. de la China oriental (Kiangsu).

Wyoming [*uai-*], Estado del O. de Norteamérica en las Montañas Rocosas; cap. *Cheyenne.* Riquezas minerales (hulla, petróleo, hierro, cobre).

Wyse (Luciano Napoleón Bonaparte), marino francés (1847-1909), uno de los promotores del canal de Panamá.

Wyspianski (Stanislaw), dramaturgo, poeta y pintor polaco (1869-1907).

Wyss (Johann David), pastor protestante y escritor suizo (1743-1818), autor de la novela *Robinsón suizo,* publicada por su hijo.

x f. Vigésima sexta letra del alfabeto castellano y vigésima primera de sus consonantes (su nombre es *equis*). ‖ — **x**, representación de la incógnita o de una de la incógnitas en una ecuación algebraica. ‖ — **X**, cifra romana que equivale a diez, pero que, precedida de **I**, solo vale nueve. ‖ Sirve también para designar a una persona o cosa que no se quiere o no se puede nombrar más explícitamente: *el señor X; a la hora X.*

— La *x* tenía anteriormente un sonido muy parecido al de la *ch* francesa (*dixe*), sonido que se ha convertido en el español moderno en el de *j* actual. En México, se conserva esta x en palabras que se escriben con j en español (*Oajaca*), pero con valor de sonido j.

Xalapa y otros nombres mexicanos con *x* inicial. V. en la letra J.

Xamán Ek, dios maya de la Estrella Polar, guía de los caminantes.

Xamantún, lugar arqueológico maya, en El Petén.

Xammar (Luis Fabio), poeta, profesor y crítico literario peruano (1911-1947).

xana f. En la mitología popular asturiana, ninfa de las Fuentes y de los Montes.

xantofila f. *Bot.* Pigmento amarillo de las células vegetales que acompaña a la clorofila.

xantoma m. Tumor benigno lleno de colesterol formado en la piel o debajo de ella, principalmente en los párpados.

Xapecó, mun. y pobl. en el SE. del Brasil (Santa Catarina). Aguas minerales.

Xaragua (LAGO). V. ENRIQUILLO (*Lago*).

Xarátanga, divinidad estelar tarasca representada por la Luna.

Xareni, divinidad tarasca venerada en una isla del lago de Pátzcuaro.

Xaudaró (Joaquín), dibujante y caricaturista español (1872-1933).

Xauen, c. santa de Marruecos septentrional, en el Rif.

Xculoc, lugar arqueológico maya al S. de Uxmal.

Xe, símbolo químico del *xenón.*

Xenes (Nieves), poetisa romántica cubana (1859-1915).

Xenius. V. D'ORS (Eugenio).

xenofilia f. Simpatía hacia los extranjeros.

xenófilo, la adj. y s. Amigo de los extranjeros.

xenofobia f. Aversión hacia los extranjeros.

xenófobo, ba adj. y s. Afectado de xenofobia.

xenón m. Elemento químico, de la familia de los gases raros, de número atómico 54, que se encuentra en la atmósfera en proporciones ínfimas (símb., Xe).

xerocopia f. Copia fotográfica lograda con la xerografía.

xerocopiar v. t. Reproducir en copia xerográfica.

xerodermia f. Enfermedad congénita caracterizada por un endurecimiento de la piel con descamación abundante.

xerófilo, la adj. Aplícase a las

plantas adaptadas a los climas muy secos y desérticos.

xeroftalmía f. Forma de conjuntivitis, provocada por la falta de vitamina A, en la cual el globo del ojo aparece seco y sin brillo.

xerografía f. Procedimiento electrostático para hacer fotocopias.

xerografiar v. t. Reproducir textos o imágenes por la xerografía.

xerográfico, ca adj. Relativo a la xerografía u obtenido por medio de ella.

xi f. Décimocuarta letra del alfabeto griego, que corresponde a la *equis* castellana.

Xibalbay, entre los antiguos mayas, el mundo subterráneo.

Xicoténcatl, caudillo tlaxcalteca ahorcado en Texcoco por las huestes de Hernán Cortés, en 1521.

Xictle. V. XITLE.

xifoideo, a adj. Relativo al apéndice xifoides.

xifoides adj. Aplícase al apéndice situado en la extremidad inferior del esternón (ú. t. c. s. m.).

xihuitl m. Año azteca, compuesto de 20 meses.

xileno m Hidrocarburo bencénico que se extrae del alquitrán de hulla.

xilidina f. Amina derivada del xilino que se utiliza en la fabricación de colorantes.

xilócopo m. Insecto himenóptero, parecido a la abeja, con cuerpo negro y alas azuladas, llamado tb. *abeja carpintera* porque fabrica sus panales en troncos de árboles.

xilófago, ga adj. y s. Aplícase a los insectos que roen la madera.

xilófono m. Instrumento músico de percusión compuesto de unas varillas de madera o de metal de diferentes longitudes, que se golpean con dos macillos.

xilografía f. Grabado hecho en madera. || Impresión tipográfica hecha con esta clase de grabado.

xilográfico, ca adj. De la xilografía.

xilógrafo m. Artista que graba en madera.

xilol m. Xileno.

Xilonen, una de las advocaciones de la diosa azteca Chicomecóatl.

xiloxóchitl, m. Nombre de varias leguminosas y otras plantas de México.

Xinantécatl. V. TOLUCA.

Xingu, río del Brasil (Mato Grosso), afl. der. del Amazonas; 1 980 km.

Xipelotepec, uno de los dioses aztecas de las Enfermedades.

Xipetotec, dios azteca del Maíz, de la Primavera y de los Sacrificios.

Xirau Palau (Joaquín), filósofo español (1895-1946).

Xirgu (Margarita), actriz española (1888-1969).

xisto m. Entre los antiguos griegos, galería cubierta de un gimnasio destinado a los ejercicios durante el invierno.

Xitle o **Xictle,** volcán de México (D.F.); 3 121 m.

xiuhmolpilli m. Siglo azteca, equivalente a 52 años.

Xiuhtecuhtli, divinidad azteca del Fuego.

Xochicalco, estación arqueológica tolteca de México (Morelos), cerca de Cuernavaca. Ruinas.

Xochicatzin, divinidad azteca, protectora del Parto.

Xochilhuitl, fiesta de las flores, celebrada por los aztecas en honor de Xochipilli.

xochilmica adj. y s. Individuo de la tribu nahua de este n. que fundó el señorío de Xochimilco, en el valle de México.

Xochimilco, c. de México (Distrito Federal), a orillas del lago homónimo, a 18 km. de la capital.

Xochipilli, dios azteca de las Flores, del Amor, de las Danzas,

Xólotl, jefe de los chichimecas que sometieron a los toltecas. M. en 1232.

Xolotlán (LAGO). V. MANAGUA.

y f. Vigésima séptima letra del alfabeto castellano y vigésima segunda de sus consonantes. (Su nombre es *i griega* o *ye*. Esta letra puede ser a la vez vocal y consonante.) || — **Y,** símbolo químico del *itrio*.

y conj. copulativa. Sirve para enlazar dos palabras o dos oraciones con idéntica función gramatical. || Denota idea de adición, oposición o consecuencia. || Cuando va precedida y seguida de una misma palabra, expresa repetición: *días y días*. || Al principio de una cláusula, se emplea para dar énfasis a lo que se dice *(¡y no me lo habías dicho!)* o con valor de adverbio interrogativo *(¿y tu padre, cómo está?)*. || — *Y eso que,* aunque, a pesar de: *no está cansado, y eso que trabaja mucho.* || *Y todo,* incluso; aunque.

— OBSERV. Por motivos fonéticos la letra *y* se cambia en *e* delante de palabras que comienzan por *i* o *hi*: *España e Inglaterra*. Este cambio sólo se realiza cuando la *i* es vocal plena y no semiconsonante *(cobre y hierro)* o cuando *y* no tiene valor tónico en una interrogación *(¿y Isabel?)*.

ya adv. En tiempo anterior: *ya ocurrió lo mismo.* || Actualmente, ahora: *ya no es así.* || Más adelante, más tarde, después: *ya hablaremos.* || Por fin, por último: *ya se decidió.* || Al instante, en seguida: *ya voy.* || Equivale a veces a un adv. de afirmación con el sentido de sí, de acuerdo. || Sirve para dar énfasis a lo que expresa el verbo: *ya lo sé.* || Úsase como conj. distributiva, ora, ahora: *ya en la paz, ya en la guerra.* || *Pues ya,* por supuesto, ciertamente. || *Si ya,* si, siempre que. || *¡Ya!,* interj. fam. usada para indicar que se da uno por enterado o, irónicamente, para mostrar incredulidad o indiferencia acerca de lo que se dice. || *¡Ya caigo!,* estoy en ello, he comprendido. || *Ya mismo,* ahora mismo. || *Ya no* (o *no ya*), no solamente. || *Ya que,* puesto que, dado que.

yaacabó m. Pájaro insectívoro de América del Sur, con pico y uñas fuertes, y cuyo canto suena como su nombre.

yaazkal m. Planta ornamental de México.

yaba f. *Amer.* Árbol papilionáceo cuya madera se usa en la construcción.

Yabalpur o **Yubbulpor.** V. JABALPUR.

yabirú m. *Arg.* Jabirú.

Yabú, río de Cuba (Las Villas), afl. del Sagua la Grande.

yabuna f. *Cub.* Hierba gramínea que crece en las sabanas.

yac m. Mamífero rumiante doméstico, con largos pelos en la parte inferior del cuerpo y en las patas, que existe en las regiones montañosas de Asia Central.

yaca f. Anona de la India.

yacal m. Árbol de Filipinas de madera apreciada.

yacamar m. Pájaro de la América tropical.

yacaré m. *Amer.* Caimán.

yácata f. Restos arquitectónicos de la arqueología tarasca (México).

yacedor m. Mozo de labranza que conduce los caballos a yacer.

yacente adj. Que yace: *estatua yacente.* || *Herencia yacente,* aquella en sucesión abierta y que aún no ha sido reclamada por los herederos. || — M. Cara inferior de un filón metalífero.

* **yacer** v. i. Estar echada o tendida una persona. || Estar enterrado en una tumba: *aquí yace el salvador de la patria.* || Existir o estar una persona o cosa en algún sitio: *aquel tesoro yace sepultado.* || Pacer de noche las caballerías. || — V. i. Tener relaciones carnales con una persona.

yaciente adj. Yacente.

yacija f. Lecho, cama. || Sepultura, tumba. || *Fig. Ser uno de mala yacija,* ser de mal dormir.

yacimiento m. Disposición de las capas de minerales en el interior de la Tierra. || Acumulación de minerales en el sitio donde se encuentran naturalmente.

yacio m. Árbol euforbiáceo propio de los bosques de la América tropical y de cuyo látex se obtiene goma elástica.

yack m. Yac.

yaco m. *Per.* Nutria.

yacolla f. *Per.* Manta que se echaban sobre los hombros los indios.

yacú m. *Arg.* Ave negra del tamaño de una gallina pequeña.

Yacuiba, c. en el SE. de Bolivia, cap. de la prov. de Gran Chaco (Tarija).

Yacuma, río de Bolivia (Beni), afl. del Mamoré; 320 km. — Prov. en el N. de Bolivia (Beni); cap. *Santa Ana.*

yacht [*iot*] m. (pal. ingl.). Yate.

yachting [*iating*] m. (pal. ingl.). Navegación de recreo.

yachtman m. (pal. ingl). Hombre aficionado al yachting. (En f.: *yachtwoman.* Pl. *yachtmen, yachtwomen.*)

yagan o **yamana** adj y s. Indio de una ant. tribu del litoral de la Tierra del Fuego. (Los *yaganes* habitan actualmente en la isla de Navarino.)

Yaggernat. V. JAGGERNAT.

Yago, personaje de la tragedia de Shakespeare *Otelo,* personificación de la hipocresía y de la envidia.

yagua f. *Col., Mex., Per.* y *Venez.* Palma cuyas fibras se usan para techar chozas, hacer cestos, sombreros, etc.

Yaguachi, río del Ecuador, afl. del Guayas. — C. en el O. del Ecuador (Guayas).

yagual m. *Amer C.* y *Méx.* Rodete para llevar fardos sobre la cabeza.

WI

yaguar m. Jaguar.

Yaguaraparo, mun., pobl. y puerto en el N. de Venezuela (Sucre).

yaguareté m. *Arg.* Jaguar.

Yaguarí, río en el N. de Uruguay (Tacuarembó y Rivera), afl. del Tacuarembó.

Yaguarón, río en la frontera de Brasil y Uruguay; des. en la laguna Merín; 217 km. — Pobl. del Paraguay (Paraguarí).

yaguarú m. *Arg.* Nutria.

yaguarundí m. *Amer.* Eyrá, gato montés.

yaguasa f. *Venez.* Pato silvestre.

Yaguate, distr. de la Rep. Dominicana (San Cristóbal).

yaguré m. *Amer.* Mofeta.

Yahata, ant. c. del Japón (Kiusiu), actualmente parte de Kita Kiusiu.

Yahuar Huaca, séptimo inca del Perú. Abdicó en su hijo.

Yahvé, n. de Dios en la Biblia, revelado a Moisés.

Yaipur. V. JAIPUR.

yak m. Yac.

Yakarta, ant. *Batavia,* c. y puerto en el N. de la isla de Java, cap. del Estado de Indonesia; 3 000 000 de h. Metalurgia.

Yakutia, república autónoma de la U. R. S. S. (Rusia), en el E. de Siberia; cap. *Yakutsk.*

Yakutsk, c. del E. de la U. R. S. S. (Rusia), cap. de Yakutia, en Siberia, a orillas del río Lena.

Yale [*yéil*] *(Universidad),* universidad de Estados Unidos fundada en 1701 por *Elihu Yale* (1648-1721), en New Haven (Connecticut).

Yalong Kiang, río del centro de China, afl. del Yang tse Kiang; 1 300 km.

Yalta, c. y puerto de la U. R. S. S. en el S. de Crimea (Ucrania). Estación balnearia. Conferencia entre Churchill, Roosevelt y Stalin (1945) para unificar los criterios y planes aliados en la guerra contra Alemania y determinar las bases de cómo sería la paz.

Yalú, río de Asia del E. que corre en la frontera NO de China y de Corea; 790 km. Centrales hidroeléctricas.

Yamagata, c. del Japón en el centro de la isla de Honshu.

Yamaguchi, c. del Japón, en el SE. de la isla de Honshu.

Yamamoto (Isoroku), marino japonés (1884-1943), almirante de la escuadra de su país en el Pacífico (1941 a 1943).

yamana adj. y s. Yagan.

yámbico adj. Relativo al yambo: *versos yámbicos.*

yambo m. Pie de la poesía griega y latina compuesto de una sílaba breve y otra larga. ‖ Árbol mirtáceo de las Antillas.

yambucear v. t. *Méx.* Entre los mineros, trabajar mal.

Yamparáez, prov. en el S. de Bolivia (Chuquisaca); cap. *Villa Tarabuco.*

yanacón y **yanacona** adj. y s. Dícese del indio que estaba al servicio personal de los españoles en algunos países de América Meridional. ‖ — M. *Bol.* y *Per.* Indio aparcero de una finca.

Yanaoca, c. del Perú, cap. de la prov. de Canas (Cuzco).

Yanaon c. en el S. de la India, antiguo establecimiento francés desde 1763 hasta 1954.

Yanatili, río del Perú (Cuzco), afl. del Urubamba.

Yanaurcu, monte del Ecuador, en la Cord. Occidental, entre las prov. de Imbabura y Pichincha. 4 538 m.

yancófilo, la adj. y s. *Amer.* Admirador de los Estados Unidos de América.

Yang tse Kiang o *Río Azul,* río de China, uno de los más largos del mundo, que nace en el Tíbet y des. en el mar de China, cerca de Changhai; 5 500 km.

Yangku. V. TAIYUÁN.

Yangsiuán, c. en el N. de China (Chansi). Centro metalúrgico.

Yanguas, mun. y pobl. de España (Soria). ‖ **~ de Eresma,** mun. y pobl. del centro de España (Segovia).

yangüés, esa adj. y s. De Yanguas.

Yanina, c. en el O. de Grecia (Epiro), en el litoral del lago homónimo.

yankee, yanque y **yanqui,** adj. y s. De los Estados Unidos.

yantar m. Tributo antiguo. ‖ (Ant.). Comida.

yantar v. t. (Ant.). Comer.

Yáñez (José Agustín), abogado, político y escritor mexicano, n. en 1904, autor de *Al filo del agua, La creación, Las tierras flacas,* novelas descriptivas de la región de Jalisco. ‖ **~ Pinzón** (VICENTE). V. PINZÓN.

Yao, c. del Japón (Honshu).

Yaotl, n. de *Tezcatlipoca* como dios azteca de los Guerreros.

yapa m. *Amer.* Azogue que se agrega al plomo argentífero para aprovecharlo. | Regalo que hace el vendedor al comprador para atraerlo. ‖ *Méx.* Propina, gratificación. ‖ *Riopl.* Parte última y más fuerte del lazo. (Escríbese también *llapa* y *ñapa.*)

yapar v. t. *Amer* Hacer un regalo o yapa

Yapeyú, pobl. en el NE. de la Argentina (Corrientes). Lugar de nacimiento de San Martín.

Yapurá. V. JAPURÁ.

Yaque, cima de la Rep. Dominicana (Santiago), en la Cord. Central; 2 995 m. ‖ **~ del Norte,** río en el NO. de la Rep. Dominicana, que des. en el Atlántico por la bahía de Manzanillo (Monte Cristi); 280 km. ‖ **~ del Sur,** río en el SO. de la Rep. Dominicana que des. en el mar Caribe por la bahía de Neiba (Barahona); 200 km.

yaqui adj. y s. Pueblo indio mexicano, establecido en el Estado de Sonora.

Yaqui, río septentrional de México (Sonora), que des. en el golfo de California; 680 km.

Yara, río de Cuba (Oriente), que des. en el golfo de Guacanayabo; 50 km. — Barrio de Manzanillo en Cuba (Oriente), donde se dio el *grito de Yara,* primera declaración de la independencia del país de la dominación española, hecha por Carlos Manuel de Céspedes el 10 de octubre de 1868.

Yaracuy, río de Venezuela, en el Est. homónimo, que des. en el mar Caribe; 125 km — Estado septentrional de Venezuela; cap. *San Felipe.*

yaracuyano, na adj. y s. De Yaracuy (Venezuela).

yarará f. *Arg., Bol.* y *Parag.* Víbora de gran tamaño, de color gris con manchas blanquecinas, cuya picadura es venenosa.

yaraví m. Canto lento y melancólico de los indios de Perú, Bolivia y otros países sudamericanos.

yarda f. Unidad de longitud anglosajona equivalente a 0,914 m.

yare m. Jugo venenoso de la yuca amarga.

yarey m. *Cub.* Palmera con cuyas fibras se tejen sombreros.

Yarí, río de Colombia, afl. del Caquetá; 610 km. Recibe tb. el n. de *río de los Engaños.*

Yariguá, río de Cuba (Oriente) que des. en el Atlántico por la bahía de Sabana la Mar; 110 km.

Yaritagua, distr. y c. en el N. de Venezuela (Yaracuy).

Yarkand o **Soche,** oasis de China en el SO. de la prov. de Sinkiang, a orillas del río *Yarkand-Daria.*

Yarmouth o **Great Yarmouth,** c. y puerto de Gran Bretaña, en el O. de Inglaterra (Norfolk).

yaro m. Aro, planta aroidea.

Yaroslao (978-1054), gran duque de Kiev de 1017 a 1054.

Yaroslavl, c. de la U. R. S. S. (Rusia), a orillas del Volga. Industrias.

yaruma f. *Col.* Palma moriche.

Yarumal, mun. y c. de Colombia (Antioquia).

yatagán m. Especie de sable de doble curvatura que usaban los turcos y los árabes.

Yataity, pobl. del Paraguay (Guairá).

yátaro m. *Col.* Tucán, ave.

yate m. Barco de recreo, de velas o con motor.

Yateras, térm. mun. de Cuba (Oriente).

Yatsushiro, c. y puerto del Japón en el O. de la isla de Kiusiu.

Yauli, prov. del centro del Perú (Junín); cap. *La Oroya.*

Yaundé, cap. del Camerún; 101 000 h. Arzobispado. Centro administrativo y comercial.

Yauri, c. del Perú, cap. de la prov. de Espinar (Cuzco).

yaurí m. *Amer.* Serpiente coral.

Yautepec, mun. c. de México (Morelos).

yautía f. *Amer.* Planta tropical de tubérculos feculentos comestibles.

Yauyos, c. del Perú, cap. de la prov. homónima (Lima).

Yavari o **Javari,** afl. der. del Amazonas.

Yaxartes. V. SIR DARIA.

Yaxchilán, ant. c. maya del S. de México (Chiapas), en el valle del río Usumacinta. Restos de cuatro templos.

Yaxuná, lugar arqueológico maya cercano a Chichén Itzá.

Yb, símbolo químico del *iterbio.*

ybicuíense adj. y s. De Ybycuí (Paraguay).

Ybycuí, cerro del Paraguay; 630 m. — Pobl. del Paraguay (Paraguarí). Minas.

Ybytimí, ramal de la cord. paraguaya de Ybytyruzú. — Pobl. del Paraguay (Paraguarí).

Ybytypané, ramal de la cord. paraguaya de Ybytyruzú.

Ybytyruzú, cord. del Paraguay, ramificación de la de Caaguazú.

Ycumandy-Yú. V. SAN PEDRO (Paraguay).

Ydígoras Fuentes (Miguel), general guatemalteco, pres. de la Rep. de 1958 a 1963.

ye f. Nombre de la *y.*

yearling [*iarling*] m. (pal. ingl.). Caballo de pura sangre de un año de edad.

Yeats (William Butler), escritor irlandés (1865-1939), autor de ensayos, poemas y dramas *(Deirdre).* [Pr. Nóbel, 1923.]

Yecla, c. en el E. de España (Murcia).

yeco m. *Chil.* Especie de cuervo marino.

Yecuatla, v. y mun. en el SE. de México (Veracruz).

Yeddah. V. JEDDAH.

yedra f. Hiedra.

yegreño, ña adj. y s. De Yegros (Paraguay).

Yegros, pobl. del Paraguay (Caazapá).

Yegros (Fulgencio), militar y político paraguayo, m. en 1821, jefe de la revolución de mayo de 1811 y pres. de la Junta Gubernativa hasta 1813. Nombrado Cónsul, alternativamente con Rodríguez de Francia, de 1813 a 1814, se rebeló contra su colega y m. ejecutado.

yegua f. Hembra del caballo. ‖ *Amér. C.* Colilla.

yeguada f. Recua de ganado caballar. ‖ *Amér. C.* Burrada, disparate, tontería.

yeguar adj. De las yeguas.

yeguarizo, za adj. Caballar.

yegüería f. Yeguada.

yegüerizo, za adj. Yeguar. ‖ — M. Yegüero.

yegüero m. El que guarda o cuida las yeguas.

yeísmo m. Pronunciación de la *elle* como *ye,* diciendo, por ejemplo, *caye* por *calle, poyo* por *pollo.* (El *yeísmo,* fenómeno muy extendido en

España y en Hispanoamérica, predomina en las zonas del Río de la Plata y en las Antillas, así como en Filipinas.)

yeísta adj. Relativo al yeísmo. ‖ Que practica el yeísmo (ú. t. c. s.).

yelmo m. Pieza de la armadura que cubría la cabeza y el rostro: *el yelmo de Mambrino.*

Yellowstone, río del NE. de los Estados Unidos, afl. del Misuri, que atraviesa el *Parque Nacional de Yellowstone* y el lago homónimo (Wyoming); 1 600 km.

yema f. Brote que nace en el tallo de una planta o en la axila de una hoja y que da origen a una rama, una flor o a varias hojas. ‖ Parte central del huevo de las aves, de color amarillo, también llamada *vitelo.* ‖ Parte de la punta del dedo, opuesta a la uña. ‖ Golosina hecha con azúcar y yema de huevo. ‖ *Fig.* Lo mejor de algo: *la yema de la sociedad.* | Punto medio de una cosa. ‖ *Yema mejida,* la del huevo batida con azúcar y disuelta en leche caliente.

Yemen, nombre de dos Estados de Arabia. La *República del Yemen Democrático,* ant. Federación de Arabia del Sur, logró la independencia en 1967; 287 700 km²; 1 470 000 h. Cap. *Al-Chaab.* Agricultura. Refinerías de petróleo. — La *República Árabe del Yemen* se encuentra en el SO. de Arabia, a orillas del mar Rojo; 195 000 km²; 5 000 000 h. (*yemeníes o yemenitas*). Cap. *Sana,* 80 000 h. Otra c. *Hudayda.* Café.

yemení y **yemenita** adj. y s. Del Yemen.

yen m. Unidad monetaria del Japón (símb., Y), que se divide en 1 000 rin o en 100 sen.

Yenisei, río de la U. R. S. S. (Rusia), en el O. de Siberia; des. en el Océano Glacial Ártico (mar de Kara); 3 800 km. Centrales hidroeléctricas.

Yentai, ant. *Chefu,* c. y puerto en el E. de China (Chantung).

yeoman m. En Inglaterra, pequeño propietario rural. (Pl. *yeomen.*)

Yepes (José Ramón), marino y poeta romántico venezolano (1822-1881). ‖ ~ (JUAN DE). V. CRUZ (San Juan de la).

yeral m. Campo de yeros.

yerba f. Hierba. ‖ *Amer.* Mate. ‖ *Yerba mate,* mate.

Yerbabuena, parte de la Sierra Madre Oriental de México (San Luis Potosí). — Nombre de 24 pobl. de distintos Estados de México.

yerbajo m. *Despect.* Yerba.

yerbal m. *Amer.* Campo de hierba mate. | Herbazal.

Yerbas Buenas, com. en el centro de Chile (Linares).

yerbatero, ra adj. *Amer.* Relativo al mate: *industria yerbatera.* ‖ — M. y f. *Amer.* Persona que recoge mate o comercia en él. ‖ — M. *Amer.* Curandero.

yerbear v. i. *Arg.* Tomar mate.

yerbera f. *Arg.* Vasija en que se guarda el mate.

yermar v. t. Dejar yermo.

yermo, ma adj. Despoblado. ‖ Inhabitado. ‖ Inculto, sin cultivar: *campo, terreno yermo.* ‖ — M. Despoblado, terreno inhabitado. ‖ Sitio inculto.

yerno m. Respecto de una persona, marido de una hija suya. (Su femenino es *nuera.*)

yero m. Planta leguminosa que se emplea para alimento del ganado y de las aves.

Yerovi (Leónidas N.), escritor peruano (1881-1917), autor de poesías y obras de teatro. M. asesinado.

yerra f. *Amer.* Hierra.

yerro m. Falta, equivocación cometida por ignorancia. ‖ Falta contra los preceptos morales o religiosos, extravío. ‖ *Deshacer* (o *enmendar*) *un yerro,* borrar sus consecuencias.

Yersin (Alexandre), bacteriólogo francés, de origen suizo (1863-1943). Descubrió el microbio de la peste.

yerto, ta adj. Tieso, rígido, por efecto del frío, del miedo, o aplicado a un cadáver. ‖ *Fig. Quedarse yerto,* quedarse horrorizado o espantado de una cosa.

Yerupaja, pico del Perú (Huánuco); 6 632 m.

yesal o **yesar** m. Terreno abundante en mineral de yeso. ‖ Cantera de donde se extrae yeso.

yesca f. Materia muy combustible preparada generalmente con la pulpa de ciertos hongos, trapos quemados, etc. ‖ *Fig.* Incentivo de una pasión o afecto. ‖ *Fig* y *fam. Arrimar* o *dar yesca,* dar una paliza.

yesería f. Fábrica de yeso.

yesero, ra adj. Del yeso: *industria yesera.* ‖ — M. Fabricante de yeso. ‖ — F. Yesería

Yesilköy, ant. *San Stefano,* pobl. de Turquía, cerca de Estambul y a orillas del mar Mármara.

yeso m. Roca sedimentaria formada de sulfato de cal hidratado y cristalizado. ‖ Polvo que resulta de moler este mineral previamente calcinado a unos 150° C. (Amasado con agua, este polvo se endurece rápidamente y se utiliza para la reproducción de esculturas, la inmovilización de los miembros fracturados, en la construcción, etc.) ‖ Obra vaciada en yeso. ‖ — *Yeso mate,* el amasado con agua de cola, muy duro. ‖ *Yeso negro,* el más basto y de color grisáceo.

Yeso. V. HOKKAIDO.

yesón m. Cascote de yeso procedente de derribos.

yesoso, sa adj. Parecido al yeso: *alabastro yesoso.* ‖ Abundante en yeso: *terreno yesoso.*

yesquero adj. m. *Hongo yesquero,* hongo de la clase de los basidiomicetos, de sombrerete espeso y blanquecino, que vive en la corteza de los árboles; de él se hace yesca. ‖ — M. El que fabrica yesca o el que la vende.

Yeutecatl, divinidad del Pulque, entre los aztecas.

yeyuno m. Segunda porción del intestino delgado comprendida entre el duodeno y el íleon.

Yezd, c. de Irán, al E. de Ispahán, cap. de la prov. homónima.

yezgo m. Planta caprifoliácea parecida al saúco, que despide olor fétido.

Ygurey o **Carapá,** río del Paraguay (Alto Paraná), afl. del Paraná.

Yháguih o **Yhaguy,** río del Paraguay donde fue vencida y aniquilada, durante la guerra de 1870, la escuadra paraguaya.

Yi, río del Uruguay (Durazno Florida y Flores), afl. del río Negro; 193 km.

Yibuti. V. JIBUTI.

yiddish m. Lengua judeoalemana (ú. t. c. adj.).

Yin. V. CHANG.

Yinchuan, c. del NO. de China, cap. de la región autónoma de Ninghsia.

Yingkeu, c. y puerto en el NE. de China (Liaoning).

Yipin, c. de China (Sechuán).

yira f. *Pop. Arg.* Prostituta.

ylang-ylang m. V. ILANG ILANG.

yo pron. pers. de primera pers.: *yo iré a verle.* ‖ *Yo que usted,* yo en su lugar, si yo fuera usted. ‖ — M. Lo que constituye la propia personalidad, la individualidad. ‖ Apego a sí mismo, egoísmo: *el culto del yo.* ‖ *Fil.* El sujeto pensante y consciente por oposición a lo exterior a él. ‖ — *El yo pecador,* rezo que empieza con esas palabras y se dice en latín *confíteor.* ‖ *Fig. Entonar el yo pecador,* confesar sus culpas.

Yoalticitl, entre los aztecas, divinidad que cuidaba el sueño de los niños.

Yocasta, esposa de Layo, rey de Tebas y madre de Edipo, con quien casó sin saber que era su hijo. Se ahorcó de desesperación. (*Mit.*)

Yocippa, entre los otomíes, dios de la Fertilidad, que se honraba con grandes comilonas.

yod f. Nombre dado en lingüística a la *y* cuando se la considera como semiconsonante explosiva agrupada con la consonante anterior o como semivocal implosiva agrupada con la vocal que la precede.

yodado, da adj. Con yodo: *agua yodada.*

yodhídrico, ca adj. Aplícase a un ácido compuesto de yodo e hidrógeno.

yódico, ca adj. Dícese de un ácido que resulta de la oxidación del yodo.

yodo m. Cuerpo simple (I) de número atómico 53, color gris negruzco, brillo metálico, densidad 4,93, que funde a 114 °C. y desprende, cuando se calienta, vapores de color violeta. (Tiene propiedades antisépticas; su solución alcohólica se llama *tintura de yodo.*)

yodoformo m. Cuerpo compuesto que se obtiene por acción del yodo sobre el alcohol y se usa como antiséptico.

yodurado, da adj. Que contiene yoduro: *jarabe yodurado.* ‖ Cubierto de una capa de yoduro: *placa fotográfica yodurada.*

yoduro m. Cualquier cuerpo compuesto de yodo y otro elemento: *yoduro de potasio.*

yoga m. Sistema filosófico de la India que hace consistir el estado perfecto en la contemplación, la inmovilidad absoluta, el éxtasis y las prácticas ascéticas.

yogi o **yoghi** m. Asceta indio que, por medio de meditación, éxtasis y mortificaciones corporales llega a conseguir la sabiduría y la pureza perfectas.

yoguismo m. Práctica del sistema filosófico y ascético de yoga.

yogur o **yogurt** m. Leche cuajada por el fermento láctico. (Pl. *yogures.*)

yohimbina f. Alcaloide afrodisiaco.

Yohualtecuchtli, entre los aztecas, señor de la Noche, representado por la estrella Aldebarán.

Yojoa, lago de Honduras (Santa Bárbara, Cortés y Comayagua); 400 km². Se le conoce tb. por el n. de *Taulebé.*

Yokkaichi, puerto del Japón al S. de la isla de Honshu.

Yokohama, c. y puerto del Japón, al O. de la isla de Honshu. Industrias.

Yokosuka, c. y puerto del Japón (Honshu), en la bahía de Tokio.

Yokyakarta, c. de la República de Indonesia, en el S. del centro de la isla de Java.

yola f. Barco muy ligero movido a remo y con vela: *cruzaron la bahía en una yola.*

Yolcos, ant. c. de Grecia en Tesalia, hoy *Volo.*

Yolombó, mun. y pobl. de Colombia (Antioquia). Oro.

yoloxóchitl m. Nombre de algunas plantas ornamentales y medicinales de México.

Yonago, c. y puerto del Japón en el SO. de la isla de Monshu.

Yonkers, c. en el NE. de Estados Unidos, a orillas del Hudson y al N. de Nueva York.

Yonne [*ión*], río de Francia afl. izq. del Sena; 295 km. — Dep. de Francia al S. de París; cap. *Auxerre.*

yoreño, ña adj y s. Dé Yoro.

York, c. de Gran Bretaña al NE. de Inglaterra, a orillas del Ouse y del Foss, cap. del condado de York o Yorkshire. Arzobispado. Catedral gótica de estilo flamígero.

York, dinastía real inglesa que disputó el trono a los Lancaster (guerra de las Dos Rosas) y dio tres soberanos a Inglaterra (Eduardo IV, Eduardo V y Ricardo III). Le sucedió la de los Tudores.

Yorkshire, condado de Gran Bretaña, al NE. de Inglaterra, dividido en *East Riding, North Riding* y *West Riding.*

Yorktown [*-taun*], pueblo de Estados Unidos (Virginia), donde Washington y Rochambeau vencieron a los ingleses en la guerra de Independencia (1781).

Yoro, c. septentrional de Honduras, cap. del dep. homónimo. Centro agrícola.

Yosemite Valley, valle en el SO. de Estados Unidos (California). Parque nacional.

Yoshihito (1879-1926), emperador del Japón desde 1912. Combatió con los Aliados en la primera guerra mundial.

Yosy, c. y puerto de Corea del Sur. Astilleros.

Yotala. V. VILLA OROPEZA.

Young [*iung*] (Edward), poeta inglés (1683-1765), autor del poema *Las Noches*.

Youngstown, c. de Estados Unidos (Ohio), al NE. del país. Obispado. Siderurgia.

yoyo m. Juguete formado por un disco ahuecado interiormente como una lanzadera y que sube y baja a lo largo de una cuerda.

yoyote m. Nombre de algunas plantas mexicanas de semillas venenosas.

Yozotoyua, entre los mixtecas, dios de los Mercaderes.

Ypacaraí, lago del Paraguay entre los dep. de Las Cordilleras y Central; 90 km². — Pobl. del Paraguay (Central).

Ypané, río del Paraguay (Amambay), afl. del río Paraguay. — Pobl. del Paraguay (Central).

yperita f. Iperita.

Ypiranga, río del Brasil (São Paulo), en cuyas orillas el príncipe Pedro dio el célebre *grito de Ypiranga*, declaración de independencia del país hecha el 7 de septiembre de 1822.

Ypoá, lago del Paraguay en la frontera de los dep. de Central y Paraguarí; 260 km².

Ypres, c. de Bélgica (Flandes Occidental).

ypsilón f. Ípsilon.

Yrigoyen (Hipólito), político argentino, n. en Buenos Aires (1852-1933), pres. de la Rep. de 1916 a 1922. Reelegido en 1928, fue derrocado en 1930.

Yrurtia (Rogelio), escultor argentino (1879-1950), autor del mausoleo de Rivadavia.

Yser, río de Bélgica, que nace en Francia y des. en el mar del Norte; 78 km.

Yssel, brazo septentrional del delta del Rin (Holanda), que termina en el lago Ysselmeer; 146 km.

Ysselmeer, lago interior de Holanda, resto del Zuiderzee.

Ystradyfodwg. V. RHONDDA.

Yt, símbolo químico del *itrio*.

yterbio m. Iterbio.

ytrio m. Itrio.

Ytzcoatl. V. YZCUAT.

Yubari, c. del Japón, en el S. de la isla de Hokkaido.

yubarta f. *Zool.* Roncual.

Yubbulpor. V. JABALPUR.

Yuc Cimil, entre los mayas, señor de la Muerte.

yuca f. Mandioca, planta euforbiácea de raíz feculenta comestible. ‖ Planta liliácea de la América tropical, cultivada en los países templados como planta de adorno.

yucal m. Campo de yuca.

Yucatán, penins. de América Central, entre el golfo de México, el canal del mismo nombre y el mar Caribe. Constituye una llanura atravesada del NE. al SO. por elevaciones de poca altura. La mayor parte corresponde a México y el resto a Belice y a Guatemala. Descubierta en 1506 y explorada desde 1517, fue anteriormente uno de los lugares más florecientes de la civilización maya (Chichén Itzá, Uxmal, etc.). — Estado en el S. de México, en la penins. homónima; cap. *Mérida*.

yucatanense adj y s. De Yucatán (México).

YUGOSLAVIA

yucateco, ca adj. y s. Yucatense. ‖ — M. Lengua de los yucatecos.

Yucumani, volcán del Perú, en la Cord. Oriental; 5 570 m.

Yucuyácua, cerro de México (Oaxaca); 3 376 m.

yugada f. Superficie de tierra que ara una yunta de bueyes en un día. ‖ Medida agraria equivalente a unos 32 hectáreas. ‖ Yunta de bueyes.

yuglandáceo, a adj. Dícese de las plantas angiospermas con fruto en drupa, como el nogal. ‖ — F. pl. Familia que forman.

yugo m. Pieza de madera que se coloca en la cabeza de los bueyes o mulas para uncirlos. ‖ Armazón de madera de la que cuelga la campana. ‖ Cada uno de los tablones curvos que forman la popa del barco. ‖ Horca formada por tres picas, debajo de las cuales los romanos hacían pasar a los enemigos derrotados. ‖ *Fig.* Dominio, sujeción material o moral: *el yugo colonial.* ‖ Velo en la ceremonia de casamiento. ‖ *Fig. Sacudir el yugo,* librarse de la tiranía o de una dependencia molesta o afrentosa.

yugoeslavo, va adj. y s. Yugoslavo.

Yugoslavia, república socialista federativa del SE. de Europa, formada por Serbia, Croacia, Eslovenia, Bosnia y Herzegovina, Macedonia y Montenegro, y las regiones autónomas de Voivodina y Kosovo-Metohija; 255 800 km²; 20 540 000 h. *(yugoslavos)*; cap. *Belgrado,* 678 000 h. Otras c.: *Zagreb,* 491 100 h.; *Sarajevo,* 218 000; *Skoplje,* 212 000; *Liubliana,* 178 000; *Novi Sad,* 123 000; *Rijeka,* 111 000; *Split,* 109 000; *Nish,* 95 000; *Maribor* 91 000; *Subótica,* 77 000; *Titogrado,* 39 000.

GEOGRAFÍA. Yugoslavia es a la vez un país mediterráneo y continental. Las cadenas de los Alpes Dináricos dominan el litoral, con numerosas islas, y desaparecen en el NE. con las llanuras del Save y el Danubio. Los Alpes Eslovenos se extienden por el extremo NO. del país, cuya parte meridional está formada por los macizos de los sistemas del Ródope y del Pindo. La población es una mezcla de nacionalidades, principalmente eslava, lo que ha determinado la instauración federal del Estado. La instauración del régimen socialista ha traído consigo un rápido desarrollo de la industria, basada en las riquezas del subsuelo (lignito, cobre, plomo y, especialmente, bauxita) y la creación de numerosas centrales hidroeléctricas. La agricultura, de régimen privado u organizada en cooperativas, y el turismo tienen gran importancia.

HISTORIA. Después de la primera guerra mundial, la unión de los países eslavos con Serbia creó el Reino de Yugoslavia (1918). Durante la segunda guerra mundial, la resistencia contra los alemanes fue organizada separadamente por el monárquico Mihailovich y el comunista Tito; éste consiguió, después de la guerra, proclamar la República Popular Federativa con las seis repúblicas antes citadas.

yugoslavo, va adj. y s. De Yugoslavia.

yuguero m. Mozo de labranza que ara con un par de bueyes o mulas.

yugular adj. De la garganta: *arteria yugular.* ‖ — F. Vena yugular: *le cortó la yugular.*

yugular v. t. Reprimir, impedir o detener el desarrollo: *yugular un movimiento popular.*

Yugurta (¿160?-104 a. de J. C.), rey de Numidia (118-105 a. de J. C.). Se enfrentó a los romanos y fue derrotado por Mario (104 a. de J. C.). M. en prisión.

Yukawa (Hideki), físico japonés, n. en 1907, que formuló la hipótesis de la existencia de los mesones. (Pr. Nóbel, 1949.)

Yukon, río de Estados Unidos (Alaska) y Canadá, que des. en el mar de Bering; 3 290 km. — División administrativa de Alaska y territorio del Canadá; cap. *Whitehorse.* Minas.

Yum Kax, entre los mayas, señor de los Bosques, y tb. del Maíz.

yumbo, ba adj. y s. Indio del oriente de Quito.

Yumurí, río de Cuba, en la prov. de Matanzas.

Yuna, río del NE. de la Rep. Dominicana, que des. en la bahía de Samaná; 380 km.

yunga f. Nombre que se da a los valles cálidos del Perú, Bolivia y Ecuador. ‖ — Adj. Aplícase a aquellos que habitan estos valles.

Yungay, dep. y pobl. en el Centro de Chile (Ñuble). Victoria de los chilenos, al mando de Manuel Bulnes, contra las tropas perubolivianas de Santa Cruz (1839). — C. del Perú, cap. de la prov. homónima (Ancash). Terremoto en 1970.

Yunnan, prov. del S. de China, cerca de Tonquín; cap. *Kuenming.* Región minera.

Yunnanfu. V. KUENMING.

yunque m. Prisma de hierro encajado en un tajo de madera, y sobre el que se martillan los metales en la herrería. || *Fig.* Persona muy paciente o perseverante en el trabajo. || Uno de los huesecillos del oído medio que está intercalado entre el martillo y el estribo.

Yunque (Arístides GANDOLFI HERRERO, llamado **Álvaro**), novelista argentino, n. en 1893, autor de *Tutearse con el peligro, Calfucurá,* etc. Es tb. poeta.

yunta f. Par de mulas, bueyes u otros animales que se uncen juntos. || Yugada.

yuntero m. Yuguero.

yuquerí m. *Arg.* Planta leguminosa muy espinosa, de fruto parecido a la zarzamora.

Yúrac Llanganati. V. CERRO HERMOSO.

yuracare adj. y s. Individuo de un pueblo indio de Bolivia. (Los *yuracares* habitan en la región del Mamoré.)

Yurécuaro, v. y mun. en el O. de México (Michoacán).

Yurimaguas, c. y distrito en el NE. del Perú, cap. de la prov. de Alto Amazonas (Loreto).

Yuriria, laguna artificial de México (Guanajuato), junto al río Lerma.

Yurquín, río de América Central fronterizo entre Panamá y Costa Rica, afl. del Tarire.

yurta f. Tienda de campaña ligera y desmontable, que utilizan los mongoles.

yuruma f. *Venez.* Médula de una palma con que hacen pan los indios.

yurumí m. Oso hormiguero.

Yuscarán, c. del E. de Honduras, cap. del dep. de El Paraíso. Centro agrícola y minero (plata).

yuscaranense adj y s. De Yuscarán (Honduras).

yusera f. Piedra que sirve de asiento a la volandera en los molinos de aceite.

yusión f. *For.* Mandato, orden.

Yuste *(San Jerónimo de),* monasterio jerónimo en el O. de España (Cáceres) donde se retiró Carlos V en los últimos años de su vida (1556-1558).

Yusuf || ~ **I** (Yusuf ben Tasfín), emir almorávide de Marruecos de 1069 a 1106. Derrotó a Alfonso VI en Zalaca o Sagrajas (1086). || ~ **II** (1135-1184), sultán almohade de Marruecos desde 1163. Invadió España (1170). || ~ **III,** soberano almohade de Marruecos de 1224 a 1227. || ~ **IV,** sultán de Marruecos de 1286 a 1307.

Yusuf || ~ **I,** rey moro de Granada de 1333 a 1354. En unión de los benimerines fue derrotado por los cristianos en la batalla del Salado (1340). || ~ **II,** rey moro de Granada de 1390 a 1391. || ~ **III,** rey moro de Granada de 1407 a 1417. M. en 1423. || ~ **IV,** rey moro de Granada en 1432, seis meses antes de morir.

Yusuf *(Poema de),* poema del mester de clerecía castellano escrito en aljamía por un morisco aragonés hacia la mitad del s. XIV. Narra la vida de José (Yusuf).

Yusupov *(Príncipe de),* aristócrata ruso (1887-1967). Mató a Rasputín.

yute m. Fibra textil obtenida de una planta tiliácea propia de la India que se usa para fabricar cordeles y tejidos bastos.

yuto-azteca adj. y s. Uto-azteca.

Yuty, pobl. del Paraguay (Caazapá). Centro ganadero.

yuxtalineal adj. Línea por línea.

* **yuxtaponer** v. t. Poner una cosa al lado de otra (ú. t. c. pr.).

yuxtaposición f. Acción de yuxtaponer. || Situación de una cosa colocada junto a otra.

yuyal m. *Amer.* Sitio lleno de yuyos.

yuyo m. *Amer.* Yerbajo.

yuyuba f. Azufaifa, fruto.

Yvelines, dep. de Francia, al O. de París; cap. *Versalles.*

Yverdon, c. en el SO. de Suiza (Vaud).

Yxart (José), crítico literario catalán (1852-1895), autor de *El teatro catalán, El año pasado,* etc.

Yzcuat o **Ytzcoatl,** uno de los jefes mercenarios aztecas que lucharon contra Chichén Itzá.

Zancos, por Goya

z f. Vigésima octava y última letra del alfabeto castellano, y vigésima tercera de sus consonantes. Su nombre es *zeta* o *zeda*.

¡za! interj. Voz con que se ahuyenta a los perros.

zaachila adj. y s. Indígena mexicano de la tribu zapoteca.

Zaachila, v. y mun. en el S. de México (Oaxaca). Ant. centro de los reyes zapotecas.

Zaandam, c. de Holanda (Holanda Septentrional).

Zab, montes del S. de Argelia. ‖ ~ **Mayor** y **Menor,** dos ríos de Asia occidental (Kurdistán), afl. del Tigris.

Zabala (Bruno Mauricio de), militar español (1682-1736), gobernador de Buenos Aires y fundador de Montevideo (1726). Reprimió la revolución de los comuneros paraguayos.

Zabaleta (Juan de), poeta, costumbrista y dramaturgo español (¿1610-1670?). ‖ ~ (RAFAEL), pintor expresionista español (1907-1960).

zaborda f., **zabordamiento** o **zabordo** m. *Mar.* Encallamiento.

zabordar v. i. *Mar.* Varar o encallar el barco en tierra.

zabro m. Insecto coleóptero que se alimenta con granos de cereales.

Zabrze, en alem. *Hindenburg*, c. del SO. de Polonia, en Alta Silesia (Katovice). Hulla. Siderurgia.

Zabulón, uno de los doce hijos de Jacob, jefe de la tribu que lleva su nombre.

* **zabullir** v. t. y sus derivados, v. ZAMBULLIR.

zacamecate m. *Méx.* Estropajo.

Zacapa, c. del E. de Guatemala en el valle del río Motagua, cab. del dep. homónimo. Obispado. Agricultura; ganadería; minas. Centro ferroviario.

zacapaneco, ca adj. y s. De Zacapa (Guatemala).

Zacarías, uno de los profetas menores judíos. ‖ ~ *(San)*, sacerdote judío, esposo de Santa Isabel y padre de San Juan Bautista. Fiesta el 5 de noviembre. ‖ ~ *(San)*, papa de 741 a 752. Coronó a Pipino el Breve de Francia. Fiesta el 15 de marzo.

zacatal m. *Amer.* Pastizal.

zacate m. *Amér. C.* Pasto, forraje.

Zacate Grande, isla del S. de Honduras, en el golfo de Fonseca.

zacatecano, na adj. y s. Zacateco.

Zacatecas, c. del centro de México, cap. del Estado homónimo atravesado por la sierra homónima. Obispado. Centro minero (plata, oro, cobre, plomo, estaño, antimonio, cinc, manganeso y mercurio).

zacateco, ca adj. y s. De Zacatecas (México).

Zacatecoluca, c. en el S. del centro de El Salvador, cap. del dep. de La Paz.

zacatechichi m. Simonillo.

zacatilla f. *Méx.* Cochinilla negra.

Zacatula. V. BALSAS.

Zacualtipán, c. y mun. de México (Hidalgo).

Zadar, en ital. *Zara*, c. y puerto del O. de Yugoslavia (Croacia), en el Adriático. Arzobispado.

Zadig o *El destino*, cuento filosófico de Voltaire (1747).

Zadkin (Ossip), escultor francés de origen ruso (1890-1967).

zadorija f. Pamplina, planta.

Zadorra, río del N. de España, en las prov. de Álava y Burgos, afl. del Ebro; 70 km.

zafacón m. *P. Rico.* Cubo de hojalata para la basura.

zafada f. *Mar.* Limpieza de lo que estorba.

zafado, da adj. *Amer.* Descarado. | Vivo, despierto. | Descoyuntado (huesos).

zafar v. t. *Mar.* Soltar, desasir lo que estaba sujeto: *zafar un ancla*. ‖ — V. i. *Amer.* Irse, marcharse. ‖ — V. pr. Escaparse. ‖ *Fig.* Esquivar, librarse de una molestia: *zafarse de una obligación*. | Evitar mañosamente: *zafarse de una pejiguera*. | Librarse de una persona molesta: *zafarse de un pelma*. | Salir con éxito: *zafarse de una situación delicada*. ‖ Salirse de la rueda una correa de transmisión. ‖ *Amer.* Dislocarse un hueso.

zafarrancho m. *Mar.* Acción de quitar estorbos de una parte del barco para realizar una maniobra: *zafarrancho de limpieza*. ‖ *Fig.* y *fam.* Riña, alboroto, reyerta: *se armó un zafarrancho*. | Desorden que resulta. ‖ *Zafarrancho de combate*, preparativos de combate a bordo de un barco.

zafiedad f. Tosquedad.

zafio, fia adj. Grosero, tosco.

zafirino, na adj. De color azul como el zafiro. ‖ — F. Calcedonia azul, piedra.

zafiro m. Piedra preciosa que es una variedad transparente de corindón, de color azul.

zafo, fa adj. *Mar.* Suelto y desembarazado.

zafra f. Cosecha de la caña de azúcar. ‖ Fabricación de azúcar. ‖ Tiempo que dura esta fabricación. ‖ Vasija de metal con agujeros en el fondo en la que se ponen a escurrir las medidas de aceite. ‖ Vasija grande de metal para guardar aceite. ‖ *Min.* Escombro, derribo.

Zafra, c. en el O. de España (Badajoz). Castillo (s. XV-XVI).

zafre m. Óxido de cobalto que se usa en la industria para dar color azul a la cerámica y al vidrio.

zaga f. Parte trasera de una cosa. ‖ Carga dispuesta en la parte trasera de un carruaje. ‖ En deportes, defensa de un equipo. ‖ — *A la zaga* o *en zaga*, detrás. ‖ *Fig. No irle uno en zaga a otro*, no serle inferior.

zagal m. Muchacho, adolescente. ‖ Pastor joven a las órdenes del mayoral.

zagala f. Muchacha. ‖ Pastora.

zagalejo m. Refajo, falda que se ponían las mujeres sobre las enaguas. ‖ Zagal, muchacho.

zagalón, ona m. y f. Muchacho muy alto y robusto.

Zagazig, c. en el N. de Egipto, en el delta del Nilo. Textiles.

Zagreb, c. en el N. de Yugoslavia, cap. de Croacia, a orillas del Save. Arzobispado. Universidad.

Zagros, cord. de Asia occidental entre la Armenia turca y el Azerbaidján del Irán.

zagua f. Arbusto quenopodiáceo.

zagual m. Remo corto con pala plana y ovalada que se maneja sin fijarlo en la embarcación.

zaguán m. Vestíbulo, entrada.

zaguanete m. Habitación donde estaba la guardia en algunos palacios. ‖ Escolta de guardias que acompañaba a las personas reales. ‖ Zaguán pequeño.

zaguero, ra adj. Que va detrás. ‖ — M. En deportes, defensa. ‖ En el juego de pelota, jugador que se coloca detrás de los demás.

zagüí m. *Arg.* Mono pequeño.

zahareño, ña adj. En cetrería, aplicábase al ave de rapiña difícil de domesticar. || *Fig.* Arisco, intratable.

zaheridor, ra adj. y s. Que zahiere o reprende. || Burlón.

zaherimiento m. Crítica, reprensión, censura. || Burla. || Mortificación.

* **zaherir** v. t. Herir el amor propio, escarnecer, mortificar. || Burlarse.

zahína f. Planta gramínácea alimenticia originaria de África, de la India y de China.

zahones m. pl. Especie de calzón de cuero, con perniles abiertos, que llevan los cazadores y los hombres del campo encima de los pantalones para resguardarlos.

zahorí m. Persona capaz de descubrir lo que está oculto, particularmente aguas subterráneas. || *Fig.* Adivinador, persona muy perspicaz.

zahúrda f. Pocilga. || *Fig.* Casa sucia. | Tugurio.

zaida f. Ave zancuda semejante a la grulla, con moño eréctil de plumas filiformes que le caen sobre la nuca.

zaino, na adj. Traidor, falso, poco seguro en el trato. || Dícese de las caballerías de color castaño y de la res vacuna de color negro sin ningún pelo blanco.

Zaire. V. CONGO.

zajones m. pl. Zahones.

Zakupy. V. REICHSTAD.

Zâkyamuni. V. BUDA.

Zalaca, lugar próximo a Badajoz (España). Las tropas almoravides de Yusuf I derrotaron aquí a las cristianas de Alfonso VI (1086).

zalagarda f. Emboscada. || *Fig.* y *fam.* Ardid, maña: *valerse de zalagardas.* | Pelea, riña, pendencia ruidosa: *¡menuda zalagarda se armó!* | Alboroto, trapatiesta.

zalama f. Zalamería.

Zalamea || **~ de la Serena,** v. en el O. de España (Badajoz). Minas. Ruinas romanas y árabes. || **~ la Real,** v. en el SO. de España (Huelva). Minas.

Zalamea Borda (Eduardo), escritor colombiano, n. en 1907, autor del relato *Cuatro años a bordo de mí mismo.*

zalamele m. y **zalamería** f. Halago afectado y empalagoso, carantoña, arrumaco.

zalamero, ra adj. y s. Halagador, adulador, lisonjero.

Zalce (Alfredo), pintor y grabador mexicano, n. en 1908.

Zaldívar (Rafael), político salvadoreño (1834-1903), pres. provisional de la Rep. (1876 a 1880) y constitucional de 1880 a 1885, año en que fue derrocado por el general Francisco Menéndez.

Zaldumbide (Gonzalo), político, crítico y ensayista ecuatoriano (1885-1965). || **~** (JULIO), poeta y político ecuatoriano (1833-1887).

zalea f. Piel de oveja o de carnero curtida con su lana.

zalear v. t. Sacudir, zarandear.

zalema f. *Fam.* Reverencia hecha en señal de sumisión. | Zalamería.

zalmedina m. En el antiguo reino de Aragón, juez con jurisdicción civil y criminal.

Zama, localidad de África del Norte (Numidia). Escipión el Africano derrotó aquí a Aníbal (202 a. de J. C.).

Zamacois (Eduardo), escritor español, n. en Cuba (1876-1971), autor de novelas realistas y eróticas (*El seductor, Los muertos vivos, Memorias de una cortesana, Memorias de un vagón de ferrocarril,* etc.).

Zamacona (Manuel), político y orador mexicano (1826-1904).

zamacuco, ca m. y f. Persona cazurra. || — F. *Fam.* Borrachera.

zamacueca f. Baile popular de Chile, Perú y otros países sudamericanos. (Llámase generalmente *cueca.*) || Música y canto que acompañan a este baile.

zamarra f. Pelliza, prenda de abrigo en forma de chaquetón hecha con piel de carnero. || Zalea.

zamarrear v. t. Sacudir, zarandear a un lado y a otro. || *Fig.* y *fam.* Maltratar a uno con violencia. | Golpearle. | Mostrar alguien su superioridad, por medio de preguntas, en una discusión. || — V. pr. *Fam.* Hacer, realizar.

zamarreo y **zamarreón** m. Acción de zamarrear, sacudimiento. || *Fig.* y *fam.* Trato malo. | Paliza.

zamarrilla f. Planta labiada aromática y medicinal que crece en los lugares secos.

zamarro m. Zamarra. || Zalea. || *Fig.* y *fam.* Hombre astuto. || — Pl. *Amer.* Zahones para montar a caballo.

zamba f. *Arg.* Baile popular derivado de la zamacueca. || Samba.

zambaigo, ga adj. y s. *Méx.* Aplícase al mestizo de chino e india o de negro e india o viceversa.

Zambales, prov. de Filipinas, al O. de la isla de Luzón; cap. *Iba.*

zambardo m. *Arg.* Suerte, casualidad, chiripa, principalmente en el juego.

Zambeze, río de África del Sur, que des. en el canal de Mozambique; 2 660 km. En su curso se encuentra la catarata de Victoria.

Zambia, Estado de África austral, miembro del Commonwealth, antes protectorado británico de Rodesia del Norte; 746 253 km²; 4 208 000 h. Cap. *Lusaka,* 152 000 h. Creado en 1964. Cobre.

zambo, ba adj. y s. Dícese de la persona que tiene las piernas torcidas hacia fuera desde las rodillas. || *Amer.* Mestizo de negro e india, o al contrario. || — M. Mono cinocéfalo americano, muy feroz.

Zamboanga, c. y puerto de Filipinas, en el O. de la isla de Mindanao. Arzobispado. Comercio de caucho, madera y copra.

zambomba f. Instrumento músico rudimentario, utilizado principalmente en las fiestas de Navidad, formado por un cilindro hueco cerrado por un extremo con una piel tensa a cuyo centro se sujeta una caña, la cual, frotada con la mano humedecida, produce un sonido ronco y monótono. || *¡Zambomba!,* interj. fam. de sorpresa.

zambombazo m. *Fam.* Porrazo. | Explosión. | Cañonazo. | Gran ruido.

zambra f. Fiesta morisca con baile. || Fiesta con baile y cante flamencos de los gitanos. || *Fam.* Jaleo, alboroto.

Zambrana (Antonio), patriota y escritor cubano (1846-1922).

zambullida f. Acción de zambullirse. || Treta de esgrima. || *Darse una zambullida,* bañarse.

* **zambullir** v. t. Sumergir bruscamente en un líquido. || — V. pr. Meterse en el agua para bañarse: *zambullirse en la piscina.* | Tirarse al agua de cabeza. || *Fig.* Esconderse en alguna parte: *zambullirse en la sombra.* | Meterse de pronto en alguna actividad: *zambullirse en el trabajo.*

zambullo m. *Amer.* Gran cubo de basuras.

Zamenhof (Lejzer Ludwik), lingüista y médico polaco (1859-1917), inventor del esperanto, lengua internacional.

Zamora, río del Ecuador (Oriente) que forma el Santiago al unirse con el Paute. || — C. en el SE. del Ecuador, cap. de la prov. de Zamora-Chinchipe. Yacimientos de oro. — C. en el O. de España, a orillas del Duero, cap. de la prov. homónima. Obispado. Catedral (s. XII), iglesias románicas. — C. en el O. de México (Michoacán). Obispado. || **~ -Chinchipe,** prov. en el SE. del Ecuador; cap. *Zamora.*

Zamora (Antonio de), poeta español (¿1664?-1728), autor de dramas y comedias.

zamorano, na adj. y s. De Zamora.

zampa f. Estaca, pilote.

zampabollos com. inv. *Fam.* Zampatortas.

zampalimosnas com. inv. *Fam.* Mendigo que exhibe su pobreza.

zampar v. t. Meter o esconder rápidamente una cosa en otra de suerte que no se vea. || Comer de prisa, con avidez: *zamparon el almuerzo en un decir amén.* || Arrojar, tirar: *zampó el vino por el suelo.* || Dar, estampar: *le zampó un par de bofetadas.* || Poner: *le zampo un cero a quien no sepa la lección.* || — V. pr. Meterse bruscamente en alguna parte. || Engullir, tragar.

zampatortas com. inv. *Fam.* Persona glotona. || *Fig.* y *fam.* Persona de muy poca gracia, patosa.

zampeado m. Obra de mampostería o de hormigón armado asentada sobre pilotes que, en los terrenos húmedos o poco firmes, sirve de cimiento a una construcción.

zampear v. t. Afirmar un terreno con zampeados para construir en él.

Zampieri (Domenico). V. DOMINIQUINO.

zampoña f. Caramillo, instrumento rústico pastoril, compuesto de varias flautas unidas. || Flautilla de sonido agudo. || *Fig.* y *fam.* Tontería, necedad.

zanahoria f. Planta umbelífera de raíz roja y fusiforme, rica en azúcar y comestible. || Su raíz.

zanate m. *Amer. C. y Méx.* Pájaro dentirrostro de plumaje negro, parecido al tordo.

zanca f. Pata de las aves, considerada desde el tarso hasta la juntura del muslo. || *Fig.* y *fam.* Pierna del hombre o de cualquier animal cuando es muy larga y delgada. || *Arq.* Elemento resistente que sirve de apoyo a los escalones de una escalera. | Pieza de hormigón armado o metálica que, hincada en el suelo y sujeta con bridas y tirafondos a un poste, lo mantienen en su posición.

zancada f. Paso largo. || *Fig.* y *fam. En dos zancadas,* con gran rapidez.

zancadilla f. Acción de derribar a una persona enganchándola con el pie: *echar* (o *poner*) *la zancadilla a uno.* || *Fig.* y *fam.* Estratagema, manera hábil pero poco leal de suplantar a alguien: *zancadilla parlamentaria.*

zancadillear v. t. Echar la zancadilla a uno. || *Fig.* Armar una trampa para perjudicar a uno. || — V. pr. *Fig.* Perjudicarse, crearse obstáculos a uno mismo.

zancajear v. i. Ir de un lado a otro con prisa.

zancajo m. Hueso que forma el talón. || Parte del pie en la que está el talón.

zancajoso, sa adj. Dícese del que tiene los pies torcidos hacia fuera.

zancarrón m. *Fam.* Hueso grande y descarnado. | Hombre viejo, muy flaco y feo.

zanco m. Cada uno de los dos palos largos con soportes para los pies, que sirven para andar a cierta altura del suelo, generalmente por juego. || *Amer.* Comida espesa sin caldo ni salsa.

zancón, ona adj. *Fam. Amer.* Traje demasiado corto.

zancudo, da adj. De piernas largas. || Aplícase a las aves de tarsos muy largos, como la cigüeña y la grulla. || — F. pl. Orden de estas aves. || — M. *Amer.* Mosquito.

zanfonía f. Instrumento músico de cuerdas que se tocaba dando vueltas con un manubrio a un cilindro provisto de púas.

zanganada f. Majadería, tontería, idiotez.

zanganear v. i. *Fam.* Holgazanear.

zanganería f. Holgazanería, pereza.

zángano m. Macho de la abeja maestra, desprovisto de aguijón y que no labra miel.

zángano, na adj. y s. *Fam.* Perezoso, holgazán.

zangarriana f. Comalia, enfermedad que acomete al ganado lanar. ‖ *Fig.* y *fam.* Achaque pasajero y periódico. | Melancolía, murria, tristeza.

zangolotear v. t. *Fam.* Mover o sacudir continuamente una cosa. ‖ — V. i. *Fig.* y *fam.* Moverse uno sin ningún provecho. ‖ — V. pr. *Fam.* Moverse una cosa por estar floja o mal ajustada.

zangoloteo m. *Fam.* Agitación vana de una persona. | Acción de zangolotearse una cosa.

zangolotino, na adj. y s. *Fam.* Dícese de un muchacho grandullón que hace cosas propias de niño.

zanguanga f. *Fam.* Enfermedad simulada para no trabajar: *hacer la zanguanga.* | Zalamería, remilgo.

zanja f. Excavación larga y estrecha que se hace en la tierra para echar los cimientos de un edificio, tender una canalización, etc.: *zanja de desagüe.* ‖ *Amer.* Arroyada.

zanjadora f. Máquina utilizada para abrir zanjas.

zanjar v. t. Abrir zanjas en un sitio. ‖ *Fig.* Resolver: *zanjar una dificultad, un problema.* | Obviar un obstáculo. | Acabar: *zanjaron sus discordias.*

zanjear v. t. *Amer.* Zanjar.

zanjón m. Zanja grande.

Zanjón *(Pacto del)*, convenio entre España y Cuba (1878) que acabó con la guerra de los Diez Años, comenzada en 1868.

Zanni (Pedro Leandro), aviador argentino (1891-1942), uno de los pioneros de la navegación aérea.

zanquear v. i. Torcer las piernas al andar. ‖ Ir a grandes pasos o con prisa de una parte a otra.

zanquilargo, ga adj. y s. *Fam.* De piernas largas.

zanquituerto, ta adj. *Fam.* Zambo.

Zante, en griego *Zakynthos,* isla y nomo del O. de Grecia en el mar Jónico; cap. *Zante.*

Zanzíbar, isla del océano Índico, en la costa este de África; 1 658 km²; 170 500 h. Cap. *Zanzíbar,* 57 900 h. Ant. protectorado británico, desde 1963 fue, con la isla de Pemba, un Estado independiente y en 1964 formó, en unión de Tanganica, el Estado de Tanzania.

zapa f. Pala pequeña y cortante que usan los zapadores. ‖ Excavación de una galería. ‖ Piel del vientre de la lija u otro pez selacio. ‖ Piel labrada de modo que forme grano como la de la lija. ‖ *Fig. Labor* o *trabajo de zapa,* acción llevada a cabo ocultamente con determinado objeto.

zapador m. Soldado de un cuerpo destinado a las obras de excavación o de fortificación.

zapallo m. *Amer.* Calabacero, planta. | Calabaza.

zapapico m. Piocha, herramienta, semejante a un pico cuyas dos extremidades terminan una en punta y la otra en corte estrecho, que se emplea para excavar en la tierra dura, derribar, etc.

zapaplote m. *Méx.* Plátano de fruto largo. | Maguey de tequila.

zapar v. t. e i. Trabajar con la zapa: *zapar una posición enemiga.* ‖ *Fig.* Minar, hacer un trabajo de zapa: *zapar su reputación.*

zapata f. Zapatilla de grifos. ‖ Parte de un freno por la que éste entra en fricción con la superficie interna del tambor. ‖ Dispositivo de un vehículo eléctrico por el que éste recoge la corriente de un cable conductor. ‖ *Arq.* Pieza corta y resistente, que se coloca horizontalmente entre una viga y un soporte, utilizada para distribuir la carga sobre un área mayor. ‖ *Mar.* Falsa quilla de la misma longitud que ésta que se pone debajo para proteger las embarcaciones en las varadas y facilitar la operación de ponerlas a flote de nuevo. | Pedazo de madera que se pone en la uña del ancla para protegerla.

Zapata, penins. de Cuba en el N. de la prov. de Matanzas; 3 000 km². Ciénagas.

Zapata (Emiliano), político y revolucionario mexicano, n. cerca de Ayala (Morelos) [1883-1919], promotor de la reforma agraria. Proclamó el Plan de Ayala (1911). M. asesinado.

zapatazo m. Golpe dado con el zapato. ‖ *Fam.* Golpe recio que se da con cualquier cosa. ‖ *Mar.* Sacudida violenta de una vela. ‖ *Fam. Tratar a uno a zapatazos,* tratarle muy duramente.

zapateado m. Baile español con zapateo. ‖ Su música.

zapateador, ra adj. y s. Que zapatea.

zapatear v. t. Golpear el suelo con los zapatos o los pies calzados. ‖ *Fig.* Maltratar a uno, pisotearle. ‖ — V. i. Dar zapatazos las velas. ‖ En ciertos bailes, golpear el suelo con los zapatos al compás de la música y con ritmo muy vivo. ‖ En esgrima, tocar varias veces al adversario con el botón o zapatilla. ‖ Mover aceleradamente las patas un caballo, sin mudar de sitio. ‖ — V. pr. *Fam.* Quitarse de encima una cosa o a una persona. ‖ *Fam. Saber zapateárselas,* saber arreglárselas.

zapateo m. Acción de zapatear en el baile.

Zapatera, isla y volcán (740 m) en el O. de Nicaragua, en el lago de Nicaragua (Granada).

zapatería f. Taller donde se hacen o arreglan zapatos. ‖ Tienda donde se venden. ‖ Oficio de hacer zapatos. ‖ *Zapatería de viejo,* taller donde se remiendan zapatos.

zapatero, ra adj. Duro, correoso después de guisado: *bistec zapatero; patatas zapateras.* ‖ — Com. Persona que hace, repara o vende zapatos. ‖ — M. Pez acantopterigio que vive en los mares de la América tropical. ‖ *Fam.* El que se queda sin hacer baza en el juego. ‖ — *¡Zapatero a tus zapatos!,* cada uno ha de juzgar solamente de lo que entiende. ‖ *Zapatero de viejo* o *remendón,* el que se dedica a componer zapatos.

zapateta f. En ciertos bailes, palmada que se da en el zapato al saltar.

zapatiesta f. *Fam.* Trapatiesta, alboroto: *armar una zapatiesta.*

zapatilla f. Zapato ligero, de suela muy delgada: *zapatilla de baile, de torero.* ‖ Zapato sin cordones y ligero que se usa en casa. ‖ Suela, cuero que se pone en el extremo del taco de billar. ‖ Rodaja de cuero o plástico que se emplea para el cierre hermético de llaves de paso o grifos. ‖ Casco de los animales de pata hendida. ‖ Botón de cuero que se pone en la punta de los floretes y espadas.

zapato m. Calzado que no pasa del tobillo, generalmente de cuero, y con suela en la parte inferior. ‖ *Fig. Saber uno donde le aprieta el zapato,* saber lo que le conviene.

Zapatoca, mun. y c. de Colombia (Santander).

zapatón m. *Fam.* Zapato grande y tosco.

zape m. *Fam.* Afeminado.

¡zape! interj. *Fam.* Voz para ahuyentar a los gatos.

zapear v. t. Ahuyentar a un gato diciéndole ¡zape!

Zapiola (José), músico chileno (1802-1885), autor del himno patriótico *Canción de Yungay.*

zapirón m. Gato.

Zapla, pobl. del NE. de la Argentina (Jujuy). Hierro.

Zapopan, mun. y c. del O. de México (Jalisco). Peregrinación.

zaporogo adj. y s. Nombre de los cosacos de Ucrania que se sublebaron a las órdenes de Mazepa.

Zaporoshie, c. al O. de la U. R. S. S. (Ucrania). Metalurgia.

zapotal m. Terreno plantado de zapotes.

Zapotal, isla septentrional del Ecuador (Esmeraldas). — Río del Ecuador, afl. del Guayas.

zapote m. Árbol sapotáceo americano de fruto comestible muy dulce. (Llamado tb. *chico zapote.*) ‖ Su fruto.

Zapote, río de Costa Rica (Alajuela) y de Nicaragua (Chontales), que des. en el lago de Nicaragua.

zapoteca adj. y s. Indígena mexicano que, mucho antes de la llegada de los españoles, habitaba en la región montañosa comprendida entre Tehuantepec y Acapulco, y actualmente en el Estado de Oaxaca. (Sus dos grandes centros de cultura fueron Monte Albán y Mitla, donde dejaron muestras del estado avanzado de su arquitectura, urnas funerarias, cerámica y grandes monolitos.)

zapotero o **zapotillo** m. Zapote, árbol sapotáceo.

zapoyol m. *C. Rica.* Hueso del fruto del zapote.

zapoyolito m. *Amér. C.* Ave trepadora parecida al perico pequeño.

zapupe m. *Méx.* Nombre de varias plantas amarilidáceas textiles.

zapupo m. *Méx.* Fibra textil del zapupe.

zaque m. Odre pequeño. ‖ *Fig.* y *fam.* Borracho.

zaque m Cacique chibcha en Tunja (Colombia).

Zaqueo, jefe de los publicanos y recaudador de impuestos de Jericó que prometió a Jesús dar la mitad de sus bienes a los pobres.

zaquizamí m. Desván. ‖ Cuchitril, cuarto pequeño. ‖ Tugurio. (Pl. *zaquizamíes.*)

zar m. Título que tenían el emperador de Rusia o el rey de Bulgaria.

Zara. V. ZADAR.

zarabanda f. Danza picaresca de España en los s. XVI y XVII. ‖ Su música. ‖ *Fig.* Jaleo, alboroto, estrépito.

zarabandista adj. y s. Persona que baila la zarabanda. ‖ *Fig.* Persona muy alegre y animada.

zaragata f. *Fam.* Jaleo, tumulto.

zaragate m. *Amer.* Persona despreciable, bribón.

zaragatero, ra adj. y s. *Fam.* Peleón, pendenciero.

zaragatona f. Planta industrial de México.

zaragocí adj. Aplícase a una ciruela amarilla.

Zaragoza, c. de España al NE. de Madrid, cap. de la prov. homónima, en Aragón, a orillas del Ebro. Arzobispado. Universidad. Academia General Militar. Basílica de Nuestra Señora del Pilar, La Seo (catedral), la Lonja (s. XVI). Ciudad ibera *(Sálduba),* colonia romana *(Cesaraugusta),* fue conquistada por los árabes (714) y recuperada por Alfonso I el Batallador (1118). En 1808 y 1809 resistió heroicamente el sitio de las tropas napoleónicas.

Zaragoza (Ignacio), general y político mexicano (1829-1862), que derrotó a las tropas invasoras francesas en Puebla (5 de mayo de 1862). ‖ **~ Doménech** (AGUSTINA), heroína española (1790-1858), llamada *Agustina de Aragón,* que se distinguió en los dos sitios que sufrió Zaragoza en la guerra de la Independencia contra los franceses (1808-1809).

zaragozano, na adj. y s. De Zaragoza. ‖ — M. Almanaque en cuyas páginas se encontraban predicciones meteorológicas.

Zaragozano (Victoriano), astrónomo y médico español (1545-

1602), autor de unos almanaques que vaticinaban el tiempo.

zaragüelles m. pl. Pantalones de perneras anchas que forman pliegues y que usan aún los labradores en Valencia y Murcia. ‖ Calzoncillos blancos que asoman por debajo del calzón corto del traje aragonés. ‖ Planta de la familia de las gramíneas.

Zaragüeta (Juan), sacerdote y filósofo español (1883-1974).

zarambeque m. Danza y música de negros, alegre y bulliciosa.

zaranda f. Cedazo, utensilio para cribar. ‖ Colador de metal.

zarandajas f. pl. *Fam.* Insignificancias, futilidades cosas de importancia muy secundaria.

zarandear v. i. Cribar: *zarandear trigo.* ‖ *Fig.* y *fam.* Agitar, sacudir. | Empujar por todas partes: *zarandeado por la muchedumbre.* ‖ — V. pr. *Amer.* Contonearse.

zarandeo m. Cribado. ‖ Meneo, sacudida. ‖ *Amer.* Contoneo.

zarandillo m. Zaranda pequeña.

zarape m. Sarape, poncho. ‖ *Fig.* y *fam.* Hombre afeminado.

zarapito m. Ave zancuda de pico delgado y encorvado, que vive en las playas y sitios pantanosos.

Zárate, c. de la Argentina (Buenos Aires), a orillas del Paraná.

Zárate (Francisco López de). V. López de Zárate. ‖ ~ (Jesús), escritor colombiano (1915-1967). ‖ ~ (Juan Ortiz de). V. Ortiz de Zárate.

Zaratustra o **Zoroastro,** reformador de la religión persa (¿660-583? a. de J. C.).

Zaratustra *(Así hablaba)*, poema filosófico en prosa de Friedrich Nietzsche (1883-1885).

Zarauz, c. del N. de España, al O. de San Sebastián. Playas.

zarcear v. t. Limpiar con zarzas los conductos y las cañerías. ‖ — V. i. Entrar el perro en los zarzales para hacer salir la caza. ‖ *Fig.* Andar apresuradamente de una parte a otra, ajetrearse.

zarceño, ña adj. De las zarzas.

zarcero, ra adj. y s. Dícese del perro que se mete en las zarzas para cazar.

zarceta f. Cerceta, ave.

zarcillitos m. pl. *Bot.* Tembladera.

zarcillo m. Arete o pendiente en forma de aro. ‖ Órgano de ciertas plantas trepadoras que se arrolla en hélice alrededor de los soportes que encuentra. ‖ Escandillo.

zarco, ca adj. Azul claro: *ojos zarcos.* ‖ *Arg.* Dícese del animal que tiene ojos albinos.

Zarco (Francisco), político y escritor mexicano (1829-1869).

zarevich o **zarevitz** m. Heredero del zar de Rusia.

Zaria, c. en el N. del centro de Nigeria.

zariano, na adj. Del zar.

zarigüeya f. Mamífero marsupial americano, cuya hembra tiene una larga cola prensil a la cual se agarran las crías cuando van en el lomo de su madre.

zarina f. Esposa del zar. ‖ Emperatriz de Rusia.

zarismo m. Gobierno absoluto de los zares.

zarista adj. Del zarismo. ‖ — M. y f. Partidario de los zares.

Zarizin. V. Volgogrado.

zarpa f. Garra de ciertos animales como el tigre, el león, etc. ‖ *Mar.* Acción de zarpar el ancla. ‖ *Fig.* y *fam. Echar uno la zarpa a una cosa,* apoderarse de ella con violencia.

zarpada f. Zarpazo.

zarpanel adj. *Arq.* Dícese del arco que consta de varias porciones de círculo tangentes entre sí y trazadas desde distintos centros.

zarpar v. i. Levar el ancla un barco, hacerse a la mar: *Colón zarpó del puerto de Palos.*

zarpazo m. Golpe dado con la zarpa. ‖ *Fam.* Caída, costalada.

zarpear v. t. *Amér. C.* Salpicar de barro.

zarposo, sa adj. Lleno de barro, cazcarriento.

zarrapastra f. *Fam.* Cazcarria.

zarrapastrón, ona y **zarrapastroso, sa** adj. y s. *Fam.* Poco aseado, andrajoso, desastrado.

Zaruma, cantón y pobl. en el SO. del Ecuador (El Oro). Minas.

Zarumilla, río del Ecuador fronterizo con el Perú (El Oro), que des. en el Pacífico. — C. del NO. del Perú, cap. de la prov. homónima (Tumbes)

zarza f. Arbusto rosáceo muy espinoso cuyo fruto es la zarzamora. ‖ *Fam.* Zarzaparrilla.

Zarza (Vasco de la), escultor renacentista español de principios del s. XVI.

zarzagán m. Cierzo muy frío.

zarzal m. Terreno cubierto de zarzas. ‖ Matorral de zarzas.

Zarzal, mun. y pobl. del centro de Colombia (Valle del Cauca).

zarzamora f. Fruto comestible de la zarza, de color negro violáceo. ‖ Zarza.

zarzaparrilla f. Planta liliácea oriunda de México, cuya raíz, rica en saponina, se usa como depurativo. ‖ Bebida refrescante preparada con las hojas de esta planta.

zarzaperruna f. *Bot.* Escaramujo.

zarzarrosa f. Rosa silvestre o flor del escaramujo.

zarzo m. Tejido fabricado con varas, cañas o mimbres entrecruzados formando una superficie plana.

zarzuela f. Género musical, genuinamente español, en el que alternan la declamación y el canto. ‖ Su música. ‖ Plato de pescados aderezados con salsa picante.

— La primera *zarzuela*, creada por Calderón en el s. XVII para la Corte, se representó en el Real Sitio de la Zarzuela, de donde le viene el nombre. Después de siglo y medio de olvido volvió a hacer su aparición en los teatros y se distinguieron desde entonces dos clases de obras pertenecientes a la *zarzuela grande* o al *género chico*. Los mejores representantes fueron en aquel momento Barbieri, Chapí, Chueca, Arrieta, Bretón, Fernández Caballero y Vives. Tuvo un nuevo período de esplendor, tras unos años de decadencia, con la aportación de Pablo Luna, Jacinto Guerrero, Moreno Torroba y Sorozábal. Actualmente ha vuelto a decaer sensiblemente.

zarzuelero, ra adj. De la zarzuela: *música zarzuelera.* ‖ — M. Zarzuelista.

zarzuelista m. Autor de la letra o compositor de zarzuelas.

¡zas! m. Onomatopeya del ruido de un golpe o que indica la interrupción brusca de algo.

zascandil m. *Fam.* Tarambana, botarate, persona informal.

zascandilear v. i. *Fam.* Curiosear, procurar saber todo lo que ocurre: *andar zascandileando.* | Vagar, callejear. | Obrar con poca seriedad.

zascandileo m. *Fam.* Curioseo. | Falta de seriedad. | Callejeo.

Zavala (Bruno Mauricio de). V. Zabala. ‖ ~ (Jesús), poeta mexicano (1892-1956). ‖ ~ (Joaquín), militar nicaragüense, pres. de la Rep. de 1879 a 1883. Fomentó las obras públicas y la enseñanza. ‖ ~ (Silvio), historiador y diplomático mexicano, n. en 1907. ‖ ~ **Muniz** (Justino), escritor gauchesco uruguayo (1898-1968), autor de *Crónica de Muniz, Crónica de un crimen* y *Crónica de la Reja.* ‖ ~ **y Sáenz** (Lorenzo de), político y escritor mexicano (1788-1837).

Zawadrosky, isla volcánica del archip. de Sandwich del Sur (Argentina).

Zayas (Alfredo), político y orador cubano (1861-1934), pres. de la Rep. de 1921 a 1925. ‖ ~ **y Sotomayor** (María de), escritora española (1590-1661), autora de *Novelas amorosas y exemplares* y *Novelas y saraos,* serie de relatos cortos.

Zaza, río del centro de Cuba (Las Villas), que des. en el mar Caribe; 150 km.

Zea (Francisco), escritor, poeta y comediógrafo español (1825-1857). ‖ ~ (Francisco Antonio), político botánico y escritor colombiano, n. en Medellín (1766-1822), primer vicepresidente de Venezuela y de Gran Colombia. ‖ ~ (Leopoldo), filósofo existencialista mexicano, n. en 1912. ‖ ~ **Bermúdez.** V. Cea Bermúdez.

Zebedeo, padre de los apóstoles Santiago el Mayor y San Juan Evangelista.

zeda f. Zeta.

zedilla f. Cedilla.

Zeebrugge, c. de Bélgica (Flandes Occidental), puerto de Brujas.

zegrí adj. y s. Miembro de una familia mora del reino de Granada (s. XV), enemiga de los abencerrajes. (Pl. *zegríes* o *cegríes.*)

Zeist, c. de Holanda (Utrecht).

Zeitz, c. de Alemania Oriental (Sajonia). Metalurgia.

zéjel m. Composición poética popular de origen hispanoárabe, propia de la Edad Media: *los zéjeles del Cancionero de Aben Guzmán, de finales del s. XI.*

Zela (Francisco Antonio de), patriota peruano (1768-1819), que lanzó en Tacna el grito de Independencia (1811).

Zelanda o **Zelandia,** prov. meridional de Holanda, compuesta de islas, en la desembocadura del Escalda y el Mosa; cap. *Middelburgo.* ‖ ~ **(Nueva).** V. Nueva Zelanda.

zelandés, esa adj. De Zelanda o Zelandia (ú. t. c. s.). ‖ Relativo a esta provincia de Holanda.

Zelaya, dep. oriental de Nicaragua en el litoral del mar Caribe; cap. *Bluefields.* Bosques. Yacimientos de oro.

Zelaya (José Santos), general nicaragüense, n. en Managua (1853-1919), pres. de la Rep. de 1893 a 1909. Fue jefe liberal y partidario de la Unión de Centroamérica. Incorporó Mosquitia al país (1894).

zelayense adj. y s. De Zelaya.

Zeledón Brenes (José María), escritor costarricense (1877-1949), autor de la letra del himno nacional de su país.

zelota adj. y s. Dícese de los patriotas judíos exaltados que se sublevaron contra Roma en el año 70.

zempaxúchitl m. *Méx.* Cempasúchil.

Zempoala. V. Cempoala.

zemstvo m. En la Rusia antigua, asamblea provincial.

Zend Avesta. V. Avesta.

zendo, da adj. y s. m. Dícese de un idioma de la familia indoeuropea del norte de Persia y en el que está escrito el texto del *Avesta.*

Zenea (Juan Clemente), patriota y poeta cubano 1832-1871), autor de la elegía *Fidelia,* de *Cantos de la tarde* y del poema *En días de esclavitud.* M. fusilado.

Zenica, c. de Yugoslavia (Bosnia). Metalurgia.

zenit m. Cenit.

Zeno Gandía (Manuel), escritor puertorriqueño (1855-1930), autor de novelas (*La charca Garduña, Redentores,* etc.) y poesías.

Zenobia, reina de Palmira, vencida y hecha prisionera por el emperador romano de Oriente Aureliano en 272. M. en 274.

Zenón ‖ ~ **de Citio,** filósofo griego (¿335-264? a. de J. C.), fundador de la escuela estoica. ‖ ~ **de Elea,** filósofo griego, n. en Elea (¿490-430? a. de J. C.), autor de sofismas con los que negaba la existencia del movimiento. M. torturado. || **~ el Isáurico** (¿426?-491), emperador romano de Oriente desde 474.

Zenta, río de la Argentina (Salta), afl. del Bermejo. — Sierra del NO. de la Argentina (Salta). — C. del N. de Yugoslavia, a orillas del Tisza. Llamada tb. *Senda.*

zeolita f. Silicato natural que hay en algunas rocas volcánicas.

zepelín m. Globo dirigible rígido de estructura metálica inventado por el conde Ferdinand Zeppelin. (Pl. *zepelines.*)

Zeppelin (Ferdinand, *conde de*), militar e industrial alemán (1838-1917), constructor de un dirigible rígido que lleva su nombre.

Zequeira y Arango (Manuel de), escritor cubano (1760-1846), autor del poema épico *Batalla naval de Cortés en la Laguna de México* y de la oda *A la piña.*

Zermatt, c. del S. de Suiza (Valais). Estación de invierno.

Zeromski (Stefan), novelista y dramaturgo polaco (1864-1925).

zeta f. Nombre de la letra *z.* || Sexta letra del alfabeto griego.

zeugma y **zeuma** f. Construcción que consiste en unir gramaticalmente dos o varios sustantivos a un adjetivo o a un verbo que, propiamente, no se refiere más que a uno de los sustantivos o que está tomado con sentidos diferentes.

Zeus, dios supremo de los griegos, hijo de Cronos y de Rea. Es el *Júpiter* de los romanos.

Zeuxis, pintor griego (464-398 a. de J. C.).

Zgorzelec, c. del SO. de Polonia, en la Baja Silesia (Wroclaw).

Zhuravno. V. ZURAWNO.

Zielona Gora, en alem. *Grünberg,* c. del O. de Polonia en la Baja Silesia. Metalurgia. Textiles.

zigoma f. Hueso del pómulo.

zigomático, ca adj. *Anat.* Cigomático.

zigoto m. Cigoto.

Ziguinchor, c. y puerto en el SO. del Senegal, en el estuario del río Casamance. Obispado.

zigurat f. Torre escalonada de los templos caldeos o babilónicos.

zigzag m. Serie de líneas quebradas que forman alternativamente ángulos entrantes y salientes. (Pl. *zigzags* o *zigzagues.*)

zigzaguear v. i. || Serpentear, andar en zigzag. || Hacer zigzags.

zigzagueo m. Zigzag: *hacer zigzagueos.*

Zihuatanejo, pobl. y puerto de México (Guerrero). Turismo.

Zilahy (Lajos), escritor húngaro (1891-1974), autor de novelas (*El alma se apaga, El desertor, Algo flota sobre el agua,* etc.) y poesías.

zimasa f. Enzima de la levadura de cerveza que provoca la descomposición de la glucosa en alcohol y en gas carbónico en la fermentación alcohólica.

Zinapécuaro, mun. y c. de México (Michoacán), al O. de la cap. federal. Centro comercial.

zinc m. Cinc. (Pl. *zines.*)

zincuate m. Reptil ofidio de México.

Zinder, c. en el S. de Níger, fronteriza con Nigeria.

zíngaro, ra adj. y s. Gitano nómada húngaro.

zingiberáceas f. pl. Cingiberáceas (ú. t. c. adj.).

zinnia f. Planta compuesta originaria de México, cultivada por sus flores ornamentales.

zipa m. Cacique chibcha de Bogotá.

Zipaquirá, c. de Colombia (Cundinamarca). Obispado. Salinas. Minas. Fabrica de sosa. Agricultura.

zipizape m. *Fam.* Gresca, trifulca: *se armó un zipizape.*

zircón m. Circón.

zirconio m. Circonio.

zirian o **komi** adj. y s. Individuo de un pueblo finés de la U. R. S. S. (Los *zirianes* forman hoy una república autónoma al O. del Ural; cap. *Syktyvkar.*)

¡zis, zas! interj. *Fam.* Voces con que se expresa un ruido de golpes repetidos.

Zistersdorf, pobl. de Austria al NE. de Viena. Petróleo.

ziszás m. Zigzag.

Zita, última emperatriz de Austria y reina de Hungría de 1916 a 1918. N. en 1892.

Zitácuaro, mun. y pobl. de México (Michoacán), al O. de la cap. federal. En esta pobl. se constituyó, el 21 de agosto de 1811, la Junta encargada de organizar los ejércitos para liberar el país de la dominación española.

Zittau, c. en el S. de Alemania Oriental (Dresde). Industrias.

Zizka (Jan), patriota checo (¿1360?-1424), jefe militar de los husitas.

Zlatoust, c. de la U. R. S. S. (Rusia). Metalurgia.

Zlin. V. GOTTWALDOV.

zloty m. Unidad monetaria polaca, dividida en 100 groszy.

Zn, símbolo químico del *cinc.*

zoantropía f. Manía por la que el enfermo se cree convertido en animal.

zócalo m. Parte inferior de un edificio. || Parte ligeramente saliente en la base de una pared, que suele pintarse de un color diferente del resto. || Pedestal. || Base de un pedestal. || Nombre dado en México a la parte central de la plaza mayor de algunas poblaciones y, por extensión, a la plaza entera. || Conjunto de terrenos primitivos, muchas veces cristalinos, que forman como una plataforma extensa, cubierta en su mayor parte por terrenos sedimentarios más recientes. || *Zócalo continental,* plataforma continental.

zocato, ta adj. y s. Zurdo.

zoclo m. Zueco, chanclo.

zoco, co adj. y s. *Fam.* Zocato, zurdo: *mano zoca.* || — M. En Marruecos, mercado.

zodiacal adj. Del Zodiaco: *estrellas, constelaciones zodiacales.*

Zodiaco, n. de una zona de la esfera celeste que se extiende en 8,5° a ambas partes de la eclíptica y en la cual se mueven el Sol, en su movimiento aparente, la Luna y los planetas. Se llama *signo del Zodiaco* cada una de las 12 partes, de 30° de longitud, en que se divide el Zodiaco, y que tiene el nombre de las constelaciones que allí se encontraban hace 2 000 años (*Aries, Tauro, Géminis, Cáncer, Leo, Virgo, Libra, Escorpión, Sagitario, Capricornio, Acuario* y *Piscis*). [V. ilustr. pág. siguiente.]

Zogoibi (*el Infeliz*), nombre dado a Boabdil, último rey moro de Granada.

Zogú I (1895-1961), pres. de la Rep. (1925) y luego rey de Albania de 1928 a 1939. Destronado por los italianos.

zoilo m. *Fig.* Crítico presuntuoso y lleno de envidia.

Zoilo, sofista griego, crítico de Homero (s. IV a. de J. C.).

Zola (Emile), escritor naturalista francés, n. en París (1840-1902), que se distinguió por sus dotes de observación. Autor de la serie de *Los Rougon-Macquart* (*La taberna, Nana, Germinal, El vientre de París, La carnaza, Teresa Raquin, El Sueño, La bestia humana,* etc.) y artículos periodísticos, entre los cuales sobresale el titulado *Yo acuso,* en defensa del capitán Dreyfus.

zoltaní m. Soltaní.

zollipar v. i. *Fam.* Sollozar.

zollipo m. *Fam.* Sollozo.

Zollverein, unión aduanera de los Estados germánicos (1834) que favoreció la formación de la unidad alemana.

Zomba, cap. de Malawi, en el S. del país; 20 000 h. Obispado.

zompopo m. *Amér. C.* Hormiga de cabeza grande

zona f. Extensión de territorio cuyos límites están determinados por razones administrativas, económicas, políticas, etc.: *zona fiscal, militar, vinícola.* || *Fig.* Todo lo que es comparable a un espacio cualquiera: *zona de influencia.* || *Geogr.* Cada una de las grandes divisiones de la superficie de la Tierra determinadas por los círculos polares y los trópicos (la *zona tórrida* o *tropical* entre los dos *trópicos,* dos *zonas templadas* entre los trópicos y los círculos polares, y dos *zonas glaciales,* más allá de los círculos polares). || Cualquier parte determinada de la superficie terrestre o de otra cosa. || *Geom.* Parte de una superficie de la esfera comprendida entre dos planos paralelos. (La superficie de una *zona* es igual al producto de la circunferencia de un círculo que tiene el mismo radio que la esfera, por la altura de esta misma zona o distancia que separa los dos planos paralelos.) || *Med.* Enfermedad debida a un virus, que se caracteriza por una erupción de vesículas en la piel, sobre el trayecto de ciertos nervios sensitivos. || — *Zona azul,* nombre dado a un sector de una ciudad en el que el estacionamiento de vehículos sólo está permitido un determinado espacio de tiempo. || *Zona de ensanche,* la destinada en las cercanías de las poblaciones a una futura extensión de éstas. || *Zona de libre cambio* o *de libre comercio,* conjunto de dos o más territorios o países entre los que han sido suprimidos los derechos arancelarios. || *Zona franca,* parte de un país que, a pesar de estar situada dentro de las fronteras de éste, no está sometida a las disposiciones arancelarias vigentes para la totalidad del territorio y tiene un régimen administrativo especial. || *Zona monetaria,* conjunto de países entre los cuales las monedas pueden transferirse libremente: *zona del dólar, de la libra, del franco, del rublo.* || *Zonas verdes,* superficies reservadas a los parques y jardines en una aglomeración urbana.

zonal adj. Que presenta zonas o fajas transversales coloreadas.

zoncear v. i. *Amer.* Tontear.

zoncera o **zoncería** f. *Amer.* Sosería, tontería. | Insignificancia, pequeñez.

zonchiche m. *Amér. C.* Zopilote, especie de buitre.

zonda f. *Arg.* y *Bol.* Viento cálido de los Andes.

zongolica f. Anacardiácea ornamental de México.

Zongolica, c. y mun. de México (Veracruz).

Zonguldak, c. y puerto del N. de Turquía, a orillas del mar Negro. Centro hullero.

zonistac m. *Méx.* Carnívoro parecido a la comadreja.

zonte m. Medida azteca que se utiliza en México para contar el maíz, frutos, leña, etc., equivalente a cuatrocientas unidades.

Zontehuitz, volcán del SE. de México (Chiapas); 2 703 m.

zonúrido m. Reptil saurio de África del Sur.

zonzapote m. *Méx.* Zapote.

zonzo, za adj. y s. *Fam.* Soso, insulso. | Tonto, necio.

zoo m. Abreviatura de *parque zoológico: el zoo de París.* (Pl. *zoos.*).

zoófito adj. y s. Aplícase a algunos animales en los que se creía reconocer caracteres propios de los seres vegetales. || — M. pl. Grupo de la antigua clasificación zoológica, que comprendía los animales con aspecto de plantas, como medusas, pólipos, etc.

zoofobia f. Temor mórbido que tienen algunos delante de ciertos animales.

zoogenia y **zoogonía** f. Parte de la zoología que estudia el desarrollo de los animales y de sus órganos.

zoogeografía f. Estudio de la repartición geográfica de los animales en la Tierra.

zoográfico, ca adj. De la zoografía: *descripción zoográfica.*

zoólatra adj. Dícese del que rinde adoración religiosa a los animales (ú. t. c. s.).

zoolatría f. Culto religioso de los animales: *Egipto practicaba la zoolatría.*

zoolito m. Parte fósil o petrificada de un animal.

zoología f. Parte de las ciencias naturales que estudia los animales.

zoológico, ca adj. De la zoología. || *Parque zoológico,* parque donde se encuentran fieras y otros animales.

zoólogo, ga m. y f. Persona que se dedica a la zoología.

zoom m. Objetivo de distancia focal variable en una cámara cinematográfica. || Efecto de travelling obtenido con este objetivo.

zoonosis f. Enfermedad propia de animales susceptible de comunicarse a las personas.

zoopsia f. Visión alucinante de animales característica en ciertas intoxicaciones (alcoholismo, cocainismo, etc.).

zoospora m. Célula reproductora, provista de cilios vibrátiles que le permiten moverse, que tienen las algas y los hongos acuáticos.

zoosporangio m. *Bot.* Esporangio que produce zoosporas.

zootecnia f. Ciencia de la producción y explotación de los animales domésticos.

zootécnico, ca adj. De la zootecnia o de su objeto: *estudio zootécnico.* || — M. y f. Persona que se dedica a la zootecnia.

zooterapéutico, ca adj. Relativo a la zooterapia. || — F. Zooterapia.

zooterapia f. Terapéutica aplicada al tratamiento de los animales.

zootomía f. Anatomía de los animales.

zoótropo m. Aparato que al girar muestra las diferentes fases del movimiento que realizan los dibujos animados.

zopas com. Persona que cecea.

zope m. Zopilote, ave.

zopenco, ca adj. y s. *Fam.* Tonto, bruto, cernícalo.

zopilote m. *Amer.* Ave de rapiña negra, de gran tamaño, cabeza pelada y pico corvo.

zopo, pa adj. Dícese del pie o mano torcidos o de la persona que los tiene así. || Torpe.

zoquete m. Tarugo, pedazo de madera pequeño sin labrar. || *Fig.* Mendrugo, pedazo de pan duro. || *Fam.* Persona muy torpe y estúpida, cernícalo (ú. t. c. adj.).

zoquiqui m. *Méx.* Lodo, fango, barrizal.

zorcico m. Composición musical vasca, en compás de cinco por ocho. || Su letra. ||Baile ejecutado acompañado de esta música.

Zorita. V. ALMONACID.

zorito, ta adj. Zurito.

Zorn (Anders), pintor y grabador sueco (1860-1920).

Zoroastro. V. ZARATUSTRA.

zoroástrico, ca adj. y s. Del zoroastrismo.

zoroastrismo m. Mazdeísmo, religión de los antiguos persas.

Zorobabel, príncipe de Judá, jefe de la primera expedición de los judíos repatriados después del edicto de Ciro y la cautividad de Babilonia (537 a. de J. C.).

zorollo adj. Blanducho, sin haber llegado a madurar: *trigo zorollo.*

zorongo m. Pañuelo que llevan arrollado en la cabeza los labradores aragoneses y navarros. || Moño aplastado y ancho. || Baile popular andaluz. || Su música y canto.

zorra f. Mamífero carnicero de la familia de los cánidos, de cola peluda y hocico puntiagudo, que ataca a las aves y otros animales pequeños. (Su piel es muy estimada en peletería.) || Hembra de esta especie. || Carro bajo para transportar cosas pesadas. || *Fig.* y *fam.* Borrachera: *coger una zorra; dormir la zorra.* | Prostituta. | Hombre astuto y taimado.

zorrastrón, ona adj. y s. Dícese de una persona astuta y taimada.

zorrear v. i. *Fam.* Conducirse astutamente. | Llevar una vida disoluta, licenciosa.

zorrera f. Guarida de zorros. || *Fig.* Habitación con la atmósfera cargada de humo.

zorrería f. *Fam.* Astucia, marrullería.

zorrero, ra adj. Aplícase a la embarcación que navega pesadamente. || *Fig.* Astuto, hipócrita. | Lento, remolón. || *Perro zorrero,* el que sirve para cazar zorras.

zorrilla f. Vehículo que rueda sobre rieles y que se usa para la inspección de las vías ferreas y para algunas obras.

Zorrilla (José), poeta romántico español, n. en Valladolid (1817-1893), autor de memorias (*Recuerdos del tiempo viejo*), dramas en verso (*El puñal del godo, El zapatero y el rey, Traidor, inconfeso y mártir, Don Juan Tenorio,* su obra más célebre), leyendas (*El capitán Montoya, Margarita la Tornera, A buen juez, mejor testigo,* etc.). || **~ de San Martín** (JUAN), poeta romántico uruguayo, n. en Montevideo, (1855-1931), autor del poema nacional *Tabaré,* en seis cantos, y de obras en prosa. || **~** (MANUEL RUIZ). V. RUIZ ZORRILLA.

zorrillo y **zorrino** m. *Amer.* Mofeta, mamífero carnicero.

Zorritos, c. del NO. del Perú, cap. de la prov. de Contralmirante Villar (Tumbes).

zorro m. Macho de la zorra. || Piel de la zorra empleada en peletería. || *Fig.* y *fam.* Hombre astuto y taimado. | Perezoso, remolón que se hace el tonto para no trabajar. || *Amer.* Mofeta. || — Pl. Utensilio para sacudir el polvo hecho con tiras de piel, paño, etc., sujetas a un mango. || — *Fig.* y *fam. Hacerse el zorro,* aparentar ignorancia o distracción, hacerse el tonto. | *Hecho unos zorros,* molido, reventado, muy cansado. || *Zorro azul,* zorro que vive en regiones polares y tiene una piel muy estimada.

zorrón m. *Fam.* Borrachera. | Hombre astuto. | Prostituta.

zorrona f. *Fam.* Prostituta.

zorronglón, ona adj. y s. *Fam.* Aplícase a la persona reacia cuando se le manda algo, protestón.

zorruno, na adj. Relativo a la zorra. || Dícese de lo que huele a humanidad.

zorullo m. Zurullo.

zorzal m. Pájaro dentirrostro, semejante al tordo, que tiene el plumaje pardo en la parte superior, rojizo en la inferior y blanco en el vientre. || *Fig.* Zorro, hombre astuto. || *Bol.* y *Chil.* Inocentón, primo. || *Zorzal marino,* pez acantopterigio, de cabeza grande, común en los mares de España.

zoster f. Zona en la piel.

zostera f. Planta marina monocotiledónea que crece en la arena, formando auténticas praderas submarinas.

zote adj. y s. Tonto, zopenco.

zoyatanate m. *Méx.* Cesta o bolsa hecha de zoyate.

zoyate m. *Méx.* Nombre de algunas plantas textiles de México.

zozobra f. Naufragio de un barco. || Vuelco. || *Fig.* Intranquilidad, desasosiego, inquietud, ansiedad: *vivir en una perpetua zozobra.*

zozobrar v. i. *Mar.* Naufragar, irse a pique un barco. || Volcarse. || *Fig.* Fracasar, frustrarse una empresa, unos proyectos, etc. || — V. pr. Acongojarse, estar desasosegado, afligirse.

Zr, símbolo químico del *circonio.*

Zrenjanin, c. de Yugoslavia (Voivodina), al NE. de Belgrado.

zuaca f. *Méx.* Azotaina.

zuavo m. Soldado de infantería francés perteneciente a un cuerpo creado en Argelia en 1831.

Zubiaurre (Valentín) [1884-1963] y su hermano RAMÓN (1887-1969), pintores españoles autores de cuadros de temas vascos.

Zubiri (Xavier), filósofo y ensayista español, n. en San Sebastián en 1898, autor de *Naturaleza, Historia, Dios* y *Sobre la esencia.*

Zuckermann (Conrado), médico y escritor mexicano, n. en 1900.

Zucuraue, sacerdotisa tarasca.

Zudáñez, c. de Bolivia, cap. de la prov. homónima (Chuquisaca).

zueco m. Zapato de madera de una sola pieza. || Zapato de cuero que tiene la suela de madera o corcho.

Zug, c. en el E. del centro de Suiza, al pie de los Alpes y a orillas del lago homónimo. Es cap. del cantón del mismo nombre.

Zuiderzee o **Zuyderzee,** ant. golfo de Holanda cuya comunicación con el mar del Norte fue cerrada por un dique y constituye actualmente un lago interior (*Ysselmeer*) que, desecado en parte, ha servido a la construcción de cinco pólders.

zuindá m. *Arg.* Ave parecida a la lechuza.

zuinglianismo m. Doctrina de Zuinglio.

zuingliano, na adj. De Zuinglio. || Dícese del adepto de la doctrina de Zuinglio (ú. t. c. s.).

Zuinglio o **Zwingli** (Ulrich o Huldrych), humanista y reformador suizo (1484-1531). Su doctrina protestante exigía el recurso exclusivo a la Biblia, la repulsión del magisterio de Roma, abolía el celibato eclesiástico y otros puntos dogmáticos. M. en la batalla de Kappel en combate contra los católicos.

zulacar v. t. Tapar con zulaque.

zulaque m. Pasta hecha con estopa, cal, aceite y escorias que se emplea para tapar juntas de cañerías.

Zulia, río de Colombia y Venezuela, afl. del Catatumbo. — Estado occidental de Venezuela, fronterizo con Colombia; cap. *Maracaibo.* Petróleo. Ganadería.

zuliano, na adj. y s. De Zulia.

Zuloaga (Ignacio), pintor realista español (1870-1945), de estilo sobrio, autor de tipos españoles, retratos y paisajes.

zulú adj. y s. Dícese del individuo perteneciente a un pueblo negro de África austral (Natal), de lengua bantú.

Zulueta, térm. mun. de Cuba (Las Villas).

Zululandia, región del NO. de la prov. de Natal (República de África del Sur). Constituye hoy una reserva para los indígenas africanos; 400 000 h.; cap. *Eshowe.*

Zum Felde (Alberto), crítico y ensayista uruguayo, n. en 1890, autor de *Literatura del Uruguay.*

zumacal y **zumacar** m. Tierra plantada de zumaque.

Zumalacárregui (Tomás de), general carlista español (1788-1835). M. en el sitio de Bilbao.

zumaque m. Arbusto anacardiáceo que contiene mucho tanino y se emplea como curtiente.

Zumárraga (Juan de), franciscano español (¿1468?-1548), primer prelado de México (1527) y más tarde arzobispo (1546). Hizo construir la catedral de la ciudad de México, introdujo la imprenta y fundó el Colegio indígena de Santa Cruz de Tlaltelolco.

zumaya f. Autillo, ave. || Chotacabras. || Ave zancuda de paso de pico negro y patas amarillentas.

Zumaya, pobl. del N. de España (Guipúzcoa). Playas.

zumba f. Cencerro que lleva la caballería delantera de una recua. || *Fig.* Chanza, burla, broma, guasa. || *Amer.* Paliza. || *Hacer zumba a uno,* burlarse de él.

Zumba, pobl. del S. del Ecuador, cab. del cantón de Chinchipe (Zamora-Chinchipe).

zumbador, ra adj. Que zumba. || — M. Lengüeta oscilante que, al entrar en vibración, produce el sonido en un timbre. || *Méx.* Colibrí.

zumbar v. i. Producir un sonido sordo y continuado ciertos insectos al volar, algunos objetos dotados de un movimiento giratorio muy rápido, etc.: *un abejorro, un motor, una peonza que zumba.* || *Amer.* Lanzar, arrojar. || — *Fam. Ir zumbando,* ir con mucha rapidez. || *Zumbarle a uno los oídos,* tener la sensación de oir un zumbido. || — V. t. Asestar, dar, propinar: *zumbarle una bofetada.* | Pegar a uno. | Burlarse de uno. || — V. pr. Pegarse mutuamente varias personas.

zumbel m. Cuerda para hacer bailar el trompo.

zumbido m. Sonido producido por lo que zumba: *el zumbido de un motor.* || Ruido sordo y continuo: *zumbido de oídos.*

zumbón, ona adj. *Fam.* Burlón, guasón. | Divertido, jocoso.

zumeles m. pl. *Chil.* Botas de potro de los indios araucanos.

Zumeta (César), ensayista venezolano (1864-1955), de carácter pesimista. Autor de *Escrituras y lecturas, La ley del cabestro,* etc.

zumo m. Jugo, líquido que se saca de las hierbas, flores o frutas exprimiéndolas: *zumo de naranja.* || *Fig.* Jugo, utilidad, provecho: *sacar zumo a un capital.* || — *Fam. Sacarle el zumo a uno,* sacar de él todo el provecho posible. | *Zumo de cepas* o *de parras,* vino.

Zumpango de Ocampo, c. de México en el Estado de este n., cab. del mun. de Zumpango. Existía antes de la Conquista.

zuna f. Doctrina religiosa de los mahometanos.

zunchado m. Operación consistente en unir o reforzar con zunchos.

zunchar v. t. Mantener con un zuncho.

zuncho m. Abrazadera, anillo de metal que sirve para mantener unidas dos piezas yuxtapuestas o para reforzar ciertas cosas, como tuberías, pilotes, etc.

Zungaria, región de la China occidental (Sinkiang), entre el Altai mongol y Tianchan.

Zunil, cima volcánica de Guatemala, entre los dep. de Retalhuleu, Quezaltenango y Suchitepeque; 3 533 m.

zunzún m. Sunsún.

zunzuncillo m. *Cub.* Pájaro mosca, una de las aves más pequeñas que se conocen.

Zunzunegui (Juan Antonio de), escritor español, n. en 1901, autor de novelas (*¡Ay... estos hijos!, El barco de la muerte, La quiebra, La úlcera,* etc.).

Zúñiga (Baltasar de), virrey de Nueva España de 1716 a 1722. || ~ (FRANCESILLO DE), bufón de Carlos I de España, autor de una *Crónica* de la vida de este monarca de 1516 a 1528. M. en 1528. || ~ (GASPAR DE), gobernante español (¿1550?-1606), virrey de Nueva España (1595-1603) y del Perú (1604-1606). || ~ **y Ávila** (LUIS DE). V. ÁVILA Y ZÚÑIGA. || ~ **y Requeséns.** V. REQUESÉNS.

zupia f. Poso del vino. || Vino turbio.

Zurawno o **Zhuravno,** c. en el SO. de la U. R. S. S. (Ucrania), a orillas del Dniéster. Anteriormente perteneció a Polonia.

Zurbano (Martín), militar español (1788-1844), guerrillero contra la ocupación francesa de su país (1809-1814), luchó después a favor de los liberales en la guerra contra los carlistas. Sublevado en 1844 contra Narváez, fue hecho prisionero y fusilado.

Zurbarán (Francisco de), pintor español, n. en Fuente de Cantos (Badajoz) [1598-1664]. Sus cuadros sobresalen por su realismo, la intensidad del color y la fiel transposición de temas religiosos (*La Anunciación, La adoración de los pastores, La Circuncisión, Vida de San Buenaventura,* etc.).

zurcido m. Acción de zurcir. || Remiendo hecho a un tejido roto: *hacer un zurcido a un calcetín.* || *Fig. Un zurcido de mentiras,* hábil combinación de mentiras que dan apariencia de verdad.

zurcidor, ra adj. y s. Que zurce. || *Fig. Zurcidor, zurcidora de voluntades,* alcahuete, alcahueta.

zurcir v. t. Coser el roto de una tela. || Suplir con puntadas muy juntas y entrecruzadas el agujero de un tejido: *zurcir unos calcetines.* || *Fig.* Combinar hábilmente mentiras para dar apariencia de verdad. | Unir, enlazar gentilmente una cosa con otra. || — *Fig.* y *fam. ¡Anda y que te zurzan!,* expr. de enfado para desentenderse de uno. || *Zurcir voluntades,* alcahuetear.

zurdera o **zurdería** f. Calidad de zurdo.

zurdo, da adj. Izquierdo: *mano zurda.* || — Adj. y s. Que usa de la mano izquierda mejor que de la derecha. || — F. Mano izquierda. || — *A zurdas,* con la mano izquierda; (fig.) al contrario de como debía hacerse. || *Fig.* y *fam. No ser zurdo,* ser hábil o listo.

zurear v. i. Arrullar la paloma.

zureo m. Arrullo de la paloma.

Zurich, c. del N. de Suiza, cap. del cantón homónimo, a orillas del río Limmat y del *lago de Zurich* (88,5 km²). Universidad. Importante museo. Centro financiero e industrial.

Zurita (Jerónimo de), historiador español, n. en Zaragoza (1512-1580), autor de *Anales de la Corona de Aragón.*

zurito, ta adj. Aplícase a las palomas y palomos silvestres.

zuro, ra adj. Zurito. || — M. Raspa de la mazorca del maíz.

zurra f. Curtido de las pieles. || *Fig.* y *fam.* Tunda, paliza.

zurrador, ra adj. y s. Curtidor.

zurrapa f. Poso, sedimento que depositan los líquidos: *la zurrapa del café.* || *Fig.* y *fam.* Desecho, cosa despreciable.

zurrapelo m. *Fam.* Rapapolvo: *dar un zurrapelo a uno.*

zurrapiento, ta y **zurraposo, sa** adj. Que tiene zurrapas, turbio, aplicado a un líquido.

zurrar v. t. Ablandar y suavizar mecánicamente las pieles ya curtidas. || *Fig.* y *fam.* Dar una paliza, pegar. | Azotar. | Reprender a uno con dureza, especialmente en público. || *Fig.* y *fam. Zurrar la badana a uno,* golpearle o maltratarlo de palabra. || — V. pr. *Fig.* y *fam.* Hacer de vientre. | Tener mucho miedo.

zurriaga f. Zurriago, látigo. || Alondra, ave.

zurriagar v. t. Pegar con el zurriago.

zurriagazo m. Golpe dado con el zurriago. || *Fig.* Desgracia, acontecimiento desgraciado imprevisto. | Caída, costalazo.

zurriago m. Látigo, azote. || Cuerda o correa con la que se lanza el trompo. || *Zurriago oculto* o *escondido,* juego que consiste en esconder un pañuelo uno de los jugadores, ganando el que lo encuentra.

zurribanda f. *Fam.* Zurra.

zurriburri m. *Fam.* Mezcolanza de personas, populacho. | Jaleo, barullo.

zurrido m. Sonido desagradable y confuso. || *Fam.* Golpe, porrazo.

zurrir v. i. Sonar desagradablemente.

zurrón m. Bolsa grande de pellejo que usan los pastores. || Cualquier bolsa de cuero, morral. || Cáscara exterior que envuelve algunos frutos.

zurubí m. *Arg.* Pez de agua dulce, semejante al bagre, de carne muy sabrosa.

zurullo m. *Pop.* Mojón.

zurumbela f. *Amer.* Ave de canto armonioso.

zurupeto m. *Fam.* Corredor de bolsa no matriculado. || Intruso en la profesión notarial.

zutano, na m. y f. Nombre usado, como Fulano y Mengano, al hacer referencia a una tercera persona indeterminada.

Zuyderzee. V. ZUIDERZEE.

¡zuzo! interj. ¡Chucho!

Zweibrücken. V. DOS PUENTES.

Zweig (Arnold), novelista alemán (1887-1968), autor de *El Sargento Grischa.* || ~ (STEFAN), escritor austriaco (1881-1942), autor de biografías, ensayos históricos o literarios, novelas (*Momentos estelares de la humanidad, Amok, Los ojos del hermano eterno, Veinticuatro horas en la vida de una mujer*) y dramas. Se suicidó en el Brasil.

Zwickau, c. en el S. de Alemania Oriental (Karl-Marx-Stadt), a orillas del Mulde. Industrias (metalurgia, químicas, textiles).

Zwingli (Ulrich). V. ZUINGLIO.

Zwolle, c. de Holanda, cap. de la prov. de Overyssel, en la orilla derecha del río Yssel. Industrias.

COMPENDIO DE GRAMÁTICA ESPAÑOLA

EL ALFABETO CASTELLANO

Consta de 28 letras que son : a, b, c, ch, d, e, f, g, h, i, j, k, l, ll, m, n, ñ, o, p, q, r, s, t, u, v, x, y, z. A éstas hay que añadir la w, que no es propiamente castellana, pero que sirve para transcribir palabras o nombres propios extranjeros, como *whisky, Washington,* etc.
Las letras se dividen en dos grupos: las vocales (a, e, i, o, u) y las consonantes (todas las demás).
Se pronuncian todas, excepto la *u* cuando sigue a una *g* o una *q* y no lleva diéresis (no se pronuncia en *guerra* pero sí en *cigüeña*).
Pueden ser minúsculas o mayúsculas.

USO DE LAS LETRAS MAYÚSCULAS

Reglas generales

Cualquier palabra debe escribirse con letra inicial mayúscula en los siguientes casos:
Al comienzo de un escrito o después de punto, de signo de interrogación (salvo en caso de que la interrogación complete la frase: *Yo voy al teatro, ¿y tú?*) o admiración: *En un lugar de la Mancha...; ¿Cuándo vienes?; ¡Viva México!*
Los nombres propios: *Miguel de Cervantes; Colombia; La Habana; El Cairo.*
Los nombres que expresan atributos, títulos, dignidades y apodos: *el Redentor; Marqués de Cañete; Su Majestad; Alfonso el Sabio.*
Los tratamientos y sus abreviaturas: *Sr. D.* (*Señor Don*).
Los nombres de instituciones y corporaciones: *Casa de Contratación; Archivo de Indias; Museo del Prado.*
Ciertos nombres colectivos: *la Iglesia y el Estado.*
Los sustantivos y adjetivos que forman parte del título de una obra artística, publicación, establecimiento comercial, nombre de sociedades, etc.: *Las Hilanderas; Diario de Noticias; Posada de la Sangre; Organización de las Naciones Unidas,* etc.
La primera palabra del título de un libro, obra teatral o cinematográfica, artículo, etc.: *A secreto agravio, secreta venganza.* Sin embargo, se pondrá también mayúscula en las demás palabras, cuando el título del libro exprese la materia de que se trata: *Enciclopedia Metódica.*
Después de los dos puntos del encabezamiento de una carta o de una cita: *Querido amigo: Recibí tu carta; César exclamó: Llegué, vi, vencí.*

OBSERVACIONES

Las vocales mayúsculas, cuando les corresponda, deben llevar el acento gráfico: *Érase una vez... Églogas.*
En las letras dobles *ch* y *ll,* solamente irá en mayúsculas el primer elemento de las mismas: *Chile; Chocano; Llullaillaco; Llobregat.*

ORTOGRAFÍA

La ortografía es la parte de la gramática que enseña a escribir correctamente las palabras y a emplear con acierto los signos auxiliares de la escritura. La ortografía castellana se funda en la pronunciación, la etimología y el uso de los que mejor han escrito. Los gramáticos han intentado siempre que la lengua escrita coincida con la hablada para evitar así las complicaciones ortográficas. Sin embargo, no siempre es posible conservar la armonía entre la fonética y la escritura, y a veces la grafía que corresponde a la pronunciación en una época determinada dejará de corresponder a ella en otra posterior. A continuación damos algunas reglas ortográficas:

Se escriben con B

Todos los tiempos de los verbos cuyo infinitivo acaba por el sonido -BER (*beber*), -BIR (*recibir*) y -BUIR (*imbuir*), menos *precaver, ver, volver, hervir, servir, vivir* y sus compuestos.
Las terminaciones del pretérito imperfecto de indicativo de la 1.ª conjugación (*amaba, jugabas, cantabais*) y del verbo *ir* (*iba, ibas,* etc.).
Las palabras que comienzan por los sonidos BAN- (*bandera*), BAR- (*barco*), BAS- (*bastante*), BAT- (*batalla*), BOR- (*borde*) y BOT- (*botella*). Se exceptúan: *vándalo, vanguardia* y *vanidad; vara, varear, variar, varilla* y *varón; vasallo, vasco, vaselina, vasija, vaso, vástago* y *vasto* (muy grande); *vate, Vaticano* y *vaticinar; voracidad* y *vorágine,* y *votar.*
Las voces que empiezan con el sonido BIBL- (*biblioteca*), BU- (*bula*), BUR- (*burguesía*) y BUS- (*busca*). Se exceptúa *vuestro.*
Las voces acabadas por el sonido -BILIDAD (*amabilidad*), -BUNDO (*meditabundo*), -BUNDA (*moribunda*), -ÍLABO (*monosílabo*) e -ÍLABA (*polisílaba*). Se exceptuan *civilidad* y *movilidad.*
Las sílabas que llevan el sonido *b* seguido de consonante: *amable, brusco.*
Los finales de dicción: *Jacob.*
Después de *m* se escribirá siempre *b: bomba, ambiente.*

Se escriben con V

Cuando existe este sonido después de las sílabas AD- (*adversario*), CLA- (*clave*), CON- (*convencer*), DI- (*diván*), IN- (*invierno*), JO- (*joven*), PRI- (*privilegio*). Se exceptúa *dibujo.*
Los adjetivos acabados por los sonidos -AVA (*octava*), -AVE (*suave*), -AVO (*esclavo*), -EVA (*nueva*), -EVE (*leve*), -EVO (*longevo*), -IVA (*cautiva*) e -IVO (*activo*). Excepciones: *árabe* y sus compuestos, y los adjetivos formados con el sustantivo *sílaba* (*bisílabo, bisílaba; trisílabo, trisílaba*).
Todos los presentes del verbo *ir* (*voy, ve, vaya, ve*).
Las personas de los verbos cuyo infinitivo no tienen *b* ni *v* (*anduve, estuviera*), menos las terminaciones del pretérito imperfecto de indicativo.
Los verbos terminados por el sonido -SERVAR (*conservar, reservar*), menos *desherbar.*
Los compuestos que empiezan por VICE- (*vicecónsul*), VILLA- (*Villanueva*) y VILLAR- (*Villarejo*).
Las voces terminadas por los sonidos -ÍVORO (*carnívoro*), -ÍVORA (*herbívora*), -VIRO (*triunviro*) y -VIRA (*Elvira*). Excepción: *víbora.*

Se escriben con G delante de E o I

Las voces que comienzan por GEO- (*geografía, geología, geometría*).
Las voces que terminan por los sonidos -GÉLICO (*angélico*), -GEN (*origen*), -GENARIO (*octogenario*), -GÉNEO (*heterogéneo*), -GÉNICO (*fotogénico*), -GENIO (*ingenio*), -GÉNITO (*primogénito*), -GESIMAL (*cegesimal*), -GÉSIMO (*trigésimo*), -GÍNEO (*virgíneo*), -GINOSO (*caliginoso*), -GISMO (*neologismo*), -GIA (*magia*), -GIO (*litigio*), -GIÓN (*religión*), -GIONAL (*regional*), -GIONARIO (*legionario*), -GIOSO (*religioso*), -GÍRICO (*panegírico*), -ÍGENA (*indígena*), -ÍGENO (*oxígeno*), -OGÍA (*teología*), -ÓGICO (*lógico*), así como sus femeninos y plurales, si los tienen. Se exceptúan *comején, ojén, aguajinoso, espejismo* y *salvajismo.*
Los infinitivos terminados en -IGERAR (*morigerar*), -GER (*recoger*), -GIR (*surgir*) y los demás tiempos que conserven el sonido de *g.* Se exceptúan los verbos *tejer* y *crujir.*

Se escriben con J delante de E o I

Los sonidos *je* y *ji* de los verbos cuyo infinitivo no tiene *g* ni *j: dije, reduje.*
Las palabras acabadas por los sonidos -JE (*equipaje*),

-JERO (*viajero*), -JERÍA (*cerrajería*) y -JÍN (*cojín*). Se exceptúan *ambage, magín, auge, cónyuge, esfinge, falange, faringe, laringe, paragoge* y algunas palabras más.
Las derivadas de voces donde entra el sonido de la *j* seguido de las vocales *a, o* y *u*: *ajillo* de ajo, *cajista* de caja.

Se escriben con H

Las palabras que tenían *f* en su origen: *harina* (farina), *hacer* (facere).
Las voces que empiezan por los sonidos IA- (*hiato*), IE- (*hierático*), UE- (*hueso*), IDR- (*hidráulica*), IGR- (*higrómetro*), UI- (*huida*), IPER- (*hipérbole*), IPO- (*hipódromo*), OG- (*hogaza*), OLG- (*holgazán*) y OSP- (*hospicio*). Se exceptúa *ogro*.
Todas la formas verbales de HABER y HACER.
Las palabras que empiezan por ELIO- (*heliotropo*), EMA- (*hematoma*), EMI- (*hemiciclo*), EMO- (*hemoptisis*), EPTA- (*eptarquía*), ETERO- (*heterodoxo*), OME- (*homeopatía*), OMO- (*homologar*). Se exceptúan, entre otras, *emanar, emancipar, emitir, emigrar, eminencia, emir, emoción, emoliente, emolumento, omóplato*.
Llevan generalmente *h* intercalada las palabras que tienen dos vocales juntas sin formar diptongo, como *almohada, alcohol, ahorcar, vahído*.
Los compuestos y derivados de las palabras que se escriben con *h*, como: *deshonra, deshonesto*. Se exceptúan *orfandad* y *orfanato* (de *huérfano*); *osario, osamenta* y *óseo* (de *hueso*); *oquedad* (de *hueco*); *oval, ovalado, óvalo, ovario, óvulo, ovíparo, ovo* y *ovoide* (de *huevo*), y *oscense* (de *Huesca*) porque no la llevan en su origen latino.
Al final de dicción solamente se pone *h* en las interjecciones de una sola sílaba (*¡ah!, ¡bah!, ¡oh!*) y en algunas voces extranjeras.

Uso ortográfico de K

Esta letra se emplea sólo en voces extranjeras incorporadas al castellano: (*kan, kilo, kermesse*).

Se escribe M

Siempre antes de *b* (*imberbe*) y de *p* (*amparo*) se escribe *m* en lugar de *n*.
También se escribirá *m* delante de *n* (*amnesia, himno*), salvo en los compuestos de las preposiciones *en* (*ennegrecer*), *in* (*innecesario*), *con* (*connivencia*) y *sin* (*sinnúmero*).

Se escribe R

Al principio de palabra, y después de *l, n, s*, la *r* sencilla produce sonido fuerte: *rosa, alrededor, honrado, Israel*. Para producir ese mismo sonido entre vocales se usa *r* doble: *arribar, error*.

Se escribe X en vez de S

Al comienzo de una palabra antes de vocal y de *h* (*exaltar, exhalación*).
Casi siempre antes de CR (*excretor*), PLA (*explayar*), PLE (*expletivo*), PLI (*explícito*), PLO (*explotar*), PRE (*expresar*), PRI (*exprimir*), PRO (*expropiar*).
En las palabras formadas con los prefijos EX (*extender, extraer, extemporáneo*) y EXTRA (*extramuros, extrajudicial, extraordinario*).
Además de sustituir a veces a la *s*, la letra *x* sirve para transcribir la jota en los nombres mexicanos en los que se quiere conservar la ortografía antigua (México, Oaxaca).

PUNTUACIÓN

Signos	*Empleo*	*Ejemplos*
. punto	Indica pausa completa. Se emplea: — Después de un período con sentido completo. El *punto y seguido* separa frases independientes dentro de un mismo párrafo. El *punto y aparte* separa los diferentes párrafos.	Es este café un lujoso establecimiento. La sala inmensa está cuajada de mesitas en que se sirven diluvios de café. Es un punto de reunión diaria y constante, pues en España la vida del café es notoria y llamativa. Pues bien, estaba en el Café Colón ... (RUBÉN DARÍO.)
	— En las abreviaturas y después de cada elemento de una sigla.	Sr. D.; O. N. U.
, coma	Indica pausa breve. Sirve para indicar la división de las frases o miembros más cortos de la oración o del período. Se usa: — En las enumeraciones.	Aragón tiene tres provincias: Zaragoza, Huesca y Teruel.
	— Para separar las palabras que están en vocativo.	Estos, Fabio, ¡ay dolor!, que ves ahora. (RODRIGO CARO.)
	— Para separar las diversas oraciones de un período, palabras o frases explicativas.	A las ocho, todos los días, invariablemente, fatalmente, el hidalgo sale de casa, el rosario en la mano... (AZORÍN.)
	— Cuando se invierte el orden natural de la cláusula y se pone delante la oración que debe ir después.	Donde interviene conocerse las personas, tengo para mí, aunque simple y pecador, que no hay encantamiento alguno. (CERVANTES.)
; punto y coma	Indica pausa algo mayor que la coma. Sirve para separar cláusulas independientes entre sí, pero subordinadas a la unidad lógica del pensamiento.	Él [San Martín] llegó a Buenos Aires; no hizo discursos; levantó un escuadrón de caballería; en San Lorenzo fue su primera batalla. (JOSÉ MARTÍ.)
: dos puntos	Indica pausa mayor que la del punto y coma. Se usa: — Siempre que se citan palabras textuales.	El marqués, con gran ánimo, decía a su hermano: "Mueran, que traidores son." (EL INCA GARCILASO DE LA VEGA.)
	— Cuando a una o varias oraciones sigue otra que es consecuencia, aclaración o demostración de lo que antecede.	Suelo sentir las plantas como emociones de la tierra: los magueyes son versos de fortalezas, estrofas heroicas. (GABRIELA MISTRAL.)
	— En exposiciones, solicitudes, sentencias, decretos, etc.	El alcalde de la ciudad hace saber: Que debiéndose empadronar...
	— Después del encabezamiento de una carta.	Querido amigo: Contesto a tu carta...
... puntos suspensivos	— Cuando conviene dejar la oración incompleta o el sentido en suspenso.	Lo digo porque luego saltan con... Bien que si uno hubiera de hacer caso... ¿Y fue niño o niña? (LEANDRO FERNÁNDEZ DE MORATÍN.)
	— Si en una cláusula se necesita pararse un poco, expresando temor o duda, o para sorprender al lector con palabras contrarias a las que deben constituir el sentido.	Sí, debo morir... pero a vuestras manos. (DUQUE DE RIVAS.)
	— Cuando se cita un texto y no es imprescindible copiarlo íntegro. En este caso los puntos suspensivos pueden ir también al principio o en medio de la frase.	La edad de oro amanecía, y los griegos... contemplaban aún... (VALLE INCLÁN.)

Signos	*Empleo*	*Ejemplos*
¿ ? interrogación	— Para formular una pregunta o expresar una duda. — Para señalar la incertidumbre de un dato.	¿Para quién edifiqué torres? ¿Para quién adquirí honras? ¿A dónde hallará abrigo mi desconsolada vejez? (LA CELESTINA.) El Arcipreste de Hita nació en 1283 (?).
¡ ! admiración	— Expresa admiración, queja, ponderación o énfasis. — Para significar ironía. — Cuando la frase es a la vez interrogativa y exclamativa se pone el signo de admiración al principio y el de interrogación al final, o viceversa.	¡Ancha es Castilla! y ¡qué hermosa la tristeza reposada de ese mar petrificado y lleno de cielo! (MIGUEL DE UNAMUNO.) Sí, tú eres fuerte (!), mira cómo te tiemblan las piernas. ¡Tú también, hijo mío?
( ) paréntesis	— Para cortar el sentido del discurso con una oración incidental, de sentido independiente de la anterior. — Para intercalar fechas u otros datos aclaratorios. — Para las acotaciones y los apartes en las obras dramáticas.	Si acaso enviudares (cosa que puede suceder), y con el cargo mejorares de consorte... (CERVANTES.) El descubrimiento de América (1492) significó... (Asiéndole del brazo.) No, tú no saldrás de aquí.
[ ] corchetes	— Para sustituir conjeturalmente lo que falta en una inscripción, códice o referencia. — Para encerrar una frase que ya tiene un paréntesis o para evitar la repetición seguida de dos paréntesis.	Llegó... a un pueblo grande de los mismos indios [pipiles], Obispado [Guatemala] y visita [de clérigos], llamado Izalco. Francisco de Goya y Lucientes, n. en Fuendetodos (Zaragoza) [1746-1828], fue un pintor de prodigiosa actividad...
{ llave	— Para abrazar varios conceptos, partidas de una cuenta, divisiones, etc., que guardan relación entre sí y forman un grupo que se diferencia de los demás.	La oración puede ser { simple / compuesta
* asterisco	— Para remitir al lector a una nota aclaratoria puesta al pie de la página. — Para indicar la fecha de nacimiento de una persona. — Para sustituir después de X un nombre o palabra que no quiere indicarse. — Para llamar la atención. (Los verbos irregulares van precedidos en este diccionario de un asterisco.)	La Marquesa X***.
" " « » comillas	— Para transcribir un texto o palabra dicha o escrita por alguien. — Para señalar el título de una obra, periódico, etcétera.	El uno insinúa: "Podía ser"; el otro añade: "Se dice"; un tercero agrega: "Ocurrió así", y el último asegura: "Lo he visto". Los monumentos más importantes de la novela, como el «Amadís», son refundiciones de libros anteriores.
- guión	— Para dividir una palabra que va al fin de línea y no cabe entera en ella. — Entre dos palabras que, sin llegar a fundirse, forman una compuesta.	... constitu- cional. Cólera-morbo; teórico-práctico.
— raya	— Para indicar diálogo. — Para sustituir un paréntesis. — Para separar los enunciados de un programa y para evitar, a principio de línea, la repetición de una palabra o concepto.	— ¿Qué hiciste ayer? — Nada. Sr. Redactor —me dice una carta seductora—, confío en el talento de Vd... (LARRA.) Trabajar a destajo. — de sastre. — para ganarse la vida.

ACENTO

Acento fonético, prosódico o silábico es la mayor intensidad acústica con que destacamos un sonido. Cada palabra posee un acento silábico que, a veces, es señalado con una *tilde* (´). La sílaba acentuada se denomina *tónica*, y *átonas* las restantes. Por razón del acento, las palabras se dividen en: 1) *Agudas*, cuyo acento reposa en la última sílaba; 2) *Llanas*, las que tienen acentuada la penúltima sílaba; 3) *Esdrújulas* y *sobresdrújulas*, según se acentúe la sílaba antepenúltima o su precedente.

Principales reglas para el empleo de la tilde

Llevan tilde: 1) Las palabras *agudas* polisílabas acabadas en *vocal, n o s*, v. gr., *sofá, canción, París;* 2) Las palabras *llanas* acabadas en *consonante* que no sea *n o s*, v. gr., *César, mármol;* 3) Todas las *esdrújulas* y *sobresdrújulas*, por ejemplo: *ácido, diciéndoselo;* 4) Las palabras que contienen una reunión de *fuerte átona* y *débil tónica*, y al revés, v. gr., *raíl, ría, raíz;* 5) Los *compuestos* de verbo y enclítica, cuya resultante es esdrújula o sobresdrújula, por ejemplo: *dijolo, hizoseme*, o cuando el verbo iba ya acentuado y la resultante es llana, por ejemplo: *cayóse*.

ALGUNOS CASOS ESPECIALES:

1. — *Llevan tilde: a)* Los pronombres *éste, ése* y *aquél*, en todas sus formas, para evitar la confusión con los adjetivos; *b) Cuál, quién, cúyo, qué, cómo, dónde, cuándo, tánto, cuánto* siempre que tienen valor afectivo, interrogativo o admirativo; *c)* Los adverbios *sólo* (solamente) y *aún* cuando equivale a *todavía*.

2. — *Se escribe sin tilde* el primer elemento de un compuesto. Así: *decimoséptimo, rioplatense*. Se exceptúan de esta regla los adverbios acabados en *-mente*, y los adjetivos compuestos unidos por un guión. Verbi gratia: *lícitamente, histórico-crítico*. También se escriben sin tilde, haciendo excepción a la anterior regla 5), los *compuestos de verbo* con enclítica más complemento: *sabelotodo*.

NUEVAS NORMAS

Según las *Nuevas Normas de Prosodia y Ortografía*, promulgadas por la Real Academia en 1952 y preceptivas desde 1959, la acentuación debe ajustarse a las siguientes reglas: *a*) Los nombres terminados en *oo*, como *Campoo* y *Feijoo*, no llevarán tilde; *b*) Los infinitivos en *uir*, no se acentuarán (*constituir, huir*); *c*) La combinación *ui* se considera diptongo, y no llevará por lo tanto tilde: *sustituido, constituido, jesuita, casuista,* salvo cuando sea necesario destruir el diptongo, en cuyo caso el acento se pondrá sobre la segunda vocal débil: *casuístico, jesuítico, benjuí, huí*; *d*) Los monosílabos verbales *fue, fui, dio, vio,* se escribirán sin tilde, e igualmente los otros monosílabos, a no ser que puedan dar lugar a una anfibología: *se* (reflexivo) y *sé* (verbo saber), *si* (condicional) y *sí* (afirmativo), *te* (pronombre) y *té* (planta); *e*) Los nombres propios extranjeros se escribirán sin ningún acento, salvo en el caso de que hayan sido incorporados al idioma en una forma castellanizada, para la cual regirán las normas generales de acentuación.

ARTÍCULO

El artículo es una parte variable de la oración que sirve para limitar la extensión de la palabra que precede (el tren, la casa, un perro, una mariposa).

	artículo definido		***artículo indefinido***	
	singular	**plural**	**singular**	**plural**
masculino	el	los	un	unos
femenino	la	las	una	unas

El artículo definido masculino *el* se contrae con las preposiciones *a* y *de* adoptando las formas AL, DEL: *ir al colegio; salir del cine.*

Se sustituye la forma femenina *la* por la forma masculina *el* delante de las palabras femeninas que empiezan por una *a* o *ha* acentuados tónicamente: *el águila, el hacha.*

Además de sus empleos normales, el artículo definido sirve para designar un día próximo o pasado en su forma masculina (*llegó el viernes*) y para señalar la hora en la forma femenina (*son las dos*).

El artículo se suprime:

— delante de los sustantivos señor, señora, señorita cuando están en caso vocativo: *buenos días, señora.*

— delante de la mayoría de los nombres de países cuando no van seguidos de adjetivo o complemento: *Francia, Alemania,* pero *La España del Siglo de Oro, la Rusia soviética.* Hay varias excepciones como *el Brasil, el Japón,* etc.

— delante de ciertos sustantivos, como *casa, caza, pesca, misa, paseo, Palacio, presidio, clase,* etc., cuando estas palabras siguen un verbo de movimiento o de estado: *ir a misa; estar en presidio.*

— delante de los nombres propios de persona; sin embargo, no es raro su empleo en el lenguaje popular: *el Paco, la Lola.* A veces se utiliza por gente culta, para añadir un fuerte matiz despectivo.

El artículo indefinido femenino *una* es sustituido frecuentemente por el masculino *un* delante de un sustantivo femenino que empieza por *a* o *ha* acentuados tónicamente: *un ala; un hacha.*

SUSTANTIVO

El sustantivo es la palabra que sirve para designar un ser, una cosa o una idea (hombre, ciudad, amor).

GÉNERO

Género es el accidente gramatical que sirve para indicar el sexo de las personas y animales y el que se atribuye a las cosas. Los géneros son esencialmente el *masculino* y el *femenino*. El llamado género *neutro* ha quedado reducido en castellano al adjetivo, los pronombres y a algunos sustantivos adjetivados (*lo sublime de su conducta; hay que respetar lo mío; ¡hay que ver lo mujer que es!*).

Son masculinos los sustantivos acabados en -O (excepto *la mano*) o en -OR (excepto *la flor, la labor, la sor*).

Son femeninos los sustantivos terminados en -A, excepto *el día,* las palabras de origen griego como *teorema, poeta,* etc. Y los términos que tienen una misma terminación para ambos géneros cuando se aplican a un ser masculino, como en el caso de *un dentista, un sinvergüenza.*

Los nombres de mares, ríos y montañas suelen ser masculinos (*el Mediterráneo, el Amazonas, los Pirineos*), salvo pocas excepciones como *la Mancha, las Alpujarras.*

Formación del femenino

— Los sustantivos masculinos terminados en -o sustituyen esta letra por una *-a* en el femenino (*abuelo abuela*).

— Los que acaban en consonante forman el femenino añadiéndole una *-a* (*español, española*).

— Algunos femeninos tienen una forma completamente distinta del masculino (*el padrino, la madrina; el hombre, la mujer*).

NÚMERO

El número es el accidente gramatical que sirve para indicar si una palabra se refiere a una sola persona, cosa o idea, o a varias. Son dos: *singular* y *plural.*

Formación del plural

Plural de los nombres comunes

REGLAS GENERALES:

a) Se añade *s* al singular en las palabras acabadas en vocal no acentuada o en *e* acentuada.	*hombre,* *crónica,* *café,*	*hombres.* *crónicas.* *cafés.*
b) Se añade *es* al singular en las palabras acabadas en consonante o en vocal acentuada, salvo la *e*.	*tizón,* *alhelí,*	*tizones.* *alhelíes.*
Excepciones: *papás, mamás, sofás, dominós.* *Maravedí* tiene tres plurales, en *is, íes, ises.*		
Los sustantivos esdrújulos o graves acabados en *s* no varían en su plural, y su número se distingue por el artículo.	*la crisis,* *el jueves,*	*las crisis.* *los jueves.*
Algunos sustantivos, al pluralizarse, desplazan el acento.	*régimen,* *carácter,* *espécimen,*	*regímenes.* *caracteres.* *especímenes.*

Al formar el plural, la *z* final se transforma en *c*.	*luz,* *aprendiz,*	*luces.* *aprendices.*

NOTAS: 1) Carecen de plural los nombres genéricos de sustancias que son ilimitadas en su cantidad, cuando se habla de ellas en absoluto: *el agua, el vino, la plata.* Igualmente los nombres de ciencias, artes, virtudes, profesiones, etc., cuando se usan con su significación propia: *la física, la pintura, la caridad, la ingeniería,* etc. No obstante, estos nombres admiten plural cuando se refieren a un objeto concreto o a las manifestaciones de dichas cualidades abstractas: *las aguas medicinales, las pinturas primitivas.* Tampoco tienen plural muchos nombres terminados en -ISMO, como *cristianismo, vandalismo,* etc.

2) Carecen de singular los sustantivos que expresan variedad de partes o acciones: *enseres, exequias, andaderas, gafas, nupcias, víveres,* etc., pero existe una tendencia a singularizar algunos: *tijera, tenaza, pantalón.*

Plural de los nombres propios

Generalmente los nombres propios no tienen plural.

Los apellidos se ponen en plural para designar una familia o un grupo de gentes del mismo nombre. Sin embargo, la costumbre clásica de pluralizar los apellidos se va perdiendo poco a poco. Actualmente hay una tendencia a pluralizar solamente el artículo.	*García,* *Moncada,* *Montero,*	*los García.* *los Moncada.* *los Montero.*

Un ejemplo clásico de pluralización nos lo da Cervantes: "*Los antiguos Curcios, Gayos y Cipiones romanos... los modernos Colomas y Ursinos... los Moncadas y Requesenes...*" (EL QUIJOTE.)

Los apellidos compuestos pluralizan sólo el segundo elemento.	*Buendía,* *Calzacorta,*	*los Buendías.* *los Calzacortas.*
No varían los patronímicos graves y esdrújulos acabados en *z*.	*López,* *Díaz,*	*los López.* *los Díaz.*
Los apellidos extranjeros no se pluralizan.	*Duval,* *Smith,*	*los Duval.* *los Smith.*
Precedidos de la palabra *hermanos* son invariables.	*Los hermanos Pinzón.*	

Los apellidos, cuando tienen un carácter apelativo, admiten el plural: *había tres Murillos en el museo,* e igualmente cuando toman una significación genérica: *la época de los Riberas, Zurbaranes,* etc.

Los nombres propios geográficos carecen en general de plural: *Francia, Perú,* etc., a no ser que ellos mismos sean plurales, como *los Pirineos, los Andes, las Canarias.* También se puede decir *las Castillas, las Américas* (por ser varios los componentes de estas entidades geográficas), o *las Españas* (plural que abarca los antiguos reinos peninsulares y los extensos dominios que España poseía).
A veces se ponen en plural nombres que representan objetos únicos, cuando los consideramos multiplicados: "*abrasar dos mil Troyas, si dos mil Troyas hubiera*". (EL QUIJOTE.)

Plural de los nombres abstractos

Algunos nombres que en singular designan cosas abstractas al formar el plural toman una significación concreta.	*interés,* *bien,*	*intereses.* *bienes.*

Se usan plurales abstractos para designar fuertes estados de ánimo, pasiones, momentos emocionales, etc. Por ejemplo: *mis temores* me perderán; *aquellos arrebatos* de un momento desaparecieron más tarde.

Plural de las palabras extranjeras

Las palabras extranjeras no se ajustan a una regla fija de formación del plural:

frac,	*fraques.*	*clown,*	*clowns.*	*cabaret,*	*cabarets.*	*récord,*	*récords.*
lord,	*lores.*	*cóctel,*	*cócteles.*	*chófer,*	*chóferes.*	*mitin,*	*mítines.*
jeep,	*jeeps.*	*álbum,*	*álbumes.*	*bloc,*	*blocs.*	*coñac,*	*coñacs.*

Plural de las palabras compuestas

No existe regla fija para la pluralización de los compuestos, que depende en cada caso particular del tipo de unión de los elementos. Lo más habitual es que pluralicen el segundo elemento y el primero permanezca invariable. Sin embargo, pueden darse los siguientes casos:

a) Que permanezcan invariables.	*cortaplumas,* *sacapuntas,*	*los cortaplumas.* *los sacapuntas.*
b) Que pluralicen el primer componente.	*hijodalgo,* *cualquiera,*	*hijosdalgo.* *cualesquiera.*
c) Que pluralicen el segundo componente.	*pasodoble,* *ferrocarril,*	*pasodobles.* *ferrocarriles.*
d) Que pluralicen ambos elementos.	*ricohombre,*	*ricoshombres.*

DERIVACIÓN

Se entiende por derivación la formación de vocablos nuevos a partir de otros, mediante la adición de ciertas terminaciones llamadas *sufijos*. (Véase el cuadro SUFIJOS.)

Sufijos diminutivos

Terminación	*Forma del diminutivo*	*Ejemplos*
a, o, consonante (excepto n y r)	-ito, a -illo, a -uelo, a	casita trapillo rapazuelo
e, n, r	-cito, a -cillo, a -zuelo, a	nubecita cancioncilla pastorzuelo
monosílabos, palabras con diptongo	-ecito, a -ecillo, a -ezuelo, a	panecito crucecilla reyezuelo

Sufijos aumentativos

— El sufijo más empleado es -ÓN, -ONA (*paredón, casona*). El empleo de este sufijo implica frecuentemente el cambio de género (*una cuchara, un cucharón*).
— Existen también los sufijos -AZO, -AZA; -ACHÓN, -ACHONA; -OTE, -OTA, que añaden generalmente un matiz despectivo (*manaza, corpachón, librote*).

Otros sufijos

— Los despectivos: -AJO, -EJO, -IJA (*caballejo*), -ACO (*libraco*), -UCO (*frailuco*), -ACHO (*poblacho*), -ASTRO (*medicastro*), -ORRIO (*villorrio*), -UZA (*gentuza*), -ORRO (*ventorro*) y -UCHO (*casucho*).
— Los que representan un golpe: -AZO, -ADA (*cañonazo, puñalada*).
— Los que designan un lugar plantado o lleno de ciertas cosas: -AL, -AJE, -AR, -EDO, -EDA (*pedregal, ramaje, olivar, viñedo, arboleda*).

ADJETIVO

El adjetivo es la palabra que califica o determina al sustantivo. Hay varias clases de adjetivos: los *calificativos* y los *determinativos* (posesivos, demostrativos, numerales e indefinidos).

ADJETIVO CALIFICATIVO

El adjetivo calificativo es el que expresa una cualidad del sustantivo.

Formación del femenino

— Los adjetivos terminados por -o en su forma masculina sustituyen esta letra por una -A en el femenino (*cansado, cansada*).
— Los que acaban por -ÁN, -ÍN, -ÓN, -OR, -ETE, -OTE o que designan una nacionalidad, forman el femenino con la terminación *-a* (*holgazana, cantarina, gordinflona, trabajadora, regordeta, vulgarota, andaluza*).
— Los demás tienen una forma idéntica para ambos géneros (*agrícola, verde, cursi, ruin, azul, popular, gris, feliz,* etc.).

Formación del plural

Se forma del mismo modo que en los sustantivos.

Grados de significación de los adjetivos

1. — COMPARATIVO

— El comparativo de igualdad se forma anteponiendo TAN al adjetivo y COMO al complemento (*soy tan inteligente como tú*).
— Los comparativos de superioridad e inferioridad se forman anteponiendo respectivamente MÁS o MENOS al adjetivo y QUE al complemento (*es más simpático que su hermano pero menos que su hermana*).

2. — SUPERLATIVO

— El superlativo absoluto se forma anteponiendo al adjetivo el adverbio MUY o añadiendo el sufijo -ÍSIMO, -ÍSIMA (*muy grande, grandísimo*).
— El superlativo relativo se forma con los comparativos de superioridad e inferioridad, pero anteponiendo un artículo definido o un adjetivo posesivo (*la más hermosa de las mujeres*).

3. — COMPARATIVOS Y SUPERLATIVOS IRREGULARES

Positivo	*Comparativo*	*Superlativo*
bueno	mejor	óptimo
malo	peor	pésimo
grande	mayor	máximo
pequeño	menor	mínimo
alto	superior	supremo
bajo	inferior	ínfimo

Los adjetivos acre, célebre, libre, íntegro, pulcro y pobre forman el superlativo absoluto con la terminación -ÉRRIMO y un cambio del radical: *acérrimo, celebérrimo, libérrimo, integérrimo, pulquérrimo, paupérrimo.* Sin embargo, al lado de estas formas cultas, suelen encontrarse las formas corrientes.

Concordancia del adjetivo con varios sustantivos

— Antepuesto a los sustantivos: sólo concuerda con el primero (*en sosegada paz y reposo*), excepto si los sustantivos son nombres propios o comunes de persona.
— Pospuesto a los sustantivos:
1. — si los sustantivos están en singular y son del mismo género, se pone en plural (*historia y geografía mexicanas*);
2. — si los sustantivos están en singular pero no son del mismo género, concuerda con el último (*el hombre y la mujer española*) o se pone, mejor, en masculino plural (*el hombre y la mujer españoles*);
3. — si los sustantivos están en plural y son de diferente género, puede concordar con el último o mejor ponerse en masculino plural (*bailes y canciones argentinas* o *bailes y canciones argentinos*);
4. — si los sustantivos son de distinto número y género, suele ir en masculino plural (*la ciudad y los suburbios adormecidos*).

ADJETIVO NUMERAL

El adjetivo numeral delimita de una manera cuantitativa y precisa la extensión de la palabra que precede.
Los adjetivos numerales se dividen en:
— *cardinales:* uno, dos, tres... diez, veinte, treinta... cien, doscientos... mil, etc.
— *ordinales* que expresan una idea de sucesión u ordenación: primero, segundo, tercero, cuarto, quinto, sexto, séptimo, octavo, noveno, décimo, undécimo, duodécimo, decimotercio (o decimotercero), decimocuarto... vigésimo, vigésimo primero... trigésimo, cuadragésimo, quincuagésimo, sexagésimo, septuagésimo, octogésimo, nonagésimo, centésimo, ducentésimo, tricentésimo, etc.
— *numerales múltiplos:* doble, triple, etc.
— *partitivos:* medio, cuarto, octavo, etc.

PRONOMBRE

El pronombre es la palabra que sustituye al nombre.

ADJETIVOS Y PRONOMBRES DEMOSTRATIVOS

Expresan las relaciones de distancia en el espacio y en el tiempo que existen entre los seres y las cosas.

		MASCULINO	FEMENINO	NEUTRO
Cerca de mí	***Singular***	este	esta	esto
	Plural	estos	estas	
Cerca de ti	***Singular***	ese	esa	eso
	Plural	esos	esas	
Lejos de ambos	***Singular***	aquel	aquella	aquello
	Plural	aquellos	aquellas	

Los adjetivos y pronombres tienen la misma forma, con la sola diferencia que estos últimos llevan acento gráfico en la vocal tónica, salvo los neutros, que pueden únicamente ser pronombres.

ADJETIVOS Y PRONOMBRES POSESIVOS

Son los que establecen relaciones de posesión o pertenencia.

		UN POSEEDOR		VARIOS POSEEDORES	
		un objeto poseído	varios objetos poseídos	un objeto poseído	varios objetos poseídos
1.ª pers.	***adj.***	mío, mía mi (antepuesto)	míos, mías mis (antepuesto)	nuestro, a	nuestros, as
	pron.	mío, mía	míos, mías	nuestro, a	nuestros, as
2.ª pers.	***adj.***	tuyo, a tu (antepuesto)	tuyos, as tus (antepuesto)	vuestro, a	vuestros, as
	pron.	tuyo, a	tuyos, as	vuestro, a	vuestros, as
3.ª pers.	***adj.***	suyo, a su (antepuesto)	suyos, as sus (antepuesto)	suyo, a su (antepuesto)	suyos, as sus (antepuesto)
	pron.	suyo, a	suyos, as	suyo, a	suyos, as

PRONOMBRES PERSONALES

Los pronombres personales son aquellos que designan a las tres personas gramaticales: *la primera* es la que habla, *la segunda,* a la que se habla y *la tercera* de la que se habla.

	COMPLEMENTO			
SUJETO	**SIN PREPOSICIÓN**		**CON PREPOSICIÓN**	**REFLEXIVO**
	directo	***indirecto***		
yo	me	me	mí	me
tú	te	te	ti	te
él	le, lo	le	él	se
ella	la	le	ella	se
ello (neutro)	lo	le	ello	se
nosotros, as	nos	nos	nosotros, as	nos
vosotros, as	os	os	vosotros, as	os
ellos	los	les	ellos	se
ellas	las	les	ellas	se

Las formas **usted** y **ustedes,** que corresponden a la segunda persona " de respeto ", exigen el verbo en tercera persona (*usted no vino ayer*). Los pronombres correspondientes son los mismos que los de *él* y *ella,* según que la persona con quien se habla sea hombre o mujer.
Los pronombres con función de sujeto sólo se emplean para insistir: *yo me quedaré aquí; tú saldrás.*
El pronombre complemento se coloca antes del verbo (*le miro*), excepto en el infinitivo (*mirarle*), el imperativo (*mírale*) y el gerundio (*mirándole*), en los que se pospone en forma enclítica.
Cuando el verbo tiene dos complementos, el indirecto precede siempre al directo (*me lo dio, dámelo*).

PRONOMBRES RELATIVOS

Los pronombres relativos son aquellos que hacen referencia a una persona o cosa anteriormente mencionada.

	SINGULAR			PLURAL	
	Masculino	***Femenino***	***Neutro***	***Masculino***	***Femenino***
Con función sustantiva.	(el) que (el) cual quien	(la) que (la) cual quien	(lo) que (lo) cual —	(los) que (los) cuales quienes	(las) que (las) cuales quienes
Con función adjetiva..	cuyo	cuya	—	cuyos	cuyas
Con función adjetiva o sustantiva	cuanto	cuanta	cuanto	cuantos	cuantas

PRONOMBRES INTERROGATIVOS

Los pronombres interrogativos se sustituyen al sustantivo que se desconoce o por el cual se pregunta.

	SINGULAR			PLURAL	
	Masculino	*Femenino*	*Neutro*	*Masculino*	*Femenino*
Con función sustantiva	¿quién? — —	¿quién? — —	— ¿qué? ¿cuánto?	¿quiénes? — —	¿quiénes? — —
Con función adjetiva	¿qué?	¿qué?	—	¿qué?	¿qué?
Con función adjetiva o sustantiva	¿cuánto? ¿cuál?	¿cuánta? ¿cuál?	— —	¿cuántos? ¿cuáles?	¿cuántas? ¿cuáles?

Los pronombres exclamativos tienen idéntica forma que los interrogativos.

PRONOMBRES INDEFINIDOS

Los pronombres indefinidos designan de un modo vago la persona o cosa a la cual se refieren.

Relativos a personas	*Relativos a cosas*
alguien: *alguien vino* nadie: *no hay nadie* quienquiera: *quienquiera que lo sepa* cualquiera: *cualquiera lo diría* uno: *querer mucho a uno* alguno: *lo hizo alguno* ninguno: *ninguno se presenta*	algo: *hacer algo* nada: *no ver nada* cualquiera: *toma cualquiera de los dos*

ADVERBIO

El adverbio es una palabra invariable que califica o modifica la significación de un verbo, de un adjetivo o de otro adverbio.

Existen varias clases de adverbios:

— *de tiempo:* hoy, siempre, tarde, nunca, cuando, antes, luego, después, pronto, ya, etc.
— *de lugar:* aquí, cerca, abajo, lejos, dentro, delante, encima, enfrente, alrededor, etc.
— *de cantidad:* mucho, bastante, nada, etc.
— *de modo:* bien, mal, así, etc. y los acabados en -MENTE.
— *de afirmación:* sí, cierto, verdaderamente, demasiado, casi, más, apenas, etc.
— *de negación:* no, ni, tampoco, nunca, jamás.
— *de duda:* quizá o quizás, acaso.

PREPOSICIÓN

La preposición es una parte invariable de la oración que enlaza dos palabras para expresar la relación que existe entre ellas.
Las preposiciones son: *a, de, con, por, en, ante, bajo, contra, desde, entre, hacia, hasta, según, sin, sobre, tras.*

CONJUNCIÓN

La conjunción es una palabra invariable que sirve para coordinar o subordinar las partes de una oración o varias oraciones.

Existen varias clases de conjunción:

— *coordinativas:* y, ni, que, o, etc.
— *subordinativas:* pues, porque, si, como, aunque, mas, etc.

VERBO

El verbo es una palabra que designa acción, pasión o estado de una persona o cosa. Se compone de dos partes: una invariable, el radical, y otra variable, la terminación, que indica la persona, el tiempo y el modo.

CLASES

Existen varias clases de verbos:

— *transitivos,* que expresan una acción que cae o puede recaer en un objeto; llevan un complemento directo: *comer una manzana;*

— *intransitivos,* que pueden tener un complemento indirecto o circunstancial o bastarse por sí mismos: *hablar a su madre; venir en otoño; Juan ha muerto;*

— *pronominales* o *reflexivos,* que indican que la acción expresada por el verbo recae sobre el sujeto representado por un pronombre personal: *me arrepiento; se viste;*

— *impersonales,* que sólo se emplean en el infinitivo y en la tercera persona del singular: *nevar mucho; llovió durante tres horas; ahora anochece tarde;*

— *defectivos,* que sólo se conjugan en ciertos tiempos y personas, como *balbucir;*

— *auxiliares,* que sirven para formar la voz pasiva y los tiempos compuestos de la activa. Los principales son *ser,* para la forma pasiva (*ser querido*), y *haber,* para los tiempos compuestos (*ha llegado tarde*).
Se emplean también como auxiliares los verbos estar, tener, llevar, quedar: *estoy decidido; lo tengo pensado; llevar estudiada una lección; queda acordada tal cosa.*

ACCIDENTES DEL VERBO

Voz

Voz es el accidente verbal que denota si la acción del verbo es ejecutada o recibida por el sujeto.
Las voces son dos: la voz activa que expresa que el sujeto ejecuta la acción (*el obispo bendijo a los fieles*) y la voz pasiva, que indica que es el sujeto quien la recibe (*los fieles fueron bendecidos por el obispo*).

Modo

Se llama modo a cada una de las distintas maneras de expresar la significación del verbo. Los modos son cuatro:
— *indicativo*, que expresa una acción considerada como real (*el profesor explica la lección*).
— *subjuntivo*, que indica que la acción es un deseo o una hipótesis (*¡ojalá viniese!; si vinieses estaría contento*).
— *imperativo*, que expresa una orden o un ruego (*ven aquí; hazme este favor*).
— *potencial*, que indica la probabilidad de la acción (*si tuviera dinero me compraría una casa*).
Existen también formas verbales que participan de la índole del verbo y tienen al mismo tiempo un carácter de sustantivo, adjetivo o adverbio. Estas formas son: infinitivo (*amar*), participio (*amado*) y gerundio (*amando*). El infinitivo y el gerundio son invariables, mientras que el participio sólo lo es cuando está empleado con el verbo auxiliar *haber*.

Tiempo

Tiempo es el accidente verbal que expresa la época en que sucede lo que el verbo expresa.
Atendiendo a la forma, los tiempos pueden ser *simples* o *compuestos*. Los primeros constan de una sola palabra (*amo*) y los segundos están formados por un tiempo del verbo auxiliar *haber* y el participio del verbo que se conjuga (*he amado*).
En cuanto al significado, los tiempos pueden ser: *presente*, para expresar una acción que se realiza en el momento que se habla; *pretérito*, para una acción realizada en el pasado, y *futuro*, para una acción aún no realizada.

1. — Tiempos del indicativo
Fuera de su uso corriente, el presente se puede emplear en un relato para darle más vida (presente histórico) o al mencionar un hecho habitual: *su madre viene y le dice...; me acuesto siempre tarde*.
El futuro sirve a veces para indicar una probabilidad: *serán las tres*.
Mientras el pretérito indefinido corresponde a una acción completamente terminada en el momento en que se habla (*ayer le vi*), el pretérito perfecto indica que la acción se acaba de realizar o que se sigue efectuando en el presente (*he empezado este trabajo hace tres días*).

2. — Tiempos del subjuntivo
Después de una conjunción de tiempo o de un relativo, el presente representa una acción futura (*cuando llegue, dile que venga*).
El empleo del imperfecto del subjuntivo es obligatorio cuando el verbo de la proposición principal está en pasado o en potencial (*temía que no recibieras mi carta; me alegraría de que vinieses*).
El pretérito imperfecto tiene dos formas, una con la terminación -RA y la otra con -SE.
El futuro no se emplea actualmente, salvo en ciertas expresiones como *venga lo que viniere*.

3. — Tiempo del imperativo
Sólo existe el presente.

4. — Tiempos del potencial
El potencial compuesto expresa una acción posible y pasada determinada por otra anterior.

CONJUGACIÓN

La conjugación es la serie de todas las variaciones o diversas formas que puede tomar el verbo para expresar la acción. Estos cambios indican los accidentes de voz, modo, tiempo, número y persona. Se conjuga un verbo agregando al radical las desinencias o terminaciones. Generalmente el verbo presenta seis formas que corresponden a las tres personas gramaticales del singular y del plural.
Atendiendo a su forma de conjugación, los verbos pueden ser *regulares* o *irregulares*. En este segundo grupo están incluidos los auxiliares *ser* y *haber*.
Los verbos regulares son los que no modifican las letras del radical y cuyas terminaciones se ajustan a las del verbo que se ha tomado como tipo. Se dividen en tres conjugaciones: 1.ª (verbos terminados en -AR, como *amar*); 2.ª (verbos terminados en -ER, como *temer*), y 3.ª (verbos terminados en -IR, como *partir*).
Los verbos irregulares son aquellos cuya conjugación se aparta de los modelos regulares que les corresponde por su terminación. Una lista de estos verbos se incluye más adelante.

VERBOS AUXILIARES

HABER

Infinitivo haber
Gerundio habiendo
Participio habido

MODO INDICATIVO

FORMAS SIMPLES

Presente

Yo he
Tú has
Él ha
Nosotros hemos
Vosotros habéis
Ellos han

Pretérito imperfecto

Yo había
Tú habías
Él había
Nosotros habíamos
Vosotros habíais
Ellos habían

Pretérito indefinido

Yo hube
Tú hubiste
Él hubo
Nosotros hubimos
Vosotros hubisteis
Ellos hubieron

Futuro imperfecto

Yo habré
Tú habrás
Él habrá
Nosotros habremos
Vosotros habréis
Ellos habrán

FORMAS COMPUESTAS

Pretérito perfecto

Yo he habido
Tú has habido
Él ha habido
Nosotros hemos habido
Vosotros habéis habido
Ellos han habido

Pretérito pluscuamperfecto

Yo había habido
Tú habías habido
Él había habido
Nosotros habíamos habido
Vosotros habíais habido
Ellos habían habido

Pretérito anterior

Yo hube habido
Tú hubiste habido
Él hubo habido
Nosotros hubimos habido
Vosotros hubisteis habido
Ellos hubieron habido

Futuro perfecto

Yo habré habido
Tú habrás habido
Él habrá habido
Nosotros habremos habido
Vosotros habréis habido
Ellos habrán habido

MODO POTENCIAL

Simple o imperfecto

Yo habría
Tú habrías
Él habría
Nosotros habríamos
Vosotros habríais
Ellos habrían

El verbo *haber* puede ser también impersonal y en este caso la 3.ª persona del presente de indicativo es *hay*.

Compuesto o perfecto

Yo habría habido
Tú habrías habido
Él habría habido
Nosotros habríamos habido
Vosotros habríais habido
Ellos habrían habido

MODO SUBJUNTIVO

FORMAS SIMPLES

Presente

Yo haya
Tú hayas
Él haya
Nosotros hayamos
Vosotros hayáis
Ellos hayan

Pretérito imperfecto

Yo hubiera *o* hubiese
Tú hubieras *o* hubieses
Él hubiera *o* hubiese
Nosotros hubiéramos *o* hubiésemos
Vosotros hubierais *o* hubieseis
Ellos hubieran *o* hubiesen

Futuro imperfecto

Yo hubiere
Tú hubieres
Él hubiere
Nosotros hubiéremos
Vosotros hubiereis
Ellos hubieren

FORMAS COMPUESTAS

Pretérito perfecto

Yo haya habido
Tú hayas habido
Él haya habido
Nosotros hayamos habido
Vosotros hayáis habido
Ellos hayan habido

Pretérito pluscuamperfecto

Yo hubiera *o* hubiese habido
Tú hubieras *o* hubieses habido
Él hubiera *o* hubiese habido
Nosotros hubiéramos *o* hubiésemos habido
Vosotros hubierais *o* hubieseis habido
Ellos hubieran *o* hubiesen habido

Futuro perfecto

Yo hubiere habido
Tú hubieres habido
Él hubiere habido
Nosotros hubiéramos habido
Vosotros hubiereis habido
Ellos hubieren habido

MODO IMPERATIVO

Presente

He *tú*
Haya *él*
Hayamos *nosotros*
Habed *vosotros*
Hayan *ellos*

SER

Infinitivo ser
Gerundio siendo
Participio sido

MODO INDICATIVO

FORMAS SIMPLES

Presente

Yo soy
Tú eres
Él es
Nosotros somos
Vosotros sois
Ellos son

Pretérito imperfecto

Yo era
Tú eras
Él era
Nosotros éramos
Vosotros erais
Ellos eran

Pretérito indefinido

Yo fui
Tú fuiste
Él fue
Nosotros fuimos
Vosotros fuisteis
Ellos fueron

Futuro imperfecto

Yo seré
Tú serás
Él será
Nosotros seremos
Vosotros seréis
Ellos serán

FORMAS COMPUESTAS

Pretérito perfecto

Yo he sido
Tú has sido
Él ha sido
Nosotros hemos sido
Vosotros habéis sido
Ellos han sido

Pretérito pluscuamperfecto

Yo había sido
Tú habías sido
Él había sido
Nosotros habíamos sido
Vosotros habíais sido
Ellos habían sido

Pretérito anterior

Yo hube sido
Tú hubiste sido
Él hubo sido
Nosotros hubimos sido
Vosotros hubisteis sido
Ellos hubieron sido

Futuro perfecto

Yo habré sido
Tú habrás sido
Él habrá sido
Nosotros habremos sido
Vosotros habréis sido
Ellos habrán sido

MODO POTENCIAL

Simple o imperfecto

Yo sería
Tú serías
Él sería
Nosotros seríamos
Vosotros seríais
Ellos serían

Compuesto o perfecto

Yo habría sido
Tú habrías sido
Él habría sido
Nosotros habríamos sido
Vosotros habríais sido
Ellos habrían sido

MODO SUBJUNTIVO

FORMAS SIMPLES

Presente

Yo sea
Tú seas
Él sea
Nosotros seamos
Vosotros seáis
Ellos sean

Pretérito imperfecto

Yo fuera *o* fuese
Tú fueras *o* fueses
Él fuera *o* fuese
Nosotros fuéramos *o* fuésemos
Vosotros fuerais *o* fueseis
Ellos fueran *o* fuesen

Futuro imperfecto

Yo fuere
Tú fueres
Él fuere
Nosotros fuéremos
Vosotros fuereis
Ellos fueren

FORMAS COMPUESTAS

Pretérito perfecto

Yo haya sido
Tú hayas sido
Él haya sido
Nosotros hayamos sido
Vosotros hayáis sido
Ellos hayan sido

Pretérito pluscuamperfecto

Yo hubiera *o* hubiese sido
Tú hubieras *o* hubieses sido
Él hubiera *o* hubiese sido
Nosotros hubiéramos *o* hubiésemos sido
Vosotros hubierais *o* hubieseis sido
Ellos hubieran *o* hubiesen sido

Futuro perfecto

Yo hubiere sido
Tú hubieres sido
Él hubiere sido
Nosotros hubiéremos sido
Vosotros hubiereis sido
Ellos hubieren sido

MODO IMPERATIVO

Presente

Sé *tú*
Sea *él*
Seamos *nosotros*
Sed *vosotros*
Sean *ellos*

VERBOS REGULARES

A M A R

MODO INDICATIVO

FORMAS SIMPLES

Presente

Yo amo
Tú amas
Él ama
Nosotros amamos
Vosotros amáis
Ellos aman

Pretérito imperfecto

Yo amaba
Tú amabas
Él amaba
Nosotros amábamos
Vosotros amabais
Ellos amaban

Pretérito indefinido

Yo amé
Tú amaste
Él amó
Nosotros amamos
Vosotros amasteis
Ellos amaron

Futuro imperfecto

Yo amaré
Tú amarás
Él amará
Nosotros amaremos
Vosotros amaréis
Ellos amarán

FORMAS COMPUESTAS

Pretérito perfecto

Yo he amado
Tú has amado
Él ha amado
Nosotros hemos amado
Vosotros habéis amado
Ellos han amado

Pretérito pluscuamperfecto

Yo había amado
Tú habías amado
Él había amado
Nosotros habíamos amado
Vosotros habíais amado
Ellos habían amado

Pretérito anterior

Yo hube amado
Tú hubiste amado
Él hubo amado
Nosotros hubimos amado
Vosotros hubisteis amado
Ellos hubieron amado

Futuro perfecto

Yo habré amado
Tú habrás amado
Él habrá amado
Nosotros habremos amado
Vosotros habréis amado
Ellos habrán amado

MODO POTENCIAL

Simple o imperfecto

Yo amaría
Tú amarías
Él amaría
Nosotros amaríamos
Vosotros amaríais
Ellos amarían

Compuesto o perfecto

Yo habría amado
Tú habrías amado
Él habría amado
Nosotros habríamos amado
Vosotros habríais amado
Ellos habrían amado

MODO SUBJUNTIVO

FORMAS SIMPLES

Presente

Yo ame
Tú ames
Él ame
Nosotros amemos
Vosotros améis
Ellos amen

Pretérito imperfecto

Yo amara *o* amase
Tú amaras *o* amases
Él amara *o* amase
Nosotros amáramos *o* amásemos
Vosotros amarais *o* amaseis
Ellos amaran *o* amasen

Futuro imperfecto

Yo amare
Tú amares
Él amare
Nosotros amáremos
Vosotros amareis
Ellos amaren

FORMAS COMPUESTAS

Pretérito perfecto

Yo haya amado
Tú hayas amado
Él haya amado
Nosotros hayamos amado
Vosotros hayáis amado
Ellos hayan amado

Pretérito pluscuamperfecto

Yo hubiera *o* hubiese amado
Tú hubieras *o* hubieses amado
Él hubiera *o* hubiese amado
Nosotros hubiéramos *o* hubiésemos amado
Vosotros hubierais *o* hubieseis amado
Ellos hubieran *o* hubiesen amado

Futuro perfecto

Yo hubiere amado
Tú hubieres amado
Él hubiere amado
Nosotros hubiéremos amado
Vosotros hubiereis amado
Ellos hubieren amado

MODO IMPERATIVO

Presente

Ama *tú*
Ame *él*
Amemos *nosotros*
Amad *vosotros*
Amen *ellos*

Infinitivo amar
Gerundio amando
Participio amado

T E M E R

Infinitivo temer
Gerundio temiendo
Participio temido

MODO INDICATIVO

FORMAS SIMPLES

Presente

Yo temo
Tú temes
Él teme
Nosotros tememos
Vosotros teméis
Ellos temen

Pretérito imperfecto

Yo temía
Tú temías
Él temía
Nosotros temíamos
Vosotros temíais
Ellos temían

Pretérito indefinido

Yo temí
Tú temiste
Él temió
Nosotros temimos
Vosotros temisteis
Ellos temieron

Futuro imperfecto

Yo temeré
Tú temerás
Él temerá
Nosotros temeremos
Vosotros temeréis
Ellos temerán

FORMAS COMPUESTAS

Pretérito perfecto

Yo he temido
Tú has temido
Él ha temido
Nosotros hemos temido
Vosotros habéis temido
Ellos han temido

Pretérito pluscuamperfecto

Yo había temido
Tú habías temido
Él había temido
Nosotros habíamos temido
Vosotros habíais temido
Ellos habían temido

Pretérito anterior

Yo hube temido
Tú hubiste temido
Él hubo temido
Nosotros hubimos temido

Vosotros hubisteis temido
Ellos hubieron temido

Futuro perfecto

Yo habré temido
Tú habrás temido
Él habrá temido
Nosotros habremos temido
Vosotros habréis temido
Ellos habrán temido

MODO POTENCIAL

Simple o imperfecto

Yo temería
Tú temerías
Él temería
Nosotros temeríamos
Vosotros temeríais
Ellos temerían

Compuesto o perfecto

Yo habría temido
Tú habrías temido
Él habría temido
Nosotros habríamos temido
Vosotros habríais temido
Ellos habrían temido

MODO SUBJUNTIVO

FORMAS SIMPLES

Presente

Yo tema
Tú temas
Él tema
Nosotros temamos
Vosotros temáis
Ellos teman

Pretérito imperfecto

Yo temiera *o* temiese
Tú temieras *o* temieses
Él temiera *o* temiese
Nosotros temiéramos *o* temiésemos
Vosotros temierais *o* temieseis
Ellos temieran *o* temiesen

Futuro imperfecto

Yo temiere
Tú temieres
Él temiere
Nosotros temiéremos
Vosotros temiereis
Ellos temieren

FORMAS COMPUESTAS

Pretérito perfecto

Yo haya temido
Tú hayas temido
Él haya temido
Nosotros hayamos temido
Vosotros hayáis temido
Ellos hayan temido

Pretérito pluscuamperfecto

Yo hubiera *o* hubiese temido
Tú hubieras *o* hubieses temido
Él hubiera *o* hubiese temido
Nosotros hubiéramos *o* hubiésemos temido
Vosotros hubierais *o* hubieseis temido
Ellos hubieran *o* hubiesen temido

Futuro perfecto

Yo hubiere temido
Tú hubieres temido
Él hubiere temido
Nosotros hubiéremos temido
Vosotros hubiereis temido
Ellos hubieren temido

MODO IMPERATIVO

Presente

Teme *tú*
Tema *él*
Temamos *nosotros*
Temed *vosotros*
Teman *ellos*

PARTIR

Infinitivo partir
Gerundio partiendo
Participio partido

MODO INDICATIVO

FORMAS SIMPLES

Presente

Yo parto
Tú partes
Él parte
Nosotros partimos
Vosotros partís
Ellos parten

Pretérito imperfecto

Yo partía
Tú partías
Él partía
Nosotros partíamos
Vosotros partíais
Ellos partían

Pretérito indefinido

Yo partí
Tú partiste
Él partió
Nosotros partimos
Vosotros partisteis
Ellos partieron

Futuro imperfecto

Yo partiré
Tú partirás
Él partirá
Nosotros partiremos
Vosotros partiréis
Ellos partirán

FORMAS COMPUESTAS

Pretérito perfecto

Yo he partido
Tú has partido
Él ha partido
Nosotros hemos partido
Vosotros habéis partido
Ellos han partido

Pretérito pluscuamperfecto

Yo había partido
Tú habías partido
Él había partido
Nosotros habíamos partido
Vosotros habíais partido
Ellos habían partido

Pretérito anterior

Yo hube partido
Tú hubiste partido
Él hubo partido
Nosotros hubimos partido
Vosotros hubisteis partido
Ellos hubieron partido

Futuro perfecto

Yo habré partido
Tú habrás partido
Él habrá partido
Nosotros habremos partido
Vosotros habréis partido
Ellos habrán partido

MODO POTENCIAL

Simple o imperfecto

Yo partiría
Tú partirías
Él partiría
Nosotros partiríamos
Vosotros partiríais
Ellos partirían

Compuesto o perfecto

Yo habría partido
Tú habrías partido
Él habría partido
Nosotros habríamos partido
Vosotros habríais partido
Ellos habrían partido

MODO SUBJUNTIVO

FORMAS SIMPLES

Presente

Yo parta
Tú partas
Él parta
Nosotros partamos
Vosotros partáis
Ellos partan

Pretérito imperfecto

Yo partiera *o* partiese
Tú partieras *o* partieses
Él partiera *o* partiese
Nosotros partiéramos *o* partiésemos
Vosotros partierais *o* partieseis
Ellos partieran *o* partiesen

Futuro imperfecto

Yo partiere
Tú partieres
Él partiere
Nosotros partiéremos
Vosotros partiereis
Ellos partieren

FORMAS COMPUESTAS

Pretérito perfecto

Yo haya partido
Tú hayas partido
Él haya partido
Nosotros hayamos partido
Vosotros hayáis partido
Ellos hayan partido

Pretérito pluscuamperfecto

Yo hubiera *o* hubiese partido

Tú hubieras *o* hubieses partido
Él hubiera *o* hubiese partido
Nosotros hubiéramos *o* hubiésemos partido
Vosotros hubierais *o* hubieseis partido
Ellos hubieran *o* hubiesen partido

Futuro perfecto

Yo hubiere partido
Tú hubieres partido
Él hubiere partido
Nosotros hubiéremos partido
Vosotros hubiereis partido
Ellos hubieren partido

MODO IMPERATIVO

Presente

Parte *tú*
Parta *él*
Partamos *nosotros*
Partid *vosotros*
Partan *ellos*

VERBOS IRREGULARES

A

abastecer. — Se conjuga como *parecer.*
abnegarse. — Como *comenzar.*
abolir. — Defectivo. Sólo se conjuga en los tiempos y personas cuya terminación tiene una i. *Ind. pres.:* abolimos, abolís; *Pret. imperf.:* abolía, abolías, etc.; *Pret. indef.:* abolí, aboliste, abolió, etc.; *Fut.:* aboliré, abolirás, etc.; *Pot. simple:* aboliría, abolirías, etc.; *Imper.:* abolid; *Subj. pres.:* (no existe); *Imperf. subj.:* aboliera, etc., *o* aboliese, etc.; *Fut. subj.:* aboliere, etc.; *Ger.:* aboliendo; *Part.:* abolido.
aborrecer. — Como *parecer.*
absolver. — Como *volver.*
abstenerse. — Como *tener.*
abstraer o **abstraerse.** — Como *tener.*
acaecer. — Defectivo. Como *parecer.*
acertar. — Como *comenzar.*
acollar. — Como *contar.*
acontecer. — Defectivo impers. Como *parecer.*
acordar. — Como *contar.*
acostar. — Como *contar.*
acrecentar. — Como *comenzar.*
acrecer. — Como *nacer.*
adherir. — Como *sentir.*
adolecer. — Como *parecer.*
adormecer. — Como *parecer.*
adquirir. — *Ind. pres.:* adquiero, adquieres, etc.; *Subj. pres.:* adquiera, adquiramos, adquiráis, etc.; *Imper.:* adquiere, adquiera, etc. (Los demás tiempos son regulares.)
aducir. — *Ind. pres.:* aduzco, aduces, aducís, etc.; *Pret. indef.:* adujimos, adujisteis, etc.; *Imper.:* aduce, aduzca, aducid, etc.; *Subj. pres.:* aduzca, aduzcas, aduzcáis, etc.; *Imperf. subj.:* adujera, etc., *o* adujese, etc.; *Fut. subj.:* adujere, etc.; *Ger.:* aduciendo; *Part.:* aducido.
advenir. — Como *venir.*
advertir. — Como *sentir.*
aferrar. — Como *cerrar.*
afluir. — Como *huir.*
aforar. — Como *agorar.*
agorar. — Como *contar* (las formas con diptongo llevan una diéresis).
agradecer. — Como *parecer.*
agredir. — Como *abolir.*
aguerrir. — Como *abolir.*
alentar. — Como *comenzar.*
aliquebrar. — Como *comenzar.*
almorzar. — Como *contar.*
amanecer. — Como *parecer* (impers., se conjuga sólo en tercera persona).
amarillecer. — Como *parecer.*
amolar. — Como *contar.*
amortecer. — Como *parecer.*
amover. — Como *mover.*
andar. — *Ind. pret. indef.:* anduve, anduviste, anduvo, anduvimos, anduvisteis, anduvieron; *Imperf. subj.:* anduviera, etc., *o* anduviese, etc.; *Fut. subj.:* anduviere, etc.
anochecer. — Defectivo impers. Como *parecer.*
antedecir. — Como *decir.*
anteponer. — Como *poner.*
apacentar. — Como *comenzar.*
aparecer. — Como *parecer.*
apetecer. — Como *parecer.*
apostar. — Como *contar* (con el sentido de "hacer una apuesta").
apretar. — Como *comenzar.*
aprobar. — Como *contar.*
arborecer. — Como *parecer.*
argüir. — Como *huir.*
arrecir o **arrecirse.** — Defectivo. Como *abolir.*
arrendar. — Como *comenzar.*
arrepentirse. — Como *sentir.*
ascender. — Como *hender.*
asentar. — Como *comenzar.*
asentir. — Como *sentir.*
aserrar. — Como *comenzar.*
asir. — *Ind. pres.:* asgo, ases, asimos, asís, etc.; *Imper.:* ase, asga, asgamos, asid, etc.; *Subj. pres.:* asga, asgas, asgáis, etc.
asolar. — Como *contar.*
astreñir. — Como *teñir.*
astriñir. — Como *gruñir.*
atañer. — Defectivo. Como *tañer.*
atender. — Como *hender.*
atenerse. — Como *tener.*
aterirse. — Defectivo. Como *abolir.*
aterrar. — Como *comenzar* (excepto el sentido de "causar terror").
atestar. — Como *comenzar* (con el sentido de "llenar").
atraer. — Como *traer.*
atravesar. — Como *confesar.*
atribuir. — Como *huir.*
atronar. — Como *contar.*
avenir. — Como *venir.*
aventar. — Como *comenzar.*
avergonzar o **avergonzarse.** — Como *contar.*
azolar. — Como *contar.*

B

balbucir. — Defectivo. Como *abolir.*
beldar. — Como *comenzar.*
bendecir. — Como *decir.*
bienquerer. — Como *querer.*
blandir. — Defectivo. Como *abolir.*
blanquecer. — Como *parecer.*
bruñir. — Como *mullir.*
bullir. — Como *mullir.*

C

caber. — *Ind. pres.:* quepo, cabes, cabe, cabéis, etc.; *Pret. indef.:* cupe, cupiste, cupo, cupieron; *Fut.:* cabré, cabrás, cabréis, etc.; *Pot. simple:* cabría, cabrías, etc.; *Imper.:* cabe, quepa, quepamos, etc.; *Subj. pres.:* quepa, quepas, quepáis, etc.; *Imperf. subj.:* cupiera, etc., *o* cupiese, etc.; *Fut. subj.:* cupiere, etc.
caer. — *Ind. pres.:* caigo; *Subj. pres.:* caiga, caigas, caiga, caigamos, caigáis, caigan.
calentar. — Como *comenzar.*
carecer. — Como *parecer.*
cegar. — Como *comenzar.*
ceñir. — Como *teñir.*
cerner. — Como *hender.*
cernir. — Como *discernir.*
cerrar. — Como *comenzar.*
cimentar. — Como *comenzar.*
circuir. — Como *huir.*
circunferir. — Como *sentir.*
clarecer. — Defectivo impers. Como *parecer.*
coadquirir. — Como *adquirir.*
cocer. — *Ind. pres.:* cuezo, cueces, cuece, etc.; *Subj. pres.:* cueza, cuezas, cueza, etc.; *Imper.:* cuece, cueza, cozamos, etc.
colar. — Como *contar.*
colegir. — Como *pedir.*
colgar. — Como *contar.*
colorir. — Como *abolir.*
comedirse. — Como *pedir.*
comenzar. — *Ind. pres.:* comienzo, comienzas, comienza, comenzamos, etc.; *Subj. pres.:* comience, comiences, comencemos, etc.; *Imper.:* comienza, comience, comencemos, etc.
compadecer. — Como *conocer.*
comparecer. — Como *parecer.*
competir. — Como *pedir.*
complacer. — Como *parecer.*
componer. — Como *poner.*
comprobar. — Como *contar.*
concebir. — Como *pedir.*
concernir. — Defectivo impers. *Ind. pres.:* concierne, conciernen; *Subj. pres.:* concierna, etc; *Imper.:* concierna, conciernan; *Ger.:* concerniendo.
concertar. — Como *comenzar.*
concluir. — Como *huir.*
concordar. — Como *contar.*

condescender. — Como *hender.*
condolerse. — Como *volver.*
conducir. — Como *aducir.*
conferir. — Como *sentir.*
confesar. — Como *comenzar.*
confluir. — Como *huir.*
conmover. — Como *mover.*
conocer. — *Ind. pres.:* conozco, etc.; *Imper.:* conoce, conozca, conozcamos, conozcan; *Subj. pres.:* conozca, conozcas, conozcan.
conseguir. — Como *pedir.*
consentir. — Como *sentir.*
consolar. — Como *contar.*
constituir. — Como *huir.*
constreñir. — Como *teñir.*
construir. — Como *huir.*
contar. — *Ind. pres.:* cuento, cuentas, cuenta, contamos, contáis, cuentan; *Subj. pres.:* cuente, cuentes, cuente, contemos, etc.
contender. — Como *hender.*
contener. — Como *tener.*
contradecir. — Como *decir.*
contraer. — Como *traer.*
contrahacer. — Como *hacer.*
contraponer. — Como *poner.*
contravenir. — Como *venir.*
contribuir. — Como *huir.*
controvertir. — Como *sentir.*
convalecer. — Como *parecer.*
convenir. — Como *venir.*
convertir. — Como *sentir.*
corregir. — Como *regir.*
corroer. — Como *roer.*
costar. — Como *contar.*
crecer. — Como *parecer.*
creer. — Como *poseer.*

D

dar. — *Ind. pres.:* doy, das, dais, etc.; *Pret. indef.:* di, diste, dio, disteis, etc.; *Imperf. subj.:* diera, etc., *o* diese, etc.; *Fut. subj.:* diere, dieres, etc.
decaer. — Como *caer.*
decentar. — Como *comenzar.*
decir. — *Ind. pres.:* digo, dices, dice, decimos, decís, dicen; *Pret. indef.:* dije, dijiste, dijo, etc.; *Fut.:* diré, dirás, diréis, etc.; *Subj. pres.:* diga, digas, digáis, etc.; *Imperf. subj.:* dijera, etc., *o* dijese, etc.; *Fut.:* dijere, etc.; *Pot. simple:* diría, dirías, etc.; *Imper.:* di, diga, digamos, decid, etc.; *Ger.:* diciendo; *Part.:* dicho.
decrecer. — Como *parecer.*
deducir. — Como *aducir.*
defender. — Como *hender.*
deferir. — Como *sentir.*
degollar. — Como *contar.*
demoler. — Como *volver.*
demostrar. — Como *contar.*
denegar. — Como *comenzar.*
denostar. — Como *contar.*
dentar. — Como *comenzar.*
deponer. — Como *poner.*
derretir. — Como *pedir.*
derruir. — Como *huir.*
desacertar. — Como *comenzar.*
desacordar. — Como *contar.*
desadormecer. — Como *parecer.*
desaferrar. — Como *cerrar.*
desaforar. — Como *contar.*
desagradecer. — Como *parecer.*
desalentar. — Como *comenzar.*
desandar. — Como *andar.*
desaparecer. — Como *parecer.*
desapretar. — Como *comenzar.*
desaprobar. — Como *contar.*
desarrendar. — Como *comenzar.*
desasir. — Como *asir.*
desasosegar. — Como *comenzar.*
desatender. — Como *hender.*
desavenir. — Como *venir.*
desbravecer. — Como *parecer.*
descaecer. — Como *parecer.*
descender. — Como *hender.*
descolgar. — Como *contar.*
descolorir. — Como *abolir.*
descollar. — Como *contar.*
descomedirse. — Como *pedir.*
descomponer. — Como *poner.*
desconcertar. — Como *comenzar.*
desconocer. — Como *conocer.*
desconsolar. — Como *contar.*
descontar. — Como *contar.*
desconvenir. — Como *venir.*
descordar. — Como *contar.*
descornar. — Como *contar.*
desdecir. — Como *decir.*
desdentar. — Como *comenzar.*
desembravecer. — Como *parecer.*
desempedrar. — Como *comenzar.*
desenfurecer. — Como *parecer.*
desenmohecer. — Como *parecer.*
desenmudecer. — Como *parecer.*
desensoberbecer. — Como *parecer.*
desentenderse. — Como *hender.*
desenterrar. — Como *comenzar.*
desentorpecer. — Como *parecer.*
desenvolver. — Como *volver.*
desfallecer. — Como *parecer.*
desfavorecer. — Como *parecer.*
desgobernar. — Como *comenzar.*
desguarnecer. — Como *parecer.*
deshacer. — Como *hacer.*
deshelar. — Como *comenzar.*
desherbar. — Como *comenzar.*
desherrar. — Como *comenzar.*
deshumedecer. — Como *parecer.*
desleír. — Como *reír.*
deslucir. — Como *lucir.*
desmedirse. — Como *pedir.*
desmembrar. — Como *comenzar.*
desmentir. — Como *sentir.*
desmerecer. — Como *parecer.*
desobedecer. — Como *parecer.*
desobstruir. — Como *huir.*
desoír. — Como *oír.*
desolar. — Como *contar.*
desollar. — Como *contar.*
desosar. — *Ind. pres.:* deshueso, deshuesas, deshuesa, etc.; *Imper.:* deshuesa, deshuese, etc.; *Subj. pres.:* deshuese, deshueses, etc.
despavorirse. — Como *abolir.*
despedir. — Como *pedir.*
desperecer. — Como *parecer.*
despernar. — Como *comenzar.*
despertar. — Como *comenzar.*
desplacer. — Como *placer.*
desplegar. — Como *comenzar.*
despoblar. — Como *contar.*
desteñir. — Como *teñir.*
desterrar. — Como *comenzar.*
destituir. — Como *huir.*
destorcer. — Como *torcer.*
destrocar. — Como *contar.*
destruir. — Como *huir.*
desvanecer. — Como *parecer.*
desvergonzarse. — Como *contar.*
desvestir. — Como *pedir.*
detener. — Como *tener.*
detraer. — Como *traer.*
devenir. — Como *venir.*
devolver. — Como *volver.*
diferir. — Como *sentir.*
difluir. — Como *huir.*
digerir. — Como *sentir.*
diluir. — Como *huir.*
discernir. — *Ind. pres.:* discierno, disciernes, discierne, discernimos, discernís, disciernen; *Subj. pres.:* discierna, disciernas, discernamos, etc.; *Imper.:* discierne, discierna, discernid, etc.
disconvenir. — Como *venir.*
discordar. — Como *contar.*
disentir. — Como *sentir.*
disminuir. — Como *huir.*
disolver. — Como *volver.*
disonar. — Como *contar.*
displacer. — Como *nacer.*
disponer. — Como *poner.*
distender. — Como *hender.*
distraer. — Como *traer.*
distribuir. — Como *huir.*
divertir. — Como *sentir.*
dolar. — Como *contar.*
doler. — Como *volver.*
dormir. — *Ind. pres.:* duermo, duermes, duerme, dormís, etc.; *Pret. indef.:* dormí, dormiste, durmió, durmieron; *Imper.:* duerme, duerma, durmamos, dormid, etc.; *Subj. pres.:* duerma, etc.; *Imperf. subj.:* durmiera, etc., *o* durmiese, etc.; *Fut. subj.:* durmiere, etc.; *Ger.:* durmiendo.

E

eflorecerse. — Como *parecer.*
elegir. — Como *pedir.*
embastecer. — Como *parecer.*
embebecer. — Como *parecer.*
embellecer. — Como *parecer.*
embestir. — Como *pedir.*
emblanquecer. — Como *parecer.*
embobecer. — Como *parecer.*
embravecer. — Como *parecer.*
embrutecer. — Como *parecer.*
emparentar. — Como *comenzar.*
empecer. — Como *parecer.*

empedernir. — Defectivo. Como *abolir*.
empedrar. — Como *comenzar*.
empequeñecer. — Como *parecer*.
empezar. — Como *comenzar*.
emplastecer. — Como *parecer*.
emplumecer. — Como *parecer*.
empobrecer. — Como *parecer*.
enaltecer. — Como *parecer*.
enardecer. — Como *parecer*.
encalvecer. — Como *parecer*.
encallecer. — Como *parecer*.
encandecer. — Como *parecer*.
encanecer. — Como *parecer*.
encarecer. — Como *parecer*.
encarnecer. — Como *parecer*.
encender. — Como *hender*.
encerrar. — Como *comenzar*.
enclocar. — Como *contar*.
encloquecer. — Como *parecer*.
encomendar. — Como *comenzar*.
encontrar. — Como *contar*.
encordar. — Como *contar*.
encrudecer. — Como *parecer*.
endentar. — Como *comenzar*.
endurecer. — Como *parecer*.
enflaquecer. — Como *parecer*.
enfurecer. — Como *parecer*.
engrandecer. — Como *parecer*.
engreír. — Como *reír*.
engrosar. — Como *contar*.
engrumecerse. — Como *parecer*.
engullir. — Como *mullir*.
enhestar. — Como *comenzar*.
enlobreguecer. — Como *parecer*.
enloquecer. — Como *parecer*.
enlucir. — Como *lucir*.
enmarillecerse. — Como *parecer*.
enmelar. — Como *comenzar*.
enmendar. — Como *comenzar*.
enmohecer. — Como *parecer*.
enmollecer. — Como *parecer*.
enmudecer. — Como *parecer*.
ennegrecer. — Como *parecer*.
ennoblecer. — Como *parecer*.
enorgullecer. — Como *parecer*.
enrarecer. — Como *parecer*.
enriquecer. — Como *parecer*.
enrocar. — Como *contar* (con el sentido de "hacer girar el copo").
enrojecer. — Como *parecer*.
enronquecer. — Como *parecer*.
ensandecer. — Como *parecer*.
ensangrentar. — Como *comenzar*.
ensoberbecer. — Como *parecer*.
ensordecer. — Como *parecer*.
entallecer. — Como *parecer*.
entender. — Como *hender*.
entenebrecer. — Como *parecer*.
enternecer. — Como *parecer*.
enterrar. — Como *comenzar*.
entontecer. — Como *parecer*.
entorpecer. — Como *parecer*.
entrecerrar. — Como *comenzar*.
entrelucir. — Como *lucir*.
entreoír. — Como *oír*.
entretener. — Como *tener*.
entrever. — Como *ver*.
entristecer. — Como *parecer*.
entullecer. — Como *parecer*.
entumecer. — Como *parecer*.
envanecer. — Como *parecer*.
envejecer. — Como *parecer*.
enverdecer. — Como *parecer*.
envilecer. — Como *parecer*.
envolver. — Como *volver*.
equivaler. — Como *valer*.
erguir. — *Ind. pres.:* irgo *o* yergo, irgues *o* yergues, irgue *o* yergue, erguimos, erguís, irguen *o* yerguen; *Pret. indef.:* erguí, erguiste, irguió, erguimos, erguisteis, irguieron; *Imper.:* irgue *o* yergue, irga *o* yerga, irgamos, etc.; *Subj. pres.:* irga *o* yerga, irgas *o* yergas, irga *o* yerga, irgamos, etc.; *Imperf. subj.:* irguiera, etc., *o* irguiese, etc.; *Fut. subj.:* irguiere, etc.; *Ger.:* irguiendo.
errar. — *Ind. pres.:* yerro, yerras, yerra, etc.; *Subj. pres.:* yerre, yerres, etc.; *Imperf.:* yerra, yerre, erremos, etc.
escabullirse. — Como *mullir*.
escarmentar. — Como *comenzar*.
escarnecer. — Como *parecer*.
esclarecer. — Como *parecer*.
escocer. — Como *parecer*.
establecer. — Como *parecer*.
estar. — *Ind. pres.:* estoy, estás, etc.; *Pret. indef.:* estuve, estuviste, estuvo, estuvimos, etc.; *Imper.:* está, esté, etc.; *Subj. pres.:* esté, estés, etc.; *Imperf. subj.:* estuviera, etc., *o* estuviese, etc.; *Fut. subj.:* estuviere, etc.
estatuir. — Como *huir*.
estregar. — Como *comenzar*.
estremecer. — Como *parecer*.
estreñir. — Como *teñir*.
excluir. — Como *huir*.
expedir. — Como *pedir*.
exponer. — Como *poner*.
extender. — Como *hender*.
extraer. — Como *traer*.

F

fallecer. — Como *parecer*.
favorecer. — Como *parecer*.
fenecer. — Como *parecer*.
florecer. — Como *parecer*.
fluir. — Como *huir*.
fortalecer. — Como *parecer*.
forzar. — Como *contar*.
fosforecer. — Como *parecer*.
fregar. — Como *comenzar*.
freír. — Como *reír*.

G

gañir. — Como *tañer*.
garantir. — Defectivo. Como *abolir*.
gemir. — Como *pedir*.
gobernar. — Como *comenzar*.
gruñir. — *Pret. indef.:* gruñí, gruñiste, etc.; *Imperf. subj.:* gruñera, etc., *o* gruñese, etc.; *Fut. subj.:* gruñere, etc.; *Ger.:* gruñendo.
guarecer. — Como *parecer*.
guarnecer. — Como *parecer*.

H

haber. — V. *conjugación*, en la pág.827del *Compendio de gramática*.
hacendar. — Como *comenzar*.
hacer. — *Ind. pres.:* hago, haces, hace, etc.; *Pret. indef.:* hice, hiciste, hizo, etc.; *Fut.:* haré, harás, hará, haremos, etc.; *Imper.:* haz, haga, hagamos, etc.; *Pot. simple:* haría, harías, etc.; *Subj. pres.:* haga, hagas, etc.; *Imperf. subj.:* hiciera, etc., *o* hiciese, etc.; *Fut. subj.:* hiciere, etc.; *Ger.:* haciendo; *Part.:* hecho.
heder. — Como *hender*.
helar. — Como *comenzar*.
henchir. — *Ind. pres.:* hincho, hinches, hinche, henchimos, henchís, etc.; *Pret. indef.:* henchí, henchiste, hinchió, etc.; *Imper.:* hinche, hincha, henchid, etc.; *Subj. pres.:* hincha, hinchas, etc.; *Imperf. subj.:* hinchiera, etc., *o* hinchiese, etc.; *Fut. subj.:* hinchiere, etc.; *Ger.:* hinchiendo.
hender. — *Ind. pres.:* hiendo, hiendes, hiende, hendemos, hendéis, hienden; *Imper.:* hiende, hienda, hendamos, etc.; *Subj. pres.:* hienda, hiendas, etc.
hendir. — Como *sentir*.
herbar. — Como *comenzar*.
herbecer. — Como *parecer*.
herir. — Como *sentir*.
herrar. — Como *comenzar*.
hervir. — Como *sentir*.
holgar. — Como *contar*.
hollar. — Como *contar*.
huir. — *Ind. pres.:* huyo, huyes, huye, huimos, huís, huyen; *Pret. indef.:* huí, huíste, huyó, etc.; *Imper.:* huye, huya, huid, etc.; *Subj. pres.:* huya, huyas, huya, etc.
humedecer. — Como *parecer*.

I

imbuir. — Como *huir*.
impedir. — Como *pedir*.
imponer. — Como *poner*.
incensar. — Como *comenzar*.
incluir. — Como *huir*.
indisponer. — Como *poner*.
inducir. — Como *aducir*.
inferir. — Como *sentir*.
influir. — Como *huir*.
ingerir. — Como *sentir*.
inhestar. — Como *comenzar*.
injerir. — Como *sentir*.
inquirir. — Como *adquirir*.
instituir. — Como *huir*.
instruir. — Como *huir*.
interferir. — Como *sentir*.
interponer. — Como *poner*.
intervenir. — Como *venir*.
introducir. — Como *aducir*.
intuir. — Como *huir*.
invernar. — Como *comenzar*.

invertir. — Como *sentir.*
investir. — Como *pedir.*
ir. — *Ind. pres.:* voy, vas, va, vamos, vais, van; *Pret. indef.:* fui, fuiste, fue, etc.; *Pret. imperf.:* iba, ibas, etc.; *Imper.:* ve, vaya, vayamos, id, vayan; *Subj. pres.:* vaya, vayas, etc.; *Imperf. subj.:* fuera, etc., *o* fuese, etc.; *Fut. subj.:* fuere, fueres, fuere, fuéremos, etc.; *Ger.:* yendo; *Part.:* ido.

J

jugar. — Como *contar.*

L

languidecer. — Como *parecer.*
licuefacer. — Como *hacer.*
lividecer. — Como *parecer.*
lobreguecer. — Como *parecer* (impers.).
lucir. — *Ind. pres.:* luzco, luces, luce, etc.; *Imper.:* luce, luzca, luzcamos, lucid, etc.; *Subj. pres.:* luzca, luzcas, etc.

LL

llover. — Como *volver* (impers., se conjuga sólo en tercera persona).

M

maldecir. — Como *decir.*
malherir. — Como *sentir.*
malquerer. — Como *querer.*
maltraer. — Como *traer.*
mancornar. — Como *contar.*
manifestar. — Como *comenzar.*
manir. — Defectivo. Como *abolir.*
mantener. — Como *tener.*
medir. — Como *pedir.*
melar. — Como *comenzar.*
mentar. — Como *comenzar.*
mentir. — Como *sentir.*
merecer. — Como *parecer.*
merendar. — Como *comenzar.*
mohecer. — Como *parecer.*
moler. — Como *volver.*
morder. — Como *mover.*
morir. — Como *dormir.*
mostrar. — Como *contar.*
mover. — *Ind. pres.:* muevo, mueves, mueve, movemos, movéis, mueven; *Subj. pres.:* mueva, muevas, etc.; *Imper.:* mueve, mueva, movamos, etc.; *Ger.:* moviendo; *Part.:* movido.
mullir. — *Pret. indef.:* mullí, mulliste, mulló, etc.; *Imperf. subj.:* mullera, etc., *o* mullese, etc.; *Fut. subj.:* mullere, mulleres, etc.; *Ger.:* mullendo.

N

nacer. — *Ind. pres.:* nazco, naces, nace, etc.; *Subj. pres.:* nazca, nazcas, etc.; *Imper.:* nace, nazcamos, etc.
negar. — Como *comenzar.*
negrecer. — Como *parecer.*
nevar. — Como *comenzar* (impers., se conjuga sólo en tercera persona).

O

obedecer. — Como *parecer.*
obstruir. — Como *huir.*
obtener. — Como *tener.*
ocluir. — Como *huir.*
ofrecer. — Como *parecer.*
oír. — *Ind. pres.:* oigo, oyes, oye, oímos, oís, oyen; *Subj. pres.:* oiga, oigas, etc.; *Imper.:* oye, oiga; *Pret. indef.:* oí, oíste, oyó, etc.; *Ger.:* oyendo.
oler. — *Ind. pres.:* huelo, hueles, huele, olemos, oléis, huelen; *Subj. pres.:* huela, huelas, etc.; *Imper.:* huele, huela, olamos, oled, huelan.
oponer. — Como *poner.*
oscurecer. — Como *parecer.*

P

pacer. — Como *nacer.*
padecer. — Como *parecer.*
palidecer. — Como *parecer.*
parecer. — *Ind. pres.:* parezco, pareces, etc.; *Imper.:* parece, parezca, etc.; *Subj. pres.:* parezca, parezcas, etc.
pedir. — *Ind. pres.:* pido, pides, pide, pedimos, pedís, piden; *Pret. indef.:* pedí, pediste, pidió, etc.; *Imper.:* pide, pida, pidamos, etc.; *Subj. pres.:* pida, pidas, etc.; *Imperf. subj.:* pidiera, etc., *o* pidiese, etc.; *Fut. subj.:* pidiere, etc.; *Ger.:* pidiendo.
pensar. — Como *comenzar.*
perder. — Como *hender.*
perecer. — Como *parecer.*
permanecer. — Como *parecer.*
perniquebrar. — Como *comenzar.*
perquirir. — Como *adquirir.*
perseguir. — Como *pedir.*
pertenecer. — Como *parecer.*
pervertir. — Como *sentir.*
pimpollecer. — Como *parecer.*
placer. — *Ind. pres.:* plazco, places, place, etc.; *Pret. indef.:* plací, placiste, plació *o* plugo, placimos, placisteis, etc.; *Imper.:* place, plazca, placed, etc.; *Subj. pres.:* plazca, plazcas, plazca *o* plegue *o* plega, etc.; *Imperf. subj.:* placiera *o* placiese, etc., pluguiera *o* pluguiese, etc.; *Fut. subj.:* placiere, placieres, placiere *o* pluguiere, etc.
plañir. — Como *mullir.*
plastecer. — Como *parecer.*
plegar. — Como *comenzar.*
poblar. — Como *contar.*
poder. — *Ind. pres.:* puedo, puedes, puede, podemos, podéis, pueden; *Pret. indef.:* pude, pudiste, pudo, etc.; *Fut.:* podré, podrás, podrá, etc.; *Pot. simple:* podría, podrías, etc.; *Imper.:* puede, pueda, podamos, etc.; *Subj. pres.:* pueda, puedas, pueda, etc.; *Imperf. subj.:* pudiera, etc., *o* pudiese, etc.; *Ger.:* pudiendo.
poner. — *Ind. pres.:* pongo, pones, pone, etc.; *Pret. indef.:* puse, pusiste, puso, etc.; *Fut.:* pondré, pondrás, etc.; *Pot. simple:* pondría, pondrías, etc.; *Imper.:* pon, ponga, pongamos, etc.; *Subj. pres.:* ponga, pongas, etc.; *Imperf. subj.:* pusiera, etc., *o* pusiese, etc.; *Fut. subj.:* pusiere, etc.; *Ger.:* poniendo; *Part.:* puesto.
posponer. — Como *poner.*
predecir. — Como *decir.*
predisponer. — Como *poner.*
preferir. — Como *sentir.*
presentir. — Como *sentir.*
presuponer. — Como *poner.*
preterir. — Defectivo. Como *sentir.*
prevalecer. — Como *parecer.*
prevaler. — Como *valer.*
prevenir. — Como *venir.*
prever. — Como *ver.*
probar. — Como *contar.*
producir. — Como *aducir.*
proferir. — Como *sentir.*
promover. — Como *mover.*
proponer. — Como *poner.*
proseguir. — Como *pedir.*
prostituir. — Como *huir.*
provenir. — Como *venir.*

Q

quebrar. — Como *comenzar.*
querer. — *Ind. pres.:* quiero, quieres, quiere, queremos, queréis, quieren; *Pret. indef.:* quise, quisiste, quiso, etc.; *Fut.:* querré, querrás, querrá, etc.; *Imper.:* quiere, quiera, etc.; *Pot. simple:* querría, querrías, etc.; *Subj. pres.:* quiera, quieras, etc.; *Imperf. subj.:* quisiera, etc., *o* quisiese, etc.; *Fut. subj.:* quisiere, etc.

R

raer. — *Ind. pres.:* raigo *o* rayo, raes, etc.; *Imper.:* rae, raiga *o* raya, raigamos *o* rayamos, etc.; *Subj. pres.:* raiga *o* raya, raigas *o* rayas, etc.
rarefacer. — Como *hacer.*
reaparecer. — Como *parecer.*
reargüir. — Como *huir.*
reblandecer. — Como *parecer.*
rebullir. — Como *mullir.*
recaer. — Como *caer.*
recalentar. — Como *comenzar.*
recentar. — Como *comenzar.*
recluir. — Como *huir.*
recocer. — Como *cocer.*
recolar. — Como *contar.*
recomendar. — Como *comenzar.*
recomponer. — Como *poner.*
reconducir. — Como *aducir.*
reconocer. — Como *conocer.*
reconstituir. — Como *huir.*
reconstruir. — Como *huir.*
recontar. — Como *contar.*
reconvalecer. — Como *parecer.*

reconvenir. — Como *venir.*
reconvertir. — Como *sentir.*
recordar. — Como *contar.*
recostar. — Como *contar.*
recrecer. — Como *parecer.*
recrudecer. — Como *parecer.*
redargüir. — Como *huir.*
reducir. — Como *aducir.*
reelegir. — Como *pedir.*
reexpedir. — Como *pedir.*
referir. — Como *sentir.*
reflorecer. — Como *parecer.*
refluir. — Como *huir.*
reforzar. — Como *contar.*
refregar. — Como *comenzar.*
refreír. — Como *reir.*
regar. — Como *comenzar.*
regimentar. — Como *comenzar.*
regir. — Como *pedir.*
reguarnecer. — Como *parecer.*
rehacer. — Como *hacer.*
rehenchir. — Como *henchir.*
rehervir. — Como *sentir.*
rehuir. — Como *huir.*
rehumedecer. — Como *parecer.*
reír. — *Ind. pres.:* río, ríes, ríe, reímos, reís, ríen; *Pret. indef.:* reí, reíste, rió, etc.; *Imper.:* ríe, ría, etc.; *Subj. pres.:* ría, rías, ría, riamos, etc.; *Imperf. subj.:* riera, etc., *o* riese, etc.; *Fut. subj.:* riere, etc.; *Ger.:* riendo.
rejuvenecer. — Como *parecer.*
relucir. — Como *lucir.*
remedir. — Como *pedir.*
remendar. — Como *comenzar.*
remoler. — Como *volver.*
remorder. — Como *mover.*
remover. — Como *mover.*
remullir. — Como *mullir.*
renacer. — Como *nacer.*
rendir. — Como *pedir.*
renegar. — Como *comenzar.*
renovar. — Como *contar.*
reñir. — Como *teñir.*
repetir. — Como *pedir.*
replegar. — Como *comenzar.*
repoblar. — Como *contar.*
reponer. — Como *poner.*
reprobar. — Como *contar.*
reproducir. — Como *aducir.*
requebrar. — Como *comenzar.*
requerir. — Como *sentir.*
resembrar. — Como *comenzar.*
resentirse. — Como *sentir.*
resolver. — Como *volver.*
resollar. — Como *contar.*
resplandecer. — Como *parecer.*
restablecer. — Como *parecer.*
restituir. — Como *huir.*
restregar. — Como *comenzar.*
restriñir. — Como *teñir.*
retemblar. — Como *comenzar.*
retener. — Como *tener.*
retoñecer. — Como *parecer.*
retorcer. — Como *torcer.*
retostar. — Como *contar.*
retraducir. — Como *aducir.*
retraer. — Como *traer.*
retribuir. — Como *huir.*
retrotraer. — Como *traer.*
revejecer. — Como *parecer.*
reventar. — Como *comenzar.*
reverdecer. — Como *parecer.*
revertir. — Como *sentir.*
revestir. — Como *pedir.*
revolcar. — Como *contar.*
revolver. — Como *volver.*
robustecer. — Como *parecer.*
rodar. — Como *contar.*
roer. — *Ind. pres.:* roo *o* roigo *o* royo, etc.; *Imper.:* roe, roa *o* roiga *o* roya, etc; *Subj. pres.:* roa, roas, etc., *o* roiga, roigas, etc., *o* roya, royas, etc.; *Ger.:* royendo.
rogar. — Como *contar.*

S

saber. — *Ind. pres.:* sé, sabes, sabe, etc.; *Pret. indef.:* supe, supiste, supo, etc.; *Fut.:* sabré, sabrás, sabrá, etc.; *Imper.:* sabe, sepa, sepamos, etc.; *Pot. simple:* sabría, sabrías, etc.; *Subj. pres.:* sepa, sepas, etc.; *Imperf. subj.:* supiera, etc., *o* supiese, etc.; *Fut. subj.:* supiere, etc.; *Ger.:* sabiendo; *Part.:* sabido.
salir. — *Ind. pres.:* salgo, sales, etc.; *Fut.:* saldré, saldrás, saldrá, etc.; *Imper.:* sal, salga, salgamos, etc.; *Pot. simple:* saldría, saldrías, etc.; *Subj. pres.:* salga, salgas, etc.; *Ger.:* saliendo; *Part.:* salido.
salpimentar. — Como *comenzar.*
salpullir. — Como *mullir.*
sarmentar. — Como *comenzar.*
sarpullir. — Como *mullir.*
satisfacer. — *Ind. pres.:* satisfago, satisfaces, satisface, etc; *Pret. indef.:* satisfice, satisficiste, satisfizo, etc.; *Fut.:* satisfaré, satisfarás, satisfará, etc.; *Imper.:* satisfaz *o* satisface, satisfaga, satisfagamos, etc.; *Pot. simple:* satisfaría, satisfarías, etc.; *Subj. pres.:* satisfaga, satisfagas, etc.; *Imperf. subj.:* satisficiera, etc., *o* satisficiese, etc.; *Fut. subj.:* satisficiere, etc.; *Part.:* satisfecho.
seducir. — Como *aducir.*
segar. — Como *comenzar.*
seguir. — Como *pedir.*
sembrar. — Como *comenzar.*
sentar. — Como *comenzar.*
sentir. — *Ind. pres.:* siento, sientes, siente, sentimos, sentís, sienten; *Pret. indef.:* sentí, sentiste, sintió, sentimos, sentisteis, sintieron; *Imper.:* siente, sienta, sintamos, etc.; *Subj. pres.:* sienta, sientas, etc.; *Imperf. subj.:* sintiera, etc., *o* sintiese, etc.; *Fut. subj.:* sintiere, etc.; *Ger.:* sintiendo.
ser. — V. *conjugación,* en la pág. 828del *Compendio de gramática.*
serrar. — Como *comenzar.*
servir. — Como *pedir.*
sobreentender o **sobrentender.** — Como *querer.*
sobreponer. — Como *poner.*
sobresalir. — Como *salir.*
sobresembrar. — Como *comenzar.*
sobrevivir. — Como *venir.*
sofreír. — Como *reír.*
solar. — Como *contar.*
soldar. — Como *contar.*
soler. — Defectivo. Como *mover.*
soltar. — Como *contar.*
sonar. — Como *contar.*
soñar. — Como *contar.*
sosegar. — Como *comenzar.*
sostener. — Como *tener.*
soterrar. — Como *comenzar.*
subarrendar. — Como *comenzar.*
subseguirse. — Como *pedir.*
substituir o **sustituir.** — Como *huir.*
substraer o **sustraer.** — Como *traer.*
subvenir. — Como *venir.*
sugerir. — Como *sentir.*
superponer. — Como *poner.*
suponer. — Como *poner.*

T

tañer. — *Pret. indef.* tañí, tañiste, tañó, etc.; *Imperf. subj.:* tañera, etc., *o* tañese, etc.; *Fut. subj.:* tañere, etc.; *Ger.:* tañendo; *Part.:* tañido.
temblar. — Como *comenzar.*
tender. — Como *hender.*
tener. — *Ind. pres.:* tengo, tienes, tiene, tenemos, tenéis, tienen; *Pret. indef.:* tuve, tuviste, tuvo, etc.; *Fut.:* tendré, tendrás, etc.; *Imper.:* ten, tenga, tengamos, etc.; *Pot. simple:* tendría, tendrías, etc.; *Subj. pres.:* tenga, tengas, etc.; *Imperf. subj.:* tuviera, etc., *o* tuviese, etc.; *Fut. subj.:* tuviere, etc.; *Ger.:* teniendo; *Part.* tenido.
tentar. — Como *comenzar.*
teñir. — *Ind. pres.:* tiño, tiñes, tiñe, teñimos, teñís, tiñen; *Pret. indef.:* teñí, teñiste, tiñó, etc.; *Imper.:* tiñe, tiña, etc.; *Subj. pres.:* tiña, tiñas, etc.; *Imperf. subj.:* tiñera, etc., *o* tiñese, etc.; *Fut. subj.:* tiñere, etc.; *Ger.:* tiñendo; *Part.:* teñido *o* tinto.
torcer. — *Ind. pres.:* tuerzo, tuerces, tuerce, etc.; *Imper.:* tuerce, tuerza, etc.; *Subj. pres.:* tuerza, tuerzas, etc.; *Ger.:* torciendo; *Part.:* torcido *o* tuerto.
tostar. — Como *contar.*
traducir. — Como *aducir.*
traer. — *Ind. pres.:* traigo, traes, trae, etc.; *Pret. indef.:* traje, trajiste, trajo, etc.; *Imper.:* trae, traiga, traigamos, etc.; *Subj. pres.:* traiga, traigas, etc.; *Imperf. subj.:* trajera, etc., *o* trajese, etc.; *Fut. subj.:* trajere, etc.; *Ger.:* trayendo; *Part.:* traído.
transferir. — Como *sentir.*
transgredir. — Defectivo. Como *abolir.*
transponer. — Como *poner.*
trascender. — Como *querer.*
trascolar. — Como *contar.*
trasegar. — Como *comenzar.*
traslucirse. — Como *lucir.*
trasoñar. — Como *soñar.*
trastocar. — Como *contar.*
trastrocar. — Como *contar.*
trasverter. — Como *hender.*
travestir. — Como *pedir.*
trocar. — Como *contar.*
tronar. — Como *contar.*
tropezar. — Como *comenzar.*

tullecer. — Como *parecer.*
tullir. — Como *mullir.*

V

valer. — *Ind. pres.:* valgo, vales, vale, etc.; *Fut.:* valdré, valdrás, valdrá, etc.; *Imper.:* vale, valga, valgamos, valed; *Pot. simple:* valdría, valdrías, etc.; *Subj. pres.:* valga, valgas, etc.; *Ger.:* valiendo; *Part.:* valido.
venir. — *Ind. pres.:* vengo, vienes, viene, venimos, venís, vienen; *Part. indef.:* vine, viniste, vino, etc.; *Fut.:* vendré, vendrás, etc.; *Imper.:* ven, venga, vengamos, etc.; *Pot. simple:* vendría, vendrías, etc.; *Subj. pres.:* venga, vengas, etc.; *Imperf. subj.:* viniera, etc., *o* viniese, etc.; *Fut. subj.:* viniere, etc.; *Ger.:* viniendo; *Part.:* venido.
ver. — *Ind. pres.:* veo, ves, ve, etc.; *Imperf.:* veía, veías, etc.; *Imper.:* ve, vea, etc.; *Subj. pres.:* vea, veas, etc.; *Ger.:* viendo; *Part.:* visto.
verdecer. — Como *parecer.*
verter. — Como *hender.*
vestir. — Como *pedir.*
volar. — Como *contar.*
volcar. — Como *contar.*
volver. — *Ind. pres.:* vuelvo, vuelves, vuelve, etc.; *Pret. indef.:* volví, volviste, etc.; *Imper.:* vuelve, vuelva, etc.; *Subj. pres.:* vuelva, vuelvas, etc.; *Ger.:* volviendo; *Part.:* vuelto.

Y

yacer. — *Ind. pres.:* yazco *o* yazgo *o* yago, yaces, yace, etc.; *Imper.:* yace *o* yaz, yazca *o* yaga, yazcamos *o* yazgamos, yaced, yazcan; *Ger.:* yaciendo; *Part.:* yacido.
yuxtaponer. — Como *poner.*

Z

zaherir. — Como *sentir.*
zambullir. — Como *mullir.*

Esta obra terminó de imprimirse en mayo de 1978, en los talleres de Offset Multicolor, Calz. de la Viga 1332, México 8, D. F.

Se tiraron 50 000 ejemplares

obras de Larousse en lengua española

Pequeño Larousse Ilustrado

por Ramón García-Pelayo y Gross

Realizado para los países de lengua castellana, registra con todo detalle los últimos cambios y novedades que se han producido en el léxico y la ortografía, así como en la historia, geografía, artes y ciencias. También contiene las tradicionales páginas de locuciones.

Un volumen encuadernado (14.5 X 21 cm), 1696 páginas, 60 000 artículos, 5 000 ilustraciones y 100 mapas en negro, 75 en color.

Pequeño Larousse de Ciencias y Técnicas

por Tomás de Galiana y Mingot

21.000 artículos, 2.400 ilustraciones, 8 láminas en color, el complemento ideal del Pequeño Larousse Ilustrado con el vocabulario técnico que no se encuentra en ningún diccionario.

Pequeño Larousse Español-Inglés English-Spanish

por Ramón García-Pelayo y Micheline Durand

El objetivo perseguido por este diccionario no es otro que el de servir de guía a todos aquellos que aprenden, traducen o enseñan castellano o inglés y que quieren conocer el genio de cada lengua o perfeccionarse en su práctica. Comprende 43 listas de vocabulario (economía, medicina, política, etc.) y dos compendios gramaticales. 14.5 X 21 cm de 2 000 páginas.

Larousse Escolar

620 páginas, 8 láminas en color, apéndice gramatical e histórico en cuadro recapitulativo de las principales figuras literarias del mundo hispano. Incluye un extenso vocabulario de Latino-América.

obras de Larousse en lengua española

Larousse Práctico

640 páginas, de pequeño formato para el alumno de primaria que necesita conocer el vocabulario más usual con los datos históricos de México más sobresalientes.

Enciclopedia Metódica Larousse

en 6 volúmenes

Especialmente concebida para los lectores de lengua castellana y de cultura hispanoamericana, la ENCICLOPEDIA METODICA LAROUSSE constituye, con sus seis volúmenes, toda una biblioteca completa y ecléctica que presenta la historia y el estado actual del saber y la actividad humanos en una serie de grandes tratados: Geografía, Historia, Música, Matemáticas, Física, Química, Ciencias Naturales, Bellas Artes, Mitologías, Religiones, Literatura, etcétera.

Encuadernados (21 X 30 cm), sobrecubierta en color, 2528 páginas, 3000 ilustraciones y mapas en negro, 116 láminas fuera de texto en negro y color, índice.

Pequeño Larousse en Color

por Ramón García-Pelayo y Gross

Esta nueva edición de lujo, enriquecida con una presentación y compaginación especiales, con ilustraciones a cuatro colores en cada página, contiene un vocabulario totalmente actualizado. La segunda parte, precedida de las famosas *páginas rosas,* está dedicada a la Historia, las Artes y las Ciencias prestando especial cuidado a los hombres, a las obras y a los sucesos de nuestro tiempo.

Un volumen (18 X 24 cm), 1564 páginas, 60 000 artículos, 7 000 ilustraciones, 245 mapas; encuadernación en guaflex gofrado con estampaciones en oro, sobrecubierta a todo color plastificada.

colección "SATURNE"

DICCIONARIO MODERNO LAROUSSE français-espagnol y español-francés

por Ramón García-Pelayo y Jean Testas

Un diccionario bilingüe es, sin duda alguna, un instrumento indispensable al hombre del siglo XX. Pero para que sea realmente útil, es necesario que esté concebido de tal manera que permita al lector encontrar sin gran dificultad la traducción que más le conviene entre las varias que se le proponen. Esta preocupación es la que nos ha movido a realizar el DICCIONARIO MODERNO francés-español y español-francés.

Un volumen encuadernado en tela (14.5 X 21 cm), sobrecubierta en color, 1 760 páginas, 120 000 artículos en las dos partes, numerosas ilustraciones en negro.

colección "Mars"

NOUVEAU LAROUSSE français-espagnol y español-francés

por Ramón García-Pelayo

La abundancia de neologismos usuales, la mutiplicidad de ejemplos que ilustran las variedades de empleo de los distintos términos, los dos extensos compendios de gramática, con la conjugación de los principales verbos regulares y la lista de los irregulares, el pequeño tratado de correspondencia que sirve de guía para la redacción de cartas en francés y en español y, por último, las páginas de ilustraciones, hacen de este repertorio lingüístico uno de los más completos entre los glosarios bilingües aparecidos hasta ahora.

Un volumen encuadernado (14 X 20 cm), 912 páginas.

colección "Apollo"

DICCIONARIO LAROUSSE français-espagnol y español-francés

por Ramón García-Pelayo

Este diccionario, de tamaño reducido para hacerlo sumamente manejable, reúne el vocabulario más amplio posible, tanto en francés como en español, mediante la agrupación de las palabras. Compendio de gramática. Correspondencia. Ilustraciones.

Un volumen encuadernado (10.3 X 14.5 cm), 912 páginas.

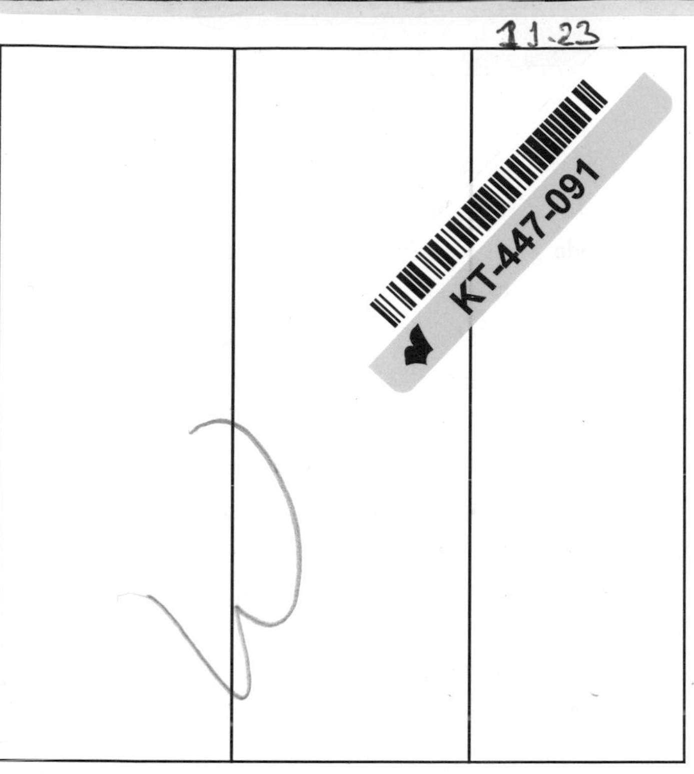

THE BRIGHTER BOROUGH
Wandsworth

9030 00008 6492 0

ALSO BY LAUREN ASHER...

LAKEFRONT BILLIONAIRES SERIES

A series of interconnected standalones

Love Redesigned

DREAMLAND BILLIONAIRES SERIES

A series of interconnected standalones

The Fine Print

Terms and Conditions

Final Offer

DIRTY AIR SERIES

A series of interconnected standalones

Throttled

Collided

Wrecked

Redeemed

LAKEFRONT BILLIONAIRES

INTERNATIONAL BESTSELLING AUTHOR

LAUREN ASHER

PIATKUS

PIATKUS

First published in 2023 by Lauren Asher
Published in Great Britain in 2023 by Piatkus
This paperback edition published in 2023

1 3 5 7 9 10 8 6 4 2

Interior formatting: Mary at Books and Moods
Cover designer: Mary at Books and Moods

A CIP catalogue record for this book
is available from the British Library.

ISBN 978-0-349-43798-9

Printed and bound in Great Britain by Clays Ltd, Elcograf S.p.A.

Papers used by Piatkus are from well-managed forests
and other responsible sources.

Piatkus
An imprint of
Little, Brown Book Group
Carmelite House
50 Victoria Embankment
London EC4Y 0DZ

An Hachette UK Company
www.hachette.co.uk

www.littlebrown.co.uk

To those whose love language is words of affirmation.
Your praise kink is safe with me (and Julian Lopez).

CONTENT WARNING

This love story contains explicit content and topics that may be sensitive to some readers.

For a more detailed content warning list, please visit laurenasher.com/lrcw head down. "One second." Her voice wavers.

My stomach muscles clench. "Do you need an ambulance?"

"No! I'm fine!" Her head snaps in my direction.

Vete a la chingada.

"*Julian?*" My name leaves Dahlia Muñoz's parted pink lips in a hoarse whisper.

It's been years since I heard Dahlia say my name in that soft voice of hers, and it hits harder than a sledgehammer to the chest.

The last time I saw her was at Nico's baptism eight years ago when we became his godparents. We both put on a happy face for our families, but the tension and awkward silence between us nearly choked me, especially since we hadn't spoken since my dad's funeral a year and a half prior.

She stayed at Stanford all year round, including the summer break, while I kept my distance because I was a coward.

A coward who was blindsided when she showed up with Oliver, my ex-roommate and her new boyfriend. I didn't think they would become friends, let alone a couple, although it makes sense given Oliver's jabs about my crush on Dahlia and the way he looked at her despite knowing how I felt.

Since the baptism, we have both done an outstanding job of avoiding each other—or at least we *had* until she ruined all our efforts with tonight's surprise visit.

"Dahlia." An intense need to escape overwhelms me as her eyes slide over me.

Vete a la chingada: Get the fuck out of here.

I hide my shock as she exits the car with her head held high despite the mascara running down her cheeks and the slight trembling of her chin. Dahlia has only cried twice in the thirty years I've known her—once when she broke her arm trying to beat me in a tree-climbing contest and the other while at her father's funeral.

Like the tide with the moon, I'm unable to resist Dahlia's gravitational pull as my gaze follows the length of her body.

The plain white T-shirt she wears complements her golden skin and wavy brown hair, while her ripped jeans appear more fashionable than functional with how her knees pop out of the large, gaping holes. Her curves perfectly balance out her sharp cheekbones and pointed chin, creating the best combination of soft and sultry.

The base of my neck tingles, and I look up to find Dahlia's red, puffy eyes narrowed at me. Her ruined makeup doesn't detract from her beauty, although the dark circles underneath her eyes have me speaking before my brain catches up.

"Your face is a mess."

Pinche estúpido. Unlike my mom and cousin, I'm not a people person, and it clearly shows.

Dahlia's golden rings glint in the moonlight as she wipes at her cheeks with a frown. "I had something in my eye."

"Both of them?" I widen my stance as I cross my arms.

She dabs at the corners of her eyes with her two middle fingers. "A decent person wouldn't call me out on that lie."

"Since when are we decent to one another?"

Pinche estúpido: Fucking idiot.

PLAYLISTS

Love Redesigned by Lauren Asher

Scan to listen

Love Redesigned
Playlist

Fuck Love Songs
Playlist

Stressed and Depressed
Playlist

Get Hammered
Playlist

Duke Brass: Greatest Hits
Album - Duke Brass

LAKE WISTERIA

RAPHAEL'S FARM
HISTORIC DISTRICT
Early Bird Diner
MAIN STREET
ANGRY ROOSTER CAFE
FESTIVAL
FAIRGROUNDS
WISTERIA
HIGH

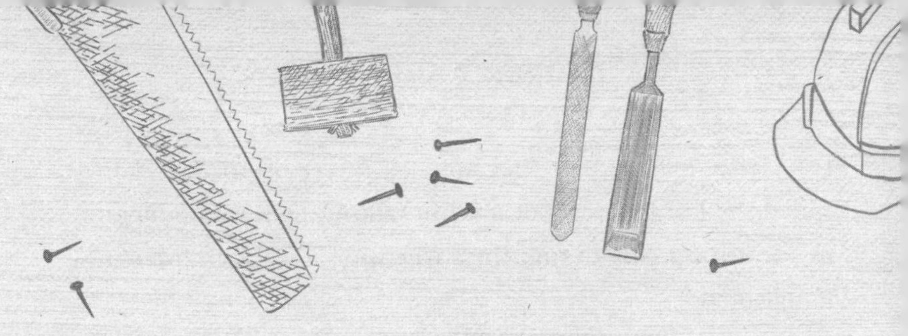

CHAPTER ONE

Julian

I'm about ten seconds away from losing my goddamn mind, and I have the painfully slow driver clogging up the only road into town to blame.

The sun set twenty minutes ago, giving me nothing to focus on but the illuminated California license plate caught in my headlights. I resist the urge to flash my high beams and honk my horn, although I nearly give in when the black Mercedes-Benz sedan weaves slightly to the side before correcting itself.

Cálmate. You only have five more miles left before hitting Main Street.

While I'm tempted to cut around the other driver so I can make it in time for my godson's talent show, I don't want to

Cálmate: Calm down.

risk damaging my new McLaren by going off-road. I didn't spend the last few years of my life talking myself into buying my dream car only to ruin the suspension a week after having it delivered.

The blast of my phone's ringtone startles me as my cousin's name flashes across the screen. I take a deep breath before stabbing the button on my steering wheel.

"Where the hell are you?" The sound of Rafael's harsh whisper fills the car.

"I'll be there in ten minutes."

A disapproving hum follows. "But the show starts in five."

"Don't worry. I'll make it before Nico takes the stage."

"Not sure how that's possible when he's in the opening act."

Mierda. "I had no clue."

"The program schedule got switched at the last minute after a few kids came down with a bug. I texted you this morning about it." He doesn't bother hiding his annoyance.

My hands clutch the smooth leather wheel. "The meeting in Lake Aurora took a lot longer than expected."

"Of course it did."

"Things should slow down soon."

"Sure they will." His rough tone only fuels my irritation.

Before his wife filed for divorce two years ago, people called Rafael the easygoing Lopez cousin, with him constantly going out of his way to put a smile on everyone's face.

Rafael's deep sigh cuts through the silence. "It's fine. Nico

Mierda: Shit.

will understand."

My godson might be a mature eight-year-old kid, but he isn't *that* mature. And after everything he has been through with his parents' divorce, I refuse to add myself to his growing list of family disappointments.

"Your mom saved you a seat in the back of the auditorium in case you make it."

"Rafa, I'll be—"

He hangs up before hearing the rest of my sentence.

Pendejo.

Rafa and I have been butting heads more often than not lately, mostly due to his attitude and my busy schedule running my late father's construction company. While I try my hardest to balance my personal life and Lopez Luxury expanding beyond my father's wildest dreams, I keep falling short.

I scan the narrow space beside the road. The incline is muddy but still drivable for the handful of seconds I need to pass the car in front of me.

Stop overthinking and do it.

The rosary my mother hung from my rearview mirror spins as I turn my wheel toward the shoulder and slam my foot against the gas pedal. The engine revs as it switches gears, and my tires squeal.

My heart lodges itself in my throat as the other vehicle veers to the right and blocks my clear path.

Fuck. Fuck. Fuck!

Pendejo: Dick.

Time seems to speed up as our two cars collide. My headlight shatters and metal crunches as the front of my car smashes into the rear bumper of the other. I'm propelled forward, only to be shoved in the opposite direction as my seat belt locks in place.

Thankfully, the airbags don't deploy, although my relief is short-lived as whatever spark of hope I had of making it to Nico's show fizzles out, leaving me with nothing but a desire to yell at the reckless driver.

Take five. The memory of my dad's voice pulls at the invisible strings wrapped around my heart until the tightness seems unbearable. I can picture him clearly as he helped me calm down from another night terror, one deep breath at a time.

I never thought I would be using the same strategy twenty-five years later, but here I am, with my eyes screwed shut as I force myself to count my breaths until the chest pain lessens and I'm no longer vibrating with rage.

I'm hit with an early October breeze as I walk toward the other car. The driver is hunched over the wheel, her dark, shoulder-length hair obstructing my view of her face.

I reach out to tap on the window, but a high-pitched shriek coming out of the car's speakers stops me. "Don't worry! I'm on my way!" The call cuts out after two beeps.

The woman's panicked breathing becomes more obvious with each rapid rise and fall of her back.

"Hey." I knock my fist against the window when she doesn't acknowledge me. "Are you okay?"

She lifts a trembling finger to the glass while keeping her

"It's never too late to start."

Because of our slight height difference, she is forced to tilt her head back to get a good look at me. Her walnut-colored eyes remind me of long-ago late nights spent in the woodshop, meticulously obsessing over staining my latest carpentry project.

Whatever resolve I had quickly crumbles when she *sniffles.*

"Allergies." Her defensive tone, paired with her twitching nose, makes my chest constrict in an act of ultimate betrayal.

What the hell is going on here, and how do I get it to stop?

I keep my facial expression neutral despite the rapid thumping of my heart against my rib cage. She doesn't last long under my scrutiny before slumping against the door with a sigh.

I'm struck with a compulsion to say something, but words fail me.

My ringtone shatters the moment. "Shit!"

Her brows shoot toward her hairline. "What's wrong?"

You. Always you.

Blaring sirens drown out my response. Every muscle in my body goes rigid as a rush of vehicles makes its way around the bend in a single-file line. A fire truck and ambulance lead the safety brigade, followed by the sheriff, his deputies, and the Lake Wisteria trolley.

You've got to be kidding me.

Dahlia curses up to the stars. "*Dios, dame paciencia con mi mamá.*"

Dios, dame paciencia con mi mamá: God, give me patience with my mom.

My gaze cuts into her. "That's who you were talking to?"

"Unfortunately."

Leave it to Lake Wisteria to turn a fender bender into a community crisis.

It's not the cars they're concerned about. It's her.

Dahlia is more than my childhood rival. She's Lake Wisteria's Strawberry Sweetheart who is finally returning home after years spent away living out her California dream.

And you're the cabrón *who nearly drove her into a ditch.*

I rub at my throbbing temple.

"Do you think we can escape before they get here?" Dahlia's gaze flicks from me to my car.

"This is all your fault." The words slip out.

A few minutes in Dahlia's presence already have me slipping back into the bad habit of speaking without thinking.

Add it to the long list of reasons you should avoid her.

She pops a hand on her hip. "*My fault?* We wouldn't be in this mess if you hadn't tried to cut me off."

"I had somewhere to be."

She throws her arms up. "Well, I was..."

Usually I crave silence, but something about Dahlia shutting down at the first sign of opposition frustrates me.

Bright flashing lights cast us in shades of red, white, and blue as a few of the firefighters hop out of the truck to assess the scene while two medics quickly determine both Dahlia and I are fine.

Cabrón: Bastard.

The older fire chief pulls Dahlia in for a hug. "Your mom made it sound like you were dying."

Her eyes roll. "You know how overprotective she can be."

The fire chief ruffles Dahlia's hair. "She comes from a good place."

"Lucifer said the same thing about hell." Dahlia fixes her appearance with a pinched expression.

"Dahlia!" Rosa hops out of the trolley and runs toward her daughter with a rosary clutched in one hand and a bottle of holy water in the other. My own mom exits the trolley with a group of people trailing behind her, turning our car accident into a town reunion.

"*Mami.*" Dahlia checks out the crowd forming behind the deputy's line. "Did you need to involve everyone?"

"Don't start with me. *¿Qué pasó?*" Rosa scans her daughter from head to toe before ripping the cap off the holy water.

For the first time tonight, Dahlia's eyes twinkle brighter than the stars above us. "Julian crashed into me."

That little brat.

Rosa stares at me as if I committed a felony.

I bristle at my mom's voice as she storms over to us. "Julian? Tell me that's not true."

"Ma."

She snatches the bottle of holy water from Rosa's hands and gives me a swift blessing before sprinkling me with it. "What were you thinking by trying to run Dahlia off the road?"

¿Qué pasó?: What happened.

"That it's a shame I failed."

The fire chief covers up his laugh with a cough.

Dahlia's heated glare threatens to burn a hole in the side of my face. "Don't tell me you've spent all these years plotting my murder only to fail now?"

"Trust me. I won't make the same mistake again."

She flips me off.

"Dahlia Isabella Muñoz!" Rosa tugs at her daughter's hand while my mother whisper-shouts, "Luis Julian Lopez Junior!"

My mom only uses my official first name on rare—and very pissed-off—occasions, so I better rein myself in before she loses her cool.

Dahlia and I sigh at the same time, and our gazes collide, scattering my thoughts until I'm left with only one.

Her.

The sheriff approaches the scene, saving me from embarrassing myself any further. Thankfully, the deputy with a personal vendetta against me stays far away, a blessing in itself given my bad luck today.

Knowing Dahlia, she would befriend him to spite me.

The older sheriff drags Dahlia into a quick bear hug. "So, what happened here?"

"You should arrest Julian for attempted murder." Dahlia's wicked grin sets off a blaring alarm in my head. Memories I spent years erasing surge to the forefront of my mind, flashing before me like a haunted movie reel.

The way her smile grew wider whenever I got flustered and spoke out of turn.

Her sparkling eyes looking up at me as we—no, *I* stiffly

moved us around the dance floor during her quinceañera.

How she had a similar expression during her valedictorian speech as she thanked me, the salutatorian, for putting up a good fight throughout high school.

It's pathetic how one smile from her can stir up countless memories, all of which are best left in the past, along with any feelings I once had for her.

Truth is, I'm not sure why Dahlia Muñoz is back, but nothing good can come of it.

Nothing good at all.

CHAPTER TWO

Dahlia

If I had known my return to Lake Wisteria would include a panic attack, a car accident, and a trolley full of townspeople waiting to greet me, I would have stayed in San Francisco. Turns out my plan to run away from my problems had a few major flaws, starting with the man who has spent the better part of his life making mine impossible.

Emergency lights flash across Julian's tan, angular face, casting a red glow over him like a devilish halo as he speaks with the sheriff.

I was so caught up in avoiding Julian over the years that I failed to notice how much he had matured during that time.

Failed to notice? More like was intent on ignoring.

Red, flashing lights draw my eyes toward his sharp jawline, only for them to steal my attention again as they highlight his soft lips and five o'clock shadow.

Based on my eye for luxury clo
Italian leather, I can tell Julian's outfit
cost ten thousand dollars, a shocking asses
despite his pristine suit, perfectly trimmed da
designer loafers, bits and pieces of the rugged ew peek through.

The slight bump in his nose after I accidentally broke it with my elbow.

A thin, white scar running across his stubbled cheek from when we thought it was a good idea to compete for who could jump the highest from a swing set.

The firm press of his lips whenever someone speaks to him—a habit he picked up when we were kids to stop himself from talking out of turn.

As if he senses me staring at him, Julian looks in my direction. The dismissive pass of his rich brown eyes over my body should annoy me more than anything, but the goose bumps scattering across my skin show it has the opposite effect.

I turn away from Julian in a rush of self-preservation and allow his mom, Josefina, and mine to fuss over me. The two best friends both have brown hair and eyes, but their different heights, facial features, and personalities set them apart from each other.

Although our mothers became best friends growing up together in Mexico, Julian and I most definitely are not. At best, we're family friends, while at worst, we're childhood rivals who turn everything into a competition.

"You've lost weight. Are you sure you've been eating enough?" Mom pinches my cheeks with a dark, furrowed brow.

do you think?" She turns me toward Josefina.

Her sour expression confirms my mom's observation. "It's nothing some good food can't fix. You know, *panza llena—*"

"*Corazón contento*," my mom finishes.

Too bad home-cooked food will only fill the empty pit in my stomach, not the one in my chest.

Mom inspects my shoulder-length hair. "*¿Y qué pasó con tu pelo*?"

"I cut it."

"But why?" she moans.

I can only muster up a long, exaggerated sigh.

"I love it, especially because of why you did it." Josefina winks.

A haircut was what the doctor ordered after my heartbreak, along with a bottle of Zoloft to keep the sadness at bay.

Mom grips my shoulders as she scans me from head to toe. "I'm happy you're home. The rest we can deal with later."

"Me too." My voice cracks. There was nothing I wanted more than my mom's hugs and her unwavering belief that Vicks VapoRub will cure everything, including a broken heart.

Josefina places her hands on my shoulders and squeezes. "Don't you worry. We'll make it all better, starting with some of my *pozole*."

Where my mom is a worrier, Josefina is a fixer like her son.

If only Julian had inherited her empathy too.

The sheriff interrupts our reunion by clearing his throat.

Panza llena, corazón contento: Full stomach, happy heart.

¿Y qué pasó con tu pelo?: And what happened to your hair?

"Dahlia."

"Yes?"

"Julian wants to keep this off the record and pay for both repairs himself."

"So he's not going to get a ticket or mandatory community service for hitting me?"

The sheriff chuckles. "Do you want him to?"

"Only if you can promise he gets the kind that requires him to pick up trash on the side of the road for hours." I snap my fingers. "Scratch that. *Days*."

"*Mija*," Mom warns as Josefina laughs.

"How else is he supposed to learn his lesson? Someone could have gotten badly hurt."

The sheriff spares me a knowing look. "To be fair, you should have pulled over if you were having car trouble rather than continuing to drive like you did."

My brows scrunch together. "Car trouble?"

"Julian explained everything already. If you ever struggle with the engine again, pull over and call for help."

Why would Julian Lopez make up a cover story instead of telling the sheriff I was too busy crying to properly drive?

Perhaps because he plans on blackmailing you later.

My mom gives my hand a knowing squeeze, and the tension in my muscles bleeds away. "I'll do that."

The sheriff tips his hat. "Now that it's all settled, I'd better get everyone back to the school auditorium for the talent show.

Mija: My daughter.

Some of these folks should be in bed before their meds kick in at ten p.m." He whistles and points to the trolley. "Let's clear out!"

"We'll hitch a ride with our kids instead." Josefina waves the sheriff away.

The deputies wrangle the protesting crowd into the trolley while the first responders head to town, leaving the Muñoz and Lopez families alone.

"What talent show is he talking about?" I ask.

"The one the elementary school puts on each fall." Josefina passes the bottle of holy water back to my mom. "About that, it would be so nice if you joined us! Nico would love to see you, and then we can all go out to dinner afterward."

My throat dries up. As much as I want to see my godson and give him the biggest hug, dinner with those who know me best sounds like another panic-inducing situation I'd rather avoid tonight.

"I'm sure Dahlia is tired," Julian says in that bored tone of his.

Either I look as shitty as I feel, or Julian is making it known that he doesn't want me there.

I'll go with the latter.

I consider attending the talent show to prove him wrong, but then I think about what that would entail.

Are you ready to see everyone in town?

Nope. Definitely not. It was a small blessing to be spared from the welcome party this evening, so I better not push my luck.

After two years away, I will have to face everyone

eventually, but today is not that day.

"Julian is right." The words slide across my tongue like daggers, and the bastard has the audacity to stand taller at the admission. "I'm pretty shaken up with everything that happened, and after spending the whole day driving, all I want to do is get some rest."

"Oh." Josefina's smile dies, earning me another scowl from her son.

"What if Julian takes you home on his way to the show and Josefina and I can drive your car to the auditorium?" Mom suggests.

My right eye twitches. If this woman hadn't spent my whole life raising me, I would never speak to her again. She knows Julian is my sworn enemy, right up there with midnight snacking on pan dulce and driving in California rush-hour traffic.

"But…" My protest dies when my mom shoots me a look. "All right."

Julian's eyes narrow as he pulls out his keys. "Let's go. I don't want to be late for Nico's performance."

Josefina's fingers fly across her cell phone screen. "No worries. I'm texting the principal now and asking them to switch Nico's spot."

Julian's head swings in his mother's direction. "You couldn't have done that before I got into an accident trying to rush over there?"

His mother shrugs while typing away. "You didn't ask."

I bite down on my tongue to stop myself from laughing.

I'm positive Julian would rather die than ask anyone for help, including his mother. It's a chronic condition he inherited from his late father.

I grab my purse from my mom's hand and give her and Josefina each a kiss on the cheek before heading over to Julian's car. It resembles a spaceship with all the sharp lines and chrome detailing, and I'm sure it flies like one too when given a little gas.

I have a hard time processing how the guy who considered buying a new video game a luxury became the billionaire in front of me who owns an electric blue McLaren. My mom swears Julian has never let money get to his head, but I bet he struggles with an insufferable ego and a god complex.

While I had huge success with my interior design company and home renovation show, Julian struck gold after he helped his genius cousin and computer coder Rafa create Dwelling, the most popular real estate search engine around, at the ages of twenty-three and twenty-five, respectively.

The idea might have started out as another one of Rafa's crazy, unsuccessful attempts at creating the next best app, but then it evolved into a billion-dollar company with investors, a board of directors, and the Lopez cousins securing a spot on the coveted *Forbes* 30 Under 30 List.

Julian and I reach for the passenger door. His hand brushes across the back of mine, and a spark of recognition flares to life.

The smell of his cologne—clean and expensive—invades my nose. It twitches before a sneeze shoots out of me. I jolt, and my butt brushes against Julian's front.

Oh God.

He yanks the door open. "*Salud.*"

"What a gentleman," I reply in a dry voice.

His grip on the door tightens until his golden skin turns white. "Can't have your mother thinking I'm anything but chivalrous."

"No need to try so hard. She thinks you're the first person since Jesus to walk on water."

His deep chuckle, soft and barely audible over a gust of wind, has an unacceptable amount of influence over the pace of my heart.

I throw myself into the passenger seat and bang my elbow on the stick shift in the process of avoiding him, making me wince.

"*Nos vemos allá*," my mom calls out before taking off down the road while blasting "Mi Primer Millón," one of my dad's favorite songs.

I sink into the soft leather seat once Julian shuts my door. The vibration makes something rattle near the hood of the car, so he walks around the front and kneels.

He glares at the bumper for what seems like an eternity before entering the car with a thunderous expression and stiff posture. Neither of us says anything as he pulls back onto the road and presses his foot against the gas.

In the past, I would fill the silence with questions to annoy

Salud: Bless you.

Nos vemos allá: We'll see you there.

Julian, but tonight, I draw back into myself.

Just another way you changed because of Oliver and his family.

Silence eats at me as we catch up to my car, and I take in the damage from the crash. Besides my bumper resembling a crushed pop can and the taillight being knocked out of place, the rest of the car appears fine.

Your therapist would be proud of you for noticing the positives.

After losing my wedding venue deposit and my new agent informing me that the media learned about my broken engagement today, I need all the wins I can get.

"You're too quiet." Julian's rough voice cuts through my thoughts a few minutes later.

My fingernails press into my palms from how hard I clench them. "Shouldn't that make you happy after all those times you begged me to stop talking?"

That silences him, although the quiet only lasts a minute before he speaks up *again*.

"You always knew how to make an entrance." His gaze remains fixated on the road.

Maybe I hit my head after all, because I must be hallucinating. Julian just attempted to start a conversation *twice* without being influenced by alcohol or his mother.

I sink deeper into the seat. "Believe it or not, I wanted to lie low for a bit."

"That's impossible."

After tonight, I'm worried he might be right. If I could avoid everyone for a few weeks while I gather my bearings, it would be a miracle.

"It's not like I enjoy all this attention." All I want to do is disappear and pretend my life in California isn't falling apart.

"Says the woman who has her own television show and décor brand in stores all across America." He loosens his chokehold on the wheel.

I fake gasp. "Julian Lopez, are you a secret fan of my show?"

His face remains unreadable. "I have better things to do with my time."

Ouch. "I'm sure spending every night with your mother takes up a lot of it."

Whatever drove Julian to attempt speaking with me dies as my shitty shot hits its mark.

A couple of minutes later, we pass the strawberry-themed *Welcome to Lake Wisteria* sign that boasts about our famous Strawberry Festival and a new tagline that states *Home of Dahlia Muñoz, celebrity interior designer and reality TV sensation.*

I drop my head into my hands with a groan.

So much for lying low.

The neon Early Bird Diner sign shines like the North Star, guiding me home as we hit the corner of Main Street. From the cheery fall display in the center of Town Square to the lamp pole banners promoting the upcoming Harvest Festival in November, everything about Lake Wisteria is warm and welcoming.

It's understandable why our small town has grown in popularity, both among summer tourists visiting our beach and wealthy Chicago residents who want a weekend getaway. The unique Victorian-era seaside charm can transport anyone to the late 1800s, and our spotty cell service will sure make them feel like it too.

After spending two years away, I should be overwhelmed by excitement and nostalgia, especially with all the Halloween décor, but my entire body is numb as we drive by the pumpkin photo-op area, the ginormous strawberry fountain lit by orange and purple lights, and the park where my dad always took my sister and me.

Julian turns away from the modernized Main Street and heads south. The southernmost part of town, where both our families grew up, doesn't have million-dollar lakefront properties and an elite private school like the upper south side or the modern buildings and amenities on Main Street and the eastern quadrant. Nor do we have the rich history associated with the northern Historic District, but we *do* have the best pizza spot in town, so who needs a fancy mansion or an up-to-date apartment with a gym when I can get You Want a Pizza Me delivered in ten minutes or less?

The one stoplight standing in our way of getting to my mom's home flashes from yellow to red. As time ticks by, I'm left with the grim reminder of how tortuously tense things are between Julian and me.

Once upon a time, we were friends with a healthy competitive drive. Then puberty hit during middle school, and a new rivalry was formed, driven by hormones and immaturity.

But now, we're nothing but strangers.

An invisible hand wraps itself around my throat and squeezes until I'm breathless. I struggle against the heaviness threatening to consume me, only to fail as I spare a glance at the first man who broke my heart. It took him nineteen years to earn it and only six words to obliterate it.

And I don't plan on forgetting that.

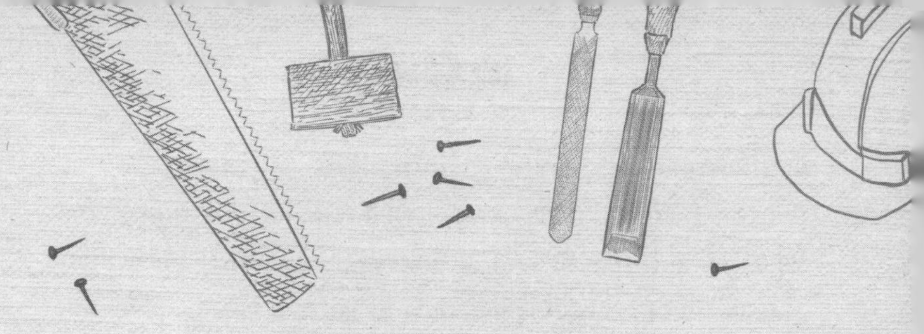

CHAPTER THREE
Julian

Dahlia gawks at the street sign. "Lopez Lane?"

I stay quiet as I drive past the street I grew up on before turning onto hers.

"Why would they name a street after you?"

Dahlia's reaction is exactly why I protested against the mayor wanting to publicly honor my monetary contributions. While I don't regret my ten-million-dollar donation, I do wish I had gone about it anonymously.

Dahlia unbuckles her seat belt as I pull up to her childhood ranch-style house. It holds many memories for our families, including my dad and I working on remodeling it together when I was a teen. While the flowers and decorations change depending on the season, the light blue paint and white trim have remained the same since the redesign.

The house might be a far cry from my current projects, but

it still represents everything I love about construction. It was during the Muñoz renovation project that I realized how, like my parents, I have a passion for fixing things.

Houses. Problems. *People.*

It's a character flaw I've spent years trying to eradicate, only to have it resurface at the most inconvenient times.

Like now.

My inability to ignore Dahlia's unusual silence is the only reasonable explanation for why I took a stab at having a conversation with her *twice.*

And look how well that went.

I pull on the parking brake with enough force to make it tremble.

The tightness in Dahlia's muscles matches mine as she reaches for the door handle. "Thanks for the ride." Her chest rises and falls with a long exhale. "And I'm sorry about your car." The small scrunch of her nose has me biting back a snarky reply. "I should have pulled over and waited things out."

"Is everything okay?" The earlier edge in my voice is gone, replaced by something far worse.

She shakes her head. "Just tired."

"Keeping up false pretenses must be exhausting."

"Do you have something else you want to ask me?"

A beam of light from the porch bounces off her monstrosity of an engagement ring, nearly blinding me.

How's Oliver? I want to ask with every ounce of vitriol I have toward my ex-roommate.

Have you picked a wedding date yet since you've been engaged for two years already?

Out of curiosity, did he admit to stabbing me in the back by pursuing you?

Questions linger on the tip of my tongue like poison arrows. "Nope."

"Perfect. Now if you don't mind, I have a date with *The Silver Vixens* and don't want to be late."

The Silver Vixens?

Shit. Things must be worse than I thought. Dahlia only saves binge marathons of *The Silver Vixens* for the shittiest occasions, like when her dad died or when that asshole football player she liked called her a prude bitch when she didn't have sex with him after their first date.

Before she has a chance to open the door, I grab her hand. The physical contact makes my palm tingle, so I drop it like a stick of burning dynamite.

We both speak at the same time.

"Umm, I should—"

"You need to—"

"I better get going so you don't miss Nico's performance." She rushes to get the words out before bolting from my car.

I help remove her luggage from the trunk. With a grumbled "thank you," she takes off toward her house, her designer suitcase kicking up dust behind her.

I'm not sure what possesses me to speak again, yet I can't help myself as I ask, "See you around?" My heart hammers against my rib cage while I wait for her reply.

She stops at the stairs leading up to the porch. "Why?"

"I'm curious."

"I hope you're not planning all the ways you can torture me

already." Her half-hearted tease lacks any oomph.

"Torturing you is my favorite pastime."

A spark flashes in her eyes before it is snuffed out like a fire in the middle of a snowstorm. "Have you ever explored your need to turn everything into a competition to make up for your massive inferiority complex?"

Dahlia makes me feel more exposed in a custom-tailored suit than I have while naked, because where most people see a reserved guy one bad interaction away from becoming the town asshole, she sees me.

The real me.

The self-conscious me.

The me I have spent the last ten years loathing because he represents everything I hate about myself. He was weak, shy, and too damn prideful to do anything but suffer in silence while he fumbled his way through life.

It's best I remember that she knows everything about me, including the parts of myself that I've spent a decade erasing.

Effective immediately.

Fall-themed bulletin boards blur as I rush past the dark classrooms of my youth and head inside the newly renovated auditorium.

Somehow, I make it in time to see Nico walk out in a tailcoat tuxedo and a pair of his most colorful prescription glasses. The crowd claps loud enough to drown out my cousin's huff as I settle into the empty chair between him and my mom.

With Rafa's overgrown hair, worn-out jeans, and wrinkled

button-down shirt, I wouldn't guess the man is filthy rich. He still drives the same pickup truck from high school and refuses to upgrade his outdated cell phone, despite being a tech geek. He only splurges on Nico, but even that has a hard limit because he doesn't want to spoil him rotten.

All the tension in Rafa's body bleeds away once Nico takes his seat in front of the grand piano and runs his hands over the ivory keys. I'm not one to brag, but my godson is going to be up there with all the most renowned musicians one day. The kid is only eight years old and can already play three different instruments, one of which he learned by watching YouTube tutorials all on his own.

A standing ovation follows Nico's performance, and my cousin flashes a rare smile as he whistles and shouts his son's name.

I expect Rafa's good mood to disappear once the curtains close, but it remains after the lights turn on and my mom disappears into the crowd to search for Nico.

"I'm glad you could finally grace us with your presence, given your busy work schedule and all." Rafa gives my shoulder a squeeze.

"Aren't you the same guy who spends all day every day in front of a computer, coding until his eyes cross?"

He shrugs. "Not anymore. Unlike you, now I make time for other things beside work."

It's not like I *want* to spend most of my days working, but what else am I supposed to do with my free time? Go on dates my mom sets up?

No, thanks. Been there, done that, and made an enemy

out of a town deputy in the process after my mom's last matchmaking attempt with his ex.

We rise from our seats, and my cousin nudges me toward the exit. "Remember when we got drunk at that cabin in Lake Aurora?"

"Which time?"

His smile only grows wider. "The weekend Dahlia got engaged."

Somehow my strides remain steady. "I'm struggling to recall."

He pokes me in the back. "That's probably because of all the alcohol you consumed."

"A good cousin would have gotten drunk with me."

"And risk you dying in your sleep after choking on your own vomit? No way. Your mother would have never forgiven me."

"I'm sure you would've been happy stepping in as my replacement."

His dark brown eyes roll. "Anyway, I'll never forget what you said that night."

My lungs stall.

He clasps my shoulder. "You wouldn't shut up about how if you got a second chance with Dahlia, you'd do things differently."

It takes everything in me to keep my voice neutral as I say, "I was drunk."

"*And?*"

"She's engaged."

"According to your mother, not anymore."

Mierda. "How did she find out?"

"How else? Rosa told her."

"And so the *chisme* begins." I don't expect anything less from the two best friends who have been attached at the hip since kindergarten.

His scowl deepens. "It's hard to keep it a secret when it's all over social media tonight. Dahlia has her own trending hashtag and everything."

My stomach churns as questions bounce around my head, making it impossible to come up with a reply.

Why did they break up?

Is there any chance they will get back together?

Was Oliver the reason Dahlia was crying earlier today before I crashed into her?

Rafa shoots me a look. "No."

I blink. "What?"

"Whatever you're thinking, don't."

"You're the one who brought her up."

"Because I wanted to be the one to break the news before your mom started whispering in your ear about how now is your chance."

"My mom whispers a lot of things into my ear about who I should date, yet you don't see me giving in to her."

"Dahlia is different, and you know it."

"Doesn't matter anymore, because whatever feelings I had for Dahlia are no longer relevant." Something twists in my

Mierda: Shit.

Chisme: Gossip.

chest.

Rafa's reply is cut off by Nico's shout.

"*Papi!*" Nico abandons my mom and runs down the hall.

My cousin gets down on his knees in time for Nico to launch himself into his open arms.

"I'm so proud of you." Rafa fixes Nico's glasses so they sit right.

Nico's forehead wrinkles from his frown. "But didn't you hear me mess up?"

Rafa scoffs. "You were perfect like always."

Nico, who must have inherited his perfectionistic tendencies from me, attempts to recount his slipup, only to be stopped by Rafa tickling him.

"No!" Nico wiggles in his father's embrace.

"Sorry. I can't hear you. What were you saying?" Rafa reaches for the spot under Nico's arm, making him squeal and squirm.

While Rafa might be closed off to the rest of the world, he is nothing but warm with his son. The way he acts with my godson despite all his issues gives me hope my cousin will heal one day.

I might have experienced nothing close to what Rafa has gone through, but I know it isn't easy to get over someone. Dahlia taught me that lesson a long time ago, and it's one I don't plan on forgetting anytime soon.

CHAPTER FOUR

Dahlia

My first official day back in town was quiet, most likely because I never went into town at all. With my mom and sister, Liliana, busy working at the floral shop, I did nothing but stare at the ceiling.

It's strange going from not having enough time to eat lunch and use the restroom to barely leaving my room unless absolutely necessary. My suitcase packed with expensive, trendy outfits sits untouched on my floor, a warning sign in itself.

While I've always had anxiety and perfectionistic tendencies since high school, depression is a newer struggle for me and a lonely battle I fought for months before getting help.

My therapist, Dr. Martin, is a wonderful woman who charges a small fortune for each session. While money isn't an issue for me anymore, I was hesitant about the emotional commitment, but she was highly recommended by my agent, so I took a chance eight weeks ago and have no regrets.

I'm not sure where I would be without Dr. Martin. She has endless patience, the calmest voice, and ends every session with a Jamaican proverb I don't understand until I look it up afterward.

Today, she barely speaks for the first half of our telehealth session, allowing me to go off about my mistakes and shortcomings.

She clasps her hands together, making her gold Cartier bracelets jangle against her deep brown skin. "What made you stay with Oliver for so long?"

Her never-ending patience is put to the test as I sit and think. I've been asked this question before, but at the time, my view on life was tainted by bitterness, self loathing, and a thick cloud of depression.

"Things were good for a long time." *Which made the loss that much harder.*

Her tiny nod gives me courage.

It takes me another sixty seconds to come up with five words. "He made me feel special."

He never deserved you. Oliver pulled me into a hug after I broke out in tears while packing up Julian's dorm room, for which I never received even a simple thank-you text.

I like you...a lot more than any friend should, Oliver told me right before the holiday break during our junior year after we spent a year keeping things platonic.

Before that, it was easy to put him in the friend zone after Julian hurt me, but his blue eyes, blond hair, and effortless smile grew on me.

You're so talented, and you deserve to be appreciated. He encouraged me to post my first photo on the Designs by Dahlia social media page. It was a grainy image of my first apartment, and one I have kept pinned at the top of the page to this day because of everything it represents.

I was vulnerable and searching for reassurance in all the wrong places, including Oliver's family, who became immersed in my business once they started helping produce our TV show.

"Was it always like that?" Dr. Martin probes.

"Before we got engaged, we had seven years of typical relationship stuff. There were plenty of good moments mixed with some bad ones. He made it seem like he was the misunderstood black sheep of his family, only for me to realize he was actually the wolf."

If Dr. Martin is surprised, she doesn't show it.

"He made it seem like we could do anything together, but when we were finally put to the test, we failed."

I failed. Instead of valuing myself enough to walk away, I stayed because I stupidly didn't want to quit a relationship that I had invested so much time into. But it didn't matter anyway because little by little, Oliver pulled away, leaving me to grapple with my grief over never having a child of my own.

I pick at my cuticles. "Things took a turn for the worse after the prenup and the medical test, although I put on a brave face and shelved my pain while the cameras were rolling because I love my job and the people I work with, and the last thing I wanted to do was give it all up because of him."

Yet you lost it all anyway.

I have no show, no friends besides a few crew members,

and no hope that someone will want me after I was dumped because I "wasn't the woman he wanted."

Oliver might as well have admitted I didn't have the *womb* he wanted, but I digress.

Dr. Martin bows her head in understanding. "It's human nature to avoid anything that will cause us pain."

"It was so easy to throw myself into work, but while my business thrived, a part of my soul died."

The skin beside her eyes softens.

I'll tell my parents you're not coming. Again, Oliver emphasized with a huff before taking off for the Creswells' mansion, leaving me to blankly stare at a wall for hours until I cried myself to sleep.

It's not too late to break things off and find someone more suited for your future, Oliver's mother had whispered to him while she thought I was still in the restroom.

Thankfully, someone will carry on the Creswells' name, Oliver's dad said as his wife passed their daughter's ultrasound photos around the dinner table.

After my test, it felt like our relationship had taken a gunshot wound to the heart, and I was the only one trying to fix it.

Dr. Martin ends our session with another Jamaican proverb I don't recognize, and I spend the next ten minutes researching *Rockstone a riva bottom nuh know sun hat* instead of crying myself to sleep, which is a win.

> **Rockstone a riva bottom nuh know sun hat:**
> Sheltered people don't know hardship.

My second day in town goes about the same, although my psychiatry appointment put me through another emotional wringer. Hopefully the increased dosage of my antidepressants and my new commitment to engaging in more enjoyable activities will help boost my mood, although I'm still a bit skeptical since I barely want to leave the house, let alone decorate one.

I expect my third day back in Lake Wisteria to follow the same pattern of being left alone, but when I finally crawl out of bed at two p.m. in search of food, I'm startled to find the Lopez family spread around our house for our families' Sunday get-together.

My sister taps at her phone like the screen personally offended her while my mom and Josefina busy themselves chopping vegetables in the kitchen. Rafa completely ignores "*Robarte un Beso*" blasting from the portable speaker beside him as he watches a Mexican League game on the TV.

"*¿Madrina?*" Nico notices me first and takes off running in my direction. It's been a couple of years since I last saw him, except for video calls, and he has grown about two feet.

"You're back!" Nico throws his arms around my legs.

"Hi." I didn't realize how much I needed one of Nico's bone-crushing hugs until now.

My godson peeks up at me with his big brown eyes. "I've

Madrina: Godmother.

missed you."

"I've missed you too." I fight the darkness threatening to creep back in. "How's my favorite godson doing?"

He giggles. "I'm your only godson."

"For now."

"No! You're not allowed." He squeezes my legs harder, and a soft laugh escapes me as he lets go of me in a rush.

"I've been playing the drums you got me for my birthday! They're the best!" Nico smashes the air with an invisible set of drumsticks.

"Yeah, thanks for that one." Rafa shoots me a look.

"Maybe I'll have to get him an electric guitar and an amp for Christmas."

Rafa's eye twitches while Nico throws his fist in the air with a "Yes!"

Spoiling my godson comes naturally, although my last gifts have been delivered by courier rather than personally handed over. I know an expensive drum set or pricey guitar won't make up for my absence, but Nico deserves the best regardless, especially after everything he and Rafa have been through.

I didn't know Rafa's ex-wife well, and not for lack of trying on my part, but I do know she didn't make an effort to integrate with our family.

Rafa gets up from the couch and pulls me into a hug. "We've all missed you."

My first attempt at an honest reply fails, so I stick to humor. "At least your manners didn't disappear along with your fashion sense."

My comment earns an eye roll from the surly man dressed

in a flannel shirt, faded blue jeans, and a worn ball cap. On anyone else, I'd find the lumberjack-inspired outfit hideous, but on Rafa, it works, thanks to his good looks and muscle mass.

Rafa is basically my older brother, so I'd rather suffer through a stomach flu before calling him attractive, but that doesn't stop all the women in town from stating it loudly.

He releases me from his hold. "How long do you plan on sticking around this time?"

"Not sure. Depends on a few things with work and stuff."

"You'll have to stop by our house and check out Nico's drum set."

Nico beams. "Yeah! You can watch me play them, and then we can build that special Lego set you got me—oh! You can meet Ellie too. She's so nice, and pretty, and the coolest."

"Who's Ellie?" The crack in my voice betrays my emotions. As much as I *want* to spend time with my godson, I don't feel remotely ready. Because being around Nico always made me yearn for my own family one day, and now...

"She's my best friend!" Nico's eyes light up.

"She's his *nanny*." Something dark passes over Rafa's face before he schools his features.

Mom said Rafa has changed since his divorce and Nico's retinitis pigmentosa diagnosis, and the truth couldn't be any more obvious given Rafa's stern expression and haunted eyes.

Nico grins at me in a way that reminds me so much of his

Tío: Uncle.

father, missing teeth aside. "Yeah, sure. Anyway, do you want to play a game with me and *Tío*?"

I'm hit straight in the chest with a burst of anxiety. "Uh..."

"Please!" He presses his hands together.

"Well—" I choke on my reply.

Rafa's head tilts.

Nico tugs on my hand. "Come on. We need another person since my dad doesn't want to play with us."

Rafa ruffles Nico's hair. "Only because Julian always wins."

Nico drags me toward the unopened Monopoly box waiting at the kitchen breakfast table while his dad returns to watching the game. My godson pulls out my chair like a gentleman and waits.

When I don't move, he pats the seat with a furrowed brow. "Sit."

His request widens the crack in my chest until I find it difficult to breathe.

"I can't." The pain in my heart intensifies with each beat.

Nico's brows crinkle. "Why not? It'll be fun!"

I wrap my arms around myself and take a long step back.

The puzzled look on his face adds to his charm and my distress. "Are you okay? You seem sad." His bottom lip wobbles.

Rafa glances over his shoulder. "You good?"

"I need to use the restroom." I bolt toward the hallway with blurred vision. I'm disoriented as I pass my bedroom and rush down the hall toward the guest bathroom my sister and I share.

So much for the antidepressants doing their job.

Tears fall in a frustrating act of betrayal. I went from

suffering with never-ending numbness two months ago to feeling too much all at once now and crying more in the last few days than in my whole life.

Be patient with yourself and trust the process.

Screw the process. I don't plan on leaving my room until—

Someone yanks on my elbow, and I gasp as I'm pulled backward.

"You better have a good reason for upsetting my kid." Rafa's rough voice startles me.

I recoil. "What?"

"Are you…crying?" He squints with a frown, throwing me back into the past.

I'm so sick of you feeling sorry for yourself. Oliver's lips curled with disgust.

You can fake it for the cameras just fine, but when it comes to me, you can't be bothered to do the bare minimum. His words were venomous, flooding my system with paralyzing self-loathing and hopelessness.

Call me when the Dahlia I fell in love with is back, he texted me later that night, only to come back a week later to let me know we were done.

"*Dahlia.*" Rafa's rough voice tethers me to the present.

I wipe my face with the sleeve of my sweater. "I'm sorry for upsetting Nico. You know I would never do that on purpose."

Rafa's harshness melts away. "What's wrong?"

I'm not sure what possesses me to open up to Rafa of all people, but I can't let him think I made Nico upset for no good reason.

"I… You see…" *Shit.* "I've avoided being around kids since

I found out I will never have any."

He blinks a few times. "And then you saw Nico…"

I nod, unable to finish his sentence, mainly due to the tightness in my throat. "It's only been a few months since I got the news—" I'm cut off by my sob.

Rafa yanks me into his arms like my dad did whenever I got hurt or was sick. "I'm sorry."

I didn't realize how much I needed to hear those two words until the tears start rolling down my cheeks. I'm not sure how long Rafa holds me there while I cry, but he doesn't let go until my breathing evens out and my tears no longer soak his shirt.

"Can you…" I sniffle. "Will you please keep this between us?"

He pulls away with a frown. "No one knows?"

I shake my head. "Only Oliver and his family."

"Your secret is safe with me."

My shoulders slump. "Thank you."

With one last parting glance over his shoulder, Rafa leaves me standing alone in the hall.

I head to the bathroom, and the deafening click of the door shutting adds to the emptiness growing inside me.

It's been two months, and I'm no better off than I was the day Oliver pulled the plug on our nine-year relationship. He didn't care about our show or the life we made together. Shit. He didn't care about anything except what *he* wanted. The perfect wife. A picturesque house overlooking the bay. Two kids and a dog all playing together behind a white picket fence, like some '50s sitcom.

It was a future expected of him and one I threatened to ruin.

Unlike the grief I struggled with after I lost my dad, this is different.

I am different.

I grip the edge of the porcelain sink and force myself to face the person I've become.

Disheveled. Damaged. *Depressed.*

It's difficult to acknowledge how far I've let myself go over the last few months. The broken person I've become is a far cry from the woman who woke up every morning full of energy, excited about choosing her outfit and doing her makeup regardless of whether she had plans to be on camera or not.

I miss the person I was. I miss her so damn much that I'm willing to put in the work to bring her back, even if it means attending extra therapy sessions and following through on difficult homework I'd rather avoid.

"You can bounce back." My cracked whisper fills the silence. "You can prove to him and everyone else that they didn't break you." I speak with a stronger voice this time, letting the words sink in. "And you can fight this battle against yourself and come out stronger because of it," I add with a sense of finality as I roll my shoulders back, fix my posture, and run my fingers through my messy hair.

From now on, I'm going to start living again. I only need to remember *how*.

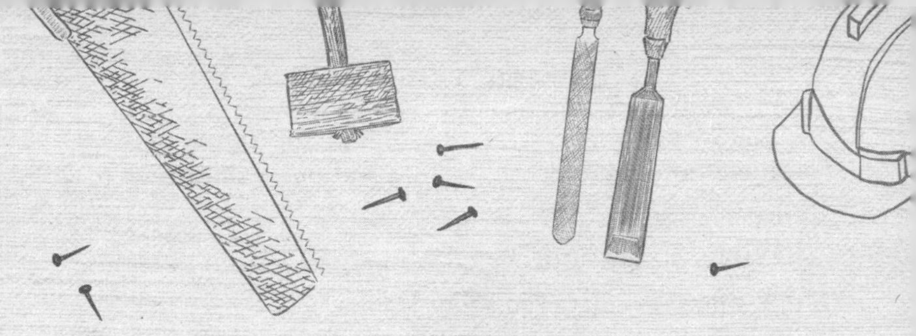

CHAPTER FIVE

Julian

"Nice of you to show up an hour late," my mom whispers as she corners me in the empty dining room.

I should have known her request for me to help set the table was a trap. "I was finishing up something for work."

"On a Sunday?"

I stay quiet as I arrange the cutlery.

She rocks back and forth. "I've been meaning to ask you…"

"You lasted a minute longer than I expected." I tap the face of my million-dollar watch. It's the most expensive thing I own, all because I bet against Rafa, who believed we would become billionaires after our Dwelling app was listed on the New York Stock Exchange.

I'm glad Rafa was right all along, although I nearly cried after buying us matching watches worth more than my current house and car combined.

Ma's lips purse. "*Mijo.*"

"Yes?"

"I wanted to talk to you about Dahlia."

"What about her?" My voice lacks any inflection.

"I know you have your differences, but can you set those aside and be nice to her while she is getting back on her feet? She's in a fragile place right now."

"So I've noticed." It's obvious to anyone with eyes that Dahlia is one comment away from falling apart, but I want to know *why*. Oliver was a pretentious ass, but he seemed to respect Dahlia, according to my mom, so why call off a successful relationship after nine years?

Ma's voice drops as she says, "Rosa wants Dahlia to stay for a while."

I shut my eyes.

She continues, "I'm thinking it would be nice for you to team up on a project to help get her mind off everything."

I shake my head. "Dahlia and I don't work well together." Whatever the activity, we were sure to take opposing sides. Field days. Debate club. Model United Nations. If there was an opportunity to go up against each other, we rose to the occasion and duked it out every single time.

"Please think about it." Ma presses her palms together.

I pause for three seconds. "Done. Still going to be a no." Having Dahlia around again is hard enough after years spent

Mijo: My son.

avoiding her. Working with her would open myself up to a whole list of problems I have no interest revisiting in this lifetime.

She tucks her arms into her chest. "*Mijo.*"

"I'm not trying to be difficult, but we have completely different mindsets when it comes to design."

"So? I think shaking things up will be good for her. Rosa says Dahlia has been in a creative rut for the last two months, so maybe taking on a different kind of job will inspire her," she pushes.

"Except you seem to have forgotten the time Dahlia called one of my projects an ugly gray box."

Ma makes a sour face. "To be fair, she wasn't exactly wrong."

It's my turn to glare. "You told me you liked it."

"I did because you made it, *mi amor.* As your mother, it's impossible not to love everything you do." She pats my cheek with bright eyes.

I make a noise in the back of my throat.

"Imagine what could happen if you put your two brilliant minds together for once."

There is only one woman in my life I would do anything to please, and she happens to be looking at me like I can single-handedly save the world if I go along with her request.

"Please?" she asks in that hopeful voice of hers.

I shake my head, hoping to knock some sense back into my

Mi amor: Motherly term of endearment.

brain in the process.

Her shoulders fall. “Oh.”

You could use her request to your advantage...

A plan falls into place. “Actually, I’ll consider it under one condition.”

Her mood instantly perks up. “What?”

“I want you to stop trying to set me up with all your friends’ daughters.”

“How else do you expect to meet someone special with the crazy hours you work?”

“That’s my problem.”

“I thought you were interested in getting married and starting a family?”

I hold my tongue.

She frowns. “Don’t tell me Rafa scared you away from marriage.”

“He didn’t.” Shocking, given his current view on life and all.

“I’d like you to have a child while I’m still young enough to chase after them.”

“About that...” While marriage is a part of my plan, having a kid is not—a fact that scared away half the women I dated.

Growing up with parents who struggled with years of infertility had a huge impact on me, and I don’t expect a lot of people to understand what it was like to watch my father silently suffer while my mom went through depression, miscarriages, and a stillbirth that had her flatlining on an operating table.

Since my mom nearly died in the process of giving me a sibling, I don’t plan on having children unless the woman I marry is willing to adopt.

My mom sucks in a breath. "*Qué?*"

I rub the back of my neck. "You know I'm not a kid person."

"But what about Nico?" Her pitch rises.

"An exception to the rule."

"Is this because of what I—"

"*No.*"

Her glassy gaze passes over my face before she looks away. "Okay. I'll respect your wishes."

A heavy weight pressing against my chest lifts.

She gnaws on her bottom lip. "I'll agree to your request, but you need to promise me one thing."

"What?"

"Please make this process enjoyable for Dahlia. You might not be interested in making me a mother-in-law anytime soon, but Dahlia—and Lily too—are the closest people I have to daughters, and I won't stand for you upsetting her when she is already down."

My mom manages to make me feel two inches tall despite me towering over her.

I tuck my chin in shame. "I won't."

She brings her hands together with a loud clap. "Great! Now, be sure to make it seem like this was all your big idea when you approach Dahlia about it."

"*Ma.*"

"I better go check on Rosa before she burns down the house. *¡Te quiero!*" She kisses my cheek before dashing toward the kitchen.

Te quiero: I love you.

Sundays at the Muñoz house haven't changed since I was born, although a few people have come and gone over the years, like Mr. Muñoz and my dad, who both passed away within a few years of each other. Rafa became a permanent member at the table after he was unofficially adopted by my mom when we were younger, once my dad's brother died.

My godson does a good job of keeping the conversation going with stories about his upcoming Halloween costume and his friend's birthday. Lily, Dahlia's twenty-seven-year-old sister, follows along with Nico's tales, while the rest of us easily become distracted by the empty chair and plate of untouched food beside me.

At one point, Lily takes a tray to Dahlia's room, only to come back fifteen minutes later with most of it left behind.

"She wasn't hungry?" Rosa stands and takes the tray from Lily's hands.

Lily shakes her head. "She ate some of it."

Everyone stares at the leftovers like a critical piece of evidence. Dahlia grew up like the rest of us, following three main rules: don't lie, don't cheat, and don't leave any food on your plate.

Ma kicks my chair. *Go talk to her*, she mouths.

I rise from my chair. "I'll be back."

The wrinkles etched into Rosa's face smooth out as I comb through my mental list of pros and cons.

Pro: You're doing the right thing.

Con: It doesn't exactly feel that way.

The quick shake of Rafa's head and his fierce scowl has me questioning myself.

Pro: Your mom will no longer set you up on dates.

Con: You'll be stuck working with Dahlia.

I tell myself to shut up and take a deep breath.

Thank you, Ma says by lifting her two thumbs in the air.

Before I lose my nerve, I walk away. The sound of my heart pounding fills my ears as I stop in front of Dahlia's door. I lift my fist to knock, only to hover above a hand-painted flower.

To describe Dahlia as talented would be insulting. She has a God-given gift to turn the most mundane objects into works of art, although I never stepped out of my comfort zone and praised her for it.

Once I lift my fist to knock, her door flies open.

"Julian?" Dahlia gapes at me with puffy eyes and a red nose.

I tuck my clenched hands into my pockets. "Hey."

"Is there a reason you're lurking around outside my room?" She checks the empty hall.

"I need to talk to you."

She squints. "Since when do you willingly want to speak?"

"Since my mother asked me to."

Her hollow laugh is chilling. "Still doing everything your mom asks? No wonder you're still single."

"I knew coming over here was a mistake," I grumble to myself. Dahlia will never agree to the idea of working on a project together if I come out and ask her.

My trap forms quicker than my mouth can move.

"Feel free to get lost." She reaches for the door.

I stop it from slamming shut with my hand. “Wait.”

A wrinkle runs down the center of her forehead. “What?”

“Oliver and you are done?”

Her eyes turn into slits. “Are you only asking me so you can gloat?”

“No.” Although her false accusation makes me want to.

Don’t be petty, Julian.

She breaks eye contact first. “Yeah. We’re done.”

“Might want to get rid of that ring, then.” I can’t help but glare at the tacky piece of jewelry with a frown.

“I’ve tried.” Her hand forms a shaky fist.

“Clearly not hard enough.”

Something flashes behind her eyes. “I’ve been waiting to hear back from the Creswells’ lawyer first before I got rid of it.”

Rich people and their lawyers. While I might be one of them now, I’d never have one handle my personal business like that. My parents taught me people who want respect need to earn it first, and nothing says spineless quite like depending on a lawyer to do my dirty work.

“And what did this lawyer say?” I ask before I think better of it.

“I got the news an hour ago that I can do whatever I want with it.”

“How convenient.” My voice remains flat, although my words hits their target.

Her nostrils flare. “Are you insinuating that I’m lying?”

The silence following her question answers for me.

“You know what? I’m in the mood to prove you wrong.”

Some things never change.

While I'm busy remembering the countless times she tried to do that, she catches me off guard as she slides the ring up her finger and holds it out for me. "Here."

I take a long step back. "What am I supposed to do with that?"

"Heck if I know, but I'm sure you'd be more than happy to get rid of the ring given how often you glare at it."

Fuck. While I was busy cataloging her next move, she was busy doing the same.

Checkmate.

I reach for the ring without the slightest tremble, although my heart beats wildly as our fingers graze.

I pluck the ring from her grasp and assess the tacky display of wealth that fits anyone but the woman in front of me. Although Dahlia loves jewelry—that much is obvious based on her endless rotation of rings, earrings, and necklaces—she hates gaudy wedding rings that can be found at any local jewelry shop.

I want a vintage ring like Mom's, she said once to her sister while they gawked over a cousin's engagement ring during a birthday party.

No way! I want a ring like the mayor's wife has. Lily beamed.

But it's so basic. Dahlia's nose scrunched.

Who cares so long as it's big, Lily snorted.

Dahlia clears her throat, yanking me away from the memory.

"You want me to get rid of it?" I ask.

She nods.

I'd like nothing more. Although…

An idea hits me. A terrible, stupid idea that has me acting first and thinking about regrets later.

"Fine, so long as you join me in the process." Getting her out of the house would probably do her some good. My dad always pushed my mom to do the same whenever she was deep in one of her depressions, so I know it works.

Plus, I have a feeling she will be more willing to agree to a working relationship if I play my cards right.

Her gaze bounces between me and the paused TV screen in her room. "I don't know. I'm a bit busy at the moment."

"Oh, my bad. Feel free to carry on with your pity party." I make a show of glancing at the mess on her bed. The purple comforter can barely be seen beneath the mountain of used tissues and discarded chocolate wrappers.

Her eyes widen. "Excuse me?"

I tuck the ring into my pocket. "I'll send you a video of what I end up doing with it. Hopefully you can make time to watch it in between binge-watching episodes of *The Silver Vixens* and crying your eyes out."

"I am *not* crying my eyes out."

My eyes flicker over her face for an extra beat before I turn around.

"You're a real asshole sometimes," she calls out.

"See you next Sunday. Or not. I'm sure you'll be real busy and everything." I don't bother looking back, although I throw her one last goodbye wave from over my shoulder.

She mutters something inaudible before saying, "You know what? I'm going with you."

Gotcha.

I kill my smile before turning around. "What happened to being busy?"

"Consider my calendar cleared."

I hope this doesn't blow up in my face.

Famous last words.

"You redid the interior." Dahlia runs her hand across the leather dashboard of my dad's old truck.

"Mm-hmm." I place my hand on her headrest and reverse down the Muñozes' driveway.

My dad was my hero, best friend, and future business partner, so I had no clue what to do with my grief when he passed. Restoring my dad's truck was eventually was one of the best ways to process his loss, although it came a few years too late.

She brushes her palm down the smooth leather bench. "How many times did he say he was going to do it? A hundred?"

Maybe a thousand, but he never lived long enough to see it through.

My dad had many dreams in his short life, including fixing up his truck, but he died before he could make them come true.

The same dull ache in my chest reappears, like a wound that never fully healed. Thankfully, Dahlia stops talking about my dad, giving me room to think without his memory distracting me.

Unfortunately, all good things must come to an end, including her silence after five minutes.

"Wait! Stop!" Dahlia nearly yanks my hand away from the

steering wheel.

"No." I continue driving past the *nieve de garrafa* food truck located near the Lake Wisteria Park Promenade. Helping her get rid of the ring is one thing, but stopping for *nieve* along the way? Absolutely not happening.

"Please?" She actually presses her hands together. "I haven't had Cisco's in years!"

"It's October."

"So? There could be a blizzard outside, and I'd still want it."

My muscles tense even more. "This wasn't part of the plan."

"So help me God, I will literally jump out of this car right now if you don't pull over."

"At least let me speed up first to make it worth the trouble of another police report." I press the accelerator harder. Unlike my McLaren, my dad's old truck whines as it switches gears.

Her glare quickly devolves into the worst kind of weapon she carries in her artillery.

Puppy eyes.

"Please, Julian. I'm not above begging you for Cisco's."

Fuck me. Every cell in my body lights up at the sound of my name in that voice.

"I'll do anything. *Please.*"

Good luck saying no to her when she looks and sounds like that.

"Let's start with shutting up." I slow down and make a U-turn at the next median.

Nieve de garrafa: Handmade ice cream native to Mexico

"Yes!" She does a little victory fist pump.

I squash the urge to smile as I drive back toward the park and stop in front of Cisco's. A few families sit on the benches while some kids run around, probably enjoying the last few weeks of decent weather.

"Make it fast." I pull out my phone and begin reading through the thirty emails I've received in the short amount of time since I last checked.

She reaches for the door handle, only to hesitate. "Actually, you're right. It's too cold for Cisco's."

I stop my scrolling. "Are you serious?"

"Yes. Let's just keep going." She motions toward the steering wheel while scanning the park. The tension in her shoulders combined with her darting eyes gives her nerves away.

While Dahlia has always struggled with anxiety since we were younger, this feels different.

She is different.

With a sigh, I open my door.

"Where are you going?" Panic bleeds into her voice.

To do something stupidly nice. "I'm in the mood for Cisco's."

I walk away before I come to my senses and remember all the reasons why Dahlia is bad news.

CHAPTER SIX

Dahlia

Step one of my plan to get over my ex-fiancé includes mango-flavored *nieve de garrafa* from Cisco's, also known as the best food truck around. I devour my dessert while Julian taps away at his phone, doing whatever important things billionaires do on a Sunday night. At one point, he steps out of the truck to answer a call, leaving his lemon-flavored *nieve* unsupervised and available for the taking.

I can't be held responsible for my actions. If anything, I'm doing Julian's abs a favor by taking his dessert off his hands.

Once I finish both cups, he tosses them out before we drive away from the park with Morat on full blast. While Julian and I are very different, we share the same great taste in music, a fact I would never admit to his face.

Unlike my first night here, I take in the town and how much it has grown in my time away. While some businesses shut down during the slow winter season since not many people want to hang out by the lake when it's cold outside, most have remained open all year since they were first founded in the late 1800s.

Some of my favorite shops, like Hole in the Wall Hardware, Holy Smokes BBQ, and the Surf & Turf Meat Market, have been passed down for generations, while a few newer shops, like the Sweets & Treats Bake Shop, catch my eye.

"Where are we going?" I ask after a minute.

He lowers the volume. "One of my construction sites."

"I swear I'll haunt you forever if I end up being buried beneath six feet of concrete tonight."

"I'm flattered you want to hang around me for all eternity." His eyes sparkle.

Mine narrow into slits.

He raises his right hand. "No need to worry. So long as my mother loves you, I'll let you live."

"I'm not sure whether to be horrified by the threat or impressed you're willing to put up with me solely because your mother loves me."

He answers my question by increasing the volume of the music.

Cabrón.

When Julian suggested getting rid of my ring, visiting a construction site was not what I had in mind.

"Come on. Let's go." Julian switches his sneakers for worn construction boots before forcing me into a hideous pair of large plastic ones that squeak with every step I take toward the fence.

He grabs a white hard hat from behind the barrier and places it on my head.

My nose scrunches. "Seriously?"

"Safety first." He turns my headlamp on before setting up his own.

Screw guys in backward ball caps and gray sweatpants. Men in hard hats and work boots are my new kink, thanks to Construction Ken standing in front of me with muscular arms and killer cheekbones.

I already know my therapist is going to dive right into this topic during next week's session.

"You good?" Julian's voice startles me.

"Yup," I manage to get out.

He opens the gate and leads the way toward the backyard of the semi-finished house. I follow behind him while watching out for tools and supplies scattered around.

Julian stops beside an empty concrete mixer near the exterior back wall overlooking the lake.

"You're joking." Of all the things Julian could have suggested, I would have never guessed this.

"Do you have a better idea?"

"No, but this feels criminal."

He keeps quiet while gathering supplies. His white T-shirt quickly loses its crisp color as construction dust clings to the material. His jeans suffer a similar fate, with the blue color turning gray when he pours the dry mixture inside the machine.

Though Julian probably hasn't touched a shovel since he

broke ground on his fancy office at the corner of Main Street, he exudes confidence as he works.

If only his dad could see him now.

It was difficult to tear those two away from each other, especially when they were boots-deep in a project together. But then Luis Senior suddenly passed away from a heart attack, leaving a twenty-year-old Julian to grapple with a family business and his mourning mother.

I might dislike Julian for a hundred different reasons, but I will always respect the hell out of him and the sacrifices he made for his family, including dropping out of Stanford.

Julian curses to himself for the second time as he glares at the electrical panel.

"Are you sure you know what you're doing?" I ask.

"Just because I don't work on-site anymore doesn't mean I'm incompetent."

"Could have fooled me with how you kicked the machine when you thought I wasn't paying attention."

He scratches his nose with his middle finger, spreading gray dust all over the bridge. I reach out and wipe it away without a second thought.

He stares up at me like one does the sun—in equal parts pain and wonder.

I take one long step back and tuck my hands behind my back. "So, what's the point of being a billionaire if you don't have people at your beck and call ready to handle messy tasks like these?"

"Who says I don't?"

"Then why not call someone to come help us with this

master plan of yours?"

His eyes narrow. "Because if my dad were still around, he would kick my ass if I asked for help making concrete. He taught me this stuff when I was Nico's age."

A pain echoes through my chest at his casual mention of his father. How many times did I beg Julian to open up to me after his dad passed away? Tens? Hundreds? He erected a wall around himself to effectively keep everyone out, including me.

He stabs at the power button, only to curse when nothing happens.

"Need any help?"

His back tenses. "I got it."

We fall into a comfortable silence as he takes apart the machinery. I become distracted by the stars twinkling off the surface of the lake while Julian reads through the user manual on his phone.

"*¡Chingada!*"

My head snaps in his direction. "What happened?"

He drops the cable like a live snake. "Nothing."

"Please tell me you didn't forget to check if it was plugged in."

"Of course I checked." The moon above us highlights the faint blush creeping up his neck.

The idea of Julian obsessively checking everything *but* whether or not the machine was plugged in has me curling over and laughing until my lungs hurt.

Chingada: Oh, fuck.

"This is the last time I do something nice for you." He grumbles something else under his breath.

"I'm sorry!" My voice comes out wheezy.

"No, you're not."

"Forgive me? Please?" I bat my lashes.

He glowers. "Only if you don't repeat this story to anyone. *Especially* Rafa."

"Cross my heart." I draw an invisible X over the spot.

"Tell anyone and I'll share that boxed wine video I have of you."

My eyes widen. "You kept it?"

"Blackmail has no expiration date."

The idea of him keeping funny videos of us from our time at Stanford shouldn't make me feel all warm and fuzzy, especially when it's Julian, yet my stomach does this betraying flip at the notion.

I keep my voice detached as I say, "Never fear. Your moment of incompetence is safe with me."

He leaves in a huff with the extension cord and a promise to be back in a minute.

Without Julian here to distract me, I'm left to grapple with my messy emotions. I rub at the faint white line on my ring finger like one would a stain, wishing it would disappear along with the pain about my relationship.

Former relationship.

In order for me to move on, I need to start letting go of the past and anything that reminds me of my broken engagement, starting with the ring.

It's everything I wanted and more, I lied as I held up my

shaky hand for the camera crew hired by the Creswells to film our publicized engagement.

A lot of women would be appreciative of a ring like that, Oliver said when he caught me not wearing the eyesore once after working out.

"Having second thoughts?" Julian's deep voice has me turning around.

"Are you sure an ability to mindread wasn't added during your last software update?"

His glare lacks its usual punch. "You've always been expressive."

"Not all of us were born with the ability not to feel anything."

"I feel things," he scoffs.

"Like what?"

"Excitement." He pulls my ring out of his pocket with an unhinged smile I've only seen on two other occasions—when I asked Julian to prom as punishment for him scoring higher than me on the ACT, and when the school's linebacker, who called me a prude bitch, was caught in a cheating scandal.

I never asked Julian about it, but I suspected he had something to do with the football player being busted and permanently benched from the team for the rest of the year.

"You good?" he asks in the same soft voice he saves for his mother.

My boots squeak together as I rock back. "What if this is a bad idea?"

"Do you plan on getting back together with him?"

"No. Definitely not."

"Do you want to sell it?"

I consider the option for a few seconds before shaking my head. "And pass that negative energy on to someone else? No."

"I could buy it off you."

I choke on my gasp. "What?"

He assesses the ring. "It's hideous, so I wouldn't pay more than a hundred for it."

"Bucks? But it's worth—"

He interrupts me. "Hundred *thousand.*"

My eyes bulge. "That's a lot of money."

He *shrugs.*

Asshole. Unlike him, I still remember the days before he was a billionaire, back when our families ordering pizza with extra toppings was considered a luxury.

He casually spins the ring around his pinkie finger.

Sweat clings to my brow. "But…"

Hustling him out of a hundred thousand dollars does sound nice—

"The offer expires in three…"

Wait a minute. Why does he want to buy the ring in the first place?

"Two…"

Who cares? Take it!

"Fine!" I shout.

"You accept?"

"Sure."

"Great. Now with that settled…" He tosses the ring into the concrete mixer. The diamond gets swallowed up by the thick mixture as the machine spins round and round.

"Julian!" I jump to hit the red emergency button, but he yanks me away before I have a chance. All the air is knocked from my lungs as I slam into his body.

Our hard hats bang into each other, and mine falls off and lands at our feet during my fight to get loose. He wraps his other arm around my waist and tightens his hold, making any escape impossible.

"What are you doing?" I hiss like a wounded animal.

"Saving you from yourself." He hauls me farther away without my feet touching the ground.

"Are you serious? What was the point of offering to pay all that money for a ring you planned on throwing away?" I screech as I shove at the steel band of muscle locked around my body.

"It'll be worth every penny."

"But—" My reply gets lost somewhere in the chaos of my mind.

"You didn't like your ring."

I rear back. "What?"

"I bet you hated it from the moment Oliver got down on one knee and popped open that cliché Cartier box."

A two-by-four to the face would be less surprising than his comment.

My pulse quickens. "Why would you think that?"

"Because, like him, it was stuffy, obnoxious, and represented everything he and his pretentious, cookie-cutter family stand for." Julian's words hit hard enough to make my legs shake beneath me.

Julian saw Oliver and his family for exactly what they were.

A fancy façade.

I was comfortable going along with it because Oliver made it seem like he was different, but in reality, he was another Creswell clone desperate for an inheritance and his parents' approval.

And I was the woman standing in the way of that.

Julian lets me go when the fight drains from my body, and my mind drifts as the machine spins.

The demise of my relationship started with a prenup, and things quickly devolved from there as I was pummeled with tasks like premarital counseling and health screenings.

It's standard protocol for people like us, Oliver said as he passed me a stack of prenuptial paperwork thicker than my thigh. While I expected one given the Creswells' financial situation, its contents shocked me.

A genetic health screening? I asked with a frown, only for Oliver to wave away my concern. *It's a formality.* He grabbed my hand and gave it a squeeze. *Think of it as a protective measure*, he added.

I winced. *Protective measure against what?*

It's boilerplate language. He quickly moved on to the next section, dictating how I would be paid per child I gave birth to. Bonus cash if I breastfed.

God, I should have run after that meeting, but instead, I trusted him.

My throat tightens until I'm gasping for air.

"*Mírame*," Julian orders.

I can't. At least not when I feel like *this*.

Mírame: Look at me.

"I'll meet you back at the truck."

"If you want the ring, I'll pull it out." He speaks to my back.

I shake my head hard enough to rattle my already-scattered brain. "No." Tears pool near the bottoms of my eyes, about one second away from falling.

You better not cry in front of Julian, so pull yourself together and get the hell out of here.

"Come find me when it's finished." I fight the impulse to curl into myself as I accept that part of my life is over.

"Okay."

My lungs deflate from my heavy exhale as I turn. Every step away from the mixer feels like a small victory, and I'm proud of myself for making it to the truck without shedding a single tear, although the widening hole in my chest threatens to consume me.

But unlike before, I fight back. I don't want to cry anymore over a man who discarded me like trash.

I *refuse* to.

Starting now.

CHAPTER SEVEN

Dahlia

A flash of something red and white catches my eye. "Stop the truck!"

He slams on the brakes, and we both go shooting forward. I groan as the seat belt locks into place and crushes my chest.

"What's wrong?" His eyes dart across my face.

I press a hand against my chest. "Besides the fact that you nearly gave me a heart attack?"

"You asked me to stop."

"Not like that!"

"Sorry."

"It's fine. Give me a second." I unbuckle my seat belt.

"Where are you going? It's pitch-black outside."

"I want to see something." I climb out of the truck and walk back to the spot that caught my attention.

The *For Sale* sign posted in front of the gate feels illegal, and I'm tempted to steal it to prevent someone else from making an offer on the house of my dreams.

Lampposts lining the driveway illuminate the Queen Anne-style mansion sitting at the top of the small hill. Despite the warped wood and lack of upkeep, the house that once belonged to one of our town's founders is beautiful with its elegant craftsmanship, unrivaled view of the lake, and historic connection to the town.

Not just any Founder's house, but the one I dreamed of renovating one day. Ever since I was a little kid, I used to say that if I had three wishes, one of them would be to own this particular blue house.

Now you have the money and opportunity to make it happen.

The sudden rush of excitement sends my head spinning, making me feel drunk on the idea of restoring a house like this.

I'd be foolish not to take advantage of this rare opportunity. I've been obsessed with the Founders' houses long before I pursued a career in interior design. Their backstory, aesthetics, and view of Lake Wisteria and the forest beyond made them easy to fall in love with and impossible to forget.

A house isn't going to save you from your depression. The voice of reason speaks out.

No, but my therapist said I should engage in activities that make me happy, and this house would be a good start.

"Is this for real?" I flick the sign to be sure.

"Seems like it." Julian stops beside me and pulls out his phone.

"What are you doing?"

"I want to know how much they're asking for it."

"No!" I steal his phone.

"You can't stop me from being curious."

"You're not allowed to touch this one." The five original Founders' houses rarely go up for sale, so no way in hell am I letting Julian buy it.

"Is your name on the deed?"

"Not yet." I'll be damned if I let this project slip away from me. It's the exact kind of house that could help spark my creativity again while pushing me to take the necessary steps my therapist has been recommending for months.

Julian pries his phone out of my crushing grip. "Then it's fair game."

"Fair game? How is that possible when you're our local Monopoly Man?"

"I'm flattered by the rare compliment." His dry voice doesn't match the words.

"Ugh. *Lo juro por Dios*—"

He taps at his screen before placing it against his ear. "Sam. Hey. Sorry about the late call, but this is important. First thing tomorrow morning, I need you to contact a seller—"

I snatch his phone back and take off in the opposite direction. "Hi, Sam. It's Dahlia Muñoz. How are you?"

"I—uh—I'm sorry, did you say *Dahlia Muñoz*?" A male voice wheezes toward the end of his question.

"Yes."

Lo juro por Dios: I swear to God.

"As in Dahlia Muñoz, founder of Designs by Dahlia?"

"That's me."

"Holy shit," Sam whispers to himself.

I stick my tongue out at Julian while hitting the speaker button.

"I'm your biggest fan!" Sam shouts. "Wait. What are *you* doing with Julian?"

"Sadly, we know each other."

Julian shoots daggers at me.

"I can't believe Julian never said anything. He knows how obsessed I am with your…everything!"

"Oh, you are?" I ask.

"Of course I am! Ask Julian. He always gets pissed when I watch your show at my desk during my lunch break."

"Why do you think that is?"

Sam scoffs. "Beats me."

I laugh.

"It's not like he couldn't learn a thing or two from you. Seriously. I love what you did last season with the Mayhem Manor. It's one of my favorite designs, and the one I keep coming back to anytime I need some inspiration."

"With Julian's designs, that must be often."

Sam barks out a laugh while Julian glares at me.

I turn away and take Sam off speaker. "Sam, listen. I hate to cut you off, but I have a special request and not a lot of time."

"Name it." Sam speaks with conviction.

"Whatever Julian tells you to do, don't. At least not with the Founder's house."

"But he's my boss."

"Are you up for a new job? Because I'll hire you—"

"That's enough." Julian snatches the phone from my hand. "Sam, I'll call you back tomorrow. Sorry again about bothering you this late."

"But—" Sam's panicked voice disappears as Julian hangs up.

"Sweet guy. Out of curiosity, how much do you pay him?"

His eyes narrow. "You're not stealing my assistant."

"I mean, is it considered stealing if he wants to leave?"

Julian's frown deepens. "If you like the house, then you'll have to put in a competitive offer."

"But you're a billionaire."

"So?"

"*So* how the hell am I supposed to outbid you?"

He strokes his chin like an evil villain. "I see your point."

"Great. Now if you'll do me a solid and pretend you never saw the house, I'll be forever indebted to you."

"Forever indebted to me?" His voice lowers, awakening hundreds of butterflies from their cocoons.

Hell. Freaking. No.

I tilt my head back. "Let me have this one. *Please.*"

"I'm not in the charity business."

"Excuse me?" I enunciate each syllable.

"It's nothing personal. I need land, and this place has it. One of these properties could fit ten of my houses easily."

I throw my hands in the air. "See! That reason alone is exactly why *I* should be the buyer."

"Because you don't want to capitalize on an opportunity? That's stupidity, not validity."

My fists ball at my sides. "It's not stupid to value a home's history."

"I value the financial kind more."

"And you think I don't? A historic home can make as much money as a new build if you fix it up the right way."

"I'm not saying it can't, but the math will always be in my favor, no matter how hard you try."

I groan. "How much do you sell one of your homes for?"

"Three mill, give or take."

My eyes widen. "Three. Million. Dollars?" Houses around the lake used to be worth less than a quarter million back when I was a kid.

He breaks eye contact first. "Yeah."

"And how many houses have you demolished?"

"Enough."

"Fifty?" He remains quiet. "A hundred?" I ask, earning nothing more than a blink. "Two hundred?"

He stays silent.

I shake my head. "Wow. At this rate, you'll be out of houses within the next few years."

"Exactly why I need a property like this to solve our supply-demand issue."

Time to switch strategies.

"Do you want me to beg?" My voice drops.

I bite down on my cheek to stop myself from grinning when he blinks twice. While Julian and I have engaged in many psychological warfare tactics over the years, seduction has never been one of them. But hell, if it means securing my dream house, I'm willing to flirt my way into a deal with the devil.

"No." His jaw tightens.

"I'm not above getting down on my knees."

His eyes drop to my lips before he glances away. "Shut. Up."

I clasp his chin and force him to look at me. "What do you want?"

He jerks his head free from my grasp and takes a step back. "Whatever the fuck is the opposite of this."

"I'll leave you alone if you walk away from this house." I brush my finger down the center of his chest.

He jolts. "I knew working with you was a mistake."

"What?"

"Nothing." His gaze flickers between the property and me for a whole minute before he speaks again. "What if we go fifty-fifty instead?"

"I'm sorry?"

"You want the house, and I want the land. I'm sure we can work together to get what we both want."

"Who says the town would let you build another house here?"

"That's my issue."

"You want us to go all in together, hoping to rezone the property and build a few extra houses on it?"

"Correct."

I shake my head. "That will never work."

His frown lines return with a vengeance. "Why not?"

"Because only one of us has style, and hint, it's not you." Unlike Julian's commitment to mid-century modern designs, my modern rustic design style is the complete opposite. I enter each home with the same goal of emphasizing its original architecture while combining different interior design styles.

One of the biggest reasons I started gaining popularity was that my approach was unlike everyone else's. I wasn't afraid of blending different styles, including Julian's beloved mid-century modern, which helped me stand out.

He pinches the bridge of his nose hard enough to leave a mark. "You're testing my patience."

"I'm surprised you still have any left when it comes to me."

He grumbles to himself before speaking again. "You can have full creative control of the house."

"Really?"

"Yes."

"And what if city hall denies your request?"

"Then we will need to flip the property and resell it for a price worthy of investing my time and resources," he says.

"What resources?"

"If you plan on restoring that house within the next three years, you'll need my company to get the job done."

"Why is that?"

"The only other construction company in town has a year-long waitlist because they're busy fixing up the motel."

Shit. I don't want to wait a year when this is the perfect project to help get me out of my design rut.

Still, despite my excitement, I worry about partnering with Julian. We have only worked on one project together in college, and it ended with me setting myself up for unrealistic expectations.

I can vividly picture Julian destroying the house to build his ideal neighborhood of white-and-gray houses made of equal parts concrete and glass. The history of the property would be erased and replaced with cold, sharp lines to match the man in front of me.

I shake the image away with a shiver.

No matter how much I dislike the idea of working with Julian, I despise the thought of him demolishing this house more.

I speak before I have a chance to talk myself out of the opportunity. “I’m in.”

CHAPTER EIGHT

Julian

Rafa and I walk to the unoccupied leather armchairs at the back of the Angry Rooster Café. It's been weeks since we last spent time together by ourselves. With him managing the Dwelling app and me working through growing pains as Lopez Luxury expands to new neighboring lake towns, we have been busy.

There are some days I want to turn back the clock and relive the times when I woke up at five a.m. to work on a build with my dad, not drive to an office. Those were some of my happiest days, and the ones I think about more often lately.

I'm not cut from the same corporate cloth as my competitors, and it shows in every interaction I have. The desire to hire someone else to run the corporate side of the business rides me harder than ever lately, but I don't have anyone I can trust with that kind of responsibility.

Rafa sinks into the leather chair. "I saw something interesting today on my drive into town."

"What?"

"Someone listed one of the Founders' houses."

"Hm." I take a sip of my iced coffee with extra caramel, caramel drizzle, and a splash of cream. The warm, sugary goodness hits my tongue, instantly elevating my mood despite the glaring man sitting across from me.

His head tilts. "It's the same one you were looking into a few years ago."

"It is."

"Well…are you going to buy it this time?"

The sweet coffee slides down my throat like acid. "Why?"

His eyes narrow. "Because you're not the type to let an opportunity like that go to waste. The land alone makes it one of the most valuable properties around."

My stomach churns. "I'm teaming up with Dahlia on it."

He raises a condescending brow. "And you thought that was a good idea *because*?"

"My mom asked me to."

"Of course she did. She's been planning your wedding since you both were in the womb."

The plastic cup beneath my fingers bends from the pressure. "She's worried about Dahlia."

"So are the rest of us." His scowl softens. "But that doesn't mean you need to be her knight with a shining tool belt."

"If a tool belt is shiny, it's clearly for looks."

"That's not my point, and you know it."

My shoulders stiffen. "I do, but that's not going to be an issue."

"What are you thinking, buying a house with her and fixing it up together like she did all those times with Oliver?"

Tension ripples through my body. "This isn't like that."

He stares.

"Do you have something you want to get off your chest?" My question comes out sharp.

"You're making a mistake," he grumbles.

"I don't expect you to understand." No one can, no matter how much they try.

Dahlia and I have a complicated history of antagonizing each other into being the best—and sometimes worst—versions of ourselves. That kind of connection doesn't go away no matter how many years I spend wishing it had.

"I understand enough to recommend you don't go teaming up with the woman you once were in love with."

I rub at my stubbled cheek. "I know what I'm doing."

"I know what you *intend* to do, but life has a funny way of fucking over our best-laid plans." He dismisses me with a flick of his gaze.

"We're working on a project together, not falling in love."

Dahlia made sure that wasn't possible once she began dating my ex-roommate after I dropped out of Stanford.

He snorts. "Because working together went so well the last time."

My teeth grind together as I remember the one and only time Dahlia and I teamed up: on a college psychology project.

It was a decision made out of jealousy and became the first in a long list of mistakes I made when it came to her. Flirting. Kissing. Pushing her away because I didn't have the skills to process my fear of losing someone else I loved after my father's death.

"That right there is what I'm worried about." Rafa points at me.

I blink a couple of times. "What?"

"That look on your face."

"What are you talking about?"

He replicates an expression that sure as hell can't be mine.

I toss a crumpled napkin at him. "*No mames.*"

"I thought you were over her."

"I am. I was just…"

"Reminiscing?"

"*Thinking,*" I correct.

"Please consider doing more of that, because clearly you haven't been lately."

"Helping Dahlia get over Oliver is the right thing to do." After all, I'm the one who introduced them to each other.

You'll be back soon, right? Oliver asked in the middle of me panic-buying a plane ticket home after I heard about my dad's heart attack.

Dahlia came over to help me pack up your stuff and ship it since you're too busy to answer a single text, he messaged me a month after I dropped out of Stanford. *And thanks for letting us know*

No mames: Stop messing around.

you weren't coming back, dickface. So much for us being friends, he added.

Next thing I knew, Dahlia was in a relationship with the asshole who had his head stuck so far up his ass, I'm surprised he hadn't suffocated yet.

Not a single week goes by when I don't regret becoming friends with Oliver and the mistakes I made that pushed him and Dahlia together in the first place.

My fingers cramp from how long I've spent tapping them against the conference room table. It's hard not to feel antsy after a day full of meetings with project managers, architects, engineers, and interior designers.

My general manager, Mario, shuffles a few papers in front of him. "All submitted permits for our projects have been paused due to the person in charge going on paternity leave."

I frown. "And no one else can take over for the time being?"

"No. The same thing happened two years ago when Abbie was having her twins."

I release a frustrated exhale. If I worked in a bigger city like Detroit or Chicago, I wouldn't run into these kinds of issues. My life would be much less stressful if daily operations didn't cease because a few people caught the flu or one person was out having a baby.

And lonelier. The idea of moving away from my family again has me shutting down that thought.

I speak up. "Readjust schedules so all our guys have consistent work for the next few weeks. It shouldn't be too hard since city hall approved our permits for the townhouses." I turn to Ryder. "Any updates?"

Ryder, my project manager, quits tapping his pen against the clipboard. He's been working with me for seven years already and worked his way up to his current position before turning thirty-eight. Thanks to him, I can sleep easier at night knowing he can manage my crew like a disciplined drill sergeant.

He leans back and tucks his hands behind his dark head of hair. "I think we no longer need to worry about Mr. Vittori."

My fingers stop tapping. "How so?"

"He withdrew all his offers on the available houses in the area."

"Why?"

"I'm not sure. According to city hall, he hasn't purchased any properties or lots, so maybe he moved on to another town. It's not like you gave him much of a choice." His dark brown eyes light up.

"I don't like it." *Or him.*

I've been wary of Lorenzo Vittori since he randomly returned to Lake Wisteria twenty-three years after his parents died, and it isn't because of him bidding against me on lakefront properties or the gossip spreading around town about him wanting to run for mayor.

The town might have welcomed him back, but I don't trust him or his fake acts of altruism. It doesn't matter how many times he attends Sunday Mass or how many hours he spends volunteering at the animal shelter. For all I know, he is funneling his uncle's dirty money through different businesses and charities, all under the guise of being a good Samaritan who wants to make a difference.

He might have spent the first ten years of his life here, but a lot has happened in the years since then.

My twenty-five-year-old assistant, Sam, waltzes into the conference room armed with his headset, tablet, and a bright smile that reaches his brown eyes. "The architect team is waiting in conference room B to review the plans for the townhouses. I also set up the design team in room C, so once you're done there, head on in so they can present their ideas for the cul-de-sac."

"Great."

He readjusts his headpiece over his dark blond hair. "Oh, and then, when you have some free time, call Lake Aurora's mayor. He had a few questions about the town's infrastructure and wanted to run an idea by you."

"Thanks." I rub my eyes. Despite getting eight hours of sleep last night, I still feel tired.

When the Dwelling shares were listed on the New York Stock Exchange and our company went public a few years ago, I was invigorated by my newfound billionaire status and the prospect of turning my father's struggling construction company into Lopez Luxury. But now that I've accomplished everything my father dreamed of and more, I'm uninspired, exhausted, and growing resentful of every project I take on.

I've considered different options to reignite my passion, such as taking on an individual project again or changing up my team of designers, but I never seem to follow through. Part of me is afraid that I'll never return to the office once I remember what it feels like to invest my blood, sweat, and tears into a project.

Last night proved that. Dahlia wasn't the only one who had a spark in her eye at the prospect of fixing up the Founder's house.

I did too.

After a long day full of meetings, I'm relieved to return to my isolated mansion on the northern shore of the lake, located far away from the restaurants, parks, and couples who remind me of what I want but don't have.

I've had three other houses in the last four years which were in the southern part of town. While the sand dunes and beachfront were far nicer than the smaller, rockier northern shore, I couldn't stand being surrounded by tourists, couples, and families.

I dump my keys and wallet in the glass dish beside the front door before taking a hard left toward the chef's kitchen with windows facing the Historic District, although I'm quickly distracted from the panoramic views by my growling stomach.

Neat rows of premade meals line the middle shelf of my refrigerator, courtesy of my housekeeper. I microwave the first one within reach and take a seat at the kitchen island before connecting my phone to the speaker system.

Even with the music blasting around the house, the scraping of my utensils against the plate sounds worse than firing up a concrete saw at midnight.

I don't enjoy silence as much as people think I do. In fact, I've grown to hate it over the years because it reminds me of what I lack.

A home rather than a house.

A wife to love, cherish, and support.

A reason to wake up every morning that isn't my job or the people who rely on me for a steady paycheck.

Money might buy me a lot of things, but it can't cure the gaping hole in my chest that only deepens with every passing year. What used to fulfill me barely scratches the incessant itch anymore. Overworking myself. Casual dates that never lead to anything more. Spending all my free time with family while ignoring the wish to start my own.

None of it has the same appeal, and I'm getting worried.

Mejor solo que mal acompañado, my dad said in that deep, rumbling voice of his after I caught my group of friends making fun of me behind my back.

Pain slices through my chest. When I was younger, I would roll my eyes and ask what website my dad stole his latest quote from, but now I have an appreciation for how he had the right saying for every situation.

God, I've lost count of how many times I wished he were here, dropping proverbs whenever I needed them.

Mejor solo que mal acompañado: Better to be alone than with bad company.

When the right person comes around, you'll know it, I tell myself.

But what if the right person has been there all along and I screwed it all up because I was a stupid twenty-year-old who didn't know any better?

That question has kept me awake since Dahlia returned last week, along with the what-if scenarios that could have happened if I had processed my grief the right way instead of isolating myself.

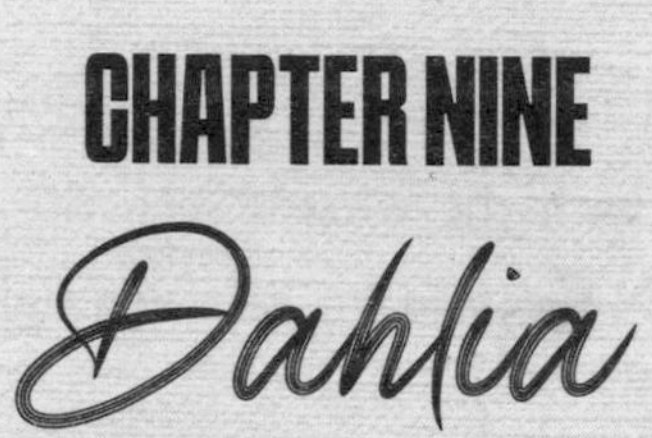

CHAPTER NINE

Dahlia

"Do you get cell service in that little hometown of yours?" my agent, Jamie, asks as soon as I answer the phone.

I wince. "Sorry about not returning your calls."

Avoiding Jamie was easy after listening to her first voicemail, when she asked me how my planning was going for my next décor launch, but dodging my other friends' texts and calls has been more challenging. Reina, Hannah, and Arthur—the three TV crew members I befriended on *Bay Area Flip*—send messages in our group chat daily despite me only sharing an occasional *I'm still alive* text.

While that statement is true, I'm not exactly *living*, so until I am, I plan on keeping away from everyone.

Jamie makes a soft chuffing noise. "I'm only teasing you. How's the R and R going?"

Seeing that I got out of bed before noon, took a morning

walk around the neighborhood, and helped my mom make breakfast, I'd count today as a win despite it only being ten a.m.

Look at you finding the bright side.

"Good. I needed the break," I reply.

"After wrapping up that last season, I don't blame you."

"Yeah."

"How are you doing mentally?"

I loosen my tight grip on my phone. "Some days are good, and some days are…"

"Absolute shit?" she finishes for me.

"Exactly."

"I know life sucks right now, but things will get better. I promise you that."

The ball in my throat grows larger. "I hope so."

She speaks after a brief pause. "I hate to be the bringer of bad news, but a reporter reached out with questions about your breakup."

My body turns to stone. "Oh."

"My team gave them the response we approved together."

Stomach acid bubbles, rising in my tight throat. "Right." Besides Oliver and his family, Jamie is the one and only person who knows the real reason why my engagement failed, and I hope to keep it that way, regardless of how many times Lily and my mom try to pry the answers out of me.

"I re-sent the signed NDA to Oliver and your ex-agent just in case."

My laugh comes out hollow. "You're the best."

"You might not be saying that in a minute."

I swallow back my fear. "What's going on?"

"I'm not the kind of agent who wants to bother you while you're on a much-needed break, but the team at Curated Living has been asking a bunch of questions about the plans for next fall's collection, and I can only deflect so many times."

My breathing quickens. "Right."

"They reported record-breaking numbers for your last launch, so they're excited to start planning your next one."

"Of course." I clench my hands to stop them from shaking.

"The team wants to know when you will be sending the preliminary sketches for it. If you want to launch by September and capitalize on your momentum, they'll need to start production before the end of February."

I haven't made it through this fall, let alone started thinking about the next, but no big deal.

Liar.

Panic swells in my chest. Every time I open my tablet to begin sketching, my energy levels tank, making me feel defeated before I have a chance to start.

"If you need to pull back for a season—"

"No," I blurt out. I've been working with Curated Living for the last few years, and I refuse to lose the last partnership I have left. "I'll get them the initial sketches before the end of the year, so you can go ahead and schedule our meetings for January."

"Are you sure?"

"Yup." I rub my pulsing temple.

"Great! I'll let them know."

"Awesome." My heart pounds against my rib cage as I ask, "By the way, do you have any pitch updates for the new show?"

While I was originally optioned to film another season of *Bay Area Flip* with Oliver, our broken engagement ruined any chance of that happening, so I'm hoping Jamie can secure me a new network contract. I love my job, and not a day goes by when I don't miss it and the people I helped.

"No, I haven't heard back yet, but it's only a matter of time before I call you with a new TV deal." Her voice seems uncharacteristically chipper.

"Oh." I fall back onto my bed. "Do you think no one is interested because the pitch is different from my last show?"

I appreciated the Creswells and their connections, which helped me land a show to begin with, but their tight grip on the production process left me wanting for more.

More control over the show's narrative. More clients from *all* socioeconomic backgrounds. And more freedom to discuss topics like grief, loss, and big life changes such as divorce.

While I didn't expect production companies to drop everything to sign with me, it's been a few weeks already without any follow-up meetings.

What do you expect when your personal life has become an internet meme?

My eyes sting, but I blink away the tears.

After Jamie hangs up, I'm tempted to crawl back under my covers and fall asleep, but instead, I make a conscious choice to get up, unzip my luggage, and search for my makeup bag.

Un Muñoz nunca se rinde, my dad always said.

And it's time I remember how to live like that.

I don't *want* to leave the house, but I choose to do it anyway because my mom and sister need my help with a large order of wedding centerpieces.

My mom's shop, Rose & Thorn, is located in the famous Historic District on the north side of town. The area was adequately named after the brick-and-mortar buildings and surrounding cottage-style neighborhood dating back to when the town was first founded in the late 1800s.

The Historic District makes up the heart of Lake Wisteria. A majority of the original buildings are located within the five blocks, including the library, bank, town hall, post office that once used carrier pigeons, and a tiny schoolhouse the size of a shoebox. We weren't wealthy enough to grow up there, but my mom was able to open up a tiny flower shop thirty-five years ago when my grandparents moved here because of a job.

It would be hard to miss Rose & Thorn with the pink paint covering the exterior brick walls and the fall window display full of red, orange, and yellow flowers of all shapes and sizes.

You can do this, I chant to myself as I exit the car and walk toward the sidewalk.

At least you look good, I add. In honor of getting my shit together, I picked out my best outfit, hoping the pop of color and dash of accessories would boost my mood.

You don't need to seek everyone's attention all the time; that old comment made by Oliver's mother about my clothing rears its ugly, unwelcome head.

I nearly twist my ankle at the memory.

One day I hope you feel comfortable enough in your own skin to stop covering it up, she said before handing me a bottle of anti-aging cream.

You should stop—

"Dahlia? Is that you?" a woman calls out behind me.

My mom stops next to me and turns with a smile.

Nope. Can't do this. Screw the meds and my therapist's advice to get out of the house. Helping my family with flowers is one thing, but having to face people is a whole different issue I'm not ready to tackle now that the news has broken about my failed engagement.

Mom grabs my shoulders to stop me from escaping. "It'll be good for you to catch up with old friends."

Except I don't have any friends at Lake Wisteria anymore. The two close ones I made in elementary school live in different states now, and although we call one another to catch up every now and then, I haven't been able to talk much since I found out about my genetic test. They're both pregnant and excited about having babies, which leaves me feeling like the odd woman out.

Mom turns me around before I have a chance to bolt for the store. "*Nos vemos adentro.*" She kisses my forehead before locking the door to the shop behind her.

"I knew it was you! Only you could turn Main Street into your own fashion runway." Alana Castillo, one of my high school classmates, waves.

Of all the people from my past I could have run into, Alana is the best option. Not only is she nice, but we actually got

Nos vemos adentro: We'll see you inside.

along pretty well in high school despite being part of different friend groups.

Her dark hair shines under the sun, bringing out the different brown tones. A tall, handsome, blond man beside her whispers something in her ear before taking off toward the Pink Tutu with her daughter, who is dressed in a leotard, neon green ballet skirt, and combat boots.

I fight the usual oppressive sadness as I force out a casual "Hey."

You can at least try to sound excited to see her.

Alana wraps her arms around me and presses her cheek against mine. "How are you?"

"Fine."

She pins me in place with a single, knowing look. "I see."

I kick an invisible rock with the toe of my boot. "I've seen some better days."

"Is that why you're back in town?"

"That and my mom's cooking."

Ugh. I regret the words as soon as I say them. While I wasn't able to make it to the funeral service the town had for Alana's mom because of my filming schedule, I should have known better than to bring up mothers and cooking.

Her warm smile lessens my anxiety. "Not a single day goes by when I don't crave my mom's *pandebonos*, so I get it."

"Those were the best! My mom still kicks herself for never asking your mom for the recipe."

"If you want, I can teach you both one of these days."

My brows rise. "Really?"

After living in San Francisco, I forgot what it was like to

be surrounded by people who care. I was lucky if my barista spelled my name right, let alone asked me how I was doing because they genuinely wanted to know.

Alana's melodic laugh could warm the coldest of hearts. "Of course. Anyone is welcome in my kitchen, so long as they're not Missy."

"Don't tell me she's still trying to steal your recipes after all this time."

She lets out a huff of air. "That girl has been trouble since high school. She has good intentions and all, but she won't rest until she wins a Fourth of July Bake-Off."

"Dahlia!" Lily pops her head out of the shop. "We need your help in here!"

I offer Alana an apologetic look. "Sorry. I better get going."

"No worries. I should get back to Cal and Cami before they get themselves into trouble."

"Does that happen often?"

"Only when I leave them alone together for more than five minutes." Her eyes sparkle.

I pull her into a hug. "It was nice seeing you."

"Likewise. And remember that you're welcome to come hang out and cook with me any day."

"I might have to take you up on that."

After an inventory count gone wrong, my mom ran to Lake Aurora's flower farm, leaving Lily and me alone to finish up as many centerpieces as we can with the flowers we have.

"So…" my sister interrupts my mission to get through

today's tasks without thinking or talking.

I look up from my half-assembled bouquet. Lily's eyes remind me of our dad, with the brown color nearly blending into her pupils. While I take after Mom with my shorter, curvier frame, lighter brown eyes, and softer features, Lily inherited her height, sharpness, and short temper from our dad. With genes like hers, she could have graced the covers of magazines had she not wanted to spend her entire life in Lake Wisteria, running the flower shop.

Lily continues when I don't speak. "I noticed something interesting."

"What?"

"You're not wearing your engagement ring anymore."

I swallow the thick lump in my throat. "No."

"Where is it?"

"You'd have to ask Julian."

"Excuse me?" she screeches.

"I have no idea what he did with it after he threw it in the concrete mixer."

Her gaze flicks over the faint white line on my finger. "A concrete mixer?"

I can't help laughing. "Yup."

"Wow."

"I know. Crazy, right?"

"Most definitely. But it's nice Julian helped you get rid of it."

"Don't tell me you're calling him *nice* now."

She raises her hands. "To be fair, he's matured a lot since you were both in college."

I press my fingers against my ears. "I can't hear you."

Her eyes roll. "You're a child."

"What happened to the sister who helped me with recon missions to score some blackmail on him?"

"She grew up."

I shoot her a look that she serves right back.

"Seriously. Why is he the enemy? And don't give me some lame excuse about you two having a rivalry since childhood because I know it goes beyond that."

I jerk back. "What?"

"I might act oblivious, but that doesn't make me stupid. Something happened between you two while you were at college, so what was it?"

"Nothing."

"You're such a bad liar."

I focus on the centerpiece. "I don't want to talk about it."

"You know you can tell me anything. I'm like Fort Knox."

A whole minute goes by before I speak again. "We kissed."

She squeals like a damn kid at Dreamland. "I knew it!"

I glare.

"What else? Tell me more!"

My entire face feels like it might burst into flames. "No."

Her eyes bulge. "You guys had sex, didn't you?"

A flower stem snaps between my fingers. "Lily!"

She throws her hands in the air. "Come on! I've waited *years* to ask you about this. At least take pity on me and entertain a few of my questions."

"Why didn't you ask me about this before?"

"You were avoiding him for some reason, so I wasn't about

to bring him up."

"Yeah."

"So what happened? I have my suspicions and everything, but I'm not sure."

My gaze drops. "It's complicated."

"When did you realize you liked him?"

"Probably toward the end of our freshman year of college." Homesickness and a psychology project forced us to rely on each other like never before, and little by little, the two of us became friends.

"And then what?" my sister asks.

I kissed him a few weeks before everything in his life went to shit.

My shoulders drop. "His dad died."

"Oh."

"*Yup.*"

"Makes sense. I assumed the sex was bad or something—"

I choke on a laugh, and Lily gasps.

"Ahh! It was good?"

I can feel the heat blooming across my cheeks.

"Great?" she squeaks.

"I refuse to talk about this with you." Mainly because there is nothing *to* talk about. Julian made sure of that during a five-minute call that destroyed any hope of us having a future together.

You're a distraction I don't need, he told me over the phone after I offered to put the semester on hold and come back to Lake Wisteria after his dad died.

It was only a kiss, he spoke with a flat tone, making me feel like the dumbest girl in the world after I wanted to help him with his dad's company because I was passionate about design too.

I'm sorry I don't feel the same way, he said once I poured out my heart and admitted I cared about him in a real, raw, and scary kind of way.

I need time, he replied before ending the call.

It was the last time I spoke to him over the phone. All my other calls went to voicemail, even after I helped Oliver pack up his dorm.

Funny how confidence can take years to build and only a few interactions to destroy.

My sister cuts through the memories by speaking up. "Fine. I can respect your wishes. I'm just happy the two of you can be in a room together again."

"Me too," I admit.

"Josefina and Mom never said anything, but I know they missed having everyone under one roof. Things were never the same once you—" She catches herself.

"Moved to San Francisco?" I finish the thought for her.

She flinches. "Yeah."

"I thought you liked spending holidays there?"

"I did, but I won't lie. Nothing beats all of us getting together for Christmas, and no number of big-city holidays could replace how it feels to be home."

My head drops. "I'm sorry."

She walks around the table and pulls me into a tight hug. "I'm glad you're back. For now, at least."

"Likewise."

My mom and sister drop me off near the cemetery with a promise to come back in thirty minutes. The three of us have visited this dreary corner of town plenty of times over the years, although it's been a while since I last stopped by.

The bouquet of yellow roses trembles in my hands as I walk past the main gate.

Few people love yellow roses as much as my father did, and anyone who knew him heard the story of how he met my mom while searching Rose & Thorn for flowers before his date with another woman.

His memory makes my heart heavy with sorrow. Losing a parent is never easy, but being present at the young age of sixteen when mine flat-lined in an ambulance was devastating.

Luckily, I had a school counselor who cared enough to help me through the grieving process, and I poured the rest of my energy into getting a full ride to college like my dad and I always talked about.

I bend down and place the bouquet in front of his tombstone.

Hector Muñoz. Devoted husband. Proud father. Beloved friend.

"*Hola, Papi.*" My chin trembles. "*Ha pasado un tiempo desde la última vez que hablamos.*"

Birds chirp in the distance as a gust of wind hits me. I

Ha pasado un tiempo desde la última vez que hablamos: Some time has passed since the last time we spoke zip my jacket all the way to the top before taking a seat on the ground. "I wish you were here more than ever."

I pluck a blade of grass and wrap it around my finger. "Although maybe it's for the best that you're not around. I would've hated for you to overreact about the broken engagement and get thrown into jail for assault charges because of Oliver." My laugh comes out all wrong thanks to the tightness in my throat.

A few leaves in the distance get picked up by another breeze.

"I made a big mistake." My voice cracks. "I was so stupid, *Papi*." Tears flood my eyes, although I fight to make sure they don't fall. "I knew it too, but I still kept trying to make things work *porque un Muñoz nunca se rinde*."

My father raised us to follow his motto of *ser fiel a ti mismo*—stay true to yourself—and I tried my hardest to stick to his values.

Yet you failed anyway.

"But the problem was that while trying to keep my relationship intact, I forgot myself. I gave up all the things that made me special because I thought it was the right thing to do to make the person who supposedly loved me happy." The tightness in my chest becomes unbearable.

"I realize now that the only person I was letting down was myself. I stopped trusting myself and the gut instinct that told me I deserved better." My head hangs.

Porque un Muñoz nunca se rinde: A Muñoz never quits.

"I'm sorry I haven't been around much in the last few years. Between us, I was kind of lost." I tear the blade of glass to shreds before ripping another off the ground. "I'm going to find myself, though. Because Muñozes never quit—not even on ourselves."

And by the time I leave Lake Wisteria after the holidays, I hope my soul will be fully healed.

CHAPTER TEN

Dahlia

I try my best to ignore my phone pinging, but after the eighth time, I give up. The Lopez-Muñoz family group chat continues to go off before I have a chance to read the first message.

I scroll to the start of the new messages.

JOSEFINA

Why am I finding out from someone who isn't my son that he and Dahlia are renovating a house together?

MAMI

What? OUR Julian and Dahlia?

Not difficult to conclude, seeing as we're the only two people in town with those names—for now at least. Lake Wisteria's census last year reported record-breaking numbers, given our lakeside beach, massive sand dunes, and the rising demand for Julian's services and his frequent media exposure.

No wonder he wants to maximize opportunities and rezone properties to account for more houses, seeing as he turned our town into his own Monopoly game.

JOSEFINA

Yes. Everyone in town is talking about how they're buying a house together.

I send a mental thumbs-up emoji.

RAFA

Was Julian held at gunpoint?

LILY

Or was it blackmail?

SECOND BEST

...

Julian's name on my phone has my lips curling.

JOSEFINA

To think I spent twenty-seven hours in labor for this kind of disrespect.

RAFA

This is why I'm the favorite son.

Rafa dropping a joke? Maybe I should buy a lottery ticket today.

LILY

Debatable since Julian bought your mom a house.

RAFA

Only because he beat me to it after saying we could split the cost.

LILY

You're telling me Julian was caught being shady as shit again? Consider me shocked.

MAMI

LILIANA!

All of us grew up without much money, so to go from struggling to pay the mortgage some months to paying it off with a single check has me reeling.

It's still hard to wrap my head around the fact that Rafa and Julian are billionaires. While I have enough money to buy whatever my family and I want without feeling guilty, I'll never achieve their level of success.

I pick up my phone and think of a reply.

ME

Josefina is right. Julian and I are teaming up.

JOSEFINA

Yay!

MAMI

Power couple!

I let my mom's last text slide because I don't think she understands the label. She said the same thing about my sister and me when we redecorated her flower shop together a few years ago.

LILY

Am I the only one who's scared at the idea of those two putting down the sharp objects and working together?

RAFA

Nope.

My phone vibrates with a private text from Julian.

SECOND BEST

The house is ours if you want it.

My mouth drops open. It hasn't even been two weeks since we agreed to the plan.

ME

For how much?

SECOND BEST

1.2 million

SECOND BEST

We need to decide now because there's another offer.

ME

Who?

SECOND BEST

Some asshole from Chicago. He is willing to pay more, but I have a good relationship with the seller.

ME

Exploiting others for personal gain? Nice.

SECOND BEST

...

ME

Just curious. Do I know the other buyer?

SECOND BEST

Declan Kane.

My fingers fly across the screen.

ME

WHAT?

SECOND BEST

You know him?

ME

I know OF him. His family is the biggest name in the entertainment industry.

SECOND BEST

Well, the only thing he is entertaining tonight is a bruised ego.

My cheeks hurt from how long I've been smiling.

Snap out of it. This is Julian!

I throw my phone to the opposite side of the bed.

Reserved Julian I can handle. Even competitive Julian can be frustratingly funny at times, although I wouldn't tell him that solely because his ego doesn't need any more boosting.

But a *joking* Julian? I'm not sure I would stand a chance against this kind of behavior. Last thing I need is to stir up old feelings just because he makes me genuinely smile for the first time in months with a few quips.

God help you if your standards for men have fallen that low.

My phone vibrates with another text from Julian. Because I suffer from an inquisitive mind and a lack of self-restraint, I reach for it and read his latest message.

SECOND BEST

Do we have a deal?

ME

Yes.

My heart races as the three dots appear and disappear four different times before the next text comes through.

SECOND BEST

House is ours. I'll text you the details about scheduling a walk-through once I deal with all the paperwork.

ME

Shouldn't I be there for that?

SECOND BEST

Do you have a lawyer on retainer who can review all the contracts before tomorrow?

We both know the obvious answer.

ME

On second thought, I'll sit this one out.

SECOND BEST

I'll have Sam send you a standard company agreement that will honor your percentage after we sell the house.

I press my phone against my chest and stare at my childhood dream board. Although my design style has changed over the years and I no longer have an obsession with floral prints, my passion for historic homes has never wavered.

Lots of properties in Lake Wisteria have caught my attention, but the Founders' houses stole my heart the first day my dad drove me past them. There is something about the stunning views, isolated properties, and view of the lake and nearby Historic District that calls to me.

It feels like I've spent years waiting for an opportunity like this, and I plan on taking advantage of everything Julian and his company have to offer once I sign on the dotted line.

My sister barrels into my room an hour later wearing a pink cowboy hat and a dress with far too many sparkles. "Grab your comfiest heels and your favorite tube of lipstick because the Muñoz sisters are going out."

I pause my TV show and sit up in bed. "What? Since when?"

"There's a costume party at Last Call, and our attendance is required."

"I don't know…" While my mood has been improving thanks to my antidepressants and therapy sessions, I don't want to push myself too hard since there is a fine line between stepping out of my comfort zone and getting sucked into a black hole of panic.

"It'll be good for you to go out, even if it's for a little bit." My sister rummages through my luggage, throwing expensive designer clothes everywhere in the process. Where I am organized to a fault, Lily is the human equivalent of an F5 tornado, wrecking my system of packing cubes and color-coded outfits within a few seconds.

Honestly, it's impressive given how long it took me to pack everything.

Lily peeks over her shoulder. "What are you doing sitting there? Get out of bed and go work on your hair and makeup." She claps her hands together and yells, "Chop chop!"

I wrap a throw blanket around my shoulders. "I don't want to see people from town yet."

She frowns. "Why not?"

I stay quiet.

She rolls her eyes. "You care way too much about what other people think of you."

"No, I don't." My tone comes off annoyingly defensive.

"Then why else would you have spent the last week holed up in here, finding every excuse to avoid going into town?"

I scratch my nose with my middle finger.

Lily chuckles as she tosses a jacket on my bed. "It's okay.

Little sister is here to save the day."

"How?"

She holds up a sparkly dress in the air, scrunches her nose, and tosses it on top of the growing pile beside her. "Consider tonight your first lesson in the subtle art of not giving a fuck."

"But—"

Lily holds up her hand. "Give me thirty minutes. If you hate it, then you can come home."

"What's the second option?"

She cracks her knuckles. "I will change the Wi-Fi and streaming passwords, hide your collection of *Silver Vixen* DVDs, and steal your entire overpriced skincare routine."

"You wouldn't dare."

"Are you willing to bet your Dyson Airwrap on it?"

"And people think big sisters are the bullies in the relationship." I stick out my tongue.

She tugs on the blanket until it slips from my hold and lands on the floor. "Come on. Tonight will be fun, I swear. Plus, ladies drink for free."

I fidget with one of my rings. "I shouldn't really be drinking with my medication."

"I won't tell anyone you're sipping mocktails if you don't." She winks.

As much as I want to say no, my sister's excitement won't allow me to. "Okay. Fine. But only for one drink."

"Sure. Yeah. Whatever." She pulls out a red dress from the bottom of my luggage. "Yes! This is perfect."

"And what am I supposed to be?"

She pulls a triangular piece of paper from her jacket pocket and pins it to the strap of the dress. "I'd rather you be surprised by whoever guesses it right." She throws the dress at me.

"Lily!"

She rushes out of my room, yelling, "You've got fifteen minutes to get ready, so get to it!"

CHAPTER ELEVEN

Dahlia

Last Call hasn't changed since I last left, although it currently features cheap Halloween décor to celebrate the holiday. The crowd has grown since we first arrived, most likely because parents and children are no longer wandering the streets collecting candy.

At first, I was sweaty and borderline panicked at the idea of speaking to anyone, but no one brings up the news of my broken engagement or Oliver, proving Lily's theory correct.

I *do* care too much about what others think. Whether about my makeup, clothes, or life choices, I let the Creswells' opinions rule my life, turning me into a version of myself I grew to resent.

You're a part of our family now, so you should dress accordingly, Oliver's mother said as she gifted me a beautiful designer gown two sizes too small.

No one likes a show-off. His sister shot me the fakest smile after I beat everyone during a family trivia night.

Couldn't even let me win that, Oliver whispered in my ear before kissing my cheek for our audience after I won the award for Best TV Host in the reality television category.

"I'm back." Lily yanks me away from the memory as she passes me another nonalcoholic strawberry daiquiri. While it isn't my drink of choice, I suck it up because Last Call isn't known for its world-class mixologists.

I grab the plastic cup and take a sip. "Am I Jessica Rabbit?"

"Who?" Her face scrunches.

I shake my head. "Never mind. What about Julia Roberts in *Pretty Woman*?"

She laughs before knocking back her shot. "Good guess, but no. Your dress is too short, and you're missing the iconic gloves. Now, let's go dance!"

Lily grabs my hand and pulls me toward the dance floor packed with people. After a few line-dancing songs, my worries fade away as I let loose and have fun.

I always loved dancing, all because of my parents and their habit of turning our living room into a dance floor whenever their favorite songs popped up. As a kid, it was embarrassing at family parties, but now I yearn for that kind of relationship.

As Lily spins me around with a laugh, the back of my neck prickles. I turn on the heels of my boots to find Julian staring at me.

No. Not staring.

Devouring.

Goose bumps spread across my arms as his dark eyes drag

from my body to my face. I raise a brow when his burning gaze connects with mine, and he looks away with a clenched jaw and a tight fist pressing against his thigh.

I take advantage of his shyness and check him out. From the tasteful amount of exposed forearm to the pair of jeans showcasing his muscular legs, Julian is one hundred percent my type.

Hell, he single-handedly *redefined* my type in college, and I did everything humanly possible to avoid the truth.

Julian is hot. Like *really* freaking hot in a look-but-don't-touch kind of way.

My fingers tingle at the idea, and I clasp them together and squeeze until they go numb.

You need an emergency therapy session.

I turn to get Lily's attention, hoping she can save me from my thoughts, but I find her busy dancing with a guy wearing one of those creepy light-up masks.

Great.

I drain the rest of my drink and head to the bar, picking a spot out of Julian's direct line of sight. Before I have a chance to raise my hand for a bartender, someone taps on my shoulder.

"Dahlia? Is that you?" A deep voice has me spinning in my heels.

"Evan!" I grin at the former high school prom king, beloved swim team captain, and the first person I kissed. Nothing happened after our game of spin the bottle at a lakeside bonfire, but I distinctly remember being on cloud nine for a few weeks after.

"Surprised you still remember me."

"It would be impossible not to after you sweet-talked your way into borrowing my chemistry homework throughout sophomore year." Evan was one of the best-looking guys in our grade, and everyone, including me, was obsessed with him and his whole boy-next-door personality when he transferred to Wisteria High.

Yet fast-forward ten years later, and I don't feel the slightest buzz.

I fight my disappointment as I ask, "How are you?"

"Much better now that I found you."

The strange sensation of being watched has me glancing over my shoulder. I expected to find Julian glaring at me, but instead, he is shooting daggers at the man standing in front of me.

"So, how have you been?" Evan's question snatches my attention back.

"Good now that I'm back home."

His green eyes trace the shape of my face, making me feel absolutely nothing. "Did you like San Francisco?"

"Yeah, although it's a lot different than here."

"I bet. There aren't many places like Lake Wisteria."

"And how have *you* been?"

He leans against the bar top. "Never been better. Took over my parents' general store, which has a shelving unit dedicated to your décor line, by the way. We can't keep it stocked for longer than a week."

Blood rushes to my cheeks. "Really?"

He nods. "Locals and tourists love the idea of purchasing your goods from your hometown, so keep them coming." He winks.

I feel nothing but dread and that same choking feeling when I'm reminded of my responsibilities. "Yup. Will do."

Evan's eyes blaze a trail down my body, but my heart doesn't miss a beat, which tells me all I need to know.

"Listen—" I'm cut off as something firm and warm presses against my back. I turn to find Julian looming behind me with flared nostrils that look two seconds away from spouting smoke.

"Evan." Julian's deep, raspy voice sends a shiver down my spine.

"Julian." Evan tips his chin.

"How are you doing?" The vein above Julian's right eye pulses.

Evan's eyes lock on to mine. "Better now that I found out Dahlia is here."

"Why?" Julian's brittle voice makes me wince.

Why? I stomp on the tip of Julian's shoe with the sharp point of my heel. The asshole doesn't flinch, most likely because he is made of ice.

Evan's eyes glimmer. "Because I always thought she was cute."

Ugh. Cute?

Julian scoffs. "Right."

Evan's pinched expression probably matches mine.

"How's your brother doing, by the way?" Julian's question comes out of nowhere.

Evan's head tilts. "He's good."

They share a look I can't decipher.

"What happened to your brother?" I interject.

Evan checks our surroundings. "He was hanging around the wrong crowd while he lived in New York, but he's back on track and getting the help he needs."

I press my hand over my heart. "That's good to hear."

Julian pauses his death-stare contest to spare me an unreadable look, only to break eye contact first. "Is he adjusting to his new job all right?"

"Yes. Thank you for helping him get back on his feet. It was hard for him to find a job again with a record, and you were the first company willing to give him a chance."

"I'm glad I could help." Julian closes the gap between us until I'm not sure where my body ends and his begins.

I take a small step forward, which Julian matches with one of his own. When I raise my foot to stomp on his again, Julian clamps his hand around my hip, stopping me.

The heat of his palm singes my skin. Evan's eyes bounce from Julian to me before landing back on the mercurial man behind me.

"Well, Dahlia, it was nice catching up with you, but I should probably head out. Got an early morning tomorrow."

"No problem. Nice seeing you." I tamp down my annoyance with a smile.

Julian tenses behind me. Evan doesn't spare me another glance as he disappears into the crowd.

I escape Julian's hold and turn toward him. "What the hell was that about?"

Julian ignores me as he drains the rest of his whiskey.

"I asked you a question." I poke at his chest.

"He's not your type."

"And how would you know that?" I blurt out.

"I just know."

"Feel free to share, since clearly I don't." Julian being so acutely aware of my needs rubs me the wrong way.

Julian's nose scrunches with distaste. "He's too nice."

"I'm sure that seems like a negative trait to you, but to the rest of us, nice is good. Actually, it's the freaking bare minimum."

His eyes flicker over my face for an extra beat. While Evan's perusal didn't even make me blink twice, Julian's has my body temperature spiking.

"You'd get bored within a month."

"How would you know? You've never been in a relationship."

"That might be true, but I know *you*."

My lungs stall. "Oh, is that right?"

He remains quiet as he raises his empty glass toward the bartender. I'm not sure what makes me bolder—the annoyance pumping through my system or my insatiable need to peek behind the curtain of Julian's mind.

"Maybe I need a man like Evan," I say. "Someone kind and caring and willing to treat me well."

"That's fine, but you also want someone to challenge you, and Evan—the town's biggest people-pleaser—isn't it."

Shock is quickly replaced by horror.

Oh God. Did Julian and I screw each other up so badly that we can't find happiness with others because we're always looking for a fight?

I shake my head. "I'm not looking for a confrontational

partner."

"That's not what I said."

"Then what?"

He pauses for a few moments before speaking again. "There's a difference between someone challenging you to be the best version of yourself because they *care*"—he sneers—"and someone looking for a fight."

I hold my breath.

He clears his throat. "Face it. You'd walk all over the guy in your glittery red-bottom boots, and he'd probably thank you for it."

"Damn right he should. These babies are beautiful and expensive." I knock my heels together.

"That comment alone makes you worthy of your costume because only a walking, talking red flag would smile like *that*."

I yank myself free of his gravitational pull. "Excuse me?"

"Your costume." His gaze slowly travels down my body, emphasizing his point.

"*La voy a matar*," I whisper to myself.

"You didn't know?" Julian traces the tip of the triangular piece of paper.

"No. Lily put it together." I sharply inhale as the tip of his finger teases the sensitive spot between my dress strap and my shoulder.

"Hm." He pulls away all too quickly, his hand flexing before it tightens into a fist.

La voy a matar: I'm going to kill her.

A shiver wracks through me despite the warm air clinging to my skin.

Fuck. How can a single swipe of his finger against my skin feel this good?

I'm grateful for the lack of lighting or else he would have noticed how much his touch affected me.

A bartender places a full glass of whiskey in front of Julian, and I snatch it before he has a chance to take a sip. I manage a single swallow before handing it back to him with a cough. "That's disgusting."

That's what you get for stealing Julian's drink.

"To you." Julian places his mouth right over the stain my lipstick left behind and takes a sip.

My stomach muscles clench as he smears half the mark in the process. It's the closest his lips have been to mine since college, and it makes my body buzz in the same way.

I wouldn't be surprised if the gutter started charging me rent with how often my mind hangs out there.

I drag my eyes toward his. "Since when do you drink whiskey?"

"Since I can afford the expensive kind."

"How much did you pay for that?"

"Enough to appreciate every last drop." He takes another sip, sending a zing down my spine in the process as he watches me with hawklike fascination.

Screw the gutter. I'm going straight to hell for the way I press my thighs together.

"Please tell me you didn't pay more than a hundred bucks for that."

He frowns.

"Two hundred?"

My question is met with the pounding music around us.

"A thousand?" My voice breaks at the end.

"I don't expect someone who orders strawberry daiquiris to understand."

I bat my lashes. "You know, maybe if you spent less time watching me and more time actively finding a girlfriend, you wouldn't be chronically single and working eighty hours a week to fill the empty void of your existence."

His frown reveals far too much. "Last time I checked, both of us were single."

"I'm the one who dated a toxic, controlling man for too many years. What's your excuse?"

I take his blank expression as a challenge.

"Are you unable to make a woman come?" I tease.

His eyes narrow into two slits.

"Maybe you're a one-minute man?"

His deep breath says more than any words can.

"They have coaches and medicine for that kind of thing, so no need to have it stop you from finding love."

Julian flips the script on me as he places his hand on my hip and squeezes. Before I have a chance to comment, his palm travels up the side of my body, brushing across my rib cage.

I stop breathing as his hand wraps around the back of my neck. The firm way he holds me isn't uncomfortable, but I squirm in place regardless.

"What are you doing?" I push against his chest to no avail.

His fingers tense, applying the smallest amount of pressure

against my pulse point as he leans in and whispers in my ear, "Just because I'm selective about who I date doesn't mean that I don't know how to fuck."

"Am I supposed to take your word for it?"

His fingers squeeze harder, cutting off my airflow for a second. "Would you rather I demonstrate?"

"Are you suggesting I have sex with you?"

"Absolutely not. Sex with you would be…"

Every inch of my body tingles at the snapshot of him hovering above me, his heated gaze burning into me right as his mouth comes closer to mine—

I shake my head, and he frowns. "No need to look so horrified by the idea."

"Nauseated is more like it."

His thumb traces over my racing pulse point. "*Mentirosa.*"

"Keep telling yourself that."

He glares at my lips with every ounce of hate he can muster. "I still remember the time when you begged me to kiss you."

Julian and I say a lot of messed-up things to each other, but bringing up that topic feels like the lowest of lows, and frankly, he should know better.

I rip myself free from his hold. "I also begged Oliver to do the same, so don't let it get to your head. And honestly, he was much better at it anyway."

My words hit their mark, obliterating whatever was brewing between us.

Mentirosa: Liar.

Should I have taken the high road and been the bigger person? Maybe.

Do I regret my choice to do the complete opposite? Absolutely not.

Julian knew what he was doing when he used our kiss as a weapon. Maybe next time he will think twice before bringing up the one weakness I have.

Him.

CHAPTER TWELVE

Julian

After Thursday's run-in with Dahlia at Last Call, I knew Sunday would be unpleasant. When I tried to get out of dinner plans, my mother wouldn't accept my excuse, claiming Rosa needed help fixing something in the kitchen.

Dahlia declares war the moment I step over the Muñoz threshold. Instead of acting like a mature thirty-year-old man and deescalating the situation, I match her snide remarks with my own throughout the afternoon and into family dinner.

Our families watch our exchanges like a tennis championship, their heads swiveling back and forth with every calculated barb.

At some point, our parents take over the conversation, only for my mom to turn toward me with *that* look in her eyes. "I was talking to Annabelle's mom the other day."

My body tenses, drawing Dahlia's eyes to my hiked shoulders.

Fuck.

"Ma," I warn. We had a deal about her matchmaking, and if she breaks it, then all bets are off for helping Dahlia with the house.

Is that such a bad thing?

On second thought, I hope my mom breaks her word. That way, I have the perfect excuse to pull out of the remodeling plan and leave Dahlia to fend for herself.

Would serve her right after today's hostility.

Don't be petty, Julian. You're the one who brought up the kiss.

At first, I felt validated in my decision to antagonize her, especially once she made her comment about kissing Oliver strictly to get under my skin. But the longer I consider Dahlia's reaction, the more guilty I feel about our conversation at Last Call and how I have acted today.

Because a hurt Dahlia is a mean Dahlia, and I was too pissed off to see her reaction for what it was.

A way to shield her vulnerability.

She is obviously struggling with overwhelming sadness, and I'm not helping matters by treating her the way I have.

It's not too late to apologize for what you said.

My mom waves me off. "I know. I know. Never mind."

"Who's Annabelle?" Dahlia can't hide that special glint in her eyes.

"She is someone newer to town whose family moved here from Chicago. Julian dated her a couple of months ago, although their relationship ended rather abruptly."

"You don't say," Dahlia dryly replies.

"Annabelle Meyers?" Lily frowns. "I had no idea you dated her." The expression of distaste on her face probably matches mine.

I pull at my collar. "She wasn't worth mentioning."

"Julian!" my mom calls out.

"How long did they date?" Dahlia asks with the softest, fakest voice.

My mom clasps her hand against her chest. "Not long, although that didn't stop my son from breaking her heart."

"Surprised she found him worthy of it to begin with." Dahlia smirks.

She didn't. I bite down on my tongue in an admirable display of self-restraint.

"Don't start, *mija*," Rosa warns her daughter.

"Sorry, *Mami*."

My mom shakes her head. "It's okay. I should have warned her mother before they started dating."

"Warned her about what?" Dahlia perks up.

"Julian leaves a trail of sad women behind him."

"No, I don't." I don't know why I feel the need to defend myself, but I stupidly continue. "And I didn't break Annabelle's heart." She would need to possess one to begin with, and our exchange proved otherwise.

"How would you know?" Lily asks.

"Because we only went on three dates." All of which ended with me politely escorting her to the door each night and giving her a kiss on the cheek.

There was no buzz. No chemistry. No special spark that

had my blood rushing and my head spinning.

It was hard to find her attractive in the first place with how she mistreated those around her, including servers and those she deemed below her status.

Despite Annabelle's shortcomings, I know the problem lies within myself rather than with the women I'm set up with. They expect a charismatic billionaire who will wine and dine them around the world, but I'm not that guy. I prefer listening rather than speaking, quiet actions instead of elaborate displays of affection, and working hard to share my money with others rather than finding a way to spend it all on myself.

And while some were willing to accept that about me at first, all of them had the same reaction when I told them I wasn't interested in having kids—at least not in the way they wanted.

My mom frowns. "Her mother said Annabelle felt something special between you two."

"Better wife her up before she comes to her senses," Dahlia adds.

I glare at her. "She wasn't thinking clearly."

"Obviously not if she thought you two were special."

Remember that apology you practiced? Forget it.

"Dahlia!" Rosa chides.

She winces. "What?"

Her mom shoots her a look. "You know *what*."

"*Perdón*." She sinks deeper into the dining chair.

Perdón: Sorry.

I fight back a smile.

Dahlia scratches the tip of her nose with her middle finger.

"That's it." Rosa throws her napkin on the table and points a finger at her daughter. "You're in charge of dishes."

"But I got my nails done yesterday." She holds up her hands, showing off her intricate nail art.

"Wear my rubber gloves, then."

"Here you go." I place my plate on top of Dahlia's cleared one, making her scowl.

My mom throws her napkin on the table with a dramatic sigh. "Since you're in the mood to be helpful, you can do the dishes too."

"What?"

"Dahlia wouldn't be in trouble if you didn't keep bothering her all day."

"She's the one who started it."

"And I'm ending it. Go."

I scoot my chair out and stand with a scowl. "Fine."

Dahlia and I silently collect everyone's dishes before entering the kitchen.

"You wash and I dry?" she asks as the door swings shut behind her.

"You don't have a dishwasher?"

"It broke last night."

Great. "I'll take a look at it once we're done." I place the dirty dishes in the sink before rolling up my sleeves.

Dahlia tracks my every move with heated fascination, making my stomach clench.

Shit. "Do you have gloves?" I ask.

She snaps out of whatever trance my arms had her in. "Um, yeah." She digs through the cabinet beneath the sink and pulls out a large pair of pink gloves.

I grab them from her, ignoring the tingle of her fingers brushing across mine. Both of us pull away a little too fast. I put the gloves on with too much force, nearly ripping one of them.

Dahlia searches the laundry room for a clean towel while I busy myself with the dishes.

She returns, only to pause midstride so she can snap a photo of me washing a plate. "Aw. The color of the gloves really brings out your cheeks."

"Delete that."

"Nope." She tucks her phone into her back pocket and leans against the counter beside me.

I drop the dish in the dirty water. Soap suds and water droplets fly from the big splash, landing on both of us.

"Hey!" She wipes a few drops off her face.

I take advantage of her distraction to steal the phone from her back pocket.

"Give that back!" Dahlia reaches for her phone, but I hold it above her head.

I struggle to rip one of the rubber gloves off thanks to the soap covering it, but somehow manage to bite down on the tip of one finger and pull.

"Julian!" She claws at my arm with her freshly manicured nails.

I can vaguely overhear Rosa speaking from the other room, asking if she should go check on us, only for my mother to assure her that everything is fine.

"What's your password?" I ask while attempting a few number combinations myself.

"Screw you." She turns her attention toward the spot between my ribs that has me jolting.

"Give it back." She tickles me again, and my grip on the phone slips.

Oh fuck.

Her phone falls into the sink full of water and lands at the bottom with a sickening thud.

"Oh my fucking God! I'm going to kill you!" She dives for the phone and pulls it out. Water drips everywhere as she does everything in her power to turn it back on.

I rip the other glove off and run my fingers through my hair. "Shit. I'm so sorry."

She scowls hard enough to make me take a step back. "You're sorry?"

"It slipped."

"It wouldn't have been in your hands had you not accosted me."

"Accosted? A bit dramatic, don't you think?" A small laugh escapes me.

My reaction seems to fuel the fire behind her eyes. "I'll show you dramatic."

With a burst of impressive speed, she grabs my phone from my back pocket and tosses it like a football into the sink. The glass screen hits the side of a heavy metal pot before plunging to the bottom of the sink.

Both of our mouths drop open as the cracked screen

flickers once before going black.

"I can't believe I did that." She stares up at me with wide eyes.

"I can." I seethe.

Five deep breaths.

Except five doesn't exactly cut it. Twenty breaths later, I'm still fighting the urge to snap at the woman beside me.

El que se enoja pierde, my dad's go-to proverb, echoes through my head, easing some of my irritation.

"I'm so freaking sorry. I don't know what I was thinking." She rubs at her eyes.

"You're sorry?" I ask with a cool voice.

"Yes."

I can't explain what possesses me to react the way I do, but I grab the side hose and spray Dahlia like we did countless times as kids.

"Julian!" She holds up her hands, making the water splash everywhere.

I ignore her cry as I blast her face with cold water, ruining her makeup and hair in the process. A mix of mascara, eyeliner, and blush runs down her cheeks.

I drop the hose. "I accept your apology now." My gaze flickers toward her soaked T-shirt. The black fabric clings to the curves of her breasts like a second skin, emphasizing the—

"What the hell?" I sputter while choking on water.

"You look like you need to cool down." Dahlia sprays me

El que se enoja pierde: Who gets angry loses.

with enough water to soak my hair, white button-down shirt, and the front of my pants. The water feels cool on my skin, but a blast of warmth pours through me as her gaze follows as it trickles down my arms.

Her tongue traces her bottom lip as she focuses on my abs pressing against the wet fabric.

I follow her gaze. "Like what you see?"

"Consider me unimpressed." Although the faint blush creeping up her neck gives her away.

I grab my shirt by the soaked hem and lift it to wipe my dripping face. Dahlia's eyes widen as she is given a full view of what lies beneath the drenched fabric.

"What are you doing?" she hisses.

"Cleaning up the mess you made."

Her gaze flickers over my abs before following the angled muscles that disappear beneath the band of my jeans.

"Still unimpressed?"

She squints. "Even more so now that I got a better look."

"You've always been a lousy liar."

"And you've always been a terrible flirt."

"You've got something…" I swipe at the corner of her mouth with the pad of my thumb. Her sharp inhale is loud enough to be heard over the rapid beat of my heart.

She tilts her head back, giving me a better look at her hooded eyes.

My fingers tingle as I clasp her chin and lean in until our lips hover a few centimeters apart. "For someone intent on acting like she doesn't find me attractive, you desperately look like you want to be kissed."

Her eyes snap open as she shoves me away. "God! I can't stand you."

"The feeling is mutual."

She tosses a dish towel at me. I catch it a second before it lands in the puddle forming by our feet.

"I'm going to grab a bag of rice to soak our phones, and the mop to clean up this mess," she announces with flushed cheeks.

"That's a good idea after how you drooled all over the floor." I smirk.

You're playing with fire, my head warns.

Wrong. I'm playing with something far more dangerous.

Dahlia Isabella Muñoz.

CHAPTER THIRTEEN

Dahlia

When Julian texted me a few days ago to schedule a walk-through of the Founder's house, I thought he meant I would be meeting with his team to check out the work that needed to be done and compile a list of all our pending tasks.

Instead, I'm surprised to find Luis Senior's old pickup truck parked in the driveway and Julian standing on the ornate wraparound porch. He leans against one of the intricately carved beams that support the fish-scale shingled ceiling above his head.

"I thought the McLaren was fixed?" I ask.

"It is, but there is no way I'm driving that car during the winter, especially not after our little incident." He tucks his hands into the front pockets of his slacks.

I am quickly distracted by the mansion. It looks so much

grander in the daylight, with turrets shooting toward the sky and a west-wing tower that is so tall, it casts a large shadow across the lawn. The stained-glass window above the door and the colorful yet faded paint scheme add a personal touch.

The home is stunning, regardless of the obvious neglect and lack of upkeep. I'm overwhelmed by ideas of how I could update the exterior—

"Dahlia."

I look up to find Julian staring at me with a strange expression. "Where's the rest of the team?"

"Ryder and the crew are dealing with a septic tank that burst at one of our sites."

My nose twitches. "Gross."

"For once, I'm glad it's not me." His eyes run up the length of my body. "You look…interesting."

My hands ball up against my sides. "I see why you don't compliment others often."

His brows scrunch. "Why?"

"You genuinely suck at it."

He frowns as a faint blush creeps up his neck. "I was trying to be nice."

"Why?"

"Because I'm stupid," he grumbles.

"It only took you thirty years to finally admit what I've been trying to prove all along."

He frowns hard enough to reveal a few wrinkles.

I have an extra bounce in my step as I walk up to the house in my non-industrial booties.

His phone rings before he has a chance to say something.

He checks the screen before showing me the caller ID. "Do you mind if I take this?"

"Tell your mom I say hi."

Julian does what I ask. Whatever his mom says has him turning away from me. I'm nosy, so it kills me to only catch bits and pieces of the conversation, especially when his mom makes him laugh.

Good God. Julian's laughs don't come often, but when they do, my whole world stops for a few seconds so I can process the sound.

His affection for his mother is not only genuine but frustratingly endearing. My stomach dips as he laughs and promises to stop by his mom's place after work because she is having issues with her leaking kitchen faucet.

Julian has more money than he could possibly spend in this lifetime and a roster of people who could fix a faucet in ten minutes flat, yet he offers to help instead.

Are you surprised after he spent an hour fixing your dishwasher because he refused to give up and call for help?

"Bye, Ma. *Nos vemos luego.*" Julian hangs up before walking down the creaking stairs. "Hey. Sorry about that."

"Everything okay?"

He tucks his phone into the inside pocket of his gray suit. "Besides the sink, yeah. She couldn't resist going over a few things about the Harvest Festival too."

"Oh? Is that coming up soon?" I feign ignorance.

Nos vemos luego: See you later.

His brows pull together. "You've been gone for a while, but not that long."

"Hm."

Lake Wisteria has four huge events each year to celebrate the different seasons: fall's Harvest Festival; the Lake Wistmas Holiday Extravaganza; spring's Food, Wine, and Flowers Weekend; and the famous summer Strawberry Festival. The entire town pitches in to help throw each event, and people from all over the state come and visit.

I've tried my hardest to block the upcoming Harvest Festival from my mind, but my days of ignorant bliss will soon come to an end since it's only a matter of time before my mom asks me to help with the Muñoz booth.

Everyone so far has been nothing but welcoming.

Doesn't mean all the visitors from neighboring towns will be.

His gaze narrows.

I move around him and head toward the front steps. Julian unlocks the door, and the hinges groan as it swings open and bangs against the wall, sending dust flying everywhere.

Julian and I break out into a coughing fit.

I wave my hand in the air and gasp. "Do we need masks or something?"

"Let me check to see if I have a couple lying around." Julian rushes to the truck bed.

Beams of light cut through the dust cloud, drawing my eyes toward the source.

"Oh my God." I walk inside, ignoring Julian's protest from behind me.

The dual staircase leading up to the second floor looks like something out of a movie. Intricately carved wood balusters and the elaborate hand-embroidered carpet running up the length of the stairs blow me away with the amount of detail crammed into a single statement piece. Whoever designed the entrance had an eye for detail and luxury.

"What the hell, Dahlia? You should have waited for me." Julian doesn't give me a chance to grab the mask from him. Instead, he covers the lower half of my face before fixing the straps in the back so my hair doesn't poof up.

To think I said romance is dead.

"Are you seeing this?" I wave toward the stairs with a muffled voice.

"I'm sure smelling it."

"Where's your mask?"

"I only had one left." His nose scrunches again before he sneezes.

I reach for my mask, only for Julian to push my hands down. The graze of his fingers against my knuckles sends a pleasant zing down my spine.

Oh Dahlia. You're a lost cause.

"I'm fine," he says with a sniffle.

"No need to act chivalrous without an audience."

He shoots me a look before walking toward the foyer beneath the stairs. "First impression of the place?"

"I'm in love."

His right brow rises. "Just like that, huh?"

"Just like that," I repeat as I note the detailed wood moldings throughout the space. "I mean, look at all the details."

"Whatever carpenter they hired did a great job. Termite

damage aside, the craftsmanship is impeccable." He runs a hand over the baluster.

"Think you could replicate it?" I ask without thinking much of it.

His hand freezes. "I don't do carpentry anymore."

"What? Since when?"

With the way he becomes engrossed with a light switch, one might believe he was born before electricity was invented. "A while."

"Why?" My high-pitched voice echoes around us. Julian had the talent to turn a block of wood into a work of art with nothing but a few tools and a single idea.

To think he stopped…

He shrugs. "I got busy."

"I refuse to believe this."

He checks his watch. "I have a meeting in thirty, so let's keep going."

My eyes narrow. "We're not done with this conversation."

"All right. Make sure to bring it up again when you're ready to talk about why you and Oliver broke up," he snaps.

I jerk back.

His eyes shut. "Shit. Sorry, Dahlia. That was unfair of me."

The iciness in my chest that seems to vanish in Julian's presence returns with the strength of a blizzard.

"No worries. I've dealt with worse comments." I walk around Julian, ignoring the spark that flares between us when his skin brushes against mine as I head toward the next room.

"Wait!" He yanks on my arm.

"What are you doing?" I shake him off.

He tightens his hold, making my stomach dive in the process. "You almost walked into a spiderweb."

I look up from his arm wrapped around my middle to the massive web hanging like a curtain under the archway.

"Oh God." I shudder.

I freaking *hate* spiders.

Julian releases me, taking his warmth with him. "I'll take the lead."

I wave a shaky hand toward the spiderweb. "Go ahead."

"You could at least try to put up a fight about wanting to be in charge."

"Sorry. The feminism left my body the moment you mentioned spiders."

His lips curve at the corners. "Some things never change."

It only takes a single smile from him to make me forget I was mad in the first place.

He used your relationship with Oliver as a weapon. Act like it!

I kill whatever buzz I felt as Julian leads the way.

Julian and I make our way through the entire house, cataloging each room and all the work that needs to be done. He writes diligent notes on his phone while I take photos of every room.

Tension between us builds with every pass of the measuring tape, leaving me cranky and desperate to go home as we get to the seventh bedroom. When I hold my hand out in a silent request, Julian holds the tape hostage.

"What?" I grind out.

"I've been thinking."

"Should we mark this special occasion?"

A wrinkle cuts across his forehead from how hard he frowns. "I'm sorry for what I said downstairs."

"Fine."

Do I forgive him for losing his cool? Yeah.

Does that mean I'm not pissed about what he said? No, seeing as this is the second time he has used my failed relationship as a weapon against me.

I bite down on my tongue hard enough to taste blood. "Tape, please."

He doesn't make a move to pass it, so I lift my hand and wiggle my fingers.

His deep sigh of resignation echoes off the high ceiling. "I haven't been able to go into my dad's woodshop since he passed away."

My arm drops like a dead weight.

Julian continues, "I'm not sure why I'm telling you this." He pauses for a brief second. "I mean, I know *why*. I feel shitty for snapping at you earlier, and this is my way of making up for it."

"I appreciate the thought, but please feel free to stop sharing at any time." I keep my voice flat despite my rising heart rate. Julian confessing his deepest feelings isn't part of our arrangement.

Neither is you feeling sorry for him in light of it.

The crease between his brows disappears. "So I'm forgiven?"

"I forgave you after you stopped me from walking into a spiderweb, so yeah, we're good so long as you don't do it again."

"Deal. Now, will you explain what you said earlier?"

"About opening up the kitchen so more natural light can come through?"

He scowls. "*Déjate de tonterías.* What did you mean about hearing worse comments?"

"Oh. Pass."

He makes a noise in the back of his throat. "Don't make me resort to extreme measures to get the information out of you."

I scoff. "Nothing you say or do will get me to open up to you about that part of my life."

"Wanna bet?"

It's funny how two words can open a floodgate of memories I banished. From money to bragging rights, Julian and I spent years wagering bets.

Julian's phone rings. He looks down at the screen before cursing to himself. "I need to take this."

I wave him away. "No problem. I can finish up the last room on my own and lock up after."

"You sure?"

I fight the dryness in my throat as I nod. "Yup."

He ignores his annoying ringtone. "I'll give Sam your information, and he can coordinate the meetings."

"You're willing to let me speak to your assistant after last time?"

"Of course. I had him sign a new contract with a nice pay

Déjate de tonterías: Stop fooling around.

increase and a promise to never work for you so long as he lives."

"I hate how you're always one step ahead of me."

He laughs for a second time today, throwing me off. "There's a reason I always kicked your ass at chess."

I flip him off, and he says goodbye with a smile on his face that remains with me long after he leaves.

CHAPTER FOURTEEN

Dahlia

Although I planned on heading home after finishing up with the final bedroom, I quickly changed my mind once I found a set of stairs leading up to the attic.

I love exploring attics, although not many people understand, thanks to their bad rep for being creepy and haunted. There is something special about appreciating a home's history, whether it be old diaries, letters to a lover, or a discarded trunk full of worldly treasures.

"Wow." I take a look out the round porthole window facing the valley and lake beyond. The sheer size of the attic itself is incredible, with enough space to create a whole in-law suite if I wanted.

Wood planks creak beneath me as I search all the nooks and crannies for anything worth salvaging. Unfortunately, I find nothing of value during my sweep.

"Huh." I turn in a circle. Usually, I find something—even a random journal or a forgotten Christmas present gathering dust.

The loud chime of my cell phone echoes off the high ceiling. A photo of Julian holding his Second Best trophy on graduation day covers the lit screen, along with his nickname in bold beneath.

I slide my thumb across the screen and answer. "Julian."

"Did you lock up?" he asks while a door shuts in the background.

I snort. "You can't trust me to do that right?"

It's not difficult to imagine him glaring as he answers, "You Muñozes can't be bothered to lock your front door at night, so forgive me for making sure."

"I've been locking doors since college, so never fear. I'll do so when I'm done."

"You're still there?"

"Yeah. Is that a problem?"

His silence only lasts a beat. "What are you doing?"

"Exploring."

"Couldn't that have waited until Ryder is there tomorrow?"

The wooden floorboards groan from all my pacing. "There are some things I like to do alone."

He pauses. "Like what?"

"You're going to think it's stupid." At least that's what the producers thought whenever I dragged a film crew around during my searches.

"What's stupid is you making assumptions about me without asking."

"Umm." When did Julian become so assertive, and why am I finding it kind of hot?

He huffs something to himself before speaking louder this time. "Be careful."

Two little words have my thoughts reeling and my pulse skyrocketing.

Shit. I'm not equipped to handle feelings right now. In fact, I wish I could replace my heart with a motor that runs on iced coffee and paint fumes while I work through my issues.

I fight the tightness in my throat. "When did we start caring about each other's well-being?"

"Since you're not covered under my liability insurance."

I fake a sniffle. "For a second, I thought you had feelings for me."

"Only the negative type."

"Please stop now before I swoon."

His chuff of air could be interpreted as a laugh. "Jokes aside—" He is interrupted by someone in the background calling out his name. "Sorry. I gotta go."

"It's fine. I should get going anyway."

"Dah—"

"I'll be careful. Bye!" I hang up before Julian has a chance to expand upon whatever he wanted to say.

It's for the best. I sigh at the ceiling.

And blink.

Is that…

I rub my eyes to make sure they're not deceiving me.

My heart thunders as I take off downstairs in search of the ladder Julian left behind for me. I teeter and nearly lose my footing twice while hauling the heavy thing up the flight of stairs, but I power through and make it up to the attic without any slipups.

I set the ladder beneath the wood beam and climb the steps toward the rolls of paper tucked between two support beams.

Gotcha. I swoop in and grab them before making my way down the first few steps.

A faint tickling sensation on my right hand has me looking up to find a gray spider crawling toward my elbow.

"Ah!" I scream as my foot slips. The rolls of paper go flying, along with the spider, as I do everything in my power to catch myself.

Wrong move.

My arms flail in a wasted attempt to secure my balance. I fall with a gasp, only for all the air to be knocked from my lungs as I crash against the floor on top of my left arm.

I nearly pass out from the sharp pain that shoots up. The idea of rolling onto my back so I can check out the damage seems impossible, especially once shock kicks in and my body goes numb.

You need to call for help.

My vision blurs and my body trembles as I pat my pocket with my right arm, only to remember I placed my now-fixed phone on the window ledge before I went to retrieve the ladder.

"Fuck." A tear slips out. Anxiety builds within me like a nuclear bomb waiting to detonate.

Please don't have a panic attack right now.

My brain ignores my plea as questions pummel through my last bits of sanity.

How am I supposed to call for help when I don't have my phone?

How many hours will it take for someone to notice I'm missing?

Will they know where to find me?

With every unanswered question, my anxiety grows. Black spots fill my vision, and my deep breaths do little to stop the panic clawing at my chest like a wild beast.

Think.

That's the thing. I *can't* think when I feel like this. I'm taken hostage by my thoughts, and there is nothing I can do but wish for this feeling to end soon.

Try grounding yourself.

I start the exercise my therapist taught me, but I'm interrupted by my obnoxious ringtone. How the hell can I reach the damn thing to call for help when I can barely move?

Think. Think. Think.

"Hey, Siri. Answer the call." I copy the way my mother talks into her phone whenever her hands are occupied at the shop.

"Help! I'm hurt and can't get to my phone to call anyone. Call Julian and tell him I'm stuck in the Founder's attic. He knows where it is." I repeat the number I know by heart twice in hopes that the other person gets it.

While I can't receive any confirmation from the other person, I know they'll figure it out or call someone who will.

I refuse to believe otherwise.

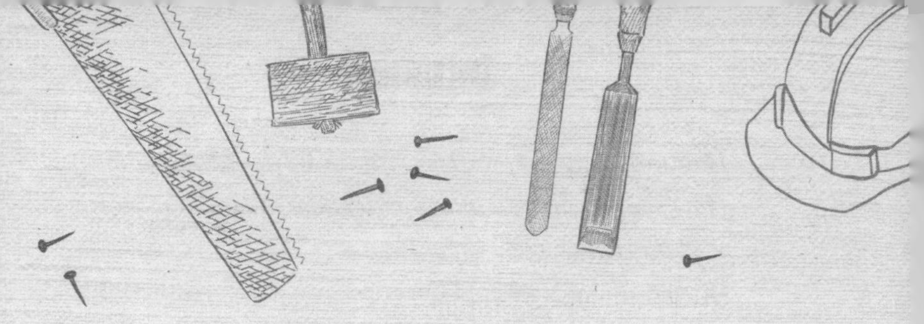

CHAPTER FIFTEEN
Julian

I didn't think when I ran out of my office.

Or when I broke five different road rules in my panic to make it back to the Founder's house.

In fact, my body is running on pure adrenaline and a single brain cell as I rush into the house, shouting Dahlia's name while searching for the attic.

She cries out from one side of the house, and I rush to the stairs. My shoes slap against the wood, matching the staccato beat of my heart as I hurry up the steps.

The sight of Dahlia cradling her left arm to her chest nearly brings me to my knees.

This is all your fault.

"What happened?" I do my best to tamp down the edge in my voice.

"Oh, thank God you came alone. I don't think I could

deal with my mom or sister hyperventilating and praying the pain away right now." Dahlia's voice cracks, betraying the calm mask she's fighting to keep.

My gaze bounces between her, the ladder, and the rolls of paper a few feet away. "What the hell were you thinking?"

"Can you help me first, lecture me later? I'm pretty sure I broke my arm." She points at her limp limb.

"I'm going to call for an ambulance." I kneel beside her and fumble for my phone.

"No!".

"Why not?"

"No need for that whole production."

I check out her arm again. "We could make everything worse by moving you."

"The thought of being in an ambulance…" Her voice shakes.

Shit. In my panic, I nearly forgot about how Dahlia had a front-row seat to her dad dying in the back of an ambulance from a stroke.

"Will you drive? *Please.*" She attempts to sit up.

I hold her down by pressing her shoulders while assessing the situation. "I'm going to have to carry you."

"I can walk! Watch. But help me stand up first." She attempts to sit up with a hiss.

"Stop moving or I'm calling an ambulance."

"Wait! Can you get my phone first? It's on the windowsill."

"Fine." I grab her phone and tuck it into my back pocket.

I kneel and slide my arms beneath her. Her eyes water as I hold her against my chest and rise, doing my best to avoid aggravating her injury.

My hands tighten around her. "You good?"

"Never been better." Her overly cheery voice grates on my frayed nerves.

When she answered the phone, my mind jumped to the worst conclusion based on Dahlia's muffled, panicked voice. I couldn't stop the graphic images from playing in my head after years spent working in construction.

Cracked skull.

Broken spine.

Paralysis.

You've seen it all, yet you never reacted like this *before.*

I shake the thought away, only to have it return with a vengeance as Dahlia hides her face against my shirt, dampening the material with her tears.

You still care about her.

Mierda.

I'm not given more than a second to process the thought before Dahlia speaks up again.

She sniffles. "This is all so stupid."

I stalk toward the exit. "What is?"

"Breaking my arm like this."

"How did it happen?" I walk toward the stairwell while doing my best to keep her steady.

"I had a run-in with a spider."

"*A spider?*"

"I know what you're thinking. But that beast was the size of a tarantula and had a set of fangs like a snake." She trembles against me when I take the first step down the stairs.

You should have been here.

I knew leaving Dahlia behind to finish what we started wasn't polite, but I had a phone call I needed to take and a meeting I couldn't miss.

Couldn't or wouldn't?

The best part of my day was doing the walk-through with her—an anomaly in itself—and the last thing I wanted to do was head back to the office.

The artery in my neck pulses with each annoying thump of my heart.

I missed a part of Dahlia's ramblings, but it's easy to catch on as she continues. "The creature was a thing of nightmares. I'm lucky to be alive right now to tell the tale."

Dahlia only talks to me like this when she is anxious or in pain. So to keep her occupied, I entertain her with conversation while walking through the mansion.

"Should I contact pest control?" I ask.

"Pest control? No way. You need the Department of Natural Resources to come out here and drop fumigation bombs because I have a feeling that creature was one of many."

"You think there are more?"

"Of course. Perhaps hundreds." She glances toward the ceiling. "Actually, no. *Thousands*. Make sure the DNR knows all of this when you give them a call tomorrow. When it comes to the government, you need to exaggerate matters to get anyone's attention."

"But by the time they get around to the case, the property will be overrun with spiders the size of people."

She tucks her face against my chest in a poor attempt to

hide her smile, only to pull back after a sniffle. "What happened to your cologne?"

I nearly trip over my own feet. "What?"

"The one you wore on the day of the car accident?"

Of all the questions to ask…

"Oh, yeah. I ran out." *Good job putting that one brain cell to work.*

"Hm." She falls quiet.

"I have an idea." I speak a little too fast.

"What?"

"What if we burn down the house?"

She clutches the fabric of my shirt with her good hand. "No!"

"But we could be saving the world from super-spiders."

"And anger the ghosts who live here? Hell no! I've seen enough horror movies to know better."

My brows crinkle. "What ghosts?"

"Didn't you research the house before you signed the paperwork?"

I'm not sure I was entirely thinking straight when I bought the house, let alone researching the past owners.

She looks around before whispering, "You didn't think to ask why a treasure of a house like this would be put up for sale?"

"Easy answer. It's a pain in the ass to fix." Based on the century-old electrical wiring, ancient drainpipes, and faulty foundation, the repairs would cost anyone hundreds of thousands of dollars.

Her eyes shut, whether out of pain or frustration, I'm not too sure. "I'm surprised you didn't hear about the ghosts.

Everyone in town knows about them."

"Probably because I don't believe in ghosts to begin with."

She shushes me. "You're going to make them angry."

"*They* don't exist."

"All right." Except everything about her tone suggests the complete opposite.

The soft slap of my shoes against the wood floor fills the silence between us. In a stupid move to open the front door, I end up jostling her. "Sorry."

Her chin trembles, making me feel even shittier. "Anyway, we can't burn down the house. If you do, I will never forgive you."

"Should I add it to the list of reasons?"

She cuts into me with a single glare. "*Julian.*"

An uncustomary fluttering sensation erupts in my stomach. I kick the front door harder than intended, making both Dahlia and the glass windowpane shudder as it closes.

Shit.

She stares up at me with glassy eyes. "Perhaps we can call a truce with the spider. It's not like it tried to bite me or anything, which it could have. I'm the one who went into its territory."

"Is the attic off-limits then?"

"Sure, so long as you go back for the rolls of paper I dropped."

"Of course, you want *me* to go in there."

"You'll be my hero. I'll get you a custom medal and everything." Her eyes brighten despite the tears pooling near her bottom lashes.

I help Dahlia get into the truck with only a couple of hisses before I slide into the driver's seat and start the engine. "I'm taking you to Lake Aurora."

"Why?" she cries. "Doc's is down the road."

"Absolutely not."

She huffs. "What do you have against Doc? He's been fixing broken arms since before our time."

"*Exactly.* I'm pretty sure the man worked the front lines during the last World War."

"Since when is being experienced a crime?"

"Since said experience means still using paper charts and a head mirror." I glare at her out of the corner of my eye.

"Not everyone knows how to use electronic medical charts."

"I plan on not stopping until I find you someone who does. End of discussion."

She grumbles something under her breath as I drive down the gravel driveway toward the main road. The uneven path pushes her around, which only pisses me off more.

"Can you play some music?" Her voice cuts through my noisy breathing.

"Sure." I pull out my phone and hit shuffle on my favorite playlist.

Dahlia goes quiet as I drive us away from the house and out of Lake Wisteria. The tension in her shoulders fades away with each song. I check on her a few times during the thirty-minute drive to Lake Aurora, but she remains in the same position with her eyes closed and her head leaned against the glass.

Despite my hesitation to wake her, I park my truck in the emergency bay and open her door. "Come on."

She raises a single sassy brow. "I'm going to need you to

move out of the way first."

"I'd rather carry you."

Her eyes widen. "What for?"

"You broke your arm."

She frowns. "Funny. I didn't know I needed one to walk."

I resist the temptation to pinch the bridge of my nose. "I'd rather you not trip and fall, seeing as you couldn't even stand up earlier."

"I'm surprised you care about that."

"Only under certain circumstances."

Her eyes sparkle. "Like when I'm about to sue your company for damages?"

"I'd expect nothing less. Should I give my lawyer a courtesy call?"

"Sure. I heard from a good source you have a nice liability insurance policy."

I bite back a laugh. "Stop stalling, and let's go."

"Wai—"

I swoop in and pick her up before she can argue her way out of this one.

She stays quiet as I walk us into the waiting room and set her down before heading to the nurses' station. After a quick assessment, Dahlia is taken away for triage.

I spend the next twenty minutes on the phone with Dahlia's mother, reassuring Rosa that Dahlia is safe and receiving medical attention. Rosa offers to drive over, but I recommend against it.

"We should be done soon." At worst, Dahlia needs surgery, although I doubt her injury is anything a cast can't fix.

"Thank God you were there to help her," her mom says.

My fingers dig into my thighs. Thing is, I *should* have been there earlier so this never happened in the first place.

My phone buzzes repeatedly from our family group chat checking in on Dahlia. It hasn't stopped since I told them about her hospital visit, although Dahlia has remained silent until now.

LILY

How's it going?

S.S.

Never been better.

Dahlia attaches a photo of her broken arm that makes my stomach churn.

ROSA

Dahlia!

LILY

Add a content warning next time, freak.

She adds three green-faced emojis after.

MAMI

How are you texting right now?

S.S.

One-handed.

LILY

The talent.

S.S.

More like boredom.

RAFA

Nico wants to know if he can draw something on your cast this Sunday.

S.S.

Sure.

The night goes by painstakingly slow as I wait for Dahlia, giving me plenty of time to mull over my selfish decision to leave her all alone.

I told myself a hundred different times that I don't care about Dahlia—that any romantic feelings I had toward her died long ago—yet here I am, making myself sick over how she got hurt because of me.

Truth is, I *do* care about Dahlia, regardless of whether I want to or not.

Caring about someone isn't the end of the world, I tell myself.

Except Dahlia isn't someone.

She is so much *more*.

The thought has me jumping out of my chair. Instead of sitting around and stewing in my thoughts, I end up raiding the vending machine and purchasing a few wraps from the cafeteria. I like being useful, and everything about today has me feeling the complete opposite.

After another hour, Dahlia walks out of the two doors with her left arm wrapped in a purple cast and a reminder card for an appointment booked four weeks from now.

Relief hits me instantly like a wrecking ball to the chest.

She's okay.

Of course she's okay, you dumbass. It's a broken arm, not open-heart surgery.

"Hey." She fidgets with a loose thread on her sling.

"Nice color."

"It's my favorite."

I know. I grab the plastic bag off the floor and offer it to her.

"What's that?" She stares at the offering like an armed bomb.

"Food." My right eye twitching speaks louder than any words.

She sifts through the bag. "Why would you get me—Mini M&M's!" The childish squeal that comes out of her makes my mission to find it totally worth it. "I haven't had these in years."

"Why not?" I can't imagine her going a week without some, let alone *years*.

Her cheeks flush. "Filming diet and all that fun stuff."

"That's stupid." Based on the weight she has lost, she could use all the M&M's money can buy.

Her eyes roll. "I wouldn't expect you to understand." She attempts to rip at the plastic wrapper covering the tube. Despite her struggles, she refuses to ask me for any help, so I pluck the container from her hand.

"Give it back!" She tries to swipe it back with her good arm.

I hold it up above her head and tear the plastic off. To spite her for being difficult, I pop open the cap and pour some into my mouth before passing the container back.

She peers inside the tube. "You ate almost half of them!"

I reach inside the bag and pull out the second tube hidden beneath the turkey wrap and a bag of chips.

Her gasp of surprise feels like a victory. "You got me two? Why?"

"They were on sale." The lie comes out easily.

"If you keep doing things like this, I might end up thinking you're a nice guy or something."

"We can't have that." I reach for the bag, only for her to sidestep me.

"Never mind. Your reputation as an asshole is alive and well."

"And don't you forget it." I turn and head toward the exit while shielding my smile from the one woman who always finds a way to bring it out, whether she knows it or not.

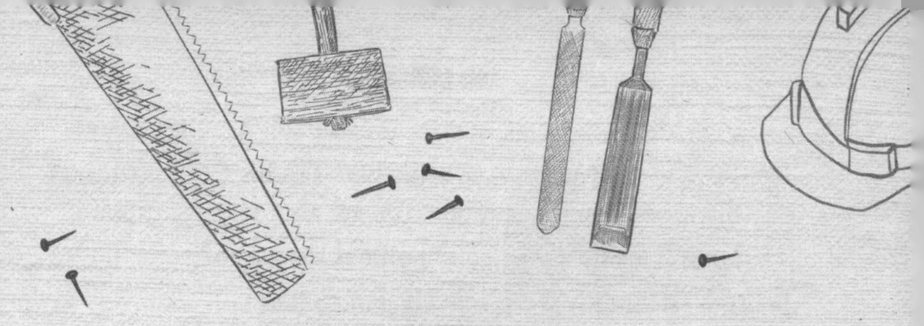

CHAPTER SIXTEEN
Julian

I park my truck beside Rafa's beat-up one and hop out. Unlike me, my cousin doesn't live on the lake. Instead, after his divorce, he chose to purchase land at the top of the farthest hill away from town, where he could have a fresh start away from any prying eyes.

My mom used to say people do weird things once they make a lot of money, and I never understood what she meant until Rafa started fostering unwanted farm animals and being one with the land after Hillary left.

I swear, the man is one step away from signing up for one of those competitive wilderness shows.

"Fina told me you took Dahlia to the hospital yesterday." Rafa cuts to the chase as soon as I walk through his front door.

"Did you invite me over here to hang out or for an interrogation?"

"A mix of both." He tucks his hands in his front pockets.

"At least you're honest."

He shoots me a look before walking away.

The style of his house is completely different from mine—it feels warm and lived-in, with its oak floors and Nico's artwork hanging on every wall. The paint colors were chosen by Nico, with each room matching a different pair of my godson's glasses.

Not my cousin's smartest design choice, but one made out of love nonetheless.

I follow behind him, only to take a detour toward the classical music playing from the conservatory. Nico sits at the piano with his nanny and music teacher, Ellie. They play in tandem, perfectly in sync as their fingers fly across the keys.

Ellie's body sways to the music, making her blonde hair shift with the melody.

"Did you get lost on your way to the kitchen?" Rafa says.

Ellie hits the keys all wrong, making the most horrific noise.

"I wanted to say hi to Nico."

"*Tío!*" Nico slides off the bench and runs toward me. His coordination is a bit off because of his eye condition, but he jumps into my arms with all the momentum he can muster.

"Hey, you." I ruffle his hair before tipping my chin toward Ellie. "Nice to see you again."

She rises from her seat. "Likewise."

"Is Rafa making you work on Saturdays now?"

"Not usually, but he *inconveniently* forgot to tell me he needed my help today." She doesn't bother hiding her annoyance.

Ellie never gets flustered. I've watched her be thrown up on by a sick Nico, get kicked in the stomach by one of Rafa's goats, and twist her ankle during a hike, but I've never seen her look like this.

I spare my cousin a glance, only to find him glaring at Ellie. I'm not sure what's wrong with him, but he needs to figure his shit out and get himself under control before he scares her away like he did all previous nannies. Whether by playing instruments together or learning to read braille, Ellie stands apart from the others with how she goes out of her way to help Nico and support him with his retinitis pigmentosa diagnosis.

Nico still values his independence like every normal eight-year-old kid, but sadly, it is only a matter of time before he completely loses his sight, a reality that has been stressing Rafa out as my godson's vision worsens.

"Sorry you had to cancel your date." Rafa's face might be blank, but his eyes remind me of two burning coals.

Ellie smiles. "No worries. We rescheduled for tomorrow."

My cousin makes the most inhuman noise.

Her hazel eyes narrow. "Still struggling with that sore throat of yours?"

"You're sick?" I ask my cousin.

"Sick of Eleanor's bullshit is more like it," he mutters under his breath before turning back toward the hall.

I fight a laugh. "*Eleanor?*"

"Don't you dare call me that." She points a finger at me.

"What's up with him?" I ask once Rafa is out of hearing distance.

"He's been like that all week because of the *weather*." Ellie's gaze swings from me to Nico.

There is nothing worse than Hurricane Hillary influencing my cousin's mood long after their divorce.

I step toward the hall. "I better go before he comes searching for me."

"Bye, *Tío*!" Nico gives me one last hug before reaching out for Ellie's hand. They return to the piano and restart the song.

I find Rafa sitting at the kitchen island, staring at his coffee like it might reveal his fortune.

"You good?" I grab the iced coffee he made me. Rafa might be an irritable dick most of the time now, but he still goes out of his way to do sweet things because he can't help himself.

He runs his hands through his hair, making a mess of the already-disheveled strands. "Hillary called."

"Hm."

His shoulders droop. "She's flying into Detroit and wants to see Nico."

"When?"

"The weekend of the Harvest Festival."

My brows rise. "Is she coming?"

"No."

"Shocker." Once the divorce papers were signed, she booked a one-way flight back to Oregon to be with her family and never came back to Lake Wisteria. If it wasn't for Rafa flying out there so Nico could see his mom, I'm not sure she would have seen him until now.

"Nico's excited to see her." His fingers tighten around his mug.

"It's been what? Four months since he last saw her?"

"Five," he grunts under his breath.

"I forgot she missed his birthday."

"I sure didn't." His voice reeks of self-loathing.

"You've got to stop beating yourself up over her poor decisions."

"I'm the one who got her pregnant. Who else is there to blame *but* me?"

"You were barely an adult when all that happened. It's not like you could have predicted things would turn out this way."

"No, but that doesn't stop me from feeling like a stupid fool."

I shake my head. "You're too hard on yourself."

"I've been thinking..."

"Stop now while you're ahead."

"You're not going to like this."

The empty pit in my stomach widens as I say, "Then let's call it a loss and move on to better subjects, like betting on tomorrow's soccer game. I've got a few of my paver guys—"

"*Julian.*"

"What's the problem?"

He stares out the window facing his barn. "I've been thinking about moving."

I blink twice. "What did you say?"

"With Hillary living so far away, I've been wondering if it's in Nico's best interest for him to live closer to his mom."

"Is that in *your* best interest?" Rafa has spent his whole life within the small border of Lake Wisteria, so for him to move...

He rubs his eyes with the heels of his palms. "Forget I said anything."

A wave of nausea forces me to push my coffee away. "You're seriously thinking about moving across the country?"

"Only occasionally."

Losing Rafa and Nico would be devastating for our family. Besides my mom, they're the only loved ones I have left, so I selfishly don't want them to move away.

You could find a way to convince Hillary to move somewhere within driving distance, like Chicago or Detroi—

"Don't mention anything to your mom right now," he says, stopping me mid-spiral.

"But what if she moves back—"

"*Stop.*"

"What?" I blink away my confusion.

"This isn't a problem you can solve."

"Who said—"

He shuts me up with a single look.

I hold my hands up. "Fine. But talk to me before you make any big decisions."

"Fair enough." He scrubs at his cheek. "Anyway, I'm sorry to leave you alone to work the booth without me."

My mom takes a lot of pride in sharing her grandmother's *champurrado* recipe during the Harvest Festival. And ever since we were old enough to be trusted with the responsibility, Rafa and I have teamed up to run the Lopez booth together to make Ma happy and share our Mexican hot chocolate with the visitors.

"Josefina told me you could handle it. She reassured me

that your booth will be next to the Muñoz one this year so that you can have someone to talk to."

"How thoughtful of her," I reply with a brittle tone.

"I told her the same thing before asking her to switch it."

"And?"

"She says it would be dumb to separate their *buñuelos* booth from our *champurrado* one."

I sigh. "It's fine."

"Maybe if you talked to her about how you're not interested in Dahlia like that, she would let up on her attempts at matchmaking."

"Knowing her, she will only see it as a challenge."

"I blame her obsession with those telenovelas." He takes a sip of his drink.

"I'm hoping Ma will realize Dahlia and I aren't meant to be once she finally leaves town for good."

His head tilts. "And when is that?"

"I have no clue."

"You really think she's done with Oliver?"

"I'd say yes based on how she sold me her wedding ring before I encased it in a concrete tomb."

His mouth falls open.

Shit. "It's not that big of a deal."

"You, the billionaire who considers eating out at a steakhouse a wasteful luxury, bought Dahlia's engagement ring just so you could bury it in concrete?"

"One, I think steakhouses are overrated when I can cook

the same thing at my house for half the price; and two, it was worth it."

Rafa drops his head into his hands. "I don't know what to say to that."

"Nothing is preferable."

"How much did you pay for it?"

I don't answer him.

"Julian."

"A hundred."

"Thousand?"

I rub the back of my neck. "Yeah."

"Why?"

"I wanted to bury it in concrete."

"I'm struggling to believe you're the same guy who spent five years hyping himself up into buying a McLaren for double the cost of what you paid Dahlia for a cheap thrill."

When he puts it that way, it sounds bad. I don't act irrationally, especially when money is involved.

"Well, I always hated that ring." The excuse sounds weak to my own ears.

Rafa's deep sigh makes my stomach churn.

"What?"

"You say you're over her, but your actions say the complete opposite."

"Because I bought her ring?"

"Because of *why* you bought her ring."

My frown stretches. "I was doing her a favor."

"Keep telling yourself that."

CHAPTER SEVENTEEN

Dahlia

"I'm so happy you'll be here for the Harvest Festival this year," Josefina says. "It's changed a lot since you were last here." Julian's mom has been the town's event coordinator for two decades, and while I know she doesn't have favorites, the Harvest Festival remains one of her top contenders.

"How so?" I ask.

"Everything is different and in the best way possible—the food, the activities, the *rides*. And this year, we booked the same company that does the firework shows for Dreamland!"

I blink a couple of times. "Isn't that…expensive?"

Josefina laughs. "*Claro que si*, but Julian is our main sponsor."

Claro que si: Of course.

"By main, she means *only*," Lily teases.

My eyes bulge. Everyone knows Julian is disgustingly rich, but sponsoring every event seems excessive.

"He only donates that much because of how happy it makes you to plan everything without having a tight budget," my mom says.

"I'm not going to complain." Josefina shrugs.

We continue cooking and talking until the doorbell chiming interrupts Josefina's story about the latest event-planning mishap with the corn maze.

"That must be Julian or Rafa." She swipes her flour-covered hands across her apron.

"Dahlia, can you get it?" Mom looks up from her Michigan-shaped cutting board and points at the door with the tip of her knife.

"Sure. Would hate for Lily to get off her butt and do something useful today." I hop off the bar stool.

My sister sticks her tongue out at me before returning to whomever she can't stop texting.

I readjust my sling before opening the door. Julian stands on the other side with a roll of papers tucked underneath his arm and his phone placed against his ear.

"What do you mean—" Julian's voice cuts out as his eyes blaze a trail down my body. He blinks twice, which is Julian code for *fuck*.

Julian appreciating my efforts to look good feels like a victory I didn't know I needed after spending years squeezing myself into a mold for someone else.

I tuck my hair behind my ear before fidgeting with my

dangling acrylic earring.

"Yes, I'm still here." His deep baritone voice has far too much power over my heart rate.

Here, Julian mouths as he passes me the papers from the attic. He could have easily passed the job off to anyone else, yet he went through the trouble of going back before today's lunch and retrieving them himself.

I try not to look too much into the gesture, but I lose the battle once he carefully places the papers in the crook of my good arm. The scowl he directs toward my broken arm makes my knees tremble.

"My buyer can't wait another month for the countertops." His muscles tense as he runs his hand through his hair, drawing my eyes toward the thick vein running up the side of his arm. Julian might spend most of his days in an office now, but he could still bench-press me *and* a bag of cement mix on his worst day.

His gaze flicks over to me, catching me in the act. His right brow rises in a silent taunt that makes my stomach flip.

If finding Julian attractive is a crime, consider me guilty as charged.

Haven't you learned anything after the last time you fell for his looks?

Julian didn't hurt me when we were in college because he rejected me. Sure, it injured my pride and made me feel like the biggest loser after the passionate kiss we shared, but my dislike toward him is so much more than that. He crushed my spirit when he cut me out of his life like I never existed in the first place.

I thought we had something special after spending a year at Stanford together, with our relationship transforming from friends into something else entirely, but it was all a lie.

While I'd love nothing more than to eavesdrop on Julian's conversation, I shut the door behind me, although it does a shitty job at keeping out the sound of his soft laugh. My heart does this weird squeeze in response, which only serves to further piss me off.

Instead of heading back to the kitchen, I veer toward the empty dining room and place the three rolls of paper on the tabletop before reaching for the largest one. With one arm out of commission, the task of removing the rubber band wrapped around it proves more difficult than anticipated, so I secure it between my thighs for leverage.

"What are you doing?" Julian's gruff voice breaks through the quiet.

"What does it look like?" I push the rubber band toward the top of the roll.

"Crushing the paper." He doesn't wait before grabbing it.

Paper brushes against the inside of my thighs before sliding over a spot that tingles. Okay, fine, I haven't had sex in a while, but still…what the hell?

I take a long step back, although the heat in my lower belly remains as Julian's gaze flickers between me and the roll of paper.

He shakes his head before removing the rubber band and spreading out the blueprint for both of us to see.

"How cool is this?" I lean over the table to get a better look at the blueprint, which dates back to the early twentieth century.

Julian checks out the illegible scribble near the bottom of the drawing. "These are original copies."

"Gerald Baker." I tap the architect's name. "Do you recognize his name?"

Julian nods. "He signed off on a majority of the original houses here."

"You mean the ones you tore down?"

His hands briefly clench.

"It still looks exactly the same." I trace over the lines dividing the various rooms.

Julian removes the rubber band from a second roll before opening it up. "Hm."

"What?"

"Looks like you'll get to tear down that wall between the kitchen and dining room like you wanted after all." He points at the structural paperwork.

I rub my hands together with a big, goofy smile. "Nothing gets me buzzing quite like finding out walls aren't load-bearing."

His gaze flickers from my eyes to my lips.

"What?"

"You looked…" He shakes his head. "Never mind."

"Alrighty then." I reach for the smallest roll, only to have Julian swipe it from my hand. Our fingers graze, and a tiny spark of recognition flares to life.

With an annoyingly blank face that gives away absolutely nothing, Julian carefully opens the final roll. This one is different from the others, with the yellowed paper looking thin enough to shred at the slightest wrong move.

"This is stunning." Whoever drew the gazebo thought of every detail. From the roses carved into the fret spindles, to the intricate posts meant to support the roof, it's a work of art. The artist behind the drawing created a vision, with a view of Lake Wisteria predating Town Square, Main Street, and all the mansions lining the beach.

I lean in closer to get a better look at the illegible scribble at the bottom of the page. A shadow catches my eye, and I flip the paper over.

"Oh my God."

"What?" Julian's hot breath hits my neck, making me shiver.

"It's a letter." I fight back a squeal.

I waffle between reading and not reading the paper addressed to someone else, but curiosity wins. "*My darling, Francesca*. Aw! Stop! He calls her 'darling.'" The secret romantic in me is already buzzing with anticipation, and I've only read three words.

"Let me have that." He steals the paper straight from my hands.

"Hey!"

"At your current pace, we'll be here all day while you swoon over ink on paper."

"Excuse me for having a heart." I attempt to snatch the letter back, only to have Julian trap my hand.

His heartbeat quickens beneath my palm, and I look up to find his eyes locked on our hands. They slowly drag away, stopping to linger on my lips before finally reaching my eyes.

His hand tightens around mine before he drops it altogether. I'm too stunned by everything to do much but listen as he picks up where I left off.

"It's been three years since I last saw you, and while so much has changed, my love for you has never wavered. Our monthly letters keep me going despite the trials and tribulations I have been through to help turn this town into a suitable home for you."

My bottom lip trembles.

Julian spares me a sideways glance before focusing back on the letter. *"I have been working hard to earn your hand in marriage, although the path has not been the easiest. Building an entire town from nothing takes time, and I am afraid I am running out of it now that your father has started discussing marrying you off to another."*

I gasp. "What? How could the dad do that?"

"Because feminism wasn't exactly a thing yet."

"Ugh." I shake my head hard enough to make my earrings rattle.

Julian keeps going. *"I thought I had more time before he began entertaining other suitors, but I am fearful that he might make a decision before I have a chance to fight for your hand."*

I tap on the page. "What are you doing? Keep reading!"

His gaze flicks back over the paper. *"I will stop at nothing to make you mine."*

The back of my neck tingles as his eyes lock on mine. We hold each other's gaze for the briefest second, yet it feels like an eternity has passed before we break away.

"Once he sees all that I have done to make Lake Wisteria a town suitable for you, he will agree to my proposal. I am certain of it."

"Couldn't women get married without their father's permission back then?" I ask.

"Probably not without serious repercussions." Julian continues, "*Our home is nearly complete. Although the process has taken me longer than I would have liked, my final plan is in motion.*"

"The gazebo?" My voice hits a higher pitch than usual.

Julian nods. "*You always dreamed of getting married below a gazebo similar to the one we met under, and I have plans to do that.*"

My hand clenches around the material of my shirt, right above my aching heart. "He wanted to build her a gazebo."

"Are you seriously going to cry over people you don't know?"

"Of course not," I sputter.

Julian mutters something to himself before wrapping up the final paragraph.

"*I shall return for you in six months, once my affairs are in order and the house is complete. Until then, I ask that you do everything within your power to prevent your father from marrying you off to another man.*"

I rub at my itchy eyes. "Why didn't she run away with him?"

"And risk losing everything and everyone she cared about?"

"Sometimes people are worth the risk."

He scoffs.

Ugh. Este hombre. "I don't expect you to understand."

He crosses his arms. "What's that supposed to mean?"

"You're the most risk-averse person I know, so it's not like you're going to be making decisions solely based on fuzzy feelings and your gut." Which is exactly why he pushed me away and called me a distraction rather than acknowledge the truth.

His brows scrunch together. "I'm not risk-averse."

"You obsess over probability statistics and make pro-and-con lists for everything."

"That's called making an informed decision. Perhaps you should try it sometime, given the current state of your life."

"Screw you," I hiss as I reach for the rolls. Berating myself over my life choices is one thing, but having Julian do the same feels like taking a knife to the chest.

His eyes widen. "Dahlia."

"What?"

"I was joking, but clearly it wasn't funny."

I frown. Julian rarely admits when he is wrong, so to say I'm shocked is an understatement.

Groundbreaking.

I glare. He scowls. A tale as old as time.

He speaks first, which in itself is abnormal. "You're right."

"I'm sorry. Can you repeat that? I think my brain malfunctioned for a split second."

His frown deepens. "Don't let this get to your head."

"Are you kidding? I might get the words and today's date tattooed across my forehead solely so you're stuck staring at the reminder."

He wipes a hand down his face. "I can't believe I said anything."

That makes two of us.

He rambles on without his usual inhibition. "I'm not a risk-taker. Never have been and probably never will be, but that doesn't mean I have a right to judge people who are."

"Then why do you?" The question slips out before I have a chance to think better of it.

"I'm jealous."

I can't find words to answer that in any language, so I lean against the table for support.

He runs his hands through his hair, ruffling the strands. "I wish I could be the type of person who doesn't give a damn about probability statistics and worst-case scenarios, but that's not who I am."

My head tilts, along with my whole world. Julian and I don't do feelings. Hell, we don't do much talking either.

Arguing? Yes.

Teasing? Of course.

But sincere admissions? Abso-freaking-lutely not.

To be honest, it might be unnatural, but it is also kind of… nice?

Fuck me. My heart feels like Julian wrapped his ginormous hand around it and crushed it.

"As much fun as this has been…" I reach for the rolls again with shaky fingers, only for Julian to clasp his hand around my wrist.

"Wait."

Blood pounding in my ears makes me second-guess what I heard. "What?"

"I'm sorry."

I'm not sure how I keep my voice neutral as I ask, "Two apologies in one week? Are you dying or something?"

"Feels like it," he grumbles.

"Well, figure out if that shit is contagious before you pass it on to someone else." I attempt to pull my wrist free from his grasp, but his hold tightens.

"Apologies aren't contagious, Dahlia."

No, but feelings are, and I sure as hell don't know what to expect if Julian keeps stepping up to be a decent man. I can deal with him being angry after spending most of our lives slinging insults at each other. But him maturely apologizing after hurting my feelings and admitting when he is wrong?

I'm better off not getting to know *this* Julian, for both of our sakes.

Nico devours his lunch at a disturbingly fast rate before taking off for the living room to watch his favorite show, leaving the adults alone.

"How's the house going?" Josefina takes a sip of her water.

"Dahlia and I are meeting with the team on Monday," Julian speaks up.

"Which Founder's house did you buy again?" Lily asks.

I turn to my sister. "The blue one."

"Oh." Her gaze drops.

"What?"

The skin between her brows scrunches from how hard she frowns. "I heard that place is haunted."

"Same," Rafa says.

Julian glares at his cousin. "Not you too."

He shrugs. "I said I heard about it. Not that I actually

believe it."

I throw my good arm in the air. "See! I told you everyone knows about the ghosts there!"

Julian's eyes roll in a way that *almost* makes him appear human.

"Dear Lord. Is it too late to sell the place?" My mom makes the sign of the cross while Josefina laughs.

"People say there's a reason it gets put back up for sale." Lily props her elbows on the table.

"It's true." Josefina nods.

"Tell us everything you know." I motion for her to continue.

My sister's voice drops as she says, "Flickering lights—"

Julian cuts her off. "Faulty electricity is normal with a house this old."

"If you're going to give me a hard time, I won't say anything," my sister huffs.

With my uninjured arm, I elbow Julian hard enough to make him grunt. "Let her finish."

He glares at me out of the corner of his eye.

Lily stares Julian down for a few seconds before focusing back on me. "*Anyway*, during high school, a few people from my class spent the night there on a dare."

"And?"

Rafa and Julian share a look from across the table.

Lily ignores them. "Supposedly one of them still sleeps with the lights on to this day. The other one moved away and became a priest."

My eyes widen. "You're joking."

"Nope. His mother begged for the town to demolish the

house so her son could move back, but obviously that didn't happen."

Julian's eyes shine brighter than a neon warning sign. "Perhaps we should make the town happy and tear it down."

"I thought you didn't believe in ghosts." My molars grind together.

"Maybe I can be convinced after all."

Asshole. I stomp on his foot. At the speed of a viper, his hand wraps around my thigh and squeezes hard enough to have me choking on my breath.

"Are you okay?" Mom asks.

"Yup. Got a piece of steak in my throat."

"Here." Julian's hand abandons my thigh before shoving my glass of water toward my good hand.

I take a slow sip while staring him down. Once I'm done, I trace my bottom lip with the tip of my tongue to wipe away any remaining droplets.

He breaks eye contact, although the way he thickly swallows gives him away.

Men.

Lily's eyes ping-pong between us before landing on me. "You can ask anyone in town about the house, and they'll all have a different story to tell."

I turn to face the nonbeliever. "Do you think it's Gerald?"

"No. It's probably old plumbing, outdated electrical wiring, and materials rubbing together at night while the house cools."

Lily's eyes roll. "Of course you'd say that."

"Either way, I've dealt with a haunted property or two in San Francisco, so I'm not afraid of a few ghosts," I say.

She laughs. "What are you going to do? Hire a priest or something?"

"Or something."

Julian peeks over at me through his thick lashes. "What are you planning?"

"Nothing you need to worry yourself with." *Yet.*

CHAPTER EIGHTEEN

Dahlia

After one lengthy game of Monopoly that ended before a winner could be crowned, Rafa and Nico say goodbye. Josefina and Julian follow their lead five minutes later, so I decide to head out with them and ask Josefina to drop me off at the library.

"Where are you going?" my mom asks as I'm struggling to put on my sneakers.

"I want to stop by the library before they close."

Mom fidgets with her gold cross necklace. "Do you need to go now? It's going to get dark soon."

"It's five p.m.," I grunt as I attempt to slide on my sneaker and fail. Julian, in the ultimate fake display of gentlemanly behavior, gets down on one knee to help me.

Mom *aws* while Josefina has the biggest set of heart eyes. Neither of them can see the way he obnoxiously smirks at me.

Julian has been pulling these stunts since we were teens, with both of our moms doting on him like a prince carrying a glass slipper.

The only princely thing about him is that he is a royal pain in my ass.

He carefully helps me into my sneaker before tying the laces. The slightest graze of his fingers over my ankle sends goose bumps scattering across my skin, earning a deep frown from me.

"Thanks." The word comes out rushed as he rises to his feet.

I ignore my racing pulse and turn toward Josefina. "Do you mind dropping me off at the library on your way home?"

She frowns. "I would love to, but I have to drive out to the Smiths' farm to check on a few things for the festival."

"No worries."

Her whole face lights up. "But Julian can drive you into town instead."

"Thanks, but I think I'd rather walk. It'll be nice to get some fresh air after spending the day inside." I pull Josefina in for a one-armed hug.

Josefina waves me away. "Nonsense. The library is on Julian's way home."

"Hell is already a long enough drive as it is. No need to add another stop along the way."

Julian chuffs while my mom's eyes narrow.

"Dahlia," she chides in that hair-raising voice of hers.

"I'm trying to be polite."

"I'm not sure you know the meaning of the word," Julian

grumbles under his breath for only me to hear.

"I'm sorry. I didn't quite catch that." I lay it on thick, going as far as batting my lashes.

He frowns.

"Julian doesn't mind doing me that little favor. Right, *mijo*?" Josefina reaches out to give his bicep a squeeze.

"Anything for you, Ma." Julian kisses the top of his mother's head and my mom's cheek before looking over at me. "I'll be in the truck."

Mom waits until Julian shuts the door to speak. "Will you two ever get along?"

"Rosa," Josefina warns.

"What? I thought they would grow out of this..."

"Animosity?" I throw it out there.

"*Immaturity*," my mom finishes.

Ouch. "We can be mature."

Both her and Josefina's eyebrows rise.

"When we want to be," I tack on.

They share a look.

"Whatever. He's the one who usually starts it."

Josefina's eyes lighten. "Nico uses the same logic."

Being described as immature is one thing, but to be compared to an eight-year-old kid?

My nose twitches in distaste. "I get your point."

Being around Julian after nearly a decade apart brings out the worst in me. Things between him and me have always been strained, and it only got worse once we went to college and were introduced to a different kind of issue.

Sexual tension.

Mom tucks my hair behind my ears and straightens my necklace. "I hate to see you two bickering."

Sometimes I do too. There are brief moments when I wish we could go back to the time right before everything changed.

Before our kiss.

Before he destroyed my heart and any hope for us.

Before he dropped out of Stanford and cut himself out of my life, leaving me to grapple with not only losing Luis Senior but his son too.

My chest tightens.

I never told Julian how much it hurt to be kicked to the curb like I didn't matter.

And you never will.

The car ride to the Historic District is short, with Julian's playlist filling the silence. It's not until he pulls up in front of the library that he finally speaks.

"What's going on?"

I unbuckle my seat belt. "Don't worry about it."

"Impossible wherever you're concerned."

My stomach flutters again.

"What are you up to?" he asks after a beat of silence.

"I'm going to go find out more about the Founder's house. Maybe I can learn about Gerald and Francesca and why the place is haunted."

His jaw clenches. "There's no such thing as ghosts."

"Didn't you sleep with a night-light until you were twelve?"

"Only because I had to get up a lot during the night to use

the bathroom." His heated glare has the opposite effect on me.

"Right! I forgot you used to wet the bed too!"

With a frustrated grunt, Julian continues down the road.

"Where are you going?" The library grows smaller in my sideview mirror.

He turns down the next road. "I'm going to park in the lot behind the library."

"*Why?*"

"Because I don't want anyone to witness your murder."

"You'll be changing your opinion on ghosts real quick if you kill me today."

His face remains blank as he makes a right turn and pulls into a parking space.

I hop out of the truck before he has a chance to say something and head inside the library. The faint smell of old books and recently brewed coffee lingers in the air as I make my way over to Beth, the librarian, who sits behind the help desk.

I'm so focused on my mission to get the special key to access old newspapers that I don't have a chance to become anxious about seeing her.

Look at that progress.

"Hi, Beth." I lean against the counter with a hesitant smile. Beth has been working here since I was a kid, with hair the size of Texas and a wardrobe straight out of the 1950s.

"Dahlia! I heard you were back!" She drops a stack of books before running around the desk with her arms wide open.

I hold up my cast to stop her from pulling me into a hug.

She frowns. "What happened?"

"Fell off a ladder. How are *you*?"

She holds me at arm's length and assesses. "Better now that you stopped by to visit. It's been a good while since I last saw you."

"I know." Staying away was easy compared to the alternative.

Facing the fractured person I have become.

"If I had known you were stopping by, I would have brought my copy of your design book."

"You bought one?"

She beams. "Of course!"

Something in my chest swells.

"I've kept up with all the latest and greatest things you've been up to. Team Dahlia forever, am I right?" She holds her hand out for me to slap.

"Right." I barely manage to hide my flinch as I high-five her.

"Do you plan on sticking around forever now that you and that Olive broke up?"

Beth is the first person in town to address my ex—albeit incorrectly—yet instead of panic, I'm hit with a burst of laughter.

"I'm not sure about that. I doubt Julian and I can last more than a few months in the same place without killing each other, so I'll be heading back to San Francisco by the new year."

Beth looks over my head with a raised brow. "Julian Lopez? What are you doing here?"

My muscles go rigid as I turn to find Julian glaring at me. "I'm with her."

"Why?" I blurt out.

The vein in his cheek flexes as he ignores my question.

"Do I need to remind you two about the rules?" She nods toward the plaque behind the desk. A majority of the library rules were added after a few incidents between Julian and me over the years with lighters, air horns, and Nerf guns.

"No, ma'am," we both say at the same time.

"Well, what can I help you with?" Beth returns to her post behind the counter.

"I'm looking to check out some old newspaper clippings."

Beth opens up a drawer and pulls out a set of keys. "Anything in particular you're searching for?"

"Anything on the blue Founder's house."

"*Oh*."

"You've heard about it?"

"You'd be hard-pressed to find someone who hasn't." She holds out the key ring for me. "Clippings should be organized in chronological order based on year, and the projector is located in the room beside the bathroom if you need it."

"Thank you!" I snatch the keys.

"Library closes in an hour," she adds.

"You got it!" I head toward the filing cabinets at the back.

Julian remains quiet as I sift through the first drawer of *Wisteria Weekly* newspapers dating back to when the town was founded in the late 1890s. I scan the headlines, searching for any information that might be helpful.

My eyes blur after the first fifty clippings. At this painstakingly slow rate, I'm only going to make it through four years of *Wisteria Weeklies* before the library closes.

The incessant tapping of Julian's fingers against the screen of his phone doesn't help matters, and I find myself scowling at him.

"I know it's a hard ask, but will you at least *try* to make yourself useful?"

"You didn't ask."

Who is he to talk? I'm pretty sure if Julian were on fire, he would do everything possible to put himself out before asking anyone for help because he is *that* stubborn.

Doesn't mean you have to be. "Will you *please* help me?"

"I love it when you say *please*." His deep baritone voice does things to my lower half that should be deemed illegal.

I shut the drawer hard enough to make the cabinet shake. "Asshole."

"*Sweetheart.*" He throws the old nickname in my face. Once upon a time, back when I won a beauty pageant after he bet I couldn't place in the top three, *sweetheart* was Julian's favorite nickname for me.

He hasn't called me that since college, right after he kissed me senseless.

A kiss he regretted instantly.

Screw him.

I tug open the first drawer within grabbing distance and point at the file in front. "Scan the pages for anything related to the house, Gerald Baker, or someone named Francesca."

"I think I found something." Julian's eyes flick over the clipping in his hand.

"What?" After thirty minutes of scanning newspapers, I can't contain the excitement in my voice.

"Follow me." Julian leads us toward a nearby table.

He pulls my chair out and waits. I slide in, and the tips of his fingers brush across my shoulder blades as he pushes me closer to the table. Thankfully, my harsh inhale isn't heard over the scraping of the chair legs against the floor.

Julian's arm brushes up against mine as he points to the headline. My body leans into his touch before I snap out of whatever spell he has me under.

"Gerald died before the house was fully completed."

I blink. "No!"

"Look." He shoves the article toward me before scooting his chair away.

I read the article with a frown. According to the reporter, Gerald died from a bacterial infection and was survived by his two dogs. Town sources close to Gerald mentioned how he refused to go to the hospital because he wanted to die in the comfort of his half-finished home.

My eyes itch. "That's so freaking sad."

"Stories like this make me glad I was born after penicillin was invented."

I check out the grainy image of Gerald holding a shovel in front of a plot of land. "He never lived long enough to see his house get completed."

"It appears not."

"Or marry his true love."

"Not many do." There is a slight edge to his voice.

"She must have been heartbroken when she got the news

about his death."

"Why?"

I rear back. "What do you mean *why*? Because they were in love."

"If she truly loved him, she would have stuck by his side from the beginning."

"He was the one who told her not to come until the town was finished."

"Then it was her mistake to listen to him."

I can't help feeling defensive over Francesca and her choices, especially when I see a bit of her in myself. "She waited for him, wrote him letters, and held on to a dream that one day they would get married despite the odds stacked against them. That's what people do when they're in love."

"So you say."

The audacity of this man. "For someone who has never been in love, you sure have a lot of opinions on the matter."

The vein in his neck pulses with each erratic beat of his heart.

I continue, "What if *he* was the one who didn't want to take the risk on *her*? What if she begged to join him, but he shut her down time and time again? He could have asked her to marry him at any time, and perhaps her father would have agreed because he wanted what was best for his daughter."

"That's a lot of assumptions."

"You're the one jumping to conclusions here by judging *her* for not being brave enough to join him, when maybe *he* was the one too afraid of the risks. Maybe he should have built a life with her rather than erecting a wall to keep her out."

Shit. Shit. Shit!

His fist clenches and unclenches against the table. "Dahlia—"

My gaze dips back to the newspaper in the worst attempt to hide my flushed face. "Anyway, Gerald is probably the ghost, so the case is solved."

"I never judged you." Despite his whispering, he might as well have shouted the words.

"I was talking about Francesca." I stand.

He does the same. "Funny, because for a moment, it felt like you were talking about *us*."

My throat feels like he wrapped both hands around it and squeezed. "That's quite the narcissistic assumption of you."

"*No mames. Háblame.*"

I drag my eyes away from his balled-up fists. "You're about ten years too late for that conversation, don't you think?"

"Clearly this is a big mistake."

"Wouldn't be the first time you said that."

He opens his mouth, only to slam it shut.

Truth is, I can give Julian a hundred different chances to explain his choice to push me away, but it won't change the truth he made painfully obvious.

He didn't want me.

A bitter laugh claws its way up my throat. "It's fine."

"I never meant to hurt you." He exposes my insecurities with a single sentence.

Háblame: Talk to me.

"You didn't," I lie.

"What I did…" He loses his voice, along with whatever nerve he had found in the first place.

Good. I prefer it that way.

"Things happen the way they're meant to," I say.

He folds and unfolds the newspaper, only to refold it again. "I never expected you to go into design too."

He would have if he had given me a chance to explain my hopes and fears instead of assuming he knew what was best for me by pushing me to stay at Stanford to finish a political science degree I never wanted.

I was always interested in design—that much became obvious when my parents were remodeling our house and relied on me to choose most of the finishes and furniture—but I never vocalized it since they were set on me getting some kind of professional degree.

"I took a class or two before you left." Plus, I joined a club and got a mentor from the interior design program because I wanted to learn more without switching majors.

His brows rise. "I had no idea."

"Nobody did." I spent the better part of my life swearing I would become a badass lawyer, in part because my parents wanted me to have a stable, well-paying job, so the last thing I wanted to do was disappoint them by blowing a full ride to Stanford on a career that wasn't guaranteed to be successful.

Fans think my *political science major–turned–interior designer* story is endearing, but it really represents my lifetime struggle with the fear of failing.

He stays quiet while he seems to work through the mental puzzle of our memories. "When you made the offer to come and work with me at the company..."

"No need to dredge up the past. It's not like we can go back and change anything."

"Sometimes, I wish I could."

Breathing becomes a laborious task with how much my lungs ache.

He breaks eye contact. "I always regretted how I went about things with us. I didn't—" His reply is cut off by Beth popping out from behind a bookcase.

"Library is closing, kids! You'll have to wrap this up and come back tomorrow because I've got a date with a pint of ice cream that can't be postponed."

"Thanks, Beth." I ignore Julian's pinched expression as I hand her the keys and head back to the filing cabinet with the newspaper.

Julian doesn't say anything else. Not when we climb into his truck. Not during the drive back to my house, and certainly not before I escape inside with a small shred of dignity intact.

I slipped up earlier. Being around Julian again after all this time is like opening up an old wound, and instead of remaining level-headed, I let my emotions get the best of me.

Despite my efforts to forget the conversation we had, I'm stuck replaying the whole exchange after I crawl into bed for the night.

What was he about to say before Beth interrupted us?

Did he mean what he said about not judging me? Because it seems impossible after I ended up dating his roommate, whom he once considered a friend.

And what would have happened if I had confessed that he isn't the only one who regrets his actions, because I do too?

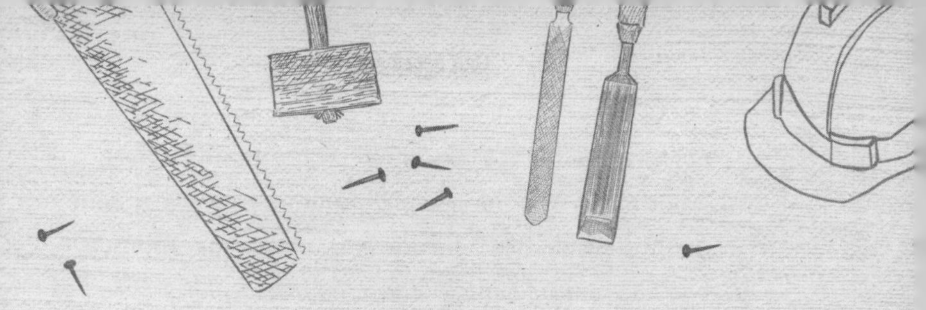

CHAPTER NINETEEN
Julian

The thought of going back to my empty house is about as enticing as a root canal without anesthesia, so I head toward Last Call after dropping Dahlia off at her house. The bar is pretty empty, with only a few Sunday stragglers taking up the stools and surrounding high-top tables. I nod toward a few locals before picking my usual spot at the end of the bar.

"Modelo?" Henry, the older bartender, places a napkin in front of me. I nod, and he sets down a bottle of my favorite beer.

"Open a tab for me." I throw my Amex on the counter and chug half of my drink in one go.

"Rough day?" A guy a few stools down from me speaks up.

"You could say that." I try to make out his face, but his ball cap casts a dark shadow.

"Work problems?"

I silently take another sip.

"Family issues."

My eyes remain focused on the shelf of alcohol in front of me.

"Woman trouble."

My fingers tighten around the bottle.

"Ahh. I see." He looks up at me with those dark, beady eyes I would recognize anywhere.

Lorenzo Vittori.

He takes a long sip from his highball glass before placing it on the bar top. "Julian Lopez, right?"

My muscles tighten beneath my shirt. "Yes."

"I'd say it's nice to finally see the man who has made the last year incredibly difficult for me, but then I'd be lying."

I remain silent. Competing against Lorenzo's house offers was easy, especially with my deep connections to everyone in town.

People in town might dislike that I'm buying up older properties only to tear them down, but they trust me more than Lorenzo, who only lived here until his parents died.

His grin doesn't reach his dead eyes. "Not much of a talker?"

I take a long sip of my beer instead. Most people in town consider me shy. Reserved. *Quiet.* What was once a weakness has become my biggest strength, especially when dealing with antagonistic tools like Lorenzo.

He lets out a long, exaggerated sigh. "Are you typically a bore, or do you save the quiet, stoic stereotype for me?"

Henry snorts.

I glare.

Lorenzo holds up his empty glass with a smirk. "How about another round for my friend and me here?"

"We're not friends." I keep my voice detached despite my annoyance.

"You're spending your Sunday night drinking in a bar with me of all people. If you have any friends, clearly they're shitty ones."

He hit my weakness on the head. Besides Rafa, I don't have any friends since half the men in town work for me while the other half are double my age.

Expanding my dad's business came with sacrifices, and my social life happened to be one of them.

But not the biggest.

Dahlia's words from earlier haunt me.

Maybe he *was the one too afraid of the risks. Maybe he should have built a life with her rather than erecting a wall to keep her out.*

Thing is, when my dad died, I struggled with a long list of issues—fear being only one of them. Pride. Anger. *Grief.* Everything in my life turned to shit, and my personality along with it.

Things I had wanted—like a degree from Stanford and a shot at something special with Dahlia—were no longer possible after my life drastically changed overnight.

I was barely an adult when I made the decision to push Dahlia away, and it led to my immature choice to cut her out of my life after becoming friends during our freshman year. It was insensitive and unfair of me, so she had every right to find someone who made her feel secure in a way I couldn't as a twenty-year-old guy battling grief while saving his dad's failing business.

A memory I kept locked away resurfaces, dragging me back to my time at Stanford.

"When do you plan on telling Dahlia that you like her?" Oliver asked me once Dahlia left our dorm room after our late-night study session.

"Who said I like her?" I kept my tone nonchalant despite my rising blood pressure.

"You smiled when you came back from the bathroom and caught her snooping around your desk."

I held my tongue. Rafa was the only person I felt comfortable enough with to talk to about my crush, and I planned on keeping it that way.

He shrugged. "You better tell her soon before someone else makes a move on her."

I'm yanked out of the past by a sharp pain shooting through my heart. No matter how many times I tell myself that I couldn't have known Oliver was an asshole, I still feel partially responsible for introducing Dahlia to him.

If you hadn't pushed her away, she would have never gotten close to him.

I take a sip of my beer, hoping to wash away the sour taste.

No amount of alcohol will change the fact that you care about her enough to resent yourself.

Fuck. I wipe a hand down my face. Drinking at a bar was supposed to give me a break from thinking about Dahlia.

I chug the rest of my beer and stand. "Henry, can I get the

check, please?"

"Where are you going?" Lorenzo's smile quickly transforms into a frown.

I ignore the man who can't seem to take a hint. Henry is quick with charging my card and passing me the receipt to sign.

"I thought we were going to have a real bonding moment here." The ice in Lorenzo's glass rattles from his long sip.

"How much will it cost me to get you out of this town?"

"I have no interest in making any more money."

I pause for a beat. "Then what do you want?"

"Only friends get to know that." He raises his glass in a mock toast before knocking back the rest of the contents.

I add a decent tip and sign the bottom of my check before exiting the bar. My relief at escaping Lorenzo's incessant talking is short-lived when I remember the dull ache that hasn't left me since the library.

I rub the spot over my heart and wish for it to go away.

Good luck with that.

The only way to get rid of the constant throbbing is to remove the person causing it in the first place.

Dahlia Muñoz.

I spend the rest of my night devising a way to get rid of Dahlia. Simply put, if I find a way to speed up the renovation, then her creative spark will be reignited, thus restoring her faith in design. She can return to her life in San Francisco, leaving me to go about my life as usual.

The plan is foolproof. I only need to make sure Ryder and the rest of the team are on board for the changes, seeing as we will have to postpone a project to take this one on.

So, despite my reservations, I show up Monday morning at the Founder's house to speak with Ryder personally.

"Hey, boss. Didn't expect you to be joining us today." He shuts the back of his truck.

"There's been a few changes to the original plan."

The sun reflects off his brown eyes. "Like what?"

"We need this project done within the next three months."

His brows rise toward the edge of his hard hat. "What?"

"Do you think it can be completed by the end of January?"

Ryder's gaze bounces between the decrepit house and me. "Depends on what we find on the inside."

"We can modify schedules and postpone other projects if it means getting this one done faster. I want all hands on deck here."

"If you don't mind me asking, what's the rush?" he asks.

The answer to his question drives up to the house, blasting Ozuna loud enough to be heard through the sealed windows.

Dahlia climbs out of her sister's car in a pair of leather boots, a thin sweater that can't do much to fight the late October chill, and a designer skirt custom-made to drive me crazy.

God give me the strength to make it through this meeting with my team while fighting a hard-on.

A flicker of hesitation crosses her face before she props her sunglasses on her head and holds her hand out for Ryder to grab. "Hi, I'm Dahlia."

"Ryder. I'm the project manager." His gaze doesn't drop from her face.

Dahlia introduces herself to the engineer and architect next, both of whom check her out.

Are you seriously going to get jealous of your own employees?

With the way Dahlia looks up at them with her big brown eyes and wide smile, hell yeah I am.

"Let's start," I lash out, wanting to get this walk-through over with before I fire someone.

At first, Dahlia was hesitant to speak up, allowing me to take the lead, but after ten minutes, she warmed up to my team and started acting like her typical self.

I find myself at a loss for words as I watch her collaborate with my team like she's spent years working with them rather than an hour. I'm impressed with her wealth of knowledge, and Ryder seems equally blown away by her experience with Victorian homes.

He scribbles something down on his clipboard. "With the changes you want, I feel like we could definitely have this thing done within the three months Julian requested."

"Three months?" Dahlia glances over her shoulder. "I thought you said it could take six to eight."

I tip my chin. "Change of plans."

Her eyes narrow. "How fortunate."

Except since Dahlia crashed back into my life, I've felt anything but.

She carries on, and my men do everything they can to support her. I take a step away from the team to answer a call, only to come back to the crew laughing at something she said.

"What's going on?"

Ryder grins. "Dahlia was telling us a story about the difference between real-life home renos and the ones she did on TV."

"And?"

"Turns out production filmed another construction worker's hands for certain scenes since her fiancé had no idea what he was doing."

"*Ex*-fiancé." I have no idea why I choose to clarify, but I regret it the moment I say the word.

Dahlia's hands clench by her sides. "Julian. A word?"

My stomach drops as she storms off toward the kitchen, leaving me alone with my crew.

Ryder winces. "Damn. Was it something we said?"

"Just me being a dumbass. Carry on." I turn in the direction Dahlia headed. It takes me a minute to find her outside, staring out at the lake with her good arm tucked against her sling.

"What was that back there?"

"A mistake." I've been stumbling my way across a tightrope of emotions, and one mention of Oliver had me tumbling straight into a pit of jealousy.

Her eyes remain focused on the view. "Do you like trying to make me feel small?"

My head rears back. "Of course not."

Dahlia turns. "If this is your plan to run me out of town, you better try harder than that. I didn't spend the last five years of my life dealing with internet trolls and a future monster-in-law to back down at the first sign of adversity. That much I can tell you."

"I'm not—" I try to center myself. "You've got this all wrong."

Although I want her to leave Lake Wisteria, I wouldn't embarrass her in front of my team to speed up the process, especially not when I see how much she struggles around people lately.

Her eyes narrow. "Then feel free to explain."

Thing is, I don't *want* to explain because then I would need to admit I'm still jealous of Oliver after spending years convincing myself I was over everything that went down between him, Dahlia, and myself.

So, instead of admitting the truth, I stick to my comfort zone.

I tuck my hands into my pockets. "I could have gotten rid of you weeks ago instead of going through the trouble of working together."

Her head tilts to the side. "Oh, really?"

"The mayor still has a reward listed for any information about who egged his Jaguar twelve years ago."

Dahlia's eyes go wide. "You wouldn't dare."

"Keep assuming the worst of me and I might."

Her nostrils flare. "If you don't want me to assume the worst, keep the blackmail to a minimum. It tends to send the wrong message."

I fight a laugh. "Fair enough."

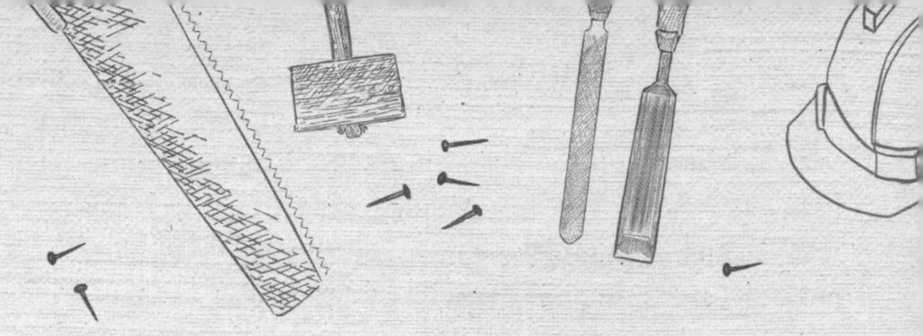

CHAPTER TWENTY

Julian

Expanding my company beyond Lake Wisteria's borders was always part of the plan. I spent the last year researching neighboring lake towns, attending town hall meetings, and visiting countless open houses to make sure I picked the right second location for Lopez Luxury.

I should be ecstatic about purchasing my first house in Lake Aurora after how hard it was to get the town to warm up to my plan to drive up tourism and triple property values. Instead, I'm stuck with a hollow feeling while my signature dries on the dotted line.

My real estate agent tucks the contract into her file. "I'll reach out to your assistant once the owners of the manor on Juniper Lane agree to sell."

"You're confident they will?"

She slides the file into her briefcase before throwing the

strap over her shoulder. "Oh, yeah. It's only a matter of time. Plus, I already have two other families ready to sell a chunk of their land. It seems people are more willing to part with their properties after seeing what you did with the town."

"Great." My enthusiasm falls flat.

Her gray brows scrunch. "Is there anything else I can help you with?"

"No. Keep Sam posted about the other sales." I stand and walk her out of my private office.

Sam drops his sandwich and takes over walking the real estate agent out to the parking lot.

"The floors have to go," Dahlia's voice announces.

What the hell?

I scan the room and hallway for Dahlia, only to find them empty.

"We don't have the budget for that," Oliver's cheery voice follows.

An episode of Dahlia's show plays on Sam's computer monitor. I reach to pause the episode, only to stop before I hit the space bar.

Dahlia looks over at Oliver with a frown. "You told me yesterday we were under-budget and on track to finish early."

"That was before we found out about the issue in the attic." He tucks a screwdriver into his tool belt.

"What issue?" She looks genuinely confused by his statement.

"Two of the three support beams have termite damage, and the insulation needs to be redone," he enunciates with a fake smile.

"How much will that set us back?"

"Thirty thousand, give or take."

Dahlia's eyes shut for the briefest second before she recovers. "I can work with that."

Oliver wraps an arm around her shoulder, ignoring the way her body tenses as he pulls her into a hug. "Is now a bad time to tell you about the basement?"

The slight twitch in Dahlia's eye could be mistaken for a tic, but I know better.

I move the mouse around and check the episode details. It was prerecorded and released yesterday, which makes sense given Dahlia's longer hair and fuller frame.

Another thing I wouldn't mind punching Oliver over.

I find myself caught up in watching the train wreck of their relationship play out. Oliver seems to stare *through* Dahlia rather than at her while she talks to the camera, and his smile never quite reaches his eyes. Dahlia isn't much better at faking affection based on how she cringes when Oliver explains a few construction issues like a toddler in a hard hat.

Sam once referred to Dahlia and Oliver as the ultimate home improvement couple, but are we watching the same show?

Based on a quick internet search, a majority of viewers agree, describing the show as *uncomfortably bingeable* and the couple as *unfortunately doomed*.

"Oh, shoot. Sorry about that." Sam slams his thumb against the keyboard, pausing the video.

"That was..." I struggle to come up with the right word.

"Awkward to watch, right?"

I cross my arms. "You could say that."

"Dahlia is my queen and all, but Oliver sucks. I can't believe I once thought he was cool and laid-back."

Me too. At least he was before he made a move on the girl I liked, knowing full well how I felt about her.

I lean against the corner of Sam's desk. "What changed?"

"Every time Dahlia has an innovative idea, Oliver finds a way to ruin it with some recently discovered issue. It's a formula that was entertaining the first couple of times, but now I'm uncomfortable watching Dahlia pretend not to be annoyed at Oliver and him doing everything to push her buttons."

Are you any better than him?

"Is the show usually like this?" I ask, ignoring the usual self-doubt.

"No. But obviously their relationship issues bled into the show."

"I saw." *Painfully so.*

"According to some gossip accounts I follow, Oliver's family wanted to pull the plug on the show, and since they're the executive producers..."

"Dahlia was screwed."

"Production did Dahlia dirty with the way they cut scenes to paint her in a bad light." Sam takes a seat before chomping down on his sandwich.

"They can do that?"

He snorts. "Of course. Reality TV isn't exactly known for its honesty."

I shake my head. "What's the point, then?"

"Entertainment."

No wonder Dahlia is struggling. If there is one thing she values more than her career, it's her reputation, and Oliver couldn't even let her keep that.

I'm hit with a bloody desire to fly out to San Francisco and introduce Oliver to my fist. My lawyer might hate me for it, but the satisfaction of his nose crunching beneath my knuckles would be well worth the settlement money.

"How many more episodes until the season is over?"

"Eight? Maybe nine? I'd have to check."

For fuck's sake.

He takes a long sip from his paper straw. "But the production company hasn't canceled next season yet, probably because the ratings are higher than ever. Views nearly doubled last night after an article came out suggesting that Dahlia and Oliver broke up because of another woman—"

Dahlia's detached voice cuts Sam off midsentence. "You shouldn't believe everything you read on the internet."

"Dahlia! You're here!" Sam jumps up from his chair. While he gathers a few files from the cabinet behind his desk, I check Dahlia out.

Obvious anger aside, she looks better than when she first arrived in Lake Wisteria, having put on a bit of weight and taking the time to do her hair and makeup like she used to. The warm fall colors she chose for her eyes bring out the golden flecks of her irises, although her red lipstick steals my attention.

The color reminds me of the one she wore during a college Halloween party. Her red lips were a Trojan horse, and I was too enamored by her beauty to stop her from kissing me.

At first, I was surprised by her making the first move, but

it only took me a few seconds to throw my inhibitions away and kiss her back after spending three long years resenting myself for dreaming about it.

Dahlia wasn't my first kiss, but it sure felt that way with how my mind and body reacted.

The memory wraps around my neck like an anchor, dragging me down until I'm left with only one thought.

Her.

Dahlia wipes the corner of her mouth. "What? Do I have lipstick on my face or something?"

No, but I wish I did.

A jackhammer to the heart might have been less shocking than the vision of Dahlia's red lips pressed against mine.

What the hell has gotten into you?

"Are you okay?" Her eyes shine brighter than Town Square during Christmas.

"Sam will help you get set up in the spare office room." I escape into my private suite before Dahlia has a chance to respond.

Have you learned anything since the last time? I begin pacing the perimeter of my office like a caged animal.

Obviously not, which is exactly why you need to keep contact to a minimum.

The idea of stepping away from the project fills me with dread, especially when I was looking forward to getting out of the office more and returning to my roots.

This is for the best.

If that's true, then why does it feel like someone turned my lungs into a pin cushion?

Because you're only punishing yourself by planning to avoid her.

Am I? Because I don't need a pro-con list to determine working with Dahlia is a disaster in the making. The best thing I can do for both of us is add distance, especially when my restraint is weakened by nothing more than red-painted lips.

I take a seat at my desk and fire off an email requesting a review of our schedules to ensure that.

Crisis averted.

CHAPTER TWENTY-ONE

Julian

Since I officially opened the Lopez Luxury office, I have always been the first person in and the last person out. Tonight's monthly board meeting for the Dwelling app took longer than usual, thanks to the latest bug discovered after Rafa's late-night tinkering.

By the time I shut down my computer and exit my office, my energy is sapped, and my stomach is protesting every few minutes for something better than coffee and a protein bar.

I'm surprised by the sound of off-key singing and country music streaming through the hallway. After spending the past few days avoiding Dahlia, it feels counterintuitive to seek her out now, so I don't bother checking in on her.

My escape route is blocked by a man standing behind the glass front door, holding a takeout bag from Holy Smokes BBQ.

My mouth waters as I unlock the deadbolt and open the door. "Yes?"

"I have a delivery for Dahlia Muñoz." The delivery man holds out the bag for me.

"Follow the music and terrible singing to the source."

The man's phone chimes. "Shit. I wouldn't ask this normally, but do you mind taking it to her? My next delivery is ready to be picked up, and the guy has been a real pill." He doesn't bother waiting for a reply as he places the bag on the sidewalk and takes off, running toward his parked moped.

"No problem," I grumble to myself as I lean down and pick it up off the ground.

Annoyance bites at my heels as I head toward the office Sam set Dahlia up in. It's on the opposite side of the building, far from my office and the conference rooms I frequently visit every day.

My loud knock goes unanswered, which only fuels my irritation as I turn the knob and open the door.

Dahlia jumps in place. "God. You scared me!" She reaches for her phone and hits pause.

I completely forget my reason for visiting her as I enter the office, which has been transformed in the short time she has been here. The chrome desk that originally took up half the space has been replaced by a reclaimed wood table covered with wallpaper samples, flooring chips, and ten different doorknobs.

Dahlia covered the plain gray carpet with an accent rug, added floor lamps to replace the bright overhead fluorescents, and installed a large bookshelf to organize the baskets full of supplies. She removed the previous paintings to make space for her design mood boards.

I head toward the six-foot pinboards covering the wall opposite the window. Fabric clippings, raw material samples, paint chip options, furniture printouts, and hand-sketched drawings are pinned to the surface, giving me a sneak peek into Dahlia's mind.

I knew she had an eye for modern rustic design—that much became obvious during my hours of researching her career—but seeing her in action takes my breath away.

I clear my tight throat. "Settling in okay?"

"Sam said I could do what I wanted with the room." A hint of defensiveness bleeds into her voice.

"I see that."

She peeks up at me through her dark lashes. "Do you hate it?"

"I don't think *hate* is the right word." I wince at how the sentence sounds.

Do you ever get anything right?

Reality is, I like her style more than I care to admit. Something about it is warm. Welcoming.

Homey.

"Perfect. Now if you don't mind, I'll be taking that…" Dahlia swipes the bag of takeout from my hand.

She searches for the best place to eat before deciding to sit crisscross on the rug and use a cardboard box for a table.

"Thanks for grabbing it for me. I must have missed the guy's call." She pops open the first takeout container. The aroma of freshly baked cornbread and pulled pork fills the room, drawing another disturbing grumble from my stomach.

Her gaze snaps toward the source of the noise. "Did you have dinner?"

"Not yet." I take a step toward the door.

She reaches inside the paper bag for another Styrofoam box and places it beside the first.

I pull out my phone to place an order at Holy Smokes, only to find out the restaurant closed fifteen minutes ago. "Damn."

"What?" She pops off the top of the barbecue sauce and drizzles some over the pulled pork.

Saliva fills my mouth at an embarrassing rate.

"Do you have a key to lock up?"

"No."

Great. "Did you expect to leave the front door open?"

She shrugs. "I thought I could sneak out of a window or something."

I tip my head toward her purple cast. "My liability insurance company is going to go bankrupt because of you."

Her soft laugh floods me with warmth. "Sam left me his key, so you're safe. *For now.*"

First thing tomorrow, I plan on having a chat with Sam about office keys and temporary guests.

"Fine. Be sure to lock up."

"Got it." She offers me a half-assed salute before popping open the box containing a whopping amount of brisket, mac and cheese, corn, and some coleslaw.

My stomach growls loud enough to have her looking up.

Her gaze flickers from her food to my stomach. "Do you want to stay and have some?"

I blink twice. "What?"

"I ordered way too much anyway."

"You're offering me food?"

"No need to make it a big deal and treat it like the Last Supper or anything. You're obviously hungry, and I'd hate for good food to go to waste." She holds out a plastic set of utensils and the container filled with brisket—my personal favorite.

"I'm surprised you're willing to share."

"You're the one who always had a problem with sharing. Plus, it's the least I can do after you drove me to the hospital and everything the other week."

I take off my suit jacket and throw it on the table before sitting on the floor opposite to her. "You're right." I stab into her pile of pulled pork and grab a forkful.

"Hey!" She smacks my fork away with her own.

"I thought you didn't have a problem with sharing," I tease before taking a bite. The burst of flavor nearly makes my eyes roll.

"You like it?"

"I didn't realize how hungry I was." I don't speak again until half the brisket is gone.

"Do you usually work this late?" She swallows a forkful of mac and cheese.

"Yup." I dig into the street corn since Dahlia would cut my hand off with a plastic knife before letting me have some of her mac and cheese.

"Why?"

"Not like I have much else to do."

She looks at me with a strange expression. "Oh, I don't know. Maybe you could enjoy life a little?"

"I do."

"Really? Because you're kind of a workaholic."

I frown. "So what?"

"It's not a bad thing, per se." She looks up at the ceiling.

"You sure make it sound like one."

"It's sad to think you made all this money at such a young age to make life easier, yet all you do is work anyway."

"I like my job."

"But do you love it?" She stays quiet as she takes a few more bites of her food.

Not anymore.

As if she can read my mind, she makes a confirmatory noise.

"What?" I ask.

"You don't seem happy."

Her acknowledgment shocks me.

She shakes her head. "I thought you were here living your best billionaire life, but honestly, everything about it is kind of pathetic."

"Gee. Thanks." I steal a scoopful of her mac and cheese in retribution, earning a little hiss from Dahlia.

She pulls the container farther out of my reach. "I'm not trying to be rude."

"Yet it seems to be your default setting around me."

My comment earns me a scowl.

"Your life is…" Her voice drifts off.

"What? Sad? Pathetic? Miserable? Take your pick."

"Not what I expected," she whispers.

My throat tightens. "What did you expect?"

"For you to be happy at least."

"Were you happy before you came here?" My tone comes off more accusatory than neutral.

Her shoulders stiffen. "For a time, yeah."

My napkin crumples in my tight fist.

Her brows furrow. "Julian…"

I rise in a rush and toss my crushed napkin and fork in the trash.

"Where are you going?" she asks.

"My house."

She doesn't need to stand to make me feel small as she asks, "Do you notice how you never call it your home?"

Fuck. Leave it to Dahlia to call me out on such a thing.

Truth is, I don't have a home, and I have no one to blame but myself. I spend way too much time living in my head, fearing I'll never be good enough without ever trying to prove to someone that I can be.

CHAPTER TWENTY-TWO

Julian

"Hey, boss. Do you have a minute?" Ryder's muffled voice seeps through the cracks of my office door.

"Come in," I call out before locking my computer.

Ryder shuts the door to my office before leaning against it with his arms crossed. "Your family friend has a special request I wanted to run by you."

Lovely. Ever since last week's dinner disaster, I have done my best to avoid Dahlia, which is probably why she enlisted Ryder to do her dirty work.

I lean back in my chair. "What does Dahlia want?"

"She'd like to match the original moldings and woodwork that came with the house, but I'm having trouble finding a local carpenter with that kind of skill level who can work with our short time frame."

"Can we find someone from Detroit to help?"

"She knew you would suggest that."

I shoot him a look. "Predictability is a sign of stability."

"And boredom." He brushes his hand over his buzz cut. "She wanted me to ask if you would be willing to do the work instead. She knows you're busy—"

"No."

He doesn't miss a beat. "But she said—"

"I don't care what she said. Either she works with whomever you hire or she can scrap her idea altogether." I type my password, only to screw it up twice from my agitation.

"Got it, boss." He nods before exiting my office, leaving me to take out my irritation on my keyboard.

The ache in my chest intensifies with each passing minute, and I'm quickly distracted from my work by the thoughts bouncing around my head.

Who does Dahlia think she is, making requests like that despite knowing I don't do carpentry anymore?

Are you annoyed at her asking for your help, or are you angry at yourself for being too afraid to follow through with her request?

I claimed to have processed my dad's death and moved on from my past mistakes regarding it, yet when given an opportunity to prove it, I shy away, allowing fear and grief to control my choices.

You're the one with all the power here.

And that's what scares me most.

As much as I wanted to avoid the building site and the woman who is working there, a few things needed to be addressed, including a formal introduction to the new team member Ryder hired.

It took him only one day to find me a carpenter fit for Dahlia's task and only one minute for me to hate him, breaking a new company record.

I glare at the blond, brown-eyed giant from across the lawn, although he is too busy talking to Dahlia to notice me.

Strike one.

"Hey, boss." Grass crunches beneath Ryder's work boots.

"Hey." I turn toward my project manager while keeping the carpenter on my radar. "Where did you find the new guy?"

"He comes highly recommended from someone I know out of Detroit."

"Hm."

Ryder shifts his weight. "According to my contact, he does the best woodwork on this side of the state."

Strike two.

That fact, along with the way he smiles at Dahlia, has me scowling.

Strike three. "Get rid of him."

Ryder freezes up beside me. "I'm sorry, sir. What?"

"I don't like him." God, it sounds as stupid to my own ears as it does aloud.

"Have you met him?"

"Seeing as he is too busy flirting with Dahlia to notice his employer, no."

Ryder's gaze swings from me to the carpenter. "I see."

"He seems too"—I pause in search of the right word—"unfocused."

"He's not on the clock yet."

"Perfect. Less paperwork for Sam."

He doesn't try to hide his amusement. "Boss, if you don't mind me making a suggestion…"

Working with Ryder for seven years comes with many advantages but also a few caveats, such as his ability to read me better than my own mother sometimes. I blame his military background and fascination with too many true crime shows.

"Go ahead." My deep sigh doesn't deter his knowing smile.

"If you don't want him around, then you'll have to find someone to replace him."

"Do you know any retired female carpenters?"

His laugh comes out like a low rumble. "I never thought I'd see the day someone got under your skin."

I peek over at him through the corner of my eye. "Dahlia doesn't have to try too hard."

"*Exactly.*"

"Don't you have a job to do or someone to manage?"

He holds up his clipboard. "Nope. I was actually about to go hand Dan some paperwork to sign before he starts working."

I snatch the paperwork from his hand. "Hold on."

His lips twitch. "Problem, sir?"

Dahlia shooting Dan a soft smile answers his question for me. Like a shot to the heart, the pain radiates through my chest.

Feeling jealousy toward Oliver was understandable given our history, but getting overwhelmingly frustrated at any man within her vicinity? That's a whole different issue I never thought I would have to face in this lifetime.

It was easy to ignore my feelings for her when she lived states away, but it wasn't until she returned to Lake Wisteria that I felt myself drowning in the what-ifs.

What if I hadn't made the choices I did after my dad died?

What if I had processed my grief differently and stepped up to be the person Dahlia deserved?

Would she have heard me out and given us a chance to fall in love? Or would we have gotten together only to realize we were better off apart?

My world spins around me as I consider the possibilities.

Attempting to avoid her clearly hasn't been working, so what are you going to do now?

"I have an idea." Ryder fidgets with the pencil tucked behind his ear.

"What?"

"If you don't want to hire Dan because he seems *unfocused,*"—Ryder shoots me a knowing look—"there is one guy I've heard who could easily replace him."

"Who?"

"You."

"Really?" Excitement bleeds into Dahlia's voice.

The wood step creaks beneath my shoe as I pause halfway down the stairs. Dahlia doesn't notice my presence as she walks toward the back of my truck, disappearing from my view.

"Wow." Whoever is speaking to her on the other end must share something good based on the tiny squeal she lets out.

I'm not one to eavesdrop, but she is blocking my one way

off the property.

"A show with them would be huge!"

My stomach sinks. "So much for sticking around until the house is done," I mutter under my breath.

"Would they want to film in San Francisco again?" She pauses. "Oh. That's good, then." She waits a few seconds to speak again. "January? That soon?"

I don't need to hear the entire conversation to jump to conclusions. Rather than feel relieved by her leaving town, I'm suffering from a serious case of heartburn.

You've done everything possible to make something like this happen, and now you're disappointed? Pick a lane and stay in it.

I ignore the pain in my chest and walk toward my truck, scaring Dahlia in the process. She steps out of the way, and I keep my eye contact to a minimum as I climb inside the cab and turn on the engine.

This is for the best, I lie to myself as I drive away from the Founder's house.

You wanted her to leave, I'm quick to remind myself as I park outside my office.

Dahlia dreamed of a life bigger than this small town, and you will never be able to give her that, so stop pining over her and pull yourself together. My mind goes blank as I get to work, drowning myself in paperwork rather than regrets.

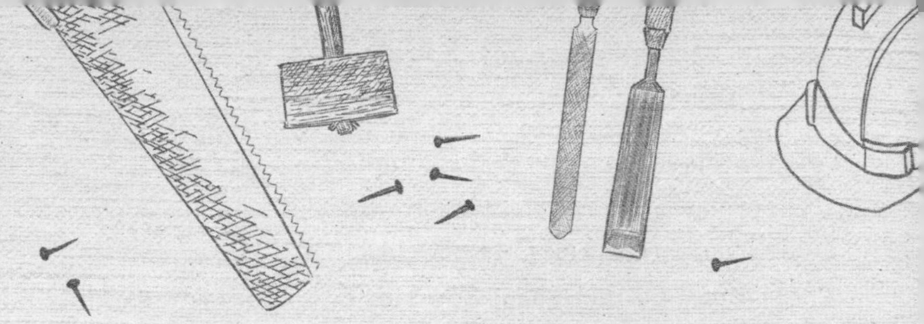

CHAPTER TWENTY-THREE

Julian

When I got my mom's 911 text ten minutes ago during one of my last meetings of the day, I assumed a tent might be on fire or a cat stuck in a tree, but a quick walk through the park shows nothing amiss outside of the usual Thursday preparations for the weekend.

Come tomorrow, this place will be packed with volunteers since Fridays before the Harvest Festival are considered a town holiday, with everyone taking off from work to help prepare for a full Saturday and Sunday of events.

"You're here! Thank God." Mom makes a big show of throwing her arms around me and pulls me into a hug, turning my ears pink as the volunteers stare at us.

It takes an insane amount of strength to pry her off me. "So, what's the emergency?"

Her shoulders slump. "You're going to kill me."

"Only if you don't get to the point fast enough."

She pops her hands on her hips. "Luis Julian Lopez Junior. Don't you dare talk to your mother like that."

I swipe a frustrated hand down my face, erasing my scowl. "Sorry, Ma. I'm exhausted from the week." After a day full of meetings while avoiding Dahlia in my own office building, I'm spent.

"Make it up to me by saying you'll go to Detroit. *Tonight*."

"Whatever you need."

She wipes her damp forehead. "I knew I could count on you."

"What's the issue?"

"I screwed up the dates for the festival with the rental company, so now I'm short on chairs and tables. The original one I chose for the event is booked solid, so I found another in Detroit that has enough."

"Why can't they come here?"

"They don't deliver this far."

There goes my date with a bottle of Merlot and a premade meal. "Do they know I'm coming?"

"Yes, but you'll need to borrow Fred's moving truck."

"Fred Davis?"

She grimaces. "Yeah."

"He hates me." The owner of the only moving company in town has loathed me since I accidentally plowed over his award-winning flower bed while learning how to drive with my dad.

"I know he does, which is exactly why you'll have Dahlia there to soften him up."

Where Fred's hatred for me has never wavered, his appreciation for Dahlia only blossomed after she single-handedly saved the flower bed I nearly destroyed.

"I don't need Dahlia's help," I say with a scowl.

"We both know you do, which is why I already sent her over to Fred's with a basket of Alana's baked goods and a fifty-dollar Holy Smokes BBQ voucher."

Dammit.

"Look at these roses." Dahlia flashes Fred a beautiful smile that makes the stunning flowers around her fade into the background. The usual tightness in my chest returns at the sight of her, making breathing a chore.

Will you ever get used to her being around?

Based on the uneven thump of my heart, the answer will remain a resounding no.

A twig snaps beneath my shoes, and her eyes flick over to me.

Fred turns on his heels, making his white-haired toupee flap from the sudden movement. "*You.*"

"Hey, Fred," I say with a half-assed wave.

"If you know what's good for ya, you'll get lost before I go searchin' for my granddaddy's rifle."

Dahlia muffles her laugh with the palm of her hand.

Glad one of us is amused.

I take a stab at being mature. "I want to be here as much as you want me here."

"Then feel free to see yourself off my property." He turns

toward Dahlia.

"Mr. Davis," Dahlia says in that sweet-as-sin voice of hers. "The town could use your help." She uses those damn puppy eyes again—all big eyes and batted lashes—turning poor Mr. Davis into her latest victim. I've seen her use the same kind of tactic repeatedly throughout our lives. When we were teens, I hated it because there wasn't a situation Dahlia couldn't charm her way out of.

No one stands a chance against her when she does that thing with her bottom lip.

Fred lasts three whole seconds before breaking down. "Fine. But only if Dahlia stays with the truck the whole time."

"Of course!" She claps her hands together.

Fred disappears into the house.

Dahlia turns toward me with a wicked grin. "And that's how it's done."

"So how long will the trip take?" Dahlia asks as I turn onto the main road leading into town.

The brakes squeal as the twenty-six-foot truck jerks to a stop. "What?"

She checks her phone. "The highway is congested because of construction, so we probably won't get there until after the sun goes down."

"You're not coming with me."

"What do you mean?"

"I'm dropping you off at your house."

"Not if you plan on borrowing Fred's truck."

I angle my head in her direction. "Are you threatening me?"

"More like exploiting the situation for my benefit."

My fingers turn white from clenching the steering wheel. "What do you need to do in Detroit?"

"I wanted to pick up a few supplies since I left most of mine back in San Francisco."

"Like what?"

"Things that can't be found at the general market on Main. Tracing paper, drafting tape, alcohol markers, etcetera."

"Give me a list, and I'll grab them."

She peeks over at me through the corner of her eye. "The idea of being in a car with me for a few hours bothers you that much?"

While I'm tempted to agree, I don't want to give her the satisfaction of being right. So, instead, I say something incredibly stupid. "I was trying to be nice and save you the trip."

She laughs to herself. "Sure you were."

My hands clench around the steering wheel as I pass Town Square and head toward the one-way road out of town with the one woman I was trying to stay away from.

CHAPTER TWENTY-FOUR

Dahlia

I didn't mean to inject myself into Julian's mission to save the Harvest Festival, but with me having one arm out of commission, I can't exactly drive myself to the nearest city in search of interior design tools. Joining him is the best solution I've got.

Sure, I could order supplies online, but the estimated two-week delivery times have me quickly tossing out that idea. It's either join Julian on this trip or wait two weeks for supplies I needed yesterday.

The two-hour drive flies by, with Julian quickly vetoing my playlist for his own. I'm pleasantly surprised by new artists I hadn't heard of, and I find myself saving some of his songs to my own playlist.

Julian drives down a row of dark warehouses before stopping in front of the address his mom sent him.

"Is this it?" I look around the quiet street.

"According to my mom's pin, yeah."

I hop out of the truck despite Julian's protests.

"Do you have any survival instincts?" He slams his door shut.

I pat my purse. "Of course. I've got pepper spray and enough self-defense classes to hold my own."

"All it would take is one punch to your broken arm to have you begging for mercy."

I blink. "You clearly thought that one out."

He shoots me a look before heading toward the door. "Fuck."

My brows rise. "What?"

"They're closed."

"No." I check out the sign and confirm that fact while Julian calls his mother and explains our situation over speakerphone.

"What do you mean they're closed?" Josefina asks.

Julian shuts his eyes. "You got the hours of operation wrong."

Josefina gasps like one of her telenovela stars, which makes my brows rise. "Me? No. I would never."

And the award for the worst performance goes to…

"Ma." Julian shares a look with me.

She's up to something, I mouth. I should have known Josefina was planning something when she started drilling me with questions about the supplies I needed to pick up in Detroit. When I mentioned having them delivered instead, she insisted on me picking them up to prevent any more delays.

Julian shakes his head.

She laughs. "*Qué pena*. I guess you and Dahlia will have to stay there until tomorrow."

Julian's brows scrunch. "How did you know Dahlia was with me?"

"Fred promis—*told*—me that when he stopped by the volunteer tent."

"*Por supuesto*." He frowns hard enough to create permanent wrinkles.

"Gotta go, *mijo*! Someone left the petting zoo gate open. *Te quiero*. Give Dahlia a hug for me!"

The phone beeps twice before Julian's screen goes black.

He runs his hands through his hair. "I'm going to kill her."

"Feel free to do it *after* the festival; that way no one gets upset at you."

He pinches the bridge of his nose. "She gave me the wrong time on purpose."

"Honestly, it's a genius ploy to get us to spend time together."

"I'll call Sam and have him book us some rooms while we head to the store for clothes and your supplies."

I pull out my phone while Julian taps away at his.

"The mall closed an hour ago," I announce with a frown.

"We can shop at a big box store instead."

"*Perfecto*." On cue, my stomach growls loud enough for Julian's brows to rise. "Can we stop somewhere for food?"

"Together?"

Qué pena: How unfortunate.

Por supuesto: Of course.

My eyes roll. "I was going to suggest separate tables, but if you're that desperate for my company, I'm willing to make a sacrifice for you."

"Get your ass in the truck before I cancel our trip to the art store."

"Asshole."

"*Sweetheart.*" His nickname penetrates my cold heart like a flaming arrow.

I instantly recognize the feeling. I'm tempted to carve out my heart and stomp all over it solely to remind me of what it felt like to be crushed by Julian all those years ago.

You're leaving in January to film your new show anyway, so no reason to get all flustered over a silly nickname.

Easier said than done.

Julian gets a call as soon as he parks outside the art store, so I take it as a sign of divine intervention. Spending time around him is one thing, but welcoming him into my sanctuary?

Absolutely not happening.

I reach for the handle, only to be stopped as he grabs my left hand. It's not meant to be an intimate gesture, yet my heart picks up speed anyway.

Wait, he mouths before releasing me from his grip.

He pulls a Centurion card from his wallet and holds it out for me. I blink at it a couple times and rub my eyes to be sure the name on the front of the card is correct.

How is he the same guy who lived off gift cards during his youth?

Why? I mouth.

Company expense, he replies.

I must not reach for the card fast enough for Julian's liking because his eyes roll as he tucks his Amex into the front left pocket of my jeans.

The heat from his fingers remains long after I rush out of the truck and head into the store.

With the art supply store closing in less than thirty minutes, I make quick work of my shopping list. Although it doesn't have everything I prefer to use while designing and planning, it has what I'll need to get me through the Founder's house project.

I throw a few extra things in my cart since this trip is being sponsored by Julian's bank account, including a few picture frames for my office, an artificial Christmas tree because 'tis the season to be spending, and enough yarn to crochet a scarf for every single person in town. I don't even crochet, but I had an insane urge to try after touching a hundred different balls of yarn.

With a swipe of Julian's company credit card and a quick signature for a fan across the back of a discarded receipt, I head back to the truck with the wheels of my cart squeaking from the sheer weight of my haul.

Julian leans against the truck with his phone still glued to his ear. My cart rattles, and he looks up.

"Gotta go, Rafa." Julian hangs up the phone with an arched brow. "A Christmas tree?"

"I thought we could liven up your office a bit." With all the time I'm spending there, I'd love something to stare at besides my own reflection in all the shiny glass and chrome fixtures.

"We haven't made it past Thanksgiving yet."

I tsk. "It's never too early to celebrate the birth of our Lord."

He plucks some bags from the cart. "Research suggests Jesus was actually born in the spring."

I rise on the tips of my toes and clamp a hand over his mouth. "Don't repeat that in front of my mother. *Ever.*" She's the type to put our family nativity scene out early, minus baby Jesus, because he doesn't make his official debut until midnight on Christmas Eve.

His eyes narrow.

I press harder. "You got it?"

He has the audacity to nip at the palm of my hand. I remove it with a gasp, only for him to clutch it within his punishing grip.

"My card?"

"I lost it."

The man scowls.

"Kidding!" I expect him to release me, but instead, Julian keeps me pinned against his chest as he searches my pockets for the card. The graze of his fingers is quick and clinical until they slide into my back pocket, gliding over my ass cheek as he takes his sweet time getting the slim credit card.

I battle between two feelings, neither of which is discomfort.

Surprise? Check.

Lust? Absolutely.

Although I'd rather gnaw on my own tongue than confess such a thing.

My enjoyment of his touchiness has me speaking first. "If you wanted to feel me up, all you had to do was ask."

The comment snaps him out of whatever daze he was in, and he pulls away. I mourn the loss of his touch as he tucks his card inside his wallet without looking me in the eyes.

"You can wait in the truck while I load your stuff in the back." He dismisses me without so much as a second glance, and I climb back into the cabin with a huff.

He was the one who felt me up.

Yeah, well, you were the one who liked *it.*

Julian and I hit a local big box store next. The clothing selection is grim, with me shuddering in my sneakers as I choose the most unattractive pair of flannel PJs, underwear with the days of the week plastered across the back, and a pair of paint-splattered jeans that would send the fashion police into full SWAT mode.

Julian gives me free rein over picking his clothes while he chats with Sam about a few things regarding next week's work schedule. I have a blast putting together the ugliest outfit for him, which he immediately rejects.

I pout. "I'm offended you don't trust me."

"No amount of trust in the world could convince me to wear those jeans." He frowns at the acid wash denim fit for an eighties music video.

"If you had your way, you'd wear plain ones and a black T-shirt."

He lifts his full basket of clothes in the air. "Exactly."

Ugh. "I'm going to put all this back." I head back toward the men's section with my cart, only to become distracted by the Christmas section near the checkout lanes.

Most of my holidays became opportunities for the Creswells and their agent to show off my design skills by having me make curated collections to be featured in magazines and social media pages. And while I love coming up with new ways to reinvent holiday classics, I can't help getting caught up in the nostalgic decorations lining the shelves.

Vibrant tinsel. Novelty ornaments. Multicolored C9 light bulbs. Everything about this holiday display reminds me of my childhood, and I want to take part in it without worrying about designing something perfect or aesthetically pleasing.

I want to have *fun*.

After struggling with intense sadness and chronic numbness for the last few months, I plan on clinging to my excitement and riding the high for as long as humanly possible.

Like a child with no self-control, I throw random objects into my cart. Tinsel shiny enough to blind someone. A nutcracker drinking a beer in a tropical shirt. Packages of themed ornaments that will no doubt clash with each other.

I go through each row, throwing whatever makes me laugh into the cart. At first, my haul was easy to navigate with one arm, but now I struggle to push it forward with all the added weight.

My neck prickles, and I turn to find Julian walking up to me.

"Is all this for that Christmas tree you bought for me?" He takes over manning the cart.

"On second thought, I think I'll keep the tree. We can't have you ruining your Ebenezer Scrooge image or anything."

"No."

My eyes widen. "You want the tree?"

"Yes."

"Why?"

Silence.

Jerk.

"What's all this about?" He pivots the cart toward the checkout lane.

"Some decorations for *your* tree."

His eyes drop to the nutcracker cracking open a Corona. "And the rest?"

"You'll have to wait and see."

"What are you planning?" His right eye twitches.

"Like I'd tell you."

"*Dahlia.*" That rough voice of his tugs at my lower half.

"It'll be great! I promise!"

I never thought going on a road trip with Julian could be a good time. Between fighting for control over the playlist and laughing over terrible restaurant reviews while searching for a spot that serves Detroit-style pizza, I find myself actually enjoying his company. It's a dangerous admission, and one I'm too afraid to acknowledge for more than a fleeting second, solely because I'm worried it won't last after we return to Lake Wisteria tomorrow.

I don't want to get my hopes up, so I'm careful not to

set unrealistic expectations, although Julian makes it nearly impossible when he smiles at the jukebox.

The hostess drops our menus at the booth closest to it before going over to check on another couple.

Julian shuffles through the songs before swiping his card to pay and taking a seat as the beginning chords of one of my favorites, "Brown Eyed Girl", starts to play.

The memory of my dad spinning my mom around our living room to the same song flashes in front of my eyes. Mom would laugh often and worry less whenever my dad was around, especially when he danced with her.

Julian slides into the booth across from me, and the memory disappears.

"I love this song."

"I know." He grabs his menu while my heart thumps hard enough to almost jump out of my chest.

I drop my head into my hands with a sigh.

I'm exhausted by the time we make it to the fancy hotel Sam booked for us, with my eyes drooping and my posture slumping.

"Here you go." The concierge slides the key toward Julian.

"And the other one?"

The man's gaze flicks back to the computer screen. "You only booked one room."

Julian's shoulders tense. "That's impossible."

"I only have one reservation booked under Lopez."

"Try checking for a room under the name *Muñoz*," I say.

A few clicks of the mouse confirm I don't have a room. Julian walks away to call Sam, only to come back with the scariest scowl I've seen from him.

"He didn't answer."

I doubt I would answer my boss at midnight either, especially if I couldn't book a second room like he wanted.

"Can we reserve another room now?" Julian taps his fingers against the counter.

"I wish I could, but we're booked solid for the night. Most of the hotels in the area are, since we have three conventions, a hockey game, and an NFL player's wedding all happening this weekend. You could drive around and try your luck, but—"

"I want to speak to your manager."

Oh no. I better save Julian before he goes full entitled billionaire on this poor man.

"Thank you for trying anyway." I grab the key off the counter.

"We'll go searching for another hotel," Julian protests.

"I'm exhausted and want to get some rest." While my energy levels have improved significantly along with my mood, I'm still more tired than usual.

"But—"

"Come on." I lock elbows with Julian as I steer him away from the desk.

The anger pouring off of him keeps me quiet as we make our way up to our room. With the way he huffs and puffs, I'm a bit afraid for Sam's job security.

"At least the room is beautiful." I note the single positive before reality smacks me in the face.

Julian's hands clench and unclench as he glowers at the bed.

The *one* king-sized bed.

"Well, isn't this going to be fun?" I bite down on my tongue.

Although the lavish room has its own sitting area with the newest smart TV, it becomes clear that the leather couch and chaise lounge are more for looks than comfort.

"I'll be back." He shuffles past me.

I latch on to his arm and hold him back. "And you'll go do what? Threaten the guy? He already told us they don't have another room, so you're only wasting your time."

Julian's eyes shut. "What a nightmare."

"It could be worse."

"How?"

"Imagine if I snored."

He mutters something to himself before escaping into the bathroom with his plastic bag filled with clothes and toiletries. A pipe groans before the soft patter of water echoes through the room.

With Julian gone, I'm able to fully process the idea of sharing a bed with him. While our circumstances aren't ideal, I'm sure we can be mature adults about it and keep to our respective sides.

CHAPTER TWENTY-FIVE

Julian

Sharing a room with Dahlia proves to be a difficult challenge, especially after she takes a bath and climbs into bed beside me.

I reach over and yank on the cord of the lamp, plunging us into darkness.

"Good night," she says as she sinks into the mattress.

Regardless of the space between us, I'm acutely aware of every breath and move she makes.

"Night," I grumble up toward the ceiling with my arms crossed over my chest.

She shifts to the right before turning to the left, only to land on her back with a huff.

"You good?"

"Mm-hmm," she replies before moving back to her right side.

I try to fall asleep, but Dahlia's tossing and turning keeps me wide awake for the next five minutes. I'm not sure if she is typically a restless sleeper or if her cast makes finding a comfortable position difficult, but either way, she is driving me insane.

I turn my head to the side. "What's wrong with you?"

She fixes the comforter for the tenth time. "I can't fall asleep."

"Why?"

"Because..." She motions toward the two of us like it answers everything.

"What?"

"This is weird."

"Would you rather I sleep on the floor?"

Her smile can be seen in the dark. "Could you?"

"Hell no, but good to know you'd be up for me being exposed to more bodily fluids than a sperm bank."

My brain is sent into a tailspin by the soft, melodic sound of her laugh.

"Don't be dramatic. This has to be the nicest hotel in all of Detroit," she says.

"It could be the Ritz-Carlton, and I'd still refuse to sleep on the floor."

"There's always the couch."

"Thanks for the suggestion, but I like my spine alignment the way it is."

She giggles again, this time with a little wheeze at the end.

Both of us fall quiet, although this round of silence feels more comfortable compared to the others.

"Julian," she whispers a few minutes later.

I screw my eyes tight. "I'm sleeping."

"No, you're not." She nudges me with her cast.

I pop an eye open to confirm she closed the gap between us. She leans on her side, with her right arm tucked beneath her pillow and her dark hair billowing around her like a curtain.

"What?" I ask without hiding my annoyance.

"Something has been bothering me."

"About the mattress?"

"About *us*."

I remain quiet.

Dahlia sighs. "Sometimes it feels like…" Her sentence dies before she has a chance to finish it.

What? I want to ask.

Tell me, I wish to say.

But rather than give my curiosity away, I keep the questions locked away.

She returns to her original position on her back. "Forget it. I'm exhausted."

I let her get away with the lie because I'm not ready to face whatever she wants to say about us, mostly because there is no *us* to begin with.

Only because you are too afraid of what might happen if there was, the voice in the back of my head whispers.

Putting my history with Dahlia aside, there are plenty of issues standing in my way of pursuing anything serious, including her moving back to San Francisco next year and me not being good enough for her.

I don't even want a child, for fuck's sake. So, while I could acknowledge how I feel about her all I want, that doesn't mean we're a good match.

No matter how much I wish we were.

I wake up to the sound of something thumping against the wall behind me. My eyes snap open, and my body goes rigid beneath Dahlia's. Her rhythmic breathing doesn't falter, so I doubt she notices anything, including the way she holds me like her favorite pillow.

Dahlia is always gorgeous to me—smile or scowl, made-up or barefaced, dressed like a runway model or wearing nothing but a sweatshirt and leggings—but right now, I find her absolutely stunning with her arm wrapped around me and her cheek pressed against my chest.

A smart man would slide out from underneath her and replace his body with an actual pillow, but obviously I lack the necessary IQ level required to move a single inch. Especially not when Dahlia burrows deeper into my chest and throws her leg over mine as if she senses my urge to flee.

Nothing has felt better than waking up with her in my arms.

The usual heavy feeling every morning I wake up alone is absent.

Just a few more minutes, I promise myself as the couple next door continue their sex marathon against our shared wall.

My eyes shut at some point, and I drift off to the sound of Dahlia's light snoring—a fact that she indeed lied about last night.

Yet I still fall back asleep with a smile regardless.

She doesn't plan on sticking around for long, I repeat for the umpteenth time during our trip to Detroit.

Then you might as well make the most of it and enjoy her company while you can.

At some point this morning, Dahlia slipped past my ironclad hold of her body against mine, leaving me to wake up all alone a few hours later to our door banging against the wall.

"*¡Buenos días, princesa*! I got you coffee and a ham and cheese croissant." Dahlia juggles two plastic cups of coffee in her arm while closing the door with her foot.

I blink up at the ceiling, rub my eyes, and let out a long yawn. She places my drink on the nightstand beside me before taking a seat near the bottom of the bed.

I don't need to check the label on the side to confirm it's the right order. Dahlia was the one who got me addicted to iced coffees with extra caramel, caramel drizzle, and a splash of cream, and I haven't found it in me to stop drinking them, though they always remind me of *her*.

After a single sip, I feel revived. I sit up against the headboard and brush a hand through my hair. "You sleep okay?"

"Mm-hmm." Her gaze shifts away from mine, although the flush crawling up her neck gives her away.

¡Buenos días, princesa!: Good morning, princess.

I nearly forgot about our neighbors until they restrart their hourly ritual of fucking hard enough to make their headboard bang into our wall.

Dahlia's eyes widen. "Is that…?"

"Yup." My reply is followed by an obnoxious moan.

Her brows shoot up. "Wow."

"Only the tip," the lady coos.

Dahlia slams a hand against her mouth.

"Fuck, yeah, baby. You're so tight," the man growls.

Dahlia collapses face-first on the bed, right on top of my legs. The comforter does a good job of muffling her laughs, although I can feel them straight to my soul.

"Do you like it when I get rough?" A slap echoes through the walls before another moan.

"Oh, yeah." The woman moans. "Harder."

The man grunts, followed by the woman saying, "Just like that, baby."

"Just like that, baby," Dahlia repeats in a sultry voice as she peeks at me through her dark curtain of hair.

My dick should be the complete opposite of hard, but all it takes is her calling me *baby* while looking at me with bedroom eyes to have my blood rushing south.

"What are you doing?" I whisper.

"Having fun. Try it with me."

I don't know much about her life in San Francisco, but with the way she has been acting during this trip, one would think she was deprived of all the things she loved.

Dahlia crawls up toward the headboard and sighs loud enough to make our neighbors pause whatever the hell has them counting aloud like they're learning their numbers.

Holy shit. Tell me she isn't doing what I think she is doing.

She grabs the headboard with her right hand and shoves it with all her might. We could all hear a pin drop with the way everyone, including our neighbors, remains quiet.

"Did you hear that?" the woman asks.

"Fuck if I care. Let them listen," the guy admits.

"I won't lie. That's kind of hot," Dahlia says as her cheeks turn a deeper shade of pink.

I choke on my inhale. "What?"

A female moaning on the other side of the wall has my eyes widening.

"Put your finger up my ass like the last time," the guy grunts.

"Still find that hot?" I rasp.

"Only if he loves it." Dahlia's eyes glitter in a way I haven't seen since college, right before everything went to shit.

Fuck. Based on the way the guy is groaning, it's safe to say he enjoys whatever is being done.

Dahlia rattles the headboard again, making the couple quiet down.

Damn me straight to hell if I ruin her fun. I'm not sure she had much of it while dating that tool, and for once, I want to be the reason behind her smile.

Screw it.

I rock back and forth hard enough to make the headboard bang into the wall. Instead of our neighbors worrying, they seem to be encouraged by our eavesdropping.

"Where do you want me?" Dahlia's husky voice has my

dick standing to attention.

"Sitting on my face sounds like a good start."

"What?"

"You heard me." I tap my lips. "Spread your legs and show me what's mine."

Her face goes from pink to red. "I— We—"

"If you're going to run your mouth, might as well do it with your lips wrapped around my dick."

She grabs the nearest pillow and launches it at my head, only for me to deflect it.

I trace a line from her neck to her tomato-red cheek with the tip of my index finger. "Someone's shy." After all the years of dealing with her constant teasing, it feels good to be on the other end of it.

Her nostrils flare. "Cut it out."

"Why? Afraid you might like it?"

"Like I could want your cock anywhere near my mouth."

"Does that mean the other two holes are available?"

"Only if yours is too, *mi amor*." She swipes her thumb across my bottom lip.

Fuck. Me, along with our neighbors, both shut up. Her comment shouldn't be hot, but damn, my dick feels hard enough to snap in half.

Dahlia is breathing so heavily that I question if she might shoot fire from her nostrils.

You took things too far. Way *too far.*

"Dah—"

She straddles my lap and slams her right hand over my mouth. "Shh. No names," she whispers.

"*Sorry.*" My reply is muffled.

She moves to slide off my lap, but I hold her in place by clamping my hands around her hips.

We both stare into each other's eyes.

What are you doing?

Her gaze drops toward my lips, which tingle from a single glance.

Something I will probably regret.

Wouldn't be the first time.

She seems to come to her senses first as she attempts to wiggle out of my grasp, only for her eyes to bulge.

"Are you…" She swallows hard enough for me to see before shifting her hips again, making me hiss as she grinds against my erection. "Oh my God."

"*Stop.*"

"You're hard," she announces, her cheeks flushed. "Is it because—"

Something loudly crashes against the wall, followed by another moan.

"Take a guess," I snap.

She swivels her hips, and my head drops back with a groan. The giggle she unleashes has me battling two different emotions—neither of which are good.

She trails a finger down my chest. "I'm flattered."

"Shut up."

"No. To know I affect you like this…" She presses her fingers to her lips and makes a kissing sound. "Justice is served."

"I'll show you justice." I grip the back of her neck and pull, dragging her toward me. Her eyes shut as she leans forward, only for them to snap open at the ear-splitting sound of our neighbors finding their release.

Dahlia shoots off the bed and dashes toward the other side of the room while I drop my head back against a pillow and groan.

I don't need a pro-con list to remind me of all the reasons kissing Dahlia is a bad idea. It would only complicate things more, and with everything going on in our lives, it's best not to rock the boat when it's more structurally compromised than a sinking *Titanic*.

I climb out of bed, grab my phone, and head toward the bathroom while shielding Dahlia from my raging hard-on. My voicemail is clogged with messages from my mom, Sam, and Rafa, all of which I ignore for a hot shower.

Jacking off is the smartest choice, although thinking about Dahlia while doing it is most definitely not. At first, I try to resist, but my task seems impossible as I'm flooded with images of her.

I work myself to the array of ideas floating in my head from our theatrical performance.

Her sitting on my face.

My tongue and mouth fucking her until she threatens to cut off my oxygen supply.

Her lips wrapped around my cock—licking, kissing, sucking—as she wrecks my world with a single orgasm.

My spine tingles with each frustrated tug, and my breathing quickens until I'm gasping at the fantasy of Dahlia choking on my cock while swallowing my release.

Fuck. Fuck. Fuck!

The final image has me exploding. I ride out my orgasm while fisting my dick, pumping hard enough to make me hiss.

It's not until I come down from the high and am thrust back into reality that I realize what I did. Thinking about fucking Dahlia is one thing, but coming to the vision of her? That's a whole other level of fucked up.

I wait for the shame to sink in, but it never comes. Instead, my mind spirals with the possibility of what might happen if I stopped ignoring the obvious.

Fighting my attraction toward Dahlia is a losing battle, and if there is one thing I hate most, it's being defeated by her.

CHAPTER TWENTY-SIX

I should have known today would be a disaster from the moment I woke up in Julian's arms as he grumbled my name in his sleep. It wasn't the idea of him dreaming of me that scared me, but rather the way it made me *feel.*

Our day quickly took a drastic turn into uncharted territory, and I feel like a lost ship trying to navigate a brewing sea of mixed emotions.

I press my ear against the bathroom door after hearing a strange noise coming from inside. Goose bumps spread across my skin when Julian groans my name, followed by a curse. My skin burns at the sounds, and I'm overwhelmed by a new sensation tugging at my lower half.

You could suggest a friends-with-benefits kind of thing.

Except Julian and I aren't friends.

Just benefits, then?

A tempting offer, but I've never been the casual-sex type. I'm the *fall first, have sex second* kind of girl, so suggesting anything else could be a recipe for disaster.

Or it could be exactly what you need.

When a pipe creaks and the water shuts off, I dash to the corner of the bed, take a seat, and pull out my phone.

A few minutes later, a cloud of steam follows behind Julian as he steps out, clad in a pair of blue jeans and a T-shirt.

"Hey." He rubs the back of his head with a towel.

"Have a good shower?"

"Mm-hmm." He can't hold my eye contact for long.

Let it go.

Nope. An opportunity to tease Julian is too hard to pass up.

No pun intended.

"Did you get the job done?" I ask while fighting a smile.

A wrinkle cuts across his forehead. "I guess?"

"Was it *hard*?"

"Was it..." His voice trails off, only for his cheeks to explode with color a few seconds later. "You heard me."

"Out of curiosity, was today a special occasion, or do you typically moan my name while making yourself come?"

"Only when I'm thinking about you sitting on my face." He tosses his towel on the back of a chair.

I'm afraid my jaw may need to be popped back into place after the way it fell open. I expected Julian to stay quiet and break eye contact, but it looks like he found some post-orgasm confidence.

"Dream about it often?" I ask.

"Enough to question my sanity."

I blink hard.

"Do you like that?" His question has my thighs pressing together.

"More than I probably should."

My body temp spikes from his attention.

I hate myself for breaking eye contact first. "We almost kissed."

He says nothing.

"What do you want, Julian?"

He leans against the opposite wall, looking cool, calm, and collected as he crosses his arms against his wide chest. "You tell me."

Is he unfazed by all of this?

God. How embarrassing would that be?

I shake my head. "This is a mistake."

"Only if you want it to be."

"What are you saying?"

He lifts a shoulder.

I grimace. "You're a thirty year-old man. Communicate like one."

"Isn't it obvious?"

"Would I be asking if it was?"

His eyes narrow.

Mine glare.

His lips curl. "You. I want *you*."

My throat feels like I swallowed a bag of sand. "I recently got out of a serious relationship."

"No one is saying you have to jump into another one."

Not exactly the answer I was hoping for, but a decent one nonetheless.

I gather some courage and ask, "So then, what exactly are you suggesting?"

He pauses for a beat too long. "Whatever you want."

"What do *you* want?"

His gaze flickers over my face. "Anything you're willing to give me."

"That's it?"

He nods.

"So if I suggested something casual?" The question leaves a bad taste in my mouth.

"That's fine."

My heart sinks. *He isn't looking for anything serious.*

Things are better this way. Fewer expectations. Less disappointment.

"Okay," I reply.

Are you going to enter a no-strings-attached relationship with Julian?

My eyes blaze a trail down his body, taking him in without feeling self-conscious about it. Muscles for days. Abs worth drooling over. A mouth that promises the dirtiest things I'd love to experience firsthand.

Hell yeah, I am.

Why bother ignoring what we are both already painfully aware of? He is attracted to me. I'm attracted to him. The whole situation isn't exactly rocket science, although our history might as well be.

"Dahlia."

Our gazes collide.

"Do *you* want something casual?" he asks in a soft voice I never knew he possessed.

I chew on the inside of my cheek until I taste blood. "Fun and simple sounds nice after everything."

His index finger taps against his thigh. "Fine."

"*Fine?*"

"Did you expect me to object?"

"Kind of?" Or at least take more than a single second to think it over.

"You want fun and simple, then I'll give you that." He is saying all the right words, yet my lungs painfully constrict.

"For how long?"

"You tell me."

"I don't know. It's not like I've done this before."

His nostrils widen. "That's fine."

"But you have." The thought makes my stomach roll.

"Does that matter to you?"

Far more than it should. "Nope."

He stares at me for a moment before taking a step in my direction. "We keep going until one of us stops having fun."

"No." I need something more concrete than that. A clear boundary that will hold me accountable and stop me from doing anything stupid. "Until the New Year." That should give me enough time to get him out of my system.

"Because you'll be moving back to San Francisco?"

I nod. "The house will be pretty much finished, and I have a pending contract for a show."

The muscles in his neck strain. "I can work with that."

My stomach becomes a chaotic mess of buzzing butterflies as he walks over to me, pushes my thighs apart, and steps between them.

A shiver rolls through me as he curls his hand around the back of my neck and exposes my biggest secret with a single brush of his thumb over my pulse.

"You're nervous."

"A little bit," I confess.

"What else?" He leans in and kisses my neck, drawing another shudder from me.

"Excited." I *want* Julian, and I'm done avoiding my feelings in hopes of my attraction fading. I've tried that strategy for years to no avail, so I might as well give in and enjoy myself.

I can feel him smiling against my skin. "I've waited a long time for this."

"Exactly how long are we talking here? Because maybe I didn't make you work hard enough for it—"

He presses his mouth against mine for the first time in almost a decade, effectively shutting me up. All my brain cells go on strike as Julian kisses me like it might be his last chance to do so.

I've had a lot of kisses in my lifetime, but none compares to this. The longing. The passion. The spine-tingling, mind-melting, decade-in-the-making kind of kiss that sends my body into a spiral of sensations.

Julian takes his sweet time, teasing me with every brush of his lips and every swipe of his tongue.

His movements are intentional, meant to drive me mad as I wrap my legs around his waist and drag him closer. His fingers slide through my hair and cradle my head as he grinds against me. We both groan, and I take advantage, swiping my tongue against his.

Our kiss grows more desperate. At one point, I rip myself away from him and tug at his hair. Julian's muscles tremble as I kiss a path down the slope of his neck, his skin flushing.

His hips swivel as he teases me with the press of his cock, and my head falls to the side as he snatches back control and turns me into a breathless, throbbing mess. He claims my mouth. Neck. *Chest.* He blazes a trail, burning away the memories of any men who came before him.

I'm not sure how long we battle for dominance, but neither one of us stops until I'm lying flat on my back with my legs hanging over the side of the bed and Julian hovering above me.

Before I have a chance to protest, he drops to his knees and makes quick work of my shoes and jeans.

He kisses his way up my thigh before stopping in front of my underwear. "Cute, although today is Friday."

"I thought these were cuter."

He smirks at the *Wine Wednesday*-themed underwear. "I agree."

"Great. Now, less talking, more kissing." I push his head down with my good arm, only for him to turn away and bite down on the inside of my thigh.

I jolt. "What the—"

"Stop rushing me."

"By all means, take your time."

His eyes blaze with silent challenge. He tugs on the band of my underwear, pulling them down while kissing every available inch of skin within reach. While I love his soft kisses, I quickly lose patience.

"To clarify, when I said take your time before, I meant with your tongue inside my pussy."

"Did you?" he asks in that annoyingly dry voice of his.

"I get you've been waiting thirty long, painful years to lose your virginity and all—"

My mind goes blank as he yanks my thighs apart. Whatever control he had before snaps after only one pass of his tongue over my dripping center.

He devours me with a ravenous hunger I've never experienced from a partner before, and I'm afraid he may truly stop breathing from the way he sucks, licks, and teases me without ever coming up for air.

I lose all concept of time as he pleasures me. He studies my reactions like I'm his favorite subject, perfecting his technique of stroking, licking, and sucking until I'm begging for release.

Pressure builds in my lower half, the ache strengthening with every pass of his tongue and each suck on my clit.

My thighs tremble beside his head as I fight my orgasm, battling between wanting to come and wishing for this to last.

His eyes flutter shut. "So beautiful."

I jolt as he flicks his tongue over my clit while sinking a finger inside me. My limbs shake as he adds another not long after, sending my nerves into meltdown mode.

"So responsive." He pulls his fingers out to show me exactly that. My entire face flushes, drawing a devilish smile from him.

"So perfect for me." He curls his fingers and strokes my clit from deep inside, instantly making me see stars. The way Julian knows how to manipulate my body from all angles makes me regret doubting his skills in the bedroom. I've had good sex before…but this?

Julian could teach a class on female orgasm.

I don't have a single thought left in my head as I come with a cry. Warmth floods my body like a tidal wave, consuming everything in its path. Julian doesn't stop his teasing as he continues to pump his fingers, riding out my orgasm with me.

I'm not sure how long it takes me to come down from the high. All I know is that at some point, Julian crawled back over my limp body and caged me between his arms.

I cup his cheek. "You're telling me we've been fighting this whole time when we could have been doing *that*?"

He leans into my touch with a smile. My heart doesn't stand a chance at slowing down if he keeps doing sweet things like that, so I pull away.

His head tilts. "Having second thoughts?"

"No." Although I probably should, especially when he makes me feel like *this*.

"Good." He kisses me one last time before crawling off the bed.

"Where are you going?" I motion toward his thick and equally impressive bulge.

He checks his watch. "Next time."

My cheeks burn as Julian helps me get dressed.

"What now?" I keep my head down as I begin packing up my recently purchased belongings.

"We keep things fun and simple."

My stomach takes a dive off a long, steep cliff.

"Shouldn't we set some rules, though?" I might not have the most experience when it comes to relationships, but I have enough to know it's best to set expectations. That way if I get hurt again, I'll have no one to blame but myself.

He lifts a shoulder. "If you want to."

"I think it's probably best, so we don't set ourselves up for hurt feelings."

"Feelings? What are those?"

With my good arm, I toss a pillow at his head, only for him to catch it with ninja-like reflexes.

"I'm willing to go along with whatever you want, but I need you to be up-front and honest with me."

Right. Easier said than done after the last time I was vulnerable with him.

People will never learn from their mistakes if you don't give them a chance to.

I take a deep, empowering breath. "We should keep this private."

A dark look passes over his face. "Got it."

"It's not that I'm embarrassed or anything."

"Sure."

"I don't want people to think…"

"That we're together," he finishes for me.

My eyes drop to my lap. "Our mothers would get their hopes up."

"More than they already have?"

I grimace.

"What else?"

"We should be mutually exclusive." The thought of him

being with anyone else makes my stomach churn.

"We already established that I don't like sharing."

"Obviously, based on the way you acted like a jealous caveman around Evan, Dan, and anyone else who stared at me for longer than a few seconds." My eye roll gets interrupted by a pillow smacking into the side of my face.

Julian laughs, only to profusely apologize after I pretend he hurt my eye.

"Ow." I stick out my bottom lip and sniffle.

"I'm sorry." He kisses my temple, right above my "injury," only for me to break out into a fit of laughter.

His hand moves from cupping my cheek to wrapping itself around my neck. "You played me."

"You have no proof."

His fingers press into the side of my neck.

"Fine." I crack. "I did! But it's not my fault you're so gullible."

He gives my neck one last squeeze before he gives my shoulder a shove. I fall back onto the mattress with a wince.

Panic flashes across his face as he reaches to help me sit up. "Shit. I'm so sorry. Are you okay? I should have been more carefu—"

I fix my sling. "Relax. It was an accident."

His face pales. "On second thought, we should wait until you're cleared by a doctor before doing anything else." He takes a large step back.

"That's not for another two weeks!"

"I'm not going to risk you getting hurt again."

My heart does a betraying dive straight into enemy

territory, exposing my weakness.

Him.

I'm not sure how long this thing will last between Julian and me, but I plan on making the most of it—and him—until the time comes for me to leave.

CHAPTER TWENTY-SEVEN

Dahlia

It's easy to spend the rest of the morning in our own little bubble while picking up the party supplies and driving back to Lake Wisteria. With Julian playing our favorite songs from high school while I belt out the lyrics at the top of my lungs, time flies as we drive back to town.

I'm hit with a weird feeling when Julian removes his hand from my thigh, and I mourn the loss as we drive toward the park where the Harvest Festival is being set up.

We both stick to opposite ends of the park while we help his mom with anything she needs for tomorrow's event. Julian holds true to his promise of not touching me in public, although I do catch him staring at me a few times with a strange expression on his face.

I wake up Saturday pleasantly surprised by the way I'm buzzing with excitement rather than feeling heavy with dread.

It's a positive sign I plan on sharing with my therapist during our next session, and one I plan on taking full advantage of today as I head to the Harvest Festival for my morning shift.

Not many people are interested in *buñuelos* at this time of day, so I entertain myself by watching Julian struggle his way through running the *champurrado* booth.

"All good?" I ask when he curses at himself in Spanish.

He wipes his face with the back of his hand. "Perfect."

"Hey, mister. Hurry up! I'm losing my patience here," a ten-year-old hollers from the back of the line.

I laugh as a few others start a chant.

"Thank God I'm never having children," he mutters under his breath.

"No?" I'm surprised I can manage the word with how tight my throat feels.

"Don't tell me you want them after listening to these guys all morning."

I take a huge bite out of a *buñuelo* despite my stomach rolling while Julian makes his way through the line of children at a snail's pace. A few of the kids find their way over to my booth after they pay him, and I set them each up with a mini *buñuelo* and a suggestion to dip it into the drink Julian made.

"That's disgusting." Julian's nose twitches.

"You haven't tried it."

A kid follows my advice, and his eyes light up. "This is *awesome*!" He holds up his hand.

I high-five him before turning to Julian. "Told you so."

"No one likes a know-it-all."

"I wanna try!" The blonde girl I saw with Alana pops out

from behind a group of kids and passes me a hundred-dollar bill.

"Umm…one second." I open the cash register and attempt to gather enough bills together to give her change.

"Don't worry about that." A deep male voice has me turning to find the blond guy I'd seen with her before.

What was his name again? Al?

I hold the crisp bill in the air for him to see. "She gave me a hundred-dollar bill."

"Save it for college." The little girl winks.

While I'm flattered she thinks I look young enough to attend college, I'm mildly concerned that she hands out hundreds like singles.

"Are you Alana's kid?" I throw some batter into the fryer.

"Yup! I'm Cami."

"You know my fiancée?" the man—possibly Al—asks.

"Yup. The three of us went to high school together." I point my thumb back at Julian, who scowls at the man across from me.

"You didn't tell me that, Julian," Al says.

"You didn't ask," Julian replies with a bored tone.

Hm. "You two know each other?"

"I remodeled his house last year," Julian states.

"Of course you did."

Alana's fiancé offers me his hand. "Callahan Kane."

Callahan freaking Kane?

I've been in the presence of American royalty and I had no idea. While Declan Kane, the eldest grandson of the Kane Company's founder, is instantly recognizable given the number of articles published about him becoming CEO, Callahan Kane has been under the radar and out of the press spotlight for years.

If I were an heir to the biggest media conglomerate and Dreamland theme park empire, I would want to stay out of the public eye too. Those reporters are vicious, and I can't think of a better target than three handsome billionaires.

"I had no idea you went to high school with my fiancée," Callahan says.

I regain control of myself. "Julian and I weren't exactly part of the cool crowd."

"No?"

"We were a bit busy making honor roll and whatnot."

"Ahh. Got it." His head tilts and his eyes squint in a way I know all too well. "Wait. Are you that interior designer who has a show on TV?"

My cheeks heat. "Yup."

"I knew it! My sister-in-law is a huge fan of your show."

"Really?" I manage to squeak out.

"Oh, yeah. She binged all your episodes before renovating her house."

"That's nice." My nerves take over because a freaking *Kane* watches my show.

His smile is nothing but warm. "I didn't realize you were from around here."

"Born and raised." I throw a thumbs-up like a complete loser.

"Do you plan on sticking around town for a while between filming seasons?"

"Um…sure."

Julian tenses.

Callahan claps his hands together. "That's great news because my brother and his wife want to buy a property around here, so I'm sure they'll need a local interior designer. I know Iris will flip out if you're free."

Me? Designing a house belonging to the Kane family? I'm afraid I might pass out at the mere idea.

Julian's glare could increase the world's temperature by a few degrees. "She's not available."

"*She* can speak for herself." I turn toward Alana's fiancé with a small smile. "I might be filming by the time that happens, but even if I am, I'd still love to help your family."

"Dahlia!" Alana rushes over. "I should have guessed you would be working the *buñuelos* booth this year." She pulls me into a hug before grabbing Cami's hand and tugging her away from the booth. "I told you no more sweets until after lunch."

"But Cal said it was okay."

Alana shoots him a look. "Did he now?"

He lifts his hands in the air. "You try saying no to her when she does that thing."

As if on command, the girl pops out her bottom lip and wobbles it, making me laugh.

Alana spares me a halfhearted glare. "Don't encourage her."

"He's right. I wouldn't stand a chance at saying no to that kid."

"When you have a kid, you'll understand."

My smile slips as a cold feeling of dread takes over. "I'm

sure I will," I manage to say despite the invisible rope wrapped around my throat.

Alana's expression quickly morphs into one I recognize all too well. "Is everything okay?"

Julian's head snaps in my direction.

I plaster on the same fake smile I wore while filming the entire last season of my show. "Yup. All good."

My phone vibrates in my back pocket. I pull it out and read the name before facing Julian. "Hey. Do you mind watching the booth for a second?"

Julian's brows scrunch together. "Everything fine?"

That's the third time he's asked me the same question in the last hour, and while my answer hasn't changed, his concern has.

"Hope so. Be right back." I throw him one last wave over my shoulder before taking off down a row of booths.

I don't answer Jamie's call until I'm out of sight and earshot of any festival attendees or volunteers.

"Hey!" Though Jamie and I haven't worked together long, whenever she hits that high pitch, I know something is up.

"Hi."

"So..." she says. "I swear I wouldn't have called you unless I thought this was important."

"Oh? Is everything all right?"

She pauses for the longest three seconds of my life. "No."

"What's wrong?"

"Oliver was caught outside of a club in Vegas by paparazzi

last night."

"Okay." Acid climbs up my throat.

"I think the whole thing was staged."

"What was?"

"I don't know how to say this."

I feel like I swallowed a rock. "What's going on?"

"He eloped."

"I'm sorry. *Who* eloped?"

"Oliver."

I squeeze my eyes shut as I'm hit with a dizzy spell.

"I'm sorry, Dahlia. I wish I didn't have to be the one to break the news to you, but I thought you deserved to hear it from someone in your corner."

My breaths come out in short bursts. The tingling in my left arm has me debating whether I'm going into cardiac arrest or suffering from another panic attack.

Jamie shuffles some papers on the other side of the phone. "According to the article in the *Golden Gate Gazette*, he was reunited with his high school sweetheart during a family trip to the Swiss Alps a couple of weeks ago."

"Olivia Carmichael?" I'm surprised I can manage a single word.

"Yes, but—"

I stop hearing her. It's an impossible task anyway with the way my ears ring.

Oliver's mother wouldn't shut up about how Olivia was the one who got away. With the way the Creswells spoke of the Carmichaels' daughter's perfect pedigree, one would assume the family was breeding horses rather than people.

I bet *she* can give him the perfect kids he and his mother want.

Rage quickly replaces the shock. My emotions rise to the surface, more chaotic and dangerous than a riptide.

Surprisingly, I'm not upset with Oliver.

I'm angry at *myself.*

"Thanks for the update, Jamie," I say despite the tightness in my throat.

"I've already got my people on the phone managing PR. There are many fans rallying behind you on social media."

"That's good."

Her long pause reminds me of a death knell. "But because of everything going on in the media…"

The pounding in my ears can't drown out her next sentence.

"The network is pulling out. They don't want to get involved in all this drama."

"But..." My voice cracks.

"I'm so sorry. I tried my hardest to save the deal, but they thought it was best for you to pursue other options."

"Of course. I totally understand." I try to keep my tone light.

"Give me time to find the perfect home for your show."

"*Right.*"

"I mean it, Dahlia. You're talented, and once the dust settles, people will be begging to work with you."

I appreciate her vote of confidence, but the catastrophizer in me is questioning if anyone in the industry will touch me with a ten-foot mic pole after all this drama.

This is your anxiety talking. I try to reason with myself.

Is it, or am I being realistic after losing the deal because of Oliver?

"I've got to go." I hang up the call and walk away from the festival. Almost all the businesses in town are closed except for one.

Last Call.

Making a choice between crying my eyes out or heading to the bar is a no-brainer, although I'm sure I'll regret my decision later.

You're not supposed to numb your depression with alcohol.

Tomorrow, I plan on confronting my feelings, but today, I need a break. Plus, a few drinks won't send me into a downward spiral.

Or so I hope.

The smell of stale beer makes my nose twitch, but I ignore it as I drop onto a stool across from the bar owner. "Hey, Henry."

"Dahlia? What are you doing here?"

"Getting a drink."

His brows scrunch together. "Are you okay?"

"I will be once you pour me a shot of tequila." I reach for my purse, only to remember I left it back at the booth. "Shit. I forgot my purse."

"I got you." A guy from across the bar lifts his glass of brown liquor in my direction.

I frown. "And who are you?"

"Depends on who is asking."

I look around the empty dive bar.

His lips twitch. "Lorenzo. You?"

"Someone who isn't interested in talking."

Henry snorts as he grabs an empty shot glass and fills it up to the top with tequila. "It's on the house."

"I'll come back and pay you tomorrow."

"I know you're good for it."

I reach for the glass and knock it back. The alcohol blazes a burning trail down my throat, helping with the anger.

My phone vibrates throughout the next hour from incoming texts from Julian.

SECOND BEST

Where did you go?

SECOND BEST

Is everything okay?

SECOND BEST

Stop screwing around and answer me.

His last text makes my entire chest ache.

SECOND BEST

Tell me what's wrong and I'll fix it.

I'm afraid not even Julian, the ultimate fixer, can repair the damage that's been done to my career, self-esteem, and confidence.

But look at all the progress you've made.

Sure, I've improved somewhat thanks to therapy, meds, and taking on a new project with Julian, but the darkness is creeping back in, threatening to destroy all my hard work.

Having one bad day doesn't discount ten good ones.

Then why do I feel like a failure for running away from my fears and drowning my sadness with alcohol?

Maybe because you are *a failure*, the toxic thought strikes out like a venomous cobra.

I hold my glass out for Henry. "Another one, please."

CHAPTER TWENTY-EIGHT
Julian

I pull my mom aside. "Have you seen Dahlia?"

She shakes her head. "Check with Rosa."

"I already did."

It's been two hours since Dahlia took off to answer a phone call. I have tried my best to ignore the churning sensation in my gut, yet it has only grown stronger with time.

I message the family group chat again.

ME

Has anyone seen Dahlia?

LILY

Since the last time you asked five minutes ago? No.

LILY

Try Cisco's tent?

I already did twice, along with all her other favorite local food stands. I'm about to reply, but then my phone buzzes from an unknown number.

"Dahlia?" I ask before the other person has a chance to speak.

"Nope."

It takes me a moment to place the voice. "Vittori."

"Please, call me Lorenzo. Vittori reminds me of my uncle, and he's a real dick." Lorenzo's mocking tone only irritates me more.

"How did you get my number?"

"You're not the only one with connections."

Something that sounds distinctly like Dahlia's laugh has me nearly crushing my phone within my grip. "Is that Dahlia?"

"Yup."

"Put her on the phone."

His deep chuckle lacks any warmth. "I don't think so."

"I'm not asking you."

"Unlike the majority of this town, I'm not on your payroll, so treat me accordingly."

I take a deep breath to stop myself from cursing him out. "Fine. Please put her on the phone."

Something muffles his question, although I can distinctly hear Dahlia rejecting his request.

"She's not available right now."

"Where are you?"

He releases a big, dramatic sigh. "I'll tell you once you promise to end your personal vendetta against me."

My teeth grind together. "Extortion won't make you any

friends."

"Maybe, but it will get me a house."

The soft rattling of ice in the background has my ears perking up.

"Speaking of houses, I'm curious why you need one to begin with..." I let the thought drift like chum in the water.

He scoffs. "Wouldn't you like to know."

I pause to listen for any other clues about his location. "I'm trying to figure out if you're competition or not."

"If I wanted to compete with you, you'd know it."

"So that only leaves one other reason."

"Sounds like you have it all figured out." Ice rattles again at his end of the call.

"You can't run for mayor without actually being a tax-paying citizen, can you?"

Blissful silence greets me.

Who knew Lorenzo was capable of such a thing?

"One more. Please." Dahlia's plea is followed by a rough voice I'd recognize anywhere.

"I'm cutting you off," Henry replies in that serious tone of his.

I hang up the call and head toward the one place I'm kicking myself for not checking.

"Dammit." Dahlia's plastic cup clatters to the floor while Lorenzo lands his perfectly on the first flip. The speakers blare a female singer's voice, making my ears ache.

"What the hell is going on here?" The door slams shut

behind me.

"Julian?" Dahlia turns on her heels so fast that she loses her balance.

Lorenzo reaches out to stabilize her.

"Get your fucking hands off her." I practically snarl the words.

He lets her go. "Would you have preferred for me to let her fall?"

"I would have preferred for you not to take advantage of a woman. Period."

Henry knocks his hand against the counter. "Hey. I was here the whole time watching them. Lorenzo did nothing but keep Dahlia company."

Lorenzo places a hand over his heart. "Henry? Are you defending me right now?"

He looks away with an eyeroll.

"I'm touched. Truly." Lorenzo taps his fist against his chest.

My patience snaps. "Someone tell me what's going on."

"Nope." Dahlia returns to flipping her cup and failing miserably.

Lorenzo must possess at least a quarter of a brain because he doesn't return to his part of the game.

"What's wrong? Keep going." She points at his cup.

"I think it's time you go home."

"You suck."

"Hey."

She pouts. "I thought we were friends."

"You're not," I answer for him.

Lorenzo scowls at me. "That's not for you to determine."

"Yeah." Dahlia crosses her good arm against her chest.

"You're drunk," I add.

"I'm barely tipsy." She taps her nose and spins in a circle like that means anything.

"Either way, it's a bit early to be drinking, don't you think?"

"You sound like Lorenzo."

"Over my dead body."

Lorenzo covers his smile with a fist.

Cabrón.

I situate myself between him and Dahlia as I pass their cups to Henry. "Get rid of these. And him while you're at it."

Lorenzo's gaze flickers from Dahlia to me. "I'm the one who called you, asshole."

"What? Why?" Dahlia whines.

Nice to know she feels so strongly against being around me at the moment.

She's obviously struggling, so don't take it personally.

Lorenzo frowns. "Henry recommended it."

Henry holds his hands in the air at the sight of Dahlia's glare.

"Henry?" She frowns. "How could you? You know he's the enemy."

Back to square one. Fantastic.

"Why's that?" Lorenzo leans against the bar.

"Because if he hadn't pushed me away all those years ago, I would have never fallen for Oliver's shit."

Coño.

Henry and Lorenzo's eyes bulge as they swing from her to me.

I clear my throat. "We need a minute. *Alone.*"

"Take all the time you need, kid." Henry hauls Lorenzo out of the bar after flipping the sign from *Open* to *Closed*.

"Hey." I turn her around, but Dahlia doesn't look up from her feet.

I tuck my hand under her chin and lift. Someone could drown in her watery eyes, and I already know that someone will be me. "What's wrong?"

A single tear slips down her cheek. "Everything."

I'm quick to wipe it away, only to watch another follow a similar path.

"Dahlia." My voice cracks, along with something in my chest.

"I don't want to cry in front of you." She wipes at her cheeks with a frustrated growl.

"It's okay."

"No, it's not." She shoves me away when I reach for her. "Anyone but you."

I keep my face blank despite the slice of pain tearing through my body. "I want to help you, *cariño*."

She unleashes the most heart-wrenching sob. I act on instinct and impaired judgment as I tug her against me and wrap my arms around her, right before her legs give out.

Having a front-row seat to Dahlia's breakdown nearly drives me insane with an urge to pummel something, although no one would be able to tell with the soothing way I caress her back.

Neither of us says anything, but I don't need her to.

Cariño: Sweetheart.

Whatever it is, I'll fix it.

Whoever hurt her, I'll ruin them.

And whenever she needs someone to lean on, I will be there.

The final thought rocks me to my foundation. Somehow, I went from fearing how Dahlia could hurt *me* to wanting to stop anything and anyone from hurting *her.*

I've always cared about her well-being, that much became painfully obvious after how I reacted when she broke her arm, but there is an undercurrent of something *more.*

I know I will never be good enough for her, but if I can help her heal and protect her from any more assholes, then I've served my purpose.

It takes her ten minutes to calm down and for her tears to relent.

She snuggles deeper into me. "Can you play some music?"

I pull out my phone and search for a playlist before placing it on the bar. The soft strumming of a guitar paired with the melodic voice of her favorite artist fills the air.

At one point, we both begin swaying to the music, our bodies in perfect harmony except for a mishap when I step on her foot. She looks up at me with a small smile that acts like a release valve for the pressure building in my chest.

I cup her face. "I hate to see you cry."

Her eyes focus on something over my shoulder, but I draw them back with a caress of my thumb across her cheek.

"Tell me what happened."

Her chest rises and falls from her shallow breathing. "Oliver got married."

"Come again?" Of all the things I expected her to say, that

didn't even make it into the top thousand.

"He had an impromptu ceremony in Vegas."

"Who's the unlucky bride?"

She half laughs, half sobs. "His high school girlfriend, Olivia."

"Should I send a sympathy card on our behalf?"

"Do they make one that says, 'I'm sorry you married him for an inheritance he will always value more than you'?"

My mouth falls open.

Her gaze drops to the floor. "There was a reason he broke up with me."

"I thought we already established that he is an idiot."

"Yes, but that's not the reason he broke things off. At least, not the only one."

"Then why?"

"Because his inheritance is contingent on getting married."

"And?" I press.

"When I found out I couldn't have kids with him, he didn't want to get married anymore."

"Why not?"

Her eyes may be dry, but the look in them haunts me. "We're not compatible."

"What the hell does that mean?"

"The prenup required me to take a genetic screening test with him. I thought it was a normal request—"

"That should be a choice, not a contingency for marriage." I seethe.

"I realize that now." She lets out a heavy sigh.

"Why?"

"Because I wish I hadn't found out what I did. I know it makes me sound so damn selfish and awful—"

"You're not." My hold on her tightens.

"You don't know enough to make that call."

"I know *you*, which is all that matters."

Her eyes swim with unshed tears.

"What did you find out?" I push.

"I shouldn't have a child with Oliver—or anyone else, for that matter."

"Because of some genetic test?"

Her face twists in agony as she nods. "I'm not…compatible… with anybody. I carry recessive genes that shouldn't be passed down unless I want my child to suffer."

Fuck.

CHAPTER TWENTY-NINE

I'm not sure how long Julian holds me while I process everything, but I'm grateful for his company.

Slowly, the grief I felt before fades until I'm left with something I didn't expect.

Relief.

It feels good to talk to someone about everything, even if that someone is Julian. And maybe—just maybe—it was meant to be that way.

He isn't overly emotional and anxious like my mother, who would probably break down crying with me, and he isn't like Lily, who would go into graphic detail about the ways she plans on murdering Oliver. Neither one of them would truly understand me and what I need.

I don't want crying or revenge. I want *this*.

At some point, Julian carries me to one of the booths in the back of the bar. After spending the last twenty minutes using his shirt as a tissue and his chest as my personal punching bag over the subject, I'm emotionally and physically spent.

Julian brushes my hair out of my face. "Aren't those tests a bunch of probabilities? There's no way they can be one hundred percent accurate."

"Yes, but the risk...I can't consciously bring a child into this world who might spend most of their short life in agony." My voice sounds so small and uncertain.

"I understand."

We stay quiet for a few minutes until Julian breaks the silence.

"Oliver and his family are obviously still stuck in the 1700s, but you know there are plenty of ways to have a child."

My shoulders slump. "I know."

Oliver said the same thing countless times, but his story eventually changed once the terms of his inheritance became clear. He stopped making an effort while gaslighting me into believing I was the problem.

Everything about our relationship imploded, along with my mental health.

"Then, what's the matter?" Julian asks.

I twist one of my rings. "He made me feel..."

He crushes my body against his. "What?"

"Defective." I choke up.

"Did he say that specifically?" The way Julian's voice quickly shifts into something dark and menacing has the hair on my arms rising.

I don't answer—not out of fear for Oliver's safety but

because I don't want Julian's pity.

"I'm going to kill him." Julian's expression sends a shiver down my back.

"When did we go from wanting to murder each other to wanting to murder *for* one another?" I tease in a desperate attempt to change the subject.

"Since I found out how much he hurt you."

I bat my tear-soaked lashes. "That might be the sweetest thing you've said to me."

"Don't get used to it."

"I wouldn't dare."

"He never deserved you."

My next confession rushes out of me. "I'm not torn up about him or his marriage."

"No?"

"No. It might not seem like it, but I'm *relieved.* I know all of this is for the best, although I wish my breakup and life weren't so publicized."

"Then, why are you crying?"

"For myself, mainly. And for the show I was promised."

"What happened?"

"The network pulled out of the contract this afternoon after the news broke."

His jaw ticks. "If a network doesn't stand by you for something like this, you're better off without them."

I sniffle. "What if another opportunity doesn't come around?"

"It will."

"You sound awfully confident about that."

His eyes narrow. "I'm surprised you're not."

My gaze drops.

He lifts my chin. "You can tell me anything. I won't hold it against you or think any less of you."

My shoulders slump. "I let Oliver redefine my self-worth. I doubted everything that made me feel like *me* because I thought that was part of growing up. That love was about compromise."

"If you have to change yourself to fit someone's ideal version of you, then that's not love."

I stare down at my clasped hands. "I realize that now."

"What took you so long?"

"Honestly? I forgot who I was before. But then coming back here by myself…it's given me time to think."

We share a knowing look before Julian motions for me to exit the booth.

"What?" I stand on shaky legs.

"How do you feel about getting out of here?"

"And going where?"

"To do something fun."

I don't realize where Julian is taking us until I see the lit-up Ferris wheel slowing to a stop as Harvest Festival attendees hop on and off.

"No way." I dig my boots into the ground.

"Why not?"

"I'm embarrassed."

His head tilts. "About what?"

"All the stories being posted about me."

"People around here barely read the news, let alone gossip columns."

"But I look like a hot mess." I point at my swollen face.

He closes the gap between us and gently brushes his thumb beneath my right eye, wiping away a spot of mascara I must have missed during my visit to the bar's bathroom. "You look beautiful."

My head spins faster than the teacups in the distance. "You're only saying that so I go along with your plan."

"If I wanted you to go along with my plan, I would have told you about the competition I have planned."

My ears perk up. "Did you say competition?"

His laugh acts like a shock to the system. "Told you."

"What do you have in mind?"

"I'd rather show you." Julian places his hand on the small of my back and pushes me in the direction of the entrance to the festival. I try to shake him off a few times and remind him of our established rules, but he chooses to ignore me while leading me toward the food area.

"Please tell me you're not suggesting a food-eating competition."

"No, but we should get you fed and hydrated."

"I only had two shots of tequila before Henry cut me off."

He shoots me a look.

"Okay. Three. But that's it. I swear. See." I walk backward in a straight line while reciting the Pledge of Allegiance.

Julian rolls his eyes as he steers me toward the barbecue tent. He stacks our plates to the top with enough food to feed a small family. I can barely eat half of it, although I do guzzle three cups of water to appease him.

My experience with casual relationships might be scarce, but I'm smart enough to know him comforting me like this isn't standard protocol. Neither is me accepting it without putting up my walls.

I didn't realize how much I needed to be taken care of until Julian showed me what I was missing, and I'm not sure how to process that information.

Luckily, Julian doesn't let me get lost in my thoughts as he pulls me away from the food tent. With my stomach full and my head no longer feeling fuzzy from crying and tequila, he leads us toward the opposite side of the festival.

A ringing bell in the distance catches my attention. "Carnival games?"

He stops near a tent and turns to me. "I can't think of a better way to have a friendly competition."

"Is there such a thing as far as we are concerned?"

"I suppose not."

"What are you thinking?" I ask.

"Whoever wins the most games is crowned the victor."

"And what do we get if we win?"

He scratches his cheek. "I don't plan on letting you win, so I doubt it'll be much of an issue for you."

I scoff. "Game on."

Julian and I pick the tent closest to us, which happens to be one of my old favorites, the ring toss. He swaps a few singles for two sets of rings.

"Good luck." He passes me the rings.

I roll my eyes and toss my first ring. It hits the side of the glass bottle before falling to the ground.

He goes next and tosses his ring in a way that comes off well-practiced with how it slides down the neck of the bottle perfectly.

My mouth drops open. "How did you get that on the first try?"

"Nico loves this game."

My eyes narrow. "How many of these games have you played?"

"All of them."

"You're a cheat." I shove his shoulder.

"Don't be a sore loser."

"I haven't lost *yet*."

"Emphasis on *yet*."

I throw my next ring with a little more force this time. Unlike the last one, it hits the rim of the glass, although it never makes it around the bottle.

Closer.

Julian tosses his next two back-to-back, landing both of them like a show-off.

I turn to face him with a frown. "What do you want if you win?"

"*When* I win, I'll let you know."

Asshole.

Julian and I bounce between tents. Thankfully, he picks games that only require one good arm, although my relief is short-lived as he kicks my butt at the ring toss, the dunk tank, a milk-bottle knockdown game, and a shooting hoops game.

Much to his surprise, I win a game of Skee-Ball, balloon darts, shooting targets, and a match of cornhole.

After drinking some apple cider and snacking on a couple of Coney dogs, we arrive at the final competition with an even score.

"Feeling nervous?" I ask.

"Nope."

"You're mighty confident."

"Because I already know I won." He guides me toward the last game.

Someone slams the mallet against the plate, and the bell at the top of the high striker game rings like a death knell. This game was Julian's favorite, so I usually passed on playing it solely because I knew I could never hit the bell like he did.

"I'm down one arm."

"Is your good one acting up? It wasn't an issue for the other eight games."

My eye twitches.

"Do you want to go first?" He offers me the mallet.

"Take it away." I motion toward the base. Despite knowing I lost, I plan on being a good sport about it and at least trying my hand.

He modifies his grip before slamming the mallet down

against the metal base. To no one's shock, the metal piece shoots up toward the top and smashes into the bell.

"Winner." The game attendee offers Julian a choice from the wall of plastic toys and stuffed animals.

"*Qué lástima*," I say. "It seems like they're out of blow-up dolls for you."

He flips me off, making a parent gasp as they walk by.

"Sorry, ma'am." He looks away with pink-tipped ears.

"*Ma'am*," I mimic in that rough, hushed voice of his.

"Shut up and lose already." He passes me the mallet.

I step up toward the base while adjusting my grip to match Julian's hold on the mallet. With a deep breath, I swing my arm up before slamming the mallet against the base. The metal piece climbs to the center of the strip, never reaching the bell like Julian did.

"If only I could use both arms." I glare at the bell.

"That doesn't matter."

My eyes roll. "Yeah, right."

"It's more about science than strength."

"*Sure*."

"Nico can do it, and he doesn't have half your power—even with a broken arm." He passes the carnival worker a ten-dollar bill. "Let me show you."

"Here." I pass him the mallet, only for him to shake his head.

"It's easier if I demonstrate with you." He steps behind me

Qué lástima: What a pity.

and places his hands over mine.

"You want an excuse to touch me." I speak low enough for only him to hear.

His lips press against my ear as he whispers, "Only because you won't let me otherwise." He fixes our hands while ignoring the slight tremble in mine.

"If we smash the plate with all our might"—he swings back with me and whacks the mallet against the base, making the metal piece slide a little higher than mine—"we still won't hit it."

"Why?"

"Because you have to hit it just right."

"All right, Goldilocks. Prove it."

He repeats the same motion, although this time the mallet hits the center. The metal piece skyrockets to the top and slams into the bell, making it ring.

"See?"

I stick out my tongue. "Show-off."

He lets go of my hands with a laugh. "Try again and aim for the center."

I repeat the motion like he taught me. The metal piece climbs higher than before, but it doesn't hit the bell.

He passes the worker another ten-dollar bill. "Keep going."

My eyes slide toward the line building behind us. "There are other people who want to try."

"They can wait."

I try once more, aiming for the same spot Julian showed me. Although I don't hit the bell, I'm getting closer.

"Again." He taps the center of the base. "Right here. Focus

more on hitting the target than how hard you hit it."

"All right." I follow Julian's exact instructions to a T, hitting the spot he showed me at the perfect angle with the right amount of strength.

The ring of the bell has me throwing myself into his arms with a huge smile. "I did it!"

He wraps his arms around me, giving me a squeeze, and lifts me up. "You did."

"I don't care that I lost the competition."

"No?"

"Nope! Because that was awesome. I've never been able to win that one before."

"I know." His eyes shine brighter than the flashing light above us.

A few people around us laugh and clap, reminding me of our audience.

"You can let me down now."

He follows my request, turning it into a whole ordeal as my body slides down his.

My cheeks burn by the time I land on my feet.

"You put up a good fight." He hands me the stuffed unicorn he picked out.

"Save me from the fake display of sportsmanship and get on with your gloating."

"Fine. It felt good kicking your ass again."

"There's the cocky Julian I know and despise." I grin.

Before I have a chance to stop him, he steals a quick kiss. It's nothing more than a soft brush of his lips over mine, but it makes my head spin and my heart race like I ran a marathon.

"Sorry." He pulls away and scans the group of random festival attendees waiting for their turn at the game.

"Just...You...We have rules for a reason."

His gaze drops to my lips. "I know. It won't happen again."

Except the strange look on his face doesn't fill me with confidence.

Julian places his hand on the small of my back and steers me toward the other side of the fairgrounds, keeping his touch to a minimum as we navigate the large swarms of people.

"So now that you've officially won, what do you want?" I ask as we near the entrance.

"You'll find out when the time is right."

"Julian!" I grab at his arm, but he steps out of reach before I have a chance to latch on. "Where are you going?"

"Far away before I give in to temptation and kiss you again."

I'm beginning to hate my rule about no touching in public, especially when I'm hit with a sudden feeling of emptiness as he disappears into the crowd.

I was so distracted by his words that I forgot to get an answer from him.

Damn.

CHAPTER THIRTY

While Julian's carnival competition kept my mind occupied last night, I wake up on Sunday at four a.m. with a heavy weight pressing against my chest. I battle between wanting to get out of bed and wishing I could disappear into the dark pit of despair threatening to swallow me whole.

That's the depression talking, I remind myself.

I'll be damned if I let myself sink into deep sadness today, no matter how tempted I am. So instead, I reluctantly slide out of bed, throw on some workout clothes, and head out for a run like my therapist suggested once.

Good for you for getting out of bed, I chant to myself as my sneakers smack against the pavement.

No one but you defines your life's purpose. I wipe my sweaty forehead.

There are plenty of ways to have a child. Julian's words from yesterday ring true, erasing the last bit of self-doubt.

By the time I return home an hour later, I'm feeling loads lighter after challenging every single one of my negative thoughts.

And now that my mind feels clearer, I'm able to take on the second day of the Harvest Festival.

But first...

I pull out my phone and get to work, planning something much more worthy of my time and energy.

After Julian tricked me into losing yesterday's carnival games, I have one goal in mind. Thankfully, Lily, Josefina, and my mom are all on board for my prank since I'm down one arm and need all the help I can get.

"He's never going to forgive me." Josefina unlocks the front door to his office building.

Mom's face pales. "Will he be mad?"

"Mom. Relax." Lily grabs her shoulders and gives them a squeeze. "You're so tense all the time."

She does a quick prayer under her breath before passing over the threshold with bags filled with Christmas decorations.

My prank is silly and unexpected, which will only make the whole thing that much better when Julian enters his office tomorrow morning.

"Do I need to ask?" Lily pulls out a nutcracker smoking a joint.

Josefina and I break out into a fit of laughter while my mom covers her eyes.

"*Ay, Dios. ¿Dónde está la natividad?*" My mom searches through the plastic bags of stuff I bought.

I cringe. "I forgot to grab one."

"No, no, no. That's unacceptable. I think I have a spare one from the flower shop." Mom rushes out the front door and toward the store.

Josefina steps outside and returns with the fake Christmas tree. "Where do you want to put this?"

"I'm thinking Julian's office."

She steers me in that direction. "He'd absolutely love that."

"Wait until you see the ornaments I bought. They're truly one of a kind."

Her cackle bounces off the tall ceilings, making Lily and me burst into laughter too. Mom shows up with a nativity scene and sets it up on a coffee table in the waiting room while Lily gift-wraps Sam's desk.

Josefina and I enter Julian's office and get to work assembling the Christmas tree in the corner opposite his desk.

"What gave you this idea?" She plugs in the cord in a socket, and the bulbs covering the tree flicker to life. The twinkling lights reflect off every shiny surface, nearly blinding us with their sheer intensity.

"Well, it all started with finding the Christmas tree at the art store in Detroit, and the plan kind of spiraled from there."

Ay, Dios. ¿Dónde está la natividad?: Oh, God. Where is the nativity?

"Does Julian know?"

"Vaguely."

She laughs while shaking her head. "You two and your pranks."

"Do you think he'll hate it?"

"Maybe for a moment. He hasn't decorated his house for Christmas, let alone his office."

I gasp. "Like ever?"

She nods.

"That's blasphemous."

"I know. I bought him a fake tree because of his allergies, but it's still in the garage gathering dust."

"Why?"

"I haven't wanted to ask. But I know this"—she motions at the pile of ornaments waiting to be hung—"will be good for him."

"How so?"

"Because this is what life is all about."

My brows tug together. "Decorating?"

"*Living* rather than going through the motions."

Her comment hits far too close to home, so I thrust myself into the task of hanging the first ornament.

Ho for the Holidays.

Josefina breaks out into laughter at the cartoon image of Santa wrapped around a candy cane stripper pole.

"I love it."

"My mom would have a heart attack."

"Should we bring her in to watch her gasp and clutch at her cross?"

I laugh. "Tempting, but we're on a time crunch."

Josefina grabs one of an elf smoking out of a candy cane bong. "Classy."

"Wait until you see the other ones I got."

The twinkle in her eyes has little to do with the lights of the Christmas tree reflecting off them. "I'm so happy you're back."

Her sentence has two meanings, one of which has my throat getting all scratchy. If anyone understands the ups and downs that come with depression, it's her.

"I'm happy I'm back too."

She wraps her arms around me. "I've missed you."

My sniffle could be misconstrued as an allergy to the Christmas-scented candle I lit, but I know the truth. I lost myself over the years and became a fraction of who I was meant to be, all because I thought that was a part of growing up.

I don't plan on making that mistake again.

According to a late-night Sunday text from Sam, Julian wakes up at five a.m. and works out at his home gym before stopping by the Angry Rooster Café for a cup of iced coffee. Sam, who was sworn to secrecy about the surprise, promised me that the best place to intercept Julian would be at the coffee shop.

So I begrudgingly wake up at the crack of dawn, get dressed, and head over to the coffee shop before he gets there.

"Hey." I wave from my spot at the back of the empty café.

"Dahlia?" Julian stares at me with a pinched expression.

"Morning."

"What are you doing up this early?"

I take a long sip of my iced coffee. "I've decided to take a stab at being a morning person."

"And how's that going for you?"

"Ask me again after my next cup of coffee in ten minutes."

"How many have you had?"

"Not enough to make me want to talk to you at six a.m."

He heads over to the register and places an order for two iced coffees the way I taught him while I drain the rest of mine and dump the empty cup in the nearby trash bin.

He returns with our two drinks. "Here. Can't risk you starting off the morning with only one cup."

I could blame my escalating heart rate on the steady stream of espresso pumping through my veins, but then I'd be lying.

"Thanks," I manage despite the tightness in my throat.

The gesture is as sweet as the drink I take a sip of. While I chalked up his taking care of me the other night to being nice, this feels like so much more.

Go with the flow, Dahlia.

Easier said than done. I've never been that kind of person, thanks to my anxiety and chronic overthinking, so I'm not exactly one to roll with the punches and throw caution to the wind.

If I'm going to crash and burn, Julian isn't my first choice for an eyewitness, but at least he knows me well enough to expect the worst.

Nice job finding the silver lining.

I have an extra bounce in my step as I follow Julian out

of the coffee shop. Main Street is dead, with a majority of the shops remaining closed for the post-Harvest Festival blues, also known as cleanup day.

By the time we make it halfway to Julian's office, I'm trembling from the slight chill in the air and the iced coffee in my hand.

"You good?" He peeks over at me.

"Yup. Just cold." I struggle with a button on the front of my pink tweed jacket.

His suggestive gaze explores my body. "Where's your coat?"

"It clashed with my outfit."

Julian catches me off guard as he places his iced coffee on a nearby bench and sheds his coat. He grabs my cup and does the same before helping my right arm into the sleeve of his jacket.

Two sweet gestures in a span of ten minutes? If this is the kind of treatment I get after a make-out session, I can't imagine what will happen once I finally suck his cock.

"Do you plan on sticking around for winter now that the TV deal fell through?" Julian's loaded question seems to kill two birds with one stone as he fixes the jacket to cover my broken arm.

I nudge him with my hip. "Why? Are you trying to get rid of me already?"

"I haven't gotten started with you yet." His tongue darts out to trace his bottom lip.

My body floods with warmth, banishing the chill.

Who needs a winter coat when a few sentences from Julian have my temperature spiking like I'm running a fever?

When we stop outside his office building, he doesn't make a comment about the blinds being closed as he pulls out a set of keys from his pocket and incorrectly interprets the reason for my trembling fingers, swapping my iced coffee for his key.

"Open the door."

Despite my shakiness, I unlock the door on the second try. I step inside and flip the switch as Julian crosses over the entryway.

The Christmas lights reflect off his dark eyes and face, basking him in a warm glow as he takes in the lobby. "Holy shit."

Out of all the pranks we have pulled on each other over the years, this might be my absolute favorite, and that's saying something since I managed to temporarily dye his skin blue during high school.

"When did you do all this?" He walks up to Sam's gift-wrapped desk.

"Lily and our moms helped yesterday morning before the festival."

"My mom was in on this?"

"How else would we have gotten a key after you banned Sam from lending me his?"

He tries so hard to frown, but it's a losing battle against the smile slowly stretching across his face as he takes in the array of decorations mounting the walls, furniture, and fireplace behind Sam's desk.

"Do you hate it?" I ask.

"With every fiber of my being."

"Will you tear it down?"

"Come January first."

I laugh. "Wait until you see your office."

He ditches both our coffee cups on Sam's desk before taking off down the hall toward his private office suite. I have to run to keep up with his long strides, but luckily, I make it in time to see his face as the door swings open.

His eyes widen. "Damn."

Julian's office looks like the bargain bin section of a holiday store, with the obscene nutcrackers lining the shelves behind his desk and the eight-foot inflatable lawn decoration of Santa riding a dinosaur.

A nice touch, if I do say so myself.

He quickly turns his attention toward the tree standing in the corner beside the window facing the road.

He shakes his head hard enough to ruffle his perfectly styled hair. "This is the tackiest setup I've ever seen."

"I know."

"It could be your best prank yet, but I have to check my list."

His admission makes my cheeks warm. "You think so?"

He smiles at me, and I lose all train of thought.

"Not better than the time I snuck your car onto that floating dock and anchored it to the middle of the lake, but close enough."

I grin at the memory. "You haven't seen the ornaments I picked out yet."

Julian motions me toward the tree, and I spend the next five minutes showing off all the ornaments I chose, earning a couple of deep chuckles from the formidable man beside me.

He carefully places them back on the branch. "I can't believe my mother was in on this."

My laugh steals his attention from the tree. "In on it? She was practically running the whole operation once I told her about my idea."

"Did you have fun?"

"Tons."

"Good." He steps toward me.

"What are you doing?" I take a step back.

"You had your fun, so now it's my turn."

"Julian…"

He wraps his hand around the back of my neck and slams his lips against mine, killing my protest with a single kiss.

CHAPTER THIRTY-ONE

Julian

I wanted to kiss Dahlia since I saw her sitting by herself, sipping on a cup of coffee while scrolling through her phone, doing God knows what at six a.m.

Dahlia isn't a morning person, which should have been my first clue that something was wrong.

Her prank was great—master level even—but I can barely appreciate it when all I can think about is kissing her stupid.

So I do just that.

At first, she is surprised, but it only takes her a few seconds to match my tempo. Her nails dig into my skin from her tight grip around my neck, and I pay back the bite of pain by sliding my hands through her hair and tugging at the roots until she gasps.

Kissing Dahlia feels like a battle of teeth and tongues as I fight the temptation to hike up her skirt and fuck her against my newly decorated desk.

You need to take things slow, I tell myself while dragging my tongue across hers.

You're supposed to wait until her arm is cleared. I groan as she slides a hand over the material covering my cock.

Stop before you can't anymore. I rip my mouth away from hers, earning the sweetest frustrated sigh.

Only a few more seconds, I promise as I tug on her hair and expose her neck.

She teases my cock, brushing the tips of her fingers across it while I kiss, nip, and suck on the column of her throat.

She latches on to my hair and yanks hard enough to have my head snap.

"Hey." I rub at the sore spot.

"My mom would freak out if she saw a hickey."

"Perfect time of year for a scarf." I lean in, only for her to hold me back with a single finger to the middle of my forehead. "Who knew you were so desperate to mark me?"

"Your neck might be off the table, but your ass is still fair game."

Her eyes widen.

I brush my index finger across the red blotchy skin of her neck. "Would you like that?"

"Not sure, but I'm up for finding out."

"I'll hold you to that *after* you get your cast off."

"Fine." Her deep sigh of resignation can probably be heard a mile away. "I better get to work anyway. I'm on a tight deadline for my décor launch, and I don't want to miss it."

"See you at the Founder's house later?" I ask before she

disappears out the door.

"Why?"

"I want to check on a few things and make sure we're still on schedule."

"Still itching to get me out of here?" Her eyes glimmer.

"You knew about that?"

"There was only one reasonable explanation for why you wanted to get the project finished in half the time."

"Perhaps I should slow things down, then." Now that I admittedly want to spend time with Dahlia, there is no reason to rush things.

What happened to keeping things casual? The small, paranoid voice in my head asks.

"Why—" Her question is cut off by the rattling of keys. "I need to see Sam's reaction! Bye!" She darts around the corner, leaving me alone with the silliest smile on my face.

I'm not sure if Ryder hired another male carpenter to spite me, but he's lucky I need him, or else I'd fire him.

Hell, I'm tempted to do so to prove a point.

The attractive carpenter leans into Dahlia's side under the guise of getting a better peek at her drawing.

My blood pressure spikes. "You there. With the goatee." I keep my voice neutral, although my stiff posture seems to draw Dahlia's attention.

The carpenter beside her looks up. "Me?"

"Well, I'm certainly not talking about Ms. Muñoz."

"Of course not, Mr. Lopez."

"What's your name?"

"Patrick."

"Congratulations, Patrick. You've been promoted."

His brows jump. "What?"

"Go find Ryder outside and tell him I want you working on the Lake Aurora project."

"Really?"

"Yup." I wave him away.

Patrick takes off running for the door, leaving Dahlia and me behind.

Dahlia's brows furrow. "Is everything okay?"

"It is now."

Her eyes light up. "What did Patrick do to earn a promotion after only a day of working here?"

"I needed his skills elsewhere."

"And what about the house?"

"I'm going to take over Patrick's job."

Dahlia blinks a few times. "You can't be serious."

Deadly so.

Jealousy might be one hell of a motivator, but it doesn't change the facts. I'm tired of avoiding what I love because of the pain associated with it. Just like I'm tired of pretending I would rather be in meetings when I would prefer to be out here, getting my hands dirty with every project Dahlia throws my way.

My plan to work on the Founder's house goes beyond jealousy or my need to impress Dahlia.

It has everything to do with *me.*

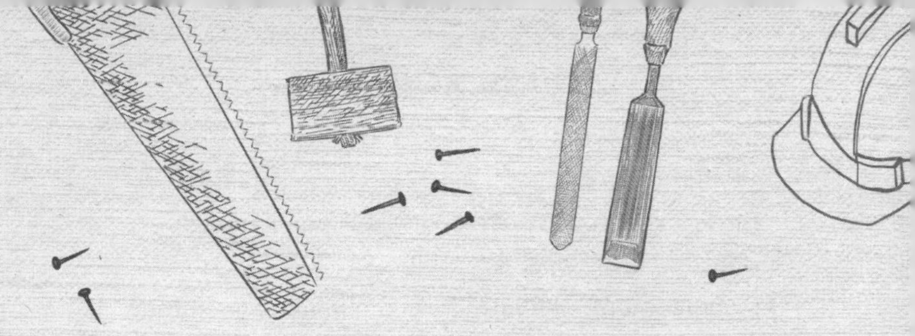

CHAPTER THIRTY-TWO

Julian

"I knew it was only a matter of time before Dahlia and you began pulling pranks again." Rafa checks out the tree beside my office door.

"What do you think?"

He glances around the suite. "The whole place is an eyesore."

"Most definitely."

"Do you plan on taking it all down anytime soon?"

"Probably after New Year's." My lips curl.

His brows rise. "You want to keep the decorations up for another six weeks? Why?"

"They've grown on me."

"Oh no," he mutters up to the ceiling.

"What?"

"You're falling for her. *Again*."

"So what if I am?"

"The fact that you're not denying it is proof enough."

I sigh.

He follows with one of his own. "Should I go ahead and warn the rest of town?"

"We won't involve civilians this time."

He glares.

"Or animals," I add.

His lips press into a thin line.

"And I made sure no one will get hurt." *Especially Dahlia.* God forbid she has some crazy reaction and breaks her other arm in the process.

Rafa cocks his head. "What do you have planned?"

"Depends on whether you're willing to help me or not."

He shakes his head. "Hell no. You can both keep me out of whatever is going on."

"You haven't heard me out."

"Anything that makes you smile like *that* is a bad idea."

I wipe the stupid grin off my face. "But I'm going to need your help if I plan on pulling this one off."

"Helping you start another prank war is a recipe for jail time." His arms cross against his chest.

"That only happened one time."

"Do you know that I'm still not allowed to park within a hundred feet of a fire hydrant?"

I laugh. "Must make parking in town a total pain in the ass."

"Which is exactly why I am steering clear of you two."

I clasp his shoulder and give it a squeeze. "Come on. It'll

be like old times."

He grunts something unintelligible. Pranking Dahlia again wouldn't only be good for her but also for Rafa, who could use a little fun in his life.

"I can't do this one without you, man."

He glimpses at the ceiling decorated with flickering icicle lights. "Don't you pay Sam to help you?"

"His loyalties are split."

Rafa rubs at his stubble. "Fair enough."

"Does that mean you'll help me?"

"I don't remember you being this pathetic when we were younger."

"Only because you were willing to *prank first, ask questions later.*"

His eyes narrow. "What do you have in mind?"

"Something that will have her sleeping with a light on for the next four to six months."

"I do enjoy scaring people."

"Doubt you have to try too hard lately with your attitude problem."

"Fuck off." He shoves me aside before taking the empty seat across from my desk.

I drop into the rolling chair on the other side. "I never thought I'd see the day you came to your senses."

"Only because you've never been able to pull one of these off without me."

I better enjoy Rafa's playfulness while it lasts and make this prank worthy of his efforts.

With a quick pass over my keyboard, I unlock my computer

screen and turn it toward him. "So, here's the plan..."

After spending the last few days rescheduling my meetings and finalizing my new schedule with Sam, I can finally start working part-time at the Founder's house.

The makeshift tent in the backyard is set up with all the tools I need for a project of this magnitude, which makes the process of returning to carpentry easier. I'm not sure I would have been able to follow through with the task if I had to work in my father's old woodshop.

One step at a time.

I fight the ache in my bones as I cover my eyes, nose, and mouth with protective gear. The smell of fresh wood chips and the sound of my tool scraping across the wooden post fill the air as I start working on the first baluster.

It takes me longer than it should, with me being out of practice, but the skills I acquired over the years come back to me.

Remember why you're doing this in the first place, I chide myself when I get frustrated at making a mistake. I toss the wooden post into a pile and grab a fresh one.

This is for you, I tell myself as I start all over again.

It takes me two more tries to perfect the design. "One down, a few hundred more to go." I blow on the post and twirl it in a circle, cataloging every single detail.

My good mood is quickly destroyed when my phone buzzes with new text messages from Sam.

SAM

Issues with Lake Aurora project. Call Mario ASAP.

SAM

Also, design team wants to meet about the townhouses tomorrow. Something came up that they need to run by you.

SAM

Flooring for the cul-de-sac is delayed. Should get here in a few weeks.

Balancing my office schedule with the carpentry tasks Dahlia planned is going to be difficult. I haven't been at the Founder's house for more than an hour and Sam is already blowing up my phone.

I rip my protective mask off, place my phone on the worktable, and grab a hammer.

So freaking tempting.

"Whoa. Put down the weapon and step away from the phone." The tent flaps slap shut behind Dahlia.

I drop the hammer on the table. "It's not what it looks like."

"So you weren't about to destroy your phone?"

I glance at her left arm. "You finally got your cast removed."

"Smooth change of subject."

I stay quiet.

She reaches for one of the wooden posts and assesses it from every angle. "This is…beautiful."

"You think so?" I stumble over the words, sounding

pathetic to my own ears.

"Your dad would be so incredibly proud of you."

I choke on the ball of emotion building in my throat. "It's nowhere near perfect."

"You're right. It's far above."

A surge of pride floods my system as she places the post back on the table.

My phone buzzes again, and my head drops back with a sigh.

"So, what's going on?" She drags a stool out from underneath the worktable and takes a seat.

My eye twitches. "Having a few issues with scheduling."

"Anything I can help you with?"

"Not really."

Her gaze narrows. "Are you saying that because you don't want to ask for help?"

"I'm saying that because no one can do what I do."

"And what's that?"

"Meet with teams, realtors, and committees each week. Discuss plans and permits and all that boring stuff."

"No offense, but that's not exactly rocket science or anything."

I tuck my hands into the front pockets of my jeans. "No, but it *is* time-consuming."

"Have you considered hiring someone to split your responsibilities?"

So many times I've lost count. "Yes."

"And?"

"I haven't found the right person for the job."

"Have you searched hard enough?"

I go completely still.

She glances up from the wood piece she was focused on. "You have a good team. I'm sure one of them would be more than happy to help take the load off."

"I know." I'm lucky to have people I can trust working for me, and I pay them accordingly, but that doesn't mean any of them are ready for the responsibilities my job entails.

I place the baluster on top of the table and grab another unfinished piece of wood.

Dahlia leans against the worktable. "You know, if you needed a little break, I'd be happy to help you with some of the meetings."

"You would?"

Her shoulders hike. "Sure. I've worked with plenty of design teams and general contractors throughout the years."

"I don't know..."

"Think about it. While the Founder's house has been a welcome creative challenge, I'm used to juggling eight different houses and a hectic filming schedule."

"Don't tell me you're bored."

"Well, that and underutilized." She grabs a two-by-two from my pile and fidgets with it. "Your design style isn't my favorite, but I can put my personal views aside if it means having your full and undivided attention with the Founder's house."

"I'd much rather have your full and undivided attention on other pressing matters." My devious smile makes her scowl.

"I'm being serious, but if you don't want my help, then

that's fine."

Her comment sobers me. "You want to help me? Really?"

"Sure. At least until the New Year."

The knot in my stomach tightens. "You still plan on leaving so soon?"

"Without a busy filming schedule, I can finally tackle Design by Dahlia's mile-long waitlist. Some of those clients have been waiting over two years for my services."

"You can't design their houses from here?" The question slips out.

"Uhh…I don't know. I haven't given it much thought."

That's not a *no*, so I'll take it. Dahlia needs a special kind of challenge, and it's up to me to figure out what.

CHAPTER THIRTY-THREE

Dahlia

After spending the last five minutes questioning my sanity, I grab Julian and bring him into the house.

"What are we—"

"Shh!" I whisper.

Julian wipes his forehead with the bottom of his T-shirt, giving me a glimpse of his abs.

A low rumble akin to furniture being dragged across the floor has the hairs on my arms rising. "That! Did you hear it?"

"It's probably Ryder upstairs drilling something."

My eyes widen. "That's not possible. Ryder and the rest of the team left an hour ago."

Usually, I would also have headed out, but I didn't want to ditch Julian, so I stuck around and took advantage of my newly healed left arm. Without the cast, I'm able to work throughout the house on little projects, like paint swatches, testing wallpaper samples, and obsessing over whether or not I should picture-frame mold half the house.

Another scraping noise has me stepping closer to Julian. "I know you heard that one."

"Are you sure Ryder left?" he asks.

I nod. "Positive."

Julian shrugs. "It could be materials rubbing—"

"Together as the house cools down. Yeah, no. I'm not buying it, Mr. I Don't Believe In…" I let the statement hang.

"Ghosts?"

I press my index finger against my lips. "Shh! Don't say the word!"

His eyes roll as the chandelier above our heads flickers.

"Ah!" I shriek and clasp Julian's hand in a death grip.

He attempts to pry my fingers off, but to no avail. "Can you relax?"

I scowl. "You know what happens when you tell an anxious person to relax?"

"What?"

I squeeze his hand harder. "The complete freaking opposite!"

His heavy sigh comes off as condescending. "The electrical crew was here today working on that same chandelier."

A sudden cold draft blasts through the air vents, sending the hairs on my arms rising. "Want to explain that?"

"Explain what?"

"Forget it." My voice drops low enough for only Julian to hear. "I think he's here."

"Who is here?"

"G.B.," I squeak.

"G.B.?" He pauses for a few seconds. "Oh. Gerald Baker?"

"Are you for real right now?" I pinch him between the ribs.

He rubs the sore spot. "Ow. What was that for?"

"Don't say his name aloud."

"Now you're being ridiculous."

I frown. "I swear, it's like you have never seen a scary movie before."

"Why?"

"Because you wouldn't be saying that if you had."

"What happens to the person who says that?" he asks with a neutral tone, although his eyes glimmer with hidden amusement.

"They end up like G.B." I drag my middle finger across my throat and make a slashing noise.

"You're so—" His voice cuts out, along with the electricity.

"Julian!" I wrap my arms around his waist.

He pulls out his cell phone and turns on the flashlight, nearly blinding me. I'm too afraid to extract myself, so I hold on like a baby monkey as he walks toward the stairs.

I dig my feet into the floor in a wasted attempt to stop him. "Where are you going?"

"To go find the breaker panel." He attempts to break my hold.

"No!"

A chilling sound echoes through the house.

Julian's eyes widen.

My voice drops. "What the hell was that?"

His Adam's apple bobs. "I don't know."

"Did that sound like Ryder to you?"

"Maybe a wounded animal got into the attic?"

"Yeah, and what? Bit the electrical cables and caused a power outage?"

He makes a face. "Plausible. It happened once with a lizard that fell into a power box at one of our sites."

I rub my throbbing temple. "Will you stop being so damn logical for once?"

"Would you prefer for me to break out into hysterics like you?"

"I am *not* breaking out into hysterics."

Another hair-raising sound echoes through the corridor above, followed by the ominous sound of a hacking cough.

Julian only makes it up one step before my fingernails are embedded into his arm.

"You can't go up there."

He pats my hand like one would a scared child. "Don't worry. I'll be back."

"No! You can't say shit like that!"

"You're something else." He shakes his head and laughs before darting up the stairs with his phone in hand.

I turn my phone's flashlight on and stay frozen in place as he disappears up the stairs and around the corner in the direction of the east wing.

"Julian!" I whisper-shout a minute later, only to have my call go unanswered.

"Seriously. Quit fooling around and come back here. We can fix the power tomorrow, once it's daytime." I speak louder this time.

Something crashes above, sending my heart into overdrive. "Julian?"

I last four whole minutes without power or proof of life before I walk up the steps myself.

"If he's not dead by the time I get up there, then I'm going to kill him myself." My own voice can barely be heard over the hard pounding of my heart.

"Julian? Where are you?" I call out as I reach the landing.

I call his phone again, but it goes directly to voicemail.

Shit.

A noise similar to heavy furniture being moved around sounds from above.

"Not the attic," I moan to myself.

My neck tingles, and a sensation of being watched makes the hairs on my arms rise.

I don't turn around despite wanting to check if someone or something is behind me. "Hey, Gerald. We come in peace. Please don't kill me or my naïve friend who doubted your existence. I swear he didn't mean it when he said ghosts aren't real."

The feeling of being observed never goes away as I walk toward the stairs leading up to the attic.

I pause at the bottom step. "Julian? Are you up there?"

The door to the attic is shut, and a soft light that matches Julian's flashlight pours through the bottom crack.

I press a hand against my chest, right over my racing heart.

You're Dahlia Muñoz. You're not afraid of anything.

Says the woman diagnosed with anxiety when she was a teen.

Despite my stomach churning, I climb the stairs before

stopping in front of the attic door. After a second of hesitation, I roll my shoulders back and turn the knob.

The door opens with a creak, and I take a cautious step inside. Another blast of cold air hits me from behind, and the door slams shut, causing me to jump in place.

"Hello?" I'm afraid I might burst into tears if anything else happens.

Soft scampering has me turning my flashlight in the direction of the noise.

"Oh, fuck!" My phone drops as I let out a bloodcurdling scream.

A massive, fuzzy spider with beaming red eyes, incisors the size of my fist, and legs the width of my thighs stares back at me.

It moves, and I lose my shit.

"Julian!" I scream.

Light floods the attic, and it takes me a few seconds to process the laughs of the two walking dead men hiding behind the support beams.

"I'm going to kill you!"

Their laughs cut out as they show themselves. I completely ignore Rafa as I launch myself at Julian. He catches me, locking my arms behind my back before I have a chance to wrap them around his throat.

"Gotcha."

"I hate you!" I lift my foot, only to smash it against the wood floor as Julian avoids my stomp.

He tugs me closer to his chest. "That's not nice."

"Neither was setting me up to believe you died!"

Rafa chuckles at his phone screen before the sound of me crying out Julian's name fills the room.

"I can't believe you helped him with this." I jab a finger at him.

Rafa shrugs. "Julian was right. This *was* fun."

"Fun? I'm *traumatized*, you jerk."

The sound of my screams echoes off the walls as Rafa replays my video again while he walks toward the stairs. "Can't wait to send this to the family group chat."

"Rafa! Get back here!" I fight Julian's hold. My phone pings on the floor. "You sent it already?"

Rafa tips his chin in Julian's direction. "Thanks for the invite."

"I'll be sure to extend one for Julian's funeral," I call out.

He turns away and heads down the stairs. "See you on Sunday, Dahlia," he says from a safe distance.

I lash out against Julian's hold, only to pause as I rub against something that shouldn't be hard.

"You're turned on?"

"With the way you've been squirming against me for the last minute, it's impossible not to be."

I fight harder, earning a hiss from him.

Good. Serves him right.

"Cut it out, and I'll let you go," he says while tightening his grip.

I still in his arms. "I can't believe you did this."

"Consider it payback for my office." He pulls away.

I throw my hands in the air. "What I did was cute! This is…disturbing!"

"Were you scared?"

"Terrified."

His head tilts. "Yet you still came to my rescue despite being afraid."

"A temporary lapse in judgment."

"Were you afraid I got hurt?"

I frown. "More like I was scared you got possessed by a demon, but then I should have remembered that's been the case since you were born."

His smile expands, easing some of my annoyance. "You called my name when you were afraid."

"I shouldn't be held responsible for what I said when my life flashed before my eyes."

He traces my bottom lip with his thumb. "What did you see?"

I slowly brush my hands across his chest, earning the sweetest inhale from him. "You."

He cups my cheek. "How?"

"You held me like this." I drag his hands toward my hips.

"And?" His fingers press into my skin.

"And I choked you like this." I latch my hands around his neck and squeeze hard enough to make his eyes widen for a second.

He places his hands over mine, pressing them deeper into his neck. "If you wanted to act out one of your fantasies, all you had to do was ask."

I trace a finger down the center of his chest. "It's not like you would have followed through until my arm was cleared."

"Speaking of…" He brushes his hand across my left arm.

I shiver as he pushes his hips forward.

"It was a sacrifice I plan on making up for tonight."

"Why wait until later?" My fingers tremble with anticipation as I reach for his belt and work on undoing it.

"What are you doing?" He attempts to step back, but I hold him in place by the buckle.

"Use context clues." I pull the undone belt through the loops before tossing it aside.

"I had other plans for you." His deep voice makes my stomach flutter.

"Save them for later."

"Dahlia…"

The slide of his zipper sends a shiver skating down my spine. His abs clench as I kneel and pull his pants down far enough to reveal his straining erection pressing against his briefs.

"Did scaring me turn you on?" I swipe my finger across the damp material covering his tip.

"More than it should have."

"That's sick." I tease his length with a featherlight touch.

"I'm aware."

I kneel before gripping the band of his boxers and sliding them down his thighs to free his dick.

He grips my chin hard. "Maybe I should scare you some more if this is the reward I get."

I tilt my head back so I can glare properly. "I prefer you when you're quiet."

"What—"

I run my tongue up the length of his cock before tracing

the tip. His groan has my toes curling within my sneakers, and I repeat the same motion on the other side.

His fingers slide through my hair and hold me in place. "Let me take you out to dinner first."

"We never agreed to a date." I flick my tongue across his tip, collecting a drop of his arousal in the process.

My comment earns me the hottest scowl.

"Open." He practically snarls the word.

My lips part out of surprise rather than submission. Julian doesn't seem to notice or care about the difference as he slams inside. I gag, digging my fingers into his thighs as I try to find purchase.

It takes me a moment to adjust to his size, and he patiently waits until my eyes are no longer cloudy from my tears.

"Turns out I like you better when you're quiet too." He flashes me the most unhinged grin as he repeats the same move, although I'm better prepared to take him this time.

My attempt at controlling the situation slips away as Julian finds his tempo, fucking my mouth in the most deliciously depraved way. I should hate the lack of control—should despise everything about Julian using me like this—but I'm too turned on by it all to care.

I press my thighs together as his gaze burns a hole straight through my heart.

He chants my name in a hoarse voice that makes my stomach muscles tighten. I alternate between flattening my tongue and sucking hard enough to make him hiss.

He curses as he nearly rips my hair out by the roots gripping the back of my head, and I return the bite of pain by digging my nails into the back of his ass hard enough to leave half-moon indentations.

"Do that again and I'll find a better way to keep your hands occupied."

Fuck him. I'll show him.

I lift the hem of my skirt, exposing my soaked underwear.

His gaze follows my every move as I push my underwear to the side and trace my slit. I'm careful to avoid my clit, wanting to drag this process out.

His muscles bulge as he pauses mid-thrust. "Let me see."

I lift my glistening middle finger into the air.

"Fuck."

My body lights up like the sky on the Fourth of July.

"Show me how you like to be touched."

His demand feels like a test in a way, and I'd like nothing more than to pass with flying colors. He pulls back, giving me a moment to collect myself before restarting his ownership of my mouth.

God. This is so wrong.

I spread my thighs wider and match his thrusts with my own. Every pump of my fingers sends a fresh wave of sparks down my spine, and after a minute, my muscles are trembling.

I play with my clit and shudder at the building pressure in my lower belly.

"That's it, sweetheart." His maddening pace quickens.

The butterflies in my stomach rage and riot at his nickname, threatening to burst free. My eyes roll into the back of my head as I tease myself to the sounds of his groans.

"Dahlia," he chants as I wrap my lips around his cock and

suck hard enough to make him shake.

"Fuck, sweetheart. You are too fucking good at that."

Julian cursing twice in one breath? A girl could get used to that.

"Screw this." He pulls out of my mouth, yanks me to my feet, and drags me by the hand toward the wall with the window facing the lake.

"What are you—" My question gets cut off as he drops to his knees, throws my leg over his shoulder, and yanks my underwear to the side.

He gazes at my pussy like one does a work of art—with utter fascination and devotion. My legs tremble, which seems to snap him out of his trance.

He glides his tongue over my slit, sending sparks down my spine.

"Oh, fuck." My head knocks back against the wall.

Whatever self-control Julian had snaps as he alternates between long strokes and deep thrusts of his tongue. He studies my reactions like I'm his favorite subject, his attention never straying from my face, and I have to break eye contact multiple times because what reflects in his eyes excites me way more than it should.

I detonate with a single thrust of his finger and a rough tug of my clit with his mouth. My leg locks around his neck as I trap him against my pussy, forcing him to keep going while I ride out my orgasm.

I'm so lost in my lust that I don't notice Julian's jerky movements until he is groaning against me. I glance down at the mess he made of the floor.

Holy shit.

Julian came to the sound and taste of *me*. I've never felt more powerful in my life than with him on his knees, still trembling from the aftershocks of his orgasm while he stares up at me with an expression I'm too afraid to dissect.

He got my hopes up once before, and I refuse to fall for it again.

CHAPTER THIRTY-FOUR

Julian

After cleaning the floor and fixing our clothes, I take advantage of Dahlia's post-orgasm bliss before she has a chance to come to her senses.

"Have dinner with me?" The words rush out of my mouth as I grab her hand and tug her away from the attic door.

Her eyes widen. "You were serious about that?"

"Yes."

"Where?"

"My place."

She glares. "I should say no after the prank you pulled."

"But you won't." I kiss her knuckles.

Her brow rises in a silent taunt. "You sure about that?"

"Don't make me beg."

"I'd love nothing more." She pushes on my shoulder with a single finger. "Ask me again. On your knees."

Dahlia is the only woman I would enthusiastically get down on my knees for, and I prove it to her as I follow her order.

I tease her hip with the pad of my thumb. "Put me out of my misery and say yes."

"That's possible?" Her eyes gleam.

"Hilarious."

"Fine. I'll join you, but only because you're doing that sad puppy dog look again."

I had no idea I had one, but I'm glad to have the weapon in my arsenal as far as she is concerned.

"Let's go before I change my mind." Dahlia interlocks our fingers and pulls me through the house and out the front door. We stop in front of her car, right beside the driver's side.

"What are you thinking about having for dinner?" she asks as she digs through her purse for her keys.

I cage her against the door and steal one last kiss. "Takeout."

"So much for being a good dirty talker."

"You asked me what I wanted for *dinner*. Not dessert."

Her skin turns the prettiest shade of pink. "*Oh*."

I trace the curve of her cheek with my thumb. "Is there anything you're in the mood for in particular?"

"Some sushi from Aomi sounds amazing."

It takes me a moment to process her request. "That fancy place in New York?"

"Yeah." She laughs. "But anyway, joke aside, I'm up for whatever. Surprise me."

"That I can do." I kiss her forehead before grabbing my key ring and detaching the one to the house. "Here."

She gapes at the key. "Moving a little fast, aren't you?"

"Shut up and take it before I revoke your chance to snoop around without me being there."

Her face lights up. "*¿Neta*?" The slight raised pitch in her tone makes the possible blackmail worth it.

I'm positive Dahlia's love for investigating began when she borrowed her first Nancy Drew book from the library, and it's never stopped.

I dangle the key in front of her, keeping my grip tight to stop her from noticing my twitching muscles. "Stay downstairs."

She cocks a brow. "What are you hiding up there?"

My heart thumps wildly in my chest. "You'll have to wait and see."

Dahlia takes off toward my house while I drive to town. While I can't get her sushi from Aomi at the last minute, I place an order with Lake Wisteria's best—and only—sushi spot before they close their doors for the night.

Although I planned on taking the long way back home to give her time to conduct a thorough investigation of my place, I decide differently. I'm afraid she might end up going upstairs and checking out my bedroom solely to satiate her curiosity.

Unlike the usual oppressive loneliness that hits me whenever I turn into my driveway, my body buzzes with anticipation as I park my car in the garage and walk inside the

Neta: Really?

brightly lit house.

I'm welcomed by the sound of Dahlia messing around on the piano in the distance. Unlike Nico, she lacks the proper skill and training to do anything but massacre her way through "Twinkle, Twinkle, Little Star."

My spine tingles as I walk through the long hall leading to the formal sitting room. Never have I felt this excited at the end of a workday, and I pause to process why.

No painful silence. No dreadful loneliness. Nothing but a strong sense of contentedness as I think of the person waiting for me.

You're getting attached, the cautionary voice speaks up.

I'm pretty sure it's far more serious than that.

It's *love.*

Something is shifting inside me—that much was made clear when I returned to carpentry after almost a decade avoiding it—and it has everything to do with Dahlia.

When she hits the last note, I enter the room.

"Dinner's here."

She startles, banging her fingers against the keys. "You scared me."

"Did you have fun looking around?"

"Tons. Check out what I found next to your prized *The Little Prince* collection." She stands and reveals the *Second Best* trophy she gave me.

Damn. I was so focused on keeping Dahlia away from my bedroom that I forgot about the incriminating trophy.

"I'm flattered you kept it after all this time." She rubs at an invisible stain.

"It's a reminder of what failure feels like." The words come out at lightning speed.

"So you keep it beside your most prized possessions? Interesting location choice given how big your house is."

I blink slowly.

She smirks. "I know you bombed our physics final on purpose."

"You have no proof."

"Physics was your strongest subject and my weakest. There was no way I could have beat you any other way."

I exercise my right to remain silent.

"Why did you do it?" she asks.

The hum of the heater starting up echoes around the house.

Her brows scrunch. "Did you do it because you felt bad for me?"

"No," I blurt out.

"Then, why?"

"Because I *liked* you."

Her eyes widen. "Since when?"

"I'm not sure when it started," I lie.

"Why didn't you say anything?"

"Risk-averse, remember?"

She gives her head a good shake, although it doesn't wipe the disbelief from her face. "If I hadn't kissed you during that Stanford Halloween party, would you have made a move?"

"I had no idea what I wanted back then."

Her brows crinkle with confusion. "But you liked me."

"Yes."

"Then why did you push me away when your dad died?"

"A few misguided reasons, but mainly because I was too proud to deal with my grief in the way I should have."

Her mouth drops open.

"I took on way too much all at once, thinking if I fixed the struggling business or helped my mom through her depression, my own pain would go away."

Her bottom lip trembles. "And you couldn't do that if I was distracting you."

"I should have never called you that."

She reaches for my hand and gives it a squeeze. "I'm sorry for not seeing your actions for what they were."

I rapidly blink. "What?"

I'm the one who hurt her.

I'm the one who drove her into the arms of another man, who ended up breaking her heart.

And *I'm* the one who took ten years to apologize, solely because I was a coward who didn't want to face my fears, instead choosing to let my insecurities about my worth dictate my actions.

"Despite being hurt by all the things you said, I should have put my feelings aside and stepped up to be the bigger person. Because even though you pushed me away, I was the one who made a conscious choice to let it stay that way."

My lungs ache. "None of this was your fault."

"The same can be said about you."

"Let's agree to put the past behind us?"

"Deal."

I wrap my arm around her before steering us toward the kitchen. She sits in my usual corner seat on the island while I fill two glasses with water.

"What did you get?" She reaches for the nondescript paper bag.

"Sushi."

"Yes!" She grabs the top container, only for me to swap it for the other one.

"What?"

"That one is mine."

Her brows furrow.

"It has cream cheese."

The cute way her nose scrunches has me smiling to myself.

She rips the lid off the container. "Shrimp tempura?"

"Here." I pass her a large container filled with spicy mayo.

"You're annoyingly perfect at predicting my every move."

I toss her a pair of chopsticks, and she rips them apart before plucking her first sushi roll off the tray.

I don't dig into my food right away, which earns me another speculative glance.

"Are you going to eat?" She points at my tray.

"Yeah."

"Well, get to it." She clicks her chopsticks together a few times.

"What's the rush?"

"Someone promised me dessert."

My heart pauses for a second before returning to its normal pace.

"I'm enjoying the moment," I confess.

Dahlia processes my words with a slow blink. "It's only dinner."

I pop the lid off my takeout container to give myself something to do. "I know."

"We can do this again tomorrow if you want." A faint pink blush creeps up the collar of her shirt.

"Would *you* want that?"

"Depends on how tonight goes." She winks.

I know her words are meant as a tease, but they seem to widen the gap in my chest until the ache becomes unbearable.

Her forehead creases from her frown. "What's that look for?"

"Huh?"

Whatever expression she copies makes me feel ten times more pathetic.

"Nothing." I pop a sushi roll into my mouth to stop myself from revealing anything else.

"You seem sad."

"I'm…"

"Lonely?" she offers.

I nearly break one of the wooden chopsticks because of how hard my fist clenches.

The worst kind of expression flashes across her face.

Pity.

"For how long?" she asks.

Too long.

"Not going to lie, I expected you to be married with a kid by now."

"Married, yes. A kid? Not so much."

"You don't want children? For real?" Her throat visibly tightens from how hard she swallows.

"Not really."

She only frowns harder. "Since when?"

"Since my mom returned from the hospital without my baby sister."

She wraps her hand around my bicep and gives it a comforting squeeze. "I'm sorry."

I halfheartedly shrug. "It's in the past."

She spares me a look. "We're quite the pair, you and I."

"Tell me about it."

Her hand drops. "You know, a wise man once told me there are plenty of ways to have a child."

"Is that right?"

"Yup."

"I think I'll start with finding a wife first and see where life takes me."

"Right." Her grip on the chopsticks tightens.

Cute.

Warmth spreads through my body. "Maybe when you head back to San Francisco, I'll reconsider my mom's matchmaking services."

"I sucked your dick less than an hour ago, and you're already talking about going on dates with other women?"

"Does that bother you?"

Her nose scrunches. "*Ugh.* You're such an asshole."

"And you're *jealous.*"

"No, I'm not."

"It's nice to be on the receiving end of it for a change." I uncurl her fingers, releasing the chopsticks from her punishing hold.

Her gaze narrows. "You said all that on purpose."

"I did."

"Next time you go down on me, I plan on suffocating you to death."

I drag her hand to my lips and kiss it. "I can't think of a better way to go."

CHAPTER THIRTY-FIVE

Dahlia

"So, do I get to see your bedroom now?" I toss our empty containers in the hidden trash can beside the sink.

"I have a better idea." Julian grabs me by the hips and lifts me onto the counter. My dress does little to protect me from the cold marble below, especially when Julian pushes it up until I'm completely exposed.

"Here?" I peek at all the curtainless windows.

He drops to his knees.

"Someone could see us from a boat or their dock," I protest.

"Relax." He slides my underwear down my legs before pocketing them.

"But—" My protest dies in my throat as Julian rips my thighs apart and peppers them with soft kisses.

His stubbled cheek scrapes against my skin on his mission toward the spot aching for his attention. He teases me with a flick of his tongue, making me jump in place before he pulls back.

"Should I stop?"

"Don't you dare." My head drops back as he rewards me with another lick.

"Are you sure? I'd hate for someone to see you like this." He drags his tongue toward my clit and presses against it with the flat of his tongue.

"Shut up," I hiss as my fingers sink into his hair.

"You're so demanding." He tsks before sliding his tongue over my clit again.

I'll show him demanding. I throw my legs over his shoulders and line him up with my entrance. "Lick."

We hold eye contact as he collects my arousal with the tip of his tongue. Goose bumps spread across my skin, and he runs his hands across my pebbled flesh as he sinks deeper inside me.

"Fuck." I allow him a few more seconds of teasing before I take control again. Despite how good everything feels, I drag him away by his hair, straight toward my clit. "Suck."

Something flashes behind his eyes as he wraps his lips around it and sucks hard enough for my hips to jolt off the counter.

The scrape of his teeth is something new, and my body lights up at the sensation.

He grins against me before repeating the move again.

Damn him straight to hell.

"Oh God," I groan as he does something with his tongue no one has ever done before, and then shiver when I press my thighs against the sides of his head.

He pulls away. "Your needy cunt is making a mess of my counter."

"This mess?" I spread my legs wider and gather some of my arousal on the pad of my thumb, earning a delicious groan from the man kneeling in front of me.

"I should make you lick everything clean."

"Or you should, since you love the taste of me."

His sharp breath makes me smile.

"I bet you'd like that." I hold my soaked thumb out.

His mouth wraps around it, sending a pleasant rush of heat through me as he licks my skin clean before he bites the tip. "Keep talking and I'll gag you."

"With your cock?"

"Don't tempt me." Julian sinks one finger into me, and my eyes roll as I'm overwhelmed by the sensation. He rewards my moan by pressing his thumb against my clit while adding a second finger.

My head drops back. "If you don't fuck me in the next minute, I'll find a way to do it myself."

"Threaten me again while my fingers are inside you, and I'll stop."

Oh shit.

"You got it?" He curls his finger to reach my most sensitive spot.

"Yes," I moan.

He makes a confirmatory noise before removing his hand. "Be back in a minute."

Julian runs away before returning a minute later, breathing heavily with a shiny condom wrapper in his hand. Somewhere along the way, he ditched his pants, giving me the best sight of his straining erection concealed by his boxer briefs.

"Just one?" I brush my index finger over his bulge.

"I have more upstairs." He tugs my dress over my head, making a mess of my hair in the process.

I'm breathless as his gaze roams over my body, taking in every detail before he pulls me into a searing kiss.

He breaks away first. "I don't know what I did to deserve this, but I feel like the luckiest bastard in the world right now."

The butterflies in my stomach break free in a desperate swarm, making me light-headed.

"The things I want to do to you…" With his index finger, he traces a path from the base of my throat to my pussy.

Attraction we have both spent years ignoring rises to the surface, making my heart pound as he presses the pad of his thumb against my clit.

I want Julian. I want him so damn badly, and I've spent far too long acting like I didn't.

That ends tonight.

"Feel free to skip past the sexy talk and get started because I'm beyond ready."

He dips his thumb inside. "I'm enjoying the moment."

"You tend to do that a lot lately."

"All because of you."

I'm afraid I may not survive the night if he keeps talking to me like that.

I fight the emotions swirling in my chest as I reach for the foil wrapper. I'm a seductive showman, making Julian's muscles ripple and tense as I rip open the wrapper and carefully pluck the condom out of the package.

He sucks in a breath as I grab him by the cock and tug, pulling him closer so I can roll the condom on.

"You could have asked nicely."

"And miss out on that sweet little gasp you made? I think not." I drag a finger across the rubber, relishing the way his thighs strain.

His head drops back with a sigh.

Maybe Julian is onto something when he says he wants to take things slow. I want to catalog every single second of tonight and lock it away in my memory bank because, while I can't have him forever, I can have the memory of us.

With shaky hands, he wraps my legs around his waist. My thighs tremble, and a shiver rolls through me as the tip of his cock slides over my clit before stopping.

He cups my cheek with one hand while fisting his cock with the other. "Are you sure about this?"

Am I sure I want to have sex with Julian? Absolutely. I fear I may combust if we don't, and my pussy throbs in agreement. Am I certain about what will happen after we blur that final line between us? Nope, but I'll be damned if I let my fear of uncertainty ruin tonight.

I place my hand over his, line his cock up, and push until his tip disappears inside me. "Does that answer your question?"

His eyes screw shut. "*Dahlia*."

I've never heard him say my name like that before, and holy shit, I need him to do it again.

My legs tighten around his waist as I pull him in, driving him deeper. "Repeat that."

His hands shoot out to clutch my hips. "*Dahlia*."

Sparks fly down the base of my spine, but I'm not able to soak up the feeling before Julian slams into me hard enough to make me gasp.

He fights a tremor. "Shit."

My chest rises and falls with each rapid breath as I take in the pure look of adoration on his face.

Stop overthinking everything.

The trance Julian has over me is broken as he pulls out.

Both of us tremble as he drives into me again. It doesn't take him long to find the most perfect, tantalizing pace, and I'm desperate to make it last for as long as possible.

His fingers grip my hips as he fucks me like a man on the brink of madness, and I'm the only thing keeping him tethered to reality.

I'm desperate to find purchase as I cling to him. My heels dig into his ass as he switches his rhythm, pounding into me hard enough that I slide across the counter.

He finds the sensitive spot between my shoulder and my neck before he sucks on the skin.

"Hey." I smack him away.

He shuts me up with another eye roll-inducing grind of his hips. His blunt nails scrape against my ass as he holds me in place, fucking me within an inch of my life.

Julian, with his dark, dilated eyes, acts like a man possessed by my pussy as he collects my wetness and teases my clit with it. "You like my cock?"

I fake gasp. "Did my dripping pussy give me away?"

"That mouth will get you in trouble one day." He swipes

my bottom lip.

"I hope so." My tongue darts out to tease his finger.

His deep chuckle is the only warning I get before he pulls all the way back until only the tip remains. I get ready to protest, but I'm cut off when he pushes back into me with every ounce of strength he possesses.

I gasp for air.

It's too much. From the sting of his cock stretching me to the pace he sets, I'm a goner.

I shatter around his cock with a loud cry. My vision turns dark as I lose touch with reality and free-fall headfirst into my orgasm.

"*Hermosa*," he says as he tips my head back.

My stomach takes a dive into deep, dangerous waters. Julian swallows my moan with a kiss, pressing hard enough to bruise my lips.

He fucks me through my orgasm while whispering sweet praises into my ear.

"That's my girl," he says without breaking his rhythm. "Look at me." He tugs on my hair until my eyes snap open.

"*Mi preciosa*," he whispers against my ear before nipping at the curve.

My fuzzy brain fails to fully process the words fast enough as he comes with a groan.

His swift movements turn jerky before they halt altogether. I brush my fingers through his hair, fixing the strands while he

Hermosa: Gorgeous.

Mi preciosa: Beautiful.

comes down from his high.

"Shit." His forehead presses against mine.

"You liked it?" I'm not usually so demanding in circumstances like these, but Julian challenges me at everything, so I find myself desperate to gain some kind of control over him.

The thought makes me laugh at myself.

No one can control Julian—least of all me. If anything, I unleashed a devious part of him that he has kept locked away, and I can't wait to do it again.

You're playing a game you won't win, the cautionary voice in my head calls out.

Then you better make sure Julian can't win either.

He kisses the top of my head as he pulls out with a groan. "I'm afraid you might have ruined sex with any other woman for me."

Best news ever.

CHAPTER THIRTY-SIX

Dahlia

"So, about my room…" Julian hesitates outside his bedroom door.

"What about it could possibly make you this nervous?" I reach for the knob, only to be blocked by his wide body as he steps in front of it.

He rubs the back of his neck. "Well..."

"Is it your bobblehead collection?"

His head shakes. "No. I got rid of that years ago."

"Thank God, because they creeped me out."

He shoots me a look.

"Do you have porn magazines or posters or something?" I ask.

"Seeing as I'm not a teenager who was born before the internet existed, no."

"Maybe a pocket pussy in your nightstand drawer?"

His entire face turns red. "A pocket—you know what? Screw this." He throws the door open and steps out of the way. "Go ahead."

My feet remain firmly planted against the floor as I take in his bedroom from the doorway. I blink a few times to be sure.

"You… This…"

Julian's eyes shut. "I can explain. It's…" His voice drifts off, along with his confidence.

Everything.

I take a few steps inside and stop in front of the hand-knotted wool rug I designed with Curated Living. It took me a whole month to nail my vision, and I went through hundreds of sketches and samples before everything clicked.

The same can be said for most of the furniture and custom décor scattered around Julian's bedroom. Each piece holds a memory of my career, and I find myself getting choked up as I catalog at least one item from each of my collection drops.

He didn't buy everything, because that would have been excessive, but he purchased enough to prove that he followed each launch and chose a favorite.

A burst of warmth barrels through my chest, stronger than any solar flare.

He supported your dreams without you knowing it.

I blink away the mistiness in my eyes before turning to him.

"I thought you weren't a fan." My voice cracks.

"Of the show? Fuck no." He scowls.

"Of *me*."

His eyes drop to the hardwood floor.

I walk up to his dresser and run my finger across the edge of the ceramic bowl I designed. "Why were you afraid of how I would react to your shrine?"

"That's not what this is." He stumbles over the words.

I laugh. "Then what would you call it?"

"An appreciation of someone who deserves it."

If he keeps talking that way, I might do something incredibly stupid and fall in love with him.

You have rules for a reason. Stick to them.

The tightness in my throat only worsens as I take a tour of his room, freaking out internally over the pieces he chose.

I readjust an already balanced lampshade before turning it on. "You have stuff here from my very first launch."

"I know."

"How long have you been following my career?"

"Since you first learned your ABCs and 123s?"

I shake my head with a laugh. "I'm being serious."

"So am I. I was always invested in your success."

"Even when you were hell-bent on beating me at everything?"

"Even then."

"All this time, I thought you hated me…"

He walks up to me and wraps his arms around me. "I never hated you, Dahlia. Not for a single second of a single day."

"Then why did you avoid me for so long?"

"Because I knew what would happen if I got close to you again."

"What?"

He ignores my question as he leans in and kisses me. This

one is different—*he* is different—and I can't help but obsess over every single detail.

The way his hands cradle my face like I'm the most precious thing in this world.

His thumb softly caressing my cheek, stroking back and forth in a way that has me shivering against him.

The tug on my heart as he answers my question without uttering a single word.

I'm terrified of acknowledging the serious feelings growing between us. He already got close to me once and pushed me away, so who's to say he won't do the same thing again?

Be present-minded and enjoy the moment. My therapist's words of wisdom pop up in my head.

With the way he kisses me like I'm already his, I'm having a hard time ignoring the obvious.

You'll have to admit these feelings eventually, the rational part of my brain adds.

I plan on it…just not tonight.

I half crawl, half hobble out of bed to use the restroom and clean myself up after a second round of sex. When I return and start searching for my clothes, Julian grabs me and throws me back into the center of the mattress.

"Put something on." He hands me the TV remote after climbing into bed.

"How domestic of us." I lay the sarcasm on thick, hoping it will shield the trembling in my voice.

"You haven't seen anything yet." He grabs a book from his

nightstand and a pair of reading glasses from a drawer.

I never realized how much I needed to see a shirtless Julian reading a book with glasses on, but I believe the image may have permanently altered my brain chemistry.

I end up cuddling against his chest and watching a *Silver Vixens* rerun while he reads from a leatherbound book I don't recognize.

"What are you reading?" I pause the episode halfway through.

"An unofficial Lake Wisteria history book."

"What?" I sit upright and knock the book from his hands in the process. Thankfully, he catches it by the worn spine before it falls to the floor.

"Sorry."

He places the book back on the table. "Trust me. It isn't as exciting as it sounds. The agricultural talk and detailed accounts of the first few brutal strawberry seasons put me to sleep two nights in a row."

I chuckle.

"Did you know the Strawberry Festival was first started over a hundred years ago as a way to entice farmers into moving here?"

"That's great and all, but I want to know if there is anything in there about Gerald and Francesca!"

He makes a face. "After reading Gerald's backstory and his brothers' reason for moving to Lake Wisteria, I almost feel bad about tearing down all his houses."

"See! I told you understanding history is important."

"I said *almost*."

I huff. "What did you find out?"

"His family moved here because his sister was shunned by their old town after she was caught, and I quote, 'rolling in the hay' with another man before marriage. So instead of staying within the Upper Peninsula, they moved here after hearing about the beaches."

"No way."

He nods. "There were four Baker brothers and their sister, Wisteria, who refused to be called anything but Ria. She's the scribe who kept a detailed account of everything."

"They named the town after her?" I squeal. "How come no one talks about this?"

He shrugs. "Probably because she didn't want people to know her real name. She said the name 'Wisteria' was a dainty mouthful that didn't fit her personality."

I clutch his arm. "What else did she say?"

"She had a lot of great things to say about her oldest brother, including how much heart and love he poured into every house."

"Sounds like one of us."

Julian brushes his fingers over a spot that has me bucking and laughing against him.

Once I calm down, I trace invisible patterns across his chest. "Anything about Francesca?"

"She was from their old town."

"Oh no."

"It gets worse. Turns out she was the mayor's daughter."

My bottom lip wobbles. "*No.*"

"It explains why Gerald never got married to her or anyone else."

"That's so unfair. Gerald and his family sounded like good people." My voice shakes with outrage.

"They were, but what can you do? Not everyone was as progressive during that time."

"It's a shame you're tearing down his legacy, one house at a time, especially after learning why he started this town to begin with."

His scowl makes me shiver. "What else do you expect me to do?"

"Find whatever town shunned his sister and take a wrecking ball to those houses instead." I smile.

His eyes sweep over me. "You'd like that, wouldn't you?"

"Of course. Lake Wisteria needs to be protected at all costs from people like you."

"And who will protect *you* from people like me?" Julian climbs over me, locking my hands above my head as he traps me beneath him.

I lock my legs around his waist and pull him closer. "You're the one who will need to be protected from someone like *me*. Mark my words."

Julian shuts me up by kissing me until I can no longer remember anything about Gerald, the towns, or my own name.

CHAPTER THIRTY-SEVEN

A doorbell chimes in the distance after another round of unbelievable sex. Julian has more stamina than ten triathlon winners, and although I want to keep up with him, my pussy officially tapped out for the night, and no amount of lube or oral sex will change my mind.

"Expecting someone?" I roll off him so he can get up.

"No." He reaches for his phone and curses.

"What?"

"It's my mom."

I jolt upright. "What is she doing here this late?"

Loud banging against the front door has both of us staring at each other with wide eyes.

"My car is outside."

He nods.

"Do you think she will suspect something?"

"I'm pretty sure she jumped to conclusions the moment she saw that you were here."

I throw the comforter over my head. "Don't mind me. I'm going to stay here forever."

He chuckles as he pulls the comforter down. "I'll tell her not to make a big deal of it."

"This is your mother we're talking about. I'm pretty sure she is already calling the *Wisteria Weekly* to announce the news."

"I'll swear her to secrecy."

"It's cold out here!" The doorbell app echoes her shouting from downstairs.

He presses a button on his phone. "I'm coming now."

"And Dahlia?"

Good luck getting out of seeing her.

"I heard that," his mother responds, startling me.

I said that out loud?

Julian muffles his laugh with his fist while I glare at his phone screen.

"Be right there." My attempt at a cheery voice falls flat.

Julian collects our clothes and helps me get dressed in record time before leading me downstairs. I smooth out a wrinkle running down the center of my dress while he opens the front door.

"Ma. What are you doing here?"

"Dahlia!" Josefina brushes past her son and throws her arms around me. "What a nice surprise."

I give Julian a look.

She holds me at arm's length. "Are you okay?"

"Sure? Is there a reason I shouldn't be?"

She shoots her son a terrifying glare. "I saw Rafa's video." She turns back to me. "I came here to give Julian a piece of my mind, but I see it's not necessary." The grin on her face should come with a warning label.

"Oh, I won't stop you from giving him hell." I gesture toward the man standing off to the side with his arms crossed.

"Don't tempt me." She plants her hands on her hips. "Luis Julian Lopez Junior, what were you thinking, scaring her like that?"

He doesn't speak.

I place my hand on her shoulder. "It's fine, Josefina. Julian and I talked it out."

She turns toward me with hearts in her eyes. "Did you?"

"Yup."

"I was wondering why your dress is on inside out…"

"What?" I turn my neck to check for a tag.

"Kidding!"

"*Ma*," Julian groans.

She shrugs. "What? I wanted to confirm something."

"The fact that you're crazy?"

She cackles.

Julian shoots me a look over her shoulder.

"Josefina," I say.

That seems to sober her. "Yes?"

"Do you mind keeping this between us?"

She winces.

"Who did you tell?" Julian grumbles.

"Rosa."

I want to get annoyed, but Josefina truly can't help herself.

The woman was born with a big heart and an even bigger mouth.

Julian glares at his mother.

Her arms shoot up to her sides in submission. "That's it. I swear."

Julian reaches for the door. "Call Rosa on your way home and tell her not to tell anyone else."

Her left brow curves into a perfect arch. "Don't tell anyone *what*?"

"What you saw." He kisses the top of her head before yanking the door open.

Josefina walks outside. "And what exactly did I see?" She bats her lashes at her son.

"Too damn much."

"Don't—"

"*Te quiero. Cuídate.*" He swings the door shut, closing us off yet again from the outside world.

Just how I like it.

Julian tried his hardest to have me stay over, and I nearly caved to his request, but then I remembered our agreement. If I want to protect myself from getting hurt by him again, I should steer clear of cuddling, late-night pillow talk, and sleepovers.

When I wake up the next morning, I find my mom waiting for me in the kitchen.

Te quiero. Cuídate: Take Care.

"*Mami*?" I rub the sleep from my eyes. "Shouldn't you be at work?"

"I wanted to be here when you woke up."

Ah, shit. I knew this conversation was coming once Josefina found me at Julian's house last night, but I didn't expect it to happen so soon.

I place a coffee pod in my mom's Nespresso machine before turning around. "I'm sorry you had to find out about everything the way you did."

"You think I'm upset?"

"Yes?"

"No, *mija*. I'm worried."

Unlike my mom's usual bouts of anxiety, this feels different.

"You came back…so sad. I don't want to see you like that again."

I drop a teaspoon of sugar in my cup. "I'm doing better."

"I know, which is why I worry."

"This is different."

"How so?"

"Um…" *Yeah, it's a hard pass on talking about my sex life.*

"It's not too serious yet," I say.

She makes a noise in the back of her throat.

"We're seeing how things go," I add.

She nods. "You're old enough to make your own decisions."

I'm stunned into silence. I expected my mom to be rattling off about sex before marriage and rushing to have a church wedding to save my soul, not this.

"That's it?" I ask.

She rises from her stool and drops a kiss on the top of my

head. "That's it."

"You're not going to warn me about getting hurt or being stupid or something?"

"Julian won't hurt you."

I rear back. "How do you know?"

"The answer is obvious every time I catch him staring at you."

My heart misses a beat. "What do you mean?"

"That man would rather hurt himself before putting you in true harm's way."

I lock my knees together to stop myself from toppling over. "*Mami.*"

"It's been that way since you were kids."

"Do you…" My voice trails off.

"Do I *what*?"

Think he could be the one?

Are you serious, Dahlia? You got out of a serious relationship less than five months ago.

I shake my head. "Nothing."

Lily replays the video of me screaming for the fifth time this afternoon. She has spent our entire lunch together showing everyone who will spare a minute of their day.

At this rate, by five p.m., everyone in town will have seen me losing my shit over a ghost that doesn't exist and a Halloween lawn decoration Rafa found in Josefina's garage.

I rise from my seat to the sounds of the waitress and Lily laughing together.

"Hey! Wait up!" Lily calls after me.

"No." I walk out of the diner.

Lily chases after me. "Stop!" My sister huffs and puffs as she grabs my arm and yanks me away from my car. "What was that about?"

I throw my hands in the air. "I'm sick of seeing that video."

"Come on. You have to admit it's kind of funny."

"It's *embarrassing*."

"I beg to differ. It's so cute how you cry out for Julian." She repeats the part where I almost break into tears.

I bite down on my tongue until I taste blood. "I'm going to kill Rafa for sharing that video in the group chat."

"It would have been a hate crime to keep this gem hidden from us." Lily shows me the screenshot she saved as her phone's lock screen.

"I won't sleep well until I get my revenge."

She rubs her hands together. "What are we thinking?"

"We?"

"You're not seriously thinking of doing something fun without me."

"The fewer the witnesses, the better."

She winks. "Just how I like it."

"You want to help?"

"Of course. You and I are partners in crime."

"Speaking of crime, your friend's brother is a deputy, right?"

Her smile alone could land her on the FBI's Most Wanted list. "Yes."

"Do you think he is the type to willingly arrest someone

who isn't actually guilty of a crime?"

"I'm sure he can be enticed into the idea with a gift card to the town's bookstore or something like that. Why? What's the plan?"

"You can't tell anyone."

She holds out her pinkie like we did as kids. "Pinkie promise."

I lock mine with hers. "I'm thinking of waiting until after Thanksgiving so he doesn't suspect a thing…"

CHAPTER THIRTY-EIGHT

Dahlia

Julian and I have fallen into a comfortable pattern over the last few weeks. Somehow, he finds the energy to balance his busy work schedule and me, making time every evening for us to hang out together.

I'm not sure what the standard is regarding casual relationships, but I have a strange suspicion that Julian's insistence on having dinner together and cuddling for an hour after sex isn't it.

Neither are your growing feelings toward him.

The timer rings, banishing my thoughts. I open the oven and check on the turkey.

"Hey." The door to the kitchen swings shut behind Julian.

I wipe my sweaty forehead with the back of my hand. "I thought you weren't coming until later."

"Based on the last photo Lily sent in the family chat, you

seemed like you could use some help."

"Remind me to never volunteer to prepare Thanksgiving dinner again."

"It was a thoughtful gesture."

After spending the last ten Thanksgivings with Oliver and his family, I *thought* it would be nice to prepare the meal for once.

I wipe my hands down the front of my apron. "I'm severely underqualified."

"What do you need me to do?" He starts rolling up his sleeves before I even answer his question.

"For the record, you're going to regret asking me that."

"Noted. Now put me to work before I rescind my offer."

I rattle off instructions. Julian follows my mom's recipes down to the last letter, all while making the process ten times more enjoyable for me.

And ten times harder to stay away from him.

Julian goes out of his way to turn cooking together into some kind of romantic date. Him spoon-feeding me under the guise of wanting my approval. The way he pulls me into a quick dance whenever my favorite song pops up on the playlist. How he steals kisses between random visits from Lily, who spends more time taste-testing food than actually helping.

After all the food has been prepped, he traps me against the counter and steals another heated kiss. It's incredible how quickly I've become addicted to Julian in such a short amount of time. He makes it impossible not to crave him, making my head reel with a single kiss and my body buzz with the need for *more*.

He readjusts my headband so my hair is no longer a puffy mess from his fingers. "Did I tell you that you look beautiful today?"

The fluttering sensation in my chest intensifies. "Only once or twice."

He fights a smile and fails. "Keeping count?"

"Words of affirmation are my love language."

He wraps his hand around the back of my neck. "Explains why you love being called a good girl while riding my cock."

Someone chokes on a cough behind me. I turn to find my sister slamming her fist against her chest.

"Lily." My eyes stretch to their maximum width.

Julian trips over his own feet in his rush to get away, which only makes Lily burst out into laughter.

"I knew something weird was going on when Mom said Julian was coming over to help. I've been trying to catch you in the act all afternoon."

"Now I understand your hourly need to taste-test everything."

She grins while Julian remains silent and brooding.

She gestures to us. "How long have you two been together?"

"We're not," I rush to answer.

The veins in Julian's arms strain from how hard he crosses them.

Lily raises a brow.

"At least not like that," I finish.

"Hm." She glances over at Julian. "Interesting."

"I'll let you two talk this one out..." He speaks to my sister rather than me.

"Take me with you?" I reach out for him, but he sidesteps me.

Julian disappears behind the swinging door leading into our living room.

"Tell me everything," Lily says before I have a chance to consider the weird look on his face.

"Not here." I grab her hand, tug her outside, and shut the door behind us. Fresh snow covers every inch of the porch like a white blanket.

"It's freezing out here!" she whines as she rubs her arms.

"Then we better make this fast."

"Why are we talking out here anyway?"

"I don't want Mom to walk in on us or something."

"Does she know?"

"Vaguely."

My sister frowns. "I'm insulted you didn't come to me first."

"We didn't want anyone to know about our arrangement."

"A little too late for that, so spill."

"There isn't much to share. We agreed to keep things casual."

"Did that seem casual to you? Because it sure didn't look like it to me."

It sure didn't *feel* like it either, but I can barely admit it to myself, let alone Lily.

I swallow the lump in my throat. "We were talking."

"How long do you plan on lying to yourself? Days? Weeks? *Months?*"

"*Lily.*"

Her deep sigh produces a cloud of air. "I'm kidding. I worry about you."

"Why?"

"Because you don't *do* casual."

"No, but it's not like I've had much of an opportunity to try."

And see where that got you.

A strange look passes over her. "It's not as fun and easygoing as it sounds. Take it from me."

My stomach churns. "Is everything okay? With you, I mean?"

Lily recovers with a smile. "Of course. Why wouldn't it be?"

"You sure about that?"

"Yes. I'm more worried about you and whether you'll end up with hurt feelings."

I scoff hard enough to create a puff of air in front of me. "That won't be an issue."

Her eyes roll. "That's what everyone says."

"Yeah, well, this is different. Neither of us is interested in anything serious."

"Are you sure about that?"

I wiggle my empty ring finger. "Positive."

"Make sure to tell him that, then."

My stomach drops. "What do you mean?"

"Julian doesn't do casual relationships. Sure, he agrees to go on dates to appease his mother, but he's not interested in something temporary. That much I know."

My gaze drops. "We would never work long-term."

"I've yet to hear why."

"For starters, we both have businesses to run in separate states." Designs by Dahlia is all I have left after losing my show and my relationship, and I'm not about to walk away from it because of a man.

She shakes her head. "Long distance is an obstacle to overcome, not a reason to stay apart."

A condensation cloud forms around me as I let out a heavy sigh. "I don't trust him not to hurt me again."

"I think your biggest issue is that you don't trust *yourself*."

I let out a low whistle. "Damn."

She locks elbows with me and steers us back toward the house. "You know I'm giving you a hard time because I care about you both and don't want to see either of you get hurt."

I lean my head against her shoulder. "That's why I love you."

"Even if I steal your clothes?"

I check out the pastel jacket she stole from my closet. "Even then."

"Or if I borrowed your expensive face cream this morning and accidentally dropped all of it?"

My body tenses. "Tell me you didn't."

She dashes away before I get a chance to wrap my hands around her throat.

"Lily!" I chase after her.

"I'm sorry!" She shouts before entering the house, leaving an incriminating trail of footprints in the shape of my red-bottom boots.

"Nico and I got the dishes." Rafa stands while Nico groans.

"Don't worry about it. I like doing them anyway." Julian rises from his seat and begins collecting the dirty plates and utensils.

Lily kicks my chair leg hard enough to make it shake.

"I'll help you." My chair scrapes against the wood floor as I rise.

My mom has the most approving look on her face while Josefina winks at me. Rafa's gaze swings between the two of us before landing on his cousin with a pinched expression.

Rather than feel embarrassed by everyone knowing about us, I'm nervous about what they think. I don't want to get anyone's hopes up, least of all Josefina's, whose evergreen smile only brightens whenever we lock eyes.

I ignore their gawking as I gather everyone's glasses and follow Julian into the messy kitchen. Dishes on a normal day are tolerable, but post-holiday cleanup duty after cooking the whole meal?

I'd rather stab my eye out with my new acrylic nail set.

Julian places the dishes in the sink and turns on the tap before grabbing the dirty ones from my hands.

"Was there a reason you volunteered for this job?" I ask.

"I wanted some alone time with you before we got roped into a three-hour Pictionary game." He grabs my hips and crushes me against his body.

"We already spent the whole afternoon together."

He replies by pressing his mouth against mine. The kiss ends as quickly as it began, leaving me wanting more.

"You don't have to help." Julian places the dishes in the

sink and turns on the tap.

"Perfect, because I'm only here to watch you work." I snatch the pink gloves from the dish rack and drop them into his open hand.

He shakes his head with a smile.

"I'll go grab the last few plates while you get started."

"Thank you." He reaches for the first wineglass and dumps it underneath the water.

I stack the last few dishes on top of one another while our families gather in the living room, setting up the easel and large pad of paper.

"You and Julian are going to be paired up together," Lily says.

I frown. "Only because none of you want him on your team."

Rafa shrugs. "He's deadweight."

"I heard that!" Julian shouts from the kitchen.

Josefina holds her hands up. "No way was I having him on my team after the last time."

"Remember his version of a cat?" My mom laughs.

"Or when he tried to convince us that whatever he drew was a spaceship."

"It truly was out of this world." Lily's brows waggle.

I laugh as I turn toward the hall, only to be stopped by Nico jumping in front of me.

Dishes rattle as I pull to a stop. "Hey."

He rocks back on his sneakers, making the heels light up. "You don't have to play with us if it makes you sad."

"Why would..." Realization dawns on me, and my knees

wobble. "Playing with you won't make me sad."

His brows rise behind his glasses. "It won't?"

I kneel down so we can be at eye level. "No. Before, I was so sad that it made me feel sick, but now, I'm feeling much better."

"Can you teach my dad how to feel better too?"

My stomach sinks.

The light in his eyes dies as I shake my head. "I wish I could, but I can't help with that kind of sadness."

He stares at his sneakers. "Oh, okay."

I put the dishes down and pull him into a hug. "But he is going to get better all on his own because he's one of the strongest people I know."

"Like a superhero?"

"Even better. He's a dad."

Nico's arms tighten around me before letting go.

I stand with shaky legs and fix his lopsided glasses. "I better get these dishes to your uncle."

"Okay. Love you!" Nico takes off, running back to the living room.

I take a moment to center myself before heading to the kitchen with the remaining dishes.

"Shit." Julian shakes his hand with a sneer.

"What happened?" I dump the plates on the counter and rush over to him.

"Burned myself with the stove while grabbing a pot."

"Sorry! I must have forgotten to turn it off." I reach for the knob and turn it all the way to the left before grabbing his hand. "How bad is it?"

"It's not a big deal." He tries to tug his hand free.

I tighten my grip. "Stop moving."

"I'm fine."

Based on the way he hisses when I brush my hand over his palm, I would say the opposite. "We have some of that silver burn cream stuff after Lily had an incident with a curling iron." I pull him toward the fridge.

"Completely unnecessary for a little mark." He wiggles his fingers.

"Stop fussing and let me help you."

His deep sigh of resignation shouldn't be endearing, but Julian has a way of making the most mundane sounds interesting.

I find the cream and open the jar.

He reaches for it. "I got it."

I pull away. "Seriously, what's your problem? I'm trying to help you."

"No need to burden yourself," he whispers to himself.

I didn't expect my comment to elicit that kind of response, which makes me momentarily feel bad. "It's okay to ask for help. In fact, I encourage you to be the biggest burden since it does wonders for my ego."

"My dad didn't need anyone else's help."

"Your dad was also *un cabeza dura*, no offense."

He laughs. "None taken."

"You can admire your father without trying to emulate

Un cabeza dura: A hard-headed person

everything about him, you know?"

He nods. "Yeah, I'm aware. It's a bad habit I picked up as a kid, and now it's more of a pride issue than anything else."

"What happened when you were a kid?"

He gives the door a forlorn glance.

"You can tell me." I press my hand against his stubbled cheek. My touch only lasts a second, but it does the trick of getting Julian to open up to me.

"It's no secret my mom suffered from depression. It started as postpartum after giving birth to me, but then it became more permanent after the miscarriages, a stillbirth, and the financial struggles my parents had."

My nose stings. I always admired Josefina and her battle against depression, but now that I've gone through my own experience, I have a whole new level of respect for her. Little by little, I hope to be as carefree and fearless as Julian's mom.

Julian leans into my hand cupping his cheek. "At first, I didn't want to add to my dad's worries because he was already struggling with my mom's episodes. But then Rafa moved in with my family, and I felt self-conscious about complaining because his problems were so much bigger than mine. Asking for help seemed selfish when he and my mom needed it so much more."

I can't keep my eyes from watering.

His gaze hardens. "It's nothing to feel sad about."

"I'm not sad. I'm…" *Dammit, you* are *sad.* "Emotional."

Julian's face reveals nothing. "Why?"

"Because you've put other people first, even when it meant struggling on your own."

He shrugs. "At least I'm living up to my title of Second Best."

My heart might implode. "Our competitions only made your insecurities worse, didn't they?"

"No. They pushed me to be better."

"You were always the best, Julian, with or without the trophies or accolades."

He blushes.

"Expressing our feelings has never been our strong suit, but I mean it. You're the best son, brother, godfather, and businessman I know."

"I'm the best god*parent*, but we can agree to disagree."

I laugh, and his dark gaze traces the curve of my face.

"Asking for help doesn't make you a burden or less than." I swipe some of the burn cream over his red skin. "So stop telling yourself that."

His body ripples with tension until I finish treating his burn.

"There." I give his wrist a squeeze before taking a step back.

He latches on to mine and holds me in place. "Thank you."

"Thank me by channeling your inner Picasso during Pictionary."

He laughs. "Deal."

Turns out losing *with* Julian is far better than winning against him.

And I can't wait to do it again next week.

CHAPTER THIRTY-NINE

Dahlia

"I want to take you somewhere." Julian tugs on my hand.

"Now?" I check the empty living room. Josefina, Rafa, and Nico headed out ten minutes ago to see a movie together, while Lily and my mom are busy finding a way to fit all the Thanksgiving leftovers in the fridge.

"Yes."

I must not answer fast enough because he rushes to say, "I have a surprise."

"What kind of surprise?"

"Telling you would defeat calling it one." He leads me toward the front door, but before he opens it, he grabs my winter coat off the rack and helps me into it.

It's the smallest gestures that send my heart into overdrive, like the way he wraps a scarf around my neck and fixes my hair without me asking.

He's perfect.

Which makes him that much more dangerous. The more he takes care of me, the less confident I feel about our arrangement.

I peek into the empty living room. "But my mom—"

"Has plans to spend the rest of the night catching up on a telenovela with your sister."

"If you're trying to convince me to leave, you're doing a terrible job."

"It'll be worth the sacrifice. I swear."

"That's a big promise."

His smile says he plans on delivering.

"Tonight was…nice," I say after the first song finishes playing.

Julian turns down the volume. "I thought so, although your turkey was a little dry."

I slap his shoulder. "Jerk! You're the one who told me to keep it in the oven longer."

"I only said that so you had to keep bending over to check on it."

I laugh until my lungs hurt.

"I like it when you laugh like that," he says in that quiet, shy voice of his.

A rush of warmth flows through my body, spreading all the way to my toes.

"But I like it even more knowing I'm the reason behind it."

Forget a rush of warmth. Julian's words are like an inferno, obliterating whatever ice I had left to protect my heart.

I become fascinated by the window. "When you say things like that…"

"What?" he asks after a few moments of silence.

"It makes me feel *things* I shouldn't."

"According to whom?" His question comes out sharper than a blade directed at my chest.

"Me."

"Because you're afraid?"

"Because I'm a *mess*."

He focuses on the road, giving me a side view of his jaw clenching. "You're many things, but a mess isn't one of them."

My eyes drop to my lap. "I've only just started feeling like myself again." After fighting my way out of a mental fog, I don't want to sink back into that black hole.

Julian stays quiet, which emboldens me.

"I've been taking the right steps to get better. Therapy. Antidepressants. Exploring who I am post-breakup while forgiving the person I was before it."

His grip on the steering wheel tightens. "And how is that going?"

"I'm finally happy." I take a deep breath. "So freaking happy but also terrified that the feeling might disappear again, and then I'll be sucked back into that dark place."

"It could happen. You could slip back into another depression, and that isn't something you can control."

"I know." I fidget with my hands.

He reaches over and interlocks our fingers. "But that doesn't mean you have to go through that kind of feeling by yourself anymore." His hand squeezes mine.

"I'm afraid to depend on people."

"Your issue isn't depending on people but rather finding the *right* people to depend on."

It takes me a good minute to wrap my head around that one. "Did everyone see what I was clearly missing?"

"No, although I wish I had." His hold on my hand loosens, so I tighten my grip to stop him from slipping away.

"You wouldn't have known regardless." Keeping up false pretenses was a craft I honed over the years, making sure no one could see through the mask I held in place to shield my anxiety, insecurities, and relationship issues.

"Maybe, maybe not. But I regret not owning up to my actions and trying to reconnect with you."

No amount of deep breathing will save me from the ache in my chest. "We both need to let go of our regrets if we plan on moving forward."

It takes him a full minute to say anything. "I can do that."

"Do you think…" I bite down on my cheek.

He peeks at me out of the corner of his eye. "Do I think *what*?"

"That we could remain friends, even if I move back to San Francisco?"

"If?" His fingers stop tapping against the steering wheel.

"*When*." I power through the next sentence before I second-guess myself. "Our families are so happy that we're all together, and I'd hate for things to be strained again if we have a falling out or things get weird between us."

"*If* or *when* you move back, I don't plan on letting things go back to the way they were before."

My brain takes his statement and runs a marathon with it until Julian interrupts my overthinking power hour by stopping his truck at the intersection leading out of town. "Put this on."

I check out the silk eye mask. "Is this surprise a kinky one?"

"Don't take it off." His burning gaze is the last thing I see before he pushes the mask down, blocking my view.

My body trembles, a fact Julian notices based on his low chuckle.

The engine roars as he takes off again, driving for another twenty minutes before the car finally rolls to a stop.

"Wait here," he announces before climbing out of the car.

I have no idea what surprise Julian has planned, but I can't wait to find out.

He opens my door and helps me out.

"Can I take off the blindfold now?"

"Give me a minute." He grips my elbow and leads me into the unknown. Funny how two months ago, I didn't trust him near me with both eyes open, yet now I'm willingly taking a blind leap of faith with him.

Gravel crunches beneath my boots as we walk uphill.

I strain my ears while searching for clues about our location. "Where are we?"

"Lake Aurora."

"Why?"

"You'll see in a second."

I'm not sure why Julian brought me out here, but anticipation bites at my heels. Lake Aurora was founded ten years after Lake Wisteria and was heavily influenced by London architecture.

With houses of every color and rows of unique townhomes that stretch for miles, the town is a designer's dream.

After ten more steps, Julian holds true to his promise as he rips the eye mask off. I blink a few times, allowing my eyes to adjust before I take in the massive mansion in front of us. The Queen Anne-style matches the Founder's house style, although this one was kept in slightly better condition.

"What's going on?"

He holds up a pair of keys. "You said you were bored."

"So you bought me a house?"

"I thought we could fix it."

"*Together?*"

The slight tightening of his throat gives his nerves away.

"What happened to destroying houses to build neighborhoods?" I ask.

"I still plan on doing so."

"Oh."

"But unlike our town, Lake Aurora has plenty of land to spare without me needing to tear down historic homes in the expansion process."

"I like this plan more and more."

The moon highlights the faint blush creeping up his cheeks. "Do you want to check it out?"

Shy Julian might be my favorite Julian, especially when it comes with surprises like this.

I slip my hand into his and lock our fingers together. "Let's go inside."

The fresh scent of cleaning solution fills my nose as we walk into the house. The tightness in my chest becomes impossible to ignore as I consider Julian hiring someone to get the house ready for me to see it.

I catch him devouring my reactions like a ten-course meal as we walk through the perfect mansion.

A room full of empty shelves begging to be lined with books and accessories. A sunroom facing the lake and the surrounding tree line. Windows lining the whole back wall, allowing plenty of moonlight to stream inside.

With each room, I fall more in love with the property. Sure, it could use an interior designer's touch, but the bones are stunning, and the view of the lake is a huge selling point.

"I thought you didn't like restoring houses." I turn and find his eyes already focused on me.

"The Founder's house and Gerald's story may have changed my mind."

"Oh, really?"

His Adam's apple bobs from how hard he swallows. "And you."

"I did?"

"Yes."

"Who knew I was such a good influence?"

He wraps an arm around me and pulls me into his warm embrace. "Do you like it?"

"I *love* it."

"Good, because you're in charge of it."

"Me?"

His right brow rises. "I thought you wanted a challenge."

"This is…" *Everything I could have dreamed up and more.* I blink hard and fast. "What's your timeline?"

"I was thinking the team could get started on demo next week."

My brows jump. "So soon?"

He breaks eye contact. "I don't want you to be bored here."

"Why?"

He takes so long to answer, I almost give up waiting for one.

"Because I want to give you a hundred different reasons to stay."

Wait. What?

"Julian," I plead.

He holds my chin in a firm grip, cutting me off. "I need to get this out." Instead of five deep breaths, he takes one long inhale.

Progress.

"Tonight, when you told Lily we weren't together, I wasn't angry…"

My lungs stop working.

His arresting stare holds me hostage. "I was disappointed because of how much I wanted us to be."

"I never meant to hurt your feelings," I rush to get out.

He presses his forehead against mine. "I know that. We had our rules, and I went ahead and broke them."

"What do you mean?" My voice cracks toward the end of the question as I pull back.

"I'm falling in love with you, Dahlia. I don't expect you to say it back after everything you've been through this year, but I didn't want to go another night without you knowing how I feel. Just like I can't go another day with you thinking I'm okay with us keeping things casual."

Por Dios.

His eyes shimmer from the moon peeking through the clouds. "I missed out on a chance to make you mine before, but I don't plan on making the same mistake again. We're the real deal, sweetheart, and I'm done letting you believe anything else."

My heart soars like a bird released from a ten-year cage of wishful thinking and haunted what-ifs.

Julian doesn't wait for a reply before he bends down and captures my mouth with his. I bask in the afterglow of his admission as he kisses me, making me *feel* the truth behind his words.

Every kiss feels like a promise. Every touch an oath. A vow that Julian will love me, cherish me, and protect me—no matter if I choose to believe it or not.

There is a fundamental shift happening inside of me, and I'm overwhelmed that it all has to do with Julian.

You're falling in love with him too.

The thought is scary, but then again, the truth typically is.

As if he senses my wandering thoughts, Julian tugs me back into the moment by biting down on my bottom lip. He draws blood before licking the evidence away with the tip of his tongue.

I return the favor, earning a sharp hiss I feel straight to my clit. He grabs my ass and lifts me, and I wrap my legs around him before he presses my back against the wall, trapping me as he ravages my mouth.

I swivel my hips, and Julian moans. His nails stab into my

flesh as I rub against his cock.

I'm not sure how long we tease one another, but he only breaks away from kissing me to focus his attention on my neck.

"I can't get enough of you." The adoration in his voice has something in my chest twisting. He sucks on my neck hard enough to bruise, no doubt marking the skin.

"We weren't supposed to fall in love." I pull him away by the roots of his hair.

Shit!

Before I have a chance to panic about what I said, Julian distracts me by kissing the spot beneath my ear that makes me tremble.

"What are you going to do about it?"

"I'm not sure yet. Ask me again after you make me come."

He smiles against my skin. "Sounds like a plan."

CHAPTER FORTY

Julian

Telling Dahlia that I'm falling in love with her wasn't part of tonight's plan, but neither was reacting the way I did to her conversation with Lily. When she said we weren't together, it felt like taking a missile to the chest, and nothing could ease the ache but admitting how I feel.

I don't want casual, and I'm done pretending otherwise.

While I'm afraid Dahlia might not reciprocate, I'm more afraid of the regret I'm guaranteed to feel if I allow my fear of losing her to rule over my actions.

There is no place for pride or denial when it comes to falling in love with Dahlia. I got my second shot at winning her over, and I refuse to squander it because of my ego or stubbornness.

I carry her over to the living room, only breaking our kiss to place her back on her feet. She sways a little before reaching out for the back of the couch.

Now that's an idea.

I spin her around. "Bend over." My hand pushes on the small of her back, and she curls over the cushion.

I lift the hem of her dress, exposing her ass.

She squirms with every pass of my palm over the smooth flesh. "Did you plan for all this to happen?"

"I hoped." I push her feet apart with the toe of my shoe. "Get yourself ready."

Her hand trembles as she slips it inside the elastic band of her underwear to reach her pussy. To stop myself from touching her, I focus on grabbing the condom from my wallet and undoing my belt.

The jangle of the buckle stops her.

I slap her ass hard enough to leave a mark. "Stop touching yourself again, and I'll take you here instead." I drag a finger along the crease, and she responds with the sweetest shiver.

She pushes her underwear all the way down. The lace stretches around her ankles, trapping her in place like a pair of leg restraints.

I don't take my eyes off her as I undo the button of my jeans and slide them down my legs, freeing my aching cock in the process. The tip glistens from precum, and a single pump draws more out.

Fuck.

Dahlia's hand pauses, only to resume her efforts when I catch her staring.

"Like what you see?" I slide my hand up and down.

Her eyes land on my lower half. "Come a little closer so I can get a better look."

"I think I'll stay here and enjoy the view for a little longer."

She leans forward a bit so I can get an unobstructed show of her finger sliding over her slit.

I tug on my cock again, and Dahlia matches by pumping a single finger inside herself.

"Just like that." I grind out the words.

She follows my pace, slow and steady.

"Another one," I command.

She bites on the inside of her cheek as she adds a second finger. My languid pace frustrates her, and I find myself smiling more than once at the small huffs of irritation she makes every time my tempo slows back down.

"Julian. *Please*."

I pause mid-stroke. "Stop."

Her brows furrow.

"Show me your hand."

She lifts it.

"Another pretty little mess." I lick my bottom lip.

"Clean it," she orders.

I bend down to suck her fingers. Her sweet gasp sends a wave of pleasure straight to my dick, already hard as steel.

I break away to roll the condom on before stepping between her legs. She shudders when I drag the tip past her entrance, coating my length with her arousal. The torturous back-and-forth slide seems to drive her mad based on the noises she makes.

Her patience runs out, and she digs her fingers into the couch before pushing back until my tip slips inside her.

"If you wanted me to fuck you, all you had to do was ask

nicely." I grip her hips hard enough to bruise.

"I'm done playing nice." She pushes back some more, and I sink deeper.

"Fuck this." I thrust with enough power to make Dahlia and the couch shake. She claws at the cushions as I slam all the way inside her, pinning her in place with my cock.

Right where she belongs.

She just hasn't accepted it yet, but she will soon enough. Deep down, I know she feels the same way, but my girl is as stubborn as they come. Her fighting against the idea of us is to be expected with our history...but so is my victory.

She whines as I withdraw fully. Sparks shoot down my spine as I slide my cock back and forth over her entrance, using her arousal as a lubricant while I tease it. Every time she wiggles her hips, I nearly give in to her request to fuck her.

I'm a bastard for edging her this way, but the outcome will be worth it. That much I know.

"Please fuck me." Her voice cracks.

"My three new favorite words." I slam back inside her.

Her request might not have been the three-word phrase I would have preferred to hear, but it will do for now.

Both of us groan at the pressure, although I recover quicker than Dahlia and find my tempo. The push and pull between us intensifies as I draw out her orgasm by constantly switching my rhythm. She begs, cries, and pleads for me to let her come, but I only plan on helping her find her release once I'm ready to follow her.

I slide my arm underneath her, and with a few more strokes of her clit, she comes around my cock. It only takes a few jerky thrusts for me to come with a curse. My whole world threatens to go black from the overwhelming pleasure, but Dahlia's lazy grin keeps me grounded.

Her smile rivals the brightest gem, and I'll be damned if anyone threatens her happiness again. She is more valuable to me than anything else, and it's only a matter of time before she realizes that.

And it's my job to help get her there.

After cleaning up, I drag Dahlia to the couch situated in front of the window facing Lake Aurora. At some point, I will have to drive her home, but I won't be the first one to suggest it now that I have my arms wrapped around her.

"I can't believe you bought a lakefront mansion because I was bored." Dahlia leans her head against my shoulder.

"I'm doing everyone a favor. People get hurt or arrested whenever that happens."

"Rafa got arrested because *you* convinced him to break a fire hydrant."

"He never would have done it in the first place had you not pulled that prank on us with the skunk."

She flips her hair over her shoulder. "One of my finest moments, if I do say so myself."

"I'm afraid of whatever you've planned next."

Her smile borders on certifiable. "Don't be."

"Is it too late to call a cease-fire?" I pull her white lacy underwear from my pocket and wave it.

She laughs as she snatches it back. "Nothing will save you

after the stunt you pulled in the attic."

I drop my head back with a sigh. "It was worth asking."

She shrugs. "You'll forgive me eventually."

"You're that confident, huh?"

"Oh yeah. Because you're falling in love with me."

"I'm going to regret admitting that, aren't I?"

"Never. Your precious little heart is safe with me." She taps the spot over my chest.

Rather than focus on the cold thread of fear slithering through my chest, I choose to believe her.

CHAPTER FORTY-ONE

Dahlia

Julian goes on his annual Thanksgiving weekend trip with Rafa and Nico to his Lake Aurora cabin, leaving me alone to process how it feels to be without him. After seeing Julian almost every day, I feel his absence already during the first day—a shocking development to say the least.

My mom, Lily, and I binge the latest season of our favorite telenovela together, which keeps my mind occupied for a day or two, but it never fixes the empty feeling plaguing me since Julian left for the cabin.

Because he fills a void that nothing else can.

A terrifying realization after everything I've been through over the last year.

You knew something like this could happen.

Yeah, well, knowing and experiencing are two very different things.

Despite my fear of getting hurt, my feelings are becoming difficult to ignore, especially now that I know how he feels.

I'm falling in love with you.

I've replayed the memory a hundred different times this weekend, expecting the buzz to go away, yet it remains throughout the weekend and well into Monday.

My heart slams against my rib cage when Julian walks into the Founder's house kitchen with a paper bag I instantly recognize.

I ditch the tile samples and run up to him to confirm the name stamped on the side of the bag.

"No freaking way!" I squeal as he passes me a takeout bag from Aomi. "I thought they didn't offer takeout?"

"They don't."

"Then, how?"

"They make exceptions."

"For a price?"

He nods, and I laugh at the insanity of it all.

I place the bag on the counter and rip it open.

"I ordered a few different rolls since I didn't know which one you liked most."

"Are you kidding? I'd eat anything from there." I reach inside and pull out the first container with a sigh. "How is this possible? They're in New York."

Aomi is the most luxurious and expensive sushi restaurant in the U.S., with most meals costing over a thousand dollars per head since they import fresh seafood directly from Japan. I only went once at my television network's expense and never returned because I couldn't justify the price or trip.

He avoids my gaze. "I hired a guy to pick it up."

"With what? A private jet?" I laugh off the idea.

His lips form a thin, white line.

My eyes widen. "Oh my God. Tell me you didn't."

His silence says enough.

"That's terrible for the environment."

"Are you going to make me promise to never do it again?"

"Hell no. Next time, we'll have to go together to make it worth the carbon footprint."

He shakes his head. "You never cease to surprise me."

"That's why you like me. Challenge, remember?"

He kisses my forehead before stepping away. "Enjoy your lunch."

The excitement I felt about eating seven-hundred-dollar sushi rolls disappears as Julian walks toward the door.

"I haven't seen you all weekend," I say to his back.

He turns. "Did you miss me?"

I bite down on my tongue.

"You did." He smirks.

"Shut up," I snap.

"When you're ready to admit you couldn't stand being away from me for four days, come find me." His eyes glitter as he moves toward the archway.

"Wait!"

He pauses. "Yes?"

"Fine. I missed you. *A lot.*"

"Me too. I considered ditching Nico and Rafa on the second day."

"And that right there is why I'm the favorite godparent." I

stick out my tongue.

He spares me an icy glare. "It was for their safety more than anything. I nearly poked Nico's eye out while making s'mores because I was busy daydreaming about the other night with you."

My cheeks flush.

He nods toward my container. "Hope the food is as good as you remember. I'll stop by later and check on you once I'm done with the molding in the dining room."

"Will you join me?" After spending a whole weekend without him, I want a little more than three minutes of his time.

"I was hoping you'd ask." He *winks*. My whole world stops spinning for a second before I gather my bearings again.

"The house is coming along." He stands on the opposite side of the island.

I glance around the half-finished kitchen, taking in the grand, warm oak cabinets Ryder and his team hung last week.

"I like the color of the island." Julian glances over at the deep blue wood paint. "And the waterfall counter adds a nice touch."

"What about the pendant lights?" I tilt my head toward the lampshades hanging above the off-white quartz counters.

"Fits the blend of modern and Victorian you're going for, although I like the vintage light above the sink most."

"Me too. I found it at Another Man's Treasure and knew we needed it."

He steps away from the counter and checks out a few paint swatches. "I like this one." He points at my least favorite one.

I must make a face because he asks, "No?"

"Too dark, especially if we're trying to balance out the island."

"Good point."

Julian and I spend the rest of our lunch break discussing other parts of the house while stealing pieces of sushi from each other's containers. Compared to Oliver's go-to *you got this, babe* reply and general apathy toward my design process, Julian not only seems interested but also gives opinions. We have become a *team*.

At one point, he smacks my chopsticks away with his own before lifting the piece to my mouth himself. Goose bumps spread across my skin as he feeds me, turning a casual lunch into our own version of foreplay.

I love the little ways he shows he cares, like giving me the last piece from his favorite sushi roll or only stealing a single bite of dessert before handing it over, although I know we both suffer from the same unfortunate sweet tooth.

As a thank-you for today's meal, I lift the spoon and feed him the last bit of dessert. His eyes darken as he steals a kiss, flooding my mouth with the taste of peaches.

I tug him closer, not wanting to let him go.

"People are working upstairs." He pulls me to him.

I reach for his shirt. "We can be quiet."

"You just don't want me to go."

Not at all. The more time I spend around Julian, the less time I want to spend apart, and that kind of reliance on someone else is what scares me most.

After Julian went out of his way to bring me sushi from Aomi earlier, I *almost* feel bad about the prank Lily and I have planned.

It only took me finding one of the crew members laughing at my video for me to remember today's mission. Lily assured me the plan is still on, so I need to get Julian into position and let the rest fall into place.

The flaps of the tent slap together after I walk inside. "Oh, good. You're still here."

Julian looks up from the half-carved wooden post. "Yeah. Why?"

I walk around the makeshift woodshop. Based on the number of balusters stacked in neat columns beside him, I doubt Julian has taken much of a break since he arrived at noon.

"I was wondering if you had plans tonight."

"We both know I don't." He wipes his damp brow, spreading sawdust across his forehead.

I walk up to him and wipe it away. "Do you want to get out of here? I'm hungry."

He leans into my touch. "Sure."

"I was thinking we could grab something to eat on the way back to your place."

His brows jump. "Where are you thinking?"

"Nothing *too* fancy."

"That's a relief, seeing as the upscale restaurant options in town are probably closed for the night."

"Maybe another time." I wink.

“What about Early Bird?”

“That’s perfect.”

Julian holds the tent flap back for me, turning my stomach into a ball of knots.

It’s not too late to cancel everything.

I give my head a hard shake. There is no way in hell I’m skipping out on the opportunity to pull the ultimate prank, especially after what he did to me in the attic.

“Should we go in two cars or one?” I bat my lashes.

His thick swallow nearly makes me drop my cover. “You could drop yours off at your house, and I’ll drive us to the diner.”

“Sounds good to me.”

I pull out my phone and shoot Lily a text.

ME

Plan is a go.

My phone vibrates from an incoming call from my agent before we make it out the front door.

“Give me a second,” I tell Julian before answering. “Hey, Jamie.”

“Dahlia! How are you?”

“Good. And you?”

“Doing well. I know it’s late, but I couldn’t wait until tomorrow to call you.”

My heart rate increases with each beat. “What’s up?”

“We got a new offer.”

"Really?"

Julian's face strains as he tries to listen, so I put Jamie on speakerphone to save him the trouble. "An offer from who?"

"Archer Media."

"No way." The Creswells always complained about their growing web of networks and record-breaking viewer numbers.

Julian pulls out his phone and taps away while I process Jamie's news. Until I have a contract in my hand, I probably won't believe Archer Media wants to work with me, especially after being burned once before.

She laughs. "They're in the market for a show like yours for their fixer-upper network."

"Wow."

"And the best part? They're willing to pay you double what you made with your last contract."

My lips part.

"I can get started on discussing logistics with filming in San Francisco. They seem eager to get started as soon as possible."

Julian gives me his back, either out of privacy or to shield his disappointment. My excitement dies with every rise and fall of his shoulders.

"If you're interested, we can schedule a meeting with them to discuss everything."

I shake my head to clear my thoughts. "Yes. Of course I'm interested."

Then why do you sound less than enthusiastic about the offer?

Probably because while renovating the Founder's house, I fell in love with the man who bought it.

Are you considering giving up a television opportunity like this for Julian?

Yes? No? Probably, although I hate admitting it. As much as I love connecting with families and helping make their dream homes come true one television episode at a time, I also love working with Julian and his team. Just like I love being back at Lake Wisteria with my family.

San Francisco has been my home since I started at Stanford, but Lake Wisteria has my heart…and Julian along with it.

But after spending years of my life catering to someone else's needs, I'm afraid of repeating the same mistake.

Jamie rattles on. "Things are going to move pretty fast because Archer wants to start interviewing potential homeowners after Christmas."

"Huh?" I shake my head. "That's in a month."

"I know. It's a lot to take in, but they're so excited about collaborating with you."

"Great." I try my hardest to muster up a cheery voice.

"They want to meet with us as soon as possible."

"I'm pretty flexible, so I can meet as early as next week."

"Perfect. My assistant can reach out once I nail down a date."

"Sounds like a plan. Thanks, Jamie."

She hangs up, and I turn toward Julian. He is quick to school his features, but it doesn't stop me from sensing the weird energy brewing between us.

"Julian."

"Congratulations," he says with a tight smile. "I knew it would be only a matter of time before you'd get another offer."

Oh God. He's already starting to pull away. "But—"

He silences me with a kiss. This one is fueled by a new kind of desperation that has my toes curling and my chest tightening all at the same time.

I'm hit with a wave of different emotions. Happiness. Sadness. Fear and uncertainty.

I might not have it all figured out, but I do know one thing: Lily was right. My biggest issue isn't that I don't trust Julian, but that I don't trust *myself*.

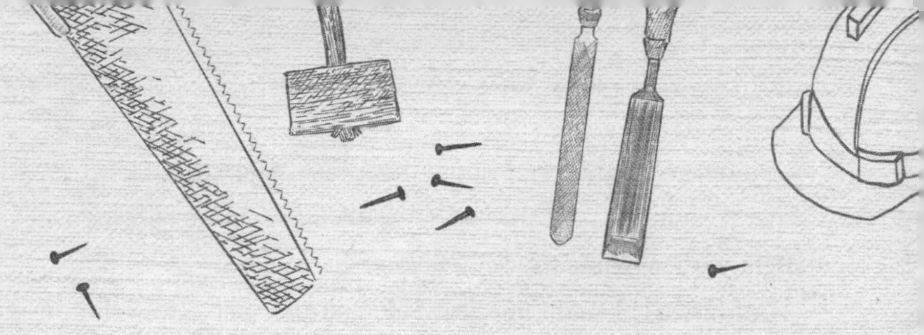

CHAPTER FORTY-TWO

Julian

I do my best to hide my true feelings about Dahlia's news as we head toward town in my truck. She deserves my support, no matter how much I dislike the idea of her leaving again.

I ask all the right questions and politely listen to all her answers, but her lack of enthusiasm worries me, and I wonder if I'm failing at my attempt to play it cool.

Don't ruin her moment with your bullshit.

Easier said than done, especially once she asks me an impossible question after I park in the half-empty lot behind the diner.

"What about us?" She assesses me from the corner of her eye.

I bite down on the inside of my cheek.

Say something.

As much as I *want* to, I know I shouldn't. She worked hard for her recognition, and the last thing she needs is me tainting tonight with my insecurities.

So, instead, I undo her seat belt and pull her across the bench.

She places her hand against my chest to stop me. "What—"

I kiss her next question away while lifting her so she can straddle my thighs. She matches my punishing pace, bruising my lips in the process as she seals her mouth against mine.

I worship her body with my mouth. Tongue. Hands. Not a single spot within reach remains untouched, and she mirrors my desperation with her own.

Her fingers embed themselves into my shoulders as she grinds against me until the front of my pants is soaked with her need. I dig my fingers into her hips and lift her back and forth, earning a hiss and a tug on my hair as she presses on my straining cock.

"Julian." She tugs my head to the side by pulling on my hair. "We need to talk."

"Let's talk after? *Please.*" I throw her back on the bench.

She parts her thighs. "Okay, fine, but what if someone sees us?"

"No one is around." I tuck my legs in the cramped spot between the gas pedal and the bench before lining my face up with her pussy.

She rises onto her elbows and scans the parking lot. "*Yet.*"

I slap her pussy hard enough to knock the air from her

lungs. "Focus on me, sweetheart."

Dahlia wants to know what will happen to us once she accepts the offer, and I want to make my intentions obvious. Words were never my strong suit, so I would rather show her instead.

She cuts me a look as I lift the hem of her skirt toward her stomach. I lean forward, drag my nose over her underwear, and take a deep breath, making her blown-out eyes go wider.

I nip at the material, and her head drops back with a sigh as I slide her soaked undergarment down her legs. Goose bumps cover her skin, and I trace my way back toward her dripping center with my calloused hands.

Her legs drop to the side as I crawl between them and kiss her.

She slides her fingers into my hair and tugs. "We need to make this fast."

"Why?"

She answers by pulling me toward her. I quickly become distracted by her pussy and pleasuring her with my tongue. Her moans of encouragement fuel me, driving me closer to the edge of insanity.

I thrust my tongue, and she jolts with a gasp. My fingers soon replace my tongue, turning her into a writhing mess beneath me as they work in tandem.

Every time she gets close to the edge, I pull back, wanting to prolong the moment.

"Julian," she whispers with a harsh breath.

I suck on her clit and curl my fingers inside her.

She shakes her head. "It's too much."

There's no such thing wherever she is concerned.

"You can take it." I tease the sensitive spot inside her, earning another sharp inhale.

She claws at my hand. "Please let me come."

"Such good manners." I press my thumb against her clit.

Her thighs stick to the leather bench beneath her—both from her arousal and the sweat clinging to her skin. She shakes as I tease that spot again until she erupts on my fingers. I sit back up and tug my pants down far enough to get on a condom.

Dahlia trembles as she begins to come down from her high, although I don't let her fully return to reality as I have her straddle me again.

"Remember how I won the competition at the Harvest Festival?"

A moment of clarity passes over her. "Yes."

"You promised me anything I wanted."

"Did you finally decide?" Confusion bleeds into her voice.

My grip on her hips tightens. "Yes. I want you to answer one question honestly."

"That's it?"

I nod.

"What do you want to know?"

"Are you falling in love with me?"

No hesitating. No deep breaths. No questioning myself or whether asking her was a mistake.

Tell me this isn't all in my head.

Give me something to hold on to before I lose hope of us getting a real chance.

Show me that we can survive anything, your long-distance job and trust issues included.

The whooshing sound of my heart pounding fills my ears, so I nearly miss her answer.

"Yes."

All my thoughts scatter as warmth radiates through my chest, burning a path from my heart to my lower half.

With a full-body tremble, she rises to her knees and slides down my cock until she is fully seated. My thighs shake beneath her as I fight the pleasure threatening to consume every rational thought.

Dahlia was made for me, and I won't let another day go by where she doesn't know it.

"I want to hear it." My nails bite into her skin.

"Yes, I'm falling in love with you, but I don't know how I will ever get over—"

I lift her and slam her back down, cutting her off midsentence. "We'll figure the rest out."

"But—"

I repeat the same action while switching angles, earning a spine-tingling rush as she takes every inch.

Dahlia holds on to my shoulders while she follows the pace I set. My pleasure climbs as she glides up and down my cock, working herself to my groans of appreciation.

Her tempo changes, desperation biting at our heels as Dahlia chases her release. I'm not too far off, although I refuse to let go until she does.

At one point, I take over, holding her down by the shoulders as I pump into her from below. A galaxy of stars explodes behind my eyes as she clenches around my cock with the sweetest moan.

The angle sets her off, and it only takes a few thrusts for her to shatter around me with a cry. I don't stop moving as I fuck her through her orgasm. My fingers dig into her shoulder as I hold her in place, her pussy clenching around me like a vise custom-made to drive me wild.

She bites into my shoulder to muffle her cry, and my cock drips in response. I find my pace again, her pussy making it impossible to think as I slide in and out.

She kisses my forehead. My cheeks. The slope of my neck and the spot right below my ear that makes me shiver.

Sex with her has always felt incredible, but this…this is fucking phenomenal.

I'm falling in love with you. Her soft confession replays in my head.

I grip her hips as I come harder than ever before. My mind goes blank, and my vision turns dark as every nerve in my body goes haywire.

My orgasm was a life-altering event, and I'm afraid I'll never be the same again.

"Fuck." I smack the back of my head against the seat.

She gently holds my head between her hands and kisses me.

It takes every ounce of willpower to pull away. "About what happened earlier—"

A hard knock against the glass has our eyes widening. Dahlia turns and shrieks at Deputy Roberts, the thirty-five-year-old man-child, pointing a flashlight directly at us.

Mierda. Of all the people in town to find us, it had to be him.

Good luck talking your way out of this one.

"Put your clothes on and step out of the vehicle with your hands in the air." He turns around to give us some privacy.

"Oh fuck."

CHAPTER FORTY-THREE

Dahlia

My limbs are useless, so Julian carefully removes me from his lap and places me on the bench seat before taking care of the used condom. The rapid thump of my heart gets stronger as I consider the deputy standing outside the truck. I don't recognize him as the guy Lily and I met up with to discuss the prank, which only makes the acid churning in my stomach worse.

"What do we do?" I'm not sure how I manage to formulate a full sentence, but I do.

Julian shakes his head. "I don't know."

"Awesome." Panic bubbles inside me, the pressure becoming unbearable with every shallow breath. "Is he going to arrest us?"

Blue and red lights flash over his face. "I wouldn't put it past him."

"That's reassuring."

"Everything will be fine."

"Fine?" My pitch rises. "How is any of this *fine*?" I reach out for the dashboard as a wave of dizziness consumes me. "He's going to recognize me, and then this is going to make it onto the news, and everyone I know will find out, and I will lose the Archer deal only thirty minutes after receiving it."

Julian interlocks our fingers and tucks my hand against his chest. "Breathe." He demonstrates, and I follow along.

"Everything will be fine because you have me, and I'm not going to let anything bad happen to you," he responds between deep inhales. "This isn't going to make it onto the news, and Archer isn't going to find out about a silly misunderstanding."

Julian's confidence eases some of my panic, along with his forcing me to take big gulps of air. He helps fix my clothes, which I'm grateful for given how hard my hands are shaking.

"Dahlia." He lifts my chin up, but I avoid meeting his gaze.

He sighs. "About what you said earlier—"

"I don't want to talk about it." Not now, and maybe not ever.

I hadn't meant to confess my feelings when I barely understand them myself, but Julian didn't give me much of an option.

Now look at the mess you got yourself into.

"Do you plan on acting like you didn't admit that you're falling in love with me?"

"Seems on brand for me."

"Seems like bullshit."

I flinch. He reaches out for my trembling hand again and gives it a reassuring squeeze I don't entirely deserve.

Which is exactly why you're going to pack your bags and go back to San Francisco before either one of you gets hurt.

Except my plan quickly falls apart when my chest aches at pushing Julian away like he did to me all those years ago.

He deserves better than that from you.

I jolt at the deputy knocking on the window with his flashlight. "As entertaining as this show is, wrap it up. It's cold out here, and I'm losing my patience."

My nails bite into my thighs. "God. I hate this man, and I don't even know him."

"Consider that a blessing."

I hop out of the truck on shaky legs. The brisk December breeze hits me, making me shiver.

"Dahlia Muñoz?" A deputy I don't recognize calls my name. "Surprised to see you here."

"Um, where's Ben?" I scan the police cruiser parked beside Julian's truck for the man I planned the prank with.

He shoots me a confused look. "Last I heard, he was answering another call."

"Oh. Does he plan on coming here to back you up?" Maybe Lily changed the plan at the last minute so I wouldn't give anything away.

That little shit. I wouldn't put it past her.

"I think I can handle this civil disturbance on my own."

My stomach churns. "Civil disturbance?"

"Someone called to report two people having sex in a public parking lot."

Despite the chilly temperature outside, I break out into a sweat.

Julian walks around the back of the truck and stands beside me without touching me. "Deputy Roberts."

"Julian," the deputy sneers. "I thought it was you, but I wasn't sure with the dark tints."

Uh-oh.

I can tell based on Julian's rigid posture and the way Deputy Roberts reaches for his taser that these two have history.

The really, *really* bad kind.

"What can we do for you?" Julian grazes his pinky against mine.

I'm here, he silently says.

The gesture only seems to make the tightness in my chest worse.

"I received a complaint about inappropriate conduct and public nudity."

Julian rubs the back of his neck. "Right."

"You are aware that it's illegal to have sex in a public location, correct?"

"I am aware, yes."

"Julian!" I shout. Rule number one of dealing with cops: never admit guilt.

He realizes his mistake too late.

Deputy Roberts reaches for his cuffs. "Turn around, Lopez."

"Excuse me?"

"I've been waiting for this moment."

What?

Julian doesn't follow the deputy's instructions. "You're seriously going to arrest me for this?"

"I was thinking about detaining you, but keep running your mouth, and I'll be tempted to charge you."

Julian doesn't blink. "How much will it cost to make this all go away?"

I drag my hand across my throat in desperation. *Shut up! Shut up! Shut up!* I mouth.

"Add bribing an officer to your list of crimes tonight. Now, turn around and put your hands behind your back." He motions with the cuffs.

"This is ridiculous," Julian says.

"Do what he says," I whisper.

He spins around and locks his hands together.

Deputy Roberts makes quick work of the cuffs before turning to me. "Your turn."

"Me?" My pitch rises.

"Mr. Lopez wasn't having sex alone, was he?"

I blush from my head to my toes.

He gestures with his cuffs. "Turn around and put your hands behind your back like Mr. Lopez so kindly demonstrated."

"Leave her out of this." Julian's lethal tone draws a shiver from me.

"And miss out on an opportunity to piss you off? I don't think so."

My eyes widen at the deputy. "Why do you hate him so much?"

"Ask him that." He points the handcuffs in Julian's direction.

Julian locks eyes on Deputy Roberts. "My mom set me up on a few dates with Roberts's ex."

Roberts takes great pleasure in cuffing me, although Julian seems about one second away from having an aneurism.

"I'm sorry," he says as soon as we are placed in the back of the cruiser.

I remain quiet as I consider where everything went wrong in the last ten minutes. Julian checks in with me multiple times during the car ride, but my anxiety has officially taken over, and I see no end in sight.

Getting thrown in a holding cell because of a personal vendetta against Julian isn't doing wonders for my mood. Whatever bliss I felt in the truck has long since disappeared, leaving me antsy and irritable as I pace the perimeter.

Roberts didn't charge us with anything, although the photo he took of us in the holding cell is damning enough. I pray it doesn't make it on the internet.

I wrap my hands around the metal bars and shout, "This is unconstitutional!"

Julian takes a seat on the most uncomfortable-looking metal bench. "Welcome to Lake Wisteria."

I grip the bars and attempt to shake them to no avail. "Roberts! What about our right to a phone call or bail?"

No one answers my shout.

Asshole.

I press my forehead against the cold metal. "So, what? He's going to leave us here to rot because he hates you?"

"Eh. I give him a few hours before he calls our mothers to come pick us up."

"Our mothers?" I turn on my heels with a screech.

"I overheard him telling one of the other deputies about it while you were busy having a private conversation with yourself." His shy smile doesn't ease my anxiety.

My makeup might melt away from how hot my skin gets. "My mom is going to kill me when she finds out why we're here."

"Consider yourself lucky. Mine is going to start planning our wedding and invite the whole town."

God help me get through tonight without ending up disowned or deceased.

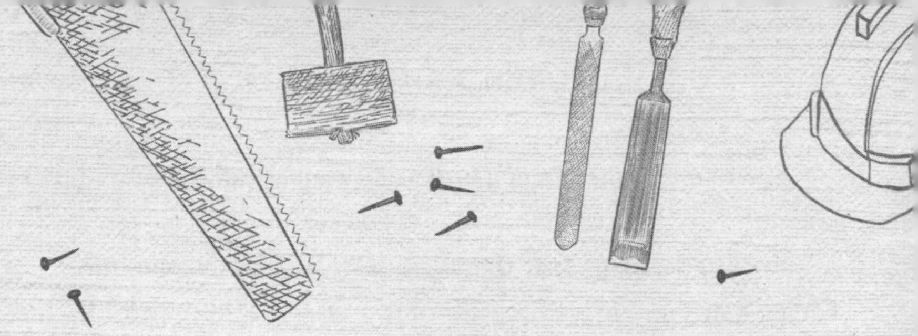

CHAPTER FORTY-FOUR

Julian

Despite my best attempts at distracting Dahlia from our current situation, I find her getting lost in her thoughts numerous times throughout the night. I hate to see her spiraling, but there isn't a lot I can do while trapped in a jail cell.

I know she regrets admitting she is falling in love with me. Just like I know she plans on fighting me every step of the way until either she accepts the truth or I give up.

Words will only get me so far, so instead of making her a promise she won't believe anyway, I keep quiet and hold her tight against me until Roberts returns.

The deputy takes his sweet time walking over to us, only to stop in front of the door and turn toward Dahlia. "Ben told me about the prank you had planned. Sorry I ruined it."

The asshole doesn't sound the least bit sorry.

"What prank is he talking about?" I ask her.

She rises from the bench and stretches her legs. "A stupid one."

Roberts leans against the bars. "Dahlia here planned on having you thrown in the back of a cruiser and dropped off at your mother's house with the sirens on so all the neighbors would make a fuss."

Although my mother would have happily filmed the whole thing, I would have died of embarrassment before making it up the driveway.

He shrugs. "Too bad I ruined Strawberry Sweetheart's plan."

Dahlia's cheeks flush.

"Don't call her that," I snap.

His lips curl. "Did I strike a chord?"

I force my mouth shut.

Dahlia stares at me for a solid ten seconds without blinking. "Strawberry Sweetheart?"

My hands curl by my sides.

She frowns. "My contact name on your phone doesn't stand for Satan's Spawn, does it?"

Mierda. No wonder she is hesitant about falling in love with me if she thinks her contact information on my phone means *that*.

Roberts unlocks the door with a special sparkle in his eyes. "You're both free to go, although I'm not sure you will feel that way once you see your mothers."

"*Gracias por eso, pendejo,*" I mutter under my breath.

Gracias por eso, pendejo: Thanks for that, dick.

Dahlia drags her feet behind me as Roberts leads us through the station. She prolongs the inevitable by asking to use the restroom and grabbing a drink of water, which only excites Roberts more.

"Good luck." He walks back to his desk, where he can watch our mothers' reactions with glee.

Dahlia cringes at the expression on her mother's face as we walk up to them. "*Mami.*"

"Not here," she hisses before walking outside. It's still dark, which means we couldn't have spent too long in the cell, although it sure felt like forever.

Dahlia follows behind her mother with slumped shoulders while mine locks elbows with me and whistles.

"*¿En la camioneta de tu papá? ¿En serio?*"

"*Ma.*"

"I didn't think you had something like that in you."

I trip over my feet.

She swats my arm with a laugh. "It's okay. That truck has seen a lot of miles over the years, so I'm not one to judge, although it's a good thing you redid the whole interior."

A full-body shudder rolls through me as we walk outside to find Rosa raising her arms in the air and whisper-shouting while Dahlia's eyes drop to her boots.

"I raised you better than that."

¿En la camioneta de tu papá? ¿En serio?: In your dad's truck? Seriously?

Dahlia flinches.

"I expect something like this from your sister, but you? *Nunca en mi vida.*"

"*Perdón, Mami.*"

"The whole town is going to know about this by tomorrow morning."

Dahlia looks as excited about the idea as I probably do.

Rosa's arms flail. "What will I say when Father Anthony asks how I feel about my daughter going to hell for premarital sex?"

"Do me a favor and ask him if the weather is hot all year round so I can plan my outfits accordingly."

"Dahlia Isabella Muñoz! *¡No empieces conmigo!*"

My mom nudges me. "Let's go save Dahlia before she reconsiders moving back here."

A little too late for that after her call about Archer.

"Rosa!" My mom claps her hands together. "Let's relax. They're kids. It's not like we can expect them to know any better."

"Kids? I had Dahlia when I was her age."

"And you did such a good job raising her—this little incident with the truck aside." My mother wraps an arm around her childhood friend and steers her toward her car. I bet she will talk Rosa down from her tirade in two minutes flat.

I loop my arm around Dahlia's waist and lead her to the sidewalk instead of my mother's car. "What do you say we walk

Nunca en mi vida: Never in my life.

¡No empieces conmigo!: Don't start with me.

back to the truck instead?"

Her gaze swings from my mom's car to me a few times while she gnaws on the inside of her cheek. "Okay."

Dahlia remains quiet as we walk toward the diner. I only last sixty seconds before breaking the silence. "Did your mom actually believe you were saving yourself for marriage?"

"If she did—which I'm almost positive was the case—it's safe to say she doesn't anymore."

I flinch. "She's going to hate me."

"Probably. You are the man who stole her virgin daughter's ticket to heaven."

"Pretty sure you earned yourself a one-way trip to hell years ago, but fine, I'll take the blame for your fall from grace."

"This is so embarrassing," she groans. "What will everyone think?"

"That it's about goddamn time."

She stops midstride.

"We got caught having sex in a parking lot. It's not exactly the scandal of the year." I press my hand against the small of her back and give her a little push.

"No one knows we're together."

"They will now."

"Julian," she pleads, but for what, I'm not too sure. She wraps her arms around herself. "This isn't going to work between us."

"Because of the long distance or your trust issues?" The comment slips out before I have a chance to rein it in.

Her step falters, along with her breathing.

I rub my face with a curse. "We'll figure it out."

Neither one of us says anything else for the remainder of the walk, which gives me time to process our situation.

Did I expect Dahlia to push me away when she realized how she felt about me? Yes, I did, yet I'm still disappointed to think she would so easily give up on us because of a few logistical problems.

I'm not the same guy she expects me to be anymore. I've changed, and if I have to fight Dahlia every step of the way to prove it to her, then so be it.

By the time we make it to the diner's parking lot, a plan has already started forming in my head.

"Are you hungry?" I unlock the truck and open the passenger door.

"No." A condensation cloud forms from her long exhale.

I grab her by the hips and lift her into the cab before she has a chance to climb on the step bar.

Once the engine rumbles to life, I blast the heat. "You should eat something."

Her nose scrunches. "I will."

Message received loud and painfully clear.

"Is this your plan, then?" My question packs a bite.

Her brows scrunch. "What?"

"Push me away because you'd rather avoid your feelings about us."

"I—I don't know."

"I think you do."

Her nostrils flare. "Since you know everything, why don't you go ahead and say what I'm thinking?"

"I don't need to be a mind reader to know you're afraid."

"I'm not afraid, Julian. I'm fucking *terrified*."

My forehead creases from my furrowed brows.

"I don't want to fall in love with you."

My ragged breath matches hers.

"I don't want to fall in love with anyone. *Period*. It nearly destroyed me the last time, and I'm not sure I could survive that kind of pain again." Her voice cracks toward the end. "You deserve someone who trusts you, and I'm not sure I'll be able to do that when I can't trust myself."

The twinge in my chest morphs into full-blown heartache. "I can't take back the pain you went through, no matter how much I wish I could, but I can promise to never hurt you like he did."

"A little too late for that." She can't hold my gaze for more than a second.

"Dahlia." I cradle her chin despite the pain lacing through my chest. "I'm not going to give up because you expect me to."

"Because you like a challenge?"

"Because I like *you* enough to know you're worth fighting for."

She stares out the window. "I'm moving back to San Francisco in January for my new show."

I'm aware, seeing as I spent the last few hours in a jail cell processing the fact.

But what are you going to do about it?

Somehow, in a short span of time, I went from planning the rest of my life in Lake Wisteria to putting everything on the line for the woman beside me. Because if Dahlia wants to move back to San Francisco, then I plan on going with her, and no amount of cons in the world will stop me.

I reach for her clenched hand. "When we break the news to my mom about moving, do me a favor and tell her you're in love with me. It'll help soften the blow."

Her cloudy eyes tug at something in my chest. "You can't seriously be considering moving."

"I am."

"But what about your company?"

"Turns out I'd rather build a home with you than a thousand houses by myself."

She turns away with a sniffle.

I cup her chin and turn her head toward me. "What part of *I'm falling in love with you* are you not understanding?"

"The part where you give up your whole life here for me."

"Life without you is hardly considered a life at all, so I'm not giving up anything by following you to San Francisco."

"No, but by being with me, you'd be giving up the chance at having your own family." She stares at her lap like it holds the secrets of the world.

"Is that what this is really about?"

Her face remains blank, but the vein in her neck throbs.

Why didn't you consider that sooner?

"You think I'll regret being with you because you can't have kids of your own?"

"I *know* you will because it's already happened once before."

"I already told you I don't want to have kids that way."

She shakes her head. "This isn't the first time I've heard someone tell me that."

I could find a hundred different ways to tell her I care

enough to choose her, but none of them matter unless I find a way to *show* her.

Pro: She could find my list romantic.

Con: She may reject me anyway after I reveal one of my biggest secrets.

Shut up and show her.

I pull out my phone and open the note-taking app. "Here."

She grabs it from me and reads over the first few lines of text. "You've been working on a pro-con list about *me*?"

I nod.

"*Pro: She sucks at chess.* Seriously?" Her nose scrunches.

"Not my fault you started every single game with the queen's pawn opening. Change it up every now and then."

She returns to the list. "*Pro: I like her enough to attend Stanford too.*" She looks at me for a few seconds without blinking. "You chose Stanford because of me?"

"Yes. You liked California, and I liked you, so it made sense."

She shakes her head in disbelief. "How long have you been working on this?"

"Since sometime after you started competing for the Strawberry Sweetheart pageant."

She blinks. "That was over a decade ago."

"I'm aware."

"But why?"

"Informed decision-making is my thing."

She scrolls through the list while mumbling to herself. "There are things listed here that I don't do anymore."

I know. Unfortunately, I inherited my appreciation for

nostalgia from my mother, and I have never been able to outgrow it, which is the only reason why I could never delete the list no matter how many times I tried.

After a few more minutes, she reaches the bottom of the note. "You only have one negative."

Con: She may never love me back.

"Little by little, your cons annoyingly started making their way over to the pros column."

Her laugh comes out like a half sob. "That's ridiculous."

"No, Dahlia, that's *love*."

"You agreed to a casual relationship knowing your feelings might never be reciprocated?" Disbelief colors her voice.

"Yes."

"Why?"

"Some people are worth the risk."

Her bottom lip wobbles.

"Life without you was a series of pros and cons. Risks and rewards. Black and white with very few shades of gray. But then you came back and flipped a switch inside me, flooding my world with color after a ten-year blackout, and I don't plan on giving that up. Not now. Not ever."

Tears pool near her lash line.

"You might not believe my words now, but I won't stop until you do. So go ahead and try to push me away, but you already know based on our history that I will stop at nothing to prove you wrong."

CHAPTER FORTY-FIVE

Julian

The trip to Dahlia's is a quiet one. She spends most of it staring out the window, while I stay focused on the road. Despite the urge to check in with her, I hold back and stay silent, not wanting to add to her distress.

It's not until I pull up to her house that she finally speaks up, surprising me.

"I'm sorry."

I blink rapidly. "What are you—"

"I know you're a good guy—possibly the best guy I've ever met—even if you drive me crazy." She twists one of her rings. "Your list. God. I can't believe you spent over a decade working on that."

"Twelve years, but who's counting?"

Her chin quivers. "Maybe if things were different for me, we could—"

"Stop."

"But—"

"No. I don't want to hear whatever excuse you spent the whole drive coming up with."

Her muscles tighten. "You can't ignore the obvious."

"Glad we're finally on the same page."

She glances away.

"What do you need?" I ask.

"Time? Some food and a good night's rest? Honestly, I can barely think straight, let alone talk when I'm this exhausted."

"Okay." I can give her that...for a day at least.

Her shoulders fall from her heavy sigh.

I grab her hand and kiss the back of it. "Everything will be okay."

"So you say."

"Only because I won't stop until it is."

She spares me one last glance before hopping out of my truck and taking off for her front door.

I don't remember the drive to my house because I spent the entirety of it lost in my own thoughts, sorting through all the things I need to figure out.

Silence greets me like a funeral march as I enter my house and head toward my kitchen to heat up some food. I make it through a few bites before my phone buzzes against the marble counter with a new message from Lily in the Muñoz-Lopez group chat.

LILY

From lovebirds to jailbirds in a single week.

She attaches a photo of Dahlia and me in the holding cell. Rosa sends a link to schedule a confession session with Father Anthony, while my mother follows up with a heart-eyed GIF and a text.

MA

Like Bonnie and Clyde.

RAFA

They both died in a shootout.

MA

Together.

RAFA

Remind me to never fall in love.

I reply, telling everyone to delete the photo from their phones and in the chat before taking off toward the station to pay Roberts a second visit tonight.

"Back so soon?" Roberts leans against the counter.

"How many people did you send the photo to?"

"Just Lily."

"Delete it from your phone."

"I plan on it once the reporter gets back to me with a price for the photo."

"How much are you asking for it?" I snap.

"Ten grand."

I rip a sticky note off the top of the pack and pass it to him. "Give me your number, and I'll have the money transferred in an hour."

His brows jump. "You're not going to bother negotiating?"

I tap on the sticky note. "Your number."

"Make it twelve thousand."

"I'll drop my offer to seven if you don't stop talking."

His smile falls as he scribbles across the paper before passing it to me.

I tuck his number into the inner pocket of my coat. "Delete it."

"Now?"

I tap my shoe against the floor. He sighs as he pulls out his phone and walks me through the process of deleting the evidence.

As soon as he is finished, I walk out of the station, text Dahlia about how I took care of the photo, and head back to my house. By the time I make it inside, Dahlia still hasn't answered the group chat or my single text, which is unlike her.

My dinner sits in my stomach like a boulder as I take a shower and climb into bed.

You're going to find a way to make everything work out, I chant to myself in the dark.

I just need to figure out how.

Dahlia spends most of the next morning hiding in her office, so I don't get a chance to see her until she shows up for the team meeting scheduled over a week ago.

Originally, I considered handling my affairs with my team in private, but Dahlia's lack of trust and attempts at avoiding me pose a unique challenge I need to overcome.

Showing Dahlia that I plan on sticking around will require a lot more than promising her I'll move to San Francisco. I need to make some necessary changes to my life, starting with the one thing I've been putting off for years.

Dahlia mentally checked out of the discussion twenty minutes ago, once Ryder, Mario, and I began reviewing logistical issues about the Lake Aurora remodel. She spends the time sketching designs for her décor line, and I find myself getting distracted a few times by her skills.

"Are we all good here?" Mario asks.

"Yeah." I glance at Ryder. "Can you stick around once Mario leaves?"

He nods.

Dahlia makes one last change to her design before she tucks her tablet beneath her arm and rises from her chair.

"I need you to stay," I tell her.

Her face pinches with confusion as she retakes her seat.

"See you all next week." Mario tips his chin before walking out of the conference room.

"What's up?" Ryder asks.

I sit back down. "I've been thinking…"

Dahlia's chair creaks as she places her elbows on the table and leans forward.

My project manager tucks a pencil behind his ear. "About?"

I clear my throat. "I need some help."

Her eyes widen.

"Whatever you need, I'm your man." He doesn't hesitate, which catches me by surprise.

"You don't know what I'm about to ask of you."

"Doesn't matter. You've done a lot for me, so I'm up for whatever."

I blink. Dahlia seems equally shocked as her gaze bounces between the two of us.

Ryder continues, "Before you hired me, I was struggling with returning to civilian life after my last tour. When I interviewed for the job, I was living out of my car and struggling with PTSD."

I hide my flinch. "I didn't realize it was that bad."

Dahlia reaches out to give his hand a squeeze before she sinks back into her chair.

"You're not the only proud man in town, boss," he says with a small smile.

"No, but he is the *proudest*," Dahlia says.

I shoot her a stern look.

Ryder's soft laugh doesn't match his harsh features. "I owe you a lot, so if you want my help, I'm more than happy to offer it."

Dahlia's bottom lip trembles.

Shit.

I battle between shyness and gratitude before landing somewhere in the middle. "You don't owe me anything."

"Do you want my help or not?" he asks.

"His asking is evidence enough." The expression on Dahlia's face is worth every ounce of pride I forfeit as I do the one thing I trained myself to avoid.

"Yeah, I want your help." My shoulders loosen as the tension drains from my body.

"Tell me what you need."

"Between us, something came up that requires me to move next month, so I need to restructure the company in a way that allows it to operate without me being present."

His brows rise while Dahlia's scrunch.

"You're moving?" Ryder asks.

"Yes. Even though I'll attend meetings virtually and fly back every two weeks to physically check on everything, I need your help with the day-to-day operations and keeping an eye on things."

Dahlia's lips part.

Ryder nods. "Of course."

"Great. Here's what I was thinking…" I review my idea with Ryder while Dahlia watches. He gives his input and offers plenty of useful advice, and I adjust my plan based on his expertise. Dahlia gives a few pointers I take into consideration.

After an hour of restructuring Lopez Luxury's operations, Ryder stands and claps me on the back. "I never thought I'd see the day you finally decided to do what was best for you rather than the company." He glances over at Dahlia. "And I probably have you to thank for the promotion and raise."

Her cheeks are tinged a soft shade of pink. "I didn't have anything to do with this."

"*Right.*" Ryder nods.

Stubborn, I mouth.

Ryder gives me a thumbs-up.

We both know Dahlia is the only person who could convince me to change the entire structure of my company, yet she won't accept the possibility because it would only threaten her weak argument.

Ryder walks out of the conference room, and Dahlia gets up to follow him, but I cage her against the door before she has a chance to escape.

"I'm not done with you."

She makes a show of dragging her eyes up toward my face. "What do you want?"

"Your opinion is a good start."

She fidgets with one of her rings. "You're really thinking about moving to San Francisco?"

"Did the last hour give it away?"

She glares.

I sigh. "How long do you plan on fighting me on this?"

"For however long it takes to convince you that this is all a big mistake." Her glassy eyes are full of uncertainty, and it wrecks me to know how much she silently suffers from her anxiety.

"You want to talk about mistakes? Fine. Let's talk about them."

Surprise flashes across her face.

"There were a few reasons I pushed you away all those years ago. Grief. The stress of running a struggling company. My fear that we would never survive long distance and all the other obstacles standing in our way. But the biggest mistake I made was believing you were better off without me because I wasn't good enough. I let my low self-esteem and insecurities stand in the way of what I wanted with you, and I'll be damned if I let you make that same mistake. In fact, I forbid it, because I refuse to spend another ten years waiting for you to come to your senses."

She blinks a few times.

"I will always fight for what's in our best interest, even if it means fighting you in the process." I kiss the top of her head and exit the room before I find myself unable to, leaving the woman I love behind to come to terms with what I said.

CHAPTER FORTY-SIX

Julian

I decide to stay away from the office and the Founder's house, both because I want to give Ryder a chance to run Lopez Luxury's daily operations without me micromanaging, and so Dahlia sees I'm serious about taking a step back.

I try to burn some nervous energy off by working out, making a few playlists, and having lunch with my mom, but relief doesn't last long, especially after Dahlia sends me a message with her San Francisco travel itinerary.

Soon enough, I find myself pacing the long halls of my house while my thoughts spiral.

When I told Dahlia I would always fight for what's in our best interest, even if it means fighting her, I meant every word.

But first, I need to finish the fight against my past. I have been battling my insecurities for years, and it's time to face what I've put off for far too long…

Accepting that I *am* good enough—not only for Dahlia but, most importantly, for myself.

So tonight, I head over to the one place I never imagined entering again.

My dad's woodshop.

I've tried to return over the years, but the task seemed impossible every time, with me quickly fleeing the scene before ever walking inside the place he and I spent years working out of, carrying on the Lopez tradition that started with his great-great-grandfather.

There was one major reason I avoided it, and it has everything to do with the tools hanging on the back wall and all they signify.

My hand trembles as I slide the key into the lock and turn it. The click of the lock and the creak of the door sound far away due to the rushing blood pounding in my ears.

After five deep breaths, I reach for the light switch and flip it once I've taken a step inside. My feet remain glued to the concrete floor as I look around. Thanks to my mom's routine dusting, the shed appears clean enough to eat off every surface, including the floor.

My dad would *hate* it.

I take another step inside the shop despite my feet feeling as though they are attached to cinder blocks. Too many memories fill the space, making my heart heavy and my breathing laborious.

Te extraño, Papi.

I walk to the back wall where my dad's tools remain hung the way he liked it, making it seem like he might return at any moment.

God, I wish that were true.

A second set hangs beside his.

A Lopez family heirloom, he said with a small smile as he pointed out each tool that was passed down from generation to generation.

I grew up asking my dad when it would be my turn to receive the tools, and his answer never changed.

When you prove that you've earned them.

I might have missed out on my chance the day he died, but I've done everything possible to make him and the Lopez family proud as I took on the family business despite my lack of experience and college degree.

The dull ache in my chest intensifies, and I grip the counter with a chokehold. My itchy eyes have nothing to do with allergies or any lingering sawdust in the air. Neither does the tightness in my throat nor the pounding of my heart.

A drop slides down my cheek, and I swipe at it before staring up at the ceiling in search of a leak. Except my cloudy eyesight makes it impossible to see much past the tears clogging my vision.

They roll down my skin like raindrops, falling in quick succession. The last time I cried like this, my dad was being

Te extraño, Papi: I miss you, Dad.

placed in the ground. While the hole in my chest has healed since then, the dull pain has never left, returning at the most inconvenient times.

My shoulders shake.

Take five. My dad would grip my shoulders and force me to copy his movements.

Again, he would say when the original five-count didn't work. The tears don't stop, but my panic lessens with each exaggerated breath.

At some point after breath number thirty-five, I pull myself together and reach for the first Lopez heirloom I see. My fingers tremble, but I'm quick to stop it by tightening my hold around the base of the hammer.

I step toward my old workstation. My mom might have accidentally placed a few tools in the wrong area, but everything else remains the same, down to the last project I was working on before I left for college.

The half-finished jewelry box was meant to be a special Christmas gift for Dahlia. Over the years, we mainly stuck to gag gifts or presents our mothers picked out, but the Christmas before everything went to shit was supposed to be different.

We were supposed to be different.

After the kiss we shared, I knew we couldn't go back to the way things were before, and I didn't want to. I wanted so much *more.*

But then my dad died, and my mom spiraled into another deep depression, which I felt responsible for helping her through. I shelved my own grief—a stupid decision in the long run—and pushed Dahlia away after calling her a distraction.

I let my insecurities get in the way of what I wanted, and my fears of not being good enough for her consumed me until I couldn't stand the idea of being with her. She had all these dreams, and I was a broken mess with the odds stacked against me.

Now is your chance to right your wrongs.

Pain blossoms in my chest as I hold up the incomplete jewelry box. I want to find that courage again, starting with facing my biggest obstacle to date.

Overcoming my past.

With shaky hands and a pounding heart, I grab a few more of the Lopez tools and get to work on finishing the jewelry box. I don't know how long I meticulously obsess over the project, but I'm addicted to the adrenaline pumping through my veins.

By the time I finish, I'm sweating all over and heaving like I ran a marathon. I use the hem of my shirt to wipe my damp forehead before checking out the final product.

One day, I plan on giving Dahlia the jewelry box. I'm just not sure when.

CHAPTER FORTY-SEVEN

Dahlia

"Looks like the reality TV princess finally decided to return to her tequila throne." Lorenzo drops into the stool beside me and places his whiskey glass on the counter.

"Don't you have anything better to do with your time than hang out here?" I scan the relatively empty bar.

He shrugs. "Not really."

"You need a job."

His brow rises. "At eight p.m. on a Tuesday?"

"How about a hobby, then?"

"Does plotting against my enemies count?"

My brows rise. "You have enemies? In Lake Wisteria?"

He laughs into his glass, although the sound comes off as chilling and haunted rather than warm and hearty.

"What are *you* doing here?" he asks before I have a chance

to follow up.

"Meeting up with my sister." I check my phone for the third time within the last ten minutes. When I called for an emergency girls' night, Lily suggested we meet at Last Call after she closed the shop for the night, claiming she was craving their curly fries.

"Lily, right?"

I turn to glare at him. "Why are you asking?"

He ignores my question and asks one of his own. "Is she single?"

My eyes narrow. "No."

"Hm. Who's the guy?"

"Jesus, so don't bother hitting on her."

"She wants to become a nun?"

"Close. Virgin until marriage." I swallow back a giggle before it gives me away.

Lorenzo's upper lip curls with disgust. "Great."

I wave Henry over and order two seltzers.

A few minutes later, the door to the bar slams open, and my sister barrels inside wearing my favorite winter coat and stolen designer boots. She shrugs it off with a shiver, revealing another one of my outfits.

"I could kill her."

Lorenzo's eyes darken as they trail down my sister's body.

I swat the back of his head. "Stop checking out my sister!"

He drains the rest of his whiskey before raising his hand to request another.

My eyes roll as I slide off the barstool and drag Lily to the other side of the bar, far away from Lorenzo's burning gaze.

"Since when are you friends with Lorenzo?" she asks with a frown.

"You know him?"

"Not really." Her nose twitches. "He passes by the shop every Friday to pick up two custom bouquets."

"And?"

She shrugs. "I don't have a good feeling about him."

Maybe Julian was right about Lorenzo after all, and it's best for us to stay far away.

At least Lily doesn't seem interested in him.

Lily shimmies into the booth across from me. "So, what was this emergency meeting for?"

I pass the unopened vodka seltzer can. "I'm having a dilemma."

She laughs to herself. "You're quite famous for them."

"I'm being serious."

My sister takes a sip of her drink after opening it. "All right. What's going on?"

"I got an offer for a new show I pitched."

"Congrats!" She taps her can against mine before locking eyes. "Or not?"

I slump against the table. "It's in San Francisco."

"That's far."

My shoulders slump. "Julian says he is willing to move…"

"But you don't believe him?"

I fidget with my jacket's zipper. "More like I'm afraid he will follow through with his promise."

Her head tilts. "Now I'm confused. Shouldn't that make you happy?"

"I don't want him to change his whole life for me." He could come to regret his decision and resent me in the process, and I don't know if I would overcome that kind of heartbreak a second time.

Lily reaches for my hand. "Have you considered that he might not only be doing this for you but also for himself?"

I stay quiet, and Lily fills the silence with another shocking revelation. "Julian has been saying he wants to scale back on his job for years, but he never made a move to do so, despite how obvious it was to everyone around him that he should."

I blink a few times. "Really?"

"Yes. So imagine how surprised we all were when he suddenly began working on a project with you, started visiting his construction sites more often, and can't stop smiling when he speaks about working on new houses with you—something he hasn't done in at least two years."

A lump forms in my tight throat. "He… I…"

Lily gives my hand a reassuring squeeze. "And don't get me started on the carpentry thing. Everyone in town won't stop talking about how he was so jealous that he gave a guy a promotion to keep him away from you."

We both break out into laughter.

"How did they find out?" I ask.

"That carpenter he promoted loves *chisme* more than Josefina."

I take a long sip from my seltzer can. "I didn't ask Julian to do all that."

"That's my point. He decided to do those things because they made *him* happy, so why are you going to start doubting him and his choices now?"

My gaze drops to the table. "Because I'm afraid he will come to regret them in the long run, once the honeymoon phase ends and reality comes knocking."

"What if he doesn't?" She leans back. "No offense, but I'm more concerned about *you* making the wrong one if you decide to push him away."

My brows rise. "What?"

"Men like Julian don't come often, so you should be thanking your lucky stars that he stayed in this small town, because if he had moved away, someone would have surely snatched him up by now. That much I know."

The idea of him being with someone else makes me physically ill.

That's because you love him.

But if my love wasn't enough to save a doomed relationship before, what makes this time any different?

Falling in love with Julian was easy, but forgiving myself and moving on from a past that still haunts me?

Damn near impossible.

Instead of going home, I drive over to Rafa's house. I'm not sure who is more surprised by my visit—me or him—although he welcomes me inside without making a big deal of it.

Nico and I spend five minutes catching up before Rafa orders him back to bed.

"Love you!" Nico throws his arms around me for one last hug before running to his room.

"I'm sorry to stop by unannounced like this," I blurt out as Rafa steers me toward the living room.

"It made Nico happy, so it's fine, but don't make a habit of it."

I laugh. "Wouldn't dare."

"Can I get you something to drink? We've got water, aguas frescas, and alcohol."

"I'm good."

"Suit yourself." He drops onto the comfy leather seat across from the couch and pulls out his phone for the second time tonight.

I take a seat, my posture stiff, while he taps at the screen before swapping it for a beer.

"Thanks again for not shooing me away or something."

"Not sure you would have left regardless." He lifts his beer in a mock toast. "So, what's going on?"

"I don't know how to ask this without being rude—"

"We're practically family, so I'm still obligated to forgive you regardless."

"Fair point."

"Does your visit have something to do with my cousin?" he asks.

I blink a few times. "Sort of."

"I thought as much."

"But it's also about…you know…the thing I told you…" I stammer.

"About not being able to have kids of your own?"

I let out a sigh of relief. "Yes."

"What about it?" His tone remains nonchalant.

"I've been struggling with the news."

"Understandable. I had trouble coming to terms with a similar thing when Nico was diagnosed with his eye condition."

"After finding out about Nico, did you…" I struggle to finish the sentence.

"Think about not wanting kids again?"

My shoulders slump. "Yes."

"Yup. It was impossible not to after learning my son is going blind because of a condition he inherited from my screwed-up family."

"There was no way you could have known about some uncle having the same condition."

He takes a long sip of his drink. "I *know* that, but parents have a tendency to feel guilty for whatever happens to their kids, whether it's our fault or not."

My gaze drops. "I can only imagine."

"But to answer your original question, I made the choice to get a vasectomy after I found out about Nico's condition."

My brows rise. "Really?"

"It felt like the responsible thing to do. If I ever want another child—big emphasis on the *if*—I'll pay it forward and adopt."

"That would make Josefina happy."

"She would be happy with *any* grandchild. She's been hounding me for years about giving Nico a sibling, and yes, before you ask, she knows about my inability to have kids of my own anymore." Rafa's piercing stare makes me feel like I'm being picked apart.

I gather some courage to ask my second question. "Do you

think Julian would care in the long run about not having his own child?"

He takes so long to speak that I worry he won't bother answering me.

I speak up again. "I'm not sure if he has talked to you about wanting kids of his own or if—"

"Isn't this something you should be asking him?"

"I have."

His eyes flicker over my face. "But you don't trust him?"

"I don't trust myself, so it's nothing personal."

His grip on the beer bottle tightens. "My cousin has his faults, but he is a man of his word, so if he told you he doesn't care about having biological kids, then he means it."

My throat dries up.

"But I do remember him mentioning something along those lines a few times over the years."

"He did?"

"Yeah. He and I don't open up about our feelings often, but I know enough about his life before I came along to be comfortable saying it was rough."

My fingers turn white from the way I clasp my hands together. "I was too young to understand how much everything impacted him."

"Julian is great at channeling his emotions into other things."

"So I'm learning," I mutter under my breath.

"I know you don't believe him, and I don't blame you. People like you and me…we're not the trusting type anymore, after being hurt the way we were." He stares off into the distance.

Watching him battle his demons is like staring at my reflection for the first time.

Goose bumps spread across my skin, and the hair on the back of my neck rises as I come to grips with my biggest fault.

I love Rafa, but I don't want to end up like him, blaming myself for a failed relationship years later while struggling with trust issues.

God no.

Heavy pounding in the distance startles me.

"Are you expecting someone else?"

Rafa stands. "No, but you are."

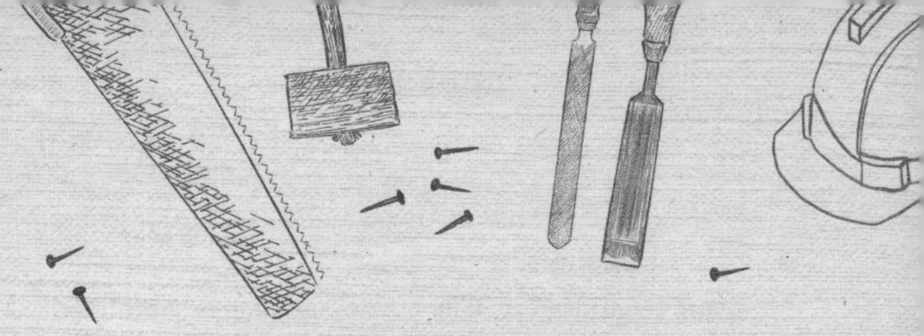

CHAPTER FORTY-EIGHT

Julian

When Rafa texted me ten minutes ago, letting me know that Dahlia stopped by his place, I headed straight over. Something about his cryptic message made me worry.

I lift my fist to slam it against the door again, only for it to swing open before my hand makes contact.

Dahlia steps outside and shuts the door behind her. "Rafa texted you?"

"Yes. Are you okay?" I scan her face for any telltale signs of distress.

"Umm…yeah?"

"He told me you were crying."

"Crying?" She sounds as confused as she looks.

"Or not?"

"He was goading you."

Damn him.

"You came all the way out here because you thought I was upset?"

I rub the back of my neck. "Yeah."

Her unreadable expression has me speaking up again. "So you're okay then?"

"Yeah. I had a couple of questions I wanted to ask him."

"About what?"

She tucks her hands in the pockets of her winter jacket. "Mind if we walk and talk for a bit?"

"Sure."

"Could we check out the animals? It's been a while since I've seen Penelope." Dahlia tilts her head in the direction of the barn.

The sound of our boots crushing the grass beneath our feet fills the quiet, although it only lasts a minute before I ruin it.

"Does he know about your test?"

"Yeah." She stares straight ahead.

"For how long?"

She doesn't miss a beat. "Since I came back."

While I respect him for keeping her news a secret, I selfishly wish he'd told me. "He never said anything."

She glances at me out of the corner of her eye. "I'm kind of surprised he didn't."

"He's trustworthy."

"Funny, seeing as he said something similar about you."

"Do you believe him?"

"I want to believe *you*."

I stay silent as we walk into the barn. Dahlia stops by the first stall and holds her hand out.

"Hey there, pretty girl."

Penelope, a retired racehorse Rafa saved a few years back, nuzzles her head against Dahlia's palm. I stand behind her, trapping her between my body and the gate to the stall.

"I don't want to end up like Rafa." Her whisper can barely be heard over the horse's heavy exhale.

I stop breathing.

"I don't want to spend the rest of my life bitter and questioning everything and everyone. I want to trust. I want to love. I want to live freely without worrying that I'll get hurt, left, or betrayed."

I turn her around. "My cousin will get better, and so will you."

She leans against the stall. "I'm scared."

I kiss the top of her head. "I know."

She wraps her arms around herself. "How can I be sure you will be happy adopting a child?"

"Because I always admired my parents for adopting Rafa."

Her sniffle is the only reply I get.

"They treated Rafa and me equally. Attention. Discipline. *Love*. Not once did they make either of us feel like we weren't both their kids. But deep down, I knew Rafa filled a void in my mom's life that I couldn't, no matter how hard I tried. Something inside her changed after years of struggling through miscarriages and a stillbirth, and Rafa became that missing piece in her life. In all our lives."

She blinks up at me with glassy eyes.

"Adoption will never be a second-best option for me. Never has been and never will be, because to feel that way would go against everything my parents believed in and what made our family whole."

The seconds tick by painfully slowly, and I nearly give in and say something to fill the dreadful silence until Dahlia stops me.

She places her palm against my cheek. "I believe you."

After last night's talk at Rafa's place, I know Dahlia and I are moving in the right direction, despite her flying back to San Francisco to meet with Archer Media later this week.

I have some pent-up energy to kill, so I head to my dad's woodshop to start working on a new project. My Saturday is nothing but a rush of cutting, shaping, and sanding different pieces of wood. My phone buzzes every now and then, but I ignore the incoming messages, knowing Ryder will handle whatever needs to be done come Monday.

I immerse myself in my task, easily losing track of time until loud banging against the door has me nearly slicing my finger open on the circular saw.

"Julian! Open up!" my mother yells before slamming her fist on the door again.

I rip off my safety goggles and mask before unlocking the door. "What are you doing here?"

She waltzes inside with a plastic container. "I brought you dinner."

I grab it from her. "How did you know where I was?"

"Got an alert from the driveway camera you installed a few years ago." Her eyes shimmer from unshed tears as they flicker around the shop.

I brush my hand across my sawdust-covered shirt. "It's a bit of a mess."

She blinks a few times before turning to face me with a watery smile. "I was wondering when you would finally come back."

"I saw you kept it nice and clean for me over the years."

"Your dad would have hated it," she says.

"With every fiber of his being."

We both laugh.

"I knew it was only a matter of time before you returned, so I didn't want it to be a mess for you."

My chest swells with emotion. "You think of everything."

"Now come and eat before your food goes cold." Mom ushers me over to a stool and forces me to try some of her famous pozole.

I pause mid-bite. "You didn't pass by only to bring me food, did you?"

She swipes her finger across the table, collecting sawdust and debris. "I wanted to see what my felonious son was working on for Dahlia."

"I never said it was for her."

She snorts. "Right."

My mom can't sit still, so she shuffles through my plans and notes while I finish eating.

She holds up the paper marked with a bunch of measurements and notes. "You're building this?"

"Mm-hmm."

"For the Founder's house?"

"Yup."

Ma releases the happiest squeal. "She's going to love it."

"Don't mention anything to Dahlia."

She holds her hands up. "I wouldn't dare."

While I eat, she quickly becomes distracted by the shelf near the back of the shed.

"Oh Julian. This is beautiful!" She runs a hand across the top of the jewelry box I made before spinning the hand crank a few times. "You got it to play music!"

The first few chords of the song play, and her eyes widen. "It's perfect."

I rub the back of my neck. "You think so?"

"Of course." Mom places the finished jewelry box back on the shelf before kissing the top of my head. "I'll let you get to your secret project, then."

"Do you want to help me?" My question rushes out.

"You want my help?" She checks my forehead's temperature with the back of her hand. "Are you feeling okay?"

I push her hand away with a laugh. "Forget I said anything."

"No! I'd love to help you."

"Do you remember how to use a circular saw?" I hold up a piece of unfinished wood, only for her to steal it with a huff.

"Don't insult me like that in your father's place of worship."

My chest rumbles from my deep chuckle.

She points at me with the wooden post. "I helped your dad in the shop long before you were born, so it's best you remember that, *mijo*."

Mom and I work side by side for hours after I finish eating. She corrects me a few times, reminding me of my dad when she reprimands me for my joinery technique and wood selection for the more intricate pieces.

Reluctantly, I call it a night once my mom is ready to fall over and I can no longer properly operate the saw without trembling.

"That was so much fun!" She wraps her sweaty, sawdust-sprinkled arms around me. "Thank you for including me."

I hug her back, ignoring the slight twinge of guilt. "It was nice to have your help."

"You can ask me anytime." She looks up at me with glassy eyes. "If only your father were here with us. He would have loved nothing more than to help you create something special for Dahlia."

My lungs stall.

She untangles herself from my arms and reaches for one of my dad's old tools with a shaky hand.

"I'm glad you're using these."

I can't speak, let alone breathe.

"He would have wanted you to have them."

I clench my hands to stop them from trembling.

She follows the movement before glancing back at me. "He planned on passing them down to you once you graduated..."

But he never had a chance.

"I know he is watching us and wishing he wasn't the reason you never graduated from Stanford." Her breath catches. "But I also know he would have been so incredibly proud of you for stepping up and taking care of me and his business. You accomplished more than we ever dreamed of in such a short amount of time."

My heart lodges itself somewhere in my tight throat.

She unclenches my fist before wrapping my fingers around the handle of the hammer. "*Te quiero con todo, mi corazón.*"

After one last kiss on my cheek, my mom leaves the shed, giving me the space I desperately need.

I hold my father's hammer with misty eyes.

Te extraño *mucho, Papi.*

I head toward the back wall and return the hammer where it belongs. The lights above me flicker twice, and goose bumps spread across my arms.

Could it be…

No, Dahlia must have poisoned my mind with all her conversations about the Founder's house ghost.

Yet despite everything I believe in, I end up speaking aloud regardless.

"*Te quiero, Papi.*"

Te quiero con todo, mi corazón: I love you with everything, my heart.

Te extraño mucho, Papi: I miss you so much, Dad.

CHAPTER FORTY-NINE

Dahlia

"What's up with you?" Lily plucks the remote from my hand and shuts off the TV mid-episode.

"Why did you do that?"

"Because you're not paying attention."

I cross my arms over my PJs. "Yes, I was."

"Yeah, right. You didn't even flinch when the capo decapitated that guy with a machete."

"So?"

She raises a brow. "So you *always* look away when they get to the gory parts."

I release a heavy sigh that has her snapping her fingers.

"There! That's the fifth time tonight you've done that."

My head drops back against the couch.

"Does this have to do with your trip to San Francisco tomorrow?" Lily sits sideways on the couch.

“Am I that obvious?”

“A little bit.”

“I should be happy about how quickly everything is moving, but every time I think about leaving…”

“You wish you could stay?”

The pain in my chest intensifies. “Yeah, but then I feel torn between wanting my show and wishing I could live here.”

As much as I love my show and expanding my brand, I love the idea of staying in Lake Wisteria more.

Lily tucks her legs beneath her. “Why not have both?”

My eyebrows knit together. “The production company is based out of California.”

“So? Lots of shows are filmed in other states and countries. I’m sure they could make some changes to make both sides happy.”

I scoff. “I’m not exactly in the position to be making demands.” After my former production company pulled out of the deal, the last thing I want to do is upset Archer by making changes to the original plan.

“You could at least ask and see what they say.”

“But—”

Lily doesn’t let me finish my train of thought. “What’s the worst that can happen?”

“They tell me to get lost?”

Her chin lifts as she tosses her hair over her shoulder. “Then they’re not worth your time and energy.” She grabs my phone off the coffee table and tosses it on my lap. “Call your agent.”

I stare at the dark screen.

"Do it. Do it. Do it," Lily chants.

But what if Archer Media says no and pulls out of the project? The nagging voice in my head speaks up.

After everything Julian has done to show he cares about me, including offering to move to California, the least I can do is take a risk and ask a question.

I unlock my phone. "Screw it."

Lily watches as I pull up my agent's contact information and give her a call.

"Dahlia! What's going on?"

I clear my throat. "I've been thinking about something, and I wanted to run it by you before our meeting."

"What is it?"

My heart thumps wildly in my chest. "Do you think Archer would be willing to change filming locations?"

"To where?"

"Lake Wisteria."

Lily shoots me a thumbs-up.

I continue, "They have tons of historic houses here, so the content would be the same, but I would be able to move back home."

Jamie pauses for a moment, and my lungs stop working in anticipation.

"I don't know. That wasn't part of the original pitch, and they already have crews set up in San Francisco for their other shows, so there is a high chance they'll say no."

My excitement dies. "Oh. I understand."

"That being said, let me see what I can do."

"You'll ask?" My pitch rises.

"Yes, but I can't guarantee they will say yes."

Excitement replaces the dreadful worry that was choking me. "Would it help for me to take some videos of the properties around here? Maybe show them a few projects I've been working on? Lake Wisteria and the surrounding towns are full of houses begging to be restored, plus the locals would make for entertaining TV."

"I'll reach out to my contact and see what they have to say."

"Thanks, Jamie! You're the best."

Her laugh is the last thing I hear before she hangs up.

"You did it!" Lily throws her arms around me.

I return her hug with one of my own, pouring every ounce of love and admiration I have for my sister into it.

While I had considered asking about filming a show here, I may have never worked up the courage if it weren't for Lily pushing me to try.

Don't get your hopes up.

Too late.

CHAPTER FIFTY

Dahlia

The heaviness in my chest that has been present since I left Lake Wisteria gets progressively worse with every hour I spend in San Francisco. I should be happy to be back in my old stomping grounds, but not even a poke bowl from my favorite spot can save me from the oppressive sadness choking me.

I expected the feeling to lessen when I entered the Archer Media building, only to be disappointed when it didn't.

"So, what did you think?" my agent asks once the elevator doors shut. Her strawberry-blond curls frame her face like a halo, giving her a deceitfully sweet appearance that doesn't match the woman who spent the last hour playing hardball with the people from Archer Media.

"I'm not sure." I lean against the support bar as the car begins its descent toward the lobby.

Her brows rise. "About Archer or the show?"

"All of it?"

"I know you had your heart set on filming in Lake Wisteria, but their scouts agree San Francisco would be a great place to film the first season. After that, if the show is renewed for another season, which we both know it will be, then you'll get dibs on the next location."

The idea sounds great in theory, but every time I consider moving back to San Francisco, the pit in my stomach deepens, something I never thought would happen after living here for years.

My gut is telling me not to accept Archer Media's deal, and it's not only because of the man waiting for me in Lake Wisteria.

You still trust your intuition after everything you've been through?

No, but it's about time I started because I'm tired of doubting myself. I let Oliver and the Creswells' judgmental thoughts and opinions haunt me for far too long, and for what? To torture myself by doubting every decision I make?

I'm the one who built Designs by Dahlia from the ground up. Sure, Oliver encouraged me to post a photo, but I'm the one who put in the work to turn my name into a brand. And yes, the Creswells helped produce my show, but the fans stuck around for *me* and my work, not because of the people funding the project.

It's time to forgive yourself for your past mistakes and move on.

"What should I tell them?" Jamie taps away at her phone.

"I'd like to take some more time to think about it."

"How long are you thinking?"

"I'm not sure. Maybe a week?"

She whistles. "There might be some pushback about scheduling."

"I know. If I make up my mind sooner, I'll let you know, but I want to take my time and think this through."

Although I feel my decision has already been made.

Returning to my empty townhouse solidifies my growing concern about moving back to San Francisco. I distract myself by falling back into my old routine of cooking dinner, watching a rerun of one of my favorite shows, and showering until my fingers and toes turn wrinkly, but nothing seems to lessen the ache in my chest as I consider my situation.

I climb into bed and hope sleep takes me soon to save me from the nonstop thoughts running through my brain.

What's the point of moving back here for a show if you're going to be lonely and miserable?

Sometime in the last three months, Lake Wisteria started feeling more like my true home while San Francisco became more of a distant memory.

My phone pings with a new message. I grab it off the nightstand and check who texted me at this hour.

JULIAN

How did the meeting go?

My chest pinches. Although I changed his contact name recently, I'm still not fully convinced I love it.

I send a quick reply.

ME

Good.

I don't have a chance to type out a reply before a new message from him appears.

JULIAN

That bad?

ME

It wasn't bad per se...

My fingers fly across the screen.

ME

They shared their plans, and my agent asked all the right questions.

JULIAN

But...

I can't think of an appropriate response that won't automatically get his hopes up, so I don't answer.

My phone vibrates a minute later from an incoming call. I debate between picking up Julian's call and letting it go to voicemail before deciding to trust my gut and answering the damn phone. "Hey."

"Hey." The hint of surprise in his tone makes me feel shittier than usual.

"How did the meeting go?" he asks.

"Fine."

"What a glowing review."

I drop onto my bed with an *oomph*.

"Want to talk about it?"

"I don't know. I've spent all night thinking about it and have gotten nowhere closer to making a decision about the TV deal."

"You? Unsure about the future? I don't believe it."

I laugh again. "I swear I'm not usually this indecisive."

"I watched you spend an hour deciding if you wanted to paint a room eggshell white or eggshell off-white, which, by the way, are the same color."

"Not true. One had a satin finish and the other had a semi-matte finish, thank you very much."

His deep chuckle pulls at the cord wrapped around my lower half. "You overthink everything lately, which is fine."

"Aren't you the guy who hides pro-con lists all over his house?"

"You found those?"

I stare up at the ceiling. "Out of curiosity, did you come to a decision about which toilet paper brand was best?"

"I knew giving you a key was a mistake."

We both laugh this time.

"Dahlia?"

"Yeah?"

"*Te amo*."

Te amo: I love you.

Everything stops. My heart. My lungs. My ability to speak.

"I don't expect you to say it back, but I didn't want another day to go by without you hearing it." His confession pulls at every single one of my heartstrings.

His selfless, understated kind of love is the one I spent years searching for but never found—until now.

Julian wasn't the only one living through a ten-year blackout.

I was too.

I fight a battle against my tear ducts and lose with a sniffle.

"Don't cry."

"I'm not crying..." My voice wavers.

"It sounds like it to me."

"Shut up and say it again."

"It sounds like—"

"No. The other thing."

"Don't cry?"

If he were here, I'd kiss the smile right off his face.

"Forget it," I huff.

"I love you. Good night," he repeats before hanging up the phone.

After Julian's confession, I can't fall back asleep, so instead, I obsess over our conversation until I've gone over it a hundred times.

With every fiber of my being, I know he loves me, and it's time I showed him I feel the same way, even if it means putting my heart on the line once more. Experiencing Julian's love for a moment is far better than me spending a lifetime without it, wondering what might have happened had I given him a chance.

My phone pings the next day with a text from my agent asking if I am going to this Saturday's party.

ME

What party?

She attaches a photo of the Creswells' fifth annual postproduction party.

JAMIE

I thought that's why you wanted to meet with Archer this week as opposed to next.

ME

My invitation must have gotten lost in the mail.

JAMIE

Shit. You're on the RSVP list.

My phone vibrates from an incoming call.

"Hey, Jamie."

"Fuck them!"

My eyes go wide as saucers.

"You didn't know about this?"

"I mean, I've been to them in the past, but I thought they wouldn't host one this year after everything."

"Those assholes." She seethes through the phone.

"It's okay."

"No, it's not okay! They did this on purpose to embarrass you."

"Only if I let them."

Her heels click against the floor from her pacing. "You're not thinking of going, are you?"

I stay quiet.

"Dahlia, you can't be serious. You've come so far since the first time we met. No need to threaten all that progress."

When I first met Jamie, I had a breakdown in her office after telling her the story of how my previous agent dropped me as a client. At the time, I was depressed without knowing it, and my lack of control over my emotions was at its all-time low.

But look at you now.

"I want to show them they didn't break me." They might have come close, but I'm still here, fighting for myself and the future I deserve.

"Do you want me to be your plus-one?"

I consider it for a moment before thinking better of it. "Actually, I already have a date."

"Is he hot?"

"Absolutely," I say before laughing.

"Smart?"

My nose wrinkles. "Annoyingly so."

"Please tell me he's rich."

"He makes Oliver's inheritance seem like play money."

Jamie whistles. "Good for you. He sounds like a keeper."

I know, and it's time I told him so.

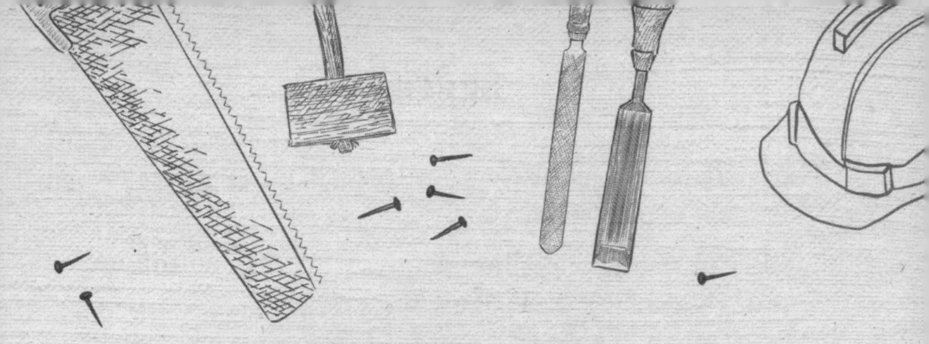

CHAPTER FIFTY-ONE

Julian

My phone rings, interrupting me in the middle of slicing through a block of wood.

I answer. “Dahlia?”

“So, feel free to say no, but I have this crazy request—”

“Done.”

Her laugh is the sweetest sound.

She composes herself before saying, “You haven’t heard what it is.”

“Do I need to?”

She grumbles something under her breath that I can’t make out.

My brows pinch together. “What?”

“The Creswells are throwing their annual postseason wrap party, and I conveniently ended up on the RSVP list.”

I’m not the slightest bit surprised. With the media rallying behind Dahlia after Oliver's Vegas drive-thru wedding and the disaster of their last season, the Creswells need some major damage control.

"When is it?" I toss the wood post to the side and start cleaning up my station.

"Tomorrow night."

"I'll be there first thing in the morning. Should I bring a tux or a suit?"

"*Julian*."

"Good call. I'll pack both, and you can pick between the two." I wipe my sawdust-sprinkled hands down my shirt.

"You seriously want to go?"

"Do you plan on attending?"

She pauses for a moment. "Yes."

"Then, yeah, I want to go."

"Thank you," she whispers before hanging up.

Last time I was in San Francisco, I could barely afford an economy ticket to get home for the holidays, yet here I am now, parking my private jet on a secluded landing strip.

Sam earned himself a nice Christmas bonus for finding a pilot at the last minute and renting me a red Ferrari worth more than all my cars combined.

I park the car outside Dahlia's townhouse before killing the engine and stepping out. The Victorian style fits Dahlia to a T, with white wood trim, blue siding, and those bay windows she loves so much.

I climb the steps, step over the faded *mi casa es tu casa*

doormat, and ring the bell.

"Coming!"

The door swings open a few minutes later.

Dahlia rubs the sleep from her eyes. "You're here."

"I told you I would be." I wrap my arm around her waist and crush my mouth against hers, kissing her like I've dreamed of doing since she left Lake Wisteria four days ago.

It quickly turns punishing as I take my frustration and worries out on her lips, sucking and biting them until she hisses.

I pull away and rest my forehead against hers. "I missed you."

"It hasn't been a week since I last saw you."

"Four days too long."

"You're needy."

"Tell me about it."

She yawns. "When you said you were coming in the morning, I assumed you meant later."

"I thought we could spend the day together."

"What did you have in mind?"

"Whatever you want."

"Breakfast for sure."

"Yes, please." My stomach grumbles on cue.

"Pedicures?"

I make a face. "Sure?"

She clasps her hands together. "Shopping?"

"I expected as much."

The pure happiness radiating off her makes today's early wake-up call worth it.

She grabs my hand and pulls me inside before shutting the door behind me. "Give me a few minutes to get dressed. Feel free to snoop around."

I plan on taking her up on the opportunity, but a sealed box beside the door stops me.

"I've been meaning to send his stuff back."

"You got his address wrong. Hell's zip code is 666."

She wraps her arms around my waist. "I feel better already about everything, and you've only been here for two minutes."

"Am I going to find anything else of Oliver's around here?"

"No. This has always been my place, though he hated the idea of us living separately."

"Remind me to thank your mother for pushing against you living with someone before marriage."

"I have a feeling you'll regret that statement one day."

"What—"

A phone ringing snags her attention, and she takes off up the stairs, leaving me alone. The warm color palette, hardwood floors, and mix of furniture and textures match Dahlia's style perfectly, although the cardboard moving boxes in every room seem out of place.

Natural light pours through the windows, highlighting the picture frames hung in a neat row. Each holds a different sketch.

Her mother's flower shop. The Founder's house. Her current living room featuring different items from her décor collection.

"Ready?"

I turn to find Dahlia dressed for the chilly weather outside.

"Are you moving?" I point to a stack of boxes beside her.

"Yeah."

My stomach tightens. "Where to?"

"I'm not sure if you've heard of it, but there's this small town in Michigan called Lake Wisteria—"

"What?" I must have heard her wrong.

"I told you it was small."

"You're moving back home?"

"I am."

"Why?"

"I turned down the deal with Archer Media."

I blink a few times. "Why?"

"It didn't feel right."

"But what about your show?"

She shrugs. "When the right contract comes along, I'll know it."

"No second-guessing?"

"Nope. I've never felt more certain about anything."

I clamp my hands around her hips and drag her closer. "You don't need to move back to Lake Wisteria, though. We could still live here—"

She wraps her arms around the back of my neck and tugs me closer. "I don't want to live in San Francisco."

"But—"

"Julian?"

"Yes?"

"*Te amo también.*" She rises on the tips of her toes and seals her mouth over mine.

A shiver rushes down my spine as she deepens the kiss.

Our tongues fuse together, teasing each other until we're both breathless.

She pulls away with a laugh. "What do you say about getting out of here?"

"Where do you want to go first?" I pull my keys from my back pocket.

"Our old stomping grounds."

"You lead the way." I motion toward the front door.

We step outside, and she pulls her keys out of her purse to lock up.

I hit the button on the fob, and the Ferrari beeps.

Dahlia's eyes go wide. "Can I drive it?"

"Go ahead." I toss the key fob in the air.

She nearly misses it before diving at the last second to grab it. "Seriously?"

I open the driver's door for her. "Sure. It's a rental."

Dahlia adjusts the seat to her height.

"Let's not get into any accidents today, though." I hop into the passenger seat and buckle my seat belt.

She tosses on a pair of sunglasses, realigns the rearview mirror, and takes off down the road, making the tires squeal and my heart lurch in the process.

"Is it as good as you remember?" Dahlia asks.

I take another sip of my iced coffee. "Not bad."

"Not bad? It's the best!" She grabs my straw and takes a sip. "That's delicious, and I refuse to accept any other answer."

"Nostalgia is making you think that." I wrap my arm

around her and tug her against my side as I stare up at the Hoover Tower. "It seemed so much larger when we were freshmen."

She laughs. "Everything about this campus seemed so big and scary."

"I was convinced you were going to transfer back to a local college with how homesick you got during the first year."

"I only survived because of you."

"We helped each other as freshmen, but you made it through the other three years on your own."

She lifts a shoulder. "San Francisco warmed up to me eventually."

"Speaking of San Francisco, where do you want to go next?"

"I remember someone mentioning shopping?"

I tug my wallet from my pocket and pull out my black card. "Buy whatever you want for tonight."

"I was going to use a dress I already had…" She plucks the card from my fingers. "But if you insist!"

Warmth spreads through my chest like an inferno, consuming me.

Funny how I spent ten years searching for someone to make me feel a fraction of the way Dahlia did, only to end up here, hoping I get to spend the rest of my days with her.

Despite footing the expensive boutique bill, Dahlia doesn't let me sneak a peek at her dress until it's time to head out for the event.

Her heels click against the stairs, but I don't turn until she stops at the landing.

My vision tunnels until I only see her. "*Preciosa*."

From her perfectly styled hair and makeup to her silk dress, Dahlia looks like a billion dollars. She does a little spin, and the fabric of her dress flutters around her, changing colors with the light.

"Remember that when you get your credit card statement at the end of the month."

I grab her hand and give her another twirl, earning the best laugh. "Who's the designer?"

"Why are you asking?"

"I want to buy one in every color, not complain about the cost." I hold out my elbow for her to take. "Are you sure you want to go to this?"

"Yeah." She locks her arm with mine, and we head toward the door.

"Just checking." I help her into the passenger's seat of the Ferrari before sliding behind the wheel.

"Will you play some music?"

"Are we feeling like the *Stressed and Depressed* playlist or the *Fuck Love Songs* playlist?"

"Definitely the latter."

I take off toward the Creswells' mansion with rap music pouring out of the speakers. Their property is in the nicest part of town, where the land costs almost as much as the people's souls who live there.

The valet team rushes to open our doors and help Dahlia out of the car. When I reach for her arm, she trembles.

"Still sure you want to do this?" I ask again.

A visible change happens as she rolls her shoulders back and holds her chin high. "Yes, I'm sure."

I steal a kiss before she shoves me away with a laugh and complains about her lipstick. "I'm here for you."

"Can you promise me one thing?" She holds up her index finger.

"What?"

"When you see Oliver, please don't punch him."

"Should I give you the honors?"

"No. One night with you in a jail cell was enough to last me a lifetime."

I lift her hand to my mouth and kiss it. "I promise not to punch him."

No matter how much I want to.

CHAPTER FIFTY-TWO

Dahlia

"Dahlia!" One of the crew members, Reina, calls my name, and I turn to find her, Hannah, and Arthur all waving at me.

"Who are they?" Julian's tux brushes against my back as he whispers in my ear.

"They're part of the behind-the-scenes crew."

"Do we like them?" His emphasis on the word *we* has my body tingling.

"Yes, we like them a lot." Although I haven't been a very good friend to them for the last six months. They tried, but it was easier for me to get a grip on my depression by cutting myself off from the life I had.

I tug on Julian's hand and lead him toward the old crew, where I'm quickly pulled away from him and into a group hug.

"We've missed you!" Hannah, my makeup artist with

purple highlights and a tongue ring, squeals before Reina, a real-life Malibu Barbie, pulls me into a second embrace. "You haven't answered many of our texts."

I blush. "I was…"

"Listening to country music?" Hannah's knowing eyes catch mine.

"Exactly."

"We get it. Boys suck." Arthur, the show's hairstylist, assesses my split ends. "You're due for a trim."

"I'm heading out tomorrow, or else I'd ask if you have time."

"We can stay for another few days if you want," Julian offers.

"And who is this handsome lad?" Arthur checks him out.

I don't blame him for being starstruck since I had the same reaction earlier when Julian stepped out of my guest bedroom wearing a custom tux.

"I'm her boyfriend, Julian." He holds out his hand, but Arthur bats it away and wraps his arms around him.

"Did you hear that?" He turns Julian around and shows him off like an auctioneer. "Dahlia has a boyfriend!"

"Would you like a microphone so everyone else at the party can know Dahlia has a boyfriend?" Hannah asks.

"Boyfriend?"

The hairs on my arms rise as I turn on my heels to find Oliver standing slack-jawed with a drink in his hand and a shiny wedding band on his left ring finger. Once upon a time, I thought he was handsome, but now I'm revolted by his presence.

I prefer nausea over heartache, so I'm going to take my

reaction as a win.

Olivia, who stands beside my ex wearing a beautiful gossamer gown and a stunning diamond ring similar to the one I had before, remains silently poised, although I catch her tipping her chin in my direction in silent acknowledgment.

Julian hooks his arm around my waist, soothing the discomfort away with a brush of his thumb over my hip bone. Where he seeks to comfort me, Oliver would have never bothered, solely because my ex wouldn't have noticed my uneasiness in the first place. How could he when his focus was always on impressing everyone else in the room?

To think you once compared Julian to him…

I cover Julian's hand with my own and give it a squeeze.

Oliver gawks. "Julian?"

"Oliver."

My ex's sharp jaw clenches. "I had no clue you two were dating."

"I would have added him as a plus-one on my RSVP had I actually received an invitation."

His face loses that golden color. "About that…my mother—"

"Is right here!" Mrs. Creswell arrives with her blond hair perfectly coifed and her smile deceptively sweet, while her husband trails behind her, stuffing his mouth with appetizers while looking everywhere but at his wife.

"Dahlia." She holds out her arms, which I ignore.

Julian makes a soft noise that sounds an awful lot like a laugh.

Her arms drop to her sides. "I'm so glad you could make it."

"I'm sure you are since you accepted the invitation on my behalf."

Oliver's father chokes on a bite of his lamb lollipop.

Mrs. Creswell claps her hands together. "Well, we were so excited to have you here for the final season's postproduction party."

"Is that so?"

Her right eye twitches. "Of course. You're one of the reasons why the show was successful."

"She *was* the reason," Julian snaps.

Mrs. Creswell's long blink is so unlike her. "And you are?"

"Julian Lopez. My ex-roommate and Dahlia's new boyfriend." Oliver manages to keep his sneering to a minimum.

"A new boyfriend already? How fast."

"I'm sure Oliver can speak from firsthand experience on what it's like to meet your soulmate, seeing as he got engaged and married all in the same hour." Julian tucks me closer against him.

Most likely sensing the tension, Mrs. Creswell beckons a cameraman over in the worst attempt to diffuse it. "Oh, great. Let's take a photo for the papers. Everyone gather around."

Julian swoops me to the side before the flash goes off, leaving the Creswells gaping and gawking.

"Say the words and we're out of here." He cups my chin.

"Did you see the look on his face right now?"

He traces my bottom lip with his thumb. "I did."

"You're the best."

He returns my smile with one of his own. A flash goes off, capturing our intimate moment.

Julian peeks over my shoulder. "Oliver is hating every second of this."

"On a scale of one to ten?"

"At least a nine."

"Surely we can do better than that. I want him screaming, crying, and throwing up all at the same time."

"You're a vicious little thing, but I love you for it."

"I'll show you vicious." I grab him by his tux lapels and pull him down so I can kiss him.

Julian's palm finds the small of my back, and he holds me tight as he matches my brutal pace. His kiss is one of passion and possession, making my body tingle and my head spin as our mouths fuse together.

Julian pours everything into every single one of his kisses, making me feel loved, admired, and appreciated.

He is exactly what I want from a partner and more, and I can't wait to see where this next stage of our life takes us.

"Shit. Where can I find myself someone who kisses me like *that*?" Arthur asks with a shout, making my cheeks burn.

Julian tucks a strand of hair behind my ear. "I spent ten years searching, so best of luck to you."

Arthur fans himself. "If you don't marry Julian, I will."

"Talk about marrying him again and see what happens."

Arthur holds his hands up. "Okay, *vicious little thing*. Put those acrylic claws away before someone gets hurt."

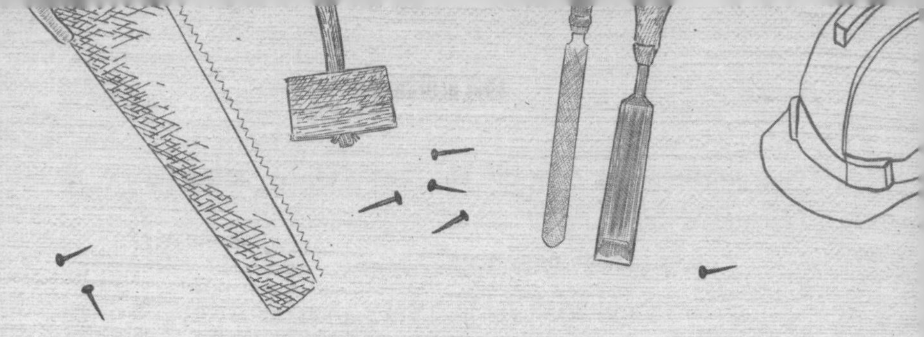

CHAPTER FIFTY-THREE

Julian

The only time I leave Dahlia alone is to get us some drinks. Thankfully, she has a few good people in her corner, so I'm able to wait by the bar without worrying over her.

"Did Oliver get the house?" a woman asks beside me.

"He finally pushed the seller into a deal, and we're supposed to go under contract on Monday," says the dainty voice that I assume belongs to Olivia.

Oliver's name has my ears perking up. I'm careful to keep my back to the women as I listen in.

"How much are they selling it for?"

"Eight million."

"You lucky bitch!" the other woman cries.

Olivia laughs. "I never thought we could find a house for sale in Presidio Heights, but we drove by it one day, and I fell in love with the corner lot on Clay Street. Oliver promised it to me as my wedding gift."

"Where can I find someone like him?" The other woman gushes as I open the Dwelling app on my phone and log in using my admin credentials. While there aren't any listings currently available on Clay Street, there are only four corner lots.

"Is it the Edwardian one you mentioned before?" the other woman asks.

"No. That one ended up staying in the family. This one's got more of a European style to it."

It only takes me a few clicks to find the only house matching Olivia's description. I pull up my text thread with Rafa and shoot off a message asking him for a favor.

RAFA

What do you need?

I send him the Dwelling link and a request, to which he responds, *Give me twenty minutes.*

It doesn't take me long to find Dahlia and her friends, seeing as they're the loudest ones here. While I was away, someone dragged one of the outdoor heaters closer to a table, which casts a warm orange glow on the four of them.

"Thank God." Dahlia grabs the fancy mocktail I ordered and guzzles half of it.

"Thirsty?" I laugh before taking a pull from my beer bottle.

"I'm terribly dehydrated, thank you for asking." Dahlia taps her glass against mine. "Cheers." She takes a sip before shutting her eyes with a sigh.

"What are you doing?"

"Tricking my mind into believing this has liquor."

"If you want—"

"No. They're not worth screwing up my progress." She takes another sip of her drink while I drag a chair over and drape my arm across the back of hers.

Her friends continue chatting about the new shows they were hired to help with and how no one will ever compare to Dahlia. I sit back and enjoy their interactions, all of which end with Hannah, Reina, and Arthur arguing over something.

Dahlia's happiness radiates off her with every grin, laugh, and joke, and I'm honored she invited me here to watch her thrive in front of the family who tried so damn hard to destroy her.

After one of Arthur's jokes, Dahlia's head drops back from the intensity of her laugh, earning looks from everyone, including Oliver.

My grip on the back of her chair tightens as I glare back at him.

Our staring contest is interrupted by his pocket lighting up from his phone screen. He reaches inside and pulls it out, only to frown at the screen.

I lean closer to Dahlia and whisper, "How do you feel about us joining forces and pranking other people instead?"

Her eyes widen. "What did you do?"

"I overheard Olivia mentioning how Oliver had a house lined up to buy in Presidio Heights as a wedding gift." I tilt my chin in his direction.

Dahlia's head swivels toward him.

"What do you mean someone else bought the house?" Oliver shouts into the phone.

A few people glance over at him with a variety of confused expressions.

"You promised it was mine." He stomps off in the opposite direction, only to pause midstride. "Ten million dollars?"

Dahlia gasps. "Tell me you didn't."

I tuck a loose strand of hair behind her ear. "Out of curiosity, how do you feel about homes architecturally influenced by the Italian Renaissance?"

"Absolutely despise them with every fiber of my being."

"Perfect. Me too."

The laugh that pours out of her makes the house worth every penny.

She barely has a chance to catch her breath before she asks, "Did you really buy a random house we both hate because you're that petty?"

"No. I bought a random house we both hate because I'm that in love."

At Dahlia's insistence, we drive the packed moving truck back to Lake Wisteria rather than hire a moving company for the job. She claims there are too many valuables, but I quickly catch on to her plan of wanting to extend our trip for as long as possible.

Three days later, I park the moving truck outside the

Muñozes' house with a yawn. Dahlia and I both climb out, fighting drowsiness as we walk toward the front door.

I grab her hand and pull her against my side. "You could move into my house."

"Sorry, but my answer hasn't changed since you last asked me an hour ago."

"But I plan to decorate it for Christmas."

Her brows rise. "Really?"

"Yup. I'm hosting the *posada* this year, which means you're helping."

She laughs. "That's fair after all you did for me during Thanksgiving."

"Because of everything that needs to be done, it's probably best that you stay with me. *Indefinitely.*"

She shakes her head.

"Fine." I sigh. "I'll respect your wish not to live together until marriage."

"Assuming we get married to begin with."

I tap her nose. "It's cute that you think you have a choice."

She lets out a half laugh, half scoff. "God. What will I do with you?"

"I have a few ideas." I kiss the back of her left hand.

"Dahlia!" Rosa runs out of the house in fuzzy slippers and a head full of Velcro rollers.

"*Mami.*"

Rosa pulls her daughter into a quick, crushing hug before

Posada: Mexican Christmas festival to commemorate the nativity story.

throwing her arms around me and squeezing all the air from my lungs.

Guess she forgave you for the jail cell incident.

She pulls away. "You brought our girl back home."

"She made the choice all on her own. I was only there to drive the truck back."

Rosa stares up at me with shiny brown eyes that remind me so much of Dahlia's. "You did a lot more than that."

Dahlia turns away and swipes at her cheek.

"Are you crying?" I laugh.

She flips me off as she walks into her house. "I hate you."

Some things never change.

When I helped Callahan Kane remodel his house last summer within a nearly impossible time frame, I knew I'd call in the favor he owed me one day, but I hadn't planned on using it on Dahlia's behalf.

My plan could crash and burn, but if it means helping Dahlia get a TV deal that makes her one hundred percent happy, then I will reach out to a man who owes me a big favor.

Callahan Kane is a difficult man to get in touch with. All of my calls go to voicemail, which only makes my anxiety worse with each passing day.

During that time, I focus on my project and getting ready for the holidays. Dahlia helps me decorate my house, and I repay her by fucking her underneath the Christmas tree and watching a few episodes of her favorite telenovela.

Sam keeps his calls to a minimum, which gives me faith in

Ryder's abilities to help me run Lopez Luxury. I know he won't let me down, and everyone's feedback about him supports that, so I'm feeling more confident about stepping back and starting a few private projects of my own with Dahlia.

I retry Callahan Kane's number for a second time today, and he picks up after the third ring.

Miracles do come true.

"Julian Lopez. To what do I owe this rare phone call?"

I clear my throat. "Remember that favor you owe me?"

"Straight to the point. I like it. Reminds me of my brother—"

I stop him before he starts rambling. "Do. You. Remember?"

"Why don't you refresh my memory?"

I tap my fingers against my workbench. "I fixed your house in exchange for a favor of my choosing."

"Ah, right. Do you want me to connect you with Declan or Rowan?"

"I want to speak with whoever runs the DreamStream part of the Kane Company."

"You'd like to meet with the television streaming division? What for?"

I stay quiet.

"Why would a developer like you—" He cuts himself off and makes a confirmatory noise. "Oh. I think I know why."

"Can you help me or not?"

"Sure, but you have to answer three questions of mine first."

"What?" I ask.

"Does this request to meet with our streaming department have something to do with Dahlia?"

"Yes."

"Are you in love with her?"

"What does that have to—"

"Answer the question so I understand the severity of the situation."

Este pendejo. "Yes, I'm in love with her."

"Great. That means you'll do anything to help her."

"What's your final question?"

"Are you available tonight?"

"Tonight?"

"Is that a problem?"

"No." Although I'll have to think up a good reason for canceling dinner plans with Dahlia.

"Great. Meet me at the private airport at seven."

I have no idea what I'm getting myself into, but I know Dahlia is worth all the trouble, including putting up with Callahan Kane and his annoyingly sunny disposition.

CHAPTER FIFTY-FOUR

Dahlia

My phone lights up as Ryder discusses the schedule for the Lake Aurora renovation project.

"Excuse me." I step out of the conference room and answer my agent's call.

"You're not going to believe who I just got off the phone with!" Jamie squeals.

I hold my phone at a distance to protect my eardrums from rupturing. "Who?"

"DreamStream!"

"The Kane Company subdivision?"

"Yes! You've heard of them?"

"Is there someone who hasn't?"

Jamie laughs. "True. Well, they reached out to me, asking if you were available for a show idea they have."

"They contacted you?"

"I know. I'm equally shocked. Not that you're not amazing, but DreamStream contracts are huge. You'd become a household name with a company like that producing your show."

I lean against the wall before my knees give out. "What kind of show are they thinking?"

"Well, that's the best part. They're willing to go along with whatever you want, wherever you want, so long as you let them produce and stream it."

"You're joking." A deal like this seems too good to be true.

Probably because it is.

No. I shut down the anxious thought before it has time to fester.

But still, something about this deal seems too convenient.

Who cares? If they're letting you take full creative control of the show, does it matter?

But I can't help wondering how a deal like this came about in the first place.

"Who reached out to you?" I ask.

Jamie doesn't miss a beat. "Declan and Callahan Kane."

"Both of them?"

"Yes. Callahan Kane is doing some consulting work with DreamStream. Said he found out you were pitching a show from a town local and knew his brother would want to get involved since his wife is a big fan."

A town local?

It doesn't take me more than a few seconds to piece everything together.

Holy shit. This is really happening.

I must have said the words aloud because Jamie laughs and says, "Yeah. It is."

I smack my chest to get my lungs working again. "How soon can we meet with them to go over everything?"

Jamie goes into greater detail about the offer, and I diligently listen, my excitement growing with every minute. She hangs up ten minutes later with a promise to send me the revised contract once it is ready.

Now I need to find the town local responsible for all this, and I have a strong feeling I know where he is.

When I decided to move back to Lake Wisteria, I expected Julian to resume his usual position in the business, but I was surprised when he kept true to his original plan. He only works out of his office three times a week now, while he spends the rest of his time managing builds and helping at the sites.

Plus, we're taking on the Lake Aurora house together as project co-leaders.

I haven't seen him look this happy since...well, *ever.*

I open our text thread and send Julian a message.

ME

Are you still in a meeting?

He responds only a few seconds later.

FIRST CHOICE

Nope.

I head to Julian's office, only stopping to greet Sam before walking inside the private suite and shutting the heavy door behind me.

Julian leans back in his chair. "I thought we agreed not to see each other until lunchtime."

It was a valiant effort so we could get some much-needed work done before Christmas break next week, but Julian blew that plan to hell the moment he intervened in my life.

I forgo the seat across from his desk and choose his lap instead. His arm hooks around me, and I curl mine around the back of his neck before crushing my mouth against his.

Julian groans as I glide my tongue across his, earning the slightest shiver as a reward. His fingers press into my hips as he deepens the kiss.

No matter how many times he claims my mouth, it always feels like the first time with the way my toes curl and my spine tingles.

He reluctantly pulls back after another minute. "As much as I love the unexpected visit, I have a call in ten minutes."

I clean the lipstick mark staining the corner of his mouth. "No problem. I only wanted to thank you."

"For what?"

"Whatever you did that landed me a deal with DreamStream."

His arms tighten. "I didn't—"

I press my finger against his mouth. "Don't lie to me or play the humble-boyfriend card." It's the first time I called him my boyfriend, and the shock on his face made it worth the wait.

"Boyfriend?"

"Don't let the title go to your head."

"A little too late for that. Does it come with a lifetime membership?"

I pinch him between the ribs, making him jolt. "Start talking or else." I reach to repeat the move, but he traps my hands against his thigh.

"I wanted you to make a decision that was best for you, not based on my influence in the process."

"So you admit you played a part?"

"If by *played a part*, you mean merely making sure the right person heard about your availability and interest in filming a new show, then yes. Guilty as charged."

I swat his shoulder. "I knew it!"

"How did you find out?"

"Well, it was solely based on a hunch, but a good one given your connection to Callahan Kane and you being the only person in town who knew about me pitching a new show."

The tips of his ears turn pink. "He owed me a favor."

"And you used it on me?"

"I know how much you loved having your own show."

The Kanes rarely owe any favors, so the fact that Julian used his to pitch my show means the world to me.

My chest squeezes. "I can't believe you got me a deal with DreamStream."

He cradles my head between his palms. "All I did was speak with Declan and tell him about your idea for a show. His company offering you a deal was all thanks to you and your years of hard work." He pauses. "And probably the fact that Declan Kane's wife might be your second biggest fan."

"Who's the first?"

"You're in love with him." He slides his fingers through my hair and steals another kiss.

The phone on his desk rings, and we break away with a groan.

"I should get that."

I brush my lips across his. "You should."

He sighs. "Don't make this harder for me."

I run my hand down the front of his pants. "Not sure that's possible."

"Dahlia," he groans as I trace the tip of his cock.

The phone rings again, and I slide off his lap. His dark gaze trails down my body as I walk toward the door, and I'm hit with the same rush of butterflies in my stomach that never seem to go away no matter what.

I glance over my shoulder. "See you in an hour."

"Make it thirty minutes. And ditch the underwear."

"Deal."

CHAPTER FIFTY-FIVE

Julian

ONE WEEK LATER

For the first time, I hosted Christmas Eve with my mom's and Dahlia's help. The last time all of us were together at my house for the holidays was before my dad died, so I'm a bit overwhelmed when everyone floods my kitchen bright and early in the morning with supplies to make tamales.

Cooking is a whole-day production filled with music, laughter, and too many embarrassing stories from all of our childhoods. By the time we finish dinner and the clock hits midnight, an antsy Nico drags us all toward the living room to open presents.

My godson tears at the wrapping paper with more speed than a superhero, revealing his gift. He squeals before jumping into my arms. "You're the best *tío* ever!"

Dahlia plucks the Formula 1 VIP paddock passes from the

floor. "Nice choice."

"You could have been the best *madrina* ever," I tease.

When I mentioned going fifty-fifty on Nico's gift this year, Dahlia scoffed and told me there was no way she would go cheap on her godson.

We may be dating now, but that doesn't mean I'm giving up our competition anytime soon, she said.

I should have expected a response like that from her after spending eight years trying to one-up each other with our presents, but I was still surprised.

She nudges me with her hip. "Don't count me out of the competition yet."

I don't know how she will top my gift. After spending a month hearing Nico talk about his favorite Mexican driver, Elías Cruz, I knew I had to get him a VIP behind-the-scenes pass for Christmas. Although he is a relatively new fan of Formula 1 thanks to his nanny, Ellie, who watches races religiously, he has quickly become a superfan.

"Good luck topping that." I kiss the top of Dahlia's head before taking a seat on the couch.

"I got one for you and Ellie too." I toss Rafa the gift I kept hidden behind the couch until Nico opened his.

"One for Ellie? Why?" Rafa scowls.

"Um…because Nico said she's going on the summer trip with you?"

The vein in my cousin's neck looks ready to burst as he stares at his son. "Is that right?"

"You said I could do whatever I wanted." Nico places the VIP lanyard around his neck.

"I said you could *do* whatever you wanted. Not *invite* whoever you wanted."

"I want to *do* cool stuff with Ellie, so she has to come. Duh!" Nico poses beside me while my mom snaps a photo of us.

Lily laughs. "He got you there."

Rafa's eye twitches as he pulls out two more paddock passes from the gift bag and grumbles a quick *thanks*. Everyone knows he will go along with whatever Nico wants so long as it makes his son happy, including taking his nanny on a summerlong trip around the world, even if he hates every second of it.

"You're welcome for the tickets. Be sure to send us photos and videos of Nico and Ellie freaking out." I wink.

He brushes his eyebrow with his middle finger.

"Please. No fighting on Christmas Eve." My mom tsks.

"Sorry, Ma," Rafa and I say at the same time.

"My turn," Dahlia announces as she passes Nico a small, wrapped box. "Here you go."

"Thank you!" He rips at the red-and-white striped paper with glee before screaming.

"What is it?" Rafa leans forward to check out the tickets Nico keeps clutched in his iron grip.

My godson throws his arms around Dahlia's neck and squeezes her until she is about to turn purple from lack of oxygen.

"Easy there." I pull him away. "What did she get you?"

"Tickets to see Duke Brass in concert!"

"What?" my mom gasps.

"Whoa." Lily gapes. "Way to make us all look bad."

Shit. Those tickets are impossible to find. I tried to score a pair for Nico myself without any success.

Rafa's eyes remain permanently wide. "How did you get those?"

Dahlia shrugs. "I know a guy."

"What organ did you sell?"

"A nonvital one."

I whisper in Dahlia's ear, "You better be fucking joking."

She doesn't bat an eyelash. "We were born with two kidneys for a reason, Julian."

"*Dahlia*."

Her shoulders hike.

I glare at her.

She nudges me. "A light guy who worked on my show before is now part of the production crew for the tour, so I contacted him and begged for a pair."

"Best gift ever!" Nico jumps around and waves his arms in the air.

Dahlia bats her lashes at me. "Aw. You could have been the best *padrino* ever, but no. I didn't need your help."

I press my lips against her ear and whisper, "Keep talking like that and I'll make your ass match the wrapping paper you chose."

Her face turns beet red, catching my mom's attention as she snaps a photo of us.

"For the photo album!" My mom grins.

Padrino: Godfather.

Everyone continues to open their presents. Each time I pass one of mine out, Dahlia perks up, only to deflate with poorly concealed disappointment as I hand it to someone else.

It's not until most of the gifts have been opened that she reaches under the tree and grabs a box with my name written on the tag. "Here. This one's from me."

"You got me something?"

Her cheeks turn pink. "Yes."

I carefully undo the wrapping paper, taking my sweet time solely because I love Dahlia's rare display of shyness.

"It's not much," she rambles when I fold the wrapping paper into a perfect recyclable square.

"Can you hurry up already? Some of us want to get to bed before Santa gets here," Lily announces.

"Yeah!" Nico high-fives her. "What she said!"

"All right." I laugh as I flip the lid of the box open and reach inside. "What did you get…" My voice drifts off as I pull out her gift.

I spot two main differences between the *Second Best* trophy Dahlia gave me as a graduation gift and this one. The first is that this trophy is far larger, and the second is that the plaque has a different inscription.

First Choice.

Dahlia peeks over at me. "Do you like it?"

I fight the tightness in my throat as I say, "I love it."

"I know it's probably silly, but since you kept the last one..." Her voice trails off.

"It's *perfect.*" I wrap my arm around her and kiss her, earning a retching noise from Nico, a round of *ooh*s and *ah*s from our mothers, a sigh from Lily, and Rafa grumbling something to himself.

She breaks the kiss first. "How long do you think it will take before they stop doing that every time we kiss?"

"They have nearly a decade to make up for, so I give it at least a few years before they settle down."

Dahlia groans. "God help us."

"This again?" She grabs the black eye mask from me.

I press my foot against the gas pedal and take off toward the Historic District. "I'd hate to ruin your Christmas surprise."

Her knee shakes as she places the mask over her eyes. I carefully navigate the icy roads leading toward the Founder's house with the truck, being mindful of the sharp turns and slick pavement.

Dahlia doesn't speak up until the next song finishes. "I should have known you had something else planned after I was left empty-handed."

"Did you think I wouldn't have gotten you something?"

"I don't know, but I wasn't about to complain after the whole DreamStream thing. That's worth like ten presents in one."

I park outside the Founder's house and turn the car off. "I already told you. The DreamStream deal was all because of you and your talent, not me."

I doubt she will believe me until she meets with the team herself after the holiday break, but it doesn't hurt to emphasize her success whenever her self-doubt comes creeping up again.

Dahlia waits inside the truck while I go around and open her passenger door. She shivers against me when I help her out into the chilly night.

I interlock our elbows and lead her toward the house.

She tucks her mittens into the front pockets of her coat. "Did you buy me another house?"

"Nope."

Her teeth chatter as we walk through the gate leading to the backyard. "A private jet?"

"Do you want one?"

She laughs. "No, but I bet you'd get me one if I asked."

I trace the tip of her reddening nose. "You're finally starting to catch on."

"The amount of money you have is sick."

"So is my love for you, but I don't hear you complaining."

"Nope."

I push against the small of her back. "Just a few more steps." I lead her toward the perfect spot and let go. "Now, stay right there and don't take your mask off."

"Okay?" She blows hot air while I rush to flip the outdoor switch. I return to find her right where I left her.

My fingers tremble as I slide the eye mask over her head.

She gasps. "Julian."

I tuck the eye mask into my jacket pocket. "What do you think?"

She takes a few steps toward the gazebo and pauses. "You made this?"

I slide my hands into the front pockets of my jeans. "Yup."

My team may have helped me put it all together, but I was

present for the whole process.

"It's stunning." She reaches out to stroke the column.

"Glad you think so." I walk up the steps and stop in the center of the platform.

Dahlia follows while gawking at all the details. "It's exactly like the one Gerald designed for Francesca."

"I made a few modifications." I trace over a wood-carved dahlia that would have been a rose if I had stuck to Gerald's original design. Thankfully, my mom had a different idea, which added a personal touch to the piece.

Her eyes shimmer. "I love it for so many reasons, but most of all because you made it."

I pull her against me. She melts into my embrace, our bodies molding together as we get lost in another kiss.

At some point, snow begins to fall around the gazebo, covering the ground like powdered sugar.

"A white Christmas! It's been years since I had one!" She takes off running.

I stay under the gazebo, watching her spin in a circle while attempting to catch snowflakes with her tongue.

Nothing in the world is more beautiful than Dahlia laughing up at the sky, standing in front of the house I plan on turning into a home with her.

I let her have a few minutes of fun before I loop my arm around her waist and pull her toward the Founder's house.

"Where are we going?"

"Home."

"What? Why? We just got here!"

"We're not going anywhere." I open the back door and

walk inside while dragging her behind me.

A sigh escapes us as our fingers and toes start thawing.

Dahlia pokes at my chest. “What did you mean when you said we were going home?”

I wave around the living room. “You’re standing inside it.”

She blinks.

And blinks some more.

“We’re keeping the house?”

“I never planned on selling it.” I bite down on my tongue.

“Ever?”

I shake my head.

Her gaze bounces around the room, probably mirroring her thoughts. “Why?”

“It’s been mine for years.”

“*Years?*”

“Yes.”

Her mouth drops open, but no words make it out.

I take a deep breath. “Do you remember your answer during the Strawberry Sweetheart pageant? The one about if you had three wishes?”

Her eyes widen.

Catching Dahlia by surprise is easy, but making her speechless? A difficult feat I never thought I would accomplish.

And for my last wish, I’d want to own the blue Founder’s house, she said in earnest, after wishing cancer never existed and being able to have one last conversation with her father.

Her eyes shine, not from the moonlight streaming through the wall of windows, but from the strong emotions threatening to consume her.

"I never forgot."

A single tear rolls down her cheek, and I kiss it away.

"You made my wish come true without me realizing it." Her voice cracks.

When the Founder's house was put on the market a few years ago, I purchased it without hesitating. At first, it was a stupid way of seeking revenge on a woman who had every right to move on with someone else. But every time I planned on tearing it down, I stopped myself and considered how hurt Dahlia would be if she returned to find it gone.

Thankfully, I never went through with the plan. I'm not sure Dahlia would have forgiven me for it, and the way everything worked out was so much better.

"But what about the *For Sale* sign we drove by after you helped get rid of my engagement ring?"

"I texted Sam about the favor while you were eating the *nieve* from Cisco's."

"You're joking." She pauses before speaking again. "And you asking me to help design it…"

"Was originally because my mom begged me to find you a job to help you through a tough time."

Her bottom lip trembles. "You could have picked any house for us to work on, but you chose this one."

"Yeah."

"Why?"

"I knew you wouldn't resist working on this house…even if it meant teaming up with me."

"Why didn't you tear it down years ago?"

"That was the original plan."

"What stopped you?" She wraps her arms around my neck.

"Angering Gerald?"

She laughs, and I swallow the sound with my lips. I kiss her forehead. Cheeks. The corner of her mouth and the curve of her neck. Everywhere my mouth can reach, I kiss, all while Dahlia does the same.

"What do you say about making this place ours?" I drop a kiss on the base of her neck.

"Tempting, but you know how my mom feels about living with someone before marriage."

"That can easily be arranged."

Her eyes roll. "Ask me again in a year."

"I'll hold you to that."

Until then, I plan on making this woman mine in every sense of the word.

Mine to love. Mine to marry. Mine to cherish for as long as we live.

EPILOGUE

Dahlia

SIX MONTHS LATER

Warmth encapsulates me, and I sigh as I snuggle closer to the source. The band around my waist tightens, tugging me free from the fog of unconsciousness.

I jolt awake in the wrong bed. "Shit!"

For the third time this month, Julian and I failed to stay awake after staying up way too late doing things that would have my mother attending confession on my behalf for the next five to ten years.

Julian rubs the sleep from his eyes before sitting up against the headboard. I quickly become distracted by his chest and the toned muscles rippling as he readjusts the pillows behind him.

He cups my cheek. "Keep looking at me like that and you're never making it out of here before your mom wakes up."

My heart skips a beat or two as I lean into his touch. "I should go." Yet I can't muster up enough willpower to pull away from Julian's touch.

To most people, my mom's rule of not living with someone until marriage might sound archaic—and I wholeheartedly agree—but I don't plan on challenging her Old Testament beliefs anytime soon, especially when it won't matter a few months from now.

Julian reaches for my hand before I have a chance to slide off the bed. "We could solve this annoying problem by getting married today."

I burst into laughter, only to stop when he doesn't do the same.

"Wait. You're not joking?"

He traces my ring finger, making me shiver. "Definitely not."

"You want to get married *today*?"

"Last night's weather report said it should be a sunny day without any clouds or afternoon summer storms," he nonchalantly announces.

I blink a few times before speaking. "You checked the weather report last night?"

"And the day before that."

"How long have you been doing that?"

He doesn't blink as he says, "Ever since I bought your ring."

My eyes threaten to pop. "My ring?" I jump on top of him, trapping his body beneath mine. "You bought me a ring?"

His bright eyes could rival the sun streaming through the crack in the blinds beside us. "Yes, but you said you wanted to wait until next—"

"*¡Vete a la chingada! ¡Necesito verlo ahora mismo!*"

The best laugh pours out of him. "You'll have to find it first."

"You hid it?"

"Of course. I already caught you snooping around the bedroom last week, so I couldn't take any risks."

My cheeks burn. When I found a jewelry insurance receipt underneath the seat of his truck after he spent the weekend in Detroit with Rafa, I was curious about what Julian bought. While my mind immediately jumped to a ring, I talked myself into assuming he had purchased a classic pair of diamond studs for my upcoming birthday.

Still, I snooped around his room, although my search came up empty.

He kisses my forehead. "If you find it, it's all yours."

I jump off the bed with a squeal before searching Julian's bedroom from top to bottom.

The ensuing mess could compete with my sister's bedroom. "It's somewhere downsta—"

I take off for the stairs, leaving Julian behind to pick up after me, although based on his laughter, he doesn't seem to mind.

I check every square inch of Julian's house, including the

¡Necesito verlo ahora mismo!: I need to see it right now.

inside of the grand piano, the cramped spot behind the toilets, and every pot, pan, and appliance big enough to hide a ring box.

Where is it?

Either he got smart after I found all his pro-con lists hidden throughout the house, or he never hid the ring here to begin with.

You should have known he would trick you.

My feet are heavy as I head toward the stairs, ready to admit defeat.

"Find it yet?" Julian's deep voice echoing off the high ceilings startles me.

I follow the sound of his voice into the living room, where I find him leaning against the shelf that displays a few of his prized trophies, including his *Little Prince* book collection and the two trophies I gave him.

Wait a minute…

I checked *behind* the trophies but never inside them.

Way to go, Dahlia.

I stand on the tips of my toes and grab the *Second Best* trophy off the shelf.

Empty.

I could have sworn—

He swaps the one in my hand for the *First Choice* trophy I gave him last Christmas.

My eyes widen at the wood box tucked inside. I fail to control the shakiness in my fingers as I reach inside for the custom-made jewelry box.

"Did you…" I choke on the rest of the sentence as Julian

goes down on one knee.

He sets the trophy on the floor beside him before holding out his hand. I place the jewelry box in his open palm. At this angle, I can take in his craftsmanship, including the impeccable and intricately carved details.

He lifts the lid to reveal a beautiful diamond ring nestled in a velvet cushion. The vintage design resembles a flower, with a brilliant solitaire diamond surrounded by a circle of marquise-shaped diamonds that resemble petals.

My vision blurs, and I desperately blink away the tears, praying they don't fall before he has a chance to speak.

The ring is perfect.

He is perfect.

And both of them are all mine.

The box shakes in his hand. "I practiced my speech a hundred different times, but nothing felt right, so I'm going to wing it and hope you say yes."

I already said yes thirty minutes ago, during his spontaneous scavenger hunt, but he doesn't need to know that.

I'm not *that* generous.

"You told me you wanted to wait a year before we talked about marriage, but I don't think I can last another day, let alone one hundred and eighty-seven more, before asking you to be my wife."

My lungs stall as he spins the crank on the side of the box. The opening notes of my favorite song start playing as he plucks the ring from the box and raises it so I can get a better look at the exact one I would have chosen for myself.

"You may have started out as my rival, but you're so much

more than that. You're my business partner and best friend. My greatest challenger and the biggest, brightest green flag there is...and hopefully, my future wife."

The tight ball in my throat disappears as I break into laughter. His hand holding the ring trembles as he stares up at me with sparkling eyes and the softest smile.

I drop to my knees and cradle his face between my palms. "Yes."

His lips crash against mine, the ring forgotten as he claims my mouth, sharing a thousand unspoken promises while he kisses me.

Julian was and always will be my first choice, and I plan on spending the rest of our lives showing him that.

He breaks away from the kiss, leaving me breathless as he slides the ring up my ring finger before kissing my knuckles right above it. "What do you say about getting married today?"

I gasp. "Without a dress?"

"Yes or no, Dahlia?"

"Shouldn't we discuss the pros and cons of not having a traditional wedding—"

He lets out a half groan, half growl that has me breaking out into a fit of giggles.

"Fine. Let's get married."

The Founder's house—now known as our *home*—is buzzing with activity as our families rush to prepare for a spontaneous wedding. None of them seem too surprised by the idea, which proves Julian had this whole thing planned all along. From my sister having the perfect bridal bouquet already prepared to Josefina being easily able to secure a wedding license on a Saturday of all days, every piece falls into place.

"Beautiful." My sister snaps a photo of me staring out the window at the gazebo.

Josefina and my mom have their arms wrapped around each other, dabbing at the corners of their eyes while staring at me.

"You all are going to ruin your makeup," Lily chides before taking another picture.

"*Que bella*." Josefina sniffles.

"*Mija*." My mom comes over and pulls me into a hug that Lily catches on camera.

I hold out my hands and motion toward Lily and Josefina, who both join our hug.

"Be careful with her hair."

"And her dress." Josefina watches out for the satin train.

My sister must have stalked my Pinterest account because every detail, from the lace veil to the white dress she *randomly* had in her closet, matches what I pictured for myself.

Piano music playing outside pulls us out of the moment.

Lily places the camera on a side table. "That's our cue! Julian should be walking out now."

I stay glued to the window, but Lily pulls me away before I get a chance to sneak a peek at my future husband.

Que bella: How beautiful

My sister herds us outside the room and down the stairs before stopping in front of the double doors leading out to the deck and yard beyond.

Flowers and candles line the pathway straight to the gazebo, which has been decorated like another one of my dream boards. Julian remains oblivious to my ogling as he stands beneath the dangling flowers hanging from the top of the gazebo, wearing a deep blue suit that blends into the lake behind him.

That's my future husband.

My vision turns misty, and Lily warns me about ruining my makeup for the tenth time tonight.

She reaches into the pocket of her dress and pulls out a yellow rosebud. "I thought your bouquet could use a little piece of Dad since he couldn't make it." She tucks the rosebud in the center.

My eyes itch. "I thought you didn't want me to cry."

"Sorry! Remember to take your time and walk slowly so you don't fall on your face and break another arm."

"Hilarious."

She straightens my veil with a giggle before heading outside to join the small crowd gathering around the gazebo. There are less than twenty people at our impromptu wedding, and I couldn't be happier.

All I need is Julian, an officiant, and a couple of witnesses for the paperwork, all of whom are from our family.

Rafa tips his chin in my godson's direction, and Nico runs his hands over the piano keys once before he hits the first few notes.

"Don't you dare cry," I chant as I step outside.

Everyone's heads turn in my direction. I can barely hear the music over the thumping of my heart, and the only thing keeping my feet moving is the man standing underneath the gazebo, staring at me like I hung the moon shining above us.

My heels click against the wood steps as I step underneath the gazebo Julian hand-carved, taking in the candles and flowers covering every surface.

Julian lifts my veil while Lily reaches for my bouquet, freeing my hands for him to grab.

He leans in and whispers against my ear, "*Eres la mujer más hermosa de todas.*"

Goose bumps break out across my arms, and I lean back with a smile, taking him in.

I've seen Julian look happy, but right now, he practically glows from the emotions pouring out of him.

"Ready?" He gives my hand a squeeze.

I glance at Josefina, who must have gotten an officiant's license at some point, before tilting my head toward the mastermind behind this whole operation.

"You had all this planned out, didn't you?"

He lifts my hand and kisses it. "*Jaque mate, cariño.*"

Butterflies scatter, making my stomach feel light and bubbly.

"We are gathered here today to witness the marriage of two soulmates destined for one another. And while some

Eres la mujer más hermosa de todas: You're the most beautiful woman of all.

Jaque mate, cariño: Checkmate, sweetheart.

couldn't physically be here today with us, we know they're here in spirit." Josefina tips her head toward the side.

I follow her gaze to the table beside the gazebo, where someone placed a photo of our fathers hugging in front of Lake Wisteria.

Since I don't want to put my waterproof mascara to the test, I blink a few times before I turn toward Julian again.

The world stops around us as we stare into each other's eyes. I barely pay attention to the speech Josefina recites, too caught up in our own moment to care about the traditional vows. Julian and I already shared our private promises hours ago after he made love to me following his proposal, so this display is more for our families than anything else.

I follow along and repeat after Josefina whenever Julian squeezes my hand.

She tucks her phone into the pocket of her dress and announces, "You may now kiss the bride."

My heart threatens to burst from the rush of emotions overwhelming me, but I'm not given a moment's reprieve before Julian loops his arm around me and claims his first kiss as my husband.

Best checkmate ever.

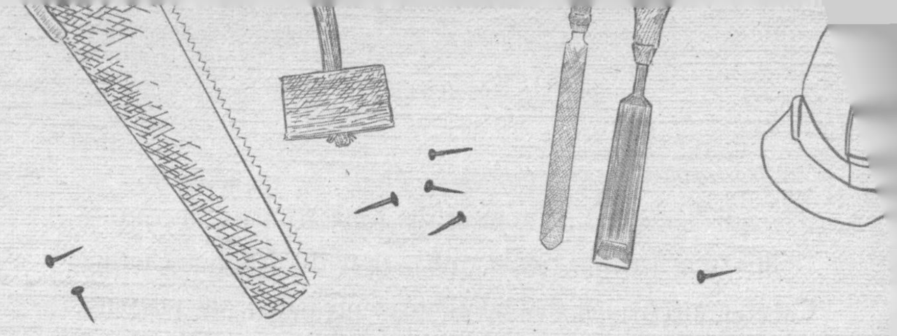

MEETING THE KANES

Julian

(CHAPTER FIFTY-THREE CONTINUATION)

When Callahan told me to show up at the local airport, I thought we were picking someone up, not taking a helicopter to Chicago so we could meet with his older brother, Declan. Callahan promises Declan, the Kane Company's CEO, will be the best person to meet with to discuss Dahlia's show, so who am I to disagree?

Too bad Declan probably can't stand me.

"Has your brother ever mentioned my name before?" I ask when we land in Declan's backyard.

"No. Why?"

"I keep outbidding him for houses around the lake."

Callahan claps me on the back with a laugh. "You're the asshole he keeps getting pissed about? I should have assumed, based on all those houses you buy."

Is it too late to cancel this meeting?

Callahan steers me toward the Kane mansion instead. If Dahlia were here, she would gush over all the details, including the glass greenhouse that takes up a large part of the property and the sunroom overlooking the courtyard and pool deck.

"You're so tense." He gives my shoulder a squeeze before letting go.

Because I'm stressed. If I don't land this deal, Dahlia might reconsider Archer Media's offer instead. And while I meant what I said about moving to California, I would much rather Dahlia agree to a show that makes her happy than settle for one that doesn't.

No pressure.

"Relax. My brother is going to say yes the moment he hears your pitch because Iris is Dahlia's biggest fan, which makes Declan a fan by association."

Impossible, since I'm Dahlia's biggest fan, but I don't waste time correcting him.

He rings the doorbell, and we wait until a dark-haired, stern-looking man opens the door with a baby cradled against his chest, swaddled in a pink blanket with a unicorn pattern. I can barely make out the child's face because Declan shields her with a glare, only allowing her tiny, light brown finger to be seen since it clings to his pale one.

"Brother. Thanks for meeting with us," Callahan says.

Declan raises his brow. "You didn't give me much of a choice."

Callahan tips his head in my direction. "This is Julian."

"Lopez?" Declan arches a brow.

"Yes."

Declan sizes me up before glancing back at Callahan. "I assume there is a reason you brought him here."

Callahan grins. "You owe him a favor on my behalf."

"Do I now?" His lips twitch, although he doesn't fully smile.

"Yes. Do me a solid and hear him out."

"What did he do for you?"

"His company was the one that renovated the lake house on short notice."

Declan nods before giving us his back. "Shut the door behind you. *Softly.*"

Callahan leans in and whispers, "See? He didn't bring up how much he dislikes you."

"Only because I plan on using it against him once I hear what he needs," Declan calls out.

Callahan closes the door behind me like his brother asked before shouting, "Honey, I'm home."

"Shh! Ilona is sleeping," Declan says in a hushed whisper.

"Cal? Declan didn't tell me you were coming!" A petite woman with warm brown skin and the brightest smile runs down the stairs with a squeal. Her long box braids sway behind her, swishing with every step before she jumps into Callahan's arms. "I've missed you."

Callahan's dramatic sigh makes his brother's eyes roll. "I saw you a week ago."

"Remember when we used to hang out every single day?"

"Let's not return to that anytime soon." Declan tips his head toward the hallway. "Follow me."

"Who's this?" The woman turns her dark eyes toward me.

"Excuse my manners." Callahan extracts himself from Iris's arms and points at me. "This is Julian. He's in love with that interior designer you're obsessed with."

Her brown eyes go wide as she gasps. "Dahlia Muñoz?"

"Yes."

"No way." She grabs on to my arm. "I'm obsessed with everything she does."

I can't help but smile at the little cult following Dahlia has built. "She has heard about you and the house you want to buy in Lake Wisteria."

The skin beside her eyes crinkles. "She has?"

"Yes. She might be willing to decorate your house if you ask her to." If it means keeping Dahlia in Lake Wisteria, I'll extort everyone around me to make it happen.

"Keep my wife out of your mind games," Declan answers before Iris has a chance.

She gapes at her husband. "Excuse me?"

"He's playing you." Declan's menacing glare fails to stir up anything but my annoyance.

"Ugh. Who cares? It would be a dream to have Dahlia do our vacation house!" She glances over at me. "I had my designer try to replicate her style here, but nothing beats the original."

Declan clears his throat. "I want to hear what Julian wants from me first."

Callahan waves him off. "Oh, that? It's nothing too serious. He only wants the Kane Company to produce Dahlia's new show."

Iris squeals as she reaches for her husband. "You have to

say yes! Like right now!"

His head drops back with a sigh. "You're a bastard, Cal."

Callahan grabs me by the shoulder and whispers in my ear, "See what I did there?"

The man is an absolute mastermind.

Iris grabs the baby from Declan's arms. "Figure out what he wants and find a way to make it happen. I won't accept any other answer from you, Mr. Kane."

Looks like I will walk out of here with a show offer, whether Declan likes it or not, all thanks to the one thing he can't say no to.

His family.

EXTENDED EPILOGUE

THREE YEARS LATER

"You… This…" My last client of the filming season, a survivor of domestic violence, covers her mouth as she checks out her living room. "Amazing!" She throws her arms around me.

One of the soundstage mics lowers to catch my next sentence.

I hold Mindy at arm's length. "Hopefully this helps with the life reset you wanted."

Mindy's episode is all about self-love and empowerment after ending a toxic thirty-year marriage. Together, while working on her dream house, we explored what it was like to rediscover herself and build her confidence again—a painful process I could wholeheartedly relate to.

Dahlia Redesigned isn't only about fixing houses. The show is about sharing and learning from life experiences, exploring complex relationships, and normalizing mental health. We don't shy away from heavier topics—something I was restricted from doing with my last network. Instead, they're given as much screen time as the furniture I select and the finishes I obsess over.

Viewers love the concept, and my ratings outperform all other home renovation shows, including the ones produced by Archer Media. The Kane family and the DreamStream production team have been incredible to work with, and I can't wait to film our fourth season next year.

Mindy's eyes swim with unshed tears. "Thank you from the bottom of my heart. I dreamed of having a place to call my own, but this…it's everything I wished for and more."

"Cut!" the director announces right before the crew breaks out into a round of applause and praise.

I pull Mindy into one last hug. "I'm so happy for you."

"Same here. I've been following your career since the second season of your last show, and you've come so far."

I give her hands a squeeze to match the one in my heart. "Thank you."

Mindy is taken away to film a post-reveal interview, leaving me alone.

Reina rushes over and pulls me into a bone-crushing hug. "Dahlia! This place is stunning. I'm having a hard time choosing a favorite room."

"You outdid yourself." Hannah glances at the floor-to-ceiling oak bookshelves Julian custom made for me.

While my husband's appearances on the show have been limited for privacy reasons, the rare glimpses viewers get of my Carpenter Ken have them foaming at the mouth.

"Put her down before you mess up all my work." Arthur reaches into his hair-care tool belt and whips out a brush.

Hannah dabs the corners of my eyes with a tissue. "Save your tears until *after* your final interview."

"You three are the best." I wrap my arms around them and squeeze. "I'm going to miss you."

"It's only four months." Reina hip-checks me.

Arthur fixes up my hair. "Four months too long. How will you survive Europe without us?"

"Europe?"

Hannah jabs him in the ribs with her elbow while Reina shoots venom-tipped daggers.

"Dahlia."

Julian's voice sends an electric jolt through my body, and I turn to find him leaning against one of his shelves.

"What are you doing here?" I ask after walking over to him.

He curls his arm around my waist and pulls me tight against his chest. "I wanted to be here when you wrapped for the season."

A tingle spreads from my head to my toes. "I'm almost done."

"How much longer?"

“One more interview, and then I’m all yours.”

His gaze darkens. “Good because the jet is prepped and ready for takeoff.”

“Where are we going now?”

“I’m thinking Greece.” He brushes his lips over mine, earning a shout from Hannah about my makeup.

“You take a lot of vacations for someone who has a mile-long to-do list.”

“I have a decade of missed ones to make up for.”

My brow rises. “And what excuse will you use seven years from now?”

He grins. “Family vacations?”

I return his smile with one of my own. “I’d like that. *One day.*” Given my show’s success, I’m not remotely ready to settle down and begin the adoption process, and neither is he.

It took me a few months, but our families know about my choice not to have children. It was hard discussing my test results, but with Julian by my side, we navigated the messy conversation and ended up being a stronger family because of it. Our mothers don’t ask us about their future grandchildren anymore, which is a relief.

We’ve taken the necessary steps to mitigate any pregnancy risks, with Julian choosing to get a vasectomy to ease my worries, so for now, we love our titles as best aunt and uncle.

Though we adore kids, we’re not ready to *raise* them.

Looking back, I’m delighted that the life I once pictured for myself isn’t the one I ended up with because now I have a thriving career and the man of my dreams.

Once upon a time, I didn’t think any of this would be

possible, but Julian loves to prove me wrong any chance he gets.

Regardless of us being married now and working together, some things don't change.

And I hope they never do.

ACKNOWLEDGMENTS

There are a lot of people that help made this book possible, so this is my moment to say thank you.

To my readers—Because of you, this author dream is possible. Each of you taking a chance on my books means the world to me, and it's something I will never take for granted. Thank you from the bottom of my heart for your love and support. I hope you enjoyed Love Redesigned!

Kimberly Brower—Thank you for being the best agent an author could ask for. I'm so grateful that you've been a part of this process since the very first pitch idea, and I couldn't have done this without you.

And to the rest of the team at Brower Literary, including Joy—thank you so much for putting so much time and care into helping the Lakefront Billionaires (and the rest of my books) reach so many readers.

Christa, Letty, Gretchen, and the rest of the team at Bloom—Thank you for putting your absolute all into Julian and Dahlia's story from the very first developmental draft to the final draft. Pam, Katie, and Madison—Thank you for helping make the book launch such a success.

Dom—Thank you for welcoming me into the Bloom family and believing in my stories. I'm so grateful to be part of the incredible legacy you are creating with Sourcebooks.

To the team at Piatkus, including Ellie and Anna—Thank you for helping launch my books not only in the UK, but around the world. You've made so many dreams of mine possible, and I can't wait for this adventure with you.

Nina, Kim, and everyone at Valentine PR—I'm not sure where I would be without you all, but I'm glad I will never have to find out. You all are so dedicated to making each release a success, and I appreciate everything you do behind the scenes to make it possible.

Erica—I can't believe this is the eighth book we have worked on together. It's crazy to think I would most likely not be doing this if it weren't for Throttled, and it's something I will never forget. Love you (and M).

Becca—It's hard to fit my gratitude on a few lines, so I'll just have to send you a voice note. How does one say thank you for pushing me to be the best version of myself? It's impossible, but here's to me trying!

Sarah—Thank you from the bottom of my heart for all you do to help me with my stories. It's truly remarkable to think we have been working together for years with proofreading and editing, and I can't wait for the next book.

Mary—Tequeño mucho. Thank you for being the GOAT. The graphic design queen. The friend I can always count on, even when your social battery is critically low. You take everything I throw at you with a perfectly chosen WhatsApp sticker, and I seriously don't know what I would do without you.

Jos—I'm not sure I would have kept my head on straight during this process without you and our friendship. You're the best hype gal, alpha reader, motivational speaker, and genius problem-solver. And big thank you for saving me from The Secret Life of Love Redesigned.

Nura—It's hard to believe this is the fourth book you have alpha read for me, but here we are! Your excitement, buzz, and amazing suggestions helped bring this book to the next level, and I'm thankful you want to be part of my process.

To my incredible beta readers, Amy, Elizabeth, Fernanda, Jan, Kendra, Janelle, Isabella, Katelyn, and Mia—Thank you for rising to the challenge of beta reading for me. Each of you brought something unique to the process, and I'm grateful you shared your incredible skills and valuable time with me. Because of your feedback, this book was elevated to the next level for me, and I'll never forget that!

Leticia—Thank you for proofing this book. You're so talented and care so much about your work, and I'm lucky Elsie introduced us.

To my family—Thank you for embarking on this wild ride with me. Whether it's helping me with packages or listening to me ramble about plot ideas, you're always there to support me through it all.

To the future Mr. Asher—Thank you for making life, and this scary process, fun. Because of you, I remember to laugh more and stress a little less.